DICTIONNAIRE GÉNÉRAL

FRANÇAIS-ALLEMAND
ALLEMAND-FRANÇAIS

par Pierre Grappin
Professeur à la Sorbonne

et
Jean Charue
Bernhard Hebecker
Carol Heitz
Christian Nugue
Victor Schenker

POUR CETTE ÉDITION :
Ralf Brockmeier

AVEC LA COLLABORATION DE

Claude Dhorbais
Elisabeth Lauer
Sylvie Lebeau
Irène Stumm

LAROUSSE

21, RUE DU MONTPARNASSE - 75283 PARIS CEDEX 06

WÖRTERBUCH

FRANZÖSISCH-DEUTSCH
DEUTSCH-FRANZÖSISCH

von Pierre Grappin
Professeur à la Sorbonne

und
Jean Clédière
Jean David
Bernhard Hebecker
Carol Heitz
Christian Nugue
Victor Schenker

FÜR DIESE AUSGABE :
Ralf Brockmeier

UNTER MITWIRKUNG VON

Claude Dhorbais
Elisabeth Lauer
Sylvie Lebeau
Irène Stumm

LAROUSSE

21, RUE DU MONTPARNASSE - 75283 PARIS CEDEX 06

Distributeur exclusif au Canada : « Messageries ADP, 1751 Richardson, Montréal (Québec) ».

ISBN 2-03-545345-3

PRÉFACE

Le présent ouvrage a pour ambition de montrer les ressources du français et de l'allemand dans leur état actuel, en tenant compte des néologismes, techniques ou non, et d'un assez large secteur du langage familier, sans renoncer pour autant à certaines formes classiques des deux langues. Un dictionnaire de caractère général ne peut pas avoir pour vocation d'accueillir le vocabulaire des langues de spécialité. Mais il doit être le reflet fidèle et, s'il se peut, exhaustif de leur utilisation dans la langue courante et notamment dans les médias, interprètes privilégiés de notre société axée sur la communication. Certains concepts clés forgés par les spécialistes entrent, à un moment donné, dans l'usage quotidien. C'est pourquoi ces termes de spécialité ont été retenus dans la mesure où ils correspondent aux connaissances et aux besoins qu'un homme cultivé peut avoir dans les domaines techniques et scientifiques.

Nous avons aussi cherché à établir un instrument de traduction aussi précis et aussi soigné que possible en illustrant d'exemples nombreux les variétés de sens et d'emploi des mots à grande fréquence linguistique. Pour vérifier le bon usage des locutions, nous nous sommes appuyé sur la langue littéraire, mais non sur elle exclusivement, notre premier souci étant d'allier la correction du langage et son actualité. Dans cette phase en particulier, notre travail a été largement facilité par la présence d'une équipe composée de francophones et de germanophones.

Fidèle à sa double tradition – maintien d'une langue soutenue et ouverture aux technologies –, cet ouvrage s'est vu ainsi augmenter, au cours des dernières années, par nombre de vocables ou effets de sens apparus tant dans la langue générale que dans les langues de spécialité. Parallèlement à cet enrichissement, nous avons tenu à éliminer tous les éléments de la langue littéraire ou classique qui ne seraient plus perçus comme vivants dans la conscience linguistique de nos contemporains. Le nouveau texte remanié que nous présentons aujourd'hui offre un outil qui a été pensé comme compagnon de travail de qui étudie, à la faculté ou bien au lycée. Remarques et critiques sur notre ouvrage seront bien accueillies demain comme elles l'ont été hier.

Pierre Grappin

IM WÖRTERBUCH VERWENDETE ABKÜRZUNGEN ABRÉVIATIONS DU DICTIONNAIRE

I. SACHBEREICHSANGABEN RUBRIQUES

ADM.	Administration, *Verwaltung.*
AÉRON.	Aéronautique ; Aviation, *Luftfahrt.*
AGRIC.	Agriculture, *Landwirtschaft.*
ANAT.	Anatomie, *Anatomie.*
ANTIQ.	Antiquité, *Altertum.*
ARCHIT.	Architecture, *Architektur.*
ARTS.	Arts, *Kunst.*
ASTRON.	Astronomie, *Astronomie.*
AUTOM.	Automobile, *Kraftfahrzeugwesen.*
BIOL.	Biologie, *Biologie.*
BOT.	Botanique, *Botanik.*
CHIM.	Chimie, *Chemie.*
COMM.	Commerce, *Handel.*
CULIN.	Art culinaire, *Küche.*
ÉCON.	Économie, *Wirtschaft.*
ÉLECTR.	Électricité ; Électronique, *Elektrotechnik.*
FILM.	Film ; Cinéma, *Film ; Kino.*
FIN.	Finances ; Banque ; Bourse, *Finanzwesen ; Bank ; Börse.*
GÉOGR.	Géographie, *Geographie.*
GÉOL.	Géologie, *Geologie.*
GRAMM.	Grammaire, *Grammatik.*
HIST.	Histoire, *Geschichte.*
INF.	Informatique, *Informatik ; EDV.*
JUR.	Science et pratique du droit, *Rechtswesen.*
LITTÉR.	Littérature, *Literatur.*
MAR.	Marine, *Schiffahrt.*
MATH.	Mathématiques, *Mathematik.*
MÉD.	Médecine, *Medizin.*
MÉTALL.	Métallurgie, *Hüttenwesen.*
MIL.	Art militaire, *Militär.*
MINÉRAL.	Minéralogie, *Mineralogie.*
MINES.	Mines, *Bergbau.*
MUS.	Musique, *Musik.*
MYTH.	Mythologie, *Mythologie.*
NUCL.	Nucléaire, *Kernenergie.*
OPT.	Optique, *Optik.*
PHILOS.	Philosophie, *Philosophie.*
PHOT.	Photographie, *Photographie.*
PHYS.	Physique, *Physik.*
PHYSIOL.	Physiologie, *Physiologie.*
POÉS., POÉT.	Poésie, *Dichtung.*
POLIT.	Politique, *Politik.*
RADIO.	Radio, *Rundfunk.*
RELIG.	Religion, *Religion.*
SPORT.	Sports, *Sport.*
STAT.	Statistique, *Statistik.*
TECHN.	Techniques, *Technik.*
TÉLÉCOMM.	Télécommunications, *Fernmeldewesen.*
TÉLÉPH.	Téléphone, *Telefon.*
TÉLÉV.	Télévision, *Fernsehen.*
TEXT.	Textiles, *Textilindustrie.*
THÉÂTRE.	Théâtre ; Spectacles, *Theater ; Darbietungen.*
THÉOL.	Théologie, *Theologie.*
TRANSP.	Transports, *Transportwesen.*
TYPOGR.	Arts graphiques, *Druckwesen.*
UNIV.	Écoles ; Université, *Schule ; Universität.*
ZOOL.	Zoologie, *Zoologie.*

II. ANDERE ABKÜRZUNGEN AUTRES ABRÉVIATIONS

abrév.	abréviation, *Abkürzung.*
acc.	accusatif, *Akkusativ.*
adj.	adjectif, *Adjektiv.*
adj. num. card.	adjectif numéral cardinal, *Grundzahl.*
adj. num. ord.	adjectif numéral ordinal, *Ordnungszahl.*
adv.	adverbe, *Adverb.*
ARG.	argot, *Argot.*
compar.	comparatif, *Komparativ.*
compl.	complément, *Objekt.*
condit.	conditionnel, *Konditional.*
conj.	conjonction, *Konjunktion.*
dat.	datif, *Dativ.*
DIAL.	dialecte, *Dialekt.*
en compos.	en composition, *in Zusammensetzungen.*
f.	féminin, *feminin.*
FAM.	familièrement, *umgangssprachlich.*
FIG.	sens figuré, *übertragene Bedeutung.*
futur.	futur, *Futur.*
gén.	génitif, *Genitiv.*
imparf.	imparfait, *Imperfekt.*
impér.	impératif, *Imperativ.*
indéf.	indéfini, *unbestimmt.*
indic. prés.	présent de l'indicatif, *Indikativ Präsens.*
infin.	infinitif, *Infinitiv.*
insépar.	inséparable, *nicht trennbar.*
interj.	interjection, *Interjektion.*
interr.	interrogatif, *Frage...*
invar.	invariable, *unveränderlich.*
IRON.	ironiquement, *ironisch.*
jm.	quelqu'un (datif), *jemandem.*
jn.	quelqu'un (accusatif), *jemanden.*
js.	quelqu'un (génitif), *jemandes.*
LITT.	littéraire, *gehoben.*
LOC.	locution, *Redewendung.*
m.	masculin, *maskulin.*
n.	neutre, *neutrum.*
n. pr.	nom propre, *Eigenname.*
nomin.	nominatif, *Nominativ.*
OBSERV.	observation, *Anmerkung.*
PAR ANAL.	par analogie, *analog.*
PAR EXT.	par extension, *im weiteren Sinne.*
partic.	particule, *Verbalpräfix.*
PARTICUL.	particulièrement, *besonders.*
part. pass.	participe passé, *Partizip Perfekt.*
part. prés.	participe présent, *Partizip Präsens.*
PÉJOR.	péjorativement, *abwertend.*
pl.	pluriel, *Plural.*
POP.	populaire, *derb.*
PR.	sens propre, *eigentliche Bedeutung.*
préf.	préfixe, *Präfix.*
prét.	prétérit, *Präteritum.*
pr. dém.	pronom démonstratif, *Demonstrativpronomen.*
pr. pers.	pronom personnel, *Personalpronomen.*
pr. poss.	pronom possessif, *Possessivpronomen.*
pr. relat.	pronom relatif, *Relativpronomen.*
PROV.	proverbe, *Sprichwort.*
qn	quelqu'un, *jemand.*
qch.	quelque chose, *etwas.*
s.	substantif, *Substantiv.*
sépar.	séparable, *trennbar.*
subj. prés.	présent du subjonctif.
SUBSTANTIV.	substantivement, *substantivisch.*
superl.	superlatif, *Superlativ.*
suff.	suffixe, *Suffix.*
SYN.	synonyme, *Synonym.*
v. impers.	verbe impersonnel, *unpersönliches Verb.*
v. intr.	verbe intransitif, *intransitives Verb.*
v. pr.	verbe pronominal, *reflexives Verb.*
v. tr.	verbe transitif, *transitives Verb.*
VULG.	vulgaire, *vulgär.*
Vx.	vieux, *veraltet.*
Wz.	nom déposé, *Warenzeichen.*

ZUM GEBRAUCH DES WÖRTERBUCHS

GRAMMATISCHE HINWEISE

Substantive. — Für jeden Worteintrag wurde die grammatische Bestimmung so genau wie möglich vorgenommen. Nur für die Substantive, deren Geschlecht immer genau angegeben ist, wurde auf sie verzichtet. Die Pluralbildung findet man unter der Rubrik « Anmerkungen zu Form und Gebrauch französischer Wortarten ».

Adjektive. — Das Femininum der Adjektive ist angegeben.

Verben. — Für die Rektion der Verben haben wir lediglich den Unterschied **von transitiven Verben (v. tr.)** und **intransitiven Verben (v. intr.)** beibehalten. Die ersten werden normal mit einem Objekt (objet direct) konstruiert, das in der Passivform zum Subjekt wird. Ex. : *Il observe la ville ; la ville est observée par lui.*

Pronomina. — Die Pronominalformen wurden in allen vom Gebrauch bestätigten Fällen angeführt.

Adverbien. — Einige französische Adverbien, deren Übersetzung ins Deutsche kaum Schwierigkeiten bietet, wurden aus diesem Grund nicht in unser Werk aufgenommen. Im Deutschen kann ein Adjektiv adverbial gebraucht werden, ohne seine Form zu verändern. Wo also ein gebräuchliches französisches Adverb fehlt, findet man seine Übersetzung ins Deutsche unter der Form des entsprechenden Adjektivs.

PARTIZIP PRÄSENS UND ADJEKTIV DES GLEICHEN STAMMES

Einige Verben auf **er, ger, guer, quer** kennen außer dem Partizip Präsens ein vom gleichen Stamm gebildetes Adjektiv, das in der Aussprache mit dem Partizip Präsens übereinstimmt, sich aber von diesem durch die Rechtschreibung unterscheidet.

PART. PRÄS.	ADJEKT.
*adhér***ant**	*adhér***ent**
*affl***uant**	*affl***uent**
*communi***quant**	*communi***cant**
*convain***quant**	*convain***cant**
*conver***geant**	*conver***gent**
*diff***érant**	*diff***érent**
*diver***geant**	*diver***gent**
*équival***ant**	*équival***ent**
*excell***ant**	*excell***ent**
*extrava***guant**	*extrava***gant**
*fati***guant**	*fati***gant**
*infl***uant**	*infl***uent**
*intri***guant**	*intri***gant**
*navi***guant**	*navi***gant**
*négli***geant**	*négli***gent**
*précéd***ant**	*précéd***ent**
*provo***quant**	*provo***cant**
*résid***ant**	*résid***ent**

Einige Substantive unterscheiden sich ebenfalls in ihrer Rechtschreibung vom Partizip Präsens :

PARTIZIP PRÄSENS : adhér**ant** ; affl**uant** ; confl**uant** ; fabri**quant** ; présid**ant.**

SUBSTANTIV : un *adhér***ent** ; un *afflu***ent** ; un *conflu***ent** ; un *fabri***cant** ; un *présid***ent.**

AUSSPRACHEBEZEICHNUNGEN

Die **Aussprachezeichen** wurden nach den Gesetzen der internationalen Lautschrift für alle Grundwörter angegeben.

INTERNATIONALE LAUTSCHRIFT

KONSONANTEN

ZEICHEN DER LAUT-SCHRIFT	SCHRIFT-BILD	BEISPIELE
[b]	b	bijou [biʒu]
[d]	d	dos [do]
[f]	f	force [fɔrs]
[f]	ph	pharmacie [farmasi]
[g]	g	garantie [garɑ̃ti]
	gu	guide [gid]
[ɲ]	gn	champagne [ʃɑ̃paɲ]
[j]	i	ingénieur [ɛ̃ʒenjœ:r]
[k]	c	cours [ku:r]
	qu	quantité [kɑ̃tite]
[l]	l	lit [li]
[m]	m	médaille [meda:j]
[n]	n	nature [naty:r]
[p]	p	père [pɛ:r]
[r]	r	rencontre [rɑ̃cɔ̃tr]
[s]	s	soleil [sɔlɛj]
	c	citron [sitrɔ̃]
	ç	garçon [garsɔ̃]
[ʃ]	ch	chance [ʃɑ̃:s]
[t]	t	timbre [tɛ̃:br]
[v]	v	voile [vwal]
[ʒ]	j	jardin [ʒardɛ̃]
	g, devant e, i, y	génuflexion [ʒenyflɛksjɔ̃]
[z]	s	garnison [garnizɔ̃]
	z	zèbre [zɛ:br]
	xi	deuxième [døzjɛm]
[gz]	x	Xavier [gzavje]
[ks]	x	préfixe [prefiks]

VOKALE

ZEICHEN DER LAUT-SCHRIFT	SCHRIFT-BILD	BEISPIELE
[a]	a	patte [pat]
[ɑ:]	â	âne [ɑ:n]
[e]	é	été [ete]
[ə]	e	agréablement [agreabləmɑ̃]
[ɛ]	è	flèche [flɛʃ]
	ai	raide [rɛd]
	ei	pleine [plɛn]
[ɛ:]	ê	tête [tɛ:t]
	ai	aigre [ɛ:gr]
	ei	oreille [orɛ:j]
[i]	i	vite [vit]
	y	mythe [mit]
[i:]	î	abîme [abi:m]
[o]	o	auto [oto]
	au	auto [oto]
	eau	beau [bo]

ZEICHEN DER LAUT-SCHRIFT	SCHRIFT-BILD	BEISPIELE
[o:]	ô	rôle [ro:l]
	au	haute [o:t]
	eau	heaume [o:m]
[ɔ]	o	flotte [flɔt]
[ɔ:]	o	tort [tɔ:r]
[ø]	eu	peu [pø]
	eux	eux [ø]
[ø:]	eu	meule [mø:l]
[œ]	œu	bœuf [bœf]
[œ:]	eu	peur [pœ:r]
[u]	ou	mou [mu]
[u:]	ou	jour [ʒu:r]
[y]	u	lune [lyn]
[y:]	u	cure [ky:r]
	û	mûre [my:r]
	eu	eurent [y:r]

HALBVOKALE

ZEICHEN DER LAUT-SCHRIFT	SCHRIFT-BILD	BEISPIELE
[ɥ]	ui	huile [ɥil]
[w]	oi	coi [kwa]
[w:]	oi	soir [swa:r]
[i:j]	ille	résille [rezi:j]
[a:j]	ail	travail [trava:j]
	aille	maille [ma:j]
[ɛ:j]	eille	treille [trɛ:j]
[œ:j]	œil	œil [œ:j]
	euil	écureuil [ekyrœ:j]

NASALLAUTE

ZEICHEN DER LAUT-SCHRIFT	SCHRIFT-BILD	BEISPIELE
[ɑ̃]	an	antenne [ɑ̃tɛn]
	am	champ [ʃɑ̃]
	en	encens [ɑ̃sɑ̃]
	em	emprunt [ɑ̃prœ̃]
[ɑ̃:]	an	vendange [vɑ̃dɑ̃:ʒ]
	am	pampre [pɑ̃:pr]
	en	indigence [ɛ̃diʒɑ̃:s]
	em	décembre [desɑ̃:br]
[ɛ̃]	in	vin [vɛ̃]
	ain	pain [pɛ̃]
	ein	plein [plɛ̃]
	yn	lynx [lɛ̃ks]
	ym	thym [tɛ̃]
[ɛ̃:]	in	méninge [menɛ̃:ʒ]
	ain	plainte [plɛ̃:t]
	ein	teinte [tɛ̃:t]
[ɔ̃]	on	son [sɔ̃]
	om	nombre [nɔ̃br]
[ɔ̃:]	on	fonte [fɔ̃:t]
[œ̃]	un	un [œ̃]
[œ̃:]	um	humble [œ̃:bl]

FRANZÖSISCHES ALPHABET

	INTERNATIONALE LAUTSCHRIFT	AUF DEUTSCH (ETWA)
A a	[ɑ] [a]	a: (2) a
B b	[be]	be:
C c	[se]	tse:
D d	[de]	de:
E é	[e]	e:
è	[ɛ]	ä
e	[ə]	ø
F f	[ɛff]	eff
G g, gu	[ʒ] [g]	ʒe:, ge:
H h (1)		asch
I i	[i]	i
J j	[ʒi]	ʒi:
K k	[ka]	ka
L l	[ɛl]	ell
M m	[ɛm]	emm
N n	[ɛn]	enn
O o	[o]	o
P p	[pe]	pe:
Q q	[ky]	ky:
R r	[ɛr]	ärr
S s	[ɛs]	ess
T t	[te]	te:
U u	[y]	y:
V v	[ve]	we:
W w	[dubləve]	dubləwe
X x	[iks]	iks
Y y	[igrɛk]	igrɛk
Z z	[zɛd]	sedd

1. Dem französischen Buchstaben *h* entspricht kein Zeichen der internationalen Lautschrift. Nur nach einem mit einem Vokal endenden Wort wird auf französisch *h* spürbar, indem er die Verbindung mit diesem vorangehenden Wort aufhebt.

2. Das Zeichen : bedeutet, daß der vorangehende Vokal gedehnt ist.

ANMERKUNGEN ZU FORM UND GEBRAUCH FRANZÖSISCHER WORTARTEN

DER FRANZÖSISCHE WORTSCHATZ

Der Grundstock des französischen Wortschatzes enthält drei Hauptelemente : ein keltisches, von welchem nur wenige Wörter zu uns gekommen sind, und zwar solche, die sich meistenteils auf den Ackerbau beziehen ; ein lateinisches von weitaus größerer Bedeutung, und ein germanisches, welches vor allem Wörter aufweist, die Krieg und Landwirtschaft betreffen.

Die französische Sprache hat im Laufe der Jahrhunderte zahlreiche Wörter entlehnt, insbesondere aus dem Englischen.

Die neuen Wörter, welche beständig in der Sprache auftauchen, sind verschiedener Herkunft. Seit einem Jahrhundert kommen sie hauptsächlich aus Technik und Wissenschaft.

Neue Wörter entstehen entweder durch Entlehnung, Zusammensetzung oder Ableitung. Die zusammengesetzten Wörter sind im Französischen relativ selten. Das Hauptverfahren in der Sprachentwicklung ist die Ableitung durch Suffixe und Präfixe.

SUFFIXE ZUR BILDUNG VON SUBSTANTIVEN

ace, asse	abwertend	*populace*
ade	Handlung	*bravade*
age	Zustand, Handlung	*vinage*
ail	Werkzeug	*éventail*
aille	abwertend, Sammelbegriff	*ferraille*
ain, en	Herkunft	*romain, vendéen*
aine	Sammelbegriff	*dizaine*
aire	Person	*commissaire*
(a)tion	Handlung, Tätigkeit	*fabrication*
ance, ence	Ergebnis einer Handlung	*espérance, virulence*
ard	abwertend	*fuyard*
at	Beruf	*professorat*
ateur	Beruf	*dessinateur*
âtre	abwertend	*bellâtre*
aud	abwertend	*lourdaud*
cule, ule	Verkleinerung	*follicule*
eau, elle	Verkleinerung	*chevreau, radicelle*
ée	Inhalt	*assiettée*
er, ier	Person, Beruf	*boucher*
erie	Eigenschaft	*galanterie*
erie	Örtlichkeit	*charcuterie*
esse	Eigenschaft	*sagesse*
et, ette	Verkleinerung	*garçonnet, fillette*
eté	Eigenschaft	*générosité*
ie	Zustand	*jalousie*
ien	Beruf	*chirurgien*
illon	Verkleinerung	*aiguillon*
ise	Eigenschaft	*franchise*
isme	Lehre	*idéalisme*
iste	Zugehörigkeit zu	*socialiste*
ite	krankhafter Zustand	*méningite*
itude	Eigenschaft	*exactitude*
on, eron	Verkleinerung	*moucheron*
ot, ille	Verkleinerung	*îlot, brindille*

SUFFIXE ZUR BILDUNG VON ADJEKTIVEN

able, ible	Möglichkeit	*portable, audible*
ain, ien	Bewohner, Herkunft	*indien*
aire	zugehörig	*solaire*
al	Eigenschaft	*glacial*
asse, ard	Verkleinerung, Herabsetzung	*faiblard*
âtre	abwertend	*bleuâtre*
é	Zustand	*dentelé*
el	Ursache	*mortel*
et, elet	Verkleinerung	*aigrelet*
ier, eux	Eigenschaft	*hospitalier*
if	Eigenschaft	*oisif*
ique	sich beziehend auf	*chimique*
iste	sich beziehend auf	*réaliste*

SUFFIXE ZUR BILDUNG VON VERBEN

ailler	abwertend	*rimailler*
asser	abwertend	*rêvasser*
eler, er	abgeleitet von einem Subst.	*marteler dessiner*
eter	Verkleinerung	*voleter*
ifier	Veränderung, Verursachung	*solidifier*
iller, iner	Verkleinerung	*babiller, trottiner*
ir	abgeleitet von einem Adj.	*verdir*

SUFFIXE ZUR BILDUNG VON ADVERBIEN

ment	Art and Weise	*solidement*

Suffixe (Ableitungssilben) aus dem Lateinischen und aus dem Griechischen dienten zur Bildung zahlreicher französischer Vokabeln. Die meisten Substantive und Adjektive der Wissenschaftssprache wurden mit Ableitungssilben nach dem Griechischen gebildet.

PRÄFIXE

Die Vorsilben lateinischen oder griechischen Ursprungs werden an den Wortanfang gesetzt, erfahren aber manchmal in Verbindung mit dem Anfangskonsonanten des Grundwortes gewisse Abwandlungen.

Man unterscheidet :

1. Die eigentlichen Vorsilben : **circum** (um, herum) ; **ex** (außer, außerhalb) ; **in, im, per, par, pé, ré, sub, trans, tri.**

2. Die Wörter lateinischen oder griechischen Ursprungs, welche die Rolle einer Vorsilbe übernehmen, wie etwa **calor** *(calorifère)* oder **hemo** *(hémophilie).*

SUBSTANTIVE

DAS GENUS DER SUBSTANTIVE

Die Substantive können zweierlei Genera haben : **Maskulinum** oder **Femininum.** Ex. : **le** *frère* (männlich) ; **la** *sœur* (weiblich).

Die **Namen von Lebewesen** sind männlich oder weiblich je nach dem natürlichen Geschlecht. Ex. : **le** *père,* **la** *mère,* **le** *soldat,* **le** *bœuf,* **la** *vache.*

Jedoch sind folgende Wörter, welche Männer bezeichnen, **weiblich :** *ordonnance, vigie, estafette,* während : **un** *mannequin,* **un** *bas-bleu,* **un** *laideron ;* **un** *cordon-bleu,* welche Frauen bezeichnen, **männlich** sind.

Bei **Sachnamen** ist das Geschlecht nicht vorauszusehen : **une** *table,* **un** *banc,* **une** *chaise,* **un** *lit.*

Gewisse Endsilben erlauben, das Geschlecht der Substantive zu erkennen :

Suffixe **männlicher** Substantive : **age, ail, ament, ement, ier, illon, in, is, isme, oir, teur.**

Suffixe **weiblicher** Substantive : **ade, aie, aille, aine, aison, ance, ande, ée, ie, ille, ise, ison, itude, oire, té, tion, trice, ure.**

Außerdem gehören einige Substantivgruppen einem bestimmten Geschlecht an.

So sind gewöhnlich **männlich** : die **Baumnamen :** **un** *chêne,* **un** *pin,* **un** *hêtre ;* die **Metallnamen : le** *fer,* **le** *cuivre,* **le** *zinc ;* die **Sprachennamen : le** *français,* **le** *russe.*

Sind gewöhnlich **weiblich** : die **Wissenschaftsnamen** : **la** *physique,* **la** *chimie.* Mit einer Ausnahme : **le** *droit.*

BILDUNG DER FEMININA

Im allgemeinen bildet man die weibliche Form eines Substantivs, indem man ein **e** an die männliche Form anhängt. Ex. : **un** *ami,* **une** *amie ;* **un** *candidat,* **une** *candidate.* Bei Wörtern, die mit einem Konsonanten enden, wird die Aussprache durch Hinzufügung des **e** verändert. Ex. : *candidat :* kɑ̃dida, aber *candidate :* kɑ̃didat (*t* wird ausgesprochen).

Die männlichen Substantive, die auf **e** enden, haben dieselbe Form im Femininum. Ex. : **un** *artiste,* **une** *artiste.*

Einige werden mit der Endung **esse** gebildet. Ex. : *un prince, une princ***esse.**

Die männlichen Substantive auf **oux** und **eur** bilden das Femininum auf **ouse** und **euse.** Ex. : *un ép***oux,** *une ép***ouse ;** *un dans***eur,** *une dans***euse.**

Einige Substantive auf **eur** bilden ihr Femininum auf **eresse.** Ex. : *un veng***eur,** *une venger***esse.**

Die meisten männlichen Substantive auf **teur** bilden ihr Femininum auf **trice.** Ex. : *un ac***teur,** *une ac***trice ;** *un lec***teur,** *une lec***trice.**

Die männlichen Substantive, die auf **er** enden, bilden das Femininum auf **ère.** Ex. : *un fermi***er,** *une fermi***ère ;** *le bouch***er,** *la bouch***ère.**

Die männlichen Substantive, die auf **el** und **eau** enden, bilden das Femininum auf **elle.** Ex. : *Gabri***el,** *Gabri***elle ;** *le jum***eau,** *la jum***elle.**

Die männlichen Substantive, die auf **ien** und **ion** enden, verdoppeln das **n** im Femininum. Ex. : *le gard***ien,** *la gard***ienne ;** *un l***ion,** *une l***ionne.**

Die männlichen Substantive, die auf **in** und **an** enden, bilden ein regelmäßiges Femininum auf **e** ohne das **n** zu verdoppeln (*pays***an** und *J***ean** bilden jedoch *pays***anne** und *J***eanne**). Ex. : *un cous***in,** *une cous***ine ;** *un fais***an,** *une fais***ane.**

Die männlichen Substantive, die auf ein **t** enden, bilden ein regelmäßiges Femininum auf **e.** Ex. *un candida***t,** *une candida***te.**

Ausgenommen sind einige männlichen Substantive wie z.B. **chat,** welche das **t** im Femininum verdoppeln : *un cha***t,** *une cha***tte.**

Die Substantive, die im Maskulinum auf ein **p** oder auf ein **f** enden, haben im Femininum ein **ve.** Ex. : *un lou***p,** *une lou***ve ;** *un veu***f,** *une veu***ve.**

PLURAL DER SUBSTANTIVE

Im allgemeinen bildet man den Plural durch Anhängen eines **s.** Ex. : *un ennui, des ennui***s ;** *un lit, des lit***s.**

Plural und Singular der auf **s, x, z** endenden Substantive haben die gleiche Form. Ex. : *un bois, des boi***s ;** *une voix, des voi***x ;** *un nez, des ne***z.**

Die Substantive auf **al** bilden den Plural auf **aux.** Ex. : *un chev***al,** *des chev***aux.**

Aber die Wörter **bal, carnaval, cérémonial, chacal, choral, festival, pal, récital, régal, santal** richten sich nach der Grundregel. Ex. : *un chac***al,** *des chac***als.**

Den Plural der auf **eau, au** und **eu** endenden Substantive bildet man durch Hinzufügen eines **x** an die Singularform. Ex. : *un v***eau,** *des v***eaux ;** *un ét***au,** *des ét***aux.**

Ausnahmen sind : **landau, sarrau, bleu, pneu,** welche im Plural ein **s** bekommen. Ex. : *un land***au,** *des land***aus ;** *un pn***eu,** *des pn***eus.**

Den Plural der auf **ou** endenden Substantive bildet man im allgemeinen auf *ous.* Ex. : *un cou, des cous.* Ausgenommen sind : **bijou, caillou, chou, genou, hibou, joujou, pou,** welche im Plural ein **x** bekommen. Ex. : *un chou, des chou***x.**

Die auf **ail** endenden Substantive bilden einen regelmäßigen Plural auf *ails.* Ex. : *un rail, des rail***s.** Ausgenommen sind : **bail, corail, émail, soupirail, travail, vantail, vitrail.** Ex. : *un émail, des ém***aux.**

Die Substantive **aïeul, ciel, œil** bilden einen unregelmäßigen Plural : *l'aïeul, les aïeu***x ;** *le ciel, les cieu***x ;** *l'œil, les yeu***x.** Jedoch sagt man *bisaïeul***s,** *trisaïeul***s,** und *aïeul***s** im Sinne von Großeltern, *ciel***s** in den Ausdrücken *ciels de lit, les ciels de l'Île-de-France* und *œil***s** in der Wendung *œils-de-bœuf,* usw.

PLURAL DER ZUSAMMENGESETZTEN SUBSTANTIVE

1. Die zusammengesetzten Substantive, die in einem Wort geschrieben werden, bilden den Plural wie die Grundwörter durch Anhängung eines **s.**

2. Die zusammengesetzten Substantive, die in mehreren Wörtern geschrieben werden, bilden ihren Plural nach verschiedenartigen Gesetzen. Wir haben bei jedem Substantiv, das zu dieser Gruppe gehört, die Pluralform angegeben.

ADJEKTIVE

BILDUNG DES FEMININUMS

Im allgemeinen bildet man das Femininum durch Hinzufügung eines **e** an die männliche Form. Ex. : *un grand bureau, une grand***e** *échelle ; un hardi marin, une manœuvre hardi***e.**

Endet das Maskulinum auf ein **e,** so verändert sich das Adjektiv im Femininum nicht. Ex. : *un large trottoir, une rue large.*

Endet das Maskulinum auf **gu,** so lautet die feminine Form **gue,** mit einem Trema auf dem **e.** Ex. : *un cri ai***gu,** *une pointe ai***guë.**

Endet das Maskulinum auf **eau, ou,** so lautet die feminine Form **elle, olle.** Ex. : *un* **beau** *pays, une* **belle** *gravure ; un terrain* **mou,** *une chair* **molle.** Ausgenommen sind : *fl***ou,** *fl***oue ;** *Hind***ou,** *Hind***oue.**

Endet das Maskulinum auf ein **mouilliertes l** oder auf **el, ul,** so bildet man das Femininum auf **elle, ulle, ille.** Ex. : *un cru***el** *ennemi, une farce cru***elle ;** *un devoir* **nul,** *une note* **nulle ;** *un par***eil** *espoir, une vie pare***ille.**

Endet das Maskulinum auf **ien, on,** so bildet man das Femininum auf **ienne, onne.** Ex. : *un château anc***ien,** *une bague anc***ienne ;** *un* **bon** *numéro, une* **bonne** *affaire.*

Endet das Maskulinum auf **an,** so bildet man das Femininum auf **ane.** Ex. : *l'esprit partis***an,** *une querelle partis***ane.**

Endet das Maskulinum auf **et,** so bildet man das Femininum auf **ette.** Ex. : *un élève mu***et,** *une douleur mu***ette.**

Die Adjektive auf **ot** bilden jedoch ihr Femininum auf **ote.** Ex. : *un conte idi***ot,** *une farce idi***ote.** Ausnahmen sind : **boulot, maigriot, pâlot, sot,** welche das **t** verdoppeln. Ex. : *un* **sot** *conseil, une* **sotte** *réponse.*

Die Adjektive **complet, désuet, discret, indiscret, incomplet, inquiet, replet, secret** bilden ihr Femininum auf **ète.** Ex. : *un regard inqui***et,** *l'âme inqui***ète.**

Die Maskulina **bas, épais, gros, faux, roux, las, exprès, métis** bilden ihr Femininum auf **sse.** Ex. : *un bois ép***ais,** *une encre ép***aisse ;** *un billet fau***x,** *une pièce fau***sse.**

Endet das Maskulinum auf **er,** so bildet man das Femininum auf **ère.** Ex. : *le derni***er** *mot, la derni***ère** *page ; un lég***er** *retard, une barque lég***ère.**

Endet das Maskulinum auf **eux, oux, eur,** so bildet man das Femininum auf **euse, ouse, euse.** Ex. : *un garçon séri***eux,** *une idée séri***euse ;** *un enfant jal***oux,** *une fille jal***ouse ;** *un rire tromp***eur,** *une réponse tromp***euse.** Ausnahmen bilden **antérieur, extérieur, inférieur, majeur, mineur, postérieur, supérieur, ultérieur,** welche im Femininum ein **e** anhängen. Ex. : *un meill***eur** *ami, une meill***eure** *leçon.*

Endet das Maskulinum auf **teur,** so wird die feminine Form im allgemeinen auf **trice** gebildet. Ex. : *un nom évoca***teur,** *une phrase évoca***trice.**

Endet das Maskulinum auf **f,** so hat das Femininum ein **ve.** Ex. : *un froid vi***f,** *une vi***ve** *repartie.*

UNREGELMÄSSIGE FEMININA

Bestimmte Adjektive formen ein unregelmäßiges Femininum : *blanc*, *blan***che** ; *franc*, *fran***che** ; *frais*, *fraî***che** ; *sec*, *s***èche** ; *doux*, *dou***ce** ; *tiers*, *tier***ce** ; *long*, *lon***gue** ; *favori*, favori**te** ; *coi*, **coite** ; *malin*, *mali***gne** ; *bénin*, *béni***gne** ; *vi***eux**, *vi***eille** ; *hébreu*, *hébra***ïque** ; *pécheur*, *pécheresse* ; *maître*, *maîtresse* ; *traître*, *traîtresse* ; *vengeur*, *vengeresse* ; *caduc*, *cadu***que** ; *grec*, *grec***que** ; *turc*, *tur***que** ; *andal***ou**, *andal***ouse**, usw.

PLURALBILDUNG

Im allgemeinen wird der Plural durch Anhängung eines **s** an die Singularform gebildet. Ex. : *un grand cahier, de grand***s** *espoir***s** ; *une phrase brève, de brève***s** *phrase***s**.

Endet der Singular bereits auf ein **s** oder auf ein **x**, so wird das Adjektiv im Plural nicht verändert. Ex. : *un temps gris, des murs gris ; un faux passeport, de faux papiers.*

ARTIKEL

1. Der **bestimmte Artikel : le, la, les.** Ex. : *Le hangar de la maison borde la route.*

2. Der **unbestimmte Artikel : un, une.** Ex. : *Une ferme d'une province française.*

3. Der **Teilungsartikel : du, des.** Ex. : *Prendrez-vous* **du** *café et* **des** *confitures ?*

ARTIKELFORMEN

Man unterscheidet drei Artikelformen : **Normalform** des Artikels, **Ausstoßung** der Endung des Artikels **(Elision)** und **Zusammenziehung** des Artikels und der Präpositionen **à** und **de.**

Der Artikel wird elidiert vor den Singularformen der Substantive, welche mit einem Vokal oder stummen **h** beginnen. Die zusammengezogenen Formen des Artikels werden durch Verbindung der Präpositionen **de** und **à** mit dem bestimmten Artikel **le** oder **les** gebildet.

ARTIKEL	SINGULAR		PLURAL	
	mask.	fem.	mask.	fem.
Normalform des best. Art. . . .	**le** *monde*	**la** *terre*	**les** *astres*	**les** *planètes*
elidierte Form	**l'***univers*	**l'***aurore*		
zusammengezogene Form . . .	**au** *monde* **(à le)** **du** *monde* **(de le)**	**à la** *ville* **de la** *ville*	**aux** *hommes* **(à les)** **des** *cieux* **(de les)**	**aux** *femmes* **(à les)** **des** *femmes* **(de les)**
unbest. Artikel	**un** *monde*	**une** *terre*	**des** *mondes*	**des** *terres*
Teilungsartikel	*boire* **du** *thé*	*boire* **de la** *tisane*	*manger* **des** *épinards*	*manger* **des** *confitures*

Endet der Singular auf **al**, so wird der Plural auf **aux** gebildet. Ex. : *un geste amic***al**, *des propos amic***aux**.

Ausgenommen sind : **banal, bancal, final, naval, natal, fatal, glacial, tonal,** welche den Plural auf **als** bilden. Ex. : *le mot fin***al**, *les combats fin***als**.

Die männlichen Adjektive **beau, jumeau, nouveau, manceau, tourangeau, hébreu** formen ihren Plural auf **x.** Ex. : *un beau paysage ; de beau***x** *habits.*

ZAHLADJEKTIVE

Die Grundzahladjektive geben eine bestimmte Anzahl an. Ex. : *un timbre à* **quinze** *centimes ; un tunnel de* **quatre** *kilomètres.*

Die Adjektive der Ordnungszahlen geben eine bestimmte Ordnung an. Ex. : *Il habite au* **troisième** *étage. J'ai lu le* **deuxième** *tome de cet ouvrage.*

GRUNDZAHLEN

1. EINFACHE WÖRTER : **un, deux, trois, quatre, cinq, six, sept, huit, neuf, dix, onze, douze, treize, quatorze, quinze, seize, vingt..., trente... ; cent... ; mille.**

2. ZUSAMMENGESETZTE WÖRTER durch Zusammenzählung : **dix-huit ; vingt et un ;** durch Vervielfältigung : **quatre-vingts ; deux cents.**

Es ist üblich, bei allen zusammengesetzten Zahlen unter hundert, welche nicht durch die Konjunktion **et** verbunden sind, einen Bindestrich zu setzen. Ex. : **vingt-deux ; vingt et un ; trois cents.**

ORDNUNGSZAHLEN

1. Mit der Nachsilbe **ième** gebildete Formen.
EINFACHE FORMEN : **troisième, millième, centième.**
ZUSAMMENGESETZTE FORMEN : **vingt et unième ; trente-deuxième.**

In den zusammengesetzten Formen wird die Nachsilbe **ième** nur an das letzte Adjektiv angefügt : *quarante-cinqu***ième.**

2. Besondere Wörter wie : **premier, second.**

Sobald zwei oder mehrere Substantive gleichgeordnet sind, muß der Artikel vor jedem Substantiv wiederholt werden. Ex. : *on aperçoit* **les** *toits et* **les** *cheminées des premières maisons.*

Ausgenommen sind einige feste Wendungen : **les** *eaux et forêts ;* **les** *arts et manufactures.*

Die Wiederholung des Artikels entfällt, wenn die beiden gleichgeordneten Substantive durch ein explikatives **ou** verbunden sind. Ex. : *les Mussipontains,* **ou** *habitants de Pont-à-Mousson.*

PRONOMINA

DEMONSTRATIVPRONOMEN

Die Demonstrativpronomina besitzen wie die demonstrativen Adjektive eine einfache *(celui, celle ; ceux, celles)* und eine durch **ci** und **là** verstärkte Form *(celui-ci ; celui-là...).* Die Form **c'** verwendet man hauptsächlich vor der mit einem Vokal beginnenden Form des Verbes **être.**

Wie bei den Adjektiven dienen die verstärkten Formen dazu, Nähe **(ci)** oder Entfernung **(là)** anzuzeigen oder zwei Gegenstände oder zwei Personen zu unterscheiden. Ex. : *Choisissez cette cravate ; celle-***ci** *est fort jolie, celle-***là** *est plus simple.*

Ça ist eine Form der Umgangssprache.

DEMONSTRATIVE ADJEKTIVE

EINFACHE FORMEN. – PLURAL : ***männlich,*** **ce** *mur,* **ce** *hérisson,* **cet** *arbre,* **cet** *homme ;* ***weiblich :*** **cette** *ardeur,* **cette** *femme.*

Die verstärkten Formen werden mit **là** und **ci** gebildet.

Ci weist auf ein dem Sprechenden oder Schreibenden näheres Wesen oder Ding, **là** auf ein entfernteres hin. Ex. : *cette voiture-***ci**, *ce lieu-***ci**, *cet arbre-***ci** ; *cet arbre-***là** ; *ce livre-***là**.

PERSON UND GESCHLECHT	EIN BESITZER		MEHRERE BESITZER	
	ein Gegenstand	mehrere	ein Gegenstand	mehrere
1. Pers. männlich — weiblich	*mon livre* *ma règle*	*mes livres* *mes règles*	*notre livre* *notre règle*	*nos livres* *nos règles*
2. Pers. männlich — weiblich	*ton livre* *ta règle*	*tes livres* *tes règles*	*votre livre* *votre règle*	*vos livres* *vos règles*
3. Pers. männlich — weiblich	*son livre* *sa règle*	*ses livres* *ses règles*	*leur livre* *leur règle*	*leurs livres* *leurs règles*

DAS POSSESSIVE ADJEKTIV

Vor einem Femininum mit vokalischem Anlaut oder einem stummen **h** gebraucht man die Formen **mon, ton, son** anstatt **ma, ta, sa.** Ex. : **sa** *grande fille,* **son** *aimable fille.*

POSSESSIVPRONOMEN

Die Formen des Possessivpronomens (besitzanzeigendes Fürwort) sind : *mien, mienne, nôtre* für die erste Person : *tien, tienne, vôtre* für die zweite Person ; *sien, sienne, leur* für die dritte Person. Sie richten sich in Zahl und Geschlecht nach dem Subjekt und dem Objekt, auf die sie sich beziehen.

PERSONALPRONOMEN

Die Formen des persönlichen Pronomens sind veränderlich in Geschlecht und Zahl. Sie können unbetont (aton) sein, wenn sie lediglich für die Person stehen und mit dem Verb eine Einheit bilden. Ex. : *Je ne discuterai pas.*

Die persönlichen Pronomina sind betont, wenn sie die Person hervorheben sollen. Ex. : **Moi,** *je ne discuterais pas.*

Das Personalpronomen kann Formen mit Ausstoßung aufweisen. Ex. : **l', m', t', j'** für **le, la, me, te, je** vor einem Vokal oder stummen **h** des folgenden Wortes. Ex. : *Tu* **t'***ennuies. Il* **m'***appelle.* **J'***habite Paris.*

PERSON	SINGULAR	PLURAL
1. Person	*je, me, moi*	*nous*
2. Person	*tu, te, toi*	*vous*
3. Person	*il, elle,* *le, la, lui* *en, y*	*ils, elles, eux,* *les, leur, en,* *y*
rückbezügliches Pronomen	*se, soi*	*se*

Das betonte Personalpronomen kann durch **même** verstärkt werden. Ex. : *Toi-***même,** *tu t'y refuserais.*

RELATIVPRONOMEN

EINFACHE FORMEN. – ***männlich, weiblich :*** *qui, que, dont, où ;* ***neutr. (sächlich) :*** *qui, que, dont, où, quoi.*
ZUSAMMENGESETZTE FORMEN. — ***männlich :*** *lequel, lesquels ; duquel, desquels ; auquel, auxquels ;* ***weiblich :*** *laquelle, lesquelles ; de laquelle, desquelles ; à laquelle, auxquelles.* Diese Formen stimmen in Zahl und Geschlecht mit dem Bezugswort überein.

Qui, als Ergänzungswort gebraucht, kann als Bezugswort nur einen Personalnamen haben. Man sagt : *Cet ami, pour* **qui** *vous avez tout sacrifié,* aber : *Ce métier, pour* **lequel** *vous avez tout sacrifié.*

Quoi kann in einigen Wendungen ohne Bezugswort gebraucht werden. Ex. : *grâce* **à quoi ;** *sans* **quoi ;** *moyennant* **quoi.**

Dont vertritt die drei Geschlechter (männlich, weiblich, sächlich) in der Einzahl und in der Mehrzahl. **Dont** ist aus einer Verbindung der Präposition **de** mit dem Relativpronomen entstanden **(de le, de la, de les).**

Où kann sich nur auf Dinge beziehen. Es kann räumlich und zeitlich gebraucht werden :
Räumlich. Ex. : *Le village* **où** *il habite.*
Zeitlich. Ex. : *L'hiver* **où** *il a fait si froid.*

ADVERBIEN

Adverbien sind :
1. die **ursprünglichen Adverbien** (die einfachen Wörter) : **bien, fort, toujours, là,** usw.
2. Wendungen : **somme toute, de surcroît, tout de suite...**
3. **Adverbien der Art und Weise auf « ment ».** Die meisten Adverbien der Art und Weise werden gebildet, indem man an die feminine Form der Adjektive die Endung **ment** anfügt. Ex. : *heur***eux,** *heur***euse,** *heureuse***ment.**

Es gibt einige Ausnahmen :

Die Adjektive auf **ant** und **ent** bilden ihre Adverbien auf die Endung **amment** und **emment.** Ex. : *savant, sav***amment ;** *prud***ent,** *prud***emment.**

Bestimmte Adjektive bilden ihre Adverbien auf die Endung **ément.** Ex. : *précis, précis***ément ;** *profond, profond***ément.**

Die vokalisch auslautenden Adjektive haben das **e** des Femininums oft verloren (manchmal wird es durch einen Zirkumflex ersetzt). Ex. : *hardi, hardi***ment ;** *assidu, assid***ûment ;** *goulu, goul***ûment.**

Zu manchen Adverbien der Art und Weise gibt es kein Adjektiv mehr oder das Adjektiv existiert nur im Altfranzösischen. Ex. : *bref, briè***vement ; sciemment.**

Einige Adverbien auf **ment** sind von Substantiven abgeleitet. Ex. : *bête***ment ;** *diable***ment.**

Die Adverbien der Art und Weise können wie die Adjektive gesteigert werden (besitzen einen Komparativ und einen Superlativ). Ex. : *Il réfléchit plus longuement ; il est vêtu très élégamment.*

PRÄPOSITIONEN

DIE FORMEN DER PRÄPOSITIONEN

Ursprüngliche Präpositionen : **à, après, avant, avec, chez, contre, de, depuis, derrière, dès, devant, en, entre, envers, outre, par, parmi, pendant, pour, près, sans, sous, sur, vers,** usw.

Ehemalige Partizipien oder Adjektive : **attendu, concernant, durant, excepté, moyennant, passé, plein, suivant, supposé, touchant, vu,** usw.

Präpositionale Wendungen : **à cause de, afin de, à force de, à travers, au-dessus de, auprès de, d'après, de façon à, en dépit de, faute de, grâce à, hors de, jusqu'à, loin de, par rapport à,** usw.

GEBRAUCH DER PRÄPOSITIONEN

Die Präpositionen werden im allgemeinen vor jedem Objekt wiederholt, aber der Gebrauch ist fließend. Ex. : *Il me reçut* **avec** *amabilité et même* **(avec)** *une certaine satisfaction.*

Die Präpositionen **à, de, en** werden nicht wiederholt :

In feststehenden Wendungen. Ex. : **En** *mon âme et conscience.*

In einer Aufeinanderfolge von Synonymen. Ex. : *Je m'adresse* **au** *collègue et ami.*

Wenn die Zahladjektive durch **ou** verknüpft sind. Ex. : *La tour s'élève à trois cents* **ou** *trois cent dix mètres.*

Bei Aufzählungen, die eine Gruppe bilden. Ex. : *La pièce est* **en** *cinq actes et dix tableaux.*

KONJUNKTIONEN

Die **Konjunktionen** dienen zur Verbindung zweier Wörter oder zweier Satzglieder.

Konjunktionen sind : **et, ou, ni, mais, or, car, donc, si, sinon, comme, quand, que, lorsque, afin que, puisque,** und die mit **que** gebildeten Konjunktionswendungen : **après que, avant que, pendant que.**

Nach den Konjunktionen **afin que, à moins que, avant que, bien que, de crainte que, encore que, jusqu'à ce que...** muß für das Zeitwort des Nebensatzes der Subjonctif gebraucht werden. Ex. : *Afin que vous le sachiez ; jusqu'à ce qu'ils viennent.*

VERBEN

KONJUGATION DER VERBEN

Die französischen Verben können je nach der Form ihrer Endung in drei Gruppen eingeteilt werden.

Die ersten beiden Gruppen umfassen die sogenannten produktiven Konjugationen, unter welche alle neuen Verben fallen. Ex. : *photographi***er**, *téléphon***er**, *amerr***ir.**

1. Verben mit der Infinitivendung **er.** Ex. : *aim***er.** Diese Gruppe ist am bedeutendsten, da sie etwa vier Fünftel der französischen Verben umfaßt.

2. Verben mit der Infinitivendung **ir.** Ex. : *fin***ir ;** im Imparfait **issais.**

3. Die dritte Gruppe umfaßt etwa hundert unregelmäßige Verben mit der Infinitivendung **ir, re, oir** und das Verb **aller.** Der Stamm dieser Verben ist veränderlich.

Diese Konjugation ist eine erstarrte Konjugation, da sie durch keine neuen Verben mehr bereichert wird.

Die Verbformen dieser Gruppe sind kompliziert und neigen dazu, aus dem Sprachgebrauch zu verschwinden. Leichter zu konjugierende Verben nehmen ihren Platz ein. **Se rappeler** hat das Verb **se souvenir** verdrängt ; ebenso haben **fermer, clôturer** das Verb **clore** verdrängt.

ERLÄUTERUNGEN ZUR RECHTSCHREIBUNG

1. Die Verben, deren vorletzte Silbe im Infinitiv ein stummes **e** oder ein geschlossenes **e** enthält, verändern dieses in ein offenes **e,** wenn die Verbform auf ein stummes **e** endet. Ex. : **espérer,** *espère, il espère.*

2. Die Verben auf **cer** haben ein **ç** vor **a** und **o.** Ex. : *per***cer**, *je per***çais.**

3. Die Verben auf **ger** fügen ein stummes **e** vor den mit **a** und **o** anlautenden Endungen ein. Ex. : *man***ger,** *je man***geais.**

4. Die meisten Verben auf **eler** et **eter** verdoppeln **l** oder **t** vor einem stummen **e.** Ex. : *appe***ler,** *j'appe***lle ;** *je***ter,** *je je***tte.**

5. Die Verben auf **yer** verändern das **y** in **i** vor einem stummen **e.** Ex. : *plo***yer,** *je plo***ie.**

ENDUNGEN DER DREI KONJUGATIONSARTEN

TEMPS	INFINITIF **-er**		**-ir**		**-ir, -re, -oir** *(1)*
INDICATIF PRÉSENT	e es e	ons ez ent	is is it	issons issez issent	s ons s ez -, t ent
IMPARFAIT	ais ais ait	ions iez aient	issais issais issait	issions issiez issaient	ais ions ais iez ait aient
PASSÉ SIMPLE	ai as a	âmes âtes èrent	is is it	îmes îtes irent	us ûmes | is îmes us ûtes | is îtes ut urent | it irent
FUTUR	erai eras era	erons erez eront	irai iras ira	irons irez iront	rai rons ras rez ra ront
CONDITIONNEL PRÉSENT	erais erais erait	erions eriez eraient	irais irais irait	irions iriez iraient	rais rions rais riez rait raient
SUBJONCTIF PRÉSENT	e es e	ions iez ent	isse isses isse	issions issiez issent	e ions es iez e ent
IMPARFAIT DU SUBJONCTIF	asse asses ât	assions assiez assent	isse isses ît	issions issiez issent	usse ussions | isse issions usses ussiez | isses issiez ût ussent | ît issent
IMPÉRATIF	e ons ez		is issons issez		s ons ez
PARTICIPE PRÉSENT	ant		issant		ant
PARTICIPE PASSÉ	é, ée		i, ie		u, ue | i, ie

1. verbunden mit mehreren Stammformen

DIE MEIST GEBRAUCHTEN UNREGELMÄßIGEN UND UNVOLLSTÄNDIGEN VERBEN

Unter **unregelmäßigen Verben** versteht man diejenigen Verben, deren Stamm nicht in allen Zeiten derselbe bleibt.

Unter **unvollständigen Verben** versteht man diejenigen Verben, die man nicht in allen Zeiten, Aussageweisen und Personen konjugieren kann.

Diese Verben sind folgende :

absoudre pr. ind. : *absous, absous, absout, absolvons, absolvez, absolvent.* Imp. : *absolvais.* Fut. : *absoudrai.* Impér. : *absolvons, absolvez.* pr. subj. : *absolve, absolvions.* Part. prés. : *absolvant.* Part. pass. : *absous, absoute.* Kein pass. simple.

abstraire pr. ind. : *abstrais, abstrayons.* Imp. : *abstrayais.* Fut. : *abstrairai.* Impér. : *abstrais, abstrayons, abstrayez.* pr. subj. : *abstraie, abstrayions.* Part. prés. : *abstrayant.* Part. pass. : *abstrait.* Kein pass. simple.

accroire wird nur im Infinitiv gebraucht und immer mit dem Verb **faire.**

acquérir pr. ind. : *acquiers, acquiers, acquiert, acquérons, acquérez, acquièrent.* Imp. : *acquérais.* Pass. simple : *acquis, acquîmes.* Fut. : *acquerrai.* pr. subj. : *acquière.* Part. prés. : *acquérant.* Part. pass. : *acquis.*

advenir wird nur in der dritten Person gebraucht. (V. VENIR.)

aller pr. ind. : *vais, vas, va, allons, allez, vont.* Imp. : *allais.* Fut. : *irai.* Impér. : *va (vas-y), allons, allez.* pr. subj. : *aille.* Imp. subj. : *allasse.* Part. prés. : *allant.* Part. pass. : *allé.*

apparoir wird nur in der Form : *il appert* gebraucht.

asseoir pr. ind. : *assieds, assieds, assied, asseyons, asseyez, asseyent.* Imp. : *asseyais, asseyions.* Pass. simple : *assis, assîmes.* Fut. : *assiérai.* Condit. : *assiérais.* Impér. : *assieds, asseyons.* pr. subj. : *asseye, asseyions.* Part. prés. : *asseyant.* Part. pass. : *assis.*

Im bildlichen Sinn gebraucht. Pr. ind. : *assois, assoyons.* Fut. : *assoirai.* Impér. : *assois.* pr. subj. : *assoie, assoyions.*

avoir pr. ind. : *ai, as, a, avons, avez, ont.* Imparf. : *avais, avais, avait, avions, aviez, avaient.* Pass. simple : *eus, eûmes.* Fut. : *aurai, auras, aurons.* Condit. : *aurais, aurions.* Impér. : *aie, ayons, ayez.* pr. subj. : *aie, ayons.* Imparf. subj. : *eusse, eût, eussions.* Part. prés. : *ayant.* Part. pass. : *eu.*

battre pr. ind. *bats, battons.* Impér. : *battais.* Pass. simple : *battis.* Fut. : *battrai.* Condit. : *battrais.* Impér. : *bats, battons, battez.* pr. subj. : *batte.* Part. prés. : *battant.* Part. pass. : *battu.*

boire pr. ind. : *bois, bois, boit, buvons, buvez, boivent.* Imp. : *buvais.* Pass. simple : *bus.* Fut. : *boirai.* Condit. : *boirais.* Impér. : *bois, buvons, buvez.* pr. subj. : *boive, buvions.* Imp. subj. : *busse, bût.* Part. pr. : *buvant.* Part. pass. : *bu.*

bouillir pr. ind. : *bous, bous, bout, bouillons, bouillez, bouillent.* Imp. : *bouillais.*

braire wird nur in der dritten Person gebraucht. Pr. ind. : *brait, braient.* Fut. : *braira, brairont.*

bruire wird nur in der dritten Person gebraucht. Pr. ind. : *bruit, bruissent.* Imp. : *bruissait.* Part. pr. : *bruissant.*

choir nur in wenigen Formen gebraucht. Pass. simple : *chus, chûmes.* Part. pass. : *chu.*

circoncire pr. ind. : *circoncis, circoncisons.* Imp. : *circoncisais.* Pass. simple : *circoncis, circoncîmes.* Part. pass. : *circoncis.*

clore wird nur in den folgenden Zeiten gebraucht. Pr. ind. : *clos, clos, clôt* (keine Mehrzahl). Fut. : *clorai, clorons.* Condit. : *clorais, clorions.* pr. subj. : *close, closions.* Part. pass. : *clos.*

conclure pass. simple : *conclus.* Imp. subj. : *conclusse, conclût.* Part. pr. : *concluant.* Part. pass. : *conclu.*

coudre pr. ind. : *couds, cousons.* Imp. : *cousais.* Fut. : *coudrai.* Impér. : *couds, cousons, cousez.* pr. subj. : *couse.* Part. pr. : *cousant.* Part. pass. : *cousu.*

courir (und die mit **courir** zusammengesetzten Verben). Pr. ind. : *cours, courons.* Imp. : *courais.* Pass. simple : *courus.* Fut. : *courrai.* Condit. : *courrais.* Impér. : *cours, courons, courez.* pr. subj. : *coure.* Imp. subj. : *courusse.* Part. prés. : *courant.* Part. pass. *couru.*

croire pr. ind. : *crois, croyons.* Imp. : *croyais.* Pass. simple : *crus.* Fut. : *croirai.* Condit. : *croirais.* pr. subj. : *croie.* Imp. subj. : *crusse, crût, crussions.* Part. pr. : *croyant.* Part. pass. : *cru.*

croître pr. ind. : *croîs, croît, croissons, croissez, croissent.* Imp. : *croissais.* Pass. simple : *crûs.* Fut : *croîtrai.* Condit. : *croîtrais.* Impér. : *croissons, croissez.* pr. subj. : *croisse.* Imp. subj. : *crusse, crût, crussions.* Part. pr. : *croissant.* Part. pass. : *crû, crue.*

cueillir pr. ind. : *cueille, cueillons.* Imp. : *cueillais.* Pass. simple : *cueillis.* Fut. : *cueillerai.* Condit. : *cueillerais.* Impér. : *cueille, cueillons, cueillez.* pr. subj. : *cueille, cueillions.* Imp. subj. : *cueillisse, cueillissions.* Part. pr. : *cueillant.* Part. pass. : *cueilli.*

déchoir pr. ind. : *déchois, déchois, déchoit, déchoyons, déchoyez, déchoient.* Pass. simple : *déchus.* Fut. : *décherrai.* Condit. : *décherrais.* pr. subj. : *déchoie, déchoyions.* Imp. subj. : *déchusse.* Part. pass. : *déchu.* Kein imp. Kein part. prés.

défaillir pr. ind. : *défaus, défaus, défaut* (alte Formen) ; *défaillons, défaillez, défaillent.* Imp. : *défaillais.* Pass. simple : *défaillis.* Part. prés. : *défaillant.* Die anderen Formen existieren nicht.

devoir pr. ind. : *dois, dois, doit, devons, devez, doivent.* Imp. : *devais.* Pass. simple : *dus.* Fut. : *devrai.* Condit. : *devrais.* Impér. : *dois, devons, devez.* pr. subj. : *doive.* Imp. subj. : *dusse, dût, dussions.* Part. pr. : *devant.* Part. pass. : *dû, due, dus.*

dire pr. ind. : *dis, dis, dit, disons, dites, disent.* Imp. : *disais.* Pass. simple : *dis.* Fut. : *dirai.* Condit. : *dirais.* Impér. : *dis, disons, dites.* pr. subj. : *dise, disions.* Imp. subj. : *disse, dît.* Part. prés. : *disant.* Part. pass. : *dit.*

dormir (und die mit **dormir** zusammengesetzten Verben). Pr. ind. : *dors, dormons.* Imp. : *dormais.* Pass. simple : *dormis.* Fut. : *dormirai.* Condit. : *dormirais.* Impér. : *dors, dormons, dormez.* pr. subj. : *dorme.* Imp. subj. : *dormisse.* Part. prés. : *dormant.* Part. pass. : *dormi.*

échoir wird nur in der dritten Person gebraucht. Pr. ind. : *échoit, échoient.* Pass. simple : *échut, échurent.* Fut. : *écherra.* Condit. : *écherrait.* Part. prés. : *échéant.* Part. pass. : *échu.*

éclore wird nur in der dritten Person gebraucht. Pr. ind. : *éclôt, éclosent.* Fut. : *éclora.* Condit. : *éclorait.* pr. subj. : *éclose.* Part. pass. : *éclos.*

écrire (und die mit **écrire** gebildeten Verben). Pr. ind. : *écris, écrivons.* Imp. : *écrivais.* Pass. simple : *écrivis.* Fut. : *écrirai.* Condit. : *écrirais.* Impér. : *écris, écrivons, écrivez.* pr. subj. : *écrive, écrivions.* Imp. subj. : *écrivisse.* Part. prés. : *écrivant.* Part. pass. : *écrit.*

ensuivre (s') wird nur in der dritten Person gebraucht. (V. SUIVRE.)

envoyer pr. ind. : *envoie, envoyons.* Imp. : *envoyais.* Fut. : *enverrai.* Condit. : *enverrais.* pr. subj. : *envoie, envoyions.* Part. prés. : *envoyant.* Part. pass. *envoyé.*

éprendre (s') wird wie **prendre** konjugiert ; wird aber besonders im part. pass. **épris** gebraucht.

être pr. ind. : *suis, es, est, sommes, êtes, sont.* Imparf. : *étais, étions.* Pass. simple : *fus, fûmes.* Fut. : *serai, serons.*

Condit. : *serais, serions.* Impér. : *sois, soyons, soyez.* pr. subj. : *sois, soyons.* Imparf. subj. : *fusse, fût, fussions.* Part. prés. : *étant.* Part. pass. : *été* (unveränderliche Form).

exclure wird wie **conclure** konjugiert.

faillir wird nur in den folgenden Zeiten gebraucht. Pass. simple : *faillis, faillîmes.* Fut. : *faillirai* oder *faudrai.* Condit. : *faillirais* oder *faudrais.* Part. prés. : *faillant.* Part. pass. : *failli.*

faire pr. ind. : *fais, fais, fait, faisons, faites, font.* Imp. : *faisais, faisions.* Pass. simple : *fis, fîmes.* Fut. : *ferais, ferons.* Condit. : *ferais, ferions.* Impér. : *fais, faisons, faites.* pr. subj. : *fasse, fassions.* Imp. subj. : *fisse, fît, fissions.* Part. prés. : *faisant.* Part. pass. : *fait.*

falloir wird nur in der dritten Person gebraucht. Pr. ind. : *faut.* Imp. : *fallait.* Pass. simple : *fallut.* Fut. : *faudra.* Condit. : *faudrait.* pr. subj. : *faille.* Imp. subj. : *fallût.* Part. pass. : *fallu.*

férir der Infin. wird nur im Satz : *sans coup férir* gebraucht. Das part. pass. *féru* wird nur als Adjektiv gebraucht.

forfaire wird nur im Infin. und in den zusammengesetzten Zeiten gebraucht.

frire bei fehlenden Formen wird das Verb **frire** mit dem Infin. **faire** gebraucht : *nous faisons frire.*

fuir pr. ind. : *fuis, fuyons.* Imp. : *fuyais, fuyions.* Pass. simple : *fuis.* Fut. : *fuirai.* Condit. : *fuirais.* Impér. : *fuis, fuyons, fuyez.* pr. subj. : *fuie.* Part. prés. : *fuyant.* Part. pass. : *fui.*

gésir wird nur in den folgenden Zeiten gebraucht. Pr. ind. : *gît, gisons, gisez, gisent.* Imp. : *gisais, gisions.* Part. prés. : *gisant.*

haïr pr. ind. : *hais, hais, hait, haïssons, haïssez, haïssent.* Imp. : *haïssais.* Pass. simple : *haïs, haïmes.* Fut. : haïrai. Condit. : *haïrais.* pr. subj. : *haïsse.* Part. prés. : *haïssant.* Part. pass. : *haï.*

joindre pr. ind. : *joins, joins, joint, joignons, joignez, joignent.* Fut. : *joindrai, joindrons.* Condit. : *joindrais.* pr. subj. : *joigne.* Part. prés. : *joignant.* Part. pass. : *joint.*

lire pr. ind. : *lis, lisons.* Imp. : *lisais, lisions.* Pass. simple : *lus, lûmes.* Fut. : *lirai.* Condit. : *lirais, lirions.* Impér. : *lis, lisons, lisez.* pr. subj. : *lise.* Imp. subj. : *lusse, lût, lussions.* Part. prés. : *lisant.* Part. pass. : *lu.*

luire pr. ind. : *luis, luisons.* Imp. : *luisais.* Fut. : *luirai.* Condit. : *luirais.* pr. subj. : *luise.* Part. prés. : *luisant.* Part. pass. : *lui.*

maudire pr. ind. : *maudis, maudis, maudit, maudissons, maudissez, maudissent.* Imp. : *maudissais.* Pass. simple : *maudis.* Fut. : *maudirai.* Condit. : *maudirais.* pr. subj. : *maudisse, maudissions.* Part. prés. : *maudissant.* Part. pass. : *maudit.*

médire wird wie **dire** konjugiert. Ausnahmen sind pr. ind. und impér. : *médisez.*

mettre pr. ind. : *mets, mettons.* Imp. : *mettais.* Pass. simple : *mis.* Fut. : *mettrai, mettrons.* Condit. : *mettrais.* Impér. : *mets, mettons, mettez.* pr. subj. : mette. Imp. subj. : *misse, mît, missions.* Part. pr. : *mettant.* Part. pass. : *mis.*

moudre pr. ind. : *mouds, mouds, moud, moulons, moulez, moulent.* Imp. : *moulais.* Pass. simple : *moulus.* Fut. : *moudrai.* Condit. : *moudrais.* Impér. : *mouds, moulons, moulez.* pr. subj. : *moule, moulions.* Imp. subj. : *moulusse, moulût.* Part. prés. : *moulant.* Part. pass. : *moulu.*

mourir pr. ind. : *meurs, meurs, meurt, mourons, mourez, meurent.* Imp. : *mourais.* Pass. simple : *mourus.* Fut. : *mourrai.* Condit. : *mourrais.* Impér. : *meurs, mourons, mourez.* pr. subj. : *meurs, mourions.* Imp. subj. : *mourusse, mourût.* Part. pr. : *mourant.* Part. pass. : *mort.*

mouvoir pr. ind. : *meus, meus, meut, mouvons, mouvez, meuvent.* Imp. : *mouvais, mouvions.* Pass. simple : *mus.* Fut. : *mouvrai.* Condit. : *mouvrais.* Impér. : *meus, mouvons, mouvez.* pr. subj. : *meuve.* Imp. subj. : *musse, mût.* Part. prés. : *mouvant.* Part. pass. : *mû (f. mue).*

naître pr. ind. : *nais, nais, naît, naissons, naissez, naissent.* Imp. : *naissais.* Pass. simple : *naquis, naquîmes.* Fut. : *naîtrai.* Condit. : *naîtrais.* pr. subj. : *naisse.* Imp. subj. : *naquisse, naquît.* Part. prés. : *naissant.* Part. pass. : *né.*

nuire wird wie **luire** konjugiert. Ausnahmen sind : Pass. simple : *nuisis, nuisîmes.* Imp. subj. : *nuisisse, nuisît.*

oindre nur in den Formen part. pass. : *oint* und imp. : *oignait* gebraucht und in dem Sprichwort : *oignez vilain, il vous poindra.*

ouïr nur in den Formen infin., impér. : *oyez,* part. pass. : *ouï* und in den zusammengesetzten Zeiten gebraucht (mit **avoir** gebildet).

ouvrir pr. ind. : *ouvre, ouvrons.* Imp. : *ouvrais.* Pass. simple : *ouvris.* Fut. : *ouvrirai.* Condit. : *ouvrirais.* Impér. : *ouvre, ouvrons, ouvrez.* pr. subj. : *ouvre.* Imp. subj. : *ouvrisse, ouvrît.* Part. prés. : *ouvrant.* Part. pass. : *ouvert.*

paître gewöhnlich in der dritten Person. pr. ind. : *paît, paissent.* Imp. : *paissait.* Fut. : *paîtra.* Condit. : *paîtrait.* Hat weder pass. simple noch part. pass.

plaire pr. ind. : *plais, plaît, plaisons.* Imp. : *plaisais.* Pass. simple : *plus.* Fut. : *plairai.* Condit. : *plairais.* pr. subj. : *plaise.* Imp. subj. : *plusse, plût.*

pleuvoir (v. impers.). Pr. ind. : *pleut.* Imp. : *pleuvait.* Pass. simple : *plut.* Fut. : *pleuvra.* Condit. : *pleuvrait.* pr. subj. : *pleuve.* Part. prés. : *pleuvant.* Part. pass. : *plu.*

poindre pr. ind. : *point.* Fut. : *poindra.* Condit. : *poindrait.* Part. prés. : *poignant.* Part. pass. : *point.*

pourvoir pr. ind. : *pourvois, pourvoyons.* Imp. : *pourvoyais.* Pass. simple : *pourvus.* Fut. : *pourvoirai.* Condit. : *pourvoirais.* pr. subj. : *pourvoie.* Imp. subj. : *pourvusse.* Part. prés. : *pourvoyant.* Part. pass. : *pourvu.*

pouvoir pr. ind. : *peux* oder *puis, peux, peut, pouvons, pouvez, peuvent.* Imp. : *pouvais, pouvions.* Pass. simple : *pus, pûmes.* Fut. : *pourrai, pourrons.* Condit. : *pourrais.* pr. subj. : *puisse, puissions.* Imp. subj. : *pusse, pût, pussions.* Part. prés. : *pouvant.* Part. pass. : *pu.*

prendre pr. ind. : *prends, prenons.* Imp. : *prenais.* Pass. simple : *pris.* Fut. : *prendrai.* Condit. : *prendrais.* Impér. : *prends, prenons, prenez.* pr. subj. : *prenne, prenions.* Imp. subj. : *prisse, prît, prissions.* Part. prés. : *prenant.* Part. pass. : *pris.*

prévaloir wird wie **valoir** konjugiert. Ausnahmen sind pr. subj. : *prévale, prévalions.*

prévoir wird wie **voir** konjugiert. Ausnahmen sind fut. : *prévoirai, prévoirons* und condit. : *prévoirais, prévoirions.*

promouvoir wird wie **mouvoir** konjugiert. Besonders im part. pass. : *promu* gebraucht.

quérir nur im Infin., nach den Verben **aller, venir, envoyer** gebraucht.

réduire pr. ind. : *réduis, réduisons.* Imp. : *réduisais.* Pass. simple : *réduisis.* Fut. : *réduirai.* Condit. : *réduirais.* Impér. : *réduis, réduisons, réduisez.* pr. subj. : *réduise.* Imp. subj. : *réduisisse, réduisît.* Part. prés. : *réduisant.* Part. pass. : *réduit.*

repaître wie **paître** konjugiert, besitzt aber pass. simple : *repus, repûmes.* Imp. subj. : *repusse, repût.* Part. pass. : *repu.*

résoudre pr. ind. : *résous, résolvons.* Imp. : *résolvais.* Pass. simple : *résolus.* Fut. : *résoudrai.* Condit. : *résoudrais.* Impér. : *résous, résolvons, résolvez.* pr. subj. : *résolve.* Imp. subj. : *résolusse.* Part. prés. : *résolvant.* Part. pass. : *résolu ;* Chim. *résous.*

ressortir wird wie **sortir** konjugiert. (JUR. wie **finir**). pr. ind. : *ressortit.* Imp. : *ressortissais.* Part. prés. : *ressortissant.*

rire pr. ind. : *ris, rions.* Imp. : *riais, riions.* Pass. simple : *ris, rîmes.* Fut. : *rirai.* Condit. : *rirais.* Impér. : *ris, rions, riez.* pr. subj. : *rie, riions.* Imp. subj. : *risse, rît, rissions.* Part. prés. : *riant.* Part. pass. : *ri.*

saillir wird nur in der dritten Person gebraucht.

savoir pr. ind. : *sais, savons.* Imp. : *savais, savions.* Pass. simple : *sus, sûmes.* Fut. : *saurai, saurons.* Condit. : *saurais, saurions.* Impér. : *sache, sachons, sachez.* pr. subj. : *sache, sachions.* Imp. subj. : *susse, sût, sussions.* Part. prés. : *sachant.* Part. pass. : *su.*

sentir pr. ind. : *sens, sentons.* Imp. : *sentais.* Pass. simple : *sentis.* Fut. : *sentirai.* Condit. : *sentirais.* Impér. : *sens, sentons, sentez.* pr. subj. : *sente, sentions.* Imp. subj. : *sentisse, sentît.* Part. prés. : *sentant.* Part. pass. : *senti.*

seoir nur in part. prés. : *séant,* und part. pass. : *sis* gebraucht.

servir pr. ind. : *sers, servons.* Imp. : *servais.* Pass. simple : *servis.* Fut. : *servirai.* Condit. : *servirais.* Impér. : *sers, servons, servez.* pr. subj. : *serve.* Imp. subj. : *servisse.* Part. prés. : *servant.* Part. pass. : *servi.*

sourdre nur in der dritten Person des pr. ind. gebraucht : *sourd, sourdent.*

suffire pr. ind. : *suffis, suffisons.* Imp. : *suffisais.* Pass. simple : *suffis.* Fut. : *suffirai.* Condit. : *suffirais.* Impér. : *suffis, suffisons, suffisez.* pr. subj. : *suffise.* Imp. subj. : *suffisse.* Part. prés. : *suffisant.* Part. pass. : *suffi.*

suivre pr. ind. : *suis, suivons.* Imp. : *suivais.* Pass. simple : *suivis.* Fut. : *suivrai.* Condit. : *suivrais.* Impér. : *suis, suivons, suivez.* pr. subj. : *suive.* Imp. subj. : *suivisse.* Part. prés. : *suivant.* Part. pass. : *suivi.*

surseoir wird hauptsächlich im Infinitiv und part. pass. : *sursis* gebraucht.

tenir V. VENIR.

vaincre pr. ind. : *vaincs, vaincs, vainc, vainquons, vainquez, vainquent.* Imp. : *vainquais.* Pass. simple : *vainquis.* Fut. : *vaincrai.* Condit. : *vaincrais.* pr. subj. : *vainque.* Imp. subj. : *vainquisse.* Part. prés. : *vainquant.* Part. pass. : *vaincu.*

valoir pr. ind. : *vaux, vaux, vaut, valons, valez, valent.* Imp. : *valais.* Pass. simple : *valus.* Fut. : *vaudrai.* Condit. : *vaudrais.* Impér. : *vaux, valons, valez.* pr. subj. : *vaille.* Imp. subj. : *valusse.* Part. prés. : *valant.* Part. pass. : *valu.*

venir pr. ind. : *viens, venons.* Imp. : *venais.* Pass. simple : *vins.* Fut. : *viendrai.* pr. subj. : *vienne, venions.* Imp. subj. : *vinsse.* Part. prés. : *venant.* Part. pass. : *venu.* (Nach demselben Typ : **tenir** und die zusammengesetzten Verben auf *tenir,* sowie die Ableitungen von *venir.*)

vêtir pr. ind. : *vêts, vêts, vêt, vêtons, vêtez, vêtent.* Imp. : *vêtais.* Pass. simple : *vêtis.* Fut. : *vêtirai.* Condit. : *vêtirais.* pr. subj. : *vête.* Imp. subj. : *vêtisse.* Part. prés. : *vêtant.* Part. pass. : *vêtu.*

vivre pr. ind. : *vis, vis, vit, vivons, vivez, vivent.* Imp. : *vivais.* Pass. simple : *vécus.* Fut. : *vivrai.* Condit. : *vivrais.* Impér. : *vis, vivons, vivez.* pr. subj. : *vive.* Imp. subj. : *vécusse.* Part. prés. : *vivant.* Part. pass. : *vécu.*

voir pr. ind. : *vois, vois, voit, voyons, voyez, voient.* Imp. : *voyais, voyions.* Pass. simple : *vis, vîmes.* Fut. : *verrai.* Condit. : *verrais.* Impér. : *vois, voyons, voyez.* pr. subj. : *voie, voyions.* Imp. subj. : *visse, vît.* Part. prés. : *voyant.* Part. pass. : *vu.*

vouloir pr. ind. : *veux, veux, veut, voulons, voulez, veulent.* Imp. : *voulais.* Fut. : *voudrai.* Condit. : *voudrais.* Impér. : *veux, voulons, voulez* ou *veuille, veuillons, veuillez.* pr. subj. : *veuille.* Imp. subj. : *voulusse.* Part. prés. : *voulant.* Part. pass. : *voulu.*

VERÄNDERLICHKEIT DES PARTIZIPS PERFEKT

1. Das mit **être** verbundene Partizip richtet sich in Zahl und Geschlecht nach dem Subjekt. Ex. : *Elle est venue ; ils sont ven***us.**

BESONDERHEITEN. – Nach zwei männlichen Subjekten im Singular steht das Partizip wie jedes Adjektiv in der Pluralform des Maskulinums. Ex. : *Le frère et le cousin sont ven***us.**

Nach zwei weiblichen Subjekten im Singular steht das Partizip in der Pluralform des Femininums. Ex. : *La mère et la fille sont ven***ues.**

Nach zwei Subjekten, von denen das eine im Maskulinum Singular steht und das andere im Femininum Singular, erhält das Partizip die Pluralform des Maskulinums. Ex. : *Le père et la mère sont ven***us.**

Nach den Höflichkeitsformen **nous** und **vous** steht das Partizip im Maskulinum Singular oder im Femininum Singular. Ex. : *Nous (der Minister) sommes venu. Vous, Madame, êtes venue.*

Nach **on** (wenn es sich auf eine Frau bezieht) steht das Partizip im Femininum Singular. Ex. : *Comme on est bien habillée !*

Die Partizipien **approuvé, attendu, certifié, reçu, excepté, lu, supposé, vu, y compris, étant donné** bleiben unveränderlich, wenn sie einem Substantiv unmittelbar vorangestellt sind. Ex. : **y compris** *les taxes ;* **excepté** *les enfants.*

2. Das mit **avoir** verbundene Partizip richtet sich nach seinem vorausgehenden Akkusativobjekt, bleibt aber unverändert, wenn das Akkusativobjekt nach dem Verb kommt. Ex. : *La garantie qu'il a donn***ée** ; *il a donn***é** *une garantie.*

BESONDERHEITEN – Für die sowohl transitiv wie intransitiv gebrauchten Verben gilt die Regel der Übereinstimmung mit dem vorangehenden Akkusativobjekt nur für den Fall des transitiven Gebrauchs. Ex. : *Les erreurs qu'il a fai***tes** *; la chaleur qu'il a fai***t.**

Das Partizip Perfekt der unpersönlichen Verben ist immer unveränderlich. Ex. : *Il a plu ; il a neigé.*

Das Partizip Perfekt in Verbindung mit einem Infinitif : es richtet sich nach dem vorangehenden Akkusativobjekt, wenn es die vom Infinitiv ausgedrückte Handlung vollendet. Ex. : *La femme que j'ai entend***ue** *chanter ; les fruits que j'ai* **vus** *mûrir.* Im entgegengesetzten Fall bleibt das Partizip Perfekt unveränderlich. Ex. : *la chanson que j'ai entend***u** *chanter* (par qqn) ; *les fruits que j'ai* **vu** *cueillir.*

MERKE. – Das Partizip Perfekt der reflexiven Verben :

• Richtet sich in Zahl und Geschlecht nach dem Subjekt, wenn das vorangehende Reflexivpronomen ein Akkusativobjekt darstellt. Ex. : *Ils se sont* **vus** *dans la glace,* aber *elle s'est off***ert** *un livre* (**s'** ist Dativobjekt).

Eine Ausnahme bilden die Partizipien der *Verben* **se rire (de), se plaire (à),** welche immer unveränderlich sind.

• In Verbindung mit den reflexiv gebrauchten Verben, die aber keine reflexiven Verben im eigentlichen Sinne sind, steht das Verb **être** an der Stelle von **avoir** und das Partizip Perfekt richtet sich folglich nach dem vorangehenden Akkusativobjekt. Ex. : *Les pouvoirs qu'elles se sont donn***és.**

ZUM GEBRAUCH DES IMPARFAIT DU SUBJONCTIF

(erste Vergangenheitsform des Konjunktivs)

Diese Form ist aus der Umgangssprache verschwunden und wird von den modernen Schriftstellern immer weniger gebraucht, weil sie im heutigen Sprachgefühl als pedantisch empfunden wird. Außerdem klingen die Formen der ersten und zweiten Person oft eigenartig und etwas lächerlich. Streng genommen sollte man schreiben : *Il souhaitait que vous arrivassiez de bonne heure.* Ein solcher Satz wird aber nicht mehr geschrieben und das Zeitwort des Nebensatzes wird im Präsens des Konjunktivs gebraucht *(... que vous arriviez).*

Nur noch die dritte Person des Imparfait du Subjonctif scheint heute weitgehend gebraucht zu werden : *Je doutais que la chose fût vraie.* In der dritten Person kommt ein Zirkumflex auf den Vokal der Verbendung.

ABRÉVIATIONS FRANÇAISES
FRANZÖSISCHE ABKÜRZUNGEN

A	ampère	Ampere (A)
A. C.	ancien combattant	Kriegsveteran
A. D.	Anno Domini	Anno Domini (A.D.) ; im Jahre des Herrn
A. F.	allocations familiales	Familienbeihilfe
A. F.-P.	Agence France-Presse	Frz. Presseagentur
A. N. P. E.	Agence nationale pour l'emploi	frz. Zentralstelle für Arbeitsvermittlung
apr. J.-S.	après Jésus-Christ	nach Christi Geburt (n. Chr.)
A. R.	altesse royale	Königliche Hoheit
A. S.	association sportive	Sportverein
av.	avenue	Avenue
av. J.-C.	avant Jésus-Christ	vor Christi Geburt (v. Chr.)
B. A.	bonne action	[Pfadfinder] gute Tat
bd	boulevard	Boulevard
B. I. T.	Bureau international du travail	internationale Arbeitsorganisation (IAO)
B. N.	Bibliothèque nationale	frz. Nationalbibliothek
B. O.	Bulletin officiel	Amtsblatt
B. P.	boîte postale	Postfach
B. P. F.	bon pour francs	in Francs
B. T. S.	brevet de technicien supérieur	Technikerdiplom
c	centime	Centime (Ct.)
c.-à-d.	c'est-à-dire	das heißt (d.h.)
C. A. O.	conception assistée par ordinateur	computergestützte Konzeption
c/c	compte courant	Kontokorrent
C. C.	corps consulaire	Konsularisches Korps (CC)
C. C. P.	compte courant postal	Postgirokonto
C. D.	corps diplomatique	Diplomatisches Korps (CD)
C. E.	comité d'entreprise	Betriebsrat
	Communauté européenne	Europäische Gemeinschaft (EG)
C. E. A.	Commissariat à l'énergie atomique	Kommissariat für Atomenergie
C. E. C. A.	Communauté européenne du charbon et de l'acier	Europäische Gemeinschaft für Kohle und Stahl (EGKS) ; Montanunion
C. E. E.	Communauté économique européenne	Europäische Wirtschaftsgemeinschaft (EWG)
C. E. R. N.	Conseil européen de recherche nucléaire	Europäische Organisation für Kernforschung (O. E. R. N.)
C. E. S.	collège d'enseignement secondaire	Sekundarschule
C. E. T.	collège d'enseignement technique	Berufsfachschule
cf.	*confer,* comparez	siehe (s.)
C. F. D. T.	Confédération française démocratique du travail	Demokratischer Gewerkschaftsbund (sozialistisch ausgerichtet)
C. F. T. C.	Confédération française des travailleurs chrétiens	Christlicher Gewerkschaftsbund
cg	centigramme	Zentigramm (cg)
C. G. C.	Confédération générale des cadres	Verband der (leitenden) Angestellten
C. G. T.	Confédération générale du travail	Allgemeiner Gewerkschaftsbund (kommunistisch ausgerichtet)
chap.	chapitre	Kapitel (Kap.)
ch. de f.	chemin de fer	Eisenbahn
C. H. U.	centre hospitalo-universitaire	Universitätsklinikum
Cie	compagnie	Kompagnie (Co.)
C. I. O.	Comité international olympique	Internationales Olympisches Komitee (IOK)
cl	centilitre	Zentiliter (cl)
cm	centimètre	Zentimeter (cm)
C. N. P. F.	Conseil national du patronat français	Frz. Arbeitgeberverband
C. N. R.	Conseil national de la Résistance	Nationalrat der Widerstandsbewegung
C. N. R. S.	Centre national de la recherche scientifique	Institut für wissenschaftliche Forschung
c/o	care of (aux bons soins de)	bei
C. O. B.	Commission des Opérations de Bourse	Börsenaufsicht
cpt	comptant	bar
C. Q. F. D.	ce qu'il fallait démontrer	quod erat demonstrandum (q.c.d.)
C. R. S.	compagnie républicaine de sécurité	Bereitschaftspolizei
C. S. A.	Conseil supérieur de l'audiovisuel	Rundfunk- und Fernsehrat
CV	cheval vapeur	Pferdestärke (PS)
C. V.	curriculum vitae	Lebenslauf
D. B.	division blindée	Panzerdivision
D. C. A.	défense contre avions	Flak
dép.	département	Departement
dest.	destinataire	Empfänger (Emp.)
d^{o}	*dito*	dito (do. ou dto.)
D. O. M.-T. O. M.	départements et territoires d'Outre-Mer	überseeische Departements und Gebiete
D^{r}	docteur	Doktor (Dr.)
D. T. S.	droits de tirages spéciaux	Sonderziehungsrechte (SZR)
dz	douzaine	Dutzend (Dtzd.)
E.	est	Ost(en) [O]
E. A. O.	enseignement assisté par ordinateur	computergestützter Unterricht
ECU	European Currency Unit	Europäische Rechnungseinheit

E. D. F.	Électricité de France	Frz. Elektrizitätsgesellschaft
E.-M.	état-major	Stab
E. N. A.	École nationale d'administration	staatliche Verwaltungshochschule
E. N. S.	École normale supérieure	frz. Elitehochschule
E. N. S. I.	École nationale supérieure d'ingénieurs	technische Hochschule
env.	environ	etwa
etc.	*et cetera*	und so weiter (usw.)
Euratom	Communauté européenne de l'énergie atomique	Europäische Gemeinschaft für Atomenergie (Euratom)
E. V.	en ville	[auf Briefen] hier
exp.	expéditeur	Absender (Abs.)
F ; FF	franc ; franc français	Franc ; französischer Franc (FF)
F. F. A.	Forces françaises en Allemagne	Frz. Streitkräfte in Deutschland
F. F. I.	Forces françaises de l'intérieur	Frz. Widerstandskräfte
fig.	figure	Abbildung (Abb.)
FM	modulation de fréquence	Ultrakurzwelle (UKW)
F. M. I.	Fonds monétaire international	Internationaler Währungsfonds (IWF)
f^{co}	franco	gebührenfrei
F. O.	Force ouvrière	frz. Arbeitergewerkschaft
FOB	free on board	frei am Bord (fob)
g	gramme	Gramm (g)
G. D. F.	Gaz de France	Frz. Gasgesellschaft
h	heure	Uhr (h) ; [Dauer] Stunde(n) (Std.)
ha	hectare	Hektar (ha)
H. E. C.	Hautes Études commerciales	Hochshule für das höhere Management
hl	hectolitre	Hektoliter (hl)
H. L. M.	habitation à loyer modéré	Sozialer Wohnungsbau ; Sozialwohnung
H. S.	hors service	außer Betrieb
id.	*idem*	dasselbe (id.), desgleichen (desgl.)
I. N. S. E. E.	Institut national de la statistique et des études économiques	Nationales Institut für Statistik und Wirtschaftsforschung
I. U. T.	Institut universitaire de technologie	technische Fachhochschule
J. O.	Journal officiel	Amtsblatt
	jeux Olympiques	Olympische Spiele
kg	kilogramme	Kilogramm (kg)
km	kilomètre	Kilometer (km)
km^2	kilomètre carré	Quadratkilometer (km^2)
kWh	kilowattheure	Kilowattstunde (kWh)
l	litre	Liter (l)
m	mètre	Meter (m)
m^2	mètre carré	Quadratmeter (m^2)
m^3	mètre cube	Kubikmeter (m^3)
M.	monsieur	Herr ; [auf Briefen] Herrn
M^{e}	Maître	Herr Rechtsanwalt, Herr Notar
mg	milligramme	Milligramm (mg)
Mgr	Monseigneur	[für Bischöfe] Seine Exzellenz (S.E.) [für fürstl. Personen] Seine Durchlaucht
Mlle	mademoiselle	Fräulein (Frl.)
mm	millimètre	Millimeter (mm)
MM.	messieurs	Herren
Mme	madame	Frau
N.	nord	Nord(en) [N]
N. B.	*Nota bene*	beachte, übrigens
N.-D.	Notre-Dame	[Jungfrau Maria] Unsere liebe Frau ; [Kirche] Liebfrauenkirche
N. D. L. R.	note de la rédaction	Anmerkung der Redaktion (Anm. d. Red.)
N.-E.	nord-est	Nordost(en) [NO]
N. F.	norme française	französische Norm
n^{o}	numéro	Nummer (Nr.)
N.-O.	nord-ouest	Nordwest(en) [NW]
N.-S. J.-C.	Notre-Seigneur Jésus-Christ	Unser Heiland Jesus Christus
O.	Ouest	West(en) [W]
O. C. D. E.	Organisation de coopération et de développement économiques	Organisation für wirtschaftliche Zusammenarbeit und Entwicklung (OECD)
O. L. P.	Organisation de libération de la Palestine	Palästinensische Befreiungsfront (PLO)
O. M. S.	Organisation mondiale de la santé	Weltgesundheitsorganisation (WHO)
O. N. U.	Organisation des Nations unies	Organisation der Vereinten Nationen (UNO)
O. P. A.	offre publique d'achat	öffentliches Aktienkaufangebot
op. cit.	*opere citato*	im (oben) angegebenen Werk
O. P. E. P.	Organisation des pays exportateurs de pétrole	Organisation erdölexportierender Länder (OPEC)
O. T. A. N.	Organisation du traité de l'Atlantique Nord	Nordatlantikpaktorganisation (NATO)
O. U. A.	Organisation de l'unité africaine	Organisation für die Einheit Afrikas (OAU)
p.	page	Seite (S.)
P. A. F.	paysage audiovisuel français	Frz. Medienlandschaft
P. C.	poste de commandement	Befehlsstelle
p. c. c.	pour copie conforme	für die Richtigkeit der Abschrift
P.-D. G.	président-directeur général	Generaldirektor
p. ex.	par exemple	zum Beispiel
P. J.	police judiciaire	Kriminalpolizei (Kripo)
pl.	place	Platz
P. M.	préparation militaire	vormilitärische Ausbildung
	police militaire	Militärpolizei
	pistolet-mitrailleur	Maschinenpistole (MP)

P. M. E.	petite et moyenne entreprise	kleiner oder mittlerer Betrieb
P. M. I.	petite et moyenne industrie	mittelständische Industrie
P. M. U.	Pari mutuel urbain	Totalisator, Pferdetoto
P. N. B.	produit national brut	Bruttosozialprodukt
P. O.	par ordre	im Auftrage (i. A.)
P. O. S.	plan d'occupation des sols	Flächennutzungsplan
P. R.	poste restante	postlagernd
P.-S.	post-scriptum	Postskriptum (PS), Nachschrift
P. T. T.	Postes, téléphone et télécommunications	Post- und Fernmeldewesen
P.-V.	[contravention] procès-verbal	gebührenpflichtige Verwarnung
Q. G.	quartier général	Hauptquartier, Stabsquartier
r.	rue	Straße (Str.)
R. A. S.	rien à signaler	keine besonderen Vorkomnisse
R. A T. P.	Régie autonome des transports parisiens	Pariser Verkehrsbetriebe
R. D.	route départementale	Landstraße
réf.	référence	Zeichen
RER	Réseau express régional	Regionales Schnellbahnnetz
R. F.	République française	Französische Republik
R. G.	Renseignements généraux	frz. Staatsschutz
R. N.	route nationale	Fernstraße
R. S. V. P.	répondez, s'il vous plaît	um Antwort wird gebeten (u.A.w.g.)
rte	route	(Land)straße
S.	sud	Süd(en) [S]
S. A.	société anonyme	Aktiengesellschaft (AG)
S. A. M. U.	Service d'aide médicale d'urgence	Notarzt, Rettungsdienst
S. A. R. L.	société à responsabilité limitée	Gesellschaft mit beschränkter Haftung (G.m.b.H.)
S. D. N.	Société des Nations	Völkerbund
S. E.	[ministre, ambassadeur] Son Excellence	Seine Exzellenz
S.-E.	sud-est	Südost(en) [SO]
S. Em.	Son Éminence	Seine Eminenz
S. Exc.	[évêque] Son Excellence	Seine Exzellenz
S. G. D. G.	sans garantie du gouvernement	ohne gesetzliche Gewährleistung
S. J.	Société de Jésus	Jesuitenorden (SJ)
S. M.	Sa Majesté	Seine Majestät (S. M.)
S. M. E.	système monétaire européen	Europäisches Währungssystem (EWS)
S. M. I. C.	salaire minimum interprofessionnel de croissance	garantierter Mindestlohn
S. N. C. F.	Société nationale des chemins de fer français	Frz. Staatsbahnen
S.-O.	sud-ouest	Südwest(en) [SW]
S. P. A.	Société protectrice des animaux	Tierschutzverein
S. R.	Service de renseignements	Nachrichtendienst
S. S.	Sa Sainteté	Seine Heiligkeit
	Sécurité sociale	staatl. Sozialversicherung
St, Ste	saint, sainte	[Schutzheiliger] heilig(e) ; [Kirche, Ort] Sankt
Sté	société	Gesellschaft
s. v. p.	s'il vous plaît	bitte
t	tonne	Tonne (t)
tél.	téléphone	Telefon (Tel.)
T. S. V. P.	tournez, s'il vous plaît	bitte wenden (b. w.)
T. T. C.	toutes taxes comprises	inklusive aller Gebühren und Abgaben
T. V.	télévision	Fernsehen (TV)
T. V. A.	taxe à la valeur ajoutée	Mehrwertsteuer (MwSt.)
U. E. P.	Union européenne de paiement	Europäische Zahlungsunion
U. F. R.	unité de formation et de recherche	Fachbereich
U. N. E. F.	Union nationale des étudiants de France	allgemeiner frz. Studentenbund
Unesco	Organisation des Nations unies pour l'éducation, la science et la culture	United Nations Educational, Scientific and Cultural Organization
U. P. U.	Union postale universelle	Weltpostverein
U. V.	unité de valeur	Leistungsnachweis, Schein
V. C. C.	vin de consommation courante	Tafelwein
V. D. Q. S.	vin délimité de qualité supérieure	Qualitätswein
VIP	Very Important Person	hochgestellte Persönlichkeit (VIP)
vol.	volume	Band (Bd.)
W.-C.	water-closet	Toilette (WC)
Z. A. C.	zone d'aménagement concerté	Gebiet für konzertierte Raumplanung
Z. I.	zone industrielle	Industriegebiet
Z. U. P.	zone à urbaniser par priorité	[Gebiet] Gebiet vorrangiger städtebaulicher Erschließung ; [Siedlung] Trabantenstadt

NOMS DE PAYS — LÄNDERNAMEN

Afghanistan	Afghanistan
Afrique du Sud	Südafrika
Albanie	Albanien
Algérie	Algerien
Andorre	Andorra
Angola	Angola
Arabie Saoudite	Saudi-Arabien
Argentine	Argentinien
Australie	Australien
Autriche	Österreich
Bahreïn	Bahrain
Bangladesh	Bangla Desh
Belgique	Belgien
Bénin	Benin
Bhoutan	Bhutan
Birmanie	Birma
Bolivie	Bolivien
Botswana	Botswana
Brésil	Brasilien
Brunei	Brunei
Bulgarie	Bulgarien
Burkina	Burkina
Burundi	Burundi
Cambodge	Kambodscha
Cameroun	Kamerun
Canada	Kanada
Cap Vert	Kapverde
Chili	Chile
Ciskei	Transkei
Chine	China
Chypre	Zypern
Colombie	Kolumbien
Comores	Komoren
Congo	Kongo
Corée du Nord	Nordkorea
Corée du Sud	Südkorea
Costa Rica	Costa Rica
Côte-d'Ivoire	Elfenbeinküste
Cuba	Kuba
Danemark	Dänemark
Égypte	Ägypten
Émirats arabes unis	Vereinigte Arabische Emirate
Équateur	Ecuador
Espagne	Spanien
États-Unis, E.-U.	Vereinigte Staaten
Éthiopie	Äthiopen
Fidji, Fiji	Fidschi
Finlande	Finnland
France	Frankreich
Gabon	Gabun
Gambie	Gambia
Ghana	Ghana
Grande-Bretagne	Großbritannien
Grèce	Griechenland
Grenade	Grenada
Guatemala	Guatemala
Guinée	Guinea
Guinée-Bissau	Guinea-Bissau
Guinée-Équatoriale	Äquatorial-Guinea
Guyana	Guyana
Haïti	Haiti
Honduras	Honduras
Hongrie	Ungarn
Inde	Indien
Indonésie	Indonesien
Iran	Iran
Iraq, Irak	Irak
Irlande	Irland
Islande	Island
Israël	Israel
Italie	Italien
Jamaïque	Jamaika
Japon	Japan
Jordanie	Jordanien
Kampuchéa	Kampuchea
Kenya	Kenia
Koweït	Kuwait
Lesotho	Lesotho
Liban	Libanon
Liberia	Liberia
Libye	Libyen
Liechtenstein	Liechtenstein
Luxembourg	Luxemburg
Madagascar	Madagaskar
Malawi	Malawi
Malaysia	Malaysia
Maldives	Malediven
Mali	Mali
Malte	Malta
Maroc	Marokko
Maurice *(île)*	Mauritius
Mauritanie	Mauretanien
Mexique	Mexiko
Monaco	Monaco
Mozambique	Moçambique, Mozambique
Népal	Nepal
Nicaragua	Nicaragua
Niger	Niger
Nigeria	Nigeria
Norvège	Norwegen
Nouvelle-Guinée	Neuguinea
Nouvelle-Zélande	Neuseeland
Oman	Oman
Ouganda	Uganda
Pakistan	Pakistan
Panama	Panama
Papouasie-Nouvelle-Guinée	Papua-Neuguinea
Paraguay	Paraguay
Pays-Bas	Niederlande
Pérou	Peru
Philippines	Philippinen
Pologne	Polen
Portugal	Portugal
Qatar, Katar	Katar
République centrafricaine	Zentralafrikanische Republik
République démocratique allemande (R.D.A.)	Deutsche Demokratische Republik (DDR)
République dominicaine	Dominikanische Republik
République fédérale d'Allemagne (R.F.A.)	Bundesrepublik Deutschland (BR Deutschland)
République populaire de Mongolie	Mongolische Volksrepublik
Roumanie	Rumänien
Ruanda	Rwanda
Salomon *(îles)*	Salomonen
Salvador	El Salvador
Samoa	Somoa
Sénégal	Senegal
Seychelles	Seychellen
Sierra Leone	Sierra Leone
Somalie	Somalia
Soudan	Sudan
Sri Lanka	Sri Lanka
Suède	Schweden
Suisse	Schweiz
Surinam	Surinam
Swaziland	Swasiland
Syrie	Syrien
Taiwan	Taiwan
Tanzanie	Tansania
Tchad	Tschad
Tchécoslovaquie	Tschechoslowakei
Thäilande	Thailand
Tibet	Tibet
Togo	Togo
Trinité-et-Tobago	Trinidad und Tobago
Tunisie	Tunesien
Turquie	Türkei
U.R.S.S.	UdSSR
Uruguay	Uruguay
Vanuatu	Vanuatu
Vatican	Vatikanstadt
Venezuela	Venezuela
Viêt-nam	Vietnam
Yémen du Nord	Nordjemen
Yémen du Sud	Südjemen
Yougoslavie	Jugoslawien
Zaïre	Zaïre
Zambie	Sambia
Zimbabwe	Zimbabwe

FRANÇAIS – ALLEMAND

A

a [ɑ] m. [première lettre de l'alphabet] A n. | *L'a précède le* b, das *a* steht vor dem *b*. | A *majuscule*, großes A. | *Des* a *minuscules*, kleine a. || LOC. DIV. *Prouver par a + b*, klipp und klar beweisen. | *Depuis A jusqu'à Z*, von Anfang bis Ende ; von A bis Z ; von Alpha bis Omega ; ganz und gar. || *Bombe A*, Atombombe.

a... [a] préf. priv. un... (préf.) ; ... -los (suff.). | *Aphone*, tonlos ; unbetont.

a [a] 3ᵉ pers. du sing. de l'indic. prés. du verbe *avoir*. V. AVOIR.

à [a] prép.

> **I.** RAPPORT D'ATTRIBUTION ; APPARTENANCE.
> **II.** LIEU : station ; direction ; destination.
> **III.** TEMPS.
> **IV.** RELATIONS DE DÉTERMINATION ENTRE SUBSTANTIFS : espèce ; destination ; instrumental.
> **V.** RELATIONS DE MESURE : prix ; longueur, poids ; comparaison ; approximation ; distribution.
> **VI.** RELATIONS DE MANIÈRE.
> **VII.** DEVANT LE COMPLÉMENT D'UN ADJECTIF.
> **VIII.** DEVANT UN INFINITIF.
> **IX.** SUBSTITUTION À D'AUTRES PRÉPOSITIONS.
> **X.** EXCLAMATIONS.

I. RAPPORT D'ATTRIBUTION ; APPARTENANCE : dat. pur et cas avec prép. | *Je donne un livre à mon frère*, ich gebe meinem Bruder ein Buch. | *Il lui offre une montre en or*, er schenkt ihr (ihm) eine goldene Uhr. | *Ce livre appartient à mon père*, dieses Buch gehört meinem Vater. | *Cette voiture plaît à mon ami*, dieser Wagen gefällt meinem Freund. | *C'est à moi de jouer*, ich bin an der Reihe. | *Un ami à moi*, ein Freund von mir. | *J'ai une maison à moi*, ich habe ein eigenes Haus.
II. LIEU : **1.** Station ; sens intralocal, mouvement à l'intérieur d'un même lieu [question « wo ? »]. || [sujet ou objet non visible de l'extérieur] in (dat.). | *Il vit à Paris*, er lebt in Paris. | *Il habite (à) Tours*, er wohnt in (zu) Tours. | *Il couche au premier*, er schläft im ersten Stock. | *À l'école*, in der Schule. | *À la Diète*, im Reichstag. || [sujet ou objet visible de l'extérieur] auf (dat.). | *Il travaille à la campagne*, er arbeitet auf dem Land. | *Au château, au marché*, auf dem Schloß, auf dem Markt. || [contamination entre « in » et « auf »] | *À l'université, à la poste, au bal*, auf der Universität, auf der Post, auf dem Ball. || [au bord de, le long de, tout contre] an (dat.). | *À la fenêtre*, am Fenster. | *À la limite*, an der Grenze. | *Au tableau*, an der Tafel. || LOC. *À table*, bei Tisch. | *À part*, beiseite. — **2.** Direction ; sens translocal ; changement de lieu [question « wohin ? »]. || (ville) nach. | *Je vais à Berlin*, ich fahre nach Berlin. || in (acc.). | *Nous allons à la montagne*, wir fahren ins Gebirge. | *Ma sœur va au théâtre*, meine Schwester geht ins Theater. || auf (acc.). | *Mon père va au marché, à la chasse*, mein Vater geht auf den Markt, auf die Jagd. || [contamination entre « in » et « auf »] | *Je cours à la poste*, ich laufe auf die Post. | *La jeunesse va au bal*, die Jugend geht auf den Ball. || [au bord de, le long de, tout contre] an (acc.). | *À la fenêtre, à la rivière*, ans Fenster, an den Fluß. || LOC. *Je vais à l'école*, ich gehe in die Schule (zur Schule). | *Aller à la maison*, nach Hause (heim) gehen. | *Il m'est venu à l'idée*, es ist mir eingefallen ; ich kam auf den Gedanken. — **3.** Destination : an (acc.). ; nach. | *Il écrivit à mon cousin*, er schrieb an meinen Vetter. | *Ils appellent au secours*, sie rufen nach Hilfe. | *Tu aspires au bonheur*, du sehnst dich (strebst) nach Glück.
III. TEMPS : [heure] um. | *À six heures*, um sechs (Uhr). | *À minuit*, um Mitternacht. || [jour] an (dat.). | *Au matin*, am Morgen. | *Au vingt-cinq décembre*, am fünfundzwanzigsten Dezember. || [mois, saison] in (dat.). | *Au mois de mars*, im (Monat) März. | *Au printemps*, im Frühling. || [fête] *À Pâques*, an, zu Ostern. || [imminence, simultanéité] bei. | *À cette occasion*, bei dieser Gelegenheit. | *Au début de l'été*, beim Beginn des Sommers. | *À ton arrivée*, bei deiner Ankunft. | *À ces mots*, bei, mit diesen Worten. | *À toute heure*, zu jeder Tageszeit. | *À quarante ans*, mit vierzig Jahren. | *À dimanche !*, bis auf Sonntag ! | *À midi*, am Mittag. | *À la nuit tombante*, bei einbrechender Nacht.
IV. RELATIONS DE DÉTERMINATION ENTRE SUBSTANTIFS : **1.** Espèce : se rend en allemand le plus souvent par un substantif composé. | *Frein à main*, Handbremse f. — **2.** Destination : se rend aussi par un substantif composé. | *Le marché aux légumes*, der Gemüsemarkt. — **3.** Instrumental : ou bien un substantif composé, ou bien les prépositions *mit* ou *zu*, avec l'objet au datif. | *Pêcher à la main*, mit der Hand fischen. | *À main armée*, mit bewaffneter Hand. | *À pied, à cheval*, zu Fuß, zu Pferd.
V. RELATIONS DE MESURE : **1.** Prix. | *À cinquante pfennig pièce*, zu fünfzig Pfennig das Stück. | *À ce prix j'y renonce*, für diesen Preis verzichte ich darauf. —

2. Longueur, poids. | *Vendre au mètre, au poids*, nach dem Meter, nach Gewicht verkaufen. — **3.** Comparaison. | *L'équipe a gagné par six à trois*, die Mannschaft hat mit sechs zu drei gesiegt. — **4.** Approximation. | *De quarante à cinquante ans*, zwischen vierzig und fünfzig Jahre. | *Trois à quatre mètres*, drei bis vier Meter. — **5.** Avec les noms de nombre, suppression de la préposition. | *À cent kilomètres de Hambourg*, hundert Kilometer von Hamburg entfernt. — **6.** Distribution. | *Un à un*, einer nach dem anderen, Stück für Stück. | *À la douzaine*, dutzendweise.

VI. Relations de manière : Le rapport de « manière » exprime l'imitation ou l'adaptation ; souvent aussi, il correspond à un instrumental. **1.** Dans le premier cas, l'allemand emploie les prépositions *nach* ou *auf*, ou bien le mot *-weise* en composition. | *À ma manière*, auf meine Art. | *Vivre à la française*, auf französische Art leben. — **2.** La tournure de l'instrumental est la préposition *mit* avec le datif de l'objet. | *Écrire à la main*, mit der Hand schreiben. | *À la machine*, mit der Maschine. | *À pleines mains*, mit vollen Händen. — **3.** À de nombreuses tournures françaises correspondent, en allemand, des adverbes. | *À la légère*, leichtsinning. | *À la hâte*, eilig. | *À contrecœur*, widerwillig. | *À regret*, ungern.

VII. Devant le complément d'un adjectif : Cette relation est exprimée soit par le datif, soit par diverses prépositions. | *Le chien est fidèle à son maître*, der Hund ist seinem Herrn treu. | Par contre : | *Tu es sourd à mes prières*, du bist gegen mein Bitten taub.

VIII. Devant un infinitif : **1.** zu (infin.) ; zum (infin. substantivé). | *Ce n'est pas un livre à lire*, das ist kein Buch zum Lesen. | *Il consent à transporter mes meubles*, er willigt ein, meine Möbel zu transportieren. | *Il n'y a plus rien à craindre*, es steht nichts mehr zu befürchten. | *Il est homme à se fâcher*, er ist ganz der Mensch, um sich aufzuregen. | *À vous entendre*, wenn man Sie hört. | *À y bien regarder*, bei näherer Betrachtung. — **2.** Infinitif à sens gérondif, correspond en allemand à un participe. | *Une idée à développer*, ein zu entwickelnder Gedanke.

IX. Substitution à d'autres prépositions : **vers,** gegen ; nach. | *Ce jardin est exposé au sud*, dieser Garten liegt gegen Süden. | *La plante aspire au soleil*, die Pflanze strebt nach der Sonne. — **pour,** für. | *À huit cents marks*, für achthundert Mark. — **avec,** mit. | *À toute force*, mit aller Macht. | *Un oiseau au long cou*, ein Vogel mit langem Hals. | *À bride abattue*, mit verhängtem Zügel. — **par,** durch. | *S'enrichir au jeu*, durch Spiel reich werden.

X. Exclamations : *À bientôt !*, auf baldiges Wiedersehen ! | *À l'aide !*, Hilfe ! | *À la vôtre !*, auf Ihr Wohl ! | *À vos souhaits !*, Gesundheit ! | *À votre aise !*, wie Ihnen beliebt ! | *À votre santé !*, Prosit ! | *Au feu !*, Feuer ! ; es brennt ! | *Au secours !*, Hilfe !

a-, ab-, abs- [a, ab, abs] préf. ab... ; ent... ; un...

abaissable [abɛsabl] adj. reduzierbar, herablaßbar.

abaissant, ante [abɛsɑ̃, ɑ̃:t] adj. erniedrigend ; niedriger machend ; entwürdigend.

abaisse-langue [abɛ:slɑ̃:g] m. invar. Zungenlöffel m. ; Zungenzange f.

abaissement [abɛsmɑ̃] m. [sens général] Senkung f. ; Verkleinerung f. ; Verringerung f. ; Sinken n. | *L'abaissement d'un mur*, Kleinermachen (n.) einer Mauer. || [diminution] Herabsetzung f. ; Senkung f. ; Ermäßigung f. | *Abaissement de l'âge de la retraite*, Herabsetzung des Rentenalters. || Fig. [humilité] Demütigung f. || [condescendance] Herablassung f. || Techn. *Abaissement d'une grue*, Kranauslegung f. || Math. *Abaissement d'une perpendiculaire*, Fällen (n.), Ziehen (n.) einer Senkrechte.
— Syn. : *Affaiblissement* m., Schwächung f. *Déclin* m., Verfall m. *Décadence* f., Zerfall m. ; Abgleiten n. *Dégradation* f., Erniedrigung f. *Dégénérescence* f., Entartung f.

abaisser [-se] v. tr. [rendre plus bas] niedriger machen. | *Abaisser un mur*, eine Mauer abtragen. || [réduire] *Abaisser une table*, einen Tisch niedriger stellen. || [faire descendre] senken ; herunterlassen ; herabziehen. || Aéron. *Abaisser les volets*, die Klappen herausfahren. || Fig. [affaiblir] erniedrigen ; demütigen. || Math. *Abaisser une perpendiculaire*, die Senkrechte, das Lot fällen.
◇ v. pr. **s'abaisser,** [hauteur, prix] sinken ; fallen ; sich senken. || Fig. [s'amoindrir] sich demütigen ; sich erniedrigen ; sich herablassen.
— Syn. : *Rabaisser*, herunterziehen. *Rabattre*, heruntermachen. *Ravaler*, herabsetzen.

abaisseur [-sœ:r] adj. Anat. *Muscle abaisseur*, Niederziehmuskel m. ; Abzieher m.

abajoue [abaʒu] f. Backentasche f. ; Hängebacke f.

abandon [abɑ̃dɔ̃] m. [action de délaisser] Verlassen n. ; Vernachlässigung f. | *Abandon de poste*, Verlassen eines Postens. || *Abandon d'enfant*, Kindesaussetzung f. || [état] Verlassenheit f. ; Verwahrlosung f. | *À l'abandon*, verwahrlost ; verwildert. || [confiance entière] Hingebung f. ; Hingabe f. ; Zutraulichkeit f. | *Abandon à Dieu*, Hingabe an Gott. || [sans contrainte] Ungezwungenheit f. ; Zwangslosigkeit f. || [cession] Aufgabe f. ; Abtretung f. ; Zession f. || Mil. *Abandon d'une ville*, Aufgabe, Übergabe einer Stadt (f.).

abandonné, ée [-dɔne] adj. verlassen ; im Stich gelassen ; vereinsamt. | *Maison abandonnée*, verwahrlostes Haus n. | *Chien abandonné*, herrenloser Hund. | *Abandonné à soi-même*, sich selbst überlassen.
◇ s. Verlassene(r) m. (f.).

abandonner [-dɔne] v. tr. [délaisser] verlassen ; im Stiche lassen. | *Mes forces m'abandonnent*, meine Kraft verläßt mich. || [céder] aufgeben ; abtretern. || [renoncer] verzichten ; aufgeben. | *Abandonner la poursuite*, von der Verfolgung ablassen. | *Abandonner une succession*, auf eine Nachfolge Verzicht leisten. | *Abandonner le champ de bataille*, das Feld räumen. || [confier] | *Abandonner à la merci de qn*, jm auf Gnade oder Ungnade ausliefern. || Sport. *Il abandonne*, er gibt auf.
◇ v. pr. **s'abandonner,** [se vouer] sich hingeben. | *S'abandonner aux pleurs*, seinen Tränen freien Lauf lassen. | *S'abandonner à la colère*, sich austoben. || [se négliger] sich gehen lassen.
— Syn. : *Lâcher*, loslassen. *Quitter*, verlassen. *Délaisser*, verlassen ; aufgeben. *Renoncer*, verzichten. *Déserter*, verlassen ; im Stiche lassen. Pop. *Lâcher*, fallen lassen.

abaque [abak] m. Archit. Säulendeckplatte f. ; Abakus m. || Techn. Kurvenblatt n.

abasourdir [abazurdi:r] v. tr. betäuben ; verblüffen. || Fig. bestürzen. | *La nouvelle l'a abasourdi*, die Nachricht hat ihn durcheinandergebracht.
◇ part. pass. et adj. **abasourdi, ie,** *Être tout abasourdi*, wie vom Schlag gerührt sein.

abasourdissant, ante [disɑ̃, ɑ̃:t] adj. betäubend. | *Bruit abasourdissant*, ohrenbetäubender Lärm.

abâtardir [abɑtardi:r] v. tr. entarten ; verderben ; erschlaffen.
◇ v. pr. **s'abâtardir,** entarten ; verkümmern.

abat-jour [abaʒu:r] m. invar. Lampenschirm m. || [fenêtre] schräges Dachfenster. || [visière] Augenblende f. ; Sonnenschutzschirm m.

abats [aba] m. pl. Culin. Innereien f. pl.

abattage [abata:ʒ] m. [arbres] Holzfällerei f. ; Einschlag m. || [animaux] Schlachten n. ; Abschlachten n. || Mines. Abbau m. ; Gewinnung f.

abattant [tɑ̃] m. Tischklappe f.

abattement [-tmɑ̃] m. [diminution] Abzug m. ; Ermäßigung f. ; Minderung f. | *Abattement fiscal*, Steuerermäßigung ; Steuernachlaß m. | *Abattement à la base*, Steuerfreibetrag m. || [affaiblissement] Niedergeschlagenheit f. ; Mattigkeit f. || FIG. Mutlosigkeit f. ; Mattigkeit f.

— SYN. : *Découragement* m., Entmutigung f. *Accablement* m., Bedrücktheit f. *Anéantissement* m., Vernichtung f.

abattis [-ti] m. [bois] Einschlag m. ; Fällholz n. || [maison] Abbruch m. || [gibier] Strecke f. || [oie] Gänseklein n. || MIL. Barrikade f. ; Verhau m.

abattoir [-twa:r] m. Schlachthof m. ; Schlachthaus n.

abattre [abatr] v. tr. [faire tomber qch.] niederschlagen ; fällen ; umstürzen. | *Abattre des arbres*, Bäume fällen. || [démolir] niederreißen ; abreißen. || [faire tomber, terrasser qn] niederstrecken ; niederschlagen ; niederstechen ; niederkämpfen ; FIG. niederbeugen. || [tuer] niederhauen ; totschießen. | *Il l'abattit d'un coup de fusil*, er schoß ihn tot nieder. || [animaux] schlachten ; erlegen. | *Abattre un veau*, ein Kalb schlachten. | *Abattre un perdreau*, ein Feldhuhn erlegen. || [affaiblir] schwächen ; niederdrücken ; entmutigen. | *Abattre le courage de qn*, jn entmutigen. | *Se laisser abattre*, verzagen. || [accomplir] *Abattre beaucoup de besogne*, viel leisten ; tüchtig arbeiten. || FIG. [dévoiler] *Abattre son jeu*, die Karten auf den Tisch legen. || MIL. *Abattre un avion*, ein Flugzeug abschießen. || TECHN. abschlagen ; abstoßen.

◇ v. intr. MAR. drehen. | *Le voilier abat*, der Segler fällt vom Winde ab.

◇ v. pr. **s'abattre,** [tomber] (nieder)stürzen ; einstürzen ; zusammenbrechen. | *L'orage s'abat sur la campagne*, das Gewitter geht auf das Land nieder. | *Le cheval s'abat*, das Pferd stürzt, bricht zusammen. || [fondre sur] sich stürzen auf ; sich niederlassen. | *Une volée de pigeons s'abat sur le toit*, ein Taubenschwarm läßt sich auf das Dach nieder. || [s'apaiser] sich legen.

— SYN. : *Démolir*, niederreißen. *Ruiner*, zum Verfall bringen. *Détruire*, zerstören.

abattu, ue [abaty] adj. niedergeschlagen ; geschlachtet. || FIG. kraftlos ; mutlos. | *Complètement abattu*, niedergeschlagen. || LOC. *À bride abattue*, mit verhängtem Zügel.

abbatial, iale, iaux [abasjal, o] adj. Abt... ; Abtei... ; abteilich.

abbaye [abɛi] f. Abtei f. | *Investiture d'une abbaye*, Belehnung (f.) mit einer Abtei.

abbé [abe] m. [chef d'une abbaye] Abt m. ; Abteivorsteher m. || [prêtre] Geistliche(r) m. ; Priester m.

abbesse [-bɛs] f. Äbtissin f.

abc [abese] m. [livre] Fibel f. || [lettres] A B C n. ; Alphabet n. || FIG. Anfangsgründe m. pl. | *L'abc des mathématiques*, die Anfangsgründe, Anfänge der Mathematik.

abcès [absɛ] m. Geschwür n. ; Geschwulst f. ; Eiterbeule f. ; Schwäre f. | *Abcès au poumon*, Lungenvereiterung f. | *Un abcès se forme*, ein Eiterherd bildet sich. || FIG. *Il faut crever l'abcès*, es muß heraus.

abdication [abdikasjɔ̃] f. Abdankung f. || JUR. *Abdication d'un droit*, Rechtsaufgabe f.

abdiquer [-ke] v. tr. abdanken ; niederlegen ; aufgeben. | *Il abdique ses fonctions*, er gibt sein Amt (freiwillig) auf. || FIG. entsagen. | *Abdiquer sa liberté*, auf seine Freiheit verzichten.

— SYN. : *Se démettre*, sich entledigen. *Démissionner*, zurücktreten. *Se résigner*, verzichten.

abdomen [abdɔmɛn] m. Unterleib m. ; Bauch m.

abdominal, ale, aux [-minal, o] adj. Unterleibs... ; Bauch... | *Cavité abdominale*, Bauchhöhle f.

abducteur [abdyktœ:r] adj. abziehend, herunterziehend.

◇ m. Abziehmuskel m. ; Abzieher m.

abécédaire [abesedɛ:r] adj. alphabetisch ; alphabetisch geordnet.

◇ m. [livre] Fibel f. || [élève] Abc-Schütze m.

abeille [abɛ:j] f. Biene f. ; Imme f. | *Abeille ouvrière*, Arbeitsbiene. | *Abeille mâle*, Drohne m. et f. | *Abeille charpentière*, Holzbiene.

— SYN. : *Apis*, Apis. POP. *Mouche à miel*, Bienchen n.

abélien, ienne [abeljɛ̃, jɛn] adj. abelsch. | *Groupe abélien*, abelsche Gruppe.

aberrant, ante [abɛrɑ̃, ɑ̃:t] adj. abweichend ; abirrend ; sinnlos.

aberration [abɛrasjɔ̃] f. ASTR. Lichtabweichung f. || OPT. Lichtstreuung f. ; Lichtbrechung f. ; Aberration f. | *Aberration chromatique*, chromatische Aberration. || FIG. Verwirrung f. ; geistige Trübung ; Unsinn m. | *Aberration mentale*, Geistesstörung f.

abêtir [abɛ:ti:r] v. tr. verdummen.

◇ v. pr. **s'abêtir,** stumpf werden ; verdummen.

abêtissement [-tismɑ̃] m. Verdummung f. ; Verblödung f.

abhorrer [abɔre] v. tr. verabscheuen.

abîme [abi:m] m. Abgrund m. ; Schlund m. ; Schlucht f. ; jähe Tiefe. || FIG. Unermeßlichkeit f. | *Abîme de misère*, abgrundtiefes Elend.

— SYN. : *Gouffre* m., Schlund m. *Précipice* m., jäher Abfall m. *Abysse* m., Meeresabgrund m.

abîmer [-me] v. tr. [endommager] beschädigen ; verderben.

◇ v. pr. **s'abîmer,** [s'engloutir] versinken ; untergehen. || [se détériorer] verderben ; zugrunde gehen. | *Les fruits s'abîment*, die Früchte verfaulen, verderben. || [se plonger] sich versenken ; sich vertiefen. | *S'abîmer dans les plaisirs*, sich in Vergnügungen verlieren.

— SYN. : *S'engloutir*, versinken. *Couler*, sinken ; kentern ; absacken. *S'enfoncer*, (ein)sinken. *Sombrer*, untergehen.

abject, ecte [abʒɛkt] adj. verworfen ; verwerflich ; verächtlich. | *Des sentiments abjects*, abstoßende, gemeine Gefühle n. pl.

abjection [-ʒɛksjɔ̃] f. Verworfenheit f. ; Verwerflichkeit f. ; Verächtlichkeit f.

abjuration [abʒyrasjɔ̃] f. [renonciation religieuse] Abschwörung f. ; Verleugnung f. || [renonciation solennelle] Entsagung f. ; Verzicht m. | *Abjuration publique*, öffentliche Verzichtleistung.

abjurer [-re] v. tr. RELIG. abschwören ; verleugnen. | *Abjurer sa foi*, seinen Glauben abschwören, verleugnen. || [opinion] entsagen ; verzichten. | *Abjurer une opinion*, eine Meinung widerrufen.

ablatif [ablatif] m. Ablativ m.

ablation [-sjɔ̃] f. Abnahme f. ; Wegnahme f. || MÉD. Amputation f. | *Ablation d'une tumeur*, Wegschneiden (n.) einer Geschwulst.

ablette [ablɛt] f. Weißfisch m. ; Ukelei m.

ablution [ablysjɔ̃] f. Reinigung f. ; Waschung f. | FAM. *Faire ses ablutions*, sich waschen.

abnégation [abnegasjɔ̃] f. [en général] Verleugnung f. ; Entsagung f. || [de soi] Selbstaufopferung f. ; Selbstvergessenheit f.

aboi [abwa] m. Gebell n. ; Bellen n. ; Gekläff n. | *Être aux abois*, [chasse] von Hunden gestellt werden ; FIG. in höchster Not sein.

aboiement [-mɑ̃] m. Gebell n. ; Gekläff n. ; Bellen n. ; Kläffen n.

abolir [abɔliːr] v. tr. abschaffen ; aufheben ; widerrufen.

abolition [-lisjɔ̃] f. [suppression] Abschaffung f. ; Auflösung f. ; Aufhebung f. | *Abolition des droits de douane*, Beseitigung (f.) der Zölle.

abolitionniste [-lisjɔ̃nist] n. Gegner der Sklaverei.

abominable [abɔminabl] adj. [horrible] abscheulich ; scheußlich ; widerwärtig ; gräßlich. | *Crime abominable*, Greueltat f. || [très mauvais] erbärmlich ; schauderhaft. | *Odeur abominable*, gräßlicher Gestank. | *Temps abominable*, schauderhaftes (Hunde)wetter.

abominablement [-nabləmɑ̃] adv. abscheulich ; greulich.

abomination [-nasjɔ̃] f. [horreur] Abscheu m. ; Greuel m. ; Ekel m. | *Avoir en abomination*, einen Widerwillen haben gegen. || [action horrible] Greueltat f. ; Schandtat f.

abondamment [abɔ̃damɑ̃] adv. reichlich ; im Überfluß ; ausgiebig ; üppig ; überreich.

abondance [-dɑ̃:s] f. [quantité] Überfülle f. ; Überfluß m. | *En abondance*, in Hülle und Fülle ; reichlich. | *Corne d'abondance*, Füllhorn n. | *Vivre dans l'abondance*, in Hülle und Fülle leben ; wie Gott in Frankreich leben. || [teneur] Reichhaltigkeit f. | *Abondance d'eau*, Reichhaltigkeit an Wasser. || FAM. [vin coupé] verdünnter Wein ; Spülwein m. || FIG. *Parler d'abondance*, aus dem Stegreif sprechen ; frei weg reden.
— SYN. : *Profusion*, verschwenderische Fülle. *Surabondance*, Übermaß. *Exubérance*, Üppigkeit f. *Pléthore*, Überfluß ; Überzahl.

abondant, ante [-dɑ̃, ɑ̃:t] adj. im Überfluß vorhanden ; reichlich ; üppig ; ausgiebig ; reichhaltig. | *Peu abondant*, spärlich. || FIG. wortreich ; überladen. | *Auteur abondant*, fruchtbarer Schriftsteller.

abonder [-de] v. intr. im Überfluß vorhanden sein ; reichlich vorrätig sein. | *Abonder en*, Überfluß haben an. || LOC. *Abonder dans le sens de qn*, ganz und gar mit jm übereinstimmen ; ihm voll beipflichten.
— SYN. : *Regorger de*, von etwas überfließen ; mit etwas überfüllt sein. *Foisonner*, wuchern ; wimmeln.

abonné, ée [abɔne] s. Abonnent(in) m. (f.) ; [téléphone] Fernsprechteilnehmer m. || INF. Datenteilnehmer(in) m. (f.).

abonnement [-nmɑ̃] [revue] m. Dauerbezug m. || THÉÂTR. Platzmiete f. ; Dauerkarte f. | *Prendre un abonnement à un journal*, eine Zeitung regelmäßig beziehen, abonnieren.

abonner [-ne] v. tr. *Être abonné à*, abonniert sein auf. | *Être abonné pour un an*, ein Jahresanrecht nehmen.
◇ v. pr. **s'abonner,** *S'abonner à un journal*, eine Zeitung beziehen, abonnieren.

abord [abɔːr] m. [action d'aborder] Zugang m. ; Einfahrt f. | *L'abord d'un port*, Hafeneinfahrt f. || AUTOM. Anfahrt f. ; Auffahrt f. || [manière d'accueillir] Zugänglichkeit f. | *Il est d'un abord difficile*, er ist nicht leicht zugänglich. || LOC. *Dès l'abord*, vom ersten Augenblick an. | *De prime abord*, von vornherein.
◇ m. pl. **les abords,** die nächste Umgebung ; das Vorfeld.
◇ loc. adv. **D'abord,** zunächst ; fürs erste ; zuerst ; anfangs. | **Tout d'abord,** zu allererst ; ganz am Anfang ; als allererstes.

abordable [-dabl] adj. zugänglich ; landungsgünstig. || PAR EXT. annehmbar ; erschwinglich. | *Un prix peu abordable*, ein kaum erschwinglicher Preis. || FIG. *Un homme abordable*, ein zugänglicher Mensch.

abordage [-da:ʒ] m. MAR. [assaut] Entern n. || [choc] Zusammenstoß m. ; Anprall m.

aborder [abɔrde] v. intr. [aller à terre] an Land gehen ; landen. | *Nous avons abordé*, wir sind gelandet ; wir haben angelegt. || [s'approcher] sich nähern.
◇ v. tr. [prendre un vaisseau] entern ; erobern ; einnehmen. || [heurter] zusammenstoßen mit ; zusammenprallen mit. || [attaquer] angreifen. || [parler à qn] jn anreden ; ansprechen. || [s'approcher de] sich nähern ; sich annähern. || FIG. vornehmen ; erörtern. | *Aborder une question*, an eine Frage herangehen ; eine Frage anschneiden.
◇ v. pr. **s'aborder,** *S'aborder amicalement*, sich einander freundschaftlich nähern.
— SYN. : *Approcher*, nähern. *Accéder*, *Avoir accès*, Zugang haben. *Accoster*, ansprechen.

aborigène [abɔriʒɛn] adj. eingeboren ; einheimisch ; ansässig. | *Plante aborigène*, einheimische, typische Pflanze f.
◇ s. Eingeborener m. ; Einheimischer m.

abortif, ive [abɔrtif, i:v] adj. abtreibend ; Abtreibungs... | *Produit abortif*, Abtreibungsmittel n.

abouchement [abuʃmɑ̃] m. TECHN. Vereinigung f. ; Zusammenführung, -schweißung f. || FIG. Fühlungnahme f. ; Zusammenkunft f.

aboucher [-ʃe] v. tr. zusammenfügen ; zusammenführen ; vereinigen. | *Aboucher deux tuyaux*, zwei Rohre zusammenschweißen.
◇ v. pr. **s'aboucher,** *S'aboucher avec qn*, sich mit jm in Verbindung setzen.

abouter [-te] v. tr. [joindre] aneinanderfügen ; zusammenfügen ; verbinden.

aboutir [abutir] v. intr. gehen bis ; reichen bis an ; endigen in ; führen nach ; angrenzen an. || FIG. führen (zu). | *Tout cela n'a abouti à rien*, dies alles führte zu gar nichts.

aboutissant, ante [-tisɑ̃, ɑ̃:t] adj. anstoßend ; angrenzend. || [qui conduit vers] hinführend.

aboutissement [-tismɑ̃] m. Endergebnis n. ; Resultat n. || MÉD. Aufbrechen n.

aboyer [abwaje] v. intr. bellen ; verbellen ; Laut geben ; kläffen. || LOC. *Tous les créanciers aboient après lui*, alle Gläubiger sind hinter ihm her.

aboyeur, euse [-jœ:r, ø:z] s. Kläffer m. ; Beller m. || FIG. Ausrufer m.

abracadabrant, ante [abrakadabrɑ̃, ɑ̃:t] adj. verblüffend ; überraschend. || PÉJOR. verrückt ; toll.

abraser [abraze] v. tr. abschleifen ; ausschleifen. || MÉD. auskratzen.

abrasif, ive [-zif, zi:v] adj. abschleifend.
◇ m. **abrasif,** Schleifmittel n.

abrasion [-zjɔ̃] f. Abschleifung f. ; Abkratzung f. | *Résistance à l'abrasion*, Abriebfestigkeit f. || [procédé] Sandstrahlverfahren n.

abrégé [abreʒe] m. Auszug m. ; Abkürzung f. ; Überblick m. ; Abriß m. | *Abrégé de géométrie*, Abriß der Geometrie f. | *Mot en abrégé*, abgekürztes Wort.
— SYN. : *Sommaire*, [kurze] Übersicht. *Résumé*, Zusammenfassung. *Raccourci*, Verkürzung. *Précis*, Abriß. *Extrait*, Auszug. *Somme*, Abriß ; Überblick.

abréger [-ʒe] v. tr. (ver)kürzen ; kurz machen ; streichen. | *Abrégez votre discours*, machen Sie's kurz !

abreuver [abrœve] v. tr. [en général] zu trinken geben. || [animaux] tränken. || [arroser] begießen ; anfeuchten. || FIG. überhäufen. | *Abreuver qn d'injures*, jn beschimpfen.
◇ v. pr. **s'abreuver,** *S'abreuver de larmes*, in Tränen zerfließen.

abreuvoir [-vwa:r] m. (Vieh)tränke f. ; Schwemme f. ; Wassertrog m. || [oiseaux] Trinknäpfchen n.

abréviatif, ive [abrevjatif, i:v] adj. (ab)kürzend. | *Signe abréviatif*, Kürzel n.

abréviation [-sjɔ̃] f. Abkürzung f. ; Abkürzen n. ; Sigel n. V. tableaux p. XVII.

abri [abri] m. Schutz m. ; Obdach n. ; Deckung f. ; Schutzdach n. | *À l'abri du vent*, im Windschatten. | *Se mettre à l'abri*, sich in Sicherheit bringen. || FIG. *Être à l'abri*, im trocknen sitzen. | *Être à l'abri de*, geschützt sein vor (dat.). | *Les sans-abri*, die Obdachlosen. || FIG. Zuflucht f. ; Obdach n. ; Schutz m. | *Chercher un abri*, einen Zufluchtsort suchen. | *Être sans abri*, schutzlos, obdachlos sein. || MIL. *Abri bétonné*, Unterstand m. ; Bunker m. | *Abri antiatomique*, Atomschutzkeller m. ; Atomschutzbunker m. || TECHN. *À l'abri de l'air*, unter Luftabschluß.
— SYN. : *Asile*, Zufluchtsort. *Refuge*, Zufluchtsort.

abricot [abriko] m. Aprikose f.

abricotier [-tje] m. Aprikosenbaum m.

abriter [abrite] v. tr. [protéger] schützen ; beschirmen. | *Abriter des vents*, vor den Winden schützen. | *Abriter qn*, jn beherbergen. | MAR. *Mouillage abrité*, ein sturmgeschützter Ankerplatz. | *Non abrité*, ungedeckt.
◇ v. pr. **s'abriter,** sich schützen ; in Deckung gehen ; Deckung nehmen. | *S'abriter sous un arbre*, sich unter einem Baum unterstellen.

abrivent [abrivɑ̃] m. Windschutz m.

abrogation [abrɔgasjɔ̃] f. Außerkraftsetzung f. ; Aufhebung f. ; Abschaffung f. | *Abrogation tacite*, stillschweigende Abschaffung. | *Abrogation d'un pouvoir*, Streichung (f.) einer Vollmacht.

abroger [-ʒe] v. tr. abschaffen ; außer Kraft setzen ; aufheben ; streichen.

abrupt, upte [abrypt] adj. schroff ; abschüssig ; jäh ; steil. | *Un rocher abrupt*, ein steiler Felsen. || FIG. [peu poli] schroff ; holprig. | *Caractère abrupt*, schroffer, harter Charakter. | *Style abrupt*, holpriger Stil.

abruti, ie [abryti] adj. verdummt ; blöde ; stumpfsinnig ; dumm.
◇ m. **abruti,** Dummkopf m. ; Blödian m. ; Trottel m.

abrutir [-ti:r] v. tr. verdummen ; dumm machen ; vertieren. || FAM. *Abrutir qn de travail*, jn mit Arbeit überhäufen.
◇ v. pr. **s'abrutir,** stumpf werden ; verdummen.

abrutissant, ante [-tisɑ̃, ɑ̃:t] adj. verdummend ; abstumpfend.

abrutissement [-tismɑ̃] m. Stumpfsinn m. ; Verdummung f. ; Verblödung f.

Abruzzes [abry:z] n. pr. f. GÉOGR. Abruzzen f. pl.

abscisse [absis] f. Abszisse f.

abscons, onse [abskɔ̃, ɔ̃s] adj. [caché] verborgen ; heimlich. || [abstrus] unfaßlich ; unfaßbar.

absence [absɑ̃:s] f. [éloignement] Abwesenheit f. ; Fernbleiben n. ; Fehlen n. | *En l'absence de*, in Abwesenheit, in Ermangelung von. || JUR. *Déclaration d'absence*, Verschollenheitserklärung f. || FIG. [manque] Mangel m. | *Absence de goût*, Mangel an Geschmack. || [esprit] Geistesabwesenheit f. | *Il a des absences*, er ist häufig zerstreut. || LOC. *Nous regrettons son absence*, wir vermissen ihn sehr.

absent, ente [-sɑ̃, ɑ̃:t] adj. abwesend ; nicht anwesend ; nicht da ; fehlend. || LOC. *Les absents ont toujours tort*, wer nicht kommt zur rechten Zeit, muß essen was übrig bleibt. || FIG. zerstreut ; geistig abwesend.

absentéisme [-teism] m. Fernbleiben von der Arbeit, vom Unterricht.

absenter (s') [sabsɑ̃te] v. pr. [s'éloigner un moment] sich entfernen ; fortgehen ; weggehen ; sich absentieren. | *S'absenter une heure*, für eine Stunde weg sein. || [partir en voyage] *Je m'absenterai durant deux mois*, ich werde für zwei Monate fort sein.

abside [absi:d] f. Apsis f.

absidiole [absidiol] f. ARCHIT. Seitenkapelle f.

absinthe [absɛ̃:t] f. BOT. Aniskraut n. || [liqueur] Wermut m. ; Absinth m.

absolu, ue [absɔly] adj. [souverain] absolut ; unbeschränkt ; unbedingt. | *Pouvoir absolu*, unumschränkte (Staats)gewalt. | *Majorité absolue*, absolute Stimmenmehrheit. || [sans restriction] völlig ; restlos ; ohne Einschränkung f. | *Impossibilité absolue*, völlige Unmöglichkeit. || [impérieux] streng ; gebieterisch ; befehlend. || MATH. absolut ; für sich gesehen ; rein. | *Valeur absolue*, reiner Wert. || CHIM. *Alcool absolu*, reiner Alkohol. || PHILOS. absolut ; unbedingt ; beziehungslos.
◇ m. Absolute(s) n. ; Beziehungslose(s) n. ; Unbedingte(s) n.

absolument [-mɑ̃] adv. unbedingt ; durchaus ; völlig ; ganz und gar. | *Vouloir absolument*, unter allen Umständen wollen. | *Absolument impossible*, völlig unmöglich.
— SYN. : *À fond*, von Grund aus. *Complètement*, völlig. *Entièrement*, gänzlich ; restlos. *Pleinement*, völlig. *Totalement*, restlos. *Tout à fait*, ganz und gar.

absolution [-sjɔ̃] f. [pardon] Vergebung f. ; Sündenerlaß m. || RELIG. Absolution f., Lossprechung (von Sünden) f. | *Donner l'absolution*, Absolution erteilen ; vergeben. || JUR. Freisprechung f.

absolutisme [-tism] m. Absolutismus m. ; unumschränkte Herrschaft.

absolutoire [-twa:r] adj. freisprechend ; lossprechend.

absorbant, ante [absɔrbɑ̃, ɑ̃:t] adj. [qui boit] einsaugend ; (auf)saugend ; anziehend. | *Terre absorbante*, wasserdurchlässiger Boden. || FIG. [qui occupe] *Travail absorbant*, aufreibende Arbeit ; stark in Anspruch nehmende Aufgabe.
◇ m. Saugmittel n. ; Absorptionsmittel n.

absorber [-be] v. tr. **1.** [s'imbiber] aufsaugen ; einsaugen ; absorbieren. | *L'éponge absorbe l'eau*, der Schwamm saugt sich mit Wasser voll.
2. [faire disparaître] aufnehmen ; verschlucken.
3. [boire, manger] einnehmen ; aufzehren. | *Absorber un remède*, eine Arznei einnehmen.
4. [utiliser, consommer] verbrauchen, aufzehren. | *Energie absorbée*, Kraftverbrauch m. | *Cette perte absorbera toute sa fortune*, bei diesem Verlust wird sein Vermögen aufgezehrt werden.
5. [occuper fortement] beanspruchen ; ausschließlich beschäftigen.
◇ v. pr. **s'absorber,** sich versenken ; sich verlieren ; aufgehen in... | *S'absorber dans l'étude*, sich ins Studium vertiefen.

absorption [absɔrpsjɔ̃] f. [action d'absorber] Aufsaugung f. ; Einsaugen n. | *Absorption digestive*, Nahrungsauflösung f. ; Nahrungsumsetzung f. || PHYS. *Facteur d'absorption*, Absorptionsvermögen n. | *Spectre d'absorption*, Strahlenverlust m. ; Absorptionsspektrum n. || COMM. *L'absorption du capital par les intérêts*, Aufzehrung (f.) des Kapitals durch die Zinsen.

absoudre [absudr] v. tr. [acquitter] freisprechen ; für schuldlos erklären. || [généralement] *Absoudre qn*, jm verzeihen.

absoute [-sut] f. RELIG. | *Absoute des morts*, Schlußgebet n. ; Tumbagebete n. pl.

abstenir (s') [sabstəni:r] [s'empêcher de faire] sich enthalten ; ablassen von ; abstehen von ; verzichten auf. | *S'abstenir de boire et de manger*, weder Speise noch Trank zu sich nehmen. | *S'abstenir de jouer*, das Spiel meiden. || [ne pas se prononcer] sich enthalten. || [ne pas prendre part] *S'abstenir de voter*, sich der Stimme enthalten ; nicht wählen.

abstention [abstɑ̃sjɔ̃] f. Enthaltsamkeit f. ; Enthaltung f. || [vote] Stimmenthaltung f. || JUR. [renoncement] Unterlassung f. ; Verzichtleistung f.

abstentionnisme [-sjɔnism] m. Fernbleiben (n.) von den Sitzungen. || [aux élections] Wahlmüdigkeit f.

abstentionniste [-sjɔnist] adj. sich enthaltend. ◇ m. **un abstentionniste,** ein Nichtwähler m.

abstinence [abstinɑ̃:s] f. Enthaltsamkeit f. ; Enthaltung f. ; Abstinenz f.

abstinent, ente [-nɑ̃, ɔ̃:t] adj. enthaltsam, mäßig im Essen und Trinken.

abstractif, ive [abstraktif, i:v] adj. abstrahierend ; gedanklich ; begrifflich. | *Termes abstractifs*, Begriffsbestimmungen f. pl.

abstraction [-sjɔ̃] f. [faculté d'abstraire] Abstraktion f. ; Begriffsbildung f. ; isolierter Begriff. | *Par abstraction*, rein logisch. | *Un point géométrique est une abstraction*, ein geometrischer Punkt ist ein abstrakter Begriff. || FIG. *Se perdre dans les abstractions*, sich im Abstrakten verlieren. || [action de ne pas tenir compte] Nichtberücksichtigung f. || LOC. *Abstraction faite de*, abgesehen von.

abstraire [abstrɛ:r] v. tr. [isoler] abziehen ; absondern. || [processus de la pensée] abstrahieren.
◇ v. pr. **s'abstraire,** [s'isoler] sich absondern ; sich ausschalten.

abstrait, aite [-strɛ, ɛt] adj. abstrakt ; rein gedanklich ; begrifflich. | *Une notion abstraite*, ein Begriff m. | *Sciences abstraites*, abstrakte Wissenschaften f. pl. | *Mot abstrait*, abstraktes Wort ; Abstraktum n. || [difficile à comprendre] *Écrivain abstrait*, ein unverständlicher, dunkler Schriftsteller. || [non figuratif] *Art abstrait*, abstrakte Kunst.

abstraitement [-strɛtəmɑ̃] adv. abstrakt.

abstrus, use [abstry, yz] adj. dunkel ; unverständlich ; unklar ; kaum faßlich.

absurde [absyrd] adj. unsinnig ; widersinnig ; sinnlos ; ungereimt ; albern ; töricht. | *C'est absurde*, das ist Blödsinn ! | *Dire des choses absurdes*, ungereimtes Zeug reden. | *Conduite absurde*, sinnloses Benehmen.
◇ m. Widersinniges n. ; Unsinn m. | *Tomber dans l'absurde*, ins Lächerliche verfallen ; Unsinn reden.
— SYN. : *Déraisonnable*, unvernünftig. *Aberrant*, irrsinnig.

absurdité [-dite] f. Ungereimtheit f. ; Sinnlosigkeit f. ; Unsinn m. || FAM. Quatsch m.

abus [aby] m. [mauvais usage, excès] Mißbrauch m. ; Übertreibung f. | *Abus d'alcool*, übertriebener Alkoholgenuß. || [injustice] Ungerechtigkeit f. || JUR. *Abus de biens sociaux*, Veruntreuung (f.) von Gesellschaftsvermögen. | *Abus de confiance*, Vertrauensmißbrauch m. ; Veruntreuung f. ; Unterschlagung f. | *Abus de droit*, Rechtsbeugung f. | *Abus de pouvoir*, Amtsanmaßung f. ; Übertretung (f.) der Amtsbefugnis ; Mißbrauch (m.) der Amtsgewalt. || [erreur] Irrtum m. || POP. *Il y a de l'abus*, das geht zu weit.
— SYN. : *Excès* m., Übertreibung f.

abuser [-ze] v. tr. [tromper, égarer] mißbrauchen ; täuschen ; ausnutzen.
◇ v. intr. [user mal] schlecht anwenden ; Mißbrauch treiben mit ; übertreiben ; ausnutzen. | *Abuser de sa santé*, seine Gesundheit zugrunde richten. | *Vous abusez de ma patience*, Sie stellen meine Geduld auf eine harte Probe. | *J'abuse de votre temps*, ich raube Ihnen Ihre Zeit. || [faire violence] *Abuser d'une femme*, eine Frau vergewaltigen.
◇ v. pr. **s'abuser,** [se tromper] sich täuschen ; sich irren. || LOC. *Si je ne m'abuse*, wenn ich (mich) nicht irre ; wenn mich nicht alles täuscht.

abusif, ive [-zif, i:v] adj. [excessif] mißbräuchlich ; übertrieben ; widerrechtlich. | *Usage abusif*, mißbräuchliche Benutzung ; Mißbrauch m.

abyssal, ale, aux [abisal, o] adj. [insondable] abgrundtief ; grundlos. || [des abysses] Tiefsee...

abysse [abis] m. Meerestiefe f. ; Tiefsee f.

Abyssinie [abisini] n. pr. f. GÉOGR. Abessinien n. ; Äthiopien n.

abyssinien, ienne [-sinjɛ̃, jɛn] ou **abyssin, ine** [-sɛ̃, in] adj. abessinisch.
◇ s. **Abyssinien, ienne,** Abessinier(in) m. (f.).

acabit [akabi] m. Eigenschaft f. ; Art f. || PÉJOR. | *Gens du même acabit*, Leute gleichen Schlages, solchen Gelichters.

acacia [akasja] m. [arbre] Akazie f. || [bois] Akazienholz n.

académicien [akademisjɛ̃] m. Mitglied (n.) der Akademie.

académie [-mi] f. [école de Platon] Philosophenschule f. || [société de savants] Akademie ; wissenschaftliche Gesellschaft. | *Académie des beaux-arts*, Akademie für bildende Künste. | [en particulier] *Académie française*, französische Akademie. || LOC. *Être reçu à l'Académie*, in die Akademie(gesellschaft) berufen, aufgenommen werden. || [école] Schulbezirk m. || ARTS. [nu] Aktzeichnung f.

académique [-mik] adj. akademisch. | *Palmes académiques*, Universitätsauszeichnung f. || PÉJOR. geschraubt ; gezwungen ; steif ; geziert. | *Style académique*, geschraubter Stil.

acajou [akaʒu] m. Mahagoni(holz) n.

acanthe [akɑ̃:t] f. Akanthus m. ; Bärenklau f. | ARCHIT. *Feuille d'acanthe*, Akanthusblatt n.

acariâtre [akarjɑ:tr] adj. streitsüchtig ; zänkisch ; launisch. | *Un caractère acariâtre*, ein ewig unzufriedener Charakter.

acariens [akarjɛ̃] m. pl. Spinnentiere n. pl. ; Milben f. pl.

accablant, ante [akablɑ̃, ɑ̃:t] adj. (er)drückend ; schwer lastend ; niederdrückend ; beschwerend. | *Il fait un temps accablant*, das Wetter ist schwül. || FIG. *Une nouvelle accablante*, eine niederschmetternde Nachricht.

accablement [-bləmɑ̃] m. Niedergeschlagenheit f. ; Ermattung f. ; Abgeschlagenheit f.

accabler [-ble] v. tr. [faire succomber sous le poids] niederdrücken ; niederschlagen. | *Être accablé sous le poids*, unter der Last erliegen. || [surcharger] überladen ; belasten. | *Accabler de travail*, mit Arbeit überladen. || FIG. *Être accablé de dettes*, tief verschuldet sein ; in Schulden stecken. | *Accablé de tristesse*, schwer betrübt. || [combler] überhäufen.

accalmie [akalmi] f. MAR. Flaute f. ; Windstille f. || COMM. Geschäftsflaute f. || [en général] stille Zeit.

accaparement [akaparmɑ̃] m. COMM. Zurückhalten (n.) von Waren f. pl. ; Hamstern n. || FIG. Ansichreißen n.

accaparer [-re] v. tr. COMM. aufkaufen ; hamstern. || FIG. für sich in Beschlag legen ; an sich reißen. | *Accaparer qn*, jn an sich reißen ; jn völlig in Anspruch nehmen.

accapareur, euse [-rœ:r, ø:z] m. et f. Hamsterer m. ; Wucherer m. ; Schieber m. | *Accapareur de denrées*, Lebensmittelhamsterer(in) m. (f.).

accéder [aksede] v. intr. [avoir accès] Zugang (m.) haben ; gelangen. | *On accède à... par...*, man hat Zugang zu... durch... || [adhérer, acquiescer] beitreten ; beipflichten ; zustimmen. | *Accéder à une demande*, einer Bitte, Aufforderung nachkommen. | *Accéder aux désirs de qn*, die Wünsche von jm erfüllen.

accélérateur, trice [akseleratœ:r, tris] adj. beschleunigend. | *Levier accélérateur*, Beschleunigungshebel m.

◇ m. **accélérateur,** AUTOM. Gashebel m. || PHOT. Zeitraffer m. || PHYS. Akzelerator m. | *Accélérateur de particules*, Teilchenbeschleuniger m.

accélération [-rasjɔ̃] f. Beschleunigung f. | *Accélération due à la pesanteur*, Fallbeschleunigung f. ; Ansteigen (n.) der Fallgeschwindigkeit f. || [prompte exécution] *Accélération des travaux*, schnellere Fertigstellung der Arbeiten f. pl.

accéléré [-re] m. Zeitraffer m. | *En accéléré*, im Zeitraffer.

accélérer [-re] v. tr. [en général] antreiben ; beschleunigen ; schneller machen ; Geschwindigkeit erhöhen. | *Accélérer le pas*, den Schritt verdoppeln. | *Accélérer le mouvement du cœur*, die Herztätigkeit anregen. || AUTOM. Gas geben.

◇ part. pass. et adj. **accéléré, ée,** beschleunigt ; schneller. | *Service accéléré*, Eildienst m.

— SYN. : *Précipiter*, überstürzen ; beschleunigen.

accéléromètre [akselerometr] m. Beschleunigungsmesser m.

accent [aksɑ̃] m. **1.** [élévation de la voix] Betonung f. | *Accent tonique*, Silbenbetonung. | *Qui porte l'accent principal, secondaire*, haupttonig, nebentonig.

2. [intonation étrangère] Akzent m. ; Aussprache f. | *Il parle l'allemand sans accent*, er spricht Deutsch ohne jeden fremden Akzent ; er spricht ein akzentfreies Deutsch. | *Il a l'accent saxon*, er sächselt. || FIG. [souligner] *Mettre l'accent sur*, den Ton auf etwas legen ; etwas unterstreichen.

3. [son, bruit] Ton m. ; Klang m. ; Laut m. | *Les accents du cor*, der Klang des Horns. || [expression de la voix] Ton m. ; Ausdruck m. | *Un accent plaintif*, eine klagende, weinerliche Art.

4. GRAMM. Akzent m. | *Accent aigu*, spitzer Akzent. | *Accent circonflexe*, Zirkumflex m. | *Accent grave*, dumpfer Akzent.

accentuation [-tyasjɔ̃] f. [mise de l'accent] Betonung f. || FIG. *Accentuation d'un relief*, Herausarbeitung (f.), Heraushebung (f.) eines Reliefs.

accentuer [-tye] v. tr. [marquer d'un accent] mit Akzent versehen ; einen Akzent draufsetzen ; betonen. || [prononcer] *Bien accentuer en parlant*, mit guter Betonung sprechen ; Bühnensprache sprechen. || [souligner] *Accentuer un trait*, einen Zug besonders unterstreichen ; hervorheben.

◇ part. pass. et adj. **acc entué, uée,** mit Akzent versehen ; betont ; hervorgehoben ; unterstrichen. | *Syllabe accentuée*, Tonsilbe f. ; Hebung f. || FIG. *Traits accentués*, hervorstechende Züge m. pl.

◇ v. pr. **s'accentuer,** betont sein (werden). || FIG. zunehmen ; deutlicher hervortreten.

acceptable [aksɛptabl] adj. annehmbar ; (an)hörbar.

acceptant, ante [-tɑ̃, ɑ̃:t] s. Wechselnehmer m. ; Akzeptant m. ; Empfänger m.

acceptation [-tasjɔ̃] f. [en général] Annahme f. ; Inempfangnahme f. ; Genehmigung f. | *Acceptation d'une invitation*, Eingehen (n.) auf eine Einladung. || [acquiescement] Zusage f. || [tolérance] Duldung f. || COMM. Annahme ; Abnahme f. ; Übernahme f. || FIN. Annahme f. ; Akzept n. ; Querschrift f. ; Akzeptvermerk m. | *Acceptation d'une traite*, Wechselannahme. || JUR. Annahme f. ; Antritt m.

accepter [-te] v. tr. annehmen. | *Accepter un présent*, sich beschenken lassen. || [acquiescer] zusagen ; eingehen auf (acc.). | *Accepter une condition*, auf eine Bedingung eingehen. || [se montrer prêt à] aufnehmen ; bereit zur Annahme sein. || [tolérer] hinnehmen ; sich darin fügen, schicken. | *Accepter sa souffrance*, sich in sein Leid fügen. || COMM., FIN. annehmen ; in Empfang nehmen ; aufnehmen ; akzeptieren. | *Accepter en blanc*, blanko akzeptieren. | *Accepter à l'escompte*, den Wechsel diskontieren. | *Accepter en paiement*, in Zahlung nehmen.

— SYN. : *Admettre*, zulassen ; einwilligen. *Agréer*, genehmigen. *Recevoir*, empfangen ; erhalten.

accepteur [-tœ:r] m. COMM. Akzeptant m.

acception [-sjɔ̃] f. [égard, préférence] Beachtung f. ; Ansehen n. ; Rücksicht f. | *Sans acception de personne*, ohne Rücksicht auf die Person. || [sens d'un mot] Sinn m. ; Bedeutung f. | *Dans toute l'acception du mot*, im vollen, wahren Sinn des Wortes.

accès [aksɛ] m. **1.** [abord, entrée] Zugang m. ; Zutritt m. ; Eingang m. ; Einfahrt f. ; Zufahrt f. | *Le lieu est d'un accès facile*, der Ort ist leicht zugänglich. | *Accès interdit*, Zutritt verboten. || [facilité d'approcher] *Avoir accès auprès de qn*, leicht, schnell bei jm vorgelassen werden.

2. [droit d'exercer une profession] Zulassung f.

3. [attaque, crise] Anfall m. ; Anwandlung f. || FIG. *Accès de colère*, Zornesausbruch m.

4. INF. *Accès aléatoire*, wahlfreier Zugriff. | *Accès direct*, Direktzugriff m. | *Accès séquentiel*, serieller Zugriff.

accessibilité [-sibilite] f. Zugänglichkeit f. ; Zutrittsmöglichkeit f. ; Erreichbarkeit f.

accessible [-sibl] adj. [abordable] zugänglich ; erreichbar. | *Accessible au public*, der Öffentlichkeit zugänglich. | *Une cime accessible*, ein besteigbarer Gipfel. || [que l'on peut atteindre] *Une chose accessible à tous*, eine Sache, die für jedermann zu schaffen ist. || [prix] *Un prix accessible*, ein erschwinglicher Preis.

accession [-sjɔ̃] f. [avènement] Gelangen n. ; Antritt m. | *Accession au pouvoir*, Machtantritt ; Machtübernahme f. | *Accession à la propriété*, Eigentumsbildung f. | *Accession au trône*, Thronbesteigung f. || [adhésion] Beitritt m. ; Anschluß m. ; Zustimmung f. | *Accession à l'O.N.U.*, Beitritt zur UNO. || JUR. Zuwachs m. ; Zuwachsrecht n.

accessit [aksɛsit] m. ehrenvolle Nennung f.

accessoire [aksɛswa:r] adj. [qui s'ajoute au principal] Neben... ; zusätzlich. | *Une clause accessoire*, eine Nebenbestimmung ; eine zusätzliche Klausel. || [secondaire] nebensächlich ; zweitrangig ; untergeordnet. || COMM. *Frais accessoires*, Nebenkosten f. pl.

◇ m. Nebensache f. ; Nebensächliche(s) n. ; Zubehör m. ou n. ; Beiwerk n. | *Accessoires automobiles*, Autozubehör. | *Les accessoires d'une machine*, das Zubehör, die Zubehörteile einer Maschine. || THÉÂTR. Requisiten n. pl.

accessoirement [-rmɑ̃] adv. in zusätzlicher Weise. || PAR EXT. nebenbei ; beiläufig.

accessoiriste [-rist] m. THÉÂTRE. Requisitenverwalter m. ; Kulissenschieber m.

accident [aksidɑ̃] m. [événement fortuit] Vorfall m. ; Zufall m. ; Vorkommnis n. | *Les accidents de la vie*, die Wechselfälle (m. pl.) des Lebens. || [malheur] Unfall m. ; Unglücksfall m. ; Unglück n. ; trauriger Vorfall. | *Accident d'automobile*, Autounfall. | *Accident* *de chemin de fer*, Eisenbahnunglück. | *Accident professionnel*, Betriebsunfall. | *Accident de la route*, Verkehrsunfall. | *Accident de trajet*, Wegeunfall. | *Avoir un accident*, verunglücken. || MINES. Störung f. || [accident de terrain] Unebenheit f. ; Bodenerhebung f. ; Bodensenkung f. || MUS. Notenbeizeichen n. ; Vorzeichen n. || NUCL. *Accident maximal prévisible*, größter anzunehmender Unfall (G.A.U.). | *Accident nucléaire*, nuklearer Unfall.

◇ loc. adv. **par accident,** zufällig ; von ungefähr ; durch Zufall m.

accidenté, ée [-te] adj. [varié] verschiedenartig ; bewegt ; ungleich. | *Un terrain accidenté*, hügeliges Gelände. || [victime d'un accident] *Un accidenté*, ein Verunglückter.

accidentel, elle [-tɛl] adj. [fortuit] zufällig ; überraschend ; plötzlich eintretend. || [par accident] *Mort accidentelle*, Unfalltod m. || MUS. *Signe accidentel*, Notenvorzeichen n. || [secondaire] nebensächlich ; Neben...

◇ m. **l'accidentel,** PHILOS. das Zufällige ; das Unwesentliche.

accidentellement [-tɛlmɑ̃] adj. zufällig ; zufälligerweise ; durch einen Zufall.

acclamation [aklamasjɔ̃] f. Beifallsruf m. ; aufmunternder Zuruf. | *Élire par acclamation*, durch Zuruf wählen. | *Loi votée par acclamation*, durch Zuruf angenommenes Gesetz.

◇ f. pl. **acclamations,** Beifall m. ; Freudengeschrei n. ; Zujauchzen n. ; Zustimmungskundgebung f. | *Recevoir avec des acclamations*, jubelnd empfangen. | *Aux acclamations de la foule*, unter dem Zujubeln der Menge.

acclamer [-me] v. tr. [saluer] Beifall spenden (dat.) ; zujubeln (dat.) ; zurufen (dat.) ; mit Freudenrufen empfangen. | *Acclamé par le peuple*, unter dem Beifall des Volkes.

— SYN. : *Faire une ovation à qn*, jm einen stürmischen Empfang bereiten. *Applaudir*, applaudieren, Beifall spenden. *Bisser*, zur Wiederholung zwingen ; nicht endenwollenden Beifall geben.

acclimatation [aklimatasjɔ̃] f. Eingewöhnung f. ; Anpassung f. ; Akklimatisierung f. | *Jardin d'acclimatation*, zoologischer Garten.

acclimater [te] v. tr. anpassen ; hineinfinden ; angleichen ; eingewöhnen ; akklimatisieren. | *Acclimater une plante*, eine Pflanze anpassungsfähig machen. || FIG. *Acclimater les arts*, die Künste heimisch machen, übertragen.

◇ v. pr. **s'acclimater,** sich ans Klima gewöhnen ; sich eingewöhnen ; sich (hin)einleben.

accointance [akwɛ̃tɑ̃s] f. häufiger Umgang ; Beziehung f. | *Ne pas avoir d'accointances avec*, keinen näheren Umgang pflegen mit.

accolade [akɔlad] f. Umarmung f. ; Umhalsen n. || PAR EXT. herzliche Begrüßung ; brüderlicher, schwesterlicher Kuß. || MIL. Ritterschlag m. || TYPOGR. (Verbindungs)klammer f. || MUS. mehrstimmiger Satz. || ARCHIT. Klammerverzierung f. | *Arc en accolade*, Kielbogen m.

accoler [-le] v. tr. [embrasser] umhalsen ; umarmen. || FIG. [associer] *Accoler deux noms*, einen Doppelnamen bilden. | *Accoler deux feuilles*, zwei Blätter zusammenklammern. || BOT. *Accoler la vigne*, die Rebe aufbinden.

◇ part. pass. et adj. **accolé, ée,** *Deux arbres accolés*, zwei zusammengewachsene Bäume m. pl.

◇ v. pr. **s'accoler,** sich umarmen ; sich verbinden.

accommodable [akɔmɔdabl] adj. gütlich ; schlichtbar ; ausgleichbar.

accommodant, ante [-dɑ̃, ɑ̃:t] adj. [traitable] fügsam ; gefügig. || [complaisant] gefällig ; verträglich.

accommodation [-dasjɔ̃] f. Anpassung f. ; Übereinstimmung f. ; entsprechende Einstellung. || PHYSIOL. *Accommodation des yeux*, Anpassungsvermögen (n.) der Augen ; Akkommodation f.

accommodement [-dmɑ̃] m. [arrangement] Abkommen n. ; Vergleich m. ; Aussöhnung f. ; Übereinkunft f. || JUR. [transaction] Vergleich m. ; Ausgleich m. | *Par voie d'accommodement*, auf dem Wege des Vergleichs.

accommoder [-de] v. tr. **1.** [rendre commode] vorrichten ; einrichten ; vorbereiten ; in Ordnung bringen.

2. [concilier] versöhnen ; aussöhnen ; gütlich beilegen ; schlichten ; vergleichen.

3. [apprêter] zubereiten ; anrichten. | *Accommoder du poisson*, Fisch zubereiten.

4. [convenir] passen.

5. [accoutrer] aufputzen ; zurechtmachen.

◇ v. pr. **s'accommoder,** sich begnügen mit ; zufrieden sein mit ; sich anpassen, sich schicken in. | *S'accommoder à son temps*, sich der Zeit anpassen ; mit der Zeit gehen. || [s'habituer] sich schicken (in, acc.). | *S'accommoder de qch., de qn*, sich mit etwas, mit jm abfinden. | *S'accommoder de ce que l'on a*, mit dem vorlieb nehmen, was da ist.

accompagnateur, trice [akɔ̃paœatœ:r, tris] adj. begleitend ; Begleit... || MUS. untermalend.

◇ s. Begleiter(in) m. (f.).

accompagnement [-ɲmɑ̃] m. Begleitung f. ; Geleit n. || COMM. *Feuille d'accompagnement*, Begleitpapier n. || [accessoire] Zubehör n. ; Beiwerk n. || MUS. Begleitung f. | *Avec accompagnement de piano*, mit Klavierbegleitung.

accompagner [-ɲe] v. tr. begleiten ; mitgehen ; geleiten. | *Je vous accompagne jusqu'à*, ich bringe Sie noch bis. | *Accompagner en voiture, en voyage*, mitfahren, mitreisen. || FIG. [soutenir] begleiten ; untermalen ; unterstreichen.

accompli, ie [akɔ̃pli] adj. [achevé] vollendet ; fertig ; erledigt ; beendet ; abgeschlossen. || [parfait] vollkommen ; perfekt. | *En tout point accompli*, in jeder Beziehung vollkommen. | *Une beauté accomplie*, eine vollendete Schönheit. || [tenu] erfüllt ; eingehalten. || LOC. *Mettre qn devant le fait accompli*, jn vor vollendete Tatsachen stellen. | *Vingt ans accomplis*, volle zwanzig Jahre.

accomplir [-pli:r] v. tr. [achever] vollenden ; erledigen ; beenden ; abschließen ; erfüllen. || [exécuter] vollbringen ; verrichten ; bewerkstelligen. | *Accomplir un projet*, ein Vorhaben durchführen. || [tenir] einhalten. | *Accomplir un vœu*, ein Gelübde einhalten. || [pratiquer] erfüllen. | *Accomplir son devoir*, seine Pflicht erfüllen.

◇ v. pr. **s'accomplir,** sich erfüllen ; sich durchsetzen. | *Ces prophéties s'accomplissent*, diese Weissagungen gehen in Erfüllung.

— SYN. : *Exécuter*, ausführen ; befolgen. *Réaliser*, verwirklichen ; in die Tat umsetzen. *Effectuer*, bewirken ; durchführen. *Procéder*, verfahren ; vornehmen.

accomplissement [-plismɑ̃] m. [achèvement] Vollendung f. ; Erledigung f. ; Beendigung f. ; Vollziehung f. || [exécution] Durchführung f. ; Einhaltung f. || [réalisation] Erfüllung f. ; Eintreffen n.

accord [akɔ:r] m. **1.** [entente, concordance] Übereinstimmung f. ; Eintracht f. ; Einklang m. ; Einvernehmen n. | *Vivre en bon accord avec*, in gutem Einvernehmen leben mit.

2. [convention, transaction] Abkommen n. ; Abrede f. ; Abmachung f. ; Absprache f. ; Vereinbarung f. ;

Verabredung f. ; Vertrag m. ; Vergleich m. ; Einigung f. ; Übereinkunft f. | *Accord commercial*, Handelsvertrag m. | *Accord douanier*, Zollabkommen n. | *Accord spécial*, Sondervereinbarung f. | *Accord tripartite*, Dreimächteabkommen n. | *Accord à l'amiable*, gütlicher Vergleich. | *Accord de paiement*, Zahlungsabkommen n. || GRAMM. Übereinstimmung f. | *Accord du genre et du nombre*, Übereinstimmung von Geschlecht n. (Genus n.) und Zahl f. (Numerus m.).
3. MUS. Akkord m. ; Zusammenklang m. | *Accord de trois sons*, dreistimmiger Akkord ; Terz f. | *Accord des instruments*, Aufeinanderabgestimmtsein (n.) der Instrumente n. pl. | *Faux accord*, Mißklang m.
◇ loc. *D'accord*, einverstanden ; einig ; im Einvernehmen. || [interjection] *D'accord !*, einverstanden ! ; ganz meine(r) Meinung ! ; meinetwegen ! ; gut ! ; in Ordnung ! | *Être d'accord*, einverstanden sein ; einwilligen. | *Tomber d'accord*, einig werden. | *En accord avec*, im Einverständnis mit. | *D'un commun accord*, einstimmig.
◇ m. pl. **accords,** Ehevertrag m.

accordable [-dabl] adj. [qu'on peut donner] gewährbar ; zulässig. || [conciliable] vereinbar. || MUS. stimmbar.

accord-cadre [-ka:dr] m. (pl. **accords-cadres**) Rahmenvertrag m.

accordéon [-deɔ̃] m. Akkordeon n. ; (Zieh)harmonika f. ; POP. Schifferklavier n.

accordéoniste [-deonist] m. Akkordeonspieler m.

accorder [-de] v. tr. **1.** [mettre d'accord] aussöhnen ; zusammenbringen ; vereinbaren ; versöhnen ; ausgleichen.
2. [octroyer] gewähren ; (zu)billigen ; bewilligen ; einräumen ; erteilen. | *Accorder une heure*, eine Stunde Zeit geben. | *Accorder un privilège*, ein Vorrecht einräumen ; bevorrechten. | *Accorder un crédit*, einen Kredit bewilligen, einräumen. | *Accorder une autorisation*, eine Genehmigung, Erlaubnis erteilen.
3. [offrir] schenken ; verleihen ; geben ; erfüllen ; gönnen. | *Accorder une grâce*, eine Gnade verleihen. | | *Accorder audience*, Audienz erteilen.
4. [admettre] zugeben ; (ein)gestehen ; einräumen. | *Vous me l'accorderez bien*, das müssen Sie mir schon zugeben.
5. [fiancer] verloben ; verheiraten. | *Accorder sa fille à*, seine Tochter verheiraten mit.
6. MUS. stimmen. | *Accorder les instruments d'un orchestre*, die Orchesterinstrumente aufeinander abstimmen.
◇ v. pr. **s'accorder,** [s'entendre] einig werden ; sich vertragen ; zueinander passen ; übereinkommen. || GRAMM. übereinstimmen. | *L'adjectif s'accorde avec le nom*, das Adjektiv richtet sich nach dem Substantiv.
— SYN. : *Concilier*, versöhnen ; aussöhnen. *Réconcilier*, wiederaussöhnen.

accordeur [-dœ:r] m. MUS. Stimmer m. | *Accordeur de piano*, Klavierstimmer.

accordoir [-dwa:r] m. Stimmschlüssel m. ; Stimmer m.

accort, orte [akɔ:r, ɔ:rt] adj. fein ; artig.

accostable [akɔstabl] adj. MAR. anlegbar. | *Une plage accostable*, ein leicht erreichbarer (guter) Strand.

accostage [-ta:ʒ] m. Anlegen n. ; Landen n.

accoster [-te] v. tr. et intr. [aborder] anreden ; ansprechen. || MAR. anlegen ; längsseits gehen. | *Accoster le quai*, am Kai anlegen.

accotement [akɔtmɑ̃] m. [bord de la route] Sommerweg m. ; Seitenstreifen m. ; Fußsteg m. || AUTOM. Randstreifen m. || TRANSP. Seitenschotterung f.

accoter [-te] v. tr. [appuyer] stützen ; (an)lehnen. || [étayer] abstützen.
◇ v. pr. **s'accoter,** sich stützen ; sich anlehnen.

accotoir [-twa:r] m. Seitenlehne f.

accouchée [akuʃe] f. Wöchnerin f. ; Gebärende f.

accouchement [-ʃmɑ̃] m. Niederkunft f. ; Wochenbett n. ; Entbindung f. ; Geburtsvorgang m. ; Gebären n. | *Faire un accouchement*, entbinden.

accoucher [-ʃe] v. intr. gebären ; niederkommen ; entbinden ; zur Welt bringen ; Kind(er) kriegen. | *Elle accoucha d'une fille*, sie kam mit einem Mädchen nieder. || FIG., FAM. *Il a accouché de cet ouvrage*, dies Werk war ein Kind seines Geistes.
◇ v. tr. *Accoucher une femme*, eine Frau entbinden.

accoucheur, euse [-ʃœ:r, ø:z] s. Geburtshelfer(in) m. (f.) ; Hebamme f.

accouder (s') [sakude] v. pr. sich mit den Ellenbogen aufstützen. | *S'accouder au balcon*, sich auf das Balkongitter lehnen.

accoudoir [akudwa:r] m. Armstütze f. ; Armlehne f. ; Seitenlehne f. ; Lehne f.

accouplement [akupləmɑ̃] m. [acte génésique] Paarung f. ; Verbindung f. ; Begattung f. | *Époque de l'accouplement du gibier*, Balzzeit f. || MÉCAN. Ankuppeln n. ; (An)kuppelung f. ; Kopplung f. | *Accouplement à cardan*, Kardankuppelung. || *Accouplement de débrayage*, Auslösungskuppelung. | *Accouplement libre*, Freilauf m. | *Bielle d'accouplement*, Kuppelstange f.

accoupler [-ple] v. tr. [réunir par paire] paaren ; verkuppeln. || [réunir] verbinden ; zusammenführen. || [atteler] zu zweit anspannen ; vorspannen. || ÉLECTR. *Accoupler des piles*, Elemente schalten. || TECHN. kuppeln ; ankuppeln ; zusammenkuppeln ; koppeln.
◇ v. pr. **s'accoupler,** sich paaren ; sich begatten.
— SYN. : *Apparier*, paarweise ordnen ; paaren. *Couvrir*, decken (lassen). *Saillir*, springen. *Monter*, springen.

accourir [akuri:r] v. intr. her(bei)laufen ; her(bei)eilen ; angelaufen, angerannt kommen ; eilends zuströmen. | *On accourut de tous côtés*, Leute strömten von allen Seiten herbei. | *Accourir vers qn*, auf jn zulaufen.

accoutrement [akutrəmɑ̃] m. [habillement] Kleidung f. ; Tracht f. || [habillement ridicule] Aufputz m. ; Aufmachung f. ; Pop. Kledage f. ; Ausstaffierung f.

accoutrer [-tre] v. tr. ausstaffieren ; herausputzen. || FIG. [arranger] bearbeiten.
◇ v. pr. **s'accoutrer,** sich ausstaffieren ; sich aufdonnern.

accoutumance [akutymɑ̃:s] f. (An)gewöhnung f. ; Gewohnheit f. ; Angewöhnen n.

accoutumer [-me] v. tr. gewöhnen (an, acc.) ; angewöhnen ; vertraut machen mit.
◇ v. pr. **s'accoutumer à,** sich gewöhnen an (acc.) ; vertraut werden mit...

accréditer [akredite] v. tr. [inspirer confiance] in Ansehen bringen ; gut einführen. || [faire croire à] bestätigen ; beglaubigen ; Glauben verschaffen. | *Accréditer un bruit*, ein Gerücht bestätigen. | *Accréditer un ambassadeur*, einen Gesandten anerkennen, akkreditieren. || [ouvrir un crédit à] *Accréditer un voyageur*, einem Reisenden Kredit eröffnen.
◇ v. pr. **s'accréditer,** [gagner en crédit] Ansehen erwerben. || [se répandre] *Cette nouvelle s'accrédite*, diese Nachricht verbreitet sich.

accréditeur [-tœ:r] m. Bürge m.

accréditif [-tif] m. Kreditbrief m. | *Accréditif bancaire*, Dokumentarakkreditiv n.

accroc [akro] m. [déchirure] Riß m. ; Haken m. | *Se faire un accroc*, sich eine Sieben reißen. || FAM. Hindernis n. | *Il y a eu un accroc*, es kam was dazwischen. | *Sans accroc*, ohne Hindernis ; heil.

accrochage [-ʃa:ʒ] m. [action d'accrocher] Aufhängen n. ; Anhängen n. ; Anhaken n. || TRANSP. Einhaken n. ; Anhängen n. || MINES. Füllort m. || FAM. [dispute] *Il y a eu des accrochages*, es kam zu einer Hakerei ; man hakte sich. || MIL. Geplänkel n.

accroche-cœur [akrɔʃ'kœ:r] m. Schmachtlocke f.

accrocher [-ʃe] v. tr. [suspendre] anhängen ; aufhängen ; einhängen ; anhaken. || [faire un accroc] *Accrocher son pull-over*, mit dem Pullover hängenbleiben. || [arrêter, heurter] *Accrocher une auto*, ein Auto anfahren, streifen. || [obtenir par ruse] *Accrocher une place*, eine Stellung erschleichen. || MIL. *Accrocher l'ennemi*, den Feind stellen. || [attirer] *Accrocher le regard*, den Blick auf sich ziehen.

◇ v. pr. **s'accrocher,** [se suspendre] sich hängen ; sich festhaken. || FIG. *Il s'accroche à moi*, er hängt sich wie eine Klette an mich. || [importuner] *S'accrocher à qn*, jm lästig werden.

accrocheur, euse [-ʃœ:r, ø:z] adj. FIG. kampflustig ; streitsüchtig.

◇ m. **accrocheur,** Aufhänger m. || TRANSP. Ankuppler m. ; Rangiermeister m.

accroire [akrwa:r] v. intr. *En faire accroire*, glauben machen ; weismachen, blauen Dunst vormachen ; aufbinden ; schwindeln.

accroissement [akrwasmɑ̃] m. [croissance] Wachsen n. ; Wuchs m. ; Anwachsen n. ; Aufwachsen n. | *Accroissement de la population*, Zunahme der Bevölkerung. || [augmentation] Zunahme f. ; Steigen n. ; Vermehrung f. ; Erhöhung f. ; Verstärkung f. | *Accroissement des impôts*, höheres Steueraufkommen. | *Accroissement des besoins*, Mehrbedarf m. | *Accroissement de la fortune*, Vermögenszuwachs m. || MATH. Vermehrung f.

accroître [akrwa:tr] v. tr. vermehren ; vergrößern ; ausdehnen. | *Accroître sa puissance*, seine Macht ausdehnen. | *Accroître sa gloire*, seinen Ruhm erhöhen.

◇ v. pr. **s'accroître,** größer werden ; sich vergrößern. | *La production s'accroît*, die Produktion steigt an, ist im Ansteigen.

accroupir (s') [sakrupi:r] v. pr. sich niederhokken ; sich kauern ; sich hinkauern.

◇ part. pass. et adj. **accroupi, ie,** kauernd ; hingehockt ; hockend.

accru [akry] part. pass. de **accroître.**

accu [aky] (pl. **accus**) m. FAM. Akku(mulator) m.

accueil [akœ:j] m. Empfang m. ; Aufnahme f. | *Bon accueil*, freundlicher Empfang. || *Accueil froid*, kühle Aufnahme. | *Faire bon accueil*, willkommen heißen. | *Faire mauvais accueil*, schlecht aufnehmen.

accueillant, ante [-jɑ̃, ɑ̃:t] adj. entgegenkommend ; gastlich ; freundlich.

accueillir [-ji:r] v. tr. [recevoir] empfangen ; aufnehmen. | *Accueillir avec des cris de joie*, jubelnd empfangen. | *Bien accueillir*, bewillkommnen. || [accepter] *Accueillir une demande*, einem Gesuch stattgeben, nachkommen. | *Accueillir une prière*, eine Bitte erhören.

acculer [-le] v. tr. in die Enge treiben ; an die Wand drücken ; in die Ecke jagen.

◇ part. pass. **acculé, ée,** *Être acculé au mur*, in die Enge getrieben sein ; nicht mehr aus noch ein wissen.

accumulateur [akymylatœ:r] m. [appareil d'énergie] Speicher m. ; Sammler m. ; Akkumulator m. ; Batterie f. | *Accumulateur thermique*, Wärmespeicher.

accumulation [-lasjɔ̃] f. (An)häufung f. ; (An)sammlung f. ; Anwachsen n. || FIN. *Accumulation de capital*, Kapitalansammlung. | *Accumulation d'intérêts*, Anwachsen, Auflaufen (n.) der Zinsen. || TECHN. *Accumulation de chaleur*, Wärmespeicherung f.

accumuler [-le] v. tr. (an)sammeln ; anhäufen ; aufhäufen ; speichern ; horten. || FIG. *Accumuler des preuves*, Beweise sammeln.

◇ v. pr. **s'accumuler,** sich häufen ; sich ansammeln ; größer, umfangreicher werden. | *Les frais s'accumulent*, die Kosten laufen auf.

accusateur, trice [akyzatœ:r, tris] adj. (ver)klagend ; die Klage einreichend ; (an)klägerisch.

◇ s. Kläger(in) m. (f.) ; Klagende(r) f. (m.) | *Accusateur public*, öffentlicher Ankläger ; Staatsanwalt m.

— SYN. : *Plaignant*, Kläger ; *Délateur*, Denunziant.

accusatif [-tif] m. GRAMM. vierter Fall ; Wenfall m. ; Akkusativ m.

accusation [-sjɔ̃] f. Klage f. ; Anklage f. ; Klagezustand m. ; Verklagen n. ; Beschuldigung f. | *Acte d'accusation*, Anklageschrift f. | *Chef d'accusation*, Anklagepunkt m. || LOC. *Mettre en accusation*, unter Anklage stellen.

accusé, ée [-ze] s. [personne] Angeklagte(r) ; Beklagte(r) ; Beschuldigte(r). | [attestation] *Accusé de réception*, Empfangsbescheinigung f.

accuser [-ze] v. tr. [porter plainte] anklagen ; verklagen ; klagen ; beschuldigen ; bezichtigen ; anzeigen. | *Accuser qn de vol*, jn wegen Diebstahl anklagen. || [reprocher] vorwerfen ; tadeln ; Vorwurf machen. | *Accuser qn de négligence*, jm Nachlässigkeit vorwerfen. || [servir de preuve] *Ce fait vous accuse*, diese Tat spricht gegen Sie. || [reconnaître] bekennen. || COMM. anzeigen ; bestätigen ; bescheinigen. | *Accuser une augmentation*, eine Steigerung verzeichnen. | *Accuser réception*, den Empfang bestätigen. || [indiquer] *Accuser le coup*, sich etwas ansehen lassen. | *Accuser son âge*, alt aussehen.

◇ part. pass. et adj. **accusé, ée,** angeklagt. || FIG. [marqué] *Des traits accusés*, ausgeprägte Züge.

◇ v. pr. **s'accuser,** sich anklagen. || [se confesser] eingestehen ; beichten.

— SYN. : *Incriminer*, beschuldigen ; eines Verbrechens bezichtigen. *Inculper*, anschuldigen. *Dénoncer*, anzeigen.

acéphale [asefal] adj. ohne Kopf.

acerbe [asɛrb] adj. herb ; bitter ; scharf. | *D'un goût acerbe*, von herbem, bitterem, scharfem Geschmack. || FIG. bissig ; beißend.

acerbité [-bite] f. Herbe f. ; Bitterkeit f. || FIG. Schärfe f.

acéré, ée [asere] adj. [d'acier] stählern. || [tranchant] spitz ; schneidend. | *Lame acérée*, scharfe Stahlklinge. || FIG. beißend ; spitzig. | *Une épigramme acérée*, ein bissiges Epigramm.

acérer [-re] v. tr. (ver)stählen. || spitzen. || FIG. bissig machen ; hart machen.

acétate [asetat] m. Azetat n. ; essigsaures Salz. | *Acétate d'alumine*, essigsaure Tonerde.

acétique [-tik] adj. essigsauer.

acétone [-tɔn] f. Azeton n. ; Dimethylketon n.

acétylène [-tilɛ:n] m. Azetylen n. ; Äthin n. ; Azetylengas n.

achalandé, ée [aʃalɑ̃de] adj. besucht ; von zahlreicher Kundschaft. || PAR EXT. *Magasin bien achalandé*, gut ausgestatteter Laden.

acharné, ée [aʃarne] adj. erbittert ; hartnäckig ; grimmig ; verbissen ; wütend. | *Joueur acharné*, leidenschaftlicher Spieler. | *Combat acharné*, erbitterter Kampf.

acharnement [-nəmɑ̃] m. Blutgier f. ; Blutdurst m. ; Raubgier f. || [fureur] Verbissenheit f. ; Erbitterung f. || FIG. Hartnäckigheit f. || [ténacité] Beharrlichkeit f. ; Leidenschaft f.

acharner [-ne] v. tr. [exciter] anstacheln ; hetzen.
◇ v. pr. **s'acharner,** [poursuivre] verfolgen. | *S'acharner contre, sur l'ennemi*, nicht vom Feind ablassen. || [se donner à] sich hingeben. | *S'acharner à faire un travail*, sich eifrig an eine Arbeit machen.

achat [aʃa] m. [action] Kauf m. ; Ankauf m. ; Einkauf m. ; Anschaffung f. ; Beschaffung f. | *Pouvoir d'achat*, Kaufkraft f. | *Achat en bloc*, Pauschkauf. | *Achat illicite*, Schwarzkauf. | *Achat au comptant*, Barkauf. | *Achat à crédit*, Zielkauf. | *Achat à terme*, Lieferungskauf. || [chose] Einkauf m. ; Kauf m.
◇ m. pl. **achats,** Käufe m. pl. | *Faire des achats*, Einkäufe tätigen ; einkaufen. || [bilan] *Achats et prestations reçues*, Aufwendungen (f. pl.) für bezogene Waren und Leistungen.

acheminement [aʃminmɑ̃] m. [action] Beförderung f. ; Weg m. | *Acheminement du courrier*, Beförderung der Post.

acheminer [-ne] v. tr. [diriger vers] auf den Weg bringen ; befördern ; vorwärtsbringen. | *Acheminer par air*, per Luftfracht befördern.
◇ v. pr. **s'acheminer (vers),** sich begeben (nach) ; sich auf den Weg machen (nach). || FIG. von statten gehen ; vorwärts kommen ; befördert werden.

achetable [aʃtabl] adj. käuflich.

acheter [-te] v. t. [acquérir] kaufen ; einkaufen ; ankaufen ; abkaufen ; anschaffen ; abnehmen ; beziehen ; erwerben. | *Acheter (à) bon marché*, billig kaufen. | *Acheter comptant*, (gegen) bar kaufen. | *Acheter pour son compte*, auf eigene Rechnung kaufen. | *Acheter à terme*, auf Ziel kaufen. | *Acheter de première main*, direkt beziehen. | *Acheter à tempérament*, auf Ratenzahlung, Abzahlung kaufen. || LOC. *Acheter au prix de son sang*, mit seinem Blut teuer erkaufen. | *Acheter chat en poche*, die Katze im Sack kaufen. || FIG. [corrompre] *Acheter qn*, jn bestechen.
— SYN. : *Acquérir*, erwerben. *Faire des emplettes*, Besorgungen machen. FAM. *Se payer, s'offrir*, sich leisten ; sich genehmigen.

acheteur, euse [-ʃtœr, ø:z] s. Käufer(in) m. (f.) ; Einkäufer m. ; Erwerber m. ; Bezieher m. ; Abnehmer m.
— SYN. : *Acquéreur* m., Erwerber m. *Client* m., Kunde m. ; Abnehmer m.

achevé, ée [aʃve] adj. [fini] vollendet ; fertiggestellt ; fertig. || FIG. [parfait] vollkommen. | *Coquin achevé*, Erzgauner m.

achèvement [aʃɛvmɑ̃] m. [action de finir] Fertigstellung f. ; Vollendung f. ; Beendigung f. || FIG. [perfection] Vollkommenheit f.

achever [aʃve] v. tr. [finir] beenden ; vollenden ; beendigen ; fertigmachen ; (be)schließen ; durchführen. || [tuer] *Achever un animal blessé*, einem verwundeten Tier den Fangschuß, den Rest geben. || FIG. *Cette affaire l'achève*, dies Geschäft gibt ihm den Rest, macht ihn fertig.
◇ v. intr. aus... | *Achever de boire et de manger*, austrinken und aussessen. | *Achever de parler*, ausreden.
◇ v. pr. **s'achever,** enden. | *Le jour s'achève*, der Tag läuft ab, geht zu Ende.

Achille [aʃil] n. pr. m. MYTH. Achill(es) m. | *Le talon d'Achille*, Achillesferse. || ANAT. *Tendon d'Achille*, Achillessehne f.

achoppement [aʃɔpmɑ̃] m. *Pierre d'achoppement*, Stein (m.) des Anstoßes.

achromatique [akrɔmatik] adj. farbenfrei ; achromatisch.

acide [asid] adj. sauer ; säuerlich ; säurehaltig. | *Non acide*, säurefrei. || FIG. [mordant] beißend ; bissig. | *Critique acide*, beißende Kritik.
◇ m. Säure f. | *Acide acétique*, Essigsäure. | *Acide aminé*, Aminosäure. | *Acide carbonique*, Kohlensäure. | *Acide citrique*, Zitronensäure. | *Acide cyanhydrique*, Blausäure. | *Acide formique*, Ameisensäure. | *Acide nitrique*, Salpetersäure. | *Acide picrique*, Pikrinsäure. | *Acide sulfurique*, Schwefelsäure. | *Acide tartrique*, Weinsäure.

acidifiant, iante [-difjɑ̃, jɑ̃:t] adj. säurebildend ; Säure entwickelnd.

acidification [-difikasjɔ̃] f. Säurebildung f. ; Säureentwicklung f. ; Säureumbildung f. ; Übersäuerung f.

acidifier [-difje] v. tr. säuern ; Säure bilden.
◇ v. pr. **s'acidifier,** sauer werden ; zu Säure werden.

acidité [-dite] f. Säure f. ; Schärfe f.

acidulé, ée [-dyle] adj. säuerlich ; angesäuert ; leicht sauer. | *Bonbons acidulés*, Drops m. pl.

acier [asje] m. Stahl m. | *Acier affiné*, Edelstahl. | *Acier à haute teneur en carbone*, hochwertiger Stahl. | *Acier allié*, legierter Stahl. | *Acier doux*, Flußstahl ; Flußeisenstahl. | *Acier en barres*, Stabstahl. | *Acier tréfilé*, gezogener Stahl. | *Acier fondu*, Gußstahl. | *Acier inoxydable*, rostfreier Stahl. | *Acier moulé*, Stahlguß m. | *Acier puddlé*, Herdfrischstahl ; Puddelstahl. | *Acier spécial*, Edelstahl. | *Acier trempé*, gehärteter Stahl. | *Acier cémenté*, Zementstahl. | *Acier forgé*, Schmiedestahl. | *Acier au tungstène*, Wolframstahl. | *D'acier, En acier*, stählern.

aciérer [-re] v. tr. (ver)stählen ; härten.

aciérie [-ri] f. Stahlwerk n. ; Stahlhütte f. ; Gußstahlwerk n.

acmé [akme] m. Höhepunkt m.

acné [akne] f. [maladie de la peau] Finnenausschlag m. ; Mitesser m. ; Pickel m.

acolyte [akɔlit] m. RELIG. Akoluth m. ; Ministrant m. ; Meßhelfer m. || PAR EXT. (Helfers)helfer m. ; Gehilfe m.

acompte [akɔ̃:t] m. Abschlagszahlung f. ; Akontozahlung f. ; Anzahlung f. ; Rate f. | *Verser mille francs en acompte*, tausend Francs anzahlen. | *Payer par acomptes*, in Raten bezahlen.

aconit [akɔnit] m. BOT. Eisenhut m.

acoquiner (s') [sakɔkine] v. pr. PÉJOR. sich einlassen (mit) ; Umgang haben (mit).

Açores [asɔ:r] n. pr. f. pl. GÉOGR. Azoren f. pl.

à-côté [akote] m. Nebensache f. ; Beiläufigkeit f. | *Cette situation comporte de nombreux à-côtés*, diese Lage wirft weitere Fragen auf.

à-coup [aku] m. Ruck m. ; Stoß m. ; plötzliche Erschütterung ; Stockung f. | *Par à-coups*, stoßweise ; ruckweise. | *Sans à-coups*, stoßfrei. || FIG. reibungslos.

acoustique [akustik] adj. akustisch. | *Cornet acoustique*, Hörrohr n. | *Nerf* (m.) *acoustique*, akustischer (Hör)nerv.
◇ f. Akustik f. || PHYS. Lehre (f.) vom Schall m.

acquéreur [akerœ:r] m. Erwerber m. ; Käufer m. || JUR. *Acquéreur de bonne foi*, gutgläubiger Erwerber.

acquérir [-ri:r] v. tr. [devenir possesseur] erwerben ; kaufen ; erstehen ; anschaffen. || [gagner la faveur] erringen ; gewinnen. | *Acquérir de la réputation*, an Ruf gewinnen. || [obtenir] erhalten ; bekommen. | *Acquérir la conviction que*, zur Überzeugung kommen, daß. | *Acquérir du crédit*, Kredit bekommen.

◇ part. pass. et adj. **acquis, ise,** [dévoué] *Être tout acquis à qn*, jm ganz ergeben sein. || [obtenu] *Vitesse acquise*, erreichte Geschwindigkeit. | *Droit acquis*, erworbenes Recht. || Loc. *C'est un fait acquis*, es steht fest.
◇ v. pr. **s'acquérir,** [se procurer] sich erwerben ; sich verschaffen. || [passiv.] *Le courage s'acquiert*, der Mut läßt sich aufbringen.

acquêt [akɛ] m. Erwerb m. ; Anschaffung f.
◇ m. pl. **acquêts,** Jur. Errungenschaft f. | *Communauté réduite aux acquêts*, Errungenschaftsgemeinschaft f.

acquiescement [akjɛsmɑ̃] m. [consentement] Zustimmung f. ; Einverständnis n. ; Einwilligung f.

acquiescer [-se] v. intr. zustimmen ; einverstanden sein (mit) ; einwilligen (in, acc.). | *Acquiescer à un désir*, einem Wunsche willfahren.

acquis [aki] part. pass. et adj. V. ACQUÉRIR.
◇ m. Erworbene[s] n. ; (erworbene) Kenntnisse ; Fertigkeiten f. pl.

acquisition [-zisjɔ̃] f. [action] Erwerbung f. ; Erwerb m. ; Kauf m. ; Ankauf m. ; Anschaffung f. | *Faire l'acquisition d'une propriété*, ein Gut erwerben, erstehen. || [chose] Erwerb m. ; erworbenes Gut. || Fig. [conquête] Errungenschaft f. || Inf. *Acquisition de données*, Datenerfassungf.

acquit [aki] m. [attestation] Empfangsbescheinigung f. ; Quittung f. || Loc. *Pour acquit*, Betrag erhalten. || Fig. *Par acquit de conscience*, zur Selbstberuhigung ; pro forma.

acquit-à-caution [akiakosjɔ̃] (pl. **acquits-à-caution**) m. Zollbegleitschein m.

acquittement [akitmɑ̃] m. [paiement] Zahlung f. ; Begleichung f. | *Acquittement d'une dette*, Tilgung einer Schuld ; Schuldabdeckung f. || Jur. [non-condamnation] Freispruch m.

acquitter [-te] v. tr. [payer] bezahlen ; begleichen ; tilgen ; quittieren. | *Acquitter un effet*, einen Wechsel einlösen. | *Acquitter une facture*, eine Rechnung quittieren. || Jur. [déclarer non coupable] *Acquitter un accusé*, einen Angeklagten freisprechen.
◇ v. pr. **s'acquitter,** [se libérer] auszahlen ; sich entledigen. | *S'acquitter d'une dette*, eine Schuld abtragen. | *S'acquitter envers un créancier*, einen Gläubiger auszahlen. || [accomplir] erfüllen ; verrichten. | *S'acquitter d'une mission*, sich eines Auftrags entledigen.

acre [akrə] m. [mesure] Morgen m.

âcre [ɑ:kr] adj. [odeur, goût] scharf ; herb ; beißend ; ätzend. | *Un goût âcre*, ein scharfer Geschmack. | *Une odeur âcre*, ein beißender Geruch. | [son] schreiend ; gellend. || Fig. beißend ; bitter.

âcreté [ɑkrəte] f. Schärfe f. ; Bitterkeit f. ; Herbheit f. | *Âcreté du sel*, Bitterkeit des Salzes. || Fig. *Âcreté du style*, Bissigkeit des Stils.

acrimonie [akrimɔni] f. [âcreté] Schärfe f. ; Bitterkeit f. ; Verbitterung f. || [ton mordant] Galle f. ; Bitterkeit f. | *Parler avec acrimonie*, verbittert, bissig reden.

acrimonieux, ieuse [-njø, jø:z] adj. [âcre] scharf ; herb ; beißend. || Fig. *Caractère acrimonieux*, verbitterter Charakter. | *Une critique acrimonieuse*, eine scharfe Kritik.

acrobate [akrɔbat] m. Akrobat m. ; Seiltänzer m. ; Gleichgewichtskünstler m.

acrobatie [-basi] f. Akrobatik f. ; Seiltänzerkunst f. | *Acrobatie aérienne*, Kunstflug m. ; Schaufliegen n. || Fig. *Avoir recours à toutes sortes d'acrobaties*, nach allen möglichen Hilfsmitteln greifen.

acrobatique [-batik] adj. akrobatisch ; seiltänzerisch. | *Exercices acrobatiques*, Trapezübungen f. pl.

Acropole [akrɔpɔl] n. pr. f. Akropolis f.

acrostiche [akrɔstiʃ] m. Poés. Akrostichon n. ; Spitzengedicht n.

acrylique [akrilik] adj. Chim. Akryl-. | *Fibre, acide acrylique*, Akrylfaser f., Akrylsäure f.
◇ m. pl. **acryliques,** Akrylharze n. pl.

acte [akt] m. **1.** [sens général] Handlung f. ; Tat f. ; Werk n. ; Akt m. | *Acte de bravoure*, Heldentat. | *Acte de violence*, Gewalttat. | *Acte manqué*, Fehlleistung f. || Loc. *Faire acte de bonne volonté*, seinen guten Willen zeigen, unter Beweis stellen. | *Faire acte de présence*, sich nur sehen lassen. | *Faire acte d'autorité*, eigenmächtig handeln. | *Passer aux actes*, zur Ausführung schreiten.
2. Jur. [action] Handlung f. ; Tat f. ; amtliche Verhandlung ; Rechtsgeschäft n. | *Acte additionnel*, Zusatzabkommen n. | *Acte anticonstitutionnel*, verfassungswidrige Handlung. | *Acte illégal*, strafbare Handlung. | *Acte introductif d'instance*, Klageerhebung f.
3. Jur. [écrit] Urkunde f. ; Akte f. ; Protokoll n. ; Vertrag m. | *Acte d'accusation*, Anklageschrift f. | *Acte de l'état civil*, standesamtliche Urkunde. | *Acte de mariage*, Trauschein m. ; Heiratsurkunde. | *Acte de naissance*, Geburtsschein m. ; Geburtsurkunde. | *Acte de décès*, Totenschein m. ; Sterbeurkunde. | *Acte authentique*, beglaubigte Urkunde. | *Acte notarié*, notarielle Urkunde. || Comm. *Acte constitutif*, Gründungsvertrag ; Stiftungsurkunde. | *Acte constitutif de société*, Gesellschaftsvertrag. | *Acte de donation*, Schenkungsurkunde | *Acte de nantissement*, Pfandbrief m. ; Pfandvertrag. || Loc. *Prendre acte de qch.*, etwas zu Protokoll nehmen ; sich etwas merken. | *Dresser un acte*, eine Urkunde ausstellen.
4. Théâtr. Akt m. ; Aufzug m. | *Une pièce en un acte*, ein Einakter. | *Une comédie en trois actes*, ein Lustspiel in drei Aufzügen.
5. Relig. *Actes des Apôtres*, Apostelgeschichte f. | *Acte de foi*, Glaubensbekenntnis n.
6. Hist. *Acte de navigation*, Navigations akte f. | *Acte de neutralité*, Neutralitätserklärung f.

acteur, trice [-tœ:r, tris] s. handelnde Person ; Schauspieler(in) m. (f.) ; Mime m. ; Darsteller(in) m. (f.). | *Il est un des principaux acteurs*, er ist eine der Hauptpersonen. | *Acteur de cinéma*, Filmschauspieler m. || Fig. Teilnehmer m. ; Mitspieler m.
— Syn. : *Comédien*, Schauspieler. *Artiste*, Künstler. *Interprète*, Darsteller. *Protagoniste*, Hauptdarsteller. *Vedette*, Theatergröße ; Kinogröße. *Etoile*, Stern ; Größe ; Star ; Kinostar. || Péjor. *Cabot*, *Cabotin*, Schmierenschauspieler.

actif, ive [-tif, i:v] adj. [agissant] tätig ; aktiv ; wirksam. | *Une force active*, eine wirksame Kraft. || [vif, laborieux] lebhaft ; rege ; unternehmend ; arbeitsam. | *Un esprit actif*, ein reger Geist. || [énergique] energisch. | *Remède actif*, durchschlagendes Heilmittel. || Loc. *Prendre une part active dans une affaire*, an etwas lebhaften Anteil nehmen. | *Service actif*, aktiver Wehrdienst. | *Membre actif*, ausübendes Mitglied. || Écon. erwerbstätig. | *La population active*, die erwerbstätige Bevölkerung f. || Gramm. Aktiv n. ; tätig. | *Voix active*, Tätigkeitsform f. ; Aktiv n.
◇ m. **actif,** Comm. Aktivum n. ; Vermögen n. ; Aktivvermögen n. ; Besitzstand m. | *Actif liquide*, flüssige Werte m. pl. | *Actif et passif*, Aktiva und Passiva. | *Actif réalisable*, greifbare Aktiva n. pl. | *Actif total*, Gesamtvermögen. | *Actif net*, Nettovermögen. || Écon. *Les actifs*, die Erwerbstätigen m. pl. || Loc. Fig. *Mettre qch. à l'actif de qn*, jm etwas zuschreiben.

actinides [aktinid] m. pl. Chim. Aktiniden m. pl.

action [aksjɔ] f.

I. EFFET D'UNE ÉNERGIE : Wirkung f.
II. ACTE : Handlung f.
III. ACTIVITÉ : Tätigkeit f.
IV. SENS MILITAIRE.
V. VIVACITÉ DU GESTE : Lebhaftigkeit f.
VI. SENS LITTÉRAIRE ET THÉÂTRAL : Handlung f.
VII. SENS JURIDIQUE : Handlung f.
VIII. FINANCES, BOURSE : Aktie f.
IX. SENS RELIGIEUX.

I. EFFET D'UNE ÉNERGIE : Wirksamkeit f. ; Auswirkung f. ; Wirkung f. ; Vorgang m. | *Action chimique*, chemische Einwirkung. | *Action d'un poison*, Wirksamkeit eines Giftes. | *À action directe*, direkt(wirkend).
II. ACTE : Handlung f. ; Tat f. | *Bonne action*, gute Tat ; Wohltat. | *Mauvaise action*, Untat. | *Action politique*, politische Handlung. || JUR. *Action délictuelle*, strafbare Handlung.
III. ACTIVITÉ : Tätigkeit f., Beschäftigung f. ; Bewegung f. ; Betrieb m. ; Betriebsamkeit f. | *Être en action*, beschäftigt sein. | *Il était en pleine action*, er war mitten drin. | *La machine est en action*, die Maschine ist in Betrieb ; die Maschine läuft. | *Mettre une machine en action*, eine Maschine anlaufen lassen, in Gang setzen, in Betrieb setzen. | *Remise en action*, Wiederinbetriebsetzung f.
IV. SENS MILITAIRE : Kampfhandlung f. ; Kampf m. ; Unternehmung f. || LOC. *Engager l'action*, den Kampf beginnen. | *L'action a été chaude*, es ging heiß her. | *Action décisive*, Entscheidungskampf.
V. VIVACITÉ DU GESTE : Lebhaftigkeit f. ; Lebendigkeit f. ; Ausdruck m. ; Mienenspiel n. ; Haltung f.
VI. SENS LITTÉRAIRE : Handlung f. ; Gang (m.) der Handlung ; Entwicklung f. ; Ablauf (m.) der Handlung. | *L'unité d'action*, Geschlossenheit (f.), Einheit (f.) der Handlung. || THÉÂTRE. *L'action se passe à Athènes*, die Handlung spielt in Athen.
VII. SENS JURIDIQUE : [plainte, acte] Handlung f. ; Klage f. ; Anspruch m. | *Action civile*, Zivilklage. | *Action en dommages-intérêts*, Schadenersatzklage. | *Action en recours*, Regreßklage. | *Action judiciaire*, Gerichtsverfahren n. | *Action juridique*, Rechtshandlung.
VIII. FINANCES, BOURSE : Anteilschein m. ; Aktie f. | | *Action cotée*, zugelassene Aktie. | *Action non cotée*, nicht börsennotierte Aktie. | *Action gratuite*, Zusatzaktie. | *Action nominative*, Namensaktie. | *Action ordinaire*, Stammaktie. | *Action privilégiée*, Vorzugsaktie. | *Action sans droit de vote*, stimmlose Aktie. | *Action souscrite*, gezeichnete Aktie. | *Action au porteur*, Inhaberaktie. || *Société par actions*, Aktiengesellschaft f. | *Bourse aux actions*, Aktienbörse f. ; Aktienmarkt m. | *Émettre des actions*, Aktien ausgeben. || LOC. *Les actions sont en baisse*, die Aktien stehen schlecht. | *Les actions sont au pair*, die Aktien haben den Nennwert.
IX. SENS RELIGIEUX : *Action de grâces*, Danksagung f.

actionnaire [-sjɔnɛ:r] m. Aktionär m. ; Aktienbesitzer m. ; Inhaber (m.) von Aktien.

actionnariat [-sjɔnarja] m. Beteiligung (f.) am Kapital. || [ensemble des actionnaires] Aktionäre m. pl.

actionner [-sjɔne] v. tr. MÉCAN. [mettre en mouvement] antreiben ; in Bewegung setzen ; treiben ; betätigen. | *Actionner une machine*, eine Maschine in Gang setzen ; steuern ; laufen lassen. || JUR. [intenter] einklagen ; beklagen ; verklagen ; gerichtlich belangen.

actionneur [-nœ:r] m. ÉLECTR. Stellantrieb m.

activateur [aktivatœ:r] m. TECHN. Betätigungsorgan n.

activation [-vasjɔ̃] f. Aktivierung f. ; Belebung f.

activement [aktivmɑ̃] adv. tätig ; aktiv. | *S'occuper activement de qch.*, sich eingehend mit etwas beschäftigen.

activer [aktive] v. tr. [presser, accélérer] beschleunigen ; beleben ; fördern ; antreiben. | *Le vent active l'incendie*, der Wind facht die Feuersbrunst an. || CHIM. *Charbon activé*, aktive (Holz)kohle ; Aktivkohle f. || POLIT. aktivieren. || TECHN. aktivieren.
◇ v. pr. **s'activer,** sich beeilen ; sich tummeln.

activisme [-vism] m. Aktivismus m.

activiste [-vist] m. Aktivist m.

activité [-vite] f. **1.** Wirksamkeit f. ; Tätigkeit f. ; Aktivität f. ; Schaffen n. | *Activité industrielle*, Gewerbetätigkeit. | *Sphère d'activité*, Wirkungskreis m. ; Tätigkeitsbereich m. | *Un volcan en activité*, ein Vulkan in Tätigkeit. | *Qui exerce une activité professionnelle*, berufstätig ; erwerbstätig.
2. [occupation professionnelle] Dienst m. ; Tätigkeit f. ; Beschäftigung f. | *Un fonctionnaire en activité*, ein Beamter im Dienst. | *Hors d'activité*, außer Dienst. || [application] Fleiß m. ; Betriebsamkeit f. || [animation] Geschäftigkeit f. ; Emsigkeit f. ; Lebendigkeit f. | *Activité débordante*, rastlose Geschäftigkeit.
3. [machine] Betrieb m. ; Arbeiten n. ; Laufen n. | *En pleine activité*, in vollem Gang ; auf vollen Touren.

actuaire [aktɥɛ:r] m. Versicherungsmathematiker m.

actualiser [aktɥalize] v. tr. auf den letzten Stand bringen. || TECHN. aktualisieren.

actualité [aktɥalite] [état] Gegenwart f. || [chose] Zeit-, Gegenwartsgeschehen n. ; Neuigkeit f. || *D'actualité*, aktuell ; zeitgemäß.
◇ f. pl. **actualités,** CINÉM. Wochenschau f.

actuariel, elle [aktɥarjɛl] adj. ÉCON. Brutto... | *Taux actuariel brut*, Bruttozinssatz m.

actuel, uelle [-tɥɛl] adj. [présent] gegenwärtig ; augenblicklich ; heutig ; zeitnahe ; vorhanden ; jetzig ; gegeben. | *Mœurs actuelles*, heutige Sitten. || LOC. *Cette question est actuelle*, diese Frage ist aktuell.

actuellement [-tɥɛlmɑ̃] adv. zurzeit ; gegenwärtig ; heutzutage.
— SYN. : *Aujourd'hui*, heute. *De nos jours*, heutigentags. *De notre temps*, zeitgemäß. *A présent*, *présentement*, gegenwärtig ; nunmehr. *Maintenant*, jetzt ; nun.

acuité [akɥite] f. [sens général] Schärfe f. ; Zugespitztheit f. || FIG. [intensité] Heftigkeit f. | *Acuité de la douleur*, Heftigkeit des Schmerzes. || PHYSIOL. *Acuité visuelle*, Sehschärfe f. ; Sehvermögen n. | *Acuité auditive*, Schärfe des Gehörs. || *Acuité d'un son*, Höhe eines Tones.

acupuncteur, trice [akypɔ̃ktœ:r, -tris] s. MÉD. Akupunkteur m. ; Akupunkteuse f.

acupuncture [akypɔ̃kty:r] f. MÉD. Punktierung f. ; Akupunktierung f. ; Nadelpunktierung f.

acyclique [asiklik] adj. azyklisch.

adage [ada:ʒ] m. Sprichwort n. ; Spruch m.

adagio m. MUS. Adagio n.

Adam [adɑ̃] n. pr. m. Adam m. | *Je ne le connais ni d'Ève ni d'Adam*, ich habe keine Ahnung, wo er herkommt. | *La pomme d'Adam*, Adamsapfel m.

adaptable [adaptabl] adj. anwendbar ; passend.

adaptateur [adaptatœ:r, -tris] s. [personne] Bearbeiter(in) m. (f.).
◇ m. [appareil] Vorsatzgerät n. || INF. *Adaptateur d'interface*, Schnittstellenanpassung f.

adaptation [-tasjɔ̃] f. [action d'adapter] Anpassung f. ; Einstellung (auf, acc.) ; Angleichung f. ; Einfügen n. (in, acc.) ; Eingewöhnung f. (in, acc.). | *Adaptation d'un roman au théâtre*, Bearbeitung eines Romans für das Theater. | *Adaptation (d'une œuvre littéraire) au cinéma*, Verfilmung f. | *Adaptation au milieu*, Sicheinfügen (n.) in die Umwelt. || BIOL. *Adaptation d'une plante au climat*, Angleichung einer Pflanze an das Klima.

adapter [-te] v. tr. [appliquer, ajuster] anbringen ; anmachen ; anschließen. | *Adapter un robinet*, einen Hahn anbringen. || [texte] anpassen ; in Einklang bringen mit ; einstellen auf (acc.). || [œuvre littéraire] *Adapter à l'écran*, verfilmen. | *Adapter au théâtre*, für die Bühne bearbeiten.

◇ v. pr. **s'adapter (à),** sich einfügen (in, acc.) ; passen (zu) ; angemessen sein (dat.).

addenda [addɛ̃da] m. invar. LITTÉR. Hinzufügungen f. pl. ; Zusätze m. pl.

additif, ive [additif, i:v] adj. hinzufügbar ; Zusatz...

◇ m. **additif,** Zusatz m. | [texte] Nachtrag m. || *Additifs alimentaires*, Lebensmittel -zusätze. || AUTOM. *Additifs au plomb*, Bleizusätze.

addition [-sjɔ̃] f. [action d'ajouter] Hinzufügen n. ; Hinzufügung f. ; Zuzählung f. ; Vermehrung f. ; Zusatz m. ; Beifügung f. || ARITHM. Addition f. ; Additionsaufgabe f. ; Summierung f. | [action d'additionner] Summieren n. ; Zusammenrechnen n. ; [restaurant] Rechnung f. | *Faire de longues additions*, lange Zahlenreihen aufrechnen. || [au restaurant] *L'addition, s'il vous plaît !*, zahlen bitte ! || MÉTALL. Zugabe f. ; Beimischung f. ; Beigabe f. ; Zuschlag m.

additionnel, elle [-sjɔnɛl] adj. zusätzlich ; angehängt ; nachträglich ; neu. | *Article additionnel*, Ergänzungsartikel m. | *Taxe additionnelle*, Zusatzsteuer f.

additionner [-sjɔne] v. tr. [faire une addition] zusammenzählen ; (auf)addieren ; aufrechnen ; summieren ; zuzählen. || [ajouter] beifügen ; beigeben ; zusetzen. | *Additionner une liqueur de sucre*, einem Likör Zucker beisetzen, beigeben.

adducteur [addyktœ:r] adj. anziehend ; heranführend. || ANAT. *Muscle adducteur*, Anzieher m.

adduction [-sjɔ̃] f. ANAT. Adduktion f. ; Gliedheranführung f. || TECHN. *Adduction d'eaux*, Zuleitung (f.) von Wasser ; Wasserversorgung f.

adénite [adenit] f. MÉD. Drüsenentzündung f. ; Adenitis f.

adénopathie [adenopati] f. MÉD. Adenopathie f. ; Drüsenentzündung f.

adepte [adɛpt] m. [initié] Eingeweihte(r). || [partisan] Anhänger m.

adéquat, ate [adekwa, at] adj. [correspondant] entsprechend ; angemessen. || [équivalent] übereinstimmend ; sich deckend.

adhérence [aderɑ̃:s] f. [action de coller] Anhaften n. ; (An)kleben n. || PHYS. Anhängen n. ; Adhäsion f. ; Anziehungskraf f. | *Adhérence des molécules*, Adhäsionskraft (f.) der Moleküle. || MÉD. Verwachsung f. ; Adhäsion f. || *Adhérences à l'estomac*, Magenwucherungen f. pl. || AUTOM. *Adhérence au sol*, Bodenhaftung f.

adhérent, ente [-rɑ̃, ɑ̃:t] adj. [attaché] anhaftend ; verwachsen. || PHYS. *Pouvoir adhérent*, Haftvermögen n.

◇ m. **adhérent,** FIG. [partisan] Anhänger m.

adhérer [-re] v. intr. [s'attacher] anhaften (an, acc.) ; verwachsen sein (mit). || [participer] beitreten. | *Adhérer à un traité*, einem Vertrag beitreten. || FIG. [acquiescer] zustimmen ; beistimmen ; einwilligen. | *J'adhère à votre opinion*, ich stimme Ihrer Meinung bei.

adhésif, ive [-zif, i:v] adj. anhaftend ; klebrig. | *Emplâtre adhésif*, Heftpflaster n. | *Substance adhésive*, klebriger Stoff.

◇ m. **adhésif,** Kleber m.

adhésion [-zjɔ̃] f. [union] (An)haften n. ; Adhäsion f. || [participation] Beitritt m. ; Mitgliedschaft f. || FIG. [consentement] Zustimmung f. ; Einverständnis n. | *Donner son adhésion*, beistimmen ; zustimmen.

adieu ! [adjø] interj. mit Gott ! ; Gott befohlen ! ; lebewohl !

◇ m. Abschied m. ; Abschiednehmen n. ; Lebewohl n. ; Verabschiedung f. | *Faire ses adieux*, sich verabschieden. | *Dire adieu à qn*, sich von jm verabschieden. | *Visite d'adieu*, Abschiedsbesuch n.

Adige [adi:ʒ] n. pr. m. GÉOGR. Etsch f. | *Région du haut Adige*, Südtirol n. | *Haut Adige*, obere Etsch.

adipeux, euse [adipø, ø:z] adj. fettig ; fetthaltig ; speckig. | *Substance adipeuse*, Fettmasse f.

adiposité [-posite] f. MÉD. Fettsucht f.

adjacent, ente [adʒasɑ̃, ɑ̃:t] adj. berührend ; anliegend ; angrenzend ; tangierend. | *Terres adjacentes*, angrenzende Ländereien ; Nachbargrundstücke n. pl. || GÉOM. *Angles adjacents*, anliegende Winkel m. pl.

adjectif [adʒɛktif] m. Eigenschaftswort n. ; Beiwort n. ; Adjektiv n.

— SYN. : *Qualificatif* m., Eigenschaftswort n. *Attribut* m., Prädikat n. ; Attribut n. *Épithète* f., Beiwort n.

adjoindre [adʒwɛ̃:dr] v. tr. [associer] beifügen ; hinzufügen ; hinzuziehen ; zugesellen ; beiordnen. | *Adjoindre un bâtiment*, anbauen. | *On lui a adjoint un collaborateur*, man hat ihm einen Mitarbeiter beigegeben.

◇ v. pr. **s'adjoindre,** sich beigeben ; zu Hilfe nehmen.

adjoint, ointe [-ʒwɛ̃, wɛ̃:t] adj. beigegeben ; beigeordnet ; zugesellt ; hinzugezogen ; Hilfs... | *Directeur adjoint*, stellvertretender Direktor. | *Officier adjoint*, Adjutant m.

◇ s. Stellvertreter(in) m. (f.) ; Beigeordnete(r) f. (m.) | *Le maire et ses adjoints*, der Bürgermeister und seine Beigeordneten.

adjonction [-ʒɔ̃ksjɔ̃] f. Beifügung f. ; Beiordnung f. ; Hinzuziehung f. ; Beigabe f. ; Zusatz m. | *Adjonction d'un nom à une liste*, Hinzufügung (f.) eines Namens auf einer Liste. || GRAMM. Zeugma n.

adjudant [adʒydɑ̃] m. [sous-officier] Feldwebel m. ; Wachtmeister m. | *Adjudant-chef*, Oberfeldwebel m. ; Oberwachtmeister m. || [officier] Adjudant m.

adjudicataire [adʒydikatɛ:r] m. [entreprise] Mindestfordernde(r) m. ; Übernehmer m. ; Auftragnehmer m. || [aux enchères] Ersteher m. ; Ersteigerer m.

adjudication [-sjɔ̃] f. JUR. [attribution] Zuerkennung f. ; gerichtliche Zusprechung ; Zuschlag m. || [vente] Ausschreibungsvergebung f. ; Submission f. ; Versteigerung f. | *Adjudication aux enchères*, Versteigerung f. | *Mettre en adjudication*, versteigern lassen. | *Vente par adjudication*, gerichtliche Auktion f. | *Adjudication forcée*, Zwangsversteigerung.

adjuger [adʒyʒe] v. tr. [accorder par jugement] gerichtlich zuerkennen ; zusprechen ; zuschlagen. || [accorder par adjudication] den Zuschlag geben (zu) ; vergeben. | *Adjugé !*, zugeschlagen !

◇ v. pr. **s'adjuger,** sich aneignen.

adjuration [adʒyrasjɔ̃] f. Beschwörung f. || [supplication] inständige Bitte f.

adjurer [-re] v. tr. beschwören ; bannen. || [supplier] mit Bitten bestürmen ; inständig bitten ; beschwören.

adjuvant [adʒyvɑ̃] m. Hilfsarznei f. || TECHN. Additiv n. ; Inhibitor m.

ad libitum [adlibitɔm] loc. lat. nach Belieben.

admettre [admɛtr] v. tr. **1.** [recevoir, agréer] zulassen ; Zutritt gewähren ; aufnehmen ; annehmen. | *Admettre qn à sa table*, jn am Tisch Platz nehmen lassen. | *Admettre au baccalauréat*, zum Abitur zulassen.
2. [reconnaître] anerkennen ; zugeben ; einwilligen ; eingestehen. | *Vous admettrez que*, Sie müssen aber zugeben, daß.
3. [accueillir favorablement] stattgeben (dat.) ; nachkommen (dat.) ; gewähren. | *Admettre une requête*, einem Gesuch stattgeben.
4. [permettre] erlauben ; zulassen ; dulden. | *Cette affaire n'admet aucun retard*, diese Angelegenheit läßt keinen Aufschub zu.

administrateur, trice [administratœ:r, tris] s. [celui, celle qui dirige] Verwalter m. ; Geschäftsführer m. ; Pfleger m. ; Verwaltungsbeamter m. | *Administrateur civil*, Ministerialrat m. | *Administrateur de société*, Mitglied (n.) des Verwaltungsrates. | *Administrateur d'un pays*, Landesverweser m. ; Statthalter m. || JUR. Verweser m. ; Vormund m.

administratif, ive [-tif, i:v] adj. verwaltungsmäßig ; Verwaltungs... ; amtlich. | *Décision administrative*, amtliche Entscheidung. | *Droit administratif*, Verwaltungsrecht n.

administration [-sjɔ̃] f. **1.** ACTION DE DIRIGER : [direction en général] Verwalten n. ; Verwaltung f. ; Leitung f. | *Administration patrimoniale*, Vermögensverwaltung. || [direction publique] Amtsführung f. ; Verwesen n. | *Administration d'un pays*, Landesverwaltung. || [direction économique] Besorgung f. ; Führung f. ; Wirtschaft f. | *Administration d'une entreprise*, Geschäftsführung. | *Mauvaise administration*, Mißwirtschaft.
2. POUVOIR ADMINISTRATIF : [sens général] Verwaltung f. ; Verwaltungswesen n. ; Geschäftsbetrieb m. | *Administration centrale*, Hauptverwaltung. || [fonction] Verwaltungsdienst m. ; Amt n. || [personnel] Beamtenpersonal n. || [organisme directeur] Verwaltungsbehörde f. ; Behörde f. | *Conseil d'administration (d'une société)*, Aufsichtsrat m. || [organismes publics] *Administration des P.T.T.*, Postverwaltung. | *Administration des finances*, Finanzwesen n.
3. ACTION DE DONNER : MÉD. Verabreichung f. || RELIG. Erteilung f. ; Spendung f. || JUR. Beibringung f. | *Administration de preuves*, Beibringen (n.) von Beweisstücken n.

administrativement [-tivmɑ̃] adv. auf dem Verwaltungswege m.

administré, ée [administre] s. Regierter m. ; Untertan m.

administrer [-tre] v. tr. [diriger] verwalten ; leiten ; besorgen. | *Administrer un pays*, ein Land verwalten. || MÉD. [faire prendre] einnehmen lassen ; verordnen. || RELIG. [conférer] spenden ; austeilen. | *Administrer un malade*, einem Kranken die Letzte Ölung geben. || [produire en justice] beibringen ; stellen. | *Administrer des preuves*, Beweise beibringen ; unter Beweis stellen. || FAM. [appliquer] austeilen ; verabreichen. | *Administrer des coups*, Schläge austeilen.
◇ v. pr. **s'administrer,** [s'attribuer] sich genehmigen ; sich leisten ; sich zugute tun.

admirable [admirabl] adj. bewunderungswürdig ; bewundernswert ; wunderschön ; wundervoll ; wunderbar. | *Son courage est admirable*, sein Mut ist zu bewundern.
— SYN. : *Extraordinaire*, außerordentlich. *Merveilleux*, wundersam. *Magnifique*, wundervoll ; herrlich ; großartig. *Grandiose*, großartig. *Prodigieux*, wundersam ; erstaunlich ; unerhört. *Fabuleux*, fabelhaft.

admirateur, trice [-ratœ:r, tris] s. Bewunderer(in) m. (f.) ; Verehrer(in) m. (f.).

admiratif, ive [-ratif, iv] adj. bewundernd ; Bewunderung ausdrückend. | *Exclamation admirative*, Ausruf der Bewunderung.

admiration [-rasjɔ̃] m. Bewunderung f. | *Être en admiration devant qch.*, ganz Bewunderung vor etwas sein. | *Causer de l'admiration*, Bewunderung erregen.

admirer [-re] v. tr. bewundern ; anstaunen ; bestaunen. || [trouver étrange] sich wundern über. | *J'admire ses prétentions*, über seine Anmaßungen muß ich mich wirklich wundern.
◇ v. pr. **s'admirer,** PÉJOR. sich selbst bewundern.

admissibilité [admisibilite] f. [recevabilité] Zulässigkeit f. ; Gültigkeit f. ; Aufnahmefähigkeit f. || [examen] *Admissibilité à un examen*, Bestehen der schriftlichen, ersten Aufnahmeprüfung f.

admissible [-sibl] adj. [recevable, valable] zulässig ; gültig ; annehmbar ; statthaft. || [examen] *Être admissible*, die schriftliche Prüfung bestanden haben ; zur mündlichen Prüfung zugelassen werden. || TECHN. *Charge admissible*, Höchstbelastung f.

admission [-sjɔ̃] f. [acceptation] Zulassung f. ; Aufnahme f. ; Annahme f. | *Admission à une école*, Schulaufnahme. || [introduction] Einführung f. ; Vorlassen n. || [emploi] Anstellung f. || TECHN. Eintritt m. ; Einströmung f. ; Zufuhr f. | *Soupape d'admission*, Einlaßventil n.

admonestation [admɔnɛstasjɔ̃] f. Verwarnung f. ; Verweis m. ; Rüge f. || JUR. Ermahnung f.

admonester [-te] v. tr. einen Verweis erteilen ; verwarnen. || JUR. ermahnen.

adolescence [adɔlɛssɑ̃:s] f. Jünglingsalter n. ; Mädchenalter n. ; Jugend f.

adolescent, ente [-sɑ̃, ɑ̃:t] adj. jünglingshaft ; jungfrauenhaft ; jungfräulich. || PAR EXT. jugendlich ; blutjung.
◇ s. Jugendliche(r) f. (m.) ; Jüngling f. ; junges Mädchen. | *Un adolescent*, ein Jüngling.
— SYN. : *Jeune homme*, junger Mann.

Adonis [adɔnis] n. pr. m. Adonis m. ; schöner Jüngling. || IRON. eitler Geck. || BOT. Adonisröschen n.

adonner (s') [sadɔne] v. pr. sich hingeben ; sich widmen ; verfallen sein ; sich ergeben ; sich gefallen in. | *S'adonner au travail*, sich der Arbeit widmen. | *S'adonner à la boisson*, dem Trunke verfallen sein.
◇ part. pass. et adj. **adonné, ée,** hingegeben ; zugetan ; verfallen.
— SYN. : *Se donner*, sich hingeben. *S'appliquer*, sich eifrig bemühen um. *Se consacrer*, sich widmen.

adopter [adɔpte] v. tr. adoptieren ; an Kindes Statt aufnehmen. | *Il adopte un orphelin*, er adoptiert ein Waisenkind. || [admettre] zulassen ; anerkennen ; billigen. | *Adopter une opinion*, einer Meinung beitreten. | *Adopter le projet de loi*, den Gesetzesvorschlag annehmen. | *Adopter une mode*, einer Mode folgen.

adoptif, ive [-tif, i:v] adj. angenommen ; adoptiert ; Adoptiv... | *Fils adoptif*, Adoptivsohn m. | *Père adoptif*, Pflegevater m. ; Adoptivvater m.

adoption [-sjɔ̃] f. JUR. Annahme (f.) an Kindes Statt ; Adoption f. | *Fils par adoption*, Adoptivsohn m. | *Patrie d'adoption*, Wahlheimat. || FIG. [admission] Billigung f. ; Aufnahme f. ; Annahme f. | *Adoption d'une loi*, Gesetzesannahme.

adorable [adɔrabl] adj. anbetungswürdig ; verehrungswürdig. ‖ PAR EXT. entzückend.

adorateur, trice [-ratœ:r, tris] s. Anbeter(in) ; Verehrer(in) m. (f.). ‖ FIG. Verehrer m. | *Une troupe d'adorateurs*, ein Schwarm von Verehrern.

adoration [-rasjɔ̃] f. Anbetung f. ; Verehrung f. | *L'adoration des idoles*, der Götzendienst. ‖ [amour extrême] Vergötterung f. | *Elle est en adoration devant son fils*, sie vergöttert ihren Sohn.

adorer [-re] v. tr. anbeten ; verehren ; beten zu. | *Adorer Dieu*, Gott anbeten ; zu Gott beten. ‖ [aimer avec idolâtrie] vergöttern ; abgöttisch lieben.
◇ part. pass. et adj. **adoré, ée (de),** innigst, abgöttisch geliebt (von).

adosser [-se] v. tr. [appuyer contre] anlehnen ; anbauen ; stützen (an, acc.).
◇ v. pr. **s'adosser,** [s'appuyer] sich anlehnen an ; sich stützen auf.

adoubement [adubəmɑ̃] m. Ritterschlag m.

adouber [-be] v. tr. HIST. zum Ritter schlagen.

adoucir [adusi:r] v. tr. [rendre plus doux] versüßen ; mildern. ‖ [polir un métal] polieren ; glätten ; tempern. ‖ FIG. [rendre supportable] lindern ; mäßigen ; dämpfen. | *Adoucir une critique*, eine Kritik mildern. | *Adoucir les couleurs*, die Farben abschwächen. | *Adoucir sa voix*, seine Stimme dämpfen. | *Adoucir les mœurs*, die Sitten verfeinern.
◇ v. pr. **s'adoucir,** milder werden.
— SYN. : *Affaiblir*, abschwächen. *Edulcorer*, versüßen ; verzuckern. *Lénifier*, lindern. *Mitiger*, mäßigen.

adoucissant, ante [-sisɑ̃, ɑ̃:t] adj. mildernd ; lindernd.
◇ m. **adoucissant,** Milderungsmittel n.

adoucissement [-sismɑ̃] m. Versüßung f. ; Süßmachen n. ‖ FIG. [amélioration] Milderung f. ; Linderung f. | *Adoucissement du temps*, milderes Wetter.

adoucisseur [adusisœ:r] m. Wasserenthärter m.

adressage [adrɛsa:ʒ] m. INF. Adressierung f.

adresse [adrɛs] f. [dextérité] Geschicklichkeit f. ; Fertigkeit f. ; Gewandtheit f. ; Geschick n. ; Wendigkeit f. | *Avec adresse*, mit Geschick. ‖ [finesse de l'esprit] geistige Wendigkeit ; Verschlagenheit f. ; Feinheit f. | *Adresse de style*, stilistische Gewandtheit.
— SYN. : *Dextérité* f., Handfertigkeit. *Habileté*, Geschicklichkeit. *Doigté*, Fingerspitzengefühl.

adresse f. [lettre] Anschrift f. ; Aufschrift f. ; Adresse f. | *Changer d'adresse*, die Anschrift wechseln. | *Parti sans laisser d'adresse*, unbekannt verzogen. ‖ FIG. [destination] *Une critique à son adresse*, eine auf ihn gemünzte Kritik. ‖ FAM. *Se tromper d'adresse*, an die falsche Tür klopfen.

adresser [-se] v. tr. [lettre] senden ; schicken ; richten ; adressieren. | *Adresser une lettre à*, einen Brief schicken an (acc.). | *Adresser ses vœux à*, seine Wünsche richten an (acc.). | *Il m'a adressé à*, er hat mich verwiesen an. ‖ [parole] *Adresser la parole à qn*, an jn das Wort richten ; jn anreden. ‖ JUR., POLIT. *Adresser une pétition*, ein Gesuch einreichen. | *Adresser une requête*, einen Antrag stellen.
◇ v. pr. **s'adresser (à),** sich wenden (an, acc.) ; sich richten (an, acc.).

adret [adrɛ] m. GÉOGR. Sonnenseite f.

Adriatique [adriatik] ou **mer Adriatique** n. pr. f. adriatische(s) Meer n. ; Adria f.

adroit, oite [adrwa, wa:t] adj. [corps] geschickt ; gewandt ; geübt ; anstellig ; flink. | *Être adroit de ses mains*, fingerfertig sein. ‖ [esprit] schlau ; gescheit ; wendig ; klug.

adroitement [-tmɑ̃] adv. geschickt.

adulateur, trice [adylatœ:r, tris] adj. schmeichlerisch ; lobhudelnd.
◇ s. Schmeichler(in) m. (f.) ; Kriecher(in) m. (f.) ; Lobhudler(in) m. (f.) ; Scharwenzler m.

adulation [-lasjɔ̃] f. Schmeichelei f. ; Kriecherei f. ; Lobhudelei f.

aduler [-le] v. tr. schmeicheln ; lobhudeln ; dienern ; scharwenzeln (verbes intr.).

adulte [adylt] adj. erwachsen ; ausgewachsen ; mannbar ; volljährig.
◇ s. Erwachsene(r) f. (m.).

adultération [adylterasjɔ̃] f. [falsification] Fälschung f. ; Verfälschung f.

adultère [-tɛ:r] adj. ehebrecherisch. | *Une femme adultère*, Ehebrecherin f.
◇ s. Ehebrecher(in) m. (f.). ‖ [action] Ehebruch m. | *Commettre un adultère*, einen Ehebruch begehen ; ehebrechen.

adultérer [-tere] v. tr. [falsifier] fälschen ; verfälschen ; fälschlich abändern. ‖ FIG. entstellen.

adultérin, ine [adylterɛ̃, in] adj. unehelich.

advenir [advəni:r] v. intr. [emploi aux 3es personnes du sing.] geschehen ; sich ereignen ; vorkommen ; zustoßen ; eintreten ; passieren. | *Quoi qu'il advienne*, was auch immer eintreten mag. | *Il advint que*, es begab sich, daß. | *S'il devait m'advenir quelque chose*, wenn mir etwas zustoßen sollte.

adventif, ive [-tif, i:v] adj. hinzukommend ; sich ungewöhnlich bildend. | *Racine adventive*, Wurzelbrut f.

adventiste [-tist] s. Adventist(in) m. (f.).

adverbe [advɛrb] m. Umstandswort n. ; Adverb n. | *Adverbe de lieu*, Adverb des Ortes. | *Adverbe numéral*, Zahladverb n.

adverbial, iale, iaux [-bjal, io] adj. adverbial.

adverbialement [-bjalmɑ̃] adv. als Umstandswort.

adversaire [advɛrsɛ:r] s. Gegner(in) m. (f.) ; Widersacher(in) m. (f.) ; Feind(in) m. (f) ; Gegenseite f.

adversatif [advɛrsatif] adj. adversativ.

adverse [advɛrs] adj. gegnerisch ; gegensätzlich ; widerstrebend. | *La partie adverse*, Gegenpartei f. | *Les parties adverses*, die streitenden Parteien.

adversité [-site] f. Mißgeschick n. ; Unglück n. ; Not f. ‖ FAM. Pech n.

aérage [aera:ʒ] m. Auslüften n. ; Durchlüften n. ; Ventilation f. ‖ MINES. Bewetterung f. ; Wetterung f.

aérateur [-ratœ:r] m. Entlüfter m. ; Ventilator m.

aération [-rasjɔ̃] f. Lüftung f. ; Belüften n.

aérer [-re] v. tr. (aus)lüften ; an die Luft legen ; ventilieren. ‖ MINES. bewettern.
◇ part. pass. et adj. **aéré, ée,** gelüftet ; luftig ; mit frischer, guter Luft.
◇ v. pr. **s'aérer,** sich (aus)lüften ; gelüftet werden.

aérien, ienne [-rjɛ̃, jɛn] adj. [qui a rapport à l'air] luftig ; luftartig ; Luft... | *Photographie aérienne*, Luftaufnahme f. | *Plante aérienne*, Hängegewächs n. | *Ligne aérienne*, Luftstrecke f. | *Métro aérien*, Hochbahn f. ‖ [léger, vaporeux] duftig ; luftig ; hauchdünn ; zart. ‖ *Tissu aérien*, hauchdünnes Gewebe. ‖ MÉD. *Voies aériennes*, Luftwege f. pl. ; Atmungsorgane n. pl. ‖ MIL. *Forces aériennes*, Luftstreitkräfte f. ; Militärflugwesen n. | *Corps aérien*, Fliegerkorps n. | *Transports aériens*, Luftverkehr m.

aérium [-rjɔm] m. Luftkurort m. ; Sanatorium n.

aéro- [aero] préf. Luft-.

aéro-club [aeroklœb] m. Flugverband m. ; Fliegerverein m. ; Verein für Flugwesen n.

aérodrome [-dro:m] m. Flugplatz m. ; Flughafen m. ; Landeplatz m. | *Aérodrome de dégagement, de déroutement*, Ausweichflughafen.

aérodynamique [-dinamik] adj. aerodynamisch. || AUTOM. [ligne] stromlinienförmig ; schnittig ; windschlüpfrig.

◇ f. [science] Aerodynamik f.

aérofrein [-frɛ̃] m. Bremsklappe f. ; Luftbremse f.

aérogare [-ga:r] f. Flughafenhauptgebäude n.

aérogénérateur [-ʒeneratœ:r] m. Windkraftwerk n.

aéroglisseur [-glisœ:r] m. Luftkissenfahrzeug m.

aéromodélisme [-modelism] m. Modellflug m.

aéronaute [-no:t] m. Luftschiffer m. ;

aéronautique [-notik] adj. Flug... ; Fliegerei... ; Luftschiff... ; Luft... | *Industrie aéronautique*, Luftfahrt-, Flugzeugindustrie f.

◇ f. Fliegerei ; Flugwesen n. ; Luftschiffahrt f. | *École d'aéronautique*, Schule für das Flugwesen.

aéronaval, ale, als [-naval] adj. Seeflug... ; Marinefliegerei... ; Wasserflugzeug...

aéronef [-nɛf] m. Luftfahrzeug n.

aérophagie [-faʒi] f. Luftschlucken n.

aéroplane [-plan] m. Flugmaschine f. ; Flugzeug n.

aéroport [-pɔ:r] m. Flughafen m. ; Flugplatz m.

aéroporté, ée [-pɔrte] adj. MIL. luftbefördert. | *Troupes aéroportées*, Luftlandetruppen f. pl.

aéropostal, ale [-pɔstal] adj. luftpostmäßig ; Luftpost... ; durch Luftpost.

aérosol [-sɔl] m. Aerosol n. ; Spray n.

aérospatial, e, aux [-spasjal, -o] adj. Luft- und Raum...

aérostat [-sta] m. Luftschiff n. ; Luftballon m.

aérostation [-stasjɔ̃] f. Ballonwesen n. ; Luftschiffahrt f.

aérostatique [-statik] adj. Luftschiff... ; Ballon...

◇ f. Luftschiffwesen n. ; Luftschifferei f. || PHYS. Gleichgewicht (n.) in der Luft.

affabilité [afabilite] f. Leutseligkeit f. ; Freundlichkeit f. ; Zugänglichkeit f.

— SYN. : *Civilité*, f., Anstand m. ; gepflegte Umgangsform. *Politesse*, f., Höflichkeit f. *Courtoisie*, f., Höflichkeit f.

affable [afa:bl] adj. liebenswürdig ; leutselig ; freundlich ; aufgeschlossen ; gesellig.

affabulation [afabylasjɔ̃] f. [trame d'un roman] Zusammenhang m. ; Gang (m.) der Handlung.

affadir [afadi:r] v. tr. unschmackhaft, schal machen. || FIG. [rendre insipide] verflachen ; Kraft und Saft nehmen.

◇ v. pr. **s'affadir,** schal werden.

affadissement [-dismɑ̃] m. Geschmacklosigkeit f. ; Verflachung f. ; Abschwächung f.

affaiblir [afebli:r] v. tr. [rendre faible] schwächen ; abschwächen ; entkräften. | *Affaiblir l'autorité de qn*, dem Ansehen von jm schaden. || [diminuer] vermindern ; dämpfen ; schwächer machen. | *Affaiblir une teinte*, einen Farbton mildern, dämpfen. | *Affaiblir une expression*, einen Ausdruck mildern.

◇ part. pass. et adj. **affaibli, ie,** (ab)geschwächt ; entkräftet.

◇ v. pr. **s'affaiblir,** schwächer werden ; ermatten ; sich verringern. | *Votre vue s'affaiblit*, Ihre Sehkraft läßt nach. | *Ses forces s'affaiblissent*, seine Kräfte erschlaffen.

— SYN. : *Énerver*, entnerven. *Amollir*, verweichlichen. *Débiliter*, untergraben. *Épuiser*, erschöpfen.

affaiblissement [-blismɑ̃] m. (Ab)schwächung f. ; Entkräftung f. ; Ermatten n. ; Dämpfung f. || FIG. *Affaiblissement de l'État*, Aushöhlung des Staates. | *Affaiblissement de la monnaie*, Geldwertminderung f. | *L'affaiblissement de son esprit*, der Zerfall (das Nachlassen) seiner geistigen Kräfte.

affaire [afɛ:r] f. Sache f.

I. OCCUPATION : Geschäft n. ; Sache f.
II. CHOSE, PRÉOCCUPATION : Sache f. ; Angelegenheit f.
III. DÉSAGRÉMENT : Geschichte f.
IV. COMMERCE : Geschäft n.
V. AFFAIRES PUBLIQUES : öffentliche Angelegenheiten f. pl.
VI. JUR. : [débat, procès] Sache f. ; Prozeß m. ; (Rechts)fall m.
VII. MIL. : [engagement] Gefecht n. ; Treffen n.

I. OCCUPATION : Geschäft n. ; Sache f. | *Vaquer à ses affaires*, seinen Geschäften nachgehen. | *Connaître son affaire*, sich in seiner Sache auskennen. | *Être tout à son affaire*, bei der Sache sein. | *C'est son affaire*, das ist seine Sache. | *Avoir affaire à qn*, mit jm zu tun haben.

II. CHOSE, PRÉOCCUPATION : Sache f. ; Angelegenheit f. ; Affäre f. || [en général] *Affaire de cœur*, Herzenssache f. | *Affaire de goût*, Geschmacksache. | *Il fait mon affaire*, er ist mein Mann ; er ist der Richtige für mich. | *Cela fait mon affaire*, das kommt mir gelegen. | *Ce n'est pas une mince affaire*, das ist keine Kleinigkeit. | *C'est l'affaire d'une minute*, es ist in einer Minute erledigt. | *Être pour quelque chose dans l'affaire*, bei etwas seine Hand im Spiele haben. | *Voilà l'affaire*, so ist die Sache. | *Où en est l'affaire ?*, wie steht es damit ? | *J'en fais mon affaire*, ich werde es schon besorgen. | *Mêlez-vous de vos affaires*, kümmern Sie sich um Ihre eigenen Angelegenheiten. | *Son affaire est faite*, er ist erledigt. || [choses personnelles] (Sieben) Sachen f. pl. | *Ranger ses affaires*, seine Sachen weglegen.

III. DÉSAGRÉMENT : Geschichte f. | *C'est une vilaine affaire*, das ist eine böse, dumme Geschichte. | *Étouffer l'affaire*, die Sache vertuschen. | *Se tirer d'affaire*, sich aus der Klemme ziehen. | *Mon Dieu, quelle affaire !*, Herrgott, was für eine Geschichte ! | *La belle affaire !*, ist das so wichtig !

IV. COMMERCE : Geschäft n. | *Homme d'affaires*, Geschäftsmann m. | *Agent d'affaires*, Vermittler m. ; Mittelsmann m. | *Gérant d'affaires*, Geschäftsführer m. | *Chiffre d'affaires*, Umsatz m. | *Expédition des affaires*, Geschäftsbesorgung f. || *Sens des affaires*, Geschäftsgeist m. | *Versé dans les affaires*, geschäftstüchtig. | *En relation d'affaires avec*, in Geschäftsverbindung mit. || *Faire affaire*, einig werden. | *Traiter, conclure une affaire*, ein Geschäft tätigen ; abschließen. | *Être dans les affaires*, Geschäfte treiben. || *Se retirer des affaires*, sich aus dem Geschäftsleben zurückziehen. | *Il fait de bonnes affaires*, seine Geschäfte gedeihen. | *Ne rien entendre aux affaires*, kein Geschäftsmann sein. | *Faire des affaires avec l'Inde*, mit Indien handeln. | *Voyager pour affaires*, in Geschäften reisen. | *Les affaires languissent*, das Geschäft stockt. | *Les affaires sont les affaires*, Geschäft ist Geschäft.

V. AFFAIRES PUBLIQUES : öffentliche Angelegenheiten f. pl. | *Affaires d'État*, Staatsangelegenheiten ; Staatsgeschäfte ; n. pl. | *Les affaires étrangères*, auswärtige Angelegenheiten. | *Ministère des Affaires étrangères*, Auswärtiges Amt n. ; Außenministerium n. | *Chargé d'affaires*, Geschäftsträger m.

VI. JUR. : [débat, procès] Sache f. ; Prozeß m. ; (Rechts)fall m. | *Affaire civile*, Zivilsache. | *Affaire criminelle*, Strafsache. | *L'affaire Dreyfus*, der Fall Dreyfus.

VII. MIL. : [engagement] Gefecht n. ; Treffen n.

affairé, ée [afɛre] adj. sehr beschäftigt ; geschäftig ; fleißig ; emsig. | *Avoir l'air affairé*, einen vielbeschäftigten Eindruck machen.

affairement [-rmɑ̃] m. Geschäftigkeit f.

affairer (s') [safɛre] v. pr. sich beschäftigen mit ; sich zu schaffen machen mit.

affairisme [afɛrism] m. Geschäftsfieber n.

affairiste [-rist] m. Spekulant m.

affaissement [afɛsmɑ̃] m. Senkung f. ; (Ein)sinken n. ; Nachgeben n. | *L'affaissement du sol*, das Nachgeben des Bodens ; Erdsenkung.

affaisser [-se] v. tr. [faire ployer] eindrücken ; niederdrücken ; beugen ; zum Absinken bringen.
◇ v. pr. **s'affaisser,** zusammenbrechen ; einsinken ; sich senken. || [s'affaiblir] schwächer werden ; erschlaffen.

affaler [afale] v. tr. MAR. herunterlassen ; verholen. | *Affaler les voiles*, die Segel fieren.
◇ v. pr. **s'affaler,** herabgleiten. || FAM. *S'affaler sur un banc*, auf eine Bank hinsinken.
◇ part. pass. **affalé, ée,** hingesunken ; zusammengesackt.

affamé, ée [afame] adj. hungrig ; hungernd ; verhungert. | *Être affamé*, ausgehungert sein. || FIG. [avide] gierig ; begierig. | *Affamé de gloire*, ruhmsüchtig. | *Être affamé de*, gieren nach.
◇ m. Hungernde(r) m. ; Hungrige(r) m.
— SYN. : *Famélique* m., Hungernder. *Meurt-de-faim* m., Hungerleider m. *Crève-la-faim* m., Hungerleider m.

affamer [-me] v. tr. aushungern ; hungern lassen ; Lebensmittel abschneiden.

affameur [-mœ:r] m. Aushungerer m.

affectation [afektasjɔ̃] f. **1.** [destination] Anweisung f. ; Zuweisung f. ; Zuteilung f. ; Zuwendung f. | *Affectation spéciale*, Sonderzuweisung. | *Affectation de la main-d'œuvre*, Arbeitseinsatz m. || INF. *Affectation de fichier*, Dateizuordnung f.
2. [manière peu naturelle] Unnatürlichkeit f. ; Künstelei f. ; Ziererei f. ; Getue n. | *Parler avec affectation*, geziert, affektiert reden.
— SYN. : *Afféterie* f., Ziererei f. ; Zimperlichkeit f. *Mièvrerie* f., Geziertheit f. *Recherche* f., Gesuchtheit f. *Préciosité* f., Preziösentum n.

affecté, ée [-te] adj. [affligé] gerührt ; betroffen. || [peu naturel] unnatürlich ; geziert ; gekünstelt ; manieriert ; affektiert. | *Sa modestie affectée*, seine angebliche Bescheidenheit. || [exagéré] übertrieben.
— SYN. : *Apprêté*, zurechtgemacht. *Guindé*, gezwungen ; geschraubt. *Composé*, gemacht. *Maniéré*, manieriert ; gespreizt. *Recherché*, gesucht. *Étudié*, studiert ; berechnet.

affecter [-te] v. tr. [toucher, émouvoir] erschüttern ; zu Herzen gehen ; ergreifen ; nahegehen. || [feindre] vorgeben ; so tun, als ob ; angeben. | *Affecter l'austérité*, Strenge vorgeben. || [prendre une forme] annehmen ; in der Form vorkommen (von). || [destiner à un emploi] anweisen ; zuweisen ; einweisen ; zuteilen ; belasten. | *Affecter à un emploi*, einer Stelle zuweisen. || MIL. abkommandieren ; zuweisen ; überstellen ; versetzen. || MÉD. befallen ; angreifen. | *Affecté d'une maladie*, von einer Krankheit befallen.
◇ v. pr. **s'affecter,** sich zu Herzen nehmen ; sich aufregen ; sich betrüben.

affectif, ive [-tif, i:v] adj. [inspirant l'affection] zu Herzen gehend ; ergreifend ; nahegehend. || [sensible] eindrucksvoll ; sensibel ; zart. || [relatif à l'âme] auf das Gemüt einwirkend ; seelisch ; Gemüts...

affection [-sjɔ̃] f. [attachement] Zuneigung f. ; Gewogenheit f. ; (Vor)liebe f. | *Avoir de l'affection pour*, besonders gerne mögen. | *Affection maternelle*, Mutterliebe. || MÉD. Leiden n. ; Anfall m. ; Beschwerde f. | *Affection cardiaque*, Herzfehler m.

affectionné, ée [-sjɔne] adj. zugetan ; (wohl)gewogen ; geliebt ; beliebt. | *Affectionné de tous*, allseits beliebt.

affectionner [-sjɔne] v. tr. [avoir de l'affection] jm geneigt sein ; jm gewogen sein ; gern mögen. || [avoir un goût marqué pour] eine Vorliebe haben für.

affectivité [-tivite] f. Gefühlserregbarkeit f. || PHILOS. Affektivität f.

affectueux, ueuse [-tɥø, ɥø:z] adj. [plein d'affection] liebevoll ; liebreich ; zärtlich ; herzlich ; anhänglich ; zugetan.

affectueusement [-tɥøzmɑ̃] adv. innigst ; liebevoll ; aufrichtigst.

afférent, ente [aferɑ̃, ɑ̃:t] adj. zukommend ; gebührend ; anteilig. | *Part afférente*, Anteil m. | *Les frais afférents*, die damit verbundenen Kosten f. pl. || [correspondant] zugehörig ; entsprechend.

affermer [afɛrme] v. tr. [donner à ferme] pachten ; verpachten ; in Pacht geben. || [prendre à ferme] *Affermer une terre*, ein Land in Pacht nehmen.

affermir [-mi:r] v. tr. [consolider] festmachen ; (be)festigen ; versteifen ; verstärken ; sichern. || FIG. *Affermir le pouvoir*, die Machtstellung untermauern. || RELIG. *Affermir qn dans sa foi*, jn in seinem Glauben festigen.
◇ v. pr. **s'affermir,** sich (be)festigen ; sich bestärken.
— SYN. : *Raffermir*, (wieder) bestärken. *Fortifier*, befestigen. *Renforcer*, verstärken. *Corroborer*, bekräftigen. *Conforter*, stärken ; gut tun.

affermissement [-mismɑ̃] m. [action d'affermir] Festmachen n. ; Versteifen n. ; Befestigen n. || [état] Befestigung f. ; Verstärkung f. || FIG. Erstarken n.

afféterie [-tri] f. Künstelei f. ; Tuerei f. ; Gehabe n. ; Affektiertheit f. ; Schöntun n. ; Ziererei f.

affichage [afiʃa:ʒ] m. [action d'afficher] Anheften n. ; Anschlagen n. ; Anschlag m. ; Anheftung f. | *Affichage des prix*, Preisaushang m. || ÉLECTR. Anzeige f. | *Affichage à diodes*, Leuchtdiodenanzeige. | *Affichage à cristaux liquides*, Flüssigkristallanzeige. || INF. *Affichage des données*, Datenanzeige f.

affiche [afiʃ] f. [avis placardé] Anschlagzettel m. ; Plakat n. ; Anschlag m. ; Aushang m. ; Bekanntmachung f. | *Affiche publicitaire*, Werbeplakat. | *Affiche de théâtre*, Theaterprogramm n. ; Theaterzettel m. || *Affiche lumineuse*, Leuchtschrift f. || LOC. *Ce spectacle tient l'affiche*, das Stück bleibt lange auf dem Spielplan.

afficher [-ʃe] v. tr. [poser une affiche] anschlagen ; bekanntmachen ; veröffentlichen. | *Défense d'afficher*, Zettelankleben verboten. || FIG. [étaler en public] zur Schau stellen ; kein Geheimnis daraus machen. | *Afficher sa douleur*, seinen Schmerz offen zeigen.
◇ v. pr. **s'afficher,** sich bemerkbar machen.

afficheur [-ʃœ:r] m. Zettelankleber m.

affichiste [-ʃist] m. Graphiker m. ; Plakatmaler m.

affilage [afila:ʒ] m. (An)schärfen n. ; Schleifen n. ; Wetzen n.

affilé, ée [-le] adj. [aiguisé] geschärft ; scharf ; geschliffen ; angeschärft. | *Un couteau bien affilé*, ein haarscharfes Messer.

affilée (d') [dafile] loc. adv. unaufhörlich hintereinander ; in einem Zuge. | *Une heure d'affilée*, eine Stunde lang.

affiler [afile] v. tr. [aiguiser] schärfen ; anschärfen ; schleifen ; abschleifen ; ausschleifen ; wetzen. || FIG. *Avoir la langue bien affilée*, eine spitze Zunge haben.

affiliation [afiljasjɔ̃] f. Beitritt m. ; Eintritt m. ; Angliederung f. ; Anschluß m. ; Aufnahme f.

affilier [-lje] v. tr. aufnehmen (in, acc.) ; angliedern (dat.) ; anschließen (dat.).
◇ v. pr. **s'affilier,** beitreten ; eintreten.
◇ part. pass. **affilié, ée,** *Être affilié à la Sécurité sociale*, sozialversichert sein. | *Être affilié à un parti*, Mitglied einer Partei sein. || SUBSTANTIV. [adhérent] Mitglied n. ; [assuré] Versicherte(r) f. (m.).

affiloir [afilwa:r] m. Wetzstein m. ; Schleifstein m. ; Wetzstahl m.

affinage [afina:ʒ] m. Läutern n. ; Raffinieren n. ; Veredeln n. | *Affinage des métaux*, Verfeinerung, Abtreibung von Metallen. | *Affinage d'alcool*, Feinbrennen n. || [fromage] Veredelung f.

affiner [-ne] v. tr. [sens général] verfeinern ; läutern ; veredeln ; reinigen. | *Affiner des lainages*, Wollgewebe reinigen. | *Le fromage est affiné*, der Käse ist reif. || [métal] frischen ; raffinieren ; abtreiben. | *Affiner des métaux*, Metalle frischen, veredeln. || FIG. *Affiner le goût*, den Geschmack verfeinern.

affinité [afinite] f. [parenté] Verwandtschaft f. ; Verschwägerung f. || FIG. [conformité, liaison] Verwandtschaft f. ; Zusammenhang m. ; Ähnlichkeit f. | *Affinité spirituelle*, geistige Verwandtschaft. | *Affinités électives*, Wahlverwandtschaften f. pl. || CHIM. Affinität f.

affirmatif, ive [afirmatif, i:v] adj. versichernd ; bejahend ; zusichernd ; zustimmend. | *Parler sur un ton affirmatif*, bestimmt [zustimmend] reden.
◇ f. **affirmative,** Bejahung f. ; Zustimmung f. | *Répondre par l'affirmative*, bejahen. | *Dans l'affirmative*, zutreffendenfalls ; wenn ja.

affirmation [-masjɔ̃] f. [sens général] Behauptung f. ; Versicherung f. ; Zusicherung f. | *Affirmation gratuite*, bloße Behauptung. || [solennelle] Beteuerung f. || [confirmation] Bestätigung f. ; Bejahung f.

affirmativement [-mativmɑ̃] adv. bejahend ; zustimmend. | *Répondre affirmativement*, bejahen.

affirmer [-me] v. tr. [prétendre, assurer] behaupten ; versichern ; zustimmen. || [solennellement] beteuern. || [confirmer] bestätigen ; bejahen betonen. || JUR. eidlich versichern ; eidlich aussagen. || *J'affirme que*, ich versichere, daß.
— SYN. : *Assurer*, versichern. *Attester*, bezeugen. *Certifier*, bestätigen. *Prétendre*, vorgeben ; behaupten.

affleurer [aflœre] v. tr. [mettre de niveau] ausgleichen ; auf gleiche Höhe bringen ; ebnen ; nivellieren. || [venir à fleur de] auf gleicher Höhe sein ; dasselbe Niveau haben. | *La rivière affleure les bords*, der Fluß tritt an die Ufer heran. || [apparaître à la surface] zutage treten ; die Oberfläche berühren. | *Le filon affleure*, die Ader tritt zutage, streicht aus.

affliction [-sjɔ̃] f. [chagrin] Kummer m. ; Kümmernis f. ; Betrübnis f. ; Gram m. || [douleur] Schmerz m. ; Trauer f. ; Jammer m. || [peine] Herzensnot f. ; Bedrängnis f. ; Herzeleiden n.

affligé, ée [afliʒe] adj. betrübt ; bekümmert ; schmerzerfüllt. || [atteint d'un mal] behaftet ; befallen. || [infirme] versehrt ; behaftet ; geschwächt.

affligeant, eante [-ʒɑ̃, ɑ̃:t] adj. betrübend ; betrüblich ; schmerzhaft ; trauererregend.

affliger [-ʒe] v. tr. [causer de l'affliction] betrüben ; kümmern ; bekümmern ; quälen. | *Tout l'afflige*, alles bedrückt ihn. || [désoler, ravager] schwer treffen ; heimsuchen.
◇ v. pr. **s'affliger,** sich grämen ; sich betrüben ; sich Kummer machen. | *S'affliger de*, sich grämen über (acc.).

affluence [aflyɑ̃:s] f. [foule] Zustrom m. ; Zulauf m. ; Herbeiströmen n. ; Andrang m. ; Zudrang m. | | *Heure d'affluence*, Hauptverkehrsstunde f. || [abondance] Überfluß m. ; Andrang m. ; Zufuhr f.

affluent, uente [-yɑ̃, yɑ̃:t] adj. zusammenströmend ; (hin)zufließend.
◇ m. **affluent,** Nebenfluß m. ; Zufluß m.

affluer [-e] v. intr. [liquides] hinzufließen ; zuströmen ; zusammenströmen ; zusammenfließen. || [foule] zulaufen ; strömen nach ; anlaufen. || FIG. [abonder] *L'or afflue*, das Gold ist im Überfluß vorhanden.

afflux [afly] m. Andrang m. ; Zulauf m. ; Zustrom m. ; Zufluß m. | *Afflux du sang*, Blutandrang m. | *Afflux de capitaux*, Kapitalanhäufung f. ; Kapitalzufluß.

affolé, ée [afole] adj. verwirrt ; bestürzt ; durchgedreht ; kopflos. | *Il est affolé*, er ist ganz durcheinander. || FIG. *Une boussole affolée*, eine hin und her springende, ausschlagende Kompaßnadel.

affolement [-lmɑ̃] m. Verwirrung f. ; Bestürzung f. ; Durcheinander n. ; Betörung f.

affoler [-le] v. tr. verwirren ; durcheinanderbringen ; bestürzen ; betören.
◇ v. pr. **s'affoler,** den Kopf verlieren ; durcheinander geraten. | *Il s'affole*, er gerät aus dem Häuschen.
— SYN. : *Perdre la tête*, den Kopf verlieren ; kopflos werden. *Perdre le nord*, nicht mehr wissen, wo man ist.

affouage [afua:ʒ] m. Holzungsrecht n.

affouiller [-je] v. tr. [creuser] unterwaschen ; unterspülen ; auswaschen ; aushöhlen.

affranchi [afrɑ̃ʃi] adj. freigemacht. *Esclave affranchi*, freigelassener Sklave. || [dégagé de tout préjugé] freisinnig ; freiheitlich ; vorurteilslos ; vorurteilsfrei. || [lettre] frankiert.

affranchir [-ʃi:r] v. tr. befreien ; freimachen ; freigeben ; freilassen. || [exempter d'une charge] freimachen ; bezahlen ; frankieren. | *Affranchir une lettre*, einen Brief frankieren. | *Affranchir des droits de douane*, zollfrei machen. || [délivrer] freimachen von ; nehmen von. | *Affranchir de la crainte*, von der Furcht freimachen. || LOC. POP. *Affranchir qn*, jn in Kenntnis setzen.
◇ v. pr. **s'affranchir,** sich befreien ; sich unabhängig machen ; die Unabhängigkeit erringen.
— SYN. : *Délivrer*, erlösen. *Libérer*, die Freiheit geben ; befreien. *Racheter*, freikaufen ; das Lösegeld bezahlen. *Émanciper*, die Freiheit, die Gleichberechtigung geben.

affranchissement [-ʃismɑ̃] m. Befreiung f. ; Freimachung f. ; Freilassung f. || [paiement préalable] Frankierung f. ; Frankieren n. ; Briefporto n. ; Porto n. | *Frais d'affranchissement*, Portogebühren f. pl.

affres [afr] f. pl. Ängste f. pl. ; Schrecken m. pl. | *Affres de la mort*, Todesängste f. pl.

affrètement [afrɛtmɑ̃] m. Seebefrachtung f. ; Chartervertrag m. ; Schiffsfrachtvertrag m. ; Schiffsheuerung f.

affréter [-frete] v. tr. MAR. (ein Schiff) heuern ; chartern ; befrachten ; mieten.

affréteur [-fretœ:r] m. Schiffsbefrachter m. ; Charterer m.

affreux, euse [afrø, ø:z] adj. [effroyable] entsetzlich ; abscheulich ; gräßlich ; scheußlich ; fürchterlich ; furchtbar. || [repoussant] widerlich. || FIG. *Quel temps affreux !*, was für ein schauerliches Wetter, Sauwetter !

affriander [afriɑ̃de] v. tr. [attirer] anreizen ; anlocken ; ködern.

affriolant, ante [afriɔlɑ̃, ɑ̃:t] adj. lecker ; appetitlich ; verführerisch ; verlockend.

affriquée [afrike] f. GRAMM. Konsonantenverbindung f. ; Mitlautverbindung f.

affront [afrɔ̃] m. [injure] Schimpf m. ; Beschimpfung f. ; Beleidigung f. ; grobe Beleidigung ; (Ehren)kränkung f. ; Verunglimpfung f. ; Affront m. | *Faire un affront à qn*, jn öffentlich beleidigen. | *Subir un affront*, beleidigt werden. || [déshonneur] Schande f. ; Schmach f. ; Schimpf m. || [insuccès] schmachvoller Mißerfolg.

affronter [-te] v. tr. [faire front] trotzen ; die Stirn bieten ; sich entgegenstellen ; Trotz bieten ; sich stellen (dat.). | *Affronter l'ennemi*, sich dem Feinde stellen. | *Affronter la mort*, dem Tode Trotz bieten. | *Affronter les dangers*, sich Gefahren aussetzen.
◇ v. pr. **s'affronter,** sich einander entgegenstellen ; einander angreifen.

affublement [afybləmɑ̃] m. Maskerade f. ; lächerliche Kleidung ; Harlekinsanzug m.

affubler [-ble] v. tr. aufputzen ; herausstaffieren ; herausputzen ; aufdonnern.
◇ v. pr. **s'affubler,** sich komisch anziehen ; sich aufputzen.

affût [afy] m. Mil. Lafette f. | *Affût de canon*, Kanonenfahrgestell n. || [chasse] Anstand m. ; Wildanstand. | *Se mettre à l'affût*, sich auf den Anstand begeben. || Fig. *Être à l'affût d'une chose*, hinter einer Sache her sein ; auf der Lauer liegen. || Techn. Gestell n. ; Stütze f. ; Bohrsäule f.

affûtage [-ta:ʒ] m. (An)schärfen n. ; Anschleifen n. ; Anschliff m. ; Schliff m. || [atelier] Schleiferei f.

affûter [-te] v. tr. [aiguiser] anschärfen ; anschleifen ; ausfeilen ; wetzen ; spitzen.

afghan, ane [afgɑ̃, an] adj. afganisch. | *Lévrier afghan*, Afghane m.
◇ s. **Afghan, ane,** Afghane m. ; Afghanin f.

Afghanistan [afganistɑ̃] n. pr. m. Géogr. Afghanistan n.

afin [afɛ̃] conj. **afin que,** conj. damit ; auf daß ; daß. | *Afin que vous le sachiez* (subj.), damit Sie es wissen (indic.). — **afin de,** um... zu ; zu (infin.). | *Afin de pouvoir travailler*, um arbeiten zu können.

africain, aine [afrikɛ̃, ɛn] adj. afrikanisch.
◇ s. **Africain, aine,** Afrikaner(in) m. (f.).

africaniste [-kanist] s. Afrikanist(in) m. (f.).

Afrique [afrik] n. pr. f. Géogr. Afrika n. | *Afrique du Nord*, Nord-Afrika.

agaçant, ante [agasɑ̃, ɑ̃:t] adj. [énervant] aufreizend ; auf die Nerven fallend ; lästig. || [provocant] herausfordernd ; auffällig.

agacement [agasmɑ̃] m. [irritation] Reizung f. ; Reizbarkeit f. || Fig. Ärger m.

agacer [-se] v. tr. [irriter] reizen ; aufregen ; ärgern. | *Cela m'agace*, das macht mich nervös. || [provoquer] herausfordern ; necken ; anlocken.

agacerie [-sri] f. [taquinerie] Neckerei f. ; Stichelei f. ; Schäkerei f. | *Faire des agaceries à qn*, jn necken ; mit jm schäkern.

agape [agap] f. Relig. Liebesmahl n. || [festin] Agapes f. pl. ; Gastmahl n. ; Freundschaftsessen n.

agaric [agarik] m. Bot. Schwamm m. ; Blätterpilz m.

agate [agat] f. Minéral. Achat m. ; Achatstein m.

âge [a:ʒ] m. **1.** [durée de la vie] Lebensalter n. ; Alter n. | *Avancer en âge*, älter werden. | *Être dans la fleur de l'âge*, in der Blüte der Jahre stehen. | *Quel âge avez-vous ?*, wie alt sind Sie ? || Par ext. *L'âge d'un chien, d'un chêne*, das Alter eines Hundes, einer Eiche. || [degrés de la vie] *Âge tendre*, zartes Kindesalter. | *Âge ingrat*, Flegeljahre n. pl. | *Âge de raison*, Alter, in dem die Vernunft kommt. | *Âge mûr*, Reife des Alters. | *Âge avancé*, vorgerücktes Alter. | *À l'âge de trente ans*, im Alter von dreißig Jahren, mit dreißig Jahren. | *Il est de mon âge*, er ist, steht in meinem Alter. | *De même âge*, gleichaltrig. | *Être en âge de*, alt genug sein, um zu. | *Prendre de l'âge*, älter werden. | *Avoir passé l'âge de*, zu alt dazu sein. || *Âge légal*, gesetzlich vorgeschriebenes Alter. | *Âge limite*, altersmäßige Höchstgrenze. | *Âge moyen*, Durchschnittsalter. | *En bas âge*, im unmündigen Alter. | *Âge de la majorité*, Volljährigkeit f. | *Âge de la retraite*, Rentenalter n. || [vieillesse] *Un monsieur d'un certain âge, entre deux âges*, ein schon älterer Herr. | *L'âge critique*, Wechseljahre n. pl.
2. [époque, génération] Menschenalter ; Zeitalter ; Zeit f. | *D'âge en âge*, von Generation zu Generation. | *Moyen Âge*, Mittelalter. || Géol. Zeitalter ; Zeit. || | *L'âge d'or*, das goldene Zeitalter. | *Âge de la pierre*, Steinzeit.

âgé, ée [aʒe] adj. [vieux] alt ; bejahrt ; bei Jahren. | *Un homme âgé*, ein alter Mann. | *Un monsieur âgé*, ein älterer Herr. | *(Très) âgé*, hochbetagt ; steinalt. | *Un homme âgé de trente ans*, ein dreißigjähriger Mann. | *Âgé de plus d'un an*, überjährig.

agence [aʒɑ̃:s] f. [action] Vertretung f. || [lieu] Agentur f. ; Geschäftsstelle f. | *Agence de publicité*, Anzeigenvermittlung f. | *Agence de renseignements*, Auskunftei f. | *Agence de voyages*, Reisebüro n. ; Verkehrsamt n. | *Agence de théâtre*, Theaterkartenagentur f. ; Künstlervermittlungsstelle f. | *Agence matrimoniale*, Heiratsvermittlung f.

agencement [-smɑ̃] m. Zusammenstellung f. ; Anordnung f. ; Einrichtung f.

agencer [-se] v. tr. zusammenstellen ; anordnen ; ausstatten ; einrichten ; arrangieren.

agenda [aʒɛ̃da] m. Taschenkalender m. ; Merkbuch n. ; Notizbuch n. | *Agenda de bureau*, Terminkalender m.

agenouillement [aʒənujmɑ̃] m. Niederknien n. ; Kniebeuge f. ; Kniefall m. ; Fußfall m.

agenouiller (s') [saʒənuje] v. pr. (sich) niederknien. | *Les chameaux s'agenouillent*, die Kamele lassen sich auf die Knie nieder.
— Syn. : *Se mettre à genoux*, sich auf die Knie niederlassen. *Se prosterner*, sich niederwerfen.

agent [aʒɑ̃] m. **1.** [force agissante] wirkendes Mittel ; Wirkungsmittel n. ; wirkende Kraft ; Mittel n. || Phys. Agens n. ; Kraft f. | *Agent chimique*, Agens n. ; Mittel n. | *Agent gélifiant*, Geliermittel. | *Agent séparateur*, Trennmittel. || Méd. *Agent pathogène*, Krankheitserreger m. || Fig. *Agent provocateur*, Unruhestifter m. ; Spitzel m.
2. [qui fait les affaires d'autrui] Agent m. ; Beamte(r) ; Angestellte(r) ; Geschäftsträger m. ; Vermittler m. | *Agent commercial*, Handelsagent ; Geschäftsmakler m. | *Agent immobilier*, Grundstücksmakler m. | *Agent de l'administration publique*, Behördenangestellte(r). | *Agent d'assurances*, Versicherungsagent ; Versicherungsvertreter m. | *Agent de change*, Börsenmakler m. ; (amtlicher) Kursmakler m. | *Agent double*, Doppelagent | *Agent de liaison*, Verbindungsmann m.
3. [services publics] *Agent des douanes*, Zollbeamte m. | *Agent secret*, Geheimagent ; Spion m. | *Agent de police*, Polizist m. ; Schutzpolizist m. ; Schupo m. | *Agent de la force publique*, Vertreter der öffentlichen Gewalt.

agglomérat [aglɔmera] m. Anhäufung f. || Géol. Trümmergestein n. ; Konglomerat n. || Métall. Sinteranlage f. ; Agglomerat n.

agglomération [-rasjɔ̃] f. [action d'agglomérer] Anhäufung f. ; Zusammenballung f. || [masse des habitants] geschlossene Ortschaft ; Siedlung f. |

Agglomération hambourgeoise, Groß-Hamburg n. || TECHN., MÉTALL. Zusammenbacken n. ; Agglomerierung f. ; Sinteranlage f.

aggloméré [-re] m. [combustible] Brikett n. ; Preßkohle f. || [pierre] Preßstein m. ; Bimsstein m. | *Aggloméré de béton*, Betonformstein m. | *Aggloméré creux*, Hohlblockstein m.

◇ m. pl. **agglomérés,** [combustible] Brikett n.

agglomérer [-re] v. tr. anhäufen ; zusammenballen. || TECHN. zusammenbacken ; brikettieren.

◇ v. pr. **s'agglomérer,** sich zusammenballen ; sich anhäufen ; sich ansiedeln.

agglutinant, ante [aglytinɑ̃, ɑ̃:t] adj. [collant] klebrig ; anhaftend ; klebend. | *Substance agglutinante*, Klebstoff m. | *Langue agglutinante*, agglutinierende Sprache.

◇ m. **agglutinant,** MÉD. Heftpflaster n. ; Klebstoff m.

agglutination [-nasjɔ̃] f. [action d'agglutiner] Ankleben n. ; Verkleben n. ; Zusammenkleben n. || MÉD. Verklebung f. || [linguistique] Sprachveränderung durch Stammwortbildungen.

agglutiner [-ne] v. tr. ankleben ; verkleben. || MÉD. zusammenheilen ; verheilen.

aggravant, ante [agravɑ̃, ɑ̃:t] adj. erschwerend ; verschlimmernd. || JUR. *Circonstances aggravantes*, erschwerende Umstände m. pl.

aggravation [-vasjɔ̃] f. Erschwerung f. ; Verschlimmerung f. || JUR. *Aggravation de peine*, Strafverschärfung f. ; Straferhöhung f.

aggraver [-ve] v. tr. erschweren ; schlimmer machen ; verschlimmern. | *Aggraver la pression fiscale*, die Steuerbelastung erhöhen.

◇ v. pr. **s'aggraver,** schlimmer werden ; zunehmen.

agile [aʒil] adj. flink ; gewandt ; wendig ; behend(e). | *Agile à la course*, leichtfüßig. | *Aux doigts agiles*, fingerfertig. || FIG. *Esprit agile*, geistige Wendigkeit.

— SYN. : *Souple*, geschmeidig. *Léger*, leich(füßig). *Vif*, lebhaft. *Sémillant*, übermütig. *Leste*, behende. *Preste*, geschickt. *Ingambe*, gut bei Fuß.

agilement [aʒilɛmɑ̃] adv. flink ; behend.

agilité [-lite] f. Flinkheit f. ; Gewandtheit f. ; Wendigkeit f. ; Behendigkeit f.

agio [aʒjo] m. Aufgeld n. ; Bankagio n. | *Cote de l'agio*, Geldkurszettel m.

agiotage [-ta:ʒ] m. [manœuvre de Bourse] Börsenspekulation f. ; Bankschwindel(ei) m. (f.).

agir [aʒi:r] v. intr. [faire qch.] handeln ; tun ; tätig sein ; ausführen. | *La manière d'agir*, die Handlungsweise f. || [produire un effet] bewirken ; wirken ; einwirken ; reagieren. | *Un remède qui agit*, ein wirksames Heilmittel. || [se comporter, se conduire] auftreten ; sich aufführen ; handeln wie. | *Agir en homme d'esprit*, geistreich handeln. || [poursuivre en justice] belangen ; gewichtig vorgehen ; klagen. | *Agir d'autorité*, aus eigener Machtvollkommenheit handeln. | *Agir civilement*, eine Zivilklage anstrengen.

◇ v. impers. **il s'agit de,** es handelt sich darum ; es dreht sich um. | *De quoi s'agit-il ?*, worum dreht, handelt sich's denn ? | *Il s'agit bien de cela !*, als ob davon die Rede wäre ! ; na, das wäre gerade das Richtige ! | *Il ne s'agit pas de rire*, da gibt's nichts zu lachen. | *Quand il s'agit de payer*, wenn's ans Zahlen geht.

agissant, ante [aʒisɑ̃, ɑ̃:t] adj. tätig ; handelnd ; geschäftig ; betriebsam ; rege ; regsam. || [efficace] wirkend ; wirksam ; durchschlagend.

agissements [-smɑ̃] m. pl. Tun und Treiben n. ; Handlungsweise f. ; Umtriebe m. pl. | *Agissements politiques*, politische Machenschaften m. pl.

— SYN. : *Menées* f. pl., Umtriebe m. pl. ; Schliche m. pl. *Machinations* f. pl., Ränke f. pl. *Manœuvres* f. pl., Machenschaften f. pl. *Manèges* m. pl., künstliche Schliche m. pl.

agitateur, trice [-tatœ:r, tris] s. Unruhestifter(in) m. (f.) ; Aufrührer(in) m. (f.) ; Aufwiegler(in) m. (f.) ; Agitator(in) m. (f.). || CHIM. Glasstab m. ; Rührstab m. || [appareil] Rührwerk n.

agitation [-tasjɔ̃] f. [mouvement] heftige Bewegung ; Unruhe f. ; Schaukeln n. ; Rühren n. ; Umrühren n. ; Wogen n. | *Agitation de la mer*, Bewegtheit (f.) des Meeres. || FIG. [inquiétude de l'âme] innere Bewegung ; Aufregung f. ; Aufgeregtheit f. ; Unruhe f. | *Agitation perpétuelle*, Ruhelosigkeit f. | *Agitation politique*, politische Agitation, Gärung.

agité, ée [-te] adj. [en mouvement] bewegt ; unruhig ; ruhelos ; fahrig ; überstürzt. | *Un enfant agité*, ein unruhiges Kind. | *Mer agitée*, stürmische See ; hochgehende See. || FIG. erregt ; aufgeregt.

agiter [-te] v. tr. [secouer] schütteln ; hin- und herbewegen ; rühren ; umrühren ; aufrühren. | *Agiter avant de s'en servir*, vor Gebrauch schütteln. | *Agiter un drapeau*, eine Fahne schwenken. || FIG. [troubler] bewegen ; aufregen ; beunruhigen. || [discuter] leidenschaftlich besprechen ; behandeln ; diskutieren. | *Agiter un problème*, ein Problem aufrühren.

◇ v. pr. **s'agiter,** sich bewegen ; sich hin- und herwerfen. || FIG. sich beunruhigen ; unruhig werden.

— SYN. : *Secouer*, schütteln ; rütteln. *Remuer*, rühren. *Brasser*, zusammenbrauen ; durcheinanderrühren.

agneau, elle [aɲo, aɲɛl] m. Lamm n. | *Manger de l'agneau*, Lammbraten essen. || FIG. *Doux comme un agneau*, lammfromm. || RELIG. *Agneau pascal*, Osterlamm.

agnelet [aɲəlɛ] m. Lämmchen n.

agnosticisme [agnɔstisism] m. PHILOS. Agnostizismus m. ; Unerkennbarkeitslehre f.

agonie [agɔni] f. Todeskampf m. ; Verlieren (n.) des letzten Bewußtseins ; Agonie f. | *Elle entra en agonie*, der Todeskampf trat bei ihr ein. | *Être à l'agonie*, sich im Todeskampf befinden ; im Sterben liegen. || FIG. *Sa vie ne fut qu'une longue agonie*, sein Leben war nur ein langsames Dahinsiechen.

— SYN. : *Extrémité* f., äußerstes, letztes Ende. *Dernière heure* f., letztes Stündlein. *Derniers moments* m. pl., letzte Augenblicke m. pl.

agonir [-ni:r] v. tr. [accabler] überhäufen. | *Agonir qn de sottises*, jn grob ausschelten.

agoniser [-nize] v. intr. im Sterben liegen ; im Todeskampf stehen. | *Un agonisant*, ein Sterbender. || FIG. verfallen ; absterben.

agoraphobie [agɔrafɔbi] f. MÉD. Platzangst f.

agrafe [agraf] f. Spange f. ; Brosche f. ; Haken m. ; Häkchen n. ; Agraffe f. | *Agrafe de bureau*, Heftklammer f. | *Agrafe de construction*, Verklammerung f. || MÉD. Klammer f. ; Klammerung f.

agrafer [-fe] v. tr. anhaken ; zusammenhaken ; einklammern ; zuklammern ; anheften ; falzen. || POP. *Agrafer qn*, jn festnehmen ; jn schnappen.

agrafeuse [-føz] f. Heftmaschine f.

agraire [agrɛ:r] adj. landwirtschaftlich ; agrarisch ; ackerbaumäßig ; Land... ; Agrar... | *Mesure agraire*, Landmaß n. | *Loi agraire*, Bodengesetz n. | *Réforme agraire*, Bodenreform f.

agrandir [agrɑ̃di:r] v. tr. [rendre plus grand] vergrößern ; erweitern. || FIG. veredeln ; erheben.

◇ v. pr. **s'agrandir,** sich vergrößern ; sich erweitern ; sich ausdehnen ; zunehmen ; anwachsen.

agrandissement [-dismɑ̃] m. Vergrößerung f. ; Erweiterung f. ; Ausdehnung f. ; Ausweitung f. ; Zunahme f. ; Erhöhung f. ; Verstärkung f. | *Agrandissement d'une maison*, Ausbau (m.) eines Hauses. | *Agrandissement d'une photo*, Vergrößerung.

agrandisseur [-disœ:r] m. PHOT. Vergrößerungsapparat m.

agrarien, enne [agrarjɛ̃, ɛn] adj. landwirtschaftsrechtlich ; bauernbündisch ; agrarisch.
◇ m. Agrarier m.

agréable [agreabl] adj. angenehm ; freundlich ; beliebt ; erwünscht ; gern gesehen ; liebenswürdig ; erholsam ; genehm ; lieb ; lieblich ; behaglich ; gemütlich. | *Conversation agréable*, eine nette Unterhaltung. | *Jardin très agréable*, ein sehr erholsamer, gemütlicher Garten. | *Si cela vous est agréable*, wenn es Ihnen beliebt ; wenn es recht ist. | *Se rendre agréable à qn*, jn etwas zu Gefallen tun. | *Un homme très agréable en compagnie*, ein sehr guter Gesellschafter. | *La vie est agréable ici*, hier läßt sich gut leben.
— SYN. : *Doux*, süß ; weich ; lieblich. *Suave*, lieblich ; hold. *Délicieux*, köstlich. *Exquis*, fein ; köstlich. *Friand*, lecker. *Savoureux*, saftig ; würzig.

agréablement [-bləmɑ̃] adv. in angenehmer Weise ; angenehm.

agréé [agree] m. [homme de loi] Sachwalter m. | *Expert agréé en la matière*, amtlich anerkannter Sachverständiger.

agréer v. tr. [accepter] annehmen ; zulassen ; genehmigen. | *Agréer une demande*, einem Antrag stattgeben. | *Agréez, Monsieur*, genehmigen Sie.
◇ v. intr. [plaire] gefallen ; behagen.

agrégat [agrega] m. PHYS. Anhäufung f. ; Zusammensetzung f. || ÉCON. Aggregat n. ; Zusatzstoffe m. pl.

agrégation [-gasjɔ̃] f. [groupement] Zusammensetzung f. ; Anhäufung f. ; Verbindung f. | *L'agrégation des molécules*, Vereinigung (f.) der Moleküle. || [concours universitaire] Agregation f.
— OBSERV. L'équivalence *agrégation* – Staatsexamen est approximative : l'agrégation est un concours, ses équivalents étrangers sont des examens.

agrégé, ée [-ʒe] n. Studienrat m. ; Studienrätin f.

agréger [-ʒe] v. tr. [admettre dans un corps] aufnehmen ; zulassen. || PHYS. beifügen ; beigesellen ; zugesellen ; zu einer Masse vereinigen.

agrément [agremɑ̃] m. **1.** [approbation] Einwilligung f. ; Zustimmung f. || JUR. Genehmerklärung f. ; Zulassung f. | *Donner son agrément pour*, seine Einwilligung geben zu.
2. [qualité agréable] Annehmlichkeit f. ; Vorzug m. | *La solitude a ses agréments*, die Einsamkeit hat auch ihre guten Seiten.
3. [plaisir] Vergnügen n. ; Freude f. ; Wohlbefinden n. ; Gemütlichkeit f. ; Behagen n. | *Jardin d'agrément*, Lustgarten m. | *Voyage d'agrément*, Erholungsreise f. | *Les arts d'agrément*, die leichten, geselligen Künste.

agrémenter [-te] v. tr. schmücken ; ausschmükken ; zieren ; verzieren ; verschönern.

agrès [agrɛ] m. pl. MAR. Takelage f. ; Tauwerk n. || SPORT. *Les agrès de gymnastique*, Turnseilgeräte n. pl. ; Klettertaue n. pl. ; Ringtaue n. pl.

agresser [agrɛse] v. tr. überfallen ; angreifen.

agresseur [-sœ:r] m. Angreifer m. ; Herausforderer m. ; Friedensbrecher m.

agressif, ive [-sif, i:v] adj. angreifend ; herausfordernd ; aggressiv.

agression [-sjɔ̃] f. Angriff m. ; Herausforderung f. ; Überfall m. | *Une brusque agression*, ein Überraschungsangriff. | *Agression nocturne*, nächtlicher Überfall.

agressivité [-sivite] f. Angriffslust f. ; Streitsüchtigkeit f. ; Ausfälligkeit f. ; Aggressivität f.

agreste [agrɛst] adj. [rustique] ländlich ; bäurisch.

agricole [agrikɔl] adj. landbebauend ; landwirtschaftlich ; Land... ; Landwirtschafts... | *Produits agricoles*, Land(wirtschafts)produkte n. pl. | *Ouvrier agricole*, Landwirtschaftsarbeiter m.

agriculteur [-kyltœ:r] m. Landwirt m. ; Bauer m. ; Ackersmann m.

agriculture [-kylty:r] f. Landwirtschaft f. ; Ackerbau m. ; Agrarwirtschaft f. | *École d'agriculture*, Landwirtschaftsschule f. ; Bauernschule f. | *Chambre d'agriculture*, Landwirtschaftskammer f.

agripper [agripe] v. tr. [saisir vivement] schnappen ; greifen nach. || FAM. grapsen.
◇ v. pr. **s'agripper,** sich anklammern (an, acc.) ; sich anhängen (an, acc.).

agroalimentaire [agrɔalimɑ̃tɛ:r] adj. Nahrungsmittel... | *Industrie agroalimentaire*, Nahrungsmittelindustrie f.

agronome [agrɔnom] m. Diplomlandwirt m. ; akademischer Landwirt. | *Ingénieur agronome*, staatlich geprüfter Agronom.

agronomie [-nɔmi] f. Agrarwissenschaft f. ; Landwirtschaftskunde f.

agrumes [agry:m] m. pl. Zitrusfrüchte f. pl.

aguerrir [agɛri:r] v. tr. an den Krieg gewöhnen ; kriegserfahren machen. || [endurcir] abhärten ; stählen ; hart machen.
◇ part. pass. et adj. **aguerri, ie,** krieg(s)gewohnt ; kriegserprobt ; kriegstüchtig. || FIG. erprobt ; gestählt ; abgehärtet.
◇ v. pr. **s'aguerrir (à),** hart werden (gegen) ; sich abhärten gegen ; sich gewöhnen (an, acc.).

aguets [agɛ] m. pl. Lauer(posten) m. ; Hinterhalt m. | *Être aux aguets*, im Hinterhalt liegen ; auf der Lauer sein.

aguichant, ante [agiʃɑ̃, ɑ̃:t] adj. FAM. keß ; keck ; aufreizend.

aguicher [-ʃe] v. tr. FAM. anlocken ; aufreizen.

ah ! [a] interj. [joie] ach ! ; ah ! ; oje ! ; nein so was ! | *Ah ! que vous me faites plaisir !*, nein, was haben Sie mir doch eine Freude gemacht ! || [admiration] *Ah ! que c'est beau !*, oh ! wie ist das schön ! || [douleur] au !, weh ! | *Ah ! vous me faites mal !*, oh, Sie tun mir weh ! || [commisération] *Ah ! que je vous plains !*, Herrgott, wie tun Sie mir leid ! || [surprise] *Ah ! c'est toi*, ach, sieh mal einer an !, du bist es ! || [ironie] *Ah ! Ah !*, ach nee ! ; na, na ! ; sieh, sieh ! ; ach so !

ahurir [ayri:r] v. tr. verblüffen ; verdutzen ; überraschen ; vor den Kopf schlagen ; in Erstaunen versetzen. | *Un bruit ahurissant*, ein verwirrender Lärm.
◇ part. pass. et adj. **ahuri, ie,** verblüfft ; bestürzt ; betroffen ; verdutzt.

ahurissement [-rismɑ̃] m. Verblüffung f. ; Verdutztheit f. ; Bestürzung f.

aide [ɛ:d] f. [assistance] Hilfe f. ; Beistand m. ; Unterstützung f. ; Fürsorge f. ; Hilfeleistung. | *Aide à domicile*, Haushaltshilfe. | *Aide financière*, geldliche Unterstützung ; Finanzbeihilfe. | *Aide humanitaire*, karitative Hilfe. | *Aide immédiate*, Soforthilfe. | *Aide judiciaire*, Rechtshilfe ; Rechtsbeistand. | *Aide sociale*, Sozialhilfe. | *À l'aide de*, mit Hilfe von ; mittels (gén.). | *Demander l'aide de qn*, jn um Hilfe bitten. | *À l'aide !*, zu Hilfe ! | *Crier à l'aide*, um Hilfe rufen. | *Venir en aide à qn*, jm zu Hilfe eilen. || [subven-

tion] Zuschuß m. | *Aides publiques (à l'industrie)*, staatliche Zuschüsse (für die Industrie).
◇ s. Helfer(in) m. (f.); Gehilfe m.; Gehilfin f.; Assistent(in) m. (f.); Hilfskraft f.; Mithelfer(in) m. (f.). | *Aide soignant(e)*, Krankenpflegehelfer(in). || MIL. *Aide de camp*, (Flügel)adjutant m.

aide-comptable [-kɔ̃tabl] m. Hilfsbuchhalter m.

aide-mémoire [-memwa:r] m. invar. Gedächtnisstütze f.; Merkbuch n.; Abriß m.; Zusammenfassung f.

aider [ɛde] v. tr. [assister] AVEC LE DAT.: helfen; beistehen; abhelfen; zu Hilfe kommen; behilflich sein. — AVEC L'ACC.: unterstützen; betreuen. | [favoriser] fördern; erleichtern; begünstigen. || LOC. *Aider à travailler*, mitarbeiten. | *Aider qn à partir*, jm weghelfen. | *Aider qn à entrer*, jm hineinhelfen. | *Aider qn à qch.*, jm bei etwas behilflich sein. | *Aider qn à obtenir qch.*, jm zu etwas verhelfen. | *Aider qn à traverser la rue*, jm über die Straße helfen. | *Aider qn à se relever*, jm aufhelfen.
◇ v. intr. [contribuer] mithelfen; fördern. | *Aider à la digestion*, die Verdauung fördern. | *Le temps aidant, je réussirai*, mit Hilfe der Zeit wird es mir gelingen.
◇ v. pr. **s'aider,** [réfléchi] sich helfen. || [réciproque] einander helfen. || [se servir de] gebrauchen; sich bedienen (gén.).
— SYN.: *Assister*, beistehen. *Secourir*, zu Hilfe kommen. *Soutenir*, aufrechterhalten; unterstützen.

aïe ! [ai] interj. [douleur physique] au!; auah!; o weh!; oje!; ach! | *Aïe ! je me suis fait mal !*, au, ich hab mir weh getan!

aïeul, eule [ajœl, ajœ:l] s. [proche] Ahn(herr) m.; Ahnfrau f.; Großvater m.; Großmutter f. || [lointain] Stammvater m.; Vorfahr m.; Urahn m.
◇ m. pl. **les aïeuls,** f. pl. **les aïeules,** Großväter m. pl., Großmütter f. pl.
◇ m. pl. **les aïeux,** [ancêtres] Vorfahren m. pl.; Ahnen m. pl.

aigle [ɛgl] m. [oiseau] Adler m. || POÉT. Aar m. || *Yeux d'aigle*, scharfe Augen n. pl. | *Aigle pêcheur*, Fischadler. || FIG. [génie] Adlergeist m.; Genie n.
◇ f. [oiseau] weiblicher Adler. || [étendard] Wappenzeichen n.; Adler. | *Les aigles romaines*, die römischen Legionsadler m. pl.

aiglefin [ɛgləfɛ̃] m. ZOOL. Schellfisch m.

aiglon, onne [ɛglɔ̃, ɔn] s. Jungadler m.

aigre [ɛ:gr] adj. [acide] sauer; scharf; säuerlich; herb. | *Un citron aigre*, eine saure Zitrone. | *Un vin aigre*, ein säuerlicher Wein. || FIG. [voix] bitter; spitzig; kreischend; schneidend; schrill. | *D'un ton aigre*, mit bitterem Ton. | *Des paroles aigres*, spitze Worte. || [revêche] widerwärtig.
◇ m. Säuerlichkeit f.; Schärfe f.; Herbheit f.; Schrille f.; Widerwärtigkeit f. | *Le lait tourne à l'aigre*, die Milch wird sauer, säuert. || FIG. *Ça tourne à l'aigre*, jetzt wird's unangenehm.

aigre-doux, ouce [ɛgrədu, us] adj. süßsauer; bittersüß. || FIG. sauersüß.

aigrefin [ɛgrəfɛ̃] m. Schwindler m.; Gauner m.

aigrelet, ette [ɛgrəlɛ, ɛt] adj. [saveur] angesäuert; etwas säuerlich. || FIG. [voix] schrill; kreischend.

aigrette [ɛgrɛt] f. [faisceau de plumes] Kopffedern f. pl.; Federbüschel n. || [parure de tête] Kopfschmuck m.; Federbusch m. | *Aigrette d'un casque*, Helmfederbusch m. || ZOOL. Silberreiher m.; Reiher m.

aigreur [ɛgrœ:r] f. Säure f.; Schärfe f.; Säuerlichkeit f.; Herbheit f. || FIG. [amertume] Bitterkeit f.; Verbitterung f.; Erbitterung f.; Groll m. || MÉD. *Aigreurs d'estomac*, Magensäure f.; Sodbrennen n.

aigrir [ɛgri:r] v. tr. sauer, bitter, scharf machen. | *La chaleur aigrit le lait*, die Hitze gibt der Milch einen Stich. || FIG. [irriter] erbittern; verbittern; reizen; aufbringen.
◇ v. pr. **s'aigrir,** [devenir aigre] sauer, bitter, scharf werden. || FIG. sich aufregen.

aigu, uë [egy] adj. [pointu] spitz; angespitzt; zugespitzt; scharf. | *Angle aigu*, spitzer Winkel. || FIG. [perçant] scharf; durchdringend; schrill; gellend. | *Voix aiguë*, schrille Stimme. | *Douleur aiguë*, durchdringender Schmerz. | *Maladie aiguë*, schnell sich entwickelnde Krankheit.

aigue-marine [egmarin] f. Aquamarin m.

aiguière [egjɛ:r] f. Wasserkrug m.; Wasserkanne f.

aiguillage [egɥija:ʒ] m. Weichenstellung f.; Weichenstellen n. | *Poste d'aiguillage*, Stellwerk n.; Stellwerkhäuschen n.

aiguille [egɥi:j] f. [en général] Nadel f. | *Aiguille à coudre*, Nähnadel. | *Aiguille à tricoter*, Stricknadel. | *Aiguille aimantée*, Magnetnadel. | *Aiguille à injection*, Impfnadel. || [montre] Zeiger m. | *La petite aiguille*, Stundenzeiger. | *La grande aiguille*, Minutenzeiger. | *L'aiguille d'une balance*, Zeiger einer Waage. || [extrémité] Spitze f. | *Aiguille d'un clocher*, Kirchturmspitze. | *Aiguille d'une montagne*, Bergspitze. || BOT. *Aiguille de pin*, Nadel f. || NUCL. *Aiguille de combustion*, Brennstab m. || TECHN. [rail] Weiche f. | *Aiguille pivotante*, Schwenkweiche.

aiguillée [egɥije] f. Nadellänge f.; Fadenlänge f.

aiguiller [-je] v. tr. TRANSP. die Weiche stellen. | *Aiguiller un train*, einen Zug umsetzen. || FIG. [orienter] lenken; in eine Bahn führen; beraten.

aiguillette [-jɛt] f. [tresse] Verschnürung f.; Tressen f. pl.; Achselschnüre f. pl. || [poisson] Hornfisch m. || [volaille] Brustfleischscheibe f.

aiguilleur [-jœ:r] m. Weichensteller m. | *Aiguilleur du ciel*, Fluglotse m.

aiguillon [-jɔ̃] m. [bâton] Ochsenstock m.; Sporn m.; Picke f. || [dard] Bienenstachel m.; Stachel m. || BOT. Dorn m.; Stachel m. || FIG. [stimulant] Anreiz m.; Antrieb m.; Ansporn m.

aiguillonner [-jɔne] v. tr. [piquer] stacheln; anstacheln. || [exciter] anreizen; anspornen.

aiguisage [egɥiza:ʒ ou egiza:ʒ] m. Schleifen n.; Wetzen n.; Anschärfen n.; Spitzen n.

aiguiser [-ze] v. tr. [affûter] schärfen; wetzen; schleifen; abziehen; anspitzen. | *Pierre à aiguiser*, Abziehstein m. || FIG. [exciter] anreizen; anregen. | *Aiguiser l'appétit*, den Appetit anregen.

ail [a:j] m. (pl. **ails** ou **aulx** [o]) BOT. Knoblauch m. | *Les ails*, Knoblauchgewächse n. pl. | *Gousse d'ail*, Knoblauchzwiebel, -zehe f. | *Sentir l'ail*, nach Knoblauch riechen.
— OBSERV. Distinguer, au pluriel: les « aulx » (comestible) et les « ails » (plante).

aile [ɛl] f. [d'un volatile] Flügel m.; Schwinge f. || POÉT. Fittiche m. pl. || *Les ailes des insectes*, Insektenflügel m. pl. | *Voler à tire d'aile*, pfeilgeschwind dahinschießen. | *Battre des ailes*, mit den Flügeln schlagen; flattern. || LOC., FIG. *Prendre qn sous son aile*, jn unter seine Fittiche nehmen. | *Battre de l'aile*, mit den Flügeln schlagen; in Verlegenheit sein. | *Voler de ses propres ailes*, auf eigenen Füßen stehen. | *Avoir du plomb dans l'aile*, schwer krank sein. || FAM. *Avoir un coup dans l'aile*, einen sitzen haben; einen Schwips haben. | *Rogner les ailes à qn*, jm die Flügel beschneiden, stutzen. || PAR EXT. [d'un objet] Flügel | *Aile d'un moulin*, Windmühlenflügel. | *Aile d'un aéroplane*, Tragfläche f. | *Aile en porte-à-faux*, freitragender Flügel. | *Aile volante*, flügelloses Flugzeug. | *Aile* *de voiture*, Kotflügel m. | *Aile d'un bâtiment*, Seitenflügel m. | *Aile du nez*, Nasenflügel m. pl. || TECHN. Flügel m. ; Flansch m. ; Schenkel m. || MIL. *L'aile droite d'une armée*, rechter Flügel einer Armée.

ailé, ée [ɛle] adj. geflügelt ; beflügelt ; beschwingt ; mit Flügeln versehen, ausgestattet.

aileron [ɛlrɔ̃] m. [oiseau] Flügelspitze f. || [avion] Querruder n. || [insecte] Hinterflügel m. || [poisson] Flosse f. || [moulin] Mühlradschaufel f.

ailette [ɛlɛt] f. Flügelchen n. || MIL. *Torpille à ailettes*, Flügeltorpedo m. || TECHN. Rippe f. ; Riffelung f. | *Vis à ailettes*, Flügelschraube f.

ailier [ɛlje] m. SPORT. linker, rechter Stürmer.

ailler [aje] v. tr. mit Knoblauch zubereiten.

ailleurs [ajœ:r] adv. [en un autre lieu] anderswo ; anderweitig ; woanders ; an einem anderen Ort ; sonstwo. | *Nulle part ailleurs*, sonst nirgends. | *Par ailleurs*, außerdem ; andererseits. | *Il est ailleurs*, er ist nicht ganz da ; er träumt.

◇ loc. adv. **d'ailleurs,** [lieu] anderswoher ; woanders her ; von einem anderen Ort. || [en outre] übrigens ; außerdem ; anderseits ; zudem ; im übrigen ; überdies.

— SYN. : *De plus*, außerdem. *En outre*, überdies ; dazu noch. *Du reste*, übrigens. *Au demeurant*, übrigens. *Au surplus*, überdies. *D'autre part*, anderseits.

aimable [ɛmabl] adj. liebenswürdig ; liebenswert ; angenehm ; freundlich ; gefällig. || LOC. *Voudriez-vous être assez aimable de*, möchten Sie so gut sein, zu. | *C'est bien aimable à vous*, das ist nett von Ihnen. | *Peu aimable*, unliebenswürdig ; wenig angenehm.

— SYN. : *Agréable*, angenehm. *Avenant*, einnehmend ; gewinnend. *Amène*, herzensfreundlich ; sanft. *Gentil*, artig ; freundlich. *Affable*, liebreich.

aimablement [-bləmɑ̃] adv. liebenswürdig(erweise) ; auf freundliche Art.

aimant, ante [ɛmɑ̃, ɑ̃:t] adj. [affectueux] liebend ; liebevoll ; voller Liebe ; zärtlich ; liebreich.

— SYN. : *Affectueux*, gefühlvoll ; herzlich. *Tendre*, zart ; zärtlich. *Caressant*, liebkosend. *Câlin*, anschmiegsam.

aimant [ɛmɑ̃] m. PHYS. Magnet m. | *Aimant naturel*, Magnetstein m. ; Magneteisen n. || ÉLECTR. *Aimant permanent*, Dauermagnet m. | *Aimant tournant*, Drehmagnet m. || FIG. [attrait] Anreiz m. ; Anziehung f. ; Anziehungskraft f.

aimantation [-tasjɔ̃] f. Magnetisierung f. ; Magnetisieren n. ; Magnetischmachen n.

aimanter [-te] v. tr. magnetisieren ; magnetisch machen.

◇ v. pr. **s'aimanter,** magnetisch werden.

aimer [ɛme] v. tr. **1.** [personnes] lieben ; liebhaben ; gern haben ; gern mögen ; zugetan sein (dat.) ; verliebt sein in (acc.). | *Il m'aime bien*, er hat mich gern, lieb ; er ist mir gut. | *Aimer qn à la folie*, in jn wahnsinnig verliebt sein. | *Aimer de tout son cœur*, aus tiefstem Herzen, herzinnigst lieben. | *Se faire aimer de qn*, js Herz gewinnen. | *Faire aimer qch. de qn*, jn für etwas gewinnen.

2. [choses] gern haben ; mögen ; schätzen. | *Aimer les arts*, von den Künsten angetan sein. | *Aimer les romans*, auf Romane vernarrt sein. | *Aimer les bons morceaux*, auf die fettesten Bissen aus sein. | *Aimer les chevaux*, ein Pferdeliebhaber sein. | *Aimer le jeu*, dem Spiel verfallen sein. | *Aimer la chasse*, ein leidenschaftlicher Jäger sein. | *Aimer la musique*, ein Musikfreund sein ; gern Musik hören. | *Aimer la campagne*, gern auf dem Land sein. | *J'aime ces cerises*, diese Kirschen schmecken mir. || LOC. *Aimer bien, mieux, le mieux*, gern, lieber, am liebsten haben. | *J'aime les pommes, je préfère les poires*, ich esse gern Äpfel, und lieber Birnen. | *J'aime mieux cela*, es ist mir lieber.

3. [avec l'infin.] *Aimer (à) jouer, travailler, sortir*, gern spielen, arbeiten, ausgehen. | *J'aimerais mieux mourir que de...*, eher würde ich sterben, als daß...

4. [avec la conjonction « que »] *J'aime que tu voyages*, es ist mir lieb, daß du reisest. | *J'aimerais que*, ich hätte es gern, wenn ; ich sähe es gern, wenn ; es wäre mir lieb, wenn. | *J'aimerais tant que*, ich möchte so gern, daß.

◇ part. pass. et adj. **aimé, ée,** geliebt ; herzlieb ; beliebt. || SUBSTANTIV. Geliebte(r). | *La bien-aimée*, die Geliebte. | *Ceux que j'aime*, meine Lieben. | *Ce que j'aime le plus*, mein Liebstes n.

◇ v. pr. **s'aimer,** [réfléchi] von sich selbst eingenommen sein. || [réciproque] einander lieben ; einander gern haben, zugetan sein. | *Aimez-vous les uns les autres*, habt euch einander lieb !

— SYN. : *Chérir*, teuer halten. *Affectionner*, gewogen sein. *S'éprendre*, sich verlieben. *Adorer*, anbeten ; leidenschaftlich lieben. *Idolâtrer*, vergöttern.

aine [ɛn] f. Leiste f. ; Leistengegend f.

aîné, ée [ɛne] adj. erstgeboren ; [de plusieurs] ältest ; [de deux] älter.

◇ s. Erstgeborene(r) ; Älteste(r) ; Ältere(r). | *Il est mon aîné de cinq ans*, er ist fünf Jahre älter als ich.

aînesse [ɛnɛs] f. Erstgeburt f. | *Droit d'aînesse*, Erstgeburtsrecht n.

ainsi [ɛ̃si] adv. [de cette façon] so ; also ; in der Art ; auf die Art. | *Ainsi parla Zarathoustra*, also sprach Zarathustra. | *S'il en est ainsi*, wenn dem so ist. | *Ainsi va le monde*, so geht es in der Welt her. | *Pour ainsi dire*, sozusagen ; gewissermaßen. | *Et ainsi de suite*, und so weiter (usw.) ; und so fort ; also ; infolgedessen ; daher ; folglich ; hiermit. || [par conséquent] infolgedessen ; folglich ; somit ; daher ; so ; hiermit. || [souhait] *Ainsi soit-il*, also sei es ; Amen !

◇ loc. conj. [comparaison] *Ainsi... ainsi...*, wie... so... | *Ainsi que*, sowie ; ebenso... wie ; gleich... wie ; sowohl... als. | *Et c'est ainsi que...*, und auf diese Weise...

— SYN. : *Donc*, folglich ; denn ; also. *Ainsi donc*, also. *Partant*, folglich. *Aussi*, so auch ; daher.

air [ɛ:r] m. **1.** [fluide gazeux] Luft f. | *La bulle d'air*, Luftblase f. | *Air chaud*, Warmluft. | *Air conditionné*, auf bereitete, klimatisierte Luft. | *Colonne d'air*, Luftsäule f. | *Mettre, Exposer qch. à l'air*, etwas an, in die frische Luft setzen. | *Endroit exposé à l'air*, luftiger Ort. | *Air vicié*, verbrauchte Luft. | *En plein air*, im Freien ; in der frischen Luft ; unter freiem Himmel. | *Prendre l'air*, frische Luft schöpfen. | *Vie au grand air*, Freiluftleben n. | *Changer d'air*, auslüften ; frische Luft hereinlassen ; FIG. das Klima wechseln. | *Donner de l'air*, lüften ; auslüften. || FIG. *Vivre de l'air du temps*, von Luft und Liebe leben. |*Il y a de l'orage dans l'air*, es ist ein Gewitter im Anzug. || [vent] Luft f. ; Luftzug m. ; Wind m. | *Un courant d'air*, ein Luftzug m. | *Il y a un courant d'air*, es zieht.

2. AÉRON. *Air de réchauffage*, Heizluft f. | *Air de refroidissement*, Kühlluft f. | *Voyage par la voie des airs*, Luftreise f. ; Flugreise f. | *Armée de l'air*, Luftwaffe f.

3. TECHN. Luft f. ; Wind m. | *Chambre à air*, Windkammer f. ; Schlauch m. | *Air comprimé*, Preßluft. | *Filtre à air*, Luftfilter m. || NUCL. *Air d'évacuation*, Abluft f.

4. CHIM. *Air liquide*, flüssige Luft ; Flüssigluft.

◇ loc. adv. **en l'air,** [vers le haut] *Monter en l'air*, hochsteigen ; aufsteigen. | *Regarder en l'air*, aufblikken ; in die Höhe blicken. | *Tirer en l'air*, in die Luft schießen ; über die Köpfe schießen. || [en désordre]

Tête en l'air, Windbeutel m. | *Tout est en l'air*, alles ist drunter und drüber. || [sans réalité] *Paroles en l'air*, leere Worte n. pl. | *Parler en l'air*, in den bloßen Wind reden. | *Projets en l'air*, unausführbare Pläne.

air m. EXTÉRIEUR QUE L'ON A : [en général] Aussehen n. ; Erscheinung f. ; Äußere(s) n. | *À en juger par son air*, nach seinem Äußeren zu urteilen. | *Un air posé*, gesetztes Wesen. || [maintien] Gehabe n. ; Art f. ; Lebensart f. ; Benehmen n. || [visage] Miene f. | *Un air niais*, ein unbedeutendes Gesicht. | *D'un air embarrassé*, mit verlegener Miene. || [apparence] Anschein m. ; Schein m. ; Aussehen n. ; Eindruck m. | *Avoir un air enfantin*, einen kindlichen Eindruck machen. | *Avec son air de ne pas y toucher*, als ob er kein Wässerchen trüben könnte. || [ressemblance] Art f. | *Un faux air de*, einige Ähnlichkeit mit. | *Air de famille*, Familienähnlichkeit f. — EXTÉRIEUR QUE L'ON SE DONNE : Gebaren n. ; Tun n. ; Gebärde f. ; Manieren f. pl. ; Sichgeben n. | *Prendre un air*, eine Miene annehmen. | *Il prend un air grave*, er gebärdet sich ernst. | *Ne prenez pas cet air-là !*, tun Sie nicht so böse ! | *Se donner des airs de savant*, den Gelehrten spielen ; so tun, als ob man hochgelehrt wäre. | *Avoir des airs penchés*, den Melancholischen spielen. | *Se donner de grands airs*, großen Aufwand machen ; protzen.
◇ loc. **avoir l'air,** aussehen ; den Anschein haben ; den Eindruck machen. | *Avoir l'air fatigué*, müde aussehen. | *Avoir l'air mauvais*, bösartig aussehen. | *Il a l'air provincial*, er sieht nach der Provinz aus. | *Avoir l'air joyeux*, froh drein blicken, sehen. | *Avoir l'air tout chose*, ganz verdutzt drein schauen. | *Cela n'a l'air de rien*, mais..., das sieht so nach gar nichts aus, aber... || **avoir l'air de,** [avec l'infin.] scheinen, sein, als ob (sujet) ; tun, als ob (sujet). | *Il a l'air d'être malade*, es ist, als ob er krank sei, wäre.

air [ɛ:r] m. MUS. Melodie f. ; Weise f. ; Arie f. | *Faire des paroles sur un air*, Worte zu einer Weise verfassen, dichten. | *Air d'opéra*, Opernarie ; Opernweise. | *Air de danse*, Tanzlied n. | *Airs de ballet*, Balletmusik f.

airain [ɛrɛ̃] m. Erz n. ; Bronze f. || FIG. Härte f. || *D'airain*, ehern ; hart ; stählern. || HIST. *L'âge d'airain*, das bronzene Zeitalter.

aire [ɛ:r] f. [où l'on bat le grain] (Dresch)tenne f. ; Dreschboden m. ; Dreschdiele f. || AÉRON. *Aire d'atterrissage*, Landefeld n. ; Rollfeld n. | *Aire de décollage*, Startfeld n. | *Aire de lancement*, Startrampe f. | *Aire de trafic*, Rollfeld n. || AUTOM. *Aire de repos*, Rastplatz m. || GÉOM. Areal n. ; Flächeninhalt m. ; Flächenraum m. || [territoire] Gebiet n. | *Aire d'un carré*, Fläche eines Vierecks. || [nid] Horst m. ; Nest n. || MAR. Windstrich m. || NUCL. *Aire de stockage définitif*, Endlager n. | *Aire de stockage provisoire*, Zwischenlager n.

airelle [ɛrɛl] f. BOT. Heidelbeere f. ; Blaubeere f. ; Bickbeere f. | *Airelle rouge*, Preiselbeere f.

Air France [ɛ:rfrɑ̃:s] staatliche Luftfahrtgesellschaft Frankreichs.

ais [ɛ] m. Brett n. ; Diele f. ; Bohle f. ; Planke f.

aisance [ɛzɑ̃:s] f. Leichtigkeit f. ; Gewandtheit f. ; Ungezwungenheit f. ; Fertigkeit f. ; Zwanglosigkeit f. ; Unbekümmertheit f. ; Natürlichkeit f. | *Parler avec aisance*, ungezwungen reden ; geläufig sprechen. | *Il manque d'aisance*, er ist unbeholfen. || [bien-être] Wohlstand m. ; Wohlhabenheit f. | *Vivre dans l'aisance*, in guten Verhältnissen leben. || COMM. *Aisance de la trésorerie*, Liquidität f. || *Fosse d'aisances*, Abortgrube f. | *Cabinet d'aisances*, Abort m. ; Klosett n. ; Abtritt m.

aise [ɛ:z] f. [bien-être, plaisir] (Wohl)behagen n. ; Wohlbefinden n. ; Wohlstand m. ; Gemütlichkeit f. ; Freude f. || [commodité] Bequemlichkeit f. ; Gemächlichkeit f. ; Annehmlichkeit f. || [suffisance] Genüge f. || LOC. *À l'aise*, bequem ; gemächlich ; wohlig. | *À votre aise !*, wie's Ihnen beliebt ; aber bitte schön. | *Être à son aise*, sich wohl befinden ; ungezwungen sein. | *Se mettre à l'aise*, sich's bequem machen. | *Mettre qn à l'aise*, jn ermuntern. | *En prendre à son aise*, ungeniert sein. | *Je me sens mal à l'aise*, ich fühle mich unwohl.
◇ f. pl. **aises,** [commodités de la vie] Annehmlichkeiten f. pl. | *Aimer ses aises*, seine Behaglichkeit lieben. | *Prendre ses aises*, sich's wohl sein lassen.
◇ adj. *Être bien aise*, sich freuen.

aisé, ée [ɛze] adj. [facile] leicht ; bequem ; angenehm. | *C'est une chose aisée*, das ist eine Leichtigkeit. || [naturel] ungezwungen ; frei. | *Avoir des manières aisées*, ein ungezwungenes Wesen haben. || [fortune] wohlhabend ; vermögend. | *Un bourgeois aisé*, ein wohlsituierter Bürger. | *Peu aisé*, wenig begütert.
— SYN. : *Facile*, leicht. *Pratique*, praktisch. *Commode*, bequem. *À l'aise*, nach Belieben.

aisément [-mɑ̃] adv. leicht ; bequem. | *Je le crois aisément*, das will ich gerne glauben. || [avec naturel] frei ; ungezwungen.
— SYN. : *Facilement*, mit Leichtigkeit. *Commodément*, bequem ; ungestört. *Couramment*, geläufig.

aisselle [ɛsɛl] f. Achselhöhle f. ; Armhöhle f.

Aix-la-Chapelle n. pr. f. GÉOGR. Aachen n.

ajonc [aʒɔ̃] m. BOT. Stechginster m.

ajouré, ée [aʒure] adj. durchbrochen. | *Broderie ajourée*, Lochstickerei f.

ajourer [-re] v. tr. durchbrechen ; mit kleinen Öffnungen versehen.

ajourné, ée [-rne] adj. vertagt ; aufgeschoben ; zurückgestellt ; verlängert.
◇ s. Zurückgestellte(r).

ajournement [-rnəmɑ̃] m. [renvoi] Zurückstellung f. ; Vertagung f. ; Aufschiebung f. ; Aufschub m. | *Ajournement d'un examen*, Verschiebung (f.) einer Prüfung. | *Ajournement d'un candidat à un examen*, Zurückstellung eines Prüflings bei einer Prüfung. | *Ajournement du paiement*, Zahlungsstundung f. || JUR. *Ajournement à quinzaine*, Vertagung auf vierzehn Tage später.

ajourner [-rne] v. tr. vertagen ; aufschieben ; zurückstellen ; verlängern. | *Ajourner un travail*, eine Arbeit auf die lange Bank schieben. | *Ajourner un candidat*, einen Prüfling durchfallen lassen. | *Ajourner le paiement*, die Zahlung hinausschieben.
◇ v. pr. **s'ajourner,** *Le Parlement s'ajourne*, das Parlament vertagt sich.

ajouté [aʒute] m. Zusatz m. ; Hinzufügung f.

ajouter v. tr. [sens général] hinzufügen ; hinzusetzen ; beifügen. || [prolonger une action] hinzu... || [augmenter une somme] bei... ; dazu... ; zu... | *Ajouter dix mark*, zehn Mark beilegen, dazugeben. || [augmenter un volume] an... ; bei... ; nach... | *Ajouter une aile*, einen Flügel anbauen. | *Ajouter de l'eau*, Wasser nachfüllen. | *Ajouter du sel*, Salz beimischen. || LOC. *Ajoutez à cela que*, nehmen Sie noch hinzu, daß ; außerdem. | *Je n'ai rien à ajouter*, alles Weitere erübrigt sich. | *Sans rien ajouter*, ohne Zutat. | *Ajouter foi à qch.*, einer Sache Glauben beimessen. || TECHN. beimengen ; zuschlagen.
◇ part. pass. et adj. **ajouté, ée,** beigefügt ; hinzugesetzt. | *Chose ajoutée*, Zusatz m. ; Zutat f.
◇ v. tr. **ajouter à,** erhöhen ; vergrößern ; vermehren.
◇ v. pr. **s'ajouter,** sich hinzusetzen ; hinzukommen ; hinzutreten. | *À cela vient s'ajouter*, dazu kommt noch.

ajustage [aʒysta:ʒ] m. [monnaies] Geldwertangleichung f. || TECHN. [machine] Einstellung f. ; Montage f. || [pièce détachée] Adjustierung f. ; Aneinanderfügen n. ; Anpassung f.

ajustement [-təmɑ̃] m. [mise au point] Anpassung f. ; Einrichtung f. | *Ajustement d'une balance*, Eichung (f.) einer Waage. || [conciliation] Vergleich m. ; Ausgleich m. || FIN. *Ajustement des prix*, Preisangleichung f.

ajuster [-te] v. tr. [rendre juste] zurechtsetzen ; passend machen. | *Ajuster un poids*, ein Gewicht eichen. || [adapter] anpassen ; justieren ; aneinanderfügen ; einpassen. | *Ajuster un vêtement à la taille*, ein Kleid passend machen. || [mettre en état de fonctionner] einrichten ; einstellen. || [viser] *Ajuster un lièvre*, auf einen Hasen zielen. || [concilier] ausgleichen.
◇ part. pass. et adj. **ajusté, ée,** *Vêtement ajusté*, eng ansitzendes Kleid.
◇ v. pr. **s'ajuster,** passen auf (acc.) ; passen zu. || sich putzen ; sich zurechtmachen.

ajusteur [-tœ:r] m. Monteur m. ; Schlosser m. ; Justierer m.

ajutage [aʒyta:ʒ] m. Stutzen n. ; Rohransatz m. ; Düse f. | *Ajutage d'arrosage*, Spritzdüse.

alambic [alɑ̃bik] m. Destillierapparat m. ; Retorte f. ; Brennkolben m.

alambiqué, ée [-bike] adj. verschroben ; spitzfindig ; geschraubt. | *Style alambiqué*, verschrobener Stil.

alanguir [alɑ̃gi:r] v. tr. schlaff machen ; erschlaffen ; entkräften ; entnerven.
◇ v. pr. **s'alanguir,** schlaff werden ; erschlaffen ; verschmachten.

alanguissement [-gismɑ̃] m. Erschlaffung f.

alarmant, ante [alarmɑ̃, ɑ̃:t] adj. aufregend ; beunruhigend ; alarmierend.

alarme [alarm] f. [alerte] Warnruf m. ; Alarm m. | *Sonner l'alarme*, Alarmsignal geben, blasen. | *Cri d'alarme*, Warnruf. | *Fausse alarme*, blinder Alarm. | *Signal d'alarme*, Alarmsignal n. ; Notbremse f. ; Notruf m. | *Donner l'alarme*, Alarm auslösen ; Laut geben. | *Alarme antitoxique*, ABC-Alarm. || [trouble] Aufregung f. ; Beunruhigung f. ; Bestürzung f.

alarmer [-me] v. tr. warnen ; alarmieren ; Alarm geben. | *Alarmer les troupes*, die Truppen alarmieren. || [causer de l'inquiétude] in Bestürzung versetzen ; beunruhigen.
◇ v. pr. **s'alarmer,** sich aufregen.
— SYN. : *Effrayer*, erschrecken. *Affoler*, bestürzen ; verwirren. *Épouvanter*, entsetzen. *Terrifier*, erschrecken ; entsetzen.

alarmiste [-mist] adj. alarmierend ; beunruhigend. || FIG. pessimistisch.
◇ m. Gerüchteverbreiter m. ; Schwarzseher m. ; Panikverbreiter m.

Albanais, aise [albanɛ, ɛ:z] s. Alban(i)er m. ; Alban(i)erin f.
◇ adj. **albanais, aise,** albanisch.

Albanie [-ni] n. pr. f. GÉOGR. Albanien n.

albâtre [alba:tr] m. Alabaster m.

albatros [albatrɔs] m. ZOOL. Albatros m. ; große Seemöwe.

Albigeois [albiʒwa] m. HIST. Albigenser m.

albinos [albinɔ:s] adj. weißlich und rotäugig ; albino. | *Des lapins albinos*, weiße rotäugige Kaninchen n. pl. ; Albinos m. pl. | *Noir albinos*, Albino m.

Albion [albjɔ̃] f. England n. ; Albion n.

album [albɔm] m. [registre] Album n. ; Erinnerungsbuch n. ; Stammbuch n. ; Widmungsbuch n.

albumen [albymɛn] m. Eiweiß n.

albumine [albymin] f. Eiweißstoff m.

albuminé, ée [-ne] adj. eiweißhaltig ; proteinös.

albuminurie [-nyri] f. MÉD. Harnerkrankung f. ; Albuminurie f.

alcali [alkali] m. CHIM. Alkali m. ; Laugensalz n.

alcalin, e [-lɛ̃, in] adj. alkalisch ; laugensalzig. | *Sel alcalin*, Alkalisalz n.

alcaloïde [-lɔid] m. CHIM. Alkaloid n.

alchimie [alʃimi] f. Goldmacherei f. ; Alchimie f.

alchimiste [-mist] m. Alchimist m. ; Goldmacher m. ; Adept m.

alcool [alkɔl] m. Alkohol m. (plur. Alkohole ; Alkoholarten f. ; Alkoholika n.) ; Weingeist m. ; Spiritus m. ; Spirituosen f. pl. ; Weinbrand m. | *Alcool éthylique*, Äthylalkohol. ; Äthanol n. | *Alcool à brûler*, Brennspiritus. | *Alcool pur*, hochprozentiger, hundertprozentiger Alkohol. || LOC. *Sentir l'alcool*, nach Alkohol riechen.

alcoolat [alkɔla] m. CHIM. aromatischer Weingeist.

alcoolique [-lik] adj. [homme] alkoholisch ; trunksüchtig ; dem Trunk ergeben, verfallen. || [produit] alkoholartig ; alkoholähnlich.
◇ s. Alkoholiker(in) m. (f.) ; Säufer(in) m. (f.) ; Trinker(in) m. (f.).

alcooliser [-lize] v. tr. alkoholisieren ; in Alkohol verwandeln ; Alkohol zusetzen.
◇ v. pr. **s'alcooliser,** sich dem Trunk ergeben.

alcoolisme [-lism] m. Alkoholvergiftung f. ; (schwere) Trunksucht ; Alkoholismus m. ; Alkoholmißbrauch m.

alcoomètre [-mɛtr] m. Alkoholometer n. ; Branntweinwaage f. ; Spirituswaage f.

alcootest [alkɔtɛst] m. Alkoholmeter n.

alcôve [alko:v] f. Alkoven m. ; Eckbett n. ; Schrankbett n. ; Verschlag m. ; kleiner Nebenraum. | *Les secrets d'alcôve*, Schlafzimmergeheimnisse n. pl.

alcyon [alsjɔ̃] MYTH. Alkyone f. || ZOOL. Eisvogel m. ; Seeschwalbe f. || [polype] Seekork m.

aldéhyde [aldeid] m. CHIM. Aldehyd m.

aléa [alea] m. Ungewißheit f. ; Glückszufall m.

aléatoire [-twa:r] adj. fraglich ; ungewiß ; gewagt.

alémanique [alemanik] adj. alemannisch. | *Langue alémanique*, Schwyzerdütsch n.

alêne [alɛn] f. Schusterahle f. ; Schusterpfriem m.

alentour [alɑ̃tu:r] adv. ringsumher ; um... herum.
◇ m. pl. Umgebung f. ; Umgegend f.

Aléoutiennes (ÎLES) [aleusjɛn] n. pr. f. pl. GÉOGR. die Aleuten f. pl.

alerte [alɛrt] adj. wachsam ; helle ; aufgeweckt ; flink ; rege.
◇ interj. Alerte ! ; Achtung ! ; Vorsicht !
◇ f. [alarme] Alarm m. ; Bereitschaft f. | *Une fausse alerte*, ein blinder Alarm. | *Alerte aérienne*, Bombenalarm ; Fliegeralarm. || FIG. *Maintenir en état d'alerte*, dauernd auf dem Sprung halten.

alerter [-te] v. tr. alarmieren. || FIG. benachrichtigen ; warnen.
◇ part. pass. **alerté, ée,** alarmbereit.

alésage [aleza:ʒ] m. Ausbohren n. ; Ausbohrung f.

alèse [alɛz] f. Bettunterlage f.

aléser [aleze] v. tr. ausreiben ; ausbohren.

aléseuse [-zø:z] f. Bohrmaschine f.

alevin [alvɛ̃] m. ZOOL. Fischbrut f. ; Fischlaich m. ; Setzlinge m. pl.

aleviner [-vine] v. tr. Fischbrut aussetzen.

Alexandrie [alɛksɑ̃dri] n. pr. f. GÉOGR. Alexandrien ; Alexandria.

alexandrin [alɛksɑ̃drɛ̃] adj. POÉS. alexandrinisch.
◇ m. **alexandrin,** Alexandriner m.

alezan, ane [alzɑ̃, an] adj. rotfüchsig ; fuchsrot. ◇ m. **alezan,** Rotfuchs m. | *Alezan brûlé*, Brandfuchs m. ; Schweißfuchs m. | *Alezan clair*, Lichtfuchs m.

alfa [alfa] m. Bot. Alfagras n. ; Espartogras n.

algarade [algarad] f. brüsker Angriff.

algèbre [alʒɛbr] f. Algebra f. ; Buchstabenrechnung f. | *Algèbre de Boole*, Schaltalgebra f.

algébrique [-ʒebrik] adj. algebraisch. | *Équation algébrique*, algebraische Gleichung.

algébriquement [-ʒebrikmɑ̃] adv. algebraisch.

Alger [alʒe] n. pr. m. Géogr. Algier n.

Algérie [-ri] n. pr. f. Géogr. Algerien n.

Algérien, ienne [-rjɛ̃, ɛn] s. Algerier(in) m. (f.). ◇ adj. **algérien, enne,** algerisch.

Algérois, oise [-rwa, wa:z] s. aus Algier.

algorithme [algoritm] m. Algorithmus m.

algue [alg] f. Alge f. ; Seegras n. ; Tang m.

alias [aljas] adv. anders genannt ; eigentlich.

alibi [alibi] m. Alibi n. ; Alibibeweis m. | *Fournir son alibi*, sein Alibi beibringen, nachweisen.

Aliboron [alibɔrɔ̃] m. Esel m. | *Maître Aliboron*, Meister Langohr m.

aliénabilité [aljenabilite] f. Veräußerlichkeit f.

aliénable [aljenabl] adj. veräußerlich.

aliénation [-nasjɔ̃] f. [transfert] Veräußerung f. || Philos. Entäußerung f. ; Entfremdung f. || [folie] Gestörtheit f. ; Geisteskrankheit f.

aliéné, ée [-ne] adj. geistesgestört ; geisteskrank. ◇ m. Geistesgestörter m. | *Asile d'aliénés*, Irrenhaus n. ; Irrenanstalt f.

aliéner [-ne] v. tr. [transférer] veräußern ; übertragen. | *Aliéner ses droits*, auf seine Rechte verzichten ; seine Rechte übertragen. || Par ext. *Aliéner sa liberté*, sich seiner Freiheit entäußern. || Fig. [éloigner] entfremden. || [déranger] geistig verwirren. | *Aliéner l'esprit*, den Kopf verdrehen.
◇ v. pr. **s'aliéner,** verwirrt werden. | *S'aliéner la sympathie de qn*, sich die Sympathie js verscherzen.

alignement [aliɲmɑ̃] m. [action d'aligner] Ausrichten n. ; Abfluchten n. | *Alignement d'arbres*, schnurgerade Baumreihe. || [ligne déterminant la largeur] Richtlinie f. ; Fluchtlinie f. || Fin. *Alignement monétaire*, Geldangleichung f.

aligner [-ɲe] v. tr. [ranger] ausrichten ; fluchten. | *Aligner des maisons*, Häuser in gerader Fluchtlinie bauen. || Mil. *Aligner des troupes*, Truppen in Linie formieren ; in Reih und Glied stellen. || Comm. *Aligner un compte*, ein Konto ausgleichen, abschließen. || Fig. *Aligner des phrases*, Sätze aneinanderreihen.
◇ v. pr. **s'aligner,** sich in Reih und Glied stellen.

aliment [alimɑ̃] m. [nourriture] Nahrungsmittel n. ; Lebensmittel n. ; Nährmittel n. || Écon. *Aliment de base*, Grundnahrungsmittel n. || Jur. [entretien] Unterhaltskosten f. pl. ; Alimente n. pl. || Fig. Nahrung f.
— Syn. : *Nourriture* f., Nahrung f. *Subsistance* f., Lebensunterhalt m. *Pâture* f., Futter n. ; péjor. Fressen.

alimentaire [-tɛr] adj. ernährungsmäßig ; Nahrungs... ; Nähr... | *Pâtes alimentaires*, Teigwaren f. pl. | *Ration alimentaire*, Lebensmittelration f. | *Denrées alimentaires*, Nahrungsmittel n. pl. || Jur. *Pension alimentaire*, Unterhaltsbeihilfe f. || Méd. *Régime alimentaire*, Diät(haltung) f.

alimentation [-tasjɔ̃] f. [action de nourrir] Ernährung f. ; Kost f. ; Verpflegung f. | *Carte d'alimentation*, Lebensmittelkarte f. | *Changer d'alimentation*, die Ernährungsart umstellen. || [approvisionnement] Versorgung f. ; Zufuhr f. | *Alimentation d'un marché*, Marktversorgung. | *Alimentation en courant*, Stromversorgung. || Techn. Einspeisung f. ; Versorgung f. | *Alimentation en charbon*, Bekohlung f. | *Alimentation en énergie*, Energieversorgung f.

alimenter [-te] v. tr. (er)nähren ; speisen ; versorgen ; verpflegen ; Unterhalt leisten. || [bétail] füttern. | *Sous-alimenté*, unterernährt. || Fig. *Alimenter l'esprit*, dem Geist Nahrung geben. || Techn. aufgeben ; beschicken ; versorgen. | *Alimenter une chaudière*, einen Kessel beschicken. | *Alimenter en*, versorgen mit.
◇ v. pr. **s'alimenter,** sich ernähren.
◇ part. pass. **alimenté, ée.** Électr. unter Strom.

alinéa [alinea] m. Absatz m. ; Abschnitt m. | *Par alinéas*, absatzweise.

alisier [alizje] m. Bot. Elsbeer-, Mehlbeerbaum.

aliter [alite] v. tr. ins Bett bringen.
◇ part. pass. **alité, ée,** bettlägerig.
◇ v. pr. **s'aliter,** sich ins Bett legen.

alizé [alize] m. Passatwind m.

Allah [alla] n. pr. m. Allah ; ewiger Gott.

allaitement [alɛtmɑ̃] m. [personnes] Säugen n. ; Stillen n. || [animaux] Säugen n. ; Tränken n. | *Allaitement au biberon*, Flaschenaufzucht f.

allaiter [-te] v. tr. säugen ; stillen.

allant, ante [alɑ̃, ɑ̃:t] adj. [qui aime le mouvement] lebhaft ; lebendig. || [qui a de la vigueur] munter ; aufgeweckt.
◇ m. **allant,** [entrain] Aufgewecktheit f. | *Il a de l'allant*, er hat Schneid.

alléchant, ante [alleʃɑ̃, ɑ̃:t] adj. anlockend ; verlockend ; anziehend.

allécher [-ʃe] v. tr. anlocken ; anziehen. || Fam. ködern ; kirren.

allée [ale] f. [chemin bordé d'arbres] Allee f. | *Allée de peupliers*, Pappelallee. || Archit. Gang m. | *Allée couverte*, Laubengang ; Dolmengang.
◇ f. pl. [action d'aller] *Allées et venues*, Kommen und Gehen. || Fig. [démarches] *Après bien des allées et venues*, nach langem Hin und Her.

allégation [alegasjɔ̃] f. [référence] Anführung f. ; Angabe f. || [affirmation] Behauptung f. || [prétexte] Vorwand m.

allégeance [alleʒɑ̃:s] f. *Serment d'allégeance*, Huldigung f. ; Treueid m.

allégement [alleʒmɑ̃] m. Gewichtserleichterung f. ; Verminderung f. | *Allégements fiscaux*, Steuererleichterungen f. pl.

alléger [-ʒe] v. tr. [rendre moins lourd] erleichtern. || Mar. löschen ; leichtern. || [soulager] lindern ; mildern. | *Alléger la souffrance*, das Leiden mildern.

allégorie [allegɔri] f. Allegorie f.
— Syn. : *Allusion* f., Andeutung f. *Métaphore* f., Metapher f. *Figure* f., Figur f. ; Abbild n.

allégorique [-rik] adj. allegorisch.

allègre [allɛ:gr] adj. frisch ; munter ; lebhaft.

allégrement [-legrəmɑ̃] adv. frisch ; munter.

allégresse [-legrɛs] f. Jubel m. ; freudiger Jubel ; Gejauchze n. | *Cris d'allégresse*, Jubelgeschrei n. | *Pousser des cris d'allégresse*, in laute Freudenrufe ausbrechen ; aufjauchzen.

allegretto [alegrɛto] adv. Mus. ziemlich schnell.
◇ m. **allégretto,** Allegretto n.

allegro [-gro] adv. Mus. schnell ; lebhaft ; bewegt.
◇ m. **allégro,** Allegro n.

alléguer [allege] v. tr. [citer] anführen ; zitieren ; angeben ; sich berufen auf (acc.). || [prétexter] behaupten. | *Alléguer des excuses*, faule Gründe vorbringen.

alléluia [aleluja] m. Halleluja n. ; Lob- und Preislied n.

Allemagne [almaɲ] n. pr. f. Deutschland n. | *Haute Allemagne ou Allemagne méridionale*, Ober- oder Süddeutschland. | *Allemagne moyenne*, Mitteldeutschland. | *Allemagne basse ou septentrionale*, Nieder- oder Norddeutschland. | *Allemagne occidentale*, Westdeutschland.

allemand, ande [almɑ̃, ɑ̃:d] adj. deutsch. | *La langue allemande*, die deutsche Sprache. | *Civilisation allemande*, deutsche Kultur. | *Esprit allemand*, deutsche Art. | *D'origine allemande*, deutschstämmig.
◇ s. **Allemand, ande,** Deutscher m. ; Deutsche f. | *Allemand du Nord*, Norddeutscher.
◇ m. **allemand,** [langue] Deutsch n. | *Vieux haut allemand*, Althochdeutsch. | *Moyen haut allemand*, Mittelhochdeutsch. | *Nouveau haut allemand*, Neuhochdeutsch. | *Parler l'allemand*, deutsch sprechen. | *Bien parler l'allemand*, fließend deutsch sprechen. | *Traduire en allemand*, ins Deutsche, auf deutsch übersetzen. | *Quelques bribes d'allemand*, einige Brokken Deutsch.
◇ f. **allemande,** [danse] deutscher Reigen ; Rundtanz m.

aller [ale] v. intr. gehen (ging, gegangen).

> **I.** Sens général : gehen...
> **II.** Se mouvoir :
> **a)** Sens translocal ;
> **b)** Sens intralocal ;
> **c)** Autres rapports.
> **III.** Conduire ; s'étendre ; atteindre ; führen ; gehen bis... ; reichen bis...
> **IV.** Fonctionner [mécanisme de l'homme et des choses] : sich befinden ; funktionieren.
> **V.** S'accorder ; s'adapter : zusammengehören ; (an)stehen ; passen.
> **VI.** Avec un infinitif
> **a)** but ; (um)... zu... ;
> **b)** futur proche ; wollen [avec infin.].
> **VII.** Avec le participe présent : continuité.
> **VIII. y aller ; faire aller ; laisser aller ; aller et venir.**
> **IX.** À l'impératif.
> **X.** Dans les locutions techniques.
> **XI.** v. pr. s'en aller : fort... ; vergehen.

I. Sens général : gehen. | *Où allez-vous ?*, wohin gehen Sie ? wo geht es hin ? ; wohin ? — **aller à pied,** zu Fuß gehen. || [d'un pas ferme] schreiten. | [au pas] treten. | [cheminer] wandeln. | [faire une promenade] wandern ; lustwandeln. | [aller en groupe] ziehen ; dahinziehen. | [se rendre à] sich begeben nach. || [fréquenter] besuchen ; verkehren in (dat.). || *Aller en haut, en bas*, hinaufgehen, hinabgehen. | *Aller en avant, en tête*, vorwärtsgehen, vorangehen. | *Aller à grands pas, à petits pas*, lang ausschreiten, kleine Schrittchen machen. | *Aller voir qn*, jn besuchen. | *Aller au hasard*, vor sich hingehen. || *Aller son petit train*, still seinen Gang gehen. | *Aller de ce pas*, stehenden Fußes losgehen. | *Aller par monts et par vaux*, über Stock und Stein ziehen. | *Aller quelque part*, austreten. | *Façon d'aller*, Gang m. ; Gangart f. || Loc., fig. *Aller droit au but*, gerade auf die Sache losgehen. | *Cela me va droit au cœur*, das geht mir zu Herzen. | *Cela va de soi*, das versteht sich von selbst ; das ist selbstverständlich. | *Nos vœux vont à la paix*, unsere Wünsche zielen auf den Frieden hin. | *Aller au plus pressé*, das dringendste zunächst in Angriff nehmen. | *Aller aux renseignements*, Erkundigungen einziehen. — **aller en véhicule,** fahren. || *Aller en auto*, mit dem Auto fahren ; Auto fahren. || *Aller à bicyclette*, mit dem Rad fahren ; radeln. | *Aller en avion*, fliegen. | *Aller en bateau*, per Schiff fahren ; das Schiff benutzen. — **aller à cheval,** reiten. || *Aller au galop*, im Galopp reiten. | *Aller au trot*, traben.

II. Se mouvoir. — **a)** Sens translocal [question « wohin ? » ; les neuf prépositions mixtes demandent l'accusatif] gehen ; fahren. || [direction] nach ; zu ; gegen. | *Aller en Allemagne, à Paris*, nach Deutschland, nach Paris fahren. | *Aller à l'école*, zur Schule gehen. | *Aller à la maison*, nach Hause gehen. | *Aller vers le nord*, gen Norden fliegen, fahren. || [pénétration dans un espace] in. | *Aller en ville, au théâtre, en forêt*, in die Stadt, ins Theater, in den Wald gehen, fahren. || [déplacement vers un endroit] auf. | *Aller à la campagne, à la chasse*, aufs Land, auf die Jagd gehen. | *Aller dans la rue, dans la prairie, dans l'île*, auf die Straße, auf die Wiese, auf die Insel gehen. || [contamination entre « in » et « auf »] *Je vais au bal, à l'université, au château*, ich gehe auf den Ball, auf die Universität, auf das Schloß. || [tout contre] an. | *Aller à la fenêtre, à la mer, au ruisseau*, ans Fenster, an die See, an den Bach gehen. — **b)** Sens intralocal [question « wo ? » ; les neuf prépositions mixtes demandent le datif] gehen ; fahren. — **c)** Autres rapports [chez] zu. | *Aller chez qn*, zu jm kommen. | *Aller chez soi*, heimgehen. | *Aller chez le médecin*, zum Arzt gehen. || [dans, parmi] unter. | *Aller dans le monde*, unter die Menschen kommen. || [en] *Aller en vacances*, in Ferien fahren. | *Aller en pèlerinage*, wallfahr(t)en. || [de l'autre côté] hinübergehen. || [au-devant de] entgegengehen. | *Aller au-devant de qn*, jn abholen ; Fig. jm entgegenkommen. || [contre] *Aller à l'encontre de*, sich entgegensetzen ; entgegenstreben. || [jusqu'à] *Aller jusqu'au bout*, durchhalten. || [sur] *Aller droit sur qn*, direkt auf jn losgehen.

III. Conduire, s'étendre, attendre : [conduire] führen. | *Ce fleuve va à la mer*, dieser Strom fließt zum Meer. | *Où va ce sentier ?*, wo führt dieser Pfad hin ? || [s'étendre] gehen ; sich erstrecken. | *La plaine va jusqu'à la mer*, die Ebene erstreckt sich bis zur See. || [atteindre] reichen. | *L'eau nous va aux genoux*, das Wasser reicht uns bis zum Knie. | *Sa douleur va jusqu'au désespoir*, sein Schmerz grenzt an Verzweiflung. || Loc. *Aller loin*, es weit bringen. | *Aller trop loin*, zu weit gehen ; übertreiben. | *Aller jusqu'à* [infin.], so weit gehen, daß.

IV. Fonctionner [mécanisme de l'homme et des choses]. — [homme] sich befinden ; gehen (impers.). | *Comment allez-vous ? — Je vais bien*, wie geht es Ihnen ? — Es geht mir gut. | *Je vais mieux*, meine Gesundheit bessert sich. | *Tout va bien*, alles ist in bester Ordnung. — [choses] laufen ; gehen ; funktionieren. || [montre] richtig gehen ; laufen. || [machine] arbeiten ; im Gange sein. || [événement] gut gehen ; fam. klappen. | *Aller sens dessus dessous*, drunter und drüber gehen. | *Tout va mal*, alles geht schief. | *Cela ira*, es wird schon gehen. | *Ainsi va le monde*, das ist der Weltlauf. || [affaires] gutgehen ; blühen. | *Les affaires vont bien, mal*, die Geschäfte stehen gut, schlecht. | *Ne plus aller*, stocken ; stillstehen. | *Aller à sa perte*, ins eigene Verderben rennen. || Loc. *Cela va de mal en pis*, das verschlimmert sich.

V. S'accorder, s'adapter : [s'accorder] zusammengehören ; sich vertragen mit. | *Ils vont bien ensemble*, sie vertragen sich gut miteinander. | *Ces couleurs vont ensemble*, diese Farben passen zueinander. || [s'adapter] (an)stehen ; passen. | *Cet habit vous va bien*, dieser Frack steht Ihnen gut. | *Le corsage ne va point*, die Bluse paßt ganz und gar nicht. | *La clef ne va pas sur la serrure*, der Schlüssel paßt nicht zum Schloß. || Loc. *Aller de pair*, zusammenpassen ; gleichzeitig

geschehen. | *Aller comme un gant*, wie angegossen sitzen. || FIG. *Cela me va*, das paßt mir. | *Cela nous irait*, das wäre doch was für uns. | *Cela vous va mal de*, es steht Ihnen schlecht an, zu...
VI. AVEC UN INFINITIF : — **a)** [but] gehen, um. . . zu. | *Aller se baigner*, zum Baden gehen. | *Aller se coucher*, zu Bett gehen. || [sans « zu »] *Aller dormir*, schlafen gehen. | *Aller se promener*, spazieren gehen. | *Aller chercher*, holen ; abholen. | *Aller trouver*, aufsuchen. | *Aller voir*, besuchen ; nachsehen. | *Aller prendre*, herholen ; wegholen. || LOC. *Il alla demander du pain*, er ging und bat um Brot. | *Il alla voir ce qui se passait*, er ging und sah nach. — **b)** [futur proche] *Nous allons partir*, wir werden gleich abreisen. | *Il va venir*, er muß gleich kommen. | *Il va se décider*, er ist dabei, sich zu entscheiden. | *Il va mourir*, er liegt im Sterben. | *Il va être deux heures*, es geht auf zwei. | [irréel] *J'allais sortir quand tu es venu*, ich wollte gerade ausgehen, als du kamst.
VII. AVEC LE PARTICIPE PRÉSENT [continuité] an... ; ab... ; fort... | *Aller croissant*, immer mehr anwachsen. |*Aller (en) diminuant*, immer mehr abnehmen.
VIII. y aller, [en un lieu] hingehen. | *J'y vais de ce pas*, ich gehe unverzüglich hin. | *On y va !*, gleich !, sofort ! | *Comme vous y allez !*, wie Sie sich das vorstellen ! | *En y allant*, auf dem Hinweg. || FIG. *Il n'y va pas de main morte*, er geht ran wie Blücher. | *Y aller de bon cœur*, tüchtig zugreifen. | *Ne pas y aller par quatre chemins*, nicht lange fackeln. | *Y aller doucement*, vorsichtig handeln. || [s'agir de] sich handeln um ; gehen um. | *Il y va de mon honneur*, es geht um meine Ehre. — **faire aller,** [adapter] *Faire aller une robe*, ein Kleid anpassen. — **laisser aller,** gehen lassen. | *Laisser aller les choses*, es treiben lassen ; fünfe gerade sein lassen. | *Se laisser aller*, sich gehen lassen. | *Se laisser aller à la douleur*, sich dem Schmerz hingeben, überlassen. — **aller et venir,** kommen und gehen ; auf- und abgehen ; hin und her gehen. | *Il ne fait qu'aller et venir*, er ist gleich wieder da.
IX. À L'IMPÉRATIF : *Vas-y !*, nu(n) mach schon ! ; los ! ; zu ! | *Imbécile, va !*, du Dummkopf, du ! | *Allons !*, wohlan ! ; nun los ! | *Allez !*, geh nur los ! | *Allez toujours !*, na los ! ; weiter ! | *Allez en paix !*, zieh hin in Frieden ! | *Allez, partez !*, machen Sie, daß Sie fortkommen ! | *Va voir*, geh und sieh nach ! | *Allons, allons !*, nun, nun ! | *Allons donc !*, i wo ! ; ach was ! | *Allez au diable !*, schert euch zum Teufel ! || [employé explétivement] *Allez y comprendre quelque chose*, wenn man nur daraus klug werden könnte. | *N'allez pas vous imaginer que*, denken Sie nicht etwa, daß.
X. DANS LES LOCUTIONS TECHNIQUES. — MIL. *Aller au pas*, Tritt halten. || MAR. *Aller à la dérive*, treiben. | *Aller au fond*, untergehen ; versinken. | *Aller à vau-l'eau*, stromabwärts treiben ; FIG. ziellos treiben. | *Aller toutes voiles dehors*, mit vollen Segeln schiffen.
XI. v. pr. **s'en aller,** [partir] weggehen ; fortfahren ; abziehen. | *S'en aller à cheval, en avion, en bateau*, wegreiten ; abfliegen ; fortfahren. | *Avoir la permission de s'en aller*, fortdürfen. | *Réussir à s'en aller*, fortkommen. | *Vouloir s'en aller*, fortwollen. | *S'en aller comme on est venu*, unverrichteter Sache umkehren. | *Va-t'en !*, los ! ; hau'ab ! | *Qu'il s'en aille*, weg mit ihm ! | *Allons-nous-en !*, laßt uns gehen. | *S'en aller sur la pointe des pieds*, auf den Zehenspitzen wegschleichen. || [se mettre en route] aufbrechen ; sich auf den Weg machen. || [mourir] absterben ; dahinsiechen. | *Il s'en est allé*, er hat das Zeitliche gesegnet. || [disparaître, se dissiper] schwinden ; vergehen ; sich auflösen. | *La tache s'en va*, der Fleck geht weg. | *Tout s'en est allé en fumée*, alles ist in Rauch und Dunst aufgegangen ; alles ist zu nichts geworden. | *S'en aller en miettes*, sich verkrümeln.

aller [ale] m. Gang m. ; Fahrt f. | *Voyage aller*, Hinfahrt ; Hinreise f. | *À l'aller*, auf dem Hinweg ; auf der Hinfahrt ; auf der Herfahrt. || *Prendre un aller et retour*, eine Rückfahrkarte lösen. | *L'aller et le retour*, Hin- und Herweg m. ; Hin- und Rückreise f. | *Un pis-aller*, Aushilfe f.

allergie [alɛrʒi] f. Allergie f. ; Idiosynkrasie f.

allergique [alɛrʒik] adj. allergisch.

allergologue [alergɔlɔg] s. MÉD. Allergologe m. ; Allergologin f.

alliage [alja:ʒ] m. [métaux] Legierung f. | *Alliage dur, fritté*, Hartmetallegierung.

alliance [aljɑ̃:s] f. [mélange] Verbindung f. || [union] Bund m. ; Bündnis n. ; Allianz f. | *Alliance offensive et défensive*, Schutz- und Trutzbündnis. | *Contracter une alliance*, ein Bündnis schließen, eingehen. | *Triple alliance*, Dreibund. || [ligue] Bund m. | *Ancienne alliance*, der alte, mosaische Bund. | *Traité d'alliance*, Bündnisvertrag m. || [mariage] Ehebund. || [anneau] Ehering m. || [parenté] Schwägerschaft f. ; Verwandtschaft f.

allié, iée [alje] adj. vereinigt ; verwandt.
◇ m. **allié,** [parent] Verschwägerter m. ; Verwandter m. || PAR EXT. Bundesgenosse m. ; Verbündeter m. ; Alliierter m. || **Les Alliés,** m. pl. die Alliierten m. pl.

allier v. tr. CHIM. verbinden ; legieren. | *Métal allié*, Legierungsmetall n. || [apparenter] verschwägern ; verbinden. || PAR EXT. vereinigen ; verbinden. | *Allier la force à la prudence*, Kraft mit Umsicht paaren. | *Allier deux pays*, zwei Länder verbünden.
◇ v. pr. **s'allier,** [s'apparenter] sich vereinigen ; sich verbinden ; sich verschwägern. | *S'allier à une famille*, in eine Familie hineinheiraten. || [se liguer] *S'allier à*, sich verbinden mit.

alligator [alligatɔ:r] m. ZOOL. Alligator m.

allitération [alliterasjɔ̃] f. LITT. Strabreim m. ; Alliteration f.

allô ! [alo] TÉLÉPH. Hallo ! ; Ja, bitte ? Hier !

allocation [alɔkasjɔ̃] f. Zuweisung f. ; Geldanweisung f. ; Zulage f. ; Zuschuß m. | *Allocations familiales*, Kinderzulage ; Familienbeihilfen f. pl. | *Allocation journalière*, Tagegeld n. | *Allocation (de) logement*, Wohnungsgeldzuschuß. | *Allocation de maladie*, Krankenbeihilfe f. | *Allocation de maternité*, Schwangerschaftsgeld n. | *Allocations spéciales*, Sonderzuwendungen f. pl. | *Allocation (de) vieillesse*, Altersunterstützung f. | *Allocation en nature*, Deputat n. || *Toucher une allocation*, eine Unterstützung erhalten.

allocution [allɔkysjɔ̃] f. kurze Ansprache. | *Allocution télévisée*, Fernsehansprache. | *Faire une allocution*, eine (kurze) Ansprache halten.

allogène [alɔʒɛ:n] adj. andersrassig ; fremdartig.

allonge [alɔ̃ʒ] f. Verlängerung f. || [crochet] Fleischerhaken m. || [lettre de change] Wechselanhang m. ; Allonge f. || TECHN. Verlängerungsstück n. || MÉTALL. Kappe f. || SPORT. Reichweite f.

allongement [-ʒmɑ̃] m. Verlängerung f. ; Dehnung f.

allonger [-ʒe] v. tr. [rendre plus long] länger machen ; verlängern ; dehnen. | *Allonger une robe*, an einem Kleid etwas ansetzen. | *Allonger la table*, den Tisch ausziehen. | *Allonger le pas*, größere Schritte machen. || FIG. *Allonger la sauce*, die Soße strecken. || [étendre] ausstrecken ; ausdehnen. | *Allonger le cou*, den Hals recken. || [porter un coup] versetzen ; austeilen. | *Allonger une gifle à qn*, jm eine Ohrfeige verabreichen. || [faire traîner] in die Länge ziehen. || MIL. *Allonger le tir*, Feuer vorverlegen.

◇ part. pass. **allongé, ée,** verlängert ; langgezogen. || [couché] ausgestreckt.
◇ v. pr. **s'allonger,** sich verlängern ; länger werden. || FIG. [se coucher] sich hinlegen.

allopathie [alɔpati] f. Allopathie f.

allouer [alwe] v. tr. [accorder] bewilligen ; zugestehen ; genehmigen. | *Allouer un crédit*, einen Kredit einräumen.
◇ v. pr. **s'allouer,** [s'octroyer] sich genehmigen.

allumage [alyma:ʒ] m. Anzünden n. ; Feueranmachen n. || TECHN. Zündung f. | *Allumage défectueux*, *Défaut d'allumage*, Fehlzündung. | *Avance à l'allumage*, Vorzündung. | *Retard à l'allumage*, Spätzündung. | *Allumage automatique*, selbsttätige, automatische Zündung.

allume-gaz [alymgaz] m. invar. Gasanzünder m.

allumer [-me] v. tr. [sens général] zünden ; anzünden ; anstecken ; anbrennen ; entzünden. | *Allumer un feu*, ein Feuer anzünden. | *Allumer un cigare*, sich eine Zigarre anstecken. || [électricité] andrehen ; einschalten. || FIG. [provoquer, exciter] reizen ; anfachen.
◇ v. pr. **s'allumer,** sich entzünden ; aufflammen. || FIG. entbrennen ; sich entflammen.
◇ adj. **allumé, ée,** TECHN. eingeschaltet.

allumette [-mɛt] f. Zündholz n. ; Streichhölzchen n. | *Frotter une allumette*, ein Streichholz an der Schachtel entzünden.

allumeur, euse [-mœ:r, øz] s. Laternenanzünder(in) m. (f.). || TECHN. Zündvorrichtung f.

allure [aly:r] f. [façon de marcher] Gang m. ; Gangart f. || [vitesse] Geschwindigkeit f. ; Schnelligkeit f. | *Une allure de 30 km/h*, eine Geschwindigkeit von dreißig Stundenkilometern. | *À vive allure*, mit lebhafter Geschwindigkeit. || [maintien] Benehmen n. ; Sichbenehmen n. ; Verhalten n. | *Être, rouler à son allure de régime*, auf Touren sein. | *Avoir des allures suspectes*, ein verdächtiges Benehmen haben. || LOC. *Cela a de l'allure*, da sitzt Schwung drin. || [tournure] Wendung f. || MATH. *Allure de la courbe*, Kurvenverlauf m. || TECHN. Verlauf m.
— SYN. : *Démarche* f., Gang m. ; Schreiten n. *Marche* f., Marsch m. *Pas* m., Schritt m. *Train* m., Zügigkeit f. ; Zug m. — FAM. *Dégaine* f., ungeschickte Art ; Klobigkeit f.

allusif, ive [allyzif, i:v] adj. anspielend.

allusion [-zjɔ̃] f. Anspielung f. ; Andeutung f. ; Hinweis m. | *Faire allusion à*, hinweisen auf (acc.) ; anspielen auf (acc.). | *Par allusions*, andeutungsweise.

alluvial, iale, iaux [allyvjal, jo] adj. angeschwemmt ; Anschwemmungs... | *Terrains alluviaux*, Marschen f. pl. ; Anschwemmungsland n.

alluvion [-vjɔ̃] f. Anschwemmung f. ; Ablagerung f. | *Alluvions fluviales*, Flußablagerung ; Flußanschwemmung. | *Alluvions marines*, Marsch f.

almanach [almana] m. Kalender m. ; Almanach m. | *L'almanach de Gotha*, Adelsnachschlagebuch (n.) der Gotha.

aloès [alɔɛs] m. Aloe f. ; amerikanische Agave.

aloi [alwa] m. [métal précieux] Feingehalt m. ; Vollkorn n. || FIG. [valeur] Beschaffenheit f. ; Wert m. | *De mauvais aloi*, minderwertig. | *De bon aloi*, gediegen ; von echtem Schrot und Korn.

alors [alɔ:r] adv. [en ce temps-là] damals. | *Où étiez-vous alors ?*, wo waren Sie damals ? | *Le roi d'alors*, der damalige König. || [ensuite] dann ; darauf ; da ; alsdann. | *Nous nous levâmes alors*, anschließend standen wir auf. || [en ce cas-ci] na dann ; dann allerdings ; na, ja dann. | *Alors, n'en parlons plus*, na, dann wollen wir nicht mehr darüber reden. || [exclamation] Nun !, na ! | *Et alors ?* na, und ? | *Alors, raconte !*, na, so erzähl doch !
◇ loc. adv. **jusqu'alors,** bis zu diesem Augenblick ; bis dahin, bis dann.
◇ loc. conj. **alors que,** [temps] als ; während ; da. | *Alors que vous étiez malade*, damals, als Sie krank waren. || [concession] obschon ; obgleich ; trotzdem. | *Alors que je vous l'avais défendu*, obwohl ich es euch verboten hatte.

alose [alo:z] f. ZOOL. Alse f. ; Maifisch m.

alouette [alwɛt] f. ZOOL. Lerche f.

alourdir [alurdi:r] v. tr. erschweren ; beschweren ; ungefügig machen.
◇ v. pr. **s'alourdir,** schwerfällig werden. || COMM. im Kurs fallen.

alourdissement [-dismɑ̃] m. Schwere f. ; Schwerfälligkeit f. ; drückende Schwere. || TECHN. Überlastung f.

aloyau [alwajo] m. Lendenstück n.

alpaga [alpaga] m. ZOOL. Kamelziege f. || [laine] Alpaka n. ; Alpakawolle f.

alpage [alpa:ʒ] m. [économie] Almenwirtschaft f. || [pré] Alp f. ; Matte f. ; Alm f.

Alpes [alp] n. pr. f. pl. GÉOGR. Alpen f. pl. | *Préalpes*, Voralpen. | *Alpes helvétiques*, Schweizer Alpen. || *Alpes bavaroises*, Bayrische Alpen.

alpestre [-pɛstr] adj. alpinisch ; alpenartig ; Alpen...

alpha [alfa] m. Alpha n. ; griechisches Alpha. || LOC. *L'alpha et l'oméga*, das A und O einer Sache ; der Anfang und das Ende.

alphabet [alfabɛ] m. Alphabet n. ; Buchstabenfolge f. ; ABC n. | *Alphabet des aveugles*, Blindenschrift f. | *Alphabet Morse*, Morsealphabet. || FIG. [début] die ersten Anfänge m. pl. ; Anfangsgründe m. pl.

alphabétique [-betik] adj. alphabetisch ; nach dem ABC. | *Ordre alphabétique*, alphabetische Reihenfolge.

alphanumérique [alfanymerik] adj. INF. alphanumerisch.

alpin, ine [alpɛ̃, in] adj. alpin ; Alpen... ; Gebirgs... | *Plantes alpines*, Alpenpflanzen. | *Chalet alpin*, Schweizerhäuschen n. || MIL. *Chasseurs alpins*, Gebirgsjäger m. pl.

alpinisme [alpinism] m. Alpensport m. ; Bergsport m. ; Klettersport m. ; Bergsteigen n.

alpiniste [-nist] s. Bergsteiger(in) m. (f.) ; Alpinist m.

Alsace [alzas] n. pr. f. GÉOGR. das Elsaß.

alsacien, ienne [-sjɛ̃, ɛn] adj. elsässisch ; aus dem Elsaß. | *Levure alsacienne*, Backpulver n.
◇ s. **Alsacien, ienne,** Elsässer(in) m. (f.).

alsatisme [-tism] m. elsässischer Ausdruck.

altérabilité [alterabilite] f. Veränderlichkeit f.

altérable [-rabl] adj. [changeable] veränderlich ; abänderlich. || [sujet à s'avarier] verderblich.

altération [-rasjɔ̃] f. [changement] Änderung f. ; Veränderung f. ; Entstellung f. | *Altération de la santé*, gesundheitliche Zerrüttung. || [falsification] Verfälschung f. | *Altération d'un texte*, Textverstümmelung f. || [corruption] Verderbnis f.

altercation [altɛrkasjɔ̃] f. Zank m. ; Streit m. ; Gezänk n.

altérer [altere] v. tr. [changer] ändern ; verändern ; entstellen. | *Altérer les traits*, die Züge entstellen. || [changer en mal] verschlechtern ; verschlimmern. || [falsifier] verfälschen ; verstümmeln. | *Altérer le sens de ses paroles*, seine Worte falsch auslegen. || [corrompre] *Altérer le caractère*, den Charakter verder-

ben. | *Le soleil altère les couleurs*, die Sonne bleicht die Farben (aus). || [exciter la soif] Durst erregen.
◇ part. pass. et adj. **altéré, ée,** verändert; verdorben; durstig. || *Altéré de sang*, blutgierig.
◇ v. pr. **s'altérer,** sich verändern. || verderben. | *Les couleurs s'altèrent*, die Farben verwittern.
— SYN. : *Abâtardir*, abstumpfen. *Adultérer*, verfälschen. *Dénaturer*, entstellen; unkenntlich machen.

alternance [altɛrnɑ̃:s] f. Abwechslung f.; Wechselfolge f. | *Alternance des cultures*, Fruchtfolge f. || ÉLECTR. Stromwechsel m. || BOT. *Alternance des feuilles*, gegenständige Blattstellung. || BIOL. *Alternance des générations*, Generationsüberspringung f.

alternateur [-natœ:r] m. ÉLECTR. Wechselstromgenerator m. | *Alternateur triphasé*, Drehstromgenerator m.

alternatif, ive [-natif, i:v] adj. abwechselnd; alternativ. | *Courant alternatif*, Wechselstrom m. | *Mouvement alternatif*, Hin- und Herbewegung f.

alternative [-nati:v] f. [alternance] Wechselfolge f. || [choix] Wahl f.; Alternative f.

alternativement [-tivmɑ̃] adv. abwechselnd; wechselweise; Zug um Zug.
— SYN. : *Tour à tour*, mal so... mal so; der Reihe nach. *L'un après l'autre*, hintereinander; eins nach dem anderen. *Successivement*, nacheinander; erst... dann...

alterne [altɛrn] adj. BOT. wechselständig. || GÉOM. *Angles alternes internes, externes*, innere, äußere Wechselwinkel m. pl.

alterner [-ne] v. intr. wechseln; abwechseln; sich ablösen; aufeinanderfolgen. | *La nuit alterne avec le jour*, Nacht folgt auf Tag. | *Chant alterné*, Wechselgesang m. | *Dans cette allée les chênes alternent avec les ormes*, in dieser Allee stehen abwechselnd Eichen und Ulmen.
◇ v. tr. AGRIC. *Alterner les cultures*, im Fruchtwechsel anbauen.

altesse [altɛs] f. [titre] Hoheit f. | *Altesse sérénissime*, Durchlaucht f.

altier, ière [altje, ɛr] adj. hochmütig; stolz; hochfahrend. | *Une tête altière*, ein herrisches Haupt.

altimètre [altimɛtr] m. Höhenmesser m.

altitude [-tyd] f. Höhe f.; Höhenlage f. || AÉRON. *Altitude de croisière*, Reiseflughöhe f. | *Altitude de sécurité*, Mindestsicherheitsflughöhe f.

alto [alto] m. [instrument] Bratsche f.; Altgeige f. || [voix] Alt m.; Altstimme f.; Altist(in) m. (f.).

altruisme [altrɥism] m. Nächstenliebe f.; Uneigennützigkeit f.; Selbstlosigkeit f.; Altruismus m.

altruiste [-ist] adj. nächstenliebend; uneigennützig; selbstlos; altruistisch.
◇ s. Uneigennützige(r) f. (m.); Altruist(in) m. (f.).

alumine [alymin] f. Aluminiumoxyd n.; Tonerde f.

aluminium [-minjɔm] m. Aluminium n. | *Tôle d'aluminium*, Aluminiumblech n.

alunage [alyna:ʒ] m. Alaunbad n. || PHOT. Tonbad n. | *Alunage des peaux*, Alaungerberei f.

alunir [alynir] v. intr. auf dem Mond landen.

alvéole [-ɔl] f. [cellule de l'abeille] Zelle f. | *Des alvéoles régulières*, regelmäßig angeordnete Waben. || ANAT. Höhle f.; Höhlung f. | *Alvéole dentaire*, Zahnhöhle. | *Alvéole pulmonaire*, Lungenbläschen n.

amabilité [amabilite] f. Liebenswürdigkeit f.; Freundlichkeit f. | *Sans aucune amabilité*, recht unfreundlich.

amadou [amadu] m. Zunder m.; Feuerschwamm m.

amadouer [amadwe] v. tr. schmeicheln (dat.); besänftigen; liebedienern.

amaigrir [amɛgri:r] v. tr. dünner machen; abmagern; auszehren; ausmergeln.
◇ v. intr. abnehmen; schwinden; verdünnen.

amaigrissement [-grismɑ̃] m. Abmagerung f.; Auszehrung f.
— SYN. : *Maigreur* f., Magerkeit f. *Émaciation* f., Auszehrung f. *Dépérissement* m., Hinsiechen n. *Atrophie* f., Schrumpfung f. *Dessèchement* m., Austrocknung f.

amalgame [amalgam] m. CHIM. Quecksilberlegierung f. || [mélange] Vermischung f.; Gemisch n.; Amalgam n. || FIG. Verquickung f.; Durcheinander n. | *Amalgame de couleurs*, Farbendurcheinander.

amalgamer [-me] v. tr. CHIM. mit Quecksilber legieren. || [mélanger] vermischen. || FIG. durcheinanderbringen.
◇ v. pr. **s'amalgamer,** verschmelzen.

amande [amɑ̃:d] f. Mandel f. | *Amande grillée*, gebrannte Mandel. | *Yeux en amande*, Mandelaugen n. pl. || [graine d'un noyau] Kern m.

amandier [-dje] m. Mandelbaum m.

amanite [amanit] f. BOT. Blätterpilz m. | *Amanite phalloïde*, Fliegenpilz m. | *Amanite tue-mouches*, Knollenblätterpilz.

amant, ante [amɑ̃, ɑ̃:t] s. Liebhaber(in) m. (f.); Geliebter m.; Geliebte f.; Schatz m.; Freund m.

amarante [amarɑ̃:t] f. Fuchsschwanz m.; Tausendschön n. | *Couleur amarante*, amarantrot.

amarrage [ama:raj] m. Ankern n.; Festmachen n. || PAR EXT. Ankerplatz m.

amarre [ama:r] f. MAR. Vertäuung f.; Trosse f.; Haltetau n.

amarrer [amare] v. tr. MAR. befestigen; festbinden; vertäuen. | *Amarrer un navire au quai*, ein Schiff am Kai anlegen.

amas [ama] m. Haufen m.; Ansammlung f.; Häufung f.; Berg m. | *Amas de richesses*, Anhäufung von Reichtümern. | *Cet amas confus*, dieser zusammengewürfelte Haufen. | *Amas de pierres*, Steinhaufen.
— SYN. : *Ramassis*, alter Ramsch. *Fatras*, Wust. *Masse*, Masse. *Tas*, Haufe; Haufen. *Monceau*, Haufe; Haufen. *Pile*, Stapel.

amasser [-se] v. tr. anhäufen; aufstapeln; aufspeichern. | *Amasser de l'argent*, Geld zusammenraffen.
◇ v. pr. **s'amasser,** sich ansammeln; sich häufen. || [liquide] anwachsen; sich stauen.

amateur [amatœ:r] m. Liebhaber m.; Freund m.; Amateur m. | *Il le fait en amateur*, er betreibt es aus Liebhaberei. | *Il est amateur de nouveautés*, er ist auf Neuigkeiten versessen. | *Amateur de musique*, Musikbegeisterte(r) m. | *Amateur d'art*, Kunstfreund m. || [métier] Nichtfachmann m.; Bastler m. || SPORT. (contraire de professionnel) Amateur m.
— SYN. : *Connaisseur* m., Kenner m. *Curieux* m., Raritätensammler m. *Dilettante* m., Dilettant m.

Amazone [amazo:n] n. pr. f. MYTH. Amazone f.
◇ f. **amazone,** Damensattel m. | *Monter en amazone*, im Damensitz reiten. || FIG. Reiterin f. || [habit] langer Reitrock; Reitdreß m.

ambages [ɑ̃ba:ʒ] f. pl. [circonlocutions] Umschweife m. pl. | *Sans ambages*, ohne langes Gereden.

ambassade [ɑ̃basad] f. Gesandtschaft f.; Botschaft f. | *Ambassade d'Allemagne*, deutsche Botschaft. || [fonction] *Obtenir une ambassade*, einen Gesandtschaftsposten erhalten. || [bâtiment] Botschaft f.; Botschaftsgebäude n. || [personne] *Conseiller d'ambassade*, Gesandtschaftsrat m. | *Secrétaire d'ambassade*, Gesandtschaftssekretär m.

ambassadeur, drice [-dœ:r, dris] s. Gesandte(r) f. (m.); Botschafter(in) m. (f.); diplomatischer Vertreter. | *Ambassadeur extraordinaire*, Sonderbotschafter. | *L'ambassadeur de France*, der französische Botschafter.

ambiance [ɑ̃bjɑ̃:s] f. Umgebung f.; Stimmung f.; Atmosphäre f.; Ambiente n.

ambiant, ante [ɑ̃bjɑ̃, ɑ̃:t] adj. PHYS. umgebend; umhüllend; einschließend.

ambidextre [ɑ̃bidɛkstr] adj. wer mit beiden Händen gleich arbeiten kann; wer rechts und links zugleich ist; beidhändig.

ambigu, uë [ɑ̃bigy] adj. [incertain] doppelsinnig; zweideutig; vieldeutig. | *Parler en termes ambigus*, sich verschleiert ausdrücken.

— SYN. : *Équivoque*, zweideutig. *Louche*, fragwürdig.

ambiguïté [-gɥite] f. Zweideutigkeit f. | *Parler sans ambiguïté*, unzweideutig reden.

ambitieux, euse [ɑ̃bisjø, ø:z] adj. ehrgeizig; ehrsüchtig; strebsam. | *Des projets ambitieux*, hochfliegende Pläne m. pl.

◇ m. Streber m.

ambition [-sjɔ̃] f. Ehrgeiz m.; Ruhmsucht f.

ambitionner [-sjɔne] v. tr. trachten nach; streben nach; erstreben.

— SYN. : *Aspirer à*, streben nach; nur denken an (acc.). *Prétendre*, Anspruch machen auf (acc.); beanspruchen. *Briguer*, werben um; sich bemühen um.

amble [ɑ̃:bl] m. Paßgang m. | *Aller l'amble*, paßgehen.

amblyopie [ɑ̃bliɔpi] f. MÉD. Sehschwäche f.

ambre [ɑ̃:br] m. Ambra f.; Amber m. | *Ambre jaune*, Bernstein m.

ambré, ée [ɑ̃bre] adj. [odeur] nach Ambra duftend. || [couleur] bernsteinfarbig.

ambroisie [ɑ̃brwazi] f. Ambrosia f.

ambrosiaque [ɑ̃brɔzjak] adj. ambrosisch.

ambulance [ɑ̃bylɑ̃:s] f. MIL. [hôpital] Feldlazarett n. || PAR EXT. Krankenwagen m.

ambulancier, ière [-lɑ̃sje, jɛ:r] s. Sanitäter(in) m. (f.).

ambulant, ante [-lɑ̃, ɑ̃:t] adj. [nomade] umherziehend; wandernd; unstet; beweglich. | *Marchand ambulant*, Hausierer m.; Trödler m. | *Musiciens ambulants*, Straßenmusikanten m. pl.; Hofmusikanten m. pl. | *Chanteur ambulant*, Spielmann m.; Straßensänger m.

◇ s. POSTES. Bahnpostschaffner(in) m. (f.).

ambulatoire [ɑ̃bylatwa:r] adj. ambulant. | *Médecine ambulatoire*, ambulante Behandlung.

âme [ɑ:m] f. **1.** [ensemble des facultés] Seele f.; Geist m.; Geistige(s) n.; Psyche f.; Psychische(s) n. | *Faculté de l'âme*, seelische Kraft. | *Ce qui a trait à l'âme*, das Geistige; das Psychische. | *Sans âme*, seelenlos.

2. [facultés morales] seelische Kraft; Seelenstärke f.; Seelengröße f. | *Grandeur d'âme*, Großmut m. | *Force d'âme*, seelische Kraft. | *Paix de l'âme*, Seelenfrieden m. | *État d'âme*, Stimmung f. || [conscience] Gewissen n.; innere Stimme. | *En mon âme et conscience*, auf Ehre und Gewissen.

3. [vie] Seele f.; Leben n.; Beseelung f. | *Donner une âme à qch.*, etwas beseelen. | *Rendre l'âme*, den Geist aufgeben; hinscheiden. | *Ce tableau n'a pas d'âme*, das Bild wirkt tot.

4. [siège des facultés] Seele f.; Gemüt n.; Herz n. | *Corps et âme*, mit Leib und Seele. | *Avoir du vague à l'âme*, schwermütig sein; Sehnsucht haben. | *À fendre l'âme*, herzzerreißend.

5. [être humain] Seele f.; Einwohner m.; Bewohner m. | *Une âme simple*, ein einfacher Mensch; PÉJOR. ein einfältiger Mensch. | *Une âme sœur*, eine verwandte Seele. | *Avoir charge d'âmes*, Seelsorge haben. | *Il n'y avait âme qui vive*, keine Sterbensseele war da; es war menschenleer.

6. [agent promoteur] Wesen n.; Antriebskraft f.; bewegendes Prinzip. | *Il fut l'âme du complot*, er war der Anstifter der Verschwörung.

7. [sensibilité] Gemüt n.; Gefühl n.; Ausdruck m.; Inbrunst f. | *Homme sans âme*, gefühlloser, flacher Mensch. | *De toute son âme*, von ganzer Seele; innigst. | *Il est musicien dans l'âme*, er ist durch und durch Musiker.

8. RELIG. Seele f. | *Dieu ait son âme*, Gott sei seiner Seele gnädig. | *Prier pour l'âme de qn*, für das Seelenheil von jm beten. || FIG. *Errer comme une âme en peine*, wie eine verlorene Seele herumirren.

9. TECHN. Kern m.; Herz n.; Seele f.; Steg m. | *Âme de câble*, Kabelkern. | *Âme d'une poutre*, Herz eines Balkens. | *Âme de soudure*, Lötdraht m. | *Âme d'un violon*, Geigensteg. | *Âme d'un canon*, Seele, Bohrung einer Kanone.

amélioration [-rasjɔ̃] f. [progrès] Besserung | *Amélioration des cours*, Kursbesserung. | *Améliorations des conditions d'existence*, Besserung der Lebensverhältnisse. || TECHN. Veredelung f.

améliorer [-re] v. tr. verbessern; aufbessern; bessern. | *Améliorer une terre*, einen Boden ameliorieren. || FIG. *Améliorer ses affaires*, seinen Geschäften einen Aufschwung geben. || TECHN. verfeinern; veredeln.

◇ v. pr. **s'améliorer,** sich verbessern.

amen [amɛn] (mot hébreu) m. Amen n. || *Dire amen à tout*, zu allem ja und amen sagen.

aménagement [amenaʒmɑ̃] m. Einrichtung f.; Ausstattung f. | *Aménagement fiscal*, Steuerersparnis f. | *Aménagement d'une forêt*, Waldnutzung f. | *Aménagement du territoire*, Raumplanung f.; Landschaftspolitik f. | *Plan d'aménagement*, Bebauungsplan m.

aménager [-ʒe] v. tr. einrichten; ausstatten; anordnen. | *Aménager une maison*, ein Haus einrichten.

amendable [amɑ̃dabl] adj. verbesserungsfähig.

amende [amɑ̃d] f. Geldstrafe f.; Buße f. | *Être à l'amende*, straffällig sein. | *Être mis à l'amende*, mit einer Geldstrafe belegt werden. | *Sous peine d'amende*, bei Geldstrafe. || FIG. *Faire amende honorable*, öffentlich Abbitte tun.

amendement [amɑ̃dmɑ̃] m. [amélioration] Besserung f. || [modification] Abänderung f.; Abänderungsvorschlag m.; Zusatz m. | *Amendement d'un jugement*, Revidierung eines Urteils. || AGRIC. [engrais] *Amendements*, Düngemittel n. pl.

amender [-de] v. tr. [améliorer] bessern; verbessern; fruchtbarer machen; meliorieren. || [modifier] abändern; einen Zusatz machen. | *Amender une loi*, ein Gesetz abändern.

◇ v. pr. **s'amender,** sich bessern.

amène [amɛn] adj. lieblich; angenehm.

amenée [amne] f. TECHN. Zuleitung f.

amener [amne] v. tr. vorführen; aufführen; herbeiführen; anbringen; zubringen; herbeibringen. | *Amener du secours*, Hilfe bringen. | *Amenez le cheval !*, führen Sie das Pferd vor ! | *Amener au jour*, zu Tage, zutage, an den Tag, an die Öffentlichkeit bringen. | *Amener l'eau*, das Wasser zuleiten. || FAM. *Qu'est-ce qui vous amène ?*, was führt Sie her ? || [apporter] mitbringen. | *Il a amené son chien*, er hat seinen Hund mitgebracht. | *Le vent amène la pluie*, der Wind bringt Regen mit sich. || [introduire] einführen. || FIG.

Amener la conversation sur qch., das Gespräch auf etwas bringen, lenken. || [causer] *Amener un incident*, einen Zwischenfall hervorrufen. | *Amener des conséquences*, Folgen nach sich ziehen. | *Il se trouve amené à faire*, er fühlt sich veranlaßt, zu tun. || MAR. *Amener les voiles*, die Segel reffen, raffen, einholen.
◇ v. pr. **s'amener,** POP. herankommen.
— SYN. : *Ramener*, wiederbringen ; zurückbringen. *Mener*, führen. *Emmener*, wegführen ; entführen. *Remmener*, nochmals mitnehmen ; wieder fortführen.

aménité [amenite] f. [choses] Lieblichkeit f. ; Freundlichkeit f. | *Aménité du climat*, Milde des Klimas. | *L'aménité de ses manières*, die Anmut seines Benehmens. | *Plein d'aménité*, artig ; holdselig. | *Sans aménité*, unhold.

aménorrhée [amenɔre] f. MÉD. Amenorrhö f.

amenuiser [amənɥize] v. tr. verkleinern ; verringern.

amer, ère [amɛ:r] adj. bitter ; herb. | *Avoir la bouche amère*, einen bitteren Geschmack im Munde haben. || FIG. *Douleur amère*, bitterer Schmerz. || [mordant] beißend ; bitter. | *Verser des larmes amères*, bittere Tränen vergießen. | *Rendre amer*, verbittern.
◇ m. [boisson] Bitter m.

amèrement [-mɛrmɑ̃] adv. bitterlich.

américain, aine [amerikɛ̃, ɛn] adj. amerikanisch ; aus Amerika.
◇ s. **Américain, aine,** Amerikaner(in) m. (f.).
◇ f. **américaine,** SPORT. Radrennfahrt (f.) zwischen Doppelpaaren.

américaniser [-kanize] v. tr. amerikanisieren.
◇ v. pr. **s'américaniser,** amerikanisch werden.

américanisme [-kanism] m. Amerikanismus m.

américaniste [-kanist] m. Amerikakenner m.

Amérique [amerik] n. pr. f. GÉOGR. Amerika n. | *Amérique du Nord, du Sud*, Nord-, Südamerika. | *Amérique latine*, Lateinamerika.

amerrir [amerir] v. intr. aufs Wasser niedergehen ; wassern.

amerrissage [-risa:ʒ] m. Wasserung f ; Wasserlandung f. | *Amerrissage de détresse*, Notwasserung.

amertume [amɛrtym] f. [saveur amère] Bitterkeit f. ; bitterer Geschmack. || [affliction] Verbitterung f. ; Kummer m. ; Gram m. | *Les amertumes de la vie*, bittere Lebensenttäuschungen f. pl. ; Schicksalsschläge m. pl. || [aigreur] Barschheit f. ; Herbheit f. | *L'amertume de ses railleries*, das Ätzende seines Spottes. | *Un langage plein d'amertume*, ein bitterer Ton.

améthyste [ametist] f. Amethyst m.

amétrope [ametrɔp] adj. MÉD. fehlsichtig.

amétropie [-trɔpi] f. MÉD. Fehlsichtigkeit f.

ameublement [amøbləmɑ̃] m. [action] Möblieren n. || [meubles] Möbel n. ; Mobiliar n. ; Möbelausstattung f.

ameublir [amøbli:r] v. tr. auflockern ; locker machen ; durchgraben.

ameublissement [-blismɑ̃] m. [sol] Bodenauflokkerung f.

ameuter [amøte] v. tr. [chiens] zusammenkoppeln. || [foule] zusammenrotten ; aufwiegeln ; antreiben.

ami, ie [ami] s. [sens général] Freund(in) m. (f.). | *Ami de cœur*, Busenfreund. | *Ami d'enfance*, Freund von Kindheit her ; Jugendfreund. | *Ami de collège*, Schulfreund. | *Chambre d'ami*, Gastzimmer n. ; Gästezimmer n. | *Soyons amis !*, laßt uns Freundschaft schließen ! | *Mon pauvre ami !*, ja, mein Lieber. | *C'est un ami à moi*, er ist ein Freund von mir. | *Il est de mes amis*, er gehört zu meinem Freundeskreis. | *Être des amis intimes*, intim befreundet sein. | *Se faire des amis*, sich beliebt machen. | *Être amis jusqu'à la mort*, treue Freundschaft bis zum Tode halten. | *Se quitter bons amis*, im Guten auseinandergehen. | *Agir en ami*, wie ein Freund handeln. | *C'est un ami de la maison*, er geht bei uns ein und aus. || PAR EXT. [amoureux] Schatz m. ; Freund(in) m. (f.). || FAM. *Petite amie*, Liebste f. ; Freundin f. || FIG. [partisan] Anhänger m. ; Freund m. | *L'ami des hommes*, Menschenfreund. | *Ami de la vérité*, aufrechter Mann. || [amateur] Freund m. ; Liebhaber m. | *Amis des arts*, Kunstliebhaber m. pl.
◇ adj. [personnes] befreundet ; zutraulich. || [choses] freundschaftlich. | *Tendre à qn une main amie*, jm die Freundeshand reichen. || [propice] günstig ; hold. || LOC. *Être l'ami de*, liebhaben ; gern mögen.
— SYN. : *Connaissance* f., Bekanntschaft f. ; Bekannte(r) f. (m.) *Relations* f. pl., Verbindungen f. pl. *Camarade* m., Kamerad m. *Copain* m., Kumpel m.

amiable [amjabl] adj. [conciliant] gütlich. | *Partage amiable*, ehrliche Teilung.
◇ loc. adv. **à l'amiable,** auf gütlichem Wege. | *S'arranger à l'amiable*, sich gütlich einigen.

amiante [amjɑ̃:t] m. Asbest m. ; Bergflachs m. | *Papier d'amiante*, Filterpapier n. ; Asbestpapier n.

amibe [amib] f. ZOOL. Wechseltierchen n. ; Amöbe f. ; Zelltierchen n.

amibiase [-bja:z] f. MÉD. Amöbenruhr f.

amical, ale, aux [amikal, o] adj. freundschaftlich ; freundlich ; entgegenkommend. | *Peu amical*, unfreundlich.
◇ f. **amicale,** Vereinigung f.

amicalement [-kalmɑ̃] adv. freundschaftlich ; freundlich ; gütlich. | *Traiter amicalement qn*, gegen jn freundlich sein.

amidon [amidɔ̃] m. Stärke f. ; Stärkemehl n.

amidonnage [-dɔna:ʒ] m. Stärken n.

amidonner [-dɔne] v. tr. stärken ; steifmachen.

amincir [amɛ̃si:r] v. tr. verdünnen ; dünner machen. | *Amincir la taille*, die Taille schlanker machen. || TECHN. abschleifen.
◇ v. pr. **s'amincir,** dünner werden.
— SYN. : *Amenuiser*, verdünnen ; verkleinern. *Alléger*, leichter machen ; erleichtern. *Amaigrir*, abmagern.

amincissement [-sismɑ̃] m. Verdünnung f. || TECHN. Abschleifen n. ; Herunterwalzen n.

aminé, ée [amine] adj. Amino... | *Acides aminés*, Aminosäuren f. pl.

amiral [amiral] m. Admiral m. | *Contre-amiral*, Konteradmiral. | *Le vaisseau amiral*, Flaggschiff n.

amirauté [-rote] f. [dignité] Admiralswürde f. || [corps des amiraux] Admiralität f.

amitié [amitje] f. Freundschaft f. ; Zuneigung f. ; Entgegenkommen n. ; Gefälligkeit f. ; Liebe f. | *Amitié fraternelle*, Brüderschaft f. | *L'amitié entre deux peuples*, das gute Einvernehmen zwischen zwei Völkern. | *Marque d'amitié*, Freundschaftsbezeigung f. ; Freundlichkeit f. || LOC. *Nouer des relations d'amitié*, Freundschaftsbande knüpfen. | *Cultiver l'amitié*, die Freundschaft pflegen. | *Par amitié*, aus Freundschaft. | *Se prendre d'amitié pour qn*, von jm eingenommen sein. | *Par amitié pour moi*, mir zuliebe. | *Faites-moi l'amitié de*, seien Sie bitte so freundlich und.
◇ f. pl. **amitiés,** [caresses, paroles obligeantes] Artigkeiten f. pl. | *Faites-lui bien des amitiés de ma part !*, bestellen Sie ihm auch meinerseits viele Grüße ! | *Sincères amitiés*, herzliche Grüße.

ammoniac, iaque [amɔnjak] adj. CHIM. ammoniumsalzig ; alkalisch. | *Gaz ammoniac*, Ammoniakgas n.

◇ f. **ammoniaque,** Salmiakgeist m. ; Ammoniak n. ; Ammonium n.

ammonite [amɔnit] f. GÉOL. Ammonshorn n.

amnésie [amnezi] f. Gedächtnisschwund m.

amnésique [-zik] adj. MÉD. gedächtnislos ; erinnerungslos.

◇ s. Gedächtnisloser m., Gedächtnislose f.

amniocentèse [amnjosɛ̃tɛz] f. MÉD. Fruchtwasseruntersuchung f. ; Amniozentese f.

amniotique [-tik] adj. MÉD. Frucht... | *Liquide amniotique*, Fruchtwasser n.

amnistie [amnisti] f. Straferlaß m. ; Amnestie f.

amnistier [-tje] v. tr. begnadigen ; amnestieren ; die Strafe erlassen ; Straffreiheit geben.

◇ part. pass. et adj. **amnistié, iée,** begnadigt.

amoindrir [amwɛ̃dri:r] v. tr. verringern ; mindern ; vermindern. || FIG. schmälern.

◇ v. pr. **s'amoindrir,** sich vermindern.

amoindrissement [-drismɑ̃] m. Verringerung f. ; Verminderung f. ; Abnahme f. | *Amoindrissement de la fortune*, Vermögensabnahme. || FIG. Verkleinerung f. ; Schmälerung f. | *Amoindrissement de la puissance*, Schwächung (f.) der Macht.

amollir [amɔli:r] v. tr. [rendre mou] weich machen ; erweichen ; aufweichen. || FIG. [affaiblir] verweichlichen ; erschlaffen. | *Amollir le courage*, den Mut erschlaffen lassen.

◇ v. pr. **s'amollir,** weich werden. || FIG. erschlaffen ; sich erweichen.

amollissement [-lismɑ̃] m. Erweichung f. | *Amollissement de la cire*, Weichwerden (n.) des Wachses. || FIG. Erschlaffung f. ; Verweichlichung f.

amonceler [amɔ̃sle] v. tr. [accumuler] anhäufen ; auftürmen ; aufstapeln ; anstapeln. | *Le vent amoncelle les feuilles*, der Wind weht Blätter zusammen.

◇ v. pr. **s'amonceler,** sich anhäufen.

amoncellement [-sɛlmɑ̃] m. An-, Auf-, Häufung f. ; Aufschichtung f. ; Aufschütten n. | *Amoncellement de terre*, Erdanhäufung. | *Amoncellement de neige*, Schneeverwehung f.

amont (en) [ɑ̃namɔ̃] loc. adv. stromaufwärts. | *Aller en amont*, stromaufwärts fahren.

◇ loc. prép. **en amont de,** oberhalb (gén. ou « von »).

amoral, ale, aux [amɔral, ro] adj. unmoralisch.

amoralisme [-lism] m. Morallosigkeit f.

amorçage [amɔrsa:ʒ] m. Anbringen n. ; Einsetzen n. | *Amorçage d'une pompe*, Ansaugen (n.) einer Pumpe f. || MIL. Einsetzen n. || ÉLECTR. Erregen n.

amorce [amɔrs] f. [appât] Köder m. || [ce qui attire] Lockung f. || [pour enflammer la charge de poudre] Zündung f. ; Zünder m. ; Sprengkapsel f. || [commencement] Beginn m. ; Anfang m. ; erster Durchbruch. | *Amorce d'une route*, Anfangsstück (n.). einer Straße. || PHOT. Filmanfang m. ; [bande] Bandanfang m.

amorcer [-se] v. tr. [fixer l'appât] beködern. || [attirer] anziehen ; anlocken. || MIL. *Amorcer une bombe*, eine Bombe scharf machen. || [commencer] beginnen ; anfangen ; an... | *Amorcer un trou de mine*, eine Mine anbohren ; einen Stollen ansetzen. || FIG. *Amorcer une réforme*, eine Neuerung anlaufen lassen. | *Amorcer un mouvement de repli*, eine Rückzugsbewegung antreten.

amorphe [amɔrf] adj. amorph. || FIG. schlaff ; gestaltlos ; energielos. | *Une foule amorphe*, eine willenlose Menge.

amorti [amɔrti] m. SPORT. [football] Stoppen n. ; [tennis] Stoppschlag m.

amortir [-ti:r] v. tr. [affaiblir] abschwächen ; dämpfen ; mildern ; abfangen ; lindern. | *Amortir un coup*, einen Schlag abfangen. || [rembourser] tilgen ; löschen ; abzahlen. | *Amortir un capital*, ein Kapital amortisieren. | *Amortir une dette*, eine Schuld tilgen. | *Amortir une machine*, eine Maschine abschreiben. || TECHN. *Amortir un moteur*, einen Motor drosseln. || ÉLECTR. *Onde amortie*, gedrosselte, überlagerte Welle.

amortissable [-tisabl] adj. tilgbar.

amortissement [-tismɑ̃] m. [extinction graduelle] Tilgung f. ; Abzahlung f. ; Amortisierung f. ; Abschreibung f. | *Amortissement fiscal*, Steuerabschreibung. | *Taux d'amortissement*, Amortisationsquote f. || ARCHIT. *Amortissement d'un bâtiment*, Krönung f. ; letzte Handanlegung an ein Bauwerk. || PHYS. *Amortissement de l'écho*, Dämpfung f. | *Amortissement d'un pendule*, Ausschwingen (n.) eines Pendels. || TECHN. Dämpfung f.

amortisseur [-tisœ:r] m. Stoßdämpfer m. | *Amortisseur de son. Amortisseur acoustique*, Schalldämpfer.

amour [amur] m. **1.** SENS GÉNÉRAL : Liebe f. | *Amour platonique*, platonische, geistige Liebe. | *Amour conjugal*, Liebe zwischen den Ehegatten. | *Amour sensuel*, Geschlechtsliebe ; Sinnenlust f. | *Premières amours*, Jugendliebe. | *Avoir de l'amour pour qn*, für jn Liebe empfinden. | *Chanson d'amour*, Liebeslied n. | *Déclaration d'amour*, Liebeserklärung f. || [Moyen Âge] Minne f. || [liaison] Liebschaft f. ; Verhältnis n. || [passion] Leidenschaft f. ; Liebesglut f. | *Fou d'amour*, liebestrunken. || [personne aimée] Geliebter m. ; Geliebte f. | *M'amour, Mon amour*, mein Liebling ; mein Schatz.

2. ÉLAN DU CŒUR. [vers une personne] Liebe f. ; Zuneigung f. | *Amour paternel*, väterliche Liebe ; Vaterliebe. | *Amour de Dieu*, Liebe zu Gott. | *Amour fraternel*, Bruderliebe. | *Par amour*, aus Liebe. | *Pour l'amour de*, jm zuliebe. | *Pour l'amour de Dieu !*, um Gottes willen. || [vers un idéal] Liebe f. ; Drang m. ; Liebhaberei f. | *Amour de la liberté*, Liebe zur Freiheit. | *Amour de la poésie*, Hang zur Dichtung. || [passion pour] Sucht f. | *Amour de l'argent*, Geldgier f. || FIG. Hingebung f. ; Sorgfalt f. | *Peindre avec amour*, voller Hingabe malen.

Amour, Amor m. | *Les Amours*, Amoretten f. pl.

amouracher (s') [samuraʃe] v. pr. sich verlieben. | *S'amouracher de la première venue*, sich in die erste Beste vergucken.

— SYN. : *S'enamourer*, sich verlieben. *S'enticher*, völlig weg sein ; vernarrt sein.

amourette [amurɛt] f. [amour passager] Liebelei f. || CULIN. [moelle] Rückenmark n. || BOT. Zittergras n.

amoureusement [-røzmɑ̃] adj. liebevoll.

amoureux, euse [-rø, ø:z] adj. verliebt ; POP. verknallt. | *Être amoureux de qn*, in jn verliebt sein. | *Regards amoureux*, verliebte Blicke m. pl. | *Intrigue amoureuse*, Liebesverhältnis n. | *Langage amoureux*, Liebesgeflüster n. ; POP. Süßholz.

◇ s. Verliebte(r) f. (m.) ; Liebende(r) f. (m.). | *Couple d'amoureux*, verliebtes Paar. | *Les amoureux*, die Verliebten m. pl. | *Les amoureux de la nature*, die Naturschwärmer m. pl.

amour-propre [amurprɔpr] m. [respect de soi-même] Selbstgefühl n. || [en mal] Eigenliebe f. ; Ichsucht f. ; Selbsteingenommenheit f.

amovible [amɔvibl] adj. absetzbar ; widerruflich. || TECHN. abnehmbar ; auswechselbar.

ampérage [ɑ̃pera:ʒ] m. Amperezahl f.

ampère [ɑ̃pɛ:r] m. ÉLECTR. Ampere n.

ampèremètre [-pɛrmɛtr] m. Amperemeter n.

amphétamine [ɑ̃fetamin] f. Amphetamin n. ; Weckamin n.

amphibie [ɑ̃fibi] adj. im Wasser und auf dem Land lebend ; amphibisch. | *Plantes amphibies*, Wasserpflanzen f. pl. || FIG. zwittermäßig ; doppelartig. || MIL. *Char amphibie*, schwimmender Tank.
◇ m. Land- und Wassertier n. ; Amphibie f.

amphibien [-bjɛ̃] m. Lurch m.

amphibologie [ɑ̃fibɔlɔʒi] f. Doppelsinnigkeit f.

amphibologique [-ʒik] adj. doppelsinnig.

amphigouri [ɑ̃figuri] m. Kauderwelsch n.

amphigourique [-rik] adj. verworren.

amphithéâtre [ɑ̃fiteɑ:tr] m. ANTIQ. Amphitheater n. ; Rundtheater n. || [salle avec gradins] Hörsaal m. | *Le grand amphithéâtre*, die Aula.

Amphitryon [ɑ̃fitrjɔ̃] n. pr. m. ANTIQ. Amphitryon m. || (sans majusc.) Gastgeber m. ; Wirt m.

amphore [ɑ̃fɔ:r] f. Amphora f.

ample [ɑ̃:pl] adj. [large] weit ; breit. || [copieux, abondant] reichlich ; üppig ; ausgiebig. || [étendu] ausgedehnt ; ausführlich. || LOC. *Faire plus ample connaissance avec qn*, jn noch eingehender kennenlernen. | *Pour plus amples renseignements, s'adresser à*, Näheres bei.
— SYN. : *Spacieux*, geräumig. *Étendu*, ausgedehnt. *Large*, breit. *Grand*, groß ; hoch ; geräumig ; weit. *Vaste*, unendlich ; weit ; weitläufig.

amplement [ɑpləmɑ̃] adv. reichlich ; weitgehend ; ausgiebig. | *Cela suffit amplement*, das ist völlig ausreichend.

ampleur [-plœ:r] f. [largeur] Weite f. ; Breite f. ; Größe f. || [abondance] Reichhaltigkeit f. ; Fülle f. || [étendue] Geräumigkeit f. ; Umfang m. || FIG. Weitschweifigkeit f. | *L'ampleur de ses gestes*, seine weitausholenden Gesten f. pl.

ampliation [-pliasjɔ̃] f. ANAT. Erweiterung f. ; Anschwellung f. || JUR. notarieller Auszug. || [duplicata] Zweitschrift f. ; Duplikat n.

amplificateur, trice [ɑ̃plificatœ:r, tris] adj. verstärkend ; vergrößernd.
◇ m. **amplificateur,** Verstärker m. || *Amplificateur de sons*, Tonverstärker m. | *Amplificateur de régulation*, Regelverstärker. | *Amplificateur de signal*, Signalverstärker. | *Amplificateur photographique*, Photovergrößerungsapparat m.

amplification [-sjɔ̃] f. Vergrößerung f. ; Ausweitung f. ; Erweiterung f. || FIG. [exagération] Übertreibung f. || TECHN. Verstärkung f.

amplifier [ɑ̃plifie] v. tr. [accroître] vergrößern ; erweitern. || [exagérer] übertreiben. | *Tout amplifier*, einen riesigen Aufwand um alles machen. || TECHN. verstärken. | *Amplifier les sons*, die Töne verstärken.

amplitude [ɑ̃plityd] f. Größe f. ; Weite f. ; Ausdehnung f. || PHYS. *Amplitude des oscillations du pendule*, Pendelausschlagsweite. || ÉLECTR. Wellenschwingungsweite. || TECHN. Hub m.

ampoule [ɑ̃pul] f. Blase f. ; Schwiele f. || [petite fiole] Ampulle f. ; Fläschchen n. || ÉLECTR. *Ampoule électrique*, Glühbirne f. ; Glühlampe f. || CHIM. *Ampoule de laboratoire*, Kolben m. ; Glasballon m. ; Phiole f.

ampoulé, ée [-le] adj. aufgeblasen ; schwülstig. | *Style ampoulé*, schwülstiger Stil.
— SYN. : *Boursouflé*, aufgeblasen. *Emphatique*, schwungvoll. *Enflé*, geschwollen. *Pompeux*, feierlich ; prunkvoll. *Grandiloquent*, wortreich. *Déclamatoire*, im Vortragston.

amputation [ɑ̃pytasjɔ̃] f. Abnahme f. ; Wegnahme f. ; Amputation f. ; Entfernung f. | *Faire une amputation*, amputieren. || FIG. Kürzung f. ; Abnahme f.
— SYN. : *Autotomie* f., Selbstverstümmelung f. *Résection* f., Herausschneiden n. *Ablation* f., Entfernung f. *Excision*, Herausschneiden n. *Mutilation*, Verstümmelung f.

amputer [-te] v. tr. abnehmen ; amputieren. | *Amputer un blessé*, bei einem Verwundeten eine Amputation vornehmen. || FIG. *Amputer un article*, einen Artikel kürzen.

amuïr (s') [samɥir] v. pr. PHONÉT. stumm werden ; sich abschleifen ; verschwinden.

amulette [amylɛt] f. Amulett n.

amusant, ante [amyzɑ̃, ɑ̃:t] adj. [réjouissant] belustigend. || [divertissant] unterhaltend ; kurzweilig. || [plaisant] spaßhaft ; spaßig.

amuse-gueule [amyzgœl] m. invar. CULIN. Appetithäppchen n.

amusement [amyzmɑ̃] m. [sens général] Belustigung f. ; Vergnügen n. || [divertissement] Unterhaltung f. ; Zeitvertreib m. | *Bon amusement !*, viel Vergnügen ! || [plaisanterie] Spaß m. ; Witz m.

amuser [-ze] v. tr. [réjouir] belustigen ; ergötzen ; aufheitern. || [divertir] unterhalten ; amüsieren. || [plaisanter] Spaß machen. | *Cela m'amuse*, ich habe Spaß daran. || FIG. *Amuser la galerie*, eine Schau abziehen. || [duper] aufhalten ; ablenken. | *Amuser l'ennemi*, den Gegner täuschen.
◇ v. pr. **s'amuser,** sich belustigen ; sich ergötzen ; in guter Laune sein. || sich zerstreuen. | *On s'amuse*, es geht lustig her. | *S'amuser de qn*, jn zum besten haben ; sich über jn lustig machen. | *S'amuser de qch.*, sein Spiel mit etwas treiben. | *Pour s'amuser*, nur zum Spaß. || spielen ; bummeln. | *S'amuser à des riens*, seine Zeit mit Nichtigkeiten vertrödeln. || LOC. *Ne vous amusez pas à !*, kommen Sie ja nicht auf den Gedanken, zu !
— SYN. : *Distraire*, zerstreuen. *Récréer*, belustigen ; erfreuen. *Dérider*, aufhellen. *Égayer*, belustigen ; beleben. *Divertir*, ergötzen. *Réjouir*, freuen ; erfreuen.

amuseur, euse [-zœ:r, ø:z] s. Spaßmacher(in) m. (f.) ; Witzbold m.

amygdale [amidal] f. MÉD. Mandel f. ; Amygdala f.

amygdalite [-dalit] f. MÉD. Mandelentzündung f.

amylacé, e [amilase] adj. CHIM. stärkehaltig.

an [ɑ̃] m. — **I.** DIVISION DU TEMPS : Jahr n. | *L'an dernier*, voriges Jahr. | *L'an prochain*, nächstes Jahr. | *Dans dix ans*, in zehn Jahren. | *Il y a cinq ans*, vor fünf Jahren ; es ist fünf Jahre her, als. | *Au bout d'un an*, nach Verlauf eines Jahres. | *Un an plus tard*, nach einem Jahr. | *Par an*, jährlich ; pro Jahr ; für das Jahr. | *Tous les ans*, alljährlich. | *Tous les deux ans*, jedes zweite Jahr. | *Deux fois par an*, halbjährlich. | *Le jour de l'an*, der Neujahrstag ; Neujahr n. | *Bon an, mal an*, jahraus, jahrein. || HIST. *L'an 250 avant Jésus-Christ*, das Jahr 250 vor Christi Geburt. || FAM. *Je m'en moque comme de l'an quarante*, das ist völlig gleichgültig. — **II.** ÂGE : Jahr n. ; Lebensjahr n. | *Il a dix ans*, er ist zehn Jahre alt. | *Un homme âgé de vingt ans*, ein zwanzigjähriger Mann. | *À l'âge de trente ans*, im Alter von dreißig Jahren.
— OBSERV. *An* ne s'emploie pour *année* que précédé d'un nombre et dans certaines locutions.

anabaptiste [anabatist] adj. wiedertäuferisch ; anabaptistisch.
◇ m. Wiedertäufer m. ; Anabaptist m.

anabolisant [anabɔlizɑ̃] m. MÉD. Anabolikum n.

anachorète [anakɔrɛt] m. Klausner n. ; Einsiedler m. ; Anachoret m. || FIG. *Un repas d'anachorète*, ein frugales Mahl.

anachronique [anakrɔnik] adj. unzeitgemäß.

anachronisme [-nism] m. Anachronismus m.

anacoluthe [anakɔlyt] f. GRAMM. Anakoluth n.

anaconda [anakɔ̃da] m. ZOOL. Anakonda f.

anacrouse [anakruz] f. POÉS. Auftakt m.

anaérobie [anaerobi] adj. anaerob.
anaglyphe [anaglif] adj. ARCHIT. halberhaben.
anagramme [anagram] f. POÉS. Schüttelreim m. ; Anagramm n.
anal, ale, aux [anal, o] adj. anal ; Steiß... ; After...
analgésie [analʒezi] f. Analgesie f.
analgésique [-zik] adj. schmerzstillend.
analogie [analɔʒi] f. Ähnlichkeit f. ; Analogie f. ; Vergleich m. | *Analogie des goûts*, ähnliche Geschmacksrichtungen f. pl. | *Analogie des idées*, Gleichartigkeit (f.) der Gedanken. | *L'analogie des circonstances*, entsprechende Verhältnisse n. pl. | *Conclure par analogie*, einen analogen Schluß ziehen. | *Par analogie*, analog.
— SYN. : *Ressemblance* f., Ähnlichkeit f. *Similitude* f., Gleichartigkeit f. *Conformité* f., Übereinstimmung f.
analogue [analɔg] adj. ähnlich ; entsprechend ; verwandt ; analog.
◇ m. Ähnliche(s) n. ; Entsprechende(s) n. ; Analoge(s) n.
analphabète [analfabɛt] m. Analphabet m.
analphabétisme [-tism] m. Analphabetentum n.
analysable [analizabl] adj. analysierbar.
analyse [-li:z] f. [sens général] Zerlegung f. ; Zergliederung f. ; Analyse f. | *Par voie d'analyse*, auf analytischem Wege. || [résumé] Übersicht f. | *En dernière analyse*, schließlich. || FIG. [étude critique] Erforschung f. ; Untersuchung f. | *Analyse du cœur humain*, Erforschung des menschlichen Herzens. | *Analyse d'un roman*, kritische Inhaltsangabe eines Romans. || ÉCON. *Analyse d'exploitation*, Betriebsanalyse f. | *Analyse du marché*, Marktanalyse f. || GRAMM. Zergliederung f. ; Zerlegung f. | *Analyse grammaticale*, Wortzergliederung. | *Analyse logique*, Satzzerlegung. || PHYS. CHIM. Analyse f. ; Zerlegung f. ; Auflösung f. | *Analyse qualitative*, Reagenzanalyse. | *Analyse quantitative*, quantitative Gewichtsanalyse. | *Analyse de l'eau*, Wasseruntersuchung f. || MATH. Analyse f. | *Analyse de régression*, Regressionsanalyse. || MÉD. Untersuchung f. | *Analyse du sang*, Blutprobe f. | *Analyse médicale*, ärztlicher Befund.
analyser [-lize] v. tr. [sens général] zerlegen ; analysieren. || [résumer] eine Übersicht geben. || [étudier] erforschen ; untersuchen. | *Analyser un fait*, eine gegebene Tatsache untersuchen. || GRAMM. zerlegen ; zergliedern. || CHIM., MATH. auflösen ; zerlegen. || MÉD. untersuchen.
analyseur [-zœ:r] m. ÉLECTR. Abtaster m. || INF. Analysator m. | *Analyseur différentiel*, Analogrechner m.
analyste [-list] s. Analytiker(in) m. (f.) | *Analyste financier*, Finanzanalytiker m.
analyste-programmeur, euse [-prɔgramœ:r, ø:z] s. (pl. **analystes-programmeurs, euses**) Systemanalytiker(in) m. (f.).
analytique [-litik] adj. analytisch. | *Géométrie analytique*, analytische Geometrie ; Analytik f.
anamnèse [anamnɛ:z] f. MÉD. Anamnese f. ; Krankenvorgeschichte f.
ananas [anana] m. Ananas f.
anapeste [anapɛst] m. POÉS. Anapäst m.
anaphylaxie [anafilaksi] f. MÉD. Eiweißempfindlichkeit f.
anarchie [anarʃi] f. Gesetzlosigkeit f. ; Anarchie f. || PAR EXT. Unordnung f. | *Une anarchie complète*, ein völliges Durcheinander.
anarchique [-ʃik] adj. anarchisch. || PAR EXT. ungeordnet ; durcheinander.
anarchiste [-ʃist] adj. anarchistisch.
◇ s. Anarchist(in) m. (f.) ; Umstürzler m. ; Revolutionär m.
anastrophe [anastrɔf] m. Wortumdrehung f.
anathématiser [anatematize] v. tr. verfluchen ; aus der Kirche ausstoßen ; in Acht und Bann tun. || PAR EXT. mißbilligen.
anathème [-tɛm] m. [acte] Bannfluch m. | *Jeter l'anathème contre qn*, gegen jn den Bannstrahl schleudern. || [personne] mit dem Bannfluch Belegte(r) m.
— SYN. : *Excommunication* f., kirchlicher Ausschluß. *Interdit* m., Gottesdienstverbot n.
Anatolie [anatɔli] n. pr. f. GÉOGR. Anatolien n.
anatomie [anatɔmi] f. [dissection] Körperzergliederung f. ; Anatomie f. | *L'anatomie du corps humain*, Sezierung (f.) des menschlichen Körpers. | *L'anatomie d'une plante*, Zerlegung (f.) einer Pflanze. | *Faire l'anatomie de*, zergliedern. || [science] Körperzergliederungslehre f. || PAR EXT. Aufbau m. ; Bau m.
— SYN. : *Autopsie f. ; Obduktion f. Dissection* f., Sektion f. ; Sezieren n. *Anthropotomie* f., Körpersezierung f. *Vivisection* f., Sezierung am lebenden Körper.
anatomique [-mik] adj. anatomisch.
anatomiste [-mist] m. Anatom m.
ancestral, ale, aux [ɑ̃sɛstral, o] adj. uralt.
ancêtre [ɑ̃sɛtr] m. Vorfahr m. ; Ahn m.
◇ m. pl. **ancêtres,** Vorfahren m. pl. ; Ahnen m. pl. ; Urväter m. pl. | *Ancêtres d'une race*, Stammväter. | *Les ancêtres les plus reculés*, Urahnen.
anche [ɑ̃:ʃ] f. MUS. Rohrblatt n. ; Zunge f.
anchois [ɑ̃ʃwa] m. Sardelle f.
ancien, ienne [ɑ̃sjɛ̃, jɛn] adj. **1.** QUI EXISTE DEPUIS LONGTEMPS : [sens général] alt. | *Très ancien*, uralt. || [coutume] althergebracht ; altherkömmlich. || [meuble] altertümlich ; altmodisch. || [qui existe depuis longtemps] aus alter Zeit.
2. QUI EXISTAIT AUTREFOIS : [sens général] ehemalig ; früher ; vormalig. | *L'ancien propriétaire*, der Vorbesitzer. || HIST. alt. | *Temps anciens*, die alten Zeiten. | *L'Ancien Testament*, das Alte Testament. | *L'Ancien Régime*, die Zeit vor der Revolution. || COMM. *L'ancienne firme Fischer*, vormals Firma Fischer. || MIL. *Ancien combattant*, ehemaliger Frontkämpfer.
◇ m. **ancien,** [sens général] Alter m. || [ancêtres] Vorfahren m. pl. ; Altväter m. pl. || ANTIQ. *Les anciens*, die Alten m. pl. ; das Altertum. || [par comparaison] Älterer m. ; Ältester m. || [dans une association] Senior m. ; alter Herr.
— SYN. : *Vieux*, alt ; bejahrt ; betagt. *Vieillot*, ältlich. *Antique*, altertümlich ; antik. *Vétuste*, veraltet ; baufällig. *Archaïque*, veraltet.
anciennement [-sjɛnmɑ̃] adv. vormals ; einst ; ehemals.
— SYN. : *Jadis*, vormals ; früher. *Autrefois*, früher ; ehemals. *Naguère*, einst ; früher.
ancienneté [-sjɛnte] f. Alter n. || [service] Dienstalter n. ; Rangdienstalter n. | *Par rang d'ancienneté*, nach dem Dienstalter. | *Tableau d'ancienneté*, Rangliste f. | *À l'ancienneté*, nach dem Dienstalter.
ancolie [ɑ̃kɔli] f. BOT. gemeine Akelei f. ; Glokkenblume f.
ancrage [ɑ̃kra:ʒ] m. [action] Verankerung f. || [lieu] Ankerplatz m. | *Droit d'ancrage*, Liegegebühr f.
ancre [ɑ̃:kr] f. MAR. Anker m. | *Jeter l'ancre*, den Anker werfen, auswerfen. | *Mettre à l'ancre*, vor Anker legen ; verankern. | *Être à l'ancre*, vor Anker liegen ; verankert sein. | *Lever l'ancre*, den Anker lichten. || TECHN. Klammer f. | *Ancre d'horloge*, Anker einer Uhr.
ancrer [ɑ̃kre] v. intr. ankern ; sich verankern.
◇ v. tr. verankern ; befestigen. || TECHN. verklammern ; zusammenhalten ; mit Ankern versehen.

◇ part. pass. et adj. **ancré, ée,** verankert. ‖ Fig. *Ancré dans le cœur,* tief eingewurzelt.
andain [ɑ̃dɛ̃] m. Sensenstrich m. ; Heumahd f.
Andalousie [ɑ̃daluzi] n. pr. f. Géogr. Andalusien n.
andante [ɑ̃dɑ̃:t] adv. Mus. andante.
◇ m. mäßig bewegtes Musikstück ; Andante n.
Andes (cordillère des) [kɔrdiljɛr dezɑ̃:d] n. pr. f. pl. Géogr. die Anden f. pl.
Andorre [ɑ̃dɔr] n. pr. f. Géogr. Andorra n.
andouille [ɑ̃du:j] f. Schlackwurst f. ; Bratwurst f. | *Andouille fumée,* Mettwurst f. ‖ Fam. [imbécile] Dummkopf m. | *Faire l'andouille,* den Dummen spielen.
andouiller [ɑ̃duje] m. Geweihspitze f.
andouillette [ɑ̃dujɛt] f. *(etwa)* Mettwurst f.
André (saint) [sɛ̃tɑ̃dre] m. Sankt Andreas m. | *La Saint-André,* Andreastag m.
androgyne [ɑ̃drɔʒin] adj. doppeltgeschlechtlich.
◇ m. Zwitter m. ; Doppeltgeschlechtliche(r) m.
Andromaque [ɑ̃drɔmak] n. pr. f. Andromache f.
âne [ɑ:n] m. [animal] Esel m. | *Âne sauvage,* Wildesel. | *Âne de bât,* Saumesel ; Lastesel. | *Chargé comme un âne,* beladen wie ein Lastesel. | *En dos d'âne,* (stark) gewölbt. | *À dos d'âne,* auf dem Rücken. ‖ Fig. [personne] Esel m. ; Dummkopf m. ‖ Loc. [entêtement] *Têtu comme un âne,* störrisch wie ein Esel. ‖ [sottise] *Bête comme un âne,* erzdumm ; saudumm. | *Faire l'âne,* sich dumm stellen. | *Bonnet d'âne,* Eselsmütze f. | *Coq-à-l'âne,* ungereimtes Geschwätz ; Blödsinn m. ‖ Techn. [étau] Tischlerschraubstock m. ‖ [garde] Stichblatt n.
— Syn. : *Baudet* m., Eselhengst m. ; Grautier n. *Aliboron* m., Meister (m.) Langohr. *Bourrique* f., Eselin f. ; Fig. Dummkopf m. *Bourricot* m., *Bourriquet* m., Eselchen n.
anéantir [aneɑ̃ti:r] v. tr. [détruire] vernichten ; ausrotten. | *Anéantir une armée,* ein Heer aufreiben. | *Anéantir un empire,* ein Reich auslöschen. ‖ Fig. vertilgen ; abschaffen. | *Anéantir un espoir,* eine Hoffnung vereiteln. ‖ [accabler] niederschlagen.
◇ part. pass. et adj. **anéanti, ie,** vernichtet ; ausgerottet ; abgeschafft. ‖ [accablé] niedergeschlagen. | *Anéanti par la douleur,* gramgebeugt.
◇ v. pr. **s'anéantir,** aufgerieben werden ; zu nichts werden.
anéantissement [-tismɑ̃] m. Vernichtung f. ; Ausrottung f. ; Auslöschung f. ‖ Fig. Vertilgung f. ; Abschaffung f. ‖ [abattement] Niedergeschlagenheit f. ‖ [humiliation] tiefste Demütigung.
anecdote [anɛkdɔt] f. Anekdote f.
anecdotique [-dɔtik] adj. anekdotisch.
anémie [anemi] f. Méd. Blutarmut f. ; Anämie f. ; Bleichsucht f. | *Anémie cérébrale,* Blutleere (f.) im Gehirn.
anémier [-mje] v. tr. Blutarmut verursachen ; die Anämie herbeiführen. ‖ Par ext. schwächen.
anémique [-mik] adj. blutarm ; bleichsüchtig.
anémomètre [anemɔmɛtr] m. Phys. Windmesser m. ; Anemometer n. ‖ Aéron. Geschwindigkeitsanzeiger m.
anémone [anemɔn] f. Bot. Anemone f. ; Windröschen. ‖ Zool. *Anémone de mer,* Seeanemone.
ânerie [ɑ:nri] f. Eselei f. ; Dummheit f. | *Dire des âneries,* ungereimtes Zeug reden. | *Faire des âneries,* Eseleien begehen. ‖ Fig. grober Fehler.
ânesse [ɑ:nɛs] f. Eselin f.
anesthésie [anɛstezi] f. Méd. Narkose f. ; Anästhesie f. | *Anesthésie générale,* Vollnarkose. | *Anesthésie locale,* örtliche Betäubung ; Lokalanästhesie.
anesthésier [-zje] v. tr. Méd. betäuben.
anesthésique [-zik] m. Betäubungsmittel n. ; Narkotikum n.
anesthésiste [anɛstezist] s. Anästhesist(in) m. (f.) ; Narkosearzt (-ärztin) m. (f.).
anévrisme [anevrism] m. Méd. Pulsadergeschwulst f. ; Aneurisma n. | *Anévrisme du cœur,* Herzerweiterung f.
anfractuosité [ɑ̃fraktyɔzite] f. hohle Stelle ; Aushöhlung f. ‖ Anat. Höhle f. ; Vertiefung f.
ange [ɑ̃:ʒ] m. Relig. Engel m. | *Les anges déchus,* gefallene Engel m. pl. | *Ange exterminateur,* Racheengel ; péjor. Würgeengel. | *Bon ange,* guter Geist. | *Ange gardien,* Schutzengel. ‖ Fig. *Être aux anges,* im siebenten Himmel sein ; überglücklich, selig sein. | *Beau comme un ange,* engelschön. | *Patience d'ange,* himmlische Geduld ; Lammsgeduld f. | *Mon ange !,* mein Engel ! ; mein Lieb ! ‖ Zool. *Ange de mer,* Meerengel.
angélique [ɑ̃ʒelik] adj. engelhaft. ‖ Fig. *D'une douceur angélique,* engelsmild. | *Beauté angélique,* überirdische Schönheit.
◇ f. Bot. Angelika f. ; Engelwurzel f.
angelot [ɑ̃ʒəlo] m. Engelchen n.
angélus [ɑ̃ʒely:s] m. Relig. [prière] Engelsgruß m. ‖ [sonnerie] Morgenläuten n. ; Mittagläuten n. ; Abendglockenläuten n.
angine [ɑ̃ʒin] f. Méd. Mandelentzündung f. ; Angina f. ; Halsentzündung f. ‖ *Angine de poitrine,* Angina pectoris f.
angineux, euse [-nø, ø:z] adj. Méd. anginaartig.
angiographie [ɑ̃ʒjɔgrafi] f. Angiographie f.
angiome [ɑ̃ʒjom] m. Méd. Angiom(e) n. ; Gefäßgeschwulst f.
angiospermes [ɑ̃ʒjɔspɛrm] f. pl. Bot. bedecktsamige Pflanzen f. pl. ; Angiospermen f. pl.
anglais, aise [ɑ̃glɛ, ɛ:z] adj. englisch ; britisch. | *À l'anglaise,* auf englische Art. | *Filer à l'anglaise,* sich verduften. | *Assiette anglaise,* kalter Aufschnitt.
◇ s. **Anglais, aise,** Engländer(in) m. (f.) ; Brite m. ; Britin f.
◇ m. **anglais,** [langue] Englisch n. | *Parler l'anglais,* englisch sprechen. | *En anglais,* auf englisch.
◇ f. pl. **anglaises,** [cheveux] Ringellocken f. pl.
angle [ɑ̃:gl] m. [sens général] Winkel m. ; Ecke f. | *En forme d'angle,* winkelförmig ; winkeleckig. | *L'angle de la rue,* die Straßenecke. | *Maison, armoire d'angle,* Eckhaus n. ; Eckschrank m. | *Angle mort,* toter Winkel. | *Angle saillant,* Vorsprung m. ‖ Fig. [point de vue] Gesichtspunkt m. | *Sous cet angle,* von dieser Seite gesehen. ‖ Géom. Winkel m. | *Angle aigu, obtus, droit,* spitzer, stumpfer, rechter Winkel. | *Angles adjacents, alternes,* Nebenwinkel, Wechselwinkel m. pl. | *Sommet de l'angle,* Winkelscheitel m. | *Côtés de l'angle,* Winkelschenkel m. pl. | *Se couper à angle droit,* sich rechtwinklig schneiden. ‖ Anat. Winkel m. | *Angle facial,* Gesichtswinkel. ‖ Électr. *Angle de phase,* Phasenwinkel m. ‖ Phys. Winkel m. | *Angle d'incidence,* Einfallswinkel. ‖ Techn. Kante f. ; Winkel m. | *Angle d'hélice,* Steigungswinkel. | *À angle vif,* scharfkantig.
— Syn. : *Coin* m., Winkel m. ; Ecke f. *Encoignure* f., Einbuchtung f. ; Nische f. *Saillie* f., Vorsprung m. *Arête* f., Kante f. ; First m.
Angles [ɑ̃:gl] n. pr. m. pl. Ethn. Angeln m. pl.
Angleterre [ɑ̃glətɛ:r] n. pr. f. Géogr. England n. ; Britannien n.
anglican, ane [ɑ̃glikɑ̃, an] adj. anglikanisch.
◇ s. Anglikaner(in) m. (f.).
angliciser [-size] v. tr. einen englischen Anstrich geben ; anglisieren.

anglicisme [-sism] m. Anglizismus m.

anglomanie [ɑ̃glomani] f. Nachäffung (f.) englischen Wesens.

anglo-normand, ande [ɑ̃glonɔrmɑ̃, ɑ̃d] adj. anglonormannisch. | *Îles anglo-normandes*, Normannische Inseln f. pl.

anglophobe [-fɔb] adj. englandfeindlich.
◇ m. Englandgegner m. ; Englandfeind m.

anglo-saxon, onne [ɑ̃glosaksɔ̃l, ɔn] adj. angelsächsisch.
◇ s. **Anglo-Saxon, onne,** Angelsachse m., Angelsächsin f. | *Les Anglo-Saxons*, die Angelsachsen.

angoissant, ante [ɑ̃gwasɑ̃, ɑ̃:t] adj. beängstigend ; beklemmend.

angoisse [ɑ̃gwas] f. Angst f. ; Bangen n. ; Bangigkeit f. ; Beängstigung f. ; Beklommenheit f. | *Les angoisses de la mort*, Todesängste f. pl. | *Cris d'angoisse*, Angstgeschrei n. | *Être dans l'angoisse*, in Angst schweben. | *Causer de l'angoisse*, Angst einjagen.
— SYN. : *Anxiété* f., Ängstlichkeit f. *Transes* f. pl., Ängste f. pl. *Affres* f. pl., Grauen n. ; Entsetzen n.

angoisser [-se] v. tr. ängstigen ; beängstigen ; bange machen.
◇ part. pass. et adj. **angoissé, ée,** beängstigt.

Angora [ɑ̃gɔra] n. pr. f. GÉOGR. Angora n.
◇ adj. **angora,** *Un chat angora*, eine Angorakatze.
◇ m. [laine] Angora wolle f.

anguille [ɑ̃gi:j] f. ZOOL. Aal m. | *Anguille de mer*, Meeraal. | *Anguille fumée*, Räucheraal ; Spickaal. | *Anguille électrique*, Zitteraal ; Nacktaal. | *Glissant comme l'anguille*, aalglatt. || LOC. *Il y a anguille sous roche*, da steckt was dahinter.

angulaire [ɑ̃gylɛ:r] adj. winklig ; eckig ; kantig. | *Figure angulaire*, winklige Figur. | *Corps angulaire*, kantiger Körper. | *Pierre angulaire*, Eckstein m. ; Grundstein m. ; FIG. Grundlage f.

anguleux, euse [-lø, ø:z] adj. winklig ; kantig. | *Visage anguleux*, kantiges Gesicht n.

anhydre [anidr] adj. wasserfrei ; anhydrisch.

anhydride [-drid] m. CHIM. Anhydrid n.

anicroche [anikrɔʃ] f. Häkchen n. ; Schwierigkeit f. | *Sans anicroche*, glatt.

aniline [anilin] f. CHIM. Anilin n.

animal, ale, aux [animal, o] adj. tierisch ; vom Tier herrührend. | *Instinct animal*, tierischer Instinkt. | *Règne animal*, Tierreich n. | *Espèce animale*, Tierart f. ; Tiergattung f.

animal [animal] m. (pl. **animaux**) Tier n. ; Vieh n. | *Animal domestique*, Haustier. | *Animal vertébré*, Wirbeltier. | *Animal préhistorique*, Urtier. | *Animal de laboratoire*, Versuchstier. | *Société protectrice des animaux*, Tierschutzverein m. || [personne stupide ou grossière] Biest n. ; Grobian m. ; Tölpel m. | *Espèce d'animal !*, *Animal !*, du Kamel !
— SYN. : *Bête* f., Tier ; unvernünftiges Tier n. *Brute* f., Vieh n. ; dummes Vieh n. *Bestiole* f., Tierchen n.

animalcule [-malkyl] m. winziges Lebewesen.

animalier [-malje] m. ARTS. Tierdarsteller m.

animalité [-malite] f. Tierische(s) n. ; Tiernatur f.

animateur, trice [animatœ:r, tris] adj. anregend ; anfeuernd ; belebend ; beseelend.
◇ s. [moniteur] Kursleiter(in) m. (f.) ; Freizeitgestalter(in) m. (f.) ; [présentateur à la télévision] Moderator(in) m. (f.) ; Disk-Jockey m. ; Conférencier m. ; Diskussionsleiter(in) m. (f.) ; [vendeur] Propagandist(in) m. (f.).

animation [-masjɔ̃] f. Beseelung f. ; Belebung f. || [vivacité] Lebendigkeit f. ; Lebhaftigkeit f. ; Belebtheit f. ; Leben n. | *Mettre de l'animation*, Leben in etwas bringen. | *Avec animation*, lebhaft ; voller Leben. | *L'animation des rues*, der lebendige Verkehr auf den Straßen. || FIG. Aufregung f. ; Wärme f.
— SYN. : *Activité* f., Aktivität f. ; Unternehmungslust f. *Mouvement* m., Bewegung f. ; Betrieb m. *Affairement* m., Geschäftigkeit f.

animé, ée [-me] adj. [vivant] beseelt ; belebt ; lebendig. | *Créature animée*, Lebewesen n. || [vivace] lebhaft ; munter. | *Discussion animée*, aufgeregter Wortwechsel. || [mouvementé] belebt ; rege. | *Rue animée*, belebte Straße. || FILM. *Dessin animé*, Trickzeichnung f. ; Trickfilm m.

animer [-me] v. tr. [donner la vie] beseelen ; beleben ; mit Leben anfüllen ; zum Leben erwecken. | *Les êtres animés*, die beseelten Wesen. || FIG. [exciter] anfeuern ; ermutigen. | *Animer une conversation*, eine Unterhaltung beleben.
◇ v. pr. **s'animer,** sich beleben ; warm werden.

animisme [-mism] m. PHILOS. Animismus m.

animosité [animosite] f. Groll m. ; Unwille m. | *Avoir de l'animosité contre qn*, jm übel wollen. | *Créer de l'animosité*, Verbitterung verursachen.

anion [anj] m. ÉLECTR. Anion n.

anis [ani] m. BOT. Anis m. | *Anis étoilé*, Sternanis.

aniser [-ze] v. tr. mit Anis würzen.

anisette [-zɛt] f. Anislikör m. ; Anis m.

ankylose [ɑ̃kilo:z] f. MÉD. Gelenkversteifung f.

ankyloser [-ze] v. tr. steif machen ; versteifen.
◇ v. pr. **s'ankyloser,** steif werden.

annales [annal] f. pl. Jahrbücher n. pl. ; Annalen n. pl.
— SYN. : *Chronologie* f., chronologische Aufzeichnung f. *Chronique* f., Chronik f., *Fastes* m. pl., Festaufzeichnung f. *Éphéméride* f., Datenkalender m.

anneau [ano] m. Ring m. ; Reif m. | *En forme d'anneau*, ringförmig. | *Anneau d'une chaîne*, Kettenring. | *Anneau d'or*, Goldring. | *Anneau de mariage*, Ehering ; Trauring. || PAR EXT. *Anneau d'une clef*, Schlüsselgriff m. | *Anneau de Saturne*, Ringe um den Saturn. | *L'anneau de Nibelung*, Nibelungenring. || TECHN. Ring m. | *Anneau d'étanchéité*, Dichtungsring. | *Anneau de métal*, Öse f. | *Anneau d'arrêt*, Stellring.

année [ane] f. [sens général] Jahr n. ; Jahresablauf m. | *Année bissextile*, Schaltjahr. | *Année civile*, Kalenderjahr. | *L'année passée*, das vorige Jahr ; Vorjahr. | *De cette année*, diesjährig. | *Souhaits de bonne année*, Neujahrswünsche m. pl. | *Souhaiter la bonne année*, ein glückliches neues Jahr wünschen. || [période de douze mois environ] Jahr n. ; Zeit f. | *Année budgétaire*, Haushaltsjahr. | *Année pleine*, Ganzjahr. | *Année scolaire*, Schuljahr. | *Année de service*, Dienstjahr. | *Année d'apprentissage*, Lehrjahr. | *Année de sécheresse, d'abondance*, mageres, fettes Jahr. || LOC. *D'année en année*, von Jahr zu Jahr. | *D'un bout de l'année à l'autre*, das ganze Jahr hindurch. | *Il y a des années*, vor Jahren. | *Dizaine d'années*, Jahrzehnt n. | *Les années 1960*, die sechziger Jahre. || [âge] Jahr ; Lebensjahr. | *Il est dans sa vingtième année*, er steht nun in seinem zwanzigsten Jahr. | *Année de jeunesse, de vieillesse*, Jugendalter n., Greisenalter n. | *Année de fabrication*, Baujahr ; Herstellungsjahr. || [revenu] Jahreseinkommen n. ; Jahresgehalt n. | *Année moyenne*, Durchschnittsernte f. | *Vin de l'année*, Heurige(r) m. || [classe, promotion] Jahrgang m. | *L'année 1989*, der Jahrgang 1989.

année-lumière [-lymjɛ:r] f. (pl. **années-lumière**) Lichtjahr n.

anneler [anle] v. tr. ringeln ; kräuseln.
◇ part. pass. et adj. **annelé, ée,** geringelt.

annexe [annɛks] adj. angehängt ; beigefügt ; anhängend ; Neben... | *Usine annexe*, Nebenbetrieb m. ◇ f. Anlage f. ; Beilage f. ; Anhang m. | *Les annexes d'une ferme*, die Nebengebäude eines Hofes. | *Annexe d'un édifice*, Anbau m. | *Annexe d'une lettre*, Briefbeilage.

annexer [-se] v. tr. anhängen ; beifügen ; beilegen. || POLIT. *Annexer un pays à un autre*, ein Land einem anderen anschließen.

annexion [-sjɔ̃] f. Angliederung f. ; Einverleibung f. || POLIT. Annektion f. ; Annexion f. ; Anschluß m.

annihilation [aniilasjɔ̃] f. Vernichtung f.

annihiler [-le] v. tr. vernichten ; aufheben. ◇ part. pass. **annihilé, ée,** FIG. geistig gebrochen.

anniversaire [anivɛrsɛ:r] m. Jahrestag m. ; Gedächtnisfeier f. | *Jour anniversaire*, Gedenktag. || *Anniversaire du mariage*, Hochzeitstag. || [naissance] Geburtstag. | *C'est demain son anniversaire*, morgen hat er Geburtstag.

annonce [anɔ̃s] f. [sens général] Ankündigung f. ; Meldung f. ; Bekanntmachung f. || [nouvelle] Verkündigung. || [journal] Anzeige f. ; Annonce f. ; Inserat n. | *Petite annonce*, Kleinanzeige. | *Insérer une annonce*, ein Inserat in die Zeitung setzen. || JUR. Aufgebot n. ; Veröffentlichung f. || RADIO. [et au jeu] Ansage f.

annoncer [-se] v. tr. [faire savoir] ankündigen ; mitteilen ; melden. | *On annonce de Berlin*, man meldet aus Berlin. || [proclamer] bekanntmachen ; kundgeben. | *Annoncer l'Évangile*, das Evangelium predigen. || [publier] ausschreiben. || RADIO. [et au jeu] ansagen. | *La météo annonce*, der Wetterdienst sagt an. || [prévenir] melden. || FIG. [prédire] deuten auf (acc.) ; voraussagen. ◇ v. pr. **s'annoncer,** sich anmelden. | *S'annoncer par téléphone*, sich telefonisch anmelden. || FIG. *L'affaire s'annonce mal*, die Angelegenheit läßt sich übel an.

— SYN. : *Déclarer*, erklären. *Proclamer*, öffentlich verkündigen. *Manifester*, offen zeigen. *Exposer*, auslegen ; darlegen.

annonceur, euse [-sœ:r, ø:z] s. [speaker, speakerine] Ansager(in) m. (f.). ◇ m. **annonceur,** [journal] Inserent m. ; [émission publicitaire] Auftraggeber m.

annonciateur, trice [-sjatœ:r, tris] adj. ankündigend ; ansagend.

Annonciation [-sjasjɔ̃] n. pr. f. Mariae Verkündigung f.

annotation [-tasjɔ̃] f. Anmerkung f. || [marginale] Randbemerkung f. | *Annotations d'un texte*, Fußnoten (f. pl.) zu einem Text.

annoter [-te] v. tr. mit Anmerkungen versehen ; mit Fußnoten erläutern. || JUR. *Annoter les biens*, gerichtliches Verzeichnis von Gütern aufnehmen.

annuaire [anyɛ:r] m. [recueil annuel] Jahrbuch n. | *Annuaire des marées*, Gezeitenkalender m. || [liste classée] Adreßbuch n. ; Verzeichnis n. | *Annuaire électronique*, elektronisches Telefonbuch. | *Annuaire téléphonique*, Fernsprechverzeichnis ; Telefonbuch n.

annuel, uelle [anyɛl] adj. [durant un an] jährlich : einjährig ; auf ein Jahr. || [revenant chaque année] alljährlich. | *Fête annuelle*, Jahresfest n. | *Rapport annuel*, Jahresbericht m.

annuellement [-ɛlmɑ̃] adv. alljährlich.

annuité [anyite] f. Jahreszahlung f. ; Jahresrate f. ; Annuität f. | *Annuité échue*, fällige Jahreszahlung.

annulaire [anylɛ:r] adj. ringförmig ; ringartig. ◇ m. Ringfinger m.

annulation [anylasjɔ̃] f. Aufhebung f. ; Nichtigkeitserklärung f. ; Annullierung f. | *Annulation d'un jugement*, Revision (f.) eines Urteils. | *Cause d'annulation*, Anfechtungsgrund m. | *Annulation d'une commande*, Abbestellung f. | *Annulation des dettes*, Schuldenstreichung f.

annuler [-le] v. tr. [déclarer, rendre nul] aufheben ; für kraftlos erklären ; für null und nichtig erklären ; widerrufen ; umstoßen ; annullieren. | *Annuler un marché*, ein Geschäft rückgängig machen. || TRANSP. *Un billet annulé*, eine ungültig gemachte Fahrkarte. | *Annuler un vol*, einen Flug streichen.

— SYN. : *Abroger*, außer Kraft setzen ; aufheben. *Abolir*, abschaffen ; einstellen. *Révoquer*, widerrufen. *Infirmer*, entkräften. *Casser*, aufheben ; kassieren. *Invalider*, für ungültig erklären. *Résilier*, lösen. *Résoudre*, auflösen.

anoblir [anɔblir] v. tr. adeln ; in den Adelsstand erheben. ◇ part. pass. et adj. **anobli, ie,** geadelt.

anoblissement [-blismɑ̃] m. Erhebung (f.) in den Adelsstand.

anode [anɔd] f. Anode f.

anodin, ine [anɔdɛ̃, in] adj. [blessure, remède] harmlos ; [personne] unbedeutend ; [remarque] nichtssagend.

anomalie [anɔmali] f. [irrégularité] Unregelmäßigkeit f. ; Regelwidrigkeit f. ; Abweichung f. || ANAT. Anomalie f. || ASTRON. Abweichung f.

ânon [ɑ:nɔ̃] m. Eselchen n. || FIG. Dummchen n.

anonymat [anɔnima] m. Unerkanntheit f. ; Inkognito n. | *Garder l'anonymat*, sein Inkognito wahren. | *Sous le voile de l'anonymat*, unbekannt und ungenannt.

anonyme [-nim] adj. namenlos ; ungenannt ; anonym ; unbekannt. | *Lettre anonyme*, Brief ohne Unterschrift. | *Auteur anonyme*, ungenannter Verfasser. | *Société anonyme*, Aktiengesellschaft f. ◇ m. Ungenannter m. ; anonymer Verfasser.

anophèle [anɔfɛ:l] m. ZOOL. Gabelmücke f.

anorak [anɔrak] m. Eskimojacke f. ; Anorak m.

anorexie [anɔrɛksi] f. MÉD. Appetitlosigkeit f. | *Anorexie mentale*, Pubertätsmagersucht f.

anorexigène [-ʒɛ:n] m. Appetitzügler m.

anormal, ale, aux [anɔrmal, o] adj. regelwidrig ; abnorm ; abweichend. || FIG. geistig minderwertig ; zurückgeblieben. || FAM. bekloppt. || ANAT. *Développement anormal d'un organe*, Mißbildung f. ◇ s. anormaler Mensch.

anse [ɑ̃:s] f. Griff m. ; Henkel m. ; Bügel m. | *Anse d'une tasse*, Henkel einer Tasse. | *Anse de panier*, Korbbügel m. ; Korbbogen m. | *Prendre par l'anse*, am Henkel anfassen. || GÉOGR. [petit golfe] Einbuchtung f. || GÉOM., ARCHIT. *Anse de panier*, gedrückter Bogen ; Renaissancebogen m.

antagonisme [ɑ̃tagɔnism] m. Gegensätzlichkeit f. ; Gegnerschaft f. ; Rivalität f.

antagoniste [-nist] adj. gegensätzlich ; gegnerisch ; entgegenwirkend. | *Muscles antagonistes*, Gegenziehmuskeln m. pl. ◇ s. Gegner(in) m. (f.) ; Gegenpart m. ; Gegenseite f. ; Gegenspieler(in) m. (f.).

antalgique [ɑ̃talʒik] adj. MÉD. schmerzstillend.

antan [ɑ̃tɑ̃] m. Vorjahr n. | *D'antan*, einstig.

antarctique [ɑ̃tarktik] adj. antarktisch. | *Océan Antarctique*, Südliches Eismeer.

anté- préf. vor...

antécédent, ente [ɑ̃tesedɑ̃, ɑ̃:t] adj. vorherig ; vorangehend ; früher ; vormalig. ◇ m. **antécédent,** [fait antérieur] Präzedenzfall m. || GRAMM. Beziehungswort n. || MATH. Vorderglied n.

◇ m. pl. **antécédents,** Vergangenheit f. ; Vorgeschichte f. | *Ses antécédents*, seine Vortaten f. pl. || JUR. *Sans antécédents judiciaires*, nicht vorbestraft.

Antéchrist [-krist] m. Antichrist m.

antédiluvien, ienne [-dilyvjɛ̃, ɛn] adj. vorsintflutlich ; uralt. | *Temps antédiluviens*, Urzeiten f. pl. || FIG. veraltet.

antenne [ɑ̃tɛn] f. MAR. Dreieckssegelrahe f. || ZOOL. Fühler m. || FIG. *Avoir de bonnes antennes*, feine Fühler haben. || RADIO. Antenne f. | *Antenne intérieure*, Zimmerantenne. | *Antenne incorporée*, eingebaute Antenne. | *Antenne parabolique*, Parabolantenne. | *Antenne télescopique*, Teleskopantenne.

antépénultième [ɑ̃tepenyltjɛm] adj. drittletzt.

antérieur, ieure [ɑ̃terjœ:r] adj. [qui est devant] Vorder... ; vorder. || [qui est avant] vorherig ; früher ; vorhergehend. | *Vie antérieure*, Vorleben n. || GRAMM. *Futur antérieur*, zweites Futur. | *Passé antérieur*, (zweites) Plusquamperfekt ; Vorvergangenheit f.

antérieurement [-rjœrmɑ̃] adv. früher, eher als ; vorher ; vormals.

antériorité [-rjɔrite] f. Frühersein n. ; vorheriges Vorhandensein.

anthologie [ɑ̃tɔlɔʒi] f. Auswahl f. | *Anthologie classique*, Auswahl von Klassikern.

— SYN. : *Ana* m., Anekdotensammlung f. *Analectes* m. pl., literarische Auswahl. *Chrestomathie* f., Mustersammlung f. ; Lesebuch n. *Florilège* m., Blumenlese f.

anthracite [ɑ̃trasit] m. Anthrazit m.

anthropo- [ɑ̃trɔpɔ] préf. Menschen... ; menschen...

anthropoïde [-id] adj. menschenähnlich.
◇ m. Menschenaffe m.

anthropologie [-lɔgi] f. Anthropologie f.

anthropométrie [-metri] f. [méthode] Menschenmessung f. || [service] Erkennungsdienst m.

anthropomorphe [-mɔrf] adj. menschenähnlich.

anthropomorphisme [-mɔrfism] m. PHILOS. Vermenschlichung (f.) Gottes.

anthropophage [-fa:ʒ] adj. menschenfressend.
◇ m. Menschenfresser m. ; Kannibale m.

anti- préf. [contre] gegen..., un..., ab..., anti... ; ... feindlich. || [avant] vor...

antiaérien, ienne [-aerjɛ̃, jɛn] adj. luftschutzmäßig. | *Artillerie antiaérienne*, Flak f.

antialcoolique [-alkɔlik] adj. antialkoholisch.

antibiotique [-biɔtik] m. MÉD. Bazillenabtötungsmittel n. | *Les antibiotiques*, die Antibiotika n. pl.

antibrouillage [-bruja:ʒ] m. Entstörung f.

antibrouillard [-bruja:r] adj. invar. *Phare antibrouillard*, Nebelscheinwerfer m.

antibruit [-brɥi] adj. invar. Lärmschutz... | *Lutte antibruit*, Lärmbekämpfung f. | *Écran antibruit*, Lärmschutzwall m.

anticancéreux, euse [-kɑ̃serø, ø:z] adj. krebsbekämpfend ; gegen Krebs.

anticerne [-sɛrn] m. Abdeckstift m.

antichambre [-ʃɑ̃br] f. [pièce] Vorzimmer n. ; Vorraum m. ; Wartezimmer n. || LOC. *Faire antichambre*, warten ; um Einlaß bitten ; antichambrieren. || TECHN. Vorkammer f.

antichar [-ʃar] adj. MIL. panzerabwehrend ; panzerbrechend. | *Canon antichar*, Pak f.

anticipation [ɑ̃tisipasjɔ̃] f. [action faite d'avance] Vorwegnahme f. ; Vorausnahme f. ; Vorgreifen n. | *Par anticipation*, im voraus ; vorweg. || LOC. *...d'anticipation*, Zukunfts...

anticiper [-pe] v. tr. vorwegnehmen ; vorausnehmen ; vorgreifen.
◇ v. intr. vorgreifen (dat.). | *Anticiper sur les faits*, den Tatsachen vorgreifen.
◇ part. pass. et adj. **anticipé, ée,** vorweggenommen ; im voraus. | *Paiement anticipé*, vor Ablauf des Termins. | *Remerciements anticipés*, Dank (m.) im voraus. | *Joie anticipée*, Vorfreude f. || [prématuré] vorzeitig ; verfrüht.

anticlérical, ale, aux [ɑ̃tiklerikal, o] adj. kirchenfeindlich ; gegen die Kirche.

anticoagulant [-kɔagylɑ̃] m. MÉD. Antikoagulant m. ; blutgerinnungshemmendes Mittel.

anticonceptionnel, elle [-kɔ̃sɛpsjɔnɛl] adj. empfängnisverhütend.

anticonstitutionnel, elle [-kɔ̃stitysjɔnɛl] adj. verfassungsfeindlich ; verfassungswidrig.

anticorps [-kɔr] m. MÉD. Antikörper m. ; Abwehrstoff m.

anticorrosion [-kɔrɔzjɔ̃] adj. invar. korrosionsschützend ; korrosionshemmend.

anticyclone [-siklo:n] m. Hochdruckgebiet n. ; Antizyklone f.

antidater [ɑ̃tidate] v. tr. vordatieren.

antidéflagrant, ante [-deflagrɑ̃, ɑ̃:t] adj. explosionssicher.

antidépresseur [-deprɛsœ:r] m. MÉD. Antidepressivum n.

antidérapant, ante [ɑ̃tiderapɑ̃, ɑ̃:t] adj. rutschfest. | *Chaîne antidérapante*, Schneekette f.

antidétonant, ante [-detɔnɑ̃, ɑ̃:t] adj. *Additif antidétonant*, Antiklopfmittel n.

antidote [ɑ̃tidɔt] m. Gegenmittel n.

antienne [ɑ̃tjɛn] f. RELIG. Vorgesang m. || FAM. Geleier n. ; Singsang m. ; alte Leier.

antigang [-gɑ̃g] adj. invar. *Brigade antigang*, mobiles Einsatzkommando.

antigel [-ʒɛl] m. Frostschutzmittel n.

antigène [-ʒɛ:n] m. MÉD. Antigen n.

antigouvernemental, ale, aux [-guvɛrnəmɑ̃tal, o] adj. regierungsfeindlich.

antihygiénique [-iʒjenik] adj. unhygienisch ; ungesund ; gesundheitswidrig.

anti-inflammatoire [-ɛ̃flamatwa:r] adj. entzündungshemmend.
◇ m. entzündungshemmendes Mittel.

Antilles [ɑ̃ti:j] n. pr. f. pl. GÉOGR. Antillen f. pl.

antilope [ɑ̃tilɔp] f. ZOOL. Antilope f.

antimatière [-matjɛ:r] f. Antimaterie f.

antimilitariste [ɑ̃timilitarist] adj. wehrfeindlich.
◇ s. Antimilitarist(in) m. (f.).

antimite [ɑ̃timit] m. Mottenschutzmittel f.

antinomie [ɑ̃tinɔmi] f. PHILOS. logischer Widerspruch ; Widerspruch m. ; Antinomie f.

antinucléaire [ɑ̃tinykleɛ:r] adj. Antiatomkraft...
◇ s. Atomkraftgegner(in) m. (f.).

antipape [ɑ̃tipap] m. Gegenpapst m.

antiparasite [-parazit] m. RADIO. Entstörer m.

antiparasiter [-te] v. tr. entstören.

antiparlementaire [ɑ̃tiparləmɑ̃tɛr] adj. antiparlamentarisch ; gegen das Parlament.

antipathie [ɑ̃tipati] f. Abneigung f. ; Widerwille m. ; Antipathie f. | *Antipathie naturelle*, tief eingewurzelte Abneigung. | *Avoir de l'antipathie pour qch.*, Abneigung gegen etwas empfinden.

antipathique [-tik] adj. unsympathisch ; Abneigung erregend. | *Être antipathique à qn*, jm unsympathisch sein.
antiphrase [ɑ̃tifrɑ:z] f. GRAMM. Wortironisierung f. | *Par antiphrase*, im umgekehrten Sinn.
antipode [ɑ̃tipɔd] m. Gegenfüßler m. ; Gegenpolbewohner m. | *Habiter aux antipodes*, am Ende der Welt wohnen. || FIG. Gegenteil n. | *Être l'antipode de qch.*, völlig das Gegenteil von etwas sein.
antiquaire [-kɛ:r] m. [marchand] Antiquar m. ; Antiquitätenhändler m.
antique [ɑ̃tik] adj. [datant de l'Antiquité] antik ; alt. || [très ancien] altertümlich ; uralt.
◇ m. [art antique] Antike f.
antiquité [-kite] f. [monde ancien] Altertum n. ; alte Welt. | *L'antiquité la plus reculée*, die (graue) Vorzeit. | *De toute antiquité*, von Alters her. | *De la plus haute antiquité*, uralt. || [monde gréco-romain] Antike f. ; klassisches Altertum. || [peuple, histoire] Altertum n. ; alte Welt ; alte Geschichte.
◇ f. pl. **antiquités,** Antike f. ; Antiquitäten f. pl. | *Antiquités égyptiennes*, altägyptische Kunstwerke n. pl. | *Marchand d'antiquités*, Antiquitätenhändler m.
antireflet [ɑ̃tirəflɛ] adj. invar. | *Couche antireflet*, Antireflexbelag m.
antiréglementaire [-regləmɑ̃tɛ:r] adj. vorschriftswidrig.
antireligieux, ieuse [-rəliʒjø, jø:z] adj. irreligiös ; religionsfeindlich.
antirépublicain, aine [-repyblikɛ̃, ɛ:n] adj. republikfeindlich.
antirouille [-ru:j] adj. Rostschutz...
antisémite [-semit] s. Antisemit(in) m. (f.).
◇ adj. antisemitisch.
antisémitisme [-semitism] m. Antisemitismus m.
antisepsie [-sɛpsi] f. MÉD. Erregervernichtung f. ; Mikrobenabtötung f. ; Antisepsis f.
antiseptique [-sɛptik] adj. MÉD. antiseptisch.
antisocial, iale, iaux [-sɔsjal, jo] adj. gesellschaftswidrig ; asozial.
antispasmodique [-spasmɔdik] adj. MÉD. krampfstillend.
antitétanique [-tetanik] adj. MÉD. starrkrampflösend ; krampflösend.
antithèse [-tɛ:z] f. GRAMM. Gegenbehauptung f. ; Antithese f.
antithétique [-tetik] adj. antithetisch.
antitoxine [-tɔksin] f. MÉD. Antitoxine f. pl.
antituberculeux, euse [-tybɛrkylø, ø:z] adj. gegen die Tuberkulose.
antivol [-vol] m. Lenkrad-, Fahrradschloß m.
antonyme [ɑ̃tɔnim] m. Antonym n.
antre [ɑ̃:tr] m. [caverne] Höhle f. ; Spelunke f.
anus [anys] m. After m. || MÉD. Anus m.
Anvers [ɑ̃vɛr] n. pr. m. GÉOGR. Antwerpen n.
anxiété [ɑ̃ksjete] f. Ängstlichkeit f. ; Angst f. ; Beklemmung f. ; Bangigkeit f. || MÉD. Magenbeklemmung f.
anxieux, ieuse [ɑ̃ksjø, jø:z] adj. ängstlich ; angstvoll ; beklommen. | *Être anxieux*, bangen.
anxiolytique [-sjɔlitik] m. MÉD. Anxiolyticum n.
aorte [aɔrt] f. Aorta f. ; Hauptschlagader f.
août [u] m. August m. | *À la mi-août*, Mitte August.
apache [apaʃ] m. Strolch m. ; Messerheld m.
◇ s. **Apache,** Apache m. ; Apachin f. | *Les Apaches*, die Apachen m. pl.
apaisement [apɛzmɑ̃] m. [sens général] Befriedung f. ; Beruhigung f. ; Beschwichtigung f. || [nuances] *Apaisement de la douleur*, Linderung (f.) des Schmerzes. | *Apaisement du vent*, Nachlassen (n.) des Windes. | *Apaisement des passions*, Abkühlen (n.) der Leidenschaften.
apaiser [-ze] v. tr. [sens général] befriedigen ; befrieden. || [besoin physique] stillen. || [douleur] lindern ; mildern ; dämpfen. || FIG. [nuances particulières] *Apaiser la colère*, den Zorn beschwichtigen. | *Apaiser une querelle*, einen Streit schlichten, dämpfen.
◇ part. pass. et adj. **apaisé, ée,** befriedigt. || [besoin] gestillt. || [douleur] gelindert. || FIG. beruhigt ; beschwichtigt ; versöhnt.
◇ v. pr. **s'apaiser,** sich beruhigen ; ruhiger werden ; besänftigen. | *Le vent s'apaise*, der Wind legt sich, flaut ab.
— SYN. : *Calmer*, beruhigen. *Rasséréner*, wieder aufheitern. *Pacifier*, befrieden ; beruhigen.
apanage [apana:ʒ] m. HIST. Leibgedinge n. ; Apanage f.
aparté [aparte] m. Selbstgespräch n. ; für sich Dahingesagtes n. || LOC. ADV. **en aparté,** beiseite.
apathie [apati] f. [insensibilité] Empfindungslosigkeit f. || [indolence] Gefühllosigkeit f. ; Teilnahmslosigkeit f. || MÉD. Apathie f.
— SYN. : *Indolence*, Lässigkeit ; Trägheit. *Insensibilité*, Unempfänglichkeit. *Nonchalance*, Gleichgültigkeit. *Indifférence*, Gleichgültigkeit. *Inertie*, Tatenlosigkeit ; Trägheit.
apathique [-tik] adj. [insensible] empfindungslos ; stumpf ; dumpf.
apatride [apatrid] adj. staatenlos.
◇ s. Staatenlose(r) f. (m.).
apercevoir [-səvwa:r] v. tr. [voir subitement] erblicken ; bemerken ; sehen. | *Apercevoir qn*, jn zu Gesicht bekommen. | *Sans être aperçu*, unbemerkt.
◇ v. pr. **s'apercevoir de,** merken ; bemerken. | *Sans s'en apercevoir*, ohne dessen gewahr zu werden.
aperçu [-sy] m. [première vue] Übersicht f. ; Überblick m. | *Aperçu des frais*, Kostenüberschlag m. || [exposé] Zusammenstellung f. ; Gesamtbild n. | *Donner un aperçu de qch.*, über etwas einen Einblick geben. || [jugement] Gesamtbemerkung f.
apéritif, ive [aperitif, i:v] adj. appetitanregend.
◇ m. **apéritif,** Aperitif m. | *Prendre l'apéritif*, Aperitif trinken. | *Je te verrai à l'apéritif*, wir sehen uns vor dem Essen.
apesanteur [apəzɑ̃tœ:r] f. Schwerelosigkeit f.
apeuré, ée [apøre] adj. verängstigt.
aphasie [afazi] f. MÉD. Sprachstörung f. ; Sprachverlust m. ; Aphasie f.
aphone [afɔn] adj. tonlos ; klanglos ; stimmlos ; ohne Stimme.
aphonie [-ni] f. MÉD. Stimmlosigkeit f.
aphorisme [afɔrism] m. Lehrspruch m. ; Lehrsatz m. ; Aphorismus m. ; kurze Lebensweisheit ; Gedankensplitter m.
aphrodisiaque [afrɔdizjak] adj. den Geschlechtstrieb steigernd, aufputschend ; POP. aufgeilend.
Aphrodite [afrɔdit] n. pr. f. MYTH. Aphrodite f. ; Venus f. ; Liebesgöttin f.
aphte [aft] m. MÉD. Schleimhautbläschen n. ; Mundfäule f. ; Aphthen f. pl.
aphteux, euse [-tø, ø:z] adj. MÉD. mit Schleimhautbläschen befallen. | *Fièvre aphteuse*, Maul- und Klauenseuche f.
apicole [apikɔl] adj. Bienenzucht...
apiculteur [-kyltœ:r] m. Bienenzüchter m. ; Imker m.
apiculture [-kylty:r] f. Bienenzucht f. ; Imkerei f.

apitoiement [apitwamɑ̃] m. Bemitleiden n. ; Mitleiden n. ; Erbarmung f.

apitoyer [-je] v. tr. zum Mitleid bewegen ; Mitleid erregen.

◇ v. pr. **s'apitoyer sur,** sich erbarmen (gén.) ; sich erbarmen über (acc.).

— SYN. : *Compatir,* mitleiden ; Mitleid haben. *S'attendrir,* sich erweichen lassen. *Plaindre,* klagen ; beklagen.

aplanir [aplani:r] v. tr. eben machen ; ebnen ; planieren ; ausgleichen ; plätten. || FIG. schlichten ; beseitigen.

◇ v. pr. **s'aplanir,** sich abflachen ; eben werden.

aplanissement [-nismɑ̃] m. Einebnung f. ; Planierung f. || FIG. Ausgleich m. ; Ausgleichung f.

aplatir [aplati:r] v. tr. [rendre plat] abplatten ; abflachen ; auswalzen.

◇ v. pr. **s'aplatir,** platt, flach werden. || FIG. sich erniedrigen.

◇ part. pass. et adj. **aplati, ie,** flach ; platt.

aplatissement [-tismɑ̃] m. Abplattung f. ; Abflachung f. ; Flachheit f. || FIG. Erniedrigung f. ; Selbsterniedrigung f.

aplomb [aplɔ̃] m. [direction verticale] Lot n. ; senkrechte Richtung, Stellung. | *D'aplomb,* senkrecht ; lotrecht. || [équilibre] Gleichgewichtslage f. | *Mettre d'aplomb,* aufrichten. || FIG. *Remettre d'aplomb,* wieder auf die Beine bringen. || [assurance] Sicherheit f. ; Dreistigkeit f. | *Avoir de l'aplomb,* sich nicht aus der Fassung bringen lassen. | *Perdre son aplomb,* seine Haltung verlieren ; kleinlaut werden. | *Avec aplomb,* dreist ; vorlaut.

apnée [apne] f. MÉD. Apnoe f.

apocalypse [apɔkalips] n. pr. f. Offenbarung (f.) Sankt Johannis ; Apokalypse f.

apocalyptique [-liptik] adj. apokalyptisch. || FIG. dunkel ; mystisch ; unheimlich.

apocryphe [apɔkrif] adj. THÉOL. apokryphisch. || [non authentique] unecht ; falsch.

◇ m. *Un apocryphe,* eine unechte Schrift.

apodictique [apɔdiktik] adj. unwiderlegbar ; unbestreitbar.

apogée [apɔʒe] m. ASTRON. Apogäum n. ; (größte) Erdferne f. || FIG. Blüte f. ; Gipfelpunkt m. ; Höhepunkt m. | *Parvenir à son apogée,* auf den Gipfelpunkt gelangen. | *Apogée d'une crise,* Höhepunkt einer Krise.

apolitique [apɔlitik] adj. unpolitisch.

Apollon n. pr. m. Apollo(n) m. ; Apoll m. || FIG. *Un Apollon,* ein wahrer Apoll ; ein bildhübscher Mensch.

apologétique [apɔlɔʒetik] adj. verteidigend ; rechtfertigend.

apologie [apɔlɔʒi] f. [défense] Verteidigungsschrift f. ; Rechtfertigung f. ; Apologie f. || FIG. [glorification] Verherrlichung f. | *Faire l'apologie de qn,* jn verherrlichen.

apologiste [-ʒist] m. Verteidiger m. ; Apologet m.

apologue [apɔlɔg] m. Lehrfabel f. ; Apolog m.

apophyse [apɔfi:z] f. MÉD. Dornfortsatz m.

apoplectique [apɔplɛktik] adj. MÉD. schlaganfallartig ; zum Schlaganfall neigend.

apoplexie [-ksi] f. MÉD. [attaque] Schlaganfall m. ; Anfall m. ; Schlagfluß m. ; Apoplexie f. | *Frappé d'apoplexie,* vom Schlage gerührt.

apostasie [apɔstazi] f. RELIG. Abfall (m.) vom (christlichen) Glauben ; Abtrünnigkeit f. || FIG. Verrat m. ; Flucht (f.) von ; Verlassen n.

apostasier [-tasje] v. intr. abtrünnig werden ; abfallen ; sich lossagen.

apostat [-ta] adj. abtrünnig ; abgefallen.

◇ m. Abtrünnige(r) m. || FIG. Verräter m.

— SYN. : *Renégat* m., Renegat m. ; Überläufer m. *Hérétique* m., Ketzer m. *Hétérodoxe* m., Andersgläubiger m. *Schismatique* m., aus der Kirche Austretende(r) m.

a posteriori [apɔsteriori] loc. adv. aus Erfahrung ; ex eventu.

apostiller [-je] v. tr. [annoter] mit Randbemerkungen versehen. || [recommander] befürworten.

apostolat [apɔstɔla] m. RELIG. Apostelamt n. ; Missionsauftrag m. || FIG. Berufung f. ; Sendung f.

apostolique [-lik] adj. apostolisch. || FIG. päpstlich. | *Nonce apostolique,* päpstlicher Nuntius.

apostrophe [apɔstrɔf] f. (rhetorische) Anrede f. || PÉJOR. barsche Anrede. || GRAMM. Apostroph m. ; Auslassungszeichen n.

apostropher [-fe] v. tr. scharf angehen, anfahren ; hart anlassen.

apothème [apɔtɛm] m. GÉOM. Apothema n.

apothéose [apɔteo:z] f. Vergöttlichung f. ; Vergötterung f. || [honneurs] Verherrlichung f. ; höchstes Lob ; Rühmung f. || HIST. *Faire l'apothéose de qn,* jn in den Himmel erheben. || FIG. [point culminant] Höhepunkt m. || THÉÂTRE. Schlußbild n. ; Schlußszene f.

apothicaire [apɔtikɛ:r] m. Apotheker m. | *Compte d'apothicaire,* wucherische Rechnung.

apôtre [apo:tr] m. RELIG. Apostel m. ; Jünger m. | *Les Actes des apôtres,* die Apostelgeschichte. || PAR EXT. [erfechter m. | *Un apôtre du socialisme,* ein Vorkämpfer des Sozialismus. || FIG. [hypocrite] *Un bon apôtre,* ein scheinheiliger Bursche.

apparaître [aparɛ:tr] v. intr. [se montrer subitement] erscheinen ; in Erscheinung treten ; sichtbar werden ; zum Vorschein kommen ; sich zeigen. | *Un bateau apparaît à l'horizon,* ein Schiff taucht am Horizont auf. | *Cette maladie apparaît subitement,* diese Krankheit tritt plötzlich auf. | *Les choses apparaissent sous leur vrai jour,* die Dinge treten ins wahre Licht. | *Faire apparaître,* erscheinen, auftreten lassen ; FIG. hervorzaubern. || FIG. [se révéler] sich herausstellen ; offenbar werden. | *La vérité lui apparut en songe,* die Wahrheit leuchtete ihm im Traume ein. | *D'où il apparaît que,* daraus wird offenbar, daß.

apparat [apara] m. [pompe] Aufwand m. ; Pomp m. ; Prunk m. | *Dîner d'apparat,* Festmahl n. | *Un discours d'apparat,* pomphafte Rede.

— SYN. : *Appareil* m., Apparat m. ; Anordnung f. *Pompe,* f., Prunk m., Pomp m. *Cérémonial* m., Zeremonie f. ; Festordnung f.

appareil [aparɛ:j] m. **1.** PRÉPARATIFS : Vorbereitungen f. pl. ; Vorrichtungen f. pl. ; Zurüstungen f. pl. || FIG. Pracht f. ; Prunk m. | *En grand appareil,* in voller Pracht.

2. ASSEMBLAGE DE PIÈCES : Apparat m. ; Gerät n. ; Vorrichtung f. || ANAT. *Appareil digestif,* Verdauungsapparat. || *Appareil circulatoire,* Blutzirkulationssystem n. || *Appareil de gymnastique,* Turngerät. || MÉD. Prothese f. | *Appareil dentaire,* Zahnprothese ; Klammer f. || TECHN. *Appareil ménager,* Haushaltsgerät. | *Appareil photographique,* Photoapparat ; Kamera f. | *Appareil de projection,* Bildwerfer m. | *Appareil de télévision, de radio,* Fernsehapparat, Radioapparat. || PAR EXT. *Appareil administratif,* Verwaltungsapparat. | *Appareil productif,* Produktionsapparat.

appareillage [-rɛja:ʒ] m. MAR. Inseegehen n. ; Ablegen n. | *Faire ses préparatifs d'appareillage,* klarmachen zum Ablegen. || TECHN. Apparatur f. || MÉD. Prothesenausrüstung f. | *Appareillage esthétique,* Schmuckprothese f.

appareiller [-rɛje] v. tr. [réunir] zusammenstellen ; vereinigen. || [accoupler] paaren. || MAR. ablegen ;

auslaufen. | *L'escadre appareille*, das Geschwader sticht in See.

apparemment [aparamɑ̃] adv. [en apparence] scheinbar ; anscheinend ; augenscheinlich. || [vraisemblablement] wahrscheinlich.

apparence [-rɑ̃:s] f. [vue extérieure] Äußere(s) n. ; Aussehen n. ; Anschein m. ; Erscheinung f. | *Sauver les apparences*, den Schein wahren. || [vraisemblance] Wahrscheinlichkeit f. ; Anschein m. | *Les apparences extérieures*, der äußere Schein, Anschein. | *Les apparences sont trompeuses*, der Schein trügt. | *Selon toute apparence*, allem Anschein nach ; vermutlich. | *En apparence*, scheinbar. || PHILOS. *Le monde des apparences*, die Scheinwelt.

apparent, ente [-rɑ̃, ɑ̃:t] adj. [visible] sichtbar ; sichtlich. || [manifeste] offenbar ; offensichtlich ; offenkundig. | *Calme apparent*, äußerliche Ruhe. || [superficiel] scheinbar ; Schein... | *Sens apparent*, scheinbarer Sinn.

— SYN. : *Spécieux*, scheinbar.

apparentement [-rɑ̃tmɑ̃] m. [élections] Listenvereinigung f. ; Wahlbündnis n.

apparenter [-te] v. tr. einheiraten ; verschwägern. || PAR EXT. verbinden.

◇ part. pass. et adj. **apparenté, ée,** verschwägert ; verwandt ; anverwandt.

◇ v. pr. **s'apparenter à,** sich verschwägern mit ; verwandt sein mit. || FIG. sich verbinden mit.

appariement [aparimɑ̃] m. Paarung f. ; Paarbildung f.

apparier [-je] v. tr. paarweise zusammenstellen ; paaren.

appariteur [aparitœ:r] m. JUR. Gerichtsdiener m. || [université] Pedell m.

apparition [aparisjɔ̃] f. [manifestation subite] Erscheinen n. ; Sichtbarwerden n. | *À son apparition*, gleich bei seinem Erscheinen. || [manifestation brève] kurzes Auftreten. | *Il n'a fait qu'une apparition*, er tauchte nur mal kurz auf. || [spectre] Erscheinung f. ; Gespenst n. ; Spuk m. ; Gesicht n. || [manifestation durable] Erscheinen n. ; Auftreten n. | *L'apparition des hirondelles*, das erste Auftauchen der Schwalben. | *L'apparition de la fièvre*, das Auftreten des Fiebers.

appartement [apartəmɑ̃] m. Wohnung f. | *Appartement de quatre pièces*, Vierzimmerwohnung. | *Appartement de fonction*, Dienstwohnung.

— SYN. : *Logement* m., Wohnung f. ; Kleinwohnung f.

appartenance [apartənɑ̃:s] f. Zugehörigkeit f. ; Mitgliedschaft f.

appartenir [-ni:r] v. intr. [être la propriété de] (avec le datif) (zu)gehören ; angehören. | *Ce livre m'appartient*, dieses Buch gehört mir. || [être propre à] gehören zu ; passen zu. || [faire partie de] gehören zu ; Bezug haben auf (acc.).

◇ v. impers. [être de convenance] zustehen ; gebühren ; ziemen ; zukommen. || [être possible] *Il n'appartient qu'à vous d'en juger*, Sie allein können darüber urteilen.

◇ v. pr. **s'appartenir,** [réfléchi] sein eigener Herr sein. || [réciproque] einander gehören.

appas [apa] m. pl. Reize m. pl. ; Anmut f. || FIG. *Appas de la gloire*, Anreiz des Ruhmes.

appât [apɑ] m. [pêche] Köder m. ; Lockbissen m. | *Mordre à l'appât*, anbeißen. | *Mettre l'appât*, den Köder anstecken. || FIG. [attrait] Anreiz m. ; Anreizung f. ; Reiz m.

— SYN. : *Amorce* f., Köder m. *Leurre* m., Vogelbalg m. ; künstlicher Köder.

appâter [-te] v. tr. [à la pêche] ködern. || SPORT. aasen ; locken ; kirren ; beizen. || [gaver] füttern. || FIG. [séduire] anlocken.

appauvrir [apovri:r] v. tr. arm machen. || FIG. [affaiblir] *Appauvrir la langue*, die Sprache ausdrucksarm machen. | *Appauvrir le sol*, den Erdboden aussaugen, auslaugen.

◇ v. pr. **s'appauvrir,** arm werden ; verarmen.

appauvrissement [-vrismɑ̃] m. Verarmung f. || FIG. [affaiblissement] Kräfteverfall m. ; Nachlassen (n.) der Kraft. | *Appauvrissement de l'esprit*, geistiger Verfall.

appeau [apo] m. Lockpfeife f. ; Lockvogel m.

appel [apɛl] m. **1.** SENS GÉNÉRAL : [action d'appeler : durée et répétition] Rufen n. ; Zurufen n. ; Anrufen n. ; Herbeirufen n. || [action précise] Ruf m. ; Zuruf m. ; Anruf m. || FIG. [recours] Appell m. ; Berufung f. | *Faire appel à qn*, sich an jn wenden. | *Faire appel à une loi*, sich auf ein Gesetz berufen. | *Faire appel à la raison*, an die Vernunft appellieren. | *Faire appel à tout son courage*, seinen ganzen Mut zusammennehmen.

2. NUANCES PARTICULIÈRES : [signal] Signal n. ; Zeichen n. || [nominal] Abrufen n. ; Appell m. | *Faire l'appel*, Appell abhalten. || [au public] Aufruf m. ; Appell m. ; Aufgebot n. || [convocation] Aufforderung f. ; Berufung f. || TÉLÉPH. Anruf.

3. NUANCES SPÉCIALES : JUR. Appell m. ; Berufung f. | *Faire appel*, Berufung einlegen. | *Cour d'appel*, Berufungsgericht n. ; Appellationsgericht n. || MIL. Appell m. | [incorporation] Einberufung f. | *Répondre à l'appel*, sich stellen. || COMM. Aufforderung f. ; Nachforderung f. | *Appel de fonds*, Aufforderung zur Nachzahlung. || INF. Abruf m. ; Aufruf m. | *Appel de programme*, Programmabruf. || TECHN. *Appel d'air*, Luftzug m.

appeler [aple] v. tr. **1.** rufen ; anrufen. || FIG. *Un malheur en appelle un autre*, ein Unglück zieht ein anderes nach sich.

2. [pour préciser le mouvement « her » avec prép. et « rufen »] *Appeler auprès de soi*, herbeirufen ; heranrufen. | *Appeler au dehors*, herausrufen. | *Appeler en bas*, herabrufen. || *Appeler à haute voix*, laut rufen. | *Appeler de toutes ses forces*, aus vollem Halse rufen. | *Appeler au secours*, zu Hilfe rufen. | *Appeler des numéros*, Nummern aufrufen.

3. [mander] holen ; rufen lassen. | *Appeler le médecin*, den Arzt holen lassen. || [destiner] berufen ; bestimmen. | *Appeler qn à un emploi*, jn zu einem Amt berufen. || TÉLÉPH. anrufen. || [réclamer] heischen ; erfordern.

4. [nommer] heißen ; nennen ; bei Namen nennen ; den Namen geben. | *Appeler les choses par leur nom*, die Dinge beim Namen nennen.

5. INF. abrufen. | *Appeler des données*, Daten abrufen.

6. JUR. [citer] laden ; vorladen. || MIL. einberufen ; einziehen. || COMM. anfordern ; aufrufen ; verlangen. | *Appeler des fonds*, Kapitalien einfordern.

◇ v. intr. JUR. *Appeler de*, Berufung einlegen gegen. || PAR EXT. [protester] Verwahrung einlegen ; protestieren. || FIG. [avoir recours] sich berufen. | *J'en appelle à votre témoignage*, ich berufe mich auf Ihre Aussage.

◇ part. pass. et adj. **appelé, ée,** gerufen ; berufen ; genannt. || SUBSTANTIV., MIL. Einberufene(r) m. ; Eingezogene(r) m. || JUR. Befugte(r) m. ; Berufene(r) m. ; Nacherbe m.

◇ v. pr. **s'appeler,** [se nommer] heißen ; sich nennen. | *Comment t'appelles-tu ?*, wie heißt du ? | *Voilà qui s'appelle jouer*, das nenne ich spielen.

— SYN. : *Nommer*, nennen. *Dénommer*, benennen ; bezeichnen. *Surnommer*, mit einem Beinamen versehen.

appellation [apellasjɔ̃] f. Benennung f. ; Bezeichnung f. | *Appellation contrôlée*, Herkunftsbezeichnung.

appendice [apɛ̃dis] m. [complément] Anhang m. ; Nachtrag m. ; Zusatz m. ; Anlage f. || MÉD. Blinddarm m.

appendicite [-disit] f. MÉD. Blinddarmentzündung f.; Appendizitis f.

appentis [apɑ̃ti] m. Wetterdach n.; Nebenschuppen m.

appesantir [apəzɑ̃tir] v. tr. [alourdir] beschweren. || [rendre moins actif] schwerfällig machen; träge machen. | *Appesanti par l'âge*, altersgebeugt. || FIG. unterdrücken; drücken.

◇ v. pr. **s'appesantir,** schwerer, schwerfälliger werden. || FIG. drückender werden; lasten. || [insister trop sur] zu lange verweilen. | *S'appesantir sur un sujet*, nicht mehr von einem Thema loskommen.

appesantissement [-tismɑ̃] m. Schwerfälligkeit f.; Trägheit f.

appétissant, ante [-tisɑ̃, ɑ̃:t] adj. appetitlich. || FIG., FAM. *Elle est appétissante*, sie ist reizend, allerliebst, zum Anbeißen.

— SYN. : *Alléchant*, verlockend. *Affriolant*, verführerisch.

appétit [-ti] m. [besoin de manger] Appetit m.; Eßlust f. | *Ouvrir l'appétit*, den Appetit anregen. | *L'appétit vient en mangeant*, der Appetit kommt beim Essen. || [désir] Lust f.; Reiz m.; Anreiz m. | *Satisfaire ses appétits*, seine Gelüste befriedigen.

applaudir [aplodi:r] v. tr. [approuver en battant des mains] Beifall klatschen; applaudieren. | *Applaudir qn*, jm Beifall spenden.

◇ v. intr. [approuver, louer] gutheißen; beistimmen (dat.). | *J'applaudis à tout*, ich pflichte allem bei.

◇ v. pr. **s'applaudir,** sich freuen. | *S'applaudir de qch.*, sich über etwas freuen.

applaudissement [-dismɑ̃] m. Beifall m.; Händeklatschen n.; laute Zustimmung. | *Couvrir qn d'applaudissements*, jn mit Beifall überschütten.

applicable [aplikabl] adj. anwendbar; verwendbar. | *Être applicable à*, Anwendung finden auf (acc.).

application [-kasjɔ̃] f. [apposition] Auflegen n.; Anbringung f. | *Application d'un emplâtre*, Anbringung eines Pflasters. || [mise en pratique] Anwendung f.; Durchführung f. | *Champ d'application*, Anwendungsbereich m. | *Mettre en application*, in Anwendung bringen. | *Entrer en application*, zur Anwendung kommen. | *En application de*, gemäß (dat.). || [attention soutenue] Beflissenheit f.; Anspannung f.; Fleiß m.

applique [aplik] f. [ornement] schmückendes Beiwerk. || [lampe] Wandleuchter m.

appliquer [-ke] v. tr. [apposer] auflegen; auftragen; anlegen; anbringen. || FIG. [donner] geben. | *Appliquer une gifle*, eine Ohrfeige verabreichen. || [utiliser] anwenden; verwenden; zur Anwendung bringen. | *Appliquer l'algèbre à la géométrie*, die Algebra für die Geometrie verwenden. || [mettre en pratique] durchführen; praktisch anwenden. | *Appliquer une théorie*, eine Theorie praktisch durchführen, praktisch anwenden. | *Les sciences appliquées*, die angewandten Naturwissenschaften f. pl. || [diriger vers] richten.

◇ part. pass. et adj. **appliqué, ée,** aufgelegt. || angewandt. | *Arts appliqués*, angewandte Künste f. pl. || [laborieux] fleißig; beflissen; eifrig.

◇ v. pr. **s'appliquer,** [être apposé] aufgelegt werden. || [être utilisé] verwendet werden; sich anwenden lassen. || FIG. [s'efforcer] sich befleißigen; bestrebt sein. || [se rapporter à] *S'appliquer à*, sich anwenden lassen auf (acc.); passen zu.

appoggiature [apɔʒjaty:r] f. MUS. Vorschlag m.

appoint [apwɛ̃] m. [somme] Nachschußsumme f.; Saldo m. | *Monnaie d'appoint*, Kleingeld n. | *Faire l'appoint*, die Summe ergänzen, aufrunden; passend zahlen. || [aide] Hilfe f.; Zuschuß m. || [appareil] *Chauffage d'appoint*, Zusatzheizung f.

appointements [-tmɑ̃] m. pl. Gehalt n.; Bezüge m. pl. | *Ses appointements se montent à*, seine Bezüge belaufen sich auf. | *Appointements mensuels*, Monatsgehalt.

— SYN. : *Traitement* m., *Émoluments* m. pl., Beamtenbezüge m. pl.; Gehalt n. *Salaire* m., Lohn m. *Gages* m. pl., Entlohnung f. *Solde* f., Sold m.; Löhnung f. *Honoraires* m. pl., Honorar n.

appointer [-te] v. tr. [tailler en pointe] anspitzen; zuspitzen. || [payer] besolden.

appontage [apɔ̃ta:ʒ] m. Decklandung f.

appontement [-mɑ̃] m. Landungsbrücke f.; Anlegebrücke f.; Pier f.

apponter [-te] v. intr. auf dem Deck landen.

apport [apɔ:r] m. [chose apportée] Mitgebrachtes n.; Eingebrachtes n.; Zufuhr f. || JUR. [bien des époux] gerichtliche Hinterlegung. || COMM. [part d'un associé] Beitrag m.; Einlage f. | *Apport en nature*, Sacheinlage. | *Apport en numéraire*, Geldeinlage. || TECHN. Zusatz m. | *Métal d'apport*, Zusatzmetall n.

apporter [-te] v. tr. **1.** [sens général] bringen. || [rapprochement] her(bei)bringen; her(bei)tragen; heranbringen. || [éloignement] hinbringen; hintragen. || [avec soi] mitbringen. | *Il apporte son cahier*, er bringt sein Heft mit. || [au-devant de] entgegenbringen. || [remettre] überbringen. || [à la communauté] mitbringen; einbringen. || [offrir] darbringen.

2. [fournir] vorbringen; anführen. | *Apporter des raisons valables*, geltende Gründe anführen. || [causer] mit sich bringen; veranlassen.

3. [explétif] *Apporter son concours à qch.*, bei etwas mitwirken. | *Apporter beaucoup de précaution*, sehr vorsichtig vorgehen.

apposer [apɔze] v. tr. [mettre, appliquer] ansetzen; hinzufügen. | *Apposer sa signature sur qch.*, etwas unterschreiben, unterzeichnen. | *Apposer son sceau*, sein Siegel aufdrücken. | *Apposer des affiches*, Plakate anheften, anschlagen.

apposition [-zisjɔ̃] f. Hinzusetzung f. || GRAMM. Apposition f.

appréciable [apresjabl] adj. schätzbar; berechenbar. || [assez considérable] nennenswert; beträchtlich. || PHYS. wägbar.

appréciation [-sjasjɔ̃] f. Schätzung f.; Abschätzung f.; Bewertung f.; Würdigung f.; Ermessen n. | *Libre appréciation*, freies Ermessen. || ÉCON., COMM. Ermessung f.; Abwägung f.; Schätzung f.; [monnaie] Aufwärtstrend m.

apprécier [-sje] v. tr. [évaluer] schätzen; abschätzen; veranschlagen. | *Apprécier au-dessous, au-dessus de sa valeur*, unterschätzen, überschätzen. || FIG. [estimer] würdigen; anerkennen. | *Se faire apprécier*, sich durchsetzen.

appréhender [apreɑ̃de] v. tr. [saisir] ergreifen; festnehmen; fassen. || JUR. *Appréhender qn*, jn dingfest machen. || [redouter] fürchten; befürchten. || PHILOS. erfassen.

appréhension [-sjɔ̃] f. [crainte vague] düstere Ahnung; Besorgnis f.; ängstliches Gefühl. | *Avoir de l'appréhension*, besorgt sein. || JUR. [action de saisir] Ergreifung f.; Festnahme f. || PHILOS. Erfassen n.

apprendre [aprɑ̃:dr] v. tr. **1.** [étudier] lernen. | *Apprendre l'allemand*, Deutsch lernen. | *Apprendre à lire*, lesen lernen. | *Apprendre par expérience*, aus der Erfahrung lernen. | *Apprendre par cœur*, auswendig lernen. | *Apprendre de qn*, jm ablernen. | *Apprendre à connaître*, kennenlernen; durchschauen.

2. [enseigner] lehren; unterrichten; unterweisen; beibringen (dat.). | *Apprendre l'allemand à qn*, jm Deutsch beibringen. | *L'histoire nous apprend que*, die Geschichte lehrt uns, daß. | *Apprendre à lire à qn*, jn lesen lehren.

3. [être informé] erfahren ; hören. | *Il apprit que*, er hörte daß. | *On apprend de Berlin*, aus Berlin wird gemeldet.

4. [informer] mitteilen ; melden. | *Apprendre une nouvelle à qn*, jn benachrichtigen.

◇ part. pass. et adj. **appris, ise,** angelernt.

— SYN. : *Enseigner*, lehren ; unterrichten. *Professer*, dozieren. *Montrer*, zeigen ; vormachen. *Instruire*, unterweisen.

apprenti, ie [aprɑ̃ti] s. Lehrling m. ; Auszubildende(r) f. (m.) ; Azubi m./f. | *Prendre un apprenti*, einen Lehrling einstellen. || FIG. Anfänger(in) m. (f.). || PÉJOR. Anfänger m. ; Stümper m.

apprentissage [-sa:ʒ] m. [action] Lehre f. | *Entrer en apprentissage*, in die Lehre eintreten. | *Faire l'apprentissage de qch.*, etwas erlernen ; eine ordentliche Lehrzeit durchmachen. | *Faire l'apprentissage de la vie*, das Leben kennenlernen. || [durée] Lehrzeit f. ; Ausbildungszeit f. || FIG. [premiers essais] erste Versuche m. pl. ; erste Schritte m. pl.

apprêt [aprɛ] m. [préparatif] Zubereitung f. ; Zurichtung f. || TECHN. *Couche d'apprêt*, erster Anstrich ; Grundanstrich m. | *Étoffe sans apprêt*, Stoff ohne Appretur ; glanzloser Stoff. || FIG. [affectation] Geziertheit f. | *Sans apprêt*, ungekünstelt ; naturwüchsig.

apprêter [-te] v. tr. [préparer] bereiten ; zubereiten ; zurichten ; appretieren ; zurechtmachen. || TECHN. *Apprêter des peaux*, Felle zurichten. | *Apprêter une étoffe*, einen Stoff appretieren.

◇ part. pass. et adj. **apprêté, ée,** vorbereitet ; zubereitet ; appretiert. || geziert.

◇ v. pr. **s'apprêter à,** sich vorbereiten auf (acc.) ; sich rüsten zu, auf (acc.), für. || [être sur le point de] im Begriff sein ; sich anschicken. | *S'apprêter à partir*, gerade weg wollen ; sich anschicken fortzugehen.

◇ v. pr. **s'apprêter,** *Ma femme s'apprête*, meine Frau macht sich fertig.

apprêteur [-tœ:r] n. Zurichter m. ; Appreteur m.

◇ f. **apprêteuse,** [modiste] Putzmacherin f.

apprivoisement [-zmɑ̃] m. Zähmung f. ; Abrichtung f.

apprivoiser [-ze] v. tr. [animal] zähmen ; abrichten ; zahm machen. || [rendre plus sociable] umgänglicher machen ; POP. kirre machen.

◇ part. pass. et adj. **apprivoisé, ée,** gezähmt ; zahm. || FIG. vertraut.

◇ v. pr. **s'apprivoiser,** zahm werden ; sich gewöhnen an.

— SYN. : *Domestiquer*, zum Haustier machen. *Dompter*, bändigen ; unterwerfen. *Dresser*, abrichten ; dressieren. *Charmer*, besprechen ; bezaubern ; verhexen.

approbateur, trice [aprɔbatœ:r, tris] adj. zustimmend ; beistimmend ; billigend.

◇ s. Beifallsspender(in) m. (f.) ; Parteigänger(in) m. (f.).

approbatif, ive [-tif, i:v] adj. beistimmend.

approbation [-sjɔ̃] f. [acceptation] Billigung f. ; Zustimmung f. ; Genehmigung f. | *Donner son approbation à qch.*, die Genehmigung für etwas erteilen ; etwas genehmigen. | *Avec approbation de*, mit Zustimmung von. | *Pleine approbation*, volle Billigung. || FIG. [jugement favorable] Beifall m. ; Beipflichtung f. | *Témoignage d'approbation*, Beifallsbezeugung f.

— SYN. : *Acquiescement* m., Einwilligung f. *Suffrage* m., Zustimmung f. *Adhésion* f., Beitritt m. *Accession* f., Beitritt m. *Consentement* m., Einwilligung f. *Agrément* m., Genehmigung f. *Accord* m., Übereinstimmung f. ; Einklang m. *Assentiment* m., Zustimmung f.

approchable [aprɔʃabl] adj. zugänglich.

approchant, ante [-ʃɑ̃, ɑ̃:t] adj. [qui s'approche] sich nähernd. || [presque semblable] annähernd ; nahekommend. || [approximatif] angenähert.

approche [aprɔʃ] f. [action d'approcher] Nähern n. ; Annäherung f. ; Herankommen n. ; Heranrücken n. | *À mon approche*, bei meiner Annäherung. | *À l'approche de la nuit*, beim Einbruch der Nacht. | *Lunette d'approche*, Fernglas n. || AÉRON. Landeanflug m. || [action d'aborder] Zugang m. || [voisinage] Nähe f. ; Zugang m. | *Les approches d'une forteresse*, die Außenwerke einer Festung. || LOC. *D'approche difficile*, schwer zugänglich.

approcher [-ʃe] v. tr. **1.** METTRE PRÈS : [mouvement absolu] nah... -stellen, -legen, -setzen, -bringen, -rücken. || [précision du mouvement] her, heran, herbei, herzu, an (avec le verbe approprié). | *Approcher une table*, einen Tisch heranstellen. | *Approcher un banc de la fenêtre*, eine Bank ans Fenster rücken. || [mettre plus près] näher (et verbe approprié). | *Approche ta chaise*, rücke deinen Stuhl näher.

2. S'AVANCER AUPRÈS DE : *N'approchez pas le chien !*, tretet dem Hund nicht zu nahe ! | *Ne m'approche pas !*, bleib' mir vom Leibe. || [aborder] *Approcher qn*, Zugang bei jm haben ; jm nahestehen.

◇ v. intr. VENIR PRÈS : nähern ; nahen ; näherkommen ; herankommen ; heranrücken. | *Approchez !*, treten Sie näher ; kommen Sie heran ! | *Faire signe d'approcher*, herbeiwinken.

3. SENS FIGURÉS : [approximation] *Approcher de*, gehen auf (acc.), an (acc.), in (acc.). | *On approche de six heures*, es geht auf sechs zu. || [ressemblance] nahestehen (dat.). || [imminence] *Le jour approche*, der Tag bricht an. | *L'orage approche*, das Gewitter ist im Anzug.

◇ part. pass. et adj. **approché, ée,** nahgestellt. || herangekommen. || FIG. [approximatif] annähernd. | *Calcul approché*, annähernde Rechnung.

◇ v. pr. **s'approcher de,** sich nähern (dat.) ; heranrücken an (acc.) ; herantreten an (acc.). | *S'approcher furtivement*, heranschleichen. | *S'approcher précipitamment*, herbeistürzen. || *S'approcher à la nage*, heranschwimmen. | *L'avion s'approche*, das Flugzeug fliegt heran. || FIG. *Ce roman s'approche de la réalité*, dieser Roman liegt der Wirklichkeit nahe.

approfondir [aprɔfɔ̃di:r] v. tr. vertiefen ; tiefer machen. | *Approfondir un trou*, ein Loch tiefer bohren. || FIG. [examiner à fond] ergründen ; gründlich untersuchen ; erforschen.

◇ part. pass. **approfondi, ie,** vertieft ; gründlich ; durchdacht ; gediegen. | *Connaissances approfondies*, gründliche Kenntnisse f. pl.

approfondissement [-dismɑ̃] m. Vertiefung f. || FIG. Ergründung f.

appropriation [aprɔpriasjɔ̃] f. [adaptation] Anpassung f. || [action de s'approprier] Aneignung f.

approprier [-prije] v. tr. anpassen ; angleichen. | *Approprier les lois aux mœurs*, die Gesetze auf die Gebräuche abstimmen.

◇ part. pass. et adj. **approprié, iée,** angepaßt ; zweckdienlich ; geeignet ; passend.

◇ v. pr. **s'approprier,** [prendre possession] Besitz ergreifen ; sich aneignen. || PÉJOR. [usurper] sich (widerrechtlich) aneignen ; sich zu eigen machen. | *S'approprier un héritage*, eine Erbschaft erschleichen.

◇ SYN. : v. pr. *S'attribuer*, sich zumessen ; für sich in Anspruch nehmen. *Usurper*, sich (widerrechtlich) aneignen. *S'emparer*, sich bemächtigen.

approuver [apruve] v. tr. [agréer] genehmigen ; billigen. | *Approuver à l'unanimité*, einstimmig annehmen. || [juger bon, louable] gutheißen ; loben.

◇ part. pass. **approuvé, ée,** genehmigt ; gutgeheißen. | *Lu et approuvé*, gelesen und einverstanden.

approvisionnement [aprɔvizjɔnmɑ̃] m. [action de pouvoir] Versorgung f. ; Ausstattung f. ; Beschaffung f. || [provisions] Vorrat m. ; Proviant m. | *Approvisionnement en blé*, Getreidevorräte m. pl.

approvisionner [-ne] v. tr. [munir de provisions] versorgen ; beliefern ; beschaffen. | *Approvisionner une ville*, eine Stadt mit Lebensmitteln versehen.
◇ part. pass. et adj. **approvisionné, ée,** versorgt.
◇ v. pr. **s'approvisionner,** [se munir de provisions] *S'approvisionner en qch.*, sich mit etwas eindekken ; etwas anschaffen. | *S'approvisionner en essence*, tanken.

approximatif, ive [aprɔksimatif, i:v] adj. annähernd. | *Valeur approximative*, Näherungswert m.

approximation [-sjɔ̃] f. [estimation] Schätzung f. ; Annäherung f. ; Überschlag m. || MATH. Approximation f. | *Calculer qch. par approximation*, etwas überschlagen. | *Par approximation*, schätzungsweise.

approximativement [-tivmɑ̃] adv. schätzungsweise.

appui [apɥi] m. [qui sert à s'appuyer] Auflage f. ; Brüstung f. ; Lehne f. ; Unterlage f. | *L'appui d'une fenêtre*, Fensterbrett n. ; Brüstung. | *Point d'appui*, Stützpunkt m. || TECHN. Stütz m. ; Abstütz m. || MIL. *Appui aérien*, Luftwaffenunterstützung f. || FIG. [soutien] Stütze f. ; Unterstützung f. ; Halt m. | *Avec l'appui des lois*, mit Hilfe der Gesetze. | *Citer à l'appui*, zur Bekräftigung zitieren. | *Pièces à l'appui*, mit Beweisstücken ; Belege m. pl. | *Prêter son appui à qn*, jm beistehen. || SPORT. *Appui tendu renversé*, Handstand m.
◇ loc. prép. **à l'appui de,** zum Nachweis ; zur Bekräftigung ; zur Unterstützung ; zum Beweis von.

appui-tête [-tɛ:t] m. (pl. **appuis-tête**) Kopfstütze f.

appuyer [-je] v. tr. [soutenir] stützen ; aufstützen ; lehnen ; anlehnen. | *Appuyer sa tête sur les mains*, seinen Kopf aufstützen. | *Appuyer ses coudes sur la table*, mit aufgestützen Ellenbogen am Tisch sitzen. || FIG. unterstützen ; befürworten. || [faire peser sur] drücken ; anpressen.
◇ v. intr. [prendre appui sur] drücken, aufdrücken ; ruhen. || [presser sur] drücken (auf, acc.) ; pressen (auf, acc.). | *Appuyer sur la détente*, abdrücken. || FIG. *Appuyer sur une syllabe*, eine Silbe hervorheben, betonen.
◇ part. pass. et adj. **appuyé, ée,** angelehnt. || FIG. betont.
◇ v. pr. **s'appuyer,** *S'appuyer contre qch.*, sich an etwas lehnen. | *S'appuyer sur une canne*, sich auf einen Stock stützen. || [se fonder sur] *S'appuyer sur qch.*, sich auf etwas berufen.

âpre [ɑ:pr] adj. [rugueux] rauh ; uneben. || [rude] herb ; scharf. | *Fruit âpre*, herbe Frucht. | *Froid âpre*, schneidende Kälte. || FIG. [sévère] streng ; hart. | *D'un ton âpre*, mit barschem Ton. || [avide] gierig (auf, acc.). | *Âpre au gain*, gewinnsüchtig ; geldgierig.

âprement [ɑ:prəmɑ̃] adv. herb ; scharf ; bitter.

après [aprɛ] prép. et adv.

I. prép.
a) [rapport temporel] nach ;
b) [rapport spatial] nach ; hinter ;
c) loc. prép. **d'après**, nach.
II. adv.
a) [de temps] nachher ;
b) [de lieu] nachher.
III. loc. adv. et loc. conj.

I. prép. — **a)** [rapport temporel] nach ; hinter ; auf. | *Après dîner*, nach dem Essen. | *Après bien des années*, nach langen Jahren ; lange Jahre nachher. | *Après Jésus-Christ*, nach Christi Geburt. | *Jour après jour*, Tag für Tag ; Tag um Tag. | *Après plus ample information*, bei näherer Erkundigung. — **b)** [rapport spatial ; idée de succession] nach ; hinter. | *La première maison après l'église*, das erste Haus nach der Kirche. | *Après vous !*, bitte, nach Ihnen ! ; bitte, gehen Sie voran ! || [succession et alternance] *L'un après l'autre*, hintereinander ; nacheinander. || [idée de poursuite] hinterher ; nach. | *Courir après qn*, hinter jm herlaufen ; jm nachlaufen. | *Courir après son argent*, hinter seinem Geld herlaufen. | *Aboyer après qn*, jm nachbellen. | *Crier après qn*, jm hintendrein rufen ; FIG. gegen jn angeben. | *Demander après qn*, nach jm fragen. || POP. *Être après qn*, dauernd hinter jm her sein. — **c)** loc. prép. **d'après,** [conformément, selon] nach. | *Peintures d'après nature*, nach der Natur gemalte Gemälde. | *D'après moi*, meiner Meinung nach. | *D'après la loi*, laut (des) Gesetz(es). || [conséquence] zufolge (dat.) ; demnach. | *D'après cela*, demzufolge.

II. adv. **a)** [de temps] nachher ; darauf ; hernach ; daraufhin ; danach. | *Vingt ans après*, zwanzig Jahre nachher. | *Peu après*, bald darauf ; kurz danach ; kurze Zeit später. | *Le jour (d')après*, am Tag darauf. | *Et après ?*, und dann ? ; na ja und ? — **b)** [de lieu ; succession] nachher ; hinterher ; hinten. | *Ci-après*, weiter unten. || [poursuite] *Le chien court après*, der Hund läuft hintendrein. || FAM. *Je ne cours pas après*, ich laufe nicht danach. || [adhérence] *Il y a du sang après*, es ist Blut daran.

III. loc. adv. **après tout,** schließlich. | *Après cela*, danach ; hierauf. | *Après coup*, danach.
◇ pr. relat. **après lequel, après quoi,** wonach ; worauf.
◇ loc. conj. **après que, après avoir,** nachdem ; nach (avec l'infin. substantivé). | *Après avoir mangé, il sortit*, nach dem Essen ging er aus. | *Après avoir écrit à ma mère, je m'assoupis*, nachdem ich an meine Mutter geschrieben hatte, schlummerte ich ein.

après-demain adv. übermorgen.

après-guerre m. ou f. Nachkriegszeit f.

après-midi m. invar. Nachmittag m. | *Cet après-midi*, heute nachmittag. | *(Dans) l'après-midi*, im Laufe des Nachmittags ; nachmittags.

après-vente adj. invar. *Service après-vente*, Kundendienst m.

âpreté [ɑprəte] f. [rugosité] Rauheit f. || [rudesse] Herbe f. ; Schärfe f. | *Âpreté du froid*, Schärfe der Kälte. | *Âpreté d'un fruit*, Herbheit einer Frucht. || FIG. [sévérité] Strenge f. ; rauhe Art ; Härte f. || [avidité] Gier f. ; Geiz m. | *Âpreté au gain*, Gewinnsucht f.

a priori [apriɔri] loc. adv. von vornherein.

apriorisme [-rism] m. PHILOS. Apriorismus m.

à-propos [aprɔpo] m. Sinn für das Passende, Treffende n. | *Esprit d'à-propos*, Schlagfertigkeit f. || THÉÂTRE. Gelegenheitsstück n.

apte [apt] adj. fähig ; geeignet ; tauglich. | *Apte à*, geeignet, befähigt, geschickt zu. | *Apte au travail*, arbeitsfähig. | *Être apte à qch.*, für etwas taugen.

aptitude [-tityd] f. [capacité, habileté] Veranlagung f. ; Fähigkeit f. ; Eignung f. ; Tauglichkeit f. | *Aptitude au travail*, Eignung für die Arbeit. | *Aptitude professionnelle*, Berufsbefähigung f. | *Aptitude pour les mathématiques*, mathematische Begabung.

apurement [apyrmɑ̃] m. *Apurement des comptes*, Abschluß m. ; Rechnungsprüfung f. | *Apurement du bilan*, Bilanzbereinigung f.

apurer [-re] v. tr. bereinigen ; überprüfen ; abschließen. | *Apurer un compte*, eine Rechnung für richtig erkennen.

aquafortiste [akwafɔrtist] m. Radierer m.

aquaplanage [-plana:ʒ] m. ou **aquaplaning** [-niɲ] m. Wasserglätte f.
aquarelle [akwarɛl] f. Aquarell n.
aquarelliste [-rɛlist] s. Aquarellmaler(in) m. (f.).
aquarium [-rjɔm] m. Aquarium n.
aquatique [-tik] adj. im Wasser lebend ; Wasser...
aqueduc [akdyk] m. HIST., TECHN. Aquädukt n.
aqueux, euse [akø, ø:z] adj. [de la nature de l'eau] wasserartig ; wässerig. || [qui contient de l'eau] wasserhaltig ; mit Wasser.
aquifère [akwifɛ:r] adj. wasserhaltig. | *Nappe aquifère*, Grundwasser n.
aquilin, ine [akilɛ̃, in] adj. adlerartig ; gebogen. | *Nez aquilin*, Adlernase f. ; Habichtsnase f.
aquilon [akilɔ̃] m. POÉT. Nordwind m.
arabe [arab] adj. arabisch ; aus Arabien. | *Cheval arabe*, Araber m. ; Vollblutpferd n. ; Vollblut n. | *Chiffres arabes*, arabische Zahlen f. pl.
◇ s. **Arabe,** Araber(in) m. (f.). || [langue] das Arabische.
arabesque [arabɛsk] adj. arabisch.
◇ f. Arabeske f. ; Verschnörkelung f.
Arabie [arabi] n. pr. f. GÉOGR. Arabien n. | *Arabie Saoudite*, Saudi-Arabien.
arabique [-bik] adj. arabisch ; von Arabien.
arable [arabl] adj. pflügbar ; bestellbar ; zu bestellen. | *Terre arable*, Mutterboden m.
arachide [araʃid] f. BOT. Erdnuß f. ; Erdmandel f. | *Huile d'arachide*, Erdnußöl n.
arachnéen, éenne [arakneɛ̃, ɛn] adj. spinnenartig ; spinnennetzartig. || FIG. hautzart ; hauchfein.
arachnide [nid] m. Spinnentier n.
araignée [arɛɲe] f. ZOOL. Spinne f. | *Toile d'araignée*, Spinngewebe n. ; Spinnennetz n. || [poisson] *Araignée de mer*, Seedrache m. || [crochet] Schöpfhaken m. || [filet] Stellnetz n. ; Fangnetz n. || TECHN. [rainures] *Pattes d'araignée*, Ölnut f.
araire [arɛ:r] m. radloser Pflug.
araser [araze] v. tr. abgleichen ; abhobeln. || GÉOL. erodieren.
aratoire [aratwa:r] adj. Acker... ; zur Landwirtschaft gehörig. | *Instruments aratoires*, Ackergeräte n. pl.
arbalète [arbalɛt] f. Armbrust f.
arbalétrier [-letrje] m. Armbrustschütze m. || Dachstuhlkonstruktion f. ; Sparren m.
arbitrage [arbitra:ʒ] m. JUR. [règlement par un arbitre] Schiedsspruch m. ; Vergleich m. ; Vergleichsverfahren n. | *Cour d'arbitrage de La Haye*, Haager Schiedsgerichtshof m. | *Traité d'arbitrage*, Schiedsvertrag m. | *Commission d'arbitrage*, Schlichtungsausschuß m. || SPORT. Schiedsrichten n. || [opération de Bourse] Arbitrage f.
arbitraire [arbitrɛ:r] adj. willkürlich ; eigenmächtig. | *Décision arbitraire*, Gewaltspruch m.
◇ m. Willkür f. ; Eigenmächtigkeit f. | *Arbitraire légal*, freie(s) Ermessen des Richters.
arbitrairement [-trɛrmɑ̃] adv. willkürlich.
arbitral, ale, aux [arbitral, o] adj. schiedsrichterlich ; schiedsgerichtlich. | *Jugement arbitral*, Schiedsspruch m.
arbitre [arbitr] m. Schiedsrichter m. | *Prendre qn pour arbitre*, jn zum Schiedsrichter wählen. || SPORT. Schiedsrichter. || FIG. [maître souverain] unumschränkter Herr ; Beherrscher m. || PHILOS. *Libre arbitre*, freier Wille.
arbitrer [-tre] v. tr. [juger] als Schiedsrichter entscheiden. | *Arbitrer un différend*, einen Streit schlichten. | *Arbitrer un match de boxe*, beim Boxkampf Ringrichter sein. || FIN. arbitrieren.
arborer [arbɔre] v. tr. [planter, élever] aufpflanzen ; aufrichten ; aufstecken. | *Arborer un drapeau*, eine Flagge hissen. || FIG. *Arborer une décoration*, eine Auszeichnung zur Schau tragen.
arborescent, ente [arbɔrɛsɑ̃, ɑ̃:t] adj. baumartig.
arboriculteur [-rikyltœ:r] m. Baumzüchter m.
arboriculture [-kyltyr] f. Baumzucht f.
arbre [arbr] m. [sens général] Baum m. | *Arbres verts*, immergrüne Bäume m. pl. | *Arbres à feuilles caduques*, laubabwerfende Bäume. | *Arbres à aiguilles*, Nadelbäume. | *Arbres fruitiers*, Obstbäume. | *Arbre d'agrément*, Zierbaum. | *Arbre de Noël*, Weihnachtsbaum. || FIG. *Arbre généalogique*, Stammbaum. | *Arbre de la connaissance*, Baum der Erkenntnis. || MAR. Mast m. | *Arbre de trinquet*, Fockmast. || AGRIC. *Arbre greffé*, Pfröpfling m. || CHIM. *Arbre de Saturne*, Bleibaum. || TECHN. Welle f. ; Achse f. | *Arbre à cames*, Nockenwelle ; Daumenwelle. | *Arbre d'une roue*, Radachse. | *Arbre d'entraînement*, Antriebswelle. | *Arbre primaire*, Hauptwelle. | *Arbre de transmission*, Übertragungswelle.
arbrisseau [-briso] m. Bäumchen n. ; Busch m.
arbuste [-byst] m. Bäumchen n. ; (kleiner) Strauch m. ; Staude f. | *En forme d'arbuste*, strauchartig ; staudenförmig.
arc [ark] m. [sens général] Bogen m. | *En arc*, bogenförmig. || [arme] Bogen ; Flitzbogen. || FIG. *Il a plusieurs cordes à son arc*, er hat mehrere Eisen im Feuer. || [courbure] Bogen ; Biegung f. ; Krümmung f. || GÉOM. *Arc de cercle*, Kreisbogen. | *Décrire un arc*, einen Bogen beschreiben. || ARCHIT. *Arc de plein cintre*, Rundbogen. || MIL. *Arc de triomphe*, Triumphbogen ; Siegestor n. || TECHN. *Arc électrique*, Lichtbogen. | *Lampe à arc*, Bogenlicht n.
Arc (Jeanne d') n. pr. f. die Jungfrau von Orleans.
arcade [arkad] f. ARCHIT. Bogengang m. ; Säulengang m. ; Laube f. ; Arkade f. || ANAT. *Arcade sourcilière*, Augenbrauenwölbung f.
arcane [arkan] m. [opération mystérieuse] geheimnisvolles Experiment ; Geheimnis n. | *Les arcanes de la diplomatie*, die geheimen Machenschaften der Diplomatie.
arc-boutant [arkbutɑ̃] m. ARCHIT. Strebebogen m. ; Schwibbogen m.
arc-bouter [-te] v. tr. durch Streben abstützen ; stützen ; verstreben.
◇ v. pr. **s'arc-bouter,** sich stemmen.
arceau [arso] m. ARCHIT. Mauerbogen m. ; Gewölbebogen m. || PAR EXT. kleiner Bogen ; Halter m.
arc-en-ciel m. Regenbogen m.
archaïque [arkaik] adj. altertümlich ; uralt ; archaisch. | *Un mot archaïque*, ein veraltetes Wort. || GÉOL. *L'époque archaïque*, das archaische Zeitalter.
archaïsme [-ism] m. [mot suranné] veralteter Ausdruck ; altertümliches Wort ; überholte Wendung. || PÉJOR. [manie] Altertümelei f.
archange [arkɑ̃:ʒ] m. Erzengel m.
arche [arʃ] f. [voûte de pont] Bogen m. ; Brückenbogen m. ; Brückenjoch n. || TECHN. Nebenofen m. || THÉOL. *Arche d'alliance*, Bundeslade f. | *Arche de Noé*, die Arche Noah.
archéologie [arkeɔlɔʒi] f. Altertumskunde f. ; Altertumswissenschaft f. ; Archäologie f. | *Archéologie préhistorique*, Urzeitwissenschaft f.
archéologique [-lɔʒik] adj. archäologisch.
archéologue [-lɔg] m. Altertumsforscher m. ; Archäologe m.

archer [arʃe] m. Bogenschütze m.

archet [arʃɛ] m. Mus. Bogen m. | *Archet de violon*, Fiedelbogen. | *Coup d'archet*, Bogenstrich m. || Techn. Bogen m. ; Bügel m. | *Archet de la scie*, Bügel der Säge.

archétype [arketip] m. Philos. Urbild n. ; Vorbild n. ; Urform f. ; Archetyp m. ; Idee f.

archevêché [arʃəvɛʃe] m. [diocèse] Erzbistum n. || [palais] erzbischöfliches Palais.

archevêque [-vɛ:k] m. Erzbischof m.

archi [arʃi] préf. erz..., haupt..., ober...

archibondé, ée [-bɔ̃de] adj. überfüllt.

archichancelier [-ʃɑ̃səlje] m. Hist. Erzkanzler m. ; kaiserlicher Kanzler ; Staatskanzler.

archicomble [-kɔ̃bl] adj. überfüllt ; übervoll.

archiduc [-dyk] m. Erzherzog m.

archiépiscopal, ale, aux [arkiepiskɔpal, o] adj. erzbischöflich.

Archimède [arʃimɛd] n. pr. m. Archimedes. | *Principe d'Archimède*, archimedisches Prinzip.

archipel [arʃipɛl] m. Archipel m. ; Inselgruppe f.

archiprêtre [arʃiprɛ:tr] m. Erzpriester m.

architecte [arʃitɛkt] m. Architekt m. ; Baumeister m. | *Architecte paysagiste*, Landschaftsarchitekt.

architectonique [-tɛktɔnik] adj. architektonisch. ◇ f. Architektonik f. ; Baustil m.

architectural, ale, aux [-tɛktyral, o] adj. baukunstmäßig ; zur Baukunst gehörig ; baumäßig.

architecture [-tɛkty:r] f. [art] Baukunst f. ; Architektur f. | *École d'architecture*, Bauschule f. || [caractère, style] Bauart f. ; Baustil m. | *Architecture romane, gothique*, romanischer, gotischer Stil. || [édifice] Bau m. || Par ext. [structure] Bau m. ; Aufbau m. || Inf. *Architecture de réseau*, Netzwerkarchitektur f.

architrave [arʃitra:v] f. Säulensims n. ; Säulenquerbalken m. ; Architrav. m.

archives [arʃi:v] f. pl. [actes] Urkundensammlung f., Urkunden f. pl. ; Archiv n. | *Pièce d'archives*, alte Urkunde. | *Compulser les archives*, im Archiv nachschlagen. || [lieu] Archiv n. ; Archivgebäude n. | *Archives nationales*, Staatsarchiv.

archiviste [-vist] m. Archivar m.

arçon [arsɔ̃] m. Sattelknauf m. ; Sattelbogen m. || Sport. *Cheval d'arçons*, Turnpferd n. || Techn. Wollkratzer m.

arctique [arktik] adj. arktisch ; am Nordpol gelegen ; nördlich. | *Océan Arctique*, nördliches Eismeer ; Arktis f. | *Terres arctiques*, Nordpolarländer n. pl.

ardemment [ardamɑ̃] adv. glühend ; heiß ; feurig. | *Désirer ardemment*, sehnlichst wünschen.

ardennais, aise [ardənɛ, ɛ:z] adj. aus den Ardennen ; Ardennen...
◇ s. **Ardennais, aise**, Bewohner(in) m. (f.) der Ardennen.

Ardennes [ardɛn] n. pr. f. pl. Ardennen f. pl. ; Ardenner Wald m.

ardent, ente [ardɑ̃, ɑ̃:t] adj. [en feu] brennend ; lodernd ; flammend ; glühend. | *Brasier ardent*, lodernde Glut. || Loc. *Être sur des charbons ardents*, wie auf glühenden Kohlen sitzen. || Fig. [fougueux] feurig ; hitzig ; eifrig. | *Désir ardent*, heißer Wunsch. | *Ardent au travail*, emsig. | *Amour ardent*, Liebesglut f. || [violent] heftig ; hitzig. | *Qui a une haine ardente*, haßentbrannt. || [qui chauffe, enflamme] heiß ; brennend. | *Le soleil est ardent*, die Sonne sticht. | *Soif ardente*, brennender Durst. || [couleur] brennend rot ; feuerrot. | *Cheveux d'un blond ardent*, rotblonde Haare n. pl. || Loc. *Chapelle ardente*, Trauerkapelle f.

ardeur [-dœ:r] f. [chaleur] Hitze f. ; Glut f. ; Feuer n. | *L'ardeur du soleil*, Sonnenglut. | *Ardeurs de la canicule*, Hundstagshitze. | *Ardeur de la soif*, brennender Durst. || [fougue, zèle] Feuer n. ; Hitze f. ; Inbrunst f. | *Un cheval plein d'ardeur*, ein feuriges Pferd. | *Ardeur au travail*, Fleiß m. | *Excès d'ardeur*, blinder Eifer. | *Calmer l'ardeur de qn*, den Übereifer von jm dämpfen. | *L'ardeur du combat*, die Hitze des Gefechtes. || [passion] Leidenschaft f. ; Liebesglut f. | *Plein d'ardeur*, voller Leidenschaft.
— Syn. : *Chaleur* f., Wärme f. *Feu* m., Feuer n. *Flamme* f., Leidenschaftlichkeit f. *Acharnement* m., blinder Eifer.

ardillon [ardijɔ̃] m. Schnallendorn m. ; Schnallenzunge f. || Typogr. Bogenhalter m.

ardoise [ardwa:z] f. [roche] Schiefer m. ; Schieferstein m. | *Carrière d'ardoise*, Schieferbruch m. | *(Couleur) ardoise*, schieferfarbig. || [pour écrire] Schiefertafel f. ; Schreibtafel f. ; Rechentafel f. || Par ext. *Ardoise métallique*, verzinkte Schieferplatte. || Fig., fam. [dette] *Avoir une ardoise chez qn*, bei jm in der Kreide stehen.

ardu, ue [ardy] adj. schroff ; steil ; unzugänglich ; jäh. || Fig. [difficile] hart ; schwierig ; schwer lösbar. | *Question ardue*, kniffliche Frage.

are [a:r] m. Ar n. (100 qm).

arène [arɛ:n] f. [amphithéâtre] Arena f. ; Kampfbahn f. || Fig. Kampfstätte f. | *Descendre dans l'arène*, sich zum Kampf stellen. | *L'arène politique*, die politische Kampfbahn.

aréole [areɔ:l] f. Méd. Ring m. ; Warzenhof m.

aréomètre [areɔmɛtr] m. Aräometer n. ; Säuremesser m.

aréopage [areɔpa:ʒ] m. Antiq. Areopag m. || Fig. höchstes Gericht ; ehrwürdige Versammlung. | *Un aréopage littéraire*, literarisches Preisgericht.

Arès [arɛs] n. pr. m. Myth. Ares m. ; Mars m.

arête [arɛ:t] f. [de poisson] Gräte f. ; Fischgräte f. | *Ôter les arêtes*, entgräten. || [de montagne] Grat m. ; Kamm m. | *Arête d'un toit*, Dachfirst m. || [bord anguleux] Kante f. | *Arêtes d'un diamant*, scharfe Kanten eines Diamanten. | *Aux arêtes vives*, scharfkantig. || Aéron. *Arête dorsale*, Rückenflosse f. || Bot. Granne f. ; Bart m.

argent [arʒɑ̃] m. **1.** [métal blanc] Silber n. | *Lingot d'argent*, Silberbarren m. | *D'argent*, silbern ; von, aus Silber ; Silber... | *Nitrate d'argent*, Höllenstein m.
2. [monnaie] Geld n. ; gemünztes Geld. | *Somme d'argent*, Geldsumme f. | *Argent comptant*, bares Geld. | *Argent immobilisé*, festgefrorenes Geld. | *Argent bien placé*, gut angelegtes Geld. | *Trafic d'argent*, Geldverkehr m. | *Virement d'argent*, Geldüberweisung f. | *Argent de poche*, Taschengeld. || Loc. *Toucher de l'argent*, Geld bekommen ; bezahlt werden. | *Rentrer de l'argent*, Geld eintreiben. | *Emprunter de l'argent*, Geld borgen. | *Mettre de l'argent de côté*, Geld auf die hohe Kante legen. | *Être court, à court d'argent*, knapp bei Kasse sein. | *Faire argent de tout*, aus allem Geld schlagen ; pop. versilbern. | *Avancer de l'argent*, Geld vorschießen, vorstrecken. | *J'en ai eu pour mon argent*, es hat sich gelohnt. | *Prendre qch. pour argent comptant*, etwas für bare Münze nehmen. || Prov. *L'argent n'a pas d'odeur*, Geld stinkt nicht. | *L'argent ne fait pas le bonheur*, Geld macht nicht glücklich.
— Syn. : *Monnaie* f., Kleingeld n. *Espèces* f. pl., bares Geld. *Numéraire* m., Bargeld n. ; Hartgeld n. Pop. *Galette* f. : *pognon* m., Zaster m. ; Moos n. ; Blech n.

argentan [-tɑ̃] m. Neusilber n.

argenter [-te] v. tr. versilbern ; mit Silber überziehen. || Poét., Fig. einen Silberglanz verleihen.

◇ part. pass. et adj. **argenté, ée,** [objets] versilbert. || [couleur] silberfarben. | *Métal argenté*, Alpakasilber n.

argenterie [-tri] f. Silberzeug n. ; Silberwaren. f. pl. || [vaisselle] Silbergeschirr n. ; Silberbestecke n. pl.

argenteur [-tœ:r] m. Versilberer m.

argentier [-tje] m. [meuble] Silberschrank m. ; Silberbord n. || Hist. *Grand argentier*, Oberschatzmeister m. || Fam. Finanzminister m.

argentifère [-tifɛr] adj. silberhaltig.

argentin, ine [-tɛ̃, in] adj. silberhell ; silberfarben.

argentin, ine [arʒɑ̃tɛ̃, in] adj. argentinisch.
◇ s. **Argentin, ine,** Argentinier(in) m. (f.).

Argentine n. pr. f. Géogr. Argentinien n.

argenture [arʒɑ̃ty:r] f. Versilberung f.

argile [arʒi:l] f. Ton m. ; Tonerde f. ; Lehm m. | *Argile blanche*, Porzellanton ; Kaolin m. | *Argile marneuse*, Tonmergel m. | *Argile réfractaire*, feuerfester Ton ; Schamotte f. | *D'argile*, tönern. | *Colosse aux pieds d'argile*, Koloß (m.) mit tönernen Füßen.

argileux, euse [-lø, ø:z] adj. tonig ; lehmig ; tonartig ; lehmhaltig. | *Couche argileuse*, Tonschicht f. ; Tonlagerung f. | *Terre argileuse*, Lehmboden m. ; schwerer Boden.

argon [argɔ̃] m. [gaz] Argon n. ; Edelgas n.

argonaute [argɔno:t] m. Zool. Tintenschnecke f.

Argonautes n. pr. m. pl. Argonauten m. pl.

Argonne [argɔn] n. pr. f. Géogr. Argonnen f. pl. ; Argonner Wald m.

argot [argo] m. [langue verte] Gaunersprache f. ; Jargon m. ; Slang m. | *Parler l'argot berlinois*, berlinern. || Par ext. Fachsprache f. | *Argot des écoles*, Studentensprache ; Schülerausdrücke m. pl.

Argovie n. pr. f. Géogr. Aargau m.

arguer [arge] v. tr. schließen ; folgern ; einen Schluß ziehen.

argument [argymɑ̃] m. [preuve] Beweis m. ; Beweisgrund m. ; Beweismittel n. ; Argument n. | *Réfuter un argument*, ein Argument widerlegen. | *Retourner un argument*, ein Beweismittel auf den Gegner anwenden. | *C'est un argument en sa faveur*, das spricht stark für ihn. || [sommaire] Inhaltsangabe f. | *Argument d'un discours*, Überblick (m.) über eine Rede.

argumentaire [-tɛ:r] m. Verkäufermerkblatt m. || Jur. Argumentarium n.

argumentation [-tasjɔ̃] f. Beweisführung f. ; Schlußfolgerung f. ; Erhärtung f. ; Argumentation f.

argumenter [-te] v. intr. beweisen ; Beweise anbringen ; Gründe anführen ; argumentieren. | *Argumenter de*, schließen aus ; folgern aus.

argus [argy:s] m. Autom. Preisverzeichnis (n.) für Gebrauchtwagen. || Zool. [oiseau] Argusfasan m. ; Pfauenargus m.

argutie [argysi] f. [subtilité de langage] Spitzfindigkeit f. ; Klügelei f.

aria [arja] m. Pop. Umstände m. pl. ; Theater n.

aria f. Mus. Weise f. ; Arie f.

Ariane [arjan] n. pr. f. Myth. Ariadne f. | *Fil d'Ariane*, Ariadnefaden m. ; Ausweg m.

aride [arid] adj. [sec, stérile] dürr ; trocken ; ausgetrocknet ; ausgedörrt. | *Désert aride*, dürre Wüste. || Fig. *Sujet aride*, trockener Stoff. | *Esprit aride*, Flachkopf m.

aridité [-dite] f. Dürre f. ; Trockenheit f. ; Unfruchtbarkeit f.

arien, ienne [arjɛ̃, jɛn] adj. arianisch.
◇ s. **Arien, ienne,** Arianer(in) m. (f.)

ariette [arjɛt] f. Mus. Liedlein n. ; Romanze f.

arioso [ariozo] m. Mus. Sprechgesang m.

Arioste [ariost] n. pr. m. Ariost m. ; Ariosto m.

aristocrate [aristɔkrat] s. Adlige(r) f. (m.) ; Aristokrat(in) f. (m.).
— Syn. : *Noble* m., Adliger(r) m. *Seigneur* m., Lehensherr m. *Gentilhomme* m., Edelmann m. *Patricien* m., Patrizier m.

aristocratie [-krasi] f. [gouvernement] Adelsherrschaft f. ; Aristokratie f. || [classe des nobles] Adel m. ; Adelsstand m.

aristocratique [-kratik] adj. adlig ; aristokratisch ; auserlesen. | *Manières aristocratiques*, vornehme Manieren f. pl.

Aristote [aristɔt] n. pr. m. Aristoteles m.

aristotélicien, ienne [-telisjɛ, jɛn] adj. aristotelisch.

arithméticien, ienne [aritmetisjɛ̃, jɛn] s. Rechner(in) m. (f.) ; Rechenkünstler(in) m. (f.).

arithmétique [-tik] adj. arithmetisch ; Rechen...
◇ f. Rechenkunst f. : Aritmetik f.

arlequin [arləkɛ̃] m. [bouffon] Harlekin m. ; Hanswurst m. || Fig. Hampelmann m. ; Hanswurst m.

armateur [armatœ:r] m. Schiffseigner m. ; Reeder m.

armature [-ty:r] f. Techn. [ossature] Gerüst n. ; Rahmen m. ; Armierung f. | *Armature en béton armé*, Betonarmierung. | *Armature de vitraux*, Glasrahmung f. || Phys. Anker m. | *Armature d'électro-aimant*, Magnetanker. || Mus. Vorzeichnung f.

arme [arm] f. [objet] Waffe f. | *Arme offensive*, Angriffswaffe. | *Arme blanche*, blanke Waffe. | *Arme à feu*, Feuerwaffe, Schußwaffe. | *Arme antichar*, Panzerabwehrwaffe. | *Arme automatique*, Selbstladewaffe. | *Armes classiques, conventionnelles*, konventionelle Waffen. | *Arme nucléaire*, Atomwaffe. | *Arme nucléaire à portée intermédiaire*, atomare Mittelstreckenwaffe. | *Arme portative*, Handfeuerwaffe. | *En armes*, gewappnet ; in Waffen ; gerüstet. || Par ext. *Place d'armes*, Kasernenhof m. | *Prise d'armes*, Heerschau f. ; Parade f. | *Salle d'armes*, Fechtsaal m. | *Maître d'armes*, Fechtmeister m. || Loc. *Aux armes !*, an die Gewehre ! | *Reposez armes !*, Gewehr ab ! | *Arme sur l'épaule droite !*, das Gewehr über ! | *Porter les armes*, dienen. | *Prendre les armes*, zu den Waffen greifen. | *Poser les armes*, die Waffen strecken. | *Passer par les armes*, erschießen. | *Fait d'armes*, Heldentat f. | *Suspension d'armes*, Waffenruhe f. | *Par la force des armes*, mit Waffengewalt. | *Passe d'armes*, Waffenwechsel m. | *Avec armes et bagages*, mit Mann und Maus. || Fam. *Passer l'arme à gauche*, sterben. || [division militaire] Waffengattung f. | *Servir dans une arme*, bei einer Waffe dienen.

armée [-me] f. [ensemble] Heer n. ; Wehrmacht f. | *Armée de métier*, aktives Heer. || [partie] Wehrmachtsteil m. ; Armee f. ; Heer n. | *Armée de terre, de mer, de l'air*, Wehrmacht f., Marine f., Luftwaffe f. | *Corps d'armée*, Armeekorps n. || Fig. [foule] Menge f. ; Masse f. ; Heer n. | *Armée du Salut*, Heilsarmee.

armement [-məmɑ̃] m. [action] Bewaffnung f. ; Rüstung f. ; Aufrüstung f. | *Usine d'armement*, Rüstungswerk n. || [ensemble des armes] Ausrüstung f. ; Ausstattung f. | *Course aux armements*, Wettrüsten n. || Mar. Schiffsausrüstung f. ; Reederei f. | *Armement d'un navire*, Bestückung eines Schiffs. || Techn. Einbau m.

Arménie [armeni] n. pr. f. Géogr. Armenien n. | *Papier d'Arménie*, Räucherpapier n.

armer [arme] v. tr. [fournir d'armes] bewaffnen ; rüsten ; ausrüsten. | *Armer une troupe*, eine Truppe ausstatten. || Par ext. [munir de] versehen mit ;

ausstatten mit. || TECHN. armieren ; beschlagen ; bewehren. | *Armer d'acier*, mit Stahl verstärken, versteifen. | *Armer un fusil*, den Hahn spannen. || FIG. [fortifier] befestigen ; bestärken ; schärfen.
◇ v. intr. [préparer la guerre] aufrüsten.
◇ part. pass. et adj. **armé, ée,** *Armé jusqu'aux dents*, waffenstarrend. | *À main armée*, mit bewaffneter Hand ; mit Gewalt. | *Navire armé*, bestücktes Schiff. | *Forces armées*, Streitmächte f. pl. ; Streitkräfte f. pl. || PAR EXT. versehen mit. || TECHN. armiert ; beschlagen ; bewehrt.
◇ v. pr. **s'armer de,** sich bewaffnen mit ; sich rüsten, sich ausrüsten mit. || PAR EXT. sich versehen mit. | *S'armer de patience*, sich mit Geduld wappnen.

Arminius [arminiys] n. pr. m. Arminius m. ; Hermann der Cherusker m.

armistice [armistis] m. Waffenstillstand m. ; Waffenruhe f.

armoire [armwa:r] f. Schrank m. ; Spind n. | *Armoire à éléments*, Anbauschrank. | *Armoire à glissière*, Rollschrank. | *Armoire à glace*, Spiegelschrank. ; FIG., FAM. Muskelprotz m. | *Armoire de rangement*, Abstellschrank. || INF. *Armoire de commande*, Steuerwerk n.

armoiries [armwari] f. pl. Wappen n. ; Embleme n. pl. ; heraldische Zeichnung.

armoise [armwa:z] f. BOT. Johanniskraut n. ; Beifuß m.

armorial [armɔrjal] m. Wappenbuch n.

armoricain, aine [armɔrikɛ̃, ɛn] adj. armorikanisch ; bretonisch.
◇ s. **Armoricain, aine,** Armorikaner(in) m. (f.) ; Bretone m., Bretonin f.

Armorique [armɔrik] n. pr. f. GÉOGR. armorikanisches Plateau ; Bretagne f.

armure [army:r] f. [cuirasse] Rüstung f. ; Panzer m. ; Küraß m. ; Harnisch m. ; Panzerhemd n. | *Endosser l'armure*, die Rüstung anlegen ; sich panzern. || FIG. [protection] Schutz m. ; Schirm m. ; Sicherheit f. || TECHN. Armatur f. ; Einfassung f.

armurerie [-ri] f. [fabrication] Waffenschmiede f. ; Waffenherstellung f. || [commerce] Waffenhandel m. ; Waffengeschäft n. || [usine] Waffenfabrik f. || MIL. Waffenmeisterei f.

armurier [-rje] m. [fabricant] Waffenhersteller m. ; Waffenschmied m. ; Büchsenmacher m. ; Schwertfeger m. || [commerçant] Waffenhändler m. || MIL. Waffenmeister m.

arnaque [arnak] f. POP. Schwindel m. ; Betrügerei f.

arnaquer [-ke] v. tr. POP. jn hereinlegen. | *Se faire arnaquer*, auf jn hereinfallen.

arnica [arnika] f. BOT. Wohlverleih f. ; Arnika f.

aromate [arɔmat] m. Gewürz n. ; Würze f.
◇ m. pl. Gewürzwaren f. pl.

aromatique [-tik] adj. aromatisch ; würzig ; kräftig. | *Liqueur aromatique*, Kräuterlikör m.

aromatiser [-tize] v. tr. würzen ; einen kräftigen Geschmack geben.

arôme [aro:m] m. Aroma n. ; Duft m. ; Wohlgeruch m.

arpège [arpɛ:ʒ] m. MUS. Arpeggio n.

arpent [arpɑ̃] m. Morgen m. ; Rute f. ; Joch n.

arpentage [arpɑ̃ta:ʒ] m. Vermessung f. ; Feldvermessung f. ; Abmessung f. ; Ausmessung f. ; Abstekkung f. ; Feldmeßkunst f.

arpenter [-te] v. tr. [mesurer] abmessen ; vermessen ; ausmessen. || FIG. [parcourir] lange Schritte machen. | *Arpenter la chambre*, im Zimmer auf und ab gehen.

arpenteur [-tœ:r] m. Feldmesser m.

arpète [arpɛt] s. POP. [apprenti, ie] Stift m. ; Lehrling m. ; Lehrmädchen n. ; FAM. Azubi m./f.

arqué, ée [arke] adj. bogenförmig ; gebogen ; krumm ; geschwungen ; in Bogen. | *Avoir les jambes arquées*, O-Beine, krumme Beine haben.

arquebuse [arkəby:z] f. Armbrust f. ; Hakenbüchse f. ; Arkebuse f.

arquebusier [-zje] m. Scharfschütze m.

arquer [arke] v. tr. [courber] biegen ; umbiegen ; beugen ; krümmen.
◇ v. intr. [fléchir] sich umbiegen ; sich krümmen ; krumm werden.

arrachage [araʃa:ʒ] m. Ausreißen n. | *Arrachage des betteraves*, Rübenziehen n.

arrache-clou m. Nagelzieher m. ; Kistenöffner m.

arrachement [-ʃmɑ̃] m. Ausreißen n. || ARCHIT. Mauerverzahnung f. || FIG. herzzerreißendes Scheiden.

arrache-pied (d') [-pie] loc. adv. POP. zum Beinausreißen ; unermüdlich.

arracher [-ʃe] v. tr. [détacher] ausreißen ; herausreißen ; abreißen ; losreißen ; entreißen. | *Arracher les mauvaises herbes*, Unkraut jäten. | *Arracher un arbre*, einen Baum entwurzeln. | *Arracher des pommes de terre*, Kartoffeln ausnehmen, sammeln. | *Arracher les cheveux*, die Haare raufen. | *Arracher une haltère*, eine Hantel heben. || [obtenir] mit Mühe erhalten ; entreißen ; abzwingen ; abnötigen. | *Arracher des aveux*, Geständnisse herauspressen. | *Arracher une promesse*, ein Versprechen entlocken. || FIG. *Arracher les yeux à qn*, jm die Augen auskratzen. | *Arracher qn à la mort*, jn dem Tode entreißen.
◇ v. pr. **s'arracher,** [se détacher] *S'arracher à*, sich losreißen von ; sich freimachen von. || [se battre pour] sich reißen um.

arraisonnement [arɛzɔnmɑ̃] m. MAR. Anhalten eines Schiffes zur Überprüfung der Ladung ; Schiffskontrolle f.

arraisonner [-ne] v. tr. MAR. ein Schiff anhalten, überprüfen.

arrangeant, ante [arɑ̃ʒɑ̃, ɑ̃:t] adj. entgegenkommend ; verständnisvoll ; verträglich.

arrangement [-ʒmɑ̃] m. [action de disposer] Anordnung f. ; Ordnung f. ; Einrichten n. || [conciliation] Übereinkommen n. ; Abmachung f. ; Abkommen n. ; Verständigung f. ; Übereinkunft f. ; Einigung f. ; Vergleich m. | *Arrangement à l'amiable*, gütlicher Vergleich. || MUS. Bearbeitung f. ; Innotensetzung f.

arranger [-ʒe] v. tr. [mettre en ordre] ordnen ; anordnen ; einordnen ; einrichten. || [préparer] vorbereiten ; veranstalten ; wieder gutmachen. || LITTÉR. bearbeiten. || FIG. [terminer à l'amiable] beilegen ; schlichten. | *L'affaire est arrangée*, die Sache ist erledigt. || FAM. [maltraiter] übel zurichten.
◇ v. pr. **s'arranger,** [s'installer] sich einrichten. || [s'accommoder] *S'arranger de*, vorliebnehmen mit ; sich begnügen mit. || [terminer à l'amiable] sich einigen ; sich vergleichen ; einig werden. | *On peut s'arranger avec lui*, es läßt sich mit ihm reden. || [prendre bonne tournure] *Cela s'arrangera*, es wird schon gehen.

arrérages [arera:ʒ] m. pl. Rückstände m. pl. ; ausstehende Gelder n. pl. ; Außenstände m. pl.

arrestation [arɛstasjɔ̃] f. [action] Verhaftung f. ; Festnahme f. ; Gefangennahme f. ; Gefangensetzung f. ; Inhaftnahme f. || [état] Haft f. ; Arrest m. ; Gefangenschaft f. | *Mettre qn en état d'arrestation*, jn verhaften.

arrêt [arɛ] m. **1.** [action d'arrêter] Anhalten n. ; Aufhalten n. ; Einhalten n. | *Arrêt d'un moteur*, Abstellen, Abstoppen eines Motors. | *Arrêt du travail*, Feierabend m. | *Arrêt d'une entreprise*, Stillegung (f.) eines Betriebes. | *Arrêt de paiement*, Zahlungssperre f. | *Signal d'arrêt*, Haltesignal n. | *Chien d'arrêt*, Vorstehhund m. || [action de s'arrêter] Halten n. ; Anhalten n. ; Stehenbleiben n. | *Arrêt de la circulation*, Verkehrsstockung f. | *Arrêt de la production*, Produktionsstillstand m. | *Arrêt de travail*, [grève] Arbeitsniederlegung f. ; [maladie] Krankschreibung f. | *Il est en arrêt de travail*, er ist krankgeschrieben. | *Sans arrêt*, unaufhaltsam ; unaufhörlich. | *Tomber en arrêt*, plötzlich stehenbleiben. || NUCL. *Arrêt d'urgence*, Schnellabschaltung f.
2. [point] Haltestelle f. | *Arrêt facultatif*, Bedarfshaltestelle.
3. [interruption] Unterbrechung f. ; Ruhe f.
4. JUR. [arrestation] Haft f. ; Verhaftung f. | *Maison d'arrêt*, Gefängnis n. | *Mandat d'arrêt*, Haftbefehl m. | [jugement] Urteil n. ; Bescheid m. | *Rendre un arrêt*, einen Urteilsspruch fällen. || FIG. [décision] Beschluß m. ; Entscheid m.
5. MIL. *Les arrêts*, Arrest m.
6. TECHN. Hemmung f. ; Anhaltevorrichtung f. ; Sperrung f. | *Bague d'arrêt*, Stellring m. | *Levier d'arrêt*, Abstellhebel m. | *Vis d'arrêt*, Feststellschraube f. | *Robinet d'arrêt*, Absperrhahn m. | *Arrêt de course*, Hubgrenze f.

arrêté [arɛte] m. [décision administrative] Beschluß m. ; Verfügung f. ; Erlaß m. ; Verwaltungsverordnung f. ; Anordnung f. | *Arrêté ministériel*, Ministerialerlaß. || COMM. Abschluß m. | *Arrêté de compte*, Kontenabschluß.

arrêter [-te] v. tr. [empêcher de marcher] anhalten, aufhalten ; festhalten ; zurückhalten. | *Arrêter une voiture*, einen Wagen stoppen. | *Arrêter l'eau, un moteur*, das Wasser, einen Motor abstellen. | *Arrêter le feu, une révolte*, das Feuer, einen Aufstand eindämmen. || [interrompre] unterbrechen ; einstellen ; stillegen ; ruhen lassen. | *Arrêter l'exploitation*, den Betrieb einstellen. || [fixer] festmachen ; festsetzen. | *Arrêter ses regards sur qch.*, seine Blicke auf etwas ruhen lassen. || [décider] beschließen ; festlegen ; bestimmen. | *Arrêter un plan*, einen Plan festlegen. | *Arrêter une résolution*, einen Beschluß fassen. | *Arrêter son choix sur qch.*, sich für etwas entscheiden. || [régler] *Arrêter un compte*, ein Konto abschließen. || [emprisonner] verhaften. || TECHN. anhalten ; hemmen.
— SYN. : *Immobiliser*, bewegungslos machen. *Paralyser*, lähmen. *Stopper*, anhalten ; stoppen ; abstoppen.
◇ v. intr. [cesser de marcher] halten ; anhalten ; stehen bleiben ; einhalten. | *Arrêtez !*, Halt ! ; nicht weiter ! ; FIG. still !
◇ v. pr. **s'arrêter,** [cesser de marcher] halten ; anhalten ; stehen bleiben ; Halt machen. || PAR EXT. [cesser] aufhören ; innehalten. | *S'arrêter de travailler*, die Arbeit einstellen ; Feierabend machen. || [séjourner] sich aufhalten ; weilen ; verweilen. || FIG. [s'attarder] *S'arrêter sur une question*, sich bei einer Frage aufhalten. | *S'arrêter à des bagatelles*, sich mit Kleinigkeiten abgeben.
— SYN. : *Stationner*, halten ; anhalten ; parken. *Séjourner*, sich aufhalten. *Demeurer*, bleiben ; verweilen.

arrhes [ar] f. pl. [somme de garantie] Aufgeld n. ; Handgeld n. ; Anzahlung f. ; hinterlegter Betrag. | *Donner des arrhes*, Anzahlung leisten.

arrière [arjɛ:r] adv. [derrière] zurück ; hinter ; nach. | *Roue arrière*, Hinterrad n. | *Feu arrière*, Rücklicht n. | *Marche arrière*, Rückgang m. || FIG. *Faire machine arrière*, die Maschine zurücklaufen lassen ; das Ruder umwerfen.
◇ loc. adv. **en arrière,** [mouvement] zurück ; rückwärts ; rücklings. | *Tomber en arrière*, rücklings hinfallen. || [sans mouvement] hinten ; hintenan. | *Plus en arrière*, weiter hinten. || [en retard] nach ; zurück. | *Être en arrière*, im Rückstand sein ; nicht mehr mitkommen. | *Rester en arrière*, zurückbleiben.
◇ interj. **arrière !,** zurück ! ; hinweg ! ; weg da !
◇ loc. prép. **en arrière de,** hinter (dat.). — **à l'arrière de,** hinter.
◇ m. [partie postérieure] Hinter... ; Rück... | *Arrière d'une maison*, Rückseite (f.) eines Hauses. | *Arrière d'un navire*, Hinterschiff n. ; Heck n. || SPORT. Verteidiger m.

arriéré, ée [-re] adj. [en retard] ausständig ; rückständig ; im Rückstand ; noch ausstehend.
◇ m. **arriéré,** Rückstand m. | *Avoir de l'arriéré*, noch im Rückstand sein. || FIG. s. geistig Zurückgebliebene(r).

arrière-boutique f. Hinterladen m.

arrière-cour f. Hinterhof m. ; Lichthof m.

arrière-garde f. MIL. Nachhut f.

arrière-goût m. Nachgeschmack m. ; Beigeschmack m.

arrière-grand-mère f. Urgroßmutter f. ; Urahne f.

arrière-grand-père m. Urgroßvater m. ; Urahn m.

arrière-neveu m. Großneffe m.

arrière-pays m. invar. Hinterland n.

arrière-pensée f. Hintergedanke m. ; Nebengedanke m. ; versteckte Absicht. | *Sans arrière-pensée*, rückhaltlos.

arrière-petite-fille f. Urenkelin f.

arrière-petit-fils m. Urenkel m.

arrière-petits-enfants m. pl. Urenkel m. pl.

arrière-plan m. Hintergrund m.

arrière-saison f. Spätherbst m. ; Spätsaison f.

arrière-train m. Hintergestell n. ; hinteres Fahrgestell. || ZOOL. Hinterteil n.

arrimage [arima:ʒ] m. Verstauung f.

arrimer [-me] v. tr. stauen ; verstauen ; schichten. || FAM. festbinden.

arrivage [-va:ʒ] m. MAR. Anlegen n. ; Einlaufen n. || [arrivée de marchandises] Eintreffen n. ; Zufuhr f. | *De beaux arrivages*, gute Beschickung.

arrivée [-ve] f. Ankunft f. ; Eintreffen n. ; Einlaufen n. | *Arrivée du courrier*, Posteingang m. | *Gare d'arrivée*, Ankunftsbahnhof m. || FIG. *Arrivée au pouvoir*, Machtergreifung f. ; Thronbesteigung f. || SPORT. Ziel n.
— SYN. : *Arrivage*, Zufuhr ; Anlieferung. *Venue*, Ankunft.

arriver [-ve] v. intr. **1.** PARVENIR DANS UN LIEU : [sens général] ankommen ; gelangen ; eintreffen ; einlaufen ; anlangen. | *Arriver dans la ville, à la campagne, à la mer*, in der Stadt, auf dem Land, an der See ankommen, angelangen. || [précision du mouvement] *Arriver en voiture, à cheval*, herangefahren, herangeritten kommen. | *Arriver en courant, en volant*, herangerannt, herangeflogen kommen. | *Arriver à la nage*, heranschwimmen. | *Arriver précipitamment*, heranstürzen. | *Arriver en masse*, herbeiströmen. | *Arriver en haut, de l'autre côté*, heraufkommen, hinüberkommen. || [nuances particulières] *Le navire arrive*, das Schiff legt an. | *Les marchandises arrivent*, die Waren treffen ein. | *Le courrier est arrivé*, die Post ist eingegangen. | *Le matin arrive, la nuit arrive*, der Morgen dämmert, die Nacht bricht an. | *J'arrive !*, ich komm' schon ! || LOC. *Arriver à bon port*, glücklich hingelangen. | *Arriver aux oreilles de qn*, jm zu Ohren kommen.

2. ATTEINDRE : erreichen ; gelangen. | *Arriver au but*, ans Ziel gelangen. | *Arriver au pouvoir*, zur Macht gelangen.
3. RÉUSSIR : erreichen ; fertig bringen ; durchkommen ; durchsetzen. | *Arriver à qch.*, es zu etwas bringen ; etwas werden. | *N'arriver à rien*, zu nichts kommen. | *Je n'y arrive pas*, es gelingt mir nicht. || (avec l'infin.) *Ne pas arriver à écrire*, nicht zum Schreiben kommen.
◇ part. pass. et adj. **arrivé, ée,** angekommen ; angelangt ; erreicht. | *C'est un homme arrivé*, er ist ein gemachter Mann.
◇ v. impers. [se produire] geschehen ; sich ereignen ; zustoßen ; passieren. | *Il m'est arrivé un malheur*, mir passierte ein Unglück. | *Quoi qu'il arrive*, was auch (immer) kommen mag. | *Il arrive que*, es kommt vor, daß. | *Que lui arrive-t-il ?*, was ist mit ihm los ? | *Que cela ne vous arrive plus !*, das machen Sie nicht wieder ! || [éventualité] *S'il arrivait que*, wenn es vorkommen sollte, daß. | *S'il vous arrivait de l'oublier*, sollten Sie es vergessen.

arriviste [-vist] s. Streber(in) m. (f.) ; Aufsteiger(in) m. (f.).

arrogance [arɔgɑ̃:s] f. Anmaßung f. ; Unverschämtheit f. ; Hochmut m. ; Arroganz f.

arrogant, ante [-gɑ̃, ɑ̃:t] adj. anmaßend ; unverschämt ; großspurig ; eingebildet ; dünkelhaft ; hochmütig ; arrogant.

arroger (s') [sarɔge] v. pr. sich anmaßen ; sich herausnehmen. | *S'arroger le droit de*, sich ein Recht herausnehmen, zu.

arrondir [arɔ̃di:r] v. tr. [rendre rond] runden ; abrunden ; aufrunden. || PAR EXT. [rendre approximatif] *Arrondir une somme*, eine Summe abrunden.
◇ part. pass. **arrondi, ie,** gerundet ; abgerundet. || SUBSTANTIV. *L'arrondi d'un arc*, die Bogenkrümmung.
◇ v. pr. **s'arrondir,** rund werden ; sich runden ; sich abrunden. || FIG. sich erweitern.

arrondissement [-dismɑ̃] m. [action d'arondir] Abrunden n. ; Abrundung f. || [circonscription administrative] Kreis m. ; Bezirk m. ; Kreisbezirk m. ; Unterpräfektur f. || [Paris] *Le XX*[e] *arrondissement*, der zwanzigste Stadtbezirk.

arrosage [arɔza:ʒ] m. Begießen n. ; Gießen n. ; Sprengen n. ; Befeuchten n. ; Bewässerung f.

arroser [-ze] v. tr. [humecter] begießen ; gießen ; sprengen ; besprengen ; anfeuchten ; befeuchten ; benetzen ; berieseln ; bewässern. || PAR EXT. [couler à travers] *L'Elbe arrose Hambourg*, die Elbe durchfließt Hamburg. || FIG. FAM. [fêter] *Arroser son examen*, seine Prüfung feiern ; sein Examen begießen.
— SYN. : *Asperger*, besprengen ; benetzen. *Mouiller*, durchfeuchten ; durchnässen. *Irriguer*, bewässern.

arroseuse [-zø:z] f. Sprengwagen m.

arrosoir [-zwa:r] m. Gießkanne f. ; Gießer m.

arsenal [arsənal] m. Arsenal n. ; Zeughaus n. || FIG. Rüstkammer f.

arsenic [arsənik] m. CHIM. Arsen n. ; Arsenverbindung f. ; arsenige Säure.

arsenical, ale, aux [-nikal, o] adj. CHIM. arsenhaltig ; arsenig.

arsouille [arsu:j] m. POP. Schmierfink m. ; Schmutzfink m. ; Liederjahn m. ; Dreckspatz m. ; Mistvieh n.

art [ar] m. [application des connaissances] Kunst f. ; Kunde f. | *Homme de l'art*, Sachverständige(r) m. ; Fachmann m. | *Art de la construction*, Baukunde ; Baukunst. | *Art culinaire*, Kochkunst. | *Art militaire*, Kriegskunst. | *Arts ménagers*, Haushaltswaren f. pl. || [réalisation du beau] Kunst f. | *Œuvre d'art*, Kunstwerk n. | *Conforme, contraire aux règles de l'art*, kunstgerecht, kunstwidrig. | *Art poétique*, Dichtkunst ; Poetik f. | *Art abstrait*, abstrakte Kunst. | *Art appliqué*, Kunstgewerbe n. | *Beaux-arts*, schöne Künste f. pl. | *Arts d'agrément*, gesellige Künste. || [adresse, talent] Kunst f. ; Kunstfertigkeit f. ; Kunstgriff m. | *Art de persuader*, Überredungskunst. | *Art de bien-vivre*, Lebenskunst.

Artaban [artabɑ̃] n. pr. m. Artaban m. | *Fier comme Artaban*, stolz wie ein Spanier.

artéfact [artefakt] m. Artefakt n.

artère [artɛ:r] f. ANAT. Arterie f. ; Schlagader f. ; Hauptader f. ; Pulsader f. || FIG. *Les grandes artères de la ville*, die Hauptverkehrsstraßen der Stadt.

artériel, ielle [arterjɛl] adj. Arterien... ; zur Arterie gehörig ; arteriös. | *Système artériel*, Arterienverzweigung f.

artériographie [arterjɔgrafi] f. MÉD. Arteriographie f.

artériole [-rjɔl] f. Äderchen n.

artériosclérose [-rjɔsklero:z] f. MÉD. Arteriosklerose f. ; Arterienverkalkung f.

artésien, ienne [artezjɛ̃, jɛn] adj. artesisch. | *Puits artésien*, artesischer Brunnen ; Röhrenbrunnen m.

arthrite [artrit] f. MÉD. Arthritis f. ; Gelenkentzündung f. ; Gicht f. ; Podagra f.

arthropodes [artrɔpɔ:d] m. pl. ZOOL. Gliederfüß(l)er m. pl.

Arthur n. pr. m. Artur m. ; Artus m.

artichaut [artiʃo] m. Artischocke f. ; welsche Distel. | *Fond d'artichaut*, Artischockenboden m. || FIG. *Il a un cœur d'artichaut*, er ist launenhaft, flatterhaft, unbeständig.

article [artikl] m. [division d'un traité] Artikel m. ; Abschnitt m. | *Article de foi*, Glaubensartikel. | *Un article du Code*, ein Paragraph des BGB. | *Les principaux articles*, die Hauptpunkte m. pl. || [marchandise] Artikel m. ; Ware f. ; Objekt n. ; Gegenstand m. ; Rechnungsposten m. | *Article de bureau*, Bürobedarfsartikel. | *Article de consommation*, Verbrauchsartikel. | FIG. *Faire l'article*, seine Ware anpreisen. || [essai] Artikel m. ; Aufsatz m. ; Abhandlung f. ; Beitrag m. | *Article de fond*, Leitartikel. | *Article de revue*, Beitrag in einer Zeitschrift. || GRAMM. Artikel m. ; Geschlechtswort n. | *Article défini*, bestimmter Artikel.

articulaire [artikylɛ:r] adj. ANAT. artikular ; Gelenk... | *Rhumatisme articulaire*, Gelenkrheumatismus m.

articulation [-lasjɔ̃] f. ANAT. [jointure des os] Gelenk n. || FIG. *Articulation d'un texte*, Textgliederung f. || [énonciation] deutliche Aussprache ; Gliederung f. || TECHN. Gelenkverbindung f. | *Articulation à cardan*, Kardangelenk n. | *Articulation à rotule, sphérique*, Kugelgelenk n.

articuler [-le] v. tr. [joindre] gliedern ; mit Gelenken verbinden ; ineinander fügen. || FIG. [énoncer] aufzählen ; deutlich aussprechen.
◇ part. pass. et adj. **articulé, ée,** gegliedert ; klar ausgesprochen ; klar.

artifice [artifis] m. [ruse] Kniff m. ; Kunstgriff m. ; List f. ; Arglist f. ; Ränke m. pl. || POP. Mätzchen n. pl. | *Sans artifice*, ungekünstelt. || [matières inflammables] *Feu d'artifice*, Feuerwerk n. ; FIG. geistessprühender Witz. || *Tirer un feu d'artifice*, ein Feuerwerk abbrennen.

artificiel, ielle [-sjɛl] adj. [non naturel] künstlich ; gekünstelt ; gemacht ; Kunst... | *Soie artificielle*, Kunstseide f. || FIG. [factice] erkünstelt ; unecht.

artificier [-sje] m. Feuerwerker m.

artificieux, ieuse [-sjø, jø:z] adj. arglistig ; hinterhältig.

artillerie [artijri] f. Artillerie f. | *Pièce d'artillerie*, Geschütz n.

artilleur [artijœ:r] m. Artillerist m. ; Kanonier m.

artimon [artimɔ̃] m. MAR. Besan m.

artisan, e [artizɑ̃, an] s. Handwerker(in) m. (f.). || FIG. Urheber m. ; Meister m. ; Anstifter m.

artisanal [-zanal] adj. Handwerk... | *Chambre artisanale*, Handwerkskammer f.

artisanat [-zana] m. Handwerkszweig m. ; Handwerkerschaft f. ; Handwerkerstand m.

artiste [artist] adj. künstlerisch.
◇ s. Künstler(in) m. (f.). | *Artiste peintre*, Kunstmaler(in) m. (f.). | *Artiste lyrique*, Opernsänger(in) m. (f.). | *Être artiste dans l'âme*, durch und durch Künstler sein.

artistement [-təmɑ̃] adv. kunstvoll ; mit Kunst ; voller Kunst.

artistique [-tik] adj. künstlerisch ; Kunst...

artistiquement [-tikmɑ̃] adj. in künstlerischer Art ; geschmackvoll.

arum [arɔm] m. BOT. Aronswurz f. ; Aronsstab m.

aryen, yenne [arjɛ̃, jɛn] adj. arisch. || PAR EXT. nordisch ; reinrassisch ; völkisch.
◇ s. Arier(in) m. (f.).

as [ɑ:s] m. [carte] As n. ; Daus n. ; Eins f. | *As de cœur*, Herzas. || FIG. [maître] *Un as du football*, eine Kanone im Fußball. || [monnaie] römische Münze ; römisches Gewicht. || FAM. *Plein aux as*, gut bei Kasse. | *Fichu comme l'as de pique*, geschmacklos gekleidet ; schlecht gemacht.

asbeste [asbɛst] m. Asbest m.

ascaride [askari:d] m. ZOOL. Spulwurm m. ; Darmwurm m.

ascendance [assɑ̃dɑ̃:s] f. ASTRON. Aufsteigen n. ; Hochsteigen n. || [générations antérieures] Reihe der Vorfahren.

ascendant, ante [-dɑ̃, ɑ̃:t] adj. aufsteigend ; hochsteigend ; ansteigend. || ANAT. *Aorte ascendante*, obere Schlagader.
◇ s. [ancêtre] Vorfahr m. ; Ahn m. | *Ascendants et descendants*, Verwandte in auf- und absteigender Linie. || FIG. [influence] Einfluß m. ; Einwirkung f. | *Avoir de l'ascendant sur qn*, Einfluß auf jn gewinnen.

ascenseur [assɑ̃sœ:r] m. Aufzug m. ; Fahrstuhl m. ; Lift m. | *Garçon d'ascenseur*, Liftboy m. ; Fahrstuhlführer m. || FIG., FAM. *Renvoyer l'ascenseur*, sich revanchieren. || MAR. Schiffshebewerk n.

ascension [-sjɔ̃] f. [action de monter] Aufsteigen n. ; Ansteigen n. ; Emporsteigen n. ; Hochsteigen n. | *Ascension d'une montagne*, Bergbesteigung f. || FIG. [progrès] Aufstieg m. ; Fortschritt m. || RELIG. Christi Himmelfahrt f.

ascensionnel, elle [-sjɔnɛl] adj. auf-, an-, empor-, hochsteigend. | *Force ascensionnelle*, Auftriebskraft f.

ascensionniste [-sjɔnist] m. Bergsteiger m.

ascèse [assɛz] f. Askese f.

ascète [assɛt] m. Asket m. ; Büßer m. ; Büßende(r) m. | *Vivre en ascète*, ein strenges Leben führen.

ascétique [assetik] adj. asketisch ; enthaltsam.

ascétisme [-tism] m. Askese f. ; Enthaltsamkeit f.

asepsie [asɛpsi] f. MÉD. Asepsis f. ; Wundinfektionsverhütung f.

aseptique [-tik] adj. aseptisch ; keimfrei.

aseptiser [-tize] v. tr. aseptisch machen ; keimfrei machen ; Erreger abtöten.

Ases [az] m. pl. die Asen m. pl. ; altgermanische Götter m. pl.

asexué, e [asɛksɥe] adj. geschlechtslos.

asiatique [asjatik] adj. asiatisch.
◇ s. **Asiatique,** Asiat m. ; Asiatin f.

Asie [azi] n. pr. f. GÉOGR. Asien n. | *Asie Mineure*, Kleinasien. | *Asie centrale*, Mittelasien.

asile [azil] m. HIST. Freistätte f. || PAR EXT. [lieu de refuge] Zufluchtsort m. ; Ruheort m. ; Obdach n. ; Asyl n. | *Être sans asile*, obdachlos sein. | *Asile de vieillards*, Altersheim n. | *Asile d'aliénés*, Irrenanstalt f. || FIG. [refuge] Zuflucht f. ; Schutz m. | *Droit d'asile*, Asylrecht n.

aspect [aspɛ] m. — **I.** VUE : [d'un être] Anblick m. | *À son aspect*, bei seinem Anblick. || [d'un objet] Ansicht f. ; Aussicht f. — **II.** MANIÈRE DE SE PRÉSENTER : [être] Aussehen n. ; Erscheinung f. || [objet] Gestalt f. | *Changer d'aspect*, ein anderes Gesicht bekommen. | *Sous cet aspect*, unter diesem Gesichtspunkt. || GRAMM. Aspekt m.
— SYN. : *Apparence* f., äußere Erscheinung. *Extérieur* m., Außenseite f.

asperge [aspɛrʒ] f. Spargel m. || FIG. *C'est une asperge*, er ist lang, aufgeschossen wie eine Bohnenstange.

asperger [aspɛrʒe] v. tr. sprengen ; besprengen ; netzen ; benetzen ; spritzen ; bespritzen ; sprühen ; besprühen. | *Asperger du linge*, Wäsche einsprengen.

aspérité [asperite] f. [inégalité] Unebenheit f. ; Rauheit f. ; Holprigkeit f.

aspersion [aspɛrsjɔ̃] f. Besprengung f. ; Sprengung f. ; Benetzung f. ; Bespritzung f. ; Besprühen n.

aspersoir [-swa:r] m. Weihwedel m.

asphalte [asfalt] m. Asphalt m. ; Asphaltstein m.

asphalter [-te] v. tr. asphaltieren.

asphodèle [asfɔdɛl] m. BOT. Affodill m. ; Mittelmeerlilie f.

asphyxiant, ante [asfiksjɑ̃, ɑ̃:t] adj. erstickend.

asphyxie [-ksi] f. MÉD. (drohende) Erstickung f. ; Atemstillstand m. | *Mort par asphyxie*, Erstickungstod m. || PAR EXT. Scheintod m.

asphyxier [-ksje] v. tr. ersticken ; den Atem nehmen.
◇ part. pass. et adj. **asphyxié, iée,** erstickt. || SUBSTANTIV. Erstickter m.

aspic [aspik] m. ZOOL. Viper f. ; Giftschlange f. || FIG. *Langue d'aspic*, Lästerzunge f. || BOT. Lavendel m.

aspirant, ante [aspirɑ̃, ɑ̃:t] adj. atmend ; einatmend ; saugend ; einsaugend ; aufsaugend. | *Pompe aspirante*, Saugpumpe f.
◇ s. Aspirant(in) m. (f.) ; Bewerber(in) m. (f.). || [examen] Kandidat(in) m. (f.). || MIL. Fähnrich m. || MAR. Seekadett m.

aspirateur, trice [aspiratœ:r, tris] adj. einsaugend ; aufsaugend ; ansaugend.
◇ m. **aspirateur,** Absauggerät n. ; Aspirator m. ; Sauger m. || [poussière] Staubsauger m. | *Aspirateur-balai*, Hand(staub)sauger. | *Aspirateur-traîneau*, Boden(staub)sauger.

aspiration [-rasjɔ̃] f. [des poumons] Atmung f. ; Einatmung f. || [d'une pompe] Ansaugen n. ; Aufsaugen n. ; Einsaugen n. ; Absaugen n. || FIG. Bestreben n. ; Trachten n. || GRAMM. Hauchen n.

aspirer [-re] v. tr. [respirer] atmen ; einatmen ; inhalieren. || [enlever par le vide] saugen ; ansaugen ; absaugen ; lutschen.
◇ v. intr. [viser à] *Aspirer à*, erstreben ; zu erreichen suchen ; streben nach ; trachten nach ; sich bewerben um. || GRAMM. hauchen ; aushauchen.

aspirine [aspirin] f. MÉD. Aspirin n.

assagir [asaʒi:r] v. tr. klug, weise, vernünftig machen.
◇ v. pr. **s'assagir,** klug, weise, vernünftig werden.
assagissement [-ʒismɑ̃] m. Klugwerden n.
assaillant [asajɑ̃] m. Angreifer m. ; Anstürmer m. ; Stürmer m. ; Stürmende(r) m.
assaillir [-ji:r] v. tr. [attaquer] angreifen ; anstürmen ; bestürmen ; überfallen ; überrumpeln. | *Assaillir qn de questions*, jn mit Fragen bestürmen.
assainir [asɛni:r] v. tr. gesund machen, reinigen ; sanieren. | *Assainir une ville*, einer Stadt gesündere Lebensbedingungen geben. | *Assainir une maison*, ein Haus durchlüften. || [terre] entwässern.
assainissement [-nismɑ̃] m. Gesundung f. ; Reinigung f. ; Desinfektion f. ; Verbesserung f. | *Assainissement financier*, finanzielle Sanierung. | *Assainissement des terres*, Bodenentwässerung f.
assaisonnement [asɛzɔnmɑ̃] m. Würzen n. || FIG. Zutat f. ; Würze f.
assaisonner [-zɔne] v. tr. würzen ; Zutaten beigeben ; anrichten ; anmachen. || FIG. würzen ; schmackhaft machen.
assassin, ine [asasɛ̃, in] adj. mörderisch ; meuchelmörderisch ; tötend.
◇ m. **assassin,** Mörder m. ; Meuchelmörder m. | *Crier à l'assassin*, Zeter und Mord(io) schreien.
assassinat [-sina] m. Mord m. ; Meuchelmord m. ; Ermordung f. ; Mordtat f.
assassiner [-sine] v. tr. morden ; ermorden ; hinmorden ; töten ; meucheln ; umbringen. | *Assassiner qn*, jn ermorden.
assaut [aso] m. Sturm m. ; Ansturm m. ; Erstürmung f. ; Sturmangriff m. | *Monter à l'assaut*, zum Sturm übergehen ; stürmen. | *Donner l'assaut à*, bestürmen. | *Prendre d'assaut*, im Sturm nehmen, einnehmen. || FIG. Wettstreit m. | *Faire assaut de*, sich überbieten ; wetteifern in (dat.).
assèchement [asɛʃmɑ̃] m. Trocknen n. ; Austrocknen n. ; Trockenlegung f.
assécher [aseʃe] v. tr. trocknen ; austrocknen ; trockenlegen.
◇ v. pr. **s'assécher,** trocken werden ; austrocknen.
assemblage [asɑ̃bla:ʒ] m. [action de réunir] Vereinigen n. ; Zusammenfügen n. ; Zusammensetzen n. || TECHN. Verbindung f. ; Verband m. ; Zusammenbau m. | *Assemblage par vis*, Verschraubung f. | *Chaîne d'assemblage*, Montageband n.
assemblée [-ble] f. [réunion] Versammlung f. ; Zusammenkunft f. ; Vereinigung f. ; Zusammentreffen n. ; Tagung f. | *Assemblée générale*, Generalversammlung ; Hauptversammlung. | *Assemblée générale des actionnaires*, Aktionärsversammlung. | *Assemblée générale (extra)ordinaire*, (außer)ordentliche Hauptversammlung. | *Ajourner une assemblée*, eine Versammlung vertagen. | *Convoquer une assemblée*, eine Versammlung einberufen. || HIST. *Assemblée constituante*, Gründerversammlung. | *Assemblée législative*, gesetzgebende Versammlung. | *Assemblée nationale*, Nationalversammlung ; Parlament n.
assembler [-ble] v. tr. [réunir] sammeln ; versammeln ; zusammenbringen. || TECHN. [joindre] zusammenfügen ; zusammensetzen ; verbinden ; zusammenstellen. || [convoquer] einberufen.
◇ v. pr. **s'assembler,** sich versammeln.
— SYN. : *Rassembler*, vereinigen ; wiedervereinigen. *Rallier*, wiederversammeln. *Joindre*, verbinden. *Unir*, verbinden ; zusammenstellen. *Réunir*, vereinigen. *Recueillir*, sammeln. *Ramasser*, zusammenraffen.
assembleur [-blœ:r] m. INF. Assemblierprogramm n.
assener [asəne] v. tr. versetzen ; hauen.
assentiment [asɑ̃timɑ̃] m. Einverständnis n. ; Einwilligung f. ; Zustimmung f. ; Billigung f. ; Beipflichtung f. | *Donner son assentiment*, seine Einwilligung erteilen ; zustimmen.
asseoir [aswa:r] v. tr. setzen ; hinsetzen ; niedersetzen. || PAR EXT. [établir solidement] festsetzen ; festlegen ; feststellen. | *Asseoir un camp*, ein Lager anlegen. | *Asseoir son crédit sur qch.*, seinen Kredit auf etwas bauen.
◇ part. pass. **assis, ise,** sitzend ; niedergelassen. | *Être assis sur*, sitzen auf (dat.). | *Rester assis*, festsitzen ; sitzen bleiben. | *Place assise*, Sitzplatz m. | *Magistrature assise*, Richterkollegium n. || FIG. gelegen ; begründet. | *Fortune bien assise*, sicher angelegtes Vermögen.
◇ v. pr. **s'asseoir,** sich setzen ; Platz nehmen. | *S'asseoir sur*, sich setzen auf (acc.). | *S'asseoir à table*, sich zu Tisch setzen. | *Asseyez-vous donc !*, aber bitte nehmen Sie doch Platz ! || LOC. *S'asseoir entre deux chaises*, sich zwischen zwei Stühle setzen. | *S'asseoir sur le trône*, auf den Thron steigen.
assermenter [asɛrmɑ̃te] v. tr. vereidigen ; in Eid nehmen.
◇ part. pass. et adj. **assermenté, ée,** beeidigt ; vereidigt ; unter Eid ; geschworen.
assertion [asɛrsjɔ̃] f. Behauptung f. ; Versicherung f. ; Beteuerung f. | *Démentir une assertion*, Lügen strafen.
asservir [asɛrvi:r] v. tr. unterjochen ; unterwerfen ; unterdrücken ; knechten ; versklaven.
asservissement [-vismɑ̃] m. [action d'asservir] Unterwerfung f. ; Unterdrückung f. ; Unterjochung f. ; Knechtung f. || FIG. [dépendance] Versklavung f. ; sklavische Hingebung.
assesseur [asɛsœ:r] adj. beisitzend ; helfend.
◇ s. Beisitzer(in) m. (f.) ; Schöffe m. ; Schöffin f. ; Assessor(in) m. (f.).
assez [ase] adv. [suffisamment] genug ; genügend ; hinreichend ; hinlänglich ; ausreichend. | *Il n'a jamais assez d'argent*, er hat nie genug Geld. | *Il a assez d'argent*, er hat Geld genug. | *Assez parlé !*, genug der Worte ! | *J'en ai assez*, mir reicht's ; ich habe es satt. | *En voilà assez !*, genug davon ! ; Schluß ! ; das reicht ! ; aus! || [passablement] ziemlich ; genügend. | *Assez bien*, ziemlich gut.
assidu, ue [asidy] adj. [ponctuel] pünktlich ; genau. || [appliqué] beflissen. || [persévérant] unermüdlich ; beharrlich. || [continu] anhaltend ; beständig.
assiduité [asidyite] f. [exactitude] Pünktlichkeit f. || [application] Fleiß m. ; Dienstbeflissenheit f. || [persévérance] Beharrlichkeit f.
assidûment [-dymɑ̃] adv. pünktlich ; ständig.
assiéger [asjeʒe] v. tr. [faire le siège] belagern ; umlagern ; umzingeln. || FIG. [importuner] umdrängen ; belästigen.
assiette [asjɛt] f. [manière d'être placé] Sitz m. ; Lage f. ; Stand m. || PAR EXT. [position stable] *Assiette d'une poutre*, Sitz eines Balkens. || [base] Grundlage f. ; Festsetzung f. | *Assiette de l'impôt*, Steuerveranlagung f. || FIG. [disposition de l'esprit] *Ne pas être dans son assiette*, nicht bei rechter Stimmung sein. || [pièce de vaisselle] Teller m. | *Assiette creuse*, Suppenteller. | *Assiette anglaise*, kalter Aufschnitt. || LOC. *Tenir l'assiette au beurre*, im Fettnäpfchen sitzen.
assiettée [-te] f. Tellervoll m. ; Teller m.
assignat [-ɲa] m. Papiergeld n. ; Assignat n.
assignation [-ɲasjɔ̃] f. JUR. gerichtliche Vorladung ; gerichtlicher Termin. | *Assignation à résidence*, Zuweisung (f.) des Aufenthaltsorts. || COMM. Anweisung f. ; Mandat n. ; Anweisungsschein m.

assigner [ɲe] v. tr. JUR. gerichtlich vorladen. | *Assigner qn en justice*, jn gerichtlich belangen. | *L'assigné ne comparaît pas*, der Geladene ist nicht erschienen. || [fixer] zuweisen ; anweisen. | *Assigner une place*, einen Platz zuweisen. | *Au lieu assigné*, besagten Orts. || COMM. Assigner une somme, eine Summe anweisen.

assimilable [asimilabl] adj. angleichbar ; aufnahmefähig ; assimilierbar.

assimilation [-lasjɔ̃] f. [comparaison] Vergleichung f. ; Gleichstellung f. || [action de rendre semblable] Gleichmachung f. ; Assimilation f. | *Assimilation phonétique*, Lautangleichung f. || [appropriation] Aneignung f. | *Assimilation des idées*, Zueigenmachung (f.) von Ideen. || PHYSIOL. [élaboration] Verarbeitung f.

assimiler [-le] v. tr. [comparer] vergleichen ; gleichstellen. || [rendre semblable] ähnlich machen ; angleichen ; assimilieren. || PHYSIOL. [élaborer] verarbeiten ; umwandeln ; assimilieren.

◇ part. pass. et adj. **assimilé, ée,** gleichgestellt ; angeglichen ; verarbeitet.

◇ v. pr. **s'assimiler,** [se comparer] *S'assimiler à qn*, sich mit jm vergleichen. || [s'incorporer] sich einverleiben ; einheimisch werden ; sich angleichen. || [s'approprier] sich aneignen. || PHYSIOL. sich umwandeln ; sich assimilieren.

assis, ise [asi, i:z] part. pass. du verbe **asseoir.**

assise [asi:z] f. [rangée de pierres] Schicht f. ; Lage f. || [élément fondamental] Grundlage f. | *Assises de la société*, Stützen (f. pl.) der Gesellschaft.

◇ f. pl. **assises,** JUR. [tribunal] *Cour d'assises*, Schwurgericht n. || PAR EXT. [séances] *Tenir ses assises*, Sitzung halten.

assistance [asistɑ̃:s] f. [aide, secours] Beistand m. ; Hilfe f. ; Hilfeleistung f. | *Assistance judiciaire*, Rechtshilfe. | *Assistance sociale*, soziale Fürsorge. | *Assistance technique*, technische Unterstützung. | *Prêter assistance à qn*, jm Beistand gewähren. || [présence] Anwesenheit f. ; Beteiligung f. || PAR EXT. [auditoire] Zuhörerschaft f. ; Publikum n.

assistant, ante [-tɑ̃, ɑ̃:t] adj. [aidant] helfend ; beistehend. || [présent] anwesend.

◇ s. [aide] Helfer(in) m. (f.) ; Assistent(in) m. (f.) ; Stellvertreter(in) m. (f.). | *Assistante sociale*, soziale Fürsorgerin. | *Assistant d'un professeur*, Assistent m. ; FAM. Famulus m.

assister [-te] v. tr. [aider] helfen (dat.) ; beistehen (dat.). | *Assister qn*, jm helfen ; jm beistehen. || FIG. *Assister un malade*, einem Kranken geistlichen Trost spenden.

◇ v. intr. [être présent] anwesend, zugegen sein (bei) ; beiwohnen (dat.). | *Assister à la messe*, am Gottesdienst teilnehmen.

◇ part. pass. **assisté, ée,** unterstützt. | *Assisté d'un avocat*, mit Unterstützung des Anwalts. | *Les enfants assistés*, Findelkinder n. pl. || TECHN. *Direction assistée*, Servolenkung f.

association [asɔsjasjɔ̃] f. [action d'associer] Vereinigen n. ; Verbinden n. | *Association des couleurs*, Farbenzusammenstellung f. | *Association d'idées*, Ideenverbindung f. || [union de personnes] Vereinigung f. ; Verein m. ; Verband m. ; Assoziation f. ; Genossenschaft f. | *Association économique*, Wirtschaftsvereinigung. | *Association professionnelle*, Berufsverband ; Fachverband. | *Association de banques*, Bankenkonsortium n. | *Association pour l'exploitation*, Betriebsgemeinschaft f. | *Association sportive*, Sportverein. || ÉCON. *Association à risques communs*, Gemeinschaftsunternehmen. || JUR. *Association criminelle*, kriminelle Vereinigung.

associé, iée [sje] s. Gesellschafter(in) m. (f.) ; Partner(in) m. (f.) ; Sozius m. | *Associé gérant*, Teilhaber und Geschäftsführer m.

associer [-sje] v. tr. [faire participer] beiordnen ; zugesellen ; als Mitinhaber hereinnehmen. | *Associer qn à une entreprise*, jn als Gesellschafter aufnehmen. || FIG. *Associer qn à sa gloire*, seinen Ruhm mit jm teilen. || [unir, joindre] vereinigen ; verbinden. | *Associer des idées*, Ideen verbinden.

◇ v. pr. **s'associer,** [participer] sich zugesellen ; sich vereinigen ; als Teilhaber eintreten. || FIG. teilnehmen (an, dat.) ; teilen. | *S'associer à la douleur de qn*, js Schmerz teilen.

assoiffer [aswafe] v. tr. den Durst erregen.

◇ part. pass. et adj. **assoiffé, ée,** durstig ; sehr durstig. || FIG. [avide] begierig. | *Assoiffé de sang*, blutdürstig ; blutlechzend. | *Assoiffé d'argent*, geldgierig.

— SYN. : *Altérer*, Durst erregen.

assolement [asɔlmɑ̃] m. AGRIC. Fruchtwechsel m. | *Assolement triennal*, (germanische) Dreifelderwirtschaft f. | *Cultiver par assolements*, in Schlägen anbauen.

assombrir [asɔ̃bri:r] v. tr. verdüstern ; verdunkeln ; verfinstern.

◇ v. pr. **s'assombrir,** dunkel, finster, düster werden. ; [ciel, horizon] sich verfinstern, sich verdunkeln. || FIG. mißmutig, trübsinnig, niedergeschlagen werden. | *Son front s'assombrit*, seine Stirn umwölkt sich. | *Il s'assombrit*, er wird finster.

assombrissement [-brismɑ̃] m. Verdunkelung f. ; Verfinsterung f. ; Verdüsterung f.

assommant, ante [asɔmɑ̃, ɑ̃:t] adj. FAM. sterbenslangweilig ; unerträglich.

assommer [-me] v. tr. [tuer] erschlagen ; totschlagen. || PAR EXT. [abattre] niederschlagen. || FIG. [accabler] niederdrücken. | *Être assommé par la chaleur*, von der Hitze wie betäubt sein. || FAM., FIG. [importuner] belästigen ; fertig machen. | *Il m'assomme*, er geht mir auf die Nerven. | *Assommer qn de questions*, jn totfragen.

assommoir [-mwa:r] m. Mordinstrument n. || FIG. *Coup d'assommoir*, derber Schicksalsschlag.

Assomption [asɔ̃psjɔ̃] f. Mariä Himmelfahrt f.

assonance [asɔnɑ̃:s] f. Assonanz f.

assortiment [asɔrtimɑ̃] m. [convenance, assemblage] Zusammenstellung f. ; Vereinigung f. ; Sortierung f. | *Assortiment de couleurs*, Farbzusammenstellung f. | *Assortiment d'outils*, Werkzeugsatz m. || [collection] Vorrat m. ; Sammlung f. | *Assortiment de livres*, Sortiment n.

assortir [-ti:r] v. tr. [faire convenir, assembler] zusammenstellen ; sortieren. || FIG. [conformer] anpassen. || [approvisionner] ausstatten ; (mit Waren) versehen. | *Assortir un stock*, ein Lager auffüllen.

◇ part. pass. et adj. **assorti, ie,** [qui convient] passend. | *Être assorti à qch.*, zu etwas passen. | *Époux assortis*, füreinander passende Ehegatten m. pl. || [approvisionné] mit Waren versehen. | *Être bien assorti*, eine große Auswahl haben.

◇ v. pr. **s'assortir,** [se convenir], zueinander passen. || [se munir] *S'assortir de*, geschmückt sein mit.

assoupir [asupi:r] v. tr. [endormir à demi] einschläfern ; einlullen. || FIG. [calmer] beruhigen ; lindern.

◇ v. pr. **s'assoupir,** einschlummern.

assoupissement [-pismɑ̃] m. Einschläferung f. ; Schlummer m. || FIG. Betäubung f. ; Linderung f.

— SYN. : *Engourdissement* m., Erschlaffung f. *Torpeur* f., Erstarrung f., Empfindungslosigkeit f. *Somnolence* f., Schläfrigkeit f. *Léthargie* f. ; Lethargie f. ; Sichgehenlassen n.

assouplir [asupli:r] v. tr. [rendre souple] geschmeidig, biegsam machen. || SPORT. [muscle] auflockern. || FIG. gefügig machen.

assouplissement [-plismɑ̃] m. Geschmeidigmachen n. ; Biegsammachen n. || FIG. Gefügigmachen n. || SPORT. *Exercices d'assouplissement*, Lockerungsübungen f. pl.

assouplisseur [asuplisœ:r] m. Weichspüler m.

assourdir [asurdi:r] v. tr. taub machen ; betäuben. || [rendre moins éclatant] dämpfen.

assourdissement [-dismɑ̃] m. Betäuben n. || FIG. Dämpfung f. ; Schalldämpfung f.

assouvir [asuvi:r] v. tr. [rassasier] sättigen ; stillen. || FIG. [satisfaire] befriedigen ; zum Schweigen bringen. | *Assouvir sa rage*, seine Wut austoben. | *Assouvir sa vengeance sur quelqu'un*, an jemandem Rache nehmen.

assouvissement [-vismɑ̃] m. Sättigung f.

assujettir [asyʒeti:r] v. tr. [asservir] unterwerfen ; unterjochen. || [contraindre] *Assujettir à qch.*, zu etwas nötigen, zwingen. || [fixer] befestigen.
◇ v. pr. **s'assujettir,** sich unterwerfen ; sich fügen ; sich richten nach.

assujettissement [-tismɑ̃] m. [action] Unterwerfung f. ; Unterjochung f. || [sujétion] Zwang m. ; Abhängigkeit f. ; Gebundenheit f. | *Assujettissement à l'impôt*, Steuerpflicht f.

assumer [asyme] v. tr. übernehmen ; auf sich nehmen. | *Assumer la responsabilité*, die Verantwortung, die Haftung übernehmen.

assurance [asyrɑ̃:s] f. **1.** [sens général] Versicherung f. || [affirmation] Versicherung f. ; Zusicherung f. | *Donner l'assurance de son amitié*, seine Freundschaft bezeugen.
2. [confiance] Vertrauen n. ; Zutrauen n. ; Zuversicht f. | *Assurance morale*, Festigkeit f. || [confiance en soi] Selbstvertrauen n. ; Zuversichtlichkeit f. | *Assurance du ton*, Bestimmtheit des Tons. | *Avoir de l'assurance*, ein sicheres Auftreten haben.
3. [impudence] Dreistigkeit f. || [certitude] Sicherheit f. ; Gewißheit f. | *J'ai l'assurance que*, ich bin sicher, daß. || [garantie] Gewähr f. ; Unterpfand n.
4. [garantie] Versicherung f. ; Assekuranz f. | *Assurance contre l'incendie*, Brandkasse f. | *Assurance-vie*, Lebensversicherung. | *Assurances sociales*, Sozialversicherung. | *Compagnie d'assurances*, Versicherungsgesellschaft f. | *Prime d'assurance*, Versicherungsprämie f. | *Assurance complémentaire*, Zusatz-, Höherversicherung. | *Assurance multirisque*, Mehrfachversicherung. | *Assurance tous risques*, Vollkaskoversicherung. | *Assurance responsabilité civile*, Haftpflichtversicherung. | *Contracter une assurance*, sich versichern.

assuré, ée [-re] adj. [sens général] sicher. || [certain] gewiß. || [confiant] zuversichtlich. || [ferme, hardi] fest ; unerschrocken ; selbstbewußt. | *D'un pas assuré*, mit festem Schritt. | *D'une voix mal assurée*, mit unsicherer Stimme. || [garanti] garantiert ; versichert.
◇ s. [personne garantie] Versicherte(r) f. (m.).

assurément [-remɑ̃] adv. sicherlich ; gewiß.
— SYN. : *Sûrement*, sicherlich. *À coup sûr*, ganz sicher. *Infailliblement*, unfehlbar. *Certainement*, gewiß. *Certes*, natürlich ; wahrlich. *Évidemment*, natürlich. *Sans doute, indubitablement*, zweifellos ; ohne Zweifel. *Sans conteste, sans contredit*, unbestritten ; unstreitig. *Incontestablement*, unbestreitbar. *Manifestement*, offenbar.

assurer [-re] v. tr. [rendre sûr, durable] sichern ; sicherstellen. || [rendre stable] befestigen ; festmachen. || [garantir] versichern. | *Assurer par écrit*, verbriefen. | *Assurer la présidence*, den Vorsitz führen. | *Assurer l'avenir*, für die Zukunft sorgen. || [affirmer] versichern ; behaupten.
◇ v. pr. **s'assurer,** [se rendre compte] sich vergewissern ; sich versichern ; sich überzeugen. | *S'assurer si la porte est fermée*, nachsehen, ob die Tür zu ist. || [se garantir] sich versichern. | *S'assurer sur la vie*, eine Lebensversicherung abschließen.
— SYN. : *Affermir*, befestigen ; kräftigen. *Consolider*, festigen ; fester machen. *Fixer*, festmachen ; festlegen.

assureur [-rœ:r] m. Versicherer m.

Assyrie n. pr. f. GÉOGR. Assyrien n.

aster [astɛr] m. BOT. Aster f. ; Sternblume f.

astérisque [asterisk] m. TYPOGR. Sternchen n.

astéroïde [-rɔid] m. ASTRON. Asteroid m.

asthénie [asteni] f. MÉD. Asthenie f.

asthmatique [asmatik] adj. MÉD. kurzatmig ; asthmatisch. | *Être asthmatique*, unter Asthma leiden.
◇ s. Asthmatiker(in) m. (f.).

asthme [asm] m. Asthma n.

asticot [astiko] m. Fleischmade f. ; Wurm m.

asticoter [astikɔte] v. tr. FAM. [tracasser] sticheln.

astigmate [astigmat] adj. MÉD. astigmatisch.
◇ s. Astigmatiker(in) m. (f.).

astigmatisme [-tism] m. MÉD. Stabsichtigkeit f. ; Astigmatismus m.

astiquage [astika:ʒ] m. Putzen n. ; Glätten n.

astiquer [-ke] v. tr. putzen ; glätten ; wichsen. || POP. wienern. | *Bien astiqué*, blitz und blank gescheuert.

Astrakan [astrakɑ̃] n. pr. m. GÉOGR. Astrachan n. || [sans majusc., fourrure] Krimmer m.

astral, ale, aux [astral, o] adj. sternenmäßig ; sternenhaft ; Sternen... | *Corps astral*, Astralleib m.

astre [astr] m. Gestirn n. ; Stern m. | *Astre du jour*, Tagesgestirn ; Sonne f. | *L'astre naissant*, aufsteigendes Gestirn. || FAM. *Beau comme un astre*, wie aus dem Ei gepellt ; blitzsauber.

astreignant, ante [astrɛɲɑ̃, ɑ̃:t] part. prés. du verbe **astreindre.**

astreindre [astrɛ̃:dr] v. tr. [contraindre] zwingen ; nötigen ; anbinden. | *Astreindre qn à qch.*, jn zu etwas zwingen.
◇ part. pass. **astreint, einte,** gezwungen.
◇ v. pr. **s'astreindre,** *S'astreindre à qch.*, sich einer Sache unterziehen.

astreinte [astrɛ̃:t] f. JUR. Versäumnisgeldstrafe f.

astringent, ente [-ʒɑ̃, ɑ̃:t] adj. zusammenziehend. | *Remède astringent*, Stopfmittel n.

astrologie [-lɔʒi] f. Sterndeutung f. ; Astrologie f.

astrologue [-lɔg] m. Sterndeuter m. ; Wahrsager m. ; Astrologe m.

astronaute [-no:t] m. Weltraumfahrer m.

astronautique [-notik] f. Weltraumfahrt f.

astronef [-nɛf] m. Raumschiff n.

astronome [-nɔm] m. Astronom m.

astronomie [-nɔmi] f. Himmelskunde f. ; Sternkunde f. ; Astronomie f.

astronomique [-nɔmik] adj. astronomisch. || FIG. *Chiffre astronomique*, sehr hohe Zahl.

astuce [astys] f. Verschlagenheit f. ; Hinterlist f. ; List f. ; Tücke f. || FAM. Witz m.

astucieux, ieuse [-sjø, jø:z] adj. verschlagen ; gerieben ; abgefeimt ; verschmitzt. || FAM. spitz ; klug.

asymétrie [asimetri] Asymmetrie f.

asymétrique [-trik] adj. unsymmetrisch.

asymptote [asɛ̃ptɔt] f. MATH. Asymptote f.

atavisme [-vism] m. Vererbung f. ; Erbveranlagung f. ; Erbbedingtheit f. ; Atavismus m.

atelier [atəlje] m. [lieu] Werkstatt f. ; Werkstätte f. | *Atelier de réparations*, Reparaturwerkstatt. | *Atelier de constructions mécaniques*, Maschinenwerkstatt. | *Atelier de montage*, Montagehalle f. | *Atelier de peinture*, Farbspritzraum m. | *Atelier de peintre*, Atelier n. ; Studio n. | *Chef d'atelier*, Betriebsingenieur m. ; Werkführer m. | *Fermeture des ateliers*, Aussperrung f. || [les ouvriers] Belegschaft f.

atermoiement [atɛrmwamɑ̃] m. Zahlungsaufschub m. ; Fristverlängerung f. || FIG. *Ses atermoiements*, seine Ausflüchte f. pl.

atermoyer [-mwaje] v. tr. hinausschieben ; [paiement] verzögern ; prolongieren.

athée [ate] adj. gottlos ; atheistisch.
◇ s. Atheist(in) m. (f.).

athéisme [-ism] m. Atheismus m.

athénée [atene] m. [lycée] belgische Oberschule.

Athènes [atɛ:n] n. pr. f. GÉOGR. Athen n.

athénien, ienne [atenjɛ̃, jɛn] adj. athenisch ; aus Athen.
◇ s. **Athénien, ienne,** Athener(in) m. (f.).

athérosclérose [aterɔsklero:z] f. MÉD. Atherosklerose f.

athlète [atlɛt] m. HIST. Sportler m. ; Athlet m.

athlétique [atletik] adj. athletisch.

athlétisme [-tism] m. Leichtathletik f.

Atlantide n. pr. f. Atlantis n. ; Atlantiserdteil m.

atlantique [atlɑ̃tik] adj. atlantisch.
◇ m. **Atlantique,** [océan] Atlantik m. ; Großer Ozean. | *Pacte de l'Atlantique*, Atlantikpakt m.

Atlas [atla:s] n. pr. m. [montagne] Atlasgebirge n. || [sans majusc.] GÉOGR. [livre] Atlas m. ; Kartensammlung f.

atmosphère [atmɔsfɛ:r] f. [couche d'air] Lufthülle f. ; Luft f. ; Luftschicht f. ; Atmosphäre f. || FIG. [milieu, ambiance] Atmosphäre ; Stimmung. | *Atmosphère orageuse*, Gewitterstimmung. | *Créer une atmosphère*, Stimmung machen.

atmosphérique [-ferik] adj. Luft... ; atmosphärisch. | *Pression atmosphérique*, Luftdruck m.

atoll [atɔl] m. Atoll n. ; Koralleninsel f.

atome [ato:m] m. Atom n. ; Atomteil m. ; Atomteilchen n. || PHYS. *Le noyau d'atome*, Atomkern m. | *Décomposition de l'atome*, Atomzertrümmerung f.

atomicité [atɔmisite] f. CHIM. Atomarzahl f.

atomique [-mik] adj. Atom... ; atomar ; atomistisch. || PHYS. *Poids atomique*, Atomgewicht n. | *Énergie atomique*, Atomenergie f. | *Bombe atomique*, Atombombe f.

atomiseur [-mizœ:r] m. Sprühflasche f. ; Zerstäuber m.

atomisme [-mism] m. PHILOS. Atomismus n.

atonal, ale, aux [atɔnal, o] adj. atonal.

atone [aton] adj. [fixe] stier ; starr. || FIG. leblos ; ausdruckslos ; erschlafft. || GRAMM. *Voyelle atone*, tonloser, unbetonter Vokal.

atonie [atɔni] f. MÉD. Schlaffheit f. ; Erschlaffung f. ; Atonia f. || FIG. Leblosigkeit f.

atours [atu:r] m. pl. [parure] Putz m. ; Aufputz m. ; Aufmachung f. || PÉJOR. Aufgedonnertsein n. | *Parée de ses plus beaux atours*, in schönster Aufmachung.

atout [atu] m. Trumpf m. | *Jouer atout*, Trumpf ausspielen. || FIG. *Avoir tous les atouts dans son jeu*, alle Aussichten auf Erfolg haben.

atrabilaire [atrabilɛ:r] adj. schwarzgallig ; quengelig. || FIG. griesgrämig ; von mieser Stimmung.

âtre [ɑ:tr] m. Herd m. ; Feuerstelle f. ; Herdplatte f. | *Au coin de l'âtre*, am Kamin.

atrium m. HIST. Atrium n. ; Innenhof m.

atroce [atrɔs] adj. [cruel] grausam ; grimmig. || [horrible] abscheulich ; gräßlich. || FIG. [très mauvais] sehr schlecht ; schlimm ; abscheulich.

atrocement [-trɔsmɑ̃] adv. gräßlich ; entsetzlich.

atrocité [-site] f. Grausamkeit f. ; Scheußlichkeit f. || [acte] Greuel m. ; Greueltat f. ; Abscheulichkeit f. || FIG. *Raconter des atrocités sur qn*, jm Abscheuliches nachsagen.

atrophie [atrɔfi] f. MÉD. Schwund m. ; Atrophie f. || FIG. Schwinden n.

atrophier [-fje] v. tr. MÉD. abzehren ; schrumpfen ; einschrumpfen. || FIG. schwächen.
◇ part. pass. et adj. **atrophié, iée,** abgestorben. | *Membre atrophié*, verkrüppeltes Glied.
◇ v. pr. **s'atrophier,** absterben ; schwinden ; verschmachten ; verkümmern. || FIG. verfallen.

attabler (s') [satable] v. pr. sich zu Tisch setzen, begeben. | *Être attablé*, am Tisch sitzen.

attachant, ante [ataʃɑ̃, ɑ̃:t] adj. fesselnd.

attache [ataʃ] f. [action] Anbinden n. ; Anknüpfen n. ; Befestigen n. | *Port d'attache*, Heimathafen m. || [ce qui attache] Band n. ; Riemen m. ; Halteseil n. ; Befestigung f. ; Verbindung f. | *Attache de courroie*, Riemenverbindung. | *Attache de chien*, Hundeleine f. || FIG. Beziehungen f. pl. | *Sans attache*, ungebunden. || TECHN. [agrafe] Klammer f. | *Attache de bureau*, Heftklammer. || ANAT. Fessel f.

attaché, ée [-ʃe] s. [d'ambassade] Attaché m. ; [de presse] Pressereferent(in) m. (f.).

attachement [-ʃmɑ̃] m. [sentiment] Anhänglichkeit f. ; Verbundenheit f. ; Zuneigung f.

attacher [-ʃe] v. tr. binden ; anbinden ; verbinden ; befestigen ; anmachen ; festmachen. | *Attacher à*, binden an (acc.). || [précision de l'action] Partic. et « binden » ; « an » et le verbe. | *Attacher ensemble*, zusammenbinden. | *Attacher au moyen d'un nœud, d'une chaîne, d'une agrafe*, anknüpfen, anketten, anheften. | *Attacher au moyen d'une vis, d'un clou*, anschrauben, annageln. || PAR EXT. *Attacher ses yeux sur qch.*, sein Augenmerk auf etwas heften. || [attribuer] zuerkennen ; beimessen. | *Attacher du prix à qch.*, einer Sache Wert beimessen. | *Y attacher peu d'importance*, wenig Wert darauf legen. || FIG. [attirer] anziehen ; gewinnen ; fesseln. || [coller] *Attacher à la casserole*, am Topf anhängen.
◇ part. pass. et adj. **attaché, ée,** angebunden. || FIG. anhänglich. | *Être attaché à qn*, an jm hängen. | *Être attaché à l'argent*, auf Geld erpicht sein.
◇ v. pr. **s'attacher,** [se fixer à, adhérer à], sich hängen, anhängen (an, acc.) ; sich anschließen (an, acc.). || [être fixé à, se cramponner] anhängen (dat.) ; hangen (dat.) ; haften (an, dat.) ; kleben (an, dat.). | *S'attacher aux mots*, an den Worten kleben. || PASSIV. [être fixé] angebunden werden ; angehängt werden. || [s'appliquer] sich bemühen ; bestrebt sein. | *S'attacher à comprendre*, versuchen zu begreifen. || [se consacrer à] sich widmen (dat.). || FIG. [être attiré] sich hängen (an, acc.) ; liebgewinnen. || LOC. *S'attacher qn*, jn an sich fesseln.
— SYN. : *Lier*, binden. *Enchaîner*, anketten ; fesseln. *Ficeler*, verschnüren. *Ligoter*, schwer fesseln. *Garrotter*, knebeln.
◇ v. pr. *S'accrocher*, sich verfangen ; sich anklammern. *Se suspendre*, sich aufhängen. *S'agriffer*, sich ankrallen, festkrallen. *S'agripper*, sich festhalten.

attaquant, ante [-kɑ̃, ɑ̃:t] s. Angreifer m. || SPORT. Stürmer m.

attaque [atak] f. Angriff m. ; Attacke f. | *Fausse attaque*, Scheinangriff. | *Attaque par surprise*, Überfall m. | *Aller à l'attaque*, zum Angriff übergehen. || Mus. Einsatz m. || SPORT. Anschlag m. || MÉD. Anfall m. | *Attaque d'apoplexie*, Schlaganfall. || TECHN. *Attaque d'une machine*, Maschinenantrieb m. | *Angle d'attaque*, Ansetzwinkel m. || Loc. POP. [vigoureux] *D'attaque*, kraftvoll ; rüstig. | *Il est d'attaque*, er ist auf Draht.
— SYN. : *Agression* f., Überfall m.

attaquer [-ke] v. tr. angreifen ; anfallen ; angehen gegen. | *Attaquer de front*, einen Frontalangriff unternehmen. | *Attaquer à l'improviste*, überfallen. || FAM. [commencer] sich heranmachen (an, acc.) ; herangehen (an, acc.) ; anschneiden ; vornehmen. | *Attaquer un travail*, eine Arbeit vornehmen. || FIG. [critiquer] angreifen. | *Attaquer une opinion*, eine Meinung bestreiten. || JUR. [contester] anfechten ; gerichtlich belangen. | *Attaquer en justice*, verklagen. || [ronger] angreifen ; anfressen ; zerfressen. | *Attaquer à l'acide*, ätzen.
◇ v. pr. **s'attaquer,** [s'en prendre à] *S'attaquer à qn*, sich an jn heranwagen. | *S'attaquer à plus fort que soi*, sich übernehmen. || FAM. [commencer] *S'attaquer à une besogne*, eine Arbeit in Angriff nehmen.
— SYN. : *Aborder*, angehen. *Assaillir*, angreifen ; überfallen. *Provoquer*, herausfordern.

attarder [atarde] v. tr. verspäten ; aufhalten.
◇ part. pass. et adj. **attardé, ée,** verspätet. || FIG. [arriéré] zurückgeblieben.
◇ v. pr. **s'attarder,** sich verspäten ; sich aufhalten ; verweilen ; Zeit verlieren. | *S'attarder auprès de qn*, sich bei jm aufhalten.

atteindre [atɛ̃:dr] v. tr. [toucher] treffen. | *Atteindre qn d'une pierre*, jn mit einem Stein treffen. || [toucher d'un mal] befallen ; betreffen. | *Être atteint de la fièvre jaune*, an Gelbfieber erkrankt sein. || FIG. rühren ; betreffen. || [parvenir à] erreichen ; erlangen ; erzielen. | *Atteindre son but*, sein Ziel erreichen. | *Atteindre la cinquantaine*, an die Fünfzig herankommen.
◇ v. intr. [parvenir avec effort] *atteindre à*, gelangen (zu) ; herankommen (an, acc.) ; reichen (bis an, acc.).
◇ part. pass. et adj. **atteint, einte,** getroffen. || erreicht. || MÉD. befallen. || FIG. *Atteint d'un soupçon*, verdächtigt.

atteinte [atɛ̃:t] f. [coup] Stoß m. ; Schlag m. ; Hieb m. | *Hors d'atteinte*, unerreichbar. || FIG. Eingriff m. ; Beeinträchtigung f. ; Verletzung f. | *Atteinte à un droit*, Rechtsbeugung f. | *Atteinte à la sûreté de l'État*, Landesverrat m. | *Atteinte à la vie privée*, Verletzung der Privatsphäre. | *Porter atteinte à la réputation de qn*, js guten Ruf antasten.

attelage [atla:ʒ] m. [action] Anspannen n. || [ensemble] Gespann n. ; Bespannung f. | *Attelage à quatre*, Vierergespann ; Viererzug m. || TECHN. Kupplung f. ; Kuppelung f. ; Ankoppeln n. | *Dispositif d'attelage*, Anhänge(r)kupplung f.

atteler [atle] v. tr. anspannen ; bespannen ; vorspannen ; anschirren. | *Atteler les chevaux à la voiture*, die Pferde vor, an den Wagen spannen. | *Atteler une voiture*, anspannen. || TECHN. kuppeln.
◇ v. pr. **s'atteler,** *S'atteler à une besogne*, sich an eine Arbeit machen.

attelle [atɛl] f. Kummet n. ; Kumtgeschirr n. || MÉD. Schiene f.

attenant, ante [atnɑ̃, ɑ̃:t] adj. angrenzend ; anschließend ; anstoßend ; Neben... | *La maison attenante*, das Nebenhaus. | *Attenant à*, neben ; unmittelbar bei ; seitlich von.

attendant (en) loc. adv. unterdessen ; indessen ; einstweilen ; vorläufig.
◇ loc. prép. bis zu. | *En attendant son arrivée*, bis zu seiner Ankunft.
◇ loc. conj. **en attendant que,** solange bis.

attendre [atɑ̃:dr] v. tr. [sens général] warten (auf, acc.) ; erwarten. || [nuances] *Attendre la fin*, das Ende abwarten. | *Je vous attendais !*, Sie kommen gerade recht ! | *Faire attendre qn*, jn hinhalten. || [compter sur] rechnen mit ; zählen (auf, acc.). || [espérer] hoffen ; erhoffen ; ersehnen ; harren (auf, acc.). | *Attendre qch. de qn*, etwas von jm erhoffen. | *Attendre (après) qch.*, sehnlichst auf etwas warten. || [événement] abwarten ; entgegensehen ; bevorstehen. | *Ce qui peut vous attendre*, was Ihnen passieren kann. || FIG. [être prêt] bereit sein. | *La voiture vous attend*, der Wagen ist abfahrbereit.
◇ v. intr. warten ; abwarten. | *Attendre que*, warten, bis. | *Il ne perdra rien pour attendre*, er bekommt noch seinen Lohn. | *Attends un peu !*, warte nur ! | *Se faire attendre*, auf sich warten lassen.
◇ part. pass. et adj. **attendu, ue,** erwartet ; erhofft. || SUBSTANTIV., JUR. *Les attendus d'un jugement*, die Gründe, die Belange eines Rechtspruchs.
◇ loc. conj. **attendu que,** da ; weil.
◇ v. pr. **s'attendre,** [réciprocité] aufeinander warten. || [prévoir] vermuten ; gefaßt sein (auf, acc.) ; sich gefaßt machen (auf, acc.). | *S'attendre à tout*, auf alles gefaßt sein. || [compter sur] rechnen (auf, acc.). | *Il s'attendait à le voir*, er rechnete darauf, ihn zu sehen.

attendrir [atɑ̃dri:r] v. tr. [rendre tendre] weich, zart machen. || FIG. [émouvoir] rühren ; erweichen.
◇ v. pr. **s'attendrir,** weich, zart werden. || FIG. gerührt werden ; sich erweichen. | *S'attendrir sur le sort de qn*, durch js Schicksal gerührt werden.

attendrissant, ante [-drisɑ̃, ɑ̃:t] adj. rührend ; ergreifend. | *Paroles attendrissantes*, zu Herzen gehende Worte n. pl. || PÉJOR. rührselig ; rührsam.

attendrissement [-drismɑ̃] m. Erweichung f. || FIG. Rührung f. ; Ergriffenheit f.

attentat [atɑ̃ta] m. Attentat n. ; Anschlag m. || FIG. Frevel m. | *Attentat à la bombe, à l'explosif*, Sprengstoffanschlag. | *Attentat à la voiture piégée*, Autobombenattentat. || JUR. *Attentat à la pudeur*, Sittlichkeitsvergehen n.

attentatoire [-twa:r] adj. frevelnd ; verletzend. | *Mesure attentatoire*, Übergriff m.

attente [atɑ̃:t] f. Warten n. ; Erwarten n. ; Erwartung f. | *Salle d'attente*, Wartesaal m. | *Être dans l'attente*, in Erwartung verharren. | *Contre toute attente*, wider alles Erwarten. || COMM. *Dans l'attente de vous lire sous peu*, in Erwartung Ihrer baldigen Antwort. || [espoir] Hoffnung f. ; Sehnen n. ; Ersehnen n. | *Répondre à l'attente de qn*, js Erwartung, js Hoffnung entsprechen. | *Au-delà de toute attente*, schöner, als man zu hoffen wagte ; über alles Erwarten. || [prêt] *Être en attente*, in Bereitschaft sein.

attenter [atɑ̃te] v. intr. einen Anschlag verüben (auf, acc.) ; sich vergreifen (an, dat.). | *Attenter à la vie de qn*, nach js Leben trachten. | *Attenter à ses jours*, Selbstmord verüben.

attentif, ive [atɑ̃tif, i:v] adj. [qui fait attention] aufmerksam (auf, acc.) ; bedacht (auf, acc.). | *Prêter une oreille attentive*, aufmerksames Gehör schenken.

attention [-sjɔ̃] f. Aufmerksamkeit f. ; Achtsamkeit f. | *Attention !*, Achtung ! ; Vorsicht ! ; nehmt Euch in acht ! | *Faire attention à*, achten (auf, acc.) ; achtgeben (auf, acc.) ; aufpassen (auf, acc.). | *Redoubler d'attention*, seine Aufmerksamkeit verdoppeln. | *Appeler l'attention sur qch.*, die Aufmerksamkeit auf etwas lenken. || FIG. Zuvorkommenheit f. | *Plein d'attentions*, äußerst zuvorkommend.

— Syn. : *Application* f., Beflissenheit f. *Tension d'esprit* f., Geistesanspannung f. *Réflexion* f., Überlegung f.

attentionné, ée [-sjɔne] adj. beflissen ; dienstbeflissen. || [prévenant] zuvorkommend.

attentisme [-tism] m. Polit. Abwarten n. ; zögernde Haltung.

atténuant, uante [atenɥɑ̃, ɥɑ̃:t] adj. mildernd. | *Circonstances atténuantes*, mildernde Umstände m. pl. || Techn. dämpfend ; verdünnend.

atténuation [-nɥasjɔ̃] f. Milderung f. ; Verminderung f. | *Atténuation de la peine*, Strafmilderung f. || Techn. Abdämpfen n. ; Verdünnen n.

atténuer [-nɥe] v. tr. mäßigen ; mildern. || Chim. *Atténuer un liquide*, eine Flüssigkeit verdünnen.

◇ v. pr. **s'atténuer,** milder werden.

atterrer [atɛre] v. tr. Fig. *Il était atterré*, er stand niedergeschmettert da.

atterrir [-ri:r] v. intr. Aéron. landen. || Mar. anlegen.

atterrissage [-risa:ʒ] m. Aéron. Landen n. ; Landung f. | *Train d'atterrissage*, Landegestell n. | *Atterrissage forcé*, Notlandung. | *Atterrissage sans visibilité*, Blindlandung. | *Terrain d'atterrissage*, Flugfeld n.

atterrissement [-rismɑ̃] m. Anschwemmungsland n.

attestation [atɛstasjɔ̃] f. Bescheinigung f. ; Zeugnis n. ; Attest n. ; Beglaubigung f.

— Syn. : *Certificat*, Zeugnis n.

attester [-te] v. tr. [certifier] bescheinigen ; bezeugen ; beglaubigen. | *Fait attesté*, anerkannte Tatsache. || Par ext. [prouver] beweisen.

attiédir [atjedi:r] v. tr. [rendre tiède] anwärmen. || Fig. [diminuer] abkühlen ; erkalten.

◇ v. pr. **s'attiédir,** lau werden. || Fig. erschlaffen ; nachlassen.

attifer [atife] v. tr. aufputzen ; aufdonnern.

◇ v. pr. **s'attifer,** sich herausputzen.

Attila n. pr. m. Attila m. ; Etzel m.

attique [atik] adj. attisch.

◇ m. Attika n. || [petit étage] Aufsatzstockwerk n.

attirail [atira:j] m. Gerät n. ; Zubehör n. ; Geschirr n. | *Attirail de pêche*, Angelgerät. || Fig., fam. [bagages superflus] Kram m.

attirance [atirɑ̃:s] f. Anziehung f. ; Anziehungskraft f. ; Reiz m. ; Anreiz m.

attirant, ante [-rɑ̃, ɑ̃:t] adj. [attrayant] anziehend ; anreizend. || Fig. [séduisant] verlockend.

attirer [-re] v. tr. [tirer à soi] anziehen ; heranziehen ; an sich ziehen. | *L'aimant attire le fer*, der Magnet zieht das Eisen an. | *Attirer les regards*, die Blicke auf sich ziehen. || Fig. [séduire] anlocken. | *Attirer les oiseaux*, die Vögel (an)locken. || [causer] zuziehen ; verursachen. | *Attirer l'attention*, Aufsehen erregen.

◇ v. pr. **s'attirer,** [réciprocité] sich gegenseitig anziehen. || Fig. *S'attirer la haine de qn*, sich js Haß zuziehen.

attiser [atize] v. tr. anfachen ; schüren. | *Attiser le feu*, das Feuer schüren. || Fig. *Attiser les haines*, Haßgefühle anstacheln.

attitré, ée [atitre] adj. bestellt ; amtlich ; ständig. | *Fournisseur attitré*, ständiger Lieferant.

attitude [atityd] f. [tenue] Haltung f. || [conduite] Betragen n. ; Benehmen n. || Fig. Verhalten n. | *L'attitude de la presse*, Einstellung (f.) der Presse.

— Syn. : *Posture* f., Stellung f. ; Haltung f. *Pose* f., Pose f. ; gemachte Haltung. *Position* f., Stellung f.

attouchement [atuʃmɑ̃] m. Berührung f.

attractif, ive [atraktif, i:v] adj. anziehend ; Anziehungs... | *Force attractive*, Anziehungskraft.

attraction [-sjɔ̃] f. Anziehung f. ; Anziehungskraft f. | *Attraction terrestre*, Erdanziehung ; Erdanziehungskraft. | *Exercer une attraction*, Anziehungskraft ausüben. || [élément intéressant] Sehenswürdigkeit f.

attrait [atrɛ] m. [ce qui attire] Reiz m. ; Anreiz m. ; Zauber m. | *Sans attrait*, langweilig. || [penchant] Neigung f. ; Vorliebe f.

◇ m. pl. **attraits,** [d'une femme] Reize m. pl. ; Liebreiz m.

attrape [atrap] f. [piège] Falle f. ; Schlinge f. || [tromperie] Scherzartikel m. ; Attrappe f. || Mar. Bindetau n.

— Syn. : *Tromperie* f., Betrug m. *Leurre* m., künstlicher Köder m. *Tour* m., Streich m. *Farce* f., Schelmenstück n. *Blague* f., Scherz m. *Fumisterie* f., Posse f.

attrape-mouches [-muʃ] m. Bot. Fliegenfalle f. || [piège] Fliegenfänger m.

attrape-nigaud [-nigo] m. Nepp m. ; Bauernfängerei f.

attraper [-pe] v. tr. [prendre au piège] fangen. | *Attraper des papillons*, Schmetterlinge haschen. || [atteindre] erreichen ; erwischen ; einholen ; ergreifen. | *Attraper l'autobus*, den Bus (noch) erwischen. | *Attraper la balle*, den Ball auffangen. || [prendre sur le fait] erwischen ; ertappen. || [tromper] täuschen ; reinlegen. | *Attrape !*, da hast du's ! ; reingefallen ! || [obtenir par hasard] zufällig erwischen. | *Attraper un bon numéro*, eine Glücksnummer ziehen. | *Attraper un rhume*, sich einen Schnupfen holen. || Fam. [gronder] ausschelten.

◇ v. pr. **s'attraper,** [s'accrocher] sich verfangen. || [être contagieux] ansteckend sein. || Fam. [se disputer] sich ausschelten.

attrayant, ante [atrɛjɑ̃, ɑ̃:t] adj. anziehend ; verlockend ; reizend.

attribuer [atribɥe] v. tr. [accorder] zuteilen ; zuweisen ; beimessen. | *Attribuer qch. à qn*, jm etwas zuteilen. | *Attribuer de l'importance à une chose*, einer Sache Bedeutung beimessen. || Fig. [imputer] zuschreiben ; anrechnen.

◇ v. pr. **s'attribuer,** [s'approprier] sich zuschreiben ; sich anmaßen.

attribut [-by] m. [qualité] Eigenschaft f. || [emblème] Kennzeichen n. ; Anzeichen n. || Gramm. Eigenschaftswort n. ; Attribut n.

attributif, ive [-bytif, i:v] adj. Gramm. beigefügt ; attributiv. || Jur. zusätzlich.

attribution [-bysjɔ̃] f. [action d'accorder] Zuteilung f. ; Zuweisung f. ; Zuwendung f. ; Verleihung f. || [compétence] Befugnis f. ; Obliegenheit f. ; Kompetenz f. | *Cela sort de mes attributions*, das überschreitet meine Befugnisse. || *Attributions d'un maire*, Amtsbefugnisse (f. pl.) eines Bürgermeisters.

attrister [atriste] v. tr. betrüben. || Par ext. verdüstern.

◇ v. pr. **s'attrister,** traurig werden ; sich betrüben ; den Kopf hängen lassen.

attroupement [atrupmɑ̃] m. Zusammenrottung f. ; Volksauflauf m. ; Ansammlung f.

attrouper [-pe] v. tr. zusammenrotten ; versammeln ; ansammeln.

◇ v. pr. **s'attrouper,** sich ansammeln.

aubade [obad] f. Morgenständchen n.

aubaine [obɛn] f. Glücksfall m.

aube [o:b] f. Morgendämmerung f. ; Tagesanbruch m. ; Morgenröte f. ; Morgengrauen n. | *L'aube point*, der Morgen dämmert herauf. | *Se lever dès l'aube*, im grauenden Morgen aufstehen. || [robe de prêtre]

Chorhemd n. ; Albe f. || TECHN. Schaufel f. ; Flügel m. | *Roue à aubes*, Schaufelrad n.

aubépine [obepin] f. BOT. Weißdorn m. ; Hagedorn m.

aubère [obɛr] adj. falb. | *Cheval aubère*, Falbe m.

auberge [obɛrʒ] f. [hôtel] Herberge f. | *Auberge de (la) jeunesse*, Jugendherberge. || [café] Wirtshaus n. ; Wirtschaft f. ; Gasthaus n. || LOC. *Nous ne sommes pas encore sortis de l'auberge*, wir sind noch nicht aus dem Schneider ; wir sind noch nicht über den Berg.

aubergine [obɛrʒin] f. BOT. Eierpflanze f. ; Aubergine f.

aubergiste [obɛrʒist] s. Herbergsvater m., -mutter f. || [cafetier] Wirt(in) m. (f.) ; Gastwirt(in) m. (f.).

aubier [obje] m. Weißholz n. ; Splint m.

aucun, une [okœ̃, yn] adj. indéf. [avec *ne*] kein ; kein einziger ; nicht ein. | *Aucun homme n'aurait fait cela*, kein, nicht ein Mann hätte das getan. | *D'aucune sorte*, keinerlei. | *En aucune façon*, keineswegs. | *En aucun lieu*, nirgend(s) ; nirgendwo. | *À aucun prix*, um keinen Preis. || [sans *ne*] irgendein. | *Croyez-vous qu'aucun homme... ?*, meinen Sie, daß irgendwer... ?
◇ pron. indéf. [avec *ne*] keiner ; kein einziger ; nicht einer. | *Aucun n'osera*, kein einziger wird es wagen. || [sans *ne*] irgendeiner ; jemand ; mancher. | *D'aucuns diront*, einige werden sagen.

aucunement [-kynmɑ̃] adv. in keiner Weise ; keineswegs ; keinesfalls.

audace [odas] f. Kühnheit f. ; Verwegenheit f. ; Wagemut m. | *Audace impudente*, Unverschämtheit f. | *Audace indiscrète*, Rücksichtslosigkeit f. | *Quelle audace !*, welche Frechheit ! | *Avoir l'audace de faire*, die Frechheit haben, zu tun.

audacieux, euse [-sjø, ø:z] adj. kühn ; verwegen.
◇ m. kühner Mensch ; Wagehals m.

au-dedans, au-dehors [odədɑ̃, odəo:r] V. DEDANS, DEHORS.

au-delà [odəla] loc. prép. *Au-delà de*, [de l'autre côté de] jenseits (gén.) ; über (dat. ou acc.).
◇ adv. jenseits. || [plus que] über ; mehr als.
◇ m. **L'au-delà,** das Jenseits.

au-dessous [odəsu] loc. prép. [sous] *Au-dessous de*, unter (dat. ou acc.). || [en aval] unterhalb (gén.). || FIG. *Au-dessous de tout*, unter aller Würde ; POP. unter aller Sau.

au-dessus [odəsy] loc. prép. [plus haut que] *Au-dessus de*, über (dat. ou acc.). || [en amont de] oberhalb (gén.). || FIG. *C'est au-dessus de mes forces*, das geht über meine Kräfte. | *Je suis au-dessus de cela*, ich bin darüber erhaben.
◇ adv. oben ; darüber.

au-devant [odəvɑ̃] loc. prép. *Au-devant de* [à la rencontre de], entgegen (dat.). | *Au-devant de l'ennemi*, dem Feind entgegen. | *Aller au-devant de qn*, jm entgegengehen. || FIG. *Il va au-devant de mes désirs*, er kommt mir entgegen.
◇ adv. voraus ; entgegen.

audibilité [odibilite] f. Hörbarkeit f.

audible [odibl] adj. hörbar ; vernehmbar.

audience [odjɑ̃:s] f. [admission] Audienz f. ; Empfang m. | *Donner audience à qn*, jm eine Audienz gewähren ; jn empfangen. | *Heure d'audience*, Sprechstunde f. || JUR. [séance] Gerichtssitzung f. | *Salle d'audience*, Sitzungssaal m. | *Tenir une audience*, eine Sitzung abhalten. || [auditeurs] Zuhörerschaft.

audiencier [-sje] m. Gerichtsdiener m.

audiomètre [odjɔmɛtr] m. Schallmesser m.

audiovisuel [-vizɥɛl] adj. audiovisuell.
◇ m. Audiovision f.

audit [odit] m. ÉCON. Rechnungsprüfung f. | *Audit interne*, Innenrevision f. ; Betriebskontrolle f.

auditeur, trice [oditœ:r, tris] s. Hörer(in) m. (f.) ; Zuhörer(in) m. (f.). || ÉCON. *Auditeur interne*, Innenrevisor m. ; Betriebsrevisor m. || JUR. [assistant] Beisitzer m. || UNIV. *Auditeur libre*, Gasthörer.

auditif, ive [-tif, i:v] adj. Hör... ; Gehör... | *Nerf auditif*, Gehörnerv m.

audition [-sjɔ̃] f. [action d'écouter] Hören n. || JUR. Vernehmung f. | *Audition des témoins*, Zeugenvernehmung. | *Audition contradictoire*, Kreuzverhör n. || RADIO. Rundfunkempfang m. || [séance d'essai] Anstellungsprobe f.

auditionner [-sjɔne] v. tr. RADIO. anhören.
◇ v. intr. vorsprechen ; vorsingen.

auditoire [-twa:r] m. Hörerschaft f.

auditorium [-tɔrjɔm] m. Sendesaal m.

auge [o:ʒ] f. [mangeoire] Trog m. ; Futtertrog m. || GÉOL. *Auge glaciaire*, Trogtal n. || TECHN. [récipient d'artisan] Mulde f. ; Rinne f.

augmentation [-tasjɔ̃] f. Mehrung f. ; Steigerung f. ; Zunahme f. ; Anwachsen n. ; Aufschlag m. ; Erhöhung f. | *Augmentation de capital*, Kapitalerhöhung. | *Augmentation de la circulation*, Anwachsen des Verkehrs. | *Augmentation des impôts*, Steuererhöhung. | *Augmentation de la population*, Bevölkerungszunahme. | *Augmentation de prix*, Preissteigerung ; Teuerung f. | *Augmentation de la production*, Produktionssteigerung. | *Augmentation du rendement*, Mehrleistung f. | *Augmentation de salaire*, Lohnerhöhung. | *Augmentation du poids*, Gewichtszunahme. | *Être en augmentation*, im Zunehmen begriffen sein.
— SYN. : *Addition* f., Hinzufügung f. *Accroissement* m., Anwachsen n. *Agrandissement* m., Vergrößerung f.

augmenter [-te] v. tr. vermehren ; vergrößern ; steigern ; aufschlagen. | *Augmenter les prix*, die Preise aufschlagen. | *Augmenter les taux d'intérêt*, den Zinssatz heraufsetzen. | *Augmenter le danger*, die Gefahr vergrößern. | *Augmenter le pain*, den Brotpreis erhöhen. | *Augmenter les fonctionnaires*, den Beamten eine Gehaltszulage bewilligen.
◇ v. intr. größer werden ; steigen. | *Sa fortune augmente*, sein Vermögen wächst an. | *Les jours augmentent*, die Tage nehmen zu. | *Augmenter de cent francs*, sich um hundert Franken erhöhen.
— SYN. : *Croître*, wachsen. *Agrandir*, vergrößern. *Accroître*, anwachsen. *Redoubler*, verdoppeln. *Ajouter*, hinzufügen.

augure [ogy:r] m. [devin] Wahrsager m. ; Vogelflugdeuter m. || [présage] Anzeichen n. ; Vorzeichen n. ; Voraussage f. ; Omen n. || LOC. *Cela est de bon augure*, es ist ein gutes Omen. | *Un oiseau de mauvais augure*, ein Unglücksprophet m.

augurer [-re] v. tr. [conjecturer] vorausahnen ; vermuten ; mutmaßen. | *Bien ou mal augurer de qch.*, etwas als gutes oder schlechtes Vorzeichen ansehen.

auguste [ogyst] adj. erhaben ; hehr ; erlaucht.
◇ m. **Auguste,** August(us).

aujourd'hui [oʒurdɥi] adv. [ce jour] heute ; am heutigen Tage. | *D'aujourd'hui*, heutig. | *Aujourd'hui même*, heute noch. | *À partir d'aujourd'hui*, ab heute, von jetzt ab. | *Il y a aujourd'hui huit jours*, heute vor acht Tagen. | *D'aujourd'hui en huit*, heute in acht Tagen. || [présentement] heutzutage ; gegenwärtig ; jetzt. | *Jusqu'aujourd'hui*, bis jetzt. || LOC. *Les femmes d'aujourd'hui*, die heutigen Frauen.

aulique [olik] adj. zum Hof gehörig ; höfisch. | *Conseiller aulique*, Hofrat m.

aulnaie, aulne V. AUNAIE, AUNE.

aumône [omo:n] f. Almosen n. ; milde Gabe ; Scherflein n. | *Demander l'aumône*, betteln. | *Faire l'aumône à qn*, jm ein Almosen geben.

aumônier [-nje] m. Geistlicher m. ; Seelsorger m. ; Kaplan m. ; Pfarrer m. | *Aumônier militaire*, Feldkaplan ; Feldgeistlicher.

aumônière [-njɛ:r] f. Geldbeutel m. ; Gürteltasche f.

aunaie [onɛ] **aulnaie** [onɛ] f. Erlenanpflanzung f. ; Erlenhain m. ; Erlengehölz n.

aune [o:n], **aulne** [o:n] m. [arbre] Erle f. ; Erlenbaum m.

aune [o:n] f. [mesure] Elle f. ; Ellenlänge f. | *Large d'une aune*, ellenbreit. || FIG. *Mesurer les autres à son aune*, von sich auf andere schließen.

auparavant [oparavɑ̃] adv. vorher ; vorhin ; vormals ; früher ; ehemals ; einst.

auprès [oprɛ] adv. daneben ; dabei ; daran ; nah ; in der Nähe ; nahebei.
◇ loc. prép. **auprès de,** [sans mouvement] bei ; nahebei ; in der Nähe ; neben (dat.) ; an (dat.). | *Se rendre auprès d'un malade*, sich zu einem Kranken begeben. || [en comparaison de] im Vergleich mit ; gegen.

auquel [okɛl] pr. rel. m. **1.** DAT. D'ATTRIBUTION : welchem ; dem. | *Je ne sais pas auquel je le donnerai*, ich weiß nicht, wem ich es geben werde.
2. RÉGIMES DIVERS : [antécédent animé] prép. et « der » au cas demandé. | *L'homme auquel je parle*, der Mann, mit dem ich spreche.
— OBSERV. Même méthode de traduction pour : *à laquelle* (f.) ; *auxquels* (m. pl.) ; *auxquelles* (f. pl.).

auréole [oreɔl] f. Heiligenschein m. ; Gloriole f. ; Strahlenkranz m. ; Strahlenkrone f. || FIG. Nimbus m. || ASTRON. Lichthof m. ; Aureole f.

auréoler [-le] v. tr. mit einem Heiligenschein umgeben. || FIG. verherrlichen.

auriculaire [orikylɛ:r] adj. zum Ohr gehörig ; Ohren... | *Témoin auriculaire*, Ohrenzeuge m.
◇ m. kleiner Finger.

auricule [-kyl] f. ANAT. Ohrläppchen n. | *Auricule du cœur*, Herzohr n. || BOT. Aurikel f. ; Bärohr n.

aurifère [orifɛ:r] adj. goldhaltig. | *Sable aurifère*, Goldkies m.

aurifier [-fje] v. tr. [dent] Goldplomben einsetzen.

aurore [ɔrɔ:r] f. Morgenröte f. ; Morgenrot n. ; Aurora f. ; Tagesanbruch m. | *Dès l'aurore*, bei Tagesanbruch. | *Aurore boréale*, Nordlicht n. ; Polarlicht n. || FIG. [début] Anfang m. || POÉT. Frühlicht n.

auscultation [oskyltasjɔ̃] f. MÉD. Horchen n. ; Behorchen n. ; Abhorchen n. ; Auskultation f.

ausculter [-te] v. tr. horchen ; behorchen ; abhorchen ; abhören ; auskultieren.

auspice [ospis] m. [devin] Wahrsager m. || [présage] Vorzeichen n. ; Voraussage f. ; Zeichen n. ; Vorbedeutung f. ; Wahrzeichen n. ; Wahrsagung f. || FIG. *Sous d'heureux, de fâcheux auspices*, unter günstigen, ungünstigen Vorzeichen. | *Sous les auspices de qn*, unter js Schutzherrschaft.

aussi [osi] adv. [également, de même] auch ; ebenfalls. || [en outre] überdies ; obendrein ; dazu. || [tellement] so. | *Un enfant aussi gentil*, ein so artiges Kind. || [en conséquence] deshalb ; daher ; darum (auch).
◇ loc. adv. **aussi bien,** [au surplus, après tout] ohnehin ; zudem ; überhaupt. | *Tu ferais aussi bien de...*, überhaupt wäre es besser, daß du...
◇ loc. conj. **aussi... que,** [comparatif] so, ebenso... wie. | *Il n'est pas aussi grand que toi*, er ist nicht so groß wie du. || *Aussi bien que*, sowie ; sowohl... als auch.

aussitôt [-to] adv. alsbald ; alsdann ; sofort ; sogleich. | *Aussitôt dit, aussitôt fait*, gesagt, getan ; kaum gesagt, schon getan.
◇ loc. conj. **aussitôt que,** sobald ; sobald als ; sowie ; wie... so ; kaum... so. | *Aussitôt qu'il eut tiré, le lièvre tomba*, kaum hatte er geschossen, so fiel der Hase hin.

austère [ostɛ:r] adj. [sévère] streng ; ernst. || FIG. kalt ; freudlos. || ARTS. [simple] schmucklos ; nüchtern. | *Style austère*, schmuckloser Stil.
— SYN. : *Sévère*, streng. *Dur*, hart. *Rude*, roh ; hart. *Rigoureux*, streng ; hart. *Raide*, starr. *Rigide*, steif ; stur. *Rigoriste*, sittenstreng. *Ascétique*, selbststreng ; asketisch.

austérité [osterite] f. [sévérité] Strenge f. ; Härte f. || FIG. Kälte f. ; Freudlosigkeit f. || LITTÉR., ARTS. *Austérité du style*, Nüchternheit (f.) des Stils. || POLIT. *Politique d'austérité*, Sparpolitik f.
◇ f. pl. **austérités,** Bußübungen f. pl.

austral, ale ou **aux** [ostral, o] adj. südlich ; Süd... | *Terres australes*, südliche Gefilde n. pl.

Australie [ostrali] n. pr. f. GÉOGR. Australien n.

australien, ienne [-ljɛ̃, jɛn] adj. australisch.
◇ s. **Australien, ienne,** Australier(in) m. (f.).

austro-hongrois, oise [ostro-ɔ̃grwa, waz] adj. österreich-ungarisch.

autan [otɑ̃] m. Südwind m.

autant [otɑ̃] adv. **1.** EN QUANTITÉ OU INTENSITÉ ÉGALE : [quantité] ebensoviel ; gleichviel. | *Cette robe vaut autant*, dieses Kleid ist ebenso teuer. | *Pour autant*, deshalb. | *D'autant*, ebensoviel. | *Autant en emporte le vent*, das sind leere Worte ; vom Winde verweht. || [intensité] ebensosehr ; so ; ebenso. || [comparaison] *Autant... que*, ebensoviel, ebensosehr... wie, als. | *Autant d'hommes, autant d'avis*, soviel Köpfe, soviel Sinne. || [la même chose] dasselbe ; ebensogut. | *J'en fais tout autant*, das kann ich ja auch. | *Autant mourir*, lieber sterben. | *Autant dire oublié*, so gut wie vergessen.
2. ACCROISSEMENT PROGRESSIF : *D'autant plus*, um so mehr ; « um so » et comparatif. | *D'autant plus d'argent*, um so mehr Geld. | *D'autant plus sage*, um so weiser. || *D'autant moins*, um so weniger ; « um so » et comparatif.
◇ loc. conj. **autant que,** soviel ; soweit ; insofern. | *Autant que je sache*, soviel ich weiß. | *Autant que je me souvienne*, soweit ich mich erinnere. | *D'autant plus que*, um so mehr, als. | *D'autant que*, zumal. | *Autant de fois que*, so oft wie.

autarcie [otarsi] f. Autarkie f.

autel [otel] m. Opfertisch m. ; Altar m. | *Maître-autel*, Hochaltar. | *S'approcher de l'autel*, zum Altar treten. | *Conduire à l'autel*, heiraten.

auteur [otœ:r] m. [créateur] Urheber m. ; Schöpfer m. || PAR EXT. [inventeur] Gründer m. ; Erfinder m. || [écrivain] Verfasser m. ; Autor m. | *Femme auteur*, Schriftstellerin f. | *Droits d'auteur*, Urheberrechte n. pl.
— SYN. : *Écrivain* m., Schriftsteller m. *Poète* m., Dichter m. *Homme de lettres* m., Schriftsteller m.

authenticité [otɑ̃tisite] f. Echtheit f. ; Verbürgtheit f. ; Unverfälschtheit f. || JUR. *Authenticité d'un testament*, Rechtsgültigkeit eines Testaments.

authentifier [-tifje] v. tr. die Echtheit nachweisen ; beurkunden ; beglaubigen.

authentique [-tik] adj. authentisch ; echt ; verbürgt. || JUR. rechtsgültig ; rechtskräftig.
◇ m. Urschrift f. ; Original n.

auto [oto] préf. selbst... ; selbsttätig... ; auto...

auto [oto] f. Auto n. ; Kraftwagen m. ; (V. AUTOMOBILE), Motorfahrzeug n. | *Auto blindée*, Panzerauto. | *Auto tamponneuse*, Autoskooter m. | *Monter en auto*, ins Auto steigen.

autoallumage [-alymɑ:ʒ] m. Nachzündung f.

autobiographie [-biɔgrafi] f. Autobiographie f.

autobus [otoby:s] m. Bus m. ; Stadtbus m.

autocar [-ka:r] m. Reisebus m. ; Fernbus m. ; Tourenbus m.

autocensure [-sɑ̃syr] f. Eigenkontrolle f.

autochenille [-ʃni:j] f. Raupenfahrzeug n.

autochtone [otɔktɔn] adj. eingeboren ; eingesessen ; einheimisch. | *Peuple autochtone*, Urvolk n.

◇ m. Urbewohner m. ; Eingeborene(r) m.

autoclave [otokla:v] m. Druckkessel m. ; Dampfkessel m. ; Autoklav m.

autocollant, e [-kɔlɑ̃, ɑ̃t] adj. selbstklebend.

◇ m. **autocollant,** Aufkleber m.

autocorrection [-kɔrɛksjɔ̃] f. INF. automatische Berichtigung.

autocrate [-krat] m. Autokrat m. || FIG. Herrschsüchtige(r) m.

autocratie [-krasi] f. Autokratie f.

autocratique [-kratik] adj. autokratisch.

autocritique [-kritik] f. Selbstkritik f.

autocuiseur [-kɥizœ:r] m. Schnellkochtopf m.

autodafé [otodafe] m. HIST. Ketzergericht n. ; Ketzerverbrennung f.

autodéfense [-defɑ̃s] f. Selbsthilfe f. || SPORT. Selbstverteidigung f.

autodétermination [otodetɛrminasjɔ̃] f. Selbstbestimmung f. ; Recht (n.) auf Selbstbestimmung.

autodidacte [otodidakt] m. Autodidakt m.

autodrome [-dro:m] m. Rennstrecke f.

auto-école [-ekɔl] f. Fahrschule f.

autofinancement [-finɑ̃smɑ̃] m. ÉCON. Eigenfinanzierung f. ; Selbstfinanzierung f.

autogène [-ʒɛ:n] adj. autogen ; zusammenschweißend. | *Soudure autogène*, Autogenschweißung f.

autogestion [-ʒɛstjɔ̃] f. Selbstverwaltung f.

autographe [-graf] adj. eigenhändig geschrieben ; urschriftlich ; autographisch.

◇ m. Urschrift f. ; Original n. ; Autogramm n.

automate [-mat] m. Automat m. ; selbsttätige Maschine. || FIG. ohne Denken handelnder Mensch.

— SYN. : *Androïde* m., mechanische Gliederpuppe. *Robot* m., Maschinenmensch m. ; Roboter m.

automation [-masjɔ̃] f. (Prozeß)automatisierung f. ; Vollautomatisierung f. ; automatische Rationalisierung.

automatique [-matik] adj. selbsttätig ; automatisch ; Selbst... || FIG. unbewußt. | *Signal automatique*, sich selbst auslösendes Signal. | *Allumage automatique*, Selbstzündung f. | *Armes automatiques*, Selbstfeuerwaffen f. pl. ; automatische Waffen.

◇ m. TÉLÉPH. Selbstanschluß m.

automatiquement [-matikmɑ̃] adv. automatisch.

automatisme [-matism] m. Selbsttätigkeit f. ; Zwangsläufigkeit f. || PHILOS. Willenlosigkeit f.

automitrailleuse [-mitrajø:z] f. Panzerspähwagen m.

automnal, ale, aux [otɔmnal, o] adj. herbstlich ; Herbst...

automne [otɔn] m. Herbst m. ; Herbstzeit f. ; Spätjahr n. | *Faire la récolte d'automne*, herbsten.

automobile [otomɔbil] adj. selbsttätig ; selbstantreibend ; Automobil... (V. AUTO).

◇ f. Automobil n. ; Kraftwagen m. | *Accident d'automobile*, Autounfall m.

automobiliste [-bilist] n. Kraftwagenführer(in) m. (f.) ; Autobesitzer m. ; Autofahrer m.

automoteur, trice [-tœ:r, tris] adj. eigenbewegt ; selbstfahrend.

◇ f. **automotrice,** Triebwagen m.

— SYN. : *Autorail* m., Triebwagen m.

autonome [otono:m] adj. selbständig ; unabhängig ; autonom.

autonomie [-nɔmi] f. Selbstverwaltung f. ; Selbstregierung f. ; Autonomie f. || PAR EXT. Unabhängigkeit f. | *Autonomie de la volonté*, Willensfreiheit f. || AÉRON. Aktionsradius m ; Flugdauer f. | *Autonomie en vol*, Flugweite f.

autonomiste [-nɔmist] s. Autonomist(in) m. (f.).

autopsie [otɔpsi] f. MÉD. Leichenöffnung f. ; Obduktion f. ; Autopsie f.

autopsier [-sje] v. tr. obduzieren ; sezieren.

autoradio [otoradjo] m. Autoradio n.

autorail [otora:j] m. Triebwagen m.

autorisation [otorizasjɔ̃] f. Genehmigung f. ; Bewilligung f. ; Erlaubnis f. ; Zustimmung f. | *Autorisation de séjour*, Aufenthaltsgenehmigung. | *Autorisation de vente*, Verkaufsermächtigung f. | *Autorisation de circuler*, Zulassung (f.) von Kraftfahrzeugen. | *Accorder une autorisation*, eine Genehmigung erteilen. | *Demander une autorisation*, eine Genehmigung einholen. | *Sans autorisation*, unberechtigt. || NUCL. *Autorisation de mise en service*, Genehmigung (f.) des Probebetriebs. | *Autorisation partielle*, Teilgenehmigung.

autoriser [-ze] v. tr. [donner pouvoir] ermächtigen ; berechtigen ; bevollmächtigen ; autorisieren. || [permettre] gutheißen ; genehmigen.

◇ part. pass. et adj. **autorisé, ée,** befugt ; berechtigt ; ermächtigt. | *Être autorisé à*, dürfen. | *Apprendre de source autorisée*, von zuständiger Quelle erfahren. || AÉRON. *Autorisé à atterrir*, Landung freigegeben.

◇ v. pr. **s'autoriser.** *S'autoriser de qch.*, sich auf etwas berufen.

autoritaire [-tɛ:r] adj. autoritär ; herrisch. | *Principe autoritaire*, Machtprinzip n. | *D'un ton autoritaire*, herrisch ; befehlend ; anmaßend.

autoritarisme [-tarism] m. Willkür f.

autorité [-te] f. [puissance légale] Macht f. ; Befugnis f. ; Machtbefugnis f. ; Herrschaft f. | *D'autorité*, eigenmächtig. | *Faire acte d'autorité*, eigenmächtig handeln. || [puissance officielle] Obrigkeit f. ; Behörde f. | *Autorité publique*, öffentliche Gewalt. || JUR. *Autorité parentale*, elterliche Gewalt. | *Autorité(s) de tutelle*, Betreuungsbehörde(n) f. (pl.). || FIG. [influence, poids] Autorität f. ; Einfluß m. ; Ansehen n. | *Autorité d'un témoignage*, Gewicht (n.) einer Aussage. | *Faire autorité*, maßgebend sein.

— SYN. : *Puissance* f., Macht f. *Pouvoir* m., Gewalt f. *Empire* m., Herrschaft f. *Domination* f., Beherrschung f.

autoroute [otoru:t] f. Autobahn f. | *Autoroute à péage*, gebührenpflichtige Autobahn.

autoroutier, ère [-rutje, ɛ:r] adj. Autobahn... | *Réseau autoroutier*, Autobahnnetz n.

auto-stop [-stɔp] m. Anhalter m. | *Faire de l'auto-stop*, per Anhalter fahren.

autosuggestion [otɔsygʒɛstjɔ̃] f. MÉD. Selbstbeeinflussung f. ; Autosuggestion f.

autour [otu:r] adv. umher ; herum. || *Tout autour*, rings herum ; ringsum ; rund umher ; rundum.

◇ loc. prép. **autour de,** um ; um... herum. | *Passer ses bras autour de qn*, seine Arme um jn schlingen. | *Tourner autour du pot*, (wie die Katze) um den heißen Brei herumgehen. || FAM. [à peu près] ungefähr ; etwa ; so bei ; gegen.

◇ m. ZOOL. Habicht m. ; Taubenfalke m.

autre [o:tr] adj. indéf. ander ; sonstig ; weiter. | *Autre chose*, etwas anderes. | *Il est d'un tout autre avis*, er ist ganz anderer Meinung. | *Entre autres choses*, unter anderem. | *Autres pays, autres mœurs*, fremde Länder, fremde Sitten. || FIG. *L'autre monde*, das Jenseits. | *L'autre jour*, neulich ; vor kurzem. || LOC. *Autre part*, anderswo. | *D'autre part*, andererseits ; übrigens. | *De l'autre côté de*, jenseits (gén.). | *Porter, Nager de l'autre côté*, hinübertragen, hinüberschwimmen. | *D'une autre espèce*, andersartig. | *D'autres fois*, sonst.
◇ pron. indéf. andere(r). | *L'un et l'autre*, der eine und der andere ; beide. | *Ni l'un ni l'autre*, keiner von beiden. | *Qn d'autre*, jd anders ; sonst jd. | *Qui d'autre, sinon toi ?*, wer anders als du ? | *Rien d'autre*, nichts anderes. || FIG. *Nous autres Français*, wir Franzosen. | *Parler de choses et d'autres*, von diesem und jenem reden. | *J'en ai vu bien d'autres*, da habe ich schon ganz was anderes erlebt. | *Comme dit l'autre*, wie jener sagt. || LOC. *De temps à autre*, dann und wann ; hie und da. | *De part et d'autre*, beiderseits. | *À d'autres !*, das erzählen Sie anderen ! | *L'un l'autre*, einander. | *L'un après l'autre*, nacheinander. | *S'accuser l'un l'autre*, sich gegenseitig anklagen.

autrefois [otrəfwa] adv. ehemals ; einstmals ; einst. | *D'autrefois*, ehemalig ; einstig.

autrement [-mɑ̃] adv. [d'une autre façon] anders ; auf andere Weise. || [sinon] sonst ; wo nicht. || [à un plus haut degré] sonderlich ; vielmehr. | *C'est autrement important*, das ist viel wichtiger.

Autriche [otriʃ] n. pr. f. GÉOGR. Österreich n. || *Basse Autriche*, Niederösterreich. | *Autriche-Hongrie*, Österreich-Ungarn n.

autrichien, ienne [-ʃjɛ̃, jɛn] adj. österreichisch.
◇ s. **Autrichien, ienne,** Österreicher(in) m. (f.).

autruche [otryʃ] f. ZOOL. Strauß m. | *Il a un estomac d'autruche*, er frißt, schluckt alles. || FIG. *Politique de l'autruche*, Vogelstraußpolitik f.

autrui [otrɥi] pron. indéf. ein anderer ; andere Leute f. pl. ; Nächste(r) m. | *Bien d'autrui*, fremdes Gut. | *Aux dépens d'autrui*, auf fremde Kosten.

auvent [ovɑ̃] m. Vordach n. ; Schutzdach n.

auxiliaire [oksiljɛ:r] adj. helfend ; unterstützend ; fördernd ; mitwirkend ; beistehend ; Hilfs... | *Service auxiliaire*, militärischer Hilfsdienst. | *Médecin auxiliaire*, Hilfsarzt m.
◇ s. Hilfsarbeiter(in) m. (f.) ; Aushelfer(in) m. (f.) ; Gehilfe m. ; Gehilfin f. || JUR. *Auxiliaire de justice*, Gerichtsdiener(in) m. (f.). || GRAMM. Hilfszeitwort n.

avachir (s') [savaʃi:r] v. pr. FAM. weich, schlapp, träge werden ; erschlaffen.
◇ part. pass. et adj. **avachi, ie,** schlaff ; schlapp.

aval [aval] m. Bürgschaft f. ; Wechselbürgschaft f. ; Wechselverpflichtung f. ; Aval n. | *Aval de banque*, bankmäßige Sicherung ; Bankaval. | *Pour aval*, per Aval ; als Bürgschaft. | *Donner son aval*, als Bürge eintreten.
◇ m. GÉOGR. Talrichtung f. ; Bergab n. | *En aval*, stromabwärts, bergabwärts gelegen.
◇ loc. prép. **en aval de,** unterhalb von.

avalanche [avalɑ̃:ʃ] f. Lawine f. | *Avalanche de neige*, Schneelawine. | *Avalanche de pierres*, Steinschlag m. || FIG. *Avalanche d'injures*, Flut von Schimpfwörtern.

avaler [avale] v. tr. [absorber, dévorer] verschlingen ; verschlucken ; fressen. | *Avaler de travers*, sich verschlucken. || PAR EXT. *Avaler un livre*, ein Buch verschlingen. | *Avaler des kilomètres*, Kilometer zurücklegen. || FIG. [croire] leicht glauben. | *Faire avaler qch. à qn*, jm etwas vormachen. || [endurer] hinunterschlucken ; einstecken ; ertragen. | *Avaler la pilule*, eine bittere Pille hinunterwürgen. | *Avaler sa langue*, sich eine Antwort verbeißen ; seinen Mund für immer schließen.

avaleur, euse [-lœ:r, ø:z] s. [glouton] Vielfraß m. | *Avaleur de sabres*, Degenschlucker m.

avaliser [avalize] v. tr. *Avaliser un effet*, einen Wechsel als Bürge unterschreiben.

avance [avɑ̃:s] f. ARCHIT. Vorbau m. ; Vorsprung m. ; Vorlage f. ; Erker m. || [action de devancer] zeitlicher Vorsprung ; Voraus n. | *Avoir une avance d'une lieue*, eine Meile voraus sein. || MIL. [action d'avancer] Vorstoß m. ; Vorrücken n. || FIG. [avantage] Vorteil m. || [paiement anticipé] Vorschuß m. | *Avance sur frais*, Kostenvorschuß. || TECHN. Vorgabe f. ; Vorschub m. ; Voreilung f. | *Avance à l'allumage*, Vorzündung f. ; Frühzündung f.
◇ f. pl. **avances,** [premières démarches] Annäherung f. ; Anbiederung f. || PÉJOR. Anschmusen n. ; Anbändeln n. | *Faire des avances à qn*, Annäherungsversuche bei jm unternehmen.
◇ loc. adv. **d'avance, par avance,** im voraus ; voraus ; vorher. | *Payer d'avance*, im voraus zahlen ; vorausbezahlen. || **en avance,** zu früh ; vorzeitig.

avancé, ée [-se] part. pass. [mis en avant] vorgeschoben ; vorspringend ; vorgebaut. | *Poste avancé*, vorgeschobener Posten. || COMM. vorgeschossen. | *Sommes avancées*, vorgestreckte Summen f. pl. || FIG. [qui a progressé] fortgeschritten. | *Travail avancé*, fortgeschrittene Arbeit. | *Civilisation avancée*, hochentwickelte Kultur. | *Avoir des idées avancées*, fortschrittliche Ideen haben. | *À une heure avancée de la nuit*, in vorgerückter nächtlicher Stunde. | *Avancé en âge*, bejahrt. | *Un fruit avancé*, eine überreife Frucht. | *Une viande avancée*, ein Stück angegangenes Fleisch. || IRON. *Il est bien avancé*, er ist genau so weit wie vorher.

avancée [-se] f. MIL., ARCHIT. Vorwerk n. ; Vorsprung m.

avancement [-smɑ̃] m. [action de porter en avant] Vorrücken n. ; Vorsetzen n. || [saillie] Vorspringen n. ; Vorsprung m. || FIG. [progression] Fortschritt m. ; Förderung f. ; Vorwärtskommen n. | *Avancement des sciences*, Fortentwicklung (f.) der Naturwissenschaften. || [élévation en grade] Beförderung f. ; Aufrücken n. | *Avancement à l'ancienneté*, Beförderung nach Dienstalter. | *Obtenir de l'avancement*, befördert werden. | *Tableau d'avancement*, Rangliste f.
— SYN. : *Progrès* m., Fortschritt m. *Progression* f., Fortschreiten n. *Développement* m., Entwicklung f. *Évolution* f., Weiterentwicklung f. *Marche* f., Gang m. *Cours* m., Lauf m.

avancer [-se] v. tr. **1.** [porter, pousser en avant] vorbringen ; vorwärtsbringen ; vorrücken ; vorschieben ; näher rücken. || *Avancer la table, un pion*, den Tisch, einen Stein vorrücken. | *Avancer la voiture*, den Wagen vorfahren. | *Avancer la main*, die Hand ausstrecken.
2. PAR ANAL. [faire progresser] befördern ; voranbringen ; weiterbringen. | *Avancer un travail*, eine Arbeit vorantreiben. | *Faire avancer une affaire, les sciences*, ein Geschäft, die Wissenschaften fördern. || [hâter] beschleunigen ; vorrücken. | *Avancer son départ*, seine Abreise vorverlegen ; früher abreisen. | *Avancer une montre*, eine Uhr vorstellen. || [servir à] nützen (dat.) ; frommen (dat.). || FAM. *Cela ne m'avance guère*, das bringt mich nicht viel weiter. | *À quoi cela m'avancerait-il ?*, was hätte ich davon ?
3. COMM. [payer à l'avance] vorausbezahlen. | *Avancer des gages*, eine Lohnvorauszahlung gewähren.
4. FIG. [mettre en avant] behaupten ; vorbringen. | *Avancer une proposition*, einen Vorschlag machen.

◇ v. intr. [faire saillie] vorspringen ; heraustreten. || [aller en avant] vorwärtsgehen ; vorwärtskommen ; vorrücken ; vorfahren. | *Avancez !*, vorwärts ! || Par anal. [progresser] fortschreiten ; fortrücken ; weiterkommen. | *Avancer en âge*, heranwachsen ; älter werden. | *Avancer en grade*, befördert werden ; höher rücken. || [montre] *Ma montre avance*, meine Uhr geht vor. || [s'approcher] herankommen ; näher rücken. | *Avancer à cheval, à la nage*, heranreiten ; heranschwimmen. | *Avance !*, heran ! ; komm heran ! || [s'avancer] hervortreten ; heraustreten ; daher gehen. | *Avancer sur*, losgehen auf (acc.). | *Avancer en terre ennemie*, auf feindlichem Boden vordringen.

◇ v. pr. **s'avancer,** [faire saillie] vorspringen ; || [se porter en avant] hervortreten ; hintreten ; hertreten ; hervorgehen ; hervorrücken. | *S'avancer vers qch.*, auf etwas zugehen ; vor etwas hintreten. | *S'avancer à pied, à cheval, en groupe*, einhergehen ; einherreiten ; einherziehen. || [s'approcher] sich nähern ; herankommen ; herantreten ; heranrücken. || [approcher de son terme] *Le jour s'avance*, der Tag ist schon vorgerückt. | *L'hiver s'avance*, der Winter geht zu Ende, geht zur Neige. || Fig. [s'engager] sich einlassen (in, acc.) ; sich wagen. | *S'avancer jusqu'à prétendre*, so weit gehen, zu behaupten. | *Il s'avance un peu trop*, er wagt sich zu sehr vor.

avanie [avani] f. Schmach f. ; Schmähung f.

avant [avɑ̃] prép. [priorité de temps, lieu, rang] vor (dat., acc.). | *Avant l'heure*, vor der Zeit. | *Avant la ville il y a la banlieue*, vor der Stadt liegen die Vororte. | *Le général vient avant le colonel*, der General kommt vor dem Oberst. || Écon. *Avant impôt*, vor Steuer (abgabe). || Loc. *Avant peu*, in kurzem. | *Avant tout*, vor allem. | *Avant tout le monde*, allen voraus. | *En avant du régiment*, dem Regiment voraus, voran.

◇ adv. [bien loin dans l'espace et le temps] tief ; weit vor. | *Bien avant dans le bois*, tief im Wald. || [auparavant] vorher ; zuvor. | *Peu de temps avant*, kurz vorher. | *Après comme avant*, nach wie vor. | *La page d'avant*, die vorhergehende Seite. | *La nuit d'avant*, die Nacht zuvor.

◇ loc. adv. **en avant** [position], vorn. || *Marcher en avant*, vorangehen ; vorausgehen. | *En avant !*, vorwärts ! || Fig. *Mettre en avant*, vorschieben ; vorgeben. | *Se mettre en avant*, sich in den Vordergrund stellen.

◇ loc. prép. **avant de** [infin.], bevor ; ehe [temps personnel]. | *Avant d'entrer, il enlève son chapeau*, bevor er eintritt, nimmt er den Hut ab. | *Avant de manger*, vor dem Essen.

◇ loc. conj. **avant que** [subj.], bevor ; ehe [toujours indic.]. | *Je l'ai vu avant qu'il ne sorte*, ich habe ihn gesehen, bevor er hinausging.

◇ m. Vorderteil m. || [précision] Vorder... ; Vor... | *Avant d'un bateau*, Vorschiff n. | *Roue avant*, Vorderrad n. | *Traction avant*, Vorderradantrieb m. || Loc. *Aller de l'avant*, kühn drauflosgehen ; ein Geschäft vorantreiben. || Sport. Stürmer m.

— Syn. : *Auparavant*, früher. *Préalablement*, vorher. *Précédemment*, zuvor. *Antérieurement*, früher.

avantage [avɑ̃ta:ʒ] m. [profit] Vorteil m. ; Nutzen m. ; Gewinn m. ; Vergünstigung f. | *Être à l'avantage de qn*, jm zum Vorteil gereichen. | *Avantages en nature*, Naturalvergütung f. ; Deputat n. || [supériorité, victoire] Überlegenheit f. ; Vorzug m. ; Erfolg m. ; Sieg m. | *Avoir l'avantage sur qn*, jm überlegen sein. | *Profiter de son avantage*, Vorteil aus seiner Überlegenheit ziehen. | *Garder l'avantage*, die Oberhand behalten. | *J'ai l'avantage de le connaître*, glücklicherweise kenne ich ihn. || [tennis] *Avoir l'avantage*, im Vorteil liegen.

avantager [-ʒe] v. tr. bevorzugen ; begünstigen.

avantageux, euse [-ʒø, ø:z] adj. vorteilhaft ; lohnend. | *Être avantageux pour qn*, jm Vorteil bringen. || Fig. [flatteur] *Parler de qn en termes avantageux*, von jm vorteilhaft sprechen. || Péjor. [suffisant] dünkelhaft ; selbstgefällig.

avant-bras [-bra] m. Unterarm m. || [cheval] Vorderschienbein n. || Techn. Ausleger m.

avant-centre [-sɑ̃:tr] m. Sport. Mittelstürmer m.

avant-corps [-kɔ:r] m. Archit. Vorsprung m. ; Vorbau m.

avant-cour [-ku:r] f. Vorhof m. ; Eingangshof m.

avant-coureur [-kurœ:r] adj. voranzeigend.

◇ m. Vorbote m. ; Vorzeichen n.

avant-dernier, ière [-dɛrnje, jɛ:r] adj. vorletzt ; zweitletzt.

◇ m. **avant-dernier,** Vorletzte(r) ; Zweitletzte(r) m.

avant-garde [-gard] f. Mil. Vorhut f. ; Vortrupp m. || Par ext. [ce qui prépare, annonce] *Être à l'avant-garde du progrès*, an der Spitze des Fortschritts stehen. | *Esprit d'avant-garde*, Vorkämpfer m.

avant-goût [-gu] m. Vorgeschmack m.

avant-guerre [-gɛ:r] m. Vorkriegszeit f.

avant-hier [avɑ̃tijɛ:r] loc. adv. vorgestern.

avant-port [avɑ̃pɔ:r] m. Vorhafen m. ; Außenhafen m. ; Hafeneinfahrt f.

avant-poste [-pɔst] m. Vorposten m.

avant-première [-prəmjɛ:r] f. Voraufführung f.

avant-projet [-prɔʒɛ] m. Vorentwurf m.

avant-propos [-propo] m. Vorwort n. ; Vorrede f.

avant-scène [-sɛ:n] f. Vorbühne f. ; Vorderbühne f.

avant-toit [-twa] m. Vordach n. ; Schutzdach n.

avant-train [-trɛ̃] m. vorderes Fahrgestell ; Vorderwagen m. || [cheval] Vorderteil m.

avant-veille [-vɛ:j] f. vorgestriger Tag.

avare [ava:r] adj. geizig ; geldgierig ; habsüchtig. || Fig. *Être avare de qch.*, mit etwas geizen. | *Avare de louanges*, zurückhaltend mit Loben. | *Avare de ses paroles*, wortkarg.

◇ m. Geizige(r) m. ; Geizhals m. ; Geizkragen m. ; Knauser m.

— Syn. : *Avaricieux* m., knauserig. *Intéressé* m., eigennützig. *Harpagon* m., alter Geizkragen ; Herr Raffke. Fam. *Grippesou* m., Pfennigfuchser m.

avarice [-ris] f. Geiz m. ; Habsucht f.

avarie [avari] f. Mar. Seeschaden m. ; Havarie f. || Par ext. Beschädigung f. ; Schaden m.

avarié, iée [-rje] adj. [endommagé] beschädigt ; schadhaft ; verdorben.

avarier [-rje] v. tr. Mar. havarieren ; Seeschaden zufügen. || Par ext. beschädigen ; verderben.

avatar [avata:r] m. [métamorphose] Verwandlung f. ; Umwandlung f. ; Gesinnungsänderung f. || Abusiv. [mésaventure] unangenehmes Erlebnis.

à vau-l'eau [avolo] loc. adv. V. vau-l'eau (à).

ave [ave] m. Ave n. ; Ave-Maria n.

avec [avɛk] prép. **1.** [en compagnie de] mit ; samt ; mitsamt ; nebst (dat.). | *Habiter avec qn*, mit jm zusammenwohnen. | *Viens avec moi !*, komm mit ! | *Partir, Rire, Souffrir avec qn*, mitfahren, mitlachen, mitleiden. | *La machine avec ses accessoires*, die Maschine samt, nebst ihrem Zubehör. || Par ext. [en plus de] mit ; zu. | *Du blanc avec du rouge*, Weiß zum Rot. | *Et avec cela ?*, und was darf es sonst noch sein ?

2. [en même temps que] mit ; gleichzeitig ; zusammen. | *Se lever avec le soleil*, mit der Sonne aufstehen. | *J'irai avec vous chez le médecin*, wir gehen zusammen zum Arzt.

3. [au moyen de] mit ; durch ; an (dat.) ; vermittels (gén.). | *Avec de bonnes paroles*, vermittels guter Worte. | *Attacher avec des cordes*, anseilen. | *Avec l'aide de Dieu*, mit Gottes Hilfe. | *Marcher avec des béquilles*, an Krücken gehen. || [d'une manière] mit ; voll. | *Avec douleur*, schmerzerfüllt. | *Se défendre avec courage*, sich tapfer verteidigen. | *Recevoir avec joie*, voll Freude empfangen.

4. [envers, contre] mit ; zu ; gegen ; gegenüber. | *Être en guerre avec qn*, sich im Kriege gegen jn befinden. | *Sois gentil avec moi !*, sei nett zu mir !

5. [vu] bei ; angesichts (gén.). | *Avec ce mauvais temps*, bei diesem schlechten Wetter. | *Avec lui on ne sait jamais*, bei ihm weiß man nie. || *Avec tout cela*, bei alledem. || [malgré] trotz (gén.) ; bei. | *Avec la meilleure volonté*, beim besten Willen.

6. Loc. | *Les uns avec les autres*, miteinander ; zusammen. | *Avec le temps*, mit der Zeit. | *Il est avec nous*, er hält mit uns. | *D'avec*, von.

◇ adv. [en plus] Fam. damit ; dazu. | *Il est parti avec (une chose)*, er hat es mitgenommen. | *Du pain avec (qch.)*, Brot dazu.

avenant, ante [avnɑ̃, ɑ̃:t] adj. [affable] entgegenkommend ; freundlich ; liebenswürdig.

◇ loc. prép. **à l'avenant de,** im Verhältnis zu ; passend zu.

◇ loc. adv. **à l'avenant,** entsprechend.

◇ m. **avenant,** [assurance] Zusatzversicherung f. ; Zusatzvertrag m.

avènement [avɛnmɑ̃] m. Kommen n. ; Nahen n. ; Ankunft f. | *Avènement du Messie*, Ankunft des Messias. || [élévation] Erhebung f. ; Antritt m. | *Avènement au trône*, Thronbesteigung f.

avenir [avni:r] m. [temps futur] Zukunft f. ; kommende Zeit(en) f. (pl.) ; zukünftige Zeit. | *Répondre de l'avenir*, für die Zukunft bürgen. | *Dans un avenir peu éloigné*, in Bälde ; binnen kurzem ; in absehbarer Zeit. || [situation future] Zukunft f. ; Aussichten f. pl. | *D'avenir*, vielversprechend ; aussichtsreich. || [postérité] Nachwelt f. ; Nachkommen m. pl. ; zukünftige Geschlechter n. pl.

◇ loc. adv. **à l'avenir,** in Zukunft ; zukünftig ; von nun an ; ab jetzt.

Avent [avɑ̃] m. Relig. Advent m. ; Vorweihnachtszeit f.

aventure [avɑ̃ty:r] f. Abenteuer n. ; Wagnis n. | *Chercher aventure*, auf Abenteuer ausgehen. || Par ext. Erlebnis n. ; Begebenheit f. ; Vorkommnis n. | *Aventure galante*, Liebeserlebnis.

◇ loc. adv. **à l'aventure,** auf gut Glück ; aufs Geratewohl. | *Marcher à l'aventure*, ins Blaue marschieren. || **par aventure, d'aventure,** zufällig ; von ungefähr ; etwa.

— Syn. : *Accident* m., Unfall m. ; Unglücksfall m. *Revers* m., Rückschlag m. *Incident* m., Zwischenfall m. *Événement* m., Ereignis n. *Épisode* m., Episode f.

aventurer [-re] v. tr. wagen ; riskieren ; aufs Spiel setzen.

◇ v. pr. **s'aventurer,** sich wagen ; sich der Gefahr aussetzen ; sich zu weit vorwagen. | *S'aventurer à faire qch.*, etwas riskieren.

aventureux, euse [-rø, ø:z] adj. abenteuerlich ; wagehalsig. | *Esprit aventureux*, Waghals m. ; Waghalsigkeit f.

aventurier, ière [-rje, -jɛ:r] adj. abenteuerlich ; wagehalsig ; wagemutig.

◇ s. Abenteurer(in) m. (f.). || Péjor. Hochstapler(in) m. (f.).

avenu, ue [avny] adj. Loc. *Nul et non avenu*, null und nichtig.

avenue [avny] f. [chemin d'accès] Zugangsweg m. ; Anfahrt f. ; Anfahrtstraße f. | *L'avenue du château*, Anfahrt zum Schloß. || Par ext. [rue large] Allée f. ; (breite bepflanzte) Straße ; Korso m. | *L'avenue des Tilleuls*, Unter den Linden.

avéré, ée [avere] adj. erwiesen ; anerkannt ; allseits bekannt ; zutreffend.

avérer (s') [savere] v. pr. sich als wahr herausstellen ; sich bestätigen ; sich als richtig erweisen.

avers [avɛr] m. [côté d'une monnaie] Vorderseite f.

averse [avɛrs] f. Platzregen m. ; Regenschauer m. | *Essuyer une averse*, in einen Regenguß geraten.

aversion [avɛrsjɔ̃] f. Widerwillen m. ; Abneigung f. ; Aversion f. | *Éprouver de l'aversion*, Widerwillen haben gegen ; etwas verabscheuen. | *Inspirer de l'aversion*, anwidern ; Abscheu erregen.

avertir [avɛrti:r] v. tr. [informer] benachrichtigen ; unterrichten ; mitteilen (dat.) ; melden (dat.). || [mettre en garde] warnen ; mahnen ; einen Wink geben.

◇ part. pass. et adj. **averti, ie,** benachrichtigt ; unterrichtet ; gewarnt. | *Il se tient pour averti*, er läßt sich etwas gesagt sein. || Fig. erfahren ; aufgeklärt ; gewitzt.

avertissement [-tismɑ̃] m. [information] Benachrichtigung f. ; Nachricht f. ; Meldung f. || [mise en garde] Warnung f. ; Mahnung f. || [préface] Vorwort n. || [avis] Mitteilung f. ; Bekanntmachung f. || [avis d'impôt] Steuerzettel m. ; Steuerbescheid m. || [mise en garde] Warnung f. ; Verwarnung f. ; Mahnung f. ; Anmahnung f. | *Lettre d'avertissement*, Mahnschreiben n. ; Mahnung. | *Donner un avertissement à qn*, jn warnen. | *Tenir compte des avertissements*, Warnungen beherzigen.

avertisseur [-tisœ:r] adj. Melde... ; Anzeige... ; Warn...

◇ m. Anzeiger m. ; Künder m. ; Vorbote m. ; Bote m. || Techn. Melder m. ; Meldegerät n. | *Avertisseur d'incendie*, Feuermelder m. | *Avertisseur d'automobile*, Hupe f. | *Avertisseur sonore*, Tonmelder m.

aveu [avø] m. [reconnaissance d'une faute] Schuldgeständnis n. ; Geständnis n. ; Zugeständnis n. ; Eingeständnis n. ; Zugeben n. | *Faire des aveux*, geständig werden. | *Faire l'aveu de qch.*, etwas gestehen. | *Tendres aveux*, Liebesgeständnis. || [reconnaissance d'un fait] Anerkennung f. | *De l'aveu de tous*, nach allgemeiner Meinung. || [consentement] Wille m. ; Einwilligung f. || Loc. *Homme sans aveu*, Vagabund m. ; Landstreicher m.

aveuglant, ante [avœglɑ̃, ɑ̃:t] adj. blendend ; grell. || Fig. blind.

aveugle [avœgl] adj. blind. | *Devenir aveugle*, erblinden. | *Rendre aveugle*, blenden. | *Être aveugle de naissance*, blind geboren sein. || *Haine aveugle*, blinder Haß. || Techn. *Fenêtre aveugle*, blindes Fenster.

◇ s. Blinde(r) f. (m.) ; Erblindete(r) f. (m.). | *L'alphabet des aveugles*, Blindenalphabet n. | *Aveugle-né*, Blindgeborene(r).

◇ loc. adv. **en aveugle,** blindlings.

aveuglement [-gləmɑ̃] m. Blindheit f. | *Être frappé d'aveuglement*, mit Blindheit geschlagen sein. || Fig. Verblendung f.

aveuglément [-glemɑ̃] adv. blindlings.

aveugler [-gle] v. tr. [rendre aveugle] blenden ; des Augenlichts berauben ; blind machen ; mit Blindheit schlagen. || Fig. [ôter la raison] verblenden ; blind machen. | *La colère l'aveugle*, der Zorn macht ihn blind. || Techn. [boucher] abschließen.

◇ v. pr. Fig. **s'aveugler sur,** blind werden, blind sein für ; nicht einsehen wollen.

aveuglette (à l') [alavœglɛt] loc. adv. blindlings ; ins Blaue. || Fig. *Agir à l'aveuglette*, aufs Geratewohl handeln.

aveulir [avøli:r] v. tr. erschlaffen.
aveulissement [-lismɑ̃] m. Erschlaffung f. ; Schlaffheit f. ; Willenlosigkeit f.
aviateur, trice [avjatœ:r, tris] s. Flieger(in) m. (f.). | *Aviateur acrobate*, Kunstflieger, Schauflieger. | *Pilote aviateur*, Flugzeugführer m.
aviation [-sjɔ̃] f. Flugwesen n. ; Fliegerei f. ; Luftfahrt f. ; Luftwesen n. ; Luftverkehr m. ; Luftschiffahrt f. | *Aviation navale*, Seefliegerei ; Marineflugwesen. | *Aviation marchande*, Handelsluftfahrt ; Lufthansa f. | *Aviation militaire*, Fliegerei ; Luftwaffe f. | *Aviation de ligne*, Streckenflugwesen ; Verkehrsfliegerei.
aviculteur [avikyltœ:r] m. Geflügelzüchter m.
aviculture [-ty:r] f. Geflügelzucht f. ; Geflügelhaltung f.
avide [avid] adj. gierig ; begierig ; lüstern ; gefräßig ; habsüchtig. | *Être avide de qch.*, nach etwas gierig, lüstern sein. || Fig. *Avide de sang*, blutdürstig.
avidement [-dmɑ̃] adv. voller Gier ; begierig.
avidité [-dite] f. Gier f. ; Begierde f.
avilir [avili:r] v. tr. [déprécier] entwerten. || Fig. [rendre vil] herabwürdigen ; herabsetzen.
◇ v. pr. **s'avilir,** [perdre de sa valeur] im Wert sinken ; sich entwerten. || Fig. wertlos werden ; sich entwürdigen ; sich erniedrigen.
avilissant, ante [-lisɑ̃, ɑ̃:t] adj. erniedrigend.
avilissement [-lismɑ̃] m. [dépréciation] Entwertung f. || Fig. [dégradation] Herabsetzung f. ; Herabwürdigung f.
aviner [avine] v. tr. mit Wein anfeuchten.
◇ part. pass. et adj. **aviné, ée,** [ivre] angesäuselt ; weinselig ; beschwipst.
avion [avjɔ̃] m. Flugzeug n. ; Flieger m. ; (Flug) maschine f. | *Avion mono-, bi-, tri-, quadrimoteur*, ein-, zwei-, drei-, viermotoriges Flugzeug. | *Avion à réaction*, Düsenflugzeug. | *Avion gros-porteur*, Jumbo Jet m. ; Großraumflugzeug n. | *Avion supersonique*, Überschallflugzeug. | *Avion amphibie*, Amphibienflugzeug. | *Avion-citerne*, Tankflugzeug. | *Avion court-courrier, moyen-courrier, long-courrier*, Kurzstrecken-, Mittelstrekken-, Langstrekkenflugzeug. | *Avion à décollage debout*, Heckstarter m. | *Avion à décollage vertical*, Senkrechtstarter m. | *Avion de transport*, Transportflugzeug. | *Avion de ligne*, Linienflugzeug ; Streckenmaschine f. | *Avion de combat*, Kampfflugzeug. | *Avion de chasse*, Jäger m. | *Avion d'observation*, Beobachtungsflugzeug. | *Avion de reconnaissance*, Aufklärer m. | *Par avion*, durch Luftpost. | *Aller en avion*, fliegen. | *Voyage en avion*, Flug m. | *Abattre un avion*, ein Flugzeug abschießen.
avionneur [-ɔnœ:r] m. Flugzeugbauer m. ; Flugzeughersteller m.
aviron [avirɔ̃] m. Ruder n. ; Riemen m. || [sport] Rudern n.
avis [avi] m. [opinion] Meinung f. ; Ansicht f. ; Urteil n. | *Être d'avis*, meinen. | *À mon avis*, meiner Ansicht nach ; meines Erachtens. | *Je suis de votre avis*, ich bin ganz Ihrer Meinung. | *Donner son avis*, seine Meinung abgeben. || [opinion pertinente] Stellungnahme f. ; Gutachten n. | *Avis favorable*, Befürwortung f. | *Après avis*, nach Stellungnahme. || [conseil] Rat m. ; Ratschlag m. ; Fingerzeig m. ; Wink m. | *Prendre l'avis de qn*, jn zu Rate ziehen. || [information] Meldung f. ; Nachricht f. ; Benachrichtigung f. || [information au public] Bekanntgabe f. ; Bekanntmachung f. ; Anzeige f. | *Avis officiel*, amtliche Anzeige. | *Avis de décès*, Todesanzeige. | *Avis de recherche*, Suchanzeige. || [information péremptoire] Warnung f. ; Mahnung f. ; Aufforderung f. || Comm. Anzeige f. ; Schein m. | *Avis d'expédition*, Begleitbrief m. | *Avis de réception*, Rückschein m. || Fin. *Avis d'imposition*, Steuerbescheid m. | *Avis d'opéré*, Schlußnote f.
— Syn. : *Avertissement* m., Warnung f. *Annonce* f., Anzeige f. *Communiqué* m., amtlicher Bericht m.
avisé, ée [-ze] adj. [prudent] klug ; vorsichtig ; umsichtig. || [rusé] schlau ; gescheit.
aviser [-ze] v. tr. [apercevoir] bemerken ; entdekken ; gewahr werden ; erblicken. || [avertir, informer] benachrichtigen ; anzeigen.
◇ v. intr. *Aviser à*, denken an (acc.) ; bedacht sein auf (acc.). | *J'y aviserai*, ich werde dafür sorgen.
◇ v. pr. **s'aviser,** [s'apercevoir] *S'aviser que*, bemerken, daß. || [imaginer] *S'aviser de qch.*, sich etwas ausdenken ; etwas aussinnen ; etwas ausfindig machen. | *S'aviser de faire qch.*, auf den Gedanken kommen, etwas zu tun. || [oser] sich unterstehen.
aviso [avizo] m. Mar. Aviso m. ; Meldeschiff n.
aviver [avive] v. tr. [rendre plus vif] beleben ; auffrischen. | *Aviver les couleurs*, die Farben auffrischen. || Techn. [polir] glätten ; polieren. || Fig. [exciter] reizen. | *Aviver la querelle*, ins Feuer blasen. || Méd. *Aviver une blessure*, eine Wunde aufreißen.
avocat, ate [avɔka, at] s. Rechtsanwalt m. ; Rechtsanwältin f. ; Advokat(in) m. (f.). | *Avocat à la Cour*, Anwalt am Appellationsgerichtshof. | *Avocat-conseil*, Rechtsberater m ; Rechtsbeistand m. | *Avocat consultant*, beratender Anwalt. | *Avocat d'office*, Pflichtverteidiger m. ; Anwalt von Amts wegen. | *Avocat général*, Oberstaatsanwalt m. ; öffentlicher Ankläger. | *Ordre des avocats*, Anwaltsstand m. || Fig. Anwalt m. ; Beistand m. ; Fürsprecher m. | *Se faire l'avocat du diable*, für eine schlechte Sache eintreten.
◇ m. Bot. Avocado f.
avoine [avwan] f. Hafer m. | *Flocons d'avoine*, Haferflocken f. pl. | *Folle avoine*, tauber Hafer.
avoir [avwar] v. tr. haben (hatte, gehabt).

> **I.** Posséder : haben ; anhaben.
> **II.** Entrer en possession : bekommen.
> **III.** Éprouver : haben ; empfinden ; sein.
> **IV.** Être de (dimension, âge) : ... sein.
> **V. avoir à. — n'avoir qu'à** (avec l'infin.) : haben zu ; müssen ; können ; nur brauchen.
> **VI. en avoir** (à, pour), **avoir lieu, avoir droit, avoir beau, vous avez...**
> **VII.** v. impers. **il y a :** es gibt ; es geschieht ; vor...
> **VIII.** v. aux. Auxiliaire des temps composés.

I. Posséder : haben ; anhaben. — [sens général] haben ; zu eigen haben ; besitzen. | *Avoir beaucoup d'argent*, viel Geld besitzen. | *Avoir de quoi vivre*, genug zum Leben haben. | *Avoir bien en main*, fest in der Hand haben. || Par ext. [disposer] *Il n'a plus son père*, er hat keinen Vater mehr. | *Avoir qn pour ami*, jn zum Freunde haben. | *J'avais ma fille avec moi*, ich war in Begleitung meiner Tochter. | *Avoir du monde*, Besuch haben. | *Avoir qn à dîner*, jn zum Abendessen haben. || [porter] tragen, anhaben. | *Avoir une bague au doigt*, einen Ring am Finger tragen. | *Avoir un joli chapeau*, einen hübschen Hut auf haben. | *Je n'ai pas de monnaie*, ich habe kein Kleingeld bei mir. || [entretenir] führen ; unterhalten. | *Avoir une conversation, un procès*, ein Gespräch, einen Prozeß führen. | *Avoir de bonnes relations*, gute Verbindungen unterhalten. || Jeux [cartes] *Avoir la main*, in die Hand geben.
II. Entrer en possession : bekommen ; Fam. kriegen. | *J'ai cette terre de mon père*, dieses Grundstück habe ich von meinem Vater. || [se procurer] haben ; sich verschaffen. | *Où peut-on avoir des billets ?*, wo kann man Karten haben ? | *Avoir accès*, Zutritt haben. ||

[obtenir] bekommen ; erhalten. | *Avoir un beau cadeau*, ein schönes Geschenk bekommen. | *Je veux avoir la paix*, ich will meine Ruhe haben. || [vaincre] besiegen ; fertig werden mit. | *Avoir quelqu'un*, jn zum besten haben ; FAM. jn übers Ohr hauen. | *Avoir raison de qn*, mit jm fertig werden.

III. ÉPROUVER : haben ; empfinden ; ... sein. — [physiquement] *Avoir faim*, Hunger haben ; hungrig sein. | *Avoir soif*, Durst bekommen ; durstig sein. | *J'ai froid*, ich friere ; mich friert ; mir ist kalt. || FAM. *Il a la fièvre*, er hat Fieber. | *Qu'a-t-il ?*, was hat er, war ist mit ihm ? || [moralement] *Il a peur*, er hat Furcht ; er ist ängstlich. | *Il a de l'esprit*, er ist geistvoll. | *Avoir raison, tort*, recht, unrecht haben. | *Avoir honte*, sich schämen. | *Avoir en horreur*, verabscheuen. || LOC. *Il eut un sourire*, ein Lächeln lief üb er seinen Mund. | *Il eut un geste de colère*, er machte eine zornige Gebärde. | *Avoir en tête*, im Kopf haben.

IV. ÊTRE DE [dimension, âge] : ... sein. — [dimension] *Ce fossé a dix mètres de long, trois mètres de large, deux mètres de haut*, dieser Graben ist zehn Meter lang, drei Meter breit, zwei Meter hoch. | *Quelle épaisseur a mon livre ?*, wie dick ist mein Buch ? || [âge] *Il a seize ans*, er ist sechszehn Jahre alt. | *Quel âge as-tu ?*, wie alt bist du ?

V. avoir à. — n'avoir qu'à : (infin.), haben zu ; müssen ; können ; nur brauchen. — AVOIR À [obligation] *J'ai à faire*, ich habe zu tun. | *Tu n'auras pas à le regretter*, du sollst es nicht bereuen. || [possibilité] *Il a à choisir*, er kann frei wählen. — N'AVOIR QU'À : *Vous n'avez qu'à demander*, sie brauchen nur zu fragen.

VI. en avoir (À, POUR), **avoir lieu, avoir droit, avoir beau, vous avez.** — EN AVOIR : *J'en ai assez !*, ich hab's satt ; mir reicht's. || [en vouloir à] *Après qui en as-tu ?*, auf wen bist du böse ? || *Nous en avons pour deux heures*, das wird zwei Stunden dauern. | *On en a pour son argent*, man hat was für sein Geld. — AVOIR LIEU : stattfinden. | *Cette foire a lieu chaque année*, diese Messe findet jedes Jahr statt. | *Il y a lieu de croire*, es ist Grund, es gibt Veranlassung zu glauben. — AVOIR DROIT : das Recht haben. | *Avoir droit à qch.*, zu etwas berechtigt sein ; Anspruch auf etwas haben. — AVOIR BEAU : *Il a beau crier*, er mag noch so sehr schreien ; er schreit umsonst. | *Tu as beau rire*, du hast gut, du hast schön lachen. — VOUS AVEZ : *Vous avez des hommes qui sont méchants*, es gibt Menschen, die so böse sind. | *Avoir l'œil sur qn*, jn scharf ins Auge fassen.

VII. v. impers. **il y a,** es gibt ; es geschieht, vor... — [il existe] es gibt (acc.). | *Il y en a encore*, es gibt noch welche. | *Il n'y a pas de quoi*, es gibt keinen Grund dafür ! ; aber bitte ! ; bitte sehr ! || [avec un nom de nombre] es ist ; es sind (nomin.). | *Il n'y a rien à faire*, nichts, es ist nichts zu machen. || [avec un verbe de position] es steht ; es stehen ; etc. (nomin.). || LOC. *Il n'y a rien au-dessus*, darüber geht nichts. | *Qu'y a-t-il ?*, was ist denn los ? || [sens général] es geschieht ; es gibt. | *Qu'y a-t-il de nouveau ?*, was gibt's Neues ? | *Qu'y a-t-il ?*, was ist denn los ? | *Il y a que*, die Sache ist die, daß. || [depuis] vor (dat.). | *Il y a huit jours*, vor acht Tagen. | *Il y aura deux mois demain*, morgen werden es zwei Monate.

VIII. v. aux. AUXILIAIRE DES TEMPS COMPOSÉS. — **1.** Correspondance entre le français et l'allemand. **avoir** (et le part. pass.) : « haben » et le part. pass. [avec tous les verbes transitifs]. *J'ai chanté, j'avais dansé, j'aurai donné*, ich habe gesungen, ich hatte getanzt, ich werde gegeben haben. || [avec les verbes intransitifs sans changement de lieu ou d'état] *Il a dormi, nous aurions obéi*, er hat geschlafen, wir hätten gehorcht.

2. Différence entre le français et l'allemand, pour la plupart des verbes intransitifs de mouvement. **avoir** (et le part. pass.) : « sein » et le part. pass. | *J'ai couru, j'avais sauté*, ich bin gelaufen, ich war gesprungen. || *J'ai été*, ich bin gewesen. || *Il a grandi*, er ist groß geworden.

avoir m. [ensemble des biens] Haben n. ; Habe f. || COMM. Kredit m. ; Guthaben n. ; Vermögen n. || ÉCON. Guthaben n. | *Avoirs de change*, Devisenguthaben n. pl. | *Avoir fiscal*, Steuerguthaben. | *Avoirs à vue*, Sichtguthaben n. pl.

avoisinant, ante [avwazinɑ̃, ɑ̃:t] adj. benachbart ; nebenliegend ; angrenzend.

avoisiner [-ne] v. tr. angrenzen ; grenzen an (acc.) ; naheliegen an (dat.).

avortement [avɔrtəmɑ̃] m. MÉD. [volontaire] Abtreibung f. ; Schwangerschaftsabbruch m. ; [spontané] Fehlgeburt f. || FIG. [échec] *Avortement d'une entreprise*, Fehlschlagen (n.), Scheitern (n.) einer Unternehmung.

avorter [-te] v. intr. MÉD. [volontairement] abtreiben ; [spontanément] eine Fehlgeburt haben. | *Se faire avorter*, abtreiben lassen. || FIG. [ne pas réussir] fehlschlagen ; scheitern ; in die Brüche gehen.

avorton [-tɔ̃] m. Mißgeburt f. || FIG., PÉJOR. Knirps m.

avouable [avwabl] adj. eingestehbar ; anerkennbar.

avoué [avwe] m. Anwalt m. ; Rechtsanwalt m. — OBSERV. Le mot *avoué* n'a aucun correspondant exact en allemand.

avouer [ɑvwe] v. tr. gestehen ; bekennen ; anerkennen. | *Il faut avouer que*, man muß zugeben, daß... || [confirmer] gutheißen ; billigen.
◇ v. pr. **s'avouer,** *S'avouer vaincu*, sich als besiegt bekennen.

avril [avril] m. April m. | *Poisson d'avril*, Aprilscherz m. ; Aprilnarr !

axe [aks] m. Achse f. | *Axe terrestre*, Erdachse. | *Axe de rotation*, Drehachse ; Schwenkachse. | *Axe visuel*, Sehlinie f. || MÉCAN. Achse f. ; Spindel f. | *Axe d'entraînement*, Antriebsachse. || PHYS. *Axe d'inertie*, Trägheitsachse.

axer [akse] v. tr. FIG. *Tout axer sur*, alles richten nach...

axial, iale, iaux [aksjal, jo] adj. achsrecht ; achsial ; Achsen...

axillaire [aksillɛ:r] adj. ANAT., MÉD. Achsel...

axiome [aksjo:m] m. PHILOS. Grundsatz m. ; Erfahrungsgrundsatz m. ; Axiom n.

ayant cause [ɛjɑ̃ ko:z] m. (pl. **ayants cause**) JUR. Rechtsnachfolger m.

ayant droit [-drwa] m. (pl. **ayants droit**) JUR. Anspruchsberechtigter m.

azalée [azale] f. BOT. Azalee f. ; Azalie f.

azimut [azimyt] m. Scheitelkreis m. ; Azimut m.

azotate [azɔtat] m. CHIM. Nitrat n.

azote [azɔt] m. CHIM. Stickstoff m.

azoté, ée [-te] adj. stickstoffhaltig.

azotique [-tik] adj. salpetersauer. | *Acide azotique*, Salpetersäure f.

azur [azy:r] m. [pierre] Lapislazulistein m. || [couleur] Himmelsbläue f. ; Bläue des Meeres ; Azur des Meeres. | *Un ciel d'azur*, ein wolkenloser Himmel.

azuré, ée [-re] adj. blau ; himmelblau ; azurblau.

azyme [azim] adj. ungesäuert. | *Pain azyme*, Matzenbrot n.

B

B [be] m. B n.
baba [baba] adj. FAM. *Rester baba*, völlig baff, völlig sprachlos sein.
◇ m. *Baba au rhum*, Rumrosinenkuchen m.
babeurre [babœ:r] m. Buttermilch f.
babiller [-je] v. intr. schwatzen ; schnattern. || [oiseau] zwitschern.
babine [babin] f. Lefze f. | *Se lécher les babines*, sich den Mund, die Finger lecken.
babiole [babjɔl] f. Kinderspielzeug n. ; Tand m. || FIG. Nichtigkeit f. ; Kleinigkeit f. ; Bagatelle f.
bâbord [bɑbɔ:r] m. MAR. Backbord n. ; linke Schiffsseite. | *À bâbord*, backbord.
babouche [babuʃ] f. Lederpantoffel m.
babouin [babwɛ̃] m. ZOOL. Pavian m. ; Hundskopfaffe m. ; Babuin m. || FIG., FAM. kleines Äffchen.
baby-foot [babifut] m. invar. Tischfußball m.
Babylone [babilɔn] n. pr. f. Babylon n. ; Babel n.
baby-sitter [babisitœr] s. (pl. **baby-sitters**) Babysitter m.
baby-sitting [babisitig] m. (pl. **baby-sittings**). *Faire du baby-sitting*, babysitten.
bac [bak] m. [bateau] Fähre f. ; Fährschiff n. ; Fährdampfer m. | *Passer le bac*, mit der Fähre übersetzen. || [auge] Trog m. ; Kasten m. ; Bottich m. ; Rutsche f. | *Bac à douche*, Duschfußbecken n. | *Bac à glaçons*, Eiswürfelschale f. || UNIV., FAM. [baccalauréat] m. Abi n. | *Bac blanc*, Probeabitur n. | *Passer son bac*, sein Abi machen.
baccalauréat [bakalorea] m. UNIV. Reifeprüfung f. ; Abitur n. ; Abschlußprüfung einer Oberschule.
baccara [bakara] m. JEUX. Bakkarat n.
baccarat [bakara] m. [verre] Kristallglas n.
bacchanales [bakana:l] f. pl. Bacchantenfest n. || PAR EXT. Trink-, Saufgelage n. ; ausgeartete Feierei.
bacchante [bakɑ̃:t] f. Bacchantin f.
◇ f. pl. **bacchantes.** POP. Schnurrbart m.
Bacchus [bakys] n. pr. m. MYTH. Bacchus m.
bâche [bɑ:ʃ] f. [pièce de toile] Plane f. ; Wagendecke f. ; Schutzdecke f. || [caisse vitrée] Pflanzenkasten m. ; überglaster Schutzkasten. || TECHN. [réservoir] Behälter m.
bachelier [baʃəlje] m. Abiturient m.
bâcher [bɑʃe] v. tr. mit einer Plane überziehen.
bachique [baʃik] adj. bacchisch ; bacchantisch ; trinkfreudig. | *Chanson bachique*, Trinklied n.
bachot [baʃo] m. Nachen m. ; flacher Kahn ; Fährkahn m. || UNIV., FAM. [baccalauréat] Abi n.
bachotage [-ʃɔta:ʒ] m. FAM. *Faire du bachotage*, pauken.
bachoter [-te] v. intr. FAM. büffeln.
bacillaire [basilɛ:r] adj. MÉD. bazillenartig.
bacille [basil] m. MÉD. Bazillus m.
bâcler [-kle] v. tr. ver-, ab-, zuriegeln. || [faire à la hâte] pfuschen ; schlampen.
bactéricide [bakterisid] adj. bakterientötend.
bactérie [-ri] f. Bakterie f. ; Erreger m. ; Spaltpilz m. ; Mikrobe f. ; Kokke f. ; Bazillus m.
bactérien, ne [-rjɛ̃, jɛn] adj. Bakterien...
bactériologie [-rjɔlɔʒi] f. Bakteriologie f.
bactériologique [-rjɔlɔʒik] adj. bakteriologisch.
bactériologiste [-rjolɔʒist] ou **bactériologue** [-rjɔlɔg] s. Bakteriologe m., -login f.
badaud, aude [bado, o:d] s. Gaffer m.
Bade [ba:d] n. pr. f. GÉOGR. [province] Baden n. | *Bade-Wurtemberg*, Baden-Württemberg. || [ville] Baden-Baden n.
baderne [badɛrn] f. FIG., FAM. *Vieille baderne*, alter Trottel ; altes Eisen.
badge [badʒ] m. Button m. ; Plakette f.
badigeon [badiʒɔ̃] m. [peinture] Tünche f. ; Wasserfarbe f. || [enduit] Gipsmörtel m. ; Putz m. ; Übertünchung f.
badigeonnage [-ʒɔna:ʒ] m. [action de peindre] Tünchen n. ; Weißen n. ; Anstreichen n. || [action d'enduire] Verputzen n. ; (Ver)putz m. || MÉD. Auspinseln n.
badigeonner [-ʒɔne] v. tr. [peindre] tünchen. || MÉD. bepinseln.
badin, ine [badɛ̃, in] adj. [qui aime plaisanter] scherzhaft ; spaßig. || [folâtre] schäkernd ; tändelnd.
badin m. AÉRON. Fahrtmesser m.
badinage [badina:ʒ] m. [plaisanterie] Scherz m. ; Spaß m. || [folâtrerie] Spielerei f.
badine [badin] f. Stöckchen n. ; Gerte f.
badiner [badine] v. intr. [plaisanter] scherzen ; Spaß machen. || [folâtrer] plänkeln ; schäkern.
badinerie [-nri] f. Scherz m. ; Spielerei f.
badminton [badmintɔn] m. SPORT. Federballspiel n. ; Federball m. ; Badminton n.
badois, oise [badwa, wa:z] adj. GÉOGR. badisch ; von, aus Baden.
◇ s. **Badois, oise,** Baden(s)er(in) m. (f.).
baffe [baf] f. POP. Ohrfeige f.
baffle [bɑ:fl] m. Lautsprecherbox f.
bafouer [bafwe] v. tr. (ver)höhnen ; lächerlich machen ; herunterreißen.
bafouille [bafuj] f. POP. Schrieb m. ; Wisch m.
bafouiller [bafuje] v. intr. FAM. quatschen ; faseln.
bafouilleur, euse [-jœ:r, ø:z] adj. FAM. plapperig ; schnatterig.
◇ s. Faselhans m. ; Quackelliese f.
bâfrer [bɑ:fre] v. intr. POP. schlemmen ; futtern ; fressen ; ausgiebig tafeln ; sich vollfressen.
bagage [baga:ʒ] m. Gepäck n. ; Ausstattung f. ; Reisegepäck n. | *Bagage à main*, Handgepäck n. | *Faire enregistrer ses bagages*, sein Gepäck aufgeben. | *Partir avec armes et bagages*, mit Sack und Pack abhauen. || FIG. *Plier bagage*, sein Bündel schnüren ; abhauen.

— SYN. : *Équipage* m., Ausrüstung f. *Équipement* m., Ausstattung f. *Paquetage* m., Packlast f. ; Bepackung f.

bagarre [baga:r] f. Handgemenge n. ; Krawall m.

bagatelle [bagatɛl] f. [petite chose] Kleinigkeit f. ; Lappalie f. ; Nichtigkeit f. || LOC. *Pour la bagatelle de (10 000 francs)*, für das hübsche Sümmchen (von 10 000 F).

bagnard [baɲa:r] m. Sträfling m. ; Zuchthäusler m.

bagne [baɲ] m. Bagno n. ; Strafanstalt f. ; Zuchthaus n. ; Strafkolonie f.

bagnole [baɲɔl] f. FAM. Karre f. ; Rumpelkasten m. ; alter Schlitten.

bagou [bagu] m. Redefluß m. ; Wortschwall m. || POP. große Schnauze. | *Avoir du bagou*, ein tüchtiges Mundwerk haben.

bague [bag] f. [anneau] Ring m. ; Reif m. ; Fingerring m. ; Fingerreif m. | *Bague en or*, Goldring ; goldener Ring. || JEUX. *Jeu de bagues*, Ringreiterstechen n. || TECHN. Ring m. ; Schelle f. | *Bague d'arrêt*, Stellring ; Sperring. | *Bague d'assemblage*, Flanschring. | *Bague d'étanchéité*, Dichtungsring m. | *Bague de graissage*, Schmierring.

baguenauder [bagnode] v. intr. (ver)bummeln.

baguer [bage] v. tr. [garnir de bagues] beringen ; mit Ringen versehen.

baguette [bagɛt] f. [bâton] kleiner Stab ; Gerte f. ; Stöckchen n. ; Stecken m. ; [pour manger] Stäbchen n. | *Baguette de chef d'orchestre*, Taktstock m. | *Baguette magique*, Zauberstab, Zauberstock m. | *Baguette de sourcier*, Wünschelrute f. | *Baguette de tambour*, Schlegel m. ; Klöppel m. | *Faire qch. d'un coup de baguette*, etwas hinzaubern. | *Mener qn à la baguette*, jn mit dem Stock regieren. || ARCHIT. *Baguette de moulure*, Deckleiste f. || TECHN. *Baguette de soudure*, Schweißdraht m. || [pain] Stangenbrot n. ; Baguette f. || [ornement] (Zier)leiste f.

— SYN. : *Verge* f., Rute f. *Badine* f., (Reit)gerte f. *Jonc* m., Rohrstock m.

baguier [bagje] m. Schmuckschatulle f.

bah ! [ba] interj. pah ! ; ach was !

bahut [bay] m. [coffre ancien] Dielenschrank m. ; Truhe f. ; Lade f. || [armoire moderne] Anrichte f. ; niedriges Buffet. || [chaperon de mur] gewölbte Mauerkappe. || ARG. UNIV. [lycée] Penne f.

bai, baie [bɛ] adj. rotbraun ; rostbraun ; braunrot. ◇ m. [cheval] Braune(r). || [couleur] Braunrot n.

baie [bɛ] f. [ouverture] Fenster-, Türnische f. | *Baie vitrée*, Fensterband n. ; Fensterfront f. || [rade] Bai f. ; Bucht f. ; Einbuchtung f.

baie [bɛ] f. BOT. Beere f.

baignade [bɛɲad] f. [action] Baden n. || [endroit] Badeplatz m.

baigner [-ɲe] v. tr. [plonger dans] baden. || PAR EXT. [tremper] benetzen ; anfeuchten ; überströmen. | *Baigné de larmes*, tränenüberströmt. | *Baigné de lumière*, lichtumflossen. || [arroser] bespülen. | *La mer baigne les rochers*, das Meer umspült die Felsen. ◇ v. intr. baden ; getaucht sein. | *Baigner dans le sang*, im Blut schwimmen. | *Laisser baigner dans l'eau*, im Wasser liegen lassen ; wässern.
◇ v. pr. **se baigner,** sich baden ; baden.

baigneur, euse [-ɲœ:r, ø:z] s. [celui qui se baigne] Badende(r) ; Badegast m. || PAR EXT. Kurgast m.

baignoire [-ɲwa:r] f. Badewanne f. ; Wanne f. | *Baignoire sabot*, (*etwa*) Sitzbadewanne. || THÉÂTRE. Orchesterloge f. ; Seitenloge f.

bail [baj] m. (pl. **baux** [bo]) [convention] Vermietung f. ; Pacht f. || [contrat] Mietvertrag m. | *Bail à ferme*, Pachtvertrag m. || LOC. *Donner à bail*, vermieten ; verpachten ; in Pacht (ver)geben. | *Prendre à bail*, mieten ; pachten ; in Pacht (über)nehmen. | *À bail*, mietweise. || FAM. *Il y a un bail, Cela fait un bail*, das ist ja eine Ewigkeit her ; ewig lange her.

bâillement [bɑjmɑ̃] m. Gähnen n.

bâiller [bɑ:je] v. intr. gähnen. | *Bâiller de sommeil*, vor Müdigkeit gähnen. || PAR EXT. *Une porte bâille*, eine Tür klafft, schließt nicht.

bailleur, eresse [-jœ:r, ərɛ:s] s. Vermieter(in) m. (f.) ; Verpächter(in) m. (f.). | *Bailleur de fonds*, stiller Teilhaber(in) m. (f.) ; Geldgeber(in) m. (f.).

bailli [-ji] m. HIST. (Land)vogt m. ; Amtmann m.

bâillon [bɑjɔ̃] m. (Mund)knebel m.

bâillonner [-jɔne] v. tr. knebeln. || FIG. [réduire au silence] mundtot machen.

bain [bɛ̃] m. [action] Bad n. ; Baden n. | *Bain de bouche*, Mundspülung f. | *Bain de pieds*, Fußbad. | *Bain de siège*, Sitzbad. | *Bain de rivière*, Bad im Fluß. | *Bain de mer*, Meeresbad. | *Bain moussant*, Schaumbad. | *Bain de soleil*, Sonnenbad. | *Un bain de sang*, ein Blutbad. || PAR EXT. [solution] *Bain sulfureux*, Schwefelbad. | *Bain de fixage*, Fixierbad. || FIG., FAM. *Être dans le bain*, in der Patsche, Tinte sitzen.
◇ pl. **bains,** [endroit] Badeanstalt f. ; Badeort m. ; Bad n. | *Ems-les-Bains*, Bad Ems. | *Bains-douches*, Duschbad ; Bad mit Dusche.

bain-marie [bɛ̃mari] m. (pl. **bains-marie**). Wasserbad n.

baïonnette [bajɔnɛt] f. Seitengewehr n. ; Bajonett n. | *Baïonnette au canon*, mit aufgepflanztem Seitengewehr.

baisemain [bɛzmɛ̃] m. Handkuß m.

baiser [bɛze] v. tr. (ab)küssen ; einen Kuß, ein Küßchen geben ; POP. abschmatzen. | *Baiser la main*, einen Handkuß geben.

baiser [bɛze] m. Kuß m. ; Küßchen n. ; FAM. Schmatz m. | *Envoyer des baisers à qn*, jm Kußhändchen zuwerfen.

baisse [bɛ:s] f. [abaissement de niveau] Fallen n. ; Sinken n. ; Abfall m. ; Rückgang m. | *Baisse de niveau de l'eau*, Sinken des Wasserspiegels. | *Baisse de pression*, Druckabfall m. | *Baisse de tension*, Spannungsabfall. || MÉD. niedriger Blutdruck. || FIG. Nachlassen n. | *Baisse des forces*, Nachlassen der Kräfte. || COMM., FIN. Senkung f. ; Niedergang m. | *Jouer à la baisse*, auf Baisse spekulieren.

— SYN. : *Abaissement* m., Sinken n. ; Niedrigerwerden n. *Rabaissement* m., Herabsetzung f.

baisser [bɛse] v. tr. [abaisser] niedriger machen ; senken ; herab... | *Baisser le store*, den Vorhang herunterlassen. | *Baisser la vitre*, das Fenster öffnen. || PAR EXT. *Baisser les phares*, die Scheinwerfer abblenden. | *Baisser la tête*, den Kopf senken, neigen. | *Baisser les yeux*, die Augen niederschlagen. | *Baisser la voix*, die Stimme dämpfen. || FIG. *Baisser la tête*, den Kopf hängen lassen. | *Se jeter tête baissée dans un piège*, sich kopfüber, blindlings in eine Falle stürzen. | *Baisser pavillon*, kleinlaut werden. || COMM., FIN. senken ; herabsetzen. | *Baisser les prix*, die Preise drücken, senken, herabsetzen.
◇ v. intr. fallen ; niedriger werden ; sinken. | *Le baromètre baisse*, das Barometer fällt. | *Les prix baissent*, die Preise sinken. || FIG. *Sa vue baisse*, seine Sehschärfe läßt nach. | *Le jour baisse*, der Tag neigt sich. | *Ses actions baissent*, sein Ansehen nimmt ab. | *Il baisse*, es geht bergab mit ihm.
◇ v. pr. **se baisser,** sich bücken. || [s'incliner] sich neigen. || [descendre] sich senken.

— SYN. : *Descendre*, herab-, hinabsteigen. *S'abaisser*, niedriger werden. *Rabaisser*, herunterlassen, -setzen.

baissier [-sje] m. Baissier m. ; Baissespekulant m.

bajoue [baʒu] f. Hängebacke f.

bakélite [bakelit] f. Bakelit n. ; Kunstharz n.

bal [bal] m. Ball m. ; Tanz m. ; Tanzfest n. ; Tanzveranstaltung f. | *Bal champêtre*, Gartenfest n. ; Tanz im Freien. | *Bal masqué*, Maskenball.

balade [balad] f. FAM. Spaziergang m.

balader [-de] v. tr. POP. spazierenführen.
◇ v. pr. **se balader,** einen Sprung ins Grüne machen ; bummeln ; ausfliegen.

baladeur, euse [-dœ:r, ø:z] s. AUTOM. Schieberad n. ; Schiebewelle f.
◇ f. **baladeuse,** [lampe] Handlampe f.

baladin [baladɛ̃] m. Gaukler m. ; Seiltänzer m. || PÉJOR. Komödiant(in) m. (f.).

balafre [balafr] f. Durchzieher m. ; Schmiß m.

balafrer [-fre] v. tr. einen Schmiß, einen Durchzieher versetzen ; das Gesicht zerfetzen.
◇ part. pass. et adj. **balafré, ée,** zerschrammt ; zerschunden ; zernarbt.

balai [balɛ] m. Besen m. | *Balai-brosse*, Schrubber m. ; Scheuerbesen m. | *Balai de crin*, Haarbesen. | *Donner un coup de balai*, überkehren ; FIG. säubern. || TECHN. Besen m. ; Bürste f. ; Schleifbürste f. ; Schleifkontakt m. | *Balai pour dynamo*, Dynamobürste. || FAM. [dernier véhicule] Lumpensammler m.

balalaïka [balalaika] f. MUS. Balalaika f.

balance [balɑ̃:s] f. [instrument] Waage f. ; [pèse-personne] Personenwaage f. | *Balance romaine*, Schnellwaage ; Laufgewichtswaage. || PAR EXT. [équilibre] Gleichgewicht n. ; Balance f. | *Tenir la balance égale*, unparteiisch sein. | *Faire pencher la balance*, den Ausschlag geben. | *Jeter qch. dans la balance*, etwas in die Waagschale werfen. || [indécision] Schwebe f. | *Être en balance*, in der Schwebe sein. | *Mettre en balance*, ab-, erwägen ; vergleichen. || COMM. Ausgleich m. ; Abschluß m. ; Bilanz f. | *Balance commerciale*, Handelsbilanz. | *Balance du commerce extérieur*, Außenhandelsbilanz. | *Balance des paiements*, Zahlungsbilanz. | *Balance des paiements courants*, Leistungsbilanz. | *Établir la balance*, die Bilanz aufstellen. || [filet de pêche] Krebsnetz n. || ASTRON. Waage f.

balancelle [-sɛl] f. TECHN. (Last)gehänge n.

balancement [-smɑ̃] m. Balanzieren n. ; Schwanken n. ; Wiegen n. | *Balancement du corps*, Wippe f. ; Wiegen n. ; Schaukeln n. || [hésitation] Zaudern n. ; Unschlüssigkeit f. ; Schwebe f. ; Schwanken n.

balancer [-se] v. tr. [mouvoir] wiegen ; schaukeln ; hin und her bewegen. | *Balancer les bras*, mit den Armen schlenkern. | *Balancer un javelot*, einen Wurfspieß schwingen. || FIG. [examiner] abwägen ; prüfen ; aufrechnen (gegen). | *Balancer le pour et le contre*, das Für und Wider abwägen. || COMM. *Balancer un compte*, ein Konto ausgleichen, saldieren. || [équilibrer] ins Gleichgewicht bringen. || [compenser] ausgleichen ; wettmachen ; aufwiegen. || [tenir en suspens] hinhalten ; im Ungewissen halten. || FAM. [renvoyer] *Balancer qn*, jn rauswerfen ; jn an die Luft setzen.
◇ v. intr. [hésiter] schwanken. || [demeurer en suspens] im Ungewißen bleiben ; in der Schwebe bleiben.
◇ part. pass. et adj. **balancé, ée,** FAM. *Bien balancé*, wohlgebaut ; prachtvoll ; wohl ausgeglichen.
◇ v. pr. **se balancer,** (sich) schaukeln ; hin und her wippen. || POP. [s'en moquer] *Je m'en balance*, ich pfeif' drauf.

balancier [-sje] m. TECHN. Schwinghebel m. ; Schwengel m. | *Balancier compensateur*, Ausgleichhebel m. || [horloge] Pendel n. ; Perpendikel m. | *Balancier de montre*, Unruh f. || [fléau] Waagebalken m.

balançoire [-swa:r] f. Schaukel f. ; Wippe f. ; Waage f. ; Wiege f.

Balaton [balatɔ̃] (**lac**) n. pr. m. GÉOGR. Plattensee m.

balayage [balɛja:ʒ] m. Aus-, Auf-, Abkehren n. || [coiffure] *Se faire faire un balayage*, sich ein Strähnchen machen lassen. || ÉLECTR. Absuchen n. ; Abtastung f. || INF. *Balayage de la mémoire*, Speicherprüfung f.

balayer [-je] v. tr. kehren ; aus-, auf-, abkehren ; fegen ; aus-, ab-, wegfegen. || PAR ANAL. [chasser] *Le vent balaye les nuages*, der Wind fegt die Wolken vor sich her. || MIL. *Zone balayée*, bestrichener Raum ; Schußfeld n.

balayette [-jɛt] f. kleiner Besen ; Handfeger m. ; Handbesen m.

balayeur, euse [-jœ:r, ø:z] s. (Straßen)kehrer(in) m. (f.) ; Straßenfeger(in) m. (f.).
◇ f. **balayeuse,** Straßenkehrmaschine f.

balayures [-jy:r] f. pl. Kehricht m.

balbutiement [balbysimɑ̃] m. Stammeln n.

balbutier [-sje] v. intr. stammeln ; stottern ; lallen ; gehemmt sprechen ; einen Sprachfehler haben.
◇ v. tr. *Balbutier un compliment*, ein Kompliment herstottern.

balcon [balkɔ̃] m. Balkon m. ; Söller m. ; Vorbau m. || POÉT. Altan m. || THÉÂTRE. Balkon m. ; Loge f.

baldaquin [baldakɛ̃] m. Baldachin m. ; Thron-, Altar-, Betthimmel m.

Balder [baldɛ:r] n. pr. m. MYTH. Baldur m. ; Balder m. ; germanischer Frühlingsgott.

Bâle [bɑl] n. pr. m. GÉOGR. Basel n.

Baléares [balea:r] n. pr. f. pl. GÉOGR. Balearen f. pl.

baleine [balɛ:n] f. ZOOL. Wal m. ; Walfisch m. ; Nordwal m. ; Polarwal m. | *Blanc de baleine*, Walrat m. | *Huile de baleine*, Walfischtran m. || COMM. [lame, tige] Stange f. ; Stab m. | *Baleine de corset*, Korsettstange f. | *Baleine de col*, Kragenstäbchen n.

baleineau [-no] m. junger Wal ; Waljunges n.

baleinier [-nje] m. [navire] Waldampfer m. ; Walfangschiff n. || [pêcheur] Wal(fisch)fänger m. ; Fischbeinbearbeiter m. ; Fischbeinhändler m.

baleinière [-njɛ:r] f. Walfangboot n.

baleinoptère [-noptɛr] m. Finn(en)wal m.

balisage [baliza:ʒ] m. AÉRON. Flugplatzbefeuerung f. || MAR. Ausstattung (f.) mit Baken ; Auslegen (n.) von Bojen. | *Balisage d'un chenal*, Abstecken einer Fahrrinne. || RADIO. *Balisage hertzien*, bestimmte Wellenlänge für Radar.

balise [bali:z] f. AÉRON. Funkfeuer n. ; Markierungszeichen n. || MAR. Bake f. ; (Leucht)boje f.

baliser [-ze] v. tr. mit Bojen auslegen, bezeichnen ; betonnen. || RADIO. bestimmte Wellenlänge für Radar geben.

balistique [balistik] adj. Schieß... ; ballistisch ; die Schießlehre betreffend.
◇ f. Schießlehre f. ; Ballistik f.

baliveau [balivo] m. BOT. vom Einschlag verschonter Baum. || TECHN. Rüstbaum m.

baliverne [balivɛrn] f. Albernheit f. ; Posse f.
◇ f. pl. **balivernes,** Quatsch m. ; albernes Gewäsch ; Gequatsche n.

balkanique [balkanik] adj. balkanisch ; den Balkan betreffend ; Balkan...

Balkans [balkɑ̃] n. pr. m. pl. GÉOGR. Balkan m. | *Péninsule des Balkans*, Balkanhalbinsel f.

ballade [balad] f. Poés. Ballade f. ; erzählendes Gedicht.

ballant, ante [balɑ̃, ɑ̃:t] adj. schlaff herunterhängend ; schlenkernd. | *Aller les bras ballants*, mit schlenkernden Armen gehen.

◇ m. **ballant,** [mouvement] Schwanken n. ; Schwingung f.

ballast [balast] m. [lest] Ballast m. ; tote Last. || [voie ferrée] Bettung f. ; Schotter m. ; Schotterung f. ; Unterbau m. ; Bettungsmaterial n.

balle [bal] f. **1.** Ball m. ; Fangball m. ; Spielball m. | *Balle élastique*, Springball ; Gasball. | *Balle en caoutchouc*, Gummiball. | *Balle au mur*, Fangball. | *Balle de tennis*, Tennisball. || Fig. *La balle est dans son camp*, er steht under Zugzwang. | *Renvoyer la balle*, den Spieß umkehren.

2. [projectile] Kugel f. ; Geschoß n. ; Gewehrkugel f. ; Projektil n. | *Balle de pistolet*, Pistolenkugel. | *Balle de mitraillette*, MG-Kugel. | *Criblé de balles*, (kugel)-durchlöchert. | *Tirer à balle*, scharf schießen. | *Balle incendiaire*, Phosphorbrandgeschoß. | *Balle perforante*, panzerbrechendes Geschoß. | *Chargé à balle*, scharfgeladen ; durchgeladen. | *Balle traçante*, Leuchtspurgeschoß.

3. [paquet] Ballen m. ; großes Paket. | *Balle de coton*, Baumwollballen. || Loc. *Enfant de la balle*, Artisten-, Komödiantenkind n. ; mit dem Ball verwachsen. || Fam. *Mille balles*, tausend Eier, Franken.

4. Bot. [enveloppe de grain] Spreu f. ; Spelz m. ; Spelze f. ; Kornumhüllung f. ; Granne f.

ballerine [balrin] f. Ballerina f. (Ballett)tänzerin f. ; Balletteuse f. || Pop. [petit rat] Ballettratte f.

ballet [balɛ] m. Ballett n. ; Ballettkorps n. ; Tanzgruppe f. | *Maître de ballet*, Ballettmeister m.

ballon [balɔ̃] m. Aéron. Ballon m. ; Luftballon m. | *Ascension d'un ballon*, Ballonaufstieg m. | *Ballon captif*, Fesselballon. | *Ballon libre*, Freiballon. | *Ballon dirigeable*, Lenkballon. | *Ballon de protection*, Sperrballon. | *Ballon d'observation*, Beobachtungsballon. || Fig. *Lancer un ballon d'essai*, mal den Versuch machen. | *Ballon d'oxygène*, Finanzspritze f. || Sport. großer Ball ; Fußball ; Rugbyball ; Handball. | *Jouer au ballon*, (mit dem) Ball spielen. | *Ballon de water-polo*, Wasserball. || Chim. Kolben m. ; Glaskolben m. ; Retorte f. ; Tulpe f. ; Mollenglas n. || Techn. Behälter m. ; Ballon m. | *Ballon d'oxygène*, Sauerstoffbehälter. | *Pneu ballon*, Ballonreifen m. || Géogr. Kuppe f. ; Bergkuppe f. ; Koppe f. ; runde Erhebung. | *Ballon d'Alsace*, Elsässer Belchen n.

ballonnement [balɔnmɑ̃] m. Méd. (Auf)blähung f. ; Auftreiben n.

ballonner [-lɔne] v. tr. blähen.

ballon-sonde [balɔ̃sɔ̃:d] m. (pl. **ballons-sondes**) Versuchsballon m. ; Wetterballon m.

ballot [balo] m. kleiner Ballen ; Packen n. ; großes Paket. || Pop. Tölpel m.

ballottage [balɔta:ʒ] m. Polit. [deuxième tour] Stichwahl f. ; zweiter Wahlgang.

ballottement [-lɔtmɑ̃] m. Hinundherschütteln n.

ballotter [-lɔte] v. tr. schütteln ; hin- und herschütteln ; rütteln ; schaukeln. || Fig. [tour de scrutin] auskugeln ; eine Stichwahl machen.

◇ v. intr. [être secoué] sich hin- und herbewegen ; geschüttelt werden ; auf- und zuschlagen ; klappen.

ball-trap [baltrap] m. Ballschleuder f. ; Tontaubenschleuder f.

balluchon ou **baluchon** [balyʃɔ̃] m. Bündel n. ; Packen m. ; Wäschestoß m.

balnéaire [balneɛ:r] adj. bademäßig ; Bade... | *Station balnéaire*, Seebad n. ; Badeort m.

bâlois, oise [balwa, wa:z] adj. aus, von Basel.

◇ s. **Bâlois, oise,** Baseler(in) m. (f.).

balourd, ourde [balu:r, u:rd] adj. tölpelhaft.

◇ m. **balourd,** Tölpel m. ; Hans Taps m. || Techn. Unwucht f.

balourdise [-di:z] f. [parole, action] Tölpelei f. ; Plumpheit f. ; Schildbürgerstreich m. | *Commettre une balourdise*, einen Bock schießen. || [manière d'être] Tölpelhaftigkeit f.

balsamine [balzamin] f. Bot. Springkraut n.

balsamique [-mik] adj. balsamisch ; würzig.

balte [balt] adj. baltisch. || Géogr. *Pays baltes*, Baltikum n.

◇ s. **Balte,** Balte m. ; Baltin f.

Balthazar [baltaza:r] n. pr. m. Hist. Balthasar ; Belsazar.

baltique [baltik] adj. baltisch. || Géogr. *Mer Baltique*, Ostsee f.

balustrade [balystrad] f. Brüstung f. ; Geländer n. ; Balustrade f. ; Schutzgitter n.

balustre [balystr] m. Archit. (Geländer)stütze f. ; Baluster m. ; Tralje f. ; Geländersäulchen n.

bambin, ine [bɑ̃bɛ̃, in] s. Bube m. ; Knirps m.

bamboche [bɑ̃bɔʃ] f. Fam. flottes Leben.

bambou [bɑ̃bu] m. Bot. Bambusrohr n. ; Bambusstock m. ; Rohrstock m.

ban [bɑ̃] m. [proclamation] Verkündung f. ; Bekanntmachung f. ; Aufruf m. ; Aufgebot n. | *Publier les bans*, das Aufgebot aushängen. || Mil. [roulement, sonnerie] Trommelschlag m. ; Trompetenschall m. | *Ouvrez, Fermez le ban !*, Helm auf !, Helm ab ! || Par ext. [applaudissements] Beifall m. | *Un ban pour l'orateur !*, für den Redner eine Klatschsalve ! || Hist. [sentence] Acht f. ; Bann m. | *Mettre au ban de l'empire*, in die Acht erklären. | *Mettre au ban de la société*, aus der Gesellschaft ausstoßen. | *Mis au ban*, geächtet. || [territoire communal] Bann m. ; Flur f.

banal, ale, aux [banal, o] adj. Bann... | *Four banal*, Bannofen m. || [commun] banal ; langweilig ; platt ; abgedroschen ; witzlos ; flach ; alltäglich.

banalisé, ée [-lize] adj. nicht spezifiert. | *Voiture banalisée*, Zivilautostreife f.

banalité [-lite] f. Hist. Lehensbannpflicht gegenüber dem Lehensherrn. || Fig. Banalität f. ; Plattheit f. ; Abgedroschenheit f. ; Witzlosigkeit f.

banane [banan] f. Bot. Banane f.

bananier, ère [-nje, -jɛ:r] adj. Bananen... | *République bananière*, Bananenrepublik f.

◇ m. **bananier,** Bot. Bananenbaum m. ; Bananenstaude f. ; Pisang m. ; Paradiesfeige f. || [navire] Bananendampfer m.

Banat [bana] n. pr. m. Hist., Géogr. Banat n.

banc [bɑ̃] m. [siège] Bank f. ; Sitzbank f. | *Petit banc*, Fußbank ; Schemel m. | *Banc à dossier*, Bank mit Rückenlehne. || Par ext. *Banc d'essai*, Prüfstand m. | *Banc de harengs*, Heringsgründe m. pl. ; Heringsbank. || *Banc d'église*, Kirchenstuhl m. | *Banc des ministres*, Regierungsbank. | *Banc des accusés*, Anklagebank. || Techn. [établi] Werkbank f. ; Gestell n. ; Stand m. ; Bett n. || Géol. [couche] Schicht f. ; Bank f. | *Banc d'ardoise*, Schieferschicht.

bancaire [bɑ̃kɛ:r] adj. bankmäßig ; bankgeschäftlich ; Bank(en)... | *Numéro d'identité bancaire*, Bankleitzahl f. ; BLZ f.

bancal [bɑ̃kal] m. Krummsäbel m.

◇ adj. krummbeinig ; mit O-Beinen. || Par ext. *Chaise bancale*, wackeliger Stuhl.

banco [bɑ̃ko] m. zum bankmäßigen Wert. | *Faire banco*, allein gegen die Bank spielen.

bandage [bɑ̃da:ʒ] m. [action] (Ver)binden n. || MÉD. [appareil] Binde f. ; Bandage f. ; Verband m. ; Wickel m. ; Umschlag m. | *Bandage herniaire*, Bruchband. || TECHN. Radreifen m. ; Walzenmantel m. ; Bereifung f. | *Bandage plein*, Vollgummireifen.

bande [bɑ̃:d] f. [tissu] Binde f. ; Band n. ; Streifen m. | *Bandes molletières*, Wickelgamaschen f. pl. || PAR EXT. *Bande de papier*, Streifenband ; Manschette f. | *Bande de film*, Filmstreifen. | *Bande magnétique*, Magnetband. | *Bande de terrain*, Geländestreifen. | *Bande de cuir*, Lederriemen m. | *Bande de lumière*, Lichtstreifen. || [bordure] Bande f. ; Einfassung f. ; Leiste f. ; Rand m. | *Bande de billard*, Billardbande. | *Bande de frottement*, Reibschiene. | *Bande transversale*, Querleiste. || AUTOM. *Bande d'arrêt d'urgence*, Standspur f. || ÉLECTR. *Bande passante*, Bandbreite f. ; Durchlaßbereich m. || INF. *Bande perforée*, Lochstreifen m. || TECHN. *Bande de protection*, Abdeck-, Schutzstreifen m. || MAR. Schlagseite f. | *Donner de la bande*, krängen ; Schlagseite bekommen. || MIL. [ruban de cartouches] Gurt m. || *Bandes dessinées*, Comics m. pl.

bande [bɑ̃:d] f. [troupe] Trupp m. ; Rotte f. ; Rudel n. ; Schar f. | *Bande de chevreuils*, Rehrudel. | *Bande d'oiseaux*, Vogelschar. | *Par bandes*, truppweise. || PÉJOR. Horde f. ; Haufe(n) m. ; Bande f. ; Klique f. | *Faire bande à part*, sich absondern. || FAM. *Bande d'idiots !*, Ihr Idioten !

bande-annonce [bɑ̃danɔ̃:s] (pl. **bandes-annonces**) f. Vorschau f.

bandeau [bɑ̃do] m. Binde f. ; Augenbinde f. || FIG. *Avoir un bandeau sur les yeux*, blind sein ; ein Brett vor dem Kopf haben. || ARCHIT. Bandleiste f. ; Bandsims m.

bandelette [bɑ̃dlɛt] f. Bändchen n.

bander [-de] v. tr. [ligaturer] verbinden ; einen Verband anlegen (an, acc.), zubinden ; mit einer Binde bedecken. | *Les yeux bandés*, mit verbundenen, geschlossenen Augen ; FIG. blindlings. || [tendre] anspannen. | *Bander la corde d'un arc*, die Bogensehne scharf anspannen. | *Les muscles se bandent*, die Muskeln sind aufs äußerste gespannt.

banderille [bɑ̃dri:j] f. Banderille f.

banderole [bɑ̃drɔl] f. Wimpel m. ; schmales Fähnchen ; Banderole f. ; Transparent n.

bandit [bɑ̃di] m. Bandit m. ; Räuber m. ; Übeltäter m. ; Halunke m. ; Schuft m. ; Gesetzloser m. | *Bandit de grand chemin*, Wegelagerer m. ; Straßenräuber m.

banditisme [-tism] m. Verbrechertum n.

bandoulière [bɑ̃duljɛ:r] f. Waffenriemen m. ; Tragegurt m. | *Porter en bandoulière*, umgehängt tragen ; umhängen.

bang [bɑ̃ŋ] m. *Bang sonique*, Schallknall m. ; Schallmauerknall m.

banjo [bɑ̃ʒo] m. Banjo n.

banlieue [bɑ̃ljø] f. Vororte m. pl. ; Vorstadt f. ; Stadtrand m. ; Bannmeile f. ; Weichbild (n.) der Stadt. | *Train de banlieue*, Vorortzug m., S-Bahn (Stadtbahn) f. | *Hambourg et sa banlieue*, Groß-Hamburg.

banlieusard, arde [-za:r, ard] s. Vorstädter(in) m. (f.) ; Vorortbewohner(in) m. (f.).

banni, ie [bani] adj. vertrieben ; verbannt ; geächtet ; verwiesen ; ausgewiesen ; in Acht und Bann erklärt.

◇ m. Vertriebene(r) ; Verbannte(r) ; Geächtete(r) ; des Landes Verwiesene(r) ; Ausgewiesene(r).

bannière [banjɛ:r] f. [enseigne] Banner n. ; Panier n. || PAR EXT. [parti] Partei f. | *Se ranger sous la bannière de qn*, sich jm zugesellen ; zu jm halten. || FAM. *Il a fallu la croix et la bannière*, man mußte alles aufbieten.

bannir [bani:r] v. tr. [exiler] verbannen ; ächten ; des Landes verweisen ; ausweisen. || PAR EXT. [chasser] verjagen ; ausstoßen ; ausschließen ; entfernen. || FIG. *Bannir de sa mémoire*, aus seinem Gedächtnis streichen.

bannissement [-nismɑ̃] m. Verbannung f.

banque [bɑ̃:k] f. Bank f. ; Bankhaus n. ; Bankgeschäft n. | *Banque d'affaires*, Geschäftsbank. | *Banque affiliée*, Filialbank ; Bankfiliale f. | *Banque par actions*, Aktienbank. | *Banque du crédit foncier*, Hypothekenbank. | *Banque de dépôts*, Depositenbank. | *Banque d'escompte*, Diskontbank. | *Banque d'exportation*, Exportbank. | *Banque des pays allemands*, Bank deutscher Länder. | *Banque des règlements internationaux (B.R.I.), Bank für internationalen Zahlungsausgleich (BIZ).* | *Banque de France*, (Staats)bank von Frankreich. | *Compte en banque*, Bankkonto n. | *Billet de banque*, Banknote f. ; Geldschein m. || [au jeu] *Tenir la banque*, die Bank halten. | *Faire sauter la banque*, die Bank sprengen. || INF. *Banque de données*, Datenbank f. || MÉD. *Banque d'organes*, Organbank f. | *Banque du sang, de sperme*, Blut-, Samenbank f.

banquer [bɑ̃ke] v. intr. POP. blechen.

banqueroute [bɑ̃krut] f. Bankrott m. ; Zusammenbruch m. ; Krach m.

banquet [bɑ̃kɛ] m. Bankett n. ; Festmahl n.

banqueter [bɑ̃kte] v. intr. tafeln ; schmausen.

banquette [bɑ̃kɛt] f. [banc] Sitzbank f. ; Wagenbank f. ; Polsterbank f.

banquier, ière [bɑ̃kje, jɛ:r] s. Bankier m. ; Bankinhaber(in) m. (f.) ; Bankherr m. | *Être le banquier de qn*, für jn die Geldgeschäfte besorgen. || [au jeu] Bankhalter m. ; Wechsler m.

banquise [bɑ̃ki:z] f. Eisbank f. ; Eisfeld n. ; Packeis n.

baobab [baɔbab] m. BOT. Affenbrotbaum m. ; Baobab m.

baptême [batɛ:m] m. RELIG. Taufe f. ; Taufakt m. | *Nom de baptême*, Taufname m. | *Extrait de baptême*, Taufschein m. || MIL. *Baptême du feu*, Feuertaufe. || PAR EXT. *Baptême de l'air*, Jungfernflug m.

baptiser [-tize] v. tr. taufen ; die Taufe vornehmen. || PAR ANAL. [bénir] einweihen ; die Weihe geben. || PAR EXT. [nommer] benennen ; einen Beinamen geben.

baptismal, ale, aux [-tismal, o] adj. Tauf... ; für die Taufe ; zur Taufe. | *Fonts baptismaux*, Taufbecken n. ; Taufstein m.

baptistère [-tistɛ:r] m. Taufkapelle f. ; Taufhaus n.

baquet [bakɛ] m. Holzkübel m. ; Holzzuber m.

bar [ba:r] m. ZOOL. Barbe f. ; Seebarsch m. ; Wolfsbarsch m. || [unité de pression] Bar n. ; Luftdruckmaß n. || [débit de boissons] Bar f.

baragouin, baragouinage [baragwɛ̃, -gwina:ʒ] m. Kauderwelsch n.

baragouiner [-gwine] v. tr. et v. intr. ein Kauderwelsch sprechen ; unverständlich sprechen ; sich fehlerhaft ausdrücken. | *Baragouiner l'allemand*, deutsch radebrechen ; ein gebrochenes Deutsch sprechen.

baraque [barak] f. Baracke f. ; Bude f. ; Hütte f. | *Baraque foraine*, Jahrmarktsbude ; Schaubude.

baraquement [-kmɑ̃] m. [action] Barackenbau m. ; Barackenlager n.

barattage [barata:ʒ] m. Buttern n.

baratte [barat] f. Butterfaß n. ; Butterschleuder f.

barattiner ou **baratiner** [baratine] v. tr. et v. intr. die Reklametrommel rühren. | *Barattiner qn*, jm etwas einreden.

barbacane [barbakan] f. MIL. Schießscharte f. || [avant-porte] Außenwerk; Barbakane f. (ital. barbacane). || ARCHIT. [fente] Wasserabflußloch n.

barbare [barba:r] adj. barbarisch. || [cruel] grausam; unmenschlich. || [incorrect] sprachwidrig.
◇ s. HIST. Nichtrömer(in) m. (f.); Barbar(in) m. (f.). || [sauvage] Unkultivierter; Ungebildeter. || [brute] Unmensch m.; brutaler Mensch.

barbarie [-ri] f. Barbarei f.; Kulturlosigkeit f.; Roheit f. || [cruauté] Grausamkeit f.

barbarisme [-rism] m. GRAMM. Sprachwidrigkeit f.; Sprachverstümmelung f.

barbe [barb] f. Bart m.; Barthaare n. pl. || FAM. [bouc] Ziegenbart; Bocksbart. | *Savon à barbe*, Rasierseife f. || LOC. *Se faire faire la barbe*, sich rasieren lassen. | *Rire dans sa barbe*, sich (eins) ins Fäustchen lachen. | *Enlever qch. à la barbe de qn*, jm etwas vor der Nase wegschnappen. || [pointe des épis] Granne f.; Bartfaden m. || [bavure] Faser f. | *Barbe d'une plume*, Federfahne f.

barbeau [barbo] m. ZOOL. Barbe f. || BOT. Kornblume f. || POP., TRIV. [souteneur] Zuhälter m.

barbelé, ée [barbəle] adj. gezackt; zackig; stachelig. | *Fil de fer barbelé*, Stacheldraht m. | *Réseau* (m.) *de barbelés*, Stacheldrahtverhau n.

Barberousse [barbərus] n. pr. m. HIST. Barbarossa m.; Kaiser Rotbart m.

barbet, ette [barbɛ, ɛt] n. langhaariger Spaniel m.; Pudel m.

barbiche [barbiʃ] f. Spitzbart m.

barbier [-bje] m. Barbier m.; Bader m.

barbillon [barbijɔ̃] m. ZOOL. junge Barbe f. || [barbelure] Pfeilwiderhaken m. || [filament textile] Bartfaden m.; Bartel f.

barbiturique [barbityrik] m. Barbiturat n.

barbotage [barbɔta:ʒ] m. Herumwühlen n.

barboter [-te] v. intr. mit dem Schnabel herumwühlen; plätschern; planschen.
◇ v. tr. POP. [voler] klauen.

barboteur, euse [-tœ:r, ø:z] s. Wühler(in) m. (f.). || [canard] Hausente f.
◇ f. **barboteuse**, Waschspülmaschine f. || [vêtement d'enfant] Spielanzug m.

barbouillage [barbuja:ʒ] ou **barbouillis** m. [peinture grossière] Mauertünche f.; grober Anstrich. || PAR EXT. [peinture, ouvrage médiocre] Kleckserei f. — SYN.: *Griffonnage* m., Gekritzel n. *Graffito* m., Kritzelei f., Inschrift f. *Pattes de mouche* f. pl., Gekritzel n.

barbouiller [-je] v. tr. [peindre grossièrement] tünchen; grob anstreichen. || PAR EXT. [salir] beschmieren. || [mal écrire] hinschmieren; hinsudeln. || FIG. *Cela vous barbouille le cœur*, es wird einem schlecht davon.

barbouilleur, euse [-jœ:r, ø:z] s. [peintre] Anstreicher m. || PAR EXT. Sudler(in) m. (f.); Kleckser(in) m. (f.); Schmierfink m. || [mauvais peintre, écrivain] Farben-, Tintenkleckser(in) m. (f.).

barbu, ue [barby] adj. bärtig; unrasiert.

barbue [barby] f. ZOOL. (Stein)butt m.

barcarolle [barkarɔl] f. Barkarole f.

barcasse [barkas] f. (Hafen)barkasse f.

Barcelone [barsəlɔn] n. pr. m. Barcelona n.

barda [barda] m. POP. Gepäck n.

bardane [bardan] f. BOT. Klette f.

barde [bard] m. HIST. Barde m.
◇ f. [tranche de lard] Speckschnitte f.

bardeau [-do] m. ARCHIT. (Dach)schindel f.

barder [barde] v. tr. [couvrir d'une armure] bepanzern; jm die Rüstung anlegen. | *Chevalier bardé de fer*, eisengepanzerter Ritter. || [envelopper de lard] mit Speck umwickeln. | *Barder le rôti*, den Braten mit Speckscheiben umwickeln.
◇ v. impers. POP. *Ça barde!*, dicke Luft!

bardot [-do] m. ZOOL. Maulesel m.

barème [barɛm] m. Preistafel f.; Rechentabelle f. || [salaires] Bemessungsgrundlage f.

barge [barʒ] f. ZOOL. (Sumpf)schnepfe f.; Brachvogel m. || [bateau] Barke f.; Flachboot n. || [meule de foin] Heuhaufen m.; Heuschober m.

baril [baril] m. [tonnelet] kleines Faß; Fäßchen n.; kleine Tonne; Tönnchen n. | *Baril de lessive*, Waschmitteltrommel f. | *Baril de pétrole*, Barrel (n.) Rohöl; Ölbarrel n.

barillet [barijɛ] m. TECHN. Federgehäuse n. || [armes] Revolvertrommel f. || ANAT. Paukenhöhle f.

bariolage [barjɔla:ʒ] m. [couleurs] Farbenmischmasch n.; Buntheit f. || PAR EXT. Durcheinander n.

barioler [-le] v. tr. bunt anmalen.
◇ part. pass. et adj. **bariolé, ée,** bunt(scheckig); kunterbunt; farbenreich.

barman [barman] m. [tenancier] Barbesitzer m. || [serveur] (Bar)kellner m.

barn [barn] m. PHYS. Barn n.

baromètre [barɔmɛtr] m. Barometer n. et m.; Luftdruckmesser m.; Wetterglas n. | *Baromètre enregistreur*, selbstschreibendes Barometer; Barograph m.

barométrique [-metrik] adj. barometrisch.

baron, onne [barɔ̃, ɔn] s. Baron(in) m. (f.); Freiherr(in) m. (f.); Baronesse f. [non mariée]; Baronin [mariée].

baronnie [-rɔni] f. Baronie f.; Freigrafschaft f.

baroque [barɔk] adj. [perle] unregelmäßig. || PAR EXT. [bizarre] sonderbar; wunderlich; eigenartig; bizarr. || ARTS. überladen; barock.
◇ m. ARTS. Barock n.; Barockzeitalter n.

baroud [barud] m. FAM. Kampf m.

baroudeur [-dœ:r] m. FAM. Haudegen m.

barque [bark] f. Kahn m.; Boot n.; Barke f. || FIG. *Bien mener sa barque*, sein Schifflein gut führen; umsichtig sein.

barrage [bara:ʒ] m. [action] Versperren n.; Sperrung f.; Abriegelung f. || [obstacle] Sperre f.; Verhau n. || PAR EXT., TECHN. Abdämmung f.; Staudamm m.; Talsperre f. || MIL. *Tir de barrage*, Sperrfeuer n.

barre [ba:r] f. [morceau de bois, de métal] Stab m.; Stange f.; Balken m. | *Barre d'attelage*, Zugstange. | *Barre de direction*, Lenkstange. | *Barre à mine*, Steinbohrer m. | *Barre de fer*, Eisenstab. | *Barre d'appui*, Brustlehne f. | *À coups de barre*, mit Stangenschlägen. || MAR. Steuer n.; Ruder n. | *Mettre la barre à tribord*, auf Steuerbord beidrehen. || [déferlement des eaux] Springflut f. || [lingot] Barren m. | *De l'or en barre*, Barrengold n.; Gold in Barren. | *C'est de l'or en barre*, das ist Gold wert; er ist unbedingt zuverlässig. || JUR. Gerichtsschranke f. | *Paraître à la barre*, vor Gericht erscheinen. || [trait de plume] Federstrich m.; Strich m. | *Barre d'espacement*, Abstandstange f. | *Barre oblique*, Schrägstrich m. || ÉCON. Grenze f. | *La barre des 2 millions*, die Zweimillionengrenze. || NUCL. *Barre de commande*, Steuerstab m. | *Barre de pilotage*, Regelstab m. || SPORT. Reck n.; Barren m. | *Barre fixe*, Turnreck. | *Barres parallèles*, Barren. || FIG. *Avoir barre sur qn*, Schlagrecht haben; in Vorhand sein.

barreau [-ro] m. [petite barre] kleine Stange; Sprosse f.; Stab m.; Querstab m. | *Barreaux d'une* *grille*, Gitterstäbe m. pl. ; Vergitterung f. | *Fenêtre à barreaux*, Gitterfenster n. || JUR. [ordre des avocats] Advokatur f. ; Rechtsanwaltsstand m. ; Rechtsanwaltschaft f. | *Être inscrit au barreau*, bei einem Amtsgericht zugelassen sein. || NUCL. *Barreau de combustible*, Brennstab m.

barrer [-re] v. tr. [verrouiller] (ver)sperren ; absperren ; ab-, zu-, verriegeln ; ab-, zu-, verschließen ; (ab)trennen. | *Barrer le chemin à qn*, jm den Weg verlegen. || [biffer] aus-, durchstreichen. | *Barrer un chèque*, einen Scheck kreuzen, sperren. || [tenir le gouvernail] steuern ; das Steuer handhaben.

◇ part. pass. et adj. **barré, ée,** [verrouillé] verriegelt ; gesperrt. | *Rue barrée*, gesperrte Straße. | *Chèque barré*, Verrechnungsscheck m. || [biffé] gestrichen.

◇ v. pr. **se barrer,** POP. [se sauver] sich dünne machen ; sich aus dem Staube machen.

barrette [-rɛt] f. [bonnet] Barett n. || [broche] (Haar)spange f. || TECHN. *Barrette de raccordement*, Klemme f.

barreur [barœ:r] m. Steuermann m.

barricade [barikad] f. Barrikade f.

barricader [-de] v. tr. [verrouiller] verbarrikadieren ; versperren.

◇ v. pr. **se barricader,** sich verschanzen ; sich einigeln.

barrière [barjɛ:r] f. [clôture] Schranke f. ; Sperre f. ; Schlagbaum m. ; Gitter n. || PAR EXT. [obstacle naturel] Grenzscheide f. || AUTOM. *Barrière de dégel*, Straßensperre (f.) bei Tauwetter. || ÉCON. *Barrière douanière*, Zollschranke f. || FIG. [obstacle] Hindernis n. | *Barrière contre le crime*, Schutzwall gegen das Verbrechen.

barrique [barik] f. (Stück)faß n.

barrir [bari:r] v. intr. schreien. | *L'éléphant barrit*, der Elefant trompetet.

barrissement [barismɑ̃] m. Trompeten n.

baryte [barit] f. Schwererde f.

baryton [baritɔ̃] m. MUS. [voix] Baritonstimme f. Bügelhorn n.

baryum [barjɔm] m. Barium(metall) n.

bas, basse [bɑ, bɑs] adj. **1.** [peu élevé] niedrig ; nieder. | *Toit bas*, flaches Dach. | *Chaussures basses*, Halbschuhe m. pl. | *Bas de plafond*, mit niedriger Decke. || PAR EXT. [église] *Bas-côtés*, Seitenschiffe n. pl. | *Marée basse*, Ebbe f. ; niedriger Wasserstand. | *Ciel bas*, trüber Himmel. || FIG. gesenkt. | *Avoir la tête basse*, den Kopf hängen lassen. | *Revenir la queue basse*, mit eingeklemmtem Schwanz zurückkommen.

2. [inférieur dans l'espace] tief, unter, abwärts gelegen ; nieder. | *Basses terres*, Tiefland n. | *Coup bas*, Tiefschlag m. | *Le bas Rhône*, die niedere Rhône. | *Les Pays-Bas*, die Niederlande n. pl. | *Le bas allemand*, das Niederdeutsche ; das Plattdeutsche. | *La ville basse*, die Unterstadt ; der tiefer gelegene Stadtteil. | *Bas-côté de la route*, Straßenrand m.

3. [inférieur dans le temps] *Bas-Empire*, Diadochenzeit f. | *Le bas latin*, das mittelalterliche Latein. || [inférieur socialement] *Bas clergé*, niedere Geistlichkeit. | *Bas peuple*, untere Volksklassen f. pl. | *Chambre basse*, Unterhaus n.

4. [inférieur en prix, en quantité] billig ; minderwertig ; gering. | *Bas morceaux*, billige Fleischstücke n. pl. | *À bas prix*, billig. | *Au bas mot*, gelinde gesagt ; mindestens. | *En bas âge*, im zarten Kindesalter.

5. [inférieur en intensité] tief ; leise. | *Parler à voix basse*, mit leiser Stimme sprechen. | *Messe basse*, Stillmesse f. | *Notes basses*, Baßnoten f. pl.

6. FIG. [vulgaire, vil] niedrig ; gemein ; ordinär ; wohlfeil. | *Termes bas*, gewöhnliche Ausdrücke m. pl.

◇ adv. **bas, 1.** [dans une situation peu élevée] niedrig ; tief ; unten. | *Être assis bas*, niedrig sitzen. | *Situé trop bas*, zu tief gelegen. | *Ici-bas*, hienieden ; hier auf Erden. || [avec mouvement] *Jeter bas une maison*, ein Haus niederreißen. | *Mettre bas les armes*, die Waffen strecken. | *La vache met bas*, die Kuh wirft, kalbt. || FIG. *Il est bien bas*, er ist tief heruntergekommen ; es steht schlecht mit ihm.

2. [à une certaine distance] *Là-bas*, dort ; drüben ; drunten. | *Plus bas on lira*, weiter unten wird man lesen.

3. [à voix basse] leise. | *Parler tout bas*, ganz leise sprechen. | *Se dire tout bas*, sich zuflüstern. | *Rire tout bas*, im stillen lachen. || MUS. *Prendre un ton trop bas*, zu tief anstimmen.

◇ loc. adv. **à bas,** *À bas le scélérat !*, nieder mit dem Schuft ! — **au bas,** *Apposer son cachet au bas*, sein Siegel darunter setzen. | *Au bas de la robe*, unten am Kleid. — **en bas,** [sans changement de lieu] (hier)unten ; drunten. | *En bas coule le Neckar*, drunten fließt der Neckar. | *Tout en bas*, tief unten. || [avec changement de lieu] hinunter ; herunter ; hinab ; nieder. | *Courir en bas*, hinunterlaufen. | *Regarder en bas*, hinabblicken. || LOC. **en bas de,** unterhalb (gén.). | **d'en bas,** von unten (herauf). | **du haut en bas,** von oben nach unten. || FIG. von oben herab. | **par en bas,** von unten her.

◇ m. Unteres n. ; unterer Teil ; Unter... | *Bas de la ville*, Unterstadt f. | *Bas d'une robe*, Unterteil (m.) eines Kleides. | *Les hauts et les bas*, das Auf und Ab ; die Höhen und Tiefen.

bas [bɑ] m. Strumpf m. || FIG. [économies] *Bas de laine*, Sparstrumpf ; Ersparnisse f. pl.

basalte [bazalt] m. Basalt m.

basane [bazan] f. Schafleder n. ; Basanleder n.

basaner [-ne] v. tr. bräunen ; (nach)dunkeln.

◇ part. pass. **basané, ée,** schwarzbraun ; sonnenverbrannt.

bas-côté [bakote] m. [église] Seitenschiff n.

bascule [baskyl] f. [balançoire] Schaukelbrett n. ; Wippe f. || [balance] Waage f. ; Dezimalwaage f.|| LOC. *À bascule*, kippbar ; ausschwenkbar. | *Politique de bascule*, Schaukelpolitik f.

basculer [-le] v. intr. schwenken ; schaukeln.

base [bɑ:z] f. [surface d'appui] Basis f. ; Grundlage f. ; Fundament n. || [partie inférieure] Basis f. ; Fuß m. | *Base d'une colonne*, Säulenfuß. || FIG. [fondement] Grund m. ; Grundsatz m. ; Grundlage f. | *Base de discussion*, Gesprächsgrundlage. | *Base d'un traité*, Grundlagen (f. pl.) eines Vertrags. | *Base de calcul*, Berechnungsgrundlage. | *Ton de base*, Grundton m. | *Produit de base*, Ausgangsmaterial n. | *Être à la base de*, zugrunde liegen. || GÉOM. *Base d'un triangle*, Grundlinie (f.) eines Dreiecks. | *Base d'une pyramide*, Grundfläche (f.) einer Pyramide. || MIL. Stützpunkt m. ; Basis f. | *Base aérienne*, Luftstützpunkt m. | *Base navale*, Flottenstützpunkt. || CHIM. Base f. || INF. *Base de données*, Datenbasis f. ; Stammdatei f.

— SYN. : *Fondement* m., Fundament n., Begründung f. *Assise* f., Grundlage f., Stütze f. *Pivot* m., Drehpunkt m.

baser [baze] v. tr. stützen ; aufbauen ; begründen ; basieren. | *Baser sur*, stützen auf (acc.).

◇ v. pr. **se baser,** [se fonder] sich stützen (auf, acc.) ; sich begründen ; sich aufbauen.

bas-fond [bafɔ̃] m. [terrain] Niederung f. ; Tiefland n. || [de l'eau] Untiefe f. || FIG. [société] Hefe f. ; unterste Schichten f. pl.

basilic [bazilik] m. BOT. Basilienkraut n. || ZOOL. Kroneidechse f. ; Basilisk m.

basilique f. [église] Basilika f. ; Langhauskirche f.

basique [bazik] adj. CHIM. basisch.

basque [bask] f. [vêtement] Rockschoß m. | *Être pendu aux basques de qn*, jm immer am Rockschoß hängen.

basque adj. baskisch. | *Pays basque*, baskisches Land. | *Béret basque*, Baskenmütze f.
◇ s. **Basque,** Baske m. ; Baskin f.

bas-relief [barəljɛf] m. Relief n. ; erhabenes Bild(werk).

basse [ba:s] f. MUS. [voix] Baßstimme f. ; Baß(sänger) m. ; Bassist(in) m. (f.). || [instrument] Baßgeige f. || [haut-fond] Untiefe f.

basse-cour [-ku:r] f. [endroit] Hühnerhof m.

bassement [basmɑ̃] adv. auf niedrige Weise.

bassesse [basɛs] f. [caractère, acte vil] Niedrigkeit f. ; Gemeinheit f. || [servilité] Unterwürfigkeit f. ; Kriecherei f. | *Faire des bassesses à qn*, um jn herumscharwenzeln.

basset [basɛ] m. Dachshund m. ; Teckel m. ; Dackel m. || MUS. [instrument] Bassethorn n.

basse-taille [ba:sta:j] f. MUS. [voix] erster Baß.

bassin [basɛ̃] m. [récipient] Becken n. ; Schüssel f. ; Schale f. || [pièce d'eau] Bassin n. ; Becken n. || PAR EXT. [gisement, plaine] Becken n. ; Gebiet n. | *Bassin houiller*, Steinkohlenbecken ; Kohlenbezirk m. ; Kohlenrevier n. | *Bassin d'un fleuve*, Flußeinzugsgebiet ; Flußebene f. | *Bassin de la Ruhr*, Ruhrgebiet. || ANAT. Becken n. || MAR. Binnenhafen m. | *Bassin de radoub*, Trockendock n. || TECHN. *Bassin de décantation*, Kläranlage f.

bassine [-sin] f. Schale f. ; Wanne f.

bassiner [-sine] v. tr. [chauffer] (an)wärmen. || [humecter] anbefeuchten ; nässen. || POP. [ennuyer] langweilen ; anöden.

bassinet [-sinɛ] m. kleines Becken ; Schälchen n. ; kleine Wanne. || FAM. *Faire cracher au bassinet*, sich Geld aus der Nase ziehen. || [fusil] Zündpfanne f. || [casque] Sturmhaube f. || ANAT. Nierenbecken n.

bassinoire [-sinwa:r] f. Bettpfanne f.

bassiste [basist] m. Bassist m. ; Baß m.

basson [basɔ̃] m. [instrument] Fagott n.

bastide [bastid] f. DIAL. Landhäuschen n.

bastille [basti:j] f. HIST. Bastille f.

bastingage [bastɛ̃ga:ʒ] m. MAR. Reling f.

bastion [bastjɔ̃] m. Bastion f. ; Schanze f. ; Bastei f. ; Bollwerk n. || FIG. *Un bastion des conservateurs*, eine Hochburg der Konservativen.

bastonnade [bastɔnad] f. Tracht Prügel f.

bastringue [bastrɛ̃:g] m. POP. Tingeltangel m.

bas-ventre [bavɑ̃:tr] m. Unterleib m.

bât [bɑ] m. Packsattel m. | *Bête de bât*, Tragtier n. ; POP. Packesel m. | *Savoir où le bât blesse*, wissen, wo der Schuh drückt.

bataclan [bataklɑ̃] m. FAM. Plunder m.

bataille [bata:j] f. Schlacht f. ; Kampf m. ; Treffen n. ; Streit m. | *Bataille rangée*, Feldschlacht ; FIG. offene Schlacht. | *Bataille d'encerclement*, Kesselschlacht. | *La bataille de Leipzig*, die Schlacht bei Leipzig. | *Champ de bataille*, Schlachtfeld n. ; Walstatt f. | *En bataille*, in Schlachtordnung. || FIG. *Bataille électorale*, Wahlkampf. | *C'est son cheval de bataille*, das ist sein Steckenpferd. | *Cheveux en bataille*, strähniges Haar.

batailler [-je] v. intr. kämpfen ; streiten.

batailleur, euse [-jœ:r, ø:z] adj. kämpferisch ; kampflustig ; streitsüchtig ; zänkisch.
◇ m. **batailleur,** Zänker m.

bataillon [-jɔ̃] m. MIL. Bataillon n. || PAR EXT. Schar f.

bâtard, arde [bɑta:r, ard] adj. unehelich ; außerehelich. || FIG. unsauber ; unecht ; unklar. | *Solution bâtarde*, hinkende Lösung.
◇ m. **bâtard,** Bastard m. ; Bänkelkind n. ; Bankert m. ; Mischling m.

batardeau [batardo] m. Mühlenwehr n.

batave [batav] adj. batavisch.
◇ s. **Batave,** Bataver m.

bateau [bato] m. Boot n. ; Kahn m. ; Schiff n. ; Zille f. | *Bateau remorqueur*, Schleppschiff. | *Bateau de pêche*, Fischerboot. | *Bateau à voiles*, Segler m. | *Bateau à vapeur*, Dampfer m. | *Bateau de commerce*, Handelsschiff. | *Bateau de course*, Rennboot. | *Bateau-citerne*, Tanker m. | *Bateau de sauvetage*, Rettungsboot. | *Bateau dragueur*, Bagger m. | *Bateau pliant*, Faltboot. | *Bateau pneumatique*, Schlauchboot. | *Bateau pilote*, Lotsenboot. || FIG., FAM. *Monter un bateau à qn*, jm einen Bären aufbinden. || POP. *Mener qn en bateau*, mit jm baden gehen.
— SYN. : *Bâtiment* m., *navire* m., *vaisseau* m., Schiff n. *Paquebot* m., (Passagier)dampfer m. *Transatlantique* m., Überseedampfer m. *Steamer* m., Steamboat, Dampfer m.

bateau-mouche [-muʃ] m. (pl. **bateaux-mouches**) (*etwa*) Vergnügungsdampfer m.

batelage [batla:ʒ] m. MAR. [droit] Schiffsfracht f.

bateleur, euse [batlœ:r, ø:z] s. Gaukler(in) m. (f.) ; Taschenspieler(in) m. (f.).

batelier, ière [batəlje, jɛ:r] m. Binnenschiffer m. ; Fährmann m.

batellerie [batɛlri] f. Flußschiffahrt f.

bâter [bɑte] v. tr. (auf)satteln ; säumen ; bepacken.

bat-flanc [baflɑ̃] m. Schlagbaum m.

bath [bat] adj. POP. großartig ; prächtig ; prima.

bathymétrie [batimetri] f. Tiefseeforschung f.

bathyscaphe [-skaf] m. MAR. Tauchkapsel f.

bâti [bɑti] m. Gestell n. ; Rahmen m. ; Unterbau m. ; Gehäuse n. || TEXT. Heftstich m.

batifolage [batifɔla:ʒ] m. FAM. Tändelei f.

batifoler [-le] v. intr. FAM. tändeln ; scherzen.

bâtiment [bɑtimɑ̃] m. Bau m. ; Gebäude n. ; Bauwerk n. ; Baulichkeit f. ; Hochbau m. | *Bâtiment et travaux publics*, Hoch- und Tiefbau. | *Industrie du bâtiment*, Baugewerbe n. | *Être du bâtiment*, vom Bau sein. || [navire] Schiff n. ; Boot n.
— SYN. : *Construction* f., (Neu)bau m. *Bâtisse* f., *Édifice* m., Gebäude n. *Monument* m., Denkmal n.

bâtir [-ti:r] v. tr. bauen ; er-, aufbauen ; errichten. | *Autorisation de bâtir*, Baugenehmigung f. || FIG. *Bâtir sur le sable*, auf Sand bauen ; unsicher sein. || [coudre] zusammenreihen ; heften.
◇ part. pass. et adj. **bâti, ie,** aufgebaut. | *Non bâti*, unbebaut. || FIG. *Mal bâti*, verwachsen.

bâtisse [-tis] f. Bauwerk n. ; Gebäude n.

bâtisseur, euse [-tisœ:r, ø:z] s. Erbauer(in) m. (f.) ; Bauherr(in) m. (f.). || PÉJOR. Baubesessener m.

batiste [batist] f. Batist m. ; feines Leinen.

bâton [bɑtɔ̃] m. Stock m. ; Stab m. ; Stecken m. ; Knüppel m. ; Stange f. | *Bâton de mendiant*, Bettelstab. || [police] *Bâton blanc*, Schupostöckchen n. || *Bâton de ski*, Skistock. | *Bâton de maréchal*, Marschallstab ; FIG. oberste Stufe. || PAR EXT. *Bâton de rouge*, Lippenstift m. | *Bâton de cire*, Siegellackstange. || LOC. *Mettre des bâtons dans les roues*, einen Knüppel zwischen die Beine werfen. | *Parler à bâtons rompus*, sich zwanglos unterhalten. | *Vie de bâton de chaise*, Heidenleben n. | *Bâton de vieillesse*, Altersstütze f.

bâtonner [-tɔne] v. tr. ver-, durch-, ausprügeln.

bâtonnet [-tɔnɛ] m. Stöckchen n. ; Stäbchen n.

bâtonnier [-tɔnje] m. Präsident (m.) der Anwaltskammer.

batracien [batrasjɛ̃] m. ZOOL. Lurch m.
◇ m. pl. Amphibien f. pl. ; Lurche m. pl.

battage [bata:ʒ] m. Dreschen n. ; Drusch m. ; Schlagen n. | *Battage du beurre*, Butterschleuder f. | *Battage du blé*, Korndreschen. || TECHN. Rammen n. ; Einrammen n. || FIG. [réclame excessive] Rummel m.

battant, ante [batɑ̃, ɑ̃:t] adj. schlagend ; fallend ; pochend. | *Porte battante*, Windfang m. ; Zwischentür f. | *Pluie battante*, Platzregen m. | *Tambour battant*, mit klingendem Spiel ; unter Trommelwirbel.
◇ m. **battant,** [de cloche] Klöppel m. ; Glockenschwengel m. || [d'une porte] (Tür)flügel m. | *Porte à deux battants*, Flügeltür f. || SPORT. *Un battant*, ein Draufgänger.

batte [bat] f. [maillet] Stampfe f. || [bâton] Butterschlegel m. || [planche] Waschbrett n.

battement [-tmɑ̃] m. [choc répété] (Zusammen)-schlagen n. ; Klopfen n. | *Battement des mains*, Händeklatschen n. || [mouvement] Schwingen n. ; Schlag m. | *Battement des ailes*, Flügelschlagen ; Flattern n. | *Battement de cœur*, Herzklopfen n. | *Battement du pouls*, Pulsschlag m. || TECHN. *Battement d'une porte*, Schlagleiste f. || MUS. Triller m. || FIG. [intervalle] Wartezeit f.

batterie [-tri] f. [coups] Hauerei f. || MIL. [unité] Batterie f. | *Batterie de campagne*, Feldbatterie. | *Se mettre en batterie*, in Feuerstellung gehen ; Feuerstellung beziehen. || FIG. *Dresser ses batteries*, seine Maßnahmen treffen. || PHYS. Akkumulatorenbatterie f. ; Sammler m. | *Batterie de piles*, Trockenbatterie. | *Batterie de cuisine*, Küchengeschirr n. || MUS. *Batterie*, Schlagzeug n.

batteur, euse [-tœ:r, ø:z] s. Schläger m. ; Drescher(in) m. (f.). | *Batteur de grain*, Korndrescher. | *Batteur de fer*, Klingenzieher m. || CULIN. *Mixer* m.

batteuse [-tø:z] f. Dreschmaschine f.

battre [batr] v. tr. **1.** [frapper pour faire mal] schlagen ; hauen ; (ver)prügeln. | *Battre qn comme plâtre*, jn windelweich prügeln. || PAR ANAL. [eau] umspülen ; umwogen. | *La mer bat la côte*, die See brandet an die Küste.
2. PAR EXT. [vaincre] besiegen ; (nieder)schlagen. | *Battre à plate couture*, vollständig schlagen. | *Battre le record*, den Rekord schlagen. | *Battre en brèche*, Bresche schlagen ; FIG. von Grund aus widerlegen.
3. [frapper pour extraire ou mélanger] dreschen ; (aus)klopfen ; (aus)schlagen ; rühren. | *Battre le tapis*, den Teppich klopfen. | *Battre du grain*, Korn dreschen. | *Battre le beurre*, Butter stoßen. | *Battre les cartes*, die Karten mischen. || [frapper pour façonner] schlagen ; schmieden ; prägen ; stampfen. | *Battre le fer*, das Eisen schmieden. | *Battre la terre*, die Erde feststampfen. | *Battre monnaie*, Geld prägen. | *Battre la semelle*, mit den Füßen trampeln.
4. [parcourir, explorer] durchstreifen ; abklopfen ; durchsuchen. | *Battre les buissons*, das Gebüsch abklopfen, durchkämmen. | *Battre le pavé*, Asphalt treten ; umherschlendern.
5. MIL. *Battre le tambour*, die Trommel rühren. | *Battre le rappel*, zusammentrommeln ; FIG. Lärm machen.
6. LOC. *Battre la mesure*, den Takt schlagen. | *Battre la breloque*, faseln ; quatschen.
◇ v. intr. [frapper] schlagen ; klopfen ; pochen. | *La grêle bat contre les vitres*, der Hagel prasselt, peitscht gegen die Fenster. | *Ce volet bat*, dieser Laden schlägt (an). || PAR EXT. [cœur, pouls] schlagen ; pulsieren. || LOC. *Battre des mains*, in die Hände klatschen ; Beifall klatschen. | *Battre des ailes*, mit den Flügeln schlagen ; flattern. | *Ne battre que d'une aile*, schwer angeschlagen sein. | *La fête bat son plein*, das Fest ist in vollem Gange. | *Battre froid à qn*, jm die kalte Schulter zeigen. | *Battre en retraite*, den Rückzug antreten ; FIG. klein beigeben.
◇ part. pass. et adj. **battu, ue,** [frappé, vaincu] geschlagen. | *Se tenir pour battu*, den Kampf aufgeben. || PAR EXT. *Yeux battus*, mit Ringen unter den Augen ; FAM. mit Betriebskurven. || [foulé] *Chemin battu*, festgetretener, ausgetretener Weg. || FIG. *Suivre les sentiers battus*, auf alten Gleisen laufen.
◇ v. pr. **se battre,** [combattre] sich schlagen ; kämpfen ; streiten. | *Se battre à l'épée*, fechten. | *Se battre en duel*, duellieren ; sich im Duell schlagen. || [réciprocité] sich (einander)schlagen ; sich verprügeln ; sich verhauen. | *Se battre à coups de boules de neige*, sich mit Schneebällen bewerfen. || LOC. *Se battre les flancs*, sich umsonst bemühen. || POP. *Je m'en bats l'œil !*, das ist mir schnuppe !
— SYN. : *Frapper*, schlagen ; klopfen.

battue [baty] f. Treibjagd f. || [bruit] Hufschlag m.

baudet [bodɛ] m. Zuchtesel m. ; Esel m.

baudrier [bodrije] m. MIL. Wehrgehänge n. || SPORT. [alpinisme] Klettergürtel m.

baudroie [bodrwa] f. ZOOL. V. LOTTE.

baudruche [bodry:ʃ] f. Goldschlägerhäutchen n.

bauge [bo:ʒ] f. Schwarzwildlager n. ; Schwarzwildsuhle f. ; Kessel m. || [maison] Dreckbude f.

baume [bo:m] m. MÉD. Balsam m. ; Salbe f. || FIG. [consolation] Trost m. ; Linderung f. ; Labsal n. | *Mettre du baume au cœur de qn*, jn trösten.

bauxite [boksit] f. Bauxit m. ; Naturaluminium n.

bavard, arde [bava:r, ard] adj. schwatzhaft ; geschwätzig ; redselig ; plauderhaft. || *Bavard comme une pie*, sehr geschwätzig.
◇ s. Schwätzer m. ; Schwatzliese f.

bavardage [-da:ʒ] m. [action] Schwatzhaftigkeit f. ; Geschwätzigkeit f. || [choses] Gerede n. ; Geschnatter n. ; Geschwätz n.

bavarder [-de] v. intr. schwatzen ; schwätzen ; plaudern ; FAM. plauschen.
— SYN. : *Papoter*, plaudern. *Babiller*, babbeln. *Jaser*, tratschen. *Caqueter*, gackern. *Jacasser*, *cailleter*, plappern.

bavarois, oise [bavarwa, wa :z] adj. bay(e)risch ; aus Bayern.
◇ s. **Bavarois, oise,** Bayer m. ; Bayrin f.

bave [ba:v] f. [salive] Sabbel m. ; Speichel m. ; Spucke f. || [écume] Geifer m. ; Schaum m. || [ver à soie] Spinnfaden m.

baver [bave] v. intr. sabbeln ; Speichel verlieren. | *Baver sur qch.*, etwas begeifern.

bavette [bavɛt] f. [linge] Sabberlätzchen n. ; Brustlatz m. || [viande] Latz m. ; Randstreifen m. || FIG., FAM. Geplauder n. | *Tailler une bavette*, einen kleinen Schwatz halten ; einen Plausch halten.

baveux, euse [bavø, ø:z] adj. sabbelnd ; schleimig ; geifernd ; spuckig ; voll Speichel.

Bavière [bavjɛ:r] n. pr. f. GÉOGR. Bayern n.

bavoir [bavwa:r] m. Sabbellätzchen n.

bavure [bavy:r] f. Gußnaht f. ; Bart m. || TYPOGR. Fehldruck m. || FIG. *Sans bavures*, tadellos. | *Bavure policière*, polizeilicher Übergriff.

bayadère [bajadɛ:r] f. [aux Indes] Bajadere f.

bayer [baje] v. intr. LOC. *Bayer aux corneilles*, Maulaffen feilhalten.

bazar [baza:r] m. Basar m. ; Kramladen m. || FAM. *Tout le bazar*, der ganze Kram.

bazarder [-de] v. tr. FAM. [vendre] verramschen ; verscheuern.

bazooka [bazuka] m. Panzerfaust f.

B.D. [bede] f. (abrév. *bande dessinée).* Comic m.

béant, béante [beɑ̃, beɑ̃:t] adj. gähnend ; klaffend ; weit aufgerissen ; aufgesperrt.

béat, ate [bea, a:t] adj. still und zufrieden. || FAM. albern. | *Air béat*, alberne Miene.

béatement [-atmɑ̃] adv. in stiller Zufriedenheit ; voll Andacht ; selig ; albern.

béatification [beatifikasjɔ̃] f. Seligsprechung f.

béatifier [-fje] v. tr. seligsprechen ; beseligen.

béatifique [-fik] adj. beseligend.

béatitude [-tyd] f. Glückseligkeit f. ; Seligkeit f.

beau (bel), belle [bo, bɛl] adj. [sens général] schön. | *Devenir beau*, schön werden ; sich verschönern. **1.** SENS PROPRE : [qui plaît aux sens] schön ; hübsch ; fein ; wohlgestaltet. | *Bel homme*, stattlicher Mann. | *Belle femme*, Schönheit f. | *Bel enfant*, hübsches Kind. | *Beau comme le jour*, bildschön. | *Se faire beau*, sich fein machen ; sich gut anziehen. || FIG. *Belles-lettres*, schöne Literatur ; Belletristik f. || [temps] schön ; fein ; gut. | *Il fait beau (temps)*, es ist schönes Wetter. | *Un beau ciel*, ein heiterer Himmel. | *Les beaux jours*, die gute Jahreszeit ; die sonnigen Tage. | *La mer est belle*, die See ist ruhig. | *Beau fixe*, beständig. | *À la belle étoile*, unter freiem Himmel.
2. SENS DÉRIVÉS : [distingué, bienséant] vornehm ; anständig ; fein. | *Un beau monsieur*, ein feiner Herr. | *Le beau monde*, die vornehme Welt. | *Bel esprit*, Schöngeist m. ; Schöngeisterei f. | *Beau joueur*, gelassener Spieler. || [noble] edel. | *Belle âme*, schöne Seele. | *Ce n'est pas beau*, das ist gemein. || [favorable, avantageux] günstig ; gut ; schön. | *Belle occasion*, günstige Gelegenheit. | *Une belle année*, ein reiches Erntejahr. | *Faire une belle affaire*, ein dickes Geschäft machen. | *Avoir la partie belle, avoir beau jeu*, leichtes Spiel haben. | *Donner la partie belle à qn*, es jm leicht machen. || [considérable] beträchtlich ; groß ; hoch ; hübsch. | *Une belle somme*, eine hübsche Summe. | *Un bel âge*, ein hohes Alter. || FIG. *Le bel âge, les belles années*, das schönste Alter. || [flatteur, trompeur] schön ; leer. | *De belles paroles*, leere Worte n. pl. | *Beau parleur*, Schönredner m. ; Aufschneider m. || IRON. [désagréable, mauvais] hübsch ; reizend. | *Un beau fripon*, ein Erzgauner m. | *Un beau tapage*, ein Höllenlärm m. | *Être dans de beaux draps*, schief gewickelt sein ; in der Patsche sitzen. | *En voir de belles*, sein blaues Wunder erleben. | *En avoir fait de belles*, allerhand auf dem Kerbholz haben. | *La belle affaire !*, was tut das schon ? || [sens explétif] *Un beau jour*, eines schönen Tages. | *Il y a belle lurette*, es ist schon lange her. | *Au beau milieu de la rue*, mitten auf der Straße. || LOC. *L'échapper belle*, mit heiler Haut davonkommen. | *La belle époque*, die Jahre um 1900 ; die wilhelminische Zeit. | *Mourir de sa belle mort*, eines natürlichen Todes sterben.
◇ loc. adv. **en beau.** *Voir tout en beau*, alles in rosigem Licht sehen. — **tout beau,** langsam ! ; sachte ! — **de plus belle,** immer (noch) mehr. — **bel et bien,** geradezu. — **faire beau** (infin.). *Il ferait beau voir*, es wäre eigenartig zu sehen. — **avoir beau** (inf.). [s'efforcer en vain] *Il a beau faire, on ne l'écoute pas*, er mag tun und lassen, man hört doch nicht auf ihn. | *Vous avez beau dire*, Sie haben gut reden.
◇ m. **beau,** [beauté] Schönes n. | *Sens du beau*, Sinn für das Schöne ; Schönheitsgefühl n. || PÉJOR. [homme] *Vieux beau*, alter Geck, Stutzer. || [chien] *Faire le beau*, schön tun ; Männchen machen. || [temps] schönes Wetter.
◇ f. **belle,** [femme] Schöne f. | *La Belle au bois dormant*, Dornröschen. || [au jeu] die entscheidende Partie. || FAM. *Faire la belle*, entfliehen.

beaucoup [boku] adv. — **I.** QUANTITÉ : viel ; sehr, recht viel ; reichlich. | *Beaucoup d'argent*, viel Geld n. | *Travailler beaucoup*, viel arbeiten. | *Beaucoup de sortes*, mancherlei ; vielerlei. | *Beaucoup trop*, viel zu viel. | *Cela y est pour beaucoup*, das trägt viel dazu bei. | *Merci beaucoup !*, vielen Dank !, danke schön ! | *Il ne s'en faut pas de beaucoup*, es fehlt nicht viel daran. — **II.** INTENSITÉ : sehr ; recht ; viel ; erheblich. | *Admirer beaucoup*, sehr bewundern. | *Aimer beaucoup*, gerne mögen ; sehr lieb haben. | *C'est beaucoup dire*, das will viel heißen.
◇ adj. indéf. **beaucoup de,** viele ; zahlreiche. | *Beaucoup de gens*, viele Leute. | *Beaucoup de magasins*, zahlreiche Läden.
◇ pron. indéf. viele. | *Beaucoup d'appelés, peu d'élus*, viele sind berufen, aber wenige auserwählt.
— OBSERV. *Viel*, au pluriel, se comporte pour la déclinaison comme un adjectif épithète ; ainsi, on dit *viele junge Leute* ; au génitif, l'usage est flottant, car on trouve *vieler junger Leute* aussi bien que *vieler jungen Leute*.
— SYN. : *Fort*, sehr ; recht. *Bien*, recht ; besonders. *Considérablement*, erheblich ; beträchtlich. *Abondamment*, reichlich. *En abondance*, im Überfluß. *Largement, amplement*, reichlich. *À foison*, in Hülle und Fülle.

beau-fils [bofis] m. Schwiegersohn m. ; Eidam m. || [deuxième lit] Stiefsohn m.

beau-frère [-frɛ:r] m. Schwager m. ; Schwäger m. || [deuxième lit] Stief-, Halbbruder m.

beau-père [-pɛ:r] m. Schwiegervater m. || [deuxième lit] Stiefvater m.

beaupré [bopre] m. MAR. Bugspriet m.

beauté [bote] f. [qualité] Schönheit f. | *Être de toute beauté*, wunderschön sein. | *Grain de beauté*, Schönheitspflästerchen n. || [femme] Schöne f. || FAM. *Se faire une beauté*, sich schminken. || LOC. *Pour la beauté du geste*, der Gebärde halber.

beaux-arts [boza:r] m. pl. die bildenden, schönen Künste f. pl. | *École des beaux-arts*, Hochschule (f.) der bildenden Künste.

beaux-parents [boparɑ̃] m. pl. Schwiegereltern pl.

bébé [bebe] m. Baby n. ; Säugling m. ; Kindchen n. | *Bébé(-)éprouvette*, Retortenbaby.

bébête [bebɛ:t] adj. FAM. albern ; blöde.

bec [bɛk] m. Schnabel m. | *Bec crochu*, Hakenschnabel. || FAM. [bouche] Mund m. ; Maul n. ; Schnauze f. || LOC. *Ferme ton bec !*, halt deinen Schnabel ! || POP. *Clouer le bec à qn*, jm den Mund, das Maul verbieten. | *Claquer du bec*, hungern ; Kohldampf schieben. | *Donner un coup de bec*, sticheln. | *Prise de bec*, Wortwechsel m. ; Streiterei f. | *Avoir bec et ongles*, Zähne und Krallen haben. | *Tenir le bec dans l'eau*, jn lange warten lassen. || FIG., POP. *Tomber sur un bec*, auf eine Schwierigkeit stoßen. || AÉRON. Nase f. || TECHN. Schnabel m. ; Spitze f. ; Auslauf m. ; Brenner m. ; Zunge f. | *Bec de gaz*, Gasbrenner m. || PAR EXT. Gaslaterne f. | *Bec de plume*, Federspitze f. | *Bec d'une théière*, Tülle einer Teekanne. | *Bec de chargement*, Fülltrichter m. ; Ladeschurre f. || MUS. Mundstück n. || GÉOGR. Landzunge f. ; Landspitze f.

bécane [bekan] f. FAM. [vélo] Klappermühle f.

bécarre [beka:r] m. MUS. Auflösungszeichen n.

bécasse [bekas] f. ZOOL. (Wald)schnepfe f. || PÉJOR. [femme] dumme Gans. || MAR. [bateau] Barkasse f.

bécasseau [-so] m. ZOOL. Wasserläufer m. ; junge Schnepfe.

bécassine [-sin] f. Moorschnepfe f. ; Bekassine f.

bec-de-cane [-dəkan] m. [poignée] Türgriff m.

bec-de-lièvre [-dəljɛ:vr] m. Hasenscharte f. ; (Ober)lippenspalte f.
bec-fin [-fɛ̃] m. Spatz m. ; Sperling m.
bêchage [bɛʃa:ʒ] m. (Um)graben n.
béchamel [beʃamɛ:l] f. CULIN. Rahmtunke f.
bêche [bɛ:ʃ] f. Spaten m.
bêcher [bɛʃe] v. tr. um-, durchgraben. || FIG. FAM. durchhecheln.
bécot [beko] m. FAM. Küßchen n. ; Busserl n.
bécoter [-kɔte] v. tr. FAM. abküssen.
◇ v. pr. **se bécoter**, FAM. sich abküssen ; FAM. sich abknutschen.
becquée [bɛke] f. Atzung f. ; Schnabelvoll m. | *Donner la becquée*, atzen ; füttern.
becqueter [bɛkte] v. tr. (auf)picken. || POP. [manger] futtern.
bedaine [bədɛn] f. FAM. (Schmer)bauch m. ; (Fett)-wanst m.
bedeau [bədo] m. RELIG. Küster m.
bedon [bədɔ̃] m. Schmerbauch m. ; Dickwanst m.
bedonner [-dɔne] v. intr. dickbäuchig werden.
bédouin, ouine [bedwɛ̃, win] s. Beduine m. ; Beduinin f.
◇ pl. **Bédouins,** Mauren m. pl.
bée [be] adj. weit offen ; geöffnet ; klaffend. | *Bouche bée*, mit offenem Munde. | *Demeurer bouche bée*, baff sein.
beffroi [bɛfrwa] m. [tour] Rathaus-, Wacht-, Glokkenturm m. ; Belfried m. || [charpente de clocher] Glockengestühl n.
bégaiement [begɛmɑ̃] m. Stottern n.
bégayer [-je] v. intr. stottern ; stammeln.
bégonia [begɔnja] m. BOT. Begonie f.
bègue [bɛg] m. Stotterer m. ; Stammler m.
bégueule [begœl] adj. prüde ; spröde.
béguin [begɛ̃] m. RELIG. Schwesternhaube f. || PAR EXT. [bonnet] Babyhäubchen n. || FIG., POP. *Avoir le béguin pour qn*, in jn vernarrt sein.
béguinage [begina:ʒ] m. Beginenkloster n.
béguine [-gin] f. [religieuse] Begine f.
beige [bɛ:ʒ] adj. naturfarben ; beige.
beignet [bɛɲɛ] m. Krapfen m. ; Pfannkuchen m.
bel [bɛl] adj. V. BEAU.
bêlement [bɛlmɑ̃] m. [mouton] Blöken n. || [chèvre] Meckern n. ; Gemecker n. ; Bähen n.
bêler [bɛle] v. intr. blöken. || [chèvre] meckern ; bähen. || FAM., FIG. [gémir] bläken.
belette [bəlɛt] f. ZOOL. Wiesel n. ; Hermelin n.
Belfort n. pr. m. GÉOGR. Belfort n. | *La trouée de Belfort*, die burgundische Pforte.
belge [bɛlʒ] adj. belgisch.
◇ s. **Belge,** Belgier(in) m. (f.).
Belgique [-ʒik] n. pr. f. GÉOGR. Belgien n.
Belgrade n. pr. m. GÉOGR. Belgrad n.
bélier [belje] m. Widder m. ; (Schaf)bock m. || MIL. Sturmbock m. ; Mauerbrecher m. || TECHN. Ramme f. | *Bélier hydraulique*, hydraulischer Widder, Stoßheber m. || ASTRON. Widder m.
bélière [beljɛ:r] f. Kuhglocke f. || [anneau] Uhrring m. ; Tragering m. || [sabre] Säbeleinhakung f.
bélinogramme [belinɔgram] m. Funkbild n.
bélinographe [-graf] m. Bildfunksender m.
belladone [bɛlladɔn] f. BOT. Wolfs-, Teufels-, Tollkirsche f. ; Belladonna f.
bellâtre [bɛlɑ:tr] adj. eitel ; geckenhaft.
◇ m. Geck m. ; Fant m. ; Schöntuer m.
belle-de-nuit [bɛldənɥi] f. BOT. Wunderblume f.
belle-fille [-fi:j] f. [par alliance] Schwiegertochter f. || [deuxième lit] Stieftochter f. ; Stiefkind n.
belle-mère [-mɛ:r] f. [par alliance] Schwiegermutter f. || [deuxième lit] Stiefmutter f.
belle-sœur [-sœ:r] f. [par alliance] Schwägerin f. || [deuxième lit] Stief-, Halbschwester f.
bellicisme [bɛllisism] m. Kriegsbegeisterung f.
belliciste [-sist] m. Kriegshetzer m.
belligérant, ante [-ʒerɑ̃, ɑ̃:t] adj. kriegführend.
◇ m. Kriegführender m. ; feindliche Parteien f. pl.
belliqueux, euse [-kø, ø:z] adj. kriegerisch ; kampflustig. | *D'humeur belliqueuse*, streitlustig.
belote [bəlɔt] f. JEUX. Kartenspiel n.
béluga ou **bélouga** [belyga, -luga] m. ZOOL. Weißwal m. ; Hausen m. ; Beluga m. ; Seehorn n.
belvédère [bɛlvedɛ:r] m. Parkpavillon m. ; Dachterrasse f. || [tour] Aussichtsturm m.
bémol [bemɔl] m. MUS. Moll(vor)zeichen n. ; Be n.
bénédicité [benedisite] m. [prière] Tischgebet n.
bénédictin, ine [benediktɛ̃, in] s. Benediktiner m. ; Benediktinermönch m. ; Benediktinernonne f.
◇ f. **bénédictine,** Benediktiner (Likör) m.
bénédiction [benediksjɔ̃] f. [vœu] Segen m. || [action] Einsegnung f. ; Erteilung (f.) des Segens ; Segenspendung f. | *Bénédiction nuptiale*, kirchliche Trauung. || PAR EXT. [objet] Einweihung f. ; Weihe f. || FIG. [abondance] Segen m. ; Fülle f. | *C'est une bénédiction*, das ist ein wahrer Segen.
bénéfice [benefis] m. Gewinn m. ; Nutzen m. ; Vorteil m. ; Erwerb m. ; Verdienst m. | *Bénéfice annuel*, Jahresgewinn m. | *Bénéfice brut*, Bruttoertrag m. ; Rohgewinn. | *Bénéfice net*, Rein-, Nettogewinn. | *Marge de bénéfice*, Verdienstspanne f. || JUR. [avantage] Vorteil m. ; Nutzen m. ; Vorrecht n. | *Sous bénéfice d'inventaire*, unter Vorbehalt näherer Prüfung. | *Au bénéfice de*, zugunsten von. | *Au bénéfice du doute*, mangels Beweise.
bénéficiaire [-sjɛ:r] adj. gewinnbringend. | *Marge bénéficiaire*, Gewinnspanne f.
◇ s. JUR. Berechtigte(r) f. (m.) ; Nutznießer(in) m. (f.). || PAR EXT. *Bénéficiaire d'une traite*, Empfänger (m.) eines Wechsels. || ÉCON. *Bénéficiaire de prestations*, Leistungsempfänger m. ; Leistungsberechtigter m.
bénéficier [-sje] v. intr. Vorteil, Nutzen ziehen (aus) ; begünstigt werden (durch). || FIN. zugebilligt bekommen. | *Bénéficier de privilèges fiscaux*, steuerbegünstigt sein.
bénéfique [-fik] adj. förderlich ; bekömmlich ; wohltuend ; ersprießlich.
Benelux [benelyks] m. Benelux m.
benêt [bənɛ] adj. einfältig ; töricht.
◇ m. Dummkopf m. ; Einfaltspinsel m.
bénévolat [benevola] m. freiwilliger, nicht bezahlter Dienst.
bénévole [benevɔl] adj. [volontaire, gratuit] unentgeltlich ; ohne Entgelt. | *Collaborateur bénévole*, unbezahlter Mitarbeiter.
bénévolement [-vɔlmɑ̃] adv. unentgeltlich.
Bengale n. pr. m. GÉOGR. Bengalen n. | *Feux de Bengale*, bengalisches Feuer ; Buntfeuerwerk n.
bengali [bɛ̃gali] m. ZOOL. Prachtfink m. ; Bengalist m. || [langue] bengalische Sprache.
bénin, igne [benɛ̃, iɲ] adj. harmlos. || MÉD. [sans gravité] gutartig ; harmlos.
bénir [beni:r] v. tr. [appeler les bénédictions] (ein)-segnen ; seinen Segen geben ; Glück und Segen wünschen. | *Dieu vous bénisse !*, Gott segne euch ! ;

helf Gott ! | *Bénir les époux*, die Brautleute trauen. || [consacrer] (ein)weihen. || [glorifier] preisen ; dankbar sein (dat.) ; benedeien. || PAR EXT. [louer] loben.
◇ part. pass. et adj. **béni, ie,** gesegnet ; geweiht. | *Nom béni*, segensreicher Name. | *Béni de Dieu*, gottgesegnet.
◇ part. pass. et adj. **bénit, ite,** [choses consacrées] geweiht ; Weih... | *Eau bénite*, Weihwasser n. || FIG., IRON. *C'est pain bénit*, ihm ist recht geschehen.
bénitier [-nitje] m. Weihwasserbecken n.
Benjamin [bɛ̃ʒamɛ̃] n. pr. m. Benjamin m.
◇ n. m. [enfant dernier né] jüngstes Kind.
benjoin [bɛ̃ʒwɛ̃] m. Benzoe n. ; Benzoeharz n.
benne [bɛn] f. Wagenkasten m. ; Fördergefäß n. ; [ski] Kabine (f.) einer Seilbahn. | *Benne basculante*, Kippkasten m. ; Kippkübel m. | *Benne à ordures*, Müllcontainer m.
benoît, oîte [bənwa, wa:t] adj. [indulgent] gütig ; mildtätig. || PÉJOR. [doucereux] scheinheilig.
benzène [bɛ̃zɛ:n] m. (Roh)benzol n.
benzine [bɛ̃zin] f. Benzin n.
benzol [bɛ̃zɔl] m. (Roh)benzol n.
Béotie n. pr. f. GÉOGR., HIST. Böotien n.
béotien, ienne [beɔsjɛ̃, jɛn] adj. HIST. böotisch.
◇ s. **Béotien, ienne,** Böotier(in) m. (f.). || FIG. Philister m.
béquille [beki:j] f. Krücke f. ; Stütze f. ; Handstütze f. | *Marcher avec des béquilles*, an Krücken gehen. || AÉRON. *Béquille arrière*, Hecksporn m. || TECHN. Sporn m. ; Stütze f.
berbère [bɛrbɛ:r] adj. berberisch.
◇ s. **Berbère,** Berber(in) m. (f.).
bercail [bɛrka:j] m. Schafstall m. ; Schäferei f. || FIG. Schoß m. | *Il est revenu au bercail*, er ist in den Schoß der Familie heimgekehrt.
berceau [bɛrso] [lit] Wiege f. ; Wiegenkörbchen n. || [enfance] *Être encore au berceau*, noch im zartesten Kindesalter stehen. | *Dès le berceau*, von Kindesbeinen an. || [origine] Ursprung m. || ARCHIT. [voûte] Gewölbebogen m. || MIL. Rohrwiege f.
bercement [-səmɑ̃] m. Wiegen n. ; Schaukeln n.
bercer [-se] v. tr. wiegen ; schaukeln ; hin- und herwiegen. | *Bercer un enfant*, ein Kind in den Schlaf (ein)wiegen. || FIG. *Bercer de belles promesses*, mit schönen Versprechungen hinhalten.
◇ v. pr. **se bercer,** sich schaukeln. || FIG. *Se bercer d'illusions*, sich trügerischen Hoffnungen hingeben.
berceur, euse [-sœ:r, ø:z] adj. einwiegend.
berceuse [-sø:z] f. [femme] kinderwiegende Frau. || [chanson] Wiegenlied n. || [siège] Schaukelstuhl m.
béret [berɛ] m. Baskenmütze f.
bergamote [bɛrgamɔt] f. BOT. Bergamotte f.
berge [bɛrʒ] f. [rivière] Uferböschung f. ; Uferabfall m.
berger, ère [bɛrʒe, ɛ:r] s. Schäfer(in) m. (f.) ; Hirt(e) m. ; Senn(erin) m. (f.). | *Chien de berger*, Schäfer-, Wachhund m. | *Étoile du berger*, Morgen- und Abendstern m. ; Venus f. | *Heure du berger*, Schäferstündchen n. || FIG. *Le bon berger*, der gute Hirt.
bergère [bɛrʒɛ:r] f. [fauteuil] Polsterstuhl m. ; Lehnsessel m. || BOT. Immergrün n. ; Efeuart f.
bergerie [-ʒəri] f. [endroit] Schafstall m. | *Introduire le loup dans la bergerie*, den Bock zum Gärtner machen. || POÉS. Schäferdichtung f., -gedicht n., -stück n.
bergeronnette [-ʒərɔnɛt] f. ZOOL. Bachstelze f. ; Wippsterz m. ; Ackermännchen n.
Berlin n. pr. m. GÉOGR. Berlin n. | *Berlin-Ouest*, Westberlin.
berline [bɛrlin] f. Berline f. ; Reisekutsche f. ; Viersitzer m. || [chariot] Förderwagen m. || MINES. Hund m.
berlingot [bɛrlɛ̃go] m. Halbberline f. || [bonbon] Lutschstange f.
berlinois, oise [bɛrlinwa, wa:z] adj. GÉOGR. berlinisch ; berlinsch ; berlinerisch.
◇ s. **Berlinois, oise,** Berliner(in) m. (f.).
berlue [bɛrly] f. Blendung. || FIG. *Avoir la berlue*, verschwommen sehen ; blöde sein.
Bermudes (îles) [bɛrmy:d] n. pr. f. pl. GÉOGR. die Bermudas Inseln f. pl.
Bernard (saint) m. RELIG. der heilige Bernhard. || [Alpes] *Grand- et Petit-Saint-Bernard*, der Große und der Kleine Sankt Bernhard.
bernardin, ine [bɛrnardɛ̃, in] s. Bernhardiner(mönch) m. ; Zisterzienser(in) m. (f.).
bernard-l'ermite ou **bernard-l'hermite** [bɛrnarlɛrmit] m. invar. ZOOL. Einsiedlerkrebs m.
Berne [bɛrn] n. pr. m. GÉOGR. Bern n.
berne f. [duperie] Betrügen n. || MAR. *Mettre le pavillon en berne*, die Flagge auf Halbmast setzen ; halbmast flaggen.
berner [bɛrne] v. tr. prellen. || FIG. [tourner en ridicule] aufziehen ; zum Narren halten.
bernique ! [bɛrnik] interj. POP. prost Mahlzeit !
bernois, oise [bɛrnwa, wa:z] adj. berner ; aus, von Bern.
◇ s. **Bernois, oise,** Berner(in) m. (f.).
béryl [beril] m. Beryll m. ; Smaragd m.
besace [bəzas] f. Bettelsack m.
besogne [bəzɔɲ] f. Arbeit f. ; Werk n. ; Beschäftigung f. | *Abattre de la besogne*, viel fertigbringen ; tüchtig arbeiten. | *Aller vite en besogne*, überstürzt vorgehen. || IRON. *Vous avez fait de la belle besogne*, da haben Sie etwas Schönes angerichtet.
besogner [-ɲe] v. intr. arbeiten ; schaffen.
besogneux, euse [-ɲø, ø:z] adj. bedürftig.
besoin [bəzwɛ̃] m. [manque d'une chose nécessaire] Bedürfnis n. ; Bedarf m. ; Mangel m. ; Erfordernis n. ; Notwendigkeit f. | *Besoin d'argent*, Geldmangel ; Mangel an Geld. | *Besoin d'être aimé(e)*, Liebebedürfnis n. | *Besoin d'activité*, Tatendrang m. | *Besoin impérieux*, dringende Notwendigkeit. | *Besoin urgent*, dringender Bedarf. | *Besoin de main-d'œuvre*, Nachfrage nach Arbeitskräften. | *Besoins énergétiques*, Energiebedarf m.|| ÉCON. *Besoins internes*, Eigenbedarf m || LOC. *Avoir besoin de*, nötig haben ; benötigen ; brauchen ; erfordern ; bedürfen (gén.). | *Avoir besoin de repos*, ruhebedürftig sein. | *Au besoin*, notfalls ; nötigenfalls ; wenn nötig. | *En cas de besoin*, erforderlichenfalls. | *Point n'est besoin de dire que*, (es ist) überflüssig zu sagen, daß. || IRON. *On avait bien besoin de cela !*, das fehlte noch gerade ! || [détresse, indigence] Not f. ; (Be)dürftigkeit f. | *Besoin pressant*, dringende Not. | *Être dans le besoin*, in größter Armut leben ; in großer Not(lage) sein. | *Pressé par le besoin*, notgedrungen ; aus Not.
◇ m. pl. **besoins,** [nécessité] Bedarf m. || FIG. *Faire ses besoins*, seine Notdurft verrichten ; austreten.
bestiaire [bɛstjɛ:r] m. HIST. Tierkämpfer m. || [fables] Tiererzählungen f. pl.
bestial, iale, iaux [-tjal, jo] adj. tierisch ; viehisch.
bestialité [-tjalite] f. Tierhaftigkeit f. ; tierische Roheit.
bestiaux [-tjo] m. pl. Haustiere n. pl. ; Vieh n. ; Rindvieh n. | *Foire aux bestiaux*, Viehmarkt m.
bestiole [-tjɔl] f. Tierchen n.
best-seller [bɛstsɛlœ:r] m. Bucherfolg m.

bêta, asse [bɛta, as] adj. FAM. dumm ; einfältig.
◇ m. **bêta,** Dummkopf m. ; Blödian m. ; Schafskopf m. ‖ ÉLECTRON. *Rayons bêta*, Beta-Strahlung f.

bétail [beta:j] m. Vieh n. ; Weidevieh n.

bête [bɛ:t] f. [animal] Tier n. ; Vieh n. | *Bête sauvage*, wildes Tier ; Wild n. | *Bête féroce*, Bestie f. ; Biest n. | *Bête de somme*, Saumtier. | *Bête de trait*, Zugtier. | *Bête à cornes*, Hornvieh. | *Bête fauve*, Rotwild. | *Bêtes carnassières*, Fleischfresser m. pl. | *Bête à bon Dieu*, Marienkäfer m. ; Gottestierchen n. ‖ PAR EXT. [partie animale de l'homme] *La bête humaine*, das Tier im Menschen. ‖ FIG. *Brave bête*, braver Dummkopf ; gutes Schaf. | *Il est la bête noire*, er ist das schwarze Schaf. ‖ UNIV. *Bête à concours*, Prüfungsmensch m. ‖ *Travailler comme une bête*, büffeln ; ochsen. | *Faire la bête*, sich dumm anstellen. | *Chercher la petite bête*, ein Kleinigkeitskrämer sein ; bekritteln.
◇ adj. dumm ; einfältig ; blöd ; hart. | *Bête comme ses pieds*, erz-, saudumm. | *Avoir l'air bête*, dumm aussehen. | *Pas si bête !*, so dumm sind wir nicht !

bêtement [bɛtmɑ̃] adv. dumm(erweise) ; töricht.

bêtifier [betifje] v. tr. [abrutir] verdummen ; dumm machen.
◇ v. intr. [faire la bête] dumm daherreden ; dummes Zeug sagen ; Dummheiten machen.

bêtise [bɛti:z] f. [inintelligence] Dummheit f. ; Dämlichkeit f. ‖ [parole, action] Albernheit f. ; Quatsch m. ; Unsinn m. ; Torheit f. ; Ungereimtheit f. | *Faire des bêtises*, Dummheiten anstellen. | *Dire des bêtises*, dummes Zeug reden. | *Quelle bêtise !*, wie dumm ! | *J'ai eu la bêtise de*, ich war so dumm, um zu. ‖ [chose sans valeur] Kleinigkeit f. | *Se battre pour une bêtise*, um Nichts streiten.
— SYN. : *Ânerie* f., Eselei f. *Sottise* f., Dummheit f., Stumpfsinn m. *Niaiserie* f., Albernheit f. *Bourde* f., Schnitzer m.

bêtisier [-tizje] m. Stilblütensammlung f.

béton [betɔ̃] m. Beton m. | *Béton armé*, Eisen-, Stahlbeton.

bétonner [-tɔne] v. tr. (aus)betonieren ; in Beton (aus)gießen. | *Abri bétonné*, Betonbunker m.

bétonnière [-tɔnjɛ:r] f. Betonmischmaschine f.

bette [bɛt] f. BOT. Mangold m. ; Bete f.

betterave [bɛtra:v] f. BOT. Rübe f. ; Runkelrübe f. | *Betterave fourragère*, Futterrübe. | *Betterave sucrière*, Zuckerrübe.

beuglement [-gləmɑ̃] m. Muhen n. ; Brüllen n. ; Gebrüll n. ; Blöken n. ; Geblöke n. ‖ FIG. Geplärr n.

beugler [-gle] v. intr. brüllen ; ein Gebrüll ausstoßen ; muhen.
◇ v. tr. brüllen ; plärren.

beurre [bœ:r] m. Butter f. | *Beurre rance*, ranzige Butter. ‖ CULIN. *Beurre noir*, braune Butter. | *Beurre fondu*, zerlassene Butter. | *Une motte de beurre*, ein Klumpen Butter. | *Battre le beurre*, buttern. | *Étaler du beurre sur le pain*, Butter aufs Brot streichen. | *Tartine de beurre*, Butterbrot n., Butterschnitte f. ‖ PAR EXT. *Beurre d'anchois*, Sardellenbutter. | *Beurre de cacao*, Kakaobutter. | *Petit-beurre*, Keks m. ‖ FIG. *Œil au beurre noir*, blaues Auge ; Veilchenauge n. | *Faire son beurre*, sein Schäflein ins Trockene bringen. | *Cela met du beurre dans les épinards*, das macht den Kohl erst fett.

beurrer v. tr. mit Butter bestreichen.

beuverie [bøvri] f. Trinkerei f. ; Zecherei f.

bévue [bevy] f. Versehen n. | *Commettre une bévue*, einen groben Fehler begehen ; POP. einen Bock schießen.

bi ou **bis** [bi, bis] préf. Doppel... ; zwei... ; bi... ; zwillings...

biais, iaise [bjɛ, jɛz] adj. schräg ; schief ; schiefwinklig. | *Voûte biaise*, Querwölbung f.
◇ m. **biais,** [obliquité] Schräg f. ; Schiefheit f. ; Querrichtung f. ; Gehrung f. ‖ FIG. [moyen détourné] Winkelzug m. ; Ausweg m. ; Umweg m.
◇ loc. adv. **en biais, de biais,** schräg ; schief ; quer ; von der Seite. | *Regarder de biais*, schief ansehen. ‖ FIG. auf Umwegen.

biaisé, ée [-ze] adj. verzerrt.

biaiser [-ze] v. intr. schief sein. ‖ FIG. einen Umweg nehmen ; Winkelzüge machen.

bibelot [biblo] m. Nippsache f. ; Schmuckfigürchen n. ‖ FIG., FAM. Kleinkram m. ; Trödel m.

biberon [bibrɔ̃] m. [bébé] (Saug)flasche f.

bibi [bibi] m. FAM. [chapeau] Damenhütchen n.

bible [bibl] f. Bibel f. ; Heilige Schrift. ‖ TECHN. *Papier bible*, Dünndruckpapier n.

bibliobus [bibliɔbys] m. fahrbare Bibliothek ; Bücherbus m.

bibliographe [-graf] m. Bibliograph m.

bibliographie [-grafi] f. [science] Bibliographie f. ‖ PAR EXT. Fachliteratur f.

bibliographique [-grafik] adj. bibliographisch.

bibliomanie [-mani] f. Buchleidenschaft f.

bibliophile [-fil] m. Bücherliebhaber m.

bibliothécaire [-tekɛ:r] m. Bibliothekar m.

bibliothèque [-tek] f. [collection, salle] Bibliothek f. ; Bücherei f. ; Büchersammlung f. | *Bibliothèque de prêt*, Leihbücherei. | *Bibliothèque populaire*, Volksbücherei. ‖ [armoire] Bücherschrank m. ‖ FIG. *Rat de bibliothèque*, Bücherwurm m.

biblique [biblik] adj. biblisch ; die Bibel betreffend ; Bibel...

bicamérisme [bikamerism] m. Doppelkammersystem n.

bicarbonate [bikarbɔnat] m. CHIM. *Bicarbonate de soude*, doppelkohlensaures Natron.

bicarré, ée [bikare] adj. MATH. vierten Grades. | *Équation bicarrée*, Gleichung vierten Grades.

bicéphale [bisefal] adj. doppelköpfig, -gesichtig. | *L'aigle bicéphale de Lübeck*, der lübische Doppeladler.
◇ m. Wesen (n.) mit zwei Köpfen.

biceps [bisɛps] m. ANAT. Bizeps m.

biche [biʃ] f. ZOOL. Hirschkuh f. ; weiblicher Hirsch. ‖ POÉT. Hindin f. ‖ FIG., FAM. *Ma biche*, mein Rehlein ; mein Liebling.

bichon, onne [biʃɔ̃, ɔ:n] s. [chien] Schoßhündchen n. ; Malteser m.

bichonner [-ʃɔne] v. tr. [friser] kräuseln ; locken. ‖ [caresser] verhätscheln ; liebkosen. ‖ [parer] aufputzen ; feinmachen.
◇ v. pr. **se bichonner,** sich feinmachen.

bicolore [bikɔlɔ:r] adj. zweifarbig.

biconcave [bikɔ̃ka:v] adj. bikonkav.

biconvexe [-kɔ̃vɛks] adj. bikonvex.

bicoque [bikɔk] f. MIL. mangelhafte Befestigung. ‖ [maison] Bruchbude f. ; Kate f.

bicorne [bikɔrn] adj. zweispitzig ; doppelhörnig.
◇ m. [chapeau] Zweispitz m.

bicycle [bisikl] m. HIST. Hochrad n. ; Zweirad n.

bicyclette [-klɛt] f. Fahrrad n. ; Rad n. | *Bicyclette de course*, Rennrad. | *Aller à bicyclette*, radfahren ; mit dem Fahrrad fahren ; radeln.
— SYN. : *Tandem* m., Doppelfahrrad n. ; Tandem n. FAM. *Vélo* m., Rad n. POP. *Bécane* f., Kiste f.

bidet [bidɛ] m. Reitpferdchen n. ‖ [cuvette] Badesitz m. ; Sitzbad n. ; Bidet n.

bidoche [bidɔʃ] f. POP. Freibankfleisch n.

bidon [bidɔ̃] m. MAR. Trinkwasserbütte f. || [en fer-blanc] Kanne f. ; Kanister m. ; Behälter m. | *Bidon à lait*, Milchkanne. | *Bidon à essence*, Benzinkanister. || MIL. Feldflasche f.

bidonner (se) [səbidɔne] v. pr. POP. sich totlachen.

bidonville [-vil] m. Wellblechhüttenstadt f. ; Elendsviertel n.

bielle [bjɛl] f. Pleuelstange f.

bien [bjɛ̃] m. [ce qui est conforme au devoir] Gutes n. | *Discerner le bien du mal*, das Gute vom Bösen unterscheiden. | *Rendre le bien pour le mal*, Böses mit Gutem vergelten. | *Faire le bien*, das Gute tun ; gut handeln. | *Homme de bien*, Ehrenmann m. || [ce qui est avantageux, utile] Gut n. ; Gutes n. ; Wohl n. ; Vorteil m. ; Nutzen m. | *Bien public*, Gemeinwohl n. ; öffentliche Wohlfahrt. || LOC. *Ce remède me fait du bien*, diese Arznei tut mir gut, wohl. | *Grand bien vous fasse !*, wohl bekomm's ! | *Vouloir du bien à qn*, jm wohlwollen ; es gut mit jm meinen. | *Qui veut du bien*, gewogen. | *C'est pour ton bien*, das ist nur zu deinem Vorteil, deinem Besten. | *Penser, Dire du bien de qn*, Gutes von jm denken, reden. | *Mener à bien*, zu einem glücklichen Ende führen. || [ce qu'on possède] Gut n. ; Habe f. ; Besitz m. ; Vermögen n. | *Biens réels*, Sachgut. | *Biens de famille*, Stammgut ; Familienbesitz. | *Sans biens*, ohne Vermögen ; unbegütert. || MAR. *Périr corps et biens*, mit Mann und Maus untergehen. || ÉCON. *Biens collectifs*, Allgemeingut n. | *Biens de consommation*, Verbrauchsgüter pl. ; Konsumgüter pl. | *Biens d'équipement*, Investitionsgüter pl. | | *Les biens et les services*, Güter und Dienstleistungen pl. || JUR. *Biens dotaux*, Mitgift f. | *Biens mobiliers, immobiliers*, bewegliche, unbewegliche Habe. | *Communauté des biens*, Gütergemeinschaft f. | *Séparation de corps et de biens*, Trennung (f.) von Tisch und Bett.

— SYN. : *Propriété* f., Besitz m. *Domaine* m., (Land)gut n. *Héritage* m., Erbe n. ; Erbschaft f. *Patrimoine* m., Erbteil n.

bien [bjɛ̃] adv.

> **I.** D'UNE MANIÈRE AVANTAGEUSE ET SATISFAISANTE : gut ; wohl ; recht.
> **II.** D'UNE MANIÈRE CONFORME À LA PERFECTION : schön ; fein ; gut ; recht.
> **III.** BONNE MARCHE DE L'ORGANISME ET DES CHOSES : wohl ; gut ; recht : richtig.
> **IV.** BEAUCOUP, CONSIDÉRABLEMENT : viel ; viele ; sehr.
> **V.** EMPLOI COMME ATTRIBUT : **(être) bien,** gut... ; wohl... ; recht.
> **VI.** RENFORCE L'IDÉE EXPRIMÉE PAR LE VERBE : recht ; wirklich ; ja.
> **VII.** CONCESSION : wohl ; freilich ; schon ; gern.
> **VIII.** POSSIBILITÉ : wohl ; leicht ; schon.
> **IX.** DÉSIR ; NÉCESSITÉ ; APPROXIMATION : gern ; doch ; ja ; wohl ; etwa.
> **X.** IRONIQUEMENT : gut ; schön ; doch.
> **XI.** loc. interj. **eh bien !** : na ! ; nun ;
> **XII.** loc. conj. **bien que** (subj.) ; **quand bien même ; si bien que** : obgleich (indic.) ; selbst wenn ; so daß.

I. D'UNE MANIÈRE AVANTAGEUSE ET SATISFAISANTE : gut ; wohl ; recht ; schön. | *Bien lire, bien écrire*, gut lesen, schön schreiben. || LOC. *Bien m'a pris d'agir ainsi*, ein Glück, daß ich so handelte. | *Il est bien entendu que*, es versteht sich natürlich, daß. | *Faire bien de*, gut daran tun, zu. | *Cela sonne bien*, das klingt schön. | *Cela fait bien*, das sieht hübsch aus. | LOC. ADV. *Aussi bien que possible*, so gut wie möglich ; möglichst gut. | *Tant bien que mal*, recht und schlecht ; so so. | *Pas trop bien*, nicht besonders. | *Fort bien*, bestens ; recht gut. | *Ou bien... ou bien*, entweder... oder.

II. D'UNE MANIÈRE CONFORME À LA PERFECTION : gut ; schön ; fein. || [physique] schön ; hübsch ; nett. | *Bien fait*, wohlgebaut. || [moral] gut ; ordentlich ; fein ; recht(schaffen) ; richtig. | *Bien sage*, recht brav. | *Bien dit*, treffend gesagt. | *Bien écrit*, tadellos geschrieben. || LOC. *Bien agir*, recht handeln. | *Bien aimer*, gern mögen ; herzlich lieben. | *Bien parler*, schön reden. | *Être bien traité*, anständig behandelt werden. | *Une pièce bien jouée*, ein glänzend gespieltes Stück. | *C'est bien pensé*, das ist wohl durchdacht.

III. BONNE MARCHE DE L'ORGANISME ET DES CHOSES : wohl ; gut ; recht ; richtig. || [organisme] wohl ; gut ; recht. | *Je suis bien*, es geht mir gut ; ich befinde mich wohl. | *Il ne se sent pas bien*, es ist ihm unwohl ; er fühlt sich nicht wohl. | *Portez-vous bien !*, leben Sie wohl ! | *Bien portant*, gesund. | *Cette plante pousse bien*, diese Pflanze wächst schön. || [mécanisme] richtig ; recht. | *La montre marche bien*, die Uhr geht richtig. || [événement, affaires] recht ; gut ; glücklich. | *Tout s'est bien passé*, alles ist glücklich verlaufen.

IV. BEAUCOUP, CONSIDÉRABLEMENT : viel ; sehr. || [quantité indénombrable] *bien de*, viel. | *Je vous souhaite bien du bonheur*, ich wünsche Ihnen viel Glück. | *Bien plus grand*, viel größer ; weit größer. | *Bien plus de temps*, bedeutend mehr Zeit. | *Bien moins*, wesentlich weniger. || [quantité dénombrable] *bien des*, viele ; manche ; etliche. | *Bien des soucis*, (recht) viele Sorgen. | *Bien des gens prétendent*, manche (Leute) behaupten. | *J'entends dire bien des choses*, ich höre manches sagen. | *Bien des fois*, oftmals. || [intensité] sehr ; ganz ; gar ; fest ; ordentlich. | *Il est bien malade*, er ist sehr krank. | *Bien travailler*, tüchtig arbeiten. | *Bien cuit*, gar. | *Merci bien !*, besten Dank ! | *Bien peu*, gar wenig. | *Il est bien gai*, er ist doch etwas zu lustig. | *Il eut bien peur*, er hatte große Furcht.

V. EMPLOI COMME ATTRIBUT : **(être) bien,** gut... ; wohl... ; schön... ; recht... || [mécanisme] *Tout est bien dans la nature*, alles ist wohlgeordnet in der Natur. || [situation] *On était bien dans ce fauteuil*, es ließ sich gut in diesem Sessel sitzen. | *Tu es bien avec tout le monde*, du stehst mit jedem auf gutem Fuß. || [approbation] *(C'est) très bien, fort bien*, (es ist) sehr gut, recht gut. | *Très bien !*, ganz recht ! ; recht so ! | *Bien sûr !*, ganz gewiß ! | *C'est bien cela !*, es stimmt ! ; so ist es ! || [authenticité] *Il est bien Allemand*, er ist ein richtiger Deutscher. | *C'est bien du fer*, es ist echtes Eisen. || LOC. FAM. *Des gens bien*, feine Leute.

VI. RENFORCE L'IDÉE EXPRIMÉE PAR LE VERBE : recht ; wirklich ; ja. || *Je vous demande bien pardon*, es tut mir wirklich leid ; bitte recht sehr. | *Je t'avais bien prévenu*, ich hatte dich ja davor gewarnt. | *Je sais bien que tu ne me croiras pas*, weiß ich doch, daß du mir nicht glauben wirst. | *C'est bien lui*, das ist er ganz und gar.

VII. CONCESSION : wohl ; freilich ; schon ; gern. || *C'est bien possible, mais*, das ist wohl möglich, aber. | *Je veux bien le croire*, das will ich gern glauben. | *Je veux bien*, es ist mir schon recht. | *On verra bien !*, wir werden schon sehen.

VIII. POSSIBILITÉ : wohl ; leicht ; schon. | *C'est bien possible*, es ist leicht möglich. | *Il verra bien*, er wird ja (schon) sehen. | *Que peut-il bien nous arriver encore ?*, was mag uns wohl noch anderes zustoßen ? | *Il finira bien par venir*, er wird doch kommen.

IX. DÉSIR ; NÉCESSITÉ ; APPROXIMATION : gern ; doch ; ja ; wohl ; etwa. || [désir] gern. | *Je voudrais bien aller à Berlin*, ich möchte gern nach Berlin fahren. || [nécessité] doch ; ja. | *Il le faut bien*, es muß ja sein. || [approximation] wohl ; etwa ; ungefähr ; gut. | *Il y a bien quinze jours de cela*, es sind wohl vierzehn Tage her.

X. IRONIQUEMENT : gut ; schön ; doch. || [reproche] *Je te l'avais bien dit*, ich hatte es dir doch gesagt. | *Bien fait !*, recht geschehen ! || [ironie] *Nous voilà bien !*, da sind wir schön dran ; da haben wir die Bescherung. | *C'est bien à lui de*, ihm steht es gewiß nicht an, zu.
XI. Loc. interj. **eh bien !** || [étonnement] na ! ; nun ! || [interrogation] na und ? || [concession] nun wohl ! ; nun denn ! ; also ! | *Eh bien, soit !*, wenn schon ! na schön !
XII. bien que (subj.) || [concession] obgleich ; obschon ; obwohl ; wenn... auch (indic.). | *Bien qu'il fasse chaud*, obgleich es heiß ist. — **quand bien même** [même si], selbst wenn ; sogar wenn. | *Quand bien même tu serais malade, tu iras à l'école*, selbst wenn du krank wärest, gingest du doch zur Schule. || [bien que] obgleich ; wenn... auch. — **si bien que** [conséquence], (so) daß. | *Il est tombé de l'arbre, si bien qu'il se brisa la jambe*, er ist vom Baum herabgefallen, so daß er sich das Bein brach.

bien-aimé, ée [bjɛ̃nɛme] adj. herzlich, innigst geliebt ; Lieblings...
◇ s. Liebling m. ; Geliebte(r) f. (m.) ; Schatz m.

bien-être [bjɛ̃nɛtr] m. Wohlbefinden n.

bienfaisance [-fəzɑ̃:s] f. Wohltätigkeit f.

bienfaisant, ante [-fəzɑ̃, ɑ̃:t] adj. [charitable] wohltätig. || [salutaire] wohltuend.

bienfait [-fɛ] m. Wohltat f. | *Bienfaits de la paix*, Segnungen (f. pl.) des Friedens.

bienfaiteur, trice [-fɛtøe:r, tris] s. Wohltäter(in) m. (f.) ; Spender(in) m. (f.).

bien-fondé [-fɔ̃de] m. Berechtigung f. ; Triftigkeit f.

bienheureux, euse [bjɛ̃nørø, ø:z] adj. überglücklich ; glückselig ; selig.
◇ s. RELIG. Seliggesprochene(r) f. (m.) ; Selige(r) f. (m.).

biennal, ale, aux [biɛnal, o] adj. [durée] zweijährig ; zwei Jahre lang ; doppeljährig. || [répétition] alle zwei Jahre ; jedes zweite Jahr.

Bienne [bjɛn]n. pr. m. GÉOGR. Biel n. | *Lac de Bienne*, Bieler See m.

bienséance [bjɛ̃seɑ̃:s] f. (Wohl)anständigkeit f. ; Wohlerzogenheit f. ; Anstand m.

bienséant, éante [-seɑ̃, eɑ̃:t] adj. (wohl)anständig ; schicklich ; passend ; wohlerzogen.

bientôt [bjɛ̃to] adv. bald ; binnen kurzem ; in Kürze ; demnächst ; nächstens. || Loc. *À bientôt*, auf baldiges Wiedersehen ; bis demnächst.

bienveillance [bjɛ̃vɛjɑ̃:s] f. [bonté] Wohlwollen n.

bienveillant, ante [-jɑ̃, ɑ̃:t] adj. wohlwollend.

bienvenu, ue [bjɛ̃vny] adj. willkommen. | *Soyez le bienvenu*, seien Sie herzlich willkommen.

bienvenue f. Willkomm(en) m. | *Souhaiter la bienvenue à qn*, jn willkommen heißen.

bière [bjɛ:r] f. Bier n. || FIG. *Ce n'est pas de la petite bière*, das ist kein Dünnbier ; das ist keine Kleinigkeit.

bière [bjɛ:r] f. [cercueil] Sarg m. ; Bahre f. ; Totenbahre f. ; Totenschrein m. | *Mettre en bière*, einsargen. | *Mise en bière*, Aufbahrung f.

biface [bifas] m. [préhistoire] Faustkeil m.

biffage [bifa:ʒ] m. Streichung f.

biffer [-fe] v. tr. streichen.

bifilaire [-filɛ:r] adj. zweidrähtig.

bifocal, ale, aux [-fɔkal, o] adj. doppellinsig.

bifteck [biftɛk] m. Beefsteak n.

bifurcation [bifyrkasjɔ̃] f. Ab-, Verzweigung f. ; Zweigstelle f. || TRANSP. (Strassen)gabelung f.

bifurquer [-ke] v. intr. abzweigen.

bigame [bigam] adj. bigamisch.
◇ m. Bigamist m.

bigamie [-mi] f. Bigamie f. ; Doppelehe f.

bigarré, ée [bigare] adj. buntscheckig ; bunt. || *Foule bigarrée*, bunte Menge.

bigarreau [bigaro] m. BOT. Glaskirsche f.

bigarrure [-ry:r] f. Buntscheckigkeit f. ; Vielfarbigkeit f. ; Kunterbunt n. || FIG. buntes Durcheinander.

bigle [bigl] adj. schielend ; schieläugig.
◇ m. Schielende(r) ; Schieläugige(r).

bigler [-gle] v. tr. schielen.

bigorneau [-no] m. ZOOL. kleine Muschel.

bigot, ote [bigo, ɔ:t] adj. bigott ; frömmelnd.
◇ s. Frömmler(in) m. (f.) ; Mucker m.

bigoterie [-tri] f. Bigotterie f. ; Frömmelei f.

bigoudi [bigudi] m. Lockenwickel m.

bigre ! [bigr] interj. FAM. verdammt noch mal !

bigrement [-grɛmɑ̃] adj. FAM. sehr ; verteufelt.

bijou [biʒu] m. Schmuck m. ; Schmuckstück n. ; Kleinod n. ; Juwel n. | *Bijou fantaisie*, Modeschmuck m. || FIG. *C'est un vrai bijou*, das ist ein wahres Kleinod, sehr wertvoll. || FAM. *Mon bijou*, mein Schatz.
◇ m. pl. **bijoux,** Geschmeide n. ; Schmucksachen f. pl. ; Kleinodien n. pl.

bijouterie [-tri] f. [commerce] Schmuckwarenhandel m. || [boutique] Juweliergeschäft n. || [objets] Schmuckwaren f. pl.

bijoutier [-tje] m. Juwelier m.

bilan [bilɑ̃] m. ÉCON. Bilanz f. | *Bilan annuel*, Jahresbilanz. | *Bilan consolidé*, konsolidierte Bilanz. | *Bilan d'ouverture*, Eröffnungsbilanz. || MÉD. *Bilan de santé*, Generaluntersuchung f.

bilatéral, ale, aux [bilateral, o] adj. zweiseitig ; doppelseitig ; wechselseitig.

bilboquet [bilbɔkɛ] m. [jouet] Kugelfangspiel n.

bile [bi:l] f. Galle f. ; Lebersekret n. || FIG. üble Laune. | *Échauffer la bile de qn*, js Galle erregen ; jn hochbringen. | *Décharger sa bile*, seine Galle entladen ; sich abreagieren. | *Se faire de la bile*, sich aufregen ; gallig werden.

biliaire [-ljɛ:r] adj. gallig ; Gallen...

bilieux, ieuse [-ljø, jø:z] adj. gallig. | *Un teint bilieux*, gelbliche Gesichtsfarbe. || FIG. [irascible] zornig ; böse ; aufgebracht ; bissig ; schlechtgelaunt. | *Tempérament bilieux*, cholerisches Wesen.

bilingue [bilɛ̃:g] adj. zweisprachig.

bilinguisme [-ism] m. Zweisprachigkeit f.

billard [bija:r] m. Billard(spiel) n. || PAR EXT., FAM. [route] eisglatter Fahrdamm. || LOC. FAM. *Passer sur le billard*, unters Messer kommen.

bille [bi:j] f. [boule] Kugel f. ; Ball m. | *Bille de billard*, Billardkugel. | *Roulement à billes*, Kugellager n. | *Stylo à bille*, Kugelschreiber m. || JEUX. [petite boule] Kugel f. ; Murmel f. || [bloc de bois] Holzklotz m. || FIG., POP. [visage] Gesicht n.

billet [bijɛ] m. [petite lettre] Briefchen n. ; Nachricht f. ; Zettel m. | *Billet doux*, Liebesbriefchen. | *Billet de logement*, Quartierzettel. || FIG. *Je vous en fiche mon billet*, ich gebe Ihnen Brief und Siegel darauf. || [ticket] (Fahr)karte f. ; Billet n. ; Schein m. | *Billet aller et retour*, Rückfahrkarte. | *Billet d'entrée*, Eintrittskarte. | *Vente des billets*, Kartenverkauf m. | *Billet gratuit*, Freikarte. | *Billet de loterie*, Lotterielos n. | *Billet gagnant*, Gewinnlos n. ; Treffer m. | *Voyageur sans billet*, blinder Passagier. || [argent] Geldschein m. ; (Bank)note f. || COMM. [lettre de crédit] Schuldschein m. ; Wechsel m. | *Billet à ordre*, Eigenwechsel m. | *Billet à vue*, Sichttratte f. | *Billet du trésor*, Schatzschein m.
— SYN. : *Ticket* m., Karte f. ; Fahrschein m. *Billet de banque*, Banknote f. *Papier-monnaie* m., Papiergeld n.

billetterie [bijɛtri] f. [distributeur] Geldautomat m.
billevesée [bilvəze] f. Hirngespinst n.
billion [biljɔ̃] m. Billion f. ; Milliarde f.
billot [bijo] m. Block m. ; Fleischklotz m.
bimbeloterie [bɛ̃bəlɔtri] f. [commerce] Spielwarenhandel m. || [objets] Spielwaren f. pl.
bimensuel, uelle [bimɑ̃sɥɛl] adj. halbmonatlich ; zweimal im Monat. | *Un journal bimensuel,* eine zweiwöchentlich erscheinende Zeitung.
bimoteur [-mɔtœ:r] m. zweimotoriges Flugzeug.
binage [bina:ʒ] m. Umhacken n. ; Feinpflügen n.
binaire [binɛ:r] adj. aus zwei Einheiten bestehend ; binär. | *Addition binaire,* binäre Addition.
biner [bine] v. tr. (durch)hacken.
binette [binɛt] f. Garten-, Gemüsehacke f. || FAM. [visage] Gesicht n. || POP. Frätzchen n.
biniou [binju] m. (bretonischer) Dudelsack.
binocle [binɔkl] m. Kneifer m. ; Zwicker m.
binôme [bino:m] m. Binom n.
biochimie [bioʃimi] f. Biochemie f.
biodégradable [-degradabl] adj. biologisch abbaubar ; umweltfreundlich. | *Substance biodégradable,* biologisch abbaubarer Stoff.
bioéthique [-etik] f. Bioethik f.
biographe [-graf] m. Biograph m.
biographie [-grafi] f. Lebensbeschreibung f. ; Biographie f.
biographique [-grafik] adj. biographisch.
biologie [-lɔʒi] f. Biologie f.
biologique [-lɔʒik] adj. biologisch.
biologiste [-lɔʒist] m. Biologe m.
biomasse [-mɑs] f. Biomasse f.
biopsie [biɔpsi] f. MÉD. Biopsie f. ; Gewebeprobenentnahme f.
biorythme [-ritm] m. Biorythmus m.
biotope [-tɔp] m. Biotop m./n.
bioxyde [biɔksid] m. CHIM. Dioxyd n.
bip [bip] m. *Bip (sonore),* Piepton m.
biparti, ie, bipartite [biparti, -tit] adj. zweiteilig ; doppelteilig.
bipasse [bipas] m. MÉD. koronarer By-pass.
bipède [-pɛd] adj. zweifüßig ; zweibeinig.
◇ m. Zweifüßler m. ; Zweibeiner m.
biplace [-plas] adj. zweisitzig.
biplan [-plɑ̃] m. Doppeldecker m.
bipolaire [-pɔlɛ:r] adj. zweipolig ; doppelpolig ; mit zwei Polen.
bipolarisation [-larizasjɔ̃] f. POLIT. Zweiparteiensystem n.
bique [bik] f. FAM. [chèvre] Ziege f. ; Geiß f. || PÉJOR., FIG. *Vieille bique,* alte Ziege.
biquet, ette [bikɛ, ɛt] s. Zicklein n. ; Geißlein n.
birman, ane [birmɑ̃, an] adj. birmanisch ; burmesisch.
◇ s. **Birman, ane,** Birmane m. ; Burmese m.
Birmanie [-mani] n. pr. f. Burma n. ; Birma n.
bis, bise [bi, bi:z] adj. graubraun ; schmutzig grau ; dunkelgrau. | *Pain bis,* Schwarzbrot n.
bis [bis] adv. zweimal ; noch einmal ; nochmal. | *Numéro 1 bis,* Nummer 1 a.
bis ! [bis] interj. bitte nochmal !
bisaïeul, ïeule [bizajœl] s. Urahn(e) m. ; Urahne f. ; Urgroßvater m. ; Urgroßmutter f.
bisannuel, uelle [bizanɥɛl] adj. zweijährig.
bisbille [bisbi:j] f. FAM. Kappelei f. ; Zwist m.
biscornu, ue [biskɔrny] adj. [irrégulier] unregelmäßig. || FIG. [bizarre] wunderlich ; verschroben.
biscotte [biskɔt] f. Zwieback m.
biscuit [biskɥi] m. Keks m. || *Biscuit sec,* Keks m. || [porcelaine] unglasiertes Porzellan.
biscuiterie [-tri] f. [usine] Keksfabrik f. || [commerce] Kekshandel m.
bise [bi:z] f. [vent] Nordwind m. || FAM. Küßchen n.
biseau [bizo] m. [bord] Schrägfläche f. | *En biseau,* mit schrägen Kanten ; angeschnitten.
biseautage [-ta:ʒ] m. Abschrägen n.
biseauter [-te] v. tr. abschrägen ; abfasen ; abkanten. | *Biseauter des cartes,* Karten zinken.
bisexué, uée, bisexuel, uelle [bisɛksɥe, -sɥɛl] adj. zwei-, zwie-, doppelgeschlechtlich ; Zwitter...
bismuth [bismyt] m. Wismut n. ; Bismutum n.
bison [bizɔ̃] m. Bison(rind) n. ; Wisent m.
bisque [bisk] f. Krebssuppe f.
bisquer [-ke] v. intr. FAM. verärgert sein.
bissecteur, trice [bisɛktœ:r, tris] adj. GÉOM. halbierend ; in zwei gleiche Teile teilend.
◇ f. **bissectrice,** Winkelhalbierende f.
bisser [bise] v. tr. zum zweitenmal fordern.
bissextile [bisɛkstil] adj. *Année bissextile,* Schaltjahr n.
bistouri [bisturi] m. MÉD. Skalpell n.
bistre [bistr] adj. inv. schwarz-, dunkelbraun.
◇ m. Schwarzbraun n. ; Bister m.
bistrer [-stre] v. tr. bräunen ; braune Farbe geben.
bistrot [bistro] m. POP. [café] Schenke f. ; Kneipe f.
bitte [bit] f. MAR. Ankerbeting f. ; Stopper m.
bitume [bitym] m. Asphalt m.
bitumer [-me] v. tr. teeren ; asphaltieren.
bivalence [bivalɑ̃s] f. Doppelwert m.
bivouac [bivwak] m. Feldlager n. ; Biwak n. | *Feux de bivouac,* Wacht-, Lagerfeuer n. pl.
bivouaquer [-ke] v. intr. biwakieren.
bizarre [biza:r] adj. bizarr ; seltsam ; wunderlich ; absonderlich.
— SYN. : *Étrange,* seltsam. *Insolite,* ungewöhnlich. *Extraordinaire,* außergewöhnlich. *Singulier,* eigenartig. *Extravagant,* ausschweifend. *Biscornu,* verschroben.
bizarrement [-rmɑ̃] adv. auf bizarre Weise ; seltsam genug.
bizarrerie [-ri] f. Seltsamkeit f. ; Bizarrerie f. ; Absonderlichkeit f.
bizut(h) [bizy] m. ARG. UNIV. Neuling m. || FIG. Anfänger m.
bla-bla-bla [blablabla] m. FAM. Quatsch m.
blackbouler v. tr. FAM. durch Wahl abweisen.
blafard, arde [blafa:r, ard] adj. bleich ; fahl.
blague [blag] f. [à tabac] Tabaksbeutel m. || FAM. [tour] *Faire une blague à qn,* jm einen Streich spielen. || FAM. [plaisanterie] Aufschneiderei f. ; Witz m. | *Dire des blagues,* Witze erzählen. | *Sans blague !,* ach was !
blaguer [-ge] v. intr. FAM. Witze reißen, machen.
◇ v. tr. *Blaguer qn,* jn auf den Arm nehmen.
blaireau [blɛro] m. ZOOL. Dachs m. || POÉT. Grimmbart m. || [pinceau] (Rasier)pinsel m.
blâmable [blɑmabl] adj. tadelnswert.
blâme [blɑ:m] m. Tadel m. ; Rüge f. ; Mißbilligung f. | *Encourir le blâme de qn,* sich js Tadel zuziehen. | *Faire retomber le blâme sur qn,* jm die Schuld in die Schuhe schieben.
blâmer [-me] v. tr. tadeln ; rügen ; mißbilligen ; Vorhaltungen machen. | *Blâmer qn de, pour qch.,* jn für etwas tadeln. || JUR. einen Verweis erteilen.

blanc, blanche [blɑ̃, blɑ̃ʃ] adj. [couleur] weiß; weißfarbig. | *Blanc comme neige*, schneeweiß; FIG. völlig unschuldig. | *Corps blancs*, Weißkörper m. pl. | *Aux cheveux blancs*, weißhaarig. || PAR EXT. [clair] weiß; hell; blank. | *Vin blanc*, Weißwein m. | *Pain blanc*, Weizen-, Weißbrot n. | *Linge blanc*, Weißwäsche f. | *Gelée blanche*, (Rauh)reif m. || [pâle] blaß; bleich. | *Blanc de colère*, blaß vor Zorn. || [sans écriture] unbeschrieben; unausgeschrieben. | *Page blanche*, unbeschriebene Seite. || FIG. *Donner carte blanche à qn*, jm freie Hand lassen; jm Vollmacht geben. || [propre] sauber; rein. || LOC. *Voix blanche*, tonlose Stimme. | *Viande blanche*, Geflügel-, Kalbfleisch n. | *Bois blanc*, weiches Holz. | *Nuit blanche*, schlaflose Nacht. | *Vers blancs*, ungereimte Verse m. pl. | *Cheval blanc*, Schimmel m. || MIL. *Arme blanche*, blanke Waffe.
◇ m. **blanc,** [couleur] Weiß n.; Weißes n.; Weiße f. | *Blanc d'argent*, Silberweiß. || PAR EXT. [matière] *Blanc de zinc*, Zinkweiß. | *Le blanc de l'œil*, das Weiße im Auge. || FIG. *Regarder qn dans le blanc des yeux*, jm fest in die Augen blicken. | *Blanc d'œuf*, Eiweiß. || [linge] Weißwäsche f. || [race] Weiße(r). || HIST. *Les blancs*, die Königstreuen m. pl. || [vide] Leere f.; Lücke f. | *Laisserun blanc*, eine Stelle frei lassen. || BOT. Mehltau n. || *Blanc d'Espagne*, Schlämmkreide f.
◇ loc. adv. **à blanc,** *Chauffer à blanc*, bis zur Weißglut erhitzen. || FIG. *Saigner à blanc*, schröpfen. | *Tirer à blanc*, blind schießen. — **en blanc,** COMM. unausgefüllt; blanko. | *Chèque en blanc*, Blankoscheck m. | *De but en blanc*, ganz unerwartet.

blanc-bec [-bɛk] m. Grünschnabel m.

blanchâtre [-ʃɑ:tr] adj. weißlich.

Blanche-Neige [blɑ̃ʃnɛ:ʒ] f. Schneewittchen n.

blancheur [blɑ̃ʃœ:r] f. Weiße f.; Blässe f.

blanchiment [-ʃimɑ̃] m. Bleichen n.

blanchir [-ʃi:r] v. tr. [rendre blanc] weiß machen; weißen. | *Blanchir un mur*, eine Wand tünchen, weißen. || [nettoyer] bleichen; waschen. | *Blanchir du linge*, Wäsche waschen. || FIG. [disculper] *La justice l'a blanchi*, das Gericht hat ihn weiß gewaschen. || TECHN. *Blanchir un métal*, ein Metall weiß sieden. || CULIN. abbrühen; abkochen.
◇ v. intr. [devenir blanc] weiß werden. || PAR EXT. *Cet homme a blanchi*, dieser Mann ist ergraut.

blanchissage [-ʃisa:ʒ] m. Waschen n.; Wäsche f.; Wäscherei f.; Bleichen n.

blanchisserie [-ʃisri] f. Wäscherei f.; Reinigung f.

blanchisseur, euse [-ʃisœ:r, ø:z] s. Wäscher(in) m. (f.); Waschfrau f.; Wäschereibesitzer m.

blanc-seing [blɑ̃sɛ̃] m. Blankounterschrift f.

blanquette [blɑ̃kɛt] f. Kalbfleischfrikassee n.

blaser [blaze] v. tr. [émousser] abstumpfen.
◇ part. pass. et adj. **blasé, ée,** blasiert; übersättigt; abgestumpft.

blason [blazɔ̃] m. [armoiries] Wappen n.; Sinnbild n.; Wappenschild n. || [science] Wappenkunde f.; Heraldik f.

blasphémateur, trice [blasfematœ:r, tris] s. (Gottes)lästerer m., -lästerin f.

blasphématoire [-twa:r] adj. (gottes)lästerlich.

blasphème [-fɛ:m] m. (Gottes)lästerung f. | *Proférer des blasphèmes*, Lästerungen ausstoßen.

blasphémer [-feme] v. tr. et intr. lästern; (ver)fluchen. | *Blasphémer (contre) Dieu*, Gott verfluchen; gegen Gott lästern.

blatte [blat] f. ZOOL. (Küchen)schabe f.; Russe m.

blé [ble] m. [plante] Weizen m.; Korn n.; Getreide n.; Saat f. | *Couper, Battre les blés*, Getreide mähen, dreschen. | *Blé en herbe*, sprießende Saat. || [grain] Korn n.; Weizen m. | *Blé noir*, Buchweizen. | *Grenier à blé*, Kornboden m.

bled [blɛd] m. verlorener Winkel.

blême [blɛ:m] adj. (toten)bleich; leichenblaß. | *Lumière blême*, fahles Licht.

blêmir [-mir] v. intr. erbleichen; erblassen. | *On voit le jour blêmir*, man sieht den Tag heraufdämmern. | *Blêmir de colère*, zornesbleich werden.

blennorragie [blɛnɔraʒi] f. MÉD. Gonorrhö(e) f.

blessant, ante [blɛsɑ̃, ɑ̃:t] adj. verletzend; kränkend; beleidigend.

blesser [-se] v. tr. verwunden; verletzen. | *Blesser qn au bras*, jn am Arm verwunden. | *Le clou m'a blessé*, der Nagel hat mich geritzt. | *Mes bottes me blessent*, die Stiefel drücken mich, reiben. || PAR EXT. *La lumière blesse les yeux*, das Licht tut den Augen weh. || FIG. verletzen; beleidigen; kränken. | *Blesser qn dans son honneur*, jn in seiner Ehre treffen.
◇ part. pass. et adj. **blessé, ée,** verwundet; verletzt. | *Blessé grièvement*, schwer verwundet. | *Un grand blessé*, ein schwer Verwundeter. || FIG. getroffen; gekränkt; wund.
◇ v. pr. **se blesser,** sich verletzen; sich eine Verletzung zuziehen.

blessure [-sy:r] f. Wunde f.; Verwundung f.; Verletzung f.; Wundstelle f. | *Blessure mortelle*, tödliche Verletzung. | *Blessure superficielle*, Streifwunde. | *Blessure à la tête*, Kopfwunde. | *Blessure par balle*, Schußwunde. | *Faire une blessure à qn*, jm eine Wunde beibringen. | *Mourir de ses blessures*, seinen Verletzungen erliegen. || FIG. Kränkung f.; Beleidigung f.

blet, ette [blɛ, ɛt] adj. überreif; matschig.

bleu, eue [blø] adj. [couleur] blau. | *Bleu ciel*, himmelblau. | *Bleu foncé*, dunkelblau. | *Bleu d'acier*, stahlblau. | *Bleu roi*, königsblau. | *Qui a les yeux bleus*, blauäugig. | *Ciel bleu*, blauer, wolkenloser Himmel. | *Crayon bleu*, Blaustift m. || FIG. [livide] *Colère bleue*, wilder Zorn. | *Peur bleue*, Todesangst f. | *Maladie bleue*, Blausucht f.; Zyanose f. || FIG. *Fleur bleue*, blaue Blume; Romantik f. || LOC. *Cordon-bleu*, erstklassige Köchin.
◇ m. **bleu,** [couleur] Blau n.; Bläue f. | *Bleu d'azur*, Azurblau. | *Bleu de Prusse*, Preußischblau. | *Bleu de la mer*, Meeresbläue. || PAR EXT. [matière] *Truite au bleu*, Forellenblau. || FIG. *Voir tout en bleu*, alles blau in blau sehen. || [contusion] *Avoir des bleus partout*, überall blaue Flecken haben. || [recrue] Rekrut m.; Anfänger m. || [pneumatique] *Petit bleu*, Rohrpostbrief m. || [vêtement] Monteuranzug m.; Blaumann m.

bleuâtre [-ɑ:tr] adj. bläulich.

bleuet ou **bluet** [bløɛ, blyɛ] m. BOT. Kornblume f.; Tremse f.

bleuir [-i:r] v. tr. bläuen; blau machen, färben. | *Le froid bleuit les mains*, die Kälte läßt die Hände blau anlaufen.
◇ v. intr. blau werden.

bleuté [-te] adj. leicht bläulich.

blindage [blɛ̃da:ʒ] m. Panzerung f. | *Épaisseur du blindage*, Panzerstärke f. || MINES. Stahlausbau m.; Ein-, Verkapselung f. || NUCL. Abschirmung f. | *Blindage contre les radiations*, Strahlenabschirmung.

blinder [-de] v. tr. be-, aus-, umpanzern.
◇ part. pass. et adj. **blindé, ée,** gepanzert; gekapselt. | *Division blindée*, Panzerdivision f. | *Véhicule blindé*, Panzerfahrzeug n. || SUBSTANTIV. *Les blindés*, die Panzer(wagen) m. pl.

blizzard [blizar] m. Schneesturm m.

bloc [blɔk] m. [masse] Block m. | *Bloc de bois*, Holzklotz m. | *Bloc de fer*, Eisenklumpen m. | *Bloc de minerai*, Erzstück n. || PAR EXT. [groupe] Block m. | *Bloc de maisons*, Häuserviereck n. | *Bloc-moteur*,

Motorgetriebeblock. || FAM. [prison] *Mettre au bloc*, ins Kittchen stecken. || ÉLECTR. *Bloc d'alimentation*, Netzteil m. || GÉOL. *Bloc erratique*, verirrter Block. || MÉD. *Bloc opératoire*, Operationstrakt m. ; O.P. m.
◇ loc. adv. **en bloc,** [en gros] im ganzen ; als ganzes ; in Bausch und Bogen. || **à bloc,** [à fond] ganz ; fest.
blocage [blɔka:ʒ] m. Blockieren n. ; Absperren n. ; (Ab)sperrung f. | *Blocage des salaires et des prix*, Lohn- und Preisstop m. || TECHN. Verriegelung f. ; Verklemmung f. ; Sperre f. | *Blocage de la voie*, Gleissperre. || ARCHIT. [pierres] Bruchsteine m. pl. || MÉD. Hemmung f.
bloc-cuisine [-kɥizin] m. (pl. **blocs-cuisines**) Einbauküche f.
blockhaus [blɔko:s] m. [fortin] Blockhaus n. || MAR. gepanzerter Befehlsstand.
bloc-notes [blɔknɔt] m. Notizblock m.
blocus [blɔky:s] m. Blockade f. ; Sperre f. || HIST. *Blocus continental*, Kontinentalsperre.
blond, onde [blɔ̃, ɔ̃:d] adj. blond ; hell. | *Tête blonde*, Blondkopf m. | *Bière blonde*, helles Bier.
◇ s. Blonder m. ; Blonde f.
blondin, ine [-dɛ̃, in] adj. blond(haarig) ; flachshaarig.
◇ s. Blonder m. ; Blondine f. || TECHN. Kabelkran m.
blondir [-di:r] v. intr. blond werden.
bloquer [blɔke] v. tr. [faire le blocus] blockieren ; die Blockade verhängen (über, acc.). | *Bloquer une ville*, eine Stadt einschließen. || PAR EXT. [empêcher le mouvement] hemmen ; hindern ; (ab)sperren. | *Bloquer la circulation*, den Verkehr aufhalten. | *Bloquer la balle*, den Ball blockieren. | *Bloquer les avoirs*, das Guthaben sperren. || [serrer] sichern ; fest anziehen ; verriegeln. | *Bloquer les freins, une vis*, die Bremsen, eine Schraube fest anziehen.
◇ v. pr. **se bloquer,** [se serrer] sich festklemmen.
blottir (se) [səblɔti:r] v. pr. sich niederhocken ; sich (an)schmiegen ; sich (an)kuscheln ; sich ducken.
blouse [blu:z] f. [de travail] Kittel m. || [corsage] Damenbluse f.
blouser [-ze] v. tr. FAM. betrügen ; überspielen.
blouson [-zɔ̃] m. (Leder)jacke f.
bluet [blyɛ] m. V. BLEUET.
bluff [blœf] m. Bluff m. ; Angabe f. ; Täuschung f.
bluffer [-fe] v. tr. bluffen ; angeben.
bluffeur, euse [-fœ:r, ø:z] s. Angeber(in) m. (f.).
blutage [blyta:ʒ] m. (Durch)seien n. ; Sieben n.
bluter [-te] v. tr. Mehl seien, sieben, säubern.
blutoir [-twa:r] m. Mehlsieb n. ; Mehltrommel f.
boa [bɔa] m. ZOOL. Boa f. ; Riesenschlange f. || [fourrure] Halsboa f.
bobard [bɔba:r] m. FAM. Schwindel m. ; Flausen f. pl ; Ente f. | *Raconter des bobards à qn*, jm etwas vorschwindeln.
bobèche [bɔbɛ:ʃ] f. Leuchterteller m.
bobinage [bɔbina:ʒ] m. [action d'enrouler] Aufspulen n. ; Aufwickeln n.
bobine [bɔbin] f. Spule f. ; Wickelscheibe f. ; Leittrommel f. ; Rolle f. | *Bobine de fil*, Garnspule. | *Bobine de pellicule*, Rollfilm m. | *Bobine de câble*, Kabelrolle. || ÉLECTR. *Bobine d'induction*, Induktionsspule. | *Bobine de transformateur*, Transformatorspule. | *Bobine d'allumage*, Zündspule. || POP. [visage] Gesicht n.
bobiner [-ne] v. tr. (auf)spulen ; (auf)wickeln.
bobo [bobo] m. FAM. Wehwehchen n.
bobsleigh [bɔbslɛ] m. Bob(schlitten) m. ; Bobsleigh m.
bocage [bɔka:ʒ] m. Gehölz n. ; Gebüsch n.
bocal [bɔkal] m. Glasgefäß n. ; Weckglas n.
boche [bɔʃ] s. PÉJOR. Deutsche(r) f. (m.).
bock [bɔk] m. Viertelliterbierglas n. || MÉD. Spülapparat m. ; Irrigator m.
Boer [bɔɛr, bu:r] n. pr. m. GÉOGR. Bure m. ; Afrikander m.
bœuf [bœf, pl. bø] m. [animal] Ochs(e) m. ; Rind n. | *Attelage de bœufs*, Ochsengespann n. | *Nerf de bœuf*, Ochsenziemer m. || FIG. *Travailler comme un bœuf*, ochsen ; büffeln. || [viande] Rind-, Ochsenfleisch n. | *Bouillon de bœuf*, Rindfleischsuppe f. | *Bœuf mode*, Schmorbraten m. || FAM. *Avoir un succès bœuf*, einen Bombenerfolg haben.
bohème [bɔɛ:m] adj. künstlerhaft. || PAR EXT. [désordonné] leichtfertig ; liederlich. | *Mœurs bohèmes*, leichte Sitten f. pl.
◇ f. Künstlervolk n. ; Künstlerwelt f. | *Vie de bohème*, Künstlerleben n. || PAR EXT. [vie désordonnée] ungeregeltes Leben.
Bohême [bɔɛm] n. pr. f. GÉOGR. Böhmen n. | *Monts de Bohême*, Böhmer Wald m.
bohémien, ienne [-mjɛ̃, jɛ:n] adj. böhmisch.
◇ s. **Bohémien, ienne,** Böhmer(in) m. (f.) ; Einwohner(in) aus Böhmen. || PAR EXT. (sans majusc.) [nomade] Zigeuner(in) m. (f.) ; Vagabund m.
boire [bwa:r] v. tr. [avaler un liquide] trinken ; verschlucken. | *Boire dans un verre*, aus einem Glas trinken. | *Boire un coup*, einen Trunk tun. | *Boire à petites gorgées*, kosten ; nippen ; schlürfen. | *Boire à sa soif*, seinen Durst löschen. | *Boire à la santé de qn*, jm zutrinken ; auf das Wohl von jm anstoßen. | *Boire à la source*, aus der Quelle trinken. | *Boire d'un trait*, mit einem Zug leeren. || LOC. *Boire la tasse*, Wasser schlucken. | *Il ne faut pas dire : « Fontaine, je ne boirai pas de ton eau »*, in der Not frißt der Teufel Fliegen. | *Le vin est tiré, il faut le boire*, wer A sagt, muß auch B sagen. || [animaux] saufen. | *Faire boire les chevaux*, die Pferde tränken ; die Pferde zum Saufen führen. || PAR ANAL. [absorber] einsaugen ; verschlucken. || [aspirer, humer] schlürfen. || FIG. *Boire les paroles de qn*, jm an den Lippen hängen. | *Boire le calice jusqu'à la lie*, den Kelch bis zur Neige leeren. || ABSOL. [boire beaucoup] saufen ; ein Trinker sein.
◇ m. Trinken n. ; Trank m.
◇ loc. adv. **à boire,** zum Trinken. | *Chanson à boire*, Trinklied n. | *Ce n'est pas la mer à boire*, das ist keine Kunst.
◇ part. pass. et adj. **bu, ue,** getrunken ; gesoffen. || FIG. *Il a toute honte bue*, er ist schamlos.
◇ v. pr. **se boire,** sich trinken lassen. | *Ce vin se laisse boire*, dieser Wein läßt sich gut trinken.
— SYN. : *Se désaltérer*, seinen Durst stillen. *S'abreuver*, saufen. *Trinquer*, anstoßen.
bois [bwa] m. [matière] Holz n. | *Bois dur*, Hartholz. | *Bois d'ébène*, Ebenholz ; FIG. Negervolk n. | *Bois mort*, dürres, totes Holz. | *Ramasser du bois mort*, Reisig, Unterholz sammeln. | *Bois de chauffage*, Brennholz. | *Bois de construction*, Bauholz. | *Bois de taille*, Stempel m. | *Bois flotté*, Floßholz. | *Bois de chêne, d'acajou, de noyer*, Eichen-, Mahagoni-, Nußbaum(holz). | *Bois scié*, Schnitt-, Sägeholz. | *Charbon de bois*, Holzkohle f. | *De, en bois*, hölzern ; aus Holz. | *Jambe de bois*, Holzbein n. | *Le bois travaille*, das Holz wirft, wellt sich. || FIG. *Trouver visage de bois*, vor verschlossene Türen kommen. | *Faire flèche de tout bois*, aus allem etwas machen. || [forêt] Gehölz n. ; Wald m. | *Homme des bois*, Hinterwäldler m. | *Planter, Défricher un bois*, aufforsten, abholzen. | *Éclaircir un bois*, einen Wald lichten. | *Au fond des bois*, mitten, tief im Walde. | *Battre les bois*, den Wald

durchkämmen. | *Je n'aimerais pas le rencontrer au coin d'un bois*, dem möchte ich nicht im Dunkeln begegnen. || Loc. *Bois de lit*, Bettgestell n. | *Bois du cerf*, Hirschgeweih n. || Mus. Holzblasinstrumente n. pl.
— Syn. : *Boqueteau* m., *bosquet* m., Gehölz n. *Bocage* m., Hain m. *Forêt* f., Wald m. *Futaie* f., Hochwald m.

boisage [-za:ʒ] m. [revêtement] Holzverkleidung f. || Mines. Holzausbau m. ; Zimmerung f.

boiser [-ze] v. tr. [planter] bewalden ; aufforsten. || [garnir d'une boiserie] mit Holz verkleiden ; täfeln. || Mines. ausbauen ; verbauen ; zimmern.
◇ part. pass. et adj. **boisé, ée,** bewaldet ; waldig ; waldreich.

boiserie [-zri] f. (Holz)täfelung f. ; Täfelwerk n.

boisseau [bwaso] m. [mesure] (Getreide)scheffel m. | *Un boisseau de blé*, ein Scheffel voll Korn.

boissellerie [-sɛlri] f. Scheffelmacherarbeit f. ; Scheffelhandel m.

boisson [bwasɔ̃] f. [breuvage] Getränk n. ; Trank m. | *Boisson alcoolisée*, alkoholisches Getränk. | *Débit de boissons*, Ausschank m. || Loc. *Pris de boisson*, betrunken. | *Adonné à la boisson*, dem Trunke ergeben.

boîte [bwa:t] f. [récipient] Schachtel f. ; Kasten m. ; Büchse f. ; Dose f. ; Kapsel f. | *Boîte d'allumettes*, Streichholzschachtel. | *Boîte de peinture*, Farbkasten. | *Boîte aux lettres*, Briefkasten. | *Boîte à ordures*, Müllkasten. | *Boîte à gants*, Handschuhkasten. | *Boîte à ouvrage*, Nähkästchen n. | *Boîte en fer-blanc*, Blechdose. || Par ext. *Boîte crânienne*, Schädeldecke f. | *Boîte postale*, Postschließfach n. || Techn. Gehäuse n. ; Getriebe n. ; Büchse f. | *Boîte à engrenage*, Getriebegehäuse. | *Boîte à musique*, Spieluhr f. | *Boîte noire*, [avion] Flugschreiber m. ; [camion] Fahrtenschreiber m. | *Boîte de vitesses automatique*, Automatikgetriebe n. || [cabaret] *Boîte de nuit*, Nachtlokal n. ; Kabarett n. ; Bar f. || Péjor. [entreprise, école] übler Laden. || Fig., Fam. *Mettre en boîte*, foppen ; auf die Schippe nehmen.
— Syn. : *Caisse* f., Kiste f. *Coffre* m., Truhe f. ; Koffer m. *Coffret* m., Schmuckkästchen n.

boiter [-te] v. intr. hinken ; humpeln ; lahmen. | *Boiter du pied droit*, den rechten Fuß nachziehen. | *Boiter bas*, stark hinken.
— Syn. : *Boitiller*, etwas hinken. *Clopiner*, humpeln.

boiteux, euse [-tø, ø:z] adj. hinkend ; humpelnd. || Par ext. *Chaise boiteuse*, wackliger Stuhl. | *Vers boiteux*, hinkender, plumper Vers.
◇ m. Humpelnde(r) ; Hinkende(r) ; Lahme(r).

boîtier [bwatje] m. Fächerkasten m. ; Uhrgehäuse n.

boitiller [bwatije] v. intr. etwas hinken.

bol [bɔl] m. (Trink)schale f. || Biol. *Bol alimentaire*, Speisekugel f.

bolchevisme [bɔlʃəvism] m. Bolschewismus m.

bolcheviste [-vis:t] ou **bolchevik** [-vik] adj. bolschewistisch.
◇ s. Bolschewist(in) m. (f.) ; Bolschewiki m. pl.

bolée [bɔle] f. eine Schale voll.

boléro [bɔlero] m. [danse] Bolero m. || [veste de femme] Jäckchen n.

bolet [bɔlɛ] m. [champignon] Röhrenpilz m. ; Boletus m. ; Steinpilz m.

bolide [bɔlid] m. Meteor m. ; Meteorstein m. || Autom. Rennwagen m. ; Bolide m. || Loc. *Filer comme un bolide*, durch die Gegend flitzen.

Bolivie [bɔlivi] n. pr. f. Géogr. Bolivien n.

bolivien, ienne [-vjɛ̃, jɛ:n] adj. bolivianisch.
◇ s. **Bolivien, ienne,** Bolivianer(in) m. (f.).

bombance [bɔ̃bɑ̃:s] f. Gasterei f. ; Schwelgerei f. ; Gelage n. | *Faire bombance*, in Saus und Braus leben.

bombardement [-dəmɑ̃] m. [artillerie] Beschießen n. ; Beschießung f. ; Beschuß m. || [aviation] Bombenangriff m. ; Bombardierung f.

bombarder [-de] v. tr. [aviation] bombardieren ; mit Bomben belegen. || [artillerie] beschießen ; unter Feuer nehmen ; mit Feuer belegen. || Fig. *On le bombarda général*, man beförderte ihn unerwartet zum General.

bombardier [-dje] m. Bomber m. ; Bombenflugzeug n.

bombe [bɔ̃:b] f. Bombe f. | *Bombe atomique*, Atombombe. | *Bombe explosive*, Sprengbombe. | *Bombe à fragmentation*, Splitterbombe. | *Bombe fumigène*, Rauchbombe. | *Bombe incendiaire*, Brandbombe. | *Bombe à hydrogène*, Wasserstoffbombe. | *Bombe à neutrons*, Neutronenbombe. | *Bombe orbitale*, Satellitenbombe. | *À l'abri des bombes*, bombensicher. | *Éclat de bombe*, Bombensplitter m. | *Bombe à retardement*, Zeitbombe. || [du cavalier] Reit-, Jagdkappe f. || Par ext. *Bombe glacée*, Eisbombe. || Fam. *Faire la bombe*, schwelgen.

bombé, ée adj. bauchig ; gewölbt ; rundlich.

bombement [-bmɑ̃] m. (Auf)wölbung f. ; Schweifung f. ; Werfung f. | *Bombement de la chaussée*, Überhöhung (f.) der Fahrbahn.

bomber [-be] v. tr. wölben ; ausbauchen ; schweifen. | *Bomber la poitrine*, die Brust herausstrecken.
◇ v. pr. **se bomber,** sich werfen ; sich wellen.

bombyx [bɔ̃biks] m. Zool. Seidenspinner m.

bon, bonne [bɔ̃, bɔn] adj.

> **I.** Nuances affectives : gut ; gütig ; freundlich ; lieb ; geistreich.
> **II.** Nuances morales : gut ; gerecht ; edel ; gütig.
> **III.** Qui a les qualités requises par sa nature : gut ; fein ; echt.
> **IV.** Grand ; fort ; considérable : gut ; stark ; erheblich.
> **V.** Apte (à) ; utile : gut ; tüchtig ; tauglich ; nützlich.
> **VI.** Convenable ; juste ; tôt : recht ; richtig ; gerecht ; früh.
> **VII.** Agréable aux sens : gut ; schön ; fein.
> **VIII.** Avantageux ; favorable ; heureux : einträglich ; günstig ; glücklich.
> **IX.** Avec une nuance d'ironie : gut ; schön ; hübsch.
> **X.** adv.

I. Nuances affectives : gut ; gütig ; freundlich ; lieb ; geistreich. — [par nature] gut ; gutherzig ; gutmütig. | *Personne foncièrement bonne*, herzensgute Person. || [aimable, gentil] gütig ; freundlich ; liebenswürdig. | *Vous êtes trop bon*, Sie sind zu gütig. | *Soyez assez bon pour*, seien Sie so freundlich, zu. || [cher] lieb. | *Le bon Dieu*, der liebe Gott. || [doux] sanft(mütig). || [spirituel] geistreich ; witzig. | *Bon mot*, geistreicher Ausspruch ; Witz m. || Loc. *De bonne humeur*, gutgelaunt. | *De bon cœur*, herzlich gern. | *De bon gré*, bereitwillig. | *Mon bon monsieur*, guter Herr ! | *Être en bons termes avec qn*, mit jm gut stehen.

II. Nuances morales : gut ; gerecht ; edel ; gütig. — [conforme à la morale] gut. | *Bonne conscience*, gutes Gewissen. | *Bonnes mœurs*, gute Sitten f. pl. || [droit] gerecht ; recht ; ehrenhaft. || [noble] edel ; großzügig. || [charitable] gütig ; wohltätig ; mildtätig. | *Bon cœur*, mildtätiges Herz. | *Être bon pour les pauvres*, gut zu den Armen sein. || Loc. *De bonne foi*, aufrichtig.

III. QUI A LES QUALITÉS REQUISES PAR SA NATURE : gut ; fein ; echt. — [personnes] gut ; fein. | *Avoir bon œil*, ein scharfes Auge haben. | *Avoir bon pied*, gut zu Fuß sein. | *Une bonne tête*, ein schlauer Kopf. || [choses] fein ; echt. | *De la bonne terre*, fruchtbare Erde ; guter Boden. | *De bonne famille*, aus guter Familie. | *De bons vins*, feine Weine m. pl.
IV. GRAND ; FORT ; CONSIDÉRABLE : gut ; stark ; erheblich. — [grand, fort] gut ; stark. | *Il y a une bonne heure*, vor gut einer Stunde. | *Arriver bon premier*, glatt als erster ankommen. | *Faire bonne garde*, strenge Wache halten. | *Une bonne volée*, eine tüchtige Tracht Prügel. | *Bon nombre de gens*, viele, manche Leute. || LOC. *Une bonne fois pour toutes*, ein für allemal.
V. APTE (À) ; UTILE : gut ; tüchtig ; tauglich ; nützlich. — [capable] gut ; tüchtig. | *Bon ouvrier*, tüchtiger Arbeiter. || LOC. *Être bon à*, gut sein zu ; tauglich sein zu ; dienen zu ; nützen. | *Bon à rien*, unbrauchbar ; unnütz. | *À quoi bon ?*, wozu ? | *À quoi bon tout ce bruit ?*, was soll all dieser Lärm ? | *C'est bon à savoir*, das werde ich mir merken. | *Bon pour le service*, dienstfähig. | *Bon à tirer*, druckreif.
VI. CONVENABLE ; JUSTE ; TÔT : recht ; richtig ; gerecht ; früh. — [convenable] *Bon chemin*, rechter Weg. | *Au bon endroit*, am rechten Platz ; an richtiger Stelle. | *Au bon moment*, zur gelegenen Stunde. | *La bonne adresse*, die richtige Adresse. || FIG. *Le bon sens*, der gesunde, klare Menschenverstand. | *Comme bon vous semblera*, nach Ihrem Gutdünken. || PAR EXT. [tôt] früh. | *De bon matin*, früh morgens. | *De bonne heure*, früh. | *À la bonne heure !*, recht so !
VII. AGRÉABLE AUX SENS : gut ; schön ; fein. — [au goût] *Bonne odeur*, angenehmer Duft. | *Ce mets est bon*, diese Speise schmeckt gut. | *Bon morceau*, fetter Bissen. || [à la santé] *Bon remède*, wirksames Heilmittel. | *Être bon pour*, wirksam sein gegen ; helfen gegen. || [temps] *Il fait bon*, das Wetter ist schön, gut. | *Il fait bon ici*, hier ist es gemütlich ; hier ist gut sein.
VIII. AVANTAGEUX ; FAVORABLE ; HEUREUX : einträglich ; günstig ; glücklich. — [avantageux] gut ; einträglich ; fruchtbar. | *Une bonne place*, eine glänzende Stellung. | *Bon an, mal an*, jahraus, jahrein. || [favorable] gut ; günstig. | *Bonne occasion*, günstige Gelegenheit. | *Acheter bon marché*, billig, günstig, vorteilhaft kaufen. | *Quel bon vent vous amène ?*, was verschafft mir das Vergnügen ? || [heureux] glücklich ; fröhlich. | *Souhaiter la bonne année*, ein fröhliches neues Jahr wünschen. | *Bonne nuit !*, gute Nacht ! | *Bon voyage !*, glückliche Reise !
IX. AVEC UNE NUANCE D'IRONIE : gut ; schön ; hübsch. — *C'est bon !*, Schluß damit ! ; lassen wir's gut sein ! | *Il est bon pour payer*, zum Zahlen ist er gut genug. | *Allons, bon !*, da haben wir die Bescherung !
X. adv. gut ; wohl ; schön. | *Sentir bon*, schön, fein, gut riechen, schmecken. | *Tenir bon*, standhalten ; fest daran halten. || LOC. Pour de bon, im Ernst ; ernstlich.

bon [bɔ̃] m. COMM. *Bon d'achat*, Bezugsschein m. | *Bon de réduction*, Zeichnungsschein m. || FIN. Gutschein m. | *Bon de caisse*, Kassenbon m. | *Bon du trésor*, Schatzanweisung f.

bonasse [bɔnas] adj. FAM. gutmütig.

bonbon [bɔ̃bɔ̃] m. Bonbon m. ; Zuckerwerk n.

bonbonne [bɔ̃bɔn] f. Korbflasche f. ; Ballon m.

bonbonnière [bɔ̃bɔnjɛ:r] f. [boîte] Konfektdöschen n. ; Bonbonniere f. || [maison] elegantes Häuschen.

bond [bɔ̃] m. [saut] Sprung m. ; Satz m. | *D'un bond*, mit einem Satz. | *Se lever d'un bond*, aufspringen ; auffahren. || LOC. *Saisir la balle au bond*, den Ball auffangen ; FIG. die Gelegenheit beim Schopfe (er)fassen. | *Faire faux bond*, sein Versprechen nicht einhalten.

bonde [bɔ̃d] f. [trou] Zapfloch n. ; Spundloch n. || [bouchon] Zapfen m. ; Spund m. ; Pfropfen m. || PAR EXT. *Bonde d'un étang*, Teichabfluß m.

bondé, ée [bɔ̃de] adj. übervoll. || POP. pfropfenvoll.

bondir [bɔ̃di:r] v. intr. [sauter] auf-, hochspringen ; hochschnellen ; einen Satz machen ; Sprünge machen ; hüpfen. | *Bondir de joie*, vor Freude herumhüpfen. | *Bondir sur qn*, jn anspringen. || [rebondir] aufprallen ; federn. || FIG. auffahren. | *Faire bondir qn*, jn hoch bringen ; POP. jn auf achtzig bringen.

bondissement [-dismɑ̃] m. Aufspringen n.

bonheur [bɔnœ:r] m. Glück n. ; Glücksumstand m. ; Glückseligkeit f. ; Wohl n. | *Souhaiter bien du bonheur*, Glück wünschen ; alles Gute wünschen. | *Cela lui a porté bonheur*, das brachte ihm Glück. | *Par bonheur*, zum Glück ; glücklicherweise. | *Au comble du bonheur*, im höchsten Glück. | *Au petit bonheur*, auf gut Glück ! ; aufs Geratewohl. || [ébénisterie] *Bonheur du jour*, Vertiko m.

bonhomie [bɔnɔmi] f. Gutmütigkeit f.

bonhomme [bɔnɔm] adj. gutmütig ; bieder ; brav, einfach. | *Prendre un air bonhomme*, den Biedermann spielen.
◇ m. braver Bursche ; guter Kerl ; Biedermann m. | *Bonhomme de neige*, Schneemann m. | *Petit bonhomme*, Knirps m. ; Männchen n. | *Un vieux bonhomme*, ein braver Alter. || LOC. *Suivre son petit bonhomme de chemin*, so still, ohne Aufhebens seinen Weg machen. || FAM. *C'est un grand bonhomme*, er ist ein Teufelskerl, ein As.

boni [bɔni] m. [excédent] Kassenüberschuß m.

bonification [bɔnifikasjɔ̃] f. [amélioration] Ver-, Aufbesserung f. || COMM. [indemnité] Vergütung f. ; Entschädigung f.

bonifier [-fje] v. tr. ver-, aufbessern. || PAR EXT. vergüten ; gutschreiben.
◇ v. pr. **se bonifier,** besser werden ; sich (auf)bessern.

boniment [bɔnimɑ̃] m. laute, marktschreierische Anpreisung ; Reklame f. || POP. Mätzchen n. pl. ; Theater n. || PAR EXT. [duperie] Betrug m. ; Schwindel m.

bonjour [bɔ̃ʒu:r] m. guten Tag ; guten Morgen. | *Souhaiter le bonjour à qn*, jm guten Tag sagen. | *Simple comme bonjour*, kinderleicht. || [pour saluer] guten Tag ! ; guten Morgen ! || IRON. *Bonjour !*, das hat noch gute Weile !

bonne [bɔn] f. Hausmädchen n. ; (Dienst)mädchen n. | *Bonne d'enfants*, Kindermädchen ; Bonne f.

Bonne-Espérance (cap de) [kapdəbɔnɛsperɑ̃:s] m. GÉOGR. Kap der Guten Hoffnung.

bonne-maman [bɔnmamɑ̃] f. (pl. **bonnes-mamans**) FAM. Oma f.

bonnet [bonɛ] m. Mütze f. ; Kappe f. ; Haube f. ; Barett n. | *Bonnet de coton*, Zipfelmütze. | *Bonnet à poil*, Bärenmütze. | *Bonnet phrygien*, Revolutionsmütze. || LOC. *Triste comme un bonnet de nuit*, alte Schlafmütze. | *Prendre qch. sous son bonnet*, etwas auf seine Kappe nehmen. | *Deux têtes dans un, sous un même bonnet*, zwei Köpfe und ein Gedanke. | *Bonnet blanc, blanc bonnet*, gehüpft wie gesprungen ; hin wie her. | *Opiner du bonnet*, bedingungslos bejahen ; nicken. | *Avoir la tête près du bonnet*, ein Hitzkopf sein. || FAM. *Gros bonnet*, großes Tier.

bonneterie [bɔntri] f. [commerce] Wirk- und Strickwarenindustrie f. || [objets] Strick-, Wirkwaren f. pl.

bonnetier, ière [-tje, jɛ:r] s. [fabricant] Strickwarenhersteller m. || [commerçant] Wirkwaren-, Strickwarenhändler(in) m. (f.).

bonniche [bɔniʃ] f. Pop., Péjor. Dienstmädchen n.

bon-papa [bɔ̃papa] m. Fam. Opa m. ; Opapa m.

bonsoir [bɔ̃swa:r] m. *Dire bonsoir*, gute Nacht wünschen.

◇ interj. **bonsoir !,** gute Nacht ! ; guten Abend !

bonté [bɔ̃te] f. Güte f. ; Herzensgüte f. ; Gutherzigkeit f. | *Traiter avec bonté*, gütig behandeln. | *Ayez la bonté de*, seien Sie bitte so freundlich zu.

— Syn. : *Bienveillance* f., Wohlwollen n. ; Gutwilligkeit f. *Cordialité* f., Herzlichkeit f.

bonze [bɔ̃:z] m. [prêtre] Bonze m. || Fig., Fam. Bonze m. ; hohes Tier.

bookmaker [bukmekœ:r] m. Buchmacher m.

boom [bum] Aufschwung m. ; Boom m.

boqueteau [bɔkto] m. Wäldchen n.

borborygme [bɔrbɔrigm] m. Méd. Blähungen f. pl. ; Kollern (n.) im Leib ; Leibknurren n.

bord [bɔ:r] m. [extrémité de surface] Rand m. ; Kante f. | *Bord d'une table*, Tischkante. | *Bord d'une assiette*, Tellerrand. | *Bord d'un chapeau*, Hutkrempe f. | *Remplir jusqu'au bord*, randvoll machen. || Loc. *Être au bord de l'abîme*, am Rande des Abgrunds stehen. || Par ext. [bordure] Einfassung f. ; Borte f. ; Saum m. | *Bords d'un tombeau*, Grabeseinfassung. || [de l'eau] Ufer n. ; Küste f. ; Strand m. | *Les bords de l'Elbe*, das Elbufer. | *Bord de la mer*, Meeresküste, -ufer, -strand. || Fig. [côté] Seite f. ; Partei f. ; Meinung f. | *Il n'est pas de notre bord*, er steht nicht auf unserer Seite. || Aéron. *Bord de fuite*, Endkasten m. ; Winterkante f. || Mar. Bord n. | *Tirer des bords*, kreuzen. | *À bord*, an Bord. | *Monter à bord*, an Bord gehen. | *Jeter par-dessus bord*, über Bord werfen. | *Virer de bord*, beidrehen.

◇ loc. prép. **au bord de,** an (dat., acc.).

◇ loc. adv. **bord à bord,** dicht nebeneinander.

— Syn. : *Rive* f., Ufer n. *Rivage* m., Küste f. *Berge* f., Böschung f., *Côte* f., Meeresküste f. *Littoral* m., Gestade n.

Bordeaux [bɔrdo] n. pr. m. Géogr. Bordeaux. — **bordeaux,** [vin] Bordeauxwein m. || [couleur] Bordeauxrot n.

bordée [bɔrde] f. Mar. Breitseite f. ; volle Ladung. || Par ext. [salve] Geschützsalve f. || Fig. *Bordée d'injures*, Flut (f.) von Schimpfwörtern. || Fam. *Tirer une bordée*, von Kneipe zu Kneipe ziehen.

border [bɔrde] v. tr. (um)säumen ; umrahmen. || Par ext. *Border le lit*, die Bettücher einschlagen. || Mar. [longer] *Border la côte*, längs der Küste fahren.

bordereau [bɔrdəro] m. [inventaire] Verzeichnis n. || [billet] Begleitpapier n. ; Schein m. | *Bordereau de caisse*, Kassenzettel m. | *Bordereau d'envoi*, Begleitschein m.

bordure [bɔrdy:r] f. [encadrement] Einfassung f. ; Umrandung f. || [bande] Zierleiste f. ; Rahmen m. ; Besatz m. ; Saum m. | *Bordure de buis*, Heckeneinfassung. | *Bordure de fourrure*, Pelzbesatz, Pelzverbrämung f.

— Syn. : *Bord* m., Rand m. *Rebord* m., Randleiste f. *Marge* f., Seitenrand m. *Lisière* f., Saum m.

bore [bɔ:r] m. Chim. Bor n.

boréal, boréale, boréals ou **boréaux** [bɔreal, eo] adj. nördlich ; Nord... | *Zone boréale*, Polarzone f. | *Aurore boréale*, Nordlicht n.

borgne [bɔrɲ] adj. einäugig ; scheeläugig. || Fig. *Hôtel borgne*, anrüchiges, verrufenes Hotel.

◇ s. Einäugiger m. ; -äugige f.

borique [bɔrik] adj. Chim. *Acide borique*, Borsäure f.

bornage [bɔrna:ʒ] m. Jur. Setzen der Grenzsteine ; Vermessung f.

borne [bɔrn] f. Grenze f. ; Grenzstein m. | *Borne kilométrique*, Kilometerstein. | *Borne d'appel*, Rufsäule f. || Fig. Schranke f. ; Grenze f. ; Maß n. ; Ziel n. | *Dépasser les bornes*, übertreiben ; zu weit gehen. | *Sans bornes*, unbegrenzt ; schrankenlos. || Électr. Klemme f. | *Borne de batterie*, Batterieklemme.

borner [-ne] v. tr. grenzen ; be-, ab-, umgrenzen ; Grenzen festlegen. || Fig. [modérer] beschränken ; mäßigen.

◇ part. pass. et adj. **borné, ée,** [limité] begrenzt. || Fig. [sot] beschränkt ; borniert ; dumm ; engstirnig. | *Esprit borné*, enger Geist.

◇ v. pr. **se borner à,** (infin.) sich darauf beschränken, zu ; sich damit begnügen, zu.

— Syn. : part. pass. *Obtus*, stumpfsinnig. *Étroit*, engstirnig.

Bosphore [bɔsfɔ:r] n. pr. m. Géogr. Bosporus m.

bosquet [bɔskɛ] m. Wäldchen n. ; Baumgruppe f.

bosse [bɔs] f. [protubérance] Buckel m. ; Höcker m. | *Bosse du dromadaire*, Höcker des Dromedars. || Fig., Fam. *Rouler sa bosse partout*, überall herumkommen. | *Avoir la bosse de la musique*, eine Begabung für Musik haben. || [enflure] Beule f. ; Anschwellung f. ; Ausbuchtung f. ; Erhöhung f. | *Se faire une bosse*, sich eine Beule zuziehen. || Par ext. *Bosses d'un terrain*, Geländeerhebungen f. pl. || Arts. *Exécution en ronde bosse*, Ausführung (f.) in erhabener Arbeit, im Relief.

bosselage [-la:ʒ] m. Treiben n. ; getriebene, erhabene Arbeit ; Bossieren n. ; Bossierarbeit f.

bosseler [-le] v. tr. [faire des bosses] beulen ; ein-, verbeulen. || Techn. in erhabener Arbeit treiben ; bosseln ; bossieren.

◇ v. pr. **se bosseler,** sich verbeulen.

bossu, ue [bɔsy] adj. bucklig ; höckerig.

◇ m. **bossu,** Buckliger m. ; Verwachsener m. | *Rire comme un bossu*, sich den Buckel voll lachen.

bot, bote [bo, bɔ:t] adj. klumpig. | *Pied bot*, Klump-, Pferde-, Teufelsfuß m.

botanique [bɔtanik] adj. botanisch.

◇ f. Botanik f. ; Pflanzenkunde f. ; Kräuterlehre f.

botaniste [-nist] s. Botaniker(in) m. (f.).

Botnie [bɔtni] n. pr. f. Botten n. ; Ostseebucht f. | *Golfe de Botnie*, Bottnischer Meerbusen m.

botte [bɔt] f. [choses assemblées] Bündel n. ; Bund n. | *Botte d'asperges*, Spargelbund. | *Mettre en bottes*, in Ballen pressen.

botte [bɔt] f. [chaussure] Stiefel m. | *Une paire de bottes*, ein Paar Stiefel. | *Bottes à revers*, Stulpenstiefel m. pl. | *Bottes de cavalier*, Reitstiefel. | *Bottes fourrées*, Pelzstiefel ; gefütterte Stiefel. | *Bottes de sept lieues*, Siebenmeilenstiefel. || Fig. *Lécher les bottes de qn*, jm die Stiefel lecken. | *Être sous la botte de qn*, von jm unterjocht sein ; unter js Joch stehen. || [tonneau] Bütte f. ; Faß n. || Sport. [escrime] Stoß m. | *Botte secrète*, Finte f.

botter [bɔte] v. tr. [chausser] bestiefeln ; mit Stiefeln versehen ; Stiefel anziehen. || [donner un coup] *Botter le derrière à qn*, jm in den Hintern treten. || Fig., Fam. *Voilà qui me botte*, das paßt mir.

◇ part. pass. et adj. **botté, ée,** gestiefelt. | *Le Chat botté*, der gestiefelte Kater.

bottier [bɔtje] m. Stiefelschuster m.

Bottin [bɔtɛ̃] n. pr. m. [en France] Adreßbuch n.

bottine [bɔtin] f. Halbstiefel m. ; Schnürstiefel m.

bouc [buk] m. (Ziegen)bock m. || [barbe] Spitz-, Bocksbart m. || Fig. *Bouc émissaire*, Sündenbock m. ; Prügelknabe m.

boucan [bukɑ̃] m. Pop. *Faire du boucan*, Krach schlagen.

boucaner [bukane] v. tr. [fumer] räuchen ; in Rauch hängen. || PAR EXT. [brunir] schwärzen.

boucanier [-nje] m. Büffeljäger m. ; Abenteuerer m. (in Amerika).

bouchage [buʃa:ʒ] m. Ver-, Zustopfung f. ; Abdichtung f. || [bouteille] Ver-, Zukorkung f.

bouche [bu:ʃ] f. **1.** Mund m. ; FAM. Maul n. | *Bouche de la carpe*, Karpfenschnute f. | *Faire la bouche en cœur*, ein Karpfenmäulchen machen ; eine Schippe ziehen. || [nuances] Mundloch n. ; Mundwinkel m. || [par rapport aux aliments] Mund m. | *Porter à la bouche*, zum Mund führen. | *Être une fine bouche*, ein Leckermaul sein. | *Garder pour la bonne bouche*, den besten Bissen für zuletzt aufheben. | *Faire venir l'eau à la bouche*, das Wasser im Munde zusammenlaufen lassen.
2. [personne] *Bouches inutiles*, unnütze Mitesser m. pl. || [organe de la voix] Mund m. ; Mundwerk n. | *Rester bouche bée*, mit offenem Munde dastehen. | *Fermer la bouche à qn*, jm den Mund verschließen, stopfen.
3. [en parlant des choses] Mündung f. ; Schlund m. | *Bouche(s) d'un fleuve*, Strommündung. | *Bouche d'un canon*, Kanonenschlund. | Kanonenrohr n. | *Bouche à feu*, Geschütz n. || PAR EXT. [orifice] Öffnung f. ; Loch n. | *Bouche de chaleur*, Luftheizung f. ; Wärmeschacht m. | *Bouche d'incendie*, Hydrant m. ; Schlauchanschluß m.

bouchée [buʃe] f. [morceau] Mundvoll m. ; Bissen m. | *Par bouchées*, bissenweise. || CULIN. *Bouchée à la reine*, Fleischpastete f. || FIG. *Acheter qch. pour une bouchée de pain*, etwas spottbillig haben ; etwas für einen Apfel und ein Ei kaufen.

boucher v. tr. ver-, zustopfen ; abdichten ; dichten. | *Boucher une fenêtre*, ein Fenster zumauern. | *Se boucher le nez*, sich die Nase zuhalten. || [bouteille] ver-, zukorken. || FIG. *Boucher la vue*, die Sicht versperren. | *Se boucher les yeux, les oreilles*, nicht sehen, hören wollen. | *Boucher un trou*, ein Loch verstopfen ; FIG. eine Schuld bezahlen.
◇ part. pass. et adj. **bouché, ée,** verstopft ; verkorkt. || FIG. *Temps bouché*, bedeckter Himmel m. | *Esprit bouché*, vernagelter Kopf, enger Geist.

boucher, ère [buʃe, ɛ:r] n. Fleischer m. ; Metzger(in) m. (f.). || FIG. Schlächter m. ; Henker m. ; Bluthund m.

boucherie [buʃri] f. Fleischerei f. ; Schlachterei f. ; Metzgerei f. || [massacre] Blutbad n.

bouche-trou [buʃtru] m. Lückenbüßer m.

bouchon [buʃɔ̃] m. [d'un récipient] Pfropfen m. ; Stöpsel m. ; Stopfen m. ; Kork m. | *Bouchon de liège*, Korkpfropfen. | *Bouchon de tonneau*, Spund m. ; Zapfen m. || TECHN. Enlever le bouchon, entkorken. || PAR EXT. Bündel n. ; Packen m. ; Wisch m. | *Bouchon de paille*, Strohwisch. || TECHN. Verschluß m. | *Bouchon de radiateur*, Kühlerverschluß. || [cabaret] Wirtschaft f. || [pêche] Kork m. ; Floß n. || LOC., FAM. *Pousser le bouchon un peu loin*, den Scherz etwas zu weit treiben. || [circulation] (Wagen)stau m.

bouchonner [-ʃɔne] v. tr. *Bouchonner un cheval*, ein Pferd mit einem Strohwisch abreiben.

bouclage [bukla:ʒ] m. Absperrung f.

boucle [bukl] f. [fermoir] Schnalle f. | *Boucle de ceinturon*, Gurtschnalle. | *Boucles d'oreilles*, Ohrringe m. pl. || PAR EXT. [agrafe] Spange f. || [cheveux] Locke f. | *Aux boucles d'or*, goldlockig. || [nœud] (Band)-schleife f. || [parcours] Schleife f. | *Boucler la boucle*, die Schleife fahren, fliegen. || [méandre] Krümmung f. ; Knie n. || TECHN. Ring m. ; Öse f. | INF. *Boucle de programme*, Programmschleife f.

boucler [-kle] v. tr. [fermer] ver-, zuschnallen ; schnallen. | *Boucler sa valise*, seinen Koffer packen. || PAR EXT. [arrêter] *Boucler l'entrée du port*, den Hafen sperren. || FAM. *Boucler qn*, jn einsperren. || [friser] locken ; ringeln.
◇ v. intr. *Ses cheveux bouclent*, sein Haar ringelt, lockt sich.
◇ part. pass. et adj. **bouclé, ée,** zugeschnallt ; gelockt ; lockig ; kraus. | *Cheveux bouclés*, lockiges Haar. | *Tête bouclée*, Krauskopf m.

bouclette [-klɛt] f. Löckchen n.

bouclier [buklije] m. Schild m. || FIG. Schutzwehr f. ; Schutz m. ; Hort m. ; Schirm m. | *Faire à qn un bouclier de son corps*, jn mit seinem eigenen Leib decken. || AÉRON. *Bouclier thermique*, Hitzeschild m. ; Wärmeabschirmung f. || MINES. Ortsvertäfelung f. || LOC. *Levée de boucliers*, Schilderhebung f.

Bouddha [buda] n. pr. m. RELIG. Buddha m.

bouddhique [-dik] adj. RELIG. buddhistisch.

bouddhisme [-dism] m. Buddhismus m.

bouder [bude] v. intr. schmollen. | *Bouder dans son coin*, nicht mitmachen.
◇ v. tr. *Bouder qn*, mit jm schmollen. | *Bouder qch*, etw. (dat.) schmollend gegenüberstehen.

bouderie [budri] f. Schmollen n.

boudeur, euse [-dœ:r, ø:z] adj. schmollend.
◇ s. Maulhänger(in) m. (f.) ; Nörgler(in) m. (f.) ; Trotzkopf m. ; Miesmacher(in) m. (f.).

boudin [budɛ̃] m. Blutwurst f. | *Boudin blanc*, Weißwurst f. || PAR EXT. Wurst f. ; Wulst m. || FIG. *S'en aller en eau de boudin*, zu Wasser werden ; in Nichts zerfließen. || TECHN. [saillie de jante] Wulst m. ; Spur-, Laufkranz m. | *Ressort à boudin*, Spiralfeder f.

boudiné, ée [-dine] adj. eingezwängt.

boudoir [budwa:r] m. Boudoir n.

boue [bu] f. Schlamm m. ; Schmutz m. ; Dreck m. ; Kot m. ; Morast m. | *Couvert de boue*, schlammbespritzt. | *Tas de boue*, Dreckhaufen m. | *Bain de boue*, Schlammbad n. | *Boue de minerai*, Erzschlamm. | *Traîner qn dans la boue*, jn durch den Dreck ziehen.

bouée [bue] f. Boje f. ; Bake f. ; See-, Schiffahrtszeichen n. | *Bouée lumineuse*, Leuchtboje. | *Bouée sonore*, Heulboje f. | *Bouée de sauvetage*, Rettungsring m.

boueux, euse [buø, ø:z] adj. dreckig ; schmutzig.

bouffant, ante [bufɑ̃, ɑ̃:t] adj. bauschig ; aufgebauscht ; wulstig ; puffig. | *Manche bouffante*, Puffärmel m. | *Être bouffant*, abstehen ; bauschen.

bouffarde [bufard] f. FAM. [pipe] Pfeife f.

bouffe [buf] adj. komisch ; lustig ; ausgelassen ; spaßig. | *Opéra bouffe*, komische Oper.

bouffée [bufe] f. [exhalaison] Hauch m. ; Dunst m. | *Bouffées d'ail*, Knoblauchwolken f. pl. | *Bouffées de fumée*, Tabakswolken f. pl. || PAR EXT. Stoß m. ; Zug m. | *Bouffée de chaleur*, Hitzewelle f. || FIG. [accès] Anflug m. ; Anwandlung f. | *Bouffée de générosité*, Anwandlung von Großmut.

bouffer v. intr. [se gonfler] sich aufplustern ; sich aufblasen. || POP. [manger] sich vollpfropfen.

bouffir [bufi:r] v. tr. et intr. [gonfler] anschwellen ; auftreiben ; (auf)quellen ; aufplustern.
◇ part. pass. et adj. **bouffi, ie,** geschwollen ; aufgetrieben ; verquollen ; gedunsen ; aufgebläht. || FIG. *Style bouffi*, aufgeblasener Stil. | *Être bouffi d'orgueil*, vor Hochmut platzen.

bouffissure [-fisy:r] f. [gonflement] (An)- schwellung f. ; Gedunsenheit f.

bouffon [bufɔ̃] adj. komisch ; possierlich.

◇ m. Spaßmacher m. ; Narr m. ; Harlekin m. | *Bouffon de la cour*, Hofnarr. | *Servir de bouffon*, zum Narren dienen.
— SYN. : *Farceur* m., Possenreißer m. *Plaisantin* m., Spaßmacher m. *Polichinelle* m., Hanswurst m.

bouffonnerie [-fɔnri] f. [action] Possenreißerei f. || [caractère] Possenhaftigkeit f. ; Possierlichkeit f. ; Drolligkeit f. || [plaisanterie] Posse f. ; Spaß m. ; Schnurre f. ; Schwank m. | *Se livrer à des bouffonneries*, Possen reißen.

bouge [bu:ʒ] m. [logement] Dreckloch n. ; Stall m. || [estaminet] Spelunke f.

bougeoir [buʒwa:r] m. Handleuchter m.

bougeotte [buʒɔt] f. Wegwollen n. ; Reiselust f. | *Avoir la bougeotte*, ohne Rast noch Ruh sein.

bouger [-ʒe] v. intr. sich regen ; sich rühren ; sich bewegen. | *Ne pas bouger*, stillhalten, -stehen, -bleiben ; sich nicht rühren. | *Oser bouger*, mucksen.
◇ v. tr. rücken ; wegrücken.

bougie [buʒi] f. (Wachs)kerze f. ; Stearinkerze f., Stearinlicht n. || AUTOM. Zündkerze f.

bougon, onne [bugɔ̃, ɔn] adj. FAM. brummig.
◇ m. **bougon,** Brummbär m. ; Griesgram m. ; Nörgler m.

bougonner [-gɔne] v. intr. FAM. brummen ; knurren ; murren ; nörgeln ; muffeln ; quengeln.

bougre, esse [bugr, -ɛs] s. Kerl m. ; Schelm m. | *Bon bougre*, guter Kerl ; gute Haut.
◇ interj. **bougre !,** zum Henker ! | *Bougre d'idiot !*, du Idiot !

bougrement [-grəmɑ̃] adv. äußerst ; verdammt. | *Il fait bougrement froid*, es ist saukalt.

boui-boui [bwibwi] m. (pl. **bouis-bouis**) Kaschemme f. ; miese Kneipe.

bouillabaisse [bujabɛs] f. Fischsuppe f.

bouillant, ante [bujɑ̃, ɑ̃:t] adj. kochend ; siedend ; kochend heiß ; brodelnd. | *Servir le café bouillant*, den Kaffee heiß servieren. || FIG. [ardent] hitzig ; aufbrausend. | *Bouillant de colère*, kochend vor Zorn ; zornentflammt. | *Caractère bouillant*, aufbrausender Charakter.

bouille [bu:j] f. POP. Gesicht n.

bouilleur [bujœ:r] m. [distillateur] Branntweinbrenner m. || TECHN. Siedekessel m. ; Sieder m. ; Siederohr n. || PHYS. NUCL. [réacteur] Reaktor m.

bouillie [-ji] f. Mus n. ; Brei m. ; Milch-, Mehlbrei m.

bouillir [-ji:r] v. intr. kochen ; sieden. | *Faire bouillir du lait*, Milch abkochen. | *La soupe bout*, die Suppe brodelt. | *Avoir de quoi faire bouillir la marmite*, etwas im Topf haben ; etwas aufs Brot zu streichen haben. | *L'eau est longue à bouillir*, das Wasser braucht lange zum Kochen. || FIG. *Bouillir d'impatience*, vor Ungeduld vergehen. | *Son sang bout*, sein Blut wallt auf. | *Cela me fait bouillir*, das bringt mich auf die Palme.
◇ part. pass. et adj. **bouilli, ie,** gekocht. | *Pommes de terre bouillies*, Salzkartoffeln f. pl.

bouilloire [-jwa:r] f. Wasserkessel m. | *Bouilloire électrique*, Elektrokocher m.

bouillon [-jɔ̃] m. Bouillon f. ; Kraftbrühe f. | *Bouillon gras*, Fleischbrühe f. | *Bouillon de légumes*, Gemüsesuppe f. || [bulle] *Bouillir à gros bouillons*, brodelnd kochen. || FIG., FAM. *Boire le bouillon*, Wasser schlucken ; Federn lassen. || [invendus] unverkaufte Exemplare. || BIOL. *Bouillon de culture*, Nährboden m.

bouillonnant, ante [-jɔnɑ̃, ɑ̃:t] adj. sprudelnd ; kochend ; siedend. || FIG. aufbrausend.

bouillonnement [-jɔnmɑ̃] m. Sieden n. ; Brodeln n. || [fermentation] Gären n. || FIG. Aufwallen n.

bouillonner [-jɔne] v. intr. brodeln ; sprudeln ; zischend aufsprudeln. || FIG. aufwallen. | *Le sang bouillonne*, das Blut wallt auf. | *Bouillonner de fureur*, vor Wut kochen.

bouillotte [-jɔt] f. Wasserkessel m. || PAR EXT. Bett-, Wärmflasche f.

boulanger, ère [bulɑ̃ʒe, ɛ:r] s. Bäcker(in) m. (f.) ; Bäcker(s)frau f. | *Garçon boulanger*, Bäckergeselle m.

boulangerie [-ʒəri] f. [métier, boutique] Bäckerei f. || [boutique] Bäckerladen m.

boule [bul] f. Kugel f. ; Ball m. ; [machine à écrire] Kugelkopf m. | *Boule de bois, d'ivoire*, Holz-, Elfenbeinkugel. | *Boule de neige*, Schneeball m. | *Faire boule de neige*, lawinenartig anmachen. | *Jeu de boules*, Kugelspiel n. | *Se rouler en boule*, sich zusammenrollen. || FIG., FAM. Kopf m. | *Perdre la boule*, den Kopf verlieren, kopflos werden. | *Se mettre en boule*, in Zorn geraten. || MIL. Kommißbrot n.

bouleau [bulo] m. BOT. Birke f.

boule-de-neige [buldənɛ:ʒ] f. BOT. Schneeballen m.

bouledogue [buldɔg] m. Bulldogge f.

bouler [bule] v. intr. (wie eine Kugel) rollen. || POP. *Envoyer bouler qn*, jn zum Teufel schicken.

boulet [bulɛ] m. Kanonenkugel f. || FIG. schwere Last. || [charbon] Eierbrikett n. || [du cheval] Köte f.

boulette [-lɛt] f. Kügelchen n. ; kleine Kugel ; Bällchen n. | *Boulette de papier*, Papierkügelchen. || [pâte] Knödel m. ; Klößchen n. || [chair hachée] Fleischklößchen ; (Königsberger) Klops m. ; Frikadelle f. ; Bulette f. || FIG., FAM. [bévue] Schnitzer m. | *Faire des boulettes*, Dummheiten machen.

boulevard [bulva:r] m. Boulevard m. | *Boulevard extérieur*, Ringstraße f. ; Ring m.

bouleversement [bulvɛrsəmɑ̃] m. Umsturz m. || FIG. Zerrüttung f.

bouleverser [-se] v. tr. umstürzen ; umwälzen ; umschichten ; das Oberste zu unterst kehren. || FIG. erschüttern, fassungslos machen. | *J'en suis tout bouleversé*, ich bin noch ganz außer Fassung.

boulier [bulje] m. Kugelschieber m.

boulimie [bulimi] f. Gefräßigkeit f. ; Heißhunger m.

boulon [bulɔ̃] m. Bolzen m. ; Schraube f. ; Schraubenbolzen m. | *Boulon à écrou*, Mutterschraube. | *Boulon à tête carrée*, Vierkantbolzen.

boulonner [-lɔne] v. tr. ver-, an-, zusammenschrauben ; verbolzen ; mit Bolzen befestigen.
◇ v. intr. POP. [travailler] bolzen ; schuften.

boulot, otte [bulo, ɔt] adj. FAM. rundlich ; pummelig.
◇ s. FAM. Dicker m. ; Dicke f.

boulot m. POP. [travail] Arbeit f. | *Un gros boulot*, eine Mordsarbeit. | *Petits boulots*, (kleine) Jobs.

boulotter [bulote] v. tr. et intr. POP. fressen.

boum ! [bum] interj. bum ! ; bums ! ; pardauz !

bouquet [bukɛ] m. Strauß m. ; Bukett n. ; Gebinde n. | *Bouquet de roses*, Rosenstrauß. | *Bouquet de mariée*, Brautbukett. || [faisceau] Bund n. ; Büschel n. | *Bouquet garni*, Suppengrün n. | *Bouquet d'arbres*, Wäldchen n. ; Baumgruppe f. || FIG., FAM. Höhepunkt m. | *C'est le bouquet !*, das fehlte noch ! || [parfum] Duft m. ; Blume f. | *Bouquet d'un vin*, Blume eines Weins. || [feu d'artifice] Schlußfeuerwerk n. || ZOOL. Schafsmaulräude f.

bouquetière [buktjɛ:r] f. Blumenmädchen n.

bouquetin [buktɛ̃] m. ZOOL. Steinbock m.

bouquin [bukɛ̃] m. ZOOL. alter Bock ; Rammler m. || FAM. [vieux livre] Schmöker m. ; Scharteke f.

bouquiner [-kine] v. tr. et intr. [lire] schmökern.
bouquiniste [-kinist] m. Antiquariatsbuchhändler m.
bourbe [burb] f. Schlamm m. ; Morast m.
bourbeux, euse [-bø, ø:z] adj. schlammig ; verschlammt ; morastig ; sumpfig.
bourbier [-bje] m. Schlammpfütze f. ; Morast m. || FIG. *Bourbier du vice*, Sumpf (m.) des Lasters. | *Être dans le bourbier*, in der Patsche stecken.
Bourbon n. pr. m. HIST. Bourbone m. | *Maison des Bourbons*, Herrscherhaus (n.) der Bourbonen.
bourdaine [burdɛ:n] f. BOT. Faulbaum m.
bourde [burd] f. [mensonge] Schwindelei f. ; Flause f. ; blauer Dunst. | *Faire avaler des bourdes à qn*, jm einen Bären aufbinden. || [bêtise] Schnitzer m. ; Fehler m. | *Faire une bourde*, einen Bock schießen.
bourdon [burdɔ̃] m. [bâton de pèlerin] Pilgerstab m. || ZOOL. [insecte] Hummel f. || [abeille] *Faux bourdon*, Drohne f. || [cloche] große Glocke ; Grundglocke f. || MUS. Brummbaß m. || TYPOGR. Auslassung f. || FIG., FAM. *Avoir le bourdon*, Trübsal blasen.
bourdonnement [-dɔnmɑ̃] m. Brummen n. ; Summen n. ; Dröhnen n. | *Bourdonnement des mouches*, Schwirren (n.) der Mücken. | *Bourdonnement de voix humaines*, Gesumme (n.), Gemurmel (n.) menschlicher Stimmen. | *J'ai des bourdonnements d'oreilles*, es saust mir in den Ohren.
bourdonner [-dɔne] v. intr. brummen ; summen ; schwirren. || [nuances] schnarren ; schnurren ; surren ; sausen ; brausen.
bourg [bu:r] m. (Markt)flecken m. ; Ortschaft f. ; Dorf n. | *Gros bourg*, Landstädtchen n.
— SYN. : *Village* m., Dorf n. *Hameau* m., Weiler m.
bourgade [-gad] f. kleiner (Markt)flecken.
bourgeois, eoise [burʒwa, wa:z] adj. [classe sociale] bürgerlich. | *Classe bourgeoise*, bürgerliche Klasse ; Bürgerstand m. | *Maison bourgeoise*, Bürgerhaus n. || PAR EXT. [commun] *Cuisine bourgeoise*, gutbürgerliche Kost. | *Mœurs bourgeoises*, Bürgerlichkeit f. || PÉJOR. [antilibéral, conformiste] spießig ; spießbürgerlich. | *Esprit et goût bourgeois*, Philisterei f.
◇ m. **bourgeois,** HIST. Bürger m. || PAR EXT. [de la classe moyenne] Bürger m. ; Bürgerlicher ; Bürgersmann m. | *Grand bourgeois*, Patrizier m. | *Petit bourgeois*, Kleinbürger. || PÉJOR. Spießer m. ; Philister m. ; Bourgeois m.
◇ m. pl. [classe] Bürgertum n. || [patrons] die Herrschaft. || [civils] die Zivilisten m. pl.
◇ f. **bourgeoise,** POP. Frau f. ; Alte f.
bourgeoisement [-ʒwazmɑ̃] adv. bürgerlich.
bourgeoisie [-ʒwazi] f. Bürgertum n. ; Bürgerstand m. | *Fréquenter la bourgeoisie*, in bürgerlichen Kreisen verkehren. | *La petite bourgeoisie*, Kleinbürgertum. || PÉJOR. Spießbürgertum.
bourgeon [burʒɔ̃] m. BOT. Knospe f. ; Auge n. || MÉD. Schwindflechte f.
bourgeonnement [-ʒɔnmɑ̃] m. Knospen n.
bourgeonner [-ʒɔne] v. intr. BOT. knospen ; Knospen ansetzen. | *Les arbres bourgeonnent*, die Bäume schlagen aus. || MÉD. Pickel im Gesicht bekommen.
bourgmestre [burgmɛstr] m. Bürgermeister m.
Bourgogne [burgɔɲ] n. pr. f. GÉOGR. Burgund n.
◇ m. **bourgogne,** [vin] Burgunder(wein) m.
bourguignon, onne [burgiɲɔ̃, ɔn] adj. GÉOGR. burgundisch ; aus, von Burgund.
◇ s. **Bourguignon, onne,** Burgunder(in) m. (f.).
bourlinguer [burlɛ̃ge] v. intr. MAR. ankämpfen (gegen) ; schwer stampfen. || POP. herumfahren ; trampen.
bourrache [buraʃ] f. BOT. Gurkenkraut n.
bourrade [burad] f. [coup] (Rippen)stoß m. ; Anstoß m.
bourrage [bura:ʒ] m. [action] Verstopfen n. ; Vollpfropfen n. || [ensemble] Füllwerk n. ; Packung f. || LOC. POP. *Bourrage de crâne*, (*etwa*) Volksverdummung f.
bourrasque [burask] f. Windstoß m. ; Windsbraut f.
— SYN. : *Tourbillon* m., Wirbel(wind) m. *Ouragan* m., Wirbelsturm m. *Tempête* f., Sturm m. *Tourmente* f., Unwetter n. ; Sturm m. *Orage* m., Gewitter n. *Rafale* f., Windstoß m.
bourratif, ive [buratif, i:v] adj. schwer verdaulich.
bourre [bu:r] f. [poils, crins] Füllhaar n. ; Füllmaterial n. ; Auspolsterung f. | *Bourre de laine*, Kratzwolle f. || [d'une cartouche] Pfropfen m. || BOT. [d'un bourgeon] Flaum m. || POP. *Être à la bourre*, auf den letzten Drücker kommen.
bourreau [buro] m. Henker m. ; Scharfrichter m. || FIG. [homme cruel] Schinder m. ; Peiniger m. || FAM. *Bourreau des cœurs*, Herzensbrecher m.
bourrée [bure] f. [fagot] Reisigbündel n. || [danse] Bauerntanz m.
bourreler [burle] v. tr. [tourmenter] foltern ; martern ; quälen. | *Bourrelé de remords*, voller Gewissenspein.
bourrelet [burlɛ] m. (Polster)wulst m. ; Bausch m. | *Bourrelet de fenêtre*, Fensterabdichtung f. | *Qui a des bourrelets*, wulstig. || ANAT. *Bourrelet de graisse*, Fettpolster n. || MAR. Umwickelung f.
bourrelier [burəlje] m. Sattler m. ; Geschirr-, Kummetmacher m.
bourrellerie [-rɛlri] f. Sattlerei f. ; Sattlerhandwerk n.
bourrer [bure] v. tr. [emplir] stopfen ; voll-, ver-, zustopfen ; an-, auffüllen. | *Bourrer qn de nourriture*, jn mit Nahrung vollstopfen. || PAR EXT. *Bourrer qn de coups de poing*, jn mit Faustschlägen eindecken, traktieren.
◇ part. pass. et adj. **bourré, ée,** vollgepfropft, -gestopft.
◇ v. pr. **se bourrer**. POP. [manger] sich vollfressen.
bourriche [buriʃ] f. Wild-, Fischversandkorb m.
bourricot [buriko] m. Eselchen n. ; Esel m.
bourrique [burik] f. Eselin f. || FIG. [très ignorant] Dummkopf m. ; Dickkopf m. ; Esel m. | *Faire tourner en bourrique*, verrückt machen.
bourru, ue [bury] adj. rauh ; ungleich ; grob. | *Pierre bourrue*, unbehauener Stein. | *Vin bourru*, ungegorener Wein. || FIG. mürrisch ; unwirsch.
bourse [burs] f. [sac] Geldbeutel m. ; Säckel m. ; Börse f. || LOC. *Bourse plate*, leerer Beutel. | *Tenir la bourse*, die Kasse führen. | *Faire bourse commune*, gemeinschaftliche Kasse machen. | *Sans bourse délier*, ohne einen Pfennig auszugeben. | *La bourse ou la vie !*, Geld oder das Leben ! || [subside] Stipendium n. ; Freiplatz m. || COMM. Börse f. | *Bourse aux actions*, Aktienmarkt m., -börse. | *Bourse aux blés*, Getreidebörse. | *Cotation en bourse*, Börsennotierung f. | *Bourse du travail*, Arbeitsbörse. || MÉD. Kapsel f.
◇ pl. MÉD. Hodensack m.
boursicotage [-sikɔta:ʒ] m. Börsenspekuliererei f.
boursicoter [-sikɔte] v. intr. kleine Börsengeschäfte machen ; an der Börse herumspekulieren.
boursier, ière [-sje, jɛ:r] adj. börsenmäßig ; Börsen... | *Transactions boursières*, Börsengeschäfte n. pl.
◇ s. FIN. Börsenspekulant(in) m. (f.) || [étudiant] Stipendiat(in) m. (f.).
boursouflement [bursufləmɑ̃] m. [action] Aufblähen n. || [état] Aufgedunsenheit f. ; Aufgeblasenheit f.
boursoufler [-fle] v. tr. aufblasen ; (auf)blähen.

◇ part. pass. et adj. **boursouflé, ée,** aufgeblasen. || FIG. schwülstig.
◇ v. pr. **se boursoufler,** sich aufblähen.
boursouflure [-fly:r] f. Aufgeblasenheit f. ; Aufblähung f. | *Boursouflure du visage*, Gedunsenheit (f.) des Gesichts. || FIG. *Boursouflure du style*, Schwulst (m.) des Stils ; stilistischer Bombast.
bousculade [buskylad] f. Drängen n. ; Gedränge n. ; Durcheinander n. || FIG. Hetze f.
bousculer [-le] v. tr. [pousser] drängeln ; stoßen und drängen. | *Bousculer qn*, jn anrempeln. || [jeter pêle-mêle] über den Haufen werfen ; durcheinanderbringen, -werfen. | *Bousculer l'ennemi*, den Feind durcheinanderbringen. || FIG. [hâter] hetzen. | *Je suis très bousculé*, ich weiß nicht, wo mir der Kopf steht.
◇ v. pr. **se bousculer,** sich herumstoßen ; sich drängeln. | *En se bousculant*, Hals über Kopf.
bouse [bu:z] f. Kuhfladen m.
bousier [-zje] m. ZOOL. Mistkäfer m.
bousiller [buzije] v. intr. mit Stroh und Lehm bauen.
◇ v. tr. stümpern ; sudeln ; pfuschen ; nachlässig arbeiten. || FAM. [détruire] kaputt machen.
bousilleur, euse [-jœ:r, ø:z] s. FAM. Stümper(in) m. (f.) ; Pfuscher(in) m. (f.).
boussole [busɔl] f. Kompaß m. ; Magnetnadel f. ; Bussole f. | *Boussole gyroscopique*, Kreiselkompaß. || FAM. *Perdre la boussole*, den Kopf verlieren ; durcheinandergeraten.
boustifaille [bustifa:j] f. POP. (Fr)essen n.
bout [bu] m. — **1.** SPATIAL : [extrémité, fin] Spitze f. ; Zipfel m. ; Ende n. | *Bout du doigt, du nez*, Finger-, Nasenspitze f. | *Bout de la corde*, Seilende. | *Bout de l'oreille*, Ohrläppchen n. | *Bout de la table*, Tischende. || LOC. *Tenir le bon bout*, das rechte Ende halten ; den Vorteil für sich haben. | *Du bout du pied*, mit der Fußspitze. | *Savoir sur le bout du doigt*, an den Fingern hersagen können. | *Avoir qch. sur le bout de la langue*, etwas auf der Zunge haben. | *Manger du bout des lèvres*, kaum kosten. | *Rire du bout des lèvres*, gezwungen lachen. | *Aller au bout du monde*, bis ans Ende der Welt gehen. | *Ne pas voir plus loin que le bout de son nez*, nicht über seine Nasenspitze hinaussehen können. | *C'est le bout du monde !*, das ist das Alleräußerste ! || [garniture terminale] Spitze f. ; Kappe f. ; Kopf m. | *Bout ferré*, Eisenspitze.
2. QUANTITATIF : Stück n. ; Endchen n. ; Stumpf m. | *Bout de craie, de papier*, Stück Kreide, Papier. | *Bout de cigare*, Zigarrenstummel m. | *Bout de ficelle*, Stückchen Seil, Schnur. || PAR EXT. *Bout de chemin*, Stück Weg. | *Faire un bout de conduite*, ein Stückchen mitkommen. | *Faire des économies de bouts de chandelle*, am falschen Ende sparen. || FAM. *Mettre les bouts*, sich aus dem Staube machen.
3. TEMPOREL : [fin] Ende n. ; Ablauf m. ; Endpunkt m. || LOC. *Joindre à peine les deux bouts*, knapp auskommen. | *On en verra bien le bout*, man wird schon damit fertig werden. | *Aller jusqu'au bout*, durchführen ; vollbringen. | *Tenir jusqu'au bout*, durchhalten. | *Pousser à bout*, aufs Äußerste treiben ; FIG. in die Enge treiben. | *Ma patience est à bout*, die Geduld geht mir aus.
◇ loc. prép. **au bout de,** [espace] am Ende (gén.). | *Au bout du jardin*, am Gartenende. | *Au bout du monde*, am Ende der Welt. — **à bout de,** *Être à bout de forces*, mit seinen Kräften am Ende sein. | *Être à bout de souffle*, außer Atem sein. | *Venir à bout de qn*, mit jm fertig werden. — **au bout de,** [temps] am Ende (gén.) ; nach Ablauf, Verlauf (gén.) ; nach. | *Au bout d'un an*, nach Ablauf eines Jahres. | *Au bout de quelque temps*, nach einiger Zeit. | *Être au bout de ses peines*, ausgelitten haben.
◇ loc. adv. **bout à bout,** aneinander. | *Attacher des ficelles bout à bout*, Seile zusammenknoten. || *À bout portant*, aus nächster Nähe. || *D'un bout à l'autre, de bout en bout*, von einem Ende zum anderen ; ganz ; von A bis Z ; durch... | *Travailler d'un bout à l'autre de la semaine*, die Woche durcharbeiten. || *Au bout du compte*, schließlich ; am Ende ; letzten Endes.
boutade [butad] f. [caprice] Grille f. ; Laune f. | *Par boutades*, schußweise ; nach Laune. || [saillie] witziger, launiger Einfall ; Geistesblitz m.
boute-en-train [butɑ̃trɛ̃] m. FAM. Betriebsnudel f.
boutefeu [butfø] m. HIST. Lunte f. || PAR EXT. [incendiaire] Brandstifter m.
bouteille [butɛ:j] f. Flasche f. ; POP. Pulle f. | *Bouteille de bière*, Flasche Bier. | *Bouteille à bière*, Bierflasche. | *Bière en bouteilles*, Flaschenbier n. | *Goulot de bouteille*, Flaschenhals m. | *Mettre en bouteilles*, auf Flaschen ziehen ; in Flaschen gießen, abfüllen. | *C'est la bouteille à l'encre*, das ist eine dunkle Angelegenheit. | *Bouteille à la mer*, Flaschenpost f. || FAM. *Prendre de la bouteille*, alt werden. || ÉLECTR. *Bouteille de Leyde*, Leidener Flasche.
boutique [butik] f. [lieu de vente] (Kram)laden m. ; Verkaufsstelle f. ; Geschäft n. | *Boutique franche*, zollfreier Einkauf. | *Tenir boutique*, einen Handel betreiben. | *Fermer boutique*, das Geschäft aufgeben. || PAR EXT. [contenu] Waren f. pl. || PÉJOR. *Toute la boutique*, der ganze Kram. || [atelier] Werkstatt f. || FIG., FAM. (Bruch)bude f. ; Budike f.
— SYN. : *Magasin* m., Laden m. ; Kaufhaus n.
boutiquier, ière [-kje, jɛ:r] s. Krämer(in) m. (f.) ; PÉJOR. Kleinkrämer m.
boutoir [butwa:r] m. [outil] Wirkmesser n. || [de sanglier] Wildschweinrüssel m. || FIG. *Un coup de boutoir*, ein harter Ausfall.
bouton [butɔ̃] m. BOT. Knospe f. | *Bouton de rose*, Rosenknospe. | *Bouton-d'or*, Butterblume f. | *Qui a des boutons*, voller Knospen. || MÉD. [petite tumeur] Pickel m. ; Ausschlag m. ; Blatter f. | *Boutons de chaleur*, Hitzpocken f. pl. || TECHN. Knopf m. | *Bouton de chemise*, Hemdenknopf. | *Bouton électrique*, Lichtschalter m. ; Knipser m. | *Bouton de porte*, Türgriff m. | *Bouton de réglage*, Einstellknopf.
boutonner [-tɔne] v. tr. an-, zuknöpfen ; knöpfen.
◇ v. intr. BOT. knospen ; Knospen treiben. || MÉD., FAM. Pickel kriegen ; Ausschlag bekommen.
◇ part. pass. **boutonné, ée,** zugeknöpft.
boutonneux, euse [-tonø, ø:z] adj. pickelig ; voller Ausschlag.
boutonnière [-tɔnjɛ:r] f. Knopfloch n. || PAR EXT. Knopflochblume f. || MÉD. Schnittwunde f.
bouton-pression [-tɔ̃prɛsjɔ̃] (pl. **boutons-pression**) m. Druckknopf m.
bouts-rimés [burime] m. pl. POÉS. Verse mit gegebenen Endreimen.
bouture [-ty:r] f. Steckling m. ; Absenker m. ; Ableger m. ; Setzling m.
bouturer [-tyre] v. intr. austreiben ; Stecklinge treiben ; absenken ; durch Stecklinge vermehren.
bouvier, ière [buvje, jɛ:r] s. Ochsentreiber m.
bouvreuil [buvrœ:j] m. ZOOL. Dompfaff m. ; Blutfink m. ; Gimpel m.
bovidés [bɔvide] m. pl. ZOOL. Hohlhörner n. pl. ; Rinder n. pl. ; Paarhufer m. pl. ; Huftiere n. pl.
bovin, ine [bɔvɛ̃, in] adj. rindsartig. | *Race bovine*, Rinderrasse f. || PAR EXT. *Les bovins* m. pl., Rinder n. pl. ; Rindvieh n.
bow-window [bowindo] m. Erkerfenster n.

box [bɔks] m. Box f. ‖ [garage] Einzelgarage f. ‖ Jur. *Box des accusés*, Anklagebank f.
boxe [bɔks] f. Boxen n. ; Boxsport m.
boxer [bɔkse] v. tr. boxen ; niederboxen.
◇ v. intr. den Boxsport betreiben ; boxen.
boxer [bɔksɛr] m. [chien] Boxer m. ; Bulldogge f.
boxeur [bɔksœ:r] m. Boxer m.
boyau [bwajo] m. Anat. Darm m. (pl. Gedärme n. pl). ‖ Fig. *Rendre tripes et boyaux*, grüne Galle brechen. ‖ Par anal. *Cordes à boyau*, Darmsaiten f. pl. ‖ [tuyau] Schlauch m. ‖ [passage] enger Gang. ‖ Mil. [tranchée] Laufgraben m.
boycottage [bɔjkɔta:ʒ] m. Sperre f. ; Boykott m.
boycotter [-te] v. tr. sperren ; ausschließen ; boykottieren.
boy-scout [bɔjskut] m. Pfadfinder m.
brabançon, onne [brabɑ̃sɔ̃, ɔn] adj. Géogr. brabantisch ; aus Brabant.
◇ s. **Brabançon, onne,** Brabanter(in) m. (f.).
◇ f. **Brabançonne,** belgische Nationalhymne.
Brabant (duché de) [brabɑ̃] m. Herzogtum Brabant n. | *Dentelles de Brabant*, Brabanter Spitzen f. pl.
bracelet [braslɛ] m. Armband n., -spange f., -reif m. | *Montre-bracelet*, Armbanduhr f.
brachial, iale, iaux [brakjal, jo] adj. zum Arm gehörig ; brachial ; Arm...
braconnage [brakɔna:ʒ] m. Wilderei f.
braconner [-ne] v. intr. wildern.
braconnier [-nje] m. Wilderer m. ; Wilddieb m.
brader [brade] v. tr. Comm. verschleudern.
braderie [-dri] f. Ramsch(verkauf) m.
braguette [bragɛt] f. Hosenschlitz m. ; Latz m.
brahmane, brame, bramine [braman, bram, bramin] m. Relig. Brahmane m. ; indischer Priester.
braie f. [pantalon] pl. Gallierhosen f. pl.
braillard, arde [braja:r, ard] adj. kreischend.
◇ m. **braillard,** Schreihals m. ; Kreischer m. ‖ Fig. Großmaul n. ‖ Mar. Sprachrohr n.
braille [bra:j] m. Blindenschrift f.
braillement [brɑjmɑ̃] m. Geschrei n. ; Plärren n.
brailler [-je] v. intr. schreien ; kläffen ; plärren ; kreischen ; jaulen.
braiment [brɛmɑ̃] m. Eselsgeschrei n.
braire [brɛ:r] v. intr. wie ein Esel schreien ; i-ahen. ‖ [crier] brüllen.
braise [brɛ:z] f. Holzkohlenglut f. ; glühende Kohlen f. pl. ; Glut f. ‖ Fig. *Chaud comme braise*, glühendheiß. | *Être sur la braise*, wie auf glühenden Kohlen sitzen.
braiser [-ze] v. tr. Culin. schmoren.
◇ part. pass. **braisé, ée,** geschmort. | *Chou braisé*, geschmorter Kohl.
brame [bram] m. [cerf] Röhren n.
bramer [brame] v. intr. [cerf] röhren ; rohren ; orgeln. ‖ Fig. schreien ; plärren.
brancard [brɑ̃ka:r] m. [civière] Trage f. ; (Trag)bahre f.
◇ m. pl. [de voiture] Gabeldeichsel f. ; Karrenholme m. pl. ‖ Fig., fam. *Ruer dans les brancards*, aufsässig sein ; aufmucken.
brancardier [-dje] m. Krankenträger m.
branchage [brɑ̃ʃa:ʒ] m. Gezweig n. ; Geäst n. ; Astwerk n.
branche [brɑ̃ʃ] f. [arbre] Ast m. ; Zweig m. | *Branche maîtresse*, Hauptast. | *Petite branche*, Reis n. ‖ Loc. *Sauter de branche en branche*, von Zweig zu Zweig hüpfen ; Fig. nicht bei der Sache bleiben. | *Comme l'oiseau sur la branche*, wie der Vogel auf dem Zweig. ‖ Par ext. Arm m. | *Branches d'un fleuve*, Seitenarme (m. pl.) eines Stroms. | *Chandelier à sept branches*, siebenarmiger Leuchter. | *Asperges en branches*, Stangenspargel m. pl. ‖ Fig. [famille] Zweig m. ; Linie f. | *Branche collatérale*, Seitenzweig. | *Branche ascendante*, aufsteigende Linie. ‖ Loc. *Avoir de la branche*, vornehm aussehen. ‖ [d'une science] Zweig m. | *Différentes branches de la chimie*, verschiedene Zweige der Chemie. ‖ Comm. Abteilung f. ; Zweig m. ; Fach n. ; Branche f. | *Branche d'activité*, Erwerbszweig ; Wirtschaftszweig.
— Syn. : *Branchage* m., Gezweig n. *Rameau* m., Zweig m. ; Reis n. *Ramure* f., Geäst n.
branchement [-ʃmɑ̃] m. Ver-, Abzweigung f. ‖ Électr. Zweigleitung f. ; Anschluß m. ; Schaltung f. | *Branchement sur secteur*, Netzanschluß.
brancher [-ʃe] v. intr. ab-, verzweigen.
◇ v. tr. Électr. anschließen ; schalten.
branchies [-ʃi] f. pl. Zool. Kiemen f. pl.
branchu, ue [-ʃy] adj. (viel)ästig ; beholzt.
Brandebourg [brɑ̃dbu:r] n. pr. m. Géogr. Brandenburg n. | *Marche de Brandebourg*, die Mark Brandenburg.
◇ m. **brandebourg,** Husarentressen f. pl.
brandebourgeois, eoise [-ʒwa, ʒwa:z] adj. brandenburgisch.
◇ s. **Brandebourgeois, eoise,** Brandenburger(in) m. (f.).
brandir [brɑ̃di:r] v. tr. ausholen ; schwingen ; hin und her schwenken. | *Brandir l'épée*, den Degen schwingen. ‖ Par ext. *Brandir une lettre*, einen Brief triumphierend vorhalten.
brandon [brɑ̃dɔ̃] m. [torche] Brand-, Strohfackel f. ; Feuerbrand m. ‖ Fig. *Brandon de discorde*, Fackel der Zwietracht.
branlant, ante [brɑ̃lɑ̃, ɑ̃:t] adj. wacklig ; klapprig ; schwankend ; schlotternd. | *Une poutre branlante*, ein lockerer Balken.
branle [brɑ̃:l] m. Anstoß m. ‖ Fig. *Donner le branle*, den Anstoß geben. ‖ Mus. [ronde] Reigen m.
branle-bas [-lba] m. Mar. Zurren (n.) der Hängematten ; Klarschiff n. ‖ Fig. [bouleversement] wildes Durcheinander.
branler [-le] v. tr. [agiter] schaukeln ; schütteln.
◇ v. intr. [osciller] wanken ; wackeln.
braquage [braka:ʒ] m. Einschlagen n. | *Angle de braquage*, Einschlagwinkel m. | *Rayon de braquage*, Dreh-, Wendekreis m.
braque [brak] adj. Fig., Fam. unbesonnen ; toll ; brüsk. | *Être un peu braque*, etwas brüsk sein.
◇ m. Bracke m. ; Stöberhund m.
braquer [brake] v. tr. (aus)richten. | *Braquer le canon sur qch.*, den Lauf auf etwas richten. ‖ Par ext. *Braquer les yeux sur qch.*, die Augen auf etwas lenken. ‖ Autom. einschlagen.
braquet [brakɛ] m. Techn. Zahnradübersetzung f. ‖ Sport. [cyclisme] *Mettre un grand braquet*, einen größeren Gang schalten.
bras [bra] m. Arm m. ; Oberarm m. | *Avant-bras*, Vorderarm. | *À deux bras*, zweiarmig. | *Les bras ballants*, mit schlenkernden Armen. ‖ [jeu] *Bras de fer*, Armdrücken n. ‖ Loc. *Tendre les bras*, die Arme ausstrecken ; Fig. zu Hilfe kommen. | *Prendre dans ses bras*, umarmen. | *Arrêter le bras de qn*, jm in den Arm fallen. ‖ Fig. *Gros comme le bras*, übertrieben. | *Avoir le bras long*, einen langen Arm haben. | *Demeurer les bras croisés*, die Hände in den Schoß legen. | *Les bras m'en tombent*, ich bin wie vor den Kopf geschlagen.

| *Avoir qn sur les bras*, jn auf dem Hals haben. | *Être le bras droit de qn*, die rechte Hand von jm, für jn sein. | *(Partie de) bras de fer*, Kraftprobe f. ; Tauziehen n. || [main-d'œuvre] Arm m. ; Hand f. ; Arbeitskräfte f. pl. | *L'agriculture manque de bras*, dem Land fehlt es an Arbeitskräften. | *Le bras séculier*, die weltliche Macht. || [choses] Arm m. | *Bras d'une rivière*, Flußarme m. pl. | *Bras d'un fauteuil*, Sessellehnen f. pl. | *En bras de chemise*, in Hemdsärmeln ; hemdsärmelig. || TECHN. Arm m. ; Hebel m. ; Schwengel m. ; Auslegerarm m. | *Bras de levier*, Hebelarm. | *Bras d'une grue*, Kranarm. | *Bras pivotant*, Schwenkarm. | *Bras d'une pompe*, Schwengel.
◇ loc. adv. *À bras ouverts*, mit offenen Armen. | *Frapper à tour de bras*, aus Leibeskräften schlagen. | *À bras le corps*, mitten um den Leib. | *Bras dessus, bras dessous*, Arm in Arm.

brasero [brazero] m. Kohlenbecken n.

brasier [-zje] m. (Kohlen)glut f. || FIG. Glut f.

brasiller [-zilje] v. tr. [rôtir] rösten ; grillen.
◇ v. intr. [scintiller] aufleuchten ; funkeln.

brassage [brasa:ʒ] m. Umrühren n. ; Durcheinanderwirbeln n. | *Brassage de peuples*, Völkergemisch n. || [bière] Brauen n.

brassard [brasa:r] m. Armbinde f.

brasse [bras] f. [mesure] Klafter f. || MAR. Faden m. || SPORT. Brustschwimmen n.

brassée [brase] f. Armvoll m. | *Brassée de paille*, Armvoll Stroh. || SPORT. Schwimmstoß m.

brasser v. tr. [agiter] rühren ; um-, durcheinanderrühren. || FIG. *Brasser des affaires*, viele Geschäfte machen. || [bière] brauen. || MAR. Segel brassen.

brasserie [brasri] f. [fabrique] Brauerei f. || [restaurant] Bräu n. ; Bierhaus n., -halle f., -garten m. ; Speiserestaurant n.

brasseur [-sœ:r] m. (Bier)brauer m. || FIG. *Brasseur d'affaires*, Wirtschaftskapitän m. || IRON. Geschaftlhuber m.

brassière [brasjɛ:r] f. Schnürleib(chen) m. (n.) ; Mieder n. ; Kinderjäckchen n.

Bratislava n. pr. m. GÉOGR. Preßburg n.

bravache [bravaʃ] m. Prahlhans m.

bravade [bravad] f. Herausforderung f. | *Avec un air de bravade*, herausfordernd ; übermütig.

brave [bra:v] adj. [courageux] tapfer ; mutig ; unerschrocken. | *Un soldat brave*, ein tapferer Soldat. || [honnête] brav ; bieder. | *Un brave homme*, ein Biedermann. | *De braves gens*, ordentliche Leute.
◇ n. Tapfere(r) m. ; Mutige(r) m. ; Held m. | *Se conduire en brave*, sich tapfer halten. || FAM. *Mon brave !*, guter Mann !, guter Freund !

bravement [-vmɑ̃] adv. tapfer ; brav.

braver [-ve] v. tr. [affronter] die Stirn bieten (dat.). | *Braver un danger*, einer Gefahr entgegengehen. || [défier] trotzen (dat.) ; Trotz bieten (dat.). || FIG. *Braver le nombre des années*, die Jahre überstehen.

bravo [bravo] interj. bravo ! ; sehr gut !
◇ m. Bravo n. ; Bravoruf m. | *Des bravos enthousiastes*, begeisterte Beifallskundgebungen f. pl.

bravoure [bravu:r] f. Tapferkeit f. ; Mut m. | *Acte de bravoure*, Heldentat f.

brebis [brəbi] f. || FIG. (Mutter)schaf n. || FIG. *Brebis galeuse*, räudiges, schwarzes Schaf. | *Brebis égarée*, verirrtes Schaf.

brèche [brɛ:ʃ] f. Bresche f. ; Durchbruch m. ; Lücke f. ; Scharte f. | *Faire une brèche à un couteau*, ein Messer schartig machen. || MIL. *Battre en brèche*, Bresche schießen. | *Ouvrir une brèche*, einbrechen. || FIG. *Battre en brèche un argument*, einen Beweis von Grund auf widerlegen. | *Être toujours sur la brèche*, immer da sein, wo's brennt.

bréchet [breʃɛ] m. Brustbeinkamm m.

bredouille [brədu:j] adj. ohne Glück ; voller Pech. | *Revenir bredouille*, unverrichteter Dinge zurückkehren.

bredouillement [-jmɑ̃] m. Stottern n. ; Gestotter n.

bredouiller [-je] v. tr. (heraus)stammeln, -stottern. | *Bredouiller des excuses*, Entschuldigungen stammeln.
◇ v. intr. unverständliches Zeug reden.

bref, brève [brɛf, ɛ:v] adj. kurz ; brüsk ; schroff. | *Pépin le Bref*, Pippin der Kurze. | *Dans le délai le plus bref*, baldmöglichst. | *Être bref* [en parlant], sich kurz fassen. | *Dire en bref*, mit wenigen Worten sagen. || [impératif] brüsk ; schroff. | *Avoir le ton bref*, einen befehlerischen Ton an sich haben.
◇ adv. **bref,** kurz und gut.
◇ m. **bref,** RELIG. Breve n. ; päpstliches Amtsschreiben ; Erlaß m.

brelan [brəlɑ̃] m. [au jeu] *Avoir un brelan*, drei gleiche Karten haben. || FIG. Kleeblatt n. ; Trio n.

breloque [brəlɔk] f. Anhängsel n. ; Uhrgehänge n. || POP. Bammelkram m. || FIG. *Battre la breloque*, verkehrt gehen ; faseln.

brème [brɛ:m] f. ZOOL. Brasse f. ; Brachsen m.

Brême [brɛ:m] n. pr. m. GÉOGR. Bremen n. ; Hansestadt Bremen.

Brésil [brezil] n. pr. m. GÉOGR. Brasilien n.

brésilien, ienne [-jɛ̃, jɛn] adj. GÉOGR. brasilianisch.
◇ s. **Brésilien, ienne,** Brasilianer(in) m. (f.).

Bressan, ane [brɛsɑ̃, an] s. Einwohner(in) m. (f.) der Bresse.

Bretagne [brətaɲ] n. pr. f. GÉOGR. Bretagne f. | *La Grande-Bretagne*, Großbritannien n.

bretelle [brətɛl] f. MIL. Gewehr-, Karabinerriemen m. | *Arme à la bretelle*, Gewehr umhängen ! || [vêtements] Hosenträger m. || TRANSP. Verbindungsbahn f., -straße f. ; [autoroute] Autobahnzubringer m. ; Autobahnanschlußstelle f.

breton, onne [brətɔ̃, ɔn] adj. bretonisch.
◇ s. **Breton, onne,** Bretone m. ; Bretonin f.
◇ **breton,** [langue] das Bretonische.

bretzel [brɛtzɛl] m. (Salz)brezel f.

breuvage [brøva:ʒ] m. Trank m. ; Getränk n.

brève [brɛ:v] f. GRAMM., POÉS. kurzer Vokal ; kurze Silbe ; Kürze f. || MUS. kurze Note.

brevet [brəvɛ] m. [diplôme] Zeugnis n. ; Bescheinigung f. ; Diplom n. || UNIV. *Brevet élémentaire*, (Mittelschul)abschlußzeugnis. | *Brevet de capacité*, Prüfungszeugnis. | *Brevet d'apprentissage*, Lehrbrief m. || AÉRON. *Brevet de pilote*, Luftfahrerschein m. ; Pilotenschein m. || JUR. Patent n. | *Brevet d'invention*, Patent.

breveter [-vte] v. tr. patentieren.
◇ part. pass. et adj. **breveté, ée,** patentiert ; befähigt. | *Inventeur breveté*, Patentinhaber m.

bréviaire [brevjɛ:r] m. RELIG. Brevier n.

bribe [brib] f. Brocken m. ; Stückchen n. | *Bribes d'un repas*, Überreste (m. pl.) einer Mahlzeit. || FIG. *Bribes de latin*, einige Brocken Latein.

bric-à-brac [brikabrak] m. Trödelkram m. ; Kunterbunt n. ; Plunder m.

brick [brik] m. MAR. Brigg f. ; Zweimaster m.

bricolage [brikɔla:ʒ] m. (Herum)basteln n. ; Pfuscherei f.

bricole [brikɔl] f. [harnais] Brust-, Zugriemen m. ; Siele f. || FIG. [menu travail] Nebenbeschäftigung f. || PAR EXT. [bagatelle] Kleinigkeit f. | *S'occuper à des bricoles*, sich mit Kleinigkeiten abgeben.

bricoler [-le] v. intr. [petits travaux] basteln. || [s'occuper à des riens] sich mit Kleinigkeiten abgeben.

bricoleur [-lœ:r] m. Bastler m. ; Heimwerker m.

bride [brid] f. Zügel m. ; Zaumzeug n. | *Sans bride*, ungezäumt ; FIG. zügellos. | *Mener par la bride*, am Zügel führen. | *Tourner bride*, umlenken ; FIG. umsatteln. | *À bride abattue*, mit verhängtem Zügel. | *Lâcher la bride*, die Zügel schießen lassen. || FIG. [frein] Zügel m. | *Tenir la bride serrée à qn*, jn kurz halten. | *Avoir la bride sur le cou*, sein eigener Herr sein. || TECHN. Flansch m. ; Bügel m. ; Klammer f.

brider [-de] v. tr. [cheval] aufzäumen ; das Zaumzeug anlegen ; zügeln. || TECHN. [freiner] zügeln. || TECHN. [serrer] bördeln ; umbördeln ; flanschen.
◇ part. pass. et adj. **bridé, ée,** aufgezäumt. || FIG. gezügelt. || LOC. *Yeux bridés*, Schlitzaugen n. pl.

bridge [bridʒ] m. JEUX. Bridge(spiel) n. || [dentier] (Zahn)brücke f.

bridger [-dʒe] v. intr. JEUX. Bridge spielen.

brièvement [briɛvmɑ̃] adv. kurz ; kurz und gut.

brièveté [-vte] f. Kürze f. ; kurze Dauer ; Gerafftheit f. | *Brièveté de la vie*, Kurzlebigkeit f.

brigade [brigad] f. MIL. Brigade f. | *Général de brigade*, Brigadegeneral m. || PAR EXT. [troupe] Trupp m. | *Brigade d'ouvriers*, Arbeiter(stoß)trupp ; Arbeitsbrigade. || ADM. *Brigade des mœurs*, Sittenpolizei f. ; die Sitte. | *Brigade des stupéfiants*, Drogendezernat n.

brigadier [-dje] m. MIL. [artillerie, cavalerie] Obergefreiter m. ; Brigadier m. || MAR. Vormann m. || PAR EXT. Gendarmerie Unteroffizier m.

brigand [brigɑ̃] m. Räuber m. ; Wegelagerer m. ; Brigant m. ; Straßenräuber m. | *Histoire de brigands*, Mordsgeschichte f. || FIG. [vaurien] Schelm m. ; Schlingel m.

brigandage [-da:ʒ] m. Straßenraub m.

briguer [-ge] v. tr. [ambitionner] werben um ; sich bewerben um ; trachten nach. | *Briguer un emploi*, sich um ein Amt bewerben.
◇ v. intr. [intriguer] Winkelzüge machen ; hintenrum arbeiten.

brillamment [brijamɑ̃] adv. glänzend.

brillant, ante [-jɑ̃, ɑ̃:t] adj. glänzend ; strahlend ; leuchtend ; hell ; funkelnd. | *Épée brillante*, blankes Schwert. | *Un diadème brillant*, ein funkelndes Diadem. || FIG. glänzend ; prächtig ; hervorragend. | *Position brillante*, glänzende Stellung. | *Brillante réception*, prunkvoller Empfang. | *Ce n'est pas brillant !*, das ist nicht eben glänzend !
◇ m. **brillant,** [pierre] Brillant m. ; Edelstein m. | *Faux brillant*, falscher, nachgemachter Diamant. || [éclat] Glanz m. ; Schimmer m. ; Funkeln n. || FIG. *Faux brillant*, falscher Glanz. | *Il a du brillant*, er hat äußeren Glanz.
— SYN. : *Éclat* m., Glanz m. *Lustre* m., Glänzen n. ; Lüster m. *Clinquant* m., Flitter(glanz) m.

brillantine [-jɑ̃tin] f. Brillantine f.

briller [-je] v. intr. **1.** SENS GÉNÉRAL : glänzen. | *Tout ce qui brille n'est pas or*, es ist nicht alles Gold, was glänzt. || [soleil, lune] scheinen ; strahlen. || [lumière] leuchten ; scheinen ; schimmern. || [visage] strahlen ; leuchten. || [scintiller, étinceler] glitzern ; funkeln. || LOC. *Se mettre à briller*, erglänzen ; aufleuchten. | *Le soleil brille à travers la feuillée*, die Sonne scheint durch das Laubwerk.
2. SENS FIGURÉS : [se distinguer] glänzen ; sich auszeichnen. | *Il brille par son esprit*, er sprüht vor Geist. | *Briller par ses talents*, sich durch seine Begabung hervortun. | *Briller d'un faux éclat*, gleißen. || IRON. *Briller par son absence*, durch Abwesenheit glänzen.

brimade [brimad] f. [épreuve] Fuchsprellen n. || PAR EXT. [vexation] Schikane f.

brimbaler [brɛ̃bale] v. intr. V. BRINGUEBALER.

brimborion [brɛ̃bɔrjɔ̃] m. [chose de peu de valeur] Kleinigkeit f. ; Lappalie f.

brimer [brime] v. tr. [maltraiter] schikanieren ; quälen. || [berner] hänseln ; aufziehen. || [écoles] einen neuen Schüler uzen.

brin [brɛ̃] m. [fétu] Halm m. | *Brin d'herbe, de paille*, Gras-, Strohhalm. || PAR EXT. Reis n. ; Sproß m. | *Brin de bouleau*, Buchenreis. || PAR ANAL. *Un beau brin de fille*, ein hübsches Ding. || [petite quantité] Stückchen n. ; Bißchen n. | *Il n'y a pas un brin de vent*, kein Lüftchen rührt sich. | *Faire un brin de toilette*, sich ein bißchen hübsch machen. || TECHN. Faden m. ; Strang m. ; Trumm m. | *À un brin*, einsträngig ; eintrümmig. | *Brin double*, Doppelstrang.

brindille [brɛ̃di:j] f. Zweiglein n. ; Reis n.

bringue [brɛ̃:g] f. FAM., PÉJOR. [femme] *Une grande bringue*, eine lange Latte. || *Faire la bringue*, ein Luderleben führen.

bringuebaler [brɛ̃gbale], **brimbaler** [brɛ̃bale] v. intr. sich hin und her bewegen.

brio [brijo] m. Lebhaftigkeit f. | *Avoir du brio*, lebendig, witzig, geistsprühend sein.

brioche [brijɔʃ] f. Napfkuchen m. || FAM. *Avoir de la brioche*, einen Bierbauch haben.

brique [brik] f. Ziegelstein m. ; Backstein m. | *Brique creuse*, Hohlstein. | *Brique hollandaise*, Klinker m. | *Brique réfractaire*, feuerfester Stein. | *Couleur brique*, backsteinrot.

briquer [brike] v. tr. FAM. blitzblank putzen.

briquet [brikɛ] m. Feuerzeug n.

briqueter [-te] v. tr. ziegelartig bemalen.

briqueterie [-tri] f. Ziegelei f.

briquetier [-tje] m. Ziegelbrenner m.

briquette [brikɛt] f. [charbon] Brikett n.

bris [bri] m. Bruch m. || JUR. *Bris de scellés*, Siegelbruch m. || MAR. Wrack n.

brisant [-zɑ̃] m. Brandung f. || [ouvrage] Wellenbrecher m. || [écueil] Klippe f.

brise [bri:z] f. Brise f. ; Lüftchen n. ; gelinder Wind. | *Brise du soir*, Abendluft f. | *Brise du large*, Seewind m.

brisé, ée [brize] adj. gebrochen ; zerbrochen. | *Ligne brisée*, gebrochene Linie.

brise-bise [brizbi:z] m. Scheibengardine f.

brisées [brize] f. pl. Bruch m. ; Markierungszweige m. pl. | *Marcher sur les brisées de qn*, jm ins Gehege kommen. | *Suivre les brisées de qn*, in js Fußstapfen treten.

brise-glace [brizglas] m. Eisbrecher m.

brise-jet [-ʒɛ] m. Wasserstrahler m.

brise-lames [-lam] m. Wellenbrecher m.

brisement [-zmɑ̃] m. (Zer)brechen n. || FIG. *Brisement de cœur*, tiefer Schmerz.

briser [-ze] v. tr. [mettre en pièces] (zer)brechen. || [nuances] zerschlagen ; zerschmettern ; zertrümmern ; zerstören. || LOC. *Briser en deux*, entzweibrechen. | *Briser en mille morceaux*, in tausend Stücke schlagen. | *Briser une branche*, einen Zweig knicken. | *Briser une vitre*, eine Scheibe einschlagen. || FIG. *Briser ses chaînes*, seine Fessel sprengen. | *Briser le joug*, das Joch zerbrechen. || [abattre] brechen ; zerschlagen. | *Briser la résistance*, den Widerstand brechen. | *Le cœur*

brisé, mit gebrochenem Herzen. || [interrompre] abbrechen.
◇ v. intr. [rompre] abbrechen. | *Briser avec qn*, mit jm (ab)brechen. | *Brisons là !*, lassen wir das !
◇ part. pass. et adj. **brisé, ée,** gebrochen. || FIG. *Brisé de fatigue*, todmüde.
◇ v. pr. **se briser,** sich brechen ; zerbrechen. | *Se briser contre qch.*, an etwas zerschellen. || [vagues] branden.

briseur, euse [brizœ:r, øz] s. (Zer)brecher(in) m. (f.). | *Briseur de grève*, Streikbrecher(in) m. (f.).

brise-vent [brizvɑ̃] m. Windschirm m.

bristol [bristɔl] m. glattes Kartonpapier.

brisure [brizy:r] f. [fente] Sprung m. ; Bruch(stelle) m. (f.) ; Knick m. | *Brisure d'une glace*, Sprung in einem Spiegel.

britannique [britanik] adj. GÉOGR. britisch | *Îles Britanniques*, Großbritannien.
◇ s. **Britannique,** Brite m. ; Britin f.

broc [bro] m. (Henkel)kanne f. ; Krug m.

brocante [brɔcɑ̃t] f. Antiquitätenhandel m.

brocanter [brɔkɑ̃te] v. tr. trödeln ; Altwarenhandel betreiben.

brocanteur, euse [-tœ:r, ø:z] s. Altwarenhändler(in) m. (f.) ; Trödler(in) m. (f.).

brocard [brɔka:r] m. FAM. [raillerie] Stichelei f. || [cerf] einjähriger Hirsch ; Spießer m.

brocarder [-de] v. tr. sticheln ; necken.

brochage [brɔʃa:ʒ] m. Broschieren n.

broche [brɔʃ] f. Bratspieß m. | *Mettre à la broche*, an den Bratspieß stecken. || [bijou] Brosche f. ; Anstecknadel f. || TEXT. *Broche à tricoter*, Stricknadel f. || TECHN. Dorn m. ; Daumen m. ; (Schrauben)-spindel f. | *À double broche*, zweispindelig. || [chasse] *Broches du sanglier*, Wildschweinhauer m. pl.

brocher [-ʃe] v. tr. TECHN. (durch)wirken. || [livre] broschieren. || BOT. Augen bekommen.
◇ part. pass. et adj. **broché, ée,** TECHN. ge-, durchwirkt. | *Étoffe brochée*, durchwirkter Stoff. || [livre] geheftet ; broschiert.

brochet [brɔʃɛ] m. ZOOL. Hecht m.

brochette [brɔʃɛt] f. [petite broche] kleiner Bratspieß. || [groupe] Reihe f. ; Gruppe f.

brocheur, euse [brɔʃœ:r, ø:z] s. Wirker m.
◇ f. **brocheuse,** Heftmaschine f.

brochure [-ʃy:r] f. [action] Heften n. ; Broschieren n. || [opuscule] Broschüre f. ; Schrift f. || TECHN. [pièce] Wirkmuster n.

brocoli [brɔkɔli] m. Brokkoli pl.

brodequin [brɔdkɛ̃] m. Halb-, Schnürstiefel m.

broder [brɔde] v. tr. sticken ; be-, aufsticken. | *Broder au tambour*, über dem Rahmen sticken. | *Brodé à la main*, handgestickt. | *Broder au crochet*, häkeln. | *Fil à broder*, Stickgarn n. || FIG. [amplifier] ausschmücken. | *Broder un récit*, eine Erzählung ausschmücken.

broderie [-dri] f. Stickerei f. ; Sticken n. | *Broderie au crochet*, Häkelei f. | *Broderie au tambour*, Rahmenstickerei. | *Broderie en guipure*, Spitzenstickerei. || FIG. Ausschmückung f.

brodeur, euse [-dœ:r, ø:z] s. Sticker(in) m. (f.).

broiement [brwamɑ̃] m. Zermalmen n.

brome [bro:m] m. CHIM. Brom m.

bromure [-my:r] m. Bromsalz n.

bronche [brɔ̃ʃ] f. ANAT. Bronchie f. ; Luftröhrenhauptast m. ; Luftröhrenverästelung f.

broncher [brɔ̃ʃe] v. intr. [trébucher] straucheln ; stolpern ; einen Fehltritt tun. || FIG. [bouger] sich rühren ; mucken. | *Ne pas oser broncher*, sich nicht zu mucksen wagen. | *Sans broncher*, ohne mit der Wimper zu zucken.

bronchite [brɔ̃ʃit] f. MÉD. Bronchitis f. ; Luftröhrenentzündung f.

broncho-pneumonie [brɔ̃kopnømɔni] f. MÉD. Pneumonie f.

bronzage [brɔ̃za:ʒ] m. Bronzieren n. || [peau] Bräunen n. ; Braunwerden n. || [résultat] Bräune f.

bronze [brɔ̃:z] m. Bronze f. ; Erz n. | *Bronze rouge*, Rotguß m. | *De bronze*, bronzen ; erzen ; FIG. ehern ; eisern. | *Âge du bronze*, Bronzezeit f. || [statue] Bronzestatue f. || [monnaie] (Kupfer)geld n.

bronzer [-ze] v. tr. bronzieren ; eine Erzfarbe geben. || PAR EXT. [brunir] bräunen.
◇ part. pass. et adj. **bronzé, ée,** bronzefarbig. || [bruni] sonnengebräunt.
◇ v. pr. **se bronzer,** [se brunir] sich bräunen.

brossage [brosa:ʒ] m. Bürsten n. ; Ab-, Durchbürsten n.

brosse [brɔs] f. Bürste f. | *Brosse à habits, à souliers, à dents, à ongles*, Kleider-, Schuh-, Zahn-, Nagelbürste. | *Brosse de chiendent*, Wurzelbürste. | *Brosse métallique*, Draht-, Stahlbürste. | *Brosse à frotter*, Schrubber m. | *Donner un coup de brosse à qn*, jn abbürsten. || PAR EXT. *Avoir les cheveux en brosse*, die Haare ganz kurz tragen. || [gros pinceau] Pinsel m.

brosser [-se] v. tr. [nettoyer] bürsten ; aus-, abbürsten. | *Brosser les dents*, die Zähne putzen. | *Brosser à rebrousse-poil*, gegen den Strich bürsten. || [peindre] *Brosser un tableau*, ein Gemälde hinhauen.
◇ v. pr. **se brosser,** sich abbürsten. || FIG., FAM. dran glauben müssen.

brosserie [-sri] f. [fabrique] Bürstenfabrik f., -binderei f. || [commerce] Bürstenhandel m.

brou [bru] m. grüne Nußschale. || [liqueur] *Brou de noix*, Nußlikör m. || [teinture] Nußbeize f.

brouette [bruɛt] f. Schubkarren m. ; Schiebkarre f.

brouettée [-te] f. Schubkarrenvoll f.

brouetter v. tr. (weg)karren ; (weg)schleppen.

brouhaha [bruaa] m. Getöse n. ; Durcheinander m. ; wirrer Lärm ; POP. Remidemi n.

brouillage [bruja:ʒ] m. RADIO. Störung f. ; Störgeräusch n.

brouillamini [brujamini] m. FAM. Durcheinander n. ; Unordnung f. ; Wirrwarr m.

brouillard [bruja:r] m. Nebel m. ; Dunst m. | *Il y a du brouillard*, es herrscht Nebel ; es ist neblig. | *Brouillard léger*, Duft m. ; Dunst m. | *Brouillard artificiel*, Ein-, Vernebelung f. | *Ne voir qu'à travers un brouillard*, nur verschwommen sehen können. || COMM. [registre] Kladde f. ; Tagebuch n.

brouillasser [-jase] v. intr. nebeln.

brouille [bru:j] f. Uneinigkeit f. ; Zwist m. ; Mißhelligkeit f.

brouiller [-je] v. tr. [mélanger] (ver)mischen ; durcheinanderschütteln. | *Brouiller des œufs*, Eier rühren. || FIG. [troubler] verwirren ; trüben. | *Brouiller les idées*, die Gedanken verwirren. | *Brouiller les cartes*, Verwirrung anstiften. || [désunir] entzweien. | *Brouiller des amis*, Freunde entzweien.
◇ part. pass. et adj. **brouillé, ée,** [temps, couleurs] verwischt ; trübe ; unklar ; benebelt. || [choses] vermischt. || FIG. [désuni] verkracht ; zerworfen ; uneins. | *Être brouillé avec qn*, mit jm auf Kriegsfuß stehen. || LOC. *Œufs brouillés*, Rühreier n. pl.
◇ v. pr. **se brouiller,** [temps] trübe werden. || FIG. *Se brouiller avec qn*, sich mit jm verkrachen.

brouillon, onne [brujɔ̃, ɔn] adj. unordentlich ; trübend. | *Esprit brouillon*, Wirrkopf m.

brouillon [-jɔ̃] m. [écrit] Kladde f. ; Unreines n. | *Brouillon de lettre*, Briefentwurf m.

broussaille(s) [brusɑ:j] f. (pl.) (Dornen)gestrüpp n. ; Buschwerk n. || PAR EXT. *Sourcils en broussaille*, buschige Augenbrauen f. pl. | *Barbe en broussaille*, struppiger Bart.

broussailleux, euse [-jø, ø:z] adj. buschig ; verbuscht. || PAR EXT. struppig.

brousse [brus] f. Buschwildnis f. ; Busch m. | *Vivre dans la brousse*, im Busch leben.

brouter [brute] v. tr. (ab)weiden ; (ab)grasen. || TECHN. *Le moteur broute*, der Motor spukt.

broutille [-ti:j] f. FIG. Lappalie f. ; Schickschnack m.

browning [brauniŋ] m. Revolver m. ; Browning m.

broyage [brwaja:ʒ] ou **broiement** [brwamɑ̃] m. (Ver)mahlen n. ; Zerreiben n. ; Schroten n.

broyer [-je] v. tr. zerkleinern ; (ver)mahlen ; zerreiben ; schroten. || FIG., FAM. *Broyer du noir*, alles schwarz, in schwarz sehen.

— SYN. : *Concasser*, grobmahlen ; zerstoßen. *Écraser*, zermalmen ; zerdrücken.

broyeur, euse [-jœ:r, ø:z] adj. Mahl... | *Anneau broyeur*, Mahlring m. | *Molaire broyeuse*, Mahlzahn m. — m. **broyeur**, Zerkleinerer m. | *Broyeur d'ordures*, Müllzerkleinerer.

brrr ! interj. brr ! ; hu !

bru [bry] f. Schwiegertochter f. ; Sohnesfrau f.

bruant [brɥɑ̃] m. ZOOL. Ammer f. ; Goldammer f.

Bruges [bry:ʒ] n. pr. f. GÉOGR. Brügge n.

bruine [brɥin] f. Sprühregen m. ; Nieselregen m.

bruiner [-ne] v. intr. nieseln ; fein regnen.

bruineux, euse [-nø, ø:z] adj. nieselig.

bruire [brɥi:r] v. intr. [sens général] brausen ; rauschen. || [nuances] säuseln ; sausen ; rascheln ; lispeln ; murmeln. | *Le vent bruit dans les feuilles*, der Wind raschelt in den Blättern ; der Wind wispert im Laub. | *Le ruisseau bruit*, der Bach murmelt.

bruissement [-smɑ̃] m. Rauschen n. ; Brausen n. ; Säuseln n. ; Rascheln n. ; Wispern n. ; Murmeln n.

bruit [brɥi] m. **1.** SENS GÉNÉRAL : Geräusch n. ; Lärm m. | *Bruit de fond*, Hintergrundsgeräusch n. ; Geräuschkulisse f. | *Bruit de roulement*, [automobile] Fahrgeräusch n. | *Faire du bruit*, Geräusch machen ; lärmen. | *Sans bruit*, geräuschlos ; lautlos. | *Se retirer loin du bruit*, sich in die Stille zurückziehen.

2. NUANCES PARTICULIÈRES : [foule] Getümmel n. ; Getöse n. || [voix] Laut m. ; Schall m. ; Hall m. || [vent] Rauschen n. ; Sausen n. ; Brausen n. ; Säuseln n. || [eau] Rauschen n. ; Murmeln n. ; Plätschern n. || [feuilles] Rauschen n. ; Lispeln n. ; Säuseln n. ; Wispern n. || [bois] Krachen n. ; Knarren n. ; Klappern n. || [instrument] Schall m. ; Klang m. || [tambour] Schlag m. || [cloche, sonnette] Geläute n. || [tonnerre, canon] Donnern n. || [détonation] Knallen n. ; Geknatter n. || [charrette] Rasseln n. || [verres, armes] Klirren n. || [pierre, pluie] Prasseln n. || [moteur, insecte] Surren n. ; Summen n. ; Dröhnen n. ; Schwirren n. || [bouillonnement] Brodeln n. || [marteau] Hämmern n. ; Klopfen n.

3. [rumeur] Gerücht n. ; Gerede n. || PÉJOR. Geschwätz n. | *Faire courir un bruit*, ein Gerücht verbreiten. | *Le bruit court que*, es geht die Rede, daß ; es heißt, daß. | *Ce sont des bruits en l'air*, es sind grundlose Gerüchte. || [réputation] Ruf m. ; Aufsehen n. | *Le bruit de ses exploits*, der Ruf von seinen Taten. | *Faire grand bruit*, viel Aufsehen erregen.

4. [tapage] Lärm m. ; Krach m. | *Bruit infernal*, Höllenspektakel m. | *Bruit de voix*, Stimmengewirr n. || FIG. *Faire grand bruit autour de qch.*, viel Aufhebens um etwas machen. | *Beaucoup de bruit pour rien*, viel Lärm um nichts.

5. NUCL. *Bruit de fond*, Nebengeräusch n.

bruitage [-ta:ʒ] m. FILM. Geräuschkulisse f.

bruiteur [-tœ:r] m. FILM. Geräuschtechniker m.

brûlant, ante [-lɑ̃, ɑ̃:t] adj. brennend ; heiß. | *Soleil brûlant*, stechende Sonne. || PAR EXT. *Joues brûlantes*, glühende Wangen f. pl. || FIG. [ardent] glühend ; leidenschaftlich ; feurig. || LOC. *Question, Sujet brûlant(e)*, heikle Frage ; heißes Eisen.

brûle-parfum [-parfœ̃] m. Räucherpfanne f.

brûle-pourpoint (à) [abrylpurpwɛ̃] loc. adv. mir nichts, dir nichts ; grad ins Gesicht ; aus dem Stegreif.

brûler [bryle] v. tr. [détruire] brennen ; ver-, aus-, auf-, abbrennen. | *Brûler entièrement*, ausbrennen. | *Brûler lentement*, schwelen. || [pour chauffer] brennen. | *Alcool à brûler*, Spiritus m. || [pour tirer] (Ab)brennen. | *Brûler une cartouche*, eine Kugel abbrennen. | *Brûler la cervelle à qn*, jm eine Kugel durch den Kopf jagen. || [causer une brûlure] verbrennen ; versengen. | *Brûler sa robe*, das Kleid versengen. || PAR EXT. *Les acides brûlent la peau*, die Säuren greifen die Haut an. | *Le soleil brûle les plantes*, die Sonne dörrt die Pflanzen aus. | *Les mains me brûlent*, es juckt mir in den Händen. || [distiller, torréfier] brennen. | *Brûler de l'eau-de-vie*, Schnaps brennen. | *Brûler du café*, Kaffee rösten. || FIG. *Brûler une gare*, durchfahren ; durchsausen. | *Brûler la politesse à qn*, jn einfach stehen lassen ; durchbrennen. | *Brûler un feu rouge*, ein Lichtsignal überfahren. | *Brûler les étapes*, die Stufen überspringen. || THÉÂTR. *Brûler les planches*, ausgezeichnet spielen.

◇ v. intr. [se consumer] (ver)brennen ; aus-, abbrennen. | *La maison brûle*, das Haus steht in Flammen. | *Brûler à feu couvert*, glimmen ; glühen. | *Commencer à brûler*, anbrennen. | *Achever de brûler*, ausbrennen. | *Le rôti brûle*, der Braten brennt an. || FIG. [être enflammé] brennen ; lodern ; entflammt sein ; glühen. | *Brûler d'amour*, in Liebe entflammt sein. || [désirer] brennen ; glühen ; ersehnen. | *Brûler d'impatience*, vor Ungeduld brennen. | *Brûler de soif*, brennenden Durst haben. || LOC. *Vous brûlez !*, gleich haben Sie's ; Sie sind ganz nah' dran ! | *Le torchon brûle !*, es ist Streit im Hause.

◇ part. pass. et adj. **brûlé, ée,** verbrannt. | *Vigne brûlée par la gelée*, erfrorene Rebe. | *Tête brûlée*, Hitzkopf m. || FIG. [démasqué] entlarvt. || SUBSTANTIV. *Cela sent le brûlé*, das riecht brenzlig ; FIG. das sieht mulmig aus.

◇ v. pr. **se brûler,** sich verbrennen. | *Se brûler les ailes*, sich die Flügel versengen.

brûlerie [-lri] f. (Kaffee)rösterei f.

brûleur [-lœ:r] m. TECHN. [appareil] Brenner m. | *Brûleur à gaz*, Gasbrenner.

brûlot [-lo] m. MAR. Brandschiff n. || FIG. Streitschrift f. || POLIT. heißes Eisen.

brûlure [-ly:r] f. Brandwunde f. ; Brandmal n. | *Se faire une brûlure*, sich eine Brandwunde zuziehen. || MÉD. Brennen n. | *Brûlure d'estomac*, Sodbrennen.

brume [brym] f. Nebel m. | *Traînée de brume*, Nebelstreif m. || MAR. Mist m. | *Banc de brume*, Nebelbank f.

brumeux, euse [-mø, ø:z] adj. neblig ; dunstig ; vernebelt. | *Temps brumeux*, Nebelwetter n. || FIG. unklar.

brun, une [brœ̃, yn] adj. [sens général] braun. | *Ours brun*, Braunbär m. | *Brun clair*, hellbraun. | *Brun foncé*, schwarzbraun. | *Aux yeux bruns*, braunäugig. | *Bai brun*, braunrot. || PAR EXT. [sombre] *Teint brun*, dunkle Hautfarbe. | *Bière brune*, dunkles Bier.

◇ m. **brun,** [couleur] Braun n. ; Bräune f. || [personne] Brauner m.
◇ f. **brune,** [femme] Brünette f.

brunâtre [brynɑ:tr] adj. bräunlich.

Brunehaut [brynəo] n. pr. f. HIST. Brunhilde f.

brunir [-ni:r] v. tr. bräunen. || TECHN. polieren.
◇ v. intr. bräunen ; braun werden.
◇ part. pass. et adj. **bruni, ie,** gebräunt. || [par le soleil] sonnengebräunt. || TECHN. poliert.

Brunswick n. pr. m. GÉOGR. Braunschweig n.

Brushing [brœʃiŋ] m. (n. déposé) Fönfrisur f.

brusque [brysk] adj. plötzlich ; jäh ; schroff ; brüsk. | *Un départ brusque*, ein plötzlicher Aufbruch. || FIG. [bourru] grob ; brüsk. | *Caractère brusque*, schroffer Charakter.

brusquement [-skəmɑ̃] adv. plötzlich ; unvermittelt.

brusquer [-ske] v. tr. [hâter] überstürzen ; übereilen. | *Brusquer une affaire*, ein Geschäft überstürzen. | *Brusquer sa décision*, sich kurz entschließen. | *Ne pas brusquer les choses*, nichts übereilen. || FIG. [rudoyer] hart anfahren ; barsch anreden ; brüskieren.

brusquerie [-skɛri] f. [action] Schroffheit f. ; schroffe Art. || [parole] schroffe Äußerung.

brut, ute [bryt] adj. [pas façonné] unbearbeitet ; roh ; unbehauen. | *Diamant brut*, ungeschliffener Diamant. | *Sucre brut*, Rohzucker m. | *Poids brut*, Brutto-, Rohgewicht n. | *Salaire brut*, Bruttolohn m. || FIG. [non éduqué] ungehobelt.

brutal, ale, aux [brytal, o] adj. [animal] tierisch ; viehisch. | *Instinct brutal*, tierischer Instinkt. || FIG. [grossier, emporté] grob ; roh ; rücksichtslos ; heftig. | *Force brutale*, rohe Gewalt. | *Coup brutal*, harter Schlag. | *Décision brutale*, schroffe Entscheidung.
◇ m. **brutal,** Rohling m. ; Grobian m.

brutaliser [-lize] v. tr. mißhandeln.

brutalité [-lite] f. [caractère] Roheit f. ; Grobheit f. ; Rücksichtslosigkeit f. ; Brutalität f. || [acte] Mißhandlung f. ; Gewalttat f.
— SYN. : *Sauvagerie* f., Wildheit f. *Cruauté* f., Grausamkeit f. *Atrocité* f., Gräßlichkeit f. *Férocité* f., Grimmigkeit f.

brute [bryt] f. [animal] Bestie f. ; Vieh n. || [personne grossière] Grobian m. ; Rohling m. || POP. *Se conduire comme une brute*, sich wie die Axt im Urwald benehmen. || LOC. [injure] *Quelle sombre brute !*, was für eine Bestie !

Bruxelles [brysɛl] n. pr. m. GÉOGR. Brüssel n.

bruyamment [brɥijamɑ̃] adv. lärmend ; laut.

bruyant, ante [-jɑ̃, ɑ̃:t] adj. lärmend ; geräuschvoll ; laut. | *Gaieté bruyante*, ausgelassene Heiterkeit. | *Musique bruyante*, schmetternde Musik. | *Foule bruyante*, tobende Volksmenge. | *Trop bruyant*, überlaut.

bruyère [bryjɛ:r] f. BOT. Heidekraut n. ; Erika f. | *Coq de bruyère*, Auer-, Birkhahn m.

buanderie [byɑ̃dri] f. Waschküche f.

bubon [bybɔ̃] m. MÉD. Lymphknoten m.

bubonique [-bɔnik] adj. MÉD. beulig. | *Peste bubonique*, Beulenpest f.

buccal, ale, aux [bykal, o] adj. ANAT. Mund... | *Cavité buccale*, Mundhöhle f.

buccin [byksɛ̃] m. ZOOL. Trompetenschnecke f.

bûche [byʃ] f. Holzscheit n. ; Klotz m. || FIG., FAM. *Ramasser une bûche*, hinfliegen.

bûcher v. intr. POP. [travailler] büffeln ; schuften.

bûcheron [-ʃrɔ̃] m. Holzhacker m. ; Holzfäller m. ; Holzhauer m. ; Waldarbeiter m.

bûchette [-ʃɛt] f. Holzstäbchen n.

bûcheur, euse [-ʃœ:r, ø:z] s. FAM. Arbeitstier n.

bucolique [bykɔlik] adj. *Poème bucolique*, Schäferdichtung f.

Bucovine [bykɔvin] n. pr. f. GÉOGR. Bukowina f.

budget [bydʒɛ] m. Haushaltsplan m. ; Etat m. ; Budget n. | *Budget annuel*, Jahresbudget. | *Budget de l'État*, Staatshaushalt m. | *Voter le budget*, den Haushaltsplan genehmigen. | *Équilibrer le budget*, den Haushaltsplan ausgleichen.

budgétaire [-ʒetɛ:r] adj. etatmäßig. | *Ressources budgétaires*, ordentliche Haushaltsmittel n. pl. | *Année budgétaire*, Haushaltsjahr n.

budgétiser [-ʒetize] v. tr. einplanen.

budgétivore [-ʒetivɔr] m. IRON., POP. Staatskrippenfresser m. ; Steuerfresser m.

buée [bɥe] f. Wasserdampf m. ; Wasserdunst m. | *Vitre couverte de buée*, beschlagenes Fenster.

buffet [byfɛ] m. [armoire] Anrichte f. ; Büfett n. ; Küchenschrank m. || FAM. *Danser devant le buffet*, nichts zu essen haben. || [restaurant] Schanktisch m. | *Buffet de gare*, Bahnhofsgaststätte f. | *Buffet froid*, kaltes Büfett. || MUS. *Buffet d'orgue*, Orgelgehäuse n.

buffle [byfl] m. ZOOL. Büffel m. ; Büffelleder n.

building [bildiŋ] m. ARCHIT. Hochhaus n. ; Bürohaus n.

buis [bɥi] m. BOT. Buchsbaum m.

buisson [bɥisɔ̃] m. Busch m. ; Gebüsch n. ; Strauch m. | *Buisson de roses*, Rosenhag m. || RELIG. *Buisson ardent*, Brennender Busch. || *Battre les buissons*, [vénerie] das Buschwerk durchkämmen.

buissonneux, euse [-sɔnø, ø:z] adj. buschig.

buissonnier, ière [-sɔnje, jɛ:r] adj. LOC. *Faire l'école buissonnière*, die Schule schwänzen.

bulbe [bylb] m. [oignon] Zwiebel f. ; Knolle f. || ANAT. Anschwellung f. | *Bulbe rachidien*, Rückenmarksverlängerung f. || ARCHIT. Zwiebelhaube f. | *Clocher à bulbe*, Zwiebelturm m.

bulbeux, euse [-bø, ø:z] adj. knollig ; zwiebelartig. | *Plante bulbeuse*, Knollengewächs n.

bulgare [bylga:r] adj. GÉOGR. bulgarisch.
◇ s. **Bulgare,** Bulgare m. ; Bulgarin f.

Bulgarie [-ri] n. pr. f. GÉOGR. Bulgarien n.

bulldozer [buldɔzœr] m. TECHN. Planierramme f.

bulle [byl] f. Blase f. ; Bläschen n. | *Bulle de savon*, Seifenblase. | *Faire des bulles*, Blasen ziehen. || AÉRON. *Bulle d'air*, Luftblase f. || [clou] Tapezier-, Schmucknagel m. || [bande dessinée] Sprechblase f. || RELIG. Bulle f. ; Siegel n. | *Bulle du pape*, päpstliche Bulle.
◇ m. et adj. invar. *Papier bulle*, rauhes Konzeptpapier.

bulletin [byltɛ̃] m. [billet] Zettel m. | *Bulletin de vote*, Stimmzettel. | *Bulletin de la Bourse*, Börsenzettel. || [rapport] Bericht m. | *Bulletin des lois*, Gesetzblatt n. | *Bulletin officiel*, Amtsanzeiger m. | *Bulletin météorologique*, Wetterbericht. || [état de travail] Zeugnis n. | *Bulletin d'écolier*, Schulzeugnis. || [attestation] Attest n. ; Schein m. | *Bulletin de garantie*, Garantieschein. | *Bulletin de paie, de salaire*, Gehaltsbescheinigung f. ; Lohnstreifen m. || [revue] Bulletin n.

bungalow [bœ̃galo] m. Verandahaus n. ; Bungalow m.

buraliste [byralist] m. [receveur] Einnehmer m. || PAR EXT. [tabac] Tabakverkäufer m.

bure [by:r] f. [étoffe] grober brauner Wollstoff. || PAR EXT. [habit] Wollkleid n. || MINES. [puits] Blindschacht m. ; Stapel m.

bureau [byro] m. [table à écrire] Schreib-, Arbeitstisch m. | *Garniture de bureau*, Büroausstattung f. ||

[pièce] Arbeitszimmer n. ; Schreibstube f. ; Büro n. | *Bureau paysagé*, Grossraumbüro. | *Fournitures de bureau*, Bürobedarfsartikel m. pl. || [d'une administration] Amtszimmer n. ; Dienststelle f. | *Bureau du directeur*, Direktionszimmer n. | *Chef de bureau*, Bürovorsteher m. || PAR EXT. [service] Amt n. ; Dienst m. | *Bureau de poste*, Postamt. | *Bureau des contributions*, Steueramt. | *Bureau de l'état civil*, Standesamt. | *Bureau des statistiques*, statistisches Amt. | *Bureau d'études*, Konstruktionsbüro n. || COMM. Büro n ; Kontor n. ; Geschäftszimmer n. ; Agentur f. | *Bureau de change*, Wechselstube. | *Bureau de tabac*, Tabakgeschäft n. | *Bureau de location*, Vorverkaufstelle f. | *Bureau de placement*, Arbeitsvermittlungsstelle. || [comité] Vorstand m. ; Ausschuß m.

bureaucrate [-krat] m. Bürokrat m.
— SYN. : *Employé* (m.) *de bureau*, Büroangestellter. *Gratte-papier* m., Papierkratzer m. *Rond-de-cuir* m., Schemeldrücker m.

bureaucratie [-krasi] f. Bürokratie f. || PÉJOR. Amtsschimmel m.

bureaucratique [-kratik] adj. bürokratisch.

Bureautique [byrotik] f. (nom déposé) Büroautomation f. ; Bürotechnik f. ; Bürokommunikation f.

burette [byrɛt] f. RELIG. Meßweinkännchen n. || TECHN. [pour graisser] Ölkännchen n.

Burgondes [byrgɔ̃:d] m. pl. Burgunder m. pl.

burgrave [byrgra:v] m. HIST. Burggraf m.

burin [byrɛ̃] m. Meißel m. ; Grabstichel m.

buriner [byrine] v. tr. meißeln ; stechen ; gravieren. || FIG. *Écriture burinée*, eine Schrift wie gestochen.

burlesque [byrlɛsk] adj. possenhaft ; burlesk.
◇ m. [genre] derbe Komik ; Burleske f.

burnous [byrnu] m. Burnus m.

bus [bys] m. [autobus] Bus m. | *Prendre le bus*, mit dem Bus fahren.

bus m. INF. Bus m. ; Datenweg m. | *Bus bidirectionnel*, Zweiwegdatenbus.

busard [byza:r] m. ZOOL. (Mäuse)bussard m. ; Weihe f.

buse [by:z] f. ZOOL. Bussard m. ; Weihe f. || TECHN. [tuyau] Düse f. ; Rohr n. | *Buse d'air*, Luftdüse ; Lufttrichter m. || FIG., FAM. *C'est une buse*, er ist ein Dummkopf.

busquer [byske] v. tr. [courber] krümmen ; biegen.
◇ part. pass. et adj. **busqué, ée,** gebogen ; gewölbt. | *Nez busqué*, krumme Nase.

buste [byst] m. Oberkörper m. ; Brustbild n. ; (Porträt)büste f. | *Avoir le buste court*, von gedrungenem Oberkörper sein. | *Portrait en buste*, Brustbild.

but [byt] m. [point visé] Ziel n. ; Zielscheibe f. | *Avoir pour but*, zum Ziel haben. | *Toucher, manquer le but*, das Ziel erreichen, verfehlen. | *But final*, Endziel. | *Coup au but*, Volltreffer m. | *Quel était ton but ?*, was bezwecktest du ? | *Contraire au but*, zweckwidrig. | *Sans but*, zweck-, ziellos. || [Aller droit au but], schnurstracks aufs Ziel losgehen. || [intention] Absicht f. || SPORT. Tor n. | *Marquer un but*, ein Tor schießen.
◇ loc. adv. **de but en blanc,** plötzlich ; unverzüglich ; mir nichts, dir nichts.

butane [bytan] m. Butangas n.

butée [byte] f. [de pont] Eckpfeiler m. || TECHN. Anschlag m.

buter v. tr. stützen (auf, acc.). || TECHN. anschlagen.
◇ v. intr. [s'appuyer] stoßen (an, acc.) ; sich stützen (auf, acc.). || [heurter] (mit dem Fuß) anstoßen ; stolpern ; straucheln. | *Buter contre une pierre*, gegen einen Stein stoßen.
◇ part. pass. et adj. **buté, ée,** verstockt ; eigensinnig.
◇ v. pr. **se buter,** [s'obstiner] sich verbohren ; beharren.

butin [bytɛ̃] m. (Aus)beute f. ; Fang m. | *Faire un butin*, erbeuten. | *Butin de guerre*, Kriegsbeute. || PAR EXT. *Butin des abeilles*, Sammlerergebnis (n.) der Bienen. || FIG. [acquisition] Erwerb m.

butiner [-tine] v. intr. Beute machen. || PAR EXT. *Les abeilles butinent*, die Bienen sammeln.

butoir [bytwa:r] m. Prellbock m. ; Puffer m.

butor [bytɔ:r] m. ZOOL. Rohrdommel f. || FIG. [balourd, grossier] Flegel m. ; Lümmel m.

butte [byt] f. [tertre] Erdhügel m. ; Hügel m. ; Kuppe f. | *La butte Montmartre*, FAM. *La Butte*, der Hügel Montmartre. || FIG. [exposé] *Être en butte à qch.*, einer Sache ausgesetzt sein. || MINES. Stempel m.

butter [byte] v. tr. AGRIC. (an)häufeln ; Erdhaufen setzen.

buvable [byvabl] adj. trinkbar. || FIG., FAM. [supportable] erträglich ; annehmbar.

buvard [byva:r] m. Löschpapier n.

buvette [-vɛt] f. Trinkhalle f. ; Erfrischungsraum m. ; Ausschank m.

buveur, euse [-vœ:r, ø:z] s. Trinker(in) m. (f.) ; Zecher m.

Byzance [bizɑ̃:s] n. pr. GÉOGR., HIST. Byzanz n.

byzantin, ine [bizɑ̃tɛ̃, in] adj. byzantinisch. | *Empire byzantin*, Oströmisches Reich. || FIG. *Querelle byzantine*, zweckloser Streit. || ARTS. *Style byzantin*, byzantinischer Stil.
◇ s. **Byzantin, ine,** Byzantiner(in) m. (f.).

C

C [se] m. C n. || C [« centum », cent] hundert. || CHIM. C [carbone] Kohlenstoff m.

ça [sa] pron. dém. (abrév. de **cela**) dies ; das ; es. || LOC. *Ça ira*, es wird gehen. || *Ça va mal*, es geht schlecht ; das läuft verquer. | *Il ne manquait plus que ça*, das fehlte gerade noch. | *Pas de ça !*, so nicht ! ; nichts von dem ! | *A-t-on jamais vu ça !*, nein, so was ! | *C'est toujours ça*, das ist immerhin soviel. | *Comme ci comme ça*, naja, so eben. | *Et avec ça ?*, sonst noch was ? | *Ça y est !*, da haben wir's ! ; na endlich ! ; so ? | *Ça alors !*, nein, sowas !

çà [sa] adv. hier ; hierher ; hierhin. | *Çà et là*, hier und da. | *Courir çà et là*, herumlaufen. | *Écouter çà et là*, überall herumhorchen.

cabale [kabal] f. Kabbala f. || [intrigue] Ränkespiel n. ; Kabale f. ; Intrige f. | *Former des cabales*, Ränke schmieden. || [partisans] Clique f.

cabalistique [-listik] adj. kabbalistisch.

caban [kabɑ̃] m. Seemannsjacke f. ; Regenmantel m.

cabane [kaban] f. Hütte f. ; Häuschen n. | *Cabane de pêcheur*, Fischerhütte. | *Cabane à lapins*, Kaninchenstall m. | *Cabane à outils*, Geräteschuppen m. || FAM. [maison] Bude f.

— SYN. : *Chaumière* f., Hütte f. *Cahute* f., Hüttchen n.

cabanon [-nɔ̃] m. Hüttchen n. || [cellule] Gefängniszelle f. || [aliénés] Gummizelle f.

cabaret [kabarɛ] m. [auberge] Schenke f. ; Kneipe f. || FAM. *Être un pilier de cabaret*, ständig in der Kneipe sitzen. | *Cabaret borgne*, Spelunke f. || PAR EXT. Nachtlokal n. || [plateau] Likörtablett n.

— SYN. : *Estaminet* m., Wirtshaus n. *Bistrot* m., Weinstube f. *Taverne* f., Hafenkneipe f.

cabaretier, ière [-rtje, jɛ:r] s. Wirt(in) m. (f.).

cabas [kaba] m. Einholtasche f. ; Einkaufstasche f.

cabestan [kabɛstɑ̃] m. MAR. Spill n. ; Winde f.

cabillaud [kabijo] m. ZOOL. Kabeljau m.

cabine [kabin] f. MAR. Kajüte f. ; Kabine f. ; Koje f. || PAR EXT. *Cabine de bain*, Badekabine. | *Cabine d'essayage*, Ankleidekabine. | *Cabine téléphonique*, Fernsprechzelle f. ; Telephonzelle f. || [d'un camion] Führersitz m. ; [d'une grue] Führerstand m. ; Führerhaus n. || AÉRON. *Cabine sous pression*, Druckkabine f.

cabinet [kabinɛ] m. [pièce] Raum m. ; Zimmer n. | *Cabinet particulier*, Séparé n. | *Cabinet de toilette*, Waschraum. | *Cabinet noir*, Abseite f. || [bureau] *Cabinet de travail*, Arbeitszimmer. | *Cabinet d'avocat*, Anwaltsbüro n. ; Anwaltspraxis f. | *Cabinet de consultation*, Sprechzimmer n. || [w.-c.] Toilette f. ; Klosett n. | *Aller aux cabinets*, auf die Toilette gehen. || PAR EXT. [ministère] Kabinett n. ; Regierung f. | *Cabinet fantôme*, Schattenkabinett. | *Former le cabinet*, die Regierung bilden.

câblage [kɑbla:ʒ] m. Verseilung f. || ÉLECTR. Kabelverbindung f.

câble [kɑ̃:bl] m. [cordage] dickes Seil ; Tau n. || ÉLECTR. [faisceau] Leitung f. ; Kabel n. | *Câble baladeur*, Schleppkabel. | *Câble souterrain*, Erdkabel. | *Câble à haute tension*, Hochspannungskabel. | *Câble sous-marin*, Unterseekabel. || PAR EXT. [télégramme] Kabelgramm n. ; Telegramm n.

câbler [-ble] v. tr. verseilen ; drahten. || TÉLÉCOM. verkabeln.

◇ v. intr. kabeln. | *On câble d'Ankara*, aus Ankara wird gekabelt, gemeldet.

câblerie [-bləri] f. Drahtseilfabrik f. ; Kabelwerk n.

cabochard, arde [kabɔʃa:r, ard] adj. FAM. quer-, dickköpfig ; eigensinnig.

◇ s. Querkopf m. ; Dickkopf m.

caboche [-bɔʃ] f. [clou] Schuhnagel m. ; plattköpfiger Nagel. || FAM. [tête] Dickkopf m.

cabochon [kabɔʃɔ̃] m. [pierre] ungeschliffener Edelstein. || [clou] Polsternagel m. || ÉLECTR. Leuchtkappe f. ; Blende f.

cabosse [kabɔs] f. BOT. Kakaoschale f.

cabosser [kabɔse] v. tr. verbeulen ; ausbeulen.

cabot [kabo] m. FAM. [acteur] Komödiant m. || ARG. [chien] Köter m. ; Kläffer m. || ZOOL. Meeräsche f. ; Kaulkopf m.

cabotage [kabɔta:ʒ] m. Küstenschiffahrt f.

caboter [-te] v. intr. Küstenschiffahrt betreiben.

caboteur [-tœ:r] m. Küstenschiff n. ; Küstenfahrer m.

cabotin, ine [kabɔtɛ̃, in] s. PÉJOR. Schmierenschauspieler(in) m. (f.). || FIG., FAM. Komödiant m.

cabotinage [-tina:ʒ] m. FIG., FAM. Verstellung f.

cabotiner [-tine] v. intr. theatern.

caboulot [kabulo] m. POP. [café] Bumscafé n.

cabrer [kɑ̃bre] v. tr. *Cabrer un avion*, ein Flugzeug hochziehen.

◇ v. pr. **se cabrer,** hochgehen ; sich aufbäumen. | *Le cheval se cabre*, das Pferd bäumt sich. || [se révolter] sich auflehnen.

cabri [kabri] m. Zicklein n.

cabriole [kabrijɔl] f. Luftsprung m. ; Bocksprung m.

◇ f. pl. Kapriolen f. pl. | *Faire des cabrioles*, herumspringen.

— SYN. : *Culbute* f., Purzelbaum m. *Gambade* f., Luftsprung m. *Pirouette* f., Drehung f.

cabrioler [-le] v. intr. Luftsprünge, Bocksprünge, Kapriolen machen.

cabriolet [kabriɔlɛ] m. Kabriolett n. || PAR EXT. AUTOM. Auto (n.) mit Klappverdeck.

cabus [kaby] m. *Chou cabus*, Kopfkohl m.

caca [kaka] m. POP. Aa f. ; Kot m. || [couleur] *Caca d'oie*, hellbraun.

cacahuète [kakaɥɛt] f. BOT. Erdnuß f.

cacao [kakao] m. Kakao m. | *Grain de cacao*, Kakaobohne f. | *Beurre de cacao*, Kakaobutter f.

cacaoyer [kakaɔje] ou **cacaotier** [kakaɔtje] m. BOT. Kakaobaum m. ; Schokoladenbaum m.
cacatoès [kakatɔɛs] m. ZOOL. Kakadu m.
cachalot [kaʃalo] m. ZOOL. Pottwal m.
cache [kaʃ] f. Versteck n. ; Schlupfwinkel m.
◇ m. PHOT. Abdeckungspapier n. ; Kopiermaske f.
cache-cache [-kaʃ] m. invar. Verstecken n. | *Jouer à cache-cache*, Verstecken spielen.
cache-col [-kɔl] m. Halstuch n. ; Schal m.
cachemire [kaʃmir] m. Kaschmir m.
cache-nez [-ne] m. langer Wollschal ; Halstuch n.
cache-pot [-po] m. Blumentopfmanschette f.
cacher [kaʃe] v. tr. [sens général] verstecken ; bergen ; verbergen ; verhüllen. || PAR ANAL. *Cacher au regard*, dem Blick entziehen. | *Le mur cache la vue*, die Mauer verdeckt die Aussicht. | *Cacher sa tête sous les draps*, seinen Kopf unter den Bettüchern vergraben. || [renfermer] bergen. | *Cette grotte cache des trésors*, diese Höhle birgt Schätze. || FIG. [tenir secret] verbergen ; verhüllen ; verheimlichen ; geheimhalten. | *Cacher son nom*, inkognito bleiben. | *Cacher ses sentiments*, seine wahren Gefühle verbergen. | *Cacher la vérité*, die Wahrheit verschleiern. | *Bien cacher son jeu*, sich gut verstellen.
◇ part. pass. et adj. **caché, ée,** verborgen ; versteckt ; verhüllt. || FIG. geheim ; heimlich ; verschleiert. | *Non caché*, unverhüllt. | *Sens caché*, geheimer Sinn. | *Vivre caché*, zurückgezogen leben.
◇ v. pr. **se cacher,** sich verbergen ; sich verstecken. || FIG. *Se cacher de qn pour qch.*, etwas vor jm geheimhalten. | *Je ne m'en cache pas*, ich mache kein Hehl daraus.
cachet [kaʃɛ] m. Siegel n. ; Stempel m. ; Petschaft n. | *Bague à cachet*, Siegelring m. | *Cachet de contrôle*, Prüfstempel. | *Cachet officiel*, Amtssiegel. | *Mettre son cachet*, sein Siegel aufdrücken. || HIST. *Lettre de cachet*, geheimer, königlicher Haftbefehl. || [honoraires] Honorar n. || FAM. *Courir le cachet*, Privatstunden außer Haus geben ; tingeln. || FIG. [marque] Gepräge n. ; Charakter m. | *Œuvre sans cachet*, Werk (n.) ohne jede eigene Note. || MÉD. Tablette f. ; Pille f.
cacheter [kaʃte] v. tr. siegeln ; versiegeln ; zusiegeln. | *Cire à cacheter*, Siegellack m. | *Cacheter l'enveloppe*, den Umschlag versiegeln ; den Brief zumachen.
cachette [kaʃɛt] f. Versteck n. ; Schlupfwinkel m. || FIG. *En cachette*, heimlich. | *Faire qch. en cachette de qn*, hinter dem Rücken von jm handeln.
cachot [kaʃo] m. Verlies n. ; Kerker m. ; Loch n. ; Karzer m. et n. | *Mettre au cachot*, einkerkern.
cachotterie [kaʃɔtri] f. Geheimniskrämerei f.
cachottier, ière [-tje, jɛ:r] s. Geheimniskrämer(in) m. (f.) ; Heimlichtuer(in) m. (f.).
cachou [kaʃu] m. Lakritzenstange f. ; Cachou n.
cacique [kasik] m. [chef de tribu] Kazike m. || [personnalité] hoher Funktionär ; Bonze m. || [concours] Erste(r) f. (m.).
cacophonie [kakɔfɔni] f. Mißklang m. ; Mißlaut m. || POP. Katzenmusik f.
cactées [kakte] f. pl. Kakteen f. pl.
cactus [-ty:s] m. BOT. Kaktus m.
c.-à-d. (abrév. de **c'est-à-dire**) d. h. (das heißt).
cadastral, ale, aux [kadastral, o] adj. zum Kataster gehörig ; Kataster...
cadastre [-dastr] m. Kataster m. ; Grundbuch n. | *Bureau du cadastre*, Katasteramt n.
cadavéreux, euse [kadaverø, ø:z] adj. leichenhaft ; leichenartig ; wie eine Leiche. | *Teint cadavéreux*, Leichenblässe f. ; Totenfarbe f.
cadavre [-da:vr] m. Leiche f. ; Leichnam m. ; Kadaver m. || FIG. *Cadavre ambulant*, wandelnde Leiche. || POP. [bouteille vide] geleerte Flasche.
Caddie [kadi] m. (n. déposé) Einkaufswagen m.
◇ m. **caddie** [golf] Caddie m.
cade [kad] m. BOT. Kadebaum m. | *Huile de cade*, Kadeöl n.
cadeau [kado] m. Geschenk n. ; Gabe f. ; Bescherung f. | *Cadeau d'entreprise*, Werbegeschenk. | *Cadeau de mariage*, Hochzeitsgeschenk. | *Faire cadeau de qch. à qn*, jm etwas schenken.
cadenas [kadna] m. Vorhängeschloß n.
cadenasser [-se] v. tr. gefangen halten.
cadence [kadɑ̃:s] f. [rythme] Rhythmus m. ; Abmessung f. ; Takt m. | *En cadence*, im Takt. || FIG. *Perdre la cadence*, aus dem Takt kommen. || [pas] Gleichschritt m. || MUS. [repos] Ruhepunkt m. || PAR EXT. [vitesse] Tempo n. | *Cadence de marche*, Marschtempo. | *Cadence de fabrication*, Fertigungsausstoß m. | *Cadence horaire*, Stundenleistung f.
cadencer [-se] v. tr. einen Takt geben. | *Cadencer le pas*, Schritt halten.
◇ part. pass. **cadencé, ée**, *Au pas cadencé*, im gleichen Schritt und Tritt ; im Gleichschritt.
cadet, ette [kadɛ, ɛt] adj. [né le deuxième] zweitgeboren ; zweitältest. || [né après d'autres] jünger ; nachgeboren. || [né le dernier] jüngst. || PAR EXT. *Branche cadette*, Seitenlinie f.
◇ s. Zweitälteste(r) ; Jüngere(r). || FIG. *Il est mon cadet*, er ist jünger als ich. || Jüngste(r). | *Mon fils cadet*, mein jüngster Sohn. || FIG. *C'est le cadet de mes soucis*, das ist meine geringste Sorge. || HIST. Kadett m.
— SYN. : *Benjamin* m., Benjamin m. *Junior* m., Junior m.
cadmium [kadmjɔm] m. CHIM. Kadmium n.
cadrage [kadra:ʒ] m. TECHN. Justierung f.
cadran [kadrɑ̃] m. Zifferblatt n. ; Scheibe f. | *Cadran lumineux*, Leuchtzifferblatt. || TECHN. Quadrant m. | *Cadran solaire*, Sonnenuhr f. || FIG. *Faire le tour du cadran*, um das Zifferblatt herumgehen ; zwölf Stunden schlafen.
cadre [kɑ:dr] m. [bordure] Rahmen m. ; Umrahmung f. ; Einfassung f. | *Cadre de bicyclette*, Fahrradrahmen. | *Cadre d'une porte*, Türeinfassung. | *Cadre de scie*, Sägegatter n. || [récipient] Behälter m. || LITTÉR. Rahmen m. || POLIT. *Loi cadre*, Rahmengesetz n. || FIG. Rahmen m. ; Lage f. | *Nice est dans un cadre magnifique*, Nizza ist herrlich gelegen. | *Cadre de vie*, Lebensbedingungen f. pl. ; Lebensqualität f. || LOC. *Dans le cadre de cette discussion*, im Zusammenhang mit dieser Diskussion.
◇ m. pl. **cadres,** MIL. Kader m. || ADM. Rahmen-, Stammpersonal n. | *Cadres supérieurs*, leitende Angestellte m. pl. | *Appartenir aux cadres*, dem Stammpersonal angehören.
cadrer [-dre] v. intr. übereinstimmen ; zusammenpassen. | *Rien ne cadre avec mes projets*, nichts stimmt mit meinen Plänen überein.
cadreur, euse [-drœ:r, ø:z] s. FILM. Kameramann m.
caduc, uque [kadyk] adj. [branlant] baufällig. || PAR EXT. [vieux, faible] gebrechlich ; alt. || FIG. [précaire] vergänglich ; hinfällig. || JUR. hinfällig ; nichtig ; verfallen. || MÉD. *Mal caduc*, Fallsucht f. ; Epilepsie f. || BOT. *Arbre à feuilles caduques*, Laubbaum m. ; laubabwerfender Baum.
caducée [kadyse] f. Äskulap-, Merkurstab m.
caducité [kadysite] f. JUR. Ungültigkeit f. ; Nichtigkeit f.
cæcum [sekɔm] m. ANAT. Blinddarm m.

cafard, arde [kafa:r, ard] s. [rapporteur] Angeber(in) m. (f.) ; Petzer(in) m. (f.).
◇ m. **cafard,** ZOOL. [blatte] Schabe f. ‖ FAM. Trübsinn m. | *Avoir le cafard*, niedergeschlagen sein.
cafarder [-de] v. tr. FAM. angeben ; verklatschen.
cafardeux, euse [-dø, ø:z] adj. FAM. trübsinnig.
café [kafe] m. [boisson] Kaffee m. | *Café nature, noir*, schwarzer Kaffee. | *Café au lait, Café crème*, Kaffee mit Milch ; Milchkaffee. | *Café décaféiné*, koffeinfreier Kaffee. | *Café arrosé*, Kaffee mit Schnaps. | *Café en grains*, Bohnenkaffee. | *Café instantané*, Pulverkaffee. | *Tasse à café*, Kaffeetasse f. | *Tasse de café*, Tasse (f.) Kaffee. | *De couleur café*, kaffeebraun. | *Café en poudre*, Kaffeepulver n. | *Faire du café*, Kaffee kochen. | *Prendre un café*, eine Tasse Kaffee trinken. ‖ [lieu public] Café n. ; Kaffee-, Wirtshaus n. | *Café-concert*, Konzertcafé. | *Habitué d'un café*, Stammgast m.
caféier [kafeje] m. BOT. Kaffeebaum m. ; Kaffeestrauch m.
caféine [-in] f. Koffein n.
cafetan, caftan [kaftɑ̃] m. Kaftan m.
cafétéria [kafeterja] f. Cafeteria f.
cafetier, ière [kaftje, jɛ:r] s. [aubergiste] Wirt(in) m. (f.) ; Cafetier m.
cafetière [-tjɛ:r] f. Kaffeekanne f. | *Cafetière électrique*, Kaffeemaschine f.
Cafre [kafr] n. pr. GÉOGR. Kaffer m.
cage [ka:ʒ] f. Käfig m. ; Vogelkäfig m. ; Bauer n. | *Cage aux fauves*, Raubtierkäfig. | *Cage à poulets*, Hühnerauslauf m. ‖ TECHN. Gehäuse n. | *Cage d'escalier*, Treppenhaus n. | *Cage d'ascenseur*, Aufzugsschacht m. | *Cage d'extraction*, Förderkorb m. ‖ [prison] *Mettre en cage*, einsperren.
cageot [kaʒo] m. Lattenkiste f. ; Steige f.
cagibi [kaʒibi] m. FAM. Verschlag m. ; Kabuff n.
cagneux, euse [kaɲø, ø:z] adj. krumm-, dackelbeinig ; mit einwärtsgebogenen Beinen.
◇ s. X-beiniger.
cagnotte [kaɲɔt] f. Gemeinschaftskasse f. ; FAM. Sparschwein n.
cagoule [kagul] f. Kutte f. ; Mönchskutte f.
cahier [kaje] m. Heft n. | *Cahier des charges*, Lastenheft n. ; Leistungsverzeichnis n. | *Cahier des frais*, Kostenanschlag m. | *Cahier de brouillon*, Kladde f. | *Cahier d'allemand*, Deutschheft. ‖ HIST. Denkschrift f. ; Eingabe f.
cahin-caha [kaɛ̃kaa] loc. adv. recht und schlecht.
cahot [kao] m. Stoß m. ; Schlag m. ‖ FIG. *Cahots de la vie*, Wechsefälle (m. pl.) des Lebens.
cahotage [-ta:ʒ], **cahotement** [-tmɑ̃] m. Stoßen n. ; Rütteln n. ; Holpern n.
cahoter [-te] v. intr. stoßen ; rumpeln ; rütteln.
◇ v. tr. rütteln ; hin- und herwerfen.
cahoteux, euse [-tø, ø:z] adj. holperig.
cahute [kayt] f. Hüttchen n. ; Bude f.
caïd [kaid] m. Kaid m. ; arabischer Stammeshäuptling.
caillasse [kajas] f. GÉOGR. Kalkablagerung f. ‖ PAR EXT. Kieslager n. ; Schotter m.
caille [ka:j] f. Wachtel f.
caillebotis [kajbɔti] m. Lattenrost m.
cailler [kaje] v. tr. gerinnen.
◇ part. pass. et adj. **caillé, ée,** geronnen. | *Lait caillé*, dicke Milch ; Sauermilch f.
◇ v. pr. **se cailler,** gerinnen ; dick, sauer werden.
caillette [kajɛt] f. ZOOL. Wiederkäuer-, Labmagen m.
caillot [kajo] m. Klumpen m. ; Klümpchen n. | *Caillot de sang*, Blutklümpchen ; Blutkuchen m.
caillou [kaju] m. (pl. **cailloux**) Kieselstein m. ; Kiesel m. | *Casser des cailloux*, Steine klopfen. ‖ FIG., FAM. [tête] *Avoir le caillou déplumé*, eine Glatze haben.
caillouter [-te] v. tr. beschottern ; mit Kieselsteinen aufschütten.
caillouteux, euse [-tø, ø:z] adj. kieselreich ; steinig. | *Plage caillouteuse*, Kieselstrand m.
cailloutis [-ti] m. Schotter m.
caïman [kaimɑ̃] m. ZOOL. Kaiman m. ; Krokodil n.
Caïn [kaɛ̃] n. pr. m. HIST. Kain m.
Caire (Le) [ləkɛ:r] n. pr. m. GÉOGR. Kairo n.
caisse [kɛ:s] f. [coffre] Kiste f ; Kasten m. | *Mettre en caisse*, einpacken. ‖ PAR EXT. *Une caisse d'oranges*, eine Kiste (voll) Apfelsinen. ‖ COMM., FIN. Kasse f. ; Zahlstelle f. | *Tenir la caisse*, die Kasse führen. | *Forcer la caisse*, die Kasse erbrechen. | *Caisse enregistreuse*, Registrierkasse. | *Caisse de compensation*, Verrechnungskasse. | *Caisse des dépôts*, Depositenkasse. | *Caisse des dépôts et consignations, (etwa)* Wertpapiersammelbank f. | *Caisse disponible*, Kassenbestand m. | *Caisse d'épargne*, Sparkasse. | *Caisse noire*, Geheimkasse. | *Montant en caisse*, Kassenbestand m. | *Escompte de caisse*, Kassenrabatt m. ‖ [récipient] Kasten m. ; Kübel m. ; Gehäuse n. | *Caisse à outils*, Werkzeugkasten. | ANAT. *Caisse du tympan*, Trommelhöhle f. ‖ MUS. Trommel f. | *Grosse caisse*, Pauke f. | *Jouer de la grosse caisse*, pauken. ‖ TECHN. *Caisse d'auto*, Wagenkasten m.
caissette [-sɛt] f. Kistchen n.
caissier, ère [-sje, jɛ:r] s. Kassierer(in) m. (f.) ; Kassenführer(in) m. (f.) ; Kassenverwalter(in) m. (f.).
caisson [kɛsɔ̃] m. MIL. Protze f. ; Munitionswagen m. ‖ TECHN. Kastenwagen m. : Wagenkasten m. ‖ [hydrotechnique] Tank m. ; Senkkasten m. ‖ ARCHIT. Kassette f. | *Plafond à caissons*, Kassettendecke f. ‖ NUCL. *Caisson de réacteur*, Reaktordruckbehälter m. ; Reaktordruckgefäß n. ‖ LOC. POP. [tête] *Se faire sauter le caisson*, sich eine Kugel durch den Schädel jagen.
cajoler [kaʒɔle] v. tr. umschmeicheln ; liebkosen ; schöntun (dat.). ‖ MAR. gegen den Wind fahren.
cajolerie [-lri] f. Schmeichelei f. ; Liebkosung f.
cajoleur, euse [-lœ:r, ø:z] adj. schmeichlerisch ; schmeichelhaft ; schöntuend.
◇ s. Schmeichler(in) m. (f.) ; Schmeichelkatze f.
cajou [kaʒu] m. *Noix de cajou*, Cashewnuß f.
cake [kɛ:k] m. englischer Teekuchen.
cal [kal] m. MÉD. Schwiele f. ; Verhornung f.
calage [kala:ʒ] m. Keilen n. ; Verkeilen n. ; Unterlegen (n) von Keilen. | *Vis de calage*, Einstellschraube f. ‖ AUTOM. *Calage de l'allumage*, Zündeinstellung, f.
calamine [kalamin] f. AUTOM. Verbrennungsrückstände pl. ‖ GÉOL. Zinkkieselerz n.
calaminer (se) [səkalamine] v. pr. verrußen ; verzundern.
calamité [kalamite] f. [publique] Plage f. ; Unheil n. ; Unglück n. ; Kalamität f. ‖ PAR EXT. [individuelle] Mißgeschick n.
calamiteux, euse [-tø, ø:z] adj. unheilvoll.
calandre [kalɑ̃:dr] f. Mangel f. ; Rolle f. ; Walze f. ; Kalander m. ‖ AUTOM. Kühlergrill m. ‖ TECHN. Walzwerk n. ‖ ZOOL. Palmbohrer m. ; Rüsselkäfer m. ‖ ZOOL. Kalanderlerche f.
calandrer [-dre] v. tr. mangeln ; rollen ; walzen ; glätten ; kalandern.
calanque [kalɑ̃:k] ou **calangue** [kalɑ̃:g] f. kleine Bucht ; Schlupfhafen m.

calcaire [kalkɛ:r] adj. kalkig ; kalkhaltig ; kalkartig ; kalksteinhaltig.
◇ m. Kalk m. ; Kalkstein m. | *Calcaire conchylien*, Muschelkalk m. | *Calcaire marneux*, Kalkmergel m.

calcanéum [kalkaneɔm] m. ANAT. Fersenbein n. ; Calcaneus m.

calcédoine [kalsedwan] f. Chalzedon m.

calcéolaire [kalseɔlɛ:r] f. BOT. Pantoffelblume f.

calcification [kalsifikasjɔ̃] f. MÉD. Verkalkung f.

calcifier [-fje] v. tr. verkalken.
◇ v. intr. Kalk absetzen.

calcinable [-nabl] adj. verkalkbar.

calcination [-nasjɔ̃] f. Verbrennung f. ; Ausglühen n. ; Kalzinieren n.

calciner [-ne] v. tr. verkalken ; ausglühen ; kalzinieren.

calcium [-sjɔm] m. Kalzium m.

calcul [kalkyl] m. Rechnen n. ; Rechnung f. ; Berechnung f. ; Kalkulation f. ; Kalkulieren n. | *Calcul anticipé*, Vorkalkulation. | *Calcul approximatif*, Überschlagsrechnung. | *Calcul des bénéfices*, Gewinnermittlung f. | *Calcul des changes*, Devisenrechnung. | *Calcul de l'impôt*, Steuerberechnung. | *Calcul du prix de revient*, Selbstkostenrechnung. | *Calcul de la productivité financière*, Rentabilitätsberechnung. | *Période de calcul*, Berechnungszeitraum m. | *Échapper à tout calcul*, sich jeder Berechnung entziehen. | *Erreur de calcul*, Rechenfehler m. | *Agir par calcul*, mit Berechnung vorgehen. || MATH. *Calcul différentiel*, Differentialrechnung. | *Calcul des probabilités*, Wahrscheinlichkeitsrechnung. | *Calcul mental*, Kopfrechnen. | *Se tromper dans ses calculs*, falsch rechnen. | *Sauf erreur de calcul*, Irrtum vorbehalten. || MÉD. Steinchen n. | *Calcul biliaire*, Gallenstein m. | *Calcul urinaire*, Harnstein m.

calculable [-labl] berechenbar ; zu berechnen.

calculateur, trice [-latœ:r, -tris] adj. berechnend ; ausrechnend.
◇ s. [machine] Rechner m. ; Computer m. | *Calculateur analogique*, Analogrechner. | *Calculatrice électronique*, elektronische Rechenmaschine. | *Calculateur numérique*, Digitalrechner. | *Calculatrice de poche*, Taschenrechner. || [personne] Rechner(in) m. (f.)

calculer [-le] v. tr. rechnen ; be-, aus-, ver-, errechnen ; kalkulieren. | *Calculer des intérêts*, Zinsen berechnen. | *Machine à calculer*, Rechenmaschine f. | *Calculer de tête*, im Kopf(e) ausrechnen. | FIG. berechnen ; im voraus bedenken.

calculette [-lɛt] f. Taschenrechner m.

cale [kal] f. TECHN. Keil m. ; Span m. ; Unterlegklotz m. ; Bremsklotz m. ; Unterlage f. | *Mettre une auto sur cales*, ein Auto aufbocken. || MAR. [fond] Schiffs-, Kiel-, Laderaum m. || POP. *Être à fond de cale*, ruiniert sein. || [constructions maritimes] Helling f. ; Stapel m. ; Dock n. | *Cale sèche*, Trockendock.

calebasse [kalbas] f. BOT. Flaschenkürbis m. || PAR EXT. Kürbisflasche f.

calèche [kalɛʃ] f. Kalesche f. ; leichte Droschke.

caleçon [kalsɔ̃] m. Unterhose f. | *Caleçon de bain*, Badehose f.

caléfaction [kalefaksjɔ̃] f. Erwärmung f. ; Erhitzung f. || NUCL. Wärmestrom m. | *Flux de caléfaction*, Wärmestromdichte f.

calembour [kalɑ̃bu:r] m. Wortspiel n. ; Kalauer m.

calembredaine [kalɑ̃brədɛn] f. dummes Gerede.

calendes [kalɑ̃:d] f. pl. HIST. Kalenden f. pl. ; römische Kalenden ; Monatserste(n) m. pl. || FIG. *Renvoyer aux calendes grecques*, auf den Sankt-Nimmerleinstag verschieben.

calendrier [-drije] m. Kalender m. ; Terminplan m. ; Terminkalender. | *Calendrier julien, grégorien*, julianischer, gregorianischer Kalender.

cale-pied [kalpje] m. (pl. **cale-pieds**) Rennhaken m.

calepin [kalpɛ̃] m. Notizbuch n.

caler [kale] v. tr. [mettre une cale] verkeilen ; unterkeilen ; unterlegen. | *Caler un meuble*, ein Möbel festlegen, stützen. || TECHN. [mettre en place] festsetzen ; einstellen. | *Caler une machine*, eine Maschine einstellen. || [arrêter] *Caler (le moteur)*, den Motor abwürgen. || MAR. *Caler les voiles*, die Segel reffen.
◇ v. intr. [enfoncer] einsinken ; Tiefgang haben. || TECHN. [s'arrêter] sich festlaufen ; sich blockieren. || FIG., FAM. [céder] nachgeben ; weichen.
◇ part. pass. et adj. **calé, ée,** verkeilt ; blockiert. || FIG., FAM. [instruit] *Calé en histoire*, in Geschichte beschlagen. || [difficile] *C'est tout ce qu'il y a de plus calé*, schwieriger kann es nicht sein.

calfat [kalfa] m. MAR. Kalfaterer m.

calfater [-te] v. tr. MAR. kalfatern ; abdichten.

calfeutrage [kalføtra:ʒ] m. Kalfatern n. || PAR EXT. Abdichten n. ; Verstopfen n.

calfeutrer [-tre] v. tr. kalfatern. || PAR EXT. abdichten ; zustopfen.
◇ v. pr. **se calfeutrer,** [s'enfermer] sich einkapseln.

calibrage [kalibra:ʒ] m. Kalibrieren n. || AGRIC. Klassensortierung f. || PAR EXT. Eichung f. ; Klassierung f.

calibre [-br] m. MIL. Kaliber n. ; Rohrweite f. ; Laufdurchmesser m. | *Fusil de petit calibre*, Kleinkalibergewehr n. || TECHN. [positif] Kaliber n. ; [négatif] Schablone f. ; Bohrung f. ; Lehre f. || FIG., FAM. Art f. ; Muster n. ; Maß n. | *Il est du même calibre*, er ist vom gleichen Schlag.

calibrer [-bre] v. tr. MIL. kalibrieren. || TECHN. auskolben ; eichen.

calice [kalis] m. RELIG. Kelch m. ; Abendmahlskelch m. || FIG. *Boire le calice jusqu'à la lie*, den Kelch bis zur Neige leeren. || BOT. Kelch m. | *Calice d'une fleur*, Blumenkelch.

calicot [kaliko] m. [tissu] Baumwollgewebe n. ; Kattun m. || [peinture] Rißunterlage f. || [banderole] Transparent n. ; Spruchband n.

calife [kalif] m. Kalif m.

califourchon (à) [akalifurʃɔ̃] loc. adv. rittlings.

câlin, ine [kɑlɛ̃, in] adj. zärtlich ; schmeichlerisch.
◇ s. Schmeichler(in) m. (f.). | *Faire un câlin*, kosen ; sich anschmiegen.

câliner [-line] v. tr. schmeicheln ; liebkosen ; verhätscheln.

câlinerie [-linri] f. Schmeichelei f. ; Liebkosung f.

calleux, euse [kalø, ø:z] adj. schwielig ; verhornt ; rauh. || ANAT. *Corps calleux*, Hirnhaut f.

calligraphie [-fi] f. Schönschrift f.

calligraphier [-fje] v. tr. schönschreiben.

callosité [kalɔsite] f. MÉD. Schwiele f.

calmant, ante [kalmɑ̃, ɑ̃:t] adj. beruhigend ; besänftigend ; lindernd.
◇ m. **calmant,** Linderungs-, Beruhigungsmittel n.

calme [kalm] adj. still ; ruhig ; geräuschlos. | *La mer est calme*, das Meer ist bewegungslos. | *Le malade est calme*, der Kranke verhält sich ruhig. | *Les affaires sont calmes*, die Geschäfte sind schleppend. | *Temps calme*, windstilles Wetter. | *Un caractère calme*, ein ausgeglichener Charakter. | *Rester calme*, gleichmütig bleiben.

◇ m. Ruhe f. ; Stille f. ; Geräuschlosigkeit f. ; Bewegungslosigkeit f. | *Calme plat*, völlige Windstille ; Flaute f. | *Du calme !*, nur ruhig ! | *Affecter le calme*, sich ruhig stellen. | *Garder son calme*, gelassen bleiben. | *Calme des affaires*, Geschäftsstille.
— SYN. : *Tranquille*, ruhig ; still. *Serein*, heiter ; klar. *Paisible*, friedlich. *Placide*, sanft ; ruhig. *Bénin*, freundlich.

calmer [-me] v. tr. beruhigen ; stillen ; besänftigen ; mäßigen. | *Calmer la colère*, den Zorn beschwichtigen. | *Calmer l'enthousiasme*, die Begeisterung abkühlen. | *Calmer l'inquiétude*, die Unruhe nehmen. | *Calmer la frayeur*, den Schrecken mildern. | *Calmer la douleur*, den Schmerz betäuben.
◇ v. pr. **se calmer,** sich beruhigen ; ruhig werden ; nachlassen. | *Le vent se calme*, der Wind legt sich.

calomniateur, trice [kalɔmnjatœ:r, tris] adj. verleumderisch ; schmähend.
◇ s. Verleumder(in) m. (f.) ; Lästerzunge f.

calomnie [-ni] f. Verleumdung f. ; üble Nachrede ; Schmähung f. ; falsches Zeugnis.

calomnier [-nje] v. tr. verleumden ; üble Nachrede führen ; schmähen.

calomnieux, ieuse [-njø, jø:z] adj. verleumderisch ; verlästernd.

calorie [kalɔri] f. PHYS. Wärmeeinheit f. ; Nahrungswerteinheit f. ; Kalorie f. | *Grande, petite calorie*, Kilogrammkalorie ; Grammkalorie.

calorifère [-rifɛ:r] adj. wärmebringend, -leitend.
◇ m. Heizvorrichtung f. ; Heizkörper m.

calorifique [-rifik] adj. Wärme erzeugend ; Wärme...

calorifuge [-rify:ʒ] adj. wärmeisolierend ; wärmebeständig.
◇ m. Wärmeschutz m. ; Wärmeschutzstoff m.

calorimètre [-rimɛtr] m. Heizwertmesser m. ; Wärmemesser m. ; Kalorimeter n.

calorimétrie [-rimetri] f. Wärmemeßtechnik f. ; Kalorimetrie f.

calorique [-rik] adj. wärmemäßig ; Wärme...
◇ m. PHYS. Wärme f. ; Wärmeprinzip n.

calot [kalo] m. MIL. [bonnet] Feldmütze f. ; POP. Schiffchen n.

calotte [kalɔt] f. Priesterkäppchen n. ; Kalotte f. || FIG., FAM. *Donner une calotte à qn*, jm eine Backpfeife geben. || AÉRON. Haube f. || GÉOM. Kuppel f. ; Haube f. ; Deckel m. ; Kappe f. | *Calotte sphérique*, Kugelhaube ; Kugelabschnitt m.

calotter [-te] v. tr. FIG., FAM. jn ohrfeigen.

calque [kalk] m. Pause f. ; Durchzeichnung f. | *Papier calque*, Pauspapier n. || FIG. (sklavische) Nachahmung.

calquer [-ke] v. tr. pausen ; durchpausen ; abklatschen. || FIG. genau nachahmen.

calumet [kalymɛ] m. (indianische) Friedenspfeife.

calvados [kalvados] ou FAM. **calva** m. Apfelschnaps m.

calvaire [kalvɛ:r] m. Kalvarienberg m. ; Weg (m.) nach Golgatha. || FIG. Leidensweg m. ; qualvoller Weg.

calvinisme [kalvinism] m. Calvinismus m.

calviniste [-nist] adj. calvinistisch ; reformiert.
◇ s. Calvinist(in) m. (f.) ; Reformierte(r) m.

calvitie [kalvisi] f. Glatze f. ; Kahlköpfigkeit f.

camaïeu [kamajø] m. einfarbiges Gemälde ; Reliefgemälde n. | *En camaïeu*, Grau in Grau.

camarade [kamarad] s. Kamerad(in) m. (f.) ; Freund(in) m. (f.) ; Gefährte m. ; Gefährtin f. ; POLIT. Genosse m. ; Genossin f. | *Camarade de chambre*, Stubengenosse. | *Camarade de classe*, Mitschüler m. | *Camarade de travail*, Kumpel m.

camaraderie [-dri] f. Kameradschaft f. ; Zusammenhalt m.

camarilla [kamarilja] f. Hofclique f. ; Kamarilla f.

cambiste [kɑ̃bist] m. FIN. Wechsler m. ; Wechselmakler m.

cambouis [kɑ̃bwi] m. Wagenschmiere f.

cambrer [kɑ̃bre] v. tr. wölben ; hervorwölben ; krümmen ; schweifen.
◇ part. pass. et adj. **cambré, ée,** gewölbt ; krumm ; geschweift. | *Cheval cambré*, krummbeiniges Pferd. | *Poutrelle cambrée*, aufgewölbter Träger.
◇ v. pr. **se cambrer,** sich in die Brust werfen.

cambriolage [kɑ̃brijɔla:ʒ] m. Einbruch m. ; Einbruchsdiebstahl m.

cambrioler [-le] v. tr. einbrechen (in, acc.).

cambrioleur [-lœ:r] m. Einbrecher m. ; Zimmerdieb m.

cambrure [kɑ̃bry:r] f. Krümmung f. ; Bogenkrümmung f. ; Schweifung f.

cambuse [kɑ̃by:z] f. MAR. Proviantkammer f. ; Kombüse f. ; Schiffsküche f. || POP. Bude f.

cambusier [-zje] m. Proviantmeister m.

came [kam] f. TECHN. Daumen m. ; Nocken m. ; Knagge f. | *Arbre à cames*, Nockenwelle f.

came [kam] f. POP. [drogue] Koks. m.

camé [kame] m. POP. [drogué] Kokser m.

camée [kame] m. geschnittener Stein ; Gemme f. ; Kamee f.

caméléon [kameleɔ̃] m. Chamäleon n. || FIG. wetterwendischer Mensch.

camélia [kamelja] m. BOT. Kamelie f. ; japanische Rose.

camelot [kamlo] m. Straßenhändler m. ; Ramschverkäufer m. ; Marktschreier m. || HIST. *Camelot du roi*, royalistischer Student.

camelote [-lɔt] f. minderwertige Ware ; Schund m. ; Ramsch m. ; Ausschußware f.

camembert [kamɑ̃bɛ:r] m. Camembert m.

caméra [kamera] f. Filmaufnahmegerät n. | *Caméra de télévision*, Fernsehkamera f.

cameraman [-man] m. [cadreur] Kameramann m.

camérier [kamerje] m. päpstlicher Kammerherr ; Kämmerer m.

camériste [-rist] f. Kammerfrau f. || PAR EXT. Dienstmädchen n.

camion [kamjɔ̃] m. Lastwagen m. ; Lastkraftwagen m. ; LKW m. ; Lastauto n. ; Laster m. ; Rollwagen m. | *Camion à remorque*, LKW mit Anhänger. | *Camion benne*, Kipper m. | *Camion-citerne*, Tankwagen m. | *Camion d'enlèvement des ordures ménagères*, Müllwagen m. ; Müllkipper m. || [peinture] Farbentopf m.

camionnage [-jɔna:ʒ] m. [transport] Lastwagentransport m. | *Service de camionnage*, Fuhrunternehmung f. || [frais] Rollgeld n. ; Fracht f. ; Fuhrlohn m.

camionner [-jɔne] v. tr. mit LKW transportieren, befördern ; verfrachten.

camionnette [-jɔnɛt] f. Kastenwagen m. ; Lieferwagen m.

camionneur [-jɔnœ:r] m. Rollfuhrunternehmer m. ; Frachtführer m. ; LKW-Fahrer m.

camisole [kamizɔl] f. Nachtjacke f. ; Unterjacke f. | *Camisole de force*, Zwangsjacke f.

camomille [kamɔmi:j] f. BOT. Kamille f.

camouflage [kamufla:ʒ] m. Verschleierung f. ; Tarnung f. ; Vernebelung f. ; Verdunkelung f.

camoufler [-fle] v. tr. verschleiern ; tarnen ; vernebeln ; der Sicht entziehen. || FIG. *Camoufler le bilan*, die Bilanz verschleiern, frisieren.

◇ part. pass. et adj. **camouflé, ée,** getarnt ; versteckt.
◇ v. pr. **se camoufler,** sich verstellen ; sich verstecken.
camouflet [-flɛ] m. MIL. Minenstollen m. || [affront] schwere Beleidigung ; Rüffel m.
camp [kɑ̃] m. MIL. Truppen-, Feldlager n. | *Camp retranché*, verschanztes Lager. | *Camp de prisonniers*, Gefangenenlager ; Kriegsgefangenenlager. | *Camp de concentration*, Konzentrationslager (KZ n.). | *Aide de camp*, (Flügel)adjutant m. || PAR EXT. Lager n. ; Lagerstätte f. | *Camp de vacances*, Ferienlager. | *Camp de travail*, Arbeitslager. | *Camp de jeunes*, Jugendlager. | *Lit de camp*, Feldbett n. || LOC. *Passer dans le camp adverse*, ins feindliche Lager übergehen. | *Être du même camp*, von derselben Partei sein. || FAM. *Ficher le camp*, abhauen.
— SYN. : *Campement* m., Lagern n. ; Lagerung f. *Quartier* m., Quartier n. *Bivouac* m., Biwak n.
campagnard, arde [kɑ̃paɲa:r, ard] adj. ländlich ; bäuerlich. | PÉJOR. bäurisch ; unbeholfen.
◇ s. Landmann m., - frau f. ; Bauer m., Bäuerin f.
campagne [kɑ̃paɲ] f. [pays plat] Land n. ; Ebene f. ; Landschaft f. ; Feld n. | *En rase campagne*, auf offenem Feld. | *Campagne romaine*, römische Campagna. || [champs] Feld n. ; POÉT. Flur f. | *Travaux de la campagne*, Feldarbeiten f. pl. ; Landwirtschaft f. || [par opposition à la ville] Land n. | *Aller à la campagne*, aufs Land fahren, ziehen. | *Habiter la campagne*, auf dem Land wohnen. | *Médecin de campagne*, Landarzt m. | *Maison de campagne*, Landhaus n. | *Partie de campagne*, Ausflug (m.) aufs Land. | *Battre la campagne*, querfeldein ziehen ; FIG. faseln. || ÉCON. [saison] Arbeitsjahr n. ; Arbeitszeit f. ; Saison f. || MIL. [expédition] Feldzug m. ; Kriegszug m. | *Plan de campagne*, Feldzugsplan m. | *Partir en campagne contre*, ins Feld ziehen gegen ; ausrücken gegen. || FIG. [entreprise] Kampagne f. | *Campagne publicitaire*, Werbeaktion f. | *Campagne électorale*, Wahlkampagne ; Wahlkampf m. | *Se mettre en campagne*, sich ans Werk machen ; sich auf die Suche begeben.
campagnol [-ɲɔl] m. ZOOL. Feldmaus f. ; Wühlmaus f. ; Lemming m.
campanile [kɑ̃panil] m. alleinstehender Kirchturm.
campanule [kɑ̃panyl] f. BOT. Glockenblume f.
campement [kɑ̃pmɑ̃] m. [action] Lagern n. || [lieu] Lagerplatz m. ; Zeltplatz m. ; Lagerstätte f. || [troupe] *Campement de tziganes*, Zigeunerlager n. || MIL. Quartiermacher m. pl.
camper [-pe] v. intr. MIL. lagern. || SPORT. kampieren ; zelten. || FIG. *Ne faire que camper*, nur provisorisch eingerichtet sein.
◇ v. tr. hinstellen ; aufpflanzen. || FIG. *Bien camper un personnage*, eine Figur lebendig darstellen.
◇ v. pr. **se camper.** *Se camper devant qn*, sich vor jn hinpflanzen, aufpflanzen.
campeur, euse [-pœ:r, ø:z] s. Zeltler(in) m. (f.).
camphre [kɑ̃:fr] m. CHIM. Kampfer m.
camphrer [-fre] v. tr. mit Kampfer streuen, einreiben.
camping [kɑ̃piŋ] m. [action] Zelten n. ; Camping n. | *Matériel de camping*, Campingausrüstung f. | *Faire du camping*, zelten.
camping-car [-kar] m. (pl. **camping-cars**) Reise-, Wohnmobil n.
camus, use [kamy, y:z] adj. stumpf ; platt-, breitgedrückt. | *Au nez camus*, plattnasig.
— SYN. : *Aplati*, abgeplattet. *Écrasé*, plattgedrückt.
Canada [kanada] n. pr. m. Kanada n.
canadien, ienne [kanadjɛ̃, jɛn] adj. kanadisch ; aus, von, in Kanada.
◇ s. **Canadien, ienne,** Kanadier(in) m. (f.).
◇ f. **canadienne** [veste] doppelseitige Pelzjacke.
canaille [kana:j] adj. schurkisch ; spitzbübisch.
◇ f. [coquin] Spitzbube m. ; Halunke m. ; Schurke m. ; Lump m. || [vile populace] Pöbel m. ; Pack n. ; Gesindel n.
canaillerie [-jri] f. Gaunerei f. ; Bubenstreich m. ; Schurkerei f. ; Spitzbüberei f.
canal, aux [kanal, o] m. Kanal m. ; Wasserstraße f. ; Wassergraben m. | *Canal latéral*, Seitenkanal. | *Canal de dérivation*, Ableitungskanal ; Flußbett n. || FIG. *Canal d'irrigation, de dessèchement*, Bewässerungskanal ; Entwässerungskanal. || FIG. [entremise] *Demander par le canal de qn*, durch Vermittlung von jm erbitten. || ANAT. Kanal m. ; Röhre f. || TECHN. *Canal de ventilation*, Luftschacht m.
— SYN. : *Passage* m., Durchfahrt f. ; Fahrtrinne f. *Chenal* m., Hafeneinfahrt f.
canalisation [-lizasjɔ̃] f. [action] Kanalisation f. ; Kanalisierung f. ; Schiffbarmachen n. || [réseau de tuyaux, de fils] Leitung f. ; Rohrleitung f. | *Canalisation d'égout*, Abflußleitung. | *Canalisation électrique*, Stromleitung ; elektrische Anlage. || *Tuyau de canalisation*, Kanalisationsrohr n.
canaliser [-lize] v. tr. kanalisieren ; Kanäle ziehen ; ausbaggern ; schiffbar machen. || TECHN. leiten ; zusammenführen. || FIG. [réunir] verbinden ; zentralisieren.
canapé [kanape] m. Sofa n. ; Kanapee n. ; Couch f. ; Polsterbank f. || CULIN. (*etwa*) Häppchen n.
canard [kana:r] m. Ente f. ; Enterich m. ; Erpel m. | *Canard sauvage*, Wildente. | *Froid de canard*, Hundskälte f. || FIG. [fausse nouvelle] Ente f. || FAM. [journal] Zeitung f. || MUS. [fausse note] Mißton m. ; falscher Ton (aus Blasinstrumenten). || ÉCON. [firme] *Canard boiteux*, flügellahme Firma.
canarder [-de] v. tr. MIL. aus der Deckung schießen.
canardière [-djɛ:r] f. Entenpfuhl m., -teich m. || SPORT. [fusil] Entenbüchse f. ; Entenhütte f.
canari [kanari] m. ZOOL. Kanarienvogel m.
canasson [kanasɔ̃] m. FAM. alter Gaul ; Schindmähre f.
cancan [kɑ̃kɑ̃] m. FAM. Klatscherei f. ; Getratsch n. ; Geschwätz n. || [danse] Cancan m.
cancaner [-kane] v. intr. klatschen ; tratschen.
cancanier, ière [-nje, jɛ:r] adj. klatschsüchtig.
◇ s. Klatschbase f. ; Kaffeetante f.
cancer [kɑ̃sɛ:r] m. MÉD. Krebs m ; Karzinom n. | *Cancer du sein*, Brustkrebs.
◇ m. **Cancer,** ASTRON. Krebs m. | *Tropique du Cancer*, Wendekreis (m.) des Krebses.
cancéreux, euse [-serø, ø:z] adj. krebskrank ; von Krebs befallen.
◇ s. Krebskranker m.
cancérigène [-seriʒe:n] adj. krebserregend ; krebserzeugend ; kanzerogen.
cancérologue [-serɔlɔg] m. Krebsforscher m.
cancérologie [-serɔlɔʒi] f. Krebsforschung f.
cancre [kɑ̃kr] m. FIG., UNIV. [paresseux] Faulpelz m. || FAM. Knilch m.
cancrelat [kɑ̃krəla] m. [blatte] Kakerlak m. ; Schabe f. ; Küchenschabe f.
candélabre [kɑ̃delabr] m. Kandelaber m. ; Wandleuchter m. ; Standleuchter m.

candeur [kɑ̃dœ:r] f. [ingénuité] Arglosigkeit f. ; Unbefangenheit f. ; Unschuld f.

candi [kɑ̃di] adj. kandiert. | *Sucre candi*, Kandiszucker m.

candidat [kɑ̃dida] m. [à un emploi] Kandidat m. ; Bewerber m. ; Anwärter m. || [à un examen] Kandidat m. ; Prüfling m. | *Candidat au baccalauréat*, Abiturient m. || POLIT. *Se porter candidat*, sich als Kandidat aufstellen lassen.

candidature [-ty:r] f. Kandidatur f. ; Bewerbung f.

candide [kɑ̃did] adj. [ingénu] harmlos ; unbefangen ; einfältig ; naiv. || [pur] rein ; unbefleckt.

cane [kan] f. Ente f.

caneton [kantɔ̃] m. junge Ente ; Entchen n.

canette [kanɛt] f. Entchen n. || [bouteille] Bierflasche f. || TECHN. Spule f.

canevas [kanva] m. Segeltuch n. || PAR EXT. Stickgaze f. ; Siebtuch n. ; Lehrbogengerüst n. || FIG. [plan] Entwurf m. | *Canevas d'un discours*, Entwurf einer Rede. || GÉOL. Polygonnetz n.

caniche [kaniʃ] m. Pudel m.

caniculaire [kanikylɛ:r] adj. Hundstags... | *Chaleur caniculaire*, Hundstagshitze f.

canicule [-kyl] f. Hundstage m. pl. ; Hochsommer m. || ASTRON. Hundsstern m.

canif [kanif] m. Taschenmesser n. ; Federmesser n.

canin, ine [kanɛ̃, in] adj. hundsmäßig ; hundeartig. ◇ f. **canine,** Augenzahn m. ; Eckzahn m.

caniveau [kanivo] m. Rinnstein m. ; Rinne f. ; Kanal m. ; Gosse f. || ÉLECTR. Leitungskanal m.

cannage [kana:ʒ] m. [action] Flechten (n.) mit Rohr. || [ensemble] Rohrgeflecht n.

canne [kan] f. [roseau] Rohr n. ; Schilf n. ; Ried n. || PAR EXT. *Canne à sucre*, Zuckerrohr. | *Canne à pêche*, Angelrute f. || [bâton] Rohrstock m. ; Spazierstock m. | *Coups de canne*, Stockschläge m. pl. | *Canne à épée*, Stockdegen m. | *Canne de golf*, Golfschläger m. || TECHN. [tube] Blasrohr n.

cannelé, ée [kanle] adj. gerillt ; geriffelt ; ausgekehlt. | *Tôle cannelée*, Riffelblech n.

cannelle [kanɛl] f. Zimt m. ; Zimmet m. ; Kaneel m. || [robinet] Spundhahn m.

cannelure [kanly:r] f. ARCHIT. Kehle f. ; Auskehlung f. || TECHN. Kannelüre f. ; Riefe f. ; Rille f.

canner [kane] v. tr. mit Rohr flechten. ◇ part. pass. et adj. **canné, ée,** korbgeflochten.

cannibale [kanibal] adj. kannibalisch. ◇ m. Menschenfresser m. ; Kannibale m.

cannibalisme [-lism] m. Kannibalismus m. ; Menschenfresserei f.

canoë [kanɔe] m. Kanu n. ; Paddelboot n. ; Kanadier m.

canoéiste [-eist] s. Kanufahrer(in) m. (f.).

canon [kanɔ̃] m. **1.** Kanone f. ; Geschütz n. | *Canon à tir rapide*, Schnellfeuergeschütz. | *Canon antiaérien*, Flugabwehrkanone ; Flakgeschütz ; Flak f. | *Canon antichars*, Panzerabwehrkanone ; Pakgeschütz ; Pak f. | *Canon à neige*, Schneekanone. | *Boulet de canon*, Kanonenkugel. | *Chair à canon*, Kanonenfutter n. || PAR EXT. [tube] Rohr n. ; Lauf m. | *Canon de fusil*, Gewehrlauf. || ÉLECTR. *Canon à électrons*, Strahlenerzeugungssystem n. || ZOOL. Schienbein (n.) des Pferdes. || TECHN. *Canon d'une plume*, Federkiel m. || FIG., POP. Glas Wein.
2. RELIG. Kanon m. | *Droit canon*, Kirchenrecht n. || PAR EXT. [modèle] Vorbild n. || MUS. Kanon m. | *Canon à quatre voix*, vierstimmiger Kanon.

canonique [kanɔnik] adj. [église] kirchenrechtlich ; kanonisch. || FAM. *Âge canonique*, ehrwürdiges Alter.

canonisation [-nizasjɔ̃] f. Heiligsprechung f. ; Kanonisation f.

canoniser [-nize] v. tr. heiligsprechen ; kanonisieren.

canoniste [-nist] m. Kirchenrechtler m.

canonnade [kanɔnad] f. Geschützfeuer n. ; Beschießung f. ; Kanonade f.

canonner [-ne] v. tr. beschießen ; mit Geschützfeuer belegen ; eindecken.

canonnier [-nje] m. Kanonier m. ; Artillerist m.

canonnière [-njɛ:r] f. Kanonenboot n. ; Aviso m. || MIL. [ouverture] Schießscharte f.

Canossa [kanɔsa] n. pr. Burg Canossa. || FIG. *Aller à Canossa*, nach Canossa gehen.

canot [kano] m. Boot n. ; Kahn m. ; Jolle f. | *Canot à deux rames*, Einer m. | *Canot hors-bord*, Außenbordmotorboot. | *Canot pneumatique*, Schlauchboot. | *Canot de sauvetage*, Rettungsboot. | *Canot de pêche*, Fischerboot. | *Canot pliant*, Faltboot ; Paddelboot. | *Canot à moteur*, Motorboot.

canotage [kanɔta:ʒ] m. Rudersport m.

canoter [-te] v. intr. rudern ; Boot fahren ; kahnfahren.

canotier [-tje] m. MAR. Rudergast m. || [chapeau] flacher Strohhut.

cantate [kɑ̃tat] f. MUS. Kantate f.

cantatrice [-tris] f. Sängerin f.

cantilène [kɑ̃tilɛ:n] f. Kantilene f.

cantine [kɑ̃tin] f. Kantine f. ; Eßraum m. | *Cantine d'entreprise*, Werkskantine. || [malle] *Cantine d'officier*, Offizierskiste f.

cantinier, ière [-nje, jɛ:r] s. Kantinenwirt(in) m. (f.) ; Marketender(in) m. (f.).

cantique [kɑ̃tik] m. Kirchengesang m. ; Kirchenlied n. ; Loblied n. || THÉOL. *Cantique des cantiques*, das Hohelied Salomonis.

— SYN. : *Psaume* m., Psalm m. *Hymne* m., lateinischer Meßgesang ; Loblied n.

canton [kɑ̃tɔ̃] m. Landkreis m. ; Stadtkreis m. ; Bezirk m. || [Suisse] Kanton m. | *Lac des Quatre-Cantons*, Vierwaldstättersee m. || PAR EXT. Gebiet n.

cantonade [kɑ̃tɔnad] f. Kulissen f. pl. | *Parler à la cantonade*, in die Kulissen sprechen.

cantonal, ale, aux [kɑ̃tɔnal, o] adj. Bezirks... | *Élections cantonales*, Bezirkswahlen f. pl.

cantonnement [-nmɑ̃] m. [action] Einquartierung f. || [lieu] Quartier n. | *Changer de cantonnement*, umquartieren.

cantonner [-ne] v. tr. einquartieren ; unterbringen. ◇ v. intr. Quartier beziehen ; einquartiert sein. ◇ v. pr. **se cantonner,** FIG. *Se cantonner dans*, sich beschränken auf (acc.).

cantonnier [-tɔnje] m. Straßenwärter m. ; Streckenwärter m. ; Bahnwärter m.

canular [kanyla:r] m. FAM. Studentenulk m.

canule [kanyl] f. Röhrchen n. ; Kanüle f.

canut, use [kany, y:z] s. [à Lyon] Seidenweber m.

caoutchouc [kautʃu] m. BOT. Gummibaum m. || [matière] Kautschuk m. ; Gummi n. ou m. | *Caoutchouc-mousse*, Schaumgummi. || [ruban] Gummiband. || [chaussure] Gummischuh m. || [manteau] Regenmantel m.

caoutchouter [-te] v. tr. gummieren. | *Toile caoutchoutée*, Gummituch n.

cap [kap] m. GÉOGR. Kap n. ; Vorgebirge n. ; Landspitze f. | *Cap de boussole*, Kompaßrichtung f. ;

Kompaßkurs m. | *Doubler un cap*, ein Vorgebirge umschiffen ; FIG. eine Schwierigkeit überwinden. | *Mettre le cap sur qch.*, Kurs nehmen auf ; FIG. es absehen auf. || AÉRON. Steuerkurs m. || [tête] Kopf m. ; Haupt n. | *De pied en cap*, von Kopf bis Fuß.

capable [kapabl] adj. fähig ; geeignet ; tauglich. | *Capable de*, fähig (gén.) ; fähig zu. | *Capable de produire*, leistungsfähig. | *Il est capable de tout*, er ist zu allem imstande. | *Un homme capable*, ein tüchtiger Mann. || JUR. berechtigt ; rechtsfähig.

capacité [-pasite] f. [contenance] Inhalt m. ; Gehalt m. ; Fassungsvermögen n. ; Kapazität f. | *Capacité d'accueil*, Aufnahme-, Beherbergungskapazität. | *Capacité de chargement*, Ladekapazität. || FIG. [talent, aptitude] Fähigkeit f. ; Befähigung f. ; Tüchtigkeit f. ; Qualifikation f. | *Capacité productive*, Produktionskraft f. | *Capacité de rendement*, Leistungsfähigkeit. | *Capacité de travail*, Erwerbsfähigkeit. || INF. *Capacité de mémoire*, Speicherkapazität f. || JUR. Rechtsfähigkeit f. | *Capacité de contracter*, Geschäftsfähigkeit f. || PHYS. Kapazität f. ; Fähigkeit f. | *Capacité calorifique*, spezifische Wärme ; Brennwert m. || TRANSP. *Capacité de transport*, Transportleistung f.

caparaçon [kaparasɔ̃] m. HIST. Streitroßpanzer m. || PAR EXT. Woilach m. ; Schabracke f.

cape [kap] f. [manteau] Kappe f. ; Überwurf m. ; Umhang m. ; Mantel m. || FIG. *Rire sous cape*, sich ins Fäustchen lachen. || [feuille de tabac] Deckblatt n. || MAR. Großsegel n.

capeline [kaplin] f. breitkrempiger Damenhut. || PAR EXT. Haube f. ; Kapuze f.

capétien, ienne [kapesjɛ̃, jɛn] adj. kapetingisch. ◇ m. pl. **Capétiens,** Kapetinger m. pl.

capharnaüm [kafarnaɔm] m. Rumpelkammer f. ; Sammelsurium n. ; Kapernaum n.

capillaire [kapillɛ:r] adj. haarartig ; haarfein ; haardünn ; Haar... | *Institut capillaire*, Haar(wuchs)institut n., Haar(pflege)institut n. || ANAT. *Vaisseau capillaire*, Haar-, Kapillargefäß n. || PHYS. *Tube capillaire*, Haarröhrchen n.

◇ m. BOT. Frauenhaar n.

capillarité [-larite] f. PHYS. Kapillarität f.

capilotade [kapilɔtad] f. Ragout n. | *Mettre en capilotade*, zerstückeln ; zermalmen.

capitaine [kapitɛn] m. [chef militaire] Feldherr m. || PAR EXT. [d'une compagnie] *Capitaine d'infanterie*, Hauptmann m. | *Capitaine de cavalerie*, Rittmeister m. | *Capitaine de vaisseau*, Kapitän (m.) zur See. | *Capitaine des pompiers*, Feuerwehrhauptmann ; Brandmeister m. || LOC. *Mon capitaine*, Herr Hauptmann. || SPORT. *Capitaine d'équipe*, Mannschaftsführer m. ; Spielführer m.

capital, ale, aux [kapital, o] adj. hauptsächlich ; grundlegend ; wesentlich. | *Point capital*, Hauptpunkt m. || JUR. *Peine capitale*, Todesstrafe f. || RELIG. *Les sept péchés capitaux*, die sieben Todsünden f. pl. || TYPOGR. *Lettre capitale*, großer Buchstabe.

capital m. (pl. **capitaux**) Hauptsache f. || COMM. Kapital n. ; Vermögen n. | *Capital apporté*, eingebrachtes Kapital. | *Capital disponible, liquide*, flüssiges Kapital. | *Capital engagé*, Anlagevermögen. | *Capital fixe*, stehendes Kapital. | *Capital global*, Gesamtvermögen. | *Capital imposable*, steuerpflichtiges Kapital. | *Capital improductif*, totes Kapital. | *Capital initial*, Stammkapital. | *Capital social*, [société par actions] Grundkapital ; [S.A.R.L.] Stammkapital. | *Augmentation de capital*, Kapitalerhöhung f. ; Kapitalaufstockung f.

◇ m. pl. **capitaux,** Kapitalien n. pl. ; Geldmittel n. pl. ; Gelder n. pl. || ÉCON. *Capitaux flottants*, heißes Geld. | *Capitaux propres*, Eigenmittel n. pl.

capitale [kapita:l] f. [ville] Hauptstadt f. || [lettre] großer Buchstabe. || TYPOGR. *En petites capitales*, in Kapitälchen. | *En capitales*, in großen Buchstaben.

capitalisation [kapitalizasjɔ̃] f. Kapitalisation f.

capitaliser [-lize] v. tr. kapitalisieren.

capitalisme [-lism] m. Kapitalismus m. | *Capitalisme d'État*, Staatskapitalismus. || PÉJOR. Ausbeutertum n.

capitaliste [-list] s. Kapitalist(in) m. (f.).

capitan [kapitɑ̃] m. THÉÂTR. Maulheld m.

capiteux, euse [-tø, ø:z] adj. zu Kopf steigend ; berauschend. ; [parfum] schwer, süß.

Capitole [kapitɔl] n. pr. m. [temple] Kapitol n. ; Jupitertempel m.

capiton [kapitɔ̃n] m. Sitzpolster n. ; Flockseide f.

capitonnage [-tɔna:ʒ] m. Polstern n. ; Polsterung f.

capitonner [-ne] v. tr. polstern ; auspolstern. | *Porte capitonnée*, Polstertür f. ; schalldichte Tür.

capitulaire [kapitylɛ:r] adj. stiftsmäßig ; Stifts... | *Salle capitulaire*, Kapitelsaal m.

capitulation [-lasjɔ̃] f. Übergabe f. ; Aufgeben n. ; Kapitulation f. | *Capitulation sans condition*, bedingungslose Kapitulation. || FIG. Nachgeben n.

capituler [-le] v. intr. [se livrer] sich ergeben ; kapitulieren ; die Waffen strecken. || FIG. [s'accommoder] nachgeben ; sich abfinden (mit).

caporal [kapɔral] m. Gefreite(r) m. ; Korporal m. | *Caporal-chef*, Obergefreite(r). || HIST. *Le Petit Caporal*, der kleine Korporal ; Napoleon. || [tabac] *Caporal ordinaire*, Knaster m.

caporalisme [-lism] m. POLIT. Militärherrschaft f. || FIG., PÉJOR. Drill m. ; Gamaschendienst m.

capot [kapo] adj. invar. [au jeu] ohne Stich. | *Faire capot*, alle Stiche machen.

◇ m. AUTOM. Motorhaube f. || MAR. Persenning f.

capote [kapɔt] f. Kapuzenmantel m. || MIL. Feldmantel m. || AUTOM. Wagenverdeck n.

capoter [-te] v. tr. [couvrir] mit einem Verdeck versehen ; verdecken.

◇ v. intr. MAR. [chavirer] umschlagen ; kentern. || AUTOM. [se renverser] sich überschlagen.

câpre [kɑ:pr] f. BOT. Kaper f.

caprice [kapris] m. [décision soudaine] Laune f. ; Einfall m. ; Grille f. ; Willkür f. | *Faire qch. par caprice*, einer plötzlichen Eingebung folgen. || PAR EXT. [amourette] Liebschaft f. || FIG. [changement] Veränderlichkeit f. | *Caprices de la mode*, Einfälle (m. pl.) der Mode. | *Caprices de la fortune*, Launen (f. pl.) des Glücks. || MUS. Capriccio n. ; Scherzo n.

capricieusement [-sjøzmɑ̃] adv. launisch ; mutwillig.

capricieux, ieuse [-sjø, jø:z] adj. launisch ; grillig ; kapriziös. || FIG. [changeant] veränderlich ; wandelbar. | *Caractère capricieux*, sprunghafter Charakter ; Wandelbarkeit f.

— SYN. : *Lunatique*, wetterwendisch.

capricorne [kaprikɔrn] m. ZOOL. Bockkäfer m. ◇ m. **Capricorne,** ASTRON. Steinbock m. | *Tropique du Capricorne*, Wendekreis (m.) des Steinbocks.

câprier [kɑprije] m. BOT. Kapernstrauch m.

caprin, ine [kaprɛ̃, in] adj. ziegenartig ; Ziegen...

capsule [-syl] f. BOT., TECHN. Kapsel f. ; Samenkapsel f. ; Umhüllung f. ; Gehäuse n. | *Capsule spatiale*, Raumkapsel. || MIL. *Capsule fulminante*, Sprengkapsel.

captage [kapta:ʒ] m. [d'une source] Fassen (n.) einer Quelle. || PHYS. Auffangen n. || RADIO., TÉLÉV. Empfang m.

captation [kaptasjɔ̃] f. JUR. Erbschleicherei f.

capter [kapte] v. tr. TECHN. abfassen ; abfangen. | *Capter une source*, eine Quelle einfassen. || FIG. *Capter les suffrages*, auf Stimmenfang ausgehen. || RADIO. *Capter un poste*, einen Sender empfangen. || JUR. Erbschleicherei betreiben.

capteur [-tœ:r] m. ÉLECTR. Sensor m. ; Meßwertaufnehmer m. | *Capteur infrarouge*, Infrarotsensor. | *Capteur solaire*, Sonnensensor ; Sonnenkollektor m.

captif, ive [kaptif, i:v] adj. gefangen ; gebunden ; ergriffen. | *Ballon captif*, Fesselballon m.
◇ s. Gefangene(r) m.

captivant, ante [-tivɑ̃, ɑ̃:t] adj. einnehmend ; fesselnd ; spannend.

captiver [-tive] v. tr. fesseln ; mitreißen ; einnehmen. | *Captiver l'auditoire*, die Hörer mitreißen. | *Captiver l'attention*, die Aufmerksamkeit fesseln.

captivité [-vite] f. Gefangenschaft f. | *Tenir qn en captivité*, jn gefangen halten.

capture [-ty:r] f. JUR. Gefangennahme f. ; Verhaftung f. | *Capture d'un navire*, Aufbringung (f.) eines Schiffes. || [prise] Fang m. ; Beute f.

capturer [-tyre] v. tr. [s'emparer de] fangen ; gefangen nehmen ; verhaften ; POP. schnappen. || PAR EXT. *Capturer vivant*, lebend einbringen. || MAR. aufbringen ; kapern.

capuche [kapyʃ] f. Kapuze f.

capuchon [-ʃɔ̃] m. Kapuze f. ; Kappe f. ; Regenkappe f. || TECHN. Verschlußkappe f.

capucin [kapysɛ̃] m. RELIG. Kapuziner m. || ZOOL. Kapuzineraffe m.

capucine [-sin] f. [religieuse] Kapuzinerin f. ; Kapuzinernonne f. || BOT. Kapuziner-, Blumenkresse f.

caque [kak] f. Heringstonne f. ; Heringsfaß n. || LOC. *Serrés comme des harengs en caque*, gedrängt wie die Heringe.

caquet [kakɛ] m. [de la poule] Gackern n. || PAR EXT. [babil] Geschwätz n. || FIG., FAM. *Rabattre le caquet à qn*, jn zum Schweigen bringen ; jm das Maul stopfen.

caquetage [kakta:ʒ] m. Gegacker n. ; Geschwätz n. ; Klatscherei f.

caqueter [-te] v. intr. gackern ; schnattern. || PAR EXT. [babiller] klatschen ; plappern.

car [ka:r] conj. denn. | *Il y a toujours des si, des mais et des car*, es gibt immer tausend Wenn und Aber.

car m. Omnibus m.

carabe [karab] m. ZOOL. Laufkäfer m. ; Gartenlaufkäfer m. | *Carabe doré*, Goldkäfer m.

carabin [karabɛ̃] m. HIST. reitender Jäger. || MÉD., FAM. [étudiant] Äskulapjünger m.

carabine [karabin] f. Karabiner m. ; Büchse f. Gewehr n.

carabiné, ée [-ne] adj. FIG., FAM. tüchtig ; gepfeffert. | *Réprimande carabinée*, gepfefferter Tadel. | *Brise carabinée*, steife Brise.

carabinier [-nje] m. MIL. Karabinerschütze m. || PAR EXT. italienischer Gendarm.

caraco [karako] m. Schoßbluse f.

caracole [karakɔl] f. Schneckenlinie f. | *Escalier en caracole*, Wendeltreppe f.

caracoler [-le] v. intr. [cheval] sich tummeln. || FIG. herumtänzeln.

caractère [karaktɛ:r] m. **1.** [signe d'écriture] Schriftzeichen n. | *Caractère algébrique*, algebraisches Zeichen. || TYPOGR. [type] Type f. ; Letter f. ; Druckbuchstabe m. | *Caractères grecs*, griechische Buchstaben. | *Caractères allemands*, Fraktur f. ; Frakturschrift f. | *Caractères cunéiformes*, Keilschrift. | *En caractères gras*, fett gedruckt.
2. [signe distinctif] Merkmal n. ; Zeichen n. ; Kennzeichen n. || [empreinte, expression] Gepräge n. ; Stempel m. ; Ausdruck m. | *Caractère de la vérité*, Stempel der Wahrheit. | *Figure qui a du caractère*, markantes Gesicht. | *Danse de caractère*, Ausdruckstanz m. || [originalité] Eigentümlichkeit f. ; Charakter m. ; Charakteristisches n. | *Caractère d'une œuvre*, Eigentümlichkeit eines Werks. | *Caractère de l'âge mûr*, Eigenschaft (f.) des reiferen Alters.
3. [titre, mission] Titel m. ; Stand m. ; Würde f.
4. [nature de l'âme] Charakter m. ; Gemütsart f., Wesensart f. ; Gesinnung f. ; Sinn m. | *Caractère national*, Nationalcharakter. | *Trait de caractère*, Charakter-, Wesenszug m. | *Sans caractère*, charakterlos. | *Mauvais caractère*, Trotz m. | *Caractère changeant*, Launenhaftigkeit f. | *Caractère gai*, Heiterkeit f. | *Caractère fermé*, Verschlossenheit f. | *D'un caractère triste*, schwermütig. | *Avoir bon caractère*, gutmütig sein. || [fermeté] Geistes-, Willensstärke f. ; Festigkeit f. | *Faire preuve de caractère*, Charakter zeigen. | *Force de caractère*, Charakterstärke f. ; Seelenstärke f. | *D'un caractère ferme*, charakterfest.
5. LITTÉR. Charakter m. ; Figur f. ; Gestalt f.

caractériel, ielle [-terjɛl] adj. charakterlich schwierig. || *Enfant caractériel*, Problemkind n.

caractérisation [-terisasjɔ̃] f. Charakterisierung f.

caractériser [-terize] v. tr. bezeichnen ; kennzeichnen ; charakterisieren.
◇ part. pass. et adj. **caractérisé, ée,** ausgeprägt ; ausgesprochen. | *Faute caractérisée*, ausgeprägter Fehler.
◇ v. pr. **se caractériser,** sich kennzeichnen. | *Se caractériser par qch.*, an etwas kenntlich sein.

caractéristique [-teristik] adj. charakteristisch ; typisch ; besonder(er, e, es). | *Trait caractéristique*, besonderer Zug. | *Un signe caractéristique*, ein unterscheidendes Merkmal.
◇ f. Charakteristisches n. ; Kennzeichen n. ; Grundzug m. | *La caractéristique de cette époque*, das Charakteristische an dieser Epoche. || MATH. Kennziffer f. ; Kennlinie f. || TECHN. *Caractéristiques générales*, allgemeine technische Daten pl. | *Caractéristiques de fonctionnement*, Betriebseigenschaften f. pl.

carafe [karaf] f. Karaffe f. | *Vin en carafe*, offener Wein. || FIG., FAM. *Laisser qn en carafe*, jn aufsitzen lassen.

carafon [-fɔ̃] m. kleine Karaffe.

carambolage [karɑ̃bɔla:ʒ] m. [billard] Karambolage f. || FIG., FAM. Zusammenstoß m.

caramboler [-le] v. intr. [billard] eine Karambolage machen. || FIG., FAM. [bousculer] zusammenstoßen.

carambouillage [karɑ̃buja:ʒ] m. ou **carambouille** [-buj] f. Warenkreditbetrug m.

carambouilleur [-jœ:r] m. Schwindler m.

caramel [karamɛl] m. Zuckercouleur f. ; gebrannter Zucker. || PAR EXT. [bonbon] Karamelle f.

caraméliser [-melize] v. tr. Zucker bräunen.

carapace [karapas] f. Schildkrötenpanzer m. ; Rükkenschild m. ; Panzerschale f.

carapater (se) [səkarapate] v. pr. POP. abhauen ; sich verduften.

carat [kara] m. Karat n. | *Or à dix-huit carats*, achtzehnkarätiges Gold.

caravane [karavan] f. Karawane f. || PAR EXT. [troupe] Reisegesellschaft f. | *Voyager en caravane*, in Gesellschaft reisen. || [voiture] Wohnwagen m.

caravansérail [karavɑ̃sera:j] m. Karawanserei f.

caravelle [-karavɛl] f. HIST. Karavelle f. ; Kogge f.

carbonate [karbɔnat] m. kohlensaures Salz ; Karbonat n. | *Carbonate de fer*, Kohleneisenstein m.

carbone [karbɔn] m. Kohlenstoff m. ; Karbon n. | *Fibre de carbone*, Kohlenfaser f. || PAR EXT. *Papier carbone*, Kohle(n)papier n. ; Durchschlagpapier n.

carbonifère [-nifɛ:r] adj. kohlenhaltig.

carbonique [-nik] adj. kohlensauer. | *Acide carbonique*, Kohlensäure f.

carbonisation [-nizasjɔ̃] f. Ankohlung f. ; Verkohlung f. ; Kohlen n. ; Entgasung f.

carboniser [-nize] v. tr. kohlen ; verkohlen ; verkoken. | *Carboniser à basse température*, schwelen. || PAR ANAL. *Carboniser un rôti*, einen Braten verbrennen.

carburant [karbyrɑ̃] m. Brennstoff m. || TECHN. Treib-, Kraftstoff m. ; Betriebsstoff m.

carburateur [-ratœ:r] m. AUTOM. Vergaser m. | *Carburateur inversé*, Fallstromvergaser.

carburation [-rasjɔ̃] f. TECHN. Karburierung f. ; Kohlung f. ; Aufkohlung f. || AUTOM. Vergasung f.

carbure [karby:r] m. Karbid n. ; Kohlenstoffverbindung f. | *Carbure d'hydrogène*, Leuchtgas n.

carburer [-re] v. tr. kohlen ; aufkohlen ; karburieren. || AUTOM. vergasen. || FIG., FAM. *Ça carbure !*, es geht prima !

carcan [karkɑ̃] m. Halseisen n. || FIG. Pranger m. | *Attacher qn au carcan*, jn anprangern.

carcasse [karkas] f. ZOOL. Gerippe n. ; Knochengerüst n. || TECHN. Gestell n. ; Gerippe n. | *Carcasse métallique*, Stahlgerüst n. | *Carcasse d'un navire*, Schiffsrumpf m.

— SYN. : *Squelette* m., Skelett n. *Ossature* f., Knochengerippe n.

carcinome [karsino:m] m. MÉD. Krebsgeschwür n. ; Karzinom n.

cardage [karda:ʒ] m. TECHN. Krempeln n.

cardan [kardɑ̃] m. TECHN. Kreuz-, Kardangelenk n. | *Arbre à cardan*, Kardanwelle f.

carde [kard] f. Krempel f. ; Hechel f. ; Feilenbürste f. || BOT. Kardendistel f. ; Karde f.

carder [-de] v. tr. TECHN. krempeln ; aufkratzen ; hecheln. | *Machine à carder*, Krempelmaschine f.

◇ part. pass. et adj. **cardé, ée,** *De la laine non cardée*, ungekämmte Wolle.

cardère [kardɛ:r] f. BOT. Karde f.

cardiaque [-djak] adj. zum Herzen gehörig ; Herz... | *Maladie cardiaque*, Herzkrankheit f.

◇ s. Herzkranke(r) m.

cardinal, ale, aux [kardinal, o] adj. hauptsächlich ; wichtigste ; Haupt... ; Grund... | *Nombre cardinal*, Grundzahl f. ; Kardinalzahl f. | *Point cardinal*, Himmelsrichtung f. || FIG. *Les quatre vertus cardinales*, die vier Haupttugenden f. pl.

◇ m. **cardinal,** Kardinal m. || ZOOL. roter Kardinal.

cardinalat [-la] m. Kardinalswürde f.

cardiogramme [kardjɔgram] m. MÉD. Herzbewegungsdarstellung f. ; Kardiogramm n.

cardiographe [-graf] m. MÉD. Kardiograph m.

cardite [kardit] f. MÉD. Herzentzündung f.

carême [karɛ:m] m. Fastenzeit f. ; Fasten n. | *Observer le carême*, die Fastenzeit einhalten ; fasten. || FIG. *Face de carême*, Hungerleidergesicht n. | *Arriver comme mars en carême*, todsicher eintreffen ; wie gerufen kommen.

carénage [karena:ʒ] m. MAR. [action] Kielholen n. || [lieu] Werft f. || TECHN. Stromlinienform f. ; Verkleidung f.

carence [karɑ̃s] f. JUR. Nichtvorhandensein n. ; Fehlen n. || PAR EXT. *Carence du gouvernement*, Versagen (n.) der Regierung. || MÉD. *Maladie par carence*, Mangelkrankheit f.

carène [karɛ:n] f. MAR. Kiel m. ; Schiffskiel m.

caréner [-rene] v. tr. MAR. kielholen ; die untere Seite überholen. || TECHN. eine Stromlinienform geben.

caressant, ante [karɛsɑ̃, ɑ̃:t] adj. liebkosend ; schmeichelnd.

caresse [-rɛs] f. Liebkosung f. ; Streicheln n. ; Schmeicheln n. ; Hätschelei f. | *Faire des caresses à qn*, jn liebkosen.

caresser [-rɛse] v. tr. hätscheln. || [faire des caresses] streicheln ; kosen ; liebkosen ; hätscheln. | *Caresser les joues*, die Wangen streicheln. | *Caresser un chien*, einen Hund kraulen. || [effleurer] leicht berühren ; streifen. | *La brise caresse les fleurs*, die Brise umhaucht die Blumen. || IRON. *Caresser le dos de qn*, jn durchprügeln. | *Caresser la bouteille*, der Flasche zusprechen. || FIG. [flatter] schmeicheln (dat.). | *Caresser les grands*, den Großen schmeicheln. || [désirer] hegen. | *Caresser un désir*, einen Wunsch hegen ; mit etwas liebäugeln. | *Caresser de vaines espérances*, eitlen Hoffnungen nachhängen.

◇ v. pr. **se caresser,** einander liebkosen.

cargaison [kargɛzɔ̃] f. Ladung f. ; Schiffsladung f. ; Schiffslast f. ; Fracht f. || FIG. *Toute une cargaison*, eine ganze Menge.

cargo [-go] m. Lastdampfer m. ; Frachter m. ; Frachtschiff n. | *Avion cargo*, Transportflugzeug n. | *Cargo planeur*, Lastensegler m.

cariatide ou **caryatide** [karjatid] f. Säulenfigur f. ; Karyatide f.

caricatural, ale, aux [karikatyral, o] adj. karikiert ; verzerrt.

caricature [-ty:r] f. [reproduction grotesque] Karikatur f. ; Zerrbild n. || FIG., FAM. [personne] Fratzef.

caricaturer [-tyre] v. tr. karikieren ; verzerren.

caricaturiste [-tyrist] m. Karikaturenzeichner m. ; Karikaturist m.

carie [kari] f. MÉD. Knochenfraß m. ; Knochenfäule f. ; Karies f. | *Carie dentaire*, Zahnkaries f. || BOT. Brand m. ; Brenner m. | *Carie du blé*, Getreidebrand ; Kornfäule.

carier [-rje] v. tr. MÉD. anfressen.

◇ part. pass. et adj. **carié, iée,** angefressen ; faul ; brüchig. | *Dent cariée*, fauler Zahn ; POP. hohler Zahn. | *Blé carié*, brandiges Korn.

◇ v. pr. **se carier,** [os] angefressen werden ; faulen ; verfaulen. || [blé] brandig werden.

carillon [karijɔ̃] m. Glockenspiel n. || PAR EXT. Gebimmel n. ; Geläute n.

carillonner [-jɔne] v. intr. ein Glockenspiel läuten. || PAR EXT. [sonner] läuten, klingeln.

◇ v. tr. läuten ; einläuten. || PAR EXT. *Carillonner un air*, eine Weise spielen.

◇ part. pass. et adj. **carillonné, ée,** *Fête carillonnée*, kirchlicher Feiertag.

carillonneur [-jɔnœ:r] m. Glockenspieler m.

Carinthie [karɛ̃ti] n. pr. f. Kärnten n.

carlingue [karlɛ̃:g] f. MAR. Kielbalken m. || AÉRON. Pilotenstand m. ; Sitzraum m.

carmagnole [karmaɲɔl] f. Jakobinerjacke f. (auch Revolutionslied).

carme [karm] m. Karmeliter m. ; Karmelitermönch m. | *Carmes déchaussés*, Barfüßerorden m.
carmélite [-melit] f. Karmeliternonne f.
carmin [karmɛ̃] adj. karminrot.
◇ m. Karminrot n.
carminé, ée [-mine] adj. karminrot ; karminrot gefärbt.
carnage [karna:z] m. [massacre] Metzelei f. ; Massenmord m. ; Gemetzel n. | *Scène de carnage*, Würgeszene f. || [vénerie] Fleischfutter n. ; Raubtierfutter n.
— SYN. : *Massacre* m., Gemetzel n. *Hécatombe* f., Blutbad n. *Boucherie* f., Abschlachterei f. *Tuerie* f., Hinmorden n.
carnassier, ière [karnasje, jɛ:r] adj. fleischfressend ; fleischgierig. || PAR EXT. [personne] *Être carnassier*, viel Fleisch essen. || [rapace] raubgierig.
◇ m. pl. **carnassiers,** Fleischfresser m. pl. ; Raubtiere n. pl.
◇ f. **carnassière,** Jagdtasche f.
carnation [-sjɔ̃] f. Fleischfarbe f. ; Hautfarbe f.
carnaval [karnaval] m. [temps] Karneval m. ; Fasching m. || [fêtes] Faschingstreiben n. ; Narrenfest n. || PAR EXT. [personne] Faschingsnarr m.
carnavalesque [-lɛsk] adj. karnevalsmäßig ; faschingsmäßig.
carne [karn] f. FAM. [viande] Aas n. ; stinkendes Fleisch. || [cheval] klapprige Mähre. || FIG. Luder n.
carné, ée [-ne] adj. fleischfarben ; Fleisch... | *Régime carné*, Fleischkost f.
carnet [karnɛ] m. Heft n. ; Notizbuch n. ; Merkbüchlein n. | *Carnet d'adresses*, Adreßheft ; Adreßbüchlein n. | *Carnet de tickets*, Fahrscheinblock m. | *Carnet de chèques*, Scheckheft. | *Carnet de commandes*, Auftragsbuch n. || AÉRON. *Carnet de bord*, Bordbuch n.
carnier [karnje] m. Weidmannstasche f.
carnivore [-nivɔr] adj. fleischessend ; fleischfressend. | *Plante carnivore*, fleischfressende Pflanze.
◇ m. Fleischfresser m.
carolingien, ienne [karɔlɛ̃ʒjɛ̃, jɛn] adj. karolingisch.
◇ m. pl. **Carolingiens** ou **Carlovingiens,** Karolinger m. pl.
carotide [karɔtid] f. ANAT. Halsschlagader f.
carotte [karɔt] f. BOT. Mohrrübe f. ; gelbe Rübe. || COMM. *Carotte de tabac*, Tabaksrolle f. || FIG. *Poil de carotte*, Rotkopf m. || MINES. Bohrkern m.
carotter [-te] v. tr. FAM. [tromper] an-, beschwindeln ; reinlegen. || *Carotter de l'argent à qn*, jm Geld abschwindeln. || MINES. Bohrlochproben nehmen.
caroube [karub] f. BOT. Johannisbrot n.
caroubier [-bje] m. BOT. Johannisbrotbaum m.
Carpates [karpat] n. pr. f. pl. GÉOGR. Karpaten f. pl.
carpe [karp] f. ZOOL. Karpfen m. || FIG. *Muet comme une carpe*, stumm wie ein Fisch.
◇ m. ANAT. Handwurzel f.
carpeau [-po] ou **carpillon** [-pijɔ̃] m. junger, ganz junger Karpfen.
carpette [karpɛt] f. kleiner Teppich ; Läufer m. ; Bettvorleger m.
carquois [karkwa] m. Köcher m. ; Pfeilköcher m.
carré, ée [kare] adj. viereckig ; vierkantig ; quadratisch. | *Tapis carré*, viereckiger Teppich. | *Poutre carrée*, vierkantiger Balken. || PAR EXT. [large, anguleux] *Aux épaules carrées*, breitschultrig. | *Front carré*, breite Stirn. | *Tête carrée*, kantiger Kopf ; FIG. Dickschädel m. || FIG. FAM. [franc, décidé] aufrichtig ; derb. | *Réponse carrée*, eindeutige Antwort. || MATH. Quadrat... | *Mètre carré*, Quadratmeter m. | *Racine carrée*, Quadratwurzel f.
◇ m. **carré,** Viereck n. ; Quadrat n. ; Geviert n. || TECHN. Vierkant m. || PAR EXT. Stück n. ; Würfel m. | *Carré de bœuf*, Vorderviertel n. || [jardin] Beet n. || MATH. *Carré d'un nombre*, Quadrat einer Zahl. | *Élever au carré*, ins Quadrat erheben. || [au jeu] *Carré d'as*, vier Asse n. pl. || MIL. Karree n. || MAR. *Carré des officiers*, Schiffsmesse f.
carreau [-ro] m. [petit carré] kleines Viereck. | *À carreaux*, kariert ; gewürfelt. | *Veste à carreaux*, karierte Jacke. || PAR ANAL. [plaque] viereckige Platte ; Fliese f. | *Carreau d'un poêle de faïence*, Ofenkachel f. || PAR EXT. [sol dallé] Estrich m. ; Pflaster n. || FIG. *Rester sur le carreau*, auf der Strecke bleiben. || [vitre] Fensterscheibe f. || [jardin] breites Beet. || [au jeu] Karo n. | *Valet de carreau*, Karobube m. || FIG. *Se tenir à carreau*, auf der Hut sein. || MINES. Grubeneingang m. ; Zechenplatz m.
carrefour [karfu:r] m. [croisement] Kreuzung f. ; Rondell n. ; Straßenkreuzung f. ; Wegekreuzung f. || [coin] Straßenecke f.
— SYN. : *Croisement* m., Schnittpunkt m.
carrelage [karla:ʒ] m. [action] Kachelung f. ; Fliesenlegen n. || [ensemble] Fliesenbelag m. ; Kachelbelag m.
carreler [-le] v. tr. mit Platten, Fliesen belegen ; Fliesen legen ; kacheln ; auskacheln ; pflastern.
◇ part. pass. et adj. **carrelé, ée,** mit Fliesen belegt ; gekachelt. | *Sol carrelé*, Fliesenfußboden m. | *Salle de bains carrelée*, gekacheltes Badezimmer.
carrelet [karlɛ] m. [aiguille] Packernadel f. || [règle] viereckiges Lineal. || [filet] viereckiges Hängenetz. || ZOOL. Gold-, Steinbutt m. || TECHN. Kratze f.
carreleur [karlœ:r] m. Fliesenleger m.
carrément [karemɑ̃] adv. FIG. rundweg ; frei heraus ; klipp und klar ; unumwunden.
carrer (se) [səkare] v. pr. sich breitmachen.
carrier [karje] m. Steinbrucharbeiter m.
carrière [-rjɛ:r] f. [profession] Laufbahn ; Beruf m. ; Karriere f. | *Officier de carrière*, Berufsoffizier m. | *Faire carrière*, Karriere machen. || [lieu d'extraction] Steinbruch m. | *Carrière de marbre*, Marmorbruch. | *Carrière d'argile*, Tongrube f.
carriole [karjɔl] f. Karre f. ; Bauernkarre f. || PÉJOR. Vehikel n. ; Karren m.
carrossable [karɔsabl] adj. fahrbar ; befahrbar. | *Route carrossable*, Fahrweg m.
carrosse [karɔs] m. Karosse f. ; Prachtkutsche f.
carrosser [-se] v. tr. AUTOM. mit einer Karosserie ausstatten.
carrosserie [-sri] f. TECHN. [action] Karosseriebau m. || [caisse] Wagenkasten m. ; Karosserie f.
carrossier [-sje] m. Karosseriebauer m.
carrousel [karuzɛl] m. SPORT. Reiterspiel n. ; Ringreiten n. ; Karussell n.
carrure [kary:r] f. Schulterbreite f. ; Rückenbreite f. | *De belle carrure*, breitschultrig.
cartable [kartabl] m. Schulranzen m. ; Schulmappe f. ; Schreibmappe f.
carte [kart] f. **1.** [sens général] Karte f. | *Carte de visite*, Visitenkarte. | *Laisser sa carte*, seine Karte abgeben. | *Carte postale*, Postkarte. | *Carte postale illustrée*, Ansichtskarte. | *Carte-lettre*, Briefkarte. | *Carte d'entrée*, Eintrittskarte. | *Carte d'abonnement*, Dauerkarte. | *Carte des vins*, Weinkarte. | *Dîner à la carte*, nach der Karte essen. || ADM. Ausweis m. ; Schein m. ; Karte f. | *Carte d'adhérent*, Mitgliedsausweis ; Parteibuch n. | *Carte d'identité*, Personalausweis. |

Carte d'étudiant, Studentenausweis. | *Carte orange*, (*etwa*) Monatskarte. | *Carte de séjour*, Aufenthaltsgenehmigung f. | *Carte d'alimentation*, Lebensmittelkarte. | *Carte grise*, (Kraft)fahrzeugschein. | *Carte vermeil*, Seniorenpaß m. || FIN. *Carte bleue, de crédit, de paiement*, Kreditkarte f. | *Carte à mémoire*, Chip-Karte f. || INF. *Carte perforée*, Lochkarte f.

2. JEUX. Karte f. ; Spielkarte f. | *Jeu de cartes*, Kartenspiel n. | *Jouer aux cartes*, Karten spielen. | *Tirer les cartes*, die Karten legen. || FIG. *Donner carte blanche à qn*, jm Blankowechsel (m.) ausstellen. | *Brouiller les cartes*, Verwirrung (f.) anstiften. | *Jouer cartes sur table*, mit offenen Karten spielen. | *Le dessous des cartes*, geheime Seite. | *Château de cartes*, Kartenhaus n.

3. GÉOGR. Landkarte f. | *Carte murale*, Wandkarte f. | *Carte astronomique*, Himmelskarte f. | *Regarder la carte*, auf der Karte nachsehen.

cartel [kartɛl] m. HIST. [provocation] Herausforderung f. || [convention] Übereinkommen n. || Kartell n. ; Verband m. | *Cartel des prix, de la production*, Preis-, Produktionskartell. || POLIT. Block m. || [pendule] Wanduhr f.

carter [kartɛr] m. TECHN. Gehäuse n.

cartésien, ienne [kartezjɛ̃, jɛn] adj. kartesianisch.
◇ s. Kartesianer(in) m. (f.).

Carthage [karta:ʒ] n. pr. f. HIST. Karthago n.

Carthaginois, oise [-ʒinwa, wa:z] s. Karthager (in) m. (f.).

cartilage [kartila:ʒ] m. Knorpel m.

cartilagineux, euse [-ʒinø, ø:z] adj. knorpelig.

cartographe [kartɔgraf] m. Kartenzeichner m.

cartographie [-grafi] Landkartenzeichnung f. ; Kartenherstellung f. ; Kartenaufnahme f.

cartomancie [-mɑ̃si] f. Kartenlegen n.

cartomancien, ienne [-mɑ̃sjɛ̃, jɛn] s. Kartenleger(in) m. (f.).

carton [kartɔ̃] m. [matière] Pappe f. ; Karton m. | *Carton goudronné*, Teerpappe. | *Carton d'amiante*, Asbestpappe. || [boîte] Pappschachtel f. | *Carton à dessin*, Zeichenmappe f. || ARTS. Modellzeichnung f. || FAM. *Faire un carton*, [cible] auf eine Zielscheibe schießen ; [tir] ins Schwarze treffen ; [match] haushoch gewinnen. || SPORT. *Carton jaune*, gelbe Karte. | *Carton rouge*, rote Karte.

cartonnage [-tɔna:ʒ] m. [action] Pappherstellung f. ; Kartonieren n. ; Papparbeit f. || [reliure] Kartoneinband m.

cartonner [-tɔne] v. tr. in Pappe binden ; kartonieren. et adj. **cartonné, ée,** in Pappe ; in Pappeinband.

cartonnerie [-tɔnri] f. Pappenfabrik f.

cartonnier [-tɔnje] m. COMM. Kartonagenhändler m. || [classeur] Karteischrank m. ; Aktenschrank m.

carton-pâte [kartɔ̃pɑ:t] m. Papiermaché n.

cartouche [kartuʃ] m. ARCHIT. verschnörkelte Zierleiste. || TYPOGR. Zierrahmen m. ; Ziertitel m.
◇ f. Patrone f. | *Cartouche à blanc*, Platzpatrone. || PAR EXT. Ladung f. | *Cartouche d'encre*, Tintenladung.

cartoucherie [-ʃri] f. Munitionsfabrik f.

cartouchière [-ʃjɛ:r] f. Patronentasche f. ; Patronengürtel m.

cas [ka] m. [événement] Fall m. ; Vorfall m. ; Vorkommnis n. Cas fortuit, Zufall m. | *Cas d'espèce*, besonderer Fall. | *Cas imprévu*, unvorhergesehener Fall. || [circonstance] Fall m. ; Umstand m. | *Le cas échéant*, gegebenenfalls ; vorkommenden Falles. | *Dans tous les cas*, auf alle Fälle. | *En aucun cas*, auf keinen Fall. | *En cas de force majeure*, im Falle höherer Gewalt. | *Dans le cas contraire*, im entgegengesetzten Fall. | *C'est le cas de dire*, hier könnte man sagen. || [situation] Lage f. ; Zustand m. | *Cas de conscience*, Gewissensfrage f. | *Son cas est grave*, sein Zustand ist schlimm. | *Cas de figure*, Figurenkonstellation f. || [événement considérable] Fall m. ; Sache f. | *Le cas Wagner*, der Fall Wagner. | *Faire grand cas de qch.*, viel Wert auf etwas legen ; großes Aufheben um etwas machen. | *Faire peu de cas de qch.*, nicht viel auf etwas geben. | *Faire grand, peu de cas de qn*, jn hoch, gering schätzen. || GRAMM. Kasus m. ; Fall m. || JUR. Rechtsfall m.
◇ loc. adv. **en cas de,** falls ; im Falle (gén.). | *En cas de besoin*, nötigenfalls. | *En tout cas*, jedenfalls. | *Selon le cas*, je nachdem.
◇ loc. conj. **au cas où, dans, pour le cas où,** falls ; für den Fall, daß.
— SYN. : *Circonstance* f., Umstand m. *Occasion* f., Gelegenheit f. *Occurrence* f., Vorfall m.

casanier, ière [kazanje, jɛ:r] adj. stubenhockerig ; einhäusig.
◇ s. Stubenhocker(in) m. (f.) ; Ofenhocker m.
— SYN. : *Sédentaire* m., Seßhafter m. FAM. *Pantouflard* m., Pantoffelheld m., Ofenhocker m.

casaque [kasak] f. Kittel m. || FIG., FAM. *Tourner casaque*, umschwenken.

cascade [kaskad] f. Wasserfall m. ; Kaskade f. || FIG. Guß m. || FIG. *Une cascade d'événements*, eine Kette von Ereignissen.

cascadeur, euse [-dœ:r, ø:z] adj. FAM., VX. leichtfertig ; leichtlebig ; ausschweifend.
◇ s. FILM. Kaskadeur m.

case [ka:z] f. [cabane] Hütte f. ; Häuschen n. || [compartiment] Abteilung f. ; Fach n. ; Schubfach n. || FIG. *Cases du cerveau*, Gehirnfächer n. pl. || JEUX. Feld n.

caséine [-in] f. Käsestoff m. ; Kasein n.

casemate [kazmat] f. Kasematte f. ; Bunker m. || PAR EXT. [oubliette] Verlies n.

caser [kaze] v. tr. [ranger] einordnen. || FIG. [procurer un emploi] jm eine Stelle verschaffen. | *Caser qn*, jn unterbringen. || FAM. *Caser sa fille*, die Tochter unter die Haube bringen.
◇ part. pass. et adj. **casé, ée.** FIG. *Bien casé*, wohl geborgen ; gut angebracht. | *Être casé*, versorgt sein.
◇ v. pr. **se caser.** FIG. eine Stelle finden.

caserne [kazɛrn] f. Kaserne f. [vaste maison] Miet(s)kaserne.

casernement [-nəmɑ̃] m. [action] Kasernierung f. || [ensemble] Kasernengebäude n. pl.

caserner [-ne] v. tr. in Kasernen legen.

cash [kaʃ] adv. [comptant] bar.

casher ou **cachère** [kaʃɛr] adj. invar. koscher.

casier [kazje] m. Fächerkasten m. ; Karteikasten m. || PAR EXT. *Casier à bouteilles*, Flaschenständer m. | *Casier à fruits*, Obstgestell n. || JUR. *Casier judiciaire*, Strafregister n. | *Avoir un casier judiciaire vierge*, nicht vorbestraft sein.

casino [kazino] m. Kurhaus n. ; Kursaal m. ; Kasino n. ; Spielkasino n.

casoar [kazɔa:r] m. Kasuar m. ; Emu m. || MIL. [plumet] Federbusch m.

casque [kask] m. MIL. Helm m. | *Casque à pointe*, Pickelhaube f. | *Casques bleus*, Blauhelme m. pl. ; UN-Friedenstruppe f. || PAR EXT. *Casque de cuir*, Lederkappe f. ; Sturzhelm. | *Casque d'écoute*, Kopfhörer m. | *Casque de protection*, Schutzhelm.

casqué, ée [-ke] adj. behelmt ; im Helm.

casquer [-ke] v. intr. FAM. blechen.

casquette [-kɛt] f. Mütze f. ; Kappe f.

cassable [kasabl] adj. zerbrechlich.

Cassandre [kasɑ̃dr] n. pr. f. Kassandra. | *Jouer les Cassandre*, Kassandrarufe ausstoßen ; unken.

cassant, ante [-sɑ̃, ɑ̃:t] adj. zerbrechlich ; brüchig. || FIG. [impérieux] schroff ; herrisch. | *D'un ton cassant*, mit schroffem Ton.

cassation [-sasjɔ̃] f. JUR. Aufhebung (f.). Umstoßung (f.) eines Urteils ; Kassation f. | *Cour de cassation*, Kassationshof m. ; Bundesgerichtshof m. | *Se pourvoir en cassation*, Nichtigkeitsklage erheben.

casse [kas] f. [action] Zerbrechen n. || [objets] Bruch m. ; Abfall m. || FIG., FAM. *Payer la casse*, für den Schaden aufkommen ; die Folgen tragen. | *Il y aura de la casse*, da gibt's Kleinholz. || BOT. Kassie f. || TYPOGR. Setzkasten m.

casse-cou [kasku] m. invar. [homme téméraire] Wagehals m. ; Draufgänger m. || LOC. *Crier casse-cou*, warnen.

casse-croûte [-krut] m. invar. Imbiß m. ; Schnellimbiß m.

cassement [-smɑ̃] m. Zerbrechen n. ; Zerschlagen n. || FIG. *Cassement de tête*, Kopfzerbrechen.

casse-noisettes [-nwazɛt] m. invar. Nußknakker m.

casse-noix [-nwa] m. invar. Nußknacker m.

casse-pieds [-pje] s. invar., FAM. Klette f.

casser [kase] v. tr. [briser] brechen ; zerbrechen. | *Casser de la vaisselle*, Geschirr zerbrechen. | *Casser une branche*, einen Zweig abbrechen, knicken. | *Casser avec les dents*, zerbeißen ; zerknacken. || [en frappant] zerschlagen ; zerklopfen ; zerstoßen ; zerhauen. || LOC. *Casser les vitres*, die Scheiben einwerfen. | *Casser des cailloux*, Steine (m. pl.) klopfen. | *Casser des œufs*, Eier (n. pl.) aufschlagen. || [en deux] entzweibrechen ; entzweischlagen. || [rompre] abbrechen ; abreißen ; zerreißen. || LOC. FAM. *Casser la figure*, VULG. *la gueule à qn*, jm den Schädel einschlagen ; FAM. jm die Schnauze polieren. | *Casser sa pipe*, abkratzen. | *Casser la croûte*, eine Kleinigkeit essen. | *Casser la tête, les oreilles à qn*, jm die Ohren vollplärren. | *Casser du sucre sur le dos de qn*, jn verleumden. | *À tout casser*, auf Biegen oder Brechen. | *Ça ne casse rien*, das ist nichts Besonderes. || FIG. [affaiblir] schwächen. || JUR. [annuler] aufheben ; umstoßen ; für nichtig erklären. || ADM. [destituer] absetzen ; des Amtes entheben.
◇ v. intr. brechen ; zerbrechen. | *Ce métal casse facilement*, dieses Metall ist leicht zerbrechlich.
◇ part. pass. et adj. **cassé, ée,** zerbrochen ; gebrochen ; zerschlagen. || [en deux] entzwei. || LOC. FAM. *Payer les pots cassés*, für den Schaden aufkommen. | *En avoir les oreilles cassées*, die Ohren voll haben. || FIG. [affaibli] *Ce vieillard est cassé*, dieser Greis ist altersschwach, gebrechlich.
◇ v. pr. **se casser,** [se briser] brechen ; zerbrechen ; in Stücke gehen. || [se rompre] abbrechen ; abreißen. | *Le fil se casse*, der Faden reißt. || [réfléchi] *Se casser la jambe*, sich ein Bein brechen. || LOC. FAM. *Se casser le nez*, sich die Nase einrennen. | *Se casser la tête*, sich den Kopf zerbrechen. | *Se casser le cou*, sich das Genick brechen.

casserole [kasrɔl] f. Schmortopf m. ; Kasserole f. ; Tiegel m. || FAM. schlechtes Klavier.

casse-tête [kastɛ:t] m. invar. Totschläger m. ; Keule f. || FIG. [travail] knifflige Arbeit ; Kopfzerbrechen n. ; Rätsel n. || [bruit] ohrenbetäubender Lärm.

cassette [kasɛt] f. [coffret] Kästchen n. ; Schatulle f. ; Schrein m. || [d'argent] Schatzkästchen n. ; Kassette f. || [son, vidéo] Kassette f. | *Cassette audionumérique*, DAT-Kassette ; Digital-Audio-Typekassette.

casseur, euse [kasɛ:r, øz] s. Masselbrecher m. | *Casseur de pierres*, Steinklopfer m. || [manifestant] Chaot m.

cassis [kasis] m. BOT. schwarze Johannisbeere. || [liqueur] Johannisbeerlikör m. || [rigole] Querrinne f.

cassonade [kasɔnad] f. Farin n. ; Farinzucker m. ; Meliszucker m.

cassoulet [kasulɛ] m. Bohnen (f. pl.) mit Speck.

cassure [kasy:r] f. Bruch m. ; Bruch-, Knickstelle f. || GÉOL. Kluft f. ; Bruchspalte f.

castagnette [kastaɲɛt] f. Klapper f. ; Kastagnette f.

caste [kast] f. Kaste f. ; Stand m. ; Schicht f. | *Esprit de caste*, Kastengeist m.

castel [kastɛl] m. Schlößchen n.

Castille [kasti:j] n. pr. f. GÉOGR. Kastilien n.

castor [kastɔ:r] m. ZOOL. Biber m. || [fourrure] Biberpelz m.

castrat [kastra] m. Verschnittene(r) ; Kastrat m.

castration [-trasjɔ̃] f. Entmannung f. ; Verschneidung f. ; Kastrierung f.

castrer [-tre] v. tr. entmannen ; verschneiden ; kastrieren.

casuel, elle [-zɥɛl] adj. zufällig ; unsicher ; widerruflich.
◇ m. **casuel,** Nebeneinkünfte f. pl. || RELIG. Kasualien f. pl.

casuiste [kazɥist] m. Kasuist m.

casuistique [-tik] f. Kasuistik f. || FIG., PÉJOR. Sophisterei f. ; Haarspalterei f.

cataclysme [kataclism] m. [déluge] Überflutung f. ; Sintflut f. || FIG. [catastrophe] Zusammenbruch m. ; Umsturz m. ; Katastrophe f.

catacombes [katakɔ̃:b] f. pl. Katakomben f. pl.

catafalque [katafalk] m. Trauergerüst n. ; Katafalk m.

catalepsie [katalɛpsi] f. MÉD. Starrsucht f. ; Verkrampfung f. ; Katalepsie f.

Catalogne [katalɔɲ] n. pr. f. GÉOGR. Katalonien n.

catalogue [katalɔg] m. Verzeichnis n. ; Register n. ; Katalog m. | *Prix de catalogue*, Listenpreis m.

cataloguer [-ge] v. tr. aufnehmen ; ordnen ; in eine Liste eintragen.

catalpa [katalpa] m. BOT. Katalpe f.

catalyse [katali:z] f. CHIM. Kontaktwirkung f. ; Übertragungswirkung f. ; Katalyse f.

catalyseur [-zɛ:r] m. Katalysator m.

catalytique [-tik] adj. AUTOM. *Pot catalytique*, Katalysator m.

catamaran [katamarɑ̃] m. Katamaran m.

cataphote [katafɔt] m. Rückstrahler m.

cataplasme [kataplasm] m. MÉD. Umschlag m. ; Prießnitz m. ; Kataplasma n.

catapulte [katapylt] f. Wurfmaschine f. ; Katapult n. || AÉRON. Flugzeugkatapult.

catapulter [-te] v. tr. AÉRON. katapultieren.

cataracte [katarakt] f. [chute d'eau] Wasserfall m. ; Stromschnelle f. ; Katarakt m. || MÉD. Star m. ; Graustar m. ; Linsentrübung f. | *Atteint de la cataracte*, starkrank ; starblind.

catarrhe [kata:r] m. MÉD. Katarrh m.

catastrophe [katastrɔf] f. Unglücksfall m. ; Unglück n. ; Katastrophe f. | *En catastrophe*, überstürzt ; eilig. | *Partir en catastrophe*, davonstürzen ; loseilen. | *Atterrir en catastrophe*, not landen. || LITTÉR. Schicksalsentscheidung f. || ÉCON. Zusammenbruch m.

catastrophique [-fik] adj. unheilvoll ; unglücksvoll ; katastrophal.
catch [katʃ] m. SPORT. Freistilringen n.
catéchisation [kateʃizasjɔ̃] f. Religionsunterweisung f.
catéchiser [-ʃize] v. tr. religiös unterweisen ; die Heilige Schrift auslegen. || FIG. *Catéchiser qn*, jm vorpredigen ; FAM. jm die Leviten lesen.
catéchisme [-ʃism] m. [instruction] Religionsunterricht m. || [livre] Katechismus m.
catéchiste [-ʃist] s. Katechet m.
catéchumène [-kymɛn] s. heidnischer Täufling. || PAR EXT. Konfirmand(in) m. (f.).
catégorie [kategɔri] f. Stammbegriff m. ; Kategorie f. || PAR EXT. [classe] Gattung f. ; Art f. || PÉJOR. *Un individu de ta catégorie*, eine Person von deinem Schlag. || ÉCON. *Catégorie socioprofessionnelle*, Berufsstand m. ; Berufssparte f.
catégoriel, ielle [-rjɛl] adj. kategorial. || ÉCON. *Intérêts catégoriels*, Interessen (pl.) einzelner Berufssparten.
catégorique [-rik] adj. PHILOS. [absolu] kategorisch ; unbedingt. || PAR EXT. [clair, impératif] bestimmt ; entschieden ; gebieterisch. | *D'un ton catégorique*, im Befehlston.
catégoriquement [-rikmɑ̃] adv. ganz entschieden. | *Affirmer catégoriquement*, steif und fest behaupten.
catégoriser [-rize] v. tr. PHILOS. in Denkbegriffe einordnen.
caténaire [katenɛ:r] adj. an Ketten aufgehängt.
◇ m. ÉLECTR. Ober-, Fahrleitung f.
catgut [katgyt] m. MÉD. Darmnähte f. pl. ; Katgut n.
cathédrale [katedral] f. Dom m. ; Münster n. ; Kathedrale f. | *La cathédrale Saint-Pierre*, Petersdom.
cathéter [katetɛr] m. MÉD. Einführungssonde f.
cathode [katɔd] f. ÉLECTR. Kathode f.
cathodique [-dik] adj. kathodisch. | *Rayons cathodiques*, Kathodenstrahlen m. pl. | *Tube cathodique*, Bildröhre f.
catholicisme [katɔlisism] m. Katholizismus m.
catholicité [-lisite] f. [doctrine] katholischer Glaube. || PAR EXT. [ensemble] katholische Welt.
catholique [-lik] adj. katholisch. || FIG. *Cela n'est pas très catholique*, da stimmt was nicht.
◇ s. Katholik(in) m. (f.).
catimini (en) [ɑ̃katimini] loc. adv. FAM. ganz heimlich.
catin [katɛ̃] f. FAM. Dirne f. ; liederliches Weib.
catogan [katɔgɑ̃] m. Zopf m.
Caucase [koka:z] n. pr. m. GÉOGR. Kaukasus m.
cauchemar [koʃma:r] m. [rêve] Alp m. ; Alptraum m. || FIG., FAM. Schreckbild n.
cauchemardesque [-dɛ:sk] adj. alptraumhaft.
caudal, ale, aux [kodal, o] adj. Schwanz... ; Schweif... | *Plumes caudales*, Schwanzfedern f. pl. | *Nageoire caudale*, Schwanzflosse f.
caudataire [kodatɛ:r] m. Schleppenträger m.
causal, ale, aux [kozal, o] adj. ursächlich ; kausal.
causalité [-lite] f. Ursächlichkeit f. ; Kausalität f. ; ursächlicher Zusammenhang. || PHILOS. *Principe de causalité*, Kausalitätsgesetz n.
causant, ante [kozɑ̃, ɑ̃:t] adj. [bavard] gesprächig ; unterhaltsam.
cause [ko:z] f. **1.** PHILOS. [principe originel] Ursache f. ; Grund m. | *Cause première*, Urgrund m. ; Grund aller Dinge. | *Cause finale*, Endzweck m. | *Loi de la cause et de l'effet*, Gesetz (n.) von Ursache und Wirkung. || PAR EXT. [motif d'un acte] Grund m. ; Beweggrund m. ; Veranlassung f. ; Schuld f. | *Être la cause de qch.*, an etwas schuld sein ; etwas verursachen. | *Sans cause*, grundlos. | *Cause d'erreurs*, Fehlerquelle f. | *Causes obscures*, Hintergründe m. pl. | *Et pour cause*, und das aus gutem Grunde.
2. JUR. Rechtsgrund m. ; Rechtshandel m. ; Prozeß m. | *Cause célèbre*, Sensationsprozeß. | *Plaider une cause*, einen Prozeß als Anwalt führen. | *Bonne cause*, gerechte Sache. | *Avocat sans cause*, Anwalt ohne Klienten. | *En cause*, fraglich. || FIG. [affaire, parti]. Sache f. ; Angelegenheit f. ; Fall m. ; Partei f. | *Être en cause*, in Frage stehen ; mit im Spiele sein. | *Mettre qn en cause*, jn mit in eine Sache verwickeln. | *Être hors de cause*, nicht in Frage kommen. | *Plaider la cause de qn*, für jn eintreten. | *Prendre fait et cause pour qn*, für jn Partei ergreifen. | *La cause du peuple*, das Wohl des Volkes. | *Agir en connaissance de cause*, genau wissen, was man tut. | *En tout état de cause*, unter allen Umständen.
◇ loc. prép. **à cause de,** wegen (gén.) ; ... halber ; vor (dat.) ; um ... willen ; auf Grund von. | *À cause de moi, d'eux, desquels*, meinet-, ihret-, derentwegen. | *À cause de mon frère*, um meines Bruders willen. | *À cause de cela*, deshalb ; deswegen.
— SYN. : *Mobile* m., Triebkraft f. *Motif* m., Beweggrund m. *Raison* f., Grund m. ; Anlaß m. *Prétexte* m., Vorwand m.
causer [koze] v. tr. [être cause de] verursachen ; veranlassen ; bewirken. || [amener] herbeiführen. || [en bien] bereiten ; machen ; gewähren. || [en mal] zufügen ; anrichten.
◇ v. intr. [converser] sich unterhalten ; plaudern. | *Causer avec qn de choses et d'autres*, mit jm über dies und das plaudern. || [parler trop] schwatzen. || FAM. *Causer de qch.*, über etwas reden, sprechen.
causerie [-zri] f. [conversation] Plauderei f. ; Unterhaltung f. || [allocution] Besprechung f. ; kurze Ansprache ; Gespräch n.
causette [-zɛt] f. Plauderstündchen n. | *Faire un brin de causette*, ein bißchen plaudern.
causeur, euse [-zœ:r, ø:z] adj. gesprächig ; redselig ; PÉJOR. schwatzhaft ; sabbelnd.
◇ s. Plauderer m. ; PÉJOR. Schwätzer(in) m. (f.).
◇ f. **causeuse,** Sofasessel m.
causticité [kostisite] f. Ätzkraft f. ; Beizwirkung f. || FIG. Schärfe f. ; beißender Spott.
caustique [-tik] adj. ätzend ; beizend. | *Pierre caustique*, Höllenstein m. || FIG. scharf ; beißend ; bissig ; spöttisch ; kaustisch.
◇ m. Ätzmittel n. ; Beize f. ; Brennmittel n.
cautère [kotɛ:r] m. MÉD. Brenn-, Ätzmittel n. || FIG. *C'est un cautère sur une jambe de bois*, das ist ein Tropfen Wasser auf einen heißen Stein.
cautérisation [-terizasjɔ̃] f. MÉD. Ätzung f. ; Brennung f. ; Ausbrennung f.
cautériser [-terize] v. tr. MÉD. ausbrennen.
caution [kosjɔ̃] f. [garantie] Bürgschaft f. ; Gewähr f. ; Sicherheitsleistung f. | *Donner une caution*, eine Bürgschaft leisten ; bürgen. | *Sous caution*, gegen Bürgschaft. | *Sujet à caution*, unzuverlässig. || [personne] Bürge m. ; Kautionssteller m. | *Se porter caution de qch.*, für etwas bürgen, haften.
cautionnement [-sjɔne] m. [action] Bürgschaftsleistung f. ; Sicherheitsleistung f. ; Kaution f. || [somme] Bürgschaftssumme f. ; Kautionssumme f.
cautionner [-sjɔne] v. tr. bürgen (für) ; sich verbürgen (für) ; Garantie leisten (für) ; einstehen (für).

cavalcade [kavalkad] f. [action] Kavalkade f. || PAR EXT. *Cavalcade de Mardi gras*, Faschingszug m. || [troupe] Reiteraufzug m. ; Reitergruppe f.

cavale [kaval] f. POÉT. Stute f. ; Roß n. || POP. *Détenu en cavale*, entflohener Häftling.

cavaler [-le] v. intr. POP. fortrennen.
◇ v. pr. **se cavaler.** POP. sich aus dem Staube machen.

cavalerie [-lri] f. [troupes] Reiterei f. ; berittene Truppen f. pl. ; Kavallerie f. || [chevaux] Pferdebestand m. || COMM. [traites] Reitwechsel m.

cavalier, ière [-ljɛ, jɛ:r] adj. Reiter... ; Reit... | *Allée cavalière*, Reitweg m. || FIG. [sans-gêne] überheblich ; frei ; ungeniert. | *D'un ton cavalier*, in übermütigem Ton.
◇ s. Reiter(in) m. (f.). || MIL. Kavallerist m. ; Reiter m. || FIG. [chevalier servant] Kavalier m. ; Tänzer m. || [aux échecs] Springer m. || MIL. Innenfort n. ; Kavalier m. || TECHN. [clou] Krampe f.

cavalièrement [-ljɛrmɑ̃] adv. von oben herab ; über die Achsel. | *Agir cavalièrement envers qn*, rücksichtslos gegen jn verfahren.

cave [kav] adj. hohl. | *Joues caves*, eingefallene Wangen f. pl. | *Yeux caves*, tiefliegende Augen n. pl. || ANAT. *Veine cave*, Hohlvene f.
◇ f. [lieu] Keller m. ; Kellergewölbe n. ; Kellerraum m. | *Cave à vin*, Weinkeller. | *Mettre en cave*, einkellern. | *Cave à liqueurs*, Likörgarnitur f. || PAR EXT. [vin] Weinvorrat m. || [au jeu] Einsatz m. ; Spielgeld n.

caveau [kavo] Kellerabseite f. ; kleiner Kellerraum. || PAR EXT. [cabaret] Kellerweinstube f. ; Kellerlokal n. || [tombeau] Gruft f.

caverne [kavɛrn] f. Höhle f. ; Aushöhlung f. || FIG. *Caverne de brigands, de voleurs*, Räuberhöhle. | *Ours des cavernes*, Höhlenbär m. || MÉD. Lungenhohlraum m.

caverneux, euse [-nø, ø:z] adj. [creux] hohl ; ausgehöhlt ; höhlenreich. || FIG. [sourd] *Voix caverneuse*, Grabesstimme f. ; dumpfe Stimme. || MÉD. voller Hohlräume ; schwammig.

caviar [kavja:r] m. Kaviar m. ; eingesalzener Rogen.

caviste [kavist] m. Kellermeister m.

cavité [-vite] f. Höhlung f. ; Aushöhlung f. ; Vertiefung f. || ANAT. Höhle f. | *Cavité articulaire*, Gelenkpfanne f. | *Cavité dentaire*, Zahnloch n. | *Cavité abdominale*, Bauchhöhle.
— SYN. : *Anfractuosités* f. pl., Hohlgänge m. pl.

ce, cet, cette, ces [sə, sɛt, sɛ] adj. dém. dieser, diese, dieses, diese ; der, die, das, die. | *Cet insecte est nuisible*, dieses Insekt ist schädlich. | *Cet homme, je l'ai déjà vu*, den Mann habe ich schon gesehen. || [proximité immédiate] *Ce...-ci*, dieser... (hier). | *Connais-tu cet enfant-ci ?*, kennst du dieses Kind (hier) ? || [opposition, rappel] *Ce...-là*, jener... (da). | *Ces prunes-ci me plaisent, ces poires-là, non*, diese Pflaumen gefallen mir, jene Birnen nicht. | *Ce vin dont nous parlions tout à l'heure*, jener Wein, von dem wir vorhin sprachen. || LOC. *Cette question !*, welch eine Frage ! | *Ces élèves !*, oh, diese Schüler ! | *Ce matin*, heute morgen.
◇ **ce** pron. dém. invar. es, das. | *C'est juste*, es, das ist richtig. | *Ce sont des étrangers*, es sind Fremde. || [forme emphatique] *C'est moi*, ich bin es. | *C'est moi qui te le donne*, ich gebe es dir. | *C'est un crayon que tu veux*, einen Bleistift willst du. || [antécédent de relatif] **ce qui, ce que,** was. | *Il fait ce qu'il veut*, er macht, was er will. | *Ce dont tu ris*, worüber du lachst. | *Ce en quoi tu as tort*, worin du unrecht hast. || LOC. *Sur ce*, hierauf ; darauf. | *À ce que*, damit. | *C'est que*, nämlich ; denn. | *C'est à mourir de rire*, es ist zum Totlachen. | *C'est-à-dire*, das heißt ; d. h. | *C'est pourquoi*, darum ; deshalb. | *Est-ce à moi ?* bin ich dran ? ; soll ich ? | *C'est ce que nous verrons*, wir werden es schon sehen. | *Est-ce que tu es malade ?*, bist du krank ?
— OBSERV. « Der », « die », « das », « die », comme adj. et pron. dém., sont fortement accentués, contrairement à l'article.

céans [seɑ̃] adv. (Vx.) hier (drin). | *Le maître de céans*, der Hausherr.

ceci [səsi] pr. dém. dies (hier) ; das. | *Ceci et cela*, dieses und jenes ; dies und das. | *Ceci ne me plaît point*, das, dies gefällt mir gar nicht. | *Que veut dire ceci ?*, was soll das (heißen) ? ; was will das besagen ? | *Qu'est ceci ?*, was ist das ?
◇ pron. adverbial (prép. avec *ceci*, « hier » avec la prép.) *En ceci je ne te suivrai pas*, hierin werde ich dir nicht folgen. | *Et avec ceci ?*, sonst noch was ?

cécité [sesite] f. Blindheit f. ; Erblindung f. ; Blindwerden n. | *Frappé de cécité*, blind.

cédant, ante [sedɑ̃, ɑ̃:t] s. JUR. Überlasser(in) m. (f.) ; Abtretende(r) m. ; Übertragende(r) m.

céder [sede] v. tr. abtreten ; übertragen ; abgeben ; aufgeben ; überlassen ; zedieren. | *Céder un droit*, ein Recht übertragen. | *Céder un effet*, einen Wechsel überschreiben. | *Céder la possession*, den Besitz überlassen. | *Céder le rang*, den Vorrang einräumen. || AUTOM. *Céder le passage*, Vorfahrt gewähren. || LOC. *Céder le pas à qn*, jm den Vortritt lassen. | *Il ne le cède à personne en courage*, er steht keinem an Mut nach.
◇ v. intr. weichen ; nachgeben ; nachlassen. | *La porte céda*, die Tür gab nach. | *Ne pas céder*, standhalten. || FIG. *Céder à sa demande*, seiner Aufforderung Folge leisten.
— SYN. : *Acquiescer*, eingehen auf. *Se rendre*, sich ergeben. *Se soumettre*, sich unterwerfen. *Se plier*, sich beugen.

cédille [sedi:j] f. GRAMM. Unterhäkchen n. ; Cedille f.

cèdre [sɛ:dr] m. [arbre] Zeder f. || [bois] Zedernholz n.

cédulaire [sedylɛ:r] adj. schuldscheinmäßig.

cédule [-dyl] f. Schuldschein m. ; Schuldanerkenntnis f.

cégétiste [seʒetist] m. Gewerkschaftsmitglied (n.) der französischen C.G.T.

ceindre [sɛ̃:dr] v. tr. [corps] umgürten ; umbinden. || PAR EXT. [ville] umgeben ; umschließen.
◇ v. pr. **se ceindre.** *Se ceindre d'une écharpe*, sich eine Schärpe umbinden.

ceinture [sɛ̃ty:r] f. [pour le corps] Gürtel m. ; Gurt m. | *Ceinture de sauvetage*, Rettungsgürtel. | *Ceinture de sécurité*, Sicherheitsgurt. || PAR ANAL. [taille] Taille f. ; Gürtel m. | *Jusqu'à la ceinture*, bis an die Lenden ; bis zur Hüfte. || FIG., FAM. *Se mettre la ceinture*, sich den Leibriemen enger schnallen. || PAR EXT. [d'une ville] Ringmauer f. | *Chemin de fer de ceinture*, Ringbahn f. | *Ceinture de montagnes*, Berggürtel. || MIL. *Ceinture d'obus*, Führungsring m.

ceinturer [-re] v. tr. umgürten ; umgeben ; umfassen. || FIG. *Ceinturer un voleur*, einen Dieb stellen.

ceinturon [-rɔ̃] m. MIL. Koppel n.

cela [səla] pron. dém. [opposé à ceci] jenes (da) ; das (da). | *Ceci est mieux que cela*, dieses hier ist besser als jenes da. | *Comme ceci, comme cela*, so halbwegs. || [rappelle ce qui précède] das ; es ; jenes. | *Je vous ai raconté cela hier*, ich habe es Ihnen gestern erzählt. | *N'était-ce que cela ?*, war das alles ? | *Cela dit, le renard s'enfuit*, nach jenen Worten machte sich der Fuchs davon. | *Sur cela*, darauf. || [sans opposition ni rappel] dieses ; dies ; das ; es. | *Qu'est cela ?*, was ist das ? | *Comme cela ?*, wieso ? | *C'est comme cela*, das ist nun

mal so. | *C'est bien cela*, so ist's. | *Il ne manquait plus que cela*, das fehlte noch gerade. || Loc. *Et avec cela*, und außerdem noch. | *Il est parti, et cela il y a huit jours*, er ist fortgegangen, und zwar vor acht Tagen. | *Et cela se croit quelqu'un*, und so etwas bildet sich viel ein.
◇ pron. adverbial (prép. avec *cela*, « da », avec la prép.) *À cela*, daran ; darauf ; dazu... | *Ne pensez pas à cela*, denken Sie nicht daran ! | *Ajoutez à cela*, dazu noch. | *Conformément à cela*, danach ; demgemäß. | *De cela*, daraus ; darüber ; davon ; dessen. | *Nous ne parlerons pas de cela*, davon werden wir nicht sprechen. | *Conscient de cela*, dessen bewußt. | *Il ne s'agit pas de cela*, darum handelt es sich nicht. || *En cela*, darin ; daran. | *En cela il a raison*, darin hat er recht. | *En cela je puis l'aider*, dabei kann ich ihm behilflich sein. || *Pour cela*, darum ; dazu ; deshalb... | *Pour cela même*, gerade darum. | *À cause de cela*, deshalb ; daher. | *En dépit de cela, malgré cela*, trotzdem ; dessen ungeachtet ; dabei.

célébration [selebrasjɔ̃] f. Feier f. ; Feiern n. ; feierliche Handlung. f. Célébration d'une fête, Begehen (n.) eines Festes. | *Célébration d'une messe*, Abhaltung (f.) einer Messe.

célèbre [selɛbr] adj. berühmt ; bekannt ; gefeiert. | *Se rendre célèbre*, sich berühmt machen.

célébrer [selebre] v. tr. [exalter] rühmen ; preisen ; hervorheben ; besingen. | *Célébrer un héros*, einen Helden rühmen. || [accomplir solennellement] feiern ; feierlich begehen. | *Célébrer un mariage*, eine Hochzeit feiern. | *Célébrer la messe*, den Gottesdienst abhalten ; die Messe lesen.

célébrité [-brite] f. [réputation] Berühmtheit f. | *Arriver à la célébrité*, berühmt werden. || Par ext. [personne] berühmte Persönlichkeit. | *Les célébrités du jour*, die Tagesgrößen f. pl.

céleri [selri] m. Bot. Sellerie m.

célérité [selerite] f. Schnelligkeit f. ; Raschheit f.

céleste [selɛst] adj. Himmel(s)... | *Bleu céleste*, himmelblau. || Fig. [divin] himmlisch ; überirdisch. | *Le Père céleste*, der himmlische Vater. || Par ext. *Beauté céleste*, überirdische Schönheit ; Engelsschönheit. || Fam. [chinois] *Le Céleste Empire*, das (chinesische) Reich des Himmels.

célibat [seliba] m. Ehelosigkeit f. ; Zölibat n.

célibataire [-tɛ:r] adj. ledig ; unverheiratet ; alleinstehend.
◇ s. Junggeselle m. ; Junggesellin f. ; Hagestolz m. | *Un vieux célibataire*, ein Hagestolz.

celle, celles [sɛl] pron. dém. V. celui.

cellier [sɛlje] m. Weinkeller m. ; Kellerraum m. || Par ext. Raum (m.) zu ebener Erde.

Cellophane [sɛlɔfan] f. Zellglas n. ; Cellophan n.

cellulaire [sɛlylɛ:r] adj. Zellen... ; zellenförmig. | *Tissu cellulaire*, Zellgewebe n. | *Voiture cellulaire*, Gefangenenwagen m. ; pop. (grüne) Minna.

cellule [sɛlyl] f. [en général] Zelle f. || [chambre isolée] Gefängniszelle ; Mönchszelle ; Altenteil n. || *Cellule d'une abeille*, Bienenwabe f. ; Bienenzelle. || Anat., Bot., Phys. | Zelle f. | *Cellule photoélectrique*, Photozelle. | *Cellule photovoltaïque*, photovoltaische Zelle. | *Cellule solaire*, Solarzelle.

cellulite [-lit] f. Hautzellenentzündung.

Celluloïd [-lɔid] m. Zelluloid n. ; Zellhorn n.

cellulose [-lo:z] f. Zellstoff m. ; Zellulose f.

Celtes [sɛlt] n. pr. m. pl. Géogr. Kelten m. pl.

celtique [-tik] adj. keltisch.
◇ m. [langue] das Keltische.

celui, celle [səlɥi, sɛl] pl. **ceux, celles** [sø, sɛl] pron. dém. der(jenige) ; die(jenige) ; das(jenige) ; die(jenigen). || [avec un génétif] *Celui des deux frères*, derjenige der beiden Brüder. | *Je prends celle de mon ami*, ich nehme die meines Freundes. || [avec un relat.] *Celui qui travaille est heureux*, derjenige, der arbeitet, ist glücklich ; wer arbeitet, der ist glücklich. | *Celle que tu aperçois est ma sœur*, diejenige, die du erblickst, ist meine Schwester. || [proximité immédiate] *Celui-ci*, der (hier) ; dieser (hier). | *Prends celle-ci*, nimm diese hier ! || [opposition, rappel] *Celui-là*, der (da) ; jener (da). | *J'achète celui-ci et je laisse ceux-là*, ich kaufe diesen und lasse jene.

cément [semɑ̃] m. Einsatz-, Zementierpulver n. || Anat. Außenschicht (f.) der Zahnwurzel.

cémenter [-te] v. tr. Techn. zementieren ; im Einsatz härten.
◇ part. pass. et adj. **cémenté, ée,** zementiert ; Zement... | *Acier cémenté*, Zementstahl m.

cénacle [senakl] m. Relig. Abendmahlssaal m. || Fig. literarische Gesellschaft ; Kreis m.

cendre [sɑ̃:dr] f. Asche f. | *Réduire en cendres*, einäschern ; in einen Schutthaufen verwandeln. | *Cendres folles*, Flugasche f. || Fig. *Les cendres de Napoléon*, Napoleons sterbliche Überreste m. pl. | *Renaître de ses cendres*, wieder aufblühen. | *Couver sous la cendre*, unter der Asche fortglimmen. || Relig. *Mercredi des Cendres*, Aschermittwoch m.

cendré, ée [-dre] adj. aschgrau ; aschfarben.
◇ f. **cendrée.** Sport. [piste] Aschenbahn f. | [chasse, pêche] Schrot m. ou n. ; Bleischrot m. ou n.

cendrier [-drije] m. [du poêle] Asch(en)kasten m. ; Aschenfall m. || [du fumeur] Aschenbecher m.

cendrillon [-drijɔ̃] f. Aschenputtel n., -brödel n.

cène [sɛn] f. Relig. Abendmahl n.

cénotaphe [senɔtaf] m. Grabdenkmal n. ; Kenotaph n. ; Kenotaphion n.

cens [sɑ̃:s] m. Hist. Volkszählung f. || [impôt] Grundzins m.

censé, ée [sɑ̃se] adj. vermutlich ; wahrscheinlich. | *Nul n'est censé ignorer la loi*, Unkenntnis schützt nicht vor Strafe.

censément [sɑ̃semɑ̃] adv. sozusagen ; angeblich.

censeur [sɑ̃sœ:r] m. Antiq. Zensor m. || Par ext. [employé de la censure] Zensurbeamte(r) m. || Fig. [juge sévère] *Censeur des mœurs*, Sittenrichter m. || Littér. [critique] Kritiker m. ; Beurteiler m. || [lycée] Studienpräfekt m.

censitaire [sɑ̃sitɛ:r] adj. zinspflichtig. || Par ext. *Suffrage censitaire*, Klassenwahl f. ; Klassenwahlrecht n.

censure [sɑ̃sy:r] f. Zensur f. ; Überwachung f. | *Censure d'un film*, Filmkontrolle f. || Fig. [blâme] Kritik f. ; Tadel m.

censurer [-re] v. tr. zensieren ; streichen ; überprüfen. || Fig. [blâmer] kritisieren ; tadeln.

cent [sɑ̃] adj. num. card. hundert. | *Sept cent vingt et un*, siebenhunderteinundzwanzig. | *Depuis plus de cent ans*, seit über einem Jahrhundert. | *Cent fois*, hundertmal ; unzählige Male ; x-mal ; immer und immer wieder. | *De cent ans*, hundertjährig. | *Tous les deux cents ans*, alle zweihundert Jahre. | *À cent contre un*, hundert gegen eins. || Fig. *Aux cent coups*, ganz außer sich. | *À cent lieues de croire*, weit davon entfernt, zu glauben.
◇ m. [centaine] Hundert n. | *Un cent de*, hundert Stück. || [monnaie] amerikanischer Cent.

centaine [-tɛn] f. Hundert n. | *Par centaines*, hundertweise. | *Des centaines de rats*, Hunderte von

Ratten. || [environ cent] *Une centaine de personnes*, etwa hundert Leute.

centaure [sɑ̃tɔ:r] m. MYTH. Zentaur m. || ASTRON. *Centaure*, Kentaur m.

centaurée [-re] f. Kornblume f. ; Tremse f.

centenaire [sɑ̃tnɛ:r] adj. hundertjährig ; ein Jahrhundert alt.

◇ m. [fête] Hundertjahrfeier f. | *Le centenaire de Goethe*, der hundertjährige Geburtstag Gœthes. || [personne] Hundertjährige(r) m.

centi [-ti] préf. hundert... ; hundertstel... ; Zenti...

centième [-tjɛ:m] adj. hundertst.

◇ m. hundertster Teil ; Hundertstel n.

◇ f. THÉÂTRE. hundertste Aufführung.

centigrade [sɑ̃tigrad] adj. hundertgradig ; hundertteilig ; in hundert Grad eingeteilt.

◇ m. ein Hundertstel Grad.

centigramme [-tigram] m. Zentigramm n.

centilitre [-tilitr] m. Zentiliter n.

centime [-tim] m. Centime m. ; ein Hundertstel Franken m. || FIN. *Centimes additionnels*, Zusatzsteuer f.

centimètre [-timɛtr] Zentimeter m. ou n. | *Centimètre carré*, Quadratzentimeter m. ou n. | *Centimètre cube*, Kubikzentimeter m. ou n.

centrage [sɑ̃tra:ʒ] m. TECHN. Zentrierung f. ; Ausrichten n. ; Einmitten n.

central, ale, aux [sɑ̃tral, o] adj. zentral ; im Mittelpunkt liegend ; Zentral... ; Haupt... ; Mittel... | *Quartier central*, Stadtkern m. | *Administration centrale*, Hauptverwaltung f. | *Chauffage central*, Zentralheizung f. | *Europe centrale*, Mitteleuropa n.

◇ m. **central,** Zentrale f. ; Hauptamt n. | *Central téléphonique*, Telephonzentrale.

◇ f. **centrale,** [usine] Zentrale f. ; Kraftwerk n. ; Elektrizitätswerk n. | *Centrale à accumulation*, Pumpspeicherwerk n. | *Centrale géothermique*, geothermisches Kraftwerk. | *Centrale hydroélectrique*, Wasserkraftwerk. | *Centrale nucléaire*, Atomkraftwerk. | *Centrale solaire*, Solarkraftwerk ; Sonnenkraftwerk. | *Centrale thermique*, Wärmekraftwerk. | *Centrale thermique classique*, Verbrennungskraftwerk. || [syndicat] *Centrale ouvrière*, Arbeitergewerkschaft f.

centralisateur, trice [-lizatœ:r, tris] adj. zentralisierend ; zusammenfassend ; vereinigend.

centralisation [-lizasjɔ̃] f. Zentralisierung f.

centraliser [-lize] v. tr. zentralisieren ; zusammenlegen, -ziehen, -fassen ; vereinigen.

centre [sɑ̃:tr] m. GÉOM. [point] Mittelpunkt m. | *Centre d'un cercle*, Kreismittelpunkt. || PAR EXT. [siège principal] Mittelpunkt m. ; Mitte f. ; Zentrum n. | *Centre d'une ville*, Stadtmitte. | *Centre des affaires*, Geschäftszentrum. | *Centre commercial*, Einkaufszentrum. | *Centre nerveux*, Nervenzentrum. | *Centre de gravité*, Schwerpunkt m. ; Brennpunkt m. | *Centre de rotation*, Drehpunkt m. || [lieu principal] Hauptort m. ; Hauptstelle f. | *Centre industriel*, Industriestadt f. || FIG. Mittelpunkt m. ; Brennpunkt m. | *L'homme se croit le centre de toutes choses*, der Mensch glaubt sich der Mittelpunkt aller Dinge. || [école] *Centre d'apprentissage*, Lehrwerkstätte f. | *Centre aéré*, Ferienfreizeitzentrum n. (für Kinder). || INF. *Centre de calcul*, Rechenzentrum n. || POLIT. Zentrum n. ; Parteien (f. pl.) der Mitte. || SPORT. *Avant-centre*, Mittelstürmer m. || TÉLÉCOM. *Centre serveur*, Btx-Vermittlungsstelle f.

centrer [sɑ̃tre] v. tr. nach der Mitte ausrichten ; einmitten ; zentrieren. || FIG. richten (nach).

centrifuge [sɑ̃trify:ʒ] adj. PHYS. von der Mitte weg ; zentrifugal. | *Pompe centrifuge*, Schleuderpumpe f. | *Force centrifuge*, Zentrifugal-, Fliehkraft f.

centrifuger [-fyʒe] v. tr. zentrifugieren ; schleudern ; ausschleudern ; mit Zentrifuge schleudern.

centrifugeuse [-fyʒø:z] f. Zentrifuge f.

centripète [-pɛt] adj. nach dem Mittelpunkt strebend ; zentripetal.

centuple [sɑ̃typl] adj. hundertfach.

◇ m. Hundertfaches n.

◇ loc. adv. **au centuple,** hundertfach (mehr). || FIG. tausendfach.

centupler [-ple] v. tr. verhundertfachen ; um das Hundertfache vermehren.

centurion [-rjɔ̃] m. ANTIQ. Hundertschaftsführer m. ; Centurio m.

cep [sɛp] m. Reb-, Weinstock m. ; Weinrebe f.

cépage [sepa:ʒ] m. Rebenart f. ; Rebensorte f.

cèpe [sɛp] m. BOT. Steinpilz m. ; Röhrenschwamm m.

cependant [səpɑ̃dɑ̃] adv. währenddessen ; indes ; indessen ; unterdes ; unterdessen ; mittlerweile.

◇ conj. coord. jedoch ; doch ; dennoch ; indes ; indessen.

◇ loc. conj. **cependant que,** wobei ; während.

— SYN. : *Pourtant*, doch, jedoch ; dennoch. *Néanmoins*, nichtsdestoweniger ; dennoch. *Toutefois*, doch ; gleichwohl. *Nonobstant*, dessen ungeachtet.

céphalalgie [sefalalʒi] f. MÉD. Kopfschmerz m.

céphalique [-lik] adj. Kopf... ; Schädel...

céphalo-rachidien, ienne [-loraʃidjɛ̃, jɛn] adj. ANAT. *Liquide céphalo-rachidien*, Rückenmarkwasser n.

céramique [seramik] adj. keramisch.

◇ f. [art] Töpferkunst f. ; Tonbildnerei f. ; Keramik f. || [objets] Tonware f.

céramiste [-mist] s. Tonbilder(in) m. (f.) ; Keramiker(in) m. (f.).

Cerbère [sɛrbɛr] n. pr. m. MYTH. Zerberus m. ; Kerberos m. ; Höllenhund m. || FIG. [sans majusc.] strenger Wächter.

cerceau [sɛrso] m. Reifen m. ; Faßreifen m. | *Jouer au cerceau*, Reifen spielen. | *Jambes en cerceau*, O-Beine n. pl. || PAR EXT. Bügel m.

cerclage [sɛrkla:ʒ] m. Bereifen n. ; Ummantelung f. ; Binden n. ; Faßbinden n.

cercle [sɛrkl] m. **1.** Kreis m. | *Arc de cercle*, Kreisbogen m. | *Rayon de cercle*, Kreisradius m. | *Cercle circonscrit*, Umkreis. | *Surface d'un cercle*, Kreisfläche f. | *En forme de cercle*, kreisförmig. | *Décrire un cercle*, einen Kreis schlagen, beschreiben. | *Cercle polaire*, Polarkreis. || PAR EXT. Kreis m. ; Ring m. ; Zirkel m. | *Cercle de feu*, Feuerkreis ; Feuerring. | *Faire le cercle*, den Kreis schließen ; den Ring bilden. | *Faire cercle autour de qn*, jn umstehen, umsitzen. | *L'aigle décrit des cercles autour de la montagne*, der Adler umkreist den Berg. || LOC. | *Cercle vicieux*, Zirkelschluß m. ; Circulus vitiosus m.
2. FIG. [société] Kreis m. ; Gesellschaft f. ; Verein m. ; Gemeinschaft f. | *Cercle d'amis*, Freundeskreis. | *Cercle littéraire*, literarische Gesellschaft. | *Cercle d'études*, Arbeitsgemeinschaft. | *Cercle hippique*, Rennklub m. | *Cercle de famille*, engster Familienkreis.
3. TECHN. [cerceau] Kreis m. ; Reif m. ; Reifen m. ; Ring m. | *Cercle de tonneau*, Faßreifen. | *Vin en cercles*, in Fässern gelagerter Wein. | *Cercle de roue*, Radring. || ADM. [district] Bezirk m. ; Kreis m.

cercler [-kle] v. tr. bereifen ; ummanteln. | *Cercler des tonneaux*, Fässer binden.

cercueil [sɛrkœ:j] m. Sarg m. ; POÉT. Totenschrein m.

céréale(s) [sereal] f. (pl.). Getreide n. ; Korn n. ; Kornfrüchte f. pl. | *Terre à céréales*, Getreideboden m.

cérébral, ale, aux [serebral, o] adj. zum Gehirn gehörig ; Gehirn... ; zerebral. | *Fièvre cérébrale,* Gehirnentzündung f. | *Hémorragie cérébrale,* Hirnblutung f. || FIG. *Effort cérébral,* Geistesanstrengung f.
◇ s. Verstandesmensch m.

cérébro-spinal, ale, aux [-brospinal, o] adj. Hirn und Rückenmark betreffend ; zerebrospinal.

cérémonial [seremɔnjal] m. Protokoll n. ; Festablauf m. ; feierliche Form ; Zeremoniell n.

cérémonie [-ni] f. [formes extérieures] Feierlichkeit f. ; Festlichkeit f. ; Zeremonie f. | *Cérémonies religieuses,* religiöse Feierlichkeiten (f. pl.). | *Habit de cérémonie,* Festkleid n. | *Maître des cérémonies,* Zeremonienmeister m. || [politesse] Höflichkeit f. ; Förmlichkeit f. | *Visite de cérémonie,* Höflichkeitsbesuch m. | *Sans cérémonie,* ohne Umstände.

cérémonieux, ieuse [-njø, jø:z] adj. zu förmlich ; wichtig ; steif ; umständlich.

cerf [sɛ:r] m. Hirsch m. ; Damhirsch m. ; Edelhirsch m. | *Cerf douze cors,* Zwölfender m.

cerfeuil [sɛrfœ:j] m. BOT. Kerbel m.

cerf-volant [sɛrvɔlɑ̃] m. ZOOL. Hirschkäfer m. || [jouet] Drache(n) m.

cerisaie [səri:zɛ:] f. Kirschplantage f.

cerise [səri:z] f. Kirsche f. | *Cerise aigre,* Sauerkirsche.
◇ adj. invar. kirschrot.

cerisette [-rizɛt] f. getrocknete Kirsche. || [liqueur] Kirschsaft m.

cerisier [-rizje] m. [arbre] Kirschbaum m. || [bois] Kirschbaumholz n.

cerium [seriɔm] m. Zerium n. ; Zeritmetall n.

cerne [sɛrn] m. BOT. [du bois] Jahresring m. || PAR EXT. *Cerne des yeux,* Ringe (m. pl.) unter den Augen. || PHOT. *Cerne d'une figure,* scharfer Umriß einer Figur.

cerner [sɛrne] v. tr. umschließen ; umringen ; umzingeln. | *Cerner une troupe,* eine Truppe einkesseln. || *Cerner des noix,* Nüsse entkernen.
◇ part. pass. et adj. **cerné, ée.** *Avoir les yeux cernés,* Ringe unter den Augen haben.

certain, aine [sɛrtɛ̃, ɛn] adj. [assuré] gewiß ; sicher ; bestimmt. | *Fait certain,* sichere Tatsache. | *Être certain de son affaire,* seiner Sache gewiß sein. | *Donner pour certain,* für gewiß geben. | *Une chose est certaine,* eines steht fest ; soviel ist sicher. | *On peut être certain que,* es ist mit Sicherheit anzunehmen, daß. | *Nous sommes certains de gagner,* der Sieg ist uns sicher. | *Il est certain que,* sicherlich. || [déterminé] bestimmt. | *À certaines heures,* zu bestimmten Stunden. || [assez grand] *D'un certain âge,* von gewissem Alter ; älter. | *D'une certaine importance,* ziemlich wichtig.
◇ adj. indéf. [un, quelque] gewiß ; manch. | *Un certain jour,* an einem gewissen Tag. | *Certaines gens,* gewisse Leute ; manche Leute. | *Dans une certaine mesure,* gewissermaßen. || PÉJOR. *Un certain Müller,* ein gewisser Müller. | *Une certaine presse,* eine gewisse (üble) Presse.
◇ m. **certain,** Gewisse(s) n. ; Bestimmte(s) n. || [monnaie] Umrechnungsbasis f.

certainement [-tɛnmɑ̃] adv. sicherlich ; gewiß ; bestimmt.

certes [sɛrt] adv. gewiß ; fürwahr.

certificat [sɛrtifika] m. [attestation] Bescheinigung f. ; Zeugnis n. ; Ausweis m. ; Beglaubigung f. | *Certificat médical,* ärztliche Bescheinigung ; Attest n. | *Certificat de cession,* Abtretungsurkunde f. | *Certificat de bonne conduite,* Leumundszeugnis. | *Certificat de décès,* Totenschein m. | *Certificat de dépôt,* Lagerschein m. ; Warrant m. | *Certificat d'investissement,* Investmentzertifikat n. | *Certificat de baptême,* Taufschein m. | *Certificat de mariage,* Trauschein m. ; Heiratsurkunde f. | *Délivrer, donner un certificat,* ein Zeugnis ausstellen. || AUTOM. *Certificat d'immatriculation,* Fahrzeugschein m. ; Zulassungsschein m. || TECHN. *Certificat de conformité,* Güteprüfschein m. || [diplôme] *Certificat d'études primaires,* Grundschulabgangszeugnis. | *Certificat d'aptitude,* Befähigungsnachweis m. || PAR EXT. [preuve] Beweis m.

certifier [-fje] v. tr. [attester] bescheinigen ; beglaubigen. | *Copie certifiée conforme,* beglaubigte Abschrift. || [affirmer] behaupten ; ver-, zusichern ; verbürgen.

certitude [-tyd] f. Sicherheit f. ; Gewißheit f. ; Zuverlässigkeit f. ; Bestimmtheit f. | *N'avoir aucune certitude,* keineswegs sicher sein.

cérumen [serymɛn] m. Ohrenschmalz n. ; Ohrdrüsensekret n.

cerveau [sɛrvo] m. ANAT. Gehirn n. ; Hirn n. | *Rhume de cerveau,* Schnupfen m. || FIG. [intelligence] Verstand m. ; Geist m. ; Kopf m. || TECHN. *Cerveau électronique,* Elektronengehirn.

cervelas [-vəla] m. Schlackwurst f.

cervelet [-vəlɛ] m. ANAT. Kleinhirn n.

cervelle [-vɛl] f. Hirn n. ; Gehirn n. || FIG. Kopf m. ; Verstand m. ; POP. Verstandskasten m. ; Grütze f. || LOC. FAM. *Tête sans cervelle,* leerer Kopf ; Strohkopf m. | *Se mettre qch. dans la cervelle,* sich etwas in den Kopf setzen. | *Se brûler la cervelle,* sich eine Kugel in den Kopf jagen. | *Se creuser la cervelle,* sich den Kopf zerbrechen.

cervical, ale, aux [-vikal, o] adj. Genick... ; Hals... ; Nacken... | *Vertèbre cervicale,* Halswirbel m.

cervidés [sɛrvide] m. pl. ZOOL. Hirsche m. pl.

cervoise [sɛrvwa:z] f. Met m. ; Gerstensaft m.

César [sezar] n. pr. m. Cäsar m. || PAR EXT. [empereur] Kaiser m.

césarien, ienne [-rjɛ̃, jɛn] adj. cäsarisch ; kaiserlich ; PÉJOR. despotisch.
◇ f. **césarienne.** MÉD. [opération] Kaiserschnitt m.

cessant, ante [sɛsɑ̃, ɑ̃:t] adj. aufhörend. | *Toute affaire cessante,* unverzüglich.

cessation [-sasjɔ̃] f. Aufhören n. ; Einstellung f. ; Stillstand m. | *Cessation d'exploitation,* Betriebsstillegung f. | *Cessation de paiement,* Zahlungseinstellung ; Eintreten (n.) der Zahlungsunfähigkeit. | *Cessation de travail,* Arbeitsniederlegung f. | *Cessation des hostilités,* Einstellung der Feindseligkeiten ; Waffenruhe f. | *Cessation d'un bruit,* Verstummen (n.) eines Geräusches. | *Cessation d'une douleur,* Nachlassen (n.) eines Schmerzes.

cesse [sɛs] f. Aufhören n. ; Rast f. ; Ruhe f. | *N'avoir point de cesse,* keine Ruhe haben. | *Sans cesse,* unaufhörlich ; ohne Unterbrechung.

cesser [-se] v. tr. aufgeben ; einstellen ; beendigen. | *Cesser les paiements,* die Zahlungen einstellen. | *Cesser le travail,* die Arbeit einstellen.
◇ v. intr. aufhören ; enden ; nachlassen. | *La pluie a cessé,* der Regen hat aufgehört. | *Le vacarme a cessé,* das Getöse ist verstummt. || LOC. *Cesser de,* aus..., ver..., ab... | *Cesser de résonner,* ausklingen ; verklingen. | *Cesser de couler,* auslaufen ; stocken. | *Cesser de brûler,* ausbrennen ; verglühen.

cessez-le-feu [sɛselfø] m. Feuereinstellung f.

cessible [sɛsibl] adj. übertragbar ; abtretbar ; veräußerlich. | *Non cessible,* nicht übertragbar.

cession [-sjɔ̃] f. Abtretung f. ; Überlassung f. ; Übertragung f. ; Zession f. | *Cession de territoire,*

Gebietsabtretung. | *Cession judiciaire*, gerichtliche Übertragung. | *Faire cession de qch.*, etwas übertragen.
— SYN. : *Concession* f., Zugeständnis n. ; Konzession f. *Dessaisissement* m., Herausgabe f.

cessionnaire [-jɔnɛ:r] m. Übernehmer m. ; Erwerber m. ; Girat m. ; Zessionar m.

c'est-à-dire [sɛtadi:r] loc. conj. das heißt (d. h.) ; das bedeutet ; nämlich ; soviel wie.

césure [sezy:r] f. POÉS. Einschnitt m. ; Verseinschnitt m. ; Ruhepunkt m. ; Zäsur f.

cet, cette [sɛt] adj. dém. V. CE.

cétacés [setase] m. pl. Walfische m. pl.

cétoine [sɛtwan] f. Gold-, Rosenkäfer m.

ceux, celles [sø, sɛl] pron. dém. V. CELUI.

cévenol, ole [sevənɔl] adj. aus den Cevennen.

Ceylan [sɛlɑ̃] n. pr. m. GÉOGR. Ceylon n.

chabraque [ʃabrak] f. Schabracke f.

chacal [ʃakal] m. (pl. **chacals**) ZOOL. Schakal m.

chacun, une [ʃakœ̃, yn] pron. indéf. jeder, jede, jedes ; jeglicher, jegliche, jegliches ; jedermann. | *Chacun de nous*, jeder von uns. | *Ils coûtent six marks chacun*, sie kosten je sechs Mark. | *Chacun pour soi*, jeder für sich. | *Chacun à son tour*, einer nach dem anderen.

chafouin, ouine [ʃafwɛ̃, win] adj. FAM. [rusé] verschmitzt ; hämisch ; verschlagen.

chagrin, ine [ʃagrɛ̃, in] adj. [affligé] betrübt ; bekümmert ; trübselig. | *Air chagrin*, Leidensmiene f. || FIG. [mal luné] *D'humeur chagrine*, grämlich ; verdrießlich ; mürrisch. | *Esprit chagrin*, Murrkopf m. ◇ m. **chagrin**, [affiction] Kummer m. ; Betrübnis f. ; Gram m. ; Seelenschmerz m. | *Faire du chagrin à qn*, jm Kummer machen ; jn bekümmern. | *Avoir du chagrin*, bekümmert sein. || [cuir] Eselshautleder n. ; Chagrinleder n. | *Relier en chagrin*, in Chagrin binden.
— SYN. : *Tristesse* f., Traurigkeit f. *Mélancolie* f., Schwermut f. *Cafard* m., Gedrücktheit f. ; Heimweh n.

chagriner [-grine] v. tr. betrüben ; bekümmern ; grämen ; verdrießen ; Kummer bereiten. || FIG. *Chagriner qn*, jn mißmutig machen ; jn verärgern.

chah [ʃa] m. Schah m. | *Le chah de Perse*, der Schah von Persien.

chahut [ʃay] m. [tapage] Krach m. ; Getöse n. ; Schabernack m. ; Unfug m. || [danse] wilder Tanz.

chahuter [-te] v. intr. Krach machen, schlagen ; randalieren ; lärmen ; krakeelen.
◇ v. tr. FAM. umstoßen ; durcheinanderbringen ; auf den Kopf stellen. || UNIV. *Chahuter le professeur*, den Lehrer ärgern, hochnehmen.

chahuteur [-tœ:r] m. Radaubruder m.

chai [ʃɛ] m. Weinkeller m. ; Weinlagerraum m.

chaîne [ʃɛ:n] f. Kette f. | *Chaîne antidérapante*, Schneekette. | *Chaîne d'arpenteur*, Meßkette. | *Chaîne de manutention*, Förderkette. | *Chaîne de sûreté*, Sicherheitskette ; Vorlegekette. | *Chaîne de montre*, Uhrkette. | *Mettre à la chaîne*, anketten. | *Former la chaîne*, eine Kette bilden. || PAR EXT. *Chaîne de montagnes*, Gebirgskette. | *Chaîne d'événements*, Verkettung (f.) der Ereignisse. || COMM. *Chaîne d'hôtels*, Hotelkette. || BIOL. *Chaîne alimentaire*, Nahrungskette f. || TECHN. *Chaîne d'assemblage*, Montageband n. | *Travail à la chaîne*, Fließarbeit f. | *Travailler à la chaîne*, am laufenden Band arbeiten. | *Réaction en chaîne*, atomare Kettenreaktion. || MUS. *Chaîne hi-fi, stéréo*, HIFI-, Stereoanlage f. || FIG. [sujétion] Fesseln f. pl. ; Bande n. pl. | *Briser ses chaînes*, sich seiner Fesseln entledigen.

chaînette [-nɛt] f. kleine Kette ; Kettchen n. || TEXT. *Point de chaînette*, Kettenstich m.

chaînon [-nɔ̃] m. [anneau] Kettenglied n. ; Kettenring m. ; Schake f. || GÉOGR. Hügelkette f.

chair [ʃɛ:r] f. ANAT. Fleisch n. | *Être bien en chair*, gut beileibe sein ; wohlbeleibt sein. | *En chair et en os*, leibhaftig ; in Fleisch und Blut. | *Ni chair ni poisson*, weder Fisch noch Fleisch ; weder kalt noch warm. | *Chair à saucisse*, Wurstfleisch. | *Entre cuir et chair*, unter der Haut. || PAR ANAL. *J'en ai la chair de poule*, ich bekomme eine Gänsehaut davon ; es läuft mir eiskalt hinunter. | *Couleur chair*, fleischfarben. || PAR EXT. [homme] *Chair à canon*, Kanonenfutter n. || FIG. [corps] *Se faire chair*, sich verkörpern. | *Résurrection de la chair*, Auferstehung (f.) des Fleisches. | *Les plaisirs de la chair*, die körperlichen Lüste. || BOT. [pulpe] Fleisch n. || PEINT. *Les chairs*, die Fleischpartien f. pl.

chaire [ʃɛ:r] f. [tribune] Hochsitz m. ; Katheder n. ; Pult n. || RELIG. Kanzel f. | *Chaire apostolique*, apostolischer Stuhl ; Papsttum n. | *Monter en chaire*, die Kanzel betreten. || FIG. [fonction] Lehrstuhl m.

chaise [ʃɛ:z] f. Stuhl m. ; Sitz m. ; Sessel m. | *Chaise capitonnée*, Polsterstuhl. | *Chaise cannée*, Rohrstuhl. | *Chaise pliante*, Klappstuhl. | *Chaise percée*, Nachtstuhl. | *Chaise longue*, Chaiselongue f. ; Ruhebett n. | *Chaise à porteurs*, Sänfte f. || FIG. *Être cloué sur sa chaise*, an den Stuhl gefesselt sein. | *S'asseoir entre deux chaises*, sich zwischen zwei Stühle setzen. || TECHN. Gestell n. ; Bock m.

chaisier, ière [ʃɛzje, jɛ:r] s. [fabricant] Stuhlmacher m. ; Stuhlflechter(in) m. (f.). || [loueur] Stuhlvermieter(in) m. (f.).

chaland [ʃalɑ̃] m. [bateau] Last-, Flußkahn m. ; Zille f.
— SYN. : *Péniche* f., Lastkahn m. ; Schute f.

chalcographie [kalkɔgrafi] f. [art] Kupferstecherei f. || [collection] Kupferstichsammlung f.

châle [ʃɑ:l] m. Schal m. ; Hals-, Kopf-, Umschlagtuch n.

chalet [ʃalɛ] m. Schweizer-, Holz-, Landhaus n. ; Villa f. | *Chalet des Alpes*, Sennhütte f.

chaleur [ʃalœ:r] f. Wärme f. ; Hitze f. | *Chaleur de l'atmosphère*, Erwärmung (f.) der Lufthülle. | *Chaleur accablante*, Schwüle f. | *Chaleur caniculaire*, Hundstagshitze. | *Époque des grandes chaleurs*, Hochsommer m. || FIG. [ardeur] Feuer n. ; Eifer m. ; Glut f. | *Avec chaleur*, eifrig ; mit Wärme. | *Sans chaleur*, kühl. | *Dans la chaleur du combat*, in der Hitze des Gefechts. || NUCL. *Chaleur résiduelle*, Nachwärme f. || TECHN. *Chaleur gratuite*, Zusatzwärme f. | *Chaleur latente*, gebundene Wärme. | *Chaleur au rouge*, Rotglut. | *Dégager de la chaleur*, Wärme erzeugen. || *Chaleur animale*, Lebenswärme. || [rut] Brunst f. ; Geilheit f. | *Être en chaleur*, brünstig sein ; [chien] läufig sein ; [chat, jument] rollig sein.

chaleureusement [-røzmɑ̃] adv. warm ; mit Wärme.

chaleureux, euse [-rø, ø:z] adj. warm ; warmherzig. | *Accueil chaleureux*, warmer Empfang.

châlit [ʃɑli] m. Bettgestell n. ; Bettstelle f.

challenge [ʃalɑ̃:ʒ] m. SPORT. [combat] Pokalkampf m. || [prix] Wander-, Ehrenpokal m.

challenger [prononc. angl. tʃalɛnʒœr] m. SPORT. Herausforderer m.

chaloupe [ʃalup] f. großes Beiboot ; Decksboot n. ; Pinasse f. ; Schaluppe f.

chalumeau [ʃalymo] m. [flûte] Hirten-, Rohrflöte f. ; Schalmei f. || TECHN. Lötrohr n. ; Lötlampe f. | *Chalumeau oxhydrique*, Schweißbrenner m.

chalut [ʃaly] m. MAR. Schleppnetz n. ; Zese f.

chalutier [-tje] m. Fischdampfer m. ; Trawler m. ; Hochseefischer m.

chamade [ʃamad] f. HIST. Schamade f. | *Battre la chamade*, zum Rückzug blasen. || FIG. *Son cœur battait la chamade*, das Herz klopfte ihm bis zum Zerspringen ; das Herz zersprang ihm fast.

chamailler (se) [səʃamɑje] v. pr. (sich) herumstreiten ; sich zanken ; sich katzbalgen.

chamaillerie [ʃamajri] f. Zänkerei f. ; Streiterei f. ; Katzbalgerei f.

chamarrer [ʃamare] v. tr. verbrämen ; ausstaffieren. || PÉJOR. mit Schmuck überladen, behängen. ◇ part. pass. et adj. **chamarré, ée,** *Uniforme chamarré*, goldstrotzende Uniform.

chamarrure [-ry:r] f. Verbrämung f. || PÉJOR. Aufputz m.

chambard [ʃɑ̃:bar] m. FAM. Spektakel m.

chambardement [-dəmɑ̃] m. FAM. Umstürzen n. ; Durcheinander n. ; Durcheinanderbringen n.

chambarder [-de] v. tr. FAM. auf den Kopf stellen ; durcheinanderbringen.

chambellan [ʃɑ̃bɛllɑ̃] m. Kammerherr m. ; Kämmerer m. | *Grand chambellan*, Großkämmerer.

chambouler [ʃɑ̃bule] v. tr. durcheinanderbringen.

chambranle [ʃɑ̃brɑ̃:l] m. Türrahmen m. ; Fensterrahmen m. ; Fenstereinfassung f.

chambre [ʃɑ̃:br] f. **1.** [pièce] Zimmer n. ; Stube f. ; Kammer f. ; Raum m. ; POÉT. Gemach n. | *Chambre meublée*, möbliertes Zimmer. | *Chambre mansardée*, Dachkammer ; Mansarde f. | *Femme de chambre*, Zimmermädchen n. ; Kammerjungfer f. ; Zofe f. | *Valet de chambre*, Kammerdiener m. | *Chambre noire*, Dunkelkammer. | *Musique de chambre*, Kammermusik f. || [à coucher] Schlafzimmer ; Schlafkammer. | *Chambre à deux lits*, Doppelbettzimmer. | *Robe de chambre*, Schlaf-, Morgenrock m. | *Pot de chambre*, Nachtgeschirr n., -topf m. | *Faire la chambre*, das Zimmer aufräumen. | *Garder la chambre*, das Zimmer hüten. | *Chambre d'amis*, Fremdenzimmer. | *Chambre de la reine*, Schlafgemach der Königin.
2. POLIT. Kammer f. || [France] *Chambre des députés*, Abgeordnetenhaus n. ; [Allemagne] Bundestag m. ; [province] Landtag m. ; [avant guerre] Reichstag m. | *Chambre des communes, des lords*, Unterhaus n., Oberhaus n. || COMM. *Chambre artisanale*, Handwerkskammer. | *Chambre de commerce*, Handelskammer.
3. JUR. Gerichtshof m. | *Chambre d'accusation*, (*etwa*) Anklagesenat m. | *Chambre criminelle*, Strafkammer.
4. TECHN. Kammer f. ; Raum m. | *Chambre de chauffe*, Heizraum. | *Chambre froide*, Kühlraum. | *Chambre d'explosion*, Explosionsraum. | *Chambre à air*, Luft-, Gummischlauch m. || GÉOL. *Chambre à magma*, Magmakammer. || PHYS. *Chambre d'écho*, Schallkammer.

chambrée [-bre] f. Stube f. ; Mannschaftsstube f. ; Stubenbelegschaft f.

chambrer [-bre] v. tr. [enfermer] einsperren. || PAR EXT. *Chambrer le vin*, den Wein anwärmen, temperieren. || FIG., FAM. *Chambrer qn*, jn auf den Arm nehmen.

chambrette [-brɛt] f. Zimmerchen n. ; Stübchen n. ; Kämmerlein n.

chambrière [-brjɛ:r] f. [fouet] Dressurpeitsche f. || TECHN. [de charrette] Deichselstütze f.

chameau [ʃamo] m. ZOOL. zweihöckriges Kamel. || FIG., FAM. *Chameau !*, du Luder, du !

chamelier [ʃaməlje] m. Kameltreiber m.

chamelle [ʃamɛl] f. Kamelstute f.

chamois [ʃamwa] m. ZOOL. Gemse f. || [cuir] Gemsleder n. | *Peau de chamois*, Sämisch-, Waschleder n. || [couleur] Chamois n.

champ [ʃɑ̃] m. Feld n. ; Acker m. ; Flur f. | *Champ en friche*, Brachfeld ; Brache f. | *Champ de blé*, Getreidefeld. | *Cultiver son champ*, seinen Acker bebauen. | *Les travaux des champs*, Feldarbeiten f. pl. | *À travers champs*, querfeldein. || PAR EXT. Platz m. ; freier Raum. || *Champ d'aviation*, Flugplatz ; Flugfeld. | *Champ de Mars*, Marsfeld. | *Champ de pétrole*, Erdölfeld. | *Champ de tir*, Schießplatz. | *Champ de foire*, Markt-, Rummelplatz. | *Champ de courses*, Rennbahn f. | *Champ de bataille*, Schlachtfeld. | *Mourir au champ d'honneur*, auf dem Felde der Ehre bleiben. | *Champ clos*, Kampfstätte f. ; Turnierstätte f. | *À tout bout de champ*, jeden Augenblick ; für nichts und wieder nichts. | *Prendre la clef des champs*, das Weite suchen. | *Laisser le champ libre à qn*, jm freie Bahn lassen. | *Prendre du champ*, Abstand halten. || FIG. Feld n. ; Gebiet n. ; Bereich m. ; Kreis m. | *Champ d'activité*, Betätigungsfeld ; Wirkungskreis ; Aufgabenkreis. || *Champ d'application*, Anwendungsbereich. || ASTRON. *Champ d'attraction*, Anziehungsfeld n. || PHYS. *Champ éloigné*, Fernfeld n. | *Champ proche*, Nahfeld n. || TECHN. Feld n. ; Bereich m. | *Champ d'oscillation*, Schwingungsbereich. | *Champ électromagnétique*, elektro-magnetisches Feld. | *Champ visuel*, Gesichtsfeld. | *Profondeur de champ*, Bildtiefe f. || MINES. *Champ d'exploitation*, Grubenfeld.
◇ loc. adv. **sur-le-champ,** unverzüglich ; sofort ; auf der Stelle.

Champagne [ʃɑ̃paɲ] n. pr. f. GÉOGR. Champagne f.
◇ m. **champagne,** [vin] Champagner m. ; Schaumwein m. ; Sekt m. || [eau-de-vie] *Fine champagne*, Drei-Sterne-Kognak m.

champêtre [ʃɑ̃pɛ:tr] adj. ländlich ; Land... ; Feld... | *Travaux champêtres*, Feldarbeiten f. pl. ; Landarbeiten f. pl. | *Garde champêtre*, Feldhüter m. ; Landgendarm m. || FIG. *Mœurs champêtres*, ländliche Sitten f. pl.
— SYN. : *Rustique*, bäurisch. *Rural*, bäuerlich.

champignon [ʃɑ̃piɲɔ̃] m. Pilz m. | *Plat de champignons*, Pilzgericht n. || FIG. *Pousser comme un champignon*, in die Höhe schießen. || MÉD. Pilz m. || FAM. [accélérateur] Gashebel m.

champignonnière [-ɲɔnjɛ:r] f. Pilzzucht f. ; Pilzbeet n.

champion [ʃɑ̃pjɔ̃] m. HIST. Turnierritter m. ; Kämpe m. ; Degen m. || SPORT. Wettkämpfer m. ; Meister m. | *Champion de boxe*, Boxmeister. || FIG. [défenseur] Kämpfer m. | *Champion de la foi*, Streiter (m.) für den Glauben.

championnat [-pjɔna] m. SPORT. Wettkampf m. ; Meisterschaft f.

champlevé [ʃɑ̃ləve] adj. *Émail champlevé*, Grubenschmelz m.

chance [ʃɑ̃:s] f. [possibilité] Möglichkeit f. ; Chance f. | *Tenter, courir sa chance*, riskieren ; wagen. | *Calculer ses chances*, seine Aussichten abwägen. | *Qui n'a aucune chance de réussir*, aussichtslos. | *Il y a des chances que*, es ist nicht ausgeschlossen, daß. || [bonne fortune] Glück n. | *La chance a tourné*, das Blättchen hat sich gewendet. | *Avoir de la chance*, Glück haben. | *Bonne chance !*, na, denn viel Glück ! || [mineurs] Glückauf ! ; FAM. Hals- und Beinbruch ! | *Porter chance à qn*, jm Glück bringen. | *Coup de chance*, Glücksfall m.
— SYN. : *Bonheur* m., Glück n. *Veine* f., Glück n. ; POP. Schwein. *Aubaine* f., Glücksfall m.

chanceler [ʃɑ̃sle] v. tr. wanken ; schwanken ; taumeln. | *D'une santé chancelante*, von wackliger Gesundheit. || FIG. ungewiß sein.

— SYN. : *Vaciller*, schwanken ; hin und her schwanken. *Tituber*, taumeln. FAM. *Flageoler*, schlottern.

chancelier [ʃɑ̃səlje] m. Kanzler m. | *Chancelier allemand*, Bundeskanzler. || [avant guerre] Reichskanzler. | *Chancelier de l'Échiquier*, Schatzkanzler ; englischer Finanzminister.

chancellerie [ʃɑ̃sɛlri] f. [endroit] Kanzlei f. || [fonction] Kanzleramt n., -schaft f.

chanceux, euse [ʃɑ̃sø, ø:z] adj. [hasardeux] fraglich. || [heureux] glücklich ; Glücks...

chancre [ʃɑ̃kr] m. MÉD. Schanker m. ; venerisches Geschwür. || AGRIC. Rindenbrand m. ; Brandpilz m.

chandail [ʃɑ̃da:j] m. Pullover m.

— SYN. : *Pull-over* m., Sweater m.

Chandeleur [ʃɑ̃dlœ:r] f. RELIG. Lichtmeß f. ; Mariæ Lichtmeß f.

chandelier [ʃɑ̃dəlje] m. Leuchter m. ; Armleuchter m. ; Kerzenhalter m. | *Chandelier à sept branches*, siebenarmiger Leuchter.

— SYN. : *Bougeoir* m., Handleuchter m. *Candélabre* m., Kandelaber m. *Applique* f., Wandbeleuchtung f.

chandelle [ʃɑ̃dɛl] f. Kerze f. ; Wachskerze f. ; Licht n. (pl. Lichte) ; Talglicht n. ; Wachslicht n. | *Bout de chandelle*, Kerzenstummel m. | *La chandelle clignote, coule, meurt*, die Kerze flackert, tropft, geht aus. | *Moucher une chandelle*, eine Kerze abschnuppen. || FIG. *Brûler la chandelle par les deux bouts*, verschwenden ; sich ausgeben. | *Faire des économies de bouts de chandelle*, knausern ; filzig sein. | *Voir trente-six chandelles*, die, alle Englein im Himmel pfeifen hören. | *Le jeu n'en vaut pas la chandelle*, das lohnt sich nicht. | *Devoir une fière chandelle à qn*, jm vieles verdanken. || FAM. *Tenir la chandelle*, beide Augen zudrücken.

chanfrein [ʃɑ̃frɛ̃] m. ZOOL. Vorderteil (n.) des Pferdekopfes ; vorderer Pferdekopf. || PAR EXT. [tache] Blesse f. ; Kante f. || TECHN. Kante f. ; Schrägkante f. ; Abschrägung f. ; Fase f.

chanfreiner [-frɛne] v. intr. abschrägen ; abstoßen ; abkanten ; Kanten brechen.

change [ʃɑ̃:ʒ] m. [troc] Tausch m. ; Wechsel m. | *Gagner au change*, beim Tausche gewinnen. || FIG. *Donner le change à qn*, jn hinters Licht führen. | *Prendre le change*, sich irreführen lassen. || FIN. [opération] Tauschhandel m. ; Geldwechsel. | *Bureau de change*, Wechselstube f. | *Lettre de change*, Wechselbrief m. || [taux] Umrechnungssatz m. ; Wechselkurs m. || [monnaie] Valuta f. ; Devise f. ; Währung f. | *Contrôle des changes*, Devisenüberwachung f., -kontrolle f.

changeant, ante [-ʒɑ̃, ɑ̃:t] adj. veränderlich ; wechselnd. | *Étoffe changeante*, schillernder Stoff. || FIG. unbeständig ; wandelbar ; unstet ; launenhaft. | *D'humeur changeante*, launisch.

— SYN. : *Inconstant*, wankelmütig. *Variable*, veränderlich.

changement [-ʒmɑ̃] m. [modification] Ver-, Ab-, Umänderung f. ; Änderung f. | *Faire des changements*, Abänderungen treffen. | *Sans changement*, unverändert. || [alternance] Abwechslung f. ; Wechsel m. | *Changement des saisons*, Abwechslung der Jahreszeiten. | *Aimer le changement*, gern Abwechslung haben. || [modification radicale, brusque] Umschwung m. ; Umschlag m. ; Umkehr f. ; Wendung f. | *Changement de température*, Witterungsumschlag. | *Changement de cap*, Kurswechsel m. | *Changement de couleur*, Verfärbung f. | *Changement de direction*, Schwenkung f. ; Richtungswechsel. | *Changement d'opinion*, Meinungsumschwung ; Sinnesänderung. | *Changement de place*, Umstellung, -setzung f. | *Changement de parti, de religion*, Übertritt (m.) in eine andere Partei, zu einer anderen Religion | *Changement d'un fonctionnaire*, Versetzung eines Beamten. | *Obtenir son changement*, versetzt werden. | *Changement de poste*, Ablösung f. | *Changement de train*, Umsteigen n. || [transformation] Verwandlung f. ; Umwandlung f. ; Wandlung f. | *Changement à vue*, Bühnenwechsel ; Kulissenwechsel bei offener Szene. | *Changement de structure*, Strukturumwandlung. | *Changement en bien, en mal*, Verbesserung f. ; Verschlechterung f. || TECHN. Auswechseln n. | *Changement de voie*, Umgleisen n. | *Changement de vitesse* [action] Gangwechsel ; Schalten n. ; [boîte] Schaltgetriebe n.

— SYN. : *Modification*, Abänderung. *Mutation*, Versetzung. *Variation*, Veränderung.

changer [-ʒe] v. tr. [modifier] verändern ; abändern ; umändern ; ändern. | *Changer ses plans*, seine Pläne ändern. | *Cela ne change rien à l'affaire*, das ändert nichts an der Sache. | *Qu'on ne peut changer*, unabänderlich. || [échanger] einwechseln ; auswechseln ; umwechseln ; wechseln ; vertauschen ; austauschen ; umtauschen ; tauschen. | *Changer les draps*, die Bettücher wechseln ; das Bett abziehen. | *Changer les chevaux*, die Pferde auswechseln. | *Changer un billet de cent francs*, einen Hundertfrankenschein wechseln. || [modifier radicalement, brusquement] umschwenken ; umkehren ; umstellen ; wenden. | *Changer qch. de place*, etwas versetzen. | *Changer de direction*, umschwenken ; umsteigen. | *Changer de ton*, den Ton wechseln. || [transformer] verwandeln ; umgestalten. | *Elle fut changée en statue*, sie wurde in eine Statue verwandelt. | *Changer de l'eau en vin*, Wasser zu Wein machen. | *Changer un texte*, einen Text umgestalten. || LOC. *Changer un bébé*, ein Baby trocken legen. | *Changer les couverts*, umdecken ; wechseln. | *Changer son fusil d'épaule*, den Spieß umkehren ; zu anderen Mitteln greifen. | *Changer les idées de qn*, jn auf andere gedanken bringen. | *Rien de changé*, es bleibt alles beim Alten ; POP. im Westen nichts Neues. || TECHN. *Changer la marche*, umsteuern ; umstellen ; umsetzen. || MAR. *Changer les voiles*, die Segel umlegen, überholen.

◇ v. intr. [se modifier] sich verändern ; sich ändern ; anders werden. | *Il a beaucoup changé*, er hat sich sehr verändert. | *Le temps va changer*, das Wetter wird umschlagen. | *Changer en bien, en mal*, sich zum Besseren, zum Schlechteren wenden. | *Il faut que ça change*, es muß anders werden. | *On n'y changera rien*, nichts kann etwas daran ändern. | *La scène change*, die Szene verwandelt sich. | *Qui aime changer*, unbeständig ; flatterhaft. | *Qui ne change pas*, gleichbleibend ; unveränderlich. || [alterner, échanger] wechseln ; abwechseln ; tauschen. | *Les saisons changent*, die Jahreszeiten wechseln ab. | *Pour changer*, zur Abwechslung. || — **changer de,** um... ; wechseln. | *Changer de vêtements*, (sich) umziehen ; (sich) umkleiden. | *Changer de logement*, umziehen ; die Wohnung wechseln. | *Changer de chemise*, das Hemd wechseln. | *Changer de place*, den Platz wechseln. | *Changer de forme*, (sich) umgestalten ; (sich) umwandeln. | *Changer de propriétaire*, den Besitzer wechseln. | *Changer de main*, wechseln. | *Changer de vitesse*, umschalten. | *Changer de direction*, umschwenken ; umlenken. | *Changer de train*, umsteigen. || LOC. *Changer d'avis*, seine Meinung ändern ; anderer Meinung werden. | *Changer de ton*, einen anderen Ton anschlagen. | *Changer de couleur*, sich verfärben. | *Changer de visage*, aus der Fassung geraten. | *Changer du tout au tout*, sich von Grund aus ändern. | *Changer de classe*, versetzt werden. | *Changer de conversation*, ablenken. | *Changer de parti, de religion*, in eine andere Partei, zu einer anderen Religion übertreten.

◇ v. pr. **se changer** [se modifier] sich ändern ; sich verändern. | *On ne change pas*, man bleibt wie man ist. || [se transformer] sich verwandeln ; werden (zu).

| *L'eau se change en glace*, das Wasser wird zu Eis. | *La jeune fille se changea en fleur*, das Mädchen verwandelte sich in eine Blume. || [changer d'habits] sich umziehen, sich umkleiden.

changeur, euse [-ʒœr, ø:z] s. Wechsler(in) m. (f.) ; Geldwechsler(in) m. (f.). || TECHN. *Changeur de disques*, Plattenwechsler.

chanoine [ʃanwan] m. Domherr m. ; Stiftsherr m. || FIG. *Mener une vie de chanoine*, POP. wie die Made im Speck leben.

chanoinesse [-nɛs] f. Stiftsdame f. ; Domfrau f.

chanson [ʃɑ̃sɔ̃] f. Lied n. ; Gesang m. | *Chanson de geste*, Heldengedicht n. | *Chanson de Roland*, Rolandslied. | *Chanson guerrière*, Kriegslied. | *Chanson à boire*, Trinklied. | *Chanson des rues*, Bänkelgesang ; PÉJOR. Gassenhauer m. | *Chanson populaire*, Volkslied. | *Recueil de chansons*, Liederbuch n. ; Liederkranz m. | *Interpréter une chanson*, ein Lied vortragen. || FIG., FAM. [sornettes] *C'est toujours la même chanson*, das ist stets das alte, das gleiche Lied. | *C'est le ton qui fait la chanson*, der Ton macht die Musik ; auf die Art kommt es an. | *Mettre en chanson*, ein Lied drauf machen. | *L'air ne fait pas la chanson*, der Schein trügt. | *Chansons que tout cela !*, Flausen !

chansonnette [-sɔnɛt] f. Liedchen n. ; Liedlein n.

chansonnier, ière [-sɔje, jɛr] s. Liederdichter, -sänger n. || [cabaret] Kabarettsänger(in) m. (f.) ; Chansonnier m.

chant [ʃɑ̃] m. Singen n. ; Sang m. ; Gesang m. ; Lied n. | *Chant d'église*, Kirchengesang ; Choral m. ; Kirchenlied. | *Chant patriotique*, Vaterlandslied. | *Poème en dix chants*, Dichtwerk (n.) in zehn Gesängen. | *Maître de chant*, Gesanglehrer m. || [oiseaux] *Chant du coq*, Krähen n. | *Au chant du coq*, mit dem ersten Hahnenschrei. | *Chant du rossignol*, Schlagen (n.) der Nachtigall. | *Chant du coucou*, Kuckucksruf m. | *Chant des cigales*, Zirpen (n.) der Grillen. | *Chant de l'alouette*, Trillern (n.) der Lerche. || FIG. *Chant du cygne*, Schwanengesang.
— SYN. : *Air* m., Weise f. *Chanson* f., Lied n.

chant m. LOC. *De, sur chant*, hochkantig.

chantage [-ta:ʒ] m. Erpressung f.

chantant, ante [-tɑ̃, ɑ̃:t] adj. singend ; mit Gesang ; mit Musik. | *D'une voix chantante*, in singendem Ton.

chanter [ʃɑ̃te] v. intr. [sens général] singen. | *Chanter à tue-tête*, aus vollem Halse singen. | *Chanter à deux voix*, zweistimmig singen. || PAR ANAL. [coq] krähen. | [rossignol] schlagen. | [coucou] rufen. | [alouette] trillern. | [cigale] zirpen. || PAR EXT. *L'eau chante*, das Wasser brodelt, zischt. | *Que me chantez-vous là ?*, was quasseln Sie mir da vor ? || FIG., PÉJOR. *Faire chanter qn*, jn erpressen.
◇ v. tr. [chanson] absingen ; heruntersingen ; singen. || [célébrer] besingen ; lobsingen. | *Chanter les louanges de qn*, jn lobpreisen.
◇ v. pr. **se chanter,** [sens passif] gesungen werden. || [possibilité] *Cela se chante*, das läßt sich singen ; das ist singbar.

chanterelle [ʃɑ̃trɛl] f. Quintsaite f. || FIG. *Appuyer sur la chanterelle*, den wichtigen Punkt betonen ; POP. den Finger auf die Wunde legen. || SPORT. [oiseau] Lockvogel m. || BOT. [girolle] Pfifferling m. ; Eierschwamm m.

chanteur, euse [ʃɑ̃tœ:r, ø:z] s. Sänger(in) m. (f.). | *Chanteur d'opéra*, Opernsänger. | *Chanteur ambulant*, Bänkelsänger. || PAR EXT. *Oiseaux chanteurs*, Singvögel m. pl. || HIST. *Maître chanteur*, Meistersänger. || [escroc] Erpresser m.

chantier [ʃɑ̃tje] m. [dépôt] Lager n. ; Holzplatz m. | *Mettre du vin sur le chantier*, Wein ablagern. || [lieu de travail] Bauplatz m. ; Arbeitsort m., -platz m., -stelle f. | *Chantier d'abattage*, Abbaubetrieb m. | *Chantier de construction*, Baustelle f. || MAR. *Chantier naval*, Werft f. ; Schiffswerft f. ; Helling f. || FIG. *Avoir un ouvrage en chantier*, an einem Werk arbeiten.

chantonner [ʃɑ̃tɔne] v. tr. vor sich hinsummen, hinsingen.

chantre [ʃɑ̃tr] m. Sänger m. ; Kirchenchorsänger m. ; Kantor m. || FIG. [poète] Sänger m.
— SYN. : *Choriste* m., Chormitglied n., Chorsänger m.

chanvre [ʃɑ̃vr] m. BOT. Hanf m. | *De chanvre*, hanfen ; Hanf...

chaos [kao] m. Verwirrung f. ; Wirrnis f. ; Durcheinander n. ; Chaos n.

chaotique [-tik] verwirrt ; chaotisch.

chapardage [ʃaparda:ʒ] m. FAM. Klauerei f.

chaparder [-de] v. tr. FAM. klauen ; mausen ; klemmen ; stibitzen.

chape [ʃap] f. [manteau] Pluviale n. ; Chormantel m. ; Überwurf m. || TECHN. Überzug m. ; Gehäuse n. ; Hülse f. | *Chape de moufle*, Flaschenzuggehäuse n.

chapeau [ʃapo] m. Hut m. ; Kopfbedeckung f. | *Chapeau d'homme*, Herrenhut. | *Chapeau de feutre*, Filzhut. | *Chapeau de paille*, Strohhut. | *Chapeau haut de forme*, Zylinder m. | *Chapeau à trois cornes*, Dreispitz m. | *Chapeau melon*, Melone f. ; steifer Hut. | *Ce chapeau va bien*, der Hut sitzt, steht, kleidet gut. | *Essayer un chapeau*, einen Hut aufprobieren. | *Garder son chapeau*, seinen Hut aufbehalten. | *Donner un coup de chapeau*, seinen Hut lüften. | *Chapeau bas !*, Hut ab ! || RELIG. *Obtenir le chapeau*, den Kardinalshut empfangen. || BOT. *Chapeau de champignon*, Pilzhut. || TECHN. Kappe f. ; Haube f. ; Deckel m. | *Chapeau de protection*, Schutzhaube.

chapelain [ʃaplɛ̃] m. Kaplan m. ; Hauskaplan m. ; Schloßkaplan m. ; Beichtvater m.

chapelet [ʃaplɛ] m. Rosenkranz m. | *Dire un chapelet*, einen Rosenkranz beten. || FIG. [série] Reihe f. | *Un chapelet d'injures*, eine Flut von Verwünschungen. || TECHN. Becherwerk n. ; Paternoster m.

chapelier, ière [ʃapəlje, jɛ:r] s. Hutmacher(in) m. (f.) ; Hutverkäufer(in) m. (f.).

chapelle [ʃapɛl] f. Kapelle f. ; Kirchlein n. || PAR EXT. *Chapelle ardente*, Trauerkapelle. || FIG. [coterie] Clique f. ; Anhang m. || MUS. Kapelle f. | *Maître de chapelle*, Kapellmeister m. ; Kantor m.

chapellerie [ʃapɛlri] f. [commerce] Hutmacherei f., -geschäft n. || [objets] Hutwaren f. pl.

chapelure [ʃaply:r] f. Semmelmehl n. ; geriebenes Brot.

chaperon [ʃaprɔ̃] m. Schweifkappe f. ; Hutband n. || SPORT. Falkenhaube f., -kappe f. || LOC. *Le Petit Chaperon rouge*, Rotkäppchen n. || FIG. Anstandsdame f. || TECHN. Kappe f. ; Abdeckung f. ; Deckplatte f.

chaperonner [-prɔne] v. tr. TECHN. abdecken. || FIG. [accompagner] als Anstandsdame begleiten. | *Chaperonner une jeune fille*, ein junges Mädchen bemuttern.

chapiteau [ʃapito] m. Säulenknopf m., -knauf m., -aufsatz m. ; Kapitell n. || PAR EXT. *Chapiteau de cirque*, Zirkuszelt n. || TECHN. Schornsteinaufsatz m. ; Haube f. ; Krone f. ; Kopfstück n.

chapitre [ʃapitr] m. Kapitel n. ; Buchabschnitt m. ; Abschnitt m. || PAR EXT. [sujet] Kapitel n. ; Gegenstand m. ; Angelegenheit f. || RELIG. [assemblée] Domkapitel ; Domversammlung f. | *Avoir voix au chapitre*, Sitz und Stimme haben ; ein Wort mitzureden haben.

chapitrer [-tre] v. tr. FIG. *Chapitrer qn*, jm die Leviten lesen ; POP. jn herunterputzen.

chapon [ʃapɔ̃] m. Kapaun m. ‖ CULIN. mit Knoblauch geriebene Brotkruste.

chaptalisation [ʃaptalizasjɔ̃] f. [vin] Trockenzukkerung f.

chaque [ʃak] adj. indéf. jeder, jede, jedes. | *Chaque fois*, jedesmal. | *À chaque instant*, in jedem Augenblick.

char [ʃar] m. [voiture] Wagen m. ; Fuhrwerk n. | *Char funèbre*, Leichenwagen. ‖ MIL. *Char d'assaut, de combat*, Panzer m. ; Panzerwagen. | *Char de reconnaissance*, Panzerspähwagen. | *Char amphibie*, Schwimmpanzer.

charabia [ʃarabja] m. FAM. Kauderwelsch n. ; Gestotter n.

charade [ʃarad] f. Silbenrätsel n. ; Scharade f.

charançon [ʃarɑ̃sɔ̃] m. ZOOL. Rüsselkäfer m. ; Kornkäfer m. ; Nußbohrer m. ; Birkenstecher m.

charbon [ʃarbɔ̃] m. Kohle f. | *Charbon aggloméré*, Preßkohle. | *Charbon de bois*, Holzkohle. | *Charbon épuré*, sortierte Kohle. | *Charbon flambant*, Flammkohle. | *Charbon lavé*, Waschkohle. | *Charbon pulvérisé*, Kohlenstaub m. | *Charbon schisteux*, Schieferkohle. | *Charbon de terre*, Steinkohle. | *Couche de charbon*, Kohlenflöz n. | *Faire du charbon de bois*, Kohlen brennen. ‖ FIG. *Être sur des charbons ardents*, wie auf glühenden Kohlen sitzen. ‖ MÉD. Milzbrand m. ; Pestbeule f. ; Karbunkel m. ‖ BOT. Getreidebrand m.

charbonnage [-bɔna:ʒ] m. Steinkohlenzeche f. ; Kohlengrube f.

charbonner [-bɔne] v. tr. [réduire] kohlen ; verkohlen. ‖ [noircir] mit Kohle zeichnen ; schwärzen. | *Charbonner un visage*, ein Gesicht schwarz machen, einschwärzen.
◇ v. intr. kohlen ; verkohlen. | *La mèche charbonne*, der Docht blakt. ‖ [lampe, poêle] rußen.

charbonneux, euse [-bɔnø, ø:z] adj. kohleartig, -haltig, -farben. ‖ MÉD. brandig.

charbonnier, ière [-bɔnje, jɛ:r] adj. Kohlen...
◇ s. [artisan] Köhler m. ; Kohlenbrenner m. ‖ [marchand] Kohlenhändler(in) m. (f.). ‖ [porteur] Kohlenmann, -träger m., -trimmer m. ‖ [navire] Kohlendampfer m. ‖ LOC. *Foi du charbonnier*, Köhlerglaube m.

charcuter [ʃarkyte] v. tr. zersäbeln ; zerfetzen ; zerstückeln. ‖ FAM. *Charcuter un blessé*, einen Verwundeten zersäbeln, ungeschickt operieren.

charcuterie [-tri] f. [magasin] Schweinemetzgerei f. ; Metzgerei f. ; Schlachterei f. ; Fleischerei f. ‖ [viande] Fleisch- und Wurstwaren f. pl. | *Assiette de charcuterie*, kalter Aufschnitt.

charcutier, ière [-tje, jɛ:r] s. Schweinefleischer(in) m. (f.) ; Wurstmacher m. | *Garçon charcutier*, Fleischergeselle m.

chardon [ʃardɔ̃] m. BOT. Distel f. ‖ TECHN. Mauerspitzen f. pl.

chardonneret [ʃardɔnrɛ] m. ZOOL. Distelfink m., -zeisig m. ; Stieglitz m. ; Goldfink m.

charge [ʃarʒ] f. **1.** [ce qui est supporté] Last f. ‖ POÉT. Bürde f. ‖ *Ce plancher ne résiste pas à la charge*, dieser Fußboden trägt die Last nicht | *Charge par essieu*, Achsdruck m. | *Charge d'un arbre* (fruitier), Behang (m.) eines Obstbaums. ‖ PAR EXT. [frais] Kosten f. pl. | *Ceci est à ma charge*, das geht auf meine Kosten. ‖ [ce qui est transporté] Ladung f. ; Last f. ; Fracht f. | *Charge de foin*, Heuladung. | *Charge d'une bête*, Tracht (f.) eines Saumtiers. | *Charge d'un navire*, Fracht eines Schiffs. ‖ PAR EXT. [ce qui peut être transporté] Last f. ; Belastung f. | *Charge d'une charrette*, Fuhre f. | *Charge utile*, Ladegewicht n. ; Nutzlast. | *Charge maximale*, Höchstbelastung.
2. FIG. [ce qui pèse excessivement] Last f. ; Belastung f. ; Beschwerde f. ; Belästigung f. | *Charge trop lourde*, Überlast. | *Assumer une lourde charge*, eine schwere Last auf sich nehmen. | *Être à la charge de qn*, jm zur Last fallen ; jm lästig sein. | *Cette vie lui est à charge*, dies Leben ist ihm zur Last.
3. [obligation] Verpflichtung f. ; Obliegenheit f. ; Sorge f. | *Avoir la charge d'une maison*, einem Hause vorstehen. | *Femme de charge*, Haushälterin f. | *Prendre en charge*, übernehmen. | *Avoir charge d'âmes*, Seelsorger sein ; für jn sorgen müssen. | *Charge familiales*, Unterhaltsverpflichtungen f. pl. ; Familienlasten f. pl. | *À charge de revanche*, auf Widervergeltung ; auf Gegenseitigkeit.
4. FIN. [impôt] Steuer f. ; Auflage f. ; Abgabe f. | *Charges publiques*, öffentliche Abgaben f. pl. | *Charges sociales*, Sozialabgaben f. pl. | *Charges fiscales*, Steuerlast f. ; Steuerbelastung f. | *Charges portuaires*, Hafengebühren f. pl. ‖ *Charges additionnelles*, zusätzliche Abgaben f. pl. | *Charges locatives*, Nebenkosten f. pl.
5. ADMIN. [emploi] Amt n. ; Stelle f. ; Stellung f. ; Auftrag m. | *Charge lucrative*, einträgliches Amt. | *Entrer en charge*, eine Stellung antreten. | *Occuper une charge*, ein Amt bekleiden. | *Vénalité des charges*, Stellenhandel m.
6. JUR. Belastung f. ; Anklagepunkt m. ; Anklage f. | *Ceci est une charge contre lui*, das ist ein erschwerender Umstand für ihn. | *Témoin à charge*, Belastungszeuge m.
7. PAR EXT. [caricature] Zerrbild n. ; Karikatur f.
8. MIL. [assaut] Sturm m. ; Angriff m. | *Charge à la baïonnette*, Bajonettangriff. | *Revenir à la charge*, den Angriff erneuern ; FIG. einen neuen Versuch machen.
9. TECHN. Ladung f. ; Belastung f. | *Charge explosive*, Sprengladung. | *Charge d'un haut fourneau*, Beschikkung f. ; Gicht f. ; Füllung f. | *Charge d'un accumulateur*, Batterieladung.

chargé, ée [-ʒe] adj. beladen ; geladen ; überhäuft. | *Voiture chargée*, beladenes Fahrzeug. | *Fusil chargé*, geladenes Gewehr. ‖ [avec excès] belastet ; überlastet. | *Chargé de dettes*, über-, verschuldet. ‖ FIG. [comblé] *Chargé d'honneurs*, mit Ehren überhäuft. ‖ [délégué] *Chargé de*, beauftragt mit ; berufen zu. | *Être chargé de mission*, mit einer Mission beauftragt sein. ‖ LOC. *Lettre chargée*, Wertbrief m.
◇ s. *Chargé d'affaires*, Geschäftsträger(in) m. (f.) | *Chargé de cours*, Lehrbeauftragte(r) f. (m.).

chargement [-ʒəmɑ̃] m. [action] Verladen n. ; Laden n. ; Verladung f. | *Chargement d'un navire*, Verschiffung f. | *Appareil de chargement*, Verladegerät n. ‖ [charge] Ladung f. ; Fracht f. | *Chargement de pommes de terre*, Kartoffelladung. | *Lettre de chargement*, Frachtbrief m. ‖ MIL. *Chargement par la culasse*, Hinterladung.

charger [-ʒe] v. tr. **1.** [mettre une charge] laden ; be-, auf-, verladen. | *Charger du foin*, Heu aufladen. | *Charger une voiture de foin*, einen Wagen mit Heu beladen. | *Charger les marchandises dans un wagon*, die Waren in einen Waggon einladen. | *Charger un poêle*, einen Ofen füllen. | *Charger qn de colis*, jn bepacken. | *Charger un navire*, ein Schiff befrachten. | *Charger dans une autre voiture*, umladen. ‖ FAM. *Le taxi charge un client*, die Taxe übernimmt einen Fahrgast. ‖ [avec excès] beladen ; überladen ; belasten. | *Charger l'estomac*, den Magen überladen, beschweren.
2. FIG. [faire peser sur] beladen ; belasten. | *Charger d'impôts*, mit Steuern belasten. | *Charger sa conscience*

d'un crime, sein Gewissen mit einem Verbrechen belasten.
3. [déléguer] beauftragen ; berufen ; betrauen. | *Charger qn d'une affaire*, jn mit einem Geschäft beauftragen. | *Charger qn de faire qch.*, jm den Auftrag geben, etwas zu tun.
4. JUR. beschuldigen ; zur Last legen ; in belastender Weise aussagen ; belasten. | *Charger qn d'un crime*, jn eines Verbrechens beschuldigen.
5. PAR EXT. [exagérer] übertreiben ; karikieren. | *Charger une toile*, die Farben zu dick auftragen.
6. MIL. [attaquer] stürmisch angreifen.
7. TECHN. laden ; aufladen. | *Charger un fusil*, ein Gewehr laden. | *Charger un accumulateur*, eine Batterie aufladen. | *Charger un poêle*, eine Ofen anlegen.
◇ v. pr. **se charger,** sich laden, überladen. | *L'arbre se charge de fruits*, der Baum setzt Früchte an. || PAR EXT. *Le ciel se charge de nuages*, der Himmel bezieht, umwölkt sich. || [prendre en charge] übernehmen ; auf sich nehmen ; besorgen. | *Se charger d'une commission*, einen Auftrag übernehmen. | *Se charger d'un vieillard*, sich eines Greises annehmen. | *Je m'en charge*, das laß man meine Sache sein ; ich will es schon besorgen. || [sens passif] geladen werden.

chargeur [-ʒœ:r] m. [personne] Verlader m. ; Befrachter m. ; Spediteur m. || MIL. [soldat] Ladeschütze m. || [magasin] Ladestreifen m. ; Magazin n.

chariot [ʃarjo] m. [voiture] Karren m. ; Leiterwagen m. ; Wagen m. || TECHN. [pièce mobile] Wagen m. ; Schlitten m. | *Chariot de machine à écrire*, Wagen. | *Chariot élévateur*, Gabelstapler m. | *Chariot porteur*, Lastlaufwerk n. | *Chariot transbordeur*, Schiebebühne f. ; Umgleiser m.

charitable [ʃaritabl] adj. [par sentiment] mild-, gutherzig ; mitleidig ; nächstenliebend. || [par action] hilfsbereit ; warmherzig. || [bienveillant] wohlwollend ; -meinend.

charité [-te] f. Mildtätigkeit f. ; Mitleid n. ; Hilfsbereitschaft f. ; Barmherzigkeit f. ; Nächstenliebe f. | *Faire appel à la charité*, an die Nächstenliebe appellieren. | *Vivre de la charité des autres*, von der Barmherzigkeit der anderen leben. || [don] Almosen n. ; milde Gabe. | *Faire la charité à qn*, jm ein Almosen geben.
— SYN. : *Bienfaisance* f., Wohltätigkeit f. *Générosité* f., Großherzigkeit f.

charivari [ʃarivari] m. Katzenmusik f. ; Gepolter n. ; Krach m. ; Hexensabbat m.

charlatan [ʃarlatɑ̃] m. HIST. [camelot] Marktschreier m. || FIG. [imposteur] Schwindler m. ; Scharlatan m. || PÉJOR. [médecin] Quacksalber m. ; Kurpfuscher m.

charlatanesque [-tanɛsk] adj. HIST. marktschreierisch. || FIG. schwindelhaft ; windig ; windbeutelig.

Charlemagne [ʃarləmaɲ] n. pr. m. Karl der Große. || FIG. *Faire Charlemagne*, mit seinem Gewinn abziehen ; den anderen das Nachsehen geben.

Charles [ʃarl] n. pr. m. Karl m. | *Charles Quint*, Karl der Fünfte.

charlotte [ʃarlɔt] f. CULIN. Charlotte f.

charmant, ante [ʃarmɑ̃, ɑ̃:t] adj. bezaubernd. || PAR EXT. reizend ; allerliebst ; lieblich ; anmutig ; scharmant. || IRON. *C'est charmant !*, das ist ja wirklich reizend !
— SYN. : *Séduisant*, verführerisch. *Ravissant*, hinreißend.

charme [ʃarm] m. [enchantement] Zauber m. ; Zauberei f. ; Bann m. | *Être sous le charme*, wie verzaubert sein. | *Rompre le charme*, den Bann brechen. || [attrait] Reiz m. ; Anmut f. ; gefälliges Wesen ; Charme m. | *Avoir du charme*, voller Anmut sein. | *Le charme de l'inconnu*, der Reiz des Unbekannten. || FIG. *Faire du charme*, mit jm schöntun. | *Chanteur de charme*, einer, der schmalzig singt ; FAM. Schnulzensänger m.
◇ m. BOT. Hain-, Weiß-, Hagebuche f. || FIG. *Se porter comme un charme*, rüstig sein.
— SYN. : *Sort* m., Zauber m. ; böser Blick. *Ensorcellement* m. Verhextsein n. *Enchantement* m., Verzauberung f. *Grâce* f., Anmut f. ; Grazie f. *Élégance* f., Vornehmheit f.

charmer [-me] v. tr. bezaubern ; in Bann schlagen. || PAR EXT. entzücken ; begeistern ; bestricken ; von sich einnehmen ; fesseln. || LOC. *Je suis charmé de*, es freut mich, zu.
— SYN. : *Enchanter*, verzaubern ; entzücken. *Séduire*, verführen. *Ravir*, fortreißen ; berücken.

charmeur, euse [-mœ:r, ø:z] s. Zauberer m. ; Beschwörer m. | *Charmeur de serpents*, Schlangenbeschwörer. || PAR EXT. Bezaubernder m. ; Mann, Frau von bezwingender Liebenswürdigkeit ; bezaubernder Mensch ; Herzensbrecher(in) m. (f.).

charmille [ʃarmi:j] f. Laubengang m.

charnel, elle [ʃarnɛl] adj. fleischlich. || FIG. sinnlich. | *Désirs charnels*, Sinnenlust f. ; fleischliche Lüste f. pl. ; Gelüste n. pl.

charnier [ʃarnje] m. [de viandes] Pökelkammer f. || [d'ossements] Beinhaus n. ; Knochenhaus n. || [de cadavres] Leichenhaufen m.

charnière [ʃarnjɛ:r] f. Scharnier n. ; Gelenk n. | *À charnière*, aufklappbar. || FIG. Angelpunkt m.

charnu, ue [ʃarny] adj. fleischig ; dicklich ; POP. pummelig.

charognard [ʃarɔɲa:r] m. ZOOL. Aasgeier m.

charogne [-rɔɲ] f. Aas n. ; vergammelter Tierkadaver. || FAM. Schindluder n.

charpente [ʃarpɑ̃t] f. Zimmerwerk n. ; Gebälk n. ; Holzgerüst n. ; Eisengerüst n. ; Tragwerk n. | *Charpente métallique*, Stahlgerüst ; Eisenbau m. | *Bois de charpente*, Bauholz n. || FIG. Aufbau m. || ANAT. *Charpente osseuse*, Knochengerüst.

charpenter [-te] v. tr. zimmern ; zurechtzimmern ; behauen. || FIG. aufbauen.
◇ part. pass. et adj. **charpenté, ée,** gezimmert. || FIG. *Gars solidement charpenté*, ein vierschrötiger, stämmiger Bursche. | *Une pièce bien charpentée*, ein trefflich aufgebautes Theaterstück.

charpentier [-tje] m. Zimmermann m. ; Zimmerer m. ; Bautischler m.

charpie [ʃarpi] f. MÉD. Leinwandfasern f. pl. ; Verbandsmull m. || FIG. *En charpie*, zerfetzt.

charretée [ʃarte] f. Wagen-, Karrenladung f. ; Fuhre f. ; Karre voll.

charretier [-tje] m. Fuhrknecht m. ; -mann m. | *Jurer comme un charretier*, POP. wie ein Bierkutscher fluchen.

charrette [-rɛt] f. (zweirädriger) Wagen ; Karren m. | *Charrette à bras*, Handkarre f. || FIG., FAM. Rausschmiß m.

charriage [ʃarjaʒ] m. [action] Fahren n.

charrier [ʃarje] v. tr. fahren ; karren ; mit dem Wagen fortschaffen. || GÉOL. schwemmen ; anschwemmen. | *La rivière charrie du sable*, der Fluß treibt Sand an, sandet an. | *La rivière charrie des glaces*, der Fluß treibt Eis. || POP. [se moquer] übertreiben ; spotten. | *Il charrie*, er hält uns zum besten.

charroi [ʃarwa] m. Fuhre f. ; Fuhrgeschäft m.

charron [ʃarɔ̃] m. Wagner m. ; Wagenbauer m. ; Stell-, Schirrmacher m.

charronnage [-rɔna:ʒ] m. Stellmacherei f. ; Wagenbau m.

charroyer [-rwaje] v. tr. mit dem Karren transportieren, fahren ; karren ; an-, heranfahren.

charrue [ʃary] f. Pflug m. || FIG. *Ils sont attelés à la même charrue*, sie ziehen am gleichen Strang.

charte [ʃart] f. Urkunde f. ; Freibrief m. ; Charta m. || POLIT. Staatsgrundgesetz n. | *Charte des Nations unies*, Charta der Vereinigten Nationen. | *Charte de l'Atlantique*, Atlantikpakt m. || MAR. *Charte-partie*, Chartepartie f. ; Schiffsfrachtvertrag m.

charter [ʃartɛr] m. AÉRON. Charterflugzeug n. | *Vol charter*, Charterflug m.

chartiste [-tist] m. HIST. Chartist m. ; Anhänger der Magna Charta. || PAR EXT. Archivgelehrter m.

chartreux, euse [ʃartrø, ø:z] s. Kartäuser m. ; Kartäusermönch m. ; Kartäusernonne f.
◇ f. **chartreuse,** [couvent] Kartäuserkloster n. ; Klause f. || [liqueur] Chartreuselikör m.

chartrier [-trije] m. [archives] Archiv n.

chas [ʃa] m. Öhr n. ; Nadelöhr n.

chasse [ʃas] f. [action] Jagd f. ; Pirsch f. ; Weidwerk n. || [terrain] Jagdrevier n. || [gibier] Jagdbeute f. || LOC. *Ouverture de la chasse*, Jagdbeginn m. ; Jagderöffnung f. | *Délit de chasse*, Jagdvergehen n. | *Permis de chasse*, Jagdschein m. | *Chien de chasse*, Jagdhund m. | *Organiser une chasse*, eine Jagd veranstalten. | *Bonne chasse !*, Weidmannsheil ! | *Chasse gardée*, Jagdrevier n. ; FIG. Revier n. | *Chasse au renard*, Fuchsjagd. | *Couteau de chasse*, Hirschfänger m. | *Chasse à courre*, Hetzjagd. | *Rendez-vous de chasse*, Jagdschloß n. || FIG. *Faire la chasse à*, Jagd machen auf (acc.) ; verfolgen. || FAM. *En chasse*, brünstig. || TECHN. Spiel n. ; Spielraum m. ; Toleranz f. | *Chasse d'eau*, Wasserspülung f. || AÉRON. Jagdwaffe f. ; Jagdfliegerei f.

châsse [ʃɑ:s] f. RELIG. [coffre] Reliquienschrein m. || TECHN. Einfassung f.

chassé [ʃase] m. [danse] Seitenschritt m.

chassé-croisé [ʃasekrwaze] m. FIG. Stellenwechsel m. ; ständiges Gewechsel.

chasselas [ʃasla] m. [raisin] Gutedel m.

chasse-mouches [ʃasmuʃ] m. invar. Fliegenwedel m.

chasse-neige [-nɛ:ʒ] m. invar. Schneepflug m. || SPORT. *Faire le chasse-neige*, stemmen.

chasse-pierres [-pjɛ:r] m. invar. Streckenräumer m.

chasser [ʃase] v. tr. [poursuivre] jagen ; Jagd machen (auf, acc.) ; verfolgen. | *Chasser le lièvre*, auf der Hasenjagd sein. | *Chasser le cerf*, eine Hetzjagd machen ; hetzen. || PAR EXT. [devant soi] vor sich hertreiben. | *Chasser l'ennemi devant soi*, den Feind vor sich herjagen. | *Le vent chasse la neige*, der Wind stöbert den Schnee auf. | *La tempête chasse le navire*, der Sturm treibt das Schiff ab. || [déloger] hinausjagen ; fortjagen ; hinaustreiben ; verjagen ; vertreiben. | *Chasser les mouches*, die Fliegen wegscheuchen. | *Chasser les soucis*, die Sorgen vertreiben. | *Chasser un renard de son terrier*, einen Fuchs aus seinem Bau stöbern. || TECHN. an-, ein-, austreiben. | *Chasser un clou*, einen Nagel eintreiben.
◇ v. intr. [aller à la chasse] jagen ; auf die Jagd gehen. || FIG. *Chasser sur les terres de qn*, jm ins Gehege kommen. || PAR EXT. [dériver] *Les nuages chassent*, die Wolken treiben. || TECHN. *L'auto chasse sur la glace*, der Wagen rutscht auf dem Eis.

chasseresse [ʃasrɛs] f. POÉT. Jägerin f.

chasseur, euse [-sœr, ø:z] s. Jäger(in) m. (f.) ; Weidmann m. || MIL. *Chasseur alpin*, Alpenjäger. || AÉRON. Jagdflugzeug n. | *Chasseur bombardier*, Jagdbomber m. || [d'un hôtel] Laufbursche m. ; Hotelboy m. || ÉCON. *Chasseur de têtes*, Kopfjäger m.

chassie [ʃasi] f. MÉD. Augendrüsenschleim m.

chassieux, ieuse [-sjø, jø:z] adj. triefäugig.

châssis [ʃɑsi] m. [encadrement] Rahmen m. ; Einfassung f. || TECHN. [cadre] Gestell n. ; Gerüst n. || AUTOM. Fahrgestell n. ; Chassis n. || [toiture] Glasdach n. ; Glasüberdachung f. || PHOT. Kassette f. | *Châssis-presse*, Kopierrahmen.

chaste [ʃast] adj. keusch. || [décent] züchtig ; ehrbar ; sittsam. || [pur] rein ; jungfräulich.
— SYN. : *Pur*, rein. *Sage*, sittsam. *Vertueux*, tugendsam.

chasteté [-tɛte] f. Keuschheit f. || [pudeur] Züchtigkeit f. ; Sittsamkeit f. || [pureté] Sittenreinheit f. | *Faire vœu de chasteté*, das Keuschheitsgelübde ablegen.

chasuble [ʃazybl] f. RELIG. Meßgewand n.

chat, chatte [ʃa, ʃat] s. Katze f. ; Kater m. | *Patte de chat*, Katzenpfötchen n. | *Le chat fait le gros dos*, die Katze macht einen Buckel. || LOC. *Il n'y avait pas un chat*, keine Menschenseele war da. | *Acheter chat en poche*, die Katze im Sack kaufen. | *Avoir un chat dans la gorge*, einen Frosch im Halse haben. | *Réveiller le chat qui dort*, etwas unnötig wieder aufrühren ; FIG. jn unnötig reizen. | *Avoir d'autres chats à fouetter*, andere Sorgen im Kopf haben. | *Appeler un chat un chat*, das Ding beim rechten Namen nennen. || *Le Chat botté*, der gestiefelte Kater.
— SYN. : *Matou* m., Kater m. *Raminagrobis* m., alter garstiger Kater. FAM. *Mistigri*, *Minet*, Miezekatze f.

châtaigne [ʃɑtɛ:ɲ] f. Kastanie f. || FIG., FAM. Kopfnuß f.

châtaigneraie [-ɲrɛ] f. Kastanienwäldchen n.

châtaignier [-ɲje] m. Kastanienbaum m.

châtain, aine [ʃɑtɛ̃, ɛ:n] adj. kastanien-, rost-, rotbraun.

château [ʃɑto] m. Schloß n. ; Herrensitz m. ; Herrenhaus n. | *Château fort*, Burg f. ; Ritterburg f. | *Les ruines d'un château*, Burgruine f. ; Schloßruine f. || FIG. *Château de cartes*, Kartenhaus n. | *Châteaux en Espagne*, Luftschlösser n. pl. || MAR. *Château d'avant, d'arrière*, Bugaufbauten m. pl., Heckaufbauten m. pl. || TECHN. [réservoir] *Château d'eau*, Wasserturm m.
— SYN. : *Castel* m., Kastell n. *Manoir* m., Landschlößchen n.

châtelain, aine [-tlɛ̃, ɛ:n] s. Schloßherr(in) m. (f.). || HIST. Burgherr(in) m. (f.) ; Schloßbesitzer(in) m. (f.). || PAR EXT. Gutsherr(in) m. (f.).

chat-huant [ʃaɥɑ̃] m. Uhu m. ; Kauz m. ; Waldeule f.

châtier [ʃɑtje] v. tr. züchtigen ; geißeln ; hart strafen. || FIG. *Châtier son style*, seinen Stil ausfeilen.

chatière [ʃatjɛ:r] f. [trou] Katzenauslauf m. || PAR EXT. [trou d'aération] Lüftung f. ; Lüftungsloch n. ; Lüftungsklappe f. || [piège] Katzenfalle f.

châtiment [ʃɑtimɑ̃] m. Züchtigung f. ; Bestrafung f. ; Strafe f. | *Infliger un châtiment à qn*, jn bestrafen.

chatoiement [ʃatwamɑ̃] m. Schillern n. ; Glitzern n. ; Schimmern n.

chaton [ʃatɔ̃] m. Kätzchen n. || BOT. [de l'arbre] Kätzchen n. ; Weidenkätzchen n. || [bague] Steinfassung f. ; Fassung f. ; Einfassung f.

chatouillement [ʃatujmɑ̃] m. [action] Kitzeln n. ; Kribbeln n. || [résultat] Kitzel m.

chatouiller [-je] v. tr. kitzeln ; kribbeln ; krabbeln.

chatouilleux, euse [-jø, ø:z] adj. kitzelig ; kribbelig. || FIG. [susceptible] sehr empfindlich.

chatoyant, ante [ʃatwajɑ̃, ɑ̃:t] adj. schillernd ; schimmernd ; gleißend.

chatoyer [-je] v. intr. schillern ; schimmern ; gleißen.

châtrer [ʃɑtre] v. tr. [plante] verschneiden ; [homme] entmannen ; [homme, animal] kastrieren.

chatte [ʃat] f. V. CHAT.

chatterie [-tri] f. Umschmeichelung f. || [friandises] Naschwerk n. ; Süßigkeiten f. pl.

chatterton [ʃatɛrtɔn] m. Isolierband n.

chaud, aude [ʃo, o:d] adj. warm. | *Très chaud*, heiß. | *Climat chaud*, heißes, tropisches Klima. | *Vin chaud*, Glühwein m. | *Servir tout chaud*, brühheiß auftragen. | *Tenir chaud*, warm halten. || FIG. [vif] lebhaft ; heftig. | *Chaude dispute*, lebhafte Auseinandersetzung. || [emporté] hitzig ; feurig. | *Tête chaude*, Hitz-, Brausekopf m. || [ardent] heißblütig ; verliebt ; geil. | *Avoir le sang chaud*, heißblütig sein. || [récent] neu ; frisch. | *Nouvelle toute chaude*, POP. brühwarme Nachricht. || LOC. *Pleurer à chaudes larmes*, heiße Tränen vergießen. || ARTS. *Ton chaud*, lebhafte Färbung. | *Le coloris chaud d'un Rubens*, die satte Farbgebung eines Rubens.
◇ m. **chaud,** Wärme f. ; Hitze f. ; Heiße n. | *Il fait chaud*, es ist warm. | *J'ai chaud*, mir ist warm. | *Cela ne me fait ni chaud ni froid*, das läßt mich völlig kalt. || FIG., FAM. *Il a eu chaud*, es ging heiß her. || TECHN. *Cassant à chaud*, rotbrüchig.
◇ f. **chaude,** TECHN. Glühhitze f. ; Schweißhitze f. ; helles Feuer.
— SYN. : *Brûlant*, brennend. *Torride*, dörrend heiß. *Chaleureux*, feurig. *Ardent*, glühend. *Bouillant*, kochend.

chaudement [-dmɑ̃] adv. voller Wärme ; warm.

chaudière [-djɛ:r] f. Kessel m. ; Dampfkessel m. ; Pfanne f. | *Chaudière à foyer intérieur*, Flammrohrkessel. | *Chaudière tubulaire*, röhrenerhitzter Kessel.

chaudron [-drɔ̃] m. Kessel ; Kochkessel m.

chaudronnerie [-drɔnri] f. [fabrique] Kesselschmiede f. || [commerce] Kupferwarenhandel m.

chaudronnier [-drɔnje] m. [fabricant] Kessel-, Kupferschmied m. || [commerçant] Kupferwarenhändler m.

chauffage [-fa:ʒ] m. [action] Heizen n. ; Anheizen n. ; Feuern n. ; Heizung f. | *Plaque de chauffage*, Heizplatte f. | *Chauffage d'appoint*, Zusatzheizung. | *Chauffage central*, Zentralheizung. | *Chauffage au charbon*, Kohlenfeuerung f., -heizung. | *Chauffage à l'eau chaude*, Warmwasserheizung. | *Chauffage urbain*, Fernheizung. | *Appareil de chauffage*, Heizapparat m. | *Bois de chauffage*, Brennholz n. || ÉLECTR. *Chauffage par bombardement électronique*, Elektronenstrahlheizung f. || TECHN. *Chauffage à distance*, Fernheizung f. | *Chauffage par plasma*, Plasmaheizung f.

chauffard [-fa:r] m. FAM. rücksichtsloser Autofahrer.

chauffe [ʃof] f. [action] Feuerung f. ; Heizen n. ; Hitze f. | *Salle de chauffe*, Kesselhaus n. | *Surface de chauffe*, Heizfläche f. || [lieu] Feuerraum m.

chauffe-bain [-bɛ̃] m. Badeofen m.

chauffe-eau [-o] m. invar. Warmwasserbereiter m. ; Boiler m. ; Heißwassergerät n.

chauffe-plats [-pla] m. invar. Teller-, Schüsselwärmer m.

chauffer [fe] v. tr. wärmen ; erwärmen ; warm machen ; heizen ; erhitzen ; heiß machen. | *Chauffer de l'eau*, Wasser anwärmen. | *Chauffer un appartement*, eine Wohnung heizen. | *Chauffer au charbon*, mit Kohlen feuern. | *Chauffer à blanc*, weißglühend machen. || FIG. [activer] *Chauffer un élève*, einen Prüfling zureiten. || FAM. [dérober] klauen.
◇ v. intr. wärmen ; heizen ; feuern. | *Mettre à chauffer*, warm stellen. || PASSIV. warm, heiß werden. | *Le moteur chauffe*, [devenir chaud] der Motor heizt auf ; [devenir trop chaud] der Motor läuft heiß. || FIG., FAM. *Ça va chauffer*, die Sache wird ernst ; das wird Krach geben. | *Ça chauffait*, es ging heiß her.
◇ v. pr. **se chauffer,** sich wärmen. || PASSIV. geheizt werden.

chaufferette [-frɛt] f. Fußwärmer m. ; Kohlenpfanne f.

chaufferie [-fri] f. Kesselhaus n. ; Heizraum m.

chauffeur [-fœ:r] m. Kesselwärter m. ; Heizer m. || PAR EXT. [conducteur] Fahrer m.

chaufournier [-furnje] m. Kalkbrenner m.

chaulage [ʃola:ʒ] m. Kalken n.

chauler [-le] v. tr. kalken ; einkalken ; düngen. || PAR EXT. mit Kalkwasser bespritzen.

chaume [ʃo:m] m. Halm m. ; Strohhalm m. | *Toit de chaume*, Strohdach n. ; Retdach n. || PAR EXT. Stoppel f. | *(Champ de) chaumes*, Stoppelfeld n. || FIG. [chaumière] Strohhütte f.

chaumière [-mjɛ:r] f. Strohhütte f. ; Strohkate f. ; strohgedecktes Häuschen. || FIG. Hütte f.

chaussée [ʃose] f. [levée] Aufschüttung f. || [d'une route] Fahrdamm m. ; Fahrstraße f. ; Fahrweg m. ; Dammweg m. ; Deich m. || MAR. Grundriff n.

chausse-pied [ʃospje] m. Schuhanzieher, -löffel m.

chausser [ʃose] v. tr. [souliers, bas] anziehen ; anlegen. | *Chausser les bottes de sept lieues*, die Siebenmeilenstiefel anziehen. | *Chausser du trente-six*, sechsunddreißig tragen. | *Combien chaussez-vous ?*, welche Schuhgröße haben Sie ? | *Chausser qn*, jm Schuhe anziehen ; [fournir en chaussures] für jn Schuhe anfertigen.
◇ v. intr. gut sitzen ; passen. | *Ces chaussures vous chaussent bien*, diese Schuhe stehen Ihnen gut.
◇ part. pass. et adj. **chaussé, ée,** beschuht ; bestiefelt. | *Être bien chaussé*, elegante Schuhe tragen.
◇ v. pr. **se chausser,** seine Schuhe anziehen. || PAR EXT. *Se chausser chez X*, sich bei X seine Schuhe besorgen.

chausse-trape [ʃostrap] f. Fuchseisen n. ; Fuchsfalle f. ; Fußangel f. || FIG. List f.

chaussette [ʃosɛt] f. Socke f. ; Halbstrumpf m.

chausson [-sɔ̃] m. Haus-, Filzschuh m. || [pâtisserie] *Chausson aux pommes*, Apfeltasche f.
— SYN. : *Pantoufle* f., Pantoffel m.

chaussure [-sy:r] f. Schuh m. ; Halbschuh m. || FIG. *Trouver chaussure à son pied*, den richtigen Partner finden.
◇ f. pl. **chaussures,** Schuhwerk n. | *Chaussures de football*, Fußballschuhe m. pl. | *Chaussures à lacets*, Schnürschuhe m. pl. | *Une paire de chaussures*, ein Paar Schuhe.
— SYN. : *Soulier* m., Schuh m. ; Schnürschuh m.

chauve [ʃo:v] adj. [sans cheveux] kahl ; kahl-, glatzköpfig. | *Devenir chauve*, eine Glatze bekommen. || PAR EXT. [dénudé] kahl ; entblößt.
◇ s. Kahlkopf m. ; Glatzkopf m.

chauve-souris [-suri] f. Fledermaus f.

chauvin, ine [ʃovɛ̃, in] adj. chauvinistisch.
◇ s. Chauvinist m. ; Hurrapatriot m.

chauvinisme [-vinism] m. Hurrapatriotismus m. ; Chauvinismus m.

chaux [ʃo] f. Kalk m. ; Kalziumoxyd n. | *Chaux vive*, ungelöschter Kalk. | *Chaux éteinte*, gelöschter Kalk. | *Pierre à chaux* Kalkstein m. | *Sulfate de chaux*, Kalziumsulfat n. | *Lait de chaux*, Kalkmilch f. ; Mauertünche f. | *Passer au lait de chaux*, übertünchen. || FIG. *Bâti à chaux et à sable*, kerngesund.

chavirer [ʃavire] v. intr. sich überschlagen ; umkippen. || MAR. kentern ; scheitern ; umschlagen. || FIG. bestürzen.
◇ part. pass. et adj. **chaviré, ée,** *Être tout chaviré,* völlig bestürzt sein.
— SYN. : *Couler,* untergehen. *Sombrer,* sinken.

chéchia [ʃeʃja] f. Zuavenmütze f.

chef [ʃɛf] m. [tête] Haupt n. | PAR EXT. [celui qui est à la tête de] Oberhaupt ; Führer m. ; Vorsteher m. ; Vorgesetzter m. ; Leiter m. ; Chef m. | *Chef de l'État,* Staatsoberhaupt. | *Chef du gouvernement,* Regierungschef. | *Chef de famille,* Familienoberhaupt ; Familienvater m. | *Chef de tribu,* Häuptling m. | *Chef de bande,* Scharführer ; PÉJOR. Leithammel m. | *Sans chef,* führerlos. | *Être le chef de qn,* jm vorstehen. || ADM., TECHN. *Chef d'atelier,* Werkmeister m. | *Chef d'équipe,* Vorarbeiter m. | *Chef de chantier,* Bauleiter. | *Chef de rayon,* Abteilungsleiter. | *Chef de service,* Amtvorsteher ; Abteilungsleiter. | *Chef de gare,* Bahnhofsvorsteher. | *Chef du personnel,* Personalchef m. | *Chef de produit,* Produktmanager m. | *Chef de projet,* Projektleiter. | *Chef des ventes,* Verkaufsleiter. | *Médecin-chef,* Chefarzt m. || JUR. [point capital] Hauptpunkt m. | *Chef d'accusation,* Anklagepunkt. || MIL. Führer m. | *Chef de bataillon,* Bataillonskommandeur m. | *Chef d'escadre,* Geschwaderführer. || MUS. *Chef d'orchestre,* Dirigent m. ; Kapellmeister m. || CULIN. Küchenmeister m. ; Oberkoch m.
◇ loc. adv. **en chef,** Haupt... ; Ober... ; Chef... | *Général en chef,* Oberbefehlshaber m. | *De son propre chef,* eigenmächtig ; auf eigene Faust. | *Au premier chef,* in erster Linie ; erstens. | *De ce chef,* aus diesem Grunde ; deshalb.

chef-d'œuvre [ʃɛdœvr] m. Meisterstück n., -werk n.

chef-lieu [ʃɛfljø] m. Hauptort m. | *Chef-lieu d'arrondissement,* Kreisstadt f.

cheftaine [-tɛn] f. Pfadfinderinnenführerin f.

cheik [ʃɛk] m. Scheik m. ; Scheich m.

chélidoine [kelidwan] f. Schöllkraut n. ; Schwalbenkraut n.

chemin [ʃəmɛ̃] m. **1.** [sens général] Weg m. ; Straße f. | *En chemin, chemin faisant,* unterwegs. | *Prendre le bon chemin,* den richtigen Weg einschlagen. | *Ce chemin mène au village,* dieser Weg führt zum Dorf. | *Montrer le chemin,* den Weg weisen. | *Se tromper de chemin,* auf einen falschen Weg geraten. | *Sur le chemin du retour,* auf dem Heimweg. | *Poursuivre son chemin,* weiter gehen ; seines Weges gehen. | *À mi-chemin,* auf halbem Wege. | *Se frayer un chemin,* sich eine Bahn brechen. | *Barrer le chemin à qn,* jm in den Weg treten. | *Chemin de croix,* Kreuzweg. | *Chemin des écoliers,* längster Weg. | *Chemin battu,* ausgetretener Weg ; Allerweltsweg. || FIG. *Chemin de la gloire,* Weg zum Ruhm. | *Suivre le droit chemin,* seinen geraden Weg gehen. | *Prendre des chemins de traverse,* krumme Wege gehen. | *Faire son chemin,* seinen Weg machen ; sich durchsetzen. | *Être en bon chemin,* nahe am Gelingen sein. | *Aller son petit bonhomme de chemin,* so seinen gemütlichen Trott daherziehen. | *Ne pas y aller par quatre chemins,* kurzen Prozeß machen.
2. [ponts et chaussées] *Grand chemin,* Landstraße. | *Chemin vicinal,* Gemeindeweg. | *Chemin carrossable,* Fahrweg. | *Chemin pour piétons,* Fußweg. | *Chemin de ronde,* Rundgang. | *Chemin creux,* Hohlweg. | *Chemin de halage,* Treidelweg ; Leinpfad m. | *Chemin d'accès,* Zugang.
3. *Chemin de fer,* Eisenbahn f. | *Chemin de fer souterrain,* Untergrundbahn f. | *Chemin de fer à voie étroite,* Schmalspurbahn f. | *Chemin de fer de ceinture,* Ringbahn f. | *Chemin de fer à crémaillère,* Zahnradbahn f.
4. TECHN. *Chemin d'une scie,* Bahn einer Säge.
5. *Chemin de table,* Tischläufer m.
— SYN. : *Allée,* Weg. *Avenue,* Allee. *Sentier, Sente,* Pfad.

chemineau [-mino] m. [ouvrier] Sachsengänger m. ; Wanderarbeiter m. || PAR EXT. [vagabond] Landstreicher m.

cheminée [ʃəmine] f. Kamin m. ; Schornstein m. ; Rauchfang m. | *Manteau de cheminée,* Kaminsims m. | *Ramoner une cheminée,* einen Schornstein fegen. | *Feu de cheminée,* Schornsteinbrand m. || TECHN. Esse f. ; Schlot m. | *Cheminée de forge,* Schmiedeesse. || MINES. Rolloch n. | *Cheminée d'aération,* Luftschacht m.

cheminement [ʃəminmɑ̃] m. [action] Wandeln n. ; Fortwandeln n. || MIL. Heranarbeiten n. ; Annäherungsweg m.

cheminer [-ne] v. intr. [marcher] wandeln ; wandern ; gehen. || MIL. sich heranarbeiten.

cheminot [ʃemino] m. Eisenbahner m.

chemise [ʃəmiz] f. Hemd n. | *Chemise empesée,* gestärktes Oberhemd. | *Chemise repassée, froissée,* gebügeltes, zerknittertes Hemd. | *Chemise d'homme,* Herrenhemd. | *Chemise de nuit,* Nachthemd. | *Changer de chemise,* sein Hemd wechseln. | *En bras de chemise,* in Hemdsärmeln ; hemdsärmelig. || FIG. *Jusqu'à sa dernière chemise,* bis aufs Hemd. || ADM. [dossier] Aktendeckel m. | *Chemise à rabats,* Jurismappe f. || TECHN. Mantel m. | *Chemise d'eau,* Wassermantel.

chemiser [-ze] v. tr. TECHN. verkleiden.

chemiserie [-zri] f. [fabrique] Herrenwäschefabrik f. ; [commerce] Herrenwäschegeschäft n.

chemisette [-zɛt] f. Sportbluse f. ; Polo-, Sporthemd n. || PAR EXT. Bluse f.

chemisier [-zje] m. [commerçant] Blusen-, Wäschehändler m. || [corsage] Falten-, Hemdbluse f.

chênaie [ʃɛ:nɛ] f. Eichenhain m.

chenal [ʃənal] m. (pl. **chenaux**). MAR. Fahrrinne f., -wasser n. || PAR EXT. Stromrinne f. || [de moulin] Mühlbach m. || TECHN. Rinne f.

chenapan [ʃənapɑ̃] m. [bandit] Schnapphahn m. ; Strolch m. || [vaurien] Spitzbube m.

chêne [ʃɛ:n] m. BOT. Eiche f. ; Eich(en)baum m. | *Chêne-liège,* Korkeiche. | *Chêne rouvre,* Steineiche. || PAR EXT. [bois] Eiche f. ; Eichenholz n. | *Table en chêne,* eichener Tisch.

chenet [ʃənɛ] m. Kaminrost m. ; Feuerbock m.

chenil [ʃəni] m. Hundezwinger m. ; -hütte f.

chenille [ʃəni:j] f. ZOOL. Raupe f. || TECHN. Raupenkette f. ; Raupenband n. | *Tracteur sur chenille,* Raupenschlepper m.

chenillette [-jɛt] f. MIL. kleines Raupenfahrzeug.

chenu, ue [ʃəny] adj. [personne] altersgrau ; weißhaarig. | *Tête chenue,* Graukopf m. || PAR EXT. *Arbre chenu,* entlaubter Baum.

cheptel [ʃɛptɛl] m. [contrat] Weidevertrag m. || PAR EXT. [bétail] Viehbestand m.

chèque [ʃɛk] m. Scheck m. ; Zahlungsanweisung f. ; Bankanweisung f. | *Chèque bancaire,*Bankscheck. | *Chèque barré,* Verrechnungsscheck. | *Chèque non barré,* Barscheck. | *Chèque d'assignation,* Postbarscheck. | *Chèque de virement,* Überweisungsscheck. | *Chèque en blanc,* Blankoscheck. | *Chèque de voyage,* Reisescheck ; Travellerscheck. | *Chèque postal,* Postscheck. | *Chèque sans provision,* FAM. *en bois,* ungedeckter Scheck. | *Carnet de chèques,* Scheckbuch n. | *Faire un chèque,* einen Scheck ausstellen.

chéquier [ʃekje] m. Scheckbuch n. ; Scheckheft n.

cher, ère [ʃɛ:r] adj. [aimé] lieb ; teuer ; wert. | *Cher ami*, lieber Freund ! | *Cher monsieur*, sehr geehrter Herr ! | *Mon cher*, mein Lieber ! | *Très cher père*, liebster Vater ! | *Mon vœu le plus cher*, mein innigster Wunsch. || [coûteux] teuer ; kostspielig. | *Cela coûte cher*, das ist teuer. | *Il me le paiera cher*, er soll es mir büßen. | *Qui ne vaut pas cher*, nicht viel wert.

chercher [ʃɛrʃe] v. tr. **1.** [s'efforcer de trouver] suchen ; suchen nach. | *Chercher autour de soi*, sich umsehen nach. | *Chercher qn des yeux*, nach jm ausschauen. | *Chercher un appartement*, auf Wohnungssuche sein. | *Il cherche ses mots*, er sucht nach Worten. | *Chercher dans un livre*, in einem Buch nachschlagen. | *Chercher partout*, alles absuchen. | *Chercher de l'or*, nach Gold graben. || Loc. *Chercher fortune*, sein Glück zu machen suchen ; auf Abenteuer ausgehen. | *Chercher querelle à qn*, mit jm Händel suchen. | *Chercher la petite bête*, pedantisch sein. || PAR EXT. [choses] *Les plantes cherchent la lumière*, die Pflanzen streben zum Licht.
2. [s'efforcer de] streben (nach) ; sich bemühen (zu). | *Chercher à plaire*, sich bemühen, zu gefallen. | *Chercher la gloire*, nach Ruhm trachten. | *Il cherche à vous nuire*, er versucht, Ihnen zu schaden. | *Chercher à frapper qn*, nach jm schlagen. || FAM. [atteindre] *Cela va chercher dans les mille francs*, das wird so bei tausend Franken liegen. || Loc. *Aller chercher qn*, jn holen. | *Envoyer chercher qn*, jn holen lassen ; nach jm schicken. | *Qu'allez-vous chercher là !*, wo denken Sie hin !
◇ v. pr. **se chercher,** sich suchen. || [réciprocité] einander suchen. || FIG. sich um Selbsterkenntnis bemühen.

chercheur, euse [-ʃœr, ø:z] adj. suchend ; forschend.
◇ s. Sucher(in) m. (f.) ; Forscher(in) m. (f.). | *Chercheur d'or*, Goldgräber m. ; Goldsucher. || OPT. Sucher.

chère [ʃɛ:r] f. Bewirtung f. ; Kost f. ; Essen und Trinken (n.). | *Faire bonne chère*, eine gute Tafel führen ; schwelgen.

chèrement [ʃɛrmɑ̃] adv. [affectueusement] herzlich ; zärtlich ; liebevoll. || [à un prix élevé] *Vendre chèrement sa vie*, sein Leben teuer verkaufen.

chéri, ie [ʃeri] adj. lieb ; geliebt ; herzlich geliebt ; traut.
◇ s. Liebling m. ; Schatz m. ; Schätzchen n.

chérir [-rir] v. tr. [personne] innig, herzinnig lieben. || FIG. [chose] zärtlich hängen (an, dat.) ; großen Wert legen (auf, acc.).

cherté [ʃɛrte] f. Teuerung f. ; Überteuerung f. ; überhöhter Preis ; Kostspieligkeit f.

chérubin [ʃerybɛ̃] m. [ange] Cherub m. ; pl. Cherubim. || FIG. [enfant] Engel m.

chétif, ive [ʃetif, i:v] adj. schmächtig ; kränklich ; dürftig ; schwächlich ; armselig.

cheval [ʃəval] m. (pl. **chevaux**) Pferd n. ; POÉT. Roß n. ; PÉJOR. Gaul m. | *Fer à cheval*, Hufeisen n. | *Un cheval fringant, doux, boiteux, hargneux, rétif*, ein feuriges, lammfrommes, hinkendes, bissiges, störriges Pferd. | *Cheval entier*, Hengst m. || [espèces] *Cheval hongre*, Wallach m. | *Cheval pur sang*, Vollblut n. | *Cheval noir*, Rappe m. | *Cheval blanc*, Schimmel m. | *Cheval brun*, Brauner m. ; Fuchs m. | *Cheval gris pommelé*, Apfelschimmel m. | *Cheval de selle, de main*, Sattel-, Handpferd. | *Cheval de bât, de course, de trait*, Pack-, Renn-, Zugpferd. || Loc. *Atteler, dételer un cheval*, ein Pferd anspannen, ausspannen. | *À cheval*, beritten. | *Être à cheval*, rittlings sitzen. | *Aller à cheval*, reiten. | *Monter à cheval*, aufsitzen. || [viande] *Pferdefleisch* n. || PAR EXT. *Cheval d'arçons*, Sprungpferd n. | *Cheval de frise*, spanischer Reiter. | *Cheval de Troie*, trojanisches Pferd. | *Chevaux de bois*, Karussell n. | *Cheval marin*, Walroß n. || Loc. *Être à cheval*, übergreifen (in, acc.). | *Être à cheval sur deux rives*, an beiden Ufern stehen ; beide Seiten besetzen. | *Sa propriété est à cheval sur la route*, sein Besitz liegt beiderseits der Straße. || FIG. *Cheval de bataille*, Steckenpferd ; Kampfparole f. | *Monter sur ses grands chevaux*, sich aufs hohe Pferd setzen. | *Être à cheval sur qch.*, großen Wert auf etwas legen. | *Cheval de retour*, Rückfälliger m. || TECHN. *Cheval-heure*, PS-Stunde f. | *Cheval-vapeur*, Pferdestärke f. (PS). | *Une vingt-chevaux*, ein Wagen mit 20 PS-Motor.
— SYN. : *Coursier* m., Roß n. *Destrier* m., Zelter m.

chevaleresque [-lrɛsk] adj. ritterlich ; höflich.

chevalerie [-lri] f. [qualité] Ritterlichkeit f. || [institution] Rittertum n. || [ensemble] Ritterschaft f. || Loc. *Romans de chevalerie*, Ritterromane m. pl.

chevalet [-lɛ] m. HIST. Folterbank f. || ARTS. Staffelei f. || TECHN. Gestell n. ; Bock m. ; Strebebalken m. || MIL. Gabelstütze f.

chevalier [-lje] m. Ritter m. | *Armer, faire chevalier*, zum Ritter schlagen. | *Chevalier sans peur et sans reproche*, Ritter ohne Furcht und Tadel. || [d'un ordre] Ordensritter. | *Chevalier de Malte*, Malteserritter. | *Chevalier de la Légion d'honneur*, Ritter der Ehrenlegion. || PAR EXT. Ritter m. ; Kavalier m. || FAM. [escroc] *Chevalier d'industrie*, Hochstapler m.

chevalière [-ljɛ:r] f. Siegelring m.

chevalin, ine [-lɛ̃, in] adj. Pferd(e)... ; Roß... ; pferdemäßig ; pferdeartig. | *Boucherie chevaline*, Roßschlächterei f. ; Pferdemetzgerei f.

chevauchée [ʃəvoʃe] f. Ausritt m. ; Ritt m. || HIST. Reiteraufgebot n. ; Reiterzug m.

chevauchement [-ʃmɑ̃] m. Überlappung f.; Überdeckung f.

chevaucher [-ʃe] v. intr. reiten ; ausreiten ; einen Ausritt machen. || FIG. [empiéter] übergreifen ; übereinandergreifen ; übereinanderliegen.

chevêche [ʃəvɛʃ] f. ZOOL. Kauz m.

chevelu, ue [ʃəvly] adj. haarig ; behaart ; lang haarig. || PAR EXT. *Racines chevelues*, Wurzelfasern f. pl. | *Cuir chevelu*, behaarte Schädelhaut.

chevelure [-ly:r] f. Haar n. ; Haarschopf m. ; Haarwuchs m. || ASTRON. Kometenschweif m.

chevet [ʃəve] m. [tête de lit] Kopfende (n.) des Bettes. | *À son chevet*, an seinem Bett. | *Lampe de chevet*, Nachttischlampe f. || PAR EXT. Schlummerrolle f. ; Querkissen n. || FIG. *Livre de chevet*, Lieblingsbuch n. || [église] Chorhaube f.

cheveu [ʃəvø] m. Haar n. ; Kopfhaar n. | *Racine des cheveux*, Haarwurzel f. | *Boucle de cheveux*, Haarlocke f. | *Épingle à cheveux*, Haarnadel f. | *Cheveux crépus, ébouriffés, clairsemés*, krauses, zerzaustes, schütteres Haar. | *Les cheveux se hérissent*, die Haare sträuben sich, stehen zu Berge. | *Il perd ses cheveux*, die Haare gehen ihm aus. | *Se friser les cheveux*, sich die Haare brennen. || FIG. *Saisir l'occasion aux cheveux*, die Gelegenheit beim Schopfe fassen. | *Tiré par les cheveux*, gesucht. | *Couper les cheveux en quatre*, Haarspalterei betreiben. | *Ne tenir qu'à un cheveu*, nur an einem Haar, an einem seidenen Faden hängen. || FAM. *Avoir mal aux cheveux*, einen Kater, Katzenjammer haben ; POP. einen Haarspitzenkatarrh haben. | *Il y a un cheveu*, die Sache hat einen Haken. || FAM. *Se faire des cheveux*, sich Sorgen machen. | *On ne lui a pas touché un cheveu*, man hat ihm kein Haar gekrümmt. | *Se prendre aux cheveux*, sich in die Haare kriegen.

cheville [-vi:j] f. Pflock m. ; Bolzen m. ; Stift m. ; Pfropfen m. ; Dübel m. ; Stöpsel m. | *Cheville à ressort*,

Federstift. || ANAT. Knöchel m. ; Fußknöchel m. || FIG. *Ne pas arriver à la cheville de qn*, jm nicht das Wasser reichen können. || [mot de remplissage] Füllsel n. ; Flickwort n.

cheviller [-je] v. tr. verbolzen ; pflocken ; einpflokken ; verzapfen ; verdübeln.

cheviotte [ʃəvjɔt] f. Cheviotstoff m.

chèvre [ʃɛ:vr] f. Ziege f. ; Geiß f. ; Zicke f. || LOC. *Ménager la chèvre et le chou*, es mit keinem verderben wollen. | FAM. *Devenir chèvre*, wahnsinnig, verruckt werden. || TECHN. Sägebock m. ; Hebebock m. ; Hebezeug n.

chevreau [ʃəvro] m. Zicklein n. ; Geißlein n. cuir] Ziegenleder n. ; Chevreauleder n.

chèvrefeuille [ʃɛvrəfœ:j] m. BOT. Geißblatt n. ; Jelängerjelieber n. ; Hundskirsche f.

chevrette [ʃəvrɛt] f. Zicklein n. ; Kitze f. ; Ricke f.

chevreuil [-vrœ:j] m. Reh n. ; Bock m. ; Rehbock m. | *Bois du chevreuil*, Rehbockgehörn n. | *Cuissot de chevreuil*, Rehkeule f.

chevrier, ière [-vrie, jɛ:r] s. Ziegenhirt(in) m. (f.).

chevron [ʃevrɔ̃] m. Sparren m. ; Dachsparren m. || MIL. Winkeltresse f.

chevronné, ée [-vrɔne] adj. langgedient ; altgedient.

◇ m. **chevronné.** POP. Zwölfender m.

chevrotant, ante [ʃevrɔtɑ̃, ɑ̃:t] adj. meckernd.

chevrotement [-tmɑ̃] m. Meckern n. ; Meckerei f. ; Gemecker n.

chevroter [-te] v. intr. [mettre bas] ein Zicklein werfen ; zicken. || [crier] meckern. || FIG. mit der Stimme zittern.

— SYN. : *Trembler*, zittern. *Trembloter*, zittrig sein.

chevrotin [-tɛ̃] m. [peau] Ziegenleder n. || [fromage] Ziegenkäse m. || [vénerie] Jungreh n. ; Rehkitze f.

chevrotine [ʃevrɔtin] f. Grobschrot m. ; Rehposten m.

chewing-gum [ʃwiŋgɔm] m. (pl. *chewing-gums*) Kaugummi m. ou n.

chez [ʃe] prép. [sans mouvement] bei. | *Il habite chez moi*, er wohnt bei mir. || [avec mouvement] zu. | *Il va chez le boucher*, er geht zum Metzger. | *Elle vient chez nous*, sie kommt zu uns. || LOC. *Aller chez soi*, nach Hause gehen. | *Être chez soi*, zuhause sein. | *Je viens de chez lui*, ich komme von seiner Wohnung. | *Il est de chez nous*, er gehört zu uns. | *Lire chez un auteur*, bei einem Autor lesen.

chez-soi [ʃeswa] m. invar. Zuhause n.

chialer [ʃjale] v. intr. POP. plärren ; greinen.

chiasse [ʃjas] f. VULG. Durchfall m.

chic [ʃik] adj. [élégant] schick ; prima ; fein ; fesch ; geschmackvoll. || FIG., FAM. großzügig ; fair ; nobel. || LOC. *Se montrer chic envers qn*, sich großzügig gegen jn erweisen. | *Chic alors !*, ganz groß ! ; prima !

◇ m. Geschicklichkeit f. || [élégance] Schick m. ; Schmiß m. || LOC. *Avoir du chic*, Schmiß haben.

chicane [ʃikan] f. Rechtsverdrehung f. ; Machenschaft f. ; Schikane f. ; Kniff m. | *Chercher chicane à qn*, mit jm Händel suchen ; einen Streit vom Zaun brechen. | *Esprit de chicane*, Zanksucht f. || SPORT. Durchlaß (m.) in Winkelform.

— SYN. : *Tracasserie* f., Stänkerei f.

chicaner [-ne] v. intr. das Recht verdrehen ; Rechtskniffe anwenden. || PAR EXT. grundlos streiten ; FAM. meckern. | *Chicaner sur les mots*, an den Wörtern kleben.

◇ v. tr. [tourmenter] schikanieren ; ärgern. | *Chicaner qn*, jn ärgern.

— SYN. : *Ergoter*, nörgeln. *Chipoter*, herumkrakeelen. *Pointiller*, kritteln.

chicanerie [-nri] f. Schikanieren n. ; Stichelei f.

chicaneur, euse [-nœ:r, ø:z] s. Rechtsverdreher m. ; Krittler m. ; Nörgler m.

chiche [ʃiʃ] adj. knauserig ; kärglich ; knickerig. | *Être chiche de*, kargen mit ; geizig sein mit. | *N'être pas chiche*, sich nicht lumpen lassen. || LOC., FAM. *Chiche !*, wetten ?

— SYN. : *Mesquin*, kleinlich. *Parcimonieux*, knauserig.

chichement [-ʃmɑ̃] adv. kärglich.

chichi [ʃiʃi] m. falsche Locken f. pl. || FIG., FAM. Fisematenten pl. | *Faire beaucoup de chichis*, sich aufspielen ; viel Umstände machen.

chicorée [ʃikɔre] f. [salade] Endivie f. || [grain] Zichorie f.

chicot [ʃiko] m. Stumpf m. ; Baumstumpf m. ; Stummel m. || PAR EXT. Zahnstummel m.

chien, ienne [ʃjɛ̃, jɛn] s. Hund m. ; Hündin f. || PÉJOR. Rüde f. ; Köter m. || [sortes] *Chien de berger*, Schäferhund. | *Chien de chasse*, Jagdhund. | *Chien d'arrêt*, Vorstehhund, Hühnerhund. | *Chien de meute*, Hirschhund. | *Chien courant*, Windhund. | *Chien de garde*, Wachhund ; Hofhund. | *Chien de Saint-Bernard*, Bernhardiner m. || LOC. *Chien hargneux, caressant, savant, galeux*, bissiger, zutraulicher, abgerichteter, räudiger Hund. | *Le chien aboie, grogne, mord, frétille de la queue, donne de la voix, flaire la voie*, der Hund bellt, knurrt, beißt, wedelt mit dem Schwanz, gibt Laut, wittert die Fährte. || FIG. *Avoir du chien*, das gewisse Etwas haben. | *Vie de chien*, Hundeleben n. | *Temps de chien*, Hundewetter n. ; Sauwetter n. | *Entre chien et loup*, in der Dämmerung. | *Mourir comme un chien*, wie ein Hund verrecken. | *Vivre comme chien et chat*, wie Hund und Katze zueinander stehen. | *Garder un chien de sa chienne à qn*, sich an jm rächen wollen. | *Traiter qn comme un chien*, jn wie einen Hund behandeln. || ZOOL. *Chien de mer*, Seehund. || [au jeu] *Chien de pique*, schwarzer Peter. || TECHN. Spannklaue f. ; Sperrklinke f. || MIL. *Chien de fusil*, Hahn m. ; Abzugshahn m. || LOC. *Coucher en chien de fusil*, krumm schlafen.

— SYN. : *Roquet* m., Kläffer m. POP. *Cabot* m., Köter m.

chiendent [ʃjɛ̃dɑ̃] m. BOT. Quecke f. ; Unkraut n.

chienlit [ʃjɑ̃li] m. FAM. Karnevalsmaske f. ; Maskerade f.

chien-loup [ʃjɛ̃lu] m. Wolfshund m.

chier [ʃje] v. intr. POP. scheißen ; kacken.

chiffe [ʃif] f. minderwertiger Stoff. || FIG. *Il est mou comme une chiffe*, er ist schlapp wie ein Waschlappen.

chiffon [ʃifɔ̃] m. Lappen m. ; Lumpen m. ; Fetzen m. ; Putzlappen m. | *Chiffon antibuée*, Klarsichttuch n. | *Un chiffon de papier*, ein Fetzen Papier. || *Papier de chiffon*, Hadernpapier n., hadernhaltiges Papier. || FIG. *Parler chiffons*, über Mode plaudern.

chiffonner [-fɔne] v. tr. [froisser] zerknittern ; zer-, zusammenknüllen. || FIG. [contrarier] ärgern. | *Cela me chiffonne*, das ärgert mich.

— SYN. : *Friper*, faltig machen. *Froisser*, quetschen.

chiffonnier [-fɔnje] m. [commerçant] Lumpensammler m. ; Altwarenhändler m. || [meuble] Nähtischchen n. ; Nähkasten m.

chiffrable [ʃifrabl] adj. berechenbar ; ausrechenbar.

chiffrage [-fra:ʒ] m. Berechnung f. ; Berechnen n. ; Zusammenstellen n. ; Chiffrieren n.

chiffre [ʃifr] m. [signe] Ziffer f. ; Zeichen n. | *Chiffre romain, arabe*, römische, arabische Ziffer. | *À un chiffre*, einstellig. | *Nombre à plusieurs chiffres*, mehrstellige Zahl. || PAR EXT. [nombre] Zahl f. |

Donner des chiffres, Zahlen nennen. | *En chiffres*, ziffernmäßig ; in Zahlen. | *En chiffres ronds*, abgerundet. || [d'un coffre-fort] Geheimnummer f. ; Kombination f. || [monogramme] Monogramm n. || [écriture secrète] (Geheim)kode m. ; Geheim-, Chiffreschrift f. | *Bureau du chiffre*, Chiffrierstelle f. || COMM. Gesamtzahl f. ; Betrag m. | *Chiffre d'affaires*, Geschäftsumsatz m.

chiffrer [-fre] v. tr. [calculer] beziffern ; numerieren. | *Chiffrer qch. à cent marks*, etwas auf hundert Mark schätzen. || [écrire en chiffre] schlüsseln ; verschlüsseln ; chiffrieren. v. intr. einen hohen Betrag erreichen.
◇ part. pass. et adj. **chiffré, ée,** chiffriert.
◇ v. pr. **se chiffrer à,** sich belaufen auf (acc.).

chiffreur [-frœ:r] m. Chiffrierer m.

chignole [ʃiɲɔl] f. Handbohrer m. || FAM. [voiture] alte Klappermühle.

chignon [ʃiɲɔ̃] m. Haarknoten m. ; Nackenrolle f. ; Dutt m.

chiite [ʃiit] adj. schiitisch.
◇ s. Schiite m. ; Schiitin f.

Chili [ʃili]n. pr. m. GÉOGR. Chile n.

chilien, ienne [-ljɛ̃, jɛn] adj. chilenisch ; aus, von Chile.
◇ s. **Chilien, ienne,** Chilene m. ; Chilenin f.

chimère [ʃimɛ:r] f. [illusion] Wahnbild n. ; Trugbild n. ; Hirngespinst n. ; Phantasterei f. ; Schimäre f. | *Se forger des chimères*, Luftschlösser bauen.

chimérique [-merik] adj. eingebildet ; phantastisch ; chimerisch ; grillenhaft. | *Espoir chimérique*, Wähnen n. | *Idées chimériques*, Wahnideen f. pl. | *Esprit chimérique*, Grillenfänger m.

chimie [ʃimi] f. Chemie f. | *Chimie organique et minérale*, organische und anorganische Chemie.

chimiothérapie [-mjɔterapi] f. Chemotherapie f.

chimique [-mik] adj. chemisch.

chimiquement [-mikmɑ̃] adv. auf chemischem Wege.

chimiste [-mist] s. Chemiker(in) m. (f.).

chimpanzé [ʃɛ̃pɑ̃ze] m. ZOOL. Schimpanse m. ; Menschenaffe m.

chinchilla [ʃɛ̃ʃila] m. ZOOL. Hasen-, Wollmaus f. ; Chinchillamaus f.

Chine [ʃin] n. pr. f. GÉOGR. China n. || LOC. *Encre de Chine*, chinesische Tusche.

chiner [ʃine] v. tr. TECHN. Muster einweben ; einen Stoff flammen. || FAM. [chercher des objets d'art] auf Antiquitätenbummel gehen.
◇ part. pass. et adj. **chiné, ée** [bariolé], mehrfarbig ; buntgemustert.

chineur, euse [-nœr, ø:z] s. FAM. [brocanteur] Trödler(in) m. (f.). || [collectionneur] Antiquitätensammler(in) m. (f.).

chinois, oise [ʃinwa, wa:z] adj. chinesisch ; aus, von China. || FIG., PÉJOR. kleinlich ; pedantisch.
◇ s. **Chinois, oise,** [habitant] Chinese m. ; Chinesin f. || [langue] (sans majusc.) *Le chinois*, das Chinesische.
◇ m. **chinois,** CULIN. (trichterförmiges) Sieb.

chinoiserie [-zri] f. [bibelot] chinesische Nippsache.
◇ f. pl. **chinoiseries,** FIG., PÉJOR. [tracasseries] Kleinlichkeit f. ; Schererei f. | *Chinoiseries administratives*, Paperkrieg m. ; Amtsschimmel m.

chiot [ʃjo] m. junger Hund ; Welf m.

chiourme [ʃjurm] f. Galeerensträflinge m. pl. ; Ruderknechte m. pl.

chiper [ʃipe] v. tr. FAM. klauen.

chipie [ʃipi] f. FAM. (kleines) Biest. | *Vieille chipie*, alte Hexe.

chipolata [ʃipɔlata] f. *etwa* Bratwürstchen n.

chipoter [ʃipɔte] v. intr. FAM. [manger] ohne rechte Lust essen. || [barguigner] herumnörgeln ; feilschen. || [chicaner] schikanieren.

chique [ʃik] f. [tabac] Priem m. ; Blättchen (n.) Kautabak. || FIG., FAM. *Couper la chique à qn*, jm ins Wort fallen. || ZOOL. Milbe f. ; Krätzmilbe f.

chiqué [ʃike] m. Kitsch m. ; Verstellung f. | *C'est du chiqué*, das ist nur Mache !

chiquenaude [ʃikno:d] f. Schnipsen n. ; Nasenstüber m. | *Donner une chiquenaude*, knippen.
— SYN. : *Pichenette* f., Schnippchen n.

chiquer [ʃike] v. tr. Tabak kauen ; priemen.

chiqueur [-kœ:r] m. Tabakkauer m.

chiromancie [-mɑ̃si] f. Handlesekunst f. ; Handwahrsagerei f. ; Chiromantie f.

chiromancien, ienne [-mɑ̃sjɛ̃, jɛn] s. Handleser(in) m. (f.) ; Wahrsager(in) aus der Hand.

chiropracteur [-praktœ:r] m. MÉD. Chiropraktiker m.

chirurgical, ale, aux [ʃiryrʒikal, o] adj. chirurgisch ; operativ.

chirurgie [-ʒi] f. Chirurgie f. ; Operationslehre f. | *Chirurgie esthétique*, Schönheitschirurgie f.

chirurgien, ienne [-ʒjɛ̃, jɛn] s. Chirurg(in) m. (f.) ; Operateur m.

chiure [ʃjy:r] f. Fliegendreck m.

chlore [klɔ:r] m. Chlor n.

chlorhydrique [-ridrik] adj. salzsauer. | *Acide chlorhydrique*, Salzsäure f ; Chlorwasserstoff m.

chlorique [-rik] adj. *Acide chlorique*, Chlorsäure f.

chloroforme [-rɔfɔrm] m. Chloroform n.

chloroformer [-rɔfɔrme] v. tr. betäuben ; einschläfern ; chloroformieren.

chlorophylle [-rɔfil] f. Blattgrün n. ; Chlorophyll n.

chlorure [-ry:r] m. Chlorid n. ; Chlorür n. ; Chlorverbindung f.

choc [ʃɔk] m. Zusammen-, Anstoß m. ; Stoß m. ; Schlag m. ; Anprall m. ; Aufprall m. ; Zusammenprall m. | *Subir un choc*, einen Stoß erleiden. || TECHN. *Choc en retour*, Rückschlag ; Rückwirkung f. | *Choc électrique*, elektrischer Schlag. || MÉD. *Se remettre d'un choc*, sich von einem Nervenschock erholen. || MIL. *Troupe de choc*, Stoßtrupp m.

chocolat [ʃɔkɔla] m. Schokolade f. | *Tablette de chocolat*, Schokoladentafel f. | *Robe chocolat*, schokoladenbraunes Kleid. || FIG., FAM. *Être chocolat*, den kürzeren ziehen ; der Gelackmeierte sein.

chocolaterie [-tri] f. Schokoladenfabrik f.

chocolatier, ière [-tje, -tjɛr] adj. Schokoladen...
◇ s. Schokoladenhändler, -hersteller.

chœur [kœ:r] m. ANTIQ. Chor m. || MUS. Chorlied n. || LOC. *En chœur*, im Chor ; zusammen ; vereint. || ARCHIT. Kirchenchor. || LOC. *Enfant de chœur*, Chorknabe m.

choir [ʃwa:r] v. intr. fallen. || FIG. *Laisser choir qn*, jn im Stich lassen.

choisir [ʃwazir] v. tr. auswählen ; erwählen ; wählen ; auslesen ; erlesen ; die Wahl treffen ; aussuchen. | *Être libre de choisir*, freie Wahl haben. | *Choisir une profession*, einen Beruf ergreifen. | *N'avoir qu'à choisir*, nur zu wählen brauchen.
◇ part. pass. et adj. **choisi, ie,** gewählt ; erlesen ; ausgesucht. | *Une société choisie*, eine ausgesucht gute Gesellschaft. | *Œuvres choisies*, ausgewählte Werke n. pl. | *Des plats choisis*, erlesene Gerichte n. pl.

choix [ʃwa] m. [action] Wahl f. | *Choix de la profession*, Berufswahl. | *Choix d'un époux*, Gattenwahl. | *Sans choix*, wahllos. | *Faire son choix*, seine Auswahl treffen. | *Il n'y a pas le choix*, es geht nicht anders. | *Laisser le choix à qn*, jm die Wahl überlassen ; jm etwas freistellen. | *Au choix*, zur gefälligen Auswahl. || NUCL. *Choix du site*, Wahl (f.) des Standortes. || [choses] Auswahl f. ; Auslese f. | *Choix de poésies*, Auswahl von Gedichten. | *Invités de choix*, auserlesene Gäste m. pl.

choléra [kɔlera] m. MÉD. Cholera f.

cholestérol [kɔlɛsterɔl] f. MÉD. Cholesterin n. | *Taux de cholestérol*, Cholesterinspiegel m.

chômage [ʃoma:ʒ] m. Arbeitslosigkeit f. | *Chômage conjoncturel*, konjunkturelle Arbeitslosigkeit. | *Chômage déguisé*, verdeckte Arbeitslosigkeit. | *Chômage des jeunes*, Jugendarbeitslosigkeit. | *Chômage partiel*, Kurzarbeit f. | *Chômage technique*, Kurzarbeit f. ; Feierschicht f. | *Être au chômage*, Arbeitslosenunterstützung beziehen. | *En chômage*, arbeitslos. || PAR EXT. Produktionsstillstand m. | *Chômage d'une industrie*, Stillegung (f.) einer Industrie.

chômer [-me] v. intr. erwerbslos, arbeitslos, ohne Arbeit sein. || PAR EXT. feiern ; ruhen. || FAM. *Il ne chôme pas*, er hat alle Hände voll zu tun.
◇ v. t. feiern. | *Chômer le 1er mai*, den ersten Mai feiern.

chômeur, euse [-mœ:r, ø:z] s. Arbeitslose(r) f. (m.) ; Erwerbslose(r) f. (m.). | *Chômeur longue durée*, Langzeitarbeitsloser.

chope [ʃɔp] f. Schoppen m. ; Bierseidel m.

choper [ʃɔpe] v. tr. FAM. klauen. | *Se faire choper*, sich erwischen lassen.

chopine [ʃɔpin] f. halber Liter ; Schöppchen n.

choquant, ante [ʃɔkɑ̃, ɑ̃:t] adj. anstößig ; unanständig ; unziemend. | *Être choquant*, den Anstand verletzen.

choquer [-ke] v. tr. an-, zusammenstoßen ; stoßen ; an-, zusammenprallen. | *Choquer les verres*, mit den Gläsern anstoßen. || FIG. Anstoß erregen ; schockieren. | *Choquer l'oreille*, das Ohr beleidigen. | *Choquer qn*, jn vor den Kopf stoßen. | *Être choqué par*, Anstoß nehmen an. || MAR. *Choquer à la demande*, die Takelage anziehen.

choral, ale, aux [kɔral, o] adj. choralartig ; Chor...
◇ m. **choral,** Choral m. ; Kirchenchor m.

chorale [kɔra:l] f. Gesangverein m. ; Singekreis m.

chorégraphie [kɔregrafi] f. Tanzkunst f. ; Tanzkomposition f.

chorégraphique [-fik] adj. ballettartig ; tanzkunstmäßig ; choreographisch.

choriste [kɔrist] m. Chormitglied n. ; Chorsänger(in) m. (f.).

chorus [kɔry:s] m. Gesamtheit f. ; Chor m. | *Faire chorus*, mit einstimmen.

chose [ʃo:z] f. **1.** [objet] Ding n. ; Sache f. ; Gegenstand m. | *Quelque chose*, etwas. | *Aller au fond des choses*, der Sache, den Dingen auf den Grund gehen. | *Dans cet état de choses*, so wie die Dinge liegen. | *Par la force des choses*, zwangsläufig. | *Appeler les choses par leur nom*, das Kind beim rechten Namen nennen. || LOC. *Le cours des choses humaines*, der Lauf der Dinge. | *Faire de grandes choses*, Großes leisten. | *Faire bien les choses*, nichts halb machen ; ganze Arbeit leisten. | *La chose est décidée*, das ist beschlossene Sache. | *La chose est faite*, abgemacht ! | *C'est une chose à part*, das ist eine Sache für sich. | *De deux choses l'une*, eins von beiden. | *Parler de choses et d'autres*, von diesem und jenem, von so mancherlei sprechen. | *Entre autres choses*, unter anderem. | *Avant toute chose*, vor allem. | *C'est chose facile*, das ist ein Leichtes. | *Cela ne fait rien à la chose*, das hat keinen Einfluß darauf. | *C'est autre chose*, das ist ganz was anderes.
2. *Quelque chose*, etwas. | *Avoir quelque chose à dire*, etwas zu sagen haben. | *Quelque chose de nouveau*, etwas Neues. | *Il a dit cela ou quelque chose d'approchant*, er hat so oder was Ähnliches gesprochen. | *Il y a quelque chose comme un an que j'ai*, vor etwa einem Jahre habe ich. | *Il faut qu'il fasse quelque chose*, er muß nun irgendwas unternehmen. | *C'est quelque chose que cela*, das ist nicht ganz unwichtig. | *Faire quelque chose pour qn*, sich für jn einsetzen. | *Faire quelque chose à qn*, jm etwas zuleide tun.
3. *Cet homme n'est pas grand-chose*, mit dem ist nicht viel los. | *Je n'espère pas grand-chose de lui*, von ihm ist nicht viel zu erwarten. | *Un pas-grand-chose*, ein ziemlicher Taugenichts.
4. *Dites-lui bien des choses de ma part*, grüßen Sie ihn recht herzlich von mir !
5. *Peu de choses*, wenig ; weniges.
6. JUR. Sache f. ; Rechtssache f. ; Angelegenheit f. | *Chose jugée*, abgeurteilte Sache. | *Acquérir l'autorité de la chose jugée*, Rechtskraft erlangen ; rechtskräftig werden. | *État des choses*, Sachverhalt m.
7. *La chose publique*, das Gemeinwesen.
8. FAM. *Monsieur Chose*, Herr Dingsda.

chou [ʃu] m. Kohl m. ; Kohlkopf m. ; Kraut n. | *Chou-fleur*, Blumenkohl. | *Chou-vert*, Blattkohl. | *Chou de Bruxelles*, Rosenkohl. | *Chou frisé*, Wirsingkohl. | *Chou-navet*, Steckrübe f. | *Chou-rave*, Kohlrabi m. || FIG. *Faire chou blanc*, einen Korb bekommen. | *Aller planter ses choux*, sich aufs Land zurückziehen. | *C'est bête comme chou*, das ist kinderleicht. || FAM. [enfant] *Petit bout de chou*, Krips m. | *Mon petit chou !*, mein Herzblatt ! || [pâtisserie] *Chou à la crème*, Windbeutel (m.) mit Schlagsahne. || PÉJOR. [journal] *Feuille de chou*, Käseblatt n.

chouan [ʃwɑ̃] m. HIST. (französischer) Partisan aus der Vendée.

choucas [ʃuka] m. ZOOL. Dohle f. ; Turmkrähe f.

chouchou [ʃuʃu] m. FAM. Liebling m.

chouchouter [-te] v. tr. FAM. verhätscheln.

choucroute [ʃukrut] f. Sauerkraut n.

chouette [ʃwɛt] f. ZOOL. Schleiereule f.

chouette [ʃwɛt] adj. POP. sehr hübsch ; schön.
◇ interj. FAM. prima ! ; großartig !

choyer [ʃwaje] v. tr. verhätscheln ; verzärteln.

chrême [krɛ:m] m. RELIG. Salböl n.

chrétien, ienne [kretjɛ̃, jɛn] adj. christlich. || PAR EXT. nächstenliebend ; fromm. | *Parler en chrétien*, menschlich sprechen. | *Mener une vie chrétienne*, ein frommes Leben führen.
◇ s. Christ(in) m. (f.).

chrétienté [-tjɛ̃te] f. Christenheit f. ; christliche Welt, Christenwelt f.

Christ [krist] m. Christus m. || PAR EXT. (sans majusc.) [statue] Christusbild n.

christianiser [-tjanize] v. tr. zum Christentum bekehren ; christianisieren.

christianisme [-tjanism] m. christliche Religion ; christlicher Glaube ; Christentum n.

chromatine [-matin] f. Chromatin n.

chromatique [-tik] adj. MUS. chromatisch. | *Gamme chromatique*, chromatische Tonleiter. || PHYS. farbig.

chromatographie [-tografi] f. PHYS. Chromatographie f.

chrome [kro:m] m. Chrom n.

chromer [krome] v. tr. verchromen.

◇ part. pass. et adj. **chromé, ée,** verchromt. | *Cuir chromé*, Chromleder n.

chromolithographie [-litɔgrafi] f. (abrév. fam. chromo) Farbdruck m.

chromosome [kromozom] m. BIOL. Chromosom n. | *Chromosome atypique*, atypisches Chromosom.

chronicité [krɔnisite] f. MÉD. chronische Form.

chronique [-nik] adj. MÉD. langsam sich entwickelnd ; langwierig ; chronisch.
◇ f. Chronik f. ; Zeitgeschichte f. ; Aufzeichnungen f. pl. || PAR EXT. [de journal] Tagesartikel m. || FIG. [bruits] Gerüchte n. pl. | *Chronique scandaleuse*, Klatschgeschichten f. pl.

chroniqueur [-nikœ:r] m. Chronist m. || PAR EXT. [de journal] Berichterstatter m.

chronologie [-lɔʒi] f. [science] Zeitlehre f. ; Zeitberechnung f. || [suite] Zeitfolge f. ; Chronologie f.

chronologique [-lɔʒik] adj. in zeitlicher Reihenfolge ; nach Daten geordnet ; chronologisch.

chronométrage [-metra:ʒ] m. Zeitmessung f. ; Zeitstudien f. pl. ; Zeitnehmen n.

chronomètre [-mɛtr] m. Chronometer m. || SPORT. Stoppuhr f.

chronométrer [-metre] v. tr. Zeit abnehmen, stoppen, messen.

chronométreur [-metrœ:r] m. Zeitnehmer m. ; Stopper m. ; Abstopper m.

chrysalide [krizalid] f. ZOOL. Puppe f. ; Schmetterlingspuppe f. ; verpuppte Larve.

chrysanthème [krizɑ̃tɛ:m] m. BOT. Goldaster f. ; Herbstaster f. ; Chrysantheme f.

chuchotement [ʃyʃɔtmɑ̃] m. Geflüster n. ; Wispern n. ; Lispeln n. ; Raunen n. ; Gezischel n. | *Chuchotement du vent*, Säuseln (n.) des Windes.

chuchoter [-te] v. intr. flüstern ; wispern ; zischeln ; munkeln ; leise raunen ; tuscheln.
◇ v. tr. zuflüstern ; zuraunen. | *Chuchoter qch. à l'oreille de qn*, jm etwas zuflüstern.
◇ v. pr. **se chuchoter.** *Se chuchoter qch. à l'oreille*, die Köpfe zusammenstecken.

chuintant, ante [ʃɥɛ̃tɑ̃, ɑ̃:t] adj. zischend ; zischelnd. || GRAMM. *Consonne chuintante*, Zischlaut m.

chuintement [-tmɑ̃] m. Zischen n. ; Zischelei f.

chuinter [-te] v. intr. [chouette] rufen. || PAR EXT. zischen ; zischeln.

chut ! [ʃyt] interj. pst ! ; still ! ; leise ! ; st !

chute [ʃyt] f. [action de tomber] Fallen n. ; Ab-, Aus-, Ein-, Hin-, Durchfallen n. ; Stürzen n. ; Abstürzen n. ; Fall m. ; Sturz m. | *Chute des feuilles*, Abfallen der Blätter. | *Chute de neige, de grêle*, Schneefall, Hagelschlag m. | *Chute des cheveux, d'une dent*, Ausgehen (n.) der Haare, Ausfallen eines Zahns. | *Chute de cheval*, Sturz vom Pferd. | *Chute de température*, Temperatursturz. | *Faire une chute*, fallen ; hinstürzen. || PAR EXT. *Chute d'eau*, Wasserfall. | *Chute de terrain*, Gefäll (n.) eines Geländes. | *Chute du toit*, Dachabfall m. || LOC. *Chute du jour*, Ende (n.) des Tages. | *Chutes de bois*, Holzabfälle m. pl. | *Chute des prix*, Sinken (n.) der Preise ; Preissturz. | *Chute d'une pièce de théâtre*, Durchfall (m.) eines Theaterstücks. || FIG. Sturz m. ; Fall m. ; Zusammenbruch m. | *Chute d'un ministère*, Sturz eines Ministeriums. | *Chute d'un empire*, Zusammenbruch eines Reichs. || ANAT. *Chute des reins*, Kreuz n. || PHYS. *Chute libre*, freier Fall ; FIG. Sturz m. ; Einbruch m. | *Chute de tension*, Spannungsgefälle n. | *Point de chute*, Auf-, Einschlag m. | *Hauteur de chute*, Fallhöhe f. || MUS. Tonfall m. || GRAMM. Verstummen n. ; Schluß m. || RELIG. [Adam et Ève] Fall m.

chuter [-te] v. intr. FAM. fallen ; Fiasko erleiden. || [au jeu] zu wenig Stiche machen.

Chypre [ʃipr] n. pr. f. GÉOGR. Zypern n.

ci [si] adv. de lieu hier. || [démonstratif, s'opposant à « là »] *Cet homme-ci*, dieser Mann. || [s'opposant à « celui-là », jener] *Celui-ci*, dieser. || LOC. *Ci-joint*, anbei ; beiliegend ; anliegend. | *Ci-gît*, hier ruht.
◇ loc. adv. **ci-contre,** unten-, nebenstehend. — **ci-dessous,** hier unten ; untenstehend. — **ci-après,** weiter unten ; anschließend. — **ci-devant,** vorher ; ehemals ; ehemalig. — **de-ci de là, par-ci par-là,** hier und da ; hin und her ; dann und wann.

cibiste [sibist] s. Funkamateur m.

cible [sibl] f. Schieß-, Zielscheibe f. | *Tirer à la cible*, nach der Scheibe schießen. || FIG. Ziel n.

cibler [sible] v. tr. abzielen (auf [acc.]). | *Cibler un public*, eine Zielgruppe ansprechen.

ciboire [sibwa:r] m. RELIG. Hostiengefäß n. ; Ziborium n.

ciboule [sibul] f. ou **ciboulette** [-lɛt] f. BOT. Lauch m. ; Schnittlauch m. ; Porree m.

ciboulot [sibulo] m. FAM. Kopf m.

cicatrice [sikatris] f. Narbe f. ; Brandmal n. ; Wundmal n. | *Couvert de cicatrices*, narbenbedeckt.
— SYN. : *Balafre* f., Schmarre f. ; Schmiß m.

cicatrisable [-trizabl] adj. zuheilbar.

cicatrisation [-trizasjɔ̃] f. Vernarbung f. ; Schließung (f.) einer Wunde. || FIG. Heilung f.

cicatriser [-trize] v. tr. vernarben ; verharschen. || FIG. heilen.
◇ v. pr. **se cicatriser,** vernarben ; sich schließen ; zuheilen ; zuwachsen. || FIG. heilen.

Cicéron [siserɔ̃] n. pr. m. Cicero m.

cidre [sidr] m. Apfelmost m. ; Apfelwein m. ; Obstwein m. | *Cidre mousseux*, Apfelschaumwein m.

ciel [sjɛl] m. (pl. **cieux,** FIG. ciels) [espace] Himmel m. | *Un ciel bleu, serein, étoilé, couvert, menaçant*, ein blauer, heiterer, bestirnter, bedeckter, drohender Himmel. | *Ciel variable*, wechselhaftes, unbeständiges Wetter. | *Le ciel moutonne, se trouble se dégage*, der Himmel bildet Schäfchenwolken, bedeckt sich, klärt auf. | *Qui va jusqu'au ciel*, himmelhoch ; turmhoch. || LOC. *Bleu ciel*, himmelblau. | *Entre ciel et terre*, zwischen Himmel und Erde. | *Lever les bras au ciel*, die Hände über dem Kopf zusammenschlagen. | *Remuer ciel et terre*, Himmel und Erde in Bewegung setzen ; alles aufbieten. | *À ciel ouvert*, unter freiem Himmel. | *Être au septième ciel*, im siebenten Himmel sein ; ganz entzückt sein. || PAR EXT. [air, atmosphère, climat] Luft f. ; Himmelsstück n. ; Klima n. | *Sous d'autres cieux*, in anderen Gegenden. || RELIG. Himmel m. ; Himmelreich n. | *Aller au ciel*, ins Himmelreich eingehen. | *Grâce au ciel*, dem Himmel sei Dank ; Gottseidank. || MINES. *Exploitation à ciel ouvert*, Tagebau m. || TECHN. *Ciel de lit*, Betthimmel m. || ARTS. Himmel m.
— OBSERV. Le pluriel *ciels* ne s'emploie que dans certaines expressions : *ciels de lit, de tableau, de carrière*, et au sens de *climat*.

cierge [sjɛrʒ] m. Kerze f. ; Wachs-, Weihe-, Altarkerze f. | *Cierge pascal*, Osterweihkerze.

cigale [sigal] f. ZOOL. Grille f. ; Heimchen n. ; Zikade f. ; Grashüpfer m. || MAR. Ankerring m.

cigare [siga:r] m. Zigarre f.

cigarette [-rɛt] f. Zigarette f.

ci-gît [siʒi] loc. hier liegt.

cigogne [sigɔɲ] f. Storch m. || POP. Klapperstorch m. ; Meister Langbein m.

ciguë [sigy] f. BOT. Gartenschierling m. ; Hundspetersilie f. || PAR EXT. Schierlingsbecher m.
cil [sil] m. Wimper f. ; Augenwimper f.
cilice [silis] m. Büßerhemd n. ; Bußgewand n.
cilié, iée [silje] adj. bewimpert ; fein behaart.
cillement [sijmɑ̃] m. Blinzeln n. ; Zwinkern n.
ciller [-je] v. tr. et intr. blinzeln ; zwinkern. || FIG. *Personne n'ose ciller devant lui*, keiner wagt bei ihm zu mucksen.
cimaise [simɛ:z] f. Gesims n. ; Abschlußleiste f. || [moulure] Wandleiste f. || PAR EXT. Galerie f.
Cimbres [sɛ̃:br] n. pr. m. pl. Cimbern m. pl. ; Kimbern m. pl.
cime [si:m] f. Gipfel m. ; Spitze f. ; First m. | *Cime d'une montagne*, Berggipfel ; Bergspitze. | *Cime d'un arbre*, Baumwipfel m. || FIG. Gipfelpunkt m.
ciment [simɑ̃] m. Zement m. ; Bindemittel n. ; Kitt m. | *Ciment armé*, Eisenbeton m.
cimenter [-te] v. tr. zementieren ; mit Zement binden, verputzen ; verkitten. || FIG. [consolider] befestigen. | *Cimenter la paix*, den Frieden untermauern.
cimentier [-tje] m. Zementierer m. ; Zementarbeiter m.
cimeterre [simtɛ:r] m. Krummsäbel m. ; Türkensäbel m. ; Krummschwert n.
cimetière [simtjɛ:r] m. Friedhof m. ; Kirchhof m. ; Gottesacker m. ; Totenacker m.
— SYN. : *Catacombes* f. pl., Katakomben f. pl.
cimier [simje] m. Helmbusch m., -schweif m. || [viande] Lendenstück n.
cinéaste [sineast] s. Cineast(in) m. (f.) ; Filmemacher(in) m. (f.).
ciné-club [sineklœb] m. Filmklub m.
cinéma [sinema] m. (abrév. de **cinématographe**) [art] Filmkunst f. ; Filmwesen n. ; Film m. | *Cinéma parlant*, Sprechfilm. | *Tourner au cinéma*, verfilmen. || [lieu] Kino n. ; Lichtspielhaus n. ; Lichtspiele n pl. ; Filmtheater n. | *Cinéma d'art et d'essai*, Programmkino.
CinémaScope [-skɔp] m. Breitwandfilm m.
cinémathèque [-tɛk] f. Kinemathek f. ; Filmothek f.
cinématographie [-tɔgrafi] f. Filmkunst f.
cinématographique [-tɔgrafik] adj. filmisch ; filmmäßig ; Film... ; Kino...
cinéphile [-fil] s. Filmfreund m. ; begeisterter Kinogänger ; Cineast(in) m. (f.).
cinéraire [sinerɛ:r] adj. aschenhaltig. | *Urne cinéraire*, Aschenurne f.
◇ f. BOT. Aschenpflanze f. ; Aschenkraut n.
Cinérama [sinerama] m. Breitwandaufnahme f.
cinétique [sinetik] adj. bewegungsmäßig ; bewegend ; kinetisch.
Cinghalais, aise [sɛ̃galɛ, ɛ:z] s. Singhalese m. ; Singhalesin f..
cinglant, ante [sɛ̃glɑ̃, ɑ̃:t] adj. streng ; scharf ; schneidend. || FIG. *Réponse cinglante*, eiskalte, verletzende Antwort.
cinglé, ée [-gle] POP. durchgedreht.
cingler [-gle] v. intr. MAR. *Cingler vers*, segeln nach ; Kurs halten auf (acc.).
◇ v. tr. peitschen ; schneiden. | *La pluie lui cingle le visage*, der Regen peitscht ihm ins Gesicht.
cinq [sɛ̃k, sɛ̃] adj. num. card. fünf. | *Pièce de cinq marks*, Fünfmarkstück n. | *Chapitre cinq*, fünftes Kapitel. | *Le cinq mai*, der fünfte Mai ; [temps] am fünften Mai. | *Gagner cinq pour cent*, fünf Prozent (5%) verdienen. || FIG. *En cinq actes, parties*, fünfaktig, fünfteilig. | *À cinq*, zu fünf. || FIG., FAM. *En cinq sec*, sehr schnell.
◇ m. Fünf f. ; Fünfer m. | *Jouer le cinq*, die Fünf ausspielen.
cinquantaine [sɛ̃kɑ̃tɛ:n] f. etwa fünfzig. || PAR EXT. [âge] *Il approche de la cinquantaine*, er geht auf die Fünfzig zu.
cinquante [sɛ̃kɑ̃:t] adj. num. car. fünfzig. || LOC. *Les années cinquante*, die fünfziger Jahre. | *Un billet de cinquante marks*, ein Fünfziger m.
◇ m. Fünfzig f. ; Fünfziger m.
cinquantenaire [-nɛ:r] adj. fünfzigjährig.
◇ m. Fünfzigjahrfeier f.
cinquantième [-tjɛ:m] adj. num. ord. fünfzigst.
◇ m. Fünfzigstel n.
cinquième [sɛ̃kjɛ:m] adj. num. ord. fünfte(r). || ◇ m. Fünftel n. || [étage] das fünfte Stockwerk.
◇ f. [classe] Quinta f. | *Élève de cinquième*, Quintaner m. | *Il fait sa cinquième, il est en cinquième*, er sitzt in der Quinta.
cinquièmement [-mɑ̃] adv. fünftens ; an fünfter Stelle.
cintrage [sɛ̃tra:ʒ] m. Biegen n. ; Wölben n. ; Runden n. ; Schweifen n.
cintre [sɛ̃tr] m. [arc] Bogen m. ; Wölbung f. ; Rundung f. ; Gewölbekrümmung f. | *Plein cintre*, Rundbogen. || [porte-manteau] Kleiderbügel m. || THÉÂTRE. Schnürboden m.
cintrer [-tre] v. tr. biegen ; wölben ; schweifen ; runden.
◇ part. pass. et adj. **cintré, ée,** *Porte cintrée*, Bogentür f.
cipolin [sipɔlɛ̃] m. Zwiebelmarmor n.
cirage [sira:ʒ] [des chaussures] Wichsen n. ; Wachsen n. || [des parquets] Bohnern n. ; POP. Wienern n. || [matière] Schuhwichse f. || FIG., FAM. *Être dans le cirage*, im Tran sein.
circoncire [sirkɔ̃sir] v. tr. beschneiden ; die Beschneidung vornehmen.
circoncis [-si] m. Beschnittene(r) m.
circoncision [-sizjɔ̃] f. Beschneidung f. || RELIG. [fête] Beschneidung Christi.
circonférence [sirkɔ̃ferɑ̃:s] f. [cercle] Umkreis m. ; Kreisumfang m. ; Kreislinie f. ; Kreis m. || FIG. [tour] Umfang m.
circonflexe [-flɛks] adj. herumgebogen. || GRAMM. *Accent circonflexe*, Zirkumflex m.
circonlocution [-lɔkysjɔ̃] f. Umschreibung f. ; Umschweife m. pl. ; langes Herumreden. | *User de circonlocutions*, weit ausholen.
circonscription [-skripsjɔ̃] f. MATH. [action] Umgrenzung f. ; Umschreiben n. || ADM. Bereich m. ; Bezirk m. | *Circonscription administrative, économique*, Verwaltungsgebiet n., Wirstchaftsbezirk. | *Circonscription électorale*, Wahlbezirk.
circonscrire [-skri:r] v. tr. MATH. umschreiben. || PAR EXT. [limiter] umgrenzen ; abgrenzen ; beschränken ; enger fassen.
◇ part. pass. et adj. **circonscrit, ite,** beschränkt. || MATH. *Cercle circonscrit*, umschriebener Kreis.
circonspect, ecte [-spɛ, ɛkt] adj. umsichtig ; bedachtsam ; bedächtig ; behutsam ; vorsichtig.
circonspection [-spɛksjɔ̃] f. Umsichtigkeit f. ; Umsicht f. ; Behutsamkeit f. ; Vorsicht f. ; Besonnenheit f.
circonstance [stɑ̃:s] f. [particularité accompagnant un fait] Umstand m. ; Gelegenheit f. ; Fall m. ; Bewandtnis f. | *En cette circonstance*, bei dieser Gelegenheit. | *Concours de circonstances*, Zusammen-

treffen (n.) von Umständen. || JUR. *Circonstances aggravantes*, erschwerende Umstände. | *Admettre des circonstances atténuantes*, mildernde Umstände zubilligen. || LOC. *De circonstance*, angebracht.
◇ f. pl. **circonstances** [conjoncture, situation] Umstände m. pl. ; Zeitumstände m. pl. ; Verhältnisse n. pl. ; Lage f. | *Si les circonstances s'y prêtent*, unter Umständen. | *Étant donné les circonstances*, unter solchen Verhältnissen.

circonstancié, iée [-stɑ̃sje] adj. [détaillé] ausführlich ; eingehend ; genau. | *Rapport circonstancié*, ausführlicher Bericht.

circonstanciel, ielle [-stɑ̃sjɛl] adj. den Umständen, den Verhältnissen entsprechend ; umstandsgemäß ! Umstands... || GRAMM. *Complément circonstanciel*, Umstandswort n. ; adverbiale Bestimmung.

circonvenir [-vni:r] v. tr. umgarnen ; bereden ; bestricken ; überlisten.

circonvolution [-vɔlysjɔ̃] f. Umdrehung f. ; Windung f.

circuit [sirkɥi] m. [pourtour] Umfang m. ; Umkreis m. || PAR EXT. [cercle] Kreislauf m. | *Vol en circuit fermé*, Rundflug m. || [terrain] Rennbahn f. ; Rennstrecke f. ; Ring m. || FIG. [détour] Umweg m. || [suite d'étapes] *Circuit administratif*, Verwaltungsweg m. || AÉRON. *Circuit d'attente*, Warteschleife f. || ÉLECTR. Stromkreis m. ; Leitung f. | *Circuit principal, dérivé*, Hauptstromkreis m. ; Nebenstromkreis m. | *Circuit intégré*, Schaltkreis m. || NUCL. *Circuit primaire*, Primärkreis m. | *Circuit primaire de refroidissement*, Primärkühlkreis m. ; Primärkreislauf m.

circulaire [sirkylɛ:r] adj. kreisförmig ; kreisrund ; Kreis... ; Rund... | *Voyage circulaire*, Rundreise f. | *Scie circulaire*, Kreissäge f. | *Mouvement circulaire*, Kreisbewegung f.
◇ f. [lettre] Rundschreiben n. ; Zirkular n.

circulation [-lasjɔ̃] f. [mouvement continuel] Umlauf m. ; Kreislauf m. | *Circulation du sang*, Blutkreislauf. || PAR EXT. [véhicules, objets] Verkehr m. ; Fahren n. | *Circulation dans les rues de Paris*, Straßenverkehr in Paris. | *Circulation au ralenti*, zäher Verkehrsfluß. | *Circulation aérienne*, Flugverkehr ; Luftverkehr. | *Arrêt de la circulation*, Verkehrsstörung f., -stockung f. | *Circulation des marchandises*, Güterverkehr. || COMM. Umlauf m. ; Verkehr m. | *Circulation monétaire*, Geldumlauf. | *Circulation des produits*, Umsatz m. | *Mettre en circulation*, in den Verkehr bringen ; in Kurs setzen. | *Retirer de la circulation*, einziehen. || FAM. *Disparu de la circulation*, verschwunden.

circulatoire [-latwa:r] adj. ANAT. Blutkreislauf... | *Troubles circulatoires*, Kreislaufstörung f.

circuler [-le] v. intr. [se mouvoir continuellement] laufen ; umlaufen ; im Umlauf, Verkehr sein ; kreisen. | *Le sang circule dans les veines*, das Blut läuft durch die Adern. | *Faire circuler*, in Umlauf bringen. || PAR EXT. [aller et venir] hin und her gehen ; hin und her fahren. | *Il circule beaucoup dans le monde*, er kommt viel in der Welt herum. || [passer de main en main] von Hand zu Hand gehen ; herumgehen. | *Faites circuler le plat*, bitte, die Speise weitergeben ! || FIG. [propager, faire circuler] verbreiten. | *Il circule d'étranges bruits*, es gehen seltsame Gerüchte um. || FIN. zirkulieren ; kursieren.

cire [si:r] f. Wachs n. | *Cire à parquet*, Bohnerwachs. | *Cire à modeler*, Modellierwachs. | *De cire*, wachsen ; wächsern. | *Une bougie de cire*, Wachskerze f. | *Cire à cacheter*, Siegellack m. || FIG. *C'est une cire molle*, er ist weich wie Wachs.

cirer [sire] v. tr. mit Wachs einreiben. || [chaussures] wichsen. || [parquets, meubles] bohnern ; putzen ; POP. wienern.
◇ part. pass. et adj. **ciré, ée**, gewichst. | *Toile cirée*, Wachstuch n. ; Wachsdecke f. || SUBSTANTIV., FAM. Regenmantel m.

cireur, euse [-rœ:r, ø:z] s. Stiefelwichser m. ; Stiefelputzer m. ; Schuhputzer m.
◇ f. **cireuse**, Bohnermaschine f.

cireux, euse [-rø, ø:z] adj. wachsartig ; wächsern. || FIG. *Pâleur cireuse*, wächserne Blässe.

cirque [sirk] m. Zirkus m. || PAR EXT. Reitbahn f. || GÉOL. Gebirgskessel m. ; Bergkessel m. ; Talkessel m. || FIG., FAM. *Quel cirque !*, welch ein Durcheinander !, was für ein Zirkus !

cirrhose [siro:z] f. MÉD. Zirrhose f. ; Fettleber f. | *Cirrhose alcoolique*, alkoholische Zirrhose, Fettleber.

cirrus [sirys] m. Federwolke f. ; Zirruswolke f.

cisaillement [sizajmɑ̃] m. Scheren n. ; Abscheren n. || FIG. Zerschneiden n.

cisailler [-je] v. tr. abscheren ; beschneiden ; abschneiden. || FIG. zerschneiden.

cisailles [sizɑ:j] f. pl. Blechschere f. ; Baumschere f. ; Gartenschere f.

ciseau [sizo] m. Meißel m. ; Stecheisen n. ; Stemmeisen n. | *Ciseau à bois, à pierre*, Hand-, Steinmeißel m. | *Enlever au ciseau*, abmeißeln.
◇ m. pl. **ciseaux**, Schere f. | *Ciseaux à ongles, de brodeuse*, Nagelschere f. ; Stickschere f. | *Ciseaux à tondre*, Schafschere f. || SPORT. Schere f.

ciseler [sizle] v. tr. TECHN. abstechen ; ausstechen ; ziselieren. | *Argenterie ciselée*, getriebene Silberarbeit. || FIG. ausmeißeln ; ausfeilen. | *Ciseler des vers*, Verse ausfeilen.

ciselet [-lɛ] m. Stichel m. ; Grabmeißel m.

ciseleur [-lœ:r] m. Ziselierer m. ; Metallstecher m.

ciselure [-ly:r] f. Meißeln n. ; Ziselieren n. ; gestochene, getriebene Arbeit.

cistercien, ienne [sistɛrsjɛ̃, jɛn] s. RELIG. Zisterzienser(in) m. (f.).

citadelle [sitadɛl] f. Stadtfestung f. ; Zwingburg f. ; Zitadelle f. || FIG. Burg f. ; Feste f.

citadin, ine [-dɛ̃, in] adj. städtisch ; stadtmäßig.
◇ s. Städter(in) m. (f.) ; Stadtbewohner(in) m. (f.).

citation [sitasjɔ̃] f. Zitat n. ; Anführen (n.) einer Stelle. || JUR. Ladung f. ; Vorladung f. | *Citation en justice*, Vorladung vor Gericht. || MIL. Auszeichnung f.

cité [site] f. [ville] Stadt f. ; Stadtgemeinde f. | *Une grande cité*, eine Großstadt. || [partie ancienne] Altstadt f. ; Innenstadt f. || PAR EXT. [habitants] Stadtbevölkerung f. ; Stadt f. || LOC. *Droit de cité*, Bürgerrecht n. | *Cité lacustre*, prähistorische Pfahlbauten f. pl. | *Cité ouvrière*, Arbeitersiedlung f. | *Cité-dortoir*, Schlafstadt f. | *Cité-jardin*, Gartenstadt f.

citer [site] v. tr. zitieren ; anführen ; belegen. || JUR. vorladen. || MIL. ehrend erwähnen.
— SYN. : *Mentionner*, erwähnen.

citerne [sitɛrn] f. Zisterne f. ; Wasserbehälter m. ; Regenwasserspeicher m.

cithare [sita:r] f. MUS. Zither f.

cithariste [-tarist] m. Zitherspieler(in) m. (f.).

citoyen, yenne [sitwajɛ̃, jɛn] s. Bürger(in) m. (f.) ; Staatsbürger(in) m. (f.). | *Citoyen du monde*, Weltbürger. || FIG., FAM. *Un drôle de citoyen*, ein komischer Kauz ; POP. ein seltener Vogel.

citoyenneté [jɛnte] f. Staatsangehörigkeit f.

citrate [sitrat] m. Zitrat n. ; Zitronensäure f.

citrique [sitrik] adj. *Acide* (m.) *citrique*, Zitronensäure f.

citron [sitrɔ̃] m. Zitrone f. | *Jus de citron*, Zitronensaft m. | *Presser comme un citron*, wie eine Zitrone ausquetschen.
◇ adj. inv. zitronenfarbig ; zitronengelb.
citronnade [-trɔnad] f. Zitronensaft m. ; Zitronenlimonade f.
citronnelle [-trɔnɛl] f. BOT. Zitronenkraut n.
citronnier [-trɔnje] m. BOT. Zitronenbaum m.
citrouille [sitru:j] f. Kürbis m. || FAM. [tête] Kürbis m. ; Kürbiskopf m. ; Birne f.
civelle [sivɛl] f. ZOOL. Glasaal m.
civet [sivɛ] m. Hasenpfeffer m. ; Wildragout n. ; Hasenklein n.
civette [sivɛt] f. ZOOL. Zibetkatze f. ; Schleichkatze f. || BOT. Schnittlauch m.
civière [sivjɛ:r] f. Tragbahre f. ; Krankensänfte f.
— SYN. : *Brancard* m., Bahre f.
civil, le [sivil] adj. bürgerlich ; Bürger... ; zivil ; Zivil... | *Société civile*, bürgerliche Gesellschaft. | *Professions civiles*, bürgerliche Berufe m. pl. | *Guerre civile*, Bürgerkrieg m. || JUR. *Droit civil*, bürgerliches Recht ; Zivilrecht n. | *Action civile*, Zivilklage f. | *Tribunal civil*, Zivilgericht n. | *Se porter partie civile*, Schadenersatz verlangen. | *Mort civile*, bürgerlicher Tod. | *Code civil*, bürgerliches Gesetzbuch (BGB). || ADM. *État civil*, Personenstand m. | *Mariage civil*, Zivilehe f. | *Officier de l'état civil*, Standesbeamter m. || FIG. [poli] höflich ; wohlerzogen ; gesittet.
◇ m. **civil,** [état] Zivil n. ; Zivilstand m. ; Bürgerstand m. || [personne] Zivilist m. | *S'habiller en civil*, Zivil anziehen.
civilement [-lmɑ̃] adv. bürgerlich. || LOC. *Se marier civilement*, sich standesamtlich trauen lassen. | *Civilement responsable*, haftpflichtig.
civilisateur, trice [-lizatœ:r, tris] adj. zivilisierend ; ausbildend ; kulturfördernd.
◇ s. Kulturbringer m. ; Kulturträger m.
civilisation [-lizasjɔ̃] f. [action] Zivilisieren n. || [résultat] Zivilisation f. ; Kultur f. ; Ausbildungsstand m.
civiliser [-lize] v. tr. ausbilden ; versittlichen ; kultivieren ; zivilisieren.
◇ part. pass. et adj. **civilisé, ée,** gesittet ; ausgebildet ; kultiviert ; zivilisiert.
— SYN. : *Poli*, höflich. *Policé*, gesittet ; fein.
civilité [-lite] f. Anstand m. ; Artigkeit f. ; gute Umgangsform ; Höflichkeitsbezeugung f. | *Observer les règles de la civilité*, die Regeln des guten Anstandes beachten. || LOC. *Je vous présente mes civilités*, ich empfehle mich.
civique [sivik] adj. staatsbürgerlich ; bürgerlich. || LOC. *Privation des droits civiques*, Aberkennung (f.) der bürgerlichen Ehrenrechte. | *Garde civique*, Volksmiliz f. ; Bürgerwehr f. | *Courage civique*, Zivilcourage f. | *Instruction civique*, Staatsbürgerkunde f.
civisme [-vism] m. Staatsbürgersinn m. ; Bürgertugend f.
clabauder [-de] v. intr. SPORT. [aboyer] kläffen ; belfern. || FIG. [criailler, cancaner] keifen ; zetern.
clac [klak] interj. klacks ! ; klapp !
clafoutis [klafuti] m. Kirschkuchen m.
claie [klɛ] f. [tamis] Weidengeflecht n. ; Weidensieb n. ; Sandsieb n. || [à fruits] Horde f.
clair [klɛ:r] adj. **1.** [sens général] klar. || [qui donne de la lumière] hell ; licht ; leuchtend. | *Flamme claire*, helle Flamme. || [qui reçoit de la lumière] hell ; lichtvoll ; erleuchtet. || [transparent, pur] klar ; hell ; rein ; durchsichtig. | *Ruisseau clair*, klarer Bach. | *Ciel clair*, heiterer Himmel. | *Liquide clair*, reine Flüssigkeit. || [peu foncé] hell ; licht. | *Bleu clair*, hellblau. | *Teinte claire*, lichte Farbe. || PAR EXT. *Son clair*, heller Ton. | *Voix claire*, klare Stimme. || [peu consistant] dünn ; dünnflüssig ; klar. | *Pâte claire*, dünner Teig. | *Toile claire*, dünne, klare Leinwand.
2. FIG. [facile à comprendre] klar ; verständlich ; deutlich. | *Style clair*, verständlicher Stil. | *Cela est clair*, das leuchtet ein ; das liegt auf der Hand. || [qui voit clair] hellsehend ; helldenkend. | *Avoir l'esprit clair*, einen klaren Verstand haben ; hell denken.
◇ adv. *Voir clair*, deutlich, klar sehen ; FIG. durchschauen. | *Y voir clair*, ganz im Bilde sein. | *Je commence à y voir clair*, mir geht ein Licht auf. | *Parler clair*, deutlich sprechen. | *Parler clair et net*, klipp und klar heraussagen. | *Il fait clair*, es ist, es wird hell.
◇ m. [clarté] Helle f. ; Klarheit f. ; Schein m. | *Clair de lune*, Mondschein ; Mondlicht n. | *Il fait un beau clair de lune*, es ist heller Mondschein. || [couleurs] *Les ombres et les clairs*, die hellen und dunklen Farben. | *Les clairs d'une étoffe*, die dünnen Stellen eines Stoffes. || FIG. Klares n. | *Tirer qch. au clair*, etwas ins Reine bringen ; etwas klarstellen. || LOC. *Le plus clair de son revenu*, sein Haupteinkommen n.
clairement [-rmɑ̃] adv. hell ; klar ; deutlich ; verständlich.
— SYN. : *Évident*, offensichtlich. *Manifeste*, handgreiflich.
clairet, ette [-rɛ, ɛt] adj. bleichlich ; bläßlich.
◇ m. **clairet,** [vin] Bleichert m.
claire-voie [klɛrvwa] f. Gitter n. ; Gitterwerk n.
◇ loc. adv. **à claire-voie,** durchbrochen. | *Porte à claire-voie*, Gittertür f. || PAR EXT. *Tissu à claire-voie*, breitmaschiger Stoff. || ARCHIT. vergitterte Öffnung ; Gitterluke f. ; Oberlicht n.
clairière [-rjɛ:r] f. Lichtung f. ; Waldlichtung f.
clair-obscur [klɛrɔbsky:r] m. Halbdunkel n. ; Helldunkel n.
clairon [klɛrɔ̃] m. [objet] Horn n. ; Trompete f. || [musicien] Hornist m. ; Trompeter m.
claironnant, ante [-rɔnɑ̃, ɑ̃:t] adj. tönend ; helltönend ; schmetternd.
claironner [-rɔne] v. intr. blasen ; trompeten ; ins Horn stoßen. || FIG. *Claironner une nouvelle*, eine Neuigkeit hinausposaunen.
clairsemé, ée [klɛrsəme] adj. dünn gesät ; spärlich ; zerstreut. | *Cheveux clairsemés*, schütteres Haar. | *Maisons clairsemées*, einzelne Häuser n. pl.
clairvoyance [klɛrvwajɑ̃:s] f. Scharfsicht f. ; Scharfsichtigkeit f. ; Umsicht f. ; Weitblick m. || PAR EXT. Hellseherei f.
— SYN. : *Lucidité* f., Hellsehen n. *Perspicacité* f. Scharfblick m. *Sagacité* f., Spürsinn m. *Acuité* f., Geistesschärfe f.
clairvoyant, ante [-jɑ̃, ɑ̃:t] adj. scharfsichtig ; weitblickend ; umsichtig. || PAR EXT. hellseherisch.
clamer [klame] v. tr. herausschreien. | *Clamer sa douleur*, seinen Schmerz laut herausschreien.
clameur [-mœ:r] f. Geschrei n. ; Gezeter n. ; Gejohle n. ; POP. Zeter und Mordio n. ; ARG. Rhabarber-Rhabarber n. || PAR EXT. [choses] Brausen n. ; Getöse n.
clan [klɑ̃] m. Stamm m. ; Sippe f. ; PÉJOR. Sippschaft f. ; Clique f.
clandestin, ine [klɑ̃dɛstɛ̃, in] adj. heimlich ; versteckt ; verstohlen ; schwarz. | *Passager clandestin*, blinder Passagier. | *Poste clandestin*, Schwarzsender m.
clandestinité [-tinite] f. Heimlichkeit f. ; Verstecktheit f. ; Geheime n. || POLIT. *Dans la clandestinité*, im Untergrund.
clapet [klapɛ] m. TECHN. Klappe f. ; Ventilklappe f. | *Clapet d'air*, Luftklappe.

clapier [-pje] m. Kaninchenstall m.

clapotage [klapɔta:ʒ] ou **clapotis** [-pɔti] ou **clapotement** [-pɔtmɑ̃] m. Plätschern n. ; Gluckern n. ; Geplätscher n.

clapoter [-pɔte] v. intr. plätschern ; gluckern ; glucksen ; leise anschlagen ; schwappen.

clappement [klapmɑ̃] m. Zungenschnalzen n.

clapper [-pe] v. intr. (mit der Zunge) schnalzen.

claquage [klaka:ʒ] m. SPORT. Muskelzerrung f.

claquant, ante [klakɑ̃, ɑ̃:t] adj. FAM. überanstrengend.

claque [klak] f. [coup] Klaps m. ; Patsch m. ; flacher Schlag : Ohrfeige f. | *Donner une claque*, klapsen. || FAM. [échec] *Prendre, recevoir une claque*, eine Niederlage einstecken müssen. || LOC. *Tête à claques*, Ohrfeigengesicht n. || POP. *En avoir sa claque*, die Schnauze davon voll haben. | *Prendre ses cliques et ses claques*, zusammenpacken ; POP. abrauschen. || THÉÂTRE. (bezahlte) Claque.
◇ m. Klappzylinder m. ; Chapeau-claque m.

claqué, ée [-ke] part. pass. et adj. FAM. [fatigué] hundemüde ; zerschlagen ; POP. fertig.

claquement [-kmɑ̃] m. Klatschen n. ; Klappen n. ; Knallen n. | *Claquement des dents*, Zähneklappern n. | *Claquement d'un fouet*, Peitschenknallen. | *Claquement des doigts*, Fingerschnippen n. | *Claquement de langue*, Zungenschnalzen n.

claquemurer [-kmyre] v. tr. einsperren ; hinter Schloß und Riegel setzen.
◇ v. pr. **se claquemurer,** sich verkriechen ; sich verbarrikadieren.

claquer [-ke] v. intr. knallen ; klatschen ; klappern. | *Claquer des mains*, in die Hände klatschen. | *Claquer des dents*, mit den Zähnen klappern. | *Faire claquer un fouet*, mit der Peitsche knallen. | *Faire claquer les talons*, die Hacken zusammenschlagen. | *Le verre a claqué*, das Glas ist gesprungen. || FIG., FAM. *Claquer du bec*, am Hungertuch nagen. || ÉLECTR. durchschlagen ; durchbrennen.
◇ v. tr. FAM. [fermer] *Claquer la porte*, die Tür zuschlagen, zuknallen. || [dépenser] *Claquer de l'argent*, Geld verjubeln.

claqueter [klakte] v. intr. [cigogne] klappern.

claquette [-kɛt] f. Klapper f. ; Klatsche f. | *Danseur de claquettes*, Stepptänzer m. | *Faire des claquettes*, steppen.

clarification [klarifikasjɔ̃] f. Klärung f. ; Läuterung f. || CHIM. Setzung f. ; Absetzen (n.) von Flüssigkeiten.

clarifier [-fje] v. tr. klären ; klarmachen ; abklären.

clarine [klarin] f. Kuhglocke f.

clarinette [-nɛt] f. Klarinette f.

clarinettiste [-nɛtist] m. Klarinettist m.

clarté [klarte] f. Klarheit f. ; Licht n. ; Helligkeit f. | *À la clarté de*, beim Schein (gén.) ; im Glanz (gén.). | *Clarté du jour*, Tageshelligkeit. | *Clarté du soleil*, Sonnenlicht. || [transparence] Durchsichtigkeit f. || [pureté] Reinheit f. ; Lauterkeit f. || FIG. [netteté, intelligence] Deutlichkeit f. ; Geistesklarheit f. ; Verständlichkeit f. | *Manque de clarté*, Unklarheit f. | *Clarté d'une explication*, Verständlichkeit einer Erklärung.

classe [klas] f. **1.** [sens général] Klasse f. || [ordre social] Klasse f. ; Stand m. ; Schicht f. | *Classe ouvrière*, Arbeiterklasse ; Arbeiterstand. | *Classe moyenne*, Mittelstand. | *Classe sociale*, Volksschicht. | *Lutte des classes*, Klassenkampf m. || AÉRON. *Classe affaires*, Businessklasse. || PAR EXT. [ordre des choses] Art f. ; Gattung f. ; Rang m. ; Ordnung f. | *Classe des mammifères*, Säugetiergattung. | *Répartir par classes*, einstufen. || FIG. *De première classe*, ersten Ranges ; erstklassig. || FAM. *Savant de grande classe*, erstklassiger, ausgezeichneter Wissenschaftler. || FAM. *Avoir de la classe*, ein Meister seines Faches sein.
2. [salle d'école] Schul-, Klassenzimmer n. ; Klasse f. ; Lehrsaal m. || [élèves] Schülerklasse ; Schülerabteilung f. | *Grandes, petites classes*, obere, untere Klassen f. pl. | *Redoubler une classe*, sitzenbleiben. || [cours] Lehr-, Unterrichtsstunde f. | *Rentrée, sortie des classes*, Schulanfang m., Schulschluß m. | *Aller en classe*, die Schule besuchen.
3. MIL. Jahrgang m. ; Altersklasse f. | *Faire ses classes*, ausgebildet werden.
4. [démographie] *Classe d'âge*, Jahrgang m. | *Classe creuse*, geburtenschwacher Jahrgang.
— SYN. : *Sorte* f., Sorte f. *Catégorie* f., Kategorie f.

classement [-smɑ̃] m. [action] Einteilen n., -ordnen n. || [état] Einteilung f., -ordnung f., -stufung f., -reihung f. || SPORT. Klassement n.
— SYN. : *Classification* f., Klassifizierung f.

classer [-se] v. tr. einstufen ; einteilen ; einordnen ; klassifizieren ; zusammenstellen ; ordnen. || LOC. *Classer une affaire*, zu den Akten legen.

classeur [-sœ:r] m. Schnellhefter m. ; Aktenordner m. || [meuble] Registraturschrank m.

classicisme [-sisism] m. Klassizismus m. | *Classicisme allemand*, deutsche Klassik.

classification [-sifikasjɔ̃] f. Einordnung f. ; Einstufung f. ; Zusammenstellung f. ; Klassifizierung f. | *Classification des métiers*, Berufssystematik f.

classifier [-sifje] v. tr. klassifizieren.

classique [-sik] adj. klassisch. | *Auteurs classiques*, Klassiker m. pl. || FIG. typisch ; mustergültig. || MIL. *Arme classique*, konventionelle Waffe.
◇ m. [auteur] Klassiker m. || [ouvrage] Klassisches n. ; mustergültiges Werk.

claudicant, ante [klodikɑ̃, ɑ̃:t] adj. hinkend ; humpelnd ; lahmend.

claudication [-kasjɔ̃] f. Hinken n. ; Lahmen n. ; Humpeln n. ; POP. Humpelei f.

clause [klo:z] f. Bedingung f. ; Klausel f. ; Bestimmung f. | *Clause additionnelle, accessoire*, Zusatzbestimmung f., Nebenabrede f. | *Clause de la nation la plus favorisée*, Meistbegünstigungsklausel. | *Clause dérogatoire*, Abänderungsklausel. | *Clause d'indexation*, Indexklausel. | *Clause résolutoire*, Rücktrittsklausel. | *Clause de sauvegarde*, Vorbehaltsklausel. | *Clause statutaire*, Satzungsklausel. | *Clause tacite*, stillschweigende Vereinbarung. | *Sauf clause contraire*, unter Vorbehalt gegenteiliger Abrede.

claustration [-trasjɔ̃] f. Klausur f. || PAR EXT. Klosterleben n. ; Zurückgezogenheit f. || PAR EXT. Hinter-Schloß-und-Riegel-Setzen n.

claustrer [-tre] v. tr. ins Kloster schicken. || PAR EXT. einsperren.

claustrophobie [-trɔfɔbi] f. Klaustrophobie f.

claveau [klavo] m. ARCHIT. Wölbestein m.

clavecin [klavsɛ̃] m. MUS. Kielflügel m. ; Cembalo n. ; Spinett n.

clavette [klavɛt] f. TECHN. Vorstecknagel m. ; Keil m. ; Splint m. | *Clavette de réglage*, Stellkeil.

clavicule [klavikyl] f. ANAT. Schlüsselbein n.

clavier [klavje] m. Tastatur f. ; Tastenfeld n. ; Tastenbrett n. ; Klaviatur f.

claviste [-vist] s. Bildschirmsetzer(in) m. (f.)

clayonner [-ne] v. tr. mit Flechtwerk versehen.

clearing [kli:riŋ] m. Ver-, Ab-, Aufrechnungsverfahren n. | *Accord de clearing*, Verrechnungsabkommen n.

clef ou **clé** [kle] f. Schlüssel m. | *Clef de contact*, Zündschlüssel. | *Fausse clef*, Dietrich m. | *Clef en main*, schlüsselfertig. | *Trousseau de clefs*, Schlüsselbund n. | *La clef est sur la porte*, der Schlüssel steckt in der Tür. | *Forcer la clef*, den Schlüssel überdrehen. | *Fermer à clef*, abschließen. | *Donner un tour de clef*, den Schlüssel einmal herumdrehen. || FIG. Schlüssel m. | *Être sous clef*, hinter Schloß und Riegel sitzen. | *Prendre la clef des champs*, verschwinden. | *Roman à clef*, Schlüsselroman m. | *Clef d'une énigme*, Schlüssel zur Auflösung eines Rätsels. | *Mot clef*, Stichwort n. || TECHN. *Clef anglaise*, Schraubenschlüssel. | *Clef à molette*, verstellbarer Schlüssel ; Franzose m. || MUS. *Clef de fa, de sol, d'ut*, Baß-, Violin-, Altschlüssel m. | *Clefs d'une flûte*, Flötenklappen f. pl. || ARCHIT. *Clef de voûte*, Schlußstein m. ; Scheitel m.

clématite [klematit] f. BOT. Klematis f. ; Waldrebe f.

clémence [klemɑ̃:s] f. Milde f. ; Gnade f. ; Huld f.

clément, ente [-mɑ̃, ɑ̃:t] adj. mild ; gnädig ; mildherzig ; huldvoll ; gütig. || [température] mild.

clémentine [-mɑ̃tin] f. BOT. kleine Mandarine.

clenche [klɑ̃:ʃ] ou **clenchette** [klɑ̃ʃɛ:t] f. Klinke f. ; Drücker m. ; Türdrücker m.

cleptomane [klɛptɔman] s. Kleptomane m. ; Kleptomanin f.

cleptomanie [-mani] f. Kleptomanie f.

clerc [klɛ:r] m. [prêtre] Geistliche(r) m. ; Kleriker m. || [secrétaire] Schreiber m. ; Kanzlist m. | *Clerc principal*, Anwaltsbürovorsteher m. | *Faire un pas de clerc*, sich linkisch benehmen. || [savant] Gelehrte(r) m.

clergé [klɛrʒe] m. Geistlichkeit f. ; Klerus m.

clérical, ale, aux [klerikal, o] adj. geistlich ; klerikal ; priesterlich ; POP. schwarz ; PÉJOR. pfäffisch.

cléricalisme [-lism] m. Klerikalismus m.

clichage [kliʃa:ʒ] m. TYPOGR. Klischieren n.

cliché [-ʃe] m. Klischee n. ; Negativ n. ; PÉJOR. Abklatsch m. || FIG., FAM. Gemeinplatz m.

clicher [-ʃe] v. tr. abziehen ; abklatschen ; klischieren ; negative Abzüge machen.

client, iente [klijɑ̃, jɑ̃:t] s. Kunde m. ; Kundin f. ; Käufer(in) m. (f.). || [de médecin] Patient m. || [d'avocat] Klient m.

clientèle [-tɛl] f. Kundschaft f. ; Kundenkreis m. | *Avoir la clientèle de qn*, jn als Stammkunden haben. || [de médecin] Praxis f. ; Patienten m. pl. ; Patientenschaft f. || [d'avocat] Klienten m. pl.

clientélisme [-telism] m. Käuferfang m. | *Clientélisme électoral*, Wählerfang m.

clignement [kliɲmɑ̃] m. Blinzeln n. ; Zublinzeln n. ; Zwinkern n. ; Augenzwinkern n.

cligner [-ɲe] v. tr. zwinkern ; blinzeln ; blinkern. | *Cligner des yeux*, mit den Augen (zu)blinzeln.

clignotant, ante [-ɲɔtɑ̃, ɑ̃:t] adj. blinkend. | *Feu clignotant*, Blinkfeuer n.
◇ m. **clignotant,** AUTOM. Blinker m. || ÉCON. Marktsignal n.

clignotement [-ɲɔtmɑ̃] m. Blinzeln n. ; Zwinkern n. ; Blinken n.

clignoter [-ɲɔte] v. intr. blinzeln ; zwinkern ; blinken ; mit dem Augenlidern zucken.

climat [klima] m. Klima n. | *Climat rude, torride, humide, tempéré*, rauhes, heißes, feuchtes, gemäßigtes Klima. | *Climat maritime*, Seeklima. || [région] Gegend f. ; Landstrich m. || FIG. Stimmung f.

climatique [-tik] adj. klimatisch ; wettermäßig ; Klima... | *Station climatique*, Luftkurort m.

climatisation [-tizasjɔ̃] f. Temperaturangleichung f. ; Temperaturausgleich m.

climatiser [-tize] v. tr. temperieren ; Temperatur ausgleichen ; klimatisieren. | *Salle climatisée*, mit Klimaanlage versehener Saal.

climatiseur [-tizœ:r] m. Klimaanlage f.

climatologie [-tɔlɔʒi] f. Klimalehre f. ; Klimatologie f.

clin [klɛ̃] m. *Clin d'œil*, Augenblick m. ; Augenwink m. | *En un clin d'œil*, in einem Augenblick ; im Nu. | *Faire un clin d'œil à qn*, jm zublinzeln.

clinicien, ienne [klinisjɛ̃, jɛn] s. Kliniker(in) m. (f.).

clinique [-nik] adj. MÉD. klinisch.
◇ f. [hôpital] Klinik f. || [cours] klinische Vorlesung.

clinquant [klɛ̃kɑ̃] m. Flittergold n. || FIG. [faux brillant] täuschender Glanz.

clip [klip] m. Klipp m.

clipper [-pœ:r] m. MAR. Klipper m. ; Teeklipper m. ; Gaffelschoner m.

clique [klik] f. Sippschaft f. ; Anhang m. ; Clique f. || MIL. Spielmannszug m. || FIG., FAM. *Prendre ses cliques et ses claques*, mit Kind und Kegel abhauen.

cliquet [klikɛ] m. Klinke f. ; Sperrklinke f., -haken m., -zahn m. ; Schaltklinke f.

cliqueter [-kte] v. intr. klirren ; klickern ; rasseln ; rappeln ; klappern.

cliquetis [-kti] m. Klirren n. ; Rasseln n. ; Geklapper n. | *Cliquetis des armes*, Waffengeklirr n.

clitoris [klitɔris] m. ANAT. Klitoris f. ; Kitzler m.

clivage [kliva:ʒ] m. [action] Spalten n. || [résultat] Spaltung f. ; Spalte f.

cliver [-ve] v. tr. spalten.

cloaque [klɔak] m. Kotgrube f. ; Kloake f. || FIG. [lieu] Lasterhöhle f. || ZOOL. Kloake f.
— SYN. : *Égout* m., Abfluß m.

clochard, arde [klɔʃa:r, ard] s. FAM. Obdachlose(r) f. (m.) ; Pennbruder m.

cloche [klɔʃ] f. Glocke f. | *Les cloches sonnent*, die Glocken läuten. | *Au son des cloches*, unter Glockenklang. | *Au coup de cloche*, beim Glockenschlag. | *Cloche des morts*, Totenglocke. || FIG. *Déménager à la cloche de bois*, heimlich ausrücken. || PAR EXT. *Cloche à fromage*, Käseglocke. | *Cloche à plongeur*, Taucherglocke. || MÉD. Blase f. || BOT. Glocke f. || POP. *Se taper la cloche*, tüchtig drauf losessen. | *Sonner les cloches à qn*, jn heftig abkanzeln.
— SYN. : *Bourdon* m., dunkle Glocke ; Brummer m.

cloche-pied (à) [aklɔʃpje] loc. adv. auf einem Bein. | *Sauter à cloche-pied*, hickeln.

clocher [klɔʃe] m. Glocken-, Kirchturm m. || FIG. *Esprit de clocher*, Kirchturmpolitik f. ; Kleinstädterei f. | *Revoir son clocher*, seine Heimat wiedersehen.
— SYN. : *Beffroi*, Belfried.

clocher [klɔʃe] v. intr. lahmen ; hinken ; lahm gehen ; den Fuß nachziehen. || FIG., FAM. *Il y a qch. qui cloche*, da ist etwas nicht in Ordnung. | *Ses affaires clochent*, es hinkt mit ihm.

clocheton [-ʃtɔ̃] m. Glockentürmchen n.

clochette [-ʃɛt] f. Glöckchen n. ; Schelle f. ; Klingel f. ; POP. Bimmel f. || BOT. Glockenblümchen n.
— SYN. : *Sonnette* f., Klingel f. *Timbre* m., Glocke f. ; Schelle f.

cloison [klwazɔ̃] f. Scheidewand f. ; Wand f. ; Verschlag m. | *Cloison de planches*, Bretterverschlag. || FIG. *Cloison étanche*, völlige Trennung. || ANAT. *Cloison nasale*, Nasenscheidewand. || MAR. Schott n.

cloisonnage [-zɔna:ʒ] m. ou **cloisonnement** [-nmɑ̃] m. Verschlag m. ; Unter-, Abteilung f.

cloisonner [-zɔne] v. tr. unterteilen ; verschlagen ; durch eine Zwischenwand trennen.

◇ part. pass. et adj. **cloisonné, ée,** abgeteilt ; unterteilt ; gefächert ; aufgeteilt. | *Émail cloisonné*, Emailmosaikarbeit f.

cloître [klwa:tr] m. Kreuz-, Klostergang m. ; Umgang m. || PAR EXT. Kloster n.

— SYN. : *Couvent* m., Kloster n. *Monastère* m. (Mönchs)kloster n. *Abbaye* f., Abtei f. *Prieuré* m., Probstei f.

cloîtrer [-tre] v. tr. ins Kloster schicken, sperren. || FIG. einsperren ; einschließen.

clone [klo:n] m. Klon m.

cloner [klone] v. tr. klonieren.

clope [klɔp] m. POP. Glimmstengel m. ; Fluppe f.

clopin-clopant [klɔpɛ̃klɔpɑ̃] loc. adv. daherhumpelnd. || FAM. holterdiepolter.

clopiner [-pine] v. intr. humpeln ; hinken.

cloporte [klɔpɔrt] m. ZOOL. Kellerassel f.

cloque [klɔk] f. BOT. Schrumpfen n., Aufrollen der Blätter. || MÉD. [ampoule] (Brand)blase f.

cloquer [-ke] v. intr. Blasen werfen, ziehen.

clore [klɔ:r] v. tr. schließen ; ab-, zu-, um-, verschließen. | *Clore un jardin*, einen Garten einschließen, einhegen, umzäunen. || FIG., FAM. *Clore le bec à qn*, jm den Mund stopfen. | *Clore un compte*, ein Konto abschließen. | *Clore une session*, eine Sitzung schließen.

◇ part. pass. et adj. **clos, ose,** (ab)geschlossen. || LOC. *Vase clos*, luftdicht verschlossenes Gefäß. | *Champ clos*, Kampfplatz m. ; Schranken f. pl. | *Trouver porte close*, vor verschlossene Türen kommen. | *Les yeux clos*, mit geschlossenen Augen ; FIG. blindlings. | *Cela est pour moi lettre close*, das bleibt (mir) ein Buch mit sieben Siegeln.

clos [klo] m. Einfriedigung f. ; Umzäunung f. ; Gehege n. || [vignoble] Weinberg m. ; Weingut n.

closeau [klozo] m., **closerie** [klozri] f. kleiner (Bauern)hof ; Pachtgütchen n.

clôture [kloty:r] f. [enceinte] Um-, Einfriedigung f. ; Umzäunung f. ; Gitter n. ; Zaun m. | *Clôture en fil de fer*, Drahtzaun. || FIG. [fermeture] Schließung f. ; Schluß m. ; Abschluß m. ; Ende n. ; Beendigung f. | *Clôture des comptes, du bilan, de la Bourse*, Rechnungs-, Bilanzabschluß m. ; Börsenschluß m. | *Clôture d'une séance*, Sitzungsende n., -abschluß m. | *Séance de clôture*, Schlußsitzung f. || [heure] Polizeistunde f. || RELIG. Klausur f. ; Sprechgitter n.

— SYN. : *Barrière* f., Schlagbaum m. *Palissade* f., Palisade f. *Grille* f., Gitter n.

clôturer [-tyre] v. tr. einfriedigen ; umzäunen ; einen Zaun setzen. || FIG. schließen ; abschließen.

clou [klu] m. Nagel m. | *Clou fileté*, Schraubennagel. | *Clou sans tête*, Stift m. | *Planter un clou*, einen Nagel in die Wand schlagen. || FIG., FAM. *Ne pas valoir un clou*, keine Stecknadel wert sein. | *Maigre comme un clou*, mager wie ein Streichholz. | *Le clou d'une soirée*, der Höhepunkt, der Clou eines Abends. | *Porter un objet au clou*, einen Gegenstand ins Leihhaus tragen. | *Ta bicyclette est un clou*, dein Rad ist ein alter Schlitten. || BOT. *Clou de girofle*, Gewürznelke f. || FAM. [passage clouté] *Les clous*, Straßenübergang (m.) für Fußgänger ; Zebrastreifen m.

clouer [-e] v. tr. nageln ; an-, ver-, fest-, zunageln. | *Clouer sur la croix*, ans Kreuz nageln ; kreuzigen. || FIG. fesseln. | *Cloué sur son lit*, ans Bett gefesselt. | *Être cloué sur place*, wie angewurzelt dastehen. || FAM. *Clouer le bec à qn*, jm das Maul stopfen.

cloutage [-ta:ʒ] m. Nageln n.

clouter [-te] v. tr. mit Nägeln versehen.

◇ part. pass. et adj. **clouté, ée,** *Passage clouté*, markierter Übergang ; Nagelstreifen m. ; FAM. Zebrastreifen m. | *Pneu clouté*, Spikesreifen m.

clouterie [-tri] f. [fabrique] Nagelschmiede f. ; Nagelzieherei f. || COMM. Nagelhandel m.

cloutier [-tje] m. Nagelschmied m.

Clovis [klɔvis] n. pr. m. HIST. Chlodwig m.

clovisse [klɔvis] f. ZOOL. Venusmuschel f.

clown [klun] m. Clown m. ; dummer August ; Spaßmacher m. || FIG. *Faire le clown*, den Hanswurst spielen.

clownerie [-ri] f. Possenreißen n. ; dummes Zeug ; Faxenmacherei f.

club [klœb] m. [union] Klub m. ; Verein m. ; Vereinigung f. ; Kreis m. | *Club alpin*, Alpenverein. || [local] Klublokal n. ; Klubhaus n.

co [ko] préf. mit...

coaccusé, ée [koakyze] s. Mitangeklagte(r) m.

coacquéreur [koakerœr] m. Miterwerber m.

coadjuteur [koadʒytœ:r] m. Amtsgehilfe m. || RELIG. Weihbischof m.

coagulable [koagylabl] adj. gerinnbar.

coagulant, ante [-lɑ̃, ɑ̃:t] adj. zum Gerinnen bringend.

◇ m. **coagulant,** Gerinnungsmittel n. ; Blutstillungsmittel n.

coagulation [-lasjɔ̃] f. Gerinnen n. ; Gerrinsel n. ; Dickwerden n. ; Koagulieren n.

coaguler [-le] v. tr. zum Gerinnen bringen ; ausflocken ; zusammenlaufen.

◇ v. intr. gerinnen.

◇ part. pass. et adj. **coagulé, ée.** *Sang coagulé*, geronnenes Blut.

coaliser [koalize] v. tr. vereinigen ; zusammenschließen.

◇ part. pass. et adj. **coalisé, ée,** verbündet. || SUBSTANTIV. *Les coalisés*, die Verbündeten.

◇ v. pr. **se coaliser,** sich verbinden ; sich vereinigen ; sich verbünden ; ein Bündnis schließen.

coalition [-lisjɔ̃] f. Vereinigung f. ; Verbindung f. ; Bündnis n. ; Koalition f. | *Coalition gouvernementale*, Regierungskoalition. | *Droit de coalition*, Koalitionsrecht n.

coaltar [koltar] m. Steinkohlenteer m.

coassement [koasmɑ̃] m. Quaken n. ; Fröschequaken n. ; Gequake n.

coasser [-se] v. intr. quaken. || FIG. quaken.

coassocié, ée [koasɔsje] s. Mitinhaber(in) m. (f.).

cobalt [kɔbalt] m. Kobalt m. | *Cobalt gris*, Kobaltglanz m.

cobaye [kɔba:j] m. ZOOL. Meerschweinchen n. || FIG. *Servir de cobaye*, als Versuchskaninchen dienen.

cobra [kɔbra] m. Brillenschlange f. ; Kobra f.

coca [kɔka] f. BOT. Kokastrauch m.

cocagne [kɔkaɲ] f. *Pays de cocagne*, Schlaraffenland n. ; Schlaraffia n. | *Mât de cocagne*, Kletter-, Würstelbaum m.

cocaïne [kɔkain] f. Kokain n.

cocaïnomane [-nɔman] n. Kokainsüchtiger m.

cocarde [kɔkard] f. Kokarde f. ; Abzeichen n.

cocardier, ière [-dje, jɛ:r] adj. uniformbesessen ; theatralisch.

◇ s. Hurrapatriot(in) m. (f.).

cocasse [kɔkas] adj. FAM. [ridicule] lächerlich ; albern ; durchgedreht. || PAR EXT. [plaisant] drollig ; ulkig ; spaßig ; putzig.

cocasserie [-sri] f. Lächerlichkeit f. ; Albernheit f. ; Quatsch m. ; Durchgedrehtheit f. || PAR EXT. Drolligkeit f. ; Ulk m. ; Spaß m.

coccinelle [kɔksinɛl] f. ZOOL. Marienkäfer m., -würmchen n. ; Siebenpunkt m. ; Gottesschäfchen n. || FAM. [Volkswagen] Käfer m.

coccyx [kɔksis] m. ANAT. Steißbein n.

coche [kɔʃ] m. HIST. Planwagen m. ; Kaufmanns-, Reisewagen m. || PAR EXT. Kutsche f. || FIG. *Manquer le coche*, die Gelegenheit verpassen. | *Faire la mouche du coche*, wichtig tun.
◇ f. [entaille] Kerbe f. ; Einschnitt m. ; Einkerbung f.

cochenille [kɔʃni:j] f. ZOOL. Schildlaus f. ; Kaktusschildlaus f. ; Koschenille f.

cocher [kɔʃe] m. Kutscher m. ; Beifahrer m. | *Cocher de fiacre*, Droschkenkutscher. | *Siège du cocher*, Kutschersitz m. ; Kutscherbock m. || FIG. *Fouette, cocher !*, Kutscher, fahr zu ! ; los, zu !

cocher v. tr. (ein)kerben ; einen Einschnitt machen. | *Cocher des noms sur une liste*, Namen auf einer Liste abhaken.

cochère [kɔʃɛ:r] adj. f. Wagen... | *Porte cochère*, Wageneinfahrt f. ; Hoftor n. ; Torweg m.

cochon [kɔʃɔ̃] m. [bête] Schwein n. | *Cochon de lait*, Spanferkel n. || [viande] Schweinefleisch n. || FIG. [sale] Dreckschwein. || PAR EXT. *Cochon d'Inde*, Meerschweinchen n. | *Cochon de mer*, Knurrhahn m.
◇ adj. schmutzig ; schweinisch ; obzön.

cochonnaille [kɔʃɔna:j] f. Schweinefleisch n. ; Wurstwaren f. pl.

cochonner [-ne] v. tr. FIG., FAM. [salir] ver-, ein-, zusauen ; verdrecken ; besudeln. || [bâcler] verpfuschen.
◇ v. intr. [mettre bas] ferkeln ; werfen.

cochonnerie [-nri] f. FIG. Sauerei f. ; Schweinerei f. ; Sudelei f. || [obscénité] dreckiger Witz.

cochonnet [-nɛ] m. Schweinchen n. || JEUX. Zielkugel f. ; Marke f. || MAR. Nebelschleppboje f.

cockpit [kɔkpit] m. AÉRON., MAR. Kockpit n.

cocktail [-tɛl] m. Cocktail m.

coco [koko] m. BOT. Kokosnuß f. || [boisson] Lakritzenwasser n. || PÉJOR. *Un drôle de coco*, POP. ein komischer Kauz. | *Un joli coco*, ein Lump m.
◇ f. ARG. [cocaïne] Koks m.

cocon [kɔkɔ̃] m. Puppe f. ; Verpuppung f. ; Seidenraupenpuppe f. ; Kokon m. | *Filer son cocon*, sich verpuppen ; sich einspinnen.

cocorico [kɔkɔriko] m. Kikeriki n.

cocotier [kɔkɔtje] m. Kokospalme f. ; Kokosbaum m.

cocotte [kɔkɔt] f. ENF. [poule] Pipiphühnchen n. ; Henne f. || FIG. [terme d'affection] Püppchen n. ; Hühnchen n. ; Täubchen n. ; Küken n. ; Schätzchen n. || PÉJOR. [femme] leichtes Mädchen ; Freudenmädchen n. ; Kokotte f. ; Dirne f. || [marmite] eiserner Schmortopf. || MUS. Koloraturläufe m. pl.

cocu [kɔky] adj. FAM. hintergangen ; gehörnt.
◇ m. Hahnrei m. ; betrogener Ehemann.

codage [kɔda:ʒ] m. INF. Verschlüsselung f.

code [kɔd] m. JUR. Gesetzbuch n. ; Gesetzessammlung f. ; Gesetz n. ; Kodex m. | *Code civil (Napoléon)*, bürgerliches Gesetzbuch ; BGB n. | *Code de commerce*, Handelsgesetzbuch ; HGB n. | *Code de justice militaire*, Militärstrafgesetzbuch. | *Code d'instruction criminelle*, Strafprozeßordnung f. [France]. | *Code du travail*, Arbeitsgesetzbuch n. | *Code pénal*, Strafgesetzbuch. || PAR EXT. *Code de la route*, Straßenverkehrsordnung. || FIG. *Code de la politesse*, Anstandsregeln f. pl. || MIL. [clef] Schlüssel m. ; Kodex m. || AUTOM. *Mettre en code*, abblenden. || BIOL. *Code génétique*, genetischer Kode. || INF. *Code barres*, Strichkode m.

codébiteur [kodebitœ:r] m. JUR. Mitschuldner m.

coder [kɔde] v. tr. chiffrieren

codétenu [kodetny] m. JUR. Mithäftling m. ; Mitgefangener m.

codeur [-dœ:r] m. INF. Kodierer m.

codex [kɔdɛks] m. Arzneibuch n.

codicille [kɔdisil] m. JUR. Testamentsnachtrag m.

codification [kɔdifikasjɔ̃] f. JUR. Gesetzgebung f. ; Abfassung (f.) eines Gesetzbuches. || INF. V. CODAGE.

codifier [-fje] v. tr. kodifizieren.

codirecteur [kodirɛktœ:r] m. zweiter Direktor ; Direktorstellvertreter m.

coéducation [koedykasjɔ̃] f. gemeinsame Erziehung ; gemischte Klassen f. pl. ; Koedukation f.

coefficient [koefisjɑ̃] m. Beizahl f. ; Funktionszahl f. ; Koeffizient m. | *Coefficient de dilatation*, Ausdehnungskoeffizient m. | *Coefficient de vaporisation*, Verdampfungsziffer f. || ÉCON. *Coefficient de trésorerie*, Liquiditätskoeffizient m.

coéquipier [koekipje] m. SPORT. Mannschaftsspieler m. ; Mannschaftsmitglied n. ; Mitspieler m. || FAM. Kollege m. ; Kollegin f.

coercitif, ive [-sitif, i:v] adj. JUR. zwingend ; Zwangs...

coercition [-sisjɔ̃] f. Zwang m. | *Par coercition*, zwangsweise.

cœur [kœ:r] m.

> **I.** ORGANE : Herz n.
> **II.** SIÈGE DE L'AFFECTIVITÉ :
> **a)** Herz n. ;
> **b)** [sentiment] Gefühl n. ;
> **c)** [sensibilité] Gemüt n. ;
> **d)** [zèle, ardeur] Herz n. ;
> **e)** [courage] Mut m. ; Herz n. ;
> **f)** [esprit, mémoire] Sinn m. ;
> **g)** [sens moral] Herz n. ; Seele f. ;
> **h)** LOC.
> **III.** CHOSES.

I. ORGANE : Herz n. | *Battement de cœur*, Herzklopfen n., -schlag m. ; POP. Herzbubbern n. | *Affection du cœur*, Herzbeschwerden f. pl. ; Herzleiden n. | *Frapper en plein cœur*, mitten ins Herz treffen. | *Viser le cœur*, aufs Herz zielen. | *Tant que mon cœur battra*, bis zum letzten Atemzug. || MÉD. *Cœur artificiel*, Kunstherz. || PAR EXT. [régions voisines] Herzgegend f. ; Brust f. ; Busen m. | *Serrer sur son cœur*, an die Brust drücken ; herzlich umarmen. | *J'ai mal au cœur*, mir ist übel ; ich muß brechen ; FIG. es ärgert mich. | *Le dîner lui est resté sur le cœur*, das Abendessen liegt ihm schwer auf dem Magen. || [personne] Herz n. | *Mon cœur !*, mein Herzchen ! ; mein Herzlieb ! | *Faire le joli cœur*, scharwenzeln. | *Homme sans cœur*, herzloser Mensch.
II. SIÈGE DE L'AFFECTIVITÉ : **a)** Herz n. | *Cœur d'une mère*, Mutterherz. | *Gagner le cœur de qn*, js Herz gewinnen. | *Qui a du cœur*, herzlich ; herzvoll. | *Avoir le cœur sensible*, ein weiches Herz haben. | *Il a le cœur gros*, ihm ist das Herz schwer. | *J'ai le cœur serré, léger*, es ist mir eng, leicht ums Herz. | *Son cœur se gonfle de gratitude*, sein Herz fließt ihm über vor Dankbarkeit. | *Cœur de pierre*, steinernes Herz. | *Serrement de cœur*, Herzbeklemmung f. | *Mon cœur saigne*, das Herz blutet mir. | *Cela me brise le cœur*, das bricht mir das Herz. | *Qui déchire le cœur*, herzzerreißend. | *Soulager son cœur*, sein Herz ausschütten. | *Cela me va droit au cœur*, das geht mir zu Herzen. | *Cela part du cœur*, das kommt aus dem Herzen. — **b)** [sentiment] Gefühl n.

| *Homme de cœur*, gefühlvoller Mensch. | *Absence de cœur*, Gefühl-, Herzlosigkeit f. | *Aimer de tout son cœur*, herzinnig lieben. | *Rire de tout son cœur*, aus vollem Herzen lachen. | *Ami de cœur*, Busenfreund m. | *Affaires de cœur*, Herzensangelegenheiten f. pl. — **c)** [sensibilité] Gemüt n. | *Plein de cœur*, gemütvoll, -reich. | *Qui réjouit le cœur*, herzerfreuend. — **d)** [zèle, ardeur] Herz n. ; Lust f. ; Eifer m. | *Prendre à cœur*, sich zu Herzen nehmen. | *Avoir à cœur de faire qch.*, es sich angelegen sein lassen, etwas zu tun. | *Cela me tient à cœur*, das liegt mir am Herzen. | *Avoir du cœur à l'ouvrage*, mit Lust arbeiten. | *N'avoir de cœur à rien*, zu nichts Lust haben. | *Si le cœur vous en dit*, wenn Sie Lust haben. | *Son cœur n'y est pas*, er tut es ohne Lust und Liebe. — **e)** [courage] Mut m. ; Herz n. ; Herzhaftigkeit f. ; Courage f. | *Avoir du cœur*, Mut, Herz haben ; beherzt sein. | *Avoir le cœur de tenter qch.*, es übers Herz bringen, etwas zu wagen. — **f)** [esprit, mémoire] Sinn m. | *En avoir le cœur net*, sich vergewissern. | *Être gravé dans le cœur de qn*, tief im Herzen geschrieben sein. — **g)** [sens moral] Herz n. ; Seele f. ; Gemüt n. | *Cœur noble*, edles Herz, Gemüt n. | *Avoir bon, mauvais cœur*, ein gutes, schlechtes Herz haben. | *Avoir un cœur d'or*, herzensgut sein. — **h)** LOC. *À cœur ouvert*, offenherzig ; frei von der Leber weg. | *De bon cœur*, von ganzem Herzen ; aus vollem Herzen ; von Herzen gern. | *Du fond du cœur*, aus tiefstem Herzen ; herzinnig. | *Apprendre par cœur*, auswendig lernen ; einstudieren.

III. CHOSES : Herz. || [en forme de cœur] *Cœur en or*, goldenes Herz. | *Dame, roi de cœur*, Herzdame f., -könig m. | *Bouche en cœur*, Karpfenmäulchen n. || [point central] Herz n. ; Herzstück n. ; Kern m. ; Inneres n. | *Cœur du bois*, Kernholz n. ; Herz. | *Cœur d'un fruit*, Kerngehäuse n. | *Cœur d'une salade*, Herzblätter eines Salatkopfes. || NUCL. *Cœur de réacteur*, Reaktorkern m. || PAR EXT. *Cœur de la ville*, Stadtzentrum n., -inneres n. | *Cœur de l'Allemagne*, im Herzen Deutschlands.

coexistant, ante [koɛgzistɑ̃, ɑ̃:t] adj. mitbestehend ; gleichzeitig bestehend.

coexistence [-tɑ̃:s] f. Nebeneinanderleben n. ; gleichzeitiges Bestehen ; Koexistenz f. | *Coexistence pacifique*, friedliche Koexistenz.

coexister [-te] v. intr. nebeneinander bestehen ; zusammenleben ; gleichzeitig bestehen.

coffrage [kɔfra:ʒ] m. TECHN. Ein-, Verschalung f. ; Schalung f. ; Auskleidung f. ; Verkleidung f.

coffre [kɔfr] m. [caisse] Koffer m. ; Kasten m. ; Truhe f. ; Schrankkoffer m. ; Schrein m. ; Behälter m. || [caisse à argent] *Coffre-fort*, Geldschrank m. ; Stahlkammer f. | *Salle des coffres*, Tresorraum m. || PAR EXT. [contenu] Schatz m. | *Les coffres de l'État*, Staatsschatz. || MAR. *Coffre d'un navire*, Schiffsrumpf m. ; Laderaum m. || ANAT., FAM. Brustkorb m. ; Brustkasten m. || FIG. Magen m. ; Brust f. | *Il a du coffre*, er hat Mumm ! || AUTOM. *Coffre arrière*, Kofferraum m.

coffrer [kɔfre] v. tr. TECHN. verschalen ; verkleiden. || FIG., FAM. einsperren ; POP. einlochen.

coffret [kɔfrɛ] m. Kästchen n. ; Schatz-, Schmuckkästchen n.

cogestion [koʒɛstjɔ̃] f. Mitbestimmung f.

cogitation [kɔʒitasjɔ̃] f. Denken n. ; Nachdenken n. ; Überlegen n.

cognac [kɔɲak] m. Kognak m. ; Weinbrand m.

cognassier [kɔɲasje] m. BOT. Quittenbaum m.

cognée [kɔɲe] f. AXT f. ; Holzfällerbeil n. || FIG. *Jeter le manche après la cognée*, die Flinte ins Korn werfen.

cogner [kɔɲe] v. tr. [frapper] schlagen ; klopfen ; hämmern. | *Cogner (sur) qn*, jn boxen. || [heurter] stoßen (an, acc.).
◇ v. intr. anklopfen. | *On cogne*, es klopft an. || TECHN. *Le moteur cogne*, der Motor klopft.
◇ v. pr. **se cogner,** [se heurter] sich stoßen (an, acc.). | *Se cogner la tête*, sich am Kopf stoßen. | *C'est à se cogner la tête contre les murs*, es ist zum Verzweifeln.

cohabitation [koabitasjɔ̃] f. Zusammenwohnen n. || JUR. Beiwohnung f. ; Beischlaf m.

cohabiter [-te] v. intr. zusammenwohnen. || JUR. beiwohnen ; beischlafen.

cohérence [kɔerɑ̃:s] f. Zusammenhang m. ; Verwachsensein n. ; Kohärenz f.

cohérent, ente [-rɑ̃, ɑ̃:t] adj. zusammenhängend ; zusammengewachsen. | *Être cohérent*, zusammenhängen. || PHYS. kohärent. | *Lumière cohérente*, kohärentes Licht.

cohéritier, ière [koeritje, jɛ:r] s. Miterbe m. ; Miterbin f.

cohésion [-zjɔ̃] f. PHYS. Kohäsion f. | *Force de cohésion*, Bindekraft f. | *Indice de cohésion*, Festigkeitszahl f. || FIG. Zusammenhalten n.

cohorte [kɔɔrt] f. HIST. römische Kohorte. || POÉT. Schar f. ; Heerschar f.

cohue [kɔy] f. Haufe(n) m. ; Menge f. ; Gewühl n. ; Volksgedränge n.

coi, coite [kwa, kwat] adj. ruhig ; still. | *Se tenir coi*, kein Sterbenswörtchen sagen.

coiffe [kwaf] f. Haube f. ; Häubchen n. ; Kappe f. | *Coiffe de chapeau*, Hutfutter n. || TECHN. Deckblech n. || ANAT. Embryokopfhäutchen n. || BOT. Mütze f.

coiffer [-fe] v. tr. [couvrir la tête] den Kopf bedecken ; den Hut aufsetzen. | *Être coiffé d'une casquette*, eine Mütze aufhaben. | *Ce chapeau la coiffe bien*, dieser Hut steht ihr gut. || FIG. *Coiffer sainte Catherine*, Jungfer bleiben. || PAR EXT. [arranger les cheveux] frisieren. || SPORT. *Coiffer qn sur le poteau*, jn im letzten Moment überholen.
◇ part. pass. et adj. **coiffé, ée,** bedeckt ; frisiert. || FIG. *Être né coiffé*, ein Sonntagskind sein.
◇ v. pr. **se coiffer,** [se couvrir] sich bedecken. || [se peigner] sich das Haar machen ; sich frisieren. | *Se faire coiffer*, sich das Haar machen lassen.

coiffeur, euse [-fœ:r, ø:z] s. Haarschneider m. ; Friseur m. ; Friseuse f. | *Garçon coiffeur*, Friseurgehilfe m.
◇ f. **coiffeuse,** Toilettentisch m.

coiffure [-fy:r] f. Kopfbedeckung f. ; Haarfrisur f. ; Haartracht f. | *Salon de coiffure*, Frisiersalon m. ; Friseurgeschäft n.
— SYN. : *Couvre-chef* m., Deckel m. *Chapeau* m., Hut m.

coin [kwɛ̃] m. Ecke f. ; Winkel m. ; Zipfel m. | *Coin repas*, Essecke. | *Lit, armoire de coin*, Eckbett n., -schrank m. | *Coin de la bouche*, Mundwinkel. | *Coin d'un mouchoir*, Taschentuchzipfel. | *Un coin de terre*, ein Ackerzipfel ; ein Stückchen (n.) Acker. | *Coin de bois*, Waldecke. | *Tourner au coin d'une rue*, um die Straßenecke biegen, kommen, fahren. || LOC. *Au coin du feu*, am häuslichen Herd ; in der Ofenecke ; PÉJOR. hinterm Ofen. | *Des quatre coins du monde*, von allen Seiten ; von überall her. | *Dans un coin de la province*, in der finstersten Provinz. | *Regarder qn du coin de l'œil*, jn scheel ansehen ; jm einen schiefen Blick zuwerfen. | *Jouer aux quatre coins*, Bäumchen wechseln spielen. | *Dans tous les coins et recoins*, an allen Ecken und Enden. || [monnaie] Stempel m. || TECHN. Keil m. | *Coin de calage*, Feststellkeil. | *En forme de coin*, keilförmig.
— SYN. : *Recoin* m., Winkelchen n.

coinçage [kwɛ̃sa:ʒ] m. TECHN. Verkeilung f.
coincer [-se] v. tr. verkeilen ; ein-, fest-, verklemmen. | *La porte coince*, die Tür sperrt. || FIG., FAM. erwischen. | *Se faire coincer*, ertappt werden. | *Être coincé*, in der Klemme sitzen.
coïncidence [kɔɛ̃sidɑ̃:s] f. GÉOM. Deckung f. ; Kongruenz f. || PAR EXT. Zusammentreffen n. ; Zusammenfallen n. ; Zusammenkommen n.
— SYN. : *Simultanéité* f., Gleichzeitigkeit f.
coïncider [-de] v. intr. zusammentreffen, -fallen ; sich decken ; übereinstimmen ; kongruent sein.
coin-coin [kwɛ̃kwɛ̃] m. Gak-gak-gak n.
coïnculpé, ée [koɛ̃kylpe] s. Mitbeschuldigter.
coing [kwɛ̃] m. BOT. Quitte f.
coït [kɔit] m. Geschlechtsverkehr m. ; Koitus m.
coke [kɔk] m. Koks m. | *Coke de fonderie, de lignite, métallurgique*, Gießerei-, Gruden-, Hüttenkoks.
cokéfaction [kɔkefaksjɔ̃] f. Verkokung f.
cokerie [kɔkri] f. Kokerei f.
col [kɔl] m. [cou] Hals m. | *Col de bouteille*, Flaschenhals. || [de vêtement] Kragen m. | *Faux col*, Hemdkragen. | *Col droit, rabattu, roulé, Danton*, Steh-, Umlege-, Roll-, Schillerkragen. | *Col empesé, mou*, steifer, weicher Kragen. | *Cache-col*, Kragenschoner m. || GÉOGR. *Col de montagne*, Paß m. ; Gebirgspaß m. || ANAT. Hals m. | *Col du fémur*, Schenkelhals.
— SYN. : *Brèche* f., Bresche f. *Défilé* m., Engpaß m.
cola [kɔla] m. BOT. V. KOLA.
col-bleu [kɔlblø] m. MAR., FAM. Matrose m.
colchique [kɔlʃik] m. BOT. Herbstzeitlose f.
col-de-cygne [kɔldəsiɲ] m. (pl. **cols-de-cygne**). TECHN. Schwanenhals m.
coléoptères [kɔleɔptɛ:r] m. pl. ZOOL. Käferarten f. pl. ; Käfer m. pl.
colère [kɔlɛ:r] f. Zorn m. ; Grimm m. ; Wut f. | *Accès de colère*, Zornanfall m. | *En colère*, zornig ; erzürnt. | *Colère subite*, Jähzorn. | *Colère bleue*, blinde Wut ; rasender Zorn. | *Se mettre en colère*, sich erzürnen ; in Zorn geraten. | *Être en colère*, zürnen ; aufgebracht sein. | *Mouvement de colère*, Zornesanwandlung f. || PAR EXT. *Colère des flots*, rasende See.
coléreux, euse [-lerø, ø:z] schnell aufgebracht.
colérique [-lerik] adj. jähzornig ; cholerisch ; aufbrausend.
— SYN. : *Irascible*, reizbar. *Rageur*, blindwütig.
colibacille [kɔlibasil] m. MÉD. Kolibakterien f. pl. ; Dickdarmbakterie f.
colibacillose [-lo:z] f. Koliinfektion f.
colibri [kɔlibri] m. ZOOL. Kolibri m. ; Honig-, Fliegenvogel m.
colifichet [kɔlifiʃɛ] m. billiger Schmuck m. ; Putz m. ; Tand m.
colimaçon [kɔlimasɔ̃] m. Schnecke f. | *Escalier en colimaçon*, Wendeltreppe f.
colin [kɔlɛ̃] m. ZOOL. [poisson] Köhler m. ; Kohlfisch m. | [oiseau] Baumhuhn n., -wachtel f.
colin-maillard [kɔlɛ̃maja:r] m. Blindekuh f. | *Jouer à colin-maillard*, Blindekuh spielen.
colique [kɔlik] f. MÉD. Leibschmerzen m. pl. ; Bauchweh n. ; Darmkrampf m. ; Kolik f. | *Coliques hépatiques, néphrétiques*, Gallenkolik ; Nierenkolik. || FAM. *Avoir la colique*, Durchfall haben.
colis [kɔli] m. Paket n. ; Frachtstück n. | *Colis encombrant*, sperriges Gut ; Sperrgut n. | *Colis exprès*, Expreß(gut) n. | *Petit colis*, Päckchen n. | *Colis postal*, Postpaket. | *Colis recommandé*, Einschreibepaket.
Colisée [kɔlize] n. pr. Kolosseum n.
colite [kolit] f. MÉD. Dickdarmentzündung f.
collaborateur, trice [kɔlabɔratœ:r, tris] s. Mitarbeiter(in) m. (f.). || HIST., PÉJOR. Besatzungsfreund(in) m. (f.).
collaboration [-rasjɔ̃] f. Zusammenarbeit f. ; Mitarbeit f. ; Gemeinschaftsleistung f.
collaborer [-re] v. intr. zusammenarbeiten ; mitarbeiten ; eine Gemeinschaftsarbeit leisten.
collage [kɔla:ʒ] m. Leimen n. ; Kleben n. ; Kleistern n. ; Verleimen n. || [vin] Klären n. || FIG., FAM. wilde Ehe.
collant, ante [-lɑ̃, ɑ̃:t] adj. klebrig ; klebend ; leimig. | *Pantalon collant*, enganliegende Hose. || FIG., FAM. aufdringlich. | *Il est collant*, ich habe ihn auf dem Halse.
◇ m. TEXT. Strumpfhose f.
collatéral, ale, aux [kɔlateral, o] adj. zur Seitenlinie gehörig ; in der Seitenlinie ; Seiten... | *Nef collatérale*, Seitenschiff n. || GÉOGR. *Points collatéraux*, Seitenwindstriche m. pl. || JUR. *Succession collatérale*, Erbfolge (f.) in der Seitenlinie.
◇ s. Verwandter in der Seitenlinie.
collation [kɔlasjɔ̃] f. HIST. Verleihung (von Pfründen, Titeln) f. || LITTÉR. [confrontation] Vergleichung f. ; Kollationieren n. || [repas] Imbiß m.
collationner [-sjɔne] v. tr. [comparer] vergleichen ; abhaken ; kollationieren.
colle [kɔl] f. Leim m. ; Klebstoff m. ; Kleister m. | *Colle de pâte*, Mehlkleister ; Pappe f. || FIG., FAM. *Poser une colle à qn*, jm eine knifflige Frage stellen ; jn auf den Leim führen. || [école] *Donner une colle à un élève*, einen Schüler nachsitzen lassen.
collecte [kɔlɛkt] f. Geld-, Kirchen-, Wohltätigkeitssammlung f. || PAR EXT. *Collecte des impôts*, Steuererhebung f.
collecter [-te] v. tr. sammeln.
collecteur [-tœ:r] adj. sammelnd. | *Tuyau collecteur*, Sammelrohr n.
◇ m. HIST. Steuereinnehmer m. || TECHN. Sammler m. ; Sammelbehälter m. | *Collecteur d'huile*, Ölfänger m. | *Collecteur de vapeur*, Dampfsammler m. | *Égout collecteur*, Hauptkanalisation f. ; Hauptkanalisationsrohr n. || ÉLECTR. Kollektor m.
collectif, ive [-tif, i:v] adj. gemeinschaftlich ; gesamt ; Gesamt... ; Gemeinschafts... ; kollektiv. | *Travail collectif*, Gemeinschaftsarbeit f. | *Propriété collective*, Gesamteigentum n. | *Versement collectif*, Kollektiveinzahlung f. | *Voyage collectif*, Gesellschaftsreise f. | *Démarche collective*, gemeinsamer Schritt. || GRAMM. *Nom collectif*, Sammelwort n. ; Kollektivum n.
◇ m. **collectif,** Gesamtheit f. ; Kollektiv n. || FIN. *Collectif budgétaire*, Nachtragshaushalt m.
collection [-sjɔ̃] f. Sammlung f. ; Zusammenstellung f. ; Kollektion f. ; Auswahl f. | *Collection de tableaux*, Bildersammlung. | *Collection d'échantillons*, Musterzusammenstellung, -auswahl.
collectionner [-sjɔne] v. tr. sammeln ; zusammenstellen ; (sich) eine Sammlung anlegen.
collectionneur [-sjɔnœ:r] m. Sammler m.
collectivisation [-tivizasjɔ̃] f. Kollektivierung f. ; Überführung (f.) in Gemeinbesitz.
collectiviser [-tivize] v. tr. in Gemeineigentum überführen ; zum volkseigenen Betrieb machen.
collectivisme [-tivism] m. Kollektivismus m.
collectiviste [-tivist] adj. kollektivistisch.
◇ s. Kollektivist(in) m. (f.).
collectivité [-tivite] f. [ensemble d'êtres] Gesamtheit f. ; Gemeinschaft f. ; Körperschaft f. | *Collectivité locale*, Gebietskörperschaft f. || [possession en

commun] Gemeinschaftlichkeit f. | *Collectivité des charges*, Gemeinschaftlichkeit der Belastungen.

collège [kɔlɛʒ] m. RELIG. Kollegium n. | *Sacré collège*, Kardinalskollegium. || PAR EXT. Versammlung f. | *Collège électoral*, Wählerschaft f. || [école] städtisches Gymnasium ; Oberschule f.

collégial, iale, iaux [-leʒjal, jo] adj. Stifts... ; Kollegial...
◇ f. **collégiale,** Stiftskirche f.

collégien, ienne [-leʒjɛ̃, jɛn] s. Oberschüler(in) m. (f.) ; Gymnasiast(in) m. (f.). || FIG. *S'y prendre comme un collégien*, sich wie ein Schuljunge anstellen.

collègue [-lɛg] m. Amts-, Fachgenosse m. ; Kollege m.

coller [-le] v. tr. [enduire de colle] mit Klebstoff bestreichen. || [faire adhérer] kleben ; verkleben ; leimen ; kleistern. | *Coller une enveloppe*, einen Briefumschlag zukleben. | *Le sang colle ses cheveux*, das Blut verklebt seine Haare. | *Coller une affiche sur un mur*, ein Plakat anschlagen, ankleben. || PAR ANAL. *Coller du vin*, Wein klären. || FIG. [presser contre] drücken ; pressen ; heften. | *Coller son front aux vitres*, seine Stirn an die Scheiben pressen. || LOC. FAM. *Coller un candidat*, einen Prüfling durchfallen lassen. | *Coller un élève*, einen Schüler nachsitzen lassen. | *Coller une gifle à qn*, POP. jm eine kleben.
◇ v. intr. [adhérer] ankleben ; zusammenkleben ; anhaften ; fest sitzen. | *Les feuilles collent*, die Blätter kleben aneinander. || FIG. *Le joueur colle au ballon*, der Spieler hält sich am Ball. | *Le veston colle au corps*, die Jacke sitzt eng, schließt eng an. || LOC. FAM. *Ça colle !*, das haut hin ! ; das paßt prima !
◇ v. pr. **se coller,** festkleben ; ankleben ; zusammenkleben. || FIG. sich eng anlegen ; sich anschmiegen.

collerette [kɔlrɛt] f. Halskrause f. ; Hals-, Spitzenkragen m. || TECHN. Rand m. ; Flansch m.

collet [-lɛ] m. Kragen m. || PAR EXT. [vêtement] Umhang m. | *Collet de fourrure*, Pelzumhang. || LOC. *Prendre au collet*, beim Kragen packen. | *Il est très collet monté*, er ist sehr steif ; POP. er ist zugeknöpft. || TECHN. Kragen m. ; Hals m. ; Rand m. ; Bund m. ; Flansch m. || SPORT. [chasse] Hasenschlinge f. || CULIN. [viande] Nackenstück n.

colleter (se) [səkɔlte] v. pr. sich an den Kragen kriegen ; sich balgen.

colleur [kɔlœːr] m. Zettelankleber m. ; Tapezierer m. | *Colleur d'affiches*, Plakatkleber m.

collier [kɔlje] m. Halsband n., -kette f., -schmuck m. | *Collier de perles*, Perlenkette. | *Collier de chien*, Halsband eines Hundes. | *Collier de cheval*, Kummet n. || FIG., FAM. *Un homme franc du collier*, ein williger, bereiter Mensch. | *Donner un coup de collier*, einen tüchtigen Ruck geben ; POP. sich ins Geschirr legen. | *Reprendre le collier*, die Arbeit wieder aufnehmen. || [barbe] Vollbart m. || TECHN. Ring m. ; Reifen m. ; Rand m. ; Band n. | *Collier de serrage*, Spannring m.

collimateur [kɔlimatœːr] m. Aufsatzfernohr n. ; Richtaufsatz m.

colline [kɔlin] f. Hügel m. ; Anhöhe f. ; Erhebung f. — SYN. : *Coteau* m., Anhöhe f. ; Hügel m.

collision [kɔllizjɔ̃] f. [choc] Zusammenstoß m. ; Anprall m. ; Kollision f. || [combat] Zusammenstoß m. ; Aufeinanderstoßen n.

collocation [kɔllɔkasjɔ̃] f. JUR. Reihenfolge (der Gläubiger) f. ; Konkursanteil m.

collodion [kɔllɔdjɔ̃] m. CHIM. Kollodium n.

colloïdal, ale, aux [kɔlloidal, o] adj. kolloidal.

colloïde [kɔllɔid] m. CHIM. Kolloid n.

colloque [kɔllɔk] m. Diskussion f. ; Kolloquium n. || RELIG. Religionsgespräch n.

collusion [kɔllyzjɔ̃] f. Absprache f. ; geheimes Einverständnis ; abgekartetes Spiel.

collutoire [kɔllytwaːr] m. MÉD. Mundwasser n.

collyre [kɔliːr] m. MÉD. Augentropfen m., -wasser n., -salbe f.

colmatage [kɔlmataːʒ] m. Anschwemmen n. ; Ablagerung f. ; Abdichten n. ; Verstopfung f.

colmater [-te] v. tr. aufschlämmen ; erhöhen ; abdichten ; verstopfen. || MIL. abriegeln.

colocataire [kolɔkatɛːr] s. Mitbewohner(in) m. (f.) ; Mitwohner m. ; Hausgenosse m.

Cologne [kɔlɔɲ] n. pr. f. GÉOGR. Köln n. | *Eau de Cologne*, Kölnischwasser n.

colombage [kɔlɔ̃baːʒ] m. Balkenwerk n. ; Fachwerkbau m.

colombe [kɔlɔ̃ːb] f. Taube f. ; Täubchen n. ; FIG. weiße Taube. | *Colombe de l'arche*, Friedenstaube.

Colombie [kɔlɔ̃bi] n. pr. f. GÉOGR. Kolumbien n.

colombier [kɔlɔ̃bje] m. Taubenhaus n. ; Taubenschlag m.

colombins [-bɛ̃] m. pl. Taubenvögel m. pl. ; Holztauben f. pl.

colombophile [-bɔfil] s. Taubenzüchter(in) m. (f.) ; Brieftaubenzüchter(in) m. (f.).

colon [kɔlɔ̃] m. HIST. Lehensbauer m. || PAR EXT. [d'une colonie] Siedler m. ; Ansiedler m. ; Farmer m. ; Pflanzer m. ; Kolonist m. || FIG. Pionier m.

côlon [kolɔ̃] m. ANAT. Grimmdarm m.

colonel [kɔlɔnɛl] m. MIL. Oberst m. ; Regimentskommandeur m. || (Vx.) Obrist m.

colonial, iale, iaux [kɔlɔnjal, jo] adj. kolonial ; aus, von, in den Kolonien ; Kolonial... | *Puissance coloniale*, Kolonialmacht f.
◇ m. **colonial,** Kolonialsoldat m.

colonialisme [-njalism] m. Kolonialpolitik f. ; PÉJOR. Ausbeutungspolitik f. ; Kolonialismus m.

colonie [-ni] f. [pays] Kolonie f. ; Siedlung f. ; Ableger m. ; Tochterland n. ; Tochterstadt f. | *Colonie pénitentiaire*, Strafkolonie. | *Colonie de peuplement*, Siedlungsgebiet n. || PAR ANAL. [personnes] Kolonie f. | *La colonie allemande au Caire*, die in Kairo lebenden Deutschen. || PAR EXT. *Colonie d'abeilles*, Bienenvolk n. | *Colonie de vacances*, Ferienlager n.

colonisateur, trice [-nizatœːr, tris] adj. ausbauend ; entwickelnd ; kolonisatorisch.
◇ s. Kolonisator m. ; Kulturpionier m.

colonisation [-nizasjɔ̃] f. Siedlung f. ; Besiedlung ; Ausbau m. ; Kolonisation f.

coloniser [-nize] v. tr. ansiedeln ; besiedeln ; Siedler ansetzen ; kolonisieren.

colonnade [kɔlɔnad] f. Säulengang m., -halle f., -umgang m. ; Kolonnade f.

colonne [kɔlɔn] f. [pilier] Säule f. | *Colonne corinthienne, dorique, ionienne, attique, gothique*, korinthische, dorische, jonische, attische, gotische Säule. | *Colonne de marbre*, Marmorsäule. || PAR EXT. *Colonne Morris*, Litfaßsäule. || ANAT. *Colonne vertébrale*, Wirbelsäule. || TYPOGR. Spalte f. ; Reihe f. ; Rubrik f. ; Kolonne f. | *Colonne des annonces*, Inseratenteil m. (der Zeitung). | *Sur deux colonnes*, zweispaltig. | *Colonne d'un registre*, Listenspalte. || TECHN. Säule f. ; Ständer m. | *Colonne d'eau*, Wassersäule. | *Colonne de mercure*, Quecksilbersäule. | *Colonne montante*, Steigleitung f. || MIL. Kolonne f. ; Abteilung f. ; Schar f. | *Colonne par deux*, Doppelreihe f. | *Colonne de ravitaillement*, Nachschubkolonne.

colonnette [-nɛt] f. Säulchen n.

colophane [kɔlɔfan] f. Geigenharz n. ; Kolophonium n.

coloquinte [kɔlɔkɛ̃:t] f. BOT. Koloquinte f.

colorant, ante [kɔlɔrɑ̃, ɑ̃:t] adj. färbend ; einfärbend ; farbgebend ; Färbe...
◇ m. **colorant,** Farbstoff m. ; Färbemittel n. | *Industrie des colorants*, Farbenindustrie f.

coloration [-rasjɔ̃] f. Färbung f. ; Einfärbung f. ; Farbgebung f. ; Tönung f.

colorer [-re] v. tr. färben ; Farbe geben ; tönen ; kolorieren. || FIG. *Style coloré*, bilderreicher Stil.

colorier [-rje] v. tr. Farbe geben ; mit Farbe ausfüllen ; übermalen ; kolorieren. || ARTS. illuminieren.

coloris [-ri] m. Färbung f. ; Abtönung f. ; Kolorit n. || [effet produit] Farbstimmung f. ; Farbwirkung f.

coloriste [-rist] m. Meister (m.) der Farbgebung ; Kolorist m. || LITTÉR. lebendiger Stilist.

colossal, ale, aux [kɔlɔsal, o] adj. riesengroß ; übergroß ; kolossal ; Riesen...
— SYN. : *Monumental*, monumental.

colosse [kɔlɔs] m. [homme] Koloß m. ; Riese m. ; Hüne m. || [statue] gewaltiges Bildwerk.

colportage [kɔlpɔrta:ʒ] m. Hausierhandel m. ; Hausieren n. || FIG. *Colportage des nouvelles*, Nachrichtenverbreitung f. ; PÉJOR. Klatscherei f.

colporter [-te] v. tr. hausieren ; Hausierhandel treiben. || FIG. [ébruiter] verbreiten ; austrommeln ; POP. Gerüchte ausstreuen.

colporteur [-tœ:r] m. Hausierer m.

coltiner [kɔltine] v. tr. schleppen ; Lasten tragen.

columbarium [kɔlɔ̃barjɔm] m. HIST. römisches Urnengewölbe ; Urnenfriedhof m.

colza [kɔlza] m. BOT. Raps m. ; Kohlsaat f. ; Kohlrübe f. | *Huile de colza*, Rüböl n.

coma [kɔma] m. MÉD. tiefe Bewußtlosigkeit ; Koma n.

comateux, euse [-tø, ø:z] adj. bewußtlos ; im Koma liegend.

combat [kɔ̃ba] m. MIL. Kampf m. ; Streit m. ; Ringen n. ; Gefecht n. | *Mettre hors de combat*, außer Gefecht setzen. | *Prêt au combat*, gefechtsklar. | *Refuser le combat*, dem Kampf ausweichen. | *Accepter le combat*, sich stellen. | *Combat de rues*, Straßenkampf. | *Combat naval*, Seetreffen n. | *Combat sans merci*, Kampf auf Leben und Tod. | *Hors de combat*, kampfunfähig. | *Combat singulier*, Zweikampf. || FIG. Kampf m. ; Ringen n. | *Combat pour la liberté*, Freiheitskampf. || SPORT. Kampf m. ; Kampfspiel n. ; Wettstreit m. | *Combat de boxe*, Boxkampf. | *Combat de coqs*, Hahnenkampf. | *Combat de taureaux*, Stierkampf.
— SYN. : *Lutte* f., Streit m. ; Ringen n. *Bataille* f., Schlacht f.

combatif, ive [-tif, i:v] adj. kampf-, streitlustig ; kampfesfreudig ; kämpferisch ; draufgängerisch.
— SYN. : *Agressif*, angriffslustig.

combativité [-tivite] f. Kampfeslust f. ; Kampfesfreudigkeit f. ; Kampfgeist m. ; Draufgängertum n.

combattant [-tɑ̃] m. Kämpfer m. ; Mitkämpfer m. ; Kriegsteilnehmer m. ; Frontkämpfer m. | *Association d'anciens combattants*, Frontkämpferverein m. ; Soldatenbund m. || ZOOL. Kranichgeier m. ; Sekretär m.

combattre [kɔ̃batr] v. tr. kämpfen ; bekämpfen ; | *Combattre qn*, gegen jn kämpfen. | *Combattre le froid*, gegen die Kälte angehen. || FIG. *Combattre ses passions*, seine Leidenschaften bekämpfen.
◇ v. intr. kämpfen ; streiten ; fechten ; angehen (gegen) ; wetteifern. | *Combattre pour*, sich in die Schanze schlagen für ; sich einsetzen für.

combe [kɔ̃:b] f. GÉOL. Erosionstal n.

combien [kɔ̃bjɛ̃] adv. [quantité] wieviel ? ; wieviele ? ; was ? | *Combien de temps ?*, wie lange ? | *Combien d'étoffe ?*, wieviel Stoff ? | *Combien de siècles ?*, wieviele Jahrhunderte ? | *Combien a-t-il payé ?*, was hat er bezahlt ? | *Combien de fois ?*, wie oft ? | *Combien peu*, wie wenig. | *Combien y a-t-il d'ici à ... ?*, wie weit ist es noch bis ... ? || [intensité] wie sehr ; wie. | *Combien il était heureux !*, wie glücklich war er doch !
◇ m. der Wievielte. || FAM. *Le combien sommes-nous ?*, den wievielten haben wir (heute) ?

combinaison [kɔ̃binɛzɔ̃] f. [mélange] Zusammensetzung f. ; Verbindung f. ; Mischung f. ; Kombination f. | *Combinaison chimique*, chemische Verbindung. || PAR EXT. *Combinaison ministérielle*, Zusammensetzung eines Ministeriums. || FIG. [calcul] Berechnung f. | *Déjouer une combinaison*, einen Strich durch die Rechnung machen. || [vêtement de travail] Schlosseranzug m. ; Fliegerkleidung f. || [sous-vêtement de femme] Unterrock m. || SPORT. *Combinaison de plongée*, Tauchanzug m. || TECHN. *Serrure à combinaison*, Buchstabenschloß n.

combinard [kɔ̃bina:r] m. FAM. Kompromißler m.

combinat [kɔ̃bina] m. Kombinat n. ; Staatstrust m.

combine [kɔ̃bin] f. FAM. Kniff m. ; Trick m. ; POP. Dreh m. ; ARG. Masche f. | *Être dans la combine*, seine Hand im Spiel haben.

combiné [kɔ̃bine] m. CHIM. chemische Verbindung. || SPORT. *Combiné alpin*, alpine Kombination. || TÉLÉPH. *Combiné téléphonique*, Telefonhörer m. || TEXT. Korselett n.

combiner [-ne] v. tr. [disposer] zusammenstellen ; vereinigen ; (aufeinander) abstimmen. || FIG. [calculer] berechnen ; erwägen ; kombinieren. || CHIM. (ver)binden ; vereinen ; zusammensetzen.
◇ part. pass. et adj. **combiné, ée,** zusammengestellt ; FIG. berechnet. | *Combiné à*, in Verbindung mit. || MIL. *Action combinée*, Zusammenwirken (n.) der Waffen.

comble [kɔ̃bl] adj. voll ; besetzt ; gedrängt ; vollgepfropft ; POP. knallvoll. || FIG. *La mesure est comble*, das Maß ist voll.
◇ m. [toit] Dachstuhl m. ; Dachgerüst n. ; First m. || PAR EXT. [mesure limite] Übermaß n. | *C'est un comble !*, das fehlte gerade noch ! || PAR ANAL. (au pluriel) Dachboden m. | *Loger sous les combles*, unter dem Dach hausen. || FIG. [sommet] Gipfelpunkt m. ; Höhepunkt m. ; Spitze f. ; Übermaß n. | *Comble de la perfection*, höchste Vollendung. | *Comble de l'effronterie*, Gipfelpunkt der Frechheit. | *Comble du bonheur*, Höhepunkt des Glücks.
◇ loc. adv. *Pour comble de malheur*, um das Unglück voll zu machen. | *De fond en comble*, von oben bis unten ; von Grund aus.

comblement [-bləmɑ̃] m. Zuschütten n.

combler [-ble] v. tr. [remplir un vide] aus-, voll-, zufüllen ; zuschütten ; abdichten. | *Combler un trou*, ein Loch zuschütten. | *Combler une lacune*, eine Lücke ausfüllen. || PAR EXT. [remplir avec excès] überfüllen ; überhäufen. || FIG. *Combler la mesure*, das Maß überschreiten. | *Combler un désir*, einen Wunsch voll erfüllen. | *Combler qn de bonheur*, jn überglücklich machen. | *Combler qn d'honneurs*, jn mit Ehren überhäufen. | *Combler un déficit*, ein Defizit ausgleichen.

comburant, ante [kɔ̃byrɑ̃, ɑ̃:t] adj. die Verbrennung bewirkend.
◇ m. **comburant,** Flüssigsauerstoff m.

combustibilité [kɔ̃bystibilite] f. (Ver)brennbarkeit f.

combustible [-tibl] adj. brennbar ; verbrennbar. ◇ m. Brennstoff m. ; Brennmaterial n. ; Feuerung f. || AUTOM. Treibstoff m. || NUCL. *Combustible enrichi*, angereicherter Brennstoff.

combustion [-tjɔ̃] f. [action] Verbrennen n. ; Aufbrennen n. || NUCL. *Combustion nucléaire*, Abbrand m. || TECHN. Verbrennung f. | *Combustion externe, interne*, offener, geschlossener Kreislauf. | *Chambre de combustion*, Verbrennungsraum m. | *Combustion spontanée*, Selbstentzündung f. | *Moteur à combustion*, Verbrennungsmotor m.

comédie [kɔmedi] f. Lustspiel n. ; Komödie f. || *Comédie de caractère, d'intrigue, de mœurs*, Charakter-, Intrigen-, Sittenstück n. || PAR EXT. *Aller à la comédie*, in die Komödie gehen. || FIG. Komödie f. ; Verstellung f. | *Jouer la comédie*, theatern ; so tun als ob. | *Personnage de comédie*, Hanswurst m. ; Theaterprinz m. | *C'est pure comédie !*, reiner Schwindel !

— SYN. : *Vaudeville* m., Singspiel n. ; Operette f.

comédien, ienne [-djɛ̃, jɛn] adj. komödiantenhaft ; schauspielerhaft. || FIG. theaterspielend ; theaterig ; angeberisch.

◇ s. Schauspieler(in) m. (f.) ; Komödiant(in) m. (f.). || FIG. Theaterspieler(in) m. (f.) ; Angeber(in) m. (f.).

comédon [kɔmedɔ̃] m. ANAT. Mitesser m.

comestible [kɔmɛstibl] adj. eßbar ; genießbar.

◇ m. pl. **comestibles,** Nahrungs-, Lebensmittel n. pl. ; Speisen f. pl. Eßwaren f. pl.

comète [kɔmɛt] f. Komet m. || FIG. *Tirer des plans sur la comète*, Pläne schmieden.

comice [kɔmis] m. [réunion] Wählerversammlung f. || *Comice agricole*, Landwirtschafts-Verein.

comique [kɔmik] adj. [appartenant à la comédie] komisch ; Lustspiel... | *Auteur comique*, Lustspieldichter m. | *Opéra-comique*, komische Oper. || PAR EXT. [plaisant] possierlich ; spaßhaft ; lustig ; drollig. || [ridicule] lächerlich ; närrisch.

◇ m. [acteur] Komiker m. || [genre] Komik f. || PAR EXT. Komisches n. ; Spaßhaftes n. ; Drolliges n. ; Possierlichkeit f. | *Le comique de l'affaire*, das Komische, Drollige an der Sache.

— SYN. : *Risible*, lächerlich. *Drôle*, drollig. *Désopilant*, zwerchfellerschütternd. *Hilarant*, erheiternd.

comité [kɔmite] m. Ausschuß m. ; Komitee n. | *Comité d'autodéfense*, Bürgerinitiative f. ; Selbsthilfegruppe f. | *Comité consultatif*, beratender Ausschuß ; Beirat m. | *Comité de conciliation*, Schlichtungsrat m. | *Comité de direction*, Vorstand m. | *Comité d'entreprise*, (*etwa*) Betriebsrat m. | *Comité de normalisation*, Normenausschuß. || POLIT. *Comité central*, Zentralausschuß m. | *Comité directeur*, Führungsgremium n. || THÉÂTRE. *Comité de lecture*, Prüfungsausschuß m. || FIG. *En petit comité*, in engstem Kreise.

comma [kɔma] m. MUS. kleinster Tonunterschied ; Komma n.

commandant [-mɑ̃dɑ̃] m. [sens général] Befehlshaber m. ; Chef m. | *Commandant en chef*, Oberbefehlshaber. | *Commandant d'armes*, Ortskommandant m. || [chef de bataillon] Major m. || MAR. Kommandant m. || AÉRON. Flugkapitän m.

commande [-mɑ̃d] f. Bestellung f. ; Auftrag m. | *Bulletin de commande*, Bestellschein m. | *Livre de commandes*, Auftragsbuch n. | *Passer une commande*, eine Bestellung machen. | *Travail sur commande*, bestellte Arbeit. || FIG. *Sourire de commande*, geheucheltes Lächeln. || TECHN. Steuerung f. ; Antrieb m. | *Commande à air comprimé, par courroie, par bielle*, Preßluft-, Riemen-, Kurbelantrieb. | *Commande analogique*, Analogsteuerung. | *Commande à distance*, Fernbedienung. f. | *Commande à pédale*, Fußsteuerung. | *Commande électronique*, elektrische Steuerung.

commandement [-mɑ̃dmɑ̃] m. [action] Befehlen n. ; Gebieten n. || [ordre] Befehl m. ; Gebot n. ; Auftrag m. || [pouvoir] Führung f. ; Kommando n. ; Leitung f. | *Commandement d'exécution*, Ausführungskommando. | *Commandement en chef*, Oberbefehl m. ; Heeresleitung f. | *Exercer le commandement*, die Kommandogewalt ausüben. | *Prendre le commandement*, die Führung übernehmen. || FIG. *Avoir à son commandement*, unter seinem Kommando haben. || RELIG. *Les dix commandements de Dieu*, die zehn Gebote Gottes. || JUR. Befehl m. ; Zahlungsbefehl m. ; Aufforderung f.

— SYN. : *Ordre* m., Befehl m. ; Auftrag m. *Sommation* f., Aufforderung f. *Injonction* f., Auflage f.

commander [-mɑ̃de] v. tr. [ordonner] befehlen ; gebieten ; den Befehl geben ; beordern. || FIG. [imposer] gebieten ; (er)heischen. | *Ceci commande le respect*, das gebietet Ehrfurcht. || PAR EXT. [dominer] beherrschen ; überragen. | *Un fort commande la vallée*, ein Fort beherrscht das Tal. || MIL. [diriger] befehligen ; führen ; kommandieren ; das Kommando haben (über, acc.). | *Être commandé pour qch.*, zu etwas abkommandiert sein. | *Être en service commandé*, Dienst haben. || COMM. [demander] bestellen ; in Auftrag geben. | *Commander à l'avance*, vorausbestellen. || TECHN. antreiben ; steuern ; betätigen.

◇ v. intr. befehlen ; gebieten ; herrschen ; kommandieren.

◇ v. pr. **se commander.** FIG. sich beherrschen ; Herr über sich sein.

— SYN. : *Dominer*, beherrschen. *Régner*, regieren.

commandeur [-mɑ̃dœ:r] m. Kommandeur m. || [d'un ordre] Komtur m.

commanditaire [-ditɛ:r] m. Kommanditist m. ; stiller Gesellschafter, Teilhaber m.

commandite [-dit] f. COMM. [société] Kommanditgesellschaft f. || [fonds] Kommanditbetrag m.

commanditer [-dite] v. tr. COMM. sich mit einer Einlage beteiligen ; Mittel vorstrecken ; finanzieren.

◇ part. pass. **commandité, ée,** SUBSTANTIV. Vollhafter m. ; Komplementär m.

commando [-do] m. Arbeitsgruppe (f.) von Kriegsgefangenen. || MIL. Truppe mit Spezialauftrag ; ARG. verlorener Haufe ; Himmelfahrtskommando n.

comme [kɔm] adv. **1.** COMPARAISON : wie ; so wie ; ebenso wie. | *Blanc comme neige*, weiß wie Schnee. || FIG. *Dur comme fer*, hart wie Eisen ; felsenfest. | *Comme par le passé*, wie bisher. | *Tout comme*, ebenso wie ; gleich wie ; gerade wie. | *C'est tout comme*, es ist genau dasselbe ; POP. gehüpft wie gesprungen. | *Joli comme tout*, bildhübsch.

2. MANIÈRE [de cette manière] : so. | *Comme cela*, so ; auf diese Weise. | *C'est comme cela, comme ça*, so ist es ; es ist nun einmal so. | *Voilà comme il est !*, so ist er ! | *Comme ci, comme ça*, so leidlich ; soso. | *C'est comme cela que meurent les criminels*, so sterben die Verbrecher. | *Comme il faut*, wie sich's gehört ; ordentlich ; tüchtig. | *Un monsieur comme il faut*, ein ordentlicher Herr. | *Comme de juste*, wie billig.

3. QUANTITÉ : *Comme il est gros !*, wie dick ! | *Comme il fait beau !*, wie schön es ist !

4. AUTRES NUANCES [en qualité de] : als. | *Considérer qn comme son fils*, jn als seinen eigenen Sohn ansehen. | *Regarder comme*, halten. | *Comme président*, als Vorsitzender. || [pour ainsi dire] wie ; gleichsam ; so gut wie. | *J'ai comme un pressentiment*, ich habe so eine Ahnung. || FAM. *Comme qui dirait*, so etwas wie.

◇ conj. **1.** COMPARAISON : wie ; so wie ; ebenso wie. | *Se conduire comme un fou*, sich wie ein Verrückter

benehmen. | *Je fais comme toi*, ich mache es wie du. | *Comme si* [indic.], als ob ; als wenn [subj.]. | *Comme s'il était malade*, als ob er krank wäre. | *C'est comme si*, es ist so gut, als ob.
2. Manière : [de la manière] wie ; auf welche Art und Weise. | *Comme je te disais*, wie ich dir sagte. | *Voilà comme il agit*, so handelt er.
3. Intensité : [à quel point] wie ; wie sehr. | *Elle montre comme elle l'aime*, sie zeigt, wie sehr sie ihn liebt.
4. Temps : [lorsque] da ; wie ; indem ; als. | *Comme je sortais*, da, wie ich hinaustrat. | *Comme il travaillait*, indem er arbeitete.
5. Cause : [vu que] da. | *Comme je n'ai pas la clef*, da ich den Schlüssel nicht habe. | *Comme quoi il ne faut pas s'endormir*, ein Beweis dafür, daß man nicht einschlafen darf.

commémoratif, ive [kɔmemɔratif, i:v] adj. erinnernd ; zur Erinnerung ; zum Gedenken ; zum Gedächtnis ; Erinnerungs... ; Gedächtnis... | *Plaque commémorative*, Gedenktafel f. | *Jour commémoratif*, Gedenktag m. ; Erinnerungstag m.

commémoration [-rasjɔ̃] f. [souvenir] Andenken n. || [fête] Erinnerungsfeier f. ; Gedächtnisfeier f. | *Commémoration des morts*, Totensonntag m.

commémorer [-re] v. tr. gedenken ; in die Erinnerung, das Gedächtnis zurückrufen.

commençant, ante [kɔmɑ̃sɑ̃, ɑ̃:t] s. Anfänger(in) m. (f.) ; Lehrling m.

commencement [-smɑ̃] m. Beginn m. ; Anfang m. | *Commencement de l'année*, Jahresbeginn. || [nuances] Eingang m. ; Eröffnung f. ; Eintritt m. ; Anbruch m. | *Commencement d'un règne*, Regierungsantritt m. | *Commencement d'incendie*, Feuerausbruch m. || Loc. *Au commencement*, im, am Anfang ; anfangs ; eingangs ; anfänglich. | *Dès le commencement*, von Anfang an. | *Il y a un commencement à tout*, es fällt kein Meister vom Himmel.

commencer [-se] v. tr. anfangen ; beginnen ; den Anfang machen mit ; eröffnen. | *Commencer un travail*, eine Arbeit beginnen.
◇ v. intr. anfangen ; beginnen ; den Anfang nehmen. | *L'école commence*, die Schule geht an. | *Le jour commence*, der Tag bricht an. || Loc. *Commencer à* (infin.), an (avec le v. approprié). | *Commencer à brûler, à chauffer, à manger*, anbrennen, -heizen, -essen. | *Il ne fait que commencer*, er fängt erst an. | *Commencer par qch.*, mit etwas beginnen. | *Commencez par vous reposer !*, vor allem ruhen Sie sich aus ! | *Commencer par..., ensuite...*, zuerst..., dann...

commensal, ale, aux [kɔmɑ̃sal, o] s. Tischgenosse m., -gast m., -nachbar(in) m. (f.).

comment [kɔmɑ̃] adv. wie ? ; auf welche Weise ? ; welcher Art ? | *Comment vas-tu ?*, wie geht's dir ? | *Je me demande comment il a pu faire*, ich frage mich, wie er das hat tun können. | *Comment faire ?*, was tun ? | *Comment ne pas se mettre en colère ?*, wie soll man sich da nicht aufregen ? | *Comment se fait-il que... ?*, wie kommt es, daß... ? | *Comment cela ?*, wieso ? ; wieso denn ?
◇ interj. **et comment !,** und wie ! | *Comment ! vous voilà !*, nanu, Sie sind da ! | *Comment donc !*, was denken Sie !
◇ m. *Le pourquoi et le comment*, das Wie und das Warum ; das Drum und Dran.

commentaire [kɔmɑ̃tɛ:r] m. Erläuterung f. ; Auslegung f. ; Kommentar m. || *Sans commentaire !*, Kommentar überflüssig ! | *Faire des commentaires sur qn*, Bemerkungen über jn machen.

commentateur [-tatœ:r] m. Ausleger m. ; Erklärer m. ; Kommentator m.

commenter [-te] v. tr. erläutern ; erklären ; auslegen ; kommentieren.

commérage [kɔmera:ʒ] m. Klatsch m. ; Geschwätz n. ; Tratsch m. ; Gerede n. ; pop. Kaffeeklatsch m.

commerçant, ante [kɔmɛrsɑ̃, ɑ̃:t] adj. Handels... ; Geschäfts... | *Rue commerçante*, Geschäftsstraße f. | *Ville commerçante*, Handelsstadt f. | *Être commerçant*, ein (geschickter) Verkäufer sein.
◇ s. Händler(in) m. (f.) ; Kaufmann m. ; Handelsmann m. ; Handelsfrau f. | *Commerçant ambulant*, Straßenhändler. | *Commerçant en gros*, Grossist m. ; Großhändler m.
◇ m. pl. **commerçants,** Geschäftsleute pl.

commerce [kɔmɛrs] m. [achat et vente] Handel m. ; Handelsverkehr m. | *Commerce de gros, de détail*, Groß-, Kleinhandel. | *Commerce extérieur*, Außenhandel ; auswärtiger Handel. | *Commerce intérieur*, Innen-, Binnenhandel. | *Commerce illicite*, Schwarz-, Schleichhandel ; Schiebergeschäfte n. pl. | *Commerce des valeurs*, Effektenhandel. || [maison] Geschäft n. ; Handel m. | *Commerce d'objets d'art*, Kunsthandel. || [corps des commerçants] Kaufmannstand m., -schaft f. || Loc. *Chambre de commerce*, Handelskammer f. | *Registre du commerce*, Handelsregister n. | *Faire le commerce de qch.*, mit etwas handeln. | *Être dans le commerce*, Kaufmann sein. || Fig. [activité, relations] Verkehr m. ; Umgang m. | *Avoir commerce avec qn*, mit jm umgehen ; mit jm Verkehr haben. | *Commerce des idées*, Ideenaustausch m.

commercer [-se] v. intr. handeln ; Handel treiben ; Geschäfte machen. || Par ext. *Commercer avec qn*, mit jm verkehren.

commercial, iale, iaux [-sjal, jo] adj. geschäftsmäßig ; handelsmäßig ; kaufmännisch ; Geschäfts... ; Handels... | *Correspondance commerciale*, Handelskorrespondenz f.

commercialisable [-sjalizabl] adj. absatzfähig.

commercialisation [-lizasjɔ̃] f. Vermarktung f.

commercialiser [-sjalize] v. tr. handelsmäßig betreiben ; in Umlauf bringen.

commère [kɔmɛ:r] f. Patin f. ; Gevatterin f. || [femme bavarde] Klatschbase f. ; Kaffeetante f.

commérer [kɔmere] v. intr. klatschen ; tratschen.

commettant [kɔmɛtɑ̃] m. Auftraggeber m. ; Besteller m. ; Kommittent m. ; Mandant m.

commettre [kɔmɛtr] v. tr. [faire] begehen ; sich zuschulden kommen lassen. | *Commettre un vol*, einen Diebstahl begehen. | *Commettre une indiscrétion*, sich einen Vertrauensbruch zuschulden kommen lassen. | *Commettre une erreur de calcul*, sich verrechnen. | *Commettre un faux*, fälschen. || [préposer] anvertrauen ; auftragen. | *Commettre qch. à qn*, jm etwas auftragen. | *Commettre qn à qch.*, jn mit etwas beauftragen.
◇ v. pr. **se commettre,** [se compromettre] *Se commettre avec qn*, sich mit jm einlassen.

comminatoire [kɔminatwa:r] adj. drohend ; bedrohlich ; Droh... | *Lettre comminatoire*, Drohbrief m. | *Peine comminatoire*, Strafandrohung f.

commis [kɔmi] m. Ladengehilfe m. ; Angestellte(r) m. | *Commis boulanger*, Bäckergehilfe m. | *Commis des douanes*, Zollbeamter m. | *Commis voyageur*, Handlungsreisender m. ; Vertreter m.

commisération [kɔmizerasjɔ̃] f. Mitleid n. ; Mitempfinden n. ; Erbarmen n.

commissaire [kɔmisɛ:r] m. Bevollmächtigter m. ; Kommissar m. | *Commissaire aux comptes*, Wirtschaftsprüfer m. ; Abschlußprüfer m. | *Commissaire aux prix*, Preiskommissar. | *Commissaire de la marine*, Marinezahlmeister m. | *Commissaire de police*, Polizeikommissar. | *Commissaire principal*, Hauptkommissar. | *Commissaire-priseur*, Auktionator m. ; Versteigerer m.

commissariat [-sarja] m. [fonction] Amt n. ; Amtsdauer f. || [bureau] Aufsichtsstelle f. ; Kommissariat n. | *Commissariat de police*, Polizeiwache f., -revier n.

commission [-sjɔ̃] f. [charge] Auftrag m. ; Beauftragung f. ; Bestellung f. ; Kommission f. | *Charger qn d'une commission*, jn mit etwas beauftragen. | *Faire une commission*, einen Auftrag besorgen ; etwas bestellen. | *Faire les commissions*, Einkäufe machen. || JUR. Vollmacht f. ; Mandat n. | *Commission rogatoire*, Rechtshilfeersuchen n. || [délégation] Ausschuß m. ; Kommission f. | *Commission économique, financière, spéciale*, Wirtschafts-, Finanz-, Sonderausschuß. | *Commission de contrôle*, Kontrollkommission. || COMM. Kommissionsgeschäft n. ; Provision f. | *Droits de commission*, Vermittlungsgebühr f. | *Bordereau de commission*, Provisionsberechnung f. | *Toucher une commission*, den Vermittlerlohn erhalten.

commissionnaire [-sjɔnɛ:r] m. [d'occasion] Beauftragte(r) m. ; Kommissionär m. || PAR EXT. [professionnel] Dienstmann m. ; Gepäckträger m. ; Spediteur m. ; Bahnspediteur m.

commissionner [-sjɔne] v. tr. beauftragen ; einen Auftrag geben.

commissoire [-swa:r] adj. JUR. nichtigmachend ; widerrufend. | *Clause commissoire*, Verfall(s)klausel f.

commissure [kɔmisy:r] f. ANAT. Nahtstelle f. ; Fuge f. | *Commissure des lèvres*, Mundwinkel m.

commode [kɔmɔd] adj. [confortable] bequem ; gemächlich ; behaglich ; behäbig. | *Logement commode*, behagliche Wohnung. | *Vêtement commode*, bequeme Kleidung. || FIG. gefügig ; nachsichtig. | *Caractère commode*, umgänglicher Charakter. | *Il n'est pas commode*, es ist nicht einfach, mit ihm umzugehen.

◇ f. Kommode f.

commodément [-demɑ̃] adv. bequem.

commodité [-dite] f. Bequemlichkeit f. ; Gemächlichkeit f. | *Pour plus de commodité*, zu größerer Bequemlichkeit.

◇ f. pl. **commodités** [aises] *Commodités de la vie*, Annehmlichkeiten (f. pl.) des Lebens.

commodore [kɔmɔdɔr] m. Kommodore m.

commotion [kɔmɔsjɔ̃] f. Erschütterung f. | *Commotion électrique*, elektrischer Schlag. | *Commotion cérébrale*, Gehirnerschütterung.

commuable [-mɥabl] adj. veränderlich ; verwandelbar ; verwandlungsfähig.

commuer [-mɥe] v. tr. ver-, abwandeln. || JUR. *Commuer une peine*, eine Strafe umwandeln.

commun, une [kɔmœ̃, yn] adj. [propre à plusieurs] gemein ; gemeinsam ; gemeinschaftlich. | *Biens communs*, Gütergemeinschaft f. | *Intérêts communs*, gemeinsame Interessen n. pl. | *Ami commun*, gemeinschaftlicher Freund. | *Fosse commune*, Massengrab n. | *Faire cause commune*, gemeinschaftliche Sache machen ; POP. unter einer Decke stecken. | *Faire bourse commune*, Geld zusammenlegen ; aus einem Beutel zehren. | *Avoir des frontières communes*, zusammengrenzen. | *N'avoir rien de commun avec qn*, nichts mit jm gemein haben. || PAR EXT. [général] allgemein. | *Opinion commune*, allgemeine Ansicht. | *Bien commun*, Gemeinwohl n. || [public] öffentlich. || FIG. [ordinaire, médiocre] gewöhnlich ; mittelmäßig ; gering. | *Visage commun*, Dutzendgesicht n. | *Lieu commun*, Gemeinplatz m. | *Métal commun*, unedles Metall. | *Peu commun*, ungemein. || PÉJOR. [vulgaire] gemein ; ordinär. || JUR. *Droit commun*, gemeines Recht ; Landrecht n. || MATH. *Dénominateur commun*, Hauptnenner m. || GRAMM. *Nom commun*, Gattungsname m.

◇ m. **commun,** [personnes] gemeines Volk. | *Le commun des mortels*, der große Haufen.

◇ loc. adv. **en commun,** gemeinschaftlich ; gemein... ; Mit... | *Travail en commun*, Gemeinschafts-, Zusammenarbeit f. | *Utilisation en commun*, Mitgebrauch m. | *Posséder en commun*, mitbesitzen. | *Transports en commun*, öffentliches Transportwesen.

◇ m. pl. **communs,** [logement] Nebengebäude n. pl. ; Gesindewohnung f.

communal, ale, aux [komynal, o] adj. zur (der) Gemeinde gehörig ; städtisch ; Gemeinde... ; Kommunal... | *Collège communal*, städtische Oberschule. | *Archives communales*, Stadtarchiv n. | *Budget communal*, städtischer Haushalt.

◇ m. pl. **communaux,** Gemeindeländereien f. pl. ; Gemeindeboden m. ; Allmende f.

communautaire [-notɛ:r] adj. gemeinschaftlich.

communauté [-note] f. [état] Gemeinschaft f. ; Gemeinschaftlichkeit f. ; Gemeinsamkeit f. ; Übereinstimmung f. | *Communauté d'intérêts*, Interessengemeinschaft. | *Communauté d'idées*, Übereinstimmung in den Ideen. || JUR. *Communauté de biens*, Gütergemeinschaft. || [société] Gemeinschaft f. | *Communauté économique, professionnelle, de travail*, Wirtschafts-, Berufs-, Arbeitsgemeinschaft. | *La communauté scientifique*, die Wissenschaftler pl. || RELIG. *Communauté religieuse*, Kirchengemeinde f. ; Ordensgemeinde f.

commune [kɔmyn] f. Gemeinde f. || FIG. *Aux frais de la commune*, auf Gemeindekosten. || HIST. Kommune f. || POLIT. *Chambre des communes* [Angleterre], englisches Unterhaus.

communément [-nemɑ̃] adj. gemeinhin ; gewöhnlich ; allgemein ; landläufig.

communiant, iante [-njɑ̃, ɑ̃:t] s. [catholicisme] Kommunikant(in) m. (f.) ; Kommunionsempfänger(in) m. (f.). || [protestantisme] Eingesegnete(r) m. ; Konfirmand(in) m. (f.).

communicable [-nikabl] adj. mitteilbar ; übertragbar ; verbindungsfähig ; vereinbar.

communicant, ante [-nikɑ̃, ɑ̃:t] adj. in Verbindung stehend. | *Vases communicants*, kommunizierende Röhren f. pl.

communicatif, ive [-nikatif, i:v] adj. [chose] mitteilsam ; übertragbar. | *Rire communicatif*, ansteckendes Lachen. || FIG. [personne] mitteilsam ; gesprächig ; aufgeschlossen.

— SYN. : *Expansif*, offenherzig.

communication [-nikasjɔ̃] f. [d'une nouvelle] Mitteilung f. ; Bekanntgabe f. ; Kommunikation f. | *Communication officielle*, amtliche Bekanntmachung. | *Communication par écrit*, Zuschrift f. | *Faire une communication à la presse*, der Presse bekanntgeben, mitteilen. | *Donner communication de qch. à qn*, jn von etwas in Kenntnis setzen. | *Prendre communication de qch.*, in etwas Einsicht nehmen. || [relation] Verbindung f. ; Verkehr m. ; Kommunikation f. | *Mettre en communication*, verbinden. | *Entrer en communication avec qn*, mit jm in Verbindung treten ; mit jm Verbindung aufnehmen. | *Voie de communication*, Verbindungsweg m. ; Verkehrsstraße f. | *Porte de communication*, Verbindungstür f. | *Moyen de communication*, Verbindungsmittel n. ; Verkehrsmittel n. || TECHN. [téléphone] Telephonanschluß m. ; -gespräch n. ; Fernsprechverbindung. | *Communication automatique*, Selbstwählersystem n. | *Donnez-moi la communication avec Paris*, bitte, verbinden Sie mich mit Paris. | *Erreur de communication*, falsche Verbindung.

communier [-nje] v. intr. RELIG. zur Kommunion, zum Abendmahl gehen. || FIG. geistig verbunden sein (mit) ; eins sein (mit).

communion [-njɔ̃] f. RELIG. [union] Glaubensgemeinschaft f. | *Communion des saints*, Gemeinschaft (f.) der Heiligen. || [sacrement catholique] heilige Kommunion. | *Faire sa première communion*, seine erste heilige Kommunion abhalten. || [protestant] Abendmahl n. ; christliches Abendmahl. | *Faire sa première communion*, konfirmiert werden. || FIG. [accord intime] Übereinstimmung f. | *Communion des sentiments*, Gefühlsübereinstimmung.

communiqué [kɔmynike] m. Bekanntmachung f. ; Mitteilung f. ; amtlicher Bericht. || MIL. *Communiqué de guerre*, Frontbericht m.

communiquer [-ke] v. tr. [faire part] mitteilen ; bekanntmachen ; bekanntgeben ; veröffentlichen. | *Communiquer ses projets à qn*, jm seine Pläne mitteilen. | *De source officielle on communique*, amtlich wird mitgeteilt. || TECHN. [transmettre] übertragen. | *Le piston communique le mouvement*, der Kolben überträgt die Bewegung. || MÉD. *Communiquer une maladie à qn*, eine Krankheit auf jn übertragen.

◇ v. intr. [être relié] verbunden sein ; in Verbindung stehen ; verkehren. | *Communiquer avec l'étranger*, mit dem Ausland in Verbindung stehen. | *Deux élèves communiquent*, zwei Schüler schreiben ab.

◇ v. pr. **se communiquer,** [se transmettre] sich übertragen. || MÉD. ansteckend sein.

communisme [kɔmynism] m. POLIT. Kommunismus m. ; Güter- und Produktionsgemeinschaft f.

communiste [-nist] adj. kommunistisch.

◇ s. Kommunist(in) m. (f.).

commutateur [kɔmytatœ:r] m. ÉLECTR. Schalter m. | *Commutateur de commande*, Steuerschalter m. | *Tourner le commutateur*, den Schalter anknipsen.

commutatif, ive [-tatif, i:v] adj. JUR. ausgleichend. | *Contrat commutatif*, Tauschvertrag m.

commutation [-tasjɔ̃] f. JUR. Ausgleich m. ; Austausch m. | *Commutation de peine*, Strafmilderung f. || ÉLECTR. Schaltung f. ; Stromwendung f.

compacité [kɔ̃pasite] f. Dichtigkeit f. ; Dichte f.

compact, acte [kɔ̃pakt] adj. dicht ; fest ; zusammengedrängt ; kompakt. | *Peu compact*, locker. || PAR EXT. *Foule compacte*, dicht gedrängte Menge. || MUS. *Disque compact*, Compact Disk (CD) f.

compactage [-pakta:ʒ] m. TECHN. Zusammenpressen n. || NUCL. Konzentrierung f.

compagne [kɔ̃paɲ] f. Begleiterin f. ; Gefährtin f. ; Genossin f. | *Compagne de jeu*, Gespielin f. || [épouse] Lebensgefährtin.

compagnie [-ɲi] f. [société] Gesellschaft f. ; Versammlung f. || LOC. *La bonne compagnie*, die vornehme Welt. | *Demoiselle de compagnie*, Gesellschafterin f. | *Aimer la compagnie*, gesellig sein. | *Tenir compagnie à qn*, jm Gesellschaft leisten. | *Fausser compagnie à qn*, sich davonschleichen. | *Voyager de compagnie*, eine Gemeinschaftsfahrt unternehmen. || [association] Gesellschaft f. ; Verein m. ; Körperschaft f. | *Compagnie de Jésus*, Societas Jesu f. || COMM. Gesellschaft f. ; Genossenschaft f. ; Kompanie f. | *Compagnie aérienne, maritime, d'assurance*, Flug-, Schiffahrts-, Versicherungsgesellschaft. | *Compagnie d'affrètement*, Chartergesellschaft. | *Müller et Cie*, Müller& Co. || MIL. Kompanie f. ; Hundertschaft m. | *Compagnie antichars*, Panzerabwehrkompanie. | *Compagnie de discipline*, Strafkompanie. || [chasse] *Compagnie de perdreaux*, ein Volk Rebhühner, Rebhühnerkette f.

compagnon [-ɲɔ̃] m. Gefährte m. ; Genosse m. ; Begleiter m. ; Gesellschafter m. ; Kompagnon m. ; Geselle m. | *Compagnon de voyage*, Reisegefährte ; Mitreisender m. | *Compagnon d'armes*, Waffengefährte ; Waffenbruder m. | *Compagnon de table*, Tischgenosse. | *Compagnon d'étude*, Studienkamerad m. ; Kommilitone m. || LOC. *Être bon compagnon*, immer tapfer mithalten. | *Compagnon du tour de France*, fahrender Handwerksgeselle. || TECHN. [ouvrier] Handwerksbursche m. ; Geselle m. ; Gehilfe m.

compagnonnage [-ɲɔna:ʒ] m. [temps] Gesellenzeit f. ; Wanderjahre n. pl. || [association] Gilde f. ; Gesellenzunft f.

comparable [kɔ̃parabl] adj. vergleichbar. | *N'avoir rien de comparable*, sich nicht vergleichen lassen ; nicht zu vergleichen sein.

comparaison [-rɛzɔ̃] f. Vergleich m. ; Vergleichung f. ; Gegenüberstellung f. ; Parallele f. ; FIG. Gleichnis n. | *Comparaison frappante*, treffender Vergleich. | *Établir une comparaison*, einen Vergleich anstellen. | *La comparaison s'impose*, der Vergleich drängt sich auf. || LOC. *En comparaison de*, im Vergleich zu, mit. | *Par comparaison*, vergleichsweise. | *Sans comparaison*, unvergleichlich ; ohne Vergleich. | *Valeur de comparaison*, Vergleichswert m. || GRAMM. *Degrés de comparaison*, Steigerungsgrade m. pl. ; Steigerung f.

comparaître [kɔ̃parɛ:tr] v. intr. JUR. vor Gericht erscheinen ; vorgeladen sein.

comparant, ante [kɔ̃parɑ̃, ɑ̃:t] s. JUR. Vorgeladene(r) m.

comparatif, ive [-ratif, i:v] adj. vergleichend. | *Méthode comparative*, vergleichende Methode. | *Tableau comparatif*, Übersichtstafel f.

◇ m. **comparatif,** GRAMM. (erste) Steigerungsform f. ; Komparativ m.

comparativement [-rativmɑ̃] adv. vergleichsweise. | *Comparativement à*, im Vergleich zu.

comparer [-re] v. tr. vergleichen. | *Comparer des écritures*, Handschriften vergleichen. || FIG. [mettre en parallèle] gegenüberstellen ; nebeneinanderstellen ; gleichstellen.

◇ part. pass. et adj. **comparé, ée,** *Comparé à*, im Vergleich zu, mit ; gegen. || *Anatomie comparée*, vergleichende Anatomie.

◇ v. pr. **se comparer,** sich vergleichen.

— SYN. : *Confronter*, gegenüberstellen.

comparse [kɔ̃pars] m. THÉÂTRE. Statist(in) m. (f.) ; Figurant(in) m. (f.) ; Komparse m.

compartiment [kɔ̃partimɑ̃] m. Abteilung f. ; Fach n. ; Feld n. | *Tiroir à compartiments*, Schublade (f.) mit Fächern. || TRANSP. Abteil n. ; Coupé n.

compartimenter [-te] v. tr. auffächern ; in Fächer einteilen ; aufteilen.

comparution [kɔ̃parysjɔ̃] f. JUR. Erscheinen (n.) vor Gericht. | *Mandat de comparution*, Vorladung f.

compas [kɔ̃pa] m. Zirkel m. | *Boîte à compas*, Reißzeug n. | *Pointe de compas*, Zirkelspitze f. | *Compas à pointes sèches*, Zirkel mit festen Spitzen. | *Tracer au compas*, abzirkeln. || FIG. *Avoir le compas dans l'œil*, das richtige Augenmaß haben. || MAR. Kompaß m. | *Compas gyroscopique*, Kreiselkompaß m. || AÉRON. *Compas magnétique*, Magnetkompaß m.

compasser [-se] v. tr. abmessen ; abzirkeln.

◇ part. pass. et adj. **compassé, ée,** FIG. abgemessen ; abgezirkelt ; gemessen ; steif ; bedächtig.

compassion [kɔ̃pasjɔ̃] f. Mitgefühl n. ; Teilnahme f. ; Erbarmen n.

compatibilité [kɔ̃patibilite] f. Vereinbarkeit f. ; Verträglichkeit f.

compatible [-tibl] adj. vereinbar ; verträglich ; übereinstimmend ; zusammenpassend. || INF. kompatibel.

compatir [-ti:r] v. intr. mitleiden ; mitempfinden.

compatissant, ante [-tisɑ̃, ɑ̃:t] adv. mitleidfühlend ; empfindend ; barmherzig ; teilnehmend ; teilnahmsvoll.

compatriote [kɔ̃patriɔt] s. Landsmann m. ; Landsmännin f. | *Nous sommes compatriotes*, wir sind Landsleute.

— SYN. : *Concitoyen* m., Mitbürger m.

compendium [kɔ̃pɛ̃djɔm] m. Kompendium n.

compensable [kɔ̃pɑ̃sabl] adj. ausgleichbar ; ersetzbar.

compensateur, trice [-satœ:r, tris] adj. ausgleichend.

compensation [-sasjɔ̃] f. Ausgleich m. ; Ersatz m. ; Kompensierung f. ; Kompensation f. | *Compensation financière, fiscale, des charges*, Finanz-, Steuer-, Lastenausgleich. | *Taxe de compensation*, Ausgleichssteuer f. | *Marché de compensation*, Verrechnungsgeschäft n. | *Par compensation*, durch Verrechnung ; im Ausgleichsverfahren. || PAR EXT. [dédommagement] Schadenersatz ; Entschädigung f. ; Entgelt n. ; Vergütung f. | *En compensation*, als Ersatz. | *Donner une compensation*, vergüten. || AÉRON. Trimmung f.

compenser [-se] v. tr. ausgleichen ; ersetzen. | *Compenser les frais*, die Gerichtskosten teilen. || PAR EXT. [dédommager] entschädigen ; entgelten ; vergüten.

compère [kɔ̃pɛr] m. Gevatter m. ; Pate m. || FIG., FAM. Kerl m. ; Kumpan m. ; POP. Herr Nachbar m. | *Joyeux compère*, Bruder Lustig m.

compère-loriot [-lɔrjo] m. (pl. **compères-loriots**) Gerstenkorn n.

compétence [kɔ̃petɑ̃s] f. JUR. Zuständigkeit f. ; Rechtsbefugnis f. || PAR ANAL. Sachkenntnis f. ; Amtsfähigkeit f. ; Aufgabenbereich m. ; Machtbereich m. | *Cela n'est pas de ma compétence*, das schlägt nicht in mein Fach. | *Conflit de compétence*, Kompetenzstreit m. || [personne] Sachverständiger m. ; Kompetenz f.

compétent, ente [-tɑ̃, ɑ̃:t] adj. JUR. zuständig ; berechtigt ; befugt ; kompetent. | *Autorité compétente*, zuständige Behörde. | *Juge compétent*, befugter Richter. || PAR ANAL. maßgebend ; fachmännisch ; sachkundig ; berufen. | *Dans les milieux compétents*, in maßgebenden Kreisen. | *Homme compétent*, Fachmann m. ; Sachkenner m.

compétiteur, trice [kɔ̃petitœ:r, tris] s. Mitbewerber(in) m. (f.) ; Konkurrent(in) m. (f.).

compétitif, ive [-tif, -i:ve] adj. wettbewerbfähig.

compétition [-sjɔ̃] f. Mitbewerbung f. ; Wettbewerb m. ; Konkurrenz f. || SPORT. Wettkampf m.

compétitivité [-tivite] f. Konkurrenzfähigkeit f. ; Wettbewerbsfähigkeit f.

compilateur [kɔ̃pilatœ:r] m. Kompilator m. ; Sammler m. || INF. Kompilierer m.

compilation [-lasjɔ̃] f. [action] Zusammentragen n. ; Zusammenschreiben n. || [ouvrage] Sammelwerk n. || INF. Kompilierung f.

compiler [-le] v. tr. sammeln ; zusammentragen, -schreiben. || INF. kompilieren.

complainte [kɔ̃plɛ̃:t] f. Klagelied n. ; Bänkelsängerlied n. || JUR. Besitzklage f.

complaire [kɔ̃plɛ:r] v. intr. gefallen ; willfährig sein.

◇ v. pr. **se complaire,** *Se complaire dans, à qch.*, Gefallen an etwas finden ; sein Wohlgefallen an etwas haben.

complaisance [-plɛzɑ̃s] f. Gefälligkeit f. ; Willfährigkeit f. ; Bereitwilligkeit f. ; Dienstbereitschaft f. ; Dienstfertigkeit f. ; Entgegenkommen n. ; Verbindlichkeit f. | *Par complaisance*, aus Gefälligkeit. | *Certificat de complaisance*, Gefälligkeitsattest n. | *Regarder avec complaisance*, wohlgefällig betrachten.

complaisant, ante [-plɛzɑ̃, ɑ̃:t] adj. gefällig ; willfährig ; bereitwillig ; dienstbereit ; gütig ; entgegenkommend ; nachsichtig.

— SYN. : *Serviable*, diensteifrig. *Prévenant*, zuvorkommend.

complément [kɔ̃plemɑ̃] m. Ergänzung f. ; Vervollständigung f. | *Donner en complément*, mit etwas ergänzen ; etwas zugeben. || GRAMM. *Complément de lieu, de temps*, nähere Bestimmung des Ortes, der Zeit. | *Complément direct*, Akkusativobjekt n. || GÉOM. *Complément d'un angle*, Ergänzungswinkel m.

complémentaire [-tɛ:r] adj. ergänzend ; abrundend ; aufrundend ; Ergänzungs... | *Cours complémentaire*, Fortbildungsschule f. || GÉOM. *Angle complémentaire*, Ergänzungswinkel m.

complet, ète [kɔ̃plɛ, ɛt] adj. vollständig ; vollzählig ; vollkommen ; gesamt ; komplett. || LOC. *Hôtel complet*, vollbesetztes Hotel. | *Complet !*, alles besetzt ! | *Œuvres complètes*, sämtliche Werke n. pl. ; Gesamtausgabe f. | *Pain complet*, Vollkornbrot n. || LOC. *Au complet*, voll ; vollzählig.

◇ m. [vêtement] fertiger Anzug. | *Complet veston*, Sakkoanzug m.

complètement [-plɛtmɑ̃] adv. völlig ; durchaus ; ganz und gar.

compléter [-plete] v. tr. ergänzen ; vervollständigen ; vollzählig machen. || [avec particules] aus... ; auf... ; nach... ; zu...

complétif, ive [-pletif, -i:v] adj. ergänzend.

complexe [kɔ̃plɛks] adj. zusammengesetzt ; verwickelt. | *Question complexe*, verwickelte Frage. || MATH. komplex ; nicht dezimal ; ungleich ; ungleichnamig. || MINES. verwachsen.

◇ m. MÉD. Komplex m. | *Complexe d'infériorité*, Minderwertigkeitskomplex. || MATH. Komplex m. || TECHN. *Complexe industriel*, Industriekomplex ; Kombinat n. || CHIM. Verbindung f.

complexé, ée [-se] adj. FAM. *Il est complexé*, er hat Komplexe.

complexion [-sjɔ̃] f. ANAT. [physique] Körper-, Leibesbeschaffenheit f. ; Körperanlage f. || [morale] Gemütsart f. ; Gemütsanlage f.

complexité [-site] f. Zusammensetzung f. ; Vielseitigkeit f. ; Vielfalt f. ; Verwicklung f.

complication [kɔ̃plikasjɔ̃] f. Verwicklung f. ; Verknüpfung f. ; Verquickung f. ; Durcheinander n. || LOC. *S'il n'y a pas de complications*, wenn nichts dazwischen kommt. || MÉD. Verschlimmerung f.

complice [kɔ̃plis] adj. mitschuldig. | *Complice d'un vol*, mitschuldig an einem Diebstahl.

◇ s. Mitschuldige(r) m. ; Mittäter m. ; Mitwissende(r) m. ; Helfershelfer m.

complicité [-site] f. Mitschuld f. ; Mittäterschaft f. ; Teilnahme f. ; Beihilfe f. ; Begünstigung f. || [sympathie] geheimes Einverständnis.

compliment [kɔ̃plimɑ̃] m. [éloge] Glückwunsch m. ; Lob n. ; Kompliment n. | *Tous mes compliments !*, ich gratuliere Ihnen ! ; alle Achtung ! | *Adresser des compliments à qn*, jn beglückwünschen. || [salutations] Grüße m. pl. | *Mes compliments à madame votre mère*, empfehlen Sie mich bitte Ihrer Frau Mutter.

complimenter [-te] v. tr. beglückwünschen ; freundlich begrüßen.

compliquer [kɔ̃plike] v. tr. verwickeln ; erschweren ; verwirren.

◇ part. pass. et adj. **compliqué, ée,** verwickelt ; erschwert ; FIG. kompliziert. | *Personne compliquée*, schwierige Person.

complot [kɔ̃plo] m. Verschwörung f. ; Komplott n. | *Révéler un complot*, ein Komplott enthüllen. | *Tramer un complot*, eine Verschwörung anzetteln.
— SYN. : *Conspiration* f., *conjuration* f., Verschwörung f.

comploter [-plɔte] v. tr. et intr. sich verschwören.

comploteur [-plɔtœ:r] m. Verschworene(r) m. ; Mitverschworene(r) m.

componction [kɔ̃pɔ̃ksjɔ̃] f. [regret] Zerknirschung f. ; Reue f. || PAR EXT. [gravité] Bedächtigkeit f.

comportement [kɔ̃pɔrtəmɑ̃] m. Verhalten n. ; Benehmen n. ; Betragen n. ; PÉJOR. Gehabe n.

comporter [-te] v. tr. [comprendre] enthalten ; umfassen ; PAR EXT. mit sich bringen.
◇ v. pr. **se comporter,** sich benehmen ; sich aufführen ; sich betragen ; sich verhalten.

composant, ante [kɔ̃pozɑ̃, ɑ̃:t] adj. bildend.
◇ m. **composant,** CHIM. Bestandteil m. ; Ingredienz n. || TECHN. *Composant électronique*, Bauelement n.
◇ f. **composante,** PHYS. Teilkraft f. ; Komponente f.

composé, ée [-ze] adj. zusammengesetzt ; bestehend (aus) ; FIG. gezwungen. | *Attitude composée*, gesetzte Haltung. || GRAMM. *Nom composé*, zusammengesetztes Substantiv ; Wortzusammensetzung f. | *Temps composés*, zusammengesetzte, umschriebene Zeiten f. pl. || CHIM. Verbindung f. | *Composé azoté, oxygéné, sulfuré*, Stickstoff-, Sauerstoffverbindung f.

composer [-ze] v. tr. zusammensetzen ; zusammenstellen ; bilden. || *Composer son visage*, eine gemachte Miene aufsetzen. || LITTÉR., MUS. [créer] verfassen ; komponieren. | *Composer un livre*, ein Buch abfassen, verfassen. | *Composer une rédaction*, einen Aufsatz schreiben. | *Composer un morceau de musique*, ein Musikstück (n.) komponieren. || TYPOGR. setzen. || FIG. [transiger] sich vergleichen ; unterhandeln ; einen Ausgleich finden. | *Composer avec sa conscience*, sich mit seinem Gewissen abfinden.
◇ v. pr. **se composer (de...),** bestehen (aus) ; umfassen.

composite [-zit] adj. zusammengewürfelt ; bunt zusammengesetzt.

compositeur, trice [kɔ̃pozitœ:r, tris] s. MUS. Komponist(in) m. (f.) ; Musiker(in) m. (f.). || TYPOGR. Setzer(in) m. (f.).

composition [-zisjɔ̃] f. [action et résultat] Zusammensetzung f., -stellung f. | *Composition du gouvernement*, Regierungszusammensetzung, -bildung f. || PAR EXT. [méthodique] Anordnung f. ; Gliederung f. ; Gefüge n. | *Composition des forces*, Kräftevereinigung f. || MUS. Komposition f. ; Musikstück n. ; Vertonen n. ; Komponieren n. || [à l'école] Aufsatz m. ; Klassenarbeit f. ; Extemporale n. ; Prüfungsarbeit f. | *Sujet d'une composition*, Thema (n.) einer Arbeit. || TYPOGR. Satz m. || CHIM. Mischung f. ; Verbindung f. || FIG. [conciliation] Vergleich m. ; gütliche Auseinandersetzung ; Übereinkunft f. ; Ausgleich m. | *Amener à composition*, zu einem Ausgleich bringen.

compost [kɔ̃pɔst] m. AGRIC. Dünger m. ; Blumenerde f. ; Kompost m.

composter [-pɔste] v. tr. TRANSP. entwerten.

composteur [-pɔstœ:r] m. Nummeriermaschine f. || TRANSP. Entwerter m. || TYPOGR. Letternschiene f.

compote [kɔ̃pɔt] f. Kompott n. ; Eingemachtes n. | *Compote de poires, de pommes*, Birnenkompott, Apfelmus n. || FIG. FAM. *Être en compote*, zerschlagen sein.

compotier [-tje] m. Fruchtschale f. ; Kompottschüssel f.

compound [kɔ̃pund] adj. TECHN. verbunden ; Verbund... | *Moteur compound*, Doppelschlußmotor m. | *Machine compound*, Verbundmaschine f.

compréhensible [kɔ̃preɑ̃sibl] adj. faßlich ; begreiflich ; verständlich ; einsehbar ; begreifbar ; faßbar.
— SYN. : *Intelligible*, verständlich. *Accessible*, zugänglich.

compréhensif, ive [-sif, i:v] adj. verständig ; verständnisvoll ; einsichtsvoll. || PAR EXT. [choses] umfassend.

compréhension [-sjɔ̃] f. Begreifen n. ; Verständnis n. ; Einsicht f. || PHILOS. Begrifflichkeit f. ; Fassungsvermögen n.

comprendre [kɔ̃prɑ̃dr] v. tr. [contenir en soi] in sich schließen ; umfassen ; einschließen ; enthalten ; fassen. || FIG. [concevoir] begreifen ; verstehen. | *Il commence à comprendre*, langsam, endlich geht ihm ein Licht auf. | *Faire comprendre*, darlegen ; klarmachen ; erklären. | *Se faire comprendre*, sich verständlich machen ; sich durchsetzen. | *C'est à n'y rien comprendre*, daraus kann kein vernünftiger Mensch klug werden. | *Qui comprend*, einsichtig. | *Facile à comprendre*, leicht verständlich.
◇ part. pass. et adj. **compris, ise,** [inclus] einschließlich ; einbegriffen ; mit. | *Non compris*, ausgeschlossen ; ohne. | *Tout compris*, alles in allem.
◇ v. pr. **se comprendre,** [réciprocité] einander verstehen. | *Cela se comprend*, das versteht sich von selbst ; das liegt auf der Hand ; das ist selbstverständlich.
— SYN. : *Concevoir*, geistig erfassen. *Saisir*, begreifen.

compresse [kɔ̃prɛs] f. Umschlag m. ; Wickel m. ; Kompresse f.

compresseur [-sœ:r] m. TECHN. Verdichter m. ; Kompressor m. | *Compresseur d'air, de gaz*, Luftkompressor, Gaskompressor. | *Rouleau compresseur*, Straßenwalze f.

compressibilité [-sibilite] f. Verdichtbarkeit f. ; Zusammendrückbarkeit f. ; Preßbarkeit f. ; Komprimierbarkeit f.

compressible [-sibl] adj. zusammendrückbar ; verdichtbar ; preßbar ; Preß... || MINES. nachgiebig ; nachgebend. | *Bois compressible*, Quetschholz n.

compression [-sjɔ̃] f. Zusammendrücken n. ; Verdichtung f. ; Kompression f. ; Druck m. ; Preßdruck m. ; Pressung f. | *Compression d'air*, Luftverdichtung. || FIG. *Compressions budgétaires*, Haushaltseinsparungen f. pl.

comprimé [kɔ̃prime] m. Tablette f. ; Pille f.

comprimer [-me] v. tr. zusammenpressen, -drücken ; verdichten ; FIG. unterdrücken ; im Zaume halten. | *Comprimer sa douleur*, seinen Schmerz verbeißen. | *Comprimer les prix*, die Preise drücken.
◇ part. pass. et adj. **comprimé, ée,** zusammengepreßt. | *Air comprimé*, Preßluft f.

compromettre [kɔ̃prɔmɛtr] v. tr. bloßstellen ; in Verlegenheit, ins Gerede bringen ; Unannehmlichkeiten bereiten ; gefährden ; kompromittieren.
◇ part. pass. et adj. **compromis, ise,** bloßgestellt. | *Situation compromise*, gefährliche Lage.
◇ v. pr. **se compromettre,** sich bloßstellen ; sein Ansehen aufs Spiel setzen ; sich kompromittieren.

compromis [-mi] m. Vergleich m. ; Übereinkommen n. ; Kompromiß m. | *Arriver à un compromis*, zu einem Vergleich gelangen ; sich vergleichen.

compromission [-misjɔ̃] f. Bloßstellung f. ; Kompromittierung f.

comptabiliser [kɔ̃tabilize] v. tr. buchen ; verbuchen ; eine Buchung vornehmen.

comptabilité [-lite] f. Buchführung f. ; Buchhaltung f. ; Rechnungsführung f. | *Comptabilité commer-*

ciale, double, kaufmännische, doppelte Buchführung. | *Comptabilité par décalque*, Durchschreibebuchführung. | *Comptabilité publique*, Ein- und Ausgabenrechnung f.

comptable [kɔ̃tabl] adj. buchungsmäßig ; rechnungspflichtig ; Buchungs... ; Rechnungs... | *Pièce comptable*, Buchungsbeleg m. || FIG. [responsable] verantwortlich ; haftbar.
◇ s. Buchhalter(in) m. (f.).

comptant [kɔ̃:tɑ̃] part. et adv. bar. | *Paiement comptant*, Barzahlung f. | *Au comptant*, gegen bar, in barem Geld.

compte [kɔ̃:t] m. **1.** [action] Zählen n. ; Abzählen n. ; Berechnen n. ; Abrechnen n. | *Faire le compte de qch.*, etwas rechnen, berechnen ; etwas überrechnen, überzählen. | *Ajouter au compte*, zurechnen ; zuzählen. | *Comprendre qch. dans un compte*, etwas mit einrechnen. | *Compte à rebours*, Countdown m. || FIG. *Régler ses comptes avec qn*, mit jm abrechnen.
2. [résultat] Rechnung f. ; Abrechnung f. | *Le compte y est*, die Rechnung ist richtig ; es stimmt. | *Livre de comptes*, Rechnungsbuch n. | *Cour des comptes*, Rechnungshof m. | *Compte rond*, gerade Rechnung ; runde Summe. | *Ne pas trouver son compte à qch.*, bei etwas zu kurz kommen. | *À bon compte*, wohlfeil ; billig.
3. FIG. [intérêt, responsabilité] Wert m. ; Rechenschaft f. | *Tenir compte de qch.*, auf etwas Wert legen ; etwas berücksichtigen. | *Demander des comptes à qn*, von jm Rechenschaft fordern.
4. [rapport] *Rendre compte de qch.*, über etwas Rechenschaft ablegen. | *Rendre compte d'un livre*, ein Buch besprechen. | *Compte rendu*, Bericht m. ; Rezension f. ; Besprechung f.
5. LOC. *Compte d'apothicaire*, unverschämte Rechnung. | *Au bout du compte, en fin de compte, tout compte fait*, alles wohl berechnet ; letzten Endes. | *Être loin de compte*, weit vom Ziel sein ; weit gefehlt. | *Établi à son compte*, selbständig. | *Entrer en ligne de compte*, in Betracht, in Frage kommen. | *Pour mon compte*, was mich betrifft ; meinetwegen. | *Mettre qch. sur le compte de qn*, jm etwas zuschreiben. | *Donner son compte à qn*, jn ablohnen ; FIG. jn abfertigen. | *Compte tenu de*, unter Berücksichtigung von ; in Hinsicht auf (acc.). | *Se rendre compte de*, gewahr werden (gén.) ; einsehen. | *Sans se rendre compte*, unbewußt ; unwissentlich. || POP. *Avoir son compte*, genug haben ; satt haben.
6. COMM. Konto n. ; Berechnung f. | *Compte courant*, Kontokorrent n. | *Compte chèques postaux*, Postscheckkonto. | *À compte*, auf Konto ; a conto. | *Compte bloqué*, Sperrkonto. | *Compte créditeur, débiteur*, Kreditoren-, Debitorenkonto. | *Compte numéroté, à numéro*, Nummernkonto. | *Compte spécial*, Sonderkonto. | *Compte des profits et pertes*, Verlust- und Gewinnkonto. | *Compte des recettes et dépenses*, Einnahmen- und Ausgabenberechnung f. | *Compte des redevances*, Gebührenkonto. | *Compte de résultats*, Gewinn- und Verlustrechnung f. | *Créditer un compte de cent mark*, einem Konto hundert Mark gutschreiben. | *Laisser un compte à découvert*, ein Konto überziehen.

compte-gouttes [-gut] m. Tropfenzähler m.

compter [kɔ̃te] v. tr. **1.** [dénombrer] zählen ; abzählen ; aufzählen | *Compter sur ses (cinq) doigts*, an den Fingern abzählen. || [calculer] rechnen.
2. [mettre au nombre de] mit-, zu-, beizählen ; zählen (unter, acc.) ; rechnen (zu) ; mit einrechnen. | *Compter qn parmi ses amis*, jn zu seinen Freunden zählen. | *En comptant les champs*, die Felder mit eingerechnet.
3. [payer, donner] be-, auszahlen ; gewähren. | *Compter cent francs à qn*, jm hundert Franken auszahlen. || [demander] anrechnen ; verlangen. | *Compter cinq mark de l'heure*, fünf Mark für die Stunde rechnen. | *Je te le compterai*, ich werde es dir anrechnen.
4. [avoir atteint] *Compter vingt années de service*, zwanzig Jahre Dienst hinter sich haben.
5. LOC. *À bien compter*, genau genommen. | *Sans compter*, ungezählt ; ungerechnet. | *Ses jours sont comptés*, seine Tage sind gezählt. | *Marcher à pas comptés*, gemessenen Schrittes dahingehen. | *Dépenser sans compter*, mit vollen Händen ausgeben. | *À compter de ce jour*, von heute ab.
6. FIG. [être estimé] *Compter pour*, zählen für ; gelten für. | *Cela ne compte pas*, das ist Nebensache ; das gilt nicht. | *Il compte pour deux*, er zählt für zwei.
7. [faire confiance à] *Compter sur*, zählen auf (acc.) ; sich verlassen auf (acc.). | *Comptez-y !*, verlassen Sie sich darauf ! | *J'y compte*, ich rechne darauf. | *Ne pas compter sur qn*, sich nicht auf jn verlassen. | *Sur qui on peut compter*, zuverlässig.
8. [se proposer] denken ; gedenken ; vorhaben ; beabsichtigen. | *Que comptes-tu faire ?*, was denkst, was gedenkst du zu tun ?
— SYN. : *Calculer*, berechnen ; ausrechnen ; rechnen. *Dénombrer*, abzählen ; feststellen.

compte-tours [kɔ̃ttu:r] m. TECHN. Umdrehungszähler m. ; Tourenzähler m.

compteur [kɔ̃tœ:r] m. Zähler m. ; Meßapparat m. ; Zählwerk n. ; Messer m. | *Compteur à gaz*, Gasuhr f. | *Compteur d'électricité*, elektrischer Zähler. | *Compteur Geiger*, Geigerzähler ; Zählrohrgerät n. | *Compteur de vitesse*, Tachometer m.

comptoir [kɔ̃twa:r] m. Ladentisch m. ; Zahltisch m. ; Zahlbrett n. || [de café] Theke f. ; Schanktisch m. || PAR EXT. [agence] Geschäftslokal n. ; Büro n. ; Kontor n. ; Handelsniederlassung f. ; Faktorei f. ; Bankfiliale f. ; Zweiggeschäft n.

compulser [kɔ̃pylse] v. tr. durchsehen ; nachschlagen (in, dat.) ; nachsehen (in, dat.) ; feststellen. | *Compulser des livres*, in Büchern nachschlagen.

comtat [-ta] m. Grafschaft f.

comte, comtesse [kɔ̃t, kɔ̃tɛs] s. Graf m. ; Gräfin f.

comté [kɔ̃te] m. Grafschaft f.

concasser [-se] v. tr. brechen ; zerbrechen ; zerstampfen ; zerstoßen ; zermahlen ; schroten.

concasseur [-sœ:r] m. TECHN. Brecher m. ; Zerkleinerer m. | *Concasseur de grains*, Schrotmühle f.

concave [kɔ̃ka:v] adj. hohlgewölbt, -rund, -geschliffen ; konkav ; hohl. | *Miroir concave*, Hohlspiegel m.

concavité [-vite] f. Hohlseite f. Konkavseite f. ; Aushöhlung f. ; Vertiefung f.

concéder [kɔ̃sede] v. tr. [accorder] einräumen ; gewähren ; bewilligen ; zugeben ; zugestehen.

concentration [kɔ̃sɑ̃trasjɔ̃] f. [action] Zusammenfassen n., -ziehen n. ; Konzentrieren n. || [résultat] Zusammenfassung f., -ziehung f., -ballung f. ; Vereinigung f. ; Konzentration f. | *Concentration des rayons*, Strahlensammlung f. | *Concentration de la population*, Zusammenballung der Bevölkerung. | *Concentration de toutes les forces*, Vereinigung aller Kräfte. | *Camp de concentration*, Konzentrationslager n. ; KZ n. || CHIM. Verdichtung f. ; Eindickung f. | *Concentration de l'alcool*, Hochprozentigkeit (f.) des Alkohols. || ÉCON. *Concentration industrielle*, Industriezusammenballung ; Konzern m. || MIL. *Concentration de troupes*, Truppenzusammenziehung ; Truppenaufmarsch m. || MINES. Anreicherung f. || NUCL. *Concentration maximale admissible (d'un radionucléide)*, höchstzulässige Konzentration (eines Nuklids) ; HZK f. || TÉLÉV. *Concentration de l'image*, Bildschärfe f.

concentrer [-tre] v. tr. zusammenfassen, -ziehen, -ballen ; anhäufen. || Loc. *Concentrer le pouvoir dans les mains de qn*, die Macht in js Hand vereinigen. | *Concentrer sa pensée*, sich sammeln ; seine Gedanken zusammennehmen. || Chim. verdichten.

◇ part. pass. et adj. **concentré, ée,** zusammengefaßt, -gezogen ; geballt. | *Lait concentré*, Kondensmilch f.

◇ v. pr. **se concentrer,** sich sammeln ; sich konzentrieren.

— Syn. : *Condensé*, verdichtet ; kondensiert.

concentrique [-trik] adj. konzentrisch.

concept [kɔ̃sɛpt] m. Philos. Begriff m.

conception [-sjɔ̃] f. Physiol. [acte générateur] Empfängnis f. ; Befruchtung f. ; Konzeption f. | *Immaculée conception*, unbefleckte Empfängnis. || Fig. [faculté de comprendre] Fassungskraft f. ; Begriffsvermögen n. || [action de comprendre] Auffassung f. ; Begriff m. ; Vorstellung f. ; Anschauung f. ; Gedanke m. | *Conception du monde*, Weltanschauung. || Inf. *Conception assistée par ordinateur (C. A. O.)*, computergestützte Konzeption.

conceptuel, uelle [-tɥɛl] adj. begrifflich.

concernant [kɔ̃sɛrnɑ̃] prép. bezüglich (gén.).

concerner [-ne] v. tr. betreffen ; anbetreffen ; angehen ; anbelangen. | *En ce qui concerne son état*, was seinen Zustand anbetrifft. | *Cela ne me concerne pas*, das geht mich nichts an. | *Ce qui concerne l'école, l'industrie*, Schulwesen n. ; Industriewesen n.

concert [kɔ̃sɛ:r] m. [harmonie de voix] Zusammen, Einklang m. ; Gesang m. ; Konzert n. || Par anal. *Concert des oiseaux*, Vogelgezwitscher n. ; Vogelgesang. | *Concert de louanges*, einstimmiges Lob. || Par ext. [séance] Konzert n. | *Concert en plein air*, Gartenkonzert. || Fig. [accord] Einverständnis n. ; Übereinstimmung f. | *De concert*, zusammen ; überein ; einstimmig.

concerter [-te] v. tr. [comploter] abmachen ; verabreden. | *Plan concerté*, abgemachtes, abgekartetes Spiel.

◇ v. pr. **se concerter,** [se mettre d'accord] sich verabreden ; sich absprechen.

concertiste [-tist] s. Orchestermitglied n. ; Konzertmitwirkende(r) f. (m.).

concerto [-to] m. Konzert n. ; Konzertstück n.

concession [-sjɔ̃] f. Jur. [obtention d'un droit] Zugeständnis n. ; Bewilligung f. ; Konzession f. | *Concession douanière*, Zollerleichterung f. || Par ext. [cession] Abtretung f. ; Konzession f. | *Concession de terrains*, Geländeabtretung. || Fig. [abandon de contestation] Zugeständnis n. ; Einräumung f. | *Faire des concessions à qn*, jm etwas zugestehen, einräumen.

concessionnaire [-sjɔnɛ:r] m. Konzessionär m. ; Lizenzbesitzer m. || Comm. Vertragshändler m.

concevable [kɔ̃svabl] adj. begreiflich ; faßbar ; verständlich.

concevoir [kɔ̃səvwa:r] v. tr. Phys. [être fécondé] empfangen ; befruchtet werden ; geschwängert werden. || Fig. [former dans son cœur] empfinden ; hegen ; fassen ; schöpfen. | *Concevoir de l'amour pour qn*, Liebe zu jm fassen ; jn lieb gewinnen. | *Concevoir des soupçons*, Verdacht schöpfen. || [penser, imaginer] denken ; erdenken ; ersinnen ; glauben ; sich vorstellen. | *Concevoir un projet*, einen Plan ausdenken. || [comprendre] verstehen ; begreifen ; fassen ; erfassen. | *Facile à concevoir*, leicht denkbar ; leicht begreiflich ; naheliegend. || Littér. [créer] *Concevoir une œuvre*, ein Werk verfassen.

◇ v. intr. schwanger werden.

◇ part. pass. et adj. **conçu, ue,** empfangen. || [pensé] *Bien conçu*, wohl ausgedacht. || Loc. *Une lettre ainsi conçue*, ein Brief mit folgendem Inhalt.

◇ v. pr. **se concevoir,** [se comprendre] sich verstehen ; sich begreifen lassen. | *Cela se conçoit*, das ist begreiflich ; es läßt sich denken.

concierge [kɔ̃sjɛ:rʒ] s. [maison] Pförtner(in) m. (f.) ; Hausmeister(in) m. (f.) ; Hauswart m. || [école] Hausmeister m. ; Pedell m. || [hôtel] Portier m. ; Portiersfrau f. ; Türhüter(in) m. (f.) ; Türschließer(in) m. (f.). || [château] Schloßvogt m. || Fig., péjor. *Quelle concierge !*, was für eine Klatschbase !

conciergerie [-ʒəri] f. Pförtnerstelle f., -wohnung f. ; Hausmeisterei f.

◇ **Conciergerie,** Hist. Pariser Staatsgefängnis n.

concile [kɔ̃sil] m. Relig. Konzil n. ; Kirchenversammlung f. ; Kirchenväterversammlung f.

conciliable [-ljabl] adj. versöhnlich ; vereinbar ; verträglich.

conciliabule [-ljabyl] m. Hist. (kirchliche) Gegenversammlung f. || Par ext. Geheimversammlung f. | *Tenir des conciliabules*, die Köpfe zusammenstecken.

conciliant, iante [-ljɑ̃, jɑ̃:t] adj. versöhnlich ; verträglich.

— Syn. : *Accommodant*, nachgiebig.

conciliateur, trice [-ljatœ:r, tris] adj. versöhnlich ; vermittelnd ; vergleichend ; ausgleichend.

◇ s. Vermittler(in) m. (f.) ; Schlichter(in) m. (f.).

conciliation [-ljasjɔ̃] f. Aus-, Versöhnung f. ; Vermittlung f. ; Vergleich m. ; Ausgleich m. ; Schlichtung f. | *Commission de conciliation*, Schlichtungsausschuß m. | *Par voie de conciliation*, auf gütlichem Wege. || Jur. Sühne f. ; Sühneverfahren n. ; Güteverfahren n.

concilier [-lje] v. tr. [accorder] vergleichen ; ausgleichen ; schlichten ; versöhnen ; vermitteln. | *Concilier un différend*, einen Zwist beilegen.

◇ v. pr. **se concilier,** [s'accorder] sich aussöhnen. || Fig. [acquérir] *Se concilier les faveurs de qn*, sich jn günstig stimmen ; jn für sich einnehmen.

concis, ise [kɔ̃si, i:z] adj. kurz ; bündig ; gerafft ; knapp. || [style] klar ; gedrängt.

concision [-zjɔ̃] f. Kürze f. ; Bündigkeit f.

concitoyen, yenne [kɔ̃sitwajɛ̃, jɛn] s. Mitbürger(in) m. (f.).

conclave [kɔ̃klav] m. Relig. [assemblée] Kardinalsversammlung f. ; Papstwahl f. ; Konklave n.

concluant, ante [kɔ̃klyɑ̃, ɑ̃:t] adj. beweiskräftig ; schlagend ; triftig ; überzeugend ; treffend.

conclure [kɔ̃kly:r] v. tr. [terminer] schließen. || [effectuer] be-, abschließen ; abmachen. | *Conclure un contrat*, einen Vertrag abschließen. | *Conclure un mariage*, eine Ehe schließen, eingehen. | *Conclure une affaire*, ein Geschäft abschließen. | *Conclure un arrangement*, eine Vereinbarung treffen. || [tirer une conséquence] schließen ; den Schluß ziehen ; folgern ; entnehmen. | *Conclure de qch.*, aus etwas schließen.

◇ v. intr. Jur. [décider] beschließen ; erkennen (auf, acc.) ; beantragen. | *Conclure à la peine de mort*, auf Todesstrafe erkennen.

conclusion [-zjɔ̃] f. [fin] Schluß m. ; Abschluß m. | *En conclusion*, zum Schluß ; zusammenfassend. || [décision] Schließung f. | *Conclusion d'un mariage*, Eheschließung. | *Conclusion d'un marché*, Kaufabschluß. || [conséquence] Schlußfolgerung f. ; Schluß m. | *Fausse conclusion*, Trugschluß.

◇ f. pl. **conclusions,** Jur. Schlußanträge m. pl.

concombre [kɔ̃kɔ̃br] m. Bot. Gurke f.

concomitance [kɔ̃kɔmitɑ̃:s] f. Zusammentreffen n. ; gleichzeitiges Bestehen.

concomitant, ante [-tɑ̃, ɑ̃:t] adj. begleitend; gleichzeitig.

concordance [kɔ̃kɔrdɑ̃:s] f. Übereinstimmung f.; Gleichklang m.; Zusammentreffen n.; Konkordanz f. || GRAMM. *Concordance des temps*, Zeitenfolge f.

concordant, ante [-dɑ̃, ɑ̃:t] adj. übereinstimmend; zusammentreffend. || GÉOL. parallel geschichtet; konkordant.

concordat [-da] m. RELIG. Kirchenvertrag m.; Konkordat n.

concorde [kɔ̃kɔrd] f. Eintracht f.; Einigkeit f.; Übereinstimmung f.

concorder [-de] v. intr. [être d'accord] übereinstimmen; zusammentreffen. | *Faire concorder*, in Übereinstimmung bringen.

concourir [kɔ̃kuri:r] v. intr. [converger] zusammenlaufen; zusammenstreben; sich vereinigen. || [contribuer] mitwirken; beitragen. | *Concourir à qch.*, zu etwas beitragen. || [rivaliser] im Wettbewerb stehen; konkurrieren. | *Concourir pour une place*, sich um eine Stelle bewerben. || MATH. *Droites concourantes*, zusammenlaufende Linien.

concours [kɔ̃ku:r] m. **1.** [coïncidence] Zusammentreffen n. | *Concours de circonstances*, Zusammentreffen von Umständen, Ereignissen.
2. [coopération] Mitwirkung f. | *Avec le concours de l'État*, unter, mit Beihilfe des Staates. | *Apporter son concours à qch.*, bei etwas mithelfen.
3. [compétition] Wettbewerb m.; Bewerbung f.; Auswahlprüfung f.; Wettkampf m.; Preisausschreiben n. | *Concours de tir*, Preisschießen n. | *Concours de chant*, Wettsingen n. | *Concours général*, Leistungswettbewerb der Oberschüler. | *Mettre au concours*, ausschreiben. | *Hors concours*, nicht zur Preisbewerbung zugelassen.

concret, ète [kɔ̃krɛ, ɛt] adj. [réel] faßlich; anschaulich; konkret.

concrétion [-sjɔ̃] f. TECHN. Verdichtung f.; Verhärtung f.; Eindickung f.

concrétiser [-tize] v. tr. veranschaulichen; konkretisieren.

concubin, ine [kɔ̃kybɛ̃, in] adj. in wilder Ehe zusammen lebend.
◇ s. Beischläfer(in) m. (f.); Konkubine f.

concubinage [-bina:ʒ] m. Zusammenleben n.; wilde Ehe; Onkelehe f.

concupiscence [kɔ̃kypisɑ̃:s] f. Fleischeslust f.; Sinnenlust f. || PAR EXT. Gelüst n.; PÉJOR. Geilheit f.; Lüsternheit f.; Begierde f.

concupiscent, ente [-sɑ̃, ɑ̃:t] adj. fleischlich; geil. || PAR EXT. lüstern; begehrlich; begierig.

concurremment [kɔ̃kyramɑ̃] adj. gemeinschaftlich; gemeinsam; zugleich. || PAR EXT. in Konkurrenz mit, gegen.

concurrence [-rɑ̃:s] f. Mitbewerbung f.; Wettbewerb m., -streit m., -eifer m.; Konkurrenz f. |*Concurrence déloyale*, unlauterer wettbewer. | *Jeu de la concurrence*, Konkurrenzmechanismus m. | *Faire concurrence à qn*, jm Konkurrenz machen. | *Jusqu'à concurrence de*, bis zum Höchstbetrage von. | *Défiant toute concurrence*, konkurrenzlos.

concurrencer [-rɑ̃se] v. tr. Konkurrenz machen (dat.); in Konkurrenz stehen (mit); wetteifern (mit).

concurrent, ente [-rɑ̃, ɑ̃:t] s. Mitbewerber(in) m. (f.); Bewerber(in) m. (f.); Preisbewerber(in) m. (f.).

concurrentiel, ielle [-rɑ̃sjɛl] adj. wettbewerbsfähig.

concussion [kɔ̃kysjɔ̃] f. Unterschlagung f.; Veruntreuung f.

concussionnaire [-sjɔnɛ:r] m. Veruntreuer m.; Erpresser m.

condamnable [kɔ̃danabl] adj. strafbar; sträflich; verwerflich.

condamnation [-nasjɔ̃] f. JUR. Ver-, Aburteilung f.; Urteil n.; Strafe f. | *Condamnation à mort*, Todesurteil. | *Condamnation antérieure*, Vorbestraftheit f. | *Condamnation par défaut*, Versäumnisurteil.

condamner [-ne] v. tr. aburteilen; verurteilen; richten; das Urteil, den Richtspruch fällen. | *Condamner à être pendu*, zum Tode durch den Strang verurteilen. | *Condamner à cinq ans de réclusion*, zu fünf Jahren Zuchthaus verurteilen. || FIG. [blâmer] tadeln; mißbilligen; verdammen. | *Condamner une opinion*, eine Meinung verwerfen. || [fermer] *Condamner une porte, une fenêtre*, eine Tür zumauern, ein Fenster zunageln. || LOC. *Condamner un malade*, einen Kranken aufgeben.
◇ v. pr. **se condamner,** sich verurteilen; sein Unrecht eingestehen; sich für schuldig erklären.

condensateur [-satœ:r] m. PHYS. Verdichter m.; Kondensator m. | *Condensateur variable*, Drehkondensator.

condensation [-sasjɔ̃] f. PHYS. Verdichtung f.; Kondensation f. | *Point de condensation*, Taupunkt m. | *Condensation sur les vitres*, Beschlagen (n.) der Fenster. || FIG. [concision] Zusammendrängung f., -ballung f.

condenser [-se] v. tr. PHYS. verdichten; niederschlagen. || FIG. zusammenfassen, -ballen.
◇ part. pass. et adj. **condensé, ée,** *Eau condensée*, Kondensat n.; Kondenswasser n. || FIG. gedrängt.
◇ v. pr. **se condenser,** dicht werden; sich verdichten.

condenseur [-sœ:r] m. Kühler m.; Verflüssiger m.; Kondensator m. || NUCL. Kondensator m.

condescendance [kɔ̃dɛsɑ̃dɑ̃:s] f. Herablassung f.; Entgegenkommen n.

condescendant, ante [-sɑ̃dɑ̃, ɑ̃:t] adj. herablassend; entgegenkommend.

condescendre [-sɑ̃:dr] v. intr. sich herablassen; sich bequemen.

condiment [kɔ̃dimɑ̃] m. Gewürz n.; Würze f.

condisciple [kɔ̃disipl] m. Mitschüler m.; Klassenkamerad m.; Schulfreund m.; Kommilitone m.; Studienkamerad m.

condition [kɔ̃disjɔ̃] f. **1.** [position sociale] Stand m.; Rang m. | *De basse condition*, von niedrigem Stand. | *Vivre selon sa condition*, standesgemäß leben.
2. [état] Zustand m.; Beschaffenheit f. | *La condition féminine*, die Lage der Frauen.
3. [qualité requise] Bedingung f. | *Condition préalable*, Vorbedingung. | *À n'importe quelle(s) condition(s)*, um jeden Preis. | *Soit !, mais à une condition*, gut, aber nur unter einer Bedingung. | *Condition « sine qua non »*, unerläßliche Bedingung. | *Acheter à condition*, unter Vorbehalt kaufen. | *Sans condition(s)*, unbedingt; bedingungslos. | *Sous condition*, mit, unter Vorbehalt. || JUR. Bedingung f.; Klausel f.; Voraussetzung f.
◇ pl. **conditions,** Verhältnisse n. pl.; Umstände m. pl.; Lage f. | *Conditions d'existence*, Lebensverhältnisse. | *Conditions atmosphériques*, Wetterlage. | *Conditions de visibilité*, Sichtverhältnisse n. pl. | *Dans ces conditions*, unter diesen Verhältnissen, Umständen; somit. || [qualités requises] Bedingungen f. pl. | *Conditions de livraison, de paiement*, Lieferungsbedingungen, Zahlungsbedingungen. | *Poser ses conditions*, seine Bedingungen stellen. | *Conditions d'un contrat*, Vetragsbestimmungen f. pl.
◇ loc. conj. **à condition que,** (subj.) unter der Bedingung, daß (indic.). | *À la condition de bien travailler*, unter der Bedingung, daß du gut arbeitest.

conditionnel, elle [-sjɔnɛl] adj. bedingt.
◇ m. **conditionnel,** GRAMM. Bedingungsform f. ; Konditional m.

conditionnement [-sjɔnmɑ̃] m. TECHN. [des textiles] Behandlung f. ; Aufmachung f. ; Aufbereitung f. ; [des marchandises] Verpackung f. ‖ PAR EXT. *Conditionnement de l'air*, Klimatisierungsanlage f.

conditionner [-sjɔne] v. tr. [soumettre à une condition] bedingen ; konditionieren. ‖ COMM. verpacken. ‖ TECHN. *Conditionner de la laine*, Wolle aufbereiten. | *Conditionner une salle*, einen Saal klimatisieren.
◇ part. pass. et adj. **conditionné, ée,** bedingt. ‖ [forme] beschaffen.

condoléance [kɔ̃dɔleɑ̃:s] f. Beileid n. ; Mitgefühl m. ; Beileidsbezeigung f. ; Beileidsbezeugung f. | *Lettre de condoléance*, Beileidsbrief m. | *Offrir ses condoléances*, kondolieren ; sein Beileid aussprechen.

condom [kɔ̃dɔm] m. Kondom n.

condominium [kɔ̃dɔminjɔm] m. POLIT. gemeinschaftliche Regierung, Verwaltung.

condor [kɔ̃dɔr] m. ZOOL. Kondor m.

conductance [kɔ̃dyktɑ̃:s] f. ÉLECTR. Leitwert m. ; Konduktanz f.

conducteur, trice [-tœ:r, tris] adj. leitend ; führend.‖ FIG. *Fil conducteur*, Leitfaden m.
◇ m. **conducteur,** [chauffeur] Fahrer m. ; Führer m. ; Lenker m. | *Conducteur d'auto, de locomotive*, Kraftfahrer, Lokomotivführer. | *Conducteur de tramway*, Schaffner m. | *Siège de conducteur*, Führersitz m. ‖ PAR EXT. [directeur] Leiter m. ; Aufseher m. | *Conducteur de travaux*, Baustellenleiter. ‖ ÉLECTR. [conduit] Leiter m. ; Kabel n. ; Leitung f. | *Conducteur câblé*, mehradrige Leitung. | *Conducteur d'un fil*, Ader f. | *Conducteur à haute, basse tension*, Hoch-, Niederspannungsleitung. | *Non-conducteur*, Nichtleiter.

conductibilité [-tibilite] f. ÉLECTR. Leitfähigkeit f.

conductible [-tibl] adj. leitfähig.

conduction [-sjɔ̃] f. ÉLECTR. [action] Leitung f. ; Fortleitung f. ; Stromführung f.

conduire [kɔ̃dɥi:r] v. tr. [mener vers] führen. | *Conduire un enfant à l'école*, ein Kind zur Schule bringen, führen. | *Conduire par la main*, an der Hand führen. ‖ PAR ANAL. [accompagner] begleiten ; geleiten. | *Conduire qn chez lui*, jn nach Hause begleiten. ‖ PAR EXT. [transporter] fahren ; bringen ; führen. | *Conduire qn en ville*, jn nach der Stadt fahren. ‖ [diriger] leiten ; lenken ; steuern. | *Conduire une auto*, einen Wagen steuern, fahren. | *Permis de conduire*, Führerschein m. | *Facile à conduire*, lenksam ; fügsam. ‖ ÉLECTR. leiten ; fortleiten.
◇ v. intr. [mener à] führen. | *Le chemin conduit au village*, der Weg führt nach dem Dorf. ‖ [diriger une auto] fahren ; selbst fahren. | *Savoir conduire*, fahren können.
◇ v. pr. **se conduire,** [se comporter] sich betragen ; sich benehmen ; sich aufführen.

conduit [-dɥi] m. TECHN. [canal] Kanal m. ; Rinne f. | *Conduit d'admission*, Einlaßkanal. ‖ PAR EXT. [tuyau] Leitung f. ; Leitungsrohr n. ‖ ANAT. *Conduit auditif*, Gehörgang m.

conduite [-dɥit] f. [action de mener, de diriger] Führung f. ; Leitung f. | *Conduite des affaires*, Geschäftsleitung. | *Conduite de l'État*, Staatsführung, -lenkung f. | *Conduite en état d'ivresse*, Trunkenheit (f.) am Steuer. | *Conduite sans permis*, Fahren (n.) ohne Führerschein. ‖ [action d'accompagner] Begleitung f. ; Geleit n. ‖ FIG. [action de se comporter] Betragen n. ; Benehmen n. ; Gebaren n. | *Certificat de bonne conduite*, Führungszeugnis n. | *Ligne de conduite*, Richtlinie f. | *Règle de conduite*, Lebensregel f. ‖ FIG., FAM. *S'acheter une conduite*, wieder auf den rechten weg finden. ‖ TECHN. Leitung f. ; Steuerung f. ; Bedienung f. | *Conduite d'eau*, Wasserleitung. | *Conduite à distance*, Fernsteuerung. ‖ AUTOM. *Conduite intérieure*, Limousine f.

cône [ko:n] m. Kegel m. ; Konus m. | *Tronc de cône*, Kegelstumpf m. | *En forme de cône*, kegelförmig ; kegelig. ‖ PAR EXT. *Cône de lumière*, Lichtkegel. | *Cône de pin*, Tannenzapfen m. ‖ GÉOL. *Cône d'avalanche*, Lawinenkegel m.

confection [kɔ̃fɛksjɔ̃] f. [fabrication] An-, Verfertigung f. ; Fertigstellung f. ; Ausführung f. ‖ TECHN. Konfektion f. ; Konfektionsgeschäft n., -artikel m. | *Costume de confection*, Anzug (m.) von der Stange.

confectionner [-sjɔne] v. tr. an-, verfertigen ; her-, fertigstellen ; ausführen.

confectionneur, euse [-sjɔnœ:r, ø:z] s. Konfektionsschneider(in) m. (f.).

confédéral, ale, aux [kɔ̃federal, o] adj. Bundes...

confédération [-rasjɔ̃] f. Bund m. ; Bundesstaat m. ; Staatenbund m. ; Konföderation f. | *Confédération helvétique*, Schweizerische Eidgenossenschaft. ‖ HIST. *Confédération du Rhin*, Rheinbund. | *Confédération germanique*, Deutscher Bund.

confédérer [-re] v. tr. verbinden ; vereinigen ; verbünden.
◇ part. pass. et adj. **confédéré, ée,** verbündet ; vereint ; Bundes... ‖ SUBSTANTIV. Bundesgenosse m. ; Bundesgenossin f. ; Eidgenosse m. ; Eidgenossin f.
◇ v. pr. **se confédérer,** sich vereinigen ; sich verbünden.

conférence [kɔ̃ferɑ̃:s] f. [réunion] Zusammenkunft f. ; Besprechung f. ; Konferenz f. | *Conférence économique, monétaire, tripartite*, Wirtschafts-, Währungs-, Dreimächtekonferenz. | *Conférence de presse*, Pressekonferenz. ‖ [discours] Vorlesung f. ; Vortrag m. | *Faire une conférence*, einen Vortrag halten. | *Maître de conférences*, Dozent m. ; Privatdozent m. | *Salle de conférences*, Hörsaal m.

conférencier [-sje] m. Redner m. ; Vortragende(r) m. ; Sprecher m.

conférer [kɔ̃fere] v. tr. [comparer] vergleichen. | *Conférer (cf.) page X*, vergleiche (vgl.) Seite X. ‖ [accorder] verleihen ; erteilen ; gewähren. | *Conférer un grade*, einen Grad verleihen. | *Conférer une charge*, ein Amt vergeben.
◇ v. intr. [s'entretenir] sich besprechen ; sich unterhalten ; sich beraten. | *Conférer avec qn de qch.*, mit jm etwas besprechen.

confesse [kɔ̃fɛs] f. RELIG. Beichte f.

confesser [-se] v. tr. RELIG. beichten ; die Beichte ablegen. | *Confesser qn*, jm die Beichte abnehmen ; die Beichte von jm entgegennehmen. ‖ PAR EXT. [avouer] gestehen ; bekennen. | *Confesser qn*, jn ins Gebet nehmen ; jn aushorchen. | *Confesser son erreur*, seinen Irrtum zugeben.
◇ v. pr. **se confesser,** beichten ; beichten gehen.

confesseur [-sœ:r] m. RELIG. [prêtre] Beichtvater m. ‖ FIG. [chrétien] Bekenner m.

confession [-sjɔ̃] f. RELIG. Beichte f. | *Secret de la confession*, Beichtgeheimnis n. | *Faire sa confession*, Beichte ablegen. ‖ PAR EXT. [aveu] Geständnis n. ‖ [profession] Bekenntnis n. ; Glaube m. ; Konfession f. | *La Confession d'Augsbourg*, die Augsburger Konfession.

confessionnal [-sjɔnal] m. RELIG. Beichtstuhl m.

confessionnel, elle [-sjɔnɛl] adj. glaubensmäßig ; kirchlich ; konfessionell. | *École confessionnelle*, Bekenntnisschule f. | *Querelles confessionnelles*, religiöse Streitigkeiten f. pl.

confetti [kɔ̃fɛti] m. pl. Konfetti n. pl.

confiance [kɔ̃fjɑ̃:s] f. [espérance] Vertrauen n. ; Zutrauen n. || Loc. *Avoir confiance en qn*, Vertrauen in jn setzen. | *Donner sa confiance à qn*, jm sein Vertrauen schenken. | *Donner une mission de confiance à qn*, jn mit etwas betrauen. | *Retirer sa confiance*, sein Vertrauen entziehen. | *Trahir la confiance*, das Vertrauen mißbrauchen. | *En toute confiance*, in aller Offenheit ; in gutem Glauben. | *Inspirer confiance*, Vertrauen erwecken. | *Abus de confiance*, Vertrauensbruch m. | *Personne de confiance*, Vertrauensperson f. ; Vertraute(r) f. (m.). || [assurance] Zuversicht f. ; Sicherheit f. ; Unbefangenheit f. | *Confiance en Dieu*, Zuversicht auf Gott. | *Confiance en soi*, Selbstvertrauen n. || POLIT. *Question de confiance*, Vertrauensfrage f.

confiant, iante [-fjɑ̃, jɑ̃:t] adj. vertrauensvoll ; vertrauend ; zuversichtlich. | *Confiant en sa force*, im Vertrauen auf seine Kraft.

confidence [kɔ̃fidɑ̃:s] f. vertrauliche Mitteilung ; Geständnis n. | *Faire une confidence à qn*, jm ein Geständnis machen ; jm etwas anvertrauen. | *Mettre qn dans la confidence*, jn ins Geheimnis ziehen, einweihen. | *Dire en confidence*, unter dem Siegel der Verschwiegenheit mitteilen.

confident, ente [-dɑ̃, ɑ̃:t] s. Vertraute(r) f. (m.) ; Vertrauensperson f. ; Busenfreund(in) m. (f.).

confidentiel, ielle [-dɑ̃sjɛl] adj. vertraulich.

confidentiellement [-sjɛlmɑ̃] adv. im Vertrauen ; vertraulich ; vertrauensvoll.

confier [kɔ̃fje] v. tr. [remettre] vertrauen ; anvertrauen ; hinterlegen. | *Confier ses enfants à qn*, seine Kinder jm in Obhut geben. | *Confier son argent à la banque*, sein Geld bei der Bank hinterlegen. || FIG. [dire] vertrauen ; gestehen ; eröffnen. | *Confier ses craintes à un ami*, einem Freunde seine Sorgen anvertrauen.

◇ v. pr. **se confier,** sich anvertrauen.

— SYN. : *Laisser*, überlassen. *Se livrer*, sich ausliefern.

configuration [kɔ̃figyrasjɔ̃] f. Gestaltung f. ; Gestaltgebung f. ; Formgebung f. | *Configuration du terrain*, Bodengestaltung. || ASTRON. *Configuration des astres*, Stand (m.) der Gestirne. || INF. *Configuration de base*, Grundausführung f. | *Configuration du système*, Anlagenausrüstung f.

confinement [kɔ̃finmɑ̃] m. NUCL. Abschirmung f. ; Einschluß m.

confiner [-fine] v. intr. [toucher] grenzen ; angrenzen ; anstoßen ; benachbart liegen. | *Confiner à la France*, an Frankreich grenzen.

◇ v. tr. [enfermer] einsperren ; verschließen. || NUCL. abschirmen.

◇ part. pass. et adj. **confiné, ée,** *Air confiné*, stickige, muffige Luft ; Stickluft f. ; Stubenluft f.

◇ v. pr. **se confiner,** [s'isoler] sich zurückziehen ; sich absondern.

confins [-fɛ̃] m. pl. äußerste Grenzen f. pl. | *Aux confins de la terre*, am Ende der Welt.

confire [kɔ̃fi:r] v. tr. einkochen ; einmachen ; einlegen. | *Confire des fruits*, Früchte einzuckern.

◇ part. pass. et adj. **confit, ite,** eingemacht. || *Fruits confits*, kandierte Früchte f. pl. || SUBSTANTIV. *Confit de volaille*, Geflügelkonserve f.

confirmation [-masjɔ̃] f. Bestätigung f. ; Bekräftigung f. | *Sans confirmation*, unbestätigt. | *Confirmation de commande, d'un paiement*, Auftrags-, Zahlungsbestätigung. | *Donner confirmation de qch.*, etwas bestätigen. || RELIG. [catholique] Firmung f. ; [protestant] Einsegnung f. ; Konfirmation f.

confirmer [-me] v. tr. bestätigen ; bekräftigen. | *Confirmer une loi*, ein Gesetz bestätigen. | *Confirmer un jugement*, ein Urteil erhärten, bekräftigen. | *Confirmer un chèque*, einen Scheck bestätigen. || RELIG. konfirmieren ; firmen.

◇ v. pr. **se confirmer,** sich bestätigen ; sich bewahrheiten ; sich bewähren. | *La nouvelle se confirme*, die Nachricht bestätigt sich, trifft zu. | *Il se confirme que*, es wird bestätigt, daß.

— SYN. : *Vérifier*, nachprüfen ; bestätigen.

confiscation [-kɔ̃fiskasjɔ̃] f. Beschlagnahme f. ; Einziehung f. ; Wegnahme f. | *Confiscation des biens*, Vermögensbeschlagnahme.

confiserie [kɔ̃fizri] f. [fabrique] Süßwarenfabrik f., -laden m. ; Konditorei f. ; Feinbäckerei f. || [objets] Süßigkeiten f. pl. ; Zuckerwerk n.

confiseur, euse [-zœ:r, ø:z] s. Süßwarenhändler(in) m. (f.), -verkäufer(in) m. (f.), -fabrikant(in) m. (f.) ; Konditor(in) m. (f.).

confisquer [kɔ̃fiske] v. tr. beschlagnahmen ; in, mit Beschlag belegen ; einziehen ; wegnehmen.

confiture [kɔ̃fity:r] f. Fruchtmarmelade f. ; eingemachte Früchte f. pl. ; Konfitüre f. | *Confiture d'abricots*, Aprikosenmarmelade.

conflagration [kɔ̃flagrasjɔ̃] f. allgemeiner Brand ; Weltenbrand m. ; Umwälzung f.

conflictuel, uelle [kɔ̃fliktɥɛl] adj. Konflikt... | *Situation conflictuelle*, Konfliktsituation f.

conflit [-fli] m. [choc, combat] Zusammenstoß m. ; Kampf m. ; Krieg m. | *Conflit mondial*, Weltkrieg. | *Conflit social*, Arbeitskampf m. || [lutte, antagonisme] Streit m. ; Zwiespalt m. ; Konflikt m. | *Entrer en conflit avec qn*, mit jm in Konflikt geraten. || JUR. *Conflit d'attribution*, Kompetenzstreit m.

confluent, ente [-flɥɑ̃, ɑ̃:t] adj. zusammenfließend. || MÉD. ineinander übergehend.

◇ m. **confluent,** Zusammenfluß m. ; Flüssevereinigung f.

confluer [-flɥe] v. intr. zusammenfließen ; sich vereinen ; sich vereinigen.

confondre [kɔ̃fɔ̃:dr] v. tr. [mêler] vermengen ; durcheinanderbringen. || [mêler à tort] verwechseln. | *Confondre joli avec beau*, hübsch mit schön verwechseln. || FIG. [stupéfier, troubler] vernichten ; erledigen ; in Verwirrung bringen ; bestürzen ; beschämen. || *Preuves confondantes*, vernichtendes Beweismaterial. || *Confondre un menteur*, einen Lügner stellen. | *Tant de bonté me confond*, so viel Güte beschämt mich.

◇ v. pr. **se confondre,** [se mêler] sich vermischen ; ineinanderfließen ; zusammenlaufen. | *Ces couleurs se confondent*, diese Farben verschwimmen ineinander. || [se troubler] sich verwirren ; durcheinandergeraten. || Loc. *Se confondre en remerciements*, sich in Dankesbezeugungen erschöpfen.

conformation [kɔ̃fɔrmasjɔ̃] f. Gestaltung f. ; Bildung f. || [du corps] Körpergestalt f. ; Körperbau m.

conforme [kɔ̃fɔrm] adj. gleichlautend (mit) ; übereinstimmend (mit) ; entsprechend (dat.) ; gemäß (dat.). | *Conforme au contrat*, vertragsmäßig. | *Conforme aux usages commerciaux*, handelsüblich. | *Copie conforme à l'original*, beglaubigte, gleichlautende Abschrift. | *Conforme à la vérité*, wahrheitsgetreu. | *Conforme aux règles de l'art*, kunstgerecht. | *Être conforme à qch.*, mit etwas übereinstimmen ; einer Sache entsprechen.

conformé, ée [-me] adj. *Bien conformé*, wohlgeformt ; wohlgebildet.

conformément [-memɑ̃] adv. gemäß ; laut ; ...mäßig ; in Übereinstimmung mit. | *Conformément aux accords intervenus*, absprachegemäß. | *Conformément aux* *instructions*, laut Anweisung. | *Conformément aux ordres*, dem Befehl zufolge ; auftragsgerecht.

conformer [-me] v. tr. [former] gestalten ; bilden. || FIG. [mettre d'accord avec] *Conformer à*, anpassen (dat.) ; nach etwas einrichten.

◇ v. pr. **se conformer,** [s'adapter à] sich anpassen (dat.) ; sich richten (nach). | *Se conformer aux goûts de l'époque*, sich dem Zeitgeist anpassen. | *Se conformer aux lois*, sich nach den Gesetzen richten ; den Gesetzen nachkommen. || [se soumettre] sich fügen (dat.). | *Se conformer aux prescriptions*, sich den Vorschriften fügen ; die Vorschriften befolgen, beachten.

conformisme [-mism] m. Konformismus m. ; Anpassung f. ; Befolgung f. ; PÉJOR. Philistertum n.

conformiste [-mist] s. Konformist(in) m. (f.). || RELIG. Anhänger(in) m. (f.) der anglikanischen Kirche.

conformité [-mite] f. Übereinstimmung f. ; Gleichförmigkeit f. ; Einklang m.

◇ loc. prép. **en conformité avec,** gemäß (dat.) ; nach Maßgabe von ; im Einklang mit ; in Übereinstimmung mit.

confort [kɔ̃fɔr] m. [aises] Behaglichkeit f. ; Bequemlichkeit f. ; Gemütlichkeit f. ; moderne Ausstattung ; Komfort m. | *Appartement avec tout confort*, mit allem Komfort ausgestattete Wohnung.

confortable [-tabl] adj. behaglich ; bequem ; gemütlich ; wohnlich ; komfortabel.

confortablement [-tabləmɑ̃] adv. bequem ; gemütlich. | *Vivre confortablement*, ein bequemes Leben führen.

confraternel, elle [kɔ̃fratɛrnɛl] adj. amtsbrüderlich ; kollegial.

confraternité [-nite] f. Amtsbrüderlichkeit f. ; Amtsbruderschaft f. ; Kollegialität f.

confrère [kɔ̃frɛ:r] m. Mit-, Amtsbruder m. ; Amts-, Fachgenosse m. ; Kollege m.

confrérie [-freri] f. Bruderschaft f. ; Ordensbruderschaft f. ; Mitbrüder m. pl. ; Zunftgenossenschaft f.

confrontation [kɔ̃frɔ̃tasjɔ̃] f. Gegenüberstellung f. ; Vergleichung f. | *Confrontation des écritures*, Schriftvergleich m. || JUR. *Confrontation des témoins*, Gegenüberstellung der Zeugen.

confronter [-te] v. tr. gegenüberstellen ; vergleichen ; nebeneinanderhalten. | *Confronter deux opinions*, zwei Meinungen nebeneinandersetzen.

confus, use [kɔ̃fy, y:z] adj. [embrouillé] verwirrt ; verworren ; konfus. | *Discours confus*, wirre Rede. || [indistinct] undeutlich ; unbestimmt ; vage. | *Murmure confus*, vages, unbestimmtes Gemurmel. | *Souvenir confus*, dunkle, schwache Erinnerung. || FIG. [déconcerté] verwirrt ; bestürzt ; betreten ; betroffen. || [honteux] beschämt ; perplex ; konfus. | *Je suis confus de tant de bonté*, so viel Güte beschämt mich.

confusément [-zemɑ̃] adv. verworren ; durcheinander ; dunkel ; undeutlich ; unklar.

confusion [-zjɔ̃] f. **1.** [désordre] Verwirrung f. ; Verwirrtheit f. ; Wirrnis f. ; Wirrsal n. ; Wirrwarr m. ; Durcheinander n. | *Confusion générale*, restloses Durcheinander.

2. [action de confondre deux choses] Verwechslung f. ; Vermengung f. | *Confusion de noms*, Namensverwechslung. | *Pour éviter toute confusion*, um jede Verwechslungsmöglichkeit auszuschließen. | *Faire une confusion entre deux choses*, zwei Dinge miteinander verwechseln.

3. FIG. [embarras] Betroffenheit f. ; Verlegenheit f. | *Jeter la confusion (dans)*, in Bestürzung versetzen ; bestürzt machen. | *À ma grande confusion*, zu meiner Beschämung.

4. JUR., POLIT. *Confusion des pouvoirs*, unklare Gewaltenteilung.

congé [kɔ̃ʒe] m. [autorisation d'absence] Urlaub m. | *Congé de trois jours*, dreitägiger Urlaub. | *Être en congé*, auf Urlaub sein. | *Demander un congé*, um einen Urlaub bitten. | *Congé formation*, Bildungsurlaub. | *Congé de maternité*, Mutterschaftsurlaub. || PAR ANAL. [vacances] Ferien f. pl. | *Congés scolaires*, Schulferien. | *Congés payés*, bezahlter Urlaub. | *Avoir congé*, frei haben. || PAR EXT. [départ définitif] Abschied m. | *Demander son congé*, seinen Abschied einreichen ; um seine Entlassung bitten ; abdanken. | *Mise en congé*, Verabschiedung f. || FIG. [adieu] Abschied m. || *Prendre congé*, Abschied nehmen ; sich verabschieden ; sich empfehlen (dat.). || [renvoi] Entlassung f. | *Recevoir son congé*, entlassen werden. || [de locataire] Kündigung f. | *Donner son congé à un locataire*, einen Mieter kündigen, aufkündigen. || COMM. [billet] Passierschein m. ; Seepaß m. | *Congé de passage en douane*, Zollschein m.

congédier [-dje] v. tr. [renvoyer] entlassen ; verabschieden ; beurlauben ; abdanken. || PAR EXT. [un visiteur] gehen heißen.

— SYN. : *Éconduire*, abweisen. *Renvoyer*, nach Hause schikken. *Licencier*, abbauen ; entlassen.

congelable [kɔ̃ʒlabl] adj. gefrierbar, -fähig.

congélateur [-ʒelatœ:r] m. Tiefkühlfach n. ; Tiefkühltruhe f.

congélation [-ʒelasjɔ̃] f. PHYS. Gefrieren n. | *Point de congélation*, Frierpunkt m. ; Gefrierpunkt m. || MÉD. Vereisung f. || CULIN. Einfrieren n.

congeler [-ʒle] v. tr. [geler] gefrieren lassen ; zum Gefrieren bringen. || PAR EXT. [coaguler] zum Gerinnen bringen. || TECHN. *Viande congelée*, Gefrierfleisch n.

◇ v. pr. **se congeler,** gefrieren ; zu Eis werden ; erstarren. | *L'eau se congèle*, das Wasser friert. || PAR EXT. gerinnen.

congénère [kɔ̃ʒenɛ:r] adj. gleichartig ; verwandt.

◇ m. [compagnon] Zunftgenosse m.

congénital, ale, aux [kɔ̃ʒenital, o] adj. MÉD. angeboren ; von Geburt an vorhanden ; kongenital.

congère [kɔ̃ʒɛ:r] f. Schneeverwehung f.

congestion [-tjɔ̃] f. MÉD. Blutwallung f. ; Blutandrang m. | *Congestion pulmonaire*, Lungenentzündung f. | *Congestion cérébrale*, Gehirnschlag m.

congestionner [-tjɔne] v. tr. MÉD. Blutandrang verursachen. || FIG. *Avoir la face congestionnée*, einen hochroten Kopf haben ; POP. rot wie ein Puter sein.

conglomérat [kɔ̃glɔmera] m. GÉOL. Zusammenballung f. ; Gesteinsgemisch n. ; Menggestein n. ; Konglomerat n.

conglutiner [-ne] v. tr. MÉD. ver-, zusammenkleben ; ver-, eindicken.

◇ v. pr. **se conglutiner,** verheilen ; zusammenwachsen. | *Une plaie se conglutine*, eine Wunde zieht sich zu.

congratulation [kɔ̃gratylasjɔ̃] f. Beglückwünschung f. ; Segens-, Glückwunsch m. ; Gratulation f.

congratuler [-le] v. tr. beglückwünschen ; Glück wünschen (dat.) ; gratulieren (dat.).

congre [kɔ̃:gr] m. ZOOL. Meeraal m. ; Seeaal m. ; Muräne f.

congréganiste [kɔ̃greganist] adj. Ordens... | *École congréganiste*, Ordensschule f.

◇ s. Ordensbruder m., -schwester f.

congrégation [-sjɔ̃] f. [ordre] Ordensgemeinschaft f. ; Orden m. ; religiöser Orden. || [réunion] Versammlung f. || [au Vatican] römisches Prälaten- und Kardinalskollegium.

congrès [kɔ̃grɛ] m. Tagung f. ; Treffen n. ; Parteitag m. ; Versammlung f. ; Zusammenkunft f. ; Kongreß m. || POLIT. vereinigte Kammern f. pl. ; Gesamtparlament n. || HIST. *Congrès de Vienne*, Wiener Kongreß.

congressiste [-sist] s. Tagungs-, Kongreßteilnehmer(in) m. (f.).

congru, ue [kɔ̃gry] adj. [approprié] richtig ; genau ; passend. || FIG. *Réduire qn à la portion congrue*, jn kurzhalten ; jn auf Schmalkost setzen.

congruent, ente [-gryɑ̃, ɑ̃:t] adj. übereinstimmend ; passend. || MATH. deckungsgleich ; kongruent.

conifère [kɔnifɛ:r] m. BOT. Nadelbaum m. ; Tannenart f. ; Konifere f.

◇ m. pl. **conifères,** Zapfenbäume m. pl., -träger m. pl., -hölzer n. pl. | *Forêt de conifères*, Nadelwald m.

conique [kɔnik] adj. kegelig ; kegelförmig ; konisch. | *Sections coniques*, Kegelschnitte m. pl.

conjectural, ale, aux [kɔ̃ʒɛktyral, o] adj. vermutlich ; mutmaßlich.

conjecture [-tyr] f. Vermutung f. ; Mutmaßung f. ; Annahme f. | *Faire des conjectures*, Mutmaßungen anstellen.

conjecturer [-tyre] v. tr. vermuten ; mutmaßen ; annehmen ; IRON. herumrätseln.

conjoint, ointe [-ʒwɛ̃, wɛ̃:t] adj. eng verbunden. || MATH. *Règle conjointe*, Kettensatz m.

◇ s. Ehegatte m. ; Ehegattin f.

◇ m. pl. **conjoints,** Ehegatten, -leute pl.

conjointement [-ʒwɛ̃tmɑ̃] adv. gemeinschaftlich ; zusammen ; mit vereinten Kräften.

conjoncteur [kɔ̃ʒɔ̃ktœ:r] m. ÉLECTR. Selbstschalter m. ; automatischer Einschalter. | *Conjoncteur-disjoncteur*, selbsttätiger Schalter.

conjonctif, ive [-tif, i:v] adj. verbindend ; Binde... || ANAT. *Tissu conjonctif*, Bindegewebe n.

conjonction [-sjɔ̃] f. fleischliche Vereinigung ; Begattung f. || GRAMM. Bindewort n. ; Konjunktion f.

conjonctivite [-tivit] f. MÉD. Bindehautentzündung f.

conjoncture [-ty:r] f. [occasion] Gelegenheit f. ; Umstand m. || [concours de circonstances] Zusammentreffen (n.) der Umstände ; Lage (f.) der Dinge ; Verhältnisse n. pl. || COMM. *Conjoncture économique*, wirtschaftliche Lage ; Wirtschaftskonjunktur f.

conjugable [kɔ̃ʒygabl] adj. konjugierbar.

conjugaison [-gɛzɔ̃] f. Konjugation f.

conjugal, ale, aux [-gal, o] adj. ehelich ; Ehe... | *Devoirs conjugaux*, eheliche Pflichten f. pl. | *Domicile conjugal*, ehelicher Wohnsitz.

conjuguer [-ge] v. tr. vereinigen ; verbinden. || ANAT., BOT. koppeln ; paaren. || MATH. zuordnen. || GRAMM. konjugieren ; abwandeln.

◇ part. pass. et adj. **conjugué, ée,** vereinigt. | *Efforts conjugués*, vereinigte Kräfte f. pl.

conjuration [kɔ̃ʒyrasjɔ̃] f. [conspiration] Verschwörung f. || [exorcisme, sortilège] Geisterbeschwörung f.

◇ f. pl. **conjurations.** FIG. [supplications] Beschwörungen f. pl.

conjurer [-re] v. tr. [adjurer] beschwören ; inständig bitten. || [exorciser] beschwören ; bannen. | *Conjurer les démons*, die bösen Geister beschwören. || FIG. [détourner] abwenden ; verhindern ; besprechen. | *Conjurer une maladie*, eine Krankheit abwenden.

◇ part. pass. et adj. **conjuré, ée,** [adjuré] verschworen. || [exorcisé] beschworen. || SUBSTANTIV. [conspirateur] Verschworener m. Verschwörer(in) m. (f.).

◇ v. pr. **se conjurer,** sich verschwören ; an einer Verschwörung teilnehmen.

connaissance [-sɑ̃:s] f. **1.** PHILOS. [faculté de connaître] Erkennen n. ; Erkenntnis f. | *Connaissance immédiate*, Anschauung f.

2. [notion, idée] Kenntnis f. ; Erkenntnis f. ; Wissen n. ; Kunde f. | *Connaissance du bien et du mal*, Wissen um Gut und Böse. | *Connaissance de soi-même*, Selbsterkenntnis. | *Connaissance des faits*, Sachkenntnis.

3. [savoir] *Connaissances approfondies*, gründliche Kenntnisse f. pl.

4. [information] Kenntnis f. ; Wissen n. ; Kunde f. | *Avoir connaissance de qch.*, von etwas Kenntnis haben ; um, von etwas wissen. | *N'avoir aucune connaissance de qch.*, keinerlei Kenntnis, FAM. keine Ahnung von etwas haben. | *Porter à la connaissance de qn*, jn in Kenntnis setzen ; jn wissen lassen, unterrichten. | *À ma connaissance*, meines Wissens. | *En connaissance de cause*, bei Kenntnis der Sachlage ; wissentlich.

5. [expérience] *Connaissance des hommes*, Menschenkenntnis. | *Connaissance des affaires*, Geschäftskenntnis ; Vertrautheit mit den Geschäften. | *Connaissance d'une langue*, Beherrschen (n.) einer Sprache.

6. [relation sociale] Bekanntschaft f. ; Bekannte(r) ; FAM. Liebchen n. | *Faire la connaissance de qn*, jn kennenlernen. | *Enchanté d'avoir fait votre connaissance*, ich freue mich, Sie kennen gelernt zu haben ; sehr angenehm ! | *Chercher à faire des connaissances*, Anschluß suchen. | *Être en pays de connaissance*, unter lauter Bekannten sein.

7. [conscience] Bewußtsein n. | *Perdre connaissance*, bewußtlos werden. | *Tomber sans connaissance*, in Ohnmacht fallen ; ohnmächtig werden. | *Avoir toute sa connaissance*, bei vollem Bewußtsein sein.

connaissement [kɔnɛsmɑ̃] m. MAR. Frachtbrief m.

connaisseur, euse [kɔnɛsœ:r, ø:z] adj. kennerisch ; mit Sachkenntnis ; verständnisvoll. | *Œil connaisseur*, Kennerblick m.

◇ s. Kenner(in) m. (f.) ; Sachkenner(in) m. (f.) ; Sachkundige(r) f. (m.) ; Experte m.

connaître [kɔnɛ:tr] v. tr. **1.** [avoir l'idée d'une personne, d'une chose] kennen ; erkennen ; wissen. | *Connaître un fait*, von einer Tatsache Bescheid wissen. | *Faire connaître qch. à qn*, jn mit etwas bekannt machen ; jm etwas beibringen. | *Faire connaître au public*, veröffentlichen ; öffentlich bekanntgeben. | *Un air que je ne lui connaissais pas*, eine Miene, die ich an ihm nicht kannte. || LOC. *Je connais mon monde*, ich kenne meine Pappenheimer.

2. [savoir] *Connaître l'allemand*, deutsch können. || PAR EXT. [être expert en, familier avec] gut kennen ; vertraut sein mit ; verstehen ; Bescheid wissen. | *Il n'y connaît pas grand-chose*, er versteht nicht viel davon. | *Il connaît son métier*, er versteht sein Handwerk. | *Il connaît le coin*, er kennt sich hier aus.

3. [reconnaître] erkennen ; anerkennen ; kennen. | *Je ne connais que mon devoir*, ich halte mich nur an meine Pflicht. | LOC. *Connaître sur le bout des doigts*, auswendig kennen.

4. [éprouver] empfinden ; erfahren. | *Il a connu la misère*, er hat erfahren, was Elend ist.

5. [entretenir des relations avec qn] kennen ; bekannt sein mit. | *Faire connaître qn à qn*, jn mit jm bekannt machen. | *Nous le connaissons de nom*, wir kennen ihn dem Namen nach. | *Connaître de vue*, vom Sehen kennen. | *Connaître en personne*, persönlich kennen. | *Tu apprendras à me connaître*, du sollst mich kennenlernen. | *Se faire connaître*, sich zu erkennen geben. | *Se faire connaître comme pianiste*, als Pianist

bekannt werden. || Loc. *Je ne le connais ni d'Ève ni d'Adam*, er ist mir völlig fremd.
◇ v. intr. Jur. *Connaître de qch.*, über etwas befinden, beurteilen.
◇ part. pass. et adj. **connu, ue,** bekannt. | *Bien connu*, wohlbekannt. | *Être connu de qn*, jm bekannt sein. | *Finir par être connu*, an den Tag kommen. | *Digne d'être connu*, wissenswert ; kennenswert. | *C'est connu !*, längst bekannt ! ; uralt ! | *Ni vu ni connu*, völlig, gänzlich unbekannt. || Loc. *Connu comme le loup blanc*, bekannt wie ein bunter Hund.
◇ v. pr. **se connaître,** [réciprocité] sich einander kennen ; miteinander bekannt sein. || [réfléchi] *Connais-toi toi-même !*, erkenne dich selbst ! || Loc. *S'y connaître en musique*, sich in der Musik auskennen. | *Il s'y connaît*, er versteht sich darauf. | *Qui s'y connaît*, tüchtig.
— Syn. : *Savoir*, wissen. *Posséder*, besitzen ; beherrschen.

connecter [kɔnɛkte] v. tr. Électr. verbinden ; anschließen ; schalten ; einschalten ; koppeln.

connecteur [-tœ:r] m. Électr. Verbinder m. ; Leitungswähler m. ; Anbausteckvorrichtung f.

connétable [kɔnetabl] m. Hist. Oberstallmeister m. ; Konnetabel m.

connexe [kɔnɛks] adj. verbunden ; zusammenhängend.

connexion [-jɔ̃] f. Verbindung f. ; Verknüpfung f. ; Zusammenhang m. | *Être en connexion*, zusammenhängen. || Électr. Schaltung f. ; Koppelung f. | *Connexion de réseau*, Netzanschluß m.

connexité [-ite] f. innerer Zusammenhang ; Verbindung f. ; Verwandtschaft f. ; enge Beziehungen f. pl.

connivence [kɔnivɑ̃:s] f. strafbare Nachsicht ; Einverständnis n. ; stillschweigende Duldung. | *Agir de connivence avec qn*, pop. mit jm unter einer Decke stecken.

conque [kɔ̃:k] f. Myth. Muschelhorn n. || Zool. Tritonshorn n. ; Trompetenschnecke f.

conquérant, ante [kɔ̃kerɑ̃, ɑ̃:t] adj. erobernd ; eroberungslustig. | *Air conquérant*, Siegermiene f.
◇ m. **conquérant,** Eroberer m. | *Guillaume le Conquérant*, Wilhelm der Eroberer.

conquérir [-rir] v. tr. erobern ; sich bemächtigen (gén.) ; mit Gewalt einnehmen. | *Conquérir de haute lutte*, erringen. | *Conquérir qch. sur qn*, jm etwas abgewinnen. || Fig. begeistern ; erobern. | *Conquérir les cœurs*, die Herzen im Sturm erobern.

conquêt [kɔ̃kɛ] m. Jur. Errungenschaft f. ; in der Ehe gemeinsam erworbenes Gut.

conquête [kɔ̃kɛ:t] f. Eroberung f. ; Einnahme f. | *Faire la conquête de*, fig. erobern. || Fig. Errungenschaft f. | *Conquêtes de la science*, Errungenschaften (f. pl.) der Wissenschaft.

conquis [kɔ̃ki] part. pass. de **conquérir.** *Se conduire comme en pays conquis*, sich als Sieger aufführen.

consacrer [kɔ̃sakre] v. tr. Relig. [dédier à Dieu] weihen ; einsegnen ; heiligen. | *Consacrer un prêtre, une église*, einen Priester, eine Kirche weihen. || Fig. [destiner, employer] widmen ; verwenden. | *Consacrer son temps aux études*, seine Zeit den Studien widmen. | *Consacrer son argent à*, sein Geld verwenden zu. || Par ext. [confirmer, ratifier] bestätigen.
◇ part. pass. et adj. **consacré, ée,** [dédié] geweiht. | *Consacré à Dieu*, Gott geweiht. || Fig. [destiné] gewidmet. || [ratifié] althergebracht ; gebräuchlich. | *Terme consacré*, üblicher Ausdruck.
◇ v. pr. **se consacrer,** fig. sich widmen ; sich hingeben. | *Se consacrer au plaisir*, sich dem Vergnügen hingeben.

consanguin, ine [kɔ̃sɑ̃gɛ̃, in] adj. väterlich verwandt ; blutsverwandt. | *Sœur consanguine*, Schwester väterlicherseits ; Stiefschwester f.

consanguinité [-gɥinite] f. Blutsverwandtschaft f. ; Verwandtschaft väterlicherseits.

consciemment [kɔ̃sjamɑ̃] adv. mit Bewußtsein ; wissentlich ; bewußt.

conscience [kɔ̃sjɑ̃:s] f. **1.** [sens psycho-physiologique] Bewußtsein n. | *Conscience collective*, kollektives Bewußtsein. | *Conscience de soi*, Selbstbewußtsein. | *Avoir conscience de*, bewußt sein (gén.). | *Il a conscience de ses actes*, er ist sich seines Handelns bewußt. | *Prendre conscience de qch.*, etwas wahrnehmen. | *Perdre conscience*, das Bewußtsein verlieren.
2. [sens moral] Gewissen n. ; Gewissenhaftigkeit f. | *Avoir la conscience nette, tranquille*, ein reines Gewissen haben. | *Avoir qch. sur la conscience*, etwas auf dem Gewissen haben. | *Faire appel à la conscience de qn*, jm ins Gewissen reden. | *Écouter sa conscience*, nur auf sein Gewissen hören. | *Conscience d'un employé*, Gewissenhaftigkeit eines Angestellten. | *Dieu lit dans les consciences*, Gott blickt einem ins Herz.
3. Loc. *Voix de la conscience*, innere Stimme. | *Remords de conscience*, Gewissensbisse m. pl. | *Cas de conscience*, Gewissensfrage f. | *Directeur de conscience*, Beichtvater m. | *Liberté de conscience*, Gewissensfreiheit f. | *En toute conscience*, nach bestem Wissen und Gewissen. | *En mon âme et conscience*, auf Ehre und Gewissen. | *La main sur la conscience*, Hand aufs Herz. | *Par acquit de conscience*, gewissenshalber. | *Se faire un cas de conscience de qch.*, etwas sehr ernst, gewissenhaft nehmen.

consciencieusement [-sjɑ̃sjøzmɑ̃] adv. gewissenhaft.

consciencieux, ieuse [-sjɑ̃sjø, jø:z] adj. gewissenhaft ; verantwortungsbewußt.

conscient, iente [-sjɑ̃, jɑ̃:t] adj. bewußt (gén.) ; eingedenk (gén.). | *Être conscient de son devoir*, sich seiner Pflicht bewußt sein. | *Conscient de l'heure*, der Zeit eingedenk.

conscription [kɔ̃skripsjɔ̃] f. Mil. Musterung ; Aushebung f. ; Aufgebot n.

conscrit [kɔ̃skri] m. Mil. Einberufene(r) m. ; Gemusterte(r) m. ; Eingezogene(r) m.

consécration [kɔ̃sekrasjɔ̃] f. Relig. [prêtre, église] Weihe f. ; Einsegnung f. || [messe] Wandlung f. || Fig. Bestätigung f. | *Consécration d'un mot par l'usage*, Bestätigung eines Wortes durch den Gebrauch.

consécutif, ive [kɔ̃sekytif, i:v] adj. [qui suit] aufeinanderfolgend ; hintereinander. || [qui en résulte] darauffolgend. | *Une maladie consécutive à une blessure*, eine auf eine Verwundung folgende Krankheit. || Gramm. *Proposition consécutive*, Folgerungssatz m.

conseil [kɔ̃sɛ:j] m. **1.** [avis] Rat m. ; Ratschlag m. | *Des conseils*, Ratschläge m. pl. | *Donner un conseil à qn*, jm einen Rat geben ; jn beraten. | *Demander conseil à qn*, jn um Rat fragen. | *Être de bon conseil*, ein guter Ratgeber sein. | *Sur mon conseil*, auf mein Zuraten. | *Je n'ai de conseils à recevoir de personne*, ich verbitte mir jedes Zureden. | *La nuit porte conseil*, guter Rat kommt über Nacht ; einmal drüber schlafen. | *Donner de mauvais conseils*, jn übel beraten.
2. [personne] Ratgeber m. ; Rat m. || Jur. Rechtsbeistand m. | *Avocat-conseil*, beratender Advokat ; Syndikus m.
3. [assemblée] Rat m. ; Ratsversammlung f. | *Conseil municipal*, Gemeinderat. | *Conseil des ministres*, Ministerrat. | *Conseil fédéral*, Bundesrat. | *Conseil général*, Provinzialrat ; Landtag m. | *Conseil de classe*, Klassenkonferenz f. | *Conseil de surveillance*, Aufsichtsrat.

| *Président du Conseil*, Ministerpräsident m. ; Bundeskanzler m. | *Tenir conseil*, sich beraten ; Sitzung haben. | *Faire partie du conseil*, mit im Rate sitzen. | *Conseil d'administration*, Verwaltungsrat m. ; Aufsichtsrat m. | *Conseil exécutif*, Vollzugsrat. | *Conseil de guerre*, Kriegsgericht n. | *Conseil de révision*, Musterungsausschuß m. | *Conseil ecclésiastique*, Konsistorium n. | *Conseil de l'ordre (des avocats)*, Anwaltskammer f. | *Conseil ouvrier*, Arbeiterrat m.

conseiller [-je] v. tr. beraten ; raten (dat.) ; einen Rat geben. | *Conseiller vivement à qn*, jm zureden. | *Conseiller qch. à qn*, jm etwas anraten ; jm zu etwas raten. || PAR EXT. [recommander] *Conseiller une carrière à qn*, jm eine Laufbahn empfehlen.

conseiller, ère [-je, ɛ:r] s. Berater(in) m. (f.) ; Ratgeber(in) m. (f.) | *Conseiller conjugal*, Eheberater. | *Conseiller économique*, Wirtschaftsberater. | *Conseiller juridique*, Rechtsberater. | *Conseiller d'orientation*, Schulberater ; Berufsberater. || PAR EXT. [membre d'une assemblée] Rat m. | *Conseiller municipal*, Gemeinderat ; Stadtrat. | *Conseiller d'État*, Staatsrat.

conseilleur, euse [-jœ: r, ø:z] s. Besserwisser(in) m. (f.). | *Les conseilleurs ne sont pas les payeurs*, Raten ist wohlfeil.

consensus [kɔ̃sɛ̃sys] m. Konsens m. ; Übereinstimmung f.

consentement [kɔ̃sɑ̃tmɑ̃] m. Be-, Einwilligung f. ; Zusage f. | *Donner son consentement à qch.*, in etwas einwilligen. | *Consentement mutuel*, gegenseitiges Einverständnis. | *Consentement tacite*, stillschweigende Übereinkunft. | *Sans mon consentement*, ohne meine Einwilligung.

consentir [-ti:r] v. intr. einwilligen (in, acc.) ; zu-, beistimmen (dat.) ; gestatten ; billigen. | *Consentir au mariage*, zur Hochzeit sein Jawort geben. | *J'y consens*, ich bin damit einverstanden. || PAR EXT. [se résigner] sich bequemen.

◇ v. tr. [autoriser] bewilligen ; genehmigen. | *Consentir un crédit*, einen Kredit bewilligen. | *Consentir une vente*, einem Verkauf beipflichten.

— SYN. : *Accepter*, annehmen. *Se prêter à*, sich herbeilassen zu. *Acquiescer*, zusagen. *Adhérer*, anhängen. *Souscrire*, einwilligen. *Accéder*, beipflichten.

conséquemment [kɔ̃sekamɑ̃] adv. folgerecht ; folglich ; demnach ; mithin.

conséquence [-kɑ̃:s] f. [conclusion] Schluß m. ; Folgerung f. ; Schlußfolgerung f. | *Tirer les conséquences de qch.*, aus etwas den Schluß ziehen ; aus etwas folgern. || PAR ANAL. [déduction logique] Folgerichtigkeit f. ; Konsequenz f. | *En conséquence*, folglich ; infolgedessen. | *Agir en conséquence*, der Sache gemäß handeln ; sich danach richten. || PAR EXT. [suite] Folge f. ; Ergebnis n. ; Wirkung f. ; Konsequenz f. | *Avoir pour conséquence*, zur Folge haben ; mit sich bringen. | *Subir les conséquences*, die Folgen erleiden müssen. || FIG. [importance] Bedeutung f. ; Wichtigkeit f. | *Sans conséquence*, unbedeutend ; belanglos. | *Tirer à conséquence*, wichtig sein ; von Belang sein. | *Lourd de conséquences*, folgenschwer.

◇ loc. prép. *En conséquence de quoi*, demzufolge.

conséquent, ente [-kɑ̃, ɑ̃:t] adj. folgerecht ; getreu (dat.) ; konsequent. | *Il n'est pas très conséquent*, er handelt nicht sehr konsequent. | *Par conséquent*, folglich ; infolgedessen ; somit. || FIG., FAM. [important] wichtig ; bedeutend.

conservateur, trice [kɔ̃sɛrvatœ:r, tris] adj. erhaltend ; bewahrend ; konservativ ; PÉJOR. rückständig. | *Parti conservateur*, konservative Partei. | *Journal conservateur*, Rechtsblatt n.

◇ m. **conservateur,** ADMIN. [fonctionnaire] Museumsbeamter m. ; Konservator m. || PAR EXT. *Conservateur des hypothèques*, Grundbuchbeamter m. | *Conservateur des eaux et forêts*, Oberforstmeister m. || POLIT. Konservativer m. || [alimentation] Konservierungsmittel n.

conservation [-sjɔ̃] f. [action] Erhalten n. || [état] Aufbewahrung f. ; Schonung f. ; Konservierung f. || FIG. *Instinct de conservation*, Selbsterhaltungstrieb m. || ADMIN. *Conservation des hypothèques*, Hypothekenamt n. || PHYS. *Conservation de l'énergie*, Beharrungsvermögen n.

conservatisme [-tism] m. POLIT. Konservatismus m. ; konservativer Geist ; Hängen (n.) am Althergebrachten ; PÉJOR. Rückständigkeit f.

conservatoire [-twa:r] adj. erhaltend ; bewahrend. || JUR. *Mesure conservatoire*, Sicherungsmaßnahme f.

◇ m. [école] Musikschule f. ; Singakademie f. ; Konservatorium n. || [musée] *Conservatoire des arts et métiers*, Gewerbemuseum n.

conserve [kɔ̃sɛrv] f. Eingemachtes n. ; Eingekochtes n. ; Konserve f. | *Mettre en conserve*, einmachen ; einwecken ; einkochen. | *Viande en conserve*, Büchsenfleisch n. | *Boîte de conserves*, Konservenbüchse f. || FIG. *De conserve*, zusammen.

conserver [-ve] v. tr. [maintenir en état] erhalten. | *Conserver frais*, frisch erhalten. || PAR ANAL. [prendre soin] pflegen ; schützen ; hegen. || PAR EXT. [ne pas perdre] behalten ; beibehalten ; bewahren ; aufheben. | *Conserver de vieux objets*, alte Sachen aufbewahren. | *Conserver un secret*, ein Geheimnis bewahren, hüten.

◇ part. pass. et adj. **conservé, ée,** *Bien conservé*, wohlerhalten, -bewahrt. | *Il est bien conservé*, er ist gut erhalten.

◇ v. pr. **se conserver,** sich frisch halten.

conserverie [-vɛri] f. Konservenindustrie f. ; Konservenfabrik f.

considérable [kɔ̃siderabl] adj. [sens général] beträchtlich ; ansehnlich. | *Somme considérable*, beachtliche Summe. || [très grand] erheblich. | *Travail considérable*, erhebliche Arbeit. || [puissant] gewaltig ; stattlich ; mächtig. || [important] bedeutend ; wichtig. || FIG. namhaft ; angesehen.

considérablement [-rablɛmɑ̃] adv. beträchtlich ; erheblich ; bedeutend.

considérant [kɔ̃siderɑ̃] m. Beweggrund m. || JUR. Motiv n. ; Erwägung f. ; Rechtsgrund m.

considération [-rasjɔ̃] f. **1.** [examen attentif] Betrachtung f. ; Erwägung f. | *Cela mérite considération*, das ist der Überlegung wert. || PAR EXT. [action de tenir compte, motif] Berücksichtigung f. ; Rücksicht f. | *Prendre en considération*, in Betracht, in Erwägung ziehen ; beachten ; berücksichtigen. | *En considération de*, im Hinblick auf (acc.) ; mit Rücksicht auf (acc.) ; in Anbetracht (gén.) ; wegen (gén.).

2. [estime] Achtung f. ; Ansehen n. ; Würdigung f. | *En considération de votre père*, aus Achtung vor Ihrem Vater. | *Jouir d'une grande considération*, sich eines hohen Ansehens erfreuen ; ein hohes Ansehen genießen. | *Veuillez agréer l'expression de ma considération distinguée*, hochachtungsvoll.

considérer [-re] v. tr. [avec les yeux] betrachten ; beschauen ; sorgfältig ansehen. || PAR ANAL. [avec l'esprit] bedenken ; erwägen ; abwägen ; reiflich überlegen ; Betrachtungen anstellen. || PAR EXT. [tenir compte de] berücksichtigen ; beachten. || LOC. *Il faut considérer la fin*, man muß das Ende bedenken. | *Tout bien considéré*, alles in allem ; nach reiflicher Überlegung. | *Considérer comme*, halten, achten für. | *Considérer comme perdu*, verloren geben. || FIG. [estimer] achten ; schätzen ; würdigen.

◇ part. pass. et adj. **considéré, ée,** FIG. *Considéré de tous*, allseitig geachtet, angesehen.

consignataire [kɔ̃siɲatɛ:r] m. Konsignatar m.

consignation [-sjɔ̃] f. JUR., COMM. hinterlegte Sache ; Hinterlegung f. ; Konsignation f. | *Consignation en justice*, gerichtliche, amtliche Hinterlegung. | *Caisse des dépôts et consignations*, Depositenbank f.

consigne [kɔ̃siɲ] f. [ordre donné] Anordnung f. ; Auftrag m. || FAM. *Manger la consigne*, einen Auftrag verschwitzen. || [punition] *Deux jours de consigne*, zwei Tage Ausgangssperre (f.), Stubenarrest m. || TRANSP. [bagages] Gepäckaufbewahrung f. ; Gepäckschalter m. | *Consigne automatique*, Schließfach n. | *Mettre sa valise à la consigne*, sein Gepäck zur Aufbewahrung geben. || COMM. Hinterlegung f. ; Pfand n.

consigner [-ɲe] v. tr. JUR. hinterlegen ; niederlegen ; deponieren. || PAR ANAL. [inscrire] eintragen. || FIG. *Consigner sa porte*, niemand einlassen ; sich verleugnen lassen. || MIL. *Consigner la troupe*, über die Truppe Ausgangssperre verhängen. || COMM. *Consigner l'emballage*, die Verpackung mit einrechnen.

consistance [kɔ̃sistɑ̃:s] f. [d'un liquide] Dichtigkeit f. ; Dicke f. || PAR EXT. [solidité] Festigkeit f. ; Konsistenz f. | *Sans consistance*, bestandlos ; wesenlos. | *Caractère sans consistance*, wankelmütiger, haltloser Charakter.

consistant, ante [-tɑ̃, ɑ̃:t] adj. dickflüssig. || FIG. beständig.

consister [-te] v. intr. [résider en] *Consister dans, en*, bestehen in (dat.) ; beruhen auf (dat.). || [se composer de] *Consister en*, bestehen aus. | *Consister à*, bestehen in. | *Ce travail consiste à...*, diese Arbeit besteht darin, daß...

consistoire [-twa:r] m. RELIG. [catholique] Kardinalskollegium n. || [protestant, israélite] Kirchenleitung f., -vorstand m., -rat m. ; Konsistorium n.

consistorial, iale, iaux [-tɔrjal, jo] adj. RELIG. kirchenamtlich ; Konsistorial...

consolable [kɔ̃sɔlabl] adj. tröstbar ; zu trösten.

consolant, ante [-lɑ̃, ɑ̃:t] adj. tröstlich ; trostreich ; trostbringend ; Trost... | *Paroles consolantes*, Trostworte n. pl.

consolateur, trice [-latœ:r, tris] s. Tröster(in) m. (f.) ; Trostspender(in) m. (f.) ; Trostbringer(in) m. (f.).

consolation [-lasjɔ̃] f. Trost m. ; Tröstung f. ; Trostworte n. pl. | *Lettre de consolation*, Trostbrief m. | *Paroles de consolation*, Trostworte ; Zuspruch m.

console [kɔ̃sɔl] f. ARCHIT. [support] Wandarm m. ; Tragarm m. ; Stütze f. ; Konsole f. || [table] Ecktischchen n. || INF. *Console graphique, de visualisation*, Datensichtgerät n.

consoler [kɔ̃sɔle] v. tr. trösten ; vertrösten. | *Consoler qn de qch.*, jn wegen etwas trösten.

◇ v. pr. **se consoler,** sich trösten. | *Se consoler de qch.*, sich über etwas hinwegtrösten. | *Se consoler à l'idée de temps meilleurs*, sich auf bessere Zeiten vertrösten.

consolidation [kɔ̃sɔlidasjɔ̃] f. Festigen n. ; Befestigen n. ; Verstärkung f. || FIN. Konsolidierung f. | *Consolidation des finances*, finanzielle Gesundung.

consolider [-de] v. tr. befestigen ; festmachen ; festsetzen ; fundieren. | *Consolider un mur*, eine Mauer befestigen. || FIN. [emprunt] konsolidieren. || FIG. [affermir] sichern. | *Consolider une alliance*, ein Bündnis enger gestalten. | *Consolider une victoire*, einen Sieg ausbauen.

◇ part. pass. et adj. **consolidé, ée,** befestigt. || COMM., FIN. unkündbar. | *Bilan consolidé*, konsolidierte Bilanz. | *Fonds consolidés*, unkündbare Schatzanleihen f. pl. ; Konsols n. pl.

◇ v. pr. **se consolider,** sich befestigen.

consommable [kɔ̃sɔmabl] adj. aufzehrbar ; verzehrbar ; verbrauchbar. | *Denrées consommables*, Verbrauchsgut n.

consommateur, trice [-matœ:r, tris] Verbraucher(in) m. (f.) ; Benutzer(in) m. (f.) ; Konsumen(in) m. (f.). || PAR EXT. [au café] Gast m.

consommation [-masjɔ̃] f. Verbrauch m. ; Verzehr m. ; Aufwand m. ; Konsum m. | *Consommation annuelle*, Jahresverbrauch. | *Consommation de courant*, Stromverbrauch. | *Consommation intérieure brute*, Bruttoinlandsverbrauch. | *Consommation des ménages*, Verbrauch der Haushalte. | *Article de consommation*, Verbrauchsartikel m. | *Société de consommation*, Konsumgesellschaft f. || PAR EXT. [boissons] Getränk n. ; Verzehr m. ; Zeche f. | *Payer les consommations*, die Rechnung bezahlen, begleichen. || FIG. [accomplissement] Vollendung f. ; Erfüllung f. | *Consommation du sacrifice*, Darbringung (f.) des Opfers. | *Consommation du mariage*, Vollziehung der Ehe.

consommer [-me] v. tr. [absorber] ver-, aufbrauchen ; ver-, aufzehren ; konsumieren. | *Cette voiture consomme dix litres d'essence*, dieser Wagen verbraucht zehn Liter Benzin. || FIG. [accomplir] vollenden ; vollbringen ; vollziehen. | *Consommer un crime*, ein Verbrechen vollbringen. | *Consommer un sacrifice*, ein Opfer vollziehen.

◇ part. pass. et adj. **consommé, ée,** [absorbé] verbraucht ; verzehrt. || FIG. [parfait] vollendet ; vollkommen. | *Musicien consommé*, vollendeter Musiker. | *Avec un art consommé*, meisterhaft. || PÉJOR. *Scélérat consommé*, ausgekochter, abgefeimter Schurke ; Erzschurke m. || SUBSTANTIV. [bouillon] Kraftbrühe f.

consomption [kɔ̃sɔ̃psjɔ̃] f. MÉD. Auszehrung f. ; VX. Dahinsiechen n. ; Schwindsucht f.

consonance [kɔ̃sɔnɑ̃:s] f. Zusammenklang m. ; Gleichklang m. || GRAMM. Gleichlaut m.

consonant, ante [kɔ̃sɔnɑ̃, ɑ̃:t] adj. gleichklingend.

consonne [kɔ̃sɔn] f. GRAMM. Mitlaut m. ; Konsonant m.

consort [kɔ̃sɔ:r] adj. *Prince consort*, Prinzgemahl m.

◇ m. pl. **consorts,** Konsorten m. pl.

consortium [kɔ̃sɔrsjɔm] m. Genossenschaft f. ; Konsortium n. ; Konzern m.

conspirateur, trice [kɔ̃spiratœ:r, tris] s. Verschwörer(in) m. (f.) ; Verschworene(r) m.

conspiration [-rasjɔ̃] f. Verschwörung f. ; geheimer Zusammenschluß ; Kabale f.

conspirer [-re] v. intr. sich verschwören ; eine Verschwörung anzetteln, anstiften. || FIG. [contribuer] *Conspirer à*, mitwirken bei.

◇ v. tr. [ourdir] *Conspirer la ruine de qn*, sich zu js Verderben verschwören.

conspuer [kɔ̃spɥe] v. tr. [honnir] anspucken ; öffentlich verhöhnen ; POP. durch den Dreck ziehen.

constamment [kɔ̃stamɑ̃] adv. beständig ; immerfort ; immer wieder.

Constance [kɔ̃stɑ̃:s] n. pr. f. GÉOGR. Konstanz n. | *Lac de Constance*, Bodensee m.

constance [kɔ̃stɑ̃:s] f. Standhaftigkeit f. ; Beharrlichkeit f. ; Ausdauer f. ; Beständigkeit f. ; Stetigkeit f. ; Festigkeit f. | *Souffrir avec constance*, standhaft ertragen.

constant, ante [-tɑ̃, ɑ̃:t] adj. standhaft ; beharrlich ; ausdauernd ; beständig ; stetig ; fest ; unveränderlich ; gleichmäßig.

◇ f. **constante,** MATH. gleichbleibende Größe ; Konstante f.

— SYN. : *Ferme*, fest. *Inébranlable*, unerschütterlich.

Constantinople [kɔ̃stɑ̃tinɔpl] n. pr. f. GÉOGR., HIST. Konstantinopel n. ; Byzanz n. ; Istanbul n.

constat [kɔ̃sta] m. Protokoll n. | *Dresser, faire un constat d'accident*, einen (Verkehrs)unfall aufnehmen. || FIG. *Dresser un constat d'échec*, sich sein Scheitern eingestehen.

constatation [-tasjɔ̃] f. Feststellen n., -stellung f. ; Befund m.

constater [-te] v. tr. feststellen. || PAR EXT. [confirmer] bestätigen. | *Constater le décès*, den eingetretenen Tod bescheinigen, feststellen.

constellation [kɔ̃stɛlasjɔ̃] f. ASTRON. Sternbild n. ; Gestirn n. ; Konstellation f.

consteller [-le] v. tr. (mit Sternen) übersäen. || PAR EXT. [couvrir] besetzen.

◇ part. pass. et adj. **constellé, ée,** sternenbesät. || PAR EXT. [parsemé] *Constellé de pierreries*, edelsteinbesetzt. | *Constellé de décorations*, ordensübersät.

consternation [kɔ̃stɛrnasjɔ̃] f. Bestürzung f. ; Betroffenheit f. ; Betretenheit f. ; Niedergeschlagenheit f. | *Jeter dans la consternation*, in Bestürzung versetzen.

consterner [-ne] v. tr. bestürzt, betroffen machen ; niederschlagen.

◇ part. pass. et adj. **consterné, ée,** betroffen ; bestürzt ; betreten.

constipant, ante [kɔ̃stipɑ̃, ɑ̃:t] adj. stopfend ; verstopfend.

constipation [-pasjɔ̃] f. MÉD. Verstopfung f.

constiper [-pe] v. tr. stopfen ; verstopfen.

◇ part. pass. **constipé, ée,** *Être constipé*, an mangelndem Stuhlgang leiden.

constituant, uante [kɔ̃stitɥɑ̃, ɥɑ̃:t] adj. bildend ; begründend. | *Parties constituantes*, Grundbestandteile m. pl. || POLIT. verfassunggebend. | *Assemblée constituante, la Constituante*, verfassunggebende Versammlung.

◇ m. **constituant,** Bestandteil m.

constituer [-tɥe] v. tr. [former l'essence] ausmachen ; bilden. || PAR EXT. [former] bilden ; errichten ; aufstellen ; gründen. | *Constituer le dossier*, die Akten aufstellen. | *Constituer le gouvernement*, die Regierung bilden. || [affecter à un usage] *Constituer arbitre*, zum Schiedsrichter bestellen.

◇ part. pass. et adj. **constitué, uée,** [formé] gebildet. | *Être constitué par*, bestehen aus. | *Garçon bien constitué*, gesunder, wohl beschaffener Junge.

◇ v. pr. **se constituer,** [se former] zusammentreten ; sich bilden. || [se livrer à la justice] *Se constituer prisonnier*, sich stellen. || JUR. *Se constituer partie civile*, als Nebenkläger auftreten.

constitutif, ive [-tytif, i:v] adj. begründend ; bildend ; grundlegend. | *Éléments constitutifs*, wesentliche Bestandteile m. pl.

constitution [-tysjɔ̃] f. **1.** [action de former] Bildung f. || [composition] Zusammensetzung f. ; Beschaffenheit f. ; Aufbau m. ; Konstitution f. | *Constitution du corps humain*, Beschaffenheit, Aufbau des menschlichen Körpers. | *Être d'une constitution délicate*, von schwächlicher Körperbeschaffenheit sein.
2. POLIT. Staatsverfassung f. ; Staatsgrundgesetz n. | *Constitution fédérale*, Bundesverfassung. | *Contraire à la constitution*, verfassungswidrig.
3. JUR. *Constitution d'un avocat*, Bestellung (f.) eines Anwalts. | *Constitution d'un droit*, Begründung (f.) eines Rechts.

constitutionnalité [-tysjɔnalite] f. Verfassungs-, Gesetzmäßigkeit f.

constitutionnel, elle [-tysjɔnɛl] adj. verfassungsgerecht. | *Droit constitutionnel*, Verfassungsrecht n. | *Monarchie constitutionnelle*, parlamentarisches Königtum ; konstitutionelle Monarchie.

constricteur [kɔ̃striktœ:r] adj. m. ANAT. *Muscle constricteur*, Schließ-, Verengungsmuskel m. || ZOOL. *Boa constricteur*, Königsschlange f.

constructeur [kɔ̃stryktœ:r] m. Baumeister m. ; Konstrukteur m. ; Hersteller m. | *Constructeur automobile*, Automobilhersteller. | *Constructeur de machines*, Maschinenbauer m.

constructif, ive [-tif, i:v] adj. aufbauend ; konstruktiv.

construction [-sjɔ̃] f. **1.** [action, art] Bauen n. ; Bauwesen n. ; Bau m. ; Konstruktion f. | *Construction de machines, de routes*, Maschinenbau ; Wegebau. | *Construction automobile*, Kraftwagenbau. | *Construction d'un pont*, Brückenschlag m. ; Brückenbau. | *Être en construction*, sich im Bau befinden. | *Matériaux de construction*, Baustoffe m. pl. ; Baumaterialien n. pl. | *Vice de construction*, Fehler (m.) im Bau. | *Chantier de construction navale*, Schiffswerft f. || PAR EXT. [manière] Bauart f. ; Bauweise f.
2. [édifice] Bau m. (pl. Bauten) ; Bauwerk n. ; Gebäude n. | *Construction en bois*, Holzbau m. | *Construction métallique*, Eisenkonstruktion f. | *Construction neuve*, Neubau. | *Construction en retrait, en appentis*, Einbau, Anbau.
3. [disposition des parties] Aufbau m. ; Zusammenführung f. ; Anordnung f. | *Construction d'un roman*, Aufbau eines Romans.

construire [kɔ̃strɥi:r] v. tr. bauen ; erbauen ; aufbauen ; errichten ; anlegen. | *Construire sur un terrain*, einen Platz bebauen. | *Construire une route, une machine, un pont*, eine Straße anlegen, eine Maschine konstruieren, eine Brücke schlagen. || PAR EXT. gestalten ; anordnen ; konstruieren. || GRAMM. *Construire une phrase*, einen Satz bilden.

consubstantialité [kɔ̃sybstɑ̃sjalite] f. RELIG. Wesensgleichheit f.

consubstantiel, elle [-sjɛl] adj. wesensgleich.

consul [kɔ̃syl] m. Konsul m. | *Consul général*, Generalkonsul.

consulaire [-lɛ:r] adj. konsularisch ; konsular ; Konsulats... || JUR. handelsgerichtlich.

consulat [-la] m. Konsulat n.

consultant, ante [kɔ̃syltɑ̃, ɑ̃:t] adj. [qui conseille] beratend ; ratgebend. | *Avocat consultant*, Rechtsberater m., -konsulent m. | *Médecin consultant*, hinzugezogener Arzt.

◇ s. [conseiller] Berater(in) m. (f.) ; Gutachter(in) m. (f.).

consultatif, ive [-tatif, i:v] adj. beratend ; Beratungs... ; begutachtend. | *Comité consultatif*, Beirat m. ; beratender Ausschuß. | *Organes consultatifs*, beratende Körperschaften f. pl. | *Voix consultative*, (nur) beratende Stimme.

consultation [-tasjɔ̃] f. [action de demander] Befragung f. ; Beratung f. ; Zurateziehung f. | *Appeler qn en consultation*, jn zur Beratung hinzuziehen ; jn zu Rate ziehen. | *Consultation d'un avocat*, Rücksprache mit dem Anwalt ; Rechtsberatung. | *Consultation à la base*, Urabstimmung f. | *Consultation populaire*, Volksabstimmung f. | *Consultation médicale*, ärztliche Untersuchung. || [heure] Sprechstunde f. | *Donner une consultation*, Rat erteilen ; Sprechstunde haben.

consulter [-te] v. tr. [personne] befragen ; um Rat fragen, angehen ; zu Rate ziehen ; konsultieren. || PAR EXT. [objet] *Consulter un livre*, in einem Buch nachschlagen.

◇ v. pr. **se consulter,** sich beraten. || PAR EXT. [réfléchir] sich besinnen ; nachdenken.

consumer [kɔ̃syme] v. tr. [détruire, absorber] ver-, aufzehren ; ver-, aufbrauchen. || PAR EXT. [brûler] ausbrennen ; abbrennen ; verbrennen. || FIG. [faire dépérir] zehren (an, dat.) ; nagen (an, dat.). | *La maladie le consume*, die Krankheit zehrt an ihm.
◇ v. pr. **se consumer,** [brûler] verbrennen ; abbrennen ; ausbrennen ; verglühen ; verglimmen. | *La bougie achève de se consumer*, die Kerze glüht aus. || FIG. [dépérir] sich verzehren (in, dat.) ; sich aufzehren ; dahinsiechen ; verschmachten. | *Se consumer de chagrin*, vor Gram vergehen. | *Se consumer d'un mal*, an einem Leiden dahinsiechen.

consumérisme [-merism] m. Verbraucherschutz m.

contact [kɔ̃takt] m. [action de se toucher] Berühren n. ; Berührung f. | *Point de contact*, Berührungspunkt m. || FIG. [relation] Berührung f. ; Fühlung f. ; Verbindung f. | *Prendre contact avec qn*, mit jm Fühlung nehmen. | *Être en contact par radio*, in Funkverbindung stehen. | *Mettre deux personnes en contact*, zwei Personen in Verbindung bringen. | *Prise de contact*, Fühlungnahme f. || ÉLECTR. Kontakt m. | *Mettre le contact*, einschalten. | *Mauvais contact*, Wackelkontakt. | *Contact à fiches*, Steckkontakt.

contacter [-e] v. tr. Kontakt aufnehmen [mit].

contagieux, ieuse [kɔ̃taʒjø, jø:z] adj. ansteckend ; übertragbar. | *Être contagieux*, anstecken.

contagion [-ʒjɔ̃] f. MÉD. Ansteckung f. ; Übertragung f.

contamination [kɔ̃taminasjɔ̃] f. [souillure] Verunreinigung f. || MÉD. [transmission] Ansteckung f. ; Übertragung f. ; Infektion f. || NUCL. *Contamination interne*, innere Strahlenbelastung.

contaminer [-ne] v. tr. verseuchen ; verunreinigen ; anstecken ; übertragen ; infizieren. || NUCL. radioaktiv verseuchen, verschmutzen.
◇ part. pass. et adj. **contaminé, ée,** angesteckt ; infiziert. | *Non contaminé*, rein ; unbefleckt.

conte [kɔ̃:t] m. Märchen n. ; Erzählung f. ; Geschichte f. | *Conte divertissant*, ergötzliche Geschichte. | *Livre de contes*, Märchenbuch n. | *Conte populaire*, Volksmärchen. | *Conte de fées*, Zaubermärchen. | *Contes que tout cela !*, Fabelei ! ; Flausen ! ; blauer Dunst ! | *Conte bleu*, Ammenmärchen.

contemplateur, trice [kɔ̃tɑ̃platœ:r, tris] s. Beobachter(in) m. (f.) ; Betrachter(in) m. (f.).

contemplatif, ive [-platif, i:v] adj. beschaulich ; betrachtend ; kontemplativ. | *Esprit contemplatif*, in sich gekehrter Geist. | *Vie contemplative*, beschauliches Leben.

contemplation [-plasjɔ̃] f. [visuelle] Betrachtung f. ; Schauen n. ; Anschauen n. || PAR EXT. [intérieure] innere, geistige Schau ; Versenkung f. || [rêverie] Beschaulichkeit f. ; Träumerei f.

contempler [-ple] v. tr. betrachten ; an-, beschauen ; ansehen.
◇ v. pr. **se contempler,** [se regarder] sich betrachten ; sich beschauen.

contemporain, aine [kɔ̃tɑ̃pɔrɛ̃, ɛn] adj. [qui est du même temps] gleichzeitig. | *Ils furent contemporains*, sie waren Zeitgenossen. || PAR EXT. [actuel] zeitgenössisch ; gegenwärtig ; aktuell.
◇ s. Zeitgenosse m. ; Zeitgenossin f.

contempteur, trice [kɔ̃tɑ̃ptœ:r, tris] adj. verachtend ; voller Verachtung.

contenance [kɔ̃tnɑ̃:s] f. [capacité] Inhalt m. ; Gehalt m. ; Fassungsvermögen n. || PAR EXT. Größe f. ; Fläche f. | *Contenance d'une bouteille*, Flascheninhalt. || FIG. [maintien] Haltung f. ; Fassung f. ; Gebärden n. | *Faire bonne contenance*, die Fassung bewahren. | *Perdre contenance*, aus der Fassung geraten ; die Fassung verlieren.

contenant, ante [-nɑ̃, ɑ̃:t] adj. enthaltend.
◇ m. **contenant,** Gefäß n. ; Behälter m.

conteneur [kɔ̃tnœr, kɔ̃tənœr] m. Container m.

contenir [-ni:r] v. tr. [renfermer] enthalten ; umfassen ; fassen ; in sich aufnehmen ; um-, einschließen. | *La salle contient mille personnes*, der Saal faßt tausend Personen. | *Qui contient de l'or*, goldhaltig. || FIG. [maintenir, réprimer] in Grenzen, in Schranken, im Zaume halten ; mäßigen ; zurückhalten. | *Contenir sa douleur*, seinen Schmerz verbeißen.
◇ v. pr. **se contenir,** FIG. [se maîtriser] sich mäßigen ; sich zusammennehmen ; sich in der Gewalt haben ; sich beherrschen.
— SYN. : *Tenir*, halten. *Renfermer*, ein-, umschließen. *Receler*, in sich bergen. *Comprendre*, umfassen. *Comporter*, in sich vereinigen. *Embrasser*, umfangen ; umfassen.

content, ente [kɔ̃tɑ̃, ɑ̃:t] adj. [joyeux] froh ; freudig ; vergnügt ; glücklich. | *Très content*, überglücklich ; herzensfroh. || [satisfait] zufrieden. | *Content de son sort*, mit seinem Schicksal zufrieden. | *Content de peu*, genügsam. | *Content de soi*, selbstzufrieden ; selbstgefällig.
◇ m. **content,** Auskommen n. | *Avoir son content*, genug haben. | *Dormir son content*, zur Genüge schlafen.
— SYN. : *Satisfait*, befriedigt. *Heureux*, glücklich.

contentement [-tmɑ̃] m. [joie] Freude f. ; Fröhlichkeit f. ; Ausgeglichenheit f. ; Beglückung f. || [satisfaction] Zufriedenheit f. ; Genügsamkeit f. ; Befriedigung f. | *Contentement de soi*, Selbstgefälligkeit f.

contenter [-te] v. tr. zufriedenstellen ; befriedigen ; Genüge tun (dat.). | *Contenter ses créanciers*, seine Gläubiger abfinden. | *Contenter tout le monde*, es allen Leuten rechtmachen.
◇ v. pr. **se contenter de,** sich begnügen mit ; sich zufrieden geben mit ; fürlieb nehmen mit. | *Il faut s'en contenter*, man muß sich eben damit abfinden.

contentieux, ieuse [kɔ̃tɑ̃sjø, jø:z] adj. strittig ; umstritten ; Streit... | *Juridiction non contentieuse*, freiwillige Gerichtsbarkeit.
◇ m. **contentieux,** JUR. [affaire] Streitsachen f. pl. || [bureau] Rechtsabteilung f.
— SYN. : *Litigieux*, strittig.

contention [-sjɔ̃] f. VX. [effort] Anstrengung f.

contenu, ue [kɔ̃tny] adj. [enfermé] enthalten. || FIG. [dominé] beherrscht ; unterdrückt. | *Colère contenue*, unterdrückter Zorn. | *Style contenu*, verhaltener Stil.
◇ m. **contenu,** Inhalt m. ; Gehalt m. || FIG. Begriff m.

conter [kɔ̃te] v. tr. erzählen ; schildern. | *En conter de belles*, aufschneiden ; einen Bären aufbinden. | *Conter fleurette*, den Hof machen ; POP. Süßholz raspeln.

contestable [kɔ̃tɛstabl] adj. angreifbar ; bestreitbar ; anfechtbar ; fraglich ; strittig.

contestataire [-tatɛr] adj. rebellierend.
◇ s. Protestler(in) m. (f.) ; Opponent m.

contestation [-tasjɔ̃] f. [refus d'admettre] Bestreitung f. ; Einwendung f. ; Anfechtung f. | *Sans contestation*, zweifellos ; einwandfrei. || PAR EXT. [dispute] Streit m. ; Streitfall m. ; strittiger Punkt.
— SYN. : *Litige* m., Rechtsstreit m. *Différend* m., Meinungsverschiedenheit f. *Démêlé* m., Streit m. ; Zank m.

conteste [kɔ̃tɛst] f. employé seulement dans la loc. adv. **sans conteste,** unbestritten ; zweifellos.

contester [-te] v. tr. ab-, bestreiten ; einwenden ; anfechten ; streitig machen. | *Contester un testament*, gegen ein Testament angehen.

conteur, euse [kɔ̃tœ:r, ø:z] s. Erzähler(in) m. (f.) ; Märchendichter(in) m. (f.) ; Novellendichter(in) m. (f.).

contexte [kɔ̃tɛkst] m. Kontext m. ; Zusammenhang m.

contexture [-ty:r] f. Verbindung f. ; Gefüge n. ; Zusammenhang m. ; Verwebung f. | *Contexture d'un poème*, innerer Zusammenhang eines Gedichtes.

contigu, uë [kɔ̃tigy] adj. angrenzend ; anstoßend ; anliegend ; benachbart ; nebenliegend. | *Chambre contiguë*, Nebenzimmer n. | *Être contigu(s)*, aneinandergrenzen ; zusammenstoßen ; sich berühren. | *Cette maison est contiguë à l'autre*, dieses Haus grenzt, stößt an das andere.

contiguïté [-gɥite] f. Angrenzung f. ; Anstoßen n. ; Nebeneinanderliegen n.

continence [kɔ̃tinɑ̃:s] f. Enthaltsamkeit f. ; Enthaltung f. || [chasteté] Keuschheit f.

continent, ente [-nɑ̃, ɑ̃:t] adj. enthaltsam ; keusch.

continent [-nɑ̃] m. Festland n. ; Kontinent m. ; Erdteil m.

continental, ale, aux [-nɑ̃tal, o] adj. festländisch ; landmäßig ; kontinental. | *Climat continental*. Binnenklima n. ; Festlandsklima n. ; Kontinentalklima n. || HIST. *Blocus continental*, Kontinentalsperre f.

contingence [kɔ̃tɛ̃ʒɑ̃:s] f. PHILOS. Zufälligkeit f. ; Kontingenz f.

contingent, ente [-ʒɑ̃, ɑ̃:t] adj. PHILOS. zufällig ; ohne Notwendigkeit.

contingent [-ʒɑ̃] m. Anteil m. ; Quote f. ; Kontingent n. | *Contingent de livraison*, Lieferungssoll n. | *Contingent supplémentaire*, zusätzliche Zuweisung. || MIL. Kontingent n.

contingentement [-ʒɑ̃tmɑ̃] m. Bewirtschaftung f. ; Zwangsbewirtschaftung ; Rationierung f. ; Kontingentierung f.

contingenter [-ʒɑ̃te] v. tr. bewirtschaften ; rationieren ; kontingentieren.

continu, ue [kɔ̃tiny] adj. anhaltend ; ununterbrochen ; ohne Unterbrechung ; kontinuierlich. || TECHN. *Feu continu*, Dauerbrand m. | *Travail continu*, Schichtarbeit f. | *Pluie continue*, Dauerregen m. ; Landregen m. || ÉLECTR. *Courant continu*, Gleichstrom m. || MIL. *Tir continu*, Trommelfeuer n.

continuateur, trice [-nɥatœ:r, tris] s. Fortsetzer(in) m. (f.) ; Weiterentwickler(in) m. (f.).

continuation [-nɥasjɔ̃] f. Fortsetzung f. ; Weiterführung f.

continuel, uelle [-nɥɛl] adj. fortlaufend ; fortwährend ; ständig ; stetig ; unablässig ; ununterbrochen ; kontinuierlich.

continuellement [-nɥɛlmɑ̃] adv. ein einem fort ; immerfort ; ohne Unterbrechung.

continuer [-nɥe] v. tr. [poursuivre] fortsetzen ; fort-, weiterführen. | *Continuer le travail*, weiterarbeiten. || PAR ANAL. *Continuer sa politique*, bei der alten Politik bleiben. || PAR EXT. [prolonger] *Continuer un mur*, eine Mauer weiterführen, verlängern.
◇ v. intr. fort... ; weiter... ; anhalten ; fortdauern ; kontinuieren. | *Ne pouvoir continuer*, nicht weiter können. | *Continuez, je vous prie !*, bitte weiter !, bitte, lassen Sie sich nicht stören ! | *La pluie continue*, der Regen hält an ; es regnet weiter. | *La séance continue*, die Sitzung geht weiter. | *Je continue d'espérer*, ich hoffe immer noch.

continuité [-nɥite] f. [espace] Zusammenhang m. ; Einheit f. ; Kontinuität f. || [temps] Fortdauer f. ; Fortbestand m.

contondant, ante [kɔ̃tɔ̃dɑ̃, ɑ̃:t] adj. quetschend ; zerquetschend ; zermalmend ; stumpf.

contorsion [kɔ̃tɔrsjɔ̃] f. Verdrehung f. ; Verzerrung f. || PAR EXT. Grimasse f. || FIG., FAM. *Faire des contorsions*, sich drehen und wenden.

contorsionniste [-sjɔnist] s. THÉÂTRE. Schlangenmensch m. ; Akrobat(in) m. (f.).

contour [kɔ̃tu:r] m. Umriß m. ; Umrißlinie f. ; Windung f. ; Konturen f. pl. | *Absence de contours*, Verschwommenheit f.

contournement [-nəmɑ̃] m. Umgehung f. ; Umgehen n. | *Route de contournement*, Umgehungsstraße f.

contourner [-ne] v. tr. [faire le tour] um... ; herumgehen ; herumfahren.
◇ part. pass. et adj. **contourné, ée,** *Style contourné*, verschrobener, verschnörkelter Stil.

contraceptif, ive [kɔ̃traseptif, -i:v] MÉD. adj. empfängnisverhütend.
◇ m. **contraceptif,** MÉD. Kontrazeptivum n. ; Verhütungsmittel n.

contraception [-sɛpsjɔ̃] f. MÉD. Empfängnisverhütung f.

contractant, ante [-ktɑ̃, ɑ̃:t] adj. vertragschließend. | *Parties contractantes*, Vertragspartner m. pl. ; Kontrahenten m. pl.

contracter [-te] v. tr. [resserrer] zusammenziehen ; verzerren. | *La colère contracte les traits*, der Zorn verzerrt die Züge. | *Contracter les muscles*, die Muskeln anspannen. || [faire un contrat] vertraglich abmachen. | *Contracter une assurance*, eine Versicherung abschließen. | *Contracter des dettes*, Schulden machen. | *Contracter des engagements*, Verpflichtungen eingehen. | *Contracter un mariage*, eine Ehe schließen. | *Contracter une maladie*, sich eine Krankheit zuziehen.
◇ part. pass. et adj. **contracté, ée,** [muscle, visage] verkrampft ; zusammengezogen. || FIG. [mal à l'aise] verkrampft. || GRAMM. *Article contracté*, zusammengezogener Artikel.
◇ v. pr. **se contracter,** sich zusammenziehen ; sich verzerren ; schrumpfen.

contraction [-sjɔ̃] f. Zusammenziehung f. ; Schrumpfung f. ; Verkürzung f. | *Contraction des traits*, Verzerrung (f.) der Gesichtszüge. | *Contraction des muscles*, Muskelanspannung f. | *Contraction d'un gaz*, Gasverdichtung f. || GRAMM. Kontraktion f.

contractuel, uelle [kɔ̃traktɥɛl] adj. vertragsmäßig ; vertraglich ; Vertrags...
◇ s. [agent public] Angestellter ohne festen Vertrag. || [auxiliaire de police] Hilfspolizist m. ; Politesse f.

contradicteur [kɔ̃tradiktœ:r] m. Widersprecher m. || JUR. Widersacher m. ; Gegenspieler m.

contradiction [-sjɔ̃] f. [contre les autres] Widerspruch m. ; Gegenrede f. ; Einrede f. ; Einwand m. ; Widerlegung f. | *Être en contradiction avec*, im Widerspruch stehen mit. | *Esprit de contradiction*, Widerspruchsgeist m. || [contre soi-même] Widerspruch m. | *Être en contradiction avec soi-même*, voll innerer Widersprüche sein ; innerlich zerrissen sein. | *Ce texte est plein de contradictions*, dieser Text ist voller Widersprüche. || FIG. [opposition] Gegensatz m. | *Il y a contradiction entre ses paroles et ses actes*, seine Worte und seine Taten stehen im Gegensatz zueinander.
— SYN. : *Antinomie* f., innerer Gegensatz.

contradictoire [-twa:r] adj. widersprechend ; widerspruchsvoll ; gegensätzlich. | *Jugement contradictoire*, nach Anhören beider Parteien erlassenes Urteil.

contraindre [kɔ̃trɛ̃:dr] v. tr. [forcer] zwingen ; nötigen ; einem Zwang unterwerfen ; einwirken (auf, acc.) ; einen Zwang ausüben (auf, acc.). || FIG. [retenir] in Schranken halten ; bezwingen.
◇ part. pass. et adj. **contraint, ainte,** [obligé] gezwungen ; notgedrungen. | *Être contraint de*, müssen. || FIG. erzwungen ; gekünstelt. | *Son rire est contraint*, sein Lachen hat etwas Krampfhaftes an sich. | *Style contraint*, unnatürlicher Stil.
◇ v. pr. **se contraindre,** [se retenir] sich Zwang antun ; sich bezwingen.

contrainte [-trɛ̃:t] f. [action d'obliger] Zwang m. ; Nötigung f. ; Gewalt f. | *User de contrainte envers qn*, jm Zwang, Gewalt antun. | *Mesure de contrainte*, Zwangsmaßnahme f. | *Par contrainte*, gezwungen ; zwangsweise. | *Sans contrainte*, ungezwungen ; zwanglos. || FIG. [gêne] Gezwungenheit f. ; Steifheit f. | *Contrainte morale*, Gewissenszwang. || JUR. Beitreibungsmaßnahme f. | *Contrainte par corps*, Schuldhaft f. | *Recouvrement par contrainte*, Zwangsbeitreibung f.
— SYN. : *Coercition* f., gesetzlicher Zwang. *Pression* f., Druck m.

contraire [kɔ̃trɛ:r] adj. [opposé] entgegengesetzt, -stehend ; gegensätzlich ; widersprechend ; gegen. | *En sens contraire*, in entgegengesetzter Richtung. | *Preuve contraire*, Gegenbeweis m. | *Dans le cas contraire*, andern-, widrigenfalls. || LOC. **contraire à,** im Widerspruch zu ; entgegen ; wider... ; ...widrig. | *Contraire à la loi*, gesetzeswidrig. | *Contraire au droit*, widerrechtlich ; rechtswidrig. | *Être contraire à qch.*, im Widerspruch zu etwas stehen ; widersprechen (dat.) ; widerstreiten (dat.). | *C'est contraire à l'honneur*, das geht gegen die Ehre. | *C'est contraire à toutes les règles*, das schlägt allen Regeln ins Gesicht. || [défavorable] ungünstig ; schädlich ; widrig ; zuwider. | *Vent contraire*, Gegenwind m. | *Sort contraire*, ungünstiges Schicksal ; Mißgeschick n.
◇ m. Gegenteil n. ; Widerspiel n. ; Gegensatz m. | *Au contraire*, im Gegenteil. | *Au contraire de*, im Gegensatz zu. | *Faire tout le contraire*, genau, gerade das Gegenteil tun.

contrairement [-trɛrmɑ̃] adv. gegen ; zuwider (dat.). | *Agir contrairement à la loi*, gegen das Gesetz verstoßen.

contralto [kɔ̃tralto] m. MUS. tiefe Altstimme ; tiefe Frauenstimme ; Kontraalt m.

contrariant, iante [kɔ̃trarjɑ̃, jɑ̃:t] adj. widersprechend ; ärgerlich ; verdrießlich. | *Esprit contrariant*, streitsüchtiger Geist.

contrarier [-rje] v. tr. [faire obstacle] entgegen sein ; entgegen treten ; hindern. | *Contrarier le mouvement*, die Bewegung, die Bewegungsfähigkeit behindern. | *Contrarier les projets de qn*, js Pläne durchkreuzen ; jm in die Quere kommen. || FIG. [dépiter] ärgern ; aufbringen ; verdrießen ; verdrießlich machen ; verstimmen ; POP. hochnehmen. || ARTS. *Contrarier les couleurs*, die Farben in Gegensatz bringen.
◇ part. pass. et adj. **contrarié, iée,** verstimmt ; aufgebracht ; ärgerlich.
— SYN. : *Contrecarrer*, entgegenarbeiten ; durchkreuzen.

contrariété [-rjete] f. [obstacle] Hindernis n. || FIG. [dépit] Widerwärtigkeit f. ; Unannehmlichkeit f. ; Ärger m. ; Verstimmung f. ; Verdrießlichkeit f. ; schlechte Laune.

contraste [kɔ̃trast] m. Gegensatz m. ; Gegensätzlichkeit f. ; Abhebung (von Farben) f. ; Kontrast m. | *Faire contraste*, einen Gegensatz bilden ; sich abheben ; abstechen. || MÉD. *Produit, Substance de contraste*, Kontrastmittel n.

contraster [-te] v. intr. im Gegensatz sein, stehen ; sich scharf abheben, hervorheben ; einen Gegensatz bilden ; abstechen ; kontrastieren.
— SYN. : *Trancher*, grell abstechen.

contrat [kɔ̃tra] m. Vertrag m. ; Übereinkunft f. ; Abkommen n. ; Kontrakt m. | *Contrat clés en main*, schlüsselfertiger Vertrag. | *Contrat à durée déterminée*, Zeitvertrag. | *Contrat de location*, Mietvertrag. | *Contrat de mariage*, Ehevertrag. | *Contrat de travail*, Arbeitsvertrag. | *Contrat-type*, Standardvertrag. | *Passer un contrat*, einen Vertrag schließen ; einen Kontrakt eingehen. | *Signer un contrat*, einen Vertrag unterzeichnen ; sich vertraglich binden. | *Par contrat*, vertraglich ; vertragsgemäß. || HIST. *Contrat social*, Gesellschaftsordnung f.

contravention [kɔ̃travɑ̃sjɔ̃] f. Übertretung f. ; Zuwiderhandlung f. ; Verletzung f. Vergehen n. | *Contravention à la loi*, Gesetzesübertretung. | *Être en contravention*, straffällig sein. || PAR EXT. [amende] Strafmandat n. ; Geldstrafe f.
— SYN. : *Procès-verbal* m., Protokoll n. ; Geldstrafe f.

contre [kɔ̃:tr] prép. **1.** [opposition, choc] gegen ; wider ; entgegen (dat.). | *Donner contre un arbre, un récif*, an einen Baum, gegen ein Riff stoßen. | *Nager contre le courant*, gegen den Strom schwimmen. | *Contre ma volonté*, wider meinen Willen. | *Contre l'avis de tous*, der allgemeinen Ansicht zum Trotz. | *Agir contre les lois*, gegen die Gesetze verstoßen. | *Être en colère contre qn*, auf jn zornig sein. | *Remède contre le cancer*, Heilmittel (n.) gegen den Krebs. | *À dix contre un*, zehn gegen eins.
2. [contact, proximité] an ; gegen an. | *Poser contre le mur*, an die Wand lehnen, legen. | *Épaule contre épaule*, Schulter (f.) an Schulter. | *Serrés les uns contre les autres*, dicht aneinander gedrängt.
3. [en échange de] *Contre reçu*, gegen, auf Quittung. | *Échanger contre qch.*, gegen etwas umtauschen.
◇ adv. dagegen. | *La porte était verrouillée, il se heurta contre*, die Tür war verschlossen, er stieß dagegen. — **là contre,** hiergegen ; dagegen ; dawider. — **par contre,** dagegen ; hingegen ; anderseits ; andererseits ; jedoch. — **tout contre,** dicht an, neben ; ganz nahe daran. — **ci-contre,** nebenstehend.
◇ m. *Peser le pour et le contre*, das Für und Wider abwägen. | *Il y a du pour et du contre*, es hat Vor- und Nachteile.
— OBSERV. Contact sur une surface horizontale : « auf ». Tout autre contact : « an ». Proximité sans contact : « bei ». Proximité avec parallélisme : « neben ».

contre-... [kɔ:tr] préf. Gegen... ; Wider... ; gegen... ; wider...

contre-allée [-ale] f. Seitenallee f. ; Nebenallee f.

contre-amiral [-amiral] m. Konteradmiral m.

contre-appel [-apɛl] m. Nachappell m. ; zweiter Appell.

contre-assurance [-asyrɑ̃:s] f. *Contre-assurance des primes*, Prämienrückgewähr f.

contre-attaque [-atak] f. Gegenangriff m.

contre-attaquer [-atake] v. tr. einen Gegenangriff unternehmen.

contrebalancer [kɔ̃trəbalɑ̃se] v. tr. ein Gegengewicht bilden ; das Gleichgewicht halten ; aufwiegen ; ausgleichen.
◇ v. pr. **se contrebalancer,** sich aufwiegen.

contrebande [kɔ̃trəbɑ̃:d] f. [action] Schleichhandel m. ; Schwarzhandel m. ; Schmuggel m. || [marchandise] Schmuggelware f. ; Banngut n. ; Bannware f. ; Konterbande f. || LOC. *Faire la contrebande*, schmuggeln ; Schleichhandel betreiben. | *Faire entrer en contrebande*, einschmuggeln.

contrebandier [-dje] m. Schmuggler m. ; Schleichhändler m. ; Schwarzhändler m.

contrebas (en) [ɑ̃kɔ̃trəba] loc. adv. tiefer gelegen ; nach unten ; unterhalb (gén.).
contrebasse [kɔ̃trəbɑ:s] f. MUS. Kontrabaß m. ; Baßgeige f. ; Tuba f.
contre-braquer [-brake] v. tr. gegenlenken.
contre-buter [-byte] v. tr. abstützen ; absteifen.
contrecarrer [-kare] v. tr. entgegenarbeiten (dat.) ; quertreiben ; hintertreiben ; vereiteln ; verhindern. | *Contrecarrer les projets de qn*, js Pläne durchkreuzen.
contrecœur (à) [akɔ̃trəkœ:r] loc. adv. widerwillig ; mit Widerwillen ; ungern ; gezwungenermaßen.
contrecoup [kɔ̃trəku] m. Rückschlag m., -stoß m. || FIG. Nachwirkung f. ; indirekte Folge. | *Par contrecoup*, indirekt.
contre-courant [-kurɑ̃] m. Gegenstrom m., -strömung f.
contre-culture [-kylty:r] f. (pl. **contre-cultures**) Gegenkultur f. ; alternative Kultur.
contredire [kɔ̃trədi:r] v. tr. widersprechen ; bestreiten ; in Abrede stellen ; widerlegen.
◇ v. pr. **se contredire,** in Widerspruch stehen ; sich widersprechen.
contredit [-di] m. *Sans contredit*, unbestritten ; unstreitig ; zweifelsohne.
contrée [kɔ̃tre] f. Gegend f. ; Landstrich m.
contre-espionnage [kɔ̃trɛspjɔna:ʒ] m. Abwehr f. ; Abwehrdienst m. ; Staatssicherheitsdienst m.
contre-expertise [kɔ̃trɛkspɛrti:z] f. Gegengutachten n.
contrefaçon [kɔ̃trəfasɔ̃] f. Nachahmung f. ; Fälschung f. ; [livre] Raubdruck m.
contrefacteur [-faktœ:r] m. Nachahmer m. ; Fälscher m.
contrefaire [-fɛ:r] v. tr. [imiter] nachmachen ; nachahmen. || PAR EXT. [faire un faux] verfälschen ; fälschen. | *Contrefaire des monnaies*, falschmünzen. | *Contrefaire un écrit*, eine Schrift unerlaubt nachdrucken. | *Contrefaire une signature*, eine Unterschrift fälschen. || FIG. *Contrefaire sa voix*, seine Stimme verstellen.
◇ part. pass. et adj. **contrefait, aite,** nachgemacht ; unecht ; falsch.
contreficher (se) [səkɔ̃trəfiʃe] v. pr. POP. *Je m'en contrefiche*, ich pfeife drauf.
contre-fil [kɔ̃trəfil] m. Gegenrichtung f. | *À contre-fil*, gegen den Strich.
contrefort [kɔ̃trəfɔ:r] m. Strebepfeiler m., -mauer f. ; Versteifungsmauer f. ; Strebe f. || GÉOGR. Ausläufer m. | *Contreforts des Alpes*, Voralpen f. pl. || TECHN. Widerlager n. ; [d'une chaussure] Rahmenleder n.
contre-haut (en) [ɑ̃kɔ̃trəo] loc. adv. aufwärts ; höher gelegen ; oberhalb (gén.).
contre-indication [kɔ̃trɛ̃dikasjɔ̃] f. MÉD. Gegenanzeige f.
contre-indiquer [-ke] v. tr. MÉD. widerraten.
contre-jour [kɔ̃trəʒu:r] m. inv. Gegenlicht n.
contre-la-montre [-lamɔ̃:tr] m. invar. FAM. Zeitstechen n.
contre-lettre [kɔ̃trəlɛtr] f. Rückschein m. ; Gegenversicherung f. ; Revers m.
contremaître, esse [kɔ̃trəmɛtr, ɛs] s. Vormann m. ; Vorarbeiter(in) m. (f.) ; Werkmeister(in) m. (f.).
contre-manifestation [kɔ̃trəmanifɛstasjɔ̃] f. Gegen-, Protestkundgebung f.
contremarche [-marʃ] f. Setzstufe f.
contremarque [kɔ̃trəmark] f. Gegenzeichen n. ; Kontrollzeichen n., -marke f.
contre-offensive [kɔ̃trɔfɑ̃si:v] f. MIL. Gegen-, Entlastungsoffensive f. ; Gegenangriff m.
contrepartie [kɔ̃trəparti] f. COMM. Gegenbuch n. || PAR EXT. Gegenleistung f. ; Gegenwert m. ; Ersatzleistung f. | *En contrepartie*, als Ersatz. | *Soutenir la contrepartie*, die entgegengesetzte Meinung vertreten.
contre-pente [kɔ̃trəpɑ̃t] f. Ab-, Gegenhang m.
contrepèterie [kɔ̃trəpɛtri] f. Schüttelreim m.
contre-pied [-pje] m. [chasse] Gegenspur f. || FIG. *Prendre le contre-pied de qch.*, genau das Gegenteil behaupten.
contreplaqué [-ke] m. Sperr-, Furnierholz n.
contrepoids [-pwa] m. Gegengewicht n. ; Ausgleichsgewicht n. || SPORT. Balancierstange f.
contre-poil [kɔ̃trəpwal] m. Gegenstrich m. | *Brosser, Raser à contre-poil*, gegen den Strich bürsten, rasieren.
contrepoint [kɔ̃trəpwɛ̃] m. MUS. Kontrapunkt m.
contrepoison [kɔ̃trəpwazɔ̃] m. Gegengift n.
— SYN. : *Antidote* m., Gegenmittel n.
contre-porte [kɔ̃trəpɔrt] f. Doppeltür f. ; Windfang m.
contre-projet [kɔ̃trəprɔʒɛ] m. Gegenplan m., -entwurf m.
contre-proposition [-prɔpozisjɔ̃] f. Gegenvorschlag m., -antrag m.
contrer [kɔ̃tre] v. tr. FAM. scharf widersprechen (dat.).
contre-rail [kɔ̃trəraj] m. Leitschiene f.
Contre-Réforme [kɔ̃trərefɔrm] f. HIST. Gegenreformation f.
contre-révolution [kɔ̃trərevɔlysjɔ̃] f. Gegenrevolution f.
contreseing [kɔ̃trəsɛ̃] m. Gegenzeichnung f. ; zweite Unterschrift.
contresens [kɔ̃trəsɑ̃:s] m. verkehrter Sinn ; Vernunftwidrigkeit f. ; Sinnwidrigkeit f. ; falsche Auffassung. | *À contresens*, sinnwidrig ; verkehrt.
contresignataire [kɔ̃trəsiɲatɛ:r] s. Gegenzeichner(in) m. (f.).
contresigner [-ɲe] v. tr. gegenzeichnen.
contretemps [kɔ̃trətɑ̃] m. Widerwärtigkeit f. ; Unzeit f. ; widriger Umstand ; dummer Zufall ; Ungelegenheit f. | *À moins d'un contretemps*, wenn nichts dazwischen kommt. | *À contretemps*, zur Unzeit ; ungelegen ; zur unpassenden Zeit.
contre-torpilleur [kɔ̃trətɔrpijœ:r] m. MAR. Zerstörer m. ; Torpedobootzerstörer m.
contre-valeur [-valœ:r] f. Gegenwert m. ; Gegen-, Ersatzleistung f. ; entsprechender Wert.
contrevenant, ante [kɔ̃trəvənɑ̃, ɑ̃:t] s. Zuwiderhandelnde(r) f. (m.).
contrevenir [-vənir] v. intr. JUR. übertreten ; zuwiderhandeln (dat.) ; verstoßen (gegen) ; sich vergehen (gegen). | *Contrevenir à une loi*, gegen ein Gesetz verstoßen ; sich einer Gesetzesübertretung schuldig machen.
contrevent [kɔ̃trəvɑ̃] m. Windfang m. ; Fensterladen m.
contre-vérité [-verite] f. Unwahrheit f. ; völliges Fehlurteil.
contre-visite [kɔ̃trəvizit] f. Gegen-, Hauptuntersuchung f. ; zweite Untersuchung.
contribuable [kɔ̃tribɥabl] m. Steuer-, Veranlagungspflichtiger m. ; Steuerzahler m.
contribuer [-bɥe] v. intr. beitragen, -steuern ; zusteuern ; mithelfen ; mitwirken (zu, an, dat.). | *Contribuer à achever une belle œuvre*, zur Vollendung

eines schönen Werkes beitragen. | *Contribuer au succès d'une entreprise dans la mesure de ses moyens*, nach besten Kräften zu dem Erfolg eines Unternehmens beitragen, mithelfen.

— OBSERV. « Zu » insiste davantage sur le but ; « an » sur la participation.

contribution [-bysjɔ̃] f. [quote-part] Beitrag m. ; Beisteuerung f. ; Anteil m. | *Apporter sa contribution*, seinen Beitrag liefern ; beisteuern. | *Mettre à contribution*, benutzen ; in Ans pruch nehmen. | *Être mis à contribution*, beansprucht werden. || FIN. [impôt] Steuer f. ; Auflage f. | *Contributions directes*, direkte Steuern f. pl.

contrister [kɔ̃triste] v. tr. betrüben ; bekümmern.

contrit, ite [kɔ̃tri, it] adj. reuevoll ; reuig ; zerknirscht ; in sich gegangen ; bußfertig. || IRON. *Avoir un air contrit*, eine Leichenbittermiene aufsetzen.

contrition [-sjɔ̃] f. Reue f. ; Zerknirschung f. ; innere Einkehr ; Bußfertigkeit f. || RELIG. *Acte de contrition*, Bußübung f. ; Reugebet n.

contrôlable [kɔ̃trolabl] adj. überwachbar ; kontrollierbar.

contrôle [kɔ̃tro:l] m. COMM. [registre] Gegenbuch n. ; Kontrolle f. || PAR EXT. [surveillance, vérification] Aufsicht f. ; Beaufsichtigung f. ; Überwachung f. ; Prüfung f. ; Erfassung f. ; Kontrolle f. | *Contrôle douanier*, Zollrevision f. | *Contrôle économique*, Wirtschaftskontrolle. | *Contrôle du bilan*, Bilanzprüfung. | *Contrôle des changes*, Devisenkontrolle. | *Contrôle (de la masse) monétaire*, Geldmengensteuerung f. | *Contrôle des naissances*, Geburtenkontrolle. | *Sous contrôle de l'État*, unter Staatsaufsicht. | *Contrôle d'une caisse*, Kassenprüfung, -sturz m. | *Être soumis au contrôle*, der Kontrolle unterworfen sein. | *Commission de contrôle*, Kontrollkommission f. | [lieu] Kontrollstelle f. ; Aufsichtsstelle f. | [gare] Sperre f. ; Bahnhofssperre f. || FIG. *Perdre le contrôle de soi*, aus der Fassung geraten ; sich nicht mehr beherrschen. | *Contrôle sur une pièce d'or*, Stempel (m.) auf einer Goldmünze. || TECHN. *Contrôle d'acceptation*, Abnahmeprüfung f.

contrôler [-le] v. tr. [surveiller, vérifier] beaufsichtigen ; die Aufsicht führen ; überwachen ; überprüfen ; nachprüfen ; kontrollieren. | *Contrôler les comptes*, die Konten nachrechnen, überprüfen. | *Contrôler les billets*, die Karten, die Fahrkarten kontrollieren.
◇ part. pass. et adj. **contrôlé, ée,** überwacht ; überprüft. | *Or contrôlé*, gestempeltes Gold.

contrôleur, euse [-lœ:r, ø:z] s. Kontrollbeamter(in) m. (f.) ; Aufsichtsbeamter(in) m. (f.) ; | *Contrôleur des contributions*, Steuerfahndungsbeamter m. | *Contrôleur de comptes*, Revisor m. | *Contrôleur de la navigation aérienne*, Fluglotse m. || [appareil] *Contrôleur de pression d'huile*, Öldruckmesser m.

contrordre [kɔ̃trɔrdr] m. Gegenbefehl m. ; Widerruf m. ; Abbestellung f. | *Donner contrordre*, abbefehlen ; widerrufen. | *Sauf contrordre*, bis auf Widerruf.

controuvé, ée [kɔ̃truve] adj. erfunden ; erlogen ; geschwindelt.

controversable [kɔ̃trɔvɛrsabl] adj. strittig ; umstritten ; bestreitbar ; fraglich.

controverse [-vɛrs] f. strittiger Punkt ; Gegensatz m. ; Meinungsverschiedenheit f. ; Gegensätzlichkeit f. ; Streitgespräch n. | *Soutenir une controverse*, etwas bestreiten ; streiten (über, acc.). | *Être porté sur la controverse*, diskussionsgewandt sein. | *Controverse scientifique*, wissenschaftliches Streitgespräch.

controverser [-vɛrse] v. tr. in Frage ziehen ; bestreiten ; eine Gegenbehauptung aufstellen ; streiten (um).
◇ part. pass. et adj. **controversé, ée.** *Question controversée*, strittige, umstrittene Frage ; Streitfrage f.

contumace [kɔ̃tymas] f. JUR. Nichterscheinen (vor Gericht) n. ; Fernbleiben n. ; Ausbleiben n. ; Wegbleiben n. | *Jugement par contumace*, Versäumnisurteil n. | *Condamner par contumace*, in Abwesenheit verurteilen.
◇ m. (ou **contumax**) Nichterschienener m.

contusion [-zjɔ̃] f. Quetschung f. ; Prellung f. || MÉD. Kontusion f.

— SYN. : *Meurtrissure* f., blauer Fleck. *Ecchymose* f., Blutunterlaufung f. FAM. *Bleus* m. pl., grüne und blaue Flecke m. pl.

contusionner [-zjɔne] v. tr. quetschen ; eine Quetschung verursachen ; zusammendrücken.

convaincant, ante [kɔ̃vɛ̃kɑ̃, ɑ̃:t] adj. überzeugend ; durchschlagend ; einleuchtend ; schlagend. | *Preuve convaincante*, durchschlagender, eindeutiger Beweis.

convaincre [-vɛ̃:kr] v. tr. [persuader] überzeugen ; durchschlagen ; einleuchtend machen. | *Se laisser convaincre*, sich eines Besseren belehren lassen. || FIG. [donner les preuves contre] überführen ; zeihen. | *Convaincre d'un crime*, eines Verbrechens überführen. | *Convaincre qn de mensonge*, jn bei einer Unwahrheit ertappen ; jn Lügen strafen.
◇ part. pass. et adj. **convaincu, ue,** überzeugt. | *D'un ton convaincu*, in, mit überzeugtem Ton. || FIG. überführt.

— SYN. : *Persuader*, überreden.

convalescence [kɔ̃valɛsɑ̃:s] f. Gesundung f. ; Genesung f. ; Wiedergenesung f. ; Erholen n. ; Erstarkung f. ; Heilung f. ; Rekonvaleszenz f. | *En convalescence*, auf dem Wege der Genesung. | *Congé de convalescence*, Genesungs-, Erholungsurlaub m.

convalescent, ente [-sɑ̃, ɑ̃:t] adj. genesend ; gesundend ; aufholend.
◇ s. Genesender m.

convecteur [kɔ̃vɛktœ:r] m. Konvektor m.

convenable [kɔ̃vnabl] adj. [approprié, opportun] passend ; ordentlich ; geeignet ; tauglich. | *Être convenable*, passen ; taugen (für). | *Au moment convenable*, im passenden, richtigen Augenblick. || [proportionné] angemessen ; entsprechend. || FIG. [bienséant] anständig ; gehörig ; geziemend ; gebührend ; schicklich. | *Personne convenable*, anständige Person. || *Il n'est pas convenable de*, es schickt, es ziemt sich nicht, zu. | *Peu convenable*, unanständig ; ungezogen.

convenablement [-nabləmɑ̃] adv. in angemessener, entsprechender Weise ; ordentlich. | *S'en tirer convenablement*, noch glimpflich davonkommen.

convenance [-nɑ̃:s] f. [rapport, conformité] Angemessenheit f. ; Zweckdienlichkeit f. ; Zweckmäßigkeit f. | *Mariage de convenance*, standesgemäße Heirat. || PAR EXT. [commodité] Bequemlichkeit f. ; Annehmlichkeit f. | *Être à la convenance de qn*, jm gut scheinen ; jm bequem sein. | *Agir à sa convenance*, nach eigenem Gutdünken handeln. | *À votre convenance*, nach Ihrem Belieben ; beliebig. | *Pour convenance personnelle*, aus persönlichen Rücksichten.
◇ f. pl. **convenances,** [bienséance] Schicklichkeit f. ; Anständigkeit f. ; Anstand m. | *Convenances sociales*, gesellschaftlicher Anstand. | *Observer les convenances*, den Anstand wahren. | *Avoir le sentiment des convenances*, wissen, was sich gehört. | *Blesser les convenances*, gegen den Anstand verstoßen.

— SYN. : *Bienséance* f., Wohlanständigkeit f.

convenir [-ni:r] v. intr. **1. convenir à** [être approprié, utile à] passen (für) ; taugen (für) ; sich eignen (zu) ; geeignet sein (für). | *Convenir à un usage*, für einen Gebrauch passend, geeignet sein. | *Ce cadre convient à ce tableau*, dieser Rahmen paßt zu diesem Bild. | *Le salaire qui convient*, der entsprechende Lohn. | *L'homme qui convient*, der rechte Mann ; POP. unser Mann. | *Qui convient mal*, unangemessen ; ungeeignet ; undienlich. | *Cela convient*, das paßt. || [plaire à] gefallen (dat.) ; recht sein (dat.) ; passen (dat.). | *Si cela vous convient*, wenn es Ihnen recht, genehm ist ; wenns Ihnen beliebt. | *Cela ne lui convient pas*, das paßt ihm nicht ; das geht ihm gegen den Strich. || FIG. [être propre à] sich schicken (für, zu) ; ziemen (dat.) ; gebühren (dat.).

2. convenir de [s'accorder sur] übereinkommen (über, acc.) ; eins werden (über, acc.) ; einig werden (über, acc.) ; vereinbaren ; verabreden ; absprechen ; abmachen ; ausmachen. | *Convenir d'un prix*, einen Preis ausmachen ; über einen Preis einig werden. | *Convenir d'une heure*, eine Zeit verabreden. || FIG. [avouer] zugeben ; gestehen ; eingestehen. | *Je conviens que cela ne me plaît pas*, ich gestehe, daß es mir nicht gefällt.

◇ v. impers. [être expédient, à propos] sich schicken ; sich gehören ; sich geziemen ; angebracht sein. | *Il convient que*, es gehört sich, es schickt sich. | *Comme il convient*, wie es sich schickt, ziemt ; nach Gebühr. | *Plus qu'il ne conviendrait*, mehr als billig.

◇ part. pass. et adj. **convenu, ue,** [décidé] vereinbart ; abgemacht. | *C'est convenu*, abgemacht ! ; POP. in Ordnung ! | *À l'endroit convenu*, an verabredeter Stelle ; am festgelegten Ort. | *Comme convenu*, wie verabredet. | *Au prix convenu*, nach vereinbartem Preis. | *Langage convenu*, konventionelle Sprechweise.

convention [kɔ̃vɑ̃sjɔ̃] f. [pacte] Vertrag m. ; Abkommen n. ; Konvention f. | *Convention d'armistice*, Waffenstillstandsvertrag. | *Convention de Genève*, Genfer Konvention. | *Convention de Paris*, Pariser Übereinkommen n. | *Convention commerciale*, Handelsabkommen. || PAR ANAL. [accord] Übereinkunft f. ; Vereinbarung f. ; Abmachung f. | *Convention collective*, Tarifabkommen n. ; Tarifvereinbarung ; Tarifvertrag m. | *Convention de croupier*, Unterbeteiligung f. | *Convention sur l'honneur*, Freundschaftsvertrag m. | *Selon les conventions*, wie verabredet ; verabredungsgemäß. || [clause] Klausel f. ; Bedingung f. || FIG. *Conventions sociales*, konventionelle Formen (f. pl.). | *De convention*, hergebracht ; konventionell. || HIST. *Convention nationale*, Nationalkonvent m.

conventionnel, elle [-sjɔnɛl] adj. vertraglich ; vertragsmäßig ; Vertrags... || PAR EXT. verabredet. | *Nom conventionnel*, Kennwort n. | *Langage conventionnel*, Geheimsprache f. || FIG. [établi par l'usage] herkömmlich ; gebräuchlich ; festgelegt. | *Valeur conventionnelle*, herkömmlicher Wert.

◇ m. **conventionnel,** HIST. Mitglied (n.) des Nationalkonvents.

conventuel, uelle [kɔ̃vɑ̃tɥɛl] adj. klösterlich ; klostermäßig ; Kloster... | *Église conventuelle*, Klosterkirche f. | *Règle conventuelle*, Klosterbrauch m.

convergence [kɔ̃vɛrʒɑ̃:s] f. MATH., PHYS. Zusammenlaufen n., -fallen n. ; Ineinanderübergehen n. ; Konvergenz f. || FIG. *Convergence des efforts*, Zusammenwirken (n.) der Kräfte.

convergent, ente [-ʒɑ̃, ɑ̃:t] adj. zusammenlaufend, -fallend ; ineinanderübergehend ; sich annähernd ; konvergierend. | *Lentille convergente*, konvergierende Linse. | *Droites convergentes*, sich annähernde Linien.

converger [-ʒe] v. intr. zusammenlaufen, -fallen, -führen ; konvergieren. | *Faire converger vers un point*, auf einen Punkt vereinigen.

conversation [kɔ̃vɛrsasjɔ̃] f. Unterhaltung f. ; Gespräch n. ; Unterredung f. | *Avoir une conversation avec qn*, mit jm ein Gespräch führen. | *Sujet de conversation*, Gesprächsthema n. ; Gesprächsstoff m. | *Changer de conversation*, das Gesprächsthema wechseln. | *Il défraie toutes les conversations*, er versorgt alle mit Gesprächsstoff. | *Exercice de conversation*, Sprechübung f. | *Manuel de conversation*, Sprachführer m. | *Sur le ton de la conversation*, im Plauderton. | *Conversation téléphonique*, Ferngespräch ; telephonische Unterredung.

conversationnel, elle [-sjɔnɛl] adj. INF. Dialog...

converser [-se] v. intr. sich unterhalten ; plaudern ; POP. plauschen ; ein Schwätzchen machen.

conversion [kɔ̃vɛrsjɔ̃] f. [transformation] Verwandlung f. ; Umwandlung f. ; Umrechnung f. ; Konvertierung f. | *Conversion monétaire*, Währungsumrechnung, -umstellung f. | *Conversion de dettes*, Umschuldung f. | *Conversion d'une société*, Umgründung f. || MATH. Verwandlung f. ; Umwandlung f. || MIL. Schwenken n. ; Einschwenken n. ; Abdrehen n. || RELIG. Religionswechsel m. ; Glaubenswechsel m., -übertritt m. ; Bekehrung f. | *Conversion de Clovis*, Übertritt Chlodwigs zum Christentum.

convertibilité [-tibilite] f. Umtauschbarkeit f. ; Umtauschmöglichkeit f. ; Umsetzbarkeit f. ; Konvertierbarkeit f.

convertible [-tibl] adj. [monnaie] konvertierbar ; [titre] umwandelbar. || *Canapé convertible*, Schlafcouch f. ; Klappsofa n.

convertir [-ti:r] v. tr. ver-, umwandeln ; umstellen ; realisieren. | *Convertir de l'eau en vin*, Wasser in Wein umwandeln. || COMM. umrechnen, -setzen ; einwechseln. | *Convertir en espèces*, in Geld umsetzen, verwandeln ; zu Geld machen ; verwerten ; POP. versilbern. | *Convertir une dette*, umschulden. | *Convertir en dollars*, in Dollars umrechnen. || RELIG. bekehren.

◇ part. pass. et adj. **converti, ie.** RELIG. bekehrt. || SUBSTANTIV. Bekehrte(r) f. (m.) ; Konvertit m. | *Prêcher un converti*, offene Türen einrennen.

◇ v. pr. **se convertir.** RELIG. sich bekehren. | *Il se convertit au christianisme*, er trat zum Christentum über.

convertisseur [-tisœ:r] m. AUTOM. *Convertisseur de couple*, Drehmomentwandler m. || ÉLECTR. Umrichter m.

convexe [kɔ̃vɛks] adj. rund ; erhaben ; gewölbt ; konvex. | *Miroir convexe*, Konvexspiegel m.

convexité [-site] f. PHYS. Aufwölbung f. ; Bauschung f. ; Konvexität f.

conviction [kɔ̃viksjɔ̃] f. Überzeugung f. | *Conviction solide*, felsenfeste Überzeugung. | *Parler sans conviction*, nicht überzeugend sprechen ; matt sprechen. | *Acquérir la conviction*, die Überzeugung gewinnen. || JUR. überzeugender, schlagender Beweis ; Überführung f. ; Schulderkennung f. | *Pièce à conviction*, Beweisstück n.

— SYN. : *Certitude* f., Gewißheit f.

convier [kɔ̃vje] v. tr. (ein)laden. | *Convier qn à qch.*, jn zu etwas einladen. | *Convier qn à sa table*, jn zu Tisch laden. | *Convier qn à faire qch.*, jn ersuchen, etwas zu tun.

convive [kɔ̃vi:v] m. Gast m. ; geladener Gast ; Tischgast m. ; Eingeladene(r) m.

◇ m. pl. **convives,** Tischgenossen m. pl. ; Tischgesellschaft f.

— SYN. : *Invité* m., geladener Gast. *Commensal* m., Tischgefährte m., Tischnachbar m. *Hôte* m., Gast m.

convivial, e, aux [-vivjal, o] adj. INF. benutzerfreundlich.

convocation [kɔ̃vɔkasjɔ̃] f. Einberufung f. ; Berufung f. | *Convocation de l'assemblée générale*, Einberufung der Hauptversammlung. || MIL. Gestellungsbefehl m.

convoi [kɔ̃vwa] m. Wagenreihe f. ; Kolonne f. | *Chef de convoi*, Transportführer m. || PAR EXT. [escorte] Geleit n. | *Rouler en convoi*, unter Geleit fahren. || [cortège funèbre] Leichenzug m. ; Trauergeleit. || TRANSP. Zug m. || MIL. Kolonne f. | *Convoi de vivres, de munitions, de prisonniers*, Proviant-, Munitions-, Gefangenenkolonne. || MAR. Geleitzug m. ; Konvoi m.

convoiter [-te] v. tr. begehren ; heftig wünschen ; lüstern sein (auf, acc.) ; gieren (nach).
— SYN. : *Avoir envie*, Lust haben (auf, acc.). *Désirer*, begehren ; mögen. *Souhaiter*, wünschen. *Soupirer après*, sehnlichst wünschen. FAM. *Guigner, lorgner*, schielen nach.

convoitise [-ti:z] f. Begierde f. ; Begehrlichkeit f. ; Begehren n. ; Lüsternheit f. ; Gelüste n. pl. ; Lüste f. pl.
— SYN. : *Avidité* f., Gier f. *Cupidité* f., Habsucht f. *Rapacité* f., Raubgier f. *Concupiscence* f., Lüsternheit f.

convoler [kɔ̃vɔle] v. intr. LOC. *Convoler en secondes noces*, sich wieder verheiraten ; eine neue Ehe schließen.

convoquer [kɔ̃vɔke] v. tr. zusammenberufen ; einberufen. | *Convoquer une assemblée générale*, eine Vollversammlung einberufen. || JUR. vorladen.
— SYN. : *Inviter*, einladen. *Appeler*, herbeirufen.

convoyage [kɔ̃vwaja:ʒ] m. Überführung f. || MIL. Begleitschutz m.

convoyer [-je] v. tr. Geleitschutz geben ; zum Schutz begleiten ; geleiten ; decken.

convoyeur [-jœ:r] m. [personne] Transportbegleiter m. ; Begleitperson f. || MAR. Begleitschiff n. ; Geleitschiff n. || TECHN. Förderer m. | *Convoyeur à bande*, Gurtbandförderer. | *Convoyeur à chaîne*, Kettenförderer.

convulser [kɔ̃vylse] v. tr. verzerren ; verkrampfen ; krampfhaft zusammenziehen.
◇ part. pass. et adj. **convulsé, ée,** verzerrt. | *Visage convulsé*, verzerrtes Gesicht.

convulsif, ive [-sif, i:v] adj. krampfhaft ; Krämpfe verursachend ; zuckend ; konvulsiv.

convulsion [-sjɔ̃] f. MÉD. Muskelverkrampfung f. ; Krampf m. ; Zucken n. ; Konvulsion f. || FIG. Erschütterung f. ; Verkrampfung f.

convulsivement [-sivmɑ̃] adv. krampfhaft.

coopérant, ante [kɔɔperɑ̃, ɑ̃:t] s. Entwicklungshelfer(in) m. (f.).

coopérateur [-ratœ:r] m. Mitarbeiter m. ; Mithelfer m. || COMM. Genossenschaftsmitglied n.

coopératif, ive [-tif, i:v] adj. mitwirkend ; genossenschaftlich ; Genossenschafts...
◇ f. **coopérative,** Genossenschaft f. | *Coopérative agricole*, landwirtschaftliche Genossenschaft. | *Coopérative de construction*, Baugenossenschaft. | *Coopérative de consommation*, Verbrauchergenossenschaft ; Konsumverein m.

coopération [-sjɔ̃] f. Mitarbeit f. ; Zusammenarbeit f. ; Mitwirkung f. | *En coopération avec*, unter Mitwirkung von.

coopérer [kɔɔpere] v. intr. zusammenarbeiten. || LOC. *Coopérer à*, mitarbeiten mit, bei ; mitwirken, mithelfen bei, an (dat.) ; beitragen zu.

cooptation [kɔɔptasjɔ̃] f. Ergänzungswahl f. (durch die Körperschaft selbst) ; Kooptation f.

coopter [-te] v. tr. kooptieren ; hinzuwählen.

coordination [kɔɔrdinasjɔ̃] f. Gleich-, Zu-, Beiordnung f. ; Koordination f. ; Koordinieren n.

coordonnées [-dɔne] f. pl. MATH. Koordinaten f. pl. | *Coordonnées cartésiennes*, rechtwinkliges Koordinatensystem n. | *Système de coordonnées*, Koordinatensystem n. | *Axes de coordonnées*, Achsenkreuz n.

coordonner [-dɔne] v. tr. zusammenstellen ; verbinden ; in Einklang bringen ; gleichschalten. || GRAMM. beiordnen ; beifügen.
◇ part. pass. et adj. **coordonné, ée.** GRAMM. *Proposition coordonnée*, Beifügungssatz m.

copain [kɔpɛ̃] m. POP. Kamrad m. ; Kamerad m. ; Kumpel m. || PÉJOR. Kumpan m.

copeau [kɔpo] m. Hobel-, Holzspan m. ; Span m.

Copenhague [kɔpənag] n. pr. f. GÉOGR. Kopenhagen n.

copie [kɔpi] f. [action en général] Abschreiben n., -drucken n. ; Abbilden n. || [à la main] Ab-, Nachschrift f. | *Prendre copie de qch.*, eine Abschrift von etwas nehmen. | *Copie d'écolier*, Reinschrift f. ; Schularbeit f. | *Pour copie conforme*, für die Richtigkeit der Abschrift ; Abschrift beglaubigt. || [à la machine] Abschrift f. || [à l'imprimerie] Abdruck m. ; Nachdruck m. || PAR EXT. [d'une œuvre d'art] Abbildung f. ; Nachbildung f. ; Abzeichnung f. ; Abstich m. ; Abguß m. | *Faire une copie de*, abbilden, abmalen. || FIG. [imitation] Nachahmung f. ; Nachmachung f. ; Abbild n. ; Gegenbild n. ; PÉJOR. Abklatsch m. || TYPOGR. Manuskript n. ; Druckvorlage f. || FILM. *Copie de film*, Filmabzug m.
— SYN. : *Double* m., Doppel n. *Duplicata* m., Duplikat n. *Ampliatif*, Aktenduplikat n. *Ampliation* f., Zweitschrift f. *Expédition* f., zweite Ausfertigung.

copier [kɔpje] v. tr. [à la main] ab-, nachschreiben ; eine Abschrift nehmen, anfertigen. | *Copier au net*, ins Reine schreiben. | *Cet écolier copie (sur son voisin)*, der Schüler schreibt (von seinem Nachbarn) ab. || [à la machine] abtippen. || PAR EXT. [une œuvre d'art] nachbilden ; abzeichnen ; nachzeichnen. | *Copier un tableau*, ein Gemälde abmalen, kopieren. | *Copier sur un patron*, eine Schablone anfertigen. || FIG. [imiter] nachahmen ; nachmachen ; PÉJOR. nachäffen ; abklatschen. | *Copier un acteur*, einen Schauspieler nachäffen.
— SYN. : *Transcrire*, abschreiben ; überschreiben.

copieusement [kɔpjøzmɑ̃] adv. weidlich. | *Boire copieusement*, der Flasche zusprechen.

copieux, ieuse [pjø, jø:z] adj. reichlich ; üppig ; ausgiebig. | *Repas copieux*, ausgiebige Mahlzeit.

copiste [kɔpist] m. Schreiber m. ; Abschreiber m.

coproduction [-prɔdyksjɔ̃] f. Koproduktion f.

coprophage [kɔprɔfa:ʒ] m. ZOOL. Mist-, Aaskäfer m.

copropriétaire [koprɔprietɛ:r] m. Miteigentümer m. ; Mitinhaber m. ; Teilhaber m.

copropriété [-te] f. Miteigentum n. | *Appartement en copropriété*, Eigentumswohnung f.

copte [kɔpt] adj. koptisch.
◇ s. **Copte,** Kopte m. ; Koptin f.

copulation [-lasjɔ̃] f. [accouplement] Begattung f. ; Vereinigung f.

copule [kɔpyl] f. Verbindungs-, Bindewort n. ; Kupula f.

copyright [kɔpirait] m. [U.S.A.] Urheberrechtsschutzvermerk m. ; Copyright n.

coq [kɔk] m. ZOOL. Hahn m. ; Gockel m. ; Gockelhahn m. | *Coq de bruyère*, Auerhahn. | *Coq (faisan)* Fasanenhahn. | *Coq d'Inde*, Truthahn. | *Combat de coqs*, Hahnenkampf m. | *Coq de clocher*, Turm-, Wetterhahn. | *Le coq chante*, der Hahn kräht. | FIG. *Rouge comme un coq*, krebsrot. | *Coq de village*, Hahn im Korbe. | *Vivre comme un coq en pâte*, wie Gott in Frankreich leben. | *Le coq gaulois*, der gallische Hahn.

coq-à-l'âne [kɔkalɑ:n] m. invar. Gedankensprung m. ; unzusammenhängendes Geschwätz ; ungereimtes Zeug. | *Faire des coq-à-l'âne*, vom Hundertsten ins Tausendste kommen.

coque [kɔk] f. [d'œuf, de fruit] Schale f. | *Œuf à la coque*, gekochtes, weichgekochtes Ei. || TECHN. [carcasse] Rumpf m. ; Bauch m. | *Coque d'un navire, d'un avion*, Schiffs-, Flugzeugrumpf.

coquelicot [kɔkliko] m. BOT. Klatschrose f. ; Klatsch-, Feldmohn m. ; Feuerblume f.

coqueluche [kɔklyʃ] f. MÉD. Keuchhusten m. || FIG. *Il est la coqueluche des femmes*, er ist der Schwarm aller Frauen.

coquet, ette [kɔkɛ, ɛt] adj. niedlich ; reizend ; schmuck ; entzückend ; zierlich. | *La coquette somme de*, die hübsche Summe von. || FIG., PÉJOR. gefallsüchtig ; putzsüchtig ; kokett. || PAR EXT. geziert ; eitel.
◇ f. **coquette,** Gefall-, Putzsüchtige f. ; POP. Zierpuppe f. ; Kokette f. | *Faire la coquette*, sich zieren ; sich aufspielen ; kokettieren.

coquetier [kɔktje] m. [marchand] Eier-, Geflügelhändler m. || [objet] Eierbecher m.

coquetterie [kɔkɛtri] f. Gefall-, Putzsucht f. ; Koketterie f. | *Faire des coquetteries à qn*, jm schöne Augen machen. || FIG. Geziertheit f. ; Ziererei f. ; Eitelkeit f.

coquillage [kɔkija:ʒ] m. [carapace, animal] Muschel f. ; Muscheltier n.

coquille [kɔki:j] f. [enveloppe] Schale f. | *Coquille de noix*, Nußschale. | *Coquille d'œuf*, Eierschale. || PAR ANAL. [de mollusque] Muschelschale ; Muschelgehäuse n. | *Coquille d'escargot*, Schneckenhäuschen n. || PAR EXT. [mollusque] Muschel f. | *Coquille Saint-Jacques*, Jakobsmuschel. || FIG. *Sortir de sa coquille*, aus dem Ei schlüpfen ; ausschlüpfen. | *Ne jamais sortir de sa coquille*, niemals ausgehen ; niemals aus sich herauskommen. | *Rentrer dans sa coquille*, sich in sein Schneckenhaus zurückziehen ; die Hörner einziehen. || TYPOGR. Druck-, Satzfehler m. || SPORT. [escrime] Glocke f. || TECHN. *Fonte en coquille*, Schalenguß m. ; Hartguß m.

coquillier, ière [-je, jɛ:r] adj. *Calcaire coquillier*, Muschelkalk m.

coquin, ine [kɔkɛ̃, -in] adj. PÉJOR. schuftig ; schurkisch ; niederträchtig. || PAR EXT. spitzbübisch ; schelmisch ; schalkhaft.
◇ s. PÉJOR. Schuft(in) m. (f.) ; Schurke m. ; Halunke m. | *Fieffé coquin*, Erzschuft m. ; abgefeimter Halunke. || PAR EXT. Spitzbube m. ; Spitzbübin f. ; Schelm m. ; Schalk m. ; Kerl m. | *Petit coquin !*, kleiner Schelm ! | *Tour de coquin*, Bubenstreich m. ; Spitzbüberei f.

coquinerie [-kinri] f. Schurkerei f. ; Spitzbüberei f. ; Schurkenstreich m. ; Schelmenstreich m.

cor [kɔr] m. MUS. Horn n. | *Cor anglais*, Englischhorn. | *Cor de chasse*, Wald-, Hift-, Jagdhorn. | *Sonner du cor*, das Horn blasen ; ins Horn stoßen. || PAR EXT. [musicien] Hornist m. ; Hornbläser m. || FIG. *Réclamer à cor et à cri*, laut und ungestüm fordern. || MÉD. [durillon] Hühnerauge n. || [chasse] Geweihende n. | *Un dix-cors*, ein Zehnender.

corail [kɔra:j] m. (pl. **coraux**) Koralle f. | *De corail*, korallen. || PAR EXT. [couleur] Korallenrot n.

Coran [kɔrɑ̃] n. pr. m. RELIG. Koran m.

corbeau [kɔrbo] m. Rabe m. | *Noir comme un corbeau*, rabenschwarz. || FIG., PÉJOR. [prêtre] Schwarzrock m. || FAM. [auteur de lettres anonymes] anonymer Briefschreiber m. || HIST. Enterhaken m.

corbeille [kɔrbɛ:j] f. Korb m. ; henkelloser Korb. | *Corbeille à pain*, Brotkorb. | *Corbeille de pain*, Korb voll Brot. | *Corbeille à papier*, Papierkorb. | *Corbeille à ouvrage*, Nähkorb. | *Corbeille à fruits*, Obstschale f. || FIG. *Corbeille de mariage*, Brautgeschenk n. || THÉÂTRE. Orchesterloge f. || FIN. Maklerbalustrade f. || BOT. Blumenbeet, -rondell n. | *Corbeille d'argent*, Steinkraut n.

corbillard [kɔrbija:r] m. Leichenwagen m.

cordage [kɔrda:ʒ] m. Tauwerk n. ; Tau n. ; Seilwerk n. ; Seil n. || SPORT. [d'une raquette] Bespannung f. || TECHN. *Cordage du bois*, Holzabmessung f.
◇ pl. Takelwerk n. ; Takelung f. ; Takelei f.
— SYN. : *Câble* m., Kabel n. *Filin* m., Tauwerk n.

corde [kɔrd] f. **1.** SENS GÉNÉRAL : [tortis de fils] Strick m. || [grosse dimension] Strang m. ; Seil n. ; Tau n. | *Corde d'une cloche*, Glockenstrang ; Glockenseil. | *Corde de chanvre*, Hanfseil. | *Corde pour remorquer*, Schlepptau. | *Corde lisse*, Klettertau. | *Échelle de corde*, Strickleiter f. | *Supplice de la corde*, Hinrichtung (f.) durch den Strang. | *Danseur de corde*, Seiltänzer m. | *Tirer sur la corde*, am Strang ziehen ; FIG. übertreiben. | *Danser sur la corde*, auf dem Seil tanzen ; seiltanzen. | *Avoir la corde au cou*, den Strick um den Hals haben. || [dimension moyenne] Leine f. ; Schnur f. ; Koppel. f. | *Corde à linge*, Wäscheleine. | *Corde à sauter*, Sprungleine, -seil. | *Sauter à la corde*, seilspringen. || PAR EXT. *Corde métallique*, Drahtseil. || LOC. *Se présenter la corde au cou*, sich auf Gnade und Ungnade ergeben. | *Homme de sac et de corde*, Galgenstrick m. | *Tenir la corde*, sich an der Leine halten ; FIG. voraus sein. **2.** EMPLOIS PARTICULIERS : [d'un arc] Sehne f. | *Avoir plusieurs cordes à son arc*, FIG. mehrere Pfeile im Köcher haben. || [d'un instrument] Saite f. | *Corde à boyau*, Darmsaite. | *Grosse corde*, G-Saite. | *Instrument à cordes*, Saiteninstrument n. | *Mettre une corde*, eine Saite aufziehen. || FIG. *Toucher la corde sensible*, die empfindliche Saite, den schwachen Punkt berühren. || [du tissu] Faden m. | *Usé jusqu'à la corde*, blankgewetzt ; fadenscheinig ; abgescheuert. || ANAT. *Cordes vocales*, Stimmbänder n. pl. || [mesure] Klafter f. ; Malter m. | *Une corde de bois*, eine Klafter Holz.

cordeau [kɔrdo] m. Schnur f. ; Richt-, Meßschnur f. | *Tracer au cordeau*, schnurgerade, nach der Schnur ziehen. || MIL. *Cordeau détonant*, Zündschnur.

cordée [kɔrde] f. SPORT. Seilschaft f.

cordelette [-dəlɛt] f. Schnürchen n. ; Kordel f.

cordelière [-dəljɛ:r] f. [cordon] Knotenschnur f., -strick m. ; Franziskanerschnur f. ; Schnur am Morgenrock. || RELIG. [nonne] Franziskanerin f.

corderie [-dəri] f. [fabrique] Seilerei f. ; Seilerbahn f. || [objets] Seilerwaren f. pl.

cordial, iale, iaux [kɔrdjal, jo] adj. herzlich ; freundlich ; aufrichtig. | *Faire un accueil cordial*, einen herzlichen Empfang bereiten. || MÉD. herzstärkend ; belebend ; kräftigend.
◇ m. **cordial,** Herzbelebungs-, Herzstärkungsmittel n. | *Prendre des cordiaux*, Tropfen, Medizin fürs Herz nehmen.

cordialement [-lmɑ̃] adv. aufs herzlichste ; herzlich.

cordialité [-lite] f. Herzlichkeit f. ; Gemütlichkeit f. ; Freundlichkeit f.

cordier [kɔrdje] m. [fabricant] Seiler m. || MUS. Saitenhalter m.

cordillère [kɔrdijɛ:r] f. Gebirgskette f. | *Cordillère des Andes*, Anden f. pl. ; Kordilleren f. pl.

cordon [kɔrdɔ̃] m. [corde] Schnur f. ; Kordel f. | *Cordon de sonnette*, Klingelschnur. | *Tirer le cordon*, die Haustür öffnen. | *Cordon de soulier*, Schuhsenkel m., -riemen m. || FIG. *Tenir les cordons de la bourse*, die Kasse führen. || PAR EXT. [ruban] Band n. ; Litze f. | *Grand cordon*, das große Ordensband. || MIL. [rangée] Kette f. ; Reihe f. ; Sperrlinie f. | *Cordon d'avant-postes*, Vorpostenkette. | *Établir un cordon de police*, Absperrmaßregeln treffen. || ANAT. *Cordon ombilical*, Nabelschnur f. || ARCHIT. Sims n. || TECHN. Raupe f.

cordon-bleu [-blø] m. Küchenfee f. ; POP. Perle f.

cordonnerie [kɔrdɔnri] f. [métier] Schuhmacherei f. || [atelier] Schuhmacherwerkstatt f. || [boutique] Schuhladen m.

cordonnet [-dɔnɛ] m. [petit cordon] Schnürchen n. || [couture] Nähseide f. || [monnaie] Münzrand m.

cordonnier [-dɔnje] m. Schuhmacher m. ; Schuster m.

Corée [kɔre] n. pr. f. GÉOGR. Korea n.

coréen, éenne [kɔreɛ̃, eɛn] adj. koreanisch.
◇ s. **Coréen, éenne,** Koreaner(in) m. (f.).
— m. **coréen,** [langue] Koreanisch m.

coreligionnaire [kɔreliʒjɔnɛ:r] m. Glaubensbruder m. ; Glaubensschwester f. ; Glaubensgenosse m., -genossin f. || FIG. Gesinnungsgenosse m.

coriace [kɔrjas] adj. zäh wie Leder ; lederartig ; ledern. | *Viande coriace*, zähes Fleisch (wie Leder). || FIG. zäh.

Corinthe [kɔrɛ̃:t] n. pr. f. Korinth n. || PAR EXT. *Raisin de Corinthe*, Korinthe f. ; Rosine f.

corinthien, ienne [-tjɛ̃, jɛn] adj. korinthisch. | *Style corinthien*, korinthischer Stil.
◇ s. **Corinthien ienne,** Korinther(in) m. (f.).

corme [kɔrm] f. BOT. Spierling m. ; Vogelbeere f.

cormier [-mje] m. BOT. Eberesche f.

cormoran [kɔrmɔrɑ̃] m. ZOOL. Scharbe f. ; Wasser-, Seerabe m. ; Kormoran m.

cornac [kɔrnak] m. Elefantenführer m.

cornard [kɔrna:r] m. FIG., FAM. Hahnrei m. ; Gehörnter m.

corne [kɔrn] f. **1.** [d'une bête] Horn n. | *Bêtes à cornes*, Hornvieh n. | *Les cornes d'un animal*, das Gehörn, die Hörner eines Tieres. | *Qui porte des cornes*, gehörnt. || PAR ANAL. [d'insecte, d'escargot] Hörner n. pl. | *Montrer ses cornes*, die Hörner herausstrecken.
2. PAR EXT. [d'une chose] *Cornes de la lune*, Mondspitzen f. pl. | *Faire des cornes à un livre*, Eselsohren in einem Buch machen. | *Faire une corne à une carte de visite*, eine Visitenkarte einknicken. | *Cornes de la charrue*, Pfluggriffe m. pl.
3. FIG. *Prendre le taureau par les cornes*, den Stier bei den Hörnern packen. | *Faire porter des cornes à qn*, jm Hörner aufsetzen.
4. [matière] Horn n. | *De, en corne*, hörnern ; Horn...
5. [trompe] Horn n. ; Blashorn n. ; Signalhorn n. ; Tute f. | *Corne d'automobile*, Hupe f. ; Boschhorn. | *Donner un coup de corne*, hupen ; tuten.
6. MÉD. Hornschwiele f., -wand f., -warze f.
7. LOC. *Corne d'abondance*, Füllhorn ; Fruchthorn. | *La Corne d'Or*, das Goldene Horn.
— SYN. : *Bois* m. pl., Geweih n. *Andouiller* m., Geweihende n.

corné, ée [-ne] adj. hornig ; hornartig.

cornée [-ne] f. ANAT. Augenhornhaut f. ; Cornea f.

corneille [kɔrnɛ:j] f. Krähe f. | *Corneille mantelée*, Nebelkrähe. | *Corneille d'église*, Dohle f. | *Corneille freux*, Saatkrähe. || FIG. *Bayer aux corneilles*, Maulaffen feilhalten.

cornemuse [kɔrnəmy:z] f. Dudelsack m. ; Sackpfeife f.
— SYN. : *Musette* f., Sackpfeife f. *Cabrette* f., auvergnatischer Dudelsack. *Biniou* m., bretonischer Dudelsack.

corner [kɔrne] v. intr. ins Horn blasen, tuten, stoßen. || MAR. durch das Sprachrohr sprechen.
◇ v. tr. FAM. *Corner une nouvelle*, eine Neuigkeit hinausposaunen.

corner [kɔrnɛ:r] m. SPORT. Eck-, Strafball m.

cornet [kɔrnɛ] m. [petite trompe] Hörnchen n. ; kleines Horn. | *Cornet à pistons*, Flügelhorn. | *Cornet acoustique*, Hörrohr n. ; Schallfänger m. || PAR EXT. *Cornet de papier*, Papiertüte f. | *Cornet à dés*, Würfelbecher m. | *Cornet de pâtisserie*, Teigröllchen n. ; Schillerlocke f. || ANAT. Nasenknochenblättchen n.

cornette [kɔrnɛt] f. Haube f. ; Frauenhaube f. ; Häubchen n. || RELIG. Schwestern-, Dreieckshaube f.

corniaud [kɔrnjo] m. Bastardhund m. || POP. Dummkopf m.

corniche [kɔrniʃ] f. ARCHIT. Kranzgesims n. ; Sims n. || PAR ANAL. [d'armoire] Absetzleiste f. || *Route en corniche*, Steiluferstraße f.

cornichon [kɔrniʃɔ̃] m. kleine Essig-, Pfeffergurke. || FIG., FAM. [homme niais] Einfaltspinsel m.

cornière [kɔrnjɛ:r] f. TECHN. Winkeleisen n.

cornouille [kɔrnu:j] f. BOT. Kornelkirsche f. ; Hundsbeere f.

cornouiller [-je] m. BOT. Kornelbaum m. ; Hornstrauch m. ; Korneliuskirschbaum m.

cornu, ue [kɔrny] adj. gehörnt ; hörnertragend. || FIG. [extravagant] verrückt ; albern.

cornue [kɔrny] f. CHIM. Retorte f. ; Kolben m. ; Birne f. ; Destillierblase f. | *Cornue Bessemer*, Bessemerbirne. | *Charbon de cornue*, Retortenkohle f.

corollaire [kɔrɔlɛ:r] m. logische, notwendige Folge ; Folgerung f. ; Folgesatz m.

corolle [kɔrɔl] f. BOT. Blumenkrone f. ; Blütenkelch m. ; Kronblätter n. pl.

coron [kɔrɔ̃] m. MINES. [cité ouvrière] Bergarbeitersiedlung f.

coronaire [kɔrɔnɛ:r] adj. ANAT. *Veines coronaires*, Herzvenen f. pl.

corporal [kɔrpɔral] m. RELIG. Meßtuch n.

corporatif, ive [kɔrpɔratif, i:v] adj. körperschaftlich ; ständisch ; berufsständisch ; korporativ. || POLIT. *État corporatif*, Ständestaat m.

corporation [-rasjɔ̃] f. Körperschaft f. ; Innung f. ; Zunft f. ; Gilde f.

corporatisme [-ratism] m. Korporatismus m.

corporel, elle [-rɛl] adj. körperlich ; leiblich ; leibhaft ; leibhaftig. | *Châtiment corporel*, Leibesstrafe f. || PHILOS. raumfüllend ; materiell.

corps [kɔ:r] m. **I.** ENSEMBLE ANIMÉ : **a)** [d'un homme, d'un animal] Körper m. ; Leib m. | *Corps replet, efflanqué*, feister, schmächtiger Körper. | *Corps d'un animal*, Tierkörper. | *Force du corps*, körperliche Kraft. | *Avoir le corps bien fait*, wohlgebaut sein. | *Au corps vigoureux*, von kräftiger Gestalt ; von kräftigem Wuchs. || [cadavre] Leichnam m. ; Leiche f. | *Veiller un corps*, Totenwache halten. | *Autopsie d'un corps*, Leichenschau f. || *Corps à corps*, Handgemenge n. Nahkampf m. || FIG. *N'avoir rien sur le corps*, nichts am Leibe haben. | *Saisir à bras le corps*, jn umschlingen. | *Faire à qn un rempart de son corps*, jn mit seinem eigenen Leib decken. | *Le navire sombra corps et biens*, das Schiff ging mit Mann und Maus unter. | *Avoir le diable au corps*, den Teufel im Leibe haben. | *Se donner corps et âme*, sich mit Leib und Seele ergeben. | *À corps perdu*, kopfüber ; blindlings ; wie toll. | *À son corps défendant*, ungern ; aus Notwehr. | *Une femme folle de son corps*, ein mannstolles Weib.
b) FIG. [ensemble, corporation] Gesamtheit f. ; Körperschaft f. ; Korpus m. ; ...schaft f. | *Corps constitués*, Behörden f. pl. | *Corps diplomatique*, diplomatisches Korps ; Diplomaten m. pl. | *Corps législatif*, gesetzgebende Körperschaft. | *Corps électoral*, Wählerschaft f. | *Corps enseignant*, Lehrkörper m. ; Lehrerschaft f.

| *Corps de métier*, Innung f. ; Zunft f. ; Gilde f. *Corps de ballet*, Ballett n. | *Esprit de corps*, Korpsgeist m. ; Gemeinschaftsgefühl n. ; PÉJOR. Parteibrille f.
c) MIL. Korps n. ; Abteilung f. | *Corps d'armée*, Armeekorps. | *Corps de troupes*. Truppenabteilung. | *Corps franc*, Freikorps ; Freischar f. | *Corps de garde*, Wachthaus n. ; Wachtstube f. ; Wache f. | *Garde du corps*, Leibwache f. | *Combat corps à corps*, Nahkampf m.
II. ENSEMBLE INANIMÉ : **a)** [substance] Körper m. ; Stoff m. ; Stoffliches n. ; Substanz f. | *Corps liquide*, flüssiger Körper, Stoff. | *Analyse d'un corps*, Stoffanalyse f.
b) FIG. [consistance, cohésion, force] Dichtigkeit f. ; Kohärenz f. ; Schwere f. | *Prendre corps*, Gestalt annehmen ; sich verwirklichen. | *Faire corps avec qch.*, mit etwas ein Ganzes bilden. | *Ce vin a du corps*, dieser Wein hat Schwere.
c) [partie principale] Hauptteil m. | *Corps de bâtiment*, Hauptgebäude n. ; abgesondertes Gebäude. | *Corps d'un navire*, Schiffsrumpf m.
d) JUR. *Corps du délit*, Beweis-, Überführungsstück n. | *Séparation de corps et de biens*, Trennung (f.) von Tisch und Bett. | *Corps des lois*, Gesetzessammlung f.
e) MÉD. *Corps étranger*, Fremdkörper.
f) CHIM. *Corps simple*, Element n. ; Grundstoff m. | *Corps gras*, Fettkörper m.
g) TECHN. *Corps céleste*, Himmelskörper m. || MAR. *Corps mort*, großer Kettenanker. || TYPOGR. Schrifthöhe f. ; Hauptzug m.

corpulence [kɔrpylɑ̃:s] f. Beleibtheit f. ; Dickleibigkeit f. ; Korpulenz f.

corpulent, ente [-lɑ̃, ɑ̃:t] adj. beleibt ; wohlbeleibt ; dick ; dickleibig ; korpulent.

corpuscule [-skyl] m. Körperchen n. ; Teilchen n. ; kleinstes Lebewesen ; Atom n.

correct, ecte [kɔrekt] adj. richtig ; einwandfrei ; fehlerlos ; fehlerfrei. | *Prononciation correcte*, fehlerlose, saubere Aussprache. || FIG. ordentlich ; gehörig ; passend ; korrekt. | *Tenue correcte*, anständige Haltung ; passende Kleidung. | *Prix correct*, normaler Preis.

correctement [-təmɑ̃] adv. richtig ; korrekt.

correcteur, trice [-tœ:r, tris] s. Korrekturleser(in) m. (f.) ; Korrektor(in) m. (f.).

correctif, ive [-tif, i:v] adj. verbessernd ; lindernd.
◇ m. **correctif,** Berichtigung f. ; Milderung f. ; Abschwächung f.

correction [-sjɔ̃] f. [rectification] Verbesserung f. ; Berichtigung f. ; Korrektur f. | *Correction des devoirs*, Aufgabenverbesserung. | *Faire des corrections*, Klassenarbeiten nachsehen ; Korrekturen machen ; korrigieren. | *Correction d'une épreuve typographique*, Druckfehlerberichtigung. | *Correction d'un livre*, Durchsicht (f.) eines Buches. || [punition] Strafe f. ; Züchtigung f. | *Correction (à coups de bâton)*, Prügelstrafe f. ; POP. Tracht (f.) Prügel. | *Maison de correction*, Besserungsanstalt f. | *Subir une correction*, eine Strafe erleiden. || FIG. [justesse] Richtigkeit f. ; Korrektheit f. | *Correction du langage*, Sprachreinheit f. || [politesse] *Correction en société*, gesellschaftlicher Anstand.

correctionnel, elle [-sjɔnɛl] adj. JUR. polizeigerichtlich. | *Délit correctionnel*, Polizeivergehenn. | *Tribunal correctionnel*, Strafkammer f.

corrélatif, ive [kɔrelatif, i:v] adj. wechselseitig ; zueinander in Beziehung stehend.

corrélation [-sjɔ̃] f. Wechselbeziehung f. ; gegenseitige Beziehung ; Zusammenhang m.

correspondance [kɔrɛspɔ̃dɑ̃:s] f. [conformité] Übereinstimmung f. | *Il y a une correspondance parfaite*, es herrscht völlige Übereinstimmung. || [relation] Verbindung f. ; Verkehrsverbindung f. ; Anschlußzug m. | *Correspondance avec l'étranger*, Verbindung mit dem Ausland. | *Correspondance pour Cologne*, Anschluß (m.) nach Köln. | *Billet de correspondance*, Umsteigfahrschein m. | *Prendre la correspondance pour*, umsteigen nach. | *Manquer la correspondance*, den Anschluß verfehlen. || [échange de lettres] Briefwechsel m., -verkehr m. ; Post f. ; Korrespondenz f. | *Correspondance commerciale*, kaufmännischer Briefverkehr ; Handelskorrespondenz. | *Par correspondance*, brieflich. | *Vente par correspondance*, Versandgeschäft n. | *Faire sa correspondance*, seine Post erledigen. | *Être en correspondance avec qn*, mit jm in Briefwechsel stehen.

correspondant, ante [-pɔ̃dɑ̃, ɑ̃:t] adj. entsprechend. | *Somme correspondante*, entsprechende Summe. || GÉOM. *Angles correspondants*, korrespondierende Winkel m. pl.
◇ s. [destinataire] Korrespondent(in) m. (f.). || [journaliste] Berichterstatter(in) m. (f.). || COMM. Geschäftsfreund m. ; Partner(in) m. (f.). || [d'un écolier] Heimvater m. || [d'une société] auswärtiges Mitglied.

correspondre [-pɔ̃:dr] v. intr. [être conforme] entsprechen (dat.) ; übereinstimmen (mit). | *Cela ne correspond pas à mes espoirs*, das entspricht nicht meinen Erwartungen. || [être en communication] in Verbindung stehen (mit). || [être en relations par lettres] in Briefwechsel stehen ; korrespondieren. | *Correspondre avec qn*, mit jm brieflich verkehren.
◇ v. pr. **se correspondre,** sich entsprechen ; zusammenpassen. || [par symétrie] gegenüberstehen.

corrida [kɔrida] f. Stierkampf m.

corridor [kɔridɔ:r] m. Flur m. ; Gang m. ; Verbindungsweg m. ; Korridor m.

corrigé [kɔriʒe] m. Berichtigung f. ; Verbesserung f. ; Korrektur f. | *Corrigé type*, Musterlösung f.

corriger [-ʒe] v. tr. verbessen ; berichtigen ; korrigieren. || FIG. [adoucir] mildern ; abschwächen. || [punir] züchtigen ; strafen ; IRON. nachhelfen ; prügeln ; durchprügeln. || TYPOGR. *Corriger des épreuves*, Korrektur lesen.
◇ v. pr. **se corriger,** sich bessern.
— SYN. : *Améliorer*, auf-, verbessern. *Réformer*, reformieren. *Redresser*, aufrichten ; wiederaufrichten.

corrigible [-ʒibl] adj. verbesserbar ; besserungsfähig.

corroborer [kɔrɔbɔre] v. tr. stärken ; bekräftigen ; unterstützen ; untermauern.

corroder [-de] v. tr. CHIM. zerfressen ; durchfressen ; angreifen ; beizen ; korrodieren.

corrompre [kɔrɔ̃:pr] v. tr. verderben ; verschlechtern. || FIG. verderben. | *Corrompre les mœurs*, die Sitten verderben. || [séduire] bestechen. | *Corrompre ses juges*, seine Richter bestechen.
◇ part. pass. et adj. **corrompu, ue,** verdorben. || FIG. verderbt ; bestochen.
◇ v. pr. **se corrompre,** verderben ; schlecht werden ; sich zersetzen.
— SYN. : *Soudoyer*, ködern. *Suborner*, verleiten. FAM. *Acheter*, kaufen. *Graisser la patte*, schmieren.

corrosif, ive [kɔrɔzif, i:v] adj. beizend ; ätzend ; zerfressend ; zersetzend.

corrosion [-zjɔ̃] f. An-, Ein-, Zerfressen n. ; Beizen n. ; Ätzen n. ; Korrosion f.

corrupteur, trice [kɔryptœ:r, tris] adj. verderblich ; verfälschend ; verführerisch.
◇ s. [celui qui déprave] Verderber(in) m. (f.) ; Zersetzer(in) m. (f.). || FIG. [séducteur] Bestecher(in) m. (f.) ; Verführer(in) m. (f.).

corruptible [-tibl] adj. verderblich ; zersetzbar ; verweslich. || FIG. bestechlich ; käuflich.

corruption [-sjɔ̃] f. [altération] Verderben n. ; Verderbnis f. ; Verdorbenheit f. ; Zersetzung f. ; Verwesen n. ‖ PAR EXT. *Corruption de la langue*, Sprachentartung f. ‖ FIG. [dépravation] Verderbtheit f. ; Verfall m. ; Korruption f. | *Corruption des mœurs*, Verderbtheit der Sitten. ‖ [séduction] Bestechen n. ; Erkaufen n. ; POP. Schmieren n. | *Tentative de corruption*, Bestechungsversuch m.

corsage [kɔrsa:ʒ] m. [partie du corps] Oberkörper m. ; Brustpartie f. ‖ [vêtement] Bluse f. ; Mieder n. ; Leibchen n.

corsaire [kɔrsɛ:r] m. MAR. [navire] Kaperschiff n. ; Hilfskriegsschiff n. ; [homme] Seeräuber m. ; Pirat m. ; Korsar m. ; PR. et FIG. Freibeuter m.
◇ adj. *Pantalon corsaire*, halblange Hose.

Corse [kɔrs] n. pr. f. GÉOGR. Korsika n.
◇ adj. **corse,** korsisch.
◇ s. **Corse,** Korse m. ; Korsin f.

corselet [kɔrsəlɛ] m. HIST. Brustharnisch m., -schild m. ; Leibchen n. ‖ ZOOL. Insektenleib m.

corser [kɔrse] v. tr. kräftigen. ‖ FIG. würzen ; pikant machen.
◇ part. pass. et adj. **corsé, ée,** kräftig ; stark. | *Du vin corsé*, fülliger Wein. | *Repas corsé*, deftige Mahlzeit. ‖ FIG. gewürzt ; pikant. | *Histoire corsée*, gepfefferte Geschichte.

corset [kɔrsɛ] m. Korsett n. ; Schnürbrust f., -leib m.

corseter [-səte] v. tr. einschnüren ; ein Korsett anlegen.

corsetier, ière [-sətje, jɛ:r] s. Korsettmacher(in) m. (f.) ; Korsettanfertiger(in) m. (f.).

cortège [kɔrtɛ:ʒ] m. Gefolge n. ; Geleit n. ; Zug m. *Cortège funèbre*, letztes Geleit, Trauergeleit ; Leichenzug. | *Cortège du 1er mai*, Maiumzug. | *Cortège de carnaval*, Maskenzug. | *Cortège de la mariée*, Brautzug. | *Faire cortège*, das Geleit, Ehrengeleit geben.

cortex [kɔrtɛks] m. ANAT. Kortex m.

cortical, ale, aux [-tikal, o] adj. rindenartig ; Rinden...

corticoïde [-tikɔid] m. Korticoid n.

cortisone [-zɔn] f. Kortison n.

corvéable [kɔrveabl] adj. frondienstpflichtig ; hand- und spanndienstpflichtig.

corvée [-ve] f. HIST. Fron-, Hand- und Spanndienst m. ; Fronarbeit f. ; Zwangsarbeit f. | *Abolir la corvée*, den Frondienst abschaffen. ‖ MIL. Arbeitsdienst m. ; Strafdienst m. ; Arbeitskommando n. | *Corvée de pommes de terre*, Kartoffelschälen n. ‖ FIG., FAM. lästige Arbeit.

corvette [kɔrvɛt] f. MAR. leichtes Kanonenboot ; Korvette f. | *Capitaine de corvette*, Korvettenkapitän m.

corymbe [kɔrœ̃b] m. BOT. Dolde f.

coryphée [kɔrife] m. [théâtre] Chorführer m.

coryza [kɔriza] m. MÉD. Schnupfen m. ; Nasenkatarrh m. ; Rhinitis f.

Cosaque [kɔzak] m. Kosak m.

cosignataire [kosiɲatɛ:r] m. Mitunter-, Gegenzeichner m.

cosinus [kɔsinys] m. MATH. Kosinus m.

cosmétique [kɔsmetik] adj. schönheitspflegend ; kosmetisch.
◇ m. Schönheitsmittel n. ; kosmetischer Artikel ; Schminke f.

cosmique [kɔsmik] adj. aus dem Weltall kommend ; das Weltall betreffend ; kosmisch. | *Rayons cosmiques*, kosmische Strahlen m. pl.

cosmodrome [-mɔdrom] m. Raketenabschußbasis f.

cosmogonie [-gɔni] f. Welt(en)entstehungslehre f. ; Kosmogonie f.

cosmographie [-grafi] f. Weltallbeschreibung f. ; Kosmographie f.

cosmologie [-lɔʒi] f. Kosmologie f.

cosmonaute [-no:t] m. Kosmonaut m. ; Weltallfahrer m. ; Raumfahrer m.

cosmopolite [kɔsmɔpɔlit] adj. weltbürgerlich ; kosmopolitisch.

cosmopolitisme [-tism] m. weltweites Denken n.

cosmos [kɔsmɔs] m. Weltall n. ; Welt f. ; Gesamtheit f. ; Kosmos m.

cossard [kɔsa:r] m. POP. Faulpelz m.

cosse [kɔs] f. Hülse f. ; Schote f. ; Umhüllung f. ‖ ÉLECTR. Kausche f. ; Kabelschuh m. ; Kabelöse f. ; Klemmenöse f.

cossu, ue [kɔsy] adj. reich ausgestattet ; üppig ; protzig. ‖ FIG. stattlich.

costal, ale, aux [kɔstal, o] adj. ANAT. Rippen...

costaud [kɔsto] adj. POP. stämmig ; kräftig gebaut.

costume [kɔsty:m] m. [manière de se vêtir] Kleidung f. ; Tracht f. | *Costume folklorique, officiel*, Landes-, Amtstracht. | *En costume*, in Amtstracht ; in vollem Ornat. ‖ PAR EXT. [vêtement] Anzug m. ; Kleid n. ; Kostüm n. | *Changer de costume*, sich umkleiden. | *Costume de cavalier*, Reitdreß m. | *Costume de bal*, Balltoilette f. | *Costume de bain*, Badeanzug m.

costumer [-me] v. tr. verkleiden ; kostümieren.
◇ part. pass. et adj. **costumé, ée.** *Bal costumé*, Maskenball m. ; Kostümfest n.

costumier, ière [-mje, jɛ:r] s. THÉÂTRE. Kostümverleiher(in) m. (f.) ; Theaterschneider(in) m. (f.) ; Garderobier(e) m. (f.).

cosy-corner [kɔzikɔrnər] m. Eckcouch f.

cotangente [kotɑ̃ʒɑ̃:t] f. MATH. Kotangente f.

cotation [kɔtasjɔ̃] f. FIN. Börsen-, Kursnotierung f. ; Kursfestsetzung f. ; Preisbestimmung f. | *Cotation réservée*, Aussetzung (f.) der Kursnotierung.

cote [kɔt] f. [contribution] Anteil m. ; Quote f. ; Steuer f. | *Cote mobilière*, Mietsteuer. | *Cote mal taillée*, Kompromiß m. ‖ FIN. [cotation] Börsennotierung f. ; Kurszettel m. | *Cote de clôture*, Schlußnotierung f. | *Cote officielle*, Kursblatt n. ; amtlicher Handel. ‖ FIG. [estime] *Avoir la cote d'amour auprès de qn*, bei jm gut angeschrieben sein. ‖ COMM. Marktbericht m. ‖ GÉOGR. Höhe f. ; Höhenstand m. ; Höhenzahl f. ‖ [marque pour classer] Nummer f. ; Ziffer f. ; [bibliothèque] Signatur f. ‖ [sur un dessin] Maßzahl f.

côte [ko:t] f. **1.** ANAT. Rippe f. | *Côte flottante*, falsche Rippe. ‖ PAR ANAL. [d'une chose] Rippe f. | *Côte d'un melon*, Melonenscheibe f. | *Côtes d'un navire*, Spanten f. pl. | *Étoffe à côtes*, gerippter Stoff. ‖ [viande] Kotelett n. | *Côte de mouton*, Hammelkotelett. ‖ LOC. *On lui voit les côtes*, man kann seine Rippen zählen. | *Côte à côte*, Schulter an Schulter ; nebeneinander. ‖ FAM. *Se tenir les côtes de rire*, sich vor Lachen den Bauch halten. | *Avoir les côtes en long*, ein Faulpelz sein. | *Côte d'Adam*, Rippe Adams.
2. [colline, montée] Hügel m. ; Anhöhe f. ; Steigung f. ; Hang m. ; Abhang m. | *Le chemin est plein de côtes*, der Weg hat viele Steigungen. | *Gravir une côte*, eine Steigung nehmen. | *À mi-côte*, auf halbem Hang.
3. [rivage] Küste f. ; Meeresufer n. ; Strand m. ; Küstenstrich m. ; Gestade n. | *Côte rocheuse, escarpée*, Felsen-, Steilufer n. | *Côte basse*, flacher Strand. | *Habitant de la côte*, Küstenbewohner m. | *Sur la côte*, an der Küste. ‖ LOC. *Être jeté à la côte*, stranden. ‖ GÉOGR. *Côte d'Azur*, französische Riviera.

côté [kote] m. Seite f.

> **I.** Partie latérale du corps : Seite f.
> **II.** Partie latérale d'une chose : Seite f. ; Seitenteil m. ; Seiten...
> **III.** Partie opposée à une autre : Seite f. ; Ufer n.
> **IV.** Direction : Seite f. ; Richtung f.
> **V.** Fig., Aspect : Seite f. ; Licht n.
> **VI.** Fig., Opinion, parti : Seite f. ; Teil m. ; Partei f.
> **VII.** Loc. adv. : **à côté ; de côté,** nebenan ; von der Seite ; beiseite.
> **VIII.** Loc. prép. : **à côté de ; du côté de,** neben ; nach... hin ; in Bezug auf.

I. Partie latérale du corps : Seite f. | *Se coucher sur le côté droit*, sich auf die rechte Seite legen. | *Avoir mal du côté gauche*, an der linken Seite Schmerzen haben. | *Paralysie d'un côté du corps*, halbseitige Lähmung. | *Il marchait à mes côtés*, er ging an meiner Seite. | *Il était toujours à mes côtés*, er stand mir immer zur Seite. | *Le côté du cœur*, die Herzgegend. || Méd. *Point de côté*, Seitenstechen n. || [parenté] *Du côté paternel*, von väterlicher Seite ; väterlicherseits.

II. Partie latérale d'une chose : Seite f. ; Seitenteil m. ; Seiten... | *Des deux côtés*, auf, zu beiden Seiten ; beiderseits ; rechts und links (von). | *Les deux côtés d'une rue*, beide Straßenseiten f. pl. | *Placer un objet sur le côté droit*, einen Gegenstand auf die rechte Seite stellen, legen. | *Une chambre sur le côté de la maison*, ein Seitenzimmer. | *Côté d'un navire*, Bordwand f. || Géom. *Côté d'un triangle*, Dreieckseite. | *Côté d'un angle*, Schenkel (m.) eines Winkels. || Mar. *Côté du vent*, Luvseite. | *Côté sous le vent*, Lee f. || Théâtre. *Côté cour, côté jardin*, rechte, linke Seite der Bühne.

III. Partie opposée à une autre : Seite f. ; Ufer n. || [face d'un objet] Seite f. | *Le côté avant, arrière d'un tableau*, Vorderseite, Rückseite eines Bildes ; vordere, hintere Seite eines Bildes. | *Bon, mauvais côté d'un drap*, rechte, verkehrte Seite eines Tuchs. | *Il l'a saisi du mauvais côté*, er hat es verkehrt genommen. | *Qui n'a qu'un côté*, einseitig. || [partie coupée par qch.] Seite f. ; Ufer n. | *De ce côté-ci*, an dieser Seite ; diesseits (gén.). | *De l'autre côté*, auf der anderen Seite ; jenseits (gén.). | *De ce côté-ci des Alpes*, diesseits der Alpen. | *De l'autre côté du Rhin*, auf dem anderen Rheinufer ; jenseits des Rheins. | *Passer de l'autre côté*, hinübergehen, -fahren, -schiffen ; übersetzen. | *D'un côté et de l'autre*, hüben und drüben ; hin und her ; beiderseits. | *Sur le côté*, auf der Seite.

IV. Direction : Seite f. ; Richtung f. || [lieu où l'on est] *Ils sont de tous les côtés*, sie sind überall, ringsumher. | *On le voit d'un côté et de l'autre*, man sieht ihn hier und da. || [lieu où l'on va] *Chacun s'en va de son côté*, jeder geht seinen Weg. | *Ne plus savoir de quel côté se tourner*, nicht mehr ein noch aus wissen. | *Aller du mauvais côté*, eine falsche Richtung einschlagen. || [lieu d'où l'on vient] *Venir de ce côté*, von dieser Seite her kommen ; daher kommen.

V. Fig. Aspect : Seite f. ; Licht n. | *Bon, beau côté d'une chose*, rechte Seite einer Sache ; Lichtseite einer Sache. | *Mauvais côté*, Kehrseite ; Schattenseite. | *Voir qch. par le bon côté*, etwas in günstigem Licht sehen. | *Prendre qch. du bon côté*, einer Sache die beste Seite abgewinnen ; etwas gut hinnehmen. | *Cela a son bon côté*, es hat sein Gutes. | *Il a ses bons côtés*, er hat auch seine guten Seiten. | *C'est son côté faible*, das ist seine schwache Seite. | *De quelque côté que l'on considère la chose*, von welcher Seite man die Dinge auch betrachten mag. | *Voir une chose d'un seul côté*, etwas einseitig beurteilen. | *D'un côté..., de l'autre...*, einerseits..., anderseits...

VI. Fig. Opinion, parti : Seite f. ; Teil m. ; Partei f. | *De mon côté*, meinerseits ; ich für meinen Teil ; von mir aus. | *Elle est de son côté*, sie steht auf seiner Seite ; sie hält zu ihm. | *Se ranger du côté du plus fort*, auf die Seite des Stärkeren treten ; es mit der stärkeren Partei halten. | *Mettre les rieurs de son côté*, die Lacher auf seine Seite bringen.

VII. Loc. adv. : **à côté,** [lieu] nebenan ; daneben ; nebenbei ; daran ; seitab. | *Maison d'à côté*, Nachbarhaus n. | *Elle est dans la pièce à côté*, sie ist im Nebenzimmer. | *Mon champ est tout à côté*, mein Acker liegt dicht daran ; mein Acker liegt ganz in der Nähe. | *Je suis passé à côté*, ich bin vorbei-, vorübergegangen. || Fig. *Passer à côté*, das Ziel verfehlen ; fehlschießen. || Substantiv., fam. *Les à-côtés*, die Nebenkosten f. pl. ; Nebensachen f. pl. — **de côté,** [biais] schief ; schräg ; von der Seite. | *Venant de côté*, von der Seite her. | *Regarder de côté*, zur Seite, seitwärts blicken. | *Regarder qn de côté*, jm einen Seitenblick zuwerfen ; péjor. jn über die Schulter ansehen. || [idée d'enlever] *Mettez-vous de côté !*, stellt euch auf die Seite ! ; geht aus dem Weg ! | *Se jeter de côté*, sich zur Seite werfen. || [à part, en réserve] beiseite. | *Mettre de l'argent de côté*, Geld beiseite legen. || [idée d'omettre] *Laisser de côté*, beiseite lassen ; unberücksichtigt lassen ; übergehen. | *Mettre de côté*, beiseite legen. — **de côté et d'autre,** auf beiden Seiten ; beiderseits ; hin und her ; umher ; hin und wieder.

VIII. Loc. prép. : **à côté de,** [lieu où l'on est] neben (dat.). *Il est à côté de l'échelle*, er steht neben der Leiter. | *Il est à côté de son père*, er sitzt an seines Vaters Seite. | *Il marche à côté de lui*, er geht neben ihm her. || [lieu où l'on va] neben (acc.). | *Il se place à côté de lui*, er stellt sich neben ihn ; er stellt sich ihm zur Seite. || [en dehors de] *Il est à côté du sujet*, er schweift ab. | *Passer à côté d'une difficulté*, eine Schwierigkeit umgehen. || [en comparaison de] im Vergleich zu. | *Il paraît petit à côté de lui*, er scheint klein im Vergleich zu ihm, ihm gegenüber. — **aux côtés de,** *Il est toujours aux côtés de son fils*, er steht immer seinem Sohn zur Seite. || Fig. *Être aux côtés de qn*, jm beistehen. — **du côté de,** [à côté de] neben ; auf die Seite. || [dans la direction de] nach... hin ; gegen ; ...wärts. | *Du côté du sud*, nach Süden hin ; südwärts. || [venant de] von... her ; ...wärts. || [parmi] *Passer du côté de l'ennemi*, zum Feind überlaufen. || [pour ce qui est de] in Bezug auf (acc.) ; was... betrifft. — **de chaque côté de,** zu beiden Seiten ; beiderseits (gén.) ; links und rechts von.

coteau [kɔto] m. Hügel m. ; Erhebung f. ; Hang m. ; Abhang m. ; Anhöhe f. | *À flanc de coteau*, auf dem Abhang. || Poét. [vignoble] Weinberg m. ; Rebenhänge m. pl.

Côte-d'Ivoire [ko:tdivwa:r] f. Elfenbeinküste f.

côtelé, ée [kotle] adj. gerippt. | *Velours côtelé*, gerippter Samt.

côtelette [kotlɛt] f. Rippchen n. ; Kotelett n. ; Karbonade f. | *Côtelettes de porc panées*, panierte Schweinerippchen n. pl.

coter [kɔte] v. tr. Fin. numerieren ; (an der Börse) notieren ; den Kurs festsetzen ; schätzen. | *Coter une action*, eine Aktie notieren, einführen. || Fig., fam. [estimer] hochschätzen. || Math. *Coter un dessin*, die Maßzahlen eintragen.
◇ part. pass. et adj. **coté, ée,** numeriert. || Math. *Croquis coté*, Maßskizze f. || Fig. *Écrivain coté*, geschätzter, angesehener Schriftsteller.

coterie [kɔtri] f. verschworene Gesellschaft ; péjor. Sippschaft f. ; Clique f. | *Coterie politique*, politische Clique.

côtier, ière [kotje, jɛ:r] adj. zur Küste gehörig ; Küsten... | *Navigation côtière*, Küstenschiffahrt f. | *Fleuve côtier*, Küstenfluß m.

cotillon [kɔtijɔ̃] m. [jupe de dessous] Unterrock m. || FIG., FAM. *Courir le cotillon*, Schürzenjäger (m.) sein.

cotisant, ante [kɔtizɑ̃, ɑ:t] s. Beitragszahler(in) m. (f.).

cotisation [-zasjɔ̃] f. [quote-part] Anteil m. ; Beitrag m. | *Payer sa cotisation*, seinen Beitrag zahlen. | *Cotisations patronales*, Arbeitgeberbeiträge m. pl. | *Cotisations salariales*, Arbeitnehmerbeiträge m. pl.

cotiser [-ze] v. intr. einen Beitrag leisten.

◇ v. pr. **se cotiser,** Geld zusammenlegen, zusammenschießen, beisteuern.

coton [kɔtɔ̃] m. [matière, étoffe] Baumwolle f. | *De coton*, baumwollen. | *Coton cardé*, Verbandmull m. | *Coton hydrophile*, Watte f. || PAR ANAL., BOT. [duvet] Flaum m. ; Wolle f. || FIG. *Élever ses enfants dans du coton*, seine Kinder in Watte packen, verhätscheln. || FIG., FAM. [difficulté] Schwierigkeit f. | *Il file un mauvais coton*, er pfeift auf dem letzten Loch ; er macht's nicht mehr lange. || FAM. *C'est coton !*, es hapert ! || COMM. [fil] Garn n. | *Coton à repriser, à broder*, Stopfgarn ; Stickgarn.

cotonnade [kɔtɔnad] f. Baumwollstoff m. ; Kattun m.

◇ f. pl. Baumwollzeug n., -waren f. pl.

cotonneux, euse [-nø, ø:z] adj. flockig ; wattig ; wollig ; flaumig.

cotonnier, ière [-nje, jɛ:r] adj. Baumwoll... | *Industrie cotonnière*, Baumwollindustrie f.

Coton-Tige [-tiʒ] m. (pl. **Cotons-Tiges**) [nom déposé]. Wattestäbchen n.

côtoyer [kotwaje] v. tr. längs, entlang gehen (dat.). | *Côtoyer le rivage*, längs der Küste fahren. || FIG. streifen an (acc.). | *Côtoyer le ridicule*, hart ans Lächerliche streifen.

◇ v. pr. **se côtoyer,** nebeneinandergehen.

cotte [kɔt] f. [jupe] kurzer, kniefreier Rock. || PAR EXT. *Cotte (de mécanicien)*, Schlosserhose f., -anzug m. || MIL. *Cotte de mailles*, Panzerhemd n.

cou [ku], **col** [kɔl] m. [d'un être vivant] Hals m. | *Col de cygne*, Schwanenhals. | *À cou étroit*, enghalsig. || PAR ANAL. [d'une chose] Hals m. || PAR EXT. [nuque] Nacken m. ; Genick n. || LOC. *Tendre le cou*, einen langen Hals machen. | *Tordre le cou à qn*, jm den Hals umdrehen. | *Sauter au cou de qn*, jm um den Hals fallen ; jn umhalsen. | *Laisser la bride sur le cou*, jm volle Freiheit lassen. | *Être dans les dettes jusqu'au cou*, POP. bis über beide Ohren verschuldet sein. | *Prendre ses jambes à son cou*, die Beine in die Hand nehmen. | *Se mettre la corde au cou*, seinen Kopf selbst in die Schlinge stecken.

couac [kwak] m. MUS. falscher Ton. | *Faire des couacs*, (mit einem Instrument) überschnappen.

couard, arde [kwa:r, ard] adj. feig(e).

◇ s. Feigling m. ; POP. Waschlappen m.

couardise [-di:z] f. Feigheit f.

couchage [kuʃa:ʒ] m. [action] Übernachtung f. ; Schlafen n. ; Nachtlager n. || [literie] Bettzeug n. | *Sac de couchage*, Schlafsack m.

couchant, ante [-ʃɑ̃, ɑ̃:t] adj. sich niederlegend. PAR EXT. [astre] niedergehend ; untergehend. || LOC. *Chien couchant*, Vorstehhund m. || FIG. *Faire le chien couchant*, herumscharwenzeln ; sich ducken. | *Soleil couchant*, untergehende Sonne ; Sonnenuntergang m.

◇ m. **couchant,** [d'un astre] Untergang m. ; Niedergang m. || [occident] Westen m.

couche [ku:ʃ] f. **1.** LIEU : [lit] Lagerstatt f., -stätte f. ; Lager n. ; Bett n. | *Couche nuptiale*, Ehebett. || PAR ANAL. [lange] Windel f. | *Couche-culotte*, Windelhöschen n. || PAR EXT. pl. **couches,** [accouchement] Wochen f. pl., Kindbett n. ; Niederkunft f. | *Femme en couches*, Wöchnerin f. | *Fausse couche*, Fehlgeburt f. **2.** ÉPAISSEUR : Schicht f. ; Lage f. ; Decke | *Couche de poussière*, Staubschicht. | *Couche de neige*, Schneedecke. || [enduit fixe] Belag m. ; Überzug m. ; Überguß m. ; Auflage f. || [de peinture] Auftrag m. ; Anstrich m. ; Farbschicht f. || LOC., FAM., *En avoir une couche*, ein Brett vor dem Kopf haben ; POP. vernagelt sein. || GÉOL. [stratification] Schicht f. | *Disposer par couches*, auf-, abschichten. || FIG. [catégorie, région] *Couche sociale*, Gesellschaftsschicht f., -klasse f. | *Couches supérieures*, obere Schichten. || NUCL. *Couche fertile*, Brutzone f.

coucher [-ʃe] v. tr. [au lit] zu Bett bringen ; ins Bett legen ; legen ; hinlegen. | *Coucher les enfants*, die Kinder zu Bett bringen. | *Coucher qn dans qch.*, jn in etwas einbetten. || PAR ANAL. legen. | *Coucher qn sur un brancard*, jn auf eine Tragbahre legen. || PAR EXT. [chose] legen ; nieder-, umlegen. | *La pluie couche les blés*, der Regen bringt das Getreide zum Liegen. | *La tempête couche le navire*, der Sturm legt, drückt das Schiff auf die Seite. || LOC. *Coucher qn en joue*, auf jn anlegen. | *Coucher qn sur son testament*, jn in seinem Testament bedenken. | *Coucher qch. par écrit*, etwas zu Papier bringen.

◇ v. intr. [passer la nuit] übernachten ; schlafen. | *Coucher sur la dure*, auf bloßer Erde schlafen. | *Coucher à la belle étoile*, unter freiem Himmel, bei Mutter Grün schlafen. | *Chambre à coucher*, Schlafzimmer n. | *Un endroit où coucher*, ein Nachtlager n.

◇ part. pass. et adj. **couché, ée,** liegend. | *Écriture couchée*, schräge Schrift. | *Être couché*, liegen (dat.). | *Être couché (au lit)*, im Bett liegen. || *Le soleil est couché*, die Sonne ist untergegangen.

◇ v. pr. **se coucher,** [au lit] sich ins Bett legen. | *Aller se coucher*, zu Bett gehen ; schlafen gehen ; sich zur Ruhe begeben. || PAR EXT. *Se coucher avec les poules*, mit den Hühnern schlafen gehen. || PAR ANAL. [ailleurs] sich hinlegen ; sich niederlegen ; sich legen. || PAR EXT. [choses] sich legen. | *La lune se couche*, der Mond geht unter. || LOC. [au chien] *Couche(-toi) !*, kusch dich ! ; Fuß ! ; setz dich ! || FAM., POP. *Allez vous coucher !*, haut ab ! ; verduftet ! || MIL. *Couchez-vous !*, nieder ! ; volle Deckung !

— SYN. : *S'allonger*, sich hinlegen. *S'étendre*, sich hinstrecken. *Se mettre au lit*, sich zu, ins Bett begeben. *Garder le lit*, das Bett hüten (müssen).

coucher [-ʃe] m. [action d'aller au lit] Zubettgehen n. ; Schlafengehen n. || PAR ANAL. [manière] Liegen n. || PAR EXT. [astre] Untergang m. ; Niedergang m. ; Sinken n. | *Coucher de soleil*, Sonnenuntergang m.

coucherie [-ʃri] f. Beischlaf m.

couchette [-ʃɛt] f. [petit lit] Bettchen n. || TRANSP. Liege(bank) f. || MAR. Koje f.

coucheur m. LOC. *C'est un mauvais coucheur*, mit ihm ist nicht gut Kirschen essen.

couci-couça [kusikusa] loc. adv. so lala.

coucou [kuku] m. ZOOL. Kuckuck m. || PAR EXT. [pendule] Kuckucksuhr f. || BOT. Schlüsselblume f. || ARG. MIL. [avion] Vogel m.

coude [kud] m. Ellbogen m. ; Ellenbogen m. || FIG., FAM. *Jouer des coudes*, sich Ellenbogenfreiheit verschaffen. | *Lever le coude*, gern trinken ; ARG. einen stemmen. || MIL. *Coude à coude*, Tuchfühlung f. || TECHN. [angle] Biegung f. ; Bogen m. ; Krümmung f. ; Knie n. ; Knickung f. ; Schleife f. | *Coude d'un tuyau*, Rohrwinkelstück n.

coudée [kude] f. [mesure] Elle f. || FIG. *Avoir les coudées franches*, Ellbogenfreiheit (f.) haben.

cou-de-pied [kudpje] m. Spann m. ; Rist m. ; Fußspann m.

couder [kude] v. tr. TECHN. kröpfen ; knieförmig biegen ; krümmen ; umbiegen ; eindrehen.

◇ part. pass. et adj. **coudé, ée,** gebogen ; winkelig ; krumm. | *Arbre coudé*, gekröpfte Welle.

coudoyer [-dwaje] v. tr. mit den Ellbogen stoßen. || FIG. [rencontrer] in Fühlung stehen mit.

coudre [kudr] v. tr. nähen. | *Coudre à la main, à la machine*, mit der Hand, mit der Maschine nähen. | *Coudre un bouton*, einen Knopf annähen. | *Coudre (ensemble)*, zusammennähen. | *Machine à coudre*, Nähmaschine f.

◇ part. pass. et adj. **cousu, ue,** genäht ; angenäht. || LOC. *Avoir la bouche cousue*, reinen Mund halten. | *Cela est cousu de fil blanc*, dies ist grob gesponnen. | *Cousu d'or*, steinreich.

coudrier [kudrie] m. BOT. Haselnuß f. ; Haselstrauch m.

couenne [kwan] f. Schwarte f. ; Speckschwarte f.

couette [kwɛt] f. Federbett n.

couiner [kuine] v. intr. quieken ; quäken.

coulage [kula:ʒ] m. [action de s'écouler] Auslaufen n. || FIG. [perte] Leckverlust m. ; Leckage f. ; Schwund m. || TECHN. [action de mouler] Gießen n. ; Abgießen n. ; Ab-, Ausguß m. ; Guß m.

coulant, ante [-lɑ̃, ɑ̃:t] adj. fließend ; flüssig. || LOC. *Style coulant*, flüssiger, gewandter Stil. | *Caractère coulant*, aalglatter, geschmeidiger, gefälliger Charakter. | *Nœud coulant*, Schlinge f. ; Schleife f.

◇ m. **coulant.** TECHN. Schiebering m.

coule [kul] f. FAM. *Être à la coule*, alle Schliche kennen.

coulée [kule] f. [action] Fließen n. ; Ausströmen n. || PAR EXT. [matière en fusion] *Coulée de lave*, Lavastrom m. || TECHN. [métal en fusion] Guß m. ; Einguß m. ; Abstich m.

couler [kule] v. intr. [fluer] fließen ; laufen. | *Couler à flots*, strömen ; fluten. | *Couler doucement*, rieseln ; rinnen ; gleiten. | *Couler goutte à goutte*, tropfen ; triefen ; träufeln. || [précision du mouvement] *Des larmes coulent de ses yeux*, Tränen strömen aus seinen Augen. || PAR EXT. [s'écouler] auslaufen ; durchrinnen. || [laisser échapper, fuir] auslaufen ; lecken. | *Son nez coule*, seine Nase läuft, trieft. | *Le fromage coule*, der Käse läuft, ist flüssig. || [glisser] gleiten ; rutschen. || FIG. *Le sang a coulé*, es ist Blut geflossen. | *Le temps coule doucement*, langsam verstreicht die Zeit. || MAR. [s'engloutir] ein-, ver-, untersinken ; untergehen ; sacken.

◇ v. tr. TECHN. [verser dans un moule] angießen ; eingießen ; gießen. | *Couler une statue en bronze*, eine Statue in Bronze gießen. || MAR. [faire sombrer] versenken. | *Couler un navire à fond*, ein Schiff in den Grund bohren. || FIG. [glisser adroitement] zuschieben, zustecken. | *Couler un regard vers*, verstohlen hinblicken. || LOC. *Couler des jours heureux*, glückliche Tage verleben. | *Couler qn*, jn zugrunde richten ; jn heruntermachen. | *Couler une bielle*, eine Pleuelstange heißlaufen lassen.

◇ v. pr. **se couler,** [se glisser] schleichen ; schlüpfen. || FIG. [se perdre] sich zugrunde richten. || FIG., FAM. *Se la couler douce*, es sich gutgehen lassen ; sich nicht übernehmen.

couleur [kulœ:r] f. [impression visuelle, coloration] Farbe f. ; Färbung f. ; Farbgebung f. | *Couleur voyante, criarde, chatoyante*, auffallende, grelle, schillernde Farbe. | *Couleur foncée, passée, terne*, dunkle, verblichene, trübe Farbe. | *Ce tissu est couleur chair*, dieser Stoff ist fleischfarben. | *Le ciel est couleur de plomb*, der Himmel ist bleifarben. | *De, en couleur(s)*, farbig. || PAR ANAL. [teint] Farbe f. ; Hautfarbe f. ; Gesichtsfarbe f. | *Avoir de belles couleurs*, frische Farben haben. | *Prendre des couleurs*, Farbe bekommen. | *Changer de couleur*, die Farbe wechseln ; erblassen. | *Être haut en couleur*, ein hochrotes Gesicht haben. | *Femme, Homme de couleur*, Farbige(r) f. (m.) ; Mulatte m. || PAR EXT. [substance colorante] Farbe f. ; Farbstoff m. | *Couleurs complémentaires*, Gegenfarben f. pl. | *Assortir les couleurs*, die Farben aufeinander abstimmen. || LOC. *Il m'en fait voir de toutes les couleurs*, er macht mir viel zu schaffen. | *Qui en a vu de toutes les couleurs*, mit allen Wassern gewaschen. | *Perdre sa couleur*, verblassen ; erblassen. || FIG. [apparence, prétexte] Schein m. ; Vorwand m. | *Sous couleur de*, unter dem Vorwand, daß. || LITTÉR., ARTS. Farbe f. ; Kolorit n. | *Couleur locale*, Lokalfarbe f. || TECHN. *Tirage en couleurs*, Farbdruck m. | *Photographie en couleurs*, Farbphoto n. || [au jeu] *Annoncer la couleur*, den Trumpf bestimmen ; FIG., FAM. Farbe bekennen.

◇ f. pl. [emblème] *Les couleurs allemandes*, die deutschen Nationalfarben. | *Les trois couleurs*, die Trikolore. | *Hisser les couleurs*, die Flagge, Fahne hissen. || PAR EXT. *Porter les couleurs de qn*, js Farben tragen. — SYN. : *Coloris* m., Farbgebung f. ; Kolorit n. *Coloration* f., Färbung f. *Nuance* f., Tönung f. *Teinte* f., Farbton m. *Ton* m., Ton m. *Teint* m., Gesichtsfarbe f.

couleuvre [kulœ:vr] f. ZOOL. Natter f. ; Ringelnatter f. || FIG., FAM. *Avaler des couleuvres*, vieles schlucken müssen ; manche Kröte schlucken.

coulis [kuli] m. [bouillon] Brühe.

◇ adj. *Vent coulis*, Zug m. ; Zugluft f.

coulisse [kulis] f. TECHN. Rinne f. ; Fuge f. ; Gleitbahn f. ; Falz m. ; Schieber m. ; Kulisse f. | *Porte à coulisse*, Schiebetür f. | *Couvercle à coulisse*, Schiebedeckel m. | *Pied à coulisse*, Schublehre f. || THÉÂTRE. Kulisse f. | *Derrière les coulisses*, hinter den Kulissen. || FIG. *Coulisses de la politique*, Hintergründe (m. pl.) der Politik.

coulisser [-se] v. tr. TECHN. falzen.

◇ v. intr. [glisser] in einer Rinne gleiten, laufen. | *Cette porte coulisse bien*, diese Tür läßt sich gut schieben. | *Porte coulissante*, Schiebetür f.

couloir [kulwa:r] m. [d'une maison] Gang m. ; Flur m. ; Korridor m. || [d'un wagon] Durchgang m. || PAR EXT. [passage] Durchgang m. ; Verbindungsweg m. ; Schneise f. | *Couloir aérien*, Luftkorridor m. || FIG., FAM. *Intrigue de couloirs*, Hintertreppenintrige f. | *Politique de couloirs*, politischer Kuhhandel m.

coulure [kuly:r] f. BOT. [de fruits] Abfallen (n.) von Früchten. || TECHN. [de métal] Gußabfall m.

coup [ku] m. Schlag m. ; Stoß m.

> **I.** CHOC PHYSIQUE DONNÉ OU REÇU : Schlag m. ; Stoß m. ; Hieb m.
> **II.** RÉSULTAT : BLESSURE, ATTEINTE MORALE : Wunde f. ; Schlag m. ; Stoß m.
> **III.** DÉCHARGE D'UNE ARME À FEU : Schuß m. ; Knall m.
> **IV.** SONS RENDUS PAR CERTAINS CORPS : Schlag m. ; Stoß m.
> **V.** MOUVEMENT RÉPÉTÉ D'UN ORGANE, D'UN INSTRUMENT : Schlag m. ; Strich m. ; Schnitt m.
> **VI.** ACTION BRUSQUE : Schlag m.
> **VII.** ACTION DUE AU HASARD, À LA CHANCE : Zufall m. ; Wurf m.
> **VIII.** CE QU'ON BOIT : Trunk m. ; Schluck m.
> **IX.** FIG. ENTREPRISE DÉCISIVE : Schlag m. ; Wurf m. ; Zug m. ; PÉJOR. Streich m.
> **X.** FIG. FOIS : Mal n. ; Anhieb m.
> **XI.** SPORT, TECHN., FIN.
> **XII.** LOC. av. diverses : **à coups de, sur le coup,** etc.

I. CHOC PHYSIQUE DONNÉ OU REÇU : PAR EXT. *Blessure*, Schlag m. ; Stoß m. ; Hieb m. ; Wunde f. || [idée

d'assener, de frapper] Schlag m. ; Hieb m. | *Coup de poing, de bâton, de sabot, de crosse*, Faust-, Stock-, Huf-, Kolbenschlag. | *Coup de fouet, de griffe*, Peitschen-, Tatzenhieb. | *Coup de bec*, Schnabelhieb. || [idée de heurter] Stoß m. || *Coup de pied*, Tritt m. ; Fußtritt m. | *Coup de pied de l'âne*, Eselstritt. || [idée de couper, de piquer] Stich m. ; Streich m. ; Hieb m. | *Coup d'épée*, Schwertstich, -hieb, -streich. | *Coup de couteau*, Messerstich. || Loc. *Coup bas*, Tiefschlag. | *Coup de grâce*, Gnadenstoß. | *Volée de coups*, Tracht Prügel. | *Porter un coup à qn*, jm einen Schlag, Hieb versetzen ; nach jm schlagen. | *Donner un coup de pied à qn*, jm einen Fußtritt geben, versetzen. | *Rouer de coups*, grün und blau schlagen ; windelweich schlagen. | *On en vint aux coups*, man wurde handgreiflich. | *Donner des coups de coude*, sich Ellenbogenfreiheit verschaffen. || FIG. *Le coup a porté*, der Hieb hat gesessen. | *Coup d'épée dans l'eau*, Schlag ins Wasser.
II. RÉSULTAT. BLESSURE : Wunde f. | *Coup de poignard*, Stichwunde. | *Coup de soleil*, Sonnenstich m. | *Coups et blessures*, Körperverletzung f. | *Coups et blessures involontaires*, fahrlässige Körperverletzung.
◇ ATTEINTE MORALE : Schlag m. ; Stoß m. | *Un coup rude, mortel, fatal*, ein harter, tödlicher, unglücklicher Schlag. | *Cela m'avait donné un coup*, das hatte mir einen Stoß gegeben ; das hatte mich getroffen. | *Coup du sort*, Schicksalsschlag ; Tücke (f.) des Schicksals. | *Tenir le coup*, aushalten.
III. DÉCHARGE D'UNE ARME À FEU : Schuß m. ; Knall m. | *Coup de feu*, Schuß. | *Coup de fusil, de canon*, Gewehrschuß, Kanonenschuß. | *Coup à blanc*, Schuß ins Blaue. | *Coup au but*, Volltreffer m. | *Tirer un coup*, einen Schuß abgeben. | *Faire partir un coup*, abschießen. | *Le coup part*, der Schuß fällt. | *Essuyer des coups de feu*, beschossen werden. | *Fusil à deux coups*, Doppeljagdflinte f. || FIG. *Faire coup double*, mit einem Wurf zwei (complém.) erledigen, treffen.
IV. SONS RENDUS PAR CERTAINS CORPS : Schlag m. ; Stoß m. | *Coup de cloche*, Glockenschlag.
V. MOUVEMENT RÉPÉTÉ D'UN ORGANE, D'UN INSTRUMENT : Schlag m. ; Strich m. ; Schnitt m. || [en général] *Coup d'aile, de marteau*, Flügelschlag, Hammerschlag. | *Coup d'œil*, Blick m. ; Anblick m. ; Aussicht f. | *Jeter un coup d'œil sur qch*, etwas flüchtig durchsehen, überblicken ; einen Blick auf etwas werfen. | *Un magnifique coup d'œil*, eine herrliche Aussicht. | *D'un coup d'œil*, auf den ersten Blick. || Loc. *Donner un coup de fer à un pantalon*, eine Hose aufbügeln. | *À coups redoublés*, mit verdoppelter Kraft.
VI. ACTION BRUSQUE : Schlag m. | *Coup de tonnerre*, Donnerschlag. | *Coup de vent*, Windstoß m. || FIG. *Coup de foudre*, Blitzschlag ; Liebe (f.) auf den ersten Blick. | *Venir en coup de vent*, schnell vorbeikommen. | *Coup de grisou*, Schlagwetterexplosion f. | *Coup de théâtre*, große Überraschung ; Schlag aus heiterem Himmel ; unerwartete Wendung ; Theatercoup m.
VII. ACTION DUE AU HASARD, À LA CHANCE : Zufall m. ; Wurf m. | *Coup du hasard*, reiner Glücksfall, Glückszufall. | *Un beau coup de dés*, ein glücklicher Wurf. | *Faire un beau coup*, einen guten Wurf tun. | *Coup heureux, de chance*, glücklicher Wurf ; Schluck m. ; Treffer m. ; Glückszug m. || POP. *Avoir un coup de veine*, Schwein haben.
VIII. CE QU'ON BOIT : Trunk m. || [au café] *Coup à boire*, Trunk. | *Petit coup*, Schlückchen n. | *Boire un coup*, einen trinken, nehmen ; POP. sich einen genehmigen. | *Il a bu un coup (de trop)*, er hat einen sitzen.
IX. ENTREPRISE DÉCISIVE : Schlag m. ; Wurf m. ; Zug m. ; PÉJOR. Streich m. || [en bonne part] *Coup de maître*, Meisterstück n., -schuß m. | *Coup d'essai*, erster Versuch ; Probestück n. | *Coup de main*, Hilfe f. ; MIL. Streifzug m. ; Überfall. | *Donner un coup de main à qn*, jm unter die Arme greifen. || [en mauvaise part] *Mauvais coup*, übler, böser Streich. | *Coup de tête*, unüberlegter, toller Streich. | *Coup d'État*, Staatsstreich. | *Coup de force*, Gewaltstreich. | *Coup monté*, abgekartete Sache ; Kabale f. | *Monter le coup à qn*, jn hinters Licht führen. | *Faire un coup d'éclat*, Aufsehen erregen. || FAM. *Faire les quatre cents coups*, nichts als dumme Streiche machen ; ein tolles Leben führen. | *Être aux cent coups*, sehr aufgeregt sein.
X. FIG. FOIS : Mal n. ; Anhieb m. | *Réussir du premier coup*, beim ersten Anhieb, das erste Mal, auf den ersten Schlag Erfolg haben. | *D'un seul coup*, mit, auf einem Schlag ; mit einem Ruck ; auf einmal. | *À chaque coup, à tout coup, à tous les coups*, jedesmal. | *Tout d'un coup*, auf einmal.
XI. SPORT., TECHN., FIN. || SPORT. Stoß m. ; Tritt m. ; Schlag m. ; Wurf m. || [football] *Coup d'envoi*, Anstoß m. | *Coup franc*, Freistoß ; Strafstoß. || TÉLÉPH. *Coup de fil*, Anruf m. || FIN. *Coup de Bourse*, gelungene Börsenspekulation.
XII. LOC. ADV. DIVERSES : **à coups de.** *À coups de marteau, de poing*, mit Hammer-, Faustschlägen. | *À coups de dictionnaire*, mit beständiger Hilfe des Wörterbuchs. | *Tuer qn à coups de bâton*, jn totprügeln. || **sur le coup.** *Il était mort sur le coup*, er war auf der Stelle tot. || **coup pour coup,** Schlag auf Schlag. | *Coup sur coup*, gleich nacheinander. || **après coup,** hinterher ; nachträglich. || **tout à coup,** plötzlich ; auf einmal. || **à coup sûr,** sicherlich ; bestimmt. || **pour le coup,** diesmal. || **du coup,** darauf ; infolgedessen. || **sous le coup de,** unter dem Eindruck von.

coupable [kupabl] adj. [personne] schuldig ; schuldhaft. | *Acte coupable*, schuldhafte Handlung. | *Déclarer coupable*, für schuldig erklären, befinden. | *Se rendre coupable de qch.*, sich etwas zuschulden kommen lassen ; sich einer Sache schuldig machen. || PAR EXT. [acte, sentiment] strafbar ; sträflich ; sündhaft ; frevelhaft ; verbrecherisch.
◇ s. Schuldige(r) f. (m.) ; Täter(in) m. (f.).

coupage [kupa:ʒ] m. *Coupage du vin*, Weinverschnitt.

coupant, ante [-pɑ̃, ɑ̃:t] adj. schneidend ; trennend ; scharf.

coup-de-poing [kudpwɛ̃] m. Schlagring m.

coupe [kup] f. [action] Schneiden n. || [nuances particulières] *Coupe des cheveux*, Haarschneiden. | *Coupe des arbres*, Fällen (n.) der Bäume. | *Coupe à blanc*, Kahlschlag m. | *Coupe d'un habit*, Zuschneiden (n.) eines Kleides. || PAR ANAL. [partie coupée] Schnitt m. ; Aus-, Durch-, Einschnitt m. ; Profil n. | *Coupe transversale, longitudinale*, Quer-, Längsschnitt. || PAR EXT. [manière] Schnitt m. ; Zuschnitt m. || [cheveux] *Une belle coupe*, ein schöner Haarschnitt. | *Ce costume a une coupe élégante*, dieser Anzug hat einen eleganten Schnitt, Zuschnitt. || FIG. *Être sous la coupe de qn*, von jm abhängig sein. | *Faire des coupes sombres*, drastische Sparmaßnahmen treffen ; den Rotstift ansetzen. || *Coupe de bois*, Holzschlag m.

coupe f. [verre] Becher m. ; Trinkschale f. ; Kelch m. | *Coupe à champagne*, Champagnerglas n., -kelch. || PAR EXT. [vase] *Coupe à fruits*, Fruchtschale f. || FIG. *Boire la coupe jusqu'à la lie*, den Becher bis auf die Neige leeren. || SPORT. *Gagner la coupe*, den Pokal gewinnen.

coupé [kupe] m. [auto] Coupé n.

coupe-circuit [kupsirkɥi] m. inv. Sicherung f.

coupée [kupe] f. MAR. Fallreep n.

coupe-faim [kupfɛ̃] m. invar. FAM. Appetitzügler m.

coupe-file [-fil] m. invar. Passierschein m. ; Vorfahrtsrecht n.

coupe-gorge [-gɔrʒ] m. invar. Räuberspelunke f. ; üble Kaschemme ; Mördergrube f.

coupe-ongles [kupɔ̃:gl] m. invar. Nagelknipser m.

coupe-papier [-papje] m. invar. Papiermesser n.

couper [kupe] v. tr. **1.** [trancher ; séparer] schneiden ; ab-, aus-, durch-, wegschneiden. | *Couper en deux*, durchschneiden ; entzweischneiden. | *Couper en morceaux*, in Stücke schneiden ; zerschneiden. | *Couper la gorge à qn*, jm den Hals abschneiden. | *Couper la tête à qn*, jn köpfen. || [nuances particulières] *Couper la viande*, das Fleisch zerschneiden. | *Couper du pain*, Brot schneiden. | *Se faire couper les cheveux*, sich die Haare schneiden lassen. | *Couper un costume*, einen Anzug zuschneiden. | *Couper du bois*, Holz fällen, sägen, spalten. | *Couper un texte*, einen Text verkürzen, beschneiden.
2. PAR EXT. [interrompre] abschneiden ; ab-, unterbrechen ; abstellen ; stören. | *Couper l'eau*, das Wasser abstellen. | *Couper la fièvre*, das Fieber drücken. | *Couper une route*, eine Straße absperren. | *Couper la retraite à une armée*, einer Armee den Rückzug abschneiden. | *Couper la parole à qn*, jm ins Wort fallen. | *Couper la respiration*, den Atem nehmen. | *Couper l'appétit*, den Appetit verschlagen. || LOC. *Couper les ponts derrière soi*, alle Brücken hinter sich abbrechen. | *Couper les cheveux en quatre*, Haarspalterei betreiben. | *Couper bras et jambes à qn*, jn völlig lahmlegen. | *Couper les vivres à qn*, jm die Zuschüsse streichen. | *Couper l'herbe sous le pied à qn*, jm das Wasser abgraben.
3. *Couper le vin*, den Wein verschneiden, verdünnen.
4. TECHN. *Couper les gaz*, kein Gas mehr geben. | *Couper la vapeur*, den Dampf abstellen. || ÉLECTR. ausschalten ; unterbrechen ; trennen. | *Couper le courant*, den Strom abschalten.
5. [aux cartes] abheben ; stechen.
◇ v. intr. [être tranchant] schneiden. | *Bien couper*, gut schneiden ; scharf sein. | *Ne pas couper*, stumpf sein. | *Couper dans le vif*, ins Fleisch schneiden. || PAR EXT. [aller sans détour] abschneiden. | *Couper à travers champs*, querfeldein gehen. || FIG. *Couper court à une discussion*, eine Diskussion abkürzen, abbrechen. || LOC., FAM. [éviter] vermeiden. | *Il n'y coupera pas*, dem kann er nicht entgehen.
◇ v. pr. **se couper,** (réfl.) sich schneiden. | *Se couper le doigt*, sich in den Finger schneiden ; sich den Finger abschneiden. || [pour soi] *Se couper un morceau de pain*, sich ein Stück Brot abschneiden. || FIG., FAM. [se contredire] sich widersprechen.

couperet [-prɛ] m. [couteau large] Hackbeil n. ; Hackmesser n. || [de la guillotine] Fallbeil n.

couperose [kupro:z] f. MÉD. Kupferausschlag m.

couplage [kupla:ʒ] m. TECHN. Schaltung f. ; Kopplung f. ; Kupplung f. || ÉLECTR. *Couplage en parallèle, en étoile*, Parallel-, Sternschaltung.

couple [kupl] m. [personnes, animaux] Paar n. ; Pärchen n. | *Couple d'amoureux*, Liebespaar. | *Couple de pigeons*, Taubenpärchen. | *Par couples*, paarweise, gepaart. || PAR ANAL. [époux] Ehepaar. | *Couple bien assorti*, gut zusammenpassendes Paar. || PHYS. Moment n. | *Couple moteur*, Drehmoment.

coupler [-ple] v. tr. ÉLECTR. schalten. | *Coupler en série*, in Reihe schalten.

couplet [-plɛ] m. [partie] Liedvers m., -strophe f. || PAR EXT. [ensemble] Lied n. ; Liedchen n.

coupole [kupɔl] f. ARCHIT. Kuppel f. | *Coupole de Saint-Pierre*, Sankt-Peterskuppel.

coupon [kupɔ̃] m. [reste d'étoffe] Tuchrest m. ; Stoffrest m. || FIN. Abschnitt m. ; Anteilschein m. ; Dividendenschein m. ; Kupon m. || POSTES. *Coupon-réponse*, Antwortschein m.

coupure [-py:r] f. [entaille] Einschnitt m. ; Schlitz m. | *Se faire une coupure*, sich eine Schnittwunde beibringen. || PAR EXT. [texte] Kürzung f. | *Faire des coupures dans un article*, einen Artikel beschneiden, zusammenschneiden, kürzen ; Kürzungen vornehmen. || ÉLECTR. Abschaltung f. ; Trennung f. | *Coupure de courant*, Stromabschaltung. || FIN. [billet] Schein m. ; Stückelung f. | *Coupure de cent francs*, Hundertfrankenschein. | *En petites coupures*, in kleinen Scheinen.

cour [ku:r] f. **1.** [d'un bâtiment] Hof m. ; Hofraum m. | *Cour intérieure*, Innenhof. | *Avant-cour*, Vorhof. | *Basse-cour*, Hühnerhof. | *Cour vitrée*, Lichthof. | *Appartement sur cour*, Wohnung (f.) nach hinten ; Hinterwohnung f. | *Cour d'honneur*, Schloßhof.
2. PAR EXT. [d'un roi] Hof m. ; Hofstaat m. | *Cour royale, papale*, königlicher, päpstlicher Hofstaat. | *De la cour*, höfisch. | *Gens de la cour*, Hofleute pl. ; Höflinge m. pl. | *Tenir sa cour*, Hof halten. | *Être bien en cour*, bei Hofe in Gunst stehen. || FIG. *Avoir sa cour*, einen Hofstaat um sich haben. | *Faire la cour à une dame*, einer Dame den Hof machen.
3. JUR. [tribunal] Gericht n. ; Gerichtshof m., -stand m., -sitz n. | *Cour d'appel, d'assises, de cassation, martiale*, Berufungs-, Schwur-, Kassations-, Kriegsgericht. | *Cour d'arbitrage de La Haye*, Haager Schiedsgerichtshof. | *Haute cour*, Staatsgerichtshof ; [R.F.A.] Bundesverfassungsgericht.
4. THÉÂTRE. *Côté cour*, rechte Seite ; Königsseite.

courage [kura:ʒ] m. Mut m. ; Tapferkeit f. ; Courage f. | *Courage civique*, Zivilcourage ; POÉT. Mut vor Königsthronen. | *Sans courage*, mutlos ; kleinmütig ; verzagt. | *Avoir du courage*, Mut haben ; mutig sein. | *Avoir le courage de faire*, hart genug sein, zu tun ; die Stirn haben, zu tun. | *Ne pas avoir le courage de*, nicht genug Mut haben, zu ; es nicht übers Herz bringen, zu. | *Perdre courage*, den Mut verlieren. | *Du courage !*, nur Mut ! ; Mut gefaßt ! | *Donner du courage*, Mut geben, einflößen. | *Reprendre courage*, neuen Mut schöpfen. | *Prendre son courage à deux mains*, POP. sein Herz in die Hand nehmen.
— SYN. : *Bravoure* f., *vaillance* f., Tapferkeit f. *Héroïsme* m., Heldenmut m., Übermut m. *Cran* m., Schneid m.

courageusement [-ʒøzmɑ̃] adv. voller Mut ; mutig ; beherzt.

courageux, euse [-ʒø, ø:z] adj. mutig ; tapfer ; wacker ; beherzt.

couramment [kuramɑ̃] adv. [facilement] fließend ; geläufig. | *Il parle couramment l'allemand*, er spricht fließend deutsch. || PAR EXT. [ordinairement] gewöhnlich ; gebräuchlich. | *On dit couramment*, man sagt häufig.

courant, ante [kurɑ̃, ɑ̃:t] adj. — EAU [qui coule] fließend. | *Chambre avec eau courante*, Zimmer (n.) mit fließendem Wasser. | *Eaux courantes*, fließende Gewässer n. pl. | DU VERBE « COURIR », [qui court] laufend. | *Chien courant*, Jagdhund m. || PAR ANAL. [en cours] laufend. | *Mois courant*, laufender Monat. | *Le quinze courant*, am fünfzehnten dieses Monats (d. M.). | *Expédier les affaires courantes*, die laufenden Geschäfte erledigen. || PAR EXT. [usuel] üblich ; gebräuchlich ; geläufig. | *C'est courant*, das ist üblich ; das ist gang und gäbe. | *Locution courante*, gebräuchlicher, fester Ausdruck. || COMM. *Prix courant*, Kurs m. ; Preisliste f. || FIN. gangbar ; kurrent. | *Compte courant*, Kontokorrent n.; laufendes Konto. || FIG. *C'est monnaie courante*, das ist so gang und gäbe.
◇ m. **courant. 1.** EAU, AIR, ÉLECTRICITÉ : Strom m. ; Zug m. || [eau] Strom m. ; Strömung f. | *Courant sous-marin*, Unterströmung. | *À contre-courant*, gegen den Strom. | *Monter, Descendre le courant*, stromaufwärts, stromabwärts fahren, schwimmen. | *Lutter*

contre le courant, gegen Wind und Wetter kämpfen. || [air] *Courant d'air*, Luftzug m. ; Windzug m. | *Il y a un courant d'air*, es zieht. || [électricité] Strom m. | *Courant alternatif, continu*, Wechselstrom ; Gleichstrom. | *Courant de haute tension*, Hochspannungsstrom. | *Courant force*, Starkstrom. | *Courant (alternatif) monophasé*, einphasiger (Wechsel)strom. | *Courant (alternatif) polyphasé*, mehrphasiger (Wechsel)strom. | *Courant triphasé*, Drehstrom. | *Sous courant*, stromführend ; unter Strom. | *Prise de courant*, Steckdose f. ; Stecker m.

2. [temps] Lauf m. | *Dans le courant d'août*, im Laufe des Augusts. || FIG. *Être au courant*, auf dem laufenden sein ; wissen um... ; Bescheid wissen. | *Il n'est pas au courant*, er weiß nichts davon. | *Tenir qn au courant*, jn auf dem laufenden halten. | *Être au courant des affaires*, mit den Geschäften vertraut sein. | *Se mettre vite au courant*, sich schnell ins Bild setzen.

3. FIG. [mouvement d'idées] Strom m. ; Strömung f. | *Courants littéraires*, literarische Strömungen.

courbatu, ue [kurbaty] adj. steif ; gliedersteif ; zerschlagen ; gerädert ; POP. krumm und lahm.

courbature [-ty:r] f. Steifheit f. ; Zerschlagenheit f. ; Gliederschmerzen m. pl. ; Gliederreißen n.

courbaturer [-tyre] v. tr. steif machen ; zerrädern.

courbe [kurb] adj. gebogen ; gekrümmt ; krumm. | *Ligne courbe*, Bogenlinie f. ; krumme Linie.

◇ f. MATH. [ligne] Kurve f. ; Bogenlinie f. || PAR EXT. [graphique d'un phénomène] *Courbe économique*, Wirtschaftskurve f. | *Courbe en cloche*, Glockenkurve f. || GÉOGR. Bogen m. ; Biegung f. ; Krümmung f. ; Kurve f. | *Courbe de niveau*, Höhenschichtlinie f.

courber [-be] v. tr. [plier] krümmen ; biegen ; umbiegen. | *Courber l'échine*, sich anmutig verneigen ; sich ducken. | *Courber la tête*, das Haupt beugen.

◇ v. pr. **se courber,** sich bücken ; sich beugen ; sich verbeugen ; sich neigen ; sich verneigen. | *Se courber jusqu'à terre*, einen tiefen Bückling machen ; sich bis auf die Erde verbeugen. || FIG., PÉJOR. nachgeben ; kriechen.

courbette [kurbɛt] f. Bückling m. ; Verbeugung f. || FIG., PÉJOR. *Faire des courbettes devant qn*, vor jm kriechen ; POP. im Staube liegen ; katzbuckeln.

courbure [-by:r] f. Krümmung f. ; Bogen m. ; Biegung f. | *Courbure du câble*, Seildurchhang m. || GÉOM. *Rayon de courbure*, Krümmungsradius m. | *Courbure d'un arc*, Bogenkrümmung.

coureur, euse [kurœ:r, ø:z] s. Läufer(in) m. (f.) ; Schnelläufer(in) m. (f.) ; Wett || PAR EXT. läufer(in) m. (f.) ; Rennpferd n. || FIG., FAM. Schürzenjäger m. | *Coureur de dots*, Mitgiftjäger m.

courge [kurʒ] f. BOT. Kürbis m.

courir [kuri:r] v. intr. [sens absolu] laufen ; eilen ; rennen. || [nuances particulières] *J'y cours*, ich eile hinzu. | *Courir au-devant de qn*, jm entgegeneilen. | *Courir après*, hinterherlaufen (dat.) ; FIG. nachlaufen (dat.). Courir après qch., nachjagen (dat.) ; erjagen. | *Entrer en courant*, hereingelaufen kommen ; hereinlaufen ; hineinlaufen, -eilen. | *Courir de ci, de là*, herumlaufen. | *Courir à l'aventure*, sich herumtreiben ; herumstreichen ; herumschweifen. | *Monter l'escalier en courant*, die Treppe hinauflaufen. || LOC. *Courir à toutes jambes*, mit allen Kräften laufen ; POP. die Beine in die Hand nehmen. | *Courir au secours de qn*, jm zu Hilfe eilen ; jm beispringen. | *Courir aux armes*, zu den Waffen eilen, greifen. | *Courir au plus pressé*, das Dringendste zuerst machen. | *Faire qch. en courant*, etwas auf dem Sprung tun ; etwas schnell erledigen. | *Courir à sa perte*, seinem Untergang entgegeneilen. | *Vous pouvez toujours courir*, FAM. da könnt ihr euch lange anstrengen. || PAR ANAL., SPORT. [faire une course de vitesse] wettlaufen ; rennen. | *Courir dans une course de chevaux, de voitures*, an einem Pferderennen, Autorennen teilnehmen. | *Courir sur Mercedes*, einen Mercedes fahren. | *Aller voir courir des chevaux*, zum Pferderennen gehen. || PAR EXT. [en parlant des choses] *Le sang court dans les veines*, das Blut rollt in den Adern. | *La rivière court vers la mer*, der Fluß strömt dem Meer zu. | *Les nuages courent dans le ciel*, die Wolken jagen über den Himmel. || FIG. [bruit, temps] laufen, umlaufen. | *Le bruit court que*, es geht das Gerücht, daß. | *Des bruits courent*, Gerüchte laufen um ; es geht das Gerede ; man munkelt. | *Faire courir un bruit*, ein Gerücht verbreiten. | *Par les temps qui courent*, in der jetzigen Zeit ; heutzutage. || FIN. *Les intérêts courent depuis*, die Zinsen laufen seit.

◇ v. tr. SPORT. [poursuivre] *Courir le cerf*, den Hirsch jagen ; auf der Hirschjagd sein. || FIG. [rechercher] *Courir le jupon*, ein Schürzenjäger sein. || FIG. *Cela court les rues*, das ist stadtbekannt. | *Courir le monde*, in der Welt herumreisen, herumfahren, herumkommen. || [fréquenter] *Courir les salons*, ein Salonlöwe sein. || [s'exposer à] *Courir un risque*, ein Risiko eingehen ; riskieren. | *Courir la chance*, es darauf ankommen lassen.

◇ part. pass. et adj. **couru, ue,** FIG. [recherché] gesucht. | *Cet article est très couru*, dieser Artikel ist sehr gesucht. || FAM. [sûr] sicher. | *C'est couru !*, kein Zweifel darüber !

courlis [kurli] m. ZOOL. Brachvogel m. ; Wasserläufer m.

couronne [kurɔn] f. [de fleurs] Kranz m. ; Gewinde n. | *Couronne de roses*, Rosenkranz. | *Ceindre d'une couronne*, umkränzen. | *Tresser une couronne*, einen Kranz binden, winden. || PAR ANAL., FIG. *Ville entourée d'une couronne de montagnes*, eine mit Bergen umgebene Stadt. || PAR EXT. [d'un souverain] Krone f. ; Diadem n. | *Couronne impériale*, Kaiserkrone. | *Couronne d'épines*, Dornenkrone. | *Mettre la couronne*, die Krone aufsetzen ; krönen. | *Discours de la Couronne*, Thronrede f. || FIG. *Couronne de laurier*, Lorbeerkranz m. | *Décerner la couronne à qn*, jn krönen. | *Déposer une couronne*, einen Kranz niederlegen. || BOT. [d'un arbre] Krone f. || ANAT. [d'une dent] Krone f. || FIN. [monnaie] Krone f. || TECHN. Krone f. ; Kranz m. | *Couronne dentée, de roue, de roulement*, Zahn-, Rad-, Laufkranz.

couronnement [-nmɑ̃] m. Krönung f. ; Krönungsfeierlichkeit f. || FIG. [achèvement] Vollendung f.

couronner [-ne] v. tr. [de fleurs] be-, umkränzen ; einen Kranz aufsetzen ; umwinden. | *Couronner le front*, jn bekränzen. || PAR ANAL. [de choses] *La ville est couronnée de châteaux*, die Stadt ist mit Burgen umgeben. || PAR EXT. [un souverain] krönen ; die Krone aufsetzen ; zum Herrscher krönen. || FIG. auszeichnen ; den Preis zuerkennen ; krönen. | *Couronner un vainqueur*, einem Sieger die Siegeskrone aufsetzen ; einen Sieger ehren. || [achever] *Couronner sa vie par*, den Höhepunkt seines Lebens erreichen durch. || LOC. *Couronner une dent*, einen Zahn bekronen.

◇ part. pass. et adj. **couronné, ée,** umkränzt ; gekrönt. | *Têtes couronnées*, gekrönte Häupter n. pl. || LOC. *Couronné de succès*, erfolggekrönt. | *Roman couronné*, preisgekrönter Roman.

courrier [kurje] m. [messager] Eilbote m. ; berittener Eilbote. | *Envoyer un courrier*, einen Eilboten schicken. || PAR ANAL. [moyen] Postwagen m., -schiff n., -flugzeug n. || PAR EXT. [lettre] Post f. ; Brief-, Tagespost f. | *Expédier son courrier*, seine Post aufgeben. | *Faire son courrier*, seine Post erledigen. | *Arrivée, départ* *du courrier*, Posteingang m., -ausgang m. || [chronique] *Courrier des spectacles, de la mode*, Theater-, Modenachrichten f. pl. | *Courrier des auditeurs*, Hörertribüne f. | *Courrier du cœur*, [courrier] Leserbriefe m. pl. ; [rubrique] Briefkastenecke f.

courriériste [-rist] s. Chronist m. ; [courriériste du cœur] Briefkastenonkel m. ; Briefkastentante f.

courroie [kurwa] f. Riemen m. ; Lederriemen m. ; Gurt m. || TECHN. Riemen m. ; Band n. | *Courroie de transmission*, Treibriemen.

courroucer [kuruse] v. tr. erzürnen ; in Zorn versetzen ; aufbringen ; POP. hochbringen ; zum Platzen bringen.

courroux [-ru] m. Zorn m. ; Grimm m.

cours [ku:r] m. **1.** [espace] Lauf m. | *Cours de l'eau*, Wasserlauf. | *Suivre le cours de l'eau*, talabwärts fahren. || [courant] Strom m. ; Strömung f. | *Cours rapide*, starke Strömung. || [direction] Richtung f. || [rivière, fleuve] *Cours d'eau*, Fluß m. ; Strom m. | *Cours d'eau navigable*, schiffbares Gewässer ; Wasserstraße f. || [longueur, parcours] Lauf m. ; Flußbett n. | *Cours inférieur*, Unterlauf. || PAR ANAL. [liquides, astres, choses] Lauf m. ; Bahn f. | *Cours d'un astre*, Sternenbahn.

2. [temps] Lauf m. ; Verlauf m. | *Au cours de l'année*, im Laufe des Jahres. | *Au cours de la journée*, während des Tages ; tagsüber. | *Le mois en cours*, der laufende Monat. || LOC. *Donner libre cours à*, freien Lauf geben, lassen (dat.). | *Donner libre cours à sa fureur*, sich austoben. || [évolution d'un événement] Lauf m. ; Verlauf m. ; Gang m. ; Fortgang m. ; Entwicklung f. | *Cours d'une maladie, de l'histoire*, Krankheits-, Geschichtsverlauf m. | *Cours des événements*, Gang der Ereignisse. | *Cette théorie n'a plus cours*, diese Theorie hat keine Geltung mehr. | *Être en cours d'exécution*, in der Ausführung begriffen sein. | *Au cours de la discussion*, im Laufe der Diskussion. | *L'affaire suit son cours*, die Sache geht ihren Gang. | *Prendre un nouveau cours*, eine neue Wendung nehmen.

3. FIN. [circulation, valeur] Umlauf m. ; Geltung f. | *Avoir cours*, Geltung haben ; gültig sein ; gelten ; im Umlauf sein. | *Cette monnaie n'a plus cours*, diese Münze ist nicht mehr im Umlauf. || [Bourse] Kurs m. ; Notierung f. | *Cours actuel*, Tageswert m. | *Cours de l'or*, Goldstand m. | *Cours d'une action*, Aktienkurs ; Aktiennotierung. | *Cours d'ouverture*, Anfangskurs. | *Cours de clôture*, Schlußnotierung. | *Fluctuation des cours*, Kursschwankung f.

4. MAR. *Capitaine au long cours*, Kapitän für große Fahrt.

5. [promenade] Korso m. ; Anlage f. ; Allee f.

6. [enseignement] Unterricht m. | *Cours par correspondance*, Fernunterricht. | *Cours du soir*, Abendschule f. || [université] Vorlesung f. ; Kolleg n. | *Faire un cours*, eine Vorlesung halten. | *Cours de droit, de médecine*, juristisches, medizinisches Kolleg. | *Suivre un cours*, ein Kolleg hören. | *Salle de cours*, Hör-, Lehrsaal m. || [de lycée] Unterricht m. ; Lehrgang m. | *Faire un cours d'allemand*, Deutsch unterrichten ; einen Lehrgang für, in Deutsch leiten. || [spécial] Kursus m. || [heure] Unterrichtsstunde f. || [école] *Cours privé*, Privatschule f.

course [kurs] f. [action] Laufen n. ; Rennen n. ; Lauf m. | *Pas de course*, Laufschritt m. | *Léger à la course*, schnellfüßig. || FIG. *La course aux armements*, das Wettrüsten. || SPORT. Wettlauf m. ; Rennen n. ; Wettrennen n. | *Faire la course*, um die Wette laufen. | *Course de chevaux, d'autos, cycliste*, Pferde-, Auto-, Radrennen. | *Course-croisière*, Hochseeregatta f. | *Course de fond, de trot attelé*, Langstrecken-, Trabrennen. | *Champ de courses*, Rennplatz m., -bahn f. | *Courses d'obstacles*, Hindernisrennen. || PAR ANAL. *Course de taureaux*, Stierkampf m. | *Course en sacs*, Sackhüpfen n. || PAR EXT. [des choses] Lauf m. ; Bahn f. ; Fahrt f. || [trajet] Fahrt f. ; Weg m. | *Prix de la course*, Fahrpreis m. || [commission] Gang m. ; Auftrag m. ; Besorgung f. ; Einkauf m. | *Faire les courses*, Besorgungen machen ; einkaufen gehen. || TECHN. *Course d'un piston*, Kolbenhieb. | *Course à vide*, Leerlauf.

coursier [-sje] m. [cheval] Kampf-, Streit-, Schlachtroß n. ; Renner m. || [garçon] Laufbursche m.

court, courte [ku:r, kurt] adj. **1.** ESPACE : [de petite longueur, hauteur] kurz. | *Cheveux courts*, kurzes Haar. | *Ses vêtements sont devenus trop courts*, er ist aus seinen Kleidern gewachsen. | *Tirer à la courte paille*, mit Strohhalmen losen. | *Faire la courte échelle*, auf die Schultern klettern. || LOC., FIG. *Avoir la vue courte*, kurzsichtig sein ; beschränkt sein.

2. TEMPS : [de petite durée] kurz. | *Une courte halte*, eine kurze Ruhepause. | *Pour un temps très court*, auf kurze Zeit. || LOC. *Avoir la mémoire courte*, ein kurzes Gedächtnis haben.

◇ adv. kurz. | *Court vêtue*, kurzgeschürzt. | *Tourner court*, kurz einschlagen ; plötzlich wechseln. | *Rester court*, stecken bleiben. | *Couper court à une discussion*, eine Diskussion kurz abbrechen. | *Tout court*, kurzweg ; einfach. || LOC. *Être pris de court*, in Verlegenheit geraten ; zeitlich knapp gehalten sein. | *Être à court d'argent*, knapp bei Kasse sein.

— SYN. : *Bref*, kurzgefaßt. *Concis*, zusammengefaßt. *Succinct*, gedrängt. *Sommaire*, summarisch.

court [ku:r] m. SPORT. Tennisplatz m. | *Court couvert*, Tennishalle f. | *Court découvert*, Freiluftplatz.

courtage [kurta:ʒ] m. Maklergebühr f. ; Courtage f.

courtaud, aude [kurto, o:d] adj. kurzgebaut ; stämmig ; untersetzt ; vierschrötig.

court-circuit [kursirkɥi] m. ÉLECTR. Kurzschluß m.

courtepointe [kurtəpwɛ̃:t] f. Stepp-, Über-, Bettdecke f.

courtier [kurtje] m. Makler m. ; Geschäfts-, Geld-, Aktienmakler m. ; Unterhändler m.

courtilière [kurtijɛr] f. ZOOL. [taupe-grillon] Maulwurfgrille f.

courtisan [kurtizɑ̃] m. Höfling m. ; PÉJOR. Hofschranzen m. et f. pl.

courtisane [-zan] f. VX. Buhlerin f. ; Dirne f. ; Kurtisane f.

courtiser [-ze] v. tr. [une femme] den Hof machen (dat.). || PAR EXT. [un supérieur] umwerben ; umschmeicheln ; hofieren ; herumscharwenzeln (um) ; nach dem Munde reden (dat.).

courtois, oise [kurtwa, wa:z] adj. HIST. höfisch ; ritterlich. | *Amour courtois*, Minne f. | *Roman courtois*, höfisches Epos. || PAR EXT. [civil, poli] artig ; gepflegt ; höflich ; verbindlich ; galant.

courtoisie [-zi] f. HIST. Hofart f. ; Rittersitten f. pl. || PAR EXT. [civilité] Höflichkeit f. ; Ritterlichkeit f. ; Gepflegtheit f.

couscous [kuskus] m. CULIN. Kuskus n.

cousette [kuzɛt] f. FAM. Nähmädchen n.

cousin [kuzɛ̃] m. Vetter m. ; Kusin m. | *Des cousins germains*, Geschwisterkinder n. pl. || FIG. *Le roi n'est pas mon cousin*, ich tausche mit dem Kaiser nicht. || ZOOL. Stechmücke f.

cousinage [-zina:ʒ] m. Vetternschaft f. ; Gevattern m. pl.

cousine [-zin] f. Base f. ; Kusine f.

coussin [kusɛ̃] m. Kissen n. ; Polsterkissen n. || TECHN. Reibkissen n.

coussinet [-sinɛ] m. kleines Kissen. || TECHN. Lagerschale f. ; Maschinen-, Achslager n. ; Lagerbüchse f. ; Lagerhülse f. | *Coussinet à billes, conique*, Kugel-, Kegellager n.

coût [ku] m. Kosten f. pl. | *Coût de l'organisation, de la production*, Organisationskosten f. pl. ; Produktionskosten f. pl. | *Coût de la vie*, Lebenshaltungskosten f. pl. | *Coûts marginaux*, Grenzkosten pl.

coûtant, ante [kutɑ̃, ɑ̃:t] adj. kostend. | *Au prix coûtant*, zum Selbstkostenpreis, zum Fabrikpreis.

couteau [kuto] m. Messer n. | *Un couteau bien affilé, émoussé, ébréché*, ein gut abgezogenes, stumpfes, schartiges Messer. | *Couteau de poche*, Taschen-, Klapp-, Schnappmesser. | *Couteau de cuisine*, Küchenmesser. | *Couteau-scie*, Sägenmesser. || LOC. *Retourner le couteau dans la plaie*, den wunden Punkt treffen. | *Être à couteaux tirés avec qn*, POP. mit jm auf Hauen und Stechen stehen. | *Il a le couteau sous la gorge*, das Messer sitzt ihm an der Kehle.

coutelas [-tlɑ] m. langes Küchenmesser ; Fleischmesser n. ; Bratenmesser n. ; Hirschfänger m.

coutelier [-təlje] m. Messerfabrikant m.

coûter [kute] v. intr. [argent] kosten ; einen Preis haben. | *Combien vous a coûté cela ?*, wieviel hat Sie das gekostet ? | *Qui coûte cher*, kostspielig. | *Qui ne coûte rien*, unentgeltlich. || FIG. [peine, effort] Mühe kosten. | *Coûte que coûte*, koste es, was es wolle ; um jeden Preis. | *Il m'en coûte*, es fällt mir schwer ; es macht mir Mühe. | *Cela lui coûtera cher*, das soll er teuer bezahlen ! | *Cela lui coûta la vie*, das kostete ihn das Leben.

coûteux, euse [-tø, ø:z] adj. kostspielig ; von hohem Preis.

coutil [kuti] m. TECHN. Zwillich m. ; Drillich m.

coutume [kutym] f. Sitte f. ; Gewohnheit f. ; Brauch m. ; herkömmliche Art ; Art f. | *Coutume du pays*, Landessitte, -brauch. | *Selon la coutume*, nach dem Brauch ; gewohnheitsmäßig. | *Une fois n'est pas coutume*, einmal ist keinmal. | *Comme de coutume*, wie üblich ; wie gewöhnlich ; wie sonst. || JUR. Landrecht n.

coutumier, ière [-mje, jɛ:r] adj. bräuchlich ; gebräuchlich ; üblich ; hergebracht ; althergebracht ; von alters her ; gewohnt ; herkömmlich. || JUR. *Droit coutumier*, Gewohnheitsrecht n.

couture [kuty:r] f. [action, art] Nähen n. ; Schneidern n. ; Näherei f. ; Schneiderei f. | *Haute couture parisienne*, Pariser Modeschneiderei, Modellschneiderei. || [assemblage de points] Naht f. | *Couture de pantalon*, Hosennaht. | *Une couture se défait, se voit*, eine Naht geht auf, ist zu sehen. || FIG. *Examiner sur toutes les coutures*, auf Herz und Nieren prüfen.

couturé, ée [-re] part. pass. et adj. MÉD. verschrammt ; narbig ; mit Narben bedeckt.

couturier [-rje] m. Modeschöpfer m.

couturière [-rjɛ:r] f. Näherin f. ; Schneiderin f.

couvaison [kuvɛzɔ̃] f. Brutzeit f. ; Brüten n.

couvée [kuve] f. [œufs d'oiseaux] Brut f. ; Gelege n. ; Bruteier n. pl.

couvent [kuvɑ̃] m. RELIG. [retraite] Kloster n. ; Mönchs-, Nonnenkloster n. ; Stift n. | *Entrer au couvent*, ins Kloster gehen. || PAR EXT. [pensionnat] Kloster-, Stiftsschule f.

couver [kuve] v. tr. [des œufs] brüten ; ausbrüten. || FIG. [préparer] ausbrüten ; aushecken ; im Dunkeln vorbereiten. | *Couver une vengeance*, auf Rache sinnen. | *Couver qn des yeux*, jn verliebt angucken. || MÉD. *Couver une maladie*, den Keim einer Krankheit in sich tragen.
◇ v. intr. brüten. | *Mettre une poule à couver*, eine Glucke setzen. || FIG. *Le feu couve sous la cendre*, das Feuer glimmt unter der Asche fort.

couvercle [kuvɛrkl] m. Deckel m. | *Couvercle de bois, de porcelaine, à charnière*, Holz-, Porzellan-, Klappdeckel.

couvert [kuvɛ:r] m. **1.** D'UNE TABLE : [le tout] Gedeck n. | *Le couvert est mis*, der Tisch ist gedeckt. | *Ajouter un couvert*, noch ein Gedeck hinzufügen. | *Enlever le couvert*, den Tisch abdecken. || PAR EXT. [cuiller et fourchette] Besteck n. | *Couvert d'argent*, silbernes Besteck.
2. AUTRES NUANCES : [logis] Dach n. ; Obdach n. ; Unterkommen n. | *Avoir le vivre et le couvert*, Kost und Wohnung haben ; ein Unterkommen haben. || PAR ANAL. [de feuillage] Laubdach n. ; schattiger Ort ; Schatten m. || PAR EXT. [protection] Schutz m. ; Schirm m. ; Sicherheit f. || PÉJOR. Deckmantel m. ; Vorwand m. | *Sous le couvert de la loi*, unter dem Deckmantel des Gesetzes. || MIL. Deckung f. ; Unterstand m.
◇ loc. adv. **à couvert,** sicher ; gedeckt ; in Sicherheit. | *Mettre à couvert*, in Sicherheit bringen ; sicherstellen ; schützen. | *Se mettre à couvert*, sich unterstellen ; sich in Sicherheit bringen ; MIL. Deckung nehmen. || FIG. *Être à couvert*, gedeckt sein.

couverture [-ty:r] f. [en tissu] Decke f. ; Überdecke f. ; Bettdecke f. ; Deckbett n. ; Überbett n. || PAR ANAL. [livre] Buchdeckel m. ; Umschlag m. ; Einbanddeckel m. || PAR EXT. [tout ce qui couvre] Bedeckung f. ; Dachhaut f. ; Bedachung f. || ADM. *Couverture sociale*, Sozialversicherung f. || FIN. Deckung f. ; Sicherheit f. | *Couverture bancaire*, bankmäßige Deckung. | *Couverture or*, Golddeckung, -decke f. || MIL. Deckung f.

couveuse [kuvø:z] f. [poule] Bruthenne f. ; Glucke f. || TECHN. [appareil] *Couveuse artificielle*, Brutkasten m., -apparat m.

couvre-chef [kuvrəʃɛf] m. Kopfbedeckung f. ; POP. Deckel m. ; ARG. Speckdeckel m.

couvre-feu [-fø] m. Ausgangssperre f. || MIL. Zapfenstreich m.

couvre-lit [-li] m. Tagesdecke f.

couvre-pieds ou **couvre-pied** [-pje] m. Fußdecke f. ; Schmuckbettdecke f.

couvreur [kuvrœ:r] m. Dachdecker m.

couvrir [-vri:r] v. tr. **1.** SENS GÉNÉRAL : decken ; zu- ; be- ; ver- ; überdecken. | *Couvrir un malade*, einen Kranken zudecken. | *Couvrir de qch.*, mit etwas decken. | *Couvrir une maison de tuiles*, ein Dach mit ziegeln decken. || PAR EXT. [de vêtements] bekleiden ; einhüllen. | *Couvrir chaudement*, warm anziehen. || [recouvrir d'une couche] be... ; über... | *Couvrir de boue*, beschmutzen ; mit Kot bewerfen. | *Couvrir de sang*, mit Blut bespritzen. | *Couvrir de nuages*, be-, umwölken. || PAR ANAL. [combler] überhäufen ; überschütten. | *Couvrir de fleurs*, mit Blumen überschütten. | *Couvrir de présents*, mit Geschenken überhäufen. | *Couvrir de taches*, beflecken ; beklecksen. || PAR EXT. [d'une végétation] bepflanzen. | *Couvrir de forêts*, bewalden.
2. SENS FIGURÉS : [protéger] schützen ; beschirmen ; decken. | *Couvrir qn*, jm Rückendeckung geben. || [cacher] verbergen ; verhüllen ; bemänteln. | *Couvrir qch. d'un voile*, etwas unter einem Schleier verhüllen ; etwas verschleiern. | *Couvrir une faute*, einen Fehler beschönigen. || [combler de] überhäufen. | *Couvrir d'honneurs*, mit Ehren überhäufen. | *Couvrir de honte*, mit Schande bedecken ; beschimpfen.

3. Comm. decken. | *Couvrir qn*, jn decken. | *Pour couvrir vos dépenses*, zur Deckung Ihrer Auslagen. | *Couvrir les frais*, die Kosten decken.
4. Mil. decken. | *Couvrir la retraite*, den Rückzug decken ; Rückendeckung geben.
5. Zool. [accoupler] bedecken ; belegen ; bespringen.
6. Sport. *Couvrir 100 km en une heure*, 100 km in einer Stunde zurücklegen.
7. Techn. belegen ; be-, verkleiden ; ab-, be-, überdekken ; überziehen. | *Couvrir d'émail*, mit Email belegen.
◇ part. pass. et adj. **couvert, erte,** gedeckt. | *Restez couvert*, bitte, behalten Sie nur Ihre Mütze, ihren Hut auf. || [recouvert] bedeckt ; überzogen ; be... ; über... | *Couvert de neige, de paille*, schnee-, strohbedeckt. | *Couvert de sang*, blutüberströmt ; blutbefleckt. | *Couverte d'un voile*, verschleiert. | *Couvert de forêts*, bewaldet ; waldig. | *Couvert d'écailles*, schuppig. | *Couvert de nuages*, bewölkt. | *Temps couvert*, trübes Wetter. | *Ciel couvert*, bewölkter, trüber Himmel. | *Allée couverte*, schattige Allee. || [chargé de] *Être couvert de*, voll... sein ; überfüllt sein mit. | *Être couvert de fleurs*, mit Blumen überschüttet sein. || Comm., Mil. *Être couvert*, Deckung haben.
◇ v. pr. **se couvrir,** *Se couvrir de qch.*, sich mit etwas bedecken. || Par anal. [coiffure] den Hut, die Mütze aufsetzen. || Par ext. [vêtements] *Se couvrir d'un manteau*, einen Mantel überhängen, über die Schultern werfen. | *Bien se couvrir*, sich warm anziehen. || [se recouvrir] sich bedecken ; sich be... ; sich über... | *Le ciel se couvre*, der Himmel trübt sich, wird trübe, bewölkt sich. || Fig. *Se couvrir de gloire, de honte*, sich mit Ruhm, mit Schande bedecken. | *Se couvrir de ridicule*, sich lächerlich machen. || [se protéger] sich decken ; sich schützen (vor, dat.) ; Deckung suchen.

crabe [kra:b] m. Zool. Krabbe f. | *Crabe tourteau*, Taschenkrebs m. || Fig. *C'est un panier de crabes*, sie fressen sich gegenseitig auf.

crac ! [krak] interj. knacks ! ; krach ! ; bums !

crachat [kraʃa] m. Auswurf m. ; Spucke f. ; Speichel m. || Mil., fam. [décorations] Sterne m. pl. ; Ordenssterne m. pl.

crachement [-ʃmɑ̃] m. Ausspeien n., -spucken n. ; Spucken n. || Méd. *Crachement de sang*, Blutspucken. || Fam. *Il y a des crachements dans le poste*, das Radio hat Nebengeräusche.

cracher [-ʃe] v. tr. spucken ; ausspucken ; speien ; ausspeien ; Auswurf haben. || Loc. *Défense de cracher*, Spucken verboten. | *Cracher au visage de qn*, jm ins Gesicht spucken ; jn anspucken. | *Cracher des injures*, Schimpfworte ausstoßen ; gemein schimpfen, beschimpfen. || Fam. *C'est lui tout craché*, er ist Ebenbild. || Pop. [payer] *Il crachera*, er muß blechen. | *Cracher du feu*, Feuer spucken, speien.

crachin [-ʃɛ̃] m. Staubregen m. ; Sprühregen m.

crachoir [-ʃwa:r] m. Spucknapf m. || Fig., fam. *Savoir bien tenir le crachoir*, gut schwatzen können.

crachoter [-ʃɔte] v. intr. herumspucken.

crack [krak] m. Ass n. ; der beste Mann ; pop. Kanone f. ; das beste Pferd im Stall.

Cracovie [krakɔvi] n. pr. f. Géogr. Krakau n.

craie [krɛ] f. Kreide f. | *Craie de couleur*, farbige Kreide. | *Craie à dessiner*, Zeichenstift m. | *Dessiner à la craie*, mit Kreide zeichnen. | *Marquer à la craie*, mit Kreide anschreiben.

craindre [krɛ̃:dr] v. tr. [redouter, appréhender] fürchten ; befürchten ; besorgen ; bangen ; Angst, Furcht, Sorge haben (vor, dat.) ; scheuen. | *Craindre la colère de qn*, Angst vor js Zorn haben. || Loc. *Il n'y a rien à craindre*, es ist nichts zu befürchten ; es besteht keine Gefahr. | *Je crains qu'il ne vienne*, ich fürchte, daß er kommt. | *Il ne craint ni Dieu ni diable*, nichts ficht ihn an. || Par ext. [ne pas supporter] scheuen ; nicht vertragen. | *Cette plante craint le froid*, diese Pflanze verträgt die Kälte nicht. || Comm. *Craint l'humidité*, vor Nässe, vor Feuchtigkeit schützen ! ; trocken lagern !

crainte [krɛ̃:t] f. Furcht f. ; Befürchtung f. ; Bangen n. ; Angst f. ; Scheu f. ; Besorgnis f. ; Sorge f. | *Crainte fondée, légitime*, wohlbegründete, berechtigte Furcht, Angst. | *Crainte de Dieu*, Gottesfurcht. | *Par crainte de qch.*, aus Furcht vor etwas.
◇ loc. conj. **de crainte.** *De crainte de tomber dans le ruisseau*, aus Furcht davor, in den Bach zu fallen.
— Syn. : *Appréhension* f., Befürchten n. ; *Inquiétude* f., Beunruhigung f. ; Besorgnis f. *Alarme* f., helle Aufregung. *Peur* f., Angst f. ; Furcht f. *Phobie* f., Angst f. Fam. *Trac* m., Bammel m. ; Lampenfieber n. *Frousse* f., Manschetten f. pl.

craintif, ive [-tif, i:v] adj. furchtsam ; schüchtern ; scheu.

craintivement [-tivmɑ̃] adv. furchtsam ; ängstlich ; schüchtern.

cramoisi, ie [kramwazi] adj. hoch-, puterrot.

crampe [krɑ̃:p] f. Méd. (Muskel)krampf m. | *Crampes d'estomac*, Magenkrämpfe m. pl.

crampon [-pɔ̃] m. Techn. Krampe f. ; Hakennagel m. ; Klammer f. ; Schienennagel m. ; Steigeisen n. ; Klemme f. || Sport. [de chaussure] Stollen m. ; [d'alpiniste] Steigeisen n. || Fig., fam. [importun] Klette f.

cramponner [-pɔne] v. tr. klammern ; ver-, fest-, zusammenklammern ; mit Klammern befestigen.
◇ v. pr. **se cramponner à,** sich anklammern ; sich festklammern an (acc.) ; nicht loslassen. || Fig., fam. wie eine Klette hängen (an, dat.).

cran [krɑ̃] m. [entaille] Kerbe f. ; Einkerbung f. ; Einschnitt m. || Par anal., techn. Raste f. ; Anschlag m. | *Cran d'arrêt*, Sperrklinke f. ; Sperrhebel m. | *Mettre au cran d'arrêt*, sichern. | *Reculer d'un cran*, ein Loch weiter stellen. || Par ext. [degré] Stufe f. | *Monter d'un cran*, eine Stufe höherrücken. || Fig., fam. [courage] Schneid m. | *Avoir du cran*, Mumm haben.

crâne [krɑ:n] m. Anat. Schädel m. ; Schädelkopf m. ; Schädeldecke f. ; Hirnschale f. | *Fracture du crâne*, Schädelbruch m. ; Schädelbasisbruch m. | *Fendre le crâne à qn*, jm den Schädel spalten. || Fig. fam. *Bourrer le crâne à qn*, jm etwas vorschwatzen.
◇ adj. [fier, décidé] forsch ; kühn ; unerschrocken ; péjor. prahlerisch.

crâner [-ne] v. intr. Fam. [faire le fanfaron] prahlen ; dicktun ; aufspielen ; renommieren.

crânerie [-nri] f. Fam. Übermut m. ; Unerschrockenheit f. ; Keckheit f. ; Verwegenheit f. ; péjor. Wichtigtuerei f.

crâneur, euse [-nœ:r, ø:z] s. Fam. Wichtigtuer(in) m. (f.) ; Dicktuer(in) m. (f.) ; Prahler(in) m. (f.).

cranter [krɑ̃te] v. tr. zacken ; mit Wellenschliff versehen.

crapaud [krapo] m. Zool. Kröte f. ; Unke f. | [fauteuil] niedriger Samt-, Volantsessel m.

crapouillot [krapujo] m. Mil. Granatwerfer m.

crapule [krapyl] f. [débauche] liederliches Treiben ; Ausschweifung f. ; Drauflosleben n. ; Lotterleben n. || Par ext. [individu] Schuft m. ; Lump m. ; Schurke m.

crapulerie [-lri] f. Schurkerei f.

crapuleux, euse [-lø, ø:z] adj. liederlich ; lotterhaft ; wüst ; ausschweifend. || Jur. *Crime crapuleux*, Raubmord m.

craquage [kraka:ʒ] m. Techn. Kracken n.

craque [krak] f. FAM. Aufschneiderei f. ; Schwindelei f. | *Raconter des craques*, drauflosschwindeln ; POP. Märchen erzählen.

craquelure [-kly:r] f. Riß m. ; Sprung m.

craquement [-kmɑ̃] m. Krachen n. ; Knarren n. ; Knacken n. ; Knicken n. ; Knirschen n. | *Il y a des craquements*, es kracht, knarrt, knackt.

craquer [-ke] v. intr. krachen ; knarren ; knacken ; knirschen ; knicken ; knistern. || FIG., FAM. [être branlant] wackelig sein ; zusammenbrechen.
◇ v. tr. *Craquer une allumette*, ein Streichholz anzünden.

crasse [kras] f. Schmutz m. ; Dreck m. ; Unrat m. | *Enlever la crasse*, die Schmutzschicht, Dreckschicht entfernen. || FIG., FAM. [tour] *Faire une crasse à qn*, jm einen gemeinen Streich spielen.
◇ adj. kraß ; grob. | *Ignorance crasse*, krasse Unwissenheit.

crasseux, euse [-sø, ø:z] adj. dreckig ; schmutzig ; schmierig ; unsauber.

crassier [krasje] m. TECHN. Schlackenhalde f.

cratère [kratɛ:r] m. ARCHÉOL. Trinkschale f. || GÉOL. Krater m.

craterelle [kratərɛl] f. BOT. Herbsttrompete f.

cravache [kravaʃ] f. Reitpeitsche f.

cravacher [-ʃe] v. tr. mit der Reitpeitsche schlagen, antreiben. || FIG., FAM. sich ordentlich ins Geschirr legen.

cravate [kravat] f. Schlips m. ; Halsbinde f. ; Kravatte f. | *Nouer sa cravate*, den Schlips binden.

cravater [-te] v. tr. jm einen Schlips umbinden ; in den Schwitzkasten nehmen.

crawl [kro:l] m. SPORT. [nage] Kraul m.

crayeux, euse [krɛjø, ø:z] adj. kreidehaltig ; kreideführend ; kreidig.

crayon [krɛjɔ̃] m. Bleistift m. | *Un crayon taillé, épointé, émoussé*, ein gespitzter, abgebrochener, stumpfer Bleistift. | *Crayon à bille*, Kugelschriber m. | *Crayon de couleur*, Buntstift m. | *Crayon-feutre*, Filzstift m.

crayonnage [-jɔna:ʒ] m. Bleistiftskizze f., -zeichnung f.

crayonner [-jɔne] v. tr. mit dem Bleistift zeichnen ; skizzieren.

créance [kreɑ̃:s] f. [foi] Glaube(n) m. ; Vertrauen n. | *Donner, refuser créance à qn*, jm Glauben, keinen Glauben schenken. || FIG. *Perdre toute créance*, seinen Kredit verlieren. || JUR., POLIT. *Lettres de créance*, Beglaubigungsschreiben n. || COMM. Forderung f. ; Schuldforderung f. ; anstehende Schuld ; Schuldschein m. ; Gutschrift f. | *Créance arriérée, cessible*, rückständige, abtretbare, übertragbare Forderung. | *Créance irrécouvrable*, uneintragbare Forderung. | *Rentrer dans sa créance*, zu seinem Geld kommen.

créancier, ière [-sje, jɛ:r] n. Gläubiger(in) m. (f) ; Kreditor(in) m. (f.). | *Payer un créancier*, einen Gläubiger befriedigen.

créateur, trice [kreatœ:r, tris] adj. schöpferisch ; erfinderisch. | *Génie créateur*, Schöpfergeist m. | *Puissance créatrice*, Schöpfungsmacht f.
◇ s. Gründer m. ; Schöpfer(in) m. (f.) ; Erschaffer (in) m. (f.). || PAR ANAL. [inventeur] Erfinder(in) m. (f.). || PAR EXT. [fondateur] Stifter m. || RELIG. *Le Créateur*, Gott m. ; Schöpfer (des Himmels und der Erden). || THÉÂTRE. *Créateur d'un rôle*, erster Darsteller.

création [-sjɔ̃] f. [action] Schaffen n. ; Erschaffen n. || [résultat] Schöpfung f. | *Création d'emplois*, Schaffung (f.) von Arbeitsplätzen. | *Création monétaire*, Liquidätsschöpfung ; Geldschöpfung f. || PAR. ANAL. [invention] Erfindung f. || PAR EXT. [fondation] Gründung f. ; Stiftung f. || LOC. *Création de l'esprit*, geistige Schöpfung. || RELIG. Erschaffung f. (der Welt). || THÉÂTRE. Erstaufführung f.

créature [-ty:r] f. Geschöpf n. ; Lebewesen n. ; Kreatur f. || FIG., PÉJOR. elende, üble Kreatur.

crécelle [kresɛl] f. Mühle f. ; Klappermühle f. ; Knarre f. ; Schnarre f. || FIG. *Voix de crécelle*, keifende Stimme.

crèche [krɛ:ʃ] f. Futterkrippe f. || RELIG. Jesus-, Weihnachtskrippe f. || FIG. [pour enfants] Kinderheim n., -garten m.

crédence [kredɑ̃:s] f. [table] Anrichte f.

crédibilité [kredibilite] f. Glaubwürdigkeit f. ;

crédit [kredi] m. **1.** [foi] Glaube m. | *N'accorder aucun crédit à qch.*, einer Sache keinen Glauben schenken. | *Trouver crédit*, Glauben finden. | *Faire crédit à qn*, jm Vertrauen schenken.
2. [considération] Ansehen n. ; Geltung f. | *Jouir d'un grand crédit auprès de qn*, bei jm hoch im Kurs stehen.
3. [influence] Einfluß m. ; Kredit m. | *Avoir du crédit auprès de qn*, auf jn Einfluß haben.
4. COMM. [délai pour le paiement] Kredit m. | *Faire crédit*, borgen ; Kredit geben. | *Acheter à crédit*, auf Kredit kaufen. || FIN. [somme disponible] Kredit m. ; Guthaben n. ; [budget] Haushaltsmittel n. pl. | *Avoir un crédit en banque*, ein Bankguthaben haben. | *Porter 1 000 DM au crédit de qn*, jm 1 000 DM gutschreiben. | *Crédit bail*, Leasing n. ; Leasen n. | *Crédit croisé*, Swap-Kredit. | *Crédit documentaire*, Warenakkreditiv n. | *Crédit(-)relais*, Überbrückungskredit. | *Encadrement du crédit*, Kreditkontigentierung f. || [établissement] *Crédit municipal*, städtisches Leihamt. || [édition] *Crédit photo(graphique)*, Photovermerk m.

créditer [-te] v. tr. gutschreiben (dat.) ; eine Gutschrift vornehmen, erkennen (dat.) ; ins Haben buchen ; einen Kredit gewähren (dat.) ; kreditieren. | *Créditer qn de mille marks*, jm tausend Mark gutschreiben. || FIG. *Créditer qn de qch.*, jm etwas gutschreiben.

créditeur [-tœ:r] m. COMM. Gläubiger m. ; Kreditor m.

credo [kredo] m. RELIG. das (große, apostolische, christliche) Glaubensbekenntnis ; Credo n. ; die Glaubensartikel m. pl. || FIG. *Credo politique*, politisches Glaubensbekenntnis.

crédule [kredyl] adj. leichtgläubig.

crédulité [-lite] f. Leichtgläubigkeit f.

créer [kree] v. tr. schaffen ; erschaffen ; schöpfen. || PAR ANAL. [inventer] erfinden. || PAR EXT. [fonder] ergründen ; begründen ; stiften ; errichten ; herstellen ; hervorbringen ; einführen. || LOC. *Et Dieu créa l'homme*, und Gott erschuf den Menschen. | *Créer un foyer*, eine Familie gründen. || FIG. *Créer des difficultés à qn*, jm Schwierigkeiten bereiten. || THÉÂTRE. *Créer un rôle*, eine Rolle als erster darstellen.

crémaillère [kremajɛ:r] f. Zahnstange f. || FIG. *Prendre la crémaillère*, ein neues Haus, eine neue Wohnung einweihen ; Einstand feiern. | *Chemin de fer à crémaillère*, Zahnradbahn f.

crémation [kremasjɔ̃] f. Leichenverbrennung f. ; Einäscherung f.

crématoire [-twa:r] adj. Verbrennungs... | *Four crématoire*, Verbrennungsofen m. ; Krematorium n.

crème [krɛm] f. Sahne f. ; Rahm m. || PAR ANAL. [entremets] *Crème fouettée, Chantilly*, Schlagsahne. || PAR EXT. [cosmétique] Creme f. | *Crème de jour, de nuit*, Tagescreme ; Nachtcreme. || FIG. [le meilleur] Auslese f. ; Feinste(s) n. ; Blume f. | *C'est la crème des hommes*, er ist der beste Mensch.
◇ adj. invar. cremefarben.

crémerie [-mri] f. [laiterie] Milchgeschäft n. ; Milch- und Butterhandlung f.

crémeux, euse [kremø, ø:z] adj. sahnehaltig ; sahnig ; rahmig.

crémier, ière [-mje, jɛ:r] s. [laitier] Milchhändler(in) m. (f.) ; Milchmann m. ; Milchfrau f. ‖ PAR EXT. Eier- und Butterhändler(in) m. (f.) ; Käsehändler(in) m. (f.).

crémone [kremɔn] f. Fensterriegel m.

Crémone [kremɔn] n. pr. f. GÉOGR. Cremona n.

créneau [kreno] m. ARCHIT. Zinne f. ; Mauerzinne f. ‖ MIL. Schießscharte f. ‖ COMM. Marktlücke f.

créneler [krenle] v. tr. auszacken ; zähneln.

◇ part. pass. et adj. **crénelé, ée.** TECHN. gezackt ; zackig ; eingekerbt. ‖ MIL. schartig.

créole [kreɔl] adj. kreolisch.

◇ s. **Créole,** Kreole m. ; Kreolin f.

crêpage [krɛpa:ʒ] m. Kräuseln n. ; Fälteln n. ; Haarkräuseln n. ‖ FIG., FAM. *Crêpage de chignons,* Weibergezänk n. ; Sich-in-die-Haare-Geraten n.

crêpe [krɛ:p] m. [textile] Schleier-, Kreppflor m. | *Porter un crêpe au bras,* einen Trauerflor am Arm tragen. ‖ PAR EXT. [étoffe] Krepp m. | *Crêpe de Chine,* Chinakrepp.

◇ f. CULIN. Krapfen m. ; Pfannkuchen m.

crêper [krɛpe] v. tr. kräuseln ; in Wellen legen.

◇ v. pr. **se crêper.** *Se crêper le chignon,* sich in die Haare kriegen.

crépi [krepi] m. TECHN. Verputz m. ; Rauhputz m.

crépir [krepi:r] v. tr. verputzen ; rauh verputzen.

crépitement [-tmɑ̃] m. Knattern n. ; Rattern n. ; Geknatter n. | *Crépitement des mitrailleuses,* Knattern, Hämmern (n.) der Maschinengewehre. ‖ FIG. *Crépitement des flammes,* Prasseln (n.), Knistern (n.) der Flammen.

crépiter [-te] v. intr. [arme à feu] knattern ; rattern ; rasseln. ‖ [flamme, pluie] prasseln.

crépu, ue [krepy] adj. kraus ; gekräuselt ; wollig.

crépusculaire [krepyskylɛ:r] adj. dämmerig ; dämmerhaft.

crépuscule [-kyl] m. Dämmerung f. ; Morgen-, Abenddämmerung f. ; Halbtageslicht n. ; Zwielicht n. ; Zeit zwischen Nacht und Tag. ‖ LOC. *Crépuscule de la vie,* Lebensabend m. | *Crépuscule des dieux,* Götterdämmerung.

cresson [krɛsɔ̃] m. BOT. Kresse f. ; Brunnen-, Gartenkresse f. ; Wiesenschaumkraut n.

Crésus [krezys] n. pr. m. Krösus m. | *Riche comme Crésus,* steinreich.

crétacé, ée [kretase] adj. kreidig ; kreideartig ; Kreide... | *Terrains crétacés,* Kreidegebiete n. pl.

Crète [krɛ:t] n. pr. f. GÉOGR. Kreta n.

crête [krɛ:t] f. [gallinacé] Kamm m. | *Crête de coq,* Hahnenkamm. ‖ PAR ANAL. [oiseau] Haube f. ‖ GÉOL. [montagne] Bergkamm ; Bergrücken m. ; Berggrat m. ; Höhe f. ‖ LOC. *Crête d'un toit,* Dachfirst m. | *Crête d'une vague,* Wellenkamm m., -berg m.

crétin, ine [kretɛ̃, in] adj. blödsinnig ; zurückgeblieben ; schwachköpfig ; stockdumm.

◇ s. Blöde(r) f. (m.) ; Schwachsinnige(r) f. (m.) ; Idiot(in) m. (f.) ; Trottel m. ; Kretin m.

crétinisme [-tinism] m. Blödsinn m. ; Blödsinnigkeit f. ; Schwachsinn m. ; angeborene Idiotie.

crétois, oise [kretwa, wa:z] adj. kretisch.

cretonne [krətɔn] f. [textiles] starkes Baumwollzeug ; Baumwolltuch n.

creusage ou **creusement** [krøza:ʒ, -zmɑ̃] m. Aushöhlen n. ; Ausschachten n. ; Vertiefen n. ; Graben n. ; Ausgraben n. ; Ausbaggern n.

creuser [-ze] v. tr. aushöhlen, -bohren, -baggern ; graben ; schachten ; ausschachten. | *Creuser un puits,* einen Schacht abteufen. | *Creuser un trou,* ein Loch graben. ‖ PAR EXT. *L'air marin creuse l'estomac,* die Seeluft zehrt, macht hungrig. ‖ FIG. ergründen ; erforschen. | *Creuser un problème,* ein Problem erforschen.

◇ v. pr. **se creuser,** [devenir creux] hohl werden ; sich vertiefen. | *Ses joues se creusent,* seine Wangen fallen ein. ‖ FIG. *Se creuser la tête, la cervelle,* sich den Kopf zerbrechen ; nachgrübeln.

creuset [krøzɛ] m. CHIM. Tiegel m. ; Schmelztiegel m. ‖ FIG. Feuerprobe f.

creux, euse [krø, ø:z] adj. hohl ; ausgehöhlt. | *Arbre creux,* hohler Baum. | *Chemin creux,* Hohlweg m. | *Assiette creuse,* tiefer Teller ; Suppenteller m. | *Sonner creux,* hohl klingen. ‖ PAR EXT. *Joues creuses,* hohle, eingefallene Wangen, Backen f. pl. ‖ FIG. [vide, vain] *Tête creuse,* Flachkopf m. ; Hohlkopf m. | *Cervelle creuse,* Gehirn mit Stroh. | *Songe-creux,* Träumer m. ; Grübler m. ; Grillenfänger m. | *Heures creuses,* [transports] verkehrsarme Zeiten f. pl. | *Phrases creuses,* hohle, leere Worte ; Wortgeklingel n.

◇ m. **creux,** [cavité] Vertiefung f. ; Hohlraum m. ; Höhlung f. ; Grube f. ; Mulde f. ; Innere(s) n. ‖ PAR EXT. [concavité] *Creux de la main,* innere Handfläche ; hohle Hand. | *Creux de l'estomac,* Magengrube f. | *Creux de l'aisselle,* Achselhöhle f. ‖ FIG. *Se sentir un creux dans l'estomac,* Kohldampf schieben (FAM.).

crevaison [krəvɛzɔ̃] f. Platzen n. ; Zer-, Auf-, Auseinanderplatzen n. | *Crevaison d'un pneu,* Platzen eines Reifens ; Reifenpanne f.

crevant, ante [-vɑ̃, ɑ̃:t] adj. FAM. [drôle] zum Platzen ; zum Schießen lustig. ‖ FAM. [fatigant] *Travail crevant,* Hundearbeit f.

crevasse [krəvas] f. Riß m. ; Kluft f. ; Spalte f. ; Spalt m. ; Sprung m. ; Ritz m.

crevasser [-se] v. tr. reißen ; aufreißen ; spalten.

◇ part. pass. et adj. **crevassé, ée,** rissig ; zerklüftet ; geborsten. | *Mains crevassées,* aufgesprungene, schrundige Hände.

◇ v. pr. **se crevasser,** bersten ; aufreißen ; rissig werden ; Brüche, Risse bekommen.

crevé [krəve] m. POP. [sans forces] Weichling m.

crève-cœur [krɛvkœ:r] m. Herzeleid n.

crève-la-faim [krɛvlafɛ̃] m. invar. POP. Hungerleider m. ; armer Schlucker.

crever [krəve] v. tr. [faire éclater] platzen ; bersten machen ; zerplatzen. ‖ PAR EXT. [enfoncer, percer] durchbrechen ; durchstoßen. ‖ FIG. *Cela crève les yeux,* das springt ins Auge ; das ist augenscheinlich. | *Crever le cœur à qn,* jm das Herz zerreißen ; jm ins Herz treffen. ‖ [éreinter] *Crever un cheval,* ein Pferd zuschanden reiten. ‖ FAM. *Crever qn,* jn schinden. ‖ MÉD. *Crever un abcès,* ein Geschwür aufstechen.

◇ v. intr. platzen ; bersten ; zerplatzen ; aufplatzen ; auseinanderplatzen ; aufreißen ; aufbrechen ; krepieren. ‖ PAR ANAL. *J'ai crevé (un pneu),* ich habe einen Platten, eine Reifenpanne gehabt. ‖ PAR EXT., POP. [mourir] verrecken ; krepieren. | *Crever de faim, de soif,* vor Hunger, vor Durst sterben ; FIG. einen Riesenhunger, -durst haben. ‖ LOC. *C'est à crever de rire,* POP. es ist zum Kugeln. | *Crever de dépit,* sich schwarz ärgern.

◇ part. pass. et adj. **crevé, ée,** [éclaté] ge-, zerplatzt. ‖ [enfoncé] durchbrochen ; durchstoßen ; durchstochen. ‖ [mort] verreckt. | *Chien crevé,* verreckter Hund. ‖ FIG., FAM. *Je suis crevé,* ich bin erledigt, fertig.

◇ v. pr. **se crever,** FAM. sich abschinden.

crevette [krəvɛt] f. ZOOL. Garnele f.

cri [kri] m. [d'un homme] Schrei m. || MÉD. *Cri primal*, Urschrei. || PAR ANAL. [appel] Ruf m. | *Cri de détresse*, Hilfe-, (Not-)ruf. || PAR EXT. [exclamation] Ausruf m. ; Zuruf m. | *Un cri de joie*, ein Freudenausruf. | *Cris de protestation*, Protestzurufe. | *Cris d'allégresse*, Jauchzen n. ; Jubeln n. ; Freudengeschrei n. | *Cris de douleur*, lautes Wehklagen ; Schmerzensrufe m. pl. || LOC. *Pousser, Jeter un cri*, einen Schrei ausstoßen. | *Pousser des cris*, schreien ; aufschreien. | *Pousser les hauts cris*, ein Zetergeschrei (n.) anstimmen ; ein Mordsgeschrei erheben. | *À grands cris*, mit lautem Geschrei. || FIG. *Cri du cœur*, Ruf des Herzens. | *Dernier cri*, letzte Modeneuheit ; Allerneueste(s) n. ; höchste Eleganz. | *Cri de guerre*, Kriegsgeschrei n., -ruf m. || [d'un animal] Tierlaut m. ; Schrei m. ; Ruf m.

criaillement [kriɑjmɑ̃] m., ou **criaillerie** [-jri] f. [cris] Schreien n. ; Geschrei n. ; Schreierei f. ; Geplärre n. ; Kreischen n. || FIG. [discussion] Keifen n. ; Zänkerei f. ; Gezänk n.

criailler [-je] v. intr. [crier] quäken ; quicken ; quietschen. || FIG., FAM. [contre] keifen.

criant, iante [kriɑ̃, iɑ̃t] adj. [qui crie] schreiend. || FIG. [révoltant] schreiend ; unerhört ; besonders stark. | *Une injustice criante*, eine (zum Himmel) schreiende Ungerechtigkeit.

criard, iarde [kria:r, iard] adj. schreiend ; gellend ; keifend. | *Voix criarde*, gellende Stimme ; Blechstimme f. | *Dettes criardes*, drückende Schulden f. pl. || FIG. [trop cru] *Couleurs criardes*, grelle sich beißende Farben. | *Toilette criarde*, auffällige Kleidung.

◇ m. **criard,** Schreihals m.

crible [kribl] m. Sieb n. ; Siebwerk n. ; Durchwurf m. || LOC. *Passer au crible*, durchsieben, -seihen.

cribler [-ble] v. tr. [passer au crible] sieben ; ab-, aus-, durchsieben ; durchseihen ; passieren lassen ; rättern ; klassieren. || PAR EXT. [percer] durchlöchern, -bohren. || FIG. überschütten (mit).

◇ part. pass. et adj. **criblé, ée,** durchsiebt. || [percé] *Criblé de balles*, von Kugeln durchlöchert, durchsiebt. || FIG. *Criblé de dettes*, bis über beide Ohren verschuldet.

cric [krik] m. TECHN. Winde f. ; Wagenwinde f. ; Wagenheber m.

cric ! [krik] interj. krach ! ; ratsch ! | *Cric crac !*, ritschratsch.

cricri [krikri] m. ZOOL. Grille f. ; Heimchen n.

criée [krije] f. *Vente à la criée*, gerichtliche, öffentliche Versteigerung. || FIN. *À la criée*, auf Zuruf.

crier [krije] v. intr. [pousser un cri] schreien ; kreischen. | *Crier à tue-tête*, aus vollem Halse schreien. || PAR ANAL. [appeler] rufen. | *Crier au secours*, um Hilfe rufen. | *Crier au feu, au voleur*, "Feuer", "Haltet den Dieb" rufen. || PAR EXT. [s'exclamer, disputer] *Crier bravo*, laut, lauten. Beifall spenden. | *Crier après, contre qn*, jn anschreien ; auf jn schimpfen ; jn schelten. || FIG. [réclamer] *Crier misère*, über große Not klagen ; jammern. | *Crier vengeance*, nach Rache rufen. || [gravier] knirschen ; [plume] kratzen ; [étoffe] knistern.

◇ v. tr. [dire] aus-, zuschreien ; zurufen. | *Crier qch. à qn*, jm etwas zurufen. | *Crier qch. sur les toits*, etwas an die große Glocke hängen ; etwas herausposaunen.

— SYN. : *Criailler*, keifen. *Piailler*, piepsen. *Ululer*, heulen. *Glapir*, kläffen. *Clamer*, laut ausschreien. *Tonner, tonitruer*, donnern ; losdonnern. *Vociférer*, Schimpfworte ausstoßen. *S'égosiller*, sich heiser schreien. *Hurler*, heulen. *Beugler*, brüllen. FAM. *Brailler*, quäken.

crieur, ieuse [krijœr, jø:z] s. Ausrufer(in) m. (f.) ; Ausschreier(in) m. (f.). | *Crieur de journaux*, Zeitungsverkäufer m.

crime [krim] m. Verbrechen n. ; Untat f. ; Missetat f. ; schweres Vergehen ; Freveltat f. || PAR EXT. [faute] Schuld f. || LOC. *Crime capital*, Kapitalverbrechen. | *Crime de haute trahison*, Hochverrat m. | *Crime de lèse-majesté*, Majestätsbeleidigung f. | *Commettre un crime*, ein Verbrechen begehen. | *Faire à qn un crime de qch.*, jm etwas zum Verbrechen machen. || FAM. *Ce n'est pas un crime*, das ist nicht so schlimm.

Crimée [krime] n. pr. f. GÉOGR. (die Halbinsel) Krim f.

criminalité [kriminalite] f. [nature] Strafbarkeit f. || [faits commis] Kriminalität f.

criminel, elle [-nɛl] adj. [personne] verbrecherisch ; eines Verbrechens schuldig ; kriminell. || JUR. [acte, chose] verbrecherisch ; frevlerisch ; strafbar ; straffällig ; strafrechtlich ; Kriminal... ; Straf... | *Procédure criminelle*, Strafverfahren n. | *Tribunal criminel*, Strafgericht n.

◇ s. Verbrecher(in) m. (f.) ; Übeltäter(in) m. (f.). | *Criminel de guerre*, Kriegsverbrecher.

criminologie [-nɔlɔʒi] f. Kriminalwissenschaft f. ; Erforschung (f.) der Kriminalität.

crin [krɛ̃] m. [animal] Haar n. | *Crin de cheval*, Roßhaar. | *De crin*, haaren ; roßhaaren. || PAR EXT. [végétal] Haar n. ; Pflanzenhaar n. || LOC. *Être comme un crin*, überempfindlich sein.

crinière [krinjɛ:r] f. Mähne f.

crique [krik] f. GÉOGR. kleine Bucht ; Wiek n.

criquet [krikɛ] m. ZOOL. Heuschrecke f.

crise [kri:z] f. MÉD. Anfall m. ; Krisis f. | *Crise de nerfs, de rhumatismes*, Nerven-, Rheumaanfall. | *Crise de larmes*, Weinkrampf m. || FIG. [phase périlleuse, décisive] Krise f. ; Wendepunkt m. ; Entscheidung f. | *Crise ministérielle*, Regierungskrise. | *Crise économique*, Wirtschaftskrise. | *Crise dans une tragédie*, Wendepunkt einer Tragödie. | *Crise du logement*, Wohnungsnot f. || [aux échecs] *Crise de temps*, Zeitnot f.

crispant, ante [krispɑ̃, ɑ̃:t] adj. aufregend ; aufreizend. || FIG., FAM. *Il est crispant*, er geht einem auf die Nerven. | *C'est crispant*, es ist zum Hochgehen.

crispation [-pasjɔ̃] f. MÉD. Zusammenziehung f. ; Kräuselung f.

crisper [-pe] v. tr. zusammenziehen ; verziehen ; kräuseln. || FIG., FAM. ärgern ; höchst ärgerlich machen.

◇ part. pass. et adj. **crispé, ée,** verkrampft sein.

◇ v. pr. **se crisper,** sich zusammenziehen ; sich verziehen. | *Ses traits se crispent*, seine Züge verkrampfen sich.

crissement [krismɑ̃] m. [dents, neige] Knirschen n. ; Zähneknirschen n. ; Knistern n.

crisser [-se] v. intr. [dents, neige, gravier] knirschen. || PAR EXT. [plume] kritzeln.

cristal, aux [kristal, o] m. MINÉRAL. Kristall n. | *Cristal de roche*, Bergglas n. | *Cristal de Bohême*, böhmisches, farbiges Kristall. | *Cristal liquide*, Flüssigkristall. || PAR ANAL. [verre] Kristall n. ; Kristallglas n. | *Cristal taillé*, geschliffenes Glas ; Flintglas n. | *De cristal*, kristallen. | *Vase en cristal*, Kristallvase f.

cristallerie [kristalri] f. Kristallfabrik f.

cristallin, ine [-lɛ̃, in] adj. kristallinisch ; kristallen ; Kristall... || FIG. [transparent] kristallklar, -hell. | *Eaux cristallines*, kristallklare Wasser n. pl.

◇ m. **cristallin.** ANAT. Augenlinse f. ; Sehlinse f.

cristallisation [-lizasjɔ̃] f. Kristallbildung f. ; Kristallisierung f.

cristalliser [-lize] v. tr. kristallisieren ; auskristallisieren. || FIG. [fixer] festsetzen. | *Cristalliser une idée*, eine Idee festsetzen.
◇ v. intr. Kristalle bilden, formen.
◇ v. pr. **se cristalliser,** sich kristallisieren.

critère ou **critérium** [kritɛ:r, -terjɔm] m. [signe distinctif] Kennzeichen n. ; Unterscheidungsmerkmal n. ; Kriterium n. || FIG. Maßstab m. ; Prüfstein m.

criticité [-site] f. NUCL. Kritikalität f.

critiquable [kritikabl] adj. angreifbar ; tadelnswert ; der Kritik, der Überprüfung unterworfen.

critique [-tik] adj. **1.** QUI CONCERNE LA CRITIQUE : kritisch. | *Examen critique*, kritische Untersuchung. | *Compte rendu critique*, Rezension f. || PAR EXT. [qui examine, censure] prüfend ; überdenkend ; beurteilend ; kritisch. | *Esprit critique*, kritischer Geist, Sinn ; (personne) kritischer Kopf. || PÉJOR. zur Kritik geneigt ; bekrittelnd.
2. EN PLEINE CRISE : kritisch. || [décisif] entscheidend. | *Phase critique*, entscheidende Phase. || PAR EXT. [dangereux] bedenklich ; mißlich ; gefährlich. | *Jours critiques*, kritische Tage m. pl. | *Situation critique*, gespannte Lage. | PHYS. *Température critique*, kritische Temperatur. || MÉD. *Âge critique*, kritisches Alter ; Wechseljahre n. pl.
◇ m. [qui porte un jugement] Beurteiler m. ; Richter m. ; Kritiker m. | *Un critique sérieux, vétilleux, plein de préjugés*, ein ernstzunehmender, peinlich genauer, voreingenommener Kritiker. | *Critique d'art*, Kunstkritiker, -richter. | *Critique littéraire*, Rezensent m. ; Kritiker. || PÉJOR. Nörgler m. ; Kritikaster m.
◇ f. [examen, jugement] Besprechung f. ; Beurteilung f. ; Überprüfung f. ; Kritik f. | *Une critique approfondie, judicieuse, acérée*, eine gründliche, vernünftige, scharfe Kritik. | *Critique de la raison pure*, Kritik der reinen Vernunft. | *Critique littéraire*, Literaturkritik. | *Prêter à la critique*, Anlaß zur Kritik geben. | *Défier toute critique*, über jede Kritik erhaben sein. || FIG. [reproche] Tadel m. ; Aussetzen n. | *Faire des critiques à qn*, jn tadeln, kritisieren. | *Qui prête à la critique*, tadelnswert ; sträflich.

critiquer [-tike] v. tr. [examiner, juger] besprechen ; beurteilen ; Stellung nehmen (zu). || PAR ANAL. [négativement] abfällig, absprechend beurteilen ; tadeln. || PÉJOR. bemängeln ; bemäkeln ; bekritteln. || FIG. [blâmer] tadeln.

croassement [krɔasmã] m. Gekrächze n. ; Krächzen n.

croasser [-se] v. intr. krächzen. || FIG. quäken.

croc [kro] m. Haken m. | *Croc de marinier, de boucher, à fumier*, Boots-, Fleisch(er)-, Mistgabel f.
◇ m. pl. **crocs,** [dents] Fänge m. pl. | *Montrer les crocs*, die Zähne blecken.

croc-en-jambe [krɔkãjã:b] m. Beinstellen n. || FIG. *Faire un croc-en-jambe à qn*, jm ein Bein stellen.

croche [krɔʃ] f. MUS. Achtelnote f. | *Double croche*, Sechzehntelnote f.

crochet [krɔʃɛ] m. TECHN. Haken m. ; Häkchen n. | *En forme de crochet*, hakenförmig. || [de grandes dimensions] *Crochet de levage*, Greifer m. || [de petites dimensions] *Crochet de serrurier*, Dietrich m. | *Crochet pique-feu*, Feuerhaken. || PAR EXT. *Crochet à broder*, Häkelnadel f. | *Faire du crochet*, häkeln. || FIG. Ouvrage au crochet, Häkelarbeit f. || FIG. *Vivre aux crochets de qn*, auf js Kosten leben. || [détour] Umweg m. | *Faire un crochet*, einen Abstecher machen. || [boxe] Haken. | *Crochet du droit, du gauche*, rechter, linker Haken.
◇ m. pl. **crochets.** TYPOGR. eckige Klammern f. pl. | *Entre crochets*, in Klammern.

crocheter [-ʃte] v. tr. [une serrure] mit einem Dietrich öffnen ; aufbrechen.

crochu, ue [-ʃy] adj. hakenförmig ; gekrümmt ; krumm ; gebogen ; umgebogen. | *Bec, Nez crochu*, krumme(r) Schnabel m., Nase f. || FIG. *Avoir les mains crochues*, krumme, lange Finger machen.

crocodile [krɔkɔdil] m. ZOOL. Krokodil n. || FIG. *Verser des larmes de crocodile*, Krokodilstränen, falsche Tränen weinen.

crocus [krɔky:s] m. BOT. Krokus m.

croire [kraw:r] v. tr. **1.** TENIR POUR VRAI : glauben (acc.) ; glauben (an, acc.) ; für wahr halten. | *Je le crois*, ich glaube es. | *J'ai peine à le croire*, ich kann es nicht glauben. | *Je ne peux pas le croire*, ich halte es einfach nicht für möglich. | *Je le crois fermement*, FAM. *dur comme fer*, ich bin felsenfest davon überzeugt. | *Tout porte à croire que*, höchstwahrscheinlich ; allem Anschein nach.
2. AJOUTER FOI À : glauben (dat.) ; Glauben schenken (dat.) ; glauben (an, acc.). | *Croyez-moi*, glauben Sie mir ! ; Sie können mir glauben ! ; wirklich ! || [avoir confiance en] glauben (an, acc.) ; trauen (dat.). | *Je ne te crois plus*, ich traue dir nicht mehr ; ich habe kein Vertrauen mehr zu dir.
3. [penser, supposer] glauben ; denken ; meinen ; erachten ; vermuten ; annehmen. | *Je crois qu'il viendra*, ich glaube, denke, daß er kommt. | *Croyez-vous que... ?*, meinen Sie, daß... ? ; erachten Sie es für möglich, daß... ? | *On pourrait croire*, fast möchte man denken, glauben. | *Vous croyez ?*, meinen Sie ? ; wirklich ? | *Je le croyais à Paris*, ich wähnte ihn in Paris. | *Je n'aurais jamais cru cela*, das hätte ich mir nie gedacht, eingebildet.
4. [tenir pour, regarder comme] glauben ; halten (für) ; denken (acc.). | *Croire capable*, für fähig halten. | *Croire de son devoir de*, für seine Pflicht halten, zu. | *J'ai cru bon*, ich hielt es für gut. | *Je crois que*, es ist mir als ob ; mir kommt es vor als ob. | *Les médecins le croient perdu*, die Ärzte geben ihn verloren.
5. LOC. *Vous pouvez m'en croire*, das dürfen Sie mir glauben. | *À l'en croire*, wenn man ihm Glauben schenken darf ; nach seinen Reden zu urteilen. | *Je n'en croyais pas mes yeux, mes oreilles*, ich traute meinen Augen, Ohren nicht. | *Faire croire qch. à qn*, jm etwas einreden. | *Vous ne me ferez pas croire cela*, das lasse ich mir nicht einreden.
◇ v. intr. [avoir la foi] glauben. || PAR EXT. [ajouter foi à] *Croire à, en*, glauben an (acc.). | *Croire en Dieu*, an Gott glauben. | *C'est à n'y pas croire*, das ist unglaublich. || PAR EXT. [avoir confiance en] trauen (dat.) ; Vertrauen haben (zu) | *Je crois en toi*, ich habe Vertrauen zu dir ; ich vertraue dir. || FIG. [penser, supposer] denken ; meinen ; vermuten. | *À ce que je crois*, meiner Meinung nach. | *Je crois bien*, o ja, das will ich glauben ; allerdings.
◇ v. pr. **se croire,** [se tenir pour, s'imaginer] sich halten (für) ; sich einbilden ; sich dünken. | *Se croire malade*, sich für krank halten ; denken, man sei krank. | *Se croire supérieur aux autres*, sich den anderen für überlegen halten. || PAR EXT. [être prétentieux], FAM. *Il s'en croit beaucoup*, er meint Wunder, wer er sei.
— SYN. : *Penser*, meinen ; annehmen. *Juger*, beurteilen.

croisade [krwazad] f. Kreuzzug m., -fahrt f. | *Prêcher une croisade*, das Kreuz predigen.

croisé [-ze] m. HIST. Kreuzfahrer m., -ritter m.

croisée [-ze] f. [d'une fenêtre] Fensterkreuz n. || PAR EXT. [croisement] Überkreuzung f. ; Kreuzung f. ; Abkreuzung f. || FIG. *Être à la croisée des chemins*, an der Wegscheide stehen.

croisement [-zmã] m. Kreuzung f. ; Überkreuzung f. || PAR ANAL. [routes] Kreuzung ; Kreuzungsstelle f., -punkt m. ; Straßenkreuzung. || PAR EXT. *Croisement de races*, Rassenmischung f. ; Kreuzung. || AUTOM. *Feux de croisement*, Abblendlicht n.

croiser [-ze] v. tr. [disposer en croix] kreuzen ; übereinander legen ; kreuzweise legen, setzen, stellen. | *Croiser les bras*, die Arme kreuzen. || PAR ANAL. [rencontrer, couper] überkreuzen ; durchkreuzen ; begegnen (dat.). | *J'ai croisé mon ami*, mein Freund ist mir begegnet ; mein Freund lief mir über den Weg. || TECHN. [textile] köpern ; drillen. || MIL. *Croiser le fer*, den Degen kreuzen.

◇ v. intr. [parties d'un vêtement] übereinandergehen ; übereinanderliegen. || MAR. kreuzen. || AUTOM. begegnen.

◇ part. pass. et adj. **croisé, ée,** gekreuzt ; Kreuz... || LOC. *Avoir les bras croisés*, mit verschränkten Armen verharren ; mit den Händen im Schoß dasitzen. | *Mots croisés*, Kreuzworträtsel n. | *Veston croisé*, Zweireiher m. | *Feux croisés*, Kreuzfeuer n.

◇ v. pr. **se croiser,** sich kreuzen. || [se rencontrer] *Ils se sont croisés*, sie sind einander begegnet. | *Nos lettres se sont croisées*, unsere Briefe haben sich gekreuzt. || [se couper] sich durchkreuzen, durchschneiden. || [se mélanger] sich vermischen. || FIG. *Se croiser les bras*, untätig dasitzen. || AUTOM. sich begegnen.

croiseur [-zœ:r] m. MAR. Kreuzer m. ; Panzerkreuzer m.

croisière [-zjɛ:r] f. Kreuz-, Seefahrt f. ; Fahrt in See f. ; Seereise f. || TECHN. *Niveau de croisière*, Reiseflughöhe f. | *Vitesse de croisière*, Reisegeschwindigkeit f.

croisiériste [-zjerist] s. Kreuzfahrtteilnehmer(in) m. (f.).

croisillon [-zijɔ̃] m. Querholz n. ; Drehkreuz n. ; Handkreuz n. ; Kreuzgriff m.

croissance [krwasɑ̃:s] f. Wachsen n. ; An-, Auf-, Hochwachsen n. ; Wachstum n. ; Wuchs m. | *En pleine croissance*, in vollem Wachstum. || ÉCON. *Croissance zéro*, Nullwachstum m.

croissant, ante [-sɑ̃, ɑ̃:t] adj. wachsend ; anwachsend ; steigend ; ansteigend ; größer, stärker, voller werdend ; im Wachsen, Steigen. | *Aller croissant*, immer mehr zunehmen.

◇ m. **croissant,** [de la lune] Halbmond m. ; Mondsichel f. || PAR EXT. [petit pain] Hörnchen n.

croître [krwa:tr] v. intr. [pousser] wachsen ; an-, auf-, heranwachsen. || PAR ANAL. [s'accroître] zunehmen ; sich vermehren ; steigen ; ansteigen ; größer, stärker, höher, kräftiger werden. || PAR EXT. [se développer] sich entwickeln ; gedeihen. || LOC. *La vitesse croît*, die Geschwindigkeit erhöht sich. | *Les jours croissent*, die Tage nehmen zu. | *Croître en sagesse*, an Weisheit und Verstand zunehmen.

croix [krwa] f. **1.** RELIG. [du Christ] Kreuz n. ; Marterpfahl m. | *Mettre en croix*, ans Kreuz schlagen ; kreuzigen. | *Mourir sur la croix*, am Kreuz sterben ; den Kreuzestod erleiden. | *Descente de croix*, Kreuzabnahme f. | *Faire le signe de croix*, das Kreuz schlagen ; sich bekreuzigen ; das Kreuzzeichen machen.
2. [en général] Kreuz n. | *En croix*, kreuzweise. | *En forme de croix*, kreuzförmig. | *Croix de Saint-André*, Andreaskreuz ; geschobenes Kreuz. | *Croix gammée*, Hakenkreuz. | *Croix de Lorraine*, Lothringer Kreuz. | *Croix de Malte*, Malteserkreuz. | *Marquer d'une croix*, ankreuzen ; mit einem Kreuze bezeichnen. || [broderie] *Point de croix*, Kreuzstich m.
3. FIG. [peine, affliction] Kreuz n. | *Porter sa croix*, sein Kreuz auf sich nehmen, tragen.
4. [décoration] Ordenskreuz n. | *Croix de fer*, Eisernes Kreuz. | *Croix de la Légion d'honneur*, Kreuz der Ehrenlegion. | *Croix-Rouge*, das Rote Kreuz.
5. ASTRON. *Croix du Sud*, Kreuz des Südens.
6. BOT. *Croix de Malte*, brennende Liebe.

croquant, ante [krɔkɑ̃, ɑ̃:t] adj. knusperig.
◇ m. **croquant.** FIG., FAM. Bauernlümmel m.

croque-madame [-madam] m. invar. (*etwa*) Schinkenkäsetoast (m.) mit Spiegelei.

croque-mitaine [krɔkmitɛ:n] m. (pl. **croque-mitaines**) [pour les enfants] Butzemann m. ; schwarze(r) Mann. || PAR EXT. [épouvantail] Schreckgespenst n. ; Popanz m.

croque-monsieur [-məsjø] m. invar. (*etwa*) Schinkenkäsetoast m.

croque-mort [-mɔ:r] m. (pl. **croque-morts**) FAM. Leichen-, Sargträger m.

croquenot [krɔknɔ] m. POP. Schuh m.

croquer [krɔke] v. tr. knabbern ; knubbern ; knakken. || PAR EXT. verzehren ; verschlingen. | *Croquer à belles dents*, mit größtem Behagen knabbern. || LOC. *Croquer une fortune*, ein Vermögen vergeuden. | *Joli à croquer*, zum Anbeißen hübsch. || ARTS. skizzieren ; mit wenigen Strichen zeichnen.

croquet [krɔkɛ] m. SPORT. Krocketspiel n.

croquette [krɔkɛt] f. Fleisch-, Kartoffelklößchen n.

croquis [krɔki] m. Skizze f. ; Entwurf m. ; erster Entwurf ; zeichnerischer Versuch. | *Croquis coté*, Maßskizze. | *Faire un croquis de qch.*, etwas flüchtig hinwerfen, skizzieren.

cross-country [krɔskɔntri] m. SPORT. Querfeldein-, Gelände-, Hindernislauf m.

crosse [krɔs] f. RELIG. Bischofs-, Krummstab m. || MIL. [d'un fusil] Kolben m. || ANAT. *Crosse de l'aorte*, Aortenbogen m.

crotale [krɔtal] f. ZOOL. Klapperschlange f.

crotte [krɔt] f. [d'un animal] Kötel m. ; Kot m. ; Dreck m. | *Crottes de chien*, Hundekötel. || PAR ANAL. [boue] Kot m. ; Dreck m. || CULIN. *Crottes de chocolat*, gefüllte Pralinen f. pl.

crotter [-te] v. tr. beschmutzen ; mit Dreck, Kot bespritzen.
◇ part. pass. et adj. **crotté, ée,** dreckig ; schmutzig. | *Crotté comme un barbet*, bis über die Ohren mit Kot bespritzt.

crottin [-tɛ̃] m. [de cheval] Pferdemist m., -apfel m.

croulant, ante [krulɑ̃, ɑ̃:t] adj. baufällig ; abbruchreif. | *Édifice croulant*, baufälliges Gebäude.

crouler [-le] v. intr. zusammenbrechen, -stürzen ; in allen Fugen krachen ; ein-, zusammenfallen.

croupe [krup] f. Kreuz n. ; Kruppe f. ; Hinterteil n. | *Croupe d'un cheval*, Pferdekruppe. | *Prendre qn en croupe*, jn hinten aufsitzen lassen.

croupier [krupje] m. [jeux] Croupier m.

croupière [krupjɛ:r] f. Schwanzriemen m.

croupion [krupjɔ̃] m. FAM., ANAT. Steiß m. ; Steißbein n.

croupir [krupi:r] v. intr. stillstehen ; nicht fließen ; verkommen ; vermooren ; stagnieren.
◇ part. pass. et adj. **croupi, ie,** stehend ; brackig ; moorig ; stinkig. | *Eau croupie*, Brackwasser n.

croustillant, ante [krustijɑ̃, ɑ̃:t] adj. knusperig ; kroß. || FIG. *Histoire croustillante*, schlüpfrige, pikante Geschichte.

croûte [krut] f. | Rinde f. ; Kruste f. | *Croûte terrestre*, Erdrinde f. || PAR EXT. [d'un objet] *Croûte de pain*, Brotkruste f. ; Brotrinde f. | *Pâté en croûte*, Blätterteigpastete f. || FAM. *Casser la croûte*, etwas zu sich nehmen ; einen Imbiß nehmen. | *Gagner sa croûte*,

seine Brötchen verdienen. || MÉD. Verkrustung f. ; Schorf m. ; Grind m. || ARTS., FAM. Schinken.
croûter [-te] v. intr. FAM. [manger] spachteln.
croûton [-tɔ̃] m. Knust m.
croyable [krwajabl] adj. glaublich ; glaubhaft ; glaubwürdig.
croyance [-jɑ̃:s] f. [foi] Glaube(n) m. || PAR EXT. [opinion] Meinung f. ; Anschauung f. || LOC. *Croyance populaire*, Volksglaube. | *Cela va contre la croyance générale*, das steht der allgemeinen Ansicht entgegen. — SYN. : *Foi* f., Glaube m. *Opinion* f., Meinung f.
croyant, ante [-jɑ̃, ɑ̃:t] adj. gläubig ; glaubensvoll ; religiös ; voller Glauben ; im Glauben.
◇ s. Gläubige(r) f. (m.).
cru, ue [kry] adj. [non cuit] roh ; ungekocht. | *Viande crue*, rohes Fleisch. | *Œuf cru*, rohes Ei. || PAR ANAL. *Eau crue*, hartes Wasser. || FIG. [choquant] anstößig ; grob ; unverschämt ; derb. | *Langage cru*, deftige Sprache. | *Terme cru*, anstößiger Ausdruck. || ARTS. grell ; hart ; abstechend. | *Couleurs crues*, grelle Farben.
cru [kry] m. Wuchs m. ; Gewächs n. || PAR EXT. [vin] *Un bon cru*, ein guter Tropfen, Jahrgang. | *Grand cru*, edler Wein. || FIG. *C'est de son cru*, das hat er ausgeheckt.
cruauté [kryote] f. Grausamkeit f. ; Herzlosigkeit f. ; Unerbittlichkeit f. ; Härte f. | *Acte de cruauté*, Grausamkeit ; unmenschliche Tat.
cruche [kryʃ] f. Krug m. ; Topf m. ; Seidel m. ; Kruke f. | *Cruche de grès, de terre, à anse*, Stein-, Ton-, Henkelkrug. | *Une cruche d'eau*, ein Krug Wasser. | *Cruche à eau*, Wasserkrug. || FIG., FAM. *Quelle cruche !*, welch leerer Kopf, Dummkopf !
cruchon [-ʃɔ̃] m. Krüglein n. ; kleiner Krug.
crucial, iale, iaux [krysjal, -jo] adj. entscheidend ; ausschlaggebend. | *Moment crucial*, entscheidender Moment. | *Question cruciale*, zwingende, entscheidende Frage.
crucifiement [-fimɑ̃] m. Kreuzigung f.
crucifier [-fje] v. tr. kreuzigen.
◇ part. pass. et adj. **crucifié, iée,** gekreuzigt. || SUBSTANTIV., RELIG. *Le Crucifié*, der Gekreuzigte.
crucifix [-fi] m. RELIG. Kruzifix n.
crucifixion [-fiksjɔ̃] f. RELIG. Kreuzigung f. ; Kreuzanschlagung (Christi) f.
cruciforme [-fɔrm] adj. kreuzförmig ; in Form des, eines Kreuzes.
cruciverbiste [-vɛrbist] s. Kreuzworträtselfreund(in) m. (f.).
crudité [krydite] f. Rohzustand m. ; Roheit f. ; Naturzustand m. | *Manger des crudités*, Rohkost essen. || FIG. *Crudité d'une expression*, Unverblümtheit (f.) eines Ausdrucks.
crue [kry] f. Anschwellen n. ; Ansteigen n. ; Anwachsen n. ; Hochwasser n. | *Être en crue*, anschwellen ; ansteigen.
cruel, uelle [kryɛl] adj. grausam ; unmenschlich ; hart ; hartherzig ; unerbittlich. || FIG. *Perte cruelle*, herber Verlust.
crûment [krymɑ̃] adv. klar ; offen heraus ; unverblümt ; ohne Beschönigung ; so wie's ist.
crustacés [krystase] m. pl. Krusten-, Schaltiere n. pl. ; Krebsarten f. pl.
crypte [kript] f. Gruft f. ; Totengewölbe n. ; unterirdische Totenkapelle. || ARCHIT. Krypta f.
cubage [kyba:ʒ] m. [volume] Inhalt m. ; Kubikinhalt m. || [action] Inhaltsberechnung f.
cube [kyb] adj. MATH. würfelig ; kubisch ; Kubik... | *Mètre cube*, Kubikmeter m.
◇ m. GÉOM. [corps] Würfel m. ; Kubikwürfel m. || PAR ANAL. Würfelinhalt m. ; Kubus m. || PAR EXT. [puissance trois] *Cube d'un nombre*, Kubikzahl f.
cuber [-be] v. tr. [évaluer] den Rauminhalt messen.
cubique [-bik] adj. würfelförmig ; kubisch. || MATH. *Racine cubique*, kubische Wurzel.
cubisme [-bism] m. Kubismus m.
cubiste [-bist] m. Kubist m. ; kubistischer Maler.
cubitus [-ty:s] m. ANAT. Ellbogenbein n.
cucurbitacées [kykyrbitase] f. pl. BOT. Kürbisgewächse n. pl.
cueillette [kœjɛt] f. Obstpflücken n., -ernte f. ; Obstlese f.
cueillir [-ji:r] v. tr. pflücken ; abpflücken ; brechen ; abbrechen ; lesen ; einsammeln ; ernten. | *Cueillir des fleurs*, Blumen pflücken, abpflücken. || FIG., FAM. *Cueillir un criminel*, einen Verbrecher schnappen.
cuiller ou **cuillère** [kɥijɛ:r] f. Löffel m. | *Cuiller en argent, à soupe*, Silber-, Suppenlöffel. | *Cuiller à café, petite cuiller*, Teelöffel. || FIG., FAM. Pfote f.
cuillerée [-jre] f. Löffelvoll m.
cuir [kɥi:r] m. [peau] Haut f. ; Fell n. || PAR EXT. [peau tannée] Leder n. | *Cuir verni*, Lackleder n. | *Reliure en cuir*, Franz-, Ledereinband m.
cuirasse [kɥiras] f. Brustpanzer m. ; Harnisch m. ; Küraß m. || FIG. *Défaut de la cuirasse*, verwundbare Stelle ; Blöße f. ; Achillesferse f.
cuirassé [-se] m. MAR. Panzerkreuzer m.
cuirasser [-se] v. tr. mit Panzerung versehen, umkleiden ; panzern. || FIG. *Cuirasser son cœur*, sein Herz verhärten.
cuirassier [-sje] m. MIL. Kürassier m.
cuire [kɥi:r] v. tr. et v. intr. kochen ; backen ; braten ; schmoren. | *Faire cuire au four*, im Ofen backen. | *Faire cuire sur le gril*, grillen ; rösten. || LOC. *Être un dur à cuire*, ein hartgesottener Sünder sein. | *On cuit dans ce pays*, es ist schrecklich heiß in diesem Land. | *Il pourrait vous en cuire*, das könnten Sie noch bereuen.
◇ part. pass. et adj. **cuit, cuite,** gekocht ; gebraten ; gebacken. | *Bien cuit*, [viande] gut durchgebraten ; [pain] gut durchgebacken. | *Pas trop cuit*, nicht zu scharf durchgebraten. || TECHN. *Terre cuite*, gebrannter Ton ; Terrakotta f. ; Tonfigur f.
cuisant, ante [-zɑ̃, ɑ̃:t] adj. kochend ; brennend ; kochbar ; leicht kochbar. || FIG. *Chagrin cuisant*, heißer Kummer. | *Défaite cuisante*, schmähliche Niederlage.
cuisine [-zin] f. [lieu] Küche f. || PAR ANAL. [art] Kochkunst f., -art f. ; Speisenzubereitung f. | *Livre de cuisine*, Kochbuch n. | *Faire la cuisine*, kochen. | *Recette, batterie de cuisine*, Küchenrezept n., -geschirr n. || PAR EXT. [nourriture] Kost f. ; Küche f. || FIG. [tripotage] Mache f. ; Mischmasch m. | *Faire sa petite cuisine*, seinen Kuhhandel treiben.
cuisiner [-zine] v. intr. et tr. kochen ; die Küche besorgen ; das Essen vorbereiten, zubereiten. | *Savoir cuisiner*, gut kochen können. || FIG., FAM. *Cuisiner un accusé*, einen Angeklagten ausfragen.
cuisinier, ière [-zinje, jɛ:r] s. [personne] Koch m. ; Köchin f.
◇ f. **cuisinière,** [fourneau] Küchenherd m. | *Cuisinière électrique*, Elektroherd m.
cuisse [kɥis] f. Schenkel m. ; Lende f. ; Oberschenkel m. | *Os de la cuisse*, Oberschenkelknochen m. || PAR EXT. [viande] *Cuisse de poulet*, Hähnchenkeule f. || FIG., FAM. *Se croire sorti de la cuisse de Jupiter*, sich für etwas Besonderes halten.
cuisson [kɥisɔ̃] f. Kochen n. ; Brennen n. ; Garung f. ; Garwerden n. | *Durée de la cuisson*, Garzeit f.

cuissot [kɥiso] m. Reh-, Hirschkeule f.
cuistot [kɥisto] m. Koch m. ; FAM. Küchenbulle m.
cuistre [kɥistr] m. FAM. Pedant m.
cuistrerie [-trəri] f. Pedanterie f. ; Philistertum n.
cuite [kɥit] f. TECHN. Brand m. || FIG., FAM. *Prendre une bonne cuite*, sich vollaufen lassen ; eine Sause machen.
cuivre [kɥi:vr] m. [métal] Kupfer n. | *Cuivre brut, rouge*, Rohkupfer ; Rotkupfer. | *Cuivre gris*, Fahlerz n. | *Cuivre jaune*, Messing n. | *En cuivre*, kupfern. | *Laminer, Marteler le cuivre*, Kupfer auswalzen, treiben. || ARTS. *Gravure sur cuivre*, Kupferstich m., -platte f.
◇ m. pl. **cuivres,** MUS. Blechinstrumente n. pl., -musik f.
cuivré, ée [-vre] adj. kupferfarben, -rot. | *Peau cuivrée*, kupferbraune Haut.
cul [ky] m. Hintern m. ; Gesäß n. ; POP. Popo m. ; Arsch m. || GROSS. *Coup de pied au cul*, ein Tritt in den Hintern ; ARG. Arschtritt m. || PAR EXT. [d'une chose] *Cul de bouteille*, Flaschenboden m. ; Butzenscheibe f.
culasse [kylas] f. TECHN. Zylinderkopf m. || MIL. Bodenstück n. ; Verschluß m.
culbute [kylbyt] f. [cabriole] Purzelbaum m. ; Überschlagen n. ; jäher Sturz. | *Faire des culbutes*, Purzelbäume schlagen. || COMM., FAM. *Faire la culbute*, [faire faillite] Pleite machen ; [doubler son bénéfice] es vom Lebendigen nehmen ; kräftigen Reibach machen.
culbuter [-te] v. tr. [renverser] über den Haufen werfen ; überrumpeln.
◇ v. intr. sich überschlagen ; umstürzen.
culbuteur [-tœ:r] m. AUTOM. Schwinghebel m.
cul-de-jatte [kydʒat] m. (pl. **culs-de-jatte**) beinloser Krüppel.
cul-de-sac [kydsak] m. (pl. **culs-de-sac**). [impasse] Sackgasse f. || FIG. *Être dans un cul-de-sac*, festgefahren sein.
culinaire [kylinɛ:r] adj. Koch... ; Küchen... ; zur Küche gehörig. | *Art culinaire*, Kochkunst f.
culminant, ante [kylminɑ̃, ɑ̃:t] adj. höchst ; kulminierend ; Höhe... | *Point culminant*, Gipfel-, Höhepunkt m. ; höchster Punkt.
culminer [-ne] v. intr. durch den höchsten Punkt gehen ; seinen Kulminationspunkt erreichen.
culot [kylo] m. ÉLECTR. Sockel m. ; Glüh-, Lampensockel m. || FIG., FAM. Frechheit f. | *Avoir du culot*, dreist, vorlaut sein.
culotte [kylɔt] f. kurze Hose ; Kniehose f. | *Culotte de cheval*, [vêtement] Reithose f. ; [cellulite] Fettpolster (n. pl.) an den Oberschenkeln. | *Culotte de femme*, Damenhöschen n. ; Damenschlüpfer m. || FIG., FAM. *C'est la femme qui porte la culotte*, zuhause hat die Frau die Hosen an. | *Il a pris une culotte*, er ist mit abgesägten Hosen heimgegangen. || FAM., PÉJOR. *Culotte de peau, (etwa)* Zuchtmeister m. ; Kommißhengst m.
culotter [-te] v. tr. behosen. | *Culotter un enfant*, einem Kind Höschen anziehen, überziehen. || LOC. *Culotter une pipe*, eine Pfeife anrauchen.
◇ part. pass. et adj. **culotté, ée,** [pipe] angeraucht. || FIG., FAM. [insolent] vorlaut ; frech.
culpabilité [kylpabilite] f. Schuld f. ; Schuldhaftigkeit f. ; Schuldfrage f. ; Straffälligkeit f. || JUR. *Verdict de culpabilité*, Schuldigerklärung f.
culte [kylt] m. RELIG. Gottesdienst m. ; Kult m. ; Gottesverehrung f. | *Liberté des cultes*, Glaubensfreiheit f. || FIG. [vénération] Verehrung f. | *Culte des ancêtres*, Verehrung, Pflege (f.) der Vorfahren. | *Avoir un culte pour qn*, jn verehren.
cultivable [kyltivabl] adj. anbaufähig ; bestellbar ; anbaubar ; kulturfähig.
cultivateur, trice [-vatœ:r, tris] s. [homme] Landwirt m. ; Bauer m..
◇ m. **cultivateur,** [machine] Kultivator m. ; Furchenziecher m..
cultiver [-ve] v. tr. bebauen ; bestellen ; anbauen ; anpflanzen ; bearbeiten. | *Cultiver un jardin*, einen Garten bestellen. | *Cultiver le blé*, Getreide anbauen. || FIG. [instruire, s'adonner à] pflegen ; bilden ; ausbilden ; üben ; verkehren (mit). | *Cultiver les sciences*, die Wissenschaften pflegen. | *Cultiver ses relations*, seine Verbindungen ausbauen, unterhalten, pflegen.
◇ part. pass. et adj. **cultivé, ée,** [terre] bebaut ; bestellt. | *Terres cultivées*, urbar gemachtes Land. || FIG. [instruit] gebildet ; voller Bildung. | *Homme cultivé*, Gebildete(r) m.
cultuel, uelle [kyltɥɛl] adj. kultisch ; Kultus...
culture [-ty:r] f. [de la terre] Anbau m. ; Bebauung f. ; Bestellung f. ; Landbestellung f. ; Ackerbau m. | *Culture maraîchère*, Gemüsebau m. ; Gemüsenanbau. || PAR EXT. [du corps] *Culture physique*, Leibesübungen f. pl. ; Turnen (n.) und Sport (m.). || FIG. [de l'esprit] Pflege f. ; Bildung f. ; Kultur f. | *Culture intellectuelle*, geistige Kultur. | *Culture générale*, allgemeine Bildung.
culturel, elle [-tyrɛl] adj. kulturvoll ; kulturell.
culturisme [-rism] m. Kraftsport m.
cumin [kymɛ̃] m. BOT. Kümmel m.
cumul [kymyl] m. Vereinigung f. ; Anhäufung f. ; Zusammentreffen n. ; Ineinerhandliegen n. | *Cumul des fonctions*, Ämterhäufung f. || ÉCON. *Cumul des salaires*, Doppelverdienst m. || JUR. *Cumul des peines*, Strafhäufung f.
cumulard, arde [-la:r, ard] s. FAM. [qui occupe deux postes] Doppelantinhaber(in) m. (f.) ; [qui touche deux salaires] Doppelverdiener(in) m. (f.).
cumuler [-le] v. tr. häufen ; anhäufen ; vermehren ; zusammenfassen. | *Cumuler des fonctions*, Ämter in sich vereinigen, zusammenlegen.
cumulus [kymyly:s] m. Kumuluswolke f.
cunéiforme [kyneifɔrm] adj. keilförmig. | *Écriture cunéiforme*, Keilschrift f.
cupide [kypid] adj. hab-, raff-, geldgierig.
cupidité [-dite] f. Habsucht f., -gier f. ; Raffsucht f. ; Geldgier f.
Cupidon [kypidɔ̃] n. pr. m. Kupido m.
curable [kyrabl] adj. heilbar ; zu heilen.
curage [kyra:ʒ] m. Reinigen n. ; Spülen n.
curateur, trice [kyratœ:r, tris] s. Pfleger(in) m. (f.).
curatif, ive [-tif, i:v] adj. heilend ; kurierend.
cure [ky:r] f. MÉD. Behandlung f. ; Heilmethode f., -behandlung f., -verfahren n. ; Kur f. | *Faire une cure à*, zur Kur gehen nach. || RELIG. [paroisse] Pfarrei f.
curé [kyre] m. RELIG. [prêtre] katholischer Pfarrer ; Geistlicher m. ; Priester m. ; PÉJOR. Pfaffe m. | *Curé de campagne*, Dorfpfarrer ; Landgeistlicher.
cure-dent [kyrdɑ̃] m. Zahnstocher m.
curée [kyre] f. Jagdanteil (m.) der Hunde.
curer [kyre] v. tr. putzen ; reinigen. || TECHN. spülen ; ausspülen, -schlämmen, -baggern.
curetage [kyrta:ʒ] m. MÉD. Auskratzen n.
cureter [-te] v. tr. MÉD. auskratzen.
curie [kyri] f. RELIG. Kurie f.
curieux, ieuse [kyrjø, iø:z] adj. [qui veut savoir] neugierig ; wißbegierig ; PÉJOR. vorwitzig ; vorlaut. | *Esprit curieux*, wißbegieriger Geist. || PAR ANAL. [à

savoir] wissenswert ; merkwürdig ; [à voir] sehenswürdig, -wert. || PAR EXT. [singulier] sonderbar.
◇ s. Neugierige(r) f. (m.). Wißbegierige(r) f. (m.).

curiosité [-rjozite] f. [désir de savoir] Wissensdurst m. ; PÉJOR. Vorwitz m. | *Piquer la curiosité de qn*, js Neugier reizen.
◇ f. pl. **curiosités** [choses rares] Sehenswürdigkeiten f. pl. ; Seltenheiten f. pl. ; Raritäten f. pl.

curriculum vitae [kyrikylɔmvite] m. Lebenslauf m.

curseur [kyrsœ:r] m. TECHN. Läufer m. ; Schieber m. ; Schlitten m. ; Reiter m.

cursif, ive [-sif, i:v] adj. kursiv ; laufend ; rund.
◇ f. **cursive,** Kursiv f. ; Kursivschrift f.

cutané, ée [kytane] adj. ANAT. zur Haut gehörig ; Haut... | *Tissus cutanés*, Hautgewebe n.

cuti-réaction [kytireaksjɔ̃] f. MÉD. pirquetsche Reaktion.

cuve [kyv] f. Kufe f. ; Bottich m. ; Trog m. ; Becken n. ; Wanne f. || NUCL. *Cuve de réacteur*, Reaktordruckbehälter m.

cuvée [-ve] f. [contenu] Bottich (m.), Trog (m.), Wanne (f.), Zuber (m.), Bütte (f.) voll ; Inhalt (m.) eines Bottichs. || LOC. *De la même cuvée*, aus gleicher Quelle.

cuver [-ve] v. tr. FIG., FAM. *Cuver son vin*, seinen Rausch ausschlafen.

cuvette [-vɛt] f. Waschbecken n. ; Schale f. ; Napf m. ; Vertiefung f. ; Näpfchen n. || GÉOL. Mulde f. ; Taleinschnitt m. ; Talkessel m.

cyanose [-no:z] f. MÉD. Blausucht f. ; Zyanose f.

cyanure [-ny:r] m. CHIM. Zyanid n.

cybernétique [sibɛrnetik] f. Kybernetik f.

cyclable [siklabl] adj. mit dem Rad, Fahrrad befahrbar. | *Piste cyclable*, Radfahrweg m.

cyclamen [siklamɛn] m. BOT. Alpenveilchen n. ; Zyklamen n.

cycle [sikl] m. ASTRON. [période] Kreisprozeß m., -bewegung f. ; Kreislauf m. ; Zyklus m. | *Cycle solaire*, Sonnenzyklus ; Sonnenbahn f. || PAR EXT., PHYS. Periode f. ; Umdrehung f. ; Schwingung f. || LITTÉR. *Cycle de poèmes*, Liederzyklus. || [vélo] Fahrrad n.

cyclique [siklik] adj. zyklisch.

cyclisme [-klism] m. SPORT. Radsport m. ; Radrennsport m. ; Radfahren n.

cycliste [-klist] adj. Rad... | *Course cycliste*, Radrennen n. | *Coureur cycliste*, Radrennfahrer m.
◇ s. Radfahrer(in) m. (f.).

cyclo-cross [-klokrɔs] m. invar. SPORT. Querfeldeinrennen n.

cyclomoteur [-klomɔtœ:r] m. Moped n.

cyclone [-klon] m. [ouragan] Wirbelwind m., -sturm m. ; Zyklon m.

cyclope [siklɔp] m. Zyklop m.

cyclosporine [siklospɔrin] f. MÉD. Zyklosporin f.

cyclotourisme [sikloturism] m. SPORT. Radwandern n.

cyclotron [siklɔtrɔ̃] m. PHYS. Elektronenschleuder m. ; Zyclotron n.

cygne [siɲ] m. ZOOL. Schwan m. || FIG. *Chant du cygne*, Schwanengesang m. ; letztes Werk.

cylindre [silɛ̃dr] m. TECHN. [d'un moteur] Zylinder m. | *Chemise, couvercle, alésage de cylindre*, Zylindermantel m., -deckel m., -bohrung f. | *À quatre, à plusieurs cylindres*, vier-, mehrzylindrig. || PAR EXT. [rouleau] Walze f. ; Rolle f. || GÉOM. Zylinder m.

cylindrée [-dre] f. TECHN. Zylinderinhalt m. ; Hubraum m. ; Füllung f.

cylindrique [-drik] adj. walzen-, rollenförmig ; zylindrisch.

cymbale [sɛ̃bal] f. MUS. Zimbel f. ; Becken n. ; Paukenbecken n. pl.

cynégétique [sineʒetik] adj. weidmännisch ; Jagd... ; Weidmanns... ; Waidmanns...

cynique [sinik] adj. schamlos ; alles verachtend ; hämisch ; zynisch. || FIG. unverschämt.
◇ s. Zyniker(in) m. (f.) ; zynischer Mensch.

cyniquement [-nikmɑ̃] adv. in herabsetzender Weise.

cynisme [-nism] m. Zynismus m.

cyprès [siprɛ] m. BOT. Zypresse f. ; Trauerbaum m. ; POÉT. Totenbaum m.

cyrillique [sirilik] adj. kyrillisch. | *Alphabet cyrillique*, russisches Alphabet.

cystite [sistit] f. MÉD. Blasenentzündung f. ; Zystitis f.

cytise [siti:z] f. Goldregen m. ; Bohnenbaum m.

cytologie [sitɔlɔʒi] f. BIOL. Zytologie f.

D

d [de] m. D n. [lettre]. | D majuscule, *d minuscule*, das große, kleine D. || FAM. *Pratiquer le système D*, sich aus jeder schwierigen Lage herauszuhelfen wissen ; findig sein.

dactyle [daktil] m. POÉS. Daktylos m.

dactylo [-lo] f. Schreibkraft f. ; Maschineschreiberin f.

dactylographie [-lografi] f. Maschine(n)-schreiben n.

dactylographier [-lografje] v. tr. mit der (Schreib)-maschine schreiben.

dada [dada] m. [langage enfantin] Hottemax m. || FIG., FAM. *C'est son dada*, das ist sein Steckenpferd.

dadais [dadɛ] m. Tölpel m. ; Dussel m.

dague [dag] f. [poignard] Stichwaffe f., -dolch m.

dahlia [dalja] m. BOT. Dahlie f.

daigner [dɛɲe] v. intr. würdigen ; für würdig halten ; geruhen. | *Ne pas daigner répondre à qn*, jn keiner Antwort würdigen.

daim [dɛ̃] m. ZOOL. [cervidé] Damhirsch m. || [cuir] Wild-, Hirschleder n.

daine [dɛn] f. ZOOL. Damhirschkuh f.

dais [dɛ] m. Thronhimmel m. ; Baldachin m.

dallage [dala:ʒ] m. [action] Plattenlegen n., -auslegung f. || [ensemble] Platten-, Fliesenbelag m.

dalle [dal] f. Fliese f. ; Stein(platte) f.

daller [dale] v. tr. mit Fliesen auslegen.

daltonien, ienne [daltɔnjɛ̃, jɛn] adj. MÉD. farbenblind.

daltonisme [daltɔnism] m. MÉD. Farbenblindheit f.

dam [dɑ̃] m. LOC. *Au grand dam de*, zum großen Ärger.

Damas [damas] n. pr. f. GÉOGR. Damaskus n.

damasquinage [damaskina:ʒ] m. Gold-, Silber-, Kupfereinlegearbeit f. ; Damaszener Arbeit.

damasquiner [damaskine] v. tr. damaszieren.

damassé, ée [damase] adj. *Linge damassé*, Damastwäsche f., -leinen n.

dame [dam] f. HIST. [femme noble] Edeldame f., -frau f. | *Servir sa dame*, den Minnedienst ausüben. || PAR ANAL. *Dame de compagnie*, Gesellschaftsdame. | *Dame d'honneur*, Ehrendame. || FAM. *Dame pipi*, Klofrau f. ; Klosettfrau f. || PAR EXT. [femme, épouse] Dame f. ; Frau f. | *Faire la grande dame*, die vornehme Dame spielen. || RELIG. *Notre-Dame*, unsere liebe Frau. | *L'église Notre-Dame*, die Frauenkirche. || [au jeu] Dame f., Königin f. | *Dame de cœur*, Herzdame. | *Jeu de dames*, Damespiel n. | *Jouer aux dames*, Dame spielen.
◇ interj. **dame !,** gewiß ! ; wahrhaftig ! ; freilich !

damer [dame] v. tr. [tasser] (fest)stampfen. || JEUX. zur Dame machen. || FIG., FAM. *Damer le pion à qn*, POP. jn ausstechen.

damier [damje] m. JEUX. Schach-, Damebrett n. || PAR EXT. *Étoffe à damiers*, karierter Stoff.

damnation [-nasjɔ̃] f. Verdammnis f.

damner [-ne] v. tr. verdammen ; [moralement] verurteilen. || FIG. *Faire damner qn*, jn rasend machen ; jn zur Verzweiflung bringen.
◇ part. pass. et adj. **damné, ée,** verdammt. | FIG. *Être l'âme damnée de qn*, jm völlig verfallen sein.

dancing [dɑ̃siŋ] m. Tanzbar f., -lokal n.

dandinement [dɑ̃dinmɑ̃] m. Schlenkern n. ; Watschelei f. ; Hin- und Herschaukeln n.

dandiner (se) [sədɑ̃dine] v. pr. schlenkern ; watscheln ; wackeln ; sich in den Hüften wiegen.

dandy [dɑ̃di] m. Stutzer m. ; FAM. Dandy m.

Danemark [danmark] n. pr. m. GÉOGR. Dänemark n.

danger [dɑ̃ʒe] m. Gefahr f. ; Gefährlichkeit f. | *Danger de mort*, Lebensgefahr. | *Être en danger*, gefährdet sein ; in Gefahr schweben. | *Mettre en danger*, der Gefahr aussetzen. | *Il n'y a pas de danger*, es hat nichts auf sich ; es hat nichts zu (be)sagen.

dangereux, euse [-ʒrø, ø:z] adj. gefährlich ; gefahrvoll ; voller Gefahren ; gefahrbringend. || PAR EXT. [nuisible] verderblich ; schädlich.

danois, oise [danwa, wa:z] adj. dänisch.
◇ s. **Danois, oise,** Däne m. ; Dänin f.
— m. **danois,** [langue] Dänisch n.

dans [dɑ̃] prép. in.

> **I.** SENS LOCAL :
> **a)** Intralocal ;
> **b)** Translocal ;
> **c)** PAR EXT. ;
> **d)** Sens local atténué.
> **II.** SENS TEMPOREL :
> **a)** [espace de temps] ;
> **b)** [point de la durée].
> **III.** APPROXIMATION.

I. SENS LOCAL : **a)** Intralocal [sans mouvement, question wo ?] in (dat.), auf (dat.), innerhalb (gén.). | *Dans la ville*, in der Stadt. | *Dans la forêt*, im Wald. | *Il était dans sa baignoire*, er lag in seiner Badewanne. | *Dans la rue*, auf der Straße. | *Dans son château*, auf seinem Schlosse. | *Dans Paris*, innerhalb Paris. | *Périr dans les flammes*, in den Flammen umkommen. | *Être dans la foule*, mitten in der Menge stehen. || PAR EXT. *Dans Molière*, bei Molière, in Molières Werken. — **b)** Translocal [avec mouvement, question wohin ?], in (acc.), nach (dat.). | *Il entra dans la maison*, er trat ins Haus hinein. | *Aller dans la forêt*, in den Wald gehen. || (Souvent l'allemand rend une idée de mouvement, oubliée en français) *Manger dans une assiette*, aus einem Teller essen. — **c)** PAR EXT. La même distinction du régime à l'accusatif ou au datif se retrouve lorsqu'il s'agit d'abstractions : *Être dans la*

misère, im Elend sitzen. | *Dans mon esprit*, in meinem Geiste. | *Il fut précipité dans la misère*, er wurde ins Verderben gestürzt. — **d)** Sens local atténué. | *Être dans l'aviation*, bei der Luftwaffe dienen. | *Être dans le commerce*, Kaufmann sein. || Loc. *Il est dans mon caractère de...*, es liegt in meinem Wesen... zu...
II. Sens temporel : **a)** [espace de temps] in (dat.). | *Dans la semaine*, in der Woche. | *Dans l'année*, im Jahr. | *Dans la nuit*, in der Nacht. — **b)** [point de la durée ou délai, dans l'avenir] in (dat.), über (acc.), innerhalb (gén.), binnen (dat.). | *Dans un an* (précisément), übers Jahr (ou) in einem Jahr. | *Dans trois jours*, in drei Tagen. | *Dans les vingt-quatre heures*, binnen vierundzwanzig Stunden. | *Dans un délai de trois jours*, binnen drei Tagen. || Loc. *Dans le temps*, früher.
III. Approximation : etwa, gegen. | *Elle a dans les vingt ans*, sie ist etwa zwanzig. | *Cela fait dans les mille francs*, das macht etwa tausend Francs aus.

dansant, ante [dɑ̃sɑ̃, ɑ̃:t] adj. zum Tanzen ; Tanz... | *Soirée dansante*, Tanzabend m.

danse [dɑ̃:s] f. [action] Tanzen n. ; Tanzkunst f. || [ensemble] Tanz m. | *Cours, professeur de danse*, Tanzstunde f., -lehrer m. | *Danse macabre*, Totentanz. | *Salle de danse*, Tanzboden m. || Loc., fig. *Mener la danse*, den Tanz anführen. | *Entrer dans la danse*, mittanzen ; pop. Feste mitmachen. || Méd. *Danse de Saint-Guy*, Veitstanz m.

danser [-se] v. intr. tanzen ; sich im Tanze drehen. | *Danser devant qn*, vortanzen. || Par ext. [objets] tanzen. | *Faire danser l'anse du panier*, in die eigene Tasche wirtschaften. | *Ne pas savoir sur quel pied danser*, nicht aus noch ein wissen.
◇ v. tr. tanzen. | *Danser une valse*, einen Walzer tanzen.

danseur, euse [-sœ:r, ø:z] s. Tänzer(in) m. (f.) ; Tanzpartner(in) m. (f.) ; Tanzherr m., -dame f. | *Danseur de corde*, Seiltänzer. | *Danseuse de ballet*, Balletteuse f. | *Danseuse étoile*, Primaballerina f.

dantesque [dɑ̃tɛsk] adj. düster ; grausig ; dantesk.

Danube [danyb] n. pr. m. Géogr. Donau f.

daphné [dafne] m. Bot. Seidelbast m.

daphnie [dafni] f. Zool. Wasserfloh m.

dard [da:r] m. Hist. [trait] Wurfspieß m. ; Ger m. || Zool. [du serpent] Schlangenzunge f. || [aiguillon] Stachel m.

Dardanelles [dardanɛl] n. pr. f. pl. Géogr. Dardanellen f. pl.

darder [darde] v. tr. züngeln ; hervorschießen, -spritzen, -schleudern, -schnellen. || Fig. *Le soleil darde ses rayons*, die Sonne sticht.

dare-dare [da:rda:r] loc. adv. Fam. holter(die)-polter.

dartre [dartr] f. Hautausschlag m. ; Pilzflechte f.

darwinisme [darwinism] m. Darwinismus m.

datation [datasjɔ̃] f. Datierung f.

date [dat] f. Datum n. ; Zeitpunkt m., -angabe f. ; Ausstellungstag m. | *Date d'expiration*, Verfalltag m. | *Date de livraison*, Lieferungstermin m. | *Fixer la date*, die Zeit festsetzen. || Fin. *Date d'échéance*, Fälligkeitstag m. ; Verfalltag m. || Loc. *Sans date*, ohne Zeitangabe. | *Prendre date*, zeitlich vormerken. | *Faire date*, bemerkenswert sein. | *De fraîche date*, neu, kürzlich herausgekommen. | *De longue date*, langjährig.

dater [-te] v. tr. zeitlich festlegen ; datieren. | *Dater une lettre*, einen Brief datieren.
◇ v. intr. herstammen ; datieren. | *À dater du 1er*, vom 1. an. | *À dater de ce jour*, von heute an, ab ; von nun an. || Fig. *Livre qui date*, veraltetes Buch.

datif [datif] m. Wemfall m. ; Dativ m.

datte [dat] f. Dattel f.

dattier [-tje] m. Bot. Dattelpalme f.

daube [do:b] f. Culin. [manière] Schmoren n. || [viande] Schmorbraten m.

dauber [-be] v. tr. Culin. dämpfen ; schmoren.
◇ v. intr. Fig. [railler] *Dauber sur qn*, über jn herziehen ; jn durchhecheln (sépar.).

dauphin [dofɛ̃] m. Hist. Kronprinz m. ; französischer Thronfolger. || Zool. Delphin m.

daurade ou **dorade** [dorad] f. Goldbrasse f., -kopf m.

davantage [davɑ̃ta:ʒ] adv. [plus] mehr. | *Il en a davantage*, er hat mehr davon. || [plus longtemps] länger. | *Ne restez pas davantage*, bleiben Sie nicht länger !

de [də] prép.

> **I.** Point de départ, séparation, différence : von... (ab) ; aus.
> **II.** Origine, provenance, extraction : von ; aus.
> **III.** Compléments de temps et de lieu : von ; an ; in ; bei ; ...er.
> **IV.** Cause, auteur : vor ; an ; unter ; von.
> **V.** Destination, objet, effet : nach ; zu ; für ; über ; von.
> **VI.** Instrument, moyen, manière : mit ; durch ; mittels ; von.
> **VII.** Appartenance, conformité, dépendance : génitif ; nom composé ; von.
> **VIII.** Qualité, espèce, dénomination : von ; mot composé.
> **IX.** Valeur, nombre, matière : von ; aus ; an.
> **X.** Mesure, poids, distance, capacité : von ; compl. plus l'adjectif ; voll.
> **XI.** Partitif : (sans traduction) ; von.
> **XII.** Explétif.

I. Point de départ, séparation, différence : von... (ab) ; aus. || [lieu] *Partir de Berlin*, von Berlin abreisen. | *Venir de Turquie*, aus der Türkei kommen. | *Sortir de prison*, aus dem Gefängnis herauskommen. | *De Marseille à Lyon*, von Marseille nach, bis Lyon. | *De ma chambre, je vois le lac*, von meinem Fenster aus sehe ich den See. | *Du haut de la tour*, vom Turm herab. | *De bas en haut*, von unten nach oben. | *De branche en branche*, von Ast zu Ast. | *De loin*, von weitem ; aus der Ferne. | *De près*, in, aus der Nähe. || [temps] *De midi à cinq heures*, von zwölf bis fünf. | *D'aujourd'hui en huit*, heute in acht Tagen. | *De temps en temps*, von Zeit zu Zeit. | *De plus en plus*, immer mehr. || [séparation] *Détourner de son devoir*, von seiner Pflicht abwenden. | *Être loin de ses parents*, von seinen Eltern weit entfernt sein. || [différence] *Le contraire de beau*, das Gegenteil von schön. | *Il s'en fallut de peu qu'il perdît*, um ein Haar hätte er verloren.
II. Origine, provenance, extraction : von ; aus. [origine] *Originaire de la Hesse*, aus Hessen (stammend). | *Être de Bonn*, aus Bonn gebürtig sein. | *Né de parents obscurs*, von dunklem Herkommen. | *De naissance*, von Geburt her. | *Traduit de l'allemand*, aus dem Deutschen übersetzt. || Par ext. [origine noble] *Le comte de Habsbourg*, Graf von Habsburg. | *De droit divin*, von Gottes Gnaden. | *De ce que*, davon daß. || [provenance] *Le vent souffle du nord*, der Wind weht von Norden. | *Du thé de Chine*, Tee aus China. | *Voici le train de Paris*, da kommt der Zug aus Paris, der Pariser Zug. || [extraction] *L'eau du puits*, Brunnenwasser n. || Loc. *De par le roi*, im Namen des Königs.
III. Compléments de temps et de lieu : von ; in ; zu ; bei ; ...er. || [temps] *Travailler de jour*, bei Tage, tagsüber

arbeiten. | *De ma vie*, in meinem ganzen Leben ; mein Lebtag ; mein Leben lang. | *La guerre de trente ans*, der Dreißigjährige Krieg. | *De quand est cette église ?*, von wann ist diese Kirche ? || [âge] *Cet enfant est âgé de dix ans*, dieses Kind ist zehn Jahre alt. || [lieu] *La foire de Leipzig*, die Leipziger Messe. | *Une ville d'Angleterre*, eine Stadt in England ; eine englische Stadt. | *La bataille d'Iéna*, die Schlacht bei Jena.

IV. CAUSE, AUTEUR, AGENT : vor ; an ; unter ; von. || [cause] *De joie, de soif*, vor Freude, vor Durst. | *Mourir de faim*, vor Hunger sterben. | *Souffrir de la faim*, an Hunger leiden. | *Mourir de chagrin*, sich zu Tode grämen ; vor Leid vergehen. | *Fier de ses succès*, stolz auf seine Erfolge. || [auteur] *Une œuvre de Schiller*, ein Werk von Schiller. || [agent] *Il est aimé de tous*, er wird von allen geliebt.

V. DESTINATION, OBJET, EFFET : nach ; zu ; für ; über ; von. || [destination] *Chemin de l'école*, Weg zur Schule ; Schulweg m. | *Route des Indes*, Straße nach Indien. | *Venez de ce côté*, kommen Sie auf diese Seite. | *La soif de l'or*, die Sucht nach dem Gold. | *Qu'adviendra-til de lui ?*, was wird aus ihm werden ? || [objet] *Conférence d'histoire naturelle*, Vorlesung (f.) über Naturgeschichte. | *Traité de l'amour et des passions*, Buch (n.) über Liebe und Leidenschaften. | *Parler de*, sprechen von, über (acc.). | *Se plaindre de qch.*, über etwas klagen. || [effet] *La récompense du mérite*, die Belohnung für das Verdienst.

VI. INSTRUMENT, MOYEN, MANIÈRE : mit ; durch ; mittels ; von. || [instrument] *D'un seul coup*, mit einem einzigen Hieb. | *Saisir qch. de la main droite*, etwas mit der rechten Hand ergreifen. | *Couvrir de*, bedecken mit. || [moyen] *Montrer du doigt*, mit dem Finger zeigen. | *Charger de*, beladen mit. | *De toutes ses forces*, aus allen Kräften. || [manière] *D'une voix forte*, mit starker Stimme. | *D'un pas allègre*, munteren Schrittes. | *De tout cœur*, aus ganzem Herzen. | *Vêtu de noir*, schwarz gekleidet.

VII. APPARTENANCE, CONFORMITÉ, DÉPENDANCE : génitif ; nom composé ; von. || [possession] *Le livre du professeur*, das Buch des Lehrers. | *La maison de Pierre*, Peters Haus. || [conformité] *Être de l'avis de qn*, js Meinung sein. | *Il est de mon devoir*, es ist meine Pflicht. || [dépendance] *Chef d'atelier*, Werkmeister m. | *Père de famille*, Familienvater m. || [parenté] *Le père de Goethe*, Goethes Vater.

VIII. QUALITÉ, ESPÈCE, DÉNOMINATION : von ; mot composé. || [qualité] *Accès de fièvre*, Fieberanfall m. | *De bonne humeur*, bei guter Laune ; gutgelaunt. | *En qualité de*, als. || [espèce] *Temps de chien*, Hundewetter n. | *Oiseau de proie*, Raubvogel m. | *Le mois d'août*, der (Monat) August.

IX. VALEUR, NOMBRE, MATIÈRE : von ; aus ; an. | [valeur] *Billet de cent marks*, Hundertmarkschein m. | *Meuble de grand prix*, wertvolle Möbel. || [nombre] *Troupe de cent hommes*, Truppe (f.) von hundert Mann. | *Plus de cent*, mehr als hundert. || [matière] *Bouteille de verre*, Flasche (f.) aus Glas ; gläserne Flasche ; Glasflasche. | *Bloc de granit pur*, Block (m.) aus, von hartem Granit. | *Être composé de*, bestehen aus.

X. MESURE, POIDS, DISTANCE, CAPACITÉ : von ; compl. plus l'adj. ; voll. || [mesure] *Trois mètres de longueur, de largeur, de hauteur*, drei Meter lang, breit, hoch. | *Cette table a deux mètres de long*, dieser Tisch ist zwei Meter lang. | *Raccourcir de vingt centimètres*, um zwanzig Zentimeter kürzer machen. || [poids] *Une machine de deux tonnes*, eine zwei Tonnen schwere Maschine. || [distance] *Ce village est distant de cinq kilomètres*, dieses Dorf ist fünf Kilometer weit entfernt. | *Un parcours de dix lieues*, eine zehn Meilen weite Strecke. | *Être loin de* (au propre et au figuré), weit, entfernt sein von. || [capacité] *Bouteille de bière*, Flasche Bier. | *Un verre de vin rouge*, ein Glas Rotwein.

XI. PARTITIF : (sans traduction) *Un morceau de pain*, ein Stück Brot. | *Boire de la bière*, Bier trinken. | *Il a du talent*, er hat Talent. || [négation] kein. | *Ne pas trouver de chambre*, kein Zimmer finden. || PAR EXT. *Qui de nous ?*, wer von, unter uns ? || LOC. (indéf., avec partitif). *Peu, Beaucoup, Trop de choses*, wenige, viele, zu viele Dinge. | *Tant de choses*, so viele Dinge. | *Moins de choses*, weniger.

XII. EXPLÉTIF : [apposition] *La ville de Bordeaux*, die Stadt Bordeaux. || [proposition infinitive] *Il essaie d'écrire*, er versucht zu schreiben. || [infin. de narration] *Et tout le monde d'applaudir*, da klatschte alles Beifall. || [indéfini] *Rien de bon*, nichts Gutes. | *Quelque chose de nouveau*, etwas Neues. || [partitif] *De beaux arbres*, schöne Bäume.

dé [de] m. [jeux] Würfel m. | *Jeu de dés*, Würfelspiel n. | *Jouer aux dés*, würfeln ; Würfel spielen. | *Dés pipés*, falsche Würfel. || [à coudre] Fingerhut m.

déambulatoire [deɑ̃bylatwa:r] m. ARCHIT. Kirchenchorumgang m.

déambuler [-le] v. intr. umherziehen.

débâcle [debɑkl] f. GÉOL. Eisbruch m., -gang m. || [renversement] Zusammenbruch m., -sturz m. || FIN. Krach m.

déballage [debalaʒ] m. Auspacken n.

déballer [-le] v. tr. auspacken, POP. auskramen.

débandade [debɑ̃dad] f. Auflösung f. ; Auseinanderlaufen n. ; zügellose Unordnung. | *À la débandade*, kunterbunt, durcheinander.

débander [-de] v. tr. MÉD. den Verband abnehmen, lösen. || FIG. *Débander un arc, un ressort*, einen Bogen, eine Feder entspannen.

◇ v. pr. **se débander,** [se disperser] Reißaus nehmen ; auseinanderlaufen.

débaptiser [debatize] v. tr. umtaufen.

débarbouiller [debarbuje] v. tr. reinwaschen. | *Débarbouiller un enfant*, ein Kind säubern.

◇ v. pr. **se débarbouiller,** sich waschen.

débarcadère [debarkadɛ:r] m. Landungsbrücke f. ; Anlegeplatz m. ; Ausladestelle f. ; Pier f.

débardeur [debardœ:r] m. Schauermann m. ; Auslader m. || [vêtement] Pullunder m.

débarquement [debarkəmɑ̃] m. MAR. Ausschiffung f. ; Löschung f. ; Ausladung f. ; Anlandung f. ; Anlandsetzung f. | *Quai de débarquement*, Löschkai m. || MIL. Landung f. | *Troupes de débarquement*, Landungstruppen f. pl.

débarquer [-ke] v. tr. ausschiffen ; löschen ; ausladen ; abladen ; an Land setzen.

◇ v. intr. landen ; an Land gehen. || FIG. aussteigen.

débarras [debara] m. [action] Entlastung f. ; Erleichterung f. ; Befreiung f. ; FAM. Entrümpelung f. || PAR EXT. *(Cabinet de) débarras*, Polter-, Rumpelkammer f. | *Bon débarras !*, ich bin ihn/sie/es endlich los.

débarrasser [-rase] v. tr. [un lieu] befreien ; freimachen ; (auf)räumen. | *Débarrasser la table*, den Tisch abräumen. || LOC. *Débarrasser de qch.*, etwas auf-, weg-, forträumen ; von etwas befreien.

◇ v. pr. **se débarrasser** [de qch.], (etwas) loswerden, beseitigen, etwas wegräumen ; sich von etwas befreien. | *Se débarrasser d'un ennemi*, (sich) einen Gegner aus dem Wege schaffen. | *Se débarrasser de ses soucis*, seiner Sorgen ledig werden.

débat [deba] m. [discussion] Streit m. ; Wortstreit m., -wechsel m. ; Diskussion f.

◇ m. pl. **débats,** POLIT., JUR. Ver-, Unterhandlung f. ; Debatte f. ; Besprechung f.

débattre [-batr] v. tr. streiten (über, acc.) ; verhandeln (über, acc.) ; be-, durchsprechen ; erörtern ;

debattieren. | *Débattre un prix*, um den Preis feilschen. | *Débattre une affaire*, über ein Geschäft verhandeln. | *Prix à débattre*, Preis (m.) nach Vereinbarung.
◇ v. pr. **se débattre,** [résister] sich sträuben ; sich wehren ; sich winden. | *Se débattre à coups de pied*, nach rechts und links ausschlagen. || FIG. *Se débattre contre la misère*, gegen das Elend ankämpfen.

débauchage [deboʃa:ʒ] m. Abhaltung f. || PAR EXT. [renvoi] Entlassung f. ; Abbau m.

débauche [-bo:ʃ] f. [boire et manger] Prasserei f. || PAR ANAL. [sens] Wollust f. || PAR EXT. [moeurs] Ausschweifung f. ; Liederlichkeit f. ; Lasterhaftigkeit f. || JUR. *incitation à la débauche*, Anstiftung (f.) zur Unzucht. || LOC. *Mener une vie de débauche*, ein wüstes Leben führen ; in Saus und Braus leben. || FIG. [excès] *Débauche d'imagination*, zügellose, ausschweifende Phantasie ; Schwärmen n. | *Débauche de couleurs*, verschwenderische Farbgebung.
— SYN. : *Libertinage* m., lockere Lebensführung. *Orgie* f., Orgie f. POP. *Bombe* f., üppiges Leben. *Bringue* f., *foire* f., *noce* f., *nouba* f., Prasserei f.

débaucher [-boʃe] v. tr. [détourner du travail] abwerben. || PAR EXT. [renvoyer] entlassen. || FIG. [séduire] verführen ; verderben.
◇ part. pass. et adj. **débauché, ée,** ausschweifend ; zügellos. || SUBSTANTIV. Wüstling m. ; Prasser m. ; Liederjan m.

débile [debil] adj. schwach ; schwächlich ; hinfällig. || FIG., FAM. [personne] blöd ; schwachsinnig.
◇ s. Blöde(r) f. (m.) ; Schwachsinnige(r) f. (m.).

débilité [-lite] f. MÉD. allgemeine Schwäche ; Kraftlosigkeit f. ; Hinfälligkeit f. ; Debilität f. | *Débilité mentale*, Schwachsinn m.

débiliter [-lite] v. tr. schwächen ; entkräften.

débine [debin] f. POP. Not f. ; Elend n. | *Tomber dans la débine*, auf den Hund kommen.

débiner [-ne] v. tr. POP. [dénigrer] heruntermachen, -reißen ; kein gutes Haar dran lassen.
◇ v. pr. **se débiner,** POP. abhauen ; verduften.

débit [debi] m. [vente] Verkauf m. ; Absatz m. ; Vertrieb m. || PAR EXT. [boutique] Verkaufsstelle f. ; Handlung f. ; Laden m. | *Débit de vin*, Weinhandlung, -ausschank m. | *Débit de tabac*, Tabakladen. || FIG. [parler] *Avoir le débit facile*, eine leichte, gewandte Art zu sprechen haben. || COMM. Soll n. ; Linksbuchung f. ; Belastung f. ; Debet n. | *Débit et crédit*, Soll und Haben. | *Porter qch. au débit de qn*, jm etwas anlasten. | *Au débit de votre compte*, zu Lasten Ihres Kontos. || INF. Lastschrift f. || TECHN. Menge f. ; Durchsatz-, Abflußmenge f. ; Produktions-, Förderleistung f. | *Débit d'un fleuve*, Stromabflußmenge f. || TRANSP. *Débit (d'un moyen de transport)*, Beförderungsleistung f. (eines Verkehrsmittels).

débitant, ante [-tɑ̃, ɑ̃:t] s. Verkäufer(in) m. (f.). || PAR EXT. [d'un café] Schenk-, Schankwirt(in) m. (f.).

débiter [-te] v. tr. [vendre] verkaufen ; absetzen ; vertreiben ; ausschenken ; einen Ausschank haben (für). || COMM. belasten. | *Débiter un compte de cent marks*, ein Konto mit hundert Mark belasten. || FIG. *Débiter un discours*, vortragen ; hersagen ; PÉJOR. herleiern. | *Débiter des sornettes à qn*, jm etwas vorschwatzen, vorschwindeln. || TECHN. *Débiter du bois*, Holz zersägen, spalten.

débiteur, trice [-tœ:r, tris] s. Schuldner(in) m. (f.) ; Zahlungspflichtige(r) m. ; Debitor m. | *Débiteurs solidaires*, Gesamtschuldner m. pl. | *Être le débiteur de qn*, jm etwas schuldig sein ; in js Schuld stehen.
◇ adj. *Compte débiteur*, Debetposten m.

déblai [deblɛ] m. abgetragene Erde ; Abraum m. ; Abraummasse f. ; Schutt m. || MINES. Haufwerk n. ; Berge m. pl. ; Schutthalde f.

déblatérer [deblatere] v. intr. keifen ; quengeln ; begeifern. | *Déblatérer contre qn*, über jn herziehen.

déblayer [deblɛje] v. tr. abtragen ; ab-, auf-, ausräumen ; aufwältigen ; wegschaffen ; freilegen. || FIG. Luft schaffen. | *Déblayer le terrain*, Hindernisse wegräumen.

déblocage [deblɔka:ʒ] m. COMM. Befreiung f. ; Freigabe f. | *Déblocage des crédits*, Kreditfreigabe. | *Déblocage des prix*, Preisfreigabe f.

débloquer [-ke] v. tr. COMM. freigeben. || TECHN. *Débloquer les freins*, die Bremsen lösen.

déboire [debwa:r] m. Verdruß m. ; Verdrießlichkeit f.

déboiser [debwaze] v. tr. abholzen ; entwalden.

déboîtement [debwatmɑ̃] m. MÉD. Ausrenken n., -renkung f.

déboîter [-te] v. tr. MÉD. aus-, verrenken ; auskugeln. | *Déboîter l'épaule*, das Schultergelenk auskugeln, verrenken.
◇ v. intr. AUTOM. ausscheren.
◇ v. pr. **se déboîter,** TECHN. aus den Fugen kommen, springen.

débonnaire [debɔnɛ:r] adj. sanftmütig ; nachgiebig ; nachsichtig.

débordant, ante [debɔrdɑ̃, ɑ̃:t] adj. überquellend ; überfließend, -strömend ; ausufernd. || FIG. *Enthousiasme débordant*, Schwärmerei f.

débordement [-dəmɑ̃] m. [liquide] Überfließen n. | *Débordement du Nil*, Nilüberschwemmung f. | FIG. [excès] Zügellosigkeit f. ; Ausschweifung f.

déborder [-de] v. intr. [liquide] überfließen, -laufen, -schwemmen ; über die Ufer treten. | *Le lait déborde*, die Milch läuft über. | *Le Nil déborde*, der Nil tritt über die Ufer. || PAR EXT. [objet] übergreifen, -stehen ; darüber hinausragen. || FIG. *Son cœur déborde de tendresse*, sein Herz fließt von Liebe über.
◇ v. tr. [dépasser] *La ville déborde son enceinte*, die Stadt greift über ihre Mauern hinaus. || MIL. überflügeln ; umgehen ; ausholen.
◇ part. pass. **débordé, ée.** *Débordé de travail*, mit Arbeit überhäuft. | *Être débordé par les événements*, durch die Ereignisse überrumpelt werden.

débouché [debuʃe] m. [issue] Ausgang m. ; Öffnung f. | *Débouché d'une vallée*, Talausgang. || COMM. Absatz m. ; Absatzmarkt m., -gebiet n. | *Créer de nouveaux débouchés*, neue Absatzmärkte erschließen. || *Débouchés (professionnels)*, Berufsaussichten f. pl.

déboucher [-ʃe] v. tr. [bouteille] entkorken ; aufmachen ; öffnen.
◇ v. intr. *Déboucher dans, sur*, sich ergießen in ; münden in, auf (acc.). | *Déboucher de*, herauskommen, hervorbrechen aus. | *Un autobus débouche d'une rue voisine*, ein Autobus kommt aus der Nachbarstraße heraus. || MIL. hervor-, ausbrechen.

débouler [debule] v. intr. [chasse] plötzlich davonrennen ; POP. das Hasenpanier ergreifen. || FIG., FAM. herunterkugeln, -purzeln.

déboulonner [debulɔne] v. tr. TECHN. ab-, aus-, auseinanderschrauben. || FIG., FAM. *Déboulonner qn*, jn ausbooten.

débourrer [debure] v. tr. ausräumen ; reinigen. | *Débourrer sa pipe, le canon*, die Pfeife, den Lauf reinigen. || [un cheval] zureiten.

débours [debu:r] m. Vorschuß m. ; Ausgabe f. ; Auslagen f. pl. ; (Un)kosten f. pl. | *Débours de voyage*, Fahrtauslagen f. pl. ; Reisekosten f. pl.

débourser [deburse] v. tr. vorstrecken, -schießen ; auslegen ; verauslagen.

debout [dəbu] adv. [sur les pieds] aufrecht ; auf-, hochgerichtet ; stehend. | *Être debout*, stehen. | *Mettre debout*, (aufrecht)stellen ; aufrichten. | *Se mettre debout*, aufstehen ; sich erheben ; sich aufrichten. | *Rester debout*, aufrecht bleiben ; stehenbleiben. | *Laisser qn debout*, jn stehen lassen. | *Manger, dormir debout*, im Stehen essen, schlafen. | *Ne plus tenir debout*, nicht mehr stehen können. | *Place debout*, Stehplatz m. || PAR ANAL. [objet] *Dresser une poutre debout*, einen Balken hochkant stellen. || PAR EXT. [ne pas être au lit] auf. | *Mon père était encore debout à onze heures*, mein Vater war noch um elf auf. || FIG. [encore existant, valable] *Cette ruine, cette loi tient toujours debout*, diese Ruine, dieses Gesetz besteht immer noch. | *Ce raisonnement ne tient pas debout*, diese Beweisführung hat keinen festen Grund, ist nicht solide, hat keinen Halt. | *Histoire à dormir debout*, unglaubliche Geschichte. || JUR. *Magistrature debout*, Anwälte m. pl. || MAR. *Vent debout*, Gegenwind m.
◇ interj. **debout !**, auf ! ; aufgestanden ! ; frisch auf.

débouter [debute] v. tr. JUR. ab-, zurückweisen. | *Être débouté de sa demande*, mit seiner Klage abgewiesen werden.

déboutonner [debutɔne] v. tr. ab-, aufknöpfen ; die Knöpfe lösen.
◇ v. pr. **se déboutonner**, sich aufknöpfen. || [sens pass.] aufgehen. || FIG., FAM. aufgeschlossen, gesprächig werden ; aus sich herausgehen.

débraillé, ée [debraje] adj. schlampig (angezogen). || PAR EXT. unordentlich ; nachlässig.

débrancher [debrɑ̃ʃe] v. tr. ÉLECTR. abschalten.

débrayage [debrɛja:ʒ] m. TECHN. Aus-, Kupplung f. ; Ausschalten n. | *Levier de débrayage*, Aus-, Kupplungshebel m. | *Double débrayage*, Zwischengasgeben n. || FIG. Arbeitseinstellung f.

débrayer [-je] v. tr. aus-, entkuppeln ; ausrücken ; auslösen ; abschalten.
◇ v. intr. *Débrayer (une vitesse)*, einen Gang auskuppeln. || FIG. die Arbeit einstellen.

débrider [debride] v. tr. [cheval] abzäumen ; das Zaumzeug abnehmen. || FIG. *Travailler sans débrider*, pausenlos bearbeiten.
◇ part. pass. et adj. **débridé, ée.** FIG. *Imagination débridée*, zügellose Phantasie.

débris [debri] m. pl. [ruines] Trümmer f. pl. || PAR ANAL. [fragments] Abfälle m. pl. ; Schutt m. || PAR EXT. [restes] Überreste m. pl. ; Überbleibsel n.

débrouillard, arde [debruja:r, ard] adj. FAM. schlau ; verschmitzt ; pfiffig ; findig. | *Être débrouillard*, sich zu helfen wissen ; ein findiger Kopf sein.

débrouiller [-je] v. tr. [démêler] entwirren ; auf-, entwickeln. | *Débrouiller de la laine*, Wolle aufräppeln. || PAR EXT. [mettre en ordre] ordnen ; in Ordnung bringen. || FIG. [éclaicir] aufklären. | *Débrouiller une question*, eine Frage aufhellen.
◇ v. pr. **se débrouiller**, FIG., FAM. sich aus der Klemme ziehen ; sich heraushelfen. | *Savoir se débrouiller*, sich zu helfen wissen.

débudgétiser [debydʒetize] v. tr. aus dem Haushalt streichen.

débusquer [debyske] v. tr. [chasser] heraustreiben ; verjagen. || MIL. aus der Stellung verjagen.

début [deby] m. Anfang m. ; (An)beginn m. | *Au début*, anfangs ; im, zu Anfang. | *Dès le début*, von Anfang an ; seit Beginn. || LOC. *Faire ses débuts*, seine ersten Schritte machen ; zum ersten Male auftreten.

débutant, ante [-tɑ̃, ɑ̃:t] adj. anfangend ; beginnend ; angehend.
◇ s. Anfänger(in) m. (f.) ; Neuling m.

débuter [-te] v. intr. [commencer] anfangen ; angehen. || THÉÂTRE. in einer Erstlingsrolle auftreten.

deçà [dəsa] adv. [de ce côté-ci] diesseits ; hier(seits) ; auf diese(r) Seite. | *Deçà, delà*, diesseits und jenseits ; hier und da ; hinüber und herüber ; mal hier mal da.
◇ loc. prép. **en deçà de,** [de ce côté-ci de] diesseits (gén.). | *En deçà des Alpes*, diesseits der Alpen. || FIG. *Cela est en deçà de la vérité*, das ist noch lange nicht die Wahrheit.

décacheter [dekaʃte] v. tr. entsiegeln. || PAR EXT. [lettre] öffnen ; aufreißen ; auf-, erbrechen.

décade [dekad] f. [dix jours] Dekade f. || PAR EXT. [dix ans] Jahrzehnt n.

décadence [dekadɑ̃:s] f. Verfall m. ; Entartung f. ; Absinken n. ; Untergang m. ; Dekadenz f. | *Tomber en décadence*, verfallen.

décadent, ente [-dɑ̃, ɑ̃:t] entartet ; zerfallend ; heruntergekommen ; überzüchtet ; dekadent.

décaféiné, ée [dekafeine] adj. koffeinfrei.

décaisser [dekɛse] v. tr. BOT. austopfen, -pflanzen. || COMM. [payer] aus der Kasse zahlen.

décalage [dekala:ʒ] m. [espace, temps] Verschiebung f. ; Verstellung f. ; Abstufung f. ; Abweichung f. | *Décalage horaire*, Zeitunterschied m. ; Zeitverschiebung f.

décalcomanie [dekalkɔmani] f. [procédé] Abziehen (n.) von Bildern. || [image] Abziehbild n.

décaler [dekale] v. tr. [espace, temps] verschieben ; verstellen ; versetzen.

décalitre [dekalitr] m. Zehnlitermaß n. ; Dekaliter n.

décalquage [dekalka:ʒ] ou **décalque** [-kalk] m. [action] Abziehen n. ; (Durch)pausen n. ; Abklatschen n. || [résultat] Abzug m. ; Pause f.

décalquer [-ke] v. tr. abziehen ; durchpausen, -schreiben ; POP. abklatschen. | *Papier à décalquer*, Pauspapier n.

décamètre [dekamɛtr] m. Zehnmetermaß n. Dekameter n. et m.

décamper [dekɑ̃pe] v. intr. das Lager abbrechen. || FIG. sich aus dem Staube machen ; das Weite suchen ; verschwinden ; POP. abhauen, -kratzen. | *Faire décamper qn*, jm Beine machen.

décaniller [dekanije] v. intr. FAM. abhauen.

décantation [dekɑ̃tasjɔ̃] f., **décantage** [-ta:ʒ] m. Abgießen n. ; Abklären n. ; Dekantieren n. | *Bassin de décantation*, Klärbecken n. ; Schlämmteich m.

décanter [-te] v. tr. vorsichtig abgießen ; abklären ; dekantieren. || FIG. läutern.

décapant [dekapɑ̃] m. Beizmittel n.

décaper [-pe] v. tr. (ab)beizen ; ab-, wegätzen. || PAR EXT. scheuern ; (blank) putzen.

décapitation [dekapitasjɔ̃] f. Enthauptung f.

décapiter [-te] v. tr. den Kopf abschlagen ; köpfen ; enthaupten.

décapotable [dekapɔtabl] adj. aufschlagbar. | *Voiture décapotable*, Auto (n.) mit klapparem Verdeck ; Kabrio(lett) n.

décapoter [-te] v. tr. aufschlagen, -klappen.

décapsuler [dekapsyle] v. tr. öffnen.

décapsuleur [-sylœ:r] m. Flaschenöffner m.

décathlon [dekatlɔ̃] m. SPORT. Zehnkampf m.

décathlonien [-lɔnjɛ̃] m. SPORT. Zehnkämpfer m.

décati, ie [dekati] adj. FIG., FAM. schrumpelig ; [personne] abgelebt ; verlebt.

décaver [dekave] v. tr. JEUX. im Spiel ausnehmen.

◇ part. pass. et adj. **décavé, ée,** FAM., ARG. ausgemistet.

décéder [desede] v. intr. ver-, dahinscheiden ; (ver)sterben ; eingehen.
◇ part. pass. et adj. **décédé, ée,** verstorben ; abgeschieden.

déceler [desle] v. tr. aufdecken ; verraten ; ans Licht bringen. || CHIM. nachweisen.

décélération [deselerasjɔ̃] f. Verlangsamung f.

décélérer [-lere] v. intr. verlangsamen.

décembre [desɑ̃:br] m. Dezember m.

décemment [desamɑ̃] adv. in anständiger Weise.

décence [-sɑ̃:s] f. Anstand m. ; Anständigkeit f. ; Schicklichkeit f. ; Sittsamkeit f. ; Zucht f.

décennal, ale, aux [desɛnal, o] adj. [de dix ans] zehnjährig. || PAR EXT. [tous les dix ans] zehnjährlich.

décent, ente [desɑ̃, ɑ̃:t] adj. anständig ; sittsam ; sittig ; schicklich ; ehrbar ; züchtig ; dezent.

décentralisation [desɑ̃tralizasjɔ̃] f. Dezentralisierung f. ; Dezentralisation f.

décentraliser [-tralize] v. tr. dezentralisieren.

décentrer [desɑ̃tre] v. tr. dezentrieren. || OPT. Linsen ungleich einstellen, verstellen.

déception [desɛpsjɔ̃] f. Enttäuschung f.
— SYN. : *Désappointement* m., getäuschte Hoffnung. *Désillusion* f., Enttäuschung f. *Désenchantement* m., Ernüchterung f.

décerner [desɛrne] v. tr. [prix] zuerkennen ; erteilen. | *Décerner un prix*, einen Preis verleihen.

décès [desɛ] m. Tod m. ; Todesfall m. ; Ableben n. ; Ver-, Hinscheiden n. | *Acte de décès*, Totenschein m. ; Sterbeurkunde f.

décevant, ante [desvɑ̃, ɑ̃:t] adj. (ent)täuschend.

décevoir [desvwa:r] v. tr. (ent)täuschen ; (be)-trügen ; hintergehen.
◇ part. pass. et adj. **déçu, ue,** *Espoir déçu*, fehlgeschlagene Hoffnung.

déchaînement [deʃɛnmɑ̃] m. Entfesselung f. || FIG. Ausbruch m. ; Tosen n. | *Déchaînement des passions*, Toben (n.) der Leidenschaften.

déchaîner [-ne] v. tr. entfesseln ; losketten, -binden, -lassen. || FIG. entfesseln.
◇ part. pass. et adj. **déchaîné, ée,** entfesselt ; hemmungslos ; frei ; los ; ledig (gén.). || FIG. *Il est déchaîné*, er ist nicht mehr zu bändigen. | *Éléments déchaînés*, tosende Elemente, Naturgewalten.
◇ v. pr. **se déchaîner,** losbrechen ; toben ; tosen ; wüten. | *Se déchaîner contre qn*, auf, gegen jn losziehen.

déchanter [deʃɑ̃te] v. intr. FIG. absingen ; bescheidener werden ; seine Hoffnungen aufgeben.

décharge [deʃarʒ] f. [arme] Abfeuern n. ; Schuß m. || [dépôt d'ordures] Schuttabladeplatz m. ; (Müll)deponie f. | *Décharge sauvage*, wilde Müllkippe. || JUR. Entlastung f. | *Témoin à décharge*, Entlastungszeuge m. | *À sa décharge il faut dire*, zu seiner Entlastung muß gesagt werden. || COMM. [reçu] Entlastung f. ; Quittung f. ; Lieferschein m. || ÉLECTR. Entladung f. ; Schlag m.

déchargement [-ʒəmɑ̃] m. [action] Ab-, Aus-, Entladen n. | *Déchargement d'un navire*, Löschen n.

décharger [-ʒe] v. tr. [voiture] ab-, aus-, entladen. || PAR ANAL. [bateau] löschen. || FIG. [soulager] entlasten ; erleichtern ; befreien. | *Décharger sa conscience*, sein Gewissen erleichtern. || JUR. entlasten ; entbinden. || MIL. *Décharger une arme sur qn*, auf jn abfeuern. || ÉLECTR. *Décharger une batterie*, eine elektrische Batterie entladen.
◇ v. pr. **se décharger,** [sens pass.] *Cette arme se décharge toute seule*, die Waffe geht von allein los. || [sens réfl.] sich entladen. || FIG. sich entlasten ; sich befreien ; sich entledigen. | *Se décharger d'un poids*, sich von einer Last befreien.

décharné, ée [deʃarne] adj. ohne Fleisch ; fleischlos ; mager ; abgezehrt ; hager.

déchausser [deʃose] v. tr. die Schuhe ausziehen (dat.). || PAR EXT. *Déchausser une dent*, das Zahnfleisch ablösen.
◇ v. pr. **se déchausser,** die Schuhe ausziehen. || MÉD. *Ses dents se déchaussent*, seine Zähne werden locker.

dèche [dɛʃ] f. POP. Dalles m. ; Geldverlegenheit f. | *Être dans la dèche*, klamm sein ; pleite sein.

déchéance [deʃeɑ̃:s] f. JUR. [d'un droit] Entziehung f. ; Entzug m. ; Verlust m. ; Aberkennung f. | *Déchéance de la nationalité*, Aberkennung der Staatsangehörigkeit. || PAR EXT. [d'une autorité] *Déchéance d'un souverain*, Abdankung (f.). Absetzung (f.) eines Herrschers. || FIG. Verfall m. ; Sinken n. ; Verkommenheit f. | *Déchéance morale*, sittlicher Verfall.

déchet [deʃɛ] m. [perte] Abfall m. ; Ausschuß m. | *Il y a du déchet*, es gibt viel Abfall.
◇ m. pl. **déchets,** [débris] Abfälle m. pl. ; Abfallstoffe m. pl. || NUCL. *Déchets atomiques*, Atommüll m ; | *Déchets radioactifs*, radioaktiver Abfall. | *Déchets hautement radioactifs*, hochradioaktiver Abfall. | *Déchets moyennement, faiblement radioactifs*, mittel-, schwachaktiver Abfall. | *Déchets à longue, courte durée de vie*, langlebiger, kurzlebiger Abfall. | *Gestion des déchets radioactifs*, Entsorgung (f.) radioaktiven Abfalls. || TECHN. *Déchets toxiques*, Giftmüll m.

déchiffrable [deʃifrabl] adj. entzifferbar.

déchiffrage, déchiffrement [-fra:ʒ, frəmɑ̃] m. Entziffern n. || MIL. Entschlüsseln n. || MUS. Notenlesen n.

déchiffrer [-fre] v. tr. entziffern ; POP. herauskriegen. || FIG. *Déchiffrer une énigme*, enträtseln. || MIL. entschlüsseln. || MUS. Noten lesen ; vom Blatt lesen, singen.

déchiqueter [deʃikte] v. tr. [couper menu] zerstückeln ; zerschneiden ; zerschnippeln. || PAR EXT. [denteler] auszacken ; zackig ausschneiden.

déchiqueteur [-ktœ:r] m. TECHN. Zerkleinerer m.

déchirant, ante [deʃirɑ̃, ɑ̃:t] adj. herzzerreißend.

déchirement [-rmɑ̃] m. [action] Zerreißen n. || PAR ANAL. [résultat] Riß m. || FIG. [état] Zerrissenheit f. ; Zerrütten n. ; Spaltung f. ; Zwist m.

déchirer [-re] v. tr. [mettre en pièces] zerreißen ; zerfetzen ; in Fetzen reißen. | *Déchirer avec les ongles*, zerkratzen. | *Déchirer sa proie*, seine Beute zerfleischen. || PAR ANAL. [faire une déchirure] auf-, ein-, auseinanderreißen. | *Déchirer une robe*, ein Loch in ein Kleid reißen. | *Déchirer en deux*, entzwei-, durchreißen. | *Déchirer une lettre*, einen Brief erbrechen. || PAR EXT. *Déchirer les entrailles*, aufwühlen. || FIG. zerreißen ; zerrütten ; peinigen. | *Cela vous déchire le cœur*, das zerreißt einem das Herz ; dabei blutet einem das Herz ; das ist herzzerreißend. | *Déchirer un traité*, einen Vertrag brechen.
◇ v. pr. **se déchirer,** [sens réfl.] sich zerreißen ; Risse bekommen ; einreißen. || FIG. *Mon cœur se déchire*, mir blutet das Herz. || [sens récipr.] sich gegenseitig zerfleischen.

déchirure [-ry:r] f. Riß m. | *Avoir une déchirure à sa robe*, einen Riß, ein Loch, eine Sieben im Kleid haben. || MÉD. Rißwunde f. | *Déchirure ligamentaire, d'un ligament*, Bänderriß m.

déchoir [deʃwa:r] v. intr. verfallen ; in Verfall geraten ; fallen ; absinken.

◇ part. pass. et adj. **déchu, ue,** ver-, gefallen ; verkommen ; heruntergekommen. | *Ange déchu*, gefallener Engel. | *Souverain déchu*, abgesetzter Herrscher. | *Être déchu de ses droits*, seiner Rechte verlustig gehen.

décibel [desibɛl] m. PHYS. Dezibel n.

décidément [desidemɑ̃] adv. entschieden ; sicherlich ; wahrhaftig.

décider [-de] v. tr. **1.** CHOSE : [trancher] entscheiden. || PAR ANAL. [terminer] beschließen. || PAR EXT. [fixer, décréter] beschließen ; bestimmen ; verfügen ; entscheiden ; anordnen. — **2.** PERSONNE : [amener à] bestimmen ; veranlassen. | *Décider qn à qch.*, jn zu etwas veranlassen.

◇ v. intr. entscheiden ; den Ausschlag geben. | *Ce sont les armes qui décideront*, die Waffen werden die Entscheidung bringen. || [décréter] beschließen ; verfügen ; anordnen. || [disposer de] *Décider de qch.*, über eine Sache entscheiden. | *Décider de l'attitude de qn*, js Verhalten bestimmen.

◇ part. pass. et adj. **décidé, ée.** — **1.** CHOSE : [tranché, fixé, net] entschieden ; beschlossen ; bestimmt ; abgemacht. | *C'est décidé*, es ist abgemacht ; es ist beschlossene Sache. — **2.** PERSONNE : [résolu] entschlossen. | *Être décidé à*, entschlossen, willens sein, zu. || [ferme] stramm ; resolut. | *D'un pas décidé*, strammen Schrittes.

◇ v. pr. **se décider. 1.** CHOSE : [sens pass.] entschieden werden ; sich entscheiden. | *Dans huit jours l'affaire se décidera*, in acht Tagen wird sich die Sache entscheiden. — **2.** PERSONNE : [se déterminer] sich entschließen ; den Entschluß fassen ; sich entscheiden. | *Se décider à partir*, den Entschluß fassen, fortzugehen. | *Se décider pour qch.*, sich für etwas entscheiden.

décideur [-dœ:r] m. Entscheidungsinstanz f. ; Entscheidungsträger m.

décigramme [desigram] m. Dezigramm n.

décilitre [-litr] m. Deziliter n.

décimal, ale, aux [-mal, o] adj. dezimal. | *Système décimal*, Dezimalsystem n. | *Nombres décimaux*, Dezimalzahlen f. pl.

◇ f. **décimale,** Dezimalzahl f. ; Dezimale f.

décimer [-me] v. tr. HIST. dezimieren. || FIG. verringern ; lichten ; vernichten.

décimètre [-mɛtr] m. Dezimeter m. ou n.

décisif, ive [desizif, -i:v] adj. [qui décide] entscheidend ; endgültig ; bestimmend ; maß-, ausschlaggebend. | *Bataille décisive*, Entscheidungsschlacht f. | *L'élément décisif*, das Bestimmende. || FIG. [tranchant] scharf ; entschieden.

décision [-zjɔ̃] f. [action] Entscheiden n. ; Beschließen n. || PAR EXT. [résultat] Entscheidung f. ; Ent-, Bescheid m. ; Ent-, Beschluß m. | *Prendre une décision*, einen Beschluß fassen ; eine Entscheidung treffen. || FIG. [fermeté] Entschlossenheit f. ; Entschiedenheit f. ; Bestimmtheit f. | *Manquer de décision*, unentschlossen sein. || JUR. [jugement] Richterspruch m. ; Urteil n. || ADMIN. [arrêté] Verfügung f. ; Anordnung f. ; Erlaß m. | *Par décision ministérielle*, laut Erlaß des Ministers.

déclamation [deklamasjɔ̃] f. [art] Vortragskunst f. || PAR EXT. [action] Vortrag m. ; Vortragen n. ; Deklamation f. || PÉJOR. schwülstiger Vortrag ; Schwulst m.

déclamatoire [-matwa:r] adj. pomphaft ; hochtrabend ; schwülstig ; deklamatorisch.

déclamer [-me] v. tr. vortragen ; hersagen. FIG., PÉJOR. theatralisch, schwülstig reden.

déclaration [deklarasjɔ̃] f. [proclamation] Erklärung f. ; Ver-, Ankündigung f. ; Bekanntmachung f., -gabe f. | *Déclaration de guerre*, Kriegserklärung. | *Déclaration des droits de l'homme*, Erklärung der Menschenrechte. || PAR ANAL. [aveu] *Déclaration d'amour*, Liebeserklärung, -geständnis n. || PAR EXT. [aux autorités] Erklärung f. ; Angabe f. ; Anzeige f. ; (An)meldung f. ; Deklaration f. || FIN. *Déclaration d'impôts*, Steuererklärung f. | *Déclaration des revenus*, Einkommenssteuererklärung f. | *Déclaration en douane*, Verzollung f. ; Klarierung f. || INF. Erklärung f. || JUR. *Déclaration d'utilité publique*, Zuerkennung (f.) des öffentlichen Interesses.

déclarer [-re] v. tr. [proclamer] erklären ; ver-, ankündigen ; kundgeben ; bekanntmachen, -geben. | *Déclarer la guerre*, den Krieg erklären. || PAR ANAL. *Déclarer son amour*, seine Liebe gestehen. || PAR EXT. [aux autorités] erklären ; angeben ; anzeigen ; (an)melden ; deklarieren. || COMM. *Déclarer une valeur*, einen Wert angeben. || FIN. *Déclarer son revenu*, sein Einkommen angeben. | *Déclarer au fisc*, versteuern.

◇ v. pr. **se déclarer,** [sens pass.] angegeben werden. || [se proclamer] sich erklären ; sich äußern. | *Se déclarer satisfait*, sich zufrieden geben. || PAR ANAL. *La maladie se déclare*, die Krankheit kommt zum Ausbruch.

déclassement [deklasmɑ̃] m. Herabsetzung f.

déclasser [-se] v. tr. [déranger] in Unordnung bringen. || FIG. [rétrograder] zurückstufen.

◇ part. pass. et adj. **déclassé, ée,** FIG. heruntergekommen ; verkommen. || SUBSTANTIV. Heruntergekommene(r) f. (m.) ; Deklassierte(r) f. (m.).

◇ v. pr. **se déclasser,** FIG. sozial herabsinken.

déclenchement [deklɑ̃ʃmɑ̃] m. TECHN. Ausklinken n., -schalten n. || FIG. Auslösen n. || MIL. *Déclenchement d'une offensive*, Einsetzen (n.) einer Offensive.

déclencher [-ʃe] v. tr. TECHN. ausklinken, -lösen, -schalten. || FIG. auslösen ; entfesseln.

◇ v. pr. **se déclencher,** losgehen.

déclencheur [-ʃœ:r] m. Auslöser m. | *Déclencheur automatique*, Selbstauslöser m.

déclic [deklik] m. [action] Auslösen n. ; Auslösung f. || PAR EXT. [mécanisme] Ausklinkvorrichtung f. ; Auslösehebel m.

déclin [deklɛ̃] m. *Déclin du jour*, scheidender Tag. | *Être à, sur son déclin*, sich seinem Ende zuneigen ; zu Ende gehen. || PAR ANAL. *Déclin de la vie*, Lebensabend m. || FIG. *Déclin de l'Empire romain*, Verfall (m.) des römischen Kaiserreichs.

déclinaison [deklinɛzɔ̃] f. GRAMM. Deklination f. ; Beugung f.

décliner [-ne] v. tr. GRAMM. deklinieren ; abwandeln ; beugen. || PAR ANAL. *Décliner son identité*, seinen Namen nennen. || FIG. [refuser] ablehnen ; verweigern ; ab-, zurückweisen. | *Décliner une invitation, un honneur*, eine Einladung, eine Ehrung zurückweisen.

◇ v. intr. *Le jour décline*, der Tag geht zu Ende. || FIG. *Ses forces déclinent*, seine Kräfte lassen nach, nehmen ab.

déclivité [deklivite] f. Abschüssigkeit f. ; Schräge f. ; Gefälle n. ; Abfall m.

décloisonner [deklwazɔne] v. tr. Schranken abbauen.

déclouer [deklue] v. tr. Nägel herausreißen.

décocher [dekɔʃe] v. tr. abschießen. | *Décocher une flèche*, einen Pfeil abschießen.

décoction [dekɔksjɔ̃] f. Abkochen n. ; Absud m.

décodage [dekɔda:ʒ] m. Decodieren n.

décoder [-de] v. tr. dekodieren ; entschlüsseln. || INF. dekodieren.
décodeur [-dœ:r] m. Dekodiereinrichtung f.
décoffrage [-fra:ʒ] m. Ausschalen n.
décoffrer [-fre] v. tr. ausschalen.
décoiffer [dekwafe] v. tr. das Haar zerzausen, durcheinanderbringen.
décollage [dekɔla:ʒ] m. AÉRON. Hochgehen n. ; Sich-vom-Boden-Lösen n. ; Start m. ; Abflug m. ; Aufstieg m. | *Décollage vertical*, Senkrechtstart m. | *Autorisation de décollage*, Starterlaubnis f. | *Piste de décollage*, Startbahn f.
décollement [-lmɑ̃] m. Ab-, Loslösen n. ; Lösen n. ; Trennen n. ; Abreißen n.
décoller [-le] v. tr. lösen ; ab-, loslösen ; abheben ; ab-, los-, aufmachen.
◇ v. intr. AÉRON. aufsteigen ; starten. || SPORT. zurückbleiben ; abhängen.
◇ v. pr. **se décoller,** [sens pass.] lose werden.
décolleter [dekɔlte] v. tr. TEXT. aus-, hinterschneiden.
◇ part. pass. et adj. **décolleté, ée,** *Elle était trop décolletée*, sie war zu tief ausgeschnitten. || SUBSTANTIV. *Un décolleté*, ein Hals-, Brustausschnitt m. ; Dekolleté n.
décolonisation [dekɔlɔnisasjɔ̃] f. Entkolonisierung f.
décoloniser [-nize] v. tr. das Kolonialregime aufheben.
décolorant [dekɔlɔrɑ̃] m. Bleichmittel n.
décolorer [-re] v. tr. entfärben ; die Farbe entziehen ; bleichen ; ausbleichen ; farblos machen.
décombres [dekɔ̃:br] m. pl. [débris] Schutt m. ; Abfall m. || FIG. [ruines] Trümmer n. pl.
décommander [dekɔmɑ̃de] v. tr. absagen ; abbestellen ; rückgängig machen.
décomposable [dekɔ̃pozabl] adj. zerlegbar.
décomposer [-poze] v. tr. zerlegen ; zersetzen ; trennen ; in Bestandteile auflösen. || PHYS. (auf)-spalten ; zerlegen. | *Décomposer la lumière*, das Licht spalten. || CHIM. zersetzen.
◇ part. pass. et adj. **décomposé, ée,** zerlegt ; zersetzt. || FIG. [altéré] entstellt ; verzerrt. | *Traits décomposés*, verzerrte Züge.
◇ v. pr. **se décomposer,** sich zersetzen ; sich auflösen ; zerfallen. || PAR ANAL. faulen.
décomposition [-zisjɔ̃] f. [en éléments] Zerlegung f. ; Zersetzung f. ; Trennung f. || PAR ANAL. [pourriture] Verwitterung f. ; Fäulnis f. ; Verwesung f. || FIG. [morale] Ver-, Zerfall m. ; Verderbtheit f. || PHYS. Zerlegung f. ; (Auf)spaltung f. | *Décomposition de la lumière, de l'atome*, Spaltung des Lichts, des Atoms. || CHIM. Zersetzung f. ; Auflösung f. || GRAMM. Zergliederung f.
décompresser [dekɔ̃prɛse] v. intr. FAM. sich entspannen.
décompression [-sjɔ̃] f. PHYS. Druckabfall m. ; Druckminderung f. | *Station de décompression*, Überdrucksicherung f. || TECHN. Dekompression f. | *Chambre de décompression*, Dekompressionsraum m.
décomprimer [-prime] v. tr. den Druck mindern.
décompte [dekɔ̃:t] m. Abzug m. ; Abrechnung f. ; Gegenrechnung f. | *Décompte des voix*, Stimmenauszählung f.
décompter [-te] v. tr. abziehen ; ab-, auf-, verrechnen ; in Anschlag bringen.
déconcentration [dekɔ̃sɑ̃trasjɔ̃] f. ADM. Auseinanderlegung f.
déconcerter [dekɔ̃sɛrte] v. tr. FIG. aus der Fassung, durcheinander bringen ; verwirren ; unsicher, irre machen ; bestürzen. | *Ne pas se laisser déconcerter*, sich nicht beirren lassen.
◇ part. pass. et adj. **déconcerté, ée,** fassungslos. | *Être déconcerté*, stutzen ; befangen sein.
— SYN. : *Désemparé*, ratlos. *Désarçonné, démonté*, außer Fassung. *Confondu*, bestürzt. *Décontenancé*, aus dem Gleichgewicht gebracht. *Interdit*, sprachlos.
déconfit, ite [dekɔ̃fi, it] adj. geschlagen ; kleinlaut.
déconfiture [-ty:r] f. COMM. Zahlungsunfähigkeit f. ; Insolvenz f. || FIG. Ruin m. ; POP. Pleite f.
décongeler [-kɔ̃ʒle] v. tr. auftauen.
décongestionner [dekɔ̃ʒɛstjɔne] v. tr. MÉD. entbluten ; von Blutandrang freimachen. || FIG. [trafic] entlasten ; ableiten.
déconnecter [dekɔnɛkte] v. tr. TECHN. unterbrechen ; abschalten. || FIG. abschneiden. | *Être déconnecté de la vie réelle*, keinen Kontakt zum wirklichen Leben haben.
déconseiller [dekɔ̃sɛje] v. tr. ab-, widerraten ; einen gegenteiligen Rat geben. | *À déconseiller*, nicht ratsam.
déconsidérer [dekɔ̃sidere] v. tr. verschreien ; in Verruf, Mißkredit bringen.
décontamination [dekɔ̃taminasjɔ̃] f. Dekontamination f. ; Entseuchung f.
décontaminer [-ne] v. tr. dekontaminieren ; entseuchen.
décontenancer [dekɔ̃tnɑ̃se] v. tr. aus der Fassung bringen ; verblüffen.
◇ part. pass. et adj. **décontenancé, ée,** verwirrt ; fassungslos ; außer Fassung.
décontracter [dekɔ̃trakte] v. tr. entspannen.
◇ v. pr. **se décontracter,** FIG., FAM. sich entspannen ; sich erholen.
déconvenue [dekɔ̃vny] f. Täuschung f. ; Mißgeschick n.
décor [dekɔ:r] m. [objets] Zierrat m. ; Schmuck m. || PAR EXT. [disposition] Ausschmückung f. ; Verzierung f. ; Aufmachung f. ; Rahmen m. || THÉÂTRE. Ausstattung f. ; Bühnenbild n. ; Szenerie f. | *Changement de décor*, Bühnenveränderung f.
décorateur, trice [-ratœ:r, tris] s. Innengestalter(in) m. (f.) ; Bühnenbildner(in) m. (f.) ; Dekorateur(in) m. (f.).
décoratif, ive [-ratif, i:v] adj. (aus)schmückend ; verschönernd ; verzierend ; dekorativ. || ARTS. *Arts décoratifs*, Kunstgewerbe n.
décoration [-rasjɔ̃] f. [action] Verzierung f. ; Verschönerung f. ; Ausstattung f. | *Décoration d'intérieur*, Innenarchitektur f. || PAR ANAL. [art] Verzierungskunst f. || PAR EXT. [ornement] Schmuck m. ; Zierrat m. || FIG. [insigne] Orden m. ; Ehrenzeichen n. ; Auszeichnung f.
décorer [-re] v. tr. verzieren ; (aus)schmücken ; verschönern ; ausstatten. || FIG. einen Orden verleihen (dat.) ; auszeichnen (mit) ; dekorieren.
◇ part. pass. et adj. **décoré, ée,** verziert ; ausgeschmückt. | *Salon décoré avec goût*, geschmackvoll ausgestatteter Salon. || SUBSTANTIV. *Les décorés*, die Ordensträger m. pl., -inhaber m. pl.
décortiquer [dekɔrtike] v. tr. entrinden ; (ab)-schälen. || FIG. [une question] zerpflücken.
décorum [dekɔrɔm] m. [bienséance] Anstand m. || PAR ANAL. Etikette f. || FIG. [apparence] äußerer Anschein.
décote [dekɔt] f. [impôts] Steuerermäßigung f. || [Bourse] Unterbewertung f.

découcher [dekuʃe] v. intr. nicht zu Hause, auswärts schlafen.

découdre [dekudr] v. tr. ab-, los-, auftrennen ; aufschlitzen. || FIG. *En découdre*, handgemein werden ; sich verhauen.

◇ part. pass. et adj. **décousu, ue,** aufgetrennt. || FIG. abgerissen ; zerfahren ; ohne Zusammenhang ; zusammenhanglos.

découler [dekule] v. intr. herab-, hinunterfließen ; herabtröpfeln, -tropfen, -rinnen. || FIG. [dériver] folgen ; sich ableiten. | *Découler de qch.*, sich von, aus etwas ableiten. | *Faire découler*, herleiten aus.

découpage [dekupa:ʒ] m. Aus-, Auf-, Zerschneiden n. || PAR ANAL. [bois] Schnitzen n. ; Laubsägerei f. || PAR EXT. [viande] Zerlegen n. || TECHN. [métal] Ausstanzen n. ; Schneiden n. || FILM. *Découpage d'un film*, Schneiden (n.) eines Films.

découper [-pe] v. tr. [en morceaux] zer-, verschneiden ; zerstückeln. || PAR ANAL. [viande] zerlegen. || PAR EXT. [couper dans] auszacken ; schnitzen. | *Découper une figure dans du bois*, eine Figur aus Holz schnitzen. || FIG. abheben ; zeichnen.

◇ part. pass. et adj. **découpé, ée,** zer-, ausgeschnitten. | *Côte découpée*, eingeschnittene Küste.

◇ v. pr. **se découper,** [sens pass.] zerlegt, zerschnitten werden. || FIG. *Les contours se découpent*, die Umrisse treten klar hervor, heben sich (gut) ab.

découplé, ée [dekuple] adj. *Un garçon bien découplé*, ein kräftiger Junge.

découragement [dekuraʒmɑ̃] m. Entmutigung f. ; Mutlosigkeit f. ; Verzagtheit f.

décourager [-ʒe] v. tr. entmutigen ; mutlos machen ; verzagt machen.

◇ v. pr. **se décourager,** den Mut verlieren, sinken lassen ; verzagen.

découvert, erte [dekuvɛ:r, ɛrt] adj. [endroit] unbedeckt ; ungedeckt. || PAR ANAL. [voiture] *Voiture découverte*, offener Wagen. || PAR EXT. [tête] bloß ; nackt. | *Front découvert*, hohe Stirn. || FIG. *Parler à visage découvert*, unverschleiert, frei heraussagen ; ohne Hehl, ohne Maske reden.

◇ m. **découvert,** COMM. Fehlbetrag m. ; Kontoüberziehung f. ; Defizit n.

◇ loc. adv. **à découvert,** ungedeckt ; offen ; ohne Deckung. || COMM. *Être à découvert*, sein Konto überziehen. | *Compte à découvert*, überzogenes Konto.

découverte [-vɛrt] f. [action] Entdeckung f. ; Er-, Auffindung f. ; Erschließung f. | *Aller à la découverte*, auf Erkundung gehen. | *Découverte d'un trésor*, Schatzhebung f. || PAR EXT. [objet] Erfindung f. ; Fund m. ; Entdeckung f.

découvrir [-vri:r] v. tr. **1.** ÔTER LA COUVERTURE : [objet] ab-, aufdecken ; den Deckel abnehmen. || PAR EXT. [mettre à nu] bloß-, freilegen ; entblößen ; enthüllen. | *Découvrir sa poitrine*, seine Brust entblößen. | *Découvrir une statue*, ein Bild enthüllen. || FIG. [dévoiler] enthüllen ; verraten ; aufdecken. | *Découvrir un secret*, ein Geheimnis entdecken, aufdekken. | *Découvrir son jeu*, sein Spiel aufdecken. || MIL. [laisser sans protection] bloßstellen ; ohne Deckung lassen.

2. TROUVER : entdecken ; auf-, erfinden. | *Le mensonge a été découvert*, die Lüge kam an den Tag, ans Licht. || FIG. *Découvrir le pot aux roses*, dahinterko mmen ; den Braten riechen. || PAR EXT. [apercevoir] entdecken ; erblicken ; ansichtig werden (gén.) ; zu Gesicht bekommen.

◇ v. pr. **se découvrir,** [ôter son chapeau, ses vêtements] sich entblößen ; den Hut abnehmen. || PAR ANAL. *Le ciel se découvre*, der Himmel hellt sich auf.

décrasser [dekrase] v. tr. [nettoyer] reinigen ; abschäumen ; entschlacken. | FIG., FAM. *Décrasser qn*, jm etwas Bildung beibringen.

décrépit, ite [-pi, i:t] adj. FIG. abgelebt ; verlebt ; gebrechlich ; altersschwach.

décrépitude [-pityd] f. Altersschwäche f. ; Gebrechlichkeit f. ; Vergreisung f.

décret [dekrɛ] m. Verfügung f. ; Regierungsverordnung f. ; Anordnung f. ; Beschluß m. ; Erlaß m. ; Dekret n. | *Décret-loi*, Notverordnung f.

décréter [dekrete] v. tr. verfügen ; verordnen ; anordnen ; beschließen ; dekretieren.

décrier [-je] v. tr. in Verruf bringen ; verschreien ; verunglimpfen. | *Décrier une marchandise*, eine Ware schlecht machen.

◇ part. pass. et adj. **décrié, iée,** verrufen ; verschreien ; übel beleumdet ; von schlechtem Ruf.

décrire [dekri:r] v. tr. beschreiben ; schildern ; eine Beschreibung, eine Schilderung geben. || MATH. *Décrire une courbe*, eine Kurve ziehen ; FIG. einen Bogen machen.

décrispation [dekrispasjɔ̃] f. Entschärfung f. ; Entspannung f. ; Entkrampfung f.

décrisper [-pe] v. tr. entkrampfen.

décrocher [dekrɔʃe] v. tr. los-, abhaken ; abhängen ; ent-, loskuppeln ; abziehen ; (her)abnehmen. | *Décrocher un tableau du mur*, ein Bild von der Wand (herunter)nehmen. | *Décrocher un wagon*, einen Wagen loskuppeln, abhängen. | *Décrocher l'écouteur*, den Hörer abnehmen. || FIG. [atteindre, obtenir] erreichen ; FAM. kriegen. | *Décrocher un prix*, einen Preis erzielen. | *Décrocher la timbale*, den Vogel abschießen.

◇ v. pr. **se décrocher,** sich aus-, loshaken.

décroissance [dekrwasɑ̃:s] f. Abnehmen n. ; Wenigerwerden n. ; Verminderung f. | *Être en décroissance*, abnehmen ; im Abnehmen sein.

décroître [-krwa:tr] v. intr. abnehmen ; weniger werden ; sich vermindern ; sich senken. | *La lune décroît, commence à décroître*, der Mond ist im Abnehmen.

décrotter [dekrɔte] v. tr. säubern ; abkratzen ; reinigen ; (ab)putzen.

décrue [dekry] f. Abnahme f. ; Fallen n. ; Nachlassen n. ; Senkung f.

décrypter [dekripte] v. tr. (Geheimschrift) entziffern.

déculotter (se) [sədekylɔte] v. tr. et v. pr. die Hose ausziehen ; POP. aus der Hose steigen.

déculpabiliser [dekylpabilize] v. tr. die Schuld abnehmen.

décuple [dekypl] adj. zehnfach ; zehnfältig.

◇ m. Zehnfaches n.

décupler [-ple] v. tr. verzehnfachen.

dédaigner [dedɛɲe] v. tr. ver-, mißachten ; geringschätzen ; verschmähen.

dédaigneusement [-ɲøzmɑ̃] adv. verächtlich.

dédaigneux, euse [-ɲø, ø:z] adj. abfällig ; herablassend ; wegwerfend. | *Silence dédaigneux*, verachtungsvolles Schweigen.

dédain [dedɛ̃] m. Ver-, Mißachtung f. ; Geringschätzung f. ; Abfälligkeit f. ; Hochmut m. ; Herblassung f. ; Verschmähung f. ; Wegwerfung f.

dédale [dedal] m. Labyrinth n. ; Irrgarten m. ; Irrgang m. | *Se perdre dans le dédale des rues*, sich im Straßengewirr verlaufen, verlieren. || FIG. *Dédale des lois*, Gesetzesdschungel m.

dedans [dədɑ̃] adv. [sans mouvement] darin ; drin ; in... drin ; drinnen ; inwendig. | *Il n'y a plus*

rien dedans, es ist nichts mehr drinnen. || [avec mouvement] in... hinein, herein.
◇ loc. adv. **là-dedans,** da drinnen ; darin. | *Sortir de là-dedans*, herauskommen. | *Il n'y a rien de vrai là-dedans*, es ist nichts Wahres daran. — **en dedans, au-dedans,** inwendig ; drinnen. | *La clef est en dedans*, der Schlüssel steckt inwendig. | *Être calme au-dedans*, innerlich ruhig sein. — **du dedans,** von innen (heraus). | *Du dedans au dehors*, von innen nach außen.
◇ loc. prép. **au-dedans de,** innerhalb (gén.). | *Au-dedans de moi*, in meinem Innern ; innerlich.
◇ m. Inneres n. | *Les ennemis du dedans et du dehors*, die inneren und äußeren Feinde.

dédicace [dedikas] f. RELIG. [église] Einweihung f. ; Weihe f. || PAR EXT. [livre] Widmung f. ; Über-, Zueignung f.

dédicacer [-se] v. tr. widmen ; zueignen.

dédier [dedje] v. tr. RELIG. [église] (ein)weihen. || PAR EXT. [œuvre] widmen ; über-, zueignen.

dédire (se) [sədedi:r] v. pr. sein Wort zurücknehmen ; seine Aussage widerrufen ; zurücktreten. | *Se dédire d'un marché*, ein Geschäft aufkündigen.

dédit [-di] m. [action] Widerruf m. ; Zurücknahme f. || COMM. [argent] Reuegeld n., -kauf m. ; Abstand m. ; Abstandsgeld n. ; Stornogebühr f.

dédommagement [dedɔmaʒmɑ̃] m. Schaden(s)ersatz m. ; Entschädigung f. ; Kostenerstattung f. ; Entgelt n. ; Schadloshaltung f. | *Recevoir qch en dédommagement de qch.*, etwas als Entschädigung für etwas erhalten.

dédommager [-ʒe] v. tr. entschädigen. | *Dédommager qn de qch.*, jn für etwas entschädigen, schadlos halten ; jm für etwas Ersatz leisten ; jm etwas vergüten, entgelten, ersetzen.

dédouaner [dedwane] v. tr. verzollen ; zollamtlich abfertigen. || FIG., FAM. weißwaschen.

dédoublement [dedubləmɑ̃] m. Verdoppelung f. ; Trennung in zwei Teile ; Aufteilung f. ; (Auf)spaltung f. || FIG. *Dédoublement du moi*, Ich-Spaltung.

dédoubler [-ble] v. tr. verdoppeln ; (auf)spalten ; aufteilen ; halbieren. || LOC. *Dédoubler une classe*, eine Klasse aufteilen.

dédramatiser [-dramatize] v. tr. entschärfen ; entdramatisieren.

déductible [dedyktibl] adj. abzugsfähig ; absetzbar.

déductif, ive [dedyktif, i:v] adj. PHILOS. ableitend ; deduktiv.

déduction [-dyksjɔ̃] f. COMM. [soustraction] Abzug m., -rechnung f., -schlag m. ; Kürzung f. | *Déduction faite de*, abzüglich ; nach, unter Abzug, Abrechnung von. || PHILOS. Ableitung f. ; Folgerung f., logischer Schluß (vom Allgemeinen zum Besonderen) ; Deduktion f.

déduire [-dɥi:r] v. tr. COMM. [soustraire] abziehen, -rechnen. || FIN. *Déduire des impôts*, von der Steuer absetzen. || PHILOS. [conclure] folgern ; schließen. | *J'en déduis que*, ich schließe daraus, daß.

déesse [deɛs] f. Göttin f. ; Göttliche f.

défaillance [defajɑ̃:s] f. [évanouissement] Ohnmacht f. || PAR EXT. [affaiblissement] Schwäche f. ; Nachlassen n. || JUR. Nichterfüllung f.

défaillant, ante [-jɑ̃, ɑ̃:t] adj. [qui s'affaiblit] ohnmächtig ; unvermögend ; schwach ; nachlassend. || FIN. *Actionnaire défaillant*, säumiger Aktionär. || [élève, témoin] nicht erscheinend ; nicht erschienen ; säumig.

défaillir [-ji:r] v. intr. [s'évanouir] ohnmächtig, schwach werden. | *Elle se sentit défaillir*, sie fühlte ihre Sinne schwinden.

défaire [defɛ:r] v. tr. [détruire ce qui est fait] ab-, auf-, aus-, auseinander-, los- (et le verbe approprié) ; aufmachen, -lösen, -binden. | *Défaire une malle*, einen Koffer auspacken. | *Défaire un nœud*, einen Knoten aufknüpfen, (auf)lösen, aufzupfen. || FIG. [détruire, affaiblir] zerstören ; schwächen ; abzehren. || MIL. niederschlagen ; besiegen.
◇ part. pass. et adj. **défait, aite,** aufgemacht, -gelöst ; los. | *Lit défait*, zerwühltes Bett. || FIG. [santé, mine] angegriffen ; mitgenommen. | *Il a la mine défaite*, er sieht elend, niedergeschlagen aus.
◇ v. pr. **se défaire** (de), [vendre, donner] verkaufen ; hergeben ; losschlagen ; veräußern. || PAR EXT. [se débarrasser de] loswerden ; abschaffen ; sich entledigen (gén.). | *Se défaire d'un importun*, einen Aufdringling loswerden. | *Se défaire d'une habitude*, sich etwas abgewöhnen. || [sens pass.] sich lösen.

défaite [-fɛt] f. Niederlage f. | *Infliger une défaite*, eine Niederlage beibringen.

défaitisme [-fɛtism] m. Defätismus m.

défaitiste [-fɛtist] m. Schwarzseher m. ; Defätist m. ; Miesmacher m.

défalcation [defalkasjɔ̃] f. Abzug m. | *Défalcation faite de*, abzüglich (gén.).

défalquer [-ke] v. tr. abziehen ; an-, abrechnen. | *Défalquer les frais*, die Kosten abrechnen.

défausser [defose] v. tr. TECHN. wieder geradebiegen. || [au jeu] abwerfen.
◇ v. pr. **se défausser,** [au jeu] *Se défausser de la dame de cœur*, die Herzdame abwerfen.

défaut [defo] m. **1.** [manque, absence] Mangel m. ; Ermangelung f. ; Fehlen n. ; Nichtvorhandensein n. ; Abwesenheit f. | *Défaut de vivres*, Mangel an Lebensmitteln. | *Faire défaut*, mangeln ; fehlen. | *L'argent nous fait défaut*, wir haben Geldschwierigkeiten. | *La mémoire me fait défaut*, das Gedächtnis läßt mich im Stich. || PAR ANAL. [insuffisance] Mangel m.
2. [imperfection physique] Fehler m. ; Gebrechen n. ; Mangel m. ; Defekt m. | *Défaut de fabrication*, Fabrikationsfehler. | *Sans défaut*, fehlerfrei ; tadellos. || FIG. *Défaut de la cuirasse*, schwache Seite ; Blöße f.
3. [imperfection morale] Fehler m. ; Gebrechen n. ; Mangel m. ; Untugend f. ; Unvollkommenheit f. | *Être en défaut*, in Verzug geraten. | *Prendre qn en défaut*, jn bei einem Fehler ertappen.
4. JUR. Nichterscheinen n. | *Défaut de paiement*, Nichtzahlung f. | *Jugement par défaut*, Abwesenheits-, Versäumnisurteil n.
◇ Loc. prép. **à défaut de,** in Ermangelung (von) ; mangels (gén.). | *À défaut de mieux*, in Ermangelung eines Besseren.
— SYN. : *Défectuosité*, Mangel. *Imperfection*, Unvollkommenheit. *Vice*, Fehler m. ; Laster. *Tare*, Makel. *Travers*, Verschrobenheit.

défaveur [defavœ:r] f. Ungnade f. ; Ungunst f.

défavorable [-vɔrabl] adj. ungünstig ; nachteilig ; nicht günstig ; nicht zum besten ; widrig. | *Jugement défavorable*, abfälliges Urteil. | *Rapport défavorable*, abträglicher Bericht. | *Défavorable à*, abgeneigt (dat.) ; unhold (dat.).

défavoriser [-vɔrize] v. tr. [désavantager] nachteilig sein (dat.) ; schaden (dat.). || [traiter moins bien] benachteiligen.

défectif, ive [defɛktif, i:v] adj. unvollständig.

défection [defɛksjɔ̃] f. Abfall m. ; Abfallen n. ; Abtrünnigwerden n. ; Überlaufen n. ; Übergehen n. (zum Feinde). | *Faire défection*, abtrünnig werden ; abfallen. || SPORT. Absagen n.

défectueux, euse [defɛktɥø, ø:z] adj. fehlerhaft ; mangelhaft ; schadhaft ; defekt.

défectuosité [-tɥozite] f. Mangel m. ; Fehler m. ; Mangelhaftigkeit f. || TECHN. Fehlstelle f.

défendable [defɑ̃dabl] adj. MIL. zu verteidigen ; haltbar. || FIG. *Ce n'est pas défendable*, das ist nicht aufrechtzuerhalten ; das ist unhaltbar.

défendeur, deresse [-dœ:r, drɛs] s. JUR. Beklagte(r) f. (m.).

défendre [-fɑ̃:dr] v. tr. **1.** [contre une attaque] verteidigen. | *Défendre une cause*, eine Sache ver-, durchfechten, vertreten. | *Défendre un idéal*, ein Ideal vertreten. | *Défendre sa vie, sa peau*, sich seines Lebens wehren. || PAR EXT. [protéger] (be)schützen ; (be)-schirmen ; (be)wahren. | *Défendre de*, schützen gegen, vor (dat.).

2. INTERDIRE : verbieten ; untersagen ; nicht gestatten, erlauben. | *Défendre qch. à qn*, jm etwas untersagen, wehren.

◇ part. prés. **défendant,** *À son corps défendant*, mit Widerwillen ; gegen seinen Willen.

◇ part. pass. et adj. **défendu, ue,** verboten.

◇ v. pr. **se défendre. 1.** SE PROTÉGER : [contre une attaque] sich verteidigen ; sich wehren. || PAR EXT. [se protéger] *Se défendre de qch.*, sich vor, gegen etwas schützen. || FIG. *Ça se défend*, das ist durchaus vertretbar.

2. S'INTERDIRE : [se refuser] *Se défendre tout plaisir*, auf jedes Vergnügen verzichten. | *Il ne peut se défendre de rire*, er kann sich des Lachens nicht enthalten. || PAR EXT. [nier] leugnen ; abstreiten. | *Je ne m'en défends pas*, ich streite es nicht ab.

défenestration [defənɛstrasjɔ̃] f. HIST. *Défenestration de Prague*, Fenstersturz (m.) zu Prag.

défense [defɑ̃:s] f. **1.** PROTECTION : [contre une attaque] Verteidigung f. ; Wehr f. ; Ab-, Gegenwehr f. | *Légitime défense*, Notwehr. | *Prendre la défense de qn*, für jn eintreten ; js Verteidigung übernehmen. | *Défense nationale*, Landesverteidigung. || PAR ANAL. [moyen] Verteidigungsmittel n. ; (Ab)wehr f. | *Arme de défense*, Schutzwaffe f. | *Sport de défense*, Kampfsport m. | *Être sans défense*, wehr-, schutzlos dastehen. || PAR EXT. Schutz m. ; (Be)schützen n. ; Schirm m. || JUR. Verteidigung f. | *Avocat de la défense*, Verteidiger m. || PAR EXT. [justification] Rechtfertigung f. | *Pour sa défense*, zu seiner Rechtfertigung. || MÉD. *Défense immunitaire*, Immunabwehr f. || MIL. *Défense passive*, ziviler Luftschutz. | *Défense contre avions*, Flak f. || ZOOL. [dent] Stoß-, Fangzahn m. ; Hauer m.

2. INTERDICTION : Verbot n. ; Untersagung f. ; Einrede f. | *Défense de fumer, d'afficher*, Rauchen, Zettelankleben verboten.

défenseur [-sœ:r] m. Verteidiger m. ; Verfechter m. || PAR EXT. [protecteur] Beschützer m. ; Schirmer m. ; POÉT. Schirmherr m. || JUR. Verteidiger m. || SPORT. Verteidiger m.

défensif, ive [-sif, i:v] adj. abwehrend ; verteidigend ; defensiv ; Verteidigungs... ; Abwehr... | *Arme défensive*, Abwehrwaffe f. | *Alliance offensive et défensive*, Schutz- und Trutzbündnis n.

◇ f. **défensive,** Verteidigung f. ; Ab-, Gegenwehr f. ; Widerstand m. ; Defensive f. | *Être, Rester sur la défensive*, sich auf bloße Gegenwehr beschränken ; nur auf Gegenwehr bedacht sein.

déférence [deferɑ̃:s] f. [respect] (Hoch)achtung f. ; Ehrerbietung f. | *Avoir de la déférence pour qn*, jm Ehrerbietung erweisen.

déférent, ente [-rɑ̃, ɑ̃:t] adj. [respectueux] achtungsvoll ; willfährig ; respektvoll.

déférer [-re] v. tr. [décerner] zuerkennen ; verleihen. || JUR. übertragen ; gerichtlich belangen. | *Déférer qn en justice*, jn dem Gericht übergeben.

◇ v. intr. [céder] nachgeben ; willfahren ; sich achtungsvoll beugen. | *Déférer à une demande*, einem Antrag stattgeben.

déferler [defɛrle] v. intr. sich brechen ; branden ; anschlagen. | *De grandes vagues déferlent*, schwere Brecher wälzen sich. || FIG. *La foule déferle à travers les grandes artères*, die Menge wälzt sich durch die Verkehrsadern.

défi [defi] m. Herausforderung f. ; herausfordernde Haltung ; Reizung f. | *Lancer un défi à qn*, jn herausfordern. | *Mettre qn au défi de faire qch.*, wetten, daß jemand etwas nicht tut.

défiance [defjɑ̃:s] f. Mißtrauen n. ; Mangel (m.) an Vertrauen ; Argwohn m.

défiant, iante [-fjɑ̃, jɑ̃:t] adj. mißtrauisch ; argwöhnisch ; ohne Vertrauen.

déficience [defisjɑ̃:s] f. Mangel m. || MÉD. *Déficience immunitaire*, Immundefekt m. ; Immundefizienz f.

déficient, iente [-sjɑ̃, jɑ̃:t] adj. schwach ; fehlerhaft ; mangelhaft. || FIG. unvollkommen.

déficit [-sit] m. Ausfall m. ; Mangel m. || COMM. Minderbetrag m. ; Minderertrag m., -einnahme f., -erlös m. ; Fehlbetrag m. ; Manko n. ; Unterbilanz f. ; Verlust m. ; Minus n. | *Combler le déficit*, den Fehlbetrag ausgleichen, decken. || POLIT. *Déficit budgétaire*, Haushaltsdefizit n.

déficitaire [-sitɛ:r] adj. COMM. mit einem Fehlbetrag abschließend ; mit Verlust, Unterbilanz.

défier [defje] v. tr. (zum Kampf, Wettstreit, Duell) herausfordern. || PAR EXT. *Défier qn à la course*, mit jm um die Wette laufen. || FIG. [braver] trotzen (dat.) ; Trotz bieten (dat.). | *Défier un danger*, einer Gefahr trotzen.

◇ v. pr. **se défier,** [se méfier] nicht trauen ; mißtrauen ; argwöhnen. | *Se défier de qn*, jm mißtrauen. || [réciprocité] einander herausfordern.

défigurer [defigyre] v. tr. entstellen ; verunstalten ; verzerren. || FIG. *Défigurer la vérité*, die Wahrheit auf den Kopf stellen. | *Défigurer les paroles de qn*, jm die Worte im Munde verdrehen.

◇ part. pass. et adj. **défiguré, ée,** entstellt. | *Corps défiguré*, entstellter, verstümmelter Körper.

défilé [defile] m. GÉOGR. [col] Engpaß m. ; Hohlweg m. ; Enge f. ; Klamm f. ; enger Durchgang. || [revue] Vorbeimarsch m. ; Defilieren n. ; Parade f. | *Défilé de mannequins*, Modenschau f.

défiler [defile] v. tr. [enlever le fil] abfädeln.

◇ v. intr. MIL. vorbeimarschieren, -reiten, -fahren. || [passer devant] vorbeiziehen (an jn, vor jm).

◇ v. pr. **se défiler,** FAM. [se cacher] sich (ver)-drücken. | *Qui se défile*, Drückeberger m.

définir [defini:r] v. tr. [donner la définition] bestimmen ; einen Begriff geben ; definieren. || PAR EXT. [fixer, préciser] bestimmen ; näher beschreiben.

◇ part. pass. et adj. **défini, ie,** bestimmt. || GRAMM. *Article défini*, bestimmter Artikel.

définitif, ive [-nitif, i:v] adj. endgültig ; entscheidend ; definitiv. || JUR. *Arrêt définitif*, Endurteil n.

◇ loc. adv. **en définitive,** endgültig ; schließlich ; zu guter Letzt.

définition [-nisjɔ̃] f. (Begriffs)bestimmung f. ; Definition f. || PAR EXT. Erklärung f. ; genaue Darstellung ; Festlegung f. || TÉLÉV. Bildschärfe f.

déflagration [deflagrasjɔ̃] f. Auf-, Ab-, Verbrennung f. ; Aufflackern n. || FIG. *Déflagration mondiale*, Welt(en)brand m., -katastrophe f.

déflation [deflasjɔ̃] f. [vent] Abflauen n. ; Sichlegen (n.) des Windes. || COMM. [monnaie] Aufwertung f. ; Geldwertsteigerung f. ; Deflation f.

déflecteur [deflɛktœ:r] m. AUTOM. (Schräg)stellscheibe f. || TECHN. Ableiter m. ; Ablenker m.

déflorer [-re] v. tr. entjungfern. || FIG. der Frische, des Reizes, der Neuheit berauben.

défoncer [defɔ̃se] v. tr. [enfoncer] einschlagen, -drücken. | *Défoncer le toit*, das Dach durchschlagen (insép.). | *Des chemins défoncés*, grundlose Wege.
◇ v. pr. **se défoncer,** FAM. [se droguer] fixen. || [travailler dur] sich abrackern.

déformation [defɔrmasjɔ̃] f. Formveränderung f. ; Verformung f. ; Mißbildung f., -wachs m., -wuchs m. | *Déformation d'un organe*, Organmißbildung f.

déformer [-me] v. tr. um-, verformen ; verunstalten ; entstellen ; verzerren ; deformieren.
◇ v. pr. **se déformer,** [sens pass.] aus der Form kommen ; sich entstellen.

défraîchir [defrɛʃi:r] v. tr. den Glanz, die Frische nehmen. | *Défraîchir une étoffe*, einen Stoff (aus)bleichen.
◇ part. pass. et adj. **défraîchi, ie,** nicht mehr frisch, neu ; abgenutzt ; verblaßt.
◇ v. pr. **se défraîchir,** den Glanz, die Frische verlieren.

défrayer [defrɛje] v. tr. freihalten. | *Défrayer qn de qch.*, jn mit etwas freihalten. || FIG. *Défrayer la conversation*, Mittelpunkt der Unterhaltung sein.

défrichage [defriʃa:ʒ] ou **défrichement** [-ʃmɑ̃] m. Urbarmachung f. ; (Aus)rodung f. ; Kultivierung f.

défricher [-ʃe] v. tr. urbarmachen ; (aus)roden ; umgraben ; Neuland erschließen ; kultivieren. || FIG. entwirren ; Vorarbeit leisten.

défriser [defrize] v. tr. die Frisur verderben ; das Haar durcheinanderbringen. || FIG., FAM. enttäuschen.

défroque [defrɔk] f. PÉJOR. abgelegter Plunder(kram) ; altes, verbrauchtes Zeug.

défroquer (se) [sədefrɔke] v. pr. die Kutte ablegen.

défunt, unte [defœ̃, œ̃:t] adj. verstorben ; verblichen ; heimgegangen ; verewigt ; selig. | *Mon défunt père*, mein seliger Vater ; mein Vater selig.
◇ s. Verstorbene(r) f. (m.) ; Verblichene(r) f. (m.) ; Heimgegangene(r) f. (m.) || JUR. Erblasser(in) m. (f.).

dégagement [degaʒmɑ̃] m. [déblayage] Bergung f. ; Beseitigung f. || CHIM. *Dégagement d'oxygène*, Sauerstoffbildung f. | *Dégagement de vapeurs*, Entwikkeln (n.) von Dämpfen. || ARCHIT. *Porte de dégagement*, Hinter-, Nebentür f.

dégager [-ʒe] v. tr. [gage] aus-, einlösen. || PAR ANAL. [soustraire à une obligation] befreien ; entbinden ; lösen. | *Dégager qn d'une promesse, du secret professionnel*, jn von einem Versprechen, vom Berufsgeheimnis entbinden. | *Dégager sa parole*, sein Wort einlösen, zurücknehmen. || PAR EXT. [libérer] befreien ; freimachen, -legen ; loslösen, -machen ; herausziehen, -arbeiten ; beseitigen. | *Dégager sa voiture*, mit dem Wagen herauskommen. || FIG. [soulager] befreien ; erleichtern. || CHIM. *Dégager de l'azote*, Stickstoff entwickeln.
◇ part. pass. et adj. **dégagé, ée,** (los)gelöst ; frei ; befreit. | *Ciel dégagé*, klarer Himmel. | *Terrain dégagé*, freies Gelände. || FIG. befreit ; erleichtert. | *Parler d'un ton dégagé*, ungezwungen, unbefangen reden. | *Allure dégagée, air, esprit dégagé*, Ungezwungenheit f. ; Unbefangenheit f.
◇ v. pr. **se dégager,** [se libérer] sich befreien ; sich freimachen ; loskommen. || FIG. leichter werden. || CHIM. freiwerden ; sich entwickeln.

dégaine [degɛn] f. POP. Aussehen n.

dégainer [degɛne] v. tr. blank ziehen.

déganter [degɑ̃te] v. tr. et **se déganter** v. pr. die Handschuhe ausziehen, abstreifen.

dégarnir [degarni:r] v. tr. entblößen ; ab-, wegnehmen (von). || PAR EXT. [vider] leeren ; leermachen.
◇ part. pass. et adj. **dégarni, ie,** entblößt ; leer. || PAR EXT. kahl.
◇ v. pr. **se dégarnir,** sich leeren ; leer werden. || PAR EXT. [arbre, crâne] *Son crâne se dégarnit*, er wird kahl.

dégât [degɑ] m. Schaden m. ; Beschädigung f. ; Verwüstung f. ; Verheerung f. | *Dégât matériel*, Sachschaden. | *Payer les dégâts*, entschädigen.

dégazage [degaza:ʒ] m. [d'un pétrolier] Verklappung f.

dégazer [-ze] v. tr. [un pétrolier] verklappen.

dégel [deʒɛl] m. [action] (Auf)tauen n., -tauung f. || PAR EXT. [temps] Tauwetter n.

dégelée [deʒle] f. POP. [correction] Abreibung f.

dégeler [deʒle] v. tr. et v. intr. (auf)tauen. | *Il dégèle*, es taut. || FIG. [réchauffer] auftauen.

dégénérer [-re] v. intr. ent-, ausarten ; verfallen ; in Verfall geraten, sein ; degenerieren.
◇ part. pass. et adj. **dégénéré, ée,** entartet ; verschlechtert ; rassisch geschwächt ; degeneriert.

dégénérescence [-rɛsɑ̃:s] f. MÉD. Entarten n. ; Entartung f. ; Ausarten n. | *Dégénérescence cancéreuse*, Krebsbildung f. || FIG. Aus-, Entartung f. ; Verfall m. ; Absterben n.

dégingandé, ée [deʒɛ̃gɑ̃de] adj. schlottrig ; watschelig ; wacklig ; POP. schlaksig.

dégivrer [deʒivre] v. tr. entfrosten. || [réfrigérateur] auftauen.

dégivreur [-vrœ:r] m. Entfrostungsanlage f. || [réfrigérateur] *Dégivreur automatique*, Abtauautomatik f.

déglaçage [deglasa:ʒ] m. CULIN. Ablöschen n.

déglacer [-se] v. tr. CULIN. ablöschen.

déglutir [deglyti:r] v. tr. (ver)schlucken.

déglutition [-tisjɔ̃] f. PHYSIOL. Schluckbewegung f. ; Schlucken n. ; Ver-, Hinunterschlucken n.

dégoiser [degwaze] v. tr. POP. drauflosreden.

dégommer [degɔme] v. tr. FIG., FAM. [renvoyer] kaltstellen ; POP. ausbooten.

dégonflement [degɔ̃fləmɑ̃] m. Herauslassen (n.) von Luft, Gas ; Entleerung f. ; Abschwellen n.

dégonfler [-fle] v. tr. abblasen lassen ; entleeren ; abschwellen.
◇ v. pr. **se dégonfler,** Luft verlieren, lassen. || FIG., FAM. klein(laut) werden. || MÉD. *La tumeur se dégonfle*, das Geschwür geht zurück.

dégorger [-ʒe] v. tr. [vomir] erbrechen ; von sich geben ; ausspeien. || PAR ANAL. *Faire dégorger un poisson*, einen Fisch abschleimen. || TECHN. [nettoyer, vider] aus-, entschlämmen ; ausräumen ; entleeren.
◇ v. intr. [se déverser] sich entleeren ; abfließen. || PAR ANAL. [déborder] überfließen. || PAR EXT. [se nettoyer] sich reinigen.

dégouliner [deguline] v. intr. heruntertröpfeln.

dégourdir [degurdi:r] v. tr. PHYSIOL. [membres] wieder gelenkig machen. | *Dégourdir ses jambes*, sich die Beine vertreten. || PAR EXT. [eau] anwärmen ; verschlagen machen. || FIG. [déniaiser] aufwecken ; Manieren beibringen.
◇ part. pass. et adj. **dégourdi, ie.** FIG. aufgeweckt ; helle ; pfiffig ; flott. || SUBSTANTIV. *Un dégourdi*, ein aufgeweckter, pfiffiger Bursche.
◇ v. pr. **se dégourdir,** [membres] wieder gelenkig machen, werden. || [eau] lau werden. || FIG. flott, aufgeweckt werden.

dégoût [degu] m. [répugnance, aversion] Ekel m. ; Widerwillen m. ; Abscheu m. ; Überdruß m. ; Abneigung f. ; Aversion f. | *Avoir du dégoût pour, avoir le dégoût de*, Ekel haben vor (dat.). | *Prendre qch. en dégoût*, Widerwillen vor etwas bekommen.

dégoûtant, ante [-tɑ̃, ɑ̃:t] adj. ekelhaft ; widerlich ; abstoßend ; eklig ; Ekel erregend.

dégoûter [-te] v. tr. [ôter le goût, répugner] ver-, anekeln ; anwidern ; Ekel erregen ; abstoßen ; zurückschlagen ; verleiden ; mit Widerwillen erfüllen ; die Lust benehmen. | *Dégoûter qn de qch.*, jm etwas verleiden, verekeln ; jm vor etwas Ekel erregen. | *Cela me dégoûte*, mich ekelt davor ; ich habe es satt.
◇ v. pr. **se dégoûter** [de qch.], (einer Sache) satt, überdrüssig werden ; sich (etwas) verleiden ; die Lust (zu etwas) verlieren.

dégoutter [degute] v. intr. herab-, herunter-, abtropfen ; herabtröpfeln, -triefen, -träufeln ; tropfenweise rinnen. | *L'eau dégoutte du toit*, das Wasser tropft vom Dach herab. | *La sueur lui dégoutte du front*, der Schweiß trieft ihm von der Stirn.

dégradant, ante [degradɑ̃, ɑ̃:t] adj. entwürdigend ; herabsetzend ; erniedrigend ; entehrend.

dégradation [-dasjɔ̃] f. [endommagement] Beschädigung f. ; Verfall m. | *Dégradation du matériel*, Beschädigung des Geräts. || PAR ANAL. [dégât] Schaden m. || PAR EXT. *Dégradation par les intempéries*, Verwitterung f. || FIG. [avilissement] Herab-, Entwürdigung f. ; Entehrung f. ; Verkommenheit f. || JUR. *Dégradation civique*, Verlust (m.) der bürgerlichen Ehrenrechte. || MIL. Degradierung f. ; Rangverlust m.

dégrader [-de] v. tr. [endommager] beschädigen. || PAR EXT. [couleur] verderben ; verwittern ; verschießen. || FIG. [avilir] herabsetzen ; erniedrigen. || MIL. degradieren. || ARTS. abtönen, -stufen.
◇ part. pass. et adj. **dégradé, ée,** [choses] beschädigt ; verfallen. || FIG. [avili] entwürdigt ; verkommen. || MIL. zurückversetzt ; degradiert. || ARTS. abgetönt. || SUBSTANTIV. *Le dégradé des couleurs*, die Abstufung der Farben.
◇ v. pr. **se dégrader,** [se détériorer] sich beschädigen ; schadhaft werden.

dégrafer [degrafe] v. tr. los-, auf-, ab-, aushaken.

dégraissage [degrɛsa:ʒ] m. Entfetten n. ; Fettentfernung f. || PAR EXT. [nettoyage] Reinigung f. || FAM. [licenciements] Personalabbau m.

dégraisser [-se] v. tr. ab-, entfetten ; das Fett, den Schweiß entfernen. || FAM. [licencier] Personal abbauen. || LOC. *Dégraisser un vêtement*, ein Kleidungsstück reinigen.

degré [dəgre] m. [marche] (Treppen)stufe f. || PAR ANAL. [division du thermomètre] Grad m. | *Le thermomètre est à vingt degrés au-dessus de zéro*, das Thermometer steht auf zwanzig Grad über Null. | *Monter d'un degré*, um einen Grad steigen. | *Avoir quarante degrés de fièvre*, vierzig Grad Fieber haben. || PAR EXT. [division d'une hiérarchie] Rangstufe f. ; Grad m. | *Enseignement du second degré*, Unterricht (m.) für, an Ober-, Mittelschulen. | *Degré de parenté*, Verwandtschaftsgrad. || LOC. *Par degrés*, stufenweise ; gradweise ; allmählich. | *À un haut degré*, hochgradig ; in hohem Maße. | *Au plus haut degré, au dernier degré*, im höchsten Grade, Maße. || PHYS. *Degré de chaleur*, Wärmegrad. | *Degré hygrométrique de l'air*, Luftfeuchtigkeitsgrad. || CHIM. *Alcool à 90 degrés*, neunzigprozentiger Alkohol. || MATH. Grad m. | *Équation du second degré*, Gleichung (f.) zweiten Grades. | *Angle de quarante-cinq degrés*, Winkel (m.) von fünfundvierzig Grad. || GÉOGR. *Degré de longitude, de latitude*, Längen-, Breitengrad. || GRAMM. *Degrés de comparaison*, Vergleichungs-, Steigerungsgrade m. pl.

dégressif, ive [degrɛsif, i:v] adj. abnehmend ; fallend ; nachlassend ; degressiv.

dégrèvement [degrɛvmɑ̃] m. FIN. Steuernachlaß m., -erleichterung f., -ermäßigung f. | *Dégrèvement fiscal*, steuerliche Absetzung.

dégrever [degrəve] v. tr. entlasten.

dégriffé, ée [degrife] adj. ermäßigt ; herabgesetzt.

dégringolade [degrɛ̃gɔlad] f. FAM. [chute] Herunterpurzeln n. || FIG. Herunterkommen n.

dégringoler [-le] v. intr. et v. tr. FAM. herunterpurzeln, -kollern ; kopfübergehen. || FIG. herunterkommen ; fallen ; POP. umpurzeln.

dégrisement [degrizmɑ̃] m. Ernüchterung f. || FIG. Erwachen n. ; Zusichkommen n.

dégriser [-ze] v. tr. nüchtern machen ; ernüchtern.
◇ v. pr. **se dégriser,** nüchtern werden ; sich ernüchtern. || FIG. zu sich kommen ; aufwachen.

dégrossir [degrosi:r] v. tr. TECHN. grob (vor)-bearbeiten ; im Rohen bearbeiten. | *Dégrossir au rabot*, behobeln. || FIG. [rendre moins grossier] *Dégrossir qn*, jn ab-, zurechtschleifen.

dégrossissage [-sisa:ʒ] ou **dégrossissement** [-sismɑ̃] m. Grob-, Vorbearbeitung f. | *Dégrossissage à la meule, au tour*, Grobschliff m. ; Vorschleifen n. ; Vordrehen n. | *Banc de dégrossissage*, Vorziehbank f.

déguenillé, ée [degənije] adj. zerlumpt ; zerschlissen. | *Il est tout déguenillé*, er ist ganz abgerissen.

déguerpir [degɛrpi:r] v. intr. POP. abhauen ; sich trollen ; sich aus dem Staube machen.

déguisement [degizmɑ̃] m. [état] Verkleidung f. ; Vermummung f. ; Mummenschanz m. ; Maskerade f. || PAR EXT. Maskenkleid n. || FIG. [dissimulation] Verstellung f. ; Verkappung f.

déguiser [-ze] v. tr. verkleiden ; vermummen ; verschleiern ; kostümieren ; maskieren. || FIG. [cacher, dissimuler] verheimlichen ; ent-, verstellen ; verhehlen. | *Déguiser sa voix*, seine Stimme verstellen. | *Déguiser la vérité*, die Wahrheit bemänteln, verhehlen. | *Sans rien déguiser*, unverhohlen ; ohne Hehl.
◇ v. pr. **se déguiser,** sich verkleiden.

dégustation [degystasjɔ̃] f. Kostprobe f.

déguster [-te] v. tr. (ab)schmecken ; kosten ; probieren ; den Geschmack prüfen ; eine Kostprobe nehmen. || FIG., FAM. [subir] erleiden.

déhanchement [deɑ̃ʃmɑ̃] m. Ausrenken n.

déhancher (se) [sədeɑ̃ʃe] v. pr. sich in den Hüften wiegen ; mit wiegendem Gang gehen.

dehors [deɔ:r] adv. [sans mouvement] (dr)außen. | *Coucher dehors*, im Freien schlafen. || [avec mouvement] hinaus ; heraus ; nach außen. | *Aller dehors*, hinausgehen, -treten, -ziehen. | *Dehors !*, hinaus ! ; heraus ! ; raus ! | *Mettre qn dehors*, jn hinauswerfen ; POP. an die Luft setzen. || MAR. *Mettre toutes voiles dehors*, alle Segel setzen.
◇ loc. adv. **de, du dehors,** von (dr)außen. | *Du dehors au dedans*, von außen nach innen. | *Vu du dehors*, äußerlich, von außen betrachtet. — **par-, au-dehors,** draußen ; (nach) außen. — **en dehors,** auswärts ; außen ; nach außen. | *Avoir les jambes en dehors*, X-Beine haben.
◇ loc. prép. **au-dehors de,** außerhalb (gén.) ; außer (dat.). | *Au-dehors de la ville*, außerhalb der Stadt. — **en dehors de,** [lieu] außerhalb (gén.). || FIG. außer (dat.) ; abgesehen von. | *Ceci est en dehors de la question*, das steht nicht zur Debatte. | *En dehors du service*, außerdienstlich. | *En dehors de moi*, ohne mein Zutun.
◇ m. pl. [apparences] Äußeres n. ; Außenseite f. | *Les dehors sont trompeurs*, der äußere Schein ist trügerisch ; der Schein trügt.

déification [deifikasjɔ̃] f. Vergötterung f.; Vergottung f.; Gotterhebung f.

déifier [-fje] v. tr. vergöttern; zum Gott erheben. || FIG. [glorifier] vergöttlichen.

déisme [deism] m. PHILOS. Deismus m.

déiste [deist] m. Gottgläubiger m.; Deist(in) m. (f.).

déjà [deʒa] adv. schon; bereits. | *D'ores et déjà*, jetzt schon.

déjection [deʒɛksjɔ̃] f. Ausleerung f.; Auswurf m. || MÉD. Stuhlgang m.

déjeté, ée [deʒte] adj. gekrümmt. | *Bois déjeté*, krummes, geworfenes Holz.

déjeuner [deʒœne] v. intr. [matin] frühstücken; seinen Morgenkaffee trinken, einnehmen. || PAR ANAL. [midi] zu Mittag essen. | *Déjeuner sur l'herbe*, im Grünen essen. | *Déjeuner en ville*, außer dem Hause essen.
◇ m. [repas du matin] Frühstück n.; Morgenkaffee m. | *Prendre son petit déjeuner*, frühstücken; seinen Morgenkaffee trinken. || PAR ANAL. [repas de midi] Mittagessen n.; Mittag m. | *Heure du déjeuner*, Mittagsstunde f. | *Aller déjeuner*, zu Tisch gehen; essen gehen. | *Inviter à déjeuner*, zu Tisch laden.

déjouer [dejue] v. tr. [faire échouer] vereiteln; zu Fall bringen; zunichte machen; hintertreiben. | *Déjouer les projets de qn*, js Pläne durchkreuzen.

déjuger (se) [sədeʒyʒe] v. pr. seinen Entschluß, seine Meinung ändern.

delà [dəla] adv. jenseits. | *Deçà (et) delà*, diesseits und jenseits.
◇ loc. **au-delà, par-delà,** [sans mouvement] jenseits; drüben; darüber. || [avec mouvement] hinüber; darüber hinaus. | *Aller au-delà*, darüber hinausgehen. || FIG. *Il n'y a rien au-delà*, es geht nichts darüber.
◇ loc. prép. **au-delà de,** jenseits (gén.). | *Au-delà des Alpes*, jenseits der Alpen. | *Au-delà de mes désirs*, über meine Wünsche hinaus; mehr als ich wünschen durfte. — **par-delà,** *Par-delà la mer*, jenseits des Meers.
◇ m. **l'au-delà,** das Jenseits.

délabrement [delabrəmɑ̃] m. Verfall m.; Zerfallen n. || FIG. Zerrüttung f. | *Délabrement de la santé*, gesundheitliche Zerrüttung.

délabrer [-bre] v. tr. [détériorer] verderben; hin-, baufällig machen; POP. kaputt machen. || FIG. [ruiner] zerrütten; ruinieren.
◇ part. pass. et adj. **délabré, ée,** adj. abgerissen; baufällig; hinfällig.
◇ v. pr. **se délabrer,** ver-, zerfallen; verderben.

délacer [delase] v. tr. auf-, losschnüren.
◇ v. pr. **se délacer,** los-, aufgehen.

délai [delɛ] m. [temps accordé] Frist f.; Zeit f.; Termin m. | *Accorder un délai*, eine Frist gewähren; stunden. | *Observer, Prolonger un délai*, eine Frist einhalten, verlängern. | *Fixer un délai*, eine Frist setzen. | *Le délai expire*, die Frist läuft ab. | *Dans le délai d'un mois*, binnen Monatsfrist. | *Dans le plus bref délai*, sobald wie möglich. | *À bref délai*, in kurzer Zeit. || PAR EXT. [retardement] Verzögerung f.; Verzug m.; Aufschub m.; Verschiebung f. | *Sans délai*, ohne Verzug; unverzüglich; fristlos. || COMM. *Délai de paiement*, Zahlungsaufschub m.; Stundung f.
— SYN.: *Répit* m., Moratorium n. *Sursis* m., Aufschub m.

délaissement [delɛsmɑ̃] m. [action] Verlassen n.; Imstichlassen n.; Sitzenlassen n. || PAR EXT. [état] Verlassenheit f.; Hilflosigkeit f. || JUR. Abtretung f.; Verzicht m.

délaisser [-se] v. tr. [abandonner qch.] verlassen; aufgeben; im Stich lassen. || PAR ANAL. [abandonner qn] verlassen; sitzenlassen. || PAR EXT. [négliger] vernachlässigen.

délassant, ante [delasɑ̃, ɑ̃:t] adj. erholsam; erquickend.

délassement [-smɑ̃] m. Erholung f.; Entspannung f. | *Délassement de l'esprit*, geistige Ausspannung.

délasser [-se] v. tr. erholen; entspannen; erquikken; ausruhen.
◇ v. pr. **se délasser,** sich erholen; sich entspannen; ausspannen.

délateur, trice [delatœ:r, tris] s. Angeber(in) m. (f.); Denunziant(in) m. (f.); Verräter(in) m. (f.).

délation [-sjɔ̃] f. Anzeige f.; Angeberei f.; Verräterei f.; Denunziation f.

délaver [delave] v. tr. ab-, aus-, verwaschen.

délayage [delɛja:ʒ] m. Verdünnung f.; Verwässerung f.; Strecken n.; Streckung f. | *Délayage d'une sauce*, Einrühren (n.) einer Soße. || FIG. *Délayage du style*, Weitschweifigkeit des Stils.

délayer [-je] v. tr. verdünnen; strecken; ein-, verrühren; auflösen. || FIG. verwässern. | *Délayer une idée*, einen Gedanken ausspinnen.
— SYN.: *Étendre*, strecken. *Diluer*, wässern. *Dissoudre*, auflösen. *Fondre*, schmelzen.

Delco [dɛlko] m. AUTOM. Zündverteiler m.

délectable [delɛktabl] adj. köstlich; vorzüglich.

délectation [-tasjɔ̃] f. Erquickung f.; Labung f.; Labsal n.; Ergötzung f.; Lust f.

délecter [-te] v. tr. ergötzen; erquicken; erfreuen; laben. | *Délecter ses regards de qch.*, seine Augen an etwas weiden.
◇ v. pr. **se délecter,** sich ergötzen; sich gütlich tun; sich laben; sich erfreuen; sich weiden.

délégation [delegasjɔ̃] f. Bevollmächtigung f.; Beauftragung f.; Auftrag m.; Übertragung f. | *Délégation de pouvoir(s)*, Übertragung der Amtsgewalt; Vollmacht f. | *Par délégation*, im Auftrage; kraft Vollmacht. || PAR EXT. [groupe de personnes] Abordnung f.; Abgesandte m. pl.; Ausschuß m.

délégué, ée [-ge] s. JUR. Befugte(r) f. (m.); Berechtigte(r) f. (m.). || PAR EXT. Abgeordnete(r) f. (m.); Beauftragte(r) f. (m.). | *Délégué du personnel*, Personalvertreter(in) m. (f.). | *Délégué syndical*, Gewerkschaftsvertreter(in) m. (f.).

déléguer [-ge] v. tr. [personne] beauftragen; abordnen; delegieren. || JUR. übertragen. | *Déléguer un pouvoir à qn*, eine Vollmacht an jn übertragen.
◇ part. pass. et adj. **délégué, ée,** *Administrateur délégué*, beauftragter Sachverwalter.
— SYN.: *Députer*, als Abgeordneten schicken. *Mandater*, anweisen. *Envoyer*, entsenden.

délestage [delɛsta:ʒ] ÉLECTR. Stromsperre f.; momentane Stromabschaltung.

délester [-te] v. tr. Ballast lassen, werfen; vom toten Gewicht befreien. || ÉLECTR. Strom einsparen.

délétère [deletɛ:r] adj. gesundheitsschädigend. | *Gaz délétère*, Giftgas n. || FIG. verderblich; schädlich.

délibération [deliberasjɔ̃] f. [discussion] Beratung f.; Beratschlagung f.; Verhandlung f. | *Mettre en délibération*, auf die Tagesordnung setzen. || PAR EXT. [résolution] Beschluß m. || FIG. *Après mûre délibération*, nach reiflicher Überlegung.

délibéré, ée [-re] adj. [bien réfléchi] (wohl)-überlegt; reiflich erwogen; durchdacht. | *De propos délibéré*, vorsätzlich; mit Vorbedacht; absichtlich. || PAR EXT. [résolu] entschlossen.

délibérément [-remɑ̃] adv. mit Wissen und Willen; wissentlich; entschlossen.

délibérer [-re] v. intr. beraten ; beratschlagen ; verhandeln ; ab-, erwägen ; in Erwägung ziehen. | *L'assemblée délibère*, die Versammlung tagt. | *La cour se retire pour délibérer*, der Gerichtshof zieht sich zur Beratung zurück. || FIG. [réfléchir] überlegen ; sich bedenken.

délicat, ate [delika, at] adj. **1.** EN PARLANT DES CHOSES : [agréable au goût, exquis, fin] wohlschmeckend ; vorzüglich ; köstlich ; lecker ; fein ; delikat. | *Mets délicats*, köstliche Speisen f. pl. | *Morceau délicat*, Leckerbissen m. || PAR ANAL. [tendre] zart ; fein. || PAR EXT. [ténu, léger] hauchdünn ; fein ; zart. | *Coloris délicat*, zarte Farbtönnung. | *D'une touche délicate, d'un pinceau délicat*, mit feinstem Pinselstrich. || [frêle] zart ; empfindlich. || FIG. [embarrassant, scabreux] empfindlich ; peinlich ; schwierig ; kitzlig ; heikel ; mißlich ; delikat. | *Affaire délicate*, heikle Angelegenheit. | *Être dans une situation délicate vis-à-vis de qn*, sich jm gegenüber in einer peinlichen Lage befinden.
2. EN PARLANT DES PERSONNES : [frêle] zart ; zärtlich ; empfindlich. | *Un enfant délicat*, ein zartes, empfindliches Kind. || PAR ANAL. [fragile] *De santé délicate*, schwach ; schwächlich ; gebrechlich ; schmächtig. || PAR EXT. [fin] fein. | *Peu délicat*, wenig empfindlich. || FIG. [très sensible] zart-, feinfühlend ; zart-, feinsinnig. | *Amant délicat*, zartfühlender, sehr aufmerksamer Liebhaber. | *Sentiment délicat*, ausgesprochen feines Gefühl. || PÉJOR. [difficile à contenter] wählerisch ; anspruchsvoll.
◇ s. [de goût] Feinschmecker(in) m. (f.) ; Leckermaul n. || [de santé] Weichling m. || [de caractère] Verwöhnte(r) f. (m.).

délicatement [-katmɑ̃] adv. fein ; zart ; zärtlich.

délicatesse [-katɛs] f. **1.** EN PARLANT DES CHOSES : [au goût] Köstlichkeit f. ; Vorzüglichkeit f. || PAR ANAL. [finesse] Feinheit f. ; Zartheit f. || PAR EXT. [fragilité] Zartheit f. ; Empfindlichkeit f. | *Délicatesse d'un tissu*, Empfindlichkeit eines Stoffes. || FIG. Empfindlichkeit f. ; Mißlichkeit f.
2. EN PARLANT DES PERSONNES : [fragilité] Zartheit f. || PAR ANAL. [faiblesse, débilité] Schwäche f. ; Empfindlichkeit f. ; Weichlichkeit f. || PAR EXT. *Délicatesse du goût*, Feinheit des Geschmacks. || FIG. [des sentiments] Feinfühligkeit f.

délice [delis] m. Wonne f. ; (Wol)lust f. ; Genuß m. | *Avec délice*, mit Wonne.
◇ f. pl. **délices,** Wonne f. ; Entzücken n. ; Lust f. ; höchste Freude. | *Plein de délices*, wonnevoll. | *Ce livre fait mes délices*, dieses Buch ist mein ganzes Entzücken.

délicieux, ieuse [-sjø, jø:z] adj. [au goût] köstlich ; vorzüglich ; fein ; vortrefflich. || FIG. [extrêmement agréable] köstlich ; wonnig ; süß ; lieblich ; reizend.

délictueux, ueuse [deliktɥø, ɥø:z] adj. strafbar ; straffällig. | *Fait délictueux*, Vergehen n.

délier [delje] v. tr. [détacher] auf-, losbinden ; auf-, ab-, losknüpfen ; auf-, ab-, loslösen. || PAR EXT. *Délier la langue*, die Zunge lösen. || FIG. [dégager] entbinden. | *Délier qn d'un serment*, jn eines Eides entbinden.
◇ part. pass. et adj. **délié, iée,** los ; gelöst. || PAR EXT. [mince] dünn ; schmal. || SUBSTANTIV. Auf-, Haarstrich m.
◇ v. pr. **se délier,** sich lösen ; aufgehen.

délimitation [delimitasjɔ̃] f. Grenzfestlegung f. ; Ab-, Begrenzung f.

délimiter [-te] v. tr. ab-, um-, begrenzen ; Grenzen ziehen, festlegen ; abstecken.

délinquance [delɛ̃kɑ̃:s] f. Kriminalität f.

délinquant, ante [delɛ̃kɑ̃, ɑ̃:t] s. Straffälliger m. ; Straftäter(in) m. (f.) ; Delinquent(in) m. (f.). | *Délinquant primaire*, Ersttäter(in) m. (f.).

déliquescence [delikesɑ̃:s] f. Zerfließbarkeit f. || FIG. [décadence] Auflösung f. ; Zerfall m.

déliquescent, ente [-sɑ̃, ɑ̃:t] adj. zerfließbar ; verflüssigend ; zerfließend. || FIG. dekadent.

délirant, ante [delirɑ̃, ɑ̃:t] adj. MÉD. phantasierend ; im Fieber. || FIG. rasend ; toll.

délire [-li:r] m. MÉD. Fieberwahn m., -traum m., -phantasie f. || FIG. [agitation] Rasen n. ; Raserei f. | *C'est du délire*, das ist heller Wahnsinn. || POÉT. Taumel m. ; Rausch m.

délirer [-lire] v. intr. irre reden ; phantasieren. || FIG. rasen ; schwärmen.

délit [deli] m. JUR. Vergehen n. ; rechtswidrige, strafbare Handlung ; Straftat f. ; Frevel m. ; Delikt n. | *Délit de fuite*, Fahrerflucht f. | *Délit d'initié*, Berufshandel m. | *Corps du délit*, Beweisstück n. ; Corpus delicti n. | *Prendre qn en flagrant délit*, jn auf frischer Tat, in flagranti ertappen.

délivrance [delivrɑ̃:s] f. [libération] Befreiung f. ; Erlösung f. ; (Er)rettung f. || PAR EXT. [remise] Aushändigung f. ; Auslieferung f. ; Erteilung f. ; Ausstellung f. | *Délivrance d'un certificat*, Ausstellung, -händigung eines Zeugnisses. || MÉD. [accouchement] Entbindung f.

délivrer [-vre] v. tr. [libérer] befreien ; erlösen ; erretten ; entsetzen. || PAR EXT. [remettre] ab-, ausliefern ; aushändigen. | *Délivrer un visa*, ein Visum ausstellen, -liefern. | *Délivrer un billet*, eine Karte ausgeben, -händigen. || MÉD. entbinden.

déloger [delɔʒe] v. tr. vertreiben ; verdrängen ; ausquartieren. | *Déloger d'une position*, aus einer Stellung vertreiben, heraustreiben. | *Déloger qn de sa place*, jn von seinem Platz verdrängen.
◇ v. intr. ausziehen ; eine Wohnung räumen. || MIL. das Quartier räumen. || FAM. *Déloger sans tambour ni trompette*, sang- und klanglos verschwinden.

déloyal, ale, aux [delwajal, o] adj. unredlich ; unlauter ; treulos.

delta [dɛlta] m. GÉOGR. (Fluß)delta n. ; Mündungsarme (m. pl.) eines Flusses. || [lettre grecque] Delta n.

delta-plane [-plan] (pl. **delta-planes**) m. Drachenflieger m.

déluge [dely:ʒ] m. THÉOL. Sint-, Sündflut f. || PAR EXT. [inondation] Überschwemmung f. ; Flut f. ; Wasserschwall m. || FIG. *Déluge de paroles*, Wortschwall m. | *Après moi le déluge !*, nach mir die Sintflut ! | *Remonter au déluge*, bei Adam und Eva anfangen.

déluré, ée [delyre] adj. FIG. gewitzigt ; aufgeweckt ; pfiffig ; helle.

démagnétiser [demaɲetize] v. tr. entmagnetisieren.

démagogie [demagɔʒi] f. POLIT. Volksaufwiegelung f., -verführung f. ; Demagogie f.

démagogique [-gɔʒik] adj. demagogisch.

démagogue [-gɔg] m. Volksaufwiegler m., -verführer m. ; Demagoge m.

démailler [demaje] v. tr. TECHN. auftrennen. | *Bas démaillé*, Strumpf (m.) mit gelaufener Masche.

demain [dəmɛ̃] adv. morgen ; morgiger Tag ; nächster Tag. | *À demain*, bis morgen ! | *Dès demain*, von morgen ab. | *Demain matin*, morgen früh. | *C'est demain jeudi*, morgen ist Donnerstag. || FIG. [ultérieurement] *À demain les affaires sérieuses*, morgen ist auch ein Tag.

démancher [demɑ̃ʃe] v. tr. den Stiel abmachen. || PAR ANAL. *Démancher le bras*, den Arm auskugeln. || PAR EXT. [désunir] trennen.

◇ v. pr. **se démancher,** den Stiel verlieren. || PAR EXT. aus den Fugen gehen.

demande [dəmɑ̃:d] f. [prière] Bitte f. ; Begehren n. ; Anliegen n. | *Accorder une demande*, eine Bitte gewähren. | *À, sur ma demande*, auf meine Bitte, meinen Wunsch (hin). || PAR ANAL. [prière instante, requête] Verlangen n. ; Werbung f. ; (An)forderung f. ; Ersuchen n. | *Demande d'argent*, Geldforderung. | *Demande en mariage*, Heiratsantrag m. ; Werbung. | *Faire une demande en mariage*, um js Hand werben, anhalten. | *À la demande générale*, auf allgemeines Verlangen. || PAR EXT. [par écrit] Gesuch n. ; Eingabe f. ; Bittschrift f. ; Antrag m. | *Demande d'emploi*, Stellengesuch. | *Faire une demande*, ein Gesuch einreichen, aufsetzen ; beantragen. || FIG. [question] Frage f. ; Anfrage f. | *Demande de renseignements*, Anfrage um Auskunft. || JUR. Antrag m. ; Klage f. | *Faire droit à une demande*, einem Antrag stattgeben. || COMM. Nachfrage f. | *Sur demande*, auf Anfrage.

demander [-de] v. tr. **1.** [prier de donner, désirer] bitten (um) ; erbitten ; sich ausbitten ; mögen ; begehren ; wünschen. | *Demander la permission, la charité, audience, un rendez-vous*, um Erlaubnis, um eine milde Gabe, um Gehör, um eine Unterredung bitten. | *Demander la parole*, ums Wort bitten ; sich zum Wort melden. | *Demander pardon*, um Entschuldigung, Verzeihung bitten. | *Demander qch. à qn*, jn um etwas bitten ; sich von jm etwas ausbitten ; von jm etwas begehren, mögen. | *Nous ne demandons pas mieux*, uns ist's recht ; herzlich gern.
2. [réclamer, exiger, solliciter] verlangen ; beanspruchen ; wollen ; (an)fordern ; beantragen ; werben (um) ; (er)suchen. | *Demander à cor et à cri*, mit Ungestüm verlangen. | *Demander des comptes*, Rechenschaft fordern. | *Demander un emploi*, sich um eine Stellung bewerben ; eine Stellung suchen. | *Demander la main d'une jeune fille*, um die Hand eines Mädchens anhalten.
3. [en parlant des choses : nécessiter] erfordern ; brauchen ; bedürfen (gén.) ; erheischen ; schreien (nach). | *Cela demande une explication*, das bedarf einer Erklärung. | *Cette affaire demande du temps*, dieses Geschäft erfordert Zeit, will Zeit haben.
4. [questionner] fragen. | *Demander qch.*, nach, um etwas fragen. | *Demander l'heure*, nach der Zeit fragen. | *Demander conseil à qn*, jn um Rat fragen. | *Demander à parler à qn*, jn zu sprechen wünschen ; zu jm wollen. || PAR EXT. [se renseigner] sich erkundigen (nach) ; fragen (nach) ; suchen (nach). | *Demander son chemin*, nach dem Weg fragen. | *Demander des nouvelles de qn*, sich nach jm erkundigen ; nach js Befinden fragen.
5. JUR. beantragen ; eine Klage erheben. | *Demander des dommages-intérêts*, Schadenersatz fordern.
◇ part. pass. et adj. **demandé, ée,** begehrt ; verlangt. | *Être très demandé*, sehr begehrt sein.
◇ v. pr. **se demander,** [s'interroger] sich fragen. | *Je me le demande*, das möchte ich wohl wissen. || [sens pass.] *Cela ne se demande pas*, das versteht sich (von selbst).

demandeur, deresse [-dœ:r, dərɛs] s. JUR. Kläger(in) m. (f.) ; Antragsteller(in) m. (f.) ; Bittsteller(in) m. (f.). || ÉCON. *Demandeur d'emploi*, Arbeitsuchende(r) f. (m.). || POLIT. *Demandeur d'asile*, Asylbewerber(in) m. (f.).

démangeaison [demɑ̃ʒɛzɔ̃] f. Juckreiz m. ; Juckstelle f. ; Kitzel m. ; POP. Kribbeln n. ; Krabbeln n. | *Il a des démangeaisons*, es juckt ihn.

démanger [-ʒe] v. intr. jucken ; kitzeln ; reizen ; kribbeln ; krabbeln. | *Le dos me démange*, es juckt mich im Rücken. || FIG. *La langue lui démange*, es brennt ihm auf der Zunge.

démantèlement [demɑ̃tɛlmɑ̃] m. MIL. [forteresse] Schleifen n. || NUCL. Totalbeseitigung f. || TECHN. Nieder-, Abbau m.

démanteler [-tle] v. tr. MIL. abreißen ; abtragen ; schleifen. || TECHN. niederlegen ; abbauen ; demontieren. | *Démanteler une usine*, ein Werk abbauen, demontieren.

démaquiller [demakije] v. tr. abschminken.

démarcation [demarkasjɔ̃] f. Ab-, Begrenzung f. ; Grenze f. | *Ligne de démarcation*, Grenz-, Demarkationslinie f. || FIG. Trennung f.

démarchage [demarʃa:ʒ] m. Haus-, Vertreterbesuch m.

démarche [-marʃ] f. [allure] Gang m. ; Gangart f. ; Tritt m. || FIG. [intervention] Schritt m. ; Gang m. ; Verwendung f. ; Demarche f. | *Faire une démarche*, einen Schritt unternehmen. | *Faire des démarches en faveur de qn*, sich für jn verwenden.

démarcheur, euse [-ʃœ:r, ø:z] s. Kundenwerber m.

démarquage [demarka:ʒ] m. COMM. Markenentfernung f. || FIG. unlautere Nachahmung.

démarque [-mark] f. COMM. Entfernung (f.) des Markenzeichens. || PAR EXT. Preisherabsetzung f.

démarquer [-ke] v. tr. COMM. Marken, Schilder entfernen. || FIG. nachmachen.
— v. pr. **se démarquer** (de), sich abheben (von) ; sich unterscheiden (von).

démarrage [demara:ʒ] m. TECHN. [du moteur] Ankurbeln n., -lassen n. || PAR ANAL. [du véhicule] Ab-, Anfahren n. ; Starten n. || PAR EXT. [d'un coureur] Start m. || FIG. [mise en route] Ingangsetzen n. ; Anlauf m. | *Démarrage d'une entreprise*, Ingangsetzen eines Unternehmens.

démarrer [-re] v. tr. MAR. losbinden.
◇ v. intr. [moteur] sich in Gang setzen ; anspringen. || PAR ANAL. [véhicule] sich in Bewegung setzen ; an-, abfahren ; starten. | *Démarrer au quart de tour*, sofort anspringen ; FIG., FAM. aufspringen. || PAR EXT. [coureur] ab-, losrennen.

démarreur [-rœ:r] m. AUTOM. Anlasser m. ; Starter m.

démasquer [demaske] v. tr. die Maske abnehmen, abreißen (dat.). || FIG. entlarven ; demaskieren.
◇ v. pr. **se démasquer,** die Maske abnehmen. || FIG. sich enthüllen.

démâter [demɑte] v. tr. MAR. entmasten.

démêlé [demɛle] m. Streit m. ; Streiterei f. ; Auseinandersetzung f. ; Wortwechsel m. ; Zänkerei f. ; Zwistigkeit f. | *Avoir des démêlés avec la justice*, mit dem Gesetz in Konflikt geraten.

démêler [demɛle] v. tr. [séparer] entwirren ; trennen ; ab-, aussondern. || PAR EXT. [éclaircir] aufklären ; klarstellen. | *Démêler une affaire*, Licht in eine Angelegenheit bringen. || [discerner] unterscheiden ; auseinanderhalten ; durchschauen.

démêloir [-lwa:r] m. grober Kamm.

démembrement [demɑ̃brəmɑ̃] m. Zerteilung f., -stückelung f. ; Verstümmelung f. || HIST. *Démembrement de la Pologne*, Teilung Polens.

démembrer [-bre] v. tr. ab-, zerteilen, -stückeln ; verstümmeln ; lostrennen ; zergliedern.

déménagement [demenaʒmɑ̃] m. Umzug m. ; Ausziehen n. ; Wohnungswechsel m. ; Auszug m.

déménager [-ʒe] v. intr. aus-, weg-, verziehen ; umziehen (sépar.) ; die Wohnung wechseln. || PAR EXT. [s'en aller] den Platz räumen. || FAM. *Déménager à la cloche de bois*, sich in aller Heimlichkeit aus dem

Staube machen. || FIG., FAM. [déraisonner] *Il déménage,* er spinnt.
◇ v. tr. [vider, enlever] *Déménager une pièce,* ein Zimmer ausräumen.

déménageur [-ʒœ:r] m. [entreprise] Möbelspediteur m. ; [ouvrier] Möbelpacker m.

démence [demɑ̃:s] f. Irresein n. ; Irrsinn m. ; Wahnsinn m. ; Geistesstörung f. | *Démence sénile,* Alterschwachsinn m. || FIG. *C'est de la démence !,* Das ist reiner Wahnsinn !

démener (se) [sədemәne] v. pr. [se débattre] mit Armen und Beinen um sich schlagen. || FIG. sich abmühen ; sich abzappeln ; toben und wüten. | *Il s'est démené pour cette affaire,* FAM. er hat sich dafür die Beine ausgerissen.

dément, ente [demɑ̃, ɑ̃:t] adj. wahnsinnig ; verrückt ; toll ; POP. übergeschnappt.
◇ s. Verrückte(r) f. (m.) ; Wahnsinnige(r) f. (m.).

démenti [demɑ̃ti] m. Ver-, Ableugnung f. ; Widerruf m. ; Berichtigung f. | *Donner un démenti à qn,* jn Lügen strafen ; jn dementieren.

démentir [-ti:r] v. tr. [nier la vérité de] ab-, verleugnen ; leugnen ; für falsch erklären ; widerlegen, -rufen ; dementieren. | *Démentir une nouvelle,* eine Nachricht widerrufen, dementieren. || PAR EXT. [contredire] widersprechen ; das Gegenteil behaupten ; nicht entsprechen (dat.). | *Démentir qn,* jm widersprechen. || FIG. *Démentir les espérances,* die gesetzten Erwartungen nicht erfüllen.
◇ v. pr. **se démentir,** [sens réfl.] sich verleugnen ; sein Wort zurücknehmen ; sich widersprechen. | *Ne pas se démentir,* sich stets gleich bleiben.

démériter [-te] v. intr. sich etwas zuschulden kommen lassen. | *Avoir démérité aux yeux de qn,* bei jm an Ansehen verloren haben.

démesure [deməzy:r] f. Un-, Übermaß n.

démesuré, ée [-re] adj. maßlos ; un-, übermäßig ; ein vernünftiges Maß überschreitend ; gewaltig (groß). || FIG. [extrême] übertrieben.

démettre [demɛtr] v. tr. MÉD. ver-, ausrenken, -kugeln. || FIG. [destituer] *Démettre qn de ses fonctions,* jn seines Amtes entsetzen, entheben.
◇ v. pr. **se démettre,** MÉD. sich ver-, ausrenken. | *Se démettre le pied,* sich den Fußverstauchen. || FIG. *Se démettre d'un emploi,* ein Amt niederlegen, abgeben.

demeurant (au) [odəmœrɑ̃] loc. adv. schließlich ; zum Schluß ; endlich ; übrigens.

demeure [dəmœ:r] f. [domicile] Wohnung f. ; fester Wohnsitz ; Wohnstätte f., -ort m. ; Haus n. | *Dernière demeure,* Ruhestätte f. ; Grab n.
◇ loc. adv. **à demeure,** auf die Dauer ; ständig ; dauernd ; auf lange Zeit. | *Être à demeure chez qn,* dauernd bei jm wohnen ; ständig in js Haus liegen. || **en demeure,** imstande. | *Mettre qn en demeure de,* jn auffordern, zu. | *Mise en demeure,* Aufforderung f. ; Mahnung f.
— SYN. : *Domicile* m., Wohnort m. *Résidence* f., Aufenthaltsort m.

demeurer [-re] v. intr. [habiter] wohnen ; seine Wohnung haben. | *Demeurer à Paris,* in Paris wohnhaft sein, seinen Wohnsitz haben. || PAR EXT. [rester] bleiben ; sich aufhalten ; (ver)weilen. | *Demeurer sur place,* auf dem Platz verbleiben.
— OBSERV. Au sens de *habiter,* employer l'auxiliaire *avoir* ; au sens de *rester,* utiliser *être.*

demi, ie [dəmi] adj. halb. | *Une demi-heure,* eine halbe Stunde. | *Un et demi,* eineinhalb ; anderthalb. | *Deux lieues et demie,* zweieinhalb Meilen. | *Une heure et demie,* [durée] anderthalb Stunden ; [temps] halb zwei. || FIG. [incomplet] halb ; Halb... ; After... ; Auch... ; Pseudo... | *Demi-obscurité,* Halbdunkel n. | *Demi-succès,* lahmer Erfolg.
◇ loc. adv. **à demi,** halb ; halbwegs ; zur Hälfte. | *À demi nu,* halb nackt. | *À demi cuit,* halb gar. | *Faire les choses à demi,* die Dinge nur halb tun.
◇ m. **demi,** Halbes n. || PAR EXT. [de bière] Halber m. ; Maß n. ; (Bier)seidel m. || SPORT. Läufer m.
◇ f. **demie.** *Sonner les demies,* die halben Stunden läuten.

demi-cercle [-sɛrkl] m. Halbkreis m.

demi-dieu [-djø] m. Halbgott m.

demi-douzaine [-duzɛn] f. Halbdutzend n.

demi-finale [-final] f. SPORT. Semifinale n. ; Vorentscheidung f.

demi-fond [-fɔ̃] m. invar. SPORT. Mittelstrecken...

demi-frère [-frɛ:r] m. Halb-, Stiefbruder m.

demi-heure [-œ:r] f. halbe Stunde.

demi-jour [-ʒu:r] m. Zwielicht n. ; Dämmerung f.

démilitarisation [demilitarizasjɔ̃] f. Abbau m., -schaffung der Wehrmacht ; Entmilitarisierung f.

démilitariser [-rize] v. tr. entmilitarisieren.

demi-lune [dəmilyn] f. ASTRON. Halbmond m. ; Mondhälfte f.

demi-mal [-mal] m. kleines Übel. | *Il n'y a que demi-mal,* es ist nur halb so schlimm.

demi-mesure [-məzy:r] f. MÉTROL. halbes Maß. || FIG. halbe, ungenügende Maßregel.

demi-mondaine [-mɔ̃dɛn] f. Halbweltdame f.

demi-monde [-mɔ̃:d] m. Halbwelt f.

demi-mot (à) [adəmimo] loc. adv. andeutungsweise.

déminage [demina:ʒ] m. MIL. Entminung f. ; Minenräumung f., -säuberung f.

déminer [-ne] v. tr. entminen ; von Minen säubern, freimachen.

déminéraliser [demineralize] v. tr. Salz entziehen.

demi-pause [dəmipo:z] f. MUS. halbe Pause.

demi-pension [-pɑ̃sjɔ̃] f. Halbpension f.

demi-place [-plas] f. Platz zu halbem Preis. | *Payer demi-place,* zu halbem Preis fahren.

demi-saison [-sɛzɔ̃] f. Übergangszeit f. | *Manteau de demi-saison,* Übergangsmantel m.

demi-sœur [-sœ:r] f. Stief-, Halbschwester f.

demi-sommeil [-sɔmɛ:j] m. Halbschlaf m.

démission [demisjɔ̃] f. Rücktritt m. ; Austritt m. ; Demission f. | *Donner sa démission,* seine Entlassung einreichen ; zurücktreten.

démissionner [-sjɔne] v. intr. seine Entlassung einreichen ; (von seinem Posten) zurücktreten ; sein Amt niederlegen ; abgehen.

demi-teinte [dəmitɛ̃:t] f. ARTS. Zwischen-, Mittelfarbe f. ; Halbschatten m. || PHOT. Halbton m.

demi-ton [-tɔ̃] m. MUS. Halbton m. ; halber Ton.

demi-tour [-tu:r] m. MIL. halbe Umdrehung. | *Demi-tour, droite !,* ganze Abteilung, kehrt ! || PAR EXT. Kehrtwendung f. | *Faire demi-tour,* umkehren ; kehrtmachen ; [automobile] wenden.

demi-vie [dəmivi] f. PHYS. Halbwertzeit f.

démobilisation [demɔbilizasjɔ̃] f. MIL. Abrüstung f. ; Heeresabbau m. ; Demobilmachung f.

démobiliser [-ze] v. tr. MIL. abrüsten ; entlassen ; das Heer abbauen ; demobilmachen.

démocrate [demɔkrat] adj. POLIT. demokratisch.
◇ m. Demokrat(in) m. (f.). | *Social-démocrate,* Sozialdemokrat m.

démocratie [-si] f. POLIT. Demokratie f.

démocratique [-tik] adj. demokratisch.

démocratiser [-tize] v. tr. POLIT. demokratisieren.

démoder [demɔde] v. tr. aus der Mode bringen; unmodern machen.
◇ part. pass. et adj. **démodé, ée,** unmodern; überholt; altertümlich; altmodisch; veraltet.
◇ v. pr. **se démoder,** aus der Mode kommen; altmodisch werden.

démographie [demɔgrafi] f. Demographie f.

demoiselle [dəmwazɛl] f. Fräulein n.; Jungfer f. | *Demoiselle d'honneur*, Ehrenjungfrau f.; Hofdame f. | *Demoiselle de compagnie*, Gesellschaftsdame f. || PAR EXT., POP. [fille] Tochter f. || ZOOL. [libellule] Wasserjungfer f.; Libelle f.

démolir [demɔli:r] v. tr. [détruire] ein-, ab-, niederreißen; zerstören; demolieren || FIG. [ruiner] zugrunderichten. || LOC. FAM. *Démolir qn*, [physiquement] jn zusammenschlagen; [moralement] jn zugrunderichten.

démolisseur [-lisœ:r] m. Zerstörer m. || FIG. scharfer Kritiker; Umstürzler m.

démolition [-lisjɔ̃] f. Ein-, Ab-, Niederreißen n.; Abbrechen n.; Abbruch m.; Abtragung f.; Zerstörung f.; Demolierung f. | *Travaux de démolition*, Abbrucharbeiten f. pl.
◇ f. pl. **démolitions,** Abbruch m.

démon [demɔ̃] m. ANTIQ. Unhold m.; Dämon m. || RELIG. [diable] Teufel m.; böser Geist. | *Comme possédé du démon*, wie besessen. || PAR EXT. [personne] Teufel m. || FIG. *Démon familier*, innere Stimme.

démonétiser [demɔnetize] v. tr. ent-, abwerten; herabsetzen.

démoniaque [demɔnjak] adj. (vom bösen Geist, Teufel) besessen; teuflisch; dämonisch.
◇ m. [personne] Besessene(r) m.; Verhexte(r) m.

démonstrateur, trice [demɔ̃stratœ:r, tris] s. COMM. Erklärer(in) m. (f.); Darsteller(in) m. (f.).

démonstratif, ive [-tif, i:v] adj. [qui montre] hinweisend; darlegend; zeigend. || [qui prouve] beweisend, beweiskräftig. || FIG. [expansif] mitteilsam. | *Caractère démonstratif*, Mitteilsamkeit f. | *Peu démonstratif*, zurückhaltend. || GRAMM. *Pronom démonstratif*, hinweisendes Fürwort.

démonstration [-sjɔ̃] f. [raisonnement] Beweisführung f.; Darlegung f.; Erklärung f. || PAR ANAL. [preuve] Beweis m. || FIG. [de sentiments] Bezeigung f.; Äußerung f. | *De grandes démonstrations d'amitié*, große Freundschaftsbeteuerungen. || COMM. [présentation] Vorführung f.

démontable [demɔ̃tabl] adj. zerlegbar; lösbar.

démontage [-ta:ʒ] m. Zerlegen n.; Zerlegung f.; Auseinandernehmen n. || TECHN. Ab-, Ausbau m.; Demontage f.

démonte-pneu [demɔ̃tpnø] m. Montiereisen n.

démonter [demɔ̃te] v. tr. [désassembler] zerlegen; auseinander-, abnehmen; aus-, abbauen; demontieren. || FIG. [déconcerter] aus der Fassung bringen; verwirren; verblüffen.
◇ v. pr. **se démonter,** die Fassung verlieren.

démontrer [demɔ̃tre] v. tr. [prouver] be-, nach-, erweisen; erklären; begründen; offensichtlich machen. | *Ce qu'il fallait démontrer* (*C.Q.F.D.*), quod erat demonstrandum (q.e.d.). || PAR EXT. [montrer] zeigen; vorzeigen; darstellen.

démoralisant, ante [demɔralizɑ̃, ɑ̃:t] adj. niederdrückend; entmutigend.

démoralisation [-zasjɔ̃] f. Entmutigung f.; Mutlosigkeit f.; Demoralisierung f.

démoraliser [-ze] v. tr. entmutigen; niederdrükken; den Mut (be)nehmen; demoralisieren.

démordre [demɔrdr] v. intr. FIG. los-, ablassen. | *Il n'en démord pas*, er beharrt darauf; er läßt nicht locker.

démouler [-le] v. tr. (die Form) abheben, abstreifen; ausstoßen; herausziehen.

démunir [demyni:r] v. tr. entblößen.
◇ part. pass. et adj. **démuni, ie.** *Démuni d'argent*, ohne einen Pfennig.
◇ v. pr. **se démunir,** sich entblößen (von).

dénatalité [denatalite] f. Geburtenabnahme f., -rückgang m.

dénationalisation [denasjɔnalizasjɔ̃] f. Reprivatisierung f.

dénationaliser [-ze] v. tr. reprivatisieren.

dénaturer [-re] v. tr. [altérer] die Natur verändern; entstellen. || FIG. *Dénaturer une pensée*, einen Gedanken verfälschen. | *Il a dénaturé ma pensée*, er hat mir die Worte im Mund verdreht. || CHIM. [blé, alcool] vergällen; denaturieren.
◇ part. pass. et adj. **dénaturé, ée,** entstellt. || FIG. unmenschlich. | *Parents dénaturés*, Rabeneltern pl. | *Père dénaturé*, Rabenvater m. | *Fils dénaturé*, entarteter Sohn. || CHIM. ungenießbar.

dénégation [denegasjɔ̃] f. (Ab)leugnen n.; Be-, Abstreiten n.; Verneinen n.

déni [deni] m. JUR. *Déni de justice*, Rechtsverweigerung f.

déniaiser [denjɛze] v. tr. gewitzigt machen; ins Bild setzen.

dénicher [deniʃe] v. tr. aus dem Neste nehmen. | *Dénicher des oiseaux*, Vögel ausnehmen. || PAR ANAL. [découvrir] ausfindig machen; aufstöbern; dahinterkommen. || PAR EXT., FAM. [trouver] *Dénicher un emploi*, ein Amt auftreiben.

dénicotinisé, ée [denikɔtinize] adj. nikotinfrei, -arm.

denier [dənje] m. HIST. [Rome, France] Denar m. || PAR ANAL. [petite monnaie] Silberling m.; Heller m.; Groschen m.; Deut m. || PAR EXT. [argent] Geld n. | *Deniers publics*, öffentliche Gelder n. pl. | *Denier du culte*, Pfarrgebühr f.

dénier [denje] v. tr. [nier] (ab)leugnen; bestreiten; in Abrede stellen. || PAR EXT. [refuser] verweigern; versagen; abschlagen. || JUR. absprechen.

dénigrement [denigrəmɑ̃] m. Herabsetzung f.; Herunter-, Schlechtmachen n.; Verschreien n. | *Esprit de dénigrement*, Nörgelei f.

dénigrer [-gre] v. tr. herabsetzen; anschwärzen. || LOC. *Ne cesser de tout dénigrer*, immer und alles bekritteln, schmälern.

dénivellation [denivɛlasjɔ̃] f. ou **dénivellement** [denivɛlmɑ̃] m. Veränderung (f.) der horizontalen, söhligen Lage; Horizontalstörung f.; Verlagerung f. || PAR EXT. *Dénivellation de terrain*, Bodensenke f., -schwelle f.

dénombrement [denɔ̃brəmɑ̃] m. (Auf)zählung f.; Ab-, Durchzählung f.

dénombrer [-bre] v. tr. zählen; auf-, ab-, auszählen.

dénominateur [denɔminatœ:r] m. MATH. Nenner m. | *Dénominateur commun*, Hauptnenner. | *Réduire deux fractions au même dénominateur*, zwei Brüche gleichnamig machen.

dénomination [-minasjɔ̃] f. [action] Benennung f.; Bezeichnung f.

dénommer [-me] v. tr. benennen; bezeichnen.

◇ part. pass. et adj. **dénommé, ée,** benannt. || SUBSTANTIV. *Le dénommé Müller*, der bewußte Müller.

dénoncer [denɔ̃se] v. tr. [à la justice, à l'autorité] anzeigen, -geben, -bringen ; denunzieren. | *Dénoncer qn à la police*, jn bei der Polizei anzeigen ; ARG. jn verpfeifen. || FIG. *Sa pâleur le dénonce*, seine Blässe verrät ihn. || POLIT., JUR. [rompre] (auf)kündigen.

dénonciateur, trice [-sjatœ:r, tris] s. Angeber(in) m. (f.) ; Denunziant(in) m. (f.) ; Verräter(in) m. (f.).

dénonciation [-sjasjɔ̃] f. [à la justice, à l'autorité] Anzeige f. ; Denunziation f. | *Dénonciation calomnieuse*, falsche Anschuldigung. || POLIT., JUR. [rupture] (Auf)-kündigung f. | *Dénonciation d'un traité*, Vertragsaufkündigung.

dénoter [denɔte] v. tr. bezeichnen ; kennzeichnen ; andeuten ; hinweisen.

dénouement [denumɑ̃] m. [action finale] Entscheidung f. ; Ausgang m. || PAR EXT. [solution] Lösung f. || LITTÉR. [partie finale] Lösung (f.) des Knotens ; Ausgang m.

dénouer [-nue] v. tr. auf-, entknoten ; den Knoten lösen. | *Dénouer un ruban*, ein Band aufknüpfen. || LOC. *Dénouer la langue à qn*, jm die Zunge lösen ; jn zum Sprechen bringen. | *Dénouer l'intrigue d'un drame*, den Knoten eines Dramas lösen.

◇ v. pr. **se dénouer,** [nœud] sich lösen ; aufgehen. || FIG. [action] sich entwickeln ; ausgehen.

dénoyauter [denwajote] v. tr. entkernen.

denrée [dɑ̃re] f. [pour la consommation] *Denrées alimentaires*, Lebens-, Nahrungsmittel n. pl. ; Eßwaren f. pl. || PAR ANAL. [marchandise] Ware f. || PAR EXT. [produits] *Denrées coloniales*, Kolonialwaren f. pl.

dense [dɑ̃:s] adj. dicht ; fest ; gedrängt. | *Brouillard dense*, dichter Nebel.

densité [-te] f. PHYS. Dichte f. ; Dichtigkeit f. ; spezifisches Gewicht. | *Densité de l'eau*, spezifisches Gewicht des Wassers. || PAR EXT. *Densité de la population*, Bevölkerungsdichte.

dent [dɑ̃] f. ANAT. Zahn m. | *Dent de lait, de devant, de derrière, de sagesse, incisive*, Milch-, Vorder-, Backen-, Weisheits-, Schneidezahn. | *Claquer, Grincer des dents*, mit den Zähnen klappern, knirschen. | *Donner un coup de dent*, zubeißen, -hauen ; FIG. eins versetzen. | *Mal de dents*, Zahnschmerz m., -weh n. | *Brosse à dents*, Zahnbürste f. | *Se laver les dents*, sich die Zähne putzen. || PAR ANAL. [animal] Zahn m. ; Hauer m. | *Montrer les dents*, die Zähne zeigen. || LOC. *Avoir la dent*, Hunger haben. | *Mordre à belles dents*, einhauen ; ordentlich zulangen. | *Manger du bout des dents*, keinen Appetit haben. | *N'avoir rien à se mettre sous la dent*, nichts zu beißen und zu nagen haben. || LOC. FIG. *Avoir la dent dure*, bissig sein. | *Avoir les dents longues*, unersättlich sein ; große Ansprüche haben. | *Avoir une dent contre qn*, eine Pike auf jn haben. | *Être sur les dents*, in hellster Aufregung sein. | *Mettre qn sur les dents*, jn auf den Hund bringen. | *Rire du bout des dents*, gezwungen, süßsauer lachen. | *Ne pas desserrer les dents*, hartnäckig schweigen. | *Armé jusqu'aux dents*, bis an die Zähne bewaffnet. | *Mentir comme un arracheur de dents*, lügen wie gedruckt. | *Œil pour œil, dent pour dent*, Auge um Auge, Zahn um Zahn. || GÉOGR. Horn n. ; Zacke f. || TECHN. Zahn m. ; Zinke f. ; Zacken m. | *En dents de scie*, zackig.

dentaire [-tɛ:r] adj. Zahn... | *Prothèse dentaire*, Zahnprothese f. | *Soins dentaires*, Zahnbehandlung f.

dental, ale, aux [-tal, o] adj. Zahn... ; zahnlautmäßig ; dental.

◇ f. **dentale,** GRAMM. Zahnlaut m.

denté, ée [-te] adj. gezahnt. | *Roue dentée*, Zahnrad n.

dentelé, ée [-tle] adj. gezackt ; zackig.

dentelle [-tɛl] f. Spitze f. ; Spitzenarbeit f. | *Col de dentelle*, Spitzenkragen m. || LOC. FAM. *Ne pas faire dans la dentelle*, es nicht gerade auf die feine Tour machen.

dentellière [-təljɛ:r] f. Spitzenklöpplerin f.

dentelure [-tly:r] f. Auszackung f. ; Zacke f.

dentier [-tje] m. künstliches Gebiß.

dentifrice [-tifris] adj. *Poudre, eau dentifrice*, Zahnpulver n., Schlemmkreide f., Mundwasser n.

◇ m. Zahnpasta f. ; Zahncreme f.

dentiste [-tist] s. Zahnarzt m., -ärztin f.

dentition [-tisjɔ̃] f. [formation] Wachsen (n.) der Zähne. || PAR EXT. [dents] Zähne m. pl. ; Gebiß n.

denture [ty:r] f. Zahnreihe f. ; Gebiß n. || TECHN. (Ver)zahnung f. ; Zahnwerk n.

dénucléarisé, ée [denyklearize] adj. atomwaffenfrei. | *Zone dénucléarisée*, atomwaffenfreie Zone.

dénuder [denyde] v. tr. entblößen ; bloßmachen, -legen ; aufdecken ; freilegen.

◇ part. pass. et adj. **dénudé, ée,** entblößt ; bloß. | *Crâne dénudé*, kahler Schädel.

dénué, ée [denɥe] adj. bloß. || LOC. *Dénué de*, bar (gén.) ; ohne. | *Dénué de bon sens*, bar jeden gesunden Menschenverstandes. | *Dénué d'intérêt*, ohne jedes Interesse. | *Dénué de fondement*, grundlos.

dénuement [-nymɑ̃] m. Mangel m. ; Not f.

dépannage [depana:ʒ] m. TECHN. Störungsbeseitigung f. ; Reparatur f. || AUTOM. *Service, voiture de dépannage*, Abschleppdienst m., -wagen m.

dépanner [-ne] v. tr. eine Störung, Panne beseitigen ; wieder in Gang bringen ; reparieren. || AUTOM. *Dépanner une voiture*, einen Wagen abschleppen. || FIG., FAM. [secourir] aushelfen (dat.). | *Dépanner qn*, jn aus der Affäre ziehen.

dépanneur, euse [-nœ:r, ø:z] s. Aushelfer(in) m. (f.) ; Schlosser m.

◇ f. **dépanneuse,** AUTOM. Abschleppwagen m.

dépareiller [depareje] v. tr. unvollständig machen ; trennen.

◇ part. pass. et adj. **dépareillé, ée,** unvollständig ; einzeln ; ungleich. | *Collection dépareillée*, unvollständige Sammlung. | *Objets dépareillés*, nicht zusammenpassende Gegenstände.

déparer [depare] v. tr. entstellen ; verunzieren.

départ [depa:r] m. [action de partir] Ab-, Fort-, Weggehen n. ; Abgang m. || NUANCES PARTICULIÈRES : [en véhicule] Abfahrt f. || [en voyage] Abreise f. || [en groupe] Abzug m. | *Départ subit*, plötzlicher Aufbruch. || LOC. *Être sur son départ*, im Begriff sein abzureisen. || FIG. *Point de départ*, Ausgang m. ; Ausgangspunkt m. || PAR EXT. [séparation] Abschied m. ; Trennung f. || FIG. [début] Anfang m. | *L'affaire prend un bon départ*, das Geschäft nimmt einen guten Anfang. || TRANSP. Abfahrt f. ; Abfahrtstelle f. | *Heure de départ*, Abfahrtzeit f. || SPORT. Start m. | *Prendre le départ*, starten. | *Manquer le départ*, einen Fehlstart machen.

départager [departaʒe] v. tr. entscheiden ; den Ausschlag geben.

département [departəmɑ̃] m. ADM. [ministère] Regierungsbezirk m., -wesen n. ; Abteilung f. || PAR ANAL. [administration] Verwaltungsfach n., -bezirk m., -bereich m. ou n. || PAR EXT. [affaires] Geschäftsbereich m. ou n., -kreis m. ; Abteilung f. || GÉOGR. [division de la France] Departement n.

départir [-ti:r] v. tr. Vx. auf-, ver-, zuteilen.

◇ v. pr. **se départir,** [renoncer] *Se départir de*, sich begeben (gén.) ; verzichten auf (acc.).

dépassement [depasmɑ̃] m. Überschreiten n. ; Überschießen n. || AUTOM. Überholen n. || ÉCON. *Dépassement de crédit*, Kreditüberziehung f.

dépasser [-se] v. tr. [aller au-delà] überschreiten ; hinausgehen (über, acc.). | *Dépasser une limite*, eine Grenze überschreiten. | *Dépasser son but*, über sein Ziel hinausschießen. || FIG. *Cela dépasse les bornes*, das geht zu weit. | *Dépasser ses forces*, sich überanstrengen. || PAR ANAL. [en hauteur] überragen ; hinaus-, hervorragen (über, acc.). | *Le clocher dépasse les toits*, der Kirchturm überragt die Dächer, reicht höher als die Dächer. | *Dépasser qn d'une tête*, einen Kopf größer als jemand sein. || PAR EXT. [devancer] *Dépasser qn*, jn überholen ; jn hinter sich lassen. | *Dépasser qn en voiture*, über jn hinausfahren ; jn mit dem Wagen überholen. || FIG. [être supérieur à] übertreffen, -steigen ; gehen (über, acc.). | *Cela dépasse toute attente*, das übertrifft jede Erwartung. | *Cela dépasse l'imagination*, das ist unvorstellbar. | *Il a dépassé la quarantaine*, er ist über 40 Jahre alt. || FAM. *Cela me dépasse*, das geht über meinen Verstand. | *Être dépassé par les événements*, den Dingen nicht mehr gewachsen sein.
◇ v. intr. heraus-, hervorragen aus.
◇ v. pr. **se dépasser,** sich selbst übertreffen.

dépassionner [depasjɔne] v. tr. versachlichen ; entschärfen.

dépaver [depave] v. tr. das Straßenpflaster aufreißen.

dépaysement [depɛizmɑ̃] m. Entfremdung f. ; Fremdwerden n. | *Indemnité de dépaysement*, Auslandszulage f.

dépayser [-ze] v. tr. aus dem Lande entfernen. || FIG. [dérouter] irreführen.
◇ part. pass. et adj. **dépaysé, ée,** entfremdet. | *Je me sens dépaysé*, ich fühle mich fremd.

dépècement [depɛsmɑ̃] ou **dépeçage** [depəsa:ʒ] m. Zerstückelung f., -schneidung f., -legung f.

dépecer [-pəse] v. tr. zerstückeln, -schneiden, -legen.

dépêche [depɛ:ʃ] f. eilige Nachricht ; Drahtnachricht f. ; Fernspruch m. ; Depesche f. | *Dépêche chiffrée, diplomatique*, chiffrierte, diplomatische Depesche. || PAR EXT. Telegramm n. | *Par dépêche*, telegraphisch.
— SYN. : *Télégramme* m., Telegramm n.

dépêcher [depɛʃe] v. tr. eilig abschicken ; depeschieren.
◇ v. pr. **se dépêcher,** sich (be)eilen. | *Dépêche-toi de partir !*, mach', daß du fortkommst !

dépeigner [depɛɲe] v. tr. die Haare durcheinander bringen, zerzausen.

dépeindre [depɛ̃:dr] v. tr. aus-, abmalen ; schildern ; anschaulich machen ; veranschaulichen.

dépenaillé, ée [depnaje] adj. ver-, zerlumpt.

dépendance [depɑ̃dɑ̃:s] f. Abhängigkeit f. ; Zugehörigkeit f. | *Être dans, sous la dépendance de qn*, von jm abhängen, abhängig sein.
◇ f. pl. **dépendances,** [d'une maison] Nebengebäude n.

dépendant, ante [-dɑ̃, ɑ̃:t] adj. abhängig.

dépendre [depɑ̃:dr] v. tr. [détacher] herunternehmen ; abhängen.
◇ v. intr. [être subordonné] abhängen (von) ; abhängig sein (von). | *Dépendre de ses parents*, von seinen Eltern abhängen. || PAR EXT. [faire partie] gehören (zu). || FIG. [être conditionné] abhängen (von) ; ankommen (auf, acc.) ; beruhen (auf, acc.) ; bedingt sein (durch). | *Cela dépend de lui*, das hängt von ihm ab ; es liegt an ihm. | *Cela ne dépend pas de moi*, es liegt nicht an mir. || FAM. *Ça dépend*, es kommt darauf an ; je nachdem.

dépens [depɑ̃] m. pl. JUR. (Un)kosten f. pl. ; Gerichtskosten f. pl. ; Prozeßkosten f. pl. | *Condamner aux dépens*, zur Zahlung der Kosten, zu den Kosten verurteilen. || FIG. *Aux dépens de qn*, auf js Kosten ; zu js Schaden.

dépense [-pɑ̃:s] f. [emploi d'argent] Ausgabe f., -lage f. ; Verausgabung f. ; Aufwendung f. ; Aufwand m. || LOC. *Ne pas regarder à la dépense*, keine Kosten scheuen. || FIG. [usage] Verbrauch m. ; Aufwand m. || PHYS. Verbrauch m. ; Aufwand m. | *Dépense énergétique, d'énergie*, Energieverbrauch.

dépenser [-pɑ̃se] v. tr. [argent] ausgeben ; verausgaben ; ver-, aufwenden ; Aufwendungen, Ausgaben machen. | *Dépenser de l'argent à qch.*, Geld für etwas aufwenden. || LOC. *Dépenser sans compter*, keine Kosten scheuen ; seine ganze Habe vertun. | *Dépenser son argent au jeu, au café, en voyages*, sein Geld verspielen, verkneipen, verreisen. | *Dépenser ses forces*, seine Kräfte verausgaben.
◇ v. pr. **se dépenser,** [sens pass.] sich ausgeben. || FIG. [sens réfl.] *Se dépenser pour*, sich verwenden für.

dépensier, ière [-sje, jɛ:r] adj. [prodigue] verschwenderisch.
◇ s. FIG. Verschwender(in) m. (f.).

déperdition [depɛrdisjɔ̃] f. [perte, diminution] Verlust m. ; Abgang m. ; Verschwinden n.

dépérir [deperi:r] v. intr. absterben ; zur Neige gehen ; dahinsiechen ; verkümmern. || PAR EXT. [se détériorer] ver-, zusammenfallen ; zugrundegehen.

dépérissement [-rismɑ̃] m. Absterben n. ; Abnahme f. ; Dahinsiechen n. ; Eingehen n. ; Verschmachten n. || PAR EXT. Verfall m.

dépêtrer [depɛtre] v. tr. los-, freimachen ; (los)lösen ; die Füße freimachen.
◇ v. pr. **se dépêtrer,** sich freimachen ; POP. sich selbst aus der Patsche helfen. || LOC. FAM. *Se dépêtrer de qn*, jn loswerden.

dépeuplement [depœpləmɑ̃] m. Entvölkerung f. ; Bevölkerungsabnahme f.

dépeupler [-ple] v. tr. entvölkern ; leer machen ; veröden.
◇ v. pr. **se dépeupler,** aussterben ; veröden.

déphasé, ée [defaze] adj. PHYS. phasenverschoben. || FIG. *Être déphasé*, geistig nicht mitkommen.

dépiauter [depjote] v. tr. FAM. (ab)schinden ; POP. die Haut über die Ohren ziehen. || PAR EXT. die Schale wegnehmen.

dépistage [depista:ʒ] m. MÉD. Erkennung f. ; Vorsorgeuntersuchung f. | *Dépistage du cancer*, Krebsvorsorgeuntersuchung. | *Dépistage précoce*, Früherkennung f.

dépister [-te] v. tr. SPORT. [chasse] FIG. [découvrir la trace] auf die Spur, Fährte kommen ; aufspuren ; entdecken. || [faire perdre la trace] von der Spur abbringen ; auf die falsche Spur setzen. | *Dépister ses créanciers*, seine Gläubiger irreführen. || MÉD. (früh) erkennen.

dépit [depi] m. Ärger m. ; Verärgerung f. ; Verdruß m. ; Unwille m. | *Dépit amoureux*, Liebesgram m. | *De dépit*, aus, vor Ärger ; aus Verdruß.
◇ loc. prép. **en dépit de,** trotz (dat. ou gén.). | *En dépit du bon sens*, ohne Sinn und Verstand ; völlig verkehrt.

dépiter [-te] v. tr. verärgern ; ärgerlich machen ; verdrießen.

déplacement [deplasmɑ̃] m. [objet] Ortsveränderung f. ; Versetzung f. ; Verlagerung f. | *Déplacement d'un meuble*, Umstellung (f.) eines Möbelstückes. | *Déplacement d'une glace*, Umhängen (n.) eines Spiegels. | *Déplacement d'une entreprise*, Betriebsverlagerung. ||

PAR ANAL. [personne] Versetzung f. || PAR EXT. [voyage] Reise f. | *Être en déplacement*, verreist sein. | *Frais de déplacement*, Reisekosten f. pl.

déplacer [-se] v. tr. [objet] versetzen, -stellen, -legen, -rücken, -schieben, -lagern ; umsetzen, -stellen (sépar.) ; fortbringen, -bewegen. | *Déplacer une exploitation*, einen Betrieb verlagern. | *Déplacer des livres*, Bücher umstellen. | *Déplacer la question*, die Frage schief stellen ; nicht zur Sache fragen. || PAR ANAL. [personne] versetzen. || MIL. *Déplacer des troupes*, Truppen verschieben.

◇ part. pass. et adj. **déplacé, ée,** am falschen Platze ; fehl am Platze. || FIG. [inconvenant] unangebracht. | *Propos déplacés*, unpassende Worte n. pl. | *C'est déplacé*, das schickt sich nicht.

◇ v. pr. **se déplacer,** [objet] sich fortbewegen. || [personne] seinen Aufenthalt wechseln ; reisen.

déplaire [deplɛ:r] v. intr. mißfallen (dat.) ; unangenehm sein ; Mißfallen erregen. | *Il me déplaît de le faire*, es ist mir unangenehm, dies zu tun ; ich tue es ungern. || IRON. *Ne vous en déplaise !*, mit Ihrer gütig(st)en Erlaubnis.

◇ v. pr. **se déplaire,** *Se déplaire dans un lieu*, sich an einem Ort nicht wohlfühlen. | *Il se déplaît à la campagne*, es gefällt ihm nicht auf dem Land.

déplaisant, ante [-zɑ̃, ɑ̃:t] adj. unangenehm ; mißliebig ; ungefällig.

déplaisir [-zi:r] m. Mißfallen n. ; Mißvergnügen n. ; Unzufriedenheit f. ; Unbehagen n.

déplanter [deplɑ̃te] v. tr. ver-, umpflanzen ; ver-, umsetzen. | *Déplanter un arbre*, einen Baum versetzen.

déplâtrer [deplɑtre] v. tr. MÉD. den Gips(verband) abnehmen.

dépliant [deplijɑ̃] m. Faltprospekt m., -blatt n.

déplier [-je] v. tr. auseinander-, entfalten ; ausbreiten ; aufwickeln, -rollen.

déplisser [deplise] v. tr. glätten ; glatt machen.

déploiement [deplwamɑ̃] m. Entfaltung f. ; Entwicklung f. ; Ausbreiten n. | *Déploiement des ailes*, Entfalten (n.) der Flügel. | *Déploiement en essaim*, Ausschwärmen n. || FIG. Aufwand m. | *Déploiement d'énergie*, Aufwand von Energie. || MIL. [de troupes] Aufmarsch m.

déplorable [deplɔrabl] adj. bejammernswert, -würdig ; kläglich ; beklagenswert ; zum Weinen, Jammern. || LOC. *Il est déplorable que tu sois absent*, es ist jammerschade, daß du nicht da bist.

déplorer [-re] v. tr. [pleurer] beweinen. || FIG. [regretter] bedauern.

déployer [deplwaje] v. tr. entfalten ; ausbreiten ; auseinanderbreiten, -falten ; entwickeln ; auf-, ausspannen. | *Déployer les voiles*, die Segel setzen. | *Déployer ses ailes*, seine Flügel ausspannen, ausbreiten. || FIG. [étaler] *Déployer toutes ses forces*, seine ganzen Kräfte aufbieten. | *Déployer un grand luxe*, großen Aufwand machen. || MIL. entfalten.

déplumer [deplyme] v. tr. rupfen.

◇ part. pass. et adj. **déplumé, ée,** entfedert ; federlos ; nackt. || FIG., FAM. *Avoir le crâne déplumé*, eine Glatze haben.

◇ v. pr. **se déplumer,** die Federn verlieren ; federn. || FIG., FAM. kahl werden ; eine Glatze bekommen.

dépolir [depɔli:r] v. tr. TECHN. den Glanz nehmen (von) ; matt schleifen.

◇ part. pass. et adj. **dépoli, ie,** matt(iert) ; abgeschliffen ; glanzlos. | *Verre dépoli*, Matt-, Milchglas n.

dépolluer [depɔlɥe] v. tr. reinigen ; entgiften.

dépollution [-lysjɔ̃] f. Entgiftung f. ; Beseitigung (f.) der Umweltverschmutzung. | *Mesures de dépollution*, Umweltschutzmaßnahmen f. pl.

dépopulation [depɔpylasjɔ̃] f. Bevölkerungsabnahme f., -rückgang m., -armut f.

déport [depɔr] m. ÉCON. [décote] Deport m. || AUTOM. Sturz m. | *Déport négatif*, negativer Sturz.

déportation [depɔrtasjɔ̃] f. JUR. Landesverweisung f. ; Verbannung f. || POLIT. Zwangsverschleppung f. ; Deportierung f. ; Deportation f.

déportement [depɔrtəmɑ̃] m. Verschieben n.

◇ m. pl. **déportements,** FIG. Ausschweifung f. ; Sittenlosigkeit f.

déporter [depɔrte] v. tr. JUR. [exiler] verbannen ; des Landes verweisen. || POLIT. (zwangs)verschleppen, -verschicken ; deportieren. || TECHN. [dévier] verschieben ; verlagern.

◇ part. pass. et adj. **déporté, ée,** POLIT. verschleppt ; deportiert. || SUBSTANTIV. Deportierter m. ; Zwangsverschleppter m.

déposant [depozɑ̃] m. COMM. Deponent m.

dépose [depo:z] f. TECHN. Abnehmen n. ; Ablegen n. ; Ausbauen n. | *Dépose d'une serrure*, Ausbauen eines Schlosses.

déposer [depoze] v. tr. [poser] ab-, hin-, nieder-, weglegen ; ab-, hin-, nieder-, wegsetzen ; ab-, hinstellen. | *Déposer par terre*, auf die Erde niederlegen, -setzen ; zu Boden setzen. | *Déposer un fardeau*, eine Last ablegen. | *Déposer son manteau*, seinen Mantel ablegen. || PAR ANAL. [se débarrasser] *Défense de déposer des ordures*, Schuttabladen verboten. || PAR EXT. [donner en garde] in Verwahrung geben ; hinterlegen ; deponieren. || LOC. *Déposer un paquet chez qn*, ein Paket bei jm abgeben. | *Déposer sa carte chez qn*, seine Karte bei jm hinterlassen. | *Déposer une demande*, ein Gesuch einreichen. | *Déposer un projet de loi*, einen Gesetzentwurf einbringen. | *Déposer qn en voiture*, jn absetzen. || FIG. [destituer] absetzen. || [renoncer] niederlegen ; fahren lassen. || JUR. *Déposer (une) plainte contre qn*, eine Klage gegen jn erstatten ; jn verklagen. || COMM. in Verwahrung geben ; hinterlegen ; einlegen ; anmelden. | *Déposer un brevet*, ein Patent anmelden. | *Déposer son bilan*, Konkurs anmelden. || MIL. *Déposer les armes*, die Waffen strecken. || TECHN. abtragen, -reißen, -nehmen, -bauen.

◇ v. intr. JUR. aussagen. || CHIM. absetzen ; einen Niederschlag bilden. | *Le vin dépose*, der Wein lagert ab.

◇ part. pass. et adj. **déposé, ée,** abgesetzt. || COMM. *Marque déposée*, eingelegte Schutzmarke.

◇ v. pr. **se déposer,** sich hin-, niedersetzen. || CHIM. sich absetzen ; niederschlagen ; sich absondern.

dépositaire [-zitɛ:r] m. Verwahrer(in) m. (f.) ; Treuhänder(in) m. (f.) ; Hinterleger(in) m. (f.) ; Depothalter(in) m. (f.). || FIG. *Dépositaire d'un secret*, Mitwisser (m.) eines Geheimnisses. || COMM. Vertreter(in) m. (f.).

déposition [-zisjɔ̃] f. POLIT. [destitution] Ent-, Absetzung f. || JUR. Aussage f. ; Zeugnis n. || RELIG. *Déposition de croix*, Kreuzabnahme f.

déposséder [depɔsede] v. tr. enteignen ; aus dem Besitz vertreiben. | *Déposséder qn d'une terre*, jm ein Grundstück enteignen.

dépossession [-sɛsjɔ̃] f. JUR. Enteignung f. ; Besitzentziehung f. ; Vertreibung (f.) aus dem Besitz.

dépôt [depo] m. **1.** [action de poser] Nieder-, Ab-, Hin-, Weglegen n. ; Absetzen n., -stellen n. || [mise en dépôt] Hinterlegen n. ; Verwahren n. | *Mettre, Donner en dépôt*, zu verwahren geben ; aufgeben. | *Bulletin de dépôt*, Hinterlegungsschein m. | *Prendre un objet en dépôt*, einen Gegenstand aufbewahren.

2. [objet mis en dépôt] anvertrautes Gut ; Hinterlegung f. ; Depositum n. || [démolitions ou ordures] Schutt m.

3. Lieu : Niederlage f. ; Abstellplatz m. ; Lager n. ; Depot n. | *Dépôt de sable*, Sandlager. || Par anal. *Dépôt d'ordures*, Schuttabladeplatz m. || Par ext. Aufbewahrungs-, Verwahrungsort m. ; Depot n. | *En dépôt (à la gare)*, bahnlagernd. | *Dépôt central*, Sammelstelle f.
4. Loc. *Dépôt d'un paquet, d'une carte*, Abgabe (f.) eines Pakets, einer Karte. | *Dépôt d'une demande*, Einreichen (n.) eines Gesuchs. | *Dépôt d'un projet de loi*, Einbringung (f.) eines Gesetzentwurfes.
5. Nuances spéciales : Jur. *Dépôt d'un testament*, Hinterlegung (f.) eines Testaments. | *Dépôt légal*, gesetzliche Hinterlegung. | *Mandat de dépôt*, Haftbefehl m. || Comm. Verwahrung f. ; Nieder-, Einlage f. ; Hinterlegung f. ; Guthaben n. | *Dépôt d'argent*, Geldeinlage. | *Dépôt de bilan*, Konkursanmeldung f. | *Dépôt d'un brevet*, Patentanmeldung f. | *Caisse des dépôts*, Depositenkasse f. | *Dépôt en banque*, Bankguthaben. | *Dépôts sur livrets*, Spareinlagen f. pl. || Mil. Lager n. ; Ersatzbataillon n. ; Garnison f. || Géol. (Ab)lagerung f. ; Lager n. ; Sediment n. | *Dépôt d'alluvions*, Anschwemmung f., -spülung f. || Chim. (An)satz m. ; Bodensatz m. ; Niederschlag m. || Transp. *Dépôt des locomotives*, Lokomotivschuppen m. | *Dépôt des autobus*, Autobussammelstelle f.

dépotage [depɔta:ʒ] m. [plante] Austopfen n. ; Umtopfen n.

dépoter [-te] v. tr. Techn. [plante] aus-, umtopfen ; aus-, umpflanzen.

dépotoir [depɔtwa:r] m. Fam. Abfallhaufen m. ; Dungablage f.

dépouille [depu:j] f. Zool. [animal] abgestreifte Haut ; Hülle f. ; Balg m. ; Überzug m. || Par ext. *Dépouille mortelle*, sterbliche Hülle.

dépouillement [-jmɑ̃] m. Beraubung f. ; Entäußerung f. ; Plünderung f. || Fig. Entblößung f. ; Entsagung f. || Loc. *Dépouillement du scrutin*, Stimm(en)zählung f. | *Dépouillement du courrier*, Durchsicht (f.) der Briefe.

dépouiller [-je] v. tr. Zool. ab-, ausbalgen ; abstreifen ; enthüllen ; abhäuten, -ziehen. | *Dépouiller un lièvre*, einem Hasen das Fell abziehen. || Par anal. *Dépouiller qn de ses vêtements*, jn ausziehen, entkleiden. || Par ext. *Dépouiller un arbre de ses feuilles*, einen Baum entblättern, entlauben. || Loc. *Dépouiller le scrutin*, die Stimmzettel auszählen. | *Dépouiller son courrier*, seine Briefe durchsehen (sépar.). || Par ext. [voler] berauben (gén.) ; (aus)plündern.
◇ part. pass. et adj. **dépouillé, ée,** entblößt ; nackt ; kahl ; ohne. || Fig. beraubt ; bar (gén.). | *Style dépouillé*, schmuckloser Stil.
◇ v. pr. **se dépouiller,** sich häuten ; die Hülle abwerfen. || Fig. [renoncer] *Se dépouiller de qch.*, auf eine Sache verzichten.

dépourvu, ue [depurvy] adj. *Dépourvu de*, entblößt von ; ohne (acc.) ; bar (gén.) ; ...los ; ...leer. | *Dépourvu d'esprit*, (völlig) geistlos. | *Dépourvu d'argent*, arm an Geld.
◇ loc. adv. **au dépourvu,** unversehens ; unvermutet. | *Être pris au dépourvu*, überrascht werden.

dépoussiérage [depusjera:ʒ] m. Entstauben n. || Fig. [modernisation] Überarbeitung f.

dépoussiérer [-re] v. tr. entstauben. || Fig. [moderniser] auffrischen ; überarbeiten.

dépravation [depravasjɔ̃] f. Verderbtheit f. ; Verdorbenheit f. ; Verkommenheit f.

dépraver [-ve] v. tr. verderben.
◇ part. pass. et adj. **dépravé, ée,** fig. verderbt ; verdorben ; unsittlich ; lasterhaft. || Substantiv. lasterhafter Mensch.
◇ v. pr. **se dépraver,** verderben ; verwildern ; verlottern ; pop. verludern.

dépréciation [depresjasjɔ̃] f. Ab-, Entwertung f. ; (Wert)herabsetzung f. || Fig. *Dépréciation du mérite*, Herabsetzung des Verdienstes. || Écon. *Dépréciation de la monnaie*, Geldentwertung f.

déprécier [-sje] v. tr. [dévaluer] ab-, entwerten ; (den Wert) herabsetzen, verringern. | *Déprécier des marchandises*, Waren im Preise herabsetzen. || Fig. [rabaisser] herabwürdigen, -setzen ; schmälern.
◇ v. pr. **se déprécier,** den Wert verlieren ; sinken.
— Syn. : *Avilir*, herabwürdigen. *Déprimer*, herabdrücken.

déprédateur, trice [depredatœ:r, tris] s. Plünderer m. || Fig. Veruntreuer(in) m. (f.).

déprédation [-sjɔ̃] f. [pillage] Verheerung f. ; Plünderung f. ; Raub m. || Fig. [malversation] Veruntreuung f. ; Unterschleife f.

déprendre (se) [sədeprɑ̃dr] v. pr. sich lösen (von).

dépression [depresjɔ̃] f. [abaissement] Senken n. ; Sinken n. ; Fallen n. || Géol. (Boden)senkung f. ; Senke f. ; Mulde f. || Phys. Unterdruck m. | *Dépression barométrique*, Tiefstand (m.) des Barometers ; Tief n. || Comm. *Dépression économique*, Tiefkonjunktur f. || Méd. *Dépression nerveuse*, Depression f. ; Nervenzusammenbruch m.
— Syn. : *Abattement* m., Niedergeschlagenheit f. *Langueur* f., Ermattung f. *Prostration* f., Erschöpfung f.

dépressurisation [depresyrizasjɔ̃] f. Aéron. Druckabfall m. ; Druckablassen n.

dépressuriser [-rize] v. tr. Aéron. druckablassen.

déprimant, ante [deprimɑ̃, ɑ̃:t] adj. niederdrückend ; entmutigend ; deprimierend.

déprimer [-me] v. tr. [affaisser] nieder-, eindrücken. || Fig. niederdrücken ; entmutigen ; mutlos machen ; deprimieren.
◇ part. pass. et adj. **déprimé, ée,** niedergedrückt, -geschlagen ; mutlos ; deprimiert.

depuis [depɥi] prép. seit ; von... an. | *Depuis ce jour-là*, seit jenem Tag ; von jenem Tag an. | *Depuis peu*, seit kurzem. | *Depuis longtemps*, seit langem ; seit langer Zeit. | *Depuis quand ?*, seit wann ? wie lange ? | *Depuis ce temps-là, depuis lors*, seitdem ; von da an. || Loc. *Depuis... jusqu'à*, von... bis zu...
◇ adv. seitdem ; seither ; inzwischen. | *Je n'ai pas dormi depuis*, seither habe ich nicht geschlafen. | *Depuis, il est parti*, inzwischen ist er fortgegangen.
◇ loc. conj. **depuis que,** seit(dem).

dépuratif, ive [depyratif, i:v] adj. Méd. blutreinigend.
◇ m. **dépuratif,** Blutreinigungsmittel n.

députation [depytasjɔ̃] f. [action] Absendung (f.), Abordnung (f.) von Bevollmächtigten ; Beschickung f. || Par anal. [députés] Abgeordneten m. pl. ; Abordnung f. || Par ext. [dignité] Abgeordnetenstelle f., -würde f., -amt n.

député [-te] m. Abgeordnete(r) f. (m.) ; Beauftragte(r) f. (m.) ; Volksvertreter(in) m. (f.) ; Deputierte(r) f. (m.).| *Chambre des députés*, Abgeordnetenhaus n., -kammer f. || Hist. [Allemagne] *Chambre des députés*, Reichstag m. ; Bundestag m. ; Deputiertenkammer f.

députer [-te] v. tr. abordnen ; als Beauftragten schicken, entsenden. | *Députer un observateur à une assemblée*, einen Beobachter zu einer Versammlung entsenden.

déracinement [derasinmɑ̃] m. Entwurzelung f. || Fig. Ausrottung f.

déraciner [-ne] v. tr. entwurzeln ; ausreißen. || Fig. *Déraciner un vice*, ein Laster (mit der Wurzel) ausrotten.

◇ part. pass. et adj. **déraciné, ée,** entwurzelt ; ohne Bindung ; heimatlos. || SUBSTANTIV. Entwurzelte(r) f. (m.) ; Heimatlose(r) f. (m.).

déraillement [derajmɑ̃] m. TRANSP. Entgleisung f.

dérailler [-je] v. intr. entgleisen ; aus den Schienen springen. | *Faire dérailler*, zur Entgleisung bringen. || FIG., FAM. *Tu dérailles*, du spinnst wohl.

dérailleur [-jœ:r] m. TECHN. [bicyclette] Kettenschaltung f. ; Gangschaltung f.

déraison [derɛzɔ̃] f. Unvernunft f. ; Unverstand m. ; Unsinn m. ; Unsinnigkeit f. ; Wahnwitz m.

déraisonnable [-zɔnabl] adj. unvernünftig ; vernunftwidrig ; unsinnig ; töricht ; unklug ; albern.
— SYN. : *Irrationnel*, irrational.

déraisonner [-zɔne] v. intr. unvernünftig reden. || FAM. dummes Zeug reden ; spinnen ; faseln.

dérangement [derɑ̃ʒmɑ̃] m. [personne] Störung f. | *Causer du dérangement à qn*, jn stören. || PAR EXT. [résultat] Unordnung f. || FIG. Verwirrung f. | *Dérangement de l'esprit*, Geistesgestörtheit f. || TECHN. (Betriebs)störung f. ; Verstellung f. ; Defekt m. | *La ligne est en dérangement*, die Linie ist unterbrochen.

déranger [-ʒe] v. tr. [personne] stören. | *Déranger qn dans son travail*, jn bei der Arbeit stören. | *Déranger un voleur*, einen Dieb verstören. | *Il me dérange*, er kommt mir ungelegen. || PAR ANAL. [choses] in Unordnung bringen, versetzen ; durcheinanderbringen ; verwirren. || PAR EXT. [le fonctionnement] stören ; eine Störung verursachen. | *Déranger les projets de qn*, jm einen Strich durch die Rechnung machen. | *Déranger la classe*, den Unterricht stören. || FIG. stören ; verwirren. | *Déranger l'esprit*, den Kopf verdrehen. || TECHN. stören ; verrücken, -stellen.
◇ part. pass. et adj. **dérangé, ée,** gestört ; durcheinander ; verrückt. || FIG. *Avoir le cerveau dérangé*, geistesgestört sein. || MÉD. *Avoir l'estomac dérangé*, einen verstimmten Magen haben.
◇ v. pr. **se déranger,** [sens réfl.] *Il s'est dérangé exprès*, er ist extra hingegangen, hergekommen. | *Ne vous dérangez pas !*, lassen Sie sich nicht stören ! | *S'être dérangé pour rien*, unverrichteter Sache zurückkommen. || [sens pass.] in Unordnung kommen ; durcheinandergeraten ; gestört werden.

dérapage [derapa:ʒ] m. AUTOM. Ausgleiten n., -rutschen n. ; Schleudern n. || AÉRON. Abrutschen n. || ÉCON. *Dérapage des prix*, Preisrutsch m. ; unkontrollierte Preisentwicklung.

déraper [-pe] v. intr. aus-, entgleiten ; wegrutschen ; ins Schleudern kommen ; schleudern.

dératisation [deratizasjɔ̃] f. Rattenbekämpfung f., -vernichtung f.

dératiser [-tize] v. tr. von Ratten säubern.

derby [dɛrbi] m. Flachrennen n. ; Derby n.

derechef [dərəʃɛf] adv. von neuem ; aufs neue.

dérèglement [derɛgləmɑ̃] m. [désordre] Unregelmäßigkeit f. ; Unordnung f. ; Unmäßigkeit f. | *Dérèglement du pouls*, Unregelmäßigkeit des Pulses. || PAR EXT. *Dérèglement de l'imagination*, Überspanntheit f. || FIG. [moral] Zucht-, Zügel-, Sittenlosigkeit f.

dérégler [-gle] v. tr. TECHN. (den Gang) stören ; in Unordnung bringen ; durcheinanderbringen.
◇ part. pass. et adj. **déréglé, ée,** TECHN. gestört. | *Cette montre est déréglée*, diese Uhr geht falsch. || PAR EXT. *Imagination déréglée*, ausschweifende Phantasie. || FIG. [moralement] zucht-, zügel-, sittenlos ; ausschweifend.
◇ v. pr. **se dérégler,** TECHN. falsch gehen ; in Unordnung geraten. || FIG. liederlich werden.

dérider [deride] v. tr. entrunzeln ; glätten ; glattmachen. || FIG. [égayer] aufheitern ; die Laune verbessern ; die Sorgen nehmen.
◇ v. pr. **se dérider,** die Runzeln verlieren ; glatt werden. || FIG. sich aufheitern ; heiter werden.

dérision [derizjɔ̃] f. Verhöhnung f. ; Hohn m. ; Verspottung f. ; Spott m. ; Gespött n. | *Tourner qn en dérision*, jn verhöhnen ; jn ins Lächerliche ziehen. | *Devenir un objet de dérision*, zur Zielscheibe des Spottes werden. | *Par dérision*, zum Spott.

dérisoire [-zwa:r] adj. spöttisch ; höhnisch. || PAR EXT. [insignifiant] unbedeutend ; lächerlich. | *Prix dérisoire*, Spottpreis m. | *À un prix dérisoire*, spottbillig.

dérivation [-vasjɔ̃] f. [action] Ab-, Umleiten n. ; Abzweigen n. || PAR ANAL. [résultat] Ableitung f., -zweigung f. ; Abzweig m. | *Dérivation d'un cours d'eau*, Ab-, Umleitung eines Gewässers. | *Canal de dérivation*, Ableitungskanal m. || GRAMM. *Dérivation des mots*, Wortableitung f.

dérive [deri:v] f. MAR. Abtrift f. | *Aller à la dérive*, ab(treiben) ; abgetrieben werden ; FIG. abrutschen ; abdriften. || AÉRON. Seitenflosse f. ; Stabilisierungsflosse f. || GÉOL. *La dérive des continents*, die Kontinentaldrift.

dérivé, ée [-ive] adj. abgeleitet.
◇ m. **dérivé,** CHIM. Abkömmling m. ; Derivat n. || GRAMM. Ableitungswort n.

dériver [-ve] v. tr. ab-, umleiten ; ab-, verzweigen. || GRAMM. ableiten.
◇ v. intr. FIG. [provenir de] herstammen, -kommen, -rühren. || MAR. abtreiben, -weichen, -strömen ; verschlagen werden.

dériveur [-vœ:r] m. [voilier] Segelboot n.

dermatologue [dɛrmatɔlɔg] s. Hautarzt m. ; Hautärztin f.

derme [dɛrm] m. ANAT. Unter-, Lederhaut f.

dermite [-mit] ou **dermatite** [-mati:t] f. MÉD. Hautentzündung f.

dernier, ière [dɛrnje, jɛ:r] adj. **1.** [temps] letzt. | *La toute dernière minute*, die allerletzte Minute. | *En dernier lieu*, zuletzt ; letztlich ; letztens. | *En tout dernier lieu*, zu allerletzt. | *Cité en dernier lieu*, letztgenannt. | *Pour la dernière fois*, zum letzten Mal.
2. [lieu, catégorie] letzt ; Schluß... | *La dernière maison*, das letzte Haus. | *La dernière place à table*, der unterste Platz bei Tisch. | *La dernière rangée*, die letzte, hintere, hinterste Reihe. | *Les dernières marches*, die obersten, untersten Treppenstufen f. pl. | *Dernier mot, dernière ligne*, Schlußwort n., -zeile f.
3. [précédent] vorig ; vergangen ; letzt. | *Le mois dernier*, vorigen Monat. | *Jeudi dernier*, vorigen, letzten, vergangenen Donnerstag. || [le plus récent] neu ; neuest. | *Les dernières nouvelles*, die neuesten Nachrichten. | *Le dernier cri*, das Allermodernste. | *Ces derniers temps*, in letzter Zeit. | *Son dernier enfant*, ihr jüngstes Kind.
4. [le plus haut, extrême] höchst ; äußerst. | *Dernière enchère*, Meistangebot n. | *C'est du dernier ridicule*, das ist höchst, äußerst lächerlich. | *Être du dernier bien avec qn*, mit jm sehr intim, vertraut sein.
5. [le plus bas] unterst ; tiefst ; letzt. | *Le dernier prix*, der äußerste, niedrigste, vorteilhafteste Preis. || FIG. *Le dernier des hommes*, der verächtlichste, gemeinste aller Menschen.
6. LOC. *Dernière demeure*, letzte Ruhestätte. | *Dernières volontés*, letzter Wille. | *Dernier soupir*, letzter Atemzug. | *En venir aux dernières extrémités*, zum Äußersten kommen. | *Avoir le dernier mot*, das letzte Wort behalten. | *Mettre la dernière main à qch.*, letzte Hand an eine Sache legen. | *Payer jusqu'au dernier centime*,

bis auf den letzten roten Heller bezahlen. | *Le Jugement dernier*, das jüngste Gericht.
◇ s. der, die, das Letzte. | *Le dernier de deux*, der Letztere ; Letzterer. | *Jusqu'au dernier*, bis zum, auf den Letzten. | *Le dernier venu*, der Zuletztgekommene. | *Dernier-né*, Letzt-, Jüngstgeborene(r) f. (m.). | *Entrer le dernier*, zuletzt eintreten. | *Ce dernier*, letzterer.

dernièrement [-njɛrmɑ̃] adv. [récemment] kürzlich ; vor kurzem ; neulich ; unlängst.

dérobade [derɔbad] f. [cheval] Ausbrechen n. ; Kneifen n. || FIG. Ausweichen n.

dérober [-be] v. tr. [voler] stehlen ; entwenden ; wegnehmen ; rauben. || PAR ANAL. *Dérober un baiser*, einen Kuß rauben. | *Dérober un secret*, ein Geheimnis entlocken, erschleichen. || PAR EXT. [arracher] *Dérober qn aux flammes*, jn den Flammen entreißen. || FIG. [cacher] verbergen ; geheimhalten ; entziehen. | *Dérober aux yeux de tous*, aller Augen entziehen.
◇ part. pass. et adj. **dérobé, ée,** gestohlen. || FIG. [caché] verborgen ; heimlich ; geheim. | *Escalier dérobé*, Geheimtreppe f. | *Porte dérobée*, Tapeten-, Hintertür f. | *Chemin dérobé*, Schleichweg m.
◇ loc. adv. **à la dérobée,** heimlich ; insgeheim ; verstohlen. | *S'en aller à la dérobée*, sich wegschleichen.
◇ v. pr. **se dérober,** [cheval] einen Seitensprung machen ; ausbrechen ; kneifen. || PAR EXT. [faiblir] *Mes genoux se dérobent sous moi*, die Knie werden mir weich, versagen mir. | *Le sol se dérobe*, der Boden sinkt ein.

dérocher [derɔʃe] v. tr. die Felsblöcke entfernen.

dérogation [derɔgasjɔ̃] m. JUR. Beeinträchtigung f. ; Verstoß m. | *Dérogation à une loi*, Verstoß gegen ein Gesetz. || PAR EXT. Abweichung f. ; (Ab)änderung f. | *Par dérogation à*, in Abweichung von.

déroger [-ʒe] v. intr. JUR. [porter atteinte] *Déroger à une loi*, gegen ein Gesetz verstoßen ; einem Gesetz zuwiderhandeln. || PAR EXT. abweichen (von) ; (ab)ändern. | *Déroger à une coutume*, von einer Gewohnheit abweichen ; einer Gewohnheit untreu werden. || [manquer à] sich nicht standesgemäß benehmen.

dérouiller [deruje] v. tr. TECHN. entrosten ; den Rost entfernen. || FIG., POP. *Dérouiller qn*, jn verdreschen, versohlen. || FIG. [dégourdir] gelenkig machen ; schmieren.
◇ v. intr. FIG., POP. durchgeprügelt werden ; versohlt werden ; viel mitmachen müssen.
◇ v. pr. **se dérouiller,** *Se dérouiller les jambes*, sich die Beine vertreten.

déroulement [derulmɑ̃] m. Ent-, Ab-, Auf-, Auseinanderrollen n. ; Ab-, Aufwickeln n. || FIG. Ver-, Ablauf m. ; Entwick(e)lung f. | *Déroulement de la bataille*, Ablauf der Schlacht.

dérouler [-le] v. tr. ab-, auf-, auseinanderrollen ; ab-, aufwickeln ; entfalten ; ausbreiten. || FIG. *Dérouler ses plans*, seine Pläne entwickeln, unterbreiten.
◇ v. pr. **se dérouler,** sich ab-, aufrollen. || FIG. sich entwickeln ; ab-, verlaufen ; sich abspielen. || THÉÂTRE. *L'action se déroule en Suisse*, die Handlung spielt in der Schweiz.

déroutant, ante [derutɑ̃, ɑ̃:t] adj. irreführend.

déroute [derut] f. MIL. Niederlage f. ; Auflösung f. | *Mettre en déroute*, in die Flucht schlagen ; über den Haufen werfen. || FIG. Niederlage f. ; Unordnung f.

déroutement [-tmɑ̃] m. Kursänderung f.

dérouter [-te] v. tr. irreführen ; vom Wege abbringen. || FIG. [déconcerter] irre machen ; aus der Fassung bringen.

derrick [derik] m. TECHN. Bohrturm m.

derrière [derjɛ:r] prép. hinter (dat., acc.) ; rückwärts von. *Il joue derrière la maison*, er spielt hinter dem Haus. | *Il se précipite derrière un buisson*, er stürzt sich hinter einen Busch. | *Être derrière qn*, hinter jm (her) sein. | *Regarder derrière soi*, hinter sich (nach rückwärts) schauen. | *Laisser qn loin derrière soi*, jn weit zurücklassen ; jm weit voraus sein. | *J'ai cent kilomètres derrière moi*, ich habe hundert Kilometer hinter mir (zurückgelegt). | *Sortir de derrière un paravent*, hinter einem Wandschirm hervorkommen. | *L'un derrière l'autre*, hintereinander.
◇ adv. hinten. | *Là derrière*, dahinter ; dahinten. | *De derrière*, von hinten (her). | *Par-derrière*, hinterwärts ; FIG. hinterrücks. | *Courir derrière*, hinterherlaufen. | *Ma chambre donne derrière*, mein Zimmer geht nach hinten hinaus. | *Sens devant derrière*, verkehrt.
◇ m. [partie arrière] Hinteres n. ; Hinterteil n., -seite f. | *Derrière de la maison*, Hinterhaus n. ; hintere Seite. | *Derrière d'une plaque*, Rückseite einer Platte. | *Porte de derrière*, Hintertür f. | *Pattes de derrière*, Hinterpfoten f. pl. | *Roue de derrière*, Hinterrad n. || PAR EXT., FAM. [partie du corps] Hintern m. ; Gesäß n.

des [dɛ] art. contr. pl. **1.** DÉFINI : [possession] der [gén. plur.]. | *Les devoirs des parents*, die Pflichten der Eltern. || [provenance] von den ; aus den. | *Les produits des pays chauds*, die Produkte aus den wärmeren Ländern.
2. PLUR. INDÉF. : *Des feuilles tombent*, Blätter fallen ab. | *Il voit des enfants*, er sieht Kinder. || [certains] *Des gens racontent que*, gewisse Leute erzählen, daß.

dès [dɛ] prép. [depuis, à partir de] seit ; von... an ; von... ab. | *Dès l'aube*, seit Morgengrauen. | *Peut-être dès demain*, vielleicht ab morgen ; vielleicht von morgen an. | *Dès avant le lever du soleil*, noch vor Sonnenaufgang. | *Dès ce moment*, von diesem Augenblick an, ab. || [déjà] schon (avec an, in, dat.). | *Dès le matin*, schon am Morgen. | *Dès la nuit suivante*, schon in der folgenden Nacht. | *Dès l'entrée*, schon beim Eintritt. || [aussitôt après] gleich nach. | *Dès son arrivée*, gleich nach seiner Ankunft.
◇ loc. adv. **dès lors,** seitdem ; von da, nun an ; fortan. — **dès à présent,** schon jetzt ; ab sofort ; von jetzt an.
◇ loc. conj. **dès que,** so bald (als) ; sowie ; sogleich.

désabonner (se) [sədezabɔne] v. pr. sein Abonnement aufgeben, kündigen.

désabuser [dezabyze] v. tr. [tirer d'erreur] enttäuschen ; einen Irrtum nehmen (dat.) ; eines Besseren belehren ; die Augen öffnen (dat.).
◇ part. pass. et adj. **désabusé, ée,** *Être désabusé*, enttäuscht, blasiert sein.

désaccord [dezakɔ:r] m. Uneinigkeit f. ; Unstimmigkeit f. ; Mißhelligkeit f. ; Meinungsverschiedenheit f. ; Zwiespalt m. ; Zwietracht f. ; Zwist m. | *Être en désaccord avec qn*, mit jm uneins sein ; mit jm streiten. | *Il y a désaccord entre les époux*, es herrscht Mißstimmung zwischen den Eheleuten.

désaccorder [-de] v. tr. MUS. et FIG. verstimmen ; den Gleichklang stören ; uneins machen.
◇ part. pass. et adj. **désaccordé, ée,** *Piano désaccordé*, verstimmtes Klavier.

désaccoupler [dezakuple] v. tr. TECHN. ab-, aus-, entkuppeln ; auskoppeln.

désaccoutumer [dezakutyme] v. tr. abgewöhnen ; abbringen (von) ; entwöhnen. | *Désaccoutumer qn de qch.*, jm etwas abgewöhnen.
◇ v. pr. **se désaccoutumer** [de qch.], sich (etwas) abgewöhnen.

désactivation [dezaktivasjɔ̃] f. NUCL. Abklingenlassen n. | *Piscine de désactivation*, Abklingbecken n.

désactiver [-ve] v. tr. NUCL. abklingen lassen.

désaffectation [dezafɛktasjɔ̃] f. Zweckentziehung f. ; anderweitige Verwendung.

désaffecter [-te] v. tr. einem anderen Zweck zuführen ; für etwas anderes bestimmen.
◇ part. pass. et adj. **désaffecté, ée,** *Usine désaffectée,* Werk außer Betrieb.

désagréable [dezagreabl] adj. unangenehm ; mißfällig ; verdrießlich ; peinlich ; unliebsam ; störend. ‖ PAR EXT. *Personne désagréable,* unangenehme, unfreundliche Person. | *Caractère désagréable,* Ungefälligkeit f. — SYN. : *Déplaisant,* wenig erfreulich. *Fâcheux,* ärgerlich.

désagrégation [dezagregasjɔ̃] f. PHYS. (Zer-)spaltung f. ; Trennung f. ‖ PAR EXT. [d'un ensemble] Zerfall m. ; Zersetzung f. ; Verwitterung f. ‖ FIG. *Désagrégation de l'empire,* Zerfall (m.) des Reichs.

désagréger [-greʒe] v. tr. PHYS. zerspalten, -setzen ; trennen. ‖ PAR EXT. zersetzen ; auflösen.
◇ v. pr. **se désagréger,** sich zersetzen ; verwittern.

désagrément [dezagremɑ̃] m. Unannehmlichkeit f. ; Ungelegenheit f. ; Widerwärtigkeit f. ; Ungemach n.

désaltérer [dezaltere] v. tr. den Durst löschen, stillen (dat.). ‖ FIG. erquicken ; laben ; erfrischen ; befriedigen. ‖ [poétique] tränken.
◇ part. prés. **désaltérant, ante,** durstlöschend.
◇ v. pr. **se désaltérer,** seinen Durst löschen. ‖ FIG. sich erquicken ; sich laben.

désamorçage [dezamɔrsa:ʒ] m. Entschärfung f.

désamorcer [-se] v. tr. entschärfen.

désappointement [dezapwɛ̃tmɑ̃] getäuschte Erwartung ; Enttäuschung f.

désappointer [-te] v. tr. in seinen Erwartungen, Hoffnungen täuschen ; enttäuschen.

désapprendre [dezaprɑ̃:dr] v. tr. verlernen.

désapprobateur, trice [dezaprɔbatœ:r, tris] adj. mißbilligend ; tadelnd ; abfällig ; aburteilend.

désapprobation [-sjɔ̃] f. Mißbilligung f. ; Tadel m. ; ablehnende Haltung.

désapprouver [dezapruve] v. tr. mißbilligen ; verwerfen ; ablehnen ; tadeln ; verurteilen.

désarçonner [dezarsɔne] v. tr. SPORT. [cheval] aus dem Sattel heben ; abwerfen. ‖ PAR ANAL. *Un cavalier désarçonne son adversaire,* ein Reiter sticht seinen Gegner aus. ‖ FIG., FAM. aus der Fassung, aus dem Konzept bringen.

désargenter [dezarʒɑ̃te] v. tr. entsilbern.
◇ part. pass. et adj. **désargenté, ée,** FIG., FAM. *Être désargenté,* ohne Geld dastehen ; POP. abgebrannt sein ; blank sein.

désarmement [dezarməmɑ̃] m. MIL. [troupe] Entwaffnung f. ; Waffenniederlegung f. ‖ PAR EXT. [nation] Abrüstung f. ; Abrüsten n.

désarmer [-me] v. tr. MIL. [ôter les armes] entwaffnen ; die Waffen abnehmen. ‖ PAR EXT. *Désarmer un revolver,* eine Pistole entspannen, sichern. ‖ FIG. [fléchir] *Désarmer qn,* jn erweichen. | *Désarmer la colère de qn,* js Zorn beschwichtigen. ‖ MAR. *Désarmer un navire,* ein Schiff abtakeln, abrüsten.
◇ v. intr. [nation] abrüsten ; die Rüstung einschränken. ‖ FIG. nachgeben. | *Ne pas désarmer,* nicht nachgeben (wollen).
◇ part. pass. et adj. **désarmé, ée,** entwaffnet ; waffenlos ; wehrlos. ‖ FIG. *Être désarmé,* wehrlos, verdutzt, verblüfft dastehen.

désarroi [dezarwa] m. Verwirrung f. ; Durcheinander n. ; Bestürzung f ; Drunter und Drüber n. ; Zerrüttung f. ; völlige Unordnung. | *Jeter, Semer le désarroi,* Bestürzung hervorrufen.

désarticulation [dezartikylasjɔ̃] f. MÉD. Auskugelung f. ; Ausrenkung f. ; Exartikulation f.

désarticuler [-le] v. tr. ausrenken ; im Gelenk abtrennen.

désassortir [dezasɔrti:r] v. tr. unvollständig machen.

désastre [dezastr] m. Unheil n. ; Mißgeschick n. ; großes Unglück.

désastreux, euse [-trø, ø:z] adj. unheilvoll ; unglücklich ; un(glück)selig ; verderblich ; fatal.

désavantage [dezavɑ̃ta:ʒ] m. Nachteil m. ; Benachteiligung f. ; Schaden m. ; Ungunst f. | *À son désavantage,* zu seinem Nachteil. | *Tourner à son désavantage,* zum Nachteil gereichen.

désavantager [-ʒe] v. tr. benachteiligen.

désavantageux, euse [-ʒø, ø:z] adj. nachteilig ; ungünstig ; unvorteilhaft ; abträglich.

désaveu [dezavø] m. [rétractation] Widerruf m. ‖ PAR ANAL. [dénégation] (Ab)leugnung f. ; Nichtanerkennung f. ‖ PAR EXT. [contradiction] Widerspruch m. ‖ FIG. [blâme] Mißbilligung f.

désavouer [-vwe] v. tr. [rétracter] widerrufen. ‖ PAR ANAL. [dénier] ab-, verleugnen ; in Abrede stellen. ‖ PAR EXT. [contredire] widersprechen. ‖ FIG. [blâmer] mißbilligen ; verwerfen.

désaxer [dezakse] v. tr. TECHN. exzentrisch verstellen ; verschieben ; versetzen. ‖ FIG. aus dem Gleichgewicht bringen.
◇ part. pass. et adj. **désaxé, ée,** FIG. aus den Fugen geraten. | *Esprit désaxé,* haltloser Geist.

descellement [desɛlmɑ̃] m. JUR. Entsiegelung f.

desceller [-le] v. tr. JUR. entsiegeln. ‖ FIG. [désunir] trennen. ‖ TECHN. *Desceller un barreau,* einen Gitterstab losmeißeln, -reißen.

descendance [desɑ̃dɑ̃s] f. VX. [origine] Herkunft f. ; Abstammung f. ‖ PAR EXT. [personnes] Nachkommenschaft f. ; Geschlecht n.

descendant, ante [-dɑ̃, ɑ̃:t] adj. absteigend ; abnehmend. | *Garde descendante,* abziehende Wache f. | *Marée descendante,* ablaufende Flut ; Ebbe f. | *Ligne descendante,* absteigende, fallende Linie.
◇ s. Abkömmling m. ; Nachkomme m. ; Nachfahre m. ; Enkel(in) m. (f.).

descendre [desɑ̃dr]

> **I.** v. intr.
> **a)** aller de haut en bas.
> **b)** SENS FIGURÉS.
> **c)** en parlant des choses : mouvement réel.
> **II.** v. tr.
> **a)** parcourir de haut en bas.
> **b)** mettre plus bas.
> **III.** LOC. **en descendant.**

I. v. intr. **a)** [aller de haut en bas] niedersteigen ; niedergehen ; herabsteigen, -gehen, -fahren, -kommen, -laufen, -fliegen, -schwimmen, -reiten, -ziehen. | *Descends !,* herab ! ; hinunter ! | *Ne pouvoir descendre,* nicht herunter können. | *Devoir descendre,* hinab müssen. | *Aider à descendre,* herabhelfen. | *Se donner la peine de descendre,* sich herabbemühen. | *Faire descendre qn,* jn herabholen, -bemühen ; jn herunterkommen lassen. | *Descendre de voiture,* aussteigen. | *Descendre de cheval,* absitzen. | *Descendre à terre,* landen ; an Land gehen. ‖ PAR EXT. *Descendre dans un hôtel,* in einem Hotel absteigen. — **b)** SENS FIGURÉS : *Descendre en soi-même,* in sich gehen ; in sich kehren. ‖ [provenir de] ent-, ab-, herstammend herkommen, -rühren. | *Descendre de parents pauvres,* von armen

Eltern abstammen. || MUS. *Descendre d'un ton*, einen Ton tiefer singen. — **c)** [en parlant des choses : mouvement réel] herab-, hinab- (avec le verbe approprié) ; herabfließen, -laufen, -stürzen, -fallen, -sinken ; niederfallen, -gehen. | *Le torrent descend de la montagne*, der Gießbach stürzt vom Berg herab. | *La pluie descend*, der Regen geht nieder. || PAR ANAL. [mouvement apparent] bergab gehen ; sich senken ; abfallen. | *Le chemin descend*, der Weg geht bergab. | *Descendre à pic*, abschießen ; abschüssig sein. | *Le sol descend*, der Boden senkt sich, fällt ab. || PAR EXT. *Sa barbe descend jusqu'à sa poitrine*, sein Bart reicht, hängt bis auf die Brust herunter. | *Le thermomètre descend*, das Thermometer fällt. || MAR. ebben ; sich zurückziehen. || AÉRON. landen.

II. v. tr. **a)** [parcourir de haut en bas] herab-, hinunter (avec le verbe approprié) ; herabsteigen, -gehen, -fahren, -kommen, -laufen, -fliegen, -schwimmen, -reiten, -ziehen. | *Il descend l'escalier*, er kommt, steigt, springt, läuft, fliegt die Treppe herunter. | *La voiture descend la côte*, der Wagen fährt, saust, rollt die Anhöhe hinab. | *Le bateau descend le fleuve*, das Boot fährt den Strom hinab, fährt talwärts, zu Tal. — **b)** [mettre plus bas] herabbringen, -nehmen, -tragen, -holen ; tiefer hängen, legen, stellen, setzen ; niederlassen, -ziehen ; ver-, niedersenken. | *Descendre un seau à la cave*, einen Eimer in den Keller hinabtragen. | *Descendre le store*, den Vorhang herunterlassen. || PAR EXT. *Faire descendre*, hinunterbringen ; [en avalant] hinunterschlucken. || FAM. *Ça ne veut pas descendre*, das Essen rutscht nicht. || FIG., FAM. [tuer] *Descendre un adversaire*, einen Gegner niederschlagen, -knallen. || AÉRON. *Descendre un avion*, ein Flugzeug abschießen, herunterholen. || MUS. *Descendre la gamme*, die absteigende Tonleiter singen, spielen. || AUTOM. *Descendre les vitesses*, zurückschalten.

III. LOC. **en descendant,** *En descendant le fleuve*, stromabwärts. | *En descendant la montagne*, bergab. | *Aller toujours en descendant*, immer abwärts führen.

descente [desɑ̃:t] f. **1.** [action d'aller de haut en bas] Herabsteigen n., -gehen n., -fahren n., -kommen n., -laufen n., -fliegen n., -schwimmen n., -reiten n., -ziehen n. ; Ab-, Niedersteigen n. || PARTICUL. *Descente de voiture*, Aussteigen n. | *Descente de cheval*, Absitzen n. | *Descente d'avion*, Landen n. | *À sa descente d'avion il déclara*, beim Aussteigen erklärte er. | *Attention à la descente*, Achtung, Vorsicht beim Gefälle. || SPORT. Abfahrt f. ; Abfahrtslauf m. || PAR ANAL. [résultat] Abstieg m. ; Hinab-, Abfahrt f. | *Descente à terre*, Landung f.

2. [action de mettre plus bas] Herabnehmen n., -holen n. ; Hinabbringen n., -tragen n. ; Herabsenken n., -lassen n. || LOC. *Descente de croix*, Kreuzabnahme f. | *Descente aux enfers*, Höllenfahrt f. | *Descente de lit*, Bettvorleger m.

3. [pente, chemin en pente] Abhang m. ; Gefälle n. ; abschüssiger Weg. || SENS PARTICULIERS. *Descente de police*, Haussuchung f. | *Descente d'estomac, de matrice*, Magen-, Gebärmuttersenkung f. || AÉRON. *Descente en parachute*, Fallschirmabsprung m. | *Descente en piqué*, Sturzflug m.

descriptif, ive [dɛskriptif, i:v] adj. beschreibend ; schildernd ; darstellend.

description [-sjɔ̃] f. Beschreibung f. ; Schilderung f. ; Darstellung f. || JUR. [inventaire] Verzeichnis n.

désemparer [dezɑ̃pare] v. intr. LOC. *Sans désemparer*, ununterbrochen ; anhaltend ; unverzüglich.

◇ part. pass. et adj. **désemparé, ée,** FIG. *Être désemparé*, ratlos sein. || MAR. *Navire désemparé*, hilflos treibendes Schiff.

désemplir [dezɑ̃pli:r] v. tr. leeren ; leer machen.

◇ v. intr. *Ne pas désemplir*, nicht leer werden ; dauernd besetzt sein.

désenchantement [dezɑ̃ʃɑ̃tmɑ̃] m. Entzauberung f. || FIG. Ernüchterung f. ; Enttäuschung f.

désenchanter [-te] v. tr. entzaubern. || FIG. ernüchtern ; enttäuschen ; von etwas heilen.

désencombrer [dezɑ̃kɔ̃bre] v. tr. enttrümmern ; ab-, wegräumen ; freimachen.

désenfler [dezɑ̃fle] v. intr. et **se désenfler** v. pr. MÉD. abschwellen ; abnehmen ; zurückgehen.

désennuyer [dezɑ̃nɥije] v. tr. die Langeweile vertreiben ; zerstreuen ; unterhalten.

désensabler [dezɑ̃sable] v. tr. entsanden ; vom Sande befreien. || MAR. flott machen.

désensibilisation [desɑ̃sibilizasjɔ̃] f. MÉD. Desensibilisierung f.

désensibiliser [-ze] v. tr. MÉD. desensibilisieren.

déséquilibre [dezekilibr] m. Mangel (m.) an Gleichgewicht ; Gleichgewichtsstörung f. || PAR EXT. Mangel an Ausgleich. | *Déséquilibre des forces*, Ungleichheit (f.) der Kräfte.

déséquilibrer [-bre] v. tr. aus dem Gleichgewicht bringen.

◇ part. pass. et adj. **déséquilibré, ée,** unausgeglichen ; ungleich schwer. || FIG. durchgedreht ; verrückt.

désert, erte [dezɛ:r, ɛrt] adj. öde ; wüst ; verlassen ; einsam ; unbewohnt. | *Contrée déserte*, Wildnis f. | *Rue déserte*, menschenleere Straße. | *Rendre désert*, veröden.

◇ m. **désert,** Wüste(nei) f. ; Einöde f. ; Einsamkeit f. ; Verlassenheit f. | *Transformer en désert*, verwüsten. || FIG. *Prêcher dans le désert*, vor tauben Ohren sprechen.

déserter [dezɛrte] v. tr. [quitter] verlassen ; im Stiche lassen ; aufgeben ; weglaufen (von) ; POP. abhauen (von). || POLIT. *Déserter un parti*, aus einer Partei austreten.

◇ v. intr. MIL. fahnenflüchtig werden ; (zum Feinde) überlaufen ; desertieren.

déserteur [-tœ:r] m. MIL. Fahnenflüchtiger m. ; Ausreißer m. ; Deserteur m. | *Être déserteur*, fahnenflüchtig sein ; überlaufen.

désertion [-sjɔ̃] f. MIL. Fahnenflucht f. ; Überlaufen n. ; Desertion f.

désertique [-tik] adj. wüstenartig ; öde. | *Région désertique*, Einöde f.

désespérance [dezɛsperɑ̃:s] f. Hoffnungslosigkeit f.

désespérant, ante [-perɑ̃, ɑ̃:t] adj. verzweifelnd ; trostlos. | *C'est désespérant*, es ist zum Verzweifeln.

désespérément [-peremɑ̃] adv. hoffnungslos.

désespérer [-pere] v. intr. verzweifeln (an, dat.) ; hoffnungslos werden ; die Hoffnung aufgeben, verlieren. | *Désespérer du succès*, am Erfolg verzweifeln. | *Désespérer de qch.*, etwas verloren geben. | *Désespérer d'un malade*, einen Kranken aufgeben. | *C'est à désespérer*, es ist zum Verzweifeln.

◇ v. tr. *Désespérer ses parents*, seine Eltern zur Verzweiflung bringen.

◇ part. pass. et adj. **désespéré, ée,** verzweifelt ; aussichtslos ; hoffnungslos. || SUBSTANTIV. Verzweifelter m. ; Lebensmüder m.

◇ v. pr. **se désespérer,** in Verzweiflung sein, geraten ; verzweifeln (über, acc.).

désespoir [-pwa:r] m. Verzweiflung f. ; Hoffnungslosigkeit f. ; Trostlosigkeit f. ; Selbstaufgabe f. | *Être au désespoir*, verzweifelt, untröstlich sein. | *S'abandonner au désespoir*, in Verzweiflung verfallen. || PAR EXT. [regret] Bedauern n. | *À mon grand désespoir*, zu meinem großen Bedauern. | *Je suis au désespoir de ne pouvoir venir*, es tut mir unendlich leid, nicht kommen zu können. | *En désespoir de cause,* als allerletztes, verzweifeltes Mittel.

déshabiller [dezabije] v. tr. aus-, entkleiden; ausziehen; die Kleider ablegen. || FIG. [mettre à nu] bloßstellen.

◇ part. pass. et adj. **déshabillé, ée,** entkleidet; unbekleidet. || SUBSTANTIV. m. Hauskleid n.; Morgen-, Schlafrock m. | *En déshabillé,* im Négligé; halb angezogen.

◇ v. pr. **se déshabiller,** sich aus-, entkleiden; sich ausziehen; sich der Kleider entledigen.

déshabituer [dezabitɥe] v. tr. abgewöhnen; entwöhnen (gén.); abbringen (von). | *Déshabituer qn de qch.,* jm etwas abgewöhnen; jn von etwas abbringen.

◇ v. pr. **se déshabituer,** [de qch.] sich (etwas) abgewöhnen; (von etwas) ablassen.

désherbant [dezɛrbɑ̃] m. Unkrautvernichtungsmittel n.

désherber [-be] v. tr. (aus)jäten; entkrauten; von Unkraut säubern.

déshériter [dezerite] v. tr. enterben; vom Erbe ausschließen; verstoßen.

◇ part. pass. et adj. **déshérité, ée,** enterbt; ohne Erbe. || FIG. [désavantagé] benachteiligt; POP. stiefmütterlich behandelt. || SUBSTANTIV. m. Unbemittelter m.

déshonnête [dezɔnɛ:t] adj. [malhonnête] unehrenhaft; unredlich. || [malséant] unanständig; anstößig.

déshonneur [-nœ:r] m. Unehre f.; Ehrlosigkeit f.; Schande f.; Schimpf m. | *Il n'y a pas de déshonneur (à cela),* dabei ist nichts Entehrendes.

déshonorant, ante [-nɔrɑ̃, ɑ̃:t] adj. unehrenhaft; ehrlos; schändlich; schimpflich.

déshonorer [-nɔre] v. tr. entehren; verunehren; ehrlos machen; schänden; Schimpf und Schande machen. | *Déshonorer qn,* jn um seine Ehre bringen. | *Action qui déshonore,* Schandtat f. | *Celui qui déshonore,* Schänder m. || PAR EXT. *Déshonorer une femme,* eine Frau schänden.

déshydratation [dezidratasjɔ̃] f. CHIM. Wasserentziehung f.; Entwässerung f.

déshydrater [-te] v. tr. CHIM. das Wasser entziehen; entwässern.

desiderata [deziderata] m. pl. ADMIN. [vœux] Wünsche m. pl.

désignation [deziɲasjɔ̃] f. [indication précise] Bezeichnung f.; Kenntlichmachung f.; Bestimmung f. | *Désignation du compte,* Kontenbezeichnung. || PAR ANAL. [appellation] Benennung f. | *Désignation d'un lieu,* Ortsbenennung. || PAR EXT. [choix] Er-, Benennung f.; (Amts)bestellung f.; Bestimmung f.

désigner [-ɲe] v. tr. [indiquer] bezeichnen; kenntlich machen; bestimmen; anzeigen. | *Désigner le chemin,* den Weg weisen. | *Désigner qn du doigt,* auf jn hindeuten. || PAR EXT. [choisir, nommer] er-, benennen; bestimmen; bestellen. | *Désigner comme arbitre,* zum Schiedsrichter ernennen. | *Désigner qn pour son successeur,* jn zum Nachfolger bestimmen, ernennen.

désillusionner [desilyzjɔne] v. tr. enttäuschen; die Illusion nehmen.

désincarné, ée [desɛ̃karne] adj. rein geistig.

désinence [dezinɑ̃:s] f. GRAMM. Beugungsendung f.; Kasus-, Fallendung f.

désinfectant [dezɛ̃fɛktɑ̃] m. MÉD. Entseuchungs-, Entkeimungs-, Desinfektionsmittel n.

désinfecter [-te] v. tr. entseuchen; entkeimen; desinfizieren.

désinfection [-sjɔ̃] f. Entseuchung f., -keimung f.; Bazillenabtötung f.; Desinfektion f.

désinformation [dezɛ̃fɔrmasjɔ̃] f. gelenkte Fehlinformation; Desinformation f.

désintégration [dezɛ̃tegrasjɔ̃] f. PHYS. [nucléaire] *Désintégration de l'atome,* Atomspaltung f., -zertrümmerung f.; Zerfall m. | *Désintégration spontanée,* Spontanzerfall m.

désintégrer [-gre] v. tr. zersetzen; auflösen. || PHYS. [nucléaire] *Désintégrer l'atome,* das Atom spalten, zertrümmern.

désintéressement [dezɛ̃terɛsmɑ̃] m. [indifférence] Teilnahmslosigkeit f.; Uninteressiertheit f. || FIG. [abnégation] Uneigennützigkeit f.; Selbstlosigkeit f.

désintéresser [-se] v. tr. JUR. [dédommager] abfinden; schadlos halten; entschädigen.

◇ part. pass. et adj. **désintéressé, ée,** unbeteiligt; gleichgültig; uninteressiert. || FIG. uneigennützig; selbstlos. | *Caractère désintéressé,* Uneigennützigkeit f. || [attitude, jugement] objektiv; unparteiisch.

◇ v. pr. **se désintéresser,** [de qch.] das Interesse (an etwas) verlieren; gleichgültig, teilnahmslos gegen etwas werden.

désintoxication [dezɛ̃tɔksikasjɔ̃] f. MÉD. Entgiftung f.; Giftentziehung f. | *Cure de désintoxication,* Entziehungskur f.

désintoxiquer [-ke] v. tr. entgiften; das Gift entziehen.

désinvolte [dezɛ̃vɔlt] adj. ungezwungen; ungeniert; (zu) frei; frech.

désinvolture [-ty:r] f. ungezwungene, (zu) freie Haltung; Ungeniertheit f.; Frechheit f. | *Traiter qn avec désinvolture,* jn von oben herab behandeln.

désir [dezi:r] m. [souhait] Wunsch m. | *Exprimer, Réaliser un désir,* einen Wunsch äußern, verwirklichen. | *Selon mon désir,* auf meinen Wunsch (hin). | *Selon ses désirs,* wunschgemäß. || PAR ANAL. [désir d'obtenir] Verlangen n.; Begehren n. || PAR EXT. [envie, convoitise] Lust f.; Gelüst n.; Begehren n.; Begierde f. | *Désir des richesses,* Gelüst nach Reichtum. | *Désir de repos,* Begehren nach Ruhe. | *Désir de gloire,* Ruhmbegierde. | *Désir de plaire,* Gefallsucht f. | *Désir de vivre,* Lebenslust. | *Désir de la chair,* Wollust. | *Désir de la liberté,* Freiheitsdrang m. | *Désir instinctif, naturel,* Trieb m.

désirable [-rabl] adj. wünschenswert; begehrenswert.

désirer [-re] v. tr. [souhaiter] (er)wünschen; den Wunsch haben; mögen. || [politesse] mögen. | *Je désirerais de la viande,* ich möchte etwas Fleisch (haben). | *Il désirerait savoir,* er möchte gern wissen. | *Désirez-vous encore un peu de vin ?,* möchten Sie noch etwas Wein ?; ist Ihnen noch etwas Wein gefällig ? || PAR ANAL. [instamment] begehren; verlangen. || PAR EXT. [convoiter] begehren; lüstern sein (nach); gierig sein (nach). || LOC. *Que désirez-vous ?,* Sie wünschen bitte ?; was darf es sein ? | *Monsieur désire ?,* der Herr wünschen ? | *Se faire désirer,* lange auf sich warten lassen. | *Cela laisse à désirer,* das läßt zu wünschen übrig. || FIG. *Désirer ardemment,* ersehnen; erstreben, trachten (nach).

désireux, euse [-rø, ø:z] adj. begierig (nach); bestrebt (acc.); mit dem Wunsche (nach). | *Désireux de le rendre heureux,* in dem Bestreben, ihn glücklich zu machen. | *Désireux de savoir,* wißbegierig.

désistement [dezistəmɑ̃] m. JUR. Abstand m.; Abstehen n.; Verzicht m. || POLIT. Rücktritt m.

désister (se) [sədeziste] v. pr. JUR. abstehen; absehen (von); Abstand nehmen (von); verzichten;

Verzicht leisten (auf, acc.). || POLIT. *Se désister en faveur de qn*, zugunsten von jm auf die Kandidatur verzichten, zurücktreten.

désobéir [dezɔbei:r] v. intr. ungehorsam, unfolgsam sein (dat.) ; nicht gehorchen (dat.) ; nicht hören (auf, acc.). | *Désobéir à ses parents*, seinen Eltern nicht gehorchen. | *Désobéir à la loi*, das Gesetz nicht beachten.

— SYN. : *Contrevenir*, zuwiderhandeln. *Enfreindre*, übertreten. *Transgresser*, überschreiten. *Violer*, verletzen.

désobéissance [-beisɑ̃:s] f. Ungehorsam m. ; Unfolgsamkeit f. ; Widersetzlichkeit f.

désobéissant, ante [-beisɑ̃, ɑ̃:t] adj. ungehorsam ; unfolgsam ; widerspenstig ; unfügsam.

désobligeance [dezɔbliʒɑ̃:s] f. Ungefälligkeit f. ; Unfreundlichkeit f. ; Unverbindlichkeit f.

désobligeant, ante [-ʒɑ̃, ɑ̃:t] adj. ungefällig ; unfreundlich ; unhöflich.

désobliger [-ʒe] v. tr. ungefällig, unfreundlich sein (gegen) ; kränken ; beleidigen. | *Désobliger qn*, jm unfreundlich begegnen.

désobstruer [dezɔbstrye] v. tr. freimachen ; die Verstopfung entfernen.

désodoriser [dezɔdɔrize] v. tr. geruchlos machen ; den Geruch benehmen.

désœuvré, ée [dezœvre] adj. untätig ; ohne Beschäftigung ; müßig ; unbeschäftigt.

◇ s. Müßiggänger(in) m. (f.).

désœuvrement [-vrəmɑ̃] m. Beschäftigungslosigkeit f. ; Müßiggang m. ; Untätigkeit f.

désolant, ante [dezɔlɑ̃, ɑ̃:t] adj. betrübend ; betrüblich ; trostlos. || PAR EXT. [ennuyeux] lästig ; leidig.

désolation [-lasjɔ̃] f. [dévastation] Verwüstung f. ; Zerstörung f. ; Vernichtung f., -heerung f. || FIG. [affliction] Betrübnis f. ; Jammer m. ; Trostlosigkeit f. ; Untröstlichkeit f.

désoler [-le] v. tr. [dévaster] verwüsten ; zerstören ; vernichten, -heeren. || FIG. [affliger] betrüben ; in Kummer versetzen.

◇ part. pass. et adj. **désolé, ée,** verwüstet ; öde. || FIG. *Je suis désolé*, ich bedaure unendlich ; es tut mir wirklich leid.

◇ v. pr. **se désoler,** sich betrüben ; sehr traurig sein.

désolidariser (se) [sədesɔlidarize] v. pr. sich loslösen, -machen, -sagen ; sich freimachen. | *Se désolidariser de qn*, sich von jm distanzieren.

désopilant, ante [dezɔpilɑ̃, ɑ̃:t] adj. FIG. zwerchfellerschütternd ; ergötzlich.

désordonné, ée [dezɔrdɔne] adj. [personne] unordentlich. | *Élève désordonné*, unordentlicher Schüler. || PAR EXT. [choses] wirr ; durcheinander. || FIG. [déréglé] regel-, zügellos ; liederlich ; wüst. | *Imagination désordonnée*, zügellose Phantasie.

désordre [dezɔrdr] m. [manque d'ordre] Unordnung f. ; Durcheinander n. | *Mettre en désordre*, in Unordnung bringen ; durcheinanderbringen. | *En désordre*, in Unordnung ; durcheinander ; ungeordnet. || PAR ANAL. [confusion] Verwirrung f. ; Verworrenheit f. ; Zerrüttung f. | *Désordre des finances*, Zerrüttung der Finanzen. || PAR EXT. [agitation] Unruhe f. | *Créer, Semer le désordre*, Unruhe, Unfrieden stiften. || FIG. Liederlichkeit f. ; Zügellosigkeit f. ; Ausschweifung f.

— SYN. : *Embrouillement* m., Verworrenheit f. *Fouillis* m., Gewirr n. *Fatras* m., Kram m. ; Krimskrams m. *Pêle-mêle* m., Durcheinander n. ; Drunter und Drüber n.

désorganisation [dezɔrganizasjɔ̃] f. [action] Auflösen n. ; Zerrütten n. ; Durcheinanderbringen n. ; Herunterwirtschaften n. || PAR EXT. [résultat] Auflösung f. ; Zerrüttung f. ; Unordnung f. ; Durcheinander n.

désorganiser [-ze] v. tr. in Unordnung, zur Auflösung bringen ; durcheinanderbringen ; auflösen ; herunterwirtschaften ; (zer)stören.

désorienter [dezɔrjɑ̃te] v. tr. irreleiten, -machen ; in die Irre führen ; verwirren.

◇ part. pass. et adj. **désorienté, ée,** irre, verwirrt.

désormais [dezɔrmɛ] adv. von nun ab ; hinfort ; künftig(hin) ; fortan.

désosser [dezɔse] v. tr. Knochen herauslösen ; entbeinen.

despote [dɛspɔt] m. Gewaltherrscher m. ; Tyrann m. ; Despot m.

despotique [-tik] adj. POLIT. [pouvoir] unumschränkt ; absolut ; despotisch. || PAR EXT., PÉJOR. herrschsüchtig ; eigenmächtig ; tyrannisch.

despotisme [-tism] m. POLIT. Alleinherrschaft f. || PAR EXT., PÉJOR. Herrschsucht f. ; Eigenmächtigkeit f. ; Gewaltherrschaft ; Tyrannei f.

dessaisir [desɛzi:r] v. tr. JUR. *Dessaisir un tribunal d'une affaire*, eine Sache der Gerichtsbarkeit eines Gerichts entziehen.

◇ v. pr. **se dessaisir,** weggeben, veräußern, aufgeben. | *Se dessaisir de qch.*, etwas abtreten ; sich einer Sache begeben.

dessaisissement [-zismɑ̃] m. [action de donner, d'abandonner] Abtretung f. ; Herausgabe f. ; Aushändigung f. ; Veräußerung f. ; Überlassung f.

dessalage [desala:ʒ] m. Entsalzung f. || MAR. Kentern n.

dessaler [desale] v. tr. entsalzen ; den Salzgehalt entziehen ; strecken ; wässern || FIG., FAM. [déniaiser] aufklären ; witziger machen.

◇ part. pass. et adj. **dessalé, ée,** entsalzen ; gewässert. || FIG., FAM. schlau. | *Il est bien dessalé*, POP. er ist mit allen Wassern gewaschen.

dessèchement [desɛʃmɑ̃] m. Ver-, Aus-, Abtrocknen n. || PAR ANAL. [plante] Verdorren n. ; (Aus)dörren n.

dessécher [-seʃe] v. tr. [rendre sec] trocknen ; aus-, abtrocknen. || PAR ANAL. [plante] (aus)dörren. || PAR EXT. [amaigrir] einschrumpfen. || FIG. verkümmern ; erschöpfen. | *Dessécher le cœur*, das Herz verhärten.

◇ v. pr. **se dessécher,** [sens pass.] (ver)trocknen ; trocken werden. || PAR ANAL. aus-, verdorren ; dürr werden. || FIG. verkümmern ; verknöchern ; sich abstumpfen ; unempfindlich werden.

dessein [dɛsɛ̃] m. [projet, résolution] Vorhaben n., -nehmen n. ; Vorsatz m. ; Plan m. | *Former le dessein (de)*, den Vorsatz fassen ; vorhaben ; den Plan entwerfen. | *Avoir de vastes desseins*, große Pläne schmieden ; weit ausschauen. || PAR ANAL. [conception, plan] Plan m. ; Entwurf m. ; Anlage f. || PAR EXT. [intention] Absicht f. ; Zweck m. ; Augenmerk n. | *Avoir de mauvais desseins*, böse Absichten haben ; Arges (n.) denken. | *Avoir le dessein de*, beabsichtigen zu.

◇ loc. adv. **à dessein,** absichtlich ; mit Wissen und Willen ; mit Vorbedacht.

— SYN. : *Projet* m., Vorhaben n. ; Entwurf m. *Entreprise* f., Unternehmen n. *Plan* m., Plan m.

desseller [dɛsɛle] v. tr. absatteln, -schirren.

desserrage [desɛra:ʒ] m. TECHN. Aufschrauben n., Auflockern n.

desserrer [-re] v. tr. [relâcher] (auf)lockern ; auf-, losmachen ; lösen. | *Desserrer la ceinture*, den Gürtel aufschnallen. || FIG. *Desserrer les liens*, die Bande lockern. || PAR ANAL., FIG. *Ne pas desserrer les dents*, die Zähne nicht auseinanderkriegen ; hartnäckig

schweigen. || TECHN. *Desserrer un écrou*, eine Schraube aufdrehen, lockern.
◇ v. pr. **se desserrer,** [sens pass.] locker, lose werden ; sich lockern ; sich lösen. | *L'étreinte se desserre*, der Druck läßt nach.

dessert [desɛ:r] m. Nachtisch m. ; Dessert n. | *Être au dessert*, beim Nachtisch sein.

desserte [-sɛrt] f. [table] Anrichte f. ; Serviertischchen n. ; Abstelltisch m. || TRANSP. Anschluß m. ; Verkehrsverbindung f. | *Desserte ferroviaire*, Eisenbahnanschluß. || RELIG. Seelsorge f.

desservant [-sɛrvɑ̃] m. RELIG. Vikar m. ; Pfarrverweser m.

desservir [-vi:r] v. tr. [table] den Tisch abdecken ; die Speisen abtragen, abräumen. || FIG. [nuire] *Desservir qn*, jm einen schlechten Dienst erweisen. || TRANSP. [localité] bedienen ; [aéroport] anfliegen ; [port] anlaufen. | *L'autobus dessert ce village*, der Autobus hält in diesem Dorf. || PAR ANAL. *Cet escalier dessert tous les appartements*, die Treppe ist mit allen Wohnungen in Verbindung. || RELIG. *Desservir une paroisse*, den Gottesdienst in einer Pfarrei versehen.

dessiccation [desikasjɔ̃] f. (Aus)trocknen n. ; (Ver)dorren n. || TECHN. Trocknen n. ; Trockenvorgang m.

dessiller [desije] v. tr. LOC. *Dessiller les yeux à qn*, jm die Augen öffnen ; jm den Star stechen.
◇ v. pr. **se dessiller,** *Ses yeux se dessillent*, es fällt ihm wie Schuppen von den Augen ; die Augen gehen ihm auf.

dessin [desɛ̃] m. [action] Zeichnen n. | *Dessin d'après modèle*, Ab-, Nachzeichnen. | *Dessin à main levée*, Freihandzeichnen. || PAR ANAL. [art] Zeichenkunst f. || PAR EXT. [résultat] Zeichnung f. | *Dessin au crayon, à la plume, au fusain, à l'encre de Chine*, Bleistift-, Feder-, Kohle-, Tuschzeichnung. || LOC. *Professeur, cours de dessin*, Zeichenlehrer m., -stunde f. | *Papier à dessin*, Zeichenpapier n. | *Réduire, Agrandir un dessin*, in kleinerem, größerem Maßstab zeichnen. || FIG. [plan] Entwurf m. ; Plan m. ; Skizze f. || MATH. *Dessin coté*, Maßzeichnung. || TECHN. [modèle, plan] Muster n. ; Vorlage f. ; Riß m. ; Skizze f. ; Planzeichnung f. ; Entwurf m. || FILM. *Dessin animé*, Trickfilm m.

dessinateur, trice [desinatœ:r, tris] s. Zeichner(in) m. (f.). || TECHN. *Dessinateur publicitaire*, Werbezeichner(in).

dessiner [-ne] v. tr. zeichnen ; ab-, aufzeichnen. | *Dessiner à la craie*, mit Kreide zeichnen. | *Dessiner de mémoire*, aus dem Gedächtnis aufzeichnen. | *Dessiner une tête*, einen Kopf (ab)zeichnen. | *Dessiner un modèle*, ein Muster vorzeichnen. || PAR ANAL. *Dessiner un caractère*, einen Charakter darstellen. || PAR EXT. [faire ressortir] hervorheben. | *Cette robe dessine les formes*, dieses Kleid unterstreicht die Figur. || FIG. [esquisser] entwerfen ; andeuten ; skizzieren.
◇ v. pr. **se dessiner,** [sens pass.] sich zeichnen lassen. || PAR EXT. [ressortir] hervortreten ; sich hervorheben. || FIG. [but] in Sicht sein.
— SYN. : *Croquer*, skizzieren. *Esquisser*, entwerfen.

dessouder [desude] v. tr. TECHN. ab-, loslösen.

dessoûler [desule] v. tr. FAM. ernüchtern.
◇ v. intr. nüchtern werden. | *Il ne dessoûle pas*, POP. er ist dauernd betrunken.

dessous [dəsu] adv. [lieu] unten ; d(a)runter. | *Être dessous (un autre)*, darunterliegen, -stehen, -sitzen, -hängen. | *Être dessous*, unten liegen, stehen, sitzen, hängen. | *Sens dessus dessous*, drunter und drüber ; verkehrt ; Hals über Kopf.
◇ loc. adv. **au-dessous,** unten ; darunter. | *Descendre à l'étage au-dessous*, einen Stock tiefer gehen, fahren. — **ci-dessous,** hier unten. | *Le passage ci-dessous*, die Stelle weiter unten ; die untenstehende Stelle. — **en dessous,** unten ; darunter ; unterwärts. || FIG. *Manœuvres en dessous*, hinterhältiges Handeln. | *Regarder par en dessous*, verstohlen hinblicken ; dem Blick ausweichen. — **là-dessous,** darunter. || FIG. *Il y a qch. là-dessous*, darunter, dahinter steckt etwas.
◇ loc. prép. **au-dessous de,** unter (dat., acc.). | *Au-dessous de zéro*, unter Null. | *Au-dessous de Paris*, südlich von Paris. | *Au-dessous de vingt marks*, unter zwanzig Mark. | *Être au-dessous de tout*, unter aller Kritik sein. — **de dessous,** unter... hervor. | *Sortir de dessous la table*, unter dem Tisch hervorkriechen. — **par-dessous,** unter ; unter... durch.
◇ m. [partie inférieure] Unterteil m. ou n. ; Unteres n. | *Dessous du pied*, Fußsohle f. || PAR ANAL. untere Seite. || PAR EXT. [support] *Dessous de plat*, Untersatz m. || LOC. *Avoir le dessous*, unterliegen ; den kürzeren ziehen. || COMM. *Dessous de table*, Draufgeld n.
◇ m. pl. [linge de dessous] Unterwäsche f. ; Dessous n. pl. || FIG. [côté secret] *Les dessous d'une affaire*, die Hintergründe (m. pl.) einer Angelegenheit.

dessus [dəsy] adv. [lieu] oben ; d(a)rüber ; d(a)-rauf. | *Être dessus*, darüberliegen, -stehen, -sitzen, -hängen. | *Être (tout à fait) dessus*, oben(drauf) liegen, stehen, sitzen, hängen. | *Mets-toi dessus*, stell' dich drauf ! || FIG. *Tu as mis le doigt dessus*, du hast es getroffen. || FIG. *Tout va sens dessus dessous*, es geht alles drunter und drüber ; alles geht bunt durcheinander. | *Bras dessus, bras dessous*, Arm in Arm ; POP. eingehenkelt.
◇ loc. adv. **au-dessus,** oben ; darüber ; darauf. || FIG. *Je ne mets rien au-dessus*, es geht mir nichts darüber. — **ci-dessus,** hier oben. | *L'adresse ci-dessus*, obige, obengenannte Adresse. — **en dessus,** oben(drauf) ; obenan ; darüber. — **là-dessus,** darüber ; darauf ; daraufhin ; hiernach. | *Là-dessus, j'entrai*, darauf trat ich ein. || FIG. *Je compte là-dessus*, ich verlasse mich darauf ; ich rechne damit. — **par-dessus,** (oben)-drauf ; darüber. || FIG. Étendre par-dessus, darüber ausbreiten. || FIG. *Passer par-dessus*, darüber weggehen ; sich darüber hinwegsetzen.
◇ loc. prép. **au-dessus de,** über (dat., acc.) ; oberhalb (gén.). | *Au-dessus des nuages*, über den Wolken. | *Le clocher pointe au-dessus des toits*, der Kirchturm ragt über die Dächer der Häuser hinaus. | *C'est au-dessus de mes forces*, das geht über meine Kräfte. | *L'un au-dessus de l'autre*, übereinander. — **par-dessus,** über (dat., acc.). | *L'un par-dessus l'autre*, übereinander. | *Par-dessus tout*, über alles ; vor allem. || FIG. *J'en ai par-dessus la tête*, ich habe mehr als genug davon. || FIG. *Faire qch. par-dessus la jambe*, etwas bagatellisieren, verpfuschen.
◇ m. [partie supérieure] Oberteil m. ou n. ; Oben n. | *Dessus de la main*, Handrücken m. | *Dessus d'une boîte*, Schachteldeckel m. | *Dessus d'une poutre*, Oberkante (f.) eines Balkens. | *Dessus de la table*, Tischplatte f. ; Tafelaufsatz m. | *Dessus de table, de lit*, Tisch-, Bettdecke f. || FIG. *Le dessus du panier*, das Feinste. || PAR ANAL. obere Seite. || FIG. [supériorité] Überlegenheit f. ; Oberhand f. | *Avoir le dessus*, überlegen sein ; die Oberhand behalten. | *Il reprend le dessus*, er erholt sich.

destin [destɛ̃] m. Schicksal n. ; Geschick n. ; Verhängnis n. ; Los n. | *Coup du destin*, Schicksalsschlag m.
— SYN. : *Destinée* f., Schicksal n. *Sort* m., Geschick n. ; Los n. *Fatalité* f., Verhängnis n. *Fatum* m., Fatum n.

destinataire [destinatɛ:r] s. Empfänger(in) m. (f.) ; Übernehmer(in) m. (f.) ; Adressat(in) m. (f.).

destination [-nasjɔ̃] f. [fin, but] Bestimmung f. ; Zweck m. | *Destination d'une marchandise*, Verwendungszweck einer Ware. || PAR EXT. [lieu] Bestimmungsort m. | *Gare de destination*, Bestimmungsbahnhof m. ; Empfangsstation f. | *Arriver, Parvenir à destination*, an Ort und Stelle gelangen.

destinée [-ne] f. (persönliches) Schicksal ; Geschick n. ; Los n.

destiner [-ne] v. tr. [assigner comme but] bestimmen ; auserwählen, -ersehen. | *Destiner qn à qch.*, jn zu, für etwas bestimmen. | *À qui destinez-vous ce livre ?*, wem haben Sie dieses Buch zugedacht ?
◇ part. pass. et adj. **destiné, ée,** bestimmt.
◇ v. pr. **se destiner,** (à qch.) sich (für etwas) vorbereiten.

destituer [dɛstitɥe] v. tr. absetzen ; des Amts entheben ; POP. davonjagen.
— SYN. : *Révoquer, relever de ses fonctions*, seiner Dienstgeschäfte entheben. *Déposer*, (einen Herrscher) absetzen.

destitution [-tysjɔ̃] f. Ent-, Absetzung f. ; Dienstentlassung f. ; Amtsenthebung f. ; Abbau m.

destructeur, trice [dɛstryktœ:r, tris] adj. zerstörend ; vernichtend ; verheerend.
◇ s. Zerstörer(in) m. (f.) ; Vernichter(in) m. (f.).

destructible [-tibl] adj. zerstörbar ; zu vernichten.

destructif, ive [-tif, i:v] adj. zerstörend ; vernichtend. || FIG. verderblich.

destruction [-sjɔ̃] f. Zerstörung f. ; Vernichtung f. ; Niederreißen n. ; Ver-, Austilgung f. | *Destruction massive*, Massenvernichtung. | *Destruction d'un pont*, Sprengung (f.) einer Brücke.

désuet, uète [desɥɛ, ɥɛt] adj. altmodisch ; ungebräuchlich ; veraltet ; überholt.
— SYN. : *Démodé*, aus der Mode gekommen. *Suranné*, verjährt. *Archaïque*, archaisch.

désuétude [-etyd] f. *Tomber en désuétude*, außer Gebrauch kommen ; veralten.

désunion [dezynjɔ̃] f. [disjonction] Trennung f. || FIG. [désaccord] Uneinigkeit f. ; Entzweiung f. ; Zwietracht f. ; Bruch m. ; Auseinandergehen n.

désunir [-nir] v. tr. [disjoindre] trennen. || FIG. entzweien ; Zwietracht säen. | *Désunir deux amants*, zwei Liebende auseinanderbringen.
◇ part. pass. et adj. **désuni, ie,** uneinig ; gespalten.

détachage [detaʃa:ʒ] m. TECHN. Fleckenentfernung f. ; Reinigung f.

détachant [-ʃɑ̃] m. Fleckenentferner m.

détachement [-ʃmɑ̃] m. Lossagung f. || FIG. [renoncement] Verzicht m. ; Entsagung f. || MIL. Sonderabteilung f. ; Kommando n. ; Trupp m. | *Détachement d'éclaireurs*, Spähtrupp. | *Être en détachement*, abkommandiert sein.

détacher [-ʃe] v. tr. [délier] losbinden, -lösen, -machen ; abbinden ; entfesseln. | *Détacher un prisonnier*, einem Gefangenen die Fessel abnehmen. | *Détacher un chien*, einen Hund losbinden, -ketten, -lassen. | *Détacher les lacets*, die Schuhriemen aufschnüren. || PAR ANAL. [disjoindre, enlever] loslösen, -trennen ; los... ; ab... | *Détacher une feuille d'un bloc*, ein Blatt von einem Block abreißen. || PAR EXT. [faire ressortir] hervorheben ; hervortreten lassen ; herausziehen. || FIG. abwenden ; losreißen. | *Ne pouvoir détacher ses yeux de qch.*, die Augen von etwas nicht abwenden können. | *Détacher une mère de son fils*, eine Mutter von ihrem Sohn abspenstig machen. || MIL. abkommandieren. || ADMIN. *Détacher qn en province*, jn in die Provinz abordnen.
◇ part. pass. et adj. **détaché, ée,** los(e) ; abgetrennt. || PAR EXT. [distinct] einzeln ; für sich. | *Phrases détachées*, einzelne Sätze (m. pl.). || FIG. gleichgültig ; unbeteiligt. | *Air détaché*, gleichgültige Miene. || TECHN. *Pièce détachée*, Ersatzteil m.
◇ v. pr. **se détacher,** [se disjoindre] sich lösen ; sich losmachen, -binden. || PAR ANAL. [sens pass.] abgehen ; los... ; ab... | *Une pierre se détache*, ein Stein wird lose, fällt ab. | *Se détacher de ses liens*, sich seiner Fessel entledigen. || PAR EXT. [ressortir] sich hervor-, abheben ; hervortreten. || FIG. *Se détacher de qn*, sich von jm abwenden.

détacher [-ʃe] v. tr. TECHN. [nettoyer] Flecken entfernen ; reinigen.

détail [deta:j] m. [partie d'un tout] Einzelheit f. ; Einzelne(s) n. | *En détail*, im einzelnen ; einzeln ; genau. || PAR ANAL. [circonstance] (Neben)umstand m. | *Les détails d'une affaire*, die näheren Umstände (m. pl.), Angaben (f. pl.) einer Affäre. || PAR EXT. [circonstance, accessoire] Nebenumstand m. ; Kleinigkeit f. | *C'est un détail*, das ist Nebensache. | *Ce sont des détails*, das sind nur Kleinigkeiten. || FIG. [dans un récit] *Raconter la chose en détail*, die Sache umständlich erzählen. | *Je ne veux pas entrer dans les détails*, ich will auf Einzelheiten, auf die näheren Umstände nicht eingehen. | *Luxe de détails*, Umständlichkeit f. ; Ausführlichkeit f. | *Pour plus de détails, voir les journaux*, Näheres in den Zeitungen. || COMM. (*Commerce de*) *détail*, Einzel-, Kleinhandel m. ; Detail n. | *Vendre au détail*, im kleinen, stückweise verkaufen.

détaillant, ante [-jɑ̃, ɑ̃:t] s. COMM. Einzelhändler(in) m. (f.) ; Kleinverkäufer(in) m. (f.), -händler(in) m. (f.) ; Detaillist m.

détailler [-je] v. tr. [couper en pièces] in Stücke hauen, schlagen ; zerschneiden. | *Détailler un veau*, ein Kalb zerlegen. || PAR EXT. [énumérer] einzeln aufführen ; aufglieder n. ; spezifizieren ; detaillieren. || FIG. [dans un récit] ausführlich erzählen ; eingehend beschreiben.|| COMM. [vendre] einzeln verkaufen.
◇ part. pass. et adj. **détaillé, ée,** ausführlich ; umständlich ; genau ; detailliert. | *Faire un récit détaillé*, eingehend erzählen.
— SYN. : *Circonstancié*, umständlich ; ausführlich.

détaler [detale] v. intr. FAM. sich davonmachen ; POP. abhauen ; Fersengeld geben ; verduften.

détartrage [detartra:ʒ] m. TECHN. Kesselsteinentfernung f. || MÉD. Zahnsteinentfernung f.

détartrer [-tre] v. tr. TECHN. den Kesselstein entfernen (von). || MÉD. Zahnstein entfernen.

détaxe [detaks] f. FIN. Steuernachlaß m. ; Gebührenerlaß m. ; Taxenermäßigung f.

détaxer [-se] v. tr. FIN. *Détaxer une marchandise*, die Gebühren für eine Ware herabsetzen. || PAR EXT., POSTES. Porto ermäßigen.

détecter [detɛkte] v. tr. RADIO. anzeigen ; aufspüren. || FIG. [découvrir] auffinden ; ausmachen.

détecteur, trice [-tœ:r, tris] adj. anzeigend ; Anzeige... ; Aufspür...
◇ m. **détecteur,** RADIO. Anzeiger m. ; Detektor m. || MIL. *Détecteur de mines*, Minensuchgerät n. || NUCL. *Détecteur de radiations*, Strahlungsdetektor m.

détection [-sjɔ̃] f. RADIO. Anzeigen n. ; Aufspüren n.

détective [-tiv] m. Geheimpolizist m. ; Detektiv m. | *Détective privé*, Privatdetektiv ; Hausdetektiv.

déteindre [detɛ̃:dr] v. tr. ent-, abfärben.
◇ v. intr. die Farbe verlieren ; verschießen ; nicht farbecht sein. || FIG. *Son caractère a déteint sur le vôtre*, sein Charakter hat auf Ihren abgefärbt.

dételer [detle] v. tr. ab-, ausspannen ; abschirren.
◇ v. intr. *Le paysan dételа*, der Bauer spannte aus. || FIG., FAM. [renoncer] ausspannen.

détendre [-tɑ̃:dr] v. tr. [relâcher] ent-, ab-, losspannen. | *Détendre un ressort*, eine Feder entspannen, abdrücken. || PAR EXT. [détacher] *Détendre le linge*, die Wäsche abnehmen. || FIG. *Détendre les nerfs*, die Nerven ausspannen.
◇ part. pass. et adj. **détendu, ue,** entspannt ; schlaff ; gelockert. || FIG. *Rapports détendus*, aufgelockerte Beziehungen f. pl.
◇ v. pr. **se détendre,** [sens pass.] sich entspannen ; lose werden ; erschlaffen ; nachgeben. || FIG. *L'atmosphère se détend*, die Spannung läßt nach.

détenir [detəni:r] v. tr. [posséder] innehaben ; in Besitz sein von ; besitzen. || PAR EXT. [retenir injustement] vorenthalten ; zurückbehalten. || FIG. *Détenir un secret*, in Besitz von einem Geheimnis sein. || JUR. [en prison] gefangenhalten ; in Haft halten. || SPORT. *Un coureur détient le record*, ein Läufer hält den Rekord.
◇ part. pass. et adj. **détenu, ue,** JUR. inhaftiert ; gefangengehalten. | *Être détenu*, in Haft sein. | *Un détenu*, ein Häftling ; ein Gefangener.

détente [detɑ̃:t] f. [action] Entspannen n. ; Nachlassen n. ; Erschlaffen n. || PAR ANAL. [résultat] Entspannung f. || FIG. [relâche, repos] Entspannung f. ; Erholung f. | *Détente dans les relations internationales*, Nachlassen der internationalen Spannung. | *Détente physique et intellectuelle*, körperliche und geistige Entspannung, Erholung. || MIL. *Permission de détente*, Erholungsurlaub m. || TECHN. [arme] Abzug m. ; Drücker m. | *Presser sur la détente*, abdrücken. || FIG., FAM. *Être dur à la détente*, nicht gern geben ; knickrig sein.

détenteur, trice [detɑ̃tœ:r, tris] s. JUR., COMM. Inhaber(in) m. (f.) ; (tatsächliche[r]) Besitzer(in) m. (f.) ; Verwahrer(in) m. (f.). || PAR EXT. Besitzer(in). | *Être détenteur de qch.*, in Besitz von etwas sein. || SPORT. *Détenteur d'un titre*, Titelhalter m., -verteidiger m.

détention [-sjɔ̃] f. [possession] Innehaben n. ; (tatsächlicher) Besitz ; Verwahrung f. ; Gewahrsam m. | *Détention d'armes illégales*, unerlaubter Waffenbesitz. || PAR EXT. [possession injuste] Zurückbehaltung f. ; Vorenthaltung f. || JUR. [emprisonnement] Gefangenhaltung f. ; Haft f. | *Détention préventive*, Untersuchungshaft f. | *Maison de détention*, Zuchthaus n. ; Gefängnisanstalt f.

détergent, ente [detɛrʒɑ̃, ɑ̃:t] adj. reinigend.
◇ m. **détergent,** Reinigungs-, Wasch-, Spülmittel n.

détérioration [deterjɔrasjɔ̃] f. [action] Beschädigen n. ; Verderben n. || PAR ANAL. [résultat] Schaden m. ; Beschädigung f. ; Verschlechterung f. ; Verfall m. || FIG. *Détérioration des relations*, Verschlechterung der Beziehungen. | *Détérioration des finances*, Verschlimmerung (f.) der finanziellen Lage.

détériorer [-re] v. tr. beschädigen ; abnutzen ; verschlechtern ; verschlimmern ; verderben.
◇ v. pr. **se détériorer,** sich verschlechtern ; schadhaft werden ; sich abnutzen.
— SYN. : *Dégrader, endommager*, beschädigen. *Abîmer*, verderben. *Détraquer*, durcheinanderbringen.

déterminable [determinabl] adj. bestimmbar ; feststellbar.

déterminant, ante [-nɑ̃, ɑ̃:t] adj. bestimmend ; ausschlaggebend ; maßgebend, -geblich.

déterminatif, ive [-natif, i:v] adj. GRAMM. näher bestimmend ; mit näherer, zur näheren Bestimmung.
◇ m. **déterminatif,** GRAMM. Bestimmungswort n.

détermination [-nasjɔ̃] f. [action de fixer] Bestimmung f. ; Festlegung f. ; Bezeichnung f. || PAR ANAL. *Détermination des bénéfices*, Gewinnberechnung f., -ermittlung f. | *Détermination des pouvoirs*, Abgrenzung (f.) der Befugnisse. || PAR EXT. [résolution] Entschluß m. | *Prendre une détermination*, einen (endgültigen) Entschluß fassen. || FIG. [caractère résolu] Entschlossenheit f.

déterminer [-ne] v. tr. [fixer, préciser] bestimmen ; festsetzen, -legen ; genau bezeichnen. || PAR ANAL. *Déterminer les pouvoirs de qn*, js Befugnisse abgrenzen. | *Déterminer les bénéfices d'un commerçant*, den Gewinn eines Kaufmanns berechnen, ermitteln. || PAR EXT. [décider à] *Déterminer qn à faire qch.*, jn zu etwas bestimmen, veranlassen. || FIG. [causer] bewirken ; herbeiführen ; verursachen.
◇ part. pass. et adj. **déterminé, ée,** bestimmt ; festgelegt. || FIG. entschlossen ; entschieden. | *Être déterminé à qch.*, zu etwas entschlossen sein. | *D'un air déterminé*, von resolutem Aussehen.
◇ v. pr. **se déterminer (à),** sich entschließen (zu) ; sich entscheiden (zu).

déterminisme [-nism] m. PHILOS. ursächliche Willensbestimmtheit ; Determinismus m.

déterrer [detɛre] v. tr. ausgraben ; aus der Erde holen ; ans Tageslicht bringen. | *Déterrer un trésor*, einen Schatz ausgraben, heben. || PAR ANAL. *Le chien déterre un os*, der Hund scharrt einen Knochen aus.
◇ part. pass. et adj. **déterré, ée,** ausgegraben. || FIG. aufgestöbert. || SUBSTANTIV. *Avoir une mine de déterré*, leichenblaß aussehen.

détersif, ive [detɛrsif, i:v] adj. reinigend.
◇ m. **détersif,** Reinigungs-, Wasch-, Spülmittel n.

détestable [detɛstabl] adj. verabscheuungswürdig ; abscheulich ; häßlich. || PAR ANAL. *Temps détestable*, scheußliches Wetter. || FIG. *Humeur détestable*, greuliche Laune.
— SYN. : *Haïssable*, hassenswert. *Odieux*, verhaßt.

détester [-te] v. tr. verabscheuen ; einen Abscheu haben (vor, dat.) ; hassen ; völlig ablehnen. | *Je les déteste*, sie sind mir verhaßt. | *Se faire détester de tout le monde*, sich bei aller Welt verhaßt, unbeliebt machen. | *Détester la poésie*, ein Feind der Poesie sein.
— SYN. : *Abhorrer*, verabscheuen. *Exécrer, maudire*, verfluchen. *Abominer*, abscheulich finden.

détonant, ante [detɔnɑ̃, ɑ̃:t] adj. knallend ; explodierend ; explosiv ; Knall... | *Mélange détonant*, (hoch)explosives Gemisch.

détonateur [-natœ:r] m. Zünder m. ; Zündkapsel f., -hütchen n.

détonation [-nasjɔ̃] f. Knall m. ; Schuß m. ; Detonation f. | *Il y eut deux détonations*, es knallte zweimal ; es fielen zwei Schüsse.

détoner [-ne] v. intr. knallen ; hochgehen ; explodieren.

détonner [-ne] v. intr. MUS. falsch singen ; im Ton abgleiten. || FIG. [couleurs] nicht zusammenpassen (mit) ; [personne] aus dem Rahmen fallen.

détordre [detɔrdr] v. tr. auf-, auseinander-, losdrehen ; aufribbeln.

détortiller [detɔrtije] v. tr. entflechten.

détour [detu:r] m. [sinuosité] Biegung f. ; Wendung f. ; Windung f. ; Krümmung f. | *Détour de la route*, Straßenbiegung. || PAR EXT. [chemin allongé] Umweg m. ; Umgehung f. ; Umleitung f. | *Faire un détour*, einen Umweg, Abstecher machen. || FIG. [repli, secret, biais] Umweg m. ; Umschweife m. pl. ; Schleichweg m. ; Ausflucht f. | *Parler sans détour*, unverblümt, ohne Umschweife reden.

détournement [-nəmɑ̃] m. [action] Ablenken n. ; Umgehen n. || FIG. Ver-, Entführung f. || AÉRON. *Détournement d'avion*, Flugzeugentführung f. || COMM. Unterschlagung f. ; Entwendung f. ; Hinterziehung f. || FIN. *Détournement de fonds publics*, Unterschlagung (f.)

öffentlicher Gelder. || JUR. *Détournement de mineur*, Verführung (f.) von Minderjährigen.

détourner [-ne] v. tr. **1.** CHOSES : [tourner d'un autre côté] ab-, wegwenden. | *Détourner le visage*, das Gesicht wegkehren. | *Détourner les yeux*, wegblicken, -sehen. || PAR ANAL. [dévier] ab-, wegleiten ; ablenken ; umleiten (sépar.). | *Détourner un fleuve*, einen Strom umbetten. | *Détourner la circulation*, den Verkehr umleiten. || FIG. *Détourner la foudre*, den Blitz ableiten. | *Détourner un coup*, einen Schlag abwenden, -wehren. || PAR EXT. *Détourner le sens*, den Sinn verdrehen. || FIG. ablenken, -wenden. | *Détourner la conversation*, das Gespräch in andere Bahnen lenken, ablenken. | *Détourner les soupçons*, den Verdacht ablenken. || COMM. [argent] unterschlagen ; ab-, entwenden ; veruntreuen. **2.** PERSONNES : [écarter] *Détourner qn de son chemin*, jn vom Weg abbringen ; FIG. jn auf Abwege bringen. || FIG. [d'un projet] abbringen. | *Détourner qn de son sujet*, jn vom Gegenstand abführen. | *Détourner qn de qch.*, jm etwas ausreden. || JUR. *Détourner un mineur*, einen Minderjährigen verführen.

◇ part. pass. et adj. **détourné, ée,** ab-, umgeleitet ; abgelenkt. || PAR EXT. *Chemin détourné*, abgelegener Weg. || FIG. [indirect] verdeckt ; versteckt. | *Par des moyens détournés*, auf Umwegen.

◇ v. pr. **se détourner (de),** sich ab-, wegwenden (von) ; sich abkehren (von).

détracteur, trice [detraktœ:r, tris] s. Verleumder(in) m. (f.) ; Schmäher(in) m. (f.).

détraquement [detrakmɑ̃] m. Störung f. ; Zerrüttung f. || FIG. Verwirrung f.

détraquer [-ke] v. tr. stören ; durcheinanderbringen ; verderben. | *Détraquer l'estomac*, den Magen verderben. | *Détraquer la santé*, die Gesundheit zerrütten. || FIG. [l'esprit] verwirren. || TECHN., FAM. kaputt machen.

◇ part. pass. et adj. **détraqué, ée,** gestört ; verdorben ; FAM. kaputt. || FIG. [fou] übergeschnappt.

détrempé, ée [detrɑ̃:pe] adj. [par la pluie] aufgeweicht ; verregnet.

détresse [detrɛs] f. höchste Not ; Bedrängnis f. ; Notlage f. ; Herzensangst f. ; Elend n. ; Hilflosigkeit f. | *Cri de détresse*, Notschrei m. | *Signal de détresse*, Notsignal n. ; SOS-Ruf m. ; [automobile] Warnblinkanlage f. | *En détresse*, in der Not ; in bedrängter Lage. | *Navire en détresse*, Schiff (n.) in Seenot.

détriment [detrimɑ̃] m. Nachteil m. ; Schaden m. | *Au détriment de*, zum Schaden von ; auf Kosten von.

détritus [detritys] m. pl. Überreste m. pl. ; Abfälle m. pl. ; Schutt(abfall) m.

détroit [detrwa] m. GÉOGR. Meerenge f. ; Straße f. | *Détroit maritime*, Meeresstraße. | *Le détroit de Gibraltar*, die Straße von Gibraltar.

détromper [detrɔ̃pe] v. tr. aus dem Irrtum reißen ; eines Besseren belehren ; jm die Augen öffnen. | *Détrompez-vous*, glauben Sie es ja nicht !

détrôner [detrone] v. tr. POLIT. entthronen ; absetzen. || FIG. verdrängen ; ablösen.

détrousser [detruse] v. tr. [voler] ausplündern ; berauben.

détrousseur [-sœ:r] m. [voleur] Straßenräuber m. ; Plünderer m.

détruire [detrɥi:r] v. tr. [construction] zerstören ; niederreißen. || PAR EXT. [anéantir] vernichten ; zunichte machen ; ver-, austilgen. || LOC. *Détruire à la bombe*, ausbomben. | *Détruire de fond en comble*, ausradieren ; zertrümmern ; ausrotten. | *Détruire par le feu*, verbrennen. | *Détruire à coups de hache*, zerhacken. || FIG. [anéantir, abolir] vernichten ; zugrunde richten ; abschaffen. | *Détruire les espérances*, die Hoffnungen zunichte machen. | *Détruire les illusions*, die Illusionen nehmen.

dette [dɛt] f. [somme due] (Geld)schuld f. | *Dette de jeu*, Spielschuld. | *Avoir des dettes*, Schulden haben ; verschuldet sein. | *Faire, Contracter des dettes*, Schulden machen ; in Schulden geraten. | *Être dans les dettes jusqu'au cou*, bis über die Ohren verschuldet sein. || FIG. [obligation morale] Schuld f. ; Verpflichtung f. | *Dette d'honneur*, Ehrenschuld. | *Dette de reconnaissance*, Dankesschuld. | *Avoir une dette envers qn*, jm etwas verdanken ; jm etwas schuldig sein. || COMM. Schuld f. | *Amortissement d'une dette*, Tilgung (f.) einer Schuld. | *Rémission de dette*, Entschuldung f. || ÉCON. *Dette extérieure*, Auslandsverschuldung f. ; Auslandsschulden f. pl. | *Dette publique*, öffentliche Schuld, Staatsschuld.

deuil [dœ:j] m. [sentiment] Trauer f. ; Trauern n. ; tiefes Leid. | *Être en deuil*, Trauer haben ; trauern. | *Deuil national*, Landestrauer. | *Être en deuil de qn*, *Porter le deuil de qn*, um jn trauern ; jn betrauern. || PAR ANAL. [signes extérieurs] Trauer... | *Avoir un deuil dans sa famille*, einen Trauerfall in der Familie haben. | *Vêtements de deuil*, Trauerkleider n. pl. | *Quitter le deuil*, die Trauerkleider ablegen ; austrauern. || LOC. *Avoir les ongles en deuil*, Trauerränder (an den Fingern) haben. || FIG. *Faire son deuil de qch.*, etwas abschreiben ; POP. etwas in den Schornstein schreiben.

deux [dø, dø:z devant une voyelle] adj. num. card. [dans un plus grand nombre] zwei. || MIL. *Deux cents hommes*, zweihundert Menschen ; zweihundert Mann. | *Ils étaient deux*, es waren ihrer zwei. || PAR ANAL. [deux en tout] *Les deux*, beide ; die beiden. | *Les deux bras*, beide Arme. | *Tous (les) deux*, (alle) beide. | *Aucun des deux*, keiner von beiden. | *Des deux côtés*, auf beiden Seiten ; beiderseits. || PAR EXT. [quelques] *À deux pas d'ici*, ganz in der Nähe ; unweit von hier. | *J'ai deux mots à te dire*, ich habe dir was zu sagen ; auf ein Wort nur. | *En deux mots*, mit wenigen Worten ; kurz. | *Passer à deux doigts de la mort*, haarscharf, einen Fingerbreit am Tode vorbeikommen. || FIG. *Ne faire ni une ni deux*, unverzüglich ; ohne weiteres Bedenken ; ohne mit der Wimper zu zucken.

◇ adj. num. ord. [classement] zweiter. | *Chapitre deux*, zweites Kapitel. || [lignée] *Henri II*, Heinrich der Zweite ; Heinrich II. || [date] *Samedi 2 mai*, Samstag, Sonnabend, den zweiten Mai.

◇ loc. adv. num. **de deux,** zwei... | *Une bouteille de deux litres*, eine Zweiliterflasche. | *De deux lignes, couleurs*, zweizeilig, -farbig. | *Un fossé de deux mètres de profondeur*, ein zwei Meter tiefer Graben. | *De deux sortes*, zweierlei. | *De deux en deux heures*, zweistündlich. — **à deux,** [deux ensemble] zu zweien ; zu zweit ; selbander. | *Faire qch. à deux*, etwas zu zweit tun. | *Vivre à deux*, miteinander leben. | *Deux à deux*, zwei und zwei ; paarweise. || [ayant deux] Zwei... ; Doppel... ; zwei... ; doppel... | *À deux côtés*, doppelseitig. | *À deux étages*, zweistöckig. | *Aigle à deux têtes*, Doppeladler m. | *Porte à deux battants*, zweiflüglige Tür ; Doppeltür f. || FIG. *Arme à deux tranchants*, zweischneidige Waffe. — **en deux,** entzwei. | *Couper en deux*, entzweischneiden, -hauen. | *Casser en deux*, entzweibrechen. | *Partager en deux*, in zwei Hälften teilen ; jedem die Hälfte geben. — **deux fois,** [multiplication] zweimal. | *Il ne se l'est pas fait dire deux fois*, er hat es sich nicht zweimal sagen lassen. | *Qui se fait deux fois*, zweimalig. || [double] *Deux fois autant*, zweifach ; zweifältig ; doppelt (so viel). | *Il travaille deux fois comme moi*, er arbeitet doppelt so viel wie ich. || LOC. *De deux choses l'une*, eines von beiden. | *Un jour sur deux*, jeder zweite Tag. | *Marcher deux par deux*, paarweise gehen. | *Discours en deux langues*,

zweisprachige Rede. | *Entre les deux*, halb und halb ; nicht halb, nicht ganz. | *Qui paraît tous les deux mois*, zweimonatlich.
◇ m. [chiffre] Zwei f. ; Zweier m. || JEUX. [cartes] | *Jouer le deux de cœur*, Herz zwei spielen.
deuxième [døzjɛm] adj. num. ord. zweiter.
◇ s. Zweite(r) f. (m.) || PAR EXT. *Appartement au deuxième*, Wohnung (f.) im zweiten Stock.
deuxièmement [-jɛmmɑ̃] adv. zweitens.
deux-pièces [-pjɛs] m. [appartement] Zweizimmerwohnung f. || [costume] zweiteiliger Herren-, Damenanzug ; Mantelkleid n. || [maillot de bain] Zweiteiler m. ; zweiteiliger Badeanzug.
deux-points [-pwɛ̃] m. pl. GRAMM. Doppelpunkt m. (:).
dévaler [devale] v. intr. et tr. herabsteigen, -stürzen, -laufen, -rollen ; zu Tal stürzen. | *Dévaler de la montagne*, vom Berg herabkommen. | *Le torrent dévale la pente*, der Gießbach stürzt den Abhang hinunter.
dévaliser [devalize] v. tr. [voler, piller] ausplündern ; be-, ausrauben.
dévalorisation [devalɔrizasjɔ̃] f. Ent-, Abwertung f. ; Wertminderung f.
dévaloriser [-lɔrize] v. tr. ent-, abwerten ; den Wert herabsetzen.
dévaluation [-lɥasjɔ̃] f. FIN. (Geld)abwertung f. ; Devalvation f. ; Devaluation f.
dévaluer [-lɥe] v. tr. ab-, entwerten.
devancement [dəvɑ̃smɑ̃] m. MIL. *Devancement d'appel*, freiwillige Gestellung.
devancer [-se] v. tr. **1.** ESPACE : [précéder] vorher-, voran-, vorausgehen (dat.). || PAR EXT. [dépasser] *Devancer qn*, jn überholen.
2. TEMPS : [précéder] vorangehen (dat.). || PAR ANAL. [à l'arrivée] *Devancer qn de cinq minutes*, fünf Minuten vor jm eintreffen.
3. FIG. [surpasser] übertreffen, -flügeln. || [prévenir] *Devancer (les intentions de) qn*, jm zuvorkommen.
— SYN. : *Prévenir*, zuvorkommen. *Anticiper*, zeitlich vorwegnehmen.
devancier, ière [-sje, jɛ:r] s. [prédécesseur] (Amts)vorgänger(in) m. (f.).
devant [dəvɑ̃] prép. [en face de, en avant de] vor (dat., acc.). | *Être devant la porte*, vor der Tür stehen, liegen, sitzen, hängen. | *Mettre devant la porte*, vor die Tür stellen, legen, setzen, hängen. | *Passer devant qn*, vor jn (hin)treten. | *Marcher, Courir devant qn*, vor jm herschreiten, -laufen. | *Devant mes yeux*, vor meinen Augen. | *Regarder devant soi*, vor sich hinblicken. | *Aller devant soi*, vor sich hingehen. | *Droit devant soi*, geradeaus. || PAR ANAL. [le long de] an (dat.). *Passer devant qch.*, an etwas vorübergehen, -fahren, -fliegen. || PAR EXT. [en présence de] vor ; in Gegenwart (gén.) ; im Beisein (gén.). || LOC. *Paraître devant Dieu*, vor Gottes Angesicht treten. | *Avoir beaucoup de travail devant soi*, viel Arbeit (vor)haben. | *Avoir du temps devant soi*, noch Zeit genug haben. || FIG. [face à] vor (dat.) ; gegenüber (dat.) ; angesichts (gén.). | *Tous les hommes sont égaux devant la loi*, alle Menschen sind vor dem Gesetz gleich. | *Devant le danger*, angesichts der Gefahr.
◇ loc. prép. **au-devant de,** entgegen (dat.). | *Aller au-devant de qn*, jm entgegengehen ; jn abholen. | *Aller au-devant d'un désir*, einem Wunsch zuvorkommen. — **par-devant.** *Par-devant notaire*, im Beisein eines Notars.
◇ adv. [en face] davor. | *Mettre devant*, davor stellen, legen, setzen, hängen. || PAR ANAL. [en avant] vorn(e). | *S'asseoir devant*, sich vorn hinsetzen. | *Devant et derrière*, vorn und hinten. || PAR EXT. [en tête] voran ; voraus. | *Aller devant*, voran-, vorausgehen. | *Mettre devant (les autres)*, voranstellen. | *Passez devant*, gehen Sie voran ! || LOC. *Il passa devant (cela)*, er ging daran vorüber. | *Sens devant derrière*, verkehrt.
◇ loc. adv. **ci-devant,** vormals ; zuvor. — **par-devant,** vorn(e) ; von vorn. | *Ouvrir par-devant*, von vorn öffnen. || *De devant*, Vorder... | *Pied, patte de devant*, Vorderfuß m. | *Porte, pièce de devant*, Vordertür f., -zimmer n.
◇ m. [partie antérieure] Vorderteil n. ou m., -seite f. | *Devant d'une maison*, Vorderseite eines Hauses. | *Habiter sur le devant*, nach vorn heraus wohnen. || LOC. *Prendre les devants*, vorangehen ; vorauseilen ; FIG. zuvorkommen ; vorgreifen.
devanture [-ty:r] f. Laden-, Schaufenster n.
dévastateur, trice [devastatœ:r, tris] adj. verwüstend ; verheerend ; zerstörerisch.
◇ s. Verheerer(in) m. (f.) ; Zerstörer(in) m. (f.).
dévastation [-tasjɔ̃] f. Verwüstung f. ; Verheerung f. ; Zerstörung f.
dévaster [-te] v. tr. zerstören ; verheeren ; verwüsten ; veröden.
déveine [devɛn] f. FAM. Pech n.
développement [devlɔpmɑ̃] m. **1.** [action et résultat] Entwickeln n. ; Ent-, Abwicklung f. | *Développement d'un rouleau d'étoffe*, Aufrollen (n.) eines Stoffballens.
2. [croissance] Wachsen n. ; Wachstum n. ; Werdegang m. ; Werden n. | *En plein développement*, im Werden. | *Qui a fini son développement*, ausgewachsen.
3. [extension] Ausdehnung f. ; Erweiterung f. | *Développement d'entreprise*, Betriebserweiterung. || FIG. [épanouissement, prospérité] Aufschwung m. ; Gedeihen n. ; Entfaltung f. | *Développement de la grande industrie*, Aufschwung der Großindustrie. | *Développement des arts*, Entfaltung der Künste.
4. [évolution] (Fort)entwicklung f. ; Verlauf m. ; Evolution f. | *Pays en voie de développement*, Entwicklungsland n.
5. [exposition] Ausführung f. ; Darlegung f.
6. SENS PARTICULIERS : TECHN. [pédalier] Radübersetzung f. || PHOT. Entwickeln n. | *Cuve de développement*, Entwicklungswanne f.
développer [-pe] v. tr. [dérouler, déployer] ent-, ab-, auf-, auseinanderwickeln ; auf-, abrollen. || [étendre] ausdehnen ; erweitern. | *Développer une industrie*, eine Industrie ausdehnen. || FIG. [faire épanouir, prospérer] entfalten ; gedeihen lassen ; ausbilden. | *Développer l'esprit*, den Geist entfalten. | *Développer le corps, le caractère*, den Körper, den Charakter ausbilden. || [exposer] ausführen, -arbeiten ; darlegen. | *Développer une idée*, eine Idee darlegen. || GÉOM. abwickeln. || PHOT. entwickeln.
◇ v. pr. **se développer,** sich entwickeln. || PAR ANAL. [croître] wachsen. || PAR EXT. [élargir] sich ausdehnen ; sich erweitern. || FIG. [s'épanouir] sich entfalten ; zum Aufschwung kommen ; emporblühen. || [évoluer] sich entwickeln.
devenir [dəvəni:r] v. intr. [changer d'état] werden. | *Devenir grand, riche*, groß, reich werden. | *Devenir de la glace*, zu Eis werden. || PAR ANAL. *Devenir professeur*, (ein) Lehrer werden. | *Devenir roi*, (zum) König werden. || FIG. *Devenir qn*, es zu etwas bringen. || PAR EXT. [advenir de] werden... aus. | *Qu'est-il devenu ?*, was ist aus ihm geworden ? | *Que devenez-vous ?*, wie geht es Ihnen ? ; wo bleiben Sie denn ?
dévergondage [devɛrgɔ̃da:ʒ] m. (Sitten)ausartung f. ; Schamlosigkeit f. || FIG. Ausschweifung f.

dévergonder (se) [sədevɛrgɔ̃de] v. pr. sich Ausschweifungen hingeben ; alles Schamgefühl verlieren.
◇ part. pass. et adj. **dévergondé, ée,** scham-, sitten-, zügellos ; liederlich ; ausschweifend.

déverrouillage [devɛruja:ʒ] m. Entriegelung f.

déverrouiller [-je] v. tr. ent-, aufriegeln ; den Riegel zurückschieben.

devers [dəvɛ:r] prép. LOC. *Retenir par-devers soi*, in seinem Besitz behalten.

déversement [devɛrsəmɑ̃] m. [action de déverser] Ausschütten n. ; Stürzen n. ; Kippen n. ; Austrag m. || PAR ANAL. [action de se déverser] Ausguß m. | *Déversement des eaux*, Ausguß der Wasser.

déverser [-se] v. tr. [liquides] ausgießen, -schütten. || PAR ANAL. [objets] ausschütten, -tragen ; entleeren. | *Déverser des ordures*, Schutt abkippen, -werfen. || FIG. *Déverser un flot de paroles sur qn*, jn mit Worten überschütten.
◇ v. pr. **se déverser,** [s'écouler] ab-, ausfließen. || GÉOGR. sich ergießen (in, acc.).

déversoir [-swa:r] m. Abfluß m. ; Wehr n. ; Überlauf m. ; Ausflußöffnung f.

dévêtir [devɛti:r] v. tr. ent-, auskleiden ; die Kleidung ausziehen (dat.).
◇ v. pr. **se dévêtir,** sich entkleiden ; sich ausziehen ; seine Kleidung ablegen.
— SYN. : *Déshabiller*, ausziehen. *Dénuder*, entblößen.

déviation [devjasjɔ̃] f. [action] Abweichen n. || PAR ANAL. [résultat] Abweichung f., -lenkung f. | *Déviation d'un rayon lumineux*, Lichtbrechung f. | *Déviation d'un projectile*, Drall (m.) eines Geschosses. || FIG. [écart] Abweichen n. || MÉD. *Déviation de la colonne vertébrale*, Rückgratverkrümmung f. || PHYS. [de l'aiguille] Ausschlag m. ; Nadelablenkung f. || TECHN. Ableitung f. | [route] Umleitung f. || TÉLÉPH. *Déviation des appels*, Anrufweiterschaltung f.

dévider [-de] v. tr. ab-, auf-, loswickeln ; abrollen, -haspeln, -spulen. || FIG. abhaspeln, -spulen.

dévidoir [-dwa:r] m. (Ablauf)haspel f. ; Aufwickelvorrichtung f.

dévier [devje] v. intr. [être détourné] abweichen. || FIG. *Dévier de son chemin*, vom Wege abkommen. | *Faire dévier*, ablenken. || PHYS. [aiguille] ausschlagen.
◇ v. tr. [détourner] ablenken. || FIG. *Faire dévier les soupçons sur qn*, den Verdacht auf jn lenken. || [route] umleiten (sépar.).

devin, ineresse [dəvɛ̃, inrɛs] s. Wahr-, Weissager(in) m. (f.) ; Seher(in) m. (f.).
— SYN. : *Voyant*, Hellsichtiger. *Astrologue*, Astrolog.

deviner [dəvine] v. tr. [prédire] vorher-, voraussagen. || PAR ANAL. [pressentir] (voraus)ahnen. || PAR EXT. [découvrir] (er)raten ; herausfinden, -bekommen, -kriegen. | *Je le devine à son visage*, ich lese es ihm vom Gesicht ab. | *Deviner une énigme*, ein Rätsel lösen. | *Devinez*, raten Sie mal ! || FIG. [pénétrer] *Deviner les intentions de qn*, jn durchschauen.

devinette [-nɛt] f. Rätsel n. ; Scherzfrage f.

devis [dəvi] m. TECHN. Kostenanschlag m. | *Devis estimatif*, Kostenvoranschlag m.

dévisager [devizaʒe] v. tr. [regarder] genau mustern ; anstarren.

devise [dəvi:z] f. [phrase] Wahl-, Kern-, Denk-, Sinnspruch m. ; Losung f. ; Motto n. ; Devise f. || COMM. fremde Währung ; Devise f. | *Devises étrangères*, Valuten f. pl.

deviser [dəvize] v. intr. ein Plauderstündchen halten ; POP. plauschen.

dévisser [devise] v. tr. ab-, auf-, losschrauben ; lösen.
◇ v. intr. SPORT. abstürzen ; aus-, abrutschen.

dévoiler [devwale] v. tr. [statue] entschleiern ; enthüllen. || FIG. [révéler] enthüllen ; offenbaren ; aufdecken. | *Dévoiler un secret*, ein Geheimnis offenbaren, verraten. | *Dévoiler un complot*, eine Verschwörung aufdecken.
◇ v. pr. **se dévoiler,** FIG. [se révéler] sich enthüllen ; ans Licht kommen.

devoir [dəvwa:r] v. tr. **1.** AVEC RÉGIME DIRECT : [avoir à payer, à donner] *Devoir qch. à qn*, jm etwas schuldig sein ; jm etwas schulden ; an jn schulden. | *Combien vous dois-je ?*, was bin ich schuldig ? || FIG. [être tenu à qch.] schuldig sein. | *Il lui doit le respect*, er ist ihm Achtung schuldig. || [être redevable à qn] verdanken. | *Devoir sa fortune à ses parents*, seinen Eltern sein Vermögen verdanken. | *Il vous doit la vie*, er hat Ihnen sein Leben zu (ver)danken.
2. AVEC INFIN. : [obligation absolue] müssen ; haben... zu. | *Tous les hommes doivent mourir*, alle Menschen müssen sterben. | *Je dois partir*, ich muß weg. | *Cela devait arriver tôt ou tard*, das mußte (ja) früher oder später kommen. | *Il ne doit pas sortir*, er darf nicht ausgehen. | *Je dois encore travailler*, ich habe noch zu arbeiten. || [obligation morale] sollen ; verpflichtet sein zu. | *J'aurais dû lui obéir*, ich hätte ihm gehorchen sollen. | *On ne doit pas voler*, man soll, darf nicht stehlen. | *Fais ce que dois, advienne que pourra*, tue recht und scheue niemand ! || [probabilité, présomption] *Il doit venir*, er soll kommen. | *Cela doit être vrai*, das muß wahr sein. | *Il doit être arrivé (à présent)*, er muß, wird wohl jetzt angekommen sein.
◇ part. pass. et adj. **dû, due,** [à payer] schuldig. | *Montant dû*, schuldiger Betrag. || FIG. gebührend ; gehörig. | *Le respect dû à son âge*, die seinem Alter gebührende Achtung. | *En bonne et due forme*, vorschriftsmäßig ; in gehöriger Form. || SUBSTANTIV. **dû** m. Gebühr f. | *Exiger son dû*, fordern, was einem zukommt.
◇ v. pr. **se devoir,** *Se devoir à sa famille*, sich seiner Familie widmen sollen. | *Se devoir de*, müssen. | *Comme il se doit*, wie es sich gehört.

devoir m. [obligation] Pflicht f. ; Verpflichtung f. ; Schuldigkeit f. ; Sollen n. | *Sentiment du devoir*, Pflichtgefühl n. | *Faire, Remplir, Accomplir son devoir*, seine Pflicht, seine Schuldigkeit tun ; seine Pflichten erfüllen. | *Manquer à son devoir*, seiner Pflicht nicht nachkommen ; seine Pflicht versäumen. | *Il est de mon devoir de*, es ist meine Pflicht zu. | *Se faire un devoir de*, sich eine Pflicht daraus machen, zu ; es als seine Pflicht betrachten, zu. || FIG. *Se mettre en devoir de faire qch.*, sich anschicken, etwas zu tun. || UNIV. [exercice écrit] Aufgabe f. ; schriftliche Arbeit. | *Devoir supplémentaire*, Strafarbeit f.

dévolu, ue [devɔly] adj. JUR. heim-, zugefallen (dat.). | *Être dévolu à qn*, jm zufallen.
◇ m. **dévolu,** FIG. *Jeter son dévolu sur qch.*, etwas für sich beanspruchen ; seinen Blick auf etwas werfen.

dévorant, ante [devɔrɑ̃, ɑ̃:t] adj. verzehrend ; gefräßig. | *Flamme dévorante*, verzehrende Flamme. | *Appétit dévorant*, Heißhunger m. || FIG. *Soucis dévorants*, nagende Sorgen f. pl.

dévorer [-re] v. tr. [personnes] verzehren ; verschlingen ; POP. fressen. | *Il ne mange pas, il dévore*, er ißt nicht, er frißt. || PAR ANAL. [animaux] (auf)fressen ; zerfleischen, -reißen. || PAR EXT. *La fièvre le dévore*, das Fieber zehrt ihn auf. || LOC. *Dévorer un livre*, ein Buch verschlingen. || FIG. *Dévorer des yeux*, mit den Augen verschlingen.

dévot, ote [devo, ɔt] adj. fromm ; andächtig. || PÉJOR. frömmelnd.

◇ s. Andächtige(r) f. (m.) ; Gottesfürchtige(r) f. (m.). || PÉJOR. Frömmler(in) m. (f.) ; Betbruder m., -schwester f. ; Mucker(in) m. (f.).

dévotement [-vɔtmɑ̃] adv. andachtsvoll ; voller Andacht.

dévotion [-vosjɔ̃] f. Frömmigkeit f. ; Andacht f. || PÉJOR. *Fausse dévotion*, Frömmelei f. ; Scheinheiligkeit f. || LOC. *Faire ses dévotions*, seine Andacht halten ; beten. || FIG. [dévouement] Ergebenheit f. ; hingebung f. | *Être à la dévotion de qn*, jm zugetan sein.

dévouement [devumɑ̃] m. [action de se sacrifier] (Selbst)aufopferung f. ; Opfersinn m., -willigkeit f. | *Dévouement à autrui*, Selbstlosigkeit f. || PAR ANAL. [action de se sacrifier] Ergebenheit f. ; Hingebung f. ; Anhänglichkeit f. | *Dévouement à la science*, Hingabe (f.) an die Wissenschaft.

dévoué, ée [-vwe] adj. ergeben ; zugetan ; treu. | *Être dévoué à qn*, jm ergeben sein ; an jm hängen. | *Un serviteur dévoué*, ein treuer, anhänglicher Diener. || PAR ANAL., VX. [politesse] *Votre serviteur dévoué*, Ihr ergebener Diener.

dévouer (se) [sədevwe] v. pr. [se sacrifier pour] sich weihen ; sich widmen ; sich aufopfern ; sich ergeben. | *Se dévouer à la patrie*, sich dem Vaterlande opfern. | *Se dévouer à sa famille*, sich seiner Familie widmen.

dévoyer [devwaje] v. tr. et intr. FIG. vom rechten Wege abbringen ; irreführen. | *Un homme dévoyé, un dévoyé*, ein verwahrloster Mensch.

dextérité [dɛksterite] f. Hand-, Fingerfertigkeit f. ; Gewandtheit f. || FIG. Fingerspitzengefühl n.

diabète [djabɛt] m. MÉD. Zuckerkrankheit f. ; Diabetes m.

diabétique [-betik] adj. MÉD. zuckerkrank ; diabetisch.
◇ s. Zuckerkranke(r) f. (m.) ; Diabetiker(in) m. (f.).

diable [djɑbl] m. RELIG. [démon] Teufel m. ; Satan m. ; Böse m. | *Donner son âme au diable*, seine Seele dem Teufel verschreiben. || PAR ANAL. [personne méchante] Teufel m. ; Teufelskerl m. ; Bösewicht m. ; Schelm m. | *Un diable d'homme*, ein verteufelter Bursche ; ein Teufelskerl. || FAM. *C'est un petit diable*, es ist ein kleiner Schelm, Wicht, Wildfang. | *Un bon diable*, ein guter Kerl. | *Un pauvre diable*, ein armer Teufel, Schlucker. || PAR EXT. [chose] *Un diable de temps*, ein Hundewetter n. || LOC. *Être comme possédé du diable*, wie besessen sein. | *Avoir le diable au corps*, den Teufel im Leibe haben ; außer Rand und Band sein. | *Se démener comme un diable dans un bénitier*, sich wie toll gebärden. | *Tirer le diable par la queue*, am Hungertuch nagen ; von der Hand in den Mund leben. || TECHN. [voiture] Rollkarren m.
◇ loc. adv. **à la diable,** unordentlich ; schlecht. — **au diable (vauvert),** ganz weit weg ; am Ende der Welt. | *C'est au diable*, es ist so fuchtbar weit. | *Envoyer qn au diable*, jn zum Teufel schicken ; jn hinschicken, wo der Pfeffer wächst. — **en diable,** verteufelt ; verflucht ; verflixt. || LOC. *Bruit du diable*, Höllenlärm m. | *Vent du diable*, furchtbarer Wind. | *Avoir une peur du diable*, eine Höllenangst haben.
◇ interj. **diable !,** der Teufel ! ; zum Teufel ! ; verflixt ! ; zum Tausend ! | *Comment diable*, wie, zum Teufel ! || *Au diable !*, zum Teufel ! ; zum Henker ! ; zum Kuckuck ! ; verdammt ! ; verflucht ! | *Au diable les soucis !*, hinweg mit den Sorgen !

diablement [-bləmɑ̃] adv. FIG., FAM. [excessivement] verteufelt ; verdammt ; gewaltig.

diablerie [-bləri] f. Teufelei f. || FIG. [malice] Schelmenstreich m.

diablesse [-blɛs] f. Teufelin f. || PAR EXT. [femme méchante] Teufelsweib n. ; teuflisches Weib.

diablotin [-blɔtɛ̃] m. Teufelchen n. || FIG. [enfant] kleiner Teufel, Schelm.

diabolique [-bɔlik] adj. teuflisch ; ganz übel ; verteufelt ; höllisch ; diabolisch ; satanisch.

diabolo [-bɔlo] m. [jeu] Diabolo n. || [boisson] Limonade (f.) mit Sirup.

diaconesse [djakɔnɛs] f. RELIG. Diakonissin f.

diacre [djakr] m. RELIG. Hilfspfarrer m. ; Diakon m.

diadème [djadɛm] m. Stirnreif m. ; Diadem n. || FIG. [royauté] Königswürde f., -krone f.

diagnostic [-gnɔstik] m. MÉD. Diagnose f. | *Diagnostic anténatal*, Pränataldiagnostik f.

diagnostiquer [-gnɔstike] v. tr. MÉD. *Diagnostiquer une maladie*, eine Krankheit erkennen ; eine Diagnose stellen.

diagonal, ale, aux [djagɔnal, o] adj. GÉOM. durchschneidend, -laufend ; schräg ; diagonal.
◇ f. **diagonale,** MATH. Diagonale f. ; Transversale f. ; Schneidende f.

diagramme [djagram] m. Schaubild n., -linie f., -skizze f. ; Diagramm n.

dialectal, ale, aux [djalɛktal, o] adj. mundartlich ; dialektisch.

dialecte [-lɛkt] m. Mundart f. ; Dialekt m. ; heimatliches Platt.
— SYN. : *Patois* m., Platt n. ; gewöhnliche Sprechart.

dialecticien [-lɛktisjɛ̃] m. PHILOS. Dialektiker m.

dialectique [-lɛktik] f. Dialektik f.

dialectologie [-lɛktɔlɔʒi] f. Mundartkunde f.

dialogue [-lɔg] m. Zwiegespräch n. ; Dialog m. | *Sous forme de dialogue*, in Gesprächsform. || LOC. *C'est un dialogue de sourds*, sie reden aneinander vorbei.

dialoguer [-lɔge] v. intr. ein Zwiegespräch halten, führen ; sich unterhalten.

diamant [djamɑ̃] m. Diamant m. || POÉT. Demant. | *Les facettes d'un diamant*, die Rautenflächen (f. pl.) eines Diamanten. | *Sertir, Démonter un diamant*, einen Diamanten einfassen, herausbrechen. | *De, En diamant*, diamanten. || FIG. *Noces de diamant*, diamantene Hochzeit. || TECHN. *Diamant de vitrier*, Glaserdiamant.

diamantaire [-tɛ:r] adj. diamanten ; Diamant...
◇ m. Diamantenschleifer m., -händler m.

diamantifère [-tifɛ:r] adj. diamantenhaltig, -führend.

diamétralement [-metralmɑ̃] adv. FIG. *Diamétralement opposé*, diametral ; entgegengesetzt ; in geradem Widerspruch.

diamètre [-mɛtr] m. GÉOM. Durchmesser m. || TECHN. Durchmesser m. ; Bohrung f. ; Weite f. | *Diamètre intérieur*, Innendurchmesser ; lichte Weite.

diantre [djɑ̃:tr] interj. zum Teufel (auch) !

diapason [djapazɔ̃] m. MUS. Stimmgabel f. || FIG. [niveau] *Être au diapason*, gleichgestimmt sein. | *Se mettre au diapason de qn*, sich nach jm richten.

diaphane [djafan] adj. durchscheinend, -sichtig ; transparent.

diaphragme [djafragm] m. ANAT. Zwerchfell n. || MÉD. [contraceptif] Diaphragma n. || PHOT. Blende f.

diaphragmer [-me] v. intr. PHOT. die Blende einstellen.

diapositive [-ziti:v] f. Diapositiv n. ; Dia n.

diapré, ée [djapre] adj. viel-, bunt-, mehrfarbig ; bunt. | *Être diapré*, bunt schillern.

diaprure [-pry:r] f. Buntheit f. ; Vielfarbigkeit f. ; Farbenspiel n. ; schillernde Farben f. pl.

diarrhée [djare] f. MÉD. Durchfall m. ; Diarrhöe f.

diastole [djastɔl] f. MÉD. Diastole f.

diatomée [djatɔme] f. BOT. Diatomee f.

diatonique [djatɔnik] adj. MUS. diatonisch.

diatribe [djatrib] f. [paroles] abfälliges Urteil ; Schmähung f. || PAR ANAL. [écrit] Schmähschrift f. ; Pamphlet n.

dictateur [diktatœ:r] m. POLIT. Diktator m.

dictatorial, iale, iaux [-tɔrjal, jo] adj. machthaberisch ; gebieterisch ; herrisch ; diktatorisch.

dictature [-ty:r] f. Gewaltherrschaft f. ; Diktatur f.

dictée [dikte] f. [action] Diktieren n. | *Écrire sous la dictée de qn*, nachschreiben. || PAR ANAL. [chose] Diktat n.

dicter [dikte] v. tr. diktieren ; ein Diktat geben. || PAR ANAL. *Dicter qch. à qn*, jm etwas (in die Feder) diktieren. || PAR EXT. [imposer] vorschreiben ; auferlegen. | *Le devoir lui dicta sa conduite*, die Pflicht schrieb ihm seine Haltung vor. || FIG. [suggérer] eingeben.

diction [diksjɔ̃] f. Vortrag m. ; Ausdrucksweise f. ; Vortragsart f. | *Avoir une mauvaise diction*, eine fehlerhafte Ausdrucksweise haben.

dictionnaire [diksjɔnɛ:r] m. Wörterbuch n. ; Lexikon n. ; Diktionär n. | *Dictionnaire de poche*, Taschenwörterbuch. || *Dictionnaire technique*, Fachwörterbuch. || FIG., FAM. *C'est un dictionnaire vivant*, der weiß in allem Bescheid.

dicton [diktɔ̃] m. Spruch m. ; Sprichwort n. ; sprichwörtliche Redensart.

didactique [didaktik] adj. lehrhaft ; belehrend ; didaktisch. | *Poème didactique*, Lehrgedicht n.

dièse [djɛ:z] m. MUS. Erhöhungszeichen n. ; Kreuz n. | *Do dièse*, Cis n.

diesel [djezɛl] m. TECHN. Dieselmotor m.

diète [djɛt] f. MÉD. [abstinence] Enthaltung (f.) von Speisen ; Diät f. | *Diète absolue*, Hungerkur f. | *Mettre qn à la diète*, jn auf Diät setzen. | *Être à la diète*, nichts essen dürfen. || PAR EXT. [régime] Ernährungsweise f.

diète f. POLIT. [assemblée] Landtag m. ; Bundestag m. ; Reichstag m.

diététicien, ienne [djetetisjɛ̃, jɛn] s. Diätassistent(in) m. (f.) ; Diätspezialist(in) m. (f.).

diététique [-tik] f. Ernährungslehre f.

dieu [djø] m. **1.** (avec majusc.). RELIG. [monothéisme] Gott m. | *(Dieu) le Père, le Fils et le Saint-Esprit*, Gott Vater, Sohn und Heiliger Geist. | *Dieu en trois personnes*, der dreieinige Gott. | *L'Homme-Dieu*, der Mensch gewordene Gott. | *Craindre Dieu*, gottesfürchtig sein. | *Le Bon Dieu*, der liebe Gott. | *Sans Dieu*, gottlos. | *Agneau, parole de Dieu*, Gotteslamm n., -wort n. | *Trêve de Dieu*, Gottesfrieden m. | *Mère de Dieu*, Mutter Gottes. | *À l'image de Dieu*, gottähnlich. | *Avec l'aide de Dieu*, mit Gottes Hilfe. | *Pour l'amour de Dieu*, um Gottes Willen. | *Par la grâce de Dieu*, von Gottes Gnaden. | *Croyance en Dieu*, Gottesglaube m. ; Glaube an Gott. | *Vivre selon Dieu*, ein gottgefälliges Leben führen. | *Fête-Dieu*, Fronleichnam m. | *Hôtel-Dieu*, städtisches Krankenhaus. | *Bête à bon Dieu*, Marienkäfer m. | *Ne craindre ni Dieu ni diable*, vor nichts zurückschrecken. || PROV. *L'homme propose et Dieu dispose*, der Mensch denkt und Gott lenkt. | *Ce que femme veut, Dieu le veut*, Frauen Wille, Gottes Wille.
2. (sans majusc.) [polythéisme] Gott m. ; Gottheit f. | *Demi-dieu*, Halbgott. | *Faux dieu*, Abgott ; Götze m. | *Les dieux infernaux*, die Götter der Unterwelt. | *Les dieux lares*, die Hausgötter ; die Laren m. pl. | *Semblable aux dieux*, göttergleich ; göttlich. | *Jurer ses grands dieux*, Gott und die Welt anrufen. || FIG. [personne divinisée] Gott m. ; Abgott m. | *Faire de qn un dieu*, jn vergöttern ; jn zu seinem Abgott machen. | *Aimer qn comme son dieu*, jn vergöttern ; jn abgöttisch lieben.
◇ interj. *Dieu !, mon Dieu !*, mein Gott ! ; Herrgott ! ; | *herrje !* | *Grand Dieu !*, großer Gott ! ; ach, du lieber Gott ! | *Dieu soit loué, Dieu merci*, Gott sei Dank ! ; Gottlob ! | *Dieu (le) sait !*, weiß Gott ! | *Avec l'aide de Dieu !*, mit Gottes Hilfe ! | *Dieu m'en garde !, Dieu m'en préserve !*, behüte Gott ! ; um Himmels Willen nicht ! ; Gott bewahre ! | *À la grâce de Dieu !, à Dieu vat !*, das walte Gott ! ; behüt' euch Gott.

diffamant, ante [difamɑ̃, ɑ̃:t] adj. ehrenrührig ; diffamierend.

diffamateur, trice [-matœ:r, tris] adj. verleumderisch.
◇ s. Verleumder(in) m. (f.) ; Ehrabschneider(in) m. (f.) ; Lästerzunge f. ; POP. Lästermaul n.

diffamation [-masjɔ̃] f. Verleumdung f. ; üble Nachrede ; Verunglimpfung f.

diffamatoire [-matwa:r] adj. verleumderisch ; ehrenrührig. | *Écrit diffamatoire*, Schmähschrift f.

diffamer [-me] v. tr. verleumden ; verunglimpfen ; in Verruf bringen ; in bösen Leumund bringen ; diffamieren.

différemment [diferamɑ̃] adv. verschieden-, andersartig ; abweichend ; verschiedentlich.

différence [-rɑ̃:s] f. [défaut de similitude] Verschiedenheit f. ; Verschiedenartigkeit f. ; Unterschied m. ; Differenz f. | *Faire une différence entre deux choses*, einen Unterschied zwischen zwei Dingen machen ; zwei Dinge unterscheiden. | *À la différence de*, im Unterschied zu ; anders als. || PAR EXT. [inégalité quantitative] Unterschied m. | *Différence en plus*, Mehrbetrag m. ; Überschuß m. | *Différence en moins*, Fehlbetrag m. ; Ausfall m.
— SYN. : *Nuance* f., Nuance f. *Diversité* f., Verschiedenartigkeit f. *Variété* f., Mannigfaltigkeit f.

différenciation [-rɑ̃sjasjɔ̃] f. Unterscheidung f., -scheiden n. ; Differenzierung f.

différencier [-sje] v. tr. unterscheiden ; einen Unterschied machen ; abgrenzen.

différend [-rɑ̃] m. Streit m. ; Streitigkeit f. ; Streitfall m. ; Auseinandersetzung f. | *Avoir un différend avec qn*, mit jm eine Meinungsverschiedenheit haben.

différent, ente [-rɑ̃, ɑ̃:t] adj. [dissemblable] verschieden ; verschiedentlich ; abweichend. | *De nature, d'espèce différente*, verschiedenartig. | *D'opinion différente*, andersdenkend. | *Être d'un avis différent*, verschiedener Meinung sein ; anders denken. | *C'est différent !*, das ist (et)was anderes ! || FIG. [divers, plusieurs] *Différentes personnes*, verschiedene Personen. | *Différentes choses*, mancherlei. | *À différentes reprises*, mehrmals ; mehrfach.
— SYN. : *Distinct*, unter-, verschieden. *Hétérogène*, andersartig ; entgegengesetzt.

différentiation [-rɑ̃sjasjɔ̃] f. Differenzierung f.

différentiel, ielle [-rɑ̃sjɛl] adj. MATH. differential.
◇ m. **différentiel,** AUTOM. Ausgleich-, Differentialgetriebe n. ; Differential n.

différer [-re] v. tr. [retarder] auf-, hinaus-, verschieben ; zurückstellen ; verzögern. | *Sans différer*, ohne Aufschub. | *Différer son départ*, das Weggehen verschieben.
◇ v. intr. [être différent] verschieden, unterschiedlich sein ; sich unterscheiden ; abweichen. | *Le premier diffère du second*, der erste unterscheidet sich vom zweiten. | *Leurs opinions diffèrent*, sie sind verschiedener Ansichten. | *Différer du tout au tout*, grundverschieden sein.

◇ part. pass. et adj. **différé, ée,** [retardé] aufgeschoben. || SUBSTANTIV. *Émission en différé*, [radio] Rundfunkaufzeichnung f. ; [télévision] Fernsehaufzeichnung f.

difficile [difisil] adj. [se faisant avec peine] schwer ; schwierig ; mühsam ; mühevoll ; beschwerlich. | *Rendre difficile*, erschweren. | *Devoir difficile*, schwere Aufgabe. | *Rôle difficile*, schwierige, heikle Rolle. | *Chemin difficile*, schlechter, nicht leicht gangbarer Weg. || PAR EXT. [pénible] *Situation difficile*, schwierige, bedrängte Lage. | *Temps difficiles*, harte, schlimme Zeiten f. pl. || LOC. *Difficile (à)*, schwer (zu). | *Difficile à digérer*, schwer verdaulich. | *Il m'est difficile de*, es fällt mir schwer zu. || FIG. [à traiter] schwierig ; eigensinnig ; unverträglich. | *Caractère difficile*, Eigensinnigkeit f. ; Unverträglichkeit f. | *Difficile à vivre*, mit dem sich schwer auskommen läßt. | *Difficile à mener*, schwer zu behandeln. || PAR ANAL. [à contenter] verwöhnt ; wählerisch.
◇ m. [personne] *Faire le difficile*, den Verwöhnten spielen. || [chose] *Le plus difficile*, das Schwierigste.
— SYN. : *Difficultueux*, schwierig. *Délicat*, empfindlich ; kitzlig. *Épineux*, dornenvoll. *Ardu*, schwierig ; schwer lösbar. *Pénible*, mühsam ; peinlich. *Laborieux*, mühselig.

difficilement [-silmɑ̃] adv. schwer ; schwerlich ; nicht leicht.

difficulté [-kylte] f. **1.** [peine à faire] Schwierigkeit f. ; Beschwernis f. ; Beschwerlichkeit f. ; Mühe f. ; Mühsamkeit f. | *Difficulté de respiration*, Atembeschwerde f. | *Faire qch. avec difficulté*, etwas nur mit Mühe tun. | *Elle a de la difficulté à s'exprimer*, es fällt ihr schwer, sich gut auszudrücken.
2. [obstacle, empêchement] Schwierigkeit f. ; Hindernis n. ; Hemmung f. | *Éprouver une difficulté*, auf eine Schwierigkeit stoßen. | *Faire, susciter des difficultés*, Schwierigkeiten machen, bereiten. | *Surmonter, vaincre, aplanir des difficultés*, Schwierigkeiten überwinden. | *Cela ne fait aucune difficulté*, das macht gar keine, nicht die geringste Schwierigkeit. | *Sans aucune difficulté*, ohne jede Schwierigkeit ; ungehindert. | *Avoir des difficultés d'argent*, in Geldverlegenheit sein.
3. [objection] Einwendung f. ; Bedenken n. | *Soulever des difficultés*, Bedenken erheben.
4. FIG. [différend] *Avoir des difficultés avec qn*, mit jm eine Streitigkeit haben.
— SYN. : *Gêne* f., Hemmung f. *Embarras* m., Verlegenheit f. *Mal* m., *peine* f., Mühe f.

difficultueux, ueuse [-kyltɥø, ɥø:z] adj. [personne] schwierig ; umständlich. || PAR EXT. [chose] mühsam ; mühevoll.

difforme [difɔrm] adj. un-, mißgestaltet ; unförmlich ; verwachsen. | *Corps difforme*, unförmiger Körper. | *Rendre difforme*, verunstalten ; entstellen.
— SYN. : *Informe*, formlos. *Contrefait*, verunstaltet.

difformité [-mite] f. Mißgestalt f., -bildung f., -wuchs m. ; Unförmigkeit f. ; Formlosigkeit f.

diffraction [difraksjɔ̃] f. PHYS. (Strahlen)brechung f., -beugung f.

diffus, use [dify, y:z] adj. PHYS. ausgebreitet ; zerfließend ; zerstreut. | *Lumière diffuse*, mattes, unbestimmtes Licht. || FIG. [prolixe] weitschweifig ; verschwommen ; umständlich.

diffuser [-ze] v. tr. PHYS. ver-, ausbreiten ; zerstreuen ; diffundieren. || PAR EXT. [nouvelle] verbreiten. || RADIO., TÉLÉV. übertragen ; senden.

diffuseur [-zœ:r] m. AUTOM. Verteiler m. || RADIO. Lautsprecher m. || COMM. Vertriebsorganisation f.

diffusion [-zjɔ̃] f. PHYS. [lumière, gaz] Ausbreitung f. ; (Zer)streuung f. ; Diffusion f. || PAR EXT. [nouvelle, science] Ver-, Ausbreitung f. | *Diffusion d'une nouvelle, d'un journal*, Verbreitung einer Nachricht, einer Zeitung. | *Diffusion d'une langue*, Ausbreitung einer Sprache. || RADIO., TÉLÉV. Übertragung f. ; Sendung f. | *Diffusion par radio*, Radioübertragung. | *Diffusion par télévision*, Fernsehübertragung f.

digérer [diʒere] v. tr. PHYSIOL. verdauen. | *Difficile à digérer*, schwer verdaulich ; FIG., FAM. an etwas schwer zu schlucken haben. || PAR EXT. [assimiler] verarbeiten. || FIG. [accepter, croire] herunterschlucken ; ertragen ; hinnehmen.

digeste [diʒɛst] adj. leicht verdaulich ; bekömmlich.

digestible [-tibl] adj. verdaulich ; bekömmlich.

digestif, ive [-tif, i:v] adj. ANAT. *Appareil digestif*, Verdauungsapparat m., -organe n. pl. || PAR EXT. [qui facilite] verdauungsfördernd ; gut für die Verdauung.

digestion [-tjɔ̃] f. PHYSIOL. Verdauung f. | *D'une digestion difficile*, schwerverdaulich.

digital, ale, aux [diʒital, o] adj. fingerartig, -ähnlich ; Finger... | *Empreinte digitale*, Fingerabdruck m. || INF. digital.
◇ f. **digitale,** BOT. Fingerhut m.

digitigrade [-tigrad] m. ZOOL. Zehengänger m., -füßler m.

digne [diɲ] adj. [qui mérite] würdig ; wert. | *Digne de*, würdig (gén.) ; wert (gén.) ; ...würdig ; ...wert. | *Digne de ses ancêtres*, seiner Ahnen würdig. | *Digne d'éloges, de pitié, de mépris*, lobens-, bemitleidens-, verachtenswert. | *Digne de respect, de foi*, ehr-, glaubwürdig. | *Il n'en est pas digne*, er ist dessen nicht wert ; er verdient es nicht. | *Estimer qn digne de son amitié*, jn seiner Freundschaft würdigen. || PAR ANAL. [honorable, honnête] (ehr)würdig ; ehrenwert ; ehrbar ; schätzbar. || PAR EXT. [plein de gravité, de retenue] würdig ; würdevoll ; anstandsvoll. || IRON. *Prendre un air digne*, ein würdiges Gesicht aufsetzen.

dignement [-ɲəmɑ̃] adv. würdevoll ; in würdiger Weise.

dignitaire [-ɲitɛ:r] m. Würdenträger m.

dignité [-ɲite] f. Würde f. ; Würdigkeit f. | *Sentiment de sa dignité*, Selbstgefühl n., -achtung f. | *Dignité d'homme*, Menschenwürde. || PAR ANAL. [respectabilité] Würde f. ; Ehrbarkeit f. | *Compromettre sa dignité*, seiner Würde etwas vergeben. | *Perdre sa dignité*, sich entwürdigen. | PAR EXT. [retenue] Anstand m. ; würdevolle Haltung. | *Perdre toute dignité*, allen Anstand, jede Zurückhaltung verlieren. || FIG. [charge] (Amts)würde f. ; Ehrenamt n. | *Dignité épiscopale, de chancelier*, Bischofs-, Kanzlerwürde.

digression [digrɛsjɔ̃] f. Ab-, Ausschweifung f. ; Abweichung f. ; Abgehen vom Thema ; Exkurs m. ; Zwischenrede f. | *Faire des digressions*, abschweifen ; vom Thema abkommen. | *Qui abonde en digressions*, weitschweifig.

digue [dig] f. Deich m. ; Damm m. ; Wehr n. ; Aufschüttung f. | *Digue de pierre*, Steindamm ; Staumauer f. | *Digue de retenue*, Staudamm. | *Élever une digue*, einen Damm aufschütten, bauen ; eindämmen ; eindeichen. || FIG. Schutzwehr f. ; Damm m.

dilapidation [-dasjɔ̃] f. Verschwendung f. ; Vergeudung f. ; Verschleuderung f.

dilapider [-de] v. tr. verschwenden ; vergeuden ; verschleudern ; FAM. mit vollen Händen ausgeben ; mit Geld um sich werfen.

dilatable [dilatabl] adj. (aus)dehnbar.

dilatation [-tasjɔ̃] f. PHYS. (Aus)dehnung f. ; Wärmedehnung f. ; Erweiterung f. | *Dilatation du gaz*, Gasausdehnung. | *Dilatation thermique*, Wärmeausdehnung | *Joint de dilatation*, Wärmedehnungsfüge f. || [estomac] Erweiterung f.

dilater [-te] v. tr. (aus)dehnen ; erweitern. | *Dilater les corps*, Körper ausdehnen. || FIG. [épanouir] *La joie lui dilate le cœur*, freudig geht ihm das Herz auf ; vor Freude schwillt ihm das Herz.
◇ v. pr. **se dilater,** sich (aus)dehnen ; sich erweitern.

dilatoire [-twa:r] adj. JUR. aufschiebend. || PAR EXT. hinhaltend. | *Moyen dilatoire*, Notbehelf m.

dilemme [dilɛm] m. PHILOS. Doppelschluß m. ; Dilemma n. || PAR EXT. Entweder-Oder n. ; schwierige Lage ; Ausweglosigkeit f. | *Il est pris dans un dilemme*, hier heißt es entweder oder ; er steht am Scheideweg.

dilettante [dilɛttɑ̃:t] s. Liebhaber(in) m. (f.) ; Dilettant(in) m. (f.) ; PÉJOR. Pfuscher(in) m. (f.). | *Faire qch. en dilettante*, etwas dilettantenhaft tun.

dilettantisme [-tism] m. Liebhaberei f. ; Dilettantismus m.

diligence [diliʒɑ̃:s] f. [zèle] Sorgfalt f. ; Emsigkeit f. ; Beflissenheit f. ; (Dienst)eifer m. || PAR EXT. [rapidité] Eile f. | *Faire diligence*, sich (be)eilen ; nicht säumen. || HIST. [voiture] Post-, Reisekutsche f.

diligent, ente [-ʒɑ̃, ɑ̃:t] adj. [zélé] sorgfältig ; emsig ; eifrig ; betriebsam ; beflissen. || PAR EXT. [prompt] schnell ; flink ; eilig ; hurtig.
— SYN. : *Prompt*, rasch. *Expéditif*, flink ; hurtig.

diluant [dilɥɑ̃] m. Verdünner m.

diluer [-e] v. tr. verdünnen ; Wasser beimengen, strecken.

dilution [-sjɔ̃] f. [d'une peinture] Verdünnung f.

diluvien, ienne [dilyvjɛ̃, jɛn] adj. THÉOL. sintflutlich ; diluvianisch. || PAR EXT. *Pluie diluvienne*, POP. eine wahre Sintflut.

dimanche [dimɑ̃:ʃ] m. Sonntag m. | *Dimanche de la Pentecôte, des Rameaux*, Pfingst-, Palmsonntag. | *Sanctifier le dimanche*, den Sonntag ehren. | *Le dimanche nous nous reposons*, sonntags, am Sonntag ruhen wir uns aus. | *Du dimanche*, sonntägig ; Sonntags... | *Habits du dimanche*, Sonntagskleider n. pl.

dîme [di:m] f. HIST. Zehnte m.

dimension [dimɑ̃sjɔ̃] f. [étendue] Ausdehnung f., -maß n. | *Dimensions d'un paquet*, Umfang (m.) eines Pakets. || PAR EXT. [longueur, largeur, hauteur] Ausdehnung f. ; Maß n. ; Dimension f. | *À trois dimensions*, dreidimensional. | *Prendre les dimensions de qch.*, etwas ab-, ausmessen.
◇ SYN. : *Mesure* f., Maß n. *Grandeur* f., Größe f. *Proportion* f. (Aus)maß n. *Format* m., Format n.

diminuer [diminɥe] v. tr. [amoindrir] (ver)mindern ; verringern ; verkleinern ; kleiner machen. | *Diminuer qch. d'un tiers*, etwas um ein Drittel kleiner machen. || PAR ANAL. [nuances] *Diminuer les forces de qn*, js Kräfte schwächen. | *Diminuer les prix*, die Preise herabsetzen. || FIG. *Diminuer qn*, jn schmälern ; jn herabsetzen.
◇ v. intr. [s'amoindrir] sich (ver)mindern ; abnehmen ; kleiner, geringer werden. | *Diminuer de moitié*, um die Hälfte abnehmen. || PAR ANAL. [nuances] *Diminuer de valeur*, an Wert verlieren. | *Les jours diminuent*, die Tage nehmen ab. | *La fièvre diminue*, das Fieber geht zurück. | *Le vent diminue*, der Wind läßt nach, legt sich.
◇ part. pass. et adj. **diminué, ée,** (ver)mindert ; geschwächt. || FIG. *Se sentir diminué*, sich herabgesetzt fühlen.
— SYN. : *Abréger*, abkürzen. *Raccourcir*, kürzer machen. *Écourter*, verkürzen. *Rapetisser*, verkleinern.

diminutif [-nytif] m. GRAMM. Verkleinerungsform f. ; Diminutiv n.

diminution [-nysjɔ̃] f. [action] Vermindern n. ; Kleinerwerden n. ; Abnehmen n. ; [résultat] (Ver)minderung f. ; Verkleinerung f. ; Verringerung f. ; Abnehmen n. | *Être en diminution*, im Abnehmen sein. | *Diminution de poids, de vitesse*, Abnahme (f.) an Gewicht, an Geschwindigkeit. || PAR ANAL. *Diminution des forces*, Abnahme (f.), Schächerwerden (n.), Nachlassen (n.) der Kräfte. | *Diminution des prix*, Herabsetzen (n.), Sinken (n.) der Preise. | *Diminution de la population*, Bevölkerungsrückgang m. | *Diminution du pouvoir d'achat*, Kaufkraftschwund m. || PAR EXT. [réduction] *Diminution d'un prix*, Preisermäßigung f., -nachlaß m. || FIG. Herabsetzung f. ; Sinken n.
— SYN. : *Réduction*, Ermäßigung. *Baisse*, Fallen. *Abaissement*, Herabsetzen. *Rabais*, Rabatt. *Remise*, Preisnachlaß.

dinde [dɛ̃:d] f. Truthenne f. ; Pute f. || FIG., FAM. (dumme) Pute ; dumme Gans.

dindon [-dɔ̃] m. Truthahn m. ; Puter m. || FIG. *Être le dindon de la farce*, der Dumme bei einem Geschäft, einer Sache sein.

dîner [dine] v. intr. zu Abend essen ; seine Abendmahlzeit einnehmen. || PAR EXT. speisen. || LOC. *Inviter qn à dîner*, jn zum Essen einladen. | *Aller dîner en ville*, auswärts essen gehen. || LOC. *Dîner par cœur*, nicht essen ; POP. sich das Mittagessen verkneifen.

dîner m. Abendessen n., -brot n. ; Diner n. || PAR EXT. Essen n. | *Dîner de cérémonie*, Festessen. | *Dîner à la carte*, Essen nach der Karte.

dînette [-nɛt] f. Imbiß m. ; kleines Essen.

dîneur, euse [-nœ:r, ø:z] s. Tischgast m. | *Un fort dîneur*, ein starker Esser.

dingo [dɛ̃go] adj. POP. durchgedreht ; meschugge.

dingue [dɛ̃:g] adj. POP. durchgedreht.

diocésain, aine [djɔsezɛ̃, ɛ:n] adj. zum Kirchsprengel, zur Diözese gehörig.

diocèse [-sɛ:z] m. RELIG. Kirchsprengel m. ; Diözese f.

diphasé, ée [difɑze] adj. ÉLECTR. Zweiphasen...

diphtérie [difteri] f. MÉD. Diphtherie f. ; Diphtheritis f.

diphtérique [-rik] adj. diphtherisch.

diphtongue [diftɔ̃g] f. GRAMM. Doppelvokal m., -selbstlaut m. ; Diphthong m.

diplomate [diplɔmat] adj. diplomatisch. || FIG. gewandt ; schlau ; PÉJOR. gerissen ; aalglatt.
◇ s. Diplomat(in) m. (f.). || FIG. geschickter Mensch.

diplomatie [-masi] f. [science, fonction] Diplomatie f. | *Entrer dans la diplomatie*, in die diplomatische Karriere eintreten. || PAR ANAL. [personne] gesandtschaftliches Personal ; Diplomaten m. pl. || PAR EXT. [services] auswärtiger Dients. || FIG. Geschick n. ; Gewandtheit f. | *User de diplomatie*, diplomatisch, vorsichtig, geschickt vorgehen.

diplomatique [-matik] adj. gesandtschaftlich ; diplomatisch. | *Corps diplomatique*, diplomatisches Korps. | *Immunité diplomatique*, diplomatische Immunität. | *Mission diplomatique*, diplomatische Vertretung. | *Relations diplomatiques*, diplomatische Beziehungen f. pl. || FIG. diplomatisch.

diplôme [diplo:m] m. JUR. [pièce officielle] Urkunde f. ; Zeugnis n. ; amtliche Anerkennung ; Diplom n. || PAR EXT. [titre universitaire] Prüfungszeugnis n. ; akademischer Grad. | *Diplôme de bachelier*, Reifezeugnis. | *Diplôme de docteur*, Doktordiplom n., -titel m.
— SYN. : *Parchemin* m., Pergament n. PÉJOR. *Peau d'âne*, amtlicher Wisch.

diplômé, ée [-plome] adj. (staatlich) geprüft. | *Ingénieur diplômé*, Diplomingenieur m.
◇ s. Inhaber(in) m. (f.) eines Diploms ; Hochschulabsolvent(in) m. (f.).

diptyque [diptik] m. ARTS. doppelflügeliges Altarbild n.; Diptychon n.

dire [di:r] v. tr. sagen.

> **I.** ÉNONCER, EXPRIMER : sagen ; reden ; sprechen ; hersagen.
> **II.** RACONTER : sagen ; erzählen ; schreiben.
> **III.** ANNONCER, PRÉDIRE : (an)sagen ; verkünden. — voraussagen.
> **IV.** PENSER : sagen ; meinen ; denken.
> **V.** PRÉTENDRE, OBJECTER : sagen ; behaupten.
> **VI.** ORDONNER : sagen ; heißen.
> **VII.** FIG. PLAIRE, RAPPELER : zusagen ; ansprechen. — erinnern.
> **VIII.** loc. **vouloir dire,** sagen wollen ; bedeuten ; heißen.
> **IX.** loc. adv. diverses.
> **X.** part. pass. **dit, dite** : gesagt ; benannt.
> **XI.** v. pr. **se dire.**

I. a) ÉNONCER : sagen ; reden ; sprechen. | *Dire qch. à qn*, jm etwas sagen. | *Il dit à son fils*, er sagte zu seinem Sohn. | *Dire ses quatre vérités, son fait à qn*, jm gründlich die Wahrheit sagen ; jm unverblümt seine Meinung sagen. | *Il dit à ses disciples*, er sprach zu seinen Jüngern. | *Laisser dire qn*, jn reden lassen. || PAR ANAL. *Dire qch. de qn*, etwas über jn sagen ; jm etwas nachreden. || PAR EXT. *Faire dire qch. à qn*, jn etwas sagen lassen ; FIG. jm etwas in den Mund legen. || LOC. *Dire que oui*, ja sagen. | *Je ne dis pas (non)*, ich sage nicht nein. | *Dire un mot*, eine kurze Ansprache halten. | *Ne dire mot*, kein Wort sagen. | *Sans mot dire*, wortlos. | *Avoir son mot à dire*, mitzureden haben. | *C'est facile à dire*, das ist leicht gesagt ; leichter gesagt als getan. | *Que dire ?*, was soll ich (weiter) sagen ? | *J'allais dire*, fast wollte ich sagen. | *Je veux dire*, ich meine ; nämlich. | *Dites toujours !*, nur immer zu ! | *Dites donc !*, hören Sie mal ! ; sagt mal ! | *Tu me le donnes, dis ?*, du gibst es mir, nicht wahr ? | *Vous dites ?*, wie bitte ? ; wie meinen Sie ? | *À qui le dites-vous !*, das brauchen Sie mir nicht (erst) zu sagen. | *Veux-tu que je te dise ?*, weißt du was ? | *Comme je l'ai dit*, wie gesagt. — **b)** EXPRIMER : aussagen, -sprechen, -drücken. | *Dire son avis sur qch.*, seine Meinung über etwas sagen, äußern. | *Dire carrément*, frei heraus sprechen ; FAM. kein Blatt vor den Mund nehmen. | *Il faut que je le dise*, es muß heraus. | *Autrement dit*, mit anderen Worten. || [réciter] hersagen ; aufsagen. | [poème] vortragen ; deklamieren. | *Art de bien dire*, Vortragskunst f. || PAR EXT. [prière] beten. | *Dire son chapelet*, den Rosenkranz abbeten. || FIG. *Dire la messe*, die Messe lesen. | *Dire « tu », « vous » à qn*, jn duzen ; siezen ; *« Du », « Sie »* zu jm sagen.

II. RACONTER : sagen ; erzählen ; schreiben. || [oralement] sagen ; erzählen. | *J'entends dire qu'il est malade*, ich höre, daß er krank sei. | *J'entendais dire des choses graves*, ich hörte von schlimmen Dingen. || PAR ANAL. [par écrit] erzählen ; schreiben. | *Mon neveu dit dans sa lettre*, mein Neffe schreibt in seinem Brief. | *Il y est dit que*, dort heißt es, daß ; dort steht, daß. || PAR EXT. *On dit que*, man sagt, erzählt, munkelt, daß ; es heißt, daß ; es geht das Gerücht, Gerede, daß. | *On dit qu'il est riche, on le dit riche*, er soll reich sein. | *À ce qu'on m'a dit*, wie ich hörte. | *On le dit mort*, es heißt, er ist tot ; er soll tot sein ; er gilt als tot. | *Il ne sera pas dit que*, es soll nicht heißen, daß.

III. a) ANNONCER : (an)sagen ; verkünden. | *Dites-lui que je ne viendrai pas*, melden Sie ihm, daß ich nicht kommen werde. | *Dire confidentiellement*, anvertrauen. | *Dire tout haut*, laut verkünden. || PAR ANAL. *Faire dire qch. à qn*, jm etwas sagen lassen ; jm eine Nachricht überbringen lassen. || PAR EXT. *Dites-lui bien des choses de ma part !*, grüßen Sie ihn recht, vielmals von mir ! — **b)** PRÉDIRE : voraussagen. | *Quelque chose me dit que*, etwas läßt mich vorausahnen, daß. | *Mon cœur me dit que*, mein Herz gibt mir ein, daß.

IV. PENSER : sagen ; meinen ; denken. | *Que dites-vous de cela ?*, was sagen, meinen Sie dazu ? | *Que dirais-tu si je parlais ?*, wie (wäre es), wenn ich spräche ? | *Qui l'eût dit ?*, wer hätte das gedacht ? || PAR ANAL. *Vouloir dire*, meinen. | *Que voulez-vous dire par là ?*, was meinen Sie damit ? — SEMBLER : scheinen. | *On dirait que*, es scheint, daß ; es scheint, es hat den Anschein, es ist, als ob (subj.) ; man möchte meinen, daß. | *On dirait un roi*, er sieht aus wie ein König. | *On dirait un conte*, das hört sich wie ein Märchen an. | *Comme qui dirait*, sozusagen ; ungefähr wie. | *On ne le dirait pas*, es scheint nicht so ; man sollte es nicht glauben.

V. a) PRÉTENDRE : sagen ; behaupten ; angeben ; vorbringen. | *Il dit qu'il était chez lui à cette heure*, er gibt an, daß er zu dieser Stunde daheim war. | *D'après ce qu'il dit*, nach seiner Angabe. | *Il va jusqu'à dire que tu mens*, er geht so weit zu behaupten, daß du lügst. — **b)** OBJECTER : (dagegen) sagen ; einwenden. | *Il n'y a rien à dire*, dagegen ist nichts zu sagen. | *Il n'y a pas à dire*, das ist nicht zu bestreiten. | *N'allez pas me dire que*, kommen Sie ja nicht und sagen Sie, daß.

VI. ORDONNER : sagen ; heißen. | *Fais ce que je te dis*, tue, was ich dir sage. || PAR ANAL. [avec infin.] sagen, daß ; heißen [infin. sans « zu »]. | *Dis-lui de venir*, sage ihm, daß er kommen soll ; heiße ihn kommen. || PAR EXT. *Ne pas se le faire dire deux fois*, es sich nicht zweimal sagen lassen.

VII. a) FIG. PLAIRE : zusagen ; ansprechen. | *Cela ne me dit rien de sortir*, ich habe keine Lust zum Ausgehen. | *Si le cœur vous en dit*, wenn Sie Lust dazu haben. — **b)** RAPPELER : erinnern (an, acc.). | *Ce mouchoir ne vous dit rien ?*, erinnert Sie dieses Taschentuch an nichts ?

VIII. loc. **vouloir dire,** sagen wollen ; bedeuten ; heißen. | *Cela ne veut rien dire*, das will nichts sagen, heißen. | *Qu'est-ce que cela veut dire ?*, was soll das bedeuten, heißen ? ; was soll das (sein) ? | *Cela ne veut pas dire grand-chose*, das hat nicht viel zu besagen.

IX. loc. adv. div. *À vrai dire*, offen gesagt ; eigentlich. | *Autant dire*, so gut wie ; sozusagen. | *Autant dire que*, das heißt so gut wie. | *C'est-à-dire (c. à d.)*, das heißt ; d. h. | *Qu'est-ce à dire ?*, was hat das zu besagen ? ; was soll das heißen ? | *Pour ainsi dire*, sozusagen ; gleichsam. | *Pour mieux dire*, besser, richtiger gesagt. | *Pour tout dire*, kurz (und gut). | *Cela va sans dire*, das ist selbstverständlich, natürlich. | *Il faut dire que*, nämlich. | *C'est beaucoup dire*, das will viel sagen. | *C'est tout dire*, damit ist alles gesagt. | *Comme on dit, comme dit l'autre*, wie man zu sagen pflegt. | *Il a beau dire*, er mag sagen, was er will ; was er auch sagen mag. | *Et dire que je le savais !*, wenn man bedenkt, daß ich es wußte ! || LOC. *Ne pas se soucier du qu'en-dira-t-on*, sich nicht um das Gerede der Leute kümmern.

X. part. pass. **dit, dite,** gesagt. | *Sitôt dit, sitôt fait*, gesagt, getan. | *Cela dit*, nach diesen Worten ; hierauf. | *Soit dit entre nous*, unter uns (gesagt). | *Soit dit en passant*, beiläufig gesagt. || PAR ANAL. [décidé] *C'est dit*, abgemacht ; fertig ; topp ! | *J'ai dit*, es bleibt dabei. | *Tenez-vous le pour dit*, schreiben Sie sich's hinter die Ohren ! | *À l'heure dite*, zur festgesetzten Stunde. || PAR EXT. [nommé] *Ladite personne*, besagte Person. | *Robert dit le Pieux*, Robert, der Fromme genannt.

XI. v. pr. **se dire,** SENS RÉFLÉCHI : [à soi], zu sich selbst sagen ; denken. | *Il se disait que*, er dachte (sich dabei), daß. || PAR EXT. [se prétendre] sich ausgeben für ; sich bezeichnen als. | *Il se dit médecin*, er gibt sich für einen Arzt aus. — SENS RÉCIPROQUE : [l'un à l'autre] (zu)einander sagen. || PAR EXT. *Ils se disent vous*, sie siezen sich. — SENS PASSIF : [être dit] gesagt werden. || PAR ANAL. [être raconté] erzählt werden. | *Il se dit des choses*, es gehen so Gerüchte. || PAR EXT. [pouvoir être dit] sich aussprechen ; heißen. | *Cela ne se dit pas*, das darf nicht gesagt werden. | *Comment se dit ce mot en allemand ?*, wie heißt dieses Wort auf deutsch ?

dire m. Sagen n. ; Aussage f. ; Äußerung f. | *Les dires des gens*, das Gerede der Leute. | *Au dire des gens*, wie alle Leute behaupten. | *Au dire des témoins*, nach den Zeugenaussagen. || PAR EXT. [affirmation] Behauptung f. | *Selon ses dires*, nach seinen Angaben.

direct, ecte [dirɛkt] adj. [droit] gerade. | *En ligne directe*, in gerader Linie ; geradlinig. || PAR EXT. [sans intermédiaire, immédiat] gerade ; unmittelbar ; direkt. | *Train direct*, Eilzug m. | *Caractère direct*, Unmittelbarkeit f. || FIN. *Impôts directs*, direkte Steuern f. pl. || GRAMM. *Complément direct*, Akkusativobjekt n. | *Discours direct*, direkte Rede. || RADIO., TÉLÉV. *Émission en direct*, Direktübertragung f.
◇ m. **direct.** SPORT. [boxe] Gerade(r) m.

directement [-təmɑ̃] adv. gerade ; geradeswegs ; schnurstracks ; unmittelbar ; direkt.

directeur, trice [dirɛktœ:r, tris] adj. leitend ; führend ; lenkend ; steuernd. || FIG. *Principe directeur*, Richtschnur f. || TECHN. *Roue directrice*, Leitrad n.
◇ s. Direktor(in) m. (f.) ; Leiter(in) m. (f.) ; Geschäftsführer(in) m. (f.). | *Directeur d'école*, Schuldirektor ; Rektor m. | *Directeur commercial*, Verkaufsdirektor. | *Directeur technique*, Betriebsleiter. | *Directeur général*, Generaldirektor. | *Directeur adjoint*, stellvertretender Direktor. || FIG. *Directeur de conscience*, Beichtvater m.

direction [-sjɔ̃] f. **1.** CÔTÉ, SENS : Richtung f. ; Orientierung f. | *Direction du vent*, Windrichtung. | *Direction des nuages*, Wolkenstrich m. | *Prendre la direction de Francfort*, die Richtung nach, auf Frankfurt einschlagen. | *Changer de direction*, eine andere Richtung einschlagen ; FIG. in eine andere Richtung umschwenken. | *Dans la direction du nord*, gen, nach Norden. | *Dans toutes les directions*, nach allen Seiten hin. || TRANSP. Fahrrichtung.
2. ACTION DE DIRIGER : Leiten n. ; Führen n. ; Lenken n. || [résultat] Leitung f. ; Führung f. ; Lenkung f. ; Direktion f. | *Avoir la direction d'une entreprise*, einen Betrieb leiten ; den Vorsitz in einem Betrieb führen. | *Avoir sous sa direction*, unter sich haben. | *Direction commerciale*, Geschäftsführung.
3. [bureaux, personnel] Geschäftsführung f. ; Verwaltung f. ; Direktion f.
4. TECHN. Lenkung f. ; Steuerung f. | *Direction à gauche*, Linkssteuerung. | *Volant de direction*, Steuerrad n. | *Direction assistée*, Servolenkung f.

directive [-ti:v] f. (An)weisung f. ; Richtlinie f. ; Verhaltungs(maß)regel f. ; Direktive f.

directoire [-twa:r] m. Vorstand m. ; Direktorium n. || HIST. Directoire n.

directorial, iale, iaux [-tɔrjal, jo] adj. direktorial ; Direktor...

dirigeable [diriʒabl] m. Luftschiff n.

dirigeant, ante [-ʒɑ̃, ɑ̃:t] adj. leitend ; lenkend ; steuernd ; befehlend. || LOC. *Classes dirigeantes*, die herrschenden Klassen.
◇ m. **dirigeant,** Führer m. ; Leiter m. || POLIT. *Les dirigeants*, die Regierenden.

diriger [-ʒe] v. tr. **1.** TOURNER VERS : richten ; lenken ; wenden ; steuern. | *Diriger vers, sur*, richten nach, auf (acc.). | *Diriger ses pas vers qch.*, seinen Schritt nach etwas lenken ; auf etwas zugehen. || PAR ANAL. *Diriger son regard, son attention sur qch.*, seinen Blick, seine Aufmerksamkeit auf etwas richten. || PAR EXT. [envoyer] senden. || FIG. *Diriger ses accusations contre qn*, seine Anklagen gegen jn richten.
2. AVOIR LA DIRECTION : leiten ; führen ; lenken ; dirigieren. || PAR ANAL. [administrativement] verwalten. |. .[un comité] vorstehen (dat.) ; den Vorsitz führen. || UNIV. *Diriger une thèse*, eine Doktorarbeit betreuen. || PAR EXT. *Diriger un pays*, ein Land regieren.
◇ v. pr. **se diriger vers, sur,** sich richten nach, auf (acc.). ; sich wenden nach ; steuern, zugehen auf (acc.) ; seinen Schritt lenken nach. | *Se diriger d'après qch.*, sich nach etwas richten.
— SYN. : *Conduire*, führen. *Administrer*, verwalten. *Gouverner*, regieren. *Gérer*, verwalten ; besorgen.

dirigisme [-ʒism] m. ÉCON. Staatswirtschaft f.

dirimant, ante [dirimɑ̃, ɑ̃:t] adj. JUR. aufhebend.

discal, ale, aux [diskal, o] adj. MÉD. Bandscheiben-. | *Hernie discale*, Diskushernie f.

discernement [disɛrnəmɑ̃] m. Unterscheidung f. || PAR EXT. [faculté] Unterscheidungsvermögen n. ; Urteilsfähigkeit f., -kraft f. ; Einsicht f. ; Verstand m. ; Vernunft f. | *Agir sans discernement*, unklug, unvernünftig handeln.

discerner [-ne] v. tr. unterscheiden ; sondern. | *Discerner mal les couleurs*, die Farben schlecht auseinanderhalten können. | *Discerner du premier coup*, auf den ersten Blick erkennen.

disciple [disipl] m. Schüler m. ; Jünger m. ; Anhänger m. ; Nachfolger m.

disciplinaire [disiplinɛ:r] adj. dienststraf(recht)lich ; disziplinarisch ; Disziplinar... | *Peine disciplinaire*, Dienststrafe f. | *Établissement, compagnie disciplinaire*, Strafanstalt f., -kompanie f. | *Mesures disciplinaires*, Disziplinarmaßnahmen f. pl. | *Mutation pour raisons disciplinaires*, Strafversetzung f.

discipline [-plin] f. [lois d'une collectivité] Zucht f. ; Ordnung f. ; Disziplin f. | *Discipline scolaire, militaire*, Schul-, Manneszucht f. | *Conseil de discipline*, Strafgericht n. | *Maintenir, Faire observer la discipline*, die Disziplin aufrechterhalten. || PAR EXT. [matière] Unterrichtsfach n. ; Lehrgegenstand m. || SPORT. Disziplin f. ; Sportart f. | *Discipline olympique*, olympische Disziplin.

discipliner [-pline] v. tr. in Zucht halten ; an Ordnung gewöhnen ; Manneszucht beibringen ; züchtigen ; disziplinieren.
◇ part. pass. et adj. **discipliné, ée,** diszipliniert ; gestraft ; voller Manneszucht.
◇ v. pr. **se discipliner,** sich züchtigen ; sich kasteien.

discontinu, ue [diskɔ̃tiny] adj. unterbrochen ; unbeständig ; aussetzend ; stockend.
— SYN. : *Intermittent*, aussetzend.

discontinuer [-nɥe] v. intr. aufhören (zu). | *Sans discontinuer*, unaufhörlich ; ununterbrochen ; unausgesetzt ; in einem fort ; ohne Unterlaß.

discontinuité [-nɥite] f. Unterbrechung f.

disconvenir [diskɔ̃vəni:r] v. intr. [nier] in Abrede stellen ; bestreiten ; (ab)leugnen.

discophile [diskɔfil] m. Schallplattenliebhaber m.

discordance [diskɔrdɑ̃:s] f. Uneinigkeit f. | *Discordance des opinions*, Auseinandergehen (n.) der Meinungen.

discordant, ante [-kɔrdɑ̃, ɑ̃:t] adj. mißtönend, -gestimmt ; verstimmt ; schrill ; unharmonisch. || PAR ANAL. *Couleurs discordantes*, mißhellige, schrille Farbtöne m. pl. || FIG. mißhellig ; uneinig ; nicht übereinstimmend.

discorde [-kɔrd] f. Zwietracht f. ; Zwiespalt m. ; Hader m. ; Uneinigkeit f. ; Unfrieden m. ; Zwistigkeit f. ; Zwist m. ; Mißhelligkeit f. ; Meinungsstreit m. | *Fomenter la discorde*, Unfrieden stiften. | *Semer la discorde*, Zwietracht säen ; hetzen. || FIG. *Pomme de discorde*, Zankapfel m.

discothèque [diskɔtɛk] f. [collection de disques] Schallplattensammlung f. ; [meuble] Plattenschrank m. ; [établissement] Diskothek f.

discoureur, euse [diskurœ:r, ø:z] s. Schwätzer(in) m. (f.) ; Schönredner m. ; POP. Hans Dampf in allen Gassen.

discourir [-kuri:r] v. intr. lange reden ; sich auslassen (über, acc.) ; sich verbreiten. || PÉJOR. schwätzen.

— SYN. : *Disserter*, sich verbreiten. *Pérorer*, salbadern. *Palabrer*, palavern. *Pontifier*, pastoral reden.

discours [-ku:r] m. [conversation] Rede f. ; PÉJOR. Gespräch n. ; Gerede n. | *Tenir des discours*, reden ; PÉJOR. schwätzen. | *Tenir de grands discours*, große Worte schwingen. | *Trêve de discours !*, genug der Worte ! || PAR EXT. [d'orateur] Rede f. ; Ansprache f. ; Vortrag m. | *Prononcer un discours*, eine Rede halten. | *Discours radiodiffusé*, Ansprache im Radio. | *Discours improvisé*, Rede aus dem Stegreif. || GRAMM. *Discours indirect*, indirekte Rede.

— SYN. : *Adresse* f., vorgetragene Forderung. *Message* m., Botschaft f. *Oraison* f., Grabrede f. *Allocution* f. (kurze) Ansprache. *Toast* m., Trinkspruch m.

discourtois, oise [diskurtwa, wa:z] adj. unhöflich ; ungepflegt ; unmanierlich.

discrédit [diskredi] m. Verruf m. ; Ungunst f. ; Mißkredit m. | *Tomber dans le discrédit*, in Verruf geraten. | *Jeter le discrédit sur qn*, jn in Verruf bringen ; jn verleumden.

discréditer [te] v. tr. in Mißkredit, Verruf bringen ; herabsetzen : diskreditieren.

◇ part. pass. et adj. **discrédité, ée,** verrufen ; in Verruf. | *Être discrédité*, in Verruf kommen, sein.

◇ v. pr. **se discréditer,** sein Ansehen verlieren.

— SYN. : *Décrier*, verschreien. *Dénigrer*, *noircir*, anschwärzen. *Diffamer*, schmähen. *Déconsidérer*, in Verruf bringen. *Déshonorer*, entehren. FAM. *Débiner*, herunterreißen.

discret, ète [diskrɛ, ɛ:t] adj. [retenue] zurückhaltend ; maß-, taktvoll ; unaufdringlich ; bescheiden ; diskret. || PAR ANAL. [gardant le secret] verschwiegen ; schweigsam. | *Être discret*, reinen Mund halten.

discrètement [-krɛtmɑ̃] adv. leise ; diskret.

discrétion [-kresjɔ̃] f. [retenue] Zurückhaltung f. ; Takt m. ; Rücksicht f. ; Bescheidenheit f. ; Diskretion f. | *Avec discrétion*, mäßig ; bescheiden ; taktvoll. | *User avec discrétion de qch.*, sparsamen Gebrauch von etwas machen. || PAR ANAL. [à garder un secret] Verschwiegenheit f. Schweigsamkeit f. || [bon vouloir] *À discrétion*, nach Belieben.

discrétionnaire [-kresjɔnɛ:r] adj. JUR. unumschränkt.

discrimination [-nasjɔ̃] f. [séparation] Unterscheidung f. || PAR EXT. [faculté] Unterscheidungsvermögen n. || [inégalité] *Discrimination raciale*, Rassendiskriminierung f.

disculpation [diskylpasjɔ̃] f. Entschuldigung f. ; Rechtfertigung f.

disculper [-pe] v. tr. entschuldigen ; rechtfertigen ; entlasten.

◇ v. pr. **se disculper,** eine Schuld von sich abwälzen ; sich ausreden.

discursif, ive [diskyrsif, i:v] adj. logisch vorgehend ; ableitend ; diskursiv. | *Méthode discursive*, Deduktions-, Ableitungsmethode f.

discussion [diskysjɔ̃] f. [examen] Erörterung f. ; Aussprache f. ; Diskussion f. | *Discussion savante*, Disputation f. | *Discussion d'une loi*, Gesetzesberatung f. || PAR ANAL. [débat] Streitgespräch n. ; Debatte f. | *En discussion*, strittig. | *Sujet à discussion*, Streitfall m. || PAR EXT. [dispute] Auseinandersetzung f. ; Wortwechsel m., -streit m.

— SYN. : *Débat* m., Debatte f. *Controverse* f., Meinungsverschiedenheit f. *Dispute* f., Wortgefecht n.

discutable [-tabl] adj. erörterungswürdig ; bestreitbar ; anfechtbar ; fraglich ; diskutierbar. | *C'est discutable*, darüber läßt sich streiten.

discuter [-te] v. tr. [examiner] erörtern ; besprechen ; untersuchen ; (im Gespräch) abwägen ; diskutieren. | *Discuter qch. avec qn*, mit jm etwas besprechen ; mit jm über eine Sache verhandeln. | *Discuter une loi*, ein Gesetz durchberaten. || PAR ANAL. [contredire] wider-, absprechen ; bestreiten. || PAR EXT. *Discuter le prix*, handeln ; FAM. feilschen.

◇ v. intr. [examiner] *Discuter de qch.*, etwas erörtern ; über eine Sache sprechen, verhandeln. || PAR ANAL. [par contradiction] streiten (über, acc.) ; bestreiten. | *Admettre sans discuter*, ohne weiteres zugeben.

disert, erte [dizɛ:r, ɛrt] adj. wort-, redegewandt ; beredt ; beredsam ; sprachgewandt.

disette [dizɛt] f. [pénurie] Mangel m. ; Not f. ; Teuerung f. || [de vivres] Lebensmittelknappheit f. ; Hungersnot f.

diseur, euse [dizœ:r, ø:z] s. Sprecher(in) m. (f.) ; Erzähler(in) m. (f.). | *Diseur de bons mots*, Witzbold m. || FIG. *Diseuse de bonne aventure*, Wahrsagerin f.

disgrâce [disgrɑ:s] f. [défaveur] Ungnade f. ; Ungunst f. | *Tomber en disgrâce*, in Ungnade fallen. || PAR EXT. [infortune] Mißgeschick n. ; Unglück n.

disgracier [-grasje] v. tr. seine Gunst entziehen (dat.).

◇ part. pass. et adj. **disgracié, iée,** in Ungnade (gefallen) ; stiefmütterlich behandelt. || [visage] unschön ; [corps] mißgestaltet.

disgracieux, ieuse [-grasjø, jø:z] adj. anmutslos. || FIG. unliebenswürdig.

disjoindre [disʒwɛ̃:dr] v. tr. trennen ; auseinandernehmen, -ziehen ; absondern.

◇ part. pass. et adj. **disjoint, ointe,** getrennt ; auseinander(gegangen).

◇ v. pr. **se disjoindre,** sich trennen ; auseinandergehen, -fallen.

disjoncteur [disjɔ̃ktœ:r] m. ÉLECTR. Sicherungsautomat m. ; Schutzschalter m.

disjonction [-sjɔ̃] f. JUR. Trennung f.

dislocation [dislɔkasjɔ̃] f. TECHN. Auseinandernehmen n., -gehen n. ; Zerstückelung f., Zerfallen n. || FIG. *Dislocation de l'empire romain*, Aufteilung (f.), Zerfall (m.) des römischen Reiches. || [dispersion] Auflösung f.

disloquer [-ke] v. tr. TECHN. auseinandernehmen, -legen ; zerlegen ; aus den Fugen bringen. || FIG. aufteilen.

◇ v. pr. **se disloquer.** FIG. auseinandergehen ; zerfallen.

disparaître [disparɛ:tr] v. intr. [cesser de paraître] ver-, entschwinden ; schwinden ; unsichtbar werden. || PAR ANAL. [nuances] *Disparaître sous l'eau*, untertauchen (sépar.). | *Disparaître à l'horizon*, untergehen (sépar.). | *Ce peuple disparaît*, dieses Volk stirbt aus. || PAR EXT. [s'en aller] weggehen, -schleichen ; POP. abflitzen ; abhauen ; verschwinden. | *Disparaître de la*

circulation, von der Bildfläche verschwinden. || Loc. *Faire disparaître*, verschwinden lassen ; auf die Seite schaffen ; fortschaffen. | *Faire disparaître une tache*, einen Fleck beseitigen, entfernen. | *Faire disparaître de l'argent*, Geld unterschlagen. || FIG. [mourir] sterben.
◇ part. pass. et adj. **disparu, ue,** verschwunden ; hin ; weg ; fort. || FIG. [mort] tot. || MIL. verschollen ; vermißt. || SUBSTANTIV., FIG. Tote(r) f. (m.) || MIL. Vermißte(r) f. (m.).

disparate [disparat] adj. unzusammenhängend ; verschiedenartig ; ungleichartig ; zusammengewürfelt ; bunt.
◇ f. Mißverhältnis n. ; Ungleichheit f.

disparité [-rite] f. Ungleichheit f. ; Unterschied m.

disparition [disparisjɔ̃] f. Ent-, Verschwinden n. ; Schwinden n. ; Unsichtbarwerden n. || PAR ANAL. [nuances] Vergehen n., -ziehen n. ; Zerfließen n. || FIG. [mort] Hinscheiden n.

dispendieux, ieuse [-djø, jø:z] adj. kostspielig ; mit Ausgaben verbunden ; sehr teuer.

dispensaire [dispɑ̃sɛ:r] m. MÉD. Ambulatorium n. ; Poliklinik f.

dispensateur, trice [-satœ:r, tris] s. Verteiler(in) m. (f.) ; Spender(in) m. (f.).

dispense [dispɑ̃:s] f. Befreiung f. ; Erlaubnis f. ; Entbindung f. ; Erlaß m. ; Dispens m.
— SYN. : *Exemption* f., Befreiung f. ; Erlaß m.

dispenser [-se] v. tr. [distribuer] aus-, verteilen ; spenden ; vergeben. || PAR ANAL. *Dispenser un enseignement*, Unterricht geben. || FIG. [exempter] *Dispenser de*, befreien von ; entbinden von ; erlassen ; POP. schenken. | *Dispenser qn de qch.*, jn von etwas befreien ; jm etwas erlassen.
◇ v. pr. **se dispenser,** sich freimachen (von). || FIG. [se soustraire] *Se dispenser de qch.*, etwas unterlassen ; sich über eine Sache hinwegsetzen. | *Dont on peut se dispenser*, überflüssig.

disperser [-se] v. tr. [foule, objets] aus-, ver-, zer-, umherstreuen ; ver-, austeilen ; zerstäuben ; auseinandertreiben ; in alle Winde zerstreuen. || FIG. *Disperser ses efforts*, seine Kräfte zersplittern.
◇ v. pr. **se disperser,** sich zerstreuen ; auseinandergehen, -laufen, -fliegen, -stieben ; sich verlieren. || FIG. sich verzetteln. || MIL. sich auflösen.

dispersion [-sjɔ̃] f. Aus-, Ver-, Zer-, Umherstreuung f. ; Auseinandergehen n., -laufen n., -fliegen n., -stieben n. || FIG. *Dispersion des forces*, Kräftezersplitterung f.

disponibilité [disponibilite] f. Verfügbarkeit f. || MIL. *En disponibilité*, im einstweiligen Ruhestand ; zur Verfügung (stehend).
◇ f. pl. **disponibilités.** COMM. *Avoir des disponibilités*, flüssige Gelder haben.

disponible [-nibl] adj. verfügbar ; greifbar ; vorrätig ; gleich zugänglich ; flüssig ; abkömmlich ; disponibel. | *Capitaux disponibles*, verfügbare, flüssige Gelder n. pl. | *Marchandises disponibles*, sofort lieferbare Waren f. pl.

dispos, ose [dispo, o:z] adj. munter ; helle ; aufgeräumt ; rüstig.

disposer [-ze] v. tr. [arranger] zurechtstellen, -legen, -setzen ; stellen ; legen. | *Disposer des chaises autour d'une table*, Stühle um einen Tisch stellen. | *Disposer par rangées*, in Reihen (auf)stellen. | *Disposer autrement*, umstellen (sépar.). || PAR ANAL. [approprier] ein-, zurichten ; (an)ordnen ; anlegen. || PAR EXT. [préparer] vorbereiten ; FIG. ein-, herrichten. || FIG. [inciter] *Disposer qn à qch.*, jn für etwas geneigt machen ; jn zu etwas bewegen. || MIL. aufstellen.
◇ v. intr. ADMIN. [prescrire] verfügen. || PAR EXT. [être maître de] *Disposer de qch.*, über eine Sache verfügen, bestimmen ; über etwas disponieren. | *Disposer librement de qch.*, frei mit etwas schalten und walten. | *Vous pouvez disposer de moi*, ich stehe zu Ihrer Verfügung.
◇ part. pass. et adj. **disposé, ée,** [arrangé, préparé] zurechtgestellt ; eingerichtet. || FIG. [humeur] *Être bien disposé*, gut aufgelegt, gelaunt, gestimmt sein. | *Mal disposé*, übelgelaunt ; verstimmt ; unmutig. | *Être bien disposé pour, envers qn*, jm wohlgewogen sein ; gut gegen jn gestimmt sein. | *Être disposé à*, bereit, geneigt, gewillt, disponiert sein zu. | *Je suis tout disposé à vous suivre*, ich bin gern bereit, Ihnen zu folgen.
◇ v. pr. **se disposer,** [sens pass.] gestellt, geordnet werden. || FIG. [s'apprêter à] *Il se disposait à partir quand*, er schickte sich an zu gehen, als.

dispositif [-zitif] m. Ein-, Vorrichtung f. | *Dispositif antiéblouissant*, Blendschutz m. | *Dispositif de sécurité*, Sicherheitsvorrichtung.

disposition [-zisjɔ̃] f. [arrangement] Anordnung f. ; Einrichtung f. ; Anlage f. ; Stellung f. ; Disposition f. || PAR ANAL. *Disposition des chapitres*, Kapitelverteilung f. || PAR EXT. [pouvoir de disposer] Verfügung f. | *Mettre qch. à la disposition de qn*, jm etwas zur Verfügung stellen. | *Avoir à sa disposition*, über eine Sache verfügen. | *Être à la disposition de qn*, jm zur Verfügung stehen. | *Libre disposition de soi-même*, Selbstbestimmung f. || FIG. [humeur] Stimmung f. ; Verfassung f. ; Laune f. | *En bonne, mauvaise disposition*, gut, übel gestimmt, gelaunt. | *Disposition d'esprit*, Geistesverfassung. || PAR ANAL. [penchant] Neigung f. ; Geneigtheit f. ; Lust f. || PAR EXT. [aptitude] Anlage f. ; Fähigkeit f. | *Avoir des dispositions pour la musique*, musikalisch veranlagt sein. || JUR. Verfügung f. ; Verordnung f. ; Bestimmung f. | *Dispositions d'une loi*, Bestimmungen (f. pl.) eines Gesetzes. | *Disposition facultative*, Kann-Bestimmung | *Dispositions légales*, gesetzliche Vorschriften f. pl.
◇ f. pl. **dispositions,** [mesures] Vorkehrungen f. pl. ; Anstalten f. pl. | *Prendre ses dispositions*, Vorkehrungen, Anstalten treffen.

disproportion [disprɔpɔrsjɔ̃] f. Mißverhältnis n. ; Ungleichheit f. ; Unverhältnismäßigkeit f.

disproportionné, ée [-sjɔne] adj. unverhältnismäßig ; disproportioniert.

dispute [dispyt] f. [savante] gelehrter Streit ; Disput m. || PAR EXT. [discussion, querelle] (Wort)streit m. ; Wortwechsel m. ; Zwist m. ; Zank m. ; Krach m. ; Hader m. | *Chercher dispute à qn*, mit jm Händel suchen.
— SYN. : *Altercation* f., Auseinandersetzung f. *Querelle* f., Streit m. ; Zank m. FAM. *Prise de bec*, Kabbelei f.

disputer [-te] v. tr. [contester pour obtenir] *Disputer qch. à qn*, jm etwas streitig machen ; jm etwas absprechen ; sich mit jm um etwas streiten. || PAR EXT. [lutter] ringen um. || FIG. *Disputer le terrain à qn*, jm das Feld streitig machen. || FAM. *Disputer qn*, jn schelten. || SPORT. *Disputer un match*, ein Spiel austragen.
◇ v. pr. **se disputer,** [se quereller] sich herumstreiten ; sich zanken. | *Se disputer avec qn*, mit jm streiten, hadern. || PAR EXT. [lutter pour] *Se disputer qch.*, (sich) um etwas streiten, reißen. || FIG. *On se le dispute*, man reißt sich um ihn. || SPORT. [sens pass.] ausgetragen werden.

disquaire [diskɛ:r] m. Schallplattenhändler m.

disqualification [diskalifikasjɔ̃] f. SPORT. Ausschließung f., -scheidung f. ; Disqualifizierung f.

disqualifier [-fje] v. tr. SPORT. ausschließen. -scheiden ; disqualifizieren.
◇ part. pass. et adj. **disqualifié, iée,** disqualifiziert. | *Être disqualifié*, zwangsweise ausscheiden.

disque [disk] m. [objet rond et plat] Scheibe f. || PAR ANAL. *Disque solaire*, Sonnenscheibe. || PAR EXT. *Disque de stationnement*, Parkscheibe. | *Disque de signal*, Signalscheibe. || INF. *Disque dur*, Festplatte f. | *Disque magnétique*, Magnetplatte f. | *Disque souple*, floppy Disk f. || MUS. Schallplatte f. | *Disque microsillon*, Langspielplatte f. | *Disque compact*, Compact Disc f. ; Laserplatte f. || SPORT. Diskus m. || TECHN. Scheibe f. | *Disque de commande*, Treibscheibe. | *Disque de frein*, Bremsscheibe.

disquette [diskɛt] f. Diskette f.

dissection [disɛksjɔ̃] f. MÉD. Leichenöffnung f. ; Sezieren n. ; Sektion f. || FIG. Zergliederung f.

dissemblable [disɑ̃blabl] adj. ungleich, -ähnlich ; verschieden ; andersartig.

dissemblance [-blɑ̃:s] f. Ungleichheit f. ; Verschiedenheit f. ; Verschieden-, Andersartigkeit f.

dissémination [diseminasjɔ̃] f. Aus-, Verstreuung f. ; Ver-, Ausbreitung f.

disséminer [-ne] v. tr. aus-, ver-, zer-, umherstreuen ; aus-, verbreiten.
◇ v. pr. **se disséminer,** sich zerstreuen.

dissension [disɑ̃sjɔ̃] f. Entzweiung f. ; Zwiespalt m. ; Mißhelligkeit f. ; Uneinigkeit f.

dissentiment [-timɑ̃] m. Meinungsverschiedenheit f. ; Mißhelligkeit f.

disséquer [diseke] v. tr. MÉD. sezieren. || [analyser] zergliedern, -legen ; IRON. zerpflücken.

dissertation [disɛrtasjɔ̃] f. (wissenschaftliche) Abhandlung f. ; Dissertation f. || UNIV. Aufsatz m.

disserter [-te] v. intr. *Disserter sur qch.*, eine Abhandlung über eine Sache schreiben.

dissidence [disidɑ̃:s] f. POLIT. (Ab)spaltung f. ; (Ab)trennung f. ; Abfall m. ; Dissidenz f.
— SYN. : *Scission* f., Spaltung f.

dissident, ente [-dɑ̃, ɑ̃:t] adj. abtrünnig, -gespaltet, -gefallen. || RELIG. andersdenkend.
◇ s. Dissident(in) m. (f.) ; Regimekritiker(in) m. (f.). || RELIG. Andersdenkende(r) f. (m.), -gläubige(r) f. (m.).

dissimulateur, trice [disimylatœ:r, tris] adj. heuchlerisch ; versteckt ; verhohlen ; verstellt.
◇ s. Heuchler(in) m. (f.) ; Schleicher(in) m. (f.) ; POP. falsche Katze ; falscher Fünfziger.

dissimulation [-lasjɔ̃] f. [action, art] Verstellung f. ; Verstellungskunst f. ; Verheimlichung f. ; Verbergung f. ; Verhehlen n. ; Verschleierung f. || FIN. *Dissimulation d'actif*, Bilanzverschleierung.

dissimuler [-le] v. tr. [cacher] verbergen ; verheimlichen ; verhehlen ; vorenthalten. || PAR EXT. [feindre] verstellen ; vor-, angeben. || FIG. *Dissimuler une somme*, eine Geldsumme hinterziehen.
◇ part. pass. et adj. **dissimulé, ée,** versteckt ; verhohlen ; hinterhältig ; heuchlerisch.
◇ v. pr. **se dissimuler,** [se cacher] sich verstecken ; sich verbergen. || FIG. *Se dissimuler qch.*, sich etwas vormachen, verhehlen.

dissipateur, trice [disipatœ:r, tris] s. Verschwender(in) m. (f.) ; Prasser m. ; POP. (Bruder) Leichtfuß m.

dissipation [-pasjɔ̃] f. [dispersion] Zerstreuung f. || PAR ANAL. [de l'esprit] Zerstreutheit f. ; Leichtsinn m. ; Unachtsamkeit f. || PAR EXT. [de sa fortune] Verschwendung f. ; Vergeudung f.

dissiper [-pe] v. tr. [disperser] zerstreuen. || PAR ANAL. [faire disparaître] ver... (avec le verbe approprié). | *Dissiper l'angoisse*, die Angst verscheuchen. | *Dissiper l'orage*, das Gewitter vertreiben ; FIG. den Sturm beschwören. || PAR EXT. [son bien] verschwenden ; vergeuden ; verschleudern ; verprassen. || FIG. *Dissiper les doutes*, die Zweifel beseitigen. | *Dissiper un élève*, einen Schüler ablenken.
◇ part. pass. et adj. **dissipé, ée,** zerstreut. || PAR ANAL. [esprit] *Être dissipé*, zerstreut sein. || FIG. leichtfertig, -sinnig ; liederlich.
◇ v. pr. **se dissiper,** [sens pass.] verschwinden ; sich auflösen. | *Les nuages se dissipent*, die Wolken verziehen sich. || FIG. *Se dissiper en fumée*, in Rauch aufgehen. || FIG. leichtfertig, liederlich werden.

dissociable [disɔsjabl] adj. auflösbar.

dissociation [-sjasjɔ̃] f. Trennung f. || CHIM. Spaltung f. ; Zersetzung f.

dissocier [-sje] v. tr. trennen.

dissolu, ue [disɔly] adj. FIG. [débauché] liederlich ; ausschweifend ; sittenlos. | *Mœurs dissolues*, Sittenlosigkeit f.

dissoluble [-lybl] adj. auflösbar.

dissolution [-sjɔ̃] f. CHIM. [action de dissoudre] (Auf)lösung f. ; Zersetzung f. || PAR ANAL. [résultat] Lösung f. | *Dissolution de caoutchouc*, Gummilösung. || PAR EXT. [séparation] Auflösung f. ; Zerfall m. ; Trennung f. ; Dissolution f. | *Dissolution d'un empire*, Zerfall eines Reiches. | *Dissolution du Parlement*, Auflösung des Parlaments. | *Dissolution du mariage*, Ehescheidung f.

dissolvant, ante [disɔlvɑ̃, ɑ̃:t] adj. (auf)lösend ; zersetzend. | *Pouvoir dissolvant*, Lösungsvermögen n.
◇ m. **dissolvant,** Lösungsmittel n. || [cosmétique] Nagellackentferner m.

dissonance [disɔnɑ̃:s] f. Mißton m., -klang m. ; Dissonanz f. ; Disharmonie f.

dissonant, ante [-nɑ̃, ɑ̃:t] adj. mißtönend ; von falschem Klang. | *Être dissonant*, übel, falsch klingen.

dissoudre [disudr] v. tr. CHIM. (auf)lösen. || PAR EXT. [séparer] auflösen ; trennen. | *Dissoudre une société*, eine Gesellschaft auflösen.
◇ part. pass. et adj. **dissous, oute,** aufgelöst.
◇ v. pr. **se dissoudre,** [sens pass.] sich auflösen ; sich zersetzen ; schmelzen.

dissuader [disɥade] v. tr. *Dissuader qn de qch.*, jm etwas ab-, widerraten ; jm etwas ausreden ; jn von etwas abbringen.

dissuasion [-zjɔ̃] f. Abbringen n. ; Widerraten n. || MIL. Abschreckung f.

dissyllabe [disilab] ou **dissyllabique** [-bik] adj. zweisilbig.

dissymétrie [disimetri] f. Unebenmäßigkeit f. ; Mangel (m.) an Symmetrie f.

dissymétrique [-trik] adj. unebenmäßig ; unsymmetrisch.

distance [distɑ̃:s] f. [éloignement] Entfernung f. ; Weite f. ; Distanz f. | *Quelle distance y a-t-il de... à... ?*, wie weit ist es von... bis... ? | *À une grande distance*, fern ; weit. | *À peu de distance*, unfern ; unweit. | *Tenir à distance*, entfernt halten ; FIG. sich vom Leibe halten. | *Manœuvre à distance*, Fernbedienung f. || PAR ANAL. [à parcourir] Strecke f. || PAR EXT. [intervalle] Entfernung f. ; Abstand m. ; Zwischenraum m. | *À égale distance*, gleich weit voneinander. || FIG. [différence] Unterschied m. ; Distanz f. | *La distance qu'il y a entre vouloir et faire*, der Unterschied zwischen Wollen und Tun. || AUTOM. *Distance de freinage*, Bremsweg m. | *Distance de sécurité*, Sicherheitsabstand m.

distancer [-se] v. tr. FIG. [surpasser] übertreffen ; ausstechen ; überrunden. || PAR EXT., SPORT. [devancer] überholen. | *Distancer un coureur*, einen Läufer abhängen, weit hinter sich lassen.

distant, ante [distɑ̃, ɑ̃:t] adj. entfernt ; fern ; weit. | *Distant de dix kilomètres*, zehn Kilometer entfernt, weit. || FIG. [réservé] zurückhaltend.

distendre [distɑ̃:dr] v. tr. [tendre] ausdehnen. || [relâcher] lockern.

◇ v. pr. **se distendre,** sich dehnen ; sich lockern.

distillateur [distilatœ:r] m. Branntweinbrenner m. ; Destillierer m.

distillation [-lasjɔ̃] f. CHIM. Brennen n. ; Destillation f. | *Distillation sous vide*, Vakuumdestillation. | *Produit de distillation*, Destillat n.

distiller [-le] v. tr. brennen ; destillieren. || FIG. *Distiller le venin*, Gift tröpfeln.

distillerie [-lri] f. Weinbrennerei f.

distinct, incte [distɛ̃, ɛ̃kt] adj. [différent] unter-, verschieden. || [perceptible] deutlich ; vernehmbar ; klar. | *Formes distinctes*, deutliche Formen. | *Parole distincte*, verständliches Wort.

distinctement [-tɛ̃ktəmɑ̃] adv. klar ; deutlich.

distinctif, ive [-tif, i:v] adj. unterscheidend ; eigen. | *Caractère distinctif*, Unterscheidungsmerkmal n. | *Signe distinctif*, Kennzeichen n.

distinction [-sjɔ̃] f. [action de ne pas confondre] Unterscheidung f. ; Auseinanderhalten n. | *Faire la distinction entre deux couleurs*, zwei Farben voneinander unterscheiden. || PAR EXT. [différence] Unterschied m. | *Faire une distinction*, einen Unterschied machen. | *Sans distinction*, ohne Unterschied. || FIG. [courtoisie] Vornehmheit f. ; vornehme Art. || [honneur accordé] Auszeichnung f. | *Distinction honorifique*, Orden m.

distinguer [distɛ̃ge] v. tr. [différencier, séparer] unterscheiden ; trennen ; auseinanderhalten. | *Distinguer le vrai du faux*, das Wahre vom Falschen unterscheiden. || PAR ANAL. [percevoir] erkennen ; wahr-, vernehmen. | *Qu'on peut à peine distinguer*, kaum merklich. || PAR EXT. [reconnaître] erkennen ; herausfinden ; ausmachen. | *Distinguer qn dans la foule*, jn in der Menge herausfinden. | *Distinguer du premier coup d'œil*, auf den ersten Blick erkennen. || FIG. [caractériser] kennzeichnen. || [mettre au-dessus] auszeichnen ; hervorheben.

◇ part. pass. et adj. **distingué, ée,** FIG. vornehm ; hervorragend. | *Air distingué*, vornehmes Wesen. | *Manières distinguées*, Vornehmheit f.

◇ v. pr. **se distinguer,** [sens réfl.] sich auszeichnen ; sich hervortun ; hervorstechen. || [sens pass.] sich unterscheiden (lassen). || PAR ANAL. sichtbar werden.

— SYN. : *Discerner*, unterscheiden ; sondern. *Démêler, débrouiller*, entwirren. *Différencier*, unterscheiden.

distinguo [distɛ̃go] m. FAM. Unterscheidung f. ; Einwendung f.

distique [distik] m. POÉS. Zweizeiler m. ; Distichon n.

distorsion [distɔrsjɔ̃] f. MÉD. Verrenkung f. ; Distorsion f. || RADIO. Klangverzerrung f.

distraction [distraksjɔ̃] f. [inattention] Zerstreutheit f. ; Geistesabwesenheit f. ; Unachtsamkeit f. | *Par distraction*, aus Zerstreutheit. || FIG. [divertissement] Zerstreuung f. ; Unterhaltung f.

— SYN. : *Inadvertance* f., Unachtsamkeit f. *(Par) mégarde*, (aus) Versehen n. *Absence* f., geistige Abwesenheit.

distraire [-trɛ:r] v. tr. [détourner l'esprit] zerstreuen ; ablenken. | *Distraire qn de son travail*, jn in seiner Arbeit stören. | *Distraire qn d'un projet*, jn von einem Vorhaben abbringen. || FIG. [divertir] zerstreuen ; erheitern ; unterhalten. || JUR. abziehen.

◇ part. pass. et adj. **distrait, aite,** zerstreut ; unaufmerksam ; gedankenlos.

◇ v. pr. **se distraire,** [se divertir] sich zerstreuen.

distribuer [distribɥe] v. tr. ver-, auf-, aus-, zuteilen ; abgeben. || LOC. *Distribuer le courrier*, die Post austragen. | *Distribuer les rôles*, die Rollen besetzen, einteilen.

— SYN. : *Partager*, (ver)teilen. *Répartir*, ein-, zuteilen.

distributeur, trice [-bytœ:r, tris] adj. ver-, auf-, aus-, zuteilend.

◇ s. [personne] Aus-, Verteiler m. ; Spender(in) m. (f.).

◇ m. **distributeur**, Verteiler m. ; Leitapparat m., -kanal m. | *Distributeur d'essence*, Tank-, Zapfstelle f. | *Distributeur automatique*, Automat m. | *Distributeur (automatique) de billets*, Geldautomat m. | *Distributeur (automatique) de cigarettes*, Zigarettenautomat m. | *Distributeur de monnaie*, Wechselautomat m.

distributif, ive [-bytif, i:v] adj. ver-, aus-, zuteilend.

distribution [-bysjɔ̃] f. [action de distribuer] Ver-, Aus-, Auf-, Einteilung f. | *Distribution d'aumônes*, Almosenspendung f. | *Distribution des prix*, Preisverteilung. | *Distribution de cadeaux*, Bescherung f. || PAR ANAL. [agencement] *Distribution d'un appartement*, Wohnungseinteilung, -anordnung f. || PAR EXT. [remise] Ausgabe f. | *Distribution des billets*, (Fahr)-kartenausgabe. | *Distribution du courrier*, Briefausgabe ; Postzustellung f. || FIN. *Distribution des bénéfices*, Gewinnausschüttung f. || THÉÂTRE. *Distribution des rôles*, Rollenbesetzung f.

district [distrik(t)] m. Bezirk m. ; Gebiet n. ; Kreis m. ; Distrikt m. | *District administratif, urbain*, Amtsbezirk, Stadtverband m.

dithyrambe [ditirɑ̃:b] m. Loblied n. ; Huldigungsgesang m. ; Dithyrambus m.

dithyrambique [-bik] adj. dithyrambisch ; IRON. in den höchsten Tönen.

diurétique [djyretik] adj. MÉD. harntreibend.

◇ m. Diuretikum n. ; harntreibendes Mittel.

diurne [djyrn] adj. täglich ; am Tage ; Tages...

divagation [-gasjɔ̃] f. GÉOGR. [fleuve] Übertreten n. || PAR EXT. [action d'errer] Umherirren n. ; Abschweifen n.

◇ f. pl. **divagations.** FIG. [écarts, délire] Ab-, Ausschweifungen f. pl. ; Phantasieren n. ; Hirngespinste n. pl.

divaguer [-ge] v. intr. GÉOGR. über die Ufer treten. || PAR EXT. [errer] umherirren, -schweifen. || FIG. [déraisonner] aus-, abschweifen ; faseln.

divan [divɑ̃] m. Liegesofa n. || [recueil de poèmes] Diwan m.

divergence [divɛrʒɑ̃:s] f. [rayons] Auseinanderlaufen n., -gehen n. ; Divergenz f. || FIG. [différence] Auseinandergehen n. ; Widerstreit m. | *Divergence d'opinions*, Meinungsverschiedenheit f.

divergent, ente [-ʒɑ̃, ɑ̃:t] adj. PHYS. auseinandergehend, -laufend. || PAR EXT. sich voneinander entfernend ; abweichend. || FIG. *Opinions divergentes*, auseinandergehende Meinungen.

diverger [-ʒe] v. intr. auseinandergehen, -laufen ; sich voneinander entfernen ; (voneinander) abweichen ; divergieren.

divers, erse [divɛr, ɛrs] adj. [changeant, varié] mannigfaltig ; wechselnd. || [différent] verschieden. | *En divers lieux*, an verschiedenen Orten. || [multiples] vielartig ; mehrfach ; mancherlei. || [plusieurs] mehrere ; manche ; etliche. || LOC. *À diverses reprises*, zu wiederholten Malen ; mehrmals. | *À divers égards*, in mancher(lei) Hinsicht. | *Diverses sortes de...*, mancherlei... | *En diverses circonstances*, verschiedentlich. | *Faits divers*, [journal] Vermischtes n.

diversement [-səmɑ̃] adv. in verschiedener Hinsicht ; auf mancherlei Art, Weise.

diversification [-sifikasjɔ̃] f. ÉCON. (Angebots-, Spektrums)erweiterung f.

diversifier [-fje] v. tr. abwechslungsreich gestalten ; Abwechslung bringen (in, acc.). | ÉCON. (das Angebot, das Spektrum) erweitern.

diversion [-sjɔ̃] f. MIL. Ablenkungsmanöver n., -angriff m. | *Attaque de diversion*, Scheinangriff m. || PAR EXT. [action de détourner l'esprit] Ablenkung f. ; Zerstreuung f. ; Abwechslung f. | *Pour faire diversion*, zur Abwechslung.

diversité [-site] f. Verschiedenheit f. ; Verschiedenartigkeit f. ; Mannigfaltigkeit f. ; Vielseitigkeit f. ; Vielfältigkeit f. ; Buntheit f.

divertir [-ti:r] v. tr. [détourner l'esprit] ablenken. || PAR EXT. [amuser] belustigen ; zerstreuen ; unterhalten ; ergötzen ; vergnügen.
◇ part. prés. et adj. **divertissant, ante,** unterhaltsam ; ergötzlich ; kurzweilig ; abwechslungsreich.
◇ v. pr. **se divertir,** sich zerstreuen ; sich unterhalten ; sich ergötzen ; sich erholen. | *Se divertir à qch.*, sich an einer Sache ergötzen ; Vergnügen an etwas finden. | *Se divertir aux dépens de qn*, sich über jn lustig machen.

divertissement [-tismɑ̃] m. [amusement] Belustigung f. ; Zerstreuung f. ; Unterhaltung f. ; Kurzweil f. ; Zeitvertreib m. || MUS. Divertimento n. || THÉÂTRE. Zwischenspiel n.

dividende [dividɑ̃:d] m. MATH. Dividend m. ; Zähler m. || COMM. [part] Gewinnanteil m. ; Rate f. ; Ausbeute f. ; Dividende f. | *Dividendes fictifs*, Scheindividenden f. pl. | *Toucher des dividendes*, an der Gewinnausschüttung teilnehmen.

divin, ine [divɛ̃, in] adj. MYTHOL. [des dieux] göttlich ; göttergleich ; götterhaft ; Götter... | *Étincelle divine*, Götterfunke m. || PAR ANAL., RELIG. [de Dieu] göttlich ; gottähnlich ; Gottes... | *Service divin*, Gottesdienst m. | *Nature divine, caractère divin*, Göttlichkeit f. || FIG. [parfait] himmlisch ; wunderschön, -voll. | *Beauté divine*, himmlische Schönheit. || HIST. *De droit divin*, von Gottes Gnaden.

divination [-sjɔ̃] f. RELIG. Weis-, Wahr-, Voraussagung f. || FIG. Vorahnung f. ; Ahnungsvermögen n.

divinatoire [-twa:r] adj. weis-, wahr-, voraussagend ; seherisch. || FIG. vorahnend ; intuitiv.

divinement [divinmɑ̃] adv. göttlich. || FIG. himmlisch ; ausgezeichnet.

divinisation [-nizasjɔ̃] f. Vergöttlichung f. ; PÉJOR. Vergötterung f.

diviniser [-nize] v. tr. vergöttlichen ; PÉJOR. vergöttern ; als Gott verehren.

divinité [-nite] f. [Dieu] Gott m. ; Gottheit f. || PAR EXT. [nature divine] Göttlichkeit f.

diviser [divize] v. tr. teilen ; ab-, auf-, ein-, zerteilen ; zerlegen ; gliedern. | *Diviser en deux*, halbieren. | *Diviser en chapitres, en provinces*, in Kapitel, in Provinzen aufteilen. || MATH. teilen ; dividieren.
◇ part. pass. **divisé, ée,** geteilt ; gegliedert. || FIG. entzweit ; uneinig ; auseinandergehend. | *Un peuple divisé*, ein gespaltenes Volk.
◇ v. pr. **se diviser,** [sens pass.] *Se diviser en*, sich teilen (lassen) in (acc.) ; sich zergliedern in (acc.). || FIG. sich entzweien ; sich spalten.

diviseur [-zœ:r] m. Nenner m. ; Teiler m. ; Divisor m.

divisibilité [-zibilite] f. (Auf)teilbarkeit f.

divisible [-zibl] adj. (auf)teilbar ; dividierbar.

division [-zjɔ̃] f. **1.** [séparation en parties] Teilung f. ; Auf-, Ein-, Ver-, Zerteilung f. ; Zerlegung f. ; Gliederung f. | *Division des pouvoirs*, Teilung der Gewalten. | *Division du travail*, Arbeitsteilung.
2. [partie] Teil m. ou n. ; Abteilung f. ; Bezirk m. ; Klasse f. | *Chef de division*, Abteilungschef m. | *Être dans la petite division*, in der unteren Klasse sein.
3. FIG. [discorde] Uneinigkeit f. ; Zwietracht f. ; Spaltung f.
4. MATH. Dividieren n. ; Division f. | *Faire une division*, ausdividieren ; teilen.
5. MIL. Division f. | *Général de division*, Generalleutnant m.

divisionnaire [-zjɔnɛ:r] adj. MIL. zur Division gehörig ; Divisions... || FIN. *Monnaie divisionnaire* Scheidemünze f.

divorce [divɔrs] m. JUR. (Ehe)scheidung f. | *Action en divorce*, Scheidungsklage f. | *Demander le divorce*, auf Scheidung klagen ; sich scheiden lassen. || FIG. [rupture] Bruch m. ; Trennung f.
— SYN. : *Séparation* (f.) *de corps*, Trennung (f.) von Tisch und Bett. *Répudiation* f., Verstoßung f.

divorcer [-se] v. intr. JUR. sich scheiden lassen. || FIG. [rompre] brechen (mit) ; sich trennen (von).
◇ part. pass. et adj. **divorcé, ée,** geschieden. || *Un divorcé*, ein Geschiedener.

divulgation [divylgasjɔ̃] f. Aus-, Verbreitung f. ; Bekanntmachung f. ; PÉJOR. Ausplaudern n.

divulguer [-ge] v. tr. verbreiten ; bekanntmachen ; unter die Leute bringen.
— SYN. : *Publier*, veröffentlichen. *Révéler*, offenbaren. *Dévoiler*, enthüllen. *Ébruiter*, ausstreuen.

dix [di, devant une consonne ; dis, devant une pause ; diz, devant une voyelle ou un *h* muet] adj. num. card. zehn. || PAR EXT. [ord.] *Léon X*, Leo der Zehnte. | *Une pièce de dix francs*, ein Zehnfrankenstück n. ; ein Zehner m. | *Le dix juillet*, der zehnte Juli ; am zehnten Juli. || LOC. *Période de dix ans*, Jahrzehnt n. | *Âgé de dix ans*, zehnjährig. || JEUX. [cartes] Zehn f. ; Zehner m.

dix-huit [dizɥit] adj. num. card. achtzehn.

dix-huitième [-tjɛ:m] adj. num. ord. achtzehnte.
◇ m. [fraction] Achtzehntel n.

dixième [dizjɛm] adj. num. ord. zehnte.
◇ m. [fraction] Zehntel n.
◇ f. MUS. Dezime f.

dix-neuf [diznœf] adj. num. card. neunzehn.

dix-neuvième [-nœvjɛm] adj. num. ord. neunzehnte.
◇ m. [fraction] Neunzehntel n.

dix-sept [disɛt] adj. num. card. siebzehn.

dix-septième [-tjɛm] adj. num. ord. siebzehnte.
◇ m. [fraction] Siebzehntel n.

dizaine [dizɛn] f. [dix] Anzahl von zehn. | *Une dizaine de crayons*, zehn Bleistifte m. pl. || PAR EXT. [environ dix] etwa, ungefähr, so bei zehn. | *Une dizaine de jours*, etwa zehn Tage. || RELIG. Zehner m.

do [do] m. invar. MUS. C n.

docile [dɔsil] adj. [à instruire] gelehrig ; empfänglich. || PAR EXT. [qui se laisse conduire] gehorsam. | *Cheval docile*, lenkbares Pferd.

docilité [-lite] f. [à instruire] Gelehrigkeit f. || PAR EXT. Lenksamkeit f. ; Folgsamkeit f.

dock [dɔk] m. Dock n. ; Hafen-, Warenschuppen m. ; Umschlagslager n. | *Dock flottant*, Schwimmdock.

docker [dɔkɛr] m. Dock-, Hafenarbeiter m. | *Les dockers*, Schauerleute pl.

docte [dɔkt] adj. gelehrt ; IRON. hochgelehrt.

doctement [-təmɑ̃] adv. IRON. in hochgelehrter Weise.

docteur [dɔktœ:r] m. [de toute faculté] Doktor m. ; Dr. m. | *Docteur ès lettres*, Doktor der Philosophie, Philologie ; Dr. Phil. | *Titre de docteur*, Doktorgrad m., -titel m. || PAR EXT. [en médecine] Doktor m. ; Arzt m. | *Docteur*, Herr Doktor ! | *Le docteur est-il là ?*, ist der Herr Doktor zu sprechen ? || RELIG. Kirchenlehrer m. || THÉOL. Schriftgelehrte(r) m.

— OBSERV. En Allemagne, on applique aussi ce titre à la femme du titulaire (die Frau Dr.).

doctoral, ale, aux [-tɔral, o] adj. Doktor... || PÉJOR. würdevoll ; schulmeisterlich ; pedantisch.

doctorat [-tɔra] m. [grade] Doktorwürde f., -titel m. ; Doktorat n. | *Doctorat en droit*, juristisches Doktorat. | *Doctorat d'État*, Habilitation f. || PAR EXT. [examen] Doktorexamen n. | *Passer son doctorat*, seine Doktorprüfung ablegen ; Doktor werden ; promovieren. ; [doctorat d'État] habilitieren.

doctoresse [-tɔrɛs] f. Ärztin f.

doctrinaire [dɔktrinɛ:r] adj. doktrinär.

◇ m. POLIT. Theoretiker m. ; Doktrinär m.

doctrinal, ale, aux [-nal, o] adj. lehrmäßig ; grundsätzlich.

doctrine [-trin] f. PHILOS. Lehre f. ; Lehrsatz m. ; Lehrgebäude n. ; System n. ; Doktrin f.

document [dɔkymɑ̃] m. Urkunde f. ; Schriftstück n. ; Unterlage f. ; Beleg m. ; Dokument n. | *Documents comptables*, Buchungsbelege m. pl.

documentaire [-tɛ:r] adj. urkundlich ; aktenkundig ; dokumentarisch. | *À titre documentaire*, als Beleg ; als Beweisurkunde.

◇ m. FILM. Kulturfilm m. ; Dokumentarfilm m.

documentaliste [-talist] s. Dokumentalist(in) m. (f.).

documentation [-tasjɔ̃] f. [action] Beurkundung f. ; Urkundenbeweis m. ; dokumentarischer Nachweis. || PAR ANAL. [matériaux] Beweis-, Urkundenmaterial n. ; Belegstücke n. pl. || PAR EXT. [pour la publicité] Druckschriften f. pl. ; Fachliteratur f.

documenter [-te] v. tr. [livre, thèse] beurkunden ; mit Urkunden belegen. || PAR EXT. *Documenter qn sur une ville*, jm über eine Stadt Auskünfte geben.

◇ part. pass. et adj. **documenté, ée,** *Être bien documenté*, mit vielen Belegen, Noten versehen sein.

◇ v. pr. **se documenter,** (sur qch.) sich (über eine Sache) Auskünfte verschaffen ; sich informieren (über eine Sache).

dodeliner [dɔdline] v. tr. hin- und herwiegen ; schaukeln.

◇ v. intr. *Dodeliner de la tête*, mit dem Kopf wackeln.

dodo [dɔdo] m. ENF. Schläferchen n. ; Heia f. | *Faire dodo*, schlafen. | *(Fais) dodo*, heia, popeia ! || PAR EXT. [lit] Bettchen n.

dodu, ue [dɔdy] adj. prall ; drall ; dicklich ; fett ; feist ; pummelig ; wohlgenährt.

dogmatique [dɔgmatik] adj. grundsätzlich ; dogmatisch. || FIG., PÉJOR. lehrhaft ; pedantisch ; stur. | *Ton dogmatique*, schulmeisterlicher Ton. || RELIG. glaubensmäßig.

dogmatiser [-tize] v. intr. Glaubenssätze lehren. || FIG., PÉJOR. abfällig urteilen.

dogmatisme [-tism] m. Glaubenslehre f. ; Dogmatismus m. || FIG., PÉJOR. Schulmeisterei f.

dogme [dɔgm] m. RELIG. Dogma n. ; Glaubenslehre f. || PHILOS. Lehre f. ; Satzung f.

dogue [dɔg] m. ZOOL. (Bull)dogge f. | *Dogue danois*, deutsche Dogge. || FIG. bissiger Mensch m.

doigt [dwa] m. [homme] Finger m. | *Doigt de pied*, Zehe f. | *Bout du doigt*, Fingerspitze f. | *Le petit doigt*, der kleine Finger. | *Montrer qn du doigt*, mit dem Finger auf jn zeigen, deuten ; FIG. jn der Verachtung preisgeben. | *Toucher du doigt*, mit dem Finger berühren. | *Glisser entre les doigts*, durch die Finger schlüpfen. | *Mettre le doigt sur la plaie*, den Finger auf die Wunde legen ; FIG. genau treffen. | *Donner sur les doigts à qn*, jm auf die Finger klopfen. | *Habile de ses doigts*, fingerfertig. | *Il a de l'esprit jusqu'au bout des doigts*, er ist sehr geistreich. || PAR EXT. *Doigt de gant*, Handschuhfinger. || LOC. FAM. *Savoir sur le bout du doigt*, auswendig können. | *Se mettre le doigt dans l'œil*, sich irren, sich restlos täuschen. | *Faire toucher du doigt à qn*, jm etwas nahelegen. | *Obéir au doigt et à l'œil*, aufs Wort gehorchen. | *Se mordre les doigts de qch.*, etwas bereuen. | *Ne pas remuer le petit doigt*, keinen Finger rühren. | *Avoir les doigts crochus*, krumme Finger haben. | *Ils sont comme les deux doigts de la main*, sie sind ein Herz und seine Seele. || FIG. [très peu] *Un doigt de vin*, ein bißchen Wein ; ein Fingerhut voll Wein. || [d'un animal] Klaue f. ; Kralle f.

doigté [-te] m. MUS. Fingersatz m. ; Applikatur f. || PAR EXT. [adresse] Fingerfertigkeit f. ; Geschicklichkeit f. || FIG. *Avoir du doigté*, Fingerspitzengefühl haben.

doigtier [-tje] m. Daumenschützer m. ; Fingerling m.

doléances [dɔleɑ̃:s] f. pl. Beschwerden f. pl. ; Klagen f. pl.

dolent, ente [-lɑ̃, ɑ̃:t] adj. (weh)klagend ; kläglich ; kränklich ; leidend.

dollar [dɔla:r] m. [aux États-Unis] Dollar m.

dolmen [dɔlmɛn] m. Hünengrab n. ; Dolmen m.

domaine [dɔmɛn] m. [propriété] Besitz m. ; Besitztum n. ; Gut n. ; Landsitz m. ; Bauerngut n. || [étendue, territoire] *Domaine skiable*, Skigebiet n. || PAR EXT. *Domaine public*, Gemeingut. | *Tomber dans le domaine public*, Gemeingut werden. || FIG. [champ d'action] Gebiet n. ; Bereich m. ; Wirkungskreis m. | *Être du domaine de qn*, zu js Bereich gehören. | *Dans le domaine de la science*, auf wissenschaftlichem Gebiet. || HIST. *Domaine d'État*, Staatsgut ; Domäne f.

◇ m. pl. **domaines.** ADMIN. Domänenverwaltung f., -amt n.

domanial, iale, iaux [-manjal, jo] adj. zur Domäne gehörig ; Domänen...

dôme [do:m] m. ARCHIT. [voûte] Kuppel f. ; Kuppe f. ; Gewölbe n. | *En forme de dôme*, kuppelförmig. || PAR ANAL. [église] Dom m. ; Domkirche f.

domestication [dɔmɛstikasjɔ̃] f. Zähmung f. ; Eingewöhnung f. ; Dienstbarmachung f.

domesticité [-tisite] f. [état] Bedientenstand m. ; Dienstbarkeit f. || PAR ANAL. [personne] Dienerschaft f. ; Hauspersonal n. || (Vx.) Gesinde n.

domestique [-tik] adj. häuslich ; Haus... | *Soucis domestiques*, häusliche Sorgen f. pl. | *Dieux domestiques*, Hausgötter m. pl. ; Penaten m. pl. | *Économie domestique*, Hauswirtschaft f. | *Animaux domestiques*, Haustiere n. pl.

◇ s. [serviteur] Diener(in) m. (f.) ; Bediente(r) f. (m.) ; Dienstmädchen n. ; Hausangestellte(r) f. (m.) ; Knecht m. ; Magd f.

◇ m. pl. **domestiques,** [personnel] Dienstpersonal n.

domestiquer [-tike] v. tr. (be)zähmen ; ans Haus gewöhnen ; zahm, dienstbar machen.

domicile [dɔmisil] m. [lieu de résidence] Wohnort m., -sitz m. ; Aufentha || ltsort m. ; Domizil n. || PAR ANAL. [demeure] Wohnung f. ; Haus n. ; Heim n. | *Sans domicile fixe*, ohne festen Wohnsitz. | *Changer*

de domicile, den Wohnort wechseln. || JUR. Wohnsitz m. | *Violation de domicile*, Hausfriedensbruch m. | *Élire domicile (à)*, seinen Wohnsitz aufschlagen (in); sich niederlassen (in).
◇ loc. adv. **à domicile,** im, zu Hause; ins Haus; Heim... | *Livraison à domicile*, Lieferung (f.) ins Haus. | *Travail à domicile*, Heimarbeit f. | *Consultation à domicile*, (ärztlicher) Hausbesuch.

domiciliation [-ljasjɔ̃] f. COMM. Zahlbarstellung f.; Domizilierung f.

domicilier [-lje] v. tr. COMM. domizilieren. | *Domicilier un effet*, einen Wechsel zahlbar stellen, domizilieren.
◇ part. pass. et adj. **domicilié, iée,** adj. wohnhaft; ansässig; seßhaft.

dominant, ante [dɔminɑ̃, ɑ̃:t] adj. vorherrschend; vorwaltend; Haupt...
◇ f. **dominante.** MUS. Quintakkord m. || PHOT. Farbstich m.

dominateur, trice [-natœ:r, tris] adj. herrschsüchtig, -begierig; (be)herrschend; herrisch; anmaßend.
◇ s. (Be)herrscher(in) m. (f.).

domination [-nasjɔ̃] f. [action] (Be)herrschen n. || [résultat] Herrschaft f.; Beherrschung f.; Gewalt f.; PÉJOR. Knute f. | *Être sous la domination de qn*, unter js Herrschaft stehen; in js Gewalt sein. | *Domination suprême*, Oberherrschaft.

dominer [-ne] v. intr. [être le maître] herrschen (über etwas); Herr sein; gebieten; dominieren. | *Avide de dominer*, herrschsüchtig. || PAR ANAL. [voix, couleur] übertönen. || PAR EXT. [prédominer] vorherrschen; vorherrschend sein; vorwalten. || FIG. [en hauteur] über-, hervor-, emporragen. || SPORT. die Oberhand behalten.
◇ v. tr. [être le maître de qch.] beherrschen; herrschen (über, acc.); Herr sein. | *Dominer la situation*, Herr der Lage sein. || PAR ANAL. *Dominer un sujet*, einen Stoff bewältigen. || PAR EXT. [maîtriser] zügeln; überwinden; überwältigen. | *Dominer ses passions*, seine Leidenschaften zügeln. | *Dominer sa peur*, seine Angst überwinden. || FIG. [en hauteur] überragen, -sehen. | *Le fort domine la plaine*, die Festung beherrscht die Ebene. | *Du sommet on domine la vallée*, vom Gipfel aus überschaut man das Tal.
◇ v. pr. **se dominer,** sich beherrschen (können); sich (selbst) überwinden; Herr über sich selbst sein.

dominicain, aine [dɔminikɛ̃, ɛn] s. RELIG. Dominikaner(in) m. (f.).

Dominicaine (république) n. pr. f. GÉOGR. Sankt Domingo n.; dominikanische Republik.

dominical, ale, aux [-kal, o] adj. sonntäglich; Sonntags... | *Oraison dominicale*, Vaterunser n.

dominion [dɔminjɔ̃] m. POLIT. (englisches) Dominion.

domino [dɔmino] m. JEUX. Dominospiel n., -stein m. | *Jouer aux dominos*, Domino (n.) spielen. || PAR EXT. [de carnaval] Dominomaske f., -mantel m.; Domino m.

dommage [dɔma:ʒ] m. [dégât] Schaden m.; Beschädigung f. | *Causer du dommage*, Schaden anrichten, verursachen. | *Dommages de guerre*, Kriegsschäden. | *Sans dommage*, schadlos; unversehrt. | *Dommages-intérêts*, Schadenersatz m. || [perte, préjudice] Verlust m.; Einbuße f.; Benachteiligung f. || FIG. *C'est dommage*, es ist schade. | *Quel dommage !*, wie schade ! | *Dommage que*, schade, daß.
— SYN. : *Ravage* m., Verwüstung f. *Détérioration* f., Verschlechterung f. *Avarie* f., Schaden m. *Casse* f., Bruch m.

dommageable [-ʒabl] adj. schädlich; schädigend; nachteilig.

domptage [-ta:ʒ] m. (Be)zähmung f.; Bezwingung f.; Bändigung f.

dompter [-te] v. tr. (be)zähmen; bezwingen; bändigen; zahm machen; POP. unterkriegen. || FIG. [maîtriser] beherrschen; überwinden.

dompteur, euse [-tœ:r, ø:z] s. (Tier)bändiger(in) m. (f.); Dompteur m.

don [dɔ̃] m. Gabe f.; Schenkung f.; Geschenk n.; Bescherung f.; Spende f. | *Faire don de qch.*, etwas schenken, spenden, stiften. || MÉD. *Don d'organe(s)*, Organspende f. | *Don du sang*, Blutspende f. || FIG. [aptitude] Gabe f.; Begabung f.; Fähigkeit f.; Talent n. | *Don naturel*, Naturanlage f. | *Avoir le don de la musique*, musikalisch, begabt sein.
— SYN. : *Présent*, Geschenk. *Cadeau*, kleines Geschenk.

donateur, trice [-tœ:r, tris] s. Schenker m.; Geber(in) m. (f.); Stifter(in) m. (f.); Donator m. || JUR. [par testament] Vermacher m.

donation [-sjɔ̃] f. JUR. [action] Schenkung f.; Zuwendung f. | *Donation entre vifs*, Schenkung unter Lebenden. || [écrit] Schenkungsurkunde f.

donc [dɔ̃k, dɔ̃] conj. [conclusion] also; folglich; somit; so; demnach; daher. || [enchaînement] *Ainsi donc*, nun also; so nun. || [dans l'interrogation] denn; nur. | *Qu'as-tu donc aujourd'hui ?*, was hast du denn heute ? | *Comment donc ?*, wieso denn ? || [pour renforcer] doch. | *Taisez-vous donc !*, hören Sie doch mal auf ! || [doute] *Allons donc !*, ach, sowas !

dondon [dɔ̃dɔ̃] f. FAM. Pummelchen n.; Pummel m.

donjon [dɔ̃ʒɔ̃] m. HIST. Berg-, Burgfried m.; Wachtturm m.; Zwinger m.

donnant, ante [dɔnɑ̃, ɑ̃:t] adj. freigiebig; mit vollen Händen. || LOC. *Donnant donnant*, Leistung und Gegenleistung; Zug um Zug.

donne [dɔn] f. [au jeu] Karten-, Ausgeben n. || FIG. *Nouvelle donne*, neue Runde.

donnée [-ne] f. gegebene Tatsache; Angabe f. | *Données statistiques*, statistishe Angaben f. pl. || LITTÉR. [idée fondamentale] (Grund)idee f.; Vorangaben f. pl. || MATH. Bekannte f.; (bekannte) Größe f. || INF. Datum n. | *Banque*, *Base de données*, Datenbank f., -basis f.

donner [dɔne] v. tr. geben (a, e).

I. FAIRE DON, SE DÉFAIRE : geben; ab-, ver-, weggeben.
II. OFFRIR : geben; spenden; anbieten.
III. ACCORDER, CONFÉRER, ATTRIBUER.
IV. LIVRER, ADMINISTRER, APPLIQUER.
V. AIDER, PROCURER, PRODUIRE.
VI. CONSACRER, SACRIFIER, CAUSER.
VII. EXERCER UNE ACTION.
VIII. ÉMETTRE, CRÉER, COMMUNIQUER.
IX. PROPOSER, EXPOSER.
X. ORDONNER, FIXER, ENGAGER.
XI. donner v. intr. PRODUIRE, ENTRER EN ACTION.
XII. HEURTER.
XIII. loc. donner dans, donner sur.
XIV. part. pass. et adj. **donné, ée,** gegeben.
XV. v. pr. **se donner :** sens réfl. et sens pr. indir., récipr., pass.

I. a) FAIRE DON : [sens général] geben. | *Donner qch. à qn*, jm etwas geben. | *Donner en partage*, zuteilen. | *Donner en plus, par-dessus le marché*, obendrein geben; zulegen. | *Donner en gage*, verpfänden. || PAR ANAL.

[argent] geben ; zahlen. | *Donner des arrhes*, anzahlen. || PAR EXT. [faire cadeau] schenken ; spenden. | *Donner un cadeau*, ein Geschenk überreichen. | *Donner beaucoup aux pauvres*, den Armen viel spenden. | *Donner l'aumône*, Almosen geben. || LOC. *Donner le sein à un enfant*, ein Kind stillen. | *Donner (une) réponse*, (eine) Antwort geben. | *Donner son cœur*, sein Herz (ver)geben. — **b)** SE DÉFAIRE : ab-, ver-, weg-, herausgeben. | *Donner son billet*, seine Karte abgeben. | *Donner ses bagages à enregistrer*, sein Gepäck aufgeben.
II. OFFRIR : geben ; spenden ; anbieten. | *Donner un siège*, einen Stuhl anbieten. | *Donner sa place à une dame*, einer Dame seinen Platz (über)lassen. | *Donner le bonjour à qn*, jm guten Tag wünschen ; jn begrüßen. || PAR ANAL. *Donner le bras à qn*, jm den Arm geben, reichen. || PAR EXT. *Donner un dîner*, ein Essen geben. | *Donner une fête*, ein Fest veranstalten.
III. a) ACCORDER : geben ; gewähren. | *Donner un congé*, einen Urlaub gewähren. | *Donner une signature*, eine Unterschrift leisten. | *Donner son consentement, son agrément*, bei-, zustimmen (dat.). || PAR ANAL. [permettre] *Donner la parole à qn*, jm das Wort erteilen. | *Donner la permission*, erlauben ; gestatten. | *Donner le passage*, durchgehen, -fahren lassen. | *Donner le temps à qn*, jm Zeit lassen. | *Donner libre cours à sa colère*, seinem Zorn freien Lauf lassen. || PAR EXT. [confier] *Donner sa fille en mariage à qn*, jm seine Tochter zur Frau geben. || LOC. *Donner son affection, sa confiance à qn*, jm seine Liebe, sein Vertrauen schenken. | *Donner audience*, Gehör geben. | *Donner raison, tort à qn*, jm recht, unrecht geben. | COMM. *Donner son aval à un effet*, Wechselbürgschaft leisten. || FIG. *Donner carte blanche*, (Blanko)vollmacht geben. — **b)** CONFÉRER : geben ; verleihen. | *Donner un titre*, einen Titel geben. || JUR. *Donner droit à qch.*, zu etwas berechtigen. | *Donner acte de*, beurkunden ; beglaubigen ; bestätigen. — **c)** ATTRIBUER : geben ; aus-, erteilen. | *Donner un emploi à chacun*, jedem eine Stelle anweisen. || FIG. [par jugement] schätzen ; halten (für). | *Quel âge lui donnez-vous ?*, für wie alt halten Sie ihn ? | *Je vous le donne en mille !*, Sie werden es nie raten !
IV. a) LIVRER : [remettre] ab-, her-, übergeben ; aushändigen. | *Donne !*, gib her ! ; her damit ! || PAR ANAL. [distribuer] *On donne les tickets*, die Karten werden ausgeteilt. | *Donner les cartes*, die Karten geben. | *C'est à vous de donner*, Sie sind am Geben. || POP. *Donner un complice*, einen Komplizen verpfeifen. — **b)** ADMINISTRER : erteilen. | *Donner un remède*, eine Arznei verabreichen.
V. a) AIDER : helfen ; unterstützen. || FIG. *Donner la main, le bras à qn*, jm Hilfe leisten ; jn unterstützen. | *Donner un coup de main, d'épaule à qn*, jm unter die Arme greifen ; jm Hilfe leisten. — **b)** PROCURER : geben ; verschaffen. | *Donner du travail à un ouvrier*, einem Handwerker Arbeit verschaffen. | *Donner des preuves*, Beweise liefern. — **c)** PRODUIRE : (er)geben ; hervorbringen ; erzeugen. | *Cette terre donne du blé*, dieser Boden erzeugt Korn. || PAR ANAL. [rapporter] ergeben ; eintragen. | *Cela ne donnera rien de bon*, das wird nichts Gutes geben ; es wird nichts Gutes dabei herauskommen.
VI. a) CONSACRER : hingeben ; widmen ; verwenden. | *Donner son temps aux études*, seine Zeit den Studien widmen. — **b)** SACRIFIER : (auf)opfern. | *Donner sa vie pour la patrie*, sein Leben für das Vaterland geben. — **c)** CAUSER : geben ; machen ; verursachen. | *Cela lui donne beaucoup de peine*, das macht ihm viel Mühe. | *Donner du souci*, Sorgen machen. | *Donner soif, faim*, Durst, Hunger geben. || PAR EXT. [inspirer] *Donner envie de dormir*, schläfrig machen. | *Donner du courage*, Mut einflößen. || LOC. *Cela donne à réfléchir*, das gibt zu denken ; das läßt einen nachdenken. | *Donner à entendre à qn que*, jm zu verstehen geben, daß. | *Donner lieu de croire*, vermuten lassen. | *Donner lieu à*, Anlaß geben zu ; stattgeben.
VII. EXERCER UNE ACTION : geben ; ab-, an-, aufgeben. | *Donner de la lumière*, Licht geben. | *Donner un signal*, ein Signal (ab)geben. | *Donner un coup de peigne*, durchkämmen. | *Donner un coup de pied*, einen Fußtritt versetzen. | *Donner des coups de poing*, Faustschläge verabreichen. || FIG. *Donner une punition*, eine Strafarbeit aufgeben. || MIL. *Donner l'alarme*, Alarm schlagen. | *Donner l'assaut*, Sturm laufen ; (an)stürmen.
VIII. a) ÉMETTRE : [son, signe] von sich geben ; geben. | *Donner un son*, einen Laut von sich geben ; klingen. | *Donner de la chaleur*, Wärme abgeben. | *Donner de l'ombre*, Schatten werfen, geben. | *Il donne des signes de fatigue*, man sieht ihm an, daß er müde ist. || PAR ANAL. *Donner son avis*, seine Meinung abgeben, äußern. || PAR EXT. [citer] (an)geben ; anführen. | *Donner un exemple*, ein Beispiel geben. — **b)** CRÉER : [enfanter] *Donner la vie, le jour à un enfant*, einem Kind das Leben schenken, geben ; ein Kind gebären. || LITTÉR. [publier] herausgeben. | *Donner un roman tous les ans*, jedes Jahr einen Roman herausgeben. || THÉÂTRE. [représenter] vorstellen ; aufführen. | *Ce soir on donne « Iphigénie »*, heute abend wird « Iphigenie » aufgeführt. — **c)** COMMUNIQUER [indiquer] (an)geben ; mitteilen. | *Donner une nouvelle*, eine Nachricht mitteilen, ankündigen. || PAR EXT. [propager] weitergeben ; verbreiten. | *Donner lecture*, vorlesen. | *Donner connaissance*, bekanntgeben.
IX. a) PROPOSER : [à faire] aufgeben. | *Donner un problème, des devoirs*, eine Rechenarbeit, Aufgaben aufgeben. || PAR EXT. [à imiter] *Donner l'exemple*, das (gute) Beispiel geben. | *Donner comme modèle*, zum Muster aufstellen. — **b)** EXPOSER : *Donner des cours*, Stunden, Unterricht geben ; lehren. | *Donner des précisions*, nähere Angaben machen.
X. a) ORDONNER : geben ; anordnen ; erteilen. | *Donner l'ordre*, den Befehl geben ; anordnen. || PAR EXT. [licencier] *Donner congé à qn*, jn entlassen. | *Donner ses huit jours*, (auf)kündigen. || JUR. *Donner congé à un locataire*, einem Mieter kündigen. || SPORT. *Donner le départ*, den Start(schuß) geben. — **b)** FIXER : geben ; festsetzen. | *Donner rendez-vous à qn*, mit jm eine Verabredung treffen ; jn bestellen. || PAR EXT. *Donner un nom à un enfant*, einem Kind einen Namen geben. — **c)** ENGAGER : geben ; einsetzen. | *Donner sa parole à qn*, jm sein Ehrenwort geben.
XI. donner v. intr. **a)** PRODUIRE : geben ; ergiebig sein ; gedeihen. | *Le blé donne (beaucoup) cette année*, das Korn ist dieses Jahr sehr ergiebig. | *Qui donne (beaucoup)*, ergiebig ; reichhaltig ; leistungsfähig. — **b)** ENTRER EN ACTION : *Faire donner les machines*, die Maschinen einschalten, in Gang setzen. | *Faire donner une troupe*, eine Truppe einsetzen. || PAR ANAL. [briller] *Le soleil donne toute la journée*, die Sonne scheint den ganzen Tag. || PAR EXT. *Le chien donne de la voix*, der Hund schlägt an, gibt Laut. || FIG. *Ne savoir où donner de la tête*, nicht wissen, wo einem der Kopf steht.
XII. HEURTER : (an)stoßen ; prallen ; schlagen. | *Donner contre un mur*, gegen eine Mauer stoßen, prallen ; an eine Mauer fahren. | *Donner de la tête contre un arbre*, mit dem Kopf an einen Baum stoßen.
XIII. loc. **donner dans,** [tomber] geraten in (acc.). | *Donner dans un piège*, in eine Falle geraten, sich anführen lassen ; POP. auf den Leim gehen. || FIG. *Donner dans le libertinage*, der Liederlichkeit verfallen. — **donner sur,** [avoir vue sur] gehen auf (acc.) ; sehen, liegen nach. | *Donner sur la rue*, auf die Straße (hinaus)gehen.
XIV. part. pass. et adj. **donné, ée,** gegeben. || PAR ANAL. [existant] gegeben ; bestehend ; vorliegend. |

Faits donnés, gegebene Tatsachen f. pl. | *Conditions données*, bestehende Verhältnisse n. pl. || PAR EXT. [fixé] gegeben ; festgesetzt. | *Temps donné*, festgesetzte Zeit. || FIG. [possible, permis] *Il n'est pas donné à tout le monde*, nicht jedem ist gegeben, vergönnt, beschieden. || LOC. [vu] *Étant donné*, in Anbetracht (gén.) ; angesichts (gén.) ; bei. | *Étant donné la situation*, in Anbetracht der Lage. || CONJONCTIV. *Étant donné que tu lis*, da du liest.

XV. v. pr. **se donner,** (sens réfl.) [s'adonner] sich er-, hingeben ; sich widmen. | *Se donner corps et âme*, sich ganz hingeben. | Vx. [se faire passer] sich ausgeben ; sich einführen. | *Il se donna pour son frère*, er gab sich für seinen Bruder aus. | *Se donner un air triste*, eine traurige Miene aufsetzen. || (sens pr. indir.) [s'attribuer] sich geben. | *Se donner un compagnon*, sich jn beigesellen. | *Se donner du mouvement*, sich bewegen. || PAR EXT. *Se donner la mort*, Selbstmord begehen. || FIG. *Se donner du bon temps*, sich's wohl sein lassen. | *S'en donner à cœur joie*, sich austoben ; sich gehörig amüsieren. | *Se donner de la peine*, sich Mühe geben. | *Donnez-vous la peine de vous asseoir*, nehmen Sie bitte Platz. || [sens récipr.] *Se donner la main*, (sich) einander die Hand reichen. | *Se donner le bras*, Arm in Arm gehen.

donneur, euse [dɔnœ:r, ø:z] s. (Aus)geber(in) m. (f.). | *Donneur de conseils*, Ratgeber m. || FIG., PÉJOR. Angeber m. || MÉD. *Donneur de sang*, Blutspender m.

dont [dɔ̃]. **1.** COMPL. DE NOM : (gén. de « der ») dessen m. et n. ; deren f. et pl. | *L'homme dont le chapeau est gris*, der Mann, dessen Hut grau ist. | *L'homme dont je vois le costume bleu*, der Mann, dessen blauen Anzug ich sehe.

2. COMPL. DE VERBE OU D'ADJ. [antécédent animé] (prép. avec « der » ou « welcher » au cas approprié) *La femme dont nous parlons*, die Frau, von der wir sprechen. | *L'enfant dont tu es fier*, das Kind, auf das du stolz bist. || [antécédent inanimé] (prép. avec « der » ou « welcher » au cas approprié ; « wo(r) » avec prép.) *Le livre dont nous parlons*, das Buch, über das wir sprechen ; das Buch, worüber wir sprechen. || PAR EXT. [d'où] *L'école dont tu sors*, die Schule, aus der du kommst. || LOC. *Ce dont il s'agit*, das, worum es sich handelt.

donzelle [dɔ̃zɛl] f. Dämchen n. ; POP. Puppe f.

dopant [dɔpɑ̃] m. SPORT. Aufputschmittel n.

doper [dɔpe] v. tr. SPORT. aufpulvern ; künstlich reizen ; dopen. || NUCL. anreichern.

◇ v. pr. **se doper,** SPORT. sich dopen.

dorénavant [dɔrenavɑ̃] adv. von nun an ; von jetzt an ; ab, ab jetzt, fortan ; künftighin.

dorer [dɔre] v. tr. vergolden ; mit Gold überziehen. || PAR EXT. einen goldigen Schimmer verleihen ; goldfarbig, goldgelb machen. || FIG. *Dorer la pilule*, eine bittere Pille versüßen.

◇ v. intr. goldgelb werden.

◇ part. pass. et adj. **doré, ée,** vergoldet ; golden. | *Doré sur tranche*, mit Goldschnitt. || PAR EXT. goldgelb. | *Épis dorés*, goldgelbe Ähren f. pl. || FIG., PÉJOR. *Jeunesse dorée*, verwöhnte, reiche Jugend.

◇ v. pr. **se dorer.** FIG. *Se dorer au soleil*, in der Sonne liegen ; sich sonnen. || [sens pass.] goldgelb werden.

doreur [-rœ:r] m. Vergolder m.

dorloter [dɔrlɔte] v. tr. verhätscheln ; verzärteln ; verwöhnen ; umsorgen ; bemuttern.

◇ v. pr. **se dorloter,** sich verhätscheln.

dormant, ante [dɔrmɑ̃, ɑ̃:t] adj. schlafend ; schlummernd. | *La Belle au bois dormant*, Dornröschen n. || PAR EXT. [choses] unbeweglich ; still ; stehend. | *Eau dormante*, stehendes Gewässer ; FIG. stilles Wasser.

dormeur, euse [-mœ:r, ø:z] s. (Lang)schläfer(in) m. (f.) ; PÉJOR. Schlafmütze f. ; Penner m.

— m. **dormeur.** ZOOL. Seekrebs m.

dormir [-mi:r] v. intr. schlafen ; schlummern ; ruhen ; POP. pennen. | *Aller dormir*, schlafen gehen ; sich zur Ruhe begeben. | *Dormir à poings fermés*, fest schlafen. | *Dormir son content*, ausschlafen. | *Dormir par terre, à la belle étoile, debout*, auf der Erde, im Freien, im Stehen schlafen. | *Avoir envie de dormir*, schläfrig sein ; Lust zum Schlafen haben. | *Faire semblant de dormir*, sich schlafend stellen. | *Ne plus dormir*, ausgeschlafen haben. | *Ne pas dormir*, wach sein ; wachen. | *En dormant*, im Schlafe. | *Faire dormir*, einschläfern. || PAR EXT. [choses] ruhen ; stillstehen. | *Eau qui dort*, stilles, stehendes Wasser. || FIG. *Dormir sur ses deux oreilles*, beruhigt schlafen. | *Dormir de son dernier sommeil*, den ewigen Schlaf schlafen. | *Méfiez-vous de l'eau qui dort*, stille Wasser gründen tief. | *À dormir debout*, unwahrscheinlich.

dorsal, ale, aux [dɔrsal, o] adj. zum Rücken gehörig ; Rücken... | *Épine dorsale*, Rückgrat n.

◇ f. **dorsale,** GÉOGR. Tiefseerücken m.

dortoir [dɔrtwa:r] m. Schlafsaal m.

dorure [dɔry:r] f. [action] Vergolden n. || PAR EXT. [résultat] Vergoldung f.

doryphore [dɔrifɔr] m. ZOOL. Kartoffelkäfer m.

dos [do] m. ANAT. Rücken m. ; POP. Buckel m. | *Tourner le dos*, den Rücken zukehren ; FIG. den Rücken bieten ; davonlaufen. | *Faire le gros dos*, einen Katzenbuckel machen. | *Dos à dos*, Rücken an Rücken. | *À dos de mulet*, auf Mauleseln. || PAR EXT. [d'une chose] Rücken m. ; Rückseite f. | *Dos d'un couteau, d'un livre, de la main*, Messer-, Buch-, Handrücken. | *Dos d'une lettre, d'un chèque*, Rückseite eines Briefes, eines Schecks. | *Dos d'âne*, Eselsrücken. | *Être en dos d'âne* einen Grat bilden. || FIG. *Avoir bon dos*, einen breiten Rücken haben. | *Ça me fait froid dans le dos*, es läuft mir kalt über den Rücken. | *Mettre qch. sur le dos de qn*, jm etwas aufbürden ; etwas auf jn abwälzen. | *Avoir qn sur le dos*, jn auf dem Halse haben. | *Se mettre qn à dos*, sich jn zum Feind machen. | *Renvoyer dos à dos*, gleichermaßen abweisen. || *Dans le dos*, hinterrücks ; verräterisch. || FAM. *En avoir plein le dos*, etwas bis an den Hals satt haben.

dosage [doza:ʒ] m. Mengenverhältnis n. ; Zuteilung f. ; Dosierung f. || CHIM. Bestimmung f.

dose [do:z] f. (gehörige) Menge ; Dosis f. | *À forte dose*, sehr stark. | *Doubler la dose*, doppelt stark machen. || NUCL. *Dose absorbée*, Energiedosis f. | *Dose d'irradiation*, Strahlenbelastung f. | *Dose maximale admissible*, höchstzulässige Dosis. | *Dose de rayonnement*, Strahlendosis f. | *Débit de dose*, Dosisleistung f. | *Équivalent de dose*, Äquivalentdosis f.

doser [-ze] v. tr. abmessen, -wiegen ; dosieren.

dosimétrie [dozimetri] f. NUCL. Dosimetrie f.

dossard [dɔsa:r] m. SPORT. Rückennummer f.

dossier [dɔsje] m. [d'un siège] Rücklehne f., -seite f., -wand f. || ADMIN. [ensemble d'actes] Akten f. pl. ; Aktenstoß m. | *Dossier de candidature*, Bewerbungsunterlagen f. pl. | *Joindre au dossier*, zu den Akten legen. | *Consulter le dossier*, in den Akten nachschlagen.

dot [dɔt] f. JUR. Mitgift f. ; Heiratsgut n. ; Ausstattung f.

dotal, ale, aux [-tal, o] adj. zur Mitgift gehörig ; Mitgift...

dotation [-tasjɔ̃] f. Ausstattung (mit Gütern oder Einkünften) f. ; Schenkung f. ; Dotation f.

doter [-te] v. tr. [fille] eine Mitgift geben (dat.) ; dotieren. || PAR EXT. [communauté] ausstatten ; mit

Gütern oder Einkünften versehen. || FIG. [douer] mitgeben ; beschenken.
◇ part. pass. et adj. **doté, ée,** FIG. *Être doté de*, ausgestattet sein mit ; begabt sein mit.
douairière [dwɛrjɛ:r] f. vornehme Witwe. | *Reine douairière*, Königinwitwe.
douane [dwan] f. [administration] Grenzzoll m. ; Zollverwaltung f. ; Zollamt n. | *Visite en douane*, Zollrevision f. | *Déclaration en douane*, Verzollung f. ; Zollangabe f. || PAR EXT. [droit] Zoll m. | *Soumis à la douane*, zollpflichtig.
douanier, ière [-nje, jɛ:r] adj. zum Zoll gehörig ; Zoll... | *Tarif douanier, Union douanière*, Zolltarif m., -union f.
◇ s. Zollbeamter m., -beamtin f.
doublage [dubla:ʒ] m. [action] Verdoppeln n. || PAR ANAL. [résultat] Verdoppelung f. || FILM. Synchronisierung f.
double [dubl] adj. doppelt ; zweifach ; zwei... ; doppel... ; Doppel... | *Double porte, semelle, menton*, Doppeltür f., -sohle f., -kinn n. | *Double commande*, Doppelsteuerung f. | *Double page*, Doppelseite f. | *Faire coup double*, zwei Fliegen mit einer Klappe schlagen. | *Faire un nœud double*, doppelt knüpfen. | *Faire double emploi*, überflüssig sein. | *Fermer à double tour*, doppelt verschließen. | *À double fond*, mit doppeltem Boden. | *À double paroi, voie, face*, doppelwandig, -gleisig, -seitig. | *Être garé en double file*, in zweiter Reihe parken. || FIG. [plein de duplicité] doppelzüngig ; falsch ; zweifelhaft. | *Jouer un double jeu*, ein doppeltes, falsches Spiel treiben. | *À double sens*, doppelsinnig ; zweideutig. || COMM. *Comptabilité en partie double*, doppelte Buchführung. || MÉD. *Double aveugle*, doppelblind. | *Test en double aveugle*, doppelblinder Test.
◇ m. [deux fois plus] Doppelte(s) n. | *Payer le double*, das Doppelte zahlen ; doppelt so viel bezahlen. | *Avoir le double de l'âge de qn*, noch mal so alt sein wie jemand. || PAR ANAL. [copie] Abschrift f. ; Durchschlag m. || FIG. [sosie] Doppelgänger m. || SPORT. [tennis] *Double mixte*, gemischtes Doppel(spiel).
◇ loc. adv. **(en) double.** *Voir double*, alles doppelt sehen. | *Faire en double*, doppelt ausfertigen. | *(Fait) en double*, in doppelter Abschrift. | *Clef en double*, Nachschlüssel m.
doublé [-ble] m. [coup double] Doppeltreffer m.
double-crème [dubləkrɛm] m. (pl. **doubles -crèmes**) Doppelrahmkäse m.
doublement [-bləmɑ̃] adv. doppelt.
doubler [-ble] v. tr. [porter au double] verdoppeln. || PAR ANAL. [mettre en double] *Doubler une feuille de papier*, ein Blatt Papier doppelt zusammenlegen. || PAR EXT. [dépasser] *Doubler une auto*, ein Auto überholen. | *Doubler un cap*, ein Kap umschiffen, -segeln. | *Doubler le poteau*, über die Ziellinie fahren, laufen. || LOC. *Doubler le pas*, den Schritt verdoppeln. | *Doubler une classe*, sitzen bleiben. || THÉÂTRE. *Doubler un acteur*, einen Schauspieler vertreten. || FILM. *Doubler un film*, einen Film synchronisieren. || TECHN. [étoffe] (aus)füttern.
◇ v. intr. *La population a doublé*, die Bevölkerung hat sich verdoppelt. | *Les prix doublent*, die Preise steigen um das Doppelte.
◇ part. pass. et adj. **doublé, ée,** verdoppelt. || FIG. *C'est un musicien doublé d'un poète*, er ist ein Musiker und zugleich ein Dichter. || TECHN. [étoffe] gefüttert. || [métal] plattiert.
doublet [-blɛ] m. GRAMM. Dublette f.
doublure [-bly:r] f. Futter n. ; (Aus)fütterung f. || THÉÂTRE. [acteur] Ersatzschauspieler(in) m. (f.). | *Les doublures*, FAM. die zweite Garnitur. || FILM. Double n.
douce-amère [dusamɛ:r] f. BOT. Bittersüß n.
douceâtre [-sɑ̃:tr] adj. süßlich ; POP. labbrig.
doucement [-smɑ̃] adv. [d'une façon agréable pour les sens] sanft. | *La musique résonne doucement*, die Musik klingt sanft. || PAR ANAL. [avec précaution] sachte ; behutsam. || PAR EXT. [à voix basse, sans bruit] leise ; still. | *Parler, Frapper doucement*, leise sprechen, anklopfen. || [lentement] langsam. || FIG. [avec bonté, modération] sanft ; gütig ; freundlich ; ruhig. | *Parler doucement à qn*, gütig, freundlich, ruhig zu jm sprechen. || PÉJOR. [médiocrement] mäßig ; leidlich ; nicht besonders. | *Les affaires vont doucement*, die Geschäfte gehen so gerade.
◇ interj. **doucement !,** langsam ! ; sachte ! ; nicht so stürmisch !
doucereux, euse [-srø, ø:z] adj. süßlich. || FIG. süßlich ; zuckersüß ; aalglatt. || SUBSTANTIV. *Faire la doucereuse*, die Liebenswürdige spielen.
— SYN. : *Douceâtre*, süßlich. *Mielleux*, honigsüß.
doucette [-sɛt] f. BOT. Feldsalat m. ; Rapunzel f.
doucettement [-sɛtmɑ̃] adv. FAM. ganz sachte, langsam, gemütlich.
douceur [-sœ:r] f. [goût] Süße f. ; Süßigkeit f. || PAR EXT. [autres sens] Sanftheit f. ; Zartheit f. ; Milde f. | *Douceur de la peau*, Zartheit der Haut. | *Douceur du climat*, Milde des Klimas. | *Douceur de la voix*, Zartheit der Stimme. || FIG. [morale] Sanftmut f. ; Milde f. ; Zartheit f. | *Avec douceur*, sanft ; milde. | *Par la douceur*, mit Güte. | *En douceur*, sacht(e).
◇ f. pl. **douceurs,** [sucreries] Süßigkeiten f. pl. || PAR EXT. [agréments] *Douceurs de la vie*, Annehmlichkeiten (f. pl.), Gemütlichkeit (f.) des Lebens. || FIG. *Dire des douceurs*, Süßholz raspeln.
douche [duʃ] f. Dusche f. ; Brause f. | *Douche en jet*, Strahldusche. || FIG. *Douche froide*, kalte Dusche ; Ernüchterung f. | *Douche écossaise*, Wechseldusche.
doucher [-ʃe] v. tr. (ab)duschen ; (ab)brausen. || FIG. abkühlen ; ernüchtern.
douer [due] v. tr. begünstigen ; ausstatten ; begaben. | *Douer qn de qch.*, jn mit etwas ausstatten.
◇ part. pass. et adj. **doué, douée,** begabt ; veranlagt ; ausgestattet ; versehen.
douille [du:j] f. TECHN. Hülse f. ; Tülle f. ; Dülle f. ; Auge n. ; Ohr n. || ÉLECTR. (Lampen)fassung f.
douillet, ette [dujɛ, ɛt] adj. weich ; gemütlich ; bequem. || FIG. [personne trop sensible] weichlich ; verweichlicht ; empfindlich ; POP. zimperlich.
◇ s. **douillet,** Weichling m. ; Zimperling m.
douleur [dulœ:r] f. [physique] Schmerz m. ; Weh n. | *Causer de la douleur*, schmerzen. | *Sans douleur*, schmerzlos. || FIG. [morale] Schmerz m. ; Leid n. ; Leiden n. ; Pein f.
douloureux, euse [-lurø, ø:z] adj. [physiquement] schmerzhaft, -lich, -voll ; schmerzend ; qualvoll. | *Être douloureux*, schmerzen. || PAR EXT. [endolori] empfindlich. || FIG. [moralement] schmerzlich ; schmerz-, leid-, peinvoll.
◇ f. **douloureuse.** FIG., FAM. Rechnung f.
doute [dut] m. [incertitude] Zweifel m. ; Ungewißheit f. | *Mettre en doute*, in Zweifel ziehen. | *Il n'y a pas de doute, nul doute*, es besteht kein Zweifel (darüber). || PAR EXT. [soupçon] Verdacht m. ; Verdachtsgrund m. | *Avoir des doutes sur qn*, jn in Verdacht haben.
◇ loc. adv. **sans doute,** [certainement] ohne Zweifel ; zweifelsohne ; gewiß. | *Sans aucun doute*, zweifellos ; ohne jeden Zweifel. || [probablement] wohl ; wahrscheinlich. || [restriction] zwar ; allerdings ; freilich ; (das) schon.

douter [-te] v. intr. [hésiter à croire] zweifeln (an, dat.). | *Douter d'un ami*, an einem Freund zweifeln. || PAR ANAL. *Douter de qch.*, etwas bezweifeln ; etwas in Zweifel stellen ; im Zweifel über eine Sache sein. | *N'en doutez pas*, seien Sie dessen gewiß ! | *À n'en pas douter*, ohne jeden Zweifel. || FIG. *Il ne doute de rien*, er ist überheblich ; POP. er spinnt wohl !
◇ v. pr. **se douter,** [pressentir] ahnen ; vermuten. | *Il ne s'en doute guère*, das ahnt er kaum. | *Il se doute de qch.*, er hat einen Verdacht.

douteux , euse [-tø, ø:z] adj. [incertain] zweifelhaft ; fraglich ; fragwürdig. | *Issue douteuse*, ungewisser Ausgang. || PAR EXT. [peu clair] *Clarté douteuse*, trübes Licht ; Zwielicht n. || FIG. [équivoque, suspect] zweideutig ; verdächtig ; unzuverlässig. | *Mœurs douteuses*, zweifelhafte, anrüchige Sitten f. pl.
— SYN. : *Incertain*, ungewiß. *Aléatoire*, zufällig.

douve [du:v] f. [tonneau] Faßdaube f. || ARCHIT. [fossé] Wassergraben m. || ZOOL. *Douve du foie*, Leberwurm m.

doux, douce [du, dus] adj. [au goût] süß. | *Être doux*, süß schmecken. | *Vin doux*, süßer Wein ; Most m. || PAR EXT. [aux autres sens] sanft ; weich ; zart ; mild. | *Peau douce*, weiche Haut. | *Climat doux*, mildes Klima. | *Être doux au toucher*, sich weich anfühlen. || LOC. *Eau douce*, Süßwasser n. | *Pente douce*, sanfter Abhang. | *Lumière douce*, weiches, mildes Licht. || FIG. [moralement] sanft ; mild ; gelinde ; gütig. | *D'un caractère doux*, sanftmütig. | *D'une voix douce*, mit leiser, milder Stimme. || FAM. *Se la couler douce*, faulenzen ; sich nicht überanstrengen. | *Faire les yeux doux à qn*, mit jm liebäugeln. | *Billet doux*, Liebesbrief m.
◇ loc. adv. *Filer doux*, klein beigeben ; sich ruhig verhalten. | *Tout doux !*, sachte ! || FAM. *En douce*, heimlich.

douzaine [duzɛn] f. Dutzend n. ; zwölf Stück n. pl. ; zwölf. | *Une demi-douzaine d'œufs*, ein Halbdutzend Eier. | *Vendre trois mark la douzaine d'œufs*, das Dutzend Eier zu drei Mark verkaufen. | *Acheter à la douzaine*, dutzendweise kaufen. || PAR EXT. [environ douze] etwa zwölf.

douze [du:z] adj. num. card. zwölf. | *Les douze Apôtres*, die zwölf Apostel m. pl. | *Les douze mois*, die zwölf Monate m. pl.
◇ adj. num. ord. [date] *Le 12 août*, der zwölfte August ; [temps] am zwölften August. || [titre] *Louis XII*, Ludwig der Zwölfte, Ludwig XII.
◇ m. [nombre] Zwölf f.

douzième [-zjɛm] adj. num. ord. zwölfte.
◇ s. [rang] Zwölfte(r)e, e(s).
◇ m. [fraction] Zwölftel n.

doyen, enne [dwajɛ̃, ɛn] s. [âge] Älteste(r) f. (m.) ; Alterspräsident(in) m. (f.). || UNIV. Dekan m. || RELIG. Dekan m. ; Dechant m.

doyenné [-jɛne] m. RELIG. Dekanat n. || PAR EXT. Dekanatswohnung f. || BOT. [poire] Butterbirne f.

draconien, ienne [drakɔnjɛ̃, jɛn] adj. drakonisch ; äußerst streng. | *Mesures draconiennes*, drakonische, durchgreifende Maßnahmen f. pl.

dragage [draga:ʒ] m. (Aus)baggern n. ; Baggerung f. || MIL. *Dragage de mines*, Minenräumung f., -säuberung f.

dragée [draʒe] f. Zuckermandel f. || FIG. *Tenir la dragée haute à qn*, jm den Brotkorb höher hängen.

dragon [dragɔ̃] m. Drache(n) m. ; Lindwurm m. ; Ungeheuer n. ; Untier n. || FIG., FAM. [femme] Hausdrache f. ; Xanthippe f. || MIL. Dragoner m.

drague [drag] f. TECHN. Bagger m. ; Naß-, Schwimmbagger m.

draguer [-ge] v. tr. TECHN. (aus)baggern ; räumen. || MAR. *Draguer le fond*, den Schleppanker auswerfen. | *Draguer des mines*, Minen räumen. || FIG., FAM. *Draguer une fille*, ein Mädchen anmachen.

dragueur [-gœ:r] m. [personne] Ausbaggerer m. || MAR. [de mines] Minensuchboot n.

drain [drɛ̃] m. AGRIC. Abflußrohr n. ; Dränagegraben m. || MÉD. Abzugsröhrchen n. ; Kanüle f.

drainage [drɛna:ʒ] m. Entwässerung f. ; Trockenlegung f. ; Dränage f.

drainer [-ne] v. tr. entwässern ; trockenlegen ; austrocknen ; dränieren. || FIG. an sich ziehen.

dramatique [dramatik] adj. THÉÂTRE. dramatisch. | *Auteur dramatique*, Theaterdichter m. ; Dramatiker m. | *Art dramatique*, Dramatik f. || FIG. [émouvant] *Situation dramatique*, dramatische Lage.

dramatiser [-tize] v. tr. dramatisch gestalten. || FIG. [exagérer] übertreiben ; dramatisieren.

dramaturge [-tyrʒ] m. [auteur] Dramaturg m. ; Dramatiker m.

drame [dram] m. THÉÂTRE. Schauspiel n. ; Drama n. | *Drame lyrique*, Musikdrama. || FIG. [événement] tragische Begebenheit. | *Faire un drame de qch.*, etwas zu tragisch nehmen.
— SYN. : *Mélodrame* m., Rühr-, Schauerdrama n. *Tragédie* f., Tragödie f. *Tragi-comédie* f., Tragikomödie f.

drap [dra] m. Tuch n. ; Wollzeug n., -tuch n. || PAR EXT. *Drap de lit*, Bettlaken n., -leintuch n. | *Drap-housse*, Spannbettlaken n., -bettuch n. | *Drap mortuaire*, Leichentuch. || FIG. *Être dans de beaux draps*, schön in der Patsche sitzen.

drapeau [drapo] m. Fahne f. ; Flagge f. | *Arborer les drapeaux*, flaggen. || FIG., FAM. *Ne pas mettre son drapeau dans sa poche*, seine Meinung laut sagen. || PAR ANAL. *Drapeau blanc*, weiße Fahne.
◇ m. pl. **drapeaux.** MIL. [armée] *Appeler sous les drapeaux*, einziehen. | *Être sous les drapeaux*, dienen ; Soldat sein.
— SYN. : *Pavillon* m., Flagge f. *Couleurs* f. pl. Nationalfarben f. pl. *Étendard* m., Standarte f.

draper [-pe] v. tr. [couvrir] mit Tuch ausschlagen. || PAR EXT. [disposer en plis] in Falten legen ; drapieren.
◇ part. pass. et adj. **drapé, ée,** eingehüllt.
◇ v. pr. **se draper,** sich hüllen. || FIG. *Se draper dans sa dignité*, sich in Schweigen hüllen.

draperie [-pri] f. [fabrication] Tuchweberei f. || PAR ANAL. [objets] Tuchwaren f. pl. || PAR EXT. [commerce] Tuchhandel m. || ARTS. Gewand n.

drapier, ière [-pje, jɛ:r] s. [fabricant] Tuchweber(in) m. (f.). || PAR ANAL. [commerçant] Tuchhändler(in) m. (f.).

dressage [drɛsa:ʒ] m. **1.** ÊTRE VIVANT : [animal] Abrichten n. ; Dressur f. | *Dressage d'un cheval*, Zureiten (n.) eines Pferds. || FIG., PÉJOR. [personne] Drillen n. ; Schulung f.
2. CHOSE : [érection] Auf-, Errichtung f.

dresser [-se] v. tr. **1.** ÊTRE VIVANT : [animal] abrichten ; dressieren. | *Dresser un cheval*, ein Pferd zureiten. || PAR ANAL. [personne] *Dresser un apprenti*, einen Lehrling anlernen. || FIG., PÉJOR. drillen.
2. CHOSE : [ériger] auf-, empor-, errichten ; aufschlagen, -stellen. | *Dresser un monument, un autel*, ein Denkmal, einen Altar errichten. | *Dresser une tente, un échafaud*, ein Zelt, ein Gerüst aufschlagen. || PAR ANAL. [mettre debout] (auf)stellen. | *Dresser une échelle contre un arbre*, eine Leiter an einen Baum stellen. || LOC. *Dresser l'oreille*, aufhorchen ; die Ohren spitzen ; FIG. stutzen, stutzig werden. || FIG. *À faire dresser les cheveux sur la tête*, haarsträubend ; grauenhaft. | *Dresser la table*,

anrichten. | *Dresser une carte*, eine Karte anfertigen. || JUR. *Dresser un inventaire, un procès-verbal*, ein Inventar, ein Protokoll aufnehmen.

◇ part. pass. et adj. **dressé, ée,** [être vivant] abgerichtet ; PÉJOR. gedrillt ; dressiert. | *Être dressé à qch.*, zu etwas abgerichtet sein. || [chose] ab-, auf-, empor-, gerichtet.

◇ v. pr. **se dresser. 1.** ÊTRE VIVANT [se mettre debout] sich auf-, emporrichten. | *Se dresser sur son séant*, sich aufrechtsetzen ; FIG. hochfahren. || FIG. [s'opposer] *Se dresser contre qn*, sich jm entgegenstellen. **2.** CHOSE : [être debout] stehen ; sich erheben ; emporragen. || FIG. *Ses cheveux se dressent sur sa tête*, seine Haare stehen zu Berge.

dresseur [-sœ:r] m. Abrichter m. ; Dresseur m.

dressoir [-swa:r] m. [table] Anrichte f. ; Spültisch m., -bank f. || PAR EXT. Topf-, Küchenbrett n.

drille [dri:j] m. [anciennement] Landser. || LOC. *Un joyeux drille*, ein lustiger Bruder.

drisse [dris] f. MAR. Fall n. ; Hißtau n.

drive [draiv] m. [tennis] Treib-, Weitschlag m.

drogue [drɔg] f. [médicament] Arznei f. ; Droge f. || PAR EXT. [stupéfiant] Rauschgift n. | *Drogue douce*, weiche Droge. | *Drogue dure*, harte Droge.

drogué, ée [-ge] adj. [toxicomane] drogensüchtig.

◇ s. Drogensüchtige(r) f. (m.) ; FAM. Fixer(in) m. (f.).

droguer [-ge] v. tr. MÉD. jm zuviel Medizin eingeben, jn unter Drogen setzen.

◇ v. pr. **se droguer,** viel Arzneien einnehmen. || [stupéfiant] Rauschgift nehmen ; FAM. fixen.

droguerie [-gri] f. Drogerie f.

droguiste [-gist] s. Drogist(in) m. (f.).

droit [drwa] m. **1.** JURISPRUDENCE : [ensemble de lois] Recht n. ; Rechte n. pl. ; Rechtsordnung f. | *Droit romain, germanique, international, positif*, römisches, germanisches, internationales, positives Recht. | *Droit civil, pénal, public, commun, coutumier*, Zivil-, Straf-, Staats-, Land-, Gewohnheitsrecht. | *Droit fiscal*, Steuerrecht. | *Droit de la mer*, Seerecht. || PAR EXT. [science] Recht n. ; Rechte n. pl. ; Rechtslehre f., -wissenschaft f. ; Jura n. pl. | *Faculté de droit*, juristische Fakultät. | *Faire son droit*, Jura, die Rechte studieren. || LOC. *Par voie de droit*, auf dem Rechtswege. | *De droit*, rechtmäßig. | *Contre le droit*, rechtswidrig. | *Affaire de droit civil*, Zivilsache f. | *De droit commun*, landesrechtlich. || FIG. [justice] Recht n. ; Gerechtigkeit f. | *Sentiment du droit*, Rechtsgefühl n. | *Avoir le (bon) droit pour soi*, das Recht auf seiner Seite haben. | *Conforme au droit*, recht ; gerecht. | *Droit de garde*, Sorgerecht. | *Droit de regard*, Recht auf Einsichtnahme. | *Droit de réponse*, Recht auf Gegendarstellung.

2. FACULTÉ DE FAIRE, DE DISPOSER, D'EXIGER : [de faire] Recht n. ; Berechtigung f. | *Avoir le droit de faire qch.*, berechtigt sein, etwas zu tun ; etwas tun dürfen ; das Recht haben, etwas zu tun. | *Avoir le droit de voter*, stimmberechtigt sein. | *Droit de vote, de chasse, de grève, d'exportation*, Stimm-, Jagd-, Streik-, Ausfuhrrecht. | *Droit d'asile*, Asylrecht. | *De quel droit ?*, mit welchem Recht ? ; was berechtigt ? || PAR ANAL. [de disposer] *Avoir un droit sur qn*, ein Recht auf jn haben. | *Droit naturel*, Naturrecht. | *Droits de l'homme*, Menschenrechte n. pl. | *Droits civiques*, bürgerliche Ehrenrechte n. pl. || PAR EXT. [d'exiger] (An)recht n. ; (Rechts)-anspruch m. | *Avoir droit à qch.*, Anrecht, Anspruch auf eine Sache haben. | *Il n'y a pas droit*, das gebührt ihm nicht ; das steht ihm nicht zu. | *Droits acquis*, erworbene Ansprüche pl. | *Faire valoir ses droits*, seine Rechte geltend machen. || LOC. *Faire droit à une demande*, einem Antrag stattgeben ; ein Gesuch bewilligen. | *À bon droit*, mit vollem, gutem Recht ; billigermaßen. | *Héritier de plein droit*, vollberechtigter Erbe. | *Revenir de droit à qn*, jm gebühren, zustehen. | *De droit*, von Rechts wegen. | *S'adresser à qui de droit*, sich an die zuständige Person wenden. | *Un ayant droit*, ein Berechtigter.

3. FIN : Steuer f. ; Gebühr f. ; Abgabe f. ; Taxe f. ; Zoll m. | *Droits de douane à l'entrée, à la sortie*, Einfuhr-, Ausfuhrzoll. | *Droits d'enregistrement*, Einschreibegebühr. | *Droits d'auteur*, Urheberrechte n. pl. ; Tantiemen f. pl. | *Tous droits réservés*, alle Rechte vorbehalten.

droit, e [drwa, drwat] adj. **1.** NON COURBE : gerade. | *Ligne droite*, Linie ; Gerade f. | *En ligne droite*, in gerader Linie ; geradlinig ; geradeaus ; schnurstracks. || PAR EXT. [vertical] gerade ; aufrecht. | *Être, se tenir droit*, aufrecht, gerade stehen ; sich gerade halten. | *Ne pas se tenir droit*, gebückt gehen. | *Droit comme un I*, kerzengerade. || FIG. [juste] *Le droit chemin*, der gerade Weg ; der rechte Weg. | [sincère] gerade ; rechtschaffen ; redlich ; aufrichtig. || MATH. recht. | *Angle droit*, rechter Winkel. || SPORT. *Coup droit*, Vorhand f.

2. OPPOSÉ À GAUCHE : recht. | *À main droite*, rechterhand. | *Sur le côté droit*, auf der rechten Seite ; rechts. || FIG. *Être le bras droit de qn*, die rechte Hand von jm sein.

◇ adv. gerade. | *Tout droit*, geradeaus ; schnurgerade ; geradezu ; direkt. || FIG. *Aller droit au but*, schnurstracks aufs Ziel losgehen ; es kurz machen. | *Droit au fait*, gleich zur Sache. | *Marcher droit devant soi*, immer der Nase nach gehen ; FIG. unbeirrt bleiben. | *Marcher droit*, gehorchen ; nicht mucken.

◇ f. **droite,** [côté droit] Rechte f. ; rechte Seite. | *Avoir à sa droite*, an seiner rechten Seite haben ; zu seiner Rechten haben. | *Prendre, Garder, Tenir sa droite*, rechts gehen, fahren ; sich rechts halten. || POLIT. Rechte f. || MATH. [ligne] Gerade f.

◇ loc. adv. **à droite,** rechts. | *Prendre à droite*, rechts abbiegen.

droitier, ière [-tje, jɛ:r] adj. rechtshändig.

◇ s. Rechtshänder(in) m. (f.).

droiture [-ty:r] f. FIG. Geradheit f. ; Redlichkeit f. ; Rechtschaffenheit f. ; Aufrichtigkeit f.

— SYN. : *Équité*, Billigkeit. *Justice*, Gerechtigkeit.

drolatique [drolatik] adj. drollig ; ulkig ; schnurrig. | *Contes drolatiques*, Schnurren f. pl.

drôle [dro:l] adj. [amusant, spirituel] drollig ; lustig ; komisch ; spaßhaft ; possierlich. || PAR EXT. [bizarre] wunderlich ; sonderbar ; eigenartig. | *Drôle d'homme*, drolliger, wunderlicher Mensch. | *Drôle de pistolet, de bonhomme*, komischer Kauz ; Sonderling m. || FIG. *Faire une drôle de figure*, ein dummes Gesicht machen. || FAM. *Ça n'est pas drôle*, es ist nicht angenehm.

◇ m. [roué] Schelm m. ; Spitzbube m. | *Petit drôle*, kleiner Schlingel. || PÉJOR. [coquin] Halunke m.

drôlerie [-lri] f. Schnurre f. ; Schwank m. ; lustiger, komischer Streich ; Posse f.

drôlesse [-lɛs] f. PÉJOR. Weibsstück n.

dromadaire [drɔmadɛ:r] m. ZOOL. einhöckeriges Kamel ; Dromedar n.

drosophile [drɔzɔfil] f. ZOOL. Drosophila f.

dru, ue [dry] adj. [serré] dicht ; gedrängt ; kompakt. || PAR EXT. [vigoureux] kräftig ; drall. || FIG. *Langage dru*, kernige, saftige Sprache.

druide, esse [drɥid, ɛs] s. HIST. Druide m., Druidin f.

du [dy] art. **1.** CONTRACTÉ : **« de le»** [possession] des m. et n. ; der f. et pl. | *Le cahier du professeur*, das Heft des Lehrers. || [autres nuances] *Le chemin du*

lycée, der Weg zum Gymnasium. | *Au retour du village*, bei der Rückkehr vom Dorf. || [compl. de verbe] *Parler du temps*, vom Wetter sprechen. | *Se souvenir du printemps*, sich an den Frühling erinnern. | *Montrer du doigt*, mit dem Finger darauf zeigen. || Loc. *Du temps des Romains*, zur Zeit der Römer.
2. Partitif : *Manger du pain*, Brot essen.

dû, due [dy] adj., **dû** m. V. devoir v.

dualisme [dɥalism] m. Philos. Dualismus m. || Fig. *Dualisme intérieur*, innerer Widerspruch.

dualité [-lite] f. Zweiheit f. ; Dualität f.

dubitatif, ive [dybitatif, i:v] adj. zweifelhaft ; Zweifel ausdrückend.

duc [dyk] m. Herzog m. | *Le duc de Bourgogne*, (der) Herzog von Burgund. || Zool. Ohreule f. | *Grand duc*, Uhu m.

ducal, ale, aux [-kal, o] adj. herzoglich ; Herzogs...

duché [dyʃe] m. Herzogtum n.

duchesse [-ʃɛs] f. Herzogin f.

duègne [dɥɛɲ] f. Anstandsdame f. || Péjor. Aufpasserin f.

duel [dɥɛl] m. Zweikampf m. ; Duell n. | *Duel au pistolet*, Duell auf Pistolen. | *Duel des étudiants*, Mensur f. | *Provoquer qn en duel*, jn zum Zweikampf herausfordern. | *Se battre en duel*, sich duellieren.

duelliste [-list] m. Zweikämpfer m. ; Duellant m.

duettiste [dɥɛtist] m. Mus. Duettsänger(in) m. (f.).

dulcinée [dylsine] f. Fam. Angebetete f. ; Herzensdame f.

dûment [dymɑ̃] adv. gehörig ; gebührend ; vorschriftsmäßig. | *Dûment affranchi*, ausreichend frankiert. | *Formulaire dûment rempli*, regelrecht ausgefülltes Formular.

dumping [dœmpiŋ] m. Comm. Dumping n.

dune [dyn] f. Sandanwehung f., -berg m., -hügel m. ; Düne f.

duo [dɥo] m. Doppelgesang m., -spiel n. ; Duo n. ; Duett n.

duodécimal, ale, aux [dɥodesimal] adj. durch zwölf teilbar.

duodénum [-nɔm] m. Anat. Zwölffingerdarm m.

dupe [dyp] f. et adj. Betrogene(r) f. (m.) ; Hintergangene(r) f. (m.) ; Dumme(r) f. (m.) | *Être dupe*, betrogen, geprellt, angeführt werden ; der Dumme sein. | *Faire un marché de dupe*, übertölpelt werden ; zu kurz kommen. | *Ne pas être dupe*, nicht darauf hereinfallen.

duper [-pe] v. tr. betrügen ; anführen ; überlisten ; an-, beschwindeln ; herein-, hineinlegen ; zum besten haben ; prellen ; aufs Glatteis führen.

duperie [-pri] f. Betrügerei f. ; Schwindel m. ; Überlistung f. ; Prellerei f. ; Anschmierung f.

dupeur, euse [-pœ:r, ø:z] s. Betrüger(in) m. (f.) ; Schwindler(in) m. (f.) ; Preller(in) m. (f.).

duplex [dyplɛks] m. [appartement] Maisonette(n)-wohnung f. || Télécom. Duplexbetrieb m.

duplicata [dyplikata] m. (gleichlautende) Abschrift ; zweite Ausfertigung ; Duplikat n.

duplicateur [-katœ:r] m. Vervielfältigungs-, Abzugsapparat m.

duplication [-sjɔ̃] f. Math. Verdopplung f.

duplicité [-site] f. Duplizität f. ; Doppelzüngigkeit f. ; Falschheit f.

dur, e [dy:r] adj. **1.** hart ; fest. | *Dur comme la pierre*, steinhart. | *Bois dur*, hartes Holz. | *Rendre dur*, hart machen ; erhärten. | *Devenir dur*, hart werden ; sich erhärten. Par anal. *Œuf dur*, hartgekochtes Ei. | *Eau dure*, hartes Wasser. | *Viande dure*, zähes Fleisch. | Fig. *Manger du pain dur*, trockenes Brot essen.
2. [rude, difficile] hart ; rauh ; schwer ; streng. | *Hiver dur*, harter, strenger Winter. | *Travail dur*, harte, schwere Arbeit. | *Dur d'oreille*, schwerhörig. | *Dur comme fer*, felsenfest. | *Dur à la détente*, nicht freigebig. | *Avoir la tête dure*, ein Dickkopf sein ; schwer von Verstand sein. | *Temps durs*, schlechte Zeiten f. pl. | *Avoir la peau dure*, ein dickes Fell haben.
3. [moralement] hart ; gefühllos ; unempfindlich ; streng ; schroff. | *Qui a le cœur dur*, hart ; herzlos. | *Être dur pour qn*, streng gegen jn sein. | *Regard dur*, böser Blick. | *D'une voix dure*, mit harter, strenger Stimme. | *Rendre à quelqu'un la vie dure*, jm das Leben sauer machen.
◇ m. **dur.** Fam. [personne] Hartgesottener m. ; Haudegen m. | *C'est un dur à cuire*, dem ist schlecht beizukommen. || Pop. [train] Zug m.
◇ f. **dure.** *Coucher sur la dure*, auf bloßer, harter Erde schlafen. | *À la dure*, roh ; streng.
◇ adv. *Travailler dur*, hart, schwer arbeiten ; büffeln.

durabilité [dyrabilite] f. Dauerhaftigkeit f. ; Haltbarkeit f.

durable [-rabl] adj. dauerhaft ; haltbar ; nachhaltig. | *Être durable*, von Dauer sein ; halten. | *État durable*, Dauerzustand m.
— Syn. : *Permanent*, fort-, andauernd. *Constant*, stetig.

durant [dyrɑ̃] prép. während (gén., dat.) ; ... hindurch ; ... lang ; im Verlauf von... | *Durant quinze jours*, vierzehn Tage hindurch, lang ; während vierzehn Tagen. | *Deux heures durant*, zwei Stunden lang. | *Sa vie durant*, sein ganzes Leben hindurch ; Zeit seines Lebens ; lebenslang.

durcir [dyrsi:r] v. tr. ab-, (ver)härten ; hart machen ; (ver)festigen. || Fig. ver-, abhärten.
◇ v. intr. et v. pr. **se durcir,** hart werden ; erhärten ; sich verhärten.

durcissement [-sismɑ̃] m. Verhärten n. ; Hartwerden n., -machen n.

durcisseur [-sœ:r] m. Techn. Härter m.

durée [dyre] f. [persistance] Fortdauern n. ; (Fort)-dauer f. ; Beständigkeit f. ; Anhalten n. | *Sans durée*, unbeständig. || Par anal. [durabilité] Dauerhaftigkeit f. | *De durée*, dauerhaft. || Par ext. [temps mis] Dauer f. ; Zeit f. | *Durée du travail, de la vie, de la fusion*, Arbeits-, Lebens-, Schmelzzeit. | *Durée d'un contrat*, Vertragsdauer. | *Durée des travaux*, Bauzeit. | *Être de courte durée*, von kurzer Dauer sein ; vergänglich sein. || Nucl. *Durée de vie*, Lebensdauer f.

durer [dyre] v. intr. [persister] an-, fortdauern ; anhalten ; (fort)bestehen ; von Bestand, Dauer sein ; (bei)bleiben. | *Cela peut durer longtemps*, das kann noch lange fortdauern, -bestehen. | *Cela ne peut durer*, das kann nicht so weitergehen. | *Faire durer le plaisir*, das Vergnügen länger dauern lassen. || Par anal. [résister] (sich) halten ; vor-, aushalten. | *Cette fleur ne dure pas*, diese Blume hält sich nicht. | *Ce vêtement a duré deux hivers*, dieses Kleid hielt zwei Winter aus. || Par ext. [exister pendant] dauern ; währen. | *Durer trois heures*, drei Stunden dauern, spielen. | *Qui dure deux jours*, zweitägig. | *Qui dure des années*, langjährig. || Fig. *Le temps me dure*, die Zeit wird mir lang.
— Syn. : *Continuer*, fortfahren. *Persister*, fortdauern.

dureté [-rte] f. [solidité, résistance] Härte f. ; Härtegrad m. ; Festigkeit f. || Par anal. *Dureté d'une teinte*, Härte, Grellheit (f.) eines Farbtons. || Par ext. *Dureté de la voix*, Härte der Stimme. | *Dureté d'oreille*, Schwerhörigkeit f. | *Dureté de l'hiver*, Winterstrenge f. || Fig. [morale] Hartherzigkeit f. ; Gefühl-, Lieblosigkeit f. ; Unbarmherzigkeit f.

durillon [-rijɔ̃] m. MÉD. Schwiele f. ; Hornhautbildung f.
duvet [dyvɛ] m. [plumes] Flaumfeder f. ; Flaum m. || PAR ANAL. [poils] Milchbart m. || PAR EXT. [édredon] Feder-, Daunenbett n.
duveté, ée [-vte] ou **duveteux, euse** [-vtø, ø:z] adj. flaumig (weich)haarig ; wollig.
dynamique [dinamik] adj. dynamisch. || FIG., temperamentvoll.
◇ f. Dynamik f.
dynamiser [-mise] v. tr. dynamisieren ; vorantreiben.
dynamisme [-mism] m. FIG. Temperament n. ; Schwung m. ; Dynamismus m.
dynamite [-mit] f. Dynamit n.
dynamiter [-mite] v. tr. mit Dynamit (in die Luft) sprengen.
dynamo [dinamo] f. ÉLECTR. Dynamo(maschine) m. (f.) ; Generator m. || AUTOM. Lichtmaschine f.
dynastie [dinasti] f. Herrscherhaus n., -familie f. ; Dynastie f.
dynastique [-tik] adj. Herrscher... ; dynastisch.
dysenterie [disɑ̃tri] f. MÉD. Ruhr f. ; Dickdarmentzündung f.
dysfonctionnement [disfɔ̃ksjɔnmɑ̃] m. MÉD. Funktionsstörung f. ; Dysfunktion f.
dyslexie [dislɛksi] f. Legasthenie f. ; Lese- und Rechtschreibschwäche f.
dyslexique [-sik] adj. legasthenisch.
◇ s. Legastheniker(in) m. (f.).

E

e [ə] m. E n. [lettre] *L'« e » muet, fermé, ouvert*, das stumme, geschlossene (helle), offene (breite) E.

e ou **é** [e] préf. marquant, en composition, la sortie d'un état (aus... ; ex...) ou la suppression (ver... ; weg... ; fort...).

eau [o] f. **1.** SENS GÉNÉRAL : Wasser n. | *Eau de source, de pluie, de puits*, Quell-, Regen-, Brunnenwasser. | *Eau de rivière, de mer*, Fluß-, Meerwasser. | *Eau potable*, Trinkwasser. | *Eau courante*, fließendes Wasser. | *Eau fraîche*, Frischwasser. | *Eau douce, salée*, Süß-, Salzwasser. | *Verre d'eau*, Glas (n.) Wasser. | *Qui contient de l'eau*, wasserhaltig. | *Abondant en eau*, wasserreich. | *Mettre de l'eau dans le lait*, die Milch verdünnen. | *Prendre l'eau*, nicht wasserdicht sein. || PAR ANAL. [pluie] Regen m. | *Il tombe de l'eau*, es regnet.
2. [masse d'eau] Wasser n. | *Eau stagnante, morte*, stehendes, totes Wasser. | *Eau saumâtre*, Brackwasser. | *Eau vive*, Quellwasser. | *Filet d'eau*, Wasserstrahl m. ; Rinnsal n. | *Cours d'eau*, Fluß m. ; Strom m. | *Niveau de l'eau*, Wasserstand m. || FIG. *Tomber à l'eau*, ins Wasser fallen. | *Se jeter à l'eau*, sich ins Wasser werfen ; ins Wasser gehen.
3. LOC., FIG. *Aller à vau-l'eau*, (strom)abwärts gehen ; FIG. mißlingen. | *Nager entre deux eaux*, sich durchlavieren. | *Être dans les eaux de*, im Kielwasser von... schwimmen. | *Mettre de l'eau dans son vin*, Wasser in den Wein gießen ; einen Dämpfer aufsetzen. | *Suer sang et eau*, Blut und Wasser schwitzen. | *Coup d'épée dans l'eau*, Schlag (m.) ins Wasser. | *Être au pain et à l'eau*, bei Wasser und Brot sitzen. | *Faire venir l'eau à la bouche*, das Wasser im Mund zusammenlaufen lassen. | *Pêcher en eau trouble*, im Trüben fischen. | *Faire eau de toutes parts*, im Untergang begriffen sein. || PROV. *Il n'est pire eau que l'eau qui dort*, stille Wasser gründen tief.
4. SENS PARTICULIERS : *Eau minérale*, Mineral-, Tafelwasser. | *Eau gazeuse*, Sprudel m. | *Eau de Seltz*, Selterwasser. | *Eau calcaire*, Kalkwasser. | *Eau de Javel*, Chlorwasser. | *Eau oxygénée*, Wasserstoffsuperoxyd n. || PAR EXT. *Eau de Cologne*, Kölnischwasser. | *Eau de mélisse*, Melissenwasser. | *Ville d'eaux*, Bade-, Kurort m. ; Bad n. | *Eaux thermales*, Warmbad n. ; heißes Quellwasser. || RELIG. *Eau bénite*, Weihwasser.
5. SENS TECHNIQUES : MAR. *Faire eau*, leck sein. | *Eau navigable*, Fahrwasser. | *Eaux territoriales*, Hoheitsgewässer n. pl. || ADM. *(Administration des) Eaux et Forêts*, Wasser- und Forstverwaltung f. || NUCL. *Eau légère, lourde*, Leichtwasser n. ; Schwerwasser n. | *Eau pressurisée*, Druckwasser n. || TECHN. *Conduite d'eau*, Wasserleitung f. | *Écoulement d'eau*, Wasserablauf m. | *Eaux ménagères*, Spülwasser. | *Eaux résiduaires, usées*, Abwässer n. pl. || LOC. *Ce diamant est d'une belle eau*, dieser Diamant hat ein schönes Feuer.

eau-de-vie [odvi] f. Branntwein m.
eau-forte [ofɔrt] f. Scheidewasser n. || [gravure] Radierung f. ; Kupferstich m.
ébahir [ebair] v. tr. in Erstaunen versetzen ; verblüffen ; verdutzen.
◇ part. pass. et adj. **ébahi, hie,** verblüfft ; verdutzt.
— SYN. : *Abasourdi*, wie betäubt. *Éberlué*, verdutzt. *Étourdi*, benommen. *Médusé*, erstarrt.
ébahissement [-ismɑ̃] m. Verblüffung f. ; (höchstes) Erstaunen ; Verwunderung f.
ébarber [-be] v. tr. TECHN. entgraten ; ausputzen.
ébats [eba] m. pl. Belustigung f. ; Herumtummeln n. ; Gaudi f. | *Prendre ses ébats*, sich herumtummeln.
ébattre (s') [sebatr] v. pr. sich tummeln ; herumtollen.
ébaubi, ie [ebobi] adj. verdutzt ; verblüfft ; POP. baff.
ébauche [ebo:ʃ] f. [action] Entwerfen n. ; Vorarbeit f. || PAR ANAL. [résultat] Entwurf m. ; Skizze f. ; Anlage f. ; Umriß m. || PAR EXT. *Ébauche d'un sourire*, angedeutetes, flüchtiges Lächeln. || FIG. [premiers signes] Andeutung f. ; Voranzeigen n., Anzeigen n. (pl.). || LITTÉR. *Ébauche d'un roman*, Entwurf, Skizze eines Romans. || ARTS. *Ébauche d'une statue*, Statue (f.)

im Rohentwurf. | *Ébauche d'un portrait*, Vor-, Umriß eines Bildnisses.

ébaucher [-ʃe] v. tr. (vor)entwerfen ; (grob) vorarbeiten ; anlegen ; umreißen ; skizzieren. || FIG. andeuten. | *Ne faire qu'ébaucher*, nur andeuten.
◇ part. pass. et adj. **ébauché, ée,** entworfen ; aus dem Rohen gearbeitet ; skizziert. || FIG. angedeutet.

ébauchoir [-ʃwar] m. Schrot-, Grobmeißel m.

ébène [ebɛ:n] f. BOT. Ebenholz n.

ébénier [ebenje] m. BOT. Ebenholzbaum m.

ébéniste [-nist] m. Kunst-, Möbeltischler m.

ébénisterie [-nistəri] f. [travail] Kunst-, Möbeltischlerei f. || PAR ANAL. [art] Tischlerkunst f.

éberluer [ebɛrlɥe] v. tr. blenden. || FIG. verdutzen.
◇ part. pass. et adj. **éberlué, ée,** FIG. verdutzt.

éblouir [ebluir] v. tr. (ver)blenden. || FIG. verblenden ; betören.

éblouissant, ante [-isɑ̃, ɑ̃:t] adj. blendend ; grell ; die Sicht nehmend.

éblouissement [-ismɑ̃] m. Blendung f. || PAR EXT. [vertige] Schwindel m. ; Flimmern n. | *Être pris d'un éblouissement*, von einem Schwindel befallen werden. || FIG. Verblendung f.

ébonite [ebɔnit] f. Hartgummi n. ; Ebonit m.

éborgner [ebɔrɲe] v. tr. ein Auge wegnehmen, einschlagen, ausstechen (dat.).
◇ v. pr. **s'éborgner,** sich ein Auge ausstoßen.

éboueur [ebuœ:r] m. Müllmann m. -kutscher m. | *Les éboueurs sont passés*, die Müllabfuhr war schon da.

ébouillanter [ebujɑ̃te] v. tr. ab-, verbrühen ; ab-, auskochen. || PAR EXT. [brûler] verbrennen.

éboulement [ebulmɑ̃] m. (Ein)sturz m. ; Einfall m. || PAR ANAL. [de terrain] Erdrutsch m. ; Bergsturz m. || PAR EXT. [matériaux] Erdrutsch m. ; Schutt m. ; Geröll n. ; Trümmerhaufen m.

ébouler (s') [sebule] v. pr. ein-, zusammenstürzen ; einsinken ; rutschen.

éboulis [-li] m. Geröll n. ; Schutt m. ; Nachfall m.

ébouriffant, ante [eburifɑ̃, ɑ̃:t] adj. verblüffend ; unwahrscheinlich ; unglaublich.

ébouriffer [-fe] v. tr. [cheveux] durcheinanderbringen ; zerzausen. || FIG. [ahurir] verblüffen.
◇ part. pass. et adj. **ébouriffé, ée,** [cheveux] zerzaust ; struppig. || FIG. [ahuri] verblüfft ; POP. baff.

ébrancher [-ʃe] v. tr. ausästen ; beschneiden.

ébranlement [ebrɑ̃lmɑ̃] m. Erschütterung f. || PAR ANAL. *Ébranlement des murs*, Schwanken (n.), Erzittern (n.) der Wände. || PAR EXT. [santé, fortune] Zerrüttung f. || FIG. Wanken n. ; Unsicherwerden n. | *Ébranlement du trône*, Wanken des Thrones. || MÉD. [du cerveau] Erschütterung f.

ébranler [-le] v. tr. [chose] erschüttern ; ins Wanken bringen ; lockern ; rütteln. || PAR ANAL. [santé, fortune] zerrütten.
◇ v. pr. **s'ébranler,** sich in Bewegung setzen.

ébrasement [ebrazmɑ̃] m. ou **ébrasure** [ebrazy:r] f. Ausschrägung f. || PAR ANAL. *Ébrasement d'une fenêtre*, Fensterleibung f.

ébrécher [ebreʃe] v. tr. schartig machen ; ausbrechen.
◇ part. pass. et adj. **ébréché, ée,** schartig. | *Couteau ébréché*, schartiges Messer. | *Assiette ébréchée*, angeschlagener Teller.
◇ v. pr. **s'ébrécher,** [sens pass.] schartig werden.

ébriété [ebriete] f. (Be)trunkenheit f. ; Rausch m. | *En état d'ébriété*, betrunken ; in trunkenem Zustand.

ébrouer (s') [sebrue] v. pr. ZOOL. schnauben ; prusten.

ébruiter [ebrɥite] v. tr. ruchbar machen ; weitererzählen ; ausplaudern, -schwatzen ; unter die Leute bringen.
◇ v. pr. **s'ébruiter,** ruchbar, bekannt werden ; unter die Leute kommen.

ébullition [ebylisjɔ̃] f. Sieden n. ; (Auf)kochen n. | *Point d'ébullition*, Siedepunkt m. | *Être en ébullition*, sieden ; brodeln. | *Porter à ébullition*, zum Kochen bringen. || FIG. Aufbrausen n., Wallung f. | *Être en ébullition*, in hellster Aufregung sein.

écaille [eka:j] f. [poisson] Schuppe f. || PAR ANAL. [huître] Schale f. || PAR EXT. [tortue] Schildpatt n. || LOC. *Lunettes d'écaille*, Hornbrille f. | *Couvert d'écailles*, schuppig. || TECHN. [éclat] Splitter m. ; Span m. | *Tomber par écailles*, abblättern.

écailler [-je] v. tr. [poisson] (ent)schuppen ; abschuppen. || PAR ANAL. [huîtres] aufmachen.
◇ v. pr. **s'écailler,** TECHN. (sich) abblättern, -bröckeln ; abspringen.

écarlate [ekarla:t] adj. scharlachrot ; POP. knallrot.
◇ m. [couleur] Scharlachrot n.

écarquiller [ekarkije] v. tr. [yeux] aufsperren. | *Écarquiller les yeux*, die Augen (weit) aufsperren ; sich die Augen ausgucken.

écart [eka:r] m. [distance, différence] Abstand m. ; Spanne f. ; Spielraum m. ; Unterschied m. || PAR ANAL. [lieu écarté] abgelegener Ort. || PAR EXT. [déviation] Abweichung f. || FIG. [conduite] Seitensprung m., -schritt m. ; Aus-, Abschweifung f. | *Commettre un écart*, auf Abwege geraten. | *Écart de conduite*, Seitensprung m. | *Écart de jeunesse*, Jugendsünde f. | *Écarts d'imagination*, Schwärmerei f. || SPORT. *Le cheval fait un écart*, das Pferd macht einen Seitensprung. | *Le grand écart*, der Spagat. || [au jeu] abgelegte Karten.
◇ loc. adv. **à l'écart,** [d'un lieu] abgelegen ; entlegen. | *Être (situé) à l'écart*, abgelegen sein. || PAR ANAL. [d'autres personnes] abseits ; abgeschieden ; beiseite. | *Mettre à l'écart*, beiseitelegen, -setzen, -schaffen. | *Vivre à l'écart*, abgeschieden, zurückgezogen leben. | *Se tenir à l'écart*, beiseitestehen ; fern-, wegbleiben.

écartèlement [ekartɛlmɑ̃] m. HIST. [supplice] Vierteilen n.

écarteler [-təle] v. tr. HIST. vierteilen.

écartement [-təmɑ̃] m. [action de disjoindre] Auseinanderstellen n. ; Ausspringen n. ; Ausbreiten n. | *Écartement des jambes*, Beinspreizen n. || [résultat] Auseinanderstehen n. ; Abstand m. ; Spannweite f. ; Spalt m.

écarter [-te] v. tr. **1.** [disjoindre] auseinander... (avec verbe approprié) ; ausbreiten ; spreizen. | *Écarter les jambes, les doigts*, die Beine, die Finger spreizen. | *Écarter les rideaux*, die Vorhänge auseinanderziehen. **2.** PAR ANAL. [mettre de côté, éloigner] weg... ; fort... ; beiseite... ; ab... ; entfernen. | *Écarter un obstacle*, ein Hindernis beseitigen, wegräumen. | *Écarter un importun*, einen Aufdringling fernhalten. | *Écarter la foule*, die Menge weg-, zurückdrängen. || PAR EXT. [dévier] abwenden, -weichen, -lenken. | *Écarter un coup*, einen Hieb ablenken, parieren. **3.** FIG. [détourner] ablenken, -wenden, -leiten. | *Écarter les soupçons*, den Verdacht ablenken. | *Écarter qch. de sa pensée*, sich etwas aus dem Sinn schlagen. **4.** [repousser] ablehnen, -weisen ; ausschlagen. | *Écarter une proposition*, einen Vorschlag abweisen.
◇ part. pass. et adj. **écarté, ée,** [disjoint] auseinander.
◇ v. pr. **s'écarter,** [se disjoindre] auseinandergehen ; sich öffnen ; sich zerstreuen. || PAR ANAL. [se mettre de côté, s'éloigner] beiseitetreten ; auf die Seite

gehen, treten ; aus dem Weg gehen ; sich entfernen. || PAR EXT. [dévier] abweichen. | *S'écarter du chemin, du but*, vom Weg, vom Ziel abweichen, -kommen. || FIG. *S'écarter du sujet*, vom Thema abkommen ; nicht bei der Sache bleiben. | *S'écarter du droit chemin*, vom rechten Wege abweichen. | *S'écarter de qn*, sich von jm abwenden.

ecchymose [ɛkimo:z] f. MÉD. blutunterlaufener Fleck ; Quetschung f.

ecclésiastique [eklezjastik] adj. kirchlich ; geistlich ; Kirchen... ; klerikal. | *Costume ecclésiastique*, Ornat n. ; Kirchentracht f.

◇ m. Geistlicher m. ; Kleriker m.

écervelé, ée [esɛrvəle] adj. leichtsinnig, -fertig ; töricht.

◇ s. Leichtfuß m. ; Windbeutel m.

échafaud [eʃafo] m. (Bau)gerüst n. | *Échafaud volant*, Hängegerüst. || JUR. Blutgerüst n. ; Schafott n. | *Finir sur l'échafaud*, auf dem Schafott enden.

échafaudage [-da:ʒ] m. ARCHIT. [action] Gerüstaufstellung f. || PAR ANAL. [résultat] (Bau)gerüst n.

échafauder [-de] v. intr. et tr. ARCHIT. ein Gerüst aufstellen, aufschlagen. || FIG. [élaborer] *Échafauder un système*, ein System aufbauen.

échalas [eʃala] m. Rebenpfahl m. ; Weinpfahl m. || FIG. *C'est un échalas*, er ist dünn wie eine Bohnenstange.

échalote [eʃalɔt] f. BOT. Schalotte f.

échancrer [eʃɑ̃kre] v. tr. (bogenförmig) ausschneiden ; ausschweifen, -sparen ; einbuchten.

◇ part. pass. et adj. **échancré, ée,** ausgeschnitten ; geschweift.

échancrure [-kry:r] f. Ausschnitt m. ; (Aus)-schweifung f. ; Aussparung f. || GÉOGR. [côte] Aus-, Einbuchtung f. ; Aus-, Einschnitt m. ; Bucht f.

échange [eʃɑ̃:ʒ] m. [troc] Tausch m. ; Aus-, Ein-, Umtausch m. | *Faire un échange*, aus-, umtauschen. || PAR ANAL. Austausch m. ; Wechsel m. | *Échange d'élèves*, Schüleraustausch. | *Échange de coups de feu*, Schusswechsel. | *Faire l'échange de qch.*, etwas wechseln. || FIG. *Échange de compliments*, gegenseitiges Komplimentieren ; IRON. Beschimpfen n. | *Échange de lettres*, Briefwechsel, -verkehr m. | *Échange d'idées*, Gedankenaustausch. || COMM. (Aus)tausch m. ; Handel m. ; Verkehr m. | *Échanges commerciaux*, Güteraustausch ; Warenverkehr. | *Libre échange*, Freihandel m.

◇ loc. adv. **en échange,** dafür. | *Donner, Prendre en échange*, in Tausch geben, nehmen.

◇ loc. prép. **en échange de,** gegen.

échangeable [-ʒabl] adj. ver-, austauschbar ; aus-, umwechselbar.

échanger [-ʒe] v. tr. [troc] tauschen ; aus-, ein-, ver-, umtauschen (sépar.). | *Échanger contre*, vertauschen gegen, für, um. || PAR ANAL. austauschen ; aus-, umwechseln ; wechseln. || FIG. *Échanger des compliments*, Freundlichkeiten austauschen. | *Échanger des regards*, Blicke wechseln. *Échanger des idées*, Gedanken austauschen. | *Échanger des coups*, sich schlagen. | *Échanger des lettres*, Briefe wechseln.

◇ v. pr. **s'échanger,** [sens pass.] getauscht werden ; sich tauschen lassen.

échangeur [-ʒœ:r] m. TRANSP. Autobahnkreuz n., -dreieck n.

échantillon [eʃɑ̃tijɔ̃] m. COMM. Muster n. ; Probestück n. ; Probe f. | *Échantillon sans valeur*, Muster ohne Wert. | *Vente sur échantillon*, Kauf (m.) nach Probe.

échantillonnage [-jɔna:ʒ] m. Probenentnahme f. ; Stichprobe f.

échantillonner [-jɔne] v. tr. COMM. [comparer] be-, ausmustern. || PAR EXT. [préparer] sortieren.

échappatoire [eʃapatwar] f. Ausflucht f. ; Finte f. ; (faule) Ausrede ; Vorwand m.

échappée [-pe] f. [escapade] Entspringen n., -wischen n. || PAR EXT. [vue] Aus-, Durchblick m. ; schmale Aussicht.

échappement [-pmɑ̃] m. TECHN. [vapeur, gaz] Entweichen n. ; Abzug m. ; Ausströmen n. | *Gaz d'échappement*, Abgas n. || PAR EXT., AUTOM. Auspuff m. ; Auslaß m. | *Soupape d'échappement*, Auslaßventil n. ; Auspuffklappe f. | *Tuyau d'échappement*, Auspuffrohr n. | *Échappement libre*, offener Auspuff.

échapper [-pe] v. intr. [s'évader, fuir] entspringen, -wischen, -weichen, -laufen, -schlüpfen ; durchgehen (sépar.) ; ausreißen. || PAR ANAL. [se soustraire à] entgehen, -kommen, -rinnen. | *Échapper à un danger*, einer Gefahr entgehen. | *Échapper à grand-peine*, knapp davonkommen. || PAR EXT. [tomber] entfallen, -fahren, -gleiten. | *Échapper des mains*, aus den Händen fallen, gleiten ; den Händen entgleiten. || FIG. [aux sens] ent... ; über... | *Cette parole m'a échappé*, das Wort ist mir entschlüpft. | *Échapper à la vue, au regard*, sich dem Blick entziehen. | *Ce détail m'a échappé*, diese Einzelheit ist mir entgangen. | *Cela m'a échappé*, ich habe es übersehen, überhört. | *Son nom m'échappe*, sein Name ist mir entfallen. | *Laisser échapper une occasion*, eine Gelegenheit verpassen, versäumen.

◇ v. tr. FIG. *L'échapper belle*, mit heiler Haut davonkommen.

◇ part. pass. et adj. **échappé, ée,** [évadé] entwichen, entwischt.

◇ v. pr. **s'échapper,** [fuir, tomber] ent... ; fort... | *S'échapper de prison*, aus dem Gefängnis entweichen. | *S'échapper d'une cage*, einem Käfig entfliegen. | *Je n'ai pu m'échapper (un moment)*, ich kam nicht weg. || PAR ANAL. [liquide] auslaufen ; durchrinnen, -sickern (sépar.) ; hervorbrechen ; überfließen (sépar.). || [gaz, vapeur] entweichen ; ent-, ausströmen ; dringen (aus).

écharde [eʃard] f. Splitter m. ; Span m. ; Dorn m.

écharner [eʃarne] v. tr. ausfleischen.

écharpe [eʃarp] f. [officielle] Schärpe f. | *Ceindre l'écharpe*, die Schärpe anlegen. || PAR ANAL. [blessé] Feld-, Tragbinde f. ; Binde f. | *Porter le bras en écharpe*, den Arm in der Binde tragen. || PAR EXT. [fichu] Schal m. ; Halstuch n..

◇ loc. adv. **en écharpe,** schräg ; quer. | *Prendre une voiture en écharpe*, ein Auto seitlich anfahren.

écharper [-pe] v. tr. MIL. [tailler en pièces] zusammenschlagen, -hauen ; zerschlagen.

échasse [eʃas] f. [bâton] Stelze f. || ZOOL. Stelzenläufer m.

échassiers [-sje] m. pl. ZOOL. Stelzvögel m. pl.

échauder [-de] v. tr. CULIN. ver-, abbrühen. || PAR EXT. [brûler] verbrühen, -brennen. || TECHN. [blanchir] weißen. || FIG. *Il a été échaudé*, er ist unangenehm überrascht worden ; er hat sich die Finger verbrannt. || PROV. *Chat échaudé craint l'eau froide*, gebranntes Kind scheut das Feuer.

échauffement [eʃofmɑ̃] m. Erwärmung f. ; Erhitzung f. || FIG. Erhitzung f. ; Aufregung f. || TECHN. [par frottement] Warm-, Heißlaufen n.

échauffer [-fe] v. tr. warm machen ; erwärmen, -hitzen. || FIG. aufregen. | *Cela vous échauffe la bile*, das kommt einem die Galle hoch. | *Il lui a échauffé les oreilles*, er hat ihn in Harnisch gebracht. | *Échauffer le sang*, das Blut in Wallung bringen.

◇ part. pass. et adj. **échauffé, ée,** FIG. erhitzt ; warm ; aufgeregt. || AGRIC. [céréales] brandig ; muffig ; stockig.

◇ v. pr. **s'échauffer,** [sens pass.] warm, heiß werden. || FIG. [sens réfl.] sich erhitzen ; in Aufregung geraten. | *S'échauffer pour qch.*, sich für etwas ereifern. || SPORT. [coureur] sich warmlaufen ; [gymnaste] sich warmturnen ; [nageur] sich warmschwimmen.

échauffourée [eʃofure] f. MIL. Scharmützel n. ; Zusammenstoß m. || PAR EXT. [bagarre] Rauferei f. ; Krawall m. ; Tumult m.

échauguette [eʃogɛt] f. Warte f. ; Wartturm m.

échéance [eʃeɑ̃:s] f. COMM. Fristablauf m. ; Verfall m. ; Fälligkeit f. ; Termin m. | *Jour de l'échéance*, Fälligkeits-, Zahlungstag m. | *Échéance d'un effet*, Wechselverfall. | *Échéance de la prime*, Fälligkeit (f.) der Prämie. | *À l'échéance*, bei Fälligkeit. | *À courte, longue échéance*, kurz-, langfristig. | *Venir à échéance*, fällig werden. || FIG. Entscheidungs-, Erfüllungstag m. | *À courte échéance*, auf kurze Sicht.

échéant, éante [eʃeɑ̃, eɑ̃:t] adj. fällig. || LOC. *Le cas échéant*, gegebenenfalls ; möglicherweise.

échec(s) [eʃɛk] m. (pl.) JEUX. *Jeu d'échecs*, Schach(spiel) n. | *Jouer aux échecs*, Schach spielen. | *Échec au roi !*, Schach ! || FIG. *Tenir en échec*, in Schach halten. | *Faire échec et mat*, matt setzen. || *Être échec et mat*, matt sein ; FIG. schachmatt sein. || FIG. [insuccès] Mißerfolg m. ; Fehlschlag m. | *Faire échec à qch.*, etwas vereiteln. | *Mettre qn en échec*, jm Schach bieten. || THÉÂTRE., UNIV. Mißerfolg m. ; Durchfall m. | *Échec scolaire*, Schulversagen n. | *Subir un échec*, durchfallen.

— SYN. : *Revers* m., Rückschlag m. *Insuccès* m., Mißerfolg m.

échelle [eʃɛl] f. Leiter f. | *Échelle double, de corde, coulissante*, Steh-, Strick-, Auszugsleiter. | *Grimper à l'échelle*, auf die Leiter steigen. | *Faire la courte échelle à qn*, jn auf die Schulter heben ; FIG. jm Vorschub leisten. || PAR EXT. *Échelle des couleurs*, Farbenskala f. | *Échelle du thermomètre*, Gradeinteilung f. | *Échelle de Beaufort*, Beaufortskala f. | *Échelle de Richter*, Richterskala f. || FIG. [rang, hiérarchie] Rangordnung f. ; Stufenleiter f. ; Abstufung f. | *Échelle sociale*, soziale Stufenleiter ; Stände m. pl. | *Échelle des salaires*, Lohnskala f. | *Échelle mobile*, gleitende Lohnskala. || GÉOGR. [carte] Maßstab m. || FIG. *Sur une grande échelle*, in großem Maßstab.

échelon [eʃlɔ̃] m. [échelle] (Leiter)sprosse f. || FIG. [hiérarchie] (Rang)stufe f. ; Staffel f. | *Par échelons*, stufen-, staffelweise. | *Disposer par échelons*, staffeln.

échelonnement [-lɔnmɑ̃] m. Staffelung f. || FIG. Abstufung f. || COMM. *Échelonnement sur trois ans*, Verteilung (f.) auf drei Jahre.

échelonner [-lɔne] v. tr. staffeln. || FIG. abstufen. || COMM. *Échelonner les livraisons*, auf Abruf liefern ; in bestimmten Zeiträumen liefern. | *Échelonner les versements*, die Anzahlungen verteilen.

◇ v. pr. **s'échelonner,** sich abstufen ; verteilt werden.

écheniller [eʃnije] v. tr. entraupen ; Raupen ablesen. || FIG. säubern.

écheveau [eʃvo] m. TEXT. Strähne f. ; Docke f. ; Strang m. || FIG. Durcheinander n.

écheveler [eʃəvle] v. tr. die Haare zerzausen, durcheinanderbringen.

◇ part. pass. et adj. **échevelé, ée,** mit zerzaustem Haar. | FIG. wild ; ausgelassen.

échevin [eʃvɛ̃] m. HIST. Schöffe m.

échidné [ekidne] m. ZOOL. Ameisenigel m.

échine [eʃin] f. ANAT. Rückgrat n. || FIG. *Avoir l'échine souple*, unterwürfig sein.

échiner (s') [seʃine] v. pr. FIG. sich abrackern, -schinden.

échiquier [eʃikje] m. JEUX. Schachbrett n. | *En échiquier*, schachbrettförmig, -artig.

écho [eko] m. Widerhall m. ; Echo n. | *Faire écho*, widerhallen, -schallen ; zurückschallen. || FIG. *Se faire l'écho de qch.*, etwas wiederholen ; etwas weitersagen. | *Trouver un écho*, Anklang finden. | *Échos du jour*, Tagesnachrichten f. pl.

échocardiographie [-kardjɔgrafi] f. MÉD. Echokardiographie f.

échogramme [-gram] m. PHYS. Echogramm n.

échographe [-graf] m. MÉD. Ultraschallgerät n.

échographie [-grafi] f. MÉD. Ultraschalldiagnostik f.

échoir [eʃwa:r] v. intr. zufallen ; zuteilwerden ; anheimfallen. || FIG. *Échoir à qn*, jm beschieden sein. || COMM. verfallen ; fällig werden ; ablaufen.

◇ part. pass. et adj. **échu, ue.** COMM. verfallen ; fällig ; abgelaufen. | *Payer à terme échu*, am Verfalltage zahlen.

échoppe [eʃɔp] f. [boutique] Verkaufsbude f., -stand m.

échotier, ière [ekɔtje, jɛ:r] m. Kolumnist m.

échotomographie [ekotɔmografi] f. MÉD. Echotomographie f.

échouage [eʃwa:ʒ] ou **échouement** [eʃumɑ̃] m. MAR. Auflaufen n., -fahren n. ; Stranden n. ; Scheitern n. ; Aufstrandsetzen n.

échouer [eʃwe] v. intr. MAR. stranden ; auflaufen ; festfahren ; scheitern. || FIG. [ne pas réussir] scheitern ; mißlingen ; fehlschlagen. || LOC. *Échouer à l'examen*, durchfallen (sépar.).

◇ v. tr. auf den Strand setzen.

◇ v. pr. **s'échouer,** stranden ; auflaufen ; sich festfahren.

éclabousser [eklabuse] v. tr. bespritzen.

éclaboussure [-sy:r] f. Spritzer m. ; Schmutzfleck m. || FIG. Fleck m.

éclair [eklɛr] m. Blitz m. ; Blitzstrahl m., -schlag m. | *Il fait des éclairs*, es blitzt. | *Éclair de chaleur*, Wetterleuchten n. | *Rapide comme l'éclair*, blitzschnell. || FIG. *Ses yeux lancent des éclairs*, seine Augen blitzen, leuchten auf. | *Éclair de génie*, Geistesblitz ; genialer Einfall. || MIL. *Guerre éclair*, Blitzkrieg m. || PHOT. *Éclair du flash*, Blitzlicht n. || CULIN. [gâteau] Liebesknochen m. || TECHN. *Fermeture Éclair*, Reißverschluß m.

éclairage [-ra:ʒ] m. Er-, Beleuchtung f. ; Lichtanlage f., -technik f. | *Éclairage au gaz, au néon*, Gas-, Neonbeleuchtung. | *Gaz d'éclairage*, Leuchtgas n. | *Éclairage indirect*, indirekte Beleuchtung. | *Éclairage de veille*, Nachtbeleuchtung. || PAR EXT. [lumière] Licht n. | *Éclairage arrière*, Rücklicht.

éclairagiste [-raʒist] s. Beleuchtungstechniker(in) m. (f.).

éclairant, ante [-rɑ̃, ɑ̃:t] adj. leuchtend ; Leucht... | *Pouvoir éclairant*, Leuchtkraft f.

éclaircie [-si] f. [lumière] Aufheiterung f. ; Lichtblick m., -schimmer m. | *Il y a une éclaircie*, der Himmel klärt, heitert sich auf. || PAR EXT. [forêt] Lichtung f. || FIG. Hoffnungsschimmer m.

éclaircir [-si:r] v. tr. [rendre plus clair] klären ; aufklaren, -klären ; auf-, erhellen ; klar(er), hell(er) machen. | *Éclaircir une couleur*, eine Farbe aufhellen. | *Éclaircir la voix*, die Stimme klarer, heller machen. || PAR ANAL. [moins épais] *Éclaircir une sauce*, eine Soße verdünnen. || PAR EXT. [moins serré] lichten. | *Éclaircir les rangs*, die Reihen lichten. || FIG. [expliquer] auf-, erklären ; erhellen, -leuchten, -läutern ; klar machen, legen. | *Éclaircir une affaire*, Licht in eine Angelegenheit bringen. || BOT. [bois] (aus)lichten.

◇ v. pr. **s'éclaircir,** [sens réfl.] *S'éclaircir la voix*, sich räuspern. || [sens pass.] klar, hell, heiter werden ; sich klären. | *Le ciel s'éclaircit*, der Himmel entwölkt sich. || PAR ANAL. *Ses cheveux s'éclaircissent*, seine Haare werden dünner. || FIG. *La situation s'éclaircit*, die Lage klärt sich. || MIL. [rangs] zusammenschmelzen.

éclaircissement [-sismɑ̃] m. [action] (Auf)klären n. || FIG. [explication] Auf-, Erklärung f. ; Erleuchtung f., -läuterung f. ; Aufschluß m. | *Donner des éclaircissements à qn sur qch.*, jm über eine Sache Aufschluß geben. || BOT. (Aus)lichten n.

éclairer [eklɛre] v. tr. be-, erleuchten ; bescheinen, -glänzen, -strahlen. | *Éclairer à l'électricité*, elektrisch beleuchten. || PAR ANAL. *Éclairer qn pour descendre, pour sortir*, jm hinunter-, hinausleuchten. || [expliquer] auf-, erklären ; auf-, erhellen ; er-, beleuchten.

◇ v. intr. leuchten ; scheinen. | *Cette lampe éclaire mal*, diese Lampe gibt wenig Licht.

◇ part. pass. et adj. **éclairé, ée,** er-, beleuchtet ; hell. | *Côté éclairé*, Lichtseite f. || FIG. aufgeklärt ; helle ; einsichtig. | *Critique éclairée*, einsichtige Kritik.

◇ v. pr. **s'éclairer,** [sens pass.] hell werden ; sich erhellen. || PAR ANAL. [pièce] beleuchtet werden. || FIG. [visage] sich erhellen ; sich aufheitern.

éclaireur [-rœ:r] m. MIL. Aufklärer m. ; Späher m. ; Kundschafter m. || SPORT. Pfadfinder m.

éclat [ekla] m. **1.** ACTION D'ÉCLATER : [bruit] Knall m. ; Schlag m. ; Schall m. ; POP. Bums m. || PAR ANAL. *Éclats de rire*, schallendes Gelächter. | *Rire aux éclats*, laut auflachen. || PAR EXT. [résultat] Splitter m. ; Span m. | *Éclat de bois, de verre, d'obus*, Holz-, Glas-, Granatsplitter. | *Voler en éclats*, zersplittern, -schellen, -platzen ; in Stücke fliegen. || FIG. [bruit, scandale] Ausbruch m. ; Aufsehen n. ; Skandal m. ; Krach m. | *Faire un éclat*, Aufsehen erregen ; Krach machen. | *Éclat de colère*, Zornesausbruch.

2. ÉTAT DE CE QUI BRILLE : [lueur] Glanz m. ; Leuchten n. ; Schein n. ; Schimmer m. | *Avoir de l'éclat*, Glanz haben ; glänzen. | *Perdre son éclat*, glanzlos, matt werden. || PAR ANAL. [nuances] *Éclat des yeux*, Leuchten, Glanz der Augen. | *Éclat des couleurs*, Farbenpracht f., -glanz m. || FIG. [splendeur, célébrité] Glanz m. ; Pracht f. ; Herrlichkeit f. ; Berühmtheit f. | *Dans tout l'éclat de sa jeunesse*, in vollem Glanz seiner Jugend. | *Action d'éclat*, glänzende Tat.

éclatant, ante [-tɑ̃, ɑ̃:t] adj. [son] laut ; schallend ; schmetternd. | FIG. Aufsehen erregend. || [lumière] glänzend ; glanzvoll ; licht ; prangend ; herrlich. | *Victoire éclatante*, glänzender Sieg.

éclatement [-tmɑ̃] m. [action] Bersten n. ; (Zer)-platzen n. ; Auf-, Zerspringen n. ; Auseinanderfliegen n. || PAR EXT. [son] Knall m. || FIG. *Éclatement d'un parti*, Zersplittern (n.) einer Partei. || MIL. [bombe] Krepieren n. ; Explodieren n.

éclater [-te] v. intr. **1.** SE DIVISER : [se rompre] (auf)bersten ; (auf)platzen ; (auf)springen. | *L'écorce, la peau éclate*, die Schale, die Haut springt auf. | *Cette couture éclate*, diese Naht platzt. || PAR ANAL. [avec violence] (zer)platzen ; (zer)springen ; auseinanderfliegen. | *Mon pneu éclate*, mein Reifen platzt. | *Faire éclater*, (zer)sprengen ; zum Explodieren bringen. || FIG. *Ma tête éclate*, mein Kopf platzt. | *Ce parti éclate*, diese Partei zersplittert sich.

2. SE MANIFESTER : [son, bruit] knallen ; krachen ; erschallen. | *Un coup de feu éclate*, ein Schuß fällt. || PAR ANAL. *Éclater de rire*, laut auflachen ; in lautes Gelächter ausbrechen. | *Éclater en sanglots*, aufschluchzen. || PAR EXT. [commencer avec violence] aus-, losbrechen ; losgehen ; sich erheben ; zum Ausbruch kommen. | *L'orage, la guerre, l'épidémie éclate*, das Gewitter, der Krieg, die Seuche bricht aus. | *Les applaudissements éclatent*, der Beifall bricht los, aus. | *Une querelle éclate entre eux*, ein Streit erhebt sich zwischen ihnen. || FIG. *Sa joie éclate*, seine Freude wird laut. | *Éclater aux yeux de tous*, offenkundig werden. | *La vérité éclate*, die Wahrheit kommt heraus, an den Tag. | *Éclater de santé*, vor Gesundheit strotzen.

3. BRILLER : [lumière, couleurs] glänzen ; (auf)leuchten ; (auf)blitzen ; funkeln. || FIG. *La joie éclate dans ses yeux*, die Freude blitzt in seinen Augen (auf). | *Son visage éclate de joie*, sein Gesicht strahlt vor Freude.

◇ v. pr. **s'éclater,** POP. sich austoben.

éclectique [eklɛktik] adj. PHILOS. eklektisch.

◇ s. Eklektiker(in) m. (f.).

éclectisme [-tism] m. Eklektizismus m.

éclipse [eklips] f. ASTRON. Finsternis f. | *Éclipse de soleil, de lune*, Sonnen-, Mondfinsternis. | *Éclipse totale*, Totalitätszone f. || FIG. (zeitweilige) Verdunkelung ; Ent-, Verschwinden n.

éclipser [-se] v. tr. verdunkeln ; verfinstern ; verbergen ; unsichtbar machen. || FIG. [surpasser] überstrahlen. | *Éclipser la gloire de qn*, den Ruhm js in den Schatten stellen.

◇ v. pr. **s'éclipser,** FAM. [s'esquiver] verschwinden ; sich davonstehlen ; POP. verduften.

éclopé, ée [eklɔpe] adj. hinkend ; gehbehindert.

◇ s. Hinkende(r) f. (m.) ; Krüppel m. || MIL. Nachzügler m.

éclore [eklɔr] v. intr. [sortir de l'œuf] ausschlüpfen ; aus dem Ei kriechen, schlüpfen. | *Faire éclore*, ausbrüten, -hecken. || [s'ouvrir, germer] sich öffnen ; keimen. || PAR ANAL. [plantes] aufblühen ; sprießen. | *Une rose fraîche éclose*, eine eben aufgeblühte Rose. || PAR EXT. [jour] an-, aufbrechen. || FIG. [projet] reif werden.

éclosion [eklɔzjɔ̃] f. [insecte, oiseau] Ausschlüpfen n., -kriechen n. || PAR EXT. [plante] Aufblühen n., -springen n. ; Öffnen n. ; Sprießen n. || FIG. [projet] Reifwerden n.

écluse [ekly:z] f. Schleuse f.

éclusier [-zje] m. Schleusenwärter m., -meister m.

écœurement [ekœrmɑ̃] m. FIG. Ekel m.

écœurer [-re] v. tr. (an)ekeln ; anwidern. || FIG. abstoßen.

◇ part. pass. et adj. **écœurant, ante,** ekelhaft ; widerwärtig.

◇ part. pass. et adj. **écœuré, ée,** FIG. *Être écœuré par qch.*, von etwas abgestoßen werden, angeeckelt sein.

école [ekɔl] f. [sens général] Schule f. ; Lehranstalt f. | *Faire l'école*, Schule halten ; lehren. | *Aller à l'école*, in die Schule gehen. | *Fréquenter, manquer l'école*, die Schule besuchen, versäumen. | *Faire l'école buissonnière*, die Schule schwänzen. | *En âge d'aller à l'école*, schulpflichtig. | *La rentrée des écoles*, Schulbeginn m. || [bâtiment] Schulhaus n., -gebäude n. || *Maître d'école*, Schullehrer m., -meister m. | *Camarade d'école*, Schulkamerad m | *Banc d'école*, Schulbank f. | *École de garçons, de filles*, Knaben-, Mädchenschule. | *École maternelle*, Vorschule ; Kindergarten f. | *École primaire*, Volksschule. | *École secondaire*, Mittel-, Oberschule. | *École professionnelle*, Berufsschule. | *École de commerce*, Handelsschule. | *École technique*, Fach-, Gewerbeschule. | *École laïque*, staatliche Schule. | *École privée, libre*, Privatschule. | *École normale d'instituteurs*, Lehrerseminar n. | *Grande école*, Hochschule. | *École supérieure de commerce*, Handelshochschule. | *École des mines*, Bergakademie f. | *École de guerre*, Kriegsakademie f. | *École des beaux-arts*, Kunstakademie f. || FIG. [source d'enseignement] Schule f. ; Schulung f. ; Lehranstalt f. ; Lehre f. | *Être à bonne école*, in guter Schule, Lehre sein. | *Être à rude, dure école*, durch eine harte Schule gehen ; viel mitmachen müssen. | *Aller à l'école de qn*, sich von jm belehren lassen. | *Faire école*, Schule machen ; Nachahmer finden. || PHILOS., LITTÉR. [adeptes, groupe] Schule f. ; Jünger m. pl. | *École romantique*, romantische Schule. || [cavalerie] *Haute école*, hohe Schule.

— SYN. : *Lycée*, staatliche Oberschule ; Gymnasium. *Collège*, (städtische) Oberschule. *Cours*, Privatschule. *Conservatoire*, Musikschule. *Prytanée*, Kadettenschule.

écolier, ière [-lje, jɛ:r] s. Schüler(in) m. (f.) ; Schuljunge m., -knabe m. | *Le chemin des écoliers*, der umständlichste, längste Weg. || FIG. [novice] Lehrling m. ; Anfänger m.

écologie [-lɔʒi] f. BIOL. Ökologie f.

écologiste [-lɔʒist] s. Umweltschützer(in) m. (f.).

éconduire [ekɔ̃dɥi:r] v. tr. abweisen ; einen Korb geben (dat.) ; hinauskomplimentieren ; abblitzen ; POP. abfahren lassen.

économat [ekɔnɔma] m. Verwalterstelle f., -gebäude n.

économe [-nɔm] adj. sparsam ; wirtschaftlich ; haushälterisch.

◇ s. Verwalter(in) m. (f.) ; Haushälter(in) m. (f.) ; Ökonom(in) m. (f.).

économie [-nɔmi] f. [administration] Wirtschaft f. ; Wirtschaftsführung f. ; Ökonomie f. | *Économie politique*, Volkswirtschaft. | *Économie domestique*, Haushaltung f., -wirtschaft. | *Économie parallèle*, Schattenwirtschaft. | *Économie planifiée*, Planwirtschaft. || PAR EXT. [disposition] Anordnung f. ; Bau m. || FIG. [vertu d'épargne] Sparsamkeit f. | *Vivre avec économie*, sparsam leben. || [chose épargnée] Ersparnis f. ; Ersparte(s) n. | *Économie de temps*, Zeitersparnis ; Gewinn (m.) an Zeit. | *Faire des économies de bouts de chandelle*, am verkehrten Ende sparen ; POP. knauserig sein.

économique [-nɔmik] adj. wirtschaftlich ; Wirtschafts... ; ökonomisch. | *Situation économique*, Wirtschaftslage f. || FIG. [peu cher] billig.

économiser [-nɔmize] v. tr. sparen ; er-, einsparen ; erübrigen. | *Économiser de l'argent*, Geld sparen, zurücklegen.

◇ v. intr. *Économiser sur qch.*, an, von einer Sache sparen. | *Économiser sur sa nourriture*, sich etwas vom Mund absparen.

économiste [-nɔmist] s. Volkswirt(in) m. (f.) ; Volkswirtschaftler(in) m. (f.).

écoper [ekɔpe] v. tr. Wasser schöpfen ; ausschöpfen.

◇ v. intr. FIG., FAM. Vorwürfe, Schläge, Krach bekommen.

écorce [ekɔrs] f. BOT. Rinde f. ; Borke f. | *Écorce d'arbre*, Baumrinde. | *Se couvrir d'une écorce*, sich berinden. || PAR ANAL. [fruit] Schale f. | *Écorce d'orange*, Apfelsinenschale. || FIG. [apparence] Schein m. ; Äußere(s) n. || ANAT. *Écorce cérébrale*, Großhirnrinde f. || GÉOGR. *Écorce terrestre*, Erdrinde.

écorcer [-se] v. tr. ab-, entrinden ; (ab)schälen.

écorcher [ekɔrʃe] v. tr. [ôter la peau] häuten ; ab-, enthäuten ; die Haut, das Fell abziehen ; abbalgen, -decken. || PAR EXT. [égratigner] scheuern ; abschürfen ; die Haut wund reiben. || FIG. *Écorcher un client*, einen Kunden übers Ohr hauen. || [dénaturer] *Écorcher le français*, französisch radebrechen.

◇ part. pass. et adj. **écorché, ée,** ohne Haut ; wund.

◇ m. ANAT. Muskelfigur f. || TECHN. Schnittbild n.

◇ v. pr. **s'écorcher,** [s'égratigner] sich wund reiben, laufen, reiten ; sich die Haut aufscheuern, -kratzen.

écorcheur, euse [-ʃœ:r, ø:z] s. [équarisseur] Schinder m. ; Abdecker m. || FIG. Leuteschinder m. ; Preller m.

écorchure [-ʃy:r] f. MÉD. Hautabschürfung f. ; Kratzer m. ; Schramme f.

— SYN. : *Égratignure* f., Kratzer m. *Griffure* f., Schramme f. *Éraflure* f., Ritzer m.

écorner [ekɔrne] v. tr. [bœuf] der Hörner berauben ; enthörnen. || FIG. [entamer] anbrechen ; angreifen. | *Écorner sa fortune*, sein Vermögen anbrechen. || TECHN. abkanten.

écornifleur [ekɔrniflœ:r] m. Schmarotzer m. ; Parasit m.

écossais, aise [ekɔsɛ, ɛ:z] adj. schottisch ; aus, von Schottland. || *Tissu écossais*, Schottenstoff m. ; karierter Stoff. || FIG. *Douche écossaise*, Wechseldusche f.

◇ s. **Écossais, aise,** [habitant] Schotte m. ; Schottin f.

— m. **écossais,** [langue] Schottisch n. ; die schottische Sprache.

Écosse [ekɔs] n. pr. GÉOGR. Schottland n.

écosser [ekɔse] v. tr. [pois] ent-, aushülsen ; entbohnen ; auspellen.

écosystème [ekɔsistɛ:m] m. Ökosystem n.

écot [eko] m. Anteil m. ; Zeche f. ; Kostenbeitrag m. | *Payer son écot*, seinen Anteil zahlen.

écoulement [ekulmɑ̃] m. [action] Ab-, Ausfließen n. ; Ausströmen n. ; Rinnen n. || [résultat] Ab-, Ausfluß m. ; Ab-, Auslauf m. | *Écoulement des eaux*, Wasserabfluß. | *Tuyau d'écoulement*, Abflußrohr n. || PAR ANAL. *Écoulement du trafic*, Verkehrsabwicklung f. || PAR EXT. [temps] Ab-, Verlauf m. ; Zerrinnen n. || MÉD. Blutung f. ; Eiterung f. || COMM. [débouché] Absatz m. ; Vertrieb m.

écouler [-le] v. tr. COMM. [vendre] absetzen ; umsetzen (sépar.) ; vertreiben. || PAR EXT. [liquide] *Faire écouler*, ablassen.

◇ part. pass. et adj. **écoulé, ée,** abgeflossen. || PAR EXT. [temps] verlaufen, -gangen, -strichen ; herum ; vorbei. || COMM. abgesetzt.

◇ v. pr. **s'écouler,** [liquide] ab-, aus-, fort-, hin-, ver-, wegfließen ; ab-, auslaufen. | *S'écouler peu à peu*, verrinnen, -sickern. | *S'écouler à flots*, ab-, ausströmen. || PAR ANAL. *La multitude s'écoule*, die Menge strömt ab, verläuft sich. || PAR EXT. [temps] ab-, verlaufen ; verfließen, -streichen, -gehen ; hinfliehen.

écourter [ekurte] v. tr. [diminuer] kürzen ; ab-, verkürzen. || PAR ANAL. [couper court] stutzen ; kurz schneiden.

écoute [ekut] f. [action] Horchen n. ; Lauschen n. || LOC. *Être aux écoutes*, horchen ; lauschen ; lauern ; auf der Lauer sein. || MIL. *Poste d'écoute*, Horch-, Abhörposten m. || RADIO. Hören n. ; Empfang m. | *Être à l'écoute*, hören ; empfangen. || *Écoutes téléphoniques*, Telefonüberwachung f.

écouter [-te] v. tr. [prêter l'oreille] horchen, hören (auf, acc.) ; an-, abhören ; zuhören, -horchen (dat.). | *Écouter attentivement*, aufpassen, -merken ; lauschen (dat.). | *Écouter qn*, jm zuhören. | *Écouter un chant*, einem Gesang lauschen. | *N'écouter que d'une oreille*, nur mit halbem Ohr hinhören. | *Écoute*, POP. *écoute voir*, horch ! ; nun hör mal ! || PAR ANAL. [épier] (be)lauschen ; (be)horchen. | *Écouter aux portes*, an den Türen lauschen. || PAR EXT. [accueillir, exaucer] an-, erhören ; Gehör schenken (dat.). | *Écouter une prière*, eine Bitte erhören. | *On l'écoute volontiers*, man schenkt ihm gern Gehör. || FIG. [céder à, obéir] hören (auf, acc.) ; befolgen ; gehorchen (dat.) ; folgen (dat.). | *Écouter le conseil de qn*, auf js Rat hören. | *Ne vouloir écouter personne*, sich nichts sagen lassen ; nichts annehmen. | *Écouter ses parents*, seinen Eltern gehorchen.

◇ part. pass. et adj. **écouté, ée,** FIG. *Être très écouté*, sehr geschätzt sein.
◇ v. pr. **s'écouter.** FIG. *S'écouter parler*, sich gern reden hören. | *Ce malade s'écoute trop*, dieser Kranke läßt sich gehen.

écouteur [-tœ:r] m. [téléphone] Hörer m. ; [casque] Kopfhörer m.

écoutille [ekuti:j] f. MAR. Decksluke f.

écrabouiller [ekrabuje] v. tr. FAM. zermatschen, -quetschen.

écran [ekrɑ̃] m. [pour protéger] (Schutz)schirm m. ; Schutzwand f. | *Écran acoustique, antibruit*, Lärmschutz m. | *Écran antiéblouissant*, Blendschutz m. | *Écran thermique*, Hitzeschild m. || PHOT. Farbfilter m. || FILM. Lein-, Filmwand f. | *Porter un roman à l'écran*, einen Roman verfilmen. || TÉLÉV. Bildschirm m. | *Écran de contrôle*, Monitor m.

écrasement [ekrazmɑ̃] m. Zermalmen n., -quetschen n., -drücken n. || FIG. Vernichtung f.

écraser [-ze] v. tr. zermalmen, -quetschen, -drücken. | *Écraser du pied*, zertreten. | *Écraser qn avec une voiture*, jn überfahren. | *Être écrasé par une auto*, von einem Wagen überfahren werden. || PAR EXT. [accabler] be-, überlasten. | *Écraser d'impôts*, mit Steuern überlasten. | *Être écrasé de travail*, mit Arbeit überhäuft, überlastet sein. || FIG. [anéantir] vernichten ; zu Boden schmettern ; erdrücken. | *Écraser qn de sa supériorité*, jn in den Schatten stellen ; jn ausstechen. || MIL. vernichten ; niederwerfen.
◇ part. prés. et adj. **écrasant, ante,** zermalmend. || FIG. vernichtend ; erdrückend. | *Majorité écrasante*, erdrückende Mehrheit.
◇ v. pr. **s'écraser,** [sens pass.] zermalmt werden. || FIG. [se presser] *La foule s'écrase dans les tribunes*, die Menge drängt sich auf den Tribünen. || AÉRON. *S'écraser au sol*, am Boden zerschellen ; abstürzen.

écrémage [ekrema:ʒ] m. Ab-, Entrahmen n.

écrémer [-me] v. tr. ab-, entrahmen ; (den Rahm) abschöpfen. || FIG. das Beste vorwegnehmen, abschöpfen.
◇ part. pass. et adj. **écrémé, ée,** entrahmt. | *Lait écrémé*, Magermilch f.

écrémeuse [-mø:z] f. [machine] Milchschleuder f. ; Zentrifuge f.

écrêter [-te] v. tr. ÉCON. *Écrêter les salaires*, die Spitzengehälter kürzen.

écrevisse [ekrəvis] f. ZOOL. Krebs m. || FIG. *Marcher comme les écrevisses*, den Krebsgang gehen. | *Rouge comme une écrevisse*, krebsrot.

écrier (s') [sekrije] v. pr. (aus)rufen ; auf-, herausschreien.

écrin [ekrɛ̃] m. Schmuckkästchen n. ; Schrein m.

écrire [ekri:r] v. tr. schreiben. | *Écrire à qn*, an jn schreiben. | *Écrire en toutes lettres*, (ganz) ausschreiben. | *Écrire en majuscules*, groß schreiben. | *Écrire en abrégé*, nicht ausschreiben. | *Écrire sous la dictée*, nach Diktat schreiben. | *Écrire à la machine*, maschinenschreiben. | *Machine à écrire*, Schreibmaschine f. | *Écrire comme un chat*, kritzeln. || PAR ANAL. [noter, inscrire] auf-, nieder-, einschreiben. || PAR EXT. [rédiger] (nieder)-schreiben ; aufsetzen ; verfassen. || COMM. eintragen. || MUS. komponieren. || LITTÉR. verfassen ; dichten.
◇ v. intr. [composer] schreiben ; dichten ; schriftstellern.
◇ part. pass. et adj. **écrit, ite,** geschrieben. | *Être écrit*, geschrieben sein ; stehen. | *Écrit de sa main*, eigenhändig geschrieben. | *Écrit des deux côtés*, doppelt beschrieben. || PAR EXT. [manuscrit] schriftlich. | *Examen écrit*, schriftliche Prüfung. | *Communication écrite*, Schreiben n. || LOC. *Par écrit*, schriftlich ; brieflich. || FIG. *C'était écrit*, so wollte es das Schicksal. || SUBSTANTIV. [œuvre] Schriftstück n. ; Schrift f. | *Les écrits d'un auteur*, die Schriften (f. pl.) eines Autors. || [examen] Schriftliche(s) n.
◇ v. pr. **s'écrire,** [sens pass.] sich schreiben (lassen) ; geschrieben werden. | *Comment s'écrit votre nom ?*, wie schreiben Sie sich ? || [sens récipr.] *Ils s'écrivent*, sie schreiben sich ; sie stehen in Briefwechsel miteinander.
— SYN. : *Inscrire*, niederschreiben. *Noter*, aufschreiben. *Marquer*, vermerken. *Orthographier*, richtig schreiben. *Rédiger*, aufsetzen. *Libeller*, vorschriftsmäßig abfassen.

écriteau [ekrito] m. An-, Aufschrift f. ; Anschlag-, Aushängezettel m. ; Plakat n. ; Warn-, Verbotstafel f. ; Schild n.
— SYN. : *Étiquette* f., Aufschrift f. *Pancarte* f., Pappschild n. *Plaque* f., Schild n.

écritoire [-twa:r] f. Schreibgerät n., -zeug n., -garnitur f.

écriture [-ty:r] f. [art] Schreibkunst f. || PAR ANAL. [manière, caractère] (Hand)schrift f. ; Schreibart f. | *Avoir une belle écriture, une écriture serrée*, schön, gedrängt schreiben. | *Écriture droite, penchée, cursive*, Steil-, Schräg-, Kursivschrift. || PAR EXT. [chose écrite] Schrift f. ; Geschriebene(s) n. || RELIG. *Écriture sainte*, Heilige Schrift. | *Les Écritures*, das Alte und das Neue Testament.
◇ f. pl. **écritures,** [comptabilité] Buchung f. ; Buchhaltung f.
— SYN. : *Calligraphie* f., Schön-, Kunstschrift f. *Graphie* f., Schrift(art) f. FIG. *Plume* f., Feder f.

écrivain [-vɛ̃] m. Schriftsteller m. ; Autor m. ; Verfasser m. ; Dichter m.

écrivassier [-vasje] m. Federfuchser m.

écrou [ekru] m. TECHN. (Schrauben)mutter f. ; Schraubring m. | *Écrou à bague, à oreilles, à six pans*, Ring-, Flügel-, Sechskantmutter. || JUR. Inhaftnahme f. | *Levée d'écrou*, Haftentlassung f. | *Ordre d'écrou*, Haftbefehl m.

écrouer [ekrue] v. tr. JUR. [arrêter] in Haft nehmen ; einsperren ; POP. hinter Schloß und Riegel stecken.

écroulement [ekrulmɑ̃] m. (Ein)sturz m. ; Zusammenbruch m., -sturz m., -fall m.

écrouler (s') [sekrule] v. pr. zusammenbrechen, -stürzen, -fallen, -sinken ; (ein)stürzen. | *Faire écrouler*, einreißen. || FIG. zusammenbrechen ; verfallen ; zugrundegehen.

écru, ue [ekry] adj. ungebleicht ; naturfarben ; ungefärbt ; roh. | *Soie écrue*, Rohseide f. | *Toile écrue*, ungebleichte Leinwand.

ectoplasme [ɛktɔplasm] m. Ektoplasma n.

écu [eky] m. HIST. [monnaie] Taler m. ; Dreimarkstück n. || FIG. [argent] *Entasser des écus*, Geld zusammenscharren.

ECU m. [monnaie européenne] europäische Rechnungseinheit.

écueil [ekœ:j] m. [récif] Klippe f. ; Riff n. | *Donner contre un écueil*, auf ein Riff auflaufen. | *Échouer sur un écueil*, an einer Klippe zerschellen. || FIG. Klippe f. ; Gefahr f. ; Hindernis n.
— SYN. : *Récif* m., Felsenriff n. *Brisant* m., Wellenbrecher m.

écuelle [ekɥɛl] f. [vase] Napf m. ; Schale f. ; Schüssel f. || PAR EXT. [contenu] Napfvoll m.

éculé, ée [ekyle] adj. [souliers] ab-, aus-, schiefgetreten ; POP. ausgelatscht. || FIG. *Une image (littéraire) éculée*, ein abgedroschenes Bild.

écume [eky:m] f. [mousse] Schaum m. | *Couvert d'écume*, schaumig. || PAR ANAL. [mer] Gischt m. |

Écume des flots, Gischt der Wogen. || PAR EXT. [bave] Schaum m. ; Geifer m. || FIG. *Écume de la société*, Abschaum der Gesellschaft. || MINÉRAL. *Écume de mer*, Meerschaum.

écumer [-me] v. intr. [produire de l'écume] (auf)schäumen. || FIG. *Écumer de rage*, vor Wut schäumen ; POP. Gift und Galle spucken.
◇ v. tr. [enlever l'écume] abschäumen. | *Écumer la soupe*, die Suppe abschöpfen. || FIG. [débarrasser] säubern. || MAR. *Écumer les mers*, Seeräuberei treiben.

écumeux, euse [-mø, ø:z] adj. schäumend ; schaumig ; schaum-, gischtbedeckt.

écumoire [-mwa:r] f. Schaumlöffel m. ; Abschöpflöffel m.

écureuil [ekyrœ:j] m. ZOOL. Eichhörnchen n.

écurie [ekyri] f. [chevaux] (Pferde)stall m. | *Mettre à l'écurie*, einstallen. || PAR EXT. [chevaux de course] *Avoir une écurie*, Rennpferde halten. || FIG., FAM. [taudis] Schweine-, Saustall m.

écusson [ekysɔ̃] m. Wappen(schild) m. ou n. ; Emblem n. || PAR EXT. [uniforme] Kragenspiegel m. ; Abzeichen n. || AUTOM. Markenzeichen n.

écussonner [-sɔne] v. tr. BOT. okulieren.

écuyer [ekɥije] m. HIST. Schildträger m. ; Knappe m. ; Junker m. || SPORT. Stallmeister m. || PAR EXT. *Écuyer de cirque*, Zirkus-, Kunstreiter m.

écuyère [-jɛ:r] f. [femme] Kunst-, Zirkusreiterin f.

eczéma [ɛgzema] m. MÉD. Hautentzündung f., -ausschlag m. ; Ekzem n.

edelweiss [edɛlvais] m. BOT. Edelweiß n.

éden [edɛn] PR. et FIG. (sans majusc.) [paradis] Eden n. ; Paradies n.

édenter [edɑ̃te] v. tr. entzahnen ; die Zähne aus-, zerbrechen.
◇ part. pass. et adj. **édenté, ée,** zahnlos.

édicter [edikte] v. tr. verordnen ; erlassen.

édicule [ediky:l] m. Häuschen n. ; Verkaufshäuschen n.

édification [-fikasjɔ̃] f. Erbauung f. ; Errichtung f. ; Aufbau m. || FIG. [morale] Erbauung f.

édifice [-fis] m. Bau m. ; Gebäude n.

édifier [-fje] v. tr. [bâtir] bauen ; auf-, erbauen. || FIG. [fonder] (be)gründen. || [porter à la vertu] erbauen. || [instruire] belehren. | *Il en a été très édifié*, er wußte dann, woran er sich halten sollte.
◇ part. prés. et adj. **édifiant, iante,** FIG. erbaulich ; tugendhaft.

édile [edil] m. HIST. Ädil m. || PAR EXT. [conseiller] Stadtrat m. | *Nos édiles*, unsere Stadtväter m. pl.

édit [edi] m. Verordnung f. ; Erlaß m. ; Edikt n.

éditer [-te] v. tr. herausgeben, -bringen ; erscheinen lassen ; verlegen.

éditeur, trice [-tœ:r, tris] s. [journal] Herausgeber(in) m. (f.) ; [livre, revue] Verleger(in) m. (f.). || PAR EXT. [maison d'édition] Verlag m.
◇ m. **éditeur,** INF. Editor m. ; Dateiaufbereiter m.

édition [-sjɔ̃] f. [impression et publication] (Her)-ausgabe f. | *Édition classique, populaire*, Schul-, Volksausgabe. | *Date d'édition*, Erscheinungsjahr n. || [industrie, commerce] Verlagswesen n. || PAR ANAL. *Édition originale*, Erstauflage. | *La dernière édition*, die neueste Auflage. | *Édition pirate*, Raubdruck m. || PAR EXT. [journal] Ausgabe f. ; Auflage f. | *Édition spéciale*, Sonderblatt n., -druck m., -ausgabe. || INF. Ausgabe f.
— SYN. : *Tirage*, Auflage. *Impression*, Druck.

éditorial [-tɔrjal] m. [d'un journal] Leitartikel m., -aufsatz m.

éditorialiste [-tɔrjalist] m. [journal] Leitartikler m.

édredon [edrədɔ̃] m. Eiderdaunendecke f. ; Daunenbett n. ; Federbett n. ; Plumeau n.

éducateur, trice [-katœ:r, tris] s. Erzieher(in) m. (f.) ; Pädagoge m. ; Pädagogin f. ; Züchter(in) m. (f.).

éducatif, ive [-katif, i:v] adj. erzieherisch ; bildend ; Erziehungs...

éducation [-kasjɔ̃] f. [sens général] Erziehung f. ; Zucht f. || PAR ANAL. [formation, culture] (Aus)bildung f. ; Schulung f. || *Éducation physique*, körperliche, turnerische, sportliche Ertüchtigung, Ausbildung ; [à l'école] Leibeserziehungf. | *Professeur d'éducation physique*, Turnlehrer m. | *Éducation professionnelle*, Berufsausbildung, -erziehung. | *Ministère de l'Éducation nationale*, Unterrichtsministerium n. | *Faire l'éducation de qn*, jn erziehen, ausbilden. | *Avoir de l'éducation*, Bildung haben. || FIG. (gutes) Benehmen ; Anstand m. | *Homme sans éducation*, Flegel m. ; Grobian m. | *Faire preuve d'éducation*, sich gut benehmen.

édulcorant [edylkɔrɑ̃] m. Süßstoff m.

édulcorer [-re] v. tr. versüßen ; süßmachen. || FIG. abschwächen ; versüßen.

éduquer [edyke] v. tr. erziehen. || PAR ANAL. [former] bilden ; [entraîner] ausüben ; schulen.
◇ part. pass. et adj. **éduqué, ée,** erzogen ; gebildet. | *Mal éduqué*, verzogen ; unerzogen.
— SYN. : *Élever*, aufziehen.

effaçable [efasabl] adj. auslöschbar ; aus-, wegwischbar. || PAR EXT. (ver)tilgbar.

effacement [-smɑ̃] m. Auslöschen n. ; Verwischen n. ; Streichung f. || FIG. (bescheidenes) Zurücktreten ; Bescheidenheit f. || INF. Löschen n. | *Tête d'effacement*, Löschkopf m.

effacer [-se] v. tr. [frotter, gratter] ab-, auswischen ; auslöschen, -radieren. | *Gomme à effacer*, Radiergummi n. | *Effacer une tache*, einen Fleck beseitigen. || PAR ANAL. [rayer] streichen ; aus-, wegstreichen. || INF. löschen. || PAR EXT. [détruire] *Effacer les traces*, die Spuren vertilgen, verwehen, verwaschen. || LOC. *Effacer les épaules*, die Schultern einziehen, zurücknehmen. || FIG. [faire disparaître, oublier] *Effacer un souvenir*, eine Erinnerung ausmerzen. | *Effacer de sa mémoire*, aus seiner Erinnerung streichen.
◇ part. pass. et adj. **effacé, ée,** ausgewischt, -gelöscht, -gestrichen. || FIG. [à l'écart] zurückgezogen ; bescheiden ; im Hintergrund. | *Rôle effacé*, bescheidene, unbedeutende Rolle.
◇ v. pr. **s'effacer,** [sens pass.] ausgewischt, -gelöscht werden. || [sens réfl.] sich verwischen ; verbleichen. | *Les contours s'effacent*, die Umrisse verschwimmen. || FIG. [se mettre à l'écart] zurücktreten ; in den Hintergrund treten. | *S'effacer devant qn*, vor jm zurücktreten ; jn vorbeilassen.

effarement [efarmɑ̃] m. Bestürzung f. ; Verwirrung f. ; Außersichgeraten n., -sein n. ; Erschrekken n.

effarer [-re] v. tr. bestürzen ; in Bestürzung, Schrecken, Verwirrung versetzen ; aus der Fassung bringen ; stutzig machen. | *Il en est tout effaré*, er ist ganz durcheinander.
◇ part. prés. et adj. **effarant, ante,** bestürzend ; schreckensvoll ; entsetzlich.

effaroucher [efaruʃe] v. tr. [effrayer, faire fuir] auf-, fort-, weg-, verscheuchen ; ab-, erschrecken. | *Effaroucher un cheval*, ein Pferd scheu machen. || FIG. [intimider] einschüchtern. | *Prendre un air effarouché*, sich schüchtern stellen.
◇ v. pr. **s'effaroucher,** scheu werden ; erschrecken.

effectif, ive [efɛktif, i:v] adj. tatsächlich ; wirklich ; vorhanden ; effektiv. | *Devenir effectif*, gültig werden.

◇ m. **effectif,** Stärke f. ; Bestand m. ; tatsächliche Zahl. | *Effectif réel,* Tatbestand.

effectivement [-tivmɑ̃] adv. tatsächlich ; in der Tat ; in Wirklichkeit.

effectuer [efɛktɥe] v. tr. aus-, durchführen (sépar.) ; erwirken ; verwirklichen ; bewerkstelligen ; erfüllen. | *Effectuer une transaction,* ein Geschäft tätigen. | *Effectuer un parcours,* eine Strecke zurücklegen. | *Effectuer des démarches,* Schritte unternehmen. || COMM. *Effectuer un paiement,* eine Zahlung leisten.

◇ v. pr. **s'effectuer,** [sens pass.] ausgeführt werden ; sich vollziehen ; in Erfüllung gehen.

efféminer [efemine] v. tr. verweichlichen ; verzärteln.

◇ part. pass. et adj. **efféminé, ée,** adj. verweichlicht ; verzärtelt ; weibisch ; zimperlich ; unmännlich. || SUBSTANTIV. m. Weichling m. ; Zärtling m.

effervescence [efɛrvɛsɑ̃:s] f. [liquide] (Auf)wallen n. ; (Auf)brausen n. | *Entrer en effervescence,* (auf)-brausen. || FIG. [agitation momentanée] Aufbrausen n., -wallen n. | *Mettre en effervescence,* in Wallung bringen. | *Effervescence des passions,* Aufwallen (n.), Überschäumen (n.) der Leidenschaften. || PAR EXT. [agitation latente] Aufruhr m. ; Gärung f.

effervescent, ente [-sɑ̃, ɑ̃:t] adj. aufwallend, -brausend. || FIG. leicht erregbar.

effet [efɛ] m. [résultat] Wirkung f. ; Ergebnis n. | *Avoir, Produire un effet, Faire de l'effet,* wirken. | *Sans effet,* wirkungslos ; ergebnislos. | *Être l'effet de,* herkommen von ; die Folge sein von. || PAR ANAL. [action] Aus-, Einwirkung f. | *Avoir de l'effet sur,* wirken auf (acc.). | *Sans effet,* unwirksam ; kraftlos. || PAR EXT. [but] Zweck m. | *À cet effet,* zu diesem Zweck ; deshalb. || FIG. [impression, sensation] Eindruck m. ; Effekt m. | *Faire bon effet,* einen guten Eindruck machen. || PÉJOR. *Viser à l'effet,* nach Effekt haschen. | *Faire l'effet de,* den Anschein haben, als ob. | *Se faire l'effet de,* sich vorkommen als. | *Couper ses effets à qn,* jm den Wind aus den Segeln nehmen. | *Effet de surprise,* Überraschungsmoment n. || COMM. [traite, papier] Wechsel m. ; Papier n. || FIN. *Effet de cavalerie, de complaisance,* Wechselreiterei f. | *Effet négociable,* Geldmarktpapier n. || ÉCON. *Effet induit,* Folgeerscheinung f. | *Effet de levier,* Hebelwirkung f. | *Effet pervers,* negative Rückwirkung. || JUR. *Effet rétroactif,* Rückwirkung f. | *Prendre effet,* in Kraft treten. || NUCL. *Effet aléatoire,* Strahlenspätschaden m. | *Effet génétique,* genetischer Strahlenschaden. || TECHN. *Effet de serre,* Treibhauseffekt. || MÉD. *Effet curatif,* Heilwirkung. | *Effet secondaire,* Nebenwirkung f.

◇ m. pl. **effets,** [vêtements] Habe f. ; Habseligkeiten f. pl. ; Kleidungsstücke n. pl. | *Effets civils,* Zivilsachen f. pl., -kleider n. pl.

◇ loc. adv. **en effet,** [réellement] in der Tat ; tatsächlich ; wirklich. || [assurément] allerdings ; zwar ; ja, wahrhaftig.

effeuillage [efœja:ʒ] m. AGRIC. Entlauben n. || FAM. [strip-tease] Striptease m. ou n.

effeuiller [-je] v. tr. entblättern ; ab-, entlauben. || FIG. *Effeuiller la marguerite,* das Blumenorakel befragen.

◇ part. pass. et adj. **effeuillé, ée,** entblättert ; laublos.

◇ v. pr. **s'effeuiller,** das Laub verlieren.

efficace [efikas] adj. [chose] wirksam ; wirkungsvoll ; [personne] leistungsfähig ; effizient. | *Être efficace,* wirken. | *Un homme efficace,* ein tüchtiger Mann.

efficacité [-site] f. Wirksamkeit f. ; Wirkungskraft f., -grad m. | *Efficacité d'un remède,* Heilkraft f. || FIG. Werktätigkeit f. ; Leistung f.

efficience [efisjɑ̃:s] f. [rendement] Leistungsfähigkeit f. ; Wirkungskraft f.

efficient, iente [-sjɑ̃, jɑ̃:t] adj. PHILOS. (be)-wirkend. | *Cause efficiente,* bewirkende Ursache. || PAR EXT. leistungsfähig.

effigie [efiʒi] f. Bildnis n. ; Abbildung f. ; Bild n. || FIG. Gepräge n. || COMM. *Monnaie à l'effigie d'un prince,* Geldstück (n.) mit dem Kopf eines Fürsten.

effiler [efile] v. tr. [textile] aus-, entfasern ; zupfen ; aufribbe(l)n. || TECHN. [lame] zuspitzen.

◇ part. pass. et adj. **effilé, ée,** TECHN. [lame] spitz ; verjüngt. | *Être effilé,* spitz auslaufen. || PAR EXT. [taille] schlank ; feingliedrig ; lang.

◇ v. pr. **s'effiler,** [textile] sich ausfasern.

effilocher [efilɔʃe] v. tr. [textile] aus-, zerfasern ; zerreißen, -zupfen.

efflanqué, ée [eflɑ̃ke] adj. [cheval, chien] ausgemergelt ; schmächtig ; abgetrieben.

effleurement [eflœrmɑ̃] m. leichtes Be-, Anrühren n. ; Streifen n.

effleurer [-re] v. tr. [frôler] streifen ; leicht, leise berühren ; streichen (an, über, acc.). | *Ses lèvres effleurèrent sa main,* er hauchte einen Kuß auf ihre Hand. | *Un sourire effleura ses lèvres,* ein Lächeln huschte über seine Lippen. || FIG. [sujet] *Ne faire qu'effleurer,* kaum oberflächlich berühren ; weggleiten.

efflorescence [eflɔrɛsɑ̃:s] f. BOT. Aufblühen n. ; Blütezeit f. || [fruit] Befall m.

effluent [eflyɑ̃] m. *Effluent gazeux,* Abgas n. || *Effluent radioactif,* radioaktive Ableitung.

effluve [efly:v] m. Ausdünstung f. ; Ausströmung f. ; Duft m.

— SYN. : *Émanation* f., Ausströmen n. *Exhalaison* f., Duft m. *Miasmes* m. pl., Ausdünstung f.

effondrement [efɔ̃drəmɑ̃] m. Stürzen n. ; Zusammenfallen n. ; Ein-, Zusammensturz m. ; Zusammenbruch m. || FIG. [empire, personne] Zusammenbruch m. || COMM. *Effondrement des prix,* Preissturz m. || GÉOL. (Ab)senkung f.

◇ part. pass. et adj. **effondré, ée,** ein-, zusammengestürzt. || FIG. [moralement] niedergeschlagen.

effondrer (s') [sefɔ̃dre] v. pr. ein-, zusammenstürzen ; zusammenbrechen ; ein-, zusammenfallen ; nachgeben. || FIG. [puissance] zusammenbrechen.

efforcer (s') [sefɔrse] v. pr. sich anstrengen ; sich Mühe geben ; sich bemühen ; streben ; alle Kräfte darauf richten. | *S'efforcer de bien travailler,* sich bemühen, gut zu arbeiten. || PAR EXT. *S'efforcer d'atteindre qch.,* nach etwas streben, trachten ; sich um etwas bemühen.

effort [efɔ:r] m. [déploiement de forces] Anstrengung f. ; Kraftaufwand m. ; Kraft f. | *Faire effort,* sich anstrengen. | *Redoubler d'effort(s),* seine Kräfte verdoppeln. | *Ne reculer devant aucun effort,* keine Anstrengung scheuen. || PAR ANAL. [acte possible] Bemühung f. ; Mühe f. | *Sans effort,* mühelos. | *S'épuiser en vains efforts,* sich vergebens abmühen. | *Soumis à des efforts excessifs,* überbeansprucht. || FIG. [contre son gré] (Selbst)überwindung f. | *Faire un effort sur soi,* sich überwinden. | *Faire un effort pour rire,* sich zum Lachen zwingen.

◇ m. pl. **efforts,** [application] Fleiß m. ; Beflissenheit f. || [aspiration] (Be)streben n. ; Trachten n.

effraction [efraksjɔ̃] f. Einbruch m. | *Vol avec effraction,* Einbruchsdiebstahl m.

effraie [efrɛ] f. ZOOL. Schleier-, Turm-, Klageeule f.

effranger [efrɑ̃ʒe] v. tr. aus-, zerfransen ; Fransen bilden.

effrayant, ante [efrɛjɑ̃, ɑ̃:t] adj. schrecklich ; fürchterlich ; furchterregend.

effrayer [-je] v. tr. er-, auf-, ab-, zurückschrecken (v. faible) ; Schrecken erregen ; in Furcht, in Schrecken setzen. || PAR ANAL. [animaux] aufscheuchen. | *Être effrayé*, erschrecken (v. fort) ; Schrecken, Angst haben. ◇ v. pr. **s'effrayer,** (sich) erschrecken (verbe fort) ; in Schrecken geraten. | *S'effrayer de qch.*, über eine Sache, vor einer Sache erschrecken.
— SYN. : *Effaroucher*, aufscheuchen.

effréné, ée [efrene] adj. zügel-, hemmungslos ; unbändig ; ausgelassen.

effritement [efritmɑ̃] m. Ab-, Zerbröckeln n. ; | *Effritement des cours*, Abbröckeln (n.) der Kurse.

effriter [-te] v. tr. ab-, zerbröckeln ; verwittern ; zerkrümeln.
◇ part. pass. et adj. **effrité, ée,** bröckelig ; mürbe.
◇ v. pr. **s'effriter,** (sich) ab-, zerbröckeln ; verwittern.

effroi [efrwa] m. Schreck(en) m. ; Entsetzen n. ; Furcht f. ; Grausen n. | *Être glacé d'effroi*, vor Entsetzen erstarren. | *Causer de l'effroi*, Schrecken einflößen, -jagen.

effronté, ée [efrɔ̃te] adj. unverschämt ; dreist ; frech ; unverfroren ; keck.
◇ s. Frechdachs m. ; unverschämte Person.

effronterie [-tri] f. Unverschämtheit f. ; Dreistigkeit f. ; Frechheit f. ; Unverfrorenheit f. ; Keckheit f. | *Avoir l'effronterie de*, sich erdreisten, zu.

effroyable [efrwajabl] adj. schrecklich ; entsetzlich ; furchtbar ; fürchterlich ; gräßlich.
— SYN. : *Effrayant*, schrecklich. *Affreux*, entsetzlich. *Horrible*, abscheulich. *Épouvantable*, fürchterlich. *Terrible*, furchtbar. *Atroce*, gräßlich.

effusion [efyzjɔ̃] f. [liquide] Er-, Ver-, Ausgießen n. || PAR ANAL., FIG. *Effusion de sang*, Blutvergießen n. || FIG. [sentiments] Ergießen n. ; Erguß m. ; Überströmen n.

égailler (s') [segaje] v. pr. [se disperser] sich zerstreuen ; auseinandergehen, -stieben.

égal, ale, aux [egal, o] adj. **1.** [quantité, qualité, valeur] gleich ; gleich (avec adj.). | *Égal à*, gleich (dat.). | *Largeur, distance, grandeur, force égale* gleiche Breite, Entfernung, Größe, Stärke. | *De largeur, de distance, de force égale*, gleich breit, weit, stark. | *D'âge égal*, gleichaltrig. | *À armes égales*, mit gleichen Waffen. | *De mérite égal*, ebenbürtig. | *Égal en droits*, gleichberechtigt. | *Poids égaux*, gleichschwere Gewichte n. pl.
2. [uni] gleich ; eben ; ebenmäßig. | *Route égale*, ebene, flache Straße. || PAR EXT. [régulier, constant] gleich ; sich gleich bleibend ; gleich-, regelmäßig. | *Pouls égal*, gleichmäßiger Puls. | *D'un pas égal*, mit gleichmäßigem Schritt. | *D'humeur égale*, ausgeglichen. | *Il est toujours égal à lui-même*, er ist immer der gleiche. || LOC. *Tenir la balance égale*, unparteiisch sein. | *La partie est égale*, die Spieler sind gleich stark.
3. FIG. [indifférent] gleichgültig ; egal. | *Cela m'est égal*, das ist mir gleichgültig, egal, POP. wurscht.
4. MATH. gleich.
◇ m. **égal,** (der, die, das) Gleiche ; die Gleichen. || PAR EXT. [rang, valeur] Ebenbürtige(r) m. || LOC. *Être l'égal de qn*, jm ebenbürtig sein ; jm gleichkommen. | *Mon, ton, son égal*, meines-, deines-, seinesgleichen. | *Sans égal*, ohnegleichen ; unvergleichlich. | *Être sans égal, ne pas avoir son égal*, nicht seinesgleichen haben ; unerreicht sein. | *D'égal à égal*, wie seinesgleichen. | *À l'égal de*, gleich (dat.) ; ebenso wie.

également [-lmɑ̃] adv. [d'une manière égale] gleich ; in gleicher Art ; gleichmäßig. || [aussi] ebenso, ebenfalls.

égaler [-le] v. tr. [rendre égal] gleichmachen. || PAR EXT. [être égal à] gleichkommen, -sein. | *Égaler un record*, einen Rekord einstellen. | *Égaler qn en qch.*, jm an, in einer Sache gleichkommen. || FIG. [mettre sur le même pied] *Égaler à*, gleichsetzen, -stellen (dat.). || FIG. *Jamais égalé*, unerreicht.

égalisation [-lizasjɔ̃] f. [action] Ab-, Ausgleichen n. ; Gleichmachen n. || [résultat] Ausgleich m. || SPORT. Ausgleich m.

égaliser [-lize] v. tr. [rendre égal] aus-, angleichen ; gleichmachen. || PAR EXT. [terrain] einebnen ; planieren. || SPORT. ausgleichen.

égalitaire [-litɛ:r] adj. POLIT. egalitarisch ; PÉJOR. gleichmacherisch ; Gleichheits...

égalitarisme [-litarism] m. POLIT. Gleichmacherei f.

égalité [-lite] f. [sens général] Gleichheit f. ; Gleich... | *Égalité de droits*, Gleichberechtigung f. | *Égalité devant la loi*, Gleichheit vor dem Gesetz. | *À égalité de prix*, bei gleichem Preis. | *Sur le pied d'égalité*, auf gleichem Fuß. || PAR ANAL. [terrain] Ebenheit f. || PAR EXT. [uniformité] Gleichförmigkeit f., -mäßigkeit f. || SPORT. Einstand m.
— SYN. : *Parité* f., Gleichheit f. ; Parität f.

égard [ega:r] m. **1.** [considération] Rücksicht f. ; Berücksichtigung f. ; (Be)achtung f. | *Avoir égard à qch.*, etwas berücksichtigen ; auf eine Sache Rücksicht nehmen. | *Avoir des égards pour qn*, jn rücksichtsvoll, schonungsvoll behandeln ; jm Achtung, Ehrerbietung erweisen. | *Par égard pour son père*, mit, aus Rücksicht auf seinen Vater. | *Manquer d'égards envers qn*, jn achtlos, rücksichtslos behandeln.
2. PAR EXT. [point de vue, rapport] Hinsicht f. ; Beziehung f. | *À cet égard*, in dieser Hinsicht ; was das betrifft. | *À tous égards*, in jeder Hinsicht, Beziehung. | *À mon égard*, mir gegenüber ; was mich betrifft. | *À l'égard de*, betreffs (gén.) ; hinsichtlich (gén.) ; in Bezug auf (acc.) ; für ; um ; gegen. | *Eu égard à*, in, unter Berücksichtigung (gén.) ; wegen (gén.) ; im Hinblick auf (acc.) ; in (An)betracht (gén.).
— SYN. : *Considération*, Achtung. *Respect*, Ehrfurcht. *Attention*, Aufmerksamkeit(en). *Ménagement*, Schonung.

égarement [egarmɑ̃] m. FIG. [raison] Irren n. ; Ver-, Abirrung f. ; Verwirrung f. ; Geistesstörung f. | *Égarements de jeunesse*, jugendliche Verirrungen f. pl.

égarer [-re] v. tr. [chemin] irreführen, -leiten ; in die Irre führen ; vom Weg abbringen. || PAR EXT. [objet] verlegen. || FIG. *Égarer qn*, jn irreleiten ; jn vom rechten Weg abbringen.
◇ part. pass. et adj. **égaré, ée,** [chemin] verirrt ; verlaufen. || PAR EXT. [objet] verlegt ; verloren ; abhanden gekommen ; weg. || FIG. [raison] irre ; irrsinnig ; wirr ; verwirrt ; von Sinnen. | *Avoir l'air égaré*, verstört aussehen.
◇ v. pr. **s'égarer,** [personne] sich verirren ; sich verlaufen ; FIG. irren ; auf Abwege geraten, vom geraden Weg abkommen. || PAR EXT. [chose] verlegt werden ; verloren gehen ; abhanden kommen.

égayer [egeje] v. tr. [personnes] er-, aufheitern ; ermuntern ; belustigen ; ergötzen. || PAR EXT. [choses] beleben ; angenehmer, heller machen. | *Égayer la conversation*, die Unterhaltung beleben. | *Égayer les couleurs*, die Farben aufhellen.
◇ v. pr. **s'égayer,** sich er-, aufheitern. || FIG. *S'égayer aux dépens de qn*, sich über jn lustig machen.

Égée (mer) [eʒe] n. pr. f. GÉOGR. Ägäisches Meer.

égide [eʒid] f. *Sous l'égide de*, unter der Schirmherrschaft von.

églantier [eglɑ̃tje] m. BOT. [arbuste] Heckenrose f. ; Heckenrosenbusch m. ; Hagedorn m.

églantine [-tin] f. BOT. [rose] wilde Rose.

église [egli:z] f. [édifice] Kirche f. ; Gotteshaus n. || Loc. *Aller à l'église*, zur Kirche gehen ; ein Kirchgänger sein. || FIG. *Pauvre comme un rat d'église*, arm wie eine Kirchenmaus.
◇ **Église.** FIG. [institution] Kirche f. | *L'Église catholique, protestante*, die katholische, protestantische Kirche. | *Pères de l'Église*, Kirchenväter m. pl. || PAR ANAL. [clergé] Geistlichkeit f. | *Entrer dans l'Église*, Geistlicher werden. || PAR EXT. [communauté] Kirche f.
— SYN. : *Temple* m., Tempel m. ; Kirche f. *Chapelle* f., Kapelle f. *Oratoire* m., Betraum m.

églogue [eglɔg] f. Hirtengedicht n. ; Ekloge f. ; Pastorale f.

égocentrique [egɔsɑ̃trik] adj. selbstsüchtig ; egozentrisch.

égoïne [egɔin] f. Fuchsschwanz m.

égoïsme [egɔism] m. Selbstsucht f. ; Eigen-, Selbstliebe f. ; Eigennutz m. ; Egoismus m.

égoïste [-ist] adj. selbstsüchtig ; selbstisch ; eigennützig, -süchtig ; nur auf sich bedacht ; egoistisch.
◇ s. Egoist(in) m. (f.) ; Selbstsüchtige(r) f. (m.) ; Ichmensch m.

égorger [egɔrʒe] v. tr. [couper la gorge] ab-, erwürgen ; die Kehle, den Hals durchschneiden. || PAR ANAL. [boucherie] schlachten ; stechen ; RELIG. schächten. || PAR EXT. [massacrer] hin-, ermorden ; erwürgen ; hinmetzeln.

égorgeur [-ʒœ:r] m. Würger m. ; Mörder m.

égosiller (s') [segɔzije] v. pr. sich heiser schreien, rufen ; POP. sich die Kehle aus dem Leibe schreien.

égotisme [egɔtism] m. übersteigertes Ichgefühl n. ; Egotismus m.

égout [egu] m. [action] Abfluß m. || PAR ANAL. [eaux] Abwässer n. pl. || PAR EXT. [conduit] Abflußrinne f., -kanal m. ; Siel m. ou n. ; Kanalisation f. | *Bouche d'égout*, Gully m. ou n. | *Plaque d'égout*, Gullydeckel m.

égoutier [-tje] m. Kanalarbeiter m.

égouttage [-ta:ʒ], **égouttement** [-tmɑ̃] m. Abtropfen n., -tröpfeln n.

égoutter [-te] v. tr. abtropfen lassen. || CULIN. abtropfen lassen ; abgießen.
◇ v. pr. **s'égoutter,** (ab)tropfen ; tröpfeln.

égouttoir [-twa:r] m. CULIN. Abtropfbrett n.

égratigner [egratiɲe] v. tr. ab-, auf-, zerkratzen ; ritzen ; schrammen ; krallen ; kritzeln. || FIG. *Égratigner qn*, jn sticheln.

égratignure [-ɲy:r] f. Kratzer m. ; Ritz m. ; Schramme f. | *Se faire une égratignure*, sich aufkratzen.

égrener [egrəne] v. tr. [blé] ent-, auskörnen. || PAR ANAL. [raisin] aus-, abbeeren. || FIG. *Égrener son chapelet*, den Rosenkranz herunter-, abbeten.
◇ v. pr. **s'égrener,** [grain, baie] ab-, ausfallen.

égrillard, arde [egrija:r, ard] adj. ausgelassen ; allzu frei ; gewagt ; schlüpfrig.

égruger [egryʒe] v. tr. TECHN. [broyer] zerstampfen, -stoßen ; schroten.
◇ part. pass. et adj. **égrugé, ée,** *Blé égrugé*, Schrot m. ou n.

Égypte [eʒipt] n. pr. f. GÉOGR. Ägypten n.

égyptien, ienne [-sjɛ̃, jɛn] adj. ägyptisch.
◇ s. **Égyptien, ienne,** Ägypter(in) m. (f.).

égyptologie [-tɔlɔʒi] f. Ägyptologie f.

égyptologue [-tɔlɔg] s. Ägyptologe m. ; Ägyptologin f.

eh ! [e] interj. [joie, douleur] Ei ! ; hei ! || [interpellation] Hallo ! || [surprise] Ach nein ! | *Eh quoi ?*, na und ? ; ja, was denn ? | *Eh bien !*, nun ! ; nanu ! || [acquiescement] *Eh bien (donc) !*, nun gut, wohl ! ; na schön ! ; wohl an !

éhonté, ée [eɔ̃te] adj. schamlos ; unverschämt ; frech ; dreist.

eider [edɛ:r] m. ZOOL. Eiderente f., -gans f.

éjaculation [eʒakulasjɔ̃] f. Ausspritzung f. || PHYSIOL. Samenerguß m.

éjaculer [-le] v. tr. ausspritzen, -stoßen. || PHYSIOL. Samen ergießen.

éjectable [eʒɛktabl] adj. *Siège éjectable*, Schleudersitz m.

éjecter [eʒɛkte] v. tr. auswerfen ; herausschleudern. || FIG., FAM. hinauswerfen.

éjecteur [-tœ:r] m. MIL., TECHN. Auswerfer m.

éjection [-sjɔ̃] f. [action] Auswerfen n. || PAR. ANAL. [résultat] Auswurf m.

élaboration [elabɔrasjɔ̃] f. [œuvre] Ver-, Aus-, Bearbeitung f. || PHYSIOL. [nourriture] Verarbeitung f., -wandlung f.

élaborer [-re] v. tr. [œuvre] be-, ver-, ausarbeiten. || PAR EXT. [préparer] aufbereiten ; von langer Hand vorbereiten. || PHYSIOL. [assimiler] verarbeiten, -wandeln.

élaguer [elage] v. tr. BOT. [arbre] ab-, ausästen ; aus-, be-, schneiden ; auslichten. || FIG. [texte] beschneiden ; kürzen ; (aus)lichten.

élagueur [-gœ:r] m. Baumstutzer m.

élan [elɑ̃] m. ZOOL. Elch m.

élan [elɑ̃] m. [action de s'élancer] Anlauf m. || PAR ANAL. [mouvement brusque] (Auf)schwung m. ; (An)satz m. ; (Ab)sprung m. || Loc. *Prendre son élan*, einen Anlauf nehmen ; ansetzen ; abspringen. || FIG. [mouvement passionné vers] Begeisterung f. ; Drang m. ; Elan m. | *Élan patriotique*, vaterländische Begeisterung. | *Élans du cœur*, Herzensregungen f. pl. | *Élan vital*, Lebenskraft f.

élancement [-smɑ̃] m. FIG. [âme] Aufschwung m. || MÉD. stechender Schmerz ; Stich m. ; Stechen n.

élancer [-se] v. intr. MÉD. stechen.
◇ part. pass. et adj. **élancé, ée,** [svelte] schlank ; hoch aufgeschossen ; rank.
◇ v. pr. **s'élancer,** [en avant] (sich) vorwärts stürzen ; losstürzen. | *S'élancer vers qn*, auf jn zustürzen. | *S'élancer sur qch.*, auf eine Sache losstürzen. || PAR ANAL. *S'élancer à la poursuite de qn*, jm nachstürzen.

élargir [elarʒi:r] v. tr. erweitern ; (aus)dehnen ; vergrößern ; breiter machen. || FIG. [idées] erweitern ; freier machen. || JUR. [libérer] frei-, entlassen.
◇ v. pr. **s'élargir,** sich verbreitern ; in die Breite gehen ; sich dehnen.

élargissement [-ʒismɑ̃] m. Verbreiterung f. ; Ausdehnung f. ; Ausweitung f. ; Vergrößerung f. || JUR. [prisonnier] Frei-, Entlassung f.

élasticité [elastisite] f. TECHN. Spann-, Federkraft f. ; Federn n. ; Elastizität f. || ÉCON. Elastizität f. | *Élasticité de la demande, de l'offre, des prix*, Nachfrage-, Angebots-, Preiselastizität.

élastique [-tik] adj. PHYS. [ressort] dehnbar ; federnd ; prall ; elastisch. | *Force élastique*, Feder-, Spannkraft f. || PAR ANAL. [gaz] dehnbar. || PAR EXT. [caoutchouc] Gummi... | *Bretelles élastiques*, Gummihosenträger m. pl. || FIG. *Conscience élastique*, dehnbares, weites Gewissen.
◇ m. Gummi n. ; Gummiband n., -zug m.
— SYN. : *Extensible*, (aus)dehnbar.

Elbe [ɛlb] n. pr. f. GÉOGR. [fleuve] Elbe f. || *Île d'Elbe*, Insel Elba f.

eldorado [ɛldɔrado] m. Eldorado n. ; Paradiesgarten m.

électeur, trice [elɛktœ:r, tris] s. Wähler(in) m. (f.) ; Wahlberechtigte(r) f. (m.) || HIST. *(Prince) électeur*, Kurfürst m.

électif, ive [-tif, i:v] adj. auf einer Wahl beruhend ; Wahl... || FIG. *Affinités électives*, Wahlverwandtschaften f. pl.

élection [-sjɔ̃] f. [choix] Wahl f. ; Erwählung f. ; Kur f. || POLIT. *Élections législatives*, Parlamentswahlen f. pl. | *Élections municipales*, Gemeinde(rats)wahlen f. pl. | *Élection partielle*, Nachwahl. | *Élection à la représentation proportionnelle*, Verhältniswahl. | *Élection au scrutin d'arrondissement*, Persönlichkeitswahl.
— SYN. : *Choix*, (Aus)wahl. *Sélection*, (sorgfältige) Auswahl.

électoral, ale, aux [-tɔral, o] adj. wahlmäßig ; Wahl... ; Wähler... | *Loi électorale*, Wahlgesetz n. | *Liste électorale*, Wählerliste f. | *Campagne électorale*, Wahlkampf m.

électorat [-tɔra] m. HIST. Kurfürstentum n. ; Kurwürde f. || POLIT. [droit] Wahlrecht n. || [ensemble des électeurs] Wählerschaft f. ; (alle) Wähler m. pl.

électricien, ienne [elɛktrisjɛ̃, jɛn] s. Elektriker m. ; Elektrotechniker m. | *Ingénieur*, *Ouvrier électricien*, Elektroingenieur m., -monteur m.

électricité [-trisite] f. Elektrizität f. ; Kraftstrom m. ; (elektrische) Kraft. | *Électricité atmosphérique, de contact, statique*, Luft-, Berührungs-, Reibungselektrizität. | *Source, conducteur, usine d'électricité*, Elektrizitätsquelle f., -leiter m., -werk n. | *Produire de l'électricité*, Strom erzeugen. | *Chauffer, Éclairer à l'électricité*, elektrisch heizen, beleuchten. | *Chargé d'électricité*, elektrisch (auf)geladen ; FIG. schwül. || PAR EXT. [lumière] elektrisches Licht.

électrification [-trifikasjɔ̃] f. Elektrifizierung f. ; Stromversorgung f.

électrifier [-trifje] v. tr. unter Strom setzen ; verstromen ; elektrifizieren.

électrique [-trik] adj. elektrisch ; Elektro... ; Elektrizitäts... | *Chariot, moteur électrique*, Elektrokarren m., -motor m. | *Appareils électriques*, elektrische Apparate m. pl. | *Courant électrique*, Kraftstrom m. | *Bouton électrique*, Schalter m. | *Usine électrique*, Elektrizitätswerk n. || FIG. elektrisch ; elektrisierend.

électriser [-trize] v. tr. elektrisieren. || FIG. [les cœurs] mitreißen ; begeistern ; elektrisieren.
◇ v. pr. **s'électriser,** elektrisch, elektrisiert werden.

électrocardiogramme [-kardjɔgram] m. MÉD. (Elektro)kardiogramm n. ; EKG n.

électrochoc [-ʃɔk] m. Stromstoß-, Schockbehandlung f.

électrocuter [-kyte] v. tr. durch elektrischen Schlag töten. | *Être électrocuté*, durch elektrischen Schlag getötet werden. || JUR. auf dem elektrischen Stuhl hinrichten.

électrocution [-kysjɔ̃] f. Tod durch elektrischen Schlag. || JUR. Hinrichtung (f.) auf dem elektrischen Stuhl.

électrode [elɛktrɔd] f. Elektrode f.

électroencéphalogramme [elɛktroɑ̃sefalɔgram] m. MÉD. Elektroenzephalogramm n. ; Gehirnschrift f.

électrogène [elɛktroʒɛ:n] adj. Elektrizität, Strom erzeugend. | *Groupe électrogène*, Stromerzeuger(satz) m. ; Stromaggregat n.

électrolyte [-lit] m. Elektrolyt m.

électromagnétique [-maɲetik] adj. PHYS. elektromagnetisch.

électromagnétisme [-maɲetism] m. Elektromagnetismus m.

électroménager [-menaʒe] adj. *Appareil électroménager*, Elektrohaushaltsgerät n.

électron [elɛktrɔ̃] m. Elektron n.

électronicien, ienne [-ɔnisjɛ̃, jɛ:n] s. Elektroniker(in) m. (f.).

électronique [-ɔnik] adj. elektronisch ; Elektronen... | *Microscope électronique*, Elektronenmikroskop n. | *Flux électronique*, Elektronenfluß m.
◇ f. PHYS. Elektronik f. | *Electronique grand public*, Unterhaltungselektronik. || AÉRON. *Électronique embarquée*, Bordelektronik f.

électronucléaire [-nykleɛ:r] m. Atomstromerzeugung f. ; Atomwirtschaft f.

électrophone [elɛktrɔfɔn] m. elektrischer Plattenspieler.

électrotechnicien, ienne [-tɛknisjɛ̃, jɛn] s. Elektrotechniker(in) m. (f.).

électrotechnique [-nik] f. Elektrotechnik f.

élégamment [elegamɑ̃] adv. fein ; zierlich ; elegant.

élégance [-gɑ̃:s] f. [taille] Schlankheit f. || PAR EXT. [manières] Feinheit f. ; Zierlichkeit f. ; Anmut f. ; Eleganz f. | *Avec élégance*, elegant ; mit Manier.

élégant, ante [-gɑ̃, ɑ̃:t] adj. fein ; zierlich ; anmutig ; schmuck ; elegant.
◇ s. elegante Dame, eleganter Herr.

élégiaque [eleʒjak] adj. elegisch.

élégie [-ʒi] f. Trauer-, Klagelied n. ; Elegie f.

élément [elemɑ̃] m. [de la nature] Element n. | *Éléments déchaînés*, entfesselte Naturgewalten f. pl. || PAR ANAL. [principe constitutif] Grund-, Urstoff m. ; Urbegriff m. ; Stoff m. ; Bestandteil m. | *Décomposer un corps en ses éléments*, einen Körper in seine Bestandteile zerlegen. | *Élément radio-actif*, radioaktiver Stoff. | *Élément de base*, Grund-, Urbestandteil m. | *À éléments*, Anbau... | *Les éléments de la grammaire*, die Grundregeln (f. pl.) der Grammatik. || PAR EXT. [milieu] *Il est dans son élément*, er fühlt sich zu Hause ; er ist ganz in seinem Element. || FIG. [cause, agent] Faktor m. | *Élément essentiel*, Hauptfaktor. | *Élément de civilisation*, Kulturträger m. | *Être un élément de trouble*, ein Unruhestifter, Störenfried sein. || CHIM. Grund-, Urstoff m. || INF. *Élément binaire*, zweiwertiges Element. || JUR. *Élément de preuve*, Beweismittel n. || NUCL. *Élément de commande*, Stellmittel n. | *Élément fertile*, Brutelement n.
◇ m. pl. **éléments.** MIL. Truppe f. ; Gruppe f. || PAR EXT. [science] Anfangsgründe m. pl. ; Grundzüge m. pl., -lagen f. pl.

élémentaire [-tɛ:r] adj. [nature] Natur... | *Esprits élémentaires*, Naturgeister m. pl. || PAR ANAL. [de base] Ur... ; Grund... ; Elementar... ; grundsätzlich. | *Principes élémentaires*, Grundprinzipien n. pl., -sätze m. pl. | *Enseignement élémentaire*, Elementarunterricht m. | *Classes élémentaires*, Elementarklassen f. pl. ; untere Klassen f. pl. || PAR EXT. [très simple] (sehr) einfach ; primär ; elementar. | *C'est élémentaire*, das ist kinderleicht ; das weiß jedes Kind.

éléphant [elefɑ̃] m. ZOOL. Elefant m. | *L'éléphant barète* (ou *barrit*), der Elefant trompetet.

éléphanteau [-to] m. junger Elefant.

éléphantiasis [-tjazis] m. MÉD. Elefantiasis f.

élevage [elva:ʒ] m. (Auf)zucht f. ; Züchtung f. | *Élevage des bestiaux, de la volaille, des abeilles*, Vieh-, Geflügel-, Bienenzucht. | *Faire l'élevage de...*, groß-, aufziehen ; züchten.

élévateur [elevatœ:r] m. TECHN. [appareil] Aufzug m. ; Hebewerk n. ; Elevator m.

élévation [-sjɔ̃] f. [sens général] Erheben n. ; Erhebung f.

1. ACTION D'ÉRIGER : Erhebung f., -bauung f., -richtung f. | *Élévation d'un mur, d'un monument*, Errichtung einer Mauer, eines Denkmals.

2. ACTION D'ÉLEVER : [et résultat] Erhebung f. ; (Auf)heben n. ; Erhöhung f. | *Élévation de la main, de la voix*, Heben der Hand, der Stimme. || FIG. [action] Erhebung f. ; Erhöhung f. ; Schwung m. | *Élévation à une dignité*, Erhebung zu einer Würde. | *Élévation de l'esprit*, Schwung des Geistes. || [état] Erhabenheit f. ; Hoheit f. ; Höhe f. ; Größe f. | *Élévation morale*, sittliche Erhabenheit.

3. ACTION DE S'ÉLEVER : [et résultat] (Auf)steigen n. ; Steigung f. | *Élévation de la voix*, Hochgehen (n.) der Stimme. || PAR ANAL. *Élévation de la température*, Steigen der Temperatur. | *Élévation du niveau de l'eau*, Ansteigen des Wassers. || PAR EXT. [état] Höhe f. | *Élévation de terrain*, Anhöhe f.

élève [elɛ:v] m. Schüler(in) m. (f.) ; Zögling m. | *Élève de lycée*, Gymnasiast m. ; Oberschüler m. | *Élève d'une grande école*, Student(in) m. (f.). || PAR ANAL. [animal] (Auf)zuchttier n. || PAR EXT. [plante] Pflänzling m. || FIG. [disciple] Lehrling m. ; Jünger m.
— SYN. : *Écolier* m., (Grund)schüler m. *Collégien* m., Oberschüler m. *Lycéen* m., Gymnasiast m. *Étudiant* m., Student m. *Disciple* m., Jünger m.

élever [elve] v. tr. **1.** CONSTRUIRE : erheben, -bauen, -richten. | *Élever une maison*, ein Haus hochziehen. | *Élever un monument à qn*, jm ein Denkmal auf-, errichten.

2. PORTER PLUS HAUT : [lever, soulever] (er)heben ; empor-, hochheben ; in die Höhe heben. || PAR ANAL. [mettre plus haut] erhöhen ; höher stellen, legen, setzen, hängen. || PAR EXT. [augmenter] erhöhen ; steigern ; verstärken. | *Élever la température*, die Temperatur erhöhen, steigern. || FIG. *Élever le ton*, einen höheren Ton anschlagen.

3. SENS FIGURÉS : [porter en haut, vers] erheben. | *Élever à une dignité, au trône*, zu einer Würde, auf den Thron erheben. | *Élever son âme à Dieu*, seine Seele zu Gott erheben. | *Élever le débat*, die Diskussion auf eine andere Ebene heben. | *Élever jusqu'aux nues*, bis in den Himmel heben ; verhimmeln. || PAR ANAL. [manifester] *Élever une plainte, une protestation, des doutes*, Klage, Protest, Zweifel erheben.

4. FORMER, ÉDUQUER : [enfants] auf-, groß-, erziehen. | PAR EXT. [animaux, plantes] züchten ; (auf)ziehen. | *Élever du bétail*, Viehzucht treiben.
◇ part. pass. et adj. **élevé, ée,** [haut] hoch ; hochgelegen. | *Le plus élevé*, der höchste ; der oberste. | *Lieu élevé*, hochgelegener Ort. | *Prix élevé*, hoher, heraufgesetzter Preis. | *À température élevée*, bei hoher, gesteigerter Temperatur. || FIG. [haut] hoch ; erhaben ; edel ; hochgesinnt. | *Style élevé*, erhabener, gehobener Stil. || [formé, éduqué] erzogen. | *Bien élevé*, wohlerzogen ; gebildet ; gesittet. | *Mal élevé*, unerzogen ; unartig.
◇ v. pr. **s'élever,** — **a)** ÊTRE CONSTRUIT : sich erheben ; stehen ; (empor)ragen. | *S'élever au-dessus de*, überragen ; hinaus-, hervorragen über (acc.).
b) MONTER : sich erheben ; steigen ; auf-, an-, emporsteigen ; hochsteigen ; in die Höhe steigen, gehen, kommen. | *S'élever en l'air*, sich in die Luft erheben ; in die Höhe steigen. || PAR ANAL. [nuances] *Un oiseau s'élève*, ein Vogel fliegt auf. | *Les flammes s'élèvent*, die Flammen lodern auf. | *La plante s'élève*, die Pflanze wächst empor. | *S'élever brusquement*, aufschießen, -schlagen, -fahren. | *S'élever en poussière*, aufstieben. | *S'élever progressivement*, ansteigen. || PAR EXT. *La température s'élève*, die Temperatur steigt ; es wird wärmer. | *S'élever à la somme de cent marks*, hundert Mark betragen, ausmachen.
c) SENS FIGURÉS : sich erheben ; sich erhöhen ; sich empor-, aufschwingen. | *S'élever à la gloire*, sich zum Ruhm emporschwingen. | *S'élever au-dessus de qch.*, sich über eine Sache hinwegsetzen. || PAR ANAL. [se manifester] *Une voix s'élève*, es erhebt sich eine Stimme ; eine Stimme wird laut. | *S'élever contre qn*, gegen jn auftreten ; sich wider jn erklären.

éleveur, euse [elvœr, ø:z] s. (Vieh)züchter(in) m. (f.).

elfe [ɛlf] m. MYTH. Elf m. ; Elfe f.

élider [elide] v. tr. GRAMM. [lettre] ausstoßen ; weglassen ; elidieren.

éligibilité [eliʒibilite] f. POLIT. Wählbarkeit f. ; passives Wahlrecht.

éligible [-ʒibl] adj. wählbar ; wahlfähig.

élimer [elime] v. tr. abnutzen ; abschaben ; durchscheuern (sépar.).
◇ part. pass. et adj. **élimé, ée,** abgenutzt ; abgeschabt ; fadenscheinig.
◇ v. pr. **s'élimer,** fadenscheinig werden.

élimination [eliminasjɔ̃] f. [action d'écarter] Beseitigung f. ; Ausschließung f., -scheidung f., -schaltung f. || CHIM. Absonderung f., -scheidung f., -stoßung f. | *Avec élimination d'oxygène*, unter Ausscheidung von Sauerstoff.

éliminatoire [-natwa:r] adj. Ausscheidungs...
◇ f. SPORT. Ausscheidungskampf m.

éliminer [-ne] v. tr. [faire sortir] ausschließen, -scheiden, -stoßen. | *Éliminer qn d'une société*, jn aus einer Gesellschaft ausstoßen. | *Éliminer un candidat*, einen Kandidaten durchfallen lassen. || PAR ANAL. [enlever] beseitigen ; entfernen ; wegschaffen. | *Éliminer un obstacle*, ein Hindernis beseitigen, aus dem Weg räumen. || [transpirer] herausschwitzen. | *Éliminer de l'oxygène*, Sauerstoff (her)auslösen.

élire [eli:r] v. tr. (er)wählen. | *Élire qn à l'unanimité*, jn einstimmig wählen. | *Élire empereur*, zum Kaiser erwählen. || FIG. (aus)erwählen ; (aus)erlesen.
◇ part. pass. et adj. **élu, ue,** ge-, erwählt ; POÉT. erkoren. || SUBSTANTIV. Ge-, Erwählte(r) f. (m.) || FIG. Auserwählte(r) f. (m.) ; POÉT. Auserkorene(r) f. (m.).

élision [elizjɔ̃] f. GRAMM. Auslassung f. ; Elision f.

élite [elit] f. [société] Blüte f. ; Auslese f. ; Elite f. | *D'élite*, ausgesucht. || MIL. *Troupes d'élite*, Elitetruppen f. pl.
— SYN. : *Choix* m., Auswahl f. *Fleur* f., Blüte f.

élixir [eliksi:r] m. MÉD. Heiltrank m. || FIG. (Lebens)elixier n.

elle [ɛl] pron. pers. f. sie. || LOC. *Elle-même*, sie selbst. | *D'elle-même*, von (sich) selbst. | *La chose en elle-même*, die Sache an sich. | *Ce livre est à elle*, dieses Buch gehört ihr. | *Je pense à elle*, ich denke an sie. | *Je me souviens d'elle*, ich erinnere mich an sie.
◇ f. pl. **elles,** sie.

ellébore [ellebɔ:r] f. BOT. Schneerose f. ; Nieswurz f.

ellipse [elips] f. GÉOM. Ellipse f. || GRAMM. Auslassung f.

ellipsoïde [-psɔid] m. MATH. Ellipsoid n. | *Ellipsoïde de révolution*, Rotationsellipsoid.

elliptique [-ptik] adj. MATH. ellipsenförmig. || AÉRON. *Orbite elliptique*, Ellipsenbahn f. || GRAMM. elliptisch.

élocution [elɔkysjɔ̃] f. [manière] Rede-, Ausdrucksweise f. ; Vortragsart f. ; Ausdruck m. || PAR ANAL. [art] Vortragskunst f. || PAR EXT. Stil m. ; Sprache f.

— SYN. : *Diction* f., Vortrag m. *Parole* f., Sprechweise f.

éloge [elɔ:ʒ] m. [discours] Lobrede f. | *Éloge funèbre*, Leichenrede f. ; Nachruf m. | *Éloge de Corneille par Racine*, Lobrede Racines auf Corneille. || PAR EXT. [louange] Lob n. | *Faire l'éloge de qn*, js Lob aussprechen ; jn loben, rühmen. | *C'est à son éloge*, das spricht für ihn. | *Mentionner avec éloge*, rühmend erwähnen.

◇ m. pl. **éloges.** Lob n. ; Belobigung f. ; Lobreden f. pl. ; Rühmen n. ; (An)preisen n. | *Couvrir d'éloges*, mit Lobreden überhäufen ; hochpreisen. | *Digne d'éloges*, lobens-, rühmenswert. | *Éloges exagérés*, Lobhudelei f.

— SYN. : *Louange* f., Lob n. *Panégyrique* m., Lobpreisung f. *Dithyrambe* m., Lobeshymne f.

élogieux, ieuse [-ʒjø, jø:z] adj. lobend ; rühmend ; anerkennend.

éloignement [elwaɲmɑ̃] m. [action] Entfernen n. ; Entfernung f. || PAR ANAL. [état, distance] Abstand m. ; Abgelegenheit f. || PAR EXT. [absence] Abwesenheit f.

éloigner [-ɲe] v. tr. entfernen ; fernhalten ; fort... ; weg... ; ab... ; hin... | *Éloigner de*, entfernen von. || [écarter] wegrücken, -schaffen, -stellen, -setzen. || [retarder] verschieben. || [détacher, détourner] abneigen ; entfremden ; abspenstig machen.

◇ part. pass. et adj. **éloigné, ée,** [loin] entfernt ; fern ; weit ; entlegen. || [à l'écart] abgelegen ; abseits (liegend). || LOC. *Être éloigné de*, entfernt, weit liegen von. | *Tenir éloigné de*, fernhalten von. | *Souvenirs éloignés*, weit zurückliegende Erinnerungen f. pl. | *Peu éloigné*, unfern ; unweit. | *Parents éloignés*, entfernte Verwandte.

◇ v. pr. **s'éloigner,** sich entfernen ; sich wegbegeben ; weg-, ab-, fortgehen ; weg... | *S'éloigner à cheval, en voiture, à la nage*, wegreiten, -fahren, -schwimmen. | *S'éloigner de qch.*, sich von etwas entfernen. || FIG. [s'écarter] abweichen, -kommen, -schweifen. | *S'éloigner du sujet*, vom Thema abkommen.

éloquence [elɔkɑ̃:s] f. Beredsamkeit f. ; Redner-, Redegabe f. ; PÉJOR. Redseligkeit f. | *Éloquence sacrée*, geistliche Beredsamkeit. || PAR EXT. [art] Rednerkunst f. || FIG. [ce qui touche, persuade] *Éloquence du cœur*, innerste Überzeugungskraft.

— SYN. : *Verve*, inneres Feuer. *Véhémence*, Heftigkeit.

éloquent, ente [-kɑ̃, ɑ̃:t] adj. [personne] beredt ; beredsam. || FIG. [chose] beredt ; ausdrucksvoll. | *Termes éloquents*, ausdrucksvolle Worte n. pl. | *Regards éloquents*, sprechende Blicke m. pl. | *Les faits sont éloquents*, die Tatsachen sprechen für sich selbst.

— SYN. : *Disert*, redselig. *Beau parleur*, Schönredner m.

élucider [elyside] v. tr. be-, erleuchten ; Licht hineinbringen ; erhellen ; klären ; klarstellen. | *Élucider le mystère*, hinter das Geheimnis kommen.

élucubration [elykybrasjɔ̃] f. Hirngespinst n.

éluder [elyde] v. tr. umgehen ; aus dem Wege gehen (dat.) ; vermeiden ; ausweichen (dat.). | *Éluder une question*, einer Frage ausweichen.

Élysée [elize] n. pr. m. MYTH. Elysium n. | *Champs Élysées*, elysäische Gefilde n. pl. || [palais présidentiel] Élyséepalast m.

élytre [elitr] m. ZOOL. [aile] Deckflügel m.

émacié, iée [emasje] adj. abgezehrt.

émail [ema:j] m. Schmelz m. ; Schmelzüberzug m., -glas n. ; Glasur f. ; Email(le) n. (f.) | *Émail des dents*, Zahnschmelz. || PAR EXT. *(Peinture sur) émail*, Emailmalerei f.

◇ m. pl. **émaux,** Schmelzarbeiten f. pl.

émaillage [-ja:ʒ] m. Emaillieren n. ; Glasieren n.

émailler [-je] v. tr. einen Emailüberzug geben ; mit Glasur überziehen ; emaillieren ; glasieren. || FIG. durchwirken. | *Un texte émaillé de citations*, ein mit vielen Zitaten gezierter Text.

◇ part. pass. et adj. **émaillé, ée,** emailliert ; Email...

émailleur [-jœ:r] m. Emailarbeiter m.

émanation [emanasjɔ̃] f. PHYS. Ausströmung f., -dünstung f., -strahlung f. ; Emanation f. | *Émanation de gaz*, Freisetzung (f.) von Gasen. || FIG. Herrühren n. ; Hervorgehen n.

émancipateur, trice [emɑ̃sipatœ:r, tris] adj. befreiend ; emanzipierend.

◇ s. Befreier(in) m. (f.).

émancipation [-pasjɔ̃] f. JUR. Mündigkeits-, Volljährigkeitserklärung f. || POLIT. Befreiung f. ; Emanzipation f.

émanciper [-pe] v. tr. JUR. für mündig, volljährig erklären ; mündig sprechen. || PAR EXT., POLIT. (rechtlich) gleichstellen ; gleichberechtigen ; befreien ; emanzipieren.

◇ part. pass. et adj. **émancipé, ée,** frei ; emanzipiert. || SUBSTANTIV. Emanzipierte(r) f. (m.).

◇ v. pr. **s'émanciper,** sich frei-, losmachen ; PÉJOR. sich zuviel herausnehmen ; über den Strang schlagen.

émaner [emane] v. intr. ausströmen, -dünsten, -strahlen. || FIG. [dériver de] herrühren ; hervorgehen ; sich ableiten.

émargement [emarʒəmɑ̃] m. COMM., ADM. Auswerfen (am Rande) n. ; Quittieren n. | *Feuille d'émargement*, Gehalts(bescheinigungs)liste f.

émarger [-ʒe] v. tr. COMM., ADM. am Rande auswerfen, abzeichnen, quittieren.

◇ v. intr. ein Gehalt beziehen.

émasculer [emaskyle] v. tr. MÉD. entmannen ; verstümmeln ; kastrieren.

emballage [ɑ̃bala:ʒ] m. [action] Ver-, Einpacken n. || PAR EXT. [ensemble] (Ver)packung f. | *Papier, toile d'emballage*, Einschlagpapier n., Verpackungsleinwand f. | *Sans emballage*, unverpackt. | *Emballage perdu*, Einwegpackung f.

emballement [-lmɑ̃] m. FIG., FAM. Mitreißung f. ; Überschwang m. ; Ereiferung f. ; Schwärmen n.

emballer [-le] v. tr. packen ; ein-, ver-, zusammenpacken. || FIG., FAM. [enthousiasme] mit-, hinreißen ; begeistern. | *Être emballé par qch.*, für etwas schwärmen ; von etwas hell begeistert sein. || [circonvenir] betören ; überreden. || AUTOM. *Emballer le moteur*, Vollgas geben.

◇ v. pr. **s'emballer,** [cheval] durchgehen (sépar.). || FIG. [colère] in Zorn ausbrechen, geraten. || PAR ANAL. [se hâter] sich übereilen ; sich ereifern. || PAR EXT. [s'enthousiasmer] schwärmen (für).

emballeur [-lœ:r] m. Packer m.

embarcadère [ɑ̃barkadɛ:r] m. MAR. Landungs-, Lade-, Verladeplatz m.

embarcation [-sjɔ̃] f. (Wasser)fahrzeug n. ; Boot n. ; Schiff n.

embardée [ɑ̃barde] f. MAR. Gieren n. || AUTOM. *Faire une embardée*, auf die Seite geschleudert werden ; FAM. einen Schlenker machen.

embargo [ɑ̃bargo] m. Embargo n. ; Handelssperre f. || MAR. Hafensperre f. || FIG. *Embargo sur les livraisons d'armes*, Waffenembargo n.

embarquement [ɑ̃barkəmɑ̃] m. MAR. Einschiffen n. ; Ein-, Verschiffung f. ; Verladung f. | *Port d'embarquement*, Verschiffungshafen m. || TRANSP. Einsteigen n.

embarquer [-ke] v. tr. MAR. ein-, verschiffen ; ein-, verladen. || FIG. [engager] *Embarquer qn dans une affaire*, jm in eine Angelegenheit hineinziehen, verwickeln.

◇ v. intr. MAR. an Bord gehen. || TRANSP. einsteigen.
◇ v. pr. **s'embarquer.** MAR. an Bord gehen ; sich einschiffen. | *S'embarquer pour Hambourg*, sich nach Hamburg einschiffen. || FIG. [dans une affaire] sich einlassen (in, auf, acc.) ; sich verwickeln (in, acc.).

embarras [ɑ̃bara] m. [obstacle] Hindernis n. ; Hemmnis n. | *Créer des embarras à qn*, jm Hindernisse in den Weg legen. || PAR ANAL. [encombrement] Gedränge n. | *Embarras de la voie publique*, Verkehrsbehinderung f. || PAR EXT. [confusion] Durcheinander n. ; Verwicklung f. ; Gewirr n. || FIG. [difficulté, gêne] Schwierigkeit f. ; Verlegenheit f. ; Klemme f. | *Embarras d'argent*, Geldverlegenheit. | *Mettre qn dans l'embarras*, jn in Verlegenheit bringen, setzen ; jn in die Tinte reiten. | *Être dans l'embarras*, verlegen sein ; POP. in der Klemme sitzen. || PAR ANAL. [irrésolution] Unschlüssigkeit f. ; Ratlosigkeit f. || PAR EXT. [trouble] Befangenheit f. ; Ängstlichkeit f. || MÉD. *Embarras gastrique*, Verdauungsstörungen f. pl.
◇ m. pl. FIG., PÉJOR. *Faire des embarras*, Umstände machen ; sich breit machen ; sich vordrängen.

embarrassant, ante [-sɑ̃, ɑ̃:t] adj. [qui encombre, gêne] hinderlich ; beschwerlich ; störend ; lästig. | *Bagages embarrassants*, hinderliche, sperrige Gepäckstücke n. pl. || FIG. [difficile, gênant] in Verlegenheit bringend ; schwierig ; peinlich ; mißlich. | *Situation embarrassante*, mißliche Lage. | *Question embarrassante*, peinliche, verfängliche Frage.

embarrasser [-se] v. tr. [encombrer] hindern ; hemmen ; (ver)sperren. || PAR EXT. [gêner, incommoder] hinderlich, lästig sein ; stören. | *Ce manteau m'embarrasse*, dieser Mantel stört mich. | *Cette visite m'embarrasse*, dieser Besuch bringt mich in Verlegenheit. | *Rien ne l'embarrasse*, nichts stört ihn ; nichts hält ihn auf. || FIG. [embrouiller, déconcerter] verlegen machen ; in Verlegenheit bringen, setzen ; verwirren.
◇ part. pass. et adj. **embarrassé, ée,** [rue] versperrt. || PAR EXT. [incommodé] behindert ; unbeholfen. | *Être embarrassé de sa personne*, sich selbst im Wege stehen. || FIG. [difficile, embrouillé] schwierig ; mißlich ; verwickelt ; verzwickt. || PAR ANAL. [déconcerté, irrésolu] verlegen ; ratlos ; befangen.
◇ v. pr. **s'embarrasser.** *S'embarrasser les pieds dans qch.*, sich die Füße in etwas verstricken, verfangen. || PAR ANAL. *S'embarrasser de bagages*, alle Hände voll Gepäck haben. || FIG. *S'embarrasser de qn, d'une affaire*, sich jn, sich eine Angelegenheit auf den Hals laden.
— SYN. : adj. *Gêné*, behindert ; verlegen. *Confus*, verwirrt. *Honteux*, beschämt.
— v. tr. *Dérouter, désorienter*, irreführen.

embauchage [ɑ̃boʃa:ʒ] m., **embauche** [ɑ̃bo:ʃ] f. [d'un ouvrier] An-, Einstellung f. ; Anwerbung f. ; Dingen n. | *Bureau d'embauche*, Arbeitvermittlungsstelle f.

embaucher [-ʃe] v. tr. [ouvrier] ein-, anstellen.

embauchoir [ɑ̃boʃwa:r] m. Schuhspanner m.

embaumer [ɑ̃bome] v. tr. [parfumer] durchduften ; mit Wohlgeruch erfüllen ; parfümieren. || [corps] einbalsamieren.
◇ v. intr. duften ; wohl, würzig riechen.
◇ part. pass. et adj. **embaumé, ée,** wohlriechend. || [corps] balsamiert.

embellie [ɑ̃bɛli] f. [ciel] Aufheiterung f. ; Sonnendurchbruch m.

embellir [-li:r] v. tr. verschönern ; schöner machen. || PAR EXT. [orner] ausschmücken. || FIG. [enjoliver] beschönigen.
◇ v. intr. schön, schöner werden.

embellissement [-lismɑ̃] m. Verschönerung f. || PAR EXT. Verzierung f. ; Ausschmückung f. | *Les embellissements d'une ville*, die schönere Ausgestaltung einer Stadt.

emberlificoter [ɑ̃bɛrlifikɔte] v. tr. verwickeln ; verwirren.

embêtant, ante [ɑ̃bɛtɑ̃, ɑ̃:t] adj. FAM. [ennuyeux] langweilig. || PAR EXT. [contrariant] ärgerlich.

embêtement [-tmɑ̃] m. FAM. [contrariété] Ärger m. ; Widerwärtigkeit f. || PAR EXT. [difficulté, souci] Schwierigkeit f. ; Sorge f.

embêter [-te] v. tr. FAM. [ennuyer] langweilen. || PAR ANAL. [agacer] ärgern. | *Il ne fait que l'embêter*, er läßt ihn nicht in Ruhe. | *Embêter les gens*, stänkern. || PAR EXT. [causer des soucis] Sorgen machen.
◇ v. pr. **s'embêter,** [s'ennuyer] sich schrecklich langweilen.

embiellage [ɑ̃bjɛla:ʒ] m. TECHN. Kurbeltrieb m.

emblavement [ɑ̃blavmɑ̃] m. Bodenbestellung f. ; Aussaat f.

emblaver [-ve] v. tr. (be)säen ; bestellen.

emblée (d') [dɑ̃ble] loc. adv. auf den ersten Schlag, Anhieb ; gleich ; schon beim ersten Mal.

emblématique [ɑ̃blematik] adj. versinnbildlicht ; sinnbildlich ; als Sinnbild.

emblème [ɑ̃blɛ:m] m. Sinnbild n. ; Hoheits-, Wahrzeichen n. ; Emblem n.

emboîtage [ɑ̃bwata:ʒ], **emboîtement** [-tmɑ̃] m. Einfügen n., -schachteln n., -passen n., -setzen n., -hängen n. ; Ineinandergreifen n. ; Verspunden n. || PAR EXT. [résultat] Einschachtelung f., -fügung f.

emboîter [-te] v. tr. TECHN. einschachteln, -fügen, -passen, -setzen, -hängen, -binden ; verspunden. | *Emboîter le pas à qn*, dicht hinter jm gehen ; jm folgen ; FIG. jn nachmachen.
◇ v. pr. **s'emboîter,** ineinandergreifen, -passen.

embolie [ɑ̃bɔli] f. MÉD. Embolie f.

embonpoint [ɑ̃bɔ̃pwɛ̃] m. (Wohl)beleibtheit f. ; Leibesfülle f. ; Bauchansatz m. ; Korpulenz f. | *Prendre de l'embonpoint*, ein Bäuchlein ansetzen.

emboucher [ɑ̃buʃe] v. tr. MUS. an den Mund setzen.
◇ part. pass. et adj. **embouché, ée.** FIG., FAM. *Mal embouché*, grob ; unhöflich.

embouchure [-ʃy:r] f. GÉOGR. [cours d'eau] Mündung f. ; Ein-, Ausmündung f. | *Avoir son embouchure dans la Baltique*, in die Ostsee münden.

embourber [ɑ̃burbe] v. tr. [voiture] in den Schlamm, Dreck fahren. | *Être embourbé*, im Schlamm stecken(bleiben).
◇ v. pr. **s'embourber,** [voiture] sich festfahren ; steckenbleiben. || FIG. sich verstricken.

embourgeoiser (s') [sɑ̃burʒwaze] v. pr. zum Spießbürger, Philister werden.
◇ part. pass. et adj. **embourgeoisé, ée,** philisterhaft ; philiströs ; spießig.

embout [ɑ̃bu] m. [tuyau] Stutzen m. ; [pipe] Mundstück n.

embouteillage [ɑ̃butɛja:ʒ] m. Flaschenfüllung f. || FIG. Verkehrsstockung f., -stauung f. ; Verstopfung f.

embouteiller [-je] v. tr. [vin] abfüllen ; abziehen. || FIG. [rue] versperren ; verstopfen ; blockieren.

emboutir [ɑ̃buti:r] v. tr. TECHN. [métal] ziehen ; treiben ; auf-, austreiben ; ausbauchen ; pressen. || FIG. [voiture] anfahren ; prallen (gegen). | *Tôle emboutie*, gepreßtes Blech.

emboutissage [-tisa:ʒ] m. (Tief)ziehen n. ; Treiben n. ; Pressen n. ; Ausbauchen n. ; Bördeln n.

embranchement [ɑ̃brɑ̃ʃmɑ̃] m. Ab-, Verzweigung f. || TRANSP. Gleisabzweigung f. ; Zweigstrecke f. ;

Anschlußgleis n. || TECHN. *Embranchement de tuyaux*, Rohrverzweigung. || ZOOL. Stamm m.

embrancher [-ʃe] v. tr. verbinden ; anschließen.
◇ v. pr. **s'embrancher,** sich ver-, abzweigen ; angeschlossen werden.

embrasement [ɑ̃brazmɑ̃] m. [action] Entflammen n. || PAR ANAL. [résultat] Brand m. ; Lohe f. ; Glut f. || FIG. Glut f.

embraser [-ze] v. tr. in Brand stecken, setzen ; ent-, anzünden. || FIG. entflammen.
◇ part. pass. **embrasé, ée,** entbrannt ; in Brand ; glühend. | *Être embrasé*, glühen.
◇ v. pr. **s'embraser,** [sens pass.] Feuer fangen ; aufflammen ; FIG. sich entflammen ; erglühen.

embrassade [ɑ̃brasad] f., **embrassement** [-smɑ̃] m. Umarmung f., -schlingung f., -halsung f.
◇ pl. **embrassades,** FAM. Geküsse n. ; stürmische Umarmung f.

embrasse [-bras] f. Gardinenhalter m.

embrasser [-brase] v. tr. [entourer de ses bras] umarmen, -schlingen, -halsen ; in die Arme schließen ; umschmiegen. || PAR ANAL. [donner un baiser] küssen. | *Embrasser sur le front*, einen Kuß auf die Stirn drücken. || PAR EXT. [entourer] umfassen, -fangen, -schlingen, -ringen, -spannen. || FIG. [contenir, s'étendre sur] umfassen ; enthalten ; in sich begreifen ; sich erstrecken (über, auf, acc.). || PAR ANAL. *Embrasser du regard*, übersehen, -blicken. || PAR EXT. [adopter, choisir] annehmen ; erwählen ; ergreifen. | *Embrasser une carrière*, eine Laufbahn ergreifen. | *Embrasser le parti de qn*, für jn eintreten.
◇ v. pr. **s'embrasser,** [réciprocité] sich umarmen ; einander küssen.

embrasure [ɑ̃brazy:r] f. Tür-, Fensteröffnung f.

embrayage [ɑ̃brɛja:ʒ] m. TECHN. [action] Einrükken n., -schalten n. || PAR EXT. [mécanisme] Kupplung f. ; Schaltung f. | *Levier d'embrayage*, Kupplungshebel m. ; Einrück-, Schalthebel m. | *Disque d'embrayage*, Kupplungsscheibe f. | *Embrayage automatique*, automatische Kupplung ; Selbsteinrückung f. | *Embrayage monodisque*, Einscheibenkupplung f.

embrayer [-je] v. tr. TECHN. einrücken, -schalten ; kuppeln.

embrigader [ɑ̃brigade] v. tr. MIL. einreihen ; (zu einer Brigade) zusammenstellen, formieren. || PAR EXT. anwerben.

embrocation [ɑ̃brɔkasjɔ̃] f. MÉD. Einfettung f., -ölung f.

embrocher [ɑ̃brɔʃe] v. tr. auf-, durchspießen ; durchbohren, -stechen.

embrouillement [ɑ̃brujmɑ̃] m. Verwicklung f.

embrouiller [-je] v. tr. verwickeln, -wirren ; durcheinanderbringen ; POP. verfitzen. | *Des affaires embrouillées*, verwickelte Angelegenheiten. || FIG. [embarrasser, troubler] verwirren ; irremachen ; durcheinanderbringen ; trüben.
◇ part. pass. et adj. **embrouillé, ée,** verwickelt ; verworren ; wirr ; durcheinander ; verfitzt ; unklar. || FIG. *Discours embrouillé*, konfuses Gerede.
◇ v. pr. **s'embrouiller,** sich verwickeln, -wirren ; durcheinander geraten ; sich verfitzen, -heddern. || FIG. *S'embrouiller dans son discours*, aus dem Konzept kommen ; sich verhaspeln.

embroussaillé, ée [ɑ̃brusɑje] adj. buschig ; voller Gestrüpp. || PAR EXT. [cheveux] struppig.

embrumer [ɑ̃bryme] v. tr. ver-, um-, einnebeln ; in Nebel, Dunkel hüllen. || FIG. verdunkeln.
◇ part. pass. et adj. **embrumé, ée,** benebelt ; bewölkt.

embrun [ɑ̃brœ̃] m. [temps] Sprühregen m. ; Nieselwetter n. || PAR EXT. [vagues] Gischt m.

embryologie [-lɔʒi] f. MÉD. Ontogenese f. ; Embryologie f.

embryon [-jɔ̃] m. BIOL. Embryo m. || FIG. [germe, origine] Keim m. ; Keimzelle f. ; Ursprung m.
— SYN. : *Fœtus* m., Fötus m. *Avorton* m., Mißgeburt f.

embryonnaire [-jɔnɛ:r] adj. keim-, embryonartig ; Embryon... || FIG. *À l'état embryonnaire*, im ersten Entwicklungszustand.

embûche [ɑ̃by:ʃ] f. Falle f. ; Schlinge f. ; Fallstrick m. ; Hinterhalt m.

embuer [ɑ̃bɥe] v. tr. beschlagen ; anlaufen lassen.

embuscade [ɑ̃byskad] f. Hinterhalt m. | *Attirer, Tomber dans une embuscade*, in den Hinterhalt locken, geraten.

embusquer [-ke] v. tr. in den Hinterhalt, auf die Lauer legen.
◇ part. pass. et adj. **embusqué, ée,** *Être embusqué*, auf der Lauer liegen. || SUBSTANTIV., FAM. m. Drückeberger m.
◇ v. pr. **s'embusquer,** sich in den Hinterhalt legen. || MIL. in Lauerstellung gehen.

éméché, ée [emeʃe] adj. FAM. *Être éméché*, einen Schwips haben ; angeheitert, beschwipst sein.

émeraude [emro:d] f. Smaragd m. ; grüner Beryll. | *D'émeraude*, smaragden ; smaragdgrün.

émergence [emɛrʒɑ̃:s] f. [action] Auftauchen n.

émerger [-ʒe] v. intr. [avec mouvement] auf-, hervortauchen. | *Le sous-marin émerge*, das U-Boot taucht auf. || PAR ANAL. [sans mouvement] hervor-, herausragen. | *Les rochers émergent*, die Felsen ragen aus dem Wasser hervor.

émeri [emri] m. Schmirgel m. | *Papier émeri*, Schmirgelpapier n. | *Passer à l'émeri*, schmirgeln.

émerillon [emrijɔ̃] m. ZOOL. Lerchenfalk m. || [pour la pêche] Kettenwirbel m.

émérite [emerit] adj. *Professeur émérite*, Emeritus m. || [expérimenté] tüchtig ; erfahren ; gescheit. || PAR EXT. *Tireur émérite*, erprobter Schütze.

émerveillement [emɛrvɛjmɑ̃] m. Verwunderung f. ; Wundern n.

émerveiller [-je] v. tr. in Verwunderung setzen.
◇ part. pass. et adj. **émerveillé, ée,** verwundert.
◇ v. pr. **s'émerveiller,** [de qch.] sich (über eine Sache) wundern.
— SYN. : *Éblouir*, blenden. *Fasciner*, fesseln.

émetteur, trice [emɛtœ:r, tris] adj. COMM. herausgebend. || RADIO. *Poste émetteur*, Sender m.
◇ m. **émetteur,** COMM. Ausgeber m., -steller m. | *Émetteur d'un effet*, Wechselaussteller, -ausgeber. || RADIO. Sender m. | *Émetteur d'ondes courtes*, Kurzwellensender. | *Émetteur à modulation de fréquence*, Ultrakurzwellensender ; UKW m.

émettre [emɛtr] v. tr. PHYS. ausstrahlen, -strömen, -senden ; von sich geben. || FIG. [opinion] äußern. | *Émettre un vœu*, einen Wunsch äußern. | *Émettre un avis favorable sur qch.*, etwas begutachten. || COMM. ausgeben, -stellen ; in Umlauf setzen ; emittieren. | *Émettre un chèque*, einen Scheck ausstellen. | *Émettre un emprunt*, eine Anleihe auflegen. || FIN. *Émettre des billets*, Banknoten ausgeben. || RADIO. senden.

émeu [emø] m. ZOOL. Emu m.

émeute [emø:t] f. Aufruhr m. ; Aufstand m. ; Tumult m. ; Putsch m.
— SYN. : *Sédition* f., Aufstand m. *Mutinerie* f., Meuterei f. *Troubles* m. pl., Unruhen f. pl.

émeutier, ière [-tje ,jɛ:r] s. Aufrührer(in) m. (f.) ; Aufwiegler(in) m. (f.).

émiettement [emjɛtmɑ̃] m. Bröckeln n. ; Ab-, Zerbröckeln n.
émietter [-te] v. tr. bröckeln ; ab-, zer-, auseinanderbröckeln ; zerkrümeln.
◇ v. pr. **s'émietter,** sich bröckeln ; abbröckeln.
émigrant, ante [emigrɑ̃, ɑ̃:t] s. Auswanderer m. ; Auswanderin f. ; Emigrant(in) m. (f.).
émigration [-grasjɔ̃] f. Auswanderung f. ; Emigration f. || [des capitaux] Kapitalflucht f. || [des oiseaux] Fortziehen n. || HIST. Emigration f.
émigrer [-gre] v. intr. aus-, weg-, ab-, fortwandern ; ins Ausland gehen ; emigrieren. || PAR EXT. *Les hirondelles émigrent*, die Schwalben ziehen fort.
◇ part. pass. et adj. **émigré, ée,** ausgewandert. || SUBSTANTIV. Ausgewanderte(r) f. (m.) ; Emigrierte(r) f. (m.).
émincer [emɛ̃se] v. tr. in Scheiben schneiden.
éminemment [eminamɑ̃] adv. höchst ; besonders.
éminence [-nɑ̃:s] f. GÉOL. [hauteur] Anhöhe f. ; Erhöhung f. ; Erhebung f. || PAR EXT. [saillie] Vorsprung m. ; Herausragen n. || FIG. [supériorité morale] Erhabenheit f. ; Hoheit f. ; Vortrefflichkeit f. || RELIG. [titre] Hoheit f. ; Eminenz f. || FIG. *Éminence grise*, graue Eminenz.
éminent, ente [-nɑ̃, ɑ̃:t] adj. [élevé] hoch (gelegen). || PAR EXT. heraus-, hervorragend. || FIG. [supérieur] hoch ; erhaben ; hervorragend.
émissaire [emisɛ:r] m. Abgesandte(r) f. (m.) ; Kurier m. || FIG. *Bouc émissaire*, Sündenbock m.
émission [-sjɔ̃] f. PHYS. Ausstrahlung f., -strömung f., -sendung f. | *Émission d'un son*, Ausstoßen (n.) eines Lauts. | *Émission de chaleur, électronique*, Wärme-, Elektronenausstrahlung. || NUCL. Emission f. | *Lieu d'émission*, Emissionsquelle f. || MÉD. *Émission d'urine*, Urinabsonderung f. || COMM. Ausgabe f., -stellung f. ; Begebung f. ; Inumlaufsetzen n. ; Emission f. | *Émission de billets, d'actions*, Noten-, Aktienausgabe. || RADIO. TÉLÉV. Sendung f. | *Émission radiophonique, de télévision*, Radio-, Fernsehsendung. | *Émission en direct*, Live-Sendung f. ; Originalübertragung f.
émittance [-tɑ̃:s] f. NUCL. Gesamtemissionsvermögen n.
emmagasinage [ɑ̃magazina:ʒ] m. (Ein)lagern n. ; Lagerung f. ; (Auf)speicherung f.
emmagasiner [-ne] v. tr. (ein)lagern ; (auf)speichern.
emmailloter [ɑ̃majɔte] v. tr. in Windeln wickeln. || FIG. einwickeln ; POP. einmummeln.
emmancher [ɑ̃mɑ̃ʃe] v. tr. TECHN. mit Stiel versehen. | *Emmancher un balai*, einen Stiel an einen Besen setzen.
emmanchure [-ʃy:r] f. Ärmeleinsatz m.
emmêler [ɑ̃mɛle] v. tr. verwickeln, -wirren ; durcheinanderbringen ; verheddern.
◇ part. pass. et adj. **emmêlé, ée,** verwickelt ; wirr ; verzwickt. | *Cheveux emmêlés*, zerzauste Haare n. pl. ; Zottelhaar n.
◇ v. pr. **s'emmêler,** sich verwickeln, -wirren ; durcheinandergeraten.
emménagement [ɑ̃menaʒmɑ̃] m. Einziehen n. ; Einzug m.
emménager [-ʒe] v. intr. ein-, umziehen ; eine neue Wohnung beziehen. || PAR EXT. [s'installer] sich einrichten.
emmener [ɑ̃mne] v. tr. [avec soi] mitnehmen. | *On t'emmène*, du fährst mit. || PAR EXT. [ailleurs] ab-, weg-, fortführen ; wegbringen, -schaffen ; fortbringen, -schaffen. | *On emmène le prisonnier*, der Gefangene wird abgeführt.
emmitoufler [ɑ̃mitufle] v. tr. (warm) einmummeln ; dick einhüllen.
emmurer [ɑ̃myre] v. tr. um-, einmauern. || PAR EXT. [personne] lebendig vermauern.
émoi [emwa] m. [trouble] Aufregung f. ; Unruhe f. | *Mettre en émoi*, in Aufregung versetzen ; aufregen. || PAR EXT. [émotion] (Er)regung f.
émollient [emɔljɑ̃] m. Mittel (n.) zum Aufweichen.
émoluments [emɔlymɑ̃] m. pl. Gehalt n. ; Bezüge m. pl. || ADM. Gebühren f. pl.
émondage [emɔ̃da:ʒ] m. BOT. Ausschneiden n. ; Baumbeschneidung f.
émonder [-de] v. tr. aus-, beschneiden ; ausästen.
émotif, ive [emɔtif, i:v] adj. (leicht) erregbar ; (über)empfindsam ; rührselig.
émotion [-sjɔ̃] f. [trouble] Auf-, Erregung f. ; Aufgeregtheit f. ; Ergriffenheit f. ; Erschütterung f. || FIG. [émoi] Gemütsregung f., -bewegung f. ; Regung f. ; Rührung f.
— SYN. : *Émoi* m., Auf-, Erregung f. *Saisissement* m., Ergriffenheit f. *Trouble* m., Aufregung f. ; Unruhe f.
émotivité [-tivite] f. Erregbarkeit f. ; Empfindsamkeit f. || FAM., IRON. Mimosenhaftigkeit f.
émoulu, ue [emuly] adj. *Frais émoulu*, frischgebacken.
émousser [emuse] v. tr. stumpf machen ; abstumpfen.
◇ part. pass. et adj. **émoussé, ée,** stumpf ; abgestumpft ; ohne Spitze. || FIG. *Sentiments émoussés*, abgestumpfte Gefühle n. pl.
◇ v. pr. **s'émousser,** stumpf werden.
émoustiller [emustije] v. tr. FAM. [exciter] anregen ; ermuntern ; POP. animieren.
◇ part. prés. et adj. **émoustillant, ante,** pikant ; prickelnd.
émouvoir [emuvwa:r] v. tr. [troubler, exciter] auf-, erregen ; ergreifen ; erschüttern. || FIG. bewegen ; rühren.
◇ part. prés. **émouvant, ante,** auf-, erregend ; ergreifend. || FIG. rührend.
◇ part. pass. et adj. **ému, ue,** bewegt ; erregt ; ergriffen ; erschüttert. || FIG. gerührt.
◇ v. pr. **s'émouvoir,** sich auf-, erregen ; rege, unruhig werden ; in Wallung geraten. | *Sans s'émouvoir*, kaltblütig ; gelassen. | *S'émouvoir de qch.*, sich über etwas beunruhigen. || FIG. gerührt, bewegt werden.
— SYN. : v. tr. *Attendrir*, erweichen. *Toucher*, rühren. *Remuer*, bewegen. *Impressionner*, beeindrucken.
empaillage, empaillement [ɑ̃pɑja:ʒ, -jmɑ̃] m. Ausstopfen n. ; Präparierung f.
empailler [-je] v. tr. [animal] ausstopfen ; präparieren. || TECHN. mit Stroh flechten.
empailleur [-jœ:r] m. Ausstopfer m.
empaler [ɑ̃pale] v. tr. pfählen ; (auf)spießen.
◇ v. pr. **s'empaler,** sich aufspießen.
empanacher [ɑ̃panaʃe] v. tr. mit Federn schmükken.
empaqueter [ɑ̃pakte] v. tr. ein-, verpacken.
emparer (s') [sɑ̃pare] v. pr. [s'approprier, conquérir] *S'emparer de qch.*, von etwas Besitz ergreifen ; etwas in Besitz nehmen ; sich eines Gegenstandes bemächtigen. | *S'emparer d'une ville*, eine Stadt einnehmen. | *S'emparer du pouvoir*, die Macht an sich reißen. || PAR EXT. *S'emparer de qn*, eines Menschen habhaft werden.
empâtement [ɑ̃pɑtmɑ̃] m. MÉD. [langue] Belegung f. ; Verschleimung f. || PAR EXT. [traits] Aufdunsen n. || ARTS. dicker Farbauftrag.

empâter [-te] v. tr. MÉD. [langue] belegen ; verschleimen. || ARTS. dick übermalen.
◇ part. pass. et adj. **empâté, ée,** [langue] belegt. || PAR EXT. [corps] dick ; schwammig.

empattement [ɑ̃patmɑ̃] m. AUTOM. Radstand m.

empaumer [ɑ̃pome] v. tr. FIG., FAM. [duper] beschwindeln ; anschmieren.

empêchement [ɑ̃pɛʃmɑ̃] m. [action et résultat] Hindern n. ; Be-, Verhinderung f. ; Hemmung f. ; Störung f. || PAR EXT. [obstacle, entrave] Hindernis n. ; Hemmnis n. || LOC. *J'ai eu un empêchement*, es ist mir etwas dazwischen gekommen. | *Il n'y a aucun empêchement*, es steht nichts im Weg.
— SYN. : *Entrave* f., Hemmung f. *Obstacle* m., Hindernis n.

empêcher [-ʃe] v. tr. [avant une action] verhindern, -wehren, -hüten, -eiteln ; abhalten. | *Empêcher une vente*, einen Verkauf hintertreiben. || PAR EXT. [pendant l'action] hindern ; hemmen ; stören ; erschweren ; nicht lassen. | *Empêcher de dormir, de parler*, nicht schlafen, reden lassen. | *Empêcher d'écrire*, am Schreiben hindern ; beim Schreiben stören. | *Empêcher de travailler*, von der Arbeit abhalten ; bei der Arbeit stören ; nicht arbeiten lassen. | *Ne pas empêcher*, (geschehen) lassen.
◇ part. pass. et adj. **empêché, ée,** ver-, behindert. | *Être empêché*, abgehalten werden ; nicht können. | *Sans être empêché*, unbehindert.
◇ v. pr. **s'empêcher,** sich enthalten (gén.) ; sich erwehren (gén.). | *S'empêcher de rire*, sich des Lachens enthalten ; das Lachen bezwingen. || LOC. *Je ne puis m'empêcher de pleurer*, ich kann das Weinen nicht lassen.

empêcheur [-ʃœ:r] m. Vx. cf. LOC. *Empêcheur de danser, tourner en rond*, Störenfried m.

empennage [ɑ̃pɛna:ʒ] m. [de flèche] Steuerfeder f. || AÉRON. Leitwerk n. | *Empennage cruciforme*, Kreuzleitwerk. | *Empennage en T*, T-Leitwerk.

empenner [-ne] v. tr. befiedern.
◇ part. pass. et adj. **empenné, ée,** befiedert. || PAR EXT. *Flèche empennée*, gefiederter Pfeil.

empereur [ɑ̃prœ:r] m. Kaiser m. || *L'empereur d'Allemagne*, der deutsche Kaiser.

empeser [ɑ̃pəze] v. tr. (Wäsche) stärken ; steifen.
◇ part. pass. et adj. **empesé, ée,** steif. | *Col empesé*, gestärkter, steifer Kragen. || FIG. *Avoir l'air empesé*, POP. stocksteif sein.

empester [ɑ̃pɛste] v. tr. [l'air, l'atmosphère] verpesten ; verstänkern ; mit Gestank erfüllen.
◇ v. intr. nach etwas stinken. | *Il empeste l'alcool*, er stinkt nach Alkohol.

empêtrer [ɑ̃pɛtre] v. tr. [cheval] die Fuß-, Weidefessel anlegen. || PAR EXT. verwickeln. | *Empêtrer qn dans une affaire*, jn in ein Geschäft hineinziehen.
◇ part. pass. et adj. **empêtré, ée,** FIG. befangen ; unbeholfen.
◇ v. pr. **s'empêtrer,** sich verstricken, -wickeln, -fangen, -wirren. | *S'empêtrer dans un filet*, sich in ein Netz verfangen. || PAR EXT. *S'empêtrer dans une affaire*, in ein Geschäft hineinschlittern.

emphase [ɑ̃fɑ:z] f. Gespreiztheit f. ; Schwulst m. ; Bombast m. ; Emphase f. ; Pathos n.

emphatique [ɑ̃fatik] adj. gespreizt ; schwülstig ; bombastisch ; emphatisch.

emphysème [ɑ̃fizɛm] m. Emphysem n.

empiècement [ɑ̃pjɛsmɑ̃] m. Einsatz-, Schulterstück n.

empierrer [ɑ̃pjere] v. tr. auf-, beschottern ; aufschütten ; mit Steinen aus-, auffüllen.

empiétement [ɑ̃pjetmɑ̃] m. JUR. [action] Ein-, Über-, Vorgreifen n. || PAR ANAL. [résultat] Eingriff m. (in, acc.) ; Übergriff m. (auf, acc.).

empiéter [-te] v. intr. JUR. [usurper] ein-, vorgreifen. | *Empiéter sur les droits de qn*, in js Rechte eingreifen ; jm vorgreifen. || PAR EXT. [choses] übergreifen (auf, acc.).

empiffrer (s') [sɑ̃pifre] v. pr. FAM., sich vollpfropfen ; sich den Bauch vollschlagen.

empilage [ɑ̃pila:ʒ] ou **empilement** [ɑ̃pilmɑ̃] m. Stapel m. ; Stapelung f.

empiler [-le] v. tr. stapeln ; auf-, hochstapeln ; aufeinander schichten ; stauen ; zusammenhäufen. || FIG., POP. [duper] *Empiler qn*, jm eine Packung geben.
◇ part. pass. et adj. **empilé, ée,** auf-, übereinander. | *Être empilé*, aufeinander liegen.

empire [ɑ̃pi:r] m. [pouvoir] Macht f. ; Machtbereich m. ; Gewalt f. ; Herrschaft f. | *Avoir de l'empire sur qn*, Gewalt über jn haben. | *Avoir de l'empire sur soi-même*, sich beherrschen. || PAR ANAL., HIST. Kaisertum n., -reich n. || PAR EXT. Reich n. | *Empire britannique*, britisches Weltreich. | *Empire colonial*, Kolonialreich. | *Le Saint Empire romain germanique*, das Heilige Römische Reich Deutscher Nation. | *Pas pour un empire*, um keinen Preis ; um kein Königreich. || ARTS. *Style Empire*, Empirestil m.

empirer [ɑ̃pire] v. tr. verschlimmern.
◇ v. intr. schlimmer werden ; sich verschlimmern ; sich verschlechtern ; ärger werden.

empirique [ɑ̃pirik] adj. erfahrungsmäßig ; auf Erfahrung beruhend ; empirisch. | *Méthode empirique*, empirische Methode.

empirisme [-rism] m. PHILOS. Erfahrungsphilosophie f. ; Empirismus m.

emplacement [ɑ̃plasmɑ̃] m. Platz m. ; Stelle f. ; Lage f. ; Stand m. || INF. *Emplacement de mémoire*, Speicherstelle f.

emplâtre [ɑ̃plɑ:tr] m. MÉD. Pflaster n. ; Heft-, Zugpflaster n. | *Mettre un emplâtre*, ein Pflaster auflegen ; FIG. verkleistern. || FAM. [personne] Schlappschwanz m.

emplette [ɑ̃plɛt] f. Einkauf m. | *Faire des emplettes*, Besorgungen machen ; einkaufen.

emplir [ɑ̃pli:r] v. tr. füllen ; an-, auf-, vollfüllen. | *Emplir une bouteille de qch.*, eine Flasche mit etwas anfüllen. | *Emplir son verre*, das Glas vollschenken. || PAR EXT. [valise] vollpacken, -stopfen. || FIG. [combler] *Emplir de joie*, beglücken ; überglücklich machen.
◇ v. pr. **s'emplir,** sich füllen ; voll werden.
— SYN. : *Remplir*, (wieder) füllen. *Garnir*, ausstatten. *Bourrer*, vollstopfen. *Combler*, übervoll machen.

emplissage [ɑ̃plisa:ʒ] m. Auffüllen n.

emploi [ɑ̃plwa] m. [usage] Ge-, Verbrauch m. ; Benutzung f. | *Emploi du temps*, Stundenplan m. | *Mode d'emploi*, Gebrauchsanweisung f. || PAR ANAL. [application, destination] An-, Verwendung f. | *Faire double emploi*, überflüssig sein. | *N'avoir pas l'emploi de qch.*, für etwas keine Verwendung haben. || PAR EXT. [occupation, fonction] Beschäftigung f. ; Stelle f. ; Arbeitsplatz m. | *Offre d'emploi*, Stellenangebot n. | *Demande d'emploi*, Stellengesuch n. | *Être sans emploi*, beschäftigungslos sein. | *Donner un emploi à qn*, jn anstellen. || *Plein emploi*, Vollbeschäftigung f. | *Emploi à temps partiel*, Teilzeitbeschäftigung. || MIL. Anwendung f. ; Einsatz m. || THÉÂTRE. Rolle f.
— SYN. : *Fonction*, Amt ; Funktion. *Place*, Stelle. *Charge*, Amt ; Charge. *Office*, Amt ; Dienst.

employable [-jabl] adj. verwendbar ; gebrauchsfertig.

employé, ée [-je] s. [en général] Angestellte(r) f. (m.) | *Employé de magasin*, Ladenangestellter m. | *Employée de maison*, Hausangestellte f. | *Employé aux écritures*, Schreiber m. || PAR ANAL. [fonctionnaire] Beamter m. ; Beamtin f. || PAR EXT. Arbeitnehmer(in) m. (f.).

— SYN. : *Agent* m., Vertreter m. *Commis* m., Gehilfe m. *Fonctionnaire* m., Beamter m. *Préposé* m., Fachbeamter m.

employer [-je] v. tr. [utiliser] gebrauchen ; Gebrauch machen (von) ; benützen ; benutzen ; sich bedienen (gén.) ; an-, verwenden ; in Anwendung bringen. | *Employer la force*, Gewalt gebrauchen. | *Employer la douceur*, sich gütlicher Mittel bedienen. | *Employer tous les moyens*, alle Mittel aufwenden. || PAR EXT. [donner de l'occupation] beschäftigen ; anstellen. | *Employer qn à qch.*, jn mit etwas beschäftigen.

◇ v. pr. **s'employer,** [sens pass.] gebraucht, angewandt werden. || [sens réfl.] *S'employer à qch.*, sich mit etwas beschäftigen. || FIG. sich bemühen ; sich einsetzen. | *S'employer en faveur de qn*, sich für jn einsetzen, verwenden.

employeur, euse [-jœ:r, ø:z] s. Arbeitgeber(in) m. (f.).

empocher [ɑ̃pɔʃe] v. tr. in die Tasche stecken ; einstecken.

empoignade [ɑ̃pwaɲad] f. hitziger Streit ; Zänkerei f.

empoigne [ɑ̃pwaɲ] f. LOC. FAM. *C'est la foire d'empoigne*, da kann man sich nur mit Gewalt durchsetzen.

empoigner [-ɲe] v. tr. ergreifen ; (er)fassen ; packen. | *Empoigner qn au collet*, jn beim Schopfe fassen. || FIG. [émouvoir] ergreifen ; packen.

◇ v. pr. **s'empoigner,** [se battre] sich raufen ; POP. sich in die Wolle kriegen ; sich streiten.

empois [ɑ̃pwa] m. Stärke f.

empoisonnement [ɑ̃pwazɔnmɑ̃] m. Vergiftung f. ; Giftbeimengung f.

empoisonner [-ne] v. tr. vergiften ; Gift geben, beimengen. || PAR EXT. [infecter] verpesten ; verstänkern. || FIG. [rendre amer] *Empoisonner l'existence de qn*, jm das Leben vergällen, sauer machen. || PAR ANAL. [corrompre] verderben ; vergiften. || FAM. *Empoisonner qn*, jn belästigen.

◇ v. intr. [puer] stinken.

◇ part. prés. et adj. **empoisonnant, ante.** FAM. lästig ; langweilig.

◇ part. pass. et adj. **empoisonné, ée,** vergiftet ; giftig ; Gift... | *Breuvage empoisonné*, Gifttrank m. || FIG., FAM. *Être empoisonné*, höchst verlegen sein ; nicht wissen, was tun.

◇ v. pr. **s'empoisonner,** [sens réfl.] sich vergiften ; Gift nehmen. || FIG. *S'empoisonner l'existence*, sich das Leben vergällen.

empoisonneur, euse [-nœ:r, ø:z] s. Giftmischer(in) m. (f.), -mörder(in) m. (f.). || FIG. Vergifter(in) m. (f.). || FAM. lästiger Kerl ; Stänker m.

empoissonner [ɑ̃pwasone] v. tr. mit Fischbrut besetzen.

emportement [ɑ̃pɔrtəmɑ̃] m. Aufbrausen n. ; Aufwallung f. ; Jähzorn m. ; Hitze f.

emporte-pièce [ɑ̃pɔrtəpjɛs] m. invar. Locheisen n. || FIG. *Un style à l'emporte-pièce*, eine bissige Schreibart.

emporter [-te] v. tr. [avec soi] mitnehmen. | *Donner à emporter*, mitgeben. | *Emporter dans la tombe*, mit ins Grab nehmen. || [hors d'un lieu] weg..., fort..., ab... (avec le verbe approprié) ; wegbringen, -nehmen, -tragen, -schaffen. | *Emporter à grand-peine*, wegschleppen, -schleifen, -wälzen. || PAR ANAL. [arracher] ab-, wegreißen ; weg... | *L'eau emporta un pont*, das Wasser riß, spülte, schwemmte eine Brücke weg. || PAR EXT. [entraîner] weg-, fort-, hinreißen ; mit sich reißen, ziehen. || FIG. *La mort l'emporta*, der Tod raffte ihn dahin. | *Le diable l'emporte !*, der Teufel soll ihn holen ! | *Se laisser emporter par la colère*, sich vom Zorn hinreißen lassen.

◇ loc. **l'emporter,** [vaincre, avoir le dessus] den Sieg davontragen ; die Oberhand behalten. | *L'emporter sur qn*, jn überbieten, übertreffen ; jm überlegen sein. || PAR ANAL. [prévaloir] durchschlagen (sépar.) ; überwiegen ; schwerer wiegen (als). | *Son avis l'emporta (sur les autres)*, seine Meinung schlug durch.

◇ part. pass. et adj. **emporté, ée,** FIG. [violent, irritable] aufbrausend, -fahrend ; jähzornig ; heißblütig ; hitzig ; ungestüm. || SPORT. *Cheval emporté*, scheues, wildes Pferd.

◇ v. pr. **s'emporter,** FIG. | [se mettre en colère] aufbrausen, -fahren ; in Wut, in Zorn geraten ; sich ereifern. | *S'emporter contre qn*, gegen jn aufbrausen ; jn anfahren.

empoté, ée [ɑ̃pɔte] adj. FIG., FAM. unbeholfen ; plump linkisch.

empourprer (s') [sɑ̃purpre] v. pr. purpurrot werden ; erglühen.

empoussiérer [ɑ̃pusjere] v. tr. ein-, verstauben.

empreindre [ɑ̃prɛ̃:dr] v. tr. ab-, auf-, eindrücken ; (ein)prägen. || FIG. einprägen. | *Empreint de*, mit einem Gepräge von.

empreinte [ɑ̃prɛ̃:t] f. Ab-, Auf-, Eindruck m. ; Prägung f. | *Empreinte digitale*, Fingerabdruck. | *Mettre une empreinte sur*, aufdrücken, -stempeln. | FIG. *Marquer d'une empreinte*, (aus)prägen. || PAR EXT. [trace] Spur f. | *Empreinte de pas*, Fußspur, -stapfen m. || FIG. Gepräge n. ; Siegel n.

empressement [ɑ̃prɛsmɑ̃] m. [zèle] Eifer m. ; Dienstbeflissenheit f. ; Geschäftigkeit f. ; Bereitwilligkeit f. | *Avec empressement*, eifrig ; emsig. | *Accepter avec empressement*, mit Begeisterung annehmen. || FIG. Freundlichkeit f. ; Entgegen-, Zuvorkommen n.

empresser (s') [sɑ̃prɛse] v. pr. sich beeilen ; sich eifrig bemühen. | *S'empresser de dire*, sich beeilen zu sagen. | *S'empresser auprès d'un malade*, sich eifrig um einen Kranken bemühen.

◇ part. pass. et adj. **empressé, ée,** (dienst)eifrig ; beflissen ; geschäftig ; emsig ; bereitwillig. || FIG. entgegen-, zuvorkommend ; eifrig bemüht. || SUBSTANTIV. *Faire l'empressé*, den Diensteifrigen spielen ; schöntun ; herumscharwenzeln.

— SYN. : *S'affairer*, geschäftig sein. *Se mettre en quatre*, sich zerreißen. *Se démener*, POP. sich umbringen.

emprise [ɑ̃priz] f. Beeinflussung f. ; Einfluß m. ; (geistige) Einwirkung ; Macht f.

emprisonnement [ɑ̃prizɔnmɑ̃] m. [action] Gefangennahme f. ; Verhaftung f. ; Inhaftierung f. || PAR EXT. [état] Haft f. ; Gefängnisstrafe f.

— SYN. : *Incarcération* f., Einkerkerung f. *Détention* f., Haft f. *Réclusion* f., Zuchthaus n.

emprisonner [-ne] v. tr. JUR. [arrêter] verhaften ; einsperren ; inhaftieren ; ins Gefängnis werfen. || PAR ANAL. [tenir enfermé] gefangenhalten. || PAR EXT. [chose] einzwängen, -pferchen.

— SYN. : *Incarcérer*, einkerkern. *Écrouer*, einsperren.

emprunt [ɑ̃prœ̃] m. [action] Leihen n. ; Entlehnen n. ; Borgen n. || PAR EXT. [somme] Anleihe f. ; Aufnahme (f.) von Geld. | *Faire un emprunt à qn*, eine Anleihe bei jm machen ; POP. jn anpumpen. | *Emprunt public*, öffentliche Anleihe. | *Émission d'un emprunt*, Begebung (f.) einer Anleihe. || PAR EXT. [idées]

Entlehnung f. | *Emprunt fait au latin*, Entlehnung aus dem Lateinischen.
◇ loc. adv. **d'emprunt,** erborgt. || FIG. [faux, factice] falsch ; fremd ; Schein... | *Nom d'emprunt*, falscher Name ; Deckname m.

emprunter [-te] v. tr. [argent, objet] leihen ; entleihen ; (er)borgen ; POP. pumpen. | *Emprunter qch. à qn*, etwas bei, von jm leihen ; jm etwas abborgen, entleihen. | *Il lui a emprunté de l'argent*, POP. er hat ihn angepumpt. | *Emprunter un livre*, ein Buch leihen. || PAR ANAL. [idée] entlehnen ; abschreiben (bei). || *Emprunter un chemin*, einen Weg nehmen.
◇ part. pass. et adj. **emprunté, ée,** [argent, objet] erborgt. || PAR EXT. [idée] entlehnt ; abgeschrieben. || FIG. [faux, factice] falsch ; fremd ; angenommen ; Schein... || [maladroit] linkisch.
— OBSERV. Les verbes simples « leihen », « borgen » signifient à la fois *emprunter* et *prêter*.

emprunteur, euse [-tœ:r, ø:z] s. Entleiher(in) m. (f.) ; Kreditnehmer(in) m. (f.).

empuantir [ɑ̃pyɑ̃ti:r] v. tr. verpesten.

émulateur [emylatœ:r] m. INF. Emulator m.

émulation [-sjɔ̃] f. Wetteifer m., -streit m. ; Nacheiferung f. ; Strebsamkeit f. || INF. Emulation f.

émule [emyl] s. Nacheiferer m. ; Nacheiferin f. ; Nebenbuhler(in) m. (f.). | *Être l'émule de qn*, mit jm wetteifern.

émulsifiant [emylsifjɑ̃] m. Emulgator m.

émulsion [-sjɔ̃] f. milchige Flüssigkeit ; Emulsion f.

en [ɑ̃] prép., adv. et préf.

I. SENS LOCAL.
II. SENS TEMPOREL.
III. ÉTAT DES CHOSES.
IV. ÉTAT DES PERSONNES.
V. « En » avec le part. prés.
VI. pron. pers. 3ᵉ pers. : dessen.
VII. adv. de lieu ; davon ; von da ; daher.
VIII. LOCUTIONS :
 1. loc. prép. ;
 2. loc. adv. ;
 3. loc. conj.

I. SENS LOCAL : [avec changement de lieu] nach ; zu ; in (acc.) ; auf (acc.). | *Aller, envoyer en Belgique*, nach Belgien fahren, senden. | *Aller en ville*, in die Stadt gehen. | *Aller en classe*, in die Schule, zur Schule gehen. | *Monter en voiture*, in den Wagen steigen ; einsteigen. | *Se mettre en route*, sich auf den Weg machen ; aufbrechen. || [sans changement de lieu] in (dat.) ; auf (dat.). | *Être en France*, in Frankreich sein. | *Être en voyage, en plein air, en rase campagne, en mer*, auf Reisen, im Freien, auf freiem Feld, auf hoher See sein. | *En chemin*, unterwegs. | *En public*, öffentlich. || FIG. in (dat., acc.). | *Rentrer en soi*, in sich gehen. | *La chose en soi*, die Sache an (und für) sich. — PAR EXT. CONTENANT, MOYEN, SUCCESSION : [contenant] *Vin en bouteille*, Flaschenwein m. | *Viande en boîte*, Büchsenfleisch n. || [moyen de transport] mit ; in (dat.). | *Voyager en chemin de fer*, mit der Bahn reisen. | *Se déplacer en avion*, mit, per Flugzeug reisen. || [succession] De... en..., von... zu... | *De main en main*, von Hand zu Hand.

II. SENS TEMPOREL : [époque, durée] in (dat.) ; zu. | *En hiver, en août*, im Winter, im August. | *En 1988*, (im Jahre) 1988. | *En ce moment*, zur Zeit ; jetzt ; gegenwärtig. | *En ce temps-là*, zu dieser Zeit ; damals. | *En tout temps*, zu jeder Zeit. | *En temps de guerre*, in Kriegszeiten. — PAR EXT. [délai] innerhalb (gén.) ; binnen (dat.). | *En quinze jours*, innerhalb fünfzehn Tage. | *En si peu de temps*, binnen so kurzer Zeit. || [succession] zu ; auf (acc.). | *De jour en jour*, von einem Tag zum anderen, auf den anderen. | *De temps en temps*, von Zeit zu Zeit ; dann und wann ; ab und zu. | *D'aujourd'hui en huit*, heute in acht Tagen. | *De père en fils*, vom Vater auf den Sohn.

III. ÉTAT DES CHOSES. — FORME : ...förmig. | *En cercle*, kreisförmig. | *Yeux en amande*, Mandelaugen n. pl. | *En forme de*, in der Form (gén.) ; ...förmig. — DISPOSITION : in ; ...weise. | *En croix*, kreuzweise. | *Mettre les bras en croix*, die Arme kreuzen. | *Être en fleur*, in Blüte stehen. | *S'étendre en longueur*, sich in die Länge ziehen. | *En vers*, in Versen. | *Diviser en quatre*, in vier teilen. | *En deux*, entzwei. — MATIÈRE : aus ; von. | *En fer*, aus Eisen ; eisern. | *Montre en or*, Golduhr f. | *Peindre en noir*, schwarz (ein)färben. | *Traduire en français*, auf französisch, ins Französische übersetzen. — DESTINATION : zu. | *Venir en aide*, zu Hilfe eilen. | *Mettre en vente*, zum Verkauf stellen.

IV. ÉTAT DES PERSONNES. — MANIÈRE : [d'être] in (dat.) ; mit. | *Être en haillons*, in Lumpen, zerlumpt sein. | *Être en armes*, unter Waffen stehen. | *En chemise*, im Hemd. | *En blanc*, weiß (gekleidet). | *En colère*, im Zorn ; zornig. | *Être en fonds*, bei Gelde sein. || [d'agir] zu (dat.) ; ...mäßig. | *En cachette*, im Stillen, Geheimen. | *En silence*, in aller Stille. | *En toute hâte*, in aller Eile ; eiligst. | *En cadence*, taktmäßig ; im Takt. — QUALITÉ : [comme] als ; wie. | *En ami*, als Freund. — PROFESSION : (gén.). *Docteur en droit*, Doktor (m.) der Rechte. | *Peintre en bâtiment*, Maler.

V. avec le part. prés. : [sens adverbial] part. prés. | *Ils entrèrent en riant*, sie traten lachend ein. || [sans complément] beim avec l'infin. substantivé. | *En glissant il se cassa une jambe*, beim Gleiten brach er sich ein Bein. || [circonstance] conj. appropriée avec subordonnée. | *En glissant sur la glace, il se cassa une jambe*, indem, während er auf dem Eis glitt, brach er sich ein Bein. || [coordination] *Il marchait sur la grand-route en sifflant une chanson*, er schritt auf der Landstraße und pfiff ein Lied. || LOC. *En montant*, bergauf. | *En attendant*, indes(sen).

VI. pron. pers. 3ᵉ pers. VALEUR DÉMONSTRATIVE (compl. de nom) : dessen ; deren. | *C'est une belle maison ; qui en est le propriétaire ?*, es ist ein schönes Haus ; wem gehört es ? || [compl. de verbe ou d'adj.] prép. avec le pron. pers. | *Je m'en réjouis*, ich freue mich darauf, darüber. | *Qu'en dites-vous ?*, was sagen Sie dazu ? | *Il en est digne*, er ist dessen würdig. || [pour cela, à cause de cela] dafür ; deswegen ; darum. | *Je t'en remercie*, ich danke dir dafür. | *Je t'en aime davantage*, ich habe dich desto, um so lieber. — VALEUR PARTITIVE : [un peu, quelques-uns] welcher. | *Il veut des pommes ; y en a-t-il encore ?*, er will Äpfel ; sind noch welche da ? | *Du vin ? Je n'en ai plus*, Wein ? Ich habe keinen mehr. || [une certaine quantité] davon. | *Voici trois bouteilles ; j'en prends deux*, hier sind drei Flaschen ; ich nehme zwei davon. || [avec un nombre] *Avez-vous des frères ? j'en ai deux*, haben Sie Brüder ? ich habe ihrer zwei. — EXPLÉTIVE : *Combien en a-t-il encore ?*, wieviel hat er noch ? | *J'en suis*, ich mache gern mit. | *Je vous en prie !*, bitte schön ! | *Où voulez-vous en venir ?*, was soll das heißen ? | *Il m'en veut*, er ist mir böse. | *Je n'en peux plus*, ich kann nicht mehr. | *C'en est fait*, es ist aus damit. | *Où en est-il*, wie weit ist er ? wie steht es mit ihm ? | *L'affaire en est là*, so sieht die Sache aus. | *Je sais ce qu'il en est*, ich weiß Bescheid. | *Je n'en peux mais*, ich kann nicht dafür. | *Il en a assez*, er hat es satt. | *S'il en est ainsi*, wenn dem so ist. | *Quoi qu'il en soit*, wie dem auch sein mag. || FAM. *En veux-tu, en voilà*, in Hülle und Fülle ! | *Il s'en faut de beaucoup*, es fehlt noch viel. | *Il s'en fallut de peu*, beinahe ; um ein Haar.

VII. adv. de lieu. davon ; von da ; von dort ; daher. | *J'en viens*, ich komme von dort. | *J'en sors*, ich komme soeben heraus. | *S'en aller*, fort-, weggehen ; wegziehen.
VIII. LOCUTIONS : **1.** loc. prép. *En haut de l'escalier*, die Treppe hinauf ; oben auf der Treppe. | *En bas de la montagne*, den Berg hinab ; unten am Berg. | *En avant de*, vor (acc., dat.). | *En tête de la troupe*, der Truppe voran. | *En travers de la rue*, quer über die, der Straße. | *En cas d'accident*, im Fall eines Unglücks.
2. loc. adv. *En haut, en bas*, oben, unten. | *En dessous*, unten, darunter. | *En avant*, vorn ; voran ; voraus. | *En arrière, en queue*, hinten, hintenan. | *En effet*, nämlich. | *En général*, im allgemeinen ; überhaupt. | *En plus*, dazu ; obendrein. | *En revanche*, dagegen ; dafür. | *En réalité*, in Wirklichkeit ; eigentlich. | *En ville*, hier(selbst). | *En face*, gegenüber ; ins Gesicht. | *De plus en plus*, immer mehr.
3. loc. conj. *En tant que*, als. | *En attendant que*, bis. | *En admettant que*, gesetzt, daß...

énamourer (s') [senamure], **enamourer (s')** [sɑ̃namure] v. pr. sich verlieben ; verliebt werden.

encablure [ɑ̃kably:r] f. MAR. Kabellänge f.

encadrement [ɑ̃kadrəmɑ̃] m. [action] Ein-, Umrahmen n. ; Ein-, Umfassen n. || [résultat] Einrahmung f. ; Ein-, Umfassung f. ; Rahmen m. || ÉCON. *Encadrement du crédit*, Kreditkontingentierung f.

encadrer [-dre] v. tr. rahmen ; ein-, umrahmen ; ein-, umfassen. | *Encadrer un tableau*, ein Bild (ein)rahmen.
◇ part. pass. et adj. **encadré, ée,** eingerahmt ; umrahmt. | *Encadré de noir*, mit Trauerrand. || MIL. *Troupes mal encadrées*, schlecht geführte Truppen f. pl.

encadreur, euse [-drœ:r, ø:z] s. Rahmenglaser m.

encaisse [ɑ̃kɛs] f. COMM. Kassenbestand m., -guthaben n. ; Barbestand m. | *Encaisse-or*, Goldbestand m., -reserve f.

encaissement [-smɑ̃] m. COMM. Einziehung f., -kassierung f. ; Inkasso(geschäft) n. ; Zahlungseingang m. || GÉOL. *Encaissement d'une rivière*, Einengung (f.) eines Flußbett(e)s.

encaisser [-se] v. tr. [marchandises] in Kisten verpacken. || FIG., FAM. *Encaisser des coups*, Schläge hinnehmen. | *Encaisser des injures*, Schimpfworte einstecken. | *Ne pouvoir encaisser qn*, jn nicht leiden können. || COMM. einziehen, -nehmen, -lösen, -kassieren ; vereinnahmen.
◇ part. pass. et adj. **encaissé, ée.** COMM. einkassiert. || GÉOL. eingeengt ; tief eingeschnitten.

encaisseur [-sœ:r] m. COMM. (Ein)kassierer m. ; Kassenbote m.

encan [ɑ̃kɑ̃] m. Versteigerung f. ; Auktion f. | *Vendre à l'encan*, meistbietend verkaufen ; versteigern.

encanailler [ɑ̃kanaje] v. tr. herunterziehen.
◇ v. pr. **s'encanailler,** abgleiten ; ordinär werden.

encapuchonner [ɑ̃kapyʃɔne] v. tr. die Kapuze überziehen (dat.).

encaquer [ɑ̃kake] v. tr. in Fässer einlegen.

encart [ɑ̃kar] m. TYPOGR. Abschnitt m. | *Encart publicitaire*, Werbebeilage f.

encartage [-ta:ʒ] m. TYPOGR. Einlegen n.

encarter [-te] v. tr. einlegen, -heften ; beilegen.

en-cas [ɑ̃ka] m. [moyen de fortune] Notbehelf m. || PAR ANAL. [collation] Imbiß m.

encastrement [ɑ̃kastrəmɑ̃] m. TECHN. [action] Einfügen n., -bauen n. || [résultat] Einfügung f.

encastrer [-tre] v. tr. TECHN. einsetzen, -fügen, -betten, -lassen, -bauen.
◇ part. pass. et adj. **encastré, ée,** Einbau... | *Réfrigérateur encastré*, Einbaukühlschrank m.

encaustique [ɑ̃kostik] f. Bohnerwachs n.

encaustiquer [-ke] v. tr. bohnern ; wichsen ; wachsen.

enceinte [ɑ̃sɛ̃:t] f. [ce qui entoure] Einfriedigung f. ; Umfassung f., -wallung f., -schließung f. | *Enceinte d'une ville*, Stadtmauer f. || [espace clos] (abgeschlossener) Raum ; Bereich m. || MUS. *Enceinte acoustique, de haut-parleurs*, Lautsprecherbox f. || NUCL. *Enceinte de confinement*, Sicherheitskugel f. ; Betonabschirmung f. | *Enceinte de sécurité*, Sicherheitshülle f. ; Sicherheitsbehälter m.

enceinte [ɑ̃sɛ̃:t] adj. schwanger ; in anderen Umständen ; guter Hoffnung. | *Elle est enceinte de trois mois*, sie steht im dritten Monat.

encens [ɑ̃sɑ̃] m. RELIG. Weihrauch m. || FIG. Beweihräucherung f. ; Lobhudelei f.

encenser [-se] v. tr. Weihrauch streuen ; beräuchern. || FIG. beweihräuchern ; schmeicheln (dat.) ; lobhudeln.

encenseur [-sœ:r] m. FIG. [flatteur] Beweihräucherer m. ; Schmeichler m. ; Lobhudler m.

encensoir [-swa:r] m. Weihrauch-, Räucherfaß n.

encéphale [ɑ̃sefal] m. ANAT. Gehirn n.

encéphalite [-lit] f. MÉD. Gehirnentzündung f.

encerclement [ɑ̃sɛrkləmɑ̃] m. Einkreisung f., -schließung f., -kesselung f. ; Umzingelung f.

encercler [-kle] v. tr. einkreisen, -schließen, -kesseln ; umzingeln.

enchaînement [ɑ̃ʃɛnmɑ̃] m. An-, Ver-, Zusammenkettung f. || FIG. Verknüpfung f., -bindung f. ; Zusammenhang m. | *Enchaînement des idées*, Ideenverbindung ; Gedankenfolge f. | *Enchaînement de circonstances*, Fügung f.

enchaîner [-ne] v. tr. [prisonnier, chien] an-, verketten ; an die Kette legen ; fesseln. || PAR EXT. [cœur] fesseln. || FIG. [idées] verknüpfen, -binden ; in Zusammenhang setzen.
◇ v. intr. FIG. [continuer] fortfahren ; den Faden wieder aufnehmen.
◇ v. pr. **s'enchaîner.** FIG. [idées] ineinandergreifen ; aufeinanderfolgen ; sich verketten.

enchantement [ɑ̃ʃɑ̃tmɑ̃] m. [action] Zaubern n. || [état] Be-, Verzauberung f. ; Verhexung f. || [charme magique] Zauber m. || PAR EXT. [art] Zauberei f. ; Hexerei f. || LOC. *Comme par enchantement*, wie mit einem Zauberschlag ; wie gehext. || FIG. [ravissement] Entzücken n. ; Entzückung f. ; Wonne f. ; Berückung f. | *Être dans l'enchantement*, bezaubert, entzückt sein.

enchanter [-te] v. tr. [magie] ver-, bezaubern ; ver-, behexen ; verwünschen. || FIG. [charmer] bezaubern ; entzücken ; berücken.
◇ part. pass. et adj. **enchanté, ée,** verzaubert ; Zauber... | *Monde enchanté*, Zauber-, Wunderwelt f. || FIG. bezaubert ; entzückt ; berückt. || PAR EXT. *Enchanté de vous voir*, es freut mich, Sie zu sehen. | *Enchanté de faire votre connaissance*, sehr erfreut, Sie kennenzulernen.

enchanteur, eresse [-tœ:r, trɛs] adj. bezaubernd ; zauberisch ; entzückend ; Zauber...
◇ s. Zauberer m. ; Zauberin f. || FIG. Bezauberer m.

enchâsser [ɑ̃ʃase] v. tr. TECHN. [diamant] einfassen, -fügen, -setzen, -lassen.

enchère [ɑ̃ʃɛ:r] f. JUR. Angebot n. ; höheres Gebot. | *Dernière enchère*, Höchstgebot n. | *Vendre aux enchères*, versteigern. | *Vente aux enchères*, Auktion f.
— SYN. : *Surenchère* f., Mehrgebot n. *Criée* f., (öffentliche) Versteigerung. *Encan* m., Auktion f.

enchérir [ɑ̃ʃeri:r] v. tr. JUR. höher bieten (für). ‖ COMM. [rendre plus cher] den Preis hinauftreiben ; verteuern. ‖ FIG. *Enchérir sur qch.*, etwas überbieten.

enchérisseur [-risœ:r] m. Bieter m. ; Steigerer m. ; Herauftreiber m.

enchevêtrement [ɑ̃ʃəvɛtrəmɑ̃] m. Verwicklung f., -flechtung f. ; Gewirr n.

enchevêtrer [-tre] v. tr. TECHN. [poutre] verbinden. ‖ PAR EXT. [embrouiller] verwickeln, -flechten ; -heddern.

enclave [ɑ̃kla:v] f. [territoire] Enklave f.

enclaver [-ve] v. tr. [territoire] ein-, umschließen.

enclenchement [ɑ̃klɑ̃ʃmɑ̃] m. [action] Einschalten n., -klinken n. ‖ PAR EXT. [résultat] Einschaltung f., -klinkung f., -rückung f.

enclencher [-ʃe] v. tr. einschalten, -klinken.

enclin, ine [ɑ̃klɛ̃, in] adj. geneigt (zu) ; veranlagt (für). | *Être enclin au mal*, einen Hang zum Bösen haben.

enclore [ɑ̃klɔ:r] v. tr. ein-, umschließen ; einfassen ; einfriedigen ; umzäunen ; umgeben, -gürten. | *Enclore d'une haie*, mit einer Hecke umpflanzen.

◇ part. pass. et adj. **enclos, ose,** eingeschlossen.

enclos [ɑ̃klo] m. [lieu clos] eingeschlossener Platz. ‖ [à la campagne] umzäumte Weide ; Grasgarten m. ; Gehege n. ‖ [élevage] Pferch m. ; Koppel f.

enclume [ɑ̃klym] f. Amboß m.

encoche [ɑ̃kɔʃ] f. Kerbe f. ; Ein-, Auskerbung f. ; Einschnitt m. ; Raste f. ; Nute f. ; Schlitz m. | *Faire une encoche*, einkerben.

encocher [-ʃe] v. tr. ein-, auskerben ; einrasten ; nuten.

encodeur [ɑ̃kɔdœ:r] m. INF. Kodierer m.

encoignure [ɑ̃kɔɲy:r] f. (einspringende) Ecke ; Winkel m. ‖ [meuble] Eckschrank m.

encollage [ɑ̃kɔla:ʒ] m. [action] Ver-, Zu-, Aufleimen n. ‖ PAR EXT. [état] Leimgrund m.

encoller [-le] v. tr. leimen. | *Encoller une étoffe*, einem Stoff Appretur geben.

encolure [ɑ̃kɔly:r] f. [cheval] Hals m. ‖ PAR EXT. [tour de cou] Hals-, Kragenweite f.

encombrant, ante [ɑ̃kɔ̃brɑ̃, ɑ̃:t] adj. füllig ; platznehmend ; sperrig. | *Colis encombrant*, Sperrgut n. ‖ FIG. lästig ; störend.

encombre [ɑ̃kɔ̃:br] m. LOC. *Arriver sans encombre*, unbehindert ans Ziel gelangen.

encombrement [-brəmɑ̃] m. [action et résultat] Versperrung f. ; Sperre f. ; Überfüllung f. ‖ PAR ANAL. [objets] *Encombrement de voitures*, Wagengedränge n. ‖ PAR EXT. [dimensions] Umfang m.

encombrer [-bre] v. tr. [obstruer] versperren, -stellen, -stopfen. ‖ PAR EXT. überfüllen. | *Encombrer le marché*, den Markt überfüllen.

encontre (à l') [alɑ̃kɔ̃:tr] loc. prép. **à l'encontre de,** gegen ; wider. | *Aller à l'encontre de tout*, gegen alles angehen ; sich allem widersetzen.

encorbellement [ɑ̃kɔrbɛlmɑ̃] m. ARCHIT. Mauervorsprung m. ; Vorbau m. | *Étages en encorbellement*, vorspringende, überhängende Stockwerke n. pl.

encorder [ɑ̃kɔrde] v. tr. an-, festbinden ; an-, festseilen.

◇ v. pr. **s'encorder,** sich anseilen.

encore [ɑ̃kɔ:r] adv. **1.** TEMPS [jusqu'à présent] : noch ; bis jetzt. | *(Ne) pas encore*, noch nicht. ‖ [toujours] immer noch ; noch immer. | *Il neige encore*, es schneit immer noch. ‖ [plus longtemps] noch länger. | *Pourquoi en parler encore ?*, warum noch länger darüber sprechen ? **2.** RÉPÉTITION, INSISTANCE : [de nouveau] noch-, abermals ; wieder(um) ; noch einmal. | *Encore toi !*, du schon wieder ! | *Encore !*, noch einmal ! ‖ [davantage] noch mehr. | *Je voudrais encore de la soupe*, ich möchte noch mehr Suppe. ‖ [de plus, en outre] überdies ; dazu ; weiter ; noch mehr ; ja sogar ; ferner. | *Et quoi encore ?*, was noch weiter ? | *Encore faut-il savoir en jouer*, zudem muß man darauf spielen können. | *Non seulement..., mais encore*, nicht nur..., sondern auch. **3.** RESTRICTION, CONCESSION : [cependant] dennoch ; und doch. | *C'est bien, encore n'est-ce pas suffisant*, das ist gut, dennoch ist es nicht hinreichend. | *Mais encore ?*, und dann ? ‖ [concession] *Si encore il avait travaillé*, hätte er wenigstens gearbeitet. | *Et encore*, und wenn auch ; und selbst dann.

◇ loc. conj. **encore que,** [quoique] obgleich ; wenn auch. | *Encore qu'il fût malade*, obgleich er krank war.

encorner [-ne] v. tr. auf die Hörner nehmen.

encouragement [ɑ̃kuraʒmɑ̃] m. Ermutigung f. ; Aufmunterung f. ; Zuspruch m. ; Förderung f.

encourager [-ʒe] v. tr. ermutigen ; er-, aufmuntern ; Mut zusprechen (dat.) ; anfeuern ; antreiben ; fördern. | *Encourager les soldats*, die Soldaten anfeuern. | *Encourager le talent*, das Talent fördern.

— SYN. : *Animer*, beleben. *Inciter*, anregen. *Exhorter*, ermahnen. *Aiguillonner*, anstacheln.

encourir [ɑ̃kuri:r] v. tr. sich zuziehen ; sich aussetzen (dat.) ; auf sich laden. | *Encourir une peine*, eine Strafe verwirken ; straffällig werden.

encrage [ɑ̃kra:ʒ] m. TECHN. Einfärbung f., -schwärzung f.

encrassement [ɑ̃krasmɑ̃] m. TECHN. Be-, Ver-, Einschmutzung f. ; Verrußung f. ; Verölung f.

encrasser [-se] v. tr. be-, ein-, verschmutzen ; verrußen ; POP. verdrecken.

◇ v. pr. **s'encrasser,** schmutzig werden.

encre [ɑ̃:kr] f. Tinte f. | *Tache, bouteille d'encre*, Tintenklecks m., -flasche f. | *Encre de Chine*, Tusche f. | *Encre sympathique*, Geheimtinte. ‖ FIG. *C'est la bouteille à l'encre*, FAM. das ist eine dunkle Angelegenheit. ‖ TYPOGR. Schwärze f.

encrer [ɑ̃kre] v. tr. TYPOGR. (ein)schwärzen.

encreur [ɑ̃krœ:r] m. TYPOGR. Farb... | *Rouleau encreur*, Farbwalze f.

encrier [ɑ̃krije] m. Tintenfaß n.

encroûtement [ɑ̃krutmɑ̃] m. FIG. Verknöcherung f. ; (geistige) Abstumpfung.

encroûter [-te] v. tr. verkrusten, -knöchern, -kalken. | FIG., FAM. *Vieillard encroûté*, verknöcherter Greis.

◇ v. pr. **s'encroûter,** sich mit einer Kruste überziehen ; sich berinden. ‖ FIG. verknöchern.

encyclique [ɑ̃siklik] f. RELIG. Enzyklika f.

encyclopédie [-klɔpedi] f. Enzyklopädie f. ; Konversationslexikon n.

encyclopédique [-klɔpedik] adj. umfassend ; vielwissend ; enzyklopädisch.

endémique [ɑ̃demik] adj. MÉD. dauernd ansteckend ; endemisch.

endettement [ɑ̃dɛtmɑ̃] m. Verschuldung f.

endetter [-te] v. tr. in Schulden stürzen.

◇ part. pass. et adj. **endetté, ée,** verschuldet.

◇ v. pr. **s'endetter,** in Schulden geraten.

endeuiller [ɑ̃dœje] v. tr. in Trauer versetzen.

◇ part. pass. et adj. **endeuillé, ée,** in Trauer.

endiablé, ée [ɑ̃djable] adj. verteufelt ; besessen. ‖ FIG., FAM. [emporté, fougueux] toll ; wild ; Teufels... | *Danse endiablée*, wilder Tanz.

endiguer [ɑ̃dige] v. tr. eindeichen, -dämmen ; ab-, aufdämmen, -stauen. | *Endiguer une rivière*, einen Fluß einbetten. || PAR EXT. *Endiguer la foule*, die Menge stauen. || FIG. einschränken ; hemmen.

endimanché, ée [ɑ̃dimɑ̃ʃe] adj. im Sonntagsanzug ; in Festtagskleidern.

endive [ɑ̃di:v] f. BOT. Chicorée f.

endocarde [ɑ̃dɔkard] m. ANAT. innere Herzwandschicht ; Endokard n.

endocardite [-dit] f. MÉD. Herzinnenhautentzündung f.

endocrine [ɑ̃dɔkrin] adj. f. ANAT. *Glandes endocrines*, innere Drüsen f. pl.

endoctriner [ɑ̃dɔktrine] v. tr. [élève] belehren. || FIG. [foule, partisan] für sich gewinnen ; PÉJOR. bearbeiten ; vornehmen.

— SYN. : *Catéchiser*, vorpredigen (dat.) ; vornehmen.

endolori, ie [ɑ̃dɔlɔri] adj. schmerzend ; schmerzhaft. | *Être endolori*, schmerzen. | *Il a le bras endolori*, der Arm schmerzt ihn, tut ihm weh.

endommager [ɑ̃dɔmaʒe] v. tr. beschädigen ; Schaden zufügen ; verderben.

◇ part. pass. et adj. **endommagé, ée,** beschädigt ; schadhaft ; defekt.

◇ v. pr. **s'endommager,** [sens pass.] beschädigt werden ; Schaden leiden.

endormant, ante [ɑ̃dɔrmɑ̃, ɑ̃:t] adj. einschläfernd ; POP. einlullend. || FIG. langweilig ; öde.

endormeur [-mœ:r] m. FIG. [qui ennuie] Einschläferer m. ; langweiliger Peter. || PAR EXT. [qui berne] Betörer m. ; Schwindler m.

endormir [-mi:r] v. tr. einschläfern ; zum Schlafen bringen ; schläfrig machen. | *Endormir un bébé*, ein Baby einlullen. || PAR EXT. [calmer] betäuben. | *Endormir la douleur*, den Schmerz betäuben. || FIG. [ennuyer] langweilen ; anöden. || PAR EXT. [berner] einlullen ; betören ; beschwindeln. || MÉD. betäuben.

◇ part. pass. et adj. **endormi, ie,** [qui dort] eingeschlafen ; schlafend. || PAR EXT. [qui veut dormir] schläfrig ; verschlafen. || FIG. [lourd, paresseux] langsam ; träge ; schlafmützig.

◇ v. pr. **s'endormir,** einschlafen, -schlummern ; in Schlaf versinken. || PAR EXT. [mourir] entschlafen. || FIG. *S'endormir sur ses lauriers*, auf seinen Lorbeeren ausruhen. | *Ne pas s'endormir*, wach bleiben ; die Augen offenhalten.

endos, endossement [ɑ̃do, ɑ̃dosmɑ̃] m. COMM. Indossierung f. ; Indossament n.

endossable [ɑ̃dɔsabl] adj. indossierbar ; girierbar.

endosser [-se] v. tr. [vêtement] anziehen, -legen. || FIG. auf sich nehmen, laden. | *Endosser la responsabilité*, die Verantwortung übernehmen. | *Faire endosser qch. à qn*, jm etwas aufbürden ; POP. jm etwas auf den Buckel laden. || COMM. [effet] übertragen ; weitergeben ; indossieren.

endroit [ɑ̃drwa] m. [lieu] Stelle f. ; Ort m. ; Platz m. | *Le bon endroit*, die richtige, gehörige Stelle. | *À l'endroit où*, da wo. | *De quel endroit ?*, von wo ? || [lieux d'aisance] *Le petit endroit*, das stille Örtchen. || PAR ANAL. [localité] Ortschaft f. ; Ort m. || PAR EXT. [bon côté] rechte Seite ; Glanzseite f. | *Ce bas est à l'endroit*, der Strumpf hat die rechte Seite nach außen.

◇ loc. prép. **à l'endroit de (qn),** in Bezug auf (jn). | *À mon endroit*, mir gegenüber.

enduire [ɑ̃dɥi:r] v. tr. an-, be-, überstreichen ; überziehen, -tünchen ; verputzen. | *Enduire de goudron*, teeren.

enduit [ɑ̃dɥi] m. TECHN. Überzug m., -guß m. || PAR ANAL. [peinture] Anstrich m.

endurable [ɑ̃dyrabl] adj. erträglich ; (aus)haltbar.

endurance [-rɑ̃:s] f. Ausdauer f.

endurant, ante [-rɑ̃, ɑ̃:t] adj. ausdauernd. | *Être endurant*, viel vertragen. || FIG. geduldig.

endurcir [ɑ̃dyrsi:r] v. tr. härten ; hart machen. || FIG. ver-, abhärten ; stählen ; kräftigen.

◇ part. pass. et adj. **endurci, ie,** hart ; abgehärtet. || FIG. *Pécheur endurci*, verstockter Sünder. | *Cœur endurci*, steinernes Herz.

◇ v. pr. **s'endurcir,** hart werden ; sich (ver)härten ; erhärten. || FIG. sich ab-, verhärten ; sich stählen (gegen). || PÉJOR. verstockt, gefühllos werden.

endurcissement [-sismɑ̃] m. Ab-, Verhärtung f. || FIG., PÉJOR. Verstocktheit f. ; Abstumpfung f.

endurer [ɑ̃dyre] v. tr. [résister] aushalten, -dauern, -stehen. || PAR ANAL. [supporter, souffrir] ertragen ; (er)dulden ; (er)leiden. || PAR EXT. *Endurer la faim*, hungern.

énergétique [enɛrʒetik] adj. kraftspendend ; energetisch. | *Aliment énergétique*, Kraftnahrung f. | *Valeur énergétique d'un aliment*, Nährwert m. | *Politique énergétique*, Energiepolitik f.

énergie [-ʒi] f. **1.** PHYS. Kraft f. ; Arbeitsvermögen n. ; Energie f. | *Énergie cinétique*, Bewegungskraft. | *Énergie hydraulique*, Wasserkraft. | *Énergie calorifique*, Wärmeenergie f. | *Énergie douce*, sanfte Energie. | *Énergie éolienne*, Windenergie. | *Énergie fossile*, fossile Energie. | *Énergie géothermique*, Erdwärmestrom m. | *Énergie marémotrice*, Gezeitenenergie. | *Énergie des océans*, Meeresenergie. | *Énergie solaire*, Solar-, Sonnenenergie. | *Énergie verte*, grüne Energie. | *Source d'énergie*, Kraftquelle f. || NUCL. *Énergie atomique* (ou *nucléaire*), Atomenergie f. | *Énergie de fission*, Spaltungsenergie f. | *Énergie de fusion*, Kernfusionsenergie f. **2.** FIG. Tatkraft f. ; Willenskraft f. ; Energie f. | *Avec énergie*, kraftvoll ; energisch. | *Sans énergie*, kraftlos ; matt ; schlaff.

énergique [-ʒik] adj. (tat)kräftig ; energisch ; wuchtig ; Kraft... | *Expression énergique*, Kraftwort n., -ausdruck m. | *Remède énergique*, wirksames, durchschlagendes Heilmittel. | *Mesures énergiques*, durchgreifende Maßnahmen f. pl. | *D'un ton énergique*, mit nachdrücklichem Ton.

énergumène [enɛrgymɛn] s. Besessene(r) f. (m.) ; Tolle(r) f. (m.) ; Rasende(r) f. (m.).

énervant, ante [enɛrvɑ̃, ɑ̃:t] adj. [qui abat] entnervend. || PAR EXT. [qui agace] nervenerregend ; aufregend. | *Ce bruit est énervant*, der Lärm geht einem auf die Nerven.

énervement [-vəmɑ̃] m. Auf-, Erregung f. ; Erregtheit f. ; Nervosität f.

énerver [-ve] v. tr. [abattre] entkräften ; erschlaffen. || PAR EXT. [agacer] auf-, erregen ; nervös machen ; auf die Nerven gehen (dat.).

◇ part. pass. et adj. **énervé, ée,** VX. [abattu] entnervt ; schlaff. || [agacé] aufgeregt ; nervös.

◇ v. pr. **s'énerver,** sich aufregen ; nervös werden.

— SYN. : *Impatienter*, ungeduldig machen. *Agacer*, reizen.

enfance [ɑ̃fɑ̃:s] f. [période] Kindheit f. ; Kinderzeit f., -jahre n. pl. ; früh(e)ste Jugendzeit. | *Dès l'enfance*, von Kindheit an, auf ; von jung auf. | *Retomber en enfance*, kindisch werden. | *C'est l'enfance de l'art*, das ist kinderleicht.

enfant [ɑ̃fɑ̃] m. [tout petit] Kind n. | *Petit enfant*, Kindchen n., -lein n. | *C'est encore une enfant*, sie ist noch ein Kind ; sie ist noch blutjung. | *Enfant au maillot*, Wickelkind. | *Jardin d'enfants*, Kindergarten m. || [garçon, fille] Kind n. ; Knabe m. ; Mädchen n. || PAR EXT. [fils, fille] Kind n. ; Sohn m. ; Tochter f. | *Enfant légitime*, eheliches Kind. | *Enfant naturel*, uneheliches Kind. | *Enfant adoptif*, Adoptivkind. | *Sans enfants*, kinderlos. | *Qui a beaucoup d'enfants*, kinderreich. | *Qui attend un enfant*, schwanger. || Loc. *Enfant prodige*, Wunderkind, -knabe m. | *L'enfant prodigue*, der verlorene Sohn. | *Enfant de chœur*, Meßdiener m. | *Enfant de la rue*, Gassenjunge m. | *Enfant terrible*, Familienschreck m. | *L'enfant Jésus*, das Jesuskindlein. || FIG. *Ne fais pas l'enfant !*, stell' dich doch nicht kindisch an ! ; sei doch kein Kind ! | *Avoir l'air bon enfant*, gutmütig aussehen. | *C'est un enfant de Berlin*, es ist ein geborener Berliner.

◇ m. pl. **enfants,** [descendants] Nachkommen m. pl. | *Petits-enfants*, Enkel m. pl. ; Enkelkinder n. pl. | *Arrière-petits-enfants*, Urenkel m. pl.

— SYN. : *Bambin*, Bube ; Knirps. *Gamin*, Junge ; Bube.

enfantement [-tmɑ̃] m. Gebären n. ; Geburt f. ; Niederkunft f. | *Douleurs de l'enfantement*, Geburtswehen f. pl. || FIG. [poème] Zustandebringen n., -kommen n.

enfanter [-te] v. tr. gebären ; auf die Welt bringen ; niederkommen (mit). || FIG. [produire, créer] hervorbringen ; erzeugen ; erschaffen. | *Enfanter un projet*, einen Plan aushecken.

enfantillage [-tija:ʒ] m. Kinderei f. ; Kinderstreich m. ; Spielerei f. | *Perdre son temps en enfantillages*, seine Zeit in Kindereien verplempern.

enfantin, ine [-tɛ̃, in] adj. kindlich ; kindhaft ; PÉJOR. kindisch ; Kinder... | *Jeux enfantins*, kindliche Spiele n. pl. | *Voix enfantine*, Kinderstimme f. | *C'est enfantin*, das weiß jedes Kind.

enfariner [ɑ̃farine] v. tr. mit Mehl ein-, bestreuen.

◇ part. pass. et adj. **enfariné, ée,** (mit Mehl) bepudert. || FIG., FAM. *Attendre le bec enfariné*, sich eitlen Hoffnungen hingeben.

enfer [ɑ̃fɛ:r] m. RELIG. Hölle f. | *Aller en enfer*, in die Hölle kommen. | *Descente aux enfers*, Höllenfahrt f. | *D'enfer*, höllisch ; Höllen... || FIG. *Cette maison est un enfer*, in diesem Haus ist es nicht auszuhalten. | *Faire un feu d'enfer*, ein Höllenfeuer machen. | *Aller un train d'enfer*, ein Höllentempo einhalten.

◇ m. pl. **Enfers.** MYTH. Orkus m. ; Hades m. ; Unterwelt f.

enfermer [ɑ̃fɛrme] v. tr. [mettre dans] ein-, verschließen ; einsperren. || PAR ANAL. [emprisonner] *Enfermer qn*, jn einsperren. || PAR EXT. [entourer] umschließen, -geben, -fassen. || FIG. [contenir, comprendre] enthalten.

◇ v. pr. **s'enfermer,** sich ein-, verschließen. || MIL. sich einigeln.

— SYN. : *Renfermer*, (wieder) einschließen ; enthalten. *Séquestrer*, widerrechtlich einsperren. *Cloîtrer*, *claustrer*, (ins Kloster) einsperren ; einmauern. *Parquer*, zusammenpferchen.

enferrer [ɑ̃fɛre] v. tr. [avec une épée] durch-, aufspießen ; durchbohren.

◇ v. pr. **s'enferrer,** sich durchbohren ; sich den Degen in den Leib rennen. || FIG. sich festrennen ; sich verfangen.

enfiévrer [ɑ̃fjevre] v. tr. fiebrig machen. || FIG. entflammen ; aufreizen, -regen.

◇ part. pass. et adj. **enfiévré, ée,** FIG. fieberhaft ; aufgeregt.

enfilade [ɑ̃filad] f. (lange) Reihe. | *Enfilade de chambres*, Zimmerflucht f. | *Être en enfilade*, in einer Reihe liegen. | *En enfilade*, der Länge nach.

enfiler [-le] v. tr. [aiguille] einfädeln. || FIG. *Enfiler des perles*, Perlen aufreihen ; Unnützes sagen, tun. || PAR EXT. [vêtement] überstreifen (sépar.) ; schlüpfen (in, acc.).

enfin [ɑ̃fɛ̃] adv. [à la fin] endlich ; zuletzt ; am Ende. || [pour finir] schließlich ; (und) zum Schluß ; darauf noch. || [bref] kurz(um).

enflammer [ɑ̃flame] v. tr. [mettre en feu] an-, entzünden ; in Flammen setzen. || PAR EXT. glühend machen ; röten. || FIG. [exciter] entflammen ; anfeuern ; begeistern. | *Enflammer les cœurs*, die Herzen begeistern.

◇ part. pass. et adj. **enflammé, ée,** flammend ; brennend. || PAR EXT. [très chaud] glühend ; feurig. | *Joues enflammées*, glühende Wangen f. pl. | *Être enflammé*, glühen. || FIG. entflammt ; feurig. | *Regards enflammés*, flammende, feurige Blicke m. pl. | *Discours enflammés*, zündende Reden f. pl.

◇ v. pr. **s'enflammer,** sich entzünden, -flammen ; aufflammen, -lodern ; in Brand, Feuer, Glut geraten ; Feuer fangen. || FIG. sich entflammen ; entbrennen ; begeistert sein. | *S'enflammer d'amour*, in Liebe entbrennen. | *S'enflammer pour qch.*, von etwas begeistert sein. || MÉD. [plaie] sich entzünden.

enfler [ɑ̃fle] v. tr. [gonfler] aufblasen, -blähen. | *Enfler les joues*, die Backen aufplustern. | *Enfler les voiles*, die Segel blähen, prall machen. || PAR ANAL. [grossir] (an)schwellen. | *La pluie enfle la rivière*, der Regen läßt den Fluß anschwellen. || PAR EXT. *Enfler la voix*, die Stimme anschwellen lassen, verstärken. || FIG. [grossir] (auf)blähen ; steigern. | *Enfler son style*, seinen Stil aufbauschen.

◇ part. pass. et adj. **enflé, ée,** geschwollen. | *Avoir les joues enflées*, geschwollene Backen haben. || FIG. aufgeblasen ; schwülstig.

◇ v. intr. et v. pr. **s'enfler,** an-, aufschwellen. | *La rivière enfle*, der Fluß schwillt an. || FIG. sich aufblähen.

enflure [ɑ̃fly:r] f. MÉD. Anschwellung f. ; Geschwulst f. ; Beule f. || FIG. [emphase] Aufgeblasenheit f. ; Schwulst m.

enfoncement [ɑ̃fɔ̃smɑ̃] m. [action] Einsinken n., -senken n., -schlagen n., -rammen n. || PAR ANAL. [creux] Senkung f. ; Senke f. ; Vertiefung f.

enfoncer [-se] v. tr. **1.** [faire pénétrer en frappant] einschlagen, -treiben, -klopfen, -keilen. | *Enfoncer au marteau*, einhämmern. | *Enfoncer un pieu*, einen Pfahl einrammen. || PAR ANAL. [en appuyant] eindrücken, -stoßen, -stechen, -stecken. | *Enfoncer une punaise*, einen Reißnagel eindrücken. | *Enfoncer son chapeau sur sa tête*, den Hut tief in die Stirn, ins Gesicht drücken. | *Enfoncer son doigt dans qch.*, seinen Finger in etwas stecken. | *Enfoncer ses griffes dans la chair*, seine Krallen ins Fleisch hauen. | *Enfoncer un couteau dans qch.*, ein Messer in etwas hineinstechen. || PAR EXT. *Rester enfoncé dans la boue*, im Schlamm stecken bleiben. || FIG. *Yeux enfoncés dans la tête*, tiefliegende Augen. **2.** [défoncer] einschlagen, -stoßen, -drücken, -rennen, -treten. | *Enfoncer la porte*, die Tür einschlagen. || FIG. *Enfoncer des portes ouvertes*, offene Türen einrennen. || FAM. *Enfoncer qn*, jn ausstechen ; POP. jn reinlegen.

◇ v. intr. [aller au fond] (ein)sinken ; untergehen (sépar.).

◇ v. pr. **s'enfoncer,** [aller au fond] sinken ; ein-, versinken ; untergehen (sépar.). | *Son pied s'enfonce*, sein Fuß sinkt ein. | *Le navire s'enfonce*, das Schiff geht unter. || PAR ANAL. [s'affaisser] sich senken ; einfallen, -stürzen, -brechen. || PAR EXT. [pénétrer] tief eindringen, hineingehen. | *S'enfoncer sous la couverture*, sich ins Bett verkriechen. || FIG. [péricliter, se ruiner] *S'enfoncer de plus en plus*, immer weiter herabsinken. || [sens pass.] *Ce clou s'enfonce facilement*, dieser Nagel läßt sich leicht einschlagen.

enfouir [ɑ̃fwi:r] v. tr. [enterrer] ein-, vergraben ; verscharren. || FIG. [cacher] vergraben, -bergen.

◇ v. pr. **s'enfouir,** sich vergraben.

enfouissement [ɑ̃fwismɑ̃] m. Ein-, Vergraben n. ; Ver-, Einscharren n. ; Verschüttung f.

enfourcher [ɑ̃furʃe] v. tr. aufgabeln. || PAR EXT., FAM. [cheval] rittlings be-, aufsteigen. || FIG. *Enfourcher son dada*, sein Steckenpferd reiten.

enfourner [ɑ̃furne] v. tr. in den Ofen schieben. || FAM. verschlingen. | *S'enfourner (dans)*, sich hineindrängen.

enfreindre [ɑ̃frɛ̃:dr] v. tr. [loi] verletzen ; übertreten ; zuwiderhandeln (dat.).

enfuir (s') [sɑ̃fɥi:r] v. pr. entfliehen ; die Flucht ergreifen ; weg-, fort-, ent-, davonlaufen. | *S'enfuir précipitamment*, Hals über Kopf davonlaufen. || FIG. [temps] ver-, dahinfliegen ; verrinnen, -streichen.

enfumer [ɑ̃fyme] v. tr. [emplir de fumée] räuchern ; aus-, verräuchern ; verrußen ; mit Rauch erfüllen. || PAR ANAL. [noircir] anräuchern. | *Enfumer du verre*, Glas schwärzen. || FIG. [incommoder] verräuchern ; vernebeln.

◇ part. pass. et adj. **enfumé, ée,** durch-, verräuchert ; rauchig ; voll Rauch ; verrußt.

◇ v. pr. **s'enfumer,** [sens pass.] ein-, angeräuchert werden. || [sens réfl.] sich einräuchern.

engageant, eante [ɑ̃gaʒɑ̃, ɑ̃:t] adj. einnehmend, -ladend ; verführerisch, -lockend. | *Manières engageantes*, einnehmendes Wesen.

— SYN. : *Attirant*, anziehend. *Insinuant*, einschmeichelnd.

engagement [-ʒmɑ̃] m. [obligation] Verpflichtung f., -bindlichkeit f. ; Bindung f. | *Engagement par écrit*, Verschreibung f. | *Engagement d'honneur*, Verpflichtung auf Ehrenwort. | *Sans engagement*, unverbindlich ; ohne Gewähr. | *Prendre des engagements*, Verpflichtungen eingehen. | *Faire honneur à ses engagements*, seinen Verpflichtungen nachkommen. || PAR ANAL. [promesse] Versprechen n. ; Zusage f. ; Engagement n. || PAR EXT. [prise en service] Ein-, Anstellung f. ; Verdingung f. ; Engagement n. | *Engagement d'une troupe théâtrale*, Engagement einer Theatertruppe. || JUR. [mise en gage] Verpfändung f. | *Engagement contractuel*, vertragliche Vereinbarung. || COMM. Verbindlichkeit f. ; Obligo n. | *Engagement de paiement*, Zahlungsverpflichtung. || MIL. [enrôlement] Meldung f. ; Anwerbung f. | *Signer un engagement volontaire*, sich freiwillig melden. || PAR EXT. [combat] Gefecht n. ; Treffen n.

engager [-ʒe] v. tr. **1.** [mettre en gage] verpfänden ; versetzen ; in Pfand geben.

2. PAR ANAL. [lier, obliger] verpflichten ; binden. | *Engager sa parole*, sein Ehrenwort geben ; versprechen. | *Sa parole l'engage*, ihn bindet sein Wort. | *Cela n'engage à rien*, das verpflichtet zu nichts ; das kostet nichts.

3. [prendre à son service] an-, einstellen ; in Dienst nehmen ; dingen ; engagieren. | *Engager un valet*, einen Knecht in Dienst nehmen. | *Engager des acteurs*, Schauspieler engagieren. || MIL. anwerben.

4. [inciter à] *Engager qn à travailler*, jn zum Arbeiten bewegen.

5. FIG. [faire entrer dans] bringen (in, acc.) ; verwickeln (in, acc.). | *Engager qn dans une affaire douteuse*, jn in ein zweifelhaftes Geschäft verwickeln.

6. [commencer] anfangen ; beginnen ; einleiten ; eröffnen. | *Engager une discussion*, eine Diskussion einleiten, erheben. | *Engager la conversation avec qn*, ein Gespräch mit jm einfädeln, anknüpfen. | *Engager une action (judiciaire)*, eine Klage erheben. | *Engager le combat*, den Kampf beginnen. | *Engager une vitesse*, einen Gang einschalten.

◇ part. pass. et adj. **engagé, ée,** [qui prend position] *Écrivain engagé*, engagierter Schriftsteller. || SUBSTANTIV. m. MIL. Freiwilliger m.

◇ v. pr. **s'engager,** [se lier] sich binden. | *S'engager à*, sich verpflichten zu ; versprechen zu. | *S'engager par écrit, par serment*, sich schriftlich, eidlich verpflichten. | *S'engager pour qn*, für jn bürgen. || PAR EXT. *S'engager au service de qn*, bei jm in Dienst treten ; sich bei jm verdingen. || FIG. [entrer dans] *S'engager dans un chemin*, an einen Weg geraten ; einen Weg einschlagen. | *S'engager dans une affaire*, sich in eine Sache einlassen. || PAR ANAL. [commencer] beginnen. | *La discussion, le combat s'engage*, die Diskussion, der Kampf beginnt. || PAR EXT. *Cet écrivain s'engage*, dieser Schriftsteller nimmt Stellung. || MIL. sich engagieren ; sich (freiwillig) melden.

engeance [ɑ̃ʒɑ̃:s] f. Zucht f. ; Brut f. ; Gezücht n. || FIG. Gelichter n. ; Gesindel n.

engelure [ɑ̃ʒly:r] f. MÉD. Frostbeule f.

engendrer [ɑ̃ʒɑ̃dre] v. tr. [procréer] (er)zeugen. || FIG. [produire] erzeugen ; (hervor)bringen ; entstehen lassen.

engin [ɑ̃ʒɛ̃] m. (Werk)zeug n. ; Maschine f. ; Vorrichtung f. ; Gerät n. || PAR ANAL. [de levage] Hebezeug n. || MIL. *Engin blindé*, Panzer(wagen) m. | *Engin ballistique*, ballistischer Flugkörper.

englober [ɑ̃glɔbe] v. tr. einschließen ; vereinigen ; | *Englober dans qch.*, in etwas einschließen.

engloutir [ɑ̃gluti:r] v. tr. ver-, hinunterschlingen. || FIG. [fortune] verprassen ; durchbringen (sépar.).

◇ part. pass. et adj. **englouti, ie,** verschlungen.

engloutissement [-tismɑ̃] m. Verschlingen n. || MAR. Versinken n.

engluer [ɑ̃glɥe] v. tr. PR. et FIG. leimen.

◇ v. pr. **s'engluer,** [devenir collant] klebrig werden. || [sens réfl.] klebenbleiben. || FIG. auf den Leim gehen.

engoncer (s') [sɑ̃gɔ̃se] v. pr. FIG. den Hals einziehen.

engorgement [ɑ̃gɔrʒəmɑ̃] m. TECHN. [tuyau] Verstopfung f. ; Überfüllung f. || FIG. Stockung f. || MÉD. Stockung f. ; Verschleimung f. || INF. Stau m. ; Stauung f.

engorger [-ʒe] v. tr. (ver)stopfen. || MÉD. stocken ; verschleimen.

◇ v. pr. **s'engorger,** sich verstopfen ; sich überfüllen.

engouement [ɑ̃gumɑ̃] m. Schwärmerei f. ; Eingenommenheit f.

engouer (s') [sɑ̃gue] v. pr. FIG. *S'engouer de qch.*, für etwas schwärmen ; auf ein Ding versessen sein.

— SYN. : *S'enticher*, verrückt sein (nach).

engouffrer [ɑ̃gufre] v. tr. verschlingen. || FIG. [fortune] verprassen ; vertun.

◇ v. pr. **s'engouffrer,** sich stürzen ; strömen. | *Les eaux s'engouffrent dans le tunnel*, die Wassermassen stürzen sich in den Tunnel. | *Le vent s'engouffre dans la cheminée*, der Wind braust durch den Schornstein. || PAR EXT. *S'engouffrer dans le métro*, in die Metro hineinströmen.

engoulevent [ɑ̃gulvɑ̃] m. ZOOL. Ziegenmelker m. ; Nachtschwalbe f.

engourdir [ɑ̃gurdi:r] v. tr. [raidir] erstarren ; steif, starr machen ; verklammen. | *Être engourdi par le froid*, vor Kälte starren, erstarrt sein. || PAR EXT. [rendre insensible] einschlafen lassen ; empfindungslos machen. | *J'ai la jambe engourdie*, mir ist das Bein eingeschlafen. || FIG. [esprit] faul, steif, ungelenk machen ; abstumpfen.

◇ v. pr. **s'engourdir,** erstarren ; steif, gefühllos werden. || FIG. faul, steif, schlaff werden.

engourdissement [-dismɑ̃] m. [raidissement] Erstarrung f. ; Klammwerden n. || PAR ANAL. [état] Starrheit f. ; Steifheit f. ; Klammheit f. || PAR EXT. [membres] Einschlafen n. | *Engourdissement du pied*,

Prickeln (n.) im Fuß ; Einschlafen (n.) des Fußes. || FIG. [esprit] Erschlaffung f. ; Abstumpfung f.

engrais [ɑ̃grɛ] m. [pâture] Futtermittel n. | *Mettre à l'engrais*, mästen. | *Bétail à l'engrais*, Mastvieh n. || PAR EXT. [fumier] Dünger m. ; Düngemittel n. | *Mettre des engrais*, düngen.

engraissement [-smɑ̃] m. [action] Mästen n. ; Mast f. || [résultat] Fettwerden n.

engraisser [-se] v. tr. [animal] mästen ; fett machen ; nudeln ; ausfüttern. || PAR ANAL. [terrain] düngen.

◇ v. intr. dick, fett, stark werden ; zunehmen.

engranger [-ʒe] v. tr. in die Scheune, Scheuer bringen ; einfahren, -wintern, -bringen, -heimsen.

engrenage [ɑ̃grəna:ʒ] m. TECHN. (Zahnrad)getriebe n. ; Trieb-, Räderwerk n. || FIG. Räderwerk n. | *Être pris dans l'engrenage*, nicht mehr herauskommen.

engrener [ɑ̃grəne] v. tr. TECHN. in Eingriff bringen ; einrücken.

◇ v. intr. et v. pr. **s'engrener,** ineinandergreifen ; sich verzahnen ; kämmen.

engueuler [ɑ̃gøle] v. tr. POP. (an)schnauzen ; ausschimpfen.

enguirlander [ɑ̃girlɑ̃de] v. tr. bekränzen. || FIG., FAM. [réprimander] anbrüllen ; anschnauzen ; zusammenputzen.

enhardir [ɑ̃ardi:r] v. tr. ermutigen ; dreist, kühn machen.

◇ v. pr. **s'enhardir,** sich erdreisten ; sich erkühnen ; sich ein Herz fassen. | *S'enhardir à faire qch.*, sich erkühnen, etwas zu tun.

énigmatique [enigmatik] adj. rätselhaft, -voll. || PAR EXT. [obscur] unverständlich ; dunkel ; fraglich.

énigme [enigm] f. Rätsel n. ; Rätselspruch m. || PR. et FIG. *Le mot de l'énigme*, die Auflösung eines Rätsels. || *Parler par énigmes*, in Rätseln sprechen. | *Cette personne est une énigme pour moi*, aus dieser Person werde ich nicht klug.

enivrant, ante [ɑ̃nivrɑ̃, ɑ̃:t] adj. berauschend. || FIG. [séduisant] berauschend ; blendend.

enivrement [-vrəmɑ̃] m. [action] Berauschen n. || PAR EXT. [résultat] Berauschung f. ; Rausch m. || FIG. [transport] Rausch m. ; Taumel m. ; Überschwang m.

enivrer [-vre] v. tr. berauschen, -trinken ; betrunken machen. || FIG. [exalter] berauschen ; trunken machen ; mit sich reißen.

◇ v. pr. **s'enivrer,** sich betrinken. || FIG. sich berauschen ; schwelgen.

— SYN. : *Se soûler*, sich besaufen. *Se griser*, sich berauschen ; sich benebeln.

enjambée [ɑ̃ʒɑ̃be] f. (großer) Schritt ; Schrittweite f. ; Sprung m. | *Faire de grandes enjambées*, große Schritte machen.

enjambement [-bmɑ̃] m. POÉS. [vers] Übergreifen n.

enjamber [-be] v. tr. [obstacle] überschreiten, -springen ; springen, setzen (über, acc.) ; drübersetzen. | *Enjamber un fossé*, einen Graben überschreiten. || PAR EXT. *Ce pont enjambe la rivière*, die Brücke überspannt den Fluß.

enjeu [ɑ̃ʒø] m. [au jeu] Einsatz m.

enjoindre [ɑ̃ʒwɛ̃:dr] v. tr. ausdrücklich befehlen ; auferlegen ; gebieten ; vorschreiben.

enjôler [ɑ̃ʒole] v. tr. betören ; schön reden (dat.) ; POP., FAM. Honig ums Maul schmieren (dat.).

enjôleur, euse [-lœ:r, ø:z] adj. schmeichlerisch ; schönrednerisch.

◇ s. Schönredner(in) m. (f.) ; Schmeichelkatze f.

enjolivement [ɑ̃ʒɔlivmɑ̃] m. Verzierung f. ; Ausschmückung f. ; PÉJOR. Firlefanz m.

enjoliver [-ve] v. tr. hübsch(er) machen ; verzieren, -schönern ; ausschmücken. || FIG., PÉJOR. beschönigen ; anhübschen ; verniedlichen.

enjoliveur [-vœ:r] m. Verzierer m., -schönerer m. || AUTOM. Radkappe f.

enjolivure [-vy:r] f. Verzierung f. ; Zierat m. ; Verschnörkelung f.

enjoué, ée [ɑ̃ʒwe] adj. heiter ; munter ; scherzhaft ; aufgeräumt ; aufgelegt ; wohlgemut.

enjouement [ɑ̃ʒumɑ̃] m. Heiterkeit f. ; Munterkeit f. ; Aufgeräumtheit f. ; Ausgelassenheit f. ; Fröhlichkeit f. ; Aufgelegtheit f.

enkyster (s') [sɑ̃kiste] v. pr. MÉD. sich ein-, ver-, zukapseln.

enlacement [ɑ̃lasmɑ̃] m. [personnes] Umarmen n. ; Umarmung f. || PAR EXT. [choses] Um-, Verflechtung f. ; Um-, Verschlingung f.

enlacer [-se] v. tr. [personnes] umarmen, -schlingen, -schmiegen. | *Ils sont enlacés*, sie halten sich umschlungen. || PAR ANAL. [choses] umflechten, -winden, -schlingen. || [tresser] verflechten. || [prendre dans ses bras] umfangen, -armen.

◇ v. pr. **s'enlacer,** [personnes] sich umarmen. || [choses] *S'enlacer autour de qch.*, sich um etwas schlingen ; winden ; etwas umranken.

enlaidir [ɑ̃lɛdi:r] v. tr. häßlich machen ; entstellen.

◇ v. intr. häßlich werden.

enlaidissement [-dismɑ̃] m. Häßlichmachen n., -werden n. ; Verunstaltung f. ; Entstellung f.

enlèvement [ɑ̃lɛvmɑ̃] m. Weg-, Abnehmen n. ; Weg-, Abnahme f. || PAR EXT. [nuances] Wegschaffung f., -bringung f., -räumung f. ; Abschaffung f., -tragung f., -fuhr f. ; Beseitigung ; Entfernung f. | *Enlèvement des ordures ménagères*, Müllabfuhr. | *Enlèvement des bagages*, Abholen (n.) des Gepäcks. | *Enlèvement d'une tache*, Fleckenentfernung. || JUR. [rapt] Entführung f. ; Raub m. | *Enlèvement d'enfant*, Kindesentführung. || MIL. [ville] Einnahme f. ; Erstürmen n.

— SYN. : *Rapt* m., Raub m.

enlever [ɑ̃lve] v. tr. **1.** IDÉE D'ÔTER : [sens général] weg-, ab-, fort- (avec le verbe approprié). | *Enlever ses vêtements*, die Kleider ablegen. || *Enlever son chapeau*, den Hut abnehmen. | *Enlever ses gants*, die Handschuhe abstreifen. || [d'en haut] ab-, herab-, herunternehmen. | *Enlever un livre d'une étagère, d'un rayon*, ein Buch von einem Regal herabnehmen. || [en extrayant] herausnehmen, -ziehen. | *Enlever un clou, une dent*, einen Nagel, einen Zahn herausziehen. || [détacher] ab-, weg-, los (avec le verbe approprié). | *Enlever une feuille*, ein Blatt abreißen. | *Enlever la peau*, die Haut abziehen ; (ab)schälen. || [faire disparaître] weg-, aus-, ver- (avec le verbe approprié). | *Enlever une tache*, einen Fleck entfernen, auswaschen. || [emporter] weg-, ab-, fortbringen ; wegtragen, -schaffen, -führen, -fahren. | *Enlever une chaise*, einen Stuhl wegnehmen, -stellen, -rücken. | *Enlever les ordures*, den Müll abfahren.

2. AUTRES NUANCES : [soulever] heben ; hoch-, auf-, emporheben ; in die Höhe heben, winden. || [priver de] wegnehmen ; entziehen. | *La mort nous l'enleva*, der Tod hat ihn uns entrissen. || [dérober] entführen ; rauben ; stehlen. | *Enlever une femme*, eine Frau entführen. || FIG. [enthousiasmer] hinreißen ; begeistern. | *Enlever l'auditoire*, die Hörerschaft begeistern, hinreißen. | *Enlever les applaudissements*, stürmischen Beifall ernten. || PAR ANAL. [mener rondement] *Enlever une affaire*, ein Geschäft flott durchsetzen (sépar.). || MIL. [place] einnehmen.

◇ part. pass. et adj. **enlevé, ée,** FIG. [réussi] schmissig ; schwunghaft ; flott. | *Discours enlevé*, schwunghafte Rede. | *C'est enlevé*, POP. das hat Schmiß.

◇ v. pr. **s'enlever,** *Cette tache ne s'enlève pas*, dieser Fleck geht nicht heraus. | *Cela s'enlève comme des petits pains*, man reißt sich darum, POP. das geht weg wie warme Semmeln.

enlisement [ɑ̃lizmɑ̃] m. Ein-, Versinken n.

enliser [ze] v. tr. einsinken machen ; durch Treibsand verwehen.

◇ v. pr. **s'enliser,** (allmählich) ein-, versinken.

enluminer [ɑ̃lymine] v. tr. bunt ausmalen ; kolorieren.

◇ part. pass. et adj. **enluminé, ée.** FIG. [rouge] *Face enluminée*, rotes Gesicht.

enlumineur [nœ:r] m. Ausmaler m. ; Kolorierer m.

enluminure [-ny:r] f. [art] Illuminierkunst f. || [résultat] ausgemaltes Bild.

enneigé, ée [ɑ̃nɛʒe] adj. ein- zugeschneit ; verschneit ; unter einer Schneedecke.

enneigement [-ʒmɑ̃] m. [action] Schneeverwehung f. || [état] Schneehöhe f., -dicke f. | *Bulletin d'enneigement*, Schneebericht m.

ennemi, ie [ɛnmi] adj. feind ; feindlich ; feindselig ; verfeindet ; gegnerisch ; widrig. | *Armée ennemie*, feindliches, gegnerisches Heer. | *Frères ennemis*, verfeindete Brüder m. pl.

◇ s. [qui hait] Feind(in) m. (f.). | *Ennemi juré, mortel*, Todfeind. | *Ennemi héréditaire*, Erbfeind. | *Être, devenir l'ennemi de qn*, jm feind sein, werden. | *Se faire un ennemi de qn*, sich jn zum Feind machen. || PAR ANAL. [adversaire] Gegner(in) m. (f.) ; Widersacher(in) m. (f.). || [qui a de l'aversion] *Être l'ennemi du tabac*, dem Tabak abgeneigt sein. || MIL. [armée] Feind m.

— SYN. : *Adversaire*, Gegner. *Antagoniste*, Widersacher.

ennoblir [ɑ̃nɔbli:r] v. tr. veredeln ; läutern.

ennoblissement [-blismɑ̃] m. Veredelung f. ; Läuterung f.

ennui [ɑ̃nɥi] m. Langeweile f. | *Par ennui*, aus Langeweile. | *Mourir d'ennui*, vor Langeweile vergehen. || PAR EXT. [contrariété, souci] Ärger m. ; Unannehmlichkeit f. ; Sorge f. | *Avoir beaucoup d'ennuis*, viel Ärger, viele Sorgen haben. | *Causer des ennuis*, ärgern ; verdrießen.

ennuyer [-je] v. tr. langweilen ; anöden. || PAR ANAL. [contrarier] ärgern ; verdrießen ; überdrüssig machen. || PAR EXT. [importuner] lästig, aufdringlich sein ; belästigen ; stören.

◇ v. pr. **s'ennuyer,** sich langweilen ; Langeweile haben. || FIG. *S'ennuyer de qn*, nach jm Sehnsucht haben.

— SYN. : *Importuner*, stören ; belästigen. *Embêter*, langweilen ; ärgern. *Lasser*, ermüden ; langweilen.

ennuyeux, euse [-jø, ø:z] adj. langweilig ; öde ; POP. langstielig. | *Ennuyeux à mourir*, sterbenslangweilig. || PAR ANAL. [qui contrarie] verdrießlich ; ärgerlich. || PAR EXT. [qui importune] lästig.

énoncé [enɔ̃se] m. Angabe f. ; Aussage f. ; Wortlaut m. | *Énoncé d'un problème*, Problemstellung f.

énoncer [-se] v. tr. aussagen, -sprechen, -drücken ; angeben. | *Énoncer les raisons*, die Gründe angeben, vorbringen.

— SYN. : *Exprimer*, ausdrücken. *Émettre*, äußern.

énonciation [-sjasjɔ̃] f. Aussage f. Ausdruck m. || PAR EXT. [par référence] Angabe f. ; An-, Aufführung f.

enorgueillir [ɑ̃nɔrgœji:r] v. tr. stolz, überheblich machen.

◇ v. pr. **s'enorgueillir,** stolz, überheblich werden, sein ; sich brüsten. | *S'enorgueillir de qch.*, stolz auf eine Sache sein.

énorme [enɔrm] adj. ungeheuer ; maßlos ; übermäßig ; mächtig ; enorm ; Riesen... | *Faute, Somme énorme*, Riesenfehler m., -summe f. | *Quantité énorme*, Unmenge f., -masse f.

énormément [-memɑ̃] adv. gewaltig ; unmäßig ; riesig ; enorm. || PAR EXT. *Faire énormément de fautes*, schrecklich viel Fehler machen.

énormité [-mite] f. Ungeheuerlichkeit f. ; gewaltige Größe ; Übermaß n. ; Maßlosigkeit f. || FIG. Ungeheuerliche(s) n. ; bodenlose Dummheit. || *Dire des énormités*, ungereimtes Zeug reden.

enquérir (s') [sɑ̃keri:r] v. pr. [s'informer] sich erkundigen (nach) ; nachfragen. | *S'enquérir de qch. auprès de qn*, sich bei jm nach etwas erkundigen. || PAR EXT. [faire des recherches] suchen (nach) ; nachforschen (dat.) ; Nachforschungen anstellen.

— SYN. : *S'informer*, nachfragen. *Se renseigner*, sich erkundigen.

enquête [ɑ̃kɛ:t] f. JUR. Untersuchung f. ; Zeugenverhör n. ; Enquête f. || PAR EXT. Erkundigung f. ; Nachforschung f. ; Ermittlung f. ; Befragung f. ; Rundfrage f. || *Enquête d'utilité publique*, Gemeinnützigkeitsfeststellung f. | *Enquête par sondage*, Repräsentativerhebung f.

enquêter [-te] v. intr. JUR. untersuchen ; eine Untersuchung (ein)leiten. || PAR EXT. *Enquêter auprès de qn sur qch.*, bei jm über eine Sache nachfragen ; jn aus-, befragen.

enquêteur, euse [-tœ:r, ø:z] s. Untersuchender m. || PAR EXT. Untersucher(in) m. (f.).

enquiquiner [ɑ̃kikine] v. tr. FAM. ärgern ; auf die Palme bringen.

enracinement [ɑ̃rasinmɑ̃] m. [action] An-, Einwurzeln n. ; Festwachsen n. || [résultat] Verwurzelung f.

enraciner [-ne] v. tr. an-, einwurzeln (lassen). || FIG. *Mal enraciné*, eingerissenes Übel.

◇ v. pr. **s'enraciner,** sich einwurzeln ; Wurzel(n) fassen, schlagen, treiben ; fest-, anwachsen. || FIG. sich ein-, anwurzeln.

enrager [-ʒe] v. intr. rasend, toll, wütend werden, sein. | *Enrager de voir qn heureux*, darüber wütend sein, daß jemand glücklich ist. | *J'enrage !*, ich möchte rasend werden. | *Faire enrager qn*, jn rasend, toll, wütend machen.

◇ part. pass. et adj. **enragé, ée,** rasend ; wütend ; toll ; POP. hoch ; auf achtzig. | *Chien enragé*, toll(wütig)er Hund. || FIG. [passionné] leidenschaftlich ; versessen. | *Joueur enragé*, leidenschaftlicher Spieler. || SUBSTANTIV. m. Rasende(r) m. | *Se démener comme un enragé*, rasen.

enraiement, enrayement ou **enrayage** [ɑ̃rɛmɑ̃, -ja:ʒ] m. [arme] Ladehemmung f.

enrayer [-je] v. tr. [contenir] eindämmen ; Einhalt gebieten. | *Enrayer une maladie*, einer Krankheit Einhalt gebieten. | *Enrayer la hausse des prix*, das Steigen der Preise hemmen.

◇ v. pr. **s'enrayer,** MIL. *Son arme s'enraya*, seine Waffe hatte eine Ladehemmung.

— SYN. : *Étouffer*, ersticken. *Endiguer*, eindämmen. *Neutraliser*, unschädlich machen. *Réprimer*, unterdrücken. *Réfréner*, zügeln. *Juguler*, (ab)drosseln.

enrégimenter [ɑ̃reʒimɑ̃te] v. tr. MIL. [soldats] einreihen, -gliedern, -ordnen.

enregistrement [ɑ̃rəʒistrəmɑ̃] m. COMM., ADM. [action] Eintragen n., -schreiben n. || PAR ANAL. [résultat] Eintragung f. ; Auf-, Verzeichnung f. ;

Registrierung f. | *Droit d'enregistrement*, Einschreibe-, Anmeldegebühr f. || PAR EXT. [bureaux] Registratur f. || TRANSP. *Enregistrement des bagages*, Gepäckabfertigung f. || RADIO. [disque] Aufnahme f. | *Enregistrement au magnétophone*, (Ton)bandaufnahme.

enregistrer [-tre] v. tr. COMM., ADM. [inscrire] eintragen, -schreiben ; auf-, verzeichnen ; registrieren. || FIG. *Enregistrer qch. dans sa mémoire*, sich etwas ins Gedächtnis schreiben. || TRANSP. *Faire enregistrer les bagages*, das Gepäck aufgeben. || RADIO. [disque] aufnehmen.

◇ part. pass. et adj. **enregistré, ée.** RADIO. *Concert enregistré*, Schallplattenkonzert n.

enregistreur, euse [-trœ:r, ø:z] adj. TECHN. selbstschreibend, -registrierend. | *Caisse enregistreuse*, Registrierkasse f. | *Appareil enregistreur*, Aufnahmegerät n. | *Baromètre enregistreur*, Registrierbarometer n.

enrhumer [ɑ̃ryme] v. tr. Schnupfen verursachen. | *Être enrhumé*, Schnupfen haben ; verschnupft sein ; erkältet sein.

◇ v. pr. **s'enrhumer,** sich erkälten ; POP. sich einen Schnupfen holen.

enrichir [ɑ̃riʃi:r] v. tr. reich(er) machen ; bereichern. || FIG. *Enrichir son esprit*, seinen Geist erweitern. | *Enrichir un récit*, eine Erzählung ausschmücken.

◇ v. pr. **s'enrichir,** reich(er) werden ; sich bereichern.

enrichissement [-ʃismɑ̃] m. Reich(er)werden n. ; Bereicherung f. || FIG. Ausschmücken n. ; Schmuck m. || NUCL. Anreicherung f. | *Enrichissement de l'uranium*, Urananreicherung.

enrobage ou **enrobement** [ɑ̃rɔba:ʒ, -bmɑ̃] m. TECHN. Umhüllung f., -mantelung f.

enrober [-be] v. tr. ein-, umhüllen. || TECHN. umhüllen, -kleiden, -manteln.

enrochement [ɑ̃rɔʃmɑ̃] m. Steingrundierung f.

enrôlement [ɑ̃rolmɑ̃] m. Anwerbung f. || MIL. (Aus)musterung f. ; Aushebung f. | *Enrôlement forcé*, Zwangsaushebung. | *Enrôlement volontaire*, freiwillige Meldung.

enrôler [-le] v. tr. anwerben. || MIL. (aus)mustern ; ausheben ; einziehen.

◇ v. pr. **s'enrôler.** *S'enrôler dans un parti*, sich einer Partei anschließen. || MIL. sich melden (zu).

enrouement [ɑ̃rumɑ̃] m. MÉD. Heiserkeit f. ; Belegtheit (f.) der Stimme.

enrouer [-rue] v. tr. heiser machen ; die Stimme belegen.

◇ part. pass. et adj. **enroué, ouée,** heiser ; rauh ; belegt.

◇ v. pr. **s'enrouer,** heiser werden.

enroulement [ɑ̃rulmɑ̃] m. [action] Rollen n. ; Auf-, Einrollen n. ; Wickeln n. ; Be-, Aufwickeln n.

enrouler [-le] v. tr. auf-, zusammenrollen ; auf-, um-, be-, verwickeln ; (auf)winden.

◇ v. pr. **s'enrouler,** sich rollen, winden, wickeln. || PAR ANAL. [sur soi-même] sich zusammenrollen, -ringeln. | *Le serpent s'enroule*, die Schlange ringelt sich zusammen. || PAR EXT. *S'enrouler autour de qch.*, sich um etwas herumschlingen, -winden.

enrubanner [ɑ̃rybane] v. tr. bebändern ; mit Bändern schmücken.

ensablement [ɑ̃sabləmɑ̃] m. Versandung f. ; Sandanschwemmung f., -verwehung f.

ensabler [-ble] v. tr. et intr. versanden ; voll Sand schlagen ; im Sande verwehen.

◇ v. pr. **s'ensabler,** versanden ; auflaufen.

ensacher [ɑ̃saʃe] v. tr. in Säcke füllen ; einsacken.

ensanglanter [ɑ̃sɑ̃glɑ̃te] v. tr. FIG. mit Blut beflecken.

◇ part. pass. et adj. **ensanglanté, ée,** blutig ; blutbefleckt, -triefend.

enseignant, ante [ɑ̃sɛɲɑ̃, ɑ̃:t] adj. lehrend ; Lehr... | *Corps enseignant*, Lehrstand m. ; [d'un établissement] Lehrkörper m.

◇ s. Lehrer(in) m. (f.). | *Enseignant du supérieur*, Hochschullehrer.

enseigne [ɑ̃sɛɲ] f. COMM. (Aushänge)schild n. ; Zeichen n. ; Plakat n. | *Enseigne au néon*, Neonschild. | *Enseigne lumineuse*, Leuchtwerbung f. || FIG. *Être logé à la même enseigne*, in gleicher Lage sein. || FIG. [marque] Wahrzeichen n. ; Merkmal n.

◇ loc. conj. **à telle enseigne que,** der Beweis davon, daß ; so daß ; VX. dergestalt, daß.

◇ m. MIL. Fähnrich m. ; Fahnenjunker m. || MAR. *Enseigne de vaisseau*, Fähnrich zur See.

enseignement [ɑ̃sɛɲmɑ̃] m. [action] Unterrichten n. ; Lehren n. ; Unterweisen n. || PAR ANAL. [manière, art] Unterricht m. ; Lehre f. ; Belehrung f. || PAR EXT. [profession] Lehrerberuf m. | *Être dans l'enseignement*, vom Lehrfach sein ; im Schuldienst sein. || FIG. [leçon, précepte] Lehre f. ; Belehrung f. | *Tirer d'utiles enseignements de qch.*, eine Lehre aus etwas ziehen. || UNIV. [système scolaire] Schul-, Unterrichtswesen n. | *Enseignement public, privé*, Staats-, Privatschulwesen. | *Enseignement primaire*, Grund-, Volksschulwesen. | *Enseignement du second degré*, Oberschulwesen ; höheres Schulwesen. | *Enseignement supérieur*, Universitäts-, Hochschulwesen. | *Enseignement technique*, Berufs- und Fachschulwesen. | *Enseignement assisté par ordinateur*, computergestützter Unterricht.

enseigner [-ɲe] v. tr. unterrichten ; lehren ; beibringen ; unterweisen. | *Il m'enseigne la grammaire*, er lehrt mich die Grammatik ; er bringt mir die Grammatik bei. || PAR ANAL. [professer] *Enseigner l'allemand*, deutsch lehren. || FIG. (be)lehren.

ensemble [ɑ̃sɑ̃:bl] adv. [l'un avec l'autre] zusammen ; miteinander. || [l'un près de l'autre, sans mouvement] beisammen ; beieinander. || PAR ANAL. [de concert, en commun] einmütig ; im Verein ; gemeinsam. || PAR EXT. [en même temps] zugleich ; gleichzeitig ; zu gleicher Zeit. || LOC. *Tous ensemble*, alle zusammen ; alle zugleich. | *Être ensemble*, bei-, zusammensein, -stehen, -sitzen ; beieinander sein. | *Mettre ensemble*, zusammenstellen, -setzen, -legen, -hängen, -tun. | *Voyager ensemble*, gemeinsam reisen. | *Vivre ensemble*, zusammenleben ; ein gemeinschaftliches Leben führen. | *Agir ensemble*, zusammenwirken. || FIG. *Être bien ensemble*, sich gut miteinander verstehen. | *Ces couleurs vont bien ensemble*, diese Farben passen gut zueinander, zusammen.

◇ m. [tout] Ganze(s) n. ; Ganzheit f. ; Gesamtheit f. | *Considérer qch. comme un ensemble*, etwas als ein Ganzes betrachten. | *L'ensemble des spectateurs*, die Gesamtheit der Zuschauer. | *L'ensemble d'un tableau*, das Bild in seiner Gesamtheit. | *Vue d'ensemble*, Gesamtübersicht f. ; Totalansicht f. | *Plan d'ensemble*, Übersichts-, Gesamtplan m. || PAR ANAL. [unité] Einheit f. ; Einheitlichkeit f. ; Geschlossenheit f. | *Avec ensemble*, mit Geschlossenheit ; einheitlich. | *Manquer d'ensemble*, Einheitlichkeit vermissen lassen. || PAR EXT. [vêtement] zweiteiliges Kleid ; Komplet n. || [constructions] Komplex n. | *Ensemble de maisons*, Häuserkomplex. | *Grand ensemble*, Trabantenstadt f. || THÉÂTRE, MUS. Ensemble n. || MATH. *Théorie des ensembles*, Mengenlehre f.

ensemblier [-blije] m. Innenarchitekt m. ; Raumaustatter m.

ensemencement [ɑ̃səmɑ̃smɑ̃] m. Einsaat f. ; Be-, An-, Aussäen n. ; Bestellung f. || MÉD. Kultursetzung f.
— SYN. : *Semailles* f. pl., Aussaat f. *Semis* m., Säen n. ; Samenbeet n.

ensemencer [-se] v. tr. AGRIC. be-, ansäen. || MÉD. eine Bakterienkultur ansetzen, -legen.

enserrer [ɑ̃sɛre] v. tr. um-, einschließen ; um-, einschnüren ; eng umfassen.

ensevelir [ɑ̃səvli:r] v. tr. das Totenhemd anziehen. || PAR ANAL. [enterrer] beisetzen ; beerdigen, -statten, -graben. || PAR EXT. [enfouir] be-, zugraben ; verschütten. || FIG. [cacher] verbergen ; (ver)hüllen. | *Être enseveli*, begraben, verschüttet werden ; versinken.
◇ v. pr. **s'ensevelir,** sich be-, vergraben.

ensevelissement [-vlismɑ̃] m. [d'un mort] Einkleiden n. || PAR ANAL. [enterrement] Beisetzung f. ; Bestattung f. || PAR EXT. Verschüttung f.

ensoleillement [ɑ̃sɔlɛjmɑ̃] m. Sonnenbestrahlung f., -einstrahlung f. | *Durée d'ensoleillement*, Sonnenscheindauer f. | *Jours d'ensoleillement*, Sonnentage m. pl.

ensoleiller [-je] v. tr. besonnen, -strahlen, -scheinen. || FIG. [égayer] erheitern.
◇ part. pass. et adj. **ensoleillé, ée,** besonnt ; sonnig.

ensommeillé, ée [ɑ̃sɔmɛje] adj. verschlafen.

ensorcelant, ante [ɑ̃sɔrsəlɑ̃, ɑ̃:t] adj. bezaubernd, -strickend, -rückend.

ensorceler [-səle] v. tr. be-, verhexen ; be-, verzaubern ; bestricken ; berücken. || FIG. [séduire] verführen ; betören ; hinreißen.

ensorceleur, euse [-səlœ:r, ø:z] adj. bezaubernd, -strickend, -törend ; verführerisch.
◇ s. Hexenmeister m. ; Zauberer m. ; Zauberin f.

ensorcellement [-sɛlmɑ̃] m. [action] Be-, Verhexen n. ; Verzaubern n. || PAR ANAL. [résultat] Be-, Verhexung f. ; Verzauberung f. ; Verwünschung f. || PAR EXT. [art] Zauberei f. || FIG. [charme] Bezauberung f. ; Verführung f.

ensuite [ɑ̃sɥit] adv. dann ; so-, alsdann ; darauf ; danach ; hernach ; nachher ; ferner.

ensuivre (s') [sɑ̃sɥi:vr] v. pr. (er)folgen ; hervorgehen ; sich ergeben aus. || LOC. FAM. *Et tout ce qui s'ensuit*, und so weiter ; und so fort.
◇ v. impers. *Il s'ensuit que*, daraus ergibt sich, geht hervor, daß.

entablement [ɑ̃tabləmɑ̃] m. Sims m.

entacher [ɑ̃taʃe] v. tr. FIG. beflecken.
◇ part. pass. et adj. **entaché, ée.** FIG. behaftet. || JUR. *Entaché de nullité*, ungültig ; null und nichtig.

entaille [ɑ̃ta:j] f. An-, Einschnitt m. ; Kerbe f. ; Einkerbung f. | *Faire une entaille à qch.*, etwas kerben. || MÉD. [blessure] Hieb-, Schnittwunde f. | *Se faire une entaille à la main*, sich in die Hand schneiden.
— SYN. : *Encoche*, *Coche*, Kerbe. *Cran*, Einschnitt ; Kerbe. *Estafilade*, Schmarre. *Taillade*, Schnittwunde.

entailler [-je] v. tr. TECHN. ein-, an-, aufschneiden ; einkerben, -kehlen, -blatten, -schlitzen.

entame [ɑ̃tam] f. Anschnitt m.

entamer [-me] v. tr. [en coupant] anschneiden, -hauen, reißen. | *Entamer avec les dents*, anbeißen, -fressen. || PAR ANAL. [peau] an-, aufritzen ; leicht verletzen. | PAR EXT. [un objet intact] *Entamer une bouteille, un tonneau*, eine Flasche, ein Faß anbrechen, -zapfen. | *Entamer le capital*, das Kapital anbrechen. || FIG. [commencer] anfangen ; eröffnen ; einleiten. | *Entamer des négociations*, Verhandlungen aufnehmen. | *Entamer une conversation*, ein Gespräch anknüpfen. || PAR EXT. *Entamer la réputation de qn*, js guten Ruf antasten, beeinträchtigen.

entartrer [-tre] v. tr. Ablagerung bilden. || [dents] Zahnstein bilden.

entassement [ɑ̃tasmɑ̃] m. Auf-, Anhäufung f. ; Aufstapelung f., -schichtung f. || PAR EXT. Haufen m.

entasser [-se] v. tr. [mettre en tas] häufen ; an-, aufhäufen ; in Haufen setzen ; aufstapeln, -schütten, -schichten, -türmen. | *Entasser des gerbes*, Garben hochschichten. || PAR EXT. [personnes] zusammenpferchen, -drängen.
◇ v. pr. **s'entasser,** [choses] sich anhäufen. || [personnes] sich zusammenpferchen.
— SYN. : *Amasser*, sammeln ; (an)häufen. *Amonceler*, aufschichten, -türmen. *Accumuler*, an-, zusammenhäufen. *Empiler*, stapeln.

entendement [ɑ̃tɑ̃dmɑ̃] m. PHILOS. Begriffs-, Erkenntnisvermögen n. ; Verstand m. | *Entendement humain*, Menschenverstand. | *Cela dépasse mon entendement*, dies geht über meine Fassungskraft.

entendeur [-dœ:r] m. LOC., FIG. *À bon entendeur salut*, wer Ohren hat, der höre ! ; POP. schreiben Sie sichs hinter die Ohren.

entendre [ɑ̃tɑ̃:dr] v. tr. **1.** PERCEVOIR : hören ; vernehmen. | *Entendre difficilement*, schwerhörig sein. | *Ne pas entendre de l'oreille gauche*, auf dem linken Ohr nicht hören können. | *Ne pas entendre qch.*, etwas überhören. | *J'en ai entendu parler*, ich habe davon gehört. | *Faire entendre sa voix*, seine Stimme vernehmen lassen. | *Se faire entendre*, sich hören lassen. | *Sans être entendu*, ungehört.
2. [apprendre par ouï-dire] hören. | *Entendre dire que*, hören, daß. | *Entendre dire à qn*, von jm hören. | *Entendre parler de qch.*, von etwas hören.
3. [écouter, assister à] an-, ab-, zuhören. | *Entendre un orateur*, einem Redner zuhören. | *Entendre la messe*, die Messe (an)hören. || JUR. *Entendre les témoins*, die Zeugen anhören, vernehmen.
4. [exaucer] erhören. | *Que le ciel vous entende !*, möge der Himmel Sie erhören !
5. [comprendre] verstehen ; begreifen ; Sinn haben für. | *Entendre à demi-mot*, den Wink verstehen. | *Je ne vous entends point*, ich kann Sie nicht verstehen, begreifen. | *Entendre la plaisanterie*, Spaß verstehen. | *Entendre raison*, Vernunft annehmen. | *Ne rien entendre à la, en musique*, keinen Sinn für Musik haben. | *Donner à entendre*, zu verstehen geben. | *Je ne sais pas si je me fais bien entendre*, ich weiß nicht, ob ich mich verständlich mache.
6. [concevoir] meinen. | *Qu'entendez-vous par là ?*, was meinen Sie damit ? ; was wollen Sie damit sagen ? | *Comment l'entends-tu ?*, wie meinst du das ?
7. [avoir l'intention, le désir] beabsichtigen ; vorhaben ; wollen. | *Qu'entendez-vous faire ?*, was gedenken Sie zu tun ; was haben Sie vor ? | *Il ne veut rien entendre*, er will nichts (davon) wissen.
8. [exiger] verlangen ; erwarten. | *J'entends qu'il travaille*, ich verlange, daß er arbeitet. | *J'entends être obéi*, ich erwarte Gehorsam.
◇ part. pass. et adj. **entendu, ue,** gehört. || FIG. [convenu] ab-, ausgemacht. | *C'est entendu*, abgemacht ! | *C'est une affaire entendue, mais*, allerdings, aber. | *Bien entendu*, selbstverständlich ; allerdings. || PÉJOR. *Prendre un air entendu*, eine Kennermiene aufsetzen ; den Klugen spielen.
◇ v. pr. **s'entendre,** — **a)** SENS PASS. : gehört werden. | *Ce bruit s'entend de loin*, dieses Geräusch hört man von weitem. || FIG. *Cela s'entend*, das versteht sich ; das ist selbstverständlich. — **b)** SENS RÉFL. : *On ne s'entend plus*, man hört sein eigenes Wort nicht. || FIG. [être capable] *S'entendre à, en qch.*, sich auf eine Sache verstehen ; von einer Sache etwas verstehen. || PAR ANAL. [convenir] *S'entendre avec qn*, sich mit jm

verständigen ; mit jm übereinkommen ; mit jm im Einvernehmen sein. | *S'entendre sur qch.*, sich über eine Sache verständigen. | *Bien s'entendre avec qn*, sich gut mit jm vertragen.

entente [-tɑ̃:t] f. [interprétation] Sinn m. || PAR EXT. [accord] Einverständnis n., -vernehmen n. ; Übereinkunft f. ; Vereinbarung f. | *Terrain d'entente*, Vereinigungspunkt m. | *Entente commerciale*, Handelsabkommen n. ; Kartell n. || FIG. *Vivre en bonne entente*, in gutem Einvernehmen leben.

enter [ɑ̃te] v. tr. BOT. ein-, aufpfropfen.

entérinement [ɑ̃terinmɑ̃] m. JUR. Bestätigung f.

entériner [-ne] v. tr. JUR. gerichtlich bestätigen ; eintragen ; annehmen.

entérite [ɑ̃terit] f. MÉD. Darmentzündung f.

enterrement [ɑ̃tɛrmɑ̃] m. [action] Begraben n. ; Beerdigen n. || [cérémonie] Beerdigung f. ; Begräbnis n. ; Bestattung f. || [cortège] Leichenzug m. || FIG. *Mine d'enterrement*, Leichenbittermiene f.

— SYN. : *Convoi* m., Leichenzug m. *Funérailles* f. pl., Begräbnisfeier f. *Obsèques* f. pl., Beisetzung f.

enterrer [re] v. tr. [mort] begraben ; beerdigen ; beisetzen ; bestatten. | *Enterrer civilement*, nicht kirchlich beerdigen. || FIG. *Il nous enterrera tous*, er wird uns alle überleben. || PAR ANAL. [objet] ver-, eingraben ; einscharren ; zu-, verschütten. | *Enterrer un trésor*, einen Schatz vergraben. | *Enterrer sa vie de garçon*, vom Junggesellenleben Abschied nehmen. | *Enterrer qch.*, etwas begraben. | *Enterrer un projet*, einen Plan aufgeben.

◇ v. pr. **s'enterrer.** FIG. *S'enterrer en province*, sich in der Provinz vergraben. || MIL. sich eingraben.

en-tête [ɑ̃tɛ:t] m. Überschrift f. ; Briefkopf m. ; Titel m.

entêtement [-tmɑ̃] m. Eigen-, Starrsinn m. ; Eigensinnigkeit f. ; Dickköpfigkeit f. ; Hartköpfigkeit f., -näckigkeit f. ; POP. Sturheit f.

entêter [-te] v. tr. [étourdir] in den Kopf steigen ; benommen machen.

◇ part. pass. et adj. **entêté, ée.** FIG. [têtu] eigensinnig, -willig ; starr-, dickköpfig ; hartnäckig ; störrisch ; POP. stur. || SUBSTANTIV. Dickkopf m.

◇ v. pr. **s'entêter,** eigensinnig, hartnäckig auf einer Sache bestehen. | *S'entêter à faire qch.*, eigensinnig auf etwas beharren.

enthousiasme [ɑ̃tuzjasm] m. Begeisterung f. ; Enthusiasmus m. ; PÉJOR. Schwärmerei f. | *Avec enthousiasme*, mit Begeisterung ; begeistert.

— SYN. : *Emballement*, Schwärmerei. *Exaltation*, Hochgefühl ; Schwärmerei.

enthousiasmer [-zjasme] v. tr. begeistern ; in Begeisterung versetzen ; mitreißen ; entzücken.

◇ v. pr. **s'enthousiasmer (pour),** sich begeistern (für) ; sich hinreißen lassen (von).

enthousiaste [-zjast] adj. (leicht) begeistert ; mitgerissen ; schwärmerisch ; enthusiastisch. | *Être enthousiaste de*, schwärmen für.

◇ s. Begeisterte(r) f. (m.) ; PÉJOR. Schwärmer m.

enticher (s') [sɑ̃tiʃe] v. pr. *S'enticher de*, sich vernarren in (acc.) ; schwärmen für... | *Être entiché de sa personne*, sich viel auf seine Person einbilden.

entier, ière [ɑ̃tje, jɛ:r] adj. [parties indénombrables] ganz ; voll ; vollständig. | *Année entière*, ganzes, volles Jahr. | *Le monde entier*, die ganze Welt. || PAR ANAL. [intact] unversehrt ; ungeteilt ; unverkürzt. || PAR EXT. [sans réserve] völlig ; gänzlich. | *Confiance entière*, völliges Vertrauen. || LOC. *Tout entier*, ganz ; gesamt. || FIG. *Caractère entier*, eigensinniger Charakter. | *La question reste entière*, die Frage bleibt offen. || ZOOL. *Cheval entier*, Hengst m.

◇ m. **entier,** [tout] Ganzes n. | *Lire un ouvrage dans, en son entier*, ein Werk unverkürzt durchlesen (sépar.). | *En entier*, ganz ; vollständig ; gänzlich. || MATH. *(Nombre) entier*, ganze Zahl.

entièrement [-tjɛrmɑ̃] adv. ganz ; vollständig ; völlig ; ganz und gar ; voll und ganz ; durchaus. | *Boire entièrement*, austrinken.

entité [ɑ̃tite] f. PHILOS. Wesenheit f. || JUR. *Entité juridique*, juristische Person.

entoilage [ɑ̃twala:ʒ] m. Leinwandbezug m. ; Bespannen n. (mit Stoff) ; Aufkleben n. (auf Stoff).

entoiler [-le] v. tr. auf Leinwand aufziehen ; mit Stoff bespannen.

entomologie [ɑ̃tɔmɔlɔʒi] f. Insektenkunde f., -forschung f., -lehre f. ; Entomologie f.

entomologiste [-ʒist] m. Insektenforscher m., -kenner m. ; Entomologe m.

entonner [ɑ̃tɔne] v. tr. [vin] in Fässer füllen ; einfüllen (in, acc.). || MUS. [chanson] anstimmen.

entonnoir [-nwa:r] m. (Füll)trichter m. | *En (forme d')entonnoir*, trichterförmig. || MIL. Bombentrichter m.

entorse [ɑ̃tɔrs] f. MÉD. Verrenkung f., -stauchung f. | *Se faire une entorse*, sich den Fuß verrenken. || FIG. Verdrehung f. | *Faire une entorse à la vérité*, die Wahrheit verdrehen.

entortillement [ɑ̃tɔrtijmɑ̃] m. [action] Winden n. || PAR ANAL. [résultat] (Um)windung f. ; Verwicklung f., -schlingung f., -schnörkelung f.

entortiller [-je] v. tr. (um)winden ; um-, einwikkeln ; umschlingen. || FAM. *Entortiller qn*, jn umgarnen, -stricken.

◇ v. pr. **s'entortiller.** *S'entortiller autour de qch.*, sich um etwas (herum)schlingen, -wickeln, -winden, -schlängeln. || FIG. [s'empêtrer] sich verwickeln, -heddern, -fitzen, -fangen.

entour [ɑ̃tur] m. LOC. *Les entours*, die Umgebung f.

◇ loc. adv. **à l'entour,** im Umkreis ; rings herum.

◇ loc. prép. **à l'entour de,** um... herum ; in der Umgebung (gén. *ou* « von »).

entourage [-ra:ʒ] m. Umgebung f. ; Einfassung f., -rahmung f. || FIG. Umgebung f. | *Une personne de son entourage*, eine Person aus seiner Umgebung.

entourer [-re] v. tr. [sens général] umgeben. | *Entourer de qch.*, mit etwas umgeben. || PAR ANAL. [nuances] « um... » et verbe approprié : stehen, liegen, sitzen, hängen, gehen, laufen, ziehen ; um... herum ; einfassen, -schließen. | *Les gens entourent l'orateur*, die Leute umstehen den Redner. | *Des champs entourent la ferme*, Felder liegen um den Hof herum. | *Entourer d'un mur*, mit einer Mauer umgeben, -stellen. | *Entourer d'une clôture*, einzäunen, -hegen. || FIG. *Entourer qn de soins*, jn umsorgen, -hüten. | *Entourer qn de ses bras*, jn in seine Arme schließen ; jn umarmen. | *Entourer de mystère*, in Geheimnis hüllen.

◇ part. pass. et adj. **entouré, ée,** umgeben. | *Entouré d'arbres*, mit Bäumen umpflanzt. | *Entouré de brouillard, de rayons, de lumière*, umnebelt, -strahlt, -leuchtet. || FIG. *C'est un monsieur très entouré*, dieser Herr ist der Hahn im Korbe.

◇ v. pr. **s'entourer de,** sich umgeben mit ; um sich versammeln. || FIG. *S'entourer de précautions, de mystère*, vorsichtig, sehr geheimnisvoll vorgehen.

entournure [-rny:r] f. Ärmelausschnitt m. || FIG. *Être gêné aux entournures*, sich nicht frei fühlen.

entracte [ɑ̃trakt] m. THÉÂTRE. Pause f. ; Zwischenakt m.

entraide [ɑ̃trɛ:d] f. gegenseitige Hilfe ; gegenseitiger Beistand. || PAR EXT. Sozialwerk n.

entraider (s') [sɑ̃trɛde] v. pr. einander helfen ; sich gegenseitig beistehen ; füreinander einstehen.

entrailles [ɑ̃trɑ:j] f. pl. ANAT. Eingeweide n., n. pl. || FIG. Schoß m. ; Innere(s) n. ; Tiefe f. | *Le fruit de ses entrailles*, die Frucht ihres Schoßes. | *Dans les entrailles de la terre*, im Schoß der Erde. || PAR EXT. *Être sans entrailles*, gefühl-, herzlos sein.

entrain [ɑ̃trɛ̃] m. Lebendigkeit f. ; Munterkeit f. ; Schwung m. ; Frohsinn m. | *Plein d'entrain*, munter ; fröhlich ; aufgeräumt. | *Avoir de l'entrain*, POP. auf Draht sein. | *Mettre de l'entrain*, Stimmung, Schwung hineinbringen.

entraînant, ante [ɑ̃trɛnɑ̃, ɑ̃:t] adj. FIG. [éloquence, musique] mit-, hinreißend.

entraînement [-nmɑ̃] m. [action] Hin-, Mitreißen n. ; Mitziehen n. || FIG. [séduction] Verführung f. ; Abgleiten n. || SPORT. Einüben n. ; Training n. ; Trainieren n. | *Avoir de l'entraînement*, trainiert sein. | *Faire de l'entraînement*, trainieren. || TECHN. Antrieb m.

entraîner [-ne] v. tr. [tirer avec soi] mit sich fortreißen, -ziehen, -schleppen. || PAR EXT. [emmener, tirer à l'écart] fort-, weg-, abziehen ; wegschleppen, -reißen. || FIG. [l'esprit, le cœur] mit-, hin-, fortreißen ; ziehen ; führen. | *Entraîner qn sur un terrain glissant*, jn aufs Eis führen. | *Cela nous entraînerait trop loin*, das würde uns zu weit führen. || PAR ANAL. [séduire] verführen, -leiten. | *Entraîner qn à faire qch.*, jn zu etwas verleiten. || PAR EXT. [avoir pour conséquence] zur Folge haben ; nach sich ziehen. || SPORT. trainieren ; einüben. || TECHN. antreiben.
◇ v. pr. **s'entraîner.** SPORT. trainieren.

entraîneur, euse [-nœ:r, ø:z] s. SPORT. Trainer(in) m. (f.) ; Schrittmacher(in) m. (f.).
◇ f. **entraîneuse,** Animiermädchen n.

entr'apercevoir [ɑ̃trapɛrsəvwa:r] v. tr. flüchtig erblicken.

entrave [ɑ̃tra:v] f. [prisonnier] Fußfessel f., -kette f. || PAR ANAL. [cheval] Spannstück n. || FIG. [obstacle] Fessel f. ; Hindernis n. ; Hemmung f. | *Mettre des entraves*, Hindernisse in den Weg legen. || FIG. *Sans entraves*, unbehindert ; ungehemmt ; hemmungslos.

entraver [-ve] v. tr. Fesseln anlegen. || FIG. [gêner] hemmen ; behindern.

entre [ɑ̃tr] prép. **1.** [intervalle d'espace ou de temps] zwischen (dat., acc.). | *Entre midi et deux heures*, zwischen zwölf und zwei. | *Entre ciel et terre, la vie et la mort*, zwischen Himmel und Erde, Leben und Tod.
2. [parmi] unter (dat., acc.). | *Nous sommes entre nous*, wir sind ganz unter uns. | *Entre nous soit dit*, unter uns gesagt. | *Entre eux, elles*, unter sich ; untereinander. | *Entre autres*, unter anderen, anderem. | *L'un d'entre eux*, einer unter, von ihnen.
3. *Entre 1980 et 1990*, in den achtziger Jahren. | *Entre les deux*, halb und halb. | *Entre deux âges*, von mittlerem Alter. | *Entre deux eaux*, unter Wasser. | *Entre la poire et le fromage*, beim Nachtisch. | *Entre chien et loup*, im Zwielicht. | *Tomber entre les mains de qn*, in js Gewalt geraten.

entre, entr' [ɑ̃tr] préf. zwischen ; einander ; gegenseitig ; halb.

entrebâillement [ɑ̃trəbɑjmɑ̃] m. LOC. *Dans l'entrebâillement de la porte*, in der halb offen(stehend)en Tür.

entrebâiller [-je] v. tr. [porte] (nur) halb öffnen ; einen Spalt lassen ; leicht, eben anlehnen.
◇ part. pass. et adj. **entrebâillé, ée,** *La porte est entrebâillée*, die Tür steht halb offen.

entrechat [ɑ̃trəʃa] m. Luft-, Kreuzsprung m.

entrechoquer [ɑ̃trəʃɔke] v. pr. [verres, épées] klirren ; zusammenklingen.
◇ v. pr. **s'entrechoquer,** an-, aufeinander-, zusammenstoßen.

entrecôte [ɑ̃trəko:t] f. CULIN. Rippenstück n.

entrecouper [ɑ̃trəkupe] v. tr. [interrompre] unterbrechen. || PAR EXT. [entremêler] durchflechten, -mengen. | *Une voix entrecoupée de sanglots*, eine von Schluchzen unterbrochene Stimme.
◇ v. pr. **s'entrecouper,** sich unterbrechen. || [sens pass.] sich schneiden.

entrecroisement [ɑ̃trəkrwazmɑ̃] m. Kreuzung f. ; Über-, Durchkreuzung f.

entrecroiser [-ze] v. tr. (durch)kreuzen.
◇ v. pr. **s'entrecroiser,** sich durchkreuzen ; kreuz und quer laufen ; sich schneiden.

entre-déchirer (s') [sɑ̃trədeʃire] v. pr. sich gegenseitig zerreißen, -fleischen. || FIG. sich (gegenseitig) schlecht machen.

entre-deux [ɑ̃trədø] m. [espace] Zwischenraum m. ; Weite f. || [dentelle] Spitzeneinsatz m.

entre-dévorer (s') [sɑ̃trədevɔre] v. pr. sich gegenseitig auffressen, zerfleischen.

entrée [ɑ̃tre] f. **1.** [action d'entrer] Eingehen n., -treten n., -ziehen n., -fahren n., -laufen n., -fliegen n. | *Entrée d'un navire au port*, Einlaufen eines Schiffs.
2. [but, lieu précis] Eingang m., -tritt m., -zug m., -fahrt f., -flug m. | *Entrée à l'école*, Schuleintritt. | *Entrée dans un parti*, Beitritt m. | *Entrée en scène*, Auftritt m. | *Entrée en gare*, Einfahrt. | *Entrée solennelle, en groupe*, Einzug. | *Entrée libre*, freier Eintritt. | *Faire son entrée*, einziehen ; seinen Einzug halten.
3. [accès, admission] Aufnahme f. ; Zugang m. ; Eintritt m. ; Zulaß m. | *Examen d'entrée*, Aufnahmeprüfung f. | *Carte d'entrée*, Eintritts-, Einlaßkarte f. | *Avoir ses grandes et ses petites entrées auprès de qn*, bei jm freien Zutritt haben. | *Refuser l'entrée*, nicht zulassen.
4. [lieu] Eingang m. ; Einfahrt f. ; Öffnung f. ; Loch n. | *Entrée d'une maison*, Hauseingang. | *Porte d'entrée*, Haustür f. | *Entrée (d'un appartement)*, Vorraum m., -flur m. ; Diele f.
5. FIG. [commencement] Eingang m. ; Anfang m. ; Beginn m. | *Entrée en matière*, Einleitung f., -führung f. | *À l'entrée de l'hiver*, bei Beginn des Winters. | *Dès l'entrée, d'entrée*, von vornherein. || JUR., ADMIN. *Entrée en vigueur*, Inkrafttreten n. | *Entrée en possession*, Besitzergreifung f. | *Visa d'entrée*, Einreisevisum n.
6. CULIN. Vorspeise f.
7. [dictionnaire] (Wörterbuch)eintrag m.
8. INF. Eingabe f. | *Entrée des données*, Dateneingabe. | *Entrée vocale*, Stimmeingabe. | *Système d'entrée-sortie*, Ein-Ausgabe-Werk n.

entrefaites [ɑ̃trəfɛt] f. pl. LOC. *Sur ces entrefaites*, inzwischen ; unterdessen ; mittlerweile.

entrefilet [ɑ̃trəfilɛ] m. [journal] eingeschobener Artikel ; Zwischenartikel m. ; kurze Notiz.

entregent [ɑ̃trəʒɑ̃] m. Gewandtheit f. ; Wendigkeit f. | *Il a de l'entregent*, er weiß mit den Leuten umzugehen ; er ist ein gewandter Mann.

entrelacement [ɑ̃trəlasmɑ̃] m. Ver-, Durchflechtung f. ; Verschlingung f.

entrelacer [-lase] v. tr. verflechten, -schlingen, -weben ; durchflechten, -wirken, -weben, setzen.
◇ part. pass. et adj. **entrelacé, ée,** verflochten. || FIG. *Rimes entrelacées*, verschlungene Reime.
◇ v. pr. **s'entrelacer,** sich verschlingen, -weben.

entrelacs [-lɑ] m. Geflecht n. ; Verschlingung f. ; durchflochtene Arbeit. || ARCHIT. Flechtwerk n.

entrelarder [ɑ̃trəlarde] v. tr. spicken ; mit Speck durchziehen. | *Entrelarder de citations*, mit Zitaten durchflechten, PÉJOR. spicken.

entremêler [ɑ̃trəmɛle] v. tr. miteinandervermengen ; durch-, unter-, vermischen. | *Entremêler de qch.*, mit etwas vermischen. || FIG. [de citations] durchflechten ; verweben.

entremets [ɑ̃trəmɛ] m. Zwischengericht n. | *Entremets sucré*, Süßspeise f.

entremetteur, euse [ɑ̃trəmɛtœ:r, ø:z] s. Unterhändler(in) m. (f.) ; Vermittler(in) m. (f.). || PAR EXT. [proxénète] Kuppler(in) m. (f.).

entremettre (s') [sɑ̃trəmɛtr] v. pr. vermittelnd eintreten ; dazwischentreten. | *S'entremettre dans qch.*, etwas zu vermitteln suchen. | *S'entremettre pour qn*, sich für jn verwenden ; für jn eintreten.

entremise [ɑ̃trəmi:z] f. Vermittlung f., -wendung f. | *Par l'entremise de*, vermittels (gén.) ; durch.

entrepont [ɑ̃trəpɔ̃] m. MAR. Zwischendeck n.

entreposer [ɑ̃trəpoze] v. tr. COMM. (ein)lagern ; auf Lager legen.

entrepôt [-po] m. COMM. (Waren)lager n. ; Lagerhaus n. ; Speicher m. ; Depot n. || [en douane] Zollager n. ; Packhof m.

entreprenant, ante [ɑ̃trəprənɑ̃, ɑ̃:t] adj. unternehmungslustig ; unternehmend ; kühn. || FIG. [galant] *Il est entreprenant*, POP. er geht ran.

entreprendre [-prɑ̃:dr] v. tr. unter-, vornehmen ; beginnen ; in Angriff nehmen. || PAR EXT. [s'engager à fournir] übernehmen. || FIG. *Entreprendre qn.*, sich jn vornehmen ; sich an jn machen.

◇ v. intr. *Entreprendre de faire qch.*, etwas zu tun beginnen, versuchen.

entrepreneur [-prənœ:r] m. Unternehmer m. | *Entrepreneur en bâtiments*, Bauunternehmer.

entreprise [-pri:z] f. [action] Unternehmen n. || [chose] Unternehmung f. || PAR EXT. [prise en charge] Übernahme f. || FIG. Unternehmen n. ; Beginnen n. ; Vornahme f. | *Esprit d'entreprise*, Unternehmungsgeist m. || PAR EXT. [dessein] Vorhaben n. || COMM. Unternehmung f. ; Geschäft n. ; Betrieb m. | *Entreprise à but lucratif*, Erwerbsunternehmen n. | *Entreprise commerciale*, kaufmännischer Betrieb ; Geschäft. | *Entreprise individuelle*, Einzelunternehmen n. | *Entreprise industrielle*, Industriebetrieb. | *Entreprise à succursales multiples*, Filialunternehmen n. | *Entreprise multinationale*, multinationales Unternehmen ; FAM. Multi f. | *Comité d'entreprise*, Betriebsrat m.

entrer [ɑ̃tre] v. intr. **1.** [sens général] treten (in, acc.) ; betreten ; ein-, herein-, hineingehen ; hereinkommen. | *Il entre dans la chambre*, er tritt ins Zimmer ; er betritt das Zimmer. | *Faire entrer qn*, jn hereinlassen, -holen, -bitten. | *Faites entrer*, ich lasse bitten. | *Pouvoir, Vouloir, Devoir entrer*, herein dürfen, wollen, müssen. | *Défense d'entrer*, Eintritt verboten.

2. [nuances, suivant la façon de se mouvoir] hineinfahren, -fliegen, -laufen, -kriechen, -steigen. | *Les mouches entrent par la fenêtre*, die Mücken fliegen zum Fenster herein. | *Entrer de force*, eindringen. | *Entrer précipitamment*, hereingestürzt kommen. | *Entrer en foule*, hineinströmen. | *Aider à entrer*, hereinhelfen.

3. PAR EXT. [nouvelle situation] eintreten ; treten (in, acc.). | *Entrer au lycée*, aufs Gymnasium kommen. | *Entrer en première*, in die Unterprima versetzt werden. | *Entrer dans une famille*, in eine Familie einheiraten. | *Entrer au service de qn*, in js Dienst treten. | *Entrer dans la vie active*, ins Erwerbsleben treten. | *Entrer dans un parti*, einer Partei beitreten. || FIG. *Entrer dans les détails*, auf Einzelheiten eingehen ; sich auf Einzelheiten einlassen. | *Entrer dans les secrets de qn*, in js Geheimnisse eindringen. | *Entrer dans les vues de qn*, auf js Ansichten eingehen. | *Entrer dans un rôle*, sich in eine Rolle einfühlen. || [commencer] treten (in, acc.) ; antreten ; beginnen. | *Entrer en fonctions*, sein Amt antreten. | *Entrer en relation avec qn*, mit jm Beziehungen anknüpfen. | *Entrer en scène*, auftreten. | *Entrer en matière*, anfangen ; einleiten. | *Entrer en fureur*, wütend werden ; in Wut geraten. | *Entrer en correspondance*, einen Briefwechsel aufnehmen.

4. CHOSES : (hin)eingehen ; (hin)einfahren, -fließen, -laufen, -scheinen. | *Le train entre en gare*, der Zug fährt ein. | *Le bateau entre dans le port*, das Schiff läuft in den Hafen ein. | *Faire entrer qch. dans qch.*, etwas in eine Sache hineindrücken, -pressen, -zwängen, -schlagen, -schrauben, -flechten, -arbeiten. || PAR ANAL. [s'adapter à] *La clef n'entre pas*, der Schlüssel paßt nicht.

5. [dans la composition] ein Bestandteil sein von ; einen Teil ausmachen von. | *L'hydrogène entre dans la composition de nombreux corps*, der Wasserstoff ist ein Bestandteil von zahlreichen Stoffen. | *Le houblon entre dans la fabrication de la bière*, der Hopfen dient zur Herstellung des Biers. | *Entrer pour un quart dans qch.*, mit einem Viertel bei etwas beteiligt sein. | *Entrer pour beaucoup dans qch.*, viel zu etwas beitragen. | *N'entrer pour rien*, nicht mitspielen ; bedeutungslos sein. | *Entrer en ligne de compte*, in Betracht, in Frage kommen. | *Entrer en jeu*, mitspielen.

6. [commencer] treten (in, acc.) ; geraten (in, acc.) ; anfangen. | *Entrer en vigueur*, in Kraft treten. | *Entrer en action*, in Tätigkeit treten ; anfangen zu.

entresol [ɑ̃trəsɔl] m. Zwischenstock m., -geschoß n., -etage f. ; Mezzanin n.

entre-temps [ɑ̃trətɑ̃] adv. inzwischen ; unterdessen.

◇ loc. adv. **dans l'entre-temps,** in der Zwischenzeit.

entretenir [ɑ̃trətəni:r] v. tr. **1.** unterhalten ; instandhalten ; pflegen. | *Entretenir une machine, un jardin*, eine Maschine, einen Garten unterhalten, pflegen. | *Entretenir une armée*, ein stehendes Heer halten. || [alimenter] (er)nähren ; speisen. | *Entretenir le feu*, das Feuer nähren. || PAR EXT. [pourvoir aux besoins de] unterhalten ; verpflegen, -sorgen ; (er)nähren ; PÉJOR. aushalten.

2. FIG. [faire durer] aufrecht erhalten ; pflegen. | *Entretenir de bonnes relations avec qn*, mit jm in guten Beziehungen stehen.

3. [parler] unterhalten ; sprechen. | *Entretenir qn de qch.*, mit jm über eine Sache sprechen, reden.

◇ v. pr. **s'entretenir,** sich erhalten. || FIG. [converser] *S'entretenir de qch. avec qn*, sich mit jm über eine Sache unterhalten.

entretien [-tjɛ̃] m. [sens général] Unterhaltung f. || TECHN. Instand-, Unterhaltung f. ; Wartung f. ; Pflege f. | *Entretien d'une voiture*, Wagenpflege. | *Frais d'entretien*, Unterhalt(ung)skosten f. pl. | *Atelier d'entretien*, Instandsetzungs-, Reparaturwerkstatt f. || [alimentation] Ernährung f. ; Speisung f. || PAR EXT. [personnel] Unterhalt m. ; Verpflegung f., -sorgung f. || FIG. [conversation] Unterhaltung f., -redung f. ; Besprechung f.

entretoise [ɑ̃trətwa:z] f. TECHN. Steg m. ; Abstandsstück n. ; Querriegel m., -holz n. ; Versteifung f. ; Strebe f. ; Traverse f.

entre-tuer (s') [sɑ̃trətɥe] v. pr. einander töten, umbringen.

entrevoir [ɑ̃trəvwa:r] v. tr. flüchtig, verschwommen sehen. | *Ne faire qu'entrevoir*, nur halb sehen ; kaum erblicken. || FIG. [pressentir] ahnen ; vermuten. | *Laisser entrevoir*, merken lassen.

entrevue [-vy] f. Zusammenkunft f. ; Treffen n. ; Begegnung f. ; Unterredung f.

entrouvrir [ɑ̃truvri:r] v. tr. etwas, ein wenig, halb öffnen.

◇ part. pass. et adj. **entrouvert, erte,** halboffen ; klaffend. | *La porte est entrouverte*, die Tür steht halb offen.

énucléation [enykleasjɔ̃] f. MÉD. Enukleation f.

énumératif, ive [enymeratif, i:v] adj. aufzählend.

énumération [-rasjɔ̃] f. Aufzählung f. ; Auf-, Anführung f. ; PÉJOR. Herunterleierung f. | *Faire l'énumération de*, aufzählen.

énumérer [-re] v. tr. vor-, her-, aufzählen ; einzeln aufführen.

énurésie [enyrezi] f. MÉD. Bettnässen n.

envahir [ɑ̃vai:r] v. tr. MIL. [soldats] einbrechen, -dringen, -fallen (in, acc.) ; überfallen. | *Envahir un pays*, in ein Land einfallen ; ein Land überfallen. || PAR ANAL. [choses] *L'eau envahit la maison*, das Wasser bricht, dringt ins Haus ein. || PAR EXT. [en surface] überfallen, -schwemmen, -wuchern ; um sich greifen. | *L'eau envahit les prairies*, das Wasser überflutet die Wiesen. | *L'herbe envahit le jardin*, das Unkraut überwuchert den Garten. || FIG. *Le machinisme envahit tout*, die Technik greift auf alles über. | *Envahi par la peur*, angstbefallen.

◇ part. prés. et adj. **envahissant, ante,** um sich greifend. || FIG. aufdringlich.

envahissement [-ismɑ̃] m. Ein-, Überfall m. ; Ein-, Vordringen n. || PAR EXT. Überfluten n., -wuchern n. || FIG. Überhandnehmen n. ; Übergriff m.

envahisseur [-isœ:r] m. Eindringling m. ; Angreifer m.

envasement [ɑ̃vazmɑ̃] m. Verschlammung f.

envaser [-ze] v. tr. verschlammen.

enveloppe [ɑ̃vlɔp] f. [sens général] Hülle f. ; Umhüllung f., -kleidung f., -wicklung f., -mantelung f. | *Enveloppe protectrice*, Schutzhülle. | *Entourer d'une enveloppe*, umhüllen. || [lettre] Umschlag m. ; Kuvert n. | *Enveloppe affranchie*, Freiumschlag. | *Enveloppe de deuil*, Umschlag mit Trauerrand. | *Mettre sous enveloppe*, in den Umschlag stecken ; kuvertieren. || FIG. Hülle f. ; (An)schein m. || BOT. Hülle f. ; Schale f. ; Decke f. || AUTOM. [pneu] Reifen m.

— SYN. : *Étui*, Etui ; Behälter. *Fourreau*, Futteral. *Gaine*, Scheide. *Housse*, Be-, Überzug m.

enveloppement [-pmɑ̃] m. [action] Umhüllen n., -wickeln n., -kleiden n., -manteln n. || MÉD. Umschlagen n. ; Umschlag m.

envelopper [-pe] v. tr. umhüllen, -wickeln, -kleiden, -manteln ; einhüllen, -wickeln, -schlagen. | *Envelopper qch. de, dans qch.*, etwas in eine Sache hüllen, wickeln, schlagen. | *Envelopper de brume, de vapeur*, umnebeln, -dunsten. || PAR EXT. [cacher] ein-, verhüllen ; verbergen.

◇ part. pass. et adj. **enveloppant, ante,** ein-, umhüllend ; umfassend. || FIG., PÉJOR. einwickelnd ; betörend, -strickend. || MIL. *Mouvement enveloppant*, Umzingelung f. ; Einkesselung f.

◇ v. pr. **s'envelopper,** sich um-, einhüllen ; sich einwickeln. | *S'envelopper dans un manteau*, sich in einen Mantel hüllen.

envenimer [ɑ̃vnime] v. tr. vergiften, -schlimmern ; giftig, schlimmer machen. || FIG. *Envenimer une dispute*, einen Streit verschlimmern, schüren.

◇ v. pr. **s'envenimer,** [sens pass.] sich verschlimmern ; schlimmer werden.

envergure [ɑ̃vɛrgy:r] f. [oiseau] Flügelweite f. || FIG. *Esprit d'une grande envergure*, weitblickender Geist. || AÉRON. Spann-, Flügelweite f.

envers [ɑ̃vɛ:r] prép. gegen ; gegenüber (dat.). | *Envers toi*, gegen dich ; dir gegenüber. | *Envers et contre tous*, gegen wen es auch sei ; gegen Freund und Feind.

◇ m. Kehr-, Rückseite f. ; linke Seite. | *Envers d'une étoffe*, linke Seite, Innenseite eines Stoffs.

◇ loc. adv. **à l'envers,** verkehrt. | *Mettre à l'envers*, verkehrt anziehen. | *Lire à l'envers*, verkehrt herum, von hinten nach vorn lesen. || FIG. *Avoir la tête à l'envers*, verdreht sein.

envi (à l') [alɑ̃vi] loc. adv. um die Wette.

enviable [ɑ̃vjabl] adj. beneidenswert.

envie [ɑ̃vi] f. [jalousie] Neid m. ; Beneiden n. ; Mißgunst f. | *Éprouver de l'envie*, neidisch sein. | *Regards d'envie*, neidvolle, scheele, neidische Blicke m. pl. | *Digne d'envie*, beneidenswert, -würdig. || PAR EXT. [désir] Lust f. ; Gelüst n. ; Begehren n. ; Begierde f. ; Verlangen n. | *Avoir envie de qch.*, Lust nach, auf etwas haben ; etwas mögen, begehren. | *Avoir envie de partir*, gehen mögen. | *Je n'en ai pas envie*, ich habe keine Lust dazu. | *Donner envie de*, Lust machen, zu. | *L'envie me prend de rire*, ich bekomme Lust zum Lachen. | *Envie de plaire*, Gefallsucht f. | *Il a envie de dormir*, er ist schläfrig. | *Faire envie à qn*, jn gelüsten ; js Begierde erregen.

envier [ɑ̃vje] v. tr. [jalouser] beneiden ; neidisch sein (auf, acc.) ; scheel sehen (auf, acc.) ; mißgönnen. | *Envier le bonheur de qn*, jn um sein Glück beneiden ; jm sein Glück nicht gönnen. || PAR EXT. [désirer] begehren.

envieux, ieuse [-jø, jø:z] adj. neidisch ; mißgünstig ; scheeläugig. | *Être envieux de*, neidisch sein (auf, acc.).

◇ s. Neider(in) m. (f.) ; POP. Neidhammel m.

environ [ɑ̃virɔ̃] adv. [à peu près] ungefähr ; etwa ; zirka ; gegen ; an die... ; so bei...

◇ m. pl. **environs,** Umgebung f., -gegend f. ; Nachbarschaft f. ; Nähe f. || LOC. *Être dans les environs*, in der Nähe sein. | *Être des environs*, in der Nähe wohnen. | *Dans les environs de Paris*, um Paris herum. | *Aux environs de trois heures*, um, gegen drei Uhr.

environnant, ante [-rɔnɑ̃, ɑ̃:t] adj. (her)umliegend. | *Monde environnant*, Umwelt f., -kreis m.

environnement [-rɔnmɑ̃] m. Umwelt f. | *Défenseur de l'environnement*, Umweltschützer m. | *Protection de l'environnement*, Umweltschutz m.

environner [-rɔne] v. tr. [entourer] umgeben ; herumliegen um. | *Environné de collines*, mit Hügeln umgeben. || FIG. *Il est environné de dangers*, er lebt mitten in Gefahren.

envisager [ɑ̃vizaʒe] v. tr. ins Gesicht sehen ; anschauen. || FIG. [considérer] ins Auge fassen ; betrachten ; entgegensehen ; in Betracht ziehen. | *Façon d'envisager*, Betrachtungsweise f. | *Envisager le pire*, mit dem Schlimmsten rechnen.

envoi [ɑ̃vwa] m. [action] Ab-, Ein-, Ver-, Weg-, Zusenden n. ; Senden n. ; Schicken n. | *Faire un envoi*, etwas (ein)senden. || PAR EXT. [chose] Sendung f. ; Ab-, Ein-, Zusendung f. || COMM. Sendung f. ; Versand m. | *Envoi contre remboursement*, Nachnahmesendung. | *Envoi en nombre*, Massenwurfsendung. | *Bordereau d'envoi*, Begleitzettel m. | *Envoi par chemin de fer*, Bahnversand.

envol [ɑ̃vɔl] m. [action] Ab-, Auffliegen n. || FIG. Schwung m. || AÉRON. Ab-, Aufflug m. ; Start m.

envoler (s') [sɑ̃vɔle] v. pr. davon-, weg-, auf-, ab-, ausfliegen. | *S'envoler à tire-d'aile*, pfeilgeschwind dahinschießen. | *Faire s'envoler*, ver-, wegscheuchen. || FIG. [temps] dahinfliegen ; schnell verfließen. || AÉRON. aufsteigen ; starten.

envoûtement [ɑ̃vutmɑ̃] m. Behexung f. | *Formule d'envoûtement*, Zauberformel f. || FIG. Zauber m.; Bann m.
envoûter [-te] v. tr. be-, verhexen. || FIG. [subjuguer] *Envoûter qn*, jn seinem Willen unterwerfen.
envoyer [ɑ̃vwaje] v. tr. senden; schicken. | *Envoyer qch. à qn*, etwas an jn senden. | *Envoyer chercher qn*, nach jm schicken; jn holen lassen. | *Envoyer dire à qn*, jm sagen lassen. || PAR ANAL. [nuances] ab-, fort-, weg-, ver-, hin-, über-, zusenden; ab-, verschicken. | *Envoyer de l'argent à qn*, jm Geld zusenden. | *Envoyer des marchandises*, Waren verschicken. || PAR EXT. [déléguer] abordnen; beschicken; entsenden. || FIG., FAM. *Envoyer qn au diable, paître, promener, coucher*, jn zum Henker schicken. | *Envoyer qn dans l'autre monde*, jn ins Jenseits befördern. | *Ne pas l'envoyer dire*, kein Blatt vor den Mund nehmen. || PAR EXT. [donner, lancer] *Envoyer des coups*, Schläge versetzen.
◇ part. pass. et adj. **envoyé, ée,** (ab)gesandt. || FIG., FAM. *Bien envoyé*, gut geantwortet!; das sitzt! || SUBSTANTIV. s. (Ab)gesandte(r) f. (m.); Bote m., Botin f.
— SYN.: *Adresser*, zuschicken. *Expédier*, absenden. *Dépêcher*, abordnen. — *Délégué* m., Abgeordneter m. *Représentant* m., Vertreter m. *Mandataire* m., Bevollmächtigter m.
envoyeur, euse [-jœ:r, ø:z] s. Ab-, Versender(in) m. (f.).
enzyme [ɑ̃zim] f. CHIM. Enzym n. | *Enzymes de restriction*, Restriktionsenzyme n. pl.
éolien, ienne [eɔljɛ̃, jɛn] adj. äolisch; aus Äolien.
◇ f. **éolienne,** Wind-, Wasserrad n.
épacte [epakt] f. ASTRON. Epakte f.
épagneul, eule [epaɲœl] s. ZOOL. Spaniel m.; Stöber-, Wachtelhund m.
épais, aisse [epɛ, ɛ:s] adj. dick; stark. | *Épais de six centimètres*, sechs Zentimeter dick, stark. | *La neige est épaisse*, der Schnee liegt hoch; es liegt tiefer Schnee. || PAR ANAL. [dense] dicht; dick; gedrängt. | *Brouillard épais*, dichter, dicker Nebel. | *Au feuillage épais*, dichtbelaubt. || PAR EXT. [peu liquide] dick(flüssig); fett; ölig. | *Huile épaisse*, fettes Öl. || LOC. *Vin épais*, schwerer Wein. | *Langue épaisse*, schwere Zunge. | *Fumée épaisse*, Qualm m. | *Nuit épaisse*, stockfinstere Nacht. || FIG. [esprit] schwerfällig; plump.
épaisseur [-sœ:r] f. Dicke f.; Stärke f. | *Épaisseur de la, d'une planche*, Brettstärke. | *Épaisseur de la glace*, Eisdicke. | *Avoir trois centimètres d'épaisseur*, drei cm dick, stark sein. || PAR ANAL. [densité] Dichte f.; Dichtigkeit f. || PAR EXT. [liquide] Dick-, Zähflüssigkeit f. || FIG. [esprit] Schwerfälligkeit f.; Plumpheit f.
épaissir [-si:r] v. tr. dick(er), dicht(er) machen; verdicken, -dichten. || PAR EXT. [liquide] eindicken.
◇ v. intr. et v. pr. **s'épaissir,** dick(er), dicht(er) werden; sich verdicken, -dichten. | *Le brouillard (s')épaissit*, der Nebel verdichtet sich. | *La nuit s'épaissit*, die Nacht wird tiefer.
épaississement [-sismɑ̃] m. Verdickung f.; Verstärkung f. || PAR EXT. [liquide] Eindickung f.
épanchement [epɑ̃ʃmɑ̃] m. [action] Ergießen n. || FIG. *Épanchement du cœur*, Herzenserguß m., -ergießung f. || MÉD. [sang] Erguß m.
épancher [-ʃe] v. tr. er-, ausgießen; auslassen. || FIG. *Épancher son cœur*, sein Herz ausschütten. | *Épancher sa colère sur qn*, seinen Zorn über jn auslassen.
◇ v. pr. **s'épancher,** sich ergießen; sich ausschütten.
épandage [epɑ̃da:ʒ] m. AGRIC. Ausstreuen n.; Verteilen n. | *Champ d'épandage*, Rieselfeld n.
épandre [epɑ̃:dr] v. tr. [au loin] streuen; aus-, ver-, auseinanderstreuen; verbreiten. || PAR EXT. [liquide] ausgießen.
◇ v. pr. **s'épandre,** sich ergießen.
épanouir [epanwi:r] v. tr. [fleur] entfalten; erschließen; öffnen. || FIG. aufheitern. | *Un visage épanoui*, ein freudestrahlendes Gesicht.
◇ v. pr. **s'épanouir,** [fleur] sich entfalten; auf-, erblühen; sich öffnen. || FIG. sich aufheitern; heiter, fröhlich werden.
épanouissement [-nwismɑ̃] m. [fleur] Entfaltung f.; Aufblühen n. | *Épanouissement de la beauté*, volle Entfaltung der Schönheit.
épargnant, ante [eparɲɑ̃, ɑ̃:t] s. Sparer(in) m. (f.). | *Le petit épargnant*, der kleine Sparer.
épargne [eparɲ] f. [action] Sparen n. || PAR ANAL. [vertu] Sparsamkeit f. || FIN *Caisse d'épargne*, Sparkasse f. | *Plan d'épargne-logement*, Bausparvertrag m.; Bausparplan m. | *Taux d'épargne*, Sparquote f.
◇ f. pl. **épargnes,** [somme] Ersparnis f.; Ersparte(s) n. | *Vivre de ses épargnes*, von seinen Ersparnissen leben.
épargner [-ɲe] v. tr. [argent] sparen; er-, aufsparen; zurücklegen. | *Épargner de l'argent*, Geld sparen. || PAR ANAL. *N'épargner ni son temps ni sa peine*, weder Zeit noch Mühe scheuen, sparen. || [ne pas gaspiller] sparsam umgehen mit. | *Épargner ses forces*, seine Kräfte sparen. || FIG. [ménager] (ver)schonen. | *N'épargner personne*, niemand verschonen. | *Épargner qch. à qn*, jm etwas ersparen. | *Épargnez-nous la description*, erlassen Sie uns die Schilderung.
◇ v. pr. **s'épargner,** [réciproque] einander schonen. || [réfléchi] sich schonen. || *S'épargner qch.*, sich etwas ersparen. || FIG. *Épargnez-vous cette peine*, ersparen Sie sich diese Mühe.
éparpillement [eparpijmɑ̃] m. [action] Zerstreuen n. || PAR ANAL. [résultat] Zer-, Umher-, Auseinander-, Verstreuung f. || FIG. Verzettelung f.; Zersplitterung f.
éparpiller [-je] v. tr. zer-, umher-, auseinander-, verstreuen. || PAR ANAL. *Le vent éparpille les feuilles*, der Wind verweht die Blätter. || FIG. verzetteln; zersplittern. | *Être éparpillé*, herum-, umherliegen.
◇ v. pr. **s'éparpiller,** sich zerstreuen.
épars, arse [epa:r, ars] adj. zer-, verstreut; einzeln. | *Cheveux épars*, aufgelöstes, fliegendes Haar. | *Être épars*, umherliegen.
épater [-te] v. tr. [verre] den Fuß zerbrechen. || FIG., verdutzen, -blüffen. | *Ça m'épate*, da bin ich baff. | *Chercher à épater*, flunkern.
◇ part. prés. et adj. **épatant, ante,** [étonnant] verblüffend. || [remarquable] famos; ganz groß.
épaulard [epolar] m. ZOOL. Schwertwal m.
épaule [epo:l] f. Schulter f.; Achsel f. | *Être large d'épaules*, breitschultrig sein. | *Rentrer les épaules*, die Schultern zurücknehmen. || PR. et FIG. *Hausser les épaules*, mit den Achseln zucken. | *Se luxer l'épaule*, sich das Schulterblatt auskugeln, verrenken. || PAR EXT. [viande] Schulterstück n.; Bug m. || FIG. *Donner un coup d'épaule à qn*, jm unter die Arme greifen. | *Être épaule contre épaule*, Schulter an Schulter stehen.
épaulé [epole] m. SPORT. Umsetzen n. | *Épaulé-jeté*, Stoßen n.
épauler [-le] v. tr. [fusil] anlegen. || FIG. [aider] *Épauler qn*, jm unter die Arme greifen; jn unterstützen.
épaulette [-lɛt] f. Träger m. || MIL. Schulterklappe f.; Achselstück n.
épave [epa:v] f. JUR. herrenloses Gut. || MAR. Wrack n.; Treibgut n. || AUTOM. Autowrack n. || FIG. *N'être plus qu'une épave*, nur noch ein Wrack sein.
épeautre [epo:tr] m. BOT. Spelz m.; Dinkel m.
épée [epe] f. MIL. Schwert n.; Degen m. | *Plat, pointe, fil de l'épée*, Degenfläche f., -spitze f., -schärfe

f. | *Coup d'épée*, Schwertstreich m., -hieb m. ; Degenstich m., -stoß m. || PAR EXT. [état] Militärstand m. | *Quitter l'épée*, den Dienst quittieren. || FIG. *Coup d'épée dans l'eau*, Schlag (m.) ins Wasser. | *Passer au fil de l'épée*, über die Klinge springen lassen. | *Épée de Damoclès*, Damoklesschwert. || [escrime] Klinge f.
— SYN. : *Glaive*, Kriegsschwert.

épeiche [epɛʃ] f. ZOOL. Buntspecht m.

épeire [epɛr] f. ZOOL. Kreuzspinne f.

épéiste [-ist] s. Säbelfechter(in) m. (f.)

épeler [eple] v. tr. buchstabieren.

épellation [epɛllasjɔ̃] f. Buchstabieren n.

éperdu, ue [epɛrdy] adj. [personne] bestürzt ; toll ; außer sich ; POP. ganz weg. | *Éperdu de douleur*, außer sich vor Schmerz. | *Éperdu de joie*, POP. vor Freude ganz aus dem Häuschen. || PAR EXT. [chose] heftig ; rasend.

éperdument [-mɑ̃] adv. toll ; heftig. | *Éperdument amoureux*, bis über die Ohren verliebt. || FIG., FAM. *Je m'en moque éperdument*, das ist mir völlig egal.

éperlan [epɛrlɑ̃] m. ZOOL. Stint m.

éperon [eprɔ̃] m. [métal] Sporn m. | *Chausser ses éperons*, die Sporen anschnallen, -legen. | *Donner de l'éperon*, die Sporen geben. || GÉOGR. Gebirgsvorsprung m.

éperonner [eprɔne] v. tr. [cheval] die Sporen geben (dat.) ; anspornen. || FIG. anspornen. || MAR. rammen.
◇ part. pass. et adj. **éperonné, ée,** adj. gespornt.

épervier [epɛrvje] m. ZOOL. Sperber m. ; Finkenhabicht m. || [à la pêche] Wurfnetz n.

éphèbe [efɛb] m. HIST. athenischer Jüngling. || PAR EXT., PÉJOR. Jüngling m. ; Ephebe m.

éphémère [efemɛ:r] adj. eintägig. || PAR EXT. kurzlebig ; von kurzer Dauer ; (schnell) vergänglich ; vorübergehend.
◇ m. ZOOL. Eintagsfliege f.

éphéméride [-merid] f. Tageskalender m.
◇ f. pl. **éphémérides.** ASTRON. Ephemeriden f. pl. ; astronomische Tabellen f. pl.

épi [epi] m. BOT. [de blé] Ähre f. || PAR ANAL. *Épi de maïs*, Maiskolben m. || PAR EXT. [cheveux] Büschel n. || LOC. *En épi*, ähren-, büschelförmig.

épice [epis] f. Gewürz n. ; Würze f. | *Pain d'épice*, Pfeffer-, Lebkuchen m.

épicéa [episea] m. BOT. Rot-, Schwarztanne f. ; Fichte f.

épicentre [episɑ̃:tr] m. GÉOL. Epizentrum n.

épicer [epise] v. tr. würzen ; pfeffern ; scharf, pikant, FIG. gewürzt machen.
◇ part. pass. et adj. **épicé, ée,** gewürzt ; scharf. || FIG. gewürzt ; gepfeffert ; pikant.

épicerie [-sri] f. [denrées] Kolonialwaren f. pl. | *Épicerie fine*, Delikatessengeschäft n. || [magasin] Lebensmittelgeschäft n.

épicier, ière [-sje, jɛ:r] s. Lebensmittelhändler(in) m. (f.) ; Krämer(in) m. (f.) || FIG., PÉJOR. Krämer m. ; Philister m.

épicurien, ienne [epikyrjɛ̃, jɛn] adj. epikureisch. || FIG. genießerisch ; lebenslustig.
◇ s. Epikureer m. || FIG. Genießer(in) m. (f.).

épicurisme [-rism] m. Epikureertum n. || FIG. Lebens-, Sinnenlust f.

épidémie [epidemi] f. MÉD. Seuche f. ; Epidemie f.

épidémiologie [-mjɔlɔʒi] f. MÉD. Epidemiologie f. ; Seuchenlehre f.

épidémique [-mik] adj. seuchenartig ; stark auftretend ; epidemisch.
— SYN. : *Endémique*, endemisch. *Épizootique*, viehseuchenartig.

épiderme [epidɛrm] m. ANAT. Oberhaut f. ; Epidermis f. || FIG. *Avoir l'épiderme sensible*, empfindlich sein. || BOT. Pflanzenhäutchen n.

épier [epje] v. tr. [gestes] be-, er-, ab-, auflauern ; auf der Lauer sein ; erspähen. || PAR ANAL. [paroles] behorchen, -lauschen ; horchen (auf, acc.). || PAR EXT. [espionner] beschleichen, -spitzeln. || FIG. [l'occasion] abpassen ; ausmachen.

épierrer [epjɛre] v. tr. entsteinen.

épieu [epjø] m. Jagdspieß m. ; Saufeder f.

épigastre [epigastr] m. ANAT. Magengrube f.

épigramme [epigram] f. LITTÉR. Sinn-, Spottgedicht n. ; Epigramm n. || [raillerie] Spott m.

épigraphe [-graf] f. In-, Aufschrift f. ; Motto n. ; Epigraph n.

épigraphie [-grafi] f. Inschriftenkunde f. ; Epigraphik f.

épilation [epilasjɔ̃] f. Haarentfernung f. ; Enthaaren n. ; Enthaarung f..

épilatoire [-twa:r] adj. Enthaarungs... | *Crème épilatoire*, Enthaarungscreme f.

épilepsie [epilɛpsi] f. MÉD. Fallsucht f. ; Epilepsie f.

épileptique [-tik] adj. MÉD. fallsüchtig ; krampfartig ; verkrampft ; epileptisch.
◇ s. Fallsüchtige(r) f. (m.) ; Epileptiker(in) m. (f.).

épiler [epile] v. tr. enthaaren ; die Haare entfernen. | *Crème à épiler*, Enthaarungscreme f.

épilogue [epilɔg] m. Nachwort n., -ruf m., -rede f. ; Epilog m. || FIG. Schluß m.

épiloguer [-ge] v. intr. besprechen ; kommentieren. | *Épiloguer sur*, bekritteln, -nörgeln.

épinard [epina:r] m. BOT. Spinat m. || FIG. *Cela met du beurre dans les épinards*, das ist Butter auf mein Brot.

épine [epin] f. BOT. [plante] Dorn m. ; Weiß-, Hagedorn m. | *(Buisson d') épines*, Dornstrauch m., -busch n. | *Couronne d'épines*, Dornenkrone f. || PAR EXT. [dard] Dorn m. ; Stachel m. || FIG. *Être sur des épines*, auf Dornen gebettet sein. | *Épine dans le cœur*, Stachel (m.) im Fleisch. | *Tirer à qn une épine du pied*, jm einen Dorn aus dem Fuß ziehen. || ANAT. *Épine dorsale*, Rückgrat n.

épinette [epinɛt] f. MUS. Spinett n.

épineux, euse [epinø, ø:z] adj. dornig ; dornenvoll ; stachlig ; gestachelt. || FIG. [caractère] kratzig ; spitzig. || PAR EXT. [affaire] mißlich ; heikel ; kitzlich.

épingle [epɛ̃:gl] f. Nadel f. ; (An)stecknadel f. | *Fixer avec des épingles*, anstecken. | *Se piquer avec une épingle*, sich an, mit einer Nadel stechen. | *Tête d'épingle*, Stecknadelkopf m. || PAR ANAL. [nuances] *Épingle à cheveux, à chapeau, de cravate, de sûreté*, Haar-, Hut-, Schlips-, Sicherheitsnadel. || PAR EXT. *Virage en épingle à cheveux*, Spitzkehre f. ; Haarnadelkurve f. || FIG. *Coups d'épingle*, Nadelstiche m. pl. ; Sticheleien f. pl. | *Monter qch. en épingle*, etwas aufbauschen, hochspielen. | *Tirer son épingle du jeu*, sich geschickt aus der Affäre ziehen. | *Tiré à quatre épingles*, geschniegelt und gebügelt.

épingler [-gle] v. tr. an-, auf-, fest-, zusammenstekken. || FIG., FAM. *Épingler qn*, jn schnappen, ertappen.

épinière [epinjɛ:r] adj. f. ANAT. *Moelle épinière*, Rückenmark n.

épinoche [epinɔʃ] f. ZOOL. Stichling m. ; Dorn-, Windfisch m.

épiphanie [epifani] f. RELIG. Dreikönigsfest n.; Epiphania f.; Epiphanias(fest) n.

épiphénomène [epifenɔmɛn] m. PHILOS. Epiphaenomen n.; Nebenerscheinung f.

épique [epik] adj. LITTÉR. episch; Helden... | *Poème épique*, Epos n.; Heldengedicht n.

épiscopal, ale, aux [episkɔpal, o] adj. bischöflich; Bischofs... | *Palais épiscopal*, Bischofssitz m. | *Église épiscopale*, anglikanische Kirche.

épiscopat [-pa] m. RELIG. Bischofsamt n., -würde f., -amtszeit f.; Episkopat n. || PAR EXT. *Épiscopat allemand*, Gesamtheit (f.) der deutschen Bischöfe.

épisode [epizɔd] m. Nebenhandlung f.; Zwischenspiel n.; Episode f. || PAR EXT. [événement] Ereignis n.; Vor-, Zwischenfall m.

épisodique [-dik] adj. vorübergehend; gelegentlich; episodisch. || PAR EXT. [accessoire] Neben... | *Personnage épisodique*, Nebenperson f.

épissure [episy:r] f. TECHN. Spleißung f.

épistolaire [epistɔlɛ:r] adj. *Style épistolaire*, Briefstil m.

épistolier, ière [-lje, jɛ:r] s. Briefschreiber(in) m. (f.).

épitaphe [epitaf] f. Grab(in)schrift f.

épithalame [epitalam] m. Hochzeitsgedicht n.

épithète [epitɛt] f. GRAMM. Beiwort n.

épître [epi:tr] f. RELIG., LITTÉR. Sendschreiben n.; Brief m.; FAM. Epistel f.

épizootie [epizɔɔti] f. ZOOL. Tierseuche f.

épizootique [-tik] adj. viehseuchenartig.

éploré, ée [eplɔre] adj. in Tränen gebadet, zerflossen; tränenvoll; bitterlich weinend.

épluchage [eplyʃa:ʒ] m. [légumes] Putzen n.; Verlesen n. || PAR ANAL. [fruits] Schälen n. || PAR EXT. (Aus)klauben n. || FIG. [texte] genaues Untersuchen, Nachprüfen; PÉJOR. Klauberei f.

éplucher [-ʃe] v. tr. [légume] putzen; (ver)lesen. || [fruit] schälen. || PAR EXT. (aus)klauben. || FIG. [texte] genau untersuchen, nachprüfen. | *Éplucher une œuvre*, ein Werk unter die Lupe nehmen; PÉJOR. ein Werk durchhecheln.

— SYN.: *Écosser*, enthülsen. *Peler*, schälen.

éplucheur, euse [-ʃœ:r, ø:z] s. Putzer(in) m. (f.); Schäler(in) m. (f.).

épluchure(s) [-ʃy:r] f. (pl.) Abfall m.; Kehricht m.

épointer [epwɛ̃te] v. tr. die Spitze abbrechen; stumpf machen; abstumpfen.

éponge [epɔ̃:ʒ] f. ZOOL. Schwammtier n. || PAR ANAL. [matière] Schwamm m. | *Éponge de caoutchouc, de platine*, Gummi-, Platinschwamm. | *Passer l'éponge sur qch.*, etwas mit dem Schwamm auswischen. || PAR EXT. *Éponge de toilette*, Badeschwamm. | *Serviette-éponge*, Frottierhandtuch n.; Frotteehandtuch n. || FIG. *Passons l'éponge*, Schwamm drüber!

éponger [-ʒe] v. tr. mit dem Schwamm ab-, auswischen. || PAR EXT. *Éponger de l'eau*, Wasser mit dem Schwamm aufsaugen.

◇ v. pr. **s'éponger,** *S'éponger le front*, sich die Stirn abtrocknen, abwischen.

éponyme [epɔnim] adj. namengebend.

épopée [epɔpe] f. Epos n.; Heldengedicht n., -gesang m.

époque [epɔk] f. Zeitabschnitt m.; Zeit f.; Epoche f. | *À l'époque*, zu dieser Zeit. | *À l'époque de Noël*, zur Weihnachtszeit. | *La Belle Époque*, die Zeit um die Jahrhundertwende; das Wilhelminische Zeitalter. || FIG. *Faire époque*, Epoche machen.

épouiller [epuje] v. tr. (ent)lausen.

époumoner (s') [sepumɔne] v. pr. sich die Lunge aus dem Halse schreien.

épousailles [epuzɑ:j] f. pl. VX. Trauung f.; Hochzeitsfeierlichkeiten f. pl.

épouse [epu:z] f. Gattin f.; Gemahlin f.; (Ehe)-frau f.

— SYN.: *Compagne*, Lebensgefährtin. FAM. *Moitié*, bessere Hälfte.

épousée [-ze] f. junge Braut; Neuvermählte f.

épouser [-ze] v. tr. et intr. heiraten; heimführen; sich vermählen mit. || FIG. *Épouser les intérêts de qn*, sich die Interessen js zu eigen machen. | *Épouser le parti de qn*, für jn Partei ergreifen. || PAR EXT. *Épouser la forme de qch.*, die Form von etwas annehmen. | *Ce vêtement épouse les formes*, das Kleid liegt eng an.

époussetage [epusta:ʒ] m. Abstäuben n.

épousseter [-te] v. tr. stäuben; ab-, ausstäuben. | *Épousseter un tapis*, einen Teppich ausklopfen.

époustouflant, ante [epustuflɑ̃, ɑ̃:t] adj. FAM. verblüffend; erstaunlich.

époustoufler [-fle] v. tr. FAM. verblüffen; verdutzen.

◇ part. pass. et adj. **époustouflé, ée.** *Être époustouflé*, baff sein.

épouvantable [epuvɑ̃tabl] adj. schrecklich; entsetzlich; grauenhaft; schauderhaft; fürchterlich. | *Bruit épouvantable*, entsetzlicher Lärm. | *Crime épouvantable*, grausiges, schauerliches Verbrechen.

épouvantail [-vɑ̃ta:j] m. Vogelscheuche f.; Schreckgespenst n.; Strohmann m. || FIG. Schreckbild n.; Popanz m.

— SYN.: *Croque-mitaine* m., Popanz m.; Kinderschreck m. *Loup-garou* m., Werwolf m.

épouvante [-vɑ̃:t] f. Schrecken m.; Schrecknis n.; Entsetzen n.; Grausen n. | *Cri d'épouvante*, Entsetzensschrei m. | *Glacé d'épouvante*, schreckensstarr. | *Semer l'épouvante (parmi)*, mit Schrecken erfüllen.

— SYN.: *Frayeur*, Angst. *Effroi*, Entsetzen; Schreck. *Terreur*, Schrecken. *Panique*, Panik.

épouvanter [-vɑ̃te] v. tr. in Schrecken (ver)setzen; erschrecken (v. faible); entsetzen; Schrecken, Furcht, Angst einjagen.

◇ v. pr. **s'épouvanter,** erschrecken (v. fort); in Schrecken geraten. | *S'épouvanter de qch.*, sich über etwas entsetzen.

époux [epu] m. Gatte m.; Ehegatte m., -mann m.; Gemahl m.; Mann m. | *Les époux*, Eheleute pl., -gatten m. pl.; Ehepaar n. | *Les jeunes époux*, die Neuvermählten pl.; das junge Paar.

éprendre (s') [seprɑ̃:dr] v. pr. sich verlieben; in Leidenschaft, Liebe entbrennen. | *S'éprendre de qn*, sich in jn verlieben.

◇ part. pass. et adj. **épris, ise,** verliebt.

épreuve [eprœ:v] f. [action] Probieren n.; Prüfen n. || [résultat] Probe f.; Versuch m. | *Temps d'épreuve*, Probezeit f. | *Mettre à l'épreuve*, auf die Probe stellen; (er)proben; prüfen. | *Mettre à rude épreuve*, schwer erproben. | *Faire l'épreuve de qch.*, etwas versuchen; den Versuch mit etwas machen. | *Subir, Supporter une épreuve*, eine Probe bestehen; sich bewähren. || PAR EXT. [examen] Prüfung f. | *Épreuves écrites*, schriftliche Prüfung; Schriftliches n. || LOC. *À l'épreuve*, bewährt; erprobt. | *Un rameur à toute épreuve*, ein erprobter, sicherer Ruderer. | *À l'épreuve du feu*, feuersicher, -fest. | *À l'épreuve de l'eau*, wasserdicht. || FIG. [du sort] Schicksalsprüfung f.; Heimsuchung f. | *Subir de rudes épreuves*, harte Prüfungen bestehen; viel durchmachen (müssen). || TYPOGR. Probeabzug m.; Korrekturbogen m. | *Corriger, Lire des épreuves*, Korrekturen lesen. || PHOT. Abzug m., -druck m. || SPORT. Kampf m.; Fahrt

f. ; Spiel n. | *Épreuve éliminatoire*, Ausscheidungskampf ; Zwischenspiel, -runde f. ; Auswahlverfahren n.
— SYN. : *Essai* m., Versuch m. *Test* m., Test m.

éprouver [epruve] v. tr. [mettre à l'épreuve] auf die Probe stellen ; prüfen ; (er)proben ; versuchen. | *Éprouver la fidélité de qn*, js Treue auf die Probe stellen. | *Éprouver sa force*, seine Kraft prüfen, erproben. || PAR ANAL. [faire subir des épreuves] prüfen ; heimsuchen. | *Dieu éprouve les hommes*, Gott prüft die Menschen. || PAR EXT. [subir une épreuve] erleiden, -fahren, -leben ; durchmachen (sépar.). | *Éprouver des pertes*, Verluste erleiden. | *Éprouver des revers de fortune*, Schicksalsrückschläge durchmachen. | *Éprouver des difficultés*, auf Schwierigkeiten stoßen. || FIG. [ressentir] empfinden ; (ver)spüren. | *Éprouver de la joie*, Freude empfinden.
◇ part. pass. et adj. **éprouvé, ée,** [avec succès] erprobt ; bewährt ; verläßlich ; sicher. | *Ami éprouvé*, erprobter, sicherer Freund. || PAR ANAL. [avec perte] *Être très éprouvé*, (hart) mitgenommen. | *Être durement éprouvé par qch.*, unter etwas schwer zu leiden haben.

éprouvette [-vɛt] f. CHIM. Prüfkörper m. ; Reagenzglas n., -röhrchen n. ; Reagenz n. | *Éprouvette graduée*, Meßglas n., -zylinder m.

épucer [epyse] v. tr. die Flöhe absammeln ; flöhen.

épuisement [epɥizmɑ̃] m. [action] Aus-, Erschöpfen n. || PAR ANAL. [nuances] *Épuisement d'un puits*, Austrocknen (n.), eines Brunnens. | *Épuisement du sol*, Aussaugen (n.) des Bodens. || PAR EXT. *Épuisement des provisions*, Ausgehen (n.) der Vorräte. || FIG. [fatigue] Erschöpfung f. ; Ermattung f. ; Abgespanntheit f. || COMM. Auf-, Ausgehen n. | *Jusqu'à l'épuisement des stocks*, so lange die Vorräte reichen.

épuiser [-ze] v. tr. aus-, erschöpfen. || PAR ANAL. [nuances] *Épuiser l'eau d'un puits*, einen Brunnen auspumpen, -trocknen. | *Épuiser un sol*, einen Boden aussaugen. || PAR EXT. [provisions] aufbrauchen, -zehren. || FIG. [fatiguer] erschöpfen ; ermatten. || PAR EXT. *Épuiser une question*, eine Frage erschöpfend behandeln.
◇ part. pass. et adj. **épuisé, ée,** erschöpft. | *Épuisé par le travail*, überarbeitet. | *Édition épuisée*, vergriffene Auflage.
◇ v. pr. **s'épuiser,** [sens pass.] auf-, ausgehen. | *Les munitions s'épuisent*, die Munition geht aus, POP. wird knapp, alle. || [sens réfl.] sich erschöpfen ; ermatten. | *S'épuiser en efforts inutiles*, sich unnütz abmühen.

épuisette [-zɛt] f. Kescher m. ; Fangnetz n.

épurateur [epyratœ:r] adj. reinigend.
◇ m. TECHN. Reiniger m. || AUTOM. *Épurateur d'air*, Luftfilter m.

épuration [-sjɔ̃] f. TECHN. Reinigung f. ; Läuterung f. ; Klärung f. | *Station d'épuration*, Kläranlage f. || FIG. [mœurs] Läuterung f. || POLIT. [parti] Säuberung f.

épure [epy:r] f. ARCHIT. Aufriß m.

épurer [-re] v. tr. TECHN. reinigen ; säubern ; läutern ; aufbereiten ; klären. || FIG. läutern ; veredeln ; verfeinern. | *Épurer le goût*, den Geschmack verfeinern, heben. | *Épurer la langue*, die Sprache säubern, läutern. || POLIT. [parti] säubern.

équarrir [ekari:r] v. tr. TECHN. [poutre] vierkantig zuschneiden ; abvieren ; behauen ; beschlagen. || ZOOL. [un cheval] abdecken.
◇ part. pass. et adj. **équarri, ie,** vierkantig, -schrötig.

équarrissage ou **équarrissement** [-risa:ʒ, -rismɑ̃] m. TECHN. [poutre] Behauung f. ; Ausvierung f. || ZOOL. Abdecken n. | *Chantier d'équarrissage*, Abdeckerei f. ; HIST. Schindanger m.

équarrisseur [-risœ:r] m. [chevaux] Abdecker m.

équateur [ekwatœ:r] m. GÉOGR. Äquator m.

Équateur [ekwatœ:r] n. pr. m. GÉOGR. Ekuador n.

équation [ekwasjɔ̃] f. MATH. Gleichung f. | *Équation du premier, du second degré*, Gleichung ersten, zweiten Grades. | *Mise en équation*, Gleichungsaufstellung f., -ansatz m.

équatorial, iale, iaux [-tɔrjal, jo] adj. äquatorial.

équerre [ekɛ:r] f. [instrument] Winkeldreieck n. | *D'équerre, en équerre, à l'équerre*, rechtwinklig ; winkelrecht. | *Mettre d'équerre*, winkelrecht machen. || TECHN. Winkeleisen n., -band n., stütze f.

équestre [ekɛstr] adj. Reiter... ; Ritter... | *Exercices équestres*, Reitübungen f. pl. ; Reiterspiele n. pl. | *Statue équestre*, Reiterstandbild n.

équidés [ekɥide] m. pl. ZOOL. Einhufer m. pl.

équidistant, ante [-distɑ̃, ɑ̃:t] adj. in gleichem Abstand ; gleichweit entfernt.

équilatéral, ale, aux [-lateral, o] adj. gleichseitig. | *Triangle équilatéral*, gleichseitiges Dreieck.

équilibrage [ekilibra:ʒ] m. Ausbalancieren n., -gleichen n. || [pneus] Auswuchten n.

équilibre [-libr] m. Gleichgewicht n. ; Ausgleich m. ; Waage f. ; Balance f. | *Équilibre stable, instable*, stabiles, labiles Gleichgewicht. | *Équilibre des forces*, Kräfteausgleich m. | *Équilibre de la terreur*, Gleichgewicht des Schreckens. | *Équilibre alimentaire*, ausgewogene Ernährung. | *Équilibre naturel*, Naturhaushalt m. | *Position d'équilibre*, Gleichgewichts-, Ruhelage f. | *Être, se tenir en équilibre*, im Gleichgewicht, ausgeglichen sein. | *Mettre en équilibre*, ins Gleichgewicht bringen ; ausgleichen. | *Perdre l'équilibre*, das Gleichgewicht verlieren ; umkippen (sépar.).

équilibrer [-bre] v. tr. TECHN. ins Gleichgewicht bringen ; ausgleichen, -balancieren. || [pneus] auswuchten. || FIG. ins Gleichgewicht, in Übereinstimmung bringen. || PAR EXT. [contrebalancer] die Waage halten ; ausgleichen. || FIN. [budget] ausgleichen ; entlasten.
◇ part. pass. et adj. **équilibré, ée,** ausgeglichen, -gewogen, -balanciert. | *Forces équilibrées*, ausgeglichene Kräfte f. pl. || FIG. *Esprit bien équilibré*, wohl ausgewogener Geist.
◇ v. pr. **s'équilibrer,** sich die Waage halten.

équilibriste [-librist] m. Gleichgewichtskünstler m. ; Seiltänzer m.

équille [eki:j] f. ZOOL. Sandaal m., -lanze f.

équinoxe [ekinɔks] m. ASTR. Tag- und Nachtgleiche f. ; Äquinoktium n.

équipage [ekipa:ʒ] m. [voiture] Fuhrwerk n. ; Kutsche f. ; Equipage f. | *Avoir un équipage*, Pferd und Wagen halten. || PAR ANAL. [suite] Gefolge n. ; Zug m. || PAR EXT. [attirail] Gerät n. ; Ausstattung f., -rüstung f. ; Zeug n. || MIL. *Train des équipages*, Troß m. ; Train m. || MAR., AÉRON. Mannschaft f. ; Besatzung f. ; Equipage f.

équipe [ekip] f. [ouvriers] Mannschaft f. ; Rotte f. | *Chef d'équipe*, Vorarbeiter m. ; Rottenführer m. | *Équipe de secours*, Notbelegschaft. | *Équipe de jour, de nuit*, Tag-, Nachtschicht. || FIG. *Esprit d'équipe*, Kameradschaftsgeist m. || SPORT. Mannschaft f.

équipée [-pe] f. toller, unüberlegter Streich ; Schwabenstreich m. || PAR EXT. tolles Abenteuer.

équipement [-pmɑ̃] m. [action] (Aus)rüsten n. ; Ausstatten n. ; Einrichten n. || PAR ANAL. [résultat] (Aus)rüstung f. ; Ausstattung f. ; Einrichtung f. | *Équipement industriel*, Industrieausrüstung. | *Équipement électrique*, elektrische Einrichtung. || PAR EXT. [effets, matériel] Ausrüstung f., -stattung f. ; Gerät n. ;

Zeug n. | *Équipement de chasse, de pêche*, Jagd-, Fischgerät n. || INF. *Équipement standard*, Grundausstattung f.

◇ m. pl. **équipements.** *Équipements collectifs*, Gemeinschaftseinrichtungen. f. pl.

équiper [-pe] v. tr. ausrüsten, -statten, -steuern ; einrichten. | *Équiper de qch.*, mit etwas ausstatten, versehen.

équipier, ière [-pje, jɛ:r] s. SPORT. Spieler(in) m. (f.) ; Mannschaftsspieler(in) m. (f.).

équitable [ekitabl] adj. gerecht ; billig.

équitablement [-bləmɑ̃] adv. gerecht ; billigerweise.

— SYN. : *Juste*, gerecht. *Impartial*, unparteiisch. *Objectif*, objektiv.

équitation [ekitasjɔ̃] f. Reitkunst f., -sport m. ; Reiten n. | *École d'équitation*, Reitschule f.

équité [ekite] f. Gerechtigkeit f. ; Billigkeit f. ; Recht und Billigkeit. | *Avec équité*, billig.

équivalence [ekivalɑ̃:s] f. Gleichwertigkeit f. ; gleicher Wert.

équivalent, ente [-lɑ̃, ɑ̃:t] adj. gleichwertig, -bedeutend ; gleich ; entsprechend ; äquivalent. | *Être équivalent à qch.*, mit etwas gleichwertig sein.

◇ m. **équivalent,** Gegenwert m. ; entsprechender Wert. || NUCL. *Équivalent de dose*, Äquivalentdosis f. | *Équivalent de dose maximale admissible*, höchstzulässige Äquivalentdosis.

équivaloir [-lwa:r] v. intr. gleichwertig, entsprechend wert sein. | *Équivaloir à qch.*, gleichen Wert haben wie etwas ; einer Sache entsprechen. || PAR EXT. [signifier] ebensoviel bedeuten wie ; heißen. | *Cela équivaudrait à tout abandonner*, das hieße alles aufgeben.

équivoque [ekivɔk] adj. doppelsinnig ; zweideutig. || FIG. [suspect] hintergründig ; zweifelhaft.

◇ f. Doppelsinnigkeit f. ; Zweideutigkeit f. | *Sans équivoque*, unzweideutig. || PAR EXT. [propos] zweideutige Rede ; Wortspiel n. || FIG. Hintergründigkeit f. ; Zweifel m.

érable [erabl] m. BOT. Ahorn m. || PAR EXT. [bois] Ahornholz n.

éradication [eradikasjɔ̃] f. Beseitigung f. ; Auslöschen n.

éradiquer [-ke] v. tr. beseitigen ; auslöschen.

érafler [erafle] v. tr. ritzen ; streifen ; schrammen ; aufschürfen, -reiben, -schaben.

◇ v. pr. **s'érafler.** *S'érafler la peau*, sich streifen.

éraflure [-fly:r] f. Kratzer m. ; Ritz(er) m. ; Schramme f. | *Faire une éraflure*, streifen, ritzen.

érailler [erɑje] v. tr. TECHN. [tissu] ausfransen, -fasern ; verschleißen.

◇ part. pass. et adj. **éraillé, ée.** TECHN. *Étoffe éraillée*, zerschlissener, ausgefranster Stoff. || MÉD. *Voix éraillée*, heisere, brüchige, krächzende Stimme.

◇ v. pr. **s'érailler.** *S'érailler la voix*, sich heiser schreien.

éraillure [-jy:r] f. TECHN. Webfehler m.

ère [ɛ:r] f. Zeitalter n., -rechnung f. ; Ära f. | *Ère archaïque*, Urzeit f. | *Ère chrétienne*, christliche Zeit(rechnung). || GÉOL. Erdzeitalter n. | *Ère primaire*, Paläozoikum n. ; Primärzeit f. || FIG. *Ère nouvelle*, neuer Zeitabschnitt ; Wendepunkt m.

— SYN. : *Période* f., Zeitabschnitt m. ; Periode f. *Cycle* m., Zeitkreis m., -ablauf m. *Époque* f., Zeit f. ; Epoche f.

érectile [erɛktil] adj. ANAT. schwell-, erektionsfähig. | *Muscle érectile*, Schwellmuskel m.

érection [-sjɔ̃] f. [construction] Auf-, Errichtung f. ; Erhebung f. || FIG. Gründung f. ; Einsetzung f. || ANAT. Anschwellen n. ; Erektion f.

éreintement [erɛ̃tmɑ̃] m. Übermüdung f. ; Erschöpfung f. || FIG., FAM. [critique] Herunterreißen n. ; Durchhecheln n.

éreinter [-te] v. tr. [cheval] übermüden ; fertig machen ; erledigen ; abhetzen. || FIG. [critiquer] herunterreißen, -machen ; durchhecheln.

◇ part. pass. et adj. FAM. **éreinté, ée,** todmüde ; abgehetzt ; erledigt.

◇ v. pr. **s'éreinter,** sich abschinden.

érémitique [eremitik] adj. einsiedlerisch, -haft ; eremitenhaft.

erg [ɛrg] m. PHYS. [unité] Erg n. ; E n.

ergol [ɛrgɔl] m. Treibstoff m. ; Brennstoff m.

ergonome [ɛrgɔnɔm] s. Ergonom m. ; Ergonomin f.

ergonomie [-mi] f. Ergonomik f. ; Ergonomie f.

ergonomiste [ɛrgɔnɔmist] s. V. ERGONOME.

ergot [ɛrgo] m. ZOOL. Fußsporn m. ; Hinterklaue f. || FIG. *Monter sur ses ergots*, sich auf die Hinterbeine stellen ; Kampfstellung einnehmen. || BOT. [seigle] Mutterkornpilz m. || TECHN. Anschlag m. ; Nase f.

ergoter [ɛrgɔte] v. tr. nörgeln ; quengeln ; bekritteln ; POP. um des Kaisers Bart streiten.

ergoteur, euse [-tœ:r, ø:z] adj. rechthaberisch ; quengelig ; nörgelnd.

◇ s. Rechthaber(in) m. (f.) ; POP. Kritikaster m.

ergothérapeute [ɛrgoterapøt] s. Ergotherapeut(in) m. (f.).

ergothérapie [-pi] f. Ergotherapie f. ; Beschäftigungstherapie f.

ériger [eriʒe] v. tr. [élever] er-, aufrichten ; aufstellen ; erheben. | *Ériger un monument à qn*, jm ein Denkmal errichten, setzen. || FIG. [instituer] gründen ; stiften ; schaffen ; einrichten, -setzen. || PAR EXT. [transformer] *Ériger en duché*, zum Herzogtum erheben, machen.

◇ v. pr. **s'ériger.** *S'ériger en juge*, sich zum Richter aufwerfen.

ermitage [ɛrmita:ʒ] m. Einsiedelei f. ; Klausnerei f. ; Eremitage f.

ermite [ɛrmit] m. Einsiedler m. ; Klausner m. ; Eremit m. | *Vivre en ermite*, völlig zurückgezogen leben.

éroder [erɔde] v. tr. GÉOL. [eau] auswaschen ; erodieren. || CHIM. [acide] an-, herausfressen.

Éros [eros] n. pr. MYTH. Liebesgott m. ; Eros m.

érosif, ive [erɔzif, i:v] adj. GÉOL. auswaschend ; erodierend. || CHIM. anfressend ; beizend ; ätzend.

érosion [-zjɔ̃] f. GÉOL. Auswaschung f. ; Abtragung f. ; Erosion f. || CHIM. Zer-, Anfressung f. || ÉCON. *Érosion monétaire*, Geldwertschwund m.

— SYN. : *Corrosion* f., Zerfressung f.

érotique [erɔtik] adj. sinnlich ; erotisch. || LITTÉR. *Poésie érotique*, Liebesdichtung f.

érotisme [-tism] m. Lüsternheit f. ; übersteigerte Sinnlichkeit ; Erotik f.

errance [ɛrɑ̃:s] f. Umherirren n.

errant, ante [ɛrɑ̃, ɑ̃:t] adj. umherirrend, schweifend ; unstet. || LOC. *Le Juif errant*, der ewige Jude. | *Chevalier errant*, fahrender Ritter. | *Peuples errants*, Nomadenvölker n. pl. | *Vie errante*, unstetes Leben. | *Chiens errants*, streunende Hunde.

errata [ɛrata] m. invar. TYPOGR. Druckfehlerverzeichnis n.

erratique [ɛratik] adj. MÉD. unregelmäßig ; erratisch. | *Fièvres erratiques*, Fieberstöße m. pl. | GÉOL. *Bloc erratique*, Findling m. ; erratischer Block.

erratum [εratum] m. Berichtigungsblatt n. (für einen einzigen Fehler).

erre [ε:r] f. MAR. Lauf m. ; Fahrt f.

errements [εrmɑ̃] m. pl. übliches Vorgehen, Verfahren. | *Anciens errements*, alter Schlendrian.

errer [εre] v. intr. [çà et là] irren ; umherirren, -schweifen, -streichen, -ziehen. | *Errer dans les bois*, durch die Wälder irren. | *Errer au hasard*, ziellos herumirren. || PAR ANAL. [regard] *Laisser errer son regard*, seinen Blick schweifen lassen. || FIG. [se tromper] (sich) irren ; irregehen.

— SYN. : *Vagabonder*, herumstreichen. *Rôder*, herumschleichen.

erreur [εrœ:r] f. [opinion, doctrine] Irrtum m. ; Täuschung f. | *Erreur grossière, foncière, manifeste*, grober, grundlegender, offenbarer Irrtum. | *Commettre une erreur*, einen Irrtum begehen ; sich irren. | *Être dans l'erreur, Faire erreur*, sich irren ; sich täuschen. | *Induire en erreur*, irreführen ; zum Irrtum verleiten. | *Revenir de son erreur*, seinen Irrtum einsehen. | *Par erreur*, irrtümlich ; fälschlich ; versehentlich ; aus Versehen. | *Sauf erreur*, wenn ich nicht irre ; COMM. Irrtum vorbehalten. || PAR ANAL. [calcul] Fehler m. ; Unrichtigkeit f. | *Erreur de calcul, d'écriture*, Rechnen-, Schreibfehler. | *Faire, Commettre une erreur*, sich verrechnen, -schreiben. | *Plein d'erreurs*, voller Fehler ; fehlerhaft. | *Il y a erreur*, es stimmt (etwas) nicht. | *Réparer une erreur*, einen Fehler berichtigen. || PAR EXT. [confusion] Verwechslung f., -sehen n., Fehlung f. | *J'ai fait erreur*, ich habe mich versehen. || INF. *Erreur de programmation, de programme*, Programmfehler m. || JUR. *Erreur judiciaire*, Justizirrtum m. ; Fehlurteil n. ◇ f. pl. **erreurs,** FIG. (Ver)irrungen f. pl. | *Erreurs de jeunesse*, Jugendsünden f. pl.

— SYN. : *Méprise*, Mißverständnis. *Bévue*, Versehen.

erroné, ée [εrɔne] adj. irrig ; irrtümlich ; unrichtig ; fehlerhaft ; falsch ; schief. | *Opinion erronée*, irrige Meinung ; fehlerhafte Ansicht. | *Jugement erroné*, Fehlurteil n. | *Conclusion erronée*, Trugschluß m. | *Tirer des conclusions erronées*, fehlschließen.

éructation [eryktasjɔ̃] f. MÉD. Aufstoßen n. ; POP. Rülpsen n.

éructer [-te] v. intr. aufstoßen ; rülpsen.

érudit, ite [erydi, it] adj. gelehrt ; gelehrsam. ◇ s. Gelehrte(r) f. (m.).

érudition [-sjɔ̃] f. Gelehrsamkeit f. | *Fausse érudition*, Aftergelehrsamkeit. | *Être plein d'érudition*, über viel Wissen verfügen.

éruptif, ive [eryptif, i:v] adj. GÉOL. eruptiv. | *Roche éruptive*, Eruptivgestein n. || MÉD. *Fièvre éruptive*, Fieber (n.) mit Ausschlag.

éruption [-sjɔ̃] f. GÉOL. [volcan] Ausbruch m. || PAR ANAL. [dent] Durchstoßen n. || FIG. Ausbruch m. || MÉD. Ausschlag m.

ès [εs] prép. [en les] LOC. *Docteur ès lettres*, Doktor (m.) der Philosophie ; DR. phil.

esbroufe [εsbruf] f. POP. Angabe f. ; Dicktuerei f. | *Faire de l'esbroufe*, POP. dick(e) tun. | *Vol à l'esbroufe*, Anrempeldiebstahl m.

escabeau [εskabo] m. Schemel m. ; Hocker m. ; Trittleiter f.

escadre [εska:dr] f. MAR. Geschwader n.

escadrille [-dri:j] f. MAR. kleines Geschwader. || AÉRON. Flugzeuggeschwader n. ; Staffel f. | *Escadrille de chasse*, Jagdstaffel.

escadron [-drɔ̃] m. MIL. (Reiter)schwadron f.

escalade [εskalad] f. [action] Ersteigen n., -klimmen n. || SPORT. Klettern n. | *Faire l'escalade d'une montagne*, einen Berg besteigen.

escalader [-de] v. tr. ersteigen, -klimmen ; er-, über-, hinaufklettern. | *Escalader un mur*, eine Mauer überklettern. | *Escalader un rocher*, einen Felsen hochklettern.

escale [εskal] f. MAR. [port] Zwischen-, Anlege-, Nothafen m. || AÉRON. [arrêt] Zwischenlandung f. || LOC. *Faire escale*, einen Zwischenhafen anlaufen ; eine Zwischenlandung vornehmen. | *Vol sans escale*, Nonstopflug m.

escalier [εskalje] m. Treppe f. | *Escalier en colimaçon, mécanique*, Wendel-, Rolltreppe. | *Escalier de service, dérobé*, Hinter-, Geheimtreppe. | *Cage, Marches, Palier, Tapis de l'escalier*, Treppenhaus n., -stufen f. pl., -absatz m., -läufer m. | *Monter, Descendre l'escalier*, die Treppe hinauf-, hinabgehen, -laufen.

escalope [εskalɔp] f. Schnitzel n. | *Escalope de veau*, Kalbsschnitzel.

escamotable [εskamɔtabl] adj. *Lit escamotable*, Klapp-, Schrankbett n. || AÉRON. einziehbar.

escamotage [-ta:ʒ] m. Verschwindenlassen n. ; Taschenspielerei f. || [vol] Stibitzen n.

escamoter [-te] v. tr. [faire disparaître] verschwinden lassen. || AÉRON. einziehen. || PAR EXT. [voler] stibitzen ; klauen ; mausen. | *Escamoter qch. à qn*, jm etwas ablisten, -schwindeln. || FIG. [mot] verschlukken ; unterschlagen. || [esquiver] ausweichen (dat.).

escamoteur, euse [-tœ:r, ø:z] s. Taschenspieler(in) m. (f.)

escampette [εskɑ̃pεt] f. FIG., FAM. *Prendre la poudre d'escampette*, das Hasenpanier ergreifen ; davonlaufen ; sich aus dem Staube machen.

escapade [εskapad] f. [action] Durchgehen n., -brennen n. ; POP. Blaumachen n. || FIG. Seitensprung m. ; dummer Streich. | *Faire une escapade*, über die Stränge hauen ; durchbrennen (sépar.).

escarbille [εskarbi:j] f. Kohlen-, Kokslösche f. | *Des escarbilles*, Flugasche f.

escarbot [εskarbo] m. ZOOL. Käfer m.

escarcelle [εskarsεl] f. Geldbeutel m., -katze f.

escargot [εskargo] m. ZOOL. (Weinberg)schnecke f.

escarmouche [εskarmuʃ] f. Scharmützel n.

escarpé, ée [-pe] adj. steil ; schroff ; abschüssig ; steil ansteigend, abfallend ; jäh.

— SYN. : *Abrupt*, schroff. *Raide*, steil. *À pic*, senkrecht.

escarpement [-pəmɑ̃] m. [état] Steilheit f. || [pente] steile Böschung, Abdachung ; Steilhang m.

escarpin [εskarpε̃] m. (leichter) Tanzschuh.

escarpolette [εskarpɔlεt] f. Schaukel f.

escarre [εska:r] f. MÉD. Schorf m.

Escaut [εsko] n. pr. m. GÉOGR. Schelde f.

escient [εsjɑ̃] m. LOC. *À bon escient*, nach bestem Wissen und Gewissen ; wissentlich.

esclaffer (s') [sεsklafe] v. pr. los-, herausplatzen ; herausprusten ; laut auf-, loslachen.

esclandre [εsklɑ̃:dr] m. Skandal m. ; POP. Krach m. | *Causer un esclandre*, einen Skandal heraufbeschwören.

esclavage [εsklava:ʒ] m. Sklaventum n., -stand m. ; Sklaverei f. ; Knechtschaft f. | *Peuple réduit en esclavage*, versklavtes Volk. | *Tirer de l'esclavage*, aus der Sklaverei, von der Unterdrückung befreien. || FIG. [dépendance] Knechtschaft f.

esclavagiste [-ʒist] m. Anhänger (m.) der Sklaverei.

esclave [εskla:v] adj. sklavisch ; versklavt ; unterdrückt, -jocht ; PÉJOR. knechtisch ; unterwürfig. ◇ m. Sklave m. ; Sklavin f. ; Unfreier m. ; Unterdrückter m. | *Faire de qn un esclave*, jn zum Sklaven machen. | *D'esclave*, sklavisch ; knechtisch. || FIG. Knecht m. | *Être l'esclave de ses passions*, seinen Leidenschaften verfallen sein.

escogriffe [ɛskɔgrif] m. FAM. Lulatsch m. ; langer Schlaks.

escompte [ɛskɔ̃:t] m. COMM. Diskont m. ; Skonto n. ; Abzug m. ; Nachlaß m. ; Zinsabzug m., berechnung f. | *Opérations d'escompte*, Diskontgeschäft n. | *Taux d'escompte*, Diskontsatz m.

escompter [-te] v. tr. COMM. diskontieren ; abziehen ; in Abzug bringen. || FIG. [espérer] rechnen mit, auf ; erhoffen.

escorte [ɛskɔrt] f. MIL. [général] Schutzbegleitung f., -geleit n., -mannschaft f. ; Bedeckung f. ; Eskorte f. || PAR EXT. [personnalité] Gefolge n. | *Faire escorte à qn*, jm das Geleit geben. | *Sous l'escorte de*, begleitet von.

escorter [-te] v. tr. MIL. bedecken ; eskortieren. || PAR EXT. geleiten ; das Geleit geben (dat.).

escorteur [-tœ:r] m. MAR. Geleitschiff n.

escouade [ɛskwad] f. MIL. Korporalschaft f. ; Rotte f. ; Trupp m. ; Beritt m. ; Gruppe f.

escourgeon ou **écourgeon** [ɛskurʒɔ̃, ekurʒɔ̃] m. BOT. Winter-, Früh-, Futtergerste f.

escrime [ɛskrim] f. Fechten n. ; Fechtsport m., -kunst f. | *D'escrime*, Fecht... | *Salle d'escrime*, Fecht-, Paukboden m. | *Faire de l'escrime*, fechten.

escrimer (s') [sɛskrime] v. pr. *S'escrimer à faire qch.*, sich abmühen, etwas zu tun. | *S'escrimer contre qch.*, FAM. sich mit etwas herumschlagen.

escrimeur [-mœ:r] m. Fechter m.

escroc [ɛskro] m. Gauner m. ; Schwindler m. ; Hochstapler m. | *Maître escroc*, Erzgauner. | *Milieu des escrocs*, Gaunerwelt f.

— SYN. : *Filou* m., Spitzbube m. *Fripon* m., Gauner m. ; Spitzbube m. *Larron* m., Dieb m. ; Schächer m. *Aigrefin* m., Hochstapler m. FAM. *Chevalier d'industrie*, Hochstapler m. ARG. *Faiseur* m., Preller m.

escroquer [-krɔke] v. tr. [personne] begaunern, -schwindeln ; prellen. || PAR EXT. [chose] ergaunern, -schwindeln. | *Escroquer de l'argent à qn*, jm Geld abschwindeln.

escroquerie [-krɔkri] f. Gaunerei f. ; Schwindel m. ; Betrug m. | *On découvrit une escroquerie*, es wurde ein Schwindel aufgedeckt.

ésotérique [ezɔterik] adj. esoterisch.

espace [ɛspɑ:s] m. [lieu] Raum m. | *Espace aérien*, Luftraum. | *Espace publicitaire*, Werbefläche f. | *Espace vert*, Grünfläche f. | *Espace vide, vital, Hohl-, Lebensraum.* | *De, dans l'espace*, räumlich ; Raum... || PAR ANAL. [intervalle] Zwischenraum m. ; Abstand m. ; Weite f. | *Espace (parcouru)*, Strecke f. ; Bahn f. || PAR EXT. [durée] Zeitraum m., -spanne f. | *En, dans l'espace de*, innerhalb (gén.) ; binnen (gén.). || FIG. Geräumigkeit f. ; Räumlichkeit f. | *Avoir besoin d'espace*, viel Platz brauchen. || INF. *Espace-adresse*, Adressraum m.

— SYN. : *Intervalle* m., Zwischenraum m. *Interstice* m., kleiner Zwischenraum ; Spalte f.

espacement [-smɑ̃] m. Abstand m. ; Zwischenraum m. || PAR ANAL. *Espacement des trains*, Zugfolge f.

espacer [se] v. tr. [lieu] in Zwischenräumen aufstellen, pflanzen, setzen ; Zwischenraum, Abstände lassen zwischen (dat.). || PAR EXT. [durée] *Espacer ses visites*, immer seltener kommen.

◇ v. pr. **s'espacer,** sich auseinander stellen. || PAR EXT. [durée] seltener werden.

espadon [ɛspadɔ̃] m. HIST. [épée] Beiderhand m. ; Flamberg m. || ZOOL. Schwertfisch m.

espadrille [ɛspadri:j] f. Leinenschuh m.

Espagne [ɛspaɲ] n. pr. f. GÉOGR. Spanien n. || FIG. *Châteaux en Espagne*, Luftschlösser n. pl.

espagnol, e [-ɲɔl] adj. spanisch.

◇ s. **Espagnol, e,** [habitant] Spanier(in) m. (f.).

◇ m. **espagnol,** [langue] Spanisch n.

espagnolette [-ɲɔlɛt] f. Fenster-, Drehriegel m.

espalier [ɛspalje] m. BOT. Spalier n. | *Arbre en espalier*, Spalierbaum m.

espèce [ɛspɛs] f. [division du genre] Art f. ; Sorte f. ; Gattung f. ; Geschlecht n. | *Espèce humaine*, Menschengeschlecht. | *Espèce bâtarde*, Abart f. | *D'espèce différente*, verschiedenartig. || PAR ANAL. [sorte, qualité] Art f. ; Sorte f. | *De toute espèce*, jeder Art ; allerlei. | *Une espèce de marteau*, so etwas wie ein Hammer ; eine Art Hammer. | *Quelle espèce d'homme ?*, was für ein Mann ? || PAR EXT., JUR. *Cas d'espèce*, Einzelfall m. ; besonders gelagerter Fall. | *Ce sont des cas d'espèce*, es ist von Fall zu Fall zu entscheiden. | *En l'espèce*, in vorliegendem Fall. || FIG., PÉJOR. [engeance] Schlag m. ; Volk n. ; Gelichter n. | *Des gens de son espèce*, Leute vom selben Schlag. || PAR ANAL. *Espèce d'imbécile !*, Sie Dummkopf ! || ZOOL. Art f. ; Spezies f. | *Espèce canine*, Hundeart.

◇ f. pl. **espèces,** COMM. [monnaie] bares, gemünztes Geld. | *Espèces sonnantes*, Bar-, Hartgeld. | *En espèces*, (in) bar ; Bar...

— SYN. : *Sorte*, Art ; *Type*, Typ(us).

espérance [ɛsperɑ̃:s] f. [action] Hoffen n. || PAR ANAL. [vertu] Hoffnung f. || PAR EXT. [attente précise] Hoffnung f. ; Erwartung f. ; Aussicht f. | *Mettre son espérance en qch.*, seine Hoffnung auf etwas setzen. | *Fonder de grandes espérances sur*, sich viel versprechen von. | *Qui donne de grandes espérances*, vielversprechend ; aussichtsvoll. | *Dépasser toutes les espérances*, alle Erwartungen übertreffen. || [démographie] *Espérance de vie*, Lebenserwartung f.

◇ f. pl. **espérances,** [héritage] Aussicht (f.) auf eine Erbschaft.

espérantiste [-rɑ̃tist] s. Esperantoanhänger(in) m. (f.).

espéranto [-rɑ̃to] m. [langue] Esperanto n.

espérer [-re] v. intr. hoffen ; Hoffnung haben. | *J'espère toujours*, ich habe noch immer Hoffnung. | *J'espère, Espérons, Il faut espérer que*, hoffentlich. | *Espérons que oui*, hoffentlich ja ; das will ich hoffen. | *Espérer en qn*, seine Hoffnung auf jn setzen ; auf jn vertrauen.

◇ v. tr. [attendre] (er)hoffen ; hoffen (auf, acc.) ; erwarten ; Aussicht haben (auf, acc.). | *Espérer des jours meilleurs*, auf bessere Zeiten hoffen. | *Espérer beaucoup de qch.*, sich viel von etwas versprechen. | *Je n'en espère pas grand-chose*, ich erwarte nicht viel davon.

— SYN. : *Attendre*, erwarten. *Se promettre*, sich vornehmen. *Escompter*, in die Rechnung einbeziehen.

espiègle [ɛspjɛgl] adj. schelmisch ; schalkhaft ; mutwillig ; ausgelassen ; eulenspiegelhaft.

◇ s. LITTÉR. Eulenspiegel m. || PAR EXT. Schelm(in) m. (f.) ; Schalk m.

— SYN. : adj. *Mutin*, keck. — m. *Coquin*, Schelm.

espièglerie [-glǝri] f. [caractère] Schalkhaftigkeit f. || [tour] Schelmen-, Schalksstreich m.

espion, ionne [ɛspjɔ̃, jɔn] s. MIL. Spion(in) m. (f.). || PAR ANAL. Auskundschafter(in) m. (f.) ; Aushorcher(in) m. (f.), -späher(in) m. (f.) ; PÉJOR. Spitzel m. || FIG. Schnüffler(in) m. (f.). | *Faire l'espion*, herumspionieren, -schnüffeln.

— SYN. : *Agent secret* m., *affidé* m., Geheimagent m. PÉJOR. *Mouchard* m., Spitzel m. *Indicateur* m., Angeber m. ARG. *Mouton* m., Aushorcher m.

espionnage [-jɔna:ʒ] m. [action] Auskundschaften n. ; Spionieren n. || PAR ANAL. [métier] Spionage f.

| *Espionnage industriel*, Werksspionage f. | *Service d'espionnage*, Spionagedienst m. || PAR EXT. Auskundschaftung f. || FIG. Horcherei f.; Schnüffelei f.; Auflauern n.

espionner [-jɔne] v. tr. [personne] auskundschaften; (aus)spionieren; belauern; auflauern (dat.), -passen (dat.). || PAR EXT. [chose] heraushorchen, -spähen, -spionieren. || FIG. horchen; schnüffeln.

esplanade [ɛsplanad] f. Vorplatz m.; Schloßplatz m.; Esplanade f.

espoir [ɛspwa:r] m. Hoffnung f.; Erwartung f.; Aussicht f. | *Avoir de l'espoir*, hoffen. | *Mettre son espoir en*, seine (ganze) Hoffnung setzen auf. | *Contre tout espoir*, aller Erwartung zuwider. | *Renaître à l'espoir*, neue Hoffnung schöpfen. | *Plein d'espoir*, hoffnungs-, erwartungsvoll. | *Sans espoir*, hoffnungs-, aussichtslos. || FIG. [personne] *C'est un grand espoir du cinéma*, es ist eine aufsteigende Filmgröße.

esprit [ɛspri] m. **1.** PRINCIPE DE VIE: [âme, souffle] Geist m.; Seele f.; Gemüt n.; Hauch m. | *L'esprit et le corps*, Geist und Körper. | *Rendre l'esprit*, den Geist aufgeben, aushauchen. | *Esprit divin*, göttlicher Hauch, Geist. || PAR ANAL. [être incorporel] Geist m.; Wesen n. || RELIG. *Saint Esprit*, Heiliger Geist. | *Esprit malin*, böser Geist. || PAR EXT. [fantôme] Geist m.; Gespenst n. | *Monde des esprits*, Geisterwelt f. | *Maison hantée par les esprits*, Spukhaus n. || FIG. [conscience claire] *Perdre ses esprits*, die Besinnung verlieren; aus der Fassung, aus dem Häuschen geraten. | *Reprendre ses esprits*, wieder zu sich kommen. || GRAMM. [grec] Hauch m.; Hauchzeichen n. || CHIM. Geist m.; Spiritus m.; Sprit m. | *Esprit-de-vin*, Weingeist. | *Esprit-de-sel*, Salmiakgeist.
2. FACULTÉ INTELLECTUELLE: [intelligence, jugement] Geist m.; Witz m.; Verstand m.; Sinn m.; Kopf m.; Gedanke m. | *En esprit*, im Geiste; in Gedanken. | *De l'esprit*, geistig. | *D'esprit*, Geist(es)... | *Qui manque d'esprit*, arm an Geist. | *Pénétration d'esprit*, Geistesschärfe f.; Scharfsinn m. | *Tournure d'esprit*, Geisteshaltung f. | *Finesse d'esprit*, Klugheit f. | *Étroitesse d'esprit*, Beschränktheit f. | *(Plein) d'esprit*, geistvoll, -reich; sinnvoll. | *Homme d'esprit*, geistreicher Mann; Mann von Geist. | *Esprit humain*, Menschenverstand. | *Avoir l'esprit clair*, einen klaren Verstand haben; ein klarer Kopf sein. | *Esprit ouvert, critique*, offener, kritischer Geist. | *Qui a l'esprit fin*, feinsinnig; klug. || PAR ANAL. [attention, mémoire] Sinn m.; Gedanke m.; Kopf m. | *Présence, Absence d'esprit*, Geistesgegenwart f., -abwesenheit f. | *Venir à l'esprit*, in den Sinn kommen; einkommen, -fallen. | *Une pensée traverse mon esprit*, ein Gedanke schießt mir durch den Kopf. | *Avoir l'esprit ailleurs, préoccupé*, zerstreut, abgelenkt sein. | *Où aviez-vous l'esprit ?*, wo waren Sie denn mit Ihren Gedanken? || PAR EXT. [personne pensante] Geist m.; Kopf m. | *Esprit éclairé*, aufgeklärter Geist. | *Esprit fort*, Freigeist, -denker m. | *Esprit borné, étroit*, beschränkter Kopf. | *Esprit brouillon*, Wirrkopf. | *Esprit cultivé*, gebildeter Mensch; Gelehrter m. | *Calmer les esprits*, die Gemüter beruhigen. | *Éclairer les esprits*, die Leute aufklären. || FIG. [ingéniosité piquante] Geist m.; Witz m. | *Trait d'esprit*, Witz; witziger Einfall. | *Esprit pétillant*, prickelnder Witz. | *Avoir de l'esprit*, witzig, geistvoll sein. | *Faire de l'esprit*, Witze machen, reißen; PÉJOR. witzeln. | *Sans esprit*, witzlos; seicht. | *Qui a la manie de faire de l'esprit*, überwitzig. | *Esprit de l'escalier*, Treppenwitz.
3. SENS DÉRIVÉS: [disposition] Geist m.; Sinn m.; Sucht f.; Charakter m. | *Esprit de conquête, d'initiative, de corps, d'équipe, de contradiction*, Eroberungs-, Unternehmungs-, Gemein-, Mannschafts-, Widerspruchsgeist. | *Esprit de solidarité, servile, volage*, Gemeinschafts-, Sklaven-, Leichtsinn. | *Esprit de lucre, de chicane*, Gewinn-, Ränkesucht. | *Esprit d'épargne*, Sparsamkeit f. | *Esprit de suite*, Folgerichtigkeit f.; Beharrlichkeit f. | *État d'esprit*, Geistesverfassung f., -haltung f.; Stimmung f. | *Avoir mauvais esprit*, aufsässig, trotzig sein. | *Être large d'esprit*, großzügig, verständig, liberal sein. | *Ne pas avoir l'esprit mal tourné*, nichts Schlechtes dabei denken. || PAR EXT. [opinion, tendance] Geist m.; Meinung f.; Gesinnung f. | *Esprit de révolte*, aufrührerischer Geist. | *Esprit de clocher*, Lokalpatriotismus m. | *Largeur, étroitesse d'esprit*, liberale, niedrige Gesinnung. || FIG. [sens, intention] Sinn m.; Absicht f. | *Esprit d'une lettre*, Sinn eines Briefs. | *Dans cet esprit*, in diesem Sinn.

esquif [ɛskif] m. (kleines) Boot; Schiffchen n.; Nachen m.

esquille [ɛski:j] f. MÉD. Knochensplitter m.

Esquimau [ɛskimo] n. pr. m. Eskimo m.

esquinter [ɛskɛ̃te] v. tr. FAM. [éreinter] abschinden; POP. fertigmachen. || PAR ANAL. [détériorer] kaputt machen. || FIG. [critiquer] herunterreißen.
◇ v. pr. **s'esquinter,** sich abrackern.

esquisse [ɛskis] f. Ab-, Umriß m.; Entwurf m.; hingeworfene, flüchtige Zeichnung; Skizze f. || FIG. Anflug m., -hauch m., -deutung f.

esquisser [-se] v. tr. umreißen; hinzeichnen. | *Esquisser à grands traits*, in großen Zügen entwerfen. || FIG. andeuten. | *Esquisser un sourire*, flüchtig lächeln.

esquive [ɛskiv] f. SPORT. Ausweichen n.

esquiver [-ve] v. tr. [éviter] vermeiden; ausweichen (dat.); aus dem Wege gehen (dat.). || FIG. *Esquiver une difficulté*, eine Schwierigkeit umgehen.
◇ v. pr. **s'esquiver,** sich verdrücken; sich aus dem Staube machen; davonschleichen.

essai [esɛ] m. [action] Probieren n. || PAR EXT. [tentative, épreuve] Versuch m.; Probe f.; Untersuchung f.; Experiment n. || LOC. *À l'essai, à titre d'essai*, probe-, versuchsweise; auf, zur Probe. | *Donner à l'essai*, zur Probe geben. | *Acheter à l'essai*, auf Probe kaufen. | *Prendre, Mettre à l'essai, Faire l'essai de*, einen Versuch machen mit; auf die Probe stellen; (aus)probieren. || *Coup d'essai*, erster Versuch; Probestück n. | *Il n'en est pas à son coup d'essai*, er ist kein Anfänger mehr. || PR. et FIG. *Ballon d'essai*, Versuchsballon m. || LITTÉR. kurze Abhandlung; Aufsatz m.; Essay m. || MIL. *Essai nucléaire*, Atomwaffenversuch m. || SPORT. [rugby] Essay n. || TECHN. Probe f.; Versuch m. | *D'essai*, Versuchs..., Prüf... | *Banc d'essai*, Prüfstand m. | *Pilote d'essai*, Testpilot m. | *Tube à essai*, Probe-, Prüfglas n.

essaim [esɛ̃] m. Schwarm m. | *Essaim d'abeilles*, Bienenschwarm. | *Par essaims*, schwarmweise. || FIG. *Essaim d'enfants*, Kinderschwarm.

essaimer [-me] v. intr. (aus)schwärmen. || FIG., FAM. auswandern.

essayage [esɛja:ʒ] m. (An)probieren n.; Anprobe f. | *Cabine, Salon d'essayage*, Umkleidekabine f.; Anproberaum m. | *Faire un essayage*, anprobieren.

essayer [-je] v. tr. [mettre à l'épreuve] prüfen; erproben. || [mettre à l'essai] *Essayer ses forces*, seine Kräfte erproben. || TECHN. ver-, untersuchen; erproben; ab-, ausprobieren; prüfen. | *Essayer un vêtement*, ein Kleid anprobieren. | *Essayer une auto*, einen Wagen probieren.
◇ v. intr. [tenter de] versuchen; probieren. | *Essayer de qch.*, etwas versuchen; probieren; mit etwas einen Versuch machen. | *Essayer par tous les moyens*, nichts unversucht lassen. | *Essayer de faire qch.*, (ver)suchen, probieren, trachten, sich bemühen, etwas zu tun. | *Essayer donc !*, versuchen Sie doch mal!

◇ v. pr. **s'essayer à,** sich versuchen in (dat.); sich heranwagen an (acc.).

essayeur, euse [-jœ:r, ø:z] s. [monnaies] Wardein m.; Feingehaltsprüfer m. ‖ PAR ANAL. [costumes] Anprobierer(in) m. (f.).

essayiste [-jist] s. LITTÉR. Essayist(in) m. (f.).

essence [esɑ̃:s] f. PHILOS. [nature première] Wesen n.; Wesenheit f.; Wesentlichkeit f. | *Par essence*, an sich; wesentlich. ‖ PAR EXT. [substance] (wesentliche) Beschaffenheit; Wesentliche(s) n.; Grundwesen n. | *Dans son essence*, im Wesentlichen. ‖ CHIM. [liquide, extrait] Essenz f.; Extrakt n. | *Essence de café*, Kaffeeextrakt. | *Essence de rose*, Rosenessenz. | *Essence de térébenthine*, Terpentinöl n. ‖ BOT. *Essence de bois*, *Essence forestière*, Holzart f. ‖ PAR EXT. [pour auto] Benzin n.; Treib-, Kraftstoff m.; POP. Sprit m. | *Essence sans plomb*, bleifreies Benzin. | *Poste à essence*, Tankstelle f. | *Prendre de l'essence*, (Benzin) tanken. | *Moteur à essence*, Otto-Motor m.

essentiel, ielle [esɑ̃sjɛl] adj. [de l'être] wesentlich; wesenhaft. ‖ PAR EXT. [indispensable] grundsätzlich. ‖ FIG. [capital] wesentlich; Haupt... | *Point essentiel*, Haupt-, Kernpunkt m.

◇ m. **essentiel,** Wesentliche(s) n.; Hauptsache f.

essentiellement [-sjɛlmɑ̃] adv. wesentlich; hauptsächlich; grundlegend.

esseulé, ée [esøle] adj. vereinsamt; verlassen.

essieu [esjø] m. TECHN. Achse f.; Rad-, Trag-, Wagenachse f. | *Essieu arrière, oscillant*, Hinter-, Schwingachse. | *Écartement des essieux*, Achsenstand m. | *Charge d'essieu*, Achsenbelastung f. | *À deux essieux*, zweiachsig.

essor [ɛsɔ:r] m. [oiseau] (Auf)flug m.; (Auf)-schwung m. | *Prendre son essor*, auf-, emporfliegen; FIG. sich auf-, emporschwingen. ‖ FIG. Aufschwung m. | *Essor d'une ville, d'une science*, Aufschwung einer Stadt, einer Wissenschaft. | *Donner de l'essor à qch.*, etwas in Schwung bringen.

essorage [-ra:ʒ] m. Trocknen n.; Auswringen n.; Schleudern n.; Zentrifugieren n.

essorer [-re] v. tr. ab-, aus-, trocknen; (aus)-wringen; (aus)schleudern; zentrifugieren.

essoreuse [-rø:z] f. Wringmaschine f.; Wäsche-, Trockenschleuder f.; Zentrifuge f.

essoufflement [ɛsufləmɑ̃] m. Atemlosigkeit f.; Kurzatmigkeit f.; Keuchen n.

essouffler [-fle] v. tr. atemlos machen; außer Atem bringen; den Atem benehmen.

◇ part. pass. **essoufflé, ée,** atemlos; außer Atem.

◇ v. pr. **s'essouffler,** außer Atem kommen.

essuie-glace [ɛsɥiglas] m. (pl. **essuie-glaces**) AUTOM. Scheibenwischer m. | *Essuie-glace arrière*, Heckscheibenwischer.

essuie-mains [-mɛ̃] m. invar. Handtuch n.

essuie-verres [-vɛ:r] m. invar. Gläserturch n.

essuyage [-ja:ʒ] m. (Ab)trocknen n.; Abwischen n.

essuyer [-je] v. tr. (ab)trocknen; ab-, weg-, auswischen. | *Essuyer la vaisselle*, das Geschirr abtrocknen. | *Essuyer l'eau*, das Wasser auf trocknen. | *Essuyer la sueur*, den Schweiß wegwischen. ‖ FIG. *Essuyer les plâtres*, eine Wohnung trocken wohnen. | [subir] erleiden, -tragen, -dulden; ausstehen. | *Essuyer un échec*, durchfallen (sépar.). | *Essuyer un affront*, eine Schande erleiden. | *Essuyer une défaite*, eine Niederlage erleiden. | *Essuyer des coups de feu*, Beschuß bekommen; beschossen werden.

est [ɛst] m. Osten m. | *D'est, de l'est*, Ost... | *Allemagne de l'Est, Gare de l'Est*, Ostdeutschland n., -bahnhof m. | *À l'est de*, östlich (von). | *Vers l'est*, ge(ge)n Osten; ostwärts.

estacade [ɛstakad] f. hölzerne Brückenmole.

estafette [ɛstafɛt] f. Eilbote m.; Stafette f. ‖ MIL. Meldereiter m.

estafilade [ɛstafilad] f. Schnittwunde f.; Schmarre f.; Riß m.; Schmiß m.

estaminet [ɛstaminɛ] m. Kneipe f.; Ausschank m.

estampage [ɛstɑ̃pa:ʒ] m. TECHN. Stanzen n.; Stampfen n.; Prägen n. ‖ FIG., FAM. Nepperei f.

estampe [ɛstɑ̃:p] f. ARTS. Kupferstich m.; Holzschnitt m. ‖ TECHN. Stanze f.; (Präge)stempel m.; Druckplatte f.; Gesenk n.

estamper [-pe] v. tr. stanzen; stempeln; drücken; pressen; (hohl)prägen; im Gesenk schmieden. ‖ FIG., FAM. [duper] *Estamper un client*, einen Kunden übers Ohr hauen, 'reinlegen, neppen.

estampeur, euse [-pœ:r, ø:z] s. Gesenkschmied m.; Stanzer m. ‖ FIG., FAM. Nepper m.

estampillage [-pija:ʒ] m. Stempeln n.

estampille [-pi:j] f. Stempel m.; Kontroll-, Druckstempel m.

estampiller [-pije] v. tr. (ab)stempeln; seinen Stempel aufdrücken.

ester [ɛste] v. intr. JUR. *Ester en justice*, vor Gericht erscheinen, auftreten.

esthète [ɛstɛ:t] m. Kunstfreund(in) m. (f.); Kunstschwärmer(in) m. (f.); Ästhet(in) m. (f.).

esthéticien, ienne [ɛstetisjɛ̃, jɛn] s. Ästhetiker(in) m. (f.); Kunstgelehrte(r) m.

◇ f. **esthéticienne,** Kosmetikerin f.

esthétique [-tik] adj. ästhetisch. ‖ PAR EXT. geschmackvoll; schön; gefällig.

◇ f. [science] Schönheitslehre f.; Ästhetik f.

estimable [ɛstimabl] adj. schätzenswert; zu schätzen; acht-, schätzbar.

estimatif, ive [-matif, i:v] adj. schätzungsmäßig. | *Valeur estimative*, Schätzungswert m. | *Devis estimatif*, Kostenanschlag m., -voranschlag m.

estimation [-masjɔ̃] f. Einschätzung f.; Bewertung f.; Berechnung f.; Veranschlagung f. | *Faire l'estimation de qch.*, etwas ab-, einschätzen. | *Estimation approximative*, ungefähre Schätzung. | *Estimation excessive*, Überschätzung f.

estime [ɛstim] f. Wertschätzung f.; (Hoch)achtung f.; Würdigung f.; Anerkennung f. | *Estime exagérée*, Überschätzung f. | *Manque d'estime*, Geringschätzung f.; Mißachtung f. | *Tenir qn en estime*, jn (hoch)achten, (hoch)schätzen; viel von jm halten. | *Jouir de l'estime générale*, sich allgemeiner Hochachtung erfreuen. | *Estime de soi*, Selbstachtung.

estimer [-me] v. tr. [évaluer] schätzen; ab-, einschätzen; bewerten; veranschlagen; berechnen. | *Estimer sommairement*, überschlagen. | *Estimer qch. à mille francs*, etwas auf tausend Francs schätzen. | *À combien l'estimes-tu ?*, wie hoch schätzt du es ? ‖ FIG. [faire cas] (hoch)schätzen; (hoch)achten; wertachten, -schätzen; würdigen. | *Se faire estimer*, sich Achtung verschaffen. | *Estimer peu*, geringschätzen; mißachten. ‖ PAR EXT. [considérer] *Estimer sage de rester*, es für weise halten dazubleiben.

◇ v. intr. *estimer que*, denken, meinen, daß.

◇ part. pass. et adj. **estimé, ée,** geschätzt. | *Être estimé de tous*, überall in hohem Ansehen stehen.

◇ v. pr. **s'estimer,** [sens récipr.] sich, einander schätzen. ‖ [sens pass.] eingeschätzt, berechnet werden. ‖ [sens réfl.] *S'estimer heureux*, sich glücklich schätzen.

— Syn. : *Priser*, preisen. *Évaluer*, berechnen. *Apprécier*, einschätzen. *Jauger*, überschlagen.

estival, ale, aux [-val, o] adj. (hoch)sommerlich ; Sommer...

estivant, ante [-vɑ̃, ɑ̃:t] s. Feriengast m. ; Sommergast m.

estoc [ɛstɔk] m. Hist. [épée] Stoßdegen m. | *Frapper d'estoc et de taille*, pop. hauen und stechen ; um sich schlagen.

estocade [-kad] f. Degenstoß m. || Fig. *Donner l'estocade*, den Gnadenstoß geben.

estomac [ɛstɔma] m. Anat. Magen m. || Loc. *Avoir l'estomac creux*, einen leeren Magen haben. || Fig. *J'ai l'estomac dans les talons*, mir hängt der Magen bis auf die Kniekehlen ; pop. ich habe Kohldampf. | *Creux de l'estomac*, Magengrube f. | *Dérangement d'estomac*, Magenbeschwerden f. pl. || Fig., fam. [hardiesse] Kühnheit f. ; Frechheit f. | *Avoir de l'estomac*, allerhand verdauen können.

estomaquer [-ke] v. tr. Fam. verblüffen.

estompe [ɛstɔ̃:p] f. [dessin] (Kohle)wischer m.

estomper [-pe] v. tr. [dessin] über-, verwischen ; mattieren. || Fig. verschleiern.

◇ part. pass. et adj. **estompé, ée,** verschwommen ; mattiert.

◇ v. pr. **s'estomper,** verschwimmen ; fließen.

Estonie [ɛstɔni] n. pr. f. Géogr. Estland n.

estourbir [ɛsturbir] v. tr. Pop. totschlagen.

estrade [ɛstrad] f. Podium n. ; Bühne f. ; Tribüne f. || Fig. *Battre l'estrade*, umherstreifen.

estragon [ɛstragɔ̃] m. Bot. Beifuß m. ; Stabwurz m. ; Estragon m.

estropier [ɛstrɔpje] v. tr. verkrüppeln, -stümmeln ; entstellen ; verunstalten ; pop. verhunzen. || Fig. *Estropier un texte*, einen Text verstümmeln. | *Estropier une langue*, eine Sprache radebrechen.

◇ part. pass. et adj. **estropié, iée,** verkrüppelt ; krüppelhaft ; behindert ; lahm. || Substantiv. Krüppel m. ; Behinderte(r) f. (m.).

estuaire [ɛstɥɛ:r] m. [fleuve] breite Flußmündung. || Mar. Wattenmeer n. ; Watt n.

esturgeon [ɛstyrʒɔ̃] m. Zool. Stör m. ; Hausen m. | *Œufs d'esturgeon*, Kaviar m.

et [e] conj. und. || Loc. *Et ainsi de suite*, und so weiter. (V. et cetera.) | *Et voici comment*, und zwar so. | *Et moi donc !*, und ich erst recht ! | *Et alors ?*, na und ? | *Et tout le monde de rire*, da lachte alles ! || Fam. *Et de deux !*, das wäre Nummer zwei !

étable [etabl] f. [bétail] (Vieh)stall m. ; Stallung f. | *Mettre à l'étable*, einstallen.

— Syn. : *Écurie* f., Pferdestall m. *Bergerie* f., *Bercail* m., Schafstall m. *Porcherie* f., Schweinestall m.

établi [etabli] m. Techn. (Werk)bank f. ; Werktisch m. | *Établi de menuisier*, Hobelbank f.

établir [-bli:r] v. tr. [élever] errichten ; aufstellen. | *Établir un barrage*, einen Damm errichten. || Par anal. [fonder, installer] (be)gründen ; stiften ; einrichten ; anlegen ; installieren. | *Établir un commerce*, einen Laden aufmachen. || Par ext. [instituer] einsetzen, -führen. | *Établir un tribunal*, ein Gericht einsetzen. || [rendre stable] aufschlagen ; festlegen, -setzen, -machen. | *Établir son domicile, un camp*, seinen Wohnsitz, ein Lager aufschlagen. | *Établir ses enfants*, seine Kinder versorgen, unterbringen. || [fixer] festsetzen, -legen, -stellen ; begründen ; fundieren. | *Établir un fait*, eine Tatsache feststellen. | *Établir les fondements de qch.*, den Grundstein zu etwas legen ; etwas gründen. | *Établir des règles*, Regeln festlegen. | *Établir un droit*, ein Recht begründen. || Par anal. *Établir des relations avec qn*, mit jm Beziehungen herstellen. | *Établir l'équilibre*, das Gleichgewicht herstellen. | *Établir un passeport*, einen Paß ausstellen. || Comm. auf-, anstellen ; ausfertigen. | *Établir le bilan*, die Bilanz aufstellen. | *Établir une quittance, un chèque*, eine Quittung, einen Scheck ausstellen. || Électr. *Établir le contact*, einschalten.

◇ part. pass. et adj. **établi, ie,** [installé] eingerichtet ; niedergelassen. || Par anal. [domicilié] ansässig ; seßhaft ; wohnhaft. || Par ext. *Ils sont bien établis*, sie sind wohlversorgt, gut untergebracht. || Fig. [fixé] feststehend ; fundiert. | *Il est bien établi que*, es steht fest, daß. | *Opinion établie*, begründete, fundierte Ansicht. | *Coutume établie*, herkömmliche, eingebürgerte Sitte.

◇ v. pr. **s'établir,** [s'installer] sich niederlassen ; sich ansiedeln ; sich festsetzen ; ansässig werden. | *S'établir à Paris*, sich in Paris niederlassen. | *Aller s'établir en Amérique*, nach Amerika umsiedeln. | *S'établir (commerçant)*, ein Geschäft anfangen ; einen Laden aufmachen. || Fig. *Le silence s'établit*, es wird still. | *Cette coutume s'est établie*, diese Sitte hat sich eingebürgert.

— Syn. : *Ériger*, errichten. *Fonder*, (be)gründen. *Instaurer*, einführen. *Instituer*, einrichten.

établissement [-blismɑ̃] m. **1.** Action : [d'élever] Errichtung f. ; Aufstellung f. || Par anal. [de fonder, d'installer] (Be)gründung f. ; Stiftung f. ; Einrichtung f. ; Anlage f. | *Établissement d'une usine*, Anlegen n., Anlage eines Werkes. || Par ext. [d'instituer] Einsetzung f., -führung f. | *Établissement d'une règle*, Einführung einer Regel. | *Établissement d'un gouvernement*, Einsetzung einer Regierung. || [de se fixer] Niederlassung f. ; Ansiedlung f. ; Festsetzung f. | *Établissement dans un lieu*, Niederlassung an einem Ort. | *Établissement dans un nouveau pays*, Übersiedlung (f.) in ein neues Land. || Fig. [de fixer] Festsetzung f., -legung f., -stellung f. ; Begründung f. | *Établissement d'un droit*, Begründung eines Rechts. | *Établissement d'un fait*, Feststellung einer Tatsache. | Par anal. *Établissement de relations normales*, Herstellung (f.) normaler Beziehungen. | *Établissement d'un passeport*, Ausstellung (f.) eines Passes. || Comm. Auf-, Ausstellung f. ; An-, Ausfertigung f.

2. Chose : [d'ordre public] Anstalt f. ; Institut n. ; Gebäude n. | *Établissement public*, öffentliche Anstalt ; öffentliches Gebäude. | *Établissement scolaire*, (Lehr)anstalt ; Schule f. | *Établissement thermal*, Warmbadeanstalt ; Kurbad n. || Par anal. [d'ordre commercial] Anstalt f. ; Geschäft n. | *Établissement de crédit*, Kreditanstalt, -bank f.

◇ m. pl. **établissements,** [commerce] *Les Établissements Müller & Cie*, die Firma Müller & Co. || Par anal. [industrie] (Fabrik)anlage f. ; Werke n. pl.

— Syn. : *Maison de commerce*, Handelshaus. *Usine*, Fabrik ; Werk. *Entreprise*, Unternehmen. *Firme*, Firma.

étage [eta:ʒ] m. Stockwerk n. ; Stock m. ; Geschoß n. ; Etage f. | *De un, sept étages*, ein-, siebenstöckig. | *Habiter le quatrième (étage)*, im vierten Stock, vier Treppen hoch wohnen. || Par ext. [division] Stufe f. | *Par étages*, stufenweise. || Fig. *De bas étage*, von niederem, gemeinem Rang.

étagement [-ʒmɑ̃] m. Übereinanderstufung f., -schichtung f. || Par ext. Abstufung f.

étager [-ʒe] v. tr. übereinanderlagern ; stufenweise aufbauen ; aufschichten. || Par ext. abstufen.

◇ v. pr. **s'étager,** sich abstufen ; stufenweise aufsteigen.

étagère [-ʒɛ:r] f. Wandbrett n. ; Bord n. ; Regal n.

étai [etɛ] m. Techn. Stütze f. ; Versteifung f. ; Strebe f. || Fig. Stütze f.

étain [etɛ̃] m. Zinn n. | *Étain en feuilles, en saumons*, Blatt-, Blockzinn. | *D'étain*, zinnern ; Zinn... | *Soudure à l'étain*, Zinn-, Weißlot n.

étal [etal] m. [blanc] Fleisch-, Schlachtbank f. || PAR EXT. *Ouvrir un étal*, eine Fleischerei eröffnen.

étalage [etala:ʒ] m. [exposition] Ausstellen n., -legen n. ; Zurschaustellung f. ; Darbietung f. || PAR ANAL. [lieu] Schaufenster n., -kasten m. || PAR EXT. [marchandises] ausgestellte Ware ; Auslage f. || LOC. *Mettre à l'étalage*, auslegen, -stellen, -hängen ; zur Schau stellen. | *Être à l'étalage*, im Schaufenster liegen, stehen. || FIG. [exhibition] Ausstellen n. ; Aufwand m. | *Faire étalage de qch.*, etwas zur Schau tragen. — SYN. : *Éventaire* m., Straßenauslage f. *Devanture* f., Schaufenster n. *Vitrine* f., Schaukasten m.

étalagiste [-ʒist] s. Schaufensterdekorateur (in) m. (f.).

étale [etal] adj. MAR. stillstehend. | *La mer est étale*, das Meer ist im Stau. | *Eau étale*, Stauwasser n.

étalement [etalmɑ̃] m. Staffelung f.

étaler [-le] v. tr. COMM. [exposer] ausstellen, -legen ; heraushängen, -legen, -stellen. || [déployer] ausbreiten, entfalten. | *Étaler un plan*, einen Plan ausbreiten. | *Étaler son jeu*, seine Karten offen auf den Tisch legen. || PAR EXT. [étendre] *Étaler du beurre sur le pain*, Butter aufs Brot streichen. || FAM. [exhiber] protzen (mit) ; prahlen (mit) ; zur Schau stellen. | *Étaler ses richesses*, mit seinem Reichtum protzen. ◇ v. pr. **s'étaler,** [choses] sich ausbreiten. || PAR EXT. [personne] der Länge nach hinfallen.

étalon [etalɔ̃] m. [cheval] Hengst m. ; Zuchthengst m. || [de mesure] Eich-, Prüfmaß n. ; Standard m. || FIN. [monnaie] Währung f. | *Étalon-or*, Goldstandard m.

étalonnage [-lɔna:ʒ] m. Eichen n. ; Eichung f.

étalonner [-lɔne] v. tr. eichen.

étamage [etama:ʒ] m. TECHN. [action] Verzinnung f. || PAR EXT. [couche] Spiegelbelag m.

étamer [etame] v. tr. ver-, überzinnen. || PAR EXT. [glace] foliieren.

étamine [etamin] f. TECHN. Passier-, Seihtuch n. || BOT. Staubfaden m., -gefäß n., -beutel m.

étanche [etɑ̃:ʃ] adj. dicht ; luft-, wasserdicht (geschützt). | *Étanche à l'air*, hermetisch ; luftdicht. | *Étanche à l'eau*, wasserdicht. | *Rendre étanche*, abdichten. || MAR. *Cloison étanche*, Schott n.

étanchéité [-ʃeite] f. Dichtheit f. ; Dichtigkeit f.

étancher [-ʃe] v. tr. *Étancher la soif*, den Durst stillen, löschen. || MÉD. *Étancher le sang*, das Blut stillen.

étançon [etɑ̃sɔ̃] m. TECHN. Stütze f. ; Abstützung f. ; Versteifung f.

étançonnement [-sɔnmɑ̃] m. Abstützung f.

étançonner [-sɔne] v. tr. stützen ; ab-, ausstützen ; ab-, aus-, versteifen ; abstempeln.

étang [etɑ̃] m. Teich m. ; Weiher m. | *Peupler un étang*, einen Teich mit Fischen besetzen.

étape [etap] f. [lieu] Rastort m. ; Quartier n. ; Station f. ; Etappe f. || PAR EXT. [parcours] Marsch-, Reisestrecke f. ; Etappe f. || FIG. [degré] Stufe f. | *Brûler les étapes*, die Stufen überspringen ; durchrasen. | *Par étapes*, etappen-, stufenweise. || SPORT. Etappe f.

état [eta] m. **1.** [personnes] Zustand m. ; Stand m. ; Stimmung f. | *État de nature, naturel*, Naturzustand. | *État originel, primitif*, Urzustand. | *État de santé*, Gesundheitszustand ; Befinden n. | *État d'esprit*, Geistesverfassung f. ; Stimmung. | *État d'âme*, Seelenstimmung ; seelische Verfassung. || RELIG. *État de grâce*, Gnadenzustandm. | *En état de grâce*, im Stande der Gnade ; FIG. Schonfrist f. || FIG. *Être en état de grâce*, eine Schonfrist haben. || FAM. *Être dans tous ses états*, schrecklich aufgeregt sein, POP. ganz aus dem Häuschen sein. | *Être en état de travailler*, imstande, in der Lage sein, zu arbeiten. | *Être hors d'état de faire qch.*, außerstande, nicht imstande sein, etwas zu tun. **2.** [choses] Zustand m. ; (Be)stand m. ; Beschaffenheit f. ; Lage f. ; Verhältnisse n. pl. | *Être en bon, en mauvais état*, in gutem, schlechtem (Zu)stand sein ; gut, schlecht gehen ; (un)beschädigt sein. | *En état de fonctionnement*, betriebs-, funktionsfähig. | *Mettre en état*, instandsetzen. | *Faire l'état des lieux*, eine Wohnung, ein Haus abnehmen. | *État des choses*, Sachlage f., -verhalt m. ; Lage der Dinge. | *État de fait*, Tatbestand. | *En tout état de cause*, wie dem auch sei ; auf jeden Fall ; überhaupt. | *Dans l'état où sont les choses*, so wie die Dinge liegen. | *Faire état de qch.*, auf etwas Bezug nehmen ; etwas in Betracht ziehen. **3.** [condition sociale, profession] Stand m. ; Stellung f. ; Beruf m. ; Gewerbe n. | *État ecclésiastique, de noblesse*, Kirchen-, Adelsstand. | *Tiers état*, dritter Stand. || HIST. *États généraux*, Generals-, Reichsstände m. pl. | *Il est serrurier de son état*, seines Standes ist er Schlosser. || JUR. *État civil*, Standesamt n. | *(État de) mariage*, Ehestand. || MIL. *État de guerre, de siège*, Kriegs-, Belagerungszustand. | *État d'alerte*, Alarmbereitschaft f. **4.** ADMIN. [liste] Aufstellung f. || COMM. Bestand m. ; Bestandsliste f. ; Verzeichnis n. | *État des salaires*, Lohnliste. | *Faire un état*, eine Liste, ein Verzeichnis aufstellen. **5.** PHYS. Zustand m. ; Beschaffenheit f. | *État liquide*, Flüssigkeit f. | *État de la matière*, Aggregatszustand. | *À l'état de*, in Form von ; als. **6.** POLIT. Staat m. ; Staatsgebilde n. | *État démocratique, totalitaire*, demokratischer, totalitärer Staat. | *État fédéral, satellite, tampon*, Bundes-, Satelliten-, Pufferstaat. | *État membre*, Mitgliedsstaat. | *Fédération d'États*, Staatenbund m. | *Chef, Banque, Revenus de l'État*, Staatsoberhaupt n., -bank f., -einkünfte f. pl. | *Homme d'État*, Staatsmann m. | *Conseil d'État*, Staatsrat m. | *Coup, Raison, Affaire, Secret d'État*, Staatsstreich m., -räson f., -angelegenheit f., -geheimnis n. || FIG. *De l'État, d'État*, staatlich ; Staats... || HIST. *L'État allemand*, das (Deutsche) Reich. | *L'État d'Israël*, Israel n.

étatique [-tik] adj. Staats...

étatisation [-tizasjɔ̃] f. Verstaatlichung f.

étatiser [-tize] v. tr. verstaatlichen.

étatisme [-tism] m. POLIT. Staatssozialismus m.

état-major [-maʒɔ:r] m. (pl. **états-majors**) Stab m. | *État-major de crise*, Krisenstab. | *Officier d'état-major*, Stabsoffizier m.

États-Unis [etazyni] n. pr. m. pl. die Vereinigten Staaten m. pl. ; die USA.

étau [eto] m. Schraubstock m. || FIG. *Être pris dans un étau*, in der Klemme sitzen.

étayage [etɛja:ʒ] m. Abstützung f., -steifung f.

étayer [-je] v. tr. stützen ; ab-, unterstützen ; absteifen, -fangen ; verstempeln. || FIG. *Étayer son raisonnement sur*, sich stützen auf (acc.).

et cetera ou **et caetera** [ɛtsetera] loc. adv. (abr. *etc.*) und so weiter ; usw. ; und so fort.

été [ete] m. Sommer m. | *D'été*, sommerlich ; Sommer... | *Soir, résidence, robe d'été*, Sommerabend m., -aufenthalt m., -kleid n. | *En plein été, Au plus fort de l'été*, im Hochsommer. | *À la fin de l'été*, im Spätsommer. | *Été de la Saint-Martin*, Altweibersommer.

éteignoir [etɛɲwa:r] m. Kerzenlöscher m., -hütchen n.

éteindre [etɛ̃:dr] v. tr. [feu] löschen ; aus-, verlöschen. || PAR ANAL. [nuances] *Éteindre la lumière*, das Licht löschen, ausblasen, -drehen, -schalten. | *Éteindre* *sa cigarette*, seine Zigarette ausdrücken, -treten. | *Éteindre le gaz*, das Gas abdrehen, -stellen. || PAR EXT. [couleurs] dämpfen ; auswischen ; schwächen. || FIG. *Éteindre une dette*, eine Schuld tilgen. | *Éteindre la révolte*, den Aufruhr ersticken.

◇ part. pass. et adj. **éteint, einte,** [feu] (aus)gelöscht ; erloschen ; aus. || PAR EXT. [couleurs] glanzlos ; gebleicht ; matt. || FIG. *Yeux éteints*, erloschene Augen n. pl. | *D'une voix éteinte*, mit tonloser Stimme. | *Races éteintes*, ausgestorbene Rassen f. pl.

◇ v. pr. **s'éteindre,** [feu, lumière] ver-, erlöschen ; ausgehen ; aus-, verglühen. || FIG. *La race s'éteint*, die Rasse stirbt aus. | *Le malade s'éteint*, der Kranke schläft ein, entschlummert. | *Le jour s'éteint*, der Tag geht zu Ende.

étendard [etɑ̃da:r] m. MIL. (Reiter)fahne f. ; Standarte f. || FIG. Banner n. ; Panier n.

étendoir [etɑ̃dwa:r] m. Wäscheleine f.

étendre [etɑ̃:dr] v. tr. ausdehnen, -breiten, -strecken ; erstrecken ; ausspannen. — **1.** DONNER PLUS DE SURFACE ; DE VOLUME : (aus)strecken ; (aus)dehnen, -ziehen. | *Étendre au marteau, au rouleau*, breitschlagen, -walzen. || PAR ANAL. [agrandir] ausdehnen, -weiten ; erweitern ; vergrößern. | *Étendre sa propriété*, seinen Besitz erweitern. | *Étendre un territoire*, ein Land ausdehnen. || PAR EXT. [répandre] ausbreiten, -streuen. | *Étendre de la paille*, Stroh streuen. || [étaler] aufstreichen, schmieren. | *Étendre du beurre sur le pain*, Butter aufs Brot streichen. | *Étendre une couche de peinture*, eine Farbschicht auftragen. || FIG. *Étendre son pouvoir*, seine Macht ausdehnen. | *Étendre son action à qch.*, sein Bereich auf etwas erstrecken. | *Étendre ses connaissances*, seine Kenntnisse erweitern. || CHIM. *Étendre un liquide*, eine Flüssigkeit verdünnen, strecken. **2.** DÉPLOYER : (aus)strecken ; ausbreiten. | *Étendre les bras, les ailes*, die Arme, die Flügel ausbreiten. | *Étendre un bras*, einen Arm ausstrecken. | *Étendre la jambe droite*, das rechte Bein vorstrecken. || PAR ANAL. *Étendre du linge*, Wäsche aufhängen. || PAR EXT. [poser] legen. | *Étendre un drap sur qn*, ein Tuch über jm ausbreiten. || FIG. *Étendre qn sur le carreau*, jn zu Boden strecken.

◇ part. pass. et adj. **étendu, ue,** [agrandi] ausgestreckt, -gedehnt. || PAR ANAL. [vaste] weit ; weitgehend ; umfassend ; umfangreich. | *Vue étendue*, weite Aussicht ; Weitsicht f. || PAR EXT. [couché, posé à plat] liegend. | *Être étendu*, liegen ; lagern. | *Étendu de tout son long*, lang ausgestreckt. || FIG. *Pouvoirs étendus*, ausgedehnte ; weitgehende Machtbefugnisse f. pl. | *Avoir des connaissances étendues*, umfassende Kenntnisse haben. || CHIM. *Alcool étendu*, gestreckter Alkohol.

◇ v. pr. **s'étendre,** [occuper plus d'espace] sich (aus)strecken, -dehnen, -weiten ; sich erweitern. | *Les racines s'étendent*, die Wurzeln laufen aus. || PAR ANAL. [se propager] sich ver-, ausbreiten. | *L'incendie s'étend*, der Brand greift um sich. || PAR EXT. [occuper un certain espace] sich erstrecken ; sich ausdehnen, -breiten ; sich ziehen ; liegen ; ruhen ; lagern. | *S'étendre jusqu'à, à*, sich erstrecken, reichen bis an (acc.). | *S'étendre autour, à travers*, sich herum-, durchziehen (sépar.). | *S'étendre au loin*, sich weit erstrecken ; weit entfernt liegen. | *Les montagnes s'étendent à l'horizon*, die Berge strecken sich am Horizont. || [se coucher] sich hinlegen, -strecken ; sich niederlegen, -strecken. || FIG. *S'étendre sur un sujet*, sich über einen Gegenstand auslassen. | *S'étendre en long et en large*, sich lang und breit auslassen.

étendue [-dy] f. [dimensions] Ausdehnung f. ; Weite f. ; Umfang m. ; Ausmaß n. | *Étendue d'une entreprise*, Betriebsumfang. | *Étendue de la mer*, Meeresweite. || PAR EXT. [terre] Strich m. ; Fläche f. ; Strecke f. ; Gelände n. | *De vastes étendues*, weite Flächen f. pl. || [temps] Zeitraum m. || FIG. [extension morale] *Étendue d'un dégât*, Schadensausmaß. | *Étendue d'un pouvoir*, Machtbereich m. | *Étendue de la responsabilité*, Haftungsumfang.

éternel, elle [etɛrnɛl] adj. ewig ; immerwährend ; unvergänglich ; endlos. | *Vérités éternelles*, ewig bestehende Wahrheiten f. pl. || RELIG. *L'Éternel*, der Ewige ; Gott.

éternellement [-nɛlmɑ̃] adv. ewig ; ewiglich. || PAR EXT. fortwährend.

éterniser [-nize] v. tr. verewigen. || FIG. in die Länge ziehen.

◇ v. pr. **s'éterniser,** ewig dauern. || FIG. *S'éterniser chez qn*, ewig bei jm bleiben.

éternité [-nite] f. Ewigkeit f. ; Unvergänglichkeit f. ; Endlosigkeit f. || FIG. *Il y a une éternité que*, seit einer Ewigkeit. | *Cela dure une éternité*, das dauert ja ewig ! | *De toute éternité*, seit ewigen Zeiten ; von jeher. | *Pour l'éternité*, auf ewig.

éternuement [etɛrnymɑ̃] m. Niesen n.

éternuer [etɛrnɥe] v. tr. niesen.

étêter [etɛte] v. tr. *Étêter un arbre*, einen Baum stutzen, beschneiden.

éther [etɛ:r] m. CHIM. Äther m. ; Ester m.

éthéré, ée [etere] adj. CHIM. ätherisch ; ätherhaft ; Äther... || FIG. übersinnlich ; ätherisch.

Éthiopie [etjɔpi] ou **Abyssinie** n. pr. f. GÉOGR. Äthiopien n. ; Abessinien n.

éthiopien, ienne [-pjɛ̃, jɛn] adj. äthiopisch ; abessinisch.

◇ s. **Ethiopien, ienne,** Äthiopier(in) m. (f.) ; Abessinier(in) m. (f.).

éthique [etik] adj. sittlich ; ethisch.

◇ f. Sittenlehre f. ; Ethik f.

ethnique [ɛtnik] adj. ethnisch ; Volks... ; Völker...

ethnographie [ɛtnɔgrafi] f. Völkerkunde f., -beschreibung f. ; Ethnographie f.

ethnographique [-grafik] adj. ethnographisch.

ethnologie [-lɔʒi] f. Völkerlehre f., -kunde f. ; Volkskulturenvergleich m. ; Ethnologie f.

ethnologique [-lɔʒik] adj. ethnologisch.

ethnologue [-lɔg] s. Ethnologe m., -login f.

éthologie [etɔlɔʒi] f. Ethologie f.

éthylique [-lik] adj. äthylhaltig, Äthyl... | *Alcool éthylique*, Äthylalkohol m.

◇ m. MÉD. Alkoholiker m. ; POP. Säufer m.

étiage [etja:ʒ] m. niedrigster Wasserstand ; Nullpunkt (m.) des Pegels.

étinceler [etɛ̃sle] v. intr. Funken sprühen. || PAR EXT. [briller] funkeln ; schimmern ; glitzern ; blitzen ; blinken ; flimmern. || FIG. [esprit] sprühen.

◇ part. prés. et adj. **étincelant, ante,** funkensprühend ; schimmernd ; funkelnd ; glitzernd ; blitzend. || FIG. *Regards étincelants*, funkelnde Blicke m. pl.

— SYN. : *Scintiller*, glitzern, schimmern. *Pétiller*, knistern ; sprühen. *Brasiller*, aufleuchten.

étincelle [-sɛl] f. Funke(n) m. ; Feuerfunke m. | *Étincelle d'allumage*, Zündfunke. | *Lancer des étincelles*, Funken sprühen. || FIG., FAM. *Faire des étincelles*, sich auszeichnen ; glänzen.

étincellement [-sɛlmɑ̃] m. (Funken)sprühen n. ; Funkeln n. ; Gleißen n. ; Glitzern n.

étiolement [etjɔlmɑ̃] m. Verkümmern n. ; Eingehen n. ; Hinsiechen n.

étioler (s') [setjɔle] v. pr. verkümmern ; eingehen.

étique [etik] adj. [maigre] mager ; abgemagert ; hektisch. | *Cheval étique*, magerer Klepper.

étiquetage [etikta:ʒ] m. Aus-, Bezeichnung f. ; Bezettelung f. ; Etikettierung f. || INF. Etikettierung f.

étiqueter [-kte] v. tr. aus-, bezeichnen ; bezetteln ; mit Aufschrift versehen ; etikettieren. | *Étiqueter des marchandises*, Waren auszeichnen. || INF. etikettieren.

étiquette [-kɛt] f. [écriteau] Aus-, Bezeichnung f. ; Preisschild n. ; Aufschrift f. ; Zettel m. ; Etikett n. | *Étiquette gommée*, Aufklebezettel. || PAR EXT. [parti] Bezeichnung f. || INF. Etikett n. ; Eingabedatenträger m. || FIG. [cérémonial] Anstandsvorschriften f. pl. ; Hofsitte f. ; Zeremoniell n. ; Etikette f. | *Observer l'étiquette*, sich nach der Etikette richten.

étirage [-ra:ʒ] m. TECHN. Ziehen n. ; Strecken n. ; Recken n.

étirer [-re] v. tr. (aus)ziehen ; (aus)strecken ; rekken. || TECHN. ziehen ; strecken ; recken ; walzen.
◇ v. pr. **s'étirer,** sich dehnen (lassen) ; sich strecken. || PAR EXT., FAM. [les membres] sich aus-, langstrecken ; sich recken.

étoffe [etɔf] f. Stoff m. ; Zeug n. | *Étoffe imperméable, infroissable, rayée, unie*, undurchlässiger, knitterfreier, gestreifter, einfarbiger Stoff. | *Étoffe de coton*, Baumwollstoff, -zeug. | *D'étoffe*, aus Stoff, Stoff... || FIG. *Avoir l'étoffe d'un général*, das Zeug zu einem General haben.

étoffer [-fe] v. tr. ausstaffieren. || FIG. bereichern.
◇ part. pass. et adj. **étoffé, ée,** ausstaffiert. || PAR EXT. stattlich ; kräftig.

étoile [etwal] f. ASTRON. Stern m. | *Étoile fixe, polaire, du berger*, Fix-, Polar-, Abendstern. | *Étoile filante*, Sternschnuppe f. | *Parsemé, Criblé d'étoiles*, sternbesät ; gestirnt. || LOC. *À la belle étoile*, unter freiem Himmel. || FIG. [destinée] Stern m. ; Zeichen n. | *Bonne étoile*, Glücksstern ; Glück n. | *Mauvaise étoile*, Unglücksstern ; Unstern. | *Né sous une bonne, une mauvaise étoile*, Glücks-, Unglückskind n. | *Croire en son étoile*, an sein Glück, seinen guten Stern glauben. || PAR EXT. *Étoile de cinéma*, Filmstar m., -größe f. || ZOOL. *Étoile de mer*, Seestern.

étoiler [-le] v. tr. mit Sternen schmücken. || TECHN. *Étoiler un carreau*, einen sternförmigen Sprung in die Scheibe stoßen, werfen.
◇ part. pass. et adj. **étoilé, ée,** [ciel] gestirnt ; sternenbesät, -klar, -hell ; Stern(en)... | *Ciel étoilé*, gestirnter, Sternenhimmel. || PAR EXT. [forme] sternförmig ; stern(en)... || HIST. *Bannière étoilée*, Sternenbanner n.

étole [etɔ:l] f. RELIG. Stola f. || PAR EXT. [fourrure] Pelzkragen m.

étonnamment [etɔnamɑ̃] adv. erstaunlich ; erstaunlicherweise.

étonnant, ante [-nɑ̃, ɑ̃:t] adj. erstaunlich ; verwunderlich. | *Cela n'a rien d'étonnant*, das ist kein Wunder. | *Quoi d'étonnant... ?*, was Wunder ?... || PAR EXT. [extraordinaire] außerordentlich ; vorzüglich.
— SYN. : *Surprenant*, überraschend. *Stupéfiant*, verblüffend. *Renversant*, bestürzend.

étonnement [-nmɑ̃] m. (Er)staunen n. ; Verwunderung f. ; Befremden n. | *Frapper qn d'étonnement*, jn in Erstaunen setzen. | *Frappé d'étonnement*, ganz erstaunt.

étonner [-ne] v. tr. erstaunen, (ver)wundern, in Erstaunen, Verwunderung setzen. | *Cela m'étonne que*, mich wundert, es nimmt mich Wunder, daß.
◇ part. pass. **étonné, ée,** erstaunt, verwundert ; | *Être étonné de qch.*, sich über etwas wundern ; über etwas staunen.
◇ v. pr. **s'étonner de,** sich verwundern über (acc.) ; (er)staunen über (acc.). | *Je m'étonne que*, es wundert mich, es nimmt mich Wunder, daß. | *Je m'étonnerais si*, es sollte mich wundern, wenn.

étouffant, ante [etufɑ̃, ɑ̃:t] adj. erstickend ; beklemmend. || PAR EXT. [accablant] schwül ; drückend ; stickig. | *Chaleur étouffante*, drückende Hitze. | *Air étouffant*, stickige, schwüle Luft.

étouffée [-fe] f. CULIN. *Poulet à l'étouffée*, Schmorhähnchen n. | *Pommes à l'étouffée*, Dampfkartoffeln f. pl.

étouffement [-fmɑ̃] m. [action] Ersticken n. || PAR EXT. [résultat] Erstickung f. | *Périr par étouffement*, den Erstickungstod erleiden. || MÉD. Atembeschwerde f. ; Beklemmung f.

étouffer [-fe] v. tr. [être vivant] ersticken ; er-, abwürgen ; die Luft abdrehen (dat.). || PAR ANAL. [feu] aus-, verlöschen. || PAR EXT. [son] dämpfen ; unterdrücken. | *Étouffer le bruit de ses pas*, die Schritte dämpfen. || FIG. [révolte] (im Keime) ersticken ; unterdrücken ; niederschlagen. | [affaire] vertuschen ; totschweigen. | *On a étouffé l'affaire*, die Affäre wurde totgeschwiegen. || PAR EXT. [sentiment] dämpfen ; ertöten.
◇ v. intr. [perdre haleine] ersticken ; nach Atem ringen. || PAR EXT. [respirer difficilement] nicht frei atmen. | *On étouffe ici*, es ist so schwül hier ; man bekommt hier gar keine Luft. || FIG. *Étouffer de rire*, vor Lachen ersticken, platzen. | *Étouffer de rage*, vor Wut bersten.
◇ part. pass. et adj. **étouffé, ée,** erstickt. || PAR EXT. *D'une voix étouffée*, mit halberstickter Stimme. || FIG. *Rires étouffés*, unterdrücktes Lachen.
◇ v. pr. **s'étouffer,** ersticken.
— SYN. : *Suffoquer*, nach Luft schnappen. *Asphyxier*, ersticken. *S'étrangler*, ersticken.

étouffoir [-fwa:r] m. Dämpfer m. || FIG., FAM. [salle] Dampfkessel m.

étoupe [etup] f. Werg n. ; Hede f.

étourderie [eturdəri] f. [caractère] Unbesonnenheit f. ; Leichtsinn m. ; Leichtfertigkeit f. || PAR EXT. [acte] *Commettre une étourderie*, sich einen unbesonnenen Streich leisten. | *Par étourderie*, aus Versehen. | *Une faute d'étourderie*, ein Flüchtigkeitsfehler.

étourdir [-di:r] v. tr. betäuben ; taum(e)lig machen. | *Le coup l'étourdit*, der Schlag läßt ihn taumeln, betäubt ihn. | *Étourdi par la chaleur*, ganz matt von der Hitze. || PAR EXT. [boisson] berauschen, -nebeln ; FAM. beduseln. || FIG. [douleur] betäuben ; einschläfern.
◇ part. pass. et adj. **étourdi, ie,** unbesonnen, -bedacht ; leichtsinnig, -fertig ; voreilig. || SUBSTANTIV. leichtsinniger Mensch ; Leichtfuß m.
◇ v. pr. **s'étourdir,** FIG. sich betäuben.

étourdissant, ante [-disɑ̃, ɑ̃:t] adj. betäubend ; FIG. berauschend. || FAM. glänzend.

étourdissement [-dismɑ̃] m. [action] Betäuben n. || PAR EXT. [état] Betäubung f. || FIG. Taumel m. || MÉD. Schwindel(anfall) m. | *Il a un étourdissement*, ihm wird schwindlig.

étourneau [eturno] m. ZOOL. Star m. ; FAM. Starmatz m. || FIG., FAM. Leichtfuß m.
— SYN. : FIG. *Tête de linotte*, Strohkopf.

étrange [etrɑ̃:ʒ] adj. seltsam ; sonderbar ; befremdend ; wunderlich. | *Cela paraît étrange*, das klingt sonderbar.

étrangement [-ʒmɑ̃] adv. sonderbar ; seltsam(erweise).

étranger, ère [-ʒe, ɛ:r] adj. [d'une autre nation] fremd(ländisch) ; Fremd(en)... | *Langue, domination étrangère*, Fremdsprache f., -herrschaft f. | *D'origine étrangère*, ausländisch. || PAR ANAL. [d'une autre région] fremd ; nicht (ein)heimisch. | *Être étranger à une ville*, nicht einheimisch sein. | *Se sentir étranger partout*, sich nirgends zu Hause fühlen. || PAR EXT. [à une personne] fremd-, anders(artig). | *Il nous est étranger*, er ist uns fremd. | *Devenir étranger à qn*, sich jm entfremden. || FIG. [chose] fremd ; nicht gehörig (zu) ; nicht verwandt (mit). | *Être étranger à un complot*, an einer Verschwörung unbeteiligt sein. || POLIT. [affaires] auswärtig ; äußer. | *Ministère des Affaires étrangères*, Auswärtiges Amt. | *Affaires étrangères*, auswärtige Angelegenheiten f. pl. || MÉD. *Corps étranger*, Fremdkörper m.

◇ s. [d'une autre nation] Ausländer(in) m. (f.). || [d'une autre région] Fremder m. ; Fremdling m.

◇ m. **étranger,** [pays] Ausland n. ; Fremde f. | *À l'étranger*, im Ausland ; in der Fremde ; auswärts ; Auslands... | *Relations avec, Voyage à l'étranger*, Auslandsbeziehungen f. pl., -reise f. | *Partir pour l'étranger*, ins Ausland gehen.

étrangeté [-ʒəte] f. Sonderbarkeit f. ; Merkwürdigkeit f. ; Ungewöhnlichkeit f. ; Fremdheit f.

étranglement [etrɑ̃gləmɑ̃] m. [action] Erdrosseln n. ; Erwürgen n. ; Er-, Abdrosselung f. || PAR EXT. [rétrécissement] Einengung f. || FIG. Beklemmung f. ; Zuschnüren n. || GÉOL. Enge f. ; Klamm f. || SPORT. Würgegriff m.

étrangler [-gle] v. tr. drosseln ; ab-, erdrosseln ; würgen ; ab-, erwürgen ; die Kehle zudrücken. || PAR EXT. [rétrécir] ver-, einengen. || FIG. die Kehle zuschnüren, ersticken. || SPORT. würgen.

◇ part. pass. et adj. **étranglé, ée,** eng ; schmal. || FIG. *D'une voix étranglée*, mit erstickter Stimme.

◇ v. pr. **s'étrangler,** [sens réfl.] sich erwürgen. || PAR ANAL. [étouffer] ersticken ; sich würgen. || FIG. *Sa voix s'étrangla*, die Stimme versagte ihm. || [sens pass.] enger werden.

étrangleur, euse [-glœ:r, ø:z] s. Würger(in) m. (f.).

étrave [etra:v] f. MAR. Vordersteven m.

être [ɛ:tr] v. intr. sein.

> **I.** EXISTER : sein ; existieren.
> **II.** SE TROUVER : stehen ; liegen ; sitzen ; hängen ; stecken.
> **III.** AVEC UN ATTRIBUT (adj., nom), sein.
> **IV.** AVEC UN DATIF.
> **V.** ALLER.
> **VI. Être de** : sein von ; gehören zu.
> **VII. Être à** : sein ; gehören (dat.).
> **VIII.** Avec les autres prép.
> **IX. En être.**
> **X. Y être.**
> **XI. C'est ; c'est que ; est-ce ?**
> **XII. Soit ; étant.**
> **XIII.** V. impers. **il est.**
> **XIV.** Auxiliaire d'un verbe actif, passif, pronominal : sein ; werden ; haben.

I. EXISTER : (da)sein ; vorhanden sein ; existieren. | *Cela est*, dem ist so. | *Être présent*, vorhanden sein. | *Mon grand-père n'est plus*, mein Großvater ist nicht mehr. || LOC. *N'était son jeune âge*, wäre nicht sein junges Alter. | *Comme si de rien n'était*, als ob gar nichts gewesen, geschehen wäre. | *Raison d'être*, Daseinsberechtigung f. | *Cela n'a aucune raison d'être*, es gibt keinen Grund dazu. || [se porter] *Comment est-il ?*, wie geht est ihm ? | *On est bien ici*, hier ist gut leben.

II. SE TROUVER : stehen ; liegen ; sitzen ; hängen ; stecken. | *Tous les élèves sont (assis) à leurs tables*, alle Schüler sitzen an ihren Tischen. | *Ses deux chapeaux sont dans l'armoire*, ihre zwei Hüte hängen, liegen im Schrank. || LOC. *Être en prison*, im Gefängnis sitzen. | *Être sur une liste*, auf einer Liste stehen. | *Être en mauvais termes avec qn*, schlecht mit jm stehen. | *Les montagnes sont au loin*, die Berge liegen in der Ferne. || FIG. *Être sur son lit de mort*, auf dem Sterbebett liegen. | *Être dans l'embarras*, in der Klemme sitzen.

III. AVEC UN ATTRIBUT : (adj., nom) sein (nom.) | *Il est malade, honnête, malheureux*, er ist krank, ehrlich, unglücklich. | *Il sera roi, général, médecin*, er wird König, General, Arzt werden. || LOC. *La porte est ouverte*, die Tür steht offen. | *La mare est à sec*, der Tümpel liegt trocken. | *Le moulin est immobile*, die Mühle steht still.

IV. AVEC UN DATIF : *Il m'est difficile de...*, es fällt mir schwer, zu... | *Il lui est agréable de partir*, das Weggehen fällt ihm leicht.

V. ALLER : (aux temps composés seulement) *Il a été à Rome* (et il est revenu), er ist in Rom gewesen. | *Il s'en fut*, er ging davon.

VI. Être de : [origine] sein, stammen von, aus. | *Il est de Mulhouse*, er ist, stammt aus Mülhausen. | *L'affaire est d'hier*, die Sache rührt von gestern her. | *Elle est du peuple*, sie stammt aus dem Volk. | *Ce tableau est de Dürer*, dieses Bild stammt von Dürer. || PAR EXT. [qualité] sein von ; haben. | *Être d'une taille élancée*, von schlanker Gestalt sein. | *Être d'un bon naturel*, eine gute Natur haben. || [prix] *Être d'une grande valeur*, von großem Wert sein ; großen Wert haben. || FIG. [participation, dépendance] gehören, zählen zu ; angehören (dat.) ; teilnehmen an (dat.). | *Être de la partie*, an einer Sache teilnehmen. | *Il est des nôtres*, er gehört zu uns, zu unseren Leuten ; er macht mit. | *Être du nombre*, darunter zählen ; dazu gehören. | *Être de la maison, d'un parti*, einem Haus, einer Partei angehören.

VII. Être à : [appartenance] sein ; gehören (dat.). | *Ce livre est à moi*, dieses Buch gehört mir. | *Je suis tout à vous*, ich stehe ganz zu Ihrer Verfügung. || PAR ANAL. [situation, état] *Être à jeun*, nüchtern sein. | *Être à l'agonie*, im Sterben liegen. | *Être à même de*, in der Lage, fähig sein zu. | *Être au travail*, an der Arbeit sein. | *Être toujours à travailler, à gémir*, fortwährend arbeiten, jammern. || PAR EXT. [disposition, destination] sein ; sein zu ; sein ...wert. | *Le temps est à la pluie*, das Wetter ist regnerisch ; es will regnen. | *Le baromètre est au beau*, das Barometer steht hoch. | *Être à louer, à vendre, à payer*, zu vermieten, verkaufen, bezahlen sein. | *Il est à plaindre, à blâmer*, er ist bedauerns-, tadelnswert. | *Il n'est pas homme à refuser*, ein Mann wie er sagt nicht nein.

VIII. (avec les autres prép.) **être pour :** [du parti de] *Tout le monde est pour lui*, alle Welt hält es mit ihm. || FIG. *N'être pour rien dans qch.*, nichts mit etwas zu tun haben. — **être dans :** sein in (dat.). | *Être dans l'artillerie*, in der Artillerie dienen. | *Être dans sa quinzième année*, in seinem fünfzehnten Lebensjahr stehen. || FIG. *Être dans son tort*, Unrecht haben. | *Être dans l'inquiétude*, von Unruhe erfüllt sein. — **être en :** sein in (dat.). *Être en promenade*, auf dem Spaziergang sein. | *Être en robe de chambre*, im Morgenmantel sein, sitzen, gehen. | *Être en morceaux*, in Stücken liegen. — **être sur :** sein auf (dat.). *Être sur le dos de qn*, jm auf dem Nacken, Hals sitzen. || FIG. *Être sur une affaire*, ein Geschäft aufgespürt haben. — **être avec :** [en compagnie de] *Être avec qn*, mit jm sein. || FIG. *Être bien, mal avec qn*, gut, schlecht mit jm stehen. — **être sans :** *Être sans le sou*, POP. *sans un*, keinen Pfennig, keinen roten Heller mehr haben.

IX. En être [point d'arrivée], sein, stehen (mit). | *Où en est l'affaire*, wie steht es mit der Sache ? | *Où en êtes-vous ?*, wie weit sind Sie ? wie steht's mit Ihnen ? | *Les choses en sont là*, so stehen die Dinge ; so weit ist es mit der Sache. | *Je ne sais où j'en suis*, ich weiß nicht, wie ich dran bin, wo mir der Kopf steht. || [résultat] *Voilà ce qu'il en est*, so steht's. | *Voilà où j'en suis*, so steht's mit mir. | *Il n'en sera rien*, es wird nicht. | *Il n'en a rien été*, so weit ist's nicht gekommen ; es ist nicht eingetroffen. | *Quoi qu'il en soit*, wie dem auch sei. | *Il en est pour son argent*, er hat sein Geld dabei eingebüßt, verloren. || [similitude] *S'il en est ainsi*, wenn dem so ist. | *Il n'en sera pas toujours ainsi*, es wird nicht immer so sein. || *Il n'en est rien*, es hat damit nichts auf sich. || [participer] mitmachen, -halten ; dabei sein ; daran beteiligt sein.

X. Y être : [se trouver là] da sein. | *Nous y serons dans trois heures*, in drei Stunden werden wir da, dort sein. | *Je n'y suis pour personne*, ich bin für niemand zu sprechen. || [se trouver prêt] *Y es-tu ?*, bist du so weit ? || [se trouver au but] *Tu y es*, jetzt hast du es (erreicht). || FIG. *Tu n'y es pas*, fehlgeschossen ! weit gefehlt ! | *Tu n'es pas près d'y être*, du bist noch weit entfernt. | *Ça y est !*, das wär's ! ; erledigt ! ; in Ordnung ! ; IRON. da haben wir's. || [assister] dabei sein. || PAR EXT. *Je n'y suis pour rien*, ich kann nichts dafür.

XI. C'est ; c'est que ; est-ce ? [démonstr., insistant] *C'est la porte*, das ist die Tür. | *Ce sont des canards*, das sind Enten. | *Sont-ce des soldats ?*, sind das Soldaten ? | *Qu'est-ce ?*, was ist das ? | *C'est-à-dire*, das heißt ; d. h. || PAR EXT. [démonstr. atténué] *C'est*, es ist. | *C'est mon père*, es ist mein Vater. | *Sont-ce des oiseaux ?* sind es Vögel ? | *C'est moi*, ich bin es. | *C'est cela*, so ist es ! ; richtig ! ; getroffen ! || LOC. *Qu'est-ce qui, que ?*, was ? | *Qui est-ce qui ?*, wer ? | *Est-ce que l'oiseau vole ?*, fliegt der Vogel ? | *Qu'est-ce qui se passe ?*, was ist los ? | *N'est-ce pas ?*, nicht wahr ? | *C'est que*, nämlich ; darum weil ; das heißt. | *Si ce n'est que*, es sei denn daß ; höchstens daß. | *Il n'est que de...*, das Beste ist... | *Ce n'est pas que*, nicht (etwa) daß. | *Voilà ce que c'est que d'être sot*, so geht's einem, wenn man dumm ist. | *Ne serait-ce que la moitié*, und wenn es auch nur die Hälfte wäre ; wäre es auch nur die Hälfte. | *Pour ce qui est de ton frère*, was deinen Bruder betrifft, so. || FIG. [explétif, emphatique] *C'est toi qui l'as fait*, du hast es getan. | *C'est en travaillant qu'on est heureux*, beim Arbeiten ist man glücklich. | *C'est votre tour, c'est à vous*, Sie sind an der Reihe, Sie sind dran.

XII. Soit : [acquiescement] sei. | *Ainsi soit-il*, amen ! | *Soit dit entre nous*, unter uns gesagt. | *Soit..., soit...*, entweder... oder... ; bald..., bald. | *Soit !* meinetwegen ! ; sei es drum ! also gut denn ! ; na schön ! || FIG. [souhait] sei ; möge sein. | *Qu'il soit heureux !*, möge er glücklich sein ! — **étant,** *Cela étant*, da dem so ist ; bei den Verhältnissen ; nun. | *Étant gravement malade il alla à l'hôpital*, da er schwer krank war, ging er ins Spital. | *Étant donné la chaleur*, bei dieser Hitze. | *Étant donné que*, da ; unter der Voraussetzung, daß.

XIII. V. impers. **il est,** [il existe] es ist ; es sind ; es gibt. | *Il est des gens qui ne croient à rien*, es gibt Leute, die an nichts glauben. | *Il fut un temps*, es gab eine Zeit. | *Il était une fois*, es war einmal. | *Il est une ville en Italie*, es liegt eine Stadt in Italien. || PAR EXT. [temps] *Il est midi, cinq heures*, es ist Mittag, fünf Uhr. || LOC. *Toujours est-il que*, immerhin ; soviel ist sicher. | *Il est à craindre que*, es steht zu befürchten, daß.

XIV. Auxil. d'un v. act. intr. : *Il est tombé, parti, venu*, er ist gefallen, fortgegangen, gekommen. | *Il était resté*, er war geblieben. | *Il était mort*, er war gestorben.

◇ Pass. [action] werden. | *Le crime a, avait été vengé*, das Verbrechen ist, war gerächt worden. || [état] sein. | *Le pont est, était emporté*, die Brücke ist, war weggerissen.

◇ v. pr. haben. | *Je me suis lavé*, ich habe mich gewaschen. || PAR ANAL. *Il s'est éveillé, levé, échappé*, er ist erwacht, aufgestanden, entwichen.

— OBSERV. Le verbe *être* est très capricieux : verbe principal, attribut, impersonnel, auxiliaire. Il commande en outre une foule d'expressions idiomatiques et de gallicismes. Le verbe « sein », tout en connaissant ces nuances, s'emploie beaucoup moins souvent comme verbe principal (verbes de position et composés).

être m. [existence] Sein n. ; Existenz f. | *Le non-être*, das Nicht-sein ; das Nichts. | *L'ontologie est la science de l'être*, die Ontologie ist die Lehre vom Sein. || [essence] *C'est la pensée qui est l'être de l'homme* (Pascal), Denken ist das Wesen des Menschen. || [créature] Wesen n. | *Être vivant*, Lebewesen. | *Être suprême*, Höchstes Wesen ; Gott m.

étreindre [etrɛ̃:dr] v. tr. [serrer en liant] zusammenbinden, -drücken, -schnüren. || PAR EXT. [embrasser] fest umarmen ; in seine Arme schließen. || FIG. [cœur] zuschnüren ; beklemmen.

◇ v. pr. **s'étreindre,** (sich) einander umarmen ; sich umschlungen halten.

étreinte [etrɛ̃:t] f. FIG. (Liebes)umarmung f. || PAR EXT. [pression] Druck m. | *Resserrer l'étreinte*, den Druck verstärken.

étrenne [etrɛn] f. *Avoir l'étrenne de qch.*, als erster etwas in Gebrauch nehmen.

◇ f. pl. **étrennes,** [cadeau] Neujahrsgeschenk n. ; [gratification] Weichnachtsgeld n.

étrenner [-ne] v. tr. FIG. [vêtement] zum ersten Mal gebrauchen ; einweihen. | *Étrenner une robe*, ein Kleid zum ersten Mal anziehen.

étrier [etrije] m. (Steig)bügel m. || FIG. *Avoir le pied à l'étrier*, auf dem besten Wege sein ; es schon halb geschafft haben. | *Mettre le pied à l'étrier à qn*, jn in den Sattel heben, jm auf die Beine helfen. | *Boire le coup de l'étrier*, den Abschieds-, Satteltrunk nehmen. || TECHN. Bügel m.

étrille [etri:j] f. [brosse] (Pferde)striegel f. || ZOOL. Wollkrabbe f.

étriller [-je] v. tr. (ab)striegeln. || FIG., FAM. [malmener] durchweichen, -hecheln (sépar.) ; arg mitnehmen. || PAR EXT. [faire payer trop cher] das Fell über die Ohren ziehen ; POP. rupfen ; prellen.

étriper [etripe] v. tr. die Därme herausnehmen ; ausnehmen, -weiden.

◇ v. pr. **s'étriper,** FIG., FAM. sich in die Haare geraten.

étriqué, ée [etrike] adj. [vêtement] zu eng ; zu knapp. || FIG. [homme] dürftig ; eng. || [style] trocken.

étroit, oite [etrwa, wat] adj. [peu large] schmal. | *Fossé étroit*, schmaler Graben. | *À voie étroite*, schmalspurig. || [peu ample] eng ; knapp ; klamm. | *Pantalon étroit*, enge Hosen f. pl. | *Chaussures trop étroites*, zu enge, zu knappe Schuhe m. pl. || [solide] *Nœud étroit*, fester Knoten. || FIG. [rigoureux] streng ; scharf ; genau. | *Au sens étroit du terme*, im engeren Sinn des Wortes. || PAR ANAL. [intime] *Amitié étroite*, enge, innige Freundschaft. | *Alliance étroite*, enges Bündnis. || [esprit] beschränkt ; einseitig. | *Avoir des vues étroites*, beschränkte Ansichten haben.

◇ loc. adv. **à l'étroit,** eng ; eingeengt ; beschränkt. | *Vivre très à l'étroit*, sehr eingeengt leben. | *Se sentir à l'étroit*, sich beengt fühlen.

étroitement [-tmɑ̃] adv. eng ; genau ; streng.

étroitesse [-tɛ:s] f. [surface] Schmalheit f. || PAR EXT. [volume] Enge f. ; Knappheit f. || FIG. [esprit] Beschränktheit f. ; Borniertheit f.

étron [etrɔ̃] m. POP. Kothaufen m.

étrusque [etrysk] adj. etruskisch.

◇ s. **Étrusque,** Etrusker(in) m. (f.).

étude [etyd] f. **1.** ACTION : [sens général] Lernen n. ; Studieren n. ; Studium n. || PAR ANAL. [nuances]

Étude d'une science, Erlernen (n.) einer Wissenschaft. | *Étude d'un morceau de musique*, Einüben (n.) eines Musikstückes. | *Étude d'un rôle*, Rolleneinstudierung f. || PAR EXT. [examen] *Étude d'un projet*, Bearbeitung (f.) eines Projekts. || LOC. *Faire l'étude de qch.*, etwas studieren, erlernen, bearbeiten, prüfen. | *Mettre à l'étude*, (ein)studieren.
2. LIEU : [salle de classe] Arbeitssaal m., -stube f. | *Maître d'étude*, Aufseher m. ; [pion] Einpauker m. || PAR ANAL. [bureau] *Étude de notaire*, Amtszimmer (n.), Büro (n.) eines Notars.
3. [travail préparatoire] Vorarbeit f. ; Entwurf m. || ARTS. Studie f. || ÉCON. *Étude de marché*, Marktstudie f. || [environnement] *Étude d'impact*, Umweltverträglichkeitsstudie f. || FIN. *Étude financière*, Finanzanalyse f. || MUS. Übungsstück n. ; Etüde f.
◇ f. pl. **études,** [classiques] Schul(aus)bildung f. ; Studien n. pl. || PAR EXT. [enseignement] *Études primaires, secondaires*, Schulzeit f. | *Études supérieures*, Studium n. || LOC. *Faire ses études*, in die Schule gehen ; studieren. | *Il a fait de solides études*, er hat eine gute Schulbildung. | *Diplôme de fin d'études*, Reifezeugnis n. ; Abitur n.

étudiant, iante [-djɑ̃, jɑ̃:t] s. [université] Student(in) m. (f.) ; Studiosus m. ; Studierende(r) f. (m.). || [grandes écoles] Hochschüler(in) m. (f.). || LOC. *Être étudiant*, studieren. | *Étudiant en médecine*, Student der Medizin ; stud. med. | *D'étudiant(s)*, studentisch ; studentenhaft ; PÉJOR. burschikos ; Studenten... | *Foyer d'étudiants*, Studenten(wohn)heim n.

étudier [-dje] v. tr. [sens général] lernen ; studieren ; ein Studium betreiben. || PAR ANAL. [nuances] *Étudier le violon*, das Geigenspiel erlernen. | *Étudier un morceau de musique*, ein Musikstück einüben. | *Étudier un rôle*, eine Rolle einstudieren. || PAR EXT. [examiner] *Étudier un projet*, ein Projekt bearbeiten, prüfen, vorbereiten. | *Étudier à fond*, gründlich studieren.
◇ part. pass. et adj. **étudié, iée,** FIG., PÉJOR. gesucht ; er-, gekünstelt. | *D'un calme étudié*, mit gespielter, erkünstelter Ruhe.
◇ v. pr. **s'étudier,** sich (selbst) beobachten. || FIG. [s'appliquer] *S'étudier à plaire*, sich angelegen sein lassen, zu gefallen.
— SYN. : *Apprendre*, lernen. *S'instruire*, sich (aus)bilden. — FAM. *Bûcher*, FIG. *Piocher*, *Potasser*, büffeln ; ochsen.

étui [etɥi] m. Futteral m. ; Tasche f. ; Etui n. | *Étui à cigarettes*, Zigarettenetui. | *Étui à lunettes*, Brillenetui. || PAR ANAL. [enveloppe] Überzug m. || PAR EXT. [boîte] Kasten m. ; Büchse f. ; Kapsel f.

étuve [ety:v] f. TECHN. Trockenofen m., -kammer f., -schrank m. ; Darre f. || FIG. *Être (comme) dans une étuve*, wie in der Sauna sein ; schmoren. || MÉD. Dampf-, Schwitzbad n.

étuvée [-ve] f. *Cuire à l'étuvée*, dünsten.

étuver [-ve] v. tr. trocknen. || CULIN. dünsten.

étymologie [etimɔlɔʒi] f. Etymologie f.

étymologique [-ʒik] adj. wortgeschichtlich ; etymologisch.

eucalyptus [økaliptys] m. BOT. Pfefferminz-, Eukalyptusbaum m., -pflanze f.

eucharistie [økaristi] f. RELIG. Abendmahl n. ; Eucharistie f.

eucharistique [-tik] adj. eucharistisch.

euclidien, ienne [øklidjɛ̃, jɛn] adj. euklidisch. | *Géométrie euclidienne*, euklidische Geometrie.

eugénique [øʒenik] f., ou **eugénisme** [-nism] m. Eugenik f. ; Erbgesundheitslehre f.

euh ! [ø] interj. ach ! ; wirklich ? ; na, na ! ; o jeh !

eunuque [ønyk] m. Eunuch m. || FIG., PÉJOR. Schwächling m.

euphémisme [øfemism] m. Beschönigung f. ; mildernde Ausdrucksweise ; Euphemismus m.

euphonie [øfɔni] f. Wohllaut m., -klang m. ; Euphonie f.

euphonique [-nik] adj. wohlklingend, -lautend.

euphorbe [øfɔrb] f. BOT. Wolfsmilch f.

euphorie [øfɔri] f. MÉD. Wohlbefinden n., -ergehen n. ; Euphorie f.

euphorique [rik] adj. euphorisch.

Eurasie [ørazi] n. pr. f. GÉOGR. Eurasien n.

Eurasien, ienne [-zjɛ̃, jɛn] s. Eurasier(in) m. (f.).
◇ adj. [sans majusc.] eurasisch.

euro-action [øroaksjɔ̃] f. (pl. **euro-actions**). FIN. Euroaktie f.

eurochèque [-ʃɛk] m. FIN. Euroscheck m.

Europe [ørɔp] n. pr. f. Europa n. | *Europe centrale*, Mitteleuropa. | *Europe danubienne*, Donaustaaten m. pl.

européaniser [-peanize] v. tr. europäisieren.

Européen, éenne [-peɛ̃, eɛn] s. Europäer(in) m. (f.).
◇ adj. **européen, éenne,** europäisch ; Europa... | *Union européenne*, Europa-Union f. | *Communauté économique européenne* (C.E.E.), Europäische Wirtschaftsgemeinschaft (EWG). | *Les Communautés européennes*, die europäischen Gemeinschaften (EG). | *Communauté européenne du charbon et de l'acier*, Montanunion f.

euthanasie [øtanazi] f. Euthanasie f. ; Sterbehilfe f. | *Euthanasie active, passive*, aktive, passive Sterbehilfe.

eux [ø] pr. pers. m. pl. sie. || LOC. *Ce sont eux*, sie sind es ; das sind sie. | *C'est à eux*, das gehört ihnen. | *C'est à eux de*, an ihnen ist es, zu.

évacuation [evakɥasjɔ̃] f. MÉD. Ent-, Ausleerung f. ; Austritt m. ; Abführung f. || PAR ANAL. [lieu] Räumung f. || PAR EXT. [gens] Abbeförderung f. ; Evakuierung f.

évacuer [-kɥe] v. tr. MÉD. ent-, ausleeren ; abführen, -lassen. || PAR ANAL. [lieu] räumen ; aufgeben ; aus-, abziehen aus. || PAR EXT. [gens] abtransportieren.
◇ part. pass. et adj. **évacué, uée,** geräumt ; leer. || SUBSTANTIV. Evakuierte(r) f. (m.).

évader (s') [sevade] v. pr. entweichen, -fliehen, -wischen. | *S'évader de prison*, aus dem Gefängnis ausbrechen. | *Faire évader qn*, jm auf die Flucht helfen.
◇ part. pass. et adj. **évadé, ée,** flüchtig ; entkommen ; entwischt.
◇ s. **évadé, ée,** Ausbrecher(in) m. (f.).

évaluable [evalɥabl] adj. (ab)schätzbar ; zu schätzen ; berechenbar ; veranschlagbar ; taxierbar.

évaluation [-lɥasjɔ̃] f. Schätzung f. ; Ein-, Abschätzung f. ; Wertbestimmung f. ; Berechnung f. ; Taxierung f. || PAR ANAL. Veranschlagung f. || PAR EXT. [en gros] Überschlag m.

évaluer [-lɥe] v. tr. schätzen ; ab-, einschätzen ; be-, auswerten ; den Wert bestimmen ; berechnen ; taxieren. || [par anticipation] veranschlagen. || PAR EXT. [en gros] überschlagen.

évanescent, ente [evanɛsɑ̃, ɑ̃:t] adj. verschwindend ; sich verflüchtigend.

évangélique [evɑ̃ʒelik] adj. evangelisch. || PAR EXT. protestantisch.

évangélisation [-ʒelizasjɔ̃] f. RELIG. Verkündigung (f.), Verbreitung (f.) des Christentums ; Evangelisierung f.

évangéliser [-ʒelize] v. tr. das Evangelium verkünden ; evangelisieren ; zum Christentum bekehren.

évangéliste [-ʒelist] m. Evangelist m.

évangile [-ʒil] m. RELIG. Evangelium n. ‖ PAR EXT. [doctrine] Grundlehre f. ‖ LOC. *Ce n'est pas parole d'Evangile*, das ist kein Evangelium.

évanouir (s') [sevanwi:r] v. pr. MÉD. ohnmächtig werden ; in Ohnmacht fallen. | *Elle s'évanouit*, sie fühlte ihre Sinne schwinden. ‖ [disparaître] ent-, ver-, dahinschwinden ; vergehen, -fließen, -wehen ; zerrinnen. ‖ *S'évanouir en fumée*, in Rauch aufgehen. ‖ PAR EXT. [son] ausklingen, -tönen. ‖ FIG. *Tous mes espoirs se sont évanouis*, alle meine Hoffnungen sind dahin.
◇ part. pass. et adj. **évanoui, ie,** ohnmächtig ; bewußtlos.

évanouissement [evanwismɑ̃] m. MÉD. Ohnmacht f. ; Bewußtlosigkeit f. ‖ PAR EXT. Verflüchtigung f. ; Dahinschwinden n. ; Vergehen n.
— SYN. : *Syncope* f., Pulsstillstand m. ; Ohnmacht f. *Défaillance* f., Schwäche f. *Faiblesse* f., Schwächeanfall m.

évaporation [evapɔrasjɔ̃] f. Ver-, Abdampfen n. ; Verdunstung f. ; Ver-, Ab-, Ausdünstung f. ‖ NUCL. Verdampfung f.

évaporer [-re] v. tr. abdampfen. | *Faire évaporer*, zum Verdunsten bringen.
◇ part. pass. et adj. **évaporé, ée,** flüchtig. ‖ FIG., PÉJOR. leichtsinnig ; flatterhaft ; windig.
◇ v. pr. **s'évaporer,** ver-, ab-, ausdampfen ; verdunsten, -duften, -rauchen.

évasement [evazmɑ̃] m. TECHN. Aufweiten n. ; Ausweitung f. ; Erweiterung f. ; Ausbauchung f.

évaser [-ze] v. tr. ausweiten ; (aus)bauchen.
◇ part. pass. et adj. **évasé, ée,** ausgeweitet ; bauchig ; erweitert ; weit ; breit ; auslaufend.

évasif, ive [-zif, i:v] adj. [réponse] ausweichend ; umgehend.

évasion [-zjɔ̃] f. Aus-, Entweichung f. ; Entwischen n., -fliehen n., -laufen n. | *Évasion d'un prisonnier*, Ausbruch (m.) eines Gefangenen. ‖ FIN. *Évasion de capitaux*, Kapitalflucht f. | *Évasion fiscale*, Steuerflucht f.

évêché [evɛːʃe] m. RELIG. Bistum n. ; Bischofssitz m., -würde f., -palast m.
— SYN. : *Diocèse* m., Diözese f.

éveil [evɛːj] m. Wecken n. ; Er-, Aufwecken n. ‖ PAR EXT. Erwachen n. ‖ FIG. *Donner l'éveil*, warnen ; aufmerksam machen.

éveiller [-je] v. tr. [personne] wecken ; er-, aufwecken. | *Éveiller brusquement*, jäh aus dem Schlaf reißen ; aufschrecken. ‖ PAR EXT. [sentiment] erwecken ; wachrufen ; erregen. | *Éveiller des soupçons*, Verdacht erregen. ‖ FIG. [exciter] auf-, ermuntern.
◇ part. pass. et adj. **éveillé, ée,** geweckt ; wach ; munter. | *Mal (r)éveillé*, verschlafen ; schläfrig. | *Être éveillé*, wach sein ; wachen. ‖ FIG. (auf)geweckt ; rege ; lebhaft. | *Esprit éveillé*, Aufgewecktheit f.
◇ v. pr. **s'éveiller,** er-, aufwachen ; wach, munter werden. | *S'éveiller en sursaut*, erschreckt aus dem Schlaf auffahren.
— SYN. : *Réveiller*, wecken.

événement [evenmɑ̃] m. Ereignis n. ; Vorkommen n. ; Vorkommnis n. ; Begebenheit f. ; Geschehen n. ; Geschehnis n. | *Attendons les événements*, warten wir ab ; harren wir der Dinge, die da kommen sollen. | *C'est tout un événement*, das erregt Aufsehen. ‖ PAR EXT. [vécu] Erlebnis n.

évent [evɑ̃] m. Zug-, Luftloch n. ; Luftabzug m.

éventail [-ta:j] m. Fächer m. ; (Luft)wedel m. | *Agiter son éventail*, fächeln ; wedeln. | *En éventail*, fächerartig. ‖ COMM. [salaires] Lohnskala f.

éventaire [evɑ̃tɛ:r] m. COMM. Stand m. ; Auslegebank f.

éventer [evɑ̃te] v. tr. lüften ; aus-, durchlüften. ‖ PAR EXT. [avec un éventail] Luft zufächeln (dat.) ; fächeln. ‖ [découvrir] auf-, entdecken ; aufspüren ; ausmachen.
◇ part. pass. et adj. **éventé, ée,** luftig ; windig. ‖ CHIM. [liquide] abgestanden ; schal.
◇ v. pr. **s'éventer,** [sens réfl.] sich fächeln. ‖ [sens pass.] *Le vin s'évente*, der Wein wird schal.

éventration [evɑ̃trasjɔ̃] f. MÉD. Austreten (n.) aus der Bauchhöhle ; Bruch m.

éventrer [-tre] v. tr. den Bauch aufschlitzen (dat.). ‖ PAR EXT. *Éventrer une valise*, einen Koffer aufreißen.
◇ part. pass. et adj. **éventré, ée,** aufgerissen.

éventualité [evɑ̃tɥalite] f. möglicher Fall ; Möglichkeit f. ; Eventualität f. | *Être prêt à toute éventualité*, auf alles gefaßt sein.

éventuel, uelle [-tɥɛl] adj. etwaig ; möglich ; eventuell.

éventuellement [-tɥɛlmɑ̃] adv. möglicherweise ; eintretenden Falles ; unter Umständen.

évêque [evɛk] m. RELIG. Bischof m. | *Évêque coadjuteur*, Weihbischof. | *Bonnet d'évêque*, Bischofsmütze f.

évertuer (s') [sevɛrtɥe] v. pr. sich anstrengen ; sich bemühen ; sich Mühe geben ; bestrebt sein. | *S'évertuer à sourire*, sich Mühe geben, zu lächeln.

éviction [eviksjɔ̃] f. JUR. Besitzentziehung f. ‖ PAR EXT. Vertreibung f., -drängung f.

évidement [evidmɑ̃] m. [action] Aushöhlen n. ‖ PAR ANAL. [nuances] Aushöhlung f., -bohrung f., -sparung f., -kehlung f.

évidemment [evidamɑ̃] adv. natürlich ; selbstverständlich ; offenbar ; augenscheinlich.

évidence [-dɑ̃:s] f. Augenscheinlichkeit f. ; Offensichtlichkeit f. ; Klarheit f. ; Handgreiflichkeit f. | *Mettre en évidence*, klarstellen ; anschaulich machen. | *Se mettre en évidence*, sich hervortun. | *Être en évidence*, sichtbar sein. | *Se rendre à l'évidence*, sich überzeugen lassen. | *De toute évidence*, ganz offensichtlich.

évident, ente [-dɑ̃, ɑ̃:t] adj. offensichtlich, -bar ; augenscheinlich ; sicht(bar)lich ; einleuchtend ; eindeutig ; selbstverständlich. | *Être évident*, einleuchten ; (klar) auf der Hand liegen. | *Rendre évident*, klar machen, stellen.
— SYN. : *Patent*, offen. *Flagrant*, sichtlich.

évider [evide] v. tr. TECHN. aushöhlen, -schweifen, -bohren. | *Évider au tour*, ausdrehen.
◇ part. pass. et adj. **évidé, ée,** hohl ; geschweift.

évier [evje] m. Ausguß m. ; Spülbecken n., -stein m. ; Wasch-, Putzbecken n. ; Abwasch m.

évincer [evɛ̃se] v. tr. JUR. verdrängen ; aus dem Besitz vertreiben. ‖ PAR EXT. [chasser] (ver)treiben, -drängen. ‖ FIG. ausstechen, -schließen.

évitable [evitabl] adj. vermeidbar, -meidlich.

éviter [-te] (ver)meiden ; ausweichen (dat.) ; aus dem Weg gehen (dat.). | *Éviter un écueil*, eine Klippe umschiffen ; FIG. einer Schwierigkeit ausbiegen. | *Éviter qch. à qn*, jm etwas ersparen.
◇ v. pr. **s'éviter,** [sens récipr.] (sich) einander meiden.
— SYN. : *Fuir*, fliehen. *Éluder*, umgehen. *Esquiver*, geschickt ausweichen. *Prévenir*, zuvorkommen. *Obvier*, vorbeugen.

évocateur, trice [evɔkatœ:r, tris] adj. (herauf)-beschwörend ; wachrufend. ‖ PAR EXT. anschaulich ; vielsagend.

évocation [-sjɔ̃] f. (Herauf)beschwörung f. ; Wachrufung f. ; Wiedererweckung f. ‖ FIG. Andeutung f.

évoluer [evɔlɥe] v. intr. Entwicklungen durchmachen ; Entwicklungsstufen durchlaufen ; sich verwandeln. ‖ FIG. seine Meinung(en) ändern. ‖ SPORT. *Évoluer sur son terrain*, ein Heimspiel austragen.

évolutif, ive [-lytif, i:v] adj. entwicklungsmäßig, -fähig. || MÉD. *Maladie évolutive*, fortschreitende Krankheit.

évolution [-lysjɔ̃] f. [action] Entwickeln n. ; Werden n. || PAR EXT. [nuances] Entwicklung f. ; Weiter-, Fortentwicklung f. ; Werdegang m. || FIG. Änderung f. | *Théorie de l'évolution*, Evolutionstheorie f. || SPORT. Entwicklung f. ; Bewegung f. ; Aufzug m.

évolutionnisme [-lysjɔnism] m. PHILOS. Entwicklungslehre f. ; Evolutionstheorie f.

évolutionniste [-lysjɔnist] m. Anhänger(in) m. (f.) der Entwicklungstheorie.

évoquer [evɔke] v. tr. [esprit] (herauf)beschwören. || PAR EXT. [souvenir] wachrufen ; verlebendigen ; wiedererwecken ; hervorrufen. || FIG. [rappeler] erinnern an (acc.) ; erwähnen ; zitieren.

ex [eks] préf. vormalig ; ehemalig ; vergangen ; Ex-. | *Ex-directeur*, ehemaliger Direktor.

ex abrupto [ɛksabrypto] loc. adv. plötzlich ; aus dem Stegreif ; unvermittelt.

exacerbation [egzasɛrbasjɔ̃] f. Auf-, Überreizung f. ; Verschärfung f.

exacerber [-be] v. tr. auf-, an-, überreizen ; heftig erregen ; verschärfen.

exact, acte [egzakt] adj. [juste, conforme] richtig ; (zu)treffend. | *Le résultat est exact*, das Resultat stimmt. | *C'est exact*, es ist richtig, es stimmt. || PAR EXT. [précis] genau ; streng ; exakt ; akkurat. | *Calcul exact*, genaue Rechnung. | *Les sciences exactes*, die exakten Wissenschaften f. pl. || FIG. [ponctuel] pünktlich ; zuverlässig.

exactement [-təmɑ̃] adv. genau, gerade ; eben. | *C'est exactement la même chose*, das ist haargenau dasselbe. | *Exactement le contraire*, gerade das Gegenteil.

exaction [-sjɔ̃] f. Geldeintreibung f. ; Erpressung f. ; Überforderung f.

exactitude [-tityd] f. [justesse, conformité] Richtigkeit f. ; Triftigkeit f. || PAR EXT. [précision] Genauigkeit f. ; Exaktheit f. || FIG. [ponctualité] Pünktlichkeit f. ; Zuverlässigkeit f.

— SYN. : *Ponctualité* f., Pünktlichkeit f. *Régularité* f., Regelmäßigkeit f.

ex aequo [egzeko] loc. adv. gleichrangig ; gleichstehend. | *Arriver ex aequo*, den gleichen Platz belegen. | *Ils sont tous les trois « ex aequo »*, die drei haben die gleiche Punktzahl.

exagération [egzaʒerasjɔ̃] f. Übertreibung f. ; Aufbauschung f.

exagérer [-re] v. tr. übertreiben ; vergrößern. | *Sans exagérer*, ohne Übertreibung ; ohne übertreiben zu wollen. | *Tu exagères*, du treibst es zu weit ! || PAR EXT. [nuances] über... | *Exagérer le mérite*, das Verdienst überschätzen. | *Exagérer un sentiment*, ein Gefühl übersteigern.

◇ part. pass. et adj. **exagéré, ée,** übertrieben. | *Prix exagéré*, zu hoher Preis.

— SYN. : *Outrer*, übertreiben. POP. *Bluffer*, bluffen.

exaltation [ɛgzaltasjɔ̃] f. Erregung f. ; Überschwenglichkeit f. || FIG. [glorification] Verherrlichung f. || RELIG. *Exaltation de la Sainte-Croix*, Kreuzeserhöhung f.

exalter [-te] v. tr. [exciter] an-, überreizen ; anschwärmen ; begeistern. | *Exalter l'imagination*, die Phantasie anreizen. | *Exalter le courage*, den Mut anfeuern. || FIG. [glorifier] erheben, -höhen ; verherrlichen ; (lob)preisen.

◇ part. pass. et adj. **exalté, ée,** überreizt ; aufgeregt. || PAR EXT. überspannt ; überschwenglich ; schwärmerisch ; exaltiert. || SUBSTANTIV. Schwärmer(in) m. (f.).

◇ v. pr. **s'exalter,** sich begeistern ; schwärmen.

examen [ɛgzamɛ̃] m. **1.** INVESTIGATION : [sens général] Prüfung f. || PAR ANAL. [par la pensée] Untersuchung f. ; (Er)forschung f. ; Erwägung f. || PAR EXT. [par la vue et la pensée] An-, Ein-, Durchsicht f. ; Sichtung f. || LOC. *Faire l'examen de qch.*, etwas prüfen, untersuchen. | *Soumettre à un examen approfondi*, einer gründlichen Prüfung unterziehen. | *Après mûr examen*, nach reiflicher Erwägung. | *Examen de conscience*, Selbstprüfung ; Gewissenserforschung. | *Libre examen*, freie Forschung. || MÉD. Untersuchung f. | *Examen de santé*, ärztliche Untersuchung.

2. ÉPREUVE SCOLAIRE : Prüfung f. ; Examen n. | *Passer, Subir un examen*, eine Prüfung machen. | *Passer avec succès, Réussir un examen*, ein Examen bestehen. | *Échouer à un examen*, in einem Examen durchfallen (sépar.). | *Examen écrit, oral*, schriftliche, mündliche Prüfung. | *Examen d'entrée, de sortie*, Aufnahme-, Abgangsprüfung. | *Commission d'examen*, Prüfungskommission f., -gremium n. | *Candidat à un examen*, Prüfling m. | *Examen de passage*, Versetzungsprüfung. | *Examen d'aptitude*, Eignungsprüfung.

examinateur, trice [-minatœ:r, tris] s. Prüfende(r) f. (m.). ; Prüfer(in) m. (f.).

examiner [-mine] v. tr. [sens général] prüfen. || PAR ANAL. [par la pensée] untersuchen ; erforschen ; erwägen. || PAR EXT. [par la vue et la pensée] an-, be-, ein-, durchsehen (sépar.) ; durchsichten ; an-, beschauen ; beobachten, -trachten ; (be)mustern. || LOC. *Examiner en détail*, einzeln durchgehen (sépar.). | *Examiner de plus près*, näher untersuchen ; genauer prüfen. | *Examiner de la tête aux pieds, sur toutes les coutures*, von Kopf bis Fuß mustern ; durchmustern (sépar.). | *Examiner une question de près*, einer Frage auf den Grund gehen.

— SYN. : *Inspecter*, besichtigen ; mustern. *Scruter*, gründlich untersuchen ; erforschen. *Sonder*, ergründen ; sondieren.

exaspération [ɛgzasperasjɔ̃] f. höchste Wut, Erregung ; Außersichsein n. ; tiefste Entrüstung ; POP. Weißglut f. || MÉD. Zuspitzung f.

exaspérer [-re] v. tr. in höchste Erregung versetzen ; wütend machen ; außer sich bringen.

◇ part. pass. et adj. **exaspéré, ée,** wütend ; aufgebracht ; außer sich ; POP. in Weißglut.

◇ v. pr. **s'exaspérer,** sich fürchterlich aufregen ; wütend werden ; außer sich geraten. || MÉD. sich verschlimmern.

exaucer [ɛgzose] v. tr. [écouter] an-, erhören ; Gehör schenken (dat.). || PAR EXT. [accorder] erfüllen ; willfahren (dat.).

excavateur [ɛkskavatœ:r] m. TECHN. Bagger m. ; Ausräumer m.

excavation [-vasjɔ̃] f. [action] Aushöhlen n., -baggern n., -schachten n. || PAR EXT. [résultat] Aushöhlung f., -schachtung f. ; Vertiefung f.

excavatrice [-tris] f. Bagger m.

excaver [-ve] v. tr. ausbaggern, -höhlen, -heben, -schachten ; vertiefen.

excédant, ante [ɛksedɑ̃, ɑ̃t] adj. unerträglich, lästig.

excédent [ɛksedɑ̃] m. überschießender Betrag ; Überschuß m. ; Mehrbetrag m. ; Mehr n. ; Plus n. ; Rest m. | *Excédent annuel, de caisse*, Jahres-, Kassenüberschuß. | *Excédent de la balance commerciale*, Außenhandelsüberschuß. | *Excédent d'exportation, des recettes, de production*, Mehrausfuhr f., -einnahmen f. pl., -produktion f. | *Excédent de bagages*, Mehrgepäck n. ; Übergepäck n. | *Excédent de poids*, Übergewicht n. | *Être en excédent*, überzählig sein. | *Excédent des naissances*, Geburtenüberschuß.

excédentaire [-dɑ̃tɛ:r] adj. überschießend, -schüssig. | *Une région excédentaire*, ein Überschußgebiet n. || ÉCON. *Balance commerciale excédentaire*, aktive Handelsbilanz.

excéder [-de] v. tr. [dépasser] übersteigen, schießen, -treffen, -schreiten ; hinausgehen (über, acc.). || PAR ANAL. [outrepasser] *Excéder son pouvoir*, seine Befugnis überschreiten. || FIG. [fatiguer] ermatten. || PAR EXT. [importuner] lästig werden, sein (dat.) ; auf die Nerven gehen, fallen (dat.).

◇ part. pass. et adj. **excédé, ée,** FIG. nervös ; überdrüssig. | *Être excédé par qch.*, etwas satt haben.

excellence [ɛksɛlɑ̃:s] f. Trefflichkeit f. ; Vorzüglichkeit f. ; Großartigkeit f. ; Köstlichkeit f. || LOC. *Prix d'excellence*, erster Preis. | *Par excellence*, im wahr(st)en Sinne des Wortes ; vorzüglichst ; schlechthin. | *Votre Excellence*, Ihre Exzellenz.

excellent, ente [-lɑ̃, ɑ̃:t] adj. (vor)trefflich ; vorzüglich ; ausgezeichnet ; hervorragend ; köstlich.

exceller [-le] v. intr. hervorstechen, -ragen ; herausragen ; glänzen ; sich auszeichnen. | *Exceller en, à*, sich auszeichnen in (dat.).

excentrer [ɛksɑ̃tre] v. tr. TECHN. den Mittelpunkt verlegen ; verstellen.

◇ part. pass. et adj. **excentré, ée,** weit vom Zentrum entfernt.

excentricité [-trisite] f. [écart du centre] Abweichen (n.), Abstand (m.) vom Mittelpunkt ; Exzentrizität f. || FIG. Überspanntheit f. ; Auffälligkeit f. ; auffallendes Benehmen. | *Faire des excentricités*, sich auffällig benehmen.

excentrique [-trik] adj. GÉOGR. außerhalb des Mittelpunktes ; exzentrisch. || PAR EXT. abgelegen. | *Quartiers excentriques*, Außenbezirke m. pl. || FIG. ausgefallen ; überspannt ; exzentrisch.

◇ m. [personne] überspannter Mensch.

excepter [ɛksɛpte] v. tr. ausnehmen, -lassen, -schließen.

◇ part. pass. et adj. **excepté, ée,** ausgenommen ; außer (dat.) ; mit Ausnahme von.

◇ prép. **excepté,** *Excepté sa mère*, seine Mutter ausgenommen. | *Toutes excepté elle*, alle bis auf sie ; alle nur nicht sie.

◇ loc. conj. **excepté que,** nur daß ; außer daß.

— SYN. : *À l'exception de*, mit Ausnahme von. *Sauf*, außer. *Hormis*, vorbehaltlich. *À la réserve de*, unter Vorbehalt von.

exception [-sjɔ̃] f. Ausnahme f. ; Ausnahmefall m. | *Exception à la règle*, Abweichung (f.) von der Regel. | *Faire exception à qch.*, eine Ausnahme von etwas bilden. | *Ne faire d'exception pour personne*, niemand ausnehmen. | *Sans exception*, ausnahmslos ; durchweg. | *Par exception*, ausnahmsweise. | *À quelques exceptions près*, bis auf wenige Ausnahmen. || JUR. *Loi, Tribunal d'exception*, Ausnahmegesetz n., -gericht n.

◇ loc. prép. **à l'exception de,** mit Ausnahme von ; außer (dat.) ; ausgenommen ; bis auf.

exceptionnel, elle [-sjɔnɛl] adj. außergewöhnlich, -ordentlich ; Ausnahme... | *Être exceptionnel*, eine Ausnahme bilden. | *Cas exceptionnel*, Ausnahme-, Sonderfall m.

exceptionnellement [-nɛlmɑ̃] adv. ausnahmsweise.

excès [ɛksɛ] m. [quantité en trop] Überschuß m. ; Mehrbetrag m. || *Excès d'air*, Luftüberschuß. || PAR ANAL. [ce qui dépasse la mesure] Übermaß n. ; Maßlosigkeit f. ; Übermäßigkeit f., -häufung f. | *Commettre un excès*, das Maß überschreiten ; maßlos werden. | *Boire avec excès*, sich vollsaufen ; zuviel trinken. | *Excès de vitesse*, Geschwindigkeitsübertretung f. | *Être arrêté pour excès de vitesse*, wegen zu schnellen Fahrens angehalten werden. | *Pécher par excès de prudence*, zu vorsichtig vorgehen. || PAR EXT. [nuances] Über... | *Excès de travail, de charge, de richesses, de population*, Überarbeitung f., -lastung f., -fülle f., -völkerung f. || FIG. Maßlosigkeit f. ; Übertreibung f. ; Ausschreitung f. | *Excès de pouvoir*, Zuständigkeitsüberschreitung f.

◇ m. pl. FIG. Übergriffe m. pl. ; Ausschweifungen f. pl. ; Auswüchse m. pl. | *Se livrer à des excès*, sich zu Übergriffen hinreißen lassen. | *Faire des excès*, Ausschweifungen begehen.

◇ loc. adv. **à l'excès,** im Übermaß ; über alle Maßen ; unmäßig ; übergenug. | *Pousser à l'excès*, übertreiben. | *Fatigué à l'excès*, übermüde.

— SYN. : *Excédent* m., Mehrbetrag m. *Surplus* m., Überschuß m.

excessif, ive [-sif, i:v] adj. übermäßig ; maßlos ; unmäßig ; übertrieben. || PAR ANAL. *Froid excessif*, ungewöhnliche Kälte. || FIG. *Ambition excessive*, maß-, grenzenloser Ehrgeiz. | *Caractère excessif*, Maßlosigkeit f.

excessivement [-sivmɑ̃] adv. übermäßig ; überaus. | *C'est excessivement cher*, es ist außerordentlich teuer.

exciper [ɛksipe] v. intr. sich berufen auf.

excipient [ɛksipjɑ̃] m. Binde-, Auflösungsmittel n.

exciser [ɛksize] v. tr. ausschneiden ; exzidieren.

excision [-zjɔ̃] f. Exzision f.

excitabilité [ɛksitabilite] f. Reizbarkeit f. ; Erregbarkeit f.

excitable [-tabl] adj. reizbar ; an-, aufreizbar ; an-, erregbar.

excitant, ante [-tɑ̃, ɑ̃:t] adj. an-, auf-, erregend ; an-, aufreizend.

◇ m. **excitant,** MÉD. Reizmittel n. ; Stimulans n. || FIG. Genußmittel n.

excitateur, trice [-tatœ:r, tris] adj. er-, anregend ; aufreizend.

excitation [-tasjɔ̃] f. [action] Reizen n. ; An-, Aufreizung f. ; An-, Auf-, Erregung f. | *Causer de l'excitation*, auf-, erregen ; in Aufregung bringen. || PAR ANAL. [à agir] An-, Aufstachelung f. ; Anspornung f., -feuerung f. || PAR EXT. [état] Auf-, Erregung f. ; Aufgeregtheit f. ; Erregtheit f. | *Il y a une grande excitation*, es herrscht eine grosse Erregung. || FIG., PÉJOR. Aufwiegelung f. ; Aufhetzen n. ; Hetzerei f. ; Treiberei f.

exciter [-te] v. tr. reizen ; an-, aufreizen ; an-, auf-, erregen ; in Aufregung bringen, versetzen. || PAR ANAL. [à agir] antreiben, -feuern, -spornen, stacheln. || PAR EXT. [provoquer] erregen ; erwecken ; hervorrufen. | *Exciter la faim, la soif*, hungrig, durstig machen. | *Exciter l'admiration*, Bewunderung hervorrufen. || [ranimer] auf-, ermuntern ; aufpeitschen. || FIG., PÉJOR. hetzen ; an-, auf-, verhetzen. || *Exciter un chien*, einen Hund hetzen. | *Exciter qn à la révolte*, jn aufwiegeln, -bringen. | *Exciter la haine de qn*, js Haß schüren.

◇ v. pr. **s'exciter,** sich auf-, erregen.

— SYN. : *Provoquer*, herausfordern. *Agacer*, in Wallung bringen. *Aguicher*, sticheln. *Attiser*, schüren.

exclamatif, ive [ɛksklamatif, i:v] adj. Ausrufungs...

exclamation [-sjɔ̃] f. Ausruf m. ; Ausrufung f. | *Pousser des exclamations de joie*, Freudenrufe ausstoßen. || GRAMM. *Point d'exclamation*, Ausrufungszeichen n.

exclamer (s') [sɛksklame] v. pr. (verwundert) ausrufen ; einen Laut, Schrei ausstoßen.

exclure [ɛkskly:r] v. tr. ausschließen, -stoßen, -sperren, -schalten ; aus-, verweisen. | *Exclure qn d'un parti*, jn aus einer Partei ausstoßen. | *Exclure du terrain*,

vom Spielfeld weisen. | *L'un n'exclut pas l'autre*, eins hebt das andere nicht auf.
◇ v. pr. **s'exclure,** sich aus-, abschließen.
exclusif, ive [-klysif, i:v] adj. ausschließlich, -schließend ; exklusiv ; Allein... | *Possession exclusive*, Alleinbesitz m. || FIG. *C'est un être très exclusif*, er ist besitzergreifend. | *Il est trop exclusif*, er ist allzu einseitig. || COMM. *Représentation exclusive*, Alleinvertretung f.
◇ f. **exclusive,** *Prononcer l'exclusive contre qn*, jn ganz ausschließen.
exclusion [-klyzjɔ̃] f. Aus-, Abschließung f. ; Ausschluß m. ; Ausstoßen n. ; Aus-, Verweisung f.
◇ loc. prép. **à l'exclusion de,** unter Ausschluß von ; ausgenommen.
exclusivement [-klyzivmɑ̃] adv. ausschließlich ; exklusiv.
exclusivité [-klyzivite] f. Ausschließlichkeit f. ; Einzigartigkeit f. ; alleiniges Recht ; Alleinvertrieb m. || FILM. Alleinaufführungsrecht (n.) eines Filmes.
excommunication [ɛkskɔmynikasjɔ̃] f. RELIG. Kirchenausschluß m., -bann m. ; Exkommunikation f.
excommunier [-nje] v. tr. RELIG. aus der Kirche ausstoßen ; exkommunizieren.
excoriation [ɛkskɔrjasjɔ̃] f. Hautabschürfung f.
excrément [ekskremɑ̃] m. Ausscheidung f. ; Exkrement n. || FIG. Auswurf m.
excréter [-krete] v. tr. ausscheiden.
excroissance [ɛkskrwasɑ̃:s] f. Auswuchs m. ; Gewächs n. ; Verdickung f.
excursion [ɛkskyrsjɔ̃] f. Ausflug f. ; Abstecher m. ; Wanderung f. ; (Wander)fahrt f. ; Tour f. ; Exkursion f. | *Excursion à pied*, (Fuß)wanderung. | *Excursion en bateau*, Schiff-, Seefahrt. | *Excursion en auto*, Autofahrt.
excursionner [-sjɔne] v. intr. einen Ausflug unternehmen, machen.
excursionniste [-sjɔnist] s. Ausflügler(in) m. (f.).
excusable [ɛkskyzabl] adj. entschuldbar ; verzeihlich ; nachsehbar.
excuse [-ky:z] f. [bonne] Entschuldigung f. | *Excuse valable*, Entschuldigungsgrund m. | *Donner pour excuse*, als Entschuldigungsgrund anführen. | *Trouver une excuse à qch.*, einen Entschuldigungsgrund für etwas finden. | *Faire, Présenter ses excuses à qn*, jn um Entschuldigung bitten. | *Je vous fais toutes mes excuses*, entschuldigen Sie bitte vielmals ; bitte sehr um Entschuldigung. | *Il n'y a pas d'excuse qui tienne*, dafür gibt es keine Entschuldigung. | *Sans excuse*, unentschuldbar ; unverantwortlich. || PAR EXT. [mauvaise] Ausrede f. | *Chercher des excuses*, Ausreden, -flüchte suchen ; sich ausreden. | *Alléguer une excuse*, eine Ausrede vorbringen. | *Donner pour excuse*, vorgeben.
excuser [-kyze] v. tr. [disculper] entschuldigen. | *Rien ne peut l'excuser*, nichts kann ihn entschuldigen. || PAR EXT. [pardonner] verzeihen ; vergeben. | *Excuser qn*, jm verzeihen. | *Excuser une faute*, einen Fehler vergeben.
◇ part. pass. et adj. **excusé, ée,** entschuldigt. | *Vous êtes tout excusé*, aber bitte sehr !
◇ v. pr. **s'excuser,** [se disculper] sich entschuldigen. | *S'excuser de qch. auprès de qn*, sich wegen etwas bei jm entschuldigen. | *Excusez-moi*, *Veuillez m'excuser*, entschuldigen Sie bitte ! Entschuldigung bitte ! verzeihen Sie ! || PAR EXT. [mal] sich ausreden ; vorgeben, -schützen. || FIG. [décliner l'offre] absagen, -schreiben.
exeat [ɛgzeat] m. Ausgeherlaubnis f., -schein m.
exécrable [ɛgzekrabl] adj. abscheulich ; scheußlich. || FIG. *Il fait un temps exécrable*, es ist ein Hundewetter.
exécration [-krasjɔ̃] f. Abscheu m. ; Greuel m. ; Verwünschung f. ; Fluch m. ; Verfluchung f. | *Avoir en exécration*, verabscheuen.
exécrer [-kre] v. tr. verabscheuen ; verwünschen ; verfluchen ; abscheulich finden.
exécutable [ɛgzekytabl] adj. aus-, durchführbar ; machbar. || JUR. vollziehbar ; vollstreckbar.
exécutant, ante [-tɑ̃, ɑ̃:t] s. Mitspieler(in) m. (f.), -wirkende(r) f. (m.).
exécuter [-te] v. tr. [mettre à effet] aus-, durchführen ; zur Ausführung bringen. | *Exécuter un ordre, un projet*, einen Befehl, ein Vorhaben ausführen. || PAR ANAL. [accomplir] vollführen, -ziehen, -bringen, -enden, -strekken ; erfüllen ; erledigen. | *Exécuter une promesse*, ein Versprechen erfüllen. | *Exécuter un acte*, eine Tat vollbringen. || PAR EXT. [faire] ver-, ausrichten ; tun ; leisten ; verfertigen. | *Exécuter une commande*, einen Auftrag ausrichten, erfüllen. || FIG. [critiquer] tadeln ; scharf kritisieren ; abfertigen. || JUR. *Exécuter un jugement, un testament*, ein Urteil, ein Testament vollstrecken. | *Exécuter un condamné*, einen Verurteilten hinrichten. || MUS. *Exécuter un morceau*, ein Musikstück (vor)spielen.
◇ v. pr. **s'exécuter,** [se résoudre] sich fügen ; sich dazu bequemen ; in den sauren Apfel beißen.
exécuteur, trice [-tœ:r, tris] s. Durch-, Ausführende(r) f. (m.) ; Vollzieher(in) m. (f.). || JUR. *Exécuteur des hautes œuvres*, Scharfrichter m. | *Exécuteur testamentaire*, Testamentsvollstrecker(in) m. (f.).
exécutif, ive [-tif, i:v] adj. aus-, durchführend ; vollstreckend ; ausübend ; exekutiv. | *Pouvoir exécutif*, vollziehende Gewalt.
◇ m. **exécutif,** POLIT. Exekutive f. ; durchführende, vollziehende Gewalt.
exécution [-sjɔ̃] f. [mise à effet] Aus-, Durchführung f. || PAR ANAL. [accomplissement] Vollführung f., -ziehung f., -bringung f., -endung f., -streckung f. ; Erfüllung f. ; Erledigung f. || PAR EXT. [réalisation] Ver-, Ausrichtung f. ; Bewerkstelligung f. ; Leistung f. ; Verfertigung f. || LOC. *Mettre à exécution*, zur Ausführung bringen. | *Mise à exécution*, Vollziehung f. | *Passer à l'exécution*, zur Ausführung schreiten. | *En voie d'exécution*, in der Fertigstellung. || FIG. [critique] Abfertigung f. || JUR. *Exécution d'une sentence, d'un testament*, Vollstreckung (f.) eines Urteils, eines Testamentes. | *Exécution (capitale)*, Hinrichtung f. || MIL. (standrechtliche) Erschießung f. | *Peloton d'exécution*, Hinrichtungskommando n. || MUS. Vor-, Aufführung f. ; Spiel n.
exécutoire [-twa:r] adj. JUR. vollstreckbar.
exégèse [ɛgzeʒɛ:z] f. Text-, Schriftauslegung f. ; Exegese f.
exégète [-ʒɛt] m. Schriftausleger m. ; Exeget m.
exemplaire [ɛgzɑ̃plɛ:r] adj. beispiel-, musterhaft ; mustergültig ; vorbildlich. || PAR EXT. *Punition exemplaire*, exemplarische Bestrafung.
◇ m. TYPOGR. Stück n. ; Musterstück n. Exemplar n. || [copie d'un texte] *En triple exemplaire*, in dreifacher Ausfertigung.
exemple [ɛgzɑ̃:pl] m. [cité] Beispiel n. ; Exempel n. || PAR EXT. [à suivre] Vorbild n. ; Muster n. ; Modell n. || LOC. *Donner l'exemple*, mit gutem Beispiel vorangehen ; vorbildlich sein. | *Prendre exemple sur qn*, sich jemanden zum Vorbild nehmen. | *Être un exemple de vertu*, ein Muster an Tugend sein. | *Sans exemple*, beispiellos. | *Par exemple*, zum Beispiel ; z. B. | *Par exemple !*, ach nein !
— SYN. : *Modèle* m., Vorbild n. ; Modell n.
exempt, empte [ɛgzɑ̃, ɑ̃:t] adj. frei ; ledig ; ...frei ; ...los. | *Exempt de droits, d'impôts*, gebühren-, steuerfrei.

| *Exempt de tout reproche, de service*, einwand-, dienstfrei. | *Exempt de soucis*, sorgenlos, -frei.

exempter [-te] v. tr. befreien ; losmachen ; freistellen ; ausnehmen (von) ; erlassen. | *Exempter qn d'impôts*, jn von der Steuer befreien. || PAR EXT. *Exempter qn de tout souci*, jn mit allen Sorgen verschonen. || MIL. ausmustern ; zurückstellen. | *Exempté de service militaire*, freigestellt.

exemption [-psjɔ̃] f. Befreiung f. ; Freistellung f. ; Erlaß m. ; Erlassung f. | *Exemption fiscale, de timbre, des droits de douane*, Steuer-, Stempel-, Zollfreiheit f. | *Exemption de service militaire*, Freistellung vom Wehrdienst.

exercer [ɛgzɛrse] v. tr. **1.** [dresser, former] (ein)-üben ; ausbilden ; exerzieren. | *Exercer qn au vol à voiles*, jn im Segelfliegen ausbilden. | *Exercer son corps*, seinen Körper trainieren. | *Exercer des recrues*, Rekruten ausbilden, drillen, exerzieren. || PAR ANAL. *Exercer sa vue*, seinen Blick schärfen. | *Exercer sa mémoire*, sein Gedächtnis üben.

2. [pratiquer] ausüben ; (be)treiben ; verwalten ; wirken (als) ; tätig sein (als) ; praktizieren. | *Exercer une profession*, einen Beruf ausüben. | *Exercer un métier*, ein Gewerbe betreiben. | *Exercer la médecine*, als Arzt wirken, praktizieren.

3. [agir sur] *Exercer une grande influence sur qn*, einen großen Einfluß auf jn ausüben. | *Exercer une action sur*, wirken auf.

4. [faire usage de] *Exercer un droit, ses forces*, von einem Recht, von seinen Kräften Gebrauch machen.

◇ part. pass. et adj. **exercé, ée,** geübt, ausgebildet. | *Oreille exercée*, geübtes Ohr.

◇ v. pr. **s'exercer,** sich (ein)üben. | *S'exercer à qch.*, sich in einer Sache üben. | *S'exercer à lancer le javelot*, sich im Spießwerfen üben.

exercice [-sis] m. **1.** [en général] (Ein)übung f. | *Qui a de l'exercice*, geübt. | *Faire des exercices au piano*, (auf dem) Klavier üben. | *Exercice de style*, Stilübung. || [école] Übung f. | *Exercice écrit*, schriftliche Arbeit.

2. [fonction] Ausübung f. ; (Be)treiben n. ; Bekleidung f. | *Entrer en exercice*, das Amt antreten. | *En exercice*, im Amt ; in (voller) Tätigkeit ; tätig. | *Qui n'est plus en exercice*, außer Dienst.

3. JUR. *Exercice d'un droit*, Ausübung eines Rechts.

4. MIL. Übung f. ; (Ein)exerzieren n. ; Drill m. | *Exercice de tir*, Schießübung. | *Faire l'exercice*, exerzieren.

5. SPORT. Übung f. ; Turnen n. | *Exercice (physique)*, Leibes-, Turnübung. | *Exercice aux agrès*, Geräteturnen. | *Exercice au sol*, Bodenübung. | *Exercices respiratoires*, Atemgymnastik f. | *Faire, Se donner de l'exercice*, sich Übung verschaffen ; sich Bewegung machen.

6. [période d'un an] COMM. Rechnungsjahr n. | *Exercice bénéficiaire, déficitaire*, Gewinn-, Verlustjahr n. | *Exercice écoulé*, abgelaufenes Geschäftsjahr. | *Exercice budgétaire*, Haushaltsjahr n.

exergue [ɛgzɛrg] m. Inschrift f. | *En exergue*, als Inschrift.

exfoliation [ɛksfɔljasjɔ̃] f. BOT. Abblätterung f. || MÉD. allmähliche Abstoßung.

exfolier [-lje] v. tr. abblättern.

◇ v. pr. **s'exfolier,** BOT. abblättern.

exhalaison [ɛgzalɛzɔ̃] f. [action] Ausdünstung f. || [résultat] Dunst m. ; Brodem m. ; Duft m.

exhaler [-le] v. tr. ausdunsten, -schwitzen, -hauchen, -stoßen, -atmen. || LOC. *Exhaler une odeur*, einen Geruch ausstrahlen ; duften. | *Exhaler son dernier soupir*, den letzten Seufzer ausstoßen.

exhaussement [ɛgzosmɑ̃] m. TECHN. [action] Er-, Aufhöhung f. ; Aufstockung f. || PAR EXT. [résultat] Überbau m.

exhausser [-se] v. tr. auf-, erhöhen ; aufstocken ; höher ziehen. | *Exhausser d'un étage*, um einen Stock erhöhen.

exhaustif, ive [ɛgzostif, i:v] adj. er-, ausschöpfend. | *Étude exhaustive*, erschöpfende Studie.

exhiber [ɛgzibe] v. tr. vorlegen, -zeigen, -weisen ; aufweisen. || FIG. [son savoir] zur Schau stellen.

◇ v. pr. **s'exhiber,** sich produzieren ; sich sehen lassen.

exhibition [-bisjɔ̃] f. Vorzeigung f., -legung f., -weisung f. || FIG. *Faire une exhibition*, sich zur Schau stellen. || SPORT. Vorführung f.

exhibitionniste [-bisjɔnist] m. MÉD. Exhibitionist m.

exhortation [ɛgzɔrtasjɔ̃] f. (Er)mahnung f. ; Auf-, Ermunterung f. ; Zuspruch m.

exhorter [-te] v. tr. ermahnen ; auf-, ermuntern ; ermutigen ; zusprechen (dat.) ; antreiben. | *Exhorter qn à faire qch.*, jm etwas zuraten, zureden.

exhumation [ɛgzymasjɔ̃] f. Ausgrabung f. ; Graböffnung f. ; Exhumierung f.

exhumer [-me] v. tr. ausgraben ; das Grab öffnen ; exhumieren ; FIG. ans Tageslicht bringen ; der Vergessenheit entreißen.

exigeant, eante [ɛgziʒɑ̃, ɑ̃:t] adj. (viel) anspruchsvoll, unbescheiden.

— SYN. : *Difficile*, schwierig. *Pointilleux*, pimplig.

exigence [-ʒɑ̃:s] f. (An)forderung f. ; Anspruch m. ; PÉJOR. Zumutung f. | *Émettre des exigences*, Anforderungen stellen. | *Avoir de grandes exigences*, große Ansprüche haben ; anspruchsvoll sein. || PAR EXT. [vif désir] Verlangen n. ; Begehren n. || FIG. [nécessité] Erfordernis f. ; Bedürfnis n. | *Se soumettre aux exigences de l'horaire*, sich den Erfordernissen der Zeiteinteilung fügen.

exiger [-ʒe] v. tr. [formellement] fordern ; an-, abfordern ; Ansprüche machen. | *Exiger qch. de qn*, von jm etwas fordern ; jm etwas zumuten. | *Exiger sous la contrainte*, erzwingen. || PAR EXT. [réclamer] verlangen ; wollen ; begehren. | *Exiger des excuses*, auf Entschuldigung bestehen. | *La mode l'exige*, die Mode verlangt es. | *J'exige que*, ich bestehe darauf, daß. || FIG. [nécessiter] (er)fordern ; gebieten ; erheischen. | *Cela exige beaucoup de temps*, das erfordert viel Zeit.

exigibilité [-ʒibilite] f. JUR. Einklagbarkeit f. || COMM. Eintreibbarkeit f. ; Fälligkeit f.

exigible [-ʒibl] adj. JUR. einklagbar. || COMM. eintreibbar ; fällig.

exigu, uë [ɛgzigy] adj. klein ; beengt ; beschränkt ; winzig.

exiguïté [-gɥite] f. Kleinheit f. ; Beengtheit f. ; Kärglichkeit f. ; Winzigkeit f. ; Beschränktheit f.

exil [ɛgzil] m. [action] Verbannung f. ; Landesverweisung f. ; Vertreibung f. ; Exil n. | *Exil volontaire*, Auswanderung f. | *Envoyer en exil*, verbannen ; des Landes verweisen. || PAR EXT. Verbannungsort m., -zeit f.

exiler [-le] v. tr. verbannen ; des Landes verweisen ; ausweisen ; vertreiben.

◇ part. pass. et adj. **exilé, ée,** verbannt ; landesverwiesen ; vertrieben. || SUBSTANTIV. Verbannte(r) f. (m.) ; Exilierte(r) f. (m.).

◇ v. pr. **s'exiler,** in die Fremde gehen, ziehen ; auswandern. || FIG. sich zurückziehen.

existant, ante [ɛgzistɑ̃, ɑ̃:t] adj. bestehend ; vorhanden ; existent ; existierend. | *Stocks existants*, vorhandene Vorräte m. pl. || FIG. *Conditions existantes*, bestehende Verhältnisse n. pl.

existence [-tɑ̃:s] f. PHILOS. Dasein n. ; Existenz f. || PARTICUL. [vie] Leben n. ; Existenz f. | *Existence paisible*, friedliches (Dahin)leben. | *Ce n'est pas une existence*, POP. das ist kein Leben mehr ! | *Conditions d'existence*, Lebens-, Existenzbedingungen f. pl. | *Moyens d'existence*, (Lebens)unterhaltsmittel n. pl. ; Einkommen n. | *Sans moyens d'existence*, mittellos. || PAR ANAL. [action d'exister, de subsister] Bestehen n. ; Bestand m. || PAR EXT. [action d'être présent] Vorhandensein n. | *Existence de preuves*, Vorliegen (n.) von Beweisstücken.

existentialisme [-tɑ̃sjalism] m. Existentialphilosophie f. ; Existentialismus m.

exister [-te] v. intr. PHILOS. [être] (da)sein ; existieren ; existent sein. | *Dieu existe*, Gott existiert ; es gibt einen Gott. | *Cesser d'exister*, nicht mehr sein. || PARTICUL. [vivre] leben. | *Aussi vrai que j'existe*, so wahr ich lebe. || PAR ANAL. [chose] dasein ; bestehen ; vorhanden sein. | *Les lois qui existent*, die bestehenden Gesetze n. pl. | *Cette preuve existe*, dieser Beweis ist vorhanden. || PAR EXT. [être en réalité] *Cela existe*, POP. sowas gibt's. || FAM. *Cela n'existe pas*, das kann nicht sein. || FIG., FAM. *Il n'existe pas en face de lui*, er kann sich mit ihm nicht vergleichen.
◇ v. impers. [il y a] es ist, steht, liegt ; es gibt.

ex-libris [ɛkslibris] m. Exlibris n.

exode [ɛgzɔd] m. Auszug m. ; Auswanderung f. || RELIG. Exodus m.

exonération [ɛgzɔnerasjɔ̃] f. Befreiung f. ; Entlastung f. ; Streichung f. ; Freibetrag m. | ADM. *Exonération fiscale, d'impôt*, Steuerbefreiung f.

exonérer [-re] v. tr. befreien ; entlasten ; streichen (dat.). | *Exonérer qn de qch.*, jn von etwas entlasten. | *Exonéré d'impôts*, steuerfrei.

exorbitant, ante [ɛgzɔrbitɑ̃, ɑ̃:t] adj. übertrieben ; gewaltig ; unerhört ; ungeheuer. | *Prix exorbitants*, unerschwingliche Preise m. pl.

exorciser [ɛgzɔrsize] v. tr. austreiben ; vom Dämon befreien ; entzaubern. | *Exorciser un démon*, einen bösen Geist austreiben, beschwören.

exorcisme [-sism] m. [diable] Beschwörung f.

exorde [ɛgzɔrd] m. [discours] Anfang m. ; Beginn m. ; Eingang m.

exosphère [ɛgzɔsfɛ:r] f. ASTRON. Exosphäre f.

exotique [ɛgzɔtik] adj. fremdartig, -ländisch ; aus fernen Ländern ; exotisch.

exotisme [-tism] m. fremdartiges, -ländisches Wesen. || FIG. Vorliebe (f.) für exotische Dinge.

expansible [-sibl] adj. (aus)dehnungsfähig ; (aus)-dehnbar.

expansif, ive [-sif, i:v] adj. FIG. mitteilungsbedürftig ; mitteilsam ; offenherzig.

expansion [-sjɔ̃] f. PHYS. Ausdehnung f. ; Expansion f. || PAR EXT. *Expansion d'un empire colonial*, Ausdehnung eines Kolonialreiches. || FIG. [du cœur] Herzenserguß m. || PAR EXT. [propagation] Aus-, Verbreitung f. | *Expansion économique*, Wirtschaftsexpansion.

expansionniste [-sjɔnist] adj. expansionistisch.

expansivité [-sivite] f. Ausdehnbarkeit f. || FIG. Mitteilsamkeit f. ; Offenherzigkeit f.

expatriation [ɛkspatrijasjɔ̃] f. Vertreibung f. ; Ausweisung f. ; Verbannung f. || PAR EXT. [action de s'expatrier] Auswanderung f.

expatrier [-trije] v. tr. des Landes verweisen ; aus der Heimat vertreiben ; verbannen.
◇ part. pass. et adj. **expatrié, iée,** heimatvertrieben.
◇ v. pr. **s'expatrier,** auswandern ; die Heimat verlassen ; emigrieren.

expectative [ɛkspɛktati:v] f. Erwartung f. ; Abwarten n. | *Rester dans l'expectative*, eine abwartende Haltung einnehmen. || [espoir] Aussicht f.

expectoration [-rasjɔ̃] f. MÉD. Auswurf m. ; Schleim m. ; Sputum n.

expectorer [-re] v. tr. MÉD. auswerfen ; spucken ; lösen ; den Schleim entfernen.

expédient, iente [ɛkspedjɑ̃, jɑ̃:t] adj. zweckdienlich, -mäßig ; sinnvoll ; geeignet.
◇ m. **expédient,** Ausweg m. ; Aushilfe f. ; (Not)-behelf m. | *Avoir recours à un expédient*, zu einem Notbehelf greifen. || PÉJOR. *Vivre d'expédients*, sich so durchschwindeln.

expédier [-dje] v. tr. [envoyer] (ab)senden ; (ab)-schicken ; expedieren. | *Expédier des marchandises*, Waren versenden, -schicken. | *Expédier un colis*, ein Paket aufgeben. | *Expédier qch. à qn*, jm etwas zusenden, -schicken ; etwas an jn senden. || JUR., ADM., PAR EXT. [faire] ab-, ausfertigen ; erledigen ; befördern. | *Expédier le courrier*, die Post befördern, abfertigen. | *Expédier un acte*, eine beglaubigte Abschrift ausfertigen. | *Expédier ses affaires*, seine Geschäfte erledigen. || PAR EXAGÉR. [faire rapidement] schnell abmachen, -fertigen, erledigen. | *Expédier un repas*, eine Mahlzeit hastig hinunterschlingen. || FIG. *Expédier qn*, jn (schnell) abfertigen.

expéditeur, trice [-ditœ:r, tris] s. Absender(in) m. (f.). || COMM. Versender(in) m. (f.) ; Verlader(in) m. (f.) ; Befrachter(in) m. (f.) ; Spediteur m.

expéditif, ive [-ditif, i:v] adj. [personne] geschwind ; flink ; hurtig ; rasch ; wendig. || PAR EXT. *Être expéditif*, kurzen Prozeß machen.

expédition [-disjɔ̃] f. **1.** [action] (Ab)senden n. ; (Ab)schicken n. ; Expedition f. | *Expédition d'argent*, Geldüberweisung f., -sendung f. | *Expédition d'un colis*, Aufgabe (f.) eines Paketes. | *Expédition par bateau*, Verfrachtung f.
2. [chose] Sendung f.
3. [exécution] Ab-, Ausfertigen n. ; Erledigung f. | *Expédition d'une affaire*, Erledigung eines Geschäfts.
4. JUR., ADM. [copie] *En double expédition*, Abschrift (f.) in doppelter Ausfertigung.
5. MIL. [campagne] Feldzug m.
6. [exploration] Forschungs-, Entdeckungsreise f. ; Expedition f.

expéditionnaire [-disjɔnɛ:r] adj. Expeditions... | *Corps expéditionnaire*, Expeditionskorps n.
◇ m. COMM. Spediteur m. ; Versender m. ; Verfrachter m. || JUR., ADM. Kopist m. ; Abschreiber m.

expérience [ɛksperjɑ̃:s] f. [connaissance des choses] Erfahrung f. ; Erfahrenheit f. ; Kenntnis f. | *Expérience de la vie*, Lebenserfahrung, -klugheit f. | *Expérience des hommes*, Menschenkenntnis. | *Expérience des affaires*, Geschäftserfahrung. | *Expérience professionnelle*, Berufserfahrung. | *Par expérience*, aus Erfahrung. | *Sans expérience*, unerfahren. | *Avoir de l'expérience*, erfahren sein. | *Fondé sur l'expérience*, Erfahrungs... | *Expérience vécue*, Erlebnis n. || TECHN. [essai] Versuch m. ; Erprobung f. ; Experiment n. | *Faire des expériences*, Versuche machen ; experimentieren. | *Champ d'expérience*, Versuchsfeld n. | *À titre d'expérience*, versuchs-, probeweise.
— SYN. : *Pratique* f., praktische Erfahrung ; Praxis f.

expérimental, ale, aux [-rimɑ̃tal, o] adj. erfahrungsmäßig ; experimentell ; Erfahrungs... | *Méthode expérimentale*, experimentelle Methode. | *Science expérimentale*, Erfahrungswissenschaft f. || NUCL. *Réacteur expérimental*, Versuchsreaktor m.

expérimentateur, trice [-rimɑ̃tatœ:r, tris] s. Experimentierer(in) m. (f.).

expérimentation [-rimɑ̃tasjɔ̃] f. Erprobung f. ; Experimentieren n.

expérimenter [-rimɑ̃te] v. tr. (Versuche) anstellen ; erproben ; ausprobieren ; experimentieren. || FIG. erfahren ; die Erfahrung machen.

◇ part. pass. et adj. **expérimenté, ée,** erfahren ; erprobt. | *Très expérimenté*, viel-, weiterfahren.

expert, erte [ɛkspɛr, ɛrt] adj. erfahren ; sachverständig, -kundig ; kennerisch ; fachmännisch. | *Être expert en qch.*, sich in einer Sache auskennen.

◇ m. **expert,** Sachverständige(r), -kundige(r) f. (m.) ; Experte m., Expertin f. ; Gutachter(in) m. (f.) | *Expert comptable*, Buchprüfer m. ; Bücherrevisor m. ; Wirtschaftsprüfer m. | *Expert en écritures*, Schriftsachverständige(r) ; Graphologe m. | *Au dire des experts*, nach dem Urteil der Sachverständigen.

expertise [-ti:z] f. [action] Begutachtung f. ; fachmännische Untersuchung. | *Faire une expertise*, eine Untersuchung vornehmen. || PAR EXT. [résultat] (Sachverständigen)gutachten n.

expertiser [-tize] v. tr. begutachten ; ein Gutachten aufstellen (über...) ; (über)prüfen.

expiable [ɛkspjabl] adj. sühnbar ; tilgbar.

expiatoire [-twa:r] adj. sühnend ; Sühne... ; Versöhnungs... | *Sacrifice expiatoire*, Sühnopfer n.

expiation [-pjasjɔ̃] f. Sühne f. ; Wiedergutmachung f. ; Ver-, Abbüßung f. ; Buße f.

expier [-pje] v. tr. (ent)sühnen ; (ab)büßen ; entgelten.

expiration [ɛkspirasjɔ̃] f. PHYSIOL. Ausatmen n. || FIG. [fin d'un délai] Ablauf m. ; Verstreichen n.

expirer [-re] v. tr. [l'air] ausatmen, -hauchen.

◇ v. intr. [mourir] sterben ; verscheiden ; den Geist aufgeben ; sein Leben aushauchen. || PAR ANAL. [son] verklingen, -hallen ; ausklingen. | *Le chant expire*, das Lied klingt aus, verhallt. | *Un cri expira sur ses lèvres*, ein Schrei erstarb ihm auf den Lippen. || FIG. [prendre fin] ab-, verlaufen ; verstreichen ; enden.

explétif, ive [ɛkspletif, i:v] adj. (aus)füllend.

explicable [ɛksplikabl] adj. erklärlich.

explicatif, ive [-katif, i:v] adj. erklärend ; deutend. | *Notes explicatives*, Erläuterungen f. pl.

explication [-kasjɔ̃] f. Auf-, Erklärung f. ; Erläuterung f. ; Aufschluß m. ; Auslegung f. ; Deutung f. | *Donner, Fournir une explication à qn*, jm eine Erklärung (ab)geben ; jm etwas erklären, auslegen. | *Donner des explications sur qch.*, über etwas Aufschluß geben, erteilen. | *Sans fournir d'autres explications*, ohne weiteres. | *Explication de texte*, Textauslegung. || PAR ANAL. [interprétation] *Explication d'un songe*, Deutung eines Traumes. || PAR EXT. [exposition] *Explication des motifs*, Darlegung (f.) der Gründe. || FIG. [discussion] Aussprache f. ; Auseinandersetzung f. | *Avoir une explication avec qn*, sich mit jm auseinandersetzen. | *Demander des explications à qn*, jn zur Rede stellen.

explicite [-sit] adj. ausdrücklich.

expliciter [-site] v. tr. deutlich ausdrücken.

expliquer [-ke] v. tr. auf-, erklären ; erläutern ; Aufschluß geben ; auslegen ; (aus)deuten ; darlegen ; klarstellen, -legen, -machen ; explizieren. | *Expliquer de vive voix*, mündlich erklären. | *Expliquer un texte*, einen Text auslegen, erläutern. | *Expliquer Schiller*, Schiller im Text auslegen. || PAR ANAL. [interpréter] *Expliquer un oracle*, ein Orakel deuten. || PAR EXT. [exposer] *Expliquer en détail*, umständlich darlegen.

◇ v. pr. **s'expliquer,** [sens pass.] sich erklären ; klar werden. | *Tout s'explique*, alles klärt sich auf. || PAR EXT. *On ne s'explique pas très bien son attitude*, seine Haltung läßt sich nicht leicht erklären, verstehen. | *Cela s'explique* [sens réfl.] das ist leicht erklärlich. | *S'expliquer de qch. avec qn*, sich mit jm über etwas aussprechen. | *Explique-toi clairement*, sprich offen heraus ! ; heraus mit der Sprache !

— SYN. : *Interpréter*, deuten ; interpretieren. *Développer*, entwickeln. *Commenter*, mit Anmerkungen versehen.

exploit [ɛksplwa] m. Tat f. ; Helden-, Großtat f. || PAR EXT. Leistung f. || IRON. *Raconter ses exploits*, erzählen, was man angestellt hat. || JUR. Vorladung f.

— SYN. : *Prouesse* f., Heldentat f. *Haut fait* m., Großtat f.

exploitable [-tabl] adj. ausnutzbar ; abbauwürdig, -fähig ; ausbeutbar ; betriebsfähig.

exploitant [-tɑ̃] m. Unternehmer m. ; Ausbeuter m. ; Betriebsführer m. | *Exploitant agricole, forestier*, Land-, Forstwirt m.

exploitation [-tasjɔ̃] f. [action] (Be)nutzen n. ; (Aus)nutzung f. ; Ausbeutung f., -wertung f. ; Betreiben n. ; Bewirtschaftung f. || PAR EXT. [ensemble exploité] Betrieb m. ; Wirtschaft f. || LOC. *Mettre en exploitation*, in Betrieb setzen. | *En état d'exploitation*, betriebsfähig. | *Capital, chef, matériel, frais d'exploitation*, Betriebskapital n., leiter m., -material n., -kosten pl. | *Personnel d'exploitation*, Betriebspersonal n. | *Exploitation agricole*, landwirtschaftlicher Betrieb. | *Exploitation forestière*, Forstwirtschaft. | *Exploitation d'un réseau*, Nutzung eines Eisenbahnnetzes. | *Exploitation d'un brevet*, Patentverwertung f. | *Être à la tête d'une exploitation*, einen Betrieb leiten. || PAR EXT., PÉJOR. [personne] Ausnutzung f., -beutung f. | *Exploitation des colonies*, Kolonialausbeutung. || INF. *Système d'exploitation*, Betriebssystem n. || MINES. Bergbau ; Abbau m. ; Förderung f. | *Exploitation d'un gisement*, Abbau einer Lagerstätte.

exploiter [-te] v. tr. [utiliser] benutzen ; Nutzen ziehen. || PAR EXT. [faire valoir] ausnutzen, -beuten, -werten ; betreiben ; bewirtschaften ; gewinnen. | *Exploiter une terre*, einen Acker an-, bebauen. | *Exploiter un brevet*, ein Patent verwerten. || FIG. ausnutzen. | *Exploiter son talent, une occasion*, sein Talent, eine Gelegenheit ausnutzen. | *Exploiter un succès*, einen Erfolg ausnutzen. || PAR EXT., PÉJOR. ausbeuten, -nutzen, -saugen.

◇ part. pass. et adj. **exploité, ée,** *Être exploité*, in Betrieb sein ; FIG. ausgebeutet werden. | *Mal exploité*, schlecht bewirtschaftet.

exploiteur, euse [-tœ:r, ø:z] s. FIG., PÉJOR. Ausbeuter(in) m. (f.) ; Menschenschinder m.

explorable [ɛksplɔrabl] adj. erforschbar.

explorateur, trice [-ratœ:r, tris] s. (Er)forscher(in) m. (f.) ; Forschungsreisende(r) f. (m.).

exploration [-rasjɔ̃] f. (Er)forschung f. | *Voyage d'exploration*, Forschungsreise f., -fahrt f. | *Exploration des mers polaires*, Erforschung der Polarmeere. || PAR EXT. [examen] Untersuchung f.

explorer [-re] v. tr. [un pays] (er)forschen ; auskundschaften ; Forschungsreisen machen (in, acc.). || PAR ANAL. [fouiller] *Explorer un bois*, einen Wald durch-, absuchen. | *Explorer une bibliothèque*, eine Bücherei durchstöbern. || PAR EXT. [examiner] untersuchen.

exploser [ɛksploze] v. intr. zerplatzen, -springen ; auffliegen ; in die Luft gehen ; explodieren. || FIG. *Exploser de joie*, vor Freude platzen. | *Il explose*, er platzt heraus.

explosible [-zibl] adj. explosionsfähig, -gefährlich ; explosibel ; explodierbar.

explosif, ive [-zif, i:v] adj. explosiv ; explosionsartig ; Spreng... ; Knall... | *Gaz explosif*, Knallgas n. | *Matière explosive*, Sprengstoff m. || FIG. *Caractère* *explosif*, auffahrender Charakter. | *C'est un sujet explosif*, das ist ein überaus heikles Thema, ein heißes Eisen. ◇ m. **explosif**, Sprengstoff m., -mittel n., -körper m.

explosion [-zjɔ̃] f. [action] Zerplatzen n., -springen n.; Explodieren n.; Explosion f. || PAR ANAL. [détonation] Knall m. || PAR EXT. [mine] Auffliegen n.; Hochgehen n. || LOC. *Faire explosion*, explodieren; in die Luft fliegen; hochgehen. | *Il y eut une explosion*, es knallte. | *Explosion atomique*, atomare Explosion; Atomexplosion. || FIG. [éclat] Ausbruch m. | *Explosion de colère*, Zornesausbruch. | *Explosion de rires*, schallendes Gelächter. || TECHN. *Moteur à explosion*, Explosionsmotor m.

export [ɛkspɔr] m. (abrév. de **exportation**) *Le service export*, die Ausfuhrabteilung.

exportable [-tabl] adj. ausfuhr-, exportfähig; exportierbar; Ausfuhr...

exportateur, trice [-tatœ:r, tris] adj. Export...; Ausfuhr...
◇ m. **exportateur**, Ausfuhrhändler m.; Exportkaufmann m.; Exporteur m.

exportation [-tasjɔ̃] f. COMM. Ausfuhr f.; Export m. | *Faire de l'exportation*, Ausfuhrhandel betreiben. | *Aide à l'exportation*, Exportförderung f. | *Commerce d'exportation*, Ausfuhrhandel m.; Exportgeschäft n. | *Volume des exportations*, Ausfuhrvolumen n.

exporter [-te] v. tr. ausführen; ins Ausland versenden, schicken; exportieren.

exposant [ɛkspozɑ̃] m. (Messe)aussteller m.

exposé [-ze] m. [sujet] Darstellung f., -legung f.; Ausführung f.; Exposé n. || PAR ANAL. [rapport] (Rechenschafts)bericht m. || PAR EXT. *Exposé (fait en) public*, öffentlicher Vortrag. || LOC. *Faire un exposé des faits*, den Sachverhalt darlegen; die Tatsachen vorbringen. | *Exposé des motifs*, Begründung f.

exposer [-ze] v. tr. **1.** [aux yeux] ausstellen, -legen, -setzen. | *Exposer à tous les regards*, zur Schau stellen; öffentlich preisgeben. | *Exposer une marchandise*, eine Ware zum Verkauf auslegen. | *Exposer au grand jour*, dem hellen Tageslicht aussetzen. || [dans une exposition] ausstellen. | *Il expose ses peintures à Paris*, er stellt seine Gemälde in Paris aus. || PAR ANAL. [placer, tourner] *Exposer au soleil*, in die Sonne stellen, hängen, legen.
2. [mettre en péril] der Gefahr aussetzen; in Gefahr bringen; gefährden; bloßstellen. | *Exposer la vie de qn*, js Leben in Gefahr bringen. | *Exposer sa fortune*, sein Vermögen aufs Spiel setzen.
3. [expliquer] darstellen, -legen; vortragen, ausführen; auseinandersetzen; erklären. | *Exposer en détail*, eingehend behandeln; ausführlich darlegen. | *Exposer un sujet*, ein Thema entwickeln. | *Exposer les raisons de son acte*, seine Tat begründen; die Beweggründe vorbringen.
4. PHOT. *Exposer une pellicule*, einen Film belichten.
◇ part. pass. et adj. **exposé, ée,** [à la vue] *Être exposé aux regards*, zur Schau stehen, ausliegen. || PAR ANAL. *Une maison exposée au midi*, ein nach Süden liegendes, gelegenes Haus. | *Bien exposé*, schön gelegen; in schöner, guter Lage. || PAR EXT. *Exposé*, allem Wind und Wetter ausgesetzt.
◇ v. pr. **s'exposer.** [sens réfl.] *S'exposer (au danger)*, sich der Gefahr aussetzen; sich bloßstellen.

exposition [-zisjɔ̃] f. [action] Ausstellen n. || [état] Ausstellung f., -setzung f., -legung f.; Auslage f. | *Exposition des marchandises*, Auslage f.; Ausstellung der Waren. || PAR ANAL. [situation] *Exposition d'un appartement*, Lage (f.), Richtung (f.) einer Wohnung. || PARTICUL. [officielle] Ausstellung f.; Schau f. | *Exposition universelle, industrielle*, Welt-, Industrieausstellung. | *Exposition de peinture*, Gemäldeausstellung. | *Exposition itinérante*, Wanderausstellung. | *Exposition-vente*, Verkaufsausstellung. | *Foire-exposition*, Messe f. || FIG. [explication] Darstellung f., -legung f.; Ausführung f., -legung f.; Erklärung f. | *Exposition d'un système*, Darlegung eines Systems. | *Exposition des faits*, Darstellung des Tatbestandes. || NUCL. [action] Exposition f.; [résultat] Ionendosis f. || PHOT. Belichtung f.

exprès, esse [ɛksprɛ, ɛs] adj. ausdrücklich; deutlich; bestimmt. | *Défense expresse*, ausdrückliches Verbot. | *Ordre exprès*, ausdrücklicher Befehl. | *À la condition expresse*, unter ausdrücklicher Bedingung.
◇ adv. **exprès**, absichtlich; vorsätzlich; eigens; extra. | *Il l'a fait exprès*, er hat es absichtlich, mit Absicht, mit Wissen und Willen getan.
◇ m. **exprès**, [messager] Eil-, Depeschen-, Sonderbote m. | *Par exprès*, durch Eilboten.

express [ɛksprɛs] m. TRANSP. Eil-, Express-, Schnellzug m.; Durchgangzug m.; D-Zug m. | *Colis express*, Expressgut n. | *Envoi en express*, Eilsendung f.

expressément [-semɑ̃] adv. ausdrücklich. | *Il est expressément défendu*, es ist ausdrücklich verboten.

expressif, ive [-sif, i:v] adj. ausdrucksvoll; sprechend; vielsagend; betont; prägnant. || PAR ANAL. *Chant expressif*, gefühlvolles Lied.

expression [-sjɔ̃] f. FIG. [action de s'exprimer] Ausdrücken n., -sprechen n. || PAR ANAL. [résultat] Ausdruck m.; Äußerung f.; Redensart f. | *Expression idiomatique*, idiomatischer Ausdruck. | *Au-delà de toute expression*, unbeschreiblich. || PAR EXT. [sentiment] *Expression du visage*, Gesichtsausdruck. | *Visage plein d'expression*, ausdrucksvolles Gesicht. | *Avec expression*, ausdrucksvoll; gefühlvoll; seelenhaft. || MATH. Ausdruck m.; Formel f. | *Réduire à sa plus simple expression*, auf die einfachste Formel bringen.
— SYN.: *Locution*, Redensart. *Tour*, Wendung. *Tournure*, Redewendung.

expressionnisme [-sjɔnism] m. LITTÉR., ARTS. Expressionismus m.

exprimable [ɛksprimabl] adj. ausdrückbar; sagbar; nennbar.

exprimer [-me] v. tr. [presser] ausdrücken, -pressen. || FIG. [pensée, sentiment] ausdrücken, -sprechen; zum Ausdruck bringen; äußern; wiedergeben. | *Exprimer nettement ses pensées*, seine Gedanken deutlich ausdrücken. | *Ses yeux expriment la haine*, Haß spricht aus seinen Augen. | *Exprimer une opinion*, eine Meinung äußern.
◇ v. pr. **s'exprimer,** sich ausdrücken, äußern. | *S'exprimer couramment*, sich fließend ausdrücken. | *S'exprimer avec difficulté*, Mühe haben, zu sprechen. | *Si je puis m'exprimer ainsi*, wenn ich so sagen darf. || [sens pass.] ausgedrückt werden.
— SYN.: *Manifester*, offenbaren; äußern. *Traduire*, wiedergeben; übertragen; äußern. *Extérioriser*, äußern.

expropriation [ɛksprɔprijasjɔ̃] f. JUR. (Zwangs)-enteignung f.; Expropriation f.

exproprier [-je] v. tr. JUR. enteignen; des Eigentums berauben; das Verfügungsrecht aberkennen.

expulser [ɛkspylse] v. tr. [lieu] ver-, aus-, hinaustreiben; hinaus-, herauswerfen; ausstoßen; verjagen. || PAR ANAL. [pays] ausweisen; (des Landes) verweisen. || PAR EXT. [assemblée] ausstoßen, -schließen. | *Expulser qn d'un parti*, jn aus einer Partei ausstoßen.
◇ part. pass. et adj. **expulsé, ée,** vertrieben; verjagt. || SUBSTANTIV. (Heimat)vertriebene(r) f. (m.).

expulsion [-sjɔ̃] f. [lieu] Ver-, Aus-, Hinaustreibung f.; Verjagung f.; Ausstoßung f. || PAR ANAL. [pays]

Aus-, Verweisung f. ; Verbannung f. || PAR EXT. [exclusion] Ausstoßung f., -schließung f., -schluß m.

expurger [ɛkspyrʒe] v. tr. reinigen ; ausmerzen. | *Expurger un livre*, Streichungen in einem Buche vornehmen ; ein Buch (von anstößigen Stellen) säubern. | *Doctrine expurgée*, reine Lehre.

exquis, ise [ɛkski, i:z] adj. köstlich ; kostbar ; fein ; vorzüglich ; auserlesen, -gesucht.

exsangue [ɛksɑ̃:g] adj. blutleer. || FIG. kraftlos.

extase [ɛksta:z] f. Ent-, Verzückung f. ; Entrückung f. ; Begeisterungs-, Wonnerausch m., -taumel m. ; PÉJOR. Schwärmerei f. ; Ekstase f. | *En extase*, entzückt, -rückt. | *Tomber en extase*, in Entzückung geraten.

extasier (s') [sɛkstazje] v. pr. in Verzückung fallen ; in Ekstase geraten ; POP. sich wild begeistern ; PÉJOR. schwärmen.

extatique [ɛkstatik] adj. verzückt ; entrückt ; im Rauschzustand ; wild, höchst begeistert ; schwärmerisch ; ekstatisch.

extenseur [ɛkstɑ̃sœ:r] adj. m. (aus)spannend.
◇ m. SPORT. Expander m.

extensibilité [-sibilite] f. Dehn-, Ausdehn-, Streckbarkeit f. ; Ausdehnungsvermögen n.

extensible [-sibl] adj. dehn-, ausdehnbar ; streckbar ; ausziehbar ; spannbar.

extensif, ive [-sif, i:v] adj. ausdehnend. || FIG. erweitert. | *Dans un sens extensif*, in weiterem Sinne. || AGRIC. *Culture extensive*, extensiver Anbau.

extension [-sjɔ̃] f. **1.** [action de tendre, de s'étendre] (Aus)dehnen n. ; (Aus)strecken n. ; Recken n. || PAR ANAL. [action et résultat] (Aus)dehnung f. ; (Aus)streckung f. | *Extension d'un fil de fer*, Dehnung eines Drahts. | *Extension de la jambe*, Ausstrecken des Beines. | *Extension du cou*, Recken des Halses.
2. [étendue] Ausmaß n. ; Umfang m. | *Avoir atteint toute son extension*, sein volles Ausmaß erreicht haben.
3. [accroissement] Ausdehnung f. ; Aus-, Erweiterung f. ; Entfaltung f. | *Extension d'une entreprise*, Betriebserweiterung. | *Prendre de l'extension*, sich ausdehnen, -weiten ; um sich greifen ; einen Aufschwung nehmen. || FIG. *Par extension*, im weiteren Sinne.

exténuation [ɛkstenɥasjɔ̃] f. Ermattung f., -schöpfung f.

exténuer [-nɥe] v. tr. ermatten, -schöpfen ; entkräften ; schwächen.
◇ v. pr. **s'exténuer,** ermatten ; sich erschöpfen ; sich abhetzen ; sich aufreiben. | *S'exténuer au travail*, sich abarbeiten.

extérieur, eure [ɛksterjœ:r] adj. [du dehors] äußer ; äußerlich ; Außen... | *Côté extérieur*, äußere Seite ; FIG. Außenseite f. | *Monde extérieur*, Außenwelt f. || PAR EXT. [étranger] auswärtig. | *Commerce extérieur*, Außenhandel m. | *Politique extérieure*, Außenpolitikf.
◇ m. **extérieur,** Äußere(s) n. | *(Côté) extérieur*, Außenseite f. ; FIG. Äußerlichkeit f. ; äußerer Schein. || PAR EXT. [étranger] Ausland n. | LOC. *À l'extérieur*, (dr)außen ; außerhalb ; äußerlich ; auswendig ; im Ausland. | *Vu de l'extérieur*, von außen gesehen ; äußerlich. | *Vers, À l'extérieur*, hinaus.

extérieurement [-rjœrmɑ̃] adv. äußerlich ; von außen ; außerhalb.

extériorisation [-rjɔrizasjɔ̃] f. Äußerung f.

extérioriser [-rjɔrize] v. tr. äußern.

exterminateur, trice [ɛkstɛrminatœ:r, -tris] adj. vernichtend ; vertilgend. || RELIG. *Ange exterminateur*, Würgengel m.

extermination [-nasjɔ̃] f. Vernichtung f., -tilgung f. ; Ausrottung f. | *Guerre d'extermination*, Vernichtungskrieg m.

exterminer [-ne] v. tr. vernichten ; ver-, austilgen ; ausrotten ; auslöschen.

externat [ɛkstɛrna] m. Externat n.

externe [-tɛrn] adj. [extérieur] äußer ; äußerlich ; Außen...
◇ s. [élève] auswärtiger Schüler ; auswärtige Schülerin ; Externe(r) f. (m.) || MÉD. [étudiant] Externist m.
— SYN. : *Extérieur*, äußer... *Extrinsèque*, äußerlich.

exterritorialité [ɛkstɛritɔrjalite] f. Exterritorialität f.

extincteur [ɛkstɛ̃ktœ:r] m. TECHN. Feuerlöscher m. ; Löschapparat m.

extinction [-sjɔ̃] f. [action d'éteindre] Löschen n. ; Ab-, Auslöschen n. || PAR ANAL. [action de s'éteindre] Erlöschen n. ; Ausgehen n. | *En voie d'extinction*, im Aussterben (begriffen). || FIG. Er-, Aus-, Verlöschen n. ; Ersterben n. ; Verschwinden n. | *Extinction d'une race*, Auslöschen einer Rasse. | *Extinction de voix*, völlige Heiserkeit. || MIL. [des feux] Zapfenstreich m. || COMM. *Extinction d'une dette*, Tilgung (f.) einer Schuld. | *Extinction d'une hypothèque,* Löschung (f.) einer Hypothek.

extirpation [-pasjɔ̃] f. FIG. Aus-, Vertilgung f. ; Ausrottung f. || AGRIC. Jäten n. ; Roden n.

extirper [-pe] v. tr. aus-, vertilgen ; ausrotten ; vernichten. || FIG. *Extirper le vice*, das Laster ausrotten. || AGRIC. ausreißen ; roden ; jäten. || MÉD. ausschneiden, -kratzen.

extorquer [ɛkstɔrke] v. tr. aus-, erpressen ; ab-, erzwingen ; abnötigen. | *Extorquer de l'argent à qn*, jm Geld abnötigen ; Geld von jm erpressen.
— SYN. : V. VOLER.

extorsion [-sjɔ̃] f. Erpressung f. ; (Ab)nötigung f. || JUR. *Extorsion de signature*, Nötigung (f.) zur Unterschrift.

extra [ɛkstra] préf. Sonder... ; außer... ; besonders. | *Extra-fin*, extra-fein ; hochfein.
◇ adj. [supérieur] ausgezeichnet ; erstklassig ; POP. prima. | *Vin extra*, erstklassiger Wein.
◇ m. invar. FIG. *Faire un extra*, etwas Besonderes tun. || [garçon de café] Hilfskellner m.

extrabudgétaire adj. außeretatmäßig ; außerplanmäßig.

extraconjugal, ale, aux [-kɔ̃ʒygal, o] adj. außerehelich.

extractif, ive [-tif, i:v] adj. herausziehend. | *Industrie extractive*, Bergbau m.

extraction [-sjɔ̃] f. (Her)ausziehen n. | *Faire l'extraction de qch.*, etwas herausziehen. || PAR ANAL. [nuances] *Extraction de racines*, Wurzelausgraben n. | *Extraction d'une dent*, Zahnziehen n. | *Extraction du jus*, Auspressen (n.) des Saftes. || FIG. [origine] Abstammung f. ; Herkunft f. | *De basse extraction*, von niedriger, einfacher Herkunft. || MINES. Fördern n. ; Förderung f. ; Gewinnung f. || INF. *Extraction de données*, Auslesen (n.) von Daten.

extrader [ɛkstrade] v. tr. JUR. ausliefern ; die Auslieferung erwirken.

extradition [-disjɔ̃] f. Auslieferung f. | *Demande d'extradition*, Auslieferungsersuchen n.

extraire [ɛkstrɛ:r] v. tr. (her)ausziehen. | *Extraire de qch.*, aus etwas herausziehen. || PAR ANAL. [nuances] *Extraire une racine*, eine Wurzel ausgraben, heraushauen, -ziehen. | *Extraire une dent*, einen Zahn ziehen. | *Extraire le jus d'un fruit*, den Saft aus einer Frucht pressen, ziehen. || PAR EXT. *Extraire un passage d'un texte*, eine Stelle aus einem Text ausziehen. || MINES. fördern ; gewinnen ; brechen. | *Extraire de l'or*, Gold gewinnen.

extrait [-trɛ] m. CHIM. Auszug m. ; Extrakt m. | *Extrait de café*, Kaffeextrakt. || PAR EXT. *Extrait d'un livre*, Auszug aus einem Buch. | *Faire un extrait de*, ausziehen (aus) ; entnehmen (dat.). || JUR. *Extrait de naissance*, Geburtsschein m. | *Extrait de casier judiciaire*, amtliches Führungszeugnis. | *Extrait de compte*, Kontoauszug.

extra-muros [-myros] adv. außerhalb der Stadt.

extraordinaire [-ɔrdinɛ:r] adj. [rare] außergewöhnlich, -ordentlich ; ungewöhnlich, -gemein ; selten. || PAR ANAL. [irrégulier] seltsam ; sonderbar ; eigenartig. || PAR EXT. [étonnant] erstaunlich ; unglaublich ; wunderbar. || LOC. *Par extraordinaire*, ausnahmsweise. | *Quoi d'extraordinaire !*, was Wunder ! | *Cela n'a rien d'extraordinaire*, das ist nichts Außergewöhnliches. || ÉCON. *Assemblée extraordinaire*, außerordentliche Versammlung.

extraordinairement [-ɔrdinɛrmɑ̃] adv. außergewöhnlich ; erstaunlich.

extrapolation [-pɔlasjɔ̃] f. Extrapolation f.

extraterrestre [-tɛrɛstr] adj. außerirdisch.
◇ s. Außerirdische(r) f. (m.).

extravagance [ɛkstravagɑ̃:s] f. [caractère] Narrheit f. ; Ungereimtheit f. ; Extravaganz f. || PAR EXT. [acte] toller Streich ; Narrenposse f. ; Unsinn m. | *Faire des extravagances*, tolle Streiche machen.

extravagant, ante [-gɑ̃, ɑ̃:t] adj. närrisch ; ungereimt ; übersteigert ; extravagant ; POP. durchgedreht ; überkandidelt. | *Idée extravagante*, Hirngespinst n.

extraverti, ie [ɛkstravɛrti] adj. PHILOS. nach auswärts gewendet.

extrême [ɛkstrɛ:m] adj. äußerst ; höchst ; letzt. | *Limite extrême*, äußerste Grenze. | *L'extrême Sud*, der äußerste Süden. || PAR ANAL. *Douleur extrême*, tiefster Schmerz. | *J'ai eu l'extrême plaisir de*, es machte mir überaus Freude zu. || PAR EXT. [excessif] übertrieben. | *Être extrême en tout*, alles gleich übertreiben. | *Chaleur extrême*, überaus große Hitze. || POLIT. *L'extrême droite*, die äußerste Rechte. | *Des opinions extrêmes*, extreme Ansichten f. pl.
◇ m. Äußerste(s) n. ; äußerste Grenze ; höchster Grad ; Extrem n. | *Passer d'un extrême à l'autre*, von einem Extrem ins andere fallen. || PAR ANAL. [contraire] *Les extrêmes se touchent*, Gegensätze ziehen sich an. || LOC. *À l'extrême*, aufs höchste ; höchst ; äußerst. | *Pousser à l'extrême*, auf die Spitze, zum Äußersten treiben.

extrêmement [-məmɑ̃] adv. äußerst ; höchst ; überaus ; ungemein ; maßlos.

extrême-onction [-ɔ̃ksjɔ̃] f. RELIG. letzte Ölung.

Extrême-Orient [-ɔrjɑ̃] n. pr. m. GÉOGR. Ferner Osten.

extremis (in) [inɛkstremis] loc. im letzten Moment.

extrémiste [ɛkstremist] adj. POLIT. radikal.
◇ s. Radikale(r) f. (m.) ; Extremist(in) m. (f.).

extrémité [-mite] f. [bout] Endpunkt m. ; (äußerstes) Ende ; äußerste Grenze. | *Extrémité d'une corde*, Seilende. || PAR EXT. [fin de la vie] *Être à toute extrémité*, in den letzten Zügen liegen. || FIG. [dernier moment] *Dernière extrémité*, äußerste Not. | *En être réduit à la dernière extrémité*, aus dem letzten Loch pfeifen.
◇ f. pl. **extrémités,** [membres] Hände und Füsse ; Extremitäten f. pl. || FIG. [violences] *En venir aux extrémités*, zu den äußersten Mitteln greifen.

extrinsèque [ɛkstrɛ̃sɛk] adj. äußerlich ; umständemäßig ; den äußeren Umständen entsprechend. | *Valeur extrinsèque*, Nennwert m.

exubérance [ɛgzyberɑ̃:s] f. [surabondance] Üppigkeit f. ; Überfülle f., -maß n., -fluß m. | *Exubérance de la végétation*, Üppigkeit des Wachstums. || FIG. Überschwenglichkeit f., -schwang m., -mut m. ; Ausgelassenheit f. | *Exubérance de paroles*, Wortschwall m.

exubérant, ante [-rɑ̃, ɑ̃:t] adj. [surabondant] üppig ; übervoll, -reich, -mäßig, -fließend. || FIG. [caractère] überschwenglich, -mütig ; ausgelassen.

exultation [ɛgzyltasjɔ̃] f. Frohlocken n. ; Jauchzen n. ; Jubel m.

exulter [-te] v. intr. frohlocken ; jauchzen ; jubeln. | *Exulter de joie*, vor Freude jubeln.

exutoire [ɛgzytwa:r] m. MÉD. Eiterableitung f. || FIG. Ableitung f.

ex-voto [ɛksvɔto] m. Weihebild n. ; Votivtafel f.

eyra [ɛra] m. ZOOL. Eyra f. ; Paraguay-katze f.

F

f [ɛf] m. f. n. | *Un F majuscule*, ein großes F. || *F*, Frank(en) m. || MUS. *F*, forte. | *FF*, fortissimo. || CHIM. *F*, Fluor m.

fa [fa] m. MUS. F n. | *Clef de fa*, Baßschlüssel m. | *Fa dièse*, Fis n.

fable [fabl] f. [genre] Fabeldichtung f. ; Tierepos n. || PAR ANAL. [apologue] Fabel f. ; Tiergeschichte f., -erzählung f. ; Sage f. ; Märchen n. | *Recueil de fables*, Fabelsammlung f., -buch n. || FIG., PÉJOR. [invention] Fabel f. ; Märchen n. ; Erfindung f. ; Lüge f. | *Conter des fables*, lügen ; aufschneiden ; Märchen erzählen.

fabliau [-blijo] m. LITTÉR. (lustige) Versdichtung f. ; Schwankgedicht n.

fablier [-blije] m. Fabelsammlung f., -buch n.

fabricant [fabrikɑ̃] m. [propriétaire] Fabrikbesitzer m. || PAR EXT. [producteur] Hersteller m. ; Erzeuger m. ; Fabrikant m. ; Produzent m.

fabrication [-kasjɔ̃] f. TECHN. An-, Verfertigung f. ; Er-, Herstellung f. ; Fabrikation f. ; PÉJOR. Fabrizieren n. | *Fabrication hors série*, Einzelanfertigung. | *Fabrication en série*, Serienherstellung ; Massenfabrikation. | *Frais de fabrication*, Herstellungs-, Fertigungskosten f. pl. | *Procédé de fabrication*, Herstellungsverfahren n. || PAR ANAL. [nuances] *Fabrication de l'eau-de-vie*, Brennerei f. | *Fabrication d'étoffes*, Stoffweberei f. | *Fabrication du fil de fer*, Drahtziehen n. | *Fabrication du verre*, Glasblasen n.

fabrique [fabrik] f. TECHN. [usine] Fabrik f. ; Werk n. ; gewerblicher Betrieb ; Betriebs-, Werksanlage f. | *Marque de fabrique*, Fabrik-, Schutzmarke f. | *Fabrique de meubles, de munitions*, Möbel-, Munitionsfabrik.

fabriquer [-ke] v. tr. fertigen ; an-, verfertigen ; herstellen ; verarbeiten ; machen ; fabrizieren. | *Fabriquer sur demande*, auf Bestellung anfertigen. | *Fabriquer en série*, in Serien herstellen. | *Fabriquer des armes, des clous*, Waffen, Nägel schmieden. || PAR EXT. *Fabriquer de la fausse monnaie*, Falschmünzerei betreiben. || FIG. [inventer] *Fabriquer de toutes pièces*, rein erdichten, erfinden. || FAM. [faire] *Que fabriques-tu là ?*, was machst, schaffst, treibst du denn da ?

◇ part. pass. et adj. **fabriqué, ée,** TECHN. *Élément fabriqué*, Bauteil m. | *Objet fabriqué*, Fertigprodukt n. ; Fabrikat n. || FIG. erfunden ; erlogen.

fabulateur, trice [fabylatœ:r, tris] adj. fabulierend.

◇ s. Fabulant(in) m. (f.).

fabulation [-sjɔ̃] f. Erfindungsgabe ; krankhafte Einbildung.

fabuler [-le] v. intr. fabulieren ; FAM. spinnen.

fabuleux, euse [lø, ø:z] adj. [de la fable] märchen-, sagen-, fabelhaft ; Märchen... ; Wunder... || [mythique] *Temps fabuleux*, sagenumwobenes Zeitalter. || FIG. [étonnant] phantastisch ; fabelhaft. | *Prix fabuleux*, phantastischer Preis.

fabuliste [-list] m. Fabeldichter m.

façade [fasad] f. Vorder-, Front-, Stirn-, Außenseite f. ; (Vorder)front f. ; Fassade f. | *Façade latérale, postérieure*, Seiten-, Hinterfront. || FIG. Schein m. ; Äußerlichkeit f. ; Fassade f. | *Tout cela n'est que façade*, das ist alles nur Fassade.

face [fas] f. [visage] (An)gesicht n. ; POÉT. Antlitz n. | *Muscles de la face*, Gesichtsmuskeln m. pl. || *À double face*, zweigesichtig. || PAR EXT. [chose] Seite f. ; Außen-, Vorder-, Kopfseite f. ; Fläche f. | *Regarder qch. sous toutes ses faces*, etwas nach, von allen Seiten betrachten. | *Face d'une monnaie*, Kopfseite einer Münze. | *Faces d'un cube*, (Seiten)flächen (f. pl.) eines Würfels. || FIG. [aspect, tournure] Ansehen n. ; Gestalt f. ; Lage f. | *Changer de face*, ein anderes Gesicht annehmen ; sich verändern. | *Les choses ont changé de face*, die Lage hat sich verändert. | *Face des choses*, Lage der Dinge. || PAR ANAL. [apparence] Schein m. | *Sauver la face*, den Schein wahren. | *Perdre la face*, den Schein nicht wahren. || TECHN. Seite f. ; Fläche f. ; Kante f. | *Vue de face*, Vorder-, Stirnansicht f.

◇ loc. **faire face à,** [sans mouvement] gegenüberstehen, -liegen (dat.) ; zugekehrt sein (dat.). | *Faire face au soleil*, der Sonne zugekehrt sein. | *Se faire face*, einander gegenüberstehen. || PAR ANAL. [avec mouvement] das Gesicht zukehren (nach) ; sich zukehren (nach). || PAR EXT. [avec hostilité] *Faire face à l'ennemi*, gegen den Feind Front machen ; dem Feind die Stirn bieten ; sich dem Feind stellen. || FIG. *Faire face à des dépenses*, die Kosten bestreiten, aufbringen. | *Faire face à ses obligations*, seinen Verpflichtungen nachkommen. | *Faire face à une situation*, einer Lage begegnen.

◇ loc. adv. **de face,** von vorn. | *Vu de face*, von vorn betrachtet. — **en face,** [vis-à-vis] gegenüber(stehend) ; vis-à-vis. | *Le jardin d'en face*, der gegenüberliegende Garten. | *L'un en face de l'autre*, einander gegenüber. || PAR EXT. [fixement] *Regarder la mort en face*, dem Tod ins Antlitz schauen. | *Dire en face*, ins Gesicht sagen. — **face à face,** von Angesicht zu Angesicht. | *Se trouver face à face*, einander gegenüberstehen ; Auge in Auge stehen. || SUBSTANTIV. *Face-à-face télévisé*, Fernsehduell n.

◇ loc. prép. **en face de,** gegenüber (dat.) ; vor ; angesichts (gén.). — **à la face de,** vor den Augen (gén.) ; in Gegenwart von. — **face à,** gegenüber.

face-à-main [fasamɛ̃] m. (pl. **faces-à-main**) Lorgnette f. ; Stielbrille f., -glas n.

facétie [fasesi] f. Faxe f. ; Posse f. ; Schwank m. ; Spaß m. ; Streich m. ; Schnurre f. ; Ulk m. | *Faire des facéties*, Possen, Ulk treiben ; Spaß machen.

facétieux, ieuse [-sjø, jø:z] adj. possierlich ; spaßig ; schnurrig ; ulkig ; drollig ; scherzhaft.

◇ s. Spaßvogel m., -macher(in) m. (f.) ; Possenreißer(in) m. (f.).

facette [fasɛt] f. kleine (Seiten)fläche f. ; Facette f. || PAR EXT., TECHN. geschliffene Glas-, Diamantenfläche ; abgeschrägte Klischeekante. || LOC. *Yeux à facettes*, Netzaugen n. pl. | *Pierre à facettes*, Rautenstein m.

fâcher [fɑʃe] v. tr. ärgern ; verdrießen ; erbosen ; böse; ärgerlich machen ; aufbringen ; verstimmen. ◇ part. pass. et adj. **fâché, ée,** böse ; erbost ; hoch ; zornig ; ärgerlich ; verstimmt. || POP. *Être fâché contre, après qn*, jm böse sein ; jm zürnen ; gegen jn aufgebracht sein. | *Être fâché de qch.*, über etwas böse sein. | *Ne sois plus fâché*, sei mir wieder gut. | *J'en suis fâché*, es tut mir leid ; es ärgert mich. || PAR EXT. [brouillé] *Ils sont fâchés*, sie sind böse miteinander.

◇ v. pr. **se fâcher,** sich ärgern ; böse, ärgerlich, verdrießlich werden ; sich erzürnen ; in Zorn geraten. | *Se fâcher contre qn*, auf jn böse werden. | *Se fâcher avec qn*, sich mit jm überwerfen. | *Se fâcher tout rouge*, fuchsrot vor Zorn werden.

fâcherie [-ʃri] f. Ärger m. ; Verdrießlichkeit f. ; Verdruß m. || PAR EXT. [brouille] Zwist m. ; Zwistigkeit f. ; Zerwürfnis n.

fâcheux, euse [-ʃø, ø:z] adj. [chose] ärgerlich ; verdrießlich ; betrüblich ; unerfreulich ; peinlich. | *C'est fâcheux*, das ist ärgerlich. | *En fâcheuse posture*, übel dran. | *Fâcheuse conséquence*, fatale Konsequenz. | *Fâcheuse nouvelle*, unangenehme Nachricht.

◇ m. **fâcheux,** Störenfried m. ; Eindringling m.

facial, iale, iaux [fasjal, jo] adj. ANAT. zum Gesicht gehörig ; Gesichts... | *Angle facial*, Gesichtswinkel m.

faciès [-sjɛs] m. Gesichtsausdruck m., -züge m. pl. ; Miene f. ; Aussehen n.

facile [fasil] adj. **1.** [qu'on fait aisément] leicht ; mühelos ; unbeschwert. | *Rendre facile*, erleichtern. | *Il ne m'est pas facile de travailler*, es fällt mir schwer zu arbeiten. | *C'est chose facile*, das ist ein leichtes. | *Facile à expliquer*, leicht erklärlich. | *C'est facile à dire*, das ist leichter gesagt als getan ; das ist schnell dahin geredet. | *Facile à voir*, leicht verständlich ; merklich. || PÉJOR. *Plaisanteries faciles*, billiger, wohlfeiler Witz.

2. [qui fait aisément] gewandt ; leichtschaffend ; begabt. | *Avoir la plume facile*, eine gewandte Feder haben. | *Qui a la parole facile*, sprachgewandt ; beredt. || [style] ungezwungen ; leicht dahinfließend ; flott.

3. FIG. [caractère] fügsam ; PÉJOR. nachgiebig. | *Enfant facile*, fügsames, leicht lenkbares Kind. | *Facile à vivre*, gesellig ; gemütlich. | *Il n'est pas facile à vivre*, mit ihm ist nicht leicht leben. || PAR EXT., PÉJOR. *Femme facile*, leichtfertige Frau. | *Mœurs faciles*, lose, laxe Sitten f.pl.

facilement [-lmɑ̃] adv. leicht ; mühelos ; flott.

facilité [-lite] f. [à faire] Leichtigkeit f. ; Mühelosigkeit f. ; Unbeschwertheit f. ; Bequemlichkeit f. || [adresse] Gewandtheit f. ; Begabung f. ; Fertigkeit f. | *Facilité de parole*, Sprachgewandtheit, -fertigkeit. | *Avoir beaucoup de facilité pour*, sehr begabt sein für. || [du style] Flüssigkeit f. ; Ungezwungenheit f. || FIG. [caractère] Fügsamkeit f. ; Gutmütigkeit f. ; Geselligkeit f. ; PÉJOR. Nachgiebigkeit f. || PAR EXT. [mœurs] Leichtfertigkeit f. ; Laxheit f.

◇ f. pl. **facilités,** [possibilités] Erleichterungen f. pl. ; gute Möglichkeiten f. pl. | *Avoir toutes facilités pour*, die besten Möglichkeiten haben für. || COMM. *Facilités de payement*, günstige Zahlungsbedingungen f. pl.

faciliter [-lite] v. tr. erleichtern ; leichter machen. || PAR EXT. [favoriser] fördern.

façon [fasɔ̃] f. **1.** [action de donner une forme] Formgeben n. ; Formen n. ; Formung f. || PAR ANAL. Ver-, Bearbeitung f. ; Machen n. ; Arbeit f. || [frais de] Fasson-, Verarbeitungskosten f. pl. ; Macherlohn m. | *Travail à façon*, Lohnarbeit f.

2. [résultat] Form f. ; Gestalt f. || [pour les vêtements] (Zu)schnitt m. ; Muster n. ; Fasson f.

3. FIG. [manière] Art f. ; Weise f. ; Art und Weise. | *Façon de faire, de procéder*, Verfahren n. ; Machen n. ; Tun n. | *Façon d'agir*, Benehmen n. ; Handlungsweise f. | *Façon de penser*, Denkart f. ; Meinung f. | *Façon de voir*, Ansicht f. | *À ma façon*, nach meiner Art. | *De cette façon*, auf diese (Art und) Weise. | *De toute façon, d'une façon comme de l'autre*, auf jede Weise ; wie dem auch sei ; schlechterdings ; sowieso. | *En aucune façon*, unter keinen Umständen ; ganz und gar nicht. | *D'une façon générale*, im allgemeinen ; überhaupt. | *C'est un tour de sa façon*, das sieht ihm ähnlich ! | *À la façon de*, in der Art von ; ...mäßig. | *C'est une façon de parler*, das sagt man so hin.

◇ f. pl. **façons,** [maintien] Anstand m. ; Benehmen n. ; Manier(en) f. (pl.). | *En voilà des façons !*, was sind das für Manieren ! || PAR EXT., PÉJOR. [politesse affectée] Umstände m. pl. | *Faire des façons*, Umstände, Fisimatenten machen. | *Ne pas faire de façons*, nicht viele Umstände machen ; sich nicht genieren. | *Qui fait des façons*, geziert. || LOC. *Sans façon(s)*, zwanglos. | *Traiter qn sans façons*, nicht viel Wesens mit jm machen ; POP. jn ohne langes Federlesen abtun.

◇ loc. conj. **de façon que, à,** so..., daß ; dergestalt..., daß. — **de la façon dont,** wie.

◇ loc. prép. **à la façon de,** wie.

faconde [fakɔ̃:d] f. Redseligkeit f. ; Geschwätzigkeit f. ; Zungenfertigkeit f.

façonnement [fasɔnmɑ̃] ou **façonnage** [fasɔna:ʒ] m. TECHN. Formgebung f. ; Gestaltung f. ; Formung f. ; Modeln n. || PAR EXT. Ver-, Bearbeitung f. ; Fertigung f.

façonner [-ne] v. tr. TECHN. formen ; ver-, umformen. | *Façonner à chaud, à froid*, warm-, kaltverformen. | *Façonner au tour*, formdrehen. || PAR EXT. ver-, bearbeiten ; fertigen. || FIG. [esprit] (aus)bilden.

fac-similé [faksimile] m. (pl. **fac-similés**) Faksimile n. ; Abklatsch m. ; genaue Nachahmung.

facteur [-tœ:r] m. MUS. [fabricant] Hersteller m. ; Bauer m. | *Facteur d'orgues*, Orgelbauer. || FIG. [élément] Faktor m. ; Moment n. | *Facteur décisif*, entscheidendes Moment. | *Le facteur surprise est important*, das Überraschungsmoment ist wichtig.

facteur, trice [-tris] [préposé(e) au courrier] s. Briefträger(in) m. (f.).

factice [faktis] adj. gemacht ; künstlich ; FIG. ge-, erkünstelt ; unecht ; unnatürlich. | *Échantillon factice*, Attrappe f. ; Schaupackung f.

— SYN. : *Artificiel*, künstlich. *Postiche*, unecht.

factieux, ieuse [faksjø, jø:z] adj. aufsässig ; aufrührerisch ; umstürzlerisch ; aufwieglerisch.

◇ s. Aufsässige(r) f. (m.) ; Aufrührer(in) m. (f.) ; Umstürzler(in) m. (f.) ; Aufwiegler(in) m. (f.).

faction [faksjɔ̃] f. POLIT. [parti] Partei f. ; Klüngel m. ; Clique f. || MIL. [guet] Tor-, Kasernenwache f. || FIG. *Être de, en faction*, auf Wache sein ; Posten stehen ; auf der Lauer sein.

factionnaire [-sjɔnɛ:r] m. (Schild)wache f. ; (Wach)posten m.

factotum [faktɔtɔm] m. Faktotum n. ; rechte Hand.

facturation [faktyrasjɔ̃] f. COMM. An-, Berechnung f. ; Inrechnungstellung f.

facture [-ty:r] f. COMM. [note] Rechnung f. | *Facture pro forma*, Proformarechnung. | *Prix de facture*, Rechnungs-, Selbstkostenpreis m. | *Faire une facture*, eine Rechnung auf-, ausstellen. || LITTÉR., ARTS. [manière] Ausarbeitung f. ; Aufmachung f. ; Ausführung f. || MUS. Faktur f.

facturer [-tyre] v. tr. COMM. an-, berechnen ; in Rechnung stellen, setzen ; fakturieren.

facultatif, ive [fakyltatif, i:v] adj. beliebig ; freibleibend, -gestellt. | *Arrêt facultatif*, Bedarfshaltestelle f.

faculté [fakylte] f. **1.** [physique ou morale] Fähigkeit f. ; Vermögen n. ; Kraft f. ; Können n. | *Faculté de penser, de produire*, Denk-, Produktionsvermögen. | *Faculté de juger, de résister*, Urteils-, Widerstandskraft. || MÉD. *Faculté visuelle*, Sehvermögen n. || PAR ANAL. [vertu, propriété] Eigenschaft f. ; Gabe f.
2. [droit, pouvoir] Macht f. ; Recht n. | *Faculté de réméré*, Rückkaufrecht.
3. [université] Fakultät f. | *Faculté de droit*, juristische Fakultät. | *Faculté des lettres*, philosophische Fakultät. || FAM. *La Faculté*, die Ärzte m. pl.

fadaise [fadɛ:z] f. Albernheit f. ; Unsinn m. ; POP. Quatsch m. | *Dire des fadaises*, Unsinn reden.

fadasse [fadas] adj. FAM. geschmacklos ; reizlos ; fade.

fade [fad] adj. [insipide] geschmacklos ; reizlos ; saft-, kraftlos ; ohne Würze ; schal ; fade. | *Être fade*, weder Saft noch Kraft haben. | *Rendre fade*, verwässern. || PAR EXT. [peu salé] ungesalzen ; süßlich. || FIG. abgeschmackt ; geistlos ; platt ; seicht ; reizlos ; fade. | *Style fade*, eintöniger, seichter Stil. | *Beauté fade*, reizlose Schönheit. | *Caractère fade*, farbloser Charakter.
— SYN. : *Insipide*, schal. *Plat*, platt.

fadeur [fadœ:r] f. Geschmacklosigkeit f. ; Reizlosigkeit f. ; Schalheit f. ; Fadheit f. || FIG. Abgeschmacktheit f. ; Geistlosigkeit f. ; Plattheit f.

fading [fediŋ] m. RADIO. (Ton)schwund m. ; Fading n.

fafiot [fafjo] m. POP. [billets de banque] Papierkram m. ; brauner, blauer Lappen.

fagot [fago] m. (Reisig)bündel n. ; Bündel Holz ; (Holz)welle f. | *Faire des fagots*, Holz bündeln. || LOC. [vin] *De derrière les fagots*, von der besten Sorte. || FIG. *Sentir le fagot*, ketzerische Meinungen haben.
— SYN. : *Javelle*, Rebenbündel. *Bourrée*, Abfallholz.

fagoter [-te] v. tr. Reisig zusammenbinden ; Holz bündeln. || FIG. [accoutrer] geschmacklos kleiden. || PAR EXT. [mal arranger] (zusammen)stümpern ; pfuschen ; schmieren.
◇ part. pass. et adj. **fagoté, ée,** FIG. lächerlich angezogen.

faiblard, arde [fɛbla:r, ard] adj. FAM. schwächlich ; kraftlos.

faible [fɛbl] adj. [sans force] schwach ; kraftlos ; machtlos. | *Faible de santé*, schwächlich ; gebrechlich ; anfällig. | *Avoir une vue faible*, schwache Augen haben. || PAR EXT. [peu important] schwach ; gering. | *Dans une faible mesure*, in geringem Maß. | *Jour faible*, fahles Tageslicht. | *Faible brise*, leichte Brise. | *Faible différence*, kleiner, geringer Unterschied. || LOC. *Point faible*, schwache Seite ; verwundbare Stelle ; Achillesferse f. | *Sexe faible*, zartes Geschlecht. || FIG. [moralement] *Faible de caractère*, schwach ; willenlos. | *Être faible avec qn*, mit jm allzu nachsichtig sein.
◇ m. [personne] Schwächling m. | *C'est un faible d'esprit*, es ist ein Schwachkopf. || PAR EXT. [chose] Schwäche f. ; schwache Seite ; Schwachheit f. | *Avoir un faible pour*, eine Schwäche haben für.
— SYN. : *Affaibli*, abgeschwächt. *Débile*, hinfällig ; kraftlos. *Déficient*, mangelhaft. *Anémique*, blutarm.

faiblement [fɛbləmɑ̃] adv. schwach ; wenig.

faiblesse [-blɛs] f. [manque de force] Schwäche f. ; Schwachheit f. ; Kraftlosigkeit f. ; Machtlosigkeit f. | *D'une faiblesse extrême*, äußerst schwach. || [santé] Schwäche f. ; Anfälligkeit f. ; Mattheit f. ; Gebrechen n. | *Faiblesse de la vue*, Augenschwäche. || FIG. [morale] Schwäche f. ; Schwachheit f. | *Faiblesse de caractère*, Charakter-, Willensschwäche. | *Faiblesse d'esprit*, Schwachsinn m. ; Geistesschwäche. || PAR ANAL. [relâchement] *Avoir un moment de faiblesse*, eine schwache Stunde haben ; einen Fehltritt machen. | *Chacun a ses faiblesses*, jeder hat seine schwachen Seiten. || PAR EXT. *Faiblesse (d'un argument)*, mangelnde Überzeugungskraft. | *Faiblesse d'une position*, Unhaltbarkeit (f.) einer Stellung.

faiblir [-bli:r] v. intr. schwach werden ; an Kraft verlieren. || PAR ANAL. [nuances] *Le vent faiblit*, der Wind flaut ab, läßt nach. | *L'ennemi faiblit*, der Feind gibt nach. | *Mes forces faiblissent*, meine Kräfte nehmen ab. || FIG. *Sa résolution faiblit*, sein Entschluß wurde wankend.

faïence [fajɑ̃:s] f. Steingut n. ; Tonwaren f. pl. ; Fayence f. | *Des assiettes de faïence*, Fayenceteller m. pl. | *Poêle de faïence*, Kachelofen m.

faïencerie [-jɑsri] f. Steingutfabrik f. ; Fayencenmanufaktur f., -brennerei f. || PAR EXT. [commerce] Fayencenhandel m.

faille [fɑ:j] f. GÉOL. Spalte f. ; Sprung m.

faillible [fajibl] adj. fehlbar ; der Verfehlung, dem Irrtum unterworfen.

faillir [-ji:r] v. intr. (ver)fehlen ; irren ; sich versehen. | *Faillir à son honneur*, gegen seine Ehre verstoßen. | *Sans faillir*, unfehlbar. || RELIG. sündigen. || LOC. *J'ai failli tomber*, beinahe, fast, um ein Haar wäre ich gefallen.
◇ part. pass. et adj. **failli, ie,** bankrott. || SUBSTANTIV. m. Konkursschuldner m. Gemeinschuldner m.

faillite [-jit] f. COMM. Konkurs m. ; Bankrott m. ; Insolvenz f. | *Faire faillite*, Bankrott machen ; pleite gehen. | *Être en faillite*, bankrott sein. | *Se déclarer en faillite*, Konkurs anmelden. | *Syndic de faillite*, Konkursverwalter m. || FIG. [échec] Mißerfolg m.

faim [fɛ̃] f. Hunger m. | *Faim de loup*, Heiß-, Bären-, Wolfshunger. | *J'ai faim*, ich bin hungrig ; ich habe Hunger ; mich hungert. | *Avoir faim de qch.*, nach etwas hungern ; FIG. etwas begehren. | *Mourir, Crever de faim*, vor Hunger sterben ; verhungern. | *Qui meurt de faim*, ausgehungert. | *Qui a faim*, hungrig. | *Manger à sa faim*, sich satt essen. | PROV. *La faim fait sortir le loup du bois*, Hunger treibt den Fuchs aus dem Bau.
— SYN. : *Fringale* f., Heißhunger m. *Boulimie* f., Gefräßigkeit f.

fainéant, éante [fɛneɑ̃, eɑ̃:t] adj. faul ; träge ; nichtstuend ; müßig.
◇ s. Faulenzer(in) m. (f.) ; POP. Faulpelz m. ; Nichtstuer(in) m. (f.). || PAR EXT. Taugenichts m. ; Tagedieb m. ; Bärenhäuter m. ; Bummler m.

fainéanter [-te] v. intr. FAM. faulenzen ; auf der Bärenhaut liegen ; bummeln ; lottern.

fainéantise [-ti:z] f. Faulenzerei f. ; Faulheit f. ; Nichtstuerei f.

faire [fɛ:r] v. tr. machen ; tun.

I. v. tr. SENS GÉNÉRAL : machen ; tun.
II. EXERCER UNE ACTIVITÉ : machen ; (be)treiben ; halten.
III. CRÉER : (er)schaffen ; (er)zeugen ; absondern.
IV. FABRIQUER : machen ; machen (zu).
V. PRÉPARER ; ARRANGER ; PARCOURIR ; CONTREFAIRE : (an-, zurecht)machen ; zurücklegen ; spielen.
VI. COMMETTRE ; ACCOMPLIR ; OBSERVER ; CÉLÉBRER : machen ; tun ; begehen ; erfüllen ; halten ; feiern.
VII. CAUSER ; AVOIR DE L'EFFET ; CONSTITUER : (an)tun ; verursachen ; (aus)machen ; wirken ; bilden.
VIII. DONNER ; SE POURVOIR ; GAGNER ; ÉPROUVER : machen ; geben ; beschaffen ; verdienen ; erleiden.
IX. à faire ; en faire ; y faire.
X. Nuances spéciales, techniques.
XI. v. intr. et v. tr. AGIR ; PARAÎTRE ; DIRE : machen ; tun ; handeln ; aussehen ; sagen.
XII. Faire avec un infin. ; **faire que ; ne faire que** : machen ; lassen (infin.) ; machen, daß.
XIII. v. impers. (en parlant du temps).
XIV. part. prés. **faisant.**
XV. part. pass. et adj. **fait, faite** : gemacht ; getan.
XVI. v. pr. **se faire.**
a) [sens réfléchi].
b) [avec un infinitif].
c) se faire à ; s'y faire ; s'en faire.
d) [sens passif].

I. SENS GÉNÉRAL : machen ; tun. | *Que, quoi faire ?*, was machen, tun, anfangen ? | *Que vouliez-vous qu'il fît ?*, was sollte er da tun ? | *Pour quoi faire ?*, wozu ? ; warum denn ? || LOC. *Rien à faire*, nichts zu machen, wollen. | *Ne faire ni une ni deux*, sich nicht lange besinnen. | *Ne plus savoir que faire*, nicht mehr ein noch aus wissen. | *N'avoir que faire de qn, de qch.*, jn, etwas nicht brauchen. | *Qu'est-ce que cela peut te faire ?*, was geht dich das an ? || FAM. *Cela ne fait pas un pli*, das klappt ohne weiteres ; das ist kein Problem. | *Cela va faire un an*, es ist demnächst ein Jahr her. | *Tous les jours que Dieu fait*, alle Tage, die der Herr werden läßt. — SENS SUPPLÉTIF : machen ; tun. | *Je lui dis d'entrer ; il le fait*, ich heiße ihn hereinkommen ; er tut es.

II. EXERCER UNE ACTIVITÉ : machen. || [professionnelle] (be)treiben ; ausüben ; halten. || *Faire un travail*, eine Arbeit machen, leisten. | *Faire des affaires avec qn*, mit jm Geschäfte machen. | *Faire du commerce*, Handel (be)treiben. | *Faire la guerre*, Krieg führen. | *Faire son métier*, sein Handwerk ausüben. | *Faire un apprentissage*, eine Lehre durchmachen (sépar.). | *Faire des vers, de la peinture, de la musique*, dichten, malen, komponieren. | *Faire un discours, la classe*, eine Rede, Schule halten. | *Faire un cours*, unterrichten ; lehren ; (vor)lesen. | *Faire de la couture, du tricot, la cuisine*, nähen, stricken, kochen. || PAR ANAL. *Faire ses études*, studieren ; auf die Schule gehen. | *Faire son droit*, Jura studieren. | *Faire de l'allemand, de la chimie*, Deutsch, Chemie lernen, treiben. || PAR EXT. [activité quelconque] *Faire du sport*, Sport treiben. | *Faire un pari*, eine Wette machen ; wetten. | *Faire la queue*, Schlange stehen. | *Faire son entrée*, einziehen. | *Faire une visite*, einen Besuch abstatten ; besuchen. | *Faire un rapport*, einen Bericht erstatten. | *Faire pression*, Druck ausüben. | *Faire l'appoint*, eine Summe ergänzen. | *Faire un voyage*, verreisen. | *Faire un choix*, eine Wahl treffen. || FAM. *Faire la fête, la bombe, la foire*, ein tolles Leben führen. || [bouder] *Faire la tête*, schmollen. | *Faire silence*, schweigen. || LOC. *Bonne à tout faire*, Mädchen für alles. | *Il est homme à tout faire*, er ist zu allem zu gebrauchen. | *Ne pas rester sans rien faire*, nicht untätig bleiben.

III. CRÉER : (er)schaffen. | *Dieu a fait l'homme à son image*, Gott schuf den Menschen ihm zum Bilde. || [engendrer] zeugen. || [mettre au monde] gebären. | *La chatte a fait des petits*, die Katze hat Junge geworfen. | *Faire un poulain*, fohlen. | *Faire un veau*, kalben. || PAR ANAL. *Faire de l'ombre, des plis*, Schatten, Falten werfen. || PAR EXT. erzeugen ; treiben ; bekommen. | *Faire de la fumée, de la vapeur*, Rauch, Dampf erzeugen, machen. || FIG. *Faire des grimaces*, Gesichter, Fratzen schneiden. | *Faire du bruit*, Lärm machen ; Aufsehen erregen. — SÉCRÉTER : absondern ; ausscheiden ; verlieren. | *Faire ses besoins*, sein Bedürfnis verrichten ; austreten.

IV. FABRIQUER : machen ; fertig-, herstellen ; an-, verfertigen. | *Faire un costume*, einen Anzug machen, anfertigen. || [nuances] *Faire qch. au tour*, etwas drehen. | *Faire du pain, du gâteau*, Brot, Kuchen backen. | *Faire un pont, son nid*, eine Brücke, sein Nest bauen. || PAR EXT. *Faire un roman*, einen Roman schreiben. | *Faire un livre*, ein Buch verfassen. — TRANSFORMER : machen (zu) ; verwandeln ; ver-, umarbeiten (sépar.). || FIG. *On a fait qch., qn de lui*, aus ihm ist etwas geworden. | *Faire de qn son héritier*, jn zu seinem Erben einsetzen. | *Faire de qn son ami*, jn zu seinem Freund machen ; mit jm Freund werden. | *Faire qn chevalier*, jn zum Ritter schlagen. | *Il le fit ministre*, er ernannte, nahm ihn zum Minister. — FORMER : bilden ; formen. | *La route fait un virage, un angle, un cercle*, die Straße bildet eine Kurve, einen Winkel, einen Kreis. | *Il ne fera pas un bon prêtre*, aus ihm wird kein guter Priester werden. — ACCOUTUMER : gewöhnen (an, acc.). | *Faire qn à qch.*, jn an etwas gewöhnen.

V. PRÉPARER : (an)machen ; zubereiten. | *Faire à manger*, das Essen machen, bereiten, kochen. | *Faire du café*, Kaffee kochen. | *Faire de la lumière*, Licht (an)machen. | *Faire du feu*, Feuer (an)machen. — ARRANGER : (zurecht)machen. | *Faire le lit*, das Bett machen. | *Faire la chambre*, das Zimmer aufräumen. — PARCOURIR : zurücklegen ; gehen ; laufen ; fahren. | *Faire un long parcours*, eine lange Strecke zurücklegen. | *Fais vite !*, (lauf) schnell ! | *Faire encore un petit tour*, noch ein bißchen bummeln, spazierengehen. || FIG. [parcourir] *Faire son chemin*, seinen Weg machen ; es zu etwas bringen. — CONTREFAIRE : [rôle] machen ; spielen ; darstellen. | *Faire le roi*, den König spielen. || PAR EXT. [feindre] spielen ; sich stellen ; vorgeben. | *Faire le sourd, le mort, la bête*, sich taub, tot, dumm stellen. || FIG. *Faire le singe, l'enfant*, affig, kindisch sein. || FAM. *Faire l'imbécile*, sich dumm anstellen ; den Dummen markieren.

VI. COMMETTRE : machen ; tun ; begehen. | *Faire une bêtise*, eine Dummheit machen. | *Faire une folie*, eine Torheit begehen ; über die Stränge schlagen. — ACCOMPLIR : tun ; erfüllen ; leisten ; verrichten. | *Faire le bien*, Gutes, das Gute tun. | *Faire une commission*, einen Auftrag verrichten. | *Faire son devoir*, seine Pflicht erfüllen. | *Faire une confession, un vœu*, eine Beichte, ein Gelübde ablegen. — OBSERVER : tun ; halten. | *Faire pénitence*, Buße tun ; büßen. | *Faire gras, maigre*, Fleisch, kein Fleisch essen. — CÉLÉBRER : feiern. | *Faire fête à qn*, jn festlich empfangen ; jn feiern. | *Faire honneur à qn*, jm Ehre erweisen, antun.

VII. CAUSER : [en général] machen ; verursachen, -anlassen ; bewirken ; erregen. | *Faire du dégât*, Schaden verursachen, anrichten. | *Faire peur, pitié*, Angst, Mitleid erregen. || PAR EXT. *Faire qch. à qn*, jm etwas antun, zufügen. | *Faire une blessure à qn*, jm eine Wunde beibringen. | *Faire tort à qn*, jm schaden. | *Faire du mal à qn*, jm weh, ein Leid tun ; jm Böses antun. | *Cela m'a fait du bien*, das hat mir gut getan. | *Grand bien vous fasse !*, wohl bekomm's ! | *Faire injure à qn*, jn beleidigen. | *Faire peur à qn*, jm Furcht

einjagen ; jn erschrecken. — AVOIR DE L'EFFET : (aus)machen ; (be)wirken ; bedeuten. | *Cela ne me fait rien du tout*, das macht mir gar nichts aus. | *Faire de l'effet sur*, wirken auf (acc.) ; Wirkung haben auf (acc.). | *Faire sensation*, Aufsehen erregen. || FIG. *Faire la pluie et le beau temps*, großen Einfluß haben ; alles entscheiden. || PAR EXT. [importer] *Cela ne fait rien*, das macht nichts (aus) ; das hat nichts zu sagen ; das will nichts heißen. | *Cela ne fait rien à l'affaire*, das tut nichts zur Sache. — CONSTITUER : (aus)machen ; bilden. | *L'argent ne fait pas tout*, das Geld ist nicht alles. | *L'union fait la force*, Einheit macht stark.
VIII. DONNER : machen ; geben ; gewähren. | *Faire un cadeau*, ein Geschenk machen ; schenken. | *Faire crédit*, Kredit geben. | *Faire une rente à qn*, jm eine Rente aussetzen. | *Faire part*, mitteilen. — SE POURVOIR : machen ; be-, herbeischaffen ; besorgen ; (er)werben. | *Faire des provisions*, Vorrat herbeischaffen. | *Faire les commissions*, Einkäufe machen, besorgen ; einkaufen (gehen). | *Faire le plein (d'essence)*, voll tanken. — GAGNER : machen ; verdienen ; erwerben. | *Faire un bénéfice*, einen Gewinn machen. | *Faire fortune*, reich werden. || PAR EXAGÉR. *Faire des dettes*, Schulden machen. — ÉPROUVER : durchmachen (sépar.) ; erleiden ; ertragen. | *Faire une perte*, einen Verlust erleiden. | *Faire naufrage*, Schiffbruch erleiden.
IX. à faire : [travailler] *Avoir beaucoup à faire*, viel zu tun, zu schaffen haben. | *Tu lui donnes beaucoup à faire*, du machst ihm viel zu schaffen. || FIG. *Tu n'as rien à faire ici*, du hast hier nichts zu schaffen, zu suchen. | *Rien à faire*, nichts zu machen, zu wollen ; es läßt sich nicht machen. | *Ce n'est pas une chose à faire*, es ist nicht ratsam. — **en faire** : [de cela] *Qu'en faire ?*, was soll ich damit (anfangen) ? || PAR ANAL. *En faire autant*, dasselbe machen, tun ; ebenso handeln. | *Fais-en autant !*, mach' es ihm doch nach ! || LOC. *N'en faire qu'à sa tête*, nur nach seinem Kopf handeln ; seinen Kopf durchsetzen (sépar.). || FIG. *Je n'en ferai rien*, ich werde es durchaus nicht tun ; FIG. bitte, erst nach Ihnen. | *Il n'en fait jamais d'autres*, das sieht ihm ähnlich. — **y faire :** [à cela] *Qu'y faire ?*, was tun ? | *Rien n'y fit*, es half nichts. || POP. *Il sait y faire*, er hat's hinter den Ohren.
X. NUANCES SPÉCIALES, TECHNIQUES. AGRIC. *Faire du blé*, Korn anbauen. | *Faire les foins*, Heu machen ; im Heu sein. || MIL. : *Faire son service*, beim Militär sein ; dienen. | *Faire feu*, abfeuern, -schießen. || MAR. *Faire voile, route (vers)*, segeln (nach). — COMM. [vendre] verkaufen. | *Faire un article mille francs*, einen Artikel zu tausend Franken verkaufen, anbieten. | *Faire l'article*, seine Ware feilbieten, lobpreisen. | *Faire une affaire*, ein gutes Geschäft machen. | *Cela ne fait pas mon affaire*, das gefällt mir nicht. || PAR EXT. [coûter] *Cela fait combien ?*, wieviel macht das ? || LOC. *Faire un prix*, einen Preis festsetzen. | *Je vous fais un prix, une remise*, ich gebe Ihnen einen Rabatt. || MATH. *Deux et cinq font sept*, zwei und fünf ist, macht sieben. || GRAMM. bilden ; haben. || [au jeu] *Faire une partie*, eine Partie machen, spielen. || SPORT. spielen ; treiben. | *Faire de la gymnastique, de la boxe, de la natation, de l'équitation*, turnen, boxen, schwimmen, reiten. | *Faire du tennis, du golf, du football*, Tennis, Golf, Fußball spielen.
XI. v. intr. et v. tr. AGIR : machen ; tun ; handeln. | *Bien faire*, gut, recht, wohl tun. | *Mal faire*, schlecht, übel tun. | *Faire mal*, wehtun. | *Faites (donc) !*, bitte ! | *Faire comme si*, tun, als ob (subj.). | *Faites comme chez vous !*, tun Sie, als ob Sie zu Hause wären ! | *Laisser faire*, gewähren lassen ; sich nicht darum kümmern. | *Regarder faire qn*, jm zusehen, zuschauen. | *Tu ferais bien mieux de*, es wäre gut, besser, wenn du. || FIG. *Il a beau faire*, er kann machen, was er will. — PARAÎTRE : [s'assortir] machen ; sich ausnehmen. | *Cela fait bien*, es macht schön ; es sieht schön aus. || PAR EXT. *Faire bien ensemble*, gut zusammenpassen. — DIRE : *Oui, fit-il*, ja, sagte, entgegnete er.
XII. Faire avec un infin. : [causatif] machen ; lassen. | *Faire rire, pleurer, croire*, lachen, weinen, glauben machen. | *Cela me fit rire*, ich mußte lachen. | *Faire chercher, venir, voler*, holen, kommen, fliegen lassen. | *Il fit tomber un vase*, er ließ eine Vase fallen. | *Faire faire un costume*, einen Anzug machen lassen. | *Faire voir*, zeigen. | *Faire savoir*, mitteilen. | *Faire entrer*, (her)einführen. || PARTICUL. [ordonner] heißen. | *Il le fit partir, se taire*, er hieß ihn fortgehen, schweigen. || PAR EXT. [factitif] *Faire manger*, füttern. | *Faire boire*, tränken. | *Faire sauter*, sprengen. | *Faire tomber un arbre*, einen Baum fällen. || FIG., FAM. *Faire marcher qn*, jn aufs Glatteis führen. — **faire que :** [cause] machen, veranlassen, verursachen, bewerkstelligen, daß. | *Ce qui fait que nous pouvons continuer*, weshalb wir fortfahren können. || [conséquence, avec le subj.] *Faire (en sorte) que*, machen, es so einrichten, daß. | *Fasse le Ciel que*, gebe Gott, daß. — **ne faire que :** [sans cesse] *Il ne fait que dormir*, er schläft nur. || PAR ANAL. [à peine] *Tu ne fais que commencer*, du fängst erst an. | *Je ne fais qu'aller et venir*, ich bin gleich wieder zurück. | *Il n'a fait qu'entrer et sortir*, er hat nur, bloß mal hineingeschaut.
XIII. v. impers. (en parlant du temps) *Il fait chaud, frais, clair*, es ist warm, frisch, hell. | *Il fait jour*, es ist Tag. | *Il fait de l'orage*, es gewittert. | *Par le temps qu'il fait*, bei dem Wetter. | *Il fait beau temps*, das Wetter ist schön. | *Il commence à faire tiède*, es wird schon lauwarm. || LOC. *Il fait bon chez moi*, bei mir ist es warm. | *Il fait bon vivre par ici*, hier ist gut leben.
XIV. part. prés. **faisant,** LOC. *Ce faisant*, dabei. | *Chemin faisant*, auf dem Weg ; unterwegs.
XV. part. pass. **fait, faite,** [sens général] gemacht ; getan. || [créé] be-, ge-, erschaffen. | *Fait à l'image de Dieu*, gottgleich, -ähnlich. | *Être fait pour*, geboren sein für, um ; geeignet, geschaffen sein für. | *Être faits l'un pour l'autre*, zusammengehören, -passen. || PAR ANAL. [formé] gestaltet ; gebildet ; geformt. | *Homme bien fait*, Mann von schönem Wuchs ; wohl gebauter Mann. || FIG. *Qui a l'esprit bien fait*, wohl gebildet ; gescheit. | *Qui a l'esprit mal fait*, verbildet ; verschroben. || PARTICUL. [développé, mûr] erwachsen ; reif ; zeitig ; eßbar. | *Homme fait*, ausgewachsener, reifer Mann. | *Le fromage est fait*, der Käse ist durch. || FIG. *Avoir sa situation faite*, ein gemachter Mann sein ; im trokk(e)nen sitzen. || PAR EXT. [effectué] ausgeführt ; verrichtet. | *Travail bien fait*, saubere, gepflegte Arbeit. | *Travail mal fait*, schlecht ausgeführte, stümperhafte Arbeit. | *Fait à la machine, à la main*, maschinen-, handgefertigt. || [terminé] erledigt ; fertig ; aus. | *C'est fait*, ist schon erledigt, getan ! | *C'en est fait de lui*, es ist aus mit ihm ; es ist um ihn geschehen. | *Phrase toute faite*, stehende Redensart ; PÉJOR. hohle Phrase. | *Tout compte fait*, alles in allem. || FIG. [arrivé] geschehen. | *Que ta volonté soit faite !*, dein Wille geschehe ! | *(C'est) comme si c'était fait*, es ist so gut wie geschehen. || [habitué] *Être fait à la chaleur*, an die Hitze gewöhnt sein. || JUR. [établi] *Fait à Francfort, le...*, gegeben zu Frankfurt, am...
XVI. v. pr. **se faire.** — **a)** [sens réfléchi] DEVENIR : werden. | *Se faire professeur, poète, prêtre*, (ein) Lehrer, Dichter, Priester werden. | *Se faire protestant*, protestantisch werden. | *Se faire vieux*, alt werden ; gealtert sein. | *Se faire le protecteur des pauvres*, sich zum Beschützer der Armen machen. | *Se faire plus jeune qu'on ne l'est*, sich für jünger ausgeben, als man ist. | *Se faire fort de*, sich anheischig machen, zu... || PAR EXT. *Se faire beau*, sich schön machen ; sich

herausputzen. | *Se faire la barbe*, sich rasieren. || FIG. *Il se fait jour, tard*, es wird Tag, spät. | *La vérité se fait jour*, die Wahrheit stellt sich heraus. || PAR EXT. *Le fromage se fait*, der Käse wird reif. — SE CRÉER : sich machen ; sich schaffen. | *Se faire un chemin*, sich einen Weg bahnen. | *Se faire des soucis*, sich Sorgen machen. | *Se faire une raison*, resignieren. | *Se faire la main*, sich üben. | *Se faire des illusions*, sich etwas vortäuschen. || PAR ANAL. [se procurer] sich verschaffen. | *Se faire une situation*, sich eine Stellung verschaffen.

b) [avec un infinitif] sich lassen ; sich... machen. | *Se faire faire une robe*, sich ein Kleid machen lassen. | *Se laisser faire*, nachgeben. | *Se faire aimer de qn*, sich bei jm beliebt machen. || LOC. *Se faire écouter*, sich Gehör verschaffen ; Gehör finden. | *Se faire tuer*, getötet werden ; fallen. | *Se faire un nom*, sich einen Namen machen ; berühmt werden.

c) se faire à, sich gewöhnen an (acc.). — **s'y faire,** *Il faudra vous y faire*, Sie werden sich damit abfinden müssen. — FAM. **s'en faire,** sich Sorgen, Gedanken, Kummer machen. | *(Ne) t'en fais pas !*, mach' dir darum keine Sorgen, keinen Kummer !

d) [sens passif] **être fait,** gemacht, getan, ausgeführt werden. | *Le beurre se fait avec du lait*, Butter wird aus Milch gemacht. || LOC. *Cela peut se faire*, das läßt sich machen. | *Autant que faire se peut*, wenn irgend möglich. | *Cela ne se fera pas*, daraus wird nichts. — SE PRODUIRE : geschehen ; sich ereignen ; vorkommen ; stattfinden ; vor sich gehen. | *Un silence se fit*, Stille trat ein, setzte ein, entstand. | *Le mariage se fait à*, die Hochzeit wird in... gefeiert. | *Comment se fait-il que ?*, wie kommt es, daß ? | *Laisser se faire*, geschehen lassen. — ÊTRE D'USAGE : üblich sein ; sich schicken ; gang und gäbe sein. | *Cela ne se fait pas*, das schickt, gehört sich nicht. | *Qui se fait*, schicklich ; üblich ; gebräuchlich.

faire [fɛ:r] m. [action] Machen n. ; Tun n.

faire-part [-pa:r] m. invar. (briefliche, gedruckte) Anzeige. | *Faire-part de mariage, de décès*, Hochzeits-, Todesanzeige.

faisabilité [fəzabilite] f. Durchführbarkeit f.

faisable [-zabl] adj. machbar ; durchführbar ; tunlich ; möglich. | *C'est faisable*, das läßt sich machen, sich einrichten.

faisan [fəzɑ̃] m. ZOOL. Fasan m.

faisandé, ée [fəzɑ̃de] adj. *Viande faisandée*, angegangenes Fleisch. || FIG. *Littérature faisandée*, Schundliteratur f.

faisane [fəzan] f. Fasanenhenne f.

faisceau [fɛso] m. Bündel n. ; Bund n. ; Gebinde n. ; Büschel n. | *En (forme de) faisceau*, büschelartig. | *Faisceau de fils*, Drahtbündel. || MIL. *Faisceau de fusils*, Gewehrpyramide f. | *Former les faisceaux*, die Gewehre zusammensetzen. || ÉLECTR. *Faisceau lumineux*, Lichtbündel. | *Faisceau de rayons, électronique*, Strahlen-, Elektronenbüschel.

faiseur, euse [fəzœ:r, ø:z] s. Verfertiger(in) m. (f.) ; Macher(in) m. (f.). || PAR ANAL. [vêtements] *Du bon faiseur*, vom ersten Schneider. || PAR EXT., FAM. [escroc] Schwindler m. ; Aufschneider m. || LOC. *Faiseur de tours*, Taschenspieler m. | *Faiseur d'embarras*, Wichtigtuer m.

◇ f. **faiseuse,** *Faiseuse d'anges*, Engelmacherin f.

fait [fɛ] m. **1.** ACTE : Tat f. ; Handlung f. | *Fait accompli*, vollendete Tatsache. | *Haut fait*, große Tat ; Heldentat. | *Faits d'armes*, Waffentaten f. pl. | *Voies de fait*, Gewalttaten f. pl. ; Tätlichkeiten f. pl. || LOC. *Prendre sur le fait*, auf frischer Tat ertappen. | *Prendre fait et cause pour qn*, für jn Partei ergreifen. | *C'est comme un fait exprès*, das ist wie abgemacht, -gekartet. | *Faits et gestes*, Tun und Treiben.

2. [événement] Ereignis n. ; Vorfall m. ; Begebenheit f. | *Faits divers*, Vermischtes n. | *Le fait qu'il était malade*, der Umstand, daß er krank war.

3. [chose existante] (Tat)sache f. ; Wirklichkeit f. ; Faktum n. | *Fait notoire, historique*, allgemein bekannte, historische Tatsache. | *Fait de société*, Zeiterscheinung f. | *Menus faits*, Kleinigkeiten f. pl. | *Fondé sur les faits*, sachgemäß. | *Sûr de son fait*, seiner Sache gewiß. | *C'est un fait*, Tatsache ! | *Le fait est que*, Tatsache ist, daß ; in der Tat ; tatsächlich.

4. Sache f. | *Au fait*, zur Sache. | *Droit au fait*, ohne Umschweif ; direkt. | *Venir au fait*, zur Sache kommen. | *Être au fait de qch.*, über eine Sache wohl unterrichtet sein ; um etwas Bescheid wissen. | *Je suis au fait*, ich bin im Bilde. | *Au fait, qu'est-ce que tu veux dire ?*, was willst du eigentlich (damit) sagen ?

5. *Dire son fait à qn*, jm gründlich die Meinung sagen ; kein Blatt vor den Mund nehmen. || PAR ANAL. [cas] *Ce n'est pas mon fait*, das ist nicht meine Sache, mein Fall.

◇ m. pl. **faits,** *(Ensemble des) faits*, Tatbestand m. ; Sachlage f., -verhalt m. | *Exposé des faits*, Tatbericht m.

◇ loc. adv. **de, en fait,** in der Tat ; tatsächlich ; eigentlich ; in Wirklichkeit ; de facto. — **dans le fait, par le fait,** in der Tat ; sicher. — **tout à fait,** ganz (und gar) ; gänzlich ; völlig ; vollständig.

◇ loc. prép. **en fait de,** was... anbetrifft, angeht.

faîte [fɛ:t] m. ARCHIT. (Dach)first m. || PAR ANAL. *(Ligne de) faîte*, Giebel m. ; Zinne f. || PAR EXT. *Faîte d'une montagne*, Gipfel m. ; Gebirgskamm m. | *Faîte d'un arbre*, Wipfel m. || FIG. Höhe-, Gipfel-, Glanzpunkt m. | *Être au faîte de sa gloire*, auf der Höhe seines Ruhms stehen.

fait-tout [fɛtu] m. invar. CULIN. Schmortopf m.

fakir [faki:r] m. Fakir m.

falaise [falɛ:z] f. Steil-, Felsenwand f. ; Steilküste f.

falbala [falbala] m. Falbel f. ; Volant m. || FIG. Putz m.

fallacieux, ieuse [falasjø, jø:z] adj. trügerisch ; scheinbar. | *Argument fallacieux*, Scheinargument n.

falloir [falwa:r] v. impers. **1.** AVEC UN NOM : [avoir besoin] brauchen ; benötigen ; nötig haben ; bedürfen (gén.). | *Il te faut de l'argent*, du brauchst Geld. | *Il lui fallait un grand repos*, er hatte dringend Ruhe nötig ; er bedurfte dringend Ruhe. | *Combien te faut-il ?*, wieviel brauchst, wünschst, willst du ? || PAR EXT. [être nécessaire] fehlen ; nötig sein ; not tun ; bedürfen (gén.). | *Il faut beaucoup d'hôpitaux*, viele Krankenhäuser sind nötig ; es bedarf vieler Krankenhäuser. | *J'ai tout ce qu'il me faut*, nichts tut mir not ; es fehlt mir nichts. | *Quand il (le) faut*, im Falle der Not ; zur rechten Zeit. | *S'il le faut*, im Notfall ; nötigenfalls. | *Ce qu'il faut*, das Nötige. | *Plus qu'il n'en faut*, mehr als genug ; tüchtig. || FIG. [convenir] gehören. | *Comme il faut*, gehörig ; richtig ; anständig ; recht(schaffen) ; brav. | *Tu as agi comme il fallait*, du hast recht getan. || PAR EXT. *Rosser qn comme il faut*, jn tüchtig, gehörig durchprügeln (sépar.). || FAM. *Il faut voir comme !*, und wie !

2. AVEC UN VERBE : [devoir absolument] müssen. | *Il faut que tu obéisses, il te faut obéir*, du mußt gehorchen. | *Il m'a fallu tenir deux heures*, ich habe zwei Stunden aushalten müssen. | *Je suis venu parce qu'il le fallait*, ich bin gekommen, weil es sein mußte. | *Alors il fallut courir*, da hieß es laufen. || PAR ANAL. [devoir moralement] sollen. | *Il aurait fallu voir cela*, das hätten Sie sehen sollen. || *Que (faut-il) faire ?* was (soll ich) tun ? | *S'il le faut*, wenn es sein soll, muß. || PAR EXT. [nuances] *Encore faut-il que*, und nur dann erst, wenn. | *Faut-il que tu sois stupide !*, wie kannst du nur so dumm sein ? | *C'est ce qu'il faudra voir*, das wollen wir mal sehen.

◇ v. pr. **s'en falloir,** fehlen. | *Il s'en faut*, es fehlt. | *Il s'en fallut de peu qu'il tombât*, fast wäre er hingefallen. | *Tant s'en faut !*, weit gefehlt ! | *Il s'en faut de beaucoup*, bei weitem nicht.

falot, ote [falo, ɔt] adj. Vx. [drôle] drollig ; ulkig ; grotesk. || FIG. [terne] charakterlos ; schwächlich ; albern.

falsificateur, trice [falsifikatœ:r, tris] s. (Ver)fälscher(in) m. (f.).

falsification [-fikasjɔ̃] f. (Ver)fälschung f. | *Falsification de monnaie*, Falschmünzerei f. | *Falsification de traites*, Wechselreiterei f. | *Falsification de la vérité*, Verdrehung (f.) der Wahrheit.

falsifier [-fje] v. tr. (ver)fälschen.

famé, ée [fame] adj. usité dans la loc. *Mal famé* (ou *malfamé*), schlecht beleumundet ; verrufen.

famélique [famelik] adj. hungrig ; ausgehungert. | *Un homme famélique*, ein Hungerleider.

fameux, euse [famø, ø:z] adj. [célèbre] bekannt ; berühmt ; erlaucht. || PAR EXT. [excellent] ausgezeichnet ; großartig ; famos. || IRON. *Un fameux imbécile*, ein erzdummer Mensch.

familial, ale, aux [familjal, o] adj. zur Familie gehörig ; Familien... | *Liens familiaux*, Familienbande n. pl.

familiariser [-ljarize] v. tr. vertraut machen (mit.) ; gewöhnen (an, acc.). | *Familiariser qn avec qch.*, jn an eine Sache gewöhnen.

◇ v. pr. **se familiariser,** *Se familiariser avec qch.*, sich an etwas gewöhnen ; mit etwas vertraut werden. | *Se familiariser avec une langue*, sich eine Fremdsprache aneignen. | *Se familiariser avec un pays, d'autres coutumes*, sich in ein Land, in fremde Sitten einleben. | *Se familiariser avec une tâche*, sich einarbeiten in.

familiarité [-ljarite] f. Ver-, Zutraulichkeit f. ; Vertrautheit f. ; vertrauter Umgang. || PAR EXT. Zwanglosigkeit f.

◇ f. pl. **familiarités,** [privautés] Vertraulichkeiten f. pl. ; Freiheiten f. pl. | *Se permettre des familiarités*, sich Vertraulichkeiten erlauben.

familier, ière [-lje, jɛ:r] adj. [intime] ver-, zutraulich ; vertraut. | *Être familier avec qn*, auf vertrautem Fuß mit jm stehen. | *Sa maison m'est familière*, ich bin bei ihm wie zu Hause. || PARTICUL., PÉJOR. frei ; familiär. | *Terme familier*, familiärer Ausdruck. || PAR ANAL. [accoutumé] geläufig ; (an)gewöhnt. | *Langage familier*, Umgangssprache f. | *Cette tournure ne m'est pas familière*, diese Redewendung ist mir nicht geläufig. || PAR EXT. [connu] bekannt ; vertraut. | *Cette voix m'est familière*, diese Stimme ist mir bekannt, kommt mir bekannt vor. | *Cette science ne m'est pas familière*, ich fühle mich in dieser Wissenschaft fremd. | *Animal familier*, zahmes Tier.

◇ m. **familier,** Vertrauter m. ; (Haus)freund m. || PAR EXT. Eingeweihter m.

familièrement [-ljɛrmɑ̃] adv. (ver)traulich ; zwanglos. || PAR ANAL. *On dit familièrement*, in der Umgangssprache sagt man.

famille [fami:j] f. **1.** [sens restreint] Familie f. ; Haus n. || *Famille nombreuse*, kinderreiche Familie. | *De famille*, Familien... ; häuslich ; Haus... | *Père de famille*, Familien-, Hausvater m. | *Vie de famille*, Familienleben n. | *Nom de famille*, Familien-, Nachname m. | *Médecin de (la) famille*, Hausarzt m. | *En famille*, im Kreis der Familie ; unter sich. | *Être de la famille*, zur Familie gehören. | *Entrer dans une famille*, in eine Familie einheiraten. | *Aimer la vie de famille*, häuslich sein. | *Avoir un air de famille*, eine Familienähnlichkeit besitzen.

2. [sens élargi] Verwandte(n) m. pl. ; Verwandtschaft f. ; Angehörige(n) m. pl. || PAR EXT. [race, tribu] Geschlecht n. ; Stamm m. ; Haus n. || FIG. *De bonne famille*, aus gutem Hause ; guter Leute Kind. | *Fils de famille*, Sohn (m.) aus gutem Haus ; PÉJOR. Herrensöhnchen n. | *Avoir l'esprit de famille*, zusammenhalten, -stehen. || PAR EXT. [communauté] Gemeinschaft f. || ZOOL., BOT. Familie f. ; Geschlecht n. ; Gattung f. || GRAMM. *Famille de mots*, Wortgruppe f. (des gleichen Stammes).

— SYN. : *Ménage*, Haushalt. *Foyer*, Heim. *Maison*, Haus. *Feu*, Herd. *Maisonnée*, Haus ; Kind und Kegel.

famine [famin] f. Hunger m. ; Hungersnot f. ; Lebensmittelmangel m., -knappheit f. | *Crier famine*, (vor) Hunger schreien. | *Réduire qn par la famine*, jn aushungern.

fanal [fanal] m. MAR. Nacht-, Leuchtfeuer n. ; (Schiffs)laterne f. ; Feuerbake f. ; Fanal n. || PAR EXT. Feuer n. ; Windlicht n.

fanatique [fanatik] adj. fanatisch ; gehässig ; schwärmerisch ; radikal.

◇ s. Fanatiker(in) m. (f.) ; Schwärmer(in) m. (f.) ; Radikale(r) f. (m.).

fanatiser [-tize] v. tr. wild begeistern ; (ver)hetzen ; fanatisieren.

fanatisme [-tism] m. Fanatismus m. ; Über-, Glaubenseifer m. ; wilde Begeisterung ; Verhetzung f. ; Schwärmerei f. ; Radikalismus m.

faner [fane] v. tr. verwelken lassen. || [foin] Heu wenden. || [couleur] verbleichen, verschießen lassen.

◇ v. intr. verwelken.

◇ part. pass. et adj. **fané, ée,** welk ; verwelkt ; verschrumpelt ; dürr. || PAR EXT. verblichen, -schossen. || FIG. verblüht.

◇ v. pr. **se faner,** [plante] welk, dürr werden ; verwelken, -dorren, -blühen, -schrumpeln. || PAR EXT. [couleur] verbleichen, -blassen, -schießen. || FIG. verblühen ; dahinwelken.

— SYN. : *Flétri*, verwelkt. *Passé*, verschossen.

faneur, euse [fanœ:r, ø:z] s. AGRIC. Heuarbeiter(in) m. (f.).

◇ f. **faneuse,** [machine] Heuwender m.

fanfare [fɑ̃fa:r] f. Trompetengeschmetter n. ; Tusch m. ; Fanfare f. | *Sonner la fanfare*, trompeten ; FIG. hinausposaunen. || PAR EXT. [société musicale] Blechmusik f., -kapelle f. || FIG. Ruhmesrede f. | *En fanfare*, mit Sang und Klang.

fanfaron, onne [fɑ̃farɔ̃, ɔn] adj. aufschneiderisch ; prahlerisch ; POP. großschnäuzig.

◇ s. Prahlhans m. ; Großtuer m. ; Angeber(in) m. (f.).

fanfaronnade [-rɔnad] f. Prahlerei f. ; Aufschneiderei f. ; Großsprecherei f. ; POP. Dicktun n.

— SYN. : *Rodomontade* f., Geschwafel n. *Forfanterie* f., Windbeutelei f.

fanfaronner [-rɔne] v. intr. prahlen ; aufschneiden ; großsprechen ; dicktun ; POP. dick auftragen.

fanfreluche(s) [fɑ̃frəlyʃ] f. (pl.) Firlefanz m. ; Flitter m. ; Flitterwerk n., -kram m. ; Tand m.

fange [fɑ̃:ʒ] f. Schlamm m. ; Schmutz m. ; Kot m. ; Dreck m. || FIG. Sumpf m.

fangeux, euse [-ʒø, ø:z] adj. schlammig ; verschlammt ; schmutzig ; kotig ; dreckig.

fanion [fanjɔ̃] m. Fähnchen n. ; Wimpel m. ; Flagge f.

fanon [fanɔ̃] m. Wamme f. ; Walfischbarte f.

fantaisie [fɑ̃tezi] f. [imagination] Einbildung f. ; Einbildungskraft f. ; Phantasie f. ‖ PAR ANAL. [goût particulier] Geschmack m. ; Lust f. ; Belieben n. ; Sinn m. | *À sa, À votre fantaisie*, nach Wunsch und Laune ; nach Belieben. | *Vivre à sa fantaisie*, leben, wie es einem behagt, beliebt, gefällt. ‖ PARTICUL. [caprice] Einfall m. ; Grille f. ; Laune f. ; Lust f. | *Si la fantaisie vous prenait*, sollten Sie Lust bekommen. ‖ PAR EXT. [objet] Nippsache f. ; Flitter m. ; Tand m.
◇ loc. adv. **de fantaisie,** frei von der Regel ; willkürlich. ‖ LOC. *Articles de fantaisie*, Galanteriewaren f. pl.
— SYN. : *Caprice* m., Laune f. *Lubie* f., *Toquade* f., Schrulle f.

fantaisiste [-zist] adj. einfallsreich ; phantasievoll. ‖ FIG. erdichtet ; aus der Luft gegriffen.
◇ m. Phantast m. ‖ THÉÂTR. Kabarettsänger m., -künstler m.

fantasmagorie [fɑ̃tasmagɔri] f. Trug-, Wahnbild n. ; Wahngebilde n., -vorstellung f. ‖ FIG. Blendwerk n. ; Spiegelfechterei f. ; Gaukelei f.

fantasmagorique [-rik] adj. geisterhaft ; vorgegaukelt ; bizarr ; phantastisch.

fantasme [fɑ̃tasm] m. Wahnvorstellung f.

fantasque [fɑ̃task] adj. launisch ; launen-, grillenhaft ; schrullenhaft ; bizarr.

fantassin [fɑ̃tasɛ̃] m. MIL. Infanterist m. ; Schütze m.

fantastique [fɑ̃tastik] adj. [imaginaire] eingebildet ; phantastisch. | *Vision fantastique*, Phantasie-, Luftgebilde n. ‖ PAR EXT. [surnaturel] Wunder... | *Conte fantastique*, (Wunder)märchen n. ; Gespenstergeschichte f. ‖ FIG., FAM. [incroyable] unglaublich, -wahrscheinlich.

fantoche [fɑ̃tɔʃ] m. Drahtpuppe f. ; Marionette f. ‖ FIG., PÉJOR. Hampelmann m. ; Strohpuppe f.

fantomatique [fɑ̃tɔmatik] adj. gespenstisch ; geisterhaft ; spukhaft ; unheimlich.

fantôme [fɑ̃to:m] m. [spectre] Gespenst n. ; Geist m. ; Spukgestalt f. | *Il y a des fantômes*, es spukt. ‖ PAR ANAL. [chimère] Luftgebilde n. ; Hirngespinst n. ; Trug-, Wahnbild n. ‖ FIG. [apparence] Schatten m. | *Fantôme de roi*, Schattenkönig m.
— SYN. : *Spectre* m., (Schreck)gespenst n. *Apparition* f., (Spuk)erscheinung f. *Revenant* m., Gespenst n. *Esprit* m., (Klopf)geist m.

faon [fɑ̃] m. ZOOL. Rehkalb n. ; Kitz n. ; Kitze f. ; junges Reh.

faramineux, euse [faraminø, ø:z] adj. erstaunlich ; kolossal.

farandole [farɑ̃dɔl] f. provenzalischer Tanz ; Farandole f.

faraud, aude [faro, od] adj. geckenhaft ; stutzerhaft ; eingebildet ; großspurig.
◇ m. **faraud,** Geck m. ; Fant m. ; Stutzer m. ; Zierpuppe f. | *Faire le faraud*, POP. groß-, dicktun.

farce [fars] f. CULIN. Füllung f. ; Füllsel n. ‖ THÉÂTR. [pièce] Schwank m. ; Posse f. ; Burleske f. ‖ FIG. (lustiger) Streich ; Schabernack m. ; Hanswurstiade f. ; Eulenspiegelei f. | *Faire des farces*, Possen reißen. | *Faire une farce à qn*, jm einen Streich spielen. | *Être le dindon de la farce*, der Dumme (dabei) sein.

farceur, euse [-sœ:r, ø:z] s. Possenreißer m. ; Witzbold m. ; Spaßmacher m., -vogel m. ; Eulenspiegel m. ; Schalk m. ; Hanswurst m.

farcir [-sir] v. tr. CULIN. füllen ; vollstopfen, -pfropfen. ‖ FIG. [discours] spicken.
◇ part. pass. et adj. **farci, ie,** gefüllt. ‖ FIG. *Farci d'erreurs*, gespickt mit Irrtümern ; voller Fehler.

fard [fa:r] m. Schminke f. | *Mettre du fard*, sich schminken ; Schminke auftragen. ‖ FIG. *Sans fard*, ungeschminkt, -verblümt. ‖ FAM. *Piquer un fard*, (scham)rot werden.

fardeau [fardo] m. Last f. ; Bürde f. ‖ FIG. *Être un fardeau pour qn*, jm zur Last fallen.

farder [farde] v. tr. schminken ; Farbe auftragen, auflegen. ‖ FIG. [enjoliver, déguiser] beschönigen ; bemänteln ; aufputzen.

farfelu, ue [farfəly] adj. schrullenhaft.

farfouiller [farfuje] v. tr. et intr. herumkramen, -stöbern, -stochern (in, dat.) ; durchwühlen, -schnüffeln, -stöbern. | *Farfouiller dans un tiroir*, in einer Schublade herumstöbern.

faribole(s) [faribɔl] f. (pl.) Scherz m. ; Flausen f. pl. ; Geschwätz n. | *Dire des fariboles*, dummes Zeug reden.

farine [farin] f. Mehl n. | *Farine blanche*, helles Mehl. | *Farine blutée*, Siebmehl. ‖ FIG. *De même farine*, von gleichem Schlag.

fariner [-ne] v. tr. in Mehl wälzen.

farineux, euse [-nø, ø:z] adj. mehlig ; mehlhaltig, -artig.
◇ m. **farineux,** Mehlstoff m., -speise f.

farniente [farnjɛnte] m. süße(s) Nichtstun ; dolce farniente n.

farouche [faruʃ] adj. [pas apprivoisé] wild ; ungezähmt ; scheu. ‖ PAR ANAL. [peu sociable] menschenscheu ; ungesellig. ‖ PAR EXT. [cruel] grausam ; bösartig. ‖ FIG., FAM. *Pas farouche*, nicht unzugänglich.
— SYN. : *Sauvage*, wild. *Insociable*, ungesellig.

fart [fa:r(t)] m. Skiwachs n.

farter [-te] v. tr. die Ski wachsen.

fascicule [fasikyl] m. [cahier] Lieferung f. ; (Lieferungs)heft n. | *Paraître en fascicules*, in Lieferungen, Fortsetzungen erscheinen.

fascination [-sjɔ̃] f. Zauber m. ; Bestrickung f. ; Bann m. ; Verhexung f. ; Blendung f.

fascine [fasin] f. Reisigbündel n. ; Faschine f.

fasciner [fasine] v. tr. verzaubern ; bestricken ; (fest)bannen ; fesseln ; behexen ; faszinieren.

fascisme [faʃism] m. POLIT. Faschismus m.

fasciste [-ʃist] adj. POLIT. faschistisch.
◇ s. Faschist(in) m. (f.).

faste [fast] adj. *Jour faste*, Gerichtstag m. ; FIG. Glückstag m.
◇ m. [luxe] Pracht f. ; Gepränge n. ; Prunk m. ; Aufwand m. ; Luxus m. | *Avec faste*, pracht-, prunkvoll ; pompös. | *Sans faste*, prunklos. | *Étaler un grand faste*, großen Aufwand treiben. | *Amour du faste*, Prunksucht f.

fastidieux, ieuse [fastidjø, jø:z] adj. langweilig ; ungenießbar.

fastueux, ueuse [fastɥø, ɥø:z] adj. [choses] prunkvoll ; reich ausgestattet ; prächtig ; luxuriös. ‖ PAR EXT. [personnes] prunkliebend, -süchtig.

fat [fat] adj. geckenhaft ; eingebildet ; wichtig ; selbstgefällig.
◇ m. Geck m. ; Laffe m. ; eingebildeter Mensch.

fatal, ale [fatal] adj. [inévitable] schicksalhaft ; unvermeidlich ; unabwendbar ; unausweichlich. | *C'était fatal*, es war unvermeidlich ; es mußte so kommen. ‖ PAR EXT. [funeste] verhängnis-, unheilvoll ; unselig. ‖ FIG. [qui achève] tödlich. | *Coup fatal*, Todesstoß m. | *Issue fatale*, Tod m.

fatalement [-lmɑ̃] adv. unvermeidlich ; zwangsweise.

fatalisme [-lism] m. Schicksalsglauben m. ; Fatalismus m. ‖ PAR EXT. Willenlosigkeit f.

fataliste [-list] adj. schicksalsergeben ; fatalistisch. || PAR EXT. willenlos.

fatalité [-lite] f. Schicksal n. ; Geschick n. ; Verhängnis n. || HIST. Fatum n. || PAR EXT. [concours de circonstances] Mißgeschick n. ; (Schicksals)fügung f. ; Umstände m. pl.

fatidique [fatidik] adj. schicksalhaft ; Schicksals... | *Heure fatidique*, Schicksalsstunde f.

fatigant, ante [fatigɑ̃, ɑ̃:t] adj. [travail] ermüdend ; mühsam ; mühselig ; anstrengend ; beschwerlich. || FIG. [discours, personne] lästig.

fatigue [fatig] f. [état] Ermüdung f. ; Müdigkeit f. ; Erschöpfung f. ; Mattigkeit f. | *Grande fatigue*, Übermüdung f. | *Mort de fatigue*, todmüde. | *Tomber de fatigue*, vor Müdigkeit (fast) umfallen (sépar.). || PAR ANAL. *Fatigue de la vue*, Augenschwäche f. || PAR EXT. [cause] Überanstrengung f. ; Beschwerlichkeit f. ; Mühe f. ; Mühsal f.

fatiguer [-ge] v. tr. ermüden ; müde machen ; er-, abmatten. || PAR ANAL. *Fatiguer les yeux, l'attention*, die Augen, die Aufmerksamkeit überanstrengen. || FIG. [importuner] belästigen ; langweilen. | *Tu me fatigues*, POP. du machst mich fertig. || TECHN. beanspruchen.
◇ v. intr. sich abmühen ; sich anstrengen. || TECHN. zu stark beansprucht, überlastet sein ; nachgeben.
◇ part. pass. et adj. **fatigué, ée,** [personne] müde ; mat ; ermüdet, -mattet ; ab ; fertig. | *Être fatigué de qch.*, eines Dinges müde sein ; FIG. etwas satt haben. | *Fatigué de la vie*, lebensmüde. || PAR ANAL. [malade] krank.
◇ v. pr. **se fatiguer,** sich ermüden ; sich müde machen ; müde, matt werden ; sich abarbeiten. | *Se fatiguer à courir, à parler*, sich müde laufen, sprechen. || PAR EXT. [s'efforcer] sich abmühen ; sich anstrengen.
— SYN. : *Peiner*, sich abmühen. *Se surmener*, sich überarbeiten. *S'épuiser*, sich erschöpfen. *S'exténuer*, sich abarbeiten. *S'éreinter*, sich abhetzen. *S'esquinter*, sich abschinden.

fatras [fatra] m. Plunder m. ; Kram m. ; Wust m. ; POP. Krimskrams m.

fatuité [fatɥite] f. Geckenhaftigkeit f. ; Einbildung f. ; Überheblichkeit f. ; Dünkel m.

faubourg [fobu:r] m. Vorstadt f. ; Vorort m.

faubourien, ienne [-rjɛ̃, jɛn] adj. vorstädtisch.

fauchage [foʃa:ʒ] m. AGRIC. [foin] Mähen n. ; Mahd f.

faucher [-ʃe] v. tr. [foin] mähen ; ab-, nieder-, ummähen (sépar.). || PAR ANAL. [céréale] mähen ; schneiden ; sicheln. || PAR EXT. *Une auto fauche les piétons*, ein Auto fährt die Fußgänger über den Haufen. || FAM. [voler] klauen.
◇ part. pass. et adj. **fauché, ée,** ab-, niedergemäht. || PAR EXT., FAM. [sans argent] abgebrannt ; pleite.

faucheur [-ʃœ:r] m. AGRIC. Mäher m. ; Schnitter m.

faucheuse [-ʃø:z] f. Mähmaschine f.

faucheux [foʃø] ou **faucheur** [-ʃœ:r] m. ZOOL. [araignée] Weberknecht m. ; Schneider m.

faucille [fosi:j] f. Sichel f.

faucon [fokɔ̃] m. ZOOL. Falke m. | *Faucon pèlerin*, Wanderfalke.

fauconnerie [-kɔnri] f. Falknerei f. ; Falkenjagd f., -beize f.

fauconnier [-kɔnje] m. Falkner m. ; Falkenier m. ; Falkenjäger m., -abrichter m.

faufil [fofil] m. Heftfaden m.

faufiler [-le] v. tr. [étoffe] heften ; an-, zusammenheften ; übernähen.
◇ v. pr. **se faufiler,** [se glisser] sich durchwinden (sépar.) ; durchschlüpfen (sépar.). | *Se faufiler dans une pièce*, sich in ein Zimmer hineinschleichen, -stehlen. || FIG. *Il sait se faufiler partout*, er kommt überall durch ; er weiß sich zu drehen und zu wenden.

faune [fo:n] m. MYTH. Faun m.
◇ f. ZOOL. Fauna f. ; Tierwelt f.

faussaire [fosɛ:r] m. (Urkunden)fälscher(in) m. (f.).

faussement [-smɑ̃] adv. fälschlicherweise ; irrtümlich.

fausser [-se] v. tr. [le sens] verdrehen, -kehren, -fälschen. || *Fausser la loi*, das Recht beugen. || FIG. [l'esprit] verbilden. || PAR EXT. *Fausser compagnie à qn*, jn im Stich lassen.
◇ part. pass. et adj. **faussé, ée,** TECHN. verbogen, -dreht ; krumm.
◇ v. pr. **se fausser,** sich verbiegen ; krumm werden.

fausset [fosɛ] m. MUS. Falsett n. | *Voix de fausset*, Fistel-, Piep-, Kopfstimme f. | *Prendre un ton de fausset*, mit der Stimme überschnappen.

fausseté [foste] f. [caractère] Falschheit f. ; Unwahrhaftigkeit f. ; Unechtheit f. || PAR ANAL. [inexactitude] Unrichtigkeit f. ; Unwahrheit f. || FIG. [morale] Falschheit f. ; Doppelzüngigkeit f. ; Hinterhältigkeit f. ; Heuchelei f. | *Plein de fausseté*, heuchlerisch.
— SYN. : *Duplicité* f., Doppelzüngigkeit f. *Hypocrisie* f., Scheinheiligkeit f. *Fourberie* f., Betrügerei f. *Tartuferie* f., PÉJOR. *Jésuitisme* m., Heuchelei f.

faute [fo:t] g. **1.** [sens général] Fehler m. || PAR ANAL. [contre toute règle] Verstoß m. ; Vergehen n. || PAR EXT. [contre la morale] Schuld f. ; Verschulden n. ; Fehltritt m. ; Sünde f. || LOC. *Faute d'orthographe, d'impression, de fabrication*, Rechtschreibungs-, Druck-, Fabrikationsfehler. | *Faute grave*, schweres Vergehen ; schwere Schuld. || *Faute d'inattention*, Versehen n. ; Fahrlässigkeit f. | *Sans faute*, fehlerfrei, -los. | *Plein de fautes*, fehlerhaft ; voller Fehler. | *Commettre une faute*, fehlen ; einen Fehler begehen ; einen Fehltritt machen. | *Prendre qn en faute*, jn auf frischer Tat ertappen. | *Rejeter la faute sur qn*, die Schuld, den Fehler auf jn schieben, wälzen. | *Réparer une faute*, einen Fehler wieder gut machen. | *Être en faute*, schuldig sein ; gefehlt haben ; eine Verordnung verletzt haben. | *À qui la faute ?*, wer ist daran schuld ? | *C'est (de) ma faute*, es ist mein Fehler ; ich bin daran schuld. | *Ce n'est pas (de) ma faute*, ich kann nichts dafür. | *Par ta faute*, durch deine Schuld ; deinetwegen. || JUR. *Faute lourde*, schwere Fahrlässigkeit. | *Faute professionnelle*, Dienstvergehen n. ; [en médecine] Kunstfehler n.
2. [manque] Mangel m. ; Ermangelung f. | *Faute de mieux*, in Ermangelung eines Besseren. | *Faute de quoi*, andernfalls. | *Faire faute*, fehlen ; nicht vorhanden sein. | *Sans faute*, unfehlbar ; ganz bestimmt ; sicher. | *Ne pas se faire faute de*, nicht versäumen, unterlassen zu.

fauter [-te] v. intr. FAM. einen Fehler begehen ; einen Fehltritt begehen ; POP. ausrutschen.

fauteuil [fotœ:j] m. Lehnstuhl m. ; Sessel m. | *Fauteuil de cuir*, Leder-, Klubsessel. | *Fauteuil rembourré, de rotin*, Polster-, Korbsessel. | *Fauteuil à roulettes*, Rollstuhl m. | *Occuper le fauteuil présidentiel*, den Vorsitz führen. | *Fauteuil académique*, Sitz (m.) in der Akademie. || THÉÂTRE. Sperrsitz m. ; Parkettplatz m. || FAM. *Gagner dans un fauteuil*, einen Kantersieg davontragen.

fauteur, trice [fotœ:r, tris] s. PÉJOR. [de troubles] Unruhestifter(in) m. (f.) ; Aufwiegler(in) m. (f.).

fautif, ive [fotif, i:v] adj. [personne] schuldig ; schuldhaft. || PAR EXT. [chose] fehlerhaft ; unrichtig.

fauve [fo:v] adj. [couleur] falb ; fahlrot ; lederbraun. || ZOOL. *Bêtes fauves*, wilde Tiere n. pl. ; Raubtiere n. pl.

◇ m. [couleur] Fahlrot n. || ZOOL. Rot-, Hochwild n. ; Raubtier n.

fauvette [fovɛt] f. Grasmücke f.

faux [fo] f. Sense f. ; POÉT. Hippe f.

faux, fausse [fo, fo:s] adj. [sens général] falsch. **1.** CONTRAIRE À LA VÉRITÉ : falsch ; unwahr ; lügenhaft ; erlogen. | *C'est faux*, das ist falsch ; das ist nicht wahr. | *Complètement faux, archifaux*, grundfalsch. | *Fausse nouvelle*, Falschmeldung f. | *Faux serment*, Meineid m. || PAR EXT. [mal fondé] unbegründet ; eitel. | *Fausse honte*, falsche Scham. | *Fausse joie*, eitle Freude. || FIG. [qui manque de justesse] verkehrt ; verschroben. | *Esprit faux*, verschrobener Kopf. | *Avoir une idée fausse de qch.*, sich etwas verkehrt vorstellen. **2.** CONTRAIRE À LA RÈGLE : [inexact] falsch ; unrichtig ; verkehrt. | *Ce calcul est faux*, diese Rechnung ist falsch. | *Faire un faux mouvement*, eine verkehrte, ungeschickte Bewegung machen. || FIG. *Faux pas*, Fehltritt m. | *Faire fausse route*, auf Abwege geraten. | *Être dans une situation fausse*, in einer schiefen Lage sein. | *Faux bond*, Fehlsprung m. | *Faire faux bond*, absagen ; im Stich lassen. | *Faux contact*, Wackelkontakt m. | *Faux jour*, Zwielicht n. | *Sous un faux jour*, in falschem Licht ; gegen das Licht. | *Il y a des faux plis à votre robe*, Ihr Kleid ist zerknittert. | *Vers faux*, holprige Verse m. pl. | *Fausse note*, Mißton m., -klang m. | *Faire des fausses notes, Chanter, Jouer faux*, falsch singen, spielen. | *Faux col*, Kragen m. **3.** NON AUTHENTIQUE : falsch ; unecht ; gefälscht ; nachgemacht. | *Pierre fausse*, unechter (Edel)stein. | *Perles fausses*, nachgemachte Perlen f. pl. | *Bijoux faux*, Talmischmuck m. | *Faux brillant*, Flitterglanz m. | *Faux cils*, falsche Wimpern f. pl. ; Zweitwimpern f. pl. | *Faux nez*, Halbmaske f. | *Fausse clef*, Nachschlüssel m. ; Dietrich m. | *Fausse monnaie*, falsches Geld. | *Sous un faux nom*, unter falschem Namen. | *Fausse grandeur*, Scheingröße f. | *Faux savant*, Aftergelehrte(r) m. || LOC., FIG. *Fausse alerte*, blinder Alarm ; Schreckschuß m. | *Fausse attaque*, Scheinangriff m. | *Fausse fenêtre*, blindes Fenster. | *Faux plafond*, (eingezogene) Zwischendecke. | *Faux plancher*, nichttragende Leichtdecke. | *Faux frais*, Nebenkosten f. pl. || FIG. [feint] falsch ; unwahr ; doppelzüngig ; heuchlerisch ; Schein... | *Faux dévot*, Scheinheilige(r) m. ; Heuchler m. | *Regard faux*, hinterhältiger Blick. | *Fausse vertu*, scheinbare, gespielte Tugend. || FAM. *Faux comme un jeton, faux jeton*, POP. falscher Fuffziger. | *Fausses cartes*, gezinkte Karten f. pl.

◇ loc. adv. *Chanter faux*, falsch singen. | *Sonner faux*, falsch klingen. — **à faux,** [de travers] FIG. *Porter à faux*, schief stehen, danebengehen.

◇ m. **faux,** Falsche(s) n. ; Unwahre(s) n. ; Unechte(s) n. | *S'inscrire en faux contre qch.*, etwas für falsch erklären. || JUR. Fälschung f. | *Faire un faux*, fälschen. | *Faux en écriture*, Urkundenfälschung. | *Faux et usage de faux*, Fälschung und Gebrauch gefälschter Urkunden.

— SYN. : *Feint*, Schein... *Pseudo*, Schein... ; Pseudo...

faux-fuyant [fofɥijɑ̃] m. Ausflucht f. ; Ausrede f. || POP. faule Flausen f. pl.

faux-monnayeur [-mɔnɛjœ:r] m. (pl. **faux-monnayeurs**) Falschmünzer m.

faux-semblant [-sɑ̃blɑ̃] m. (pl. **faux-semblants**) Anschein m. ; Gehabe n.

faux-sens [-sɑ̃s] m. invar. Übersetzungsfehler m.

faveur [favœ:r] f. [protection] Gunst f. ; Gewogenheit f. ; Gnade f. ; Huld f. | *Être en faveur auprès de qn*, bei jm in Gunst stehen ; sich js Huld, Gnade erfreuen ; bei jm hoch angeschrieben sein. | *Gagner les faveurs de qn*, sich jn gewogen machen ; js Gunst erlangen. | *Traitement de faveur*, Bevorzugung f. || PAR ANAL. [marque] Gunstbezeigung f., -bezeugung f., Be-, Vergünstigung f. ; Gnade f. | *Prix de faveur*, Vorzugspreis m. | *Faire à qn la faveur de*, jm die Gunst erweisen zu. | *Comblé de faveurs*, begünstigt. || PAR EXT. [considération] Ansehen n. ; Beliebtheit f. | *En faveur*, gesucht ; begehrt ; beliebt. || [ruban] schmales (Seiden)band.

◇ f. pl. **faveurs,** [femme] *Accorder ses faveurs à qn*, jm seine Gunst schenken.

◇ loc. prép. **à la faveur de,** mit Hilfe (von) ; mittels (gén.) ; unter dem Schutze (von). — **en faveur de,** zugunsten (gén.) ; für. | *Parler en faveur de qn*, für jn eintreten ; für jn sprechen. | *Cela parle en sa faveur*, das spricht für ihn.

— SYN. : *Crédit* m., Vertrauen n. *Grâce* f., Gnade f.

favorable [favɔrabl] adj. [personne] günstig gesinnt ; gnädig ; wohlwollend ; gewogen ; zugetan. | *Être favorable à qn*, jm gewogen, geneigt sein ; jm wohlwollen. | *N'être pas favorable à qn*, jm abgeneigt, abhold sein. || PAR ANAL. [chose] *Vent favorable*, günstiger Wind. | *Circonstances favorables*, günstige, glückliche Umstände m. pl.

favori, ite [-ri, it] adj. beliebt ; liebst ; Lieblings... | *Livre, Auteur favori*, Lieblingsbuch n., -dichter m. | *Mets favori*, liebste Speise ; Leibgericht n.

◇ m. **favori,** [cour] Günstling m. ; Favorit m. || PAR EXT. [d'une personne] Liebling m. || [cheval] aussichtsreichstes Pferd ; Favorit m.

◇ m. pl. **favoris,** [barbe] Backenbart m.

◇ f. **favorite,** [femme] Favoritin f.

favoriser [-rize] v. tr. [protéger] begünstigen. | *Favoriser qn*, jn begünstigen ; jm günstig gesinnt, gewogen, geneigt sein. || PAR ANAL. [préférer] bevorzugen ; den Vorrang geben (dat.). || PAR EXT. [aider, servir] (be)fördern ; Vorschub leisten (dat.) ; vorwärts bringen. | *Clause de la nation la plus favorisée*, Meistbegünstigungsklausel f.

— SYN. : *Avantager*, bevorzugen.

favoritisme [-ritism] m. Günstlings-, Vetternwirtschaft f. ; Vorzieherei f.

fayot [fajo] m. POP. [haricot] weiße Bohne || [personne zélée] POP. Kriecher m.

fébrifuge [febrify:ʒ] adj. MÉD. fiebersenkend.
◇ m. Fiebermittel n.

fébrile [-bril] adj. MÉD. fiebrig ; fiebernd ; fieberhaft ; hitzig ; in Fieber. | *Être fébrile*, fiebern ; Fieber haben. | *Pouls fébrile*, jagender Puls. || FIG. *Impatience fébrile*, fieberhafte Ungeduld.

fébrilité [-brilite] f. Fieberhaftigkeit f. || FIG. fieberhafte Aufgeregtheit ; Fiebrigkeit f.

fécal, ale, aux [fekal, o] adj. *Matières fécales*, Exkremente n. pl.

fécond, onde [fekɔ̃, ɔ̃:d] adj. fruchtbar, -bringend ; ergiebig ; schöpferisch ; reichhaltig. | *Activité féconde*, schöpferische Tätigkeit. || FIG. [abondant] *Imagination féconde*, blühende Phantasie.

fécondation [-dasjɔ̃] f. [sens général] Befruchtung f. || MÉD. Besamung f. ; FIG. Schwängern n.

féconder [-de] v. tr. befruchten ; fruchtbar machen. || MÉD. besamen ; FIG. schwängern.

fécondité [-dite] f. Fruchtbarkeit f. ; Ergiebigkeit f.

fécule [fekyl] f. CHIM. Stärkemehl n. || PAR EXT. [de pommes de terre] Kartoffelmehl n.

féculent, ente [-lɑ̃, ɑ̃:t] adj. stärkehaltig.

fédéral, ale, aux [federal, o] adj. bundes-, eidgenössisch ; Bundes... | *Conseil, Gouvernement fédéral*, Bundesrat m., -staat m., -regierung f. | *Diète fédérale*, Bundestag m. | *République fédérale d'Allemagne*, Bundesrepublik Deutschland.

fédéralisme [-ralism] m. Föderalismus m.
fédéraliste [-ralist] adj. bundesstaatlich ; föderalistisch.
◇ s. Föderalist(in) m. (f.).
fédératif, ive [-ratif, i:v] adj. bundesmäßig ; föderativ ; Bundes... | *État fédératif*, Bundesstaat m.
fédération [-rasjɔ̃] f. Bund m. ; Verbündung f. ; Verbindung f. ; Verband m. ; Föderation f. | *Fédération d'États*, Staatenbund. | *Fédération syndicale, ouvrière*, Gewerkschaftsbund.
— SYN. : *Confédération* f., Konföderation f. *Union* f., Vereinigung f.
fédérer [-re] v. tr. vereinigen ; zusammenschließen ; verbünden ; verbinden.
◇ part. pass. et adj. **fédéré, ée,** verbündet ; an-, zusammengeschlossen. || SUBSTANTIV. m. Verbündeter m. ; Bundesgenosse m. ; HIST. Föderierter m.
fée [fe] f. Fee f. ; Zauberin f. | *Conte de fées*, (Wunder)märchen n. | *Bonne fée*, hilfreiche, gute Fee ; FIG. Schutzgeist m. | *Mauvaise fée*, böse Zauberin ; FIG. böser Geist. | *La fée Carabosse*, alte bucklige Hexe. || FIG. *Avoir des doigts de fée*, Feenhände haben.
féerie [feeri] f. THÉÂTR. Märchendrama n. ; Schauspiel (n.) mit feenhafter Ausstattung. || FIG. Zauberbild n. ; zauberhafter Anblick ; Zauberei f.
féerique [-rik] adj. märchen-, zauber-, feenhaft. | *Monde féerique*, Zauberwelt f.
feindre [fɛ̃:dr] v. tr. vortäuschen, -geben, -machen ; (er)heucheln ; simulieren. | *Feindre l'amitié*, sich freundlich stellen ; sich als Freund aufspielen. | *Feindre de*, so tun, als ob. | *Feindre de se tromper*, sich angeblich täuschen. | *Feindre de dormir*, sich schlafend stellen.
◇ v. intr. sich verstellen ; angeben ; fingieren.
◇ part. pass. et adj. **feint, feinte,** erheuchelt ; heuchlerisch ; erkünstelt ; angeblich ; Schein...
— SYN. : *Simuler*, vortäuschen ; simulieren. *Faire semblant*, den Anschein geben. *Affecter*, angeben ; spielen.
feinte [fɛ̃:t] f. Verstellung f. ; Angabe f. || SPORT. Täuschung f. | [escrime] Finte f.
feinter [fɛ̃te] v. tr. SPORT. täuschen ; bluffen.
fêler [fɛle] v. tr. spalten. | *Fêler un verre*, ein Glas anschlagen ; dem Glas einen Sprung geben.
◇ part. pass. et adj. **fêlé, ée,** gespalten ; rissig ; brüchig. | *Être fêlé*, einen Riß haben. || FIG., FAM. *Il est un peu fêlé*, er hat einen Knacks.
félicitation [felisitasjɔ̃] f. Glückwunsch m. ; Beglückwünschung f. ; Gratulation f. | *Envoyer, Présenter, Transmettre ses félicitations à qn*, jm seine Glückwünsche senden, darbringen, übermitteln ; jn beglückwünschen. | *(Mes) félicitations !*, (ich) gratuliere !
félicité [-te] f. (Glück)seligkeit f. ; Glückszustand m. ; Wonne f. ; Segen m. | *Qui connaît la félicité*, (glück)selig. | *Comble de la félicité*, höchste Wonne ; höchstes Glück.
féliciter [-te] v. tr. beglückwünschen ; Glück wünschen (dat.) ; gratulieren (dat.). | *Féliciter qn de qch.*, jm zu etwas gratulieren.
◇ v. pr. **se féliciter de,** sich glücklich schätzen (können) zu...
— SYN. : *Complimenter*, komplimentieren. *Congratuler*, gratulieren.
félin, ine [felɛ̃, in] adj. katzenartig ; Katzen... || FIG. katzenfreundlich ; falsch.
◇ m. **félin,** Katze f. ; Katzenart f.
félon, onne [felɔ̃, ɔn] adj. treulos ; eidbrüchig.
félonie [-lɔni] f. Treulosigkeit f. ; Treu-, Wort-, Eidbruch m. ; Verrat m.
fêlure [fely:r] f. Riß m. ; Sprung m. ; Spalt m. ; Knick m.
femelle [fəmɛl] adj. weiblich ; PÉJOR. weibisch.
◇ f. ZOOL. Weibchen n. || PAR ANAL. [cervidé]...kuh f. || PAR EXT. [oiseau]...huhn n. ; ...henne f. || FIG., PÉJOR. [femme] Weibsbild n.
féminin, ine [feminɛ̃, in] adj. [de femme] weiblich ; frauenhaft ; Frauen... ; Weib(er)... | *Peu féminin*, unweiblich. | *Caractère féminin*, Weiblichkeit f. | *Personnage féminin*, Frauengestalt f. || FIG., PÉJOR. weibisch ; schwächlich. || GRAMM. *Genre féminin*, weibliches Geschlecht.
◇ m. **féminin,** *L'éternel féminin*, das Ewigweibliche. || GRAMM. Femininum n.
féminiser [-nize] v. tr. verweiblichen. || FIG., PÉJOR. weibisch machen ; verweichlichen ; IRON. verniedlichen.
féminisme [-nism] m. POLIT. Frauenbewegung f.
féministe [-nist] adj. Frauen... ; feministich. | *Mouvement féministe*, Frauenbewegung f.
◇ s. Frauenrechtler(in) m. (f.).
féminité [-nite] f. Weiblichkeit f. ; weibliches Verhalten.
femme [fam] f. Frau f. ; PÉJOR. Weib n. | *Jeune femme*, junge Frau. | *Femme honnête*, anständige, achtbare Frau. | *Femme entre deux âges*, ältere Frau, Dame f. | *Femme-objet*, Frau als Sexualobjekt. | *Condition de la femme*, Frauenstand f. | *Vêtements de femme*, Frauenkleider n. pl. ; [rayon d'un grand magasin] Damenbekleidung f. | *Faveur des femmes*, Frauengunst f. | *Ennemi des femmes*, Frauenfeind m. | *Homme à femmes*, Frauenheld m. || PAR EXAGÉR. [nuances] FAM. Frauenzimmer n. ; POP. Weibsbild n. ; PÉJOR. Mensch n. | *Femme de mauvaise vie, de mœurs légères*, Dirne f. ; Flittchen n. || POP. *Bonne femme*, Alte f. || PAR ANAL. [quant à ses occupations] Frau f. | *Femme d'intérieur*, gute Hausfrau. | *Maîtresse femme*, tüchtige Frau. | *Femme du monde*, Dame, Frau von Welt. | *Femme de chambre*, Zimmer-, Stubenmädchen n. ; Zofe f. | *Femme de ménage*, Putzfrau. | *(Femme) professeur*, Studienrätin f. ; Professorin f. | *Femme auteur*, Schriftstellerin f. | *Sage-femme*, Hebamme f. || PAR EXT. [épouse] Frau f. ; Ehefrau f., -gattin f. | *Femme (mariée)*, (verheiratete) Frau. | *Il l'a prise pour femme*, er hat sie geehelicht.
femmelette [-lɛt] f. PÉJOR. [homme] Weichling m. ; Schwächling m.
fémoral, ale, aux [femɔral, o] adj. ANAT. zum Oberschenkel gehörig.
fémur [-my:r] m. MÉD. Oberschenkelknochen m.
fenaison [fənɛzɔ̃] f. Heumachen n., -ernte f., -mahd f. | *Ils font la fenaison*, sie machen Heu.
fendiller (se) [sefɑ̃dije] v. pr. Risse, Sprünge bekommen ; rissig werden ; aufspringen (sépar.).
fendre [fɑ̃:dr] v. tr. spalten. || PAR ANAL. [nuances] auf-, zerspalten ; (auf)schlitzen ; splittern. | *Fendre du bois*, Holz spalten, hacken. || PAR EXT. *Fendre les vagues*, die Wellen teilen, durchschneiden, -furchen. | *Fendre l'air*, durch die Luft schießen, sausen, schwirren, fliegen. | *Fendre la foule*, sich durch die Menge drängen ; sich durchdrängen (sépar.). || FIG. [le cœur] zerreißen ; brechen. | *Cela vous fend le cœur*, das zerreißt einem das Herz ; das ist herzzerreißend. || LOC. *Il gèle à pierre fendre*, es friert Stein und Bein.
◇ part. pass. et adj. **fendu, ue,** gespalten ; längsgeteilt ; geschlitzt ; gerissen. | *Bois fendu*, Kleinholz n. || PAR EXT. *Yeux fendus en amande*, Schlitzaugen n. pl.
◇ v. pr. **se fendre,** (sich) spalten ; (zer)springen ; bersten ; reißen ; Risse, Sprünge bekommen. || FIG., FAM. *Se fendre de qch.*, etwas herausrücken.
fenêtre [fənɛ:tr] f. Fenster n. | *Fenêtre à guillotine*, Schiebefenster. | *Porte-fenêtre*, Fenstertür f. | *Fausse fenêtre*, blindes Fenster. | *Ouverture de fenêtre*, Fen-

sterloch n. | *Être à la fenêtre*, am Fenster stehen. | *Regarder par la fenêtre*, aus dem Fenster schauen ; zum Fenster hinaussehen. | *Tomber par la fenêtre*, aus dem Fenster fallen. || INF. *Fenêtre de dialogue*, Dialogfenster. || FIG. *Jeter l'argent par les fenêtres*, das Geld zum Fenster hinauswerfen.

fenil [fənil] m. Heuboden m.

fenouil [fənuj] m. BOT. Fenchel m.

fente [fɑ̃:t] f. Spalte f. ; Spalt m. || PAR ANAL. [nuances] Schlitz m. ; Riß m. ; Ritze f. ; Sprung m. | *Plein de fentes*, spaltig ; rissig. | *Faire une fente à qch.*, etwas aufschlitzen ; einen Schlitz anbringen.
— SYN. : *Fissure* f., enger Spalt. *Crevasse* f., Riß m. ; Kluft f. *Lézarde* f., Riß m.

féodal, ale, aux [feɔdal, o] adj. HIST. lehnsherr(schaft)lich ; feudal ; Lehns... ; Feudal... | *Bien, Droit, Régime féodal*, Lehnsgut n., -recht n., -herrschaft f. | *État féodal*, Feudalstaat m.

féodalité [-lite] f. Lehnswesen n., -recht n., -verfassung f. ; Feudalherrschaft f.

fer [fɛ:r] m. **1.** MATIÈRE : Eisen n. | *De, En fer*, aus, von Eisen ; eisern ; Eisen n. | *Barre, Cage de fer*, Eisenstange f., -käfig m. | *Fil de fer* (Eisen)draht m. | *Fer rouge*, glühendes Eisen. | *Qui contient du fer*, eisenhaltig. || FIG. *Avoir une santé de fer*, FAM. unverwüstlich sein. | *Volonté de fer*, eiserner Wille. || HIST. *Âge du fer*, Eisenzeit f. ; FIG. *Âge de fer*, eisernes Zeitalter. || *Minerai de fer*, Eisenerz n. | *Fer-blanc*, Weißblech n.
2. INSTRUMENT : Eisen n. | *Fer à cheval*, Hufeisen. | *Fer à repasser*, Bügeleisen. | *Mettre un fer à un cheval*, ein Pferd beschlagen. | *Donner un coup de fer à une robe*, ein Kleid aufbügeln. | *Fer de lance*, Speerspitze f. ; FIG. Stoßtrupp m. || PAR ANAL. *Fer rouge*, Brenneisen. | *Marquer au fer rouge*, einbrennen ; FIG. brandmarken. || PAR EXT. *Fer à friser*, Brennschere f. | *Fer à souder*, Lötkolben m. || FIG. [arme] Eisen n. ; Schwert n. ; Klinge f. ; POÉT. Stahl m. | *Croiser le fer*, die Klingen kreuzen.
3. m. pl. **fers,** [d'un captif] Ketten f. pl. ; Fesseln f. pl. ; (Hand)schellen f. pl. | *Mettre aux fers*, in Ketten legen, schlagen ; Fesseln anlegen (dat.). || FIG. *Briser ses fers*, sich entfesseln ; seine Ketten sprengen. | *Tomber les quatre fers en l'air*, alle viere in die Luft strecken, von sich geben.

féra(t) [fera] m. ZOOL. Felchen n.

fer-blanc [fɛrblɑ̃] m. Weißblech n.

ferblanterie [-tri] f. [atelier, commerce] Blechschmiede f. ; Klempnerei f. || PAR EXT. [articles] Klempner-, Blechwaren f. pl.

ferblantier [-tje] m. Klempner m. ; Blechschmied m.

fer-de-lance [-dəlɑ̃:s] m. (pl. **fers-de-lance**) ZOOL. [serpent] Lanzenotter f.

férié, iée [ferje] adj. *Jour férié*, Feier-, Festtag m.

férir [feri:r] v. tr. LOC. *Sans coup férir*, ohne jeden Handschlag, Schwertstreich ; widerstandslos.

fermage [fɛrma:ʒ] m. Pacht f. || PAR EXT. [redevance] Pachtgeld n., -zins m.

ferme [fɛrm] adj. **1.** SENS PROPRE : fest. || [solide] fest. | *Terrain ferme*, fester, sicherer Boden. | *Peu ferme*, locker ; wankend. || PARTICUL. [compact] *Chair ferme*, festes Fleisch. || PAR ANAL. [stable] *Être ferme sur ses jambes*, fest auf den Beinen stehen. | *Ferme en selle, sur ses étriers*, sattelfest. || PAR EXT. [vigoureux] stark ; kräftig ; kernig. | *Style ferme*, kerniger Stil.
2. SENS FIGURÉS : [assuré] sicher ; bestimmt. | *D'un ton ferme*, in bestimmtem Ton. | *D'un pas ferme*, mit sicherem Schritt. | *Jugement ferme*, sicheres Urteil. | *D'une main ferme*, mit sicherer Hand. || PAR EXT. [constant] fest ; standhaft ; beharrlich ; stetig ; unerschütterlich. | *Volonté ferme*, fester, unerschütterlicher Wille. | *De pied ferme*, festen Fußes ; unverrückbar. | *Rester ferme*, standhaft, unbeirrt bleiben ; nicht wanken. || COMM. *Achat ferme*, fester Kauf. | *Les cours sont fermes*, die Kurse behaupten sich. || GÉOGR. *Terre ferme*, Festland n.
◇ adv. fest ; kräftig. || LOC. *Travailler ferme*, tüchtig arbeiten. | *S'ennuyer ferme*, sich fürchterlich langweilen. | *Tenir ferme à son opinion*, an seiner Meinung festhalten. | *Promettre ferme*, felsenfest versprechen.

ferme [fɛrm] f. Pachtgut n. ; (Bauern)hof m. ; Gehöft n. | *À ferme*, pachtweise. | *Donner à ferme*, in Pacht geben ; verpachten. | *Prendre à ferme*, in Pacht nehmen ; pachten. | *Ferme modèle*, Mustergut n. || PAR EXT. *Produits de la ferme*, landwirtschaftliche Produkte n. pl.

fermement [-məmɑ̃] adv. fest.

ferment [fɛrmɑ̃] m. Gärungserreger m., -stoff m. ; Ferment n.

fermentation [-tasjɔ̃] f. Gärung f. ; Gärungsprozeß m. ; Fermentation f. | *Fermentation aérobie, anaérobie*, aerobe, anaerobe Fermentation. | *Fermentation lactique*, Milchsäuregärung f. | *Entrer en fermentation*, in Gärung übergehen. || FIG. [agitation] Aufruhrstimmung f.

fermenter [-te] v. intr. (ver)gären ; fermentieren. || PAR ANAL. [pâte] säuern. || PAR EXT. [boissons] arbeiten. || FIG. [esprits] gären ; hochgehen ; brodeln.
◇ part. pass. et adj. **fermenté, ée,** ge-, vergoren ; gesäuert ; POP. angegangen.

fermer [fɛrme] v. tr.

> **I.** v. tr.
> **a)** [sens général] schließen ; zumachen ; composés en « zu- », « ver- », « ab- ».
> **b)** [interdire l'accès] abschließen.
> **c)** LOC.
> **II.** v. intr. schließen ; zugehen.
> **III.** part. pass. **fermé, ée,** zu.
> **IV.** v. pr. **se fermer,** schließen ; zugehen.

I. — a) [sens général] schließen ; zumachen. | *Fermer une armoire à clef*, einen Schrank zu-, ver-, abschließen. | *Fermer à double tour*, doppelt verschließen. | *Que l'on peut fermer*, (ver)schließbar. || [nuances] zu... ; ver... ; ab... | *Fermer au verrou, au loquet*, zuriegeln, -klinken. | *Fermer en collant, en bouchant, en soudant, en cousant, en vissant*, zukleben, -stopfen, -löten, -nähen, -schrauben. | *Fermer les rideaux*, die Vorhänge zumachen, -ziehen, herunterlassen. | *Fermer un couteau*, ein Messer zuklappen.
b) [interdire l'accès] abschließen, -sperren. | *Fermer une usine*, einen Betrieb stillegen ; die Arbeiter aussperren. | *L'exposition ferme (ses portes)*, die Ausstellung wird geschlossen. | *Fermer sa porte à qn*, jm seine Tür verschließen. | *Fermer la frontière*, die Grenze sperren. || PAR EXT. [enclore] um-, ein-, zuschließen. | *Fermer un jardin*, einen Garten umzäunen, -mauern.
c) LOC. *Ne pas fermer l'œil (de la nuit)*, kein Auge zumachen. | *Fermer la marche*, als letzter gehen, ankommen ; den Zug schließen. || FIG. *Fermer les yeux sur qch.*, bei etwas ein Auge zudrücken ; nicht hinsehen. | *Fermer les yeux à qn*, jm die Augen zudrücken. | *Fermer la bouche à qn*, POP. jm das Maul stopfen.
II. v. intr. schließen ; zugehen. | *Cette valise ne ferme pas*, der Koffer geht nicht zu. || PAR EXT. [magasin] schließen ; geschlossen werden. | *On ferme !*, es ist Ladenschluß.

III. part. pass. et adj. **fermé, ée,** (ab)geschlossen ; zu. | *Être fermé*, zu sein. | *Tenir fermé*, zuhalten. | *Rester fermé*, zu bleiben. || FIG. *Être fermé à qch.*, für etwas unempfänglich, taub sein. || LOC., FIG. *Les yeux fermés*, mit geschlossenen Augen ; ohne Nachprüfung. | *Dormir à poings fermés*, wie ein Ratz schlafen. | *Cercle fermé*, geschlossene Gesellschaft.

IV. v. pr. **se fermer,** (sich) schließen ; zugehen, -klappen, -fallen. | *Ce couvercle se ferme tout seul*, der Deckel klappt von allein zu. | *Mes yeux se ferment*, mir fallen die Augen zu.

— SYN. : *Clore*, (zu)schließen. *Condamner*, ver-, zumauern. *Cadenasser*, ein Schloß vorhängen. *Verrouiller*, verriegeln.

fermeté [-məte] f. [sens général] Festigkeit f. || PAR EXT. Kraft f. ; Stärke f. ; Sicherheit f. || FIG. Standhaftigkeit f. ; Beharrlichkeit f. ; Entschlossenheit f.

fermeture [-məty:r] f. [action et résultat] Schließen n. ; Ver-, Ab-, Zuschließen n. ; (Ab)schluß m. ; Zumachen n. || [nuances] Zu... ; Ver... ; Ab... | *Fermeture au verrou*, Abriegelung f., -sperrung f. | *Fermeture du courant, de l'eau*, Strom-, Wasserabstellung f. || PAR ANAL. *Fermeture d'une usine*, Betriebsstillegung f. | *Fermeture des frontières*, Grenzsperre f. || PAR EXT. [mécanisme] Verschluß m. | *Fermeture Éclair, à glissière*, Reißverschluß.

fermier, ière [fɛrmje, jɛ:r] s. Pächter(in) m. (f.) ; Landwirt(in) m. (f.).

fermoir [fɛrmwa:r] m. Verschluß m. ; Schließhaken m. || TECHN. Schrot-, Stemmeisen n.

féroce [ferɔs] adj. wild ; grausam ; grimmig ; blutdürstig, -gierig. | *Bête féroce*, reißendes Tier ; Bestie f. || FIG. *Regard féroce*, wilder, grimmiger, wütender Blick. | *Appétit féroce*, Wolfsappetit m.

férocement [ferɔsmɑ̃] adv. grausam.

férocité [-site] f. Wildheit f. ; Grausamkeit f. ; Blutgier f. ; Grimm m.

ferrage [fɛra:ʒ] m. TECHN. Beschlagen n.

ferraille [-ra:j] f. Alteisen n. ; Schrott m. ; Eisenabfälle m. pl., -schrott m. ; Abfalleisen n. | *Jeter, Mettre à la ferraille*, verschrotten. || FIG. Plunder m. ; Kram m.

ferrailler [-raje] v. intr. [escrime] (mit Säbel, Messer) herumfuchteln ; sich schlagen ; ungeschickt fechten. || FIG. sich herumstreiten.

ferrailleur [-rajœ:r] m. Schrotthändler m.

ferrer [-re] v. tr. TECHN. mit Eisen beschlagen. | *Ferrer un cheval*, ein Pferd beschlagen. | *Ferrer à glace*, Schnee-Eisen anlegen. || [pêche] mit der Angel wippen ; anhauen.

◇ part. pass. et adj. **ferré, ée,** (mit Eisen) beschlagen. | *Souliers ferrés*, Nagelschuhe m. pl. | *Bâton ferré*, Bergstock m. || FIG., FAM. *Être ferré sur qch.*, in einer Sache gut bewandert sein ; sattelfest sein. || TRANSP. *Réseau ferré*, Eisenbahnnetz n. | *Voie ferrée*, Eisenbahn f. ; Schienenweg m.

ferreux, euse [-rø, ø:z] ou **ferrique** [fɛrik] adj. eisenhaltig ; Eisen... | *Minerais ferreux*, Eisenerze n. pl. | *Métal non ferreux*, Nichteisenmetall n. ; NE-Metall n.

ferronnerie [fɛrɔnri] f. [atelier] Eisengießerei f., -schmiede f. | *Ferronnerie d'art*, Kunstschmiede f. || PAR ANAL. [produits] Eisenwaren f. pl.

ferronnier, ière [-nje, jɛ:r] s. Kunstschmied m.

ferroutage [-ruta:ʒ] m. TRANSP. Huckepackverkehr m.

ferroviaire [-ɔvjɛ:r] adj. Eisenbahn... ; Schienen... | *Trafic ferroviaire*, Bahnverkehr m.

ferrugineux, euse [fɛryʒinø, ø:z] adj. eisenhaltig, -schüssig, -führend.

ferrure [-ry:r] f. (Eisen)beschlag m.

ferry-boat [fɛribot] m. Eisenbahnfähre f.

fertile [fɛrtil] adj. fruchtbar ; ergiebig ; (ertrag)reich. | *Fertile en blé*, reich an Korn ; kornreich. || FIG. [esprit] erfinderisch ; schöpferisch. || NUCL. *Matière fertile*, Brutstoff m.

fertilisation [-lizasjɔ̃] f. Fruchtbarmachung f.

fertiliser [-lize] v. tr. fruchtbar, ertragreich machen ; befruchten.

fertilité [-lite] f. Fruchtbarkeit f. ; Ertragsfähigkeit f. ; Ergiebigkeit f. || FIG. *Fertilité d'esprit*, Erfindungs-, Schöpfungskraft f.

féru, ue [fery] adj. LOC. *Être féru de qch.*, in eine Sache verliebt, vernarrt sein.

férule [feryl] f. Rute f. ; Fuchtel f. || FIG. *Être sous la férule de qn*, unter js Fuchtel stehen.

fervent, ente [fɛrvɑ̃, ɑ̃:t] adj. [pieux] fromm ; innig. || PAR EXT. [ardent] glühend ; inbrünstig ; feurig. || FIG. [passionné] leidenschaftlich.

ferveur [-vœ:r] f. Innigkeit f. ; (In)brunst f. ; Glut f. | *Avec ferveur*, innig ; inbrünstig ; heiß.

fesse [fɛs] f. Hinterbacke f.

◇ f. pl. **fesses,** Gesäß n. ; Hintern m. ; POP. Popo m.

fessée [-se] f. *Donner la fessée*, POP. den Hintern verbläuen.

fesser [-se] v. tr. den Hintern verbläuen, POP. versohlen. | *Se faire fesser*, Schläge bekommen.

fessier, ière [fɛsje, sjɛ:r] adj. Gesäß... | *Muscle fessier*, Gesäßmuskel m.

◇ m. **fessier,** ANAT. Gesäßmuskel m. || FAM. Hintern m.

festin [fɛstɛ̃] m. Gast-, Festmahl n. ; Schmaus m. ; Gelage n. ; Zeche f. ; Gasterei f.

— SYN. : *Ripaille, Bombance*, Prasserei.

festival [-tival] m. Festspiel n. ; festliche Aufführung ; Galaaufführung f. || MUS. Musikfest n.

festivité [-tivite] f. Festlichkeit f. ; feierlicher Anlaß ; Festivität f.

feston [fɛstɔ̃] m. Gehänge n. ; Gewinde n. || PAR EXT. Feston n. ; Stickereibesatz m.

festonner [-tɔne] v. tr. mit Girlanden behängen.

◇ part. pass. et adj. **festonné, ée,** gewunden ; ausgeschmückt. || ARCHIT. geschweift.

festoyer [fɛstwaje] v. intr. schmausen ; feiern ; sich gütlich tun.

fêtard [fɛta:r] m. Lebemann m.

fête [fɛ:t] f. [sens général] Fest n. ; Festlichkeit f. | *Donner, Organiser une fête*, ein Fest veranstalten. | *La fête bat son plein*, das Fest ist in vollem Gange. | *De fête*, festlich ; Fest... | *Fête foraine*, Jahrmarkt m. ; Kirmes f. | *Fête populaire, religieuse, champêtre*, Volks-, Kirchen-, Waldfest. | *Repas, Habits de fête*, Festessen n., -kleider n. pl. | *Salle des fêtes*, Festlokal n., -halle f. || PARTICUL. [solennité] Feier f. ; Feierlichkeit f. || PAR ANAL. *(Jour de) fête*, Fest-, Feiertag m. | *Dimanches et fêtes*, Sonn- und Feiertage. | *Fête des mères*, Muttertag m. | *Fête nationale*, Nationalfeiertag m. | *Fête des Morts*, Allerseelen f. pl. ; Allerseelentag m. | *Fête du travail*, Tag (m.) der Arbeit. || PAR EXT. [personne] Namenstag m. | *Souhaiter la fête à qn*, jm zum Namenstag gratulieren. | *C'est sa fête*, er hat Namenstag. || FIG. [joie, plaisir] Freude f. ; Fröhlichkeit f. ; Vergnügen n. | *Être en fête*, in gehobener Stimmung sein. | *Se faire une fête de qch.*, sich sehr auf eine Sache freuen. | *Ne pas être à la fête*, vieles einstecken müssen. | *Faire la fête*, ein tolles Leben führen. | *Faire fête à qn*, jn festlich empfangen, bewirten. || RELIG. *Fête d'obligation, mobile*, gesetzlicher, beweglicher Feiertag. | *Fête-Dieu*, Fronleichnam m.

fêter [fɛte] v. tr. feiern ; (festlich) begehen. || PAR EXT. [personne] *Fêter qn*, jn festlich empfangen ; jn feiern.

— SYN. : *Célébrer*, feiern ; zelebrieren. *Commémorer*, eine Gedächtnisfeier abhalten.

fétiche [fetiʃ] m. RELIG. Fetisch m. || FIG. Glücksbringer m. ; Talisman m.

fétichisme [-ʃism] m. RELIG. Fetischismus m. || FIG. blinde Verehrung.

fétichiste [-ʃist] s. Fetischist(in) m. (f.).

fétide [fetid] adj. stinkend ; übelriechend.

fétu [fety] m. (Stroh)halm m. || FIG. Nichts n.

feu [fø] m.

> **I.** SENS GÉNÉRAL :
> **a)** [élément] Feuer n. ; Flamme f. ;
> **b)** [foyer] Feuer n. ; Herd m. ;
> **c)** [incendie] Feuer n. ; Brand m. ;
> **d)** [lumière] Licht n.
> **II.** SENS FIGURÉS :
> **a)** [ardeur] Feuer n. ; Hitze f. ; Glut f.
> **b)** LOC.
> **III.** SENS PARTICULIERS et TECHN.
> **IV.** loc. adv. **en feu,** brennend.

I. SENS GÉNÉRAL. — **a)** [élément] Feuer n. | *Couleur feu*, feuerrote Farbe. | *Pierre à feu*, Feuerstein m. | *De feu*, Feuer... | *Colonne, Gerbe de feu*, Feuersäule f., -garbe f. | *Langue de feu*, züngelnde Flamme. | *Faire du feu*, Feuer (an)machen, erzeugen. | *Réfractaire au feu*, feuerfest. || PAR ANAL. *Feu de camp, de cheminée, de charbon*, Lager-, Kamin-, Kohlenfeuer. | *Grand feu*, Glut f. | *Faire, Allumer un feu*, ein Feuer anzünden, -stecken, -machen. | *Faire du feu dans une chambre*, ein Zimmer (an)heizen. | *Mettre le feu à qch.*, etwas anbrennen, -zünden, -stecken. | *Prendre feu*, anbrennen ; Feuer fangen. | *Souffler sur le feu*, das Feuer schüren. | *Demander du feu*, um Feuer bitten. — **b)** [foyer] Feuer n. ; Herd m. ; Feuerstätte f. ; Ofen m. | *Mettre la soupe sur le feu*, die Suppenschüssel aufsetzen. | *Au coin du feu*, am Herd, Feuer, Ofen. | *Sans feu ni lieu*, obdachlos ; heimatlos. — **c)** [incendie] Feuer n. ; Feuersbrunst f. ; Brand m. | *Il y a le feu*, es brennt. | *Au feu !*, Feuer ! | *Feu de cheminée*, Schornsteinbrand. | *Mettre le feu à une maison*, ein Haus anstecken, in Brand stecken ; Feuer an ein Haus legen. — **d)** [lumière] Licht n. | *Les feux d'un diamant*, das Blitzen, das Feuer eines Diamanten. | *Lancer des feux*, leuchten ; blitzen. | *Briller de tous ses feux*, strahlen. | *Feu follet*, Irrlicht n.

II. SENS FIGURÉS : **a)** [ardeur, fougue] Feuer n. ; Hitze f. ; Eifer m. ; Glut f. ; Flamme f. | *Être tout feu tout flamme pour qch.*, für etwas ganz Feuer und Flamme sein. | *Dans le feu de l'action*, in der Hitze des Gefechts. | *Plein de feu*, feurig ; lebhaft ; glut-, temperamentvoll. — **b)** LOC. *Feu de paille*, Strohfeuer n. | *Verser de l'huile sur le feu*, Öl aufs Feuer gießen. | *J'en mettrais ma main au feu*, ich würde meine Hand dafür ins Feuer legen. | *Faire long feu*, scheitern ; keinen Erfolg haben. | *Ne pas faire long feu*, nicht lange vor-, aushalten. | *Mettre à feu et à sang*, mit Feuer und Schwert verheeren. | *Faire la part du feu*, brennen lassen, was brennen will. | *Mettre le feu aux poudres*, die Lunte ans Pulverfaß legen.

III. SENS PARTICULIERS : *Feu d'artifice*, Feuerwerk n. ; Blendwerk n. | *Tirer un feu d'artifice*, ein Feuerwerk abbrennen. | *Feu de Bengale*, bengalisches Feuer. || MIL. Feuer n. ; Schießen n. | *Coup de feu*, Schuß m. | *Faire feu sur qn*, auf jn schießen, (los) feuern ; jn beschießen, unter Feuer nehmen. | *Marcher au feu*, ins Feuer marschieren. | *Feux croisés*, Kreuzfeuer. | *Feu roulant*, Trommelfeuer. | *Feu convergent*, Punkt-, Strichfeuer. || FIG. *Être pris entre deux feux*, zwischen zwei Feuer geraten ; in der Klemme sitzen. || [signalisation routière] Licht n. | *Feu rouge, vert*, rotes, grünes Licht. | *Feu clignotant*, Blinklicht ; Blinker m. | *Feux tricolores*, Verkehrsampel f. || AUTOM. [lanterne] Licht n. | *Feu rouge, arrière*, Schlußlicht. | *Feu de position*, Standlicht. | *Feux de détresse*, Warnlichter n. pl. | *Feux de gabarit*, Begrenzungsleuchten f. pl. | *Tous feux éteints*, ohne Licht ; unbeleuchtet. || THÉÂTRE. *Feux de la rampe*, Rampenlicht(er) n. (pl.).

IV. loc. adv. **en feu,** brennend ; in Brand. | *Mettre en feu*, in Brand stecken. | *Être en feu*, in Brand stehen ; brennen ; glühen. || FIG. *Avoir les joues en feu*, hochrote, glühende Wangen haben.

feu, feue [fø] adj. verstorben ; selig ; verewigt. | *Feu ma mère*, meine selige Mutter. | *La feue reine*, die verstorbene Königin.

feuillage [fœja:ʒ] m. Laub n. ; Laub-, Blattwerk n. ; Belaubung f. || ARCHIT. Laubverzierung f.

— SYN. : *Feuilles* f. pl., Blätter n. pl. ; Laub n. *Feuillée* f., Laub(werk) n. *Frondaison* f., Laub(dach) n.

feuillard [-ja:r] m. Bandeisen n., -holz n.

feuille [fœ:j] f. BOT. Blatt n. | *Feuille morte, dentelée*, dürres, gezahntes Blatt. | *Feuille de trèfle*, Kleeblatt. | *À quatre feuilles*, vierblätterig. | *Chute des feuilles*, Laubfall m. | *Couvert de feuilles*, belaubt ; blätterig. | *Perdre ses feuilles*, sich entblättern, -lauben. | *Sans feuilles*, blatt-, laublos ; entblättert. || FIG. *Trembler comme une feuille*, wie Espenlaub zittern. || PAR ANAL. [papier] Blatt n. | *Feuille de papier*, Blatt, Bogen (m.) Papier. | *Feuille de papier à dessin*, Zeichenbogen m. | *Mince comme une feuille*, hauchdünn. | *Feuille détachée, volante*, loses Blatt. || PAR EXT. [journal] Blatt n. ; Zeitung f. ; PÉJOR. *Feuille de chou*, Winkel-, Käseblatt. || *Feuille d'impôts*, Steuerzettel m. | *Feuille de maladie*, (*etwa*) Krankenschein m. | *Feuille de paie*, Gehaltsbescheinigung f. ; Lohnstreifen m. || TECHN. [métal] Blatt n. ; Tafel f. ; Folie f. ; Blech n. | *Feuille de plomb*, Bleifolie. | *Feuille d'or*, Goldblättchen n. | *Se détacher par feuilles*, abblättern.

feuillée [-je] f. Laub(werk) n. ; Laube f.

◇ f. pl. **feuillées,** MIL. Feldlatrine f.

feuille-morte [fœjmɔrt] adj. invar. [couleur] gelbbraun ; herbstgolden.

feuillet [fœjɛ] m. [papier] Blatt n. ; Blättchen n. ; Bogen m. || PAR EXT. [imprimé] (Druck)bogen m.

feuilleter [-jte] v. tr. [livre] (herum) blättern (in, dat.) ; ab-, um-, durchblättern ; mal durchsehen (sépar.). || [métal] walzen.

◇ part. pass. et adj. **feuilleté, ée,** blättrig ; geblättert. | *Pâte feuilletée*, Blätterteig m.

feuilleton [-jtɔ̃] m. Beiblatt n. ; Feuilleton n. | *Roman-feuilleton*, Fortsetzungsroman m.

feuillu, ue [-jy] adj. dichtbelaubt ; blätterreich. || LOC. *Les (arbres) feuillus*, die Laubbäume.

feuillure [fœjy:r] f. TECHN. Falz m. ; Anschlag m.

feuler [-le] v. intr. fauchen ; brüllen.

feutrage [føtra:ʒ] m. Verfilzen n. || PAR EXT. [laine] Abschaben n.

feutre [fø:tr] m. Filz m. | *De feutre*, filzen ; Filz... | *(Chapeau de) feutre*, Filzhut m. || [crayon-feutre] Filzstift m.

feutrer [-tre] v. tr. (ver) filzen ; mit Filz ausschlagen, füttern.

◇ part. pass. et adj. **feutré, ée,** filzig ; verfilzt ; mit Filz gefüttert. || [étouffé] dumpf ; gedämpft. | *À pas feutrés*, auf leisen Sohlen.

◇ v. pr. **se feutrer,** sich filzen ; schäbig werden.
fève [fɛ:v] f. BOT. Sau-, Schweine-, Pferdebohne.
février [fevrije] m. Februar m. ; Hornung m.
fez [fɛ:z] m. [coiffure] Fes m.
fi ! [fi] interj. pfui ! | *Faire fi de qch.*, pfui über etwas (acc.) sagen ; etwas mißachten.
fiabilité [fjabilite] f. Zuverlässigkeit f.
fiable [fjabl] adj. zuverlässig.
fiacre [fjakr] m. (Pferde) droschke f. ; Mietskutsche f. ; Fiaker m.
fiançailles [fijɑ̃sa:j] f. pl. [action] Verlobung f. || PAR ANAL. [fête] Verlobungsfeier f. || PAR EXT. [état] Brautstand m. || LOC. *De fiançailles*, Verlobungs... | *Célébrer les fiançailles*, sich verloben. | *Rompre les fiançailles*, die Verlobung aufheben.
fiancé, ée [-se] adj. verlobt ; versprochen.
◇ s. Verlobte(r) f. (m.) ; Bräutigam m. ; Braut f.
◇ m. pl. **fiancés,** Brautpaar n. ; Brautleute pl.
fiancer (se) [səfjɑ̃se] v. pr. sich verloben. | *Se fiancer à qn*, sich mit jm verloben.
fiasco [fjasko] m. Scheitern n. ; Fiasko n. | *Faire fiasco*, scheitern ; durchfallen ; danebengehen.
fibranne [fibran] f. Kunstfaser f. ; Zellwolle f.
fibre [fibr] f. ANAT., BOT. Faser f. ; Fiber f. || CHIM. *Fibre synthétique*, Kunstfaser f. || TECHN. *Fibre d'emballage*, Holzwolle f. | *Fibre optique*, Lichtwellenleiter m. ; Lichtleitfaser f. | *Fibre de verre*, Glasfaser f. || MÉD. *Fibres alimentaires*, Diätfaserstoffe m. pl. ; Ballaststoffe m. pl. || FIG. *Fibre paternelle*, Vaterherz n. | *Fibre poétique*, poetische Ader.
fibreux, euse [-brø, ø:z] adj. faserig.
fibrillation [-brilasjɔ̃] f. MÉD. Flimmern n.
Fibrociment [fibrosimɑ̃] m. Asbestzement m.
fibrome [fibro:m] m. MÉD. Fibrom n. ; Bindegewebegeschwulst f.
fibule [fibyl] f. HIST. Fibula f. ; Kleiderspange f.
ficeler [fisle] v. tr. schnüren ; ver-, zu-, zusammenschnüren ; binden. || FIG., FAM. *Être mal ficelé*, komisch angezogen sein.
ficelle [-sɛl] f. Bindfaden m. ; Schnur f. | *Bout de ficelle*, Stück (n.) Bindfaden. || CULIN. dünnes Stangenweißbrot. || FAM. [secret] (Kunst) kniff m.
fiche [fiʃ] f. Zettel m. ; Marke f. | *Fiche de contrôle*, Kontrollzettel m. ; Anhängemarke f. || PAR ANAL. [à classer] Karte f. ; Karteiblatt n., -karte f. || PAR EXT. [individuelle] Personalkarte f., -bogen m. | *Fiche d'état civil*, Personenstandsurkunde f. | *Fiche de paie*, Lohnbescheinigung f. ; Gehaltsstreifen m. || [au jeu] Marke f. || ÉLECTR. *Fiche mâle*, Stecker m. ; Stöpsel m. | *Fiche femelle*, Kupplungsdose f. ; Buchse f. || TECHN. Bolzen m. ; Pflock m. | *Fiche technique*, Leistungsblatt n. ; technische Daten n. pl.
ficher [fiʃe] v. tr. [enfoncer] einschlagen, -rammen, -stecken ; stöpseln. || PAR ANAL., FAM. [donner] *Ficher un coup*, eins versetzen. || PAR EXT., FAM. [jeter] schmeißen ; werfen. | *Ficher par terre*, auf den Boden pfeffern, werfen. || LOC., POP. *Fiche-moi le camp !*, raus ! ; hau ja hier ab ! || *Fiche-moi la paix !*, laß mich in Ruhe ! || [consigner] registrieren.
◇ part. pass. et adj. **fiché, ée,** *Être fiché en terre*, im Boden stecken ; aufgepflanzt sein. || [police] *Être fiché*, registriert sein.
◇ v. pr. **se ficher,** FAM. *Se ficher par terre*, sich lang hinlegen ; POP. den Boden messen. || FIG., FAM. [se moquer] *Se ficher de qn*, sich über jn lustig machen. | *Je m'en fiche*, ich pfeife drauf ; ist mir Wurst, schnuppe.
fichier [fiʃje] m. Kartei f. ; Kartothek f. ; Zettelkasten m. || INF. Datei f. | *Fichier principal*, Stammdatei. | *Création de fichier*, Dateigenerierung f. | *Éditeur de fichier*, Dateiaufbereiter m. ; Dateieditor m. | *Gestion de fichier*, Dateiverwaltung f.
fichtre [fiʃtr] interj. FAM. verflixt ! ; verdammt !
fichtrement [-ʃtrəmɑ̃] adv. verdammt.
fichu, ue [fiʃy] adj. FAM. [mauvais] erbärmlich ; schlecht. | *Fichu repas*, kümmerliches Essen. || PAR ANAL. *Fichu caractère*, mieser Charakter. | *Quelle fichue histoire !*, welch eine verflixte, verdammte Geschichte ! || PAR EXT., POP. [perdu] verloren ; hops. | [détérioré] futsch ; kaputt. || FIG., FAM. [formé] gebaut ; gewachsen. | *Être bien fichu*, von stattlichem, schönem Wuchs sein. | *Mal fichu*, klapp(e)rig ; schmächtig ; kümmerlich. || PAR EXT. *Je suis mal fichu*, ich bin nicht ganz in Ordnung ; ich fühle mich elend.
◇ m. **fichu,** Schal m. ; Hals-, Busentuch n. ; Brusttuch n.
fictif, ive [fiktif, i:v] adj. angenommen ; fingiert ; erdichtet ; Schein... | *Facture fictive*, Proformarechnung f. | *Valeur fictive*, angenommener Wert. | *Vente fictive*, Scheinverkauf m.
fiction [-sjɔ̃] f. Erdichtung f. ; Traum-, Trug-, Wunschbild n. ; Fiktion f.
fidèle [fidɛl] adj. [attaché] (ge)treu ; ergeben ; anhänglich. | *Être fidèle à qn*, jm treu sein. || PAR ANAL. [constant] *Être fidèle à sa parole*, treu zu seinem Wort stehen. | *Être fidèle à ses habitudes*, an seinen Gewohnheiten festhalten. || PAR EXT. [exact] genau ; wahrheitsgemäß. | *Donner un récit fidèle*, wortgetreu wiedergeben. | *Fidèle au rendez-vous*, pünktlich.
◇ s. Getreue(r) f. (m.). || RELIG. Gläubige(r) f. (m.).
fidèlement [-dɛlmɑ̃] adv. treu ; getreu(lich).
fidéliser [-delize] v. tr. *Fidéliser un public, des auditeurs*, sich eine Stammkundschaft, eine Stammhörerschaft erschlißen.
fidélité [-te] f. Treue f. ; Ergebenheit f. ; Anhänglichkeit f. | *Serment de fidélité*, Treueid m. || PAR ANAL. *Fidélité à une habitude*, Festhalten (n.) an einer Gewohnheit. || PAR EXT. [exactitude] Genauigkeit f. ; Wahrheitsgemäßheit f. | *Fidélité d'une traduction*, Genauigkeit einer Übersetzung. | *Fidélité de la mémoire*, Zuverlässigkeit (f.) des Gedächtnisses.
fiduciaire [fidysiɛ:r] adj. FIN. treuhänderisch. | *Circulation fiduciaire*, Geldumlauf m. | *Monnaie fiduciaire*, Papiergeld n. | *Société fiduciaire*, Treuhandgesellschaft f.
fief [fjɛf] m. HIST. Lehen n. ; Lehnsgut n. ; verliehenes, dingliches Recht. | *Donner en fief*, zu Lehen geben.
fieffé, ée [fjɛfe] adj. FIG., PÉJOR. abgefeimt ; POP. mit allen Wassern gewaschen ; Erz... | *Fieffé coquin, menteur*, Erzschurke, -lügner m.
fiel [fjɛl] m. Galle f. || FIG., PÉJOR. Bitterkeit f. ; Gehässigkeit f. ; Bosheit f.
fielleux, euse [-lø, ø:z] adj. gallig. FIG., PÉJOR. bitter ; gehässig ; giftig.
fiente [fjɑ̃:t] f. Mist m. ; Dreck m. ; Kot m.
fier (se) [səfje] v. pr. *Se fier à qn*, jm (ver)trauen ; Ver-, Zutrauen zu jm haben ; auf jn bauen ; sich auf jn verlassen. | *Se fier à la parole de qn*, sich auf js Wort verlassen. | *À qui l'on peut se fier*, zuverlässig.
fier, fière [fjɛ:r] adj. stolz. | *Fier de*, stolz auf (acc.). | *Fier de sa victoire*, stolz auf, über seinen Sieg. || PAR ANAL. [noble] *Âme fière*, edles Gemüt. || PAR EXT. [audacieux] kühn. || FIG., PÉJOR. [orgueilleux] hochmütig, -fahrend ; überheblich. | *Faire le fier*, prahlen.
fier-à-bras [fjɛrabra] m. [matamore] Muskelheld m. ; Kraftmeier m. ; Prahlhans m.
fièrement [-mɑ̃] adv. stolz.

fierté [-te] f. Stolz m. ; Selbstgefühl n. || FIG., PÉJOR. Hochmut m.

fièvre [fjɛ:vr] f. MÉD. Fieber n. | *Avoir de la fièvre*, Fieber haben ; fiebrig sein ; fiebern. | *Grelotter de fièvre*, Schüttelfrost haben. | *Accès de fièvre*, Fieberanfall m. | *Fièvre jaune*, Gelbfieber. | *Fièvre intermittente, de lait*, Wechsel-, Kindbettfieber. | *Fièvre typhoïde*, Typhus m. | *Avoir une fièvre de cheval*, hohes Fieber haben. || FIG. [agitation, passion] Fieber n. ; Unruhe f. ; Er-, Aufregung f. ; Hitze f. ; Erhitzung f. | *Fièvre du départ*, Reisefieber.

fiévreusement [fjevrøzmɑ̃] adv. FIG. fieberhaft.

fiévreux, euse [-vrø, ø:z] adj. fiebrig ; fieberhaft ; fieberkrank ; Fieber... ; mit Fieber. || FIG. aufgeregt ; unruhig ; sehr erregt. | *Ardeur fiévreuse*, Fieberhitze f. | *Activité fiévreuse*, fieberhafte Tätigkeit.

fifre [fifr] m. MUS. [instrument] Querpfeife f. || PAR EXT. [musicien] Pfeifer m.

figer [fiʒe] v. tr. gerinnen machen ; zum Gerinnen bringen ; eindicken. || FIG. zum Erstarren bringen.
◇ part. pass. et adj. **figé, ée,** geronnen ; dick. | *Huile figée*, dickflüssiges Öl. | *Graisse figée*, erkaltetes, ranziges Fett. || FIG. *Être figé de frayeur*, vor Schrecken erstarrt dastehen. | *Expression figée*, stehende Redewendung.
◇ v. intr. et v. pr. **se figer,** gerinnen ; dick werden. || FIG. erstarren ; stocken.

fignoler [fiɲɔle] v. tr. et v. intr. FAM., TECHN. [parfaire] ausputzen, -meißeln, -polieren. || PAR EXT. [œuvre] mit größter Sorgfalt (be)arbeiten ; einer Sache den letzten Schliff geben.

figue [fig] f. BOT. Feige f. || FIG. *Mi-figue, mi-raisin*, halb lachend, halb weinend.

figuier [-gje] m. BOT. Feigenbaum m.

figurant, ante [figyrɑ̃, ɑ̃:t] s. THÉÂTRE. Statist(in) m. (f.) ; Komparse m.

figuratif, ive [-ratif, i:v] adj. bildlich, -haft ; symbolisch ; darstellhaft. || ARTS. *Peinture figurative*, darstellende Malerei.

figuration [-rasjɔ̃] f. bildhafte Darstellung ; Verbildlichung f. ; Gestaltung f. || THÉÂTRE. Statisterie f. ; Komparserie f. | *Faire de la figuration*, als Statist auftreten, arbeiten.

figure [figy:r] f. [forme extérieure] Gestalt f. ; Form f. ; Figur f. | *Figure de cire*, Wachsfigur. | *Donner figure à qch.*, etwas gestalten ; einem Ding Form geben. | *Prendre figure*, Form, Gestalt annehmen. || [image] Bild n. ; Abbildung f. ; Figur f. || PAR EXT. [visage] (An)gesicht n. ; POÉT. Antlitz n. | *En pleine figure*, mitten ins Gesicht. || FIG. *Faire une triste figure*, ein langes Gesicht machen. | [air, apparence] Aussehen n. ; Haltung f. ; Rolle f. | *N'avoir plus figure humaine*, nicht mehr menschenähnlich aussehen. | *Faire bonne figure à qn*, jm freundlich begegnen. || [symbole] (Sinn)bild n. ; Gleichnis n. || MATH. Figur f. | *Faire la figure*, die Figur zeichnen. || [danse] Figur f. || [patinage] *Figures imposées*, Pflichtlauf m. | *Figures libres*, Kürlauf m. || GRAMM. Metapher f. | *Figures de style*, Stilfiguren f. pl.
— SYN. : *Visage* m., Gesicht n. *Tête* f., Kopf m.

figurer [-re] v. tr. [former] gestalten ; bilden ; formen. || PAR EXT. [représenter] bildlich darstellen ; verbildlichen ; veranschaulichen.
◇ v. intr. [apparaître] erscheinen ; sich zeigen. || PAR EXT. *Figurer sur une liste*, auf einer Liste stehen. || THÉÂTRE. Statist sein.
◇ part. pass. et adj. **figuré, ée,** bildlich. || LOC. *Langage figuré*, Bildersprache f. | *Au (sens) figuré*, bildlich (gesprochen) ; im übertragenen Sinne.
◇ v. pr. **se figurer,** [s'imaginer] sich vorstellen ; sich vergegenwärtigen ; sich denken ; sich einbilden. | *Figure-toi*, stell dir vor.

figurine [-rin] f. Figürchen n. ; Statuette f. || PAR EXT. [timbre] Postwertzeichen n.

fil [fil] m. **1.** [textiles] Faden m. | *Fil de soie, de lin, de laine*, Seiden-, Leinen-, Wollfaden. | *Un bout de fil*, ein Stückchen, Ende Faden. || FIG. *Comme un fil*, hauchdünn. || [à brins tordus] Garn n. ; Zwirn m. | *Fil à coudre, à repriser, à broder*, Näh-, Stopf-, Stickgarn. | *Pur fil*, reines Leinen. | *Fil peigné*, Kammgarn. || PAR ANAL. [fibre] Faser f. | *Fils du bois, des haricots*, Holz-, Bohnenfasern f. pl. | *Ôter les fils*, abfasern, -fädeln. || MÉD. *Fil dentaire*, Zahnseide f.
2. [métal] Draht m. | *Fil de fer*, (Eisen)draht. | *Fil de fer barbelé*, Stacheldraht. | *Fil de cuivre, d'argent*, Kupfer-, Silberdraht. || PAR EXT. [tranchant] Schneide f. ; Schärfe f. || MIL. *Passer au fil de l'épée*, über die Klinge springen lassen. || TECHN. *Fil à plomb*, Senklot n.
3. SENS FIG. *Fil de la Vierge*, Marienfaden m. | *Fil de l'eau*, Wasserlauf m. ; Strömung f. | *Au fil de l'eau*, flußabwärts ; mit dem Strom. || [fragilité, difficulté] Faden m. | *Ne tenir qu'à un fil*, nur an einem (seidenen) Faden hängen ; auf der Kippe stehen. | *Cousu de fil blanc*, fadenscheinig. | *Donner du fil à retordre*, viel zu schaffen machen. || [suite, liaison] (Leit)faden m. ; Lauf m. | *Fil de la vie*, Lebensfaden, -lauf. | *Fil d'Ariane*, Ariadnefaden. | *Fil conducteur*, roter Faden. | *Perdre le fil*, den Faden verlieren ; aus dem Konzept kommen. | *De fil en aiguille*, im Laufe des Gesprächs.
4. ÉLECTR. Draht m. ; Leiter m. ; Leitung f. | *Fil conducteur, neutre*, Strom-, Nulleiter. | *À trois fils*, dreiadrig. || RADIO. *Télégraphie sans fil (T.S.F.)*, Radio n. || FAM. *Coup de fil*, Telefonanruf m. | *Donner un coup de fil à qn*, jn anrufen.

filament [filamɑ̃] m. [fibre] Faser f. ; Fädchen n. || ÉLECTR. [lampe] Glühdraht m., -faden m.

filamenteux, euse [-tø, ø:z] adj. faserig ; (auf)gefasert ; fadenförmig.

filandreux, euse [-drø, ø:z] adj. faserig ; gefasert ; sehnig. || FIG. *Orateur filandreux*, langatmiger, weitschweifiger Redner.

filant, ante [filɑ̃, ɑ̃:t] adj. [liquide] dickflüssig ; zähe. || ASTRON. *Étoile filante*, Sternschnuppe f.

filasse [fila:s] f. Werg n. ; Bast m. ; Flachs m. ; Hanf m. || FIG. *Cheveux filasse*, flachs-, strohgelbe Haare n. pl. | *Blond filasse*, flachsblond.

filature [filaty:r] f. TECHN. Spinnerei f. || FIG. *Prendre qn en filature*, jm heimlich nachgehen, folgen ; jn beschatten.

file [fil] f. [rangée] Reihe f. ; Zug m. | *File de maisons*, Häuserreihe. | *Une longue file de voitures*, eine lange Schlange von Fahrzeugen. | *File d'attente*, Schlange f. ; [en informatique] Warteschlange f. | *Dernière file*, Hinterreihe. | *Se ranger par files*, sich reihenweise aufstellen ; sich aneinanderreihen. | *Se mettre à la file, Prendre la file*, sich anstellen. | *À la file*, der Reihe nach ; hinter-, nacheinander. | *En file indienne*, im Gänsemarsch. || MIL. Reihe f. ; Glied n. ; Rotte f. || FIG. *Chef de file*, Leiter m. ; führender Kopf.

filer [-le] v. tr. spinnen ; aus-, verspinnen. || PAR ANAL. [araignée] weben. || PAR EXT. [bobine] spulen. || FIG. *Il file un mauvais coton*, er ist schief gewickelt ; es steht schlecht mit ihm. | *Filer des jours heureux*, eine Reihe glücklicher Tage verbringen. | *Filer le parfait amour*, im Liebesglück schwelgen ; im siebten Himmel sein. | *Filer un voleur*, einem Dieb heimlich nachgehen ; einen Dieb beschatten. || MAR. *Filer l'ancre*, Anker werfen. | *Filer un câble*, ein Tau nachlassen.

◇ v. intr. [aller vite] *Filer (à toute allure)*, dahinsausen, -brausen, -fliegen, -flitzen. | *Filer comme une flèche, un trait*, pfeilgeschwind dahinschießen. || PAR EXT., FAM. [s'en aller] weg-, davonlaufen ; sich aus dem Staube machen. | *Filer à l'anglaise*, POP. verduften ; sich verdrücken. | *File !*, fort ! ; hau' ab ! ; mach', daß du fortkommst ! || FIG. [temps] zerrinnen ; dahinfliegen ; (schnell) verstreichen. || PAR ANAL. *L'argent lui file entre les doigts*, das Geld zerrinnt ihm unter den Fingern. ◇ part. pass. et adj. **filé, ée,** gesponnen. || MUS. *Sons filés*, getragene Töne. | *Corde filée*, umsponnene Saite.

filet [filɛ] m. [sens général] Netz n. | *Mailles d'un filet*, Netzmaschen f. pl. || PAR ANAL. *Filet à provisions*, Einkaufnetz. | *Filet pour les cheveux*, Haarnetz. | *Filet de tennis*, Tennisnetz. || TRANSP. *Filet à bagages*, Gepäcknetz. || PAR EXT. [engin] Fang-, Fisch-, Stell-, Jagdnetz n. ; Garn n. | *Tendre un filet*, ein Netz stellen ; FIG. eine Falle stellen. | *Être pris dans les filets de qn*, von jm umstrickt, umgarnt sein. || FIG. *Beau coup de filet*, guter Fang. | [petite quantité] *Filet d'air*, (schwacher) Luftzug. | *Filet d'eau*, (dünner) Wasserstrahl. | *Un filet de vinaigre*, eine Idee Essig. | *Filet de voix*, dünnes Stimmchen. | *Filet de lumière*, Lichtstreifen m. || CULIN. [viande] Filet n. | *Faux filet*, Lendenstück n. || TECHN. [vis] (Außen)gewinde n.

fileter [-te] v. tr. mit Gewinde versehen ; Gewinde schneiden. | *Tour à fileter*, Gewindedrehbank f. | *Bague filetée*, Gewindering m.

filial, iale, iaux [filjal, jo] adj. kindlich ; Kindes... | *Amour filial*, Kindesliebe f. | *Devoirs filiaux*, Sohnes-, Kindespflichten f. pl.
◇ f. **filiale,** COMM. Tochtergesellschaft f., -betrieb m. ; Zweiggeschäft n., -niederlassung f. ; Filiale f. ; Agentur f. | *Filiale de banque*, Bankfiliale.

filiation [-sjɔ̃] f. Kindschaft f. ; Abkunft f. ; (direkte) Abstammung. || FIG. [idées] Verbindung f. ; Folge f. ; Verkettung f.

filière [filjɛ:r] f. TECHN. [outil] Zieh-, Gewinde-, Schneideisen n. || PAR EXT. [fabrique] Ziehwerk n. || NUCL. Linie f. ; Reaktortyp m. || FIG. [voie] *Filière administrative*, Dienstweg m.

filiforme [filifɔrm] adj. fadenförmig, -dünn.

filigrane [-gran] m. feinste Draht-, Filigranarbeit ; Filigran n. || FIN. [billet] Wasserzeichen n. || FIG. *En filigrane*, im Hintergrund ; zwischen den Zeilen.

filin [filɛ̃] m. MAR. Tauwerk n. ; Trosse f.

fille [fi:j] f. [parenté] Tochter f. ; Kind n. | *Petite-fille*, Enkelin f. | *Belle-fille*, Schwiegertochter. | *Fille d'un second lit*, Stieftochter. | *Fille aînée*, älteste Tochter. | *Mademoiselle votre fille*, Ihr Fräulein Tochter. | *De fille*, töchterlich. || PAR ANAL. [non mariée] Mädchen n. ; Jungfrau f. | *Petite fille*, (kleines) Mädchen. | *Jeune fille*, Mädchen ; junge Dame ; FAM. Mädel n. | *De jeune fille*, mädchenhaft ; jungfräulich ; Mädchen... ; Jungfrau... | *Vieille fille*, alte Jungfer. | *Rester vieille fille*, ledig bleiben ; PÉJOR. sitzen bleiben. | *Fille mère*, unverheiratete Mutter. || PAR EXT. [servante] *Fille de service*, Dienstmädchen. | *Fille de salle*, Kellnerin f. || FIG., PÉJOR. leichtes Mädchen ; Dirne f. | VX. *Fille de joie*, Freudenmädchen. | VX. *Fille publique*, Straßendirne. || RELIG. [d'un ordre] Nonne f.

fillette [-jɛt] f. [parenté] Töchterchen n. || PAR EXT. (kleines) Mädchen ; FAM. Mädel n.

filleul, eule [fijœl] s. Tauf-, Patenkind n.

film [film] m. Film m. | *Film sonore, parlant, muet, en couleurs, documentaire*, Klang-, Sprech-, Stumm-, Farb-, Kulturfilm. | *Film d'avant-garde, policier, à grand spectacle*, Spitzen-, Kriminal-, Ausstattungsfilm. | *Tourner (un film)*, einen Film drehen ; verfilmen. || [pellicule] Film m.

filmer [-me] v. tr. (ver)filmen ; drehen ; kurbeln.

filmographie [filmɔgrafi] f. Filmverzeichnis n.

filon [filɔ̃] m. GÉOL. [couche] (Erz)gang m. ; Ader f. || FIG., FAM. *Avoir le filon*, einen guten Posten haben.

filou [filu] m. Gauner m. ; Spitzbube m. ; Dieb m. ; Betrüger m. ; Falschspieler m. ; Schuft m. | *De filou*, spitzbübisch ; gaunerhaft.

filouter [-te] v. tr. stibitzen ; begaunern ; hintergehen ; hineinlegen ; prellen ; POP. mogeln.

filouterie [-tri] f. Betrügerei f. ; Beutelschneiderei f.

fils [fis] m. [parenté] Sohn m. || FAM. Junge m. ; Kind n. || *Beau-fils*, Schwiegersohn. | *Fils d'un second lit*, Stiefsohn. | *Petit-fils*, Enkel m. | *Fils adoptif*, Adoptivsohn. | *Fils aîné, unique*, ältester, einziger Sohn. | *Fils naturel*, natürlicher, unehelicher Sohn. | *Fils à papa*, Muttersöhnchen n. ; FAM. verzogener Bengel. | *Le fils de la maison*, der junge Herr. || FIG. *Être fils de ses œuvres*, sich alles selbst verdanken. || RELIG. *Fils de l'Homme*, Menschensohn.
— SYN. : *Garçon*, Knabe ; Junge m. ; Bub.

filtrage [filtra:ʒ] m. Filtern n. ; (Durch)filtrieren n. ; Filtrierung f.

filtre [filtr] m. Filter(einsatz) m. ; Seihe f. | *Filtre à air, à charbon, à café*, Luft-, Kohle-, Kaffeefilter. | *Filtre à huile*, Ölreiniger m., -filter. | *Papier-filtre*, Filtrierpapier n. | *Passer au filtre*, durch den Filter gießen. | *Cigarette à bout filtre*, Filterzigarette f. || PHOT. Filter m. *Filtre jaune*, Gelbfilter.

filtrer [-tre] v. tr. filtern ; (durch)filtrieren ; (durch)-seihen. | *Appareil à filtrer*, Filtrierapparat m. || PAR EXT. *Filtrer l'accès*, den Zugang kontrollieren.
◇ v. intr. durchsickern, -laufen. || PAR EXT. *La lumière filtre à travers le feuillage*, das Licht dringt, bricht durch das Laubwerk.

fin [fɛ̃] f. **1.** [bout, terme] Ende n. ; Schluß m. ; Ausgang m. | *Fin de course*, Endspurt m. | *Sans fin*, endlos ; unendlich ; unaufhörlich. | *De la fin*, End... | *Mettre fin à qch.*, mit etwas Schluß machen ; etwas beendigen, einstellen. | *Mener qch. à bonne fin*, etwas gut zu Ende führen ; etwas glücklich vollbringen. | *Toucher, Tirer à sa fin*, sich seinem Ende nähern ; zur Neige gehen. | *Avoir une fin*, ein Ende haben ; enden. | *Attendons la fin*, warten wir (ab), wie die Sache ausläuft ! || FAM. *C'est la fin de tout !*, da hört doch alles auf ! || *Vers la fin de l'année*, gegen Jahresende. | *À la fin (de) juillet*, Ende Juli ; gegen Ausgang Juli. | *Vers la fin du siècle*, um die Jahrhundertwende. | *En fin de compte*, letzten Endes ; zu guter Letzt. || COMM. *Fin courant*, Ende dieses Monats. || ÉCON. *Être en fin de droit*, nicht mehr anspruchsberechtigt sein. || PAR ANAL. [achèvement] Beendigung f. || PAR EXT. [existence] Lebensende n. | *Sa fin approche*, mit ihm geht's zu Ende. | *Avoir une belle fin*, eines schönen Todes sterben ; RELIG. selig dahinscheiden. | *Mettre fin à ses jours*, seinem Leben ein Ende setzen. | *Fin du monde*, Untergang (m.) der Welt.
2. FIG. [but] Ende n. ; Zweck m. ; Absicht f. ; Ziel n. | *À cette fin*, zu diesem Zweck m. ; deshalb. | *Arriver à ses fins*, seinen Willen durchsetzen (sépar.). | *La fin justifie les moyens*, der Zweck heiligt die Mittel. | *À toutes fins utiles*, auf alle Fälle. || JUR. *Fin de non-recevoir*, abschlägiger Bescheid. || PHILOS. Endzweck m. | *Fin en soi*, Selbstzweck m.

fin, fine [fɛ̃, fin] adj. [sens général] fein. || [mince, délié] fein ; dünn ; zart ; eng. | *Fil fin*, feiner, dünner Draht, Faden. | *Linge fin*, feine Wäsche ; Damast m. | *Écriture fine*, feine, enge Schrift. | *À mailles fines*, engmaschig. | *Taille fine*, schlanke Taille. | *Pluie fine*,

Nieselregen m. || PAR ANAL. [pur] fein ; rein ; echt. | *Or fin*, Feingold n. ; reines Gold. | *Pierres fines*, echte Steine m. pl. ; Edelsteine m. pl. || [supérieur] fein ; edel. | *Vin fin*, edler, feiner Wein. | *Fine fleur de la société*, auserlesene Gesellschaft. || PAR EXT. [sens] fein. | *Avoir l'oreille fine*, ein scharfes Gehör haben. | *Avoir le nez fin*, eine gute Nase haben. | *Fine bouche*, Feinschmecker m. || FIG. [esprit] fein ; scharfsinnig ; feinsinnig, -fühlend ; klug ; schlau. | *Le fin mot*, das entscheidende Wort ; des Pudels Kern. | *Trouver le fin mot de qch.*, dahinterkommen.

◇ loc. prép. **au fin fond de,** tief in (dat. ou acc.) ; im Innersten (gén.).

◇ m. **fin,** LOC. *Jouer au plus fin avec qn*, jn überlisten wollen. | *Le fin du fin*, das Allerfeinste ; das Allerbeste.

final, ale, als [final] adj. endlich ; endgültig ; schließlich ; End... ; Schluß... || LOC. *Point final*, Schlußpunkt m. | *Accord final*, Ausklang m. | *Syllabe finale*, Endsilbe f. ; Auslaut m.

◇ m. **finale** ou **final,** MUS. Finale n. ; Schlußsatz m.

◇ f. **finale,** SPORT. Endkampf m., -spiel n., -runde f. || GRAMM. Endsilbe f., -buchstabe m.

finalement [-lmɑ̃] adv. endlich ; schließlich ; am Ende ; zuletzt ; zum Schluß.

finalité [-lite] f. PHILOS. Zweckbestimmtheit f. ; Endzweck m. ; Finalität f.

finance [finɑ̃:s] f. Bargeld n. ; Barschaft f. | *Moyennant finance*, gegen Zahlung. || PAR EXT. Finanz(welt) f.

◇ f. pl. **finances,** [Trésor] Finanzen f. pl. ; Finanz-, Geldwesen n. ; Finanzwissenschaft f. | *Finances publiques, de l'État*, Staatshaushalt m. ; öffentliche Finanzen f. pl. | *Loi de finances*, Haushalts-, Budgetgesetz n. | *Ministre des Finances*, Finanzminister m. || *(Administration des) Finances*, Finanzamt n.

financement [-smɑ̃] m. COMM. Finanzierung f.

financer [-se] v. tr. Geldmittel vorstrecken, -schießen ; finanzieren.

financier, ière [-sje, jɛ:r] adj. geldlich ; finanziell ; Finanz... | *Embarras financiers*, Geldschwierigkeiten f. pl. | *Journal financier*, Börsenblatt n. | *Marché financier*, Kapitalmarkt m. ; Finanzmarkt m.

◇ m. **financier,** Finanzmann m. ; Finanzier m.

finasser [finase] v. intr. FIG., FAM. Kniffe anwenden ; Winkelzüge machen. | *Finasser avec qn*, jn überlisten wollen.

finasserie [-sri] f. FAM. Kniff m. ; Pfiffigkeit f.

finaud, aude [fino, o:d] adj. pfiffig ; bauernschlau ; gerissen ; spitzfindig.

◇ s. Durchtriebene(r) f. (m.) ; Gerissene(r) f. (m.). | *C'est un finaud*, er hat's faustdick hinter den Ohren ; er weiß, wo Barthel den Most holt.

fine [fi:n] f. [eau-de-vie] bester Kognak ; Fein-, Edelbrand m. || GÉOL. [charbon] Feinkohle f.

finesse [finɛs] f. [sens général] Feinheit f. || [minceur, petitesse] Feinheit f. ; Dünne f. ; Zartheit f. ; Enge f. | *Finesse du fil*, Feinheit, Dünne des Fadens. | *Finesse du coloris*, Zartheit der Farbgebung. | *Ce tissu manque de finesse*, dieser Stoff ist grob. || PAR ANAL. *Finesse d'un mets*, Auserlesenheit (f.) eines Gerichts. || [morale] Feinsinnigkeit f., -fühligkeit f. || PAR EXT. [sens] Feinheit f. ; Schärfe f. || FIG. [esprit] Feinheit f. ; Scharfsinn m. ; Scharfsinnigkeit f. || [ruse] Schlauheit f. ; List f. ; Pfiffigkeit f. | *User de finesse*, List anwenden. | *Connaître toutes les finesses*, alle Schliche und Kniffe kennen. || [raffinement] Geschliffenheit f. ; Raffinesse f. ; Raffinement n. | *Finesse du style*, Geschliffenheit des Stils.

finir [fini:r]

> **I.** v. tr.
> **a)** [terminer] (be)enden ; beendigen.
> **b)** [mener à bonne fin] zu Ende bringen.
> **c)** [d'un bout à l'autre] aus... ; fertig...
> **d)** TECHN. fertig machen.
> **II.** v. intr. fertig sein, werden ; aufhören.
> **III. finir de,** aus... ; aufhören.
> **IV. en finir (avec),** Schluß machen.
> **V. finir par,** schließlich ; am Ende.
> **VI.** part. pass. et adj. **fini, ie,** aus ; hin ; vorbei.

I. v. tr. — **a)** [terminer] (be)enden ; beendigen ; schließen ; abschließen ; Schluß machen (mit) ; aufhören (mit). | *Finir une lettre, un discours*, einen Brief, eine Rede abschließen. | *Finir un travail*, eine Arbeit beenden. | *Finir une guerre*, einem Krieg ein Ende machen. — **b)** [mener à bonne fin] vollenden, -bringen ; zu Ende bringen, führen ; erledigen ; fertigen. | *Finir une œuvre*, ein Werk vollenden. | *Finir une tâche*, eine Aufgabe erledigen. — **c)** [d'un bout à l'autre] fertigbekommen, -kriegen ; aus... ; fertig... | *Finir un livre*, ein Buch fertiglesen. | *Finir son service*, ausdienen. | *Finir son apprentissage*, auslernen. | *Finir son verre*, sein Glas austrinken. || LOC. *Finir ses jours, sa vie*, sein Leben beschließen. — **d)** TECHN. [en gros] beenden ; fertigen ; fertig machen ; erledigen. || PAR EXT. [dans le détail] verfeinern ; fertig bearbeiten. | *Finir à la fraise, à la meule, au tour*, fertigfräsen, -schleifen, -drehen.

II. v. intr. [terminer] fertig machen ; fertig werden ; Schluß machen. | *Il ne finit jamais*, er wird nie fertig. | *Avoir fini*, fertig sein. | *Pour finir*, zum Schluß. || PARTICUL. [faire cesser, cesser] aufhören ; nachlassen. | *Cette pluie ne finit pas*, dieser Regen läßt nicht nach. || PAR ANAL. [se terminer] enden ; endigen ; zu Ende gehen. || [comme convenu] ausgehen, -laufen ; ablaufen. | *L'école finit à midi*, die Schule ist um zwölf aus. | *Finir bien*, gut ausgehen. | *Finir mal*, übel ablaufen ; ein schlechtes Ende nehmen. || LOC. FIG. *Il finira mal*, mit dem wird's ein schlechtes Ende nehmen. | *Finir tragiquement*, tragisch umkommen. | *Finir en beauté*, (sein Leben) glänzend beenden. || SPORT. *Finir dernier*, als letzter ankommen. || GRAMM. *Finir en « ir »*, mit, auf « ir » enden.

III. finir de, [terminer de] aus... | *Avoir fini de chasser, de rire, d'apprendre, de dormir, de parler*, ausgejagt, -gelacht, -gelernt, -geschlafen, -geredet haben. | *Quand il aura fini de pleuvoir*, wenn es ausgeregnet hat. || PAR ANAL. [cesser de] aufhören zu.

IV. en finir (avec), [terminer] *En finir avec qch.*, mit etwas Schluß machen. | *En finir avec qn*, jn abfertigen ; mit jm fertig werden. | *Quand j'en aurai fini avec lui*, wenn ich mit ihm fertig bin. | *Il n'en finit pas*, er kommt zu keinem Ende ; er kann und kann kein Ende finden. | *Mieux vaut en finir*, am besten machen wir Schluß (damit). | *Pour en finir*, um der Sache ein Ende zu machen. | *Qui n'en finit plus, à n'en plus finir*, endlos ; unaufhörlich. || PAR ANAL. [cesser] *Finissons en !*, Schluß damit ! || PAR EXT. [se terminer] *Il n'en finit plus de neiger*, es will nicht mehr aufhören zu schneien.

V. finir par, [finalement] schließlich ; am Ende, Schluß ; zuletzt. | *Je finissais par ne plus rien voir*, am Ende sah ich nichts mehr. | *Je finirai bien par trouver*, ich werde es endlich doch herausbekommen. | *Il finit par dire*, er sagte schließlich. || PAR EXT. *Finir par de la musique*, mit Musik enden.

VI. part. pass. et adj. **fini, ie,** [terminé] beendet ; zu Ende ; fertig ; vorbei ; aus ; hin. | *L'hiver est fini*, der Winter ist vorbei. || FIG. *Tout est fini entre nous*, zwischen uns ist es aus. | *C'est fini*, fertig ! ; Schluß ! ;

aus ! || PAR ANAL. *L'œuvre est finie*, das Werk ist vollendet. || PAR EXT., PÉJOR. [achevé] *Coquin fini*, vollendeter Schuft ; Erzschuft m. || FIG. *C'est un homme fini*, es ist ein geschlagener Mann ; mit ihm ist es aus. || PHILOS. [limité] endlich ; begrenzt. || COMM. *Produit fini*, Fertigfabrikat n. || SUBSTANTIV. m. PHILOS. Endliche(s) n. ; Begrenzte(s) n. ; Endlichkeit f. || TECHN. [travail] Vollendung f. ; Vollkommenheit f.
— SYN. : *Terminer*, ein Ende machen. *Conclure*, Schlußfolgerung ziehen. *Achever*, fertigmachen.

finissage [-nisa:ʒ] m., **finition** [-nisjɔ̃] f. Endbearbeitung f. ; Fertigbearbeitung f. ; letzter Schliff. | *Travail de finissage*, Finish n.

finlandais, aise [fɛ̃lɑ̃dɛ, ɛ:z], adj. finnisch.
◇ s. **Finlandais, aise,** Finne m. ; Finnin f.

Finlande [fɛ̃lɑ̃:d] n. pr. f. GÉOGR. Finnland n.

finnois, oise [finwa, wa:z] adj. finnisch.
◇ s. **Finnois, oise,** Finne m. ; Finnin f.
◇ m. **finnois,** [langue] Finnisch n.

finno-ougrien, ienne [finougrijɛ̃, jɛ:n] adj. finnougrisch.

fiole [fjɔl] f. Fläschchen n. ; Glas-, Arzneifläschchen n.

fioriture [fjɔrity:r] f. MUS. Koloratur f. || FIG. [ornement] Verzierung f. ; Verschnörkelung f. ; Floskel f. | *Faire des fioritures*, verschnörkeln.

firmament [firmamɑ̃] m. (Sternen)himmel m. ; Firmament n. || POÉT. Sternenzelt n. ; Himmelsgewölbe n., -feste f., -raum m., -wiese f.

firme [firm] f. COMM. Firma f. ; (Handels)haus n. ; Handelsname m. ; Geschäft n.

fisc [fisk] m. [administration] Finanzverwaltung f., -amt n. ; Fiskus m.| *Frauder le fisc*, Steuern hinterziehen.

fiscal, ale, aux [fiskal, o] adj. steuerlich ; fiskalisch ; Steuer... | *Loi, Fraude fiscale*, Steuergesetz n., -hinterziehung f. | *Pression fiscale*, Steuerdruck m. | *Timbre fiscal*, Gebührenmarke f.

fiscalité [-lite] f. Steuerwesen n., -system n.

fissile [fisil] adj. GÉOL. abblätterbar ; schiefrig. || PHYS. [nucléaire] (auf)spaltbar. | *Matière fissile*, Spaltstoff m.

fission [fisjɔ̃] f. NUCL. *Fission nucléaire, de l'atome*, Atom-, Kernspaltung f. | *Énergie de fission*, Spaltungsenergie f. | *Produit de fission*, Spaltprodukt m.

fissure [fisy:r] f. Spalte f. ; Riß m. ; Ritze f. ; Schnitt m. ; Schlitz m. ; Sprung m.

fissurer (se) [səfisyre] v. pr. rissig werden ; reißen ; sich (auf)spalten.
◇ part. pass. et adj. **fissuré, ée,** rissig.

fiston [fistɔ̃] m. FAM. Söhnchen n. ; Jungchen n.

fistule [fisty:l] f. MÉD. Fistel f.

fixage [fiksa:ʒ] m. PHOT. Fixieren n.

fixateur [-satœ:r] m. CHIM. Bindemittel n. || PHOT. Fixiermittel n., -salz n., -bad n.

fixatif [-tif] m. Fixativ n.

fixation [-sjɔ̃] f. [objet] Festmachen n. ; Verfestigen n. ; Befestigung f. ; Einspannung f. ; Fest... ; An... || SPORT. *Fixation de ski*, Skibindung f. | *Fixation de sécurité*, Sicherheitsbindung f. || FIG. [décision] Festsetzen n., -stellung f., -legung f. ; Bestimmung f. | *Fixation de l'heure*, Zeitbestimmung. | *Fixation d'un prix, d'un délai*, Preis-, Terminfestsetzung f. || CHIM. Bindung f.

fixe [fiks] adj. [immobile] fest ; unbeweglich. | *Point fixe*, fester Punkt ; Fest-, Fixpunkt m. | *Étoile fixe*, Fixstern m. || PAR ANAL. *Regard fixe*, starrer, stierer, unverwandter Blick. || PAR EXT. [invariable] fest ; beständig ; unveränderlich ; bestimmt. | *Domicile fixe*, fester, ständiger Wohnsitz. | *Vendre à prix fixe*, zu einem festen Preis, zu einem Festpreis verkaufen. | *À heure fixe*, zu einer bestimmten Stunde. || FIG. *Avoir une idée fixe*, eine fixe Idee haben.
◇ m. [salaire] festes Gehalt ; Fixum n.
◇ interj. **fixe !,** stillgestanden ! ; Achtung !

fixement [-səmɑ̃] adv. *Regarder fixement*, starr vor sich hinblicken. | *Regarder fixement qn*, jn anstarren, -stieren ; jn starr anblicken.

fixer [-se] v. tr. [sens général] festmachen ; anmachen, -bringen ; be-, verfestigen. || PAR ANAL. [nuances] fest... ; an... ; ein... | *Fixer au marteau*, fest-, an-, einschlagen. | *Fixer au mur*, an die Wand hängen, schlagen, kleben, aufhängen, anschlagen, -kleben. | *Fixer dans le sol*, einschlagen, -rammen, -pflanzen, -stecken. | *Fixer dans un étau*, einspannen, -klemmen. | *Fixer avec des boulons*, festschrauben. || PAR EXT. *Fixer (son regard sur, des yeux)*, anstarren ; starr, fest, scharf, unverwandt anblicken ; den Blick heften auf. || [regarder fixement] *Fixer le sol*, auf den Boden starren. | *Fixer son attention sur qch.*, seine Aufmerksamkeit auf eine Sache richten. | *Fixer dans sa mémoire*, sich fest einprägen. || FIG. [décider, établir] festsetzen, -stellen, -legen ; bestimmen. | *Fixer un but*, ein Ziel setzen, stecken. | *Fixer son choix*, seine (Aus)wahl treffen ; sich entscheiden für... | *Fixer sa demeure, son domicile*, sich niederlassen. || COMM. *Fixer un prix, une somme*, einen Preis, eine Summe festsetzen. | *Fixer un tarif*, einen Tarif festlegen. || PHOT. fixieren. || CHIM. binden.
◇ part. pass. et adj. **fixé, ée,** befestigt ; fest... ; an... | *Fixé au mur*, angeschlagen, -geklebt, -gebunden. | *Être fixé à*, stecken an (dat.). | *Être solidement fixé*, feststecken, -sitzen. || FIG. festgesetzt ; bestimmt. | *À l'heure fixée*, zur festgesetzten Stunde. | *Être fixé sur qch.*, über eine Sache Bescheid wissen. | *Je suis fixé*, ich bin mir klar darüber.
◇ v. pr. **se fixer,** [objet] sich fest-, ansetzen. || PAR ANAL. *Son regard se fixe sur*, sein Blick heftet, richtet, lenkt sich auf (acc.). || PAR EXT. [domicile] sich niederlassen ; ansässig, seßhaft werden. || FIG. [choix] sich entscheiden (für).

fixité [-site] f. Festigkeit f. ; Beständigkeit f. | *Fixité du regard*, Stierheit (f.) des Blickes.

fjord ou **fiord** [fjɔrd] m. GÉOGR. Fjord m.

flacon [flakɔ̃] m. (Glas)fläschchen n. ; Flakon n. || PAR EXT. [bouteille] Glas-, Stöpselflasche f. | *Flacon vaporisateur*, Sprühfläschchen n.

flagellation [-lasjɔ̃] f. Geißelung f. ; Geißeln n.

flagellé [-ɛlle] m. ZOOL. Geißeltierchen n.

flageller [-ʒle] v. tr. geißeln ; mit Ruten schlagen, streichen ; durch-, auspeitschen.

flageoler [flaʒɔle] v. intr. schlottern ; schwanken ; wackelig werden. | *Mes jambes flageolent*, die Beine bleiben mir weg ; die Knie schlottern mir.

flageolet [flaʒɔlɛ] m. MUS. kleine Flöte ; Flageolett n. || BOT. (zarte, weiße) Bohne.

flagorner [flagɔrne] v. tr. (um)schmeicheln ; (herum)scharwenzeln ; lobhudeln ; schwänzeln.

flagornerie [-nri] f. Schmeichelei f. ; Scharwenzeln n. ; Lobhudelei f. ; Herumschwänzelei f.

flagorneur, euse [-nœ:r, ø:z] s. Lobhudler(in) m. (f.) ; Kriecher(in) m. (f.).

flagrant, ante [flagrɑ̃, ɑ̃:t] adj. offenkundig, -sichtlich, -bar ; in die Augen springend. | *Prendre en flagrant délit*, auf frischer Tat, in flagranti ertappen. || JUR. *Procédure des flagrants délits*, Schnellverfahren n. ; beschleunigtes Verfahren.

flair [flɛ:r] m. Spürsinn m. ; Witterung f. ; Nase f. || FIG. Nase f. ; Scharfsinn m. | *Il a du flair*, er hat eine feine Nase; er hat einen Riecher dafür. | *Il manque de flair*, der merkt niemals etwas.

flairer [-re] v. tr. [sentir] wittern; riechen; an-, be-, herumriechen; schnuppern (nach); schnüffeln (nach); nachspüren (dat.). | *Flairer un morceau de viande*, an einem Stück Fleisch herumriechen, -schnüffeln. | *Flairer la trace du gibier*, dem Wild nachspüren. || PAR EXT. [découvrir] wittern; aufspüren. || FIG. [pressentir] wittern; ahnen. | *Flairer un piège*, eine Falle ahnen.

flamand, ande [flamɑ̃, ɑ̃:d] adj. flämisch.
◇ s. **Flamand, ande,** Flame m.; Flämin f.
◇ m. **flamand,** [langue] Flämisch n.

flamant [flamɑ̃] m. ZOOL. Flamingo m.

flambant, ante [-bɑ̃, ɑ̃:t] adj. flammend; lichterloh; hellbrennend. | *Charbon flambant*, Flammkohle f. || FIG., FAM. *Flambant neuf*, funkelnagelneu.

flambeau [-bo] m. Fackel f.; Licht n.; Leuchter m. | *Retraite aux flambeaux*, Fackelzug m.

flambée [-be] f. (hell auf)loderndes, offenes Feuer. | *Faire une flambée*, ein bißchen Feuer anzünden. || FIG. Strohfeuer n.; Anfall m. || ÉCON., FIN. *Flambée des prix*, starker Preisanstieg. | *La flambée du dollar*, der starke Kursanstieg des Dollars.

flamber [-be] v. tr. [à la flamme] (ab)sengen; (ab)flammen. | *Flamber une volaille*, ein Geflügel absengen. || CULIN. flambieren.
◇ v. intr. [jeter de la flamme] (auf)flammen; (auf)flackern; (auf)lodern; lohen; lichterloh brennen; in Flammen stehen. | *Se mettre à flamber*, aufflammen, -flackern. || PAR EXT., FAM. brennen.
◇ part. pass. et adj. **flambé, ée,** FIG., FAM. *Il est flambé*, es ist aus mit ihm; er ist fertig.

flamboiement [-bwamɑ̃] m. (Auf)flammen n.; (Auf)lodern n.; (Auf)flackern n. || FIG. Leuchten n.; Flimmern n.; Funkeln n.; Blitzen n.

flamboyant [-bwajɑ̃] m. BOT. Flamboyant m.; Flammenbaum m.

flamboyer [-bwaje] v. intr. [flamme] (auf)flammen, -lodern, -lohen. || FIG. [lumière, métal] (auf)leuchten, -blitzen, -glänzen; flimmern; funkeln. || PAR ANAL. *Ses yeux flamboient*, seine Augen leuchten, blitzen auf.
◇ part. prés. **flamboyant, ante,** flammend; loh; lodernd. || FIG. *Regards flamboyants*, flammende Blicke m. pl. || ARCHIT. *Gothique flamboyant*, Spätgotik f.

flamme [fla:m] f. Flamme f. | *Être en flammes*, in Flammen, in Brand stehen. | *Être la proie des flammes*, lichterloh brennen. || FIG. Flamme f.; Feuer n. | *Être tout feu tout flamme pour qch.*, Feuer und Flamme für etwas sein. | *Jeter feu et flamme*, Gift und Galle spucken. || PAR ANAL. [ardeur] Glut f.; Eifer m.; Begeisterung f. || PAR EXT. [amour] Liebesglut f. || MAR. Wimpel m. || TECHN. Flamme f. | *Lancer des flammes*, Flammen werfen; Feuer speien. | *Passer à la flamme*, aussengen, -glühen.

flammèche [-mɛʃ] f. Funkenflug m.; (Feuer)funke m.

flan [flɑ̃] m. CULIN. Fladen m.; Eierkuchen m.

flanc [flɑ̃] m. ANAT. Seite f. || PARTICUL. [femme] Schoß m. || PAR ANAL. [cheval] Weiche f.; Flanke f. || PAR EXT. [montagne] (Berg)abhang m.; (Berg)wand f. | *À flanc de coteau*, am Abhang. || FIG. *Être sur le flanc*, bettlägerig, krank sein. | *Prêter le flanc*, sich eine Blöße geben; ausgesetzt sein (dat.). | *Se battre les flancs*, sich abrackern. | *Tirer au flanc*, sich drücken. || MIL. Flanke f. || *Attaque de flanc*, Flankenangriff m. | *Prendre de flanc*, in der Flanke fassen. || MAR. *Se coucher sur le flanc*, sich auf die Seite legen.

flancher [flɑ̃ʃe] v. intr. FAM. kneifen; versagen.

Flandre(s) [flɑ̃:dr] n. pr. f. (pl.). GÉOGR. Flandern n.

flanelle [flanɛl] f. Flanell m. | *De flanelle*, wollen; Flanell...

flâner [flɑne] v. intr. bummeln; umher-, herumbummeln; schlendern; ziellos, müßig umhergehen. | *Flâner dans les rues*, durch die Straßen schlendern. || PAR EXT. [perdre son temps] (herum)faulenzen; die Zeit vertrödeln, -bummeln.

flânerie [-nri] f. (Herum)bummelei f.; Schlendern n. || PAR EXT. Faulenzen n.

flâneur, euse [-nœ:r, ø:z] s. Bummler(in) m. (f.); Müßiggänger(in) m. (f.). || PAR EXT. Faulenzer(in) m. (f.).

flanquer [flɑ̃ke] v. tr. MIL. flankieren; die Flanke, Seite decken, bestreichen, schützen. || PAR EXT. *Deux tours flanquent le portail*, zwei Türme flankieren das Eingangstor. || FIG., FAM. [coup] versetzen. | *Flanquer une gifle*, eine Ohrfeige versetzen; POP. eine 'runterhauen. || PAR EXT., FAM. *Flanquer qn à la porte*, jn hinauswerfen; [licencier] feuern.
◇ part. pass. et adj. **flanqué, ée,** flankiert. | *Un voleur flanqué de deux gardiens*, ein Dieb mit zwei Polizisten zur Seite.
◇ v. pr. **se flanquer,** FAM. [tomber] *Se flanquer par terre*, lang hinfallen.

flaque [flak] f. Pfütze f.; Lache f.; Tümpel m. | *Flaque d'eau*, Wasserpfütze. | *Flaque de sang*, Blutlache.

flash [flaʃ] m. PHOT. Blitzlicht n. | *Flash électronique*, Elektronenblitzgerät n. || RADIO., TÉLÉV. *Flash d'information*, Kurznachrichten f. pl.

flasque [flask] adj. schlaff; weich(lich); lappig; schlott(e)rig; lasch; quabb(e)lig. | *Chair flasque*, wabbliges Fleisch. | *Joue flasque*, Hängebacke f. || FIG. schlaff; schlapp; kraftlos; saftlos.
◇ m. MIL. Wange f.; Backe f. || TECHN. Seitenstück n., -wand f.

flatter [flate] v. tr. [paroles] schmeicheln (dat.). | *Sans vous flatter*, ohne Ihnen schmeicheln zu wollen. || PAR ANAL. [gestes] streicheln; liebkosen; tätscheln; krauen. || PAR EXT. [sens] angenehm berühren; kitzeln. | *Flatter l'oreille*, süß in den Ohren klingen. || FIG. [portrait] beschönigen.
◇ v. pr. **se flatter,** sich (einander) schmeicheln. || PAR ANAL. [se faire illusion] sich täuschen; sich einbilden; sich in der Hoffnung wiegen. || PAR EXT. [se vanter] *Se flatter de faire qch.*, sich rühmen, brüsten, etwas zu tun.
— SYN.: *Caresser*, liebkosen. *Cajoler*, umgarnen.

flatterie [-tri] f. Schmeichelei f.; Lobhudelei f.; PÉJOR. Kriecherei f.

flatteur, euse [-tœ:r, ø:z] adj. (ein)schmeichelnd; schmeichelhaft; schmeichlerisch; verbindlich; liebkosend. || PÉJOR. lobhudelnd; überfreundlich; kriechend; kriecherisch. || PAR EXT. [aux sens] angenehm; gefällig. | *Illusion flatteuse*, falsche Hoffnung.
◇ s. Schmeichler(in) m. (f.).

flatulence [flatylɑ̃:s] f. MÉD. Blähung f.

fléau [fleo] m. AGRIC. Dreschflegel m. || [balance] Balken m. || FIG. [calamité] Plage f. | [personne] Geißel f. | [importun] Plagegeist m.

fléchage [fleʃa:ʒ] m. Pfeilmarkierung f.

flèche [flɛ:ʃ] f. [trait] Pfeil m. | *Flèche empennée*, gefiederter Pfeil. | *Flèche barbelée*, Pfeil mit Widerhaken. | *Flèche empoisonnée*, Giftpfeil. | *En forme de flèche*, pfeilförmig. | *Arriver comme une flèche*, pfeilschnell ankommen; angeschossen kommen. || PAR ANAL. [pointe] Spitze f. | *Flèche d'une lance, d'un mât, d'église*, Lanzen-, Mast-, Kirchturmspitze. || PAR EXT. *Flèche d'une charrue*, Pflugbalken m. | *Attelage en flèche*,

Vor(ge)spann n. ‖ FIG. *Faire flèche de tout bois*, jedes Mittel recht sein lassen ; kein Mittel verschmähen. | *Monter en flèche*, sehr schnell steigen. | *Flèche du Parthe*, Partherpfeil. ‖ ARCHIT. *Flèche d'une voûte*, Scheitelhöhe f. | *Flèche de clocher*, Turmhelm m. ‖ TECHN. [grue] Ausleger m. ; Arm m.

flécher [-ʃe] v. tr. [route] den Weg markieren ; die Richtung angeben, -zeigen.

fléchette [-ʃɛt] f. Pfeilchen n. ‖ *Jeu de fléchettes*, Dartspiel n.

fléchir [fleʃi:r] v. tr. (durch)biegen ; beugen. ‖ PAR ANAL. *Fléchir le genou devant qn*, das Knie vor jm beugen. ‖ FIG. [attendrir] erweichen ; rühren ; bewegen. | *Se laisser fléchir*, sich erweichen, umstimmen, bewegen lassen. | *Qu'on ne peut fléchir*, unerbittlich.
◇ v. intr. sich (durch)biegen ; sich beugen ; nachgeben ; weichen ; wanken. | *Ses genoux fléchissent*, seine Knie wanken ; er geht in die Knie ; POP. er sackt zusammen. | *Cette poutre fléchit*, dieser Balken biegt sich durch, gibt nach. ‖ FIG. [se soumettre] sich beugen ; nachgeben. | *Fléchir sous le joug*, sich unter das Joch beugen. ‖ PAR EXT. [ardeur] nachlassen. ‖ MIL. weichen ; wanken. ‖ COMM. [prix] (ab)sinken ; fallen.
— SYN. : *Céder*, nachgeben. *Plier*, biegen ; beugen.

fléchissement [-ʃismɑ̃] m. Biegen n. ; Beugen n. ; Durchbiegen n., -biegung f. ; Nachgeben n. ‖ FIG. [ardeur] Nachlassen n. ‖ COMM. [prix] (Ab)sinken n. ; Fallen n. | *Fléchissement de la demande*, Nachfragerückgang m. ‖ SPORT. Beuge f.

fléchisseur [-ʃisœ:r] m. ANAT. Beugemuskel m.

flegmatique [flɛgmatik] adj. [impassible] kaltblütig ; gelassen ; bequem ; phlegmatisch.

flegme [flɛgm] m. Phlegma n. ; Gelassenheit f.

flemmard [flɛma:r] m. FAM. Faulpelz m.

flemme [flɛm] f. FAM. Laschheit f. ; Faulenzerei f.

flétan [fletɑ̃] m. ZOOL. Heilbutt m.

flétrir [fletri:r] v. tr. et v. intr. [herbe] welk machen. ‖ PAR ANAL. [couleur] verschießen, -bleichen lassen. ‖ PAR EXT. [altérer] die Frische (be)nehmen ; entstellen ; verunstalten. ‖ FIG. [déshonorer] entehren ; beflecken ; schänden ; besudeln. | *Flétrir la gloire de qn*, js Ruhm trüben. | *Flétrir la réputation de qn*, jm die Ehre abschneiden.
◇ part. pass. et adj. **flétri, ie,** [herbe] welk. ‖ PAR ANAL. [couleur] verschossen, -blichen. ‖ FIG. [charmes] verblüht. ‖ PAR EXT. [honneur] befleckt ; geschändet.
◇ v. pr. **se flétrir,** [se faner] (ver)welken ; verblühen. ‖ PAR ANAL. [couleur] verschießen. ‖ PAR EXT. [s'altérer] die Frische, den Glanz verlieren. ‖ FIG. dahinsiechen.

flétrissure [-trisy:r] f. (Dahin)welken n. ; Verblühen n. ; Verbleichen n. ‖ FIG. [tache] Schandfleck m. ; Schandmal n.

fleur [flœ:r] f. **1.** [partie reproductrice] Blüte f. ; Blume f. | *Fleur mâle, femelle*, männliche, weibliche Blüte. ‖ [d'un arbre] Blüte. | *L'arbre est en fleur(s)*, der Baum steht in Blüte. ‖ PAR ANAL. [plante entière] Blume f. | *Fleur des champs, aquatique, en pot*, Feld-, Wasser-, Topfblume. | *Fleur naturelle*, lebendige Blume. | *Fleur artificielle*, künstliche, nachgemachte Blume ; Papier-, Kunstblume. ‖ *Pot de fleurs*, Blumentopf m., -stock m. | *Langage des fleurs*, Blumensprache f. | *Être en fleur(s)*, blühen ; in Blüte stehen. | *Cueillir une fleur*, eine Blume brechen, pflücken. | *Tissu à fleurs*, geblümter Stoff.
2. [floraison] Blüte(zeit) f. | *Fleur de la jeunesse*, Jugendblüte. | *Mourir à la fleur de l'âge*, in der Blüte der Jahre, im besten Alter sterben. ‖ PAR EXT. [élite] *(Fine) fleur de la chevalerie*, die Blüte, die Besten, die Auserlesenen der Ritterschaft.
3. SENS PARTICULIERS : AGRIC. *Fleur de farine*, Auszugsmehl n. ‖ CHIM. [moisissure] Schimmel m. ‖ HIST. *Fleurs de lis*, die (drei) bourbonischen Lilien.
◇ loc. prép. **à fleur de,** auf gleicher Höhe mit ; gleichlaufend mit. ‖ LOC. *Être à fleur de terre*, an der Erdoberfläche sein ; MINES. zu Tage anstehen. | *À fleur d'eau*, an, auf der Wasseroberfläche. | *Yeux à fleur de tête*, hervorstehende Augen n. pl. ‖ FIG. *Avoir les nerfs à fleur de peau*, äüßerst reizbar sein.

fleurer [flœre] v. intr. duften ; Duft verbreiten.

fleuret [flœrɛ] m. Florett n. ; Stoßdegen m. ‖ [soie] Florett-, Abfallseide f. ‖ TECHN. Bohrer m.

fleurette [flœrɛt] f. Blümchen n. ‖ FIG. *Conter fleurette à qn*, jm Süßholz raspeln ; mit jm flirten.

fleurir [-ri:r] v. intr. blühen. | *(Se mettre à) fleurir*, er-, aufblühen. | *Finir de fleurir*, ver-, ausblühen. ‖ PAR ANAL. [arbre] in Blüte stehen. | *Le lilas va fleurir*, der Flieder steht vor der Blüte. ‖ FIG. [commerce, art] (auf)blühen ; in Blüte, in Ehren stehen.
◇ v. tr. [orner de fleurs] mit Blumen schmücken. | *Fleurir la boutonnière*, eine Blume anstecken, ins Knopfloch stecken.
◇ part. pass. et adj. **fleuri, ie,** blühend. | *Style fleuri*, blumiger, bilderreicher Stil.

fleuriste [-rist] s. [jardinier] Blumenzüchter(in) m. (f.), -gärtner(in) m. (f.). ‖ PAR ANAL. [fleurs artificielles] Blumenarbeiter(in) m. (f.). ‖ PAR EXT. [marchand] Blumenhändler(in) m. (f.) ; Blumenfrau f. ; Blumenmädchen n. ; Florist(in) m. (f.).

fleuron [-rɔ̃] m. ARCHIT. Blume f. ; Blumenverzierung f. ‖ FIG. größte Kostbarkeit ; Kleinod n.

fleuve [flœ:v] m. Strom m. ; (großer) Fluß. | *En amont, en aval du fleuve*, stromaufwärts, -abwärts. ‖ FIG. *Fleuve de sang*, Blutstrom.

flexibilité [flɛksibilite] f. Biegefähigkeit f. ‖ FIG. Bieg-, Schmiegsamkeit f. ; Nachgiebigkeit f. ; Gefügigkeit f. ; Geschmeidigkeit f. ‖ [profession] Anpassungsfähigkeit f. ‖ ÉCON. [cours, prix] Flexibilität f.

flexible [-ksibl] adj. biegefähig ; FIG. biegsam ; schmiegsam ; nachgiebig ; gefügig ; geschmeidig.
◇ m. Schlauch m. ; Rohr n.

flexion [-ksjɔ̃] f. TECHN. Biegung f. ; Beugung f. | *Flexion d'une poutre*, Durchbiegen (n.), Nachgeben (n.) eines Balkens. | *Résistance à la flexion*, Biegefestigkeit f. ‖ PAR ANAL. *Flexion du genou*, Kniebeuge f. ‖ GRAMM. Biegung f. ; Flexion f.

flibustier [-tje] m. MAR. Seeräuber m. ; Freibeuter m. ‖ [filou] Schwindler m. ; Gauner m.

flic [flik] m. FAM. Schupo m. ; POP. Bulle m.
◇ m. pl. **flics,** Polente f. ; Grünen m. pl.

flic flac [flikflak] invar. klitsch klatsch !

flipper [flipœr:] m. [jeu] Flipperspiel n.

flipper [flipe] v. intr. POP. ausflippen.

fliquer [flike] v. tr. POP. *Fliquer qn*, jn polizeilich überwachen.

flirt [flœrt] m. Flirt m. ; Liebelei f.

flirter [-te] v. intr. flirten ; tändeln ; schäkern ; kokettieren ; anbändeln (mit).

flocon [flɔkɔ̃] m. Flocke f. | *Flocon de neige, d'avoine*, Schnee-, Haferflocke.

floconneux, euse [-kɔnø, ø:z] adj. flockig ; flokkenartig.

floculation [-lasjɔ̃] f. NUCL. Ausflockung f.

flonflon(s) [flɔ̃flɔ̃] m. (pl.) Singsang m.

floraison [flɔrɛzɔ̃] f. BOT. [action] Blühen n. ; Auf-, Erblühen n. || PAR ANAL. [état] Blüte f. || PAR EXT. [temps] Blütezeit f.
floral, ale, aux [-ral, o] adj. Blumen... ; Blüten...
floralies [-rali] f. pl. Blumenschau f.
flore [flɔ:r] f. Pflanzenwelt n., -reich n., -beschreibung f. ; Flora f. || MÉD. *Flore intestinale*, Darmflora.
floréal [-real] m. HIST. Blütenmonat m.
Florence [flɔrɑ̃:s] n. pr. f. GÉOGR. Florenz n.
Floride [flɔrid] n. pr. f. GÉOGR. Florida n.
florilège [-lɛ:ʒ] m. LITTÉR. Blumenlese f.
florin [flɔrɛ̃] m. Gulden m.
florissant, ante [flɔrisɑ̃, ɑ̃:t] adj. FIG. blühend ; in voller Blüte. | *Être florissant*, (auf)blühen ; in voller Blüte stehen. | *Santé florissante*, blühende Gesundheit. || COMM. *Son commerce est florissant*, sein Geschäft ist in vollem Schwunge, floriert.
flot [flo] m. [masse d'eau] Flut f. ; Strom m. | *Flots marins*, Meeresfluten f. pl. | *Soulever les flots*, die Fluten aufwühlen. | *À flots*, stromweise ; in Strömen ; in Fluten. | *Couler à flots*, in Strömen fließen ; strömen. | *Tomber, Se déverser à flots*, in Strömen niedergehen ; sich ergießen. | *Arriver à grands flots*, zuströmen ; heranfluten ; sich heranwälzen. || PARTICUL. [vague] Welle f. ; Woge f. | *Être emporté par les flots*, von den Wellen mitgerissen werden. | *Aller au gré des flots*, auf den Wellen treiben ; ein Spielball der Wellen sein. || PAR ANAL. *Flot de sang*, Blutstrom. || PAR EXT. [grande quantité] Strom m. ; Menge f. | *Flots de lumière*, Lichtströme m. pl. | *Flot(s) d'auditeurs*, eine Menge Hörer. || FIG. *Flot de paroles*, Wortschwall m. ; Redestrom, -fluß m. | *Flot d'injures*, Flut von Schimpfworten. || MAR. *Heure du flot*, Flut f. | *Être, Remettre à flot*, wieder flott sein, machen. || COMM. *Être à flot*, bei Geld sein. | *Remettre à flot*, wieder auf die Beine helfen ; FAM. wieder hochpäppeln.
flottable [-tabl] adj. [bois] schwimmfähig. || PAR EXT. [rivière] flößbar.
flottage [-ta:ʒ] m. [bois] Flößen n. ; Flößerei f. ; Anschwemmen n. | *Bois de flottage*, Floßholz n.
flottaison [-tɛzɔ̃] f. MAR. *Ligne de flottaison*, Wasserlinie f.
flottant, ante [-tɑ̃, ɑ̃:t] adj. [sur l'eau] schwimmend. | *Corps flottant*, Schwimmkörper m. | *Pont flottant*, Schiffbrücke f. || PAR ANAL. [en l'air] schwebend. || PARTICUL. [au vent] flatternd ; wehend ; fliegend. || PAR EXT. [ample] (herab)wallend ; schlotternd. | *Chevelure flottante*, gelöstes, wallendes Haar. | *Vêtement flottant*, wallendes, schlotterndes Kleid, Gewand. || FIG. [esprit] schwankend ; wankend ; unschlüssig ; wankelmütig. || COMM. *Dette flottante*, schwebende Schuld. || FIN. *Capitaux flottants*, heißes Geld. | *Monnaie flottante*, floatende Währung. || INF. *Virgule flottante*, Gleitkomma n. || MÉD. *Rein flottant*, Wanderniere f. || MAR. *Mine flottante*, Treibmine f.
flotte [flɔt] f. MAR. Flotte f. | *Flotte marchande, de guerre, de combat, aérienne*, Handels-, Kriegs-, Schlacht-, Luftflotte. || [bouée] Boje f. ; Schwimmer m. || FIG., POP. [pluie, eau] Wasser n. | *Il tombe de la flotte*, es gießt ; es schüttet.
flottement [flɔtmɑ̃] m. MIL. Marschschwankung f. || FIG. [hésitation] Schwanken n. ; Schweben n. || AUTOM. [d'une roue] Schlagen n. ; Eiern n. || FIN. Floaten n. | *Flottement des monnaies*, Wechselkursfreigabe f.
flotter [flɔte] v. intr. [sur l'eau] schwimmen ; auf dem Wasser treiben. | *Bois flotté*, Floßholz n. || PAR ANAL. [en l'air] schweben. || PARTICUL. [au vent] flattern ; wehen ; fliegen. | *Flotter au gré du vent*, vor dem Wind treiben. || PAR EXT. [vêtement] schlottern. || FIG. [hésiter] schwanken ; wanken ; schweben ; in der Schwebe sein. || AUTOM. [roue] schlagen ; eiern.
◇ v. tr. TECHN. [bois] flößen ; (an)schwemmen.
flotteur [-tœ:r] m. TECHN. Flößer m. || MIL. Floßboot n. || MAR., AUTOM. Schwimmer m.
flottille [-ti:j] f. MAR. kleiner Schiffs-, Flottenverband ; Flotille f. || AÉRON. Geschwader n.
flou, floue [flu] adj. [fondu] unklar ; verschwommen ; zerfließend ; flau. | *Contours flous*, verschwimmende Umrisse m. pl. | *Photographie floue*, unscharfes Photo. || PAR ANAL. [vaporeux] weich ; zart ; duftig.
◇ m. **flou,** Weichheit f. ; Verschwommenheit f. | *Le flou d'un tableau*, die Duftigkeit eines Bildes.
flouer [flue] v. tr. FAM. beschummeln ; hinters Licht führen ; foppen.
fluctuation [flyktɥasjɔ̃] f. [liquide] Schwappen n. ; Hin- und Herwogen n. || COMM. [variations] Schwankung f. ; Schwanken n. ; Fluktuation f. | *Fluctuations saisonnières, de la conjoncture*, Saison-, Konjunkturschwankungen f. pl.
fluctuer [-tɥe] v. intr. COMM. schwanken ; fluktuieren.
fluet, uette [flɥɛ, ɥɛt] adj. schmächtig ; schmal aufgeschossen ; dünn ; fein ; zart. | *Voix fluette*, dünnes Stimmchen. | *Taille fluette*, schmächtiger Wuchs.
fluide [flɥid] adj. (dünn)flüssig.
◇ m. PHYS. gasförmiger, flüssiger Körper. || NUCL. *Fluide caloporteur*, Wärmeträgermedium n. | *Fluide de refroidissement*, Reaktorkühlmittel n. || PAR EXT. Flüssigkeit f. || FIG. *Fluide (magnétique)*, Fluidum n. ; geistige Einwirkung.
fluidifier [-difje] v. tr. flüssig machen ; verflüssigen. || TECHN. ein Flußmittel zusetzen.
fluidité [-dite] f. flüssiger Zustand. | *Degré de fluidité*, Flüssigkeitsgrad m.
fluor [flɥɔ:r] m. CHIM. Fluor n.
fluorescence [flɥɔrɛssɑ̃:s] f. Bestrahlungs(auf)-leuchten n. ; Fluoreszenz f.
fluorescent, ente [-sɑ̃, ɑ̃:t] adj. aufstrahlend ; fluoreszierend. | *Tube fluorescent*, Leuchtröhre f. || TÉLÉV. *Écran fluorescent*, Leuchtschirm m.
flûte [fly:t] f. MUS. Flöte f. | *Flûte de Pan*, Panflöte. | *Petite flûte*, Pikkoloflöte ; kurze Flöte. | *Jouer de la flûte*, Flöte blasen, spielen ; flöten. | *(Joueur de) flûte*, Flötenspieler m. ; Flötist m. || PAR EXT. [verre] Champagner-, Sektflöte f. || [pain] schmales Langbrot.
◇ interj. **flûte !,** FAM. verflixt ! ; ach was !
flûté, ée [-te] adj. *Son flûté*, Flötenton m. | *Voix flûtée*, IRON. flötensüße Stimme.
flûtiste [-tist] s. Flötenspieler(in) m. (f.) ; Flötist(in) m. (f.).
fluvial, iale, iaux [flyvjal, jo] adj. zum Fluß gehörig ; Fluß... ; Wasser... | *Navigation fluviale*, Flußschiffahrt f. | *Voie fluviale*, Wasserstraße f.
flux [fly] m. MAR. [flot] Flut f. | *Flux et reflux*, Ebbe und Flut ; Gezeiten f. pl. || PAR ANAL. *Flux et reflux de l'eau*, Hin- und Herwogen n. ; Zu- und Abfluß des Wassers. || INF. *Flux d'information*, Datenfluß m. || FIG. *Flux de paroles*, Wort-, Redeschwall m. || MÉD. [écoulement] (Aus)fluß m. || PHYS. (Kraft)fluß m. | *Flux énergétique*, Energiefluß. | *Flux magnétique*, magnetischer Fluß. || TECHN. Zuschlag m. ; Flußmittel n.
fluxion [flyksjɔ̃] f. MÉD. Schwellung f. | *Fluxion de poitrine*, Lungenentzündung f.
FM [ɛfɛm] f. RADIO. UKW. | *Sur la FM*, auf UKW.

F.M.I. [ɛfɛmi] Internationaler Währungsfonds (IWF).

foc [fɔk] m. MAR. Fock f. ; Focksegel n.

focal, ale, aux [fɔkal, o] adj. PHYS. brennpunktmäßig ; Brenn... | *Distance focale*, Brennweite f.

fœhn [føːn] m. Föhn m.

fœtus [fetys] m. MÉD. Leibesfrucht f. ; Fötus m.

foi [fwa] f. **1.** CROYANCE : [religion] Glaube(n) m. ; Glaubenslehre f. | *Renier sa foi*, seinen Glauben ableugnen ; von seinem Glauben abfallen. || PAR ANAL. [conviction] Glaube(n) m. ; Gläubigkeit f. ; Überzeugung f. | *Avoir la foi*, glauben ; gläubig sein. | *Manquer de foi*, ungläubig sein. | *Avoir foi en*, glauben an (acc.). | *Qui n'a pas la foi*, un-, kleingläubig. | *Acte, profession de foi*, Glaubensbekenntnis n. | *Faire profession de foi*, seinen Glauben bekennen. || PAR EXT. [créance] Glaube(n) m. | *Ajouter foi à qch.*, etwas glauben ; einer Sache Glauben schenken, beimessen. | *Digne de foi*, glaubwürdig, -haft. || FIG. [confiance] Vertrauen n. | *N'avoir aucune foi dans un remède*, kein Vertrauen zu einem Heilmittel haben. || JUR. [attestation] Beglaubigung f. ; Zeugnis n. | *Faire foi de qch.*, etwas beglaubigen. | *Faire foi*, maßgebend sein.
2. ENGAGEMENT : [fidélité, parole] Treue f. ; Wort n. ; Versprechen n. ; Glaube(n) m. | *Engager sa foi*, sein Wort verpfänden, geben. | *Trahir sa foi*, seine Treue brechen ; wortbrüchig werden. | *Sans foi*, treulos. | *Sans foi ni loi*, ohne Treu und Glauben. | *Sur la foi de*, im Vertrauen auf (acc.). || PAR EXT. [honnêteté] *Bonne foi*, Ehrlichkeit f. ; Gewissenhaftigkeit f. | *Être de bonne foi*, ehrlich, aufrichtig, arglos sein. | *Agir de bonne foi envers qn*, es ehrlich mit jm meinen. | *Mauvaise foi*, Unehrlichkeit f. ; Treulosigkeit f. ; Hinterlist f. | *De mauvaise foi*, unredlich ; unaufrichtig ; hinterhältig. || JUR. *Sous la foi du serment*, eidesstattlich.
◇ interj. **ma foi !,** wahrhaftig ! ; wahrlich ! | *Ma foi oui !*, oh ja ! ; jawohl ! | *Ma foi, nous verrons bien*, na ja, wir werden schon sehen.

foie [fwa] m. ANAT. Leber f. | *Malade du foie*, leberkrank. || CULIN. *Foie d'oie*, Gänseleber. || POP. *Avoir les foies*, Schiß haben.

foin [fwɛ̃] m. Heu n. | *Botte, meule, charretée de foin*, Heubündel n., -schober m., -ladung f. | *Grenier à foin*, Heuboden m. | *Faire les foins*, Heu machen ; im Heu sein. || FIG. *Il est bête à manger du foin*, er ist dumm wie Bohnenstroh. | *Avoir du foin dans ses bottes*, Geld wie Heu haben. || MÉD. *Rhume des foins*, Heuschnupfen m.

foire [fwaːr] f. (Jahr)markt m. ; Messe f. | *Foire aux bestiaux, aux puces*, Vieh-, Trödelmarkt. | *Foire de Leipzig*, Leipziger Messe. | *Foire du livre*, Buchmesse. | *Foire-exposition*, Ausstellung f. | *Champ de foire*, Markt-, Rummelplatz m. ; Messegelände n. | *Aller à la foire*, auf die Messe gehen ; zur Messe fahren. || FIG., FAM. *Faire la foire*, in Saus und Braus leben. | *C'est la foire d'empoigne*, hier kann man sich nur mit Gewalt durchsetzen.

foirer [fware] v. intr. FAM. schief-, pleitegehen. || TECHN. [vis] ausgeleiert sein.

fois [fwa] f. Mal n. | *La première, la prochaine, la dernière fois*, das erste, nächste, letzte Mal. | *Pour la deuxième, la centième fois*, zum zweitenmal, hundertstenmal. | *Cette fois*, dieses Mal ; diesmal. | *Une autre fois*, ein anderes Mal ; ein andermal. | *Bien des fois*, manchmal ; öfters ; sehr oft ; sehr häufig. | *La fois précédente*, voriges Mal. | *Mainte fois*, manches (liebe) Mal ; manchmal. | *Toutes les fois, chaque fois*, jedes Mal ; jedesmal. | *Pas une seule fois*, kein einziges Mal. | *Une fois pour toutes*, ein für allemal. | *Encore une fois*, noch einmal ; nochmal. | *Que de fois !*, wie manches (liebe) Mal ! ; wie oft ! || PAR ANAL. [multiplicatif] ... mal. | *Une, deux, mille fois*, ein-, zwei-, tausendmal. | *Deux fois par jour, par semaine, l'an*, zweimal am Tag, in der Woche, im Jahre ; zweimal täglich, wöchentlich, jährlich. | *Une fois sur deux*, ein um das andere Mal. | *Deux fois plus grand*, nochmal, zweimal so groß. | *Combien de fois ?*, wievielmal ? ; wie oft ? || [un jour] *Une fois*, einmal ; einst ; eines Tages. | *Il était une fois*, es war einmal. || LOC. *À la fois*, zugleich. | *Tous à la fois*, alle auf einmal ; alle zusammen. | [enchères] *Une fois, deux fois, trois fois !*, zum ersten, zum zweiten, zum dritten ! || FIG. *Y regarder à deux fois*, sich's zweimal überlegen. | *On ne vit qu'une fois*, nur einmal blüht im Jahr der Mai.
◇ loc. conj. **toutes les fois que, chaque fois que,** jedesmal, wenn ; so oft. — **une fois que,** wenn einmal ; sobald.

foison [fwazɔ̃] f. Überfluß m. ; große Menge. || LOC. *À foison*, in Hülle und Fülle.

foisonnement [-zɔnmɑ̃] m. [pullulement] Wuchern n. ; Wimmeln n. || FIG. Überfluß m.

foisonner [-zɔne] v. intr. [abonder] im Überfluß vorhanden sein. || PAR EXT. [pulluler] sich stark vermehren. | *Les mauvaises herbes foisonnent*, das Unkraut wuchert. || CHIM. (auf)quellen.

folâtre [fɔlɑːtr] adj. ausgelassen ; mutwillig ; scherzhaft.

folâtrer [-tre] v. intr. [s'ébattre] ausgelassen, mutwillig sein ; sich herumtummeln ; (herum)tollen ; scherzen und springen. || FIG. [badiner] schäkern ; tändeln ; (um)gaukeln.

foliacé, ée [fɔljase] adj. blattartig ; blattförmig.

folichon [fɔliʃɔ̃] adj. POP. lustig.

folie [fɔli] f. **1.** ÉTAT : [aliénation] Wahn-, Irrsinn m. || LITTÉR. Wahnwitz m. || PAR EXT. [dérangement] Narrheit f. ; Verrücktheit f. ; Verdrehtheit f. | *Il a un grain de folie*, er ist etwas übergeschnappt ; bei dem stimmt was nicht. | *Folie furieuse*, Tobsucht f. ; Raserei f. | *Folie des grandeurs*, Größenwahn m. || FIG. [amoureuse] Vernarrtsein n. ; Betörtheit f. | *Aimer à la folie*, vernarrt, verschossen sein in (acc.) ; verrückt sein nach ; wahnsinnig lieben. || PAR EXT. [chose] Sinnlosigkeit f. ; Unsinnigkeit f. ; Unsinn m. | *C'est de la folie pure*, es ist reiner Unsinn.
2. ACTION : [acte insensé] Narrheit f. ; Verrücktheit f. ; Torheit f. ; Tollheit f. | *Commettre une folie*, eine Torheit begehen. | *Faire des folies*, ausgelassen sein ; sich austollen. || PAR ANAL. *Folies de jeunesse*, Jugendtorheiten f. pl. | *Faire une folie*, einen tollen Streich machen ; einmal über die Stränge schlagen. || FIG. [sottise] Narrheit f. ; Narretei f. ; Aberwitz m.

folio [-ljo] m. Blatt n. ; Seitenzahl f. ; Folio n.

foliole [-ljɔl] f. Blättchen n. ; Kelchblättchen n.

folioter [-ljɔte] v. tr. durchnumerieren ; die Seiten beziffern ; paginieren.

folklore [fɔlklɔːr] m. Folklore f. ; Volkskunde f., -sitten f. pl., -dichtung f. ; Sagen (f. pl.) und Brauchtum n.

folklorique [-rik] adj. volkskundlich ; folkloristisch ; Volks...

follet, ette [fɔlɛ, ɛt] adj. närrisch ; albern. || LOC. *Poil follet*, Flaum-, Milchbart m. ; Bartanflug m. | *Feu follet*, Irrlicht n.

folliculaire [fɔlikylɛːr] m. PÉJOR. Schreiberling m.

follicule [fɔlikyl] m. BOT. Balgfrucht f. ; Samenhülle f. ‖ MÉD. schlauchförmige Hautdrüse ; Lymphknötchen n. ; Eierstock m. ; Folliculus m.

folliculine [-lin] f. MÉD. Folikelhormon n.

fomenter [fɔmɑ̃te] v. tr. [troubles] anstiften ; aufwiegeln.

foncer [fɔ̃se] v. tr. [couleurs] dunkler machen. ‖ TECHN. ausschachten ; graben. ‖ MINES. abteufen. ‖ CULIN. auslegen.
◇ v. intr. [couleur] dunkler werden. ‖ FIG. [s'élancer] *Foncer sur*, losstürzen auf (acc.) ; drauflosgehen. ‖ FAM. [agir vite] schnell, eilig an eine Sache herangehen. | *Foncez !*, (drauf)los ! ‖ PAR EXT. [en voiture] (dahin) rasen ; (dahin)sausen.
◇ part. pass. et adj. **foncé, ée,** [couleur] dunkel ; tief ; satt. | *D'un rouge foncé*, tief-, dunkelrot.

foncier, ière [fɔ̃sje, jɛːr] adj. Grund... ; Boden... | *Crédit foncier*, Bodenkredit(bank) m. (f.). | *Propriétaire, Impôt foncier*, Grundeigentümer m., -steuer f. | *Spéculation foncière*, Bodenspekulation f.

foncièrement [-sjɛrmɑ̃] adv. FIG. von Grund auf ; durch und durch ; kern... ; stock...

fonction [fɔ̃ksjɔ̃] f. [emploi, charge] Amt n. ; Amtsgeschäft n. ; (Dienst)stellung f. ; Beruf m. ; Funktion f. | *Fonction(s) de professeur, d'instituteur*, Lehramt. | *Fonction subalterne, temporaire*, untergeordnetes, zeitweiliges Amt. | *Fonction publique*, öffentlicher Dienst ; Staatsdienst m. | *Appartement, Voiture de fonction*, Dienstwohnung f. ; Dienstwagen m. | *Exercer une fonction*, ein Amt ausüben, bekleiden. | *Cumuler des fonctions*, mehrere Ämter gleichzeitig bekleiden, in einer Hand vereinigen ; Ämter häufen. | *Se démettre de ses fonctions*, sein Amt niederlegen. | *Occuper de hautes fonctions*, ein hohes Amt bekleiden. ‖ PAR ANAL. [obligation] *S'acquitter de ses fonctions*, seinen Dienstobliegenheiten nachkommen. ‖ PAR EXT. [exercice de cet emploi] Verrichtung f. ; Tätigkeit f. ; Dienst m. | *Être en fonctions*, im Dienst, im Amt stehen ; tätig sein ; amtieren. | *Entrer en fonctions*, das Amt antreten ; in Dienst treten. | *Entrée en fonctions*, Dienstantritt m. ‖ LOC. *Faire fonction de*, dienen als. | *Faire fonction de directeur*, den Direktor vertreten. | *Qui fait fonction de*, stellvertretend. | *Être fonction de*, abhängen von ; ankommen auf (acc.). | *En fonction de*, nach ; gemäß (dat.). ‖ ÉCON. *Fonction de coûts*, Kostenfunktion f. ‖ MATH. Funktion f. ‖ PHYSIOL. [des organes] Funktion f. ; Tätigkeit f.

fonctionnaire [-sjɔnɛːr] s. Beamter m. ; Beamtin f. ; Amtsperson f. | *Fonctionnaire titulaire*, (fest)angestellter Beamter. | *Fonctionnaire de l'État*, Staatsbeamter. | *Haut fonctionnaire*, höherer, hoher Beamter.
◇ m. pl. **fonctionnaires,** Beamtentum n., -stand m., -schaft f.

fonctionnariser [-narize] verbeamten.

fonctionnarisme [-rism] m. Beamtenwirtschaft f., -herrschaft f. ‖ PÉJOR. Bürokratismus m.

fonctionnel, elle [-sjɔnɛl] adj. zweckentsprechend ; zweckmäßig. | *Cuisine fonctionnelle*, zweckmäßig eingerichtete Küche. ‖ MÉD. funktionell ; Funktions... ‖ FIG. *Style fonctionnel*, moderner, sachlicher Stil.

fonctionnement [-sjɔnmɑ̃] m. TECHN. Lauf m. ; Gang m. ; Arbeiten n. ; Tätigkeit f. ; Betrieb m. | *Fonctionnement d'une machine*, Funktionieren n., Laufen (n.) einer Maschine. | *Fonctionnement continu*, Dauerbetrieb. | *Mauvais fonctionnement*, Versagen n.

fonctionner [-sjɔne] v. intr. TECHN. [marcher, pouvoir marcher] gehen ; laufen ; arbeiten ; funktionieren. | *Ne pas fonctionner*, versagen ; nicht gehen ; außer Betrieb sein. ‖ PAR EXT. [être en activité] in Tätigkeit, in Betrieb, im Gange sein. ‖ PHYSIOL. funktionieren.

fond [fɔ̃] m. [sens général] Grund m.

> **I.** SENS PROPRES :
> **a)** [bas d'un creux] Grund m. ; Tiefe f. ;
> **b)** [opposé de l'ouverture] Unterstes n. ; Innerstes n. ; Tiefstes n. ;
> **c)** [profondeur, éloignement] Tiefe f. ; Innerstes n.
> **II.** SENS FIGURÉS : Tiefe f. ; Wesen n. ; Kern m.
> **III.** SENS PARTICULIERS et TECHN.
> **IV.** loc. adv. **à fond ; au fond ; de fond en comble.**

I. SENS PROPRE : — **a)** [bas d'un creux] Grund m. ; Sohle f. ; Tiefe f. | *Fond d'un puits*, Brunnensohle. | *Fond d'une vallée*, Talsohle, -grund ; Bodeneinsenkung f. ; Niederung f. | *Au fond de la vallée*, unten im Tal. | *Tomber au fond d'un puits*, in einen Brunnen fallen. | *Abîme sans fond*, grundlose Tiefe ; bodenloser Abgrund. ‖ PARTICUL. [bas d'un récipient] Grund m. ; Boden m. | *Fond d'un verre*, Boden, Grund eines Glases. | *À double, à deux fond(s)*, mit doppeltem Boden. | *Sans fond*, boden-, grundlos. ‖ PAR EXT. [ce qui reste en bas] Bodensatz m. ; Rest m. ; Neige f. | *Vider un fond de bouteille*, den Rest einer Flasche (aus)leeren. ‖ PAR ANAL. [opposé de la surface] Grund m. ; Tiefe f. | *Fond de la mer*, Meeresgrund. | *Voir le fond d'un ruisseau*, auf den Grund eines Bachs sehen. | *Au fond*, auf dem Grund ; in der Tiefe. | *Aller au fond*, untergehen (sépar.) ; (ver)sinken. | *Par trente mètres de fond*, dreißig Meter unter Wasser. — **b)** [opposé de l'ouverture, de l'entrée] Inner(st)es n. ; Unterstes n. ; Tiefstes n. ; Hinter... | *Fond de l'armoire, du chapeau*, Schrank-, Hutinneres. | *Fond de culotte*, Hosenboden. | *Fond d'artichaut*, Artischockenboden. | *Ligne de fond*, Grundangel f. | *Fond de teint*, Make-up n. ; Schminkunterlage f. ‖ FIG. *Fond de tiroir*, Rest m. ‖ *Tout au fond*, ganz unten, hinten ; zuunterst. | *Au fond de la cour, de la classe*, hinten auf dem Hof, im Klassenzimmer. | *Chambre du fond*, Hinterzimmer n. ; hinter(st)es Zimmer. | *S'asseoir au fond de la voiture*, sich hinten in den Wagen setzen. — **c)** PAR EXT. [profondeur, éloignement] Tiefe f. ; Innerstes n. | *Au fond du bois*, in der Tiefe des Waldes ; tief im Wald. | *Au fin fond de l'Asie*, im entferntesten Asien. ‖ [arrière-plan] (Hinter)grund m. ‖ FIG. *Toile de fond*, (Hinter)grund. | *Se détacher sur fond clair*, sich vom hellen Grund abheben.

II. SENS FIGURÉS : [partie la plus secrète] Inner(st)es n. ; Tiefe f. | *Au fond du cœur*, tief im Herzen ; im tiefsten Herzen. | *Au fond de moi-même*, in meinem Inner(st)en ; zuinnerst. | *Aller au fond des choses*, den Dingen auf den Grund gehen. | *Qui va au fond des choses*, gründlich. ‖ PAR ANAL. [partie essentielle] Wesen n. ; Wesentliches n. ; Kern m. | *Avoir un bon fond*, einen guten Kern haben. | *Le fond de l'histoire*, die Hauptsache, das Wesentliche an der Geschichte. | *Article de fond*, Leitartikel m. ‖ PAR EXT. [opposé de la forme] Inhalt m. ; Gehalt m. ; Stoff m. | *Le fond et la forme d'une œuvre*, Inhalt und Form eines Werkes.

III. SENS PARTICULIERS : JUR. (Haupt)sache f. | *Juger au fond*, in der Sache urteilen. ‖ MAR. *Lame de fond*, Schlagwelle f. | *Envoyer, Couler par le fond*, in den Grund bohren ; versenken. | *Bas-fond(s)*, Niederung f. ; FIG. untere Volksschichten f. pl. ‖ ARTS. Grundierung f. ; Grundfarbe f., -schicht f. | *Sur fond bleu*, auf blauem Grund. ‖ MINES. unter Tag. ‖ SPORT. *Course de fond*, Langstreckenlauf m.

IV. loc. adv. **à fond,** [profondément] Tief... ; durch... | *Respirer à fond*, tief einatmen ; durchatmen (sépar.).

| *Enfoncer à fond*, durchstoßen (sépar.). || PAR EXT. [entièrement] gründlich ; durch und durch ; eingehend. | *Connaître à fond*, von Grund aus, durch und durch kennen. | *Traiter à fond*, eingehend, erschöpfend behandeln. | *À fond de train*, im schnellsten Tempo. — **au fond,** eigentlich ; im Grunde genommen. — **de fond en comble,** von Grund aus ; durchaus ; durch und durch ; ganz und gar.

fondamental, ale, aux [-damɑ̃tal, o] adj. gründlich ; grundlegend ; wesentlich ; Grund... ; Haupt... | *Loi, différence fondamentale*, Grundgesetz n., -unterschied m. | *Vérité fondamentale*, Grund-, Hauptwahrheit f. | *Notion fondamentale*, grundlegender Begriff ; Grundbegriff m. || MUS. *Accord fondamental*, Grundakkord m.

fondamentaliste [-list] adj. RELIG. fundamentalistisch. || [science] *Chercheur fondamentaliste*, Grundlagenforscher m.

◇ s. RELIG. Fundamentalist(in) m. (f.). || [chercheur] Grundlagenforscher(in) m. (f.).

fondant, ante [fɔ̃dɑ̃, ɑ̃:t] adj. saftig ; im Munde zergehend ; schmelzend ; zerfließend. | *Glace fondante*, schmelzendes Eis. | *Poire fondante*, Butterbirne f. || [bonbon] gefüllt.

◇ m. **fondant,** TECHN. Schmelz-, Flußmittel n. || [confiserie] Praline f. ; (gefülltes)Zuckerwerk.

fondateur, trice [fɔ̃datœ:r, tris] s. (Be)gründer(in) m. (f.) ; Stifter(in) m. (f.).

fondation [-dasjɔ̃] f. ARCHIT. [action] Fundieren n. ; Fundamentieren n. ; Fundamentlegen n.

◇ f. pl. **fondations,** PAR ANAL. [résultat] Fundament n. ; Unterbau m., -lage f. | *Creuser les fondations*, das Fundament ausschachten, -werfen. || FIG. [création] (Be)gründung f. ; Ein-, Errichtung f. | *Fondation d'un empire*, Gründung eines Reichs. || [base] Grund m. ; (fester)Boden m. | *Jeter les fondations de qch.*, den Grund zu etwas legen. || PAR EXT. [donation] Stiftung f. ; Stift n. ; Stiftshaus n. || COMM. Errichtung f.

fondement [-dəmɑ̃] m. ARCHIT. Fundament n. ; Grundmauer f. ; -bau m. ; Unterbau m., -lage f. || FIG. [appui, base] Grund m. ; Unter-, Grundlage f. ; Boden m. | *Fondement juridique*, Rechtsgrundlage. | *Établir, Jeter les fondements*, die Grundlagen untergraben. | *Être dénué de fondement*, jeder Grundlage entbehren. || PAR EXT. [cause, motif] Grund m. ; Begründung f. | *Sans fondement*, unbegründet ; aus der Luft gegriffen ; leer.

fonder [-de] v. tr. ARCHIT. das Fundament, die Grundlage legen ; fundieren. || PAR ANAL. [créer] (be)gründen ; den Grund legen zu ; fundieren. | *Fonder une société*, eine Gesellschaft errichten, gründen. || FIG. [motiver] begründen ; stützen, aufbauen (auf, acc.). | *Fonder son opinion sur qch.*, seine Meinung auf etwas aufbauen, stützen.

◇ part. pass. et adj. **fondé, ée,** begründet ; gegründet ; aufgebaut ; fundiert. || FIG. [basé] *Être fondé sur*, fußen, beruhen auf (dat.) ; sich stützen auf (acc.). | *Fondé sur l'expérience*, auf Grund der Erfahrung ; erfahrungsgemäß. || *Être mal fondé*, auf schwachen Füßen stehen. || PAR EXT. [motivé] *(Bien) fondé*, (wohl) begründet. | *Qui n'est pas fondé*, unbegründet ; grundlos.

◇ m. **fondé,** *Fondé de pouvoir*, Bevollmächtigter m. ; Prokurist m.

◇ v. pr. **se fonder,** *Se fonder sur qch.*, auf einer Sache fußen.

fonderie [fɔ̃dri] f. TECHN. [usine] Gießerei f. ; Schmelzerei f. ; Schmelzhütte f., -anlage f.

fondeur, euse [-dœ:r, ø:z] s. Gießer (in) m. (f.) ; Schmelzer (in) m. (f.). | *Fondeur de caractères, de cloches*, Schrift-, Glockengießer.

fondeur, euse s. SPORT. Skilangläufer (in) m. (f.).

fondre [fɔ̃:dr] v. tr. TECHN. [rendre liquide] *(Faire) fondre*, schmelzen ; ein-, ver-, zerschmelzen ; zum Schmelzen bringen. | *Fondre du minerai*, Erz verhütten. | *Fondre de la graisse*, Fett auslassen, -braten. || PAR ANAL. [dissoudre] auflösen ; zur Auflösung bringen. | *Fondre du sucre dans l'eau*, Zucker in Wasser auflösen. || PAR EXT. [couler, mouler] gießen. | *Fondre une cloche*, eine Glocke gießen. || FIG. [combiner] ver-, ineinander-, zusammenschmelzen ; zusammenziehen. || [couleurs] verschmelzen, -binden ; zerfließen lassen.

◇ v. intr. [devenir liquide] schmelzen ; ein-, ver-, zuschmelzen. | *La glace fond*, das Eis schmilzt, taut auf, löst sich auf. | *Le beurre a fondu*, die Butter ist auseinandergelaufen, zerschmolzen. || PAR ANAL. [se dissoudre] sich auflösen ; aufgehen. || PAR EXT. [maigrir] abmargen. || FIG. [se réduire, disparaître] zusammenschmelzen ; zergehen, -rinnen, -fließen ; (dahin)schwinden. | *Son argent fond à vue d'œil*, sein Geld schmilzt zusehends zusammen. | *Fondre en larmes*, in Tränen zerfließen, ausbrechen. || [se précipiter] *Fondre sur qn*, sich auf jn stürzen ; auf jn eindringen ; jn anrennen ; über jn herfallen. | *L'aigle fond sur sa proie*, der Adler schießt auf seine Beute nieder.

◇ part. pass. et adj. **fondu, ue,** geschmolzen ; ver-, zerschmolzen. || [tons] verschmolzen ; ineinander übergehend ; verschwommen. || SUBSTANTIV. m. FILM. Überblendung f. ; Verschmelzung f.

◇ v. pr. **se fondre,** (sich) verschmelzen ; aufgehen (in, dat.). || [couleurs] ineinander übergehen, -laufen (sépar.) ; zerfließen ; verschwimmen.

fondrière [fɔ̃drijɛ:r] f. [marécage] Schlammloch n. || [crevasse] Schlucht f. ; Kluft f.

fonds [fɔ̃] m. [terre] Grund m. ; Boden m. ; Grundstück n. ; Gut n. || FIG. [savoir] Vorrat m. ; Schatz m. ; Fundus m. (von Wissen). | *Posséder un fonds (de connaissances) solide*, gründliche Kenntnisse haben. || COMM. *Fonds de commerce*, Geschäft n. ; Laden m. ; Unternehmen n. | *Acheter, Céder un fonds*, ein Geschäft kaufen, abtreten.

◇ m. pl. FIN. [somme, capital] Geldsumme f. ; (Bar)geld n. ; Gelder n. pl. ; Kapital n. ; Fonds m. | *Fonds en caisse*, Kassenbestand m. | *Fonds de roulement*, Umlauf-, Betriebskapital. | *Fonds disponibles*, verfügbare Mittel (n. pl.), Gelder. | *Fonds publics*, öffentliche Mittel. | *Fonds secrets*, Geheimfonds. | *Fonds communs de placement*, Anlagefonds m. pl. ; Investmentfonds m. pl. | *Fonds propres*, Eigenmittel n. pl. ; Eigenkapital n. | *Fonds de garantie*, Delkredere n. || LOC. Être en fonds, (gut) bei Kasse sein. || FAM. *Les fonds sont en baisse*, es herrscht Ebbe in der Kasse. | *À fonds perdus*, unter Verzicht der Rückgabe ; FIG. auf Nimmerwiedersehen.

fondue [fɔ̃dy] f. CULIN. Fondue n. | *Fondue bourguignonne*, Fleischfondue. | *Fondue savoyarde*, Käsefondue.

fongible [fɔ̃ʒibl] adj. JUR. vertretbar ; ersetzbar.

fongicide [fɔ̃ʒisid] adj. fungizid ; pilztötend.

◇ m. Fungizid n.

fontaine [fɔ̃tɛ:n] f. [source] Quelle f. || PAR ANAL. [puits] (Spring)brunnen m. ; Fontäne f. | *Eau de fontaine*, Brunnenwasser n. | *Fontaine de Jouvence*, Jungbrunnen. || PAR EXT. [réservoir] Wasserbehälter m.

fontanelle [fɔ̃tanɛl] f. ANAT. Fontanelle f.

fonte [fɔ̃:t] f. TECHN. [action générale] Schmelzen n. ; Ein-, Ver-, Zusammenschmelzen n. || PARTICUL. [neige] Schmelze f. ; Auftauen n. ; Tauwetter n. || PAR ANAL. [moulage] Gießen n. ; Guß m. | *Fonte d'une cloche, de caractères*, Glocken-, Schriftguß. || PAR EXT. [matière] Roh-, Gußeisen n. ; Guß m. | *De, en fonte*, gußeisern. | *Marmite en fonte*, gußeiserner Topf. | *Fonte en coquille*, Hartguß. | *Fonte grise*, Grauguß. || MIL. Sattelpistolentasche f.

fonts [fɔ̃] m. pl. RELIG. *Fonts (baptismaux)*, Taufbecken n., -stein m.

football [futbɔl] m. SPORT. Fußball m. | *Match de football*, Fußballspiel n.

footing [futiŋ] m. Lauf m. ; Marsch m.

for [fɔ:r] m. LOC. *For intérieur*, Stimme (f.) des Gewissens ; innere Stimme. | *Dans son for intérieur*, in seinem Innern ; innerlich.

forage [fɔra:ʒ] m. TECHN. (Aus)bohren n. ; Bohrarbeit f. ; Bohrung f. | *Forage d'un puits*, Brunnenbohrung. | *Forage marin*, Offshore-Bohrung. | *Navire de forage*, Bohrschiff n.

forain, aine [fɔrɛ̃, ɛ:n] adj. umherziehend ; Wander... ; Jahrmarkts... ; Messe... | *Marchand forain*, Jahrmarktshändler m. | *Fête foraine*, Jahrmarkt m. ; Messe f.

◇ s. Messe-, Jahrmarkts-, Budenaussteller(in) m. (f.).

forban [fɔrbɑ̃] m. Freibeuter m. ; Seeräuber m.

forçat [fɔrsa] m. JUR. Galeerensträfling m. ; Zuchthäusler m. ; Sträfling m. ; Zwangsarbeiter m.

force [fɔrs] f.

> **I.** SENS PROPRES :
> **a)** [vigueur physique] Kraft f. ; Stärke f. ; Macht f.
> **b)** [violence, contrainte] Gewalt f. ; Zwang m.
> **II.** SENS FIGURÉS : [vigueur morale] Kraft f.
> **III.** SENS TECHN.
> **IV.** f. pl. **forces.** MIL. Streitkräfte f. pl.
> **V.** loc. adv. **force ; à toute force ; de force,** etc.
> **VI.** loc. prép. : **à force de.**

I. SENS PROPRES : — **a)** [vigueur physique] Kraft f. ; Stärke f. | *Force (massive)*, Wucht f. | *Force physique*, Leibes-, Körperkraft. | *Force musculaire*, Muskelkraft. | *Travail de force*, Kraftarbeit f. | *Déploiement de forces*, Kräfteaufwand m. | *Prendre des forces*, kräftig, stark werden ; erstarken. | *Perdre ses forces*, seine Kräfte verlieren ; sich entkräften ; kraftlos werden. | *Plein de force*, kraftvoll ; kräftig ; stark ; wuchtig ; markig. | *Sans force*, kraftlos ; lahm ; matt ; schlaff. | *Absence, Manque de force*, Kraftlosigkeit f. Schwäche f. || PAR ANAL. [puissance] Macht f. ; Gewalt f. | *Sans force*, machtlos. || LOC. *Avoir la force de, Être de force à*, vermögen ; imstande sein zu. | *Dans toute la force de l'âge*, in der Blüte der Jahre. | *C'est au-dessus de mes forces*, das geht über meine Kräfte. | *Être à bout de forces*, am Ende seiner Kräfte stehen. | *De toutes ses forces*, aus Leibeskräften. — **b)** PAR EXT. [violence, contrainte] Gewalt f. ; Zwang m. | *Employer la force*, Gewalt anwenden. | *Par (la) force*, mit Gewalt ; zwangsweise. | *Force m'est de*, ich kann nicht umhin ; ich muß.

II. SENS FIGURÉS : [vigueur morale] Kraft f. ; Stärke f. | *Force de la volonté*, Willenskraft. | *Force de caractère*, Charakterstärke. || PAR ANAL. [fermeté] *Avec force*, mit Nachdruck ; nachdrücklich ; energisch. || PAR EXT. [efficacité, autorité] Schärfe f. ; Kraft f. ; Wirkung f. ; Triftigkeit f. | *Force d'un argument*, Überzeugungs-, Beweiskraft. || PAR EXAGÉR. [habileté, talent] *Tour de force*, Kraft-, Kunststück n.

III. SENS TECHN. : MIL. *Force armée*, Waffengewalt f. | *Force de frappe*, (französische) Atomstreitmacht. | *Force publique*, staatliche Machtmittel n. pl. || JUR. Kraft f. ; Zwang m. | *Avoir force de loi*, Gesetzeskraft haben. | *Force majeure*, höhere Gewalt ; zwingende Umstände m. pl. || PHYS. Kraft f. ; Stärke f. | *Force d'attraction, de cohésion*, Anziehungs-, Bindekraft. | *Force d'attraction terrestre*, Erdanziehungskraft. | *Force d'inertie*, Beharrungsvermögen n. | *Force élastique, centrifuge, hydraulique, explosive*, Spann-, Flieh-, Wasser-, Sprengkraft. | *Force motrice*, Antriebskraft ; treibende Kraft. | *Ligne de force*, Kraftlinie f. | *Forces vives*, wirkende Kräfte f. pl. | *Force en chevaux*, Pferdestärke. || CHIM. Geist m. ; Alkoholgehalt m. ; Wirkungsgrad m. || MUS. [son] Stärke f. || PHILOS. *Force primitive*, Urkraft f. | *Forces élémentaires*, Naturgewalten f. pl. | *Forces surnaturelles*, höhere Mächte. | *Forces vitales*, Lebenskräfte. || MAR. *Faire force de rames*, mit allen Kräften rudern. | *Faire force de voiles*, alle Segel setzen.

IV. f. pl. **forces,** MIL. Streitkräfte f. pl. ; Kriegsheer n. | *Forces terrestres, aériennes, navales*, Land-, Luft-, Seestreitkräfte. | *Forces nucléaires à portée intermédiaire*, nukleare Mittelstreckensysteme n. pl. | *Forces de sécurité*, Sicherheitskräfte. || [police] *Forces de l'ordre*, Ordnungskräfte f. pl. || HIST. *Forces françaises de l'intérieur* (F.F.I.), französische Widerstandsbewegung.

V. loc. adv. **force,** [beaucoup] viel ; die Menge ; eine Menge. — **à toute force,** mit aller Gewalt ; unbedingt. — **de force, par force,** [contrainte] gewaltsam ; mit Gewalt ; zwangsweise. | *De gré ou de force*, wohl oder übel. | *Pénétrer de force*, eindringen, -brechen. | *Faire entrer, tenir, passer de force*, hinein-, zusammen-, hindurchzwängen (sépar.).

VI. loc. prép. **à force de,** durch viel ; kraft (gén.). | *À force de prier*, durch vieles Bitten. | *Se fatiguer à force de courir*, sich müde laufen.

forcément [-semɑ̃] adv. zwangsläufig ; notgedrungen ; notwendigerweise.

forcené, ée [fɔrsəne] adj. rasend ; wütend ; wild ; toll ; aufbäumend. | *Acte de forcené*, Raserei f.

◇ s. Rasende(r) f. (m.) ; Tollwütige(r) f. (m.).

forceps [fɔrsɛps] m. MÉD. Geburtszange f.

forcer [fɔrse] v. tr. [ouvrir de force] aufbrechen, -sprengen. | *Forcer une porte*, eine Tür aufbrechen. || PAR ANAL. [fausser] *Forcer une clef*, einen Schlüssel verdrehen. || PAR EXT. [prendre de force] erzwingen, -ringen, -stürmen ; mit Gewalt nehmen. | *Forcer le passage*, sich durchzwängen. | *Forcer un obstacle*, ein Hindernis überwinden, -wältigen. | *Forcer une place*, eine Festung erstürmen, mit Gewalt einnehmen. || FIG. *Forcer l'admiration de qn*, js Bewunderung erringen. || LOC., FIG. *Forcer le pas*, einen Schritt zulegen ; den Schritt beschleunigen. || FIG. [obliger, contraindre] (be)zwingen ; nötigen. | *Forcer qn à qch., Forcer la main à qn*, jn zu etwas zwingen. | *Forcer qn à accepter qch.*, jm etwas aufzwingen. || [faire violence à] Gewalt antun (dat.) ; vergewaltigen. | *Forcer le sens*, den Sinn entstellen, verdrehen. || [fatiguer excessivement] *Forcer un cheval*, ein Pferd überanstrengen, -fordern. | *Forcer sa voix*, sich überschreien. || AGRIC. [en serre] treiben.

◇ v. intr. [se fatiguer] sich überanstrengen, -arbeiten. || FIG. FAM. [exagérer] übertreiben.

◇ part. pass. et adj. **forcé, ée,** [porte] aufgebrochen ; erstürmt ; errungen. || FIG. [obligé] gezwungen. | *Être forcé de*, gezwungen sein zu ; müssen. | *Être forcé de partir*, fort müssen. | *Sans y être forcé*, ungezwungen ; freiwillig. || [obligatoire] gezwungen ; notgedrungen ; Zwangs... | *Travaux forcés*, Zwangsarbeit f. || PAR ANAL. [peu naturel] ge-, erzwungen ; er-, gekünstelt ; unnatürlich. | *Rire forcé*, erzwungenes, krampfhaftes Lächeln. | *Style forcé*, gekünstelter Stil. || [inévitable] unvermeidlich. | *C'est forcé*, das muß so sein ; das ist (sonnen)klar. || LOC. *Marche forcée*, Eil-, Gewaltmarsch m.

◇ v. pr. **se forcer,** [se contraindre] sich (be)zwingen ; sich Gewalt antun.

forclore [fɔrklɔ:r] v. tr. JUR. ausschließen.

◇ part. pass. et adj. **forclos, ose,** verwirkt.

forclusion [-klyzjɔ̃] f. JUR. Rechtsausschluß m. ; Rechtsverwirkung f. ; Präklusion f.

forer [fɔre] v. tr. TECHN. bohren ; an-, aus-, ab-, durchbohren (sépar.). | *Forer un puits*, einen Brunnen graben.

forestier [fɔrɛstje] adj. forstlich ; Wald... ; Forst... ; Waldungs... | *Économie forestière*, Forstwirtschaft f., -wesen n. | *École forestière*, Forstakademie f. | *Maison forestière*, Forsthaus n. ; Försterei f. | *(Garde) forestier*, Förster m. ; Waldhüter m.

foret [fɔrɛ] m. TECHN. Bohrer m. | *Foret à bois, à hélice, à métaux*, Holz-, Spiral-, Metallbohrer.

forêt [fɔrɛ] f. [bois] Wald m. ; Waldung f. ; Forst m. | *Forêt vierge*, Urwald. | *Forêt tropicale humide*, tropischer Regenwald. || ADM. *Eaux et forêts*, Fischerei- und Forstwesen n. | *Forêt-Noire*, GÉOGR. Schwarzwald.

foreur [fɔrœ:r] m. [ouvrier] Bohrer m. ; Bohrarbeiter m., -hauer m.

foreuse [-rø:z] f. TECHN. [machine] Bohrmaschine f.

forfait [fɔrfɛ] m. JUR. [crime] Schandtat f. ; Frevel m. ; Misse-, Un-, Übeltat f. || COMM. [contrat] Verdingung f. ; Gedinge n. ; Pauschalvertrag m. | *Travailler à forfait*, im Akkord, Gedinge arbeiten. || [prix forfaitaire] Pauschalpreis m. ; Pauschale f. | *Forfait hospitalier*, Krankenhauspauschale. || [ski] Skipaß m. | *Déclarer forfait*, aufgeben ; verzichten.

forfaitaire [-tɛ:r] adj. COMM. Akkord... ; Pauschal... | *Somme forfaitaire*, Pauschalsumme f. | *Indemnité forfaitaire*, Abfindungssumme f.

forfaiture [-ty:r] f. JUR. Pflichtverletzung f. ; Verletzung (f.) der Amtspflicht.

forge [fɔrʒ] f. Schmiede f. ; Hammerwerk n.
◇ f. pl. **forges,** (Eisen)hütte f. ; Hüttenwerk n. ; Eisenhammer m.

forger [-ʒe] v. tr. schmieden ; hämmern ; recken. | *Forger à chaud, à froid*, warm-, kaltschmieden. || PAR EXT. *Forger un mot*, ein Wort prägen. || FIG. [inventer] ersinnen, -dichten ; FAM. aushecken.
◇ part. pass. et adj. **forgé, ée,** geschmiedet ; Schmiede... | *Fer forgé*, Schmiedeeisen n.
◇ v. pr. **se forger,** FIG., LITTÉR. [inventer] sich ausdenken, -malen.

forgeron [-ʒərɔ̃] m. (Grob)schmied m.

formaliser [formalize] v. tr. [poser des règles] systematisch darstellen ; formalisieren.

formaliser (se) [səfɔrmalize] v. pr. Anstoß, Ärgernis nehmen (an, dat.) ; sich stoßen (an, dat.) ; übelnehmen ; ungehalten sein (über). | *Se formaliser d'une plaisanterie*, an einem Witz Anstoß nehmen.

formalisme [fɔrmalism] m. Umständlichkeit f. ; Formalismus m. ; übertriebene Förmlichkeit.

formaliste [-list] adj. die äußere Form betonend ; umständlich ; formalistisch. || FIG. unfrei.
◇ s. Formalist(in) m. (f.) ; Pedant(in) m. (f.).

formalité [-lite] f. Formvorschrift f. ; Förmlichkeit f. ; Formalität f. | *Formalités douanières*, Zollformalitäten f. pl. | *(C'est une) simple formalité*, das ist reine Formsache.

format [fɔrma] m. Größe f. ; Format n. | *Format d'un livre*, Buchgröße. | *Format du papier*, Papierformat. | *Petit, grand format*, Klein-, Großformat. | *Format de poche, normal*, Taschen-, Dinformat (Deutsche Industrie-Norm ; DIN).

formatage [-ta:ʒ] m. INF. Formatierung f. ; Formatieren n.

formater [-te] v. tr. INF. formatieren.

formateur, trice [-tœ:r, tris] adj. formend ; bildend ; formgebend. || PAR EXT. [créateur] (er)schaffend.
◇ s. Former(in) m. (f.) ; Bildner(in) m. (f.).

formation [-sjɔ̃] f. [sens général] Bildung f.
1. ACTION DE FORMER : (Aus)bildung f. ; Gestaltung f. ; Formierung f. | *Formation du cabinet*, Regierungsbildung. || PAR EXT. [création] Schaffung f. ; Gründung f. || MIL. *Formation accélérée*, Kurzausbildung ; beschleunigte Aufstellung. | *Formation de combat*, Schlachtordnung f. ; Kampfaufstellung f. || MATH. Aufstellung f. || GRAMM. *Formation de mot*, Wortbildung.
2. ACTION DE SE FORMER : [naissance] Bildung f. ; Erstehung f. || PAR ANAL. [développement] Entwicklung f. ; Werden n. ; Zustandekommen n. || PAR EXT. [résultat] Gebilde n. ; Formation f. || FIG. (Aus)bildung f. | *Formation accélérée*, Schnellkurs m. | *Formation continue, permanente*, Fort-, Weiterbildung. | *Formation du personnel*, Personal- ausbildung, -weiterbildung. | *Formation professionnelle*, Berufsausbildung. | *Formation scolaire*, Schulung f. | *Formation sur le tas*, Anlernen n. ; Ausbildung am Arbeitsplatz. | *Il est professeur de formation*, er ist von Beruf Lehrer. || ÉCON. *Formation des prix*, Preisbildung f. || MIL. [troupes] *Formations aériennes*, Luftwaffenverbände m. pl. | *Formations blindées*, Panzereinheiten f. pl. || PHYSIOL. *Formation d'un abcès*, Geschwulstbildung. || GÉOL. Gebilde n. ; Formation f. | *Formations tertiaires*, Tertiärformationen f. pl. || CHIM. Bildung f.

forme [fɔrm] f. [sens général] Form f. ; Gestalt f. | *Forme triangulaire, carrée*, dreieckige, viereckige Gestalt. | *Forme humaine*, Menschengestalt. | *Forme du gouvernement*, Regierungsform. | *Prendre forme*, Gestalt annehmen. | *Donner forme à qch.*, etwas (aus)gestalten. | *Changer la forme de qch.*, etwas umgestalten. | *Sans forme*, form-, gestaltlos. | *D'une forme parfaite*, formvollendet. || PAR ANAL. [configuration] Form f. ; Gestaltung f. ; Fassung f. ; Bau m. | *Formes du corps*, Körperbau m. ; Körperformen f. pl. | *Dessiner les formes*, die Formen deutlich abzeichnen, erkennen lassen. || [extérieure] Äußeres n. ; äußeres Wesen. || FIG. [manière d'agir, correction] Form f. ; Art und Weise. | *En (bonne) forme*, formgerecht. | *Dans les formes*, kunstgerecht ; regelrecht. | *En bonne et due forme*, in gehöriger Form. | *Sans autre forme de procès*, ohne weiteres. || PAR EXT. *Pour la forme*, der Form halber ; zum Schein. | *De pure forme*, nur Schein. | *Juger sur la forme*, nach der äußeren Form urteilen. | *Forme légale*, Rechtsform. | *Vice de forme*, Formfehler m. ; Mangel (m.) in der Form. || LITTÉR. [style] Form f. ; Gestalt f. ; Fassung f. ; Aufbau m. ; Ausdruck m. | *Fond et forme*, Inhalt und Form ; Gehalt und Gestalt. | *Donner forme à une pensée*, einen Gedanken in Worte kleiden. || GRAMM. Form f. || TYPOGR. Rahmen m. ; Form f. || SPORT. *Être en (pleine) forme*, in (Hoch)form sein. || TECHN. [cordonnier] Leisten m. || [moule] Form f. || AUTOM. *Forme aérodynamique*, Stromlinienform.
◇ f. pl. **formes,** [manières, politesse] (Umgangs)formen f. pl. ; Manier(en) f. (pl.) ; Anstand m. | *Avoir des formes rudes*, ungeschliffene Manieren haben. | *Observer les formes, Y mettre les formes*, die Formen einhalten, beachten.
◇ loc. prép. **en forme de,** in Form von ; als ; wie ; ...förmig. | *En forme de fer à cheval*, hufeisenförmig ; wie ein Hufeisen. — **sous forme de,** als.

formel, elle [-mɛl] adj. förmlich ; ausdrücklich ; formell. | *Ordre formel*, ausdrücklicher Befehl. | *D'un ton formel*, in bestimmtem Ton. | *De façon formelle*, in aller Form. || PHILOS. formal.

formellement [-mɛlmɑ̃] adv. förmlich ; ausdrücklich.

former [-me] v. tr. [donner une forme] bilden ; gestalten ; formen. | *Former sur le modèle*, nach dem

Vorbild, Muster formen. || PAR ANAL. [créer, produire] schaffen ; hervorbringen ; erzeugen ; machen ; einrichten ; begründen. | *Former une société*, eine Gesellschaft gründen. | *Former une alliance*, ein Bündnis schließen. | *Former une chaîne*, eine Kette machen, bilden. || PAR EXT. [avoir la forme de] bilden. | *Le feuillage forme une voûte*, das Laub bildet ein Gewölbe. || [constituer] bilden ; ausmachen. || FIG. [éduquer] bilden ; aus-, heranbilden. | *Former qn à qch.*, jn zu etwas heranbilden. || [exercer] üben. || PAR EXT. [concevoir] entwerfen ; machen ; hegen. | *Former le vœu de*, den Wunsch hegen zu. | *Former un projet*, einen Plan entwerfen. || MIL. [recrue] ausbilden. || [unité] aufstellen ; formieren. | *Former les faisceaux*, die Gewehre zusammensetzen. || GÉOL., CHIM. bilden. || GRAMM. bilden. || SPORT. *Former une équipe*, eine Mannschaft aufstellen.
◇ part. pass. et adj. **formé, ée,** gebildet ; gestaltet. | *Être formé de qch.*, aus etwas bestehen.
◇ v. pr. **se former,** [prendre forme], sich bilden ; sich gestalten ; Form annehmen. || PAR ANAL. [se produire, naître] sich bilden ; werden ; entstehen ; zustandekommen. || FIG. sich (aus)bilden ; sich entwickeln ; sich entfalten. || MIL. [troupes] aufgestellt werden. || CHIM. [dépôt] sich ansetzen ; niederschlagen ; entstehen.

formidable [fɔrmidabl] adj. fürchterlich ; ungeheuer ; gewaltig. || FAM. großartig ; kolossal.

formique [fɔrmik] adj. CHIM. ameisensauer. | *Acide formique*, Ameisensäure f.

formol [fɔrmɔl] m. CHIM. Formaldehyd n.

formulaire [-mylɛ:r] m. ADM. Vordruck m. ; Formular n. | *Formulaire de commande*, Bestellformular. | *Remplir un formulaire*, ein Formular ausfüllen.

formule [-myl] f. ADM. [formulaire] Vordruck m. ; Formular n. || PAR EXT. [moyen d'expression] Ausdruck m. ; Spruch m. ; Wort n. ; Formel f. | *Formule de politesse*, Höflichkeitsformel. | *Formule magique*, Zauberspruch. | *Formule creuse*, leerer Ausdruck. | *Formule à la mode*, Schlagwort n. || [manière de procéder] Art f. ; Möglichkeit f. | *Une nouvelle formule de crédit*, ein neuartiger Kredit. || MÉD. [de pharmacie] Rezept n. || PHYSIOL. *Formule sanguine*, Blutbild n. || MATH., CHIM. Formel f.

formuler [-myle] v. tr. JUR. [rédiger] formulieren ; in Worte fassen ; abfassen. | *Formuler un jugement*, ein Urteil formulieren. | *Formuler une ordonnance*, ein Rezept schreiben. || PAR EXT. [énoncer] ausdrücken ; zum Ausdruck bringen ; klar aussprechen. | *Formuler des vœux*, Wünsche aussprechen. | *Formuler sa pensée*, seinem Gedanken Ausdruck verleihen.

fornication [fɔrnikasjɔ̃] f. Hurerei f. || FIG. Unzucht f.

forniquer [-ke] v. intr. Unzucht treiben ; huren.

fort, forte [fɔr, fɔrt] adj. [robuste] stark ; kräftig ; kraftvoll. | *Fort comme un bœuf*, stark wie ein Bär. | *Devenir fort*, stark werden ; erstarken. | *Rendre plus fort*, verstärken. || [grand, gros] stark ; stattlich ; dick. || PAR ANAL. [puissant] mächtig ; machtvoll ; gewaltig. | *État fort*, mächtiger Staat. | *Avoir affaire à forte partie*, es mit einem gefährlichen Gegner zu tun haben. || PAR EXT. [violent] stark ; heftig ; gewaltig. | *Courant fort*, starke, heftige Strömung. | *Il y a de fortes vagues*, die Wellen gehen hoch. || LOC. *Voix forte*, starke, laute Stimme. | *À voix forte*, laut ; mit lauter Stimme. | *Forte chaleur*, große Hitze. | *Café fort*, starker Kaffee. | *Vinaigre fort*, scharfer Essig. | *Odeur forte*, starker, scharfer Geruch. | *Avoir une forte fièvre*, starkes, hohes Fieber haben. || FIG. [plein d'énergie] stark ; kraftvoll ; derb. || PARTICUL. [expression, mot] stark ; markig ; kernig ; drastisch ; wuchtig. | *Expression forte*, Kraftausdruck m. ; derber Ausdruck. || PAR ANAL. [habile, versé] stark ; tüchtig ; bewandert ; geschickt. | *Être fort en histoire*, in der Geschichte bewandert, belesen sein. | *Être fort au jeu*, gut spielen. | *Être fort dans sa partie*, in seinem Beruf tüchtig sein. | *Il n'est pas fort*, er kann nicht viel ; mit ihm ist nicht viel los. | *C'est trop fort pour moi*, FAM. da komm' ich nicht mehr mit ; das geht über meinen Verstand. | *Fort de*, stark. | *Fort de 150 hommes*, 150 Mann stark. || PAR EXT. [conscient de] *Fort de son innocence*, im Bewußtsein seiner Unschuld. || PAR EXT. [pénible, dur] schwer ; schwierig ; mühsam ; hart ; arg. | *C'est trop fort*, das geht zu weit. | *C'est un peu fort*, das ist starker Tobak ; das ist ein ziemlich starkes Stück. || LOC. *Forte tête*, Dickkopf m. | *C'est plus fort que moi*, ich kann nicht umhin ; ich kann mir nicht anders helfen. | *Se faire fort de*, sich anheischig machen zu. | *À plus forte raison*, um so mehr. || MIL. *Place forte*, fester, befestigter Platz ; Bollwerk n. || COMM. [considérable] beträchtlich, hohe Summe. | *Acheter au prix fort*, zu hohem Preis, sehr teuer ankaufen. || GRAMM. *Déclinaison, conjugaison forte*, starke Deklination, Konjugation. || AGRIC. *Terre forte*, fetter Boden. || TECHN. [résistant] stark ; haltbar ; fest.

fort [fɔr] ou **fortement** [fɔrtəmɑ̃] adv. [vigoureusement], stark. | *Il pleut fort*, es regnet stark. || PAR ANAL. *Parler, Chanter fort*, laut sprechen, singen. || PAR EXT. [très, beaucoup] sehr ; viel ; höchst. | *Fort joli*, sehr hübsch. | *Fort peu*, sehr, ganz wenig. | *C'est fort juste !*, ganz richtig ! | *Avoir fort à faire avec*, viel zu tun haben mit. || LOC. *Geler fort*, hart frieren. | *Tenir fortement*, festhalten, -sitzen. || *Parlez plus fort !*, lauter !
◇ m. **fort,** [personne] Starker m. ; Mächtiger m. ; Tüchtiger m. | *Droit du plus fort*, Faustrecht n. | *Fort des Halles*, Verlader m. ; Lastenträger m. || FIG. [côté fort] Stärke f. ; starke Seite. | *Ce n'est pas mon fort*, das ist nicht meine starke Seite. || PAR EXT. [plus haut degré] Höhepunkt m. | *Au plus fort de*, mitten in (dat.) ; in voller. | *Au plus fort de l'hiver*, im tiefsten Winter. || MIL. [forteresse] Schanze f. ; Feste f. ; Bollwerk n. ; Fort n.
— SYN. : *Puissant*, mächtig. *Vigoureux*, kraftvoll. *Robuste*, rüstig. *Solide*, stämmig. *Résistant*, widerstandsfähig.

forte [fɔrte] adv. MUS. stark ; laut ; forte.
◇ m. Forte n.

forteresse [fɔrtərɛs] f. MIL. Festung f. ; Feste f.

fortifiant, iante [-tifjɑ̃, jɑ̃:t] adj. stärkend ; kräftigend.
◇ m. **fortifiant,** MÉD. Stärkungs-, Kräftigungsmittel n.

fortification [-tifikasjɔ̃] f. MIL. [action] Befestigung f. ; Verschanzung f. || [ouvrage] Befestigungs-, Festungswerk n. || LOC. *Élever des fortifications*, Befestigungen anlegen ; (ver)schanzen.

fortifier [-tifje] v. tr. [rendre fort] stärken ; be-, verstärken ; stark machen ; (be)kräftigen. || FIG. [affermir] *Fortifier une opinion*, eine Meinung bestärken. | *Fortifier une amitié*, eine Freundschaft festigen. || MIL. befestigen ; (ver)schanzen. | *Ville fortifiée*, befestigte Stadt ; Festung f.
◇ v. pr. **se fortifier.** MÉD. sich erholen.

fortin [-tɛ̃] m. kleines Befestigungswerk.

fortiori (a) [afɔrsjɔri] loc. adv. um so mehr ; mit um so größerem Recht ; geschweige denn.

fortissimo [fɔrtisimo] adv. MUS. sehr stark ; fortissimo.

fortran [fɔrtrɑ̃] m. INF. Fortran n.

fortuit, uite [fɔrtɥi, ɥit] adj. zufällig ; von ungefähr ; unvermutet ; unbeabsichtigt ; unabsichtlich. | *Cas fortuit*, Zufall m.

fortuitement [-tɥitmɑ̃] adv. zufälligerweise ; rein zufällig ; aus Zufall.

fortune [fɔrtyn] f. MYTH. [déesse] Fortuna f. || PAR ANAL. [hasard, chance] Zu-, Glücksfall m. ; Glück n. | *Roue de la fortune*, Glücksrad n. | *Retour de fortune*, Glückswechsel m. ; Rückschlag m. | *Tenter, Chercher fortune*, sein Glück versuchen ; FIG. auf Abenteuer ausgehen. || PARTICUL. [sort] Los n. ; Schicksal n. ; Geschick n. | *Partager la bonne et la mauvaise fortune de qn*, gute und schlechte Zeiten mit jm teilen. | *Faire fortune*, sein Glück machen. | *Sa fortune est faite*, er ist ein gemachter Mann. || LOC. *Bonne fortune*, Glück n. ; FIG. Glück bei den Frauen. | *Mauvaise fortune*, Unglück n. ; Mißgeschick n. | *Dans la bonne et la mauvaise fortune*, im Glück und Unglück ; in Freud und Leid. | *Dîner à la fortune du pot*, essen, was die Kelle gibt. | *Moyen de fortune*, Notbehelf m. || FIG. [biens, argent] Vermögen n. ; Geld n. | *Grande fortune*, Reichtum m. | *Impôt sur la fortune*, Vermögenssteuer f. | *Situation de fortune*, Vermögensverhältnisse n. pl. | *Faire fortune*, reich werden. | *Sans fortune*, unvermögend ; mittellos. | *Faire fortune dans qch.*, durch etwas reich werden.

fortuné, ée [-ne] adj. [heureux] glücklich ; beglückt ; (glück)selig. || GÉOGR. *Iles Fortunées*, glückselige, Kanarische Inseln f. pl. || FIG. [riche] begütert ; vermögend ; wohlhabend.

forum [fɔrɔm] m. Forum n.

fosse [fo:s] f. GÉOL. Grube f. ; Graben m. ; Loch n. || PAR EXT. *Fosse à fumier, aux ordures, d'aisances*, Dung-, Müll-, Abortgrube. | *Fosse septique*, Klärgrube ; Sickergrube. | *Fosse d'orchestre*, Orchestergraben m. | *Fosse aux lions*, Löwengrube. | *Fosse aux ours*, Bärenzwinger m. || FIG. [tombe] Gruft f. ; Grab n. | *Fosse commune*, Massengrab. || ANAT. *Fosses nasales*, Nasenhöhle f. || MINES. Grube f.

fossé [fose] m. Graben m. | *Fossé de la route, de la ville*, Straßen-, Stadtgraben. || FIG. *Il y a un fossé entre eux*, eine Kluft besteht zwischen ihnen. || TECHN. *Fossé d'écoulement*, Abzugsgraben.

fossette [-sɛt] f. ANAT. Grübchen n.

fossile [fɔsil] adj. GÉOL. versteinert, -knöchert ; fossil ; Stein... ; Fossil...
◇ m. Versteinerung f. ; Fossil n. (pl. Fossilien). || FIG. *C'est un fossile*, er ist ein alter Trottel.

fossilisation [-lizasjɔ̃] f. GÉOL. Versteinerung f. ; Fossilbildung f.

fossiliser (se) [səfɔsilize] v. pr. zu Stein, Fossil werden.

fossoyeur [-jœ:r] m. Totengräber m.

fou, folle [fu, fɔl] ou **fol, le** [fɔl] adj. wahnsinnig, -witzig ; verrückt ; geisteskrank ; irre ; irrsinnig ; POP. verdreht ; übergeschnappt. | *Fou furieux*, toll ; tobsüchtig ; rasend. | *Fou à lier*, an die Kette zu legen ; gemeingefährlich. | *Devenir fou*, wahnsinnig, verrückt werden ; POP. überschnappen (sépar.). | *C'est à devenir fou*, es ist zum Tollwerden. | *Rendre fou*, verrückt, toll machen. || PAR ANAL. [extravagant, insensé] närrisch ; töricht ; toll ; unklug. | *Es-tu fou ?*, bist du nicht recht bei Trost ? || PAR EXT. [choses] wahn-, unsinnig ; verrückt ; toll ; übertrieben ; ungeheuer. | *Fou rire*, Lachkrampf m., -anfall m. | *Avoir le fou rire* (unwiderstehlich) lachen müssen. | *Monde fou*, riesige Menschenmenge ; FAM. wahnsinnig viel Leute. | *Succès fou*, toller Erfolg. | *Fol espoir*, sinnlose Hoffnung. | *Passion folle*, wahnsinnige Leidenschaft. | *À une vitesse folle*, rasend schnell. || FIG. *Fou de joie*, außer sich vor Freude. | *Fou de rage*, außer sich vor Zorn ; blindwütig. | *Être fou de qn*, in jn vernarrt, verschossen sein. || PAR EXT. [très gai] ausgelassen ; übermütig. | *Folle gaieté*, ausgelassene Fröhlichkeit. || BOT. *Herbes folles*, Unkraut n. || MAR. *Aiguille folle*, tanzende Kompaßnadel. || TECHN. *Poulie folle*, lose Rolle.
◇ s. [aliéné] Wahn-, Irrsinnige(r) f. (m.) ; Verrückte(r) f. (m.) ; Geisteskranke(r) f. (m.). | *Fou furieux*, Tobsüchtiger m. | *Maison de fous*, Irren-, Narrenhaus n. | *C'est un fou*, der ist verrückt ; FAM. bei dem stimmt's nicht. || PAR EXT. [extravagant, insensé] Narr m. ; Tor m. | *C'est un vrai fou*, er ist ein ausgemachter Narr. | *Faire le fou*, den Narren, Affen spielen. | *Plus on est de fous, plus on rit*, je verrückter, desto besser. || LOC. *Fou du roi*, Hofnarr m. || FIG. *Folle du logis*, wilde Phantasie ; Phantasterei f. || [échecs] Läufer m. || ZOOL. Tölpel m. | *Fou de Bassan*, Basstölpel.
— SYN. : *Aliéné*, irre. *Déséquilibré*, gestört. FAM. *Détraqué*, durchgedreht. POP. *Piqué*, angestochen.

foudre [fudr] f. [éclair] Blitz(strahl) m. | *Coup de foudre*, Blitz-, Donnerschlag m. | *La foudre est tombée*, der Blitz hat, ist eingeschlagen. | *La foudre tombe sur un arbre*, der Blitz schlägt in einen Baum. || FIG. *Comme frappé par la foudre*, wie vom Blitz getroffen. | *Lancer ses foudres contre qn*, seine Blitze gegen jn schleudern ; jn andonnern. || PAR EXT. [amour] *Coup de foudre*, Liebe (f.) auf den ersten Blick.
◇ m. FIG. *Foudre de guerre*, Kriegsheld m.

foudre m. großes Lagerfaß ; Fuder n.

foudroyer [-je] v. tr. durch den Blitz zer-, niederschmettern ; zu-, erschlagen. || PARTICUL. durch eine elektrische Entladung treffen. || PAR EXT. [atterrer] nieder-, zerschmettern ; zermalmen ; vernichten. || FIG. *Foudroyer qn du regard*, einen vernichtenden Blick auf jn werfen.
◇ part. prés. **foudroyant, ante,** donnernd ; niederschmetternd. || MÉD. *Apoplexie, mort foudroyante*, plötzlicher Schlaganfall, Tod.
◇ part. pass. et adj. **foudroyé, yée,** vom Blitz getroffen ; durch den Blitz erschlagen.

fouet [fwɛ] m. Peitsche f. ; Geißel f. ; Rute f. | *Lanière, mèche de fouet*, Peitschenriemen m., -schnur f. | *Coup de fouet*, Peitschenhieb m. | *Faire claquer son fouet*, seine Peitsche knallen lassen. || FIG. [stimuler] *Donner un coup de fouet*, aufpeitschen. || MIL. *Tir de plein fouet*, Flachfeuer n. || [accident de la route] *Choc de plein fouet*, Frontalzusammenstoß m. || JUR. [châtiment] Geißeln n. || [queue d'un animal] Rute f. || CULIN. [batteur] Schläger m. ; Schneebesen m.

fouettard [-ta:r] adj. *Père Fouettard*, Knecht Ruprecht m.

fouetter [-te] v. tr. peitschen ; aus-, durchpeitschen (sépar.) ; mit der Peitsche schlagen ; mit der Rute streichen, stäupen. | *Fouetter un enfant*, einem Kind die Rute geben. | *Fouetter les chevaux*, auf die Pferde einschlagen. || PAR EXT. *La pluie fouette le visage*, der Regen peitscht ins Gesicht. || [sang] in Wallung bringen. || JUR. geißeln. || CULIN. *Crème fouettée*, Schlagsahne f.

fougère [fuʒɛ:r] f. BOT. Farn m. ; Farnkraut n. | *Fougère arborescente*, Baumfarn. | *Fougère femelle*, Schild-, Adlerfarn.

fougue [fug] f. Ungestüm n. ; Schwung m. ; Feuer n. ; Leidenschaftlichkeit f. ; Wildheit f. | *Fougue de la jeunesse*, jugendliches Ungestüm.
— SYN. : *Impétuosité* f., Ungestüm n.

fougueux, euse [-gø, ø:z] adj. ungestüm ; feurig ; leidenschaftlich ; wild. | *Cheval fougueux*, hitziges Pferd.

fouille(s) [fuj] f. (pl.) [action de creuser] Graben n. ; Auf-, Umgraben n. || ARCHÉOL. Aus-, Nachgrabung f. | *Fouilles de Pompéi*, Ausgrabungen f. pl., Freilegung (f.) von Pompeji. || PAR EXT. [douanes] Durchsuchung

f. | *Fouille à corps, Fouille corporelle*, Leibesvisitation f. || Loc. *Faire des fouilles*, Ausgrabungen durchführen. || Fig. [recherches] Nachsuchen n., -forschungen f. pl. || Mines. Schürfen n. Schurf m.

fouiller [-je] v. tr. [creuser] graben ; auf-, umgraben (sépar.). || [creuser pour chercher] aus-, nachgraben. || Par ext. [en retournant, en bouleversant] durchwühlen, -stöbern, -suchen ; auf-, zerwühlen ; absuchen. | *Fouiller la terre*, den Boden aufwühlen ; in der Erde wühlen. | *Fouiller un bois*, einen Wald absuchen. | *Fouiller une maison*, ein Haus durchsuchen. | *Fouiller qn*, jn durchsuchen ; fam. filzen. || Fig. er-, nach-, durchforschen. | *Fouiller qch. du regard*, etwas mit dem Blick durchforschen. || Arts. sorgfältig ausarbeiten ; aus... || Mines. schürfen.

◇ v. intr. *Fouiller dans qch.*, in einer Sache herumwühlen, -stöbern, -kramen ; péjor. schnüffeln ; etwas durchwühlen, -stöbern, -suchen. | *Fouiller dans une valise*, in einem Koffer herumwühlen, -suchen. | *Fouiller dans un tiroir*, in einer Schublade herumkramen, -stöbern. | *Fouiller dans ses poches*, seine Taschen durchsuchen. || Fig. *Fouiller dans les livres*, Bücher wälzen.

◇ part. pass. **fouillé, ée,** ins Einzelne gehend. | *Un travail fouillé*, tiefschürfende Arbeit.

fouilleur, euse [-jœ:r, ø:z] s. Wühler(in) m. (f.) ; Spürnase f. ; Schnüffler(in) m. (f.).

fouillis [-ji] m. Durcheinander n. ; Gewühl n. ; Gewirr n. ; Wust m. ; pop. Krimskrams m. | *Fouillis de papiers*, Papierwust.

fouine [fwin] f. Zool. Steinmarder m.

fouiner [-ne] v. intr. Fam. [fouiller] herumschnüffeln ; aufspüren. || Par ext. [être indiscret] Pop. seine Nase in fremde Dinge stecken.

fouineur [-nœr] m. Pop. Schnüffler m.

fouir [fwi:r] v. tr. aus-, auf-, umgraben ; auf-, umwühlen.

fouisseur [-sœr] m. Wühler m.

foulage [fula:ʒ] m. Agric. [raisin] Keltern n. ; Stampfen n. || Techn. Walken n. ; Ein-, Feststampfen n.

foulard [fula:r] m. (seidenes) Halstuch n.

foule [ful] f. [de personnes] (Menschen)menge f. ; (Menschen)masse f. ; Volk n. ; Leute pl. | *Une foule grouillante, excitée, houleuse, recueillie*, eine wimmelnde, aufgeregte, tobende, andächtige Menge. | *Percer la foule*, sich durch die Menge hindurchdrängen. || Par anal. [presse] Gedränge n. ; Auflauf m. ; Gewimmel n. ; Haufe(n) m. ; Schwarm m. ; Gewühl n. | *Il y avait foule*, es gab ein großes Gedränge, einen großen Andrang. || Par ext. [choses] Menge f. ; Haufe(n) m. || Fig. [populace] Volk n. ; Haufe(n) m. ; der große Haufe.

◇ loc. adv. **en foule,** in Menge(n) ; in (hellen) Scharen ; haufenweise. | *Arriver en foule*, heranströmen.

◇ loc. prép. [beaucoup] **une foule de,** eine Menge von. | *Une foule d'idées*, eine Fülle von Gedanken. — Syn. : *Cohue* f., Gewühl n.

foulée [fule] f. Sport. (Lauf)schritt m. || [chasse] Fährte f.

fouler [fule] v. tr. [presser, écraser] zusammen-, zerdrücken ; stampfen ; ein-, fest-, zusammenstampfen. | *Fouler de la terre*, die Erde feststampfen. || Par ext. [marcher sur] treten auf ; betreten. | *Fouler le sol de la patrie*, den heimatlichen Boden betreten. || Par anal. [mépriser] *Fouler qch. aux pieds*, etwas mit Füßen treten ; etwas verachten. || Agric. *Fouler les raisins*, die Trauben keltern. || Techn. [toile] walken.

◇ v. pr. **se fouler,** Méd. [membre] *Se fouler le pied*, sich den Fuß verrenken, -stauchen. || Fig., fam. *Il ne se foule pas*, er reißt sich kein Bein aus.

foulon [-lɔ̃] m. Text. [ouvrier] Walker m. || Par ext. [machine] Walkmühle f., -presse f.

foulque [fulk] f. Bläßhuhn n.

foulure [fuly:r] f. Méd. Verstauchung f., -renkung f.

four [fu:r] m. [boulanger] (Back)ofen m. | *Four de campagne*, Feldbäckerei f. || Par anal. [pièce] Backhaus n., -stube f. || Par ext. [industrie] Ofen m. | *Four électrique, à gaz*, Elektro-, Gasofen. | *Four à chaux*, Kalkofen. | *Four convertisseur*, Tiefofen. | *Four solaire*, Sonnenofen. | *Four crématoire*, Verbrennungsofen ; Krematorium n. || [cuisinière] Herd m. ; Backofen m. | *Four à micro-ondes*, Mikrowellenherd m. || Fig., fam. [échec] Durchfall m. ; Fiasko n. | *Cette pièce fut un four*, das Stück fiel durch. || Culin. [gâteaux] *Petits fours*, Plätzchen n. pl. ; Feingebäck n.

fourbe [furb] adj. betrügerisch ; arglistig ; hinterhältig ; spitzbübisch.

◇ m. Betrüger m. ; Schurke m. ; Spitzbube m.

fourberie [-bəri] f. Betrügerei f. ; Betrug m. ; Schuftigkeit f. || Par ext. [acte] Schurkenstreich m. ; Gaunerei f.

fourbi [furbi] m. Loc. fam. *Tout le fourbi*, der ganze Kram, Krempel, Rummel.

fourbir [furbi:r] v. tr. blank putzen ; auf Hochglanz bringen ; polieren.

fourbu, ue [furby] adj. ermattet ; erschöpft ; knochenlahm.

fourche [furʃ] f. Gabel f. ; Forke f. | *Fourche à foin, à fumier*, Heu-, Mistgabel. | *Les dents d'une fourche*, Gabelzinken f. pl. | *Prendre avec la fourche*, (auf)gabeln. || Par ext. *Fourche de bicyclette*, Radgabel. || Fig. [bifurcation] Gabelung f. || Hist. *Fourches caudines*, Kaudinisches Joch.

fourcher [-ʃe] v. intr. sich gabeln, spalten. || Fig., fam. *La langue lui a fourché*, er hat sich versprochen.

fourchette [-ʃɛt] f. [couvert] Gabel f. | *Déjeuner à la fourchette*, Gabelbissen m., -frühstück n. | *Piquer avec sa fourchette*, mit der Gabel anstechen. || Par ext. *Fourchette d'une boîte de vitesses*, Ausrückgabel. || Fig., fam. *Avoir un bon coup de fourchette*, kräftig zulangen. | *Se servir de la fourchette du père Adam*, mit den Fingern essen. || Écon., Stat. Spanne f. | *Fourchette des prix*, Preisspanne.

fourchu, ue [-ʃy] adj. gabelförmig ; abge-, verzweigt ; gespalten ; aufgespalten. || Loc. *Chemin fourchu*, Wegegabel f. ; Scheideweg m. | *Pied fourchu*, Spaltklaue f., -huf m. || Fig. *Arbre fourchu*, Kopfstand (m.) mit gespreizten Beinen.

fourgon [furgɔ̃] m. Mil. Munitions-, Proviantwagen m. ; Troßfahrzeug n. || Transp. Pack-, Gepäckwagen m. | *Fourgon postal*, [camion] Postwagen m. ; [wagon] Postwaggon m.

fourgonner [-gɔne] v. intr. Fig., fam. herumstöbern ; um und um wühlen.

fourguer [furge] v. tr. Pop. [vendre à un receleur] an einen Hehler verkaufen. || [céder à bas prix] *Fourguer qch. à qn*, jm etwas andrehen.

fourmi [furmi] f. Ameise f. | *Fourmis blanches*, Termiten f. pl. | *Fourmi volante*, fliegende Ameise. | *Tas de fourmis*, Ameisenburg f., -haufen m. || Méd. [picotements] *Avoir des fourmis*, eingeschlafene Füße haben ; Kribbeln in den Füßen haben.

fourmilier [-lje] m. Zool. Ameisenbär m.

fourmilière [-ljɛ:r] f. Ameisenhaufen m., -burg f.

fourmi-lion [furmiljɔ̃] m. (pl. **fourmis-lions**). Zool. Ameisenlöwe m.

fourmillement [-jmɑ̃] m. [pullulement] Wimmeln n. ; Gewimmel n. || MÉD. [picotements] Kribbeln n. ; Gekribbel n. ; Jucken n. ; Prickeln n. | *J'ai des fourmillements dans les jambes*, es kribbelt, juckt mich in den Beinen.

fourmiller [-je] v. intr. [pulluler] wimmeln. | *Les lapins fourmillent ici*, es wimmelt hier von Kaninchen. || FIG. *Le livre fourmille de fautes*, das Buch strotzt von Fehlern. || MÉD. [picoter] kribbeln ; jucken.

fournaise [furnɛ:z] f. TECHN. [fourneau] Schmelz-, Glutofen m. || PAR ANAL. [brasier] (Feuers)glut f. || FIG. [chaleur] (Höllen)glut f. ; glühende Hitze. || MIL. [bataille] heißes Ringen ; Hölle f.

fourneau [-no] m. [poêle] Ofen m. ; Herd m. | *Fourneau de cuisine*, Küchenofen, -herd. | *Fourneau à gaz, électrique*, Gas-, Elektroherd. || PAR ANAL. [pipe] Pfeifenkopf m. || PAR EXT. [industrie] Ofen m. | *Fourneau de fonderie*, Gieß-, Schmelzofen. | *Fourneau de mine*, Minenkammer f. | *Haut fourneau*, Hochofen.

fournée [-ne] f. TECHN. Ofenfüllung f. ; Beschikkung f. ; Gicht f. || PAR EXT. *Fournée de pains*, Gebäck n. || FIG., FAM. [personnes] Schub m. | *Nouvelle fournée*, Nachschub. | *Par fournées*, schubweise.

fournil [-ni] m. [boulanger] Backstube f.

fournir [furni:r] v. tr. [pourvoir] *Fournir qn de qch.*, jn mit etwas versorgen, versehen ; jm etwas besorgen, ver-, herbeischaffen. || PAR ANAL. [livrer] *Fournir des marchandises à qn*, jm Waren liefern, an-, abliefern ; jn mit Waren beliefern. || PAR EXT. [produire] hervorbringen. || FIG. [produire, présenter] vor-, bei-, erbringen ; vorlegen ; leisten ; stellen. | *Fournir une preuve*, einen Beweis vor-, erbringen. | *Fournir une caution*, Sicherheit leisten ; Kaution stellen. | *Fournir des renseignements*, Auskunft geben. | *Fournir un remplaçant*, einen (Stell)vertreter stellen. | *Fournir un rapport*, einen Bericht erstatten. | *Fournir l'occasion de*, Veranlassung geben zu. || COMM. *Fournir une garantie*, Bürgschaft leisten.

◇ v. intr. [subvenir à] *Fournir à la dépense*, für die Kosten aufkommen ; die Kosten bestreiten. || [jeux : à la couleur] bedienen.

◇ part. pass. et adj. **fourni, ie,** [pourvu de] versehen (mit) ; ausgestattet (mit). | *Magasin bien fourni*, wohl, gut sortierter Laden. || PAR EXT. [touffu] dicht (bewachsen). | *Barbe fournie*, dichter Bart.

◇ v. pr. **se fournir,** [se pourvoir de] *Se fournir de qch.*, sich mit etwas versorgen; etwas kaufen. || PAR EXT. [acheter] *Se fournir chez qn*, bei jm kaufen.

fournisseur [-nisœ:r] m. COMM. (An)lieferer m. ; Lieferant m. ; Bezugsquelle f.

fourniture f. pl. [-nity:r] f. [approvisionnement] Lieferung f. ; Leistung f. ; Verschaffung f. ; Verabfolgung f. ; Versorgung f. | *Fourniture de courant*, Stromversorgung f.

◇ f. pl. **fournitures,** [accessoires] Zubehör n. ; Bedarfsartikel m. pl. | *Fournitures de bureau*, Bürobedarf m. | *Fournitures scolaires*, Schulbedarf m.

fourrage [fura:ʒ] m. (Vieh)futter n. ; Futtermittel n. pl. ; Fütterung f. | *Fourrage vert, sec*, Grün-, Trockenfutter. | *Aller au fourrage*, Futter holen ; zum Futterholen gehen. | *Donner du fourrage aux bêtes*, die Tiere (ab)füttern.

fourrager [-ʒe] v. intr. Futter holen. || FIG. [fouiller] *Fourrager dans les papiers*, in den Papieren herumstöbern ; die Papiere durchwühlen.

fourrager, ère [-ʒe, -ʒɛ:r] adj. für Fütterung ; zum Füttern (geeignet) ; Futter... | *Plantes fourragères*, Futterpflanzen f. pl.

◇ f. MIL. Fang-, Achselschnur f.

fourré [fure] m. [bois] Dickicht n. ; Gestrüpp n.

fourreau [furo] m. [épée] Scheide f. | *Fourreau de pistolet*, Pistolentasche f., -halfter n. || PAR EXT. [étui] Futteral n. ; Futter n. ; Überzug m. | *Fourreau de parapluie*, Schirmfutteral, -überzug.

fourrer [fure] v. tr. [introduire] stecken. | *Fourrer dans*, hineinstecken, -stopfen, -schieben, -pfropfen. | *Fourrer qch. dans sa poche*, etwas in seine Tasche stecken. || FAM. [mettre] legen ; stellen ; tun. | *Où l'as-tu fourré ?*, wo hast du es nur hingelegt, -getan ? | *Fourrer qch. dans la tête de qn*, jm etwas in den Schädel setzen ; jm etwas einpauken. || PAR EXT. *Fourrer son nez partout*, überall herumschnüffeln ; POP. seine Nase in alles stecken. || JUR., FAM. *Fourrer qn au bloc*, jn einlochen, -stecken. || CULIN. *Fourrer de...*, füllen mit... || TECHN. mit Pelz füttern, ausschlagen.

◇ part. pass. et adj. **fourré, ée,** [introduit] *Être fourré*, stecken. || FIG., FAM. *Ils sont toujours fourrés ensemble*, sie stecken immer beisammen. || PAR EXT. *Paix fourrée*, fauler Friede. || SPORT. [escrime] FIG. *Coup fourré*, Doppelstoß m. ; Fehlschlag m. || CULIN., FIG. [empli] gefüllt. | *Bonbons fourrés*, gefüllte Bonbons m. pl. ; Pralinen n. pl. || TECHN. *Manteau, gant fourré*, pelzgefütterter Mantel, Pelzhandschuh.

◇ v. pr. **se fourrer,** [s'introduire] *Se fourrer dans qch.*, in etwas hineinkriechen ; sich in etwas verkriechen. | FAM. *Se fourrer au lit*, sich ins Bett verkriechen. || FIG., FAM. *Se fourrer qch. dans la tête*, sich etwas in den Kopf setzen. || PAR ANAL. *Se fourrer dans une affaire*, sich in eine Affäre einlassen.

fourre-tout [furtu] m. invar. Kleider-, Reisesack m.

fourreur [furœ:r] m. Kürschner m. ; Pelzhändler m.

fourrier [furje] m. MIL. Furier m. ; Quartiermacher m. || FIG. [avant-coureur] Vorreiter m.

fourrière [furjɛ:r] f. [animaux] Tierheim n. || PAR EXT. *Mettre une voiture à la fourrière*, einen Wagen abschleppen, polizeilich unterstellen (sépar.).

fourrure [fury:r] f. [pelage] Fell n. || [préparée] Pelz m. ; Pelzwerk n. | *Manteau, Col de fourrure*, Pelzmantel m., -kragen m. | *Doublé, Garni de fourrure*, pelzgefüttert, -verbrämt.

◇ f. pl. **fourrures,** [commerce] Pelz-, Rauchwaren f. pl. ; Rauchwarenhandel m.

fourvoyer [-je] v. tr. irreführen.

◇ v. pr. **se fourvoyer,** sich verirren ; in die Irre gehen ; auf Abwege geraten ; FAM. auf dem Holzweg sein. || FIG. sich irren.

fox-terrier [fɔkstɛrje] m. ZOOL. Foxterrier m.

foyer [fwaje] m. [lieu] (Feuer)herd m. ; Feuerstelle f. || [fourneau] Rost m. || [dalle] Feuerplatte f. || [feu] (Herd)feuer n. || FIG. [maison, famille] (häuslicher) Herd ; Haus n. ; Heim n. ; Zuhause n. | *Aimer son foyer*, sein Zuhause lieben. | *Quitter son foyer*, seine Heimat verlassen. | *Regagner son foyer*, nach Hause zurückkehren. | *Renvoyer dans ses foyers*, heimschicken. | *Fonder un foyer*, eine Familie gründen. | *Du foyer*, häuslich ; Haus... || [centre] Mittel-, Brennpunkt m. ; Sitz m. ; Stätte f. ; PÉJOR. Brutstätte f. || PAR EXT. [lieu de réunion] Heim n. ; Haus n. | *Foyer d'étudiants, de jeunes, de personnes âgées*, Studenten-, Jugend-, Altenwohnheim n. | *Foyer du théâtre*, Wandelhalle f. ; Foyer n. | *Foyer du soldat*, Soldatenheim. || MÉD. Sitz m. ; Herd m. | *Foyer de contagion*, Ansteckungsherd. || PHYS. Brennpunkt m. ; Fokus m. | *À double foyer*, bifokal. || TECHN. Herd m. ; Feuerung f. ; Feuerraum m. ; Esse f. | *Foyer à charbon*, Kohlenfeuerung.

frac [frak] m. Frack m. ; IRON. Schwalbenschwanz m.

fracas [fraka] m. Krachen n. ; Krach m. ; Gekrach(e) n. ; Geschmetter n. ; Lärm m. ; Getöse n. ||

PAR EXT. [nuances] *Fracas des armes*, Waffengeklirr n. ; Kriegsgetöse. | *Fracas des voitures*, Rasseln (n.) der Wagen. | *Fracas du tonnerre*, Grollen n., Dröhnen (n.) des Donners. | *La grêle tombe avec fracas*, der Hagel prasselt nieder. | *S'écrouler avec fracas*, krachend zusammenstürzen. | *Entrer avec fracas*, hereingepoltert kommen. | *À grand fracas*, lärmend ; mit großem Gepolter.

fracasser [-se] v. tr. zerschmettern, zerschlagen ; zer-, auseinanderbrechen ; in (tausend) Stücke brechen.

◇ v. pr. **se fracasser,** (sich) zerbrechen, zerschmettern. | *Se fracasser la mâchoire*, sich den Kiefer zerschmettern. || MAR. [contre les récifs] zerschellen (an, dat.).

fraction [fraksjɔ̃] f. [partie] Bruchteil m. | *Fraction de seconde*, Bruchteil einer Sekunde. || POLIT. Fraktion f. || MATH. Bruch. | *Fraction décimale*, Dezimalbruch. | *Fraction ordinaire*, echter Bruch. | *Réduire une fraction*, einen Bruch kürzen. || RELIG. [pain] Brechung f.

fractionnaire [-sjɔnɛːr] adj. bruchartig, -ähnlich ; Bruch... | *Nombre fractionnaire*, Bruchzahl f.

fractionnel [-sjɔnɛl] adj. FIG. trennend, auflösend.

fractionnement [-sjɔnmɑ̃] m. Auf-, Zerteilung f. ; Zerlegung f. ; (Zer)stückelung f.

fractionner [-sjɔne] v. tr. auf-, zerteilen ; (in Brüche) zerlegen ; (zer)stückeln.

◇ v. pr. **se fractionner,** in Stücke zerfallen ; zerteilt werden.

fracture [-tyːr] f. [porte] Auf-, Erbrechen n. ; Einbruch m. || MÉD. Bruch m. | *Fracture de la jambe, du crâne*, Bein-, Schädelbruch. | *Fracture ouverte*, offene Fraktur.

fracturer [-tyre] v. tr. [porte] brechen ; er-, aufbrechen. | *Fracturer une serrure*, ein Schloß erbrechen.

◇ v. pr. **se fracturer,** *Se fracturer la jambe*, das Bein brechen.

fragile [fraʒil] adj. zerbrechlich ; spröde ; brüchig. || FIG. [santé] gebrechlich ; zart ; schwach ; hinfällig. || PAR EXT. [mal assuré] schwankend ; vergänglich ; wandelbar.

fragiliser [-lise] v. tr. schwächen ; anfällig machen.

fragilité [-lite] f. Zerbrechlichkeit f. ; Sprödigkeit f. ; Brüchigkeit f. || FIG. [santé] Gebrechlichkeit f. ; Hinfälligkeit f. || PAR EXT. [instabilité] Vergänglichkeit f. ; Wandelbarkeit f. ; Eitelkeit f.

fragment [fragmɑ̃] m. Bruchstück n. ; Scherbe f. ; Trümmer f. pl. ; Splitter m. ; Brocken m. ; Fragment n. | *Fragment de verre*, Glassplitter. | *Fragment d'un livre*, Fragment eines Buches. | *Fragment d'un poème*, Bruchstück eines Gedichts. | *Par fragments*, brocken-, bruchstückweise.

fragmentaire [-tɛːr] adj. bruchstückhaft ; in Bruchstücken ; teilweise ; fragmentarisch.

fragmentation [-tasjɔ̃] f. Zerkleinerung f. ; Zerstückelung f. ; Aufteilung f. ; Zerlegung f.

fragmenter [-te] v. tr. zerkleinern ; zerstückeln ; aufteilen ; zerlegen ; zersplittern.

fragrance [fragrɑ̃s] f. Wohlgeruch m. ; Duft m.

frai [frɛ] m. ZOOL. [action] Laichen n. || [temps] Laichzeit f. || PAR EXT. [œufs] (Fisch)laich m. || [alevins] Fischbrut f.

fraîcheur [frɛʃœːr] f. Frische f. ; Kühle f. ; kühle Witterung. | *Fraîcheur du soir*, Abendkühle. || FIG. Frische f. ; Glanz m. ; frische Farben f. pl. | *Perdre sa fraîcheur*, seinen Glanz verlieren ; verwelken. | *Fraîcheur de la jeunesse*, jugendliche Frische.

fraîchir [-ʃiːr] v. intr. frisch(er) werden ; abkühlen ; auffrischen. | *Le vent fraîchit*, der Wind frischt auf.

frais, fraîche [frɛ, frɛːʃ] adj. [légèrement froid] frisch. | *Eau fraîche*, frisches Wasser. | *Vent frais*, frischer Wind. | *Il fait frais*, es ist, wird frisch. || [température] frisch ; kühl. | *Brise fraîche*, frische, kühle Brise. | *L'air est frais*, die Luft ist kühl. || PAR ANAL. [pas altéré] frisch. | *Œufs frais*, frische Eier n. pl. | *Pain frais*, frisches, frischbackenes Brot. | *Légumes frais*, frisches Gemüse ; Frischgemüse n. | *Poisson frais*, Frischfisch m. || PAR EXT. [qui a de l'éclat] frisch ; glänzend ; leuchtend. | *Couleurs fraîches*, frische, leuchtende Farben f. pl. | *Teint frais*, frische Gesichtsfarbe. || FIG. [bien portant] frisch ; gesund ; munter ; wohlerhalten. | *Frais et dispos*, frisch und munter ; ausgeruht. | IRON., POP. *Nous voilà frais !*, da sitzen wir schön drin ! | *Chevaux frais*, ausgeruhte Pferde n. pl. || [récent] frisch ; neu. | *Nouvelle de fraîche date*, (ganz) frische Nachricht. | *Des traces toutes fraîches*, ganz frische Spuren f. pl.

◇ m. **frais,** [froid agréable] Frische f. ; Kühle f. | *Prendre le frais*, frische Luft schöpfen. || CULIN. [frigorifique] *Tenir au frais*, frisch (er)halten. | *Mettre au frais*, kühl lagern ; auf Eis legen.

◇ f. **fraîche,** Morgen-, Abendfrische f. | *Sortir à la fraîche*, am frühen Morgen ausgehen.

frais [frɛ], **fraîchement** [frɛʃmɑ̃] adv. [froidement] frisch. | *Boire frais*, kalt trinken. || FIG. *Accueillir fraîchement*, kühl empfangen. || PAR EXT. [récemment] frisch ; neu ; kürzlich ; soeben. | *Frais émoulu*, frischbacken. | *Fraîchement tiré*, frisch vom Faß.

frais [frɛ] m. pl. COMM. Kosten f. pl. ; Unkosten f. pl. ; Kostenaufwand m. ; Geld n. ; Auslage(n) f. (pl.) ; Spesen f. pl. ; Gebühren f. pl. | *Faux frais*, Unkosten. | *Frais divers*, sonstige Auslagen. | *Frais généraux*, Gemeinkosten ; Geschäftskosten. | *Frais de camionnage, de déchargement, de stationnement*, Roll-, Lösch-, Wagenstandgeld. | *Frais d'emballage, d'entretien, de réparation, d'expédition*, Verpackungs-, Unterhaltungs-, Reparatur-, Versandkosten. | *Frais de déplacement*, Reisespesen. | *Frais d'hôtel*, Übernachtungskosten. | *Frais de dossier*, Bearbeitungsgebühren. | *Frais de personnel*, Personalkosten. || LOC. *Sans frais*, kostenfrei, -los ; franko ; spesenfrei. | *Aux frais de*, auf Kosten von. | *À mes frais*, auf meine Kosten. | *À peu de frais*, mit geringen Kosten. | *À grands frais*, für viel Geld. | *Tous frais payés*, einschließlich Kosten. | *Déduction faite des frais*, abzüglich der Kosten. | *Frais en plus, en sus*, zuzüglich der Kosten. | *Faire des frais*, sich Kosten machen ; (viel) Geld ausgeben. | *Faire les frais de qch.*, die Kosten für etwas tragen, bestreiten. | *Couvrir ses frais*, auf seine Kosten kommen. | *Faire beaucoup de frais*, sich in Unkosten stürzen. | *Arrêter les frais*, die Kosten einstellen. | *Dédommager des frais*, für die Unkosten aufkommen. || FIG. [peine] Kosten f. pl. ; Mühe f. | *Se mettre en frais*, sich viel Mühe geben. | *En être pour ses frais*, sich umsonst bemüht haben ; nichts erreicht haben. | *À peu de frais*, ohne großen Aufwand ; mit leichter Mühe. | *À grands frais*, mit großer Mühe ; unter hohen Kosten. | FAM. *Aux frais de la princesse*, auf anderer Leute Kosten ; kostenlos. | *Arrêter les frais*, aufhören. || PAR ANAL. *Faire les frais de la conversation*, das Gespräch in Gang halten ; Gesprächsgegenstand sein. || JUR. *Frais de justice*, Rechtskosten.

fraisage [frezaːʒ] m. TECHN. (Aus)fräsen n. ; Fräsarbeit f. ; Versenken n.

fraise [frɛːz] f. BOT. Erdbeere f. | *Fraise des bois*, Walderdbeere. || PAR ANAL. [sirop] Erdbeersaft m., -likör m. || POP. [figure] Birne f. || MÉD. Hautfleck m. || CULIN. *Fraise de veau*, Kalbsgekröse n. || TEXT. [collet] Halskrause f. || TECHN. Fräse f. ; Fräser m.

fraiser [frɛze] v. tr. TEXT. [plisser] kräuseln ; falten. || TECHN. (aus)fräsen. | *Fraiser une vis*, eine Schraube versenken. | *Machine à fraiser*, Fräsmaschine f.

fraiseur, euse [-zœ:r, ø:z] s. TECHN. Fräser(in) m. (f.).

◇ f. **fraiseuse,** TECHN. Fräsmaschine f.

fraisier [frɛzje] m. BOT. Erdbeerstaude f., -pflanze f.

framboise [frɑ̃bwa:z] f. BOT. Himbeere f. || [alcool] Himbeergeist m. || [sirop] Himbeersaft m.

framboisier [-zje] m. Himbeerstrauch m.

franc [frɑ̃] m. Frank(en) m. | *Billet de cent francs*, Hundertfrankschein m. | *Franc français*, französischer Franc. | *Franc suisse*, Schweizer Franken.

franc, franche [frɑ̃, frɑ̃:ʃ] adj. [libre, affranchi] frei ; frank. | *Port franc*, Freihafen m. | *Ville franche*, freie Stadt. | *Zone franche*, Freizone f. | *Franc de port*, portofrei ; frankiert. | *Franc de droits*, steuerfrei. | *Avoir les coudées franches*, die Ellenbogen frei haben ; Ellbogenfreiheit haben. | *Huit jours francs*, acht volle Tage. || FIG. [ouvert, sincère] offen(herzig) ; freimütig ; aufrichtig ; wahrhaftig ; unverhohlen. | *Franc jeu*, offenes Spiel. | *Sourire franc*, ungezwungenes Lächeln. | *Avoir son franc parler*, freimütig sprechen ; frei heraus sprechen. || PAR ANAL. [vrai] wahr ; echt ; unverfälscht ; rein. || PÉJOR. echt ; recht ; Erz... | *Franc vaurien*, Erzschuft m. || MIL. *Corps franc*, Freikorps n.

franc [frɑ̃], **franchement** [frɑ̃ʃmɑ̃] adv. frei (heraus) ; offen (heraus) ; gerade heraus ; ohne Hehl. | *Parler franc, franchement*, frei herausreden ; frei von der Leber weg sprechen. | *À parler franc, franchement parler*, offen gesagt ; ehrlich gestanden ; um die Wahrheit zu sagen. | *Je vous le dis franchement*, ich sage es Ihnen frank und frei. || FIG. *C'est franchement mauvais*, es ist ausgesprochen schlecht.

Franc, Franque [frɑ̃, frɑ̃:k] s. HIST. Franke m. ; Fränkin f. | *Francs ripuaires*, Ufer-, Rheinfranken m. pl. | *Royaume des Francs*, Frankenreich n.

Français, aise [frɑ̃sɛ, ɛ:z] s. Franzose m. ; Französin f. ; PÉJOR. Franzmann m. | *C'est un Français*, er ist Franzose, französischer Staatsangehöriger. | *Français moyen*, Durchschnittsfranzose m.

français, aise adj. französisch ; PÉJOR. welsch. | *Langue française*, französische Sprache. | *À la française*, auf französische Art. | *Ce n'est pas français*, das sagt man nicht im Französischen.

◇ m. **français,** [langue] Französisches n. | *En français*, auf Französisch ; im Französischen. | *Traduire en français*, ins Französische, auf Französisch übersetzen. | *Parler français*, französisch sprechen. | *Parler un mauvais français*, französisch radebrechen. || FIG. *Parler français*, klar und offen, unmißverständlich, deutlich reden. || [sans ambages] *En bon français*, auf gut Deutsch.

France [frɑ̃:s] n. pr. f. GÉOGR. Frankreich n. | *France métropolitaine*, französisches Mutterland. | *De France*, französisch.

Francfort-sur-le-Main [frɑ̃kfɔ:rsyrləmɛ̃], **Francfort-sur-l'Oder** [-lodɛ:r] n. pr. m. Frankfurt am Main, Frankfurt an der Oder.

Franche-Comté [frɑ̃ʃkɔ̃te] n. pr. f. HIST. Hochburgund n.

franchir [frɑ̃ʃi:r] v. tr. [bond] überspringen (sépar.) ; (hin)übersetzen (sépar.). | *Franchir un fossé*, über einen Graben springen, setzen. | *Faire franchir qch. à qn*, jn übersetzen. | *Franchir un obstacle*, FIG. ein Hindernis überwinden. || PAR EXT. [passer] gehen, fahren, reiten, laufen über (acc.) ; überqueren. | *Franchir à pied, en voiture, à cheval, à la course*, hinübergehen, -fahren, -reiten, -laufen. | *Franchir le seuil*, über die Schwelle treten. | *Franchir une montagne, un pont*, über ein Gebirge, eine Brücke gehen. | *Franchir un mur*, über eine Mauer klettern. || FIG. [limite] überschreiten, -treten. || MAR. *Franchir un écueil*, über eine Klippe wegfahren.

franchise [frɑ̃ʃi:z] f. [exemption] Freiheit f. | *Franchise postale*, Portofreiheit ; Postgebührenfreiheit. | *En franchise*, portofrei ; unversteuert ; zollfrei. || FIG. [sincérité] Offenherzigkeit f. ; Offenheit f. ; offenes Wesen. || PAR ANAL. [liberté] *Franchise de langage*, Freimütigkeit f. ; Freimut m.

franchissable [frɑ̃ʃisabl] adj. überschreit-, überquerbar ; zu durchqueren.

franchissement [-smɑ̃] m. Überschreiten n. ; Überschreitung f.

francisation [frɑ̃sizasjɔ̃] f. Französierung f. ; PÉJOR. Verwelschung f.

franciscain, aine [frɑ̃siskɛ̃, ɛ:n] s. RELIG. Franziskaner(mönch) m. ; Franziskanerin f.

franciser [frɑ̃size] v. tr. französieren ; einen französischen Anstrich geben ; PÉJOR. verwelschen.

franc-maçon [frɑ̃masɔ̃] m. Freimaurer m. ; Logenbruder m., -mitglied n.

franc-maçonnerie [-sɔnri] f. Freimaurerei f. || PAR EXT. geheime Brüderschaft.

franco [frɑ̃ko] adv. kostenfrei ; portofrei ; postfrei ; franko. | *Franco en gare*, frei Bahnhof.

franco préf. *Franco-allemand*, *-belge*, *-italien*, deutsch-französisch, französischbelgish, französischitalienisch.

François, oise [frɑ̃swa, wa:z] n. pr. Franz(iskus) m. ; Franziska f. || *Saint François d'Assise*, Franziskus von Assisi ; der heilige Franziskus. || *François Ier*, Franz der Erste. | *François-Joseph Ier*, Kaiser Franz Joseph.

Franconie [frɑ̃kɔni] n. pr. f. GÉOGR. Franken n.

Franconien, ienne [-njɛ̃, jɛn] Franke m. ; Fränkin f.

◇ adj. **franconien, ienne,** fränkisch ; aus, in Franken.

francophile [frɑ̃kɔfil] adj. franzosen-, frankreichfreundlich ; frankophil.

◇ s. Frankophile(r) f. (m.).

francophobe [-fɔb] adj. franzosen-, frankreichfeindlich.

francophone [-fɔn] adj. französischsprachig ; frankophon.

francophonie [-ni] f. Frankophonie f. ; Gemeinschaft (f.) der französischsprachigen Länder.

franc-parler [frɑ̃parle] m. offene Rede, Sprache ; freimütiges Sprechen. | *Il a son franc-parler*, er spricht frei heraus ; POP. er nimmt kein Blatt vor den Mund.

franc-tireur [-tirœ:r] m. Freischütze m., -schärler m. ; Heckenschütze m. || HIST. Partisan m. ; Widerstandskämpfer m.

frange [frɑ̃:ʒ] f. Franse f. | *Garni de franges de soie*, mit Seidenfransen. | *Frange d'or*, Goldquaste f. | *Faire des franges*, Fransen bilden ; ausfransen. || PAR EXT. [bordure] Saum m. || [cheveux] Pony m. ; Ponyfrisur f. || PHYS. *Franges de lumière*, Lichtfransen f. pl.

franger [-ʒe] v. tr. (aus)fransen.

frangin, ine [frɑ̃ʒɛ̃, in] s. POP. Bruder m. ; Schwester f.

frangipane [frɑ̃ʒipan] m. CULIN. Mandelparfum n., -kuchen m.

franquette [frɑ̃kɛt] f. LOC. FAM. *À la bonne franquette*, ohne (jede) Umstände ; ganz zwanglos ; gemütlich ; ohne Umschweife.

frappe [frap] f. [monnaie] Prägen n. ; Prägung f. ; Schlagen n. ; Schlag m. || TYPOGR. [machine] Anschlag m. | *Erreur, Faute de frappe*, Tippfehler m. || TECHN. Schlag m. | *Puissance de frappe*, Schlagkraft f.

frapper [-pe] v. tr. [coups] schlagen ; an-, drauf-, zuschlagen ; hauen. | *Frapper qn*, jn schlagen, hauen ; jm einen Schlag, Schläge geben. | *Frapper au visage*, ins Gesicht schlagen. | *Frapper de la main, d'un coup de bâton*, einen Schlag mit der Hand, mit dem Stock geben. | *Frappe !*, nur immer zu ! | *Frapper une corde, une touche*, eine Saite, eine Taste anschlagen. || PARTICUL. [arme blanche] hauen ; stoßen. | *Frapper à coups de poignard*, einen Dolchstoß versetzen. | *Frapper dans le dos*, in den Rücken stoßen, fallen. || PAR ANAL. [blesser] treffen ; verwunden. | *Frapper à mort*, tödlich treffen. | *La foudre frappa cet arbre*, der Blitz traf diesen Baum, schlug in diesen Baum ein. || FIG. *Frapper un grand coup*, zum endgültigen Schlag ausholen. | [malheur, fléau] heimsuchen ; befallen ; (be)treffen ; rühren. | *Le malheur les frappa*, das Unglück kam über sie, suchte sie heim. | *Frapper qn de terreur*, jn mit Schrecken erfüllen. || PAR EXT. [étonner] *Frapper qn*, jm auffallen ; jn in Erstaunen setzen ; jn befremden, beeindrucken. | *Frapper désagréablement*, peinlich, unangenehm berühren. | *Cela m'a frappé*, das ist mir aufgefallen. || JUR. *Frapper d'une amende*, mit einer Geldstrafe belegen. || FIN. *Frapper une monnaie*, eine Münze schlagen, prägen. || CULIN. *Frapper le champagne*, den Champagner auf Eis legen ; kühl stellen.
◇ v. intr. schlagen. | *Frapper du poing sur la table*, mit der Faust auf den Tisch schlagen. | *Frapper comme un sourd*, wie wahnsinnig zuschlagen. | *Frapper de tous côtés*, um sich hauen. || PAR ANAL. *Frapper du pied*, mit dem Fuß aufstampfen. || PAR EXT. [à la porte] (an)klopfen. | *On frappe*, es klopft. || FIG. *Frapper à toutes les portes*, überall anklopfen, Bittgänge tun.
◇ part. prés. **frappant, ante,** schlagend ; treffend. || FIG. *Preuve frappante*, schlagender Beweis. || [qui saute aux yeux] auffallend ; auffällig ; ins Auge fallend ; sprechend ; frappant. | *Ressemblance frappante*, auffallende Ähnlichkeit.
◇ part. pass. et adj. **frappé, ée,** geschlagen. || PAR EXT. getroffen. | *Être frappé à mort*, tödlich getroffen sein. | *Être frappé d'apoplexie*, vom Schlage gerührt werden, sein. | *Frappé par la foudre*, vom Blitz getroffen. || FIG. [malheur] betroffen ; heimgesucht. || PAR EXT. [saisi, surpris] *Frappé de stupeur*, betäubt ; erschrocken. | *Être frappé d'étonnement*, staunen. || LITTÉR. *Vers bien frappés*, wohl geschmiedete, gediegene Verse.
◇ v. pr. **se frapper,** sich (einander) schlagen. || FIG., FAM. [s'émouvoir] betroffen sein. | *Ne pas se frapper*, sich nichts daraus machen ; unbekümmert sein.
— SYN. : *Taper*, klapsen ; tippen. *Tambouriner*, (draufrum)-trommeln. *Cogner*, pochen ; klopfen.

frappeur [-pœ:r] m. Zuschläger m. ; Hauer m. || FIG. *Esprit frappeur*, Klopfgeist m.

frasque [frask] f. (toller) Streich m. ; Unfug m.

fraternel, elle [-nɛl] adj. brüderlich ; geschwisterlich ; Bruder... | *Amour fraternel*, Bruderliebe f. ; Liebe unter Brüdern. || FIG. freundschaftlich ; kameradschaftlich.

fraternellement [-nɛlmɑ̃] adv. in brüderlicher Weise.

fraternisation [-nizasjɔ̃] f. Verbrüderung f. ; Fraternisierung f. ; POP. Anbiederung f.

fraterniser [-nize] v. intr. sich verbrüdern ; Brüderschaft schließen ; brüderlich verkehren.

fraternité [-nite] f. [parenté] Brüderschaft f. || FIG. [sentiment] Brüderlichkeit f. ; Bruderliebe f.

fratricide [fratrisid] adj. brudermörderisch. | *Guerre fraticide*, Bruderkrieg m.
◇ [auteur] Bruder-, Schwesternmörder m. || PAR EXT. [acte] Bruder-, Schwesternmord m.

fraude [fro:d] f. [tromperie] Betrug m. ; Betrügerei f. ; Hintergehung f. ; Täuschung f. || JUR., FIN. Hinterziehung f. ; Schmuggel m. Schmuggelei f. | *Fraude fiscale, douanière*, Steuer-, Zollhinterziehung f. | *Passer en fraude*, ein-, durchschmuggeln (sépar.). || POLIT. *Fraude électorale*, Wahlschwindel m. ; Wahlbetrug m.

frauder [-de] v. tr. betrügen. || JUR., FIN. hinter-, umgehen ; interziehen. | *Frauder le fisc*, Steuern hinterziehen. | *Frauder la douane*, den Zoll unterschlagen.
◇ v. intr. mogeln. || PAR EXT. *Fauder à un examen*, mit unerlaubten Hilfsmitteln arbeiten.

fraudeur, euse [-dœ:r, ø:z] s. Betrüger(in) m. (f.). || PAR EXT. [contrebandier] Schmuggler(in) m. (f.).

fauduleux, euse [-dylø, ø:z] adj. betrügerisch ; schmugglerisch. | *Banqueroute frauduleuse*, betrügerischer Bankrott.

frayer [frɛje] v. tr. [chemin] bahnen. | *Frayer un chemin à qn*, jm einen Weg bahnen. | *Voie frayée*, ausgetretener Weg. | *Non frayé*, unbetreten. || FIG. *Frayer la voie*, die Bahn brechen ; den Weg freimachen.
◇ v. intr. [fréquentations] *Frayer avec qn*, mit jm verkehren, umgehen (sépar.). || ZOOL. *Les poissons frayent*, die Männchen streichen ; die Weibchen laichen.
◇ v. pr. **se frayer,** *Se frayer un chemin, un passage*, sich einen Weg bahnen ; sich durchschlagen, -drängen, -hauen (sépar.).

frayeur [frɛjœ:r] f. [peur] Angst f. ; Schrecken m. | *Frayeur mortelle*, Todesangst.

fredaine [frədɛ:n] f. Jugendstreich m. ; toller Streich ; Torheit f. | *Faire des fredaines*, tolle Streiche machen ; Schabernack (m.) treiben.

Frédéric [frederik] n. pr. m. Friedrich m. ; POP. Fritz. | *Frédéric Barberousse*, Friedrich Barbarossa. | *Frédéric II le Grand*, Friedrich der Große ; POP. der alte Fritz. | *Époque de Frédéric II*, friederizianische Zeit.

fredonnement [frədɔnmɑ̃] m. Trillern n. ; Trällern n. ; Geträller n.

fredonner [-dɔne] v. tr. et v. intr. trällern ; summen. | *Fredonner un air*, ein Liedchen vor sich hinsummen, -trällern.

frégate [fregat] f. MAR. Fregatte m. ; Unterseebootbegleitschiff n. | *Capitaine de frégate*, Fregattenkapitän m. || ZOOL. Fregattvogel m.

frein [frɛ̃] m. [mors] Gebiß n. ; Gebißstange f. | *Ronger son frein*, auf die Gebißstange beißen ; FIG. seinen Ärger verbeißen. || PAR EXT. [bride] Zaum m. ; Zügel m. | *Mettre un frein*, einen Zaum anlegen ; im Zaume halten ; FIG. zügeln. | *Sans frein*, zügellos ; ungezügelt ; zaumlos ; FIG. unbändig. || ANAT. [langue] Band n. || TECHN. Bremse f. ; Sperre f. | *Frein à air comprimé, arrière*, Luftdruck-, Hinterradbremse. | *Frein à disque*, Scheibenbremse. | *Frein à pédale, à main*, Fuß-, Handbremse. | *Frein de stationnement*, Feststellbremse. | *Mâchoire, Garniture de frein*, Bremsbacke f., -belag m. | *Serrer, Faire jouer les freins*, die Bremsen anziehen, schleifen lassen. | *Donner un coup de frein*, abbremsen. | *Desserrer les freins*, die Bremsen lösen. || AÉRON. *Frein aérodynamique*, Bremsklappe f.

freinage [frɛna:ʒ] m. Bremsen n. ; (Ab)bremsung f. ; Bremsvorgang m. | *Distance de freinage*, Bremsweg m.

freiner [-ne] v. tr. et intr. TECHN. [véhicule] (ab)-bremsen ; hemmen. || FIG. hemmen ; aufhalten. | *Freiner l'activité économique*, die Konjunktur dämpfen. | *Freiner la production*, die Produktion drosseln.

frelatage [frəlata:ʒ], **frelatement** [-tmɑ̃] m. (Ver)fälschung f. | *Frelatage du lait*, Milchpanscherei f.

frelater [-te] v. tr. (ver)fälschen ; strecken ; verdünnen ; manschen ; panschen ; (ver)mischen.
◇ part. pass. et adj. **frelaté, ée,** ge-, verfälscht ; unecht. | *Vins frelatés*, gepanschte, verdünnte Weine m. pl. | *Non frelaté*, unverdünnt ; ungefälscht ; echt.
frêle [frɛ:l] adj. [fragile] ge-, zerbrechlich ; schwächlich ; schmächtig ; zartgebaut ; zartgliedrig. | *Corps frêle*, schmächtiger, zartgebauter Körper. || FIG. [faible] gebrechlich ; schwach.
frelon [frəlɔ̃] m. ZOOL. Hornisse f. ; Wespe f.
freluquet [frəlykɛ] m. FAM. Laffe m. ; Geck m. ; junger Fant ; Stutzer m.
frémir [fremi:r] v. intr. [feuilles] rauschen ; säuseln ; lispeln. || PAR ANAL. [eau] sieden ; wallen ; zischen. || FIG. [trembler] schaudern ; erschauern ; (er)zittern ; (er)beben. | *Frémir de peur*, vor Angst beben. | *Frémir d'horreur*, zurückschaudern. | *Faire frémir*, Schauder erregen. | *À faire frémir*, schauderhaft ; grauenerregend ; schaurig.
frémissement [-mismɑ̃] m. [feuilles] Rauschen n. ; Säuseln n. ; Lispeln n. || PAR ANAL. [eau] Sieden n. ; Zischen n. || FIG. [tremblement] Schaudern n. ; Schauder m. ; Erschauern n. ; Zittern n. | *Frémissement d'horreur*, Grauen n.
frênaie [frɛnɛ] f. Eschengehölz n., -wäldchen n.
frêne [frɛ:n] m. BOT. Esche f.
frénésie [frenezi] f. [délire furieux] Raserei m. ; Wahnwitz m. ; Tollwut f. || FIG. [excès de passion] grenzenloser Überschwang ; frenetische Begeisterung.
frénétique [-tik] adj. rasend ; wahnwitzig ; tobsüchtig ; tollwütig. || FIG. [passionné] frenetisch ; wild begeistert. | *Applaudissements frénétiques*, wilde Begeisterungsstürme m. pl.
fréquemment [frekamɑ̃] adv. häufig ; öfters ; mehrmals.
fréquence [-kɑ̃:s] f. [répétition] Häufigkeit f. ; häufige Wiederholung ; öfteres Wiederkehren. || MÉD. [pouls] Geschwindigkeit f. || TRANSP. [trains] Zugfolge f., -dichte f. ; Aufeinanderfolgen (n.) der Züge. || ELECTR. [courant] Frequenz f. | *Haute fréquence*, Hochfrequenz. | *De haute fréquence*, hochfrequent.
fréquent, ente [-kɑ̃, ɑ̃:t] adj. häufig ; oftmalig ; öfters ; vielfach. | *C'est fréquent*, das kommt oft vor.
fréquentatif [-tatif] m. GRAMM. [verbe] Frequentativum n.
fréquentation [-tasjɔ̃] f. (häufiger) Umgang ; Verkehr m. ; (wiederholter) Besuch. | *Fréquentation scolaire*, Schulbesuch.
fréquenter [-te] v. tr. [lieu] (häufig) besuchen, hingehen. | *Fréquenter l'école*, die Schule besuchen. | *Fréquenter l'église*, ein fleißiger Kirchgänger sein. | *Fréquenter une maison*, in einem Haus verkehren. || PAR EXT. [personne] *Fréquenter qn*, mit jm verkehren ; Beziehungen zu jm haben.
◇ part. pass. et adj. **fréquenté, ée** (oft, häufig) besucht. | *Lieu peu fréquenté*, verlassener Ort ; FAM. Ort, wo kein Mensch hingeht. | *Café fréquenté*, Café mit starkem Zulauf ; gut besuchtes Café. | *Rue fréquentée*, verkehrsreiche Straße.
◇ v. pr. **se fréquenter,** (oft) zusammenkommen ; miteinander verkehren.
frère [frɛ:r] m. Bruder m. | *Frère aîné, puîné, cadet*, älterer, jüngerer, jüngster Bruder. | *Frère jumeau*, Zwillingsbruder. | *Frère(s) et sœur(s)*, Geschwister n. pl. | *Être frère et sœur*, verschwistert sein. | *Frère de lait*, Milchbruder. | *Petit frère*, Brüderchen n., -lein n. | *Les frères Grimm*, die Gebrüder Grimm. || FIG. *Frères d'armes*, Waffenbrüder m. pl. | *Traiter qn en frère*, jn wie einen Bruder, brüderlich behandeln. | *Faux frère*, schlechter Kamerad. || FAM. *Vieux frère*, alter Kumpan. || RELIG. Ordens-, Klosterbruder. | *Le frère Antoine*, Bruder Antonius. || COMM. *Müller frères*, (Firma) Gebrüder Müller.
frérot [frero] m. FAM. Brüderchen n., -lein n.
fresque [frɛsk] f. ARTS. Fresko-, Wandgemälde n. ; Decken-, Wandmalerei f. | *Peindre à fresque*, Wandmalerei ausführen.
fret [frɛ] m. Fracht f. ; Frachtgut n. | *Fret aérien, ferroviaire, maritime*, Luft-, Bahn-, Schiffsfracht. | *Fret d'aller, de retour*, Hin-, Rückfracht. | *Prendre du fret*, Fracht nehmen. || [loyer] Frachtgeld n. ; Frachtkosten f. pl. || MAR. Schiffsmiete f.
fréter [frete] v. tr. MAR. vermieten ; verfrachten ; beladen ; chartern.
frétillement [fretijmɑ̃] m. Zappelei f. ; Zucken n. ; Quecksilbrigkeit f. ; Quicklebendigkeit f. | *Frétillement de la queue*, Schwanzwedeln n.
frétiller [-je] v. intr. zappeln ; zucken ; hüpfen ; dauernd in Bewegung sein ; schwänzeln ; wedeln. | *Frétiller de la queue*, mit dem Schwanze wedeln.
◇ part. prés. **frétillant, ante,** zapplig ; quicklebendig ; FAM. quecksilberig.
fretin [frətɛ̃] m. Fischbrut f. ; Fischchen n. pl. || FIG. *Menu fretin*, unbedeutende Leute.
frette [frɛt] f. TECHN. (Schrumpf)ring m. ; Eisenring m., -reifen m. ; Zwinge f.
freux [frø] m. ZOOL. Saatkrähe f.
friabilité [frijabilite] f. Zerreibbarkeit f. ; Mürbheit f.
friable [-jabl] adj. zerreibbar ; krümelig ; mürbe ; brüchig. | *Sol friable*, lockerer Boden.
friand, iande [frijɑ̃, jɑ̃:d] adj. [gourmand] naschhaft ; vernascht ; leckermäulig. || PAR ANAL. [gourmet] feinschmeckerisch. || PAR EXT. [choses] lecker ; schmackhaft ; appetitlich. || FIG. *Être friand de qch.*, nach einer Sache, auf eine Sache lüstern sein.
◇ m. **friand,** CULIN. Fleisch-, Hühnerpastete f.
friandise [-di:z] f. [caractère] Naschhaftigkeit f.
◇ f. pl. **friandises,** Näschereien f. pl. ; Leckereien f. pl. ; Leckerbissen m. pl. | *Manger des friandises*, naschen ; POP. schlecken.
Fribourg(-en-Brisgau) [fribu:r(ɑ̃brisgo)] n. pr. GÉOGR. Freiburg im Breisgau n. (en abr. : i. Br.).
fric [frik] m. POP. Moneten f. pl. ; Pinke-Pinke f.
fricandeau [frikɑ̃do] m. CULIN. Kalbsteak n.
fricassée [frikase] f. CULIN. Frikassee n. ; Hühner-, Kalbsfrikassee n.
fricative [frikati:v] f. GRAMM. Reibelaut m.
friche [friʃ] f. Brache f. ; Brachland n., -feld n. ; unbebauter Boden. | *Laisser en friche*, unbebaut, brachliegen lassen.
fricot [friko] m. FAM. Fleischragout n.
fricoter [-kɔte] v. intr. FAM. kochen. || FIG. [trafiquer] schieben.
friction [friksjɔ̃] f. [frottement] (Ab)reibung f. || PAR ANAL. [de la tête] Kopfeinreibung f. || FIG. [heurt] Reibung f. | *Point de friction*, Streitpunkt m. | *Il y a des frictions*, es läuft nicht alles glatt ab. || MÉD. Einreibung f. || TECHN. Reibung f. ; Friktion f. | *Embrayage à friction*, Reibungskupplung f. | *Surface de friction*, Reibfläche f.
frictionner [-sjɔne] v. tr. reiben ; ab-, einreiben ; frottieren.
frigide [friʒid] adj. MÉD. frigid(e).
frigidité [-dite] f. MÉD. Frigidität f.
frigo [frigo] m. FAM. Eisschrank m.
frigorifier [-gɔrifje] v. tr. ein-, gefrieren (lassen) ; tiefkühlen ; unter Eis setzen.

◇ part. pass. et adj. **frigorifié, iée,** gefroren ; tiefgekühlt. ‖ FIG., FAM. *Être frigorifié*, ganz erfroren sein.

frigorifique [-gɔrifik] adj. Gefrier... ; Kühl... *Installation frigorifique*, Gefrier-, Kälte-, Kühlanlage f. | *Wagon frigorifique*, Kühlwagen m. |

frileux, euse [frilø, ø:z] adj. kälteempfindlich. | *Être frileux*, sehr leicht frösteln.

frimaire [frimɛ:r] m. HIST. Reifmonat m.

frimas [frima] m. Reif m. ; Eis-, Reifnebel m.

frime [frim] f. FAM. Angeberei f. ; Mache f. ; Theater n. | *Faire qch. pour la frime*, nur zum Schein machen.

frimer [-me] v. intr. FAM. angeben. | *Il frime*, er tut doch nur so.

frimousse [frimus] f. FAM. Frätzchen n. ; Lärvchen n.

fringale [frɛ̃gal] f. FAM. Heißhunger m.

fringant, ante [frɛ̃gɑ̃, ɑ̃:t] adj. FAM. lebhaft ; springlebendig ; keck ; munter ; forsch.

fringuer [frɛ̃ge] v. tr. POP. [habiller] anziehen.
◇ v. pr. **se fringuer,** POP. sich anziehen.

fringues [frɛ̃:g] f. pl. POP. Klamotten f. pl.

Frioul [friul] n. pr. m. Friaul n.

friper [fripe] v. tr. [chiffonner] (zer)knittern ; zerdrücken, -knautschen.

friperie [-pri] f. Trödelware f., -kram m. ; Altwaren f. pl. ; (alter) Plunder ; abgenutzte Kleider. ‖ PAR EXT. [commerce] Trödelladen m., -markt m. | *Acheter dans une friperie*, beim Trödler kaufen.

fripier, ière [-pje, jɛ:r] s. Trödler(in) m. (f.).

fripon, onne [fripɔ̃, ɔn] adj. [fourbe] spitzbübisch ; schurkisch. ‖ PAR EXT. [espiègle] schelmisch ; schalkhaft ; Schelmen... ; Schalks... | *Yeux fripons*, schelmische Augen n. pl. ; Schelmenaugen n. pl.
◇ s. [coquin] Spitzbube m., -bübin f. ; Schurke m. ; Schurkin f. | *De fripon*, bubenhaft ; spitzbübisch. ‖ PAR EXT. [espiègle] Schelm m. ; Schalk m. | *Tour de fripon*, Schelmenstreich m. | *Petit fripon !*, so ein kleiner Schelm ! | *Petite friponne*, so 'ne kleine Hexe !

friponnerie [-pɔnri] f. Spitzbüberei f. ; Bubenstück n. ; Schurkenstreich m. ; Schelmenstück n.

fripouille [fripu:j] f. POP. Lump m. ; Strolch m. ; Schuft m. ; Halunke m.

frire [fri:r] v. tr. et v. intr. [dans la poêle] braten ; backen. | *Faire frire du poisson*, Fisch braten. | *Poêle à frire*, Bratpfanne f. ‖ PAR ANAL. [avec bruit] brutzeln.
◇ part. pass. et adj. **frit, ite,** gebraten. | *Pommes (de terre) frites*, Pommes frites f. pl. | *Frit à l'huile*, ölgebraten ; in Öl gebacken.

frise [fri:z] f. ARCHIT. Fries m. ; Borte f. ; Band n. ; Linie f. ‖ TEXT. Fries m. ; Friestuch n. ; Flausch m. ; Zeug n. ‖ THÉÂTRE. Theaterhimmel m.

Frise [fri:z] n. pr. f. GÉOGR. Friesland n.

friser [frise] v. tr. [cheveux] kräuseln ; locken ; in Wellen, Locken legen ; wellen. | *Friser qn*, jn frisieren ; jm die Haare machen. | *Fer à friser*, Brenneisen n. ‖ [laine] (auf)kräuseln. ‖ FIG. [effleurer] streifen (an, acc.) ; grenzen (an, acc.). | *Cela frise l'insolence, le ridicule*, das grenzt an Unverschämtheit, ans Lächerliche. ‖ PAR EXT. *Il frise la cinquantaine*, er geht auf die Fünfzig zu.
◇ v. intr. sich locken ; sich wellen ; lockig sein. | *Elle frise*, sie hat Locken, Wellen. | *Ses cheveux frisent*, er hat lockiges Haar, Kraushaar.
◇ part. pass. et adj. **frisé, ée,** kraus ; gekräuselt ; lockig. | *Cheveux frisés*, krauses, welliges, lockiges Haar. | *Tête frisée*, Locken-, Krauskopf m. ‖ PAR EXT. *Laine frisée*, gekräuselte, kruselige Wolle. ‖ BOT. *Chou frisé*, Wirsingkohl m.
— SYN. : *Boucler*, locken. *Onduler*, wellen. *Crêper*, kräuseln.

frisette [-zɛt] f. Löckchen n.

Frison, onne [frizɔ̃, ɔn] n. pr. GÉOGR. Friese m. ; Friesin f.
◇ adj. **frison, onne,** friesisch ; aus Friesland.

frisotter [frizɔte] v. tr. [cheveux] leicht kräuseln, wellen ; leicht kraus machen.

frisquet, ette [friskɛ, ɛt] adj. FAM. kühl ; etwas kalt ; ungemütlich. | *Il fait frisquet*, es ist kühl.

frisson [frisɔ̃] m. [froid] (Kälte)schauer m. ; Frost m. ; Frösteln n. ‖ PAR ANAL. [fièvre] Fieberschauer m. ‖ PAR EXT. [peur] Schauer m. ; Schauder m. ; Erzittern n. ‖ LOC. *Frisson d'horreur*, Entsetzensschauer ; Grauen n. | *Donner le frisson*, erschauern lassen. | *Qui donne le frisson*, schaurig ; schauerlich ; gruselig ; unheimlich. | FIG. *J'ai des frissons*, mich schaudert, fröstelt ; FIG. es läuft mir kalt über den Rücken ; es gruselt mir. ‖ MÉD. Schüttelfrost m.

frissonnement [-sɔnmɑ̃] m. Erschauern n. ; Frösteln n. ‖ PAR EXT. Schau(d)ern n. ; Erzittern n.

frissonner [-sɔne] v. intr. [froid] (er)schauern ; frösteln. | *Frissonner de froid*, vor Kälte erschauern, POP. bibbern. | *Je frissonne*, mich schauert, fröstelt. PAR ANAL. *Frissonner de fièvre*, Fieberschauer haben. ‖ PAR EXT. [peur] schauern ; schaudern ; (er)zittern. | *Il frissonne d'horreur*, er zittert vor Entsetzen ; er schaudert ; es graust ihm ; ihm graust. | *Faire frissonner*, erschauern lassen ; durchbeben.

frisure [frizy:r] f. Kräuseln (n.) der Haare.

frite [frit] f. *Les frites*, die Pommes frites ; FAM. die Fritten.

friterie [-tri] f. [usine] Frischbratküche f. ‖ [installation ambulante] Imbißstand m. ; FAM. Frittenbude f.

friteuse [-tø:z] f. CULIN. Friteuse f.

fritte [frit] f. TECHN. Schlacke f. ; Sinter m. ; Glasmasse f.

fritter [-te] v. tr. sintern ; (aus)brennen ; fritten.

friture [-ty:r] f. [action] Braten n. ; Backen n. ‖ [avec bruit] Brutzeln n. ‖ PAR ANAL. [chose] Gebratene(s) n. ; Gebackene(s) n. ‖ PAR EXT. [poissons frits] gebratene Fische m. pl. ; Bratfische m. pl. ‖ [corps gras] Bratfett n., -schmalz n. ; Schmelzbutter f. ‖ TECHN. [téléphone] Knistern n. ; Nebengeräusch n.

frivole [frivɔl] adj. [vain, futile] eitel ; nichtig ; wertlos. | *Lecture frivole*, leichte Lektüre. ‖ FIG. [caractère, personne] leicht ; leichtfertig, -sinnig ; oberflächlich ; seicht ; frivol.

frivolité [-lite] f. [vanité, futilité] Eitelkeit f. ; Nichtigkeit f. ; Leerheit f. ; Wertlosigkeit f. ‖ FIG. [de caractère] Leichtfertigkeit f., -sinnigkeit f. ; Oberflächlichkeit f. ; Seichtheit f.
◇ f. pl. **frivolités,** [objets] Kleinigkeiten f. pl. ; Tand m. ; Frivolitäten f. pl. ‖ FIG. *S'attacher à des frivolités*, sein Herz an eitle Dinge hängen.

froc [frɔk] m. RELIG. (Mönchs)kutte f., -gewand n. | *Prendre le froc*, die Kutte nehmen ; Mönch werden. | *Jeter le froc aux orties*, die Kutte an den Nagel hängen.

froid, oide [frwa, wad] adj. kalt. | *Froid et humide*, naßkalt. | *De, À sang froid*, kaltblütig. | *Viande(s) froide(s)*, kalter Aufschnitt. | *Saison froide*, kalte Jahreszeit ; Winter m. ‖ TECHN. *Air froid*, Kaltluft f. | *Chambre froide*, Kühlraum m. ‖ FIG. [réservé et hostile] kühl ; frostig ; zurückhaltend. | *Accueil froid*, kühle Aufnahme ; frostiger Empfang. | *Se montrer froid*

envers qn, sich gegen jn kühl verhalten ; kalt gegen jn sein. | *Battre froid à qn*, jm die kühle Schulter zeigen ; jm kühl begegnen. || [réservé, posé] kalt ; nüchtern ; gesetzt ; gelassen. || [insensible, flegmatique] kalt ; kühl ; kaltherzig, -sinnig, -blütig ; unbeteiligt. | *Cela me laisse froid*, das läßt mich kühl, kalt. || PAR EXT. [style] ausdruckslos ; leblos ; nüchtern.
◇ m. **froid,** [sens général] Kälte f. || [temps froid] kaltes Wetter ; kalte Witterung. | *Il fait froid*, es ist, wird kalt, kühl, frisch. | *Il fait un froid de loup, de canard*, es ist, herrscht eine Hundekälte ; es ist bitterkalt. | *J'ai froid*, mich friert ; es ist mir kalt. | *Avoir froid*, frieren. | *Avoir froid aux mains*, kalte Hände haben. | *Prendre froid*, sich erkälten. | *Mourir de froid*, vor Kälte sterben ; erfrieren. | *Être transi, mort de froid*, ganz erfroren sein. | *Sensible au froid*, kälteempfindlich. | *Froid de l'hiver*, winterliche Kälte ; Winterkälte. | *Les premiers froids*, die ersten kalten Tage. || LOC. *Ne pas avoir froid aux yeux*, unverfroren, frech sein. | *Cela me fait froid dans le dos*, es läuft mir eiskalt über den Rücken. || FIG. [réserve, indifférence] Kälte f. ; Kühle f. | *D'un froid glacial*, von eisiger Kälte. | *Cela jeta un froid*, es entstand eine peinliche Pause. | *Être en froid avec qn*, mit jm auf gespanntem Fuß stehen ; in kühlem Verhältnis zu jm stehen. || TECHN. Kälte f. | *Résistant au froid*, kältebeständig.
◇ loc. adv. **à froid,** kalt. | *Infusion à froid*, kalter Aufguß. | *Battre à froid*, kalt schmieden. || FIG. [sans passion] ohne Begeisterung ; ohne Gefühl.
— SYN. : *Frais*, frisch ; kühl. FAM. *Frisquet*, etwas kalt.
froidement [-dmɑ̃] adv. kalt ; kühl ; kaltblütig. | *Assassiner froidement*, kaltblütig ermorden.
froideur [-dœ:r] f. Kälte f. || FIG. Kälte f. Frostigkeit f. ; Kaltherzigkeit f. ; Gefühllosigkeit f ; Gleichgültigkeit f. || PAR EXT. [relations] kühles Verhältnis.
froidure [-dy:r] f. (Winter)kälte f. ; winterliche Kälte ; kaltes Wetter. || POÉT. Winter m.
froissement [frwasmɑ̃] m. [action de chiffonner] Zerknittern n. || [avec bruit] Knistern n. ; Zerknüllen n. || FIG. [vexation] Verletzung f. ; Kränkung f. || MÉD. [un membre] Quetschung f.
froisser [-se] v. tr. [étoffe, papier] ver-, zerknittern ; (zer)knüllen ; (zer)drücken. | *Froisser une robe*, ein Kleid zerdrücken. | *Froisser une étoffe*, einen Stoff zerknittern, -knüllen. || FIG. [blesser, vexer] verletzen ; kränken. || MÉD. [membre] quetschen.
◇ part. pass. et adj. **froissé, ée,** zerknittert, -knüllt, -drückt ; knitterig. | *Bruit de papier froissé*, Knistern (n.) des Papiers. || FIG. *Se montrer froissé de qch.*, sich über etwas gekränkt zeigen.
◇ v. pr. **se froisser,** sich zerknittern, zerdrücken. || FIG. *Se froisser pour un rien*, sich leicht gekränkt fühlen ; leicht Anstoß nehmen.
— SYN. : *Vexer*, verletzen.
frôlement [frolmɑ̃] m. (An)streifen n. ; leichtes Berühren. || [avec bruit] Rauschen n. ; Rascheln n.
frôler [-le] v. tr. (an)streifen ; streifen (an, dat) ; leicht berühren. | *La balle l'a frôlé*, die Kugel ging haarscharf vorbei. | *La voiture n'a fait que le frôler*, der Wagen hat ihn nur leicht gestreift.
fromage [frɔma:ʒ] m. Käse m. | *Fromage de chèvre*, Ziegenkäse. | *Fromage à pâte molle*, Weichkäse. | *Fromage blanc*, weißer Käse ; Quark m. | *Fromage de Gruyère*, Schweizerkäse. | *Le fromage se fait*, der Käse wird weich, ist durch. | *Comme du fromage*, käsig. || PAR EXT. *Fromage de tête*, Sülze f. ; Preßkopf m. || FIG., FAM. *Entre la poire et le fromage*, beim Nachtisch ; ganz nebenbei. | *Vivre comme un rat dans un fromage*, wie die Made im Speck leben.
fromager, gère [-ʒe, ɛ:r] s. [fabricant] Käsefabrikant m. ; [marchand] Käsehändler(in) m. (f.).
◇ m. **fromager,** BOT. Kapokbaum m.
fromagerie [-ʒri] f. Käserei f. ; Käsehandlung f., -herstellung f.
froment [frɔmɑ̃] m. BOT. Weizen m.
fronce [frɔ̃:s] f. Falte f. ; Fältchen n. | *Faire des fronces*, Falten schlagen ; in Falten legen ; fälteln.
froncer [-se] v. tr. TECHN. [étoffe] falten ; fälteln ; kraus machen ; kräuseln. || PAR EXT. *Froncer les sourcils*, die Augenbrauen runzeln ; die Stirn kraus ziehen.
frondaison [frɔ̃dɛzɔ̃] f. [action] Belaubung f. ; Grünen n. ; Ausschlagen n. || PAR EXT. [feuillage] Laub n. ; Blätterwerk n. ; POÉT. Laubdach n.
fronde [frɔ̃:d] f. Schleuder f. ; Stein-, Wurfschleuder f. ; Zwille f. || HIST. Fronde f.
fronder [-de] v. tr. [critiquer] bekritteln ; tadeln.
◇ v. intr. FIG. [s'opposer] trotzen ; aufständisch sein.
frondeur [-dœ:r] adj. FIG. [qui critique] tadelnd ; nörgelnd. | *Esprit frondeur*, aufsässiger Geist.
◇ m. Schleuderer m. || FIG. Mißvergnügter m. ; Nörgler m. ; Trotzkopf m.
front [frɔ̃] m. ANAT. Stirn f. | *Avoir le front haut*, eine hohe Stirn haben. || PAR EXT. [visage] Gesicht n. ; Haupt n. ; Antlitz n. | *Aller le front haut*, die Stirn hoch tragen. | *Avoir le front soucieux*, eine umwölkte Stirn haben. | *Se frapper le front*, sich an den Kopf schlagen. || FIG. [hardiesse, impudence] Stirn f. ; Frechheit f. ; Unverschämtheit f. | *Avoir le front de*, die Frechheit, die Stirn haben, zu. || MIL. Front f. | *Front occidental*, Westfront. | *Être au front*, an der Front stehen. | *Faire front*, Front machen ; sich stellen ; FIG. die Stirn bieten. | *Front d'attaque*, Angriffsfront. | *Guerre sur deux fronts*, Zweifrontenkrieg m. || POLIT. *Front populaire*, Volksfront. || GÉOL. [montagne] Vorderseite f. ; Gipfel m. || MINES. *Front de taille*, Stoß m.
◇ loc. adv. **de front,** von vorn ; frontal. | *Attaque de front*, Frontalangriff m. || PAR ANAL. [ensemble, côte à côte] zugleich ; nebeneinander. | *Mener deux affaires de front*, zwei Geschäfte gleichzeitig betreiben. || PAR EXT. [sans ménagement] schonungslos ; ohne Umschweife. | *Heurter de front*, vor den Kopf stoßen ; schonungslos angreifen.
frontal, ale, aux [-tal, o] adj. ANAT. Stirn... || INF. Front- End-. | *Ordinateur frontal*, Front-End-Rechner m. || MIL. frontal ; von vorn.
◇ m. **frontal,** ANAT. Stirnbein n. || MÉD. Stirnbinde f.
frontalier, ière [-talje, jɛ:r] adj. zur Grenze gehörig ; Grenz... | *Trafic frontalier*, Grenzverkehr m. | *Travailleur frontalier*, Grenzgänger m.
◇ s. Grenzbewohner(in) m. (f.), -gänger(in) m. (f.).
frontière [-tjɛ:r] f. [entre deux pays] (Landes)-grenze f. | *Frontière naturelle*, natürliche Grenze. | *Frontière douanière*, Zollgrenze. | *Passer la frontière*, die Grenze überschreiten. | *Faire passer la frontière à qn*, jn über die Grenze bringen. | *À la frontière*, an der Grenze. | *De (la) frontière*, Grenz... | *Franchissement, fermeture, rectification de la frontière*, Grenzüberschreitung f., -sperre f., -berichtigung f. | *Incident de frontière*, Grenzzwischenfall m. || PAR ANAL. *Frontière linguistique*, Sprachgrenze. || FIG. Scheide(linie) f.
◇ adj. Grenz... | *Borne-frontière*, Grenzstein m. | *Ville-frontière*, Grenzstadt f. ; Stadt an der Grenze.
frontispice [-tispis] m. ARCHIT. Vorder-, Hoch-, Hauptgiebel m. || [livre] Titelbild n., -blatt n.
fronton [-tɔ̃] m. ARCHIT. Giebel m. ; Giebeldach n., -stück n. || [meuble] Krone f. ; Aufsatz m.
frottement [-tmɑ̃] m. TECHN. Reibung f. ; Reiben n. | *Angle, Chaleur, Surface de frottement*, Reibungswinkel m., -wärme f., -fläche f. || FIG. *Il y a des frottements*, es gibt Reibereien.

frotter [-te] v. tr. [surface contre surface] reiben ; frottieren. | *Frotter l'un contre l'autre*, aneinander reiben. || PAR ANAL. [nuances] ab-, aus-, ein-, verreiben. | *Frotter le corps avec une serviette*, den Körper mit einem Handtuch abreiben. | *Frotter à la toile émeri*, abschmirgeln. | *Frotter d'huile*, mit Öl einreiben ; einölen, -fetten. | *(Bien) frotter un enduit*, einen Belag verreiben. || PARTICUL. [nettoyer] scheuern ; schrubben. || [cirer] bohnern ; wichsen ; wienern ; polieren. || PAR EXT. [plus légèrement] streichen ; an-, bestreichen. | *Frotter une allumette*, ein Zündholz anstreichen. || FIG. *Frotter les oreilles à qn*, jm eins hinter die Ohren geben.
◇ v. intr. TECHN. reiben.
◇ v. pr. **se frotter** (réfl. au dat.) sich reiben. | FIG. *Se frotter les mains*, sich die Hände reiben. | *Se frotter les yeux*, sich die Augen (aus)reiben ; FIG. sich den Schlaf aus den Augen wischen. || PAR ANAL. (réfl. à l'accus.) *Se frotter contre*, sich reiben an (acc.). | *Se frotter d'huile, avec de l'huile*, sich mit Öl einreiben. || FIG. [fréquenter] *Se frotter à qn*, mit jm Umgang haben. || PAR EXT. [s'attaquer à] *Se frotter à qn*, jm zu nahe kommen, treten. | *Il ne fait pas bon s'y frotter*, mit dem ist nicht gut Kirschen essen.
— SYN. : *Polir*, polieren. *Astiquer*, putzen ; glätten. *Poncer*, mit dem Bimsstein abreiben. *Briquer*, wienern.

frottis [-ti] m. Firnisbelag m. ; leichte Deckfarbe. || MÉD. Abstrich m. | *Frottis vaginal*, Vaginalabstrich.

frottoir [-twa:r] m. [linge, brosse] Scheuerlappen m. ; Frottiertuch n. ; Reibkissen n., -bürste f. || PAR EXT. [boîte d'allumettes] Reibfläche f.

frou-frou ou **froufrou** [frufru] m. Rascheln n., Rauschen n. (der Röcke) ; Knistern n. (der Seide).

froufrouter [-te] v. intr. rauschen ; knistern.

froussard, arde [frusa:r, ard] adj. FAM. ängstlich ; furchtsam ; feige ; bange ; bänglich.
◇ s. Angsthase m., -meier m. ; Hasenfuß m.

frousse [frus] f. FAM. Bammel m. ; Heidenangst f. ; POP. Schiß m. | *Avoir la frousse*, eine Heidenangst haben.

fructidor [fryktidɔ:r] m. HIST. Obstmonat m.

fructifère [-tifɛ:r] adj. BOT. fruchtbringend, -tragend.

fructification [-tifikasjɔ̃] f. BOT. Fruchtentwicklung f.

fructifier [-tifje] v. intr. Früchte tragen, hervorbringen. || FIG. gedeihen. | *Faire fructifier*, zum Gedeihen bringen ; ertragreich anlegen.

fructose [-to:z] f. CHIM. Fruchtzucker m.

fructueux, euse [-tɥø, ɥø:z] adj. FIG. frucht-, nutzbringend ; fruchtbar ; ertragreich ; einträglich.

frugal, ale, aux [frygal, o] adj. [personne] mäßig ; genügsam ; bedürfnislos. || PAR EXT. [repas] einfach ; spärlich ; kärglich ; frugal.

frugalité [-lite] f. [sobriété] Mäßigkeit f. ; Genügsamkeit f. ; Bedürfnislosigkeit f. || PAR EXT. [repas] Einfachheit f. ; Spärlichkeit f.

frugivore [fryʒivɔ:r] adj. fruchtessend.

fruit [frɥi] m. **1.** [sens général] Frucht f. | *Fruits des champs*, Feldfrüchte f. pl. | *Qui a des fruits*, fruchttragend. | *Sans fruits*, fruchtlos. | *À fruits*, tragend ; Frucht... | *Donner des fruits*, Früchte tragen, bringen ; FIG. fruchten. | *Les fruits (des arbres)*, das Obst. | *Fruits à pépins, à noyau*, Kern-, Steinobst. | *Fruits secs*, Trockenobst n. | *Fruits de table*, Tafelobst. | *Tarte aux fruits*, Obsttorte f., -kuchen m. | *Fruits confits*, eingemachtes Obst. | *Cueillette des fruits*, Obsternte f., -lese f. | *Marchand de fruits*, Obsthändler m. | *Fruits secs*, Dörrobst n. || PAR ANAL. *Fruits de mer*, Meeresfrüchte f. pl. || LOC., FIG. *Fruit sec*, Versager m., Niete m. | *Fruit défendu*, verbotene Frucht.
2. [profit] Frucht f. ; Ertrag m. ; Nutzen m. ; Gewinn m. ; Vorteil m. | *Avec fruit*, mit Nutzen ; vorteilhaft. | *Sans fruit*, frucht-, gewinnlos. | *Récolter le fruit de son travail*, die Früchte seiner Arbeit ernten. || PAR EXT. [résultat] Ergebnis n. ; Folgen f. pl.
3. JUR. Einkünfte f. pl.

fruité, ée [-te] adj. mit Fruchtgeschmack.

fruitier, ière [-tje, jɛ:r] adj. fruchttragend, -bringend ; Obst... | *Arbre fruitier*, Obstbaum m.
◇ s. [personne] Obsthändler(in) m. (f.).
◇ m. **fruitier,** [lieu] Obstkeller m., -lager n. ; [étagère] Obsgestell n.

frusques [frysk] f. pl. POP. Klamotten f. pl. ; Siebensachen f. pl.

fruste [fryst] [usé] abgenutzt, -gegriffen ; verwischt, -wittert. || FIG. [rude, grossier] rauh ; grob ; ungehobelt. | *Homme fruste*, vierschrötiger Mensch. | *Style fruste*, ungehobelter Stil.

frustration [frystrasjɔ̃] f. JUR. Benachteiligung f. || [psychologie] Frustration f. ; Frustriertheit f. ; Enttäuschung f.

frustrer [-tre] v. tr. betrügen ; benachteiligen ; hintergehen. | *Frustrer qn de qch.*, jn um etwas betrügen, bringen. | *Être frustré de qch.*, um etwas kommen. || [psychologie] frustrieren ; enttäuschen. | *Se sentir frustré*, frustriert sein.

fuchsia [fyksja] m. BOT. Fuchsie f.

fucus [fykys] m. BOT. Alge f. ; (See)tang m.

Fuégien, ienne [fɥeʒjɛ̃, jɛn] n. pr. GÉOGR. Feuerländer(in) m. (f.).
◇ adj. **fuégien, ienne,** feuerländisch.

fuel-oil [fjulɔil] m. Heizöl n.

fugace [fygas] adj. flüchtig. | *Parfum fugace*, sich schnell verflüchtigendes Parfum. || FIG. (leicht) vergänglich ; vorübergehend.

fugacité [-gasite] f. Flüchtigkeit f. ; Verflüchtigung f. || FIG. Vergänglichkeit f.

fugitif, ive [-ʒitif, i:v] adj. [qui fuit] flüchtig ; fliehend. || PAR EXT. landesflüchtig. || FIG. [peu durable] flüchtig ; von kurzer Dauer. | *Espoir fugitif*, flüchtige Hoffnung. || [qui passe] vergänglich ; vorübergehend.
◇ s. Flüchtling m. ; Flüchtige(r) f. (m.).

fugue [fyg] f. MUS. Fuge f. || FIG. [fuite] Flucht f. ; Entlaufen n. ; FAM. Ausreißen n. | *Faire une fugue*, entlaufen ; FAM. durchgehen.

fuir [fɥi:r] v. intr. [êtres vivants] (ent)fliehen ; flüchten ; davonlaufen ; ausreißen ; die Flucht ergreifen. | *Fuir à toutes jambes*, Hals über Kopf davonstürzen. | *Fuir devant qn*, vor jm weglaufen. | *Faire fuir*, zur Flucht zwingen. || PAR EXT. [liquide] ausfließen, -laufen, -strömen ; entrinnen, -weichen. || [récipient] auslaufen ; lecken ; leck sein. | *Le tonneau fuit*, die Tonne läuft aus. | *Qui fuit*, leck. || FIG. [temps] entfliehen ; dahingehen ; vergehen, -fließen, -rinnen.
◇ v. tr. fliehen. | *Fuir l'ennemi*, vor dem Feinde fliehen. || PAR EXT. [éviter] fliehen ; meiden ; ausweichen (dat.). | *Fuir le danger*, die Gefahr fliehen ; der Gefahr ausweichen. | *Fuir le monde*, die Welt fliehen ; weltabgewandt, -fremd leben.
◇ part. prés. **fuyant, ante,** [être vivant] fliehend ; flüchtig. || PAR EXT. *Regard fuyant*, scheuer, unsicherer Blick. || FIG. *Front fuyant*, zurücktretende, fliehende Stirn.
◇ v. pr. **se fuir,** [s'éviter] einander aus dem Wege gehen.
— SYN. : *S'enfuir*, entfliehen. *S'échapper*, entwischen. *S'évader*, ausbrechen ; entlaufen, -kommen. *Se sauver*, sich retten ; fortlaufen. *Détaler*, davonlaufen ; POP. abhauen. *Prendre ses jambes à son cou*, die Beine in die Hand nehmen.

fuite [fɥit] f. [êtres vivants] (Ent)fliehen n. ; Flucht f. ; Ausreißen n. | *Prendre la fuite*, die Flucht ergreifen ; Reißaus nehmen. | *Être en fuite*, auf der Flucht sein. | *Mettre en fuite*, in die Flucht schlagen ; vertreiben, -scheuchen. | *Favoriser la fuite de qn*, js Flucht Vorschub leisten ; jm forthelfen. | *Fuite devant l'ennemi*, Flucht vor dem Feind. || PAR EXT. [liquide, récipient] Ausfließen n., -laufen n. ; Undichtigkeit f. | *Le tonneau a une fuite*, das Faß ist nicht dicht. | *Fuite d'eau*, (Wasser)rohrbruch m. || [gaz] Ausströmen n. | *Il y a une fuite de gaz*, es strömt irgendwo Gas aus. || [fissure] Riß m. ; Sprung m. ; schadhafte Stelle. || [temps] Vergehen n., -rinnen n. || FIG. *Fuite en avant*, Flucht (f.) nach vorn(e). || FIN. *Fuite de capitaux*, Kapitalabwanderung f., -flucht f. || JUR. *Délit de fuite*, Fahrerflucht f.

— SYN. : *Débandade* f., Auflösung f. *Sauve-qui-peut* m., regellose Flucht. *Échappatoire* f., Ausflucht f. ; Vorwand m. *Évasion* f., Ausbruch m. ; Entlaufen n.

fulgurant, ante [fylgyrɑ̃, ɑ̃:t] adj. blitzend. || FIG. blitzschnell. || MÉD. [douleur] stechend.

fuligineux, euse [fyliʒinø, ø:z] adj. TECHN. rußig ; berußt ; Ruß... | *Charbon fuligineux*, Rußkohle f.

fulminate [fylminat] m. CHIM. Knallsäuresalz n. | *Fulminate de mercure*, Knallquecksilber n.

fulminer [-ne] v. intr. Blitze schleudern ; blitzen. || FIG. *Fulminer contre qn*, POP. gegen jn losdonnern, toben, wettern. || CHIM. ab-, aufknallen.

◇ part. prés. **fulminant, ante,** blitzend. || FIG. donnernd ; tobend ; wütend. | *Regard fulminant*, Zornesblick m. || CHIM. *Poudre fulminante*, Knallpulver n.

fumage [fyma:ʒ] m. CHIM. Räuchern n. ; Räucherung f. || AGRIC. Düngung f.

fume-cigare, fume-cigarette [fymsiga:r, -sigarɛt] m. Zigarren-, Zigarettenspitze f.

fumée [fyme] f. [sens général] Rauch m. | *Fumée de cheminée, de tabac*, Schornstein-, Tabakrauch. | *Bouffées, volutes, nuages de fumée*, Rauchschwaden m. pl., -ringe m. pl., -wolken f. pl. | *Avaler la fumée*, durch die Lunge rauchen ; Lungenzüge machen. | *Plein de fumée*, räucherig ; eingeräuchert ; voller Rauch. | *Sans fumée*, rauchlos. | *Sentir la fumée*, nach Rauch schmecken. | *Il y a de la fumée*, es raucht. | *Fumée (épaisse)*, Qualm m. | *Fumée d'un mets*, Dampf (m.) eines Gerichts. | *Fumées du vin*, Weindunst m. | *Fumées d'échappement*, Auspuffschwaden m. pl. | *Noir de fumée*, Kienruß m. || FIG. Rauch m. ; (blauer) Dunst. | *S'en aller en fumée*, in Rauch aufgehen ; zu Schaum werden ; sich in blauen Dunst auflösen.

fumer [-me] v. intr. [sens général] rauchen ; Rauch ausstoßen. || PAR ANAL. [tabac] rauchen. | *Ne pas fumer*, Nichtraucher sein. | *Défense de fumer*, Rauchen verboten. | *Fumer comme une locomotive*, POP. qualmen wie ein Schlot. || PAR EXT. [nuances] *Le volcan fume*, der Vulkan stößt Rauch aus. | *Les prés fument*, die Wiesen dampfen, dünsten. | *Les ruines fument encore*, die Trümmer qualmen noch. | *Qui fume*, rauchend ; dampfend ; qualmend. || FIG., FAM. *Fumer (de colère)*, vor Wut kochen.

◇ v. tr. [tabac] rauchen. | *Fumer la pipe*, die Pfeife rauchen. || TECHN. [conserves] räuchern ; in den Rauch hängen. || AGRIC. [champ] düngen ; unter Dünger setzen.

◇ part. pass. et adj. **fumé, ée,** [conserves] geräuchert ; Räucher... | *Saumon fumé*, Räucherlachs m. | *Lard fumé*, geräucherter Speck. || TECHN. [verres] geschwärzt. | *Verres fumés*, Sonnengläser n. pl.

fumerie [-mri] f. Rauchzimmer n. | *Fumerie d'opium*, Opiumhöhle f., -lokal n.

fumerolle [-mrɔl] f. GÉOL. [volcan] Rauchspalte f., -ritze f. || TECHN. Fumarole f.

fumet [-mɛ] m. [viande] Geruch m. ; Duft m. || PAR EXT. [vin] Blume f. || [gibier] Wildgeruch ; Witterung f.

fumeur, euse [-mœ:r, ø:z] s. Raucher(in) m. (f.). | *Un grand fumeur*, ein starker Raucher. | *Compartiment de (non-)fumeurs*, (Nicht)raucherabteil n.

fumeux, euse [-mø, ø:z] adj. [qui fume] rauchig ; qualmig. || FIG. [idées] unklar ; verworren.

fumier [fymje] m. AGRIC. [des bêtes] Mist m. | *Tas de fumier*, Misthaufen m. ; Dunggrube f. | *Enlever le fumier*, ausmisten. || FIG., POP. Mistkerl m. ; Mistvieh n.

fumigation [fumigasjɔ̃] f. MÉD. (Aus)räucherung f. || [pour assainir] Dampfbad n.

fumigène [-miʒɛ:n] adj. rauchentwickelnd, -erzeugend. || MIL. Nebel... | *Grenade, Obus fumigène*, Nebelgranate f. | *Nappe fumigène*, Einnebelung f.

fumiste [-mist] m. TECHN. [ouvrier] Ofensetzer m., -reiniger m. ; Heizungsfachmann m.

◇ s. FAM. [personne peu sérieuse] Blender(in) m. (f.) ; Bluffer(in) m. (f.).

fumisterie [-mistəri] f. TECHN. Ofensetzerei f., -bau m. || FAM. [manque de sérieux] Blendwerk n. ; Blufferei f.

fumivore [-mivɔ:r] adj. rauchverzehrend.

◇ m. Rauchverzehrer m.

fumoir [-mwa:r] m. Rauchzimmer n., -salon m. || TECHN. Räucherboden m. ; Räucherei f.

fumure [-my:r] f. AGRIC. (Boden)düngung f. ; Bemistung f.

funambule [fynɑ̃byl] s. Seiltänzer(in) m. (f.), -künstler(in) m. (f.) ; Akrobat m.

funambulesque [-lɛsk] adj. seiltänzerisch ; akrobatisch. || FIG. wunderlich ; toll ; verrückt.

funèbre [fynɛbr] adj. [relatif aux funérailles] Leichen... ; Trauer... | *Cortège funèbre*, Leichen-, Trauerzug m. | *Éloge funèbre*, Grabrede f. | *Marche funèbre*, Trauermarsch m. | *Chant funèbre*, Trauer-, Klagelied n. | *Pompes funèbres*, Bestattungsinstitut n. || FIG. [triste, lugubre] traurig ; schauerlich ; unheimlich ; düster.

funérailles [fynerɑ:j] f. pl. Leichenbegängnis n. ; Begräbnis n. ; Begräbnisfeier f., -feierlichkeit f. ; Bestattung f. ; Grablegung f. ; letzte Ehren f. pl. | *Funérailles nationales*, Staatsbegräbnis.

funéraire [-rɛ:r] adj. Begräbnis... ; Beerdigungs... ; Grab... | *Frais funéraires*, Bestattungskosten f. pl. | *Pierre funéraire*, Grabstein m. | *Urne funéraire*, (Aschen)-urne f.

funeste [fynɛst] adj. [fatal] unheilvoll ; verhängnisvoll ; unselig ; verderblich ; Unglücks... | *Lieu funeste*, Unheils-, Unglücksstätte f. | *Jour funeste*, Unglückstag m. || PAR EXT. [triste] trauervoll ; kläglich.

funiculaire [fynikylɛ:r] m. TRANSP. Seil-, Drahtseilbahn f.

fur [fy:r] m. LOC. *au fur et à mesure*, [peu à peu] nach und nach. || [proportionnellement] *Au fur et à mesure de*, nach Maßgabe (gén.) ; im Verhältnis zu ; je nachdem. | *Au fur et à mesure que*, je nachdem ; je mehr.

furet [fyrɛ] m. ZOOL. Frettchen n. || FIG. Spürnase f. ; Herumstöberer m. ; Schnüffler m.

fureter [fyrte] v. tr. [chasse] das Frettchen ansetzen. || FIG. [fouiller] herum-, durchstöbern ; durchsuchen, -wühlen (sépar.) ; herum-, durchschnüffeln (sépar.). | *Fureter dans tous les coins*, in allen Ecken herumstochern ; nichts undurchsucht lassen.

fureteur, euse [-tœ:r, ø:z] adj. herumsuchend, -stöbernd.
◇ s. FIG. Schnüffler(in) m. (f.); Ausspionierer m.

fureur [fyrœ:r] f. [colère extrême] Wut f.; Raserei f.; (In)grimm m.; Toben n. | *Accès de fureur*, Wutausbruch m., -anfall m. | *Être en fureur*, wüten; rasen; wütend sein. | *Être transporté de fureur*, vor Wut ganz außer sich sein. | *Entrer en fureur*, in Wut geraten. | *Mettre en fureur*, wütend machen; in Wut bringen; FAM. hochbringen. | *La fureur l'emporte*, die Wut reißt ihn fort. | *Passer sa fureur sur qn*, seine Wut an jm auslassen. || PAR EXT. [éléments] Toben n. || FIG. [passion] Leidenschaft f.; heftige Begeisterung. | *Fureur du jeu*, Spielleidenschaft. | *Fureur de vivre*, leidenschaftlicher Lebensdrang. | *Faire fureur*, großes Aufsehen erregen; Furore machen. | *Ce livre fait fureur*, man reißt sich um dieses Buch.
— SYN. : *Furie*, Wut; Toben. *Emportement*, Aufbrausen.

furibond, onde [-ribɔ̃, ɔ̃:d] adj. (wild)wütend; wütig; rasend.

furie [-ri] f. [mégère] Hausdrache m.; Höllenweib n.; Furie f.; Xanthippe f. || FIG. [emportement] Wut f.; Wüten n.; Raserei f.; Toben n. | *Être en furie*, wüten; rasen; toben. || PAR EXT. [impétuosité] Ungestüm n.; Heftigkeit f.

furieusement [-rjøzmɑ̃] adv. wütend; rasend. || PAR EXT. ungeheuer; gewaltig; schrecklich.

furieux, ieuse [-rjø, jø:z] adj. [en fureur] wütend; rasend; (in)grimmig; wütig; POÉT. wutentbrannt, grimmerfüllt; FAM. wild; IRON. fuchsteufelswild. | *Folie furieuse*, Tollwut f. | *Être furieux*, wütend sein; wüten. | *Devenir furieux* wütend, wild werden; außer sich geraten. | *Rendre furieux*, wütend machen. | *Un fou furieux*, ein Rasender. || PAR EXT. [impétueux] ungestüm; stürmisch; heftig.

furioso [-rjozo] adj. MUS. leidenschaftlich; erregt.

furoncle [fyrɔ̃kl] m. MÉD. Furunkel m.

furonculose [-kylo:z] f. MÉD. Furunkulose f.

furtif, ive [fyrtif, i:v] adj. verstohlen; heimlich; versteckt. | *Jeter un regard furtif*, einen verstohlenen Blick werfen, riskieren.

furtivement [-tivmɑ̃] adv. verstohlen. | *Entrer furtivement*, auf leisen Sohlen eintreten; sich hineinschleichen. | *S'approcher furtivement de qn*, sich leise an jn heranschleichen.

fusain [fyzɛ̃] m. BOT. Spindel-, Spillbaum m.; Pfaffenhütchen n. || ARTS. (Reiß)kohle f.; Kohlestift m. || [dessin] Kohlezeichnung f.

fuseau [-zo] m. TEXT. Spindel f. | *Dentelle au fuseau*, Klöppelspitze f. || [pantalon] Keilhose f. || GÉOM. [d'une sphère] Kugelsegment n. || ASTRON. *Fuseau horaire*, Zeitzone f.

fusée [-ze] f. TEXT. Spindel(voll) f. || MIL. [obus] Rakete f. | *Fusée éclairante, incendiaire*, Leucht-, Brandrakete. | *Fusée de signalisation*, Signalrakete. | *Fusée intercontinentale*, Interkontinentalrakete. | *Fusée porteuse*, Trägerrakete. || PAR EXT. [détonateur] Zünder m. || TECHN. Achsschenkel m.; Wellenhals m.

fuselage [fyzla:ʒ] m. AÉRON. Flugzeugrumpf m., -körper m.

fuselé, ée [fyzle] adj. spindel-, stromlinienförmig. || FIG. *Doigts fuselés*, lange schmale Finger m. pl.

fuser [fyze] v. intr. TECHN. zer-, zusammen-, ineinanderschmelzen. || PAR EXT. [chaux] zerbröckeln. || FIG. [jaillir] sprühen. | *Des rires fusèrent de partout*, ein allgemeines Gelächter brach aus. || MIL. [poudre] verzischen; ohne Knall verbrennen.

fusette [fyzɛt] f. (Faden-)Rolle f.

fusible [-zibl] adj. (ein)schmelzbar; verflüssigbar.
◇ m. (Schmelz)sicherung f.

fusil [fyzi] m. Gewehr n.; Flinte f. | *Fusil de chasse*, Jagdgewehr. | *Fusil à répétition*, Mehrlade-, Repetiergewehr. | *Fusil à deux coups*, Doppelflinte. | *Fusil d'assaut*, Sturmgewehr. | *Fusil automatique*, Selbstladegewehr. | *Fusil mitrailleur*, leichtes Maschinengewehr (LMG). | *Fusil à pompe*, Straßenkampfwaffe f. | *Coup de fusil*, Schuß m. | *Tirer un coup de fusil*, einen Schuß abgeben; schießen. | *Viser qn avec son fusil*, mit dem Gewehr auf jn anlegen, zielen. | *Mettre le fusil sur l'épaule*, das Gewehr schultern, übernehmen (sépar.). | *Avoir le fusil en bandoulière*, das Gewehr umhängen (sépar.). || FIG. *Changer son fusil d'épaule*, sein Mäntelchen nach dem Winde hängen; umsatteln (sépar.). || TECHN. [à aiguiser] Wetzstahl m.
— SYN. : *Carabine*, Karabiner; Flinte.

fusilier [-lje] m. MIL. Fusilier m. | *Fusilier marin*, Marineinfanterist m.

fusillade [-jad] f. MIL. Gewehr-, Schützenfeuer n. || PAR ANAL. Schießen n.; Schießerei f.

fusiller [-je] v. tr. MIL. erschießen; an die Wand stellen. || FIG. *Fusiller qn du regard*, jm vernichtende Blicke zuwerfen.

fusion [fyzjɔ̃] f. PHYS. Schmelzen n.; Ein-, Durch-, Ver-, Zer-, Zusammenschmelzen n.; Schmelze f.; Flüssigwerden n. | *Entrer en fusion*, flüssig werden; in Fluß geraten; fließen. | *Point de fusion*, Schmelzpunkt m. || NUCL. *Fusion nucléaire*, Kernfusion f. || FIG. [réunion] Zusammenschluß m.; Vereinigung f.

fusionner [-zjɔne] v. intr. FIG. [se réunir] sich verschmelzen, -einigen; sich zusammenschließen; fusionieren.

fustigation [fystigasjɔ̃] f. Peitschen n.; Stäupen n.

fustiger [-ʒe] v. tr. peitschen; aus-, durchpeitschen; geißeln; stäupen.

fût [fy] [arbre] Schaft m.; Stamm m. || PAR ANAL. [fusil] (Gewehr)schaft m. || PAR EXT. [tonneau] Faß n.; Tonne f. | *Vin en fût*, Faßwein m. | *Sentir le fût*, nach dem Faß schmecken. || ARCHIT. *Fût de colonne*, Säulenschaft. || TECHN. [rabot] Hobelkasten m.

futaie [fytɛ] f. Hochwald m. | *Bois de haute futaie*, hochstämmiges Holz.

futaille [fytɑ:j] f. [tonneau] Faß n.; Gebinde n.; Faßwerk n., -gut n.

futé, ée [fyte] adj. gerissen; pfiffig; verschmitzt.

futile [fytil] adj. eitel; nichtig; wertlos; nichtssagend; belanglos. | *Raisons futiles*, leere Gründe m. pl. || FIG. [frivole] leichtsinnig; oberflächlich; seicht.

futilité [-lite] f. Eitelkeit f.; Nichtigkeit f.; Oberflächlichkeit f.; Belanglosigkeit f.
◇ f. pl. **futilités,** Kleinigkeiten f. pl.; Lappalien f. pl.; Tand m.

futur, ure [fyty:r] adj. (zu)künftig; kommend; später; nach uns liegend. | *Siècles futurs*, künftige Jahrhunderte. | *Le futur roi*, der spätere König.
◇ m. **futur,** [avenir] Zukunft f.; Zukünftiges n. || GRAMM. Zukunft f.; Futur(um) n. | *Futur antérieur*, vollendete Zukunft.
◇ s. FAM. Zukünftige(r) f. (m.).

futurisme [fytyrism] m. Futurismus m.

futuriste [-rist] m. Futurist m.; futuristischer Künstler.

futurologie [-rɔlɔʒi] f. Futurologie f.

futurologue [-lɔg] s. Futurologe m.; Futurologin f.

fuyard, arde [fɥija:r, ard] adj. flüchtig; fliehend; auf der Flucht.
◇ s. Ausreißer(in) m. (f.); Flüchtige(r) f. (m.); Flüchtling m.

G

g [ʒe] m. G n. | *G majuscule, g minuscule*, das große G, das kleine G. || PHYS. *g* (gramme), g (Gramm) n.

gabardine [gabardin] f. TEXT. [lainage] Gabardinstoff m. || PAR EXT. [manteau] Gabardinmantel m.

gabarit [gabari] m. TECHN. Kaliber n. ; Lehre f. ; Form f. ; Modell n. || TRANSP. Ladeprofil n. | *Gabarit de chargement*, Lademaß n. | *Gabarit d'encombrement*, lichtes Raumprofil. || FAM. [personne] Größe f. ; Wuchs m. || FIG. Art f. ; Schlag m.

gabegie [gabʒi] f. FIG. [désordre, gaspillage] Durcheinander n. ; Verschwendung f., -geudung f.

gabelle [gabɛl] f. HIST. [lieu] Salzspeicher m. || PAR EXT. [impôt] Salzsteuer f.

gabion [gabjɔ̃] m. MIL. Schanzkorb m.

gable [gɑ:bl] m. ARCHIT. (Dreiecks)giebel m.

gâchage [gɑʃa:ʒ] m. TECHN. [mortier] Anrühren n. || FIG. [gaspillage] Vergeudung f. ; Pfuscherei f. ; Verhunzung f.

gâche [gɑ:ʃ] f. TECHN. [maçon] Kalkschaufel f. || [serrure] Schließklappe f.

gâcher [gɑʃe] v. tr. TECHN. [mortier] an-, ein-, umrühren (sépar.) ; anfeuchten, -machen. || FIG. [faire sans soin] pfuschen ; stümpern ; schmieren. || [gaspiller] verschleudern, -schwenden, -scherzen. | *Gâcher une occasion*, eine Gelegenheit verpassen. | *Gâcher de l'argent*, Geld verschwenden. || PAR EXT. *Gâcher sa vie*, sein Leben verbummeln, vertun. || COMM., FAM. *Gâcher le métier*, die Preise, FIG. das Spiel verderben.

gâchette [gɑʃɛt] f. MIL. [fusil] Drücker m. ; Abzug m. ; Hahn m. || TECHN. [serrure] Zuhaltung f.

gâcheur, euse [gɑʃœ:r, ø:z] s. TECHN. Kalkrührer(in) m. (f.) ; Mörtelrührer(in) m. (f.). || FIG. [bousilleur] Pfuscher(in) m. (f.) ; Schmierer(in) m. (f.). || PAR EXT. [gaspilleur] Verschleuderer m.

gâchis [-ʃi] m. TECHN. [mortier] Mörtel m. || PAR EXT. [terre détrempée] Schlamm m. ; Kot m. ; Matsch m. ; Sudelei f. || FIG. [désordre] Schlamassel m. ; Schlamperei f. ; Matsch m. ; Wirrwarr m. | *Faire du gâchis*, alles durcheinanderbringen. | *Quel gâchis*, welch eine Verschwendung.

gadget [gadʒɛt] m. technische Spielerei ; Gadget n.

gadoue [gadu] f. Kot m. ; Straßendreck m. ; Schlamm m.

gaélique [gaelik] adj. gälisch.
◇ m. gälische Sprache.

Gaëls [gaɛl] n. pr. m. pl. Gälen m. pl.

gaffe [gaf] f. MAR. Bootshaken m. || FIG., FAM. Miß-, Fehlgriff m. ; Schnitzer m. ; Versehen n. | *Faire une gaffe*, einen Schnitzer machen ; eine Dummheit begehen. || POP. *Faire gaffe*, aufpassen.

gaffer [-fe] v. intr. MAR. mit dem Bootshaken fassen ; an-, festhaken. || FIG., FAM. einen Schnitzer machen ; einen Bock schießen ; sich blamieren.

gaffeur, euse [-fœ:r, ø:z] adj. FAM. ungeschickt ; tölpelhaft ; taktlos.
◇ s. FAM. Tölpel m. ; Tolpatsch m.

gag [gag] m. Gag m.

gaga [gaga] adj. FAM. vertrottelt ; schwachsinnig.
◇ m. FAM. *Un vieux gaga*, ein Tattergreis m. ; ein alter Trottel.

gage [ga:ʒ] m. JUR. (Unter)pfand n. || [objet] Pfandobjekt n., -sache f. || *Lettre de gage*, Verpfändungsurkunde f. | *Mise en gage*, Verpfändung f. | *Mettre, Donner en gage*, verpfänden, -setzen. | *Laisser en gage*, als Pfand hinterlassen. | *Retirer, Libérer un gage*, ein Pfand einlösen. | *À titre de gage*, pfandweise ; auf Pfand. || FIG. [assurance] Pfand n. ; Bürgschaft f. | *Gage d'amour*, Liebespfand. | *En gage de sa sincérité*, zum Beweis seiner Aufrichtigkeit. | *Donner des gages de qch.*, etwas unzweideutig beweisen ; sich für etwas verbürgen.
◇ m. pl. **gages**, [salaire] Lohn m. ; Löhnung f. ; Entlohnung f. || [domestiques] Dienstbotenlohn. || PAR EXT. *Tueur à gages*, gedungener Totschläger. | *Se mettre aux gages de qn*, sich bei jm verdingen.

gager [-ʒe] v. tr. [donner en gage] pfänden ; in Pfand geben ; versetzen. || PAR EXT. [donner un salaire] löhnen ; entlohnen. || FIG. [parier] wetten. | *Je gage que*, ich wette darauf, daß.

gageure [-ʒy:r] f. FIG. [pari] Wette f. | *Faire une gageure*, eine Wette eingehen ; wetten. || PAR EXT. *C'était une gageure*, es war ein großes Wagnis ; es war eine äußerst gewagte Sache.

gagiste [-ʒist] m. JUR. Pfandinhaber m., -nehmer m.

gagnant, ante [gaɲɑ̃, ɑ̃:t] adj. gewinnend ; Gewinn... | *Numéro gagnant*, Gewinnummer f. ; Treffer m.
◇ s. [personne] Gewinner(in) m. (f.).

gagne-pain [gaɲpɛ̃] m. [moyen] Broterwerb m. ; Erwerbsmittel n. ; Brot n. | *Il doit assurer son gagne-pain*, er muß sich sein Brot verdienen.

gagne-petit [-pəti] m. einer, der sich mit einem geringen Verdienst begnügt ; Kleinverdiener m.

gagner [gaɲe]

> **I.** v. tr.
> **a)** SENS PROPRE : [par le travail, la lutte, le hasard] verdienen ; erwerben ; gewinnen.
> **b)** SENS LOCAL : gewinnen ; erreichen.
> **c)** SENS FIG. : [conquérir] erwerben.
> **d)** SENS TECHN.
> **II.** v. intr. gewinnen ; sich ausdehnen.
> **III.** part. pass. **gagné**.

I. v. tr. **a)** SENS PROPRE : [par son travail] verdienen ; erwerben ; einnehmen. | *Gagner sa vie*, seinen Lebensunterhalt, sein Brot verdienen. | *Bien gagner sa vie*, sein gutes Auskommen haben. | *Gagner péni-*

blement sa vie, sich recht und schlecht durchschlagen (sépar.). | *Gagner gros sur qch.*, viel an einer Sache verdienen. | *On n'y gagne rien*, dabei ist nichts zu holen, herauszuschlagen. || PARTICUL. [par la lutte] erkämpfen, -fechten, -langen, -ringen ; er... | *Gagner de haute lutte*, erobern, -ringen. || [au jeu] gewinnen. | *Gagner le gros lot*, das große Los gewinnen, ziehen. | *Gagner qch. au jeu*, etwas beim, im Spiel gewinnen. | *Gagner qch. à qn*, jm etwas abgewinnen. || PAR EXT. [obtenir] bekommen ; erhalten. | *Gagner du temps*, Zeit gewinnen. — **b)** SENS LOCAL : erreichen ; zustreben (dat.) ; gewinnen. | *Gagner la ville*, die Stadt erreichen. | *Gagner du terrain*, Boden gewinnen ; aufholen ; FIG. um sich greifen ; überhandnehmen. | *Gagner le large*, auf die hohe See hinausfahren ; FIG. das Weite suchen. | *Le feu gagne le toit*, das Feuer greift auf das Dach über. | *Gagner la porte*, an die Tür gehen, gelangen. | *Gagner le port*, in den Hafen einlaufen. | *Gagner qn de vitesse*, jn überholen ; FIG. jm zuvorkommen. — **c)** SENS FIG. : [conquérir] erwerben ; einnehmen ; gewinnen. | *Gagner l'amitié de qn*, js Freundschaft erwerben. | *Gagner l'estime de qn*, sich bei jm Ansehen verschaffen. | *Il gagna tous les cœurs*, alle Herzen flogen ihm zu. | *Gagner qn à sa cause*, jn für sich gewinnen. || PAR EXT. [s'emparer de] überfallen, -mannen, -kommen. | *Le sommeil le gagna*, der Schlaf übermannte ihn. — **d)** SENS TECHN. : MIL. [bataille] gewinnen. | *Il gagna la bataille de*, er siegte bei. || JUR. *Gagner un procès*, einen Prozeß gewinnen. || SPORT. gewinnen. | *Gagner un match*, ein Match gewinnen. | *Gagner d'une longueur*, mit einer Länge Vorsprung gewinnen.
II. v. intr. [avoir un profit] gewinnen. || [s'étendre] um sich greifen ; sich ausdehnen. | *Le feu, L'épidémie gagne*, das Feuer, die Seuche greift um sich. || PAR EXT. [augmenter] zunehmen. || [s'améliorer] *Gagner en clarté*, heller werden ; an Klarheit gewinnen. | *Gagner à être connu*, bei näherer Bekanntschaft gewinnen. || MIL., SPORT. gewinnen ; siegen ; den Sieg davontragen ; Sieger bleiben.
III. part. pass. et adj. **gagné, ée,** *C'est autant de gagné*, das lohnt sich schon ; das ist immerhin etwas. || FIG. *Être gagné par*, eingenommen sein von.

gagneur, euse [-ɲœ:r, ø:z] s. Gewinner(in) m. (f.) ; Sieger(in) m. (f.).

gai, gaie [gɛ] adj. [personne] fröhlich ; lustig ; heiter ; munter ; vergnügt ; aufgeräumt ; FAM. fidel. | *Il est gai comme un pinson*, er ist ein munterer Spatz. | *Rendre gai*, lustig machen ; erheitern ; FIG. aufheitern. || PAR ANAL. [éméché] angeheitert, -getrunken. | *Être gai*, angeheitert sein ; einen kleinen Schwips haben. || FIG. [choses] hell ; heiter ; lachend. | *Chambre gaie*, helles, gemütliches Zimmer. | *Couleurs gaies*, helle, lichte, freundliche Farben f. pl.
— SYN. : *Enjoué*, aufgeräumt ; munter. *Joyeux*, fröhlich.

gaiement [gemɑ̃] adv. fröhlich ; lustig ; munter.

gaieté [-te] f. Lustigkeit f. ; Heiterkeit f. ; Munterkeit f. ; Vergnügtheit f. ; Aufgeräumtheit f. ; Frohsinn m. ; gute Laune. | *Folle gaieté*, Ausgelassenheit f. | *Plein de gaieté*, ausgelassen ; mutwillig. || LOC. *De gaieté de cœur*, mutwilligerweise ; mit Vorbedacht.

gaillard, arde [gaja:r, ard] adj. [en bonne santé] frisch (und froh) ; munter. || FIG. [libre] locker ; schlüpfrig ; leichtfertig.
◇ s. Kerl m. ; Bursche m. ; PÉJOR. Luftikus m. ; lustiger Geselle ; kräftiges, derbes Mädchen. | *Quel gaillard !*, welch ein Mords-, Prachtkerl ! || PÉJOR. *C'est un drôle de gaillard*, es ist ein komischer Kauz.
◇ m. **gaillard,** MAR. Deck n. | *Gaillard d'avant, d'arrière*, Vorder-, Achterdeck. | *Gaillard d'avant et d'arrière*, Back und Schanz f.

gaillardise [-jardi:z] f. [caractère] Ausgelassenheit f. ; Derbheit f. || FIG., PÉJOR. [propos libres] Schlüpfrigkeit f. | *Dire des gaillardises*, schlüpfrige Reden führen ; POP. schmutzige Witze erzählen.

gain [gɛ̃] m. [succès] Gewinnen n. ; Gewinn m. | *Obtenir gain de cause*, (den Prozeß) gewinnen ; gewonnenes Spiel haben. | *Donner gain de cause à qn*, jm recht geben. || MIL. *Gain de terrain*, Geländegewinn. || COMM. [profit] Gewinn m. ; Profit m. | *Amour du gain*, Gewinnsucht f. || PAR EXT. [travail] Verdienst m. ; Erlös m., -werb m. | *Gain horaire, journalier*, Stunden-, Tagesverdienst.
— SYN. : *Bénéfice*, Gewinn. *Profit*, Profit ; Vorteil.

gaine [gɛn] f. [étui, enveloppe] Scheide f. ; Hülle f. ; Futteral n. || PAR EXT. [corset] (elastischer) Hüftformer. || ANAT. Hülle f. || BOT. Scheide f. ; Hülse f. || MAR. [voile] Segelsaum m. || TECHN. [protectrice] Umhüllung f. ; Hülle f. ; Mantel m. | *Gaine isolante*, Isolierhülle.

gainer [-ne] v. tr. TECHN. umhüllen, -manteln, -wickeln.

gala [gala] m. Gala f. ; Fest n. | *De gala*, Fest... ; Gala... | *Soirée de gala*, Galaabend m. ; festliche Abendveranstaltung. | *Habits de gala*, Fest-, Galakleidung f. | *Voiture de gala*, Prunkwagen m.

galactose [-to:z] f. CHIM. Galaktose f.

galamment [galamɑ̃] adv. höflich ; ritterlich ; galant.

galant, ante [galɑ̃, ɑ̃:t] adj. [poli, délicat] höflich ; zuvorkommend ; fein ; artig ; galant. | *Se conduire en galant homme*, sich ritterlich benehmen. | *Peu galant*, unhöflich, -galant. || PAR ANAL. [envers les dames] galant. | *Affaire, Aventure galante*, Liebesabenteuer n. || PÉJOR. *Femme galante*, leichtfertige Frau ; Kokotte f.
◇ m. **galant,** Galan m. | *Vert galant*, Schürzenjäger m. || [soupirant] Freier m. ; Liebhaber m.

galanterie [-tri] f. [correction] Artigkeit f. ; Wohlerzogenheit f. ; Zuvorkommenheit f. ; Ritterlichkeit f. ; Anstand m. || PAR ANAL. [auprès des dames] Aufmerksamkeit f. ; Galanterie f. || PAR EXT. [commerce amoureux] Liebschaft f. ; Galanterie f.

galantine [galɑ̃tin] f. CULIN. Fleischsülze f.

galapiat [galapja] m. FAM., VX. Strolch m. ; Taugenichts m.

Galatie [galasi] n. pr. f. Galatien n.

galaxie [galaksi] f. ASTRON. Milchstraße f.

galbe [galb] m. Rundung f. | *Vase d'un beau galbe*, schön, edel geschwungene Vase. || PAR EXT. [profil] Umriß m. ; Profil n.

galbé, ée [-be] adj. geschwungen ; (aus)gebaucht ; geschweift.

gale [gal] f. MÉD. Krätze f. ; Krätzmilbe f. || ZOOL. Räude f. || FIG., POP. *Une méchante gale*, eine Giftkröte.

galéjade [galeʒad] f. Scherz m. ; Aufschneiderei f.

galène [galɛn] f. MINÉR. Bleiglanz m. ; Töpfererz n. || RADIO. *Poste à galène*, Detektorempfänger m.

galère [galɛ:r] f. MAR. Galeere f. || FIG. *Vogue la galère !*, auf gut Glück ! | *Qu'allait-il faire dans cette galère ?*, was hatte er denn da zu suchen ? || FIG., POP. Tretmühle f. || TECHN. Hand-, Stürzkarre f.
◇ f. pl. **galères,** HIST., JUR. [bagne] *Condamner aux galères*, zu Zwangsarbeit verurteilen.

galérer [-lere] v. intr. POP. sich abrackern.

galerie [galri] f. ARCHIT. bedeckter Gang ; Passage f. ; Wandelgang m. ; Galerie f. | *Galerie marchande*, Einkaufspassage. | [balcon] Söller m. ; Altan m. | [église] Empore f. || PAR EXT. [collection] Bildersaal m. ; Gemäldegalerie f., -sammlung f. | *Galerie des ancêtres*, Ahnensaal m. || THÉÂTRE. Galerie f. || FIG. [assistants] Zuschauer m. pl. | *C'est pour la galerie*, es ist nur Spiegelfechterei. || AUTOM. Dachgepäckträger

m. || MINES. Strecke f. ; Stollen m. ; Minengang m. | *Galerie d'aération*, Wetterstrecke. | *Creuser une galerie*, eine Strecke vortreiben.

galérien [galerjɛ̃] m. HIST. Galeerensträfling m., -sklave m. ; Zwangsarbeiter m. || FIG. *Mener une vie de galérien*, ein Hundeleben führen. | *C'est un travail de galérien*, es ist die reinste Tretmühle.

galet [galɛ] m. GÉOL. Kiesel(stein) m. ; Geröll n. ; Geschiebe n. | *Plage de galets*, steiniger Strand. || TECHN. Rolle f. ; Leit-, Lauf-, Reibrolle f.

galetas [galtɑ] m. Dachkämmerchen n. ; Bodenkammer f. || FIG. kümmerliche Wohnung.

galette [galɛt] f. [gâteau] Fladen m. ; Flammkuchen m. | *Galette des Rois*, Dreikönigskuchen. || MAR. Schiffzwieback m. || POP. [argent] Zaster m. ; Pinke-Pinke f.

galeux, euse [galø, ø:z] adj. MÉD. von Krätze befallen ; grindig. || ZOOL. räudig. || FIG. *Brebis galeuse*, räudiges, schwarzes Schaf.

galibot [galibo] m. MINES. Förderjunge m.

Galice [galis] n. pr. f. GÉOGR. [Espagne] Galicien n.

Galicie [galisi] n. pr. f. GÉOGR. [Pologne] Galizien n.

Galilée [galile] n. pr. f. GÉOGR. [pays] Galiläa n.

galiléen, enne [-leɛ̃, ɛn] adj. galiläisch.
◇ s. **Galiléen, enne,** Galiläer(in) m. (f.).

galimatias [galimatjɑ] m. [discours confus] Geschwafel n. ; Kauderwelsch n. ; konfuses Zeug.

galion [galjɔ̃] m. HIST., MAR. spanisches Silberschiff ; Galeone f.

galipette [galipɛt] f. FAM. Kapriole f. ; Purzelbaum m. | *Faire des galipettes*, Purzelbäume schlagen.

galle [gal] f. BOT. Gallapfel m. | *Noix de galle*, Eichengallapfel.

Galles (pays de) [peidəgal] n. pr. m. GÉOGR. Wales. | *Prince de Galles*, Prinz von Wales.

gallican, ane [galikɑ̃, an] adj. gallikanisch.

gallicanisme [-kanism] m. RELIG. Gallikanismus m. ; katholisch-französische Kirche.

gallicisme [-sism] m. französische Redewendung ; Gallizismus m.

gallinacé, ée [galinase] adj. ZOOL. hühnerartig.
◇ m. pl. **gallinacés,** Hühnervögel m. pl.

gallois, oise [galwa, wa:z] adj. walisisch ; aus Wales.
◇ s. **Gallois, oise,** Bewohner(in) m. (f.) von Wales ; Waliser(in) m. (f.).

gallon [galɔ̃] m. [mesure] Gallone f. ; englisches Vierlitermaß.

gallo-romain, aine [galorɔmɛ̃, ɛ:n] adj. HIST. galloromanisch.
◇ s. **Gallo-Romain, aine,** Galloromane m. ; Galloromanin f.

galoche [galɔʃ] f. Holzschuh m., -pantine f. ; Galosche f. || FIG. *Menton en galoche*, vorspringendes Kinn.

galon [galɔ̃] m. [ruban] Borte f. ; Tresse f. ; Litze f. ; Streifen m. ; Band n. || MIL. *Galons de caporal*, Gefreitenwinkel m. | *Galons d'officier*, Offizierstressen f. pl. || FIG., FAM. Dienstgrad m. | *Prendre du galon*, aufrücken.

galonner [-lɔne] v. tr. mit einer Borte, Litze, Tresse versehen, besetzen.
◇ part. pass. et adj. **galonné, ée,** tressengeschmückt.
◇ m. **galonné,** ARG. MIL. Offizier m.

galop [galo] m. Galopp m. ; schnelle Gangart. | *Au grand (triple), Au petit galop*, im gestreckten, kurzen Galopp. | *Aller, Mettre au galop*, Galopp reiten, laufen ; in Galopp setzen. | *Passer du trot au galop*, vom Trab in den Galopp übergehen. | *Partir au galop*, davongaloppieren, -sprengen. | *Arriver au galop*, angesprengt kommen. | *Au galop !*, angaloppieren ! | *Galop d'essai*, Probegalopp m. ; Versuchslauf m. || MUS. [danse] Galopp m.

galopade [-lɔpad] f. Galoppieren n. ; Galoppade f.

galopant, ante [-pɑ̃, ɑ̃:t] adj. MÉD. galoppierend. | *Phtisie galopante*, galoppierende Schwindsucht. || FIG. *Inflation galopante*, galoppierende Inflation.

galoper [-lɔpe] v. intr. galoppieren ; Galopp reiten ; schärfste Gangart reiten. | *Galoper après qn*, jm nachjagen ; hinter jm hergaloppieren. || FIG. sich sputen ; sich eilen ; schnell laufen.

galopin [-lɔpɛ̃] m. (kleiner) Schlingel ; Bengel m. ; Knirps m. ; Spitzbube m.

galoubet [galubɛ] m. [Provence] Hirtenflöte f. ; Schalmei f.

galuchat [galyʃa] m. Fischleder n.

galurin [galyrɛ̃] m. POP. Hut m.

galvanique [galvanik] adj. galvanisch.

galvanisation [-nizasjɔ̃] f. TECHN. Galvanisierung f. ; Verzinkung f.

galvaniser [-nize] v. tr. galvanisieren ; verzinken. | *Tôle galvanisée*, Zinkblech n. | *Fil galvanisé*, verzinkter Draht ; Zinkdraht m. || FIG. begeistern ; fanatisieren.

galvanomètre [galvanɔmɛtr] m. ÉLECTR. Strommesser m. ; Galvanometer n.

galvauder [galvode] v. tr. [gâcher] verpfuschen, -hunzen. || PAR EXT. [gaspiller] verplempern, -geuden. || FIG., FAM. *Galvauder son nom*, seinen Namen beflecken.

gambade [gɑ̃bad] f. Luft-, Bockssprung m. ; Hopser m.

gambader [-de] v. intr. Luft-, Bockssprünge vollführen ; herumhüpfen ; fröhlich umherspringen.

gamberger [gɑ̃bɛrʒe] v. intr. POP. nachdenkeln ; grübeln.

gambit [gɑ̃bi] m. [au jeu d'échecs] Gambit n.

gamelle [gamɛl] f. Koch-, Eßgeschirr n. ; Eß-, Picknapf m. || MIL. *Manger à la gamelle*, aus dem Blechnapf essen.

gamète [gamɛt] m. BIOL. Gamet m.

gamin, ine [gamɛ̃, in] s. [enfant] Junge m. ; Bube m. ; Knirps m. ; kleines Mädel ; Wildfang m. || PÉJOR. Straßen-, Gassenjunge m. ; Lausbube m. ; Bengel m. | *Gamin de Paris*, Pariser Lausejunge.
◇ adj. schelmisch.

gaminerie [-minri] f. [acte] Lausbüberei f. ; Schlingelei f. ; Kinderei f. || FIG. Leichtsinn m.

gamma [gam(m)a] m. Gamma n. ; griechisches G. || ÉLECTR. *Rayons gamma*, Gammastrahlen m. pl.

gammaglobuline [-glɔbylin] f. BIOL. Gammaglobulin n.

gamme [gam] f. MUS. Ton-, Stufenleiter f. ; Skala f. | *Gamme majeure, mineure*, Dur-, Molltonleiter. | *Chanter la gamme*, die Tonleiter (ab)singen. || PAR EXT. [série] Reihe f. ; Abstufung f. ; Staffelung f. ; Skala f. | *Gamme des couleurs*, Farbenskala ; Abtönung f. || ÉLECTR. *Gamme de fréquences*, Frequenzbereich m. || *Haut de gamme*, Spitzen... ; Top... | *Produit haut de gamme*, Spitzenprodukt n. || FIG. *Changer de gamme*, in einen anderen Ton verfallen.

gammé, ée [game] adj. gamma-, hakenartig. | *Croix gammée*, Hakenkreuz n.

ganache [ganaʃ] f. ZOOL. [cheval] untere Pferdekinnlade. || FIG., FAM. [personne] Dumm-, Schwachkopf m. ; alter Trottel.

Gand [gɑ̃] n. pr. m. GÉOGR. Gent n.
gandoura [gɑ̃dura] f. Neger-, Araberhemd n.
gang [gɑ̃g] m. Gangsterbande f.
ganglion [gɑ̃glijɔ̃] m. MÉD. Nervenknoten m. ; Lymphdrüse f. ; Ganglion n. | *Ganglion lymphatique*, Lymphknoten m.
ganglionnaire [-jɔnɛ:r] adj. MÉD. Lymphknoten...
gangrène [gɑ̃grɛ:n] f. MÉD. fressendes Geschwür ; Brand m. || ZOOL. Krebs m. || FIG. [corruption] Fäulnis f. ; Verderbtheit f.
gangrener [-grəne] v. tr. brandig, faul machen. || FIG. verderben ; anstecken.
◇ part. pass. et adj. **gangrené, ée,** brandig ; faulig. || FIG. verderbt, -dorben, -kommen ; lasterhaft.
◇ v. pr. **se gangrener,** brandig, faulig, angefressen werden. || FIG. verderben, -kommen.
gangreneux, euse [-grenø, ø:z] adj. MÉD. brandig ; faulig.
gangue [gɑ̃:g] f. MINES. Gangart f., -gestein n. || FIG. *Débarrasser de sa gangue*, von Schlacken reinigen, säubern.
ganse [gɑ̃:s] f. Band n. ; Borte f. ; (Besatz)schnur f. || MAR. Knoten m.
ganser [-se] v. tr. mit einer Borte versehen.
gant [gɑ̃] m. Handschuh m. | *Gants fourrés, de fil, de peau*, Pelz-, Zwirn-, Glacéhandschuhe m. pl. | *Gant à crispin*, Stulphandschuh. | *Doigt de gant*, Handschuhfinger m. | *Pointure des gants*, Handschuhweite f., -nummer f. | *Ôter ses gants*, seine Handschuhe abstreifen. | *Gants de boxe*, Boxhandschuhe. | *Gant de toilette*, Waschlappen m. || FIG. *Prendre des gants avec qn*, jn mit Samthandschuhen, sachte anfassen. | *Cela te va comme un gant*, das sitzt dir wie angegossen. | *Sans prendre de gants*, unverblümt ; ohne lange Umstände. | *Se donner des gants*, sich das Verdienst von etwas zuschreiben. || PAR EXT. [défi] *Jeter le gant*, den (Fehde)handschuh hinwerfen. | *Relever le gant*, den Fehdehandschuh, den Kampf aufnehmen.
gantelet [-tlɛ] m. HIST. Panzerhandschuh m.
ganter [-te] v. tr. jm. Handschuhe anziehen ; behandschuhen.
◇ v. pr. **se ganter,** Handschuhe anziehen.
ganterie [-tri] f. Handschuhladen m., -geschäft n., -fabrik f., -macherei f.
gantier [-tje] m. Handschuhmacher m., -händler m.
garage [gara:ʒ] m. [action] Abstellen n. ; Abstellung f. || PAR ANAL. [lieu] Wagen-, Autohalle f. ; Einstellraum m. ; Garage f. | *Garage souterrain*, Tiefgarage. || PAR EXT. [atelier] Autoreparaturwerkstatt f. || TRANSP. *Voie de garage*, Ausweich-, Abstellgleis n. || FIG., FAM. *Mettre sur une voie de garage*, auf ein Abstellgleis schieben.
garagiste [-ʒist] m. Garagenbesitzer m., -inhaber m. ; Autoschlosser m.
garance [garɑ̃:s] f. BOT. Krapp m. ; Färberröte f.
◇ adj. *Drap garance*, krapprotes Tuch.
garant, ante [garɑ̃, ɑ̃:t] adj. garantierend ; verbürgend. | *Se porter garant de qch.*, sich für etwas verbürgen ; für etwas bürgen, haften, Bürge sein, Gewähr leisten, gutstehen ; etwas garantieren. | *Il se porte garant pour lui*, er steht für ihn ein.
◇ s. JUR. Bürge m. ; Bürgin f. ; Gewährsmann m. ; -männin f. ; Garant(in) m. (f.).
◇ m. **garant,** [garantie] Bürgschaft f. ; Gewähr f.
garantie [-ti] f. [caution] Bürgschaft f. ; Verbürgung f. ; Gewähr(leistung) f. ; Pfand n. ; Garantie f. || PAR ANAL. [protection légale] Schutz m. *Garantie contre les contrefaçons*, Markenschutz. | *Sans garantie du gouvernement (S.G.D.G.)*, ohne gesetzliche Gewähr. || PAR EXT. [assurance] Sicherheitsleistung f. ; Sicherung f. ; Obligo n. || LOC. *Donner des garanties*, Gewähr, Sicherheit leisten ; garantieren. | *Prendre des garanties*, sich sichern ; sich sicherstellen ; Garantie verlangen. | *Garantie absolue*, unbedingte Sicherung. | *Bulletin, Lettre de garantie*, Garantieschein m. | *Fonds de garantie*, Sicherheits-, Deckungsfonds m. | *Sans garantie*, ohne Gewähr ; unverbindlich. || FIG. [sécurité] Sicherheit f. | *N'offrir aucune garantie*, keine Sicherheit leisten ; nicht sicher sein. || [protection] Schutz m. ; Schadloshaltung f. | *Ceci est une garantie contre le froid*, das schützt vor Kälte.
garantir [-ti:r] v. tr. [répondre pour] verbürgen ; bürgen (für) ; durch Bürgschaft sichern ; gewährleisten (für) ; einstehen für ; garantieren. | *Je ne garantis rien*, ich kann keine Gewähr übernehmen. || PAR ANAL. [assurer] (zu)sichern ; sicherstellen. | *Garantir par hypothèque*, hypothekarisch sicherstellen. | *Garantir qch. à qn*, jm etwas zusichern. | *Garantir par écrit*, verbriefen. || PAR EXT. [affirmer] versichern. | *Je te garantis que*, ich versichere dir, daß ; du kannst mir glauben, daß. || FIG. [préserver] *Garantir de qch.*, sichern, sicherstellen, bewahren, schützen vor (dat.).
◇ part. pass. et adj. **garanti, ie,** garantiert ; echt.
◇ v. pr. **se garantir,** [prendre des garanties] sich sichern (vor, dat.). || FIG. [se préserver] *Se garantir du froid*, sich gegen die Kälte schützen.
garce [gars] f. PÉJOR. Weibsstück n. ; Biest n. | *Vieille garce*, altes Luder.
garçon [garsɔ̃] m. [enfant mâle] Knabe m. ; Junge m. ; Bub(e) m. | *Petit garçon*, Knäblein n. ; (kleiner) Junge ; Bub(e) m. | *École de garçons*, Knabenschule f. || PAR ANAL. [adolescent] *(Grand) garçon*, junger Mann ; Junge m. ; Bursche m. ; Jüngling m. ; FAM. Kerl m. | *C'est un beau garçon*, es ist ein hübscher Junge. | *C'est un brave, bon garçon*, es ist ein guter Kerl. | *Mauvais garçon*, Tunichtgut m. ; POP. schwerer Junge. || PARTICUL. [célibataire] *(Vieux) garçon*, Junggeselle m. | *Rester vieux garçon*, Junggeselle, ledig bleiben. || PAR EXT. [domestique, commis] Diener m. ; Gehilfe m. ; Geselle m. ; Knecht m. | *Garçon d'écurie*, Stallknecht. | *Garçon de bureau*, Bürodiener. | *Garçon de courses*, Laufbursche. | *Garçon boucher*, Metzgergeselle. | *Garçon (de café)*, Ober(kellner) m. | *Garçon d'ascenseur*, Liftjunge m. ; Liftboy m. | *Garçon d'honneur*, Brautführer m. || FIG. *C'est un garçon manqué*, sie ist ein richtiger Junge.
garçonnet [-sɔnɛ] m. Knäblein n. ; Bübchen n.
garçonnier, ière [-sɔnje, jɛ:r] adj. knaben-, jungenhaft ; FIG. burschikos.
◇ f. **garçonnière,** Junggesellenwohnung f., -bude f.
garde [gard] f. **1.** [surveillance] Wache f. ; Bewachung f. ; Aufsicht f. ; Beaufsichtigung f. ; (Ob)hut f. | *Garde d'un enfant*, Beaufsichtigung eines Kindes. | *Garde (auprès) d'un malade*, Krankenwache, -betreuung f. || FIG. *Avoir la garde de*, wachen über (acc.) ; unter seiner Obhut haben ; in Verwahrung haben. | *Être de garde*, *Monter la garde auprès de*, wachen, Wache halten bei. | *Être sous la garde de qn*, unter js Aufsicht stehen. || JUR. *Garde à vue*, Polizeigewahrsam m. **2.** [attention] Acht f. ; Aufmerksamkeit f. ; Hut f. | *Prendre garde à*, achtgeben auf (acc.) ; in Obacht nehmen. | *Prenez garde !*, hüten Sie sich ! ; passen Sie auf ! ; Vorsicht ! ; Achtung ! | *Prenez garde de tomber !*, Vorsicht, fallen Sie nicht ! | *Qu'il prenne garde !*, er mag sich nur in acht nehmen ! | *Prendre garde que*, darauf achten daß. | *N'avoir garde de faire qch.*, sich wohl davor hüten, etwas zu tun. | *Mettre en garde contre qn*, vor jm warnen. | *Être, Se tenir sur ses gardes*, auf der Hut sein.

3. [conservation, protection] (Auf)bewahrung f. ; Verwahrung f. ; (Ob)hut f. ; Schutz m. | *Sous la garde de qn*, in js Obhut ; unter js Schutz. | *Être sous bonne garde*, wohlverwahrt, in sicheren Händen sein. | *Confier, Remettre à la garde de qn*, js Obhut anvertrauen. | *Donner en garde à qn*, jm in Verwahrung geben ; jm anvertrauen. | *Avoir en bonne garde*, (wohl) verwahren. || PAR EXAGÉR. [fruit] Aufbewahrung f.
4. MIL. [sentinelle, troupe] Wache f. ; Wehr f. ; Garde f. | *Garde nationale*, Bürgerwehr. | *Garde du corps, du palais*, Leib-, Schloßwache. | *La vieille garde*, die alte Garde. | *Celui qui est de garde*, Wachhabende(r) m. | *Garde montante, descendante*, auf-, abziehende Wache. | *Être de garde*, auf Wache sein. | *Monter la garde*, auf Wache ziehen ; Wache stehen. | *Relever la garde*, die Wache ablösen. || FIG. *Faire donner la garde*, die Garde einsetzen ; die letzten Kräfte einsetzen. || PAR EXT. *Garde à vous !*, stillgestanden ! | *Être au garde à vous*, stillstehen.
5. [position d'escrime] Auslage f. ; Stellung f. ; Deckung f. | *Se mettre en garde*, auslegen ; in Deckung gehen. | *En garde !*, ausgelegt ! ; parieren ! || [boxe] Deckung f.
6. [épée] Knauf m. ; Parier-, Kreuzstange f. ; Stichblatt n.
7. TYPOGR. *Page de garde*, Deck-, Vorsatz-, Schutzblatt n.
8. AUTOM. *Garde au sol*, Bodenfreiheit f.
◇ s. [gardien] Wächter(in) m. (f.) ; Hüter(in) m. (f.) ; Wärter(in) m. (f.) ; Aufseher(in) m. (f.) ; ...wart m. | *Garde de nuit, du corps*, Nacht-, Leibwächter. | *Garde champêtre*, Flur-, Feldhüter m. | *Garde de la tour*, Turmwart. | *Garde forestier*, Forsthüter ; Förster m. || MIL. Gardist. | *(Garde) suisse*, Schweizer m. || POLIT. *Garde des Sceaux*, Justizminister m.

Garde (lac de) [lakdəgard] n. pr. m. Gardasee m.

garde-barrière [gardbarjɛ:r] s. Bahn-, Schrankenwärter(in) m. (f.).

garde-boue [gardəbu] m. invar. TECHN. [vélo] Schutz-, Schmutzblech n. || [auto] Kotflügel m.

garde-chasse [-ʃas] m. Jagdhüter m., -aufseher m.

garde-chiourme [-ʃjurm] m. JUR. Sträflings-, Sklavenaufseher m. || ARG., MIL. Aufpasser m.

garde-corps [-kɔ:r] m. invar. Brückengeländer n.

garde-côte [-ko:t] m. MAR. [personne] Küstenschutz m. || PAR EXT. [bateau] Küstenschutzboot n.

garde-feu [-fø] m. invar. Ofenschirm m.

garde-fou [-fu] m. Geländer n. ; Lehne f. ; Brüstung f.

garde-malade [-malad] s. Krankenwärter(in) m. (f.).

garde-manger [-mɑ̃ʒe] m. invar. Speise-, Fliegenschrank m. || PAR EXT. Speisekammer f.

garde-meuble [gardəmœbl] m. Abstell-, Unterstellraum m. ; Möbellager n., -magazin n.

gardénia [gardenja] m. BOT. Gardenia f.

garde-pêche [gardəpɛ:ʃ] m. Fischereiaufseher m.

garde-port [-pɔ:r] m. Hafenwärter m., -aufseher m.

garder [garde] v. tr. **1.** [surveiller] bewachen ; beaufsichtigen ; hüten. | *Garder des élèves*, Schüler beaufsichtigen. | *Garder des prisonniers*, Gefangene bewachen. | *Garder un troupeau*, eine Herde hüten. | *Garder qn à vue*, jn nicht aus den Augen lassen. | *Garder la frontière*, die Grenze überwachen. || [malade] warten ; pflegen ; betreuen.
2. [conserver] (auf)bewahren ; verwahren ; aufheben ; behalten. | *Garder sous clef*, unter Verschluß halten. | *Donner à garder*, in Verwahrung geben. | *Garder une poire pour la soif*, eine eiserne Reserve behalten. || [maintenir] (be)halten. | *Garder le pas, son prix*, Schritt, den Preis halten. | *Garder la mesure*, im Takt bleiben ; FIG. Maß halten. || PAR EXT. [ne pas enlever] behalten ; an-, aufbehalten. | *Garder son chapeau*, den Hut aufbehalten. | *Garder à la main*, in der Hand behalten. | *Garder sur soi*, bei sich behalten.
3. [ne pas quitter] *Garder la chambre*, auf seinem Zimmer bleiben. | *Garder le lit*, das Bett hüten. | *Garder les arrêts*, Arrest haben. | *Garder les rangs*, in Reih und Glied bleiben ; nicht aus der Reihe treten.
4. [retenir] (zurück)behalten ; beibehalten. | *Garder qn à dîner*, jn zum Essen dabehalten. | *Garder pour soi*, für sich behalten. | *Garder qch.* [injustement], etwas zurückbehalten, vorbehalten.
5. FIG. [conserver] (be)halten ; (be)wahren ; bleiben. | *Garder sa parole*, sein Wort halten ; zu seinem Wort stehen. | *Garder son sang-froid*, einen kühlen Kopf bewahren. | *Garder son sérieux*, ernst bleiben. | *Garder ses habitudes*, bei seinen alten Gewohnheiten bleiben. | *Garder son rang*, seinen Rang behaupten. | *Garder le souvenir*, die Erinnerung bewahren. | *Garder en mémoire*, im Gedächtnis behalten. | *Garder rancune à qn*, jm etwas nachtragen. || PAR ANAL. *Garder un secret*, ein Geheimnis bewahren, für sich behalten. | *Garder le silence*, Schweigen bewahren ; schweigen ; reinen Mund halten. || PAR EXT. [préserver, protéger] (be)hüten ; bewahren. | *Garder qn de qch.*, jn vor einer Sache bewahren. | *Dieu le garde !*, behüt' ihn Gott ! ; Gott bewahre ihn ! || COMM. im Lager führen ; lagern.
◇ part. pass. et adj. **gardé, ée,** bewacht. | *Non gardé*, unbewacht. | *Chasse gardée*, Jagdrevier n. ; FIG. verwahrt. | *Bien gardé*, wohl verwahrt.
◇ v. pr. **se garder,** [se conserver] sich halten ; sich aufbewahren lassen. | *Bien se garder*, sich gut halten. || FIG. [éviter] sich hüten. | *Se garder de qch.*, sich vor etwas hüten, bewahren, in acht nehmen. | *Dieu m'en garde !*, Gott bewahre ! ; behüt' mich Gott ! | *Je m'en garderai bien*, ich werde mich hüten ! ; beileibe nicht ! | *Gardez-vous de rire !*, lachen Sie ja nicht !

garderie [-dəri] f. (Klein)kindergarten m.

garde-robe [-dərɔb] f. [lieu] Kleiderkammer f., -schrank m., -ablage f. || PAR EXT. [vêtements] gesamte Kleidung ; Garderobe f.

gardeur, euse [-dœ:r, ø:z] s. Hüter(in) m. (f.) ; ...hirt m. ; ...hirtin f. ; Wärter(in) m. (f.). | *Gardeuse d'oies*, Gänsehirtin f. ; POP. Gänseliesel n.

gardien, ienne [-djɛ̃, jɛn] s. Wächter(in) m. (f.) ; Wärter(in) m. (f.) ; Hüter(in) m. (f.) ; Aufpasser(in) m. (f.) ; ...wart m. | *Gardien d'immeuble*, Hauswart m. | *Gardien de nuit, de square*, Nacht-, Parkwächter. | *Gardien de musée*, Museumsdiener m. ; Kustos m. | *Gardien de phare*, Leuchtturmwärter. | *Gardien de la paix*, Polizeibeamter m. ; Schutzmann m. || FIG. [conservateur] Verwahrer(in) m. (f.) ; Beschützer(in) m. (f.). || SPORT. *Gardien de but*, Torwächter, -wart.
◇ adj. Schutz... | *Ange gardien*, Schutzengel m.

gardiennage [-djenaʒ] m. [emploi] Überwachungsstelle f. | *Société de gardiennage*, Schließ- und Wachgesellschaft f. || MAR. Hafenamt n.

gardon [gardɔ̃] m. ZOOL. Rotauge n. ; Plötze f.

gare [gar] f. Bahnhof m. ; Bahnhofsgebäude n. ; Station f. | *Gare centrale, de triage, de marchandises, de l'Est, de destination*, Haupt-, Verschiebe-, Güter-, Ost-, Bestimmungsbahnhof. | *Gare maritime*, Hafenbahnhof. | *Gare routière*, Omnibusbahnhof. | *Gare frontière*, Grenzstation. | *En gare*, bahnlagernd. | *Entrer en gare*, in den Bahnhof einfahren.

gare ! [gar] interj. [pour avertir] Achtung ! ; Vorsicht ! ; aufgepaßt ! | *Sans crier gare*, ohne ein Wort zu sagen ; mir nichts, dir nichts. || PAR EXT. [pour menacer] warte nur ! | *Gare à toi !*, paß auf, du !

garenne [garɛn] f. (Wild)gehege n.

garer [gare] v. tr. [train] verschieben ; (auf einem Nebengleis) abstellen. || PAR ANAL. [auto] abstellen ; parken. || PAR EXT. [navire] in den Hafen bringen. || FIG. [mettre à l'abri] in Sicherheit bringen ; unterbringen (sépar.).

◇ v. pr. **se garer,** [éviter] ausweichen. || [ranger sa voiture] parken ; abstellen. || FIG. *Se garer de qch.*, sich vor einer Sache hüten.

gargariser (se) [səgargarize] v. pr. gurgeln ; ausspülen. || FIG., FAM. *Se gargariser de qch.*, etwas genießen.

gargarisme [gargarism] m. [action] Gurgeln n. ; Mundspülen n. || [médicament] Mundwasser n.

gargote [gargɔt] f. Spelunke f. ; Kneipe f.

gargotier [-tje] m. Schenk-, Kneipenwirt m.

gargouille [gargu:j] f. ARCHIT. Traufröhre f. ; Wasserspeier (m.) in Tierform.

gargouillement [-jmɑ̃] m. [eau] Gurgeln n. ; Plätschern n. || [ventre] Kollern n. ; Knurren n.

gargouiller [-je] v. intr. [eau] gurgeln ; plätschern. || [ventre] blubbern ; kollern ; kullern.

gargouillis [-ji] [eau] Gurgeln n. ; Plätschern n.

garnement [garnəmɑ̃] m. Taugenichts m. ; Galgenstrick m. ; Schlingel m.

garnir [garnir] v. tr. [pourvoir] versehen ; ausstatten, -rüsten. | *Garnir de qch.*, mit etwas versehen, ausstatten. || PAR ANAL. [couvrir, revêtir] be-, überziehen ; besetzen ; an-, bekleiden ; be... | *Garnir un lit*, ein Bett beziehen. | *Garnir de rideaux*, mit Gardinen behängen. | *Garnir un fauteuil de cuir*, einen Sessel mit Leder beziehen. || [orner] (aus)schmücken ; verzieren. | *Garnir de fleurs*, mit Blumen schmücken. || [remplir] (an)füllen. || [doubler, rembourrer] füttern ; polstern. | *Garnir un siège*, einen Sessel polstern. | *Garnir de feutre*, mit Filz füttern. || TEXT. besetzen ; verbrämen. | *Garnir d'un ruban*, mit einem Band besetzen. || TECHN. verkleiden ; belegen, -ziehen ; be... ; aus... | *Garnir de bois*, mit Holz verkleiden. | *Garnir de planches*, Planken einziehen ; mit Brettern belegen, beschlagen.

◇ part. pass. et adj. **garni, ie,** [pourvu] versehen ; ausgestattet. | *Être garni de qch.*, mit etwas versehen, ausgestattet sein. || [couvert, orné] besetzt ; überzogen ; ausgeschmückt. | *Garni de fourrure*, pelzbesetzt. | *Garni d'une tapisserie*, mit einer Stickerei überzogen ; mit einem Wandteppich behangen. || PAR EXT. [rempli] *Bourse bien garnie*, volle, pralle Geldbörse. || CULIN. *Côtelette garnie*, Kotelett (n.) mit Beilage. | *Plat garni*, Fleischgericht (n.) mit Beilage.

◇ m. **garni,** [logement] möbliertes Zimmer ; möblierte Wohnung.

◇ v. pr. **se garnir,** [se pourvoir] sich versehen (mit). || PAR EXT. [se remplir] sich (an)füllen (mit).

garnison [-nizɔ̃] f. MIL. [troupe] Besatzung f. ; Ortsbelegung f., -besatzung f. ; Garnison f. | *Être en garnison à*, (in Garnison) liegen in. || PAR EXT. [ville] Standort m. ; Garnisonstadt f.

garnissage [-nisa:ʒ] m. Ausstattung f., -rüstung f. ; Bekleiden n.

garniture [-nity:r] f. Ausstattung f., -rüstung f. ; Bezug m. ; Besatz m. | *Garniture de fauteuil*, Überzug (m.) eines Sessels. | *Garniture de dentelles*, Spitzenbesatz. | *Garniture de chapeau*, Hutgarnierung f. || PAR EXT. [ornement] Schmuck m. ; Verzierung f. | *Garniture de cheminée*, Kaminaufsatz m. || CULIN. Beilage f. || TECHN. Verkleidung f. ; Belag m. ; Beschlag m. ; Einfassung f. ; Armatur f. ; Dichtung f. | *Garniture de porte*, Türverkleidung. | *Garniture en caoutchouc*, Gummidichtung. | *Garniture de siège*, Sitzbezug m. | *Garniture de frein*, Bremsenbelag. || TYPOGR. Garnitur f.

garou [garu] m. MYTH. *Loup-garou*, Werwolf m.

garrigue [garig] f. GÉOL. Heide f. ; Ödland (in den Cevennen).

garrot [garo] m. [cheval] Widerrist m. || TECHN. Knebel m. | *Mettre un garrot*, knebeln ; MÉD. abbinden.

garrottage [-rɔta:ʒ] m. Knebelung f.

garrotter [-rɔte] v. tr. knebeln ; binden.

gars [gɑ] m. FAM. Bursche m. ; (junger) Kerl m.

Gascogne [gaskɔɲ] n. pr. f. GÉOGR. Gaskogne f.

gascon, onne [gaskɔ̃, ɔn] adj. aus, von der Gaskogne. || FIG. prahlerisch ; aufschneiderisch.

◇ s. **Gascon, onne,** Gaskogner(in) m. (f.). || FIG. Aufschneider(in) m. (f.) ; Prahlhans m.

gas-oil [gazɔjl, gazwal] m. ou **gasole, gazole** [gazɔl] Heizöl n.

gaspillage [gaspija:ʒ] m. Vergeudung f. ; Verschwendung f. ; Verschleuderung f.

gaspiller [-je] v. tr. vergeuden ; verschwenden ; verschleudern ; verplempern ; vertun. | *Gaspiller son argent*, sein Geld durchbringen, verschwenden. | *Gaspiller son temps*, seine Zeit vergeuden. | *Gaspiller ses chances*, sein Glück verscherzen.

gaspilleur, euse [-jœ:r, ø:z] adj. verschwenderisch.

◇ s. Verschwender(in) m. (f.) ; Prasser m.

gastéropodes [gasterɔpɔd] m. pl. ZOOL. Bauchfüßler m. pl.

gastralgie [gastralʒi] f. MÉD. Magenkrampf m.

gastrique [-trik] adj. MÉD. Magen... ; zum Magen gehörig ; den Magen angehend ; gastrisch. | *Suc gastrique*, Magensaft m.

gastrite [-trit] f. MÉD. Magenkatarrh m., -schleimhautentzündung f. ; Gastritis f.

gastro-entérite [gastroɑ̃terit] f. (pl. **gastro-entérites**) MÉD. Gastroenteritis f. ; Magen-Darm-Entzündung f.

gastro-entérologue [-lɔg] s. MÉD. (pl. **gastro-entérologues**) Facharzt (m.) für Magen- und Darmkrankheiten.

gastro-intestinal, ale, aux [-ɛ̃tɛstinal, o] adj. MÉD. Magen-Darm... | *Troubles gastro-intestinaux*, Magen-Darm-Beschwerden f. pl.

gastronome [gastrɔnɔm] s. Feinschmecker(in) m. (f.) ; Kochkünstler(in) m. (f.).

gastronomie [-nɔmi] f. Kochkunst f. ; feine Küche ; Feinschmeckerei f. ; Gastronomie f.

gastronomique [-nɔmik] adj. gastronomisch.

gâteau [gɑto] m. Kuchen m. ; Backwerk n. ; Gebackene(s) n. | *Gâteau à la crème*, Kremkuchen. | *Gâteau des Rois*, Dreikönigskuchen. | *Gâteau feuilleté*, Blätterteigkuchen. | *Gâteaux secs*, Trocken-, Teegebäck n. | *Faire un gâteau*, einen Kuchen backen. || FIG. [profit] Gewinn m. | *Se partager le gâteau*, den Gewinn teilen. || AGRIC. *Gâteau de miel*, Honigwabe f.

gâter [gɑte] v. tr. **1.** [détériorer] verderben ; beschädigen ; schlecht machen. || [salir] beschmutzen ; besudeln ; verschmieren. || [corrompre] verderben ; faulig machen.

2. FIG. [troubler] verderben ; trüben. | *Gâter le plaisir de qn*, jm die Freude verderben, vergällen. || [gâcher] verderben ; pfuschen. | *Gâter une affaire*, ein Geschäft verderben. | *C'est ce qui gâte l'affaire*, das stößt dem Faß den Boden aus. | *Cela ne gâte rien*, das schadet nichts. || COMM. *Gâter les prix*, die Preise verderben. || [trop bien traiter] *Gâter qn*, jn verwöhnen. | *Vous*

me gâtez, das ist doch zu viel. || [un enfant] verwöhnen, -hätscheln.
◇ part. pass. et adj. **gâté, ée,** [détérioré] beschädigt ; schadhaft ; defekt. || [altéré, putréfié] verdorben ; faulig ; faul. | *Fruit gâté*, angefaulte, faule Frucht. | *Viande gâtée*, verdorbenes Fleisch. || FIG. [enfant] verwöhnt, -zogen, -hätschelt.
◇ v. pr. **se gâter,** [s'abîmer] sich beschädigen ; schadhaft, defekt werden. || PAR EXT. [se corrompre, pourrir] verderben ; faul werden ; faulen. | *Se gâter vite*, sich nicht halten. | *Qui se gâte*, faulig. || [affaire] schiefgehen ; eine schlimme Wendung nehmen. || FIG. [temps] sich trüben ; schlecht werden.
gâterie [-tri] f. Verwöhnung f. ; Verhätschelung f. ; Pimpelei f. || [objet] Naschwerk n.
gâte-sauce [gɑtso:s] m. Sudelkoch m.
gâteux, euse [gɑtø, ø:z] adj. MÉD. bettnäßend. || FIG., FAM. kindisch ; altersschwach. | *Vieux gâteux*, alter Schwach-, Kindskopf ; alter Knacker.
gâtisme [gɑtism] m. Schwachsinnigkeit f. ; Altersschwäche f.
gauche [go:ʃ] adj. **1.** [côté, direction] link. | *De gauche*, Links... | *Main, Côté gauche*, linke Hand, Seite. | *Du côté gauche*, zur linken Seite. | *À (main) gauche*, links ; zur Linken ; linkerhand. || MIL., SPORT. *Aile gauche*, linker Flügel. || FIG. *Se lever du pied gauche*, mit dem linken Bein zuerst aufstehen.
2. PAR EXT. [dévié, de travers] schief ; krumm ; verzogen.
3. FIG. [maladroit, gêné] linkisch ; unbeholfen, -geschickt ; befangen ; ungelenkig ; steif ; täppisch ; tölpelhaft. | *Il a l'air gauche*, er sieht linkisch aus.
◇ f. [main, côté] Linke f. | *À ma gauche*, zu meiner Linken ; links von mir ; linkerhand. | *Tenir la gauche*, links fahren. || POLIT. [parti] Linke f. ; Linkspartei f. | *Femme, Homme de gauche*, Linke(r) f. (m.) | *Être de gauche*, links stehen.
◇ m. SPORT. Linke f. | *Crochet du gauche*, linker Haken. | *Sortir son gauche*, mit der Linken herauskommen.
◇ loc. adv. **à gauche,** links ; zur linken Hand, Seite ; linkerhand. | *Prendre à gauche*, links einbiegen. | *Conduire à gauche*, links fahren. || MIL. *Demi-tour à gauche !*, links um, kehrt ! || POLIT. *Voter à gauche*, links wählen. || FIG., FAM. [mourir] *Passer l'arme à gauche*, sterben ; POP. abkratzen. || FAM. *Mettre de l'argent à gauche*, Geld auf die hohe Kante legen.
gaucher, ère [-ʃe, ɛ:r] adj. linkshändig.
◇ s. Linkshänder(in) m. (f.).
gaucherie [-ʃri] f. [manières] Ungeschicklichkeit f. ; Unbeholfenheit f. ; Plumpheit f. ; Befangenheit f. || [esprit] Schwerfälligkeit f.
gauchir [goʃi:r] v. intr. TECHN. [se déjeter] sich werfen ; sich verziehen ; sich wellen ; sich verbiegen.
◇ v. tr. AÉRON. verwinden.
gauchissement [-ʃismɑ̃] m. [action] Krümmen n. ; Schiefstellung f. || [état] Werfen n. ; Verziehen n. ; Krümmung f. ; Verbiegung f. ; Verspannen n. || AÉRON. Verwindung f.
gauchiste [-ʃist] adj. linksradikal.
◇ s. Linksradikale(r) f. (m.).
gaudriole [godriɔl] f. gewagter Witz ; freier Scherz.
gaufrage [gofraʒ] m. TECHN. [étoffes] Muster aufdrucken, -prägen ; Gaufrieren n. ; [métaux] Riffelung f.
gaufre [gofr] f. CULIN. [gâteau] Waffel f. || AGRIC. [abeille] Bienenwabe f.
gaufrer [-fre] v. tr. TECHN. [étoffes] aufdrucken, -prägen ; gaufrieren.
gaufrette [-frɛt] f. CULIN. Waffelchen n.
gaufrier [-frije] m. CULIN. Waffeleisen n.
gaule [gol] f. [perche] (lange) Stange ; Rute f. ; Gerte f. || [pour la pêche] Angelrute f., -stock m.
Gaule [gol] n. pr. f. GÉOGR. Gallien n.
gauler [gole] v. tr. [noix] herunter-, abschlagen.
gaulois, oise [golwa, wa:z] adj. gallisch. || FIG. derb. | *Esprit gaulois*, gallischer, freier, scharfer Witz.
◇ s. **Gaulois, oise,** Gallier(in) m. (f.).
gauloiserie [-zri] f. derber Spaß ; Zote f.
gauss [gos] m. ÉLECTR. Gauß n.
gausser (se) [səgose] v. pr. *Se gausser de*, sich lustig machen über (acc.). | *Se gausser de qn*, jn foppen.
gavage [gava:ʒ] m. [oie] Nudeln n. ; Mästen n.
gave [ga:v] m. GÉOGR. [torrent] Wild-, Gieß-, Sturzbach m. (in den Pyrenäen).
gaver [gave] v. tr. nudeln ; vollstopfen ; überfüttern ; mästen.
◇ part. pass. et adj. **gavé, ée,** PR. et FIG. überfüttert ; vollgepfropft, -gestopft.
◇ v. pr. **se gaver,** sich vollstopfen, -fressen ; ARG. sich den Bauch vollschlagen.
gavotte [gavɔt] f. MUS. Gavotte f.
gavroche [gavrɔʃ] m. Pariser Lausejunge.
gaz [gaz] m. invar. **1.** PHYS., CHIM. Gas n. | *À gaz*, Gas... | *Gaz carbonique*, Kohlensäure f. | *Gaz détonant*, Knallgas. | *Gaz doux*, Süßgas. | *Gaz inerte*, Inertgas. | *Gaz liquide*, Flüssiggas. | *Gaz naturel*, Erdgas. | *Gaz des marais*, Sumpfgas. | *Gaz à haute pression*, Hochdruckgas. | *Gaz propulseur*, Treibgas. | *Gaz rare*, Edelgas.
2. [gaz d'éclairage] *Gaz d'éclairage, de ville*, Leucht-, Stadtgas. | *Cuisinière à gaz*, Gasherd m. | *Chauffage au gaz*, Gasheizung f. | *Allumer, Éteindre le gaz*, das Gas anstecken, ausdrehen. | *Couper le gaz*, das Gas abdrehen. || FIG., FAM. *Il y a de l'eau dans le gaz*, es gibt Krach im Haus.
3. AUTOM. *Gaz d'échappement*, Abgas n. | *Gaz brûlés*, Verbrennungsgase n. pl. | *Rouler à pleins gaz*, mit Vollgas fahren.
4. MIL. Gas n. | *Gaz asphyxiant, lacrymogène*, Gift-, Tränengas. | *Guerre des gaz*, Gaskrieg m.
5. MÉD. Wind m. ; Blähung f.
gaze [gɑ:z] f. Flor m. ; schleierartiges Gewebe ; Gaze f. || FIG. Schleier m. || MÉD. Mullbinde f. *Gaze de pansement*, Verbandstoff m.
gazéification [gazeifikasjɔ̃] f. [formation] Gasbildung f. || PAR EXT. [transformation] Vergasung f. ; Verdampfung f.
gazéifier [-fje] v. tr. vergasen ; in Gas verwandeln.
gazelle [gazɛl] f. ZOOL. Gazelle f.
gazer [gɑze] v. tr. [couvrir d'une gaze] mit Gaze bedecken ; mit einem Schleier überziehen. || MIL. [asphyxier] vergasen ; unter Gas setzen ; durch Giftgas töten. || *Gazé*, gasvergiftet.
◇ v. intr. FIG., FAM. *Ça gaze*, es geht wie geschmiert ; POP. es klappt.
gazette [gazɛt] f. Zeitung f. ; Blatt n. || FIG. Schwätzer(in) m. (f.) ; Klatschbase f.
gazeux, euse [gazø, ø:z] adj. CHIM. gasförmig, -haltig, -artig ; gasig. | *Courant gazeux*, Gasstrom m. || PAR EXT. kohlensäurehaltig ; Brause... | *Eau gazeuse*, Selterwasser n.
gazier [gazje] m. [employé] Gasmann m., Gasarbeiter m. || TEXT. Florweber(in) m. (f.).
gazoduc [gazɔdyk] m. Gasfernleitung f.
gazogène [-ʒɛ:n] adj. gaserzeugend ; vergasend.
◇ m. Gasgenerator m., -erzeuger m.
gazole [gazɔl] m. V. GAS-OIL.

gazoline [-lin] f. Gasäther m. ; Gasolin n.
gazomètre [-mɛtr] m. Gasbehälter m. ; Gasometer m.
gazon [gazɔ̃] m. [herbe] Rasen m. || PAR EXT. [terre] Rasenstück n., -platz m. ; Grasplatz m.
gazouillement [gazujmɑ̃] m. [oiseau] Zwitschern n. ; Gezwitscher n. || PAR EXT. [ruisseau] Murmeln n. ; Gemurmel n. ; Geplätscher n.
gazouiller [-je] v. intr. zwitschern ; piepsen.
gazouillis [-ji] m. Gezwitscher n. ; Gemurmel n.
geai [ʒɛ] m. ZOOL. (Wald)-, (Eichel)häher m.
géant, géante [ʒeɑ̃, ʒeɑ̃:t] adj. riesig ; hünenhaft ; Riesen...
◇ s. Riese m. ; Riesin f. ; Hüne m. ; Hünin f. | *À pas de géant*, mit Riesenschritten.
gecko [ʒeko] m. ZOOL. Gecko m.
geignard, arde [ʒɛɲa:r, ard] adj. stöhnend ; winselnd ; jammernd ; piepsig ; quenglig.
◇ s. Quengler m. ; Heulliese f.
geignement(s) [-ɲmɑ̃] m. (pl.) Stöhnen n. ; Gejammer n. ; Wehleidigkeit f. ; Gewinsel n. ; Gewimmer n.
geindre [ʒɛ̃dr] v. intr. stöhnen ; jammern ; ächzen ; winseln ; quengeln ; wimmern.
gel [ʒɛl] m. Frost m. ; Eiskälte f. || PAR EXT. Frostwetter n. || CHIM. Gel n. || ÉCON. *Gel des prix*, Einfrieren (n.) der Preise ; Preisstopp m. | *Gel des salaires*, Einfrieren (n.) der Löhne ; Lohnstopp m.
gélatine [ʒelatin] f. Gallert n. ; Gallerte f. ; Gelatine f.
gélatineux, euse [-nø, ø:z] adj. gelatiniert ; gallertartig ; POP. quabbelig.
gelée [ʒəle] f. Frost m. | *Gelée nocturne*, Nachtfrost. | *Gelée blanche*, Rauhreif m. | *Couvert de gelée blanche*, bereift. || CULIN. Gelee n. ; Gallert n. ; Sülze f. | *La gelée prend*, die Sülze wird fest. || [confiture] Gelee n.
geler [ʒəle] v. tr. [congeler] gefrieren lassen ; zum Gefrieren bringen ; in Eis verwandeln. | *Le froid gèle le sol*, die Kälte läßt den Boden erstarren. | *Laisser geler qn*, jn erfrieren lassen. || [endommager] durch Frost beschädigen. || FIG., COMM. *Geler les avoirs de qn*, js Guthaben blockieren.
◇ v. intr. [se congeler] ein-, zu-, gefrieren. | *La rivière a gelé pendant la nuit*, der Fluß ist über Nacht zugefroren. || FIG. [avoir froid] frieren. | *Je gèle*, ich friere ; mich friert. | *On gèle ici*, hier ist es eiskalt.
◇ v. impers. **il gèle,** es friert. | *Il gèle à pierre fendre*, es friert Stein und Bein.
◇ part. pass. et adj. **gelé, ée,** [couvert de glace] gefroren ; ein-, zugefroren. | *L'étang est gelé*, der Teich ist zugefroren. || [qui a froid] *Je suis gelé*, ich friere entsetzlich. | *Avoir les pieds gelés*, erfrorene, eiskalte, erstarrte Füße haben. || PAR EXT. [mort de froid] erfroren. | *J'ai eu un doigt gelé*, mir ist ein Finger abgefroren. | *Les vignes sont gelées*, die Reben sind erfroren.
◇ v. pr. **se geler,** [se congeler] zufrieren ; zu Eis werden. || PAR ANAL. [personne] (er)frieren.
gelinotte [ʒəlinɔt] f. ZOOL. Hasel-, Rothuhn n.
gélule [ʒelyl] f. Kapsel f.
Gémeaux [ʒemo] n. pr. m. pl. ASTRON. Zwillinge m. pl.
gémination [-minasjɔ̃] f. Verdoppelung f. ; Paarung f. ; paarweise Vereinigung. || BOT. Paarung f.
géminé, ée [-mine] adj. (ver)doppelt ; paarig ; paarweise wiederholt. | *Consonne géminée*, Doppelkonsonant m. ; Geminate f. || BOT. gepaart.
gémir [ʒemir] v. intr. ächzen ; seufzen ; stöhnen ; wimmern. || PAR EXT. *La porte gémit*, die Tür knarrt. | *Le vent gémit*, der Wind heult. || FIG. [se plaindre] klagen ; jammern.
gémissement(s) [-mismɑ̃] m. (pl.) Ächzen n. ; Wimmern n. ; Seufzen n. ; Stöhnen n. | *Pousser de longs gémissements*, in lautes Wehklagen ausbrechen ; tiefe Seufzer ausstoßen. || FIG. [plainte] Klagen n. || PAR EXT. Geächze n. ; Gestöhne n. ; Gewimmer n. ; Gejammer n. | *Gémissement(s) du vent*, Heulen (n.) des Windes.
gemme [ʒɛm] f. MINÉR. Edelstein m. ; geschnittener, geschliffener Stein ; Gemme f. || BOT. Auge n. ; Knospenansatz m.
◇ adj. Stein... | *Sel gemme*, Steinsalz n.
gemmer [-me] v. intr. BOT. Knospen treiben, ansetzen ; knospen.
◇ v. tr. *Gemmer un tronc*, einen Stamm anzapfen.
◇ part. pass. et adj. **gemmé, ée,** mit Edelsteinen geschmückt.
gencive [ʒɑ̃siv] f. ANAT. Zahnfleisch n.
gendarme [ʒɑ̃darm] m. [agent] Gendarm m. ; (Dorf)polizist m. || [diamant] Fleck m. || FIG., FAM. [femme, virago] Mannweib n. ; Dragoner m. || GÉOL. Bergzinne f.
gendarmer (se) [səʒɑ̃darme] v. pr. in Harnisch geraten ; aufbrausen ; sich ereifern. | *Se gendarmer contre qch.*, heftig gegen etwas protestieren.
gendarmerie [ʒɑ̃darməri] f. Land-, Dorfpolizei f. ; Feld-, Landjägerei f. ; Gendarmerie f. || PAR EXT. [lieu] Gendarmerie(kaserne) f.
gendre [ʒɑ̃dr] m. Schwiegersohn m.
gêne [ʒɛ:n] f. [indisposition, situation pénible] Störung f. ; Hemmnis n. ; Unbehagen n. ; Beklemmung f. ; Bedrängnis f. | *Gêne de la respiration*, Atembeschwerde f. ; Enge f. || FIG. [contrainte] Zwang m. ; Verlegenheit f. | *Causer de la gêne à qn*, jn in Verlegenheit bringen. | *Éprouver de la gêne en face de qn*, sich vor jm genieren ; in Verlegenheit vor jm geraten. | *Sans gêne*, zwanglos ; ungezwungen ; ungeniert. | *Être sans gêne*, sich nicht genieren ; sich keinen Zwang antun. || [manque d'argent] Geldverlegenheit f., -not f., -bedrängnis n. | *Être dans la gêne*, klamm sein. || *Vivre dans la gêne*, in bedrängter Lage sein.
gène [ʒɛn] m. BIOL. Gen n. | *Gène en mosaïque*, Mosaikgen. | *Gène mobile, sauteur*, springendes Gen. | *Insérer un gène*, ein Gen einschleusen.
généalogie [ʒenealɔʒi] f. Geschlechterkunde f. ; Stammesgeschichte f. ; Ahnenreihe f. ; Genealogie f.
généalogique [-ʒik] adj. ahnen-, abstammungsmäßig ; Stamm... | *Arbre généalogique*, Stammbaum m. ; Ahnentafel f.
généalogiste [-ʒist] s. Ahnenforscher(in) m. (f.).
génépi [ʒenepi] m. BOT. Edelraute f.
gêner [ʒɛne] v. tr. [empêcher le mouvement] stören ; be-, einengen ; be-, einschränken ; behindern, -lästigen ; erschweren ; drücken. | *Ses habits le gênent*, die Kleidung beengt ihn, ist ihm zu eng. | *Mes chaussures me gênent*, meine Schuhe drücken. | *Tu me gênes pour travailler*, du störst mich beim Arbeiten. | *Gêner la circulation*, den Verkehr behindern. || MÉD. [respiration] beengen. || FIG. [embarrasser] Zwang antun ; in Verlegenheit bringen ; genieren. || PAR EXT. in Geldverlegenheit bringen.
◇ part. prés. **gênant, ante,** FIG. [situation] peinlich ; unangenehm. | *Ce n'est pas gênant*, es ist kein Problem.
◇ part. pass. et adj. **gêné, ée,** [mal à l'aise] be-, eingeengt ; behindert ; eingezwängt ; unbehaglich. | *Être gêné dans ses mouvements*, in seinen Bewegungen behindert, gehemmt, gestört sein. || FIG. [embarrassé, contraint] verlegen ; gezwungen ; befangen ; beklom-

men ; bedrängt ; unfrei. | *Ne pas être gêné*, ungezwungen sein ; PÉJOR. ungeniert sein. || PAR EXT., FIG. *Être gêné (aux entournures)*, in Geldverlegenheit sein.
◇ v. pr. **se gêner,** FIG. [se contraindre] sich Zwang antun ; sich genieren. | *Ne pas se gêner devant qn*, sich vor jm nicht genieren ; vor jm ganz ungeniert sein. | *Ne pas se gêner avec qn*, rücksichtslos mit jm verfahren ; offen mit jm sprechen.
— SYN. : *Embarrasser*, in Verlegenheit bringen.

général, ale, aux [ʒeneral, o] adj. **1.** [universel] allgemein ; durchgängig ; generell ; Allgemein... | *Culture générale*, Allgemeinbildung f. | *Règle générale*, allgemeine, durchgängige Regel.
2. [d'ensemble] General... ; Haupt... ; Gesamt... | *Idée générale*, Hauptidee f. | *Vue générale*, Gesamt-, Totalansicht f. ; FIG. -überblick m. || FIG. *Avoir une vue générale de qch.*, etwas überblicken. || MÉD. *État général*, Allgemeinbefinden n.
3. [commun à tous] gemein ; gemeinsam ; Gemein... | *Intérêt général*, Gemeininteresse n. | *Bien général*, Gemeingut n. | *Usage général*, allgemeiner Gebrauch.
4. FIG. [vague] *Directive générale*, allgemeine Richtlinie. | *Sens général*, allgemeiner, weiterer Sinn. | *En règle générale*, im allgemeinen ; überhaupt ; durchgehend.
5. SENS PARTICULIERS : ADM. *Inspecteur général*, Oberregierungsrat m. || COMM. *Agent général*, Generalagent m. | *Frais généraux*, allgemeine Kosten f. pl.
◇ m. **général,** MIL. [chef] General m. ; Heerführer m. ; Kommandeur m. | *Général en chef*, Oberbefehlshaber m. | *Général de brigade*, Generalmajor m. | *Général de division*, Generalleutnant m. | *(L'ensemble des) généraux*, die Generalität. || PHILOS. Allgemeines n. | *Conclure du particulier au général*, vom Besonderen aufs Allgemeine schließen.
◇ f. **générale,** MIL. [femme du général] Generalin f. || PAR EXT., THÉÂTRE. Generalprobe f.
◇ loc. adv. **en général,** im allgemeinen ; insgemein ; überhaupt ; durchweg ; durchgehend. || [d'ordinaire] gewöhnlich ; landläufig ; üblicherweise.

généralement [-ralmɑ̃] adv. V. GÉNÉRAL (*en*).

généralisation [-lizasjɔ̃] f. [action] Verallgemeinerung f. || [extension] Allgemeinwerden n. ; Verbreitung f.

généraliser [-lize] v. tr. verallgemeinern. || [hypothèse] erweitern.
◇ v. pr. **se généraliser,** allgemein werden ; sich (allgemein) verbreiten.

généralissime [-lisim] m. MIL. Oberbefehlshaber m. ; Generalstabschef m. ; Generalissimus m.

généraliste [ʒeneralist] s. praktischer Arzt ; praktische Ärztin.

généralité [ʒeneralite] f. Allgemeinheit f.
◇ f. pl. **généralités,** [propos] *Ne dire que des généralités*, nur ganz allgemein reden ; sich auf Allgemeinheiten beschränken. || PAR EXT. [idées, notions] allgemeine Gedanken, Begriffe m. pl. ; Allgemeine(s) n. ; kurzer Überblick.

générateur, trice [ʒeneratœ:r, tris] adj. erzeugend ; entwickelnd ; Zeugungs... | *Puissance génératrice*, Schöpfungs-, Zeugungskraft f.
◇ m. **générateur,** ÉLECTR. *Générateur à haute tension*, Hochspannungsgenerator m. || NUCL. *Générateur atomique*, Atomstromerzeuger m. || TECHN. [vapeur] Erzeuger m. ; Entwickler m. | *Générateur de vapeur*, Dampfkessel m., Dampferzeuger m.
◇ f. **génératrice,** MATH. Zeugende f. || ÉLECTR. [courant] Stromerzeuger m. ; Generator m.

génération [-sjɔ̃] f. BIOL., BOT. (Er)zeugung f. | *Génération spontanée*, Urzeugung f. || [filiation, gens de même âge] Menschenalter n. ; Geschlecht n. ; Generation f. | *Les générations futures*, die kommenden Geschlechter n. pl. | *La génération montante*, der Nachwuchs. || INF. *Ordinateur de première génération*, Computer (m.) der ersten Generation.

généreusement [ʒenerøzmɑ̃] adv. großmütig ; groß-, freizügig.

généreux, euse [-rø, ø:z] adj. [libéral] freigebig ; großzügig ; nobel. | *Patron généreux*, großzügiger Chef. || [courageux, noble] groß-, edelmütig ; hoch-, weitherzig ; edel. || AGRIC. [sol] ertragreich. || FIG. *Vin généreux*, edler, feuriger Wein.

générique [ʒenerik] adj. geschlechtlich ; generisch ; Geschlechts...
◇ m. FILM. Regieangaben f. pl. | *Générique de début, de fin*, Vorspann m., Nachspann m.

générosité [ʒenerozite] f. [libéralité] Freigebigkeit f. ; Großzügigkeit f. || [courage, noblesse] Großmut f. ; Edelmut m. ; Hochherzigkeit f.

Gênes [ʒɛ:n] n. pr. f. Genua n.

genèse [ʒənɛ:z] f. RELIG. Genesis f. ; erstes Buch Moses, Mosis. || FIG. [œuvre] Entstehung f. ; Entstehungsgeschichte f. ; Werdegang m.

genêt [ʒənɛ] m. BOT. Ginster m. ; Gilbkraut n.

génétique [ʒenetik] adj. entstehungs-, entwicklungsmäßig ; genetisch ; Entwicklungs...
◇ f. Entwicklungslehre f. ; Genetik f.

gêneur, euse [ʒɛnœ:r, ø:z] s. Störenfried m. ; lästiger Mensch ; Spielverderber m.

Genève [ʒənɛ:v] n. pr. f. GÉOGR. Genf n. | *Lac de Genève*, Genfer See.

genevois, oise [ʒənvwa, wa:z] adj. Genfer.
◇ s. **Genevois, oise,** Genfer(in) m. (f.).

genévrier [ʒənevrije] m. BOT. Wacholder(strauch) m. ; Machandel-, Wachandelbaum m.

génial, iale, iaux [ʒenjal, jo] adj. genial.

génie [ʒeni] m. **1.** [divinité, esprit] Geist m. ; Dämon m. ; Genius m. | *Génie tutélaire*, Schutzgeist. | *Mauvais génie de qn*, js böser Geist.
2. FIG. [être exceptionnel] Genie n. | [talent naturel] Geist m. ; (geistige) Anlage ; Begabung f. ; schöpferische Gestaltungskraft. | *Auteur de génie*, genialer Dichter. | *Trait de génie*, genialer Einfall. | *Avoir du génie*, genial sein. | *Avoir le génie des affaires*, Fingerspitzengefühl für Geschäfte haben.
3. PAR EXT. [caractère propre] Geist m. ; Eigentümlichkeit f. ; Wesen n. ; Charakter m.
4. TECHN. (trav. publ.) *Génie civil*, Bauwesen n. || MAR. *Génie maritime*, Schiffsbauwesen. || MIL. Genie n. Pionierwesen n. | *Officier du génie*, Pionieroffizier m. || AGRIC. *Génie rural*, Agrarwesen n. ; Agrartechnik f. || BIOL. *Génie génétique*, Gentechnologie f.

genièvre [ʒənjɛ:vr] m. BOT. Wacholder(strauch) m. || [baie] Wacholderbeere f. || PAR EXT. [eau-de-vie] Wacholderschnaps m. || Gin m.

génisse [ʒenis] f. ZOOL. Färse f. ; Sterke f. ; junge Kuh.

génital, ale, aux [ʒenital, o] adj. geschlechtlich ; Geschlechts... ; Zeugungs... | *Organes génitaux*, Geschlechts-, Zeugungsorgane n. pl. ; Genitalien f. pl.

génitif [ʒenitif] m. GRAMM. Wes(sen)fall m. ; Genitiv m. | *Mettre au génitif*, in den zweiten Fall setzen.

génito-urinaire [ʒenitoyrinɛr] adj. MÉD. urogenital.

génocide [ʒenɔsid] m. Rassenvernichtung f. ; Völkermord m.

génois, oise [ʒenwa, wa:z] adj. genuesisch ; aus, von Genua.
◇ s. **Génois, oise,** Genueser(in) m. (f.).

◇ m. **génois,** MAR. Genua f.

genou [ʒənu] m. Knie n. | *À genoux*, kniend ; auf den Knien ; kniefällig. | *Être à genoux*, knien. | *Se mettre à genoux*, hin-, niederknien. | *Plier le genou*, das Knie beugen. || FIG. sich demütigen. | *Tomber à genoux*, auf die Knie fallen ; in die Knie brechen. | *Monter jusqu'aux genoux*, kniehoch steigen. || PAR EXT. *Prendre qn sur ses genoux*, jn auf den Schoß nehmen. || FIG. *Être aux genoux de qn*, jn anbeten. || FAM. *Être sur les genoux*, fix und fertig sein. | *Être à genoux*, flehend, besiegt sein. || TECHN. Kniegelenk n.

genouillère [-jɛ:r] f. [armure] Knieschiene f. || PAR ANAL. [botte] Stulpe f. || PAR EXT. [protège-genoux] Knieschoner m.

genre [ʒɑ̃:r] m. **1.** [espèce vivante] Geschlecht n. | *Genre humain*, Menschengeschlecht ; menschliches Geschlecht. | *Ennemi du genre humain*, Menschenfeind m. || ZOOL., BOT. Gattung f. | *Genre animal*, Tiergattung.

2. [espèce, sorte] Art f. ; Sorte f. | *Un genre de crochet*, eine Art Haken. | *De ce genre*, derartig, -gestalt.

3. [manière] Art (und Weise) f. | *Genre de vie*, Lebensart. | *Ce n'est pas mon genre*, das liegt nicht in meiner Art. || [ton, mode] Ton m. ; Geschmack m. ; Mode f. | *Se donner un (certain) genre*, sich besonders gebärden ; so tun als ob...

4. GRAMM. Geschlecht n. | *Genre masculin*, männliches Geschlecht.

5. LITTÉR. Gattung f. ; Manier f. ; Schreibart f. ; Form f. ; Stil m. | *Genre littéraire*, literarische Gattung.

6. ARTS. *Peinture de genre*, Genremalerei f.

gens [ʒɑ̃] m. (f.) pl. **1.** [personnes] Leute pl. ; Menschen m. pl. ; Personen f. pl. | *Jeunes gens*, junge Leute ; Jugend f. | *Beaucoup de gens*, viele (Leute) ; eine große Menge Leute. | *Ce sont d'honnêtes gens*, es sind brave, ehrliche, gute, rechtschaffene Leute.

2. [personnes indéfinies] Leute ; Welt f. ; man. | *Il y a des gens qui*, es gibt Leute, die. | *Ils sont gens à le faire*, die bringen das fertig. | *Les gens racontent*, man erzählt.

3. [catégorie, classe] Leute. | *Gens d'affaires*, Geschäftsleute. | *Gens d'épée*, Kriegsleute. | *Gens de robe*, Richter und Anwälte m. pl. ; Juristen m. pl. | *Gens de lettres*, Literaten m. pl. | *Gens d'Église*, Geistliche m. pl. | *Gens de mer*, Seeleute. || [peuples] *Droit des gens*, Völkerrecht n.

4. [domestiques, partisans] Leute. | *Gens de maison*, Dienstpersonal n. ; Bedienten m. pl. ; Gesinde n.

gent [ʒɑ̃] f. FIG., PÉJOR. Volk n. ; IRON. Völkchen n. ; Sippschaft f. | *Gent ailée*, Vogelvölkchen n. | *Gent féminine*, Weibervolk. | *Gent littéraire*, Literatentum n.

gentiane [ʒɑ̃sjan] f. BOT. Enzian m. ; Fieber-, Bitterwurzel f.

gentil, ille [ʒɑ̃ti, i:j] adj. HIST. Edel... || [sage] artig. | *Pas gentil*, unartig. || [joli, mignon] nett ; hübsch ; niedlich ; fein ; allerliebst. || FIG. [aimable] lieb ; liebenswürdig ; nett. | *C'est gentil à vous*, es ist nett von Ihnen.

gentilhomme [-jɔm] m. pl. **gentilshommes** [ʒɑ̃tizɔm] Edelmann m. (pl. Edelleute). || FIG. Kavalier m. ; Gentleman m.

gentilhommière [-jɔmjɛ:r] f. Rittergut n. ; adliger Gutshof.

gentillesse [-jɛs] f. [enfants] Artigkeit f. || [beauté, grâce] Nettigkeit f. ; Niedlichkeit f. ; Feinheit f. ; Zierlichkeit f. ; Anmut f. || FIG. [amabilité] Freundlichkeit f. ; Liebenswürdigkeit f. ; Gefallen m. | *Auriez-vous la gentillesse de*, wären Sie so freundlich, könnten Sie mir den Gefallen tun, zu... ? || FAM. *Dire des gentillesses*, Süßholz raspeln.

gentiment [-mɑ̃] adv. artig ; nett ; liebenswürdig ; freundlich.

gentleman [prononc. angl.: dʒɛntlman] m. Ehrenmann m. ; Kavalier m. ; Gentleman m.

génuflexion [ʒenyflɛksjɔ̃] f. Kniebeuge f., -beugung f., -fall m. | *Faire une génuflexion*, das Knie beugen ; FIG. kniefällig bitten.

géocentrique [ʒeosɑ̃trik] adj. geozentrisch.

géode [ʒeɔd] f. Geode f.

géodésie [ʒeɔdezi] f. Vermessungskunde f., -wesen n. ; Feldmesserei f. ; Geodäsie f.

géodésique [-dezik] adj. geodätisch.

géographe [geograf] m. Erdkundler m. ; Geograph m.

géographie [-fi] f. Erdkunde f. ; Länderkunde f. ; Erdbeschreibung f. ; Geographie f. | *Géographie économique*, Wirtschaftsgeographie. | *Géographie physique*, physikalische Geographie. | *Géographie humaine*, Anthropogeographie f.

géographique [-fik] adj. erkundlich ; geographisch ; Land... | *Carte géographique*, Landkarte f.

geôle [ʒo:l] f. Kerker m. ; Gefängnis n.

geôlier [-lje] m. Kerkermeister m. ; Gefängniswärter m. ; Gefangenenaufseher m.

géologie [ʒeɔlɔʒi] f. Geologie f. ; Erdgeschichte f.

géologique [-lɔʒik] adj. erdgeschichtlich ; geologisch.

géologue [-lɔg] s. Geologe m., -login f.

géomètre [-mɛtr] s. Vermessungstechniker(in) m. (f.). ; Geometer m.

géométrie [-metri] f. MATH. Raumlehre f. ; (darstellende) Geometrie. | *Géométrie analytique, descriptive*, analytische, darstellende Geometrie. | *Géométrie plane*, Planimetrie f. | *Géométrie dans l'espace*, Stereometrie f. | *À géométrie variable*, schwenkbar.

géométrique [-metrik] adj. MATH. geometrisch. | *Progression géométrique*, geometrische Reihe.

géophysique [-fizik] adj. geophysikalisch.
◇ f. Geophysik f.

géopolitique [-politik] f. Geopolitik f.

Géorgie [ʒeɔrʒi] n. pr. f. GÉOGR. Georgien n.

géorgien, ienne [-ʒjɛ̃, jɛn] adj. georgisch.
◇ s. **Géorgien, ienne,** Georgier(in) m. (f.).

géostationnaire [ʒeostasjɔnɛ:r] adj. geostationär. | *Satellite géostationnaire*, geostationärer Satellit.

géosynclinal [-sɛ̃klinal] m. GÉOL. Geosynklinale f.

gérance [ʒerɑ̃s] f. Geschäftsführung f. ; Verwaltung f. ; Leitung f. | *Gérance d'immeubles*, Hausverwaltung.

géranium [ʒeranjɔm] m. BOT. Storchschnabel m. ; Geranie f.

gérant, ante [ʒerɑ̃, ɑ̃:t] s. Geschäftsführer(in) m. (f.), -leiter(in) m. (f.) ; Verwalter(in) m. (f.) ; Disponent(in) m. (f.) ; Wirtschafter(in) m. (f.) ; Provisor(in) m. (f.). | *Gérant d'immeubles*, Hausverwalter m. | *Gérant d'une succursale*, Filialleiter m. | *Gérant statutaire*, satzungsmäßiger Geschäftsführer.

gerbe [ʒɛrb] f. [botte de blé] Garbe f. | *Gerbe de blé*, Korngarbe. | *Lier des gerbes*, Garben binden. | *Mettre en gerbe(s)*, in, zu Garben binden. || [fleurs] Blummenstrauß m., -bukett n. | *Faire une gerbe de roses*, Rosen zusammenbinden. || PAR EXT. *Gerbe d'eau*, Wassersäule f. | *Gerbe d'étincelles*, Funkenregen m. | *Gerbe de feu*, Feuerstoß m.

gerber [-be] v. tr. in Garben binden, setzen.

gerbeur [ʒɛrbœ:r] m. TECHN. *Gerbeur à fourche*, Gabelstapler m.

gerboise [-bwaz] f. ZOOL. Springmaus f.

gerce, gerçure [ʒɛrs, ʒɛrsy:r] f. [de la peau] Hautriß m. ; Aufspringen n. f.

gercer [-se] v. tr. aufreißen ; rissig machen ; (auf)rauhen.
◇ v. intr. ou v. pr. rissig, rauh werden ; aufspringen, -reißen ; sich spalten. | *La peau gerce*, die Haut springt auf.

gérer [ʒere] v. tr. besorgen ; verwalten ; leiten ; führen. | *Gérer une affaire*, ein Geschäft führen.

gerfaut [ʒɛrfo] m. ZOOL. Geierfalk(e) m.

gériatrie [ʒerjatri] f. Altersheilkunde f. ; Geriatrie f.

germain, aine [ʒɛrmɛ̃, ɛn] adj. leiblich ; (r)echt ; vollbürtig. | *Cousins germains*, Geschwisterkinder n. pl. ; leibliche, echte Vettern. | *Cousins issus de germains*, Vettern (m. pl.) zweiten Grades.

Germain n. pr. m. Hermann m. || PAR EXT. [habitant] Germane m.
◇ adj. germanisch.

Germanie [ʒɛrmani] n. pr. f. Germanien n. ; Germania f.

germanique [-nik] adj. germanisch. || PAR EXT. deutsch. || *Saint Empire romain germanique*, Heiliges Römisches Reich Deutscher Nation.
◇ m. [langue] Germanische n.

germanisation [-nizasjɔ̃] f. Eindeutschung f. ; Germanisierung f.

germaniser [-nize] v. tr. eindeutschen ; germanisieren.

germanisme [-nism] m. (typisch) deutsche Redewendung ; deutsche Spracheigentümlichkeit.

germaniste [-nist] s. Germanist(in) m. (f.).

germano- [ʒɛrmanɔ] adj. Deutsch-...

germanophile [-fil] adj. deutschfreundlich.
◇ s. Deutschenfreund(in) m. (f.).

germanophobe [-fɔb] adj. deutschfeindlich.
◇ s. Gegner(in) m. (f.) Deutschlands ; Deutschenhasser m.

germe [ʒɛrm] m. PHYSIOL., BOT. Keim m. | *Œuf sans germe*, taubes Ei ; Windei n. | *Tuer les germes*, die Keime abtöten ; entkeimen. || FIG. [principe, origine] Keim m. ; Ursprung m. | *En germe*, im Keime.

germer [-me] v. intr. keimen ; aus-, aufkeimen ; ausschlagen ; sprießen. | *Faire germer*, zum Keimen bringen. || FIG. [se développer, naître] keimen ; entstehen ; sich entwickeln. | *Une idée germa dans son esprit*, eine Idee kam in ihm auf. || AGRIC. [céréales] auswachsen.

germinal, ale, aux [-minal, o] adj. keimend ; Keim...
◇ m. **germinal,** HIST. Keimmonat m.

germination [-minasjɔ̃] f. BOT. Keimen n. ; Sprießen n. | *Époque de la germination*, Keimzeit f. || [céréales] Auswachsen n.

germoir [-mwa:r] m. Malz-, Gärkelter m. || AGRIC. Keimkasten m.

gérondif [ʒerɔ̃dif] m. GRAMM. Gerundium n.

gérontologue [ʒerɔ̃tolɔg] s. Gerontologe m. ; Gerontologin f.

gésier [ʒezje] m. [volatile] Vogelmagen m.

gésir [ʒezi:r] v. intr. liegen. || LOC. *Ci-gît*, hier ruht (in Frieden). | *Des feuilles gisaient çà et là*, Blätter lagen umher.
◇ part. prés. **gisant, ante,** liegend.
◇ m. **gisant,** ARCHIT. liegende Figur.

gestapo [gɛstapo] f. HIST. geheime Staatspolizei f. ; Nazipolizei f. ; Gestapo f.

gestation [ʒɛstasjɔ̃] f. PHYSIOL. Trächtigkeit f. ; Schwangerschaft f. ; Schwangerzustand m. || [animaux] Austragung f. ; Tragzeit f. || FIG. Vorbereitung f. ; Entstehung f.

geste [ʒɛst] m. Gebärde f. ; Geste f. ; Bewegung f. | *Geste d'assentiment, de dénégation*, bejahende, verneinende Gebärde. | *Se faire comprendre par gestes*, sich durch Gebärden(spiel) verständigen. | *Ne pas faire un geste*, sich nicht rühren. || PÉJOR. *Faire de grands gestes*, gestikulieren. || *Geste de la main*, Handbewegung ; Wink m. | *Geste de la tête*, Zeichen (n.) mit dem Kopf ; Kopfnicken n., -schütteln n. | *Au moindre geste*, bei der geringsten Bewegung.

geste [ʒɛst] f. *Chanson de geste*, Heldengesang m., -lied n., -gedicht n. | *Faits et gestes*, das ganze Tun und Lassen ; Benehmen n.

gesticulation [-tikylasjɔ̃] f. Gebärdenspiel n. ; PÉJOR. Herumfuhrwerken n. ; Gestikulieren n.

gesticuler [-tikyle] v. intr. PÉJOR. Gebärden, Faxen machen ; POP. mit Armen und Beinen herumfuchteln ; gestikulieren.

gestion [ʒɛstjɔ̃] f. (Geschäfts)führung f. ; Leitung f. ; Besorgung f. ; Verwaltung f. | *Gestion de biens*, Vermögensverwaltung. | *Gestion autonome*, Selbstbewirtschaftung f. || NUCL. *Gestion des déchets*, Entsorgung f. || POLIT. *Gestion de la crise*, Krisenmanagement n.

gestionnaire [-tjɔnɛ:r] s. Verwalter(in) m. (f.).

geyser, geiser [ʒezɛ:r] m. Geiser m. ; Springquelle f.

ghetto [gɛto] m. Judenviertel n. ; Ghetto n.

ghilde, guilde ou **gilde** [ʒild] f. Gilde f.

gibbosité [ʒibbozite] f. Buckel m. ; Höcker m.

gibecière [ʒibsjɛ:r] f. [de chasseur] Jagdtasche f. || [d'écolier] Frühstückstasche f.

gibelin, ine [ʒiblɛ̃, in] adj. HIST. gibellinisch ; waiblingisch.
◇ m. **gibelin,** Gibelline m. ; Waibling(er) m.

gibelotte [ʒiblɔt] f. CULIN. Kaninchenfrikassee n.

gibet [ʒibɛ] m. JUR. Galgen m. ; Galgengerüst n.

gibier [ʒibje] m. Wild n. | *Gros gibier*, Hochwild. | *Gibier à plumes*, Federwild. | *Rabattre le gibier*, Wild zur Strecke bringen. || FIG. *Gibier de potence*, Galgenstrick m., -vogel m. || CULIN. [viande] Wildbret n.

giboulée [ʒibule] f. Regen-, Hagel-, Schneeschauer m.
◇ f. pl. **giboulées,** Graupelwetter n. | *Giboulées de mars*, Aprilwetter n., -schauer m.

giboyeux, yeuse [ʒibwajø, jø:z] adj. wildreich ; reich an Wild.

gibus [ʒibys] m. FAM. Klappzylinder m., -hut m.

giclée [ʒikle] f. FAM. Spritzer m. ; Stoß m.

gicler [ʒikle] v. intr. spritzen ; hervor-, herausspritzen.

gicleur [ʒiklœ:r] m. TECHN. Düse f. ; Einspritz-, Spritzdüse f. || AUTOM. *Gicleur de ralenti*, Leerlaufdüse.

gifle [ʒifl] f. Backpfeife f. ; Ohrfeige f. ; Maulschelle f. | *Donner une gifle*, eine Ohrfeige verabreichen. | *Recevoir une gifle*, eine Ohrfeige einstecken.

gifler [ʒifle] v. tr. ohrfeigen ; POP. eine herunterhauen, -langen.

gigantesque [ʒigɑ̃tɛsk] adj. riesig ; gewaltig (groß) ; kolossal ; gigantisch ; Riesen... | *D'une taille gigantesque*, von riesiger Größe. || FIG. *Projet gigantesque*, gewaltiges Projekt. | *Travail gigantesque*, Riesenarbeit f.

gigantisme [-tism] m. MÉD. Riesenwuchs m. ; Gigantismus m.

gigogne [ʒigɔɲ] f. [marionnette] Marionettenpuppe f. | *Mère Gigogne*, Mutter Gigogne. | *Poupées gigognes*, russische Puppen f. pl. || TECHN. *Tables gigognes*, Einschiebtische m. pl.

gigolo [ʒigɔlo] m. Gigolo m.

gigot [ʒigo] m. CULIN. Hammel-, Lammkeule f. || TEXT. *Manches à gigot*, Puffärmel m. pl.

gigoter [ʒigɔte] v. intr. zappeln ; strampeln ; herumhampeln, -zappeln.

gigue [ʒig] f. ZOOL. [cuisse de chevreuil] Rehkeule f. || PAR EXT., FAM. [jambe] lange Stelze. || FIG., FAM. [fille] langes Laster. || MUS. [danse] Gigue f.

gilet [ʒilɛ] m. Weste f. ; Unterjacke f. ; Wams n. | *Gilet pare-balles*, kugelsichere Weste. | *Gilet de sauvetage, de survie*, Schwimmweste f. ; Rettungsweste f.

gille [ʒil] m. THÉÂTRE. Hanswurst m. || FIG. (Vx.) Dummkopf m. ; Tölpel m. ; Einfaltspinsel m.

gin [dʒin] m. Genever m. ; Gin m.

gingembre [ʒɛ̃ʒɑ̃:br] m. BOT. Ingwer m.

gingivite [ʒɛ̃ʒivit] f. MÉD. Zahnfleischentzündung f. ; Gingivitis f.

girafe [ʒiraf] f. ZOOL. Giraffe f.

girandole [ʒirɑ̃dɔl] f. [chandelier] Armleuchter m.

giratoire [-twa:r] adj. kreise(l)nd ; Kreis... ; Dreh... | *Mouvement giratoire*, Kreis-, Raddrehung f. | *Sens giratoire*, Kreisverkehr m.

girl [gœ:rl] f. Revuetänzerin f. ; Girl n.

girofle [ʒirɔfl] m. BOT. *Clou de girofle*, Gewürznelke f.

giroflée [-fle] f. BOT. Levkoje f. || *Giroflée jaune*, Goldlack m. ; Gelbveigelein n.

girolle [ʒirɔl] f. BOT. Pfifferling m. ; Eierschwamm m. ; Rehgeiß m. ; Gehlchen n.

giron [ʒirɔ̃] m. Schoß m. | *Giron de l'Église*, Schoß der Kirche. || ARCHIT. Stufenfläche f.

girouette [ʒirwɛt] f. Wetterfahne f., -hahn m. || FIG., FAM. *C'est une (vraie) girouette !*, er hängt sein Mäntelchen nach dem Wind.

gisant [ʒizɑ̃] m. ARCHIT. liegende Figur f.
◇ part. pass. de **gésir.** V. ce mot.

gisement [ʒizmɑ̃] m. MINES. Lager n. ; (Ab)lagerung f. ; Lagerstätte f. ; Vorkommen n. | *Gisement pétrolifère*, Erdölvorkommen. | *Gisement houiller*, Steinkohlenablagerung. | *Gisement de minerai*, Erzlagerstätte. || MAR. Azimuth n.

gît [ʒi] 3ᵉ pers. du sing. du v. intr. GÉSIR.

gitan, ane [ʒitɑ̃, an] s. Zigeuner(in) m. (f.).

gîte [ʒit] m. Lager n. ; Nacht-, Ruhelager n. ; Lager-, Ruhestätte f. ; Ruheplatz m. ; Unterkunft f. ; Nachtquartier n. | *Trouver un gîte*, Unterkunft finden. | *Ne pas avoir de gîte*, keine Bleibe haben. | *Le gîte et le couvert*, Obdach und Kost. || *Gîte du lièvre*, Hasenlager, -grube f. || CULIN. *Gîte à la noix*, Nuß f. || MIL. Quartier n. ; Lager n. || MINÉR. *Gîte houiller*, Kohlenflöz n.
◇ f. MAR. *Donner de la gîte*, sich auf die Seite neigen.

gîter [ʒite] v. intr. liegen ; lagern ; seine Bleibe haben. || PAR EXT. übernachten ; hausen. || MAR. gestrandet sein ; sich auf die Seite neigen.

givrage [ʒivra:ʒ] m. AÉRON. Vereisung f.

givre [ʒi:vr] m. (Rauh)reif m. | *Fleurs de givre*, Eisblumen f. pl.

givrer [-vre] v. tr. mit Reif überziehen ; reifen ; vereisen.
◇ part. pass. **givré, ée,** bereift ; vereist ; mit Reif überzogen.

glabre [gla:br] adj. haarlos ; unbehaart ; kahl ; glatt ; nackt.

glace [glas] f. **1.** Eis n. | *Couvert de glace*, eisbedeckt ; eisig. | *Froid comme de la glace*, eiskalt. | *Pris dans les glaces*, eingefroren. | *Pris par les glaces*, zugefroren. | *Glaces flottantes*, Treibeis. | *Mer de glace*, Eismeer n. | *Fleurs de glace*, Eisblumen f. pl. | *Saints de glace*, Eisheiligen m. pl. | *Se changer en glace*, zu Eis werden. | *Faire fondre la glace*, das Eis schmelzen.
2. CULIN. Gefrorene(s) n. ; (Speise)eis n. | *Glace à la vanille*, Vanilleeis. | *Mettre à la glace*, auf Eis legen.
3. [verre] Glas n. ; Glasscheibe f. | *Glace biseautée*, Glas mit beschliffenem Rand. | *Glace blindée*, Panzerglas. | *Glace d'une voiture*, Wagenfenster n.
4. [miroir] Spiegel m. | *Se regarder dans la glace*, in den Spiegel sehen.

glacer [-se] v. tr. PHYS. [liquide] in Eis verwandeln ; gefrieren, erstarren lassen ; zum Gefrieren bringen. || [boisson] *Glacer du champagne*, Champagner auf Eis legen, kühlen. || [sang] erstarren lassen | *Le vent glace les doigts*, der Wind läßt die Finger erstarren, macht die Finger steif. || FIG. erstarren lassen. | *Glacer d'effroi*, vor Schrecken lähmen. || CULIN. [de sucre] glacieren ; überzuckern ; mit Zuckerguß überziehen. || TECHN. (g)lasieren.
◇ part. pass. et adj. **glacé, ée,** [très froid] eisig ; eiskalt. | *Eau glacée*, Eiswasser n. | *Être glacé*, frieren. | *L'air est glacé*, die Luft ist eiskalt. || FIG. (eis)kalt ; frostig. | *Accueil glacé*, frostiger Empfang. | *D'un air glacé*, mit eisiger Miene. || CULIN. *Marrons glacés*, überzuckerte Kastanien. | *Chocolat glacé*, Eisschokolade f. || TECHN. *Papier glacé*, Glanzpapier n. || SUBSTANTIV. m. Glasur f. ; Glacé n.
◇ v. pr. **se glacer,** zu Eis werden ; gefrieren. || FIG. erstarren.

glaciaire [-sjɛ:r] adj. GÉOL. Gletscher... ; Eis... | *Période glaciaire*, Eiszeit f.

glacial, iale, ials [-sjal] adj. eisig ; eiskalt ; sehr kalt ; Eis... | *Froid glacial*, Eiskälte f. || GÉOGR. *Océan Glacial Arctique*, nördliches Eismeer.

glaciation [-sjasjɔ̃] f. GÉOL. Eisbildung f. ; Vereisung f. ; Vergletscherung f.

glacier [-sje] m. GÉOL. Gletscher m. ; Eisberg m. || CULIN. Eisverkäufer m., -mann m. ; Konditor m.

glacière [-sjɛ:r] f. TECHN. Eiskeller m. || PAR ANAL. Eisschrank m. | *Glacière portative*, Kühltasche f. || FIG. eiskalter Ort.

glaciologue [-sjɔlɔg] s. Glaziologe m., Glaziologin f.

glacis [-si] m. MIL. Vorderhang m. ; Glacis m. || ARTS. Lasur f. ; Glasur f.

glaçon [-sɔ̃] m. Eisscholle f., -klumpen m. ; Stück Eis n. | *Le fleuve charrie des glaçons*, der Fluß hat Eisgang ; Eis treibt auf dem Fluß. || CULIN. Eiswürfel m. || FIG., FAM. [personne] Eisberg m.

gladiateur [gladjatœ:r] m. HIST. Gladiator m. ; (Zirkus)fechter m.

glaïeul [glajœl] m. BOT. Siegwurz f. ; Gladiole f.

glaire [glɛ:r] f. Eiweiß n. || MÉD. Schleim m.

glaireux, euse [-rø, ø:z] adj. schleimig ; quabbelig ; zähflüssig ; glubberig.

glaise [glɛ:z] f. *Terre* (f.) *glaise*, ou *glaise* f., Ton m. ; Tonerde f. ; Letten m. ; Lehm m. | *Glaise à modeler*, Töpferton.

glaiseux, euse [-zø, ø:z] adj. tonig ; lettig.

glaive [glɛ:v] m. POÉT. (zweischneidiges) Schwert. || LOC. *Tirer le glaive*, das Schwert ziehen. | *Glaive de la justice*, Schwert der Gerechtigkeit.

glanage [glana:ʒ] m. Ähren-, Nachlese f.

gland [glɑ̃] m. BOT. Eichel f. || ANAT. Eichel f. || TECHN. [de rideau] Quaste f. | [de chapeau] Troddel f.

glande [glɑ̃d] f. ANAT. Drüse f. | *Glande lacrymale*, Tränendrüse. | *Glande pinéale*, Zirbeldrüse. | *Glande salivaire*, Speicheldrüse. | *Glande thyroïde*, Schilddrüse.

glandulaire [glɑ̃dylɛ:r] ou **glanduleux, euse** [-dylø, ø:z] adj. drüsenartig, -förmig ; Drüsen...

glane [glan] f. Ährenbüschel n.

glaner [-ne] v. intr. Ähren lesen ; Nachlese halten ; stoppeln gehen. || FIG. (einzeln) aufsammeln ; zusammenklauben, -stoppeln.

glaneur, euse [-nœ:r, ø:z] s. Ährenleser(in) m. (f.).

glapir [glapi:r] v. intr. [renard, chiot] kläffen. || FIG. kreischen ; keifen ; belfern ; jaulen.

glapissement [-pismɑ̃] m. Gekläff(e) n. || FIG. Kreischen n. ; Gekeifer n. ; Gejaule n. ; Gezeter n.

glas [gla] m. [funèbre] Toten-, Trauer-, Grabgeläute n. | *Sonner le glas*, das Totenglöckchen läuten ; zu Grabe läuten.

glaucome [gloko:m] m. MÉD. grüner Star ; Glaukom n.

glauque [glo:k] adj. meer-, glas-, grau-, blaugrün.

glèbe [glɛb] f. Scholle f. ; Erd-, Ackerscholle f. | *Attaché à la glèbe*, erdgebunden. || HIST. *Serf attaché à la glèbe*, Leibeigene(r) m.

glissade [glisad] f. [action] Gleiten n. ; Rutschen n. | *Faire une glissade*, ausrutschen, -gleiten. | *Faire des glissades*, schlittern. || AÉRON. (seitliches) Abrutschen. || [lieu] Gleit-, Rutschbahn f. || FIG. Fehltritt m.

glissement [-smɑ̃] m. Gleiten n. ; Rutschen n. ; Schlittern n. || GÉOL. *Glissement de terrain*, Erdrutsch m. || TECHN. *Surface de glissement*, Gleit-, Lauffläche f. || FIG. [sens d'un mot] Bedeutungsverschiebung f. || POLIT. *Glissement à gauche*, Linksrutsch m.

glisser [-se] v. intr. [par accident] gleiten ; rutschen ; ab-, ausgleiten ; ab-, ausrutschen. | *Glisser sur une pelure d'orange*, auf einer Apfelsinenschale ausgleiten. || [sur la glace] (dahin)gleiten ; schlittern ; FAM. glitschen. || [sur l'eau] (dahin)gleiten. || PAR EXT. [échapper] entgleiten, -schlüpfen. | *Glisser des mains*, den Händen entgleiten. || FIG. *Glisser sur qch.*, leicht über eine Sache hinweggehen ; über etwas hingleiten. | *Tout glisse sur lui*, alles gleitet an ihm ab.
◇ v. tr. [mettre] *Glisser dans*, schieben, stecken in (acc.) ; einschieben. | *Glisser qch. entre deux pages*, etwas zwischen zwei Seiten hineinschieben. | *Glisser sous*, unterschieben (sépar.). || PAR EXT. [furtivement] *Glisser qch. à qn*, jm etwas zustecken.
◇ part. prés. **glissant, ante,** glatt ; schlüpfrig ; glitschrig. | *La route est glissante*, die Straße ist glatt. || FIG. *Terrain glissant*, heikle Sache.
◇ part. pass. et adj. **glissé, ée,** MUS. [danse] *Pas glissé*, Gleitschritt m.
◇ v. pr. **se glisser,** schlüpfen ; schleichen ; dahinschleichen. | *Se glisser dans qch.*, sich in eine Sache (hin)einschleichen. | *Se glisser dehors, à travers*, hinaus-, hindurchschlüpfen ; sich hinaus-, durchschleichen (sépar.). || FIG. *Se glisser auprès de*, sich an (acc.) heranschleichen. | *Une erreur s'est glissée*, hier(bei) ist ein Fehler unterlaufen.
— SYN. : v. pr. *S'insinuer*, sich einschmeicheln. *Se faufiler*, sich einschleichen. *S'immiscer*, sich einmischen.

glissière [-sjɛ:r] f. TECHN. Gleit-, Stell-, Spannschiene f. ; Laufschiene, -fläche f. ; (Gleit)bahn f. ; Bett n. | *Porte à glissière*, Schiebetor n., -tür f. || AUTOM. *Glissière de sécurité*, Leitplanke f. ; Schutzplanke f.

glissoire [-swa:r] f. Gleitbahn f. ; Rutschbahn.

global, ale, aux [glɔbal, o] adj. gesamt ; pauschal ; rund ; Gesamt... ; Pauschal... | *Revenu global*, Gesamteinkommen n. | *Somme globale*, runde Summe ; Pauschalsumme f. ; Pauschale f. || [lecture] *Méthode globale*, Ganzheitsmethode f.

globalement [-lmɑ̃] adv. insgesamt ; in Bausch und Bogen.

globaliser [-lize] v. tr. ÉCON. pauschalieren ; pauschal bezahlen.

globe [glɔb] m. [sphère] Kugel f. | *Globe de feu*, Feuerkugel. | *Globe de lampe*, Lampenglocke f. | *Globe de verre*, Glasglocke f. || GÉOGR. *Globe terrestre*, Erdkugel f., -ball m. ; Weltball m. ; Erdenrund n. || ASTRON. *Globe céleste*, Himmelskörper m. || ANAT. [œil] Augapfel m.

globe-trotter [-trɔtər] m. (pl. **globe-trotters**) Weltbummler m. ; Globetrotter m.

globicéphale [glɔbisefal] m. ZOOL. Pilotwal m.

globulaire [glɔbylɛ:r] adj. kugelförmig ; kug(e)lig.
◇ f. (herzblättrige) Kugelblume f.

globule [-byl] m. Kügelchen n. ; Pille f. || ANAT. [du sang] Blutkörperchen n. | *Globule blanc, rouge*, weißes, rotes Blutkörperchen.

globuleux, euse [-bylø, ø:z] adj. kug(e)lig ; pillenförmig ; Kugel... | *Des yeux globuleux*, Glupschaugen n. pl.

globuline [-lin] f. ANAT. f. Globulin n.

glockenspiel [glɔkɛnʃpil] m. MUS. Glockenspielklavier n.

gloire [glwa:r] f. **1.** [honneur] Ruhm m. ; Rühmlichkeit f. ; Ehre f. | *Apogée de la gloire*, Ruhmesgipfel m. | *Soif de gloire*, Ruhmbegierde f., -sucht f. | *Être la gloire de son pays*, die Zierde, der Stolz seines Landes sein. | *Se couvrir de gloire*, sich mit Ruhm bedecken. | *Chanter la gloire de qn*, jn lob-, hochpreisen ; jn verherrlichen. | *Gloire à Dieu !*, Ehre sei Gott ! | *Sans gloire*, ruhmlos ; unrühmlich ; glanzlos. || FIG. *Travailler pour la gloire*, sich umsonst abmühen.
2. [renommée] Ruf m. || [éclat, magnificence] Glanz m. ; Herrlichkeit f. ; Glorie f. | *Dans toute sa gloire*, in seiner ganzen Herrlichkeit ; mit Glanz und Gloria. | *Se faire gloire de qch.*, sich einer Sache rühmen.
3. ARTS. [nimbe] Glorien-, Heiligenschein m.

gloria [glɔrja] m. RELIG. Gloria n.

gloriette [-rjɛt] f. Garten-, Sommerlaube f. ; Gartenhäuschen n.

glorieux, ieuse [-rjø, jø:z] adj. ruhmreich ; rühmlich ; glorreich ; ruhmwürdig ; ehrenvoll. | *De glorieux exploits*, Ruhmestaten f. pl. || PÉJOR. ruhmredig ; aufgeblasen ; großsprecherisch ; eitel. || HIST. *Les Trois Glorieuses*, 27.-29. Juli 1830 ; Julirevolution (f.) von 1830.

glorification [-rifikasjɔ̃] f. Verherrlichung f. ; Lobpreisung f. || RELIG. [transfiguration] Verklärung f.

glorifier [-rifje] v. tr. rühmen ; verherrlichen ; lobpreisen. || RELIG. [transfigurer] verklären ; erheben.
◇ v. pr. **se glorifier,** *Se glorifier de*, sich rühmen (gén.), prahlen, PÉJOR. dicktun mit.

gloriole [-rjɔl] f. PÉJOR. eitler, falscher Ruhm, Glanz ; Ruhmsucht f. ; Eitelkeit f.

glose [glo:z] f. Anmerkung f. ; Glosse f.

gloser [-ze] v. intr. mit Anmerkungen versehen ; glossieren ; kommentieren. || FIG., PÉJOR. *Gloser sur qn*, über jn herziehen.

glossaire [glɔsɛ:r] m. Wörterbuch (n.) mit Erklärungen ; Glossar n.

glotte [glɔt] f. ANAT. Stimmritze f. ; Glottis f. | *Coup de glotte*, Knacklaut m.

glouglou [gluglu] m. [liquide] Gluckern n. ; Glucksen n. ; Gluckgluck n. | *Faire glouglou*, gluckern. || [dindon] Kollern n.

glouglouter [-te] v. intr. [liquide] gluckern ; glucksen ; Gluckgluck machen. || [dindon] kollern.

gloussement [glusmɑ̃] m. [poule] Glucken n. ; Locken n. ; Gluckenruf m.
glousser [-se] v. intr. glucken ; locken.
glouton, onne [glutɔ̃, ɔn] adj. gefräßig.
◇ s. PÉJOR. [personne] Vielfraß m. ; Fresser m.
— SYN. : adj. *Vorace*, unersättlich. *Goulu*, gierig.
gloutonnerie [-tɔnri] f. Gefräßigkeit f.
glu [gly] f. Kleister m. ; Leim m.
gluant, ante [glyɑ̃, ɑ̃:t] adj. klebrig.
gluau [glyo] m. Leimrute f.
glucides [glysid] m. pl. Kohlenhydrate n. pl.
glucose [-ko:z] m. CHIM. Trauben-, Stärkezucker m. ; Dextrose f. ; Glukose f.
glutamate [glytamat] m. CHIM. Glutamat n.
gluten [glytɛn] m. AGRIC. (Getreide)kleber m. ; Pflanzenleim m. ; Gluten n. || CHIM. Leimstoff m.
glycémie [glisemi] f. Blutzucker m.
glycérine [gliserin] f. CHIM. Glyzerin n. ; Glyzerinalkohol m. | *Huile de glycérine*, Glyzerinöl n.
glycol [glikɔl] m. CHIM. Glykol n.
glycosurie [glikɔzyri] f. Zuckerkrankheit f.
glycine [glisin] f. BOT. Glyzinie f.
gnangnan [ɲɑ̃ɲɑ̃] adj. FAM. weinerlich.
gneiss [gnɛs] m. GÉOL. Gneis m.
gnocchi [ɲɔki] m. CULIN. Käsepastetchen n.
gnôle, gnaule [ɲol] f. POP. Fusel m. ; Schnaps m.
gnome [gno:m] m. MYTH. Berg-, Erdgeist m. ; Heinzelmännchen n. ; Wicht(el) m. (n.).
gnon [ɲɔ̃] m. FAM. Hieb m. ; Schlag m.
gnose [gno:z] f. PHILOS. religiöse, höhere Erkenntnis ; Gnosis f.
gnosticisme [gnɔstisism] m. Gnostizismus m.
gnostique [-tik] adj. gnostisch.
◇ m. Gnostiker m.
gnou [gnu] m. ZOOL. Kuhantilope f. ; Gnu n.
go (tout de) [tudəgo] loc. adv. geradezu ; kurzerhand.
goal [gol] m. SPORT. [but] Tor n. || PAR EXT. [gardien] Torwart m., -wächter m.
gobelet [gɔblɛ] m. (Trink)becher m. | *Gobelet en carton*, Pappbecher m.
gobe-mouches [gɔbmuʃ] m. invar. ZOOL. Fliegenschnäpper m. || FIG., FAM. Einfaltspinsel m.
gober [gɔbe] v. tr. FAM. hinunter-, verschlucken. | *Gober un œuf*, ein Ei schlürfen. || FIG. *Gober l'hameçon*, auf den Leim gehen. | *Gober un mensonge*, leichtgläubig sein, sich einen Bären aufbinden lassen. || FAM. *Gober des mouches*, seine Zeit vertrödeln. || PAR ANAL., FAM. *Ne pas gober qn*, jn nicht leiden können.
◇ v. pr. **se gober,** FAM. sich etwas einbilden ; von sich eingenommen sein.
goberger (se) [səgɔbɛrʒe] v. pr. FAM. sich wohlsein lassen ; sich gütlich tun ; ein Schlaraffenleben führen ; POP. wie die Made im Speck leben.
godasse [gɔdas] f. POP. (alter) Latschen.
godelureau [gɔdlyro] m. Stutzer m. ; Schürzenjäger m. ; Weiberheld m. ; Hähnchen n.
goder [gɔde] v. intr. falsche Falten werfen.
godet [gɔdɛ] m. Napf m. || ARTS. Farbennäpfchen n. || TECHN. (Bagger)eimer m. ; Baggerschaufel f. ; Löffel m. | *Pelle à godets*, Löffelbagger m. || TEXT. *Godet d'un vêtement*, falsche Falte ; Glockenfalte f. || POP. [verre] Glas n.
godiche [gɔdiʃ] adj. einfältig ; tölpelhaft ; ungeschickt ; linkisch ; unbeholfen.
◇ s. (Einfalts)pinsel m. ; dumme Gans.
godille [gɔdi:j] f. MAR. Wrickriemen m., -ruder n. || SPORT. Wedeln n.
godiller [-je] v. intr. MAR. wricken. || SPORT. wedeln.
godillot [gɔdijo] m. MIL. Schnürschuh m.
goéland [gɔelɑ̃] m. ZOOL. Sturmmöve f. ; (große) Seemöve ; Silbermöve f.
goélette [gɔelɛt] f. ZOOL. Seeschwalbe f. || MAR. Schoner m. | *Goélette franche*, Gaffelschoner.
goémon [gɔemɔ̃] m. Seegras n., -tang m.
gogo [gogo] m. FAM. Leichtgläubige(r) m.
gogo (à) [agogo] loc. adv. im Überfluß ; nach Herzenslust ; in Hülle und Fülle.
goguenard, arde [gɔgna:r, ard] adj. spöttisch ; spöttelnd ; bekrittelnd ; abfällig.
goguenardise [-diz] f. Spottlust f. ; Spöttelei f. ; abfällige Bemerkung.
goguette [gɔgɛt] f. Spaß m. ; Scherzwort n. ; Schnurre f. || FAM. *Être en goguette(s)*, einen Schwips haben ; beschwipst sein.
goinfre [gwɛ̃:fr] adj. gefräßig.
◇ m. Fresser m. ; Vielfraß m. ; Wanst m.
goinfrer [-fre] v. intr. FAM. sich dick und dumm fressen.
goinfrerie [-frəri] f. Verfressenheit f. ; Fresserei f.
goitre [gwa:tr] m. MÉD. Kropf m. ; Schilddrüsenwucherung f.
goitreux, euse [-trø, ø:z] adj. MÉD. kropfartig ; mit einem Kropf ; kropfveranlagt.
◇ m. **goitreux,** an Kropfbildung Erkrankte(r) m.
golf [gɔlf] m. SPORT. Golf m. ; Golfspiel n.
golfe [gɔlf] m. GÉOGR. Golf m. ; Meerbusen m. ; Meereseinschnitt m., -bucht f. | *Golfe de Gascogne*, Golf von Biskaya.
— SYN. : *Baie* f., Bucht f. *Crique* f., Nothafen m.
golfeur, euse [gɔlfœ:r, ø:z] s. Golfspieler(in) m. (f.).
Golgotha [gɔlgɔta] n. pr. m. RELIG. Golgatha n. ; Leidensstätte f.
gommage [gɔma:ʒ] m. Gummierung f.
gomme [gɔm] f. Gummi m. ou n. | *Gomme à effacer*, (Radier)gummi. | *Gomme arabique*, Akaziengummi ; Gummiarabikum n. | *Gomme élastique*, Gummielastikum n. ; Kautschuk n. | *Gomme laque*, Schellack m. || BOT. [maladie] Gummifluß m.
gommer [-me] v. tr. TECHN. [enduire] mit Gummi bestreichen ; gummieren. || [effacer] (aus)radieren.
◇ part. pass. et adj. **gommé, ée,** gummiert. | *Toile gommée*, gesteifte Leinwand. | *Étiquette gommée*, Aufklebezettel m.
gomme-résine [gɔmrezin] f. BOT. Gummiharz n.
gommeux, euse [-mø, ø:z] adj. gummiartig, -haltig.
Gomorrhe [gɔmɔr] n. pr. m. THÉOL. Gomorra n.
gond [gɔ̃] m. TECHN. (Tür)angel f. | *Tourner sur ses gonds*, sich in den Angeln drehen. || FIG. *Faire sortir qn de ses gonds*, jn aus der Fassung, aus der Ruhe bringen. | *Sortir de ses gonds*, aus der Haut fahren.
gondolage [gɔ̃dɔla:ʒ] m. TECHN. [planche] Werfen n. ; Sichwerfen n. ; Krümmen n.
gondole [gɔ̃dɔl] f. MAR. Gondel f. || COMM. Verkaufsgondel f. ; Warenstand m.
gondoler [-le] v. intr. et v. pr. TECHN. sich verziehen ; sich werfen ; sich aufbauchen. || FIG., FAM. sich schieflachen ; sich vor Lachen kringeln.
gondolier [-lje] m. Gondelführer m. ; Gondoliere m.
gonflable [gɔ̃flabl] adj. aufblasbar.

gonflage [-fla:ʒ] m. Schwellen n. ; An-, Aufschwellen n. ; Aufblähen n. ; Aufblasen n. || AUTOM. Aufpumpen n. ; (Reifen)füllung f.

gonflement [-fləmɑ̃] m. Geschwollenheit f. ; Aufgeblähtheit f. || MÉD. Blähung f.

gonfler [-fle] v. tr. (auf)blähen ; aufblasen ; füllen. | *Gonfler un ballon*, einen Ballon füllen. | *Gonfler les joues*, die Backen aufblasen. | *Gonfler une rivière*, einen Fluß anschwellen lassen. || AUTOM. *Gonfler un pneu*, einen Reifen aufpumpen. || MAR. [voiles] blähen. ◇ v. intr. (an)schwellen. | *Le bois gonfle*, das Holz quillt. | *Cette pâte gonfle*, dieser Teig geht auf. | *Son ventre gonfle*, sein Bauch bläht sich auf.
◇ part. pass. et adj. **gonflé, ée,** geschwollen ; aufgebläht. | *Yeux gonflés de larmes*, verweinte Augen n. pl. || FIG. *Cœur gonflé de joie, de tristesse*, freudetrunkenes Herz, schmerzgepreßtes Herz. || FIG., FAM. [résolu] dreist ; kühn ; frech ; entschlossen.
◇ v. pr. **se gonfler,** (an)schwellen ; sich aufblasen ; blähen ; quellen. || FIG., FAM. *Se gonfler d'orgueil*, sich aufplustern.
— SYN. : *Enflé*, schwülstig.

gonfleur [-flœ:r] m. AUTOM. Reifenpumpe f.

gong [gɔ̃g] m. Gong m. | *Au coup de gong*, beim Gongschlag.

goniomètre [gɔnjɔmɛtr] m. Winkelmesser m. ; Funkpeiler m. ; Goniometer n.

goniométrie [-metri] f. Winkelmessung f. ; Funkpeilung f. ; Goniometrie f.

gonocoque [gɔnɔkɔk] m. MÉD. Gonokokkus m.

gordien [gɔrdjɛ̃] adj. LOC. *Trancher le nœud gordien*, den gordischen Knoten durchhauen.

goret [gɔrɛ] m. Spanferkel n. || FIG., FAM. Schweinchen n. || MAR. Schrubber m. ; Leuwagen m.

gorge [gɔrʒ] f. **1.** Kehle f. ; Gurgel f. || [gosier] Schlund m. || [cou] Hals m. || [poitrine] Brust f. | *Mal de gorge*, Halsweh n. | *Voix de gorge*, Bruststimme f. | *Avoir la gorge sèche*, eine trockene Kehle haben. | *Couper la gorge*, die Gurgel, den Hals durchschneiden (sépar.). | *Prendre à la gorge*, bei der Gurgel fassen ; würgen. | *Serrer la gorge*, die Gurgel zuschnüren.
2. FIG. *À gorge déployée*, aus voller Kehle ; aus vollem Halse. | *Faire des gorges chaudes de*, sich über (acc.) lustig machen. | *Faire rendre gorge à qn*, jn zur Herausgabe zwingen. | *Mettre à qn le couteau sous (*ou *sur) la gorge*, jm das Messer auf die Brust setzen.
3. GÉOGR. Schlucht f. ; Engpaß m. ; Klamm f.
4. MIL. Kehle f.
5. TECHN. Hohlkehle f. ; Rinne f. ; Keilrille f. ; Maul n.

gorge-de-pigeon [-dəpiʒɔ̃] adj. invar. (farben)-schillernd.

gorgée [gɔrʒe] f. Schluck m. ; Zug m. | *Une gorgée d'eau*, ein Schluck Wasser. | *Boire à petites gorgées*, schlückchenweise trinken.

gorger [-ʒe] v. tr. vollpfropfen, -stopfen. | *Gorger la volaille*, Geflügel mästen. || FIG. [combler] überhäufen, -füllen. | *Gorger de biens*, mit Gütern überhäufen.
◇ part. pass. et adj. **gorgé, ée,** vollgestopft ; voll. || FIG. überhäuft, -füllt ; voll. | *Gorgé de nourriture*, übersättigt. | *Gorgé d'humidité*, mit Feuchtigkeit vollgesogen. | *Gorgé d'eau*, mit Wasser durchtränkt.
◇ v. pr. **se gorger,** *Se gorger de nourriture*, sich mit Nahrung vollpfropfen ; POP. sich überfressen. | *Se gorger de boisson*, sich vollsaufen (sépar.).

gorille [gɔri:j] m. ZOOL. Menschenaffe m. ; Gorilla m. | FIG., FAM. Leibwächter m. ; Gorilla f.

gosier [gozje] m. ANAT. Schlund m. ; Kehle f. ; Gurgel f. || [gorge] Hals m. | *Il a une arête dans le gosier*, ihm ist eine Gräte im Hals steckengeblieben. || [voix] Stimme f. || FIG. *Avoir le gosier sec*, Durst haben. | *Crier à plein gosier*, aus Leibeskräften, aus vollem Halse schreien.

gosse [gɔs] m. et f. POP. kleiner Kerl ; Bürschchen n. ; Göre f. ; Kerlchen n. ; Lausejunge m.

Goth [go] n. pr. m. HIST. Gote m. ; Gotin f.

gothique [gɔtik] adj. gotisch. || *Art gothique*, gotischer Stil ; Spitzbogenstil m. | *Écriture gothique*, gotische, deutsche Schrift.
◇ m. ARCHIT. Gotik f.

gouache [gwaʃ] f. undurchsichtige Wasserfarbe. || ARTS. [genre] Wasser-, Deckfarbenmalerei f. ; PAR EXT. [tableau] Guaschgemälde n.

gouaille [gwa:j] f. Spötterei f. ; Spottlust f.

gouailler [-je] v. tr. verspotten ; bespötteln ; sich lustig machen über (acc.) ; foppen.

gouailleur, euse [-jœ:r, ø:z] adj. spöttelnd ; witzelnd.
◇ s. Spötter(in) m. (f.).

goudron [gudrɔ̃] m. Teer m. | *Goudron de houille*, Steinkohlenteer.

goudronnage [-drɔna:ʒ] m. [action] Teeren n. ; Teerung f. || [résultat] Teerbelag m.

goudronner [-drɔne] v. tr. teeren.
◇ part. pass. et adj. **goudronné, ée,** TECHN. *Papier goudronné*, Teer-, Dachpappe f.

goudronneux, euse [-drɔnø, ø:z] adj. teerig ; teerhaltig, -artig.
◇ f. **goudronneuse,** TECHN. Teerspritzmaschine f.

gouffre [gufr] m. GÉOGR. Abgrund m. ; Schlund m. ; Schlucht f. ; Kluft f. | *Gouffres de la mer*, Abgründe (m. pl.) des Meeres. || MAR. [tourbillon] Wasserstrudel m. || FIG. Abgrund m. | *Gouffre de l'enfer*, Höllenrachen m. || [chose ruineuse] Faß (n.) ohne Boden.

gouge [gu:ʒ] f. TECHN. Hohleisen n., -meißel m.

goujat [guʒa] m. FIG. Grobian m. ; Flegel m.

goujaterie [-tri] f. Flegelei f. ; Lümmelei f.

goujon [guʒɔ̃] m. ZOOL. [poisson] Gründling m. ; Grundel m. || TECHN. [cheville] Stift m. ; Pflock m. ; Bolzen m. ; Dübel m. ; Zapfen m.

goulasch [gulaʃ] m. CULIN. Gulasch n.

goulée [gule] f. FAM. großer Bissen ; Mundvoll m.

goulet [gulɛ] m. MAR. enge Hafeneinfahrt. || FIG. *Goulet d'étranglement*, Engpaß m.

goulot [gulo] m. [bouteille] (Flaschen)hals m. | *À goulot étroit*, enghalsig.

goulu, ue [guly] adj. gierig ; verfressen ; gefräßig ; lüstern.
◇ s. Vielfraß m.

goulûment [-mɑ̃] adv. *Manger goulûment*, gierig essen.

goumier [gumje] m. MIL. (arabischer) Hilfsreiter.

goupille [gupij] f. TECHN. Stift m. ; Splint m.

goupiller [-je] v. tr. versplinten ; mit Stiften befestigen. || FIG., FAM. das Ding drehen.
◇ v. pr. **se goupiller,** FIG., FAM. sich drehen. | *Ça s'est bien goupillé*, es hat hingehauen.

goupillon [-jɔ̃] m. RELIG. Weihwedel m. ; Sprengel m. || TECHN. [brosse] Flaschen-, Drahtbürste f.

gourbi [gurbi] m. Araberhütte f.

gourd, ourde [gur, urd] adj. *Avoir les doigts gourds*, klamme, steife Finger haben.

gourde [gurd] f. Feldflasche f. || BOT. Flaschenkürbis m. || FIG., FAM. Dummkopf m.

◇ s. et adj. f. FIG., FAM. [imbécile] dumm ; dämlich ; blöde ; doof.

gourdin [gurdɛ̃] m. Knüppel m. ; Knüttel m.

gourmand, ande [gurmɑ̃, ɑ̃:d] adj. [glouton] gefräßig ; schlemmerhaft. || [friand] lecker-, naschhaft ; leckermäulig. | *Être gourmand de qch.*, nach einer Sache gierig sein. || BOT. *Branches gourmandes*, Wasserschoß m.

◇ s. [goinfre] Fresser m. ; Vielfraß m. || [gourmet] Leckermaul n. ; Feinschmecker m. ; Naschkatze f.

gourmandise [-diz] f. [fait d'être glouton] Gefräßigkeit. || [fait d'être friand] Naschhaftigkeit f.

◇ f. pl. **gourmandises,** Leckereien f. pl.

gourme [gurm] f. MÉD. [enfant] Milchschorf m. || FIG. *Jeter sa gourme*, sich austoben ; sich die Hörner abstoßen. || [cheval] Druse f.

gourmet [gurmɛ] m. Feinschmecker m. ; Kenner m.

gourmette [gurmɛt] f. [cheval] Kinnkette f. || PAR EXT. [personnes] (Uhr)kette f.

gousse [gus] f. BOT. [cosse] Schote f. ; Hülse f. | *Gousse d'ail*, Knoblauchzehe f.

gousset [gusɛ] m. ANAT. [aisselle] Achselhöhle f. || [poche] (Westen)tasche f. ; Geldbeutel m. || TECHN. Winkelblech n.

goût [gu] m. Geschmack m. — **1.** [sens gustatif] Geschmack m. | *Agréable au goût*, schmackhaft. | *Plaire au goût*, (gut) schmecken ; (wohl) munden. | *Qui a le goût fin*, feinschmeckerisch. | *Juger au goût*, abschmecken. | *Flatter le goût*, den Gaumen kitzeln. | *Perdre le goût*, nichts mehr schmecken. | *Être au goût de qn*, jm schmecken. | *Qui est au goût de qn*, mundgerecht (dat.). || FIG. *Je n'ai goût à rien*, mir schmeckt nichts ; ich habe auf gar nichts Appetit ; FIG. ich habe zu nichts Lust.

2. [saveur] Geschmack m. | *Bon goût*, Wohlgeschmack. | *Qui a bon goût*, wohl-, feinschmeckend. | *Avoir un mauvais goût*, schlecht, nicht gut schmecken. | *Avoir un goût amer*, bitter schmecken. | *Sans goût*, geschmacklos ; fade ; nach nichts schmeckend. | *Quel goût cela a-t-il ?*, wie, wonach schmeckt es ? | *Relever le goût de qch.*, etwas pikanter machen. || IRON. *Cela a le goût de revenez-y*, das schmeckt nach mehr.

3. SENS FIGURÉ : [prédilection, penchant] Geschmack m. ; Vorliebe f. ; Neigung f. ; Hang m. ; Lust f. ; Sinn m. | *Avoir du goût pour qch.*, für etwas Vorliebe, Neigung, Sinn haben. | *Avoir le goût de qch.*, zu etwas Lust, Neigung haben. | *Avoir des goûts de luxe*, prunksüchtig sein. | *Être au, du goût de*, nach js Geschmack sein ; jm zusagen. | *Prendre goût à qch.*, Geschmack, Lust an einer Sache bekommen, finden. | *Faire perdre le goût de qch. à qn*, jm den Geschmack an einer Sache verderben ; jm etwas verleiden. | *Goût de la critique*, Hang zur Kritik. | *Goût des plaisirs, de l'autorité*, Vergnügungs-, Herrschsucht f. | *Goût de la solitude*, Neigung zur Einsamkeit ; PÉJOR. Eigenbrötelei.

4. [sentiment du beau] Geschmack m. ; Schönheits-, Kunstsinn m. | *Bon goût*, guter Geschmack. | *De bon goût*, geschmackvoll. | *De mauvais goût*, geschmacklos ; abgeschmackt. | *Plaisanterie de mauvais goût*, schlechter Spaß. | *Avoir du goût*, Geschmack haben. || [élégance] *Vêtu avec goût*, elegant gekleidet.

5. [discernement, appréciation] Geschmack m. | *Chacun selon son goût*, jeder nach seinem Geschmack ; jm nach seinem Gefallen. | *C'est affaire de goût*, das ist Geschmackssache.

6. [style, manière] Geschmack m. ; Stil m. ; Manier f. | *Au goût du jour*, wie es die Mode will ; modisch. | *Dans le goût de*, nach der Manier von ; wie.

goûter [-te] v. tr. **1.** [discerner la saveur] kosten ; versuchen ; probieren. | *Goûter le vin*, den Wein kosten. | *Goûter un mets*, ein Gericht versuchen.

2. FIG. [apprécier] Geschmack finden (an, dat.) ; schätzen. | *Goûter la musique*, an der Musik Gefallen finden. || [approuver] billigen. | *Ne pas goûter une plaisanterie*, einen Spaß nicht billigen, verstehen. || [jouir de] genießen. | *Goûter son bonheur*, sich seines Glücks erfreuen.

◇ v. intr. *Goûter de, à qch.*, etwas kosten, versuchen, probieren ; es ersuchen mit. || [un peu] nipp)en (an, dat.). || [prendre un goûter] vespern ; das Vesperbrot einnehmen.

goûter [gute] m. Vesper f. ; Vesperbrot n.

goutte [gut] f. **1.** PR. Tropfen m. | *Goutte d'eau*, Tropfen Wasser ; Wassertropfen. | *Goutte de sang, de rosée*, Bluts-, Tautropfen. | *Goutte à goutte*, tropfen-, tröpfchenweise. | *Tomber goutte à goutte*, (ab)tröpfen ; tropfen ; durchtropfen ; abträufeln. | *Couler goutte à goutte*, auströpfeln ; sickern ; abrieseln. || [très peu] Tropfen m. ; Schluck m. | *Ne boire qu'une goutte*, nur ein Schlückchen trinken. || LOC. *Il a la goutte au nez*, die Nase tropft ihm. | *Suer à grosses gouttes*, fürchterlich schwitzen ; schweißtriefend sein. || FAM. [eau-de-vie] Schnaps m. ; Schnäpschen n.

2. FIG. *Se ressembler comme deux gouttes d'eau*, sich ähneln wie ein Ei dem anderen. | *C'est une goutte d'eau dans la mer*, das ist ein Tropfen auf den heißen Stein.

3. MÉD. Gicht f. ; Podagra n. ; IRON. Zipperlein n.

◇ f. pl. **gouttes,** MÉD. [potion] Tropfen m. pl.

◇ loc. adv. FIG. *On n'y voit goutte*, man sieht nicht das Geringste. | *Je n'y comprends goutte*, ich verstehe davon kein Wort ; das sind böhmische Dörfer für mich.

goutte-à-goutte [gutagut] m. invar. MÉD. Tropf m. | *Être au goutte-à-goutte*, am Tropf hängen.

gouttelette [-lɛt] f. Tröpfchen n.

goutter [gute] v. intr. ab-, heruntertropfen, -tröpfeln ; träufeln.

goutteux, euse [gutø, ø:z] adj. MÉD. gichtisch ; gichtkrank ; -an Gicht leidend.

◇ s. Gichtkranke(r) m. (f.) ; an Gicht Erkrankte(r) m. (f.).

gouttière [gutjɛ:r] f. ARCHIT. Dachrinne f., -traufe f. ; Regenrinne f. || *Chat de gouttière*, Dachhase m. ; Katze f. || MÉD. Knochenschiene f.

gouvernable [guvɛrnabl] adj. lenkbar ; regierbar.

gouvernail [-na:j] m. MAR. (Steuer)ruder n. ; Steuer n. | *Être privé de gouvernail*, steuerlos sein ; treiben. || AÉRON. Ruder n. | *Gouvernail de direction, de profondeur*, Seiten-, Höhenruder. || FIG. *Tenir le gouvernail*, am Steuer stehen ; am Ruder sein ; FIG. das Heft in der Hand haben.

gouvernant, ante [-nɑ̃, ɑ̃:t] adj. regierend ; herrschend.

◇ f. **gouvernante,** Haushälterin f. ; Erzieherin f. ; Kindermädchen n. ; Gouvernante f.

◇ m. pl. **gouvernants,** Regierenden m. pl. ; Herrscher m. pl. ; Behörden f. pl.

gouverne [guvɛrn] f. AÉRON. Ruder n. ; Steuerfläche f. | *Gouverne de direction*, Seitenruder. | *Gouverne de profondeur*, Höhenruder. || FIG. Richtschnur f. | *Pour votre gouverne !*, richten Sie sich danach !

gouvernement [-nəmɑ̃] m. [forme du pouvoir] Regierung f. ; Regierungsform f. | *Gouvernement républicain*, republikanische Regierungsform. | *Gouvernement militaire*, Militärregierung. | *Gouvernement fantoche*, Schein-, Marionettenregierung. || [province] Landesregierung f. | *Gouvernement du Schleswig-*

Holstein, Schleswig-Holsteinische Landesregierung. || ADM. Verwaltung f.; Leitung f.; Führung f.

gouvernemental, ale, aux [-nəmɑ̃tal] adj. regierungsfreundlich; Regierungs... | *Milieux gouvernementaux*, Regierungskreise m. pl.

gouverner [-ne] v. tr. POLIT. die Herrschaft führen; herrschen (über, acc.); regieren. | *Gouverner un pays*, ein Land beherrschen. || [enfant] beaufsichtigen. || FIG. *Gouverner ses passions*, seine Leidenschaften beherrschen, zügeln. || ADM. verwalten; leiten. || GRAMM. regieren. || MAR. steuern.

◇ v. intr. MAR. dem Steuer gehorchen.

◇ v. pr. **se gouverner,** FIG., (VX.) sich beherrschen.

gouverneur [-nœ:r] m. POLIT. [province] Statthalter m.; Gouverneur m. || ADM. [banque] Direktor m. | *Gouverneur de la banque fédérale*, Bundesbankpräsident m. || [précepteur] Prinzenerzieher m.; Hofmeister m.

goyave [gɔjav] f. Guave f.

Graal [graal] n. pr. m. RELIG. *Le Saint-Graal*, der heilige Gral.

grabat [graba] m. elendes Lager.

grabataire [-tɛr] adj. bettlägerig.

◇ s. Bettlägerige(r) f. (m.).

grabuge [graby:ʒ] m. FAM. Krach m.; Krakeel m.; Zänkerei f. | *Faire du grabuge*, Krach schlagen. | *Il va y avoir du grabuge*, es ist dicke Luft.

grâce [grɑ:s] f. **1.** [charme] Anmut m.; Liebreiz m.; Lieblichkeit f.; Anstand m.; Grazie f. | *Grâce naturelle*, natürliche Anmut. || IRON. *Faire des grâces*, sich zieren; schöntun. || PAR EXT. *De bonne grâce*, bereitwillig; gern. | *De mauvaise grâce*, widerwillig.

2. [bienveillance] *Bonnes grâces*, Gnade f.; Gunst f.; Begünstigung f.; Huld f.; Gunstbezeigung f. | *Être dans les bonnes grâces de qn*, bei jm in Gunst sitzen; POP. bei jm gut angeschrieben sein. | *Perdre les bonnes grâces de qn*, es mit jm verderben; js Gunst verscherzen. | *Faites-moi la grâce de*, seien Sie so nett, zu; tun Sie mir den Gefallen.

3. [faveur] Gnade f. | *Accorder une grâce à qn*, jm eine Gnade erweisen. || [bienfaits] Segen m. | *Répandre ses grâces*, seinen Segen spenden. || *Par la grâce de Dieu*, von Gottes Gnaden. | *À la grâce de Dieu*, in Gottes Namen; wie Gott will.

4. [pardon; clémence] Gnade f.; Begnadigung f. | *Trouver grâce*, Gnade finden. | *Demander grâce*, um Gnade bitten. | *Faire grâce à qn*, jn begnadigen. || JUR. Gnade f.; Begnadigung f.; Straferlaß m. | *Droit de grâce*, Begnadigungs-, Gnadenrecht n. | *Recours en grâce*, Gnadengesuch n. | *Accorder la grâce*, einem Gnadengesuch stattgeben.

5. RELIG. *Plein de grâce*, gnadenvoll, -reich. | *Doctrine de la grâce*, Heilslehre f. | *État de grâce*, Gnadenzustand m.; FIG. Schonfrist f. | *En l'an de grâce*, im Jahre des Heils; Anno Domini.

6. LOC. DIV. *Faire grâce de qch. à qn*, jm etwas erlassen, ersparen; jn mit etwas verschonen. | *Faite-moi grâce de vos reproches!*, FAM. sparen Sie sich die Vorwürfe. | *Faire grâce de la vie à qn*, jm das Leben schenken. | *Quart d'heure de grâce*, Galgenfrist f. | *Donner le coup de grâce*, den Gnadenstoß geben. | *Votre Grâce*, Euer Gnaden.

◇ loc. adv. **de grâce,** bitte!; um Gottes willen!

◇ loc. prép. **grâce à,** dank (dat.); infolge (gén.). | *Grâce à vous j'ai réussi*, Ihnen habe ich meinen Erfolg zu verdanken.

◇ f. pl. **grâces,** [prière] Dank-, Tischgebet n. || MYTH. *Les trois Grâces*, die drei Grazien f. pl.

gracier [-sje] v. tr. JUR. begnadigen.

gracieusement [-sjøzmɑ̃] adv. voller Anmut; anmutig. || COMM. unentgeltlich.

gracieux, ieuse [-sjø, jø:z] adj. [aimable, joli] anmutig; lieblich; zierlich; graziös. || FIG. [moralement] gnädig; gnadenreich, -voll; huldvoll. || [politesse] gnädig. | *Notre très gracieux souverain*, unser allergnädigster Herr. || COMM. *À titre gracieux*, freundlicherweise; unentgeltlich; umsonst; gratis.

gracile [grasil] adj. zierlich; schlank; grazil.

gracilité [-lite] f. Zierlichkeit f.; Schlankheit f. || PAR EXT. Zartheit f.; Schmächtigkeit f.

Gracques [grak] n. pr. m. pl. HIST. Gracchen m. pl.

gradation [gradasjɔ̃] f. Abstufung f.; Stufenfolge f. || FIG. [progression] Steigerung f.

grade [grad] m. [hiérarchie] Rang m.; (Dienst)grad m. | *Grade de capitaine*, Hauptmannsrang. | *Grade universitaire*, akademischer Grad. | *Monter en grade*, höherrücken; befördert werden. || FIG. *En prendre pour son grade*, gehörig gerüffelt werden. || PAR EXT. [dignité] Ehrenstufe f. || GÉOM. Grad m.; Zentesimalgrad.

gradé [-de] m. MIL. Chargierte(r) m.; Unteroffizier m.

gradient [gradiɑ̃] m. PHYS. Gradient m.

gradin [gradɛ̃] m. ARCHIT. Stufe f.; Stufentritt m.; Staffel f. || MINES. Strosse f.; Firste f.

◇ m. pl. **gradins,** [amphithéâtre] Sitzreihen f. pl. | *En gradins*, terrassenförmig.

graduation [gradɥasjɔ̃] f. PHYS. Gradeinteilung f.; Eichung f. || CHIM. Gradierung f. || FIG. Abstufung f. || RADIO. Skala f.

graduel, uelle [-dɥɛl] adj. (stufenweise) fortschreitend; allmählich; abgestuft; graduell; Stufen...

◇ m. **graduel,** RELIG. Graduale n.

graduellement [-dɥɛlmɑ̃] adv. stufen-, gradweise; allmählich; nach und nach.

graduer [-dɥe] v. tr. PHYS. in Grade einteilen; teilen; eichen. || CHIM. gradieren. || FIG. [difficultés] allmählich steigern.

◇ part. pass. et adj. **gradué, uée,** (in Grade) eingeteilt. | *Règle graduée*, Lineal (n.) mit Zentimetereinteilung.

graffiti [grafiti] m. pl. ARTS. Sgraffitomalerei f. || PAR EXT. [inscription] Gekritzel n.

graillon [grajɔ̃] m. CULIN. [odeur] Fettgeruch m. | *Sentir le graillon*, nach Fett riechen.

grain [grɛ̃] m. **1.** BOT. Korn n.; Körnchen n. | *Grain de blé*, Getreidekorn. | *Grain de café*, Kaffeebohne f. | *Grain de raisin*, Traubenbeere f. | *À gros grains*, grobkörnig. | *Aux grains serrés*, feinkörnig.

2. [céréales] Korn n.; Körnchen n.; Getreide n. | *Commerce de grains*, Getreidehandel m., Kornhandel m. | *Grenier à grain*, Kornspeicher m. | *Poulet de grain*, gemästetes Huhn. | *Battre le grain*, das Korn dreschen. | *Veiller au grain*, auf der Hut sein.

3. [parcelle] Körnchen n.; Kügelchen n. | *Grain de sable*, Sandkorn n. | *Grain de beauté*, Leberfleck m.

4. [bourrasque] Regenguß m. || MAR. Bö f.

5. TEXT. *Grain d'une étoffe*, Köper m.

6. TECHN. Korn n. | *Grain de cuir*, Narbe f.

7. FIG. *Avoir un grain de folie*, einen Sparren haben; nicht alle Tassen im Schrank haben. | *Mettre son grain de sel*, POP. seinen Senf dazugeben. | *Il n'a pas un grain de bon sens*, er hat kein Fünkchen Verstand.

graine [grɛn] f. BOT. Same(n) m.; (Samen)korn n. | *Graine de lin*, Leinsame. | *Graine de moutarde*, Senfkorn. | *Monter en graine*, in Samen schießen. || [melon] Kern m. || PAR EXT. [œufs] Eier n. pl.; Brut f. || FIG. *Mauvaise graine*, Unkraut n.; böse Brut. | *En prendre de la graine*, nachahmen.

graineterie [-ntri] f. Samenhandlung f.

grainetier, ière [-ntje, jɛ:r] s. Samen-, Kornhändler(in) m. (f.).

graissage [grɛsa:ʒ] m. [action] (Ein)schmieren n. ; (Ein)fetten n. ; (Ein)ölen n. || [système] Schmierung f. || AUTOM. Abschmieren n.

graisse [grɛs] f. ANAT. Fett n. ; POP. Speck m. | *Faire de la graisse*, Fett, Speck ansetzen ; fett werden. || [porc] Schweinefett n., -schmalz n. ; Schmer m. || [corps gras] Fett n. | *Tache de graisse*, Fettfleck m. | *Couvert de graisse*, fettig. || CULIN. Fett n. ; Schmalz n. || TECHN. (Schmier)fett n. ; Schmiere f.

graisser [grɛse] v. tr. (ein)fetten ; (ein)schmieren ; (ein)ölen ; mit Fett, mit Öl bestreichen. | *Graisser un fusil*, ein Gewehr einfetten. | *Graisser une voiture*, einen Wagen abschmieren. || CULIN. schmalzen. || PAR EXT. [par accident] mit Fett beflecken ; beschmieren. || FIG. [corrompre] *Graisser la patte à qn*, jn bestechen ; jm Schmiergeld geben.
◇ v. intr. [vin] zähe, ölig werden.

graisseux, euse [-sø, ø:z] adj. schmierig ; fettig ; fettbeschmiert ; ölig.

graminées [gramine] f. pl. BOT. Gräser n. pl.

grammaire [grammɛ:r] f. Grammatik f. | *Grammaire comparée*, vergleichende Grammatik. | *Grammaire générative*, generative Grammatik. | *Grammaire transformationnelle*, Transformationsgrammatik.

grammairien, ienne [-mɛrjɛ̃, jɛn] s. Sprach-, Grammatiklehrer(in) m. (f.). || PAR ANAL. Sprachgelehrte(r) m. ; Philologe m. ; Philologin f.

grammatical, ale, aux [-matikal, o] adj. sprachwissenschaftlich ; grammatisch. | *Analyse grammaticale*, grammatische Analyse.

gramme [gram] m. Gramm n. (abr. g).

grand, grande [grɑ̃, ɑ̃:d] adj.

> **I.** DE GRANDES DIMENSIONS : groß ; lang ; hoch ; weit.
> **II.** DÉVELOPPÉ : [adulte] groß ; erwachsen ; [qui passe la moyenne] stark, hoch.
> **III.** FORT ; VIOLENT : groß ; stark ; heftig.
> **IV.** TOTAL, TOUT À FAIT : ganz (weit) ; höchst ; frei ; hell ; voll.
> **V.** FIG. INTENSE, PROFOND, ÉLEVÉ : groß ; viel ; sehr ; tief ; hoch.
> **VI.** ILLUSTRE ; NOBLE ; IMPORTANT ; HAUT PLACÉ : groß ; groß... ; (hoch)berühmt ; edel ; bedeutend ; hochstehend.
> **VII.** PRINCIPAL ; CAPITAL : groß ; Haupt...
> **VIII.** SENS PARTICULIERS : groß ; oberst ; Groß... ; Ober...
> **IX.** loc. adv. **en grand,** im Großen.

I. DE GRANDES DIMENSIONS : groß. | *La grande ville*, die Großstadt. | *De grandes mains*, große Hände f. pl. | *Aux grands pieds*, großfüßig. | *Plus grand que nature*, überlebensgroß. || [long] lang. | *De grandes oreilles*, lange Ohren n. pl. | *Aux grandes jambes*, langbeinig ; IRON. langstelzig. || [haut] groß ; hoch. | *Grand arbre*, hoher Baum. | *Grande construction*, Hochbau m. | *De grande taille*, hochgewachsen. || IRON. *Grande perche*, lange Stange. || [vaste] groß ; weit ; geräumig. | *Grande salle*, geräumiger Saal ; Halle f.
II. DÉVELOPPÉ : groß. | *Devenir grand*, groß werden : heranwachsen. || [adulte] groß ; erwachsen. | *Une grande personne*, ein Erwachsener. || [qui passe la moyenne] (über)groß ; stark. | *Grand âge*, hohes, vorgerücktes Alter. | *Grand fumeur*, starker Raucher. | *Très grand pour son âge*, übergroß.
III. FORT, VIOLENT : groß ; stark ; gewaltig ; heftig. | *Grand vent*, starker, heftiger Wind. | *Grand bruit*, großer Lärm. | *Grand cri*, lauter Schrei. | *Grande criminalité*, Schwerkriminalität f.
IV. TOTAL, TOUT À FAIT : groß ; ganz (weit). | *Ouvrir la bouche toute grande*, den Mund groß, ganz weit aufsperren. | *Grand ouvert*, weit auf ; weit offen. | *Ouvrir de grands yeux*, ganz verblüfft dastehen. || PAR EXT. [air, jour] frisch ; frei ; hell. | *Le grand air*, die freie, frische Luft. | *Jouer au grand air*, im Freien spielen. | *Il fait grand jour*, es ist heller Tag. || FIG. *Au grand jour*, am hellichten Tag. | *De grand matin*, früh morgens. | *Il est grand temps*, es ist höchste Zeit. | *De grand cœur*, von Herzen gern. || [entier et plus] ganz ; voll ; gut. | *Deux grandes heures*, zwei volle Stunden f. pl. | *Un grand verre*, ein volles Glas.
V. FIG. INTENSE, PROFOND, ÉLEVÉ : groß ; viel ; sehr ; tief ; hoch. | *Grand merci*, vielen Dank. | *Éprouver un grand plaisir*, eine große Freude empfinden. | *En grand deuil*, in tiefer Trauer ; tieftrauernd. | *Nourrir de grands espoirs*, sich viel von etwas vesprechen. | *Avoir grand besoin de qch.*, etwas sehr dringend benötigen. | *Faire grand cas de*, sehr hochschätzen ; viel Wesens machen von. | *Grand mérite*, hohes Verdienst. | *En grand secret*, ganz geheim. || IRON. *Faire de grands serments*, hoch und heilig versprechen. || PÉJOR. [exagéré] (über)groß ; hoch... | *Faire de grands gestes*, große Bewegungen machen ; herumfuchteln. | *De grands mots*, hochtrabende Worte n. pl. || PAR EXT. *Mener la grande vie*, im großen Stil leben ; drauflos leben. | *On y mène grand train*, da gehts hoch her. | *Il y règne une grande activité*, da ist Hochbetrieb. | *En grande toilette*, in vollem Staat. | *Voir grand*, alles in großem Stil wollen. | *Grands airs*, hochmütige Miene.
VI. ILLUSTRE : groß ; (hoch)berühmt ; bedeutend ; bedeutsam ; wichtig. | *Les plus grands écrivains du XIXe siècle*, die bedeutendsten Schriftsteller des 19. Jahrhunderts. || [noble] : groß ; großmütig, -zügig, -herzig. | *Grande âme*, große, edle Seele. || [chose] groß ; edel ; erhaben. | *Avoir de grandes pensées*, groß denken. || [haut placé] : groß ; hoch(stehend) ; vornehm. | *Grand seigneur*, vornehmer Herr. | *Grand dignitaire*, hoher Würdenträger. | *De grande famille*, von hoher Herkunft. || PAR EXT. *Grand monde*, vornehme Welt. || PAR EXAGÉR. *Grand Dieu !*, großer Gott ; du lieber Gott !
VII. PRINCIPAL ; CAPITAL : groß ; Haupt... ; Hoch... | *Les grandes lignes de sa politique*, die großen Richtlinien, die Hauptrichtlinien seiner Politik. | *Grande poste*, Hauptpost f. | *Employer les grands moyens*, die äußersten Mittel anwenden ; radikal vorgehen. | *Voleur de grand chemin*, Wegelagerer m. | *En grande partie*, großenteils. | *Pour la plus grande partie*, größtenteils.
VIII. SENS PARTICULIERS. HIST. groß ; Groß... | *La Grande Guerre*, der Weltkrieg (1914-1918). | *La Grande Armée*, das große Heer (Napoleons). | *Grand électeur*, Kurfürst m. ; [élections sénatoriales] Wahlmänner m. pl. || PAR EXT. [titre, dignité] : groß ; oberst ; Groß... ; Ober... | *Frédéric le Grand*, Friedrich der Große. | *Grand prêtre*, hoher Priester. | *Grand rabbin*, Oberrabbiner m. | *Grande école*, Hochschule f. | *Grandes vacances*, Sommerferien f. pl. || COMM. *Grand magasin*, Warenhaus n. || MAR. *Grand mât*, Großmast m.
IX. loc. adv. **en grand** [en grandeur naturelle] : in Großformat ; in Lebensgröße. || [à grande échelle] im Großen ; in großem Maßstab. | *Vu en grand*, im großen und ganzen. || FIG. [d'envergure] großzügig ; edel.

grand [grɑ̃] m. [adulte] Großer m. ; Erwachsener m. | *Grands et petits*, groß und klein, jung und alt ; FIG. Mann und Maus. || [haut placé] Große(r) m. ; Hohe(r) m. | *Les grands de la terre*, die Großen. | *Grand* *d'Espagne*, Grande m. || [ce qui est élevé] Großes n. ; Erhabenes n.

grand-angle [grɑ̃tɑ̃:gl] m. PHOT. Weitwinkel(objektiv) n.

grand-chose [-ʃo:z] s. invar. LOC. *Cela ne vaut pas grand-chose*, das ist nicht viel wert ; das taugt nicht viel. | *Ce n'est pas grand-chose*, das ist nichts Nennenswertes.

grand-croix [-krwa] f. [Légion d'honneur] Großkreuz n. || PAR EXT. [personne] Großkreuzträger m.

grand-duc [-dyk] m. HIST. Großherzog m.

grand-duché [-dyʃe] m. Großherzogtum n.

Grande-Bretagne [grɑ̃dbrətaɲ] n. pr. f. Großbritannien n.

grande-duchesse [-dyʃɛs] f. Großherzogin f.

grandement [-dmɑ̃] adv. [abondamment] reichlich. | *Grandement assez*, überaus genug. | *Avoir grandement de quoi vivre*, sein reichliches Auskommen haben. || [fortement] gewaltig ; mächtig ; sehr. | *Se tromper grandement*, sich mächtig irren. || [avec grandeur] groß ; großartig, -zügig.

grandeur [-dœ:r] f. **1.** [sens général] Größe f. | *Grandeur nature*, Lebensgröße ; Lebensformat n. | *De la grandeur de*, so groß wie. | *Folie des grandeurs*, Größenwahn(sinn) m.
2. FIG. [noblesse] Größe f. ; Erhabenheit f. ; Würde f. | *Grandeur d'âme*, Seelengröße ; Großmut m. | *Qui a de la grandeur*, großmütig. || PÉJOR. *Regarder qn du haut de sa grandeur*, auf jn von oben (verächtlich) herabblicken.
3. [titre] *Votre Grandeur*, Hochwürden m. ; Eure Gnaden ; Erlaucht.

grandiloquence [-dilɔkɑ̃s] f. Großsprecherei f. ; Wichtigtuerei f. ; Bombast m. ; Schwulst m.

grandiloquent, ente [-dilɔkɑ̃, ɑ̃:t] adj. großsprecherisch ; bombastisch ; schwülstig ; hochtönend, -trabend.

grandiose [-djo:z] adj. großartig ; hervorragend ; erhaben ; überwältigend ; grandios.

grandir [-di:r] v. intr. [devenir grand] groß, größer werden ; wachsen ; auf-, heranwachsen. | *Grandir vite*, emporschießen. || [plantes] empor-, aufwachsen ; in die Höhe wachsen. || FIG. [augmenter] wachsen ; zunehmen. | *Grandir en sagesse*, an Weisheit zunehmen. | *Grandir dans l'estime de qn*, bei jm in der Achtung steigen.
◇ v. tr. [rendre grand] größer machen. || FIG. *Grandir le mérite de qn*, js Verdienst größer machen, vergrößern. || [exagérer] übertreiben. || PHYS. vergrößern.
◇ part. prés. **grandissant, ante,** *Avec un intérêt grandissant*, mit wachsendem Interesse.
◇ v. pr. **se grandir,** FIG. sich groß machen ; sich erheben.

grandissime [-disim] adj. sehr groß ; äußerst groß.

grand-livre [-livr] m. COMM. Hauptbuch n. || POLIT. Staatsschuldenliste f.

grand-maman [-mamɑ̃] f. (pl. **grand-mamans**) Oma f.

grand-mère [-mɛ:r] f. (pl. **grand-mères**) Großmutter f. || FIG. Mütterchen n. || PAR EXT., PÉJOR. *Conte de grand-mère*, Altweibergeschwätz n.

grand-messe [-mɛs] f. (pl. **grand-messes**) RELIG. Hochamt n. ; Hauptmesse f.

grand-oncle [grɑ̃tɔ̃kl] m. (pl. **grands-oncles**) Großonkel m.

grand-papa [grɑ̃papa] m. (pl. **grands-papas**) Großpapa m. ; Opa m.

grands-parents [-parɑ̃] m. pl. Großeltern m. pl.

grand-père [-pɛ:r] m. (pl. **grands-pères**) Großvater m.

grand-route [-rut] f. (pl. **grand-routes**) Landstraße f. ; Heerstraße f.

grand-rue [-ry] f. (pl. **grand-rues**) Hauptstraße f.

grand-tante [-tɑ̃t] f. (pl. **grand-tantes**) Großtante f.

grange [grɑ̃:ʒ] f. Scheune f. ; Scheuer f.

granit [grani] ou **granite** [-nit] m. GÉOL. Granit m.

granité, ée [-te] adj. GÉOL. granitartig.

graniteux, euse [-tø, ø:z] adj. granithaltig.

granitique [-tik] adj. granitisch ; granitartig.

granulation [granylasjɔ̃] f. TECHN. [métal] Körnen n. ; Körnung f. ; Knötchenbildung f. ; Granulierung f. || MÉD. Granulationsgeschwulst n.

granule [-nyl] m. Körnchen n. ; Kügelchen n. || MÉD. [pilule] (Arznei)kügelchen n.

granuler [-nyle] v. tr. TECHN. körnen ; granulieren.
◇ part. pass. et adj. **granulé, ée,** gekörnt ; körnig.
◇ m. pl. **granulés,** (Arznei)körnchen n. pl.

granuleux, euse [-nylø, ø:z] adj. körnig ; gekörnt. || MÉD. mit Knötchen ; granulös.

granulométrie [-lɔmetri] f. Korngrößenverteilung f.

graphe [graf] m. MATH. Graph m.

graphie [-fi] f. Schrift f. ; Schreibweise f.

graphique [-fik] adj. zeichnerisch ; graphisch. | *Arts graphiques*, Graphik f. || INF. *Terminal graphique*, Graphikterminal n.
◇ m. MATH., PHYS. [courbe] graphische Darstellung ; Diagramm n.

graphiste [-fist] s. Graphiker(in) m. (f.).

graphite [-fit] m. MINÉRAL. Graphit m. ; Bleimine f.

graphologie [-fɔlɔʒi] f. Handschriftendeutung f., -kunde f., -auslegung f. ; Graphologie f.

graphologue [-fɔlɔg] m. Schriftdeuter m. ; Graphologe m.

grappe [grap] f. BOT. Traube f. | *Grappe de fleurs*, Blütentraube. | *Grappe de raisin*, Weintraube. | *En grappe*, traubenförmig. | *Égrener une grappe*, abbeeren. || PHYS. *En grappe*, gebündelt ; gruppiert. || FIG. *Grappe humaine*, Menschentraube f.

grappillage [-pija:ʒ] m. [après les vendanges] Nachlese f. || FIG., FAM. Schachern n.

grappiller [-pije] v. intr. et v. tr. Nachlese halten. || FIG. nippen. || PAR EXT., FAM. grapsen.

grappin [grapɛ̃] m. MAR. (Dregg)anker m. ; Dreschanker m. | *Grappin d'abordage*, Enterhaken m. | *Jeter le grappin*, entern. || FIG. *Jeter, Mettre le grappin sur qn*, jn in Beschlag nehmen. || TECHN. [pour grimper] Steig-, Klettereisen n.

gras, grasse [gra, gras] adj. [sens général] fett.
1. [êtres vivants] fett ; dick ; feist ; speckig ; fleischig. | *Gros et gras*, dick und fett ; rund und feist. || FIG. *Tuer le veau gras*, das Mastkalb schlachten.
2. [choses] fetthaltig ; Fett... | *Corps gras*, Fettkörper m. | *Matières grasses*, Fett n. || [sale] fett ; fettig ; schmierig ; beschmutzt. || [glissant] *Pavé gras*, schlüpfriges Pflaster. || MÉD. *Toux grasse*, schleimiger Husten. || BOT. *Plantes grasses*, Kakteen f. pl. ; Fettpflanzen f. pl. || [sol] fett ; Lehm... || [vin, liquide] zäh ; ölig. || TYPOGR. *Caractère gras*, Fettdruck m.
3. CULIN. [avec de la viande] Fleisch... | *Jour gras*, Fleischtag m. | *Mardi gras*, Fastnachtsdienstag m. | *Faire gras*, Fleisch essen. | *Bouillon gras*, Fleischbrühe f. | *Pâté de foie gras*, Gänseleberpastete f.

4. FIG. *Parler gras*, das R schnarren. | *Faire la grasse matinée*, bis in den hellen Morgen hineinschlafen. ◇ m. **gras,** ANAT. *Gras de la jambe*, Wade f. || PAR EXT. [graisse] Fett n. || CULIN. *Riz au gras*, Reis mit Fleischbrühe gekocht.
— SYN. : *Rondelet, rondouillard, potelé*, rundlich ; mollig. *Rebondi*, prall. *Dodu*, fleischig. *Plantureux*, drall ; stattlich.

gras-double [-dubl] m. (pl. **gras-doubles**) CULIN. Kaldaunen f. pl. ; Kutteln f. pl.

grassement [-smɑ̃] adv. reichlich. || FIG. *Vivre grassement*, bequem leben. | *Payer grassement*, großzügig bezahlen.

grasseyement [grasɛjmɑ̃] m. Schnarren (des R's) n.

grasseyer [-je] v. intr. das R schnarren.

grassouillet, ette [grasujɛ, ɛt] adj. fleischig ; FAM. pump(e)lig ; beleibt ; quabbelig.

gratification [gratifikasjɔ̃] f. Vergütung f. ; Zuwendung f. ; Gratifikation f.
— SYN. : *Prime* f., Prämie f. *Pourboire* m., Trinkgeld n.

gratifier [-fje] v. tr. *Gratifier qn de qch.*, jn mit etwas beschenken.

gratin [gratɛ̃] m. CULIN. [croûte] Kruste f. || [cuit au four] Überbackene(s) n. | *Sole au gratin*, gebackene Seezunge. || FIG., FAM. [élite] Prominenz f. ; die feinen Leute.

gratiner [-tine] v. tr. CULIN. überbacken, -krusten.

gratis [gratis] adv. umsonst ; unentgeltlich ; ohne Bezahlung ; Entgelt ; frei ; gratis.

gratitude [gratityd] f. Dankbarkeit f. ; Dank m. ; Dankesgefühl n. ; Erkenntlichkeit f.

grattage [grata:ʒ] m. (Ab)kratzen n. ; (Ab)schaben n.

gratte [grat] f. Kratzer m. ; Schrapper m. || FAM. Gitarre f. || FIG., FAM. *Faire de la gratte*, sein Profitchen machen.

gratte-ciel [-sjɛl] m. invar. ARCHIT. Wolkenkratzer m. ; Hochhaus n.

gratte-cul [-ky] m. FAM. Hagebutte f.

grattement [-tmɑ̃] m. Kratzen n. ; Gekratze n.

gratte-papier [gratpapje] m. invar. FIG., PÉJOR. Federfuchser m. ; Tintenkleckser m.

gratter [-te] v. tr. [sens général] Kratzen. | *Se gratter la jambe*, am Bein kratzen. || MÉD. [ouvrir] *Gratter une plaie*, eine Wunde aufkratzen. || [enlever] ab-, wegkratzen ; abschaben ; ausradieren. | *Gratter un mur*, eine Mauer abkratzen. | *Gratter une tache d'encre*, einen Tintenklecks ausradieren. || [le sol] scharren. | *Gratter la terre*, in der Erde scharren ; die Erde aufscharren. || FIG., FAM. *Gratter du papier*, federfuchsen. | *Gratter un bénéfice*, sein Profitchen machen ; Schmu machen. || AUTOM., FAM. *Gratter qn*, jn überholen.
◇ v. intr. kratzen. | *Gratter à la porte*, an der Tür kratzen. || MUS. *Gratter la guitare*, die Gitarre zupfen.

grattoir [-twa:r] m. [à papier] Radiermesser n. || TECHN. Kratzer m. ; Schaber m.

gratuit, uite [gratɥi, ɥit] adj. unentgeltlich ; frei ; kostenlos ; gratis. || *À titre gratuit*, ohne Entgelt ; unentgeltlich ; kostenlos. | *Entrée gratuite*, freier Eintritt. | *École gratuite*, kostenfreie Schule. | *Exemplaire gratuit*, Freiexemplar n. || FIG. [non motivé] ohne Beweis ; grundlos ; zwecklos. | *Méchanceté gratuite*, reine Böswilligkeit. | *Supposition gratuite*, grundlose Annahme.

gratuité [-te] f. Unentgeltlichkeit f.

gratuitement [-tmɑ̃] adv. unentgeltlich ; umsonst ; gratis. || FIG. [sans raison] ohne Beweis ; grundlos.

gravats [gravɑ] m. pl. Schutt m.

grave [gra:v] adj. PHYS. [pesant] schwer ; gewichtig. || FIG. [sérieux, posé] ernst(haft) ; gewichtig ; gesetzt ; gemessen. | *D'un air grave*, mit Ernst ; ernsthaft. || [dangereux] gefährlich ; bedenklich ; schlimm. | *Situation grave*, schlimme, gefährliche Lage. || [important] schwer ; wichtig. | *Faute grave*, schwerer Fehler. | *Maladie grave*, ernste Krankheit. || MUS. [son] tief.
◇ m. Ernstes n. ; Ernsthaftes n.

graveleux, euse [gravlø, ø:z] adj. kiesartig ; kiesbedeckt ; Kies... | *Sol graveleux*, Kiesboden m. || FIG. [licencieux] schlüpfrig ; anstößig.

gravement [-vmɑ̃] adj. ernsthaft ; ernst. || PAR ANAL. *Gravement malade*, schwer krank. | *Marcher gravement*, würdevoll einherschreiten.

graver [grave] v. tr. [pierre] eingraben. -meißeln. | *Graver une inscription au ciseau*, eine Inschrift einmeißeln. || [bois] schneiden ; einritzen. | *Graver sur bois*, in Holz schneiden. || [métal] stechen ; einprägen ; gravieren. | *Graver sur cuivre*, in Kupfer stechen. | *Graver à l'eau-forte*, einätzen ; radieren. | *Graver à l'acide*, einbeizen. || FIG. [dans la mémoire] einprägen, -schärfen ; prägen (in, acc.). || TYPOGR. schneiden.
◇ part. pass. et adj. **gravé, ée,** *Pierre gravée*, Gemme f. | *Il a son nom gravé sur*, sein Name steht auf. || FIG. *C'est gravé dans ma mémoire*, es haftet in meinem Gedächtnis.
◇ v. pr. **se graver,** [sens pass.] eingegraben werden. || FIG. *Se graver dans la mémoire*, sich (fest) einprägen.

graveur, euse [-vœ:r, ø:z] s. [sur bois] (Holz)-schnittkünstler(in) m. (f.). || [sur métal] Stecher m. ; Graveur(in) m. (f.) | *Graveur à l'eau-forte*, Radierer m.

gravide [gravid] adj. PHYSIOL. geschwängert ; tragend ; schwanger ; trächtig.

gravier [gravje] m. Kies m. ; Kiesel(stein) m. ; Kiessand m. ; Splitt m. || MÉD. Harngrieß m.

gravillon [gravijɔ̃] m. Kiessand m. ; Streusand m.

gravimètre [gravimɛtr] m. PHYS. Schwerkraftmesser m. ; Gravimeter n.

gravir [gravi:r] v. tr. steigen ; klettern ; er-, besteigen ; erklettern, -klimmen ; hinaufklettern, -klimmen, -steigen. | *Gravir un escalier*, eine Treppe hinaufsteigen. || FIG. *Gravir les grades inférieurs*, die unteren Dienstgrade durchlaufen.

gravitation [gravitasjɔ̃] f. PHYS. Massenanziehung f. ; Schwerkraft f. ; Gravitation f.

gravité [-vite] f. PHYS. Schwere f. | *Centre de gravité*, Schwerpunkt m. || FIG. [sérieux] Ernst m. ; Ernsthaftigkeit f. || [dignité] Würde f. ; Gemessenheit f. || [danger] Gefährlichkeit f. || [importance] Schwere f. ; Gewicht n. ; Bedenklichkeit f. | *Gravité d'une maladie*, Gefährlichkeit einer Krankheit. || MUS. Tiefe f.

graviter [-vite] v. intr. PHYS. nach dem Schwerpunkt streben ; tendieren ; gravitieren. || PAR EXT. [tourner] (um etwas) kreisen.

gravure [gravy:r] f. [action] Stechen n. ; Gravieren n. || [art] Stecherkunst f. ; Gravierung f. | *Gravure sur cuivre*, Kupferstecherkunst. | *Gravure à l'eau-forte*, Radierkunst f. ; Ätzen n. | *Gravure sur bois*, Holzschnittkunst f. || [estampe] Stich m. ; Schnitt m. | *Gravure sur bois*, Holzschnitt. | *Gravure sur cuivre*, Kupferstich. | *Gravure à l'eau-forte*, Radierung f.

gré [gre] m. **1.** [ce qui plaît, volonté] Gefallen n. ; Belieben n. ; Wunsch m. ; Gutdünken n. ; Wille m. ; Laune f. | *À son gré*, nach seinem, nach freiem Belieben ; nach Gutdünken ; wie man will ; wie's beliebt. | *Contre son gré*, gegen seinen Willen ; wider Willen ; widerwillig. | *Trouver qch. à son gré*, an etwas Gefallen finden. | *De bon gré, de plein gré*, gern ;

freiwillig. | *Bon gré mal gré*, wohl oder übel ; ob er will oder nicht. | *De gré ou de force*, auf Biegen oder Brechen. || COMM. *De gré à gré*, freihändig ; in beiderseitigem Einverständnis. || MAR. *Aller au gré des flots*, ein Spielball der Wellen sein ; den Wellen preisgegeben sein. || PAR EXT. [goût] Geschmack m. **2.** [reconnaissance] Dank m. | *Savoir gré de qch. à qn*, jm für etwas verbunden, dankbar sein ; jm für etwas Dank wissen.

grèbe [grɛb] m. ZOOL. Steißfuß m. | *Grèbe huppé*, Haubentaucher m.

grec, grecque [grɛk] adj. griechisch. | *Profil grec*, griechisches Profil.
◇ s. **Grec, Grecque,** Grieche m. ; Griechin f.
◇ m. **grec,** [langue] Griechische(s) n. ; Griechisch n. ; griechische Sprache. | *Grec moderne*, Neugriechisch n.

Grèce [grɛs] n. pr. f. GÉOGR. Griechenland n.

gréciser [gresize] v. tr. gräzisieren.

gréco-latin, ine [grekolatɛ̃, in] adj. griechischlateinisch.

gredin, ine [grədɛ̃, in] s. PÉJOR. Schuft m. ; Halunke m. ; Lump m. ; Spitzbube m., -bübin f.

gréement [gremɑ̃] m. MAR. [action] Auftakeln n. ; Armierung f. || [ensemble] Takelwerk n. ; Takelage f.

gréer [gree] v. tr. MAR. (auf)takeln ; ausrüsten.

greffage [grɛfa:ʒ] m. BOT. Aufpfropfen n. ; Veredeln n. ; Okulieren n.

greffe [grɛf] m. JUR. (Gerichts)kanzlei f. ; Kanzleistube f. ; Gerichtsregistratur f. | *Greffe municipal*, Stadtschreiberei f., -sekretariat n. | *Greffe du tribunal de commerce*, Geschäftstelle (f.) des Gerichts.
◇ f. BOT. [action] Aufpfropfen n. ; Veredelung f. ; Okulieren n. || PAR EXT. [œil, branche] Pfropfreis n., -auge n. || MÉD. [organe] Transplantation f. | *Greffe de moelle osseuse*, Knochenmarktransplantation f.

greffer [-fe] v. tr. BOT. pfropfen ; auf-, umpfropfen (sépar.) ; okulieren. || MÉD. auf-, ver-, umpflanzen (sépar.) ; übertragen.

greffier [-fje] m. JUR. Gerichtsschreiber m. ; Protokollführer m. ; Urkundsbeamte(r) m.

greffoir [grɛfwar] m. Pfropfmesser n.

greffon [-fɔ̃] m. BOT. Pfropf-, Veredelungsreis n. || MÉD. Transplantat n. | *Rejet de greffon*, Transplantatverwerfung f.

grégaire [gregɛ:r] adj. Herden... ; Durchschnitts... ; Massen... | *Instinct grégaire*, Herdentrieb m.

grège [grɛʒ] adj. *Soie grège*, Rohseide f.

grégeois [greʒwa] adj. *Feu grégeois*, griechisches Feuer.

grégorien, ienne [gregɔrjɛ̃, jɛn] adj. gregorianisch. | *Chant grégorien*, gregorianischer Gesang.

grêle [grɛ:l] adj. [long et menu] lang und dünn ; dünn ; schlank ; hager ; schmal ; schmächtig. | *Jambes grêles*, (lange und) dünne Beine n. pl. || PAR EXT. [voix] schwach und hell ; piepsig. || ANAT. *Intestin grêle*, Dünndarm m.

grêle [grɛ:l] f. Hagel m. ; Schloßen f. pl. || FIG. [grande quantité] Hagel m. ; Regen m. ; große Menge. | *Dru comme grêle*, hageldicht. | *Grêle de balles*, Kugelregen. | *Grêle de coups*, Buckel (m.) voll Schläge. | *Grêle de pierres*, Steinhagel.

grêler [-le] v. intr. hageln.
◇ v. tr. verhageln ; durch Hagel verwüsten.
◇ part. pass. et adj. **grêlé, ée,** MÉD. pockennarbig.

grêlon [grɛlɔ̃] m. Hagelkorn n. ; Schloße f.

grelot [grəlo] m. Schelle f. || FIG. *Attacher le grelot*, den Stein ins Rollen bringen.

grelottement [grəlɔtmɑ̃] m. MÉD. Fieberschauer m. ; Schüttelfrost m.

grelotter [-te] v. intr. FIG. [froid] vor Kälte zittern ; mit den Zähnen klappern ; schauern ; schüttern ; sich schütteln. || MÉD. *Grelotter de fièvre*, vom Fieber geschüttelt werden.

grenade [grənad] f. BOT. Granatapfel m. || MIL. Handgranate f. | *Grenade lacrymogène*, Tränengasgranate. | *Grenade sous-marine*, Wasserbombe f.

Grenade n. pr. f. GÉOGR. Granada n.

grenadier [grənadje] m. BOT. Granat(apfel)baum m. || MIL. Grenadier m.

grenadine [-din] f. [sirop] Granatapfelsirup m. || TEXT. Granatseide f.

grenaille [-nɑ:j] f. TECHN. Schrot n. ; Splitt m. ; Granalie f. | *Grenaille de plomb*, Bleischrot. || AGRIC. [graines] Kornabfall m.

grenat [grəna] m. Granat m.
◇ adj. [couleur] granatfarben, -rot.

grenier [grənje] m. (Dach)boden m. ; Speicher m. | *Grenier à blé*, Getreidespeicher. | *Grenier à foin*, Heuboden. | *Mettre au grenier*, (auf)speichern. || FIG. *Grenier de l'Europe*, Kornkammer (f.) Europas.

grenouille [grənuj] f. ZOOL. Frosch m. | *Grenouille rousse, verte*, Gras-, Laubfrosch.

grenouillère [-jɛ:r] f. [lieu] Froschpfuhl m., -teich m. || [vêtement] Strampelhöschen n.

grenu, ue [grəny] adj. AGRIC. [blé] körnerreich ; voller Körner ; körnig. || TECHN. grobkörnig ; gekörnt.

grès [grɛ] m. GÉOL. Sandstein m. | *Grès rouge*, Rotliegende(s) n. || PAR EXT. [poterie] Steingut n.

gréseux, euse [grezø, ø:z] adj. sandsteinartig, -haltig ; Sandstein...

grésil [grezil] m. Graupeln f. pl. | *Il tombe du grésil*, es graupelt. || TECHN. Glasstaub m.

grésillement [-zijmɑ̃] m. [grésil] Graupeln n. || [feu] Knistern n. || PAR EXT. [grillon] Zirpen n.

grésiller [-zije] v. impers. graupeln.
◇ v. intr. [feu] knistern. || PAR ANAL. [cuisson] brutzeln. || PAR EXT. [grillon] zirpen.

grève [grɛv] f. [plage] (Sand)strand m. ; (sandiges) Ufer. || FIG. [arrêt de travail] Streik m. | *Faire grève*, streiken. | *Se mettre en grève*, die Arbeit einstellen ; in den Streik treten. | *Mettre fin à la grève*, den Streik beilegen. | *Grève générale, sur le tas, perlée*, General-, Sitz-, Bummelstreik. | *Grève de la faim, partielle, tournante*, Hunger-, Schwerpunkt-, Rollstreik. | *Grève du zèle*, Dienst (m.) nach Vorschrift. | *Piquet de grève*, Streikposten m. | *Briseur de grève*, Streikbrecher m.

grever [grəve] v. tr. belasten. | *Grever d'impôts, d'hypothèques*, mit Steuern, Hypotheken belasten.

gréviste [grevist] adj. streikend ; ausständig.
◇ s. Streikende(r) f. (m.).

gribouillage [gribuja:ʒ] m. FAM. Schmiererei f. Geschmiere n. ; Sudelei f. ; Gekritzel n.

gribouille [gribu:j] m. Einfaltspinsel m.

gribouiller [-je] v. intr. et tr. FAM. schmieren ; sudeln ; kritzeln ; klecksen.

gribouilleur, euse [-jœ:r, ø:z] s. Schmierfink m.

gribouillis [-ji] m. Gekritzel n. ; Geschmiere n.

grief [grijɛf] m. [reproche] Beschwerde f. ; Einrede f. ; Klagegrund m.

grièvement [-jɛvmɑ̃] adv. schwer... | *Grièvement blessé*, schwer verwundet, verletzt.

griffe [grif] f. [animal] Klaue f. ; Kralle f. ; Greifer m. || [ours] Pranke f. ; Pratze f. || *Qui a des griffes*, klauig ; krallig ; Krallen... | *Donner un coup de griffe*, einen Prankenhieb versetzen. || FIG. *Montrer ses griffes*, die Krallen zeigen ; kratzbürstig sein. || BOT. Klammerwurzel f. ; Klaue f. || PHOT. *Griffe d'entraînement*, Filmmitnehmer m. || TECHN. [machine] Klaue f. ; Greifer m. | *Griffe automatique*, Selbstgreifer. || ADM. [signature] Unterschrift f. ; Namensstempel m.

griffer [grife] v. tr. kratzen ; krallen ; festkrallen ; einen Pranken-, Tatzenschlag versetzen.

griffon [grifɔ̃] m. MYTH. Greif m. || ZOOL. [chien] rauhhaariger Vorstehhund ; Griffon m. ; Schnauzer m. | *Griffon basset*, Langhaardackel m. | *Griffon maltais*, Malteser Hund. || [oiseau] Geier m.

griffonnage [grifɔna:ʒ] m. Gekritzel n. ; Kritzelei f. ; Krickelei f. ; Geschreibsel n.

griffonner [-fɔne] v. tr. kritzeln ; schmieren ; hinsudeln.

griffu [-fy] adj. mit Krallen versehen.

griffure [-fy:r] f. Kratzer m. ; Kratzwunde f. ; Schmarre f.

grignoter [griɲɔte] v. tr. knabbern (an, dat.) ; an-, be-, aufknabbern ; nagen ; an-, benagen. | *Grignoter un morceau de pain*, an einem Stück Brot knabbern.

grigou [grigu] adj. filzig ; knauserig.
◇ m. POP. Filz m. ; Knauser m. ; Geizkragen m.

grigri ou **gri-gri** [grigri] m. Amulett n.

gril [gril] m. CULIN. Grill m. ; Röste f. ; Rost m. | *(Faire) cuire sur le gril*, grillen ; rösten ; auf dem Grill braten. || FIG. *Être sur le gril*, auf heißen Kohlen sitzen.

grillade [-jad] f. Gegrillte(s) n.

grillage [grija:ʒ] m. **1.** [action de griller : métal] Rösten n. ; Brennen n. || [étoffe] Sengen n.
2. [grille] Gitter(werk) n. ; Drahtgeflecht n. ; Maschendraht m.

grillager [-jaʒe] v. tr. TECHN. vergittern.
◇ part. pass. et adj. **grillagé, ée,** vergittert ; Gitter... | *Porte grillagée*, Gittertür f.

grille [gri:j] f. [ensemble] Gitter n. ; Gatter n. || [porte] Gittertür f. || PAR EXT. [poêle] Ofen-, Feuerrost m. || FIG. *Grille de mots croisés*, Kreuzworträtsel n. || ÉCON. *Grille des salaires*, Lohnskala f.

grille-pain [grij:pɛ̃] m. invar. CULIN. Toaster m.

griller [grije] v. tr. CULIN. [faire rôtir] rösten ; (auf dem Rost) braten ; grillen. | *Griller du café*, Kaffee rösten. | *Griller des amandes*, Mandeln brennen. || [brûler] ver-, durchbrennen (sépar.) ; versengen. || TECHN. brennen. || AUTOM., FAM. *Griller un feu rouge*, bei Rot fahren.
◇ v. intr. [rôtir] (auf dem Rost) braten. || PAR EXT. [brûler] brennen ; versengen ; verdörren. || FIG. *Griller d'impatience*, vor Ungeduld brennen.
◇ part. pass. et adj. **grillé, ée,** CULIN. geröstet ; Rost... ; Brat... | *Pain grillé*, Toastbrot n. | *Saucisses grillées*, Bratwürste f. pl. || FIG., FAM. [découvert] durchschaut ; ertappt. || ÉLECTR. durchgebrannt. | *L'ampoule est grillée*, die Birne ist durchgebrannt.

grilloir [-jwa:r] m. TECHN. Röste f. ; Röstofen m.

grillon [grijɔ̃] m. ZOOL. Grille f. ; Heimchen n.

grimace [grimas] f. Fratze f. ; Gesichtsverzerrung f. ; Grimasse f. | *Faire des grimaces*, Fratzen, Gesichter schneiden ; Grimassen machen. || FIG. *Faire la grimace*, ein saures, schiefes Gesicht machen ; ein Gesicht aufsetzen.
◇ f. pl. **grimaces,** FIG. [mines affectées] Verstellung f. ; Heuchelei f. | *Faire des grimaces*, sich anstellen.

grimacer [-se] v. intr. Fratzen, Gesichter, Grimassen schneiden ; das Gesicht verziehen, verzerren. || FIG. heucheln ; vorgeben ; so tun als ob ; ein falsches Gesicht aufsetzen. || TEXT. *Cette robe grimace*, das Kleid wirft, zieht Falten.
◇ part. prés. **grimaçant, ante,** verzerrt ; fratzenhaft ; Fratzen... ; Zerr... || *Image grimaçante*, Zerrbild n.

grimacier, ière [-sje, jɛ:r] adj. FIG. [affecté] heuchlerisch ; gemacht ; geziert ; falsch.
◇ s. Fratzenschneider(in) m. (f.) ; Faxenmacher(in) m. (f.) ; Äffchen n. ; Heuchler(in) m. (f.).

grimer [-me] v. tr. THÉÂTRE. schminken.
◇ v. pr. **se grimer,** sich schminken.

grimoire [grimwa:r] m. Zauber-, Hexen-, Beschwörerbuch n. || FIG. unverständliches Buch.

grimper [grɛ̃pe] v. intr. [escalader] klettern ; hoch-, emporklettern. | *Grimper sur, dans un arbre*, auf einen Baum klettern ; einen Baum erklimmen. | *Grimper à un poteau*, an einer Stange hochklettern. || [plantes] klettern ; hoch-, emporranken. | *Grimper autour de*, umranken ; sich schlingen um. | *Le lierre grimpe au mur*, der Efeu rankt an der Mauer empor. || PAR EXT. [monter] *Grimper sur une montagne*, einen Berg besteigen.
◇ part. prés. **grimpant, ante,** BOT. Kletter... ; Schling... | *Plante grimpante*, Kletterpflanze f.

grimpette [-pɛt] f. Steilpfad m.

grimpeur, euse [-pœ:r, ø:z] s. Kletterer m.
◇ m. pl. **grimpeurs,** ZOOL. Klettervögel m. pl.

grincement [grɛ̃smɑ̃] m. [dents] Knirschen n., [porte] Knarren n., [roue] Quietschen n., [scie] Kreischen n. || FIG. *Pleurs et grincements de dents*, Heulen und Zähneknirschen n.

grincer [-se] v. intr. [dents] knirschen. | *Grincer des dents*, mit den Zähnen knirschen. || PAR ANAL. [nuances] *La porte grince*, die Tür knarrt. | *Les roues grincent*, die Räder quietschen. | *La scie grince*, die Säge kreischt. | *La plume grince sur le papier*, die Feder kratzt auf dem Papier.

grincheux, euse [grɛ̃ʃø, ø:z] adj. mürrisch ; übel-, mißlaunig ; übelgelaunt ; nörgelig ; griesgrämig.
◇ s. Murrkopf m. ; Griesgram m. ; Nörgler m.

gringalet [grɛ̃galɛ] m. Schwächling m. ; Wicht m. ; POP. Knirps m.

griotte [griɔt] f. BOT. [cerise] Sauer-, Weichselkirsche f. || GÉOL. rotgefleckter Marmor.

grippage [gripaʒ] ou **grippement** [gripmɑ̃] m. [machine] Festfressen n. ; Heißlaufen n. ; Blockierung f.

grippe [grip] f. MÉD. Grippe f. ; starke Erkältung. | *Avoir la grippe*, grippekrank sein. || FIG. *Avoir qn en grippe*, eine Abneigung gegen jn haben.

gripper (se) [səgripe] v. pr. TEXT. [étoffe] krumpeln ; einlaufen. || TECHN. [machine] sich heißlaufen, klemmen, blockieren.
◇ part. pass. et adj. **grippé, ée,** MÉD. grippekrank ; verschnupft. || TECHN. [machine] heißgelaufen ; verklemmt ; blockiert.

grippe-sou [gripsu] m. (pl. **grippe-sou[s]**) Pfennigfuchser m.

gris, ise [gri, i:z] adj. [couleur] grau. | *Gris clair*, hellgrau. | *Gris cendre*, aschgrau, -fahl. | *Gris d'acier*, stahlgrau. | *Cheval gris*, Schimmel m. | *Qui a les cheveux gris*, grauhaarig. || PAR EXT. [temps] trüb ; düster. || AUTOM. *Carte grise*, Fahrzeugschein m. || FIG. *Faire grise mine*, ein (süß)saures Gesicht machen. || [ivre] betrunken ; angetrunken ; benebelt ; beschwipst ; blau. | *Être gris*, einen Schwips haben. || ANAT. *Matière grise*, Gehirnmark f. ; FIG. Grips m.
◇ m. **gris,** [couleur] Grau n. ; graue Farbe. | *S'habiller de gris*, sich grau anziehen. | *Tirer sur le gris*, ins Graue spielen.

grisaille [grizɑ:j] f. ARTS. Grau in Grau n. ; grauer Unterton. | *Grisaille quotidienne*, grauer Alltag.

grisâtre [-zɑ:tr] adj. ins Graue spielend ; gräulich.

griser [grize] v. tr. [enivrer] berauschen ; betrunken machen ; zu Kopf steigen. || FIG. berauschen.
◇ part. pass. et adj. **grisé, ée,** [ivre] betrunken ; berauscht ; angetrunken. || FIG. [exalté] berauscht ; trunken.
◇ v. pr. **se griser,** [s'enivrer] sich betrinken, berauschen ; sich einen Rausch antrinken. || FIG. *Se griser de belles paroles*, sich an schönen, leeren Worten berauschen.

griserie [-zri] f. Schwips m. ; (leichter) Rausch ; Angetrunkenheit. f. || FIG. Berauschen n. ; Rausch m.

grisoller [grizole] v. intr. [alouette] trillern ; tirilieren.

grison, onne [grisɔ̃, ɔn] s. [âne] Grautier n.

grisonner [-zɔne] v. intr. ergrauen ; grau werden ; graue Haare bekommen.
◇ part. prés. **grisonnant, ante,** leicht ergraut. | *Cheveux grisonnants*, graumeliertes Haar.

Grisons [-zɔ̃] n. pr. m. pl. HIST. [Suisse] Graubünden n.

grisou [grizu] m. MINES. Grubengas n. ; Schlagwetter n. | *Coup de grisou*, Schlagwetterexplosion f.

grive [griv] f. ZOOL. Drossel f. ; Krammetsvogel m. | *Grive rouge*, Wein-, Rotdrossel.

grivèlerie [grivɛlri] f. Zechprellerei f.

grivois, oise [grivwa, wa:z] adj. [propos] schlüpfrig ; lose ; gewagt ; leichtfertig ; zotig.

grivoiserie [-zri] f. [propos] Schlüpfrigkeit f. ; lose Rede ; Gewagtheit f. ; Zote f.

groenlandais, aise [grɔɛnlɑ̃dɛ, ɛ:z] adj. grönländisch.
◇ s. **Groenlandais, aise,** Grönländer(in) m. (f.).

grog [grɔg] m. Grog m. ; Punsch m.

groggy [grɔgi] adj. SPORT. [boxe] groggy ; angeschlagen.

grognard [grɔɲa:r] m. HIST. MIL. alter Kämpfer.

grognement [-ɲmɑ̃] m. [porc] Grunzen n. ; Gegrunze n. || [ours] Brummen n. || FIG. [mécontentement] Brummen n. ; Murren n.

grogner [-ɲe] v. intr. [porc] grunzen. || [ours] brummen. || [chien] knurren. || FIG. [mécontentement] brummen ; murren. | *Grogner contre qn*, jn anbrummen.

grognon [-ɲɔ̃] adj. brummig ; mürrisch ; knurrig. | *Être grognon*, mürrisch sein ; brummen.
◇ m. Brummbär m. ; Murrkopf m.

groin [grwɛ̃] m. Schweinerüssel m. ; Schnauze f.

grommeler [grɔmle] v. intr. et v. tr. brummen ; murren ; murmeln ; grummeln. | *Grommeler entre ses dents*, in den Bart brummen.

grondement [grɔ̃dmɑ̃] m. [êtres animés] Brummen n. ; Gebrumme n. || Knurren n. ; Murren n. ; Gemurre n. || [tonnerre] Donnern n. ; Rollen n. ; Grollen n. || [tempête] Toben n. ; Tosen n. ; Getöse n. ; Brausen n. || MIL. [canon] Donnern n. ; Donner m. ; Dröhnen n. ; POÉT. Gebrüll n.

gronder [-de] v. tr. [réprimander] (aus)schelten ; (aus)schimpfen ; (aus)zanken ; anbrummen, -donnern. | *Se faire gronder*, schelte bekommen ; gescholten werden.
◇ v. intr. [êtres animés] brummen ; knurren ; murren. || [tonnerre] donnern ; rollen ; grollen. | *Le tonnerre gronde*, es donnert. || [tempête] toben ; tosen ; brausen ; stürmen. || MIL. [canon] donnern ; dröhnen. || FIG. [révolte] dem Ausbruch nahe sein.

gronderie [-dri] f. Schelten n. ; (Aus)schelte f. ; Geschimpfe n.

grondeur, euse [-dœ:r, ø:z] adj. brummig ; mürrisch ; knurrig ; zänkisch ; keifend. | *Ton grondeur*, ärgerlicher Ton.

grondin [-dɛ̃] m. ZOOL. Knurr-, Seehahn m.

groom [grum] m. Hoteldiener m. ; Laufjunge m.

gros, grosse [gro, gro:s] adj. [sens général] dick.
1. SENS PROPRES : **a)** [épais] dick ; stark ; umfangreich. | *Grosses lèvres*, wulstige Lippen f. pl. | *Grosse tête*, großer Kopf. | *Qui a de grosses jambes*, dickbeinig. | *Gros comme le bras*, armesdick. — **b)** [gras] dick(leibig) ; fett ; beleibt. | *Gros et gras*, dick und fett ; dick und feist. | *Grosse femme*, beleibte, starke Frau. — **c)** [de grandes dimensions] groß ; umfangreich. | *Gros colis*, großes, umfangreiches, mächtiges Paket. | *Gros gibier*, Groß-, Hochwild. — **d)** [gonflé] dick ; (an)geschwollen ; aufgelaufen. | *La mer est grosse*, die See geht hoch. | *Le fleuve est gros*, der Fluß ist angeschwollen. — **e)** [femelle] trächtig.
2. SENS FIGURÉS : **a)** [important] groß ; hoch ; wichtig ; bedeutend ; beträchtlich ; erheblich. | *Grosse affaire*, wichtiges Geschäft. | *Gros lot*, großes Los ; Haupttreffer m. | *Grosse situation*, hohe, bedeutende Stelle. | *Grosse somme*, große, hohe, beträchtliche Summe. || LOC. *Jouer gros jeu*, ein gewagtes Spiel spielen. || COMM. *À gros intérêts*, zu hohen Zinsen. — **b)** [grave] groß ; schwer. | *Grosse faute*, schwerer, grober Fehler. | *Gros soucis*, schwere Sorgen f. pl. | *Gros rhume*, schwerer Schnupfen. — **c)** [grossier] grob ; derb. | *Gros mot*, Schimpfwort n. | *Gros pain*, Bauernbrot n. | *Grosse plaisanterie*, derber Witz. | *Gros sel*, Küchensalz n. | *Gros souliers*, große, schwere Schuhe m. pl. | *Grosse tête*, schlauer Kopf. | *Gros travaux*, schwere, grobe Arbeit. | *Grosse toile*, grobes Leinen ; Sackleinen n. | *Grosse voix*, grobe, rauhe Stimme. | *Faire les gros yeux*, ein finsteres Gesicht machen. || ARCHIT. *Gros œuvre*, Rohbau m. || FILM. *Gros plan*, Nah-, Großaufnahme. — **d)** [menaçant] *Gros temps*, stürmisches Wetter. — **e)** [chagrin] schwer. | *Avoir le cœur gros*, bedrückt, betrübt sein. | *Le cœur gros*, schweren Herzens ; mit schwerem Herzen. | *Verser de grosses larmes*, dicke Tränen weinen.
◇ m. **gros,** [la plus grande partie] dickster, größter, stärkster Teil ; Haupt... | *Le gros de la troupe*, der größte Teil der Menge ; das Gros der Truppe. || FIG. [essentiel] Hauptteil m., -sache f. | *Le gros de l'ouvrage*, die Hauptarbeit. || MIL. [de l'armée] Hauptheer n., Gros n. || COMM. *Commerce de gros*, Großhandel m.
◇ adv. **gros,** dick. | *Écrire gros*, dick schreiben. || PAR EXT. [beaucoup] viel ; hoch ; groß. | *Gagner gros*, viel gewinnen. | *Jouer gros*, viel aufs Spiel setzen. | *Il y a gros à parier que*, es läßt sich hundert gegen eins wetten, daß. | *J'en ai gros sur le cœur*, es liegt mir schwer auf dem Herzen.
◇ loc. adv. **en gros,** COMM. [par grandes quantités] im großen ; Groß... | *Acheter en gros*, en gros kaufen. || FIG. im großen und ganzen.

gros-bec [grobɛk] m. (pl. **gros-becs**) ZOOL. Kernbeißer m.

groseille [grozɛ:j] f. BOT. Johannisbeere f. | *Groseille à maquereau*, Stachelbeere f.

groseillier [-je] m. BOT. Johannisbeerstrauch m.

gros-jean [groʒɑ̃] m. POP. Hans Dämlack ; dummer Michel. | *Être Gros-Jean comme devant*, so klug wie zuvor sein.

gros-porteur [gropɔrtœ:r] m. (pl. **gros-porteurs**) Großraumflugzeug n. ; Jumbo Jet n.

grosse [gros] f. COMM. Gros n. ; zwölf Dutzend || JUR. [copie] Ausfertigung f. ; Abschrift f.

grossesse [-sɛs] f. Schwangerschaft f. ; Schwangerschaftszeit f., -dauer f. | *Grossesse avancée*, hohe, vorgerückte Schwangerschaft. | *Grossesse extra-utérine*, Bauchhöhlenschwangerschaft. | *Grossesse nerveuse*, Scheinschwangerschaft.

grosseur [-sœ:r] f. Dicke f. ; Umfang m. ; Größe f. ; Stärke f. | *Grosseur de l'arbre*, Baumumfang. | *Grosseur du fil*, Drahtdicke. | *Grosseur des grains*, Korngröße. || MÉD. Geschwulst f. ; Schwellung f.

grossier, ière [-sje, jɛ:r] adj. **1.** [épais] grob ; grobfädig, -körnig, -klotzig. | *Drap grossier*, grobes Tuch.
2. [peu soigné] *Travail grossier*, grobe Arbeit.
3. [commun] grob ; gewöhnlich ; gemein.
4. FIG. [rude, inculte] grob ; roh ; ungehobelt, -geschliffen, -gesittet ; plump ; kraß ; klotzig ; tölpisch. | *Faute grossière*, grober, schwerer Fehler. | *Ignorance grossière*, krasse Unwissenheit. | *Manières grossières*, plumpe, ungehobelte, grobe Manieren f. pl. || [vulgaire] grob ; gemein ; flegelhaft ; taktlos. | *Parole grossière*, grobes Wort. | *Grossier personnage*, gemeiner, flegelhafter Mensch ; Grobian m.

grossièrement [-sjɛrmɑ̃] adv. grob ; plump ; roh. | *Esquisser grossièrement*, roh entwerfen. | *Se tromper grossièrement*, einem groben Irrtum verfallen.

grossièreté [-sjɛrte] f. FIG. [rudesse] Grobheit f. ; Roheit f. ; Plumpheit f. ; Ungeschliffenheit f. || [vulgarité] Grobheit f. ; Gemeinheit f. ; Flegelhaftigkeit f. ; Flegelei f. ; Taktlosigkeit f. || PAR EXT. [parole] Grobheit f.

grossir [grosi:r] v. tr. [rendre gros, plus gros] dick(er), stark, stärker machen. || [rendre grand, plus grand] vergrößern, -stärken. || *Grossir une rivière*, einen Fluß stauen. | *Ce miroir grossit*, der Spiegel vergrößert. | *Cette robe vous grossit*, dieses Kleid macht Sie dick. || FIG. [exagérer] *Grossir un événement*, ein Ereignis übertreiben.
◇ v. intr. [devenir gros, plus gros] dick(er), stark, stärker werden. || [corps] dick, fett werden ; Fett ansetzen ; zunehmen. || PAR EXT. [augmenter, croître] zunehmen ; anwachsen. | *Le fleuve a grossi*, der Fluß ist angeschwollen.
◇ part. prés. **grossissant, ante,** vergrößernd. | *Verre grossissant*, Vergrößerungsglas n.

grossissement [-sismɑ̃] m. [action et résultat] Vergrößern n. ; Vergrößerung f. ; Verstärkung f.

grossiste [-sist] m. COMM. Großhändler(in) m. (f.).

grosso modo [grosomɔdo] loc. adv. im großen und ganzen ; grob gesehen.

grotesque [grɔtɛsk] adj. [contrefait] verzerrt ; fratzenhaft ; verschroben ; skurril ; grotesk. | *Visage grotesque*, Fratze f. || FIG. [ridicule] lächerlich ; verschroben. | *Caractère grotesque*, Verschrobenheit f.
◇ m. pl. **grotesques,** ARTS. Grotesken f. pl.

grotte [grɔt] f. Grotte f. ; Höhle f.

grouillement [grujmɑ̃] m. [fourmillement] Wimmeln n. ; Gewimmel n. ; Gekrabbel n. || [foule] Gewühl n.

grouiller [-je] v. intr. wimmeln ; krabbeln ; kribbeln. | *Grouiller de vers*, von Würmern wimmeln.
◇ v. pr. **se grouiller,** FIG., POP. [se hâter] *Grouille-toi !*, mach schnell !

groupage [grupa:ʒ] m. MÉD. Blutgruppenbestimmung f. || TRANSP. Sammelgut n.

groupe [grup] m. Haufen m. ; Gruppe f. | *Groupe d'arbres*, Baumgruppe. | *Groupe d'enfants*, Kindergruppe, -schar f. | *Groupe d'études*, Arbeitsgemeinschaft f. | *Groupe de travail*, Arbeitsgruppe. | *Voyage en groupe*, Gesellschaftsreise f. | *En groupe*, gruppenweise. || [bâtiments] Komplex m. ; Gruppe f. | *Groupe scolaire*, Schulkomplex. || MÉD. *Groupe sanguin*, Blutgruppe f. | *Groupe exposé, à risques*, Risikogruppe f. || MIL. Haufen m. ; Gruppe f. ; Abteilung f. | *Groupe d'armées*, Heeresgruppe. || POLIT. *Groupe parlementaire*, Fraktion f. | *Groupe de pression*, Interessengruppe f. ; Lobby f. || ARTS. Gruppe f. || AÉRON. *Groupe propulseur*, Triebwerk n. || COMM. *Groupe cible*, Zielgruppe f. || ÉLECTR. *Groupe électrogène*, Stromaggregat n.

groupement [-pmɑ̃] m. [action et résultat] Zusammenstellung f. ; Aufstellung f. ; Anordnung f. ; Gruppierung f. | *Groupement de capitaux*, Kapitalzusammenfassung f. || [ensemble, groupe] Vereinigung f. ; Gemeinschaft f. ; Verband m. ; Gruppe f. | *Groupement professionnel*, Fachgruppe. | *Groupement d'entreprises*, Konzern m. | *Groupement de défense*, Bürgerinitiative f. | *Groupement d'intérêt économique, G.I.E.*, Interessengemeinschaft f.

grouper [-pe] v. tr. zusammenstellen, -ziehen, -bauen ; anordnen ; gruppieren. | *Grouper autrement*, umgruppieren.
◇ v. pr. **se grouper,** eine Gruppe bilden ; sich gruppieren. || PAR EXT. sich vereinigen.

gruau [gryo] m. Grütze f. ; Grieß m. ; Schrotmehl n. | *Pain de gruau*, fein(st)es Weißbrot.

grue [gry] f. ZOOL. Kranich m. || FIG. *Faire le pied de grue*, lange warten (müssen) ; POP. sich die Beine in den Leib stehen. || TECHN. Kran m. | *Grue à flèche*, Auslegerkran. | *Grue mobile*, fahrbarer Kran. | *Grue pivotante, tournante,* Drehkran. | *Grue à portique*, Portalkran. || FIG., FAM. [femme] Dirne f.

gruger [gryʒe] v. tr. knabbern ; zerbeißen. || FIG. [exploiter] ausnutzen, -saugen, -nehmen, -beuteln.

grume [grym] f. *Bois en grume*, Lang-, Rund-, Stammholz n.

grumeau [grymo] m. Klößchen n. ; Klumpen m. ; Klümpchen n. | *Faire des grumeaux*, Klümpchen bilden ; zu Klümpchen gerinnen.

grumeleux, euse [-mlø, ø:z] adj. knorrig ; verknotet ; knotig. || PAR EXT. [liquide] klumpig ; flockig ; geronnen ; krümelig.

grutier [grytje] m. TECHN. Kranführer m.

gruyère [gryjɛ:r] m. Schweizerkäse m.

gué [ge] m. Furt f. ; Untiefe f. ; seichte Stelle ; Flußübergang m. | *Passer à gué*, durchwaten ; durch eine Furt gehen.

guéable [-abl] adj. seicht ; durchwatbar, -gehbar, -fahrbar.

guelte [gɛlt] f. COMM. [pourcentage] Sondervergütung f. ; Verkaufsprovision f.

guenille(s) [gəni:j] f. (pl.) Lumpen m. (pl.) ; pl. zerlumptes Zeug n. ; Plunder m. ; Fetzen m. ; (alter) Lappen. | *Être en guenilles*, zerlumpt, abgerissen sein, gehen.

guenon [gənɔ̃] f. ZOOL. Meerkatze f. ; Affenweibchen n. ; Äffin f.

guépard [gepa:r] m. ZOOL. Gepard m. ; Jagdleopard m.

guêpe [gɛ:p] f. ZOOL. Wespe f. || FIG. *Taille de guêpe*, gertenschlanke Taille ; Wespentaille f.

guêpier [gɛpje] m. [nid] Wespennest n. || FIG. *Tomber dans un guêpier*, ins Wespennest treten. || [oiseau] Bienenfresser m.

guère (ne) [gɛ:r] adv. [pas beaucoup] nicht viel, sehr ; wenig ; fast nicht ; fast kein. || [pas souvent] nicht oft ; fast nie. || [pas spécialement] nicht eben, sonderlich, gerade. | *Elle n'est guère jolie*, sie ist nicht gerade schön.
◇ **ne... guère que,** [à peine] kaum ; schwerlich mehr als. | *Il n'est guère plus riche que vous*, er ist kaum reicher als Sie. || [tout au plus] *Il n'est guère plus de dix heures*, es ist gerade zehn.

guéret [gerɛ] m. Brachland n. ; Brache f.
guéridon [geridɔ̃] m. einbeiniges Schmucktischchen. || PAR EXT. kleiner, runder Tisch.
guérilla [gerija] f. MIL. Guerilla f. ; Guerillakrieg m.
guérir [geri:r] v. tr. [malade, mal] (aus)heilen ; gesund machen ; wiederherstellen ; helfen (dat., gegen) ; kurieren. || LOC. *Guérir une blessure*, eine Wunde ausheilen. | *L'aspirine guérit les maux de tête*, Aspirin hilft gegen Kopfschmerzen. | *On ne pouvait le guérir*, es konnte ihm nicht geholfen werden. || FIG. [délivrer] befreien (von). | *Guérir qn de sa peur*, jn von seiner Angst befreien.
◇ v. intr. [recouvrer la santé] genesen ; gesunden ; gesund werden. || [blessure] heilen ; aus-, ver-, zuheilen.
◇ part. pass. et adj. **guéri, ie,** genesen ; wieder gesund. || FIG. *Être guéri de qch.*, von etwas befreit sein.
◇ v. pr. **se guérir,** [sens pass.] geheilt werden ; genesen. || PAR ANAL. [blessure] (aus)heilen. || FIG. [sens réfl.] *Se guérir de qch.*, sich etwas abgewöhnen.
— SYN. : *Se rétablir*, sich wiederherstellen. *Se remettre*, sich erholen.
guérison [-rizɔ̃] f. [action et état] Heilen n. ; Heilung f. ; Ab-, Ausheilung f. ; Genesung f. ; Wiederherstellung f. ; Auskurierung f. | *En voie de guérison*, auf dem Wege der Besserung.
guérissable [-risabl] adj. heilbar.
guérisseur, euse [-risœ:r, ø:z] s. Heilpraktiker(in) m. (f.). || PAR EXT., PÉJOR. Quacksalber m. ; Wunderdoktor m. ; Kurpfuscher(in) m. (f.).
guérite [gerit] f. MIL. Schilderhäuschen n. || [abri] Wachhäuschen n. ; Windschutz m.
guerre [gɛ:r] f. **1.** Krieg m. | *Guerre aérienne*, Luftkrieg. | *Guerre atomique*, Atomkrieg. | *Guerre civile*, Bürgerkrieg. | *Guerre offensive*, Angriffskrieg. | *Guerre défensive*, Verteidigungskrieg. | *Guerre des étoiles*, Krieg der Sterne. | *Guerre froide*, kalter Krieg. | *Guerre mondiale*, Weltkrieg. | *Guerre sainte*, heiliger Krieg. | *Guerre sous-marine*, U-Boot-Krieg. | *Guerre éclair*, Blitzkrieg. | *Guerre d'extermination*, Vernichtungskrieg. | *Guerre de religion*, Religionskrieg. | *Guerre de position*, Stellungskrieg. | *Guerre de partisans*, Partisanenkrieg. | *Guerre d'usure*, Zermürbungskrieg. | *Dette de guerre*, Kriegsschuld f. | *Lois de la guerre*, Kriegsrecht n. | *Être en guerre avec*, im Krieg stehen gegen. | *Faire la guerre à*, Krieg führen gegen ; bekriegen. | *Partir à la guerre*, in den Krieg ziehen. | *En guerre*, im Kriege. | *En temps de guerre*, in Kriegszeiten. | *Être sur le pied de guerre*, auf Kriegsfuß stehen. | *D'avant la guerre*, Vorkriegs...
2. FIG. Krieg m. ; Streit m. ; Kampf m. | *Guerre des nerfs*, Nervenkrieg. | *C'est de bonne guerre*, das ist nur recht und billig. | *De guerre lasse*, um des lieben Friedens willen.
guerrier, ière [gɛrje, jɛ:r] adj. kriegerisch ; Kriegs... || PÉJOR. kriegslustig, -liebend.
◇ s. Krieger(in) m. (f.) ; Streiter(in) m. (f.) ; Kämpfer(in) m. (f.) ; Kriegsmann m. || HIST. Recke m.
guerroyer [-rwaje] v. intr. et tr. Krieg führen. | *Guerroyer contre qn*, jn bekriegen, befehden.
guet [gɛ] m. [poste] Wache f. | *Faire le guet*, Wache stehen ; ARG. Schmiere stehen. || [action d'épier] Lauer f. ; Lauern n. ; Spähen n. | *Faire le guet*, auf der Lauer sein ; auf der Hut sein. || [troupe] Nachtwache.
guet-apens [gɛtapɑ̃] m. (pl. **guets-apens**) Hinterhalt m. ; hinterlistiger Angriff. || FIG. Falle f. ; Hinterlist f. | *Tendre un guet-apens*, einen Hinterhalt legen.
guêtre [gɛ:tr] f. Gamasche f.
guetter [gɛte] v. tr. lauern (auf, acc.) ; belauern ; auflauern (dat.) ; erspähen, abpassen ; ausspionieren. | *Guetter le facteur*, den Briefträger abpassen. | *Guetter l'occasion*, auf eine günstige Gelegenheit lauern ; die Gelegenheit abpassen.
guetteur [-tœ:r] m. Späher m. || POP. Aufpasser m. ; Wächter m. || HIST. Türmer m. ; Turmwächter m., -wart m.
gueulard, arde [gœla:r, ard] adj. FAM. großschnäuzig ; schreiend ; kreischend.
◇ s. **gueulard,** Schreihals m. ; Großmaul n.
gueule [gœl] f. **1.** [animal] Maul n. ; Schnauze f. ; Rachen m. | *Gueule de lion*, Löwenrachen.
2. [ouverture] (breite) Öffnung ; Mündung f. ; Loch n. ; Schlund m. | *Gueule d'un canon*, Kanonenmündung.
3. FIG., VULG. Maul n. ; Schnauze f. ; Gesicht n. ; ARG. Fresse f. | *Fine gueule*, Leckermaul. | *Avoir la gueule de bois*, einen Kater haben. | *Casser la gueule à qn*, jm die Schnauze polieren. | *Être fort en gueule*, eine große Schnauze haben.
gueule-de-loup [gœldəlu] f. (pl. **gueules-de-loup**). BOT. Löwenmaul n., -mäulchen n.
gueuler [gœle] v. intr. POP. schreien ; brüllen.
gueuleton [-ltɔ̃] m. POP. Schmaus m.
gueuse [gø:z] f. [fonte] Massel f. ; Gußform f.
gueux, euse [gø, ø:z] adj. bettelarm ; lumpig ; kümmerlich ; elend.
◇ s. Bettler(in) m. (f.). || FIG., PÉJOR. Lump m.
◇ m. pl. **gueux,** Bettelvolk n. ; Lumpengesindel n. || HIST. *Les Gueux*, die Geusen.
gui [gi] m. BOT. Mistel f. ; Kluster f.
guibolle [gibɔl] f. POP. [jambe] Stelze f.
guichet [giʃɛ] m. [porte] Guckfenster n. ; Türchen n. ; Gitter n. || [bureaux] Schalter m. | *Guichet d'une banque*, Bankschalter. | *Guichet d'un théâtre*, (Theater)kasse f. | *Guichet automatique*, Schalterautomat m.
guichetier [-ʃtje] m. Schalterbeamte(r) m. || PAR EXT. Pförtner m. ; Schließer m.
guidage [gidaʒ] m. AÉRON. *Guidage astronomique*, Astronavigation f. || TECHN. Führung f.
guide [gid] m. [personne] Führer m. ; Leiter m. ; Wegweiser m. | *Guide de montagne*, Bergführer. || [livre] *Guide pour voyageurs*, Reiseführer. | *Guide technique*, technische Anleitung. || FIG. [qui dirige] Führer m. ; Wegweiser m. ; Ratgeber m. ; Leitstern m., -faden m. || [scouts féminins] Pfadfinderin f. || TECHN. Führungsschiene f.
◇ f. [de cheval] Zügel m. ; Leine f.
guider [gide] v. tr. (an)führen ; leiten. || [voiture] lenken.
guidon [gidɔ̃] m. MIL. [fusil] (Richt)korn n. ; Visier n. || [fanion] Stander m. ; Wimpel m. ; Fähnchen n. || TECHN. [vélo] Lenkstange f. ; Lenker m. ; Steuerung f.
guigne [giɲ] f. BOT. [cerise] Süß-, Herzkirsche f. || FIG., FAM. [malchance] Pech n. ; Unglück n.
guigner [giɲe] v. intr. linsen ; blinzeln ; äugeln.
◇ v. tr. beäugeln ; schielen nach.
guignol [giɲɔl] m. Kaspar m. ; Kasper(le) m. ; Hanswurst m. | *Faire le guignol*, den Hanswurst spielen. || PAR EXT. [théâtre] Kasperletheater n.
guignolet [giɲɔlɛ] m. Kirsch(likör) m.
guilde [gild] f. Gilde f. ; Innung f. ; Zunft f.
Guillaume [gijo:m] n. pr. m. Wilhelm m. | *Guillaume le Conquérant*, Wilhelm der Eroberer.
guilledou [gijdu] m. LOC. FAM. *Courir le guilledou*, sich (nachts) herumtreiben ; POP. auf Liebesabenteuer aus sein.
guillemet(s) [gijmɛ] m. (pl.) Anführungsstrich(e) m. (pl.). | *Une citation entre guillemets*, ein Zitat in

Anführungsstrichen, FAM. in Gänsefüßchen. | *Ouvrir et fermer les guillemets*, die Anführungsstriche vorne und hinten (hin)setzen.

guilleret, ette [gijrɛ, ɛt] adj. lebhaft ; fröhlich ; heiter ; aufgeweckt, -geräumt, -gekratzt ; munter. || PAR EXT., PÉJOR. [libre] frei ; lose ; schlüpfrig.

guillotine [gijɔtin] f. Guillotine f. ; Fallbeil n. || PAR EXT. *Fenêtre à guillotine*, Hebefenster n.

guillotiner [-ne] v. tr. mit dem Fallbeil hinrichten ; enthaupten ; guillotinieren.

guimauve [gimo:v] f. BOT. Eibisch m. ; (Rosen)-malve f. ; Althee f. || FIG., FAM. Kitsch m.

guimbarde [gɛ̃bard] f. [vieille voiture] Rumpelkasten m. ; alte Klappermühle. || MUS. Maultrommel f.

guimpe [gɛ̃:p] f. Brust-, Kopf-, Haubentuch n. ; Busenschleier m. || [chemisette] Kinderlätzchen n.

guincher [gɛ̃ʃe] v. intr. POP. schwofen.

guinder [gɛ̃de] v. tr. auf-, hochwinden ; hissen ; aufziehen.

◇ part. pass. et adj. **guindé, ée,** FIG. [affecté, raide] steif ; gespreizt. | *Attitude guindée*, steifes Benehmen.

Guinée [gine] n. pr. f. GÉOGR. Guinea n. | *Nouvelle-Guinée*, Neu Guinea.

guingois (de) [dəgɛ̃gwa] loc. adv. schief ; schräg. || FIG. verschroben.

guinguette [gɛ̃gɛt] f. Vorstadtkneipe f., -schenke f. ; POP. Tanz-, Bumslokal n.

guipure [gipy:r] f. TEXT. Gipüre f.

guirlande [girlɑ̃:d] f. (Blumen)gewinde n. ; Gehänge n. ; Girlande f. | *Guirlande de roses*, Rosengirlande. | *Tresser des guirlandes*, Girlanden winden, flechten. || PAR EXT. [d'objets quelconques] Gehänge n. ; Reihe f. || ARCHIT. Verzierung f. ; Girlande f.

guise [gi:z] f. Belieben n. ; Art f. ; Weise f. ; Geschmack m. | *À sa guise*, auf seine Art, Weise. | *À votre guise*, ganz wie Sie wünschen ; ganz nach Ihrem Belieben. | *Vivre à sa guise*, nach eigenem Geschmack leben.

◇ loc. prép. **en guise de,** an Stelle von ; anstatt (gén.) ; als.

guitare [gita:r] f. MUS. Gitarre f. ; Zupfgeige f. | *Guitare électrique, sèche*, elektrische, klassische Gitarre. | *Jouer de la guitare*, die Gitarre zupfen, spielen.

guitariste [-rist] s. Gitarrenspieler(in) m. (f.).

Gulf Stream [gœlfstri:m] n. pr. m. GÉOGR. Golfstrom m.

gustatif, ive [gystatif, i:v] adj. Geschmacks... *Papille gustative*, Geschmackspapille f.

gustation [-sjɔ̃] f. Kosten n. ; Schmecken n. ; Kostprobe f.

guttural, ale, aux [gytyral, o] adj. kehlig ; mit der Kehle ; guttural ; Kehl... | *Son guttural*, Kehllaut m. | *D'une voix gutturale*, mit hohler, gurgelnder Stimme.

◇ f. **gutturale,** Guttural m. ; Kehllaut m.

Guyane [gɥijan] n. pr. f. GÉOGR. Guayana n.

gymkhana [ʒimkana] m. SPORT. Gymkhana n.

gymnase [-na:z] m. SPORT. Turnhalle f., -platz m. || [en Suisse] Gymnasium n.

gymnaste [-nast] s. Turner(in) m. (f.).

gymnastique [-nastik] adj. SPORT. turnerisch ; gymnastisch ; Turn... ; Gymnastik... | *Pas (de) gymnastique*, Laufschritt m.

◇ f. Turnen n. ; Leibesübungen f. pl. ; Gymnastik f. | *Gymnastique aux agrès*, Geräteturnen. | *Gymnastique corrective*, Heilgymnastik. | *Professeur de gymnastique*, Turnlehrer m. | *Société de gymnastique*, Turnverein m. | *Être fort en gymnastique*, ein guter Turner sein. | *Faire de la gymnastique*, turnen ; Gymnastik treiben. || FIG. *Gymnastique de l'esprit*, geistige Übung ; Wendigkeit f.

gymnique [-nik] adj. turnerisch ; gymnastich.

◇ f. Turnlehre f.

gymnote [ʒimnɔt] m. BOT. Zitteraal m.

gynécée [ʒinese] m. ANTIQ. Frauengemach n.

gynécologie [ʒinekɔlɔʒi] f. MÉD. Frauenheilkunde f. ; Gynäkologie f.

gynécologique [-lɔʒik] adj. gynäkologisch.

gynécologue [-lɔg] s. Frauenarzt m., -ärztin f. ; Gynäkologe m. ; Gynäkologin f.

gypaète [ʒipaɛt] m. ZOOL. Bart-, Lämmergeier m.

gypse [ʒips] m. Gips m. ; Gipsspat m., -stein m.

gypseux, euse [-sø, ø:z] adj. gipshaltig, -artig ; Gips...

gyrocompas [ʒirɔkɔ̃pa] m. AÉRON. Gyrokompaß m.

gyromètre [-mɛtr] m. AÉRON. Schaltwendekreisel m.

gyrophare [-fa:r] m. Blinklicht n. ; Blaulicht n.

gyroscope [-kɔp] m. Kreiselapparat m. ; Gyroskop n. | *Gyroscope directionnel*, Kurskreisel m.

gyroscopique [-pik] adj. Kreisel...

H

h [aʃ] m. H n. | *H majuscule*, grosses H. | *H minuscule*, kleines H. | *H aspiré*, gehauchtes H. | *H muet*, stummes H. | *Heure H*, Zeitpunkt X. || PHYS. *Bombe H*, Wasserstoffbombe f.

***ha !** [*a] interj. ha ! ; ah ! ; ei !

habile [abil] adj. [adroit] geschickt ; gewandt ; anstellig. || [exercé] geübt ; kunstfertig. || [capable] tüchtig ; fähig. || [rusé] schlau ; klug ; PÉJOR. verschmitzt. || LOC. *Habile à*, geschickt, geübt in (dat.) ; fähig zu. | *Habile à parler*, redegewandt ; zungenfertig.

habilement [-lmɑ̃] adv. geschickt.

habileté [-lte] f. Geschicklichkeit f. ; Gewandtheit f. ; Anstelligkeit f. ; Wendigkeit f. ; Tüchtigkeit f. ; (Kunst)fertigkeit f. | *Habileté des mains*, Hand-, Fingerfertigkeit. || FIG. *Habileté politique*, politisches Fingerspitzengefühl ; politische Klugheit.

habilité [-lite] f. JUR. (Rechts)fähigkeit f. | *Habilité à succéder*, Erbfähigkeit f.

habiliter [-lite] v. tr. JUR. (rechts)fähig machen ; die Berechtigung verleihen.
◇ part. pass. et adj. **habilité, ée,** *Habilité à*, fähig zu.

habillage [abija:ʒ] m. [sens général] Anziehen n. || CULIN. [animal] Fertigmachen n. ; Zurichten n.

habillement [-jmɑ̃] m. [action] An-, Ein-, Bekleiden n. ; Einkleidung f. ; Anziehen n. || [ensemble] (Be)kleidung f. ; Anzug m.

habiller [-je] v. tr. [vêtir] kleiden ; be-, an-, einkleiden ; anziehen. || [pourvoir d'habits] *Habiller qn*, jn anziehen. || [être seyant] stehen (dat.) ; kleiden. | *Qui habille bien*, kleidsam. || FIG. [envelopper] *Habiller de*, ein-, umhüllen mit. || [cacher] verschleiern ; bemänteln. || CULIN. [préparer] zurichten, -bereiten. || TECHN. [machine] montieren ; ausstatten.
◇ part. pass. et adj. **habillé, ée,** gekleidet ; angezogen. | *Habillé de noir*, schwarzgekleidet ; in Trauerkleidung. | *Dormir tout habillé*, in voller Kleidung schlafen. | *Être bien habillé*, gut angezogen sein. || *Costume habillé*, Abendanzug m.
◇ v. pr. **s'habiller,** sich (an)kleiden ; sich anziehen. | *S'habiller en femme*, sich als Frau verkleiden. || [pour une sortie] sein Festkleid, seinen Abendanzug anlegen. || PAR EXT. *S'habiller chez X*, bei, von X seine Kleider machen lassen.

habilleur, euse [-jœ:r, ø:z] s. Ankleider(in) m. (f.). || THÉÂTRE. Garderobier(e) m. (f.).

habit [abi] m. [ensemble] Kleid n. ; Kleidungsstück n. ; Gewand n. || [de cérémonie] (Gala)frack m. ; Gesellschaftsanzug m. ; IRON. Bratenrock m. | *Habit vert*, (grüner) Frack der Académie française. | *L'habit est de rigueur*, Frackzwang m. || RELIG. [moine] Ordenstracht f. | *Prendre l'habit*, in einen Orden eintreten.
◇ m. pl. **habits,** [vêtements] Kleider n. pl. ; Kleidungsstücke n. pl. ; (Be)kleidung f. | *Habits de fête, du dimanche*, Feiertags-, Sonntagskleider. | *Habits de deuil*, Trauerkleidung. | *Vieux habits*, abgelegte Kleider.

habitabilité [abitabilite] f. Bewohnbarkeit f.

habitable [-tabl] adj. bewohnbar ; gastlich.

habitacle [-takl] m. MAR. Kompaßhaus n. ; Kompaßsäule f. || AÉRON. Pilotenkanzel f. || AUTOM. Fahrgastraum m. || FIG., POÉT. [demeure] Sitz m.

habitant, ante [-tɑ̃, ɑ̃:t] s. Be-, Einwohner(in) m. (f.). | *Habitant de la ville*, Stadtbewohner m. ; Städter m. | *Habitant de la campagne*, Landbewohner, -mann m. | *Habitant du pays*, Inländer m. | *Habitant de Paris*, Pariser m. | *Habitant du pays de Bade*, Badener m. | *Nombre d'habitants*, Einwohnerzahl f. || [occupant] *Habitant d'une maison*, Hausbewohner ; Insasse m. || MIL. *Être logé chez l'habitant*, Privatquartier haben.
◇ m. pl. **habitants,** [ensemble] Einwohnerschaft f.

habitat [-ta] m. [des êtres en général] Siedlungswesen n. ; Siedlungsgebiet n. || PAR EXT. [des hommes] *Habitat dispersé*, Streusiedlung f. | *Habitat rural, urbain*, ländliche, städtische Wohnung f.

habitation [-tasjɔ̃] f. [action] (Be)wohnen n. || [lieu] Wohnung f. ; Wohnsitz m., -ort m. | *Bloc d'habitations*, Häuserkomplex n. ; PÉJOR. Mietskaserne f. | *Maison d'habitation*, Wohnhaus n.

habiter [-te] v. tr. et intr. bewohnen ; wohnen ; leben ; seine Wohnung haben (in, dat.). | *Habiter la ville, la campagne*, in der Stadt, auf dem Land wohnen. | *Habiter (dans) une maison*, in einem Haus wohnen ; ein Haus bewohnen. | *Habiter (à) Bonn*, in Bonn wohnen. | *Habiter au 10, place du Marché*, am Marktplatz Nummer 10 wohnen. | *Habiter rue Goethe*, in der Goethestraße wohnen.
◇ part. pass. et adj. **habité, ée,** bewohnt. | *Non habité*, unbewohnt ; leer.

habitude [abityd] f. [sens général] Gewohnheit f. || [prise] Angewohnheit f. ; Gewöhnung f. || [usage, coutume] Gewohnheit f. ; (Ge)brauch m. ; Sitte f. ; Art und Weise f. || LOC. *Bonne, mauvaise habitude*, gute, schlechte Angewohnheit. | *Longue habitude*, lange Gewöhnung. | *Avoir l'habitude de qch.*, an eine Sache gewöhnt sein. | *Avoir l'habitude de faire qch.*, etwas zu tun pflegen ; etwas gewöhnlich tun. | *Prendre, contracter une habitude*, sich etwas zur Gewohnheit machen ; sich etwas angewöhnen. | *Faire prendre de mauvaises habitudes*, verwöhnen. | *Perdre une habitude*, sich etwas abgewöhnen ; eine Gewohnheit ablegen. | *J'en ai perdu l'habitude*, ich bin ganz aus der Übung gekommen. | *Ce n'est pas mon habitude*, ich bin nicht daran gewöhnt ; das tue ich gewöhnlich nicht. | *Retrouver ses habitudes*, sein gewohntes Leben wieder aufnehmen.
◇ loc. adv. **d'habitude,** gewöhnlich ; sonst. | *Comme d'habitude*, wie gewöhnlich ; wie immer.
◇ **par habitude,** aus Gewohnheit.

habituel, uelle [-tɥɛl] adj. gewöhnlich ; gewohnt ; gewohnheitsmäßig ; üblich ; regelmäßig ; zur Gewohnheit geworden ; eingewurzelt ; Gewohnheits... | *À l'heure habituelle*, zur gewohnten Stunde.

habituellement [-tyɛlmɑ̃] adv. gewöhnlich ; sonst.

habituer [-tɥe] v. tr. (an)gewöhnen. | *Habituer à*, gewöhnen an (acc.) ; vertraut machen mit.
◇ part. pass. et adj. **habitué, ée,** gewöhnt. | *Nous y sommes habitués*, wir sind es gewöhnt ; wir sind daran gewöhnt. | *Être habitué à une ville*, sich in eine Stadt eingelebt haben. || SUBSTANTIV. m. *Habitués d'un musée*, regelmäßige Besucher (m. pl.) eines Museums. | *Habitué d'un café*, Stammgast m.
◇ v. pr. **s'habituer,** *S'habituer à qch.*, sich an eine Sache gewöhnen ; sich etwas angewöhnen ; etwas gewohnt werden. || [à un lieu] sich einleben (in, dat.) ; sich einwohnen. || [à un travail] sich hineinarbeiten.

***hâbleur, euse** [*ɑblœ:r, ø:z] adj. aufschneiderisch ; großsprecherisch ; prahlerisch ; großtuerisch.
◇ s. Großsprecher(in) m. (f.), -schnauze f. ; Aufschneider(in) m. (f.) ; Prahlhans m.

Habsbourg [absbu:r] Habsburg. | *Maison de Habsbourg*, Habsburger Herrscherhaus n. ; die Habsburger m. pl.

***hache** [*aʃ] f. Beil n. ; Axt f. | *Hache de bûcheron*, Holzfälleraxt. | *Donner des coups de hache*, Beilhiebe versetzen. || [d'armes] Streitaxt f. | *Hache du bourreau*, Henkersbeil. || FIG. *Taillé à coups de hache*, grob ; hingehauen.

***hache-légumes** [-legym] m. invar. Gemüsehakker m.

***hache-paille** [-pa:j] m. invar. TECHN. Häckselmaschine f.

***hacher** [*aʃe] v. tr. (zer)hacken ; (zer)hauen ; zerschlagen. || [viande] hacken ; wiegen. | *Hacher menu*, fein wiegen ; kleinhacken. || [saccager] zerschlagen. | *La grêle hache les blés*, der Hagel zerschlägt das Getreide.
◇ part. pass. et adj. **haché, ée,** ge-, zerhackt ; zerhauen, -schlagen. | *Viande hachée*, Hackfleisch n. ; Gehackte(s) n. | *Style haché*, abgehackter Stil.

***hachette** [*aʃɛt] f. kleine Axt ; Handbeil n.

***hache-viande** [*aʃvjɑ̃:d] m. invar. Fleischwolf m. ; Hackmaschine f.

***hachis** [*aʃi] m. Hackfleisch n. ; Gehackte(s) n.

***hachisch** [*aʃiʃ] ou **haschisch** m. Haschisch m.

***hachoir** [*aʃwa:r] m. [table] Hackbrett n. || PAR EXT. [couperet] Hackmesser n. ; Wiegemesser n. ; Hackmaschine f., -wolf m.

***hachure** [*aʃy:r] f. [dessin] Schraffierung f.

***hachurer** [-re] v. tr. schraffieren ; stricheln.

***haddock** [*adɔk] m. CULIN. geräucherter Schellfisch.

Hadès [adɛs] m. MYTH. Hades m.

***hagard, arde** [*aga:r, ard] adj. verstört ; scheu ; wild ; starr. | *Les yeux hagards*, mit verstörtem Blick.

hagiographie [aʒjɔgrafi] f. Hagiographie f.

***haie** [*ɛ] f. [vive] Hecke f. ; POÉT. Hag m. | *Haie d'épines*, Dornenhecke. || [clos] Zaun m. || SPORT. Hürde f. ; Hindernis n. | *Course de haies*, Hürdenlauf m. | *Sauter la haie*, die Hürde nehmen. || FIG., MIL. Spalier n. | *Faire la haie*, Spalier bilden.

***haillon** [*ajɔ̃] m. Lumpen m. ; Lappen m. ; Fetzen m. | *Vêtu de haillons*, zerlumpt.

***Hainaut** [*ɛno] n. pr. m. GÉOGR. Hennegau m.

***haine** [*ɛ:n] f. Haß m. ; Gehässigkeit f. ; Abscheu m. ; Feindschaft f. ; Groll m. | *Haine de, contre qn*, Haß auf, gegen, wider jn. | *Avoir de la haine pour qn*, jn hassen.

***haineux, euse** [*ɛnø, ø:z] adj. haßerfüllt ; gehässig. | *Caractère haineux*, rachsüchtiger Charakter. | *Paroles haineuses*, gehässige, boshafte Reden f. pl.

***haïr** [*ai:r] v. tr. hassen ; verabscheuen ; nicht leiden können. | *Haïr à mort*, tödlich hassen ; auf den Tod hassen. | *Haïr le mensonge*, die Lüge verabscheuen. | *Je hais cela*, das ist mir verhaßt.

***haïssable** [*aisabl] adj. hassenswert, -würdig.

Haïti [aiti] n. pr. m. GÉOGR. Haiti n.

haïtien, ienne [aisjɛ̃, jɛn] adj. haitisch.
◇ s. **Haïtien, ienne,** Bewohner(in) m. (f.) aus Haiti.

***halage** [*ala:ʒ] m. MAR. [bateau] Schleppen n. ; Treideln n. | *Câble de halage*, Zugtau n. | *Chemin de halage*, Treidelweg m. ; Leinpfad m.

***hâle** [*a:l] m. [action] Sonnenbrand m., -bräune f., -verbrennung f., -austrocknung f.

haleine [alɛ:n] f. ANAT. Atem m. | *Haleine forte*, übelriechender Atem. | *Avoir l'haleine courte*, kurzatmig sein. | *Hors d'haleine*, außer Atem. | *Perdre haleine*, außer Atem kommen. | *Courir à perdre haleine*, laufen, bis einem der Atem wegbleibt. | *Reprendre haleine*, wieder Atem schöpfen ; aufatmen. || PAR EXT. [souffle] (Luft)hauch m. ; Wehen n. ; Luft f. ; POÉS. Odem m. || FIG. *De longue haleine*, langatmig, -wierig. | *Tenir qn en haleine*, jn in Atem halten ; jn fesseln, packen.

***haler** [*ale] v. tr. et intr. MAR. [bateau] ziehen ; schleppen ; treideln. | [cordage] einholen.

***hâler** [*ɑle] v. tr. (ein)bräunen ; ver-, einbrennen ; (aus)dörren ; austrocknen.
◇ part. pass. et adj. **hâlé, ée,** [visage] sonnengebräunt ; wettergebräunt. | *Teint hâlé*, Bräune f. | *Avoir le teint hâlé*, sonnengebräunt, braun sein.

***halètement** [*alɛtmɑ̃] m. [action] Keuchen n. ; Schnaufen n. ; Fauchen n. || PAR EXT. [état] Atemlosigkeit f. ; Abgejagtsein n.

***haleter** [*alte] v. intr. keuchen ; schnaufen ; nach Luft, Atem ringen ; schnauben. || FIG. *Être haletant*, gespannt sein.

***hall** [*ol] m. ARCHIT. Halle f. ; großer, weiter Raum ; Saal m. | *Hall de la gare*, Bahnhofshalle.

hallali [alali] m. Halali n. ; Jägerruf m.

***halle** [*al] f. COMM. [marché] Markthalle f. | *Halle au blé*, Getreidehalle. | *Un fort des halles*, Markthelfer m. ; Lastträger m. || TRANSP. Schuppen m. || TECHN. *Halle des machines*, Maschinenhalle f., -raum m.
◇ f. pl. **les Halles,** [Paris] Pariser Großmarkthalle f. | *Mandataire aux Halles*, Spediteur m.

***hallebarde** [*albard] f. MIL. Hellebarde f. || FIG. *Il tombe des hallebardes*, POP. es regnet Bindfäden.

***hallier** [*alje] m. [buisson] Dickicht n.

hallucination [alysinasjɔ̃] f. MÉD. Sinnestäuschung f. ; Halluzination f. || PAR EXT. Trugbild n.

hallucinatoire [-natwar] adj. halluzinatorisch.

halluciner [-ne] v. tr. Sinnestäuschungen, Wahnvorstellungen verursachen, hervorbringen.
◇ part. prés. **hallucinant, ante,** die Sinne täuschend ; blendend. || FIG. äußerst packend.
◇ part. pass. et adj. **halluciné, ée,** MÉD. *Être halluciné*, Wahnvorstellungen haben ; einer Sinnestäuschung unterliegen. || FIG., FAM. verrückt. || SUBSTANTIV. m. Geisterseher m. ; POP. Spinner m.

***halo** [*alo] m. Hof m. || PHOT. Lichthof m.

halogène [alɔʒɛn] adj. CHIM. salzbildend.
◇ m. Halogen n. | *Lampe à halogène*, Halogenlampe f.

halophyte [-fit] f. BOT. Salzpflanze f.

***halte** [*alt] f. Halt m. ; Rast f. ; Pause f. ; Marschpause f., -unterbrechung f. | *Faire halte*, Halt

machen ; halten ; rasten. || [endroit] Haltestelle f. ; Rastplatz m. || TRANSP. Haltestelle f. ; Station f.
◇ interj. **halte !,** halt ! ; stehen bleiben ! ; nicht weitergehen ! || MIL. *Halte-là !*, halt, wer da ?

***halte-garderie** [-gardəri] f. (pl. **haltes-garderies**) Kinderhort m. ; [dans un grand magasin] Kinderaufbewahrung f.

haltère [altɛ:r] m. SPORT. Hantel f. | *Faire des haltères*, hanteln.

haltérophile [-terɔfil] m. SPORT. Hantelheber m.

***hamac** [*amak] m. Hängematte f.

***Hambourg** [*ɑ̃bu:r] n. pr. m. GÉOGR. Hamburg n.

***hambourgeois, eoise** [-ʒwa, wa:z] adj. hamburg(i)sch ; aus, von Hamburg.
◇ s. **Hambourgeois, oise,** Hamburger(in) m. (f.).

***hameau** [*amo] m. Weiler m. ; einige Gehöfte n. pl.

hameçon [amsɔ̃] m. Angelhaken m. ; Angel f. ; Hamen m. || FIG. *Mordre à l'hameçon*, anbeißen ; sich fangen lassen.

***hampe** [*ɑ̃p] f. Stiel m. ; Schaft m. || [drapeau] Fahnenstange f. || BOT. Blumenstengel m.

***hamster** [*amstɛ:r] m. ZOOL. Hamster m.

***hanap** [*anap] m. Humpen m.

***hanche** [*ɑ̃:ʃ] f. ANAT. Hüfte f. ; Lende f. | *Mettre les poings sur les hanches*, die Arme in die Seiten stemmen.

***handball** [*andbal] m. SPORT. Handball m.

***handicap** [*ɑ̃dikap] m. SPORT. Handicap n. || FIG. Benachteiligung f. ; Behinderung f.

***handicapé, ée** [-pe] s. Behinderte(r) f. (m.). | *Handicapé moteur*, Körperbehinderte(r). | *Grand handicapé*, Schwerbehinderte(r).

***handicaper** [-pe] v. tr. benachteiligen ; behindern.

***hangar** [*ɑ̃ga:r] m. (offener) Schuppen ; Halle f. || AÉRON. Flugzeughalle f.

***hanneton** [*antɔ̃] m. ZOOL. Maikäfer m.

***Hanovre** [*anovr] n. pr. m. GÉOGR. Hannover n.

***hanovrien, ienne** [-vrijɛ̃, jɛn] adj. hannoversch ; hannöversch.
◇ s. **Hanovrien, ienne,** Hannoveraner(in) m. (f.).

***hanse** [*ɑ̃:s] f. HIST. Hansa f. ; Hansebund m.

***hanséatique** [*ɑ̃nseatik] adj. hans(eat)isch ; der Hansa angehörig. || HIST. *Villes hanséatiques*, Hansestädte f. pl.

***hanter** [*ɑ̃te] v. tr. [fréquenter] häufig besuchen ; ein- und ausgehen bei ; verkehren bei. | *Il hante les mauvais lieux*, er verkehrt an üblen Orten. || FIG. [obséder] *Cette idée le hante*, dieser Gedanke kommt ihm nicht aus dem Sinn, quält ihn, läßt ihm keine Ruhe.
◇ part. pass. et adj. **hanté, ée,** [fréquenté] oft besucht. || PAR EXT. [par les esprits] *Cette maison est hantée*, in diesem Haus spukt es. | *Bois hanté*, Gespensterwald m. || FIG. [par une idée] *Être hanté par qch.*, von etwas besessen sein.

***hantise** [*ɑ̃ti:z] f. FIG. [obsession] Besessenheit f. ; Gequältsein n. ; fixe Idee. || PAR EXT. [peur] *J'en ai la hantise*, mir graust davor.

***happer** [*ape] v. tr. (weg)schnappen ; erhaschen. || *Happer qch.*, nach etwas schnappen ; zuschnappen (dat.). | *Happé par un train*, von einem Zug erfaßt.

***haquenée** [*akne] f. [cheval] Zelter m.

***harangue** [*arɑ̃:g] f. Ansprache f. ; (feierliche) Rede.

***haranguer** [-ge] v. tr. feierlich anreden ; eine Ansprache halten (vor, dat.). | *Haranguer la foule*, zum Volk reden.

***haras** [*ara] m. Gestüt n.

***harassement** [*arasmɑ̃] m. Übermüdung f.

***harasser** [-se] v. tr. er-, übermüden ; abspannen ; ermatten ; erschöpfen ; zur Strecke bringen ; POP. fertigmachen.
◇ part. prés. **harassant, ante,** ermüdend ; erschöpfend ; ermattend ; unerträglich.

***harcèlement** [*arsɛlmɑ̃] m. Beunruhigung f. Belästigung f. ; Peinigung f. | *Harcèlement téléphonique*, telefonische Belästigung. || MIL. Störung f.

***harceler** [-səle] v. tr. beunruhigen ; stören ; belästigen ; peinigen ; plagen ; quälen. | *Harceler qn de demandes*, jn mit Bitten bestürmen. || MIL. [ennemi] dauernd angreifen ; nicht zur Ruhe kommen lassen.

***harde** [*ard] f. [gibier] Rudel n. || [chiens] Koppel f.

***hardes** [*ard] f. pl. [vieux vêtements] Gelumpe n. ; Klamotten f. pl. ; Siebensachen f. pl.

***hardi, ie** [*ardi] adj. [audacieux] kühn ; beherzt ; furchtlos ; entschlossen ; draufgängerisch ; verwegen. || [effronté] dreist ; keck ; frech. || [osé] gewagt.
— SYN. : *Entreprenant*, unternehmend. *Casse-cou*, halsbrecherisch. *Intrépide*, furchtlos. *Téméraire*, tollkühn.

***hardiesse** [-djɛs] f. [audace] Kühnheit f. ; Beherztheit f. ; Furchtlosigkeit f. ; Verwegenheit f. || PAR ANAL. Gewagtheit f. || PAR EXT., PÉJOR. Dreistigkeit f. ; Keckheit ; Unverschämtheit f.

***hardiment** [-dimɑ̃] adv. kühn ; voller Kühnheit ; in beherzter Weise ; frischweg ; frisch drauflos. || PAR EXT., PÉJOR. keck ; dreist ; unverschämt.

***hardware** [*ardwɛr] m. INF. Hardware f.

***harem** [*arɛm] m. Harem m.

***hareng** [*arɑ̃] m. Hering m. | *Banc de harengs*, Heringsschwarm m., -bank f. | *Hareng frais*, grüner Hering. | *Hareng saur*, Bückling m. | *Hareng blanc*, Fetthering. | *Hareng mariné, roulé*, Rollmops m. | *Hareng salé*, Pökel-, Salzhering. | *Hareng frit*, Brat-, Bismarckhering. || LOC. FIG. *Serrés comme des harengs*, zusammengepfercht wie die Heringe.

***hargne** [*arɲ] f. Gehässigkeit f. ; Bissigkeit f. ; ewige Unzufriedenheit.

***hargneux, euse** [-ɲø, ø:z] adj. gehässig ; bissig ; mürrisch ; zänkisch ; bärbeißig ; überkritisch.

***haricot** [*ariko] m. Bohne f. | *Haricots verts*, grüne Bohnen f. pl. ; Brech-, Schnittbohnen f. pl. | *Haricots nains*, Buschbohnen. | *Écosser des haricots*, Bohnen ausschoten, -hülsen. | *Haricot beurre*, Wachsbohne. || LOC., POP. *C'est la fin des haricots*, das ist das Ende vom Lied.

harmonica [armɔnika] m. Mundharmonika f.

harmonie [-ni] f. [sons, lignes] Gleich-, Wohl-, Zusammenklang m. ; Harmonie f. || [proportions] Ebenmaß n. ; Ausgeglichenheit f., -gewogenheit f. || FIG. [accord] Einklang m., -verständnis n., -tracht f. ; Übereinstimmung f. | *Être en harmonie avec*, übereinstimmen mit. || LITTÉR. *Harmonie imitative*, Lautmalerei f. || MUS. Harmonie(lehre) f. || PAR EXT. [orchestre] Blasorchester n.

harmonieux, ieuse [-njø, jø:z] adv. wohl-, gleich-, zusammenklingend ; aufeinander abgestimmt ; harmonisch. || PAR ANAL. ebenmäßig. || ausgeglichen. || FIG. übereinstimmend.

harmonique [-nik] adj. übereinstimmend ; mitklingend, -tönend ; harmonisch.
◇ m. MUS. Teilton m. || PHYS. Nebenton m.

harmoniser [-nize] v. tr. in Einklang, in Übereinstimmung bringen ; angleichen ; harmonieren.
harmonium [-njɔm] m. MUS. Harmonium n. ; Zimmerorgel f.
***harnachement** [*arnaʃmɑ̃] m. [action] Anschirren n. ; Beschirrung f. || [ensemble] Geschirr n. ; Zaumzeug n. || FAM. [accoutrement] Aufputz m.
***harnacher** [-ʃe] v. tr. [cheval] an-, aufschirren ; das Geschirr an-, auflegen. || FIG. [accoutrer] heraus-, aufputzen.
***harnais** [*arnɛ] m. [cheval] Geschirr n. | *Mettre le harnais*, anschirren. | *Cheval de harnais*, Zugpferd n. || HIST. [harnois, armure] Rüstung f. ; Harnisch m. || TECHN. *Harnais d'engrenage*, Zahnradvorgelege n.
***haro** [*aro] m. Mord- und Zetergeschrei n. || FIG. *Crier haro sur qn*, Mord und Zeter über jn schreien.
harpagon [arpagɔ̃] m. (alter) Geizhals.
***harpe** [*arp] f. MUS. Harfe f. || POÉS. Saitenspiel n. | *Harpe éolienne*, Äolsharfe.
***harpie** [*arpi] f. MYTH. Harpyie f. ; Sturm- und Todesgöttin f. || FIG., PÉJOR. [mégère] Furie f. ; übles Weib ; Drache m. ; Xanthippe f.
***harpiste** [*arpist] n. Harfner(in) m. (f.).
***harpon** [*arpɔ̃] m. MAR. Einreißhaken m. ; Harpune f. || TECHN. Klammer f. ; Löffelhaken m.
***harponnage** [-pɔna:ʒ] m. Harpunieren n.
***harponner** [-pɔne] v. tr. mit der Harpune abschießen ; harpunieren. || FIG., FAM. *Harponner qn*, jn aufhalten, -gabeln.
***Harz** [*arts] n. pr. m. GÉOGR. Harz m.
***hasard** [*aza:r] m. [cas fortuit] Zufall m. ; Zufälligkeit f. ; Ungefähr n. | *C'est l'effet du hasard*, das ist reiner Zufall. | *Le hasard a voulu que*, es traf sich, daß ; das Schicksal hat es gefügt, daß. | *S'abandonner au hasard*, sich dem Zufall anvertrauen. | *Ne rien laisser au hasard*, nichts dem Zufall überlassen. || [chance] Glücksumstand m. ; Glück n. | *Coup de hasard*, Glücksfall m. | *Jeu de hasard*, Glücks-, Hasardspiel n. || PAR EXT. [risque] Gefahr f.
◇ loc. adv. **au hasard,** ohne Ziel ; aufs Geratewohl ; auf gut Glück ; planlos. | *J'allais au hasard*, ich ging so für mich hin ; ich zog herum. | *Prendre un livre au hasard*, irgendein Buch vornehmen. | *Au hasard de mes lectures*, wie's mir beim Lesen unter die Augen fiel. — **à tout hasard,** auf gut Glück ; aufs Geratewohl ; versuchsweise. || PAR ANAL. auf jeden Fall. — **par hasard,** zufällig ; zufälligerweise ; von ungefähr ; gelegentlich. || PAR EXT. [peut-être] vielleicht ; etwa. | *Crois-tu par hasard que ?*, glaubst du denn etwa, daß... ?
***hasarder** [-de] v. tr. [risquer] wagen ; aufs Spiel setzen ; riskieren. | *Hasarder sa vie*, sein Leben aufs Spiel setzen. || FIG. *Hasarder une question*, eine Frage wagen.
◇ v. pr. **se hasarder à,** sich der Gefahr aussetzen, zu ; es wagen, zu ; sich erkühnen, zu.
— SYN. : *Exposer*, (sich) aussetzen. *Risquer*, riskieren.
***hasardeux, euse** [-dø, ø:z] adj. gewagt ; wagehalsig ; gefährlich ; riskant.
***hase** [*a:z] f. ZOOL. Häsin f.
***hâte** [*ɑ:t] f. Eile f. ; Beeilung f. ; Hast f. | *(Trop de) hâte*, Übereilung f. ; Hetze f. | *Avoir hâte de faire qch.*, es sehr eilig haben, etwas zu tun ; es kaum erwarten können, daß... | *À la hâte, en hâte*, in (aller) Eile ; hastig ; eilends ; schleunigst. | *En toute hâte*, in aller Eile ; eiligst. | *Partir en hâte*, fort-, wegeilen.
***hâter** [*ɑte] v. tr. [accélérer] beschleunigen ; fördern. | *Hâter le pas*, den Schritt beschleunigen. || PAR EXT. [faire dépêcher] antreiben.
◇ v. pr. **se hâter,** sich beeilen ; (sich) eilen. | *Hâte-toi lentement*, eile mit Weile. | *Elle se hâte d'y aller*, sie eilt hin. | *Ils se hâtent d'accourir*, sie eilen herbei. | *Se hâter de partir*, fort-, wegeilen.
***hâtif, ive** [*ɑtif, i:v] adj. [précoce] frühreif ; früh-, vorzeitig ; Früh... | *Pommes de terre hâtives*, Frühkartoffeln f. pl. || [fait trop vite] übereilt. | *Travail hâtif*, flüchtig, in aller Eile hingeworfene Arbeit.
***hâtivement** [*ativmɑ̃] adv. in aller Eile ; eiligst.
***hauban** [*obɑ̃] m. TECHN. Halte-, Verspanntau n. ; Anker-, Rüst-, Halteseil n. ; Spanndraht m. || MAR. Wante f. | *Haubans de misaine, d'artimon*, Fock-, Besanwanten f. pl. | *Hauban de beaupré*, Backstag n.
***haubaner** [-ne] v. tr. verspannen ; verankern.
***haubert** [*obɛ:r] m. Panzerhemd n.
***hausse** [*os] f. COMM. [augmentation] Anstieg m. ; Ansteigen n. ; (Preis)steigerung f. ; (Preis)aufschlag m. ; (Preis)erhöhung f. | *Hausse générale des prix*, allgemeine Preissteigerung. | *Hausse des salaires*, Lohnerhöhung f. | *Hausse illicite*, Preistreiberei f. || FIN. [*cours*] Kursanstieg m. ; Aufwärtsbewegung f. ; Hausse f. | *Être en hausse*, steigen ; hochstehen, -gehen. | *Les actions sont en hausse*, die Aktien steigen. || MIL. [canon] Unterlage f. ; Visier n. || TECHN. Unterlage f.
***haussement** [*osmɑ̃] m. [action] Erhöhen n. || PAR EXT. *Haussement d'épaules*, Achselzucken n.
***hausser** [*ose] v. tr. [rendre plus haut] erhöhen ; höher machen. | *Hausser un mur d'un mètre*, eine Mauer um einen Meter erhöhen. || [porter en haut] heben ; auf-, er-, hochheben ; hochziehen, -winden. || LOC. *Hausser les épaules*, mit den Achseln zucken ; die Achseln zucken. || FIG. *Hausser la voix*, lauter sprechen ; die Stimme erheben. || COMM. [prix] hinauftreiben ; aufschlagen. || MUS. [instrument] höher stimmen.
◇ v. intr. [devenir plus haut] (an)steigen ; anschwellen.
◇ v. pr. **se hausser,** *Se hausser sur la pointe des pieds*, sich auf die Fußspitzen stellen. || FIG. sich erheben.
***haussier** [*osje] m. COMM. Kurs-, Preistreiber m.
***haut, haute** [*o, *o:t] adj. hoch.

> **I.** SENS PROPRES.
> **II.** SENS FIGURÉS :
> **a)** excellent ;
> **b)** de haute naissance ;
> **c)** haut placé.
> **III.** SENS PARTICULIERS.

I. SENS PROPRES : [verticalement] hoch. | *De haute taille*, von hohem Wuchs ; hochwüchsig. | *Avoir le front haut*, eine hohe Stirn haben. | *Haut de six mètres*, sechs Meter hoch. | *La haute montagne*, das Hochgebirge. | *Les hautes terres*, das Hochland. | *Ce tableau est trop haut*, dieses Gemälde hängt zu hoch. || [comparaison] hoch ; ober ; Ober... | *Avoir une épaule plus haute que l'autre*, eine hohe Schulter haben. | *Haut bout de la table*, Kopfende (n.) des Tisches. | *Ville haute*, Oberstadt f. | *Les hautes voiles*, die oberen Segel n. pl. | *Hautes régions de l'air*, obere Luftregionen f. pl. || PAR EXT. [dépassant son niveau ordinaire] hoch. | *Les eaux sont hautes*, es ist Hochwasser ; das Wasser steht hoch. | *La mer est haute*, die See ist hoch. | *Le soleil est haut*, die Sonne steht hoch. || PARTICUL. [intensité] hoch ; laut. | *Un ton haut*, ein hoher Ton. | *À haute voix, À voix haute*, laut ; mit lauter Stimme. | *Trop haut*, überlaut. | *Pousser les hauts cris*, Ach und Weh schreien. | *Avoir le verbe haut*, sehr laut sprechen ; FIG. das große Wort führen. | *Être haut en couleur*, von schreienden Farben sein. || [relevé, redressé] hoch ;

erhoben ; aufrecht. | *Marcher la tête haute*, den Mut nicht verlieren ; niemand scheuen.

II. SENS FIGURÉS : **a)** [supérieur, excellent] hoch ; erhaben ; groß. | *Haute estime, considération*, Hochachtung f., -schätzung f. | *Avoir une haute opinion de qn*, jn hochschätzen ; groß von jm denken. | *Hauts faits*, Groß-, Heldentaten f. pl. | *Haut lieu*, Hochburg f. | *De la plus haute importance*, höchst wichtig. | *Avoir de hautes visées*, hoch hinaus wollen ; weitgestreckte Ziele haben ; hochfliegende Pläne machen. || PARTICUL. [degré] hoch. | *De haut degré, à un haut degré*, hochgradig ; von hohem Grad. — **b)** PAR ANAL. [naissance] hoch ; vornehm. | *De haute naissance*, hoch geboren. | *Haute noblesse*, Hochadel m. | *Hautes classes*, obere (Gesellschafts)klassen f. pl. | *Haute société*, vornehme Welt ; FAM. Hautevolee f. — **c)** [haut placé] hoch(gestellt). | *Haut fonctionnaire*, hoher, höherer, leitender Beamter. | *Haute finance*, Hochfinanz f. | *De haut rang*, von hohem Rang. | *En haut lieu*, höheren Ortes ; an höherer, höchster Stelle. | *Très haut*, allerhöchst. | *Avoir la haute main*, die Oberhand, das Heft in der Hand haben.

III. SENS PARTICULIERS : COMM. hoch ; teuer. | *Les prix sont hauts*, die Preise stehen hoch. || GÉOGR. Ober... | *La haute Bavière*, Oberbayern n. || HIST. *Haute Antiquité*, graues Altertum. | *Du haut Moyen Âge*, frühmittelalterlich. || JUR. *Haute Cour*, oberster Gerichtshof. | *Haute trahison*, Hochverrat m. || POLIT. *Chambre haute*, Oberhaus n. || MAR. *Haute mer*, hohe See. | *Mer haute*, Hochflut f. || MUS. [ton] hoch ; hell. | *Chanter la partie haute*, die erste, tragende Stimme singen. || PHYS. Hoch... | *Haute pression*, Hochdruck m. || ÉLECTR. Hoch... | *Haute tension*, Hochspannung f.

◇ m. **haut,** [hauteur] Höhe f. | *Avoir cent mètres de haut*, hundert Meter hoch sein. | *Du, De haut en bas*, von oben bis unten. | *Vers le haut*, hinauf ; nach oben ; aufwärts. | *Tenir par le haut*, oben festhalten. | *Tomber de son haut*, der Länge nach hinschlagen ; FIG. aus allen Wolken fallen. || [faîte, sommet] Gipfel m. ; höchster Punkt ; oberer Teil. | *Haut d'une tour*, Turmspitze f. || FIG. *Les hauts et les bas*, die Höhen und Tiefen. | *Tenir le haut du pavé*, obenan sein ; eine wichtige Stellung haben ; POP. an der Krippe sitzen. || RELIG. *Le Très-Haut*, der Allerhöchste.

◇ adv. **haut,** hoch. | *Plus haut*, weiter oben ; höher. | *Monter très haut*, sehr hoch steigen. | *Haut dans le ciel*, hoch am Himmel. | *Haut placé*, hochgelegen, -sitzend, -stehend. || FIG. *Viser trop haut*, zu hoch schießen. | *Regarder de haut*, herabblicken (auf, acc.). | *Parler haut*, laut sprechen ; einen hohen Ton anschlagen. | *Parler haut et clair*, deutlich reden ; FIG. kein Blatt vor den Mund nehmen. | *Le prendre de trop haut*, einen zu hohen Ton anschlagen. || LOC. *Haut les mains !*, Hände hoch ! | *Remonter très haut*, weit zurückgreifen. | *Voir plus haut*, siehe oben. | *Haut les cœurs !*, Mut ! ; frisch auf. | *Haut la main*, ohne Schwierigkeit. | *Haut le pied*, leer ; allein.

◇ loc. adv. **en haut,** [sans mouvement] oben ; in der Höhe. | *Situé en haut*, hochgelegen ; Ober... | *D'en haut*, von oben ; oben. || FIG. *Ordre d'en haut*, höherer Befehl. | *Tout en haut*, (ganz) oben ; zu oberst ; obenan ; obenauf. || [avec mouvement] nach oben ; in die Höhe ; hoch... ; hinauf... ; herauf... ; empor... ; aufwärts. | *Aller en haut*, hinauf-, empor-, hochsteigen. | *Accompagner qn jusqu'en haut*, jn hinaufbegleiten. ◇ **là-haut,** (dr)oben ; dort oben. || FIG. [au ciel] im Jenseits.

◇ loc. prép. **en haut de,** oberhalb (gén.) ; oben auf (dat., acc.) ; hinauf. | *Aller en haut de l'escalier*, die Treppe hinaufgehen, -steigen. | *Tout en haut de*, zu höchst auf (dat., acc.) ; ganz oben auf (dat.). — **du haut de,** von... herab. | *Du haut de la tour*, vom Turm herab. || FIG. *Regarder qn du haut de sa grandeur*, jn von oben herab ansehen.

***hautain, aine** [*otɛ̃, ɛ:n] adj. hochmütig ; hochfahrend, -näsig ; aufgeblasen ; stolz.

***hautbois** [*obwa] m. MUS. Oboe f. || [musicien] Oboist m. ; Englischhorn n.

***haut-commissaire** [*okɔmisɛ:r] m. (pl. **hauts-commissaires**). ADM. Hochkommissar m. ; [O.N.U.] hoher Kommissar.

***haut-de-chausses** [*odʃo:s] m. HIST. Knie-, Pluderhose f.

***haut-de-forme** [*odfɔrm] m. Zylinderhut m.

***haute(-)fidélité** [*otfidelite] f. (pl. **hautes(-)fidélités**) Hi-Fi f. | *Chaîne haute(-)fidélité*, Hi-Fi-Anlage f.

***hautement** [*otmɑ̃] adv. [ouvertement] laut ; offen (und frei) ; nachdrücklich ; mit Nachdruck. || FIG. höchlich ; hoch... | *Hautement louable*, hochlöblich.

***hauteur** [*otœ:r] f. **1.** [grandeur verticale] Höhe f. | *Avoir une hauteur de dix mètres*, zehn Meter Höhe haben ; zehn Meter hoch sein. | *À hauteur d'homme*, in Manneshöhe. | *Prendre de la hauteur*, Höhe gewinnen. || GÉOM. [droite] Höhe f. || TECHN. *Hauteur de chute, de course*, Fall-, Hubhöhe f. || [niveau] *Hauteur de l'eau*, Wasserstand m. | *Hauteur du soleil*, Sonnenstand m., -höhe. || PHYS. *Hauteur du baromètre*, Barometerstand m., -höhe. || MUS., RADIO. *Hauteur du son*, Tonhöhe.

2. [colline] (An)höhe f. ; Hügel m. ; Erhebung f. | *Situé sur une hauteur*, hochgelegen.

3. FIG. [noblesse] Größe f. ; Erhabenheit f. ; Hoheit f. ; Adel (m.) der Gesinnung. | *Être à la hauteur d'une situation*, einer Lage gewachsen sein. || [fierté] Hochmut m. ; Stolz m. ; Anmaßung f. ; Unnahbarkeit f. | *Parler avec hauteur*, hochmütig, von oben herab reden.

***haut-fond** [*ofɔ̃] m. MAR. seichte Stelle ; Untiefe f.

***haut-le-cœur** [*olkœ:r] m. invar. MÉD. Übelkeit f. ; Unwohlsein n. || FIG. Ekel m.

***haut-le-corps** [*olko:r] m. Ruck m. | *Avoir un haut-le-corps*, zusammenzucken, -fahren.

***haut-parleur** [*oparlœ:r] m. (pl. **haut-parleurs**). RADIO. Lautsprecher m.

***haut-relief** [*orəljɛf] m. ARTS. erhabenes Relief ; Hochrelief n.

***hauturier, ière** [*otyrje, jɛ:r] adj. MAR. küstenfern ; Hochsee... | *Pêche hauturière*, Hochseefischerei f.

***Havane (La)** [la *avan] n. pr. f. Havanna f. ◇ m. **havane,** [cigare] Havanna(zigarre) f. ◇ adj. invar. **havane,** [couleur] tabakbraun.

***haveuse** [*avø:z] f. Schrämmaschine f.

***havre** [*ɑvr] m. MAR. Natur-, Fluthafen m. || FIG. [refuge] Zufluchtsstätte f. | *Havre de paix*, Ruhepol m.

***havresac** [*ɑvrəsak] m. MIL. Tornister m.

Hawaii (îles) [avaii] n. pr. f. (pl.) GÉOGR. Hawaii-Inseln f. pl.

hawaiien, ienne [-jɛ̃, jɛn] adj. hawaiisch. ◇ s. **Hawaiien, ienne,** Einwohner(in) m. (f.) aus Hawaii.

***Haye (La)** [la *ɛ:] n. pr. f. GÉOGR. den Haag. | *À La Haye*, in den Haag.

***hayon** [*ajɔ̃] m. AUTOM. Heckladeklappe f. | *Hayon élévateur*, Ladebordwand f.

***hé !** [*e] interj. he ! ; heda ; hallo ! ; ach ! ; ei ei ! | *Hé bien*, nun ; nun dem. | *Hé quoi ?*, na und ?

***heaume** [*o:m] m. HIST. (Ritter)helm m.

hebdomadaire [ɛbdɔmadɛ:r] adj. (all)wöchentlich ; Wochen...
◇ m. [journal] Wochenblatt n., -schrift f.
hébergement [ebɛrʒəmɑ̃] m. Beherbergung f. ; Unterbringung f.
héberger [-ʒe] v. tr. beherbergen ; unterbringen (sépar.) ; eine Unterkunft, Bleibe, Herberge geben, gewähren. || [la nuit] nächtigen. | *Être hébergé*, unterkommen (sépar.) ; zu Gast sein.
hébéter [ebete] v. tr. verdummen ; stumpf(sinnig) machen ; verblöden ; abstumpfen.
◇ part. pass. et adj. **hébété, ée,** stumpf(sinnig) ; blöd(sinnig) ; verblödet ; doof.
hébétude [-tyd] f. Stumpfsinnigkeit f.
hébraïque [ebraik] adj. hebräisch ; jüdisch.
hébreu [ebrø] adj. hebräisch.
Hébreu n. pr. m. Hebräer m.
◇ m. **hébreu,** [langue] Hebräische(s) n. || FIG. *Pour moi, c'est de l'hébreu*, das sind böhmische Dörfer für mich.
Hébrides [ebrid] n. pr. f. pl. GÉOGR. Hebriden f. pl.
hécatombe [ekatɔ̃:b] f. HIST. großes Tieropfer ; Hekatombe f. || FIG. [carnage] Blutbad n.
hectare [ɛkta:r] m. Hektar n.
hecto [ɛkto] préf. Hekto... ; Hundert...
hectogramme [-gram] m. MÉTROL. Hektogramm n. ; hundert Gramm.
hectolitre [-litr] m. Hektoliter n. ou m.
hectomètre [-mɛtr] m. Hektometer n. ou m.
hectowatt [-wat] m. ÉLECTR. Hektowatt n.
hédonisme [edɔnism] m. PHILOS. Hedonismus m.
hégélianisme [eʒeljanism] m. PHILOS. Philosophie Hegels.
hégélien, ienne [-ljɛ̃, jɛ̃n] s. Hegelianer(in) m. (f.) ; Anhänger(in) m. (f.) Hegels.
hégémonie [eʒemoni] f. Vorherrschaft f. ; Übergewicht n. ; Hegemonie f.
hégire [eʒi:r] f. HIST. Hedschra f.
***hein ?** [*ɛ̃] interj. he ? ; nicht wahr ? ; wie ? ; wie bitte ? ; nanu ?
hélas ! [elɑ:s] interj. ach ! ; o weh ! ; leider (Gottes) ! | *Hélas ! non !*, leider nicht !
***héler** [*ele] v. tr. [taxi] an-, herbeirufen ; herbeiwinken.
hélianthe [eljɑ̃:t] m. BOT. Sonnenblume f., -rose f.
hélice [elis] f. GÉOM. Schrauben-, Schneckenlinie f. ; Wendel f. | *En forme d'hélice*, schraubenförmig. || MAR. Schiffsschraube f. || AÉRON. Propeller m. | *Hélice à quatre pales*, Vierflügelpropeller. || BIOL. *Double hélice*, Doppelhelix f.
hélicoïdal, ale, aux [elikɔidal, o] adj. schrauben-, wendelförmig ; wie ein Schraubengewinde. | *Ressort hélicoïdal*, Wendelfeder f.
hélicon [elikɔ̃] m. MUS. Helikon n.
hélicoptère [elikɔptɛ:r] m. AÉRON. Hubschrauber m. | *Hélicoptère d'assaut*, Kampfhubschrauber.
héliographie [-grafi] f. ASTRON. Sonnenbeschreibung f. || TECHN. Lichtpausverfahren n., -pause f.
héliograveur, euse [-gravœ:r, ø:z] s. Tiefdrucksetzer(in) m. (f.).
héliogravure [-vy:r] f. Lichtdruck m. ; Tiefdruckverfahren n. ; Photo-, Heliogravüre f.
héliostat [-sta] m. TECHN. Heliostat m.
héliothérapie [-terapi] f. MÉD. Sonnen-, Lichtheilverfahren n. ; Lichtbehandlung f.
héliotrope [eljɔtrɔp] m. BOT. Heliotrop n.
héliport [elipɔ:r] m. AÉRON. Hubschrauberlandeplatz m.
hélium [eljɔm] m. CHIM. Edel-, Radiumgas n. ; Helium n.
hellène [ɛllɛ:n] adj. hellenisch ; altgriechisch.
◇ s. **Hellène,** Hellene m. ; Hellenin f.
hellénique [-lenik] adj. altgriechisch ; hellenisch.
hellénisme [-lenism] m. [civilisation] Griechentum n. ; Hellenismus m. || GRAMM. griechische Spracheigentümlichkeit.
helléniste [-lenist] s. Gräzist(in) m. (f.).
hellénistique [-lenistik] adj. hellenistisch.
helvète [ɛlvɛt] adj. helvetisch.
◇ s. **Helvète,** Helvetier(in) m. (f.) ; Urschweizer(in) m. (f.).
Helvétie [-vesi] n. pr. f. Urschweiz f. ; Helvetien n.
helvétique [-vetik] adj. schweizerisch ; helvetisch. || HIST. *Confédération helvétique*, Schweizer Eidgenossenschaft f.
hématie [emati] f. MÉD. rotes Blutkörperchen.
hématite [-tit] f. MINÉR. Roteisenstein m. ; Hämatit m.
hématologie [-tɔlɔʒi] f. Blutlehre f.
hématome [-tom] m. MÉD. Hämatom n. ; Bluterguß m.
hématurie [-tyri] f. MÉD. Harnblutung f. ; Hämaturie f.
hémi [emi] préf. Halb... ; Hemi...
hémicycle [emisikl] m. Halbkreis m. || PAR EXT. Amphitheater n. ; halbkreisförmiger Saal.
hémiplégie [-pleʒi] f. MÉD. halb-, einseitige Lähmung ; Hemiplegie f.
hémiplégique [-pleʒik] s. halbseitig Gelähmte(r) f. (m.).
◇ adj. halbseitig gelähmt.
hémisphère [-sfɛ:r] m. Halbkugel f. | *Hémisphère Nord*, nördliche Erdhalbkugel, -hälfte f. || PHYS. *Hémisphères de Magdebourg*, Guerickesche Halbkugeln f. pl. || ANAT. [cerveau] Gehirnhalbkugeln.
hémisphérique [-sferik] adj. halbkugelig.
hémistiche [-stiʃ] m. POÉS. Halbvers m. ; Hemistichion n.
hémo [emo] préf. Blut...
hémodialyse [-djaliz] f. MÉD. Blutwäsche f.
hémoglobine [-glɔbin] f. MÉD. Blutfarbstoff (m.) der roten Blutkörperchen ; Hämoglobin n.
hémolyse [-liz] f. MÉD. Hämoglobinverlust m. ; Hämolyse f.
hémophile [-fil] s. MÉD. Bluter(in) m. (f.).
hémophilie [-fili] f. MÉD. Bluterkrankung f.
hémoptysie [-ptizi] f. MÉD. Bluthusten m., -spucken n., -sturz m. ; Lungenblutung f.
hémorragie [-raʒi] f. MÉD. Blutverlust m. ; (Ver)-blutung f. ; Hämorrhagie f. | *Hémorragie cérébrale*, Gehirnblutung.
hémorroïde [-rɔid] f. MÉD. offene Mastdarmknötchen n. pl. ; Hämorrhoiden f. pl.
hémostase [-stɑ:z] f. MÉD. Blutstockung f., -stillung f.
hémostatique [-statik] adj. blutstillend.
◇ m. Blutstillungsmittel n.
***henné** [*ɛnne] m. BOT. Hennastrauch m. ; Lawsonie f. || PAR EXT. [teinture] Henna(rot) n.
***hennir** [*ɛni:r] v. intr. wiehern.
***hennissement** [*ɛnismɑ̃] m. Wiehern n. ; Gewieher n.
hépatique [epatik] adj. Leber... | *Coliques hépatiques*, Leberkolik f. ; Gallensteinanfälle m. pl.

hépatite [-tit] f. MÉD. Leberentzündung f. ; Hepatitis f. | *Hépatite virale*, Virushepatitis.

heptagone [ɛptagɔn] m. GÉOM. Siebeneck n.

héraldique [eraldik] adj. wappenkundlich, -mäßig ; heraldisch.
◇ f. Wappenkunde f. ; Heraldik f.

***héraut** [*ero] m. HIST. Herold m. ; Ansager m. ; Ausrufer m. ; Vorreiter m. ; königlicher Bote. | *Héraut d'armes*, Wappen-, Insignienträger m.

herbacé, ée [ɛrbase] adj. kraut-, grasartig.

herbage [-ba:ʒ] m. Gras n. || PAR EXT. [pâturage] Weide f. ; Weideplatz m., -land n.

herbe [ɛrb] f. **1.** [sens général] Gras n. | *Plein, Couvert d'herbe*, grasig, grasbedeckt, -bewachsen. | *Herbe folle*, Wucherpflanze f. | *Brin d'herbe*, Grashalm m. | *Blé en herbe*, junge Saat. || [fourrage] Futter n. || MAR. *Herbes marines*, Algen f. pl. ; Wassergewächse n. pl.
2. [potagère] Kraut n. | *Fines herbes* (würzige) Kräuter n. pl. | *Herbes médicinales*, Heilkräuter n. pl. | *Herbe de la Saint-Jean*, Johannis-, Hexenkraut. | *Mauvaise herbe*, Unkraut. || FIG. böses Kraut.
3. FIG., LOC. *En herbe*, zukünftig. | *Couper l'herbe sous le pied de qn*, jm den Wind aus den Segeln nehmen. | *Manger son blé en herbe*, auf künftige Einkünfte hin Schulden machen.

herbeux, euse [-bø, ø:z] adj. grasbewachsen.

herbier [-bje] m. BOT. [collection] Pflanzensammlung f. ; Herbarium n. || PAR EXT. [ouvrage] Pflanzenwerk n., -beschreibung f.

herbivore [-bivɔ:r] adj. grasfressend.
◇ m. Grasfresser m.

herboriser [-bɔrize] v. intr. Pflanzen sammeln.

herboriste [-borist] s. Heilkräutersammler(in) m. (f.), -händler(in) m. (f.), -verkäufer(in) m. (f.).

herboristerie [-bɔristri] f. [commerce] Heilkräuterhandel m. || [magasin] Kräuterhandlung f.

herbu, ue [-by] adj. grasbewachsen ; begrast.

Hercule [ɛrkyl] n. pr. m. MYTH. Herkules m. || FIG. Kraftmensch m. ; Athlet m.

herculéen, éenne [-leɛ̃, eɛn] adj. herkulisch ; riesenstark ; von gewaltiger Kraft.

hercynien, ienne [ɛrsinjɛ̃, jɛn] adj. GÉOL. herzynisch. | *Plissement hercynien*, europäische Mittelgebirgsfaltungen f. pl.

***hère** [*ɛ:r] m. *Pauvre hère*, armer Teufel.

héréditaire [eredite:r] adj. erblich ; Erb... | *Titres héréditaires*, erbliche Titel m. pl. | *Monarchie, Ennemi héréditaire*, Erbmonarchie f., -feind m. || FIG. vererbt. || MÉD. *Maladie héréditaire*, Erbkrankheit f. ; erbliche Krankheit. | *Tare héréditaire*, erbliche Belastung.

hérédité [-te] f. JUR. Erbrecht n. || [succession à] Erblichkeit f. ; Vererbung f. | *Par voie d'hérédité*, erblich. || PAR EXT. [héritage] Erbschaft f. ; Erbe n.

hérésie [-zi] f. RELIG. Ketzerei f. ; Irrglaube(n) m., -lehre f., -meinung f. | *Accuser d'hérésie*, wegen Ketzerei anklagen. || FIG. gegensätzliche, ketzerische, ausgefallene Meinung.

hérétique [-tik] adj. ketzerisch ; abgefallen ; irrgläubig ; gegensätzlich.
◇ s. Ketzer(in) ; Irrgläubige(r) m. ; Heretiker(in) m. (f.).

***hérisser** [-se] v. tr. [cheveux] sträuben ; emporrichten. | *Hérisser ses poils*, seine Haare sträuben. || PAR EXT. [garnir de] (be)spicken. | *Hérisser de pieux*, mit Pfählen bespicken.
◇ part. pass. et adj. **hérissé, ée,** [poils] gesträubt ; zu Berge stehend ; struppig ; borstig ; stachelig. || PAR EXT. gespickt. | *Être hérissé de*, starren, strotzen von. | *Hérissé de clous*, nägelgespickt. || FIG. *Texte hérissé de difficultés*, von Schwierigkeiten strotzender Text. || [hargneux] widerspenstig ; bösartig ; wütend.
◇ v. pr. **se hérisser,** sich sträuben. || FIG. widerborstig werden ; empor-, aufwärtsstehen.

***hérisson** [*erisɔ̃] m. ZOOL. Igel m. || FIG. widerborstiger Mensch. || MIL. Igelstellung f. || TECHN. Stachelwalze f. ; Rohrwischer m.

héritage [erita:ʒ] m. Erbe n. ; Erbschaft f. ; Erbteil n., -gut n. ; Hinterlassenschaft f. | *Faire un héritage*, erben ; eine Erbschaft machen. | *Acquérir par héritage*, ererben. | *Tante à héritage*, Erbtante f. || FIG. *Un héritage de haine*, ein ererbter Haß.

hériter [-te] v. intr. erben ; eine Erbschaft antreten. | *Hériter de qn*, jn beerben ; von jm erben.
◇ v. tr. (er)erben.

héritier, ière [-tje, jɛ:r] s. Erbe m. ; Erbin f. | *Héritier naturel, testamentaire*, Leibes-, Testamentserbe. | *Héritier universel*, Allein-, Universalerbe. | *Sans héritier*, erblos. | *Ne pas laisser d'héritiers*, keine Erben hinterlassen. | *Faire de qn son héritier*, jn zu seinem Erben einsetzen, ernennen. || POLIT. *Héritier du trône*, Thronfolger m. | *Prince héritier*, Erb-, Kronprinz m.

hermaphrodite [ɛrmafrɔdit] adj. doppel-, zweigeschlechtlich ; Zwitter...
◇ s. BIOL. Zwitter m. ; Hermaphrodit m. || BOT. Zwitterpflanze f.

herméneutique [ɛrmenøtik] adj. PHILOS. hermeneutisch.
◇ f. PHILOS. Hermeneutik f.

Hermès [ɛrmɛs] n. pr. m. ANTIQ. Hermes m.
◇ m. **hermès,** ARCHIT. Hermes-, Kopfsäule f.

hermétique [ɛrmetik] adj. [parfaitement étanche] (luft)dicht ; hermetisch. || FIG. [obscur] unklar.

hermétiquement [-tikmɑ̃] adv. (luft)dicht.

hermine [ɛrmin] f. ZOOL. [animal] Hermelin n. || PAR EXT. [fourrure] Hermelin(fell) n.

***herniaire** [*ɛrnjɛ:r] adj. MÉD. Bruch... | *Bandage herniaire*, Bruchband n.

***hernie** [*ɛrni] f. MÉD. Bruch m. ; Ausstülpung f. ; Vortreten n. ; Hernia f. | *Hernie discale*, Bandscheibenvorfall m. ; Diskushernie f. | *Hernie étranglée*, eingeklemmter Bruch. | *Hernie ombilicale*, Nabelbruch.

Hérode [erɔd] n. pr. m. THÉOL. Herodes m.

héroï-comique [erɔikɔmik] adj. LITTÉR. komischheldenhaft.

héroïne [erɔin] f. Heldin f. ; Heroin f. || LITTÉR. Heldin f. ; weibliche Hauptrolle, -person.

héroïne f. [stupéfiant] Heroin n.

héroïque [erɔik] adj. heldenmütig, -haft ; heroisch. | *Action héroïque*, Heldentat f. || MÉD. [remède] stark (wirkend). || POÉS. *Vers héroïque*, feierliches, gehobenes Versmaß ; Alexandriner m. ; Hexameter m.

héroïquement [-ikmɑ̃] adv. heldenmütig, -haft ; in heldenhafter Weise ; auf heroische Art.

héroïsme [-ism] m. Heldentum n., -haftigkeit f., -mut m. ; heldischer Geist ; Heroismus m.

***héron** [*erɔ̃] m. ZOOL. Reiher m. | *Héron cendré*, Graureiher.

***héros** [*ero] m. Held m. || HIST. Recke m. | *Mourir en héros*, als Held sterben. || PAR EXT. *Héros d'un roman*, Romanheld ; Hauptperson f.

herpès [ɛrpɛs] m. MÉD. Herpes m.

herpétique [ɛrpetik] adj. MÉD. flechtenartig.

***hersage** [*ɛrsa:ʒ], ***hersement** [*ɛrsəmɑ̃] m. AGRIC. Eggen n.

***herse** [*ɛrs] f. AGRIC. Egge f. || HIST., MIL. Fallgatter n.

***herser** [*ɛrse] v. tr. AGRIC. eggen.

hertz [ɛrts] m. PHYS. [unité] Hertz n.

hertzien, ienne [ɛrtsjɛ̃, jɛn] adj. PHYS. *Ondes hertziennes*, Hertzsche Wellen f. pl.

Herzégovine [ɛrzegɔvin] n. pr. f. GÉOGR. Herzegowina f.

hésitation [ezitasjɔ̃] f. [indécision] Zögern n.; Zaudern n.; Zagen n.; Unschlüssigkeit f.; Bedenken n.; Schwanken n. | *Sans la moindre hésitation*, ohne jedes Zögern; kurzerhand. | *Avec hésitation*, zögernd. || PAR EXT. [en parlant] Stocken n.; Anstoßen n. | *Dire avec hésitation*, nur zögernd hervorbringen.

hésiter [-te] v. intr. zögern; zaudern; schwanken; unschlüssig, schwankend sein. | *Ne pas hésiter à faire qch.*, nicht zögern, etwas zu tun. | *Sans hésiter*, ohne Zögern; ohne weiteres; frisch weg. || PAR EXT. [en parlant] stocken; anstoßen.

◇ part. prés. **hésitant, ante,** zögernd; zaudernd; schwankend; zaghaft; unschlüssig; unentschlossen. | *Demeurer hésitant*, zögern; noch in Zweifel sein.

***Hesse** [*ɛs] n. pr. f. GÉOGR. (Land) Hessen n. | *Hesse supérieure*, Oberhessen. | *Hesse-Darmstadt*, Hessen-Darmstadt. | *Hesse rhénane*, Rheinhessen.

***hessois, oise** [*ɛswa, wa:z] adj. hessisch.

◇ s. **Hessois, oise.** GÉOGR. Hesse m.; Hessin f.

hétéroclite [eterɔklit] adj. bunt zusammengewürfelt; gegensätzlich; PÉJOR. zusammengeflickt.

hétérodoxe [eterɔdɔks] adj. RELIG. andersgläubig.

hétérodoxie [-dɔksi] f. RELIG. Andersgläubigkeit f.; gegensätzliche Lehre.

hétérogène [-ʒɛn] adj. verschiedenartig; unzusammenhängend; ungleichartig; fremdartig; heterogen.

hétérogénéité [-ʒeneite] f. Verschiedenartigkeit f.; Zusammenhanglosigkeit f.; Ungleichartigkeit f.; Fremdartigkeit f.

hétérosexuel, uelle [-sɛksɥɛl] adj. heterosexuell.

◇ s. Heterosexuelle(r) f. (m.).

hétérozygote [-zigɔt] adj. BIOL. heterozygot.

***hêtraie** [*ɛtrɛ] f. BOT. Buchenhain m., -wäldchen n., -anpflanzung f.

***hêtre** [*ɛtr] m. BOT. Buche f. | *En (bois de) hêtre*, aus (festem) Buchenholz.

***heu!** [*ø] interj. na?; nanu!; ach!; nana!

heur [œ:r] m. Glück n. | *L'heur et le malheur*, Glück und Unglück.

heure [œ:r] f. **1.** DURÉE; TEMPS MIS: [de soixante minutes] Stunde f. | *Demi-heure*, halbe Stunde. | *Quart d'heure*, Viertelstunde. | *Une heure et demie*, anderthalb Stunden. | *De trois heures*, dreistündig. | *Une grande heure*, eine gute, volle Stunde. | *Une petite heure*, eine knappe Stunde; ein Stündchen n. | *Durer deux heures*, zwei Stunden (lang) dauern. | *Durant six heures*, sechs Stunden lang. | *Des heures entières*, stundenlang. | *Heure de classe*, Unterrichts-, Schulstunde. | *Heure de travail*, Arbeitsstunde. | *Heure supplémentaire*, Überstunde. | *Heures d'ouverture*, Geschäftsstunden f. pl. | *Avoir une heure de libre*, eine Freistunde, eine Stunde frei haben. || PAR EXT. [temps mis] Stunde f.; Zeit f. | *Mettre deux heures à faire qch.*, zwei Stunden brauchen, um etwas zu tun. || [distance] *Nous étions à deux heures de Paris*, wir waren zwei Stunden von Paris entfernt; zwei Stunden Wegs von Paris. || LOC. *La dernière heure*, das letzte Stündlein; die Todes-, Sterbestunde. | *Heure du berger*, Schäferstündchen n. | *Quart d'heure de grâce*, Galgenfrist f.; FIG., UNIV. akademisches Viertel.
2. MOMENT PRÉCIS DU JOUR: Stunde f.; Zeit f.; Zeitpunkt m.; Augenblick m. | *À une heure avancée, indue*, zu vorgerückter, ungelegener Stunde. | *Jusqu'à une heure avancée de la nuit*, bis tief in die späte Nacht hinein. | *À l'heure indiquée*, zur festgesetzten Stunde. | *À l'heure précise*, auf die Uhrzeit genau; pünktlich. | *Avant l'heure*, frühzeitig; vor der Zeit. | *Après l'heure*, nach der Zeit; zu spät. | *Fixer une heure*, eine Zeit verabreden. | *Manquer l'heure*, die Zeit verpassen. | *Se tromper d'heure*, sich in der Zeit irren. | *Il est l'heure*, die Stunde hat geschlagen; es ist Zeit. | *À l'heure actuelle*, zu dieser Stunde; zur Zeit. || LOC. *Être l'ouvrier de la onzième heure*, etwas in der letzten Minute, fünf Minuten vor zwölf tun. | *Dans les vingt-quatre heures*, binnen, innerhalb vierundzwanzig Stunden. | *La mauvaise heure*, der unpassende, ungünstige Augenblick. | *Heure de fermeture du café*, Polizeistunde. | *Heure des repas*, Mahlzeiten f. pl. || LOC. *À toute heure*, zu jeder Stunde, Zeit; jederzeit. | *À la bonne heure!*, recht so!; einverstanden! | *D'heure en heure*, von Stunde zu Stunde; stündlich. | *D'une heure à l'autre*, jeden Augenblick; jede Stunde; stündlich. | *Toutes les heures*, jede Stunde; alle Stunden; stündlich. | *Sur l'heure*, sofort; auf der Stelle.
3. INDICATION DE L'HEURE: [à l'horloge] Uhr f.; Zeit f. | *Quelle heure est-il?*, wieviel Uhr ist es?; wie spät ist es? || *Indication de l'heure*, Zeitangabe f. | *Dire l'heure*, die Zeit ansagen. | *À quelle heure?* um wieviel Uhr?; um welche Zeit?; wann? | *Heure d'été*, Sommerzeit. | *Heure de l'Europe centrale*, mitteleuropäische Zeit. || RADIO. *Voici l'heure (exacte)*, wir geben jetzt die genaue Zeit. | *Il est six heures (précises), sonnantes*, es ist punkt, genau, Schlag sechs (Uhr). | *Deux heures sonnent*, es schlägt zwei. | *Trois heures cinq*, fünf nach drei. | *Dix heures et demie*, halb elf. | *À 18 heures 37*, um 18 Uhr 37. | *Il est quatre heures passé*, es ist vier (Uhr) durch. | *À la même heure*, zur gleichen Stunde; um dieselbe Zeit; gleichzeitig. || LOC., FIG. *Chercher midi à quatorze heures*, Schwierigkeiten da suchen, wo keine sind. | *Sonner les heures et les demies*, die vollen und die halben Stunden schlagen.

◇ f. pl. **heures,** [temps] Zeit f. | *Les heures passent*, die Zeit verstreicht. | *Traverser des heures critiques*, kritische Augenblicke erleben.

◇ loc. adv. **à l'heure,** [fixée] zur gesetzten Stunde; zur rechten Zeit; rechtzeitig; beizeiten; pünktlich. | *Arriver à l'heure*, pünktlich ankommen. | *Pourvu qu'il soit là à l'heure*, hoffentlich ist er beizeiten da. | *Mettre sa montre à l'heure*, die Uhr richtig stellen. || PAR EXT. [tant par heure] *Travailler à l'heure*, stundenweise bezahlt werden. | *Faire du cent à l'heure*, mit hundert Kilometer Geschwindigkeit fahren. — **tout à l'heure,** [avant] soeben; vorhin. || [après] gleich. | *À tout à l'heure!*, bis nachher!; bis, auf gleich! — **de bonne heure,** früh(zeitig); rechtzeitig; beizeiten. | *Le matin de bonne heure*, frühmorgens.

heureusement [œrøzmɑ̃] adv. glücklicherweise; zum Glück.

heureux, euse [œrø, ø:z] adj. [comblé de bonheur] glücklich; beglückt; froh(gemut); selig. | *Très heureux*, überglücklich, hochbeglückt. | *Heureux de vivre*, lebenslustig, -froh. | *Contrée heureuse*, gesegnetes Land. | *Jour heureux*, froher Tag. | *Visage heureux*, glückstrahlendes Gesicht. | *Être heureux de qch.*, sich über eine Sache, an einer Sache freuen. | *Être heureux à la perspective de qch.*, sich auf etwas freuen. | *Il n'en est pas plus heureux*, deswegen ist er auch nicht glücklicher. | *Rendre heureux*, beglücken; glücklich machen. || [qui a de la chance] *Avoir la main heureuse*, eine glückliche Hand haben. | *Être heureux au jeu, en amour*, Glück im Spiel, bei den Frauen haben. || LOC. *Heureux (celui) qui*, wohl, heil dem, der. | *Il est heureux que*, ein Glück, daß. | *Très heureux*, es freut mich sehr!; sehr geehrt!

◇ m. **heureux,** Glücklicher m. | *Faire des heureux*, Menschen glücklich machen.

***heurt** [*œ:r] m. An-, Zusammenstoß m.

***heurter** [-te] v. tr. et intr. **1.** anstoßen, -fahren, -prallen ; aufstoßen, -fahren, -prallen ; stoßen, fahren, prallen an, auf, gegen (acc.) ; zusammenstoßen mit. | *Heurter un arbre*, gegen, an einen Baum fahren, prallen. | *Heurter un cycliste*, einen Radfahrer anfahren, -stoßen. | *Heurter un mur*, gegen eine Mauer stoßen. | *Heurter du pied contre qch.*, über etwas stolpern. || [avec intention] anrempeln.
2. FIG. [contrarier] stoßen. | *Heurter qn de front*, jn vor den Kopf stoßen. || [choquer] verletzen ; Anstoß erregen. | *Heurter qn*, bei jm Anstoß erregen ; jn verletzen. | *Heurter le bon sens*, dem gesunden Menschenverstand widersprechen.
◇ part. pass. et adj. **heurté, ée,** FIG. [contrasté] *Couleurs heurtées*, sich beißende, grell abstechende Farben. | *Style heurté*, abgehackter Stil.
◇ v. pr. **se heurter,** [sens réfl.] *Se heurter à, contre*, sich stoßen an (acc.) ; stoßen auf, gegen (acc.) ; zusammenstoßen mit. || FIG. *Se heurter à une résistance*, auf Widerstand stoßen. || [sens récipr.] zusammenstoßen, -prallen, -schlagen. || FIG. [se contrarier, se disputer] sich heftig zanken. || ARTS. [couleurs] grell abstechen.
— SYN. : *Choquer*, anstoßen. *Cogner*, stoßen. *Accrocher*, rammen. *Emboutir*, anprallen ; einbeulen.

***heurtoir** [-twa:r] m. [porte] (Tür)klopfer m. || [chemin de fer] Prellbock m. ; Knagge f. ; Nase f.

hévéa [evea] m. BOT. Hevea f. ; Gummibaum m.

hexadécimal, e, aux [-desimal, o] adj. INF. hexadezimal.

hexaèdre [ɛgzaɛdr] m. GÉOM. Hexaeder n. ; Würfel m. ; Sechsflächner m.

hexagonal, ale, aux [-gɔnal, o] adj. sechseckig.

hexagone [-gɔn] m. GÉOM. Sechseck n. || [la France] Frankreich n.

hexamètre [-mɛtr] adj. POÉS. sechsfüßig.
◇ m. POÉS. sechsfüßiger Vers ; Hexameter m.

hexogène [-zɔʒɛn] m. MIL. Hexogen n.

hiatus [jatys] m. POÉS. Hiatus m. ; zusammenstoßende Vokale m. pl. || FIG. Lücke f.

hibernal, ale, aux [ibɛrnal, o] adj. winterlich ; Winter...

hibernation [-nasjɔ̃] f. Überwinterung f. ; Winterschlaf m., -ruhe f.

hiberner [-ne] v. intr. Winterschlaf halten ; in Winterruhe gehen.

***hibou** [*ibu] m. ZOOL. Eule f. ; Kauz m.

***hic** [*ik] m. FAM. Haken m. ; Kniff m. | *Voilà le hic*, da liegt der Kniff, der Hase im Pfeffer.

hidalgo [idalgo] m. Hidalgo m.

***hideur** [*idœ:r] f. Gräßlichkeit f. ; Häßlichkeit f. ; Scheußlichkeit f.

***hideusement** [*idøzmɑ̃] adv. fürchterlich ; gräßlich.

***hideux, euse** [*idø, ø:z] adj. gräßlich ; häßlich ; scheußlich ; abschreckend. | *Spectacle hideux*, abstoßendes Schauspiel.

hier [ijɛr] adv. gestern. | *Hier matin*, gestern morgen ; am gestrigen Morgen. | *D'hier*, gestrig ; von gestern. || FIG. *Il n'est pas né d'hier*, er ist nicht von gestern.

***hiérarchie** [*jerarʃi] f. Rang-, Stufen-, Wertordnung f. ; Rangstufen f. pl. ; Aufbau m.

***hiérarchique** [-ʃik] adj. nach der Rangordnung ; rang-, vorschriftsmäßig ; hierarchisch. | *Voie hiérarchique*, Dienstweg m.

hiérarchisation [-ʃizasjɔ̃] f. Hierarchisierung f. ; Einstufung f.

***hiérarchiser** [-ʃize] v. tr. abstufen ; nach dem Rang einstufen, einordnen ; rangmäßig aufbauen.

***hiératique** [*jeratik] adj. priesterlich ; hieratisch. || FIG. steif.

hiéroglyphe [jerɔglif] m. Wortzeichen n. ; Hieroglyphe f.
◇ m. pl. **hiéroglyphes,** [écriture] Bilderschrift f. || FIG. [grimoire] unverständliches Zeug ; Krickelkrackel n.

***hi-fi** [*ifi] f. invar. HiFi.

***hi-han !** [*iɑ̃] interj. [onomatopée] I – A !

hilarant, ante [ilarɑ̃, ɑ̃:t] adj. zum Lachen reizend ; belustigend. | *Gaz hilarant*, Lachgas n.

hilare [ila:r] adj. lachend ; heiter ; lachlustig.

hilarité [-rite] f. Heiterkeit f. ; Gelächter n.

***hile** [*il] m. BOT. Hilum n. || ANAT. Hilus m.

hindou, oue [ɛ̃du] adj. hinduisch ; brahmanisch.
◇ s. **Hindou, oue,** Hindu m. ; Brahmane m. ; Inder(in) m. (f.).

Hindoustan [-stɑ̃] n. pr. m. GÉOGR. Hindustan n.

hindoustani [-stani] m. Hindustanisch n. ; indische Sprache.

hippique [ipik] adj. Pferde... ; Reit... | *Concours hippique*, Reitturnier n.

hippisme [ipism] m. Pferde-, Reit-, Rennsport m.

hippocampe [ipɔkɑ̃:p] m. Seepferd(chen) n.

Hippocrate [ipɔkrat] n. pr. m. Hippokrates. | *Serment d'Hippocrate*, hippokratischer Eid.

hippodrome [-dro:m] m. (Pferde)rennbahn f.

hippogriffe [-grif] m. MYTH. Hippogryph m.

hippomobile [-mɔbil] adj. von Pferden gezogen.

hippopotame [-pɔtam] m. Fluß-, Nilpferd n.

hirondeau [irɔ̃do] m. Schwälbchen n.

hirondelle [irɔ̃dɛl] f. ZOOL. Schwalbe f. | *Hirondelle de cheminée*, Rauch-, Giebel-, Dachschwalbe. | *Hirondelle de mer*, Seeschwalbe. || PROV. *Une hirondelle ne fait pas le printemps*, eine Schwalbe macht noch keinen Sommer.

hirsute [irsyt] adj. struppig ; zott(e)lig ; borstig. || FIG. [bourru] (wider)borstig ; rauh(beinig).

hispanique [ispanik] adj. (hi)spanisch.

hispanisme [-nism] m. Hispanismus m.

hispano-américain, aine [-noamerikɛ̃, ɛn] adj. spanisch-amerikanisch ; ibero-amerikanisch.

hispanophone [-fɔn] adj. spanischsprachig.

***hisser** [*ise] v. tr. (hoch)hissen ; hochziehen. | *Hisser les couleurs*, die Fahne setzen. | *Hisse ! oh ! hisse !*, hau ruck !

histogramme [-gram] m. STAT. Stufendiagramm n.

histoire [istwa:r] f. **1.** [des peuples] Geschichte f. ; Historie f. | *(Science de l')histoire*, Geschichtswissenschaft f., -kunde f. | *Livre d'histoire*, Geschichtsbuch n. | *Histoire universelle*, Weltgeschichte. | *Histoire ancienne, du Moyen Âge, moderne*, alte, mittelalterliche, neueste Geschichte. | *Histoire sainte*, biblische Geschichte. | *Connaître l'histoire*, sich in der Geschichte auskennen. || [sous un aspect] *Histoire de la civilisation, de l'art, littéraire*, Kultur-, Kunst-, Literaturgeschichte. | *Histoire naturelle*, Naturgeschichte.
2. [récit d'événements] Geschichte f. ; Erzählung f. ; Beschreibung f. ; Darstellung f. | *Livre d'histoires*, Geschichtenbuch n. | *Raconter une histoire*, eine Geschichte erzählen. | *Cette histoire ne tient pas debout, c'est une histoire à dormir debout*, diese Geschichte klingt höchst unwahrscheinlich.

3. PÉJOR. [récit mensonger] Märchen ; (erfundene) Geschichte. | *Ce sont des histoires*, das sind Flausen ; das ist Quatsch.
4. [événement désagréable] Geschichte f. | *Il lui est arrivé une histoire*, ihm ist eine unangenehme Geschichte zugestoßen, passiert. | *Quelle histoire !*, was für eine Geschichte ! | *Faire des histoires*, Umstände machen ; Händel suchen. | *Faire des histoires à qn*, jn schikanieren. | *Avoir des histoires avec qn*, mit jm Schwierigkeiten, Streitigkeiten haben.
5. LOC. *C'est toute une histoire*, das ist eine (lange) Geschichte für sich. | *C'est une autre histoire*, das ist was anderes. | *(C'est) histoire de rire*, bloß zum Spaß. | *Histoire de dire qch.*, bloß um etwas zu sagen. | *Le plus beau de l'histoire, c'est que*, das lustigste an der Geschichte ist, daß. | *Pas d'histoires !*, Schluß damit !

histologie [istɔlɔʒi] f. Gewebelehre f. ; Histologie f.

historicité [istɔrisite] f. geschichtliche Wahrheit.

historien [-rjɛ̃] m. Historiker m. ; Geschichtsforscher m., -schreiber m., -wissenschaftler(in) m. (f.). | *Historien de la littérature*, Literarhistoriker m.

historiette [-rjɛt] f. Geschichtchen n.

historiographe [-rjɔgraf] m. Geschichtsschreiber m. ; Chronist m.

historique [-rik] adj. geschichtlich ; historisch ; Geschichts... | *Tableau historique*, historische Übersichts-, Zahlentafel. | *Personnage historique*, historische Gestalt. | *Vérité historique*, geschichtliche Wahrheit.
◇ m. geschichtliche, historische Beschreibung.

hitlérien, ienne [itlerjɛ̃, jɛn] adj. hitlerisch ; nazistisch ; nationalsozialistisch. | *Jeunesse hitlérienne*, Hitlerjugend f. ; HJ f.

hitlérisme [-rism] m. Hitlertum n.

***Hittite** [*itit] n. pr. m. HIST. Hethiter m.

hiver [ivɛ:r] m. Winter m. ; Winterzeit f. | *D'hiver*, winterlich ; Winter... | *Vêtements, Quartiers, Sports d'hiver*, Winterkleidung f., -quartier n., -sport m. | *Service d'hiver*, Winterfahrplan m., -betrieb m. | *En hiver*, im Winter ; zur Winterzeit. | *Au plus fort de l'hiver*, mitten im strengsten Winter.

hivernage [ivɛrna:ʒ] m. [temps] Winterzeit f. || PAR EXT. [séjour] Überwintern n. || MAR. Winterhafen m., -ruhe f. || AGRIC. Winterbestellung f.

hivernal, ale, aux [-nal, o] adj. winterlich ; Winter... | *Repos hivernal*, Winterruhe f., -schlaf m.

hivernant, ante [-nɑ̃, ɑ̃:t] s. Winter(kur)gast m.

hiverner [-ne] v. intr. über-, einwintern.

***ho !** [*o] interj. he ! ; heda ! ; hallo ! ; oh !

***hobereau** [*ɔbro] m. ZOOL. Baumfalke m. || FIG. [gentilhomme] Junker m. ; Krautjunker m.

***hochement** [*ɔʃmɑ̃] m. LOC. *Hochement de tête*, Kopfschütteln n.

***hochequeue** [*ɔʃkø] m. ZOOL. Bachstelze f.

***hocher** [*ɔʃe] v. tr. schütteln ; rütteln. || PAR EXT. *Hocher la tête*, den Kopf schütteln.

***hochet** [*ɔʃɛ] m. Kinderklapper f. || FIG. Tand m.

***hockey** [*ɔkɛ] m. SPORT. Hockey(spiel) n. | *Hockey sur glace*, Eishockey.

***hockeyeur, euse** [*ɔkɛjœ:r, jø:z] s. SPORT. Hockeyspieler(in) m. (f.) ; [sur glace] Eishockeyspieler(in) m. (f.).

***holà !** [*ɔla] interj. Holla ! ; oh ! ; hallo !
◇ m. **holà,** *Mettre le holà*, Einhalt gebieten.

***holding** [*ɔldiŋ] m. COMM. Dachgesellschaft f.

***hold-up** [*ɔldœp] m. invar. (bewaffneter) Raubüberfall ; Hold up m.

***hollandais, aise** [*ɔlɑ̃dɛ, ɛ:z] adj. holländisch ; niederländisch.
◇ s. **Hollandais, aise,** Holländer(in) m. (f.) ; Niederländer(in) m. (f.).
◇ m. **hollandais,** [langue] Holländisches n. ; Niederländisches n.

***Hollande** [*ɔlɑ̃:d] n. pr. f. GÉOGR. Holland n. ; Niederlande n. pl.

***hollande** [*ɔlɑ̃:d] m. [fromage] holländischer Käse.

holocauste [ɔlɔkost] m. THÉOL. Brand-, Sühneopfer n. || PAR EXT. Holocaust m.

hologramme [-gram] m. Hologramm n.

holographie [-grafi] f. Holographie f. | *Holographie à laser impulsionnel*, Pulslaserholographie.

***holsteinois, oise** [*ɔlstɛnwa, wa:z] adj. holsteinisch.
◇ s. **Holsteinois, oise,** Holsteiner(in) m. (f.).

***homard** [*ɔma:r] m. Hummer m. | *Rouge comme un homard*, krebsrot.

homélie [ɔmeli] f. RELIG. Bibelauslegung f., -stunde f. || FIG., PÉJOR. Moralpredigt f.

homéopathe [omeɔpat] adj. homöopathisch.
◇ s. MÉD. Homöopath m.

homéopathie [-ti] f. MÉD. Homöopathie f.

homéopathique [-tik] adj. homöopathisch.

Homère [ɔmɛ:r] n. pr. m. Homer m.

homérique [ɔmerik] adj. homerisch. || FIG. *Rire homérique*, homerisches, schallendes Gelächter.

homicide [ɔmisid] adj. mörderisch ; tödlich.
◇ m. JUR. [acte] Totschlag m. ; Tötung f. | *Homicide par imprudence*, fahrlässige Tötung. | *Homicide volontaire*, vorsätzliche Tötung. || PAR EXT. [meurtrier] Mörder m. ; Totschläger m.

hominisation [-zasjɔ̃] f. Menschwerdung f.

hommage [ɔma:ʒ] m. **1.** HIST. Lehenspflicht f., -eid m.
2. [respect, vénération] Ehrerbietung f. ; Ehrfurchtsbezeigung f. ; Huldigung f. | *Rendre hommage à*, huldigen (dat.) ; anerkennen ; würdigen. | *Rendre hommage à la vérité*, der Wahrheit die Ehre geben. | *Rendre un dernier hommage*, die letzte Ehre erweisen.
3. PAR EXT. [présent] Geschenk n. ; Widmung f. | *Faire hommage de qch. à qn*, jm etwas verehren, als Huldigung darbringen. || *En hommage de reconnaissance*, zum, als Zeichen dankbarer Verehrung.
◇ m. pl. **hommages,** [respect, civilité] Empfehlung f. ; (ergebener) Gruß ; Höflichkeitsbezeigungen f. pl. | *Présenter ses hommages à qn*, jm seine Aufwartung machen ; jm seine Hochachtung ausdrücken. | *Mes hommages à monsieur votre père*, empfehlen Sie mich bei Ihrem Herrn Vater. | *Mes hommages, Madame !*, ich empfehle mich ; meine Verehrung.

homme [ɔm] m.

I. ÊTRE HUMAIN : Mensch m.
II. ÊTRE MASCULIN :
 a) [sens général] Mann m. ;
 b) [monsieur] Herr m.
III. ÊTRE MORAL.
IV. LOC. homme de...
V. SENS MILITAIRE.

I. ÊTRE HUMAIN : Mensch m. | *Corps de l'homme*, menschlicher Körper. | *Race, Œuvre, Amour des hommes*, Menschengeschlecht n., -werk n., -liebe f. | *Homme primitif*, Urmensch. | *D'homme(s), de l'homme*, menschlich ; Menschen... | *Donner figure d'homme à*, vermenschlichen ; eine menschliche Gestalt verleihen

(dat.). | *Ce qui est propre à l'homme*, das Menschliche. || RELIG. *Fils de l'homme*, der Menschensohn ; Christus m. | *Le premier homme*, der erste Mensch ; Adam m. **II.** ÊTRE MASCULIN : **a)** [sens général] Mann m. | *Hommes et femmes*, Mann und Weib. | *Jeune homme*, junger Mann ; Jüngling m. ; Bursche m. | *(Homme) adulte*, Erwachsene(r) m. | *Homme d'un certain âge*, älterer Mann, Herr. | *Vieil homme*, alter Mann ; Greis m. | *D'homme, de l'homme*, männlich ; Mann(e)s... | *De la taille d'un homme*, mannshoch. | *À hauteur d'homme*, mannshoch ; auf Manneshöhe. — **b)** [monsieur] Herr m. | *Coiffeur pour hommes*, Herrenfriseur m. | *Se trouver entre hommes*, sich in einer Herrengesellschaft befinden.
III. ÊTRE MORAL : Mann m. ; Mensch m. | *Sois un homme !*, ermanne dich ! | *En homme, Digne d'un homme*, männlich ; mannhaft. | *Il est devenu un homme*, es ist ein Mann aus ihm geworden ; er ist aus den Kinderschuhen heraus. | *Ce n'est pas un homme*, das ist doch kein Mann. | *Homme bon*, guter Mensch. || *Brave homme*, Biedermann. | *Honnête homme*, rechtschaffener, ehrlicher Mann ; Ehrenmann. | *Homme d'action*, Mann der Tat. | *Être l'homme de qn*, js Mann sein ; zy jm stehen. | *Je ne suis pas homme à*, ich bin nicht der Mann dazu. | *Tu es un homme mort si*, du bist des Todes, wenn. | *C'est notre homme*, das ist unser Mann.
IV. LOC. **homme de...** *Homme d'affaires*, Geschäftsmann. | *Homme de confiance*, Vertrauensmann. | *Homme de gauche*, Linker m. | *Homme de lettres*, Literat m. ; Schriftsteller m. | *Homme de métier*, Fachmann. | *Homme de peine*, Dienstmann. | *Homme du monde*, Weltmann. | *Homme d'Église*, Geistlicher m. | *Homme d'État*, Staatsmann. | *Homme de robe*, Jurist m. || PAR EXT. *Homme de la rue*, einfacher Mann auf der Straße. | *Homme du jour*, Held (m.) des Tages. | *Homme à femmes*, Schürzenjäger m. | *Homme de couleur*, Farbige(r) m. | *Homme de main*, gedungener Verbrecher.
V. SENS MILITAIRE : Mann m. | *La compagnie compte 120 hommes*, die Kompanie zählt 120 Mann, ist 120 Mann stark. | *Hommes de troupe*, Mannschaften f. pl.

homme-grenouille [-grənuj] m. (pl. **hommes-grenouilles**) Froschmann m.

homme-sandwich [-sɑ̃dwitʃ] m. (pl. **hommes-sandwich[e]s**) Plakatträger m.

homogène [ɔmɔʒɛn] adj. gleichartig ; von gleichem Stoff ; homogen.

homogénéiser [-ʒeneize] v. tr. CHIM. homogenisieren. || FIG. vereinheitlichen.
◇ part. pass. et adj. **homogénéisé, ée,** *Lait homogénéisé*, homogenisierte Milch ; H-Milch f.

homogénéité [-ʒeneite] f. Gleichartigkeit f. ; Zusammengehörigkeit f. ; Homogenität f.

homologation [ɔmɔlɔgasjɔ̃] f. JUR. gerichtliche Bestätigung, Beglaubigung. || SPORT. Anerkennung f. || [d'un véhicule] Homologierung f.

homologie [-ʒi] f. BIOL., MATH. Homologie f.

homologue [-lɔg] adj. gleichlautend, -namig ; entsprechend ; übereinstimmend ; homolog.

homologuer [-lɔge] v. tr. JUR. gesetzlich, behördlich bestätigen, anerkennen ; rechtskräftig machen. || SPORT. *Homologuer un record*, einen Rekord anerkennen, bestätigen. || AUTOM. homologieren.

homonyme [ɔmɔnim] adj. gleichlautend ; übereinstimmend.
◇ m. Namensvetter m. || GRAMM. Homonym n.

homophonie [ɔmɔfɔni] f. Gleichklang m.

homosexualité [ɔmɔsɛksɥalite] f. Homosexualität f.

homosexuel, uelle [-sɥɛl] adj. homosexuell.
◇ s. Homosexuelle(r) f. (m.).

homozygote [ɔmozigɔt] adj. BIOL. homozygot.

homuncule ou **homoncule** [ɔmɔ̃kyl] m. künstlicher Mensch ; Homunculus m.

***hongre** [*ɔ̃:gr] m. ZOOL. Wallach m.

***Hongrie** [*ɔ̃gri] n. pr. f. GÉOGR. Ungarn n.

***hongrois, oise** [*ɔ̃grwa, waz] adj. ungarisch.
◇ s. **Hongrois, oise,** Ungar(in) m. (f.).
◇ m. **hongrois,** [langue] Ungarisches n. ; ungarische Sprache.

honnête [ɔnɛ:t] adj. [probe] ehrlich ; redlich. | *Peu honnête*, unehrlich. || [honorable] ehrenhaft ; ehrsam ; ehrbar. || [droit, brave] rechtschaffen ; bieder ; wakker ; brav. | *Honnête homme*, rechtschaffener, ehrlicher Mann ; Ehrenmann m. || PAR EXT. [décent, vertueux] gesittet ; sittsam ; züchtig ; schamhaft. || [convenable, probe] anständig ; ordentlich ; höflich. | *Les honnêtes gens*, die anständigen Leute. || [acceptable] *Récompense honnête*, ordentliche, anständige Belohnung. | *Prétexte honnête*, triftiger, überzeugender Vorwand.

honnêtement [-tmɑ̃] adv. ehrlich ; in Ehren ; auf anständige Art und Weise.

honnêteté [-te] f. [probité] Ehrlichkeit f. ; Redlichkeit f. | *Honnêteté scrupuleuse*, peinlichste, erprobte Ehrlichkeit. || [honorabilité] Ehrenhaftigkeit f. ; Ehrsamkeit f. ; Ehrbarkeit f. || [droiture] Rechtschaffenheit f. ; Biederkeit f. || PAR EXT. [décence, vertu] Sittsamkeit f. ; Zucht f. ; Tugendhaftigkeit f. || [bienséance, politesse] Anstand m. ; Anständigkeit f. ; Höflichkeit f. ; Artigkeit f. ; Liebenswürdigkeit.

honneur [ɔnœ:r] m. [sens général] Ehre f.
1. VIF SENTIMENT DE DIGNITÉ : Ehre f. ; Ehrgefühl n. | *Sens de l'honneur*, Ehrgefühl. | *Faire appel à l'honneur de qn*, sich an js Ehrgefühl wenden. | *Sans honneur*, ehrlos ; ehrvergessen ; ohne Ehrgefühl. | *Homme d'honneur*, Ehrenmann m. ; Mann von Ehre ; ehrenhafter Mann. | *Femme d'honneur*, ehrenhafte, sittsame, züchtige Frau. | *Point d'honneur*, Ehrenpunkt m. | *Parole d'honneur !*, (auf) Ehrenwort ! ; bei meiner Ehre ! | *Mettre son point d'honneur à*, seine Ehre daransetzen, zu.
2. ESTIME ; CONSIDÉRATION : Ehre f. | *L'honneur est sauf*, die Ehre ist gerettet, unangetastet. | *Dire qch. à l'honneur de qn*, etwas zu js Ehre sagen. || PAR EXT. *Il est l'honneur de son pays*, er ist die Zierde seines Landes. || LOC. *Jury, Légion d'honneur*, Ehrenrat m., -legion f. | *Garçon, Demoiselle d'honneur*, Brautführer m., -jungfer f. | *Dame d'honneur*, Ehrendame f. | *Mourir au champ d'honneur*, auf dem Feld der Ehre bleiben ; den Ehrentod erleiden. | *À tout seigneur, tout honneur*, Ehre, wem Ehre gebührt.
3. LOCUTIONS PARTICULIÈRES : **avoir l'honneur,** die Ehre haben (zu) ; sich beehren (zu). | *J'ai l'honneur de vous annoncer que*, ich beehre mich, Ihnen mitzuteilen, daß. | *J'ai l'honneur de vous saluer*, ich empfehle mich.
◇ **faire honneur,** *Faire honneur à qn*, jm eine Ehre erweisen ; jn ehren. | *Cela vous fait honneur*, das macht Ihnen Ehre. | *Votre estime me fait honneur*, Ihre Achtung ehrt mich. || PAR ANAL. *Faire honneur à un plat*, sich ein Gericht schmecken lassen ; POP. tüchtig zugreifen. || PAR EXT. *Faire honneur à ses engagements*, seinen Verpflichtungen nachkommen. | *Faire honneur à sa signature*, zu seiner Unterschrift stehen. — **faire l'honneur de,** die Ehre erweisen. | *Faites-moi l'honneur de me croire*, glauben Sie mir bitte !
◇ m. pl. **honneurs,** [marques d'estime] Ehren f. pl. ; Ehrenbezeigungen f. pl. || MIL. *Rendre les honneurs*, das Gewehr präsentieren. | *Avec les honneurs de la guerre*, mit kriegerischen Ehren. || PAR EXT. [charges honorifiques] Ehren f. pl. ; Ehrenstellen f. pl., -ämter n. pl. ; Würden f. pl. | *Chargé d'honneurs*, ehrenreich. | *Soif des*

honneurs, Ehrsucht f. | *Combler qn d'honneurs*, jn mit Ehren überhäufen. || FIG. *Faire les honneurs de la maison*, den Hauswirt machen, spielen. || [bridge] Honneurs f. pl.
◇ loc. adv. **à l'honneur,** *Être à l'honneur*, geehrt werden. — **avec honneur,** ehrenhaft ; in allen Ehren. — **en honneur,** in Ehren. | *En son honneur*, ihm zu Ehren. | *En l'honneur de sa fête*, zu seinem Namenstag. — **pour l'honneur,** ehrenhalber ; um die Ehre. | *Ne jouer que pour l'honneur*, nur um die Ehre spielen. — **sur l'honneur,** auf Ehre (und Gewissen). | *Affirmer sur l'honneur*, auf Ehrenwort versichern. | *Sur mon honneur*, bei meiner Ehre ! ; auf Ehrenwort.
***honnir** [*ɔniːr] v. tr. schmähen ; verhöhnen ; beschimpfen.
honorabilité [ɔnɔrabilite] f. Ehrenhaftigkeit f. ; Ehrbarkeit f. ; Achtbarkeit f.
honorable [-rabl] adj. [digne d'être honoré] ehrenhaft, -wert, -voll ; ehrsam ; ehrbar. | *Mon honorable confrère*, mein ehrenwerter, geehrter Kollege. || [estimable] schätzbar ; achtbar ; rühmlich ; löblich. || PAR EXT. [probe, honnête] ehrlich ; redlich. || FIG. [convenable] ordentlich ; anständig ; ansehnlich. | *Fortune honorable*, ansehnliches Vermögen.
honorablement [-rabləmɑ̃] adv. mit, in Ehren ; ehrenvoll ; anständig ; glimpflich.
honoraire [-rɛːr] adj. Ehren... ; Titular... | *Membre honoraire*, Ehrenmitglied n. | *Professeur honoraire*, Honorarprofessor m.
◇ m. pl. **honoraires,** Entlohnung f. ; Gebühren f. pl. ; Honorar n. | *Honoraires d'un médecin, d'un avocat*, Arzt-, Anwaltsgebühren f. pl.
honorer [-re] v. tr. (ver)ehren ; Ehre erweisen, bezeigen (dat.) ; in Ehren halten. | *Honorer la mémoire de qn*, das Gedächtnis an jn in Ehren halten. || PAR EXT. [accorder comme une faveur] beehren ; würdigen. | *Honorer qn de qch.*, jn mit etwas beehren. | *Ne pas honorer d'un regard*, keines Blickes würdigen. || COMM. [payer] begleichen ; decken ; einlösen ; honorieren.
◇ v. pr. **s'honorer de,** sich zur Ehre rechnen ; sich eine Ehre machen...
— SYN. : *Respecter*, achten. *Révérer*, verehren.
honorifique [-rifik] adj. ehrend ; Ehren... | *Titres honorifiques*, Ehrentitel m. pl.
***honte** [*ɔ̃ːt] f. **1.** [sentiment pénible, pudeur] Scham f. ; Beschämung f. ; Schamgefühl n. ; Schamhaftigkeit f. | *Fausse honte*, falsche Scham ; Ängstlichkeit f. | *Rouge de honte*, schamrot. | *Avoir honte de*, sich schämen vor (dat.). | *Ne pas avoir honte*, schamlos, ohne Schamgefühl sein. | *Faire honte à qn*, jm die Schamröte ins Gesicht treiben ; jm Schande machen, bereiten. | *Mourir de honte*, sich zu Tode schämen ; vor Scham vergehen. | *Avoir toute honte bue*, jedes Schamgefühl verloren haben. | *À ma honte*, zu meiner (eigenen) Beschämung.
2. [opprobre] Schande f. ; Schmach f. ; Unehre f. ; Schimpf m. | *C'est une honte*, es ist eine Schande, Schmach ; es ist schmählich. | *Couvrir de honte*, mit Schande bedecken ; in Schande bringen ; schänden. | *Être la honte de sa famille*, der Schandfleck seiner Familie sein.
***honteux, euse** [*ɔ̃tø, øːz] adj. **1.** [embarrassé] be-, verschämt ; schamhaft. | *Être honteux de qch.*, sich vor einer Sache schämen ; über eine Sache beschämt sein. || [timide] schüchtern ; verlegen.
2. PAR EXT. [déshonorant] schändlich ; schandbar ; schmachvoll ; schmählich. || FIG. *Maladie honteuse*, Geschlechtskrankheit f.
***hop !** [*ɔp] interj. hoppla ! ; hopp ! ; hops !
hôpital [ɔpital] m. Krankenhaus n. ; Spital n. ; Hospital n. | *Hôpital de jour*, Tagesklinik f. || MIL. *Hôpital militaire*, Lazarett n. ; Revier n.
— SYN. : *Infirmerie*, Krankenzimmer. *Clinique*, Klinik.
***hoquet** [*ɔkɛ] m. Schlucken m. ; Schluckauf m. | *Avoir le hoquet*, den Schluckauf haben.
***hoqueter** [*ɔkte] v. intr. den Schluckauf haben.
horaire [ɔrɛːr] adj. stundenmäßig ; Stunden...
◇ m. Stunden-, Fahrplan m. | *Horaire des chemins de fer*, Eisenbahnfahrplan ; Kursbuch n. | *Horaire variable*, gleitende Arbeitszeit.
***horde** [*ɔrd] f. Haufe(n) m. ; Bande f. ; Horde f.
***horion** [*ɔrjɔ̃] m. Schlag m. ; Puff m. ; Knuff m.
horizon [ɔrizɔ̃] m. Horizont m. | *Le soleil se lève sur l'horizon*, die Sonne erscheint am, steigt über den Horizont. || FIG. Gesichts-, Umkreis m. | *Ouvrir des horizons*, neue Aussichten eröffnen. | *Faire un tour d'horizon*, einen Gesamtüberblick machen.
horizontal, ale, aux [-tal, o] adj. waagerecht ; horizontal. || MINES. söhlig ; flach gelagert.
◇ f. **horizontale,** GÉOM. [ligne] Horizontale f.
horizontalité [-talite] f. waagerechte Lage.
horloge [ɔrlɔːʒ] f. Turm-, Kirchen-, Bahnhofsuhr f. | *Horloge régulatrice*, Normaluhr. | *Horloge parlante*, telephonische Zeitansage. || INF. Taktgeber m. ; Zeitbasis f.
— SYN. : *Pendule* f., Wanduhr f. *Coucou* m., Kuckucksuhr f.
horloger, ère [-ʒe, ɛːr] adj. Uhren... | *Industrie horlogère*, Uhrenindustrie f.
◇ m. **horloger,** Uhrmacher m.
horlogerie [-ʒri] f. COMM. [fabrique] Uhrenherstellung f., -fabrikation f. || [boutique] Uhrengeschäft n., -laden m. || [commerce] Uhrenhandel m., -industrie f. || PAR EXT. [objets] Uhren f. pl. | *Mouvement d'horlogerie*, Uhrwerk n.
hormis [ɔrmi] prép. außer (dat.) ; mit Ausnahme von ; ausgenommen.
hormone [ɔrmɔn] f. Hormon n. ; Inkrete n. pl.
horodateur [ɔrɔdatœːr] m. Datum- und Zeitstempelapparat m.
horoscope [-skɔp] m. Horoskop n. | *Tirer l'horoscope de qn*, jm ein Horoskop stellen.
horreur [ɔrrœːr] f. **1.** [effroi, répulsion] Grau(s)en n. ; Schaudern n. ; Schauder m. ; Entsetzen n. ; Schrecken m. | *Cri d'horreur*, Entsetzensschrei m. | *Nuit, Scènes d'horreur*, Schreckensnacht f., -szenen f. pl. | *Qui fait horreur*, grauenerregend ; schauderhaft ; entsetzlich. | *Cela me fait horreur*, mir graut davor. | *Frémir d'horreur*, erschauern. | *Être saisi d'horreur*, vor Entsetzen schaudern.
2. PAR ANAL. [aversion, haine] Abscheu m. ; Verabscheuung f. | *Faire horreur*, Abscheu erregen. | *Qui fait horreur*, abscheulich ; verabscheuenswert. | *Avoir qch. en horreur, Avoir horreur de qch.*, etwas verabscheuen, hassen ; Abscheu vor einer Sache haben. | *J'ai horreur de cela*, es widert mich an ; ich habe Abscheu davor. | *Prendre en horreur*, verabscheuen.
3. PAR EXT. [chose horrible] Entsetzlichkeit f. ; Schrecknis n. ; Abscheulichkeit f. ; Scheusal n. ; Greuel m. | *Quelle horreur !*, wie abscheulich ! | *C'est une horreur*, das ist abscheulich, gräßlich.
◇ f. pl. **horreurs,** [choses horribles] Greuel m. pl. | *Horreurs de la guerre*, Kriegsgreuel. || FIG. *Dire des horreurs*, Abscheulichkeiten sagen.
horrible [ɔrribl] adj. [effroyable] grauenvoll ; grauenhaft ; schauderhaft ; entsetzlich. || [abominable] abscheulich ; verabscheuungswert ; scheußlich ; schändlich. || PAR EXT., FAM. [excessif] *Bruit horrible*, fürchterlicher Lärm.
horriblement [-bləmɑ̃] adv. schrecklich ; entsetzlich ; fürchterlich. || LOC. *Il fait horriblement froid*, es ist schrecklich kalt.

horrifier [-fje] v. tr. Schrecken, Grauen erregen. ◇ part. prés. **horrifiant, ante,** grauenhaft.

horrifique [-fik] adj. schrecken-, grauenerregend.

horripiler [-pile] v. tr. eine Gänsehaut verursachen ; erschauern lassen. || FIG. [irriter] ärgern ; auf die Nerven fallen (dat.).
◇ part. prés. **horripilant, ante,** haarsträubend. || FIG. nervenaufreibend.

***hors** [*ɔ:r] prép. **1.** [à l'extérieur de] außerhalb (gén.). | *Demeurer hors les murs*, außerhalb der Stadt, vor dem Tor wohnen.
2. PAR EXT. [excepté] außer (gén.) ; ausgenommen ; bis auf (acc.). || LOC. *Hors concours*, außer Konkurrenz. | *Hors cadre(s)*, überzählig. | *Hors pair*, hervorragend ; unerreicht ; unvergleichlich. | *Hors la loi*, gesetzlos ; rechtlos ; vogelfrei. | *Mettre hors la loi*, für vogelfrei erklären. | *Hors série*, in Sonderanfertigung hergestellt ; FIG. außergewöhnlich. || MAR. *Longueur hors tout*, Außenlänge f. ; Länge über alles.
◇ loc. prép. **hors de,** [sans mouvement] außerhalb (gén.). | *Hors d'ici*, auswärts ; draußen ; außerhalb. || [avec mouvement] hinaus... ; heraus... | *Tirer hors de*, herausziehen. | *S'élancer hors de la maison*, hinausstürzen. | *Hors d'ici !*, hinaus ! ; POP. 'raus ! ; hau ab ! ; fort (von hier) ! || LOC., FIG. außer. | *Hors d'atteinte*, außer Reichweite. | *Hors de cause*, nicht beteiligt ; nicht zur Sache gehörend. | *Hors de danger*, außer Gefahr. | *Hors de doute*, außer Zweifel. | *Hors d'haleine*, außer Atem. | *Hors de portée*, unerreichbar. | *Hors de propos*, unpassend ; ungelegen. | *Hors saison*, in der Vor- und Nachsaison. | *Hors de soi*, außer sich. || ARCHIT. *Hors d'eau*, unter Dach. || COMM. *Hors de prix*, übermäßig teuer. || MIL. *Hors de combat*, außer Gefecht ; kampfunfähig.

***hors-bord** [*ɔrbɔ:r] m. invar. MAR. Außenbordmotorboot n.

***hors-d'œuvre** [*ɔrdœ:vr] m. invar. LITTÉR. Beiwerk n. || FIG. Nebensache f. ; Beiwerk n. || CULIN. Hors d'œuvre n. ; Vorspeise f.

***hors-jeu** [*ɔrʒø] m. invar. SPORT. Abseitsstellung f. | *Être (en position de) hors-jeu*, sich in Abseitsstellung befinden.

***hors-la-loi** [*ɔrlalwa] m. invar. JUR., POLIT. Gesetzlose(r) m. ; Gesetzesverächter m.

***hors-texte** [*ɔrtɛkst] m. invar. TYPOGR. Bild(er)beigabe f.

hortensia [ɔrtɑ̃sja] m. BOT. Hortensie f.

horticole [ɔrtikɔl] adj. gartenbaumäßig ; Garten...

horticulteur [-kyltœ:r] m. Gärtner(meister) m. ; Handelsgärtner m.

horticulture [-kylty:r] f. Gartenbau m., -wirtschaft f. ; Hortikultur f.

hosanna [ɔzanna] m. RELIG. Hosianna n. ; Lob-, Triumphgesang m.

hospice [ɔspis] m. RELIG. Hospiz n. || [asile] Pflegeheim n. ; Armenhaus n. ; Spital n. | *Hospice d'aliénés*, Irren-, Nervenanstalt f. | *Hospice de vieillards*, Altersheim n.

hospitalier, ière [ɔspitalje, jɛ:r] adj. gastfrei ; gastfreundlich. | *Accueil hospitalier*, Gast(freund)lichkeit f. | *Peu hospitalier*, unwirtlich. || PAR EXT., MÉD. *Établissement hospitalier*, Heilanstalt f.

hospitalisation [-lizasjɔ̃] f. Krankenhausbehandlung f. ; stationäre Behandlung. | *Hospitalisation à domicile*, Hauspflege f.

hospitaliser [-lize] v. tr. ins Krankenhaus einweisen ; stationär behandeln.

hospitalité [-lite] f. Gastfreundschaft f., -freiheit f. ; Gastlichkeit f. ; Bewirtung f. ; gastfreie Aufnahme. | *Donner l'hospitalité*, das Gastrecht gewähren ; bewirten ; unterbringen (sépar.). | *Demander l'hospitalité*, um Obdach, Unterkunft bitten.

hospitalo-universitaire [-loynivɛ:rsitɛ:r] adj. *Centre hospitalo-universitaire (C.H.U.)*, Universitätsklinik f. ; Lehrkrankenhaus n.

hostie [ɔsti] f. RELIG. Hostie f.

hostile [ɔstil] adj. feindlich (gesinnt) ; feindselig ; feindschaftlich. | *Être hostile à qn*, jm feind sein.

hostilité [-lite] f. Feindschaft f. ; Feindseligkeit f. ; feindselige Gesinnung ; Ver-, Anfeindung f.
◇ f. pl. **hostilités,** [guerre] Feindseligkeiten f. pl. | *Ouverture des hostilités*, Kriegsausbruch m. | *Cessation des hostilités*, Einstellung (f.) der Feindseligkeiten.

hôte, hôtesse [o:t, otɛs] s. [qui reçoit] Gastgeber(in) m. (f.) ; Hausherr m. ; Dame (f.) des Hauses ; Wirt(in) m. (f.). || [hôtelier] (Gast)wirt(in) m. (f.). | *Table d'hôte*, Stammtisch m. || PAR EXT. [qui est reçu] Gast m. | *Être l'hôte de qn*, bei jm zu Gast sein.
◇ f. **hôtesse,** AÉRON. *Hôtesse de l'air*, Stewardeß f.

hôtel [otɛl] m. [particulier] Herrschaftshaus n. ; Privatschloß n., -palast m. || [pour voyageurs] (Gast)hof m. ; Hotel n. | *Hôtel de Bavière*, Bayrischer Hof. | *Tenir un hôtel*, ein Hotel führen. | *Descendre à l'hôtel*, im Hotel absteigen. || ADM. (öffentliches) Gebäude ; Haus n. ; Amt n. | *Hôtel de ville*, Rathaus. | *Hôtel-Dieu*, städtisches Krankenhaus. | *Hôtel des Postes*, Hauptpostamt n. | *Hôtel des Monnaies*, Münzanstalt f.

hôtelier, ière [-lje, jɛ:r] adj. Hotel... | *École hôtelière*, Hotelfachschule f.
◇ s. Hotelbesitzer(in) m. (f.). || PAR EXT. [aubergiste] Gastwirt(in) m. (f.) ; Wirt(in) m. (f.) ; Hotelier m.

hôtellerie [-lri] f. [hôtel] Gasthof m., -haus n. || PAR EXT. [industrie] Gaststättengewerbe n.

***hotte** [*ɔt] f. [panier] Trag(e)korb m. ; Kiepe f. || ARCHIT. [cheminée] Rauchfang m. || TECHN. Haube f. | *Hotte aspirante*, Abzugshaube.

***houblon** [*ublɔ̃] m. BOT. Hopfen m. | *Culture du houblon*, Hopfenanpflanzung f., -anbau m.

***houblonnière** [-blɔnjɛr] f. Hopfenanpflanzung f., -feld n.

***houe** [*u] f. AGRIC. Hacke f. ; (Breit)haue f. ; Karst m.

***houer** [*ue] v. tr. hacken.

***houille** [*u:j] f. MINES. (Stein)kohle f. | *Gisement de houille*, Steinkohlenvorkommen n. ; Steinkohlenlagerstätte f. | *Goudron, Mine de houille*, Steinkohlenteer m., -zeche f. || ÉLECTR. *Houille blanche*, (elektrische) Wasserkraft.

***houiller, ère** [*uje, ɛ:r] adj. kohle(n)haltig ; flözführend ; Kohlen... | *Bassin houiller*, Steinkohlenbecken n., -revier n.
◇ f. **houillère,** Steinkohlenbergwerk n., -grube f.

***houle** [*u:l] f. MAR. Dünung f. ; Seegang m. ; Schwell m. | *Il y a de la houle*, es herrscht Seegang.

***houlette** [*ulɛt] f. Hirten-, Schäferstab m. || FIG. *Sous la houlette de*, unter Leitung von.

***houleux, euse** [*ulø, ø:z] adj. [mer] aufgewühlt, -gerührt ; hochgehend ; wogend. || FIG. [agité] unruhig ; bewegt. | *Assemblée houleuse*, tumultuarische Versammlung.

***houppe** [*up] f. Quaste f. ; Quast m. || PAR ANAL. *Houppe de cheveux*, Haarbüschel, -schopf m.

***houppelande** [*uplɑ̃:d] f. HIST. Schleppkleid n. ; Mantelkleid n. ; faltiger Überrock.

***houppette** [*upɛt] f. Puderquaste f.

***hourder** [*urde] v. tr. TECHN. ausmauern ; berappen ; mit Putz, Mörtel bewerfen.

***hourra** [*ura] m. Hurra n. ; Hurrarufen n. | *Pousser des hourras*, Hurra rufen ; hochleben lassen.
***houspiller** [*uspije] v. tr. [malmener] herumzausen ; zerzausen. || FIG. [réprimander] ausschelten.
***housse** [*us] f. [enveloppe] Überzug m. ; Bezug m. || PAR EXT. [chevaux] Pferde-, Satteldecke f.
***houx** [*u] m. BOT. Stechpalme f. ; Ilex m.
***hoyau** [*ɔjo] m. AGRIC. Hacke f. ; Haue f.
***Hubert** [*ybɛ:r] n. pr. m. Hubert m. | *La Saint-Hubert*, Hubertustag m., -jagd f.
***hublot** [*yblo] m. MAR. Bullauge n. ; Luke f.
***huche** [*yʃ] f. Brotschrank m., -truhe f.
***huchet** [*yʃɛ] m. HIST. Hifthorn n.
***hue !** [*y] interj. hü ! ; hott !
***huée** [*ɥe] f. [chasse] Geschrei n. ; Gejohle n. || FIG. Hohngelächter n., -geschrei n. ; Tumult m.
***huer** [*ɥe] v. tr. ausjohlen, -zischen, -pfeifen ; laut verhöhnen. | *Huer un orateur*, einen Redner durch Buhrufe ablehnen, ausbuhen.
***huguenot, ote** [*ygno, ɔt] adj. hugenottisch. ◇ s. Hugenott(in) m. (f.).
huilage [ɥila:ʒ] m. Ölen n. ; Durchölen n. ; Einölen n. ; Ölung f.
huile [ɥil] f. [sens général] Öl n. | *D'huile, à l'huile*, Öl... | *Enduire d'huile*, einölen ; mit Öl einreiben. | *Huile comestible*, Speiseöl. | *Huile d'arachide, d'olives*, Erdnuß-, Olivenöl. | *Huile végétale*, Pflanzenöl. | *Faire la cuisine à l'huile*, Speisen mit Öl zubereiten, anmachen. || FIG. *Jeter de l'huile sur le feu*, Öl ins Feuer gießen. | *Faire tache d'huile*, sich schnell ausdehnen. || MAR. *Mer d'huile*, spiegelglatte See. || MÉD. *Huile essentielle*, ätherisches Öl ; Essenz f. | *Huile de foie de morue*, Lebertran m. | *Huile de ricin*, Rizinusöl. || ARTS. [peinture] *Huile de lin*, Leinöl. | *Peinture à l'huile*, Ölmalerei f., -gemälde n., -anstrich m. || TECHN. Öl n. | *Huile lourde*, Schwer-, Roh-, Heizöl. | *Huile de graissage*, Schmieröl. | *Huile de vidange*, Altöl. | *Huiles usagées*, Altöl. | *Niveau d'huile*, Ölstand m. | *Fuite d'huile*, Ölverlust m.
◇ f. pl. **huiles,** FIG., FAM. Bonzen m. pl. ; hohe Tiere n. pl. || RELIG. *Saintes huiles*, geweihtes Öl ; letzte Ölung.
huiler [-le] v. tr. ölen ; ein-, durchölen (sépar.). || PAR EXT. einschmieren, -fetten, -salben.
◇ part. pass. et adj. **huilé, ée,** ölig ; Öl... | *Papier huilé*, Ölpapier n.
huilerie [-lri] f. Ölmühle f., -raffinerie f., -lager n.
huileux, euse [-lø, ø:z] adj. ölig ; ölbeschmiert ; ölhaltig ; ölartig. || PAR EXT. fettig ; schmierig.
huilier [-lje] m. Ölmüller m., -händler m. || CULIN. [récipient] Menage f. ; Öl- und Essigflasche f.
huis [ɥi] m. Tür f. || JUR. *À huis clos*, hinter verschlossenen Türen ; geheim ; unter Ausschluß der Öffentlichkeit.
huisserie [ɥisri] f. Türeinfassung f., -rahmen m., -zarge f.
huissier [ɥisje] m. [garde] Türhüter m. ; Anmeldebeamter m. || JUR. Gerichtsdiener m. ; -bote m., -vollzieher m.
***huit** [*ɥit ; *ɥi devant une consonne] adj. num. acht. | *Huit fois*, achtmal, | *Journée de huit heures*, Achtstundentag m. | *Huit jours*, acht Tage. | *Tous les huit jours*, alle acht Tage ; wöchentlich. | *D'aujourd'hui en huit*, heute in acht Tagen, in einer Woche.
◇ adj. num. ord. *Le huit octobre*, der achte Oktober ; den achten Oktober ; am achten Oktober. || PAR ANAL. *Charles VIII*, Karl der Achte. | *Page huit*, Seite acht ; auf der achten Seite.
◇ m. [nombre, note] Acht f. || PAR ANAL. *Le huit courant*, am achten des Monats. || [jeu de cartes] *Huit de carreau*, Karo-Acht f. || [horaire de travail] *Les trois huit*, die Schichtarbeit. | *Faire les trois huit*, in drei Schichten arbeiten. || SPORT. [aviron] Achter m.
***huitain** [-tɛ̃] m. LITTÉR. Achtzeiler m.
***huitaine** [-tɛn] f. [semaine] Zeitraum (m.) von acht Tagen ; acht Tage ; etwa acht. | *Dans une huitaine*, in etwa acht Tagen.
***huitième** [-tjɛm] adj. num. ord. achter.
◇ m. der achte Teil ; Achtel n.
huitièmement [-tjɛmmɑ̃] adv. achtens ; an achter Stelle.
huître [ɥi:tr] f. ZOOL. Auster f. | *Huître perlière*, Perlmuschel f. | *Parc à huîtres*, Austernzucht f., -park m.
huîtrier, ière [ɥitrije, jɛ:r] s. Austernfischer m.
◇ f. **huîtrière,** Austernbank f.
***hulotte** [*ylɔt] f. ZOOL. Waldkauz m.
***huluer** ou **ululer** [*ylyle] v. intr. heulen.
***hum !** [*œm] interj. Hm ! ; hmhm ! ; aha ! ; soso !
humain, aine [ymɛ̃, ɛn] adj. [de l'homme] menschlich ; Menschen... | *Corps humain*, menschlicher Körper. || *Forme humaine*, menschliche Gestalt. | *Genre humain*, Menschengeschlecht n. | *Être humain*, Mensch m. || [propre à l'homme] *Dignité humaine*, Menschenwürde f. | *Faiblesse humaine*, Menschliches n. || FIG. [secourable] menschlich ; menschenfreundlich ; human. | *Sentiment humain*, Menschlichkeit f. | *Qui n'a rien d'humain*, unmenschlich.
humainement [ymɛnmɑ̃] adv. menschlich ; in humaner Weise. | *Humainement possible*, menschenmöglich.
humanisation [ymanizasjɔ̃] f. Vermenschlichung f. ; Menschwerden n. ; Hunanisierung f.
humaniser [-nize] v. tr. menschlich machen ; vermenschlichen. || FIG. milder machen, gestalten ; kultivieren ; humanisieren.
◇ v. pr. **s'humaniser,** FIG. menschlicher, menschenfreundlicher, gesitteter, kultivierter werden.
humanisme [-nism] m. Humanismus m.
humaniste [-nist] m. Humanist m.
humanitaire [-nitɛ:r] adj. hilfreich ; hilfsbereit ; human(itär). | *Action humanitaire*, Hilfsaktion f. | *Organisation humanitaire*, karitative Organisation.
humanité [-nite] f. [genre humain] Menschengeschlecht n. ; Menschheit f. ; Gesamtheit (f.) der Menschen. || FIG. [bonté] Menschlichkeit f. ; menschliche Güte ; Humanität f. | *Plein d'humanité*, human.
◇ f. pl. **humanités,** [études] Humanitätsstudien f. pl. ; Humaniora n. pl.
humble [œ̃:bl] adj. [plein d'humilité] demütig ; untertänig ; ehrerbietig. | *Votre humble serviteur*, Ihr ergebener Diener. | *À mon humble avis*, nach meiner unmaßgeblichen Meinung. || FIG. [modeste] bescheiden ; einfach. | *D'humble origine*, von bescheidener Herkunft.
humecter [-te] v. tr. an-, befeuchten ; (be)netzen. | *Humecter du linge*, die Wäsche einsprengen.
◇ v. pr. **s'humecter,** feucht werden.
***humer** [*yme] v. tr. einatmen ; einsaugen. | *Humer l'air frais*, frische Luft atmen.
humérus [ymerys] m. ANAT. Oberarm(knochen) m.
humeur [ymœ:r] f. **1.** ANAT. Feuchtigkeit f. ; Flüssigkeit f. ; Säfte m. pl. | *Humeur vitrée*, Glaskörper m.
2. FIG. [disposition de l'esprit] (Gemüts)stimmung f. ; Laune f. ; Gemüt n. ; Naturell n. | *Bonne humeur*, gute Laune ; Frohsinn m. ; Munterkeit f. | *(Mauvaise) humeur*, Miß-, Verstimmung f. ; Mißmut m. ; Ver-

drießlichkeit f. | *Humeur sombre*, Trübsinn m. | *De bonne humeur*, gutgelaunt ; gutaufgelegt, -gestimmt ; guter Laune. | *De joyeuse humeur*, guter Dinge ; frohgemut ; FAM. aufgekratzt. | *De mauvaise humeur*, schlecht-, übelgelaunt ; schlechter Laune ; mißgestimmt ; verstimmt ; verdrießlich ; mißmutig. | *D'humeur changeante*, wetterwendisch ; launisch. | *Mettre qn de bonne, mauvaise humeur*, jn in gute, üble Laune versetzen ; jn gut, übel stimmen.
3. LOC. *Être d'humeur à*, geneigt, aufgelegt sein, zu ; Lust haben, zu ; in Laune sein, zu. | *Avec humeur*, verdrießlich. | *Dans un mouvement d'humeur*, in einer Anwandlung übler Laune.

humide [ymid] adj. feucht ; naß ; wäss(e)rig. | *Il fait un froid humide*, es ist naßkalt.

humidificateur [-ifikatœ:r] m. Luftbefeuchter m.

humidification [-sjɔ̃] f. Be-, Anfeuchtung f. ; Anfeuchten n.

humidifier [-fje] v. tr. feucht machen ; an-, befeuchten ; nässen.

humidité [-te] f. Feuchtigkeit f. ; Nässe f. | *Prendre l'humidité*, feucht werden. || LOC. *Craint l'humidité*, vor Nässe schützen.

humiliation [ymiljasjɔ̃] f. Demütigung f. ; Erniedrigung f. ; Kränkung f. ; Beschämung f.

humilier [-lje] v. tr. demütigen ; erniedrigen ; kränken ; beschämen.
◇ part. prés. **humiliant, iante,** demütigend ; erniedrigend ; niederdrückend ; kränkend ; beschämend.
◇ v. pr. **s'humilier.** *S'humilier devant qn*, sich vor jm demütigen ; POP. vor jm zu Kreuze kriechen.

humilité [-lite] f. Demut f. ; Unterwürfigkeit f. ; Untertänigkeit f. ; Bescheidenheit f.

humoral, ale, aux [ymɔral, o] adj. MÉD. Flüssigkeits... ; Fluß... ; Säfte...

humoriste [ymɔrist] m. Humorist m.

humoristique [-tik] adj. humoristisch ; witzig ; launig. | *Pièce humoristique*, Humoreske f.

humour [ymu:r] m. Witz m. ; Humor m. | *Humour noir*, schwarzer Humor.

humus [ymys] m. GÉOL. Humus(boden) m. ; Mutterboden m.

***Hun** [*œ̃] n. pr. m. Hunne m.

***hune** [*yn] f. MAR. Mastkorb m. ; Mars m.

***huppe** [*yp] f. ZOOL. Wiedehopf m. || PAR EXT. [touffe] Schopf m. ; Haube f. ; Tolle f. ; (Feder)-büschel n.

***huppé, ée** [*ype] adj. beschopft ; mit Haube, Büschel. || FIG. vornehm.

***hure** [*y:r] f. [tête d'animal] Kopf m. | *Hure de sanglier, de porc*, Eber-, Schweinskopf.

***hurlement** [*yrləmɑ̃] m. Heulen n. ; Geheul n. ; Brüllen n. ; Gebrüll n. | *Hurlement du loup*, Wolfsgeheul. | *Pousser des hurlements*, brüllen ; laut schreien. || PAR EXT. *Hurlement du vent*, Tosen (n.), Heulen des Sturms.

***hurler** [-le] v. intr. heulen ; brüllen ; schreien ; tosen. | *Hurler de douleur*, vor Schmerz losbrüllen, aufheulen. || LOC. *Hurler avec les loups*, mit den Wölfen heulen. || FIG., FAM. [brailler] grölen.

hurluberlu [yrlybɛrly] m. Luftikus m. ; Taps m.

***hussard** [*ysa:r] m. MIL. Husar m. || LOC., FIG. *À la hussarde*, draufgängerisch.

***hutin** [*ytɛ̃] adj. VX. eigensinnig. || HIST. *Louis le Hutin*, Ludwig der Zänker.

***hutte** [*yt] f. Hütte f. | *Hutte de paille*, Strohhütte.

***hyacinthe** [*jasɛ̃:t] f. BOT. V. JACINTHE. || MINÉR. Hyazinth m.

hyalin, ine [jalɛ̃, in] adj. glasartig.

hyalite [jalit] f. Hyalit m. ; Glasopal m.

hybridation [ibridasjɔ̃] f. BIOL. Hybridisation f. | *Hybridation moléculaire*, molekulare Hybridisation.

hybride [ibrid] adj. gemischt ; zusammengesetzt ; hybrid. | *Être hybride*, Zwitterwesen n. | *Mot hybride*, aus zwei Sprachen gebildetes Wort.
◇ m. Zwitter m. || FIG. Mittelding n.

hybrider [-de] v. tr. kreuzen.

hydne [idn] m. BOT. Stachelpilz m.

hydr(o) préf. Wasser...

hydracide [idrasid] m. CHIM. Wasserstoffsäure f.

hydratant, ante [-tɑ̃, ɑ̃:t] adj. Feuchtigkeits... | *Crème hydratante*, Feuchtigkeitscreme f.

hydratation [-tasjɔ̃] f. Hydratbildung f. ; Hydrierung f. ; Wasserstoffaufnahme f.

hydrate [idrat] m. CHIM. Hydrat n. ; kristallwasserhaltige Verbindung. | *Hydrate de calcium*, gelöschter Kalk. | *Hydrate de carbone*, Kohlenhydrat n. | *Hydrate de fer*, Eisenoxydhydrat, -hydroxyd n.

hydrater [-te] v. tr. wässern ; hydratisieren.

hydraulique [idrolik] adj. hydraulisch. | *Force hydraulique*, Wasser(druck)kraft f.

hydravion [-vjɔ̃] m. Wasserflugzeug n. | *Hydravion à coque*, Flugboot n.

hydre [i:dr] f. MYTH. Hydra f. ; vielköpfige Schlange. || ZOOL. See-, Wasserschlange f.

hydrique [idrik] adj. wäss(e)rig ; Wasserstoff...

hydrocarbure [-karby:r] m. Kohlenwasserstoff m.

hydrocéphale [-sefal] m. MÉD. Wasserkopf m. ; Hydrozephalus m.

hydrocraquage [-kraka:ʒ] m. TECHN. Hydrokracken n.

hydrodynamique [-dinamik] adj. hydrodynamisch.
◇ f. PHYS. Hydrodynamik f.

hydroélectrique [-elɛktrik] adj. hydroelektrisch. | *Centrale hydroélectrique*, Wasserkraftwerk n.

hydrofuge [-fyʒ] adj. wasserabstoßend.

hydrogène [-ʒɛn] m. CHIM. Wasserstoff m. | *Hydrogène sulfuré*, Schwefelwasserstoff. || PHYS. *Bombe à hydrogène*, Wasserstoffbombe f.

hydrogéner [-ʒene] v. tr. hydrieren.
◇ part. pass. et adj. **hydrogéné, ée,** wasserstoffhaltig.

hydroglisseur [-glisœ:r] m. MAR. Luftkissenboot n.

hydrographie [-grafi] f. See-, Gewässerkunde f.

hydrographique [-grafik] adj. meereskundlich ; hydrographisch. | *Carte hydrographique*, Gewässer-, Seekarte f.

hydrologie [-lɔʒi] f. Hydrologie f.

hydrolyse [-li:z] f. CHIM. Hydrolyse f.

hydromel [-mɛl] m. MYTH. Honigwasser n.

hydromètre [-mɛtr] m. PHYS. Wasser(druck)-messer m. || ZOOL. Teich-, Wasserläufer m.

hydrophile [-fil] adj. wasseranziehend ; aufsaugend.

hydrophobe [-fɔb] adj. wasserscheu.

hydrophobie [-fɔbi] f. Wasserscheu f. || MÉD. [rage] Tollwut f.

hydropique [-pik] adj. MÉD. wassersüchtig.

hydropisie [-pizi] f. MÉD. Wassersucht f.

hydropulseur [-pylsœ:r] m. Munddusche f.

hydrostatique [-statik] adj. hydrostatisch. | *Pression hydrostatique*, Wasserdruck m.

◇ f. PHYS. Gleichgewichtslehre (f.) der Flüssigkeiten ; Hydrostatik f.
hydrotechnique [-tɛknik] f. Wasserbautechnik f., -kunst f.
hydrothérapie [-terapi] f. MÉD. Wasserheilkunde f. ; Hydrotherapie f.
hyène [jɛn] f. ZOOL. Hyäne f. | *Hyène rayée,* Streifenhyäne.
Hygiaphone [iʒjafɔn] m. (nom déposé) Sprechmembran f.
hygiène [-jɛn] f. Gesundheitspflege f., -lehre f., -wesen n. ; Körperpflege f. ; Hygiene f. | *Hygiène alimentaire,* Ernährungsbewußtsein n. | *Hygiène scolaire,* ärztliche Schulaufsicht. | *Hygiène du corps,* Körperpflege f. | *Hygiène de vie,* (gesunde) Lebensführung f. | *Service d'hygiène,* Sanitätswesen n.
hygiénique [iʒjenik] adj. gesundheitlich ; hygienisch ; Gesundheits... | *Papier hygiénique,* Toilettenpapier n. | *Serviette hygiénique,* Damenbinde f.
hygromètre [igromɛtr] m. PHYS. Feuchtigkeitsmesser m. ; Hygrometer n.
hygrométrie [-metri] f. Feuchtigkeitsmessung f.
hygrométrique [-metrik] adj. hygrometrisch. | *Degré hygrométrique,* Luftfeuchtigkeitsgrad m.
hymen [imɛn] m. MÉD. Jungfernhäutchen n. ; Hymen n. || FIG. Hochzeit f. ; Ehe f. ; Liebe f.
hyménoptères [imenɔptɛ:r] m. pl. ZOOL. Hautflügler m. pl.
hymne [imn] m. RELIG. Kirchengesang m. ; Hymnus m. || PAR EXT. Choral m. ; Lob-, Preislied n. ; Hymne f. | *Hymne national,* Nationalhymne. | *Entonner un hymne à...,* ein Loblied anstimmen auf.
hypallage [ipala:ʒ] m. GRAMM. Hypallage f.
hyper [ipɛ:r] préf. über... ; allzu... ; übermäßig ; hyper...
hyperbole [-bɔl] f. MATH. Hyperbel f. || FIG., RHÉT. Übertreibung f. ; übertriebener Ausdruck.
hyperbolique [-bɔlik] adj. hyperbolisch. || FIG. übertreibend ; übertrieben.
hyperboréen, éenne [-bɔreɛ̃, eɛn] adj. im äußersten Norden gelegen ; nördlich.
◇ m. **hyperboréen,** Hyperboräer m.
hyperémotif, ive [-emɔtif, i:v] adj. MÉD. überempfindlich.
hyperémotivité [-vite] f. MÉD. Überempfindlichkeit f.
hyperesthésie [-ɛstezi] f. MÉD. Berührungsempfindlichkeit f. ; Übererregbarkeit f. ; Hyperästhesie f.
hyperfréquence [-frekɑ̃:s] f. PHYS. Mikrowelle f. | *Chauffage par hyperfréquences,* Mikrowellenheizung f.
hypermarché [-marʃe] m. Verbrauchermarkt m.
hypermétrope [-metrɔp] adj. weitsichtig.
hypermétropie [-metrɔpi] f. MÉD. Weitsichtigkeit f.
hypersensible [-sɑ̃sibl] adj. überempfindlich, -zart ; FAM. zu zart besaitet ; mimosenhaft.
hypersonique [-sɔnik] adj. AÉRON. Hyperschall...
hypersustentation [-systɑ̃tasjɔ̃] f. AÉRON. Auftriebserhöhung f.
hypertension [-tɑ̃sjɔ̃] f. erhöhte Spannung. || MÉD. erhöhter Blutdruck.
hypertrophie [-trɔfi] f. MÉD. Zellenvergrößerung f., -vermehrung f. ; krankhafte Vergrößerung. | *Hypertrophie du foie,* Leberanschwellung f. || FIG. Vergrößerung f. ; Übertreibung f.
hypertrophié [-trɔfje] adj. übergroß.
hypertrophique [-trɔfik] adj. überentwickelt.
hypnose [ipno:z] f. MÉD. magnetischer Schlaf ; Hypnose f.
hypnotique [-nɔtik] adj. hypnotisch. | *Sommeil hypnotique,* hypnotischer Schlaf ; Trancezustand m.
hypnotiser [-nɔtize] v. tr. hypnotisieren ; in Hypnose versetzen. || FIG. bannen ; faszinieren.
hypnotiseur [-nɔtizœ:r] m. Hypnotiseur m.
hypnotisme [-nɔtism] m. Hypnotismus m.
hypo [ipɔ] préf. unter...
hypocalorique [-kalɔrik] adj. kaloriemarm.
hypocondriaque [-kɔ̃drijak] adj. wehleidig ; schwermütig ; niedergeschlagen ; hypochondrisch.
◇ s. Hypochonder m. ; Griesgram m.
hypocondrie [-kɔ̃dri] f. Trübsinn m. ; Hypochondrie f.
hypocrisie [-krizi] f. Heuchelei f. ; Scheinheiligkeit f. ; Frömmelei f. ; Verstellung f.
hypocrite [-krit] adj. heuchlerisch ; scheinheilig ; frömmelnd. | *Être hypocrite,* heucheln.
◇ s. Heuchler(in) m. (f.) ; Scheinheilige(r) m. ; Muckerer m.
hypodermique [-dɛrmik] adj. MÉD. subkutan. | *Injection hypodermique,* subkutane Injektion.
hypogastrique [-gastrik] adj. MÉD. unter dem Bauche liegend ; Unterleibs...
hypoglycémie [ipɔglisemi] f. MÉD. Hypoglykämie f.
hyponyme [ipɔnim] m. Hyponym n.
hypophyse [ipɔfiz] f. ANAT. Hirnanhangsdrüse f.
hypostase [ipɔsta:z] f. RELIG. Erscheinungsform f.
hypostyle [ipɔstil] adj. ARCHIT. säulengetragen ; auf Säulen ruhend. | *Salle hypostyle,* Säulensaal m.
hyposulfite [ipɔsylfit] m. CHIM. Hyposulfit n.
hypotension [-tɑ̃sjɔ̃] f. niedriger Blutdruck.
hypoténuse [-teny:z] f. GÉOM. Dreiecksgrundlage f. ; Hypotenuse f.
hypothalamus [ipɔtalamys] m. ANAT. Hypotalamus m.
hypothécaire [ipɔtekɛ:r] adj. JUR. pfandrechtlich ; hypothekarisch ; Pfand... | *Crédit, Prêt hypothécaire,* Hypothekaranleihe f. ; Hypothekarkredit m.
hypothèque [-tɛk] f. Grundpfand n., -schuld f. ; Pfandverschreibung f. ; Hypothek f. ; Hypothekenbrief m. | *Première hypothèque,* erste Hypothek. | *Donner en hypothèque,* verpfänden. | *Prêter sur hypothèque,* gegen hypothekarische Sicherheit ausleihen.
hypothéquer [-teke] v. tr. mit einer Hypothek belasten ; verpfänden ; hypothekarisch eintragen. | *Hypothéquer une maison,* eine Hypothek auf ein Haus aufnehmen. || FIG. verpfänden ; gefährden.
◇ part. pass. et adj. **hypothéqué, ée,** verpfändet. | *Non hypothéqué,* unbelastet ; schuldenfrei. || FIG. belastet.
hypothèse [ipɔtɛ:z] f. Annahme f. ; Voraussetzung f. ; Mutmaßung f. ; Hypothese f. | *Faire une hypothèse,* eine Hypothese aufstellen ; annehmen, daß. | *Dans cette hypothèse,* unter dieser Voraussetzung. | *Dans l'hypothèse qu'il viendra,* in der Annahme, daß er kommt ; sofern er kommt.
hypothétique [ipɔtetik] adj. nur angenommen ; hypothetisch. || PAR EXT. unsicher ; zweifelhaft ; fraglich.
hypsomètre [ipsɔmɛtr] m. Höhenmesser m.
hypsométrie [-metri] f. Höhenmessung f.
hystérectomie [isterɛktɔmi] f. MÉD. Hysterektomie f.
hystérie [isteri] f. MÉD. Hysterie f.
hystérique [-rik] adj. MÉD., FIG. hysterisch.
◇ s. Hysteriker(in) m. (f.).

I

i [i] m. i n. | *I majuscule, i minuscule*, großes *I*, kleines *i*. || FIG. *Droit comme un « I »*, schnurgerade. | *Mettre les points sur les « i »*, es klipp und klar sagen ; deutlich reden, schreiben. | *i grec* (Y), Ypsilon n.
◇ abrév. CHIM. Jod n.

ïambe [iɑ̃:b] m. POÉS. Jambus m. ; Jambe f.

ïambique [iɑ̃mbik] adj. jambisch.

ibérique [iberik] adj. iberisch ; spanisch.

ibidem [ibidɛm] adv. lat. (eben)daselbst ; an gleicher Stelle.

ibis [ibis] m. ZOOL. Ibis m. ; Löffelreiher m.

Icare [ika:r] n. pr. m. MYTH. Ikarus m.

iceberg [isbɛrg] m. Eisberg m.

icelui, icelle, iceux, icelles [isəlɥi, isɛl, isø, isɛl] pron. (VX.) selbiger, selbige, selbiges ; derselbe. || IRON. derselbige ; ebenderselbe.

ichneumon [iknømɔ̃] m. ZOOL. Schlupfwespe f.

ichtyocolle [iktjɔcɔl] f. Fischleim m.

ichtyologie [-lɔʒi] f. Fischkunde f. ; Ichtyologie f.

ichtyologiste [-ʒist] s. Ichtyologe m. ; Ichtyologin f.

ichtyophage [-fa:ʒ] adj. fischfressend, -essend.
◇ m. Fischfresser m., -esser m.

ichtyosaure [-zɔr] m. Fischsaurier m.

ichtyose [-tjoz] f. MÉD. Ichtyose f.

ici [isi] adj. **1.** LIEU : [sans mouvement] hier ; hierzulande. | *Ici même*, an dieser Stelle. | *D'ici*, von hier ; hiesig. | *(À partir) d'ici*, von hier aus. || [avec mouvement] hierher ; her(bei). | *Viens ici*, komm her ! | *Par ici*, hierher, -durch, -hin ; herbei, -zu. | *Sortez par ici*, bitte, da hinaus ! | *Jusqu'ici*, bis hierher.
2. TEMPS : jetzt ; heute. | *D'ici huit jours*, binnen (in) acht Tagen. | *D'ici un mois*, von jetzt an, in einem Monat ; binnen Monatsfrist. | *D'ici là*, bis dahin. | *D'ici peu*, binnen kurzem. | *D'ici demain*, bis morgen.

ici-bas [isibɑ] adv. hienieden ; hier auf Erden ; auf dieser Welt. | *D'ici-bas*, irdisch.

icône [iko:n] f. RELIG. (russisches) Heiligenbild ; Ikone f.

iconoclaste [ikɔnɔklast] adj. bilderstürmerisch ; ikonoklastisch.
◇ s. Bilderstürmer(in) m. (f.). ; Ikonoklast(in) m. (f.).

iconographe [-graf] m. Bilderkenner m.

iconographie [-grafi] f. Ikonographie f.

iconologie [-lɔʒi] f. Ikonologie f.

iconoscope [-skɔp] m. TÉLÉV. Ikonoskop n.

ictère [iktɛ:r] m. MÉD. Gelbsucht f. ; Ikterus m.

ictus [iktys] m. MÉD. Schlag m. | *Ictus épileptique*, epileptischer Anfall.

idéal, éale, éaux [ideal, eo] adj. PHILOS. [pas réel] unwirklich ; gedanklich ; ideell ; ideal. | *Monde idéal*, ideale, unwirkliche Welt ; Gedanken-, Idealwelt f. || [parfait] vollkommen, -endet ; vorbildlich ; ideal. | *Beauté idéale*, vollendete Schönheit.
◇ m. **idéal,** [type de la perfection] Urbild n. ; Inbegriff m. ; Ideal n. || [à imiter] Muster-, Vor-, Wunschbild n. ; Hochziel n. ; Ideal n. | *Trouver en qn son idéal*, in jm sein Vorbild finden.

idéalisation [-lizasjɔ̃] f. PHILOS. Idealisieren n. ; Idealisierung f. || PÉJOR. Schönfärberei f.

idéaliser [-lize] v. tr. idealisieren ; in einem höheren Sinne, Lichte sehen ; verklären, -geistigen. || PAR EXT., PÉJOR. schönfärben.

idéalisme [-lism] m. Idealismus m.

idéaliste [-list] adj. PHILOS. idealistisch. || [personne] idealerfüllt ; ideal denkend ; hochstrebend ; idealistisch. || PAR EXT. weltfremd.
◇ s. Idealist(in) m. (f.).

idéalité [-lite] f. PHILOS. Idealität f.

idée [ide] f. [sens général] Idee f.
1. CONCEPT, REPRÉSENTATION : Idee f. ; [concept] Begriff m. ; Gedanke m. ; Urbild n. ; Wesensinhalt m. || [représentation] Vorstellung f. ; Anschauung f. || [image] Bild n. || PAR EXT. [imagination] Einbildung f. || *Idée de Dieu*, Gottesidee ; Vorstellung von Gott. | *Idée du beau*, Begriff, Idee des Schönen. | *Idée générale, fondamentale*, Grundgedanke, -begriff. | *Idée fausse*, falsche Vorstellung. | *Idée fixe*, fixe Idee ; Zwangsvorstellung. | *Idée-force*, Leitgedanke m. | *Idée vague*, Ahnung f. ; unklare Vorstellung. | *Se faire une idée de qch.*, sich etwas vorstellen. | *Je n'en ai pas la moindre idée*, ich habe keinerlei Begriff davon ; keine Ahnung ! | *Tu n'as pas idée*, das kannst du dir gar nicht vorstellen. | *On n'a pas idée* das ist unerhört ! | *C'est une idée que vous vous faites*, das bilden Sie sich nur ein. | *Se faire des idées*, sich allerlei einbilden. | *Idées noires*, düstere Gedanken ; POP. Grillen.
2. PENSÉE : Gedank m. ; Sinn m. ; Idee f. | *Idée (subite)*, Einfall m. | *Sortir de l'idée*, aus dem Sinn kommen. | *Il eut l'idée de*, es fiel ihm ein zu ; er kam, verfiel auf den Gedanken, zu. | *Avoir des idées*, Einfälle haben ; einfallsreich sein. | *Caresser une idée*, einer Idee nachgehen. | *Ne pouvoir se faire à l'idée de*, sich nicht abfinden können mit. | *Idée de derrière la tête*, Hintergedanke. | *Dans cet ordre d'idées*, auf diesem Gebiet. | *Plein d'idées*, gedanken-, ideenreich. || FAM. *Une idée*, eine Idee ; ein bißchen ; ein klein wenig.
3. OPINION, VUES ; Ansicht f. ; Meinung f. ; Auffassung f. | *Idées préconçues*, vorgefaßte Meinung. | *À mon idée*, meiner Meinung, Ansicht nach. | *Avoir une haute idée de qn*, eine große Meinung von jm haben. | *Avoir une haute idée de soi-même*, sich viel einbilden. | *Avoir son idée de qch.*, seine eigene Meinung von etwas haben. | *Partager les idées de qn*, die Meinungen von jm teilen.

idem [idɛm] adv. lat. (abr. : id.) ebenso.

idempotent, ente [-pɔtɑ̃, ɑ̃:t] adj. MATH. gleichpotent.

identifiable [idɑ̃tifjabl] adj. identifizierbar.

identification [-fikasjɔ̃] f. Persönlichkeitsfeststellung f. ; Identifizierung f. | *Numéro d'identification*, Kennummer f.

identifier [-tifje] v. tr. [rendre identique] gleichsetzen, -stellen. || [reconnaître] erkennen ; identifizieren. | *Identifier un criminel*, einen Verbrecher identifizieren.
◇ v. pr. **s'identifier avec,** völlig übereinstimmen mit ; FIG. sich einfühlen in (acc.) ; sich hineinversetzen in (acc.).
identique [-tik] adj. (wesens)gleich ; gleichlautend, -bedeutend ; übereinstimmend ; identisch. | *Identique à*, gleich (dat.) ; gleichlautend mit.
identité [-tite] f. [égalité] (Wesens)gleichheit f. ; Übereinstimmung f. ; Einssein n. ; Identität f. || JUR. [personne] Identität f. | *Carte d'identité*, Kennkarte f. | *Pièce d'identité*, Personalausweis m. | *Plaque d'identité*, Erkennungsmarke f. | *Décliner son identité*, sich zu erkennen geben ; sich ausweisen.
idéogramme [ideɔgram] m. Begriffszeichen n.
idéographie [-grafi] f. Begriffsschrift f.
idéologie [-lɔʒi] f. Ideen-, Begriffslehre f. ; Ideologie f. ; Gedankengut n.
idéologique [-lɔʒik] adj. ideologisch.
idéologue [-lɔg] s. Ideologe m. || PAR EXT., PÉJOR. Weltverbesserer m.
idiolecte [idjɔlɛkt] m. Idiolekt m.
idiomatique [idjɔmatik] adj. idiomatisch.
idiome [idjo:m] m. Sprache f. ; Idiom n.
idiosyncrasie [idjɔsɛ̃krazi] f. MÉD. individuelle Eigentümlichkeit ; Idiosynkrasie f.
idiot, idiote [idjo, ɔt] adj. blöde ; blödsinnig ; dumm ; schwachsinnig ; doof ; idiotisch. | *C'est idiot !*, das ist dumm, blöde.
◇ s. Idiot(in) m. (f.) ; Blöde(r) f. (m.) ; Blödsinnige(r) f. (m.) ; Dummkopf m. ; Schwachsinnige(r) f. (m.).
idiotie [idjɔsi] f. [caractère] Blödheit f. ; Blöd-, Stumpf-, Schwachsinnigkeit f. ; Dummheit f. || [choses] *Dire des idioties*, sinnloses Zeug reden. || MÉD. Schwachsinn m. ; Intelligenzdefekt m.
idiotisme [-tism] m. GRAMM. Spracheigentümlichkeit f.
idoine [idwan] adj. geeignet ; passend.
idolâtre [idɔlɑ:tr] adj. RELIG. abgöttisch ; götzendienerisch ; Götzen... || FIG. abgöttisch liebend.
◇ s. Götzendiener(in) m. (f.), -anbeter(in) m. (f.).
idolâtrer [-lɑtre] v. tr. RELIG. vergöttern ; einen Kult treiben mit. || FIG. vergöttern ; abgöttisch lieben.
idolâtrie [-lɑtri] f. Götzenanbetung f., -dienst m. ; Abgötterei f. ; Vergötterung f. || FIG. [amour excessif] sklavische, abgöttische Liebe.
idole [idɔl] f. Götze m. ; Götzenbild n. | *Culte des idoles*, Götzenanbeterei f. | *Adorer, Renverser une idole*, einen Götzen anbeten, entthronen. || FIG. Abgott m. ; Idol n. ; Held m.
idylle [idil] f. POÉS. Schäfergedicht n., -lied n. || FIG. [amour] zarte Liebesgeschichte ; Idylle f. ; Idyll n.
idyllique [-lik] adj. idyllisch.
Iéna [jena] n. pr. GÉOGR. Jena n.
if [if] m. BOT. Eibe f. ; Eibenbaum m. ; Taxus m.
I.F.O.P. [ifɔp] m. französisches Institut für Meinungsforschung.
igloo [iglu] m. [des Esquimaux] Iglu m.
ignare [iɲa:r] adj. unwissend ; unkultiviert.
ignifuge [ignify:ʒ] adj. feuerfest ; feuersicher. | *Vêtement ignifuge*, Flammen-, Feuerschutzkleidung f.
◇ m. Feuerschutzmittel n.
ignition [-sjɔ̃] f. CHIM. Verbrennung f. || TECHN. Glühen n. ; Aus-, Verglühen n. ; Glimmen n.
ignoble [iɲɔbl] adj. unedel ; niedrig ; gemein ; pöbelhaft.
ignominie [iɲɔmini] f. Schande f. ; Schmach f. ; Unehre f. | *Chasser qn avec ignominie*, jn mit Schimpf und Schande davonjagen.
ignominieux, ieuse [-njø, jø:z] adj. schändlich ; schimpflich ; unehrenhaft ; schmählich ; schmachvoll.
ignorance [iɲɔrɑ̃:s] f. Unwissenheit f. ; Unkenntnis f. ; Ignoranz f. | *Par ignorance*, unwissentlich ; aus Unkenntnis.
ignorant, ante [-rɑ̃, ɑ̃:t] adj. unwissend ; unkundig ; ohne Kenntnis(se) ; unausgebildet ; ahnungslos. | *Ignorant de*, unkundig (gén.). | *Je suis ignorant sur ce sujet*, darin kenne ich mich nicht aus.
◇ s. Unwissende(r) f. (m.) ; Ahnungslose(r) f. (m.) ; Ignorant(in) m. (f.). | *Faire l'ignorant*, den Ahnungslosen, Unwissenden spielen.
ignorer [-re] v. tr. nicht wissen ; nicht kennen. | *Ignorer le nom de qn*, js Namen nicht kennen. | *Ignorer Heine*, Heine nicht gelesen haben. | *Il ignore ce qui se passe*, er weiß nicht, was vorgeht. | *On ignore ce qu'il est devenu*, man hat keine Ahnung, was aus ihm geworden ist. | *Qui ignore*, unkundig. | *Nul n'est censé ignorer la loi*, Unkenntnis schützt nicht vor Strafe || PAR EXT. [avec intention] *Ignorer qn*, jn ignorieren, keines Blickes würdigen, nicht kennen wollen.
◇ part. pass. et adj. **ignoré, ée,** unbekannt.
◇ v. pr. **s'ignorer,** sich selbst nicht kennen.
iguane [igwan] m. ZOOL. Leguan m.
il [il] pron. pers. er ; es.
◇ pron. impers. es. | *Il pleut*, es regnet. || LOC. *Il va faire nuit*, es wird Nacht. | *Il fait beau*, es ist schönes Wetter. | *Il est midi*, es ist zwölf (Uhr). | *Il importe peu*, es macht wenig aus. | *Il était temps*, es war (höchste) Zeit. | *Il suffit*, es genügt. | *Il y a*, es gibt ; es steht ; es ist. | *Il y a quinze jours*, vor vierzehn Tagen.
◇ pl. **ils,** sie.
île [i:l] f. Insel f. ; POÉT. Eiland n. | *L'île de la Corse*, Insel Korsika. | *Dans une île*, auf einer Insel. | *Habitant d'une île*, Insulaner m.
Iliade [iljad] n. pr. f. [d'Homère] Ilias f.
iliaque [iljak] adj. ANAT. zum Darmbein gehörig ; Hüft... | *Os iliaque*, Hüftknochen m.
illégal, ale, aux [illegal, o] adj. JUR. ungesetzlich ; gesetzwidrig ; rechtswidrig ; illegal.
illégalement [-lmɑ̃] adv. in ungesetzlicher Weise.
illégalité [-lite] f. JUR. [caractère] Gesetzwidrigkeit f. ; Ungesetzlichkeit f. ; Widerrechtlichkeit f. ; Illegalität f. || PAR EXT. [acte] rechts-, gesetzwidrige, unerlaubte Handlung. | *Commettre une illégalité*, einen Verstoß gegen das Gesetz begehen.
illégitime [illeʒitim] adj. JUR. ungesetzlich ; unrechtmäßig ; illegitim. || PAR ANAL. *Enfant illégitime*, uneheliches Kind. | *Mariage illégitime*, wilde Ehe. || PAR EXT. [injuste] unrichtig ; unvernünftig ; unbegründet.
illégitimité [-mite] f. Unrechtmäßigkeit f. ; Ungesetzlichkeit f. || [d'un enfant] Unehelichkeit f.
illettré, ée [illɛtre] adj. des Lesens und Schreibens unkundig ; analphabetisch.
◇ s. Analphabet(in) m. (f.).
illicite [illisit] adj. unerlaubt ; unzulässig ; verboten. | *Concurrence illicite*, unlauterer Wettbewerb. | *Hausse illicite*, Preistreiberei f. | *Acte illicite*, unerlaubte Handlung.
illico [iliko] adv. FAM. sofort ; sogleich. | *S'y rendre illico*, sich stehenden Fußes dahin begeben.
illimité, ée [illimite] adj. unbegrenzt ; unbeschränkt ; unumschränkt ; schrankenlos ; grenzenlos. | *Pouvoir illimité*, unumschränkte Macht. | *Congé illimité*, unbefristeter Urlaub.

illisibilité [illizibilite] f. Unleserlichkeit f.

illisible [-zibl] adj. unleserlich ; unlesbar ; nicht zu lesen. || FIG. *Livre illisible*, unverständliches, nicht zu lesendes Buch.

illogique [illɔʒik] adj. nicht folgerichtig ; vernunftwidrig ; gegen die Vernunft ; unlogisch.

illogisme [-ʒism] m. Vernunftwidrigkeit f., -losigkeit f. ; Fehlschluß m. ; Unlogik f. ; unlogische Folgerung.

illumination [illyminasjɔ̃] f. Er-, Beleuchtung f. ; Er-, Aufhellung f. || FIG. [de l'esprit] Erleuchtung f. ; Eingebung f.

illuminer [-ne] v. tr. be-, er-, aufleuchten ; er-, aufhellen. | *Illuminer une rue*, eine Straße festlich beleuchten. | *Illuminer un monument*, ein Denkmal anstrahlen. || FIG. *Illuminer le visage*, das Gesicht aufheitern.
◇ part. pass. et adj. **illuminé, ée,** erleuchtet. || SUBSTANTIV. [visionnaire] Erleuchtete(r) m. ; Illuminat m. ; PÉJOR. Schwärmer m.

illusion [illyzjɔ̃] f. [action] (Vor)täuschung f. ; Vorspiegelung f. ; Wahn m. ; (bloße) Einbildung f. ; Illusion f. | *Illusion des sens*, Sinnestäuschung. | *C'est une illusion*, das ist nur Schein. | *Faire illusion à*, täuschen ; trügen. | *Donner l'illusion de*, vortäuschen. | *Donner des illusions à qn*, jm etwas vortäuschen, vorgaukeln. | *Avoir l'illusion que*, wähnen, daß. || PAR ANAL. [faite à soi-même] Selbstbetrug m. | *Se faire illusion*, sich selbst täuschen, betrügen. || PAR EXT. [chose, chimère] Schein-, Trugbild n. ; Wahnbild n., -vorstellung f.

illusionner [-zjɔne] v. tr. (vor)täuschen ; vorgaukeln.
◇ v. pr. **s'illusionner,** sich Täuschungen hingeben ; sich falsche Hoffnungen, Illusionen machen.

illusionniste [-zjɔnist] m. [artiste] Gaukler m. ; Zauberkünstler m. ; Illusionist m.

illusoire [-zwa:r] adj. [qui abuse] trügerisch ; täuschend ; scheinbar ; illusorisch ; Schein... | *Chose illusoire*, Schein m. | *Bonheur illusoire*, Scheinglück n.

illustrateur [illystratœ:r] m. Zeichner m.

illustration [-trasjɔ̃] f. [action de rendre illustre] Auszeichnung f. || [état de ce qui est illustre] Glanz m. ; Berühmtheit f. || LITTÉR. *Illustration d'une pensée par des exemples*, Veranschaulichung eines Gedanken durch Beispiele. || [gravures] Illustration f. ; Abbildung f.

illustre [illystr] adj. (hoch)berühmt. || PAR EXT. [titre] erlaucht.
— SYN. : *Célèbre*, berühmt. *Fameux*, bekannt ; famos. *Renommé*, bekannt ; berühmt. *Réputé*, wohlbekannt.

illustré, ée [-tre] adj. [ouvrage] bebildert ; mit Abbildungen ; illustriert.
◇ m. **illustré,** illustrierte Zeitung ; Bildzeitung f. ; Illustrierte f.

illustrer [-tre] v. tr. [rendre célèbre] berühmt machen ; auszeichnen ; einen Ruf geben. || [par des dessins] bebildern ; mit Abbildungen versehen ; illustrieren. || FIG. [par un exemple] veranschaulichen. || [par des explications] erläutern ; aufhellen, -klären.

Illyrie [iliri] n. pr. f. GÉOGR. Illyrien n.

îlot [ilo] m. GÉOGR. kleine Insel ; kleines Eiland ; Inselchen n. | *Îlot rocheux*, Schäre f. || FIG. [maisons] Häuser-, Gebäudegruppe f. || MIL. *Îlot de résistance*, Widerstandsnest n. || [refuge] Verkehrsinsel f.

îlotage [ilɔta:ʒ] m. ADM. Einteilung (f.) in Bezirken.

ilote [ilɔt] m. HIST. Helot m. ; spartanischer Staatssklave.

image [ima:ʒ] f. **1.** Bild n. | *Image réelle*, wirkliches Bild. | *Image de synthèse*, synthetisches Bild. || [dans un miroir] Spiegelbild ; Spiegelung f. || [représentation] (Ab)bild n. ; Bildwerk n. ; Abbildung f. ; Darstellung f. | *Image fidèle*, getreues Abbild. | *Livre d'images*, Bilderbuch n. || PAR EXT. [d'une personne] (Eben)bild n. ; Bildnis n. | *Être l'image vivante de qn*, das lebendige Ebenbild von jm sein. | *À son image*, nach seinem Bild. || RELIG. (Gnaden)bild n. || TÉLÉV. *Image télévisée*, Fernseh-, Funkbild. || MÉD. *Image radioscopique*, Röntgenbild. | *Image de contraste*, Füllungsbild.
2. FIG. (Sinn)bild n. ; Gleichnis n. | *Image trompeuse*, Trug-, Gaukelbild. | *Parler par images*, in Gleichnissen reden. || PAR EXT. *Image de marque*, Image n. | *Sage comme une image*, kreuzbrav ; mäuschenstill. | *Images d'Épinal*, volkstümliche Bilderbogen m. pl.

imagé, ée [-ʒe] adj. [style] bildhaft ; bildlich.

imagerie [-ʒri] f. Bilderhandel m., -herstellung f. | *Imagerie populaire*, volkstümliche Bildkunst. || TECHN., MÉD. *Imagerie médicale*, medizinische Bilderfassung.

imaginable [-ʒinabl] adj. vorstellbar ; denkbar ; erdenklich.

imaginaire [-ʒinɛ:r] adj. vorgestellt ; eingebildet ; scheinbar ; vermeintlich ; erträumt ; Traum... | *Monde imaginaire*, Traum-, Scheinwelt f. | *Malade imaginaire*, eingebildeter Kranker. || MATH. [nombre] imaginär.
◇ m. Vorstellungswelt f. | *L'imaginaire collectif*, die kollektive Vorstellungswelt.

imaginatif, ive [-ʒinatif, i:v] adj. erfinderisch ; phantasievoll ; PÉJOR. schwärmerisch ; träumerisch ; POP. spinnend.
◇ s. phantasiebegabter Mensch.

imagination [-ʒinasjɔ̃] f. [faculté] Einbildung f. ; Einbildungskraft f. ; Vorstellung f. ; Vorstellungskraft f. ; Erfindung f. ; Erfindungskraft f. ; Phantasie f. | *Imagination ardente*, glühende Phantasie. | *Avoir de l'imagination*, einfalls-, erfindungsreich sein. | *Manquer d'imagination*, einfallslos sein. || PAR EXT. [chose imaginée] Einbildung f. ; Einfall m. ; Vorstellung f. ; Phantasie f. || FIG. *Pure imagination que tout cela*, das ist alles (rein) erfunden.

imaginer [-ʒine] v. tr. **1.** [se représenter] sich denken ; sich vorstellen ; sich einbilden ; erdenken. | *Imaginez ma joie !*, stellen Sie sich meine Freude vor ! | *Ce qu'on peut imaginer*, das Vorstellbare. | *Tout ce qu'on peut imaginer*, alles Erdenkliche.
2. [inventer] erfinden ; ersinnen ; ausdenken ; erdichten ; kommen auf ; POP. aushecken. | *Imaginer une ruse*, eine List ersinnen.
3. PAR EXT. [croire, supposer] glauben ; vermeinen ; wähnen ; vermuten. | *Plus qu'on ne pourrait imaginer*, mehr als man glauben würde ; über Erwarten.
◇ v. pr. **s'imaginer,** [se figurer] sich einbilden ; sich vorstellen. | *On se l'imagine facilement*, das läßt sich leicht denken. || PAR EXT. [penser, croire] denken ; meinen ; glauben ; wähnen ; sich einbilden.

imam [imam] ou **iman** [imɑ̃] m. Iman m.

imbattable [ɛ̃batabl] adj. unschlagbar ; unbesiegbar. || FIG. unerreicht.

imbécile [ɛ̃besil] adj. [faible d'esprit] geistesschwach ; schwach(sinnig). || [sot] einfältig ; töricht ; dumm ; blöde ; POP. doof. | *Rire imbécile*, törichtes Gelächter ; dummes Gekicher.
◇ s. Schwachsinnige(r) f. (m.) || PAR EXT. [sot] Dummkopf m. ; Blöde(r) f. (m.).

imbécillité [-lite] f. [faiblesse d'esprit] Geistesschwäche f. ; Schwachsinn m. || PAR EXT. [sottise]

Einfältigkeit f. ; Dummheit f. ; Blödigkeit f. ; Blödsinn m. || [chose] dummes Zeug ; Dummheit f.
imberbe [ɛ̃bɛrb] adj. bartlos ; ohne Bart ; glatt.
imbiber [ɛ̃bibe] v. tr. [mouiller] (durch)tränken ; durchfeuchten, -nässen, -weichen. || [absorber] ein-, aufsaugen ; ein-, durchziehen.
◇ v. pr. **s'imbiber,** [absorber] *S'imbiber de*, einsaugen, -ziehen.
imbibition [-bisjɔ̃] f. (Durch)tränkung f. ; Durchfeuchtung f.
imbrication [ɛ̃brikasjɔ̃] f. TECHN. [action] In-, Übereinandergreifen n. || [état] schuppenförmige, dachziegelartige Lage. || FIG. Ineinandergreifen n. ; Verschachteln n.
imbriqué, ée [-ke] adj. dachziegel-, schuppenartig ; übereinanderliegend ; Schachtel...
imbriquer (s') [-ke] v. pr. ineinander verschachtelt sein ; ineinander übergreifen.
imbroglio [ɛ̃brɔljo] m. Verwicklung f. ; Verwirrung f. ; Wirrwarr m. ; Durcheinander n. ; Imbroglio n. || THÉÂTRE. verwickeltes Intrigenstück.
imbrûlé, ée [-le] adj. TECHN. unverbrannt.
imbu, ue [ɛ̃by] adj. FIG. durchdrungen ; eingenommen ; voller... ; voll von... | *Imbu de préjugés*, voller Vorurteile. | *Être imbu de soi-même*, von sich selbst eingenommen sein.
imbuvable [ɛ̃byvabl] adj. untrinkbar, -genießbar.
imitable [imitabl] adj. nachahmbar ; nachzumachen ; nachahmenswert.
imitateur, trice [-tatœ:r, tris] adj. nachahmend, -machend ; PÉJOR. nachäffend ; äffisch.
◇ s. Nachahmer(in) m. (f.) ; PÉJOR. Nachbeter m.
imitatif, ive [-tatif, i:v] adj. nachahmend.
imitation [-tasjɔ̃] f. Nachahmung f. ; Nachmachen n. ; Imitation f. ; PÉJOR. Nachäffung f. ; Abklatsch m. | *Pâle imitation*, farbloser Nachklatsch. | *Don d'imitation*, Nachahmungstalent n. || [falsification] *Imitation de la signature*, Unterschriftsfälschung f. || PAR EXT. [faux] unechtes Zeug. | *Imitation cuir*, Kunstleder n.
◇ loc. prép. **à l'imitation de,** nach dem Muster, dem Vorbild von ; wie.
imiter [-te] v. tr. nachahmen, -machen, -tun (dat.) ; zum Vorbild nehmen. || PÉJOR. nachäffen ; imitieren. || *Imiter un dessin*, eine Zeichnung nachahmen. | *Imiter une signature*, eine Unterschrift betrügerisch nachmachen. || LOC. *Imiter qn en qch.*, jm etwas nachmachen ; jm etwas abgucken. || FIG. [ressembler] gleichen (dat.) ; ähneln (dat.). | *Cela imite le cuir*, das gleicht dem Leder.
immaculé, ée [immakyle] adj. makel-, fleckenlos ; rein ; unbefleckt. || RELIG. *Immaculée Conception*, unbefleckte Empfängnis Mariä.
immanence [immanɑ̃:s] f. PHILOS. Innewohnen n. ; Immanenz f.
immanent, ente [-nɑ̃, ɑ̃:t] adj. innewohnend ; (mit) enthalten ; dazugehörig ; immanent.
immangeable [ɛ̃mɑ̃ʒabl] adj. ungenießbar.
immanquable [ɛ̃mɑ̃kabl] adj. unfehlbar ; unausbleiblich ; sicher.
immatérialité [immaterjalite] f. Unkörperlichkeit f. ; Stofflosigkeit f. ; Schwebezustand m.
immatériel, ielle [-rjɛl] adj. unstofflich ; unkörperlich ; stofflos ; vergeistigt ; immateriell.
immatriculation [immatrikylasjɔ̃] f. Einschreibung f. ; Eintragung f. ; Immatrikulation f. || AUTOM. (amtliche) Zulassung.
immatriculer [-le] v. tr. einschreiben ; eintragen ; immatrikulieren. | *Se faire immatriculer*, sich immatrikulieren lassen. || AUTOM. amtlich zulassen.
immature [immatyr] adj. unreif.
immaturité [-rite] f. Unreife f. ; Unentwickeltheit f.
immédiat, iate [immedja, jat] adj. [sans intermédiaire] unmittelbar. || PAR EXT. [instantané] unmittelbar ; sofortig ; unverzüglich ; augenblicklich ; fristlos. | *Aide immédiate*, Soforthilfe f. | *Besoin immédiat*, Sofortbedarf m.
immédiatement [-tmɑ̃] adv. sofort ; unverzüglich.
— SYN. : *Sur-le-champ*, auf der Stelle. *Aussitôt*, sogleich.
immémorable [immemɔrabl], **immémorial, iale, iaux** [-rjal, jo] adj. unvordenklich ; uralt. | *De temps immémorial*, seit Urzeiten ; seit unvordenklicher Zeit ; seit Menschengedenken.
immense [immɑ̃:s] adj. unermeßlich ; grenzen-, maßlos ; unendlich ; unübersehbar ; ungeheuer. | *Mer immense*, unendliches Meer. | *Fortune immense*, gewaltiges Vermögen.
immensité [-site] f. [caractère] Unermeßlichkeit f. ; Grenzenlosigkeit f. ; Maßlosigkeit f. ; Unendlichkeit f. || PAR EXT. [étendue] weiter Raum ; unabsehbare Fläche. || FIG. grenzenloser, ungeheurer Umfang ; Übergröße f.
immerger [immɛrʒe] v. tr. ein-, untertauchen (sépar.) ; versenken ; unter Wasser setzen.
immérité, ée [immerite] adj. unverdient ; unverschuldet ; ohne Verschulden. | *Reproches immérités*, unberechtigte Vorwürfe m. pl.
immersion [immɛrsjɔ̃] f. MAR. Ein-, Untertauchen n. ; Versenken n. ; Immersion f. | *Immersion d'un câble*, Versenkung, Legen eines Kabels. || ASTRON. Eintritt (m.) in den Schatten. || FIG. [noyade] *Mort par immersion*, Tod (m.) durch Ertrinken.
immeuble [immœbl] adj. JUR. unbeweglich. | *Biens immeubles,* Liegenschaften f. pl.
◇ m. Gebäude n. | *Immeuble d'habitation*, Wohngebäude. | *Immeuble de bureaux*, Büro(hoch)haus n. | *Immeuble de rapport*, Mietshaus n. | *Gérant d'immeubles*, Hausverwalter m.
immigrant, ante [immigrɑ̃, ɑ̃:t] s. Einwanderer(in) m. (f.) ; Zugezogener m.
immigration [-grasjɔ̃] f. Einwanderung f.
immigré, ée [-gre] adj. eingewandert. | *Travailleur immigré*, Gastarbeiter m. ; [en Suisse] Fremdarbeiter m.
◇ s. Einwanderer m. ; Einwanderin f.
immigrer v. intr. einwandern ; immigrieren.
imminence [imminɑ̃:s] f. Bevorstehen n. ; Dringlichkeit f. || PAR EXT. [danger] drohendes Herannahen.
imminent, ente [-nɑ̃, ɑ̃:t] adj. unmittelbar drohend. || PAR EXT. bevorstehend.
immiscer (s') [simmise] v. pr. sich (ein)mischen. | *S'immiscer dans une affaire*, sich in eine Angelegenheit einmischen, -mengen, -drängen.
immobile [immɔbil] adj. unbeweglich ; bewegungslos ; regungslos ; festliegend ; unverrückbar. | *Demeurer immobile*, regungslos stehen (sitzen, liegen) bleiben. || FIG. [ferme] fest ; ungerührt.
immobilier, ière [-lje, jɛr] adj. JUR. unbeweglich ; fest ; Immobiliar... | *Agent immobilier*, Grundstücksmakler m. | *Biens immobiliers*, liegende Güter n. pl. ; Liegenschaften f. pl. ; Immobilien f. pl. | *Société immobilière*, Baugesellschaft f. | *Vente immobilière*, Grundstücksverkauf m.
immobilisation [-lizasjɔ̃] f. [action] Still-, Festlegen n. ; Still-, Festlegung f. || [état] Stillstand m., -halten n. || PAR EXT. [personne] Untätigkeit f. || COMM.

[capitaux] Festlegen n. ; feste Anlage. || MÉD. Bettlägerigkeit f.
◇ f. pl. **immobilisations,** FIN. Anlagevermögen n.

immobiliser [-lize] v. tr. unbeweglich machen ; still-, festlegen ; festsetzen ; anhalten ; außer Betrieb setzen ; ausschalten. || PAR EXT. [personne] zur Untätigkeit zwingen. || MIL. [ennemi] binden. || COMM. [capitaux] festlegen.
◇ v. pr. **s'immobiliser,** [être immobile] stillstehen ; still-, innehalten.

immobilisme [-lism] m. POLIT. Fortschrittsfeindlichkeit f.

immobilité [-lite] f. Unbeweglichkeit f. ; Regungslosigkeit f. ; Verharren n. ; Beharrungszustand m.

immodéré, ée [immɔdere] adj. un-, übermäßig ; maßlos ; ohne Maßen ; übertrieben. | *Caractère immodéré*, Maßlosigkeit f.

immolation [-lasjɔ̃] f. Opfern n. ; Schlachtung f.

immoler [-le] v. tr. opfern ; hin-, aufopfern ; ein Opfer bringen, darbringen. || PAR EXT., PÉJOR. abschlachten. || FIG. aufopfern.

immonde [immɔ̃:d] adj. unrein ; unsauber ; schmutzig ; dreckig. || [dégoûtant] ekelhaft.

immondices [-dis] f. pl. (Straßen)schmutz m. ; Dreck m. ; Kehricht m. ; Unrat m. ; Müll m.

immoral, ale, aux [immɔral, o] adj. unsittlich ; sittenlos ; lasterhaft ; verkommen ; unmoralisch. | *Conduite immorale*, lasterhafte Haltung ; Unzucht f. | *Doctrines immorales*, unsittliche Lehren.

immoralisme [-lism] m. PHILOS. Immoralismus m.

immoralité [-lite] f. Unsittlichkeit f. ; Sittenlosigkeit f. ; Immoralität. || [conduite] Unzucht f.

immortaliser [immɔrtalize] v. tr. verewigen ; unsterblich machen.

immortalité [-talite] f. Unsterblichkeit f. ; Verewigung f. ; ewiges Leben ; Unvergeßlichkeit f.

immortel, elle [-tɛl] adj. unsterblich ; ewig ; unvergänglich. | *Âme immortelle*, unsterbliche Seele. | *Haine immortelle*, ewiger Haß.
◇ s. Unsterblicher m.
◇ m. pl. **immortels,** MYTH. Unsterblichen m. pl. ; Götter m. pl. || PAR EXT., FAM. [académiciens] Mitglieder (n. pl.) der Akademie.
◇ f. **immortelle,** BOT. Immortelle f. ; Strohblume f.

immuabilité [immyabilite] ou **immutabilité** [immytabilite] f. Unveränderlichkeit f. ; Unwandelbarkeit f. ; Unabänderlichkeit f.

immuable [-abl] adj. unveränderlich ; unwandelbar ; unabänderlich ; feststehend.

immunisation [immynizasjɔ̃] f. MÉD. Immunisierung f.

immuniser [-ze] v. tr. et v. intr. unempfänglich, immun machen (gegen) ; immunisieren.

immunitaire [-tɛ:r] adj. MÉD. Immun... | *Défense immunitaire*, Abwehrbereitschaft f. | *Réactions immunitaires*, Immunreaktion f.

immunité [-te] f. JUR. Straffreiheit f. ; Unverletzlichkeit f. ; Immunität f. | *Immunité parlementaire*, parlamentarische Immunität. || MÉD. Ansteckungsfestigkeit f.

immunodéfense [-nodefɑ̃s] f. MÉD. Immunabwehr f.

immunodéficience [-defisjɑ̃:s] f. MÉD. Immunodefizienz f.

immunodépression [-deprɛsjɔ̃] f. MÉD. Immunschwäche f.

immunoglobuline [-glɔbylin] f. MÉD. Immunoglobulin f.

immunologie [-nɔlɔʒi] f. Immunologie f.

immunothérapie [-terapi] f. MÉD. Immuntherapie f.

impact [ɛ̃pakt] m. MIL. Aufschlag m. ; Einschlag. | *Point d'impact*, Aufschlagpunkt, Treffpunkt m. || [environnement] *Impact écologique*, ökologischer Einfluß. | *Étude d'impact*, Umweltverträglichkeitsprüfung f.

impair, aire [ɛ̃pɛ:r] adj. ungerade ; unpaarig ; ungleich. || MATH. *Nombre impair*, ungerade Zahl.
◇ m. FIG., FAM. [maladresse] Ungeschicklichkeit f. || LOC. *Faire un impair*, ins Fettnäpfchen treten.

impalpable [ɛ̃palpabl] adj. unfühlbar ; nicht faßbar.

imparable [ɛ̃parabl] adj. unabwendbar.

impardonnable [ɛ̃pardɔnabl] adj. unverzeihlich.

imparfait, aite [ɛ̃parfɛ, ɛt] adj. unvollendet, -vollkommen, -fertig.
◇ m. **imparfait,** GRAMM. Vergangenheit f. ; Imperfekt n.

imparfaitement [-fɛtmɑ̃] adv. unvollkommen.

imparisyllabique [ɛ̃parisilabik] adj. GRAMM. ungleichsilbig.

impartial, ale, iaux [ɛ̃parsjal, jo] adj. unparteilich, -parteiisch ; parteilos ; unvoreingenommen.

impartialité [-lite] f. Überparteilichkeit f. ; Parteilosigkeit f. ; Unvoreingenommenheit f. ; Neutralität f. | *Impartialité du juge*, Unparteilichkeit des Richters. | *Impartialité de l'historien*, Unvoreingenommenheit des Historikers.

impartir [ɛ̃parti:r] v. tr. bewilligen ; gewähren ; zuteilen.

impasse [ɛ̃pɑ:s] f. [rue] Sackgasse f. || FIG. Sackgasse f. ; Klemme f. ; Ausweglosigkeit f. | *S'engager dans une impasse*, in eine Sackgasse geraten ; in die Klemme kommen. || ÉCON. *Impasse budgétaire*, Haushaltsdefizit n., -lücke f., -loch n. || UNIV. *Faire une impasse sur un chapitre*, ein Kapitel auslassen.

impassibilité [ɛ̃pasibilite] f. Gleichmut m. ; Kaltblütigkeit f. ; Leidenschaftslosigkeit f.

impassible [-sibl] adj. gleichmütig ; kaltblütig ; leidenschaftslos ; unempfindlich ; unbewegt ; gefaßt ; gelassen. | *Demeurer impassible*, unbewegt bleiben.

impatiemment [ɛ̃pasjamɑ̃] adv. ungeduldig ; voller Ungeduld.

impatience [-sjɑ̃:s] f. [manque de patience] Ungeduld f. || [empressement inquiet] Ungeduld f. ; Spannung f. ; sehnliche Erwartung. || *Avec impatience*, ungeduldig ; sehnsüchtig. | *Brûler d'impatience*, vor Ungeduld brennen.

impatient, iente [-sjɑ̃, jɑ̃:t] adj. [peu patient] ungeduldig ; unwillig. || [empressé] ungeduldig ; gespannt ; erwartungsvoll ; sehnsüchtig ; sehnlichst. || LOC. *Impatient de*, unwillig über (acc.) ; sehnsüchtig nach ; gespannt auf (acc.). | *Il est impatient de partir*, er brennt darauf, abzureisen ; er sehnt sich fort von hier.

impatienter [-sjɑ̃te] v. tr. ungeduldig machen ; in Ungeduld versetzen ; ärgern.
◇ v. pr. **s'impatienter,** ungeduldig werden ; die Geduld verlieren.

impavide [ɛ̃pavid] adj. furchtlos ; unerschrocken ; ohne Furcht ; unerschütterlich.

impayable [ɛ̃pɛjabl] FIG., FAM. [comique] POP. wahnsinnig komisch ; urkomisch.

impayé, yée [-je] adj. COMM. unbezahlt ; nicht eingelöst.

impeccable [ɛ̃pɛkabl] adj. [sans défaut] tadellos ; untadelig ; einwandfrei.

impécuniosité [ɛ̃pekynjozite] f. Geldmangel m.

impédance [ɛ̃pedɑ̃:s] f. ÉLECTR. Impedanz f. ; Scheinwiderstand m. | *À faible impédance*, niederohmig. | *Impédance de sortie*, Ausgangsimpedanz. || PHYS. *Impédance acoustique*, Schallwellenwiderstand m.

impénétrable [-trabl] adj. undurchdringlich ; undurchlässig. || FIG. unerforschlich ; unergründlich. | *Caractère impénétrable*, verschlossener Charakter. | *Mystère impénétrable*, unergründliches Geheimnis.

impénitent, ente [-tɑ̃, ɑ̃:t] adj. RELIG. unbußfertig. || PAR EXT., FAM. [incorrigible] verstockt ; unverbesserlich ; stur.

impensable [ɛ̃pɑ̃sabl] adj. undenkbar ; nicht auszudenken ; nicht ausdenkbar.

impératif, ive [ɛ̃peratif, i:v] adj. gebieterisch ; befehlend ; Zwangs... || POLIT. *Mandat impératif*, imperatives Mandat.

◇ m. **impératif,** PHILOS. *Impératif catégorique*, kategorischer Imperativ. || GRAMM. Befehlsform f. ; Imperativ m.

impératrice [ɛ̃peratris] f. Kaiserin f.

imperceptibilité [ɛ̃pɛrsɛptibilite] f. [à l'œil] Unmerkbarkeit f. || [à l'oreille] Unhörbarkeit f.

imperceptible [-tibl] adj. [à l'œil] unmerkbar, -lich ; unsichtbar ; verschwindend klein ; kaum, nicht wahrnehmbar. | *Imperceptible à l'œil*, fürs menschliche Auge nicht erkennbar. || [à l'oreille] unhörbar ; kaum, nicht hörbar.

imperfectible [-tibl] adj. nicht zu vervollkommnen ; unzulänglich.

imperfection [-sjɔ̃] f. Unvollkommenheit f. ; Unvollständigkeit f. ; Unzulänglichkeit f. ; Mangelhaftigkeit f. || FIG. [défaut] Mangel m. ; Schwäche f.

impérial, iale, iaux [ɛ̃perjal, jo] adj. kaiserlich ; Kaiser... | *Couronne impériale*, Kaiserkrone f. || HIST. *Aigle impériale*, Kaiserlicher, napoleonischer Adler ; Reichsadler m. | *Ville impériale*, freie Reichsstadt.

◇ m. pl. **impériaux,** HIST. Kaiserlichen m. pl.

◇ f. **impériale,** [barbe] Spitzbart m. || [étage d'un autobus] Verdeck n. ; obere Plattform.

impérialisme [-jalism] m. HIST. kaisertreue Gesinnung. || PAR ANAL. [visées de domination] Welt-, Großmachtpolitik f. ; Imperialismus m. || PAR EXT., PÉJOR. Kolonialherrschaft f.

impérialiste [-jalist] adj. HIST. kaisertreu. || PAR ANAL. [visant à dominer] imperialistisch ; Großmacht... | *Visées impérialistes*, Großmachtbestrebungen f. pl.

◇ s. Anhänger(in) [m. (f.)] des Kaisertums ; Eroberungspolitiker m. ; Imperialist m.

impérieux, ieuse [-jø, jø:z] adj. befehlend ; herrisch ; gebieterisch ; herrschsüchtig ; hochfahrend. | *Esprit impérieux*, Herrengeist m. | *Ton impérieux*, hochfahrender, herrischer Ton. || FIG. [pressant] unabweisbar ; zwingend ; dringend. | *Nécessité impérieuse*, zwingende Notwendigkeit.

impérissable [ɛ̃perisabl] adj. unvergänglich ; dauernd ; fest begründet.

imperméabilisation [ɛ̃pɛrmeabilizasjɔ̃] f. Wasserdichtmachung f. ; Abdichtung f.

imperméabiliser [-bilize] v. tr. wasserdicht machen.

imperméabilité [-bilite] f. Undurchlässigkeit f. ; Dichte f. ; Dichtheit f. || FIG. Undurchdringlichkeit f.

imperméable [-bl] adj. undurchlässig ; (wasser)-dicht ; abgedichtet ; FIG. undurchdringlich. | *Imperméable à la poussière*, staubdicht. | *Étoffe imperméable*, wasserdichter Stoff.

◇ m. Regen-, Wettermantel m.

impersonnel, elle [-nɛl] adj. unpersönlich. | *Caractère impersonnel*, Unpersönlichkeit f. || PAR EXT. [banal] schal ; platt ; farblos. || GRAMM. *Verbe impersonnel*, unpersönliches Zeitwort.

impertinence [ɛ̃pɛrtinɑ̃:s] f. [insolence] Frechheit f. ; Unverschämtheit f. || PAR EXT. [inconvenance] Ungehörigkeit f., -gebührlichkeit f. ; Flegelei f. || LOC. *Cela frise l'impertinence*, das grenzt an Unverschämtheit.

impertinent, ente [-nɑ̃, ɑ̃:t] adj. [insolent] frech ; unverschämt ; dreist ; vorwitzig ; naseweis ; vorlaut ; unverfroren ; impertinent. || PAR EXT. [inconvenant] ungehörig ; ungebührlich ; flegelhaft. || JUR. belanglos ; nicht zur Sache gehörig.

◇ s. Flegel m. ; Frechling m.

imperturbabilité [ɛ̃pɛrtyrbabilite] f. Unerschütterlichkeit f.

imperturbable [-babl] adj. unerschütterlich. | *Il est d'un calme imperturbable*, er ist nicht aus der Ruhe zu bringen. | *D'un ton imperturbable*, gelassenen Tones.

impétigo [ɛ̃petigo] m. MÉD. Eitergrind m. ; Impetigo f.

impétueusement [ɛ̃petɥøzmɑ̃] adv. ungestüm ; stürmisch.

impétueux, ueuse [-tɥø, ɥø:z] adj. ungestüm ; mit-, hinreißend ; wild ; stürmisch ; heftig.

impétuosité [-tɥozite] f. Ungestüm n. ; Wucht f. ; Heftigkeit f. ; Hitze f. ; Wildheit f. ; Leidenschaft f.

impie [ɛ̃pi] adj. gott-, ruchlos ; gottvergessen ; verrucht ; heidnisch ; frevelhaft ; lästerlich. | *Parole impie*, Lästerrede f.

◇ s. Gottloser m. ; Frevler(in) m. (f.) ; lasterhafter Mensch.

impiété [ɛ̃pjete] f. Gott-, Ruchlosigkeit f. ; Gottvergessenheit f. ; Frevelhaftigkeit f. ; Pietätlosigkeit f.

impitoyable [ɛ̃pitwajabl] adj. unbarmherzig ; ohne Erbarmen ; erbarmungslos ; mitleidslos ; unerbittlich ; schonungslos. | *Critique impitoyable*, schonungslose Kritik.

impitoyablement [-bləmɑ̃] adv. erbarmungslos ; schonungslos ; ohne Erbarmen.

implacable [-kabl] adj. unerbittlich ; unversöhnlich. || PAR ANAL. *Haine implacable*, unauslöschlicher Haß.

implant [ɛ̃plɑ̃] m. MÉD. Implantat n.

implantation [-tasjɔ̃] f. Einpflanzung f. ; Ein-, Verwurzelung f. || FIG. Einbürgerung f. || ARCHIT. Lage f. || [environnement] *Critères d'implantation*, Standortkriterien n. pl. || MÉD. Implantation f.

implanter [-te] v. tr. einpflanzen. || FIG. einführen ; ansässig machen.

◇ v. pr. **s'implanter,** sich festsetzen ; sich einbürgern ; sich einnisten (in, dat.) ; Fuß fassen (dat.).

implication [ɛ̃plikasjɔ̃] f. JUR. Verwicklung f. ; Mittäterschaft f. ; Mithineinziehung f.

implicite [-sit] adj. mit einbegriffen ; dazugehörig ; implizite. | *Condition implicite*, dazugehörige Bedingung. | *Volonté implicite*, stillschweigender Wille.

impliquer [-ke] v. tr. [engager, envelopper] hineinverwickeln ; mit hineinziehen. | *Impliquer qn dans une affaire*, jn in eine Affäre hineinverwickeln. || PAR EXT. [renfermer] in sich schließen ; implizieren.

◇ part. pass. et adj. **impliqué, ée,** *Être impliqué dans qch.*, in eine Sache hineinverwickelt werden.

imploration [ɛ̃plorasjɔ̃] f. An-, Erflehung f. ; Anrufung f. ; inständiges Bitten.

implorer [-re] v. tr. an-, erflehen ; anrufen ; inständig bitten. | *Implorer Dieu*, Gott anflehen ; zu

Gott flehen. | *Implorer l'aide de qn*, jn dringend um Hilfe bitten.

imploser [ɛ̃ploze] v. intr. implodieren.

implosion [-zjɔ̃] f. Implosion f.

impoli, ie [ɛ̃pɔli] adj. unhöflich ; grob ; ungeschliffen ; ungeschlacht ; ungehobelt ; ungezogen.
◇ s. unhöflicher Mensch ; Grobian m. ; Tölpel m.

impolitesse [-tɛs] f. Unhöflichkeit f. ; Grobheit f. ; Ungeschliffenheit f. ; Ungezogenheit f. ; Ungepflegtheit f. ; Unerzogenheit f.

impondérable [-rabl] adj. unwägbar. || PAR EXT. nicht (er)faßbar ; imponderabel.
◇ m. pl. **impondérables,** FIG. nicht voraussehbare Umstände m. pl. ; Imponderabilien f. pl.

impopulaire [ɛ̃pɔpylɛ:r] adj. unbeliebt ; verhaßt ; unpopulär.

impopularité [-larite] f. Unbeliebtheit f. ; Mißliebigkeit f. ; Unpopularität f.

importable [ɛ̃pɔrtabl] adj. einführbar ; importierbar.

importance [ɛ̃pɔrtɑ̃:s] f. Wichtigkeit f. ; Bedeutung f. ; Bedeutsamkeit f. ; Belang m. ; Beträchtlichkeit f. ; Erheblichkeit ; Gewicht n. ; Ansehnlichkeit f. | *Une chose de la plus haute importance*, eine höchst wichtige Angelegenheit. | *De peu d'importance*, unbedeutend ; von geringer Bedeutung ; unerheblich. | *N'être d'aucune importance*, völlig unbedeutend sein ; keinerlei Gewicht haben. | *Avoir de l'importance*, wichtig sein ; von Bedeutung sein ; gewichtig sein. | *Cela n'a pas d'importance*, das will nichts besagen, heißen. | *Attacher de l'importance à qch.* einer Sache Wert, Bedeutung beimessen. | *Prendre de l'importance*, an Bedeutung gewinnen ; immer bedeutender werden. | *Chose sans importance*, belanglose Sache, Angelegenheit ; Nebensache f. | *Importance du crédit*, Höhe (f.) des Kredits. || PAR ANAL. [crédit, influence] *Un homme d'importance*, ein wichtiger Mann ; ein Mann von Einfluß.
◇ loc. adv. **d'importance,** tüchtig ; gehörig ; gewaltig. | *Rosser qn d'importance*, jn gehörig abkanzeln.

important, ante [-tɑ̃, ɑ̃:t] adj. wichtig ; bedeutend ; bedeutsam ; ansehnlich ; beträchtlich ; gewichtig. | *Peu important*, belanglos ; nebensächlich ; unbedeutend. | *Somme importante*, ansehnliche Summe. | *Partie la plus importante*, Hauptteil m. || [influent] einflußreich. || PAR EXT., PÉJOR. *Se donner des airs importants*, sich wichtig machen ; angeben ; großtun.
◇ m. **important,** [point essentiel] Hauptpunkt m., -sache f. || PAR EXT., PÉJOR. [homme vain] *Faire l'important*, großtun. | *Qui fait l'important*, Wichtigtuer m.

importateur, trice [ɛ̃pɔrtatœ:r, tris] s. COMM. Einfuhrkaufmann m., -händler(in) m. (f.) ; Importeur m.
◇ adj. *Pays importateur*, Einfuhrland.

importation [-tasjɔ̃] f. COMM. Einfuhr f. ; Import m. | *Article d'importation*, Importartikel m. | *Licence, Interdiction d'importation*, Einfuhrerlaubnis f., -sperre f. | *Volume des importations*, Einfuhrvolumen n., -menge f. | *Faire l'importation de qch.*, etwas einführen.

importer [-te] v. tr. COMM. einführen ; importieren. || FIG. [mode] einführen.
◇ v. intr. [être important] wichtig, bedeutend sein ; von Bedeutung, von Belang sein. | *Il m'importe de, que*, es liegt mir viel daran, daß. | *Qu'importe l'argent ?*, was liegt schon am Geld ! | *Que vous importe ?*, was geht Sie (denn) das an ? | *Peu importe que*, gleichviel ob ; egal ob. | *N'importe*, gleichviel. || LOC. *N'importe qui, quoi, quand, comment*, irgendwer, -was, -wann, -wie ; gleich(viel) wer, -was, -wann, -wie. | *N'importe où*, irgendwo, -wohin. | *De n'importe où*, irgendwoher. | *N'importe quel*, irgendwelcher ; jedweder ; irgendein beliebiger. | *À n'importe quelle heure*, zu jeder Zeit, Stunde.
◇ v. impers. *Il importe de*, es ist wichtig, von Bedeutung, zu ; es liegt viel daran, zu.

import-export [ɛ̃pɔrɛkspɔr] m. Im- und Export m.

importun, une [ɛ̃pɔrtœ̃, yn] adj. beschwerlich ; lästig ; ungelegen ; störend ; unerwünscht ; zu-, aufdringlich. | *Devenir importun*, lästig werden.
◇ s. Störenfried m. ; Ein-, Aufdringling m. ; ungebetener Gast ; Spielverderber(in) m. (f.). | *Faire l'importun*, sich aufdrängen.

importuner [-tyne] v. tr. belästigen ; behelligen ; lästig werden (dat.) ; aufdringlich sein (dat.) ; POP. auf die Nerven fallen (dat.) | *Importuner qn avec qch.*, jn mit etwas belästigen, stören.

importunité [-tynite] f. Auf-, Zudringlichkeit f. ; Behelligung f. ; Belästigung f. ; Störung f.

imposable [ɛ̃pozabl] adj. FIN. steuerpflichtig ; ver-, besteuerbar. | *Non imposable*, steuerfrei.

imposant, ante [-zɑ̃, ɑ̃:t] adj. [commandant le respect] achtung-, ehrfurchtgebietend. || PAR EXT. [majestueux, grandiose] mächtig ; stattlich ; gewaltig ; eindrucksvoll ; großartig ; imponierend.

imposer [-ze] v. tr. [mains] auflegen. || FIG. [devoir, charge] auferlegen, -bürden, -zwingen, -drängen ; nötigen. | *Imposer une obligation à qn*, jm eine Verpflichtung auferlegen. | *Imposer sa volonté*, seinen Willen aufzwingen, durchführen, durchsetzen (sépar.). || PAR ANAL. [commander] gebieten. | *Imposer (le) silence*, Schweigen gebieten. || FIN. [taxes] be-, versteuern ; Steuern auferlegen ; belasten. | *Imposer des marchandises*, Waren versteuern. | *Imposer qn*, jn mit Steuern belasten. || TYPOGR. umbrechen.
◇ v. intr. *En imposer à qn*, jn beeindrucken ; jm imponieren.
◇ part. pass. et adj. **imposé, ée,** auferlegt. | *Travail imposé*, Zwangsarbeit f. || COMM. *Prix imposé*, gebundener, festgesetzter Preis. || FIN. besteuert ; der Steuer unterliegend.
◇ v. pr. **s'imposer,** [s'obliger à] sich zwingen. | *S'imposer de faire qch.*, sich zwingen, etwas zu tun. | *S'imposer qch.*, sich etwas aufbürden. || [être nécessaire] unbedingt notwendig sein. | *Une visite s'impose*, ein Besuch ist unbedingt notwendig. || FIG. [importuner] *S'imposer à qn*, sich jm aufdrängen. || PAR EXT. [forcer le respect] imponieren ; sich durchsetzen.

imposition [-zisjɔ̃] f. [mains] Auflegung f. || FIG. [obligation] Auferlegung f. || FIN. Steuer(auflage) f. ; Besteuerung f. ; Veranlagung f. | *Imposition sur le chiffre d'affaires*, Umsatzbesteuerung. | *Base d'imposition*, Besteuerungs-, Veranlagungsgrundlage f. || TYPOGR. Umbruch m.

impossibilité [ɛ̃pɔsibilite] f. Unmöglichkeit f. ; Nichtausführbarkeit f. | *Être dans l'impossibilité de*, außerstande sein.

impossible [-sibl] adj. unmöglich ; nicht möglich. || unwahrscheinlich ; undenkbar ; ausgeschlossen. || unausführbar. || LOC. *Absolument impossible*, ganz, rein, durchaus unmöglich ; völlig ausgeschlossen. | *Une chose impossible*, ein Ding (n.) der Unmöglichkeit. | *Impossible à*, un... ; nicht zu... | *Impossible à réaliser*, unausführbar ; nicht auszuführen. | *Il n'est pas impossible que*, es ist nicht ausgeschlossen, daß. || FIG. [intolérable] *Caractère impossible*, unerträglicher Charakter.
◇ m. Unmögliches n. || LOC. *Faire l'impossible*, das Menschenmögliche tun.

imposteur [ɛ̃pɔstœ:r] m. Betrüger m. ; Hochstapler m.

imposture [-ty:r] f. Betrügerei f. ; Betrug m. || PAR EXT. Hochstapelei f. ; Hintergehung f. ; Täuschung f.

impôt [ɛ̃po] m. FIN. Steuer f. ; Abgabe f. ; Veranlagung f. ; Auflage f. ; Taxe f. | *Impôts directs, indirects,* direkte, indirekte Steuern f. pl. | *Impôt foncier,* Grundsteuer. | *Impôts sur le revenu, le chiffre d'affaires, les bénéfices,* Einkommen-, Umsatz-, Ertragssteuern f. pl. | *Impôt retenu à la source,* Quellensteuer. | *Impôt sur les grandes fortunes (I.G.F.),* Vermögenssteuer. | *Impôt sur les sociétés,* Körperschaftsteuer. | *Impôt sur les transactions boursières,* Börsenumsatzsteuer. | *Déclaration, Feuille d'impôts,* Steuererklärung f. ; -bescheid m. | *(Système des) impôts,* Steuerwesen n. | *Soumis à l'impôt,* besteuerbar. | *Exempt d'impôts,* Steuerbefreit. | *Net d'impôt,* steuerfrei. | *Percevoir des impôts,* Steuern einnehmen. | *Payer ses impôts,* seine Steuern (be)zahlen.

impotence [ɛ̃pɔtɑ̃:s] f. MÉD. Impotenz f.

impotent, ente [-tɑ̃, ɑ̃:t] adj. MÉD. gebrechlich ; geschwächt ; gelähmt ; impotent.

impraticable [ɛ̃pratikabl] adj. [infaisable] unaus-, undurchführbar. || PAR EXT. [chemin] unwegsam ; ungangbar ; grundlos ; unbefahrbar.

imprécation [ɛ̃prekasjɔ̃] f. Verwünschung f. ; Verfluchung f. ; Fluch m. ; Schmähung f. | *Lancer des imprécations,* Verwünschungen ausstoßen ; verfluchen ; schmähen.

imprécis, ise [ɛ̃presi, iz] adj. ungenau ; unscharf ; unklar ; unbestimmt ; verschwommen.

imprécision [-zjɔ̃] f. Ungenauigkeit f. ; Unschärfe f. ; Verschwommenheit f.

imprégnation [ɛ̃preɲasjɔ̃] f. (Durch)tränkung f. ; Durchdringung f., -feuchtung f. ; Imprägnierung f.

imprégner [-ɲe] v. tr. (durch)tränken ; durchfeuchten, -dringen ; sättigen ; imprägnieren. | *Imprégner de qch.,* mit etwas durchfeuchten. || FIG. einprägen ; erfüllen ; schwängern.
◇ part. pass. et adj. **imprégné, ée,** durchtränkt, -feuchtet, -zogen ; gesättigt. || FIG. durchdrungen ; erfüllt ; schwanger. || TECHN. [bois] imprägniert.
◇ v. pr. **s'imprégner,** einziehen, -saugen ; in sich aufnehmen. | *S'imprégner d'une odeur,* einen Geruch annehmen. || FIG. *S'imprégner de qch.,* von etwas durchdrungen sein.

imprenable [ɛ̃prənabl] adj. MIL. uneinnehmbar ; unbezwinglich. || [vue] unverbaubar.

imprésario [ɛ̃prezarjo] m. Manager m. ; Künstleragent m.

imprescriptible [-tibl] adj. JUR. unverjährbar. || FIG. unwandelbar ; fest bestehend ; unantastbar.

impression [ɛ̃prɛsjɔ̃] f. [action de presser sur] (Auf)drücken n. || [résultat] Druck m. ; Auf-, Ab-, Eindruck m. || PAR EXT. Empfindung f. ; Wahrnehmung f. | *Impression de froid,* Kälteempfindung. || [sur l'esprit, le cœur] Eindruck m. | *Faire impression,* Eindruck machen, beeindrucken. | *Qui fait impression,* eindrucksvoll. | *Être sous l'impression de qch.,* unter dem Eindruck von etwas stehen. | *Raconter ses impressions de voyage,* seine Reiseeindrücke erzählen. | *Rester sur une bonne impression,* einen guten Eindruck bewahren. || ARTS. Grundierung f. || TEXT. [étoffe] Stoffdruck m. || TYPOGR. Drucken n. ; Druck m. ; Abziehen n. | *Faute d'impression,* Druckfehler m. | *(Mise à l')impression,* Indrucknahme f. ; Drucklegung f. | *Impression en noir, en couleurs,* Schwarz-, Buntdruck. | *Être à l'impression,* sich im Druck befinden.

impressionnable [-sjɔnabl] adj. empfindsam ; leicht zu beeindrucken ; (leicht) erregbar ; reizempfindlich ; reizbar. || PHOT. lichtempfindlich.

impressionnant, ante [-sjɔnɑ̃, ɑ̃:t] adj. eindrucksvoll ; beeindruckend ; bemerkenswert ; wirkungsvoll ; imponierend.

impressionner [-sjɔne] v. tr. beeindrucken ; Eindruck machen (auf, acc.). || FIG. [émouvoir] ergreifen ; rühren ; Aufsehen erregen (bei).

impressionnisme [-sjɔnism] m. LITTÉR., ARTS. Impressionismus m.

impressionniste [-sjɔnist] adj. impressionistisch.
◇ m. Impressionist m.

imprévisible [ɛ̃previzibl] adj. unvorhersehbar ; unvoraussehbar ; umberechenbar.

imprévoyance [-vwajɑ̃:s] f. Unvorsichtigkeit f. ; Fahrlässigkeit f. ; mangelnde Voraussicht.

imprévoyant, ante [-vwajɑ̃, ɑ̃:t] adj. unvorsichtig ; fahrlässig ; unbesonnen.

imprévu, ue [-vy] adj. unvorhergesehen ; unvermutet ; unerwartet ; unverhofft ; ungeahnt.
◇ m. **imprévu,** LOC. *En cas d'imprévu,* im unvorhergesehenen Falle ; auf alle Fälle. | *Sauf imprévu,* wenn nichts dazwischenkommt.

imprimable [ɛ̃primabl] adj. druckreif.

imprimante [-mɑ̃t] f. Drucker m. | *Imprimante à aiguilles,* Nadeldrucker. | *Imprimante à jet d'encre,* Tintenstrahldrucker. | *Imprimante à laser,* Laserdrukker. | *Imprimante à marguerite,* Typenraddrucker. | *Imprimante à matrice,* Matrizdrucker.

imprimé [ɛ̃prime] m. [courrier] Drucksache f., -schrift f. | *Page d'imprimé,* Druckseite f. ; [feuille imprimée] Vordruck m. || [tissu] Druck m. ; Druckstoff m.

imprimer [-me] v. tr. [faire une empreinte] ab-, auf-, eindrücken ; (ein)prägen. | *Imprimer un cachet sur la cire,* einen Stempel auf Wachs drücken. || [un mouvement] *Imprimer un mouvement à une machine,* eine Maschine antreiben. || FIG. [dans l'esprit] einprägen (dat.) ; grundieren. || TEXT. [toile] bedrucken. || TYPOGR. (ab)drucken. | *Imprimer un journal,* eine Zeitung drucken. | *Imprimer en (caractères) gras,* fettdrucken. | *Permis d'imprimer,* Imprimatur n.
◇ part. pass. et adj. **imprimé, ée,** gedruckt.
◇ v. pr. **s'imprimer,** (sens pass.) gedruckt werden. || PAR ANAL. (sens réfl.) sich abdrucken. || FIG. sich einprägen. | *S'imprimer dans la mémoire,* sich dem Gedächtnis einprägen.

imprimerie [-mri] f. [art] Buchdruckerkunst f. || [commerce] (Buch)druckerei f. | *Caractères d'imprimerie,* Drucklettern f. pl. | *Encre d'imprimerie,* Drukkerschwärze f.

imprimeur [-mœ:r] m. (Buch)drucker m.

improbabilité [ɛ̃prɔbabilite] f. Unwahrscheinlichkeit f. ; Undenkbarkeit f.

improbable [-babl] adj. unwahrscheinlich ; undenkbar ; kaum möglich.

improductif, ive [ɛ̃prɔdyktif, i:v] adj. ertraglos ; unergiebig ; unwirtschaftlich ; unrentabel ; unproduktiv. | *Sol improductif,* unfruchtbarer Boden. | *Capitaux improductifs,* nicht arbeitendes Kapital.

improductivité [-tivite] f. Ertraglosigkeit f. ; Unergiebigkeit f. ; Unproduktivität f.

impromptu [ɛ̃prɔ̃pty] adj. et adv. unverzüglich ; aus dem Stegreif ; unvorbereitet ; improvisiert. | *Dîner impromptu,* improvisiertes Abendessen.
◇ m. LITTÉR. Stegreif-, Gelegenheitsdichtung f. || MUS. Impromptu n.

imprononçable [ɛ̃prɔnɔ̃sabl] adj. unaussprechlich.

impropre [ɛ̃prɔpr] adj. ungeeignet ; unpassend ; untauglich. || LOC. *Terme impropre,* unpassender, falsch angewandter, schiefer Ausdruck. | *Impropre à*, ungeeignet zu. | *Impropre à la consommation*, ungenießbar.

impropriété [-priete] f. Untauglichkeit f. ; Ungenauigkeit f. | *Impropriété d'une locution, d'un mot*, falscher Gebrauch eines Ausdrucks.

improuvable [ɛ̃pruvabl] adj. unbeweisbar.

improvisateur, trice [ɛ̃prɔvizatœ:r, tris] s. Stegreifdichter(in) m. (f.), -redner(in) m. (f.), -musiker(in) m. (f.) ; Improvisator(in) m. (f.).

improvisation [-zasjɔ̃] f. [action] Improvisation f. || [chose] Gelegenheitsdichtung f. ; Stegreifrede f.

improviser [-ze] v. tr. LITTÉR., MUS. aus dem Stegreif, unvorbereitet singen, komponieren, spielen ; improvisieren. || [discours] unvorbereitet reden. || PAR EXT. [repas] improvisieren.

improviste (à l') [alɛ̃prɔvist] loc. adv. unvorbereitet ; unvermutet ; unerwartet ; unverhofft ; plötzlich ; unangemeldet. | *Arriver, Entrer à l'improviste*, POP. hereingeschneit kommen.

imprudemment [ɛ̃prydamɑ̃] adv. unvorsichtig.

imprudence [-dɑ̃:s] f. Unvorsichtigkeit f. ; Unklugheit f. ; Unachtsamkeit f. ; Fahrlässigkeit f. | *Agir avec imprudence*, unvorsichtig vorgehen. || JUR. *Homicide par imprudence*, fahrlässige Tötung.

imprudent, ente [-dɑ̃, ɑ̃:t] adj. unvorsichtig ; unklug ; unachtsam ; fahrlässig ; leichtfertig.
◇ s. Unvorsichtige(r) f. (m.) ; Fahrlässige(r) f. (m.) ; POP. Leichtfuß m.

impubère [ɛ̃pybɛ:r] adj. nicht mannbar.

impudence [ɛ̃pydɑ̃:s] f. Schamlosigkeit f. ; Unverschämtheit f. ; Dreistigkeit f. ; Unverfrorenheit f. ; Frechheit f. | *Avoir l'impudence de*, sich erdreisten, zu.

impudent, ente [-dɑ̃, ɑ̃:t] adj. schamlos ; unverschämt ; dreist ; unverfroren ; frech.
◇ s. Unverschämte(r) f. (m.).

impudeur [-dœ:r] f. Schamlosigkeit f.

impudique [-dik] adj. unkeusch ; unzüchtig ; schamlos.

impuissance [ɛ̃pɥisɑ̃:s] f. Machtlosigkeit f. ; Ohnmacht f. ; Unvermögen n. ; Hilflosigkeit f. ; Schwäche f. || MÉD. Zeugungsunfähigkeit f. ; Impotenz f.

impuissant, ante [-sɑ̃, ɑ̃:t] adj. machtlos ; ohnmächtig ; unvermögend ; kraftlos ; schwach. | *Être impuissant à*, nicht imstande sein, zu. || [sans effet] vergeblich. || MÉD. zeugungsunfähig ; impotent.

impulsif, ive [ɛ̃pylsif, i:v] adj. triebhaft ; impulsiv.

impulsion [-sjɔ̃] f. PHYS. (An)stoß m. ; Antrieb m. || ÉLECTR. Stromstoß m. ; Impuls m. || FIG. (An)trieb m. ; Drang m. ; Anregung f. | *Sous l'impulsion du moment*, unter dem Eindruck des Augenblicks.

impunément [ɛ̃pynemɑ̃] adv. ungestraft ; straflos.

impuni, ie [-ni] adj. ungestraft ; ungeahndet ; ungerächt.

impunité [-nite] f. JUR. Straflosigkeit f.

impur, ure [ɛ̃py:r] adj. unrein, -lauter.

impureté [ɛ̃pyrte] f. Unreinheit f. ; Unlauterkeit f. || CHIM., MÉD. *Impureté d'un métal, du sang*, Beimengung (f.), Fremdkörper im Metall ; Blutverunreinigung f.
◇ f. pl. **impuretés**, Dreck m. ; Schmutz m. || NUCL. *Impuretés radioactives*, radioaktive Verunreinigungen f. pl.

imputable [ɛ̃pytabl] adj. anrechenbar. || *Somme imputable à*, auf (acc.) anrechenbare Summe.

imputation [-tasjɔ̃] f. JUR. [accusation] Be-, Anschuldigung f. ; Bezichtigung f. ; Beimessung f. || COMM. Zu-, An-, Aufrechnung f. ; Verbuchung auf ; Abschreibung f. ; Abzug m.

imputer [-te] v. tr. JUR. an-, auf-, zurechnen ; bei-, zumessen ; be-, anschuldigen ; bezichtigen. | *Imputer qch. à qn*, jm etwas zurechnen, aufbürden. | *Imputer la faute à qn*, jn beschuldigen. || COMM. anrechnen (auf, acc.).
— SYN. : *Attribuer*, beimessen ; zuerteilen.

imputrescible [ɛ̃pytrɛsibl] adj. unvergänglich ; unverfaulbar.

inabordable [inabɔrdabl] adj. [lieu] unzugänglich ; unnahbar. | *Côte inabordable*, verkehrsfeindliche Küste. || FIG. [personne] unnahbar. | *Caractère inabordable*, Unnahbarkeit f. ; Unzugänglichkeit f. || COMM. [prix] unerschwinglich.

inaccentué, ée [inaksɑ̃tɥe] adj. unbetont.

inacceptable [inaksɛptabl] adj. unannehmbar.

inaccessible [inaksɛsibl] adj. [lieu] unzugänglich. || [nuances] unerreichbar, -besteigbar, -erklimmbar, -bezwinglich, -durchdringlich. || FIG. [personne] unnahbar ; unzugänglich. || [chose] *Inaccessible à l'esprit*, unfaßbar.

inaccoutumé, ée [inakutyme] adj. ungewöhnlich ; ungewohnt.

inachevé, ée [inaʃve] adj. unvollendet ; halb-, unfertig.

inachèvement [-ʃɛvmɑ̃] m. Unfertigkeit f.

inactif, ive [inaktif, i:v] adj. untätig ; unwirksam ; passiv ; inaktiv. || MÉD. wirkungslos.
◇ s. Nichterwerbstätige(r) f. (m.). | *Les inactifs*, die Nichterwerbstätigen pl. ; die Nichterwerbspersonen f. pl.

inaction [-sjɔ̃] f. Untätigkeit f. ; passives Verhalten.

inactivation [-tivasjɔ̃] f. BIOL. Inaktivierung f.

inactivité [-tivite] f. Untätigkeit f. ; Ruhestand m.

inactuel, uelle [inaktɥɛl] adj. unzeitgemäß ; nicht aktuell.

inadapté, ée [inadapte] adj. unangemessen. || [psychologie] verhaltensgestört. | *Enfant inadapté*, schwererziehbares Kind.
◇ s. Verhaltensgestörte(r) f. (m.).

inadéquat, ate [inadekwa, at] adj. unangemessen ; unpassend ; ungeeignet.

inadmissible [-sibl] adj. unzulässig ; unstatthaft ; nicht statthaft ; unerlaubt ; verboten.

inadvertance [inadvɛrtɑ̃:s] f. Unachtsamkeit f. ; Unaufmerksamkeit f. | *Par inadvertance*, versehentlich ; aus Versehen.

inaliénabilité [inaljenabilite] f. JUR. Unveräußerlichkeit f.

inaliénable [-nabl] adj. unveräußerlich.

inaltérabilité [inalterabilite] f. Unveränderlichkeit f.

inaltérable [-rabl] adj. unveränderlich. || PAR EXT. *Santé inaltérable*, unverwüstliche Gesundheit. || FIG. *Fidélité inaltérable*, unwandelbare Treue. | *Amitié inaltérable*, gleichbleibende Freundschaft.

inaltéré, ée [-re] adj. unverändert.

inamical, ale [inamikal] adj. unfreundlich.

inamovible [-vibl] adj. [chose] unwiderruflich. || PAR ANAL. [personne] unabsetzbar. | *Fonctionnaire inamovible*, Beamte(r) [m.] auf Lebenszeit.

inanimé, ée [inanime] adj. leb-, seelenlos ; unbelebt. | *Corps inanimé*, lebloser, toter Körper.

inanité [inanite] f. Nichtigkeit f. ; Leere f. ; Eitelkeit f. ; Sinnlosigkeit f. ; Vergeblichkeit f.

inanition [-sjɔ̃] f. Unterernährung f. ; Entkräftung f. | *Mourir d'inanition*, an Unterernährung eingehen.

inapaisé, ée [inapɛze] adj. ungestillt ; unbesänftigt.

inaperçu, ue [inapɛrsy] adj. unbemerkt ; unvermerkt ; unbeachtet ; unauffällig.

inappétence [inapetɑ̃:s] f. Appetitlosigkeit f.

inapplicable [inaplikabl] adj. unanwendbar ; nicht anwendbar ; nicht anzuwenden. | *Inapplicable à qch.*, auf eine Sache unanwendbar.

inappliqué, ée [-ke] adj. faul ; unaufmerksam ; nachlässig ; FAM. schluderig.

inappréciable [inapresjabl] adj. [différence] verschwindend klein ; kaum bemerkbar ; winzig. || FIG. [valeur] unschätzbar.

inapte [inapt] adj. ungeeignet ; untauglich ; unfähig ; untüchtig ; unbrauchbar. | *Inapte à qch.*, zu etwas ungeeignet. | *Inapte au service, au travail*, dienstuntauglich ; arbeits-, erwerbsunfähig.

inaptitude [-tityd] f. Ungeeignetheit f. ; Untauglichkeit f. ; Unfähigkeit f. ; Unbrauchbarkeit f. | *Inaptitude au service*, Dienstuntauglichkeit.

inarticulé, ée [-kyle] adj. undeutlich ; unartikuliert. || ZOOL., BOT., ungegliedert.

inassimilable [inasimilabl] adj. nicht angleichbar ; nicht passend.

inassouvi, ie [inasuvi] adj. ungestillt ; ungesättigt. | *Faim inassouvie*, ungestillter Hunger. | *Désir inassouvi*, unbefriedigter Wunsch.

inattaquable [inatakabl] adj. unangreifbar ; unantastbar ; unanfechtbar. || TECHN. beständig.

inattendu, ue [inatɑ̃dy] adj. unerwartet ; unvermutet ; unverhofft.

inattentif, ive [inatɑ̃tif, i:v] adj. unaufmerksam.

inattention [-sjɔ̃] f. Unaufmerksamkeit f. ; Unachtsamkeit f. ; Achtlosigkeit f. | *Faute d'inattention*, Flüchtigkeitsfehler m.

inaudible [inodibl] adj. unhörbar ; lautlos.

inaugural, ale, aux [inogyral, o] adj. einweihend ; eröffnend ; Einweihungs... ; Eröffnungs... | *Séance inaugurale*, Eröffnungssitzung f. | *Discours inaugural*, Antrittsrede f.

inauguration [-rasjɔ̃] f. Eröffnung f. ; Einweihung f. | *Discours d'inauguration*, Einweihungsrede f. || [statue] Enthüllung f.

inaugurer [-re] v. tr. [séance] eröffnen. || [monument, statue] einweihen ; enthüllen. || FIG. [ère, usage] einführen, -leiten ; beginnen.

inavouable [inavwabl] adj. nicht einzugestehen ; unbekennbar. || FIG. [honteux] abscheulich ; unaussprechlich. | *Mœurs inavouables*, schändliche Sitten f. pl.

inavoué, ée [inavwe] adj. uneingestanden.

Inca [ɛ̃ka] n. pr. m. GÉOGR. Inka m.

incalculable [ɛ̃kalkylabl] adj. unberechenbar. || FIG. [conséquences] unabsehbar ; unübersehbar ; nicht vorauszusehen.

incandescence [ɛ̃kɑ̃dɛssɑ̃:s] f. TECHN. Weißglühen n., -glut f. ; Erglühen n. || ÉLECTR. *Lampe à incandescence, Glühlampe* f., -birne f. || FIG. Glut f.

incandescent, ente [-sɑ̃, ɑ̃:t] adj. weiß-, erglühend. || FIG. glühend.

incantation [ɛ̃kɑ̃tasjɔ̃] f. Zauberspruch m., -wort n. ; Beschwörung f.

incapable [ɛ̃kapabl] adj. unfähig ; ungeschickt ; ungeeignet ; untauglich. | *Incapable de qch.*, zu etwas unfähig. | *Incapable de travailler*, arbeitsunfähig.

incapacité [-pasite] f. Unfähigkeit f. ; Ungeschicklichkeit f. ; Untauglichkeit f. | *Incapacité permanente, temporaire*, dauernde, vorübergehende Berufsunfähigkeit.

incarcération [ɛ̃karserasjɔ̃] f. JUR. Inhaftierung f. ; Inhaftnahme f. ; Einkerkerung f. | *Incarcération préventive*, Untersuchungshaft f. ; Schutzhaft f.

incarcérer [-re] v. tr. einkerkern ; einsperren ; ins Gefängnis werfen ; inhaftieren.

incarnat, ate [ɛ̃karna, at] adj. kirsch-, rosenrot.

incarnation [ɛ̃karnasjɔ̃] f. RELIG. Fleisch-, Menschwerdung (f.) Gottes ; Inkarnation (f.) des Heiligen Geistes. || FIG. [manifestation] Verkörperung f. ; Darstellung f.

incarner [-ne] v. tr. FIG. [matérialiser] verkörpern ; versinnbildlichen. || THÉÂTRE. *Incarner un rôle*, eine Rolle darstellen.

◇ part. pass. et adj. **incarné, ée,** vermenschlicht ; eingefleischt ; leibhaftig ; eingewachsen. | *C'est le diable incarné*, das ist der leibhaftige Teufel. || *Ongle incarné*, eingewachsener Nagel.

◇ v. pr. **s'incarner,** RELIG. Fleisch, Mensch werden. || FIG. *S'incarner en*, sich verkörpern in.

incartade [ɛ̃kartad] f. [cheval] Satz (m.) zur Seite ; Ausbruch m. || FIG. Verstoß m. ; Torheit f.

incassable [ɛ̃kasabl] adj. unzerbrechlich.

incendiaire [ɛ̃sɑ̃djɛ:r] adj. zündend ; entflammend ; Brand... || FIG. [séditieux] anstiftend, -steckend. | *Discours incendiaire*, aufhetzerische Rede.

◇ s. Brandstifter(in) m. (f.).

incendie [-di] m. Brand m. ; (Groß)feuer n. ; Feuersbrunst f. | *Incendie volontaire*, Brandstiftung f. | *Incendie de forêt*, Waldbrand. | *Bouche d'incendie*, Hydrant m. | *Pompe à incendie*, Feuerspritze f. | *Assurance contre l'incendie*, Feuerversicherung f.

— SYN. : *Feu*, Feuer. *Embrasement*, Entflammen ; Feuersbrunst. *Sinistre*, Brandschaden.

incendier [-dje] v. tr. in Brand, Flammen setzen ; Feuer legen ; anstecken ; anzünden. || FIG., POP. *Incendier qn*, jn anschnauzen.

incertain, aine [ɛ̃sɛrtɛ̃, ɛn] adj. [douteux] ungewiß ; unsicher ; unklar ; zweifelhaft ; unbestimmt ; unzuverlässig. | *Temps incertains*, unsichere Zeiten f. pl. || [non décidé] unentschlossen ; unentschieden ; unschlüssig. || *Temps incertain*, unbeständiges, veränderliches Wetter.

incertitude [-tityd] f. [caractère douteux] Ungewißheit f. ; Unsicherheit f. ; Zweifelhaftigkeit f. ; Unzuverlässigkeit f. | *Laisser qn dans l'incertitude*, jn im Ungewissen lassen. || [irrésolution] Unentschlossenheit f. ; Unschlüssigkeit f. || [temps] Unbeständigkeit f.

incessamment [ɛ̃sɛsamɑ̃] adv. unverzüglich ; unmittelbar.

incessant, ante [-sɑ̃, ɑ̃:t] adj. unablässig ; unaufhörlich ; unausgesetzt ; stetig.

inceste [ɛ̃sɛst] m. [acte] Blutschande f. ; Inzest m.

◇ s. Blutschänder(in) m. (f.).

incestueux, ueuse [-tɥø, ɥø:z] adj. blutschänderisch.

inchangé, ée [ɛ̃ʃɑ̃ʒe] adj. unverändert.

inchoatif, ive [ɛ̃kɔatif, i:v] adj. GRAMM. den Anfang bezeichnend(es Verb).

incidemment [ɛ̃sidamɑ̃] adv. gelegentlich ; nebenbei ; beiläufig.

incidence [ɛ̃sidɑ̃:s] f. PHYS. Einfall m. ; Einfallen n. | *Angle d'incidence*, Einfallwinkel m. || FIG. [répercussion] Ein-, Nachwirkung f.

incident, ente [-dɑ̃, ɑ̃:t] adj. PHYS. einfallend. || GRAMM. [proposition] eingeschoben.

◇ m. **incident,** [événement] Vorgang m., -kommnis n., -fall m. ; Zwischenfall m. | *Incident de frontière*, Grenzzwischenfall. || NUCL. *Incident technique*, Störfall m.

◇ f. **incidente,** GRAMM. [proposition] eingeschobener Zwischensatz.

incinération [-rasjɔ̃] f. Veraschung f. ; Verbrennung f. ; Einäscherung f. | *Incinération des déchets*, Verfeuerung (f.) von Abfallstoffen. | *Usine d'incinération des déchets*, Müllverbrennungsanlage f.

incinérer [-re] v. tr. veraschen ; einäschern ; ver-, auf-, ausbrennen.

incise [ɛ̃siz] f. GRAMM. eingeschobener Satz.

inciser [ɛ̃size] v. tr. [entailler] einschneiden, -ritzen. || MÉD. aufschneiden.

incisif, ive [-zif, i:v] adj. (ein)schneidend ; Schneide... || FIG. scharf ; beißend. | *Critique incisive*, beißende Kritik.

◇ f. **incisive,** [dent] Schneidezahn m.

incision [-zjɔ̃] f. (Ein)schnitt m. ; Einkerbung f. | *Faire une incision*, einschneiden. || MÉD. Auf-, Einschneiden n. ; Öffnen n.

incitation [ɛ̃sitasjɔ̃] f. Anregung f. ; An-, Aufreizung f. ; Anreiz m. ; Veranlassung f. ; Antrieb m. | *Incitation fiscale*, Steueranreiz.

inciter [-te] v. tr. anregen ; reizen ; an-, aufreizen ; antreiben ; veranlassen ; bewegen ; anstacheln. | *Inciter qn à qch.*, jn zu etwas anregen, veranlassen.

incivilité [-lite] f. Unhöflichkeit f. ; Ungeschliffenheit f. ; Unart f.

inclémence [ɛ̃klemɑ̃:s] f. Unnachgiebigkeit f. | *Inclémence de la saison*, Unbilden (pl.) der Jahreszeit.

inclément, ente [-mɑ̃, ɑ̃:t] adj. ungnädig ; hart ; unerbittlich. || [climat] rauh ; unfreundlich.

inclinable [ɛ̃klinabl] adj. verstellbar ; neigbar.

inclinaison [ɛ̃klinɛzɔ̃] f. Neigung f. ; Gefälle n. ; Abfall m. ; Abschrägung f. ; Schräglage f. | *Inclinaison du toit*, Dachabschrägung. | *Inclinaison du terrain*, Geländeabfall. | *Angle d'inclinaison*, Einfallwinkel m.

inclination [-nasjɔ̃] f. [corps] Verbeugung f., -neigung f. || [tête] Nicken n. | *Faire une légère inclination de tête*, mit dem Kopfe nicken. || FIG. [penchant] (Zu)neigung f. ; Hang m. | *Inclination pour qch.*, Neigung, Hang zu etwas. || [amour] Neigung f. ; Liebe f.

incliner [-ne] v. tr. [baisser, pencher] neigen ; beugen ; biegen ; senken. || PAR ANAL. *Incliner la tête*, mit dem Kopfe nicken ; zunicken. || FIG. [rendre enclin à] geneigt machen (zu).

◇ v. intr. [se pencher] (sich) neigen ; sich abdachen ; abschüssig sein. || FIG. [pencher vers] (zu)neigen ; geneigt sein. | *Incliner à qch.*, zu etwas geneigt sein.

◇ part. pass. et adj. **incliné, ée,** geneigt ; schräg ; schief ; abschüssig. || PHYS. *Plan incliné*, schiefe Ebene.

◇ v. pr. **s'incliner,** [se pencher] sich (vor)neigen ; sich bücken. || [avec révérence] sich verbeugen. || [choses] sich neigen ; herabhängen. || FIG. [accepter] sich fügen.

inclure [ɛ̃kly:r] v.tr. einschließen ; einbeziehen. — part. pass. et adj. **inclus, use,** (mit) eingeschlossen, -begriffen. | *Être inclus*, an-, einliegen. || LOC. *Ci-inclus*, bei-, in-, anliegend ; beigefüft ; anbei ; als An-, Beilage.

inclusif, ive [ɛ̃klyzif, i:v] adj. einschließlich.

inclusivement [-zivmɑ̃] adv. einschließlich ; mit (e)inbegriffen ; inklusive.

inclusion [-zjɔ̃] f. [action] Einschließung f., -schluß m. || PAR EXT. [état] Dazugehörigkeit f.

incoercible [ɛ̃kɔɛrsibl] adj. [qu'on ne peut contenir] unbezwingbar ; nicht aufzuhalten. | *Être pris d'un rire incoercible*, herausplatzen. || MÉD. unwiderstehlich.

incognito [ɛ̃kɔɲito] adv. unbekannt ; unerkannt ; unter fremdem Namen ; inkognito.

◇ m. Inkognito n. ; Geheimhaltung f. (des Namens). | *Garder l'incognito*, sein Inkognito (be)wahren.

incohérence [ɛ̃kɔerɑ̃:s] f. Zusammenhanglosigkeit f. ; Inkohärenz f. | *Incohérence des idées*, Zusammenhanglosigkeit der Gedanken.

incohérent, ente [-rɑ̃, ɑ̃:t] adj. zusammenhanglos ; unzusammenhängend ; auseinandergerissen ; durcheinander. || LOC. *Paroles incohérentes*, abgerissene Sätze ; FAM. zusammenhangloses Zeug.

incollable [ɛ̃kɔlabl] adj. FAM. äußerst schlagfertig.

incolore [ɛ̃kɔlɔ:r] adj. FIG. farblos.

incomber [ɛ̃kɔ̃be] v. intr. obliegen ; zukommen. | *Cela t'incombe*, das obliegt dir.

incombustible [ɛ̃kɔ̃bystibl] adj. un(ver)brennbar ; feuerfest ; brand-, feuersicher.

incommensurable [-rabl] adj. unmeßbar ; nicht meßbar. || FIG. unermeßlich.

incommode [ɛ̃kɔmɔd] adj. unbequem ; beschwerlich ; lästig ; ungelegen.

incommoder [-de] v. tr. belästigen ; stören ; beschweren ; lästig sein (dat.) ; Ungelegenheiten machen (dat.). || MÉD. beschweren.

◇ part. prés. **incommodant, ante,** störend ; (sehr) lästig ; beschwerlich.

◇ part. pass. et adj. **incommodé, ée,** gestört. || MÉD. unpäßlich ; unwohl.

incommodité [-dite] f. [manque de commodité] Unbequemlichkeit f. ; Ungemach n. ; Beschwerlichkeit f. || PAR EXT. [gêne] Belästigung f. ; Störung f.

incommunicable [ɛ̃kɔmynikabl] adj. nicht mitteilbar.

incomparable [ɛ̃kɔ̃parabl] adj. unvergleichlich.

incomparablement [-bləmɑ̃] adv. unvergleichlich ; in unvergleichlicher Weise ; über alle Maßen.

incompatibilité [ɛ̃kɔ̃patibilite] f. Unvereinbarkeit f. ; Unverträglichkeit f. || INF. Unverträglichkeit f. ; Inkompatilität f.

incompatible [-tibl] adj. [avec] unverträglich ; unvereinbar mit ; im Widerspruch stehend zu. || INF. inkompatibel ; unverträglich || LOC. *Fonctions incompatibles*, sich ausschließende Funktionen f. pl.

incompétence [ɛ̃kɔ̃petɑ̃:s] f. JUR. Un-, Nichtzuständigkeit f. ; Inkompetenz f. || FIG. Untüchtigkeit f. ; Unfähigkeit f.

incompétent, ente [-tɑ̃, ɑ̃:t] adj. JUR. nicht zuständig ; unzuständig ; unbefugt ; inkompetent. || FIG. untüchtig ; unfähig.

incomplet, ète [ɛ̃kɔ̃plɛ, ɛt] adj. unvollständig ; lückenhaft.

incompréhensible [-sibl] adj. unbegreiflich ; unverständlich ; unfaßbar ; unvorstellbar.

incompréhensif [-sif] adj. engstirnig.

incompréhension [-sjɔ̃] f. Unverständnis n.

incompressibilité [ɛ̃kɔ̃prɛsibilite] f. Festigkeit f. ; Unnachgiebigkeit f.

incompressible [-sibl] adj. un-, nicht zusammendrückbar, -preßbar ; unnachgiebig ; fest.

incompris, ise [ɛ̃kɔ̃pri, iz] adj. unverstanden. || FIG. [méconnu] verkannt.

inconcevable [ɛ̃kɔ̃səvabl] adj. unbegreiflich ; unfaßbar.

inconciliable [ɛ̃kɔ̃siljabl] adj. unvereinbar ; unverträglich ; unüberbrückbar ; gegensätzlich.

inconditionnel, elle [-nɛl] adj. unbedingt ; bedingungslos.

inconduite [ɛ̃kɔ̃dɥit] f. schlechtes Betragen, Benehmen ; Liederlichkeit f. ; Unzucht f.

inconfort [ɛ̃kɔ̃fɔ:r] m. Unbequemlichkeit f.

inconfortable [-fɔrtabl] adj. unbequem ; ungemütlich ; unbehaglich.
incongru, ue [ɛ̃kɔ̃gry] adj. ungehörig ; unangebracht ; unartig ; ungezogen ; ungebührlich.
incongruité [-grɥite] f. Ungehörigkeit f. ; Unschicklichkeit f. ; Ungezogenheit f. ; Unart f.
inconnu, ue [-ny] adj. unbekannt ; fremd. || PAR ANAL. *Artiste inconnu*, namenloser Künstler.
◇ m. **inconnu,** Unbekannte(s) n.
◇ f. **inconnue,** MATH. Unbekannte f.
inconscience [ɛ̃kɔ̃sjɑ̃:s] f. MÉD. Bewußtlosigkeit f. || PAR ANAL. [acte] Unbewußtheit f. ; Ahnungslosigkeit f.
inconscient, iente [-sjɑ̃, ɑ̃:t] adj. MÉD. [sans conscience] bewußtlos. || [acte] unbewußt ; ahnungslos. || PAR EXT. [irréfléchi] leichtsinnig ; sinnlos.
◇ m. **inconscient,** PHILOS. Unbewußte(s) n.
inconséquence [ɛ̃kɔ̃sekɑ̃:s] f. Folgewidrigkeit f. ; Inkonsequenz f. || PAR EXT. [irréflexion, légèreté] Unbesonnenheit f. ; Leichtsinn m.
inconséquent, ente [-kɑ̃, ɑ̃:t] adj. folgewidrig ; unlogisch ; inkonsequent. || PAR EXT. [irréfléchi, léger] unbedacht ; leichtsinnig.
inconsidéré, ée [ɛ̃kɔ̃sidere] adj. unüberlegt ; unbedacht ; unbesonnen ; vorschnell ; voreilig. | *Propos inconsidérés*, unüberlegte Worte n. pl.
inconsidérément [-remɑ̃] adv. unüberlegt ; Hals über Kopf ; blindlings.
inconsistance [ɛ̃kɔ̃sistɑ̃:s] f. [manque de solidité] Haltlosigkeit f. ; trügerische Festigkeit. || FIG. [manque de fermeté] Haltlosigkeit f. ; Unbeständigkeit f. ; Wankelmut m.
inconsistant, ante [-tɑ̃, ɑ̃:t] adj. [peu solide] haltlos. || FIG. [peu ferme] haltlos ; unbeständig ; wetterwendisch ; wankelmütig.
inconsolable [ɛ̃kɔ̃sɔlabl] adj. untröstlich ; untröstbar ; trostlos.
inconsolé, ée [-le] adj. ungetröstet ; ohne Trost.
inconstance [ɛ̃kɔ̃stɑ̃:s] f. Unbeständigkeit f. ; Wandelbarkeit f. ; Wankelmut m. || FIG. Untreue f.
inconstant, ante [-tɑ̃, ɑ̃:t] adj. unbeständig ; unstet ; veränderlich ; wandelbar ; launisch. || FIG. un(ge)treu.
inconstitutionnel, elle [ɛ̃kɔ̃stitysjɔnɛl] adj. verfassungswidrig ; gegen die Verfassung.
incontestable [ɛ̃kɔ̃tɛstabl] adj. unbestreitbar ; unanfechtbar ; unumstößlich ; eindeutig ; feststehend ; sicher. | *Vérité incontestable*, unumstößliche Wahrheit f. | *Il est incontestable que*, es unterliegt gar keinem Zweifel, daß. | *Fait incontestable*, einwandfreie Tatsache.
incontestablement [-tabləmɑ̃] adv. unbestreitbar.
incontesté, ée [-te] adj. unbestritten ; feststehend.
incontinence [ɛ̃kɔ̃tinɑ̃:s] f. Unenthaltsamkeit f. ; Unkeuschheit f. || PAR EXT. *Incontinence de langage*, vorlaute Zunge. || MÉD. unfreiwilliger Stuhl-, Harnabgang ; Inkontinenz f.
incontinent, ente [-nɑ̃, ɑ̃:t] adj. unenthaltsam ; unkeusch. || MÉD. Inkontinenz...
◇ adv. **incontinent,** sofort ; alsbald ; unverzüglich ; auf der Stelle.
incontournable [ɛ̃kɔ̃turnabl] adj. unumgänglich.
incontrôlable [ɛ̃kɔ̃trolabl] adj. unüberprüfbar.
incontrôlé, ée [-le] adj. nicht nachgeprüft ; unüberprüft ; unkontrolliert.
inconvenance [ɛ̃kɔ̃vnɑ̃:s] f. Unschicklichkeit f. ; Unanständigkeit f. ; Unart f. ; Anstößigkeit f.
inconvenant, ante [-nɑ̃, ɑ̃:t] adj. unschicklich ; unangebracht ; ungehörig ; taktlos ; unhöflich ; ungesittet.
inconvénient [ɛ̃kɔ̃venjɑ̃] m. Unannehmlichkeit f. ; Unzuträglichkeit f. ; Unschicklichkeit f. | *Inconvénients d'un voyage*, Unannehmlichkeiten (f. pl.) einer Reise. | *Si vous n'y voyez pas d'inconvénient*, wenn Sie nichts dagegen haben. || [désavantage] Nachteil m.
inconvertible [ɛ̃kɔ̃vɛrtibl] adj. nicht umtauschbar, umwandelbar, auswechselbar ; unkonvertierbar ; unkonvertibel.
incorporation [-rasjɔ̃] f. Einverleibung f. ; Beimischung f. ; Aufnahme f. || MIL. Einstellung f., -gliederung f.
incorporel, elle [-rɛl] adj. unkörperlich ; körperlos ; wesenlos.
incorporer [-re] v. tr. einverleiben, -fügen, -bauen ; beimischen (dat.) ; aufnehmen, aufgehen lassen (in, acc.). || MIL. einstellen, -gliedern.
◇ part. pass. et adj. **incorporé, ée,** einverleibt ; aufgenommen. || MIL. *Être incorporé*, eingestellt werden.
incorrect, ecte [ɛ̃kɔrɛkt] adj. [contraire à une règle] unrichtig ; fehlerhaft ; falsch ; nicht einwandfrei. | *Langue incorrecte*, fehlerhafte Sprache. || FIG. [à un usage] anstößig ; nachlässig ; unkorrekt. | *Tenue incorrecte*, nachlässige Kleidung.
incorrection [-rɛksjɔ̃] f. [violation d'une règle] Unrichtigkeit f. ; Fehlerhaftigkeit f. || PAR EXT. [faute] *Incorrection de langage*, Sprachfehler m. || FIG. [d'un usage] Verstoß m. ; Unschicklichkeit f. ; Unkorrektheit f. | *Commettre une incorrection*, nicht einwandfrei handeln.
— SYN. : *Inconvenance* f., Unschicklichkeit f.
incorrigible [ɛ̃kɔriʒibl] adj. unverbesserlich.
incorruptibilité [ɛ̃kɔryptibilite] f. [chose] Unverderblichkeit f., -verweslichkeit f. || PAR EXT. [personne] Unbestechlichkeit f.
incorruptible [-tibl] adj. [chose] unverderblich ; unverweslich. || FIG. [personne] unbestechlich.
incrédule [ɛ̃kredyl] adj. ungläubig ; skeptisch.
◇ s. Ungläubige(r) f. (m.).
incrédulité [-lite] f. Ungläubigkeit f. ; Zweifel m.
incrément [ɛ̃kremɑ̃] m. INF. Inkrement n.
incrémenter [-te] v. tr. INF. inkrementieren.
incriminable [ɛ̃kriminabl] adj. JUR. strafbar ; belastend ; tadelnswert.
incriminer [-ne] v. tr. JUR. anklagen ; be-, anschuldigen ; belasten ; als strafbar bezeichnen. | *Incriminer la conduite de qn*, die Haltung von jm beanstanden.
◇ part. pass. et adj. **incriminé, ée,** beschuldigt ; unter Anklage gestellt.
incroyable [ɛ̃krwajabl] adj. unglaublich ; unglaubwürdig. || PAR EXT. [invraisemblable] unwahrscheinlich ; unmöglich ; unerhört.
incroyant, ante [-jɑ̃, ɑ̃:t] adj. ungläubig.
◇ s. Ungläubige(r) m. ; Gottlose(r) m. ; Heide m.
incrustation [ɛ̃krystasjɔ̃] f. ANAT., CHIM. [dépôt] Krustenbildung f. ; Verkrustung f. ; Ansatz m. || TECHN. [ouvrage incrusté] Einlegearbeit f.
incruster [-te] v. tr. TECHN. ein-, aus-, auflegen ; belegen ; überziehen, -sintern. | *Incruster de qch.*, mit etwas auslegen, überziehen.
◇ part. pass. et adj. **incrusté, ée,** mit Auf-, Einlegearbeit. | *Incrusté de marbre*, mit Marmor verkleidet, ausgelegt.

◇ v. pr. **s'incruster,** [se couvrir d'une couche] sich verkrusten. || [adhérer] sich an-, festsetzen. || FIG. [dans l'esprit] sich einprägen (in, acc.). || FAM. *Il s'incruste*, er will nicht fort ; er hat sich eingenistet.

incubation [-sjɔ̃] f. [action] Brüten n. ; Aus-, Bebrüten n. ; Bebrütung f. || MÉD. Inkubationszeit f.

inculpation [ɛ̃kylpasjɔ̃] f. JUR. Anklage f. ; Be-, Anschuldigung f. | *Sous l'inculpation d'assassinat*, unter Anschuldigung des Mordes.

inculper [-pe] v. tr. JUR. anklagen ; an-, beschuldigen ; unter Anklage stellen.

◇ part. pass. et adj. **inculpé, ée,** *Être inculpé de qch.*, einer Sache beschuldigt werden. || SUBSTANTIV. Angeschuldigte(r) m. ; Beschuldigte(r) m. ; (in Voruntersuchung) Angeklagter m.

inculquer [ɛ̃kylke] v. tr. beibringen ; anerziehen. | *Inculquer qch. à qn*, jm etwas beibringen.

inculte [ɛ̃kylt] adj. AGRIC. unbebaut ; unangebaut ; ungepflügt ; unbearbeitet ; brach. | *Terres incultes*, Ödland n. ; Heide f. || FIG. [personne] ungebildet ; roh. || [barbe] ungepflegt.

inculture [-ty:r] f. FIG. [personne] Roheit f. ; Unkultur f.

incurable [-rabl] adj. unheilbar ; aussichtslos. || FIG. *Maladie incurable*, unheilbare Krankheit.

◇ s. unheilbare(r) Kranke(r) f. (m.).

incurie [ɛ̃kyri] f. Sorglosigkeit f. ; Unbekümmertheit f. ; Fahrlässigkeit f.

incursion [ɛ̃kyrsjɔ̃] f. MIL. Ein-, Überfall m. || PAR EXT. Streifzug m. | *Faire une incursion dans un domaine*, sich auf fremdes Gebiet begeben. || AÉRON. Einflug m.

— SYN. : *Raid* m., Streifzug m. ; Einflug m. *Razzia* f., (bewaffneter) Überfall. *Irruption* f., Einfall m.

incurver [-ve] v. tr. einwärts krümmen ; einbiegen ; nach innen biegen.

Inde(s) [ɛ̃:d] n. pr. f. (pl.). GÉOGR. Indien n. | *Les Indes occidentales, orientales*, West-, Ostindien. | *Compagnie des Indes*, Ostindische (Handels)gesellschaft f.

indécence [ɛ̃desɑ̃:s] f. Unanständigkeit f. ; Unsauberkeit f. ; Anstößigkeit f. ; Unziemlichkeit f.

indécent, ente [-sɑ̃, ɑ̃:t] adj. unanständig ; unsauber ; anstößig ; anstandswidrig ; unehrbar ; unziemlich ; indezent.

indéchiffrable [ɛ̃deʃifrabl] adj. unentzifferbar ; unleserlich. || FIG. [impénétrable] undurchsichtig.

indéchirable [ɛ̃deʃirabl] adj. unzerreißbar.

indécis, ise [ɛ̃desi, iz] adj. [irrésolu] unentschlossen ; unschlüssig ; schwankend ; wankelmütig. | *Être indécis*, unentschlossen sein ; schwanken. || [incertain, douteux] unentschieden ; unbestimmt ; ungewiß ; zweifelhaft ; schwankend. || PAR EXT. [vague, imprécis] unklar ; undeutlich ; vage ; verschwommen. | *Lumière indécise*, Dämmerlicht n.

indécision [-zjɔ̃] f. [irrésolution] Unentschlossenheit f. ; Unschlüssigkeit f. ; Wankelmut m. || [incertitude, doute] Unentschiedenheit f. ; Zweifelhaftigkeit f. | *Laisser qn dans l'indécision*, jn im Zweifel lassen. || PAR EXT. [imprécision] Unklarheit f. ; Undeutlichkeit f. ; Verschwommenheit f.

— SYN. : *Hésitation*, Zaudern. *Perplexité*, Ratlosigkeit.

indéclinable [ɛ̃deklinabl] adj. GRAMM. undeklinierbar ; unveränderlich.

indécomposable [ɛ̃dekɔ̃pɔzabl] adj. unzerlegbar ; unspaltbar ; unzersetzbar.

indéfectible [ɛ̃defɛktibl] adj. unvergänglich ; beständig ; (an)dauernd.

indéfendable [ɛ̃defɑ̃dabl] adj. nicht zu verteidigen ; unhaltbar.

indéfini, ie [ɛ̃defini] [non délimité] unbegrenzt ; grenzenlos. || PAR EXT. [indéterminé] unbestimmt. || GRAMM. [article, adjectif] unbestimmt.

indéfiniment [-mɑ̃] adv. auf unbestimmte Zeit ; endlos. | *Ajourner indéfiniment*, endlos in die Länge ziehen ; FAM. auf die lange Bank schieben.

indéfinissable [-sabl] adj. [qu'on ne peut définir] unbestimmbar ; undefinierbar. || FIG. [qu'on ne peut s'expliquer] unerklärlich ; dunkel ; rätselhaft.

indéformable [ɛ̃defɔrmabl] adj. formfest.

indélébile [ɛ̃delebil] adj. [encre] unauslöschlich ; unverwischbar ; nicht zu entfernen. || FIG. [impérissable] unvertilgbar ; beständig ; bleibend.

indélicat, ate [ɛ̃delika, at] adj. unfein ; taktlos. || FIG. [malhonnête] unehrlich ; unredlich.

indélicatesse [-tɛs] f. Unfeinheit f. ; Taktlosigkeit f. || FIG. Unredlichkeit f.

indemne [ɛ̃dɛmn] adj. unbeschädigt ; schadlos ; unversehrt ; heil.

indemnisation [-nizasjɔ̃] f. Entschädigung f. ; Schadloshaltung f. ; Abfindung f.

indemniser [-nize] v. tr. entschädigen ; schadlos halten ; vergüten (dat.) ; den Schaden wiedergutmachen (dat.). | *Indemniser qn de qch.*, jn für etwas entschädigen.

indemnité [-nite] f. [pour dédommager] Entschädigung f. ; Schadenersatz m. ; Abfindung f. ; Abfindungsgeld n. ; Abstand m. ; Vergütung f. | *Indemnité compensatrice*, Ausgleichsentschädigung. | *Allouer une indemnité*, eine Entschädigung gewähren. || PAR EXT. [allocation] Zulage f. ; Unterstützung f. ; Geld n. | *Indemnité journalière*, Tagegeld. | *Indemnité de logement, de résidence*, Wohnungsgeld ; Ortszulage f. | *Indemnité parlementaire*, Diäten f. pl.

indémontrable [ɛ̃demɔ̃trabl] adj. nicht nachweisbar ; nicht zu beweisen ; unbeweisbar.

indéniable [ɛ̃denjabl] adj. unleugbar ; nicht abzuleugnen.

indépendamment [ɛ̃depɑ̃damɑ̃] adv. unabhängig ; nebenbei ; nebenher. | *Indépendamment de*, ohne Rücksicht auf (acc.) ; abgesehen von.

indépendance [-dɑ̃:s] f. Unabhängigkeit f. ; Selbständigkeit f. ; Freiheit f. | *Guerre d'indépendance*, Unabhängigkeitskrieg m. || FIG. [d'esprit] Unbefangenheit f. ; Sachlichkeit f.

indépendant, ante [-dɑ̃, ɑ̃:t] unabhängig ; selbständig ; frei ; auf eigenen Füßen stehend. | *Position indépendante*, selbständige Stellung. | *Nature indépendante*, unabhängige, freie Natur. | *Travailleur indépendant*, Selbstständiger m. || FIG. [objectif] parteilos ; sachlich.

indéracinable [ɛ̃derasinabl] adj. unausrottbar ; fest verwachsen ; unaustilgbar. || FIG. *Sentiments indéracinables*, tief verwurzelte Gefühle n. pl.

indescriptible [ɛ̃dɛskriptibl] adj. unbeschreiblich.

indésirable [ɛ̃dezirabl] adj. unerwünscht ; ungebeten ; nicht gern gesehen.

◇ m. [personne] unerwünschter Gast.

indestructible [-tibl] adj. unzerstörbar ; unverwüstlich.

indéterminable [ɛ̃detɛrminabl] adj. unbestimmbar ; undefinierbar.

indétermination [-nasjɔ̃] f. Unbestimmtheit f. || PHILOS. Indetermination f. || PAR EXT. [indécision] Unschlüssigkeit f. ; Wankelmut m.

indéterminé, ée [-ne] adj. unbestimmt. || PAR EXT. [indécis] unschlüssig.

index [ɛ̃dɛks] m. ANAT. [doigt] Zeigefinger m. || LITTÉR., TYPOGR. [table] Wörterverzeichnis n. ; Wortregister n. ; Schlagwortverzeichnis n. || MATH. Index m. ; Kennziffer f. || RELIG. Verzeichnis (n.) kirchenfeindlicher Schriften. || FIG. *Mettre à l'index*, auf die schwarze Liste setzen.

indexation [-sasjɔ̃] f. Registrierung f. || ÉCON. Indexierung f. | *Clause d'indexation*, Indexklausel f. || INF. Indizierung f.

indexer [-se] v. tr. registrieren ; klassifizieren. || ÉCON. indexieren. | *Indexer un emprunt sur le coût de la vie*, ein Leihkapital dem Lebenshaltungsindex anpassen.

indicateur, trice [ɛ̃dikatœ:r, tris] adj. anzeigend ; angebend. | *Poteau indicateur*, Wegweiser m.
◇ m. **indicateur,** [chemin de fer] Kursbuch n. ; Fahrplan m. || TECHN. [appareil] (An)zeiger m. ; Messer m. | *Indicateur d'usure*, Abnutzungsanzeiger. || AUTOM. *Indicateur de direction*, Winker m. | *Indicateur de vitesse*, Geschwindigkeitsanzeiger. | *Indicateur d'essence*, Benzinuhr f. | *Indicateur de niveau d'huile*, Ölstandanzeiger m. || [environnement] *Indicateur écologique*, Bioindikator m. || PÉJOR. [police] Anzeiger m. ; Angeber m. ; Spitzel m.

indicatif, ive [-tif, i:v] adj. anzeigend. | *Prix indicatif*, (unverbindlicher) Richtpreis.
◇ m. **indicatif,** GRAMM. Wirklichkeitsform f. ; Indikativ m. || RADIO. Pausen-, Rufzeichen n. ; Senderzeichen n. || TÉLÉCOMM. Vorwahlnummer f.

indication [-sjɔ̃] f. [action d'indiquer] Anzeige f., -gabe f., -weisung f. | *Indication du lieu, de l'heure*, Orts-, Zeitangabe. | *Sur vos indications*, auf Ihre Anweisung hin. || [renseignement] Auskunft f. ; Nach-, Hinweis m. || PAR EXT. [signe] Zeichen n. ; Merkmal n. ; Wink m. || MÉD. Indikation f.

indice [ɛ̃dis] m. [signe] (An)zeichen n. ; Merkmal n. ; Hinweis m. ; Andeutung f. ; Vorbote m. || FIG. [trace] Spur f. ; Indiz n. || MATH., PHYS. Exponent m. | *Indice de réfraction*, Brechungsindex m. || COMM., ÉCON. Index m. | *Indice du coût de la vie, des prix de gros*, Lebenshaltungs-, Großhandelsindex. || RADIO., TÉLÉV. *Indice d'écoute*, [radio] Hörquote f. ; [télévision] Einschaltquote f. || TECHN. *Indice d'octane*, Oktanzahl f.

indicible [ɛ̃disibl] adj. unsagbar ; unsäglich ; unbeschreiblich ; namenlos.

indien, ienne [ɛ̃djɛ̃, jɛn] adj. [Amérique] indianisch. || [Asie] indisch. | *Océan Indien*, Indischer Ozean.
◇ s. **Indien, ienne,** [Amérique] Indianer(in) m. (f.). || [Asie] Inder(in) m. (f.).

indifféremment [ɛ̃diferamɑ̃] adv. ohne Unterschied ; ob so oder so.

indifférence [-rɑ̃:s] f. Gleichgültigkeit f. ; Teilnahmlosigkeit f. ; Gefühlsleere f. ; Indifferenz f.

indifférent, ente [-rɑ̃, ɑ̃:t] adj. **1.** CHOSES : [sans motif de préférence] gleichgültig. || [dont on se soucie peu] gleich ; einerlei ; egal ; gleichviel ; POP. wurst. || [sans intérêt] nebensächlich. || *Cela m'est indifférent*, das ist mir gleichgültig, einerlei, egal.
2. PERSONNES : [dont on se soucie peu] gleichgültig. || [que rien ne touche] teilnahmlos ; lieblos ; parteilos ; anteillos ; apathisch ; unberührt. | *Indifférent à tout*, völlig abgestumpft.

indigence [ɛ̃diʒɑ̃:s] f. (Be)dürftigkeit f. ; völlige Armut ; Armseligkeit f. | *Vivre dans l'indigence*, in größter Armut leben ; darben.

indigène [ɛ̃diʒɛn] adj. eingeboren ; eingesessen ; einheimisch ; inländisch ; hiesig. | *Plantes indigènes*, hier wachsende Pflanzen f. pl. | *Tribus indigènes*, Eingeborenenstämme m. pl.
◇ m. Eingeborene(r) m. ; Einheimische(r) m. ; Ureinwohner m.

indigent, ente [ɛ̃diʒɑ̃, ɑ̃:t] adj. (hilfs)bedürftig ; (not)dürftig ; arm(selig) ; kümmerlich.
◇ s. Bedürftige(r) f. (m.) ; Arme(r) f. (m.).

indigeste [ɛ̃diʒɛst] adj. unverdaulich ; schwer bekömmlich. || FIG. [peu assimilable, confus] ungenießbar ; unverständlich.

indigestion [-tjɔ̃] f. MÉD. Magenverstimmung f. | *Avoir une indigestion*, einen verdorbenen Magen haben. || FIG. *Avoir une indigestion de qch.*, einer Sache überdrüssig sein.

indignation [ɛ̃diɲasjɔ̃] f. Empörung f. ; Entrüstung f. ; Unwille m. | *Cet acte soulève l'indignation*, diese Handlung erregt allgemeine Empörung.

indigne [ɛ̃diɲ] adj. unwürdig ; niederträchtig ; schmachvoll ; unter aller Würde ; schnöde. | *Cela est indigne de vous*, das ist Ihrer unwürdig.

indignement [-ɲəmɑ̃] adv. in unwürdiger Weise ; schmachvoll.

indigner [-ɲe] v. tr. entrüsten ; aufbringen ; js Unwillen erregen.
◇ part. pass. et adj. **indigné, ée,** entrüstet ; empört ; aufgebracht. | *Être indigné de qch.*, über eine Sache entrüstet sein.
◇ v. pr. **s'indigner,** *S'indigner de qch.*, sich über etwas entrüsten, empören.

indignité [-ɲite] f. Unwürdigkeit f. ; Würdelosigkeit f. ; Niedrigkeit f. ; Niederträchtigkeit f.

indigo [ɛ̃digo] m. Indigo m. ; Indigoblau n.

indigotier [-gɔtje] m. BOT. Indigostrauch m.

indiquer [ɛ̃dike] v. tr. [montrer, désigner] zeigen ; an-, be-, hinzeigen ; an-, hin-, zuweisen ; bezeichnen. | *Indiquer du doigt*, mit dem Finger zeigen (auf, acc.). | *L'aiguille indique cinq heures*, der Zeiger steht auf fünf (Uhr). | *Indiquer le chemin à qn*, jm den Weg weisen. || [faire connaître] angeben, -deuten. || PAR EXT. [fixer] bestimmen ; festsetzen. || FIG. [dénoter] anzeigen ; hindeuten ; bezeigen ; zeugen ; verraten. | *Cela indique*, das beweist, heißt, bedeutet, will besagen.
◇ part. pass. et adj. **indiqué, ée,** angezeigt ; angegeben. || PAR EXT. *Venir à l'heure indiquée*, zur gegebenen, festgesetzten, festgelegten Stunde kommen. || FIG. [opportun] angebracht ; passend. | *Ce n'est pas (très) indiqué de*, es ist unangebracht, zu ; es empfiehlt sich nicht, zu.

indirect, ecte [ɛ̃dirɛkt] adj. mittelbar ; indirekt. | *Voies indirectes*, Um-, Schleichwege m. pl. ; krumme Wege. || FIG. [caché] verdeckt ; versteckt. | *Reproche indirect*, versteckter Vorwurf. || ÉLECTR. *Éclairage indirect*, indirekte Beleuchtung. || FIN. *Contributions indirectes*, indirekte Steuern f. pl. || GRAMM. *Complément indirect*, Dativobjekt n. | *Style indirect*, indirekte Rede.

indirectement [-təmɑ̃] adv. indirekt ; auf Umwegen ; aus zweiter Hand ; mit Hilfe (von).

indiscernable [ɛ̃disɛrnabl] adj. nicht unterscheidbar ; unwahrnehmbar.

indisciplinable [ɛ̃disiplinabl] adj. ungehorsam ; unfügsam ; unbändig ; unzähmbar.

indiscipline [-plin] f. Ungehorsam m. ; Zuchtlosigkeit f. ; Disziplinlosigkeit f.

indiscipliné, ée [-pline] adj. ungehorsam ; unbotmäßig ; zuchtlos ; verwildert ; disziplinlos.

indiscret, ète [ɛ̃diskrɛ, ɛ:t] adj. [irréfléchi] unbedacht ; unbesonnen. || [bavard] schwatzhaft ; vorlaut ; indiskret. || [importun] aufdringlich ; unbescheiden. || PAR EXT. [curieux] neugierig.
◇ s. auf-, zudringlicher Mensch ; Schwätzer m. ; Horcher m.
— SYN. : *Curieux*, neugierig. *Fureteur*, Spürnase.

indiscrètement [-kretmɑ̃] adv. aufdringlich; indiskret.

indiscrétion [-kresjɔ̃] f. [irréflexion] Unbedachtheit f.; Unbesonnenheit f. || [révélation d'un secret] Vertrauensbruch m. | *Commettre une indiscrétion*, ein Geheimnis ausplaudern. || [manque de retenue] Aufdringlichkeit f. || PAR EXT. [curiosité] Neugierde f.

indiscutable [ɛ̃diskytabl] adj. unbestreitbar.

indiscutablement adv. in eindeutiger Weise.

indiscuté, ée [-te] adj. unbestritten.

indispensable [ɛ̃dispɑ̃sabl] adj. unentbehrlich; unerläßlich; unumgänglich. | *Si c'est indispensable*, wenn es nicht anders geht; wenn es sein muß. | *Cela m'est indispensable*, ich habe es unbedingt nötig. ◇ m. Allernotwendigste(s) n.

indisponibilité [ɛ̃dispɔnibilite] f. Unverfügbarkeit f.

indisponible [-nibl] adj. JUR. unverfügbar. || MIL. unabkömmlich.

indisposer [ɛ̃dispoze] v. tr. krank, kränklich, unwohl machen. || FIG. [prévenir contre] aufbringen; ärgern; verstimmen. | *Indisposer qn*, jn verärgern. ◇ part. pass. et adj. **indisposé, ée,** [malade] unwohl; krank; unpäßlich. || FIG. verärgert, -stimmt.

indisposition [-zisjɔ̃] f. Unwohlsein n.; Übelbefinden n.; Unpäßlichkeit f. || FIG. Verärgerung f.; Unlust f.; Abneigung f.

indissoluble [ɛ̃disɔlybl] adj. unlösbar; un(auf)löslich.

indistinct, incte [ɛ̃distɛ̃, ɛ̃:kt] adj. undeutlich; unklar.

indistinctement [-tɛ̃ktəmɑ̃] adv. undeutlich. || PAR EXT. [sans distinction] ohne jeden Unterschied.

individu [ɛ̃dividy] m. Einzelwesen n.; Lebewesen n.; Individuum n. || FIG., PÉJOR. fragwürdiger Mensch; Mensch m.; (verdächtiger) Kerl.

individualisation [-dɥalizasjɔ̃] f. Individualisation f.

individualiser [-dɥalize] v. tr. PHILOS. verpersönlichen; individualisieren. || PAR EXT. einzeln, für sich betrachten; einzeln bestimmen; absondern.

individualisme [-dɥalism] m. Individualismus m.

individualiste [-dɥalist] adj. individualistisch. ◇ s. Individualist(in) m. (f.).

individualité [-dɥalite] f. PHILOS. Individualität f.; Ich n. || [personnalité] Persönlichkeit f. || [originalité] (Be)sonderheit f.; Eingenart f.; Eigentümlichkeit f.

individuel, uelle [-dɥɛl] adj. persönlich; ichbezogen; individuell. || PAR EXT. [original, particulier] besonders; eigen(tümlich); eigenartig.

individuellement [-dɥɛlmɑ̃] adv. im einzelnen; jeder für sich.

indivisible [-zibl] adj. unteilbar; untrennbar.

indivision [-zjɔ̃] f. Ungeteiltheit f. || ÉCON. Bruchteilsgemeinschaft f.

Indochine [ɛ̃dɔʃin] n. pr. f. GÉOGR. Indochina n.; Hinterindien n.

indochinois, oise [ɛ̃dɔʃinwa, waz] adj. indochinesisch; hinterindisch. ◇ s. **Indochinois, oise,** Indochinese m.; Indochinesin f.

indocile [ɛ̃dɔsil] adj. unfügsam; ungefügig; unfolgsam; widerspenstig. | *Caractère indocile*, Halsstarrigkeit f.

indo-européen, enne [ɛ̃doœrɔpeɛ̃, ɛn] adj. indoeuropäisch; indogermanisch.

indolence [ɛ̃dɔlɑ̃:s] f. [impassibilité] Lauheit f.; Indifferenz f. || [paresse] Nachlässigkeit f. || [apathie] Lässigkeit f.

indolent, ente [-lɑ̃, ɑ̃:t] adj. [impassible] lau; indifferent; indolent. || PAR ANAL. [paresseux] faul; nachlässig. || PAR EXT. [apathique] lässig; apathisch.

indolore [ɛ̃dɔlɔ:r] adj. schmerzlos.

indomptable [ɛ̃dɔ̃tabl] adj. unbezähmbar; widerspenstig.

indompté, ée [-te] adj. ungezähmt; ungebändigt. || FIG. ungezähmt; ungebeugt.

Indonésie [ɛ̃donezi] n. pr. f. GÉOGR. Indonesien n.

indonésien, ienne [-zjɛ̃, jɛn] adj. indonesisch. ◇ s. **Indonésien, ienne,** Indonesier(in) m. (f.).

indu, ue [ɛ̃dy] adj. ungebührlich. | *À une heure indue*, zu ungelegener Stunde, Zeit.

indubitable [ɛ̃dybitabl] adj. unzweifelhaft; unstreitig.

indubitablement [-tabləmɑ̃] adv. zweifellos; sicher.

inductif, ive [-tif, i:v] adj. PHILOS. induktiv.

induction [-sjɔ̃] f. PHILOS., ÉLECTR., PHYS. Induktion f. | *Chauffage par induction*, Induktionsheizung f.

induire [ɛ̃dɥi:r] v. tr. PHILOS. [conclure] schließen; folgern. || FIG. [pousser, conduire] verleiten; führen. | *Induire en erreur*, in die Irre führen.

indulgence [ɛ̃dylʒɑ̃:s] f. Nachsicht f.; Langmut f.; Milde f.; Sanftmut f. | *Avoir de l'indulgence pour qn*, Milde gegenüber jm walten lassen; Nachsicht üben.

indulgent, ente [-ʒɑ̃, ɑ̃:t] adj. nachsichtig; langmütig; sanftmütig.
— SYN. : *Clément*, mild. *Tolérant*, tolerant.

indûment [ɛ̃dymɑ̃] adv. ungehörig.

industrialisation [ɛ̃dystrializasjɔ̃] f. Industrialisierung f.; Industrialisierungsprozeß m.

industrialiser [-trialize] v. tr. industrialisieren.

industrie [-tri] f. Gewerbe n.; Industrie f. | *Industrie clef*, Schlüsselindustrie. | *Industrie lourde*, Schwerindustrie. | *Industrie de pointe*, Spitzenindustrie.

industriel, ielle [-triɛl] adj. gewerbetreibend; industriell; Industrie... | *Produit industriel*, Industrieerzeugnis n. | *Centre industriel*, Industriezentrum n. ◇ m. **industriel,** Industrieller m.; Unternehmer m. | *Petit industriel*, Kleingewerbetreibender m.

industrieux, ieuse [-trijø, ø:z] adj. [adroit] geschickt. || PAR EXT. [actif] betriebsam; geschäftig.

inébranlable [inebrɑ̃labl] adj. unerschütterlich. || FIG. [constant, ferme] stet; standhaft; beharrlich. | *Caractère inébranlable*, Standhaftigkeit f.

inédit, ite [inedi, it] adj. unveröffentlicht. || FIG. [nouveau] neu; erstmalig. ◇ m. **inédit,** *De l'inédit*, Neues n.

ineffable [inɛfabl] adj. unaussprechlich; unausdrückbar. | *Joie ineffable*, unsägliche Freude.

inefficace [inɛfikas] adj. unwirksam; wirkungslos; erfolglos.

inefficacité [-site] f. Unwirksamkeit f.; Wirkungslosigkeit f.

inégal, ale, aux [inegal, o] adj. ungleich. || [sol] uneben; holperig. || FIG. [changeant] veränderlich; unbeständig. || MÉD. [pouls] unregelmäßig.

inégalement [-lmɑ̃] adv. ungleich; unregelmässig.

inégalité [-lite] f. Ungleichheit f. || [sol] Unebenheit f. || FIG. [variabilité] Veränderlichkeit f.

inélégant, ante [inelegɑ̃, ɑ̃:t] adj. ungepflegt; unelegant. || FIG. [geste] taktlos; unfair.

inéligible [ineliʒibl] adj. unwählbar.

inéluctable [inelyktabl] adj. unausweichlich ; unvermeidbar ; schicksalhaft.

inéluctablement [-bləmɑ̃] adv. unvermeidbar.

inénarrable [inenarabl] adj. unbeschreiblich. || FIG. [comique] urkomisch.

inepte [inɛpt] adj. albern ; töricht.

ineptie [-psi] f. FIG. [absurdité] Albernheit f. ; Torheit f. || PAR EXT. [paroles] Ungereimtheit f.

inépuisable [inepɥizabl] adj. unerschöpflich.

inertage [inɛrta:ʒ] m. PHYS. Inertisierung f.

inerte [inɛrt] adj. [inanimé] bewegungs-, leblos ; regungslos. || FIG. [mou] schlaff ; schlapp.

inertie [inɛrsi] f. Bewegungs-, Leb-, Regungslosigkeit f. || FIG. [résistance] passiver Widerstand. || PAR EXT., PÉJOR. [mollesse] Schlaff-, Schlappheit f. || PHYS. *Force d'inertie*, Beharrungskraft f.

inespéré, ée [inespere] adj. unverhofft.

inestimable [inɛstimabl] adj. unschätzbar.

inévitable [inevitabl] adj. unvermeidbar ; unvermeidlich ; unumgänglich.

inexact, acte [inɛgzakt] adj. [chose] ungenau ; unrichtig. | *C'est inexact*, das ist falsch. || PAR EXT. [personne] nicht pünktlich ; unpünktlich.

inexactitude [-tityd] f. Ungenauigkeit f. ; Unrichtigkeit f.

inexcusable [inɛkskyzabl] adj. unentschuldbar.

inexécutable [inɛgzekytabl] adj. undurchführbar ; nicht erfüllbar.

inexercé, ée [inɛgzɛrse] adj. ungeübt.

inexistant, ante [inɛgzistɑ̃, ɑ̃:t] adj. nicht vorhanden. || PAR EXT. [sans valeur] nichtig ; wesenlos.

inexorable [inɛgzɔrabl] adj. unerbittlich ; unbarmherzig.

inexorablement [-bləmɑ̃] adv. unerbittlich.

inexpérience [inɛksperjɑ̃:s] f. Unerfahrenheit f. ; Unkundigkeit f. ; PÉJOR. Ahnungslosigkeit f.

inexpérimenté, ée [inɛksperimɑ̃te] adj. [personne] unerfahren ; PÉJOR. ahnungslos. || PAR EXT. [chose] nicht ausprobiert ; noch unversucht.

inexpiable [inɛkspjabl] adj. unsühnbar.

inexplicable [ineksplikabl] adj. unerklärlich.

inexpliqué, ée [-ke] adj. unerklärt ; rätselhaft.

inexploité, ée [inɛksplwate] adj. MINES. nicht abgebaut ; unausgebeutet ; außer Betrieb gelassen. || FIG. unverwertet.

inexploré, ée [inɛksplɔre] adj. unerforscht ; unbekannt.

inexpressif, ive [inɛksprɛsif, i:v] adj. ausdruckslos ; nichtssagend.

inexprimable [inɛksprimabl] adj. unaussprechlich ; unsagbar ; namenlos ; unbeschreiblich.

inexpugnable [inɛkspyɲabl] adj. MIL. uneinnehmbar ; unbezwinglich ; unbesiegbar.

in extenso [inɛkstɑ̃so] loc. ganz ausführlich ; vollständig ; ganz und gar.

inextinguible [inɛkstɛ̃gibl] adj. unauslöschbar. || PAR EXT. [soif] unstillbar.

in extremis [inɛkstremis] loc. im (aller)letzten Augenblick ; im äußersten Falle.

inextricable [inɛkstrikabl] adj. unentwirrbar ; unauflöslich ; verworren ; verzwickt.

infaillibilité [ɛ̃fajibilite] f. [personne] Unfehlbarkeit f. || PAR EXT. Untrüglichkeit f.

infaillible [ɛ̃fajibl] adj. [personne] unfehlbar. || PAR ANAL. [chose] untrüglich. || PAR EXT. [inévitable] unvermeidbar.

infailliblement [-bləmɑ̃] adv. mit absoluter Sicherheit.

infaisable [ɛ̃fəzabl] adj. untunlich ; unmöglich.

infamant, ante [ɛ̃famɑ̃, ɑ̃:t] adj. entehrend.

infâme [ɛ̃fɑ:m] adj. ehrlos ; schändlich ; abscheulich ; infam. | *Action infâme*, Schandtat f.

infamie [ɛ̃fami] f. [caractère] Ehrlosigkeit f. ; Niederträchtigkeit f. ; Schändlichkeit f. || [action] Schandtat f. ; verruchte Tat. || [paroles] Schimpfrede f.

infanterie [ɛ̃fɑ̃tri] f. MIL. Infanterie f. | *Régiment d'infanterie*, Infanterieregiment n.

infanticide [ɛ̃fɑ̃tisid] m. [acte] Kindesmord m.
◇ s. [personne] Kindesmörder(in) m. (f.).

infantile [-til] adj. kindlich ; infantil ; Kinder... | *Mortalité infantile*, Kindersterblichkeit f.

infantilisme [-tilism] m. MÉD. Infantilismus m.

infarctus [ɛ̃farktys] m. MÉD. *Infarctus du myocarde*, Myokardinfarkt m. ; Herzinfarkt m.

infatigable [ɛ̃fatigabl] adj. unermüdlich ; rastlos.

infatuation [ɛ̃fatɥasjɔ̃] f. Selbstgefälligkeit f. ; Einbildung f.

infatué, uée [-tɥe] adj. LOC. *Être infatué de soi-même*, von sich (selbst) eingenommen sein ; eingebildet sein.

infect, ecte [ɛ̃fɛkt] adj. stinkend ; stinkig ; faulig ; widerlich. || FIG. [répugnant] ekelhaft ; abstoßend.

infecter [-te] v. tr. vergiften ; verpesten ; verseuchen. || MÉD. anstecken ; infizieren.
◇ v. intr. stinken ; üblen Geruch verbreiten.
◇ v. pr. **s'infecter,** MÉD. [plaie] eitern ; sich entzünden.

infectieux, ieuse [-sjø, jø:z] adj. MÉD. ansteckend.

infection [-sjɔ̃] f. [action] Vergiftung f. ; Verpestung f. || PAR EXT. [puanteur] Gestank m. ; verpestete Luft. || MÉD. Ansteckung f. ; Infizierung f. ; Infektion f. | *Infection opportuniste*, opportunistische Infektion.

inféoder [ɛ̃feɔde] v. tr. HIST. belehnen.
◇ v. pr. **s'inféoder,** POLIT. *S'inféoder à un parti*, sich einer Partei verschreiben.

inférer [-re] v. tr. folgern ; schließen.

inférieur, ieure [ɛ̃ferjœ:r] adj. [placé au-dessous] unter ; nieder. | *Lèvre inférieure*, Unterlippe f. | *Partie inférieure*, unterer Teil. || LOC. *Inférieur à*, niedriger als ; nicht auf der Höhe von ; tiefer liegend als. || FIG. [en situation] unter ; nieder. | *Classes inférieures*, untere, niedere Klassen f. pl. | *Être inférieur à qn*, jm unterstehen. || [en valeur] geringer ; minder(wertig). | *Être inférieur à qn en qch.*, jm in einer Sache unterlegen sein. | *Cet ouvrage est inférieur à l'autre*, dieses Werk steht dem anderen nach. | *De qualité inférieure*, von minderer Qualität ; minderwertig.
◇ s. Untergebene(r) f. (m.) | *Être l'inférieur de qn*, js Untergebener sein ; jm unterstehen.

infériorité [-rjɔrite] f. FIG. [rang] niederer, abhängiger Stand ; Unterlegenheit f. | *Être dans un état d'infériorité*, in einem Abhängigkeitsverhältnis stehen. || [valeur] Minderwertigkeit f. ; geringerer Wert. | *Complexe d'infériorité*, Minderwertigkeitskomplex m. || [nombre] *Infériorité en nombre*, Minderzahl f.

infernal, e, aux [ɛ̃fɛrnal, o] adj. RELIG. höllisch ; teuflisch. || FIG. toll. | *Vacarme infernal*, Heidenkrach m., -lärm m. ; toller Lärm. | *Ruse infernale*, teuflische List.

infertile [ɛ̃fɛrtil] adj. unfruchtbar ; unergiebig.

infester [ɛ̃fɛste] v. tr. [ravager] heimsuchen ; verheeren. || PAR EXT. plagen ; belästigen ; verseuchen.
◇ part. pass. et adj. **infesté, ée,** heimgesucht (von). | *Infesté de rats*, rattenverseucht.

infidèle [ɛ̃fidɛl] adj. un(ge)treu ; treulos. | *Être infidèle à qn*, jm untreu sein. || PAR EXT. [employé] unehrlich, -redlich. || FIG. [mémoire] unsicher ; schwach. || RELIG. ungläubig ; abtrünnig.
◇ s. Untreue(r) f. (m.).
◇ m. pl. **infidèles,** RELIG. Ungläubige m. pl.

infidélité [-delite] f. Untreue f. ; Treulosigkeit f. | *Commettre des infidélités conjugales*, FAM. Seitensprünge machen. || FIG. [mémoire] Unsicherheit f. ; Schwäche f. || [traduction] Ungenauigkeit f.

infiltration [ɛ̃filtrasjɔ̃] f. Ein-, Versickern n. | *Eaux d'infiltration*, Sickerwasser n. || POLIT. Infiltration f.

infiltrer (s') [sɛ̃filtre] v. pr. ein-, ver-, durchsickern (sépar.) ; ein-, durchdringen (sépar.) ; einziehen ; infiltrieren. | *L'eau s'infiltre dans la terre*, das Wasser sickert in die Erde. || FIG. [s'insinuer] sich einschleichen ; sich langsam durchsetzen (sépar.).

infime [ɛ̃fim] adj. [le plus bas] unterst ; niedrigst. || [minuscule] winzig ; verschwindend klein ; geringfügig(st) ; unbedeutend(st).

infini, ie [ɛ̃fini] adj. unendlich ; raum- und zeitlos ; unbegrenzt. | *Un nombre infini*, eine Unzahl.
◇ m. **infini,** Unendliche(s) n. | *À l'infini*, endlos ; ins Unendliche.

infiniment [-mɑ̃] adv. unendlich ; FAM. gewaltig.

infinité [-te] f. Unendlichkeit f. ; Unbegrenztheit f. || [nombre] Unzahl f. ; unendlich viel.

infinitésimal, ale [-tezimal] adj. [grandeur] unendlich, verschwindend klein. || MATH. *Calcul infinitésimal*, Infinitesimalrechnung f.

infinitif [ɛ̃finitif] m. GRAMM. Nennform f. ; Infinitiv m.

infirme [ɛ̃firm] adj. körperbehindert. | *Infirme du bras gauche*, am linken Arm behindert. | *Rendre, Devenir infirme*, zum Krüppel machen, werden.
◇ s. Körperbehinderte(r) f. (m.) ; Krüppel m.

infirmer [-me] v. tr. JUR. entkräften ; ungültig machen. || FIG. [affaiblir] entkräften ; widerlegen.

infirmerie [-məri] f. MÉD. Krankenzimmer n., -saal m. || MIL. Revierstube f.

infirmier [-mje] m. Krankenpfleger m. || MIL. Sanitäter m.

infirmière [-mjɛ:r] f. Krankenschwester f. ; Krankenpflegerin f.

infirmité [-mite] f. [état] Körperversehrtheit f. ; Gebrechlichkeit f. || MÉD. Behinderung f. ; Gebrechen n. || FIG. Gebrechen n.

inflammable [ɛ̃flamabl] adj. entzünd-, entflammbar ; brennbar. | *Matière inflammable*, Zünd-, Brennstoff m. || FIG. entzündlich ; reizbar.

inflammation [-masjɔ̃] f. Entzündung f. ; Verbrennung f. || MÉD. Entzündung f. | *Inflammation de la gorge*, Halsentzündung.

inflammatoire [-matwa:r] adj. MÉD. Entzündungs...

inflation [ɛ̃flasjɔ̃] f. ÉCON. Inflation f. | *Inflation galopante*, galoppierende Inflation. | *Inflation larvée, latente*, schleichende Inflation.

inflationniste [-sjɔnist] adj. inflationistisch ; Inflations...

infléchir [ɛ̃fleʃi:r] v. tr. (ein)biegen ; beugen ; krümmen ; brechen.
◇ part. pass. et adj. **infléchi, ie,** GRAMM. *Forme infléchie*, Umlaut m. ; Brechung f.
◇ v. pr. **s'infléchir,** sich (ein)biegen.

inflexibilité [ɛ̃flɛksibilite] f. Starrheit f. || FIG. Unbeugsamkeit f. ; Unerbittlichkeit f.

inflexible [-sibl] adj. unbiegsam. || FIG. unbeugsam ; unbarmherzig.

inflexion [-sjɔ̃] f. (Ein)biegung f. ; Beugung f. || [voix] Tonfall m. ; Betonung f. || GRAMM. Umlaut m.

infliger [ɛ̃fliʒe] v. tr. auferlegen ; zuerteilen ; verhängen. | *Infliger une peine*, eine Strafe verhängen. | *Infliger une amende*, mit Geldzahlung bestrafen. | *Infliger un blâme à qn*, jm eine Rüge erteilen. || PAR EXT. *Infliger une défaite à*, jm eine Niederlage bereiten.

influençable [ɛ̃flyɑ̃sabl] adj. beeinflußbar.

influence [-ɑ̃:s] f. Einfluß m. ; Beeinflussung f. || PAR EXT. [crédit, ascendant] (Ein)wirkung f. ; Ansehen n. || LOC. *Exercer une influence sur qn*, auf jn einen Einfluß ausüben ; auf jn einwirken. | *Prendre de l'influence*, Einfluß gewinnen. | *Subir l'influence*, dem Einfluß unterliegen ; unter dem Einfluß stehen.

influencer [-ɑ̃se] v. tr. beeinflussen ; Einfluß ausüben (auf, acc.). || PAR EXT. (ein)wirken (auf, acc.) ; bestimmen. || LOC. *Se laisser influencer par qn*, js Einfluß unterliegen.

influent, ente [-ɑ̃, ɑ̃:t] adj. einflußreich.

influer [ɛ̃flye] v. intr. einwirken. | *Influer sur*, einwirken auf (acc.) ; beeinflussen.

influx [ɛ̃fly] m. Ein-, Zufließen n. ; Einfluß m.

infographie [ɛ̃fɔgrafi] f. INF. Computergraphik f.

informateur, trice [ɛ̃fɔrmatœ:r, tris] s. Auskunftgeber m. ; Informant m. || PÉJOR. Angeber m.

informaticien, ienne [-tisjɛ̃, jɛn] s. Informatiker(in) m. (f.) ; EDV-Fachmann m., -Fachfrau f. ; EDV-Spezialist m., -Spezialistin f.

information [-sjɔ̃] f. [demandée] Auskunft f. ; Nachfrage f. ; Umfrage f. || PAR ANAL. [donnée] Auskunft f. ; Berichterstattung f. ; Information f. || LOC. *Source d'information*, Informationsquelle f. | *Agence d'information*, Presseagentur f. | *Aller aux informations*, sich erkundigen. || JUR. *Ouvrir une information judiciaire*, ein Ermittlungsverfahren einleiten.
◇ f. pl. **informations,** FIN. *Bulletin d'informations*, Börsenzettel m. || RADIO., TÉLÉV. Tagesschau f.

informatique [-tik] f. elektronische Datenverarbeitung f., EDV. | *Informatique distribuée*, verteilte Datenverarbeitung. | *Informatique grand public*, Mikroinformatik f. | *Commission nationale de l'informatique et des libertés*, Datenschutzkommission f.

informatiser [-tize] v. tr. auf EDV umstellen.

informe [ɛ̃fɔrm] adj. form-, gestaltlos ; unförmig. || FIG. [à peine ébauché] ungestalt(et) ; ungeschliffen.

informer [ɛ̃fɔrme] v. tr. benachrichtigen ; Auskunft, Nachricht geben (dat.). | *Informer qn de qch.*, jn von etwas, über eine Sache benachrichtigen ; jm etwas mitteilen, melden ; jm Bescheid sagen. | *J'ai l'honneur de vous informer que*, ich habe die Ehre, Ihnen mitzuteilen, daß.
◇ part. pass. et adj. **informé, ée,** auf dem Laufenden ; informiert. | *Être informé*, informiert sein ; FAM. im Bilde sein. | *Être informé de qch.*, von etwas, über eine Sache benachrichtigt sein ; über eine Sache Bescheid wissen ; um etwas wissen. | *Bien informé*, wohl unterrichtet ; im Bilde. | *Jusqu'à plus ample informé*, bis auf weiteres.
◇ v. pr. **s'informer,** sich erkundigen ; anfragen ; Rückfrage halten. | *S'informer de qch. auprès de qn*, sich bei jm nach etwas erkundigen. | *Action de s'informer*, An-, Nachfrage f.

infortune [ɛ̃fɔrtyn] f. Unglück n. ; Unglücksfall m. | *Infortune conjugale*, eheliches Mißgeschick.

infortuné, ée [-ne] adj. unglücklich ; unselig.
◇ s. Unglückliche(r) f. (m.) ; Unselige(r) f. (m.).

infraction [ɛ̃fraksjɔ̃] f. Übertretung f. ; Verstoß m. | *Infraction à la loi*, Gesetzesübertretung f.

infranchissable [ɛ̃frɑ̃ʃisabl] adj. unüberschreitbar. || FIG. unüberbrückbar ; unüberwindlich.
infrarouge [ɛ̃fraru:ʒ] adj. PHYS. infra-, ultrarot.
infrastructure [ɛ̃frastrykty:r] f. Unterbau m. ; Infrastruktur f.
infroissable [ɛ̃frwasabl] adj. TEXT. knitterfrei.
infructueux, euse [ɛ̃fryktɥø, ø:z] adj. unfruchtbar ; fruchtlos ; erfolglos.
infus, use [ɛ̃fy, y:z] adj. FIG. angeboren ; mitgegeben. | *Il croit avoir la science infuse*, er hat die Weisheit mit Löffeln geschluckt.
infuser [ɛ̃fyze] v. tr. [liquide] auf-, eingießen. | *Infuser du sang*, Blut zuführen. || FIG. einflößen. || CULIN. [boisson] ziehen. | *Infuser du thé*, Tee ziehen lassen.
◇ v. pr. **s'infuser,** [thé] ziehen.
infusion [-zjɔ̃] f. [action] Aufguß m. ; Hineingießen n. ; Infusion f. || PAR EXT. [boisson] Aufguß m. | *Infusion de camomille*, Kamillentee m.
infusoires [-zwa:r] m. pl. ZOOL. Aufgußtierchen n. pl. ; Infusorien f. pl.
ingambe [ɛ̃gɑ̃:b] adj. flink ; fix ; alert.
ingénier (s') [sɛ̃ʒenje] v. pr. *S'ingénier à*, sich bemühen zu ; versuchen zu.
ingénierie [ɛ̃ʒeniri] f. Engineering n.
ingénieur [ɛ̃ʒenjœ:r] m. Ingenieur m. | *Ingénieur diplômé*, Diplomingenieur. | *Ingénieur en chef*, Oberingenieur. | *Ingénieur-conseil*, beratender Ingenieur ; Patentingenieur m. | *Ingénieur du son*, Toningenieur. | *Ingénieur système*, Systemanalytiker(in) m. (f.). | *Ingénieur technico-commercial*, Vertriebsfachmann m. ; Verkaufsdirektor m.
ingénieusement [-njøzmɑ̃] adv. sinnreich.
ingénieux, ieuse [-njø, jø:z] adj. [personne] erfinderisch ; einfallsreich ; geistreich. || [chose] geist-, sinnreich ; wohldurchdacht.
ingéniosité [-njozite] f. Findigkeit f. ; Scharfsinn m.
ingénu, ue [ɛ̃ʒeny] adj. [innocent] unschuldig ; unbefangen. || [simple, naïf] leichtgläubig ; vertrauensselig ; einfältig ; naiv.
◇ m. **ingénu,** Unschuldiger m. | *Faire l'ingénu*, den Harmlosen spielen.
◇ f. **ingénue,** THÉÂTRE. *Jouer les ingénues*, die Rolle der Naiven spielen.
ingénuité [-ɥite] f. [innocence] Unschuld f. ; Unbefangenheit f. || [naïveté] Einfältigkeit f. ; Naivität f.
ingénument [-nymɑ̃] adv. harmlos.
ingérence [ɛ̃ʒerɑ̃:s] f. Einmischung f. ; Einmengen n. | *Ingérence dans les affaires intérieures*, Einmischung (f.) in innere Angelegenheiten.
ingérer [-re] v. tr. MÉD. einnehmen ; zuführen.
◇ v. pr. **s'ingérer,** [s'insinuer] *S'ingérer dans qch.*, sich in eine Sache einmischen.
ingestion [ɛ̃ʒɛstjɔ̃] f. MÉD. Ingestion f. ; (Nahrungs)aufnahme f.
ingrat, ate [ɛ̃gra, at] adj. [peu reconnaissant] undankbar. | *Être ingrat envers qn*, jm undankbar sein. || [peu agréable] reizlos. || [tâche] undankbar ; unbefriedigend. || [stérile] unfruchtbar ; karg. || LOC. *Âge ingrat*, Flegeljahre n. pl. ; Backfischalter n.
ingratitude [-tityd] f. Undankbarkeit f. ; Undank m. | *Payer d'ingratitude*, mit Undank lohnen.
ingrédient [ɛ̃gredjɑ̃] m. CULIN. Zutat f. ; Ingredienz f. || MÉD. Bestandteil m.
inguérissable [ɛ̃gerisabl] adj. unheilbar.
ingurgiter [ɛ̃gyrʒite] v. tr. ver-, hinunterschlukken ; hinunterstürzen.
inhabile [inabil] adj. ungeschickt ; ungelenk ; unbeholfen ; unfähig. || JUR. ungeeignet (für).
inhabité, ée [inabite] adj. unbewohnt ; entvölkert ; einsam ; verlassen ; öde.
inhabituel, uelle [-tɥɛl] adj. ungewöhnlich ; ungewohnt ; außergewöhnlich.
inhalateur [inalatœ:r] m. MÉD. Atemgerät n. ; Inhalationsapparat m.
inhalation [-lasjɔ̃] f. Einatmung f. ; Inhalation f.
inhaler [-le] v. tr. einatmen ; inhalieren.
inhérent, ente [-rɑ̃, ɑ̃:t] anhaftend ; inhärent. | *Inhérent à qch.*, einer Sache innewohnend.
inhiber [inibe] v. tr. hemmen.
inhibition [-bisjɔ̃] f. JUR. Untersagung f. ; Hemmnis n. || MÉD. Hemmung f. ; Unterbindung f.
inhospitalier, ière [inɔspitalje, jɛr] adj. [personne] ungastlich ; unwirtlich ; unfreundlich. || [chose] *Terre inhospitalière*, unwirtliche, öde Landschaft.
inhumain, aine [inymɛ̃, ɛn] adj. unmenschlich ; entmenscht. || PAR EXT. [cruel, barbare] grausam ; brutal ; barbarisch.
— SYN. : *Impitoyable*, erbarmungslos. *Inflexible*, unbeugsam. *Inexorable*, unerbittlich. *Dur*, hartherzig.
inhumanité [-manite] f. Unmenschlichkeit f. || [cruauté] Grausamkeit f.
inhumation [inymasjɔ̃] f. Beerdigung f.
inhumer [-me] v. tr. beerdigen ; begraben.
inimaginable [inimaʒinabl] adj. unvorstellbar.
inimitable [inimitabl] adj. unnachahmlich.
inimitié [inimitje] f. Feindschaft f. ; Feindseligkeit f. | *Avoir de l'inimitié pour qn*, gegen jn Feindschaft hegen, empfinden ; jn hassen. || [aversion] Abneigung f. || [haine] Haß m.
ininflammable [inɛ̃flamabl] adj. unentzündlich ; unbrennbar ; feuersicher.
inintelligent, ente [inɛ̃tɛliʒɑ̃, ɑ̃:t] adj. unverständig ; unvernünftig ; unklug.
inintelligible [-ʒibl] adj. unverständlich ; unbegreiflich ; unfaßlich ; unvernehmbar.
ininterrompu, ue [inɛ̃terɔ̃py] adj. ununterbrochen.
inique [inik] adj. [injuste] ungerecht ; widerrechtlich.
iniquité [-kite] f. Ungerechtigkeit f. || RELIG. Missetat f. ; Sünde f.
initial, iale, aux [inisjal, o] adj. anfänglich ; Anfangs...
◇ f. **initiale,** Anfangsbuchstabe m. ; Initiale f.
initialement [-sjalmɑ̃] adv. anfangs ; eingangs.
initialisation [-lizasjɔ̃] f. INF. Initialisierung f.
initialiser [lize] v. tr. INF. initialisieren.
initiateur, trice [inisjatœ:r, tris] s. Anreger(in) m. (f.) ; Bahnbrecher(in) m. (f.) ; Wegbereiter m. ; Initiator(in) m. (f.).
initiation [-sjasjɔ̃] f. Einweihung f. ; Einführung f. ; Unterweisung f. | *Initiation à la philosophie*, Einführung in die Philosophie.
initiatique [-tik] adj. *Rite initiatique*, Initiationsritus m.
initiative [-sjati:v] f. Anregung f. ; Anstoß m. ; Initiative f. | *Esprit d'initiative*, Unternehmungsgeist m. | *Faire qch. de sa propre initiative*, etwas auf eigene Faust unternehmen. || COMM. *Syndicat d'initiative*, Fremdenverkehrsbüro n. || MIL. *Initiative de défense stratégique*, (I.D.S.) strategische Verteidigungsinitiative.
initier [-sje] v. tr. einweihen (in, acc.) ; einführen (in, acc.) ; bekanntmachen (mit).

◇ part. pass. et adj. **initié, iée,** eingeweiht ; kundig. || SUBSTANTIV. Eingeweihte(r) m.

injecter [ɛ̃ʒɛkte] v. tr. MÉD., TECHN. einspritzen ; injizieren.

◇ part. pass. et adj. **injecté, ée,** eingespritzt. | *Yeux injectés de sang*, blutunterlaufene Augen n. pl.

injecteur [-tœ:r] m. TECHN. Spritzdüse f.

injection [-sjɔ̃] f. MÉD. Injektion f. | *Injection intramusculaire*, intramuskuläre Injektion. || TECHN. Einspritzung f. | *Injection électronique*, elektronische Einspritzung. | *Moteur à injection*, Einspritzmotor m.

injonction [ɛ̃ʒɔ̃ksjɔ̃] f. Einschärfung f. ; Gebot n. ; Geheiß n.

injure [ɛ̃ʒy:r] f. [offense, insulte] Beleidigung f. ; Schimpf m. ; Schmähung f. || [parole] Schimpf-, Scheltwort n. || LOC. *Faire injure à*, beleidigen. | *Se répandre en injures*, sich in Schmähungen ergehen ; sich in Schmähreden auslassen. || FIG. Ungunst f.

injurier [-rje] v. tr. beleidigen ; aus-, beschimpfen ; (aus)schelten ; schmähen.

injurieux, ieuse [-rjø, jø:z] adj. beleidigend ; herabsetzend ; schmähend. | *Propos injurieux*, Schimpfreden f. pl.

injuste [ɛ̃ʒyst] adj. un(ge)recht ; rechtlos. || unverdient ; ungerechtfertigt.

injustement [-təmɑ̃] adv. unrecht ; unverdientermaßen ; (zu) Unrecht.

injustice [-tis] f. [manque de justice] Ungerechtigkeit f. ; Unbilligkeit f. ; Ungebühr f. || [acte] Ungerechtigkeit f. ; Rechtsbeugung f. ; Unrecht n. | *Injustice criante*, schreiende Ungerechtigkeit. | *Endurer une injustice*, Unrecht ertragen, leiden, dulden müssen.

injustifié, iée [-tifje] adj. ungerechtfertigt ; unberechtigt ; unstatthaft.

inlassable [ɛ̃lɑsabl] adj. unermüdlich ; beharrlich ; rastlos.

inlassablement [-bləmɑ̃] adv. unermüdlich ; rastlos ; pausenlos.

inné, ée [inne] adj. an-, eingeboren ; ererbt. | *C'est inné chez lui*, es ist ihm angeboren. | *Défaut inné*, Geburtsfehler m.

innervation [innɛrvasjɔ̃] f. Nervenversorgung f. ; Innervation f.

innocemment [inɔsamɑ̃] adv. harmlos ; ahnungslos.

innocence [sɑ̃:s] f. Unschuld f. ; Schuldlosigkeit f. || [pureté] Reinheit f. ; Unbeflecktheit f. ; Unbescholtenheit f. || [innocuité] Unschädlichkeit f. || FIG. [candeur] Einfalt f. ; Ahnungs-, Harmlosigkeit f. | *En toute innocence*, ganz harmlos.

innocent, ente [-sɑ̃, ɑ̃:t] adj. [sans faute] unschuldig ; schuldlos. | *Innocent de qch.*, an einer Sache unschuldig. || [pur] rein ; unbefleckt ; unbescholten. || PAR EXT. [inoffensif] unschädlich ; harmlos. | *Jeux innocents*, harmlose Spiele n. pl. || FIG. [candide] einfältig ; kindlich ; treuherzig ; ahnunglos ; harmlos. || IRON. *Prendre un air innocent*, den Ahnungslosen spielen. || FAM. [niais] einfältig ; dumm.

◇ s. Unschuldige(r) f. (m.). || FIG., IRON. *Faire l'innocent*, den Unschuldsengel spielen ; sich dumm stellen. || FAM. [niais] Einfaltspinsel m. ; Dummkopf m. | *Aux innocents les mains pleines*, die dümmsten Bauern haben die dicksten Kartoffeln.

innocenter [-sɑ̃te] v. tr. für unschuldig erklären, befinden ; von Schuld freisprechen.

innocuité [innɔkɥite] f. Harmlosigkeit f.

innombrable [innɔ̃brabl] adj. unzählig ; zahllos.

innommable [innɔmabl] adj. FIG., PÉJOR. scheußlich ; ekelhaft ; namenlos.

innovateur, trice [innɔvatœ:r, tris] adj. erneuernd.

◇ s. Erneuerer m. ; Bahnbrecher(in) m. (f.).

innovation [-vasjɔ̃] f. (Er)neuerung f. ; Innovation f.

innover [-ve] v. tr. erneuern ; IRON. Neuerungen einführen ; neue Sachen erfinden.

inobservance [inɔbsɛrvɑ̃:s] ou **inobservation** [-vasjɔ̃] f. Nichtbefolgung f., -beachtung f., -einhaltung f.

inoccupé, ée [inɔkype] adj. [personne] unbeschäftigt ; beschäftigungslos ; müßig ; untätig. || [place] unbesetzt ; frei ; offen.

inoculation [inɔkylasjɔ̃] f. MÉD. Einimpfung f.

inoculer [-le] v. tr. MÉD. einimpfen ; übertragen, -pflanzen.

inodore [inɔdo:r] adj. geruchlos ; ohne Geruch ; duftlos.

inoffensif, ive [inɔfɑ̃sif, i:v] adj. unschädlich ; harmlos ; ungefährlich. || FIG. [innocent] unschuldig ; harmlos.

inondation [inɔ̃dasjɔ̃] f. Überschwemmung f. ; Hochwasser n., -flut f. || FIG. Überfluß m.

inonder [-de] v. tr. überschwemmen, -fluten, -strömen (insépar.). || [tremper] durchnässen ; || FIG. überströmen. || PAR EXT. [affluer, envahir] überströmen, -fluten, -häufen.

◇ part. pass. et adj. **inondé, ée,** überschwemmt, -flutet, -strömt. || FIG. *Inondé de larmes*, tränenüberströmt. | *Inondé de sueur*, schweißgebadet.

— SYN. : *Noyer*, ertränken. *Submerger*, überfluten. *Déborder*, überfließen ; über die Ufer treten

inopérant, ante [inɔperɑ̃, ɑ̃:t] adj. wirkungslos ; unwirksam.

inopiné, ée [inɔpine] adj. unvermutet ; unerwartet ; wider Erwarten.

inopinément [-mɑ̃] adv. unvermutet ; unversehens.

inopportun, une [inɔpɔrtœ̃, y:n] adj. ungelegen, -passend, -geeignet.

inoubliable [inubliabl] adj. unvergeßlich ; unauslöschlich.

inouï, ïe [inwi] adj. [sans pareil] unerhört ; ungeheuer ; beispiellos ; ohnegleichen ; einmalig.

inoxydable [inɔksidabl] adj. CHIM. rostfrei.

in petto [inpɛto] loc. adv. bei sich ; im Herzen.

inqualifiable [ɛ̃kalifiabl] adj. unbestimmbar. || FIG., PÉJOR. unqualifizierbar ; unbeschreiblich.

in-quarto [ɛ̃kwarto] m. TYPOGR. Quartformat n., -band m.

inquiet, iète [ɛ̃kjɛ, jɛt] adj. [sans repos] unruhig. || [préoccupé] unruhig ; beunruhigt ; bange. | *Être inquiet (au sujet) de qch.*, über eine Sache unruhig sein ; sich um etwas sorgen, ängstigen.

inquiéter [-kjete] v. tr. beunruhigen ; in Unruhe versetzen ; Sorgen machen (dat.). || MIL. stören.

◇ part. prés. **inquiétant, ante,** beunruhigend ; beängstigend ; bedrohlich. | *Nouvelles inquiétantes*, beunruhigende Nachrichten f. pl. | *Situation inquiétante*, bedrohliche Lage.

◇ part. pass. et adj. **inquiété, ée,** beunruhigt. | *Sans être inquiété*, unbehelligt ; ruhig.

◇ v. pr. **s'inquiéter,** sich beunruhigen ; sich Sorgen machen. | *S'inquiéter de*, sich beunruhigen über (acc.) ; sich Sorgen machen um. | *S'inquiéter de qn*, um jn besorgt sein ; sich um jn kümmern ; nach jm fragen.

inquiétude [-kjetyd] f. [agitation] Unruhe f. || PAR EXT. [crainte, préoccupation] Unruhe f. ; Beunruhigung f. ; Beängstigung f. | *Plonger dans l'inquiétude*, in Besorgnis, Unruhe versetzen.

inquisiteur [ɛ̃kizitœ:r] m. HIST. Inquisitions-, Glaubensrichter m. ; Inquisitor m. | *Grand Inquisiteur*, Großinquisitor.

inquisition [-sjɔ̃] f. HIST. Inquisition f.

insaisissable [ɛ̃sɛzisabl] adj. ungreifbar ; nicht greifbar. || PAR EXT. unerreichbar ; unantastbar. || FIG. unfaßbar ; unfaßlich. | *Différence insaisissable*, unfaßbar kleine Differenz. || JUR. [biens] unpfändbar.

insalubre [ɛ̃salybr] adj. ungesund ; gesundheitsschädigend.

insalubrité [-brite] f. Gesundheitsschädlichkeit f.

insanité [ɛ̃sanite] f. [caractère] Unsinnigkeit f. ; Unvernünftigkeit f. || [chose] Unsinn m. ; Tollheit f. | *Dire des insanités*, wirres, unvernünftiges Zeug reden.

insatiable [ɛ̃sasjabl] adj. unersättlich ; unstillbar ; nimmersatt. || FIG. [non assouvi] unstillbar.

insatisfaction [ɛ̃satisfaksjɔ̃] f. Unzufriedenheit f.

insatisfait, aite [-fɛ, ɛt] unzufrieden ; unbefriedigt.

inscription [ɛ̃skripsjɔ̃] f. [action] Einschreiben n. ; Einschreibung f. || PARTICUL. [registre ; liste] Eintragung f. ; Belegung f. || UNIV. Eintragung f. ; Belegung f. | *Inscription à l'Université*, Immatrikulation f. | *Prendre ses inscriptions*, seine Vorlesungen belegen ; sich immatrikulieren lassen. | *Montant des inscriptions*, Kolleggeld(er) n. (pl.). || [écrite] Aufschrift f. || [gravée] Inschrift. | *Inscription funéraire*, Grabschrift f. || COMM. Eintragung f. ; Buchung f. | *Inscription au bilan*, Bilanzierung f. | *Inscription au registre du commerce*, Anmeldung (f.) beim Handelsregister.

inscrire [ɛ̃skri:r] v. tr. einschreiben. || [registre ; liste] eintragen. | *Inscrire dans un registre*, in ein Verzeichnis eintragen, aufnehmen. | *Inscrire sur une liste*, in eine Liste eintragen. || UNIV. eintragen ; immatrikulieren. | *Faire inscrire un élève*, einen Schüler anmelden. | *Se faire inscrire pour un examen*, sich zu einem Examen melden. || COMM. eintragen ; (ver)buchen. | *Inscrire au registre du commerce*, ins Handelsregister (HR) eintragen ; beim Handelsregister anmelden.

◇ part. pass. et adj. **inscrit, ite,** eingeschrieben, -getragen. | *Être inscrit sur le registre*, im Register stehen.

◇ v. pr. **s'inscrire. — a)** [sens pass.] eingeschrieben, -getragen werden. | *Son nom s'inscrit en lettres d'or*, sein Name erscheint in goldenen Buchstaben. — **b)** [sens réfl.] sich einschreiben. || [liste] seinen Namen einschreiben ; sich melden. | *S'inscrire à un examen*, sich für ein, zu einem Examen melden. || PAR EXT., FIG. [protester] *S'inscrire en faux contre qch.*, gegen etwas Einspruch, Protest erheben.

insecte [ɛ̃sɛkt] m. Insekt n. ; Kerbtier n. | *Insecte nuisible*, Schädling m. | *Insecte prédateur*, Raubinsekt.

insecticide [-tisid] adj. insektenvernichtend, -tötend. | *(Poudre) insecticide*, Insektenpulver n.

◇ m. Insektenvernichtungsmittel n.

insécurité [ɛ̃sekyrite] f. Unsicherheit f.

insémination [ɛ̃seminasjɔ̃] f. *Insémination artificielle*, künstliche Befruchtung, Besamung.

insensé, ée [ɛ̃sɑ̃se] adj. sinnlos ; unsinnig ; ohne Sinn ; töricht. | *C'est insensé !*, das ist ja sinnlos.

insensibilisation [ɛ̃sɑ̃sibilizasjɔ̃] f. MÉD. Betäubung f. ; (Gefühls)abtötung f. ; Narkose f.

insensibiliser [-lize] v. tr. MÉD. betäuben ; abtöten ; narkotisieren.

insensibilité [-lite] f. [physique] Empfindungslosigkeit f. || [de cœur] Gefühl-, Herzlosigkeit f.

insensible [ɛ̃sɑ̃sibl] adj. empfindungslos ; unempfindlich. | *Être insensible à qch.*, gegen etwas unempfindlich sein. || FIG. [sans cœur] gefühl-, gemüt-, herzlos ; kalt(herzig). || [indifférent, apathique] gleichgültig ; teilnahmslos ; stumpf. || [imperceptible] unmerklich ; unfühlbar.

insensiblement [-bləmɑ̃] adv. unmerklich ; unauffällig. || PAR EXT. [peu à peu] allmählich.

inséparable [ɛ̃separabl] adj. [chose] untrennbar. || [personne] unzertrennlich. || GRAMM. *Particule inséparable*, untrennbare Partikel.

insérer [ɛ̃sere] v. tr. einsetzen, -schalten ; zwischenschalten. || LOC. *Insérer une clause*, eine Klausel zufügen. | *Insérer dans les journaux*, in den Zeitungen inserieren. | *Prière d'insérer*, Waschzettel m.

insertion [ɛ̃sɛrsjɔ̃] f. [action] Einsetzung f., -schaltung f. ; Einfügung f. | *Insertion professionnelle*, Berufseingliederung f. | *Insertion sociale*, soziale Eingliederung. || [journal] Inserieren n. | *Frais d'insertion*, Insertionsgebühren f. pl.

insidieux, ieuse [ɛ̃sidjø, jø:z] adj. hinterlistig, -hältig. || [choses] verfänglich ; fallenreich. | *Question insidieuse*, verfängliche Frage ; Fangfrage f. || MÉD. [maladie] tückisch ; schleichend.

insigne [ɛ̃siɲ] adj. ausgezeichnet ; vorzüglich ; hervorragend. || [tout particulier] ganz besonders.

◇ m. [signe d'un rang] (Rang)abzeichen n. || *Insignes d'un ordre*, Ordenszeichen. | *Insigne de la royauté*, Kroninsignien f. pl.

insignifiance [ɛ̃siɲifjɑ̃:s] f. Bedeutungslosigkeit f. ; Unbedeutsamkeit f.

insignifiant, iante [-fjɑ̃, jɑ̃:t] adj. unbedeutend ; bedeutungslos ; unwichtig ; unerheblich. | *Chose insignifiante*, Kleinigkeit f. ; Nebensache f. ; Lappalie.

insinuation [ɛ̃sinɥasjɔ̃] f. [action] Einschmeichelung f. || FIG. [propos] Ein-, Zuflüsterung f. ; Anspielen n. || [chose suggérée] Anspielung f., -deutung f. ; Wink m. | *Insinuation perfide*, heimtückische Anspielung.

insinuer [-nɥe] v. tr. [introduire] sanft hineinschieben. || FIG. [dans l'esprit] ein-, zuflüstern ; einblasen ; beibringen. || [laisser entendre] anspielen, -deuten ; zu verstehen geben ; auf etwas anspielen. | *Il insinua que*, er gab zu verstehen, daß.

◇ part. prés. **insinuant, uante,** einschmeichelnd ; schöntuerisch ; katzenfrendlich. | *Manières insinuantes*, aalglatte Art.

◇ v. pr. **s'insinuer,** [s'introduire] sich einschmeicheln (in, acc.) ; sich einmischen (in, acc.). || FIG. *S'insinuer dans les bonnes grâces de qn*, sich bei jm einschmeicheln. || [sentiment] sich einschleichen.

insipide [ɛ̃sipid] adj. geschmacklos ; fade ; schal. || FIG. [sans agrément, sans esprit] abgeschmackt ; fade ; geistlos ; platt ; matt. | *Propos insipides*, fades Geschwätz. | *Style insipide*, verwässerter Stil.

insipidité [-dite] f. Geschmacklosigkeit f. ; Fadheit f. ; Schalheit f. || FIG. Abgeschmacktheit f. ; Mattheit f. ; Verwässerung f.

insistance [ɛ̃sistɑ̃:s] f. Drängen n. ; (Ein)dringlichkeit f. ; dringendes Bitten. | *Avec insistance*, beharrlich ; nachdrücklich ; mit Nachdruck.

insister [-te] v. intr. [persévérer à demander] *Insister sur qch.*, auf eine Sache dringen, drängen ; auf einer Sache beharren. | *Insister pour que*, darauf dringen, daß. | *N'insiste pas !*, gib dir keine Mühe ! ; laß gut sein ! || [appuyer sur] *Insister sur qch.*, den Akzent, den Nachdruck auf eine Sache legen.

insociabilité [ɛ̃sɔsjabilite] f. Ungeselligkeit f. ; Menschenscheu f. ; Eigenbrödelei f.

insociable [-sjabl] adj. ungesellig ; menschenscheu ; eigenbrödlerisch.

insolation [ɛ̃sɔlasjɔ̃] f. [action d'exposer] Sonnen n. ; Bestrahlung f. | *Durée d'insolation*, Sonnenscheindauer f. || MÉD. [coup de soleil] Sonnenstich m. ; Hitzschlag m.

insolemment [ɛ̃sɔlamɑ̃] adv. unverschämt.

insolence [-lɑ̃:s] f. Unverschämtheit f. ; Frechheit f. ; Patzigkeit f. || [parole, acte] Frechheit f. | *Dire des insolences*, sich Frechheiten erlauben.

insolent, ente [-lɑ̃, ɑ̃:t] adj. unverschämt ; frech ; patzig.
◇ s. Unverschämte(r) f. (m.). | *Faire l'insolent*, den Unverschämten spielen.
— SYN. : *Arrogant*, anmaßend. *Rogue*, schroff.

insolite [ɛ̃sɔlit] adj. un-, außergewöhnlich ; ungebräuchlich ; seltsam.

insoluble [ɛ̃sɔlybl] adj. CHIM. un(auf)löslich. || FIG. [problème] unlösbar ; nicht zu klärend.

insolvabilité [ɛ̃sɔlvabilite] f. COMM. Zahlungsunfähigkeit f., -unvermögen n. ; Insolvenz f. | *En cas d'insolvabilité*, im Nichtbeitreibungsfalle.

insolvable [-vabl] adj. COMM. zahlungsunfähig ; unfähig zu zahlen ; insolvent.

insomnie [ɛ̃sɔmni] f. MÉD. Schlaflosigkeit f. | *Nuits d'insomnie*, schlaflose Nächte f. pl.

insondable [ɛ̃sɔ̃dabl] adj. [abîme] unergründlich ; grundlos. || FIG. [mystère] unergründlich ; unerforschlich. || [personne] abgründig.

insonorisation [ɛ̃sɔnɔrizasjɔ̃] f. Schalldämpfung f.

insonoriser [-ize] v. tr. schalldicht machen ; gegen den Schall abdichten.
◇ part. pass. et adj. **insonorisé, ée,** schallisoliert ; schalldicht.

insouciance [ɛ̃susjɑ̃:s] f. Unbekümmertheit f. ; Unbedenklichkeit f. | *Avec insouciance*, sorglos ; lässig.

insouciant, iante [-sjɑ̃, jɑ̃:t] adj. unbekümmert ; unbedacht. | *Être insouciant du danger*, sich um die Gefahr nicht kümmern.

insoucieux, ieuse [-sjø, jø:z] adj. sorglos. | *Vivre insoucieux du lendemain*, sorglos in den Tag hinein leben.

insoumis, ise [ɛ̃sumi, iz] adj. ungebeugt ; widerspenstig ; starrsinnig.
◇ m. **insoumis,** MIL. Kriegsdienstverweigerer m.

insoumission [-misjɔ̃] f. Unfügsamkeit f. ; Widerspenstigkeit f. || MIL. Kriegsdienstverweigerung f.

insoupçonnable [ɛ̃supsɔnabl] adj. über jeden Verdacht erhaben.

insoupçonné, ée [-sɔne] adj. unverdächtig(t). || PAR EXT. [inattendu] unvermutet ; ungeahnt.

insoutenable [ɛ̃sutnabl] adj. unhaltbar ; nicht aufrechtzuerhalten ; unvertretbar. | *Opinion insoutenable*, nicht vertretbare Meinung. || PAR EXT. [insupportable] unerträglich ; unausstehlich.

inspecter [ɛ̃spɛkte] v. tr. be(auf)sichtigen ; inspizieren ; eine Inspektion durchführen. || *Inspecter une école*, eine Schule inspizieren. || PAR EXT. [examiner] durchsehen (sépar.) ; (genau) überprüfen ; mustern.

inspecteur, trice [-tœ:r, tris] s. [en général] Aufseher(in) m. (f.) ; Inspektor m. || UNIV. *Inspecteur primaire*, (*etwa*) Schulrat m.

inspection [-sjɔ̃] f. [action] Be(auf)sichtigen n. ; Inspizieren n. | *(Visite d')inspection*, amtlicher Besuch ; Besichtigung f. ; Inspektion f. || PAR EXT. Aufsicht f. ; Durchsehen n. ; Mustern n. ; Überprüfung f. || LOC. *Faire l'inspection des lieux*, eine Ortsbesichtigung vornehmen. | *Tournée d'inspection*, Inspektionsreise f. || ADM. [organisme] Aufsichtsbehörde f., -amt n.

inspirateur, trice [ɛ̃spiratœ:r, tris] s. Eingeber(in) m. (f.) ; Anreger(in) m. (f.). || PAR EXT., PÉJOR. Anstifter(in) m. (f.).

inspiration [-rasjɔ̃] f. PHYSIOL. [action] Einatmen n. ; Einatmung f. ; Lufteinziehung f. || FIG. Veranlassung f. ; Anregung f. | *Agir sous l'inspiration de qn*, auf js Anregung hin handeln. || *Inspiration divine*, göttliche Erleuchtung. || [enthousiasme] Begeisterung f. || PARTICUL. *Inspiration (poétique)*, dichterische Begeisterung. | *Inspiration subite*, plötzlicher Einfall.

inspirer [-re] v. tr. PHYSIOL. einatmen ; Luft einziehen. || FIG. [suggérer une pensée, un dessein] anregen ; veranlassen ; beseelen. | *Inspirer qch. à qn*, jm etwas eingeben ; jn zu etwas anregen. || PAR ANAL. [faire naître un sentiment] einflößen ; erregen ; erwecken ; aufkommen lassen. | *Inspirer confiance*, Vertrauen erwecken. | *Inspirer la pitié*, Mitleid erregen. || PAR EXT. [donner de l'enthousiasme] begeistern. | *Cela ne m'inspire pas beaucoup*, das sagt mir nicht viel.
◇ part. pass. et adj. **inspiré, ée,** [suggéré] eingegeben, -geflößt ; angeregt. | *Être inspiré par qch.*, von etwas angeregt werden, sein. | *Être bien inspiré*, einen guten, glücklichen Einfall haben. || [sous l'influence d'une inspiration] beseelt ; begeistert ; inspiriert. || PAR EXT. [qui subit une inspiration] beeinflußt. | *Inspiré de Hugo*, von Hugo beeinflußt.
◇ v. pr. **s'inspirer de,** sich beeinflussen, leiten lassen von ; zum Vorbild nehmen ; entlehnen (dat.).

instabilité [ɛ̃stabilite] f. [défaut de stabilité] Unbeständigkeit f. ; Unbestand m. || FIG. [défaut de permanence] Unbeständigkeit f. ; Vergänglichkeit f.

instable [ɛ̃stabl] adj. [manquant de stabilité] unbeständig ; ohne Bestand. || FIG. [soumis au changement] unbeständig ; vergänglich ; wechselhaft. | *Paix instable*, unsicherer, fauler Friede. || [personne] unstet ; launisch ; fahrig.

installateur [ɛ̃stalatœ:r] m. Installateur m.

installation [ɛ̃stalasjɔ̃] f. [action de s'installer] Beziehen (einer Wohnung) n. || [action d'installer] Einrichten n. ; Einrichtung f. ; Installieren n. ; Installation f. | *Installation du téléphone*, Telefonverlegung f. | *Installation d'une usine*, Anlegen (n.) eines Betriebes ; Betriebsanlage f. || PAR EXT. [résultat, ensemble] Einrichtung f. ; Anlage f. | *Installation d'une pièce*, Zimmereinrichtung. || NUCL. *Installation nucléaire*, Kernenergieanlage f. | *Installation du jour*, Übertagebau m.

installer [-le] v. tr. [personne] einrichten ; unterbringen (sépar.). || [objet] hinstellen, -legen, -setzen ; anbringen. || [un ensemble] einrichten ; ausstatten ; errichten. | *Installer une cuisine*, eine Küche einrichten. | *Installer une usine*, einen Betrieb anlegen. | *Installer une machine*, eine Maschine aufstellen, einbauen. | *Installer l'eau*, die Wasserleitung legen.
◇ part. pass. et adj. **installé, ée,** eingerichtet ; angelegt ; ausgestattet. | *Nous sommes bien installés*, wir sind gut eingerichtet.
◇ v. pr. **s'installer,** [s'établir] sich niederlassen. | *S'installer en ville*, sich in der Stadt niederlassen. || [s'asseoir] sich (hin)setzen. || PAR EXT. [emménager] *S'installer dans une maison*, in ein Haus (ein)ziehen ; ein Haus beziehen. || [s'implanter] sich einnisten.

instamment [ɛ̃stamɑ̃] adv. inständig ; sehr dringend.

instance [-tɑ̃:s] f. JUR. Klage f. ; Ansuchen n. ; Instanz f. | *Introduire une instance*, eine Klage einreichen, erheben. | *Être en instance de divorce*, eine Scheidungsklage eingereicht haben. || PAR EXT., ADM. *Être en instance*, unerledigt sein ; auf der Warteliste stehen.

◇ f. (pl.) **instance(s),** Drängen n. ; An-, Ersuchen n. ; Nötigen n. ; dringende Bitte. | *Sur les instances de,* auf dringendes Bitten, auf Drängen von.

instant, ante [ɛ̃stɑ̃, ɑ̃:t] adj. [pressant] dringend ; inständig. | *Prières instantes,* flehentliches Bitten.

instant [ɛ̃stɑ̃] m. [court moment] Augenblick m. | *Un instant !,* einen Augenblick, bitte ! ; Moment, bitte !

◇ loc. adv. **à l'instant,** [passé] soeben ; vorhin. || [présent] *À l'instant même,* augenblicklich ; gleich ; sofort. — **à chaque instant,** jeden Augenblick. — **pour l'instant,** augenblicklich ; momentan ; fürs Nächste ; vorläufig. — **par instants,** bisweilen ; zeitweilig ; ab und zu.

instantané, ée [-tane] adj. augenblicklich ; plötzlich ; blitzartig.

◇ m. **instantané,** PHOT. Schnappschuß m.

instantanément [-tanemɑ̃] adv. augenblicklich ; auf der Stelle.

instar de (à l') [alɛ̃sta:rdə] loc. prép. nach, in der Art von ; so wie ; nach dem Muster, dem Beispiel von.

instauration [ɛ̃storasjɔ̃] f. Einführung f. ; Aufrichtung f.

instaurer [-re] v. tr. einführen ; er-, aufrichten.

instigateur, trice [ɛ̃stigatœ:r, tris] s. Anstifter m., -treiber m. | *Être l'instigateur de qch.,* die treibende Kraft von etwas sein.

instigation [-sjɔ̃] f. Anstiftung f., -treibung f. | *À l'instigation de son père,* auf Veranlassung, auf Betreiben seines Vaters.

instiller [ɛ̃stile] v. tr. einträufeln. || FIG. träufeln.

instinct [ɛ̃stɛ̃] m. (Natur)trieb m. ; Unterbewußtsein n. ; Instinkt m. | *Instinct de reproduction,* Fortpflanzungstrieb. | *D'instinct,* rein instinktmäßig.

instinctif, ive [-ktif, i:v] adj. triebhaft, -artig ; instinktiv. | *Mouvement instinctif,* unwillkürliche Bewegung.

instinctivement [-ktivmɑ̃] adv. (rein) instinktmäßig.

instituer [ɛ̃stitɥe] v. tr. [établir] einführen, -richten, -setzen. || PAR EXT. [créer] (be)gründen ; stiften. || JUR. errichten ; einsetzen.

◇ v. pr. **s'instituer,** *S'instituer le gardien de qch.,* sich zum Beschützer von einer Sache machen.

institut [-ty] m. [école] Einrichtung f. ; (Bildungs)anstalt f. ; Seminar n. ; Institut n. | *Institut français d'opinion publique,* [*I.F.O.P.*], französiches Institut für Meinungsforschung. || *Institut (de France),* Vereinigung (f.) der fünf Akademien. || PAR EXT. *Institut de beauté,* Kosmetiksalon m.

instituteur, trice [-tytœ:r, tris] s. Lehrer(in) m. (f.) ; (Volks)schullehrer(in) m. (f.).

institution [-tysjɔ̃] f. [action d'établir] Einführung f. ; Errichtung f. || [création] (Be)gründung f. ; Stiftung f. || PAR EXT. [école] (Lehr)anstalt f. ; Institut n. | *Institution de jeunes filles,* Mädchenpensionat.

instructeur [ɛ̃stryktœ:r] m. Unterweiser m. ; Lehrer m. || MIL. Ausbilder m. ; Exerziermeister m. || JUR. *Magistrat instructeur,* Untersuchungsrichter m.

instructif, ive [-tif, i:v] adj. lehrreich ; belehrend ; unterrichtend.

instruction [-sjɔ̃] f. [enseignement] Ausbildung f. ; Schulung f. | *Instruction primaire,* Elementarunterricht m. | *Instruction civique,* Staatsbürgerkunde f. | *Instruction religieuse,* Religionsunterricht m. || PAR EXT. [connaissance] Kenntnisse f. pl. ; Wissen n. ; Bildung f. ; Gelehrtheit f. | *Avoir de l'instruction,* Bildung haben ; gebildet sein. || JUR. Untersuchung f. ; Einleitung (eines Prozesses) f. ; Instruktion f. || MIL. Ausbildung f. ; Schulung f. ; Drill m. ; Einexerzieren n.

◇ f. (pl.) **instruction(s),** [directives] (An)weisung f. ; Vorschrift f. ; Direktive f. | *Donner les instructions nécessaires,* die notwendigen Vorschriften erlassen ; Anweisungen geben. || INF. Instruktion f. || PAR EXT. [pour l'emploi] Gebrauchsanweisung f.

instruire [ɛ̃strɥi:r] v. tr. [donner des leçons] (be)lehren ; (aus)bilden ; schulen ; instruieren. | *Instruire qn dans qch.,* jn in einer Sache unterrichten, -weisen. || [informer] *Instruire qn de qch.,* jn von etwas in Kenntnis setzen ; jn über eine Sache unterrichten, aufklären. || PAR EXT. [donner des instructions] an-, unterweisen. || JUR. [procès] einleiten. || MIL. ausbilden ; einexerzieren ; drillen.

◇ part. pass. et adj. **instruit, uite,** unterrichtet ; (aus)gebildet ; geschult ; gelehrt.

◇ v. pr. **s'instruire,** sich (aus)bilden. | *Désireux de s'instruire,* wißbegierig.

instrument [ɛ̃strymɑ̃] m. Werkzeug n. ; Instrument n. || FIG. *Être l'instrument docile de qn,* ein willenloses Werkzeug von jm sein. || JUR. Dokument n. ; Urkunde f. || MUS. Instrument n. | *Instrument de musique,* Musikinstrument. || TECHN. Werkzeug n. ; Gerät n. | *Instrument de précision,* Präzisionsapparat m.

instrumental, ale [-tal] adj. als Werkzeug dienend ; instrumental. | *Musique instrumentale,* Instrumentalmusik f.

instrumentation [-tasjɔ̃] f. MUS. Instrumentierung f.

instrumentiste [-tist] m. MUS. Instrumentalist m.

insu [ɛ̃sy] m. Nichtwissen n. | *À l'insu de qn,* ohne js Wissen, Kenntnis.

insubmersible [ɛ̃sybmɛrsibl] adj. unversenkbar.

insubordination [ɛ̃sybɔrdinasjɔ̃] f. Ungehorsam m. | *Faire acte d'insubordination,* ungehorsam sein ; aufbegehren. || MIL. Gehorsamsverweigerung f.

insubordonné, ée [-ne] adj. ungehorsam ; widersetzlich ; aufsässig.

insuccès [ɛ̃syksɛ] m. Mißerfolg m. ; Fehlschlag m. ; Fehlgriff m. | *En cas d'insuccès,* im Falle eines Fehlschlags. || [à l'examen] Durchfall m.

insuffisamment [ɛ̃syfizamɑ̃] adv. ungenügend ; nicht genug.

insuffisance [-zɑ̃:s] f. Unzulänglichkeit f. ; Mangelhaftigkeit f. ; Mangel m. || MÉD. Insuffizienz f. | *Insuffisance cardiaque,* Herzinsuffizienz.

insuffisant, ante [-zɑ̃, ɑ̃:t] adj. ungenügend ; unzulänglich. | *Être insuffisant,* ungenügend sein ; nicht ausreichen. || FIG. [incapable] unfähig.

insufflation [ɛ̃syflasjɔ̃] f. Einblasung f.

insuffler [ɛ̃syfle] v. tr. einblasen, -hauchen.

insulaire [ɛ̃sylɛ:r] adj. Insel... | *Peuple insulaire,* Inselvolk n.

◇ s. Inselbewohner(in) m. (f.) ; Insulaner(in) m. (f.).

insularité [-larite] f. Insellage f.

insuline [ɛ̃sylin] f. MÉD. Insulin n.

insulte [ɛ̃sylt] f. Beleidigung f. ; Beschimpfung f. ; Schimpf m.

◇ f. pl. **insultes,** [paroles] Schimpfreden f. pl.

insulter [-te] v. tr. beleidigen ; beschimpfen ; verunglimpfen.

◇ v. intr. *Insulter à,* verhöhnen ; spotten über (acc.). | *Insulter à la raison,* der Vernunft ins Gesicht schlagen.

◇ part. prés. **insultant, ante,** schnöde.

insulteur [-tœ:r] m. Beleidiger m.

insupportable [ɛ̃sypɔrtabl] adj. unerträglich ; unausstehlich ; unleidlich. || FIG. [agaçant] *Il est insupportable,* er ist unausstehlich.

insurgé, ée [ɛ̃syrʒe] s. Aufrührer(in) m. (f.) ; Meuterer m. ; Insurgent(in) m. (f.).

insurger (s') [sɛ̃syrʒe] v. pr. sich empören ; sich erheben ; meutern. | *S'insurger contre*, sich empören gegen. || FIG. sich erheben.

insurmontable [ɛ̃syrmɔ̃tabl] adj. unübersteigbar ; unüberwindbar ; unüberwindlich.

insurrection [ɛ̃syrɛksjɔ̃] f. Aufstand m., -ruhr m. ; Meuterei f. | *Le peuple est en pleine insurrection*, das ganze Volk befindet sich in Aufruhr.

insurrectionnel, elle [-sjɔnɛl] adj. aufständisch ; aufrührerisch. | *Mouvement insurrectionnel*, Aufstandsbewegung f.

intact, acte [ɛ̃takt] adj. unangetastet, -berührt, -beschädigt. || FIG. *Honneur intact*, fleckenlose Ehre.

intangible [ɛ̃tɑ̃ʒibl] adj. unantastbar ; unberührbar.

intangibilité [-ʒibilite] f. Unantastbarkeit f.

intarissable [ɛ̃tarisabl] adj. [source] unerschöpflich ; unversiegbar.

intégral, ale, aux [ɛ̃tegral, o] adj. voll(ständig) ; ganz ; gänzlich. || *Paiement intégral*, ungekürzte Zahlung. || [texte] ungekürzt. || MATH. *Calcul intégral*, Integralrechnung f.
◇ f. **intégrale,** MATH. Integral n.

intégralement [-gralmɑ̃] adv. vollständig ; ohne jeden Abzug.

intégralité [-gralite] f. Vollständigkeit f. ; Ganzheit f.

intégrant, ante [-grɑ̃, ɑ̃:t] adj. dazugehörend. | *Faire partie intégrante de qch.*, unbedingt zu einer Sache gehören.

intégration [-grasjɔ̃] f. Einverleibung f. ; Integrieren n. || POLIT. Zusammenschluß m.

intègre [ɛ̃tɛgr] adj. unbescholten ; redlich.

intégrer [ɛ̃tegre] v. tr. einverleiben ; ein-, angliedern ; integrieren. | *Intégrer à*, einverleiben in (acc.) ; angliedern an (acc.). || POLIT. zusammenschließen.

intégrité [-grite] f. [intégralité] Vollständigkeit f. ; Unversehrtheit f. | *Intégrité territoriale*, Unversehrtheit (f.), Integrität (f.) eines Staatsgebietes. || FIG. [honnêteté] Ehrbarkeit f. ; Redlichkeit f.

intégriste [-grist] s. streng dogmatischer Katholik m. ; streng dogmatische Katholikin f. || PAR EXT. Glaubensfanatiker(in) m. (f.).

intellect [ɛ̃tɛlɛkt] m. Verstand m. ; Intellekt m.

intellectualisme [-lɛktɥalism] m. Intellektualismus m.

intellectuel, uelle [-lɛktɥɛl] adj. geistig ; begrifflich ; intellektuell. | *Facultés intellectuelles*, geistige Fähigkeiten f. pl.
◇ s. Verstandesmensch m. ; Intellektuelle(r) f. (m.).

intelligemment [-liʒamɑ̃] adv. klug ; verständig ; geschickt.

intelligence [-liʒɑ̃:s] f. [faculté de comprendre, de connaître] Verstand m. ; Verständnis n. ; Fassungskraft f. | *Intelligence artificielle*, künstliche Intelligenz (KI). || [facilité de comprendre] Klugheit f. ; Gescheitheit f. ; Scharfsinn m. | *À la portée de toutes les intelligences*, für jeden verständlich. || [adresse] Geschicklichkeit f. || PAR EXT. [action de comprendre] Verstehen n. ; Verständnis n. ; Einsicht f. | *Qui a l'intelligence de qch.*, für eine Sache verständnisvoll ; einsichtsvoll. || FIG. [accord de sentiments, union] Einverständnis n., -vernehmen n. | *Vivre en bonne intelligence avec qn*, in gutem Einvernehmen mit jm leben. || [connivence] *Être d'intelligence avec qn*, im Einverständnis mit jm sein.

intelligent, ente [-liʒɑ̃, ɑ̃:t] adj. [capable de comprendre] verständig ; einsichtig ; klug ; einsichtsvoll ; scharfsinnig. || [adroit] geschickt.

intelligible [-liʒibl] adj. PHILOS. rein gedanklich. || PAR EXT. verständlich ; begreiflich ; faßlich. | *À haute et intelligible voix*, mit laut vernehmbarer Stimme ; laut und deutlich.

intempérance [ɛ̃tɑ̃perɑ̃:s] f. Unmäßigkeit f. ; Unenthaltsamkeit f. || FIG. [excès] Maßlosigkeit f. ; Übertreibung f.

intempérant, ante [-rɑ̃, ɑ̃:t] adj. unmäßig ; unenthaltsam. || FIG. maßlos ; ausschweifend.

intempérie(s) [ɛ̃tɑ̃peri] f. (pl.) Schlecht-, Unwetter n. | *Être exposé aux intempéries*, den Unbilden der Witterung ausgesetzt sein. | *Détérioré par les intempéries*, verwittert.

intempestif, ive [ɛ̃tɑ̃pɛstif, i:v] adj. unzeitgemäß ; unzeitig ; ungelegen.

intemporel, elle [ɛ̃tɑ̃pɔrɛl] adj. zeitlos ; außer der Zeit.

intenable [ɛ̃tnabl] adj. unhaltbar.

intendance [ɛ̃tɑ̃dɑ̃:s] f. Verwaltung f. ; Intendanz f. || MIL. Heeresintendantur f. ; Heeresverpflegungs-, Proviantamt n.

intendant [-dɑ̃] m. Verwalter m. ; Intendant m.

intense [ɛ̃tɑ̃:s] adj. [fort, vif] heftig ; stark ; intensiv. | *Chaleur intense*, erhebliche Wärme. | *Circulation intense*, reger Verkehr. | *Travail intense*, angestrengte Arbeit. | *Vie intense*, intensives, pulsierendes Leben.

intensément [ɛ̃tɑ̃semɑ̃] adv. intensiv.

intensif, ive [-sif, i:v] adj. intensiv. || AGRIC. *Culture intensive*, intensiver Anbau.

intensifier [-sifje] v. tr. verstärken ; steigern ; intensivieren.

intensité [-site] f. [force] Heftigkeit f. ; Intensität f. || FIG. [d'un sentiment] Stärke f. ; Heftigkeit f. || [d'un effort] Angespanntheit f.

intenter [ɛ̃tɑ̃te] v. tr. JUR. in die Wege leiten. | *Intenter une action contre qn*, gegen jn Klage erheben ; jn gerichtlich belangen. | *Intenter un procès à, contre qn*, gegen jn einen Prozeß anstrengen.

intention [ɛ̃tɑ̃sjɔ̃] f. [dessein] Absicht f. ; Beabsichtigung f. || [désir, volonté] Wille m. || LOC. *Avec intention*, absichtlich ; gewollt. | *À cette intention*, zu diesem Zweck. | *À l'intention de qn*, für jn. | *Avoir l'intention de*, beabsichtigen ; vorhaben ; im Sinn haben ; den Vorsatz hegen. | *C'était sans mauvaise intention*, es war nicht böse gemeint. | *Faire qch. dans l'intention de*, etwas absichtlich tun, um zu.

intentionné, ée [-sjɔne] adj. gesinnt (sein). | *Bien intentionné*, wohlgesinnt, -meinend.

intentionnel, elle [-sjɔnɛl] adj. willentlich ; absichtlich ; beabsichtigt. || JUR. vorsätzlich.

intentionnellement [-sjɔnɛlmɑ̃] adv. mit Absicht ; absichtlich.

inter [ɛ̃tɛ:r] m. SPORT. Innenstürmer m. | *Inter gauche, droit*, Links-, Rechtsinnen m.

interactif, ive [-aktif, -i:v] adj. INF. interaktiv.

interaction [ɛ̃tɛraksjɔ̃] f. gegenseitige Beeinflussung ; Wechselwirkung f. || INF. Interaktion f.

interallemand, ande [-almɑ̃, ɑ̃:d] adj. innerdeutsch ; deutsch-deutsch ; gesamtdeutsch.

intercalaire [-kalɛ:r] adj. eingeschaltet ; dazwischenliegend. | *Feuille intercalaire*, Zwischenblatt n.

intercaler [-kale] v. tr. ein-, zwischenschalten, -schieben ; einreihen.

intercéder [-sede] v. intr. (vermittelnd) eintreten ; Fürsprache einlegen. | *Intercéder pour qn, auprès de qn*, sich bei jm für jn verwenden ; bei jm für jn eintreten.

intercepter [-sɛpte] v. tr. [arrêter au passage] ab-, auffangen. || [lettre] unterschlagen. || PAR EXT. [des communications] unterbrechen ; abschneiden, -sperren, -hören. | *Intercepter une conversation téléphonique*, eine telefonische Unterhaltung abhören.

interception [-sɛpsjɔ̃] f. Ab-, Auffangen n.

intercession [-sɛsjɔ̃] f. Fürbitte f.

interchangeable [-ʃɑ̃ʒabl] adj. auswechselbar, -tauschbar.

intercontinental, ale, aux [-kɔ̃tinɑ̃tal, o] adj. interkontinental. | *Trafic intercontinental*, Interkontinentalverkehr m. || PHYS. NUCL. *Fusée intercontinentale*, Interkontinentalrakete f.

intercostal, ale, aux [-kɔstal, o] adj. ANAT. zwischen den Rippen (gelegen) ; interkostal.

interdépendance [-depɑ̃dɑ̃:s] f. POLIT. gegenseitige Abhängigkeit ; Wechselbeziehung f.

interdiction [-diksjɔ̃] f. [défense] Untersagung f. ; Verbot n. || [d'exercer] Amtsuntersagung f. || PAR EXT. [de circuler, d'accéder] Sperrung f. || JUR. Verbot n. ; Rechtsentziehung f. ; Entmündigung f. | *Interdiction de fumer*, Rauchverbot | *Interdiction de séjour*, Aufenthaltsverbot.

interdire [ɛ̃tɛrdir] v. tr. untersagen ; verbieten. | *Interdire qch. à qn*, jm etwas untersagen. | *Interdire à qn de parler*, jm den Mund verbieten. | *Interdire à qn l'accès de qch.*, jm den Zutritt zu etwas verwehren. || PAR EXT. *Interdire la circulation*, den Verkehr sperren. || FIG. [étonner] verblüffen ; bestürzt machen ; die Sprache verschlagen (dat.).

◇ part. pass. et adj. **interdit, ite,** untersagt ; verboten. | *Il est interdit d'entrer, de fumer*, Eintritt, Rauchen verboten. | *Passage interdit*, Durchgang verboten ; gesperrt ! | *Sens interdit*, Einbahnstraße f. || FIG. verdutzt ; sprachlos. | *Demeurer interdit*, ganz verdutzt dastehen. || JUR. *Être interdit de séjour*, von einem Aufenthaltsverbot bestroffen sein. || SUBSTANTIV. m. RELIG. [défense] Kirchenbann m. ; Interdikt n. || JUR. [personne] *Interdit de séjour*, vom Aufenthaltsverbot Betroffene(r) f. (m.).

intéresser [ɛ̃terɛse] v. tr. COMM. teilnehmen lassen ; interessieren. | *Intéresser qn aux bénéfices*, jn an den Gewinnen teilnehmen lassen. || [faire participer] beteiligen ; heranziehen ; gewinnen (für). | *Intéresser qn à un projet*, jn für ein Vorhaben gewinnen. || PAR EXT. [concerner] angehen ; betreffen. | *Cette loi intéresse les industriels*, dieses Gesetz betrifft die Industriellen. | *Cela ne m'intéresse en rien*, das geht mich nichts an. || [importer] von Wichtigkeit, Bedeutung sein (für). | *Cette découverte intéresse la science*, diese Entdeckung ist von Bedeutung für die Wissenschaft. || FIG. [inspirer de l'intérêt] das Interesse erwecken. || [captiver] anziehen ; fesseln. | *Cette lecture m'intéresse*, diese Lektüre fesselt mich.

◇ part. prés. et adj. **intéressant, ante,** [digne d'intérêt] wissenswert ; interessant. || PAR EXT. [important] wichtig ; bedeutend. || FAM. *À un prix intéressant*, zu einem vorteilhaften Preis. || FIG. anziehend ; fesselnd ; interessant. || PAR ANAL., FAM. *Il n'est pas intéressant*, mit dem ist nichts los. || SUBSTANTIV. s. *Faire l'intéressant*, sich aufspielen ; dick(e) tun.

◇ part. pass. et adj. **intéressé, ée,** COMM. beteiligt ; interessiert. | *Être intéressé à, dans une affaire*, an, bei einem Geschäft beteiligt sein. || PAR ANAL. *Être intéressé à qch.*, an einer Sache Interesse haben. || FIG. [captivé] wißbegierig ; interessiert. | *Être vivement intéressé*, sehr gespannt, gefesselt sein. || PAR EXT., PÉJOR. eigennützig ; gewinnsüchtig. || SUBSTANTIV. [personne] Betroffene(r) m. ; betreffende Person.

◇ v. pr. **s'intéresser,** *S'intéresser à qch.*, an einer Sache teilnehmen ; sich für etwas interessieren.

intérêt [ɛ̃terɛ] m. **1.** [profit, avantage] Vorteil m. ; Nutzen m. | *Plein d'intérêt*, vorteilhaft ; nutzvoll. | *Sans intérêt*, nutzlos ; belanglos. | *Dans l'intérêt de*, im Interesse von. | *Il est de votre intérêt de*, es liegt in Ihrem Interesse, zu. | *Parler dans l'intérêt de qn*, zum Besten von jm sprechen. | *Agir contre ses propres intérêts*, sich ins eigene Fleisch schneiden. | *Avoir de l'intérêt*, von Vorteil sein ; vorteilhaft sein. || PAR ANAL. *Intérêt général*, allgemeines Wohl. | *Intérêt particulier*, Sonderinteresse n. | *Intérêt vital*, lebenswichtiges Interesse n. | *Défendre les intérêts de qn*, js Interessen, Sache vertreten. | *Sauvegarder les intérêts de qn*, js Interessen wahren. || PAR EXT., PÉJOR. Eigennutz m. | *Agir par intérêt*, aus Eigennutz handeln.

2. FIG. [part prise à] Anteil m. ; Anteilnahme f. | *Montrer, Marquer de l'intérêt pour*, teilnehmen an (dat.) ; Anteil nehmen an (dat.).

3. [attrait] Reiz m. ; Spannung f. | *Ce livre est plein d'intérêt*, dieses Buch fesselt mich. | *Sans intérêt*, reizlos.

4. COMM. [d'un capital] Zins m. ; Prozentsatz m. | *Taux d'intérêt*, Zinsfuß m. | *À intérêt(s)*, auf Zinsen ; verzinst. | *À intérêts fixes*, fest verzinslich. || PAR ANAL. *Avoir des intérêts dans une entreprise*, Betriebsteilhaber sein.

interface [ɛ̃tɛrfas] f. INF. Schnittstelle f.

interférence [ɛ̃tɛrferɑ̃:s] f. gegenseitige Einwirkung.

interférer [-re] v. intr. aufeinander einwirken ; sich gegenseitig durchdringen.

intérieur, ieure [ɛ̃terjœ:r] adj. [au-dedans] innen ; inwendig ; innerlich. || FIG. *Voix intérieure*, innere Stimme. | *Vie intérieure*, Innenleben n. ; geistiges, seelisches Leben. || GÉOGR. [par rapport à l'étranger] Binnen... | *Mer intérieure*, Binnensee f. ; Binnenmeer n.

◇ m. **intérieur,** [partie de dedans] Inneres n. ; innerer Teil ; Inwendiges n. || [contenu] In-, Gehalt m. || PAR EXT. [domicile, foyer] Haus n. ; Heim n. | *Avoir un bel intérieur*, ein schönes Heim haben. | *Une femme d'intérieur*, eine gute Hausfrau. || MIL. [arme] Seele f. || POLIT. *Ministre de l'Intérieur*, Innenminister m.

◇ loc. adv. **à l'intérieur,** [avec mouvement] hinein... ; ins Innere. | *Aller à l'intérieur*, hineingehen. || [sans mouvement] im Innern ; (dr)innen ; inwendig. — **vers l'intérieur,** nach innen ; einwärts. — **de l'intérieur,** von innen (heraus).

◇ loc. prép. **à l'intérieur de,** [avec mouvement] *Pénétrer à l'intérieur de la maison*, in das Haus eindringen. || [sans mouvement] im Innern (gén.) ; innerhalb (gén.) ; in (dat.).

— SYN. : *Intime*, innerst ; innig ; vertraut. *Interne*, inner.

intérieurement [-jœrmɑ̃] adv. innen ; inwendig ; innerlich.

intérim [ɛ̃terim] m. [temps] Zwischen-, Übergangszeit f. || [fonction] Zwischenverwaltung f. | *Assurer l'intérim de*, vertreten. || LOC. *Par intérim*, zwischenzeitig.

intérimaire [-mɛ:r] adj. vorübergehend ; interimistisch. | *Personnel intérimaire*, Zeitpersonal n. ; Aushilfspersonal n. ; Vertretungspersonal n. | *Travail intérimaire*, Zeitarbeit f.

interjection [ɛ̃tɛrʒɛksjɔ̃] f. GRAMM. Ausruf m. ; Ausrufungs-, Empfindungswort n.

interligne [ɛ̃tɛrliɲ] m. Zwischenzeile f.

interlocuteur, trice [ɛ̃tɛrlɔkytœ:r, tris] s. Gesprächspartner(in) m. (f.); Mitredende(r) f. (m.).

interlope [ɛ̃tɛrlɔp] adj. anrüchig.

interloquer [-lɔke] v. tr. verdutzen; stutzig machen.

◇ part. pass. et adj. **interloqué, ée,** verdutzt. | *Être interloqué*, verdutzt dastehen.

interlude [-lyd] m. Zwischenspiel n.

intermède [-mɛd] m. [temps] Zwischenzeit f. || PAR EXT. [divertissement] Zwischenspiel n.

intermédiaire [-medjɛ:r] adj. [qui est entre deux] verbindend. || *Espace intermédiaire*, Zwischenraum m. | *Couleur intermédiaire*, Übergangsfarbe f.

◇ m. [action] Vermittlung f. | *Servir d'intermédiaire*, als Verbindungs-, Mittelsmann dienen; vermittelnd eintreten. | *Par l'intermédiaire de*, durch Vermittlung; vermittels (gén.); mit Hilfe von; über (acc.). || [personne] Vermittler m.; Mittelsmann m., -person f. || LOC. *Intermédiaire s'abstenir*, Vermittler nicht erwünscht. || COMM. Zwischen-, Unterhändler m.

— SYN. : *Commissionnaire*, Handelsvertreter. *Courtier*, Makler. *Mandataire*, Beauftragter.

interminable [ɛ̃tɛrminabl] adj. endlos; ohne Ende.

intermittence [-mitɑ̃:s] f. Unterbrechung f.; Aussetzen n. | *Par intermittence*, ab und zu.

intermittent, ente [-mitɑ̃, ɑ̃:t] adj. aussetzend; ausbleibend; intermittierend; zeitweilig. | *Être intermittent*, aus- und einsetzen; stoßweise vorgehen.

internat [ɛ̃tɛrna] m. UNIV. Internat n. || MÉD. Assistenzarztstelle (am Krankenhaus) f.

international, ale, aux [ɛ̃tɛrnasjɔnal, o] adj. zwischenstaatlich; international. || LOC. *Droit international*, Völkerrecht n. | *Commerce international*, Welthandel m.

◇ f. **Internationale,** [syndicat] Internationale f. || [hymne] Internationale f.

internationalisme [-nalism] m. Überstaatlichkeit f.; Weltbürgertum n.; Internationalismus m.

interne [ɛ̃tɛrn] adj. [intérieur] inner; innerlich; intern. | *Structure interne*, inneres Gefüge.

◇ s. [élève] Internatsschüler(in) m. (f.). || MÉD. (*etwa*) Assistenzarzt m.; Assistenzärztin f.

internement [-nəmɑ̃] m. POLIT. Internierung f.; Inhaftierung f. || MÉD. Anstaltsüberweisung f.

interner [-ne] v. tr. internieren; inhaftieren.

◇ part. pass. et adj. **interné, ée,** interniert. || SUBSTANTIV. Internierte(r) f. (m.).

interpellateur, trice [ɛ̃tɛrpɛlatœr, tris] s. Fragesteller(in) m. (f.). || POLIT. Interpellant m.

interpellation [-pɛlasjɔ̃] f. POLIT. (parlamentarische) Anfrage; Einrede f.; Interpellation f. || [par la police] Überprüfung (f.) der Personalien.

interpeller [-pɛle] v. tr. ansprechen; anreden. || POLIT. [parlement] eine Anfrage stellen, richten (an, acc.); interpellieren. || [police] *Interpeller qn*, js Personalien überprüfen.

interpénétrer (s') [sɛ̃tɛrpenetre] v. pr. sich gegenseitig durchdringen, vermischen.

interphone [-fɔn] m. Gegensprechanlage f.

interplanétaire [-planetɛ:r] adj. interplanetarisch... | *Voyage interplanétaire*, Weltraumreise f.

interpolation [ɛ̃tɛrpɔlasjɔ̃] f. Ein-, Zwischenschaltung f.; Einschiebung f. || MATH. Interpolation f.

interpoler [-pɔle] v. tr. ein-, zwischenschalten. || PAR EXT., PÉJOR. [texte] den Urtext verfälschen, ändern.

interposer [-poze] v. tr. dazwischensetzen; zwischenschalten.

◇ part. pass. et adj. **interposé, ée,** LOC. *Par personne interposée*, durch Vermittlung eines Dritten.

◇ v. pr. **s'interposer,** sich als Vermittler einsetzen; vermitteln; dazwischentreten.

interprétation [ɛ̃tɛrpretasjɔ̃] f. [texte, paroles] Auslegung f.; Erklärung f. (Aus)deutung f.; Erläuterung f.; Interpretation f. | *Mauvaise interprétation*, Mißdeutung f.; falsche Auffassung. || [songe] Deutung f. || [traduction] Dolmetschen n. | *Interprétation consécutive, simultanée*, Konsekutiv-, Simultandolmetschen.

interprète [-prɛt] s. [traducteur] Dolmetscher(in) m. (f.). | *Interprète de conférence*, Konferenzdolmetscher. || FIG. *Se faire l'interprète de qn*, sich zum Sprecher, Sprachrohr für jn machen. || THÉÂTRE. Darsteller(in) m. (f.).

interpréter [-prete] v. tr. [texte] auslegen; erklären. || [songe] deuten. || PAR EXT. [traduire] dolmetschen. || THÉÂTRE. [rôle] darstellen. || MUS. spielen.

interrègne [-rɛɲ] m. POLIT. Zwischenregierung f.; Zwischenreich n. || HIST. Interregnum n.

interrogatif, ive [-ɛ̃tɛrrɔgatif, i:v] adj. GRAMM. fragend; Frage... | *Phrase interrogative*, Fragesatz m.

interrogation [-gasjɔ̃] f. Frage f. || PAR EXT. [examen] Prüfung f. || GRAMM. *Point d'interrogation*, Fragezeichen n. || UNIV. *Interrogation écrite*, Klassenarbeit f.

interrogatoire [-gatwa:r] m. [action] Aus-, Befragen n.; Abhören n. | *Faire subir un interrogatoire à qn*, jn ausfragen, abhören. || JUR. Verhör n.; Vernehmung f. | *Subir un interrogatoire*, verhört werden.

interroger [-ʒe] v. tr. fragen; Fragen stellen. | *Interroger du regard*, fragend ansehen. | *Interroger longuement*, ausfragen; vernehmen. || [examen] *Interroger un élève*, einen Schüler prüfen. || JUR. verhören; vernehmen.

◇ v. pr. **s'interroger,** sich selbst (be)fragen; sich prüfen; mit sich zu Rate gehen.

interrompre [ɛ̃tɛrɔ̃:pr] v. tr. [sens général] unterbrechen; abbrechen; einstellen; aussetzen. | *Interrompre son travail*, die Arbeit (vorübergehend) einstellen. || *Interrompre un orateur*, einen Redner unterbrechen.

◇ part. pass. et adj. **interrompu, ue,** unterbrochen. || PAR ANAL. *Le trafic est interrompu*, der Verkehr stockt, ist gesperrt, ist unterbrochen.

◇ v. pr. **s'interrompre,** sich unterbrechen; aussetzen; (plötzlich) an-, innehalten. || [mouvement] stocken; ins Stocken geraten.

— SYN. : *Cesser*, aufhören. *Arrêter*, anhalten.

interrupteur, trice [-ryptœ:r, tris] adj. unterbrechend; einstellend; ausschaltend.

◇ m. **interrupteur,** ÉLECTR. (Aus)schalter m.; Schaltvorrichtung f.

interruption [-rypsjɔ̃] f. [action d'interrompre] Unterbrechen n. | *Interruption de la circulation*, Verkehrsstockung f.; -sperre f. | *Sans interruption*, ununterbrochen; in einem fort. || [orateur] Unterbrechung f.; Einfallen (ins Wort) n.; Zwischenruf m., -rede f. || MÉD. *Interruption volontaire de grossesse (I.V.G.)*, freiwilliger Schwangerschaftsabbruch m.

intersection [ɛ̃tɛrsɛksjɔ̃] f. Durch-, Überschneiden n.; Durchschneidung f. | *(Point d') intersection*, Schnitt-, Kreuzpunkt m. || [rues] Kreuzung f.

interstellaire [-stɛlɛr] adj. interstellar.

interstice [ɛ̃tɛrstis] m. Zwischenraum m. || PAR ANAL. [fente] Spalt m.; Ritze f.

interurbain, aine [-yrbɛ̃, ɛ:n] adj. LOC. *Communication interurbaine*, telephonische Fernverbindung; Ferngespräch n.

intervalle [ɛ̃tɛrval] m. Zwischenraum m., -zeit f. ; Abstand m. | *Dans l'intervalle*, in der Zwischenzeit ; inzwischen. | *À intervalles réguliers*, in gleichmäßigen Abständen. | *Par intervalles*, in gewissen Abständen ; hin und wieder.

intervenant, ante [ɛ̃tɛrvənɑ̃, ɑ̃:t] s. Referent(in) m. (f.).

intervenir [-vəni:r] v. intr. [prendre part] eingreifen, -schreiten ; intervenieren. | *Intervenir dans qch.*, in eine Sache eingreifen ; PÉJOR. sich einmischen ; sich einmengen. | *Ne pas intervenir*, sich heraushalten. || [en médiateur] (vermittelnd) eintreten ; dazwischentreten. | *Intervenir en faveur de qn*, sich für jn verwenden ; ein gutes Wort für jn einlegen. || PAR EXT. [choses] dazwischenkommen ; mitspielen.

intervention [-vɑ̃sjɔ̃] f. [action de prendre part] Eingreifen n., -schreiten n. | *Intervention dans une affaire*, Eingreifen in eine Sache. | *Intervention armée*, bewaffneter Eingriff. || PAR ANAL. [en médiateur] Fürsprache f. | *Sans mon intervention*, ohne mein Zutun ; ohne meine Hilfe. || MÉD. *Intervention (chirurgicale)* Operation f. ; operativer Eingriff.

interventionnisme [-vɑ̃sjɔnism] m. POLIT. Einmischungspolitik f.

interversion [-vɛrsjɔ̃] f. Umkehrung f., -stellung f. ; Verdrehung f.

intervertir [-vɛrti:r] v. tr. umkehren, -stellen.

interview [ɛ̃tɛrvju] f. Interview n.

interviewer [-vjuve] v. tr. ein Interview abhalten ; interviewen.

intestin, ine [ɛ̃tɛstɛ̃, in] adj. [intérieur] inner. || FIG. *Luttes intestines*, innere Wirren f. pl. | *Guerre intestine*, Bürgerkrieg m.

◇ m. **intestin,** ANAT. Darm m. | *Les intestins*, die Gedärme n. pl. | *Intestin grêle*, Dünndarm. | *Gros intestin*, Dickdarm.

intestinal, ale, aux [-tinal, o] adj. Eingeweide... ; Darm... | *Grippe intestinale*, Darmgrippe f. | *Vers intestinaux*, Darmwürmer m. pl.

intime [ɛ̃tim] adj. [intérieur et profond] innerst ; innerlich ; (herz)innig. | *Avoir la conviction intime*, die innerste, felsenfeste Überzeugung haben. || PAR EXT. [secret, caché] geheim ; heimisch. || FIG. [familier] (ver)traut ; engst ; intim. | *Ami intime*, vertrauter Freund ; Busenfreund m.

◇ m. [ami] bester Freund ; Intimus m. | *Ce sont des intimes*, sie sind engste Freunde.

intimement [ɛ̃timmɑ̃] adv. innig ; traulich. | *Intimement liés*, eng verbunden.

intimer [ɛ̃time] v. tr. LOC. *Intimer l'ordre à qn*, jm den Befehl erteilen. || JUR. jn vorladen.

intimidation [ɛ̃timidasjɔ̃] f. Einschüchterung f.

intimider [-de] v. tr. einschüchtern ; beeindrukken. | *Intimidé*, verlegen ; befangen.

intimité [ɛ̃timite] f. (Ver)traulichkeit f. ; Vertrautheit f. ; Intimität f. || [relations intimes] vertrauter Verkehr ; Intimität f. || PAR EXT. [lieu] Heimlichkeit f. ; Gemütlichkeit f. || LOC. *Vivre dans l'intimité de qn*, mit jm auf vertrautem Fuß stehen. | *Dans la plus stricte intimité*, im engsten Familienkreise.

intituler [ɛ̃tityle] v. tr. überschreiben ; betiteln ; titulieren.

◇ part. pass. et adj. **intitulé, ée,** LOC. *Le livre intitulé*, das Buch mit dem Titel. | *C'est intitulé*, der Titel lautet. || SUBSTANTIV. m. [livre] Titel m.

intolérable [ɛ̃tɔlerabl] adj. unerträglich, -ausstehlich. || FIG. lästig.

intolérance [-rɑ̃:s] f. Unduldsamkeit f. ; Intoleranz f.

intolérant, ante [-rɑ̃, ɑ̃:t] adj. unduldsam ; intolerant.

intonation [ɛ̃tɔnasjɔ̃] f. Betonung f. ; Ton m.

intouchable [ɛ̃tuʃabl] adj. unberührbar.

◇ s. Unberührbare(r) f. (m.). | *Les intouchables*, die Unberührbaren pl.

intoxication [ɛ̃tɔksikasjɔ̃] f. MÉD. Vergiftung f. | *Intoxication alimentaire*, Nahrungsmittelvergiftung f.

intoxiquer [-ke] v. tr. vergiften ; Gift einführen.

intraduisible [ɛ̃tradɥizibl] adj. unübersetzbar.

intraitable [ɛ̃trɛtabl] adj. [d'un abord, commerce difficile] unlenkbar. || FIG. [impitoyable] unerbittlich ; unnachgiebig. | *Il est intraitable*, mit ihm ist nicht zu sprechen.

intra-muros [ɛ̃tramyros] loc. adv. innerhalb der Stadtmauern.

intramusculaire [-myskylɛ:r] adj. intramuskulär.

intransigeance [ɛ̃trɑ̃ziʒɑ̃:s] f. Unversöhnlichkeit f. ; Unverträglichkeit f. ; Unbeugsamkeit f.

intransigeant, eante [-ʒɑ̃, ɑ̃:t] adj. unversöhnlich ; unverträglich ; unbeugsam. | *Caractère intransigeant*, unnachgiebiger Charakter.

intransitif, ive [ɛ̃trɑ̃zitif, i:v] adj. GRAMM. ohne Objekt ; intransitiv. | *Verbe intransitif*, Verb (n.) ohne Objekt ; intransitives Verb(um).

intraveineux, euse [ɛ̃travɛnø, ø:z] adj. MÉD. intravenös. | *Injection intraveineuse*, intravenöse Injektion.

intrépide [ɛ̃trepid] adj. unverzagt ; furchtlos ; kühn.

intrépidité [-dite] f. Unverzagtheit f. ; Furchtlosigkeit f. ; Kühnheit f.

intrigue [ɛ̃trig] f. Kabale f. ; Machenschaft f. ; Intrige f. | *Intrigue de cour*, Hofintrige f., -kabale. | *Intrigue de couloir*, Hintertreppenintrige. || PAR EXT. *Intrigue amoureuse*, Liebeshandel m. || THÉÂTRE. [action] Verwicklung f. ; Handlung f.

◇ f. pl. **intrigues,** Machenschaften f. pl. ; Umtriebe m. pl. ; Ränke pl. | *Déjouer les intrigues*, Anschläge vereiteln ; Intrigen aufdecken.

intriguer [-ge] v. intr. Ränke schmieden ; falsches Spiel treiben ; intrigieren.

◇ v. tr. [étonner] neugierig machen.

◇ part. prés. **intrigant, ante,** ränkevoll. || SUBSTANTIV. Ränkeschmied m. ; Intrigant(in) m. (f.).

intrinsèque [ɛ̃trɛ̃sɛk] adj. innewohnend ; wesentlich ; eigentlich. | *Valeur intrinsèque*, eigentlicher Wert.

introduction [ɛ̃trɔdyksjɔ̃] f. [personne] Ein-, Zuführung f. | *Lettre d'introduction*, Empfehlungsschreiben n. || PAR EXT. [chose] Einführen n., -stecken n., -bringen n., -drücken n. || ÉCON. *Introduction en Bourse*, amtliche Einführung. || LITTÉR. [livre] An-, Einleitung f. ; Vorwort n.

introduire [-dɥi:r] v. tr. [personne] ein-, zuführen. | *Introduire qn dans une pièce*, jn in ein Zimmer hineinführen. || PAR EXT. [chose] einführen. | *Introduire la clef dans la serrure*, den Schlüssel ins Schlüsselloch stecken. | *Introduire de force*, hineinzwängen. || FIG. [mode] einführen ; aufbringen.

◇ part. pass. et adj. **introduit, uite,** eingeführt. | *Être introduit auprès de qn*, bei jm eingeführt sein.

◇ v. pr. **s'introduire,** [de force], sich eindrängen ; sich Zutritt verschaffen. || [par ruse] sich einschleichen. || FIG. [mode, usage] aufkommen ; sich einbürgern.

— SYN. : *Glisser*, eingleiten. *Insérer*, einfügen.

intronisation [ɛ̃trɔnizasjɔ̃] f. feierliche Einsetzung, Einführung ; Inthronisation f.

introniser [-ze] v. tr. feierlich einführen, einsetzen ; inthronisieren. || FIG. *Introniser une mode*, eine Mode einführen.
◇ v. pr. **s'introniser,** sich fest-, durchsetzen ; die Herrschaft an sich reißen.
introspection [ɛ̃trɔspɛksjɔ̃] f. PHILOS. Selbstbetrachtung f. ; Introspektion f.
introuvable [ɛ̃truvabl] adj. unauffindbar.
intrus, use [ɛ̃try, y:z] adj. eingedrungen ; aufdringlich.
◇ m. **intrus,** Eindringling m. ; aufdringlicher Mensch ; Störenfried m.
intrusion [-zjɔ̃] f. Eindringen n. ; Aufdrängen n.
intubation [ɛ̃tybasjɔ̃] f. MÉD. Intubation f.
intuitif, ive [ɛ̃tɥitif, i:v] adj. intuitiv. | *Divination intuitive*, Einfühlung f. || PAR EXT. gefühlsmäßig.
intuitivement [-tivmɑ̃] adv. intuitiv.
intuition [-sjɔ̃] f. PHILOS. Anschauung f. ; Einfühlung f. ; Intuition f. || PAR EXT. [pressentiment] (Vor)ahnung f. ; Vorgefühl n. | *Avoir l'intuition de qch.*, etwas (vor)ahnen. | *Intuition féminine*, weibliches Vor-, Feingefühl.
inusable [inyzabl] adj. unverwüstlich.
inusité, ée [inyzite] adj. ungebräuchlich ; ungewohnt ; ungewöhnlich.
inutile [inytil] adj. [sans utilité] unnütz ; nutzlos. || [de nul emploi] unbrauchbar ; untauglich. || [non nécessaire] unnötig ; überflüssig. || PAR EXT. [vain] vergeblich. || LOC. *Inutile d'insister*, Sie bemühen sich umsonst ; alles Weitere ist überflüssig.
inutilement [-lmɑ̃] adv. unnützerweise ; vergeblich ; umsonst.
inutilisable [-lizabl] adj. unbrauchbar.
inutilité [-lite] f. Nutzlosigkeit f. ; Unnützheit f. || [inefficacité] Zwecklosigkeit f.
invalidation [ɛ̃validasjɔ̃] f. JUR., POLIT. [élection] Ungültigkeitserklärung f. ; Annullierung f.
invalide [ɛ̃valid] adj. [infirme] arbeitsunfähig ; dienstuntauglich ; invalide ; altersschwach ; gebrechlich. || JUR. (rechts)ungültig. || MIL. dienstuntauglich.
◇ s. Krüppel m. ; Versehrte(r) f. (m.) ; Invalide(r) f. (m).
invalider [-de] v. tr. für ungültig erklären. | *Invalider un jugement*, ein Urteil aufheben. | *Invalider un testament*, ein Testament umstoßen. || POLIT. *Invalider une élection*, eine Wahl rückgängig machen.
invalidité [-dite] f. [infirmité] Arbeitsunfähigkeit f. ; Invalidität f. | *Invalidité professionnelle*, Berufsunfähigkeit. | *Carte d'invalidité*, Behindertenausweis m. | *Degré d'invalidité*, Behinderungsgrad m.
invariable [ɛ̃varjabl] adj. unveränderlich ; unabänderlich ; unwandelbar. || [immuable] beständig ; dauerhaft ; stetig. || GRAMM. unveränderlich.
invariablement [-bləmɑ̃] adv. unveränderlich ; beständig.
invasion [ɛ̃vazjɔ̃] f. MIL. Ein-, Überfall m. ; Invasion f. | *Invasion d'un pays*, Einfall in ein Land ; Überfall auf ein Land. || FIG. Eindringen n. ; Überhandnehmen n. | *Invasion d'idées nouvelles*, Überschwemmung (f.) mit neuen Ideen. || HIST. *Grandes Invasions*, Völkerwanderung f.
invectiver [ɛ̃vɛktive] v. intr. schmähen ; schimpfen. | *Invectiver contre les mœurs du siècle*, gegen die Unsitten des Jahrhunderts (los)wettern.
◇ v. tr. FAM. *Invectiver qn*, auf jn schimpfen ; jn anfahren, andonnern.
invectives [-tiv] f. pl. Schmähung f. ; Schmährede f. ; Beschimpfung f. | *Se répandre en invectives*, fluchen und schimpfen.
invendu, ue [ɛ̃vɑ̃dy] adj. unverkauft.
◇ m. **invendu,** [marchandise] unverkaufte Ware ; FAM. Ladenhüter m. || [livres] Remittenden f. pl.
inventaire [ɛ̃vɑ̃tɛ:r] m. Bestandsverzeichnis n., -aufnahme f. ; Inventar n. | *Dresser l'inventaire*, das Inventarverzeichnis aufstellen. || FIG. *Sous bénéfice d'inventaire*, unter Vorbehalt näherer Prüfung. || COMM. (Waren)bestandsaufnahme f. ; Inventur f.
inventer [ɛ̃vɑ̃te] v. tr. erfinden. || [par la réflexion, l'imagination] ausfinden ; ersinnen. || PAR EXT., PÉJOR. erdichten ; (aus)spinnen. | *Inventer qch. sur le compte de qn*, jm etwas andichten.
◇ part. pass. et adj. **inventé, ée,** erfunden. || PAR EXT., PÉJOR. erdichtet ; lügenhaft. | *Inventé de toutes pièces*, rein erfunden.
inventeur, trice [-tœ:r, tris] s. Erfinder(in) m. (f.). || PAR EXT. [créateur] Gestalter(in) m. (f.).
inventif, ive [-tif, i:v] adj. erfinderisch. | *Esprit inventif*, Erfindungsgeist m. ; (er)finderischer Kopf. || PAR EXT. [créateur] gestaltend.
invention [-sjɔ̃] f. Erfindung f. || PAR ANAL. [par la réflexion, l'imagination] Er-, Ausdenken n. ; Ersinnen n. || PAR EXT., PÉJOR. Erdichtung f. ; Lüge f. || LOC. *Brevet d'invention*, (Erfindungs)patent n.
inventorier [ɛ̃vɑ̃tɔrje] v. tr. den Bestand aufnehmen ; ein Inventar aufstellen ; Inventur machen.
inverse [ɛ̃vɛrs] adj. umgekehrt ; entgegengesetzt. | *Sens inverse*, entgegengesetzte Richtung. | *Être en raison inverse de*, im umgekehrten Verhältnis stehen zu.
◇ m. Gegenteil n., -satz m. | *À l'inverse de*, im Gegensatz zu. | *Faire l'inverse*, (genau) das Gegenteil tun.
inversement [-səmɑ̃] adv. umgekehrt.
inverser [-se] v. tr. umkehren, -schalten (sépar.).
◇ part. pass. et adj. **inversé, ée,** umgekehrt.
inversion [-sjɔ̃] f. Umkehrung f. || GRAMM. Umstellung f. ; Inversion f. || [environnement] *Inversion météorologique*, meteorologische Inversion. || MÉD. *Inversion d'image*, Bildumkehr f.
invertébré, ée [ɛ̃vɛrtebre] adj. ZOOL. wirbellos.
◇ m. pl. **invertébrés,** wirbellose Tiere n. pl.
inverti, ie [ɛ̃vɛrti] adj. et s. VX. homosexuell.
investigateur, trice [ɛ̃vɛstigatœ:r, -tris] adj. forschend ; Forscher.
investigation [-sjɔ̃] f. Forschung f. ; Durchforschung f. ; Nachforschung f. | *Champ d'investigation*, Forschungsgebiet n.
investir [ɛ̃vɛsti:r] v. tr. (VX.) belehnen. || JUR. verleihen (dat.) ; ausstatten (mit). | *Investir qn de qch.*, jn mit etwas ausstatten. || FIG. *Investir qn de sa confiance*, jm volles Vertrauen schenken. || MIL. [ville] ein-, umschließen. || COMM. anlegen ; investieren. | *Investir des capitaux dans qch.*, Kapitalien in etwas anlegen.
investissement [-tismɑ̃] m. MIL. [ville] Ein-, Umschließung f. ; Umzingelung f. || COMM. Anlage f. ; Investierung f. ; Investition f. | *Société d'investissement*, Investierungsgesellschaft f.
investisseur [-tisœ:r] m. Investor m. | *Investisseurs institutionnels*, institutionelle Anleger m. pl.
investiture [-tity:r] f. JUR. Einsetzung f. ; Ausstattung f. ; Investitur f. || POLIT. *Investiture d'un gouvernement*, Investiturdebatte f. || HIST. Belehnung f.
invétéré, ée [ɛ̃vetere] adj. eingewurzelt. || FIG. unverbesserlich.
invincible [ɛ̃vɛ̃sibl] adj. unbesiegbar. || FIG. unüberwindbar ; unwiderlegbar.
invinciblement [-sibləmɑ̃] adv. unwiderstehlich.
inviolable [ɛ̃vjɔlabl] adj. JUR. unverletzlich. || PAR ANAL. *Serment inviolable*, unverbrüchlicher Eid.

invisible [ɛ̃vizibl] adj. unsichtbar ; nicht wahrnehmbar. || FIG. *Être invisible*, sich nicht sehen lassen.
invitation [ɛ̃vitasjɔ̃] f. [amicale] Einladung f. | *Accepter une invitation*, einer Einladung folgen. | *Refuser l'invitation de qn*, jm absagen. | *Sur l'invitation de*, auf Einladung von. || [à une action] Aufforderung f. || FIG. [signe secret] Wink m. || JUR. *Invitation à comparaître*, Vorladung f. || MUS. *Invitation à la valse*, Aufforderung zum Tanz.
invite [ɛ̃vit] f. FIG. stillschweigende Aufforderung ; Ermunterung f.
inviter [-te] v. tr. [amicalement] (ein)laden. | *Inviter qn chez soi*, jn in sein Haus einladen ; jn zu Gast bitten. | *Inviter qn à dîner*, jn zum Abendessen einladen, bitten. || [à faire] auffordern. | *Inviter qn à danser*, jn zum Tanz auffordern. | *Inviter qn à venir*, jn zu sich bitten. || FIG. [inciter] einladen ; (an)reizen ; verlocken. ◇ part. pass. et adj. **invité, ée,** eingeladen ; aufgefordert. | *Sans y être invité*, ungeladen ; unaufgefordert ; ungebeten. || SUBSTANTIV. Eingeladene(r) m. ; Gast m. | *Avoir des invités*, Gäste haben.
invivable [ɛ̃vivabl] adj. FAM. unleidlich. | *Il est invivable*, mit ihm ist kein Auskommen.
invocation [ɛ̃vɔkasjɔ̃] f. Anrufen n. ; Anrufung f. | *Invocation à Dieu*, Bitte (f.) zu Gott.
involontaire [ɛ̃vɔlɔ̃tɛːr] adj. unfreiwillig ; ungewollt ; unwillkürlich. | *Faute involontaire*, unbeabsichtigter Fehler. | *Mouvement involontaire*, unwillkürliche Bewegung.
involontairement [-rmɑ̃] adv. unwillkürlich.
invoquer [ɛ̃vɔke] v. tr. [Dieu, les saints] anrufen ; anflehen. || FIG. [la loi] sich berufen (auf, acc.). || [des motifs] vorschieben ; vorschützen.
invraisemblable [ɛ̃vrɛsɑ̃blabl] adj. unwahrscheinlich ; unglaublich ; undenkbar.
invraisemblance [-blɑ̃ːs] f. Unwahrscheinlichkeit f.
invulnérable [ɛ̃vylnerabl] adj. unverwundbar ; unverletzbar, -lich ; gefeit (gegen).
iode [jɔd] m. CHIM. Jod n. | *Teinture d'iode*, Jodtinktur f.
ion [jɔ̃] m. PHYS. elektrisch geladenes Molekül-, Atomteilchen n. ; Ion n. | *Ion positif*, Kation n. | *Ion négatif*, Anion n.
Ionie [jɔni] n. pr. f. GÉOGR. Ionien n.
ionien, ienne [jɔnjɛ̃, jɛn] adj. ionisch. | *Îles Ioniennes*, Ionische Inseln f. pl.
◇ s. **Ionien, ienne,** Ionier(in) m. (f.).
ionique [jɔnik] adj. ARCHIT. [style] ionisch. | *Ordre ionique*, ionischer (Bau)stil.
ionisation [jɔnizasjɔ̃] f. Ionisierung f.
iota [jɔta] m. [lettre grecque] Jota n. || FIG. *Il n'y manque pas un iota*, darin fehlt kein Tüpfelchen.
iouler [jule] ou **iodler** [jɔdle] v. intr. jodeln.
ipécacuana [ipekakɥana] et, par abrév., **ipéca** m. BOT. Kopfbeere f. ; Brechwurzel f.
Iphigénie [ifiʒeni] n. pr. f. ANTIQ. Iphigenie f.
Irak [irak] n. pr. m. GÉOGR. Irak m.
irakien, ienne [-kjɛ̃, ɛn] adj. irakisch.
◇ s. **Irakien, ienne,** Iraker(in) m. (f.).
Iran [irɑ̃] n. pr. m. GÉOGR. Iran m.
iranien, ienne [iranjɛ̃, jɛn] adj. iranisch.
◇ s. **Iranien, ienne,** Iraner(in) m. (f.).
irascible [irassibl] adj. jähzornig ; erregbar. | *Être irascible*, leicht aufbrausen.
iris [iris] f. MÉD. Regenbogenhaut f. || BOT. Schwertlilie f. ; Iris f.
irisation [irizasjɔ̃] f. Schillern n. ; Irisieren n.
iriser [irize] v. tr. in den Regenbogenfarben schillern ; irisieren.
irlandais, aise [irlɑ̃dɛ, ɛz] adj. irisch ; irländisch. ◇ s. **Irlandais, aise,** Ire m. ; Irin f.
Irlande [irlɑ̃d] n. pr. f. GÉOGR. Irland n. | *Mer d'Irlande*, Irische See f.
ironie [irɔni] f. Spott m. ; Hohn m. ; Doppelsinn m. ; Anzüglichkeit f. ; Ironie f.
ironique [-nik] adj. spöttisch ; höhnisch ; ironisch.
ironiquement [nikmɑ̃] adv. spöttisch ; ironisch.
ironiser [-nize] v. intr. spötteln ; ironisieren.
irradiation [irradjasjɔ̃] f. PHYS. Aus-, Bestrahlung f. || NUCL. Strahlenbelastung f. | *Irradiation externe*, äußere Strahlenbelastung. | *Irradiation globale, partielle*, Ganzkörper-, Teilkörperbestrahlung f. | *Irradiation totale*, Gesamtbestrahlung f.
irradier [-dje] v. intr. aus-, bestrahlen.
◇ part. pass. et adj. **irradié, ée,** *Combustible irradié*, bestrahltes Brennelement.
◇ s. Strahlenopfer n.
irraisonné, ée [irrɛzɔne] adj. unüberlegt ; vorschnell.
irrationnel, elle [irrasjɔnɛl] adj. vernunftlos, -widrig ; irrational.
irréalisable [irrealizabl] adj. unausführbar.
irrecevable [irrəsəvabl] adj. unannehmbar.
irréconciliable [irrekɔ̃siljabl] adj. unversöhnlich.
irrécusable [irrekyzabl] adj. einwandfrei ; unwiderlegbar ; vollgültig.
irréductible [irreduktibl] adj. unbeugsam.
irréel, elle [irreɛl] adj. unwirklich ; unkörperlich ; irreal ; wesenlos.
irréfléchi, ie [irrefleʃi] adj. unüberlegt ; unbedacht ; unachtsam ; unbesonnen ; ohne Überlegung ; vorschnell ; voreilig.
irréfragable [irrefragabl] adj. unabweislich.
irréfutable [irrefytabl] adj. unwiderlegbar.
irrégularité [irregylarite] f. [sens général] Unregelmäßigkeit f. || PAR ANAL. [nuances] Regellosigkeit f. ; Ungleichmäßigkeit f. || FIG. *Commettre des irrégularités*, unterschlagen. || GRAMM. Unregelmäßigkeit f.
irrégulier, ère [-lje, jɛːr] adj. unregelmäßig ; regellos, -widrig ; ungleich(mäßig). | *Pouls irrégulier*, ungleichmäßiger Puls. || FIG. [employé] unzuverlässig ; untreu. || [mœurs] ausschweifend ; wild. | *Mener une vie irrégulière*, wild, drauflos leben. || JUR. ungesetzmäßig. || SPORT. [coup] unerlaubt ; unfair. || GRAMM. unregelmäßig.
irrégulièrement [-ljɛrmɑ̃] adv. unregelmäßig ; ungleichmäßig.
irréligieux, ieuse [irreliʒjø, jøːz] adj. gottlos ; irreligiös.
— SYN. : adj. *Incroyant, incrédule*, ungläubig.
irréligion [-ʒjɔ̃] f. Gottlosigkeit f. ; Unglaube m. ; Irreligiosität f.
irrémédiable [irremedjabl] adj. unheilbar ; nicht wieder gutzumachen ; wogegen nichts aufkommt.
irrémédiablement [-bləmɑ̃] adv. *Irrémédiablement perdu*, unrettbar verloren.
irremplaçable [irrɑ̃plasabl] adj. unersetzbar ; unersetzlich.
irréparable [irreparabl] adj. unersetzlich ; unwiederbringlich.
irréprochable [irreprɔʃabl] adj. tadellos ; fehlerlos ; einwandfrei.
irrésistible [irrezistibl] adj. unwiderstehlich.

irrésolu, ue [irrezɔly] adj. [personne] unentschlossen ; unentschieden ; wankelmütig. || [chose] ungelöst.
irrésolution [-sjɔ̃] f. Unentschlossenheit f. ; Unentschiedenheit f. ; Wankelmütigkeit f.
irrespect [irrɛspɛ] m. Ehrfurchtslosigkeit f.
irrespectueux, ueuse [-pɛktɥø, ɥø:z] adj. unehrerbietig ; respektlos ; respektwidrig.
irrespirable [irrɛspirabl] adj. [air] nicht atembar. || FIG. peinlich ; unerträglich.
irresponsabilité [irrɛspɔ̃sabilite] f. Unverantwortlichkeit f. || JUR. Unzurechnungsfähigkeit f. | *Irresponsabilité mentale*, verminderte Schuldfähigkeit.
irresponsable [-sabl] adj. nicht verantwortlich (für, acc.). || JUR. unzurechnungsfähig.
irrévérence [irreverɑ̃:s] f. Unehrerbietigkeit f. ; Respektlosigkeit f.
irrévérencieux, ieuse [-sjø, jø:z] adj. unehrerbietig.
irréversible [irrevɛrsibl] adj. in einer Richtung ab-, verlaufend. || PAR EXT. [tissu] nicht umdrehbar. || [temps] unwiederbringlich.
irrévocable [irrevɔkabl] adj. unwiderruflich ; unumstößlich ; unabsetzbar.
irrévocablement [-bləmɑ̃] adj. unwiderruflich, unwiederbringlich.
irrigation [irigasjɔ̃] f. AGRIC. Bewässerung f. ; Berieselung f. | *Canaux d'irrigation*, Bewässerungskanäle m. pl. || MÉD. Aus-, Bespülung f.
irriguer [-ge] v. tr. bewässern ; berieseln ; Wasser zuführen.
irritabilité [iritabilite] f. Reizbarkeit f. ; Erregbarkeit f.
irritable [-tabl] adj. reizbar ; erregbar.
irritation [-tasjɔ̃] f. [action] Reizen n. ; Reizung f. || [état] Gereiztheit f. ; Erregtheit f. || MÉD. Entzündung f.
irriter [-te] v. tr. [mettre en colère] reizen ; ärgern. || FIG. [exciter] an-, aufreizen ; erregen. || MÉD. entzünden.
◇ part. prés. **irritant, ante,** reizend ; aufregend ; ärgerlich. || FIG. anreizend ; erregend ; anstachelnd.
◇ part. pass. et adj. **irrité, ée,** gereizt ; aufgeregt ; aufgebracht. || FIG. gereizt ; erregt. || MÉD. entzündet.
◇ v. pr. **s'irriter,** sich aufregen ; sich ärgern.
irruption [irrypsjɔ̃] f. MIL. [dans un pays] Einbruch m., -fall m. | *Faire irruption dans un pays*, in ein Land einfallen. || *Faire irruption dans une pièce*, in ein Zimmer hereingestürmt kommen.
isard [iza:r] m. ZOOL. Gemse f.
Iseut ou **Yseult** [izø] n. pr. f. Isolde f.
Islam [islam] n. pr. m. Islam m.
islamique [-mik] adj. islamisch.
islandais, aise [islɑ̃dɛ, ɛ:z] adj. isländisch.
◇ s. **Islandais, aise,** Isländer(in) m. (f.).
◇ m. **islandais,** [langue] Isländisch n.
Islande [islɑ̃d] n. pr. f. GÉOGR. Island n.
isobare [izɔbar] f. GÉOGR. Isobare f.
isocèle [izɔsɛl] adj. GÉOM. [triangle] gleichschenk(e)lig.
isolateur [izɔlatœ:r] m. ÉLECTR. Nichtleiter m. ; Isolator m.
isolation [-lasjɔ̃] f. Isolierung f. | *Isolation sonore*, Schallisolierung. | *Isolation thermique*, Wärmeisolierung.
isolationnisme [-lasjɔnism] m. POLIT. Isolationismus m.
isolement [-lmɑ̃] m. [action] Absondern n. ; Absonderung f. ; Vereinsamung f. || [état] Abgeschiedenheit f. ; Alleinsein n. ; Einsamkeit f. ; Weltfremdheit f. || PAR EXT. [lieu] Abgelegenheit f. ; Entlegenheit f. || ÉLECTR. Isolierung f.
isolément [-lemɑ̃] adv. einzeln ; vereinzelt ; für sich allein.
isoler [-le] v. tr. [séparer du reste] absondern, -trennen, -scheiden. | *Isoler de qch.*, von etwas absondern. || [personne] vereinsamen. || [pays] einkreisen ; absperren. || FIG. [en pensée] einzeln, für sich betrachten. || ÉLECTR. isolieren.
◇ part. prés. **isolant, ante,** ÉLECTR. nicht leitend ; isolierend. | *Matière isolante*, Isolierstoff m.
◇ m. **isolant,** Isolierstoff m. ; Isolator m.
◇ part. pass. et adj. **isolé, ée,** abgesondert ; einzeln ; vereinzelt. || [solitaire] vereinsamt ; einsam ; alleinstehend. || PAR EXT. [lieu] abgelegen ; entlegen ; zurückgezogen. || FIG. [fait] einzeln, für sich (betrachtet). | *Fait isolé*, Einzelheit f. || ÉLECTR. isoliert.
◇ v. pr. **s'isoler,** sich absondern. || PAR ANAL. [du monde] sich zurückziehen.
isoloir [-lwa:r] m. POLIT. Wahlkabine f.
isoprène [izoprɛn] m. Isopren n.
isotherme [izɔtɛrm] adj. von gleicher Temperatur.
◇ f. Linie gleicher Temperatur ; Isotherme f.
isotope [izɔtɔp] m. CHIM. Isotop n. | *Isotopes de l'uranium*, Uranisotope n. pl.
Israël [israɛl] n. pr. m. GÉOGR. Israel n.
israélien, ienne [-eljɛ̃, jɛn] adj. israelisch.
◇ s. **Israélien, ienne,** Israeli m./f.
israélite [-elit] adj. jüdisch ; israelitisch.
◇ s. **Israélite,** Jude m. ; Jüdin f. ; Israelit(in) m. (f.).
issu, ue [isy] adj. entsprossen ; ab-, entstammend ; geboren. || LOC. *Être issu de*, entstammen (dat.) ; (ab)-stammen (von, aus) ; herkommen (von, aus).
issue [isy] f. [sortie] Ausgang m., -weg m. | *Issue de secours*, Notausgang. | *Voie sans issue*, Sackgasse f. || PAR EXT. [fin] Ausgang m. ; (Ab)schluß m. ; Ende n. | *Avoir une heureuse issue*, ein glückliches Ende haben ; gut ausfallen. || FIG. [moyen d'en sortir] Ausweg m. ; Möglichkeit f. | *Sans issue*, aussichtslos ; ohne Aussicht ; verzweifelt.
◇ loc. prép. **à l'issue de,** nach ; nach Ende (gén.) ; nach Beendigung (gén.).
isthme [ism] m. GÉOGR. Landenge f., -brücke f. ; Isthmus m.
Istrie [istri] n. pr. f. GÉOGR. Istrien n.
italianisme [italjanism] m. italienische Spracheigentümlichkeit ; Italianismus m.
Italie [itali] n. pr. f. GÉOGR. Italien n.
italien, enne [-ljɛ̃, jɛn] adj. italienisch.
◇ s. **Italien, ienne,** Italiener(in) m. (f.).
◇ m. **italien,** [langue] Italienisch n.
italique [-lik] adj. italisch ; altitalienisch.
◇ m. TYPOGR. Kursivschrift f. ; schräge Druckschrift. | *En italique*, kursiv gedruckt.
itération [iterasjɔ̃] f. INF. Iteration f.
itinéraire [itinerɛ:r] m. [route] Weg m. ; Reiseweg m. ; Marschstraße f., -weg m., -route f. | *L'itinéraire passe par*, der Reiseweg führt über.
itinérant, ante [-rɑ̃, ɑ̃:t] adj. umherziehend, -reisend.
ivoire [ivwa:r] m. [matière] Elfenbein n. || [objet] Elfenbeinschnitzerei f., -figur f. | *D'ivoire*, *En ivoire*, aus Elfenbein ; elfenbeinern. || FIG. *D'ivoire*, (weiß) wie Elfenbein.

ivraie [ivrɛ] f. BOT. Lolch m. || FIG. Unkraut n. || LOC. *Séparer le bon grain de l'ivraie*, die Spreu vom Weizen sondern.
ivre [i:vr] adj. betrunken ; berauscht. | *Ivre mort*, sinnlos betrunken. || FIG. [passionné] trunken ; berauscht ; entzückt. | *Ivre de joie*, freudetrunken.
ivresse [ivrɛs] f. (Be)trunkenheit f. ; Berauschtheit f. ; Rausch m. | *Ivresse totale*, Volltrunkenheit ; Vollrausch. | *Légère ivresse*, Schwips m. | *Pointe d'ivresse*, Angetrunkenheit f. ; Spitz m. | *En état d'ivresse*, betrunken. || FIG. [enthousiasme] Trunkenheit f. ; Rausch m. ; Taumel m. | *Ivresse du plaisir*, Sinnenrausch ; Freudentaumel.
ivrogne [ivrɔɲ] adj. trunksüchtig ; dem Trunke ergeben.
◇ m. Trunkenbold m. ; Trinker m. | *Ivrogne invétéré*, Erzsäufer m.
ivrognerie [-ri] f. Trunksucht f.
ivrognesse [-ɲɛs] f. Betrunkene f.

J

j [ʒi] m. J n. | *Un* J *majuscule*, ein großes *J*. | *Un* j *minuscule*, ein kleines *j*.
jabot [ʒabo] m. [oiseau] Kropf m.
jacasser [ʒakase] v. intr. [oiseaux] schreien. || FIG. schnattern ; plappern.
jacassement [-smɑ̃] m. [oiseaux] Schrei m. || FIG. Schnatterei f. ; Plapperei f.
jacasseur, euse [-sœ:r, ø:z] ou **jacassier, ière** [-sje, sjɛ:r] adj. geschwätzig ; schwatzhaft.
◇ s. Schwätzer(in) m. (f.) ; Plappermaul n.
jachère [ʒaʃɛr] f. AGRIC. Brache f. ; Brachland n., -feld n. | *La terre est en jachère*, der Boden liegt brach, ruht aus.
jacinthe [ʒasɛ̃:t] f. BOT. Hyazinthe f.
jack [dʒak] m. TÉLÉCOMM. Schaltklinke f.
Jacob [ʒakɔb] n. pr. m. Jakob m.
jacobin, ine [ʒakɔbɛ̃, in] adj. HIST. jakobinisch.
◇ s. HIST. Jakobiner(in) m. (f.).
jacobinisme [-binism] m. HIST. Jakobinertum n.
jacquerie [ʒakri] f. HIST. Bauernaufstand m.
Jacques [ʒa:k] n. pr. m. Jakob m. || LOC. *La Saint-Jacques*, Sankt Jakobi ; Jakobstag m. || FIG. *Jacques Bonhomme*, der brave Michel. | *Église Saint-Jacques*, Jakobikirche f. || FAM. *Faire le jacques*, den Hanswurst spielen ; albern sein.
jacquet [ʒakɛ] m. JEUX. Puffspiel n. ; Tricktrack n.
jactance [ʒaktɑ̃s] f. Großsprecherei f. ; Prahlerei f. | *Parler avec jactance*, prahlen ; POP. protzen. || PAR EXT., FAM. Geschwätz n.
jacter [ʒakte] v. intr. POP. quasseln ; plappern.
jade [ʒad] m. GÉOL. Nieren-, Beilstein m. ; Jade f.
jadis [ʒadis] adv. früher ; einst(mals) ; ehemals. | *Au temps jadis*, vor Zeiten ; in alten, früheren Zeiten.
jaguar [ʒagwa:r] m. ZOOL. Jaguar m.
jaillir [ʒaji:r] v. intr. **1.** [liquide] sprudeln ; hervor-, herausspringen. | *Jaillir de*, entspringen, -strömen (dat.) ; sprudeln aus. || [source] quellen ; hervor-, herausquellen. | *Une source jaillit des rochers*, eine Quelle entspringt dem Felsen. | *Le sang jaillit de sa bouche*, Blut quillt, stürzt aus seinem Mund. || [en éclaboussant] spritzen. | *Jaillir de tous côtés*, herausspritzen.
2. [lumière] herausschießen ; auf-, hervorblitzen. | *L'éclair jaillit*, der Blitz zuckt. || [flamme] hoch-, herausschlagen. || [étincelles] sprühen. | *Faire jaillir des étincelles*, Funken schlagen. || FIG. [comme l'éclair] aufblitzen ; zucken. || ÉLECTR. durchschlagen (sépar.).
◇ part. prés. **jaillissant, ante,** sprudelnd ; spritzend ; hervorspringend. | *Eaux jaillissantes*, hervorquellende, -sprudelnde Wasser n. pl.
jaillissement [-jismɑ̃] m. [liquide] Sprudeln n. ; Spritzen n. ; Herausspritzen n. || PAR EXT. [lumière] Emporschießen n. ; Aufblitzen n.
jais [ʒɛ] m. GÉOL. Gagatkohle f. ; Gagat m. || FIG. *Noir comme du jais*, pechrabenschwarz.
jalon [ʒalɔ̃] m. Absteckpfahl m. ; Flucht-, Richtlatte f. || FIG. Merkzeichen n. ; Richtpunkt m. ; Leitfaden m. | *Poser des jalons*, den Weg bereiten.
jalonnement [-lɔnmɑ̃] m. Abstecken n. ; Abmessung f.
jalonner [-lɔne] v. tr. abstecken ; abmessen.
jalousement [ʒaluzmɑ̃] adv. eifersüchtig.
jalouser [-luze] v. tr. beneiden ; eifersüchtig sein (auf, acc.).
jalousie [-luzi] f. [sens général] Eifersucht f. | *Inspirer de la jalousie*, eifersüchtig machen. || PAR EXT. [envie] Neid m. ; Mißgunst f. | *Exciter la jalousie de qn*, jn neidisch machen ; js Neid erregen. || ARCHIT. [volet] Rolladen m. ; Jalousie f.
jaloux, ouse [-lu, u:z] adj. [sens général] eifersüchtig. | *Jaloux de*, eifersüchtig auf (acc.). || PAR EXT. [envieux] neidisch ; mißgünstig. | *Être jaloux de qn*, auf jn neidisch sein. | *D'un œil jaloux*, scheelen Blickes ; mit schiefem Blick ; neidisch. || FIG. [très attaché à] *Jaloux de son autorité*, befehlshaberisch.
◇ s. Eifersüchtige(r) f. (m.). || PAR EXT. Neidhammel m. | *Faire des jaloux*, Neid erregen.
Jamaïque [ʒamaik] n. pr. f. GÉOGR. Jamaika n.
jamais [ʒamɛ] adv. **1.** [sens positif] je(mals). | *A-t-on jamais vu plus belle chose ?*, hat man jemals etwas Schöneres gesehen ? | *Si jamais je le vois*, wenn ich ihn jemals sehen sollte. | *Plus que jamais*, mehr denn je.
2. [sens négatif] nie(mals) ; POÉT. nimmer. | *On ne le revit jamais*, man sah ihn nie wieder. | *Jamais plus*, nie(mals) mehr ; nimmermehr. | *Jamais de la vie*,

beileibe nicht ; unter keinen Umständen ; nicht um die Welt. | *Mieux vaut tard que jamais*, besser spät als gar nicht. || PAR EXAGÉR. *Il ne viendra jamais à cette heure-ci*, zu dieser Stunde wird er kaum noch kommen.
◇ loc. adv. **à jamais,** [pour toujours] auf, für immer ; (auf) ewig. | *Adieu à jamais*, auf Nimmerwiedersehen. | *À tout jamais*, (auf) immer und ewig ; in Ewigkeit. | *Au grand jamais*, nie und nimmer (mehr) ; unter gar keinen Umständen.
jambage [ʒɑ̃ba:ʒ] m. [écriture] Grundstrich m.
jambe [ʒɑ̃:b] f. ANAT. Bein n. | *(Haut de la) jambe*, Schenkel m. | *Croiser les jambes*, die Beine übereinanderschlagen. | *Écarter, Serrer les jambes*, die Beine spreizen, schließen. | *Allonger, Étendre la jambe*, das Bein vor-, ausstrecken. | *Se dégourdir les jambes*, die Beine wieder gelenkig machen ; sich die Beine vertreten. || [cheval] Bein n. || PAR EXT. [pied] Fuß m. | *Jambe de bois*, Stelzfuß ; Holzbein. || LOC. *Avoir encore de bonnes jambes*, noch gut auf den Beinen, zu Fuß sein. | *Traîner la jambe*, sich müde dahinschleppen. | *Courir à toutes jambes*, lange Beine machen. | *Prendre ses jambes à son cou*, die Beine in die Hand nehmen ; Hals über Kopf davonrennen. || FAM. *Cela me fait une belle jambe*, POP. was hab' ich schon davon. || FIG. *Prendre par-dessus la jambe*, auf die leichte Schulter nehmen.
jambière [ʒɑ̃bjɛ:r] f. SPORT. Beinschutz m.
jambon [ʒɑ̃bɔ̃] m. Schinken m. | *Jambon fumé*, Räucher-, Katenschinken. | *Jambon frais*, Schweinskeule f. | *Jambon à l'os*, Knochenschinken. | *Tranche de jambon*, Schinkenscheibe f.
jambonneau [-bɔno] m. Eisbein n.
jamboree [prononc. angl. dʒambɔri] m. SPORT. internationales Pfadfindertreffen.
jansénisme [ʒɑ̃senism] m. RELIG. Jansenismus m.
janséniste [-nist] m. RELIG. Jansenist m. ; Anhänger (m.) des Jansenismus.
jante [ʒɑ̃:t] f. TECHN. [roue] Felge f. ; [pneu] Reifenwulst f. || PAR ANAL. [poulie] Scheibenkranz m.
janvier [ʒɑ̃vje] m. Januar m. ; [en Autriche] Jänner m.
Japon [ʒapɔ̃] n. pr. m. GÉOGR. Japan n.
japonais, aise [-pɔnɛ, ɛ:z] adj. japanisch.
◇ s. **Japonais, aise,** Japaner(in) m. (f.) ; PÉJOR. Japs m.
◇ m. **japonais,** [langue] Japanisch(es) n.
japon(ais)erie [-pɔnɛzri, -pɔnri] f. japanischer Kunstgegenstand.
jappement [ʒapmɑ̃] m. Kläffen n. ; Bellen n.
japper [-pe] v. intr. kläffen ; belfern.
jaquemart [ʒakma:r] m. Glockenschlägerfigur f., [jouet] Klopfmännchen n.
jaquette [ʒakɛt] f. Jacke f. ; kurzer Rock ; Jackett n. ; Cut m. || [pour un livre] Schutzumschlag m.
jaquier ou **jacquier** [ʒakje] m. BOT. Jackbaum m.
jardin [ʒardɛ̃] m. Garten m. | *Jardin d'agrément*, Lust-, Blumengarten. | *Jardin potager, fruitier*, Gemüse-, Obstgarten. || [parc] (Garten)anlage f. ; Park m. | *Jardin public*, öffentliche Anlage. | *Jardin à la française*, barocke Gartenanlage. | *Jardin anglais*, englischer Park. | *Jardin d'hiver*, Wintergarten. | *Jardin suspendu*, Dachgarten. | *Jardin zoologique*, zoologischer Garten ; Tierpark. | *Jardin des Plantes*, botanischer Garten. || PAR EXT. [école] *Jardin d'enfants*, Kindergarten. || FIG. *C'était une pierre dans mon jardin*, das war auf mich gemünzt.
jardinage [-dina:ʒ] m. Gartenbau m. ; Gärtnerei f.
jardiner [-dine] v. intr. Gartenbau betreiben.
jardinet [-dinɛ] m. Gärtlein n.
jardinier, ière [-dinje, jɛ:r] s. Gärtner(in) m. (f.). || *Jardinière d'enfants*, Kindergärtnerin f.
jardinière [-dinjɛ:r] f. [fleurs] Blumenkasten m., -brett n., -krippe f. || CULIN. [légumes] Gemüseplatte f.
jargon [ʒargɔ̃] m. Kauderwelsch n. ; Jargon m. || FIG. Fachsprache f.
Jarnac (coup de) [kudəʒarnak] m. hinterlistiger Streich.
jarre [ʒa:r] f. Tonkrug m. ; Kruke f.
jarret [ʒarɛ] m. ANAT. Kniekehle f. || LOC. *Être ferme sur ses jarrets*, POP. fest auf seinen Beinen stehen ; sich wacker halten. || CULIN. *Jarret de veau*, Kalbshaxe f.
jarretelle [ʒartɛl] f. Strumpfhalter m.
jarretière [-tjɛ:r] f. Strumpfband n. || HIST. *Ordre de la Jarretière*, englischer Hosenbandorden m. || MÉD. Knie-, Schenkelbinde f.
jars [ʒa:r] m. ZOOL. Gänserich m.
jaser [ʒaze] v. intr. [jacasser] schwatzen ; plappern. || PAR EXT. [être indiscret] klatschen ; ausplaudern. || PARTICUL. [médire] *Jaser sur le compte de qn*, jn ins Gerede bringen.
jasmin [ʒasmɛ̃] m. BOT. Jasmin m.
jatte [ʒat] f. Napf m. ; (flache) Schale ; Mulde f.
jauge [ʒo:ʒ] f. [mesure] (Eich)maß n. ; Eichstab m. ; Lehre f. ; Meßkörper m. | *Jauge de niveau d'huile*, Ölstandanzeiger m. | *Jauge d'essence*, Benzinstandmesser m. || MAR. Wasserverdrängung f. ; Rauminhalt m.
jaugeage [-ʒa:ʒ] m. Eichen n. ; (Aus)messung f. ; (Ab)lehren n. || [prix] Eichgebühr f. || FIG. Abschätzung f. || MAR. Tonnengehalt m.
jauger [-ʒe] v. tr. eichen ; (aus)messen ; (ab)lehren. || FIG. abschätzen. || MAR. Tiefgang, Wasserverdrängung haben. | *Navire jaugeant...*, Schiff (n.) mit einem Tiefgang von...
jaunâtre [ʒonɑ:tr] adj. gelblich.
jaune [ʒo:n] adj. gelb. | *Jaune paille, citron*, stroh-, zitronengelb. || FIG. *Rire jaune*, gezwungen, falsch lachen. || MÉD. *Fièvre jaune*, Gelbfieber n.
◇ m. [matière, couleur] Gelb n. ; Gelbes n. | *Jaune citron, de chrome*, Zitronen-, Chromgelb. | *Jaune d'œuf*, Eidotter m., -gelb n. || FIG., FAM. [ouvrier] Streikbrecher m.
◇ s. **Jaune,** [race] Gelbe(r) f. (m.).
jaunir [-ni:r] v. tr. gelb machen ; gelb (ein)färben. || PAR EXT. [mûrir] reifen lassen.
◇ v. intr. gelb werden ; vergilben.
jaunisse [-nis] f. MÉD. Gelbsucht f. ; Ikterus m.
java [ʒavɑ] f. (*etwa*) Volkstanz m. || FAM. *Faire la java*, ein Fest feiern ; sich amüsieren.
Java [ʒava] n. pr. f. GÉOGR. Java n.
javanais, aise [-nɛ, ɛ:z] adj. javanisch.
◇ s. **Javanais, aise,** Javaner(in) m. (f.).
◇ m. **javanais,** [langue] Javanisch n. ; die javanische Sprache. || PAR EXT. [argot] Jargon m.
Javel (eau de) [odəʒavɛl] f. Chlorwasser n. ; Bleich-, Fleckenwasser n.
javelle [ʒavɛl] f. AGRIC. Schwaden m. ; Bündel n. ; Welle f.
javelliser [ʒavɛlize] v. tr. verchloren.
javelot [ʒavlo] m. [arme] Wurfspeer m. ; Spieß m. || SPORT. Speer m. ; [compétition] Speerwerfen n.
jazz ou **jazz-band** [dʒa:z, -band] m. MUS. Jazz m. ; Jazzorchester n., -musik f.
je [ʒə] pron. pers. ich. | *Je, soussigné*, ich, unterzeichneter.

Jean [ʒɑ̃] m. [prénom] Johann(es) m. ; Hans m. | *Jean-Baptiste*, Johannes der Täufer. || PAR ANAL. *La Saint-Jean*, Johannistag m. | *Feu de la Saint-Jean*, Johannisfeuer n. || FIG. *Gros-Jean comme devant*, so arm, klug wie zuvor ; seiner Illusionen beraubt.

Jeanne [ʒan] n. pr. f. (Jo)hanna f. ; Hanne f. | *Jeanne d'Arc*, die heilige Johanna.

jeannette f. BOT. *Jeannette blanche*, weiße Narzisse.

jeannette f. [planche à repasser] Ärmelbrett n.

jeans [dʒinz] m. Jeans m. pl.

Jeep [dʒip] f. (nom déposé) MIL. Jeep m.

Jéhovah [ʒeɔva] n. pr. m. RELIG. Jehova m.

je-m'en-fichisme [ʒəmɑ̃fiʃism] m. FAM. Gleichgültigkeit f.

je-ne-sais-quoi [ʒənsɛkwa] ou **je ne sais quoi** m. invar. *Un je-ne-sais-quoi*, ein gewisses Etwas.

jérémiade [ʒeremjad] f. Gejammer n. ; Jeremiade f.

Jéricho [ʒeriko] n. pr. m. HIST., THÉOL. Jericho n. || BOT. *Rose de Jéricho*, Rose (f.) von Jericho.

Jérôme [ʒero:m] n. pr. m. Hieronymus m.

jerrycan [dʒɛrikan] m. (Benzin)kanister m.

jersey [ʒɛrzɛ] m. TEXT. Jersey m.

Jérusalem [ʒeryzalɛm] n. pr. f. Jerusalem n.

jésuite [ʒezɥit] adj. jesuitisch.
◇ m. Jesuit m. || FIG., PÉJOR. Heuchler m.

jésuitisme [-tism] m. RELIG. Jesuitentum n. || FIG., PÉJOR. Hinterhältigkeit f. ; Heuchelei f. ; Spitzfindigkeit f.

Jésus(-Christ) [ʒezy(kri)] n. pr. m. RELIG. Jesus (Christus) m. | *(Enfant) Jésus*, Christ-, Jesuskind(lein) n. || LOC. *Compagnie de Jésus*, Jesuitenorden m. ; Societas Jesus f. (S.J.). | *Avant, Après Jésus-Christ*, vor, nach Christo ; vor, nach Christi Geburt.

jet [ʒɛ] m. [action] (Aus)werfen n. ; Wurf m. | *Jet d'une pierre*, Steinwurf. | *À un jet de pierre*, einen Steinwurf weit ; auf Wurfweite. | *Arme de jet*, Wurfgeschoß n. ; Schleuderwaffe f. || [liquide] Guß m. ; Strahl m. | *Jet d'eau, de sang*, Wasser-, Blutstrahl. || [fontaine] *Jet d'eau*, Springbrunnen m. || PAR EXT. *Jet de lumière*, Lichtstrahl. | *Jet de flamme*, Stichflamme f. || FIG. Wurf m. ; Guß m. | *Du premier jet*, auf Anhieb. | *D'un seul jet*, aus einem Guß ; mit einem Zuge. | *À jet continu*, unaufhörlich. || [ébauche] *Premier jet*, (erster) Entwurf.

jetable [ʒətabl] adj. Einweg... | *Briquet, Rasoir jetable*, Einwegfeuerzeug n., Einwegrasierer m.

jetée [ʒəte] f. MAR. (Hafen)damm m. ; Mole f. ; Pier m.

jeter [ʒəte] v. tr. **1.** SENS PROPRES : [en général] werfen ; schleudern. | *Jeter au loin*, ab-, fort-, hin-, wegwerfen. | *Jeter dehors*, aus-, hinauswerfen. | *Jeter en l'air*, hoch (in die Luft) werfen. | *Jeter par terre*, zu Boden, auf den Boden werfen. | *Jeter par la fenêtre*, zum Fenster hinauswerfen. | *Jeter au feu, à l'eau*, ins Feuer, ins Wasser werfen. | *Jeter pêle-mêle*, durcheinanderwerfen. || [avec violence] schmeißen ; schmettern ; stürzen. || [renverser] umwerfen, -reißen, -stoßen (sépar.). | *Jeter bas une maison*, ein Haus ab-, niederreißen. || PAR EXT. [liquide] aus-, weggießen ; aus-, wegschütten. || [terre, grains] schütten ; streuen. || PAR EXAGÉR. [feux, rayons] werfen ; (aus)strahlen ; verbreiten. | *Jeter une vive lumière, un vif éclat*, aufblitzen ; ausstrahlen ; glänzen. | *Jeter une lueur*, aufleuchten.
2. SENS FIGURÉS : [réprobation] werfen. | *Jeter qch. à la tête de qn*, jm etwas an den Kopf werfen. | *Jeter qn en prison*, jn ins Gefängnis werfen. | *Jeter le discrédit sur qn*, jn in Mißkredit, in Verruf bringen. | *Jeter un sort à qn*, jn ver-, behexen. | *Le sort en est jeté*, die Würfel sind gefallen. | *Jeter le manche après la cognée*, die Flinte ins Korn werfen. | *Jeter le froc aux orties*, die Kutte ablegen. | *Jeter de la poudre aux yeux*, Sand in die Augen streuen ; angeben. | *Jeter l'argent par les fenêtres*, das Geld zum Fenster hinauswerfen ; das Geld verschwenden, verprassen, verpulvern. | *Jeter de l'huile sur le feu*, Öl ins Feuer gießen. || [esquisser] entwerfen ; legen. | *Jeter les fondements, les bases de qch.*, den Grund zu etwas legen. || [hâtivement] *Jeter sur le papier*, flüchtig entwerfen ; POP. hinhauen. || PAR EXT. *Jeter un coup d'œil sur qch.*, einen Blick in eine Sache werfen. | *Jeter un coup d'œil rapide sur une lettre*, einen Brief überfliegen.
3. SENS PARTICULIERS : [mettre un vêtement] *Jeter sur ses épaules*, umwerfen, um die Schultern schlagen. || MAR. *Jeter l'ancre*, den Anker werfen ; vor Anker gehen.
◇ v. pr. **se jeter,** [sens pass.] weggeworfen werden. || [sens réfl.] sich werfen. || PAR ANAL. [se précipiter] sich stürzen. | *Se jeter sur qn*, auf jn los-, zustürzen ; über jn herfallen. | *Se jeter aux pieds de qn*, sich jm zu Füßen werfen. | *Se jeter au cou de qn*, sich jm an den Hals werfen. | *Se jeter à l'eau*, ins Wasser springen. | *Se jeter de côté*, auf die Seite springen. || PAR EXT. [fleuve] *Se jeter dans la mer*, sich ins Meer ergießen ; ins Meer münden.
— SYN. : *Lancer*, werfen ; schleudern. *Projeter*, hochschleudern. *Rejeter*, zurückwerfen.

jeton [ʒətɔ̃] m. [au jeu] Marke f. ; Spielmarke f. || FIG., FAM. *C'est un faux jeton*, er ist ein falscher Fuffziger. || *Jeton de présence*, Anwesenheitsgeld n. ; Sitzungsgeld n.

jeu [ʒø] m. [sens général] Spiel n.
1. SENS PROPRES : [action] Spiel(en) n. || [matière] Spielart f. ; Spiel n. || [partie, ensemble servant à jouer] Spiel n. || [lieu] *(Terrain de) jeu*, Spielplatz m. | *Jeu de quilles*, Kegelbahn f. || [mouvement combiné] Spiel n. | *Jeux de physionomie, de lumière*, Mienen-, Lichtspiel. || LOC. *Jeu de hasard, de société, d'adresse*, Glücks-, Gesellschafts-, Geschicklichkeitsspiel. | *Jeu de construction*, Baukasten m. | *Jeu de dés*, Würfelspiel. | *Jeu de cartes*, Kartenspiel. | *Table de jeu*, Spieltisch m. | *Règle du jeu*, Spielregel f. | *Perdre qch. au jeu*, etwas verspielen. | *Se ruiner au jeu*, sein ganzes Vermögen verspielen. || SPORT. *Jeux collectifs*, Gemeinschaftspiele n. pl. | *Jeux de plein air*, Bewegungsspiele n. pl. | *Jeu d'équipe*, Zusammenspiel (der Mitglieder einer Mannschaft). | *Jeu de jambes*, Beinarbeit f. | *Jeux Olympiques*, olympische Spiele n. pl.
2. SENS DÉRIVÉS ET FIGURÉS : [action décisive, mais fortuite] Spiel n. | *Mettre en jeu*, aufs Spiel setzen. | *Mettre tout en jeu*, alles aufbieten. | *Son honneur est en jeu*, es geht um seine Ehre. | *Entrer en jeu*, ins Spiel kommen ; mitspielen. || [manière d'agir] *Jouer franc jeu*, offen, ehrlich spielen. | *Jouer double jeu*, doppeltes Spiel treiben. | *Cacher son jeu*, heimlich handeln. | *Jouer gros jeu*, viel wagen, daransetzen. | *Ce n'est pas du jeu*, das ist nicht erlaubt. | *Tirer son épingle du jeu*, sich auf gute Art aus der Affäre ziehen. | *Le jeu n'en vaut pas la chandelle*, das ist nicht der Mühe wert. || [facilité] *Avoir beau jeu*, leichtes Spiel haben ; es leicht haben. | *Ce n'est qu'un jeu pour lui*, es ist ihm ein Leichtes. | *Faire le jeu de qn*, jm etwas in die Hände spielen. || [plaisanterie] Spiel n. ; Spaß m. | *Jeu de mots*, Wortspiel n., -spielerei f. | *Par jeu*, zum, aus Spaß ; scherzweise. || LOC. *Être vieux jeux*, altmodisch sein.
3. SENS PARTICULIERS : [différents jeux] *Jeu d'échecs, de dames*, Schach-, Damenspiel. | *Jeu de piste*, Schnitzeljagd f. | *Jeu de rôles*, Rollenspiel n. | *Faites vos jeux !*, bitte setzen ! || *(Jeu de) cartes*, Kartenspiel. | *Un jeu de trente-deux cartes*, Spiel mit zweiunddreißig Karten. | *Avoir du jeu*, eine gute Karte haben. || ÉCON. *Jeu*

d'entreprise, Unternehmensspiel n. || MATH. *Théorie des jeux*, Spieltheorie f. || MUS. Spiel n. ; Vortrag m. | *Jeu d'orgues*, Orgelregister n. || THÉÂTRE. *Jeu de scène*, Bühnenspiel. || [série complète] Satz m. ; Garnitur f. | *Jeu d'outils*, Satz Werkzeuge. || [manque de serrage] Spiel n. ; Spielraum m. ; Luft f. ; toter Gang. | *Prendre du jeu*, (sich) ausleiern. | *Donner du jeu à une porte*, einer Tür mehr Spielraum lassen.

jeudi [ʒødi] m. Donnerstag m. | *Jeudi saint*, Gründonnerstag. || FIG. *Semaine des quatre jeudis*, Sankt Nimmerleinstag.

jeun (à) [aʒœ̃] loc. adv. nüchtern. | *Être à jeun*, nüchtern sein ; einen nüchternen Magen haben.

jeune [ʒœn] adj. jung. | *Tout jeune*, blutjung. || PARTICUL. [juvénile] jugendlich ; jungenhaft. || PAR EXT. [verdure] frisch. || LOC. *Jeune homme*, junger Mann ; VX. Jüngling m. | *Jeune fille*, Mädchen n. ; VX. Jungfer f. | *Jeunes gens*, junge Leute pl. ; Jugend f. | *Jeune âge*, Jugendalter n., -zeit f. ; Jugend f. || FAM. *Faire jeune*, jung aussehen. | *Dès son plus jeune âge*, von seiner frühesten Jugend an. || THÉÂTRE. *Jeune premier*, jugendlicher Liebhaber.
◇ m. Junge m. || *Les jeunes*, die jungen Leute ; die Jugendlichen ; die Jugend. || PAR EXT. [animal] Junges n. ; junges Tier.

jeûne [ʒø:n] m. [action] Fasten n. || [nuances] Darben n. ; Diät f. || PAR EXT. [temps] Fastenzeit f. || LOC. *Observer le jeûne*, die Fastenzeit beachten.

jeûner [-ne] v. intr. fasten ; eine Hungerkur machen. || [avoir faim] hungern ; Hunger leiden.

jeunesse [ʒœnɛs] f. [état] Jugend f. ; Jugendlichkeit f. || [temps] Jugendzeit f., -alter n. ; Jünglings-, Mädchenjahre n. pl. || PAR EXT. [personnes] Jugend f. ; junge Leute pl. ; Jungen m. pl. || [fillette] junges Blut. || LOC. *Prime, Première jeunesse*, frühe Jugend. | *Il n'est plus de la première jeunesse*, der erste Schmelz der Jugend ist hinter ihm. | *Il faut que jeunesse se passe*, Jugend muß sich austoben ; Jugend kennt keine Tugend. || FIG. [fraîcheur] (Jugend)frische f.

jeunet, ette [-nɛ, ɛt] adj. FAM. ein bißchen jung.

jiu-jitsu [ʒiy-ʒitsy] m. SPORT. Jiujitsu m.

joaillerie [ʒɔajri] f. [art] Juwelierkunst f. || [objets] Juwelier-, Schmuckwaren f. pl. || PAR EXT. [commerce] Juwelier-, Schmuckwarenhandel m., -laden m.

joaillier, ière [-je, jɛ:r] s. Juwelier m. ; Schmuckwarenhändler(in) m. (f.).

Job [ʒɔb] n. pr. m. Hiob m. | *Le livre de Job*, das Buch Hiob. || FIG. *Pauvre comme Job*, ein geschlagener Hiob ; bettelarm.

jobard [ʒɔba:r] m. FAM. leichtgläubiger Tropf.

jobardise [-di:z] f. FAM. Einfältigkeit f. ; Albernheit f.

jockey [ʒɔkɛ] m. Jockey m. ; Jockei m.

joie [ʒwa] f. [sens général] Freude f. || [nuances] Freudigkeit f. ; Frohsinn m. ; Vergnügen n. ; Wonne f. | *Joie profonde*, Wonne f. | *Joie de vivre*, Lebenslust f. || PAR EXT. [gaieté] Lust f. ; Fröhlichkeit f. ; Heiterkeit f. || LOC. *Sans joie*, freud(e)los. | *De joie*, Freuden... | *Transports, Larmes, Feu de joie*, Freudenausbrüche m. pl., -tränen f. pl., -feuer n. | *Cris de joie*, Freudenrufe m. pl., -geschrei n. | *Pousser des cris de joie*, jauchzen ; jubeln ; frohlocken. | *Ne plus se sentir de joie*, sich vor Freude nicht mehr zu lassen wissen. | *Pleurer de joie*, Freudentränen weinen. | *Il est toute ma joie*, er ist meine einzige Freude ; er ist mein Augentrost. || PÉJOR. *Fille de joie*, Freudenmädchen n. ; Dirne f.
— SYN. : *Plaisir*, Vergnügen. *Allégresse*, Heiterkeit. *Jubilation*, Frohlocken.

joindre [ʒwɛ̃:dr] v. tr. **1.** [faire se toucher] fügen ; zusammen-, aneinanderfügen ; zusammenstellen ; aneinandersetzen. | *Joindre les mains*, die Hände falten. || [réunir] verbinden.
2. [ajouter] hinzufügen. | *Joindre à une lettre*, einem Brief beilegen, -fügen ; mitschicken.
3. [rejoindre, atteindre] einholen ; erreichen ; treffen. | *Je ne puis le joindre par téléphone*, ich kann ihn telephonisch nicht erreichen. | *Où puis-je le joindre ?*, wo kann ich ihn erreichen ?
4. FIG. [allier] vereinigen. | *Joindre ses efforts à*, seine Kräfte vereinigen mit. | *Joindre l'utile à l'agréable*, das Nützliche mit dem Angenehmen verbinden. || FAM. *Joindre les deux bouts*, knapp auskommen.
◇ v. intr. [se toucher] schließen ; genau anliegen. || PAR ANAL. [fermer] dicht sein. | *Qui ne joint pas*, undicht.
◇ part. pass. et adj. **joint, jointe,** zusammen... ; aneinander... | *Les mains jointes*, mit gefalteten Händen. | *À pieds joints*, mit geschlossenen Füßen. || PAR EXT. [ajouté] *Être joint à*, beiliegen ; begleiten. | *Ci-joint*, beiliegend ; in der Anlage ; anbei. | *Pièce jointe*, An-, Beilage f.
◇ v. pr. **se joindre,** *Se joindre à qn*, sich jm anschließen ; sich zu jm gesellen. || PAR ANAL. [se réunir] sich treffen ; zusammentreffen. || PAR EXT. [s'ajouter] hinzukommen.
— SYN. : *Accoupler*, paaren. *Jumeler*, paarweise zusammensetzen. *Abouter*, die Enden verbinden. *Rattacher*, anhängen. *Annexer*, beifügen.

joint [ʒwɛ̃] m. FIG., FAM. *Trouver le joint*, auf den Dreh kommen. || TECHN. Gelenk n. ; Fuge f. ; Verbindung f. | *Joint de culasse*, Zylinderkopfdichtung f. | *Joint d'étanchéité*, Dichtung f. ; Dichtring m. | *Joint de soudage*, Schweißnaht f.

jointure [-ty:r] f. ANAT. Gelenk n. | *Jointure du genou*, Kniegelenk.

joker [ʒɔkɛr] m. Joker m.

joli, ie [ʒɔli] adj. [sens général] hübsch. | *Joli comme un cœur*, bildhübsch. || [nuances] nett ; niedlich ; zierlich. || [avantageux] *Une jolie somme*, ein hübsches Sümmchen. || LOC. *Faire le joli cœur*, den Geck spielen. || FIG., PÉJOR. *Un joli monsieur*, ein sauberer Kerl ! | *C'est du joli travail !*, das ist ja reizend ! ; das ist verpfuscht !

joliment [-mɑ̃] adv. hübsch. || FIG., FAM. [beaucoup] sehr ; gehörig ; ordentlich ; tüchtig.

jonc [ʒɔ̃] m. BOT. Binse f. ; Schilf n. ; Rohr n. | *Canne de jonc*, Rohrstock m.

jonchée [ʒɔ̃ʃe] f. LOC. *Jonchée de fleurs*, hingestreute Blumen f. pl.

joncher [-ʃe] v. tr. [couvrir] bestreuen, -decken, -säen. | *Joncher la terre de fleurs*, die Erde mit Blumen bestreuen. | *Des feuilles jonchent le sol*, überall liegen Blätter (auf dem Boden) herum. | *Le sol est jonché de fleurs*, der Boden ist mit Blumen besät.

jonchets [ʒɔ̃ʃɛ] m. pl. Mikadostäbchen n. pl.

jonction [ʒɔ̃ksjɔ̃] f. Verbindung f., -einigung f. | *Canal de jonction*, Verbindungskanal m. | *Point de jonction*, Vereinigungs-, Knotenpunkt m.

jongler [ʒɔ̃gle] v. intr. gaukeln ; jonglieren.

jonglerie [-gləri] f. Gaukelei f. ; Herumjonglieren n. || FIG., PÉJOR. Blendwerk n. ; Hokuspokus m.

jongleur [-glœ:r] m. HIST. Spielmann m.

jonque [ʒɔ̃k] f. MAR. Dschunke f.

jonquille [ʒɔ̃kij] f. BOT. Osterglocke f.

Jordanie [ʒɔrdani] n. pr. f. GÉOGR. Jordanien n.

jouable [ʒwabl] adj. spielbar ; [théâtre] aufführbar.

joubarbe [ʒubarb] f. BOT. Hauswurz f.

joue [ʒu] f. Backe f. ; Wange f. | *Mettre, Coucher qn en joue*, auf jn anlegen, zielen. | *(Action de) mettre en joue*, Anschlag m. | *En joue !*, legt an !

jouer [ʒwe] v. intr. [sens général] spielen. ‖ [musique] spielen. | *Jouer d'un instrument*, ein Instrument spielen. ‖ PAR EXT. [eau, lumière, vent] spielen. ‖ FAM. [se servir de] handhaben. | FIG. *Jouer des coudes*, sich Ellenbogenfreiheit verschaffen. | *Jouer au grand seigneur*, den feinen Herrn spielen ; POP. dicke tun. | *Jouer au plus fin avec qn*, alle Schlauheit aufwenden ; jn überlisten wollen. | *Jouer sur les mots*, tun, als ob man nicht richtig verstanden hätte. | *À vous de jouer !*, Sie sind dran ; ich geb' es auf ! ‖ [mettre en œuvre] *Faire jouer*, in Bewegung setzen ; gebrauchen. ‖ FIN. *Jouer à la Bourse*, an der Börse spekulieren. ‖ THÉÂTRE. spielen. ‖ MUS. *Jouer du piano, du violon*, Klavier, Geige spielen. | *Jouer d'un instrument à vent*, blasen. ‖ [jeux] *Jouer aux échecs, aux dames, à colin-maillard, à cache-cache*, Schach, Dame, Blindekuh, Versteck spielen. ‖ SPORT. *Jouer au football, au tennis*, Fußball, Tennis spielen.
◇ v. tr. THÉÂTRE. [pièce] spielen ; aufführen ; darstellen. | *Jouer un rôle*, eine Rolle spielen, darstellen. ‖ MUS. [morceau] spielen ; vortragen. | *Jouer qch. à qn*, jm etwas vorspielen. ‖ [jeux] spielen ; aufs Spiel setzen ; (ein)setzen. | *Jouer gros jeu*, mit hohem Einsatz spielen ; hoch spielen. ‖ FIG. spielen ; aufs Spiel setzen. | *Jouer le tout pour le tout, son va-tout*, alles auf eine Karte setzen. | *Jouer franc jeu, cartes sur table*, offen spielen ; seine Karten auf den Tisch legen. | *Jouer gros jeu, un jeu dangereux*, ein gewagtes Spiel spielen. | *Jouer serré*, vorsichtig zu Werke gehen. | *Jouer sa dernière carte*, seine letzte Möglichkeit ausschöpfen. | *Jouer sa tête*, seinen Kopf aufs Spiel setzen. ‖ [simuler] spielen ; markieren ; heucheln. | *Jouer la surprise*, den Überraschten spielen ; Überraschung heucheln. | *Jouer la comédie*, Theater spielen. ‖ [duper] *Jouer un tour à qn*, jm einen Streich spielen. | *Jouer qn*, jn betrügen, anführen ; jn hinters Licht führen ; jn lächerlich machen.
◇ v. pr. **se jouer,** [sens pass.] gespielt werden. ‖ THÉÂTRE. aufgeführt werden. ‖ [s'amuser] spielen. | *Se jouer de qch.*, mit etwas spielen ; sein Spiel mit etwas treiben. ‖ FIG. [se moquer] *Se jouer de qn*, jn zum besten haben ; sich über jn lustig machen.

jouet [ʒwɛ] m. Spielzeug n. ‖ FIG. Spielball m. | *Être le jouet des vagues*, der Spielball der Wellen sein. ‖ PAR EXT. [objet de moquerie] Zielscheibe f.

joueur, joueuse [ʒwœ:r, ʒwø:z] s. Spieler(in) m. (f.). ‖ LOC. *Se montrer beau joueur*, mit Anstand verlieren können ; fair spielen. | *Mauvais joueur*, schlechter Verlierer.

joufflu, ue [ʒufly] adj. pausbäckig ; mit dicken, vollen Backen.

joug [ʒu] m. Joch n. ‖ FIG. [domination] Joch n. ; Knechtschaft f. | *Ployer sous le joug*, sich unter das Joch beugen. | *Secouer le joug*, das Joch abschütteln. ‖ HIST. *Faire passer sous le joug*, unter das Joch schicken.

jouir [ʒwi:r] v. intr. [tirer avantage, agrément] genießen ; sich (er)freuen. | *Jouir de qch.*, etwas genießen ; sich einer Sache erfreuen. ‖ [être satisfait] sich freuen ; sich ergötzen. ‖ [posséder] genießen ; besitzen ; im Besitz sein. ‖ LOC. *Jouir de la vie*, das Leben genießen. | *Jouir d'une bonne santé, de l'estime publique*, sich einer guten Gesundheit, allgemeiner Achtung erfreuen.

jouissance [ʒwisɑ̃:s] f. [plaisir] Genuß m. ; Freude f. ; Behagen n. ; Wohlgefühl n. | *Avide de jouissance*, genußsüchtig. ‖ [sens] Sinnen-, Wollust f. ‖ [possession] Genuß m. ; Besitz m. | *En pleine jouissance de ses facultés mentales*, im Vollbesitz seiner geistigen Zurechnungsfähigkeit. ‖ JUR. (Be)nutzung f. ; Nutznießung f. ; Nießbrauch m.
— SYN. : *Possession* f., Besitz m. *Propriété* f., Eigentum n. *Usufruit* m., Nutznießung f. *Usage* m., Gebrauch m.

jouisseur, euse [-sœ:r, ø:z] s. Genießer m. ; Lebemann m.

joujou [ʒuʒu] m. FAM. Spielzeug n.

joule [ʒul] m. PHYS. Joule n.

jour [ʒu:r] m. Tag m.

> **I.** OPPOSÉ À « NUIT » :
> **a)** [en général] ;
> **b)** [lumière, clarté] ;
> **c)** [aspect].
> **d)** LOC.
> **II.** ESPACE DE TEMPS :
> **a)** [espace de vingt-quatre heures] ;
> **b)** [époque] ;
> **c)** [époque actuelle] ;
> **d)** [vie].
> **III.** EMPLOIS PARTICULIERS.

I. OPPOSÉ À « NUIT » : **a)** [en général] Tag m. | *Nuit et jour, Jour et nuit*, Tag und Nacht. | *Pointe, Point du jour, Jour naissant*, Tagesanbruch m., -grauen n. ; Frühe f. | *Déclin du jour*, Tagesneige f. | *Au petit jour, À la pointe du jour*, bei Tagesgrauen ; in aller Frühe. ‖ *En plein jour, Au grand jour*, am hellichten Tag. | *À la fin du jour*, mit dem Scheiden des Tages ; gegen Abend. | *De jour*, bei Tag ; tagsüber. | *Il fait jour*, es ist, wird Tag ; es ist, wird hell. | *Il commence à faire jour, Le jour point, se lève*, der Tag graut, bricht an ; es dämmert ; es tagt. | *Il fait jour jusqu'à 7 heures*, es bleibt hell bis 7 Uhr. — **b)** [lumière, clarté] Tag m. ; (Tages)licht n. ; Helle f. | *Demi-jour*, Dämmerung f. ; Dämmerlicht n. ; Halbdunkel n. | *Faux jour*, Zwielicht n. ; ungünstige Lichtverhältnisse n. pl. | *À contre-jour*, gegen das Licht. | *Prendre jour sur*, das Licht bekommen von. ‖ FIG. *Clair comme le jour*, taghell ; sonnenklar. | *Belle comme le jour*, bildschön. | *Paraître, Éclater au grand jour*, an den Tag, ans Tageslicht kommen ; herauskommen. — **c)** FIG. [aspect] Licht n. | *Montrer, Faire voir qch. sous son vrai jour*, etwas ins rechte Licht setzen. | *Sous un jour favorable*, in günstigem Licht. | *C'est le jour et la nuit*, das ist wie Tag und Nacht, Feuer und Wasser. — **d)** LOC. *Se faire jour (à travers)*, durchbrechen, -dringen (sépar.) ; sich Bahn brechen.
II. ESPACE DE TEMPS : **a)** [espace de vingt-quatre heures] Tag m. | *Huit, Quinze jours*, acht, vierzehn Tage. | *De huit jours*, achttägig. | *Dans quinze jours*, (heute) in vierzehn Tagen ; binnen vierzehn Tagen. | *Il y a trois jours*, vor drei Tagen. | *D'un jour*, eintägig ; Eintags... | *De tous les jours*, alltäglich ; Alltags... | *Jour de classe, de congé*, Schul-, Ferientag. | *Jour de l'an*, Neujahrstag. | *Jour de fête, férié*, Fest-, Feiertag. | *Jour de semaine, ouvrable, de paye*, Wochen-, Werk-, Zahltag. | *Les jours d'hiver*, die Wintertage. | *Quel jour sommes-nous ?*, welchen Tag, den wievielten haben wir heute ? ‖ LOC. *Un jour*, eines Tages ; an einem Tag ; einst ; einmal. | *Le jour où*, am Tage, als. | *Du jour où*, seit dem Tage, da. | *Du jour au lendemain*, über Nacht ; von heute auf morgen. | *Un jour ou l'autre*, früher oder später ; über kurz oder lang. | *L'autre jour*, neulich ; vor kurzem. | *Un beau jour*, an einem schönen Tag ; eines guten Tages. | *D'ici quelques jours*, in den nächsten Tagen. | *Tout le jour, Tout le long du jour*, tagsüber ; den ganzen Tag lang. | *Un de ces jours*, an einem dieser Tage ; demnächst ; bald. | *Tous les jours*, jeden Tag ; täglich ; tagtäglich. | *Par jour*, täglich. | *Deux fois par jour*, zweimal am Tag. | *De jour en jour*, von Tag zu Tag ; mit jedem Tag. | *Jour après jour*, Tag für Tag. | *Un an jour pour jour*, genau vor, nach einem Jahr. | *Dans les quinze jours*, innerhalb der nächsten vierzehn Tage. | *Vivre au jour le jour*, in den Tag hinein, von der Hand in den Mund leben. —

b) FIG. [époque] Tage m. pl. ; Zeit f. | *De nos jours*, in der heutigen Zeit ; heutzutage ; heute ; jetzt. | *Un jour viendra*, es kommt der Tag. — **c)** [époque actuelle, aujourd'hui] Gegenwart f. | *Goût du jour*, heutiger Geschmack ; Mode f. | *Homme du jour*, Held (m.) des Tages. | *Ordre du jour*, Tagesordnung f. | *Être à l'ordre du jour*, auf der Tagesordnung stehen. — **d)** [vie] Tage m. pl. ; Leben n. | *Voir le jour*, das Licht der Welt erblicken. | *Donner le jour à un enfant*, einem Kind das Leben schenken. | *Couler des jours heureux*, glücklich hinleben ; glückliche Tage verbringen. | *Mettre fin, Attenter à ses jours*, seinem Leben ein Ende machen ; Selbstmord begehen. | *Sur ses vieux jours*, (hoch) im Alter.

III. EMPLOIS PARTICULIERS : *Mettre ses affaires à jour*, seine Angelegenheiten in Ordnung bringen. | *Être à jour*, auf dem laufenden sein. || ARTS. [lumière] Beleuchtung f. ; Licht n. ; Lichter n. pl. || TEXT. *Bas à jour*, durchbrochene Strümpfe m. pl. || ARCHIT. [ouverture] Öffnung f. ; Spalte f.

Jourdain [ʒurdɛ̃] n. pr. m. GÉOGR. Jordan m.

journal [ʒurnal] m. Zeitung f. ; (Tage)blatt n. ; Anzeiger m. | *Journal du matin, du soir*, Morgen-, Abendzeitung ; Morgen-, Abendblatt. | *Journal spécialisé*, Fachzeitung. | *Journal mural*, Wandzeitung. | *Lire les journaux*, die Presse lesen. || *Journal intime*, Tagebuch n. || COMM. Grundbuch n. ; Journal n. || ADMIN. *Journal officiel*, Amtsblatt. || AÉRON., MAR. *Journal de bord*, Bordbuch n. ; FIG. Tagebuch n. || RADIO., TÉLÉV. *Journal parlé*, Radionachrichten f. pl. | *Journal télévisé*, Fernsehnachrichten f. pl. || INF. *Journal de bord*, Protokoll n. ; Journal n.

journalier, ière [-nalje, jɛ:r] adj. (all)täglich ; tagtäglich. || FIG. [changeant] veränderlich.
◇ s. Tagelöhner(in) m. (f.).

journalisme [-nalism] m. Zeitungswesen n. ; Pressewesen n. ; Journalismus m.

journaliste [-nalist] s. Journalist(in) m. (f.). | *Journaliste sportif*, Sportreporter m.

journée [-ne] f. [jour] Tag m. ; Tageszeit f., -dauer f. | *Durant, Pendant la journée*, während des Tags ; den Tag hindurch ; tagsüber. | *Toute la journée*, den ganzen Tag (lang). | *Toute la sainte journée*, den lieben langen Tag. || [travail] Tagesarbeit f. ; Tagewerk n. | *Journée de huit heures*, Achtstundentag. || [salaire] Tagelohn m. | *Homme, Femme de journée*, Tagelöhner m., -frau f. | *Travailler à la journée*, gegen Tagelohn arbeiten.

journellement [-nɛlmɑ̃] adj. (all)täglich ; tagtäglich ; tagaus tagein.

joute [ʒut] f. HIST. Lanzenstechen n. ; Turnier n. || FIG. Wettstreit m. | *Joute oratoire*, Wortgefecht n. || MAR. *Joute nautique*, Schifferstechen n.

Jouvence [ʒuvɑ̃:s] n. pr. f. MYTH. *Fontaine de Jouvence*, Jungbrunnen m.

jouvenceau [-so] m. Jüngling m. ; junger Mann.

jouvencelle [-sɛl] f. junges Mädchen ; Jungfrau f. ; Maid f.

jovial, iale [ʒɔvjal] (pl. **ials** ou **iaux**) adj. fröhlich ; lustig ; fidel ; jovial. | *Un garçon jovial*, ein lustiger Bruder.

jovialité [-lite] f. Fröhlichkeit f. ; Frohsinn m. ; Jovialität f.

joyau [ʒwajo] m. Kleinod n. ; Juwel n. | *Joyaux de la couronne*, Kronjuwelen n. pl. ; Kronschatz m.

joyeusement [ʒwajøzmɑ̃] adv. lustig ; fröhlich.

joyeux, euse [-jø, ø:z] adj. fröhlich ; froh ; lustig. || *D'humeur joyeuse*, froh-, gutgelaunt. | *Joyeux drille*, lustiger, fideler Kerl. | *Mener joyeuse vie*, ein lustiges Leben führen ; FAM. flott leben.

jubilation [-lasjɔ̃] f. FAM. Jauchzen n. ; Gejauchze n. ; Jubilieren n.

jubilé [-le] m. Jubelfest n. ; Jubiläum n.

jubiler [-le] v. intr. FAM. jubeln ; (auf)jauchzen ; frohlocken.

jucher [ʒyʃe] v. tr. hoch setzen.
◇ part. pass. et adj. **juché, ée,** *Être juché*, hoch oben sitzen, stehen. | *Juché sur son perchoir*, auf der Stange sitzend.
◇ v. pr. **se jucher,** [oiseau] sich (auf die Stange) setzen.

judaïque [ʒydaik] adj. jüdisch ; Juden...

judaïsme [-ism] m. jüdische Religion ; Judentum n.

Judas [ʒyda] n. pr. m. THÉOL. Judas m. || FIG. Verräter m. | *Baiser de Judas*, Judaskuß m.

judas m. [petite ouverture] (Tür)spion m.

Judée [ʒyde] n. pr. f. GÉOGR. Judäa n.

judiciaire [ʒydisjɛ:r] adj. gerichtlich ; rechtlich. | *Décision, Enquête, Poursuite judiciaire*, gerichtliche Ent-scheidung, Untersuchung, Verfolgung. | *Autorité, Erreur judiciaire*, Justizbehörde f., -irrtum m.

judicieux, ieuse [-sjø, jø:z] adj. richtig ; sinnvoll ; gescheit.

judo [ʒydo] m. SPORT. Judo n.

judoka [-dɔka] s. SPORT. Judoka m.

juge [ʒy:ʒ] m. JUR. Richter m. | *Juge de paix*, Friedensrichter. | *Juge d'instruction*, Untersuchungsrichter. || [arbitre] Schiedsrichter m. || FIG. Richter m. ; Beurteiler m. ; PÉJOR. Zensor m. | *S'ériger en juge*, sich zum Richter aufwerfen. | *Je vous fais, laisse juge de*, ich überlasse es Ihnen. || PAR EXT. [connaissance] *Bon juge*, Kenner m. || SPORT. *Juge à l'arrivée*, Zielrichter. | *Juge de ligne, Juge de touche*, Linienrichter.

jugement [-ʒmɑ̃] m. PHILOS. [faculté] Urteilskraft f. ; Verstand m. | *Critique du jugement de Kant*, Kantische Kritik der Urteilskraft. || [acte] Beurteilung f. ; Urteil n. | *Porter un jugement sur*, beurteilen ; urteilen über (acc.) ; richten. | *Porter un jugement de valeur sur qch.*, ein Werturteil fällen über. | *Prononcer un jugement*, ein Urteil fällen, abgeben. | *Ratifier un jugement*, ein Urteil bestätigen. | *Avoir du jugement*, urteilsfähig sein. || FIG. [avis] Meinung f. ; Ansicht f. || JUR. [sentence] Urteilsspruch m. ; Urteil n. ; gerichtliche Entscheidung. | *Mettre en jugement*, gerichtlich belangen. | *Rendre, Prononcer un jugement*, ein Urteil fällen, aussprechen, verkünden. || RELIG. *Jugement dernier*, Jüngstes Gericht.
— SYN. : *Arrêt* m., Verordnung f. *Verdict* m., (Geschworenen)spruch m. *Sentence* f., (Schieds)spruch m. ; Urteil n.

juger [ʒyʒe] v. tr. richten ; aburteilen. | *Juger qn*, jn aburteilen ; jm das Urteil sprechen ; über jn zu Gericht sitzen. | *Juger en dernier ressort*, in letzter Instanz, endgültig entscheiden. || [émettre un jugement] be-, ab-, verurteilen. || FIG. [estimer] schätzen ; erachten, halten für. | *Juger bon, à propos de*, es für angebracht, gut, richtig halten zu. | *Juger nécessaire de*, es für erforderlich, notwendig erachten zu. | *Faire comme vous jugerez bon*, tun Sie nach Ihrem Gutdünken.
◇ v. intr. *Juger de qch.*, etwas beurteilen ; über eine Sache urteilen. | *Autant que je puisse en juger*, meines Erachtens ; so weit ich mir ein Bild davon machen kann. || FIG. [s'imaginer] sich vorstellen. | *Jugez de ma surprise*, stellen Sie sich meine Überraschung vor.
◇ part. pass. et adj. **jugé, ée,** beurteilt ; abgeurteilt. | *Chose jugée*, rechtskräftige Sache.
◇ v. pr. **se juger,** [sens pass.] vor Gericht kommen ; zur Entscheidung kommen. || [sens réfl.] *Se juger capable*, sich für fähig halten.

— Syn. : *Décider*, einen Entschluß fassen. *Se prononcer*, Stellung nehmen. *Statuer*, festsetzen. *Arbitrer*, schlichten.

jugulaire [ʒygylɛ:r] adj. zum Hals gehörig. | *Veine jugulaire*, Halsschlagader f.
◇ f. Méd. Halsschlagader f. || Mil. [mentonnière] Kinn-, Sturmriemen m.

juguler [-le] v. tr. ab-, erdrosseln. || Fig. ersticken ; unterdrücken. | *Juguler une révolte*, einen Aufruhr ersticken. || Écon. *Juguler l'inflation*, die Inflation eindämmen.

juif, ive [ʒɥif, i:v] adj. jüdisch.
◇ s. **Juif, ive,** Jude m. ; Jüdin f. | *Le Juif errant*, der ewige Jude ; Ahasver m.

juillet [ʒɥijɛ] m. Juli m. | *Le mois de juillet*, der Monat Juli ; der Juli. || Hist. *Le 14-Juillet*, der 14. Juli. | *La monarchie de Juillet*, die Julimonarchie.

juin [ʒɥɛ̃] m. Juni m.

jujube [ʒyʒyb] f. Bot. Brustbeere f.

jujubier [-bje] m. Bot. Jujube f.

julien, ienne [ʒyljɛ̃, jɛn] adj. julianisch. || Loc. *Calendrier julien*, julianischer Kalender.
◇ f. **julienne,** Bot. [fleur] Nachtviole f. || Culin. [légumes] Streifengemüse n. ; [soupe] Juliennesuppe f.

Juliette [ʒyljɛt] n. pr. f. Julia f. ; Julchen n. | *Roméo et Juliette*, Romeo und Julia.

jumeau, elle [ʒymo, ɛl] adj. Zwillings... || Par ext. gleich ; doppelt. || *Frères jumeaux*, Zwillingsbrüder m. pl. | *Lits jumeaux*, Doppelbetten n. pl. | *Villes jumelles*, Zwillingsstädte f. pl.
◇ s. [personne] Zwilling m.
◇ s. pl. **jumeaux, jumelles,** Zwillinge m. pl. ; ein Zwillingspaar n.

jumelage [-mla:ʒ] m. Koppeln n. ; Zusammenfügen n. || Par ext. *Jumelage de deux villes*, Städtepartnerschaft f.

jumeler [-mle] v. tr. Techn. koppeln ; zusammenfügen. || Par ext. *Jumeler deux villes*, zwei Städte durch eine Patenschaft verbinden.
◇ part. pass. et adj. **jumelé, ée,** *Villes jumelées*, Partnerstädte f. pl. || Techn. *Roues jumelées*, Doppelräder n. pl. | *Pneus jumelés*, Zwillingsbereifung f.

jumelles [ʒymɛl] f. pl. Opt. Fern-, Opernglas n. ; Mil. Feldstecher m.

jument [ʒymɑ̃] f. Zool. Stute f. | *Vieille jument*, Mähre f. | *Jument poulinière*, Mutterstute.

jumping [dʒœmpiŋ] m. Sport. Jagdspringen n.

jungle [ʒɔ̃:gl] f. Dschungel m. ; sumpfiger Urwald.

junior [ʒynjɔ:r] adj. et s. Junior(in) m. (f.). || Sport. *Équipe de juniors*, Juniorenstaffel f.

Junon [ʒynɔ̃] n. pr. f. Myth. Juno f. ; Hera f.

jupe [ʒyp] f. (Frauen)rock m. | *Jupe plissée*, Plisseerock ; Faltenrock. | *Jupe courte*, kurzer, fußfreier Rock. || Techn. Mantel m.

jupe-culotte [-kylɔt] (pl. **jupes-coulottes**) f. Hosenrock m.

jupette [-pɛt] f. Röckchen n.

Jupiter [ʒypitɛ:r] n. pr. m. Jupiter m.

jupon [ʒypɔ̃] m. Unterrock m. || Fig., fam. *Courir le jupon*, hinter jeder Schürze herlaufen ; Schürzenjäger sein.

Jura [ʒyra] n. pr. m. Géogr. [France] Jura m. | *Jura français, suisse*, französischer, Schweizer Jura. || Par anal. [Allemagne] Jura m. ; Alb f. | *Jura souabe*, schwäbische Alb.

jurassien, ienne [-sjɛ̃, jɛn] adj. Géogr. zum Jura gehörig.

jurer [-re] v. tr. [serment] schwören ; beeiden. || Loc. *Jurer obéissance*, Gehorsam geloben. | *Jurer ses grands dieux*, Stein und Bein schwören ; hoch und heilig beteuern. | *Jurer la mort de qn*, jm nach dem Leben trachten.
◇ v. intr. [faire un serment] schwören ; geloben ; einen Eid, Schwur leisten. | *Jurer par qn*, auf jn schwören. | *Jurer sur son honneur*, bei seiner Ehre schwören. | *Je jurerais que*, ich möchte schwören, wetten, daß. | *Il ne faut jurer de rien*, man weiß nie, was dazwischenkommt. || [confirmer] bekräftigen ; bestätigen. || Péjor. [dire des jurons] fluchen ; lästern ; schimpfen. | *Jurer comme un charretier*, wie ein Kürassier, ein Dragoner, ein Bierkutscher fluchen. || Fig. [contraster] grell abstechen von ; sich beißen mit. | *Le vert jure avec le bleu*, grün sticht grell von blau ab.
◇ part. pass. et adj. **juré, ée,** [chose] geschworen. | *Foi jurée*, Treueid m. || Par ext. [personne] geschworen ; ver-, beeidigt. || Substantiv. m. Jur. Geschworener m. ; Ver-, Beeidigter m.

juridiction [ʒyridiksjɔ̃] f. [pouvoir] Gerichtsbarkeit f. ; Rechtsprechung ; Rechtsprechungsbefugnis f. || [district] Gerichtsbezirk m., -sprengel m. || [tribunaux] Gerichtsbehörde f. ; Gericht n. || Loc. *Juridiction administrative, commerciale, exceptionnelle*, Verwaltungs-, Handels-, Ausnahmegerichtsbarkeit. | *Relever de la juridiction ordinaire*, der ordentlichen Gerichtsbarkeit unterstehen, unterliegen.

juridique [-dik] adj. gerichtlich ; rechtlich ; rechtskräftig. | *Conflit juridique*, Rechtsstreit m.

juridiquement [-dikmɑ̃] adv. gerichtlich ; auf dem Rechtswege ; vom Standpunkt des Rechts.

jurisconsulte [ʒyriskɔ̃sylt] m. Rechtsgelehrter m., -kundiger m. ; Jurist m.

jurisprudence [-prydɑ̃:s] f. Rechtsprechung f. | *Faire jurisprudence*, zum Präzedenzfall werden.

juriste [-rist] s. Rechtsgelehrte(r) f. (m.), -wissenschaftler(in) m. (f.) ; Jurist(in) m. (f.).

juron [ʒyrɔ̃] m. Fluch m. ; Verwünschung f.
◇ m. pl. **jurons,** Gefluche n. ; Schimpfen n.

jury [ʒyri] m. [tribunal] Geschworenengericht n. ; Geschworenen m. pl. | *Président du jury*, Obmann (m.) der Geschworenen. || [concours] Jury f. ; Preisgericht n. | *Membre du jury*, Preisrichter m. || [examen] Prüfungskommission f.

jus [ʒy] m. Saft m. | *Jus de fruit*, Fruchtsaft. || Par anal. [viande] Brühe f. || Fam. [café] *Boire un jus*, Kaffee trinken.

jusqu'au-boutiste [-tist] s. Unentwegte(r) m. (f.).

jusque [ʒysk] prép. [espace et temps] bis. | *Jusqu'ici*, bis hierher ; bis jetzt. | *Jusque-là*, bis dahin ; soweit. | *Son influence ne va pas jusque-là*, so weit reicht sein Einfluß nicht. || Fam. *J'en ai jusque-là*, mir steht's bis hier ; es wächst mir zum Hals heraus. | *Jusqu'où ?*, bis wo ? ; bis wohin ? ; wie weit ?
◇ loc. prép. **jusqu'à, jusqu'en, jusque dans,** bis zu ; bis nach ; bis an (acc.) ; bis auf (acc.) ; bis in (acc.). || Particul. [espace] *Jusqu'à la gare*, bis zum Bahnhof. | *Jusqu'à Bonn*, bis nach Bonn. | *Jusqu'aux genoux*, bis an die Knie. || [temps] *Du matin jusqu'au soir*, vom Morgen bis zum Abend ; von morgens bis abends. | *Jusqu'à trois heures*, bis (um) drei. || Loc. *Jusqu'au bout*, fam., *Jusqu'à la gauche*, bis zum Ende. | *Jusqu'à la mort*, bis in den Tod. | *Jusqu'à nouvel ordre*, bis auf weiteres. | *Jusques et y compris*, bis einschließlich ; inklusive. | *Jusqu(es) à quand ?*, bis wann ? ; wie lange noch ? || Fig. [même] sogar. | *Jusqu'à mon père*, sogar mein Vater. | *On va jusqu'à dire*, man sagt sogar, daß ; man versteigt sich zu der Behauptung.
◇ loc. conj. **jusqu'à ce que,** (subj.) bis (indic.). | *Jusqu'à ce qu'il vienne*, bis er kommt.

jusquiame [ʒyskjam] f. Bilsenkraut n.

justaucorps [ʒystokɔr] m. Gymnastikanzug m.

juste [ʒyst] adj. [équitable] gerecht. || PARTICUL. [chose] gerecht ; recht ; billig ; gesetz-, rechtmäßig. | *Comme de juste*, nach Recht und Billigkeit ; wie es sich gehört ; selbstverständlich. | *Juste ciel !*, um Himmels willen ! ; Gott im Himmel ! || [justifié, légitime] berechtigt ; recht ; begründet ; billig ; gehörig. | *À juste titre*, mit (vollem) Recht ; mit Fug und Recht. || [exact, comme il faut] recht ; richtig ; (zu)treffend. | *C'est juste*, das ist richtig ; es stimmt ; recht so ; das trifft zu. | *Mot juste*, zutreffendes Wort. || [calcul, mesure] richtig ; genau. | *Avoir l'oreille juste*, ein scharfes Ohr haben. || [étroit] eng ; knapp. | *Ce vêtement est (trop) juste*, dieses Kleid ist zu eng. || FIG. *C'est tout juste*, es reicht gerade hin. || COMM. *Au plus juste prix*, zum äußersten, genauesten, günstigsten Preis.
◇ adv. [exactement, comme il faut] richtig. | *Tout juste !*, ganz richtig ! | *Penser*, *Chanter juste*, richtig denken, singen. | *Toucher*, *Tomber*, *Deviner juste*, das Richtige treffen ; es treffen. | *Il a vu juste*, es kam alles so, wie er es vorhergesehen hatte. || [mesure, calcul] genau ; gerade. | *Juste trois livres*, genau drei Pfund. | *Cette montre va juste*, diese Uhr geht richtig. | *Juste le contraire*, gerade das Gegenteil ; das genaue Gegenteil. | *À deux heures juste*, Punkt zwei. || [immédiatement] dicht ; hart. | *Juste à côté*, dicht nebenan. | *Juste avant son arrivée*, gerade, hart vor seiner Ankunft. | *Juste en face*, gerade, genau gegenüber. || [à peine] knapp ; eng ; kaum. | *Mesurer juste*, knapp (be)messen. | *Tout juste*, mit knapper Not ; mit Ach und Krach. | *Arriver tout juste*, gerade noch zurechtkommen.
◇ m. [personne] Gerechte(r) m. | *Sommeil du juste*, Schlaf (m.) des Gerechten. || [chose juste] Rechte(s) n. ; Recht n. || LOC. *Au juste*, recht. | *Que veux-tu au juste ?*, was willst du denn eigentlich ? | *Au plus juste*, aufs Haar ; haargenau.

justement [-təmɑ̃] adv. [avec justice] gerecht. || PAR ANAL. [à bon droit] mit Recht. || [exactement] genau ; gerade. || [à l'instant] gerade ; eben.

justesse [-tɛs] f. [exactitude] Richtigkeit f. ; Genauigkeit f. || LOC. *Justesse d'une balance*, Genauigkeit einer Waage. | *Justesse d'une observation*, Richtigkeit einer Beobachtung. | *Justesse du tir*, Treffsicherheit f. | *De justesse*, knapp.

justice [-tis] f. **1.** [action] Rechtspflege f., -sprechung f. ; Justiz f. | *Rendre la justice*, Recht sprechen, Gericht halten. || [juridiction] Gerichtsbarkeit f. || [tribunaux] Gerichtswesen n., -verwaltung f. ; Gericht n. || LOC. *Justice civile, militaire*, Zivil-, Militärgerichtsbarkeit ; Zivil-, Kriegsrecht. | *Justice de paix*, Friedensgericht. | *Palais*, *Cour*, *Frais de justice*, Gerichtsgebäude n., -hof m., -kosten f. pl. | *Ministre de la Justice*, Justizminister m. | *Repris de justice*, Vorbestrafte(r) f. (m.). | *Demander justice*, sein Recht verlangen. | *Poursuivre*, *Traduire*, *Appeler en justice*, gerichtlich verfolgen, belangen ; vor Gericht bringen. | *Se faire justice à soi-même*, sich selbst Recht verschaffen ; FIG. zur Selbsthilfe schreiten.
2. FIG. [équité] Gerechtigkeit f. ; Recht n. || [bien-fondé] Berechtigung f. ; Billigung f. || LOC. *Ce n'est que justice*, das ist nur recht und billig. | *Rendre justice à qn*, jm Recht widerfahren lassen ; jm gerecht werden. | *Il faut lui rendre cette justice*, das muß man ihm lassen. | *Faire justice de qch.*, etwas für falsch erklären ; etwas mit Recht verurteilen. | *Faire justice à*, anerkennen. | *C'est justice*, das ist billig.

justiciable [-tisjabl] adj. JUR. der Gerichtsbarkeit unterworfen. | *Être justiciable de la Haute Cour*, der Zuständigkeit des Obersten Gerichtshofes unterliegen.

justicier [-tisje] m. Rächer m.

justificatif, ive [-tifikatif, i:v] adj. rechtfertigend ; belegend. | *Pièces justificatives*, Beweisstücke n. pl. ; Belege m. pl.

justification [-tifikasjɔ̃] f. [action] Rechtfertigung f. || [bien-fondé] Berechtigung f. || [avec preuve] Begründung f., -legung f. ; Beweisführung f. ; Be-, Nachweis m.

justifier [-tifje] v. tr. [disculper] rechtfertigen. || [légitimer] rechtfertigen ; berechtigen ; als gerecht erweisen. | *Justifier la confiance, les espérances de qn*, js Vertrauen, Erwartungen rechtfertigen. || [prouver] be-, nachweisen ; COMM. belegen.
◇ v. intr. *Justifier de*, beweisen. | *Justifier de son identité*, sich ausweisen.
◇ part. pass. et adj. **justifié, iée,** gerechtfertigt ; berechtigt. | *Être justifié par les faits*, durch die Tatsachen bekräftigt werden.
◇ v. pr. **se justifier,** [se disculper] *Se justifier de qch.*, sich wegen einer Sache rechtfertigen, verantworten. || [se révéler juste] sich als gerecht erweisen ; gerechtfertigt sein.

jute [ʒyt] m. TEXT. Jute f. ; Bastfaser f.

juteux, euse [ʒytø, ø:z] adj. saftig.
◇ m. **juteux,** ARG. MIL. [adjudant] Feldwebel m. ; Spieß m.

juvénile [ʒyvenil] adj. jugendlich ; jungenhaft.

juxtalinéaire [ʒykstalineɛ:r] adj. *Traduction juxtalinéaire*, gegenüberstehende Übersetzung.

juxtaposer [-poze] v. tr. nebeneinanderstellen ; ansetzen.

juxtaposition [-pozisjɔ̃] f. Nebeneinanderstellen n. ; Aneinandersetzen n. ; Aneinanderreihung f.

K

k [ka] m. K n. | *Un* K *majuscule*, ein großes *K.* | *Un* k *minuscule*, ein kleines *k*.
Kabylie [kabili] n. pr. f. GÉOGR. Kabylien n.
kakatoès [kakatɔɛs] m. ZOOL. Kakadu m.
kaléidoscope [kaleidɔskɔp] m. Kaleidoskop n.
kangourou [kɑ̃guru] m. ZOOL. Känguruh n.
kantien, ienne [kɑ̃tjɛ̃, jɛ:n] adj. PHILOS. kantisch ; im Sinne der kantischen Philosophie.
kaolin [kaɔlɛ̃] m. CHIM. Porzellanerde f. ; Kaolin n.
kapok [kapɔk] m. Kapok m.
kapokier [-kje] m. BOT. Kapokbaum m.
kayak [kajak] m. SPORT. Kajak m.
kendo [kɛndo] m. SPORT. Kendo n.
képi [kepi] m. MIL. Käppi n. ; Dienstmütze f.
kermesse [kɛrmɛs] f. Kirmes f. ; Kirchweihfest n.
kérosène [kerɔzɛn] m. CHIM. Kerosin n.
kickstarter [kikstartər] m. AUTOM. Kickstarter m.
kidnapper [kidnape] v. tr. [enfant] entführen ; kidnappen, FAM. stehlen.
kif-kif [kifkif] adj. invar. FAM. *C'est kif-kif*, das kommt aufs gleiche 'raus.
kilo(gramme) [kilɔ(gram)] m. Kilo(gramm) n. ; zwei Pfund.
kilométrage [-metra:ʒ] m. TECHN., AUTOM. Kilometerleistung f., -(ab)messung f., -zahl f.
kilomètre [-mɛtr] m. Kilometer m. ou n. | *À cent kilomètres à l'heure*, mit einer Fahrtgeschwindigkeit von einhundert Stundenkilometern. | *Kilomètre carré*, Quadratkilometer. | *Kilomètre-essieu*, *-heure*, Achs-, Stundenkilometer.
kilométrique [-metrik] adj. kilometrisch. | *Borne kilométrique*, Kilometerstein m.
kilowattheure [-watœ:r] m. ÉLECTR. Kilowattstunde f.
kinésithérapeute [kineziterapø:t] s. Krankengymnast(in) m. (f.).
kinésithérapie [-pi] f. Krankengymnastik f.
kiosque [kjɔsk] m. [à journaux] Zeitungsstand m., -bude f. ; Kiosk m. || [à musique] Musikpavillon m.
kirsch [kirʃ] m. [eau-de-vie] Kirsch m. ; Kirschwasser n.
kitchenette [kitʃənɛt] f. Kochnische f.
kitsch [kitʃ] adj. kitschig.
◇ m. Kitsch m.
kiwi [kiwi] m. ZOOL. Kiwi m. || BOT. Kiwi f.
Klaxon [klaksɔ̃] m. (nom déposé). AUTOM. Hupe f.
klaxonner [-sɔne] v. intr. hupen.
knock-out (k. o.) [nɔkaut (kao)] adj. invar. außer Kampf gesetzt. || FIG., FAM. fertig.
◇ m. Niederschlag m. ; Auszählung f. ; Knockout m. ; k. o. m. | *Battre qn par knock-out*, jn durch Niederschlag (k. o.) besiegen ; POP. k. o. schlagen.
kola ou **cola** [kɔla] m. BOT. Kolabaum m., -nuß f.
kolkhose [kolkoz] m. Kolchose f. ; Kollektivbauernhof m.
koulak [kulak] m. (russischer) Großbauer ; Kulak m.
krach [krak] m. FIN. Börsenkrach m.
Kremlin [kremlɛ̃] n. pr. m. Kreml m. ; russischer Regierungssitz.
kreutzer [krœtsɛ:r] m. HIST. [monnaie] Kreuzer m.
krill [kril] m. ZOOL. Krill m.
krypton [kriptɔ̃] m. CHIM. Krypton n.
kummel [kymɛl] m. [eau-de-vie] Kümmel(schnaps) m.
kurde [kyrd] adj. kurdisch.
◇ s. **Kurde,** Kurde m. ; Kurdin f.
kyrielle [kirjɛl] f. FIG., FAM. Unmenge f. ; endlose Reihe. || PAR ANAL. *Une kyrielle d'injures*, eine Flut von Schimpfworten.
kyste [kist] m. MÉD. Zyste f.

L

l [ɛl] m. L n. | *Un* L *majuscule*, ein großes *L.* | *Un* l *minuscule*, ein kleines *l.* || [chiffre romain] römische Zahl L ; fünfzig.

la [la] art. déf. f. der, die, das.

◇ pron. pers. 3ᵉ pers. sg., ihn ; sie ; es. | *C'est ma table, je la prends*, das ist mein Tisch, ich nehme ihn.

la [la] m. MUS. A n. | *« La » bémol*, As n. | *Donner le « la »*, den Ton angeben.

là [la] adv. **1.** [sans changement de lieu] da ; dort. | *Çà et là, ici et là*, hier und dort, da. | *Là où...*, (da) wo... | *Qui va là ?*, wer da ? | *Demeurer (planté) là*, dastehen. | *Être là*, dasein.

2. [avec changement de lieu] dahin ; dorthin. | *C'est là que je voudrais aller*, dahin möcht' ich ziehen. | *Assieds-toi là !*, setz dich dahin ! | *Aller ici et là*, hin- und hergehen.

3. [sens temporel] da ; dahin. | *D'ici là*, bis dahin. | *À quelques jours de là*, einige Tage darauf.

4. [avec un démonstratif] *Ce... -là, Cette... -là, Celui-là, Celle-là*, jener, jene, jenes. | *Celui-là*, jener ; der da. | *Ce garçon-là*, jener Knabe. | *Celui-ci et celui-là*, dieser und jener. | *Cette nuit-là il fit froid*, in jener Nacht war es kalt. | *Vers, de ce côté-là*, dorthin.

5. FIG. [à ce point] dahin ; so weit. | *Je n'en suis pas encore là*, ich bin noch nicht so weit. | *En venir là*, dahin, so weit kommen. | *Fallait-il en venir là ?*, mußte es so weit kommen ? | *C'est donc là qu'il voulait en venir*, also darauf wollte er hinaus. | *En rester là, s'en tenir là*, dabei bleiben. | *Que les choses en restent là*, lassen wir es damit gut sein. | *Je reconnais bien là mon frère*, daran erkenne ich wohl meinen Bruder. || FAM. *Il est un peu là*, er stellt seinen Mann.

◇ loc. adv. **de là,** [lieu] von da, dort ; da-, dorther. | *De ci, de là*, hier und da ; hin und her. | *Près de là*, in der Nähe ; nahe dabei. || FIG. *Loin de là*, weit davon entfernt. | *Non loin de là, à quelques pas de là*, nicht weit davon. || [temps] *De ci, de là*, hin und wieder ; dann und wann ; ab und zu. || [cause, conséquence] daher ; daraus ; davon. | *De là vient tout le mal*, daher, davon kommt alles Übel. — **par là,** [lieu] hier-, da-, dorthin. | *Sors par là !*, (lauf) dort hinaus ! | *Fais le tour par là !*, (geh) dort herum. || [avec cela] hier-, damit ; darunter. | *Que veux-tu dire, Qu'entends-tu par là ?* was willst du damit sagen ? ; was verstehst du darunter ? ; was will das (heißen) ? || [moyen] *Par là il veut affaiblir l'ennemi*, dadurch, auf diesem Weg will er den Feind schwächen. — **là-dessous,** d(a)runter. — **là-dessus,** d(a)rüber ; d(a)rauf. || PAR EXT. [ensuite] hier-, darauf. — **là-bas,** [là] dort ; dahin ; dorthin. | *Vous là-bas !*, Sie da ! || [en bas] da unten ; drunten ; da draußen ; da hinten. — **là-haut,** da oben ; droben. — interj. **là !,** na ! || LOC. *Là, là !*, schon gut ! ; na, na ! | *Oh là là !*, ei ei ! ; o weh, o weh ! ; ach was !

label [labɛl] m. COMM. Garantiemarke f. ; Zeichen n. | *Label de qualité*, Qualitätszeichen ; Gütemarke f.

labeur [labœ:r] m. (schwere) Arbeit ; Mühe f. ; Fleiß m.

labial, iaux [labjal, jo] adj. lippenartig ; Lippen... ◇ f. pl. **labiales,** GRAMM. Lippenlaute m. pl.

labo [labo] m. FAM. Labor n. | *Labo de langues*, Sprachlabor.

laborantin, tine [labɔrɑ̃tɛ̃, tin] s. Laborant(in) m. (f.).

laboratoire [-ratwa:r] m. Laboratorium n. ; Labor n. | *Laboratoire de langues*, Sprachlabor. | *Laboratoire de recherche*, Forschungsanstalt f. | *Laboratoire spatial*, Weltraumlabor(atorium).

laborieux, ieuse [-rjø, jø:z] adj. [travailleur] arbeitsam ; fleißig ; emsig. || PAR EXT. [pénible] schwer ; schwierig ; mühsam.

labour [labu:r] m. AGRIC. Pflügen n. ; Ackern n. ; Bodenbearbeitung f. | *Chevaux de labour*, Ackergäule m. pl. || [terres] bestelltes Land.

labourable [-rabl] adj. pflügbar ; bestellbar ; urbar. | *Terre labourable*, Ackerland n.

labourage [-ra:ʒ] m. AGRIC. [action] Pflügen n. || [travail] Ackerbau m. ; Feldarbeit f.

labourer [-re] v. tr. AGRIC. pflügen ; bestellen ; (be)ackern. || PAR EXT. [sillonner, écorcher] *Labourer le visage*, das Gesicht zerkratzen. | FIG. *Front labouré*, durchfurchte Stirn.

laboureur [-rœ:r] m. AGRIC. Pflüger m.

labyrinthe [labirɛ̃:t] m. Irrgarten m. ; Labyrinth n. || FIG. [complication] Gewirr n. ; Wirrwarr m. ; Irrgang m.

lac [lak] m. See m. ; Binnensee m. | *Lac de Constance*, Bodensee. | *Lac de Genève*, Genfer See. || FIG., FAM. *C'est dans le lac*, es ist aus.

lacer [lase] v. tr. schnüren ; zu-, ver-, abschnüren. | *Lacer ses chaussures*, seine Schuhe zuschnüren.

lacérer [lasere] v. tr. zerreißen, -fetzen.

lacet [lasɛ] m. Schnürband n. ; Schnur f. | *Lacet de chaussure*, Schnürsenkel m. | *Serrer avec un lacet*, zu-, umschnüren (sépar.). || [chemin] Windung f. ; Biegung f. ; Serpentine f. | *Faire des lacets*, Schlangenwindungen, Serpentinen machen ; sich schlängeln.

lâche [lɑ:ʃ] adj. [pas serré] locker ; lasch ; lax. | *Maille lâche*, weite Masche. || [pas tendu] schlaff. | *Corde lâche*, schlaffes Seil. || FIG [mou] schlaff ; schlapp ; saumselig. || [couard] feige ; verzagt ; memmenhaft.

◇ s. [couard] Feigling m.

lâchement [-ʃmɑ̃] adv. FIG. feig ; schändlicherweise.

lâcher [-ʃe] v. tr. [détendre, desserrer] loser machen ; lockern. || [laisser partir] loslassen ; laufen lassen. | *Lâcher les chiens sur qn*, die Hunde auf jn hetzen. || FIG. *Lâcher la bride*, den Zügeln freien Lauf geben. | *Lâcher sa proie*, seine Beute fallen lassen. | *Lâcher prise*, loslassen. | *Ne pas lâcher d'une semelle*, auf Schritt und Tritt folgen. || [émettre] von sich geben ; fallen lassen. | *Voilà le grand mot lâché*, nun ist's heraus ; da haben wir's. || [céder] *Lâcher pied*, weichen.

| *Lâcher du lest*, nachgeben. || PAR EXT. [abandonner] im Stich lassen.
◇ v. intr. [se détendre] nachgeben, -lassen ; schlaff werden. || [se desserrer] auseinandergehen ; lose werden. || [reculer] zurückweichen.
— SYN. : *Relâcher*, lockern ; entspannen.

lâcheté [-ʃte] f. [couardise] Feigheit f. ; Verzagtheit f. || [action basse] Niederträchtigkeit f. ; Gemeinheit f. | *Commettre une lâcheté*, eine Niederträchtigkeit begehen.

lâcheur, euse [-ʃœ:r, ø:z] s. FAM. Drückeberger(in) m. (f.).

lacis [lasi] m. Netz n. ; netzartiges Gewebe.

laconique [lakɔnik] adj. knapp ; wortkarg ; lakonisch.

lacrymal, ale [lakrimal] adj. *Canal, Glande lacrymal(e)*, Tränengang m., -drüse f.

lacrymogène [-mɔʒɛ:n] adj. tränenerregend. | *Gaz lacrymogène*, Tränengas n.

lactaire [laktɛ:r] m. BOT. *Lactaire délicieux*, Speisetäubling m.

lacté, ée [lakte] adj. milchig ; milchartig. | *Régime lacté*, Milchkur f. || ASTRON. *Voie lactée*, Milchstraße f.

lacunaire [lakynɛ:r] adj. lückenhaft.

lacune [lakyn] f. Lücke f. | *De sérieuses lacunes*, empfindliche Lücken f. pl. | *Combler une lacune*, eine Lücke ausfüllen.

lacustre [lakystr] adj. in Teichen lebend. | *Plantes lacustres*, Süßwasserpflanzen f. pl. || HIST. *Cité lacustre*, Pfahl(bau)dorf n.

ladre [la:dr] adj. geizig ; knauserig.
◇ m. Geizhals m. ; Knicker m.

ladrerie [ladrəri] f. Knauserei f.

lagopède [lagɔpɛd] m. ZOOL. Schneehuhn n.

lagune [lagyn] f. Lagune f. ; Haff n. ; Bodden m. (Ostsee).

lai, laie [lɛ] adj. laienhaft. | *Frère lai*, Laienbruder m.
◇ m. **lai,** POÉS. Lai f. ; Leich m. ; Verserzählung f.

laïc [laik] adj. V. LAÏQUE.

laîche [lɛʃ] f. Riedgras n. ; Segge f.

laïciser [laisize] v. tr. verweltlichen ; verstaatlichen.

laïcité [-site] f. weltlicher Charakter ; religiöse Neutralität f. | *Laïcité de l'enseignement*, konfessionsloser Unterricht.

laid, laide [lɛ, lɛ:d] adj. häßlich.

laideron [-drɔ̃] m. FAM. häßliche Person ; häßliches Entlein.

laideur [-dœ:r] f. Häßlichkeit f. ; Garstigkeit f. || FIG. *Laideur du vice*, Abscheulichkeit (f.) des Lasters.

laie [lɛ] f. [chemin] Schneise f. ; Waldweg m. || ZOOL. [sanglier] Wildsau f.

lainage [lɛna:ʒ] m. [étoffe] Wollzeug n., -ware f., -stoff m. || PAR EXT. [veste] Wolljacke f.

laine [lɛn] f. TEXT. [matière] Wolle f. | *De, En laine*, wollen ; Woll... | *Bas de laine*, Wollstrumpf m. | *Brin de laine*, Wollfaser f. | *Toison de laine*, Wollvlies n. | *Écheveau de laine*, Wollgebinde n. | *Pelote de laine*, Wollknäuel n. | *Costume pure laine*, Anzug (m.) aus reiner Wolle. || PAR ANAL. [nuances] *Laine cardée*, Streichwolle. | *Laine peignée*, Kammwolle. | *Laine de cellulose, de bois, de verre*, Zell-, Holz-, Glaswolle. || [tissu] Wollstoff m. || FIG. *Se laisser manger la laine sur le dos*, sich das Fell über die Ohren ziehen lassen.

laineux, euse [-nø, ø:z] adj. wollig ; wollartig.

lainier, ière [-nje, jɛ:r] adj. *Industrie lainière*, Wollindustrie f.

laïque ou **laïc** [laik] adj. weltlich ; konfessionslos. | *École laïque*, konfessionslose (Volks)schule.
◇ s. Laie m.

laisse [lɛs] f. [corde] Leine f. | *Mener, Tenir un chien en laisse*, einen Hund an der Leine führen. || FIG. *Mener qn en laisse*, jn am Bändel haben ; jn am Gängelband führen.

laissé-pour-compte [lɛsepurcɔ̃:t] m. (pl. **laissés-pour-compte)** COMM. unverkaufte Ware.
◇ s. [personne rejetée] Stiefkind n. ; Außenseiter m.

laisser [lɛse] v. tr. [sens général] lassen.
1. SENS PROPRES : [ne pas prendre, ne pas emmener] lassen ; da-, zurücklassen. | *Laisser qch. à un endroit*, etwas an einem Ort zurücklassen. || FIG. [remettre] überlassen ; (ab)geben. | *Laisser qch. à qn*, jm etwas überlassen. | *Laisser les clefs à qn*, jm die Schlüssel geben. || PAR ANAL. [ne pas changer la position, l'état] lassen ; stehen-, liegenlassen ; sitzen-, hängenlassen. | *Laisser la porte ouverte*, die Tür offenlassen. | *Laisser la lumière allumée*, das Licht brennen lassen. | *Laisser la clef sur la porte*, den Schlüssel steckenlassen. || PARTICUL. [oublier] *Il a laissé son portefeuille sur la table*, er hat seine Brieftasche auf dem Tisch liegenlassen. || PAR EXT. [perdre] lassen ; verlieren. | FAM. *Y laisser sa peau*, das Leben dabei lassen ; dabei umkommen. || FIG., FAM. *Y laisser des plumes*, Federn dabei lassen.
2. SENS DÉRIVÉS : *Laisser (derrière soi)*, zurück-, hinterlassen. | *Laisser des traces*, Spuren hinterlassen. || PAR ANAL. *Laisser une femme et des enfants*, eine Frau und Kinder hinterlassen. | *Laisser un nom, une fortune*, einen Namen, ein Vermögen hinterlassen. || PARTICUL. [léguer] *Laisser qch. à qn*, jm etwas hinterlassen, überlassen. || PAR EXT. *Laisser de côté*, liegenlassen ; beiseite, FIG. unbeachtet lassen. || PAR EXAGÉR. [des restes] übrig lassen. | *Laisser pour plus tard*, für das nächste Mal lassen. | *Laisser en blanc*, freilassen. || FIG. *Laisser à désirer*, zu wünschen übriglassen.
3. SENS FIGURÉS : [quitter] (ver)lassen. | *Je vous laisse*, ich verlasse Sie jetzt ; ich gehe ; ich verabschiede mich. || [abandonner] (ver)lassen ; zurücklassen ; stehen-, sitz enlassen. | *Laisser qn en plan*, jn stehenlassen ; jn im Stich lassen. | *Cela me laisse froid*, das ist mir egal. || PAR ANAL. [confier, concéder, donner] (über)lassen ; geben. | *Laisser son manteau au vestiaire*, seinen Mantel in der Garderobe abgeben. | *Ne rien laisser au hasard*, nichts dem Zufall überlassen. | *Laisser le choix à qn*, jm die Wahl lassen. | *Laisser à qn le soin de qch.*, jm etwas überlassen. | *Laisser le champ libre*, freien Raum, freie Hand lassen. | *Laisse-le, laisse-le en paix, laisse-le tranquille !*, laß ihn (in Ruhe) ! || PAR EXT. [permettre, ne pas s'opposer] lassen ; be-, zulassen. | *Laisser partir*, fortlassen. | *Laisser s'échapper*, ab-, loslassen. | *Laisser passer*, vorbei-, durchlassen (sépar.). | *Laisser tomber*, fallen lassen. | *Laisser dire*, sprechen, reden lassen. | *Laisser aller*, gehen, geschehen lassen. | *Laisser faire*, tun lassen ; geschehen, walten, laufen lassen ; abwarten. | *Laisser faire qch.*, etwas geschehen lassen. | *Laisser faire qn*, jm (stillschweigend) zusehen ; jn gewähren lassen. | *Laisser qn libre de faire qch.*, jm etwas anheimstellen, überlassen, freistellen. | *Laisser entendre*, merken lassen. | *Ne pas laisser voir sa colère*, seinen Zorn verbeißen. || LOC. *Ne pas laisser de*, nicht verfehlen zu ; nicht unterlassen zu. | *Cela ne laisse pas de m'étonner*, ich muß mich doch darüber wundern. | *Laisse !*, laß nach ! ; hör' auf ! | *C'est à prendre ou à laisser*, entweder nehmen Sie es oder nicht ; eins von beiden ! | *Laissons cela !*, Schluß damit !
◇ v. pr. **se laisser,** LOC. *Se laisser aller*, sich gehen lassen ; sich vernachlässigen. | *Se laisser aller à qch.*, sich einer Sache hingeben. | *Se laisser porter par le courant*, mit dem Strom schwimmen. | *Se laisser faire*,

sich etwas (alles) gefallen lassen ; geschehen lassen. | *Je me suis laissé dire*, ich habe mir sagen lassen ; man hat mir gesagt. | *Ce vin se laisse boire*, dieser Wein läßt sich trinken.

laisser-aller [-ale] m. invar. [négligence] Nach-, Fahrlässigkeit f. ; Sichgehenlassen n.

laissez-passer [-pase] m. invar. Passierschein m.

lait [lɛ] m. AGRIC. Milch f. | *Lait entier, non écrémé*, Vollmilch. | *Lait écrémé*, abgerahmte Milch ; Magermilch. | *Lait stérilisé*, sterilisierte Milch. | *Lait en poudre*, Trockenmilch ; Milchpulver n. | *Lait concentré*, Büchsenmilch ; Kondensmilch. | *Lait caillé*, saure, dicke Milch. | *Petit-lait*, Buttermilch ; Molke f. | *Lait de vache, de chèvre, d'ânesse*, Kuh-, Ziegen-, Eselsmilch. | *De lait*, Milch... || LOC. *Dent de lait*, Milchzahn m. | *Frère de lait*, Milchbruder m. | *Cochon de lait*, Spanferkel n. || FIG. *Vache à lait*, Milchkuh f. || FAM. *Être très soupe au lait*, leicht aufbrausen, hochgehen ; POP. überkochen.

laitage [-ta:ʒ] m. Milchprodukt n. ; Milchspeise f.

laitance [-tɑ̃:s] f. ZOOL. (Fisch)milch f. | *Poisson à laitance*, Milchner m.

laiterie [-tri] f. AGRIC. [pour écrémer] Molkerei f. || COMM. Milchgeschäft n.

laiteux, euse [-tø, ø:z] adj. milchig ; milchfarben, -artig.

laitier, ière [-tje, jɛ:r] adj. Milch... | *Vache laitière*, Milchkuh f.

◇ s. [marchand] Milchmann m., -händler m. ; Milchfrau f., -händlerin f.

laiton [lɛtɔ̃] m. MINES. Messing n. ; Gelbguß m. | *Fil de laiton*, Messingdraht m.

laitue [lɛty] f. BOT. Kopfsalat m.

laïus [lajys] m. FAM. (weitschweifige) Rede.

lama [lama] m. RELIG. (buddhistischer) Lama m. || ZOOL. Kamelschaf n. ; Lama n.

lamantin [lamɑ̃tɛ̃] m. ZOOL. Seekuh f. ; Lamantin m.

lambeau [lɑ̃bo] m. Lappen m. ; Fetzen m. ; Lumpen m. | *Lambeau d'étoffe*, Stoffetzen, -lappen. | *Mettre en lambeaux*, zerfetzen ; zerlumpen. | *En lambeaux*, zerfetzt. || FIG. [fragment] Bruchstück n.

lambin, ine [lɑ̃bɛ̃, in] adj. FAM. bummelig ; trödelig. | *Être lambin*, trödeln ; bummeln ; nölen.

◇ s. Bummler m. ; Bummelant m. ; Trödler m.

lambiner [-bine] v. intr. FAM. trödeln ; bummeln.

lambris [lɑ̃bri] m. Täfelung f. ; Getäfel n. ; Wandbekleidung f.

lambrisser [-se] v. tr. (aus)täfeln.

lame [lam] f. [couteau] Klinge f. | *Lame d'épée*, Schwertklinge. | *Lame de rasoir*, Rasierklinge. || [patin à glace] Kufe f. || FIG. *Être une bonne lame*, eine scharfe Klinge führen. || MAR. [vague] Welle f. ; Woge f. | *Lame de fond*, Grundsee f. || ARCHIT. Platte f. | *Lame de parquet*, Diele f. || TECHN. [métal] Blatt n. | *Or, Laiton en lames*, Gold-, Messingblech n.

lamé, ée [lame] adj. belegt ; ausgeschlagen. || LOC. *Cuirasse lamée d'argent*, silberbeschlagener Küraß. | *Tissu lamé d'or*, golddurchwirktes Gewebe.

◇ m. **lamé,** Lamé. | *Robe en lamé*, Lamékleid n.

lamelle [lamɛl] f. Blättchen n. ; Plättchen n. ; Lamelle f.

lamentable [lamɑ̃tabl] adj. bejammernswert ; beklagenswert ; kläglich. | *État lamentable*, jämmerlicher Zustand.

lamentablement [-bləmɑ̃] adv. kläglich.

lamentation [-sjɔ̃] f. Jammern n. ; Gejammer n. ; (Weh)klagen n. | *Se répandre en lamentations*, sich in Wehklagen ergehen.

lamenter (se) [səlamɑ̃te] v. pr. jammern ; (weh)klagen ; ach und weh schreien. | *Il se lamente sur son sort*, er jammert über sein Schicksal.

laminage [lamina:ʒ] m. (Aus)walzen n. ; Plätten n. ; Strecken n.

laminer [-ne] v. tr. TECHN. (aus)walzen ; ausplätten ; strecken.

◇ part. pass. et adj. **laminé, ée,** gewalzt. | *Or laminé*, Goldblech n.

lamineur [-nœ:r] m. Walzwerkarbeiter m.

laminoir [-nwa:r] m. Walz-, Ziehwerk n. ; Walz-, Blechhütte f.

lampadaire [lɑ̃padɛ:r] m. [rue] Straßenlaterne f. || [d'intérieur] Stehlampe f.

lampe [lɑ̃:p] f. [sens général] Lampe f. || [nuances] Leuchte f. ; Laterne f. ; Licht n. || PAR EXT. [réchaud] *Lampe à alcool*, Spirituslampe, -kocher m. || LOC. *Lampe à suspension, à pied, de bureau, de poche*, Hänge-, Steh-, Tisch-, Taschenlampe. | *Lampe à huile*, Öllampe. | *Verre, Globe de lampe*, Lampenzylinder m., -glocke f. || FIG., POP. [ventre] *S'en mettre plein la lampe*, sich den Bauch vollschlagen. || ÉLECTR. Lampe f. ; Röhre f. | *Lampe à incandescence*, Glühlampe, -birne f. | *Lampe à halogène*, Halogenlampe. || RADIO., TÉLÉV. Röhre f. | *Poste à six lampes*, Sechsröhrengerät n., -apparat m. || TECHN. Lampe f. | *Lampe témoin*, Anzeigeleuchte f. ; Kontrollampe.

lampée [lɑ̃pe] f. Schluck m.

lamper [lɑ̃pe] v. tr. FAM. hinunter-, herunterschlukken ; POP. saufen.

lampion [lɑ̃pjɔ̃] m. Papierlaterne f. ; Lampion m.

lampiste [-pist] m. Laternenanzünder m. ; Lampenwärter m. || FIG., FAM. der kleine Mann.

lampisterie [-pistəri] f. Lampenfabrik f. || TRANSP. Lampenaufbewahrungsraum m.

lamproie [lɑ̃prwa] f. ZOOL. Lamprete f. ; Pricke f.

lampyre [lɑ̃pi:r] m. ZOOL. Leuchtkäfer m.

lance [lɑ̃:s] f. [arme] Lanze f. ; Speer m. || [à incendie] Strahlrohr n. | *Fer, Bois de lance*, Lanzenspitze f., -schaft m. | *Coup de lance*, Lanzenstoß m., -stich m. || FIG. *Rompre une lance pour qn*, für jn eine Lanze brechen. | *En forme de lance*, lanzettförmig.

lancée [-se] f. Schwung m. ; Anlauf m.

lance-flammes [lɑ̃sflam] m. invar. Flammenwerfer m.

lancement [-mɑ̃] m. [sens général] Werfen n. || FIG. [publication] Veröffentlichung f. || COMM. *Lancement d'une marchandise*, Einführung (f.) eines Warenartikels. || PAR ANAL. *Lancement d'un artiste*, Start (m.) eines Künstlers. || SPORT. Werfen n. | *Lancement du javelot, du disque*, Speer-, Diskuswerfen. | *Lancement du poids*, Kugelstoßen n. || AÉRON. [satellite] Abschuß m. || MAR. [navire] Stapellauf m. || AUTOM. [moteur] Anwerfen n., -kurbeln n., -trieb m.

lance-pierres [lɑ̃spjɛ:r] m. invar. (Stein)schleuder f. ; POP. Zwille f. || FIG., FAM. *Manger avec un lance-pierres*, zu schnell, hastig essen.

lancer [-se] v. tr. [sens général] werfen. | *Lancer qch. à qn*, jm etwas hin-, zuwerfen. | *Lancer en l'air*, hochwerfen ; in die Luft werfen. | *Lancer des pierres à qn*, Steine nach jm werfen ; jn mit Steinen bewerfen. | *Lancer qch., à la tête de qn*, jm etwas an den Kopf werfen ; FIG. jm etwas vorwerfen. | *Lancer (avec une fronde)*, schleudern. | *Lancer une flèche, un trait*, einen Pfeil (ab)schießen. | *Lancer avec violence*, schmeißen. || PAR EXT. *Lancer des éclairs*, aufblitzen. || [regards] (zu)werfen ; zuchießen. | *Lancer à qn des regards furieux*, jm wütende Blicke zuwerfen. | *Il me lança un regard de côté*, er warf mir einen Seitenblick zu. || FIG.

[paroles, jurons] ausstoßen. | *Lancer une pointe*, eine Pointe machen ; sticheln. | *Lancer un appel à qn*, einen Appell an jn richten. || PAR ANAL. [donner de l'élan] in Schwung bringen ; fordern. | *Lancer un journal*, eine Zeitung neu herausbringen. | *Lancer une mode*, eine Mode aufbringen, einführen. | *Lancer un bruit*, ein Gerücht in Umlauf setzen. | *Lancer une invitation*, einladen. | *Lancer un artiste*, einen Künstler bekanntmachen. | *Lancer dans le monde*, in die Welt einführen. || COMM. *Lancer sur le marché*, auf den Markt bringen. | *Lancer une affaire*, ein Geschäft einfädeln, in Gang bringen. || MIL. (ab)werfen. | *Lancer des bombes*, Bomben (ab)werfen. || MAR., AUTOM. [moteur] anwerfen, -kurbeln, -treiben. || *Pêche au lancer*, Wurfangeln n.

◇ part. pass. et adj. **lancé, ée,** FIG. [en action] im Schwunge ; im Zuge ; im Gange. | *L'affaire est bien lancée*, das Geschäft ist in vollem Schwunge. || SPORT. *Départ lancé*, Flugstart m.

◇ v. pr. **se lancer,** [sens pass.] geworfen, geschleudert werden. || PAR ANAL. [sens réfl.] (s'élancer) sich werfen ; losstürzen, -schießen ; sich stürzen. | *Se lancer à l'aveuglette*, blind drauflosstürzen. || FIG. *Se lancer dans une aventure*, sich in ein Abenteuer stürzen. || PAR EXT. [s'engager dans], sich wagen. | *Se lancer dans le grand monde*, sich in die vornehme Gesellschaft hineinwagen. | *Se lancer dans les affaires*, im Geschäftsleben sein Glück versuchen.

lancer m. Werfen n.

lance-roquettes [lɑ̃srɔkɛt] m. invar. MIL. Raketenwerfer m.

lancette [lɑ̃sɛt] f. MÉD. Lanzette f.

lanceur, euse [-sœr, ø:z] s. Werfer(in) m. (f.). | *Lanceur de couteau*, Messerwerfer m. || SPORT. *Lanceur de javelot*, Speerwerfer m. | *Lanceur de poids*, Kugelstoßer m.

◇ m. **lanceur,** [engins spatiaux] Trägerrakete f.

lancier [-sje] m. MIL. Ulan m. || [danse] *Quadrille des lanciers*, Quadrille f.

lancinant, ante [lɑ̃sinɑ̃, ɑ̃:t] adj. [douleur] stechend. || FIG. [agaçant] lästig.

landau [lɑ̃do] m. [voiture] Landauer m. || PAR EXT. [pour enfants] Kinderkutsche f.

lande [lɑ̃:d] f. Heide f. ; Ödland n. | *Lande de Lunebourg*, Lüneburger Heide.

landgrave [lɑ̃dgrav] m. HIST. [titre] Landgraf m., -gräfin f.

landgraviat [-vja] m. HIST. Landgrafschaft f.

langage [lɑ̃ga:ʒ] m. [langue] Sprache f. | *Langage familier, courant, parlé*, Umgangssprache. | *Langage populaire*, volkstümliche Sprache ; Volkssprache. | *Langage technique*, Fachsprache. || INF. *Langage machine*, Maschinensprache f. | *Langage de programmation*, Programmiersprache f. | *Langage évolué*, höhere Programmiersprache. | *Langage procédural*, prozedurorientierte, verfahrensorientierte (Programmier)-sprache. | *Langage symbolique*, Symbolsprache f. | *Langage synthétique*, problemorientierte Programmiersprache. || PAR ANAL. [manière de s'exprimer] Rede-, Ausdrucksweise f. ; Rede f. | *Langage châtié, déplacé*, gefeilte, unangebrachte Rede. | *Écart de langage*, sprachliche Entgleisung. || PAR EXT. *Langage des fleurs, des yeux*, Blumen-, Augensprache. || FIG. *Tenir un autre langage*, einen anderen Ton anschlagen.

lange [lɑ̃:ʒ] m. Windel f. ; Wickel m.

langoureux, euse [lɑ̃gurø, ø:z] adj. schmachtend. || PAR ANAL. begehrlich ; verliebt.

langouste [lɑ̃gust] f. ZOOL. Languste f.

langoustine [-tin] f. ZOOL. (kleine) Languste ; Langustine f.

langue [lɑ̃:g] f. **1.** ORGANE DE LA PAROLE : Zunge f. | *Faire claquer la langue*, mit der Zunge schnalzen. | *Tirer la langue*, die Zunge herausstrecken, zeigen. | *Langue chargée*, belegte Zunge. || FIG. Zunge f. ; Mund m. ; Mundwerk n. ; POP. Maul n. | *Langue de vipère*, giftige, spitze Zunge. | *Mauvaise langue*, Lästermaul. | *Avoir la langue bien pendue, affilée, Ne pas avoir sa langue dans sa poche*, nicht auf den Mund gefallen sein ; schlagfertig sein. | *La langue lui a fourché*, er hat sich versprochen, verhaspelt. | *Délier la langue à qn*, jm die Zunge lösen. | *J'ai le mot sur le bout de la langue*, das Wort liegt mir auf der Zunge. | *Donner sa langue au chat*, nicht mehr weiterraten ; aufgeben. | *Tenir sa langue*, seinen Mund halten. || CULIN. *Langue-de-chat*, Katzenzunge. || GÉOGR. *Langue de terre*, Erd-, Landzunge.

2. LANGAGE : Sprache f. ; POP. Zunge f. | *Langue classique, morte, vivante*, klassische, tote, lebende Sprache. | *En langue anglaise*, in englischer Sprache ; auf englisch. | *Langue courante, familière, parlée*, Umgangssprache. | *Langue maternelle, populaire*, Mutter-, Volkssprache. | *Langue verte*, Gaunersprache ; Jargon m. | *Langue universelle, étrangère, officielle*, Welt-, Fremd-, Amtssprache. | *Professeur de langues*, Sprachenlehrer m. ; Sprachlehrer m. | *Connaissance des langues*, Sprachenkenntnis f. | *Doué pour les langues*, sprachbegabt. | *Qui connaît une langue*, sprachkundig. | *Avoir le sens de la langue*, Sprachgefühl haben. | *Écorcher une langue*, radebrechen. || FIG. *Langue de bois*, Parteijargon m. || PAR EXT. *Prendre langue avec qn*, etwas mit jm besprechen.

languette [-gɛt] f. Zünglein n. || [de soulier] Lasche f.

langueur [lɑ̃gœ:r] f. MÉD. Mattigkeit f. ; Schlaffheit f. | *Être atteint (d'une maladie) de langueur*, dahinkränkeln, -siechen, -schwinden. || FIG. [apathie] Mattheit f. ; Schlaffheit f. || PAR EXT. [nostalgie] Sehnsucht f. ; Wehmut f.

languir [-gi:r] v. intr. MÉD. [personnes] dahinkränkeln, -siechen ; verlöschen. | *Qui languit*, siech. || [plantes] dahinwelken ; verkümmern. || FIG. [dépérir] (ver)schmachten. | *Languir d'impatience*, vor Ungeduld vergehen. || PAR ANAL. *La conversation languit*, die Unterhaltung stockt, schleppt sich dahin. | *Languir d'amour*, in Liebe verschmachten. | *Faire languir qn*, jn lange warten lassen. || COMM. [affaires] flau sein.

◇ part. prés. **languissant, ante,** MÉD. [malade] siech ; matt ; ermattet. || FIG. (ver)schmachtend. | *Regards languissants*, schmachtende Blicke m. pl. || PAR ANAL. [conversation] *Être languissant*, sich dahinschleppen ; stocken. || COMM. [affaires] flau ; schleppend.

lanière [lanjɛ:r] f. (langer, schmaler) Riemen ; Binderiemen m. ; Gurt m. | *Découper en lanières*, in Riemen zerschneiden.

lansquenet [lɑ̃skənɛ] m. HIST. Landsknecht m.

lanterne [lɑ̃tɛrn] f. Laterne f. ; Lampe f. ; Licht n. | *Lanterne sourde, de tempête, d'écurie*, Blend-, Sturm-, Stallaterne. | *Lanterne de projection*, Projektionslampe. | *Lanterne vénitienne*, Lampion m. | *Lanterne magique*, Bildwerfer m. ; FIG. Zauberlaterne. || FIG. *Faire prendre à qn des vessies pour des lanternes*, jm blauen Dunst vormachen. | *À la lanterne !*, an die Laterne ! ; hängt ihn auf ! || ARCHIT. Laterne.

lanterneau [-tɛrno] m. Dachreiter m.

lanterner [lɑ̃tɛrne] v. intr. trödeln ; nölen ; auf die lange Bank schieben.

lapalissade [lapalisad] f. FIG. [vérité de La Palisse] Binsenweisheit f., -wahrheit f.

laper [lape] v. tr. (auf)schlecken ; auflecken ; schlürfen.

lapereau [lapro] m. junger Hase.

lapidaire [lapidɛ:r] adj. ARCHIT. Stein... || FIG. [bref] bündig ; knapp ; kurzgefaßt ; lapidar.
◇ m. TECHN. Diamantenschleifer m., -händler m.

lapidation [-dasjɔ̃] f. Steinigung f. ; Steinigen n.

lapider [-de] v. tr. steinigen ; mit Steinen bewerfen.

lapin [lapɛ̃] m. ZOOL. Kaninchen n. ; POP. Karnickel n. | *Lapin de garenne*, Wildkaninchen. | *Lapin domestique*, zahmes Kaninchen. | *Terrier, Clapier de lapin*, Kaninchenbau m., -stall m. || FIG. *Courir comme un lapin*, das Hasenpanier ergreifen. || FIG., FAM. [homme rusé, résolu] Kerl m. ; Bursche m. || PAR EXT. *Poser un lapin à qn*, jn versetzen ; jn warten lassen.

lapine [-pin] f. ZOOL. Kaninchenweibchen n.

lapon, onne [lapɔ̃, ɔn] adj. lappländisch.
◇ s. **Lapon, onne,** Lappe m. ; Lappin f.

Laponie [lapɔni] n. pr. f. GÉOGR. Lappland n.

laps [laps] m. *Laps de temps*, Zeitraum m., -ablauf m., -spanne f. ; Zeit f. ; Weile f.

lapsus [lapsys] m. [faute] Versprecher m. ; Sprechfehler m. ; Schnitzer m. ; POP. Bock m. | *Lapsus linguæ*, Sprachschnitzer. | *Commettre un lapsus*, sich versprechen.

laquais [lakɛ] m. Diener m. ; Livrierter m. ; Lakai m. || FIG., PÉJOR. Speichellecker m.

laque [lak] f. ARTS. Lack m. ; Lackfarbe f. || [coiffure] Haarspray n.
◇ m. [vernis] Lackfirnis m.

laquer [lake] v. tr. ARTS. lackieren ; firnissen.

larbin [larbɛ̃] m. FAM. Lakai m.

larcin [larsɛ̃] m. [vol] kleiner Diebstahl ; Mundraub m.

lard [la:r] m. Speck m. | *Lard fumé*, Räucherspeck. | *Barder de lard*, spicken. || FIG., FAM. [graisse] *Faire du lard*, Speck ansetzen.

larder [-de] v. tr. CULIN. spicken ; be-, durchspicken. || FIG. [entremêler] be-, ausspicken.

lardoire [-dwa:r] f. Spicknadel f.

lardon [-dɔ̃] m. Speckschnitte f. ; -würfel m. || PAR EXT., POP. [enfant] Gör n.

lares [la:r] m. pl. MYTH. *Dieux lares*, Hausgötter m.

large [larʒ] adj. breit. | *Large de 30 cm*, 30 cm breit. | *Large d'épaules*, breitschultrig. || [ample] weit. | *Robe trop large*, zu weites, zu großes Kleid. || PAR EXT. [spacieux] weit ; geräumig ; groß. || FIG. [étendu, considérable] weit(gehend) ; ausgedehnt ; erheblich ; reichlich. | *Au sens large*, im weiteren Sinn. | *Avoir des vues larges*, großzügige Ansichten haben ; weit sehen. | *Large tour d'horizon*, weitgehender Rundblick. | *Large d'esprit*, freisinnig. || PAR ANAL. [généreux] freigebig ; großzügig.
◇ m. [largeur] Breite f. | *Avoir 10 m de large*, 10 Meter breit sein. || FIG. Weite f. ; Spielraum m. || MAR. [haute mer] *Le large*, hohe See. | *Prendre, Gagner le large*, in See stechen ; FIG. das Weite suchen ; Reißaus nehmen. | *Au large*, auf hoher, offener See.
◇ adv. weit ; breit. | *De long en large*, in der Länge und Breite. | *Aller de long en large*, auf und ab gehen. | *En long et en large*, weit und breit ; nach allen Seiten hin ; überall (hin).
◇ loc. prép. **au large de,** vor, gegenüber der Küste von.

largement [-ʒəmɑ̃] adv. weit. | *Largement répandu*, weit verbreitet. || PAR EXT. [abondamment] reichlich ; vollauf ; in vollem Ausmaß ; im Überfluß. || LOC. *Avoir largement de quoi vivre*, reichlich zum Leben haben ; sein reichliches Auskommen haben.

largesse [-ʒɛs] f. FIG. [libéralité] Freigebigkeit f. ; Großzügigkeit f.
◇ f. pl. **largesses,** Schenkungen f. pl. ; Gaben f. pl.

largeur [-ʒœ:r] f. Breite f. || [ampleur] Weite f. || FIG. *Largeur d'esprit, de vues*, Großzügigkeit f. ; Weitblick m. ; Freisinn m.

larguer [large] v. tr. MAR. nachlassen, -geben ; schießen, fahren lassen. | *Larguer les voiles*, die Segel schießen lassen. || AÉRON. [bombes] (ab)werfen.

larigot (à tire-) [atirlarigo] loc. adv. nach Herzenslust.

larix [lariks] m. BOT. Lärche f.

larme [larm] f. Träne f. ; POÉT. Zähre f. || *Baigné, Noyé de larmes*, tränenbenetzt, -voll ; verweint. | *Larmes de joie*, FIG. *de crocodile*, Freuden-, Krokodilstränen. | *Crise de larmes*, Weinkrampf m. | *Torrent, Flot de larmes*, Tränenstrom m., -flut f. | *Verser des larmes*, Tränen vergießen. | *Fondre en larmes*, in Tränen zerfließen. | *Pleurer à chaudes larmes*, bitterlich weinen ; heiße Tränen vergießen. | *Rire aux larmes*, lachen, daß einem die Augen übergehen (sépar.). | *Avoir toujours la larme à l'œil*, leicht zu Tränen gerührt sein. | *Faire venir les larmes aux yeux, Toucher jusqu'aux larmes*, zu Tränen rühren. || FIG. [goutte] Tröpfchen n. || RELIG. *Vallée de larmes*, Jammertal n.

larmoiement [-mwamɑ̃] m. Tränenfluß m.

larmoyer [-mwaje] v. intr. flennen ; greinen ; plärren. || PAR EXT. [parler] weinerlich reden.
◇ part. prés. **larmoyant, ante,** weinerlich ; greinend. | *D'une voix larmoyante*, mit weinerlicher Stimme. | *Ton larmoyant*, Weinerlichkeit f. | *Comédie larmoyante*, Rührstück n.

larron [larɔ̃] s. Dieb m. ; Spitzbube m. ; Schelm m. || LOC. *L'occasion fait le larron*, Gelegenheit macht Diebe. | *Le troisième larron*, der lachende Dritte | *S'entendre comme larrons en foire*, unter einer Decke stecken. || RELIG. Schächer m.

larve [larv] f. ZOOL. Larve f. ; Engerling m. ; Made f.

larvé, ée [larve] adj. MÉD., FIG. verkappt ; versteckt.

laryngite [larɛ̃ʒit] f. MÉD. Kehlkopfentzündung f.

laryngologiste [-gɔlɔʒist] s. MÉD. Kehlkopfspezialist(in) m. (f.).

laryngophone [-gofɔn] m. TECHN. Kehlkopfmikrofon n.

larynx [larɛ̃:ks] m. ANAT. Kehlkopf m.

las, lasse [lɑ, lɑ:s] adj. [fatigué] müde ; ermattet ; erschöpft. | *Être las de qch.*, einer Sache überdrüssig sein. | *Je suis las de travailler*, ich bin des Arbeitens müde. || FIG. [dégoûté] *Las de*, müde (gén., acc.) ; überdrüssig (gén., acc.) ; satt (gén., acc.). | *J'en suis las*, ich habe es satt. | *Las de vivre*, lebensmüde. | *De guerre lasse*, des Streites müde ; um des Friedens willen.
— SYN. : *Fatigué*, müde. *Harassé*, ermattet. *Brisé, rompu*, zerschlagen. *Fourbu*, fertig. *Épuisé*, erschöpft. *Exténué, éreinté*, todmüde ; FAM. hundemüde.

lascar [laskar] m. FAM. Kerl m. ; Bursche m. | *Drôle de lascar*, komischer Kauz.

lascif, ive [lasif, i:v] adj. ausschweifend ; lasziv.

lascivité [-sivite] f. Schlüpfrigkeit f. ; Lüsternheit f.

laser [lazɛr] m. PHYS. Laser m. | *Laser impulsionnel*, Pulslaser. | *Laser à colorants*, Farbstofflaser.

lasser [lase] v. tr. [fatiguer] ermüden ; ermatten. || FIG. [ennuyer] langweilen.
◇ v. pr. **se lasser,** *se lasser de qch.*, einer Sache müde, überdrüssig werden. | *Ne pas se lasser de*, (es) nicht müde, satt werden zu.

lassitude [-sityd] f. Ermüdung f. ; Erschöpfung f. || FIG. [dégoût, ennui] Überdruß m. ; Abscheu m.

lasso [laso] m. Fangleine f. ; Lasso m. ou n. | *Prendre au lasso*, mit dem Lasso einfangen.

latent, ente [latɑ̃, ɑ̃:t] adj. verborgen ; latent. | *Chaleur latente*, innere Verdampfungswärme ; latente Wärme. || FIG. verborgen ; geheim.

latéral, ale [lateral] adj. seitlich. || LOC. *Chapelle latérale*, Seitenkapelle f. | *Paroi latérale*, Seitenwand f. | *Rue latérale*, Nebenstraße f.

latex [latɛks] m. Latex m.

latin, ine [latɛ̃, in] adj. [de Rome] lateinisch. | *Langue latine*, lateinische Sprache. || [de race latine] romanisch ; PÉJOR. welsch. | *Peuples latins*, romanische Völker n. pl. || PAR EXT. [à Paris] *Quartier Latin*, Universitätsviertel n.

◇ n. pr. m. **Latin,** [personne] Latiner m.

◇ m. **latin,** [langue] Latein n. ; Lateinische(s) n. ; lateinische Sprache. | *Latin classique*, klassisches Latein. | *Latin de cuisine*, Küchenlatein. || FIG. *Y perdre son latin*, ratlos dastehen ; nicht mehr weiter wissen ; sich vergeblich bemühen.

latinisme [-tinism] m. GRAMM. lateinische Spracheigentümlichkeit ; Latinismus m.

latinité [-tinite] f. Latinität f. | *Basse latinité*, spätes, mittelalterliches Latein.

latino-américain, aine [latinoamerikɛ̃, ɛ:n] adj. lateinamerikanisch.

latitude [latityd] f. GÉOGR. (geographische) Breite. || PAR ANAL. Breite f. | *Latitude nord*, nördliche Breite. | *(Degré de) latitude*, Breitengrad m. || FIG. [liberté] Freiheit f. ; Spielraum m. | *Laisser toute latitude à qn*, jm jede Freiheit lassen ; jm freies Spiel lassen.

latrines [latrin] f. pl. Latrine f.

latte [lat] f. ARCHIT. (Holz)latte f.

lattis [lati] m. ARCHIT. Lattenrost m., -werk n., -verschlag m., -zaun m.

laudatif, ive [lodatif, i:v] adj. lobend ; lobpreisend.

lauréat, ate [lɔrea, at] s. Preisträger(in) m. (f.) ; Preisgekrönte(r) m.

laurier [lɔrje] m. BOT. Lorbeer m. ; Lorbeerbaum m. | *Feuille, Couronne, Branche de laurier*, Lorbeerblatt n., -kranz m., -zweig m.

◇ m. pl. **lauriers,** [de la gloire] Lorbeeren m. pl. ; Sieges-, Ruhmeslorbeer m. | *Récolter des lauriers*, Lorbeeren ernten, erringen. | *Le front ceint de lauriers*, mit lorbeerumkränzter Stirn. || PÉJOR. *S'endormir sur ses lauriers*, sich auf seinen Lorbeeren ausruhen.

laurier-rose [-ro:z] m. (pl. **lauriers-roses**) BOT. Lorbeerrose f. ; Oleander m.

lavable [lavabl] adj. (ab)waschbar. || TEXT. [étoffe] waschecht.

lavabo [-vabo] m. [meuble] Waschbecken n., -tisch m.

◇ m. pl. **lavabos,** Toilette f. ; Waschraum m.

lavage [-va:ʒ] m. [action] Waschen n. ; Waschung f. || [nuances] Ab-, Auswaschung f. ; Wäsche f. ; (Ab)spülung f. ; Reinigung f. | *Lavage de la vaisselle*, Auf-, Abwaschen n. ; Geschirrspülen n. || MÉD. *Lavage gastrique, d'estomac*, Magenspülung f. || POLIT. *Lavage de cerveau*, Gehirnwäsche f.

lavallière [lavaljɛ:r] f. Künstlerschleife f.

lavande [lavɑ̃:d] f. BOT. Lavendel m.

lavandière [lavɑ̃djɛ:r] f. [laveuse] Wäscherin f.

lavaret [lavarɛ] m. ZOOL. Sandfelchen m.

lave [lav] f. GÉOL. Lava f.

lave-glace [lavglas] m. (pl. **lave-glaces**) Scheibenwaschanlage f.

lave-linge [-lɛ̃ʒ] m. invar. Waschmaschine f. ; Waschautomat m.

lavement [lavmɑ̃] m. MÉD. Klistier n. ; Einlauf m. | *Donner un lavement à qn*, jm einen Einlauf machen.

laver [-ve] v. tr. [sens général] waschen ; ab-, aus-, auf-, verwaschen. | *Machine à laver*, Waschmaschine f. | *Laver à grande eau*, spülen ; gründlich reinigen. | *Laver la salade*, den Salat abspülen. | *Laver la vaisselle*, das Geschirr abwaschen, spülen. | *Laver le linge*, Wäsche waschen. | *Laver une blessure*, eine Wunde auswaschen. || [faire disparaître] ab-, weg-, verwaschen. | *Laver une tache de sang*, einen Blutfleck abwaschen. || FIG. [purifier] (ab)waschen. | *Laver qn d'une accusation*, jn weiß waschen. | *Laver son linge sale en famille*, seine schmutzige Wäsche unter sich waschen. || [venger] *Laver un affront dans le sang*, eine Beleidigung mit Blut abwaschen ; eine Beleidigung rächen. || FAM. *Laver la tête à qn*, jm den Kopf waschen.

◇ v. pr. **se laver,** sich waschen. || PAR ANAL., FAM. *Se laver le bout du nez*, Katzenwäsche machen. || FIG. [s'innocenter] sich waschen. | *Se laver d'une accusation*, sich rein waschen. | *S'en laver les mains*, seine Hände in Unschuld waschen.

laverie [-vri] f. Wäscherei f. ; Waschanlage f. | *Laverie automatique*, Waschsalon m.

lavette [-vɛt] f. Aufwasch-, Scheuerlappen m.

laveur, euse [-vœ:r, ø:z] s. [personne] (Auf)-wäscher(in) m. (f.) ; Spüler(in) m. (f.) ; Waschfrau f.

lave-vaisselle [-vɛsɛl] m. invar. Geschirrspüler m.

lavis [lavi] m. ARTS. (Aus)tuschen n. | *Faire un lavis*, tuschen. || PAR EXT. [dessin] Tuschzeichnung f.

lavoir [lavwa:r] m. [lieu] Waschhaus n., -küche f.

laxatif, ive [laksatif, i:v] adj. MÉD. abführend ; ausspülend.

◇ m. **laxatif,** Abführmittel n. ; Laxativ n.

layette [lɛjɛt] f. Babywäsche f. ; Erstlingsausstattung f.

layon [lɑjɔ̃] m. [forêt] Waldschneise f.

lazzi [ladzi] m. Posse f. ; freier Spaß ; Witzelei f.

le [lə] m., **la** [la] f., **les** [lɛ] pl. art. déf. (nomin.) der, die, das ; die (pl.). || PAR ANAL. (acc.) den, die, das ; die (pl.). || PAR EXT., FAM. *Les Muller*, (die) Müllers ; Familie Müller.

◇ pron. 3e pers. (nomin.) er ; sie ; es ; sie (pl.). | *Le voici*, hier kommt er ; das ist er. | *Les voilà*, das sind sie ; da kommen sie. || PAR ANAL. [attribut] es. | *Êtes-vous malade ? Je le suis*, sind Sie krank ? ich bin es. || PAR EXT. (acc.) ihn ; sie ; es ; sie (pl.). | *Je le vois*, ich sehe ihn. | *Arrêtez-les !*, halten Sie sie an ! | *Je le crois*, ich glaube es. || (dat.) ihm ; ihr ; ihm ; ihnen. | *Je les remercie*, ich danke ihnen.

lé [le] m. [étoffe] Breite f.

leader [li:dœ:r] m. POLIT. [parti] (Partei)führer m.

lèche-bottes [-bɔt] m. invar. FIG., FAM. Stiefel-, Speichellecker m. ; Kriecher m.

lèchefrite [-frit] f. CULIN. Fettauffänger m. ; Tropfpfanne f. ; Abtropfpfanne f.

lécher [leʃe] v. tr. lecken. || PAR ANAL. [nuances] ab-, auf-, aus-, belecken ; schlecken ; nippen ; naschen. | *Se lécher les doigts*, die Finger ablecken. | *Lécher un plat*, eine Schüssel auslecken. || FIG. [flatter] *Lécher les pieds de qn*, jm schmeicheln.

◇ part. pass. et adj. **léché, ée,** geleckt. || FIG. [élevé] *Ours mal léché*, ungehobelter Bursche, Klotz. || ARTS., PÉJOR. [minutieux] geleckt ; sauber ; gedrechselt.

◇ v. pr. **se lécher,** sich lecken. || FIG., FAM. *S'en lécher les babines*, sich die Finger danach lecken.

lèche-vitrines [lɛʃvitrin] m. invar. FAM. Schaufensterbummel m. | *Faire du lèche-vitrines*, einen Schaufensterbummel machen.

leçon [ləsɔ̃] f. [cours] Stunde f. ; Lehrstunde f. ; Vorlesung f. | *Leçon d'histoire*, Geschichtsstunde. | *Leçon particulière*, Privat-, Nachhilfestunde. || [à apprendre] Lektion f. | *Faire réciter sa leçon à qn*, jn die Lektion abfragen ; jm die Lektion abhören. || FIG. [enseignement moral] Lektion f. ; Lehre f. ; Belehrung f. | *Les leçons de l'expérience*, die Schule der Erfahrung. | *Tirer la leçon de qch.*, eine Lehre aus etwas ziehen ; sich etwas zur Lehre sein lassen. | *Que cela vous serve de leçon*, möge Ihnen das zur Lehre, Warnung dienen. || PAR EXT. [réprimande] Zurechtweisung f. | [chapitrer] *Faire la leçon à qn*, jn zurechtweisen ; POP. jm die Leviten lesen.

lecteur, trice [lɛktœ:r, tris] s. Leser(in) m. (f.). | *Ensemble des lecteurs*, Leserschaft f., -welt f. || PAR ANAL. [à haute voix] Vorleser(in) m. (f.). || PAR EXT. [à l'Université] Lektor m.

◇ m. **lecteur,** ÉLECTR., INF. Abspielgerät n. | *Lecteur de bandes*, Streifenleser m. | *Lecteur de cassettes*, Kassettenrecorder m. | *Lecteur de disquettes*, Diskettenlaufwerk n. | *Lecteur optique*, Klarschriftleser m.

lecture [-ty:r] f. [action] Lesen n. ; Lesung f. || INF. *Lecture optique*, Beleglesen n. || [nuances] Ab-, Vor-, Durchlesen n. || [chose] Lesestoff m. ; Lektüre f. ; Buch n. || LOC. *Salon de lecture*, Lesesaal m. | *Cabinet de lecture*, Leihbücherei f. | *Lecture courante*, schnelles Lesen. | *Lecture expliquée*, Lesen und Erklären ; Kommentar m. | *Faire la lecture à qn*, jm etwas vorlesen. | *Donner lecture de qch.*, etwas verlesen. | *C'est d'une lecture facile*, das liest sich leicht. || LITTÉR. *Comité de lecture*, Prüfungsausschuß m.

ledit, ladite [lədi, ladit] adj. besagt(er, e, es) ; obengenannt(er, e, es).

légal, ale, aux [legal, o] adj. gesetzlich ; gesetzmäßig ; gerichtlich. || LOC. *Capacité légale*, Rechtsfähigkeit f. ; rechtliche Befugnis. | *Médecine légale*, Gerichtsmedizin f. | *Statut légal*, Rechtsstellung f. | *Accomplir les formalités légales*, die rechtlichen Vorschriften erfüllen.

légalement [-lmɑ̃] adv. gesetzmäßig ; gesetzlich.

légalisation [-lizasjɔ̃] f. JUR. (gesetzliche) Bestätigung ; Legalisierung f. ; gerichtliche Anerkennung.

légaliser [-lize] v. tr. JUR. als gesetzlich anerkennen ; amtlich bestätigen. | *Légaliser une signature*, eine Unterschrift beglaubigen.

légalité [-lite] f. Gesetzlichkeit f. ; Rechtmäßigkeit f. ; Legalität f. | *Observer la légalité*, den Rechtsweg einhalten ; die gesetzlichen Vorschriften beachten.

légat [lega] m. RELIG. päpstlicher Abgesandte ; Legat m. || HIST. Unterfeldherr m. ; Legat m.

légataire [-tɛ:r] m. JUR. Vermächtnisnehmer m. ; Legatar m. | *Légataire universel*, Universal-, Gesamterbe m.

légation [-sjɔ̃] f. POLIT. Gesandtschaft f. || PAR ANAL. [hôtel] Gesandtschaftsgebäude n.

légendaire [leʒɑ̃dɛ:r] adj. sagen-, märchenhaft.

légende [-ʒɑ̃:d] f. RELIG. Legende f. | *Légende dorée*, Heiligengeschichte f. || PAR EXT. [récit] Sage f. | *Monde de la légende*, Sagenreich n. || FIG. [invention] Erdichtung f. ; Märchen n. || TYPOGR. [d'un cliché] Überschrift f. ; Erläuterung f. [carte] Beschriftung f.

léger, ère [leʒe, ɛ:r] adj. **1.** [peu lourd] leicht ; gewichtslos. | *Léger comme une plume*, federleicht. || [nuances] leicht ; dünn ; duftig ; fein. | *Légère couche de glace*, dünne Eisschicht. | *Brume légère*, leichter Nebel. | *Léger comme l'air*, luftig ; duftig.

2. [pas fort] leise. | *Au plus léger bruit*, beim leisesten Geräusch. | *Avoir le sommeil léger*, einen leichten Schlaf haben.

3. [agile] leicht(füßig) ; flink ; flott. | *Au pied léger*, leichtfüßig. | *Avoir la main légère*, eine leichte, geschickte Hand haben. || FIG. [à l'aise] leicht ; unbeschwert ; sorgenlos. | *Il se sent le cœur léger*, es wird ihm leichter ums Herz.

4. [sans gravité] leicht ; gering(fügig). | *Faute légère*, leichter Fehler. | *Peine légère*, geringe Strafe. | *Légère indisposition*, leichte Erkrankung.

5. [superficiel, frivole] leichtsinnig ; oberflächlich. | *Femme légère*, leichtes Mädchen ; PÉJOR. Dirne f. | *Mœurs légères*, lockere Sitten f. pl.

6. MIL. leicht. | *Artillerie légère*, (leichte) Feldartillerie. | *Blessé léger*, Leichtverwundete(r) m.

7. CULIN. [facile à digérer] leicht ; leichtverdaulich. | *Repas léger*, kleine Mahlzeit ; leichter Imbiß.

8. ARTS. [couleur] leicht ; zart. || FIG. *Légère teinte*, leichter Anstrich.

◇ loc. adv. **à la légère,** leicht ; leichtsinnig, -fertig. | *Parler à la légère*, unüberlegt schwatzen. | *Je ne parle pas à la légère*, ich mache keinen Spaß. | *Prendre qch. à la légère*, etwas auf die leichte Schulter nehmen.

légèrement [-ʒɛrmɑ̃] adv. leicht. || PAR ANAL. [nuances] leise ; flüchtig ; kaum. | *Légèrement vêtu*, leicht gekleidet. || FIG. *Agir légèrement*, unbesonnen handeln.

légèreté [-ʒɛrte] f. [absence de poids] Leichtigkeit f. ; Gewichtslosigkeit f. || [nuances] Dünne f. ; Duftigkeit f. || [agilité] Leichtfüßigkeit f. ; Gewandtheit f. || FIG. [de cœur] Sorglosigkeit f. ; Unbeschwertheit f. || PAR EXT. [irréflexion, frivolité] Leichtsinn m.

légiférer [leʒifere] v. intr. Gesetze machen.

légion [leʒjɔ̃] f. HIST. [Rome] Legion f. || PAR EXT. [troupe] Schar f. ; Truppe f. || LOC. *Légion étrangère, d'honneur*, Fremden-, Ehrenlegion. || FIG. [multitude] (große) Menge, Unzahl f. | *Ils sont légion*, es gibt eine Menge davon ; sie sind Legion.

légionnaire [-ʒjɔnɛ:r] m. MIL. (Fremden)-legionär m.

législateur, trice [leʒislatœ:r, tris] s. Gesetzgeber(in) m. (f.).

législatif, ive [-tif, i:v] adj. gesetzgebend, -geberisch. | *Corps législatif*, gesetzgeberische Körperschaft. | *Pouvoir législatif*, gesetzgebende Gewalt. | *Assemblée législative*, gesetzgebende Versammlung. | *Élections législatives*, Parlamentswahlen f. pl.

législation [-sjɔ̃] f. [action] Gesetzgebung f. | *Législation commerciale*, Handelsgesetzgebung. | *Législation criminelle*, Strafgesetzgebung.

législature [-ty:r] f. Sitzungs-, Legislaturperiode f.

légiste [leʒist] m. JUR. Rechtsgelehrter m. ; Gesetzkundiger m. | *Médecin légiste*, Gerichtsarzt m.

légitimation [leʒitimasjɔ̃] f. JUR. gesetzliche Anerkennung. || PAR ANAL. [enfant] Ehelichkeitserklärung f.

légitime [-tim] adj. recht-, gesetzmäßig. | *Légitime défense*, Notwehr f. | *Droit de légitime défense*, Recht (n.) auf Notwehr. || PAR EXT. *Enfant légitime*, eheliches Kind. || FIG. [équitable] gerecht ; berechtigt ; billig.

légitimement [-timmɑ̃] adv. mit gutem Recht.

légitimer [-time] v. tr. für recht-, gesetzmäßig erklären. || PAR ANAL. [enfant] für ehelich erklären ; anerkennen. || FIG. [justifier] rechtfertigen.

légitimiste [-timist] adj. HIST. legitimistisch. | *Parti légitimiste*, königs-, kaiser-, fürstentreue Partei.

◇ m. HIST. Legitimist m.

légitimité [-timite] f. JUR. Recht-, Gesetzmäßigkeit f. || FIG. [bien-fondé] Berechtigung f. ; Gerechtigkeit f.

legs [lɛ ou lɛg] m. JUR. Vermächtnis n. ; Aussetzung f. ; Legat n.

léguer [lege] v. tr. vermachen ; aussetzen ; vererben. | *Léguer sa fortune à ses enfants*, sein Vermögen seinen Kindern vermachen. || PAR EXT. [transmettre] überliefern.

légume [legym] m. Gemüse n. | *Légumes verts*, Frischgemüse. | *Légumes secs*, Trockengemüse. || FIG., FAM. *Une grosse légume*, ein hohes Tier.

légumineuse [legyminø:z] f. BOT. Hülsenfrucht f.

Léman (lac) [lemɑ̃] n. pr. m. GÉOGR. Genfer See.

lemme [lɛm] m. MATH. Lemma n.

lendemain [lɑ̃dmɛ̃] m. [jour suivant] folgender, nächster Tag ; der Tag darauf. | *Le lendemain de mon arrivée*, der Tag nach meiner Ankunft. | *Du jour au lendemain*, von einem Tag zum anderen ; über Nacht. | *Remettre au lendemain*, auf den nächsten Tag, auf morgen verschieben. || PAR EXT. [avenir] *Songer au lendemain*, an morgen, an die Zukunft denken.
◇ loc. adv. **le lendemain,** am folgenden, am nächsten Tag ; am Tag darauf ; tags darauf. | *Le lendemain matin*, am folgenden, anderen Morgen.

lénifiant, iante [lenifjɑ̃, jɑ̃:t] adj. MÉD. schmerzlindernd, -stillend ; mildernd.

lent, lente [lɑ̃, lɑ̃:t] adj. langsam ; zögernd ; gemächlich. || FIG. [lourd] träge ; behäbig ; schläfrig.

lente [lɑ̃:t] f. ZOOL. Kopflausei n. ; Nisse f.

lentement [lɑ̃tmɑ̃] adv. langsam ; gemächlich.

lenteur [-tœ:r] f. Langsamkeit f. || PAR ANAL. [nuances] Gemächlichkeit f. ; Zögern n. | *Les lenteurs de l'Administration*, der schleppende Gang der Verwaltung. || FIG. [mollesse, lourdeur] Trägheit f.

lentille [-ti:j] f. BOT. Linse f. || PHYS. Linse f. | *Lentille achromatique*, Achromat m. ou n. | *Lentille convergente, grossissante*, Sammellinse. | *Lentille divergente*, Zerstreuungslinse. | *Lentille grossissante*, Vergrößerungslinse. || [verre de contact] Kontaktlinse f.

lentisque [lɑ̃tisk] m. BOT. Mastixbaum m.

léonin, ine [leɔnɛ̃, in] adj. löwenartig. || FIG. *Contrat léonin*, ungerechter, einseitiger Vertrag.

léopard [leɔpa:r] m. ZOOL. Leopard m.

lépidoptères [lepidɔptɛ:r] m. pl. ZOOL. Schmetterlinge m. pl. ; Schuppenflügler m. pl.

lèpre [lɛpr] f. MÉD. Aussatz m. ; Lepra f. || PAR EXT. [arbres] Baumräude f., -befall m.

lépreux, euse [leprø, ø:z] adj. aussätzig ; vom Aussatz befallen ; räudig ; leprös.
◇ s. Aussätzige(r) f. (m.) ; Leprakranke(r) f. (m.).

lequel [ləkɛl], **laquelle** [lakɛl], **lesquels** [lɛkɛl], **lesquelles** [lɛkɛl] pron. relat. [nomin.] welcher, welche, welches, welche ; der, die, das, die. || PAR ANAL. *Dans lequel*, in welchem ; worin (chose). | *Sur laquelle*, auf welcher ; worauf (chose). | *Avec lesquels*, mit denen, welchen ; womit (chose).
◇ pron. interr. welcher, welche, welches, welche ? ; wer ? | *Lequel des deux ?*, welcher von beiden ? | *Laquelle d'entre vous ?*, wer von euch ?

les [lɛ] art. déf. V. LE.

lesbienne [lɛsbjɛn] f. Lesbierin f.

léser [leze] v. tr. [faire tort] (be)schädigen ; verletzen ; beeinträchtigen. | *Léser les droits de qn*, die Rechte js beeinträchtigen. || FIG. [offenser] beleidigen.

lésine, lésinerie [lezin, -nri] f. Geiz m. ; Knauserei f.

lésiner [-ne] v. intr. geizig sein ; knausern.

lésion [lezjɔ̃] f. MÉD. Verletzung f. | *Lésions internes*, innere Verletzungen f. pl.

lessivage [lɛsiva:ʒ] m. Auslaugen n. ; Auslaugung f. ; Bleichen n.

lessive [-si:v] f. [détergent] Waschpulver n. || [action] Waschen n. || PAR ANAL. [linge] Wäsche f. | *Faire la lessive*, (die Wäsche) waschen. || PAR EXT. [solution, eau] (Wasch)lauge f. | *Lessive caustique*, Seifen-, Natronlauge. || FIG. [nettoyage] Abwaschen n.

lessiver [-sive] v. tr. [laver] laugen ; ab-, auslaugen. || FIG., POP. *Se faire lessiver*, sich (beim Spiel) ausnehmen lassen. | *Être lessivé*, [épuisé] völlig gerädert, erschossen sein.

lessiveuse [-sivø:z] f. Wasch-, Auslaugkessel m.

lest [lɛst] m. MAR. Ballast m. || AÉRON. Ballast m. ; tote Last ; Ausgleichs-, Zusatzgewicht n. || LOC., FIG. *Jeter du lest*, Ballast abwerfen ; Zugeständnisse machen.

leste [lɛst] adj. [agile] flink. || PAR ANAL. [nuances] hurtig ; rührig ; behend(e). || FIG. *Avoir la main leste*, eine lockere, lose Hand haben ; gleich zuschlagen. || FIG. [grivois] schlüpfrig ; gewagt ; frei.

lestement [-təmɑ̃] adv. flink ; hurtig ; schnell.

lester [lɛste] v. tr. mit Ballast beladen ; belasten.

léthargie [letarʒi] f. MÉD. Schlafsucht f. ; Lethargie f. || FIG. [apathie] Stumpfheit f.

léthargique [-ʒik] adj. MÉD. schlafsüchtig ; lethargisch. || FIG. gleichgültig ; stumpf.

letton, onne [lɛtɔ̃, ɔn] adj. lettisch.
◇ s. **Letton, onne,** Lette m. ; Lettin f.
◇ m. **letton,** [langue] Lettisch n.

Lettonie [lɛtɔni] n. pr. f. GÉOGR. Lettland n.

lettre [lɛtr] f. GRAMM. [de l'alphabet] Buchstabe m. ; Schriftzeichen n. | *Lettre minuscule*, kleiner Buchstabe. | *Lettre majuscule, capitale*, großer Buchstabe. | *En (lettres) capitales*, groß geschrieben. | *Lettre initiale*, Anfangsbuchstabe. | *En toutes lettres*, ganz ausgeschrieben ; in Buchstaben ; in Worten. || PAR EXT. [missive] Brief m. ; Schreiben n. ; Mitteilung f. | *Par lettre*, brieflich. | *Lettre d'affaires, d'excuse, de menaces, d'amour*, Geschäfts-, Entschuldigungs-, Droh-, Liebesbrief. | *Lettre de recommandation, de condoléances, de confirmation*, Empfehlungs-, Beileids-, Bestätigungsschreiben. | *Lettre ouverte*, offener Brief. || FIG. [sens] Buchstabe m. ; Sinn m. | *À la lettre, au pied de la lettre*, buchstäblich ; wortwörtlich, -getreu ; im wörtlichen, engeren Sinn. | *Prendre qch. au pied de la lettre*, etwas wörtlich nehmen, auffassen. | *Devenir lettre morte*, zu toten Buchstaben werden. || PAR ANAL. *Avant la lettre*, frühzeitig ; vor Erscheinen. || POSTES. Brief m. ; Schreiben n. | *Lettre recommandée*, eingeschriebener Brief ; Einschreibebrief ; Einschreiben. | *Lettre par exprès*, Eilbrief. | *Lettre par avion*, Flugpostbrief. | *Lettre circulaire*, Rundschreiben. | *Boîte aux lettres*, Briefkasten m. | *Lettre chargée*, Wertbrief. || COMM. Brief m. ; Wechsel m. | *Lettre de change*, Wechsel m. || TYPOGR. Letter f. ; Schrift f. || FIG. *En lettres d'or, de sang*, in goldenen, blutigen Lettern.
◇ f. pl. **lettres,** Literatur f. | *Belles-lettres*, schöne Literatur ; Belletristik f. | *Homme, Femme de lettres*, Literat(in) m. (f.). | *Gens de lettres*, Schriftsteller m. pl. ; Literaten m. pl. | *Faculté des lettres*, philosophische, philologische Fakultät. || FIG. *Avoir des lettres*, belesen sein. || POLIT. *Lettres de créance*, Beglaubigungsschreiben n.
— SYN. : *Épître* f., Epistel f. *Missive* f., (Send)schreiben n. *Message* m., (schriftliche) Botschaft. *Billet* m., kurze Mitteilung ; Zettel m.

lettré, ée [-tre] adj. [cultivé] (hoch)gebildet ; kultiviert.
◇ s. Gebildete(r) f. (m.) ; Literat(in) m. (f.).

lettrine [-trin] f. Initiale f. ; Zierbuchstabe m.

leucémie [løsemi] f. MÉD. Weißblütigkeit f. ; Leukämie f.

leucocyte [løkɔsit] m. ANAT. weißes Blutkörperchen ; Leukozyte f.

leur [lœr] pron. pers. invar. [à eux] ihnen. | *Il leur obéit*, er gehorcht ihnen.
◇ adj. poss. 3e pers. plur. ihr ; ihre ; ihr. | *Leur ami*, ihr Freund. | *Leurs amies*, ihre Freundinnen.
◇ pron. poss. 3e pers. plur. **le (la) leur,** der, die, das ihr(ig)e ; ihrer, ihre, ihres. | *Mes livres sont neufs, les leurs sont vieux*, meine Bücher sind neu, ihre, die ihrigen sind alt. || FIG. [parents] *Les leurs*, die Ihrigen ; ihre Angehörigen.

leurre [lœ:r] m. [appât] Köder m. ; Lockspeise f. || FIG. [artifice, illusion] Lockung f. ; Lockmittel n. ; Trugbild n.

leurrer [-re] v. tr. ködern ; locken. || FIG. [tromper] *Leurrer qn*, jn täuschen ; jm etwas vormachen, -spiegeln, -gaukeln.
◇ v. pr. **se leurrer,** FIG. [se duper] sich täuschen ; sich wiegen (in). | *Se leurrer de vaines espérances*, sich in falschen Hoffnungen wiegen.

levage [ləva:ʒ] m. TECHN. [action] Heben n. ; Hochwinden n. ; Anhebung f. | *Appareil de levage*, Hebezeug n., -vorrichtung f.

levain [-vɛ̃] m. [ferment] Hefe f. ; Ferment n. ; Gärstoff m. || PAR EXT. [pâte] Sauerteig m. | *Pain sans levain*, ungesäuertes Brot ; Matzen m. || FIG. [germe] Keim m.

levant [-vɑ̃] adj. *Soleil levant*, aufgehende Sonne ; Morgensonne f.
◇ m. [est] Morgen m. ; Osten m. ; Sonnenaufgang m. | *Du côté du levant*, gegen Sonnenaufgang.
◇ m. **Levant,** [pays] Morgenland n. ; Levante f.

levantin, ine [-vɑ̃tɛ̃, in] adj. [du Levant] morgenländisch ; levantinisch.
◇ s. **Levantin, ine,** Morgenländer(in) m. (f.) ; Levantiner(in) m. (f.).

levée [ləve] f. [action d'enlever] Aufhebung f. ; Ab-, Wegnahme f. | *Levée des scellés*, Abnahme der Siegel ; Entsiegelung f. | *Levée du corps*, Abholung (f.) des Leichnams. || [lettres] (Briefkasten)leerung f. | *Première levée*, erste, früheste Briefkastenleerung. | *Heures de levées*, Leerungszeiten f. pl. || FIG. [action de suspendre] Aufhebung f. | *Levée d'une interdiction, de l'immunité, d'une séance, d'un siège*, Aufhebung eines Verbots, der parlamentarischen Immunität, einer Sitzung, einer Belagerung. | *Levée d'écrou*, Haftentlassung f. || MIL. [troupes] Aushebung f. | *Levée en masse*, Massenaushebung, -aufgebot n. || FIN. [impôts] Steuererhebung f. || AGRIC. [semence] Aufgehen n. | *Levée de terre*, Bodenerhebung, Damm (eines Teiches) m. || [jeux] Stich m. || MAR. [ancre] Lichten n.

lève-glace [lɛvglas] m. (pl. **lève-glaces**) AUTOM. Fensterheber m. | *Lève-glace automatique*, automatischer Fensterheber.

lever [ləve] v. tr. **1.** [sens général] heben ; [nuances] auf-, hoch-, empor-, erheben. | *Lever en l'air*, in die Höhe heben ; hochheben. | *Lever les bras*, die Arme (empor)heben. | *Lever les yeux*, die Augen, den Blick erheben ; aufblicken, -sehen. || LOC. *Lever les bras au ciel*, die Hände über dem Kopf zusammenschlagen. | *Lever son verre*, das Glas erheben ; zutrinken. | *Lever le coude*, einen genehmigen, stemmen. | *Lever le pied*, sich (heimlich) davonmachen ; POP. abhauen. | *Au pied levé*, aus dem Stegreif ; unvorbereitet ; stehenden Fußes.
2. [enlever] ab-, wegnehmen ; beseitigen ; entfernen. | *Lever le masque*, die Maske fallen lassen, abwerfen. || [suspendre] aufheben. | *Lever une interdiction, la séance, l'immunité*, ein Verbot, die Sitzung, die Immunität aufheben. | *La séance est levée*, die Sitzung ist geschlossen. | *Lever le camp, le siège*, die Belagerung aufheben ; abziehen.
3. SENS SPÉCIAUX : MIL. [troupes] ausheben ; anwerben ; rekrutieren. || JUR. *Lever les scellés*, die Siegel abnehmen. || FIN. *Lever des impôts*, Steuern erheben. || [gibier] aufstöbern, -scheuchen. || [plans] aufnehmen ; vermessen. || MAR. *Lever l'ancre*, den Anker lichten. || TECHN. [soulever] heben ; hochheben, -ziehen, -winden ; aufziehen.
◇ v. intr. AGRIC. [semence] aufgehen ; keimen ; sprießen. || CULIN. [pâte] (auf)gehen.
◇ v. pr. **se lever,** [se mettre debout] sich erheben ; aufstehen. | *Se lever de son siège*, sich von seinem Sessel erheben. | *Se lever de table*, sich vom Tisch erheben ; die Tafel aufheben. | *Ne pas se lever*, sitzenbleiben. || [du lit] aufstehen. || PAR ANAL. [astre] aufgehen. || PAR EXT. *Le jour se lève*, der Tag bricht an. | *Le temps se lève*, das Wetter klärt sich auf.
— SYN. : *Relever*, wieder aufheben. *Redresser*, wieder auf-richten. *Enlever*, wegnehmen. *Élever*, (empor)heben. *Soulever*, (hoch)heben. *Hisser*, hissen.

lever [-ve] m. [action de lever] Heben n. ; Auf-, Hoch-, Erheben n. || [action de se lever] Aufstehen n. || [astre] Aufgang m. | *Au lever du soleil*, bei Sonnenaufgang. || *Au lever du jour*, bei Tagesanbruch. || THÉÂTRE. *Au lever du rideau*, beim Aufgehen des Vorhangs ; zu Beginn des Stücks. | *Lever de rideau*, Einakter m.

levier [ləvje] m. TECHN. Hebel m. || LOC. *Bras de levier*, Hebelarm m. | *Levier de commande, de changement de vitesse, d'embrayage, de frein*, Schalt-, Umschalt-, Einrück-, Bremshebel. || FIG. *Prendre les leviers de commande*, ans Ruder kommen.

levraut [ləvro] m. ZOOL. Häschen n. ; Häslein n.

lèvre [lɛ:vr] f. [bouche] Lippe f. | *Lèvre supérieure, inférieure*, Ober-, Unterlippe. | *Porter à ses lèvres*, zum Munde führen. || FIG. Lippe f. ; Mund m. | *Rire du bout des lèvres*, gezwungen lachen ; kaum sein Gesicht verziehen. | *Parler du bout des lèvres*, kaum den Mund aufmachen ; geringschätzig sprechen. | *Pincer les lèvres*, den Mund spitzen. | *Se mordre les lèvres*, sich auf die Lippen beißen. || LOC. *Être suspendu aux lèvres de qn*, an js Lippen hängen ; atemlos, begierig zuhören. || MÉD. [bord] Wundränder m. pl.

levrette [ləvrɛt] f. ZOOL. Windhündin f.

lévrier [levrije] m. ZOOL. Windhund m. ; Windspiel n.

levure [ləvy:r] f. Hefe f. ; Gärungsstoff m. ; Ferment n. | *Levure (de bière)*, Bierhefe. | *Levure en poudre*, Backpulver n.

lexème [lɛksɛm] m. GRAMM. Lexem n.

lexicographie [lɛksikɔgrafi] f. Lexikographie f.

lexicologie [-lɔʒi] f. Wörterbuchkunde f. ; Lexikologie f.

lexique [lɛksik] m. (Hand)wörterbuch n. ; Lexikon n. || PAR EXT. [vocabulaire] Wortschatz m. ; Sprachgut n.

lézard [lezɑ:r] m. ZOOL. Eidechse f.

lézarde [-zard] f. ARCHIT. Riß m. ; Spalte f.

lézarder [-zarde] v. tr. ARCHIT. rissig machen.
◇ part. pass. et adj. **lézardé, ée,** ARCHIT. rissig ; geborsten.
◇ v. pr. **se lézarder,** ARCHIT. [mur] rissig werden ; Risse, Sprünge bekommen, zeigen.

liaison [ljezɔ̃] f. [jonction] Verbindung f. | *Mettre en liaison*, verbinden. | *Être en liaison avec*, in Verbindung stehen mit. | *Faire, Établir la liaison*, die Verbindung herstellen ; verbinden. || PAR ANAL. [rapport] Beziehung f. ; Verhältnis n. | *Liaison (amoureuse)*, Liebesverhältnis ; Liebschaft f. || PAR EXT.

[enchaînement] Verknüpfung f. ; Verkettung f. ; Zusammenhang m. | *En liaison avec*, in Zusammenhang mit. || MIL. Verbindung f. | *Officier, Agent de liaison*, Verbindungsoffizier m., -mann m. | *Liaison par radio*, Funkverbindung. | *Liaison téléphonique*, Telefonverbindung f. || GRAMM. [entre deux mots] Bindung f. ; Herüberziehen n. || TÉLÉCOMM. *Liaison coaxiale*, koaxiale Verbindung. | *Liaison par fibre optique*, Wellenleiterverbindung f.

liane [ljan] f. BOT. Schlingpflanze f. ; Liane f.

liant, liante [ljɑ̃, ljɑ̃:t] adj. [souple] biegsam ; geschmeidig. || FIG. [sociable] gesellig ; leutselig. | *Être liant*, schnell Freundschaft schließen.

◇ m. **liant,** [souplesse] Biegsamkeit f. || [affabilité] Geselligkeit f.

liard [lia:r] m. (vx) [monnaie] Pfennig m. ; Heller m. | *N'avoir pas un liard*, keinen roten Heller (mehr) besitzen.

liasse [ljas] f. [papier] Pack m. ; Stoß m. ; Bündel n.

Liban [libɑ̃] n. pr. m. GÉOGR. Libanon m.

libanais, aise [libanɛ, ɛ:z] adj. libanesisch.

libation [libasjɔ̃] f. Trunk m. ; Zechen n.

libelle [libɛl] m. Flugschrift f. | *Libelle (diffamatoire)*, Schmähschrift f.

libellé [-le] m. Wortlaut m. ; (Text)abfassung f. ; Text m.

libeller [-le] v. tr. (vorschriftsmäßig) abfassen ; formulieren. | *Libeller un chèque*, einen Scheck ausstellen.

libellule [libellyl] f. ZOOL. Libelle f. ; Wasser-, Seejungfer f.

liber [libɛ:r] m. BOT. Bast m.

libéral, ale, aux [liberal, o] adj. [sens général] liberal. || [nuances] freiheitlich ; freisinnig ; freigesinnt. || *Idées libérales*, fortschrittliche Ideen f. pl. | *Profession libérale*, freier Beruf. | *Arts libéraux*, freie Künste f. pl. | *Économie libérale*, freie Marktwirtschaft. || PAR EXT. [généreux] freigebig.

◇ s. POLIT. Liberale(r) f. (m.).

libéralisme [-ralism] m. Großzügigkeit f. ; Toleranz f. || POLIT. Liberalismus m. | *Libéralisme économique*, Wirtschaftsliberalismus.

libéralité [-ralite] f. Freigebigkeit f. ; Großzügigkeit f.

◇ f. pl. **libéralités,** [cadeau] Spende f. | *Faire des libéralités*, freigebig sein ; spendabel sein.

libérateur, trice [-ratœ:r, -tris] adj. befreiend ; errettend ; erlösend.

◇ s. Befreier(in) m. (f.) ; (Er)retter(in) m. (f.) ; Erlöser m.

libération [-rasjɔ̃] f. [action] Befreien n. ; Befreiung f. || [nuances] Freimachung f., -lassung f., -gabe f. ; Rettung f. ; Erlösung f. || ÉCON. *Libération des prix*, Freigabe (f.) der Preise. || MIL. [service] Entlassung f. || JUR. *Libération conditionnelle*, bedingte Haftentlassung.

libératoire [-ratwa:r] adj. COMM. freimachend ; schuldbefreiend. | *Paiement libératoire*, schuldbefreiende Zahlung. | *Prélèvement libératoire*, Pauschalbesteuerung f.

libérer [-re] v. tr. [sens général] befreien. | *Libérer un prisonnier*, einen Gefangenen freilassen, auf freien Fuß setzen. | *Libérer qn d'une obligation*, jn von einer Verpflichtung freisprechen, entbinden. || PAR ANAL. *Libérer un pays, sa conscience*, ein Land, sein Gewissen befreien. || MIL. [service] entlassen. || FIN. *Libérer une action*, eine Aktie einzahlen. | *Libérer les échanges*, Handelsfreiheit einführen. || CHIM. [énergie] freisetzen, -machen.

◇ v. pr. **se libérer,** sich befreien. || PAR ANAL. *Je n'ai pu me libérer cet après-midi*, ich habe heute nachmittag nicht abkommen können. || COMM. *Se libérer d'une dette*, sich einer Schuld entledigen ; eine Schuld tilgen.

liberté [-te] f. [sens général] Freiheit f. ; Ungebundenheit f. ; Zwanglosigkeit f. — **1.** SINGULIER : *Liberté, égalité, fraternité*, Freiheit, Gleichheit, Brüderlichkeit. || (avec un adj.) *Liberté individuelle*, persönliche Freiheit. | *Liberté civile*, staatsbürgerliche Freiheit. | *En toute liberté*, frei, völlig ungehindert. || [avec un nom] *Désir, soif, passion de liberté*, Freiheitsdrang m. | *Privation de la liberté*, Freiheitsberaubung f. | *Mise en liberté*, Freilassung f. | *Liberté sur parole*, Freiheit auf Ehrenwort. | *Liberté conditionnelle, provisoire*, Bewährung f. | *Liberté d'esprit*, Unbefangenheit f. | *Liberté de penser*, Gedankenfreiheit. | *Liberté de la presse*, Pressefreiheit. | *Liberté de conscience*, Gewissensfreiheit. | *Liberté des cultes*, Glaubens-, Religionsfreiheit. | *Liberté d'association*, Koalitionsfreiheit. | *Liberté de mouvements*, Ungezwungenheit f. | *Liberté de langage*, freimütige Rede. || (avec un verbe) *User de sa liberté*, seine persönliche Freiheit genießen. | *Donner la liberté*, die Freiheit geben. | *Il fut remis en liberté*, er wurde freigelassen ; er kam wieder frei. | *Recouvrer sa liberté*, seine Freiheit wiedererlangen. | *Laisser toute liberté à qn*, jm freie Hand, freies Spiel lassen. | *Je prends la liberté de*, ich bin so frei ; ich erlaube mir.

2. PLURIEL : [droits] *Les libertés*, Rechte n. pl. | *Les libertés publiques*, Grundrechte ; Freiheitsrechte. | *Les libertés individuelles*, bürgerliche Freiheiten. || *Prendre des libertés*, sich Freiheiten herausnehmen. | *Il prenait des libertés*, er erlaubte sich manche Freiheit. | *Prendre des libertés avec l'histoire*, mit der Geschichte frei schalten.

libertin, ine [-tɛ̃, in] adj. ausschweifend ; liederlich.

◇ s. Lebemann m. ; Lüstling m.

libertinage [-tina:ʒ] m. Ausschweifung f. ; Liederlichkeit f.

libidineux, euse [libidinø, ø:z] adj. lüstern ; wollüstig ; geil ; schlüpfrig.

libido [-do] f. [psychanalyse] Libido f.

libraire [librɛ:r] m. Buchhändler(in) m. (f.). | *Libraire-éditeur*, Verlagsbuchhändler m.

librairie [-ri] f. Buchhandlung f. || [marché des livres] Büchermarkt m. || [commerce] Buchhandel m. | *Librairie-papeterie*, Buch- und Schreibwarenhandlung f. || [ce qui concerne les livres] Buchwesen n. | *En librairie*, im Buchhandel.

libre [libr] adj. **1.** ADJ. SEUL : frei. || [sans entraves] fessel-, zügellos. || [non gêné] ungezwungen. || [sans gêne] unbefangen. || [sans complexe] ungehemmt. || [non marié] ledig ; unverheiratet. || [indépendant] unabhängig. || [autonome] selbständig. || [propos] ungezwungen ; los. || [mœurs] locker.

2. EXPRESSIONS : **a)** [avec un nom] *Ville libre*, Freistadt f. | *Homme libre*, Freie(r) [Mann] m. | *Esprit libre*, Freigeist m. | *Libre penseur*, Freidenker m. | *Libre pensée*, Freigeist m., -denkerei f. | *Libre arbitre*, Willensfreiheit f. | *École libre*, Privatschule f. | *Vers libre*, freies Versmaß. | *Chute libre*, freier Fall. | *Avez-vous encore une chambre libre ?*, haben Sie noch ein Zimmer frei ? | *Avoir le champ libre*, freie Bahn haben ; freien Spielraum haben. | *À l'air libre*, in freier, frischer Luft. | *Avoir les mains libres*, die Hände frei haben. || *Libre accès à la mer*, freier Zugang zum Meer. | *Union libre*, wilde Ehe. | *Donner libre cours*, freien Lauf lassen. — **b)** [avec un verbe] *Être libre*, sein freier Herr sein. | *Être libre comme l'air*, frei wie der Vogel in der Luft sein. | *Vous êtes libre de refuser ou d'accepter*, es steht

Ihnen frei, abzulehnen oder anzunehmen. | *Être libre de ses mouvements*, sich frei bewegen können. | *Être libre de son choix*, freie Wahl haben. | *Se rendre libre*, sich frei, abkömmlich machen. | *Cette marchandise est libre de droits*, diese Ware ist zollfrei.

libre-échange [libreʃɑ̃:ʒ] m. Freihandel m.

librement [librəmɑ̃] adv. frei ; freiwillig ; ungehindert.

libre-service [-sɛrvis] m. COMM. Selbstbedienungsladen m.

librettiste [librɛttist] m. Textdichter m. ; Librettoschreiber m. ; Librettist m.

Libye [libi] n. pr. f. GÉOGR. Libyen n.

libyen, yenne [libjɛ̃, jɛn] adj. libysch.
◇ s. **Libyen, yenne,** Libyer(in) m. (f.).

lice [lis] f. HIST. Schranke f. ; Turnierplatz m. | *Entrer en lice*, in die Schranken treten.

licence [lisɑ̃:s] f. [excès] Zügellosigkeit f. ; Ungebundenheit f. ; Ausschweifung f. | *Prendre des licences avec qn*, sich gegen jn, sich jm gegenüber Unverschämtheiten, viel Freiheiten herausnehmen. | *Licence grammaticale*, grammatische Unregelmäßigkeit. || [grade universitaire] Licence f. ; Lizenz f. | *Licence d'enseignement*, (*etwa*) Staatsexamen n. || [permission] Erlaubnis(schein) f. (m.) ; Lizenz f. | *Licence d'exportation*, Ausfuhrgenehmigung f. | *Licence de fabrication*, Herstellungserlaubnis.

licencié, iée [-sje] s. Inhaber(in) m. (f.) einer Lizenz. | *Licencié en droit*, Referendar m.

licenciement [-simɑ̃] m. (Dienst)entlassung f. ; Verabschiedung f. | *Licenciement économique*, (*etwa*) Kündigung (f.) aus wirtschaftlichen Gründen. | *Lettre de licenciement*, Entlassungschreiben n.

licencier [-sje] v. tr. aus dem Dienst entlassen, verabschieden, abbauen.

licencieux, ieuse [-sjø, jø:z] adj. ungeregelt ; schamlos ; liederlich. | *Mener une vie licencieuse*, ein lockeres Leben führen. | *Roman licencieux*, schlüpfriger Roman. | *Mœurs licencieuses*, schamlose Sitten f. pl. ; Unzucht f.

lichen [likɛn] m. BOT. Flechte f. || MÉD. Schwindflechte f.

licite [lisit] adj. zulässig ; erlaubt ; rechtmäßig.

licorne [likɔrn] f. MYTH. Einhorn n.

licou ou **licol** [liku, kɔl] m. Halfter n., m., f.

lie [li] f. Niederschlag m. ; Satz m. ; Hefe f. | *Boire le calice jusqu'à la lie*, den Kelch bis zur Neige, bis auf den Grund leeren. || [couleur] *Lie-de-vin*, dunkelrot ; weinrot ; weinfarbig. || FIG. *La lie du peuple*, Abschaum (m.) des Volkes.

liège [ljɛ:ʒ] m. Kork m. | *Chêne-liège*, Korkeiche f.

Liège [ljɛ:ʒ] n. pr. f. GÉOGR. Lüttich n.

liégeois, eoise [lieʒwa, wa:z] adj. aus, von Lüttich. | *Café liégeois*, Eiskaffee m. ; Mokkaeis (n.) mit Schlagsahne.
◇ s. **Liégeois, eoise,** Lütticher(in) m. (f.).

lien [ljɛ̃] m. Band n. | *Sans lien (logique)*, ohne Zusammenhang. || [prisonnier] Fesseln f. pl. ; Ketten f. pl. | *Rompre ses liens*, seine Fesseln zerreißen. || FIG. *Les liens du sang*, Blutsverwandtschaft f. ; Blutsbande n. pl. | *Lien conjugal*, Eheband.

lier [lie] v. tr. **1.** SENS PROPRE : ATTACHER : binden ; [mettre en liaison] verbinden ; [fermer] zubinden ; [nouer] knüpfen ; verknüpfen ; [ficeler] (ver)schnüren ; zusammenknüpfen. | *Pieds et poings liés*, an Händen und Füßen gefesselt.
2. SENS FIGURÉ : *Lier amitié avec qn*, mit jm Freundschaft schließen. | *Être fort lié avec qn*, mit jm eng befreundet, verbunden sein. | *Avoir partie liée avec qn*, gemeinsames Spiel mit jm machen ; POP. unter einer Decke stecken. | *Il a les mains liées*, ihm sind die Hände gebunden. | *Être fou à lier*, übergeschnappt sein.
3. CULIN. : *Lier une sauce*, eine Sauce binden, andicken, sämig machen.
◇ v. pr. **se lier,** *Se lier avec qn*, sich mit jm verbinden ; mit jm in Verbindung treten. | *Se lier d'amitié avec qn*, sich mit jm be-, anfreunden. | [personne] *Qui se lie difficilement*, ungesellig. || [s'obliger] sich binden, verpflichten. | *Se lier par serment*, sich durch Eid binden, verpflichten.

lierre [ljɛ:r] m. BOT. Efeu m. | *Lierre terrestre*, Gundelrebe f. ; Gundermann m. || POÉT. Eppich m.

liesse [ljɛs] f. laute, helle Freude ; Jubel m. | *Foule en liesse*, jubelnde Volksmenge.

lieu [ljø] m.

I. SENS PROPRE : Ort ; Stelle, etc.
II. PAR EXT. **avoir lieu,** stattfinden ; **donner lieu,** Anlaß geben.
III. loc. prép. **au lieu de.**
IV. loc. conj. **au lieu que.**

1. SENS PROPRE : Ort m. ; Platz m. ; Stelle f. ; Stätte f. ; Ortschaft f. | *Dans ce lieu*, an diesem Ort. | *En tous lieux*, überall ; allerorten ; weit und breit. | *Lieu de résidence*, Wohnort. | *Lieu de travail*, Arbeitsplatz m. | *Lieu de séjour*, Aufenthaltsort. | *Lieu d'origine*, Herkunftsort. | *Lieu de naissance*, Geburtsort. | *Lieu du crime*, Tatort. | *En haut lieu*, höheren Ortes ; an maßgeblicher Stelle. | *Mauvais lieu*, berüchtigtes, verrufenes Haus. | *Lieux d'aisances*, Abort m. ; Toiletten f. pl. | *Faire la connaissance des lieux*, auskundschaften ; Lokalkenntnisse sammeln. | *Se rendre sur les lieux*, sich an Ort und Stelle begeben. | *Vider les lieux*, den Platz räumen. | *Les Lieux saints*, die heiligen Stätten f. pl. | *N'avoir ni feu ni lieu*, obdachlos sein. | LITTÉR. *Unité de lieu*, Einheit (f.) des Ortes. || AUTOM. *Lieu de stationnement*, Parkplatz.
II. PAR EXT. *Ce n'est pas le lieu de*, das ist hier nicht der Ort, um zu. | *Ce n'est pas ici le lieu*, das ist hier nicht angebracht. | *Avoir tout lieu de*, allen Grund haben, zu. | *S'il y a lieu*, gegebenenfalls. | *En premier lieu*, erstens ; an erster Stelle. | *En second lieu*, zweitens. | *En dernier lieu*, zuletzt ; schließlich. | *En tout dernier lieu*, zu guter Letzt. | *En temps et lieu*, zu gegebener Zeit (und Ort). | *Avoir lieu*, stattfinden ; geschehen ; vorkommen ; [accident] passieren ; [spectacle] spielen. | *Ne pas avoir lieu*, unterbleiben ; [classe] ausfallen. | *Tenir lieu de*, ersetzen. | *Tenir lieu de mère*, an die Stelle der Mutter treten. | *Lieux communs*, Gemeinplätze m. pl.
III. loc. prép. **au lieu de,** anstatt ; statt. | [avec l'infin.] anstatt... zu... | *Au lieu de manger*, anstatt zu essen. | *Au lieu de cela*, statt dessen.
IV. loc. conj. **au lieu que,** anstatt, daß ; während.

lieu-dit [-di] m. Flurname m. ; durch einen Flurnamen bezeichneter Ort.

lieue [ljø] f. Meile f. | *Lieue marine*, Seemeile. | *Être à cent lieues de faire qch.*, (himmel)weit davon entfernt sein, etwas zu tun. | *Bottes de sept lieues*, Siebenmeilenstiefel m. pl.

lieutenant [ljøtnɑ̃] m. [représentant] Statthalter m. ; Stellvertreter m. || MIL. Oberleutnant m. | *Sous-lieutenant*, Leutnant m.

lieutenant-colonel [-kɔlɔnɛl] m. (pl. **lieutenants-colonels**) MIL. Oberstleutnant m.

lièvre [ljɛ:vr] m. Hase m. | *Lever un lièvre*, einen Hasen aufscheuchen. || FIG. *Il est peureux comme un lièvre*, er ist ein Angsthase ; er ist ein Hasenfuß. |

Courir deux lièvres à la fois, zwei Dinge auf einmal betreiben. | *Lever un lièvre*, eine Sache zuerst anregen ; auf eine Schwierigkeit hinweisen. | *Mémoire de lièvre*, schlechtes Gedächtnis. | *C'est là que gît le lièvre*, hier liegt der Hase im Pfeffer.

ligament [ligamɑ̃] m. ANAT. Band n. ; Muskel-, Gewebeband.

ligature [-ty:r] f. Binde f. ; Abbindung f. ; Abschnürung f. || MÉD. Ligatur f. | *Ligature des trompes*, Tubenligatur f.

ligaturer [-tyre] v. tr. ab-, unter-, einbinden ; abschnüren.

lige [li:ʒ] adj. HIST. lehnspflichtig. || FIG. *Être l'homme lige d'un personnage*, jm völlig hörig, blind ergeben sein.

lignage [liɲa:ʒ] m. Sippe f. ; Stamm m. ; Herkunft f. | *De haut lignage*, von hoher Abkunft, Abstammung, Geburt.

ligne [liɲ] f.

> **I.** SENS PROPRE : Linie f. ; Strich m.
> **II.** PAR EXT. : Reihe f. ; Zeile f.
> **III.** SENS FIGURÉS : [lignée] Stamm m. ; [règle] Regel f. ; [silhouette] Linie f.
> **IV.** MATH., PHYS. : Linie f. ; Leitung f.
> **V.** MIL. : Linie f.
> **VI.** MAR., AÉRON. : Linie f.
> **VII.** TRANSP. : (Bahn)linie f.
> **VIII.** SPORT : Linie f.
> **IX.** PÊCHE : Angel f.

I. SENS PROPRE : Linie f. ; Strich m. | *En ligne droite*, gerade ; geradeaus ; stracks. | *Tracer une ligne*, eine Linie, einen Strich ziehen. | *Ligne pointillée*, punktierte Linie. | *Lignes de la main*, Handlinien f. pl. | *Ligne de faîte*, Kammlinie.

II. PAR EXT. Reihe f. || [alinéa] *Aller à la ligne*, die Zeile absetzen ; neu einrücken. || [dictée] *À la ligne*, Absatz !, neue Zeile ! || [écriture, imprimerie] Zeile f. | *Lire entre les lignes*, zwischen den Zeilen lesen. | *Grandes lignes*, Grundriß m. ; Grundlinien f. pl. | *Indiquer les grandes lignes d'un ouvrage*, ein Werk umreißen. || LOC. *Faire entrer qch. en ligne de compte*, etwas in Betracht ziehen. | *Triompher sur toute la ligne*, auf der ganzen Linie siegen.

III. SENS FIGURÉS : [lignée] (Geschlechter)linie f. | *Ligne principale*, Stammhaus n. | *Ligne collatérale*, Seitenlinie. | *Descendre de qn en ligne directe*, von jm in direkter, gerader Linie abstammen. || [règle] Regel f. | *Ligne de conduite*, Lebensregel ; Verhaltungsregel. | *La ligne d'un parti*, die Linie einer Partei. | *Hors ligne*, aus dem Rahmen fallend ; außerordentlich ; unvergleichlich ; POP. prima. || [silhouette] Linie f. ; schlanke Linie. | *Garder la ligne*, schlank bleiben.

IV. MATH., PHYS. : Linie f. | *Ligne droite*, Gerade f. | *Ligne courbe*, krumme Linie. | *Ligne horizontale*, Waagerechte f. | *Ligne verticale*, Senkrechte f. | *Ligne perpendiculaire*, Lot n. ; Senkrechte f. | *Ligne parallèle*, Parallele f. | *Ligne d'intersection*, Schnittlinie. || ÉLECTR. *Ligne de terre*, Erdleitung f. | *Ligne de force*, Kraftlinie. | *Ligne à haute tension*, Hochspannungsleitung f. | *Ligne téléphonique*, Fernsprechleitung f. || ÉCON. *Ligne de crédit*, Kreditlinie f.

V. MIL. Linie f. ; Stellung f. | *Première ligne*, Kampffront f. | *Aller en première ligne*, in die vorderste Linie einrücken. | *Ligne de feu*, Feuerlinie. | *Ligne de tir*, Schußlinie. | *Ligne de mire*, Visierlinie. | *Pénétrer dans les lignes ennemies*, in die feindlichen Stellungen einbrechen.

VI. MAR., AÉRON. : Linie f. | *Vaisseau de ligne*, Linienschiff n. | *Ligne de navigation*, Schiffahrtslinie. | *Ligne de navigation aérienne*, Flug-, Luftverkehrslinie, -strecke f.

VII. TRANSP. : Linie f. ; (Eisen)bahnlinie f. ; Strecke f. | *Grande ligne*, *Ligne principale*, Hauptstrecke ; Fernverbindung f. | *Tête de ligne*, Kopfbahnhof m. | *Ligne secondaire*, Zweigbahn f.

VIII. SPORT : Linie f. | *Ligne d'arrivée*, Ziellinie f. | *Franchir la ligne d'arrivée*, über die Ziellinie gehen. || [tennis] *Ligne de fond*, Grundlinie. | *Ligne de service*, Aufschlaglinie. || [football] *Ligne d'avants*, Stürmerreihe f. | *Ligne de but*, Torlinie. | *Ligne de touche*, Markierungslinie.

IX. PÊCHE : Angel f. | *Pêcher à la ligne*, angeln. | *Pêcheur à la ligne*, Angler m.

lignée [-ɲe] f. Nachkommenschaft f. ; Stamm m. ; Abstammung f. | *Laisser une nombreuse lignée*, eine zahlreiche Nachkommenschaft hinterlassen.

ligneux, euse [liɲø, ø:z] adj. holzig ; verholzt.

lignite [liɲit] m. Braunkohle f.

ligoter [ligɔte] v. tr. fesseln ; binden ; knebeln.

ligue [lig] f. Bund m. ; Verein m. ; Liga f. || HIST. *Ligue hanséatique*, Hansabund ; hansischer Städtebund. | *La ligue d'Augsbourg*, die Augsburger Liga.

liguer (se) [səlige] v. pr. sich verbünden ; einen Bund schließen ; eine Liga bilden.

ligueur, euse [ligœ:r, ø:z] s. Verbündeter m. ; Ligist m.

lilas [lila] m. BOT. Flieder m. ; Syringe f. || [couleur] Lila n. ; Lilafarbe f.
◇ adj. lila(farbig), -blau ; fliederfarben.

liliacées [-ljase] f. pl. Liliengewächse n. pl.

lilliputien, ienne [lilipysjɛ̃, jɛn] adj. liliputanisch.

limace [limas] f. ZOOL. Nacktschnecke f.

limaçon [-sɔ̃] m. ZOOL. (Gehäuse)schnecke f.

limaille [limaj] f. Feilspäne m. pl., -staub m. | *Limaille de fer*, Eisen(feil)späne.

limande [limɑ̃:d] f. ZOOL. Kliesche f. | *Limande-sole*, Rotzunge f.

limbe [lɛ̃:b] m. Meß-, Gradkreis m. ; Limbus m. || BOT. Blattrand m., -breite f. || FIG. *Limbes de la pensée*, Schweifen (n.) der Gedanken. | *Être encore dans les limbes*, FAM. noch in den Windeln liegen.

lime [lim] f. Feile f. | *Lime à ongles*, Nagelfeile. | *Dégrossir*, *Enlever à la lime*, abfeilen.

lime ou **limette** f. BOT. Limone f. ; Limette f.

limer [-me] v. tr. feilen ; ausfeilen.

limette [limɛt] f. BOT. V. LIME.

limier [limje] m. Schweiß-, Spürhund m. || FIG., FAM. Detektiv m. ; Spitzel m.

liminaire [liminɛ:r] adj. Eingangs... ; Vor...

limitatif, ive [-tatif, i:v] adj. ein-, beschränkend.

limitation [-tasjɔ̃] f. Be-, Einschränkung f. ; Begrenzung f. | *Limitation d'importation, de production*, Einfuhr-, Produktionsdrosselung f. | *Limitation des naissances*, Geburtenbeschränkung. | *Limitation de vitesse*, Geschwindigkeitsbegrenzung.

limite [limit] f. Grenze f. ; Scheide f. | *Limite d'un champ*, (Feld)rain m. | *Limite d'âge*, Altersgrenze. | *Limite de charge*, Tragfähigkeit f. || FIG. Schranke f. ; Grenze f. | *À la limite*, im äußersten Fall. | *Fixer des limites*, Grenzen festsetzen. | *Passer toute limite*, die Grenzen überschreiten. | *Il y a une limite à tout*, alles hat (seine) Grenzen. | *Sans limites*, schrankenlos ; grenzenlos ; unbeschränkt.
◇ adj. *Prix limite*, Höchstpreis m. | *Date limite*, äußerster, endgültiger Termin. | *Vitesse limite*, (zulässige) Höchstgeschwindigkeit.

limiter [-te] v. tr. begrenzen ; einschränken ; einfassen. | *Vue limitée*, beschränkte Sicht. | *Les Alpes*

limitent l'Allemagne au sud, die Alpen bilden für Deutschland die Grenze im Süden. | *Pour un temps limité*, nur für begrenzte Zeit. || FIG. *Limiter ses dépenses*, seine Ausgaben einschränken.
limitrophe [-trɔf] adj. angrenzend ; benachbart ; nachbarlich. | *Pays limitrophe*, Grenzland n.
limoger [limɔʒe] v. tr. FAM. kaltstellen ; ausbooten ; absägen.
limon [limɔ̃] m. [terre] Schlamm m. ; Schlick m. ; Brei m. | *Déposer du limon*, anschlicken ; schlemmen.
limonade [limɔnad] f. Limonade f.
limonadier, ière [-dje, jɛ:r] s. Schankwirt(in) m. (f.).
limoneux, euse [limɔnø, ø:z] adj. schlammig ; schlickig ; lehmig.
limousine [limuzin] f. geschlossener, verdeckter Wagen ; geschlossene Limousine.
limpide [lɛ̃pid] adj. durchsichtig ; licht ; ungetrübt. | *Eau, Source, Regard limpide*, kristallklares Wasser ; durchsichtige Quelle ; offener Blick. | *Style limpide*, verständlicher Stil. || FIG. glänzend ; offen. | *C'est limpide*, das ist sonnenklar.
limpidité [-dite] f. Durchsichtigkeit f. ; Lichte f. ; Ungetrübtheit f.
lin [lɛ̃] m. BOT. Flachs m. ; Lein m. | *Huile de lin*, Leinöl n. | *Graine, Toile, Champ de lin*, Leinsame m. ; Leinwand f. (Leinen n. ; Linnen n.) ; Flachsfeld n. | *(En toile) de lin*, leinen.
linceul [-sœl] m. Leichentuch n. ; Totenhemd n. || PAR EXT. *Linceul de neige*, Schneedecke f.
linéaire [lineɛ:r] adj. linear.
linéament [-amɑ̃] m. Gesichtszug m. || *Les linéaments*, erster Entwurf ; Grundskizze f.
linge [lɛ̃:ʒ] m. Leinen(zeug) n. ; Linnen n. ; Wäsche f. | *Linge d'homme, de femme*, Herren-, Damenwäsche. | *Linge de corps*, Leib-, Unterwäsche. | *Linge de table*, Tischzeug ; Tafelwäsche. || FIG. *Laver son linge sale en famille*, seine schmutzige Wäsche zu Hause waschen. | *Blanc comme un linge*, leichenblaß.
lingère [-ʒɛ:r] f. Weißwaren-, Wäschenäherin f.
lingerie [-ʒri] f. [commerce] Wäschegeschäft n. || [lieu] Wäschekammer f., -stube f., -schrank m. || [fabrique] Wäschefabrik f. || [linge] (Unter)wäsche f.
lingot [lɛ̃go] m. Barren m. ; Klumpen m. || [fer] Stab m. || *Lingot d'or*, Goldbarren, -stange f.
lingual, uale, uaux [lɛ̃gwal, wo] adj. Zungen...
linguiste [-gɥist] s. Linguist(in) m. (f.) ; Sprachwissenschaftler(in) m. (f.).
linguistique [-gɥistik] adj. sprachwissenschaftlich. | *Frontière linguistique*, Sprachgrenze f.
◇ f. Sprachwissenschaft f. ; Linguistik f.
liniment [linimɑ̃] m. MÉD. weiche Salbe.
linoléum [linɔleɔm] m. Linoleum n.
linot [lino] m. ou **linotte** [linɔt] f. ZOOL. Hänfling m. || PÉJOR. *Tête de linotte*, Strohkopf m.
linteau [lɛ̃to] m. Fenstersturz m. ; Oberschwelle f. ; Türsturz m.
lion [ljɔ̃] m. Löwe m. | *Dans les griffes du lion*, in den Löwenklauen. | *Rugissements du lion*, Löwengebrüll n. | *Brave comme un lion*, löwenmutig. | *Avoir la part du lion*, mit dem Löwenanteil abgehen. | *Fosse aux lions*, Löwengrube f.
lionceau [-so] m. junger, kleiner Löwe.
lionne [ljɔn] f. Löwin f.
lipides [lipid] m. pl. Fettkörper m. pl. ; Lipide n. pl.
lippe [lip] f. dicke Unterlippe ; Wulstlippe f. | *Faire la lippe*, FAM. eine Schippe ziehen ; schmollen.
lippu, ue [lipy] adj. mit dicken, wulstigen Lippen.
liquéfaction [likefaksjɔ̃] f. Verflüssigung f. ; Zerfließen n.
liquéfier [-fje] v. tr. verflüssigen ; flüssigmachen. ◇ v. intr. et v. pr. zerfließen, -gehen ; flüssig werden.
liqueur [likœ:r] f. Likör m. ; (vx.) Flüssigkeit f.
liquidation [-sjɔ̃] f. Liquidation f. ; Auflösung f. || [compte] Saldierung f. [après inventaire] (Inventur)-ausverkauf m. | *Liquidation totale*, Totalausverkauf. || *Liquidation judiciaire*, gerichtliches Vergleichsverfahren. || PAR EXT. *Liquidation d'une pension*, Feststellung (f.) einer Rente.
liquide [likid] adj. [état] flüssig ; fließend. || [argent] bar ; verfügbar ; flüssig.
◇ m. Flüssigkeit f. ; Wässerigkeit f. ; Getränk n. || PAR EXT. [argent] Bargeld n.
liquider [-de] v. tr. [compte] abschließen ; auflösen ; [affaire] abrechnen ; erledigen ; [marchandises] ausverkaufen. || PAR EXT. [situation] klären. || FAM. [travail] abfertigen ; aufräumen. | *Liquider qn*, jn seines Amtes entheben ; POP. jn erledigen.
liquoreux, euse [likɔrø, ø:z] adj. likörartig.
lire [li:r] v. tr. lesen ; entziffern ; durch-, vorlesen. | *Apprendre à lire*, lesen lernen. | *Lire superficiellement*, überfliegen ; diagonal lesen. | *Lire à haute voix*, (laut) vorlesen. | *Lire en public*, vortragen. | *Lire de travers*, sich verlesen. | *Lire dans le texte*, im Urtext lesen. | *Qui mérite d'être lu*, lesenswert. | *De quoi lire*, Lesestoff m. | *Un homme qui a beaucoup lu*, ein belesener Mann. | *Lire sans expression, d'une voix blanche*, leiernd vorlesen. | *On y lit*, darauf steht geschrieben. | *Lire d'un bout à l'autre*, durchlesen. | *Lire des épreuves*, Korrektur lesen. || FIG. ablesen, -sehen ; durchschauen. | *Lire dans les yeux de qn*, in den Augen js lesen ; an den Augen absehen. | *On lit la méchanceté dans son regard*, die Bosheit sieht aus seinem Auge. | *Lire dans les cartes de qn*, jm in die Karten sehen.
◇ v. pr. **se lire,** gelesen werden ; sich lesen lassen.
lis [lis] m. BOT. Lilie f. | *Blanc comme un lis*, blütenweiß.
Lisbonne [lisbɔn] n. pr. f. GÉOGR. Lissabon n.
liséré [lizere] m. Litze f. ; Streifen m. ; Borte f.
liseron [lizrɔ̃] m. BOT. Acker-, Korn-, Feldwinde f.
liseur, euse [lizœ:r, ø:z] s. [personne] Leseratte f. ◇ f. **liseuse** [signet] Lesezeichen n. || [couvre-livre] Buchschoner m. || [vêtement] Bettjacke f.
lisibilité [-zibilite] f. Lesbarkeit f.
lisible [-zibl] adj. leserlich ; lesbar. | *Écriture lisible*, leserliche, deutliche Schrift. || PAR EXT. lesenswert.
lisière [lizjɛ:r] f. Saum m. ; Rand m. | *Lisière de bois, du village*, Wald-, Dorfrand. | *Lisière d'un champ*, Feldrain m. | *Tenir qn en lisière*, jn am Gängelband führen ; jn gängeln.
lissage [lisa:ʒ] m. Glättung f.
lisse [lis] adj. glatt ; eben ; schlicht.
lisse [lis] f. MAR. Reling f.
lisser [lise] v. tr. glätten ; glattmachen ; polieren. | *Lisser ses cheveux*, seine Haare glattstreichen.
liste [list] f. Liste f. ; Verzeichnis n. | *Dresser une liste*, ein Verzeichnis aufstellen, anfertigen. | *Liste d'attente*, Warteliste. | *Liste électorale*, Wahlliste. | *Figurer sur une liste*, auf einer Liste stehen. | *Liste de mariage*, Geschenkliste für eine Hochzeit. | *Être sur la liste noire*, auf der schwarzen Liste stehen.
listing [listiŋ] m. Listing n.
lit [li] m. Bett n. ; Liegestatt f. ; Ruhelager n. ; Liege f. | *Lit aquatique*, Wasserbett. | *Lits superposés*, Etagenbett. | *Lit de camp*, Feldbett ; Pritsche f. | *Lit de plume*, Federbett. | *Bois de lit*, Bettstelle f., -gestell

n. | *Ciel de lit*, Betthimmel m. | *Descente de lit*, Bettvorlage f., -leger m. | *Faire le lit*, das Bett machen. | *Bassiner, Chauffer un lit*, das Bett (mit der Wärmflasche) anwärmen. | *Mettre un enfant au lit*, ein Kind ins Bett(chen) bringen. | *Garder le lit*, das Bett hüten (müssen) ; bettlägerig sein. | *Au saut du lit*, beim Aufstehen. | *Une chambre à deux lits*, ein Doppelzimmer n. | *Draps de lit*, Bettücher n. pl. | *Tête, Pied du lit*, Kopf-, Fußende des Bettes. | *Lits jumeaux*, Doppelbett. | *Comme on fait son lit, on se couche*, wie man sich bettet, so liegt man. || PAR EXT. *Enfants du premier, du second lit*, Kinder (n. pl.) aus erster, zweiter Ehe. || FIG. *Lit d'un fleuve*, Flußbett. | *Un fleuve creuse, sort de son lit*, ein Fluß gräbt sich, verläßt sein Bett.
— SYN. : *Couche* f., Lager. *Couchette* f., Kabinenbett.

litanies [litani] f. pl. Litanei f. ; PÉJOR. Geleier n.

lit-cage [lika:ʒ] m. Klappbett n.

liteau [lito] m. Dachlatte f. ; [Tuch] bunter Tuchstreifen m. || ZOOL. Wolfslager n.

literie [litri] f. Bettzeug n., -wäsche f.

lithographe [litograf] m. Steindrucker m., -zeichner m. ; Lithograph m.

lithographie [-fi] f. [art] Steindruck m. ; Lithographie f. || [gravure] Steinzeichnung f. ; Steingravüre f. | *Atelier de lithographie*, Steindruckerei f. | *Chromolithographie*, Mehrfarbendruck m.

lithographier [-fje] v. tr. lithographieren ; auf Stein drucken.

litière [litjɛ:r] f. Streu f. ; Strohlager n. || FIG. *Faire litière de*, sich über etwas hinwegsetzen ; sich nicht kümmern um. || [chaise à porteurs] (geschlossene) Sänfte ; Trage f.

litige [liti:ʒ] m. JUR. (Rechts)streit m. ; Streitfall m. | *Être en litige*, bestritten werden ; streitig, strittig sein. | *Objet du litige*, Streitgegenstand m. | *Le point en litige*, der strittige Punkt.

litigieux, ieuse [-ʒjø, jø:z] adj. JUR. streitig ; strittig ; umstritten.

litote [litɔt] f. LITTÉR. Litotes f.

litre [litr] m. Liter m. ou n.

littéraire [literɛ:r] adj. literarisch ; dichterisch. | *Langue littéraire*, Schriftsprache f. | *Allemand littéraire*, Schriftdeutsch n.

littéral, ale, aux [-ral, o] adj. buchstaben-, wortgetreu ; wortwörtlich. | *Sens littéral*, Wortsinn m. ; wörtlicher Sinn. | *Traduction littérale*, wortwörtliche Übersetzung.

littéralement [-ralmɑ̃] adv. wörtlich genommen ; buchstäblich.

littérateur [-ratœ:r] m. Schriftsteller m. ; Schreiber m. ; PÉJOR. Literat m.

littérature [-raty:r] f. Schrifttum n. ; Dichtung f. ; Literatur f. | *Littérature universelle*, Weltliteratur. | *Mauvaise littérature, Littérature de bas étage*, Schundliteratur.

littoral, ale, aux [litɔral, o] adj. Küsten...
◇ m. **littoral,** Küstenland n., -gebiet n. ; Uferstreifen m. | *Littoral de la Méditerranée*, Mittelmeerstreifen m., -küste f. | *Ville, Habitant du littoral*, Küstenstadt f., -bewohner m.

Lituanie [litɥani] n. pr. f. GÉOGR. Litauen n.

lituanien, ienne [-njɛ̃, jɛn] adj. litauisch.
◇ s. **Lituanien, ienne,** Litauer(in) m. (f.).

liturgie [lityrʒi] f. Liturgie f. ; Kirchengebrauch m. ; (Kirchen)ordnung f.

liturgique [-ʒik] adj. liturgisch.

livide [livid] adj. bleifarben ; (asch)fahl. | *D'une pâleur livide*, leichenblaß.

livrable [livrabl] adj. lieferbar ; zu liefern.

livraison [-vrɛzɔ̃] f. Lieferung f. ; Belieferung f. | *Bulletin de livraison*, Liefer(ungs)schein m. | *Date, Délai, Jour de livraison*, Liefertermin m., -frist f. ; Anlieferungstag m. | *Payable à la livraison*, zahlbar bei Lieferung. | *Respecter le délai de livraison* die Lieferzeit einhalten. | *Prendre livraison*, die Lieferung übernehmen ; in Empfang nehmen. | *Voiture de livraison*, Lieferwagen m. || *Paraître en livraisons*, in Lieferungen erscheinen.

livre [livr] m. Buch n. | *Un livre doré sur tranche*, ein Buch mit Goldschnitt. | *Livre d'occasion*, antiquarisches Buch. | *Livres classiques, de classe*, Schulbücher n. pl. | *Ce livre va paraître, vient de paraître*, das Buch wird demnächst erscheinen, ist soeben herausgekommen. | *Ce livre se vend très bien*, das Buch findet reißenden Absatz. | *Parler comme un livre*, reden wie gedruckt. | *Sécher sur les livres*, immer über den Büchern sitzen ; FAM. ein Bücherwurm sein. | *Livre d'images*, Bilderbuch. | *À livre ouvert*, vom Blatt weg ; unvorbereitet. | *Les livres saints*, die Heilige Schrift. | *Livre d'heures*, Gebetbuch. | *Livre de bord*, Ladungsbuch. || [commerce] *Livre de caisse, des commandes, de compte*, Kassen-, Auftrags-, Rechnungsbuch. | *Livre de dépenses, de la dette publique, d'échéances, d'effets à payer*, Ausgaben-, Staatsschuld-, Wechsel(verfalls)-, Schuldwechselbuch. | *Livre de magasin, de paie, de recettes*, Lager-, Lohn-, Losungsbuch.

livre [livr] f. Pfund n. | *Vendre à la livre*, pfundweise verkaufen. | *Livre sterling*, Pfund Sterling. | *Livre or*, Goldpfund.

livrée [livre] f. Bedientenkleidung f., -tracht f. ; Livree f. || [pelage] Pelz m. ; Fell n.

livrer [livre] v. tr. (be-, aus-, an)liefern. | *Livrer à domicile*, ins Haus liefern. | *Livrer un prisonnier*, einen Gefangenen ausliefern. | *Livrer un coupable à la justice*, einen Schuldigen den Gerichten übergeben. | *Livré à lui-même*, ganz sich selbst überlassen. | *Livrer une bataille*, eine Schlacht liefern, schlagen. || PAR EXT. *Livrer au public*, der Öffentlichkeit übergeben.
◇ v. pr. **se livrer,** [se rendre] sich ergeben ; sich ausliefern. || [s'abandonner] sich über-, hingeben. | *Se livrer à la joie, au désespoir*, sich der Freude ergeben ; in Verzweiflung versinken. || [activité] *Se livrer à une occupation*, sich einer Beschäftigung widmen. | *Se livrer à un commerce illicite*, sich mit Schiebungen befassen ; schieben. || [se confier] sich anvertrauen ; mitteilsam sein. | *Ne pas se livrer*, sehr zurückhaltend sein.
— SYN. : *Abandonner*, aufgeben. *Céder*, abtreten. *Lâcher*, los-, fahrenlassen. *Laisser*, zurücklassen.

livresque [livrɛsk] adj. buchmäßig. | *Science livresque*, Buchgelehrsamkeit f.

livret [-vrɛ] m. Büchelchen n. ; THÉÂTRE. Textbuch n. ; Libretto n. | *Livret de caisse d'épargne*, Spar(kassen)-buch n. | *Livret de famille*, Familienstammbuch n. | *Livret matricule*, Militär-, Wehrpaß m. | *Livret individuel, militaire*, Soldbuch n. | *Livret scolaire*, Schulzeugnis n.

livreur [livrœ:r] m. Auslieferer m. ; Austräger m. ; Fahrer (m.) eines Lieferwagens.

lobe [lob] m. Lappen m. ; Flügel m. | *Lobe de l'oreille*, Ohrläppchen n.

lobé, ée [lobe] adj. lappig ; gelappt.

lobotomie [lɔbɔtɔmi] f. Lobotomie f.

local, ale, aux [lɔkal, o] adj. örtlich ; lokal. | *Heure locale*, Ortszeit f. | *Coutumes locales*, örtliche Sitten f. pl. | *Autorité(s) locale(s)*, Ortsbehörde(n) f. (pl.). | *Couleur locale*, Lokalfarbe f.
◇ m. **local,** Lokal n. ; Raum m. ; Stelle f.

localement [-lmɑ̃] adv. örtlich.

localisation [-lizasjɔ̃] f. Beschränkung auf einen Ort ; Lokalisierung f.

localiser [-lize] v. tr. auf einen Ort beschränken ; lokalisieren. | *Localiser un appel téléphonique*, die Herkunft eines Telefonanrufs feststellen.

localité [-lite] f. Ort m. ; Ortschaft f.

locataire [lɔkatɛ:r] s. Mieter(in) m. (f.). | *Sous-locataire*, Untermieter.

locatif, ive [-tif, i:v] adj. Miet(s)... | *Valeur locative*, Mietwert m.

location [-sjɔ̃] f. [par le propriétaire] Vermieten n. ; Vermietung f. || [par le locataire] Mieten n. ; Mietung f. | *Contrat de location*, Mietvertrag m. | *Appartement en location*, Miet(s)wohnung f. | *Voiture en location*, Mietwagen m., -auto n. | *Location de barques*, Bootsverleih m. | *En location*, leihweise. || [ferme] Verpachten n. ; Verpachtung f. || THÉÂTRE. Vorverkauf m. | *Bureau de location*, Vorverkaufskasse f.

location-vente [-vɑ̃t] f. (pl. **locations-ventes**) Leasing n. ; Leasen n.

loch [lɔk] m. MAR. Log n.

loche [lɔʃ] f. ZOOL. Schmerle f.

locomoteur, trice [-tœ:r, tris] adj. Bewegungs... || ANAT. *Appareil locomoteur*, Bewegungsorgane n. pl.

locomotion [-sjɔ̃] f. Fortbewegung f. ; Ortsveränderung f. | *Moyen de locomotion*, Fortbewegungsmittel n.

locomotive [-tiv] f. Lokomotive f. ; Zugmaschine f. ; FAM. Lok f. | *Locomotive à vapeur*, Dampflokomotive. | *Locomotive électrique*, elektrische Lokomotive ; E-Lok. || FIG. [personnalité] treibende Kraft ; Lokomotive f.

locution [lɔkysjɔ̃] f. Ausdruck m. ; Redensart f. | *Locution courante*, stehende Redensart.

loden [lɔdɛn] m. Loden(mantel) m.

loft [lɔft] m. Fabriketagenwohnung f.

logarithme [lɔgaritm] m. Logarithmus m. | *Table de logarithmes*, Logarithmentafel f.

loge [lɔ:ʒ] f. Loge f. ; Raum m. ; Verschlag m. | *Loge d'acteur, d'avant-scène, de concierge*, Ankleideraum ; Proszeniumsloge ; Pförtnerwohnung f. || [franc-maçonnerie] Freimaurerloge. || BOT. Fach n.

logement [-ʒmɑ̃] m. Wohnung f. ; Wohnraum m. | *Logement garni, meublé*, möblierte Wohnung. | *Logement de fonction*, Dienstwohnung. | *Problème du logement*, Wohnungsproblem n., -frage f. | *Trouver un logement*, unter Dach und Fach kommen. || MIL. [local] Quartier n. || [installation] Einquartierung f. | *Billet de logement*, Einquartierungszettel m. || TECHN. Gehäuse n. ; Schacht m.

loger [-ʒe] v. intr. wohnen ; hausen. | *Être mal logé*, eine schlechte Wohnung haben.
◇ v. tr. beherbergen ; unterbringen ; Obdach geben. || MIL. einquartieren. || *Logé et nourri*, bei freier Kost und Logis. | *Être logé à la même enseigne*, Leidensgenossen, Schicksalsbrüder sein. | *Loger une balle dans la tête à qn*, jm eine Kugel durch den Kopf jagen.
◇ v. pr. **se loger**, wohnen ; Wohnung nehmen ; sich einquartieren.

logeur, euse [-ʒœ:r, ø:z] s. Vermieter(in) m. (f.) ; (Haus)wirt(in) m. (f.) ; Quartiergeber m.

logiciel [lɔʒisjɛl] m. Software f. | *Logiciel d'application*, Anwendungssoftware. | *Logiciel d'exploitation*, Systemsoftware.

logicien [lɔʒisjɛ̃] m. Logiker m.

logique [-ʒik] f. PHILOS. Logik f. ; Folgerichtigkeit f. || GRAMM. *Analyse logique*, Satzzergliederung f.
◇ adj. logisch ; folgerichtig ; folgerecht.

logis [lɔʒi] m. Wohnung f. ; Quartier n. ; Logis n. | *Corps de logis*, Hauptgebäude n. | *Sans logis*, obdachlos. || FIG. [imagination] *La folle du logis*, Einbildungskraft f. ; Phantasie f.

logistique [lɔʒistik] f. Logistik f. || MIL. Versorgungswesen n.

logomachie [lɔgɔmaʃi] f. Wortstreit m. ; Wortklauberei f.

loi [lwa] f. Gesetz n. ; Grundsatz m. ; Regel f. | *Loi naturelle*, Naturgesetz. | *Loi constitutionnelle*, (Staats)-grundgesetz. | *Loi martiale*, Kriegs-, Standrecht n. | *Loi(s) de la guerre*, Kriegsrecht n. | *Loi d'exception*, Ausnahmegesetz. | *Loi pénale*, Strafgesetz. | *Loi-cadre, Loi-programme*, Rahmengesetz. | *Loi atomique*, Atomgesetz. | *Loi du marché*, Marktgesetz. | *Loi du talion*, Vergeltungsrecht. | *Docteur de la loi*, Schriftgelehrte(r) m. | *Homme de loi*, Jurist m. ; Rechtskundige(r) m. | *Au nom de la loi*, im Namen des Gesetzes. | *Faire loi*, als Gesetz gelten ; maßgebend sein. | *Mettre hors la loi*, jn für vogelfrei erklären. | *La loi est votée, passée, est en vigueur, tombée en désuétude*, das Gesetz wird beschlossen (geht durch), ist in Kraft (besteht), veraltet. | *Voter, Rejeter une loi*, für, gegen ein Gesetz stimmen. | *Projet de loi*, Gesetzentwurf m. | *Commenter, Tourner (éluder), Violer, Offenser une loi*, ein Gesetz auslegen, umgehen, übertreten, verletzen. | *Avoir force de loi*, rechtskräftig, gültig sein. | *Se faire une loi de quelque chose*, sich etwas zur Pflicht machen. | *Faire la loi*, gebieten. | *Infraction à la loi*, Gesetzwidrigkeit f. || LOC. *Nécessité n'a point de loi*, Not kennt kein Gebot. | *Nul n'est censé ignorer la loi*, Unkenntnis schützt nicht vor Strafe. | *Loi du plus fort*, Faustrecht n. | *La Loi et les Prophètes*, das Gesetz und die Propheten.

loin [lwɛ̃] adv. (employé seul) weit ; fern ; fernliegend. | *Il n'est pas loin*, er ist nicht weit weg ; er ist in der Nähe. | *Voir loin*, in die Ferne sehen. | *Laisser bien loin derrière soi*, weit hinter sich lassen ; weit überflügeln. | *Ce jeune homme ira loin*, der junge Mann wird es noch weit bringen. | *Aller trop loin*, zu weit gehen ; übertreiben ; die Grenzen überschreiten ; maßlos sein. | *Loin des yeux, loin du cœur*, aus den Augen, aus dem Sinn. | *Remonter bien loin dans l'histoire*, sehr weit in die Geschichte zurückgehen. | *Mener loin*, weitreichende Folgen haben. | *Nous ne pousserons pas les choses si loin*, so weit, bis dahin werden wir die Sache nicht kommen lassen. | *Pousser les choses trop loin*, es zu weit treiben.
◇ loc. adv. [en composition] **de loin,** von weither ; aus der weiten, aus weiter Ferne. | *Revenir de loin*, [voyage] von einer weiten Reise zurückkommen. ; [maladie] sich von einer schweren Krankheit erholen. ; [aventure] mit heiler Haut davonkommen. || LOC. *A beau mentir qui vient de loin*, aus der Ferne lügt's sich leicht. | *Du plus loin qu'il me souvienne*, soweit ich mich erinnern kann. | *De près comme de loin*, fern wie nah ; ob fern ob nah. | *Ne connaître qn ni de près ni de loin*, jn überhaupt nicht kennen. — **de loin en loin,** [temps] dann und wann ; ab und zu ; hin und wieder ; bisweilen. || [espace] in Abständen ; hier und da verstreut. — **au loin,** [état] weit ; in der Ferne ; in weiter Ferne. || [changement de lieu] weithin ; fernhin ; in die Ferne. | *Partir au loin*, in die Ferne wandern. || [à la ronde] weit und breit.
◇ prép. **loin de,** fern von ; weit ab ; weg von. | *Loin de là*, weit davon entfernt ; weit gefehlt. | *Nous en sommes encore loin*, davon sind wir noch weit entfernt ; so weit sind wir noch lange nicht. | *Être loin de compte*, nicht auf seine Rechnung kommen ; sich verrechnen. | *Il est loin de la valoir*, er ist nicht halb so gut wie sie. | *Bien loin de*, weit davon entfernt.

lointain, aine [-tɛ̃, ɛ:n] adj. fern ; entfernt ; weit. | *Une époque lointaine*, weit zurückliegende Zeit.

◇ m. **lointain,** Ferne f. ; Weite f. | *Se perdre dans le lointain,* sich in der Ferne verlieren. || ARTS. Hintergrund m.

loir [lwa:r] m. ZOOL. Siebenschläfer m. | *Dormir comme un loir,* wie ein Murmeltier schlafen.

loisible [lwazibl] adj. statthaft ; zulässig ; erlaubt. | *Il vous est loisible de,* es steht ihnen frei, zu.

loisir [-zi:r] m. Muße f. ; Mußestunde f. ; Freizeit ; freie Zeit. | *Avoir un moment de loisir,* eine kurze Atempause haben. | *Travailler à loisir,* gemächlich arbeiten. | *Organisation des loisirs,* Freizeitgestaltung f. | *À loisir,* nach, mit Muße ; nach Herzenslust. | *N'avoir pas le loisir de faire qch.,* keine Zeit zu etwas haben. | *Il faut faire les choses à loisir,* gut Ding will Weile haben.

lombaire [lɔ̃bɛ:r] adj. ANAT. Lenden... ; Kreuz... | *Région lombaire,* Kreuz n. | *Douleurs lombaires,* Kreuzschmerzen m. pl. | *Ponction lombaire,* Lumbalpunktion f.

lombard, arde [lɔ̃ba:r, ard] adj. lombardisch ; HIST. langobardisch.

◇ s. **Lombard, arde,** Lombarde m. ; Lombardin f. || HIST. Langobarde m. ; Langobardin f.

Lombardie [lɔ̃bardi] n. pr. f. GÉOGR. Lombardei f.

lombes [lɔ̃:b] m. pl. Lenden f. pl. ; Kreuz n.

lombric [lɔ̃brik] m. ZOOL. Regenwurm m.

Londonien, ienne [lɔ̃dɔnjɛ̃, jɛn] s. Londoner m. ; Londonerin f.

Londres [lɔ̃:dr] n. pr. m. GÉOGR. London n.

long, longue [lɔ̃, lɔ̃:g] adj. [espace] lang ; weit ; groß. | *Long de 10 m,* 10 m lang. | *Avoir des cheveux longs,* lange Haare haben. | *À longue portée,* weittragend. | *Aller de long en large,* auf und ab gehen. | *Raconter qch. de long en large,* lang und breit, umständlich erzählen. | *En long, en large et en travers,* lang und breit ; von hinten bis vorne. || FIG. *Il a le bras long,* POP. sein Arm reicht weit. || [temps] lang ; langwährend ; langwierig ; dauerhaft. | *Préparer de longue main,* von langer Hand vorbereiten. | *Une œuvre de longue haleine,* eine langwierige Arbeit. | *Il serait trop long de,* es würde zu weit führen, es dürfte zu umständlich, weitläufig sein, zu. || FIG. *Faire long feu,* nachbrennen ; versagen. | *Ne pas faire long feu,* nicht lange (aus)halten, dauern.

◇ m. **long,** *Tomber de tout son long,* der Länge nach hinfallen.

◇ adv. *En savoir long,* viel darüber wissen. | *Cela en dit long,* das besagt viel.

◇ loc. adv. **(tout) au long, tout du long,** umständlich ; weitläufig. — **à la longue,** auf die Dauer.

◇ loc. prép. **le long de,** längs (gén.) ; entlang (acc.). | *Tout le long du jour,* den ganzen Tag hindurch. | *Tout le long du chemin,* auf dem ganzen Weg ; die ganze Zeit (über).

longanimité [lɔ̃ganimite] f. Langmut f.

long-courrier [-kurje] adj. Langstrecken... | *Vol long-courrier,* Langstreckenflug m.

longe [lɔ̃:ʒ] f. [corde] Leine f. ; Halfter n. ; Leitseil n.

longe [lɔ̃:ʒ] CULIN. Lendenstück n., -braten m. | *Longe de veau,* Kalbsnierenbraten.

longer [lɔ̃ʒe] v. tr. [action] entlang-, längsgehen ; längsfahren, -laufen, -segeln. | *Longer un mur,* eine Mauer entlanggehen. || [situation] sich längs etwas hinziehen, erstrecken. | *La route longe la rivière,* die Straße führt längs des Flusses.

longeron [lɔ̃ʒrɔ̃] m. TECHN. Längsträger m., -balken m. ; Holm m.

longévité [-ʒevite] f. Langlebigkeit f. ; lange Lebensdauer.

longitude [-ʒityd] f. (geographische) Länge.

longitudinal, ale [-ʒitydinal] adj. der Länge nach. | *Coupe longitudinale,* Längsschnitt m.

longtemps [lɔ̃tɑ̃] adv. lange ; (eine) lange Zeit ; geraume Zeit. | *Il y a longtemps,* vor langer Zeit ; schon lange ; es ist lange her. | *Pendant longtemps,* während langer Zeit ; eine ganze Zeit hindurch. | *Il est parti pour longtemps,* er ist auf lange Zeit, für längere Zeit abgereist. | *Depuis longtemps,* seit langem. | *Il n'en a plus pour longtemps,* POP. er macht's nicht mehr lange.

longuement [-gmɑ̃] adv. lang ; langwährend. | *Parler, Commenter longuement,* weitschweifig reden ; ausführlich, lang und breit besprechen.

longueur [-gœ:r] f. [espace] Länge f. ; Ausdehnung f. | *Longueur de deux mètres,* Länge von zwei Metern. | *La rue a cent mètres de longueur,* die Straße ist hundert Meter lang. | *Dans le sens de la longueur,* der Länge nach. | *Mesure de longueur,* Längenmaß n. | *Unité de longueur,* Längeneinheit f. || [temps] Länge f. | *À longueur de journée,* tagelang ; ganze Tage hindurch. || [lenteur] Länge f. ; Langsamkeit f. | *Faire traîner en longueur,* in die Länge ziehen ; FAM. auf die lange Bank schieben. || LITTÉR. Weitläufigkeit f., -schweifigkeit f. | *Livre qui a des longueurs,* weitschweifiges Buch. || SPORT. *Le cheval a gagné d'une longueur,* das Pferd ging mit einer Länge Vorsprung durchs Ziel.

longue-vue [lɔ̃gvy] f. (pl. **longues-vues**) Fernglas n., -rohr n. ; Feldstecher m.

looping [lupiŋ] m. AÉRON. Schleifenflug m. ; Überschlagung f.

lopin [lɔpɛ̃] m. Stück n. | *Lopin de terre,* Stückchen Land n.

loquace [lɔkwas ou lɔkas] adj. geschwätzig ; redselig. | *Peu loquace,* redefaul ; verschlossen.

loquacité [-site] f. Geschwätzigkeit f. ; Redseligkeit f.

loque [lɔk] f. Lumpen m. ; Fetzen m. ; Lappen m. | *Tomber en loques,* in Fetzen zerfallen. | *Vêtu de loques,* nur noch in Lumpen (gekleidet). || FIG. [pauvre type] Wrack n. ; Ruine f.

loquet [lɔkɛ] m. Klinke f. ; Fallklinke f. ; Drücker m. | *Tirer le loquet,* aufklinken.

loqueteux, euse [lɔktø, ø:z] adj. zerlumpt, -fetzt. | *Un loqueteux,* ein zerlumpter Mensch.

lord [lo:r] m. Lord m. | *Lord-maire de Londres,* Oberbürgermeister (m.) von London. | *Chambre des lords,* Oberhaus n.

lorgner [lɔrɲe] v. tr. einen Seitenblick werfen ; beäugeln. || FIG. schielen, trachten nach.

lorgnette [-ɲɛt] f. Augenglas n. ; Operngucker m. || FIG. *Regarder par le petit, par le gros bout de la lorgnette,* engstirnig, kurzsichtig sein.

lorgnon [-ɲɔ̃] m. Zwicker m. ; Kneifer m. ; Pince-nez n. ; Klemmer m.

loriot [lɔrjo] m. ZOOL. Goldamsel f. ; Pirol m.

lorrain, aine [lɔrɛ̃, ɛ:n] adj. lothringisch.

◇ s. **Lorrain, aine,** Lothringer(in) m. (f.).

Lorraine [lɔrɛ:n] n. pr. f. GÉOGR. Lothringen n.

lors [lɔ:r] adv. da(mals).

◇ loc. adv. **dès lors,** [temps] nunmehr ; seitdem ; von nun an. || [conséquence] infolgedessen ; folglich.

◇ loc. prép. **lors de,** zur Zeit. | *Lors de son mariage,* zur Zeit seiner Heirat ; als er sich verheiratete. | *Lors d'un séjour,* bei einem Aufenthalt.

◇ loc. conj. **lors même que,** selbst (dann) wenn.

◇ **dès lors que,** da ; sobald.

lorsque [lɔrsk] conj. als ; wenn ; da. || [fait précis et unique] *Lorsqu'il mourut*, als er starb. || [fait présent et habituel] *Lorsque j'ouvre la porte*, wenn ich die Tür öffne. || [futur] *Lorsque tu viendras*, wenn du kommst.

losange [lɔzɑ̃:ʒ] m. Rhombus m. ; Raute f. | *En losange*, rautenförmig.

lot [lo] m. [part] Teil m., n. | *Ce fut son lot*, es wurde ihm zuteil. || [loterie] Los n. ; Gewinn m. | *Gagner le gros lot*, das große Los ziehen ; einen Haupttreffer machen. || Fig. Los n. ; Bestimmung f. || [commerce] *Un lot de marchandises*, Warenposten m. || Inf. Stapel m. | *Traitement par lots*, Stapelverarbeitung f. || [terrain] *Lot de terre*, Parzelle f. ; Grundstück n.

loterie [lɔtri] f. Lotterie f. ; Glücksspiel n. | *Billet de loterie*, Lotterielos n. | *Gagner à la loterie*, in der Lotterie gewinnen. || Fig. Glückssache f.

loti, ie [lɔti] adj. bedacht. | *Être bien loti*, reichlich bedacht sein.

lotion [lɔsjɔ̃] f. Waschung f. ; Spülung f. || Par ext. Waschmittel n. | *Lotion capillaire*, Haar-, Kopfwasser n. | *Lotion faciale*, Gesichtswasser n.

lotir [lɔti:r] v. tr. parzellieren ; einteilen.

lotissement [-tismɑ̃] m. Verlosung f. ; Parzellierung f. ; Siedlung f.

loto [lɔto] m. Lotto(spiel) n. | *Loto sportif*, Toto n.

lotte [lɔt] f. Zool. Quappe f. | *Lotte de mer*, Seeteufel m.

lotus [lɔtys] ou **lotos** [-tos] m. Lotos m. ; Myth. Lotosblume f.

louable [luabl] adj. löblich ; lobenswert.

louage [lwa:ʒ] m. Miete f. ; Vermietung f. ; Verdingung f.

louange [luɑ̃:ʒ] f. Lob(spruch) n. (m.) ; Belobung f. ; Verherrlichung f. | *Chanter les louanges de Dieu*, Gottes Ruhm verkünden ; Gott lobpreisen. | *Digne de louanges*, lobenswert ; löblich.

louangeur, euse [-ʒœ:r, ø:z] adj. lobend ; lobpreisend. | *Paroles louangeuses*, Lobesworte n. pl.

louche [luʃ] f. Suppenkelle f. ; Schöpflöffel m.

louche [luʃ] adj. trübe ; schielend. || Fig. schief ; verdächtig ; zweideutig. | *Personnage louche*, fragwürdige Erscheinung.

loucher [-ʃe] v. intr. schielen ; scheel sehen. || Fig. *Loucher sur, vers quelque chose*, auf, nach etwas schielen.

louer [lwe] v. tr. [location] vermieten ; ausleihen ; verpachten. | *Chambre à louer*, Zimmer (n.) zu vermieten. || [prendre en location] mieten ; pachten ; (aus)borgen ; (ver)dingen. || Théâtre. *Louer une place*, einen Platz vorbestellen.

louer v. tr. [éloge] loben ; würdigen ; Lob erteilen. | *Louer qn de qch.*, jn für etwas loben ; jn wegen etwas herausstreichen. | *Dieu soit loué !*, gottlob ! ; Gott sei Dank ! | *Se louer de qch.*, mit etwas zufrieden sein. | *On n'a qu'à se louer de lui*, man kann ihm nur Gutes nachsagen.

loueur, euse [-œ:r, ø:z] s. Vermieter(in) m. (f.).

loufoque [lufɔk] adj. Pop. verrückt ; übergeschnappt ; närrisch.

loufoquerie [-kri] f. Pop. Verrücktheit f.

Louis [lwi] n. pr. m. Ludwig m.

◇ m. **louis,** [or] Louisdor m.

Louise [lwi:z] n. pr. f. Luise f.

Louisiane [lwizjan] n. pr. f. Géogr. Luisiana n.

loulou [lulu] m. [chien] Wolfspitz m.

loup [lu] m. Wolf m. | *Hurler avec les loups*, mit den Wölfen heulen. | *Marcher à pas de loup*, auf leisen Sohlen heranschleichen. | *Être connu comme le loup blanc*, bekannt sein wie ein bunter Hund. | *Se jeter dans la gueule du loup*, sich in die Höhle des Löwen begeben. | *Les loups ne se mangent pas entre eux*, eine Krähe hackt der anderen die Augen nicht aus. | *Quand on parle du loup, on en voit la queue*, wenn man vom Teufel spricht, dann kommt er. | *Entre chien et loup*, in der Abenddämmerung. | *Un vieux loup de mer*, ein alter Seebär. | *Jeune loup*, Karrieremacher m. ; » der kommende Mann «. || [masque] Samtmaske f.

loup-cervier [-sɛrvje] m. Zool. Luchs m.

loupe [lup] f. Opt. Lupe f. ; Vergrößerungsglas n. ; Brennglas n. | *Regarder à la loupe*, unter, mit der Lupe betrachten.

louper [lupe] v. intr. Fam. verfehlen ; verpfuschen. | *Louper le bus*, den Bus verpassen.

loup-garou [lugaru] m. (pl. **loups-garous**) Werwolf m. || Fig. Brummbär m.

lourd, lourde [lu:r, lu:rd] adj. [pesant] schwer. || Techn. *Huile lourde*, Schwer-, Treiböl n. || [véhicule] *Poids lourd*, schwerer Last(kraft)wagen (LKW). | *Industrie lourde*, Schwerindustrie f. ; Montanindustrie f. || Par ext. [difficile] schwierig. | *Une lourde tâche*, eine schwierige Aufgabe. || [personne] schwerfällig ; plump. | *Avoir la démarche lourde*, einen schweren Schritt, Gang haben. | *Homme, Esprit lourd*, schwerfälliger Mann, Geist. || Loc. *Style lourd*, schwerfälliger Stil. | *Formes lourdes*, gedrungene Formen f. pl. || [grave] *Lourde faute*, schwerer Fehler. | *Lourd de conséquences*, folgenschwer. || Fig. *Aliment lourd*, schwerverdauliche Speise. | *Atmosphère lourde*, drükkende, schwüle Luft. | *Avoir la tête lourde*, einen schweren, benommenen Kopf haben.

lourdaud, aude [-do, o:d] adj. grobschlächtig ; tölpelhaft ; plump.

◇ s. Tölpel m. ; Tolpatsch m.

lourdement [-dəmɑ̃] adv. schwer. || Fig. schwerfällig.

lourdeur [-dœ:r] f. Schwere f. ; Gewicht n. ; Schwergewicht n. || Fig. Schwerfälligkeit f. ; Plumpheit f.

loustic [lustik] m. Bruder Lustig m. ; Spaßvogel m. ; Witzbold m.

loutre [lutr] f. Zool. Fischotter f.

louve [lu:v] f. Zool. Wölfin f.

louveteau [-vto] m. junger Wolf ; Wölfchen n. || [scouts] Jungpfadfinder m. ; Wölfling m.

louvoyer [luvwaje] v. intr. lavieren ; Winkelzüge machen. || Fig. Umwege machen.

lover [lɔve] v. tr. Mar. aufrollen ; zusammenlegen. | *Lover un câble*, ein Tau aufschießen. | *Le serpent se love*, die Schlange ringelt sich.

loyal, ale, aux [lwajal, o] adj. ehrlich ; redlich ; loyal. | *Un homme loyal en affaires*, ein loyaler Geschäftsmann. | *Conduite loyale*, offene Haltung. — Syn. : *Fidèle*, treu. *Droit*, rechtschaffen. *Vrai*, offen.

loyalement [-lmɑ̃] adv. ehrlich ; redlich.

loyalisme [-lism] m. Regierungstreue f., -freundlichkeit f.

loyauté [lwajote] f. Ehrlichkeit f. ; Redlichkeit f. ; Rechtschaffenheit f. ; Ehrenhaftigkeit f.

loyer [lwaje] m. Miete f. ; Mietpreis m. ; Pacht f. | *Augmentation des loyers*, Mieterhöhung f. | *Loyer de l'argent*, Zinsfuß m.

lubie [lybi] f. Fam. Grille f. ; Laune f. | *Avoir des lubies*, launisch, sprunghaft sein.

lubricité [lybrisite] f. Geilheit f. ; Lüsternheit f. ; Schlüpfrigkeit f.

lubrifiant [lybrifjɑ̃] m. Schmiermittel n.

lubrification [-fikasjɔ̃] f. Schmieren n. ; Schmierung f. ; (Ein)fetten n.

lubrifier [-fje] v. tr. schmieren ; (ein)ölen.
lubrique [lybrik] adj. schlüpfrig ; geil ; lüstern.
lucane m. ZOOL. Hirschkäfer m.
lucarne [lykarn] f. Dachfenster n. ; Bodenluke f. ; Dachluke f.
lucide [lysid] adj. klar ; hell(sichtig). | *Esprit lucide*, aufgeschlossener Geist. | *Cerveau lucide*, heller Kopf. | *Il a des moments lucides*, er hat lichte Augenblicke.
lucidement [-dmɑ̃] adv. hellsichtig.
lucidité [-dite] f. Hellsichtigkeit f. ; klarer Verstand. | *Lucidité de l'esprit*, geistige Klarheit.
luciole [lysjɔl] f. Leuchtkäfer m.
lucratif, ive [lykratif, i:v] adj. gewinnbringend ; einbringlich ; ergiebig. | *Être lucratif*, etwas einbringen ; sich lohnen. | *Sans but lucratif*, ohne Erwerbscharakter ; ohne Gewinnzweck.
lucre [lykr] m. Gewinn m. ; Gelderwerb m. | *Esprit de lucre*, PÉJOR. reiner Geschäftsgeist.
ludiciel [lydisjɛl] m. INF. Computerspielprogramm n.
ludique [-dik] adj. Spiel... ; spielerisch.
ludothèque [-dɔtɛk] f. Spielothek f.
luette [lyɛt] f. (Gaumen)zäpfchen n.
lueur [lyœ:r] f. Schein m. ; Schimmer m. | *Lueur vacillante*, Flimmern n. | *Lueur d'une lampe*, Lampenschein. | *Lueur de l'aube, du crépuscule*, Dämmerlicht n. || FIG. *Lueur d'espoir*, Hoffnungsfünkchen n.
luge [ly:ʒ] f. Rodelschlitten m. | *Piste de luge*, Rodelbahn f.
lugubre [lygybr] adj. düster ; finster ; grausig ; schauerlich. | *Mine lugubre*, Leidensmiene f. | *Pensées lugubres*, Todesgedanken m. pl.
lugubrement [-brəmɑ̃] adv. düster ; finster.
lui [lɥi] pron. pers. 3e pers. du sing. [sujet] er. | *C'est lui qui*, er ist es, der. | *Je pense comme lui*, ich denke wie er. | *Lui aussi*, er auch ; auch er. || [compl.] ihn ; ihm ; seiner ; [réfl.] sich. | *Je n'accuse que lui*, ihn allein klage ich an. | *Après lui*, nach ihm. | *On a parlé de lui*, man hat von ihm, über ihn gesprochen. | *Il est chez lui*, er ist zu Hause. | *Il l'a sur lui*, er hat es bei sich. | *À cause de lui*, seinetwegen. | *Il ne pense qu'à lui*, er denkt nur an sich selbst.
luire [lɥi:r] v. intr. [astres] leuchten ; scheinen. || [avec éclat] glänzen ; glühen ; gleißen. | *Le soleil luit*, die Sonne scheint, glänzt. | *Le soleil luit pour tout le monde*, die Sonne scheint über Gerechte und Ungerechte.
◇ part. prés. **luisant, ante,** ZOOL. *Ver luisant*, Glühwürmchen n. ; Johanniskäfer m.
lumbago [lœ̃bago] m. MÉD. Lendenweh n. ; Hexenschuß m. ; Lumbago n.
lumen [lymɛn] m. PHYS. Lumen n.
lumière [lymjɛ:r] f. **1.** SENS PROPRE : Licht n. ; Helle f. | *Lumière du jour*, Tageslicht. | *Lumière électrique*, elektrisches Licht. | *Lumière incandescente*, Glühlicht. | *Rayon de lumière*, Lichtstrahl m. | *Traînée, Gerbe, Torrent de lumière*, Lichtstreifen m., -garbe f., -strom m. | *La lumière filtre, pénètre par*, das Licht sickert, kommt, dringt durch. | *Qui laisse passer la lumière*, lichtdurchlässig. | *La lumière baisse*, das Licht läßt nach. | *Être en pleine lumière*, in voller Beleuchtung sein. | *Que la lumière soit*, es werde Licht.
2. SENS FIGURÉ : Einsicht f. ; Kenntnis f. | *Trait de lumière*, Erleuchtung f. ; rettender Gedanke. | *Avoir des lumières sur*, über etwas Klarheit gewonnen haben. | *Mettre en lumière*, zu Tage fördern ; ans Licht, an den Tag bringen. | *La lumière se fait dans mon esprit*, mir geht ein Licht auf. | *Il faut que la lumière se fasse sur cette affaire*, diese Angelegenheit muß geklärt werden. | *Philosophie des lumières*, Aufklärung f. | *Siècle des lumières*, Aufklärungszeitalter n.
3. SENS TECHN. [ouverture] Eintrittsöffnung f.
— SYN. : *Clarté* f., Klarheit f. *Lueur* f., Schimmer m. *Rayon* m., (Licht)strahl m. *Éclat* m., Glanz m.
lumignon [lymiɲɔ̃] m. Funzel f. ; Lampendocht m.
luminaire [-nɛ:r] m. Leuchte f. ; Leuchtartikel m. || [bible] Licht n.
luminescence [-nɛssɑ̃:s] f. Lumineszenz f.
lumineux, euse [-nø, ø:z] adj. leuchtend ; erleuchtet ; (hell)glänzend. | *Enseigne lumineuse*, Leuchtschild n. | *Rayon lumineux*, Lichtstrahl m. | *Réclame lumineuse*, Leucht-, Lichtreklame f. || FIG. klar ; deutlich ; einleuchtend. | *Idée lumineuse*, glänzende Idee.
luminosité [-nozite] f. Helligkeit f. ; Leuchten n.
lunaire [lynɛ:r] adj. zum Mond gehörig.
lunaison [-nɛzɔ̃] f. Mondumlauf m., -wechsel m.
lunatique [-natik] adj. launenhaft ; wankelmütig.
lundi [lœ̃di] m. Montag m. | *Tous les lundis*, jeden Montag ; montags.
lune [ly:n] f. Mond m. | *Nouvelle, Pleine lune*, Neu-, Vollmond. | *Au clair de lune*, beim Mondschein. | *Se promener au clair de lune*, einen Mondscheinspaziergang machen. | *Éclipse de lune*, Mondfinsternis f. | *Lever, Coucher de la lune*, Mondaufgang m., -untergang m. | *Halo, Disque, Croissant, Phases, Dernier quartier de la lune*, Mondhof m., -scheibe f., -sichel f., -phasen f. pl. ; letztes Mondviertel. | *La lune croît, décroît*, der Mond nimmt zu, ab. || [durée d'une lune] Mond m. ; Monat m. | *Lune rousse*, Aprilmond. | *Lune de miel*, Honigmond ; Flitterwochen f. pl. || FIG. [caprice] Laune f. || LOC. *Visage de pleine lune*, Vollmondgesicht n. | *Être dans la lune*, dösen ; dämeln. | *Demander la lune*, nach dem Mond greifen. | *Aboyer à la lune*, den Mond anbellen. || BOT. *Lune d'eau*, weiße Seerose.
luné, ée [-ne] adj. mond-, sichelförmig. || FIG. gelaunt. | *Être bien, mal luné*, gut, schlecht gelaunt, aufgelegt sein.
lunetier [lyntje] m. [fabricant] Brillenmacher m., -schleifer m. ; [commerçant] Brillenhändler m., -verkäufer m.
lunette [-nɛt] f. Augenglas n. | *Une paire de lunettes, des lunettes*, eine Brille. | *Lunettes de soleil*, Sonnenbrille f. | *Mettre des lunettes*, eine Brille aufsetzen. | *Il porte des lunettes*, er trägt eine Brille. | *Monture de lunettes*, Brillenfassung f. | *Lunettes de plongée*, Taucherbrille f. || OPT. *Lunette astronomique*, Himmelsfernrohr n. | *Lunette d'approche*, Fernglas n. || AUTOM. *Lunette arrière*, Heckscheibe f. || [W.-C.] Klosettbrille f. || ZOOL. *Serpent à lunettes*, Brillenschlange f.
— SYN. : *Longue-vue* f., Fernrohr n. ; Feldstecher m. *Lorgnette* f., Operngląs n. *Jumelles* f. pl., Feldstecher m.
lunule [lynyl] f. Halbmond m.
lupanar [lypana:r] m. Bordell n. ; Freudenhaus n.
lupin [lypɛ̃] m. BOT. Lupine f. ; Feig-, Wolfsbohne f.
lurette [lyrɛt] f. FAM. *Il y a belle lurette*, das ist schon lange, eine Ewigkeit her.
luron, onne [lyrɔ̃, ɔn] s. munterer Geselle ; flotter Bursche ; Kerl.
lustrage [lystra:ʒ] m. Glänzen n. ; Glänzendmachen n. ; Lüstrieren n.
lustre [lystr] m. [éclat] (pr. et fig.) Glanz m. ; Lüster m. ; Pracht f. ; glänzendes Äußeres. | *Donner le lustre à une étoffe*, einem Stoff Appretur geben. || [appareil] Kronleuchter m. ; Lüster m. | *Lustre de cristal*, Kristallüster. || [période de cinq ans] Lustrum n. ; Jahrfünft n.
lustré, ée [-tre] adj. glänzend (gemacht).

lustrer [-tre] v. tr. glänzend machen ; glätten ; lüstrieren.
lustrine [-trin] f. Glanzstoff m., -seide f.
luth [lyt] m. Laute f. | *Joueur de luth*, Lautenspieler m.
luthéranisme [lyteranism] m. Luthertum n. ; Lehre (f.) Luthers.
lutherie [lytri] f. Geigenbau m. ; Geigenfabrik f.
luthérien, ienne [lyterjɛ̃, jɛn] adj. lutherisch.
◇ s. Lutheraner(in) m. (f.).
luthier [lytje] m. Geigenbauer m.
lutin, ine [lytɛ̃, in] adj. neckisch ; hänselnd ; mutwillig.
◇ m. **lutin,** Heinzel-, Wichtelmännchen n. ; Hausgeist m. || [enfant] Wildfang m.
lutiner [-tine] v. tr. necken ; poltern. || *Lutiner une femme*, mit einer Frau schäkern.
lutrin [lytrɛ̃] m. [pupitre] Noten-, Lesepult n. || [chœur] Kirchenchor m.
lutte [lyt] f. Kampf m. ; Streit m. ; (Wett)ringen n. | *De haute lutte*, mit Gewalt. | *Emporter qch. de haute lutte*, etwas mit Gewalt durchsetzen. | *Lutte pour l'existence*, Kampf ums Dasein. | *Lutte des classes*, Klassenkampf. || SPORT. Ringkampf m., -kunst f.
lutter [-te] v. intr. kämpfen ; ringen ; streiten ; FIG. zanken. | *Lutter contre qn*, mit jm ringen, kämpfen. | *Lutter contre la tempête*, gegen den Sturm ankämpfen. | *Lutter de vitesse*, um die Wette rennen.
lutteur, euse [-tœ:r, ø:z] s. Kämpfer(in) m. (f.) ; Ringer(in) m. (f.).
luxation [lyksasjɔ̃] f. Verrenkung f. ; Luxation f. ; Auskugelung f.
luxe [lyks] m. Luxus m. ; Prunk m. ; Pracht f. | *Déployer un grand luxe*, einen großen Aufwand entfalten. | *Afficher un grand luxe*, einen großen Luxus zur Schau tragen. | *C'est du luxe*, das ist reine Verschwendung. | *Édition de luxe*, Prachtausgabe f. | *Articles de luxe*, Luxuswaren f. pl. || [profusion] *Un luxe de*, eine Fülle von ; reichlich viel.
— SYN. : *Faste* m., Gepränge n. *Magnificence* f., Großartigkeit f. *Somptuosité* f., Kostspieligkeit f.
Luxembourg [lyksɑ̃bu:r] n. pr. m. GÉOGR. Luxemburg n.
luxembourgeois, eoise [-ʒwa, wa:z] adj. luxemburgisch.
◇ s. **Luxembourgeois, eoise,** Luxemburger(in) m. (f.).
luxer [lykse] v. tr. MÉD. aus-, verrenken ; auskugeln. | *Se luxer le bras*, sich den Arm verrenken, auskugeln.
luxueux, ueuse [lyksɥø, ɥø:z] adj. luxuriös ; üppig ; verschwenderisch.
luxure [lyksy:r] f. Unzucht f. ; Wollust f. | *S'abandonner à la luxure*, sich der Wollust hingeben.
luxuriance [lyksyrjɑ̃:s] f. Üppigkeit f. ; Überfluß m.
luxuriant, iante [-rjɑ̃, jɑ̃:t] adj. üppig ; überreich ; strotzend. | *Végétation luxuriante*, üppiger Pflanzenwuchs.
luxurieux, ieuse [-rjø, jø:z] adj. unzüchtig ; geil ; brünstig ; fleischlich.
— SYN. : *Lascif*, unzüchtig. *Voluptueux*, wollüstig. *Sensuel*, sinnlich. *Lubrique*, schlüpfrig.
luzerne [lyzɛrn] f. BOT. Luzerne f. ; Stengelklee m
lycée [lise] m. ANTIQ. Lyzeum n. || [école] Gymnasium n. ; Oberschule f. ; staatliches Gymnasium. | *Aller au lycée*, das Gymnasium besuchen.
lycéen, éenne [-seɛ̃, eɛn] s. Oberschüler(in) m. (f.) ; Gymnasiast(in) m. (f.).
lycopode [likɔpɔd] m. BOT. Bärlappengewächs n.
lymphatique [lɛ̃fatik] adj. lymphatisch ; schwammig ; FIG. träge. || PHYSIOL. *Vaisseaux lymphatiques*, Lymphgefäße n. pl.
lymphe [lɛ̃:f] f. Lymphe f. ; Blutwasser n.
lynchage [lɛ̃ʃa:ʒ] m. Lynchen n.
lyncher [-ʃe] v. tr. lynchen.
lynx [lɛ̃ks] m. ZOOL. Luchs m. | *Avoir des yeux de lynx*, Luchs-, Falkenaugen besitzen, haben.
lyophilisation [-filizasjɔ̃] f. TECHN. Gefriertrokkenverfahren n. ; Gefriertrocknung f. ; Lyophilisierung f.
lyophiliser [-ze] v. tr. TECHN. gefriertrocknen ; lyophilisieren.
◇ part. pass. et adj. **lyophilisé, ée,** gefriergetrocknet. | *Café lyophilisé*, gefriergetrockneter Kaffee.
lyre [li:r] f. Lyra f. ; Leier f.
lyrique [lirik] adj. lyrisch. | *Poésie lyrique*, lyrische Dichtkunst f. ; Lyrik f.
lyrisme [-rism] m. Lyrik f. ; poetischer Schwung.

M

m [ɛm] m. M n. | *Un* M *majuscule*, ein großes *M*. | *Un* m *minuscule*, ein kleines *m*. || M. [monsieur], Herr m. || MM. [messieurs], Herren m. pl.

ma [ma] adj. poss. fém. V. MON.

maboul, oule [mabul] adj. POP. meschugge. | *Il est maboul*, er hat einen Knall.

macabre [maka:br] adj. grausig ; schaurig ; makaber. | *Danse macabre*, Totentanz m. | *Plaisanterie macabre*, grausiger Spaß.

macadam [makadam] m. Schotter m. ; Makadam m.

macaque [makak] m. ZOOL. Meerkatze f. ; Makak m. || FIG. Affenfratze f.

macareux [makarø] m. ZOOL. Papageitaucher m.

macaron [makarɔ̃] m. Makrone f.

macaroni [makarɔni] m. Röhrennudeln f. pl.

macchabée [makabe] m. POP. Leiche f.

Macédoine [masedwan] n. pr. f. GÉOGR. Mazedonien n.

◇ f. **macédoine,** CULIN. gemischtes Gemüse.

macération [maserasjɔ̃] f. Erweichung f. ; Auslaugung f. ; Mazeration f.

macérer [-re] v. tr. erweichen ; auslaugen ; mazerieren. || CULIN. einlegen.

mach [mak] PHYS. Mach. | *Voler à mach 2*, Mach 2 fliegen.

Mach *(nombre de)* Machzahl f.

mâche [mɑ:ʃ] f. BOT. Rapunzel f.

mâchefer [mɑʃfɛ:r] m. Hammerschlag m. ; Schlacke f.

mâcher [mɑʃe] v. tr. (zer)kauen ; zerfleischen. || FIG. *Ne pas mâcher ses mots*, kein Blatt vor den Mund nehmen ; unverblümt seine Meinung sagen. | *Mâcher la besogne à qn*, jm die Arbeit erleichtern. | *Papier mâché*, Papiermaché n. | *Avoir une mine de papier mâché*, sehr schlecht aussehen.

machiavélique [makjavelik] adj. machiavellistisch ; gewissen-, treulos.

machiavélisme [-lism] m. Machiavellismus m. || FIG. Hinterhältigkeit f.

mâchicoulis [mɑʃikuli] m. Pechnase f.

machin, ine [maʃɛ̃, in] s. POP. Dings n. ; Dingsda n. | *Monsieur Machin*, Herr Dingsda.

machinal, ale, aux [maʃinal, o] adj. mechanisch ; maschinell ; maschinenmäßig. || PAR EXT. automatisch ; gedankenlos.

machination [-nasjɔ̃] f. Machenschaft(en) f. (pl.) ; Ränke f. pl. ; Anstiftung f.

machine [maʃin] f. Maschine f. ; Triebwerk n. | *Fait à la machine*, maschinengearbeitet. | *Machine à coudre*, Nähmaschine. | *Machine à calculer*, Rechenmaschine. | *Machine à écrire*, Schreibmaschine. | *Machine à écrire portative*, Reiseschreibmaschine. | *Écrire, Taper à la machine*, maschine(n)schreiben ; (ab)tippen. | *Machine agricole*, landwirtschaftliche Maschine. | *Machine à vapeur*, Dampfmaschine. | *Machine infernale*, Höllenmaschine. | *Faire machine arrière*, rückwärts fahren ; FIG. rückwärts steuern.

machine-outil [-uti] f. (pl. **machines-outils**). Werkzeugmaschine f. || INF. *Machine-outil à commande numérisée*, numerisch gesteuerte Werkzeugmaschine.

machiner [maʃine] v. tr. anzetteln ; Ränke schmieden ; anstiften.

machinerie [maʃinri] f. Maschinerie f. ; Getriebe n. || THÉÂTRE. Bühnenmaschinerie f.

machinisme [-nism] m. [emploi des machines] maschineller Betrieb ; Maschinenverwendung f. || HIST. Maschinenherrschaft f.

machiniste [-nist] m. (Theater)maschinist m. ; Maschinenmeister m.

machisme [maʃism] m. Machismo m. ; FAM. Makkertum n.

mâchoire [mɑʃwa:r] f. ANAT. Kinnbacken m., -lade f. ; Kiefer m. | *Mâchoire supérieure*, Oberkiefer. | *Mâchoire inférieure*, Unterkiefer. | *Fracasser la mâchoire à qn*, jm den Kiefer zerschmettern. || TECHN. Backe f. ; Kluppe f. ; Klaue f. | *Mâchoire de frein*, Bremsbacke.

mâchonner [-ʃɔne] v. tr. (langsam) kauen. | *Mâchonner un cigare*, an einer Zigarre kauen.

maçon [masɔ̃] m. Maurer m. ; Bauarbeiter m. | *Métier de maçon*, Maurerhandwerk n.

maçonner [-sɔne] v. tr. mauern ; ver-, zumauern. | *Maçonner une porte*, eine Tür vermauern.

maçonnerie [-sɔnri] f. Maurerarbeit f., -werk n. | *Maçonnerie brute*, Rohbau m. ; Mauerwerk n.

maçonnique [-sɔnik] adj. freimaurerisch.

macramé [makrame] m. Makramee n.

macre [makr] f. BOT. Wassernuß f.

macreuse [makrø:z] f. ZOOL. Trauerente f.

macrobiotique [makrɔbjɔtik] adj. makrobiotisch. ◇ f. Makrobiotik f.

macrocéphale [-sefal] adj. MÉD. makrozephal ; großköpfig.

◇ s. Großköpfige(r) f. (m.).

macrocosme [makrɔkɔsm] m. Makrokosmos m. ; Weltall n.

macroéconomie [-ekɔnɔmi] f. ÉCON. Makroökonomie f.

macromolécule [-mɔlekyl] f. PHYS. Makromolekül n.

macrophotographie [-fɔtɔgrafi] f. Makrophotographie f.

macrostructure [-strykty:r] f. Makrostruktur f.

maculage [makyla:ʒ] m. ou **maculation** [-kylasjɔ̃] f. Beschmutzung f. ; Befleckung f.

maculature [-kylaty:r] f. TYPOGR. Makulatur f. ; Fehldruck m. ; Abfall m.

maculer [-kyle] v. tr. beflecken ; beschmutzen ; verunreinigen. | *Ce papier macule*, dies Papier schmiert.

madame [madam] f. *Madame (Mme) X.*, Frau (Fr.) X. | *Bonjour, madame*, guten Tag, gnädige Frau! | *Madame votre mère*, Ihre Frau Mutter. | *Comment va Madame?*, wie geht es Ihrer Frau (Gemahlin)? | *Mesdames, messieurs*, meine (sehr verehrten) Damen und Herren! | *Madame est servie*, Gnädige Frau, der Tisch ist gedeckt.

Madeleine [madlɛn] n. pr. f. Magdalene f.; Magdalena f. | *Pleurer comme une Madeleine*, bittere Tränen vergießen; zum Steinerweichen weinen. || PAR EXT. reuige Sünderin.

◇ f. **madeleine,** CULIN. kleiner Kuchen.

mademoiselle [madmwazɛl] f. Fräulein n. (abrév. *Mlle*, Frl. n.). | *Au revoir, mademoiselle*, auf Wiedersehen, (gnädiges) Fräulein. | *Mademoiselle votre fille*, Ihr Fräulein Tochter.

madone [madɔn] f. (die heilige) Madonna; Madonnenbild n.; Marienbild n. | *Un visage de madone*, Madonnengesicht n.

madré, ée [madre] adj. gemasert; maserig. | *Bois madré*, gemasertes Holz. || FIG. pfiffig; verschmitzt; schlau; gerieben.

◇ s. Schlaukopf m.; Schlaumeier m.

madrépore [madrepɔ:r] m. ZOOL. Madrepore f.; Riffkoralle f.

madrier [madrije] m. Bohle f.; Planke f.

madrigal [madrigal] m. Madrigal n.

madrilène [madrilɛn] adj. aus, von, in Madrid.

◇ s. **Madrilène,** Madrider(in) m. (f.).

maestria [maɛstrija] f. Meisterschaft f.; Kunstfertigkeit f. | *Avec maestria*, meisterhaft.

magasin [magazɛ̃] m. [établissement] Laden m.; Geschäft n. | *Grand magasin*, Warenhaus n.; Kaufhaus n.; Kaufhof m. | *Magasin de vente au détail*, Kleinhandelsgeschäft. | *Magasin à succursales*, Filialgeschäft. || [dépôt] Lager n.; Speicher m.; Vorratshaus n. | *En magasin*, auf Lager; vorrätig. | *Avoir en magasin*, vorrätig haben. || MIL. *Magasin d'habillement*, Bekleidungskammer f.

magasinage [-zina:ʒ] m. [action] (Ein)lagerung f.; (Auf)speicherung f. || [durée] Lagerdauer f., -zeit f.

magasinier [-zinje] m. Lagerverwalter m.

magazine [magazin] m. Magazin n.; illustrierte Zeitschrift.

mage [ma:ʒ] m. Magier m. | *Les trois Mages, les Rois mages*, die heiligen drei Könige; die Weisen aus dem Morgenland.

magicien, ienne [-ʒisjɛ̃, jɛn] s. Magier(in) m. (f.); Zauberer(in) m. (f.); Schwarzkünstler(in) m. (f.). | *Tours de magicien*, Zauberkunststücke n. pl.; PÉJOR. Hokuspokus m.

magie [-ʒi] f. Magie f.; Zauberei f.; Zauberkunst f. | *Magie noire*, Schwarz-, Teufelskunst f. | *Faire des tours de magie*, Zauberkunststücke vorführen. || FIG. Zauber m.

magique [-ʒik] adj. magisch; zauberhaft. | *Baguette magique*, Zauberstab m. | *Pouvoir, Vertu magique*, Zauberkraft f. | *Paroles magiques*, Zauberworte n. pl. || FIG. bezaubernd; wunderbar.

magistral, ale, aux [-tral, o] adj. meisterlich, -haft. | *Cours magistral*, (Haupt)vorlesung f. | *D'un ton magistral*, in herrischem Ton. | *Gifle magistrale*, kräftige Ohrfeige.

magistrat [-tra] m. Gerichtsbeamter m.; Richter m. || höherer Verwaltungsbeamter. | *Magistrat municipal*, Bürgermeister m.

magistrature [-traty:r] f. [charge] Magistratur f.; Richteramt n. | *Magistrature suprême*, höchstes Staatsamt. || [durée] Amtsdauer f.; Richterstand m. || [personnes] *Magistrature assise*, Richterstand m. | *Magistrature debout*, Staatsanwaltschaft.

magma [magma] m. Magma n.; Glutfluß m. || PAR EXT. zähe, klebrige Masse.

magnanime [maɲanim] adj. großmütig; edelmütig; groß-, hochherzig.

magnanimité [-mite] f. Großmütigkeit f.; Groß-, Hochherzigkeit f.

magnat [magna] m. Magnat m.; Großgrundbesitzer m. | *Magnat du pétrole*, Ölmagnat. || [de l'industrie] PÉJOR. Schlotbaron m.

magnésium [-zjɔm] m. Magnesium n. | *Photographie au magnésium*, Blitzlichtaufnahme f.

magnétique [maɲetik] adj. magnetisch. | *Champ magnétique*, Magnetfeld n. | *Vertu magnétique*, Anziehungskraft f. | *Regard magnétique*, zwingender Blick.

magnétiser [-tize] v. tr. magnetisieren; magnetisch machen. || PAR EXT. beeinflußen.

magnétisme [-tism] m. Magnetismus m.; Anziehungskraft f. || FIG. *Magnétisme animal*, hypnotische Kraft.

magnéto [-to] f. Magnetmaschine f., -apparat m. | *Allumage par magnéto*, Magnetzündung f. | *Magnéto d'allumage*, Zündmagnet m.

magnétophone [-tɔfɔn] m. Tonbandgerät n.; Bandaufnehmer m.; Magnetophon n.

magnétoscope [-skɔp] m. Videorecorder m.

magnificence [maɲifisɑ̃:s] f. [splendeur] Pracht f.; Herrlichkeit f. || [générosité] Freigebigkeit f.

magnifier [-fje] v. tr. verherrlichen; rühmen.

magnifique [-fik] adj. prachtvoll; herrlich. | *Faire des promesses magnifiques*, großartige Versprechungen machen. | *Un temps magnifique*, ein herrliches Wetter.

magnifiquement [-fikmɑ̃] adv. herrlich; großartig.

magnolia [maɲɔlja] ou **magnolier** [-lje] m. BOT. Magnolie f.; Magnolienbaum m.; Biberbaum m.

magot [mago] m. ZOOL. Hundsaffe m. | *Magot de Chine*, groteske, chinesische Porzellanfigur.

magot m. FAM. verborgener Schatz.

magouille [magu:j] f. *Magouilles politiciennes*, politische Machenschaften f. pl.

magyar, are [magjar, ar] adj. madjarisch.

Mahomet [maɔmɛ] n. pr. m. Mohammed m.

mahométan, ane [-metɑ̃, an] adj. mohammedanisch.

◇ s. Mohammedaner(in) m. (f.).

mai [mɛ] m. Mai m.; POÉT. Wonnemonat m. || [arbre] Maibaum m. | *Planter le mai*, den Maibaum aufpflanzen. | *Rose de mai*, Pfingstrose f.

maigre [mɛ:gr] adj. mager; hager. | *Visage maigre*, schmales Gesicht. | *Maigre comme un cent de clous*, spindeldürr. || PAR EXT. knapp; kümmerlich. | *Les sept vaches maigres*, die sieben Notjahre. | *Maigre chère*, knappes Essen. | *Jours maigres*, Fastentage m. pl.; Fischtage m. pl. | *Sol maigre*, dürrer Boden. || FIG. *C'est maigre*, das ist wenig.

◇ m. [viande] Magere n. || RELIG. Fastenspeise f. | *Faire maigre*, kein Fleisch essen. || ZOOL. Adlerfisch m.

maigrelet, ette [-grəlɛ, ɛt] adj. etwas mager; POP. fipsig.

maigreur [-grœ:r] f. Magerkeit f.; Hagerkeit f. || PAR EXT. Dürre f.; Dürftigkeit f.

maigrichon, onne [-griʃɔ̃, ɔn] ou **maigriot, iotte** [-grijo, jɔt] adj. fipsig; schmächtig.

maigrir [-gri:r] v. intr. abmagern, -nehmen. | *Traitement pour maigrir*, Abmagerungskur f.

mail [ma:j] m. Allee f.

maillage [majaːʒ] m. TECHN. Feldeinteilung f. ; Maschenweite f.

maille [maːj] f. [nœud] Masche f. ; Schleife f. | *Reprendre une maille*, eine Masche wieder aufnehmen. | *Maille filée*, gefallene Masche. || [armure] Ring m. | *Cotte de mailles*, Panzerhemd n. || LOC. *N'avoir ni sou ni maille*, keinen roten Heller haben. | *Avoir maille à partir avec qn*, mit jm ein Hühnchen zu rupfen haben.

maillechort [majʃɔr] m. Neusilber n. ; Weißkupfer n.

maillet [majɛ] m. Klöpfel m. ; Schlegel m.

maillon [majɔ̃] m. Kettenglied n. ; Schake f.

maillot [majo] m. [enfant] Wickel m. ; Wickelband n. ; Windel f. | *Enfant au maillot*, Wickelkind n. | *Être encore au maillot*, noch in den Windeln liegen, stecken. || [vêtement] Trikot n. | *Maillot de corps*, Unterhemd n. | *Maillot jaune*, [coureur cycliste] gelbes Trikot. | *Maillot de bain*, Badehose f., -anzug m. | *Maillot deux pièces*, zweiteiliger Badeanzug.

Main [mɛ̃] n. m. GÉOGR. Main m. | *Francfort-sur-le-Main*, Frankfurt am Main.

main [mɛ̃] f. Hand f.

> **I.** SENS PROPRE.
> **II.** AVEC LES PRÉPOSITIONS : **à, de, dans** et **en, entre, par, sous.**
> **III.** LOCUTIONS.
> **IV.** SENS PARTICULIERS.

I. SENS PROPRE : Hand f. | *Poignée de main*, Händedruck m. | *Joindre les mains*, die Hände falten. | *Se tordre les mains*, (verzweifelt) die Hände ringen. | *Battre des mains*, in die Hände klatschen ; Beifall klatschen. | *Baiser la main*, einen Handkuß geben. | *Demander la main*, um die Hand anhalten ; um jn freien. | *Refuser sa main*, eine Werbung abschlagen ; einen Korb geben. | *Avoir la main lourde*, eine schwere Hand haben. | *Avoir la main heureuse*, einen glücklichen Griff tun. | *Se faire la main*, sich üben. | *Avoir qch. à portée de la main*, etwas zur Hand, griffbereit haben, halten. | *En un tour de main*, im Handumdrehen ; im Nu.

II. AVEC LES PRÉPOSITIONS : **à.** *Fait (à la) main*, handgemacht, handgefertigt. | *Travail à la main*, Handarbeit f. | *Écrit à la main*, handgeschrieben. | *À main armée*, mit bewaffneter Hand. | *L'épée à la main*, mit dem Degen in der Faust. | *Donner à pleines mains*, mit vollen Händen geben, austeilen. | *Voter à mains levées*, durch Handerheben abstimmen. | *En venir aux mains*, handgreiflich werden. — **de.** *De la main à la main*, von Hand zu Hand (ohne Zwischenhändler). | *C'était préparé de longue main*, das war von langer Hand, seit langem vorbereitet. | *Il n'y va pas de main morte*, er legt sich tüchtig ins Zeug, er haut gehörig drein. | *De première main*, aus erster Hand. | *Homme de main*, handfester Bursche. — **dans** et **en.** *La main dans la main*, Hand in Hand. | *Glisser qch. dans la main de qn*, jm etwas heimlich in die Hand drücken. | *Manger dans la main* (propre et figuré), aus der Hand fressen. | *Prendre en main*, in die Hand nehmen. | *Avoir qn en main*, jn in Händen (in seiner Gewalt) haben. | *En mains propres*, eigenhändig. | *En bonnes mains*, in guten Händen ; gut aufgehoben. — **entre.** *Tomber entre les mains de qn*, jm in die Hände fallen ; in die Gewalt js geraten. | *Remettre entre les mains de la justice*, dem Gericht übergeben. — **par.** *Prendre par la main*, bei der Hand nehmen. | *Conduire par la main*, an der Hand führen — **sous.** *Avoir qch. sous la main*, etwas zur Hand, griffbereit haben.

III. LOCUTIONS : *Faire main basse sur qch.*, sich etwas aneignen ; über etwas (acc.) herfallen. | *Mettre la dernière main à qch.*, letzte Hand an etwas legen. | *Avoir les mains nettes*, sich nichts vorzuwerfen haben. | *Revenir les mains vides*, mit leeren Händen, unverrichteter Dinge zurückkommen. | *Prendre la main dans le sac*, auf frischer Tat ertappen. | *En mettre sa main au feu*, seine Hand dafür ins Feuer legen ; seinen Kopf daran setzen. | *Il a le cœur sur la main*, er ist sehr großzügig. | *Mettre la main au collet de qn*, Hand an jn legen ; jn verhaften. | *Ils peuvent se donner la main*, sie können sich die Hand reichen ; PÉJOR. da ist einer so viel wert wie der andere. | *Forcer la main à qn*, sich gegen jn durchsetzen ; jm seinen Willen aufzwingen. | *Je m'en lave les mains*, ich wasche meine Hände in Unschuld. | *Avoir un poil dans la main*, träge bei der Arbeit sein. | *Sa main gauche ignore ce que fait sa main droite*, seine Rechte weiß nicht, was seine Linke tut. | *Mettre la main à la pâte*, Hand an etwas anlegen ; Hand ans Werk legen ; mit zugreifen. | *Lever la main sur qn*, die Hand gegen jn erheben. | *Coup de main*, Handstreich m. | *Haut les mains !*, Hände hoch ! | *Qui a les mains crochues*, langfingerig. | *Garder la haute main*, die Oberhand behalten. | *Prendre son courage à deux mains*, sich ein Herz fassen.

IV. SENS PARTICULIERS : [au jeu] Vorhand f. | *Avoir la main*, Vorhand haben. || MUS. *Jouer à quatre mains*, vierhändig spielen. || JUR. *Main de justice*, Arm (m.) des Gesetzes. | *Mariage de la main gauche*, wilde Ehe. || ARCHIT. *Main courante*, Handlauf m. ; Handgriff m. || COMM. *Main courante*, Kladde f.

main-d'œuvre [-dœːvr] f. [travail] Arbeit f. || [travailleurs] Arbeiter m. pl. ; Arbeitskräfte f. pl. | *Main-d'œuvre qualifiée*, geschulte Arbeitskräfte. || [frais] Arbeitslohn m. ; Arbeitskosten f. pl.

main-forte [-fɔrt] f. *Prêter main-forte à qn*, jm zur Hand gehen ; (tätigen) Beistand leisten. | *Demander main-forte*, um Beistand bitten.

mainlevée [-lve] f. JUR. Löschung f.

mainmise [-miːz] f. Beschlagnahme f.

maint, mainte [mɛ̃, mɛ̃ːt] adj. mancher ; manche ; manches ; manche pl. ; viele ; etliche ; welche ; mancherlei ; vielerlei. | *Maintes fois*, manches Mal. | *À maintes reprises*, mehrmals.

maintenance [mɛ̃tnɑ̃ːs] f. TECHN. Wartung f.

maintenant [mɛ̃tnɑ̃] adj. jetzt ; nun ; nunmehr. | *À partir de maintenant*, von nun an ; ab sofort ; von jetzt ab.

◇ loc. conj. **maintenant que,** da nun.

maintenir [mɛ̃təniːr] v. tr. (aufrecht)erhalten ; zusammenhalten. | *Se maintenir en bonne santé*, sich bei guter Gesundheit erhalten. || FIG. *Maintenir l'ordre*, die Ordnung aufrechterhalten. | *Maintenir son opinion*, bei seiner Meinung bleiben.

◇ v. pr. **se maintenir,** *Le temps se maintient*, das Wetter hält sich. || MIL. *Se maintenir sur ses positions*, sich in seinen Stellungen behaupten.

maintien [-tjɛ̃] m. [conservation] (Aufrecht)erhaltung f. | *Maintien de l'ordre et de la loi*, Aufrechterhaltung von Recht und Ordnung. || [tenue] (Körper)haltung f. | *D'un maintien assuré*, von sicherem Auftreten. | *Leçons de maintien*, Anstands-unterricht m. — SYN. : *Prestance* f., stattliches Aussehen. *Contenance* f., *tenue* f., (einwandfreie) Haltung.

maire [mɛːr] m. Bürgermeister m. ; Schulze m. ; Schultheiß m.

mairie [-ri] f. [édifice] Gemeinde-, Stadt-, Rathaus n. || [fonction] Bürgermeisteramt n.

mais [mɛ] adv. *Je n'en peux mais*, ich kann nichts dafür.

mais [mɛ] conj. aber ; allein ; doch ; jedoch ; [après une négation] sondern. | *Il est intelligent, mais paresseux*,

er ist klug, aber faul. | *Je l'attendais mais il n'est pas venu*, ich wartete auf ihn, aber er ist nicht gekommen. | *Il est pauvre, mais content*, er ist (zwar) arm, aber doch zufrieden. | *Il n'est pas rouge, mais vert*, er ist nicht rot, sondern grün. | *Mais si !*, (ja) doch ! ; aber ja ! | *Mais non !*, nicht doch ! aber nein !
◇ m. Aber n. | *Il y a un mais*, es ist ein Aber dabei ; die Sache hat ihren Haken. | *Il n'y a pas de mais qui tienne*, ohne Wenn und Aber.

maïs [mais] m. BOT. Mais m. | *Épi de maïs*, Maiskolben m.

maison [mɛzɔ̃] f. Haus n.

> **I.** ÉDIFICE : Haus n.
> **II.** MÉNAGE ; PERSONNEL : Haushalt m.
> **III.** COMMERCE : Firma f.
> **IV.** FAMILLE : Geschlecht n.

I. ÉDIFICE : Haus n. ; Unterkunft f. ; Heimstätte f. | *Être à la maison*, zu Hause sein ; daheim sein. | *Aller à la maison*, nach Hause gehen ; heimgehen. | *Maison de rapport*, Mietshaus. | *Maison de campagne*, Landhaus. | *Maison préfabriquée*, Fertighaus. | *Pâté de maisons*, Häuserblock m. | *Maître de maison*, Hausherr m. | *Maîtresse de maison*, Dame (f.) des Hauses. | *Être de la maison*, zum Hause gehören. | *Maison de maître*, herrschaftliches, vornehmes Haus. | *Maison de correction*, Zwangserziehungsanstalt f. ; Besserungsanstalt f. | *Maison d'arrêt*, Untersuchungsgefängnis n. | *Maison de détention*, Haftanstalt f. | *Maison de tolérance*, Freudenhaus. | *Maison de santé*, (Privat)heilanstalt f. | *Maison mère*, Stammhaus.
II. MÉNAGE ; PERSONNEL : Haushalt m. ; Wirtschaft f. | *Les gens de maison*, Bediente pl. ; Hausangestellte pl. | *Avoir un grand train de maison*, ein großes Haus führen.
III. COMMERCE : Handelshaus n. ; Firma f. ; Geschäft n. | *Maison principale*, Stammhaus ; Hauptgeschäft.
IV. FAMILLE : Geschlecht n. ; Familie f. | *Maison royale*, königliches Haus ; Herrschergeschlecht. | *De bonne maison*, aus gutem Hause ; von gutem Herkommen.
— SYN. : *Foyer* m., Heim n. *Chez-soi* m., Zuhause n. *Habitation* f., Wohnung f. *Ménage* m., Haushalt m.

maisonnée [-zɔne] f. Hausgemeinschaft f. ; ganze Familie. | *Il est parti avec toute la maisonnée*, er ist mit Kind und Kegel abgereist.

maisonnette [-zɔnɛt] f. Häuschen n.

maître [mɛ:tr] m. **1.** [chef, patron] Herr m. ; Gebieter m. | *Maître absolu*, absoluter Herrscher. | *Être le maître*, gebieten. | *Parler en maître*, einen herrischen Ton anschlagen. | *Je suis maître de faire qch.*, es steht mir frei, etwas zu tun. | *Laisser qn maître de faire qch.*, jm etwas freistellen. | *Être maître de soi*, sich beherrschen ; Herr über sich sein ; sich in der Gewalt haben. | *Être son (propre) maître*, sein eigener, freier Herr sein ; unter niemandem stehen. | *Se rendre maître d'un incendie*, den Brand meistern. | *Trouver son maître*, seinen Meister finden. | *Rester maître du champ de bataille*, das (Schlacht)feld behaupten. | *Tel maître, tel valet*, wie der Herr, so's Gescherr, so der Knecht. || [propriétaire] Herr m. ; Besitzer m. ; Eigentümer m. | *Maître de forges*, Hüttenbesitzer. || [enseignement] Meister m. ; Lehrer m. | *Maître d'école*, Schulmeister. | *Maître adjoint*, Lehrgehilfe m. | *Maître d'internat*, Schulaufseher m. | *Maître de conférences*, Universitätsdozent m. | *Maître de danse*, Tanzlehrer. | *Tableau de maître*, Gemälde (n.) von einem großen Meister. | *Les maîtres chanteurs*, die Meistersinger. || PÉJOR. *Maître chanteur*, Erpresser m.
2. [métiers] Meister m. | *Maître d'hôtel*, Oberkellner m. | *Maître queux*, Küchenmeister. | *Maître tailleur*, Schneidermeister. | *Maître nageur*, Schwimmeister. | *Maître de ballet*, Ballettmeister. | *Maître de chapelle*, Kirchenchorleiter m. | *Maître d'œuvre*, Baubetreuer m. | *Maître d'ouvrage*, Bauträger m. ; Bauherr m. | *Passer maître*, Meister werden. | *Un coup de maître*, Meisterleistung f. ; [tir] Meisterschuß m.
3. [titre] *Maître Muller (Me Muller)*, Rechtsanwalt Müller. | *Grand maître de l'ordre de Malte*, Groß-, Hochmeister des Malteserordens. | *Maître Renard*, Reinecke Fuchs.
◇ adj. Erz... | *Maître coquin*, Erzschelm m.

maître-autel [mɛtrotɛl] (pl. **maîtres-autels**) m. Hoch-, Hauptaltar m.

maîtresse [mɛtrɛs] f. [qui commande] Herrin f. ; Meisterin f. ; Gebieterin f. | *Maîtresse de maison*, Hausherrin f. || [école] Lehrerin f. || [compagne] Geliebte f. ; Mätresse f.
◇ adj. Haupt... | *Maîtresse poutre*, Binder m. ; Hauptbalken m. | *Qualité maîtresse*, Haupteigenschaft f. | *Maîtresse femme*, tüchtige Frau.

maîtrise [-tri:z] f. [domination] Beherrschung f. ; Herrschaft f. | *Maîtrise de soi*, Selbstbeherrschung f., -überwindung f. || *Maîtrise de l'énergie*, Energiehaushalten n. || MIL. *Maîtrise de l'air*, Vorherrschaft in der Luft ; Luftüberlegenheit f. | *Maîtrise des mers*, Seeherrschaft. || MUS. Singschule f. ; Kapelle f. || [métier] Meisterschaft f. | *Agent de maîtrise*, Vorarbeiter m.

maîtriser [-trize] v. tr. beherrschen ; (be)meistern ; bändigen. | *Maîtriser un animal*, ein Tier bändigen. | *Maîtriser sa colère*, seinen Zorn bändigen. | *Maîtriser ses passions*, seine Leidenschaften beherrschen ; seiner Leidenschaften Herr werden.
◇ v. pr. **se maîtriser,** sich beherrschen ; sich in der Gewalt haben.

majesté [maʒɛste] f. Majestät f. | *Sa Majesté l'empereur*, Seine Majestät, der Kaiser. | *Crime de lèse-majesté*, Majestätsverbrechen n. || FIG. Würde f. ; Herrlichkeit f. ; Größe f.

majestueux, ueuse [-tɥø, ɥø:z] adj. majestätisch ; würdevoll ; großartig. || POÉT. hehr.

majeur, eure [maʒœ:r] adj. [quantité] größer ; höher. | *La majeure partie des habitants*, der größere Teil der Einwohner ; die meisten Einwohner. || JUR. großjährig ; mündig. | *Déclarer majeur*, mündig sprechen. || [important] hauptsächlich ; wichtig. | *Force majeure*, zwingende Umstände m. pl. | *En cas de force majeure*, im Falle höherer Gewalt. || MUS. *Ut majeur*, C-dur.
◇ m. **majeur,** Mittelfinger m. ; großer Finger.

majolique [maʒɔlik] f. Majolika f.

major [maʒɔ:r] m. MIL. [médecin] Stabsarzt m. | *Major de garnison*, Platzkommandant m.

majoration [-rasjɔ̃] f. [prix] Erhöhung f. ; Zuschlag m.

majordome [maʒɔrdɔm] m. Majordomus m. ; Haushofmeister m.

majorer [maʒɔre] v. tr. (den Preis) erhöhen ; verteuern. | *Majorer le taux d'escompte*, den Diskontsatz erhöhen. | *Majorer une facture*, eine Rechnung heraufsetzen.

majoritaire [-ritɛ:r] adj. zur Mehrheit gehörend.

majorité [-rite] f. [âge] Mündigkeit f. ; Voll-, Großjährigkeit f. || [quantité] Majorität f. ; Mehrheit f. ; Mehrzahl f. | *La majorité*, die größte Zahl ; die meisten. | *Majorité silencieuse*, schweigende Mehrheit. | *Majorité des voix*, Stimmenmehrheit. | *À la majorité simple*, mit einfacher Stimmenmehrheit. | *Majorité absolue*, absolute Mehrheit. | *Avoir la majorité*, überstimmen. | *Majorité simple, qualifiée*, einfache, qualifizierte Stimmenmehrheit.

Majorque [maʒɔrk] n. pr. f. GÉOGR. Mallorca n.

majuscule [maʒyskyl] adj. groß (geschrieben). ◇ f. großer Buchstabe. | *Ce mot prend une majuscule*, das Wort wird groß geschrieben.

mal [mal] m. (pl. **maux**).

I. MORAL : Böses n. ; Übles n.
II. PHYSIQUE : Übel n. ; Weh n. ; Mühe f.
III. MATÉRIEL : Schaden m.
IV. adj. übel.
V. adv. schlecht ; schlimm.

I. MORAL : Böses n. ; Übles n. | *Faire du mal à qn*, jm übeltun, wehtun. | *Réparer le mal que l'on a fait*, sein Unrecht wiedergutmachen. | *Remédier à un mal*, einem Übel abhelfen. | *Quel mal y a-t-il à faire... ?*, was schadet es, wenn... ? | *Ne pas penser à mal en faisant...*, sich nichts Böses dabei denken. | *Prendre qch. en mal*, etwas übelnehmen. | *Dire du mal de qn*, üble Nachrede über jn führen. | *Vouloir du mal à qn*, jm übelwollen. | *De deux maux il faut choisir le moindre*, man muß das kleinere Übel wählen. | *Le mal est que*, das Böse, das Schlechte ist (nur), daß... | *Voir le mal partout*, in allem nur immer das Schlechte sehen. | *Rendre le bien pour le mal*, Böses mit Gutem vergelten. **II.** PHYSIQUE : Übel n. ; Leiden n. ; Schmerz m. ; Weh n. ; Mühe f. | *Mal de dents*, Zahnweh, -schmerz. | *Mal de tête*, Kopfweh. | *Haut mal*, Fallsucht f. | *Avoir mal à l'estomac*, Magenkrämpfe haben. | *Avoir mal au cœur*, Übelkeit verspüren. | *Mal au ventre*, Leibschmerzen m. pl. | *Mal blanc*, Nagelgeschwür n. ; Fingerphlegmone f. | *Mal de mer*, Seekrankheit f. | *Avoir le mal de mer*, seekrank sein. | *Cela me fait mal*, das tut mir weh. | *Faire du mal à qn*, jm weh tun ; [blesser] jn verletzen. | *Couper le mal à sa racine*, ein Übel an der Wurzel anpacken. | *Comment allez-vous ? Pas mal !* wie geht es Ihnen ? so leidlich. | *Il va mal*, es geht ihm schlecht. | *Avoir mal aux cheveux*, einen Kater, Katzenjammer haben ; einen Brummschädel haben. | *Une femme en mal d'enfant*, eine Frau in Kindesnöten, in den Wehen. | *Elle est au plus mal*, es steht ganz schlecht um sie. | *Avoir du mal*, Mühe haben. | *Il a eu du mal à se décider*, er konnte sich nur schwer entscheiden. | *Il a du mal à s'en tirer avec ce qu'il gagne*, er kommt kaum mit seinem Geld aus. | *Se donner du mal*, sich Mühe geben ; sich anstrengen. | *Donner du mal à qn*, jm viel zu schaffen machen, geben. | *Se donner du mal pour qn*, seine liebe Not mit jm haben. | *Avec bien du mal*, mit Müh und Not ; mit Ach und Krach. | *Mal du pays*, Heimweh n.
III. MATÉRIEL : Schaden m. | *Il n'y a pas de mal*, das schadet nichts. | *Il n'y a que demi-mal*, das ist halb so schlimm ; POP. halb so wild. | *Il n'y a pas de mal à*, es macht gar nichts (aus), wenn ; es spielt keine Rolle, daß. | *Quel mal y a-t-il à... ? où est le mal si... ?*, was schadet es, wenn... ?
IV. adj. *Bon gré mal gré*, wohl oder übel. | *Bon an mal an*, jahraus, jahrein. | *Elle n'est pas mal (de sa personne)*, sie sieht ganz nett aus ; POP. sie ist gar nicht so übel.
V. adv. schlecht ; schlimm ; übel. || [physique] unwohl ; [matériel] schädlich. | *Mal agir*, schlecht handeln. | *Mal agir avec, à l'égard de qn*, jm Unrecht tun. | *Être mal avec qn*, schlecht, nicht gut mit jm stehen. | *Être mal vu*, nicht gerne gesehen, scheel angesehen werden. | *Être mal disposé envers qn*, auf jn schlecht zu sprechen sein. | *Il est mal disposé, mal luné*, er ist schlechtgelaunt, übelgelaunt, mißgestimmt. | *Mal élevé*, ungezogen. | *Mal embouché*, grob ; ungeschlacht. | *Mal à propos*, ungelegen ; ungehörig. | *Il est mal venu à*, es steht ihm schlecht an ; es kommt ihm nicht zu. | *Il a mal pris la chose*, er hat die Sache übel aufgenommen. | *Se sentir mal à l'aise*, sich unwohl, unbehaglich fühlen. | *Se trouver mal*, in Ohnmacht fallen ; ohnmächtig werden. | *Je suis mal en point*, ich bin übel dran ; es geht mir schlecht. | *Je me trouve mal*, mir wird schlecht ; ich fühle mich unwohl. || COMM. *Les affaires vont mal*, die Geschäfte gehen schlecht, sind flau. | *L'entreprise a mal tourné*, die Unternehmung ging schief. || [choses] *Mal tourner*, eine schlimme Wendung nehmen. | *Il a mal tourné*, er ist verkommen. | *Aller de mal en pis*, immer schlimmer werden ; sich verschlimmern. | *Tant bien que mal*, schlecht und recht. | *Cette robe lui va mal*, dieses Kleid paßt, steht ihr nicht gut. | *Pas mal de monde*, ziemlich viele Leute.

malade [malad] adj. krank ; kränklich.
◇ s. Kranke(r) f. (m.) ; Patient(in) m. (f.) ; Sieche(r) f. (m.). | *Malade imaginaire*, eingebildeter Kranker. | *Tomber malade*, krank werden. | *Il s'est rendu malade à force de travailler*, er hat sich krank gearbeitet. | *Malade de corps et d'esprit*, an Leib und Seele krank. || MIL. *Se faire porter malade*, sich krank melden.

maladie [-di] f. Krankheit f. | *Maladie auto-immune*, Autoimmunkrankheit. | *Maladie bénigne*, leichte Krankheit. | *Maladie maligne*, bösartige Krankheit. | *Maladie mentale*, Geisteskrankheit. | *Maladie professionnelle*, Berufskrankheit. | *Maladies sexuellement transmissibles*, sexuell übertragbare Krankheiten. | *Maladie vénérienne, héréditaire*, Geschlechts-, Erbkrankheit. | *En faire une maladie*, sich krank ärgern. | *Prendre, Attraper une maladie*, krank werden ; sich eine Krankheit zuziehen. | *Arrêt (de) maladie, Congé (de) maladie*, Krankschreibung f. | *Assurance contre la maladie*, Krankenversicherung f. | *Certificat de maladie*, Attest n. || FIG. Sucht f. | *Maladie du jeu*, Spielsucht f.

maladif, ive [-dif, i:v] adj. kränklich. | *Enfant maladif*, anfälliges Kind. | *État maladif*, Kränklichkeit f. ; Anfälligkeit f. | *D'un air maladif*, von ungesundem Aussehen. || FIG. krankhaft. | *Jalousie maladive*, krankhafte Eifersucht.

maladresse [maladrɛs] f. [défaut] Ungeschick n. ; Ungeschicklichkeit f. ; Unbeholfenheit f. || [acte] Mißgriff m.

maladroit, oite [-drwa, wat] adj. ungeschickt ; linkisch.
◇ s. Tölpel m. ; Klotz m. ; POP. Hans Taps m.

maladroitement [-drwatmɑ̃] adv. ungeschickt ; unbeholfen.

malais, aise [malɛ, ɛ:z] adj. malaiisch.
◇ s. **Malais, aise,** Malaie m. ; Malaiin f.

malaise [malɛ:z] m. Unbehagen n. ; Mißbehagen n. | *Un malaise indéfinissable*, ein Gefühl der inneren Unruhe. || MÉD. Übelkeit f. ; Unwohlsein n. | *Ressentir un malaise*, sich unwohl fühlen.

malaisé, ée [-ze] adj. schwierig ; mühsam.

Malaisie [malɛzi] f. Malaya n. ; der Malaiische Archipel.

malandrin [malɑ̃drɛ̃] m. Strolch m. ; Lump m. ; Räuber m.

malappris, ise [malapri, i:z] adj. ungehobelt ; ungezogen ; grob.
◇ m. **malappris,** Grobian m. ; Flegel m. ; ungebildeter Klotz.

malaria [malarja] f. MÉD. Malaria f. ; Sumpffieber n.

malaxer [malakse] v. tr. (durch)kneten ; brauen ; umrühren.

malchance [malʃɑ̃:s] f. Unglück n. ; Mißgeschick n. ; FAM. Pech n. | *Avoir de la malchance*, Pech haben.

| *Être poursuivi par la malchance*, eine Pechsträhne haben ; vom Unglück verfolgt sein.

maldonne [maldɔn] f. [au jeu] Vergeben n. | *Il y a maldonne*, die Karten sind falsch gegeben. || PAR EXT. Versehen n.

mâle [mɑ:l] adj. männlich. | *Oiseau mâle*, Vogelhähnchen n. | *Fleur mâle*, männliche Blüte. || FIG. mannhaft. | *Visage mâle*, kerniges Gesicht.
◇ m. Männchen n. ; männliches Wesen. | *Le mâle et la femelle*, Männchen und Weibchen.

malédiction [malediksjɔ̃] f. Verwünschung f. ; Verfluchung f. ; Fluch m. | *Malédiction paternelle*, väterlicher Fluch. | *La malédiction est sur lui*, der Fluch liegt über ihm ; er steht unter dem Fluch. | *Malédiction !*, verdammt !

maléfice [-fis] m. Ver-, Behexung f. ; Verzauberung f.

maléfique [-fik] adj. unheilvoll ; unheilbringend ; unheilschwanger. | *Astre maléfique*, Unglücksstern m.

malemort [malmɔ:r] f. kläglicher, elender Tod.

malencontreux, euse [malɑ̃kɔ̃trø, ø:z] adj. peinlich ; fatal ; unheilvoll.

mal-en-point [-ɑ̃pwɛ̃] loc. adj. invar. übel (dran) ; in schlechtem Zustand ; POP. nicht auf Draht.

malentendant, dante [-ɑ̃tɑ̃dɑ̃, ɑ̃:t] s. Hörgeschädigte(r) f. (m.) ; Schwerhörige(r) f. (m.).

malentendu [-ɑ̃tɑ̃dy] m. Mißverständnis n. ; Mißhelligkeit f., -deutung f.

malfaçon [-fasɔ̃] f. Defekt m. ; mangelhafte Ausführung.

malfaisant, ante [-fəzɑ̃, ɑ̃:t] adj. bösartig ; schädlich ; übel.

malfaiteur, trice [-fɛtœ:r, tris] s. Übeltäter(in) m. (f.) ; Missetäter(in) m. (f.).

malfamé, ée ou **mal famé, ée** [-fame] adj. (übel)berüchtigt ; verrufen ; anrüchig.

malformation [-fɔrmasjɔ̃] f. Mißbildung f. ; Mißwuchs m. | *Malformation cardiaque*, Herzfehlbildung f.

malgache [malgaʃ] adj. madegassisch.
◇ s. **Malgache,** aus Madagaskar ; Madegasse m. ; Madegassin f.

malgré [malgre] prép. trotz (gén.) ; wider (acc.) ; ungeachtet (gén.). | *Malgré moi*, wider Willen ; gegen meinen Willen. | *Malgré la pluie*, trotz des Regens ; dem Regen zum Trotz. | *Malgré tout*, trotz allem ; bei alledem. | *Malgré son intelligence*, so klug er auch ist. | *Malgré qu'il en ait*, ihm zum Trotze ; wohl oder übel.

malhabile [malabil] adj. ungeschickt ; linkisch ; ungelenk.

malheur [malœ:r] m. [état] Unglück n. ; Mißgeschick n. ; Unsegen m. ; FAM. Pech n. | *Le malheur a voulu que*, das Unglück wollte es, daß. | *Jouer de malheur*, kein Glück haben ; Pech im Spiel haben. | *C'est un malheur*, das ist ärgerlich. | *Être dans le malheur*, im Unglück sitzen. | *Pour son malheur*, zu seinem Unglück. | *Faire le malheur de qn*, jn ins Unglück bringen, stürzen. | *Qui porte malheur*, Unglück bringend. | *Prophète de malheur*, Unglücksbote m. | *Oiseau de malheur*, Pechvogel m. || [événement] Unfall m. ; Unheil n. ; (Schicksals)schlag m. | *Il lui est arrivé un malheur*, ihm ist ein Malheur passiert ; er hat Pech gehabt. | *Dieu me préserve d'un tel malheur*, Gott bewahre mich davor. | *Un malheur n'arrive jamais seul*, ein Unglück kommt selten allein. | *À quelque chose malheur est bon*, durch Schaden wird man klug. | *Quel malheur !*, so ein Unglück ! ; FAM. was für ein Pech ! || IRON. *Le grand, le beau malheur !*, Gott, wie schrecklich ! ; alles halb so schlimm !
◇ loc. adv. **par malheur,** zum Unglück ; unglücklicherweise ; leider. — **pour comble de malheur,** um das Unglück voll zu machen ; zu allem Unglück.
◇ interj. **malheur !,** weh(e) ! | *Malheur aux vaincus*, wehe den Besiegten !
— SYN. : *Épreuve* f., Prüfung f. *Adversité* f., Mißgeschick n. *Disgrâce* f., Ungunst f. *Misère* f., Elend n.

malheureusement [-røzmɑ̃] adv. leider ; zum Unglück.

malheureux, euse [-rø, ø:z] adj. [qui n'est pas heureux] unglücklich ; unselig. | *Être malheureux au jeu*, kein Glück im Spiel haben. || [maladroit] unglücklich ; ungeschickt. | *Avoir la main malheureuse*, eine unglückliche, ungeschickte Hand haben. || [funeste] unheilvoll. | *Jour malheureux*, Unglückstag m. ; schwarzer Tag. | *Mot malheureux*, ungeschickter Ausdruck.
◇ s. Un(glück)selige(r) f. (m.) ; Unglückliche(r) f. (m.) ; Elende(r) f. (m.). | *C'est un malheureux*, das ist ein armseliger Kerl.

malhonnête [malɔnɛ:t] adj. [sans probité] unehrlich ; unaufrichtig. || [impoli] unhöflich ; grob ; ungehörig.
◇ m. Flegel m. ; Grobian m.

malhonnêteté [-nɛtte] f. Unehrlichkeit f. ; Unaufrichtigkeit f. || [impolitesse] Unhöflichkeit f. ; Unanständigkeit f.

malice [malis] f. [méchanceté] Bosheit f. ; Bösartigkeit f. ; Arglist f. ; Tücke f. | *Sans malice*, ohne Hintergedanken ; harmlos ; arglos. | *Ne pas y entendre malice*, sich nichts Schlimmes dabei denken. || [espièglerie] Schalkheit f. ; Schelmerei f. | *Faire des malices à qn*, jm böse Streiche spielen.

malicieusement [-sjøzmɑ̃] adv. boshaft ; schelmisch. | *Sourire malicieusement*, spöttisch lächeln.

malicieux, ieuse [-sjø, jø:z] adj. [méchant] boshaft ; arglistig ; tückisch. || [espiègle] schalkhaft ; schelmisch. | *Une réponse malicieuse*, eine spitze Antwort.

malignité [maliɲite] f. Bosheit f. ; Arglist f. ; Tücke f.

malin, igne [malɛ̃, iɲ] adj. [méchant] böse ; bösartig ; boshaft. | *Tumeur maligne*, bösartige Geschwulst. | *Fièvre maligne*, hartnäckiges, bösartiges Fieber. | *Esprit malin*, böser Geist ; Teufel m. || [malicieux] schelmisch ; schalkhaft. || [rusé] schlau ; pfiffig ; verschlagen. | *Ce n'est pas malin*, das ist keine Kunst, kein Kunststück.
◇ m. **malin,** Schlaukopf m. ; Schlauberger m. ; Pfiffikus m. | *C'est un malin*, er hat es faustdick hinter den Ohren. | *Faire le malin*, den Pfiffigen spielen. | *Le Malin*, der Böse ; der Teufel.
— SYN. : *Malicieux*, spöttisch. *Futé*, schnippisch. *Rusé*, verschlagen. *Finaud*, *roublard*, pfiffig. *Roué*, *retors*, durchtrieben. *Madré*, *matois*, (bauern)schlau.

malingre [malɛ̃gr] adj. schwächlich ; kränklich ; POP. verpimpelt ; pimpelig.

malintentionné, ée [malɛ̃tɑ̃sjɔne] adj. böswillig ; übelgesinnt.

malle [mal] f. Koffer m. ; Reisekoffer m. | *Faire ses malles*, seinen Koffer packen ; einpacken. || POP. *Se faire la malle*, auskneifen ; abhauen.

malléable [maleabl] adj. schmiedbar ; dehnbar ; streckbar. || FIG. geschmeidig ; nachgiebig.

mallette [malɛt] f. (kleiner) Handkoffer.

malmener [malməne] v. tr. schlecht behandeln ; mißhandeln ; übel zurichten. | *Malmener qn*, jm hart zusetzen. | *Malmener l'ennemi*, dem Gegner hart zusetzen.
— SYN. : *Maltraiter*, mißhandeln. *Houspiller*, rütteln ; schütteln. *Molester*, beleidigen. *Rudoyer*, anfahren.

malnutrition [malnytrisjɔ̃] f. Mangelernährung f.

malodorant, ante [malodorɑ̃, ɑ̃:t] adj. übelriechend ; stinkend.

malotru, ue [malotry] adj. ungezogen ; flegelhaft. ◇ m. **malotru,** Rüpel m. ; Klotz m. ; Grobian m.

Malouines [malwin] n. pr. f. pl. GÉOGR. Falkland-Inseln f. pl.

malpropre [malprɔpr] adj. [sale] unsauber ; schmutzig. | *Travail malpropre,* Sudelarbeit f. || [immoral] unanständig ; unrein.

malproprement [-prɔprəmɑ̃] adv. unsauber.

malsain, aine [-sɛ̃, ɛn] adj. ungesund ; gesundheitswidrig. || FIG. krankhaft.

malséant, éante [-seɑ̃, eɑ̃:t] adj. unschicklich ; unziemlich.

malsonnant, ante [-sɔnɑ̃, ɑ̃:t] adj. übelklingend ; mißtönend. | *Paroles malsonnantes,* ungehörige Worte n. pl.

malt [malt] m. Malz n.

maltais, aise [maltɛ, ɛ:z] adj. maltesisch. ◇ s. **Maltais, aise,** Malteser(in) m. (f.).

Malte [malt] n. pr. f. Malta n. | *Ordre de Malte,* Malterserorden m.

malthusianisme [maltyzjanism] m. Malthusianismus m. | *Malthusianisme économique,* wirtschaftlicher Malthusianismus.

malthusien, ienne [-zjɛ̃, jɛn] adj. malthusisch. ◇ s. Malthusianer(in) m. (f.).

maltraiter [maltrɛte] v. tr. mißhandeln ; schlecht behandeln ; quälen. || FIG., FAM. verhunzen.

malvacées [malvase] f. pl. BOT. Malvengewächse n. pl.

malveillance [malvɛjɑ̃:s] f. Böswilligkeit f. ; Übelwollen n.

malveillant, ante [-vɛjɑ̃, ɑ̃:t] adj. böswillig, -herzig. | *Propos malveillant,* üble Nachrede.

malvenu, ue [-vəny] ou **mal venu, ue** adj. unbefugt ; unberechtigt. | *Il est malvenu à,* es steht ihm nicht zu, zu.

malversation [-vɛrsasjɔ̃] f. Veruntreuung f. ; Unterschleif m.

malvoyant, ante [malvwajɑ̃, ɑ̃:t] s. Sehbehinderte(r) f. (m.).

maman [mamɑ̃] f. Mama f. ; Mutti f.

mamelle [mamɛl] f. Brust f. ; Busen m. | *Enfant à la mamelle,* Brustkind n. ; Säugling m. || [animal] Zitze f.

mamelon [mamlɔ̃] m. (Brust)warze f. || TECHN. Knopf m. ; Zapfen m. || GÉOGR. (rundlicher) Hügel.

mammaire [mammɛ:r] adj. Brust...

mammifère [-mifɛ:r] m. Säugetier n.

mammographie [mamɔgrafi] f. MÉD. Mammographie f.

mammouth [mamut] m. ZOOL. Mammut n.

mamours [mamu:r] m. pl. *Faire des mamours à qn,* mit jm liebäugeln ; jn liebkosen.

management [manedʒmɛnt/manaʒmɑ̃] m. Management n.

manant [manɑ̃] m. HIST. Bauer m. || PÉJOR. Rüpel m. ; Lümmel m.

manche [mɑ̃:ʃ] m. Griff m. ; Stiel m. ; Heft n. ; Schaft m. | *Manche d'un couteau,* Messergriff. | *Manche d'un outil, d'un instrument,* Werkzeug-, Instrumentenstiel. | *Manche à balai,* Besenstiel. || AÉRON. *Manche (à balai),* Steuerknüppel m. || FIG. *Branler dans le manche,* auf der Kippe stehen ; unsicher sein ; wackeln. | *Jeter le manche après la cognée,* die Flinte ins Korn werfen. | *Être du côté du manche,* es mit dem Stärkeren halten.

manche [mɑ̃:ʃ] f. Ärmel m. | *Manche courte, retroussée,* aufgekrempelter Ärmel. | *En manches de chemise,* in Hemdsärmeln ; hemdsärmelig. || FIG. *Avoir qn dans sa manche,* jn völlig in der Hand haben. | *Être dans la manche de qn,* bei jm gut angeschrieben sein ; bei jm einen Stein im Brett haben. | *C'est une autre paire de manches,* das ist ganz was anderes ; das ist eine ganz andere Sache. || [au jeu] *Gagner la première manche,* die erste Runde, den ersten Satz gewinnen, für sich buchen. || GÉOGR. [bras de mer] *Manche,* (Ärmel)kanal m. ; [Espagne] La Mancha. || TECHN. *Manche à air,* Windsack m.

mancheron [-ʃrɔ̃] m. Pflugsterz m.

manchette [-ʃɛt] f. [vêtement] Manschette f. ; Stulpe f. ; Aufschlag m. || [journal] Schlagzeile f. | *Annoncer sous une grosse manchette,* in dicken Schlagzeilen bringen. || SPORT. Hieb (m.) mit der flachen Hand.

manchon [-ʃɔ̃] m. Muff m. || TECHN. Hülle f. ; Muffe f.

manchot, ote [-ʃo, ɔt] adj. [bras] einarmig ; [main] einhändig. || PAR EXT. behindert ; unbeholfen. | *N'être pas manchot,* sich zu helfen wissen. ◇ s. [bras] Einarmige(r) f. (m.) ; [main] Einhändige(r) f. (m.). ◇ m. **manchot,** ZOOL. Pinguin m.

mandant [mɑ̃dɑ̃] m. JUR. Mandant m. ; Vollmachtgeber m.

mandarin [mɑ̃darɛ̃] m. Mandarin m. || PAR EXT. zurückgezogener Intellektueller.

mandarinat [-rina] m. Mandarinenwürde f. || FIG., PÉJ. Kastenwesen n.

mandarine [mɑ̃darin] f. BOT. Mandarine f.

mandat [mɑ̃da] m. [pouvoir] Mandat n. ; Auftrag m. ; Vollmacht f. | *Sans mandat,* unbefugt. | *Mandat de député,* Abgeordnetenmandat, -sitz m. | *Mandat impératif,* Zwangsmandat. | *Territoire sous mandat,* Mandatsgebiet n. || [paiement] (Zahlungs)anweisung f. | *Mandat postal,* Postanweisung, -auftrag. | *Mandat télégraphique,* telegraphische Geldanweisung. | *Un mandat de cent marks,* eine Anweisung über, auf hundert Mark. || JUR. Mandat n. ; (Gerichts)befehl m. | *Mandat d'amener,* Vorführungsbefehl. | *Mandat d'arrêt,* Haftbefehl. | *Lancer, Décerner un mandat d'arrêt contre qn,* einen Haftbefehl gegen jn erlassen.

mandataire [-tɛr] s. JUR. Mandatar(in) m. (f.) ; Sachwalter(in) m. (f.). || FIN. Bevollmächtigte(r) f. (m.).

mandat-carte [-kart] m. (pl. **mandats-cartes**) Zahlkarte f. ; Postanweisung f.

mandater [-te] v. tr. beauftragen ; ermächtigen. | *Mandater une somme,* eine Summe an-, überweisen.

mandat-lettre [-lɛtr] m. (pl. **mandats-lettres**) Briefüberweisung f.

mandchou, oue [mɑ̃dʃu] adj. mandschurisch. ◇ m. **Mandchou,** [habitant] Mandschu m.

Mandchourie [mɑ̃dʃuri] n. pr. f. GÉOGR. Mandschurei f.

mandement [mɑ̃dmɑ̃] m. RELIG. Hirtenbrief m.

mander [-de] v. tr. kommen lassen ; herbeirufen ; beordern. || JUR. zitieren. || [annoncer] melden.

mandibule [mɑ̃dibyl] f. Mandibel f. || [vertébrés] Unterkiefer m. ; [homme] Oberkiefer m. ; Kinnbacken m. || [oiseaux] *Mandibule supérieure, inférieure,* Ober-, Unterschnabel m.

mandoline [mɑ̃dɔlin] f. Mandoline f.

mandragore [mɑ̃dragɔ:r] f. Bot. Alraune f. ; Mandragora f.

mandrin [mɑ̃drɛ̃] m. Dorn m. ; Futter n.

manège [manɛ:ʒ] m. [dressage] Dressur f. ; Reitkunst f. || [lieu] Reitbahn f. ; Reitschule f. | *Manège de chevaux de bois*, Karussell n. || Fig. [conduite] Treiben n. ; Ränke f. pl. ; Machenschaften f. pl. ; Kniffe m. pl. ; Schliche m. pl. | *Ils ont mis fin à son manège*, sie machten seinem Treiben ein Ende. | *Se défier du manège de qn*, den Winkelzügen js mißtrauen.

mânes [mɑ:n] m. pl. Myth. Hausgötter m. pl.

manette [-nɛt] f. Handhebel m., -griff m. ; Drehklinke f. ; Riegel m. | *Manette de commande*, Bedienungshebel m. | *Manette de débit*, Leistungshebel m.

manganèse [mɑ̃ganɛ:z] m. Chim. Mangan n.

mangeable [mɑ̃ʒa:bl] adj. eß-, genieß-, verzehrbar. | *Cette viande n'est pas mangeable*, dieses Fleisch ist ungenießbar.

mangeaille [-ʒai:j] f. Fraß m.

mangeoire [-ʒwa:r] f. Futtertrog m. ; Krippe f. ; Raufe f. || [oiseaux] Freßnapf m., -näpfchen n.

manger [-ʒe] v. tr. essen (a, e).

> **I.** Sens propre.
> **II.** Sens figuré.
> **III.** Sens dérivés.
> **IV. Donner à manger.**
> **V.** Substantiv. : **le manger.**

I. Sens propre : [personnes] essen ; speisen ; schmausen ; tafeln ; verzehren. || [animaux] fressen. | *Manger comme quatre*, tüchtig essen, zugreifen ; gewaltig essen. | *Manger à sa faim*, seinen Hunger stillen ; sich satt essen. | *Manger de bon appétit*, tüchtig essen, zulangen. | *Manger tout*, alles aufessen. | *Manger un morceau*, einen kleinen Imbiß zu sich nehmen. | *Il mange peu*, er ist ein mäßiger Esser. | *Manger du bout des dents*, mit Widerstreben essen. | *Je suis resté un jour sans manger*, ich habe den ganzen Tag nichts gegessen. | *Sans avoir mangé*, nüchtern ; ohne einen Bissen im Leibe. | *Manger en ville*, außerhalb essen. | *L'appétit vient en mangeant*, der Appetit kommt beim Essen. | *Il ne fait que boire et manger*, er kennt nichts als fressen und saufen. | *Salle à manger*, Eßzimmer n. ; Speisezimmer n. ; Speisesaal m.

II. Sens figuré : *Manger des yeux*, mit den Augen verschlingen. | *Manger sa fortune*, sein Vermögen verprassen, vergeuden. | *Il mange tout ce qu'il gagne*, er lebt von der Hand in den Mund ; er lebt in den Tag hinein. | *Manger son pain blanc le premier*, nicht für den harten Winter sorgen. | *Manger son blé en herbe*, seine Einkünfte im voraus verzehren. | *Manger le fonds avec le revenu*, das Kapital restlos durchbringen. | *Les gros poissons mangent les petits*, die großen Tiere fressen stets die kleinen. | *Être mangé de puces*, von Läusen, Ungezifer zerstochen sein. | Fig. *Manger dans la main*, aus der Hand fressen ; ganz zahm sein. | *Il est bête à manger du foin*, er ist strohdumm. | *Manger la moitié des mots*, die Hälfte der Wörter verschlucken. | *Se laisser manger la laine sur le dos*, sich die Butter vom Brot nehmen lassen. || Fam. *Il ne te mangera pas*, er wird dich nicht (gleich auf) fressen.

III. Sens dérivés : *L'acide mange le fer*, die Säure ätzt, zerfrißt das Eisen, greift das Eisen an. | *L'entreprise a mangé beaucoup d'argent*, die Unternehmung hat viel Geld verschlungen.

IV. Donner à manger. *Donner à manger à qn*, jm zu essen geben. | *Donner à manger à un animal*, einem Tier zu fressen geben ; ein Tier füttern. | *Donner qch. à manger à qn*, jn mit etwas abspeisen. | *Donner trop à manger*, überfüttern.

V. Substantiv. : **le manger.** *En perdre le boire et le manger*, darüber Essen und Trinken vergessen. | *Le boire et le manger*, Speise und Trank.

mange-tout [-ʒtu] m. invar. zarte, grüne Bohne ; Zuckererbse f.

mangeur, euse [-ʒœ:r, ø:z] s. Esser(in) m. (f.) ; Genießer(in) m. (f.). | *Gros mangeur*, Vielfraß m. ; guter Esser.

mangouste [mɑ̃gust] f. Zool. Manguste f. ; Ichneumon n. ou m. ; Pharaonsratte f. || Bot. Mangostane f.

mangue [mɑ̃:g] f. Bot. Mangopflaume f. ; Mango f.

manguier [-gje] m. Bot. Mango(baum) m.

maniabilité [manjabilite] f. Handlichkeit f. ; leichte Handhabung ; Wendigkeit f.

maniable [-njabl] adj. handlich ; handgerecht. || Fig. geschmeidig ; gefügig ; wendig.

maniaque [manjak] adj. Méd. manisch ; (von einer Manie) besessen. || Fig. schrullig ; penibel.
◇ m. wunderlicher Kauz, Narr.

manichéisme [-keism] m. Relig. Manichäismus m.

manie [mani] f. fixe Idee ; Manie f. ; Sucht f. ; Besessenheit f. || Fig. Verrücktheit f. ; Drang m. ; krankhafter Trieb. | *Chacun a ses manies*, jeder hat sein Steckenpferd, seinen Vogel.

maniement [manimɑ̃] m. Handhabung f. ; Behandlung f. | *Connaître le maniement d'une machine*, mit einer Maschine umgehen können ; sich auf die Handhabung einer Maschine verstehen. | *Maniement des hommes*, Umgang (m.) mit Menschen. || Mil. *Faire du maniement d'armes*, Griffe machen.

manier [-nje] v. tr. handhaben ; hantieren mit ; sich bedienen. | *Manier un outil*, mit einem Werkzeug umgehen. | *Bien manier la plume, l'épée*, die Feder, das Schwert gut führen. | *Manier une arme*, eine Waffe gebrauchen. || Fig. behandeln ; umgehen mit ; leiten ; führen. | *Manier des fonds*, Fonds verwalten. | *Manier de l'argent*, mit Geld umgehen. | *Bien manier une langue*, eine Sprache flüssig sprechen. | *Savoir manier les enfants*, mit Kindern umzugehen wissen. | *Se laisser manier*, sich behandeln lassen.

manière [manjɛ:r] f. **1.** Façon : Art f. ; Weise f. ; Art und Weise f. | *D'une manière*, auf eine Weise. | *De cette manière*, auf diese Art ; auf diese Weise ; so. | *De la manière suivante*, auf folgende Weise ; folgendermaßen. | *De quelle manière ?*, auf welche Weise ? ; wie ? | *De la manière la plus agréable*, auf das angenehmste. | *De mille manières*, tausendfältig. | *De toutes les manières possibles*, auf jede mögliche Art. | *De toute manière*, auf jeden Fall ; jedenfalls ; sowieso. | *D'une manière ou d'une autre*, so oder so. | *De telle manière*, derartig. | *De la même manière*, auf dieselbe Weise ; ebenso. | *En aucune manière*, durchaus nicht. | *En quelque manière*, irgendwie ; sozusagen. | *Il n'a pas la manière*, er versteht's nicht recht. | *Employer la manière forte*, Gewalt anwenden, brauchen. | *Être heureux à sa manière*, auf seine Art glücklich sein. | *De la bonne manière*, tüchtig ; gehörig. | *Par manière de*, durch eine Art von. | *La manière dont*, die Art, auf die. || Loc. *De manière à, de manière que*, so, daß ; dergestalt, daß. | *De quelque manière que ce soit*, wie (dem) es auch sei.

2. Manière de (d'être) : Wesen n. ; Beschaffenheit f. ; Anlage f. ; Eigenart f. | *Manière de parler*, Art zu reden. | *Manière de penser*, Denkart f. | *Manière de vivre*, Lebensart f. ; Lebenswandel m. | *Manière d'agir*,

Handlungsweise f. ; Verfahren n. ; Betragen n. | *Manière de voir*, Ansicht f. ; Auffassung f. ; Standpunkt m.
3. STYLE (D'UN ARTISTE) : Manier f. ; Stil m. ; Art f.
◇ f. pl. **manières. 1.** BONNES, MAUVAISES MANIÈRES : Manieren f. pl. ; Benehmen n. ; Betragen n. | *Bonnes manières, manières polies*, höfliches, feines Benehmen. | *Belles manières*, Vornehmheit f. ; Anstand m. ; Abgeschliffenheit f. | *Qui a de belles manières*, geschliffen. | *Mauvaises manières*, Unart f. ; Ungezogenheit f. ; grobe Manieren. | *En voilà des manières !*, was ist das für eine Art !
2. MANIÈRES AFFECTÉES : Ziererei f. ; Getue n., Umstände m. pl. | *Faire des manières*, sich zieren. | *Ne faites pas de manières !*, machen Sie nur keine Umstände !

maniéré, ée [-njere] adj. geziert ; manieriert. | *Style maniéré*, gekünstelter, geschraubter Stil.

maniérisme [-njerism] m. Geziertheit f. ; Gesuchtheit f. || ARTS. Manierismus m.

manieur [manjœ:r] m. *Manieur d'hommes*, Führernatur f. | *Manieur d'argent*, Spekulant m.

manifestant, ante [manifɛstɑ̃, ɑ̃:t] s. Demonstrant(in) m. (f.) ; Kundgebungsteilnehmer(in) m. (f.). | *Cortège de manifestants*, Demonstrationszug m.

manifestation [-fɛstasjɔ̃] f. Äußerung f. ; Kundgebung f. | *Manifestation d'un sentiment*, Gefühlsäußerung ; Erweisen n. || POLIT. Demonstration f.

manifeste [-fɛst] m. Manifest n. ; Erklärung f.

manifeste [-fɛst] adj. offenkundig ; offenbar ; vor Augen liegend. | *Pour des raisons manifestes*, aus offensichtlichen Gründen. | *C'est manifeste*, das liegt auf der Hand. | *Erreur manifeste*, offensichtlicher Irrtum.

manifestement [-fɛstəmɑ̃] adv. offenkundig ; offenbar.

manifester [-fɛste] v. tr. offenkundig machen ; bekunden ; äußern. | *Manifester sa joie, sa volonté*, seiner Freude Ausdruck verleihen ; seinen Willen bekunden.
◇ v. intr. POLIT. demonstrieren. | *Manifester en faveur de qn*, für jn öffentlich eintreten.
◇ v. pr. **se manifester,** [choses] in Erscheinung treten ; ans Licht kommen ; offenbar werden. | *Dieu se manifeste*, Gott offenbart sich.

manifold [manifɔld] m. Durchschreibebuch n., -block m.

manigance [manigɑ̃:s] f. Ränke f. ; Quertreibereien f. pl. ; Winkelzüge m. pl.

manigancer [-se] v. tr. aushecken ; etwas anzetteln ; Ränke spinnen. | *Manigancer une intrigue*, eine Intrige einfädeln.

Manille [mani:j] n. pr. f. GÉOGR. Manila n.
◇ f. **manille,** [jeu] Manillespiel n.

manioc [manjɔk] m. BOT. Maniok m.

manipulateur [manipylatœ:r] m. CHIM., PHARM. Bearbeiter m. ; Gehilfe m. ; Laborant m.

manipulation [-lasjɔ̃] f. Behandlung f. ; Handhabung f. | *Manipulation monétaire*, Währungsmanipulation f. || BIOL. *Manipulations génétiques*, Genmanipulation f.

manipuler [-le] v. tr. handhaben ; behandeln ; hantieren. || PÉJOR. befingern.

manitou [manitu] m. RELIG. Manitu m. || FIG., FAM. allmächtige Person.

manivelle [manivɛl] f. (Hand)kurbel f. ; Handrad n. | *Démarrer à la manivelle*, ankurbeln. || AUTOM. *Manivelle de lancement, de démarrage*, Anlaß-, Anwurfkurbel f. | *Tourner la manivelle*, (an)kurbeln.

manne [man] f. Manna f. et n. ; Himmelsbrot n. || [panier] Tragekorb m.

mannequin [mankɛ̃] m. [figure ou forme] Gliederpuppe f. | *Taille mannequin*, schlanke Linie. || FIG., PÉJOR. Puppe f. ; Hampelmann m. || [couture, personne] Mannequin n.

manœuvre [manœ:vr] f. [machines, instruments] Handhabung f. ; Hantierung f. ; Behandlung f. | *Manœuvre d'une machine*, Handhabung, Bedienung (f.) einer Maschine. | *Faire une fausse manœuvre*, einen falschen Handgriff tun ; ungeschickt handeln. | *Manœuvre d'un train*, Rangieren n. || AUTOM. Fahrbewegung f. ; Verkehrsmanöver n. || MIL. [armées] Manöver n. ; Übung f. ; Kampfführung f. | *Champ de manœuvres*, Exerzierplatz m. ; Manövergelände n. | *Grandes manœuvres*, (Feld-, Herbst)manöver n. pl. || FIG. Manöver n. ; Ränke m. pl. ; Schliche m. pl. | *Manœuvres frauduleuses*, betrügerische Handlungen f. pl. ; Betrugsmanöver. | *Manœuvres électorales*, Wahlmanöver ; Wahlumtriebe m. pl. | *Déjouer les manœuvres de qn*, jm auf die Schliche kommen. | *Se livrer à des manœuvres*, krumme Wege gehen ; Ränke schmieden.

manœuvre m. Hilfsarbeiter m. ; Handarbeiter m. ; Handlanger m.

manœuvrer [-vre] v. tr. [machines] bedienen ; handhaben. || MAR. *Manœuvrer les voiles*, Segelmanöver machen. | *Manœuvrer un navire, les wagons*, ein Schiff manövrieren, die Wagen rangieren.
◇ v. intr. manövrieren ; Bewegungen machen ; exerzieren.

manœuvrier, ière [-vrije, jɛ:r] adj. geschickt ; wendig.

manoir [manwa:r] m. HIST. Herrenhaus n., -sitz m. ; Rittergut n. || [actuel] (eleganter) Landsitz.

manomètre [manomɛtr] m. Druckmesser m.

manquant, ante [mɑ̃kɑ̃, ɑ̃:t] adj. fehlend ; abwesend ; nicht vorhanden. || MIL. [à l'appel] ausbleibend. || [disparu] vermißt.
◇ m. **manquant,** Fehlbetrag m.

manque [mɑ̃:k] m. [défaut, absence] Fehlen n. ; Mangel m. ; Ausfall m. ; Ermangelung f. | *Manque d'argent*, Mangel an Geld ; Geldmangel. | *Manque de courant*, Stromausfall. | *Manque d'attention*, Unaufmerksamkeit f. | *Manque de parole*, Wortbruch m. ; Wortbrüchigkeit f. | *Manque de maturité*, Unreife f. ; mangelnde Reife. | *Manque de soin*, Lässigkeit f. ; Verwahrlosung f. ; Verwilderung f. || [défaut, vice] Fehler m. ; Unvollkommenheit f. ; Defekt m. || COMM. [à la caisse] Fehlbetrag m. | *Manque à gagner*, Gewinnausfall m. || LOC. *Manque de*, aus Mangel an ; in Ermangelung (gén.).

manquement [-kmɑ̃] m. *Manquement au respect*, Respektwidrigkeit f. | *Manquement à une obligation*, Nichterfüllung (f.) einer Verpflichtung. || [infraction] Vergehen n. ; Verstoß m. ; Versäumnis f. ou n. | *Manquement aux devoirs*, (Dienst)pflichtverletzung f.

manquer [-ke] v. intr.

I. PAR FAUTE.
II. PAR MALCHANCE.
III. PAR INSUFFISANCE.
IV. PAR ABSENCE (intr. et impers.).
V. v. tr. NE PAS ATTEINDRE.

I. PAR FAUTE : fehlen ; irren ; sündigen. | *En quoi a-t-il manqué ?*, was hat er verschuldet ? ; was hat er verbrochen ? | *Manquer à son devoir*, seine Pflicht nicht erfüllen. | *Manquer à sa parole, Manquer de parole*, sein Wort nicht halten ; sein Wort brechen. | *Manquer à*

ses engagements, seinen Verbindlichkeiten nicht nachkommen.
II. PAR MALCHANCE : mißglücken ; fehlgehen. | *Manqué*, nicht geraten ; schlecht geraten ; verfehlt. | *Acte manqué*, Fehlleistung f. | *Projet manqué*, verunglückter Plan. || [tir] *Coup manqué*, Fehlschuß m. ; PR. et FIG. Fehlschlag m. | *Manqué !*, fehlgeschossen !
III. PAR INSUFFISANCE : fehlen ; mangeln (an, dat.) ; ermangeln. | *Qu'est-ce qui vous manque ?*, was fehlt Ihnen ? | *Le temps me manque*, es fehlt mir an Zeit. | *Je manque d'argent*, es fehlt mir an Geld ; ich habe nicht genug Geld. | *Il manque du nécessaire*, es fehlt ihm am Notwendigsten. | *Il ne manque de rien*, es mangelt ihm an nichts. | *Il a manqué de prudence*, er hat die nötige Vorsicht vermissen lassen. | *Il manque de cœur*, es fehlt ihm an Herz. | *Le cœur lui a manqué* [pour faire quelque chose], ihm fehlte das Herz dazu. | *Il a manqué (de) tomber*, er wäre beinahe gefallen. | *Cela ne pouvait manquer de se produire*, das konnte nicht ausbleiben ; das mußte so kommen. | *Je n'y manquerai pas*, ich werde es bestimmt machen ; ich werde es ausrichten.
IV. PAR ABSENCE : (intr. et impers.) fehlen ; wegbleiben. | *Il manque une page à ce livre*, in diesem Buch fehlt eine Seite. | *Le pain commence à manquer*, das Brot geht aus, wird knapp. | *Il me manque*, ich vermisse ihn. | *Il ne manquait plus que cela*, das fehlte gerade noch. | *Il ne manquerait plus que cela*, das wäre das schönste.
V. v. tr. NE PAS ATTEINDRE : verfehlen ; versäumen ; nicht treffen. | *Manquer son but*, sein Ziel nicht erreichen ; [projet, action, tir] nicht treffen ; danebentreffen. | *Manquer une occasion*, eine Gelegenheit versäumen. | *Manquer une affaire*, ein Geschäft verpassen. | *Manquer le train*, den Zug versäumen, verpassen. | *Manquer un travail*, pfuschen. || FIG. *Je ne le manquerai pas*, ich werde ihn schon kriegen. || LOC. *Manquer le coche*, die Gelegenheit verpassen.

mansarde [mɑ̃sard] f. Dachstube f. ; Bodenkammer f. ; Mansardenstube f.

mansardé, ée [-de] adj. abgeschrägt ; abgedacht ; mansardenartig. | *Logement mansardé*, Dach-, Mansardenwohnung f.

mansuétude [mɑ̃sɥetyd] f. Milde f. ; Sanftheit f.

mante [mɑ̃:t] f. (Frauen)überwurf m. ; Damenmantel m. || ZOOL. *Mante religieuse*, Gottesanbeterin f.

manteau [-to] m. [vêtement] Mantel m. ; Überwurf m. | *Manteau de pluie*, Regenmantel. || FIG. [prétexte] Deckmantel m. ; Schein m. ; Vorwand m. | *Sous le manteau*, unter der Hand ; heimlich. | *Vendre sous le manteau*, unter der Hand, unter dem Ladentisch verkaufen. | *Manteau de cheminée*, Kamingesims n. ; Kaminsims m.
— SYN. : *Pardessus* m., Überzieher m. *Paletot* m., Paletot m. *Pelisse* f., Pelzmantel m. *Cape* f., Cape n.

mantille [mɑ̃ti:j] f. Mantille f.

manucure [manyky:r] f. Maniküre f. ; Handpfleger(in) m. (f.).

manuel, uelle [manɥɛl] adj. manuell ; mit der, von Hand. | *Travail manuel*, Handarbeit f. | *Habileté manuelle*, Handfertigkeit f.
◇ m. **manuel,** Hand-, Lehrbuch n. ; Leitfaden m. | *Manuel d'entretien*, Wartungshandbuch. | *Manuel d'utilisation*, Bedienungs-, Betriebsanleitung f.

manuellement [-lmɑ̃] adv. mit der Hand.

manufacture [manyfakty:r] f. Fabrik f. ; Manufaktur f. ; Gewerbebetrieb m.

manufacturer [-re] v. tr. verfertigen ; verarbeiten ; produzieren. | *Produits manufacturés*, Fertigwaren f. pl. | *Produits semi-manufacturés*, Halbwaren f. pl. ; Halbfabrikate n. pl.

manuscrit [manyskri] adj. handgeschrieben, -schriftlich ; urschriftlich.
◇ m. Manuskript n. ; Handschrift f. || TYPOGR. Druckvorlage f.

manutention [-tɑ̃sjɔ̃] f. [manipulation] Handhabung f. ; Behandlung f. || [gestion] Geschäftsführung f. | *Frais de manutention*, Warenbehandlungskosten pl. || TECHN. Fördertechnik f. | *Appareil de manutention*, Förderanlage f. | *Appareil de manutention continue*, Stetigförderer m.

manutentionnaire [-tɑ̃sjɔnɛ:r] m. Lagerist m. ; Lagerverwalter m.

manutentionner [-tɑ̃sjɔne] v. tr. handhaben ; (mit etwas) hantieren ; bearbeiten.

mappemonde [mapmɔ̃:d] f. Erd-, Weltkarte f.

maquereau [makro] m. ZOOL. Makrele f. || BOT. *Groseille à maquereau*, Stachelbeere f.

maquereau, elle [makro, ɛl] s. POP. Zuhälter(in) m. (f.) ; Kuppler(in) m. (f.).

maquette [makɛt] f. Modell n. ; Entwurf m. || TECHN. Entwicklungsmuster n. | *Maquette d'imprimerie*, Druckvorlage f.

maquettiste [-tist] m. Modellbauer m., -zeichner m.

maquignon [makiɲɔ̃] m. Pferdehändler m. ; Roßhändler m. || PAR EXT. Geschäftemacher m. ; (geschickter) Unterhändler.

maquignonnage [-ɲɔna:ʒ] m. Pferdehandel m. || PAR EXT. Kuhhandel m. ; Schacher m. ; Feilschen n.

maquignonner [-ɲɔne] v. intr. Kuhhandel treiben.

maquillage [makija:ʒ] m. Schminken n. || [accoutrement] Herausputzen n. || PAR EXT. Fälschung f.

maquiller [-je] v. tr. (auf)schminken. | *Se maquiller*, sich schminken. | *Visage maquillé*, geschminktes Gesicht. || PAR EXT. (ver)fälschen ; verstellen ; beschönigen. | *Maquiller un bilan*, eine Bilanz frisieren, verschleiern.

maquilleur, euse [-jœ:r, ø:z] s. FILM. Maskenbildner(in) m. (f.) ; Schminkmeister(in) m. (f.).

maquis [maki] m. Dorngestrüpp n. ; Gebüsch n. ; Buschwald m. || PAR EXT. Widerstandsbewegung f. | *Prendre le maquis*, sich ins Dickicht schlagen ; HIST. in den Widerstand gehen. || FIG. *Le maquis de la procédure*, das Paragraphengestrüpp.

maquisard [-za:r] m. Widerstandskämpfer m. ; Partisan m.

marabout [marabu] m. RELIG. Marabut m. || ZOOL. Marabu m. ; Kropfstorch m.

maraîcher, ère [marɛʃe, ɛ:r] adj. Gemüse... | *Culture maraîchère*, Gemüseanbau m.
◇ s. Gemüsegärtner(in) m. (f.).

marais [marɛ] m. [naturel] Sumpf m. ; Moor n. ; Morast m. ; Luch f. et n. ; [cultivé] Bruch m. | *Marais salant*, Salzgarten m. ; Meersaline f.

marasme [marasm] m. [affaires] Flaute f.

marathon [maratɔ̃] m. Marathonlauf m.

marathonien, ienne [maratonjɛ̃, jɛn] s. SPORT. Marathonläufer(in) m. (f.).

marâtre [marɑ:tr] f. Stief-, Rabenmutter f. | *La nature s'est montrée marâtre pour, envers lui*, die Natur hat ihn stiefmütterlich behandelt.

maraudage [-roda:ʒ] m. ou **maraude** [-ro:d] f. MIL. Plünderung f. ; Plündern n. ; Marodieren n. || [vol] Feldraub m., -diebstahl m.

marauder [-rode] v. intr. marodieren ; auf Plünderung ausgehen. || [dérober] rauben.

marbre [marbr] m. [matière] Marmor m. | *En marbre*, marmorn. | *Marbre de Carrare*, Carrarischer Marmor. || [statue] Marmorbild n., -statue f. || PHARM. Reibstein m. || TYPOGR. Platte f. || FIG. *Cœur de marbre*, steinernes, kaltes Herz.

marbré, ée [-bre] adj. geädert.

marbrer [-bre] v. tr. marmorieren ; ädern.

marbrier [-brije] m. Marmorarbeiter m., -schleifer m.

marbrure [-bryr] f. Marmorierung f.

marc [mar] m. [résidu de fruits] (Boden)satz m. | *Marc de café*, Kaffeesatz m. | *Marc de raisin*, Treber pl. || [eau-de-vie] Tresterbranntwein m.

marcassin [markasɛ̃] m. Frischling m. ; junges Wildschwein.

marchand, ande [marʃɑ̃, ɑ̃:d] s. Handelsmann m., -frau f. ; Händler(in) m. (f.) ; Kaufmann m. | *Marchand ambulant*, fliegender, umherziehender Händler ; Hausierer(in) m. (f.). | *Marchand au détail*, Kleinverkäufer m. | *Marchand en gros*, Großhändler.
◇ adj. kaufmännisch ; handeltreibend. | *Prix marchand*, Fabrikpreis m. | *Marine marchande*, Handelsflotte f., -marine f. | *Port marchand*, Handels-, Umschlagshafen m.
— SYN. : *Vendeur* m., Verkäufer m. *Commerçant* m., Handelsmann m. *Négociant* m., (Groß)kaufmann m.

marchandage [-da:ʒ] m. Feilschen n. ; Schacher m. ; Kuhhandel m.

marchander [-de] v. tr. feilschen ; schachern. | *Ne pas marchander les éloges*, mit dem Lobe nicht zurückhalten.

marchandise [-di:z] f. Ware f. ; Gut n. | *Marchandise encombrante*, Sperrgut. | *Marchandise de premier choix*, erstklassige Ware. | *Marchandise d'exportation*, Ausfuhrware. | *Marchandise importée*, Einfuhrware. | *Marchandise à vil prix*, Schleuderware. | *Marchandise en transit*, Transitgut. | *Marchandise en grande vitesse*, Eilgut. | *Marchandise en petite vitesse*, Frachtgut. | *Marchandise périssable*, leicht verderbliche Ware. | *Tarif des marchandises*, Gütertarif m. | *Il faut savoir faire valoir sa marchandise*, Klappern gehört zum Handwerk. | *Train de marchandises*, Güterzug m.

marche [marʃ] f.

> **I.** ACTION ET FAÇON DE MARCHER.
> **II.** MILITAIRE.
> **III.** MUSIQUE.
> **IV.** FONCTIONNEMENT ; DÉPLACEMENT.
> **V.** DÉROULEMENT.
> **VI.** DEGRÉ D'ESCALIER.

I. ACTION ET FAÇON DE MARCHER : Gehen n. ; Gang m. ; Schreiten n. | *Marche à reculons*, Rückgang. | *Se mettre en marche*, aufbrechen.

II. MILITAIRE : Marsch m. | *Marche forcée*, Eilmarsch. | *Ordre de marche*, Marschbefehl m. | *Se mettre en marche*, ab-, ausrücken. | *Les marches et les contremarches*, Hin- und Herrücken n. | *Ouvrir la marche*, den Zug eröffnen. | *Fermer la marche*, den Zug beschließen. | *Progresser à marches forcées*, in Eilmärschen vorrücken. | *Il faut trois heures de marche*, man muß drei Wegstunden rechnen. | *À trois jours de marche d'un lieu*, drei Tagesmärsche von einem Orte entfernt. | *En avant, marche !*, im Gleichschritt, marsch !

III. MUSIQUE : Marsch m. | *Marche funèbre*, Trauermarsch. | *Marche nuptiale*, Hochzeitsmarsch.

IV. FONCTIONNEMENT ; DÉPLACEMENT : Lauf m. ; Betrieb m. ; Gang m. | *Marche (en) avant*, Vorwärtsgang. | *Marche arrière*, Rückwärtsgang. | *Faire marche arrière*, rückwärtslaufen, -fahren. | *Marche à vide*, Leerlauf. | *Être en marche*, in Gang, in Betrieb sein ; laufen. | *Mettre en marche*, in Gang, in Betrieb setzen ; laufen lassen ; [voiture] anlassen. | *En état de marche*, [voiture] fahrbereit ; [machine] betriebsfähig. | *Remise en marche*, Wiederinbetriebsetzung f.

V. DÉROULEMENT : Verlauf m. ; Ablauf m. ; Fortgang m. | *Marche du temps*, Ablauf der Zeit. | *Marche des événements*, Ablauf der Ereignisse. | *Marche des affaires*, Gang der Geschäfte.

VI. DEGRÉ D'ESCALIER : Stufe f. ; Treppentritt m. | *Un escalier à vingt marches*, eine zwanzigstufige Treppe. | *Monter, Gravir les marches*, die Stufen hinaufsteigen.

marche [marʃ] f. HIST. Mark f. ; Grenzmark f. | *Marche d'Espagne, de Brandebourg*, spanische Mark ; Mark Brandenburg. | *Habitant de la Marche (de Brandebourg)*, Märker m.

marché [marʃe] m. **1.** LIEU : Markt m., -platz m. || [ville de marché] Handelsplatz m. | *Marché couvert*, Markthalle f. | *Marché hebdomadaire*, Wochenmarkt. | *Marché aux grains*, Getreide-, Kornmarkt. | *Marché aux puces*, Ramsch-, Trödelmarkt.

2. OPÉRATION : Kauf m. ; Handel m. ; Geschäft n. | *Faire son marché*, einkaufen ; Besorgungen machen. | *Marché de gré à gré*, freihändiger Verkauf. | *Marché conclu !*, abgemacht ! ; topp ! | *Par-dessus le marché*, noch obendrein ; noch dazu. | *Recevoir quelque chose par-dessus le marché*, etwas noch obendrein bekommen. | *Marché noir*, Schwarzmarkt ; schwarzer Markt ; Schwarzhandel.

3. VOCABULAIRE BOURSIER : Markt m. | *Marché boursier, de la Bourse*, Börsenmarkt. | *Marché intérieur*, Inlands-, Binnenmarkt. | *Marché étranger, extérieur*, Auslandsmarkt. | *Marché mondial*, Weltmarkt. | *Marché à terme*, Terminhandel m., -geschäft n. ; Geschäft auf Zeit ; Terminmarkt, -börse f. | *Marché au comptant*, Kassamarkt ; Bargeschäft n. | *Marché financier*, Kapitalmarkt. | *Marché monétaire*, Geldmarkt. | *Marché obligataire*, Anleihemarkt. | *Marché obligataire, des obligations*, Rentenmarkt. | *Marché à prime*, Prämiengeschäft n. | *Second marché*, (*etwa*) geregelter Freiverkehr. | *Situation du marché*, Marktlage f. | *Cours du marché*, Marktkurs m. | *Être coté sur le marché*, einen Marktpreis haben. | *Lancer sur le marché*, auf den Markt werfen. | *Marché libre*, freier Markt ; Freiverkehr m. ; Freiverkehrsbörse f. | *Marché du travail*, Arbeitsmarkt. | *Marché commun*, gemeinsamer, europäischer Markt. | *Marché parallèle*, inoffizieller Markt.

4. BON MARCHÉ : billig ; wohlfeil ; zu günstigem Preis. | *(À) meilleur marché*, billiger. | *Acheter à meilleur marché*, billiger kaufen. | *Le meilleur marché*, am billigsten. | *(En) être quitte à bon marché*, billig um eine Sache herumkommen. | *Faire bon marché de qch.*, etwas auf die leichte Schulter nehmen.

marchepied [marʃəpje] m. TRANSP. Trittbrett n. || [escabeau] Stehleiter f. || FIG. *Servir de marchepied à qn*, jm den Steigbügel, die Steigbügel halten.

marcher [-ʃe] v. intr. **1.** SENS PROPRE : [sens général] gehen ; [poser le pied] treten ; [solennel] (einher)schreiten ; [excursion] wandern. | *Marcher au pas*, im Schritt gehen. | *Marcher à pas de loup*, auf den Fußspitzen schleichen. | *Marcher à pas de géant*, Riesenschritte machen. | *Marcher d'un bon pas*, einen guten Schritt gehen. | *Marcher sur la pointe des pieds*, auf den Zehenspitzen gehen. | *Marcher à quatre pattes*, auf allen Vieren gehen. | *Marcher à la queue leu leu*, im Gänsemarsch marschieren ; einer hinter dem anderen gehen. | *Marcher côte à côte*, Schulter an Schulter gehen. | *Marcher droit sur qn*, gerade auf jn zugehen, losgehen. | *Marcher derrière qn*, hinter jm hergehen. | *Marcher devant qn*, jm den Weg bahnen ; jm vorangehen. | *Marcher à la tête de*, vorangehen,

-schreiten (dat.). | *Il a de la peine à marcher*, das Gehen fällt ihm schwer. | *En marchant*, im Gehen ; beim Gehen.
2. MIL. marschieren ; ziehen. | *Marcher au pas*, im Gleichschritt marschieren.
3. LOC. *Marcher sur les pieds de qn*, jm zu nahe kommen. | *Marcher sur les traces de qn*, in js Fußstapfen treten. | *Marcher droit*, den geraden Weg der Pflicht gehen. | *Cela marche comme sur des roulettes*, es geht wie geschmiert, wie am Schnürchen. || FAM. *Marcher* [croire naïvement], auf etwas (acc.) eingehen. | *Je ne marche pas*, ich mache nicht mit.
4. SENS FIGURÉ : [fonctionner] gehen ; laufen. | *La montre marche bien*, die Uhr geht gut. | *Les affaires marchent bien*, die Geschäfte gehen gut.
— SYN. : *Déambuler*, schlendern. *Se promener*, spazierengehen. *Cheminer*, tippeln. *Arpenter*, ausschreiten.

marcheur, euse [-ʃœ:r, ø:z] s. Marschierer(in) m. (f.). | *Il est bon marcheur*, er ist gut bei Fuß, zu Fuß. | *Marcheur de la paix*, Friedensmarschteilnehmer m. || SPORT. Geher(in) m. (f.).

marcotte [-kɔt] f. Senker m. ; Ableger m.

mardi [mardi] m. Dienstag m. | *Mardi gras*, Fastnacht f.

mare [ma:r] f. Pfuhl m. ; Pfütze f. ; Tümpel m. | *Mare de sang*, Blutlache f.

marécage [mareka:ʒ] m. Sumpf m. ; Moor n.

marécageux, euse [-ʒø, ø:z] adj. sumpfig ; moorig ; versumpft.

maréchal [mareʃal] m. MIL. (General)feldmarschall m. | *Maréchal de France*, Marschall von Frankreich. | *Bâton de maréchal*, Marschallstab m. | *Maréchal des logis*, Wachtmeister m.

maréchal-ferrant [mareʃalferɑ̃] m. (pl. **maréchaux-ferrants**). Huf-, Beschlagschmied m.

maréchaussée [mareʃose] f. HIST. berittene Gendarmerie ; Landjäger m. pl.

marée [mare] f. Ebbe und Flut f. ; Gezeiten pl. | *Marée basse, descendante*, Ebbe f. ; zurückkehrende Flut. | *Marée haute, montante*, Flut f. ; einsetzende Flut. || [nappe de pétrole] *Marée noire*, Ölpest f. || MAR. frische Seefische m. pl. || FIG. *Contre vents et marées*, gegen Wind und Wellen. | *Arriver comme marée en carême*, sehr gelegen kommen ; wie gerufen kommen. || PAR EXT. *Une marée humaine*, eine Menschenflut.

marelle [marɛl] f. Mühlespiel n. ; Himmel und Hölle ; Hüpfspiel n.

marémoteur, trice [maremɔtœ:r, tris] adj. *Énergie marémotrice*, Gezeitenenergie f. | *Usine marémotrice*, Gezeitenkraftwerk n.

mareyeur [marɛjœ:r] m. Seefischhändler m.

margarine [margarin] f. Margarine f.

marge [marʒ] f. [bord, bordure] Rand m. ; Seitenrand m. | *Laisser une marge de dix centimètres*, einen zehn Zentimeter breiten Rand lassen. | *Notes en marge*, Randbemerkungen f. pl. ; Marginalien f. pl. | *Mettre des annotations en marge*, mit Randbemerkungen versehen. || FIG. *Marge de manœuvre*, Freiraum m. ; Spielraum m. ; Spanne f. | *Avoir de la marge*, Spielraum haben. | *Vivre en marge de la société*, außerhalb der Gesellschaft leben. | *(Homme) qui vit en marge*, Außenseiter m. || ÉCON. *Marge bénéficiaire*, Gewinnspanne f. | *Marge commerciale*, Handelsspanne f.

margelle [-ʒɛl] f. Brunnenrand m., -einfassung f., -kranz m.

marginal, ale, aux [-ʒinal, o] adj. Rand... | *Notes marginales*, Randbemerkungen f. pl., -glossen f. pl. ; Marginalien f. pl.
◇ s. (gesellschaftlicher) Außenseiter ; Aussteiger(in) m. (f.). | *Les marginaux*, die Randgruppe.

marginaliser [-lize] v. tr. an den Rand der Gesellschaft drängen.

marginalité [-te] f. Randexistenz f.

margoulin [margulɛ̃] m. POP. unehrlicher Krämer.

margrave [margrav] m., **margravine** [-vin] f. Markgraf m. ; Markgräfin f.

marguerite [margərit] f. BOT. Gänseblümchen n. ; Maßliebchen n. || [pâquerette] Tausendschön n. || [machine à écrire] Typenrad n.

mari [mari] m. (Ehe)mann m. ; Gatte m. ; Gemahl m. | *Un mari modèle*, ein Mustergatte. | *Avoir qn pour mari*, jn zum Manne haben. | *Trouver un mari à sa fille*, seine Tochter unter die Haube bringen.

mariage [-rja:ʒ] m. [état] Ehe f., -stand m. || [cérémonie] Eheschließung f. ; Trauung f. ; Hochzeit f. | *Demande en mariage*, Heiratsantrag m. | *Demander qn en mariage*, sich um jn bewerben. | *Promesse de mariage*, Eheversprechen n. | *Avant le, Antérieur au mariage*, vorehelich. | *Conclure un mariage*, eine Ehe schließen, eingehen. | *Contrat de mariage*, Ehevertrag m. | *Faire un mariage* [s'entremettre] eine Ehe stiften, vermitteln. | *Mariage civil*, standesamtliche Eheschließung ; Zivilehe. | *Salle des mariages*, Standesamt n. | *Célébrer un mariage*, eine Hochzeit feiern, festlich begehen. | *Mariage religieux*, kirchliche Trauung f. | *Corbeille de mariage*, Brautgeschenk n. | *Faire un beau mariage*, sich vorteilhaft verheiraten ; eine gute Partie machen. | *Mariage d'argent*, Geldheirat f. | *Mariage de raison*, Vernunftehe. | *Mariage de convenance*, Standesehe. | *Mariage de la main gauche*, Trauung (f.) zur linken Hand. | *Mariage blanc*, Scheinehe. | *Acte de mariage*, Heiratsurkunde f. | *Être issu d'un mariage*, aus einer Ehe stammen. | *Annulation du mariage*, Aufhebung (f.) der Ehe. || LITTÉR., MUS. *Le Mariage de Figaro*, die Hochzeit des Figaro.

marial, iale, iaux [marjal, jo] adj. RELIG. Marien...

Marianne [marjan] n. pr. f. Marianne f.

Marie [mari] n. pr. f. Marie f. ; Maria f.

marié, iée [marje] adj. verheiratet ; verehelicht ; vermählt. | *Homme marié*, verheirateter Mann. | *Femme mariée*, verheiratete Frau. | *Non marié(e)*, unverheiratet ; unvermählt ; alleinstehend.
◇ s. [le jour du mariage] *Le marié*, der Bräutigam ; *la mariée*, die Braut ; *les mariés*, die Brautleute. | *Les jeunes mariés*, die Neuvermählten pl. ; das junge Paar ; das Hochzeitspaar. | *Robe, Couronne de mariée*, Brautkleid n., -kranz m. | FIG. *Se plaindre que la mariée est trop belle*, sich über zu gute Tage beklagen.

marier [-rje] v. tr. verheiraten ; vermählen ; verehelichen ; trauen.
◇ v. pr. **se marier,** sich verheiraten, vermählen ; sich ehelichen. | *Se marier avec qn*, sich mit jm verheiraten ; jn ehelichen. | *En âge de se marier*, im heiratsfähigen Alter. | *Être marié à*, verheiratet sein mit.

marieur, ieuse [marjœ:r, jø:z] s. Heirats-, Ehestifter(in) m. (f.).

marin, ine [marɛ̃, in] adj. seemännisch ; zur See, zum Meer gehörig ; See... ; Meeres... | *Monstre marin*, Seeungeheuer n., -schlange f. | *Carte marine*, Seekarte f. | *Lieue marine*, Seemeile f. | *Avoir le pied marin*, seefest sein. | *Col marin*, Matrosenkragen m.
◇ m. **marin,** Seemann m. (pl. Seeleute) ; Schiffer m. ; Matrose m.

marinade [marinad] f. Marinade f. ; Salzlake f.

marine [marin] f. Marine f. ; Flotte f. || [ce qui concerne la mer] Seewesen n. | *Marine marchande*, Handelsmarine. | *Marine nationale, Marine de guerre*,

Kriegsmarine. | *Officier de marine*, Seeoffizier m. | *Marine de pêche*, Fischereiflotte. | *Marine de plaisance*, Jachtbestand m. || ARTS. Seegemälde n., -stück n. | *Peintre de marines*, Marinemaler m. | *Bleu marine*, marineblau ; dunkelblau.

mariner [marine] v. tr. einsalzen, -pökeln ; marinieren. | *Viande marinée*, Pökelfleisch n. || ARG. *Faire mariner qn*, jn auf Salz legen ; jn warten lassen, bis er schwarz wird.

marinier, ière [marinje, jɛ:r] adj. seemännisch. | *Officier marinier*, Deckoffizier m.
◇ m. **marinier,** Flußschiffer m.

mariole [marjɔl] adj. et n. POP. Schlaumeier m. ; Pfiffikus m.

marionnette [marjɔnɛt] f. Draht-, Holzpuppe f. ; Marionette f. | *Théâtre de marionnettes*, Marionetten-, Puppentheater n. | *C'est une vraie marionnette*, POP. er ist ein Hampelmann.

marital, ale, aux [marital, o] adj. ehelich. || JUR. dem Ehemann zustehend. | *Ils vivent maritalement*, sie leben in wilder Ehe.

maritime [maritim] adj. seemännisch ; maritim. | *Ville maritime*, Seestadt f. | *Code maritime*, Schiffahrtsrecht n. | *Puissance maritime*, Seemacht f. | *Agence maritime*, Schiffsagentur f. | *Droit maritime*, Seerecht n. | *Gare maritime*, Hafenbahnhof m.

marivauder [marivode] v. intr. Süßholz raspeln ; galante Dinge sagen.

marjolaine [marʒɔlɛn] f. BOT. Majoran m. ; Meiran m. ; Wurstkraut n. ; Dost(en)kraut n.

mark [mark] m. Mark f. | *Mark occidental*, Westmark ; D-Mark. | *Mark oriental*, Ostmark.

marmaille [marma:j] f. POP. Kinderschar f., -schwarm m. ; die Gören n. pl.

marmelade [marməlad] f. Marmelade f. ; eingekochte Früchte f. pl.

marmite [marmit] f. Kochkessel m., -topf m. ; Fleischtopf m. | *Marmite norvégienne*, Kochkiste f. | *Faire bouillir*, *Faire aller la marmite*, für den Haushalt sorgen.

marmiton [-tɔ̃] m. Küchenjunge m.

marmonner [marmɔne] v. tr. murmeln ; brummeln ; murren. | *Marmonner des prières*, PÉJOR. Gebete murmeln, plärren.

marmoréen, éenne [marmɔreɛ̃, eɛn] adj. marmorartig ; marmorn.

marmot [marmo] m. FAM. Knirps m. ; Kerlchen n. ; Bengel m. || FAM. *Croquer le marmot*, lange und vergeblich warten ; sich die Beine in den Leib stehen.

marmotte [marmɔt] f. ZOOL. Murmeltier n. | *Dormir comme une marmotte*, wie ein Murmeltier schlafen. || [boîte à échantillons] Musterkoffer m.

marmotter [-te] v. tr. murmeln ; brummeln. | *Marmotter des prières*, Gebete murmeln, leiern. | *Marmotter entre ses dents*, in den Bart brummen.

marne [marn] f. GÉOL. Mergel m.

Marne [marn] n. pr. f. Marne f. || HIST. *Bataille de la Marne*, Marneschlacht f.

marneux, euse [-nø, ø:z] adj. GÉOL. mergelig.

marnière [-njɛ:r] f. Mergelgrube f.

Maroc [marɔk] n. pr. m. GÉOGR. Marokko n.

marocain, aine [-kɛ̃, ɛn] adj. marokkanisch.
◇ s. **Marocain, aine,** Marokkaner(in) m. (f.).

maronite [marɔnit] adj. RELIG. maronitisch.

maronner [marɔne] v. intr. brummen ; murren. | *Faire maronner qn*, jn ärgern.

maroquin [marɔkɛ̃] m. Ziegenleder n. ; Saffianleder n. ; Maroquin m. || FIG., FAM. Ministertasche f.

maroquinerie [-kinri] f. [industrie] Lederwarenindustrie f. || [commerce] Lederwarengeschäft, -handel m.

maroquinier [-kinje] m. Lederwarenhändler m.

marotte [marɔt] f. [idée fixe] Marotte f. ; Steckenpferd n. ; Grille f. ; Schrulle f. | *C'est sa marotte*, das ist sein Steckenpferd.

marouflage [marufla:ʒ] m. Leinenaufkleben n.

maroufle [marufl] m. [colle] Malerleim m.

maroufler [-fle] v. tr. *Maroufler un tableau*, ein Gemälde mit Malerleim überziehen.

marquage [marka:ʒ] m. Be-, Aus-, Kennzeichnung f. ; Markierung f. || SPORT. Deckung f. ; Deckungsarbeit f. | *Marquage serré*, enge Deckung.

marquant, ante [-kɑ̃, ɑ̃:t] adj. markant ; ausgeprägt ; hervorstechend. | *Une œuvre marquante*, ein hervorragendes Werk.

marque [mark] f. [empreinte mise] Kenn-, Warenzeichen n. ; Marke f. | *Mettre une marque dans un livre*, ein Lesezeichen einlegen. | *Faire une marque au crayon*, mit dem Bleistift anstreichen. | *Marque au fer rouge* [animaux] Brandzeichen ; [infamante] Brandmal n. | *Marque d'infamie*, Schandmal n. | *Marque d'origine*, Ursprungsvermerk m. | *Marque de contrôle*, Kontrollstempel m. | *Imprimer une marque*, (auf)stempeln. | *Marque de linge*, Wäschemonogramm n. | *Marque de fabrique*, Fabrikmarke ; Warenbezeichnung f. | *Marque déposée*, eingetragene Schutzmarke. | *Article de marque*, Markenartikel m. | *Une personne de marque*, eine bedeutende Persönlichkeit ; eine Persönlichkeit von Bedeutung. | *Marques d'amitié*, Freundschaftszeichen n. pl. | *Marque de bienveillance*, Beweis (m.) des Wohlwollens. | *En marque de*, zum Zeichen (gén.) ; als Beweis (gén.). | *Marque (de jeu)*, (Spiel)marke. || [trace laissée, pas] Spur f. || [tache] Fleck m. || [naissance] (Mutter)mal n. || [cicatrice] Narbe f. | *Marques d'une blessure*, Spuren (f. pl.) einer Verwundung.
— SYN. : *Cachet* m., Siegel n. *Timbre* m., Stempel m. ; Marke f. *Sceau* m., Siegelmarke f. *Estampille* f., Zahlungsstempel m. *Poinçon* m., Stechstempel m. *Griffe* f., Namensstempel m. *Label* m. Markenzeichen n.

marquer [-ke] v. tr. **1.** [faire une marque, inscrire] be-, aus-, an-, kennzeichnen. | *Marquer le linge*, die Wäsche zeichnen. | *Marquer d'un trait*, anstreichen. | *Marquer d'un trait rouge*, rot anstreichen. | *Marquer d'une croix*, ankreuzen. | *Ma montre marque deux heures*, meine Uhr zeigt zwei. | *Marquer les secondes*, die Sekunden anzeigen. | *Le thermomètre marque 5 degrés*, das Thermometer zeigt 5 Grad an. | *La robe marque la taille*, das Kleid betont die Taille, die Figur, liegt eng an. | *Des traits marqués*, scharfe, ausgeprägte Züge m. pl. | *Bien marquer*, betonen ; unterstreichen ; hervorheben. | *Marquer nettement*, klar hervortreten lassen. | *Il a marqué son siècle*, er hat seinem Jahrhundert seinen Stempel aufgedrückt. || [laisser des traces] *Marquer ses pas dans la neige*, Spuren seiner Schritte im Schnee hinterlassen.
2. FIG. [faire preuve de] bezeigen ; (an)deuten ; erweisen. | *Marquer sa reconnaissance*, sich dankbar erweisen. | *Marquer sa réprobation*, seine Mißbilligung aussprechen. | *Marquer le coup*, [fêter un événement] ein Ereignis feiern ; [réagir] sich etwas anmerken lassen.
3. TECHN. : MIL. *Marquer le pas*, auf der Stelle treten. || COMM. *Prix marqué*, aufgezeichneter Preis ; Katalogpreis m. || SPORT. [football] *Marquer un but*, ein Tor schießen. | *Marquer un joueur*, einen Spieler decken. || [en général] *Marquer des points*, buchen. || MUS. *Marquer la mesure*, den Takt angeben, schlagen.
◇ v. intr. hervortreten, -ragen.

marqueterie [markɛtri] f. eingelegte Arbeit ; Intarsia f. ; Marketerie f.

marqueur [markœ:r] m. [feutre] Filzmarker m. ‖ BIOL., MÉD. *Marqueur génétique*, genetisches Merkmal.

marquis [marki] m. Marquis m.

marquise [-ki:z] f. Marquise f. ‖ [vitrage] Markise f. ; Windschutzdach n.

marraine [marɛn] f. (Tauf)patin f.

marrant, ante [marɑ̃, ɑ̃:t] adj. POP. drollig ; ulkig ; lustig.

marre [ma:r] f. FAM. *J'en ai marre*, ich habe die Nase voll ; mir steht's bis da ; ich hab's dicke, satt.

marrer (se) [səmare] v. pr. POP. sich krumm lachen.

marri, ie [mari] adj. mißvergnügt.

marron [marɔ̃] m. [châtaigne] eßbare Kastanie ; Marone f. | *Marron glacé*, kandierte Kastanie. | *Marron d'Inde*, Roßkastanie. | *Marrons grillés*, Röstkastanien f. pl. | *Tirer les marrons du feu pour qn*, für jn die Kastanien aus dem Feuer holen. ‖ POP. [coup] *Recevoir un marron*, eine Kopfnuß bekommen.
◇ adj. invar. kastanienbraun.

marron, onne [marɔ̃, ɔn] adj. entlaufen ; flüchtig ; ausgerissen. | *Négresse marronne*, entsprungene Negersklavin. ‖ FIG. *Médecin, Avocat marron*, Kurpfuscher m. ; Winkeladvokat m.

marronnier [marɔnje] m. BOT. Edelkastanienbaum m. | *Marronnier d'Inde*, Roßkastanienbaum m.

mars [mars] m. März m. | *Les giboulées (de mars)*, Aprilwetter n.

Mars n. pr. m. MYTH., ASTRON. Mars m.

marsouin [marswɛ̃] m. ZOOL. Tümmler m. ; Meerschwein n. ; Braunfisch m.

marsupial, iale, iaux [marsypjal, jo] adj. ZOOL. Beutel... ; Taschen...
◇ m. pl. **marsupiaux,** Beuteltiere n. pl.

marteau [marto] m. [outil] Hammer m. ; Fäustel m. ou n. ; Klöppel m. | *Marteau pneumatique, marteau-piqueur*, Preßlufthammer. | *Marteau-pilon*, Fall-, Dampfhammer. | *Marteau électrique*, Elektrohammer. | *Marteau de porte*, Türklopfer m. | *(Coups et) bruits de marteau*, Gehämmer n. ; Hämmern n. | *Coups de marteau*, Hammerschläge m. pl. | *Être entre l'enclume et le marteau*, zwischen Hammer und Amboß, zwischen Tür und Angel stecken. ‖ ANAT. Hammer m. ‖ ZOOL. Hammerfisch m.
◇ adj. POP. verrückt.

martel [martɛl] m. *Il se met martel en tête*, er macht sich Sorgen ; das geht ihm im Kopf herum.

martelage [martəla:ʒ] m. Hämmern n.

marteler [-le] v. tr. hämmern ; schlagen. | *Marteler le sol*, (auf dem Boden herum)trampeln. | *Cuivre martelé*, gehämmertes Kupfer.

martial, iale, iaux [marsjal, jo] adj. martialisch ; kriegerisch. | *Cour martiale*, Kriegs-, Militärgericht n. | *Loi martiale*, Standrecht n.

martien, ienne [marsjɛ̃, jɛn] adj. Mars...
◇ s. [habitant] Marsmensch m.

Martin [martɛ̃] n. pr. m. Martin m. | *Été de la Saint-Martin*, Altweiber-, Nachsommer m.

martinet [martinɛ] m. ZOOL. Mauer-, Stein-, Turmschwalbe f. ‖ [fouet] Klopfpeitsche f. ; Geißel f.

martingale [martɛ̃gal] f. [bride] Sprungzügel m. ; Martingal m. ‖ [ceinture] Mantelgurt m. ‖ [au jeu] Setzweise f. ; Spielsystem n.

martin-pêcheur [martɛ̃pɛʃœ:r] m. (pl. **martins-pêcheurs**). ZOOL. Eisvogel m. ; Königsfischer m.

martre [martr] f. ZOOL. Marder m. ; Edel-, Hausmarder m. ‖ [peau] Marderpelz m., -fell n.

martyr, yre [marti:r] s. Märtyrer(in) m. (f.) ; Dulder(in) m. (f.). | *Martyrs de la foi*, Blutzeugen m. pl.
◇ m. **martyre,** Marter f. ; Leidensweg m. ; Martyrium n. | PAR EXT. *Souffrir le martyre*, schwer zu leiden haben.

martyriser [-rize] v. tr. martern ; quälen ; foltern. | *Martyriser les chrétiens*, Christen foltern. ‖ FIG. *Martyriser un enfant*, ein Kind grausam behandeln. | *Martyriser les bêtes*, Tierquälerei verüben.

marxisme [marksism] m. POLIT. Marxismus m.

marxiste [-sist] adj. marxistisch.
◇ s. Marxist(in) m. (f.).

mas [mɑ ou mas] m. provenzalisches Landhaus.

mascara [maskara] m. Wimperntusche f.

mascarade [maskarad] f. Maskerade f. ; Mummenschanz m. ‖ FIG. Vorspiegelung f.

mascaret [maskarɛ] m. brandende Flutwelle ; Springflut f. ; Sprungwelle f.

mascotte [maskɔt] f. Glückbringer m. ; Maskottchen n. ; Fetisch m.

masculin, ine [maskylɛ̃, in] adj. männlich ; maskulin. | *Sexe masculin*, männliches Geschlecht. | *Femme qui a des allures masculines*, Mannweib n. | *Rime masculine*, männlicher, stumpfer Reim.
◇ m. **masculin.** GRAMM. Maskulinum n.

masculiniser [-linize] v. tr. vermännlichen ; männlich machen.

masculinité [-linite] f. Männlichkeit f. ; männliche Art.

masochisme [mazɔʃism] m. Masochismus m.

masochiste [-ʃist] s. Masochist(in) m. (f.).

masque [mask] m. Maske f. ; FIG. Vorwand m. ; Deckmantel m. | *Masque à gaz*, Gasmaske. | *Masque respiratoire*, Atemmaske. | *Masque d'escrime*, Fechtmaske, -korb m. | *Masque mortuaire*, Totenmaske ; [moulage] Abguß m. ‖ FIG. *Lever le masque*, die Maske lüften ; sich nicht länger verstellen. | *Jeter le masque*, die Maske von sich werfen ; sein wahres Gesicht zeigen. | *Se couvrir du masque de la vertu*, sich das Tugendmäntelchen umhängen. | *Arracher le masque à qn*, jm die Maske vom Gesicht reißen. | *Masque trompeur*, trügerische Larve.

masquer [-ke] v. tr. [mettre un masque] maskieren ; verschleiern ; verkappen. | *Se masquer*, sich maskieren. | *Bal masqué*, Maskenball m. ‖ [cacher] verbergen ; verstecken ; vermummen ; abdecken ; (ver)blenden. | *Masquer la vue*, die Sicht verdecken, nehmen. | *Masquer la lumière*, das Licht abblenden. ‖ [tromper] bemänteln ; verhüllen ; verschleiern ; tarnen ; vertuschen.

massacrant, ante [masakrɑ̃, ɑ̃:t] adj. FAM. unausstehlich. | *D'humeur massacrante*, äußerst schlecht gelaunt.

massacre [-sakr] m. [tuerie] Gemetzel n. ; Blutbad n. ; Massaker n. ‖ RELIG. *Le massacre des Innocents*, der Kindermord von Bethlehem. ‖ PAR EXT. *Jeu de massacre*, Wurfspiel n.

massacrer [-sakre] v. tr. [tuer] hinmorden ; niedermetzeln ; hinschlachten. | *Massacrer des prisonniers*, Gefangene hinmorden, liquidieren. ‖ [bousiller] verpfuschen ; verhunzen ; verderben. | *Cet ouvrage a été massacré*, dieses Werk ist verhunzt worden. | *Massacrer une langue*, eine Sprache radebrechen. | *Massacrer un morceau au piano*, ein Stück abklimpern.

massacreur [-sakrœ:r] m. Massenmörder m. ‖ FIG. Pfuscher m. ; Stümper m.

massage [masa:ʒ] m. Massage f. ; Durchknetung f. ; Massieren n. | *Massage cardiaque*, Herzmassage. | *Massage facial*, Gesichtsmassage.

masse [mas] f. **1.** [poids] Masse f. ; Größe f. ; Schwere f. || [masse compacte] Klumpen m. | *Masse énorme*, Unmasse. | *Masse écrasante*, erdrückendes Gewicht. | *De toute sa masse*, mit voller, ganzer Wucht. | *Tomber comme une masse*, hinsinken. | *Une masse sans forme*, eine formlose Masse. | *Masse de chair*, POP. Fleischklumpen. | *(Tailler) dans la masse*, aus dem Vollen (schneiden). || PHYS. *Masse (isolante)*, (Isolier)-masse. | *Mettre à la masse*, zur Masse schlagen ; [radio] erden. | *Masse atomique*, Atomgewicht n. | *Masse moléculaire*, Molekulargewicht n. | *Masse nucléaire*, Atomkernmasse.
2. [quantité] Masse f. ; Menge f. ; Fülle f. ; Haufen m. ; Anhäufung f. | *En masse*, massenweise (adv.) ; massenhaft (adj.). | *De l'argent en masse*, Geld in Hülle und Fülle. | *Production en masse*, Massenherstellung f. | *La grande masse*, der große Haufen ; PÉJOR. die Herde. || POLIT. *Les masses*, die Massen f. pl. || HIST. *La levée en masse*, die allgemeine Erhebung ; die totale Mobilmachung. || FIN. *Masse monétaire*, Geldmenge f., -volumen n. | *Masse salariale*, Lohnaufkommen n.

masse [mas] f. (Trieb)hammer m. ; (Stein)schlägel m.

massepain [maspɛ] m. Marzipan m. et n.

masser [mase] v. tr. [massage] massieren ; kneten. || [assembler] anhäufen ; gruppieren ; zusammenziehen. | *Masser des troupes*, Truppen zusammenziehen.

masseur, euse [masœ:r, ø:z] s. Masseur m. ; Masseuse f.

massicot [masiko] m. TECHN. Papierschneidemaschine f.

massif, ive [masif, i:v] adj. [épais, lourd] massiv ; kräftig ; fest ; schwer. || [pur] *En or massif*, aus massivem Golde. | *Une statue en argent massif*, eine rein silberne Statue.

massif [masif] m. [construction] Fundament n. ; Grund m. | *Massif de, en maçonnerie*, ausgemauertes Fundament. || [plantes] *Massif d'arbres*, dichte Baumgruppe. | *Massif de fleurs*, dichtes Blumenbeet. || [montagne] Gebirge n. ; Gebirgskette f., -mauer f., -stock m. | *Le massif du Mont-Blanc*, das Montblanc-Massiv n. | *Massif schisteux rhénan*, rheinisch-westfälisches Schiefergebirge.

massivement [-sivmɑ̃] adv. massenweise.

massue [masy] f. Keule f. || [arme] Morgenstern m. | *Coup de massue*, Keulenschlag m.

mastic [mastik] m. Fensterkitt m. ; Mastix m.

masticage [-ka:ʒ] m. Verkitten n.

mastication [mastikasjɔ̃] f. Kauen n.

mastiquer [-ke] v. tr. [mâcher] kauen. || [boucher, faire adhérer] kitten ; ein-, verkitten.

mastoc [mastɔk] adj. invar. FAM. schwerfällig ; plump.

mastodonte [mastɔdɔ̃:t] m. ZOOL. Mastodon n. ; FIG. Dickwanst m.

mastroquet [mastrɔkɛ] m. POP. Schankwirt m.

m'as-tu-vu [matyvy] m. invar. FAM. kleiner Gernegroß ; Wichtigtuer m. ; Gockel m.

masure [mazy:r] f. Bruchbude f.

mat [mat] m. [échecs] *Faire, Mettre qn échec et mat*, jm Schach bieten und matt setzen.

mat, mate [mat] adj. matt ; stumpf. | *En or mat*, in Mattgold. | *Blanc mat*, stumpfes Weiß. | *D'un teint mat*, von glanzloser Gesichtsfarbe. | *Un son mat*, ein schwacher, dumpfer Ton.

mât [mɑ] MAR. Mast m. ; Mastbaum m. | *Grand mât*, Groß-, Hauptmast. | *Trois-mâts*, Dreimaster m. || *Mât de cocagne*, Kletterstange f.

matamore [matamor] m. Maulheld m. ; Großschnauze f. ; Bramarbas m. | *Faire le matamore*, schwadronieren ; sich aufspielen.

match [matʃ] m. SPORT. Wettkampf m. ; (Wett)-spiel n. ; Match m. | *Disputer un match*, ein Spiel, einen Wettkampf austragen. | *Faire match nul*, unentschieden spielen. | *Match à domicile*, Heimspiel. | *Match à l'extérieur, en déplacement*, Auswärtsspiel. | *Match international*, Länderkampf.

maté [mate] m. BOT. Mate m.

matelas [matla] m. Matratze f. | *Matelas pneumatique*, Luftmatratze. | *Matelas à ressort*, Sprungfedermatratze. || FIN. *Matelas de devises*, Devisenpolster n.

matelasser [-lase] v. tr. (aus)polstern.

matelassier [-lasje] m. Polsterer m.

matelot [matlo] m. Matrose m. ; Seemann m. ; Schiffer m.

matelote [-lɔt] f. CULIN. Fischsuppe f., -ragout n.

mater [mate] v. tr. bändigen ; zähmen.

mâter [mɑ:te] v. tr. Masten setzen ; bemasten. | *Navire mâté en frégate*, ein als Fregatte aufgetakeltes Schiff.

matérialisation [materjalizasjɔ̃] f. Verstofflichung f. ; Verkörperung f. ; Materialisation f.

matérialiser [-lize] v. tr. verstofflichen ; verkörpern ; materialisieren. || [rendre réel] verwirklichen.

matérialisme [-lism] m. PHILOS. Materialismus m. | *Matérialisme historique*, historischer Materialismus.

matérialiste [-list] adj. materialistisch.
◇ s. Materialist(in) m. (f.).

matérialité [-lite] f. Körper-, Stofflichkeit f. ; Sinnlichkeit f. | *Matérialité des faits*, Tatbestand m. ; Sachverhalt m.

matériau [materjo] m. Material n. ; Werkstoff m.
◇ m. pl. **matériaux,** Material n. ; Materialien n. pl. ; Werkstoffe m. pl. | *Matériaux de construction*, Baumaterial, -stoff m.

matériel, ielle [-rjɛl] adj. materiell ; stofflich. | *Dommages matériels*, Sachschaden m. pl. || FIG. [opposé à spirituel] körperlich ; sinnlich ; irdisch ; wirtschaftlich. | *Jouissances matérielles*, irdische Freuden f. pl. | *Besoins matériels*, materielle Bedürfnisse n. pl.
◇ m. **matériel,** [en général] Material n. ; Ausstattung f. ; Gerät n. | *Matériel électrique*, elektrische Geräte n. pl. | *Matériel de bureau*, Bürobedarfsartikel m. pl. | *Matériel roulant*, rollendes Material ; Wagenpark m. | *Matériel de camping*, Campingausrüstung f. | *Matériel humain*, Menschenmaterial. || INF. Hardware f. || MIL. Gerät n. | *Matériel de guerre*, Kriegsgerät, -material.
◇ f. **matérielle,** FAM. *La matérielle*, der Lebensunterhalt ; das tägliche Brot.

maternage [materna:ʒ] m. [protection excessive] Bemutterung f.

maternel, elle [-nɛl] adj. mütterlich ; FIG. liebevoll. | *Amour maternel*, Mutterliebe f. | *Entourer qn de soins maternels*, jn bemuttern. | *Langue maternelle*, Muttersprache f.
◇ adj. et f. **maternelle,** [école] Kleinkinder-, Vorschule f.

maternellement [-nɛlmɑ̃] adv. mütterlich.

materner [-ne] v. tr. [protéger excessivement] bemuttern.

maternité [-nite] f. [qualité] Mutterschaft f. || [hôpital] Entbindungsstation f.

mathématicien, ienne [matematisjɛ̃, jɛn] s. Mathematiker(in) m. (f.).

mathématique [-tik] adj. mathematisch.
◇ f. pl. **mathématiques,** Mathematik f.
mathématiquement [-tikmɑ̃] adv. mathematisch ; FIG. genauestens.
matière [matjɛ:r] f. **1.** Materie f. ; Stoff m. ; Werkstoff m. | *Matière(s) première(s)*, Rohstoff ; Rohmaterialien n. pl. | *Matière isolante*, Isolierstoff. | *Matière plastique*, Kunststoff. | *Matière grasse*, Fett n. ; Schmalz n. | *Matière cérébrale*, Hirnmasse f. | *Matières fécales*, Ausscheidungsstoffe m. pl. || NUCL. *Matière fertile*, Brutstoff m. | *Matière fissile*, Spaltstoff m. || PHYS. *Constitution de la matière*, Aufbau (m.) der Materie.
2. FIG. [sujet] Gegenstand m. ; Fach n. ; Fachgebiet n. ; Sachgebiet n. ; Inhalt m. | *Table des matières*, Inhaltsverzeichnis n., -übersicht f. | *Entrer en matière*, zum Thema, zur Sache (über)gehen. | *Entrée en matière*, Einführung f., -leitung f. | *En pareille matière*, in, bei solchen Dingen. || JUR. *En matière civile*, in Zivilsachen. || [prétexte] Ursache f. ; Anlaß m. ; Veranlassung f. | *Donner matière à discussion*, Stoff zur Unterhaltung geben. | *Il y a là matière à procès*, das reicht für einen Prozeß.
◇ loc. prép. **en matière de,** hinsichtlich (gén.) ; in Betreff (gén.) ; betreffs (gén.). | *En matière d'honneur*, in Bezug auf die Ehre.
matin [matɛ̃] m. Morgen m., -stunde f. ; Frühe f. ; Vormittag m. | *Le matin*, am Morgen ; morgens. | *Partir de grand matin*, sehr früh aufbrechen. | *Hier matin*, gestern morgen. | *Ce matin*, heute morgen. | *Demain matin*, morgen früh. | *Chaque matin, tous les matins*, jeden Morgen. | *Un beau matin*, eines schönen Morgens. | *Venir de très bon matin*, sehr zeitig, sehr früh kommen. | *Du matin au soir*, vom Morgen bis zum Abend ; von morgens bis abends. | *(Très) tôt le matin*, (ganz) früh am Morgen, morgens ; FAM. in aller Herrgottsfrühe. | *Matin et soir*, früh und spät. | *Il est deux heures du matin*, es ist zwei Uhr morgens. | *L'étoile du matin*, der Morgenstern. || FIG. *Matin de la vie*, (blühende) Jugend.
mâtin [mɑtɛ̃] m. [chien] Haus-, Hofhund m.
mâtin, ine [-tɛ̃, in] s. [personne] Kerl m. ; munterer Kerl ; verschmitzte Frau ; verschmitztes Mädchen.
◇ interj. **mâtin !,** Donnerwetter !
matinal, ale, aux [matinal, o] adj. morgendlich ; früh(zeitig). | *Brise matinale*, frischer Morgenwind. | *Rosée matinale*, Morgentau m. | *Être matinal*, früh aufstehen ; ein Frühaufsteher sein.
matinée [-ne] f. Vormittag m. ; Vormittagsstunden f. pl. | *Dans la matinée*, im Verlauf des Vormittags. || THÉÂTRE. Nachmittagsvorstellung f.
mâtiner [mɑtine] v. tr. eine Hündin andersrassig belegen. | *Chien mâtiné*, Bastardhund m.
matines [matin] f. pl. RELIG. Frühmesse f.
matois, oise [matwa, wa:z] adj. verschlagen ; schlau ; listig. | *C'est un fin matois*, der hat es faustdick hinter den Ohren. | *Paysan matois*, verschmitztes Bäuerlein.
matou [matu] m. Kater m. || [fable] Kater Murr m.
matraquage [matraka:ʒ] m. Niederknüppeln n. || FIG. *Matraquage publicitaire*, Werbebeschuß m. ; Einhämmern (n.) eines Werbeslogans.
matraque [-trak] f. Knüppel m. ; Knotenstock m. ; Knüttel m.
matraquer [-ke] v. tr. mit dem Knüppel schlagen, prügeln ; niederknüppeln.
matriarcal, ale, aux [matriarkal, o] adj. mutterrechtlich.
matriarcat [-ka] m. Mutterrecht n., -herrschaft f. ; Matriarchat n.
matrice [matris] f. ANAT. Gebärmutter f. || TECHN. Matrize f. ; Stange f. ; Gesenk n. ; Eichmaß n.
matricule [matrikyl] f. Matrikel f. ; Verzeichnis n. || PAR EXT. [inscription] Eintragung f. || MIL. Stammrolle f.
◇ m. [numéro matricule] Kennummer f. || [extrait] Stammrollenauszug m.
matrimonial, iale, iaux [matrimɔnjal, jo] adj. ehelich. | *Agence matrimoniale*, Heiratsvermittlungsbüro n.
matrone [matrɔn] f. Matrone f. || [sage-femme] Hebamme f.
maturation [matyrasjɔ̃] f. Reifen n. ; Reifwerden n.
mâture [mɑty:r] f. Bemastung f. ; Mastwerk n.
maturité [matyrite] f. Reife f., -zeit f. || [arbres, abcès] Ausgewachsenheit f. || [hommes] Mündigkeit f. | *Maturité de l'esprit*, geistige Reife. | *Absence de maturité*, Unreife.
maudire [modi:r] v. tr. verfluchen ; verdammen. | *Maudire qn*, jn verfluchen. | *Maudire sa destinée*, mit seinem Schicksal hadern. | *Maudit soit le jour*, verflucht sei der Tag.
maugréer [mogree] v. intr. (ver)fluchen ; murren ; wettern.
Maure ou **More** [mo:r] m. Maure m. ; Mohr m. | *Pays des Maures*, Mohrenland n.
◇ adj. maurisch.
mauresque [-rɛsk] adj. maurisch.
◇ f. **Mauresque,** Maurin f. ; Mohrin f.
Maurice [mɔris] n. pr. m. Moritz m. || GÉOGR. *Île Maurice*, Insel (f.) Mauritius.
mauricien, ienne [mɔrisjɛ̃, sjɛn] adj. mauritianisch.
◇ s. **Mauricien, ienne,** Mauritier(in) m. (f.).
Mauritanie [moritani] ou **Maurétanie** [-retani] n. pr. f. GÉOGR. Mauretanien n.
mausolée [mozɔle] m. Grabmal n. ; Mausoleum n.
maussade [mosad] adj. mürrisch ; verdrießlich ; übel-, schlechtgelaunt. | *Personne maussade*, Griesgram m. | *Caractère maussade*, Sauertöpfigkeit f. || PAR EXT. *Temps maussade*, trübes Wetter.
mauvais, aise [movɛ, ɛ:z] adj. [imparfait, déplaisant] schlecht ; schlimm ; übel. | *Il fait mauvais temps*, es ist schlechtes Wetter. | *Mauvaise année*, mageres Jahr ; schlechtes Jahr. | *Mauvaise récolte*, Mißernte f. | *Mauvaise fortune*, Unglück n. ; Pech n. | *Il est en mauvaise posture*, es steht schlecht um ihn ; er ist in mißlicher Lage. | *À un mauvais moment*, ungelegen ; zur ungelegenen Zeit. | *Se tirer d'un mauvais pas*, (sich) herauswinden ; sich aus der Schlinge ziehen. | *C'est mauvais signe*, das ist ein übles, schlimmes Zeichen. | *Prendre tout du mauvais côté*, alles schwarz in schwarz sehen. | *Mauvaise plaisanterie*, übler Streich ; verkehrter Spaß. | *Mauvais conseil*, übler Rat. | *Mauvais traitement*, Mißhandlung f. | *De mauvaise augure*, von übler, schlimmer Vorbedeutung. | *Regarder d'un mauvais œil*, scheel, mißgünstig sehen (auf, acc.). | *Avoir mauvaise mine*, übel aussehen. | *Faire la mauvaise tête*, einen Dickkopf aufsetzen ; trotzen. | *Être de mauvaise humeur*, miß-, schlechtgelaunt sein. | *La mer est mauvaise*, die See ist bewegt ; es herrscht eine schwere See. | *Mauvais fils*, ungeratener Sohn. | *Donner de mauvaises raisons*, schwache Gründe vorbringen ; Gründe an den Haaren herbeiziehen. || [méchant, immoral] böse ; übel ; schlimm. | *Mauvaise action*, üble, schlechte Tat ; Untat f. | *De mauvaise foi*, arglistig ; wider Treu und Glauben. | *Mauvais esprit*, Trotzkopf m. | *Mauvais sujet*, böser Kerl. | Vx. *Femme*

de mauvaise vie, Frau von lockerem Lebenswandel ; liederliche Frau. | *Mauvais génie*, böser Geist. | *C'était sans mauvaise intention*, das war nicht böse gemeint.
◇ adv. **mauvais,** übel. | *Qui sent mauvais*, übelriechend. | *Cela sent mauvais*, es riecht schlecht ; POP. es stinkt ; FIG. es ist nicht geheuer. | *Trouver mauvais*, mißbilligen.
◇ m. **mauvais,** Böse(s) n. ; Schlechte(s) n. | *Les bons et les mauvais*, die Guten und die Bösen.
mauve [mo:v] f. BOT. Malve f.
◇ adj. malvenfarbig.
mauviette [movjet] f. ZOOL. fette Lerche. || FIG. piepsiges Persönchen.
maxillaire [maksilɛ:r] adj. Kiefer...
◇ m. Kieferbacken m. | *Maxillaire inférieur*, Unterkiefer m. | *Maxillaire supérieur*, Oberkiefer m.
maxima [maksima] m. pl. Höchstwerte m. pl.
maximal, ale, aux [-mal, o] adj. maximal ; Höchst... ; Spitzen... | *Vitesse maximale*, Höchstgeschwindigkeit f.
maxime [maksim] f. Maxime f. ; Sinnspruch m. ; (Denk)spruch m.
maximiser [-ze] v. tr. maximieren.
maximum [maksimɔm] adj. Höchst... ; höchst...
◇ m. Höchste(s) n. ; Höchstwert m., -punkt m., -maß n. | *Maximum de la peine*, Höchststrafe f. | *Maximum de rendement*, Höchstleistung f.
◇ loc. adv. **au maximum,** [superlatif] höchst. || [concessif] höchstens.
Mayence [majɑ̃:s] n. pr. f. GÉOGR. Mainz n.
mayonnaise [majɔnɛ:z] f. Mayonnaise f.
mazette [mazɛt] f. Schwächling m.
◇ interj. **mazette !,** nanu ! ; potztausend !
mazout [mazut] m. Masut n. ; Heizöl n.
me [mə] pron. pers. mich ; mir. | *Il me voit*, er sieht mich. | *Il me parle*, er spricht mit mir. | *Me voilà*, da bin ich !
mea-culpa [meakylpa] m. Schuldbekenntnis n. | *Dire son mea-culpa*, seine Schuld eingestehen.
méandre [meɑ̃:dr] m. Windung f. ; Krümmung f. ; Biegung f. | *Les méandres d'un ruisseau*, die Windungen (f. pl.) eines Baches. | *Décrire des méandres*, Schleifen ziehen ; sich schlängeln, winden. || FIG. [détours] Winkelzüge m. pl. ; krumme Wege m. pl.
méat [mea] m. ANAT. Gang m. ; Kanal m.
mécanicien [mekanisjɛ̃] m. Mechaniker m. ; Maschinist m. | *Chef mécanicien*, Maschinenwerkmeister m. | *Ingénieur-mécanicien*, Maschineningenieur m. || [chemin de fer] Lokführer m.
mécanique [-nik] f. [science] Mechanik f. ; Bewegungslehre f. | *Mécanique céleste*, Bewegung (f.) der Himmelskörper. | *Mécanique ondulatoire*, Wellenmechanik. || [travail concernant les machines] Maschinenbau m. ; Maschine f. || *Mécanique de précision*, Feinmechanik f.
◇ adj. mechanisch ; maschinell. | *Les arts mécaniques*, handwerkliche Kunst. | *Piano mécanique*, selbstspielendes, mechanisches Klavier. | *Action mécanique*, mechanische Tätigkeit. || FIG. seelenlos ; selbsttätig. | *Travail mécanique*, mechanische, geistlose Arbeit.
mécaniquement [-nikmɑ̃] adv. mechanisch ; automatisch.
mécanisation [-nizasjɔ̃] f. Mechanisierung f.
mécaniser [-nize] v. tr. mechanisieren.
mécanisme [-nism] m. [structure] Mechanismus m. ; Getriebe n. ; Vorrichtung f. | *Mécanisme moteur*, Antrieb m. ; Antriebsvorrichtung f. ; Triebwerk n. || [fonctionnement] Vorgang m. || *Mécanisme du raisonnement*, Denkvorgang.
mécano [-no] m. (abrév. de **mécanicien**). FAM. Mechaniker m. ; Maschinist m.
mécanographe [-nɔgraf] m. Maschinenbuchhalter m.
mécanographie [-nɔgrafi] f. Benutzung (f.) von Büromaschinen. || Maschinenbuchhaltung f.
mécénat [mesena] m. Mäzenatentum n.
mécène [-sɛ:n] m. Mäzen m. ; Kunstgönner m., -förderer m.
méchamment [meʃamɑ̃] adv. boshaft ; böswillig.
méchanceté [-ʃɑ̃ste] f. [caractère] Bosheit f. ; Bösartigkeit f. || [acte] Bubenstück n., -streich m. | *Dire des méchancetés*, spitze Bemerkungen machen ; POP. Gift spritzen.
méchant, ante [-ʃɑ̃, ɑ̃:t] adj. [mauvais] böse ; boshaft ; tückisch. || [enfant] ungezogen ; unartig. || [sans valeur] *Méchant ouvrage*, kümmerliches Machwerk. | *Méchant poète*, schlechter Dichter.
◇ m. **méchant,** Bösewicht m. | *Faire le méchant*, sich böse stellen.
mèche [mɛʃ] f. [lampe] Docht m. || [briquet] Zunder m. || [cordeau] Zündschnur f. || [outil] Bohrer m. ; Schneide f. | *Mèche à bois*, Holzbohrer. | *Mèche à métaux*, Metallbohrer. || [cheveux] Locke f. | *Une mèche blanche*, eine weiße Haarlocke. | *Couper une mèche de cheveux*, eine Haarlocke abschneiden. || FIG. *Éventer, Découvrir la mèche*, Lunte, Schwefel riechen ; den Braten riechen ; hinter die Schliche kommen. | *Être de mèche avec qn*, mit jm unter einer Decke stecken ; in das gleiche Horn blasen. | *Vendre la mèche*, ein Geheimnis ausplaudern.
mécompte [mekɔ̃:t] m. Rechenfehler m. ; Verrechnung f. ; FIG. getäuschte Hoffnung.
méconnaissable [mekɔnɛsabl] adj. unkennbar ; unkenntlich ; entstellt. | *Rendre méconnaissable*, unkenntlich machen.
méconnaissance [-nɛsɑ̃s] f. Verkennen n. ; Verkennung f.
méconnaître [-nɛ:tr] v. tr. [désavouer] verleugnen. || [ignorer] verkennen ; unterschätzen. | *Un génie méconnu*, ein verkanntes Genie.
mécontent, ente [mekɔ̃tɑ̃, ɑ̃:t] adj. unzufrieden (mit, dat.) ; mißvergnügt ; verdrossen. | *Être mécontent de son sort*, mit seinem Schicksal hadern. | *Être mécontent de soi*, mit sich selbst nicht zufrieden sein.
mécontentement [-tmɑ̃] m. Unzufriedenheit f. ; Unbefriedigtheit f. ; Mißbehagen n. | *Marquer son mécontentement*, seinem Mißfallen Ausdruck verleihen.
mécontenter [-te] v. tr. verdrießen ; verdrießlich machen.
Mecque (La) [lamɛk] n. pr. f. GÉOGR. Mekka n.
mécréant, ante [mekreɑ̃, ɑ̃:t] adj. ungläubig.
◇ s. Ungläubige(r) f. (m.) ; Gottlose(r) f. (m.).
médaille [meda:j] f. Medaille f. ; Gedenkmünze f. ; Schaumünze f. || FIG. *Revers de la médaille*, Kehrseite (f.) der Medaille. | *Toute médaille a son revers*, ein jedes Ding hat zwei Seiten.
médaillé [-je] adj. et m. Ordensinhaber m.
médaillon [-jɔ̃] m. Medaillon n. || ARCHIT. Rundbild n. || [bijou] (runder) Anhänger.
médecin [medsɛ̃] m. Arzt m. ; Doktor m. ; Mediziner m. | *Femme médecin*, Ärztin f. | *Médecin consultant*, konsultierender Arzt. | *Médecin conventionné*, Kassenarzt. | *Médecin généraliste*, Allgemeinmediziner ; praktischer Arzt. | *Médecin traitant*, behandelnder Arzt. | *Médecin de campagne*, Landarzt. | *(Médecin) spécialiste*, Facharzt. | *Médecin-chef*, Chefarzt. | *Médecin légiste*, Gerichtsarzt. | *Médecin de famille*, Hausarzt. |

Médecin du travail, Werksarzt ; Arbeitsmediziner. ‖ MIL. *Médecin-major*, Oberstabsarzt.

médecine [medsin] f. [science] Medizin f. ; Heilkunde f., -kunst f. ; Arzneikunde f. | *Docteur en médecine*, Dr. med. m. | *Faculté de médecine*, medizinische Fakultät. | *Faire sa médecine*, Medizin studieren. | *Médecine générale*, allgemeine, praktische Medizin. | *Médecine légale*, Gerichtsmedizin. | *Médecine homéopathique*, Homöopathie f. ; Naturheilkunde f. | *Médecine douce, parallèle*, Alternativmedizin ; Naturheilverfahren n. ‖ [remède] Arznei f. ; Heilmittel n., -verfahren n. ; Medikament n. ; Heilwesen n.

média [medja] m. *Les médias*, die Medien.

médian, iane [medjɑ̃, jan] adj. Mittel... ; mittler. | *La partie médiane*, der mittlere Teil.

◇ f. **médiane,** Mittellinie f. ; Transversale f.

médiateur, trice [-djatœ:r, tris] adj. vermittelnd. | *Puissance médiatrice*, vermittelnde Kraft.

◇ s. Mittelsmann m., -person f. ; (Ver)mittler(in) m. (f.). | *Servir de médiateur*, als (Ver)mittler dienen ; vermitteln.

◇ m. **médiateur.** JUR. Schlichter m.

◇ f. **médiatrice.** MATH. Mittellot n.

médiathèque [-tɛk] f. Mediathek f.

médiation [-djasjɔ̃] f. Vermittlung f. | *Proposer sa médiation*, seine Vermittlung anbieten.

médiatique [-djatik] adj. Medien... | *Paysage médiatique*, Medienlandschaft f.

médiatiser [-djatize] v. tr. mediatisieren.

médical, ale, aux [medikal, o] adj. medizinisch ; ärztlich. | *Corps médical*, Ärzteschaft f. ; MIL. Sanitätskorps n. | *Vertu médicale*, Heilkraft f. | *Expertise médicale*, ärztliches Gutachten.

médicament [-kamɑ̃] m. Heilmittel n. ; Medikament n. ; Arznei f.

médicamenteux, euse [-kamɑ̃tø, ø:z] adj. heilkräftig ; heilsam ; heilend. | *Substances médicamenteuses*, Heilstoffe m. pl.

médication [medikasjɔ̃] f. Heilart f., -verfahren n. ; Behandlungsverfahren n.

médicinal, ale, aux [-sinal, o] adj. heilkräftig ; medizinisch. | *Plante médicinale*, Heilpflanze f. | *Eau médicinale*, Heilwasser n.

médico-éducatif, ive [-koedykatif, i:v] adj. heilpädagogisch.

médico-légal, ale, aux [-kolegal, o] adj. gerichtsärztlich, -medizinisch.

médiéval, ale, aux [medjeval, o] adj. mittelalterlich.

médiéviste [-vist] m. Erforscher (m.) des Mittelalters.

médiocre [medjɔkr] adj. mittelmäßig ; durchschnittlich ; minderwertig. | *Homme médiocre*, Dutzendmensch m. | *Ouvrage médiocre*, schwaches Werk.

médiocrement [-krəmɑ̃] adv. mäßig.

médiocrité [-krite] f. Mittelmäßigkeit f. ; Mangelhaftigkeit f. ; Durchschnittlichkeit f. | *Médiocrité d'esprit*, Beschränktheit f.

médique [medik] adj. HIST. medisch. | *Guerres médiques*, Perserkriege m. pl.

médire [medi:r] v. intr. lästern ; bereden ; diskreditieren. | *Médire de qn*, jm Übles nachreden.

médisance [-dizɑ̃:s] f. üble Nachrede. ‖ FAM. Klatsch m. ; Lästerung f. ‖ [défaut] Schmähsucht f.

médisant, ante [-dizɑ̃, ɑ̃:t] adj. klatsch-, schmähsüchtig ; schmähend.

méditatif, ive [meditatif, i:v] adj. besinnlich ; nachdenklich ; überlegsam. | *Esprit méditatif*, grüblerischer Geist. | *Vie méditative*, beschauliches Leben.

méditation [-tasjɔ̃] f. [réflexion] Nachdenken n., -sinnen n. ; Meditation f. | *Être plongé dans la méditation*, in Gedanken versunken sein. ‖ [écrits] *Méditations philosophiques*, philosophische Betrachtungen f. pl. ‖ RELIG. Andacht f.

méditer [-te] v. tr. [examiner] über-, durchdenken ; überlegen. | *Méditer une vérité*, eine Wahrheit zu ergründen suchen. | *J'ai médité la chose*, ich habe die Sache überlegt, durchdacht. ‖ [projeter] vorhaben ; brüten. | *Méditer un projet*, etwas vorhaben. | *Méditer sa vengeance*, Rache brüten. | *Méditer un mauvais coup*, Böses im Schilde führen.

◇ v. intr. [réfléchir] nach-, be-, ausdenken ; meditieren. | *Méditer sur une question*, über eine Frage nachdenken, brüten. ‖ [prier] in Andacht versunken sein ; seine stille Andacht verrichten.

Méditerranée [mediterane] n. pr. f. GÉOGR. Mittelmeer n. ; Mittelländisches Meer.

méditerranéen, éenne [-neɛ̃, eɛn] adj. mediterran ; Mittelmeer... | *Climat méditerranéen*, Mittelmeerklima n.

médium [medjɔm] m. Medium n. ; Mittelsperson f. ‖ MUS. Mittelstimme f.

médius [medjys] m. Mittelfinger m.

médullaire [medylɛ:r] adj. markig ; markhaltig.

méduse [medy:z] f. ZOOL. Meduse f. ; Qualle f.

méduser [-ze] v. tr. lähmen ; versteinern.

◇ adj. **médusé, ée,** verblüfft ; sprachlos.

meeting [mitiŋ] m. Meeting n. ; Veranstaltung f. | *Meeting d'aviation*, Flugveranstaltung.

méfait [mefɛ] m. Übeltat f. ; Missetat f. ; Frevel m.

méfiance [mefjɑ̃:s] f. Mißtrauen n. ; Argwohn m.

méfiant, iante [-fjɑ̃, jɑ̃:t] adj. mißtrauisch.

— SYN. : *Défiant*, vorsichtig. *Ombrageux*, schwarzseherisch ; schüchtern. *Soupçonneux*, argwöhnisch.

méfier (se) [səmefje] v. pr. mißtrauen ; (be)argwöhnen ; auf der Hut sein ; POP. dem Frieden nicht trauen. | *Se méfier de qn*, jm mißtrauen. | *Méfiez-vous !*, nehmt euch in acht ! ; seid vorsichtig ! | *Se méfier des imitations !*, vor Nachahmungen wird gewarnt.

méforme [mefɔrm] SPORT. Formtief n. ; Formkrise f.

mégalithique [megalitik] adj. megalithisch.

mégalomane [megalɔman] adj. MÉD. größenwahnsinnig.

mégalomanie [-ni] f. MÉD. Größenwahn(sinn) m. ; Großmannssucht f. ; Megalomanie f.

mégaphone [-fɔn] m. Megaphon n. ; FAM. Flüstertüte f.

mégarde (par) [parmegard] loc. adv. unabsichtlich ; versehentlich ; aus Versehen.

mégère [meʒɛ:r] f. Megäre f. ; weiblicher Drache ; Hausdrache m.

mégisserie [meʒisri] f. Weißgerberei f.

mégissier [-ʒisje] m. Weißgerber m.

mégot [mego] m. POP. Kippe f. ; (Zigarren-, Zigaretten)stummel m.

méhariste [-rist] m. Kamelreiter m.

meilleur, eure [mɛjœ:r] adj. [compar.] besser. ‖ [superl.] bester ; beste ; bestes. | *Il fera meilleur (temps)*, es wird schönes Wetter. | *Le meilleur de tous*, der, das allerbeste. | *De meilleure heure*, früher. | *Prendre le meilleur sur qn*, jn übertreffen.

méjuger [meʒyʒe] v. tr. falsch (be)urteilen. | *Se méjuger*, sich falsch einschätzen.

mélampyre [melɑ̃pir] f. BOT. Wachtelweizen m.

mélancolie [melɑ̃kɔli] f. Melancholie f. ; Schwermut f. ; Wehmut f. | *Sombrer dans la mélancolie*, in Schwermut verfallen.
mélancolique [-lik] adj. melancholisch ; schwermütig ; niedergeschlagen.
◇ s. Melancholiker(in) m. (f.) ; schwermütiger Mensch.
Mélanésie [melanezi] n. pr. f. Melanesien n.
mélange [melɑ̃:ʒ] m. Mischung f. ; Gemisch n. ; Mischen n. | *Mélange gazeux*, Gasgemisch. | *Mélange explosif*, Explosionsgemisch. | *Mélange pauvre, riche*, armes, fettes Gemisch. | *Faire un mélange*, eine Mischung herstellen ; POP. zusammenbrauen. | *Sans mélange*, ohne Beimischung. || FIG. *Bonheur sans mélange*, ungetrübtes Glück.
— SYN. : *Alliage* m., Legierung f. *Mixture* f., Mixtur f. *Amalgame* m., Verquickung f.
mélanger [-ʒe] v. tr. (ver)mischen ; zusammenbrauen, -schütten. | *Mélanger des vins*, Weine verschneiden. | *Mélanger des couleurs*, Farben mischen. | *Race mélangée*, Mischrasse f.
mélangeur, euse [-ʒœ:r, ø:z] s. Mischer m. ; Mischmaschine f.
mélanome [melanom] m. MÉD. Melanom n.
mélasse [melas] f. Zuckerrübenrückstand m. ; Zuckersirup m. ; Melasse f. || FIG. Patsche f.
mêlé, ée [mɛle] adj. gemischt. | *Avec des sentiments mêlés*, mit gemischten Gefühlen.
mêlée [mɛle] f. Handgemenge n. ; Scharmützel n. | *Se jeter dans la mêlée*, sich ins Kampfgetümmel stürzen. | *La mêlée devint générale*, es entwickelte sich eine allgemeine Prügelei. || MIL. Nahkampf m. || SPORT. [rugby] Gedränge n.
mêler [mɛle] v. tr. [mélanger, joindre] mischen ; mengen. | *Mêler les cartes*, Karten mischen. | *De sang mêlé*, mischblütig ; Mischling m. | *Société mêlée*, gemischte Gesellschaft. | *Avec des sentiments mêlés*, mit gemischten Gefühlen. || [impliquer] verwickeln.
◇ v. pr. **se mêler,** [se joindre] sich (ver)mischen. | *Se mêler à la foule*, sich in die Menge verlieren ; sich unter das Volk mischen. | *Se mêler à la conversation*, sich in die Unterhaltung einmischen. || FIG. [s'occuper de] sich einmischen ; sich beschäftigen (mit, dat.) ; sich kümmern (um, acc.). | *Se mêler de tout*, sich um alles kümmern. | *De quoi vous mêlez-vous ?*, was geht Sie das an ? | *Mêlez-vous de vos affaires*, kümmern Sie sich (gefälligst) um Ihre eigenen Dinge. | *Qu'il se mêle de ce qui le regarde*, jeder kehre vor seiner eigenen Tür ! | *Ne pas s'en mêler*, sich von etwas fernhalten.
mélèze [melɛ:z] m. BOT. (Alpen)lärche f.
méli-mélo [melimelo] m. POP. Mischmasch m. ; Sammelsurium n. ; Durcheinander n.
mélisse [melis] f. BOT. Melisse f. | *Eau de mélisse*, Melissengeist m., -spiritus m.
melliflue [-fly] adj. honigsüß ; süßlich.
mélo [melo] m. V. MÉLODRAME.
mélodie [-di] f. Melodie f. ; Weise f. ; Lied n.
mélodieux, ieuse [-djø, jø:z] adj. melodisch ; wohlklingend, -lautend. | *Des vers mélodieux*, klangvolle Verse m. pl. | *Voix mélodieuse*, wohlklingende Stimme.
mélodique [-dik] adj. melodisch.
mélodramatique [-dramatik] adj. melodramatisch ; rührselig.
mélodrame [-dram] m. Melodrama n. ; Musikschauspiel n.
mélomane [-man] adj. musikbegeistert.
◇ s. Musikliebhaber(in) m. (f.), -schwärmer(in) m. (f.).
melon [məlɔ̃] m. BOT. Melone f. | *Melon d'eau*, Wassermelone. || *Chapeau melon*, Melone f.
mélopée [melɔpe] f. Rezitativ n. ; PÉJOR. Redegesang m. ; Singsang m.
membrane [mɑ̃bran] f. Membrane f. ; Häutchen n. || TECHN. Membran n. | *Membrane d'étanchéité*, Dichtungsmembran.
membre [mɑ̃:br] m. ANAT. Glied n. ; (Körper)teil m. || [homme] *Membres supérieurs*, obere Gliedmaßen f. pl. | *Membres inférieurs*, untere Gliedmaßen f. pl. || [animal] *Membres antérieurs*, Vorderglieder n. pl. | *Membres postérieurs*, Hinterglieder n. pl. | *Membre viril*, männliches Glied. || FIG. (Mit)glied n. | *Membre de la famille*, Glied der Familie. | *Membre actif*, aktives Mitglied. | *Membre d'honneur*, Ehrenmitglied. | *Membre du parti*, Parteigenosse m. | *Être membre d'une académie*, einer Akademie angehören. || GRAMM. *Membre de phrase*, Satzteil m.
◇ adj. *État membre*, Mitgliedstaat m.
membrure [-bry:r] f. [homme] Gliederbau m.
même [mɛ:m] adj. [identité] der-, die-, dasselbe ; dieselben ; [ressemblance] der, die, das gleiche ; desgleichen. | *C'est la même chose*, das ist dasselbe. | *Cela revient au même*, es kommt auf dasselbe hinaus ; es ist einerlei. | *Du même pas*, in gleichem Schritt und Tritt. | *Du même âge*, gleichaltrig ; von gleichem Alter. | *Il est du même âge que moi*, er ist so alt wie ich. | *En même temps*, zu gleicher Zeit ; gleichzeitig. | *Le même soir*, am selben Abend. | *Le soir même*, noch am selben Abend. | *Il n'est plus le même*, er ist nicht mehr derselbe. | *Moi-même*, ich selbst. | *C'est moi-même*, ich bin es selbst. | *De soi-même*, von sich aus ; freiwillig. | *Agir de soi-même*, auf eigene Faust handeln. | *La chose en elle-même*, die Sache an und für sich, die Sache für sich selbst betrachtet.
◇ adv. selbst ; sogar. | *Même mes ennemis*, selbst, sogar meine Feinde. | *On dit même que*, man behauptet sogar, daß.
◇ loc. adv. **à même.** *Boire à même la bouteille*, aus der Flasche trinken. — **de même,** ebenso ; ebenfalls ; desgleichen. — **pas même,** gar nicht ; nicht einmal. — **quand même, tout de même,** immerhin ; dennoch ; trotzdem.
◇ loc. conj. **même si, quand bien même,** selbst wenn ; wenn doch. — **de même que,** wie. — **de même... que,** ebenso... wie.
◇ loc. prép. **à même de.** *Être à même de faire qch.*, in der Lage sein, fähig sein, etwas zu tun.
mémento [memẽto] m. [carnet] Merkheft n., -buch n. | *Mémento de chimie*, Abriß (m.) der Chemie.
mémoire [-mwa:r] f. [faculté] Gedächtnis n., -kraft f. ; Erinnerungsfähigkeit f. | *Avoir une bonne mémoire*, ein gutes Gedächtnis haben. | *Si j'ai bonne mémoire*, wenn mich mein Gedächtnis nicht trügt, täuscht. | *Avoir présent à la mémoire*, im Gedächtnis haben. | *Graver quelque chose dans sa mémoire*, sich etwas dem Gedächtnis einprägen. | *Remettre quelque chose en mémoire à qn*, jm etwas ins Gedächtnis zurückrufen. | *Cela m'est sorti de la mémoire*, es ist mir entfallen ; ich hab's vergessen. | *Sa mémoire est en défaut*, das Gedächtnis läßt ihn im Stich. | *Avoir la mémoire des chiffres*, ein gutes Zahlengedächtnis haben. | *Mémoire des lieux*, Ortssinn m. | *Écrire quelque chose de mémoire*, etwas aus dem Gedächtnis niederschreiben. || [souvenir] Andenken (an, acc.) n. ; Erinnerung (an, acc.) f. ; Gedenken n. | *En, À la mémoire de*, zur Erinnerung an (acc.) ; zum Gedächtnis (gén.). | *De mémoire d'homme*, seit Menschengedenken ; soweit man zurückdenken kann. || INF. Speicher m. | *Mémoire centrale, banale*, Hauptspeicher. | *Mémoire à bulles*, Blasenspeicher. | *Mémoire magnétique*, Magnetspei-

cher. | *Mémoire de masse*, Großspeicher ; Massenspeicher. | *Mémoire morte, vive*, Fest-, Arbeitsspeicher. | *Mémoire statique*, statischer Speicher. | *Mémoire tampon*, Pufferspeicher. | *Mémoire virtuelle*, virtueller Speicher. | *Mettre en mémoire*, speichern.

mémoire [-mwa:r] m. JUR. Darstellung (des Tatbestandes) f. ; Bericht m. ; Gutachten n. || [dissertation] Denkschrift f. ; Aufsatz m. ; Memoire n.
◇ m. pl. **Mémoires,** Memoiren f. pl. ; Denkwürdigkeiten f. pl. ; Aufzeichnungen f. pl.

mémorable [-mɔrabl] adj. denkwürdig. | *Fait mémorable*, Denkwürdigkeit f.

mémorandum [-mɔrɑ̃dɔm] m. POLIT. Memorandum n. ; Note f. ; Denkschrift f.

mémorial [-mɔrjal] m. Memorial n.

mémorialiste [-mɔrjalist] m. Memoirenschreiber m.

mémorisation [-rizasjɔ̃] f. Memorieren n. ; Sicheinprägen n. || INF. Speicherung f.

mémoriser [-rize] v. tr. memorieren ; sich einprägen. || INF. speichern.

menaçant, ante [mənasɑ̃, ɑ̃:t] adj. drohend ; bedrohlich. | *Discours menaçant*, Drohrede f. | *Temps menaçant*, unsicheres Wetter.

menace [-nas] f. (An)drohung f. ; Drohen n. ; Bedrohung f. || [parole] Drohwort n. || [regard] Drohblick m. || [geste] Drohgebärde f. || [écrit] Drohschreiben n. | *Menace de mort*, Bedrohung mit dem Tode ; Todesandrohung. | *Échanger des menaces*, sich gegenseitig bedrohen. | *Des menaces en l'air*, leere Drohungen f. pl. | *Lettre de menace*, Drohbrief m. | *Vivre sous la menace*, in ständiger Gefahr leben.

menacer [-nase] v. tr. be-, (an)drohen. | *Menacer qn*, jm drohen (mit) ; jm (etwas) androhen ; jn bedrohen. | *Menacer ruine*, baufällig sein.

ménage [mena:ʒ] m. **1.** [activité et objet] Haushalt m. ; Haushaltung f. ; Haus und Herd. | *Faire le ménage*, aufräumen ; Hausarbeit verrichten, machen. | *Tenir le ménage*, die Wirtschaft besorgen ; wirtschaften. | *Femme de ménage*, Aufwartefrau f. ; Putzfrau f. | *Monter son ménage*, sich einrichten ; seinen Hausstand gründen. | *Articles de ménage*, Haushaltswaren f. pl.
2. [communauté] Ehe f. ; Ehestand m. ; Familie f. | *Le jeune ménage*, das junge Paar ; die Frischvermählten. | *Faire bon ménage*, in glücklicher Ehe leben ; PAR EXT. sich gut vertragen.

ménagement [menaʒmɑ̃] m. Umsicht f. ; Rücksicht(nahme) f. | *User de ménagements envers qn*, schonend gegen jn vorgehen. | *Sans ménagements*, rücksichts-, schonungslos.

ménager [-ʒe] v. tr. [employer judicieusement] sparen ; schonen ; wirtschaften. | *Ménager ses forces*, mit seinen Kräften haushalten ; seine Kräfte schonen. | *Nous n'avons pas ménagé notre peine*, wir haben keine Mühe gespart. | *Ménager sa santé*, auf seine Gesundheit bedacht sein ; seine Gesundheit schonen. | *Se ménager*, sich schonen. | *Ménager ses troupes*, seine Truppen schonen. | *Il n'a pas ménagé les éloges*, er hat mit dem Lob nicht gespart. || [traiter avec égard] schonen ; umsichtig behandeln ; mit Rücksicht behandeln. | *Ménager une personne*, schonend gegen jn vorgehen ; jn mit Rücksicht behandeln. | *C'est un homme à ménager*, FAM. den muß man mit Glacéhandschuhen anfassen. | *Ménager les intérêts de qn*, den Vorteil js wahrnehmen. | *N'avoir rien à ménager*, keine Rücksicht zu nehmen haben. | *Ménager la chèvre et le chou*, es mit keinem verderben wollen. || [préparer, réserver, pratiquer] (vor)bereiten ; (geschickt) herbeiführen, verschaffen, anbringen. | *Ménager une surprise*, eine Überraschung bereiten. | *Ménager une entrevue*, eine Unterredung vermitteln. | *Se ménager une porte de sortie*, sich eine Hintertür offen lassen.

ménager, ère [menaʒe, ɛ:r] adj. [qui concerne le ménage] haushälterisch ; häuslich ; wirtschaftlich. | *École ménagère*, Haushaltungsschule f. | *Arts ménagers*, Haushaltswaren f. pl. | *Salon des arts ménagers*, Haushaltswarenmesse f.
◇ f. **ménagère,** [femme] Hausfrau f. ; Haushälterin f. ; Wirtschafterin f. | *Être une bonne ménagère*, eine gute Hausfrau sein.

ménagerie [menaʒri] f. Tierhaus n. ; Tiergarten m.

mendiant, iante [mɑ̃djɑ̃, jɑ̃:t] adj. bettelnd. | *Ordres mendiants*, Bettelorden m. pl. | *Frère mendiant*, Bettelbruder m., -mönch m.
◇ s. Bettler(in) m. (f.) ; Schnorrer(in) m. (f.). | *Mendiants*, Bettelpack n., -volk n.

mendicité [-disite] f. Bettelei f. ; Schnorrerei f. | *Être réduit à la mendicité*, an den Bettelstab kommen, geraten ; zum Bettler werden. | *Réduire qn à la mendicité*, jn an den Bettelstab bringen.

mendier [-dje] v. tr. betteln ; fechten. | *Mendier son pain*, von Almosen leben (müssen). | *Mendier auprès de qn*, jn anbetteln. | *Mendier de porte en porte*, sich durchbetteln.

meneau [məno] m. ARCHIT. Fensterkreuz n.

menées [məne] f. pl. Umtriebe m. pl. ; Schliche m. pl. ; Schleichwege m. pl. ; Ränke pl. | *Déjouer les menées de qn*, die Machenschaften von jm vereiteln.

mener [-ne] v. tr. führen ; leiten ; verwalten. | *Mener par la main*, an, bei der Hand führen. | *Mener un enfant à l'école*, ein Kind zur Schule bringen. | *Mener la danse*, den Tanz anführen. | *Ce chemin mène à*, der Weg führt, geht nach. | *Tous les chemins mènent à Rome*, alle Wege führen nach Rom. || FIG. *Mener qn à sa perte*, jn in den Abgrund, ins Verderben führen. | *Mener qn tambour battant*, scharf mit jm umgehen. | *Mener rondement, bon train*, nicht viel Federlesens, keine langen Umstände machen. | *Mener qn par le bout du nez*, jn an der Nase herumführen. | *Il est mené par sa femme*, POP. er steht unterm Pantoffel. | *Il se laisse mener comme un enfant*, er läßt sich wie ein Kind gängeln. | *Se laisser mener*, sich leiten, lenken, führen lassen. | *Mener une affaire*, ein Geschäft betreiben, verwalten. | *Mener à bonne fin*, glücklich abwickeln, durchführen. | *Cela ne mène à rien*, das führt zu nichts ; das hat keinen Zweck. | *À quoi cela mènera-t-il ?* was soll daraus werden ? | *L'argent mène le monde*, Geld regiert die Welt. || MATH. *Mener une parallèle*, eine Parallele ziehen. || SPORT. *Mener par un but à zéro*, eins zu null (1 : 0) führen.

ménestrel [menɛstrɛl] m. fahrender Sänger ; Minnesänger ; Spielmann m.

meneur, euse [mənœ:r, ø:z] s. Anstifter(in) m. (f.) ; (An)führer(in) m. (f.). || POLIT. Rädelsführer(in) m. (f.). | *Meneur de jeu*, Spielführer m.

menhir [meni:r] m. Menhir m.

méninge [menɛ̃:ʒ] f. Hirnhaut f.

méningite [-ʒit] f. MÉD. Hirnhautentzündung f. ; Meningitis f.

ménisque [menisk] m. ANAT. Meniskus m.

ménopause [menɔpo:z] f. MÉD. Wechseljahre n. pl. ; Menopause f.

menotte [mənɔt] f. [police] Handfessel f. ; Handschelle f. | *Mettre les menottes à qn*, jm Handfesseln anlegen. || [enfants] Händchen n.

mensonge [mɑ̃sɔ̃:ʒ] m. Lüge f. | *Pieux mensonge*, fromme Lüge ; Notlüge. | *Dire un mensonge à qn*, jn anlügen ; jm etwas vorlügen. | *C'est un mensonge*, das ist gelogen ; FAM. das ist erstunken und erlogen. | *Ce n'est que mensonge*, es ist alles nur Lug und Trug.

mensonger, ère [-ʒe, ɛ:r] adj. lügnerisch ; lügenhaft ; trügerisch. | *Récit mensonger*, unwahre Erzählung.
menstruation [mɑ̃stryasjɔ̃] f. PHYSIOL. Menstruation f. ; Regel f.
mensualisation [mɑ̃sɥalizasjɔ̃] f. [salaire] Umstellung (f.) auf Monatslohn ; [impôt] monatliche Steuerzahlung.
mensualiser [-ze] v. tr. [salaire] monatlich entlohnen ; [impôt] monatlich Steuern abführen.
mensualité [-sɥalite] f. monatliche Zahlung ; Monatsrate f. | *Payer par mensualités*, monatsweise, in Monatsraten abzahlen.
mensuel, uelle [-sɥɛl] adj. monatlich. | *Publication mensuelle*, monatliche Veröffentlichung. | *Traitement mensuel*, Monatsgehalt n.
mensuration [-rasjɔ̃] f. (Ver)messung f. ; (Ver)messen n.
mental, ale, aux [mɑ̃tal, o] adj. [contraire de corporel] mental ; geistig. | *Maladie mentale,* Geisteskrankheit f. | *Trouble mental,* Geistesstörung f. | *État mental,* Geisteszustand m. || [contraire de exprimé tout haut] mental ; still ; geheim. | *Calcul mental,* Kopfrechnen n.
mentalement [-lmɑ̃] adv. innerlich ; im Geiste ; in Gedanken.
mentalité [-lite] f. Mentalität f. ; Denk(ungs)art f. ; Gesinnung f.
menteur, euse [-tœ:r, ø:z] adj. lügnerisch ; verlogen ; lügenhaft.
◇ s. Lügner(in) m. (f.). | *Fieffé menteur*, Erzlügner.
menthe [mɑ̃:t] f. BOT. Minze f. | *Menthe poivrée*, Pfefferminze.
mention [mɑ̃sjɔ̃] f. Erwähnung f. || [note] Vermerk m. ; Anmerkung f. | *Faire mention de qn*, jn erwähnen.
mentionner [-sjɔne] v. tr. erwähnen ; anführen. | *Ne pas mentionner*, übergehen ; unerwähnt lassen.
mentir [mɑ̃ti:r] v. intr. lügen ; FIG. täuschen. | *Mentir à qn*, jn an-, belügen. | *Mentir à qn sur qch.*, jn in einer Sache belügen. | *Sans mentir*, ohne Lüge ; ungelogen. | *A beau mentir qui vient de loin*, es lügt sich gut aus der Ferne. | *Il ment comme il respire*, er lügt wie gedruckt ; er ist durch und durch verlogen. | *Il ment comme un arracheur de dents*, er lügt das Blaue vom Himmel herunter ; er lügt, daß sich die Balken biegen. | *Faire mentir qn*, jn Lügen strafen.
menton [mɑ̃tɔ̃] m. Kinn n. | *Avoir un double menton*, ein Doppelkinn haben.
mentonnière [-tɔnjɛr] f. Kinnband n.
mentor [mɑ̃tor] m. Mentor m. ; Berater m.
menu, ue [məny] adj. klein ; winzig ; gering(fügig). | *Menu bétail*, Kleinvieh n. | *Menu plomb*, Vogeldunst m. | *Menue monnaie*, Kleingeld n. | *Le menu peuple*, die unteren Klassen ; der kleine Mann.
◇ m. **menu,** Menü n. ; Speisekarte f., -zettel m. ; Küchenzettel m. || *Raconter par le menu*, ausführlich, haarklein erzählen. || INF. Menü n.
◇ adv. **menu.** *Hacher menu*, klein hacken ; [viande] fein wiegen. | *Trotter menu*, trippeln.
menuet [mənɥɛ] m. MUS. Menuett n.
menuiserie [mənɥizri] f. [métier] Schreinerei f. ; Tischlerei f. || [travail] Schreiner-, Tischlerarbeit f.
menuisier [-zje] m. Tischler m. ; Schreiner m.
Méphisto(phélès) [mefisto(felɛs)] m. MYTH. Mephisto(pheles) m.
méphistophélique [-felik] adj. mephistophelisch.
méphitique [mefitik] adj. mefitisch ; verpestet ; übelriechend.
méplat [mepla] m. Abflachung f.
méprendre (se) [səmeprɑ̃:dr] v. pr. sich vergreifen ; sich irren ; sich täuschen. | *À s'y méprendre*, zum Verwechseln. | *Se méprendre sur ses paroles*, seine Worte mißverstehen, falsch verstehen.
mépris [mepri] m. Miß-, Verachtung f. ; Geringschätzung f. ; Verschmähung f. | *Traiter qn avec mépris*, jn mit Verachtung behandeln. | *Mépris de la mort*, Todesverachtung. | *Mépris du danger*, Nichtachtung (f.) der Gefahr.
◇ loc. prép. **au mépris de,** ohne Rücksicht auf (acc.). | *Au mépris des lois*, den Gesetzen zum Trotz ; widerrechtlich. | *Au mépris du danger*, der Gefahr ungeachtet.
méprisable [-zabl] adj. verächtlich ; verachtungswert ; schmählich.
méprisant, ante [-zɑ̃, ɑ̃:t] adj. verachtend ; verächtlich ; herabsetzend. | *D'un air méprisant*, voller Geringschätzung. | *Prendre un air méprisant*, eine geringschätzige Miene aufsetzen.
méprise [mepri:z] f. Fehlgriff m. ; Mißdeutung f., -verständnis n. | *Commettre une méprise*, sich eine Mißgriff leisten. | *Par méprise*, aus Versehen.
mépriser [meprize] v. tr. miß-, verachten ; (ver)schmähen ; geringachten. | *Mépriser les lois*, die Gesetze mißachten.
mer [mɛ:r] f. Meer n. ; See f. ; Flut f. | *Mer intérieure*, Binnenmeer. | *Mer du Nord*, Nordsee. | *Mer Baltique*, Ostsee. | *Haute, pleine mer*, hohe, offene See. | *En pleine mer*, auf hoher See. | *Par mer*, auf dem Seewege. | *Mer d'huile*, glatte See. | *Grosse mer*, hoher Seegang. | *Mer houleuse*, bewegte See. | *Prendre la mer*, in See stechen. | *Capable de tenir la mer*, seetüchtig. | *Coup de mer*, Wellenschlag m. | *Mal de mer*, Seekrankheit f. | *Un homme à la mer*, Mann über Bord ! | *La mer brise, moutonne*, die See brandet, kräuselt sich. | *Transport par mer*, Seetransport m. || FIG. *Loup de mer*, Seebär m. || LOC. *Ce n'est pas la mer à boire*, das ist gar nicht so schlimm !
mercanti [mɛrkɑ̃ti] m. Schieber m.
mercantile [-ti:l] adj. kaufmännisch ; merkantil ; PÉJOR. krämerhaft. | *Esprit mercantile*, kaufmännischer, gewinnsüchtiger Krämergeist.
mercantilisme [-tilism] m. Merkantilismus m.
mercenaire [mɛrsənɛ:r] adj. bezahlt ; erkauft ; besoldet ; PÉJOR. gedungen ; feil. | *Soldat mercenaire*, Söldner m. | *Âme mercenaire*, käufliche Seele.
◇ m. Söldner m. ; Söldling m. ; Landsknecht m.
mercerie [mɛrsri] f. COMM. Kurzwarenhandel m., -handlung f. || [articles] Kurzwaren f. pl.
merci [mɛrsi] f. Barmherzigkeit f. ; Gnade f. | *Implorer merci*, um Gnade bitten. | *Réduire qn à merci*, Herr über jn werden. | *Sans merci*, ohne Gnade und Erbarmen ; schonungslos.
◇ m. Dank m.
◇ loc. prép. **à la merci de.** *Être à la merci de qn*, jm preisgegeben sein ; in js Hand (Gewalt) stehen. | *Se mettre à la merci de qn*, sich jm ausliefern ; sich in js Gewalt begeben.
◇ interj. **merci !,** danke ! | *Dire merci*, danken (dat.) ; Dank sagen. | *Merci beaucoup*, vielen Dank ! | *Merci bien !*, danke schön ; besten Dank ! | *Merci de tout cœur*, recht herzlichen Dank. | *Dieu merci*, Gott sei Dank.
mercier, ière [mɛrsje, jɛ:r] s. Kurzwarenhändler(in) m. (f.).
mercredi [mɛrkrədi] m. Mittwoch m. | *Mercredi des cendres*, Aschermittwoch.
Mercure [mɛrky:r] n. pr. m. MYTH. Merkur m.
◇ m. **mercure,** Quecksilber n. | *Colonne de mercure*, Quecksilbersäule f. | *Vapeur de mercure*, Quecksilberdampf m.

mercuriale [mɛrkyrjal] f. **1.** [état des prix] Marktbericht m. ; Lebensmittelpreise m. pl.
2. BOT. Bingelkraut n.
merde [mɛrd] f. VULG. Scheiße f. ; Scheißdreck m.
mère [mɛ:r] f. Mutter f. || [animal] Alte f. | *Petite mère*, Mütterchen n. ; Mutti f. | *Mère de famille*, Hausmutter. | *Fête des mères*, Muttertag m. | *Madame votre mère*, Ihre Frau Mutter. || *Mère adoptive*, Adoptivmutter. | *Mère célibataire*, unverheiratete Mutter. | *Mère porteuse*, Leihmutter. || FIG. *Mère poule*, Glucke f. ; überbesorgte, überfürsorgliche Mutter. || PAR EXT. *Mère abbesse*, Äbtissin f. ; Oberin f. | *Ma mère*, ehrwürdige Mutter ! | *Mère patrie*, Mutter-, Heimatland n. || *Mère de vinaigre*, Essigmutter.
◇ adj. *Reine mère*, Königinmutter f. | *Maison mère*, Stamm-, Mutterhaus n.
méridien [meridjɛ̃] m. Meridian m. ; Mittagslinie f. ; Längenkreis m.
◇ f. **méridienne,** ASTRON. Mittagslinie f. || [siège] Schlafsofa n.
méridional, ale, aux [-djɔnal, o] adj. südlich ; südländisch. | *Accent méridional*, südlicher, südländischer Akzent.
◇ s. **Méridional, ale, aux,** Südfranzose m., Südfranzösin f.
meringue [mərɛ̃:g] f. Baiser n.
mérinos [merinos] m. [mouton] Merinoschaf n. || [étoffe] Merinowolle f. ; Merino m.
merise [məri:z] f. BOT. Vogelkirsche f.
merisier [-zje] m. Vogelkirschbaum m.
méritant, ante [meritɑ̃, ɑ̃:t] adj. verdienstvoll ; preiswürdig.
mérite [-rit] m. Verdienst n. ; Wert m. ; Würde f. | *Mérite personnel*, persönliches Verdienst.
mériter [-rite] v. tr. [valoir] verdienen ; würdig sein (gén.) ; wert sein (gén.). | *Mériter une récompense*, einer Belohnung würdig sein. | *Mériter une punition*, eine Strafe verdienen. | *Mériter la mort*, die Todesstrafe verdienen ; sein Leben verwirken. | *Toute peine mérite salaire*, eine jede Arbeit ist ihres Lohnes wert. | *Bien mérité*, wohlverdient. | *Sans l'avoir mérité*, unverdientermaßen, -weise. | *Traiter qn comme il le mérite*, jn behandeln, wie er es verdient. | *Bien mériter de la patrie*, sich um das Vaterland verdient machen.
méritocratie [-tɔkrasi] f. (*etwa*) Leistungsgesellschaft f.
méritoire [-twa:r] adj. verdienstlich ; verdienstvoll ; lobenswert.
merlan [mɛrlɑ̃] m. Merlan m. ; Wittling m.
merle [mɛrl] m. ZOOL. Amsel f. ; Schwarzdrossel f. ; Merle f. | *Rare comme le merle blanc*, selten wie ein weißer Rabe.
merlette [-lɛt] f. Amsel f.
merluche [mɛrly:ʃ] f. ZOOL. Meer-, Seehecht m. ; Stockfisch m.
mérovingien, ienne [merɔvɛ̃ʒjɛ̃, jɛn] adj. HIST. merowingisch.
◇ s. **Mérovingien, ienne,** Merowinger(in) m. (f.).
mérule [meryl] f. BOT. Hausschwamm m.
merveille [mɛrvɛ:j] f. Wunder(werk) n. ; Meisterwerk n. | *Les merveilles de la nature*, die Wunder der Natur. | *Faire merveille*, Wunder tun. | *Promettre monts et merveilles*, goldene Berge versprechen. | *Pays des merveilles*, Wunder-, Zauberland n. | *Les Sept Merveilles du monde*, die sieben Weltwunder n. pl.
merveilleux, euse [-jø, ø:z] adj. wunderbar, -schön, -voll.
◇ m. **merveilleux,** (das) Wunderbare.
mésalliance [mezaljɑ̃:s] f. Mißheirat f. ; Mesalliance f.
mésange [mezɑ̃:ʒ] f. ZOOL. Meise f. | *Mésange bleue*, Blaumeise. | *Mésange huppée*, Haubenmeise.
mésaventure [mezavɑ̃ty:r] f. Mißgeschick n., -lingen n. ; Unfall m.
mescaline [mɛskalin] f. Meskalin n.
mesdames [mɛdam] f. pl. (abrév. Mmes), meine (sehr verehrten) Damen f. pl. | *Mesdames, Messieurs*, meine Damen und Herren !
mesdemoiselles [mɛdmwazɛl] f. pl. (abrév. Mlles), meine Damen !
mésentente [mezɑ̃tɑ̃:t] f. Uneinigkeit f. ; Entzweiung f.
mésestime [mezɛstim] f. Geringschätzung f. ; Mißachtung f.
mésestimer [-me] v. tr. geringschätzen ; mißachten ; niedrig einschätzen.
mésolithique [mezɔlitik] m. Mesolitikum n.
méson [mezɔ̃] m. Meson n. ; Mesotron n.
Mésopotamie [mezɔpɔtami] n. pr. f. Mesopotamien n.
mesquin, ine [mɛskɛ̃, in] adj. kleinlich ; beengt. | *D'un esprit mesquin*, von kleinlichem Geist. | *Idées mesquines*, dürftige Gedanken m. pl. | *Vie mesquine*, karges, armseliges Leben.
mesquinerie [-kinri] f. Kleinlichkeit f. ; Beengtheit f. ; Kärglichkeit f.
mess [mes] m. (Offiziers)kasino n. ; Offizierstafel f., -messe f.
message [mɛsa:ʒ] m. TECHN., MIL. Botschaft f. ; Nachricht f. ; Auftrag m. ; Meldung f. | *Être chargé d'un message*, mit einer Botschaft beauftragt sein. | *Message radio*, Funkspruch m. | *Message téléphoné, téléphonique*, telefonische Mitteilung, Durchsage.
messager, ère [-ʒe, ɛ:r] s. (Eil)bote m., -botin f. ; Austräger m. | *Messager de malheur*, Unglücksbote ; Hiobsbote.
— SYN. : *Envoyé*, Abgesandter. *Émissaire*, Sendbote ; Kundschafter. *Courrier*, Eilbote. *Exprès*, Sonderbote.
messagerie [-ʒri] f. Transportgeschäft n. ; Eiltransporte m. pl. ; Güterschnellverkehr m. | *Messageries maritimes*, Seetransporte m. pl. || INF. *Messagerie électronique*, Datenfernübertragung f.
messe [mɛs] f. RELIG. Messe f. ; Gottesdienst m. | *Messe basse*, stille Messe. | *Grand-messe*, Hochamt n. | *Livre de messe*, Meßbuch n. | *Le prêtre dit la messe*, der Priester hält, liest die Messe. | *Assister à la messe*, die Messe besuchen, hören. | *La messe en* ut *majeur de Beethoven*, Beethovens Messe in C-Dur. | *Servir la messe*, ministrieren. || FIG. *Messes basses*, Gezischel n. ; Gemunkel n. || FAM. *Dire des messes basses*, miteinander tuscheln, zischeln.
messianique [mɛsjanik] adj. messianisch.
messie [mesi] m. RELIG. Messias m. ; Erlöser m. || FIG. *Vous êtes attendu comme le Messie*, sie werden schon sehnsüchtig erwartet.
messieurs [mɛsjø] m. pl. (abrév. MM.) meine Herren.
Messin, ine [mɛsɛ̃, in] s. aus Metz ; Metzer(in) m. (f.).
mesurable [məzyrabl] adj. meßbar.
mesurage [-zyraʒ] m. Messung f.
mesure [-zy:r] f. **1.** [quantité] Maß n. ; Maßstab m. | *Mesure métrique*, metrisches Maß. | *Mesure de longueur*, Längenmaß. | *Mesure de superficie*, Flächenmaß. | *Mesure de capacité*, Hohlmaß. | *Mesure de volume*, Kubikmaß. | *Poids et mesures*, Maße und Gewichte. | *Avoir deux poids et deux mesures*, zweierlei

Maß haben. | *Mesure d'étain*, Zinnmaß. | *Mesure de fer-blanc*, Blechmaß. | *Prendre le mètre pour mesure*, das Meter als Maßeinheit nehmen. || [évaluation de quantité] Messen n. ; Messung f. | *Mesure de précision*, Feinmessung. | *Prendre les mesures*, Maß nehmen ; abmessen. | *Appareils de mesure*, Meßinstrumente n. pl. | *Technique de mesure et de réglage*, Meß- und Regeltechnik f. | *(Faire) sur mesure*, nach Maß (anfertigen). | *Faire bonne mesure*, reichlich zumessen. | *Cela passe la mesure*, das geht über das Maß hinaus. | *Prendre la mesure de qch.*, etwas abschätzen.

2. [décision] Maßnahme f., -regel f. ; Vorkehrung f. | *Prendre des mesures*, Maßnahmen, Vorkehrungen, Anstalten treffen. | *Prendre les mesures appropriées*, die geeigneten Maßnahmen treffen, ergreifen. | *Mesure coercitive*, Zwangsmaßnahme. | *Mesure de précaution*, Vorsichtsmaßnahme. | *Mesures disciplinaires*, Disziplinarmaßnahmen f. pl. ; Strafmaßnahmen f. pl. | *Mesure d'urgence*, Notmaßnahme. | *Mesure discriminatoire*, diskriminierende Maßnahme. | *Mesure de rétorsion*, Vergeltungsmaßnahme ; Gegenmaßnahme. | *Demi-mesures*, halbe Maßnahmen. | *Mesures vexatoires*, Maßregelung f.

3. [modération] Mäßigung f. ; Maß n. ; Gemessenheit f. | *Garder la mesure*, Maß halten ; maßvoll sein. | *Sans mesure*, maßlos ; ohne Maß (und Ziel). | *Manque de mesure*, Maßlosigkeit f. | *De la mesure en toute chose*, halte Maß in allen Dingen !

4. [capacité] Fähigkeit f. | *Être en mesure de faire qch.*, in der Lage, imstande sein, etwas zu tun. | *Donner sa mesure*, zeigen, was man kann. | *Donner toute sa mesure*, sich bewähren.

5. Mus. Takt m. | *Mesure à trois temps*, Dreivierteltakt. | *Battre la mesure*, den Takt schlagen. | *En mesure*, im Takt ; taktmäßig.

◇ loc. adv. **au fur et à mesure,** allmählich. — **outre mesure,** übermäßig. — **au-delà de toute mesure,** über alle Maßen. — **dans une certaine mesure,** gewissermaßen ; in einem gewissen Maßstab.

◇ loc. conj. **à mesure que, dans la mesure où,** in dem Maße, wie. — **au fur et à mesure que,** je (nachdem), wie. — **dans la mesure où,** insofern.

◇ loc. prép. **au fur et à mesure de,** je nach.

mesuré, ée [-zyre] adj. Pr. et fig. abgemessen ; abgewogen. || Fig. maßvoll ; mäßig ; beherrscht ; gemäßigt. || [restreint] sparsam ; karg. | *À pas mesurés*, mit gemessenen Schritten. | *Sur un ton mesuré*, mit maßvollem Ton.

mesurer [-zyre] v. tr. an-, aus-, be-, durch-, ver-, zumessen ; Maß nehmen. | *Mesurer la longueur*, die Länge messen. | *Mesurer une distance*, eine Strecke abmessen. | *Mesurer un champ*, ein Feld vermessen. || Fig. [bien peser, modérer] abwägen ; mäßigen. | *Mesurer ses paroles*, seine Worte abwägen. | *Mesurer ses expressions*, seine Ausdrücke mäßigen. || [répartir équitablement] anmessen, -passen. || [donner avec parcimonie] etwas knapp bemessen.

◇ v. intr. [avoir comme dimensions] messen ; groß, lang, tief sein.

◇ v. pr. **se mesurer.** *Se mesurer avec qn*, sich mit jm messen ; es mit jm aufnehmen.

métabolique [metabɔlik] adj. Méd. Stoffwechsel... | *Processus métabolique*, Stoffwechselprozeß m.

métabolisme [-lism] m. Méd. Stoffwechsel m.

métairie [metɛri] f. Meierhof m. ; Meierei f. ; Pacht-, Bauernhof m.

métal [metal] m. Metall n. | *Métal brut*, Rohmetall. | *Métal précieux*, Edelmetall.

métalangage [metalɑ̃ga:ʒ] m. Metasprache f.

métalangue [-lɑ̃:g] f. Gramm. Metasprache f.

métalinguistique [-lɛ̃gɥistik] adj. Gramm. metasprachlich.

métallique [-lik] adj. metallisch ; metallartig ; Metall... | *Voix métallique*, metallische Stimme. | *Son, timbre métallique*, metallener Klang.

métallurgie [-lyrʒi] f. Metallurgie f. ; Hüttenwesen n. | *Métallurgie de transformation*, verarbeitende Metallindustrie.

métallurgique [-lyrʒik] adj. metallurgisch ; hüttenkundlich. | *Industrie métallurgique*, Hütten-, Metallindustrie f. | *Usine métallurgique*, Hüttenwerk n. | *Produit métallurgique*, Hüttenerzeugnis n.

métallurgiste [-lyrʒist] adj. et m. Hütten(fach)mann m. ; Metallurge m. ; Hüttenbesitzer m. | *Ouvrier métallurgiste*, Hüttenarbeiter m.

métamorphose [metamɔrfo:z] f. Verwandlung f. ; Umgestaltung f. ; Metamorphose f.

métamorphoser [-foze] v. tr. verwandeln ; umgestalten.

◇ v. pr. **se métamorphoser,** eine andere Gestalt, Form annehmen ; sich umformen. | *Se métamorphoser en*, sich verwandeln in (acc.).

métaphore [metafɔ:r] f. Metapher f. ; bildlicher Ausdruck. | *Par métaphore*, bildlich gesprochen.

métaphorique [-fɔrik] adj. metaphorisch ; bildlich ; in Gleichnissen.

métaphysicien, ienne [-fizisjɛ̃, jɛn] m. Metaphysiker(in) m. (f.).

métaphysique [-fizik] adj. Philos. metaphysisch.

◇ f. Metaphysik f.

métastase [-staz] f. Méd. Metastase f. ; Tochtergeschwulst f.

métathèse [metatɛ:z] f. Gramm. Metathesis f.

métayage [metɛja:ʒ] m. Verpachtung f.

métayer, ère [-je, ɛ:r] s. Pächter(in) m. (f.) ; Meier m. ; Halbpächter(in) m. (f.).

métazoaire [metazɔɛr] m. Zool. Metazoon n. ; Vielzeller m.

métempsycose [metɑ̃psiko:z] f. Seelenwanderung f.

météo [meteo] f. Fam. V. météorologie. || [bulletin] Wetterbericht m. ; Wettervorhersage f. || [conditions atmosphériques] Wetter n.

météore [meteɔ:r] m. Meteor m. ; Himmelserscheinung f. || Fig. vergänglicher Stern. || Iron. Eintagsfliege f. ; Tagesgröße f.

météorique [-rik] adj. meteorisch ; meteorhaft.

météorite [-rit] f. Meteorstein m. ; Meteorit m.

météorologie [-rɔlɔʒi] f. Meteorologie f. ; Wetterkunde f.

météorologique [-rɔlɔʒik] adj. meteorologisch ; wetterkundlich. | *Bulletin météorologique*, Wetterbericht m. | *Prévision(s) météorologique(s)*, Wetterprognose f. | *Station météorologique*, Wetterwarte f.

météorologiste [-rɔlɔʒist] ou **météorologue** [-rɔlɔg] s. Meteorologe m. ; Meteorologin f. ; iron. Wetterfrosch m.

métèque [metɛk] m. Hist. Metöke m. ; péjor. Zugewanderter m. ; Hergelaufener m.

méthane [metan] m. Methan(gas) n.

méthanier [-nje] m. Methantanker m. ; Flüssiggastanker m.

méthode [metɔd] f. [façon de procéder] Methode f. ; Art f. ; Verfahren n. ; System n. | *Méthode d'enseignement*, Lehrverfahren, -art. | *Méthode de travail*, Arbeitsweise f. | *Suivre une méthode*, einer Methode folgen. | *Procéder avec méthode*, methodisch vorgehen.

|| [ouvrage logique] Elementarbuch n. ; Leitfaden m. ; Lehrbuch n. | *Méthode de lecture*, Lehrbuch. | *Méthode de chant*, Singschule f. | *Méthode de piano*, Klavierschule f.

méthodique [-dik] adj. methodisch ; planmäßig ; ordnungsmäßig.

méthodiste [-dist] adj. RELIG. methodistisch.
◇ s. Methodist(in) m. (f.).

méthodologie [-dɔlɔʒi] f. Methodik f. ; Methodologie f. ; Methodenlehre f.

méthylène [metilɛ:n] m. CHIM. Methylalkohol m.

méticuleux, euse [metikylø, ø:z] adj. sorgfältig ; genau. | *Exactitude méticuleuse*, peinliche Genauigkeit.

métier [metje] m. **1.** [profession] Handwerk n. ; Gewerbe n. ; Beruf m. | *Métier manuel*, handwerklicher Beruf. | *Métier des armes*, Waffen-, Kriegshandwerk. | *Métier d'avenir*, Zukunftsberuf m. ; Beruf (m.) mit Zukunft. | *Homme de, du métier*, Fachmann m. | *Les gens du métier*, die Fachleute pl. ; die Leute vom Fach ; POP. vom Bau. | *Terme de métier*, Fach-, Kunstausdruck m. | *Parler métier*, fachsimpeln. | *Arts et métiers*, mechanische Künste f. pl. | *Chambre des métiers*, Handwerkskammer f. | *Corps de métier*, Zunft f. | *Quel est votre métier ?*, was sind Sie von Beruf ? | *Exercer un métier*, ein Handwerk (be)treiben. | *Il est menuisier de son métier*, er ist seines Zeichens Schreiner. | *Être du métier*, Kenner, Fachmann sein. | *Connaître, Savoir son métier*, sich auf sein Handwerk verstehen ; fachkundig sein. | *Rompu au métier*, in seinem Fach, in seiner Arbeit bewandert. | *Il a du métier*, er ist geschickt. | *Il n'y a point de sot métier*, Handwerk hat goldenen Boden. | *Chacun son métier*, Schuster, bleib bei deinem Leisten. | *Gâter, Gâcher le métier*, viel zu billig arbeiten.
2. [machine] *Métier à tisser*, Webstuhl m. || FIG. *Avoir quelque chose sur le métier*, etwas in Arbeit, unter den Händen haben ; an etwas arbeiten. | *Remettre qch. sur le métier*, etwas umarbeiten.

métis, isse [metis] adj. gemischt ; gekreuzt.
◇ s. Mischling m. ; Mestize m. ; Mestizin f. ; Halbblut n. || BOT. Zwitter m. ; Kreuzung f.
◇ m. **métis,** TEXT. Halbleinen n.

métisser [-se] v. tr. kreuzen.

métonymie [metɔnimi] f. GRAMM. Metonymie f.

métrage [metra:ʒ] m. [mesure] Ver-, Ab-, Ausmessung f. ; Ausmessen (in Metern) n. || [longueur] Meter(an)zahl f. || FILM. Meterlänge (f.) des Films. | *Court métrage*, Kurzfilm m. | *Long métrage*, Spielfilm m.

mètre [mɛtr] m. [longueur] Meter m. ou n. ; Metermaß n., -stab m. | *Mètre carré*, Quadratmeter. | *Mètre cube*, Kubikmeter. | *Cinq mètres de long*, fünf Meter lang. | *Vingt mètres de ruban*, zwanzig Meter Band. || POÉS. (Vers)maß n. ; Metrum n. ; Silbenmaß n.

métreur [metrœ:r] m. Vermesser m.

métrique [metrik] adj. metrisch. | *Système métrique*, metrisches System. | *Distance métrique*, Abstand (m.) in Metern.
◇ f. Metrik f. ; Verslehre f.

métro [metro] m. [métropolitain] U-Bahn f. ; Untergrundbahn f. | *Prendre le métro*, mit der U-Bahn fahren.

métrologie [metrɔlɔʒi] f. Meßtechnik f. | *Métrologie à laser*, Lasermeßtechnik.

métronome [metrɔnɔ:m] m. Taktmesser m. ; Metronom n.

métropole [metrɔpɔl] f. Metropole f. || [ville] Hauptstadt f. || [pays] Mutterland n.

métropolitain, aine [-litɛ̃, ɛ:n] adj. hauptstädtisch ; zum Mutterland gehörig. | *Chemin de fer métropolitain*, Hoch- und Untergrundbahn f. | *La France métropolitaine*, das französische Mutterland.

métropolite [-lit] m. Metropolit m.

mets [mɛ] m. Gericht n. ; Speise f. ; Gang m. | *Mets favori*, Leib- und Magenspeise.

mettable [mɛtabl] adj. [vêtement] tragbar ; brauchbar.

metteur [-tœ:r] m. TYPOGR. *Metteur en pages*, Umbrecher m. ; Seitensetzer m. || FILM. *Metteur en scène*, Régisseur m. || RADIO. *Metteur en ondes*, Toningenieur m.

mettre [mɛtr].

> **I.** v. tr.
> **A.** LIEU : legen ; stellen ; setzen ; hängen.
> **1. mettre** + compl. direct seul.
> **a)** NOURRITURE.
> **b)** VÊTEMENTS.
> **c)** DIVERS.
> **d) mettre bas.**
> **2. mettre** + compl. direct + prépos. [ordre alphabétique des compléments].
> **3. mettre** qch. ou qn + compl. prépositionnel (ordre alphabétique des prépositions pour chaque préposition des compléments).
> **4.** ADMETTRE, SUPPOSER.
> **5.** MIL.
> **B.** TEMPS : brauchen.
> **II.** v. pr. **se mettre.**
> **1.** [se placer] sich stellen, setzen, legen.
> **2.** EXPRESSIONS :
> **a)** [avec un complément non prépositionnel].
> **b)** [avec un complément prépositionnel]. (ordre alphabétique des prépositions).

I. v. tr.
A. LIEU : legen ; stellen ; setzen ; hängen. | *Mettre debout*, (auf)stellen ; setzen. | *Mettre* [accrocher] hängen. | *Mettre une casserole sur le feu*, einen Topf aufsetzen. | *Mettre un cahier sur la table*, ein Heft auf den Tisch legen. | *Mettre dehors*, an die Luft setzen.
1. mettre + compl. direct seul.
a) *Mettre le couvert*, den Tisch decken. | *Le couvert est mis*, es ist gedeckt. | *Mettre la nappe*, das Tischtuch ausbreiten, auflegen. | *Mettre du sel*, Salz beigeben ; salzen.
b) *Mettre des vêtements*, Kleider anziehen, anlegen, antun. | *Mettre son chapeau*, seinen Hut aufsetzen. | *Mettre ses pantoufles*, in die Pantoffeln schlüpfen. | *Mettre sa cravate*, seinen Schlips umbinden. | *Mettre un foulard*, sich ein Halstuch umbinden. | *Aider qn à mettre son manteau*, jm in den Mantel helfen. | *Il est bien, mal mis*, er ist gut, schlecht gekleidet.
c) *Mettre les scellés*, die Siegel anbringen ; versiegeln. | *Mettre le verrou*, den Riegel vorschieben. | *Mettre la radio*, das Radio anstellen. | *Mettre les gaz, plein gaz*, Vollgas geben. || FAM. *Mettre les voiles*, abhauen.
d) mettre bas, Junge zur Welt bringen ; Junge werfen. || [vache] kalben. || [jument] fohlen.
2. mettre + compl. direct + prépos. [ordre alphabétique des compléments]. *Mettre de l'argent à la caisse d'épargne*, Geld auf die Sparkasse bringen. | *Mettre de l'argent de côté*, FAM. *à gauche*, Geld auf die hohe Kante legen. | *Mettre la bague au doigt*, den Ring (an den Finger) anstecken. | *Mettre la balle en jeu*, den Ball einwerfen. | *Mettre un bateau en chantier*, ein Schiff auf Kiel legen. | *Mettre du bois dans la cheminée*, Holz in den Kamin nachlegen. | *Mettre la clé dans la serrure*, den Schlüssel ins Schloß stecken. | *Mettre le doigt*

dessus, den Nagel auf den Kopf treffen ; den rechten Fleck treffen. | *Mettre l'eau à la bouche (à qn)*, (jm) den Mund wässerig machen. | *Mettre de l'eau dans son vin*, Wasser in seinen Wein gießen ; FIG. gelindere Saiten aufziehen. | *Mettre un enfant au monde*, ein Kind gebären, zur Welt bringen. | *Mettre son espoir en qch.*, seine Hoffnung auf etwas setzen. | *Mettre le feu à une maison*, ein Haus in Brand stecken. | *Mettre un frein à qch.*, etwas stoppen ; einer Sache Einhalt gebieten. | *Mettre du goût dans qch.*, Geschmack in etwas zeigen. | *Mettre hors la loi*, für vogelfrei erklären. | *Mettre de l'huile dans la lampe*, Öl auf die Lampe gießen. | *Mettre de l'huile sur le feu*, Öl ins Feuer gießen. | *Mettre une lettre à la poste*, einen Brief aufgeben, zur Post geben, zur Post bringen. | *Je ne veux pas y mettre la main*, ich will nichts dazu tun. | *Mettre la main à la besogne*, zugreifen. | *J'en mettrais ma main au feu*, dafür lege ich meine Hand ins Feuer. | *Mettre la main à la pâte*, Hand ans Werk (an)legen ; selbst mit zugreifen. | *Mettre la main à la plume*, zur Feder greifen. | *Mettre la main dans qch.*, in etwas (acc.) eingreifen. | *Mettre la main sur qch.*, etwas in Beschlag nehmen. | *Mettre la main sur qn*, jn festnehmen, verhaften. | *Mettre la dernière main à qch.*, letzte Hand an etwas anlegen. | *Mettre une montre à l'heure*, eine Uhrrichtig stellen. | *Mettre un navire à l'eau*, ein Schiff zu Wasser lassen. | *Mettre obstacle*, verhindern. | *Mettre de l'ordre dans ses affaires*, Ordnung in seine Angelegenheiten bringen. | *Mettre pied à terre*, absteigen ; [de cheval] absitzen ; [de véhicule] aussteigen. | *Mettre une question sur le tapis*, eine Frage aufwerfen, aufs Tapet bringen. | *Mettre les rieurs de son côté*, die Lacher auf seine Seite ziehen. | *Mettre sens dessus dessous*, durcheinanderwerfen, -bringen. | *Y mettre du sien*, das Seinige dazu beitragen ; von dem Seinigen zulegen ; zu etwas mithelfen. | *Mettre du soin à qch.*, Sorgfalt auf etwas (acc.) verwenden. | *Mettre tous ses soins à qch.*, seine ganze Sorgfalt auf etwas (acc.) wenden. | *Mettre un terme à qch.*, einer Sache Einhalt tun, ein Ende machen. | *Mettre de la bonne volonté à qch.*, guten Willen für etwas aufbringen.

3. mettre quelque chose ou quelqu'un + complément prépositionnel à : *Mettre qn à l'aise*, es jm bequem machen ; jm die Befangenheit nehmen. | *Mettre à l'ancre*, vor Anker gehen ; an den Anker legen ; verankern. | *Mettre à bas*, zerstören. || FAM. *Mettre qch. au clou*, etwas versetzen. || *Mettre au concours*, ausschreiben, -stellen. | *Mettre à contribution*, heranziehen. | *Mettre au courant*, ins Bild setzen ; informieren. | *Mettre au désespoir*, zur Verzweiflung bringen, treiben. | *Mettre à la disposition de qn*, jm etwas bereitstellen, zur Verfügung stellen. | *Mettre à l'envers*, verkehren ; auf den Kopf stellen ; umstülpen, -krempeln. | *Mettre à l'épreuve*, auf die Probe stellen ; erproben. | *Mettre qn au fait de qch.*, jm etwas klarlegen. | *Mettre à exécution*, zur Ausführung bringen ; ausführen. | *Mettre à feu*, anzünden. | *Mettre à feu et à sang*, sengen und brennen ; verheeren. | *Mettre à jour*, ergänzen ; in Ordnung bringen. | *Mettre au jour*, ans Licht bringen. | *Mettre à mal*, übel zurichten ; zu Fall bringen ; [une jeune fille] entehren. | *Mettre à la mer*, aussetzen ; auslaufen lassen. | *Mettre à mort*, umbringen. | *Mettre au net*, ins Reine schreiben. | *Mettre à nu*, bloßlegen. | *Mettre à part*, beiseitelegen ; aussondern, -sortieren. | *Mettre au pas*, gleichschalten. | *Mettre à pied*, suspendieren. | *Mettre qn au pied du mur*, jn in die Enge treiben, an die Wand drücken, in einen Winkel treiben ; jm hart zusetzen. | *Mettre au point*, [éclairer] klarstellen ; berichtigen ; PHOT. (scharf)einstellen ; RADIO. nachregulieren ; einstellen. | *Mettre à la porte*, zur Tür hinauswerfen ; aus dem Hause stoßen, werfen ; wegjagen. | *Mettre à prix*, einen Preis auf (acc.) ansetzen. | *Mettre à profit*, verwerten. | *Mettre au propre*, ins Reine schreiben. | *Mettre qn à la raison*, jm den Kopf zurechtstellen. | *Mettre au rebut*, zurücksetzen ; ausrangieren. | *Mettre à la rue*, auf die Straße setzen ; aus der Wohnung vertreiben. | *Mettre à toutes les sauces*, zu allem gebrauchen ; überall einsetzen. || RADIO. *Mettre à la terre*, erden. || *Mettre aux voix*, zur Abstimmung bringen. — **contre :** *Mettre contre le mur*, an die Wand stellen. — **dans :** [absolument] POP. *Mettre qn dedans*, jn hinein-, reinlegen, foppen, anschmieren, übers Ohr hauen ; FAM. beschummeln. | *Être mis dedans*, hereinfallen. | *Mettre dans le bon chemin*, auf den rechten Weg bringen, führen. | *Mettre dans le commerce*, in den Handel bringen. | *Mettre qn dans les intérêts de qn*, einen in js Interesse ziehen. | *Mettre qn dans sa poche*, jn in die Tasche stecken. | *Mettre qn dans son sac*, jn anschmieren. | *Mettre dans le secret*, in das Geheimnis einführen, einweihen. | *Mettre dans la tête*, in den Kopf setzen. — **de :** *Mettre de côté*, beiseite-, zurücklegen. | *Mettre de mauvaise humeur*, verdrießlich machen ; in schlechte Laune versetzen. | *Mettre de niveau*, ebnen. — **en :** *Mettre en accusation*, in Anklagezustand versetzen. | *Mettre en allemand*, ins Deutsche übertragen. | *Mettre en apprentissage*, in die Lehre geben. | *Mettre en avant* [raison, prétexte], vorgeben. || FIG. *Mettre qn en boîte*, jn auf den Arm nehmen ; zum besten haben. | *Mettre en boule*, ärgern ; fuchsteufelswild machen. | *Mettre en bouteille*, in Flaschen abfüllen. | *Mettre en branle*, bewegen ; in Bewegung setzen. | *Mettre en cause (qch.)*, in Frage stellen, beanstanden. | *Mettre en circulation*, in Umlauf, in den Verkehr setzen, bringen. | *Mettre en colère*, ärgern ; aufbringen. | *Mettre en danger*, gefährden ; in Gefahr bringen. || JUR. *Mettre en demeure*, (gesetzlich) mahnen, auffordern. | *Mettre en dépôt*, hinterlegen ; in Verwahrung geben. | *Mettre en doute*, in Zweifel ziehen ; bezweifeln. | *Mettre en évidence*, offensichtlich machen ; nachweisen ; betonen ; hervorheben. | *Mettre en fuite*, in die Flucht jagen, schlagen. | *Mettre en gage*, verpfänden ; als Pfand geben. | *Mettre en honneur*, zu Ehren bringen. | *Mettre en liberté*, freilassen ; in Freiheit setzen. | *Mettre en lieu sûr*, an einen sicheren Ort bringen. | *Mettre en marche*, [automobile] anlassen ; [machine] anlaufen lassen ; [moteur] anwerfen, -lassen. | *Mettre en mouvement*, in Gang, in Bewegung bringen, setzen. | *Mettre en morceaux*, in Stücke brechen. | *Mettre en mille morceaux*, kurz und klein, in Scherben, in Trümmer schlagen. | *Mettre en (petits) morceaux*, zerstückeln. | *Mettre en musique*, vertonen ; in Musik setzen. | *Mettre en nourrice*, einer Amme übergeben. | *Mettre en œuvre*, bewerkstelligen ; FIG. einsetzen ; aufbieten. | *Mettre en ordre*, in Ordnung bringen ; [une pièce, un local] aufräumen ; instandsetzen. | *Mettre en pension*, in Pension geben. | *Mettre en pièces*, in Stücke brechen. | *Mettre en place*, aufstellen. | *Mettre en mauvaise posture*, in eine schlimme Lage bringen ; aufs (Glatt)eis führen. | *Mettre en pratique*, durchführen ; in die Praxis umsetzen. | *Mettre en prison*, ins Gefängnis stecken, werfen. | *Mettre en question*, in Frage stellen. | *Mettre en scène*, inszenieren. | *Mettre en service*, in Betrieb setzen. | *Mettre en terre*, begraben ; beerdigen. | *Mettre en train*, in Gang setzen, bringen. | *Mettre en valeur*, auswerten ; erschließen ; [terre] urbar machen ; FIG. hervorheben. | *Mettre en vente*, zum Verkauf anbieten. — **entre** : *Mettre entre parenthèses*, einklammern ; in Klammern setzen. — **hors (de)** : *Mettre hors de danger*, aus der Gefahr befreien. | *Mettre hors d'état de nuire*, unschädlich machen. — **par** : *Mettre par écrit*, auf-, niederschreiben ; schriftlich festhalten ; zu Papier bringen. — **sous** : *Mettre sous scellés*, (ver)siegeln. |

Mettre sous les yeux, vorlegen. | *Mettre sous le boisseau*, geheimhalten. — **sur** : *Mettre sur le dos de qn*, jm etwas aufbürden, aufhalsen ; FIG. jm etwas in die Schuhe schieben. | *Mettre sur la paille*, ruinieren ; ins Elend stürzen. | *Mettre sur le tapis*, aufs Tapet bringen. | *Mettre qn sur la voie*, jn auf den rechten Weg bringen, setzen.

4. ADMETTRE, SUPPOSER [emploi intr. et tr.] annehmen. | *Mettons que*, nehmen wir an, daß ; angenommen, daß. | *En mettant les choses au pis*, schlimmstenfalls. | *En mettant les choses au mieux*, bestenfalls ; günstigstenfalls.

5. MIL. *Mettre bas les armes*, die Waffen strecken, niederlegen. | *Mettre à l'abri*, unterbringen (sépar.). | *Mettre à couvert*, unterstellen (sépar.). | *Mettre en joue*, auf (acc.) anlegen ; das Gewehr auf (acc.) anschlagen. | *Mettre hors de combat*, kampfunfähig machen ; außer Gefecht setzen.

B. TEMPS : brauchen ; verwenden. | *Mettre deux heures pour*, zwei Stunden für, zu etwas brauchen. | *Combien de temps le train met-il pour aller à Bonn ?*, wie lange fährt der Zug bis Bonn ? ; wieviel Zeit braucht der Zug bis Bonn ?

II. v. pr. **se mettre.**

1. [se placer] sich stellen ; sich setzen ; sich legen.

2. EXPRESSIONS.

a) [avec complément non prépositionnel]. *Il se met bien*, [habits] er kleidet sich gut ; [à son aise] er läßt sich nichts abgehen. | *Se mettre debout*, aufstehen ; sich aufrichten. | *Cela ne se met plus*, das trägt man nicht mehr.

b) [avec complément prépositionnel] **à** : [absolument] *Se mettre à qch.*, *S'y mettre*, sich an etwas (acc.) machen ; etwas vornehmen ; zur Hand nehmen ; [commencer] etwas anfangen, in Angriff nehmen ; [s'habituer] sich an etwas (acc.) gewöhnen. | *Le temps se met au beau*, das Wetter wird besser, heitert (sich) auf, klärt sich auf. | *Se mettre au courant (d'un travail)*, sich in (acc.) einarbeiten. | *Se mettre au lit*, zu Bett gehen. | *Se mettre à la place de qn*, sich an js Stelle versetzen. | *Mettez-vous à ma place*, (bitte) versetzen Sie sich in meine Lage ! | *Se mettre à pleurer*, zu weinen beginnen. | *Se mettre à table*, zu Tisch gehen ; FIG., ARG. verpfeifen. — **après** : *Se mettre après qn*, sich über jn hermachen. — **au-dessus de** : *Se mettre au-dessus de qch.*, sich (großmütig) über etwas (acc.) (hin)wegsetzen. — **avec** : *Se mettre avec qn*, [en général] sich mit jm zusammentun. | *Se mettre bien avec qn*, sich auf guten Fuß mit jm stellen. — **dans** : *Se mettre dans tous ses états*, außer sich geraten. | *Se mettre dans la tête*, sich (etwas) in den Kopf setzen ; FIG. sich (etwas) einbilden. — **de** : *Se mettre d'accord avec qn*, eine Übereinkunft treffen ; mit jm übereinkommen ; sich mit jm einigen. | *Se mettre du côté de qn*, sich auf js Seite schlagen ; jm zur Seite treten. — **en** : *Se mettre en avance (pour son travail)*, vorarbeiten. | *Se mettre en avant*, in den Vordergrund treten ; PÉJOR. sich aufdrängen ; sich aufspielen. | *Qui se met en avant*, vordringlich. | *Se mettre en route*, sich auf den Weg, auf die Beine machen. | *Se mettre en colère*, in Zorn geraten ; POP. aufbrausen. | *Se mettre en devoir de faire qch.*, sich an etwas (acc.) machen ; sich zu etwas (dat.) anschicken. | *Se mettre en frais*, sich in Kosten stürzen. | *Se mettre en fureur*, in Wut geraten, kommen. | *Se mettre en marche*, in Gang kommen ; [machine] anlaufen ; [train] anfahren. | *Se mettre en peine (de qch., pour)*, sich viel Mühe um etwas (acc.) geben ; sich um etwas (acc.) bekümmern. | *Se mettre en quatre*, keine Mühe scheuen ; sich die Beine ablaufen ; (sich) zerreißen. | *Se mettre en quatre pour qn*, sich für jn einsetzen ; für jn ins Feuer gehen. | *Se mettre en relations avec qn*, mit jm in Beziehung, Verbindung treten ; sich mit jm ins Benehmen setzen. | *Il s'est mis en tête de...*, er ist auf die Idee gekommen, zu... — **sur** : *Se mettre sur les rangs (pour un emploi)*, sich (zu einer Stelle) melden ; sich (um eine Stelle) bewerben. | *Se mettre sur son trente et un*, sich herausputzen ; sich in Schale werfen.

meuble [mœbl] adj. JUR. beweglich. || [terre] locker ; lose. | *Biens meubles*, bewegliche Sachen f. pl., Habe ; Mobilien f. pl. | *Sol meuble*, lockerer Boden. | *Rendre la terre meuble*, den Boden auflockern.
◇ m. Möbel n. ; Möbelstück n. | *Meuble métallique*, Stahlmöbel. | *Meuble à éléments*, Anbaumöbel. | *Meuble d'époque*, echtes Stilmöbel. | *Être dans ses meubles*, in seinen eigenen Möbeln leben.

meublé, ée [-ble] adj. möbliert.
◇ m. **meublé,** möbliertes Zimmer ; möblierte Wohnung. | *Vivre en meublé*, möbliert wohnen.

meubler [-ble] v. tr. mit Möbeln ausstatten ; möblieren. | *Se meubler*, sich einrichten. | *Meubler un appartement*, eine Wohnung möblieren, ausstatten. || FIG. *Meubler sa mémoire*, sein Gedächtnis bereichern. || [occuper] (*etwa*) ausfällen. | *Meubler ses loisirs, la conversation*, seine Freizeit, das Gespräch ausfüllen.

meugler [møgle] v. intr. muhen ; brüllen.

meule [møl] f. [pour affûter ou broyer] Schleifstein m., -scheibe f. || [de moulin] Mühlstein m. || *Meule de foin*, Heudiemen m. ; [dialectal] Heufeimen m. | *Meule de paille*, Strohschober m. | *Mettre en meules*, (in) Hocken, Diemen setzen ; aufschobern. | *Meule de fromage*, Laib Käse m. ; Käselaib m.

meuler [møle] v. tr. schleifen.

meulière [-ljɛr] f. [pierre] Mühl(kalk)stein m.

meunerie [mønri] f. Müllerei f.

meunier, ière [-nje, jɛ:r] s. Müller(in) m. (f.). || ZOOL. Mehlkäfer m.

meurtre [mœrtr] m. Mord m., -tat f. ; Ermordung f. | *Crier au meurtre*, Zeter und Mordio schreien. || FIG. *C'est un (véritable) meurtre*, das ist reiner Mord !

meurtrier, ière [-trije, jɛ:r] adj. mörderisch ; hinmordend.
◇ s. Mörder(in) m. (f.) ; Meuchelmörder(in) m. (f.).
— SYN. : *Assassin* m., vorsätzlicher Mörder. *Criminel* m., Verbrecher m. *Homicide* m., Menschenmörder m. *Tueur* m., Töter m. *Sicaire* m., Meuchelmörder m.

meurtrière [-trijɛ:r] f. MIL. Schießscharte f.

meurtrir [-tri:r] v. tr. [fruits] (zer)quetschen. | *Fruit meurtri*, ge-, zerquetschte Frucht. || [personnes] wundschlagen. | *Meurtrir de coups*, grün und blau schlagen.

meurtrissure [-trisy:r] f. [personnes] wunde Stelle ; Fleck m. || [fruits] Stoßstelle f. ; Quetschung f. | *Meurtrissure d'un fruit*, Stoßstelle einer Frucht.

Meuse [mø:z] n. pr. f. GÉOGR. Maas f.

meute [mø:t] f. [chiens] Meute f. ; Hundekoppel f. || [groupe] Horde f. ; Haufen m. ; Meute f. | *Lancer une meute sur*, eine Meute loslassen, hetzen auf.

mévente [mevɑ̃:t] f. schlechter Absatz ; Handelstockung f.

mexicain, aine [mɛksikɛ̃, ɛ:n] adj. mexikanisch.
◇ s. **Mexicain, aine,** Mexikaner(in) m. (f.).

Mexique [mɛksik] n. pr. m. GÉOGR. Mexiko n.

mezzanine [medzanin] f. Zwischenstock m., -geschoß n. || Hochbett m.

mi [mi] invar. halb. | *La mi-juin*, Mitte Juni. | *Mi-clos*, halbgeschlossen. | *À mi-voix*, halblaut.

mi [mi] m. MUS. E. | *Mi bémol*, Es n. | *Mi dièse*, Eis n. | *Corde de mi*, E-Saite f.

miaou [mjau] onomat. miau !

miasme [mjasm] m. Ausdünstung f. ; Giftdunst m. ; Miasma n.
miaulement [mjolmɑ̃] m. Miauen n. ; Mauzen n.
miauler [-le] v. intr. miauen ; mauzen.
mi-bas [mibɑ] m. invar. Kniestrumpf m.
mica [mika] m. Glimmer m.
mi-carême [mikarɛm] f. Mittfastenzeit f.
miche [miʃ] f. (Brot)laib m.
micheline [miʃlin] f. TRANSP. (Schnell) triebwagen (mit Gummireifen) m.
mi-chemin (à) [amiʃmɛ̃] loc. adv. auf halbem Wege ; halbwegs.
micmac [mikmak] Intrige f. ; dunkle Angelegenheit f.
micocoulier [mikɔkulje] m. BOT. Zürgelbaum m.
mi-corps (à) [amikɔ:r] loc. adv. bis zum Gürtel, Bauch ; bis zu den Hüften.
mi-côte (à) [amiko:t] loc. adv. auf halber (an)-höhe.
micro [mikro] m. V. MICROPHONE.
microbe [mikrɔb] m. Mikrobe f. ; Klein(st)lebewesen n. ; Bakterie f.
microbiologie [mikrɔbiɔlɔʒi] f. Mikrobiologie f.
microcéphale [-sefal] adj. kleinköpfig.
◇ s. Kleinköpfige(r) f. (m.).
microchirurgie [-ʃiryrʒi] f. MÉD. Mikrochirurgie f.
microclimat [-klimɑ] m. Mikroklima n.
microcosme [-kɔsm] m. Mikrokosmus m.
microéconomie [-ekɔnɔmi] f. Mikroökonomie f.
microélectronique [-elɛktrɔnik] f. Mikroelektronik f.
microfiche [-fiʃ] f. Mikrofiche m. ou n.
microfilm [-film] m. Mikrofilm m.
microfilmer [-me] v. tr. auf Mikrofilm aufnehmen.
micro-informatique [-ɛ̃fɔrmatik] f. Mikroinformatik f.
micromètre [-mɛtr] m. Mikrometer n. ; Feinmesser m.
micrométrique [-metrik] adj. mikrometrisch.
micro-onde [mikrɔɔ̃:d] f. Mikrowelle f.
micro-ordinateur [-ɔrdinatœ:r] (pl. **micro-ordinateurs**) m. Mikrocomputer m. ; Personalcomputer m.
micro-organisme [-ɔrganism] m. Mikroorganismus m.
microphone [-fɔn] m. (FAM. **micro**) Mikrophon n.
microprocesseur [-prɔsesœ:r] m. ÉLECTR. Mikroprozessor m.
microscope [-skɔp] m. Mikroskop n. ; Vergrößerungsglas n. ; Feinsehrohr n. | *Microscope optique*, Lichtmikroskop. | *Microscope électronique*, Elektronenmikroskop. | *Microscope à balayage*, Rastermikroskop ; Skanmikroskop.
microscopique [-pik] adj. mikroskopisch.
microsillon [-sijɔ̃] m. Langspielplatte f.
miction [miksjɔ̃] f. Miktion f. ; Harnlassen n.
midi [midi] m. [douze heures] Mittag m. ; zwölf Uhr mittags. | *À midi précis*, punkt zwölf. | *À midi sonnant*, Schlag zwölf. | *Vers midi*, gegen Mittag, zwölf Uhr. | *En plein midi*, am hellichten Tage. | *Midi et demie*, halb eins. | *Ne pas voir clair en plein midi*, die einfachste Sache nicht verstehen. | *Chercher midi à quatorze heures*, unnötige Schwierigkeiten suchen. | *Midi de la vie*, mittlere Lebenszeit ; Höhepunkt (m.) des Lebens. || [sud] Süd(en) m. | *Les gens du Midi*, die Leute aus dem Süden ; Südfranzosen m. pl. | *Vent du midi*, Südwind m. | *La façade qui est au midi*, die Südseite (eines Hauses).
midinette [midinɛt] f. Putzmacherin f. || [à Paris] Midinette f.
mie [mi] f. [pain] Krume f. ; Krümel m.
miel [mjɛl] m. Honig m. | *Miel sauvage*, Waldhonig. | *Miel en rayons*, Wabenhonig. | *Rayon de miel*, Honigwabe f. || FIG. *Doux comme le miel*, honigsüß. | *Être tout miel*, honigsüß (mit jm) sein. | *Lune de miel*, Honigmond m. ; Flitterwochen f. pl.
mielleux, euse [-lø, ø:z] adj. honigartig. || FIG. zuckersüß ; süßlich ; gleisnerisch ; glattzüngig. | *Goût mielleux*, Honiggeschmack m. | *Paroles mielleuses*, glatte Worte n. pl.
mien, mienne [mjɛ̃, mjɛn] adj. poss. mein ; meine. || FAM. *Un mien frère*, ein Bruder von mir.
◇ pr. poss. le **mien,** der meine ; der meinige. — **la mienne,** die meine ; die meinige. — **le mien** (neutre), das meine. || *Cette chaise est la mienne*, dieser Stuhl gehört mir, ist mein. | *Le tien et le mien*, das Mein und Dein. || LOC. *J'y mets du mien*, ich tue mein Bestes. | *J'ai fait des miennes*, ich habe etwas Dummes gemacht.
◇ m. pl. **les miens,** die Mein(ig)en ; meine Angehörigen.
miette [mjɛt] f. Stückchen n. || [de pain] (Brot)-krume f. ; Krümchen n. || PAR EXT. Stückchen n. | *Réduire en miettes*, kurz und klein machen, schlagen ; zertrümmern. | *Une miette de qch.*, ein kleines bißchen, Stückchen. || FIG. [restes] Überbleibsel n. ; Rest m. || LOC. *Ne pas en perdre une miette*, sich nichts entgehen lassen.
mieux [mjø] adj. **1.** [compar.] besser ; wohler ; lieber. | *Il vaut mieux*, es ist besser. | *Il va mieux*, es geht ihm besser ; es geht besser mit ihm. | *Il se sent mieux*, ihm wird wohler ; er fühlt sich wohler. | *J'aime mieux cela*, ich mag das lieber. | *J'aime mieux la viande*, ich esse lieber Fleisch. | *J'aime mieux le thé*, ich trinke lieber Tee. | *Il n'y a rien de mieux*, es gibt nichts Besseres. | *Beaucoup, bien mieux*, viel besser. | *Pour mieux dire*, besser gesagt. | *Tant mieux !*, desto besser ! ; um so besser ! | *De mieux en mieux*, immer besser, lieber. | *À qui mieux mieux*, um die Wette. | *Mieux vaut se taire*, lieber den Mund halten. | *Je ne demande pas mieux*, ich könnte mir nichts Besseres wünschen. **2.** [superl.] *Le mieux*, der, die, das beste, liebste. | *C'est cela que j'aime le mieux*, das habe ich am liebsten. | *Le plus tôt sera le mieux*, je eher, je lieber ; je eher, desto besser.
◇ m. [compar. et superl.] das Bessere ; das Beste. | *Faute de mieux*, mangels Besseren. | *Il y a mieux*, da gibts Besseres. | *Au mieux*, am besten ; bestens ; aufs beste. | *En mettant les choses au mieux*, bestenfalls ; günstigstenfalls. | *Faire pour le mieux*, nach bestem Wissen und Gewissen handeln. | *Faire de son mieux*, sein Bestes tun. | *Le mieux est de partir*, es ist am besten, (wenn) wir gehen. || [amélioration dans la santé] Besserung f. | *Il y a du mieux*, eine (gewisse) Besserung ist eingetreten.
mieux-être [mjøzɛ:tr] m. invar. verbesserte Lebenslage ; höheres Lebensniveau.
mièvre [mjɛ:vr] adj. süßlich ; manieriert ; affektiert.
mièvrerie [-vrəri] f. Geziertheit f. ; Manieriertheit f. ; Künstelei f.
mignard, arde [miɲa:r, ard] adj. niedlich ; affektiert ; gekünstelt.
◇ s. Zierbengel m.
mignardise [-ɲardiz] f. Ziererei f. || BOT. *Œillet mignardise*, Federnelke f.
◇ **mignardises,** Schmeicheleien f. pl.

mignon, onne [miɲɔ̃, ɔn] adj. niedlich ; lieblich ; nett ; putzig. || *Péché mignon*, kleine Schwäche ; schwache Seite.
◇ s. Schatz m. | *Ma mignonne*, meine Süße, FAM. meine Zuckerpuppe.
◇ m. **mignon,** HIST. (Königs)günstling m.
migraine [migrɛn] f. MÉD. Kopfschmerzen m. pl. ; Migräne f. ; einseitiger Kopfschmerz. | *Avoir la migraine*, an Kopfschmerzen leiden.
migrateur, trice [migratœ:r, tris] adj. wandernd. | *Oiseaux migrateurs*, Zugvögel m. pl.
migration [-sjɔ̃] f. [peuples] Wanderung f. || [oiseaux] Zug m. | *Migration des peuples*, Völkerwanderung.
migratoire [-twa:r] adj. wandernd. | *Mouvement migratoire*, Wanderbewegung f.
mi-jambe (à) [amiʒɑ̃:b] loc. adv. (bis) in Kniehöhe ; bis zu den Knien.
mijaurée [miʒore] f. Zierpuppe f. ; Zimperliese f. | *Faire la mijaurée*, sich anstellen ; sich zieren.
mijoter [miʒɔte] v. tr. schmoren ; langsam kochen. || FIG. *Mijoter un complot*, einen Anschlag von langer Hand vorbereiten.
mil [mil] m. BOT. Hirse f.
mi-laine [milɛ:n] adj. halbwollen.
◇ m. Halbwolle f.
Milan [milɑ̃] n. pr. m. GÉOGR. Mailand n.
milan [milɑ̃] n. m. ZOOL. Weihe f. ; Milan m. | *Milan royal*, Königsweihe ; roter Milan.
milanais, aise [milanɛ, ɛ:z] adj. mailändisch.
◇ s. **Milanais, aise,** Mailänder(in) m. (f.).
mildiou [mildju] m. BOT. Mehltau m.
milice [milis] f. Bürgerwehr f. ; Miliz f. ; Stadtsoldaten m. pl.
milicien [-sjɛ̃] m. Miliz-, Bürgersoldat m.
milieu [miljø] m. [centre] Mitte f. ; Mittelpunkt m. | *Au milieu de la semaine*, mitten in der Woche. || PHYS. *Milieu actif*, aktives Medium. || [moyen terme] *Le juste milieu*, der goldene Mittelweg ; das gute, vernünftige, ausgeglichene Mittelmaß. | *Il n'y a point de milieu*, es gibt keinen Mittelweg ; es gibt nichts Halbes. || FIG. [entourage, groupe social] Umwelt f. ; Umgebung f. ; Kreis m. | *Étude du milieu*, Umwelt-, Milieustudien n. pl. | *Milieux boursiers*, Börsenkreise m. pl. | *Milieux d'affaires*, Geschäftswelt f. | *Dans les milieux diplomatiques*, in diplomatischen Kreisen. | *Dans les milieux bien informés*, in gut unterrichteten Kreisen. || [la pègre] *Le milieu*, die Unterwelt. | *Langue du milieu*, Gaunersprache f.
◇ loc. adv. **au beau milieu, en plein milieu,** geradgenau in der Mitte ; mitten hinein.
◇ loc. prép. **au milieu de,** mitten in, auf, unter, etc. ; inmitten (gén.). | *Au milieu de la rue*, mitten auf der Straße. | *Partir au milieu d'un discours*, mitten in, während einer Rede fortgehen.
militaire [militɛ:r] m. Soldatenstand m. ; Militär n.
◇ adj. soldatisch ; militärisch. | *Préparation militaire*, vormilitärische Ausbildung. | *Service militaire*, Militärdienst m. | *Service militaire obligatoire*, allgemeine Wehrpflicht. | *Obligations militaires*, Militärdienstpflicht f. | *Carrière militaire*, militärische Laufbahn. | *Honneurs militaires*, militärische Ehren(bezeigungen) f. pl. | *Circonscription, région militaire*, WBK (Wehrbezirkskommando n.).
militairement [-tɛrmɑ̃] adv. militärisch.
militant, ante [-tɑ̃, ɑ̃:t] adj. streitend ; kämpfend ; aktiv ; (politisch) tätig ; militant. | *Église militante*, streitende Kirche.
◇ s. Aktivist(in) m. (f.) ; Anhänger(in) m. (f.) ; Mitkämpfer(in) m. (f.).
militarisation [-tarizasjɔ̃] f. Militarisierung f. ; militärische Organisation.
militariser [-tarize] v. tr. militarisieren ; militärisch organisieren, aufbauen.
militarisme [-tarism] m. Militarismus m.
militariste [-tarist] adj. militaristisch ; kriegerisch.
◇ s. Militarist(in) m. (f.) ; Anhänger(in) m. (f.) der Militärpartei.
militer [-te] v. intr. streiten ; sich einsetzen für ; tätig sein. | *Les faits militent en sa faveur*, die Tatsachen sprechen zu seinen Gunsten, für ihn.
mille [mil] adj. num. et m. tausend ; Tausend f. | « *Les Mille et Une Nuits* », « Tausendundeine Nacht ». | *L'an deux mille avant J.-C.*, das Jahr zweitausend vor Christi Geburt. | *Dix mille hommes*, zehntausend Mann. | *Mil(le) neuf cent cinquante-neuf*, neunzehnhundertneunundfünfzig. | *Mille et mille fois*, tausend und abertausendmal. | *Il n'y en a pas un sur mille*, unter tausend nicht einer. | *Mille remerciements*, tausend Dank. | *Courir mille dangers*, mannigfache Gefahr(en) laufen. || FIG. *Mettre dans le mille*, vollen Erfolg haben ; ins Schwarze treffen.
mille [mil] m. Meile f. | *Mille marin*, Seemeile. | *Mille marin anglais*, englische Seemeile.
mille-feuille [-fœ:j] f. (pl. **mille-feuilles**). BOT. Schafgarbe f.
◇ m. CULIN. Blätterteiggebäck n. ; Napoleonschnitte f.
millénaire [milenɛ:r] m. Jahrtausend n. ; Millennium n. | *Fête du millénaire*, Jahrtausendfeier f.
mille-pattes [milpat] m. invar. ZOOL. Tausendfüßler m. ; (Schnur)assel f.
millepertuis [milpɛrtɥi] m. Johanniskraut n.
millésime [milezim] m. Jahreszahl f.
millésimé, ée [-zime] adj. mit Jahreszahl versehen.
millet [mijɛ] ou **mil** [mil] m. BOT. Hirse f.
milliard [milja:r] m. Milliarde f.
milliardaire [-dɛ:r] s. Milliardär(in) m. (f.).
millibar [milibar] m. Millibar n.
millième [miljɛ:m] adj. num. ord. tausendster. | *Millième partie*, tausendster Teil.
◇ m. [partie] Tausendstel n.
millier [-lje] m. Tausend n. ; tausend Stück. | *Des milliers d'hommes*, Tausende (von) Menschen. | *Par milliers*, zu Tausenden ; tausendfach.
milligramme [miligram] m. Milligramm n.
millimètre [-mɛtr] m. Millimeter m. ou n.
million [miljɔ̃] m. Million f.
millionième [-ljɔnjɛ:m] adj. millionste.
◇ m. [partie] Million(en)stel m.
millionnaire [-ljɔnɛ:r] s. Millionär(in) m. (f.).
mime [mim] m. Mime m. ; Mimiker m. ; Gebärdenspieler m. || [pièce] Mimus m. ; Possenspiel n.
mimer [-me] v. tr. et v. intr. mimen ; durch, mit Gebärden darstellen ; spielen. | *Mimer une scène*, eine Szene darstellen. || FIG. nachahmen, -machen, -äffen.
mimétisme [-metism] m. natürliche Schutzfarbe, Tarnung, Anpassung. || BIOL. Mimikry f.
mimi [mimi] m. [chat] Miezekatze f. ; Mieze f.
◇ adj. FAM. [gentil] niedlich.
mimique [mimik] f. Mienenspiel n. ; Gebärdensprache f. ; Darstellungskunst f. ; Mimik f.
mimosa [mimoza] m. BOT. Mimose f. ; Rührmichnichtan n. ; Jungfernkraut n.

mi-moyen [mimwajɛ̃] m. (pl. **mi-moyens**) SPORT. Weltergewicht n.

minable [minabl] adj. FAM. kümmerlich ; armselig. | *Tenue minable*, abgerissene Kleidung.

minaret [minarɛ] m. Minarett n.

minauder [minode] v. intr. sich zieren ; zimperlich tun ; die (den) Prüde(n) spielen.

minauderie [-dri] f. Ziererei f. ; Mätzchen n.

minaudier, ière [-dje, jɛ:r] adj. zimperlich ; geziert.

mince [mɛ̃:s] adj. dünn ; schmal ; schlank. | *Mince comme un échalas*, dünn wie eine Bohnenstange ; spindeldünn. | *Avoir la taille mince*, von schlankem Wuchs sein. || FIG. schmal ; klein ; winzig ; gering. | *Ce n'est pas une mince affaire*, die Sache will überlegt sein.

minceur [mɛ̃sœ:r] f. Dünnheit f. ; Schlankheit f.

mine [min] f. Miene f. ; Aussehen n. ; (An)gesicht n. | *Bonne mine*, gute Miene. | *Mine soucieuse*, sorgenvolle Miene. | *Avoir bonne, mauvaise mine*, gut, schlecht aussehen. | *Il a meilleure mine*, er sieht besser aus. | *Faire grise mine*, ein saures Gesicht ziehen. | *Ne pas payer de mine*, durch sein Äußeres nicht bestechen ; schlecht, verwahrlost aussehen. | *Faire crédit à qn sur sa (bonne) mine*, auf js ehrliches Gesicht hinborgen. | *Faire bonne mine (à qn)*, (jn) freundlich aufnehmen. | *Faire mine de*, Miene machen, zu ; so tun, als ob.

mine [min] f. [installation pour extraction ; ensemble] Mine f. ; Bergwerk n. ; [partie souterraine] Grube f. ; Zeche f. ; [veine] Erzader f. | *Mine de charbon*, Kohlenbergwerk. | *Mine de fer*, Eisenbergwerk. | *Mine à ciel ouvert*, Tagebau m. | *Exploitation des mines*, Bergbau, -werk n. | *École des mines*, Bergakademie f. | *Ingénieur des mines*, Bergingenieur m. || [crayon] *Mine (de plomb)*, Blei(stift)mine f. ; Reißblei n. ; Graphit m. | *Mine de rechange*, Ersatzmine. || FIG. Fundgrube f. ; Goldgrube f. || MIL. Mine f. ; Sprengmine f. | *Mine antichar*, Panzermine. | *Mine sous-marine*, Unterwassermine. | *Mine flottante*, Treibmine. | *Barrage de mines*, Minensperre f. || MAR. *Mouiller des mines*, Minen aus-, verlegen.

miner [-ne] v. tr. [poser des mines] verminen ; unterminieren (insépar.). || [creuser] untergraben (insépar.) ; aushöhlen ; unterhöhlen (insépar.). | *L'eau mine la pierre*, das Wasser unterhöhlt den Stein. || FIG. [ronger] ab-, aus-, verzehren. | *Le chagrin la mine*, der Kummer zehrt an ihr.

minerai [minrɛ] m. Erz n. | *Minerai de cuivre*, Kupfererz. | *Traiter les minerais*, Erz verhütten.

minéral, ale, aux [mineral, o] adj. mineralisch. | *Eau minérale*, Mineralwasser n. ; Gesundbrunnen m. | *Huile minérale*, Mineralöl n. | *Règne minéral*, Mineralreich n.

◇ m. pl. **minéraux,** Mineralien n. pl.

minéralogie [-lɔʒi] f. Mineralogie f. ; Erzkunde f.

minéralogique [-lɔʒik] adj. mineralogisch. | *Arrondissement minéralogique*, Bergbaubezirk m. | *Numéro minéralogique*, Autonummer(n) f. (pl.) ; amtliches Kennzeichen. | *Plaque minéralogique*, Nummernschild n.

minerve [minɛrv] f. MÉD. Halskrause f.

minet, ette [minɛ, ɛt] s. Miez(e) f. ; Kätzchen n.

mineur [minœ:r] m. Bergmann m., -arbeiter m. ; Grubenarbeiter m. ; Hauer m. ; Kumpel m. | *Mineur de fond*, Stollenarbeiter m.

mineur, eure [minœ:r] adj. [plus petit, inférieur] kleiner ; geringer ; minder. | *Ordres mineurs*, untere Weihen f. pl. | *Frère mineur*, Franziskaner m. | *Asie Mineure*, Kleinasien n. || [peu important] geringfügig. || MUS. weich ; Moll... | *Mode mineur*, Moll n. ; Molltonart f. | *« La » mineur*, a-moll. || JUR. minderjährig ; unmündig ; minorenn ; jugendlich. | *Une fille mineure*, ein minderjähriges, halbwüchsiges Mädchen.

◇ s. Minderjährige(r) f. (m.). | *Détournement de mineur*, Entführung (f.) eines Minderjährigen.

miniature [minjaty:r] f. Miniatur f., -bild n. | *En miniature*, im kleinen. || HIST. Initiale f.

miniaturisation [-tyrizasjɔ̃] f. Miniaturisierung f.

miniaturiser [-ze] v. tr. miniaturisieren.

miniaturiste [-tyrist] m. Miniaturenmaler m.

minibus [minibys] m. Kleinbus m.

minier, ière [minje, jɛ:r] adj. bergbaulich ; bergmännisch. | *Industrie minière*, Montan-, Bergbauindustrie f. | *Société minière*, Bergwerksgesellschaft f.

minigolf [minigɔlf] m. Minigolf n.

minijupe [-ʒyp] f. Minirock m.

minimal, ale, aux [-nimal, o] adj. geringst ; kleinst ; niedrigst ; minimal. | *Puissance minimale*, Mindestleistung f.

minime [-nim] adj. winzig ; sehr klein ; geringfügig.

minimiser [-nimize] v. tr. verkleinern ; herabmindern ; bagatellisieren.

minimum [-nimɔm] m. Minimum n. ; Kleinstwert m. ; Mindestwert m., -betrag m., -menge f. | *Minimum vital*, Existenzminimum. | *Minimum de la peine*, Mindeststrafe f. | *Au minimum*, zumindest ; wenigstens. || [examen] *Minimum de points*, Mindespunktzahl f. ; schwächste Leistung.

mini-ordinateur [miniɔrdinatœ:r] (pl. **mini-ordinateurs**) m. Minicomputer m.

ministère [ministɛ:r] m. [fonction] Amt n. || RELIG. Dienst m. ; Ministeramt n. | *Ministère spirituel*, geistliches Amt. || POLIT. Ministerium n. || [cabinet] Regierung f. | *Ministère des Affaires étrangères*, Außenministerium ; Auswärtiges Amt. | *Ministère de l'Intérieur*, Innenministerium. || JUR. *Ministère public*, Staatsanwaltschaft f.

ministériel, ielle [-terjɛl] adj. ministeriell ; amtlich. | *Arrêté ministériel*, Ministerialerlaß m. | *Crise ministérielle*, Kabinettskrise f. ; Regierungskrise f. | *Déclaration ministérielle*, Regierungserklärung f. | *Officiers ministériels*, höhere Gerichtsbeamte m. pl.

ministrable [-trabl] adj. FAM. zum Minister geeignet.

ministre [ministr] m. POLIT. Minister m. | *Ministre des Affaires étrangères*, Außenminister. | *Ministre plénipotentiaire*, bevollmächtigter Minister ; Gesandter m. | *Ministre sans portefeuille*, Minister ohne Geschäftsbereich. | *Ministre de tutelle*, zuständiger Minister. | *Papier ministre*, Kanzleipapier n. || RELIG. *Ministre (du culte)*, Priester m. ; (evangelischer) Prediger. || ZOOL. Buschammer f.

Minitel [minitɛl] m. (nom déposé). TÉLÉCOMM. Bildschirmtextsystem n.

minium [minjɔm] m. Mennig m. ; Mennige f. ; (Blei)mennige f. | *Passer au minimum*, mennigen.

minois [minwa] m. Gesichtchen n.

minoritaire [minɔritɛ:r] adj. Minderheits... ; minoritär.

minorité [-te] f. JUR. Unmündigkeit f. ; Minderjährigkeit f. || [opposé à majorité] Minderheit f. ; Minorität f. ; Minderzahl f. | *Infime minorité*, verschwindend geringe Minderheit. | *Être en minorité*, sich in der Minderheit befinden ; überstimmt werden. | *Mettre en minorité*, überstimmen. | *Minorité de blocage*, Sperrminorität. | *Minorités nationales*, nationale Min-

derheiten f. pl. | *Problème des minorités*, Minderheiten-, Nationalitätenproblem n.
Minorque [minɔrk] n. pr. GÉOGR. Menorca n.
Minotaure [minotɔ:r] m. MYTH. Minotaurus m.
minoterie [minɔtri] f. Mehlfabrik f., -handel m.
minotier [-tje] m. Mühlenbesitzer m. ; Großmüller m. ; Mehlhändler m.
minou [minu] m. FAM. Muschi f. ; Mieze(katze) f.
minuit [minɥi] m. Mitternacht f. ; Mitternachtsstunde f. | *Messe de minuit*, Mitternachtsmesse f.
minuscule [minyskyl] adj. winzig ; sehr klein. ◇ f. kleiner Buchstabe ; Minuskel f.
minus habens [minysabɛ̃s] m. FAM. Trottel m.
minutage [minyta:ʒ] m. genaue Zeitberechnung.
minute [minyt] f. [temps] Minute f. | *Aiguille des minutes*, Minutenzeiger m. | *D'une minute à l'autre*, in jedem Augenblick. | *À la minute*, auf der Stelle. | *Une minute !*, gleich ! || FAM. *Minute !*, langsam ! ; Moment'mal ! || JUR. Urschrift f. ; Original(akt) n. (m.).
minuter [-te] v. tr. [temps] genau einteilen ; auf die Minute genau berechnen.
minuterie [-tri] f. Zählwerk n. ; Schaltuhr f. | *Interrupteur à minuterie*, Zeitschalter m. | *Minuterie (automatique)*, Zeitlichtschaltung f.
minutie [minysi] f. Genauigkeit f. ; Sorgfältigkeit f. ; PÉJOR. Kleinlichkeit f.
minutieusement [-siøzmɑ̃] adj. sorgsam ; umständlich.
minutieux, ieuse [-sjø, jø:z] adj. genau ; sorgsam ; minuziös. | *Examen minutieux*, umständliche Untersuchung. | *Recherche minutieuse*, eingehende Nachforschung. || FAM. penibel.
mioche [mjɔʃ] m. FAM. Knirps m. ; Dreikäsehoch m. ; Balg m.
mi-pente (à) [amipɑ̃:t] loc. adv. auf halbem Hang. || MINES. *Galerie à mi-pente*, Diagonalstrecke f.
mirabelle [mirabɛl] f. BOT. Mirabelle f. || [eau-de-vie] Mirabellenschnaps m.
miracle [mira:kl] m. Wunder n. ; Wundertat f. || [merveille] Mirakel n. | *Échapper par miracle*, wie durch ein Wunder entkommen. | *Crier au miracle*, Aufhebens machen. | *Croyance aux miracles*, Wunderglaube m. | *Un miracle d'architecture*, ein Wunderwerk der Architektur. || [foi] *Qui opère des miracles*, wunderwirkend.
miraculeux, euse [-kylø, ø:z] adj. wunderbar, -voll. | *Guérison miraculeuse*, Wunderheilung f. | *Source miraculeuse*, wundertätige Quelle.
mirador [miradɔr] m. ARCHIT. Dacherker m. || MIL. Wachturm m.
mirage [mira:ʒ] m. Luftspiegelung f. ; Fata Morgana f. || FIG. Phantasie-, Wahngebilde n. ; Täuschung f. || *Mirage des œufs*, Eierprüfung f.
mire [mi:r] f. [nivellement] Nivellierlatte f. || MIL. Visier n. ; Richtkorn n. | *Ligne de mire*, Visierlinie f. | *Point de mire*, Zielpunkt m. || FIG. *Devenir le point de mire*, zur Zielscheibe werden.
mirer [mire] v. tr. gegen das Licht halten, besehen. | *Mirer un œuf*, ein Ei durchleuchten. | *Se mirer*, sich spiegeln.
mirifique [mirifik] adj. FAM. wunderschön ; prächtig ; bewundernswert.
mirliton [mirlitɔ̃] m. [flûte] Rohrpfeife f. ; Kinderflöte f. | *Vers de mirliton*, Knittelverse m. pl.
mirobolant, ante [mirɔbɔlɑ̃, ɑ̃:t] adj. wunderbar ; erstaunlich.
miroir [mirwa:r] m. Spiegel m. ; Spiegelbild n. | *Miroir déformant*, Vexierspiegel. | *Miroir grossissant*, Vergrößerungsspiegel. | *Miroir parabolique*, Parabolspiegel. | *Miroir semi-transparent*, halbdurchlässiger Spiegel. | *Poli comme un miroir*, spiegelblank. | *Œufs au miroir*, Spiegeleier n. pl.
miroitant, ante [-rwatɑ̃, ɑ̃:t] adj. spiegelnd ; spiegelglatt ; blinkend. | *Surface miroitante des eaux*, spiegelnde Wasserfläche.
miroitement [-rwatmɑ̃] m. Spiegelung f. ; Spiegelbild n. ; Abglanz m.
miroiter [-rwate] v. tr. spiegeln ; wiedergeben ; reflektieren. || FIG. *Faire miroiter qch. au yeux de qn*, jm etwas vorspiegeln, vorgaukeln.
miroiterie [-rwatri] f. Spiegelfabrik f. ; Spiegelhandel m.
miroitier [-rwatje] m. Spiegelfabrikant m.
miroton [mirɔtɔ̃] m. CULIN. gebratenes Rindfleisch mit Zwiebeln.
mis, mise [mi, mi:z] part. pass. de **mettre.** | *Bien mis*, wohlgekleidet.
misaine [mizɛ:n] f. MAR. Fock f. | *Mât de misaine*, Fockmast m.
misanthrope [mizɑ̃trɔp] adj. menschenfeindlich, -scheu ; misanthropisch.
◇ m. Menschenfeind m. ; Misanthrop m.
misanthropie [-pi] f. Misanthropie f. ; Menschenhaß m.
miscible [misibl] adj. mischbar.
mise [mi:z] f. **1.** [action de mettre] Legen n. ; Setzen n. ; Stellen n.
2. [somme d'argent] Einsatz m. ; Einlage f. || [enchères] (Versteigerungs)gebot n. | *Perdre sa mise*, seinen Einsatz (beim Spiel) verlieren.
3. [manière de s'habiller] Tracht f. ; (An)kleidung f. ; Anzug m. | *Mise élégante*, elegante Kleidung. | *Soigner sa mise*, viel auf seine Kleidung geben, halten. || FIG. *De mise*, zulässig ; passend ; angebracht ; gültig. | *C'est de mise*, es schickt sich.
4. Mise à : *Mise au concours*, (Preis)ausschreiben n. || *Mise à feu*, Anheizung f. | *Mise à jour*, Nachtrag m. ; Aufarbeitung f. || [fouilles] *Mise au jour*, Fund m. | *Mise à nu*, Freilegung f. ; Entblößung f. | *Mise au point*, Richtigstellung f. ; [réglage] Einstellung f. ; PHOT. Scharfeinstellung f. | *Mise à prix*, Preisfestsetzung f. ; [enchères] Kaufanschlag m. | *Mise à la retraite*, Pensionierung f. ; Versetzung (f.) in den Ruhestand. | *Mise au tombeau*, Grab(nieder)legung f. | *Mise aux voix*, Abstimmung f. || FIG., FAM. *Mise à pied*, Kaltstellung f.
5. Mise de : *Mise de fonds*, [action] (Geld)einlage f. ; Investition f. ; [somme] Einlage(kapital) f. (n.) ; eingeschossenes Kapital.
6. Mise en : *Mise en accusation*, Versetzung (f.) in den Anklagezustand. | *Chambre des mises en accusation*, Anklagekammer f. | *Mise en application*, Anwendung f. || JUR. *Mise en cause*, Vorladung f. | *Mise en demeure*, Mahnung f. ; Aufforderung f. || COMM. Zahlungsaufforderung f. | *Mise en dépôt*, Aufbewahrung f. | *Mise en disponibilité*, Beurlaubung f. | *Mise en état*, Instandsetzung f. | *Mise en gage*, Verpfändung f. | *Mise en garde*, Warnung f. | *Mise en œuvre*, Inangriffnahme f. ; Verwertung f. ; Verarbeitung f. | *Mise en ondes*, Funkbearbeitung f. | *Mise en pages*, Umbruch m. | *Mise en plis*, Wasserwelle f. | *Mise en pratique*, Anwendung f. | *Mise en réserve*, Rückstellung f. ; Zurück-, Reservestellung f. | *Mise en scène*, Inszenierung f. ; Regie f. | *Mise en service*, Inbetriebsetzen n. || [travail] *Mise en train*, Einarbeiten n. | *Mise en valeur*, Erschließung f. ; FIG. Hervorhebung f. | *Mise en vente*, (Ausschreibung zum) Verkauf.
7. Mise hors (de) : *Mise hors de cause*, Ausscheiden n. | *Mise hors circuit*, Ab-, Ausschaltung f. | *Mise hors*

de service, Außerbetriebsetzung f. | *Mise hors service définitive (d'une installation nucléaire)*, Stillegung f. (einer Kernkraftanlage).
8. Mise sous : *Mise sous séquestre*, Beschlagnahme f. ; Anordnung (f.) der Zwangsverwaltung.
9. Mise bas : [animaux] Werfen n. ; Wurf m.
miser [mize] v. tr. einsetzen. | *Miser cent francs*, hundert Frank setzen. | *Miser sur*, auf (acc.) rechnen.
misérable [mizerabl] adj. elend ; bejammernswert ; erbärmlich ; arm(selig). | *Existence misérable*, Jammerleben n. | *Salaire misérable*, kümmerliches Gehalt.
◇ s. [pauvre] Elende(r) f. (m.). || [filou] Schuft m. | *Les misérables*, die Elenden m. pl.
— SYN. : adj. *Pauvre*, arm. *Malheureux*, unglücklich. *Déshérité*, benachteiligt. — *Paria*, Ausgestoßener. *Miséreux*, Elender. *Gueux*, Bettler. *Pauvre diable*, armer Teufel.
misérablement [-bləmɑ̃] adv. elend.
misère [mizɛ:r] f. [pauvreté, souffrance] Elend n. ; Not f. ; Drangsal f. ; Jammer m. ; Jämmerlichkeit f. ; Bedrängnis f. ; POP. Schlamassel m. | *Misère noire*, schreiendes Elend. | *Croupir dans la misère*, im Elend verkommen. | *Soulager la misère*, die Not lindern. | *Faire des misères à qn*, jn ärgern, jm Unannehmlichkeiten bereiten. | *Tomber dans la misère*, ins Unglück geraten. || [petite chose] Kleinigkeit f. ; Lappalie f. | *Se fâcher pour une misère*, sich um nichts aufregen. | *Les petites misères de la vie*, die kleinen alltäglichen Unannehmlichkeiten.
miséreux, euse [mizerø, ø:z] adj. elend ; bettelarm ; mittellos. | *Un miséreux*, ein armer Schlucker, Teufel.
miséricorde [-rikɔrd] f. Barmherzigkeit f. ; Erbarmen n. | *Miséricorde !*, barmherziger, lieber Gott ! ; daß Gott erbarm ! || [pardon] Gnade f. | *Préférer miséricorde à justice*, Gnade vor Recht ergehen lassen. || PROV. *À tout péché miséricorde*, jede Sünde findet Vergebung.
miséricordieux, ieuse [-rikɔrdjø, jø:z] adj. barmherzig ; vergebend. | *Bienheureux les miséricordieux*, selig sind die Barmherzigen.
misogyne [mizɔgin] adj. frauenfeindlich.
◇ m. Frauenfeind m.
misogynie [-ni] f. Frauenhaß m.
missel [misɛl] m. Meßbuch n. ; Missale n.
missile [misi:l] m. Rakete f. ; Flugkörper m. | *Missile balistique*, ballistischer Flugkörper. | *Missile de croisière*, Marschflugkörper. | *Missile intercontinental*, Interkontinental- rakete. | *Missile stratégique*, strategischer Flugkörper ; strategische Raketenwaffe. | *Missile tactique*, taktische Raketenwaffe.
mission [misjɔ̃] f. [charge] Auftrag m. ; Sendung f. ; Beauftragung f. | *S'acquitter d'une mission*, sich eines Auftrages entledigen. | *Terminer sa mission*, seinen Auftrag durchführen. || [groupe officiel] Mission f. ; Abordnung f. | *Mission diplomatique*, diplomatische Mission. | *Chargé de mission*, Beauftragte(r) m. || RELIG. Mission f.
missionnaire [-sjɔnɛ:r] s. Missionar(in) m. (f.).
missive [misi:v] f. Brief m. ; Zuschrift f. ; Sendschreiben n.
mistral [mistral] m. Mistral m.
mitage [mita:ʒ] m. AGRIC., ÉCON. Zersiedlung f.
mitaine [mitɛ:n] f. Handschützer m. ; Fäustling m.
mite [mit] f. ZOOL. Milbe f. ; Motte f. | *Préserver des mites*, vor Motten, Milben schützen.
mi-temps [mitɑ̃] f. SPORT. Halbzeit f. | *À la mi-temps*, in der Halbzeit.
miter (se) [səmite] v. pr. von Motten an-, aufgefressen werden.
◇ part. pass. et adj. **mité, ée,** adj. von Motten zerfressen ; mit Mottenlöchern.
miteux, euse [mitø, ø:z] adj. dürftig ; schäbig.
mithridatiser [mitridatize] v. tr. giftfest machen.
mitiger [mitiʒe] v. tr. mildern ; lindern ; dämpfen. | *Mitiger une peine*, eine Strafe herabmildern. | *Son zèle est mitigé*, sein Eifer ist abgekühlt. | *Avec des sentiments mitigés*, mit gemischten Gefühlen.
mitonner [mitɔne] v. intr. schmoren. | *Le potage mitonne*, die Suppe brutzelt.
◇ v. tr. verhätscheln ; verwöhnen. | *Mitonner une affaire*, eine Angelegenheit von langer Hand vorbereiten.
mitoyen, enne [mitwajɛ̃, ɛn] adj. mittlerer. | *Mur mitoyen*, Zwischen-, Brandmauer f. ; Grenzmauer f.
mitoyenneté [-jɛnte] f. JUR. Grenzgemeinschaft f.
mitraillade [mitrajad] f. MIL. Salve f.
mitraille [-tra:j] f. Kartätschen-, Schrotladung f. ; POP. Kleingeld n.
mitrailler [-traje] v. tr. zusammenkartätschen, -schießen, -knallen. | *Mitrailler des troupes*, Truppen unter MG-Feuer nehmen.
mitraillette [-trajɛt] f. MIL. Maschinenpistole f.
mitrailleur [-trajœ:r] m. MIL. Maschinengewehr-, MG-Schütze m.
◇ adj. *Fusil mitrailleur*, leichtes Maschinengewehr (LMG).
mitrailleuse [-trajø:z] f. Maschinengewehr n. ; MG n. | *Nid de mitrailleuses*, Maschinengewehrnest n.
mitral, ale, aux [mitral, o] adj. Mitral...
mitre [mitr] f. Mitra f. ; Bischofsmütze f.
mitron [mitrɔ̃] m. [aide-boulanger] Bäckergeselle m.
mi-voix (à) [amivwa] loc. adv. halblaut ; mit halber Stimme.
mixage [miksa:ʒ] m. FILM. (Ton-)mischung f.
mixer ou **mixeur** [-sœ:r] m. CULIN. Mixer m.
mixité [miksite] f. [écoles] Koedukation f. ; Gemeinschaftserziehung f.
mixte [mikst] adj. gemischt. | *École mixte*, Koedukationsschule f. | *Mariage mixte*, Mischehe f.
mixtion [-tjɔ̃] f. Mischung f. ; Mischen n. ; Gemisch n.
mixture [-ty:r] f. Mixtur f.
mnémotechnique [mnemotɛknik] adj. mnemotechnisch.
mobile [mɔbil] adj. beweglich ; bewegbar ; FIG. unbeständig ; wankelmütig ; unstet ; schwankend. | *Garde mobile*, Mobilgardist m. | *Échelle mobile*, Klappleiter f. ; ÉCON. gleitende (Lohn)skala.
◇ m. Beweggrund m. ; Triebfeder f. ; Anlaß m. | *Mobiles d'un crime*, Beweggründe (m. pl.) eines Verbrechens. || PHYS. beweglicher Körper.
mobilier, ière [mɔbilje, jɛ:r] adj. beweglich. | *Biens mobiliers*, bewegliche Habe ; Mobilien f. pl. | *Valeurs mobilières*, Wertpapiere n. pl.
◇ m. **mobilier,** Mobiliar n. | *Mobilier de bureau*, Büroeinrichtung f.
mobilisable [mɔbilizabl] adj. wehrpflichtig ; einsatzfähig.
mobilisation [-zasjɔ̃] f. MIL. Mobilmachung f. | *Mobilisation générale*, allgemeine Mobilmachung. | *Mobilisation des capitaux*, Mobilisierung (f.), Flüssigmachen (n.) von Kapitalien. | *Mobilisation de fonds*, Geldbeschaffung f.
mobiliser [-ze] v. tr. mobil machen ; mobilisieren. | *Mobiliser une armée*, ein Heer aufstellen. | *Mobiliser*

de l'argent, Geld bereitstellen. | *Mobiliser un capital*, ein Kapital flüssigmachen.

mobilité [mɔbilite] f. Beweglichkeit f. ; Ruhelosigkeit f. | *Mobilité du caractère, de l'esprit*, Wankelmut m. ; Flatterhaftigkeit f. || ÉCON. *Mobilité professionnelle*, berufliche Mobilität, Flexibilität.

mocassin [mɔkasɛ̃] m. Mokassin m.

moche [mɔʃ] adj. [personne] (pott)häßlich ; [chose] mies.

modal, ale, aux [mɔdal, o] adj. modal ; (durch die Verhältnisse) bedingt.

modalité [-lite] f. Art und Weise f. ; Beschaffenheit f. | *Modalités d'application d'une loi*, Richtlinien (f. pl.) für die Durchführung eines Gesetzes. | *Fixer les modalités d'application*, Ausführungsbestimmungen erlassen. | *Modalités de paiement*, Zahlungsarten f. pl. ; Durchführung (f.) der Zahlung.

mode [mɔd] f. [goût passager] Mode f. ; Zeitgeschmack m. | *À la mode*, modisch. | *Journal de mode*, Modezeitung f. | *Suivre la mode*, der Mode gehorchen, folgen. | *C'est la mode*, es ist Mode. | *Lancer la mode*, den Ton angeben. | *Être (fort) à la mode*, (sehr) in Mode sein. | *Passer de mode*, aus der Mode kommen ; unmodern werden. | *S'habiller à la mode*, sich modisch kleiden. | *S'habiller à la dernière mode*, sich nach der neu(e)sten Mode kleiden. | *Couleur mode*, modische Farbe ; Modefarbe f. || [coutume] Sitte f. ; Gewohnheit f. ; Art und Weise f. | *C'est la mode ici*, das ist hier so Sitte. | *À la mode de chez nous*, wie bei uns zu Hause. | *Cousin à la mode de Bretagne*, weitläufiger Verwandter. | *Bœuf mode*, Schmorbraten m. | *À l'ancienne mode*, altmodisch ; altväterlich.

mode [mɔd] m. [manière] Art f. ; Weise f. ; Art und Weise f. | *Mode de vie*, Lebensweise f., -art f. | *Mode de pensée*, Denkweise. | *Mode d'emploi*, Gebrauchsanweisung f. | *Mode d'application*, Anwendungsart. | *Mode de paiement*, Zahlungsart. | *Mode d'action*, Wirkungsweise. || MUS. Tonart f. | *Mode majeur*, Durtonart ; Dur n. | *Mode mineur*, Molltonart ; Moll n. || GRAMM. Modus m. ; Redeweise f. || MÉD. *Mode de transmission*, Übertragungsweg m.

modelage [mɔdlaːʒ] m. Modellieren n.

modèle [mɔdɛl] m. [à imiter] (Ausfall)muster n. ; Entwurf m. ; Modell n. ; Vorlage f. | *Modèle de tricot*, Strickmuster. | *Modèle d'avion*, Flugzeugmodell. | *Modèle déposé*, Gebrauchsmuster. | *Modèle enregistré*, eingetragenes Muster. | *Modèle (de lettre)*, (Brief)-formular n. || ARTS. *Modèle vivant*, lebendes (Akt-, Maler-)modell. | *Servir de modèle*, Modell stehen. || ÉCON. *Modèle de prévision*, Prognosemodell n. | *Modèle de simulation*, Simulationsmodell n. || FIG. [digne d'imitation] Vorbild n. ; Muster n. | *Modèle de vertu*, Ausbund (m.) von Tugend. | *Modèle de courage*, Vorbild an Tapferkeit. | *Servir de modèle*, als Vorbild dienen. | *Prendre pour modèle*, zum Vorbild nehmen. | *Prends modèle sur lui*, nimm dir ein Beispiel an ihm.

◇ adj. musterhaft ; vorbildlich ; Muster... | *Écolier modèle*, Musterschüler m. | *Ferme modèle*, Mustergut n. ; Musterwirtschaft f.

modelé [mɔdle] m. Modellierung f. ; Relief n. | *Modelé du visage*, (Gesichts)schnitt m.

modeler [-dle] v. tr. ARTS. modellieren ; (nach) formen ; gestalten. | *Cire à modeler*, Modellierwachs n. | *Pâte à modeler*, Knetmasse f. ; Knetgummi m. ou n. | *Modeler un visage*, ein Gesicht gestalten. || FIG. *Se modeler sur qn*, sich jn zum Vorbild nehmen ; sich nach jm bilden.

modeleur [-dlœːr] m. Modellierer m.

modéliste [-delist] s. Modell(zu)schneider(in) m. (f.).

modem [mɔdɛm] m. Modem n.

modérateur, trice [-ratœːr, tris] adj. mäßigend. ◇ m. **modérateur,** Mäßiger m. || TECHN. Dämpfer m. || NUCL. Moderator m. ; Bremssubstanz f.

modération [-rasjɔ̃] f. [mesure] Maß n. ; Mäßigung f. ; Mäßigkeit f. || [réduction] Abschwächung f. ; Mildern n. || NUCL. Moderation f. ; Abbremsung f.

modéré, ée [-re] adj. gemäßigt ; mäßig ; mittelmäßig. | *Feu modéré*, gedämpftes Feuer. | *Prix modéré*, mäßiger Preis. | *Parti modéré*, gemäßigte Partei ; Mittelpartei f.

◇ s. Gemäßigte(r) f. (m.).

modérément [-remɑ̃] adv. mäßig.

modérer [-re] v. tr. mäßigen ; bezähmen. | *Modérer le feu*, das Feuer dämpfen. | *Modérer ses dépenses*, seine Ausgaben einschränken. | *Modérer ses désirs*, seine Wünsche zurückschrauben. | *Modérer sa colère*, seinen Zorn unterdrücken, mäßigen.

◇ v. pr. **se modérer,** sich mäßigen. | *Il ne peut pas se modérer*, er kann sich gar nicht mäßigen, im Zaume halten. | *Le vent s'est modéré*, der Wind hat nachgelassen.

— SYN. : *Tempérer*, abkühlen. *Adoucir*, versüßen. *Atténuer*, besänftigen. *Amortir*, abschwächen. *Freiner*, bremsen. *Calmer*, lindern. *Retenir*, zurückhalten.

moderne [mɔdɛrn] adj. modern ; neuzeitlich. | *Temps modernes*, Neuzeit f. | *Langues modernes*, neuere Sprachen f. pl.

◇ m. *L'antique et le moderne*, das Alte und das Neue. | *Les modernes*, die Neueren m. pl.

modernisation [-nizasjɔ̃] f. Erneuerung f. ; Modernisierung f. ; Neubearbeitung f.

moderniser [-nize] v. tr. modernisieren ; erneuern ; neubearbeiten. | *Se moderniser*, sich der neuen Zeit anpassen.

modernisme [-nism] m. Modernismus m. ; moderne Richtung.

moderniste [-nist] m. Anhänger (m.) der modernen Richtung.

modernité [-nite] f. Modernität f.

modeste [mɔdɛst] adj. bescheiden ; schlicht.

— SYN. : *Réservé*, zurückhaltend. *Effacé*, unscheinbar.

modestement [-təmɑ̃] adv. bescheiden.

modestie [-ti] f. Bescheidenheit f. ; Anspruchslosigkeit f.

modicité [mɔdisite] f. Mäßigkeit f. ; Beschränktheit f. ; Geringfügigkeit f. || [prix] Billigkeit f.

modifiable [mɔdifjabl] adj. verwandlungsfähig ; veränderbar, -lich.

modification [-fikasjɔ̃] f. Ab-, Um-, Veränderung f. ; Modifizierung f. ; Umgestaltung f. | *Apporter des modifications*, Umbauten, Veränderungen vornehmen.

modifier [-fje] v. tr. ab-, ver-, umändern. | *Modifier une loi*, ein Gesetz abändern. | *Modifier un statut*, eine Satzung ändern. | *Modifier une phrase*, einen Satz umschreiben (sépar.). | *Rédaction modifiée*, Umschreibung. | *Modifier son itinéraire*, seinen Reiseplan umwerfen. | *Modifier le caractère*, den Charakter ummodeln, verändern, verwandeln.

modique [mɔdik] adj. mäßig ; wertlos. | *Prix modique*, mäßiger, bescheidener Preis.

modiste [mɔdist] f. Modistin f. ; Putzmacherin f. ; Hutmacherin f.

modulable [mɔdylabl] adj. ausbaufähig. || [prime] variabel.

modulateur [-tœ:r] m. PHYS. *Modulateur d'optique*, optischer Modulator.

modulation [-lasjɔ̃] f. Modulation f. ; Modulieren n. ; Tonwechsel m. || PHYS. *Modulation de brillance*, Leuchtdichtemodulation f. || TÉLÉCOMM. *Modulation d'amplitude*, Amplitudenmodulation f. | *Modulation de fréquence*, Frequenzmodulation ; Ultrakurzwelle f. ; UKW. | *À modulation de fréquence*, frequenzmoduliert. | *Modulation en phase*, Phasenmodulation.

module [-dyl] m. Maß n. ; Maßstab m. || MATH. Modul m. || [monnaie] Durchmesser m. || AÉRON. *Module lunaire*, Mondfähre f.

moduler [-dyle] v. tr. modulieren. | *Son modulé*, Schwingungston m.

moelle [mwal] f. Mark n. | *Moelle des os*, Knochenmark. | *Moelle épinière*, Rückenmark. | *Moelle de bœuf*, Rindermark. | *Être corrompu jusqu'à la moelle (des os)*, durch und durch, ganz und gar verdorben sein. || FIG. Inneres n. ; Kern m.

moelleux, euse [-lø, ø:z] adj. markig ; voller Mark ; FIG. [doux, élastique] weich ; flaumig ; mollig. | *Lit moelleux*, molliges Bett. | *Vin moelleux*, süßer Wein. | *Étoffe moelleuse*, (sammet)weicher Stoff.
◇ m. **moelleux,** Weichheit f. ; Molligkeit f.

moellon [mwalɔ̃] m. Bruchstein m. ; kleiner Mauerstein.

mœurs [mœ:r ou mœ:rs] f. pl. Sitten f. pl. ; Lebensart f. | *Mœurs austères*, strenge Sitten. | *Mœurs relâchées*, gelockerte Sitten. | *Mœurs corrompues*, verderbte Sitten. | *Mœurs dépravées*, verwilderte, entartete Sitten. | *Mauvaises mœurs*, Liederlichkeit f. | *Mœurs des animaux*, Lebensart der Tiere. | *Autres temps, autres mœurs*, andere Länder, andere Sitten. || JUR. *Attentat aux mœurs*, Sittlichkeitsverbrechen n. | *Police des mœurs*, Sittenpolizei f.

mofette ou **moufette** [mɔfɛt, mufɛt] f. Grubendampf m. ; Stickstoffgas n. || ZOOL. Stinktier n.

mohair [mɔɛr] m. Angorawolle f.

Mohican [mɔikɑ̃] n. pr. m. Mohikaner m. | « *Le Dernier des Mohicans* », « Der letzte Mohikaner ».

moi [mwa] pron. pers. de la 1re pers. [sujet] ich ; [compl. direct et acc.] mich ; [compl. indir. et dat.] mir ; [compl. nom et gén.] meiner.

1. ich. | *Moi-même*, ich selbst. | *Même moi*, sogar ich. | *C'est moi*, ich bin es. | *C'est moi qui l'ai fait*, ich (allein) habe es getan. | *L'État, c'est moi*, der Staat bin ich. | *Moi qui vous parle*, ich, der ich spreche ; ich, der spricht. | *Je le savais bien, moi*, ich wußte das ganz genau. | *Il aime le vin autant que moi*, er trinkt Wein so gern wie ich.

2. mich. | *Laissez-moi !*, lassen Sie mich ! | *Cela ne regarde que moi*, das geht nur mich an. | *Quant à moi*, was mich betrifft, anbelangt ; für mich. | *Pense à moi*, denk an mich ! | *Il aime ma sœur plus que moi (il préfère ma sœur)*, er liebt meine Schwester mehr als mich.

3. mir. | *Donnez-moi du pain*, geben Sie mir Brot ! | *C'est à moi*, das gehört mir ; das ist mein. | *Un ami à moi*, ein Freund von mir. | *Pour l'amour de moi*, mir zuliebe. | *Ôte-moi d'un doute*, nimm mir meinen Zweifel ! | *À moi !*, her zu mir ! | *Je l'ai chez moi*, ich habe es zuhause. | *Je l'ai sur moi*, ich habe es bei mir.

4. meiner. | *Indigne de moi*, meiner unwürdig. | *À cause de moi*, meinethalben. | *Pour l'amour de moi*, um meinetwillen.

5. LOC. *Mon chez-moi*, mein Daheim ; mein Zuhause. | *Selon moi*, meiner Meinung nach ; meines Erachtens. | *Malgré moi*, gegen meinen Willen. | *De vous à moi*, unter uns gesagt.
◇ m. Ich n. | *Le moi et le non-moi*, das Ich und das Nicht-Ich. | *C'est un autre moi-même*, das ist ein zweites, anderes Ich. | *Le moi est haïssable*, Eigenlob stinkt.

moignon [mwaɲɔ̃] m. Stumpf m. ; Stummel m. | *Moignon de bras*, Armstummel. | *Moignon de jambe*, Beinstumpf. | *Moignon d'aile*, Flügelstummel, -ansatz m.

moindre [mwɛ̃:dr] adj. [compar.] weniger ; kleiner ; gering(fügig)er. | *Chose de moindre importance*, (geringfügige) Nebensache. || [superl.] der, die, das wenigste, kleinste. | *La moindre chose*, das mindeste. | *Je n'en ai pas la moindre idée*, davon habe ich nicht die leiseste Ahnung. | *Je n'ai pas la moindre confiance en lui*, ich habe nicht das geringste Vertrauen zu ihm. | *Au moindre bruit*, beim geringsten Geräusch. | *Jusque dans les moindres détails*, bis in die kleinstein Kleinigkeiten ; bis ins einzelne.

moine [mwan] m. Mönch m. ; Kloster-, Ordensbruder m. | *Moine prêcheur, mendiant*, Prediger-, Bettelmönch. | *Moine défroqué*, ausgetretener Mönch. || PROV. *L'habit ne fait pas le moine*, die Kutte macht noch lange keinen Mönch.

moineau [mwano] m. ZOOL. Spatz m. ; Sperling m. || FIG. *Un vilain moineau*, ein frecher Kerl.

moinillon [mwanijɔ̃] m. IRON. Mönchlein n.

moins [mwɛ̃].

> **I.** adverbe.
> **a)** compar.
> **b)** superl.
> **II.** locutions adverbiales.
> **III.** préposition.
> **IV.** locutions prépositives.
> **V.** locutions conjonctives.

I. adv. **a)** compar. : weniger ; minder ; geringer. | *Moins grand*, weniger groß. | *Moins d'argent*, weniger Geld. | *Moins que jamais*, weniger denn je. | *Il tousse moins*, sein Husten geht zurück. | *Moins que tout autre*, am allerwenigsten. | *Plus ou moins*, mehr oder weniger. | *(La) moitié moins*, (nur) halb(mal) so viel. || LOC. *C'est moins que rien*, das ist weniger als nichts.
b) superl. : *Le moins*, mindest ; am wenigsten ; am mindesten. | *Le moins intelligent*, der Unintelligenteste. | *La route la moins dangereuse*, die mindest gefährliche Straße. | *C'est le moins qu'il puisse faire*, das ist das mindeste (das wenigste), was er tun kann.

II. loc. adv. **à moins** [prix] billiger ; [raison] aus geringerer Ursache. | *Je ne le donnerai pas à moins*, darunter gebe ich es nicht. | *On rirait à moins*, man würde aus geringerer Ursache lachen. — **au moins, du moins, à tout le moins,** mindestens ; zumindest ; wenigstens ; zum wenigsten ; [restrictif] (oder) doch ; das heißt ; immerhin. | *Ne sait-on pas au moins si... ?*, weiß man denn nicht wenigstens, ob... ? | *Il a appelé au moins trois fois*, er hat wenigstens dreimal gerufen. | *Il aurait au moins pu remercier*, er hätte sich mindestens bedanken können. | *J'irai la semaine prochaine, du moins si je peux*, ich gehe nächste Woche, das heißt, wenn ich kann. | *Il l'a vu, au moins ?*, er hat ihn doch gesehen ? — **d'autant moins,** umso weniger ; desto weniger. | *J'ai un ennemi de moins*, ich habe einen Feind weniger. | *Ne... pas moins*, nichtsdestoweniger ; trotzdem ; dennoch. — **de moins en moins,** immer weniger. — **pas le moins du monde,** nicht im geringsten, im mindesten.

III. prép. minus ; weniger ; vor. | *Six moins quatre égale deux*, sechs weniger vier ergibt, macht, ist zwei. | *Deux heures moins cinq (minutes)*, fünf Minuten vor zwei (Uhr). | *Moins trente degrés*, minus dreißig Grad. || FAM.

Il était moins une, moins cinq, es war höchste Eisenbahn ; es war fünf Minuten vor zwölf.
IV. loc. prép. **à moins de,** unter (dat.). | *Ne pas vendre à moins de vingt mark*, nicht unter, nicht für weniger als zwanzig Mark verkaufen. | *En moins d'une heure*, in weniger als, in noch nicht einer Stunde. | *À moins d'imprévu*, wenn nichts dazwischen kommt.
V. loc. conj. **à moins que** (subj.) ou loc. prép. **à moins de** (infin.) wenn nicht ; außer wenn ; es sei denn, daß... | *À moins d'être fou*, wenn man kein Narr ist. | *À moins qu'il soit malade*, es sei denn, er wäre krank. || LOC. DIV. *Rien moins que*, alles andere als... | *Rien de moins que*, kein Geringerer, nichts Geringeres als... | *Ni plus ni moins que*, nicht mehr und nicht weniger als... | *Non moins que*, nicht weniger als... ; ebenso (wie).
◇ m. *Le signe moins*, das Minuszeichen. | *Les moins de trente ans*, die Jungen unter Dreißig.

moins-perçu [-pɛrsy] m. (pl. **moins-perçus**) Mindereinnahme f.

moins-value [-valy] f. (pl. **moins-values**) Wertminderung f. ; Minderbetrag m.

moire [mwa:r] f. Moiré m. ou n.

mois [mwa] m. Monat m. | *Au mois d'août*, im August. | *Le trois du mois*, am dritten des Monats. | *Pendant trois mois*, während eines Vierteljahres. | *Payer par mois*, monatlich, monatsweise zahlen. | *Du mois dernier, passé*, vom vergangenen, letzten Monat. | *Le mois prochain*, im nächsten Monat. | *Tous les trois mois*, vierteljährlich. | *Mois précédent*, Vormonat. | *Du mois courant*, laufenden Monats. | *Délai d'un mois*, Monatsfrist f. | *À trois mois de date*, dreimonatlich ; drei Monate dato. | *Qui dure un mois*, einmonatig. | *Âgé de six mois*, halbjährig.

Moïse [mɔi:z] n. pr. THÉOL. Moses m.
◇ m. **moïse,** [berceau] Wiegenkörbchen n.

moisi [mwazi] m. Schimmel m. ; Moder m.
◇ adj. schimmelig ; moderig ; muffig ; verschimmelt. | *Ça sent le moisi*, es riecht muffig.

moisir [-zi:r] v. tr. schimmelig machen.
◇ v. intr. schimmeln ; modern ; vergären ; schimmelig werden. | *Le fromage moisit*, der Käse verschimmelt, setzt Schimmel an. || FIG. *Moisir dans un village*, in einem Dorf versauern.

moisissure [-zisy:r] f. Schimmel m. ; Moder m.

moisson [mwasɔ̃] f. Ernte f. ; FIG. Ausbeute f. | *Temps de la moisson*, Erntezeit f. | *Rentrer la moisson*, die Ernte bergen, einbringen. | *Faire la moisson*, Ernte halten ; ernten.

moissonner [-sɔne] v. tr. ab-, einernten. | *Moissonner les blés*, das Getreide mähen, einfahren. | *Moissonner un champ*, ein Feld abernten.

moissonneur, euse [-sɔnœ:r ø:z] s. Erntearbeiter(in) m. (f.) ; Mäher(in) m. (f.).

moissonneuse-batteuse [-sɔnø:zbatø:z] f. Mähdrescher m.

moissonneuse-lieuse [-sɔnø:zljø:z] f. Bindemäher m.

moite [mwat] adj. feucht ; klamm ; schwitzig.

moiteur [-tœ:r] f. Feuchtigkeit f. ; gelinder Schweiß ; Nässe f. ; Dunst m.

moitié [mwatje] f. Hälfte f. | *La moitié des voix*, die Hälfte der Stimmen ; die halbe Stimmen(an)zahl. || PAR EXT., FAM. Ehehälfte f. | *Ma moitié*, meine bessere Hälfte.
◇ adv. halb. | *À moitié endormi*, halb eingeschlafen. | *À moitié chemin*, auf halbem Wege. | *À moitié prix*, zu halbem Preis. | *Plus grand de moitié, (de) moitié plus grand*, um die Hälfte größer. | *Être de moitié dans qch.*, an etwas (dat.) zur Hälfte beteiligt sein. | *Diviser par moitié*, halbieren.

moka [mɔka] m. [café] Mokka m. ; [gâteau] Mokkatorte f.

mol, molle [mɔl] adj. V. MOU.

molaire [mɔlɛ:r] f. ANAT. Backen-, Mahlzahn m.

moldave [mɔldav] adj. GÉOGR. moldauisch.
◇ m. **Moldave,** Moldauer(in) m. (f.).

Moldavie [mɔldavi] f. GÉOGR. Moldau f.

môle [mo:l] m. MAR. Mole f. ; Hafendamm m.

moléculaire [mɔlekylɛ:r] adj. molekular ; Molekular... | *Poids moléculaire*, Molekulargewicht n.

molécule [-kyl] f. Molekül n. ; Molekel f.

moleskine [mɔlɛskin] f. Moleskin m., n.

molester [mɔlɛste] v. tr. belästigen ; stören ; molestieren ; behelligen.

molette [mɔlɛt] f. Molette f. ; Kranzrad n. || [éperon] Spornrädchen n. || [outil] (Dreh)rolle f. || ARTS. Reibstein m. || TEXT. Kopierrad n.

mollasse ou **mollasson** [mɔlas, -lasɔ̃] adj. schlaff ; schlapp ; weichlich.
◇ m. Weichling m.

mol(l)asse [mɔlas] f. GÉOL. Molasse f.

mollement [mɔlmɑ̃] adv. *Être mollement couché*, weich gebettet sein. | *Travailler mollement*, kaum was tun ; mit Unlust arbeiten ; nicht vorankommen. | *Se défendre mollement*, sich kaum zur Wehr setzen.

mollesse [-lɛs] f. Weichheit f. || [corps] Schlaffheit f. || FIG. Willenlosigkeit f. ; Schlappheit f. ; Nachgiebigkeit f. ; Mattheit f.

mollet [mɔlɛ] m. Wade f. | *Mollets de coq*, Storchenbeine n. pl. ; spindeldürre Beine n. pl.

mollet, ette [mɔlɛ, ɛt] adj. weich ; zart ; sanft. | *Œuf mollet*, weichgekochtes Ei.

molletière [mɔltjɛ:r] f. (Leder)gamasche f. | *Bande molletière*, Wickelgamasche.

molleton [mɔltɔ̃] m. Molton m.

mollir [mɔli:r] v. intr. weich werden ; FIG. nachlassen ; nachgeben ; ermatten. | *La résistance mollit*, der Widerstand läßt nach. || FIG., POP. *Ne pas mollir*, tüchtig weitermachen.
◇ v. tr. MAR. *Mollir un câble*, ein Kabel entspannen.

mollusque [-lysk] m. ZOOL. Weichtier n. ; Molluske f.

molosse [mɔlɔs] m. ZOOL. (großer) Hofhund.

Moluques (îles) [ilmɔlyk] n. pr. f. pl. Molucken f. pl. ; Gewürzinseln f. pl.

môme [mo:m] s. FAM. Balg m. ; Göre f. ; Mädchen n.

moment [mɔmɑ̃] m. Augenblick m. ; Weile f. ; Zeitpunkt m. | *Un moment (s'il vous plaît) !*, einen Augenblick (bitte) ! ; ein(en) Moment (bitte) ! | *À mes moments perdus*, in meinen Mußestunden ; in meiner Freizeit. | *Ne pas avoir un moment à soi*, keine einzige freie Minute haben. | *Au bon moment*, im rechten Augenblick ; im richtigen Moment ; rechtzeitig. | *Saisir le bon moment*, den richtigen Augenblick erwischen, erhaschen. | *Au dernier moment*, im letzten Augenblick. | *Voici, c'est le moment de...*, jetzt ist der Augenblick gekommen, um zu... | *À ce moment*, in diesem Augenblick. | *Derniers moments*, letzte Augenblicke m. pl. || PHYS. Moment n. ; Hebelkraft f.
◇ loc. adv. **à tout moment,** ununterbrochen ; dauernd ; jeden Augenblick ; jederzeit. — **dans un moment,** bald ; gleich. — **d'un moment à l'autre,** jeden Augenblick ; alle Augenblicke. — **en un moment,** augenblicklich ; im Nu. — **en ce moment,**

jetzt. — **par moments,** zeitweise ; dann und wann ; mitunter. — **pour le moment,** zur Zeit ; vorläufig ; vorderhand.
◇ loc. prép. **au moment de** [avec un nom], zur Zeit (gén.) ; zur Zeit ; [avec une proposition] als.
◇ loc. conj. **au moment où, que,** als ; da ; wie.
◇ **du moment que,** da ; sobald.
momentané, ée [-tane] adj. augenblicklich ; vorübergehend ; momentan. | *Absence momentanée*, vorübergehende Abwesenheit.
momentanément [-tanemɑ̃] adv. augenblicklich ; momentan ; zur Zeit.
momie [mɔmi] f. Mumie f.
momifier [-fje] v. tr. mumifizieren ; einbalsamieren. | *Se momifier*, zur Mumie werden.
mon, ma, mes [mɔ̃, ma, mɛ] adj. poss. mein ; meine ; meine. | *Mon jardin*, mein Garten. | *Ma porte*, meine Tür. | *Mes affaires*, meine Sachen f. pl. ‖ MIL. *Oui, mon lieutenant*, jawohl, Herr Oberleutnant !
monacal, ale, aux [mɔnakal, o] adj. mönchisch ; klösterlich. | *Vie monacale*, klösterliches Leben. | *Règle monacale*, Klosterregel f.
Monaco (principauté de) [mɔnako] n. pr. f. GÉOGR. (Fürstentum n.) Monaco.
monade [mɔnad] f. PHILOS. Einheit f. ; (leibnizische) Monade f.
monadologie [-dɔlɔʒi] f. PHILOS. Monadenlehre f.
monarchie [mɔnarʃi] f. Monarchie f. ; Ein-, Alleinherrschaft f. ; monarchische Staatsform. | *Monarchie héréditaire*, Erbmonarchie. | *Monarchie élective*, Wahlmonarchie.
monarchique [-ʃik] adj. monarchisch. | *Pouvoir monarchique*, monarchische, königliche Gewalt.
monarchisme [-ʃism] m. Monarchismus m.
monarchiste [-ʃist] adj. monarchistisch.
◇ s. Monarchist(in) m. (f.) ; Königstreue(r) f. (m.).
monarque [mɔnark] m. Monarch m. ; Alleinherrscher m. | *Monarque absolu*, absoluter Herrscher.
monastère [mɔnastɛ:r] m. Kloster n.
monastique [-tik] adj. klösterlich ; mönchisch. | *Vie monastique*, Klosterleben n. ; klösterliche Lebensweise. | *Ordre monastique*, Mönchsorden m.
monceau [mɔ̃so] m. Haufe(n) m. ; Klumpen m. | *Monceau de cendres*, Häuflein (n.) Asche. | *Des monceaux d'or*, Gold (n.) in Hülle und Fülle.
mondain, aine [mɔ̃dɛ̃, ɛn] adj. weltlich ; weltgewandt ; mondän. | *Une femme mondaine*, eine Dame der Gesellschaft ; eine elegante Frau. | *Réunions mondaines*, mondäne Gesellschaften f. pl.
◇ m. **mondain,** Weltmann m. ; Mann (m.) von Welt.
◇ f. **mondaine,** Weltdame f. ; Dame (f.) von Welt.
mondanité [-danite] f. Weltlust f. ; Weltlichkeit f. ; Geselligkeit f.
monde [mɔ̃:d] m. Welt f.

I. L'UNIVERS, LA TERRE.
II. LES HOMMES.
III. LE MILIEU, LA SOCIÉTÉ.
IV. LOC.

I. L'UNIVERS, LA TERRE : Welt f. ; Weltall n. ; Kosmos m. ; Universum n. ; Erde f. | *Monde sensible*, Sinnenwelt ; sinnliche Welt. | *Monde des idées*, Ideenwelt. | *L'autre monde*, das Jenseits. | *Envoyer qn dans l'autre monde*, jn ins Jenseits befördern. | *En ce bas monde*, auf dieser irdischen Welt ; hienieden. | *Quitter ce (bas) monde*, das Zeitliche segnen ; aus der Welt gehen. | *Faire venir au monde*, zur Welt bringen ; in die Welt setzen. | *Ainsi va le monde*, so geht es in der Welt zu ; das ist der Lauf der Welt. | *C'est le monde à l'envers*, das ist die verkehrte Welt. | *Depuis que le monde est monde*, solange die Welt besteht ; seit Bestehen der Welt. | *Dispersé aux quatre coins du monde*, in alle Welt, in alle Himmelsrichtungen zerstreut. | *Les cinq parties du monde*, die fünf Erdteile m. pl. | *L'Ancien Monde*, die Alte Welt. | *Le Nouveau Monde*, die Neue Welt. | *Faire le tour du monde*, um die Welt reisen. | *Courir le monde*, in der Welt umherreisen. | *Coupé, Séparé du monde*, von aller Welt abgeschnitten. | *Citoyen du monde*, Weltbürger m.
II. LES HOMMES : Menschen m. pl. ; Leute pl. ; jeder Mensch. | *Tout le monde*, jedermann ; alle Welt. | *Tout le monde le sait*, jeder(mann) weiß Bescheid. | *C'est l'avis de tout le monde*, es ist die allgemeine Ansicht. | *Aux yeux de tout le monde, au vu et au su de tout le monde*, vor aller Welt. | *Se moquer du monde*, sich über die Menschen lustig machen ; FIG. Unzumutbares bieten. | *Avoir du monde chez soi*, Besuch, Gäste zu Hause haben.
III. LE MILIEU, LA SOCIÉTÉ : Gesellschaft f. ; Kreis m. ; Welt f. | *Le grand, Le beau monde*, die feinen Leute ; die feine Gesellschaft. | *Les gens du monde*, die Leute aus der Gesellschaft ; die Herrschaften f. pl. | *Homme, Femme du monde*, Mann, Dame aus der Gesellschaft, von Welt ; Weltmann ; Weltdame. | *Connaître son monde*, FAM. seine Pappenheimer kennen. | *Aller dans le monde*, in der Gesellschaft verkehren. | *Se retirer du monde*, sich von der Welt zurückziehen.
IV. LOC. *Pas le moins du monde*, nicht im geringsten ; ganz und gar nicht. | *Pour rien au monde*, um keinen Preis ; um alles in der Welt nicht. | *Un monde les sépare, Il y a un monde entre eux*, es liegen Welten zwischen ihnen.
monder [mɔ̃de] v. tr. schälen ; reinigen. | *Monder de l'orge*, Gerste schälen.
mondial, iale, iaux [mɔ̃djal, jo] adj. weltlich. | *Politique mondiale*, Weltpolitik f. | *Puissance mondiale*, Weltmacht f. | *Guerre mondiale*, Weltkrieg m. | *Événement mondial*, Weltereignis n.
mondialisation [-lizasjɔ̃] f. weltweite Verbreitung.
mondialiser [-ze] v. tr. weltweit ausdehnen.
mondovision [-dɔvisiɔ̃] f. Satellitenfernsehen n.
monégasque [mɔnegask] adj. aus, von Monaco ; monegassisch.
◇ s. **Monégasque,** Monegasse m. ; Monegassin f.
monétaire [mɔnetɛ:r] adj. Münz... ; Währungs... | *Accord monétaire*, Währungsabkommen n. | *Masse monétaire*, Geldvolumen n. | *Système monétaire*, Währungssystem n. | *Réforme monétaire*, Währungsreform f. | *Fonds monétaire international (F.M.I.)*, internationaler Währungsfonds.
mongol, ole [mɔ̃gɔl] adj. mongolisch.
◇ s. **Mongol, ole,** Mongole m. ; Mongolin f.
Mongolie [-li] n. pr. f. GÉOGR. Mongolei f.
mongolien, ienne [-ljɛ̃, -jɛn] adj. MÉD. mongoloid.
◇ s. Mongoloide(r) f. (m.) ; FAM. Mongölchen n.
monial, iale [mɔnjal] s. Mönch m. ; Klosterfrau f.
moniteur, trice [mɔnitœ:r, tris] s. Lehrer(in) m. (f.) ; Betreuer(in) m. (f.). | *Moniteur d'auto-école*, Fahrlehrer. | *Moniteur de ski*, Skilehrer.
◇ m. **moniteur,** [journal] Anzeiger m. ‖ HIST. *Moniteur universel*, Staatsanzeiger m. ‖ INF. Monitor m. ; Steuerungseinrichtung f. ‖ MÉD. *Moniteur cardiaque*, Herzmonitor m.
monnaie [mɔnɛ] f. Münze f. ; Geld n. ; (Geld)-währung f. ; Münzwesen n. | *Monnaie métallique*, Metallgeld ; Hartgeld. | *Pièce de monnaie*, Geldstück n. ; Geldmünze. | *Monnaie convertible*, konvertierbare Währung. | *Monnaie étalon, de référence*, Leitwährung

f. | *Monnaie fiduciaire*, Papiergeld ; Papierwährung. | *Monnaie flottante*, floatende Währung. | *Monnaie scripturale*, Buchgeld ; Giralgeld. | *Petite monnaie, De la monnaie*, Kleingeld ; Wechselgeld. | *Fausse monnaie*, falsche Münze ; Falschgeld. | *Fabrication de fausse monnaie*, Falschmünzerei f. | *Monnaie étrangère*, ausländische Währung ; Valuta f. | *Monnaie forte*, harte Währung. | *Monnaie dépréciée*, abgewertete Währung. | *Pays à monnaie faible, forte*, währungsschwaches Land ; währungsstarkes Land. | *(Hôtel de) la Monnaie*, Münzamt n. | *Battre monnaie*, Geld prägen ; münzen. | *Droit de battre monnaie*, Prägerecht n. ; Münzrecht n. || FIG. *Rendre à qn la monnaie de sa pièce*, es jm mit gleicher Münze heimzahlen ; jm Gleiches mit Gleichem vergelten. | *Payer en monnaie de singe*, mit leeren Worten abspeisen.

monnayer [-je] v. tr. (aus)münzen ; prägen ; schlagen. | *Monnayer son influence*, finanzielle Vorteile aus seinem Einfluß ziehen.

monobloc [mɔnɔblɔk] adj. aus einem Block, Stück bestehend. | *Moteur monobloc*, Blockmotor m.

monochromatique [-krɔmatik] adj. PHYS. monochromatisch.

monochrome [-kro:m] adj. einfarbig.

monocle [mɔnɔkl] m. Monokel n.

monocorde [mɔnɔkɔrd] adj. eintönig.

monoculaire [-kylɛ:r] adj. einäugig.

monoculture [-kylty:r] f. AGRIC. Monokultur f.

monocylindrique [-silɛ̃drik] adj. einzylindrig.

monogame [-gam] adj. einehig.

monogamie [-gami] f. Einehe f. ; Monogamie f.

monogramme [-gram] m. Namenszug m. ; Monogramm n. ; Unterschrifts-, Besitzzeichen n.

monographie [-grafi] f. Einzeldarstellung f. ; Monographie f.

monolingue [-lɛ̃:g] adj. einsprachig.

monolithe ou **monolithique** [-lit, litik] adj. aus einem Stein bestehend.
◇ m. Monolith m.

monologue [-lɔg] m. Monolog m. ; Selbstgespräch n.

monologuer [-lɔge] v. intr. vor sich hinsprechen ; ein Selbstgespräch führen ; einen Monolog halten.

monomanie [-mani] f. MÉD. fixe Idee ; Monomanie f.

monôme [mɔno:m] m. Monom n.

monomoteur [-mɔtœ:r] m. AÉRON. einmotoriges Flugzeug.

monophasé, ée [mɔnɔfaze] adj. einphasig. | *Courant monophasé*, Einphasenstrom m.

monoplace [-plas] adj. einsitzig.
◇ m. *Monoplace de combat*, Kampfeinsitzer m.

monoplan [-plɑ̃] m. Eindecker m.

monopole [-pɔl] m. Monopol n. ; Alleinvertrieb m. ; Alleinrecht n. ; Alleinherstellung f. | *Monopole de la monnaie*, Münzregal. | *Monopole du tabac*, Tabakmonopol. | *Monopole de vente*, Alleinverkaufsrecht.

monopolisation [-pɔlizasjɔ̃] f. Monopolisierung f.

monopoliser [-pɔlize] v. tr. zum Monopol machen ; monopolisieren. || FIG. in Beschlag nehmen. | *Monopoliser la conversation*, das Gespräch an sich reißen.

monorail [-ra:j] adj. einschienig, -gleisig.
◇ m. Einschienenbahn f.

monosyllabe [-sillab] m. einsilbiges Wort ; Einsilb(l)er m.

monosyllabique [-sillabik] adj. einsilbig.

monothéisme [-teism] m. Monotheismus m. ; Glaube (m.) an einen Gott.

monothéiste [-teist] adj. monotheistisch.
◇ s. Monotheist(in) m. (f.).

monotone [-tɔn] adj. einförmig ; gleichmäßig ; FIG. eintönig. | *Débit monotone*, Ableiern n.

monotonie [-tɔni] f. Einförmigkeit f., -tönigkeit f. ; Langweiligkeit f. ; (ewiges) Einerlei.

monovalent, ente [-valɑ̃, ɑ̃:t] adj. einwertig.

monseigneur [mɔ̃sɛɲœ:r] m. Seiner, Euer Gnaden. | *Pince-monseigneur*, Brecheisen n.

monsieur [məsjø] m. mein Herr. || [lettre] (sehr) geehrter, verehrter Herr ! | *Monsieur X*, Herr X. | *Monsieur le professeur*, Herr Professor, Studienrat. | *Monsieur votre père*, Ihr Herr Vater. | *Monsieur est sorti*, Herr X ist ausgegangen. | *Monsieur tout le monde*, Herr Jedermann. || FAM. *C'est un vilain monsieur*, das ist ein übler Bursche. || *Messieurs (MM.)*, meine Herren. | *Monsieur et Madame*, Herr und Frau. || [domestiques] die Herrschaften f. pl. || *Mesdames et Messieurs*, meine Damen und Herren ; meine Herrschaften.

monstre [mɔ̃str] m. Monstrum n. ; Ungeheuer n. ; Ungetüm n. || FIG. Scheusal n. ; Unmensch m. | *Monstre marin*, Seeungeheuer.
◇ adj. kolossal ; ungeheuer.

monstrueux, ueuse [-trɥø, ɥø:z] adj. mißgestaltet, -gebildet ; ungeheuer ; abscheulich. | *Crime monstrueux*, abscheuliches Verbrechen.

monstruosité [-trɥozite] f. Unförmigkeit f. ; Scheußlichkeit f. ; Abscheulichkeit f. | *Commettre des monstruosités*, Untaten begehen.

mont [mɔ̃] m. Berg m. ; Gebirge n. | *Mont des Oliviers*, Ölberg. | *Par monts et par vaux*, über Berg und Tal. | *Promettre monts et merveilles*, goldene Berge versprechen.

montage [mɔ̃ta:ʒ] m. Hinaufbringen n. ; Hinaufschaffen n. || TECHN. Montage f. ; Aufbau m. ; Zusammenbau m. | *Atelier, Usine de montage*, Montagehalle f., -werkstätte f. | *Montage d'un moteur*, Aufstellung f., Aufbau eines Motors. || ÉLECTR. *Montage en parallèle*, Nebeneinander-, Parallelschaltung f. | *Montage en série*, Hintereinander-, Serien-, Reihenschaltung f. || FILM, PHOT. *Montage (photographique)*, Photomontage. || MUS. *Montage d'une corde*, Aufziehen (n.) einer Saite.

montagnard, arde [mɔ̃taɲa:r, ard] adj. hochländisch.
◇ s. Bergbewohner(in) m. (f.).
◇ m. **Montagnard,** HIST. Mitglied (n.) der Bergpartei.

montagne [-taɲ] f. Berg m. ; Gebirge n. ; Alp f. | *Pays de montagne*, Bergland n. | *Mal des montagnes*, Bergkrankheit f. | *Chaîne de montagnes*, Gebirgskette f. | *Aller à la montagne*, ins Gebirge gehen, fahren. | *Gravir une montagne*, einen Berg erklimmen. | *Montagnes russes*, Achterbahn f. ; Berg- und Talbahn f. || FIG. *Montagne de livres*, Haufen (m.) Bücher ; Berg von Büchern. || HIST. *Parti de la Montagne*, Bergpartei f. || RELIG. *Sermon sur la montagne*, Bergpredigt f.

montagneux, euse [-taɲø, ø:z] adj. bergig ; gebirgig.

montant [-tɑ̃] m. [bâtiment] Pfosten m. ; Stütze f. ; (Maschinen) ständer m. | *Montant d'une porte*, Türpfeiler m. ; Türpfosten m. || [échelle] Holm m. ; Leiterbaum m. || [somme] Betrag m. ; Summe f. | *Montants compensatoires*, Ausgleichsbeträge m. pl. ; Ausgleichsabgaben f. pl. || [d'une vente] Erlös m. | *Montant global*, Gesamtbetrag. | *Montant forfaitaire*, Pauschalbetrag.

montant, ante [-tɑ̃, ɑ̃:t] adj. (hin)aufsteigend ; hinaufgehend. | *Chemin montant*, ansteigender Weg. | *Marée montante*, (steigende) Flut. || MIL. *Garde montante*, aufziehende Wache.

mont-de-piété [mɔ̃dɛpjete] m. (pl. **monts-de-piété**) Leihhaus n. ; Pfandhaus n.

monte [mɔ̃:t] f. Springen n. ; Decken n. ; Deckzeit f. | *Monte d'un jockey*, Reitart (f.) eines Jockeys.

monté, ée [-te] adj. *Police montée*, berittene Polizei. || FIG. [pourvu en] ausgerüstet, versehen mit. | *Coup monté*, abgekartete Sache. | *Être monté contre qn*, gegen jn aufgebracht, aufgehetzt sein.

monte-charge [mɔ̃tʃarʒ] m. invar. Lastenaufzug m. ; Fahrstuhl m. || [haut fourneau] Gichtaufzug m.

montée [-te] f. [action] (Hin) aufsteigen n. ; Ansteigen n. ; Aufwärtsbewegung f. | *Montée et descente*, Steigen und Fallen ; Auf und Nieder ; Ein- und Aussteigen. | *À la, en montée*, in, auf der Bergfahrt ; beim Hinaufgehen, -fahren. | *Montée (en flèche) des prix*, (jäher) Preisanstieg. || [lieu] Steigung f. ; Anstieg m. ; Abhang m.

monte-en-l'air [-tɑ̃lɛr] m. invar. FAM. Fassadenkletterer m.

monte-plats [-pla] m. invar. Speisenaufzug m. ; Küchenlift m.

monter [mɔ̃te].

> **I.** v. intr.
> **a)** SENS PROPRE.
> **b)** SENS FIGURÉS.
> **II.** v. tr.
> **a)** SENS PROPRE.
> **b)** SENS DÉRIVÉS.
> **c)** SENS FIGURÉS.
> **III.** v. pr.
> **a)** SE MUNIR.
> **b) se monter à.**
> **c)** FIG.

I. v. intr.

a) SENS PROPRE : an-, auf-, empor-, hinansteigen. | *Le thermomètre monte*, das Thermometer steigt. | *La rivière a monté*, der Fluß ist gestiegen, geschwollen. | *Le terrain monte*, das Gelände steigt an. | *L'orage monte*, das Gewitter zieht auf. | *Monter sur un arbre*, auf einen Baum steigen, klettern. | *Monter sur une montagne*, einen Berg besteigen. | *Monter sur une échelle*, eine Leiter hochklettern. | *Monter sur une chaise*, auf einen Stuhl steigen. | *Monter à cheval*, ein Pferd besteigen. | *Monter quatre à quatre*, vier Stufen auf einmal nehmen. | *Monter au grenier*, auf den Boden steigen. | *Être monté sur des échasses*, auf Stelzen gehen. | *Monter en croupe*, hinten aufsitzen. | *Monter à l'assaut*, stürmen. | *Monter en grade*, avancieren ; befördert werden. || BOT. *Monter en graine*, ins Kraut schießen. || FIG. *Monter sur les planches*, Schauspieler werden.

b) SENS FIGURÉS : *Monter sur le trône*, den Thron besteigen. | *Monter sur ses grands chevaux*, auf dem hohen Roß sitzen. | *Monter comme une soupe au lait*, aufbrausen. | *La moutarde lui monte au nez*, eine Laus kriecht ihm über die Leber. | *Le vin monte à la tête*, der Wein steigt zu Kopfe. | *Le rouge lui monte au visage*, das Blut schießt ihm ins Gesicht ; er wird ganz rot ; er errötet. | *Le succès lui monte à la tête*, ihn sticht der Hafer. | *Les prix montent*, die Preise steigen.

II. v. tr.

a) SENS PROPRE (composés de « hinauf » et « herauf ») : *Monter l'escalier*, die Treppe hinaufsteigen. | *Monter les valises*, das Gepäck hinaufbringen. | *Monter une pente*, einen Abhang erklimmen. | *La voiture monte bien les côtes*, der Wagen nimmt die Steigungen spielend. | *Monter un cheval*, ein Pferd reiten ; auf einem Pferd reiten. | *Cheval difficile à monter*, schwer zu reitendes Pferd.

b) SENS DÉRIVÉS : aufstellen ; aufrichten ; errichten ; aufschlagen ; installieren ; montieren. | *Monter une machine*, eine Maschine aufstellen. | *Monter une usine*, eine Fabrik errichten. | *Monter une tente*, ein Zelt aufschlagen. || MUS. *Monter un violon (d'un demi-ton)*, eine Geige (um einen halben Ton) höher stimmen. || TECHN. *Monté sur billes*, kugelgelagert. || ÉLECTR. *Monter en série*, hintereinander schalten. || MIL. *Monter la garde*, Wache stehen. || ZOOL. decken.

c) SENS FIGURÉS : *Monter une pièce de théâtre*, ein Theaterstück inszenieren, in Szene setzen, vorbereiten. | *Monter un bateau à qn*, jm einen Bären aufbinden ; jn verulken. | *Monter la tête à qn*, jn aufreizen, aufbringen. | *Être monté contre qn*, gegen jn aufgebracht sein.

III. v. pr.

a) SE MUNIR : sich (mit, dat.) ausrüsten, ausstatten, versehen.

b) se monter à : sich belaufen (auf, acc.). | *Se monter à cinq mark*, auf fünf Mark ansteigen ; sich auf fünf Mark belaufen ; fünf Mark betragen.

c) FIG. *Se monter la tête*, sich ereifern ; sich erhitzen ; wütend, aufgeregt werden.

monteur [-tœ:r] m. Monteur m. ; Maschinenaufsteller m. ; Zurichter m.

montgolfière [mɔ̃gɔlfjɛ:r] f. (Heiß)luftballon m. ; Montgolfiere f.

monticule [mɔ̃tikyl] m. Hügelchen n. ; Anhöhe f. ; Bodenerhebung f.

montrable [mɔ̃trabl] adj. (vor)zeigbar ; vorweisbar. | *C'est montrable*, das kann sich sehen lassen.

montre [mɔ̃:tr] f. [étalage] Auslage f. | *N'être là que pour la montre*, nur zur Schau dienen. | *Faire montre de*, zur Schau stellen, tragen. || FIG. *Faire montre de courage*, Mut zeigen, beweisen ; von Mut zeugen. || [armoire] Schaukasten m. || [instrument] (Taschen)-uhr f. | *Montre en or*, goldene Uhr. | *Montre à quartz*, Quarzuhr. | *Régler sa montre*, seine Uhr stellen. | *Mettre sa montre à l'heure*, seine Uhr richtigstellen. | *Avancer, Retarder sa montre*, seine Uhr vor-, nachstellen. | *Regarder l'heure à sa montre*, nach der Uhr sehen. || SPORT. *Course contre la montre*, Zeitfahrt f. ; Stechen n.

montre-bracelet [-braslɛ] f. Armbanduhr f.

montrer [mɔ̃tre] v. tr. **1.** zeigen ; an-, vorzeigen ; weisen ; er-, hinweisen ; enthüllen. | *Montrer la langue*, die Zunge zeigen, vorweisen. | *Montrer le chemin à qn*, jm den Weg weisen, zeigen. | *Montrer la porte à qn*, jm die Tür weisen. | *Montrer qch. du doigt*, auf etwas mit dem Finger zeigen. | *Montrer qn du doigt*, auf jn mit dem Finger zeigen ; jn öffentlich brandmarken.

2. [manifester] *Montrer du courage*, Mut zeigen, beweisen. | *Montrer le bon exemple*, mit gutem Beispiel vorangehen.

3. [prouver] *Montrer qu'on a raison*, beweisen, darlegen, daß man im Recht ist. | *Montrer à qn*, jn lehren, unterweisen. | *Il me montre comment on fait*, er macht mir vor, wie man es macht.

◇ v. pr. **se montrer,** sich zeigen ; sich sehen lassen ; sich erweisen. | *Il n'a qu'à se montrer*, er braucht sich nur sehen zu lassen. | *Il se montre bon père*, er erweist sich als (ein) guter Vater. | *Se montrer reconnaissant envers qn*, sich dankbar gegen jn erweisen.

monture [mɔ̃ty:r] f. Reittier n., -pferd n. || TECHN. Fassung f. ; Gestell n. ; Bügel m. | *Monture de lunettes*, Brillengestell. | *Monture d'une bague*, Fassung eines Ringes.

monument [mɔnymɑ̃] m. Denkmal n. ; Monument n. | *Monument funéraire*, Grabmal n. | *Monument historique*, historisches Bauwerk. | *Les monuments d'une cité*, die baulichen Sehenswürdigkeiten (f. pl.) einer Stadt. | *Monuments publics*, öffentliche Bauwerke n. pl.

monumental, ale, aux [-tal, o] adj. monumental ; gewaltig ; großartig. | *Construction monumentale*, Prachtbau m. || FIG. FAM. *Bêtise monumentale*, Riesendummheit f.

moquer (se) [sɛmɔke] v. pr. scherzen ; spaßen ; verspotten. | *Se moquer de qch.*, sich über etwas (acc.) lustig machen ; sich ergötzen ; sich belustigen. | *Je m'en moque*, ich mache mir nichts daraus ; FAM. ich pfeife darauf. | *Se moquer de qn*, jn auslachen, narren ; jn zum besten haben, halten ; über jn spotten.

moquerie [mɔkri] f. Spott m. ; Verspottung f. ; Belustigung f. | *Par moquerie*, zum Spott ; zum Spaß.

moquette [mɔkɛt] f. [étoffe] Teppichboden m.

moqueur, euse [mɔkœ:r, ø:z] adj. spöttisch ; spottsüchtig ; höhnisch. | *D'un air moqueur*, mit spöttischer Miene. | *Rire moqueur*, Spottgelächter n., -reden f. pl. | *Humeur moqueuse*, Spottlust f. | *Esprit moqueur*, Spottsucht f.

◇ s. Spötter(in) m. (f.).

◇ m. **moqueur.** ZOOL. Spottdrossel f.

moraine [mɔrɛ:n] f. GÉOL. Moräne f. ; (Ablagerungs)geröll(e) n. | *Moraine latérale*, Ufermoräne. | *Moraine de fond*, Grundmoräne. | *Moraine frontale*, Stirnmoräne. | *Moraine terminale*, Endmoräne.

moral, ale, aux [mɔral, o] adj. [relatif à la morale] moralisch ; sittlich. | *Contes moraux*, moralische Erzählungen f. pl. | *Conscience morale*, Gewissen n. ; sittliches Bewußtsein. | *Avoir perdu le sens moral*, das Gefühl für Anständigkeit verloren haben. || [relatif à l'esprit] moralisch ; geistig ; seelisch. | *Facultés morales*, geistige Fähigkeiten f. pl. | *Souffrances morales*, seelische Leiden n. pl. | *Exercer une pression morale sur qn*, einen moralischen Druck auf jn ausüben. || JUR. *Personne morale*, juristische Person.

◇ m. **moral,** das Sittliche ; das Moralische. || [caractère] Stimmung f. ; Geistesverfassung f. ; Gemüt n. | *Remonter le moral de qn*, jm inneren Halt geben ; jn ermutigen. | *Avoir bon moral*, optimistisch sein ; guten Mutes sein. | *Il n'a pas le moral*, er hat zu nichts mehr Lust.

◇ f. **morale,** Sittenlehre f. ; Moral f. ; innere Haltung. | *La morale d'Aristote*, die Morallehre des Aristoteles. | *La morale de la fable*, die Moral, Lehre der Geschichte. | *Faire la morale à qn*, jm eine Strafpredigt halten ; jm die Leviten lesen.

moralement [-lmɑ̃] adv. in moralischer Hinsicht ; moralisch (gesehen) ; seelisch.

moralisateur, trice [-lizatœ:r, tris] adj. moralisch ; sittenfördernd ; PÉJOR. moralisierend. | *Récit moralisateur*, erbauliche Erzählung.

moraliser [-lize] v. tr. et v. intr. sittlich verbessern ; moralisch einwirken (auf, acc.) ; PÉJOR. Moral predigen ; moralisieren. | *Il moralise sans cesse*, POP. er führt dauernd fromme Reden.

moraliste [-list] m. Moralphilosoph m. ; Moralist m. ; Sittenlehrer m.

moralité [-lite] f. [qualité] Sittlichkeit f. ; Moralität f. | *Moralité de la conduite*, Sauberkeit (f.) des Handelns. | *Homme sans moralité*, Mensch ohne inneren Halt. || [enseignement] (Sitten)lehre f. ; Moral f. || [fable] moralische Nutzanwendung. || LITTÉR. Moralität f.

morasse [mɔras] f. letzter Korrekturabzug.

moratoire [mɔratwa:r] adj. auf-, hinausschiebend ; verlängernd. | *Intérêts moratoires*, Verzugszinsen m. pl. | *Lettre moratoire*, Moratorium n. ; (Zahlungs)stundung f. | *Traité moratoire*, Stillhalteabkommen n.

◇ m. (Zahlungs)aufschub m. ; Moratorium n., POP. Galgenfrist f. | *Accorder un moratoire*, einen Zahlungsaufschub gewähren.

Moraves [mɔrav] n. pr. pl. Einwohner von Mähren. | *Frère morave*, Mährischer Bruder ; Herrnhuter m.

Moravie [mɔravi] n. pr. f. GÉOGR. Mähren n.

morbide [mɔrbid] adj. krankhaft ; zerbrechlich.

morbidité [-dite] f. Morbidität f. || MÉD. Krankhaftigkeit f.

morceau [mɔrso] m. [partie] Stück n. ; Bruchstück n. || [à manger] Bissen m. ; Brocken m. | *Un morceau de terre*, ein Stückchen (n.) Land. | *Mettre qch. en morceaux*, etwas zerstückeln. | *C'est fait de pièces et de morceaux*, das ist kümmerlich zusammengestoppelt ; das ist Flick-, Stückwerk. | *Manger un morceau*, ein paar Bissen zu sich nehmen. | *Morceau de roi*, Prachtstück. | *Aimer les bons morceaux*, einen guten Bissen mögen. || FIG. *C'est un gros morceau*, das ist ein harter Brocken. || FAM. *Manger le morceau*, ein Geheimnis verraten, ausplaudern, FAM. verpfeifen. | *Il a emporté le morceau*, er hat es geschafft ; er hat sich durchgesetzt. | *Morceaux choisis (de lecture)*, ausgewählte Lesestücke n. pl. | *Morceau de musique*, Musikstück ; Tonstück.
— SYN. : *Bout* m., Endchen n. *Parcelle* f., Parzelle f.

morceler [-sɛle] v. tr. (zer)stückeln ; auseinanderbrechen ; parzellieren.

morcellement [-sɛlmɑ̃] m. (Zer)stückelung f. ; (Auf)teilung f. | *Morcellement d'un domaine*, Parzellierung (f.) einer Domäne.

mordant, ante [-dɑ̃, ɑ̃:t] adj. beißend ; ätzend. || PAR EXT. schneidend ; durchdringend. || FIG. beißend ; scharf ; bissig. | *Esprit mordant*, scharfer Geist. | *Plaisanterie mordante*, beißender Witz. | *Style mordant*, bissiger, angriffslustiger Stil.

◇ m. **mordant,** [substance] Ätzmittel n. ; Beizmittel n. ; Ätzwasser n. ; Beize f. || [qualité] Schärfe f. ; Schneid m. | *Mordant d'une lime*, Schärfe einer Feile. | *S'exprimer avec mordant*, sich mit Schärfe ausdrükken.

mordicus [mɔrdikys] adv. felsenfest. | *Soutenir mordicus*, steif und fest behaupten.

mordiller [mɔrdije] v. tr. knabbern ; kauen (an, dat.). | *Mordiller un os*, einen Knochen abknabbern.

mordoré, ée [mɔrdɔre] adj. goldbraun ; braunrot.

mordre [mɔrdr] v. tr. beißen ; stechen. | *Mords-le !*, faß (ihn) ! || PAR EXT. angreifen ; ätzen ; (an)fressen. | *L'acide mord le métal*, die Säure greift das Metall an. || FIG. *Mordre la poussière*, ins Gras beißen.

◇ v. intr. beißen ; ätzen ; [engrenages] eingreifen. || MAR. *L'ancre mord*, der Anker faßt (Grund). || [avec compl.] *Mordre à belles dents*, tüchtig hineinbeißen ; kräftig zulangen ; POP. fest reinhauen. | *Le poisson mord (à l'hameçon)*, der Fisch beißt (am Köder) an. || FIG. *Mordre à qch.*, Geschmack an etwas (dat.) finden ; sich in etwas (acc.) einarbeiten.

◇ v. pr. **se mordre.** *Se mordre les lèvres*, sich auf die Lippen beißen ; FIG. sich etwas verbeißen. || FIG. *S'en mordre les doigts*, etwas bitter bereuen.

mordu, ue [-dy] part. pass. et adj. FIG., FAM. begeistert.

more [mo:r] adj. V. MAURE.

moresque [-rɛsk] adj. V. MAURESQUE.

morfondre (se) [səmɔrfɔ̃:dr] v. pr. vor Ungeduld vergehen ; Trübsal blasen.

morganatique [mɔrganatik] adj. morganatisch. | *Mariage morganatique*, morganatische Ehe.

morgue [mɔrg] f. Dünkel m. ; Arroganz f. ; Anmaßung f. || [établissement] Leichenschauhaus n.

moribond, onde [mɔribɔ̃, ɔ̃:d] adj. tod-, sterbenskrank ; im Sterben liegend.
◇ s. Todkranke(r) f. (m.) ; Sterbende(r) f. (m.).

morigéner [mɔriʒene] v. tr. schelten ; schulmeistern ; FAM. Mores beibringen.

morille [mɔri:j] f. BOT. Morchel f.

morillon [mɔrijɔ̃] m. Reiherente f.

mormon, one [mɔrmɔ̃, ɔn] adj. RELIG. mormonisch.
◇ s. Mormone m. ; Mormonin f.

morne [mɔrn] adj. düster ; trübe ; trübselig. | *Regard morne*, finsterer, düsterer Blick.

morose [mɔro:z] adj. mürrisch ; mißgelaunt ; griesgrämig. | *Vieillard morose*, mürrischer Greis. | *Esprit morose*, Murrkopf m.

morosité [-zite] f. Mißmut m. ; Griesgrämigkeit f. ; Verdrießlichkeit f. ; Trübsinn m.

Morphée [mɔrfe] n. pr. m. MYTH. Morpheus m. | *Être dans les bras de Morphée*, in Morpheus Armen liegen.

morphème [mɔrfɛ:m] GRAMM. Morphem n.

morphine [mɔrfin] f. Morphin n. ; Morphium n.

morphinomane [-nɔman] adj. morphiumsüchtig.
◇ s. Morphinist(in) m. (f.).

morphologie [mɔrfɔlɔʒi] f. Morphologie f. ; Formenlehre f.

morphologique [-ʒik] adj. morphologisch.

morpion [mɔrpjɔ̃] m. POP. Filzlaus f. || [enfant] Knirps m.

mors [mɔ:r] m. [cheval] Gebiß n. ; Kandare f. | *Prendre le mors aux dents*, durchgehen ; aufbrausen. || TECHN. Backe f. | *Mors de serrage*, Spannbacke.

morse [mɔrs] m. ZOOL. Walroß n. ; Seepferd n. || [alphabet] Morsealphabet n. | *Lire le morse*, die Morseschrift lesen.

morsure [mɔrsy:r] f. Biß m., -wunde f.

mort, morte [mɔ:r, mɔrt] adj. tot ; gestorben ; abgestorben ; verstorben. | *Cliniquement mort*, klinisch tot. | *Ivre mort*, sinnlos betrunken. | *Être plus mort que vif*, mehr tot als lebendig sein. | *Langue morte*, tote Sprache. | *Ville morte*, tote Stadt. | *Tomber mort*, tot umfallen. || PROV. *Morte la bête, mort le venin*, toter Hund beißt nicht mehr. || FIG. *Il est mort pour moi*, ich habe keinerlei Beziehungen mehr zu ihm. | *Il n'y va pas de main morte*, er haut gehörig drein ; er geht energisch vor. | *Eau morte*, stehendes Wasser. | *Nature morte*, Stilleben n. | *Point mort*, toter Punkt. | *Poids mort*, toter, unnützer Ballast ; Leergewicht n. | *Argent mort*, totes Geld, Kapital. || MIL. *Angle mort*, toter Winkel. || GÉOGR. *La mer Morte*, das Tote Meer.
◇ s. Tote(r) f. (m.) ; Gestorbene(r) f. (m.). | *Tête de mort*, Totenkopf m., -schädel m. | *Faire le mort*, sich tot stellen ; sich nicht rühren ; FIG. sich drücken. | *Reconnaître un mort*, eine Leiche, einen Toten identifizieren, feststellen, ausmachen. | *Veiller un mort*, die Totenwache halten. | *L'empire des morts*, das Totenreich ; das unterirdische Reich. || MIL. *Monument aux morts*, Gefallenen-, Kriegerdenkmal n. || RELIG. *Culte des morts*, Totenkult m. | *Messe des morts*, Totenmesse f. | *Fête, Jour des morts*, Allerseelen n. || JUR. *Le mort saisit le vif*, der Tote setzt den Lebenden in den Besitz.
— SYN. : *Cadavre* m., Leichnam m. *Corps* m., Leiche f. *Dépouille mortelle* f., sterbliche Hülle.

mort [mɔ:r] f. Tod m. ; Todesfall m. ; Sterben n. || MÉD. Exitus (letalis) m. | *Mort volontaire*, Freitod. | *Mort apparente*, Scheintod. | *Mort cérébrale*, Hirntod. | *Mort clinique*, klinischer Tod. | *Mort lente*, Verschmachten n. | *Mort violente*, gewaltsamer Tod. | *Blessé, Frappé à mort*, tödlich verwundet, getroffen. | *Pâle comme la mort*, totenbleich ; leichenblaß. | *Silence de mort*, Totenstille f. | *Danger de mort*, Lebensgefahr f. ; Todesgefahr f. | *Jour de la mort*, Todestag m. | *Lit de mort*, Sterbebett n. ; Totenbett n. | *Combat à mort*, Kampf (m.) auf Leben und Tod. | *À la vie, à la mort*, auf leben und Tod ; im Leben wie im Tode. | *En cas de mort*, im Todesfalle. | *À l'heure de sa mort*, in seiner Todesstunde ; IRON. in seinem letzten Stündlein. | *Mourir de sa belle mort, de mort naturelle*, eines natürlichen Todes sterben. | *Être à l'article de la mort*, im Sterben liegen. | *Être sur son lit de mort*, auf dem Totenbett, im Sterben liegen. | *Être entre la vie et la mort*, zwischen Leben und Tod schweben. | *Se donner la mort*, sich das Leben nehmen ; freiwillig in den Tod gehen. | *Mettre à mort*, töten ; umbringen. | *Haïr qn à mort*, js Todfeind sein ; jn bis auf den Tod hassen. | *Proférer des menaces de mort contre qn*, gegen jn Todesdrohungen ausstoßen. | *Pleurer la mort de qn*, um jn trauern. | *Arracher à la mort, Sauver de la mort*, dem Tode entreißen ; vor dem Tode retten. | *S'exposer à la mort*, sich einer Todesgefahr aussetzen. | *Voir la mort en face*, dem Tode ins Angesicht sehen. || FIG. *Avoir la mort dans l'âme*, zu Tode betrübt sein ; zutiefst bekümmert sein. | *Souffrir mille morts*, tausend Tode sterben ; Höllenqualen ausstehen. | *Ce n'est pas la mort (d'un homme)*, das ist doch nicht so schlimm. || JUR. Tod m. ; Todesstrafe f. | *Mort civile*, bürgerlicher Tod. | *Il y a eu mort d'homme*, es ist ein Menschenleben zu beklagen. | *Arrêt, Sentence de mort*, Todesurteil n. | *Condamnation à mort*, Verurteilung (f.) zum Tode. | *Peine de mort*, Todesstrafe f. | *Sous peine de mort*, bei Todesstrafe ; bei Leib und Leben.
◇ interj. *À mort !*, verrecke !

mortadelle [mɔrtadɛl] f. Mortadella f.

mortaise [mɔrtɛ:z] f. Zapfenloch n. ; Einschnitt m.

mortalité [mɔrtalite] f. Sterblichkeit f. ; FIG. Vergänglichkeit f. | *Mortalité infantile*, Kindersterblichkeit. | *Chiffre, Taux de mortalité*, Sterblichkeitszahl f., -rate f.

mort-aux-rats [mɔrora] f. inv. Rattengift n.

morte-eau [mɔrto] f. (pl. **mortes-eaux**). MAR. tiefster Flutstand ; Ebbe f.

mortel, elle [mɔrtɛl] adj. [qui tue] tödlich ; todbringend ; lebensgefährlich. | *Maladie mortelle*, tödliche Krankheit. | *Recevoir le coup mortel*, den Todesstoß empfangen. | *Blessure mortelle*, tödliche Verwundung. | *Ennemi mortel*, Todfeind m. | *Haine mortelle*, tödlicher Haß. || RELIG. *Péché mortel*, Todsünde f. || [qui meurt] sterblich ; vergänglich. | *Tous les hommes sont mortels*, alle Menschen müssen sterben. | *Dépouille mortelle*, sterbliche Hülle. || [qui concerne la mort] Todes... | *D'une pâleur mortelle*, totenblaß ; leichenblaß.
◇ s. Sterbliche(r) f. (m.). | *Le commun des mortels*, die gewöhnlichen Sterblichen.

mortellement [-lmɑ̃] adv. tödlich ; auf den Tod. || FIG. *Mortellement long*, entsetzlich lang ; sterbenslangweilig.

morte-saison [mɔrtəsɛzɔ̃] f. (pl. **mortes-saisons**) Geschäftsflaute f. ; FAM. Sauregurkenzeit f.

mortier [mɔrtje] m. [mélange de chaux] Mörtel m. ; Bindung f. ; Bindemittel n. || CHIM. [vase] Mörser m. ; Reibschale f. || [bonnet] (Samt)kappe f. ; (Präsidenten)mütze f. || MIL. Mörser m. ; Böller m. ; (schwerer) Granatwerfer m.

mortifiant, iante [-fjɑ̃, jɑ̃:t] adj. demütigend ; erniedrigend ; herabsetzend. || RELIG. kasteiend.

mortification [-fikasjɔ̃] f. Demütigung f. ; Erniedrigung f. ; Kränkung f. || RELIG. Abtötung f. ; Kasteiung f.

mortifier [-fje] v. tr. demütigen. || RELIG. kasteien ; Buße auferlegen. | *Mortifier sa chair*, sein Fleisch, die Sinnenlust abtöten. | *Se mortifier*, sich kasteien ; sich abtöten.

mortinatalité [-natalite] f. Totgeborenenquote f. | *Taux de mortinatalité*, Totgeburtenrate f.

mort-né, ée [mɔrne] adj. totgeboren. | *Projet mort-né*, ein von vornherein zum Scheitern verurteilter Plan.

mortuaire [mɔrtɥɛ:r] adj. Todes... | *Drap mortuaire*, Sargtuch n. ; Leichentuch n. | *Maison mortuaire*, Trauerhaus n. ; Sterbehaus n.

morue [mɔry] f. ZOOL. Kabeljau m. | *Huile de foie de morue*, Lebertran m. | *Morue fraîche*, Kabeljau. | *Morue salée*, Klippfisch m. | *Morue séchée*, Stockfisch.

morve [mɔrv] f. Nasenschleim m. ; ARG. Rotz m. || ZOOL. Staupe f. ; Rotz m.

morveux, euse [-vø, ø:z] adj. rotzig ; verschleimt ; triefnasig.
◇ s. POP. Rotz-, Triefnase f. ; Rotzjunge m. ; Grünschnabel m.

mosaïque [mozaik] adj. mosaisch.

mosaïque [mozaik] f. Mosaik n. ; zusammengesetzte Arbeit. | *Parquet en mosaïque*, Mosaikfußboden m. ; gewürfelter Fußboden.

Moscou [mɔsku] n. pr. m. GÉOGR. Moskau n.

moscovite [-kɔvit] adj. moskowitisch ; moskauisch.
◇ s. **Moscovite,** Moskauer(in) m. (f.) ; Moskowiter(in) m. (f.).

mosellan, ane [mɔzɛlɑ̃, an] adj. moselländisch ; an der Mosel.

Moselle [mɔzɛl] n. pr. f. GÉOGR. Mosel f.

mosquée [mɔske] f. Moschee f.

mot [mo] m. Wort n. ; Ausdruck m. || [parole, sentence] Ausspruch m. || [lettre brève] kurzer Brief ; kurze Mitteilung.

> **I.** AVEC UN ADJECTIF.
> **II.** AVEC UN NOM.
> **III.** AVEC UN VERBE.
> **IV.** loc. adv.
> **V.** interj.

I. AVEC UN ADJECTIF : *Bon mot*, Witz m. ; Bonmot n. | *Mots croisés*, Kreuzworträtsel n. | *Dernier mot*, letztes Wort ; letzte Entscheidung. | *Le fin mot de l'affaire*, der richtige Sachverhalt ; der eigentliche Beweggrund. | *Gros mot*, Schimpfwort ; Grobheit f. | *Grands mots*, hochtrabende Worte n. pl. | *Mot propre*, passendes, rechtes Wort ; passender Ausdruck. | *Vain mot*, leeres Wort ; leerer Wahn.
II. AVEC UN NOM : *Mot de Cambronne*, Sch... ; Scheiße f. | *Mot de l'énigme*, (Auf)lösung f., Schlüssel (m.) des Rätsels. | *Mot à double sens*, doppelsinniges Wort. | *Jeu de mots*, Wortspiel n. | *Mot d'ordre*, Schlagwort ; Stichwort ; Losung f. | *Querelle de mots*, Wortstreit m. ; Haarspalterei f. ; Spiegelfechterei f. || INF. *Mot(-)clé*, Schlüsselwort n. | *Mot(-)vedette*, Stichwort n. ; Schlüsselwort n. || MIL. *Mot d'ordre, de passe*, Losung f. ; Losungswort n. ; Parole f. || HIST. *Mot de ralliement*, Feldgeschrei n.
III. AVEC UN VERBE : *Avoir des mots avec qn*, sich mit jm zanken. | *Avoir le dernier mot*, das letzte Wort haben ; recht behalten. | *Il n'y a pas un mot de vrai là-dedans*, es ist kein wahres Wort dran. | *Chercher ses mots*, nach Worten suchen. | *Sans mot dire*, ohne ein Wort zu sagen. | *Chacun dit son mot*, jeder sagt seine Meinung. | *Il a aussi son mot à dire*, er hat dabei auch ein Wörtchen mitzureden. | *J'ai deux mots à te dire*, ich muß ein Wörtchen mit dir sprechen. | *Dire deux mots à qn*, jn kurz sprechen. | *Ils s'étaient donné le mot*, sie hatten sich verabredet. | *Le mot m'échappe*, das Wort ist mir entfallen. | *Le mot m'a échappé (malgré moi)*, das Wort ist mir entschlüpft, herausgerutscht. | *Écrire un mot à qn*, jm einige Zeilen schreiben. | *Ce ne sont que des mots*, das sind nur schöne Worte, leere Redensarten ; es steckt nichts dahinter. | *Glisser un mot à l'oreille de qn*, jm ein Wort zuflüstern. | *Jouer sur les mots*, mit den Worten spielen ; Wortspiele machen. | *Voilà le grand mot lâché*, das entscheidende Wort ist gefallen. | *Ne pas mâcher ses mots*, alles gerade heraussagen ; eine offene Sprache führen. | *Ne pas perdre un mot de qch.*, kein Wort über etwas verlieren. | *Bien peser ses mots*, seine Worte sorgsam abwägen. | *Ne pas parvenir à placer un mot*, überhaupt nicht zu Worte kommen (können). | *Prendre qn au mot*, jn beim Wort nehmen. | *Avoir toujours le mot pour rire*, immer zum Scherzen aufgelegt sein. | *Ne pas savoir un traître mot de qch.*, keinen Schimmer von etwas haben ; kein Sterbenswörtchen über etwas (acc.), von etwas wissen. | *Ne (pas) souffler mot*, kein Wort verlauten lassen ; keinen Laut von sich geben. | *Toucher un mot de qch.*, ein Wort über etwas (acc.) fallen lassen. | *C'est le mot de la fin !*, das sagt alles !
IV. loc. adv. *À ces mots*, bei diesen Worten ; daraufhin. | *D'un mot*, kurz ; schnell. | *Expédier d'un mot*, kurz abfertigen ; schnell hinauskomplimentieren. | *En un mot*, mit einem Wort ; kurz (gesagt) ; kurz und gut. | *Mot à mot, Mot pour mot*, Wort für Wort ; (wort)wörtlich ; wortgetreu ; genau. | *Au bas mot*, mindestens ; wenigstens ; gelinde ausgedrückt. | *À mots couverts, À demi mot*, durch die Blume ; verblümt ; versteckt.
V. interj. *Un mot !, deux mots !*, auf ein Wort !

motard [mɔta:r] m. Kraftrad-, Kradfahrer m. || [policier] Polizist (m.) auf Motorrad.

motet [mɔtɛ] m. MUS. Motette f.

moteur, trice [mɔtœ:r, tris] adj. bewegend. | *Force motrice*, treibende Kraft ; bewegende Kraft ; Triebkraft f. | *Nerfs moteurs*, motorische Nerven m. pl. | *Muscles moteurs*, Bewegungsmuskeln m. pl.

moteur m. TECHN. Motor m. | *Moteur à essence*, Benzinmotor. | *Moteur à gaz*, Gasmotor. | *Moteur électrique*, Elektromotor. | *Moteur hydraulique*, Wassermotor ; Wasserkraftmaschine f. | *Moteur thermique*, Wärmekraftmaschine f. | *Moteur turbo*, Turbomotor ; Abgasturbolader m. | *Moteur à combustion*, Verbrennungsmotor. | *Moteur Diesel*, Dieselmotor. | *Moteur à explosion*, Explosionsmotor. | *Moteur à réaction*, Düsenantriebmotor. | *Moteur à deux temps*, Zweitaktmotor. | *Moteur à quatre temps*, Viertaktmotor. | *Moteur arrière*, Heckmotor. || FIG. Anstifter m. ; treibende Kraft.

moteur-fusée [-fyze] m. (pl. **moteurs-fusées**) Raketentriebwerk n.

motif [mɔtif] m. [raison] Beweggrund m. ; Grund m. ; Motiv n. | *Se fâcher sans motif*, sich grundlos aufregen. | *Sans motif visible*, ohne ersichtlichen Grund ; unbegründet. | *Motif sérieux*, triftiger Grund. | *Exposer, Justifier ses motifs*, seine Gründe darlegen. | *Pour le bon motif*, in der löblichen Absicht. || MUS. Motiv n. ; Thema n. || ARTS. Gegenstand m. || TEXT. *Motif de broderie*, Stickvorlage f., -muster n. || MIL. *Motif d'une punition*, Strafbegründung f.

motion [mɔsjɔ̃] f. Antrag m. ; Vorschlag m. | *Déposer une motion*, einen Antrag stellen (auf, acc.). || POLIT. *Motion de censure*, Mißtrauensantrag m.

motivation [mɔtivasjɔ̃] f. Motivierung f. ; Begründung f.

motiver [-ve] v. tr. begründen ; motivieren. | *Non motivé*, unmotiviert ; unberechtigt.

moto [mɔto] f. (FAM. abrév. de **motocyclette**). Motorrad n. | *Faire de la moto*, Motorrad fahren.

motoculture [-tɔkylty:r] f. motorisierte Landwirtschaft.

motocyclette [-siklɛt] f. Motorrad n. ; Kraftrad n. | *Motocyclette à side-car*, Motorrad mit Beiwagen.

motocycliste [-siklist] s. Motorradfahrer(in) m. (f.) ; Kradfahrer(in) m. (f.).

motopompe [-pɔ̃:p] f. TECHN. Motorpumpe f.

motorisation [mɔtɔrizasjɔ̃] f. Motorisierung f.

motoriser [-rize] v. tr. motorisieren ; mit Motor versehen. | *Infanterie motorisée*, motorisierte Infanterie. || FAM. *Être motorisé*, motorisiert sein.

motrice [mɔtris] f. [chemin de fer] Triebwagen m.

motte [mɔt] f. (Erd)scholle f. ; Klumpen m. ; Kloß m. | *Motte de terre*, Erdklumpen. | *Motte de beurre*, Butterklumpen.

motus ! [mɔtys] interj. Nichts sagen ! ; kein Wort davon !

mou, mol, molle [mu, mɔl] adj. weich ; nachgiebig ; schwammig ; FIG. schlaff ; schlapp. | *Fromage mou*, weicher Käse. | *Neige molle*, lockerer Schnee. | *Caractère mou*, unentschlossener, nachgiebiger, schlaffer Charakter. || POP. *Mou comme une chiffe*, schlaff ; waschlappig. | *Style mou*, farbloser Stil. | *Les jambes molles*, mit weichen Knien.

◇ m. **mou.** CULIN. *Mou de veau*, Kalbslunge f. || MAR. *Mou de câble*, Durchhang (m.) des Drahtseils. | *Avoir du mou*, schlaff sein, hängen ; durchhängen. | *Donner du mou à un cordage*, ein Tau durchhängen lassen, entspannen.

— SYN. : *Faible*, schwach. *Amorphe*, schlaff.

mouchard, arde [muʃa:r, ard] s. FAM. [dénonciateur] Petze f. || [indicateur de police] Polizeispitzel m. ; Spitzel m.

◇ m. **mouchard,** [appareil] Fahrtenschreiber m.

mouchardage [-da:ʒ] m. FAM. Bespitzelung f. ; Petzerei f.

moucharder [-de] v. tr. FAM. [espionner] bespitzeln ; ausspionieren ; [dénoncer] verpetzen ; FAM. verpfeifen.

mouche [mu:ʃ] f. [insecte] Fliege f. ; Mücke f. | *Mouche tsé-tsé*, Tsetsefliege. | *Mouche à viande*, Schmeißfliege. | *Mouche à miel*, Biene. | *Il ne ferait pas de mal à une mouche*, der tut keiner Fliege etwas zuleide ; der krümmt keiner Fliege ein Haar. || FIG. *Pattes de mouche*, Krähenfüße m. pl. ; Gekritzel n. | *Prendre la mouche*, aufbrausen ; einschnappen. | *Quelle mouche le pique ?*, was für eine Laus hat ihn denn gestochen ? ; was ficht ihn an ? | *Faire la mouche du coche*, sich wichtig machen ; sich aufspielen. | *C'est une fine mouche*, er ist ein Schlaukopf, ein pfiffiger Bursche. || [mode] (dames) Schminkpflästerchen n. || [barbe] Bartfliege f. ; Kinnfliege f. || [fleuret] Stoßdämpfer m. ; Klingenschützer m. ; Spitzenüberzug m. || [cible] das Schwarze n. | *Faire mouche*, ins Schwarze treffen. || MIL. *Coup qui fait mouche*, Volltreffer m. || [pêche] *Mouche (artificielle)*, künstliche Angelfliege. || FAM. [espion] Polizeispitzel m.

moucher (se) [səmuʃe] v. tr. et v. pr. schneuzen ; (sich) schnauben, die Nase putzen, säubern. | *Moucher un enfant*, einem Kind das Näschen putzen. || PAR EXT. *Moucher une chandelle*, eine Kerze putzen, schneuzen. || FIG. *Moucher un insolent*, einen Unverschämten herunterputzen, zurechtweisen, anschnauzen. | *Mouche ton nez*, putz dir deine eigene Nase ; kümmere dich gefälligst um deine Sachen ! || POP. *Ne pas se moucher du coude*, anspruchsvoll sein ; wichtig tun.

moucheron [muʃrɔ̃] m. ZOOL. Mücke f. ; kleine Fliege ; Schnake f. || POP. Würmchen n.

moucheté, ée [muʃte] adj. besprenkelt ; gefleckt ; buntscheckig. || [escrime] stumpf.

moucheter [-ʃte] v. tr. (be)sprenkeln ; punktieren ; tüpfeln. | *Moucheter une arme*, eine Stichwaffe mit einem Lederknopf versehen.

mouchetis [-ʃti] m. Bewurf m. ; Auflage f.

moucheture [muʃty:r] f. Sprenkelung f. ; Tüpfelung f. ; Streifung f.

mouchoir [muʃwa:r] m. Taschentuch n. | *Agiter son mouchoir*, mit dem Taschentuch winken. | *Faire un nœud à son mouchoir*, sich einen Knoten ins Taschentuch machen.

moudre [mudr] v. tr. mahlen ; zer-, ver-, ausmahlen. | *Café fraîchement moulu*, frisch gemahlener Kaffee. || FIG. *Je suis moulu*, ich bin wie gerädert.

moue [mu] f. Mäulchen n. ; Schnäuzchen n. | *Faire la moue à qn*, mit jm schmollen ; ein Mäulchen ziehen ; ein schiefes Gesicht machen.

— SYN. : *Grimace* f., Grimasse f.

mouette [mwɛt] f. ZOOL. (See)möwe f.

moufle [mufl] f. Fausthandschuh m. ; Fäustling m. || TECHN. Flaschenzug m. ; Seilrollenzug m.

◇ m. CHIM. [récipient] Muffel f. ; Muffelofen m.

mouflet [muflɛ] m. POP. Kind n. ; Gör n.

mouflon [muflɔ̃] m. ZOOL. Mufflon m.

mouillage [muja:ʒ] m. [mouiller] Befeuchten n. ; Anfeuchtung f. ; Benetzen n. || PÉJOR. [couper] Panschen n. ; Verdünnung f. | *Mouillage du vin*, Weinpanschen n. || MAR. Ankergrund m. ; Ankerplatz m. | *Être au mouillage*, vor Anker, auf Reede liegen.

mouiller [-je] v. tr. an-, be-, durchfeuchten ; naß machen. | *Mouiller du linge*, Wäsche (be)sprengen. | *Mouiller ses lèvres*, seine Lippen benetzen. || FIG. *Une poule mouillée*, eine nasse Katze ; ein Hasenfuß. || [couper] *Mouiller du vin*, den Wein panschen, mit Wasser verdünnen. | *Mouiller un ragoût*, ein Ragout verlängern. || GRAMM. mouillieren ; erweichen. || MAR. *Mouiller l'ancre*, Anker werfen ; den Anker zu Wasser lassen. | *Mouiller des mines*, Minen legen.

◇ v. pr. **se mouiller,** feucht, naß werden. | *Ses yeux se mouillèrent*, die Augen wurden ihm feucht. | *Regard mouillé de larmes*, tränenschwerer Blick. || FIG. seinen Ruf aufs Spiel setzen.

— SYN. : *Tremper*, tränken. *Arroser*, begießen.

mouillette [-jɛt] f. Brotschnitte (zum Eintunken) f.

mouilleur [-jœ:r] m. Anfeuchter m. || MAR. *Mouilleur de mines*, Minenleger m.

mouise [mui:z] f. POP. Suppe f. ; Patsche f. | *Être dans la mouise*, in der Patsche sitzen.

moujik [muʒik] m. Muschik m.

moulage [mula:ʒ] m. Formen n. ; Formung f. ; Formguß m. ; Abguß m. ; Gießen n. | *Atelier de moulage*, Formerei f. | *Moulage en plâtre*, Gipsabguß. | *Prendre un moulage*, einen Abguß nehmen.

moule [mul] m. TECHN. Gieß-, Gußform f. ; Modell n. | *Moule à pâtisserie*, Kuchenbackform. | *Moule à gaufres*, Waffeleisen n. || FIG. Vorbild n. ; Muster n. | *Couler dans le même moule*, über einen Kamm scheren.

moule [mul] f. ZOOL. (Mies)muschel f. || FIG., PÉJOR. Dummkopf m.

moulé, ée [mule] adj. gedrechselt. | *Il est comme moulé dans son vêtement*, seine Kleidung sitzt ihm wie angegossen. | *Lettre moulée*, Druckbuchstabe m.

mouler [-le] v. tr. ab-, einformen ; (in Formen) gießen ; (ab)gießen. || [vêtements] eng anliegen.

mouleur [-lœ:r] m. Former m. ; Gießer m.

moulin [mulɛ̃] m. Mühle f. ; Mühlwerk n. | *Moulin à vent*, Windmühle. | *Moulin à eau*, Wassermühle. | *Moulin à café*, Kaffeemühle. || FIG. *Moulin à paroles*, Plappermaul n. | *Se battre contre des moulins à vent*, gegen Windmühlenflügel (an)kämpfen ; sich mit Hirngespinsten herumschlagen. | *Faire venir de l'eau au moulin*, Wasser über, auf seine eigene Mühle leiten. | *On y entre comme dans un moulin*, man geht dort ein und aus ; das Haus steht einem jeden offen.

mouliner [-line] v. tr. zwirnen (Seide).

moulinet [-linɛ] m. kleine Mühle. || [tourniquet] Drehkreuz n. || CULIN. Umrührer m. ; Quirl m. || [pêche] Angelrolle f., -haspel f.

moulu, ue [muly] adj. zer-, gemahlen. | *Je suis moulu*, ich bin wie gerädert.

moulure [muly:r] f. [menuiserie] (Zier)leiste f. || ARCHIT. Gesims n. | *Moulure de tableau*, Bilderleiste.

mourant, ante [murɑ̃, ɑ̃:t] adj. er-, hinsterbend ; auslöschend ; sterbenskrank. || FIG. *D'une voix mourante*, mit gebrochener, ersterbender Stimme.

◇ s. Sterbende(r) f. (m.).

mourir [-ri:r] v. intr. sterben ; versterben.

> **I.** EMPLOYÉ SEUL.
> **II.** AVEC UN ADJECTIF OU UN ADVERBE.
> **III.** AVEC UNE PRÉPOSITION OU UNE CONJONCTION.
> **IV.** AVEC UN VERBE.

I. EMPLOYÉ SEUL : *Mon ami est mort*, mein Freund ist gestorben. | *Cet arbre est mort*, dieser Baum ist abgestorben. | *La chandelle est morte*, die Kerze ist aus(gegangen).

II. AVEC UN ADJECTIF OU UN ADVERBE : *Mourir accidentellement*, durch Unfall sterben ; tödlich verunglücken. | *Mourir empoisonné*, vergiftet werden. | *Malade à en mourir*, tod-, sterbenskrank. | *Triste à en mourir*, todtraurig.

III. AVEC UNE PRÉPOSITION OU UNE CONJONCTION : **à, au.** *Mourir au champ d'honneur*, auf dem Feld der Ehre fallen. | *Mourir à petit feu*, verschmachten. | *À mourir*, entsetzlich ; zum Sterben. — **comme.** *Mourir comme un chien*, wie ein Hund verrecken. — **de.** *Qui (se) meurt d'amour*, unsterblich verliebt. | *Mourir d'ennui*, vor Langeweile, vor Sehnsucht sterben. | *Mourir de faim*, vor Hunger sterben ; verhungern. | *Mourir de honte*, vor Scham vergehen ; sich zu Tode schämen. | *Mourir d'inanition*, an Entkräftung sterben. | *Mourir de la main de qn*, von js Hand den Tod erleiden ; durch js Hand sterben. | *Mourir de, d'une maladie*, an einer Krankheit sterben. | *Mourir de sa belle mort, de mort naturelle*, eines natürlichen Todes sterben. | *Mourir de mort violente*, eines gewaltsamen. Todes sterben. | *Mourir de rire*, sich totlachen. — **en.** *Mourir en bas âge*, im zarten Kindesalter sterben. | *Tu n'en mourras pas*, daran wirst du nicht gleich sterben. — **pour.** *Mourir pour la patrie*, für das Vaterland fallen. — **si.** *Que je meure si...*, ich will tot umfallen, wenn...

IV. AVEC UN VERBE : *S'ennuyer à mourir*, sich tödlich, zu Tode langweilen. | *Il va mourir, Il est sur le point de mourir*, er liegt im Sterben ; es geht zu Ende mit ihm. || FIG. *Faire mourir qn à petit feu*, jn zu Tode quälen. | *Laisser mourir le feu*, das Feuer ausgehen lassen.

◇ v. pr. **se mourir,** im Sterben liegen.

— SYN. : *Décéder*, hin-, verscheiden. *S'éteindre*, verlöschen. *Expirer*, sein Leben aushauchen. *Rendre l'âme*, die Seele aufgeben. *Succomber*, erliegen. *Périr*, umkommem.

mouron [murɔ̃] m. BOT. Sternkraut n. ; Sternmiere f.

mousquet [muskɛ] m. Muskete f.

mousquetaire [-kətɛ:r] m. Musketier m. ; Musketenträger m.

mousqueton [-kətɔ̃] m. [arme] Karabiner m. ; Stutzen m. ; Stutzbüchse f.

mousse [mus] m. Schiffsjunge m.

mousse [mus] f. BOT. Moos n. | *Couvert de mousse*, moosbedeckt ; moosbewachsen. | *Tapis de mousse*, Moospolster n. || [écume] Schaum m. | *Mousse de savon*, Seifenschaum. | *Mousse au chocolat*, Schokoladenkrem f. || TECHN. *Mousse carbonique*, Kohlensäureschnee m. | *Mousse de platine*, Platinschwamm m.

mousseline [muslin] f. Musselin m. ; Nesseltuch n. ; Mull m.

◇ adj. invar. *Pomme mousseline*, Kartoffelpüree n. | *Sauce mousseline*, holländische Sahnensoße.

mousser [muse] v. intr. schäumen. || [vin] perlen ; m(o)ussieren. || FIG. wütend werden. || [faire valoir] *Faire mousser qn*, jn herausstreichen. | *Se faire mousser*, sich herausstreichen ; prahlen.

mousseron [musrɔ̃] m. BOT. Nelken-, Maischwamm m. ; (Herbst)musseron m.

mousseux, euse [musø, ø:z] adj. schaumig ; schäumend ; m(o)ussierend ; sprudelnd ; perlend. | *(Vin) mousseux*, Schaumwein m. ; Sekt m.

mousson [musɔ̃] f. Monsun m.

moussu, ue [musy] adj. bemoost.

moustache [mustaʃ] f. Schnurr-, Schnauzbart m. | *Les moustaches d'un chat*, die Schnurrbart-, Grannenhaare einer Katze. | *Retrousser sa moustache*, seinen Bart hochzwirbeln. | *Paire de moustaches*, Knebelbart.

moustachu, ue [-ʃy] adj. schnauz-, schnurrbärtig.

moustiquaire [mustikɛ:r] f. Mücken-, Moskitonetz n.

moustique [-tik] m. Stechmücke f. ; Moskito m. ; Schnake f.

moût [mu:] m. Most m. ; Traubensaft m. || [brasserie] Maische f. | *Moût de bière* Bierwürze f.

moutard [muta:r] m. FAM. Jüngelchen n. ; Knirps m.

moutarde [mutard] f. Senf m. ; Mostrich m. || FIG. *La moutarde lui monte au nez*, der Kamm schwillt ihm.

moutardier [-dje] m. [récipient] Senftopf m., -näpfchen n. || [fabricant] Senffabrikant m.

mouton [mutɔ̃] m. Schaf n., -bock m. ; Hammel m. | *Troupeau de moutons*, Schaf-, Hammelherde f. | *Manger du mouton*, Hammelfleisch essen. | *Gigot de mouton*, Hammelkeule f. | *Reliure en mouton*, Schafledereinband m. || FIG. *Doux comme un mouton*, lammfromm. | *Les moutons de Panurge*, die ganze Hammelherde ; die Herdenmenschen. || [prison] Gefängnisspitzel m. [poussière] Wollmaus f. || TECHN. Fallbär m., -gewicht n., -hammer m. ; Ramme f.

◇ m. pl. **moutons** [vagues] Schaumkronen f. || FIG. *Revenons à nos moutons*, kommen wir zur Sache zurück.

moutonnement [mutɔnmɑ̃] m. Wogen n. ; Gewoge n.

moutonner [-ne] v. tr. wellig machen. | *Ciel moutonné*, Himmel (m.) mit Schäfchenwolken.

◇ v. intr. kräuseln ; wellen ; wogen. | *La mer moutonne*, die See bildet Schaumkronen. | *Les vagues moutonnent*, die Wellen bekommen Schaumkronen.

moutonneux, euse [-nø, ø:z] adj. bewegt ; gekräuselt ; wellig. | *Mer moutonneuse*, bewegtes, schäumendes, unruhiges Meer. | *Ciel moutonneux*, Himmel (m.) mit Schäfchenwolken.

moutonnier, ière [-nje, jɛ:r] adj. schafsmäßig ; herdenmäßig.

mouture [muty:r] f. [moudre] Aus-, Vermahlen n. ; Ver-, Ausmahlung f. || [mélange] Mengkorn n.

mouvance [muvɑ̃s] f. POLIT. *Être dans la mouvance d'un parti*, im Dunstkreis einer Partei stehen.

mouvant, ante [-vɑ̃, ɑ̃:t] adj. bewegend ; treibend ; beweglich ; locker. | *Sable mouvant*, Triebsand m. ; Flugsand m. ; Wanderdüne f. | *Terrain mouvant*, schwankender Boden.

mouvement [muvmɑ̃] m.

I. SENS PROPRE.
II. ANIMATION.
III. SENTIMENT.
IV. TECHN.
V. ÉCON.
VI. POLIT.
VII. MIL.
VIII. PHYS., GÉOGR.
IX. ARTS, LITTÉR.

I. SENS PROPRE : Bewegung f. ; Fortbewegung f. ; Gang m. ; Ortsveränderung f. ; Lauf m. ; Betrieb m. | *Mouvement ascensionnel*, Aufwärtsbewegung. | *Mouvements saccadés*, ruckartige Bewegungen f. pl. | *Mouvements réflexes*, Reflexbewegungen f. pl. | *(Se) mettre en mouvement*, (sich) in Bewegung setzen ; anlaufen. | *Être toujours en mouvement*, dauernd in Betrieb sein. | *Sans mouvement*, bewegungs-, regungslos.
II. ANIMATION : Verkehr m. ; Treiben n. ; Getriebe n. ; Leben n. | *Mouvement des navires*, Schiffsverkehr. | *Il y a beaucoup de mouvement dans cette ville*, diese Stadt ist sehr belebt.
III. SENTIMENT : Regung f. ; Anwandlung f. | *Mouvement de pitié*, mitleidige Regung. | *Mouvement de colère*, Zornanfall m. | *Agir de son propre mouvement*, aus eigenem Antrieb, auf eigene Faust handeln.
IV. TECHN. : Bewegung f. ; Betrieb m. ; Verkehr m. | *Mouvement circulaire*, Kreisbewegung. | *Mouvement montant et descendant*, Auf- und Abbewegung. | *Mouvement d'horlogerie*, Uhrwerk n.
V. ÉCON. : Bewegung f. ; Umsatz m. | *Mouvement commercial*, Umsatz. | *Mouvement monétaire, financier*, Geldbewegung. | *Mouvement des capitaux*, Kapitalumsatz, -verkehr. | *Mouvement des prix*, Preisschwankungen f. pl. | *Mouvements des stocks*, Bestandsänderungen f. pl. | *Mouvement d'affaires*, Geschäftsverkehr, -umsatz. | *Mouvement de personnel*, Personalwechsel m.
VI. POLIT. *Mouvement politique*, politische Bewegung. | *Mouvement ouvrier*, Arbeiterbewegung f. | *Mouvement syndical*, Gewerkschaftsbewegung f. | *Mouvement diplomatique*, Diplomatenschub m. ; Revirement n. | *Être dans le mouvement*, mit der Zeit gehen ; auf dem laufenden sein. | *Suivre le mouvement*, mit dem Strom schwimmen.
VII. MIL. : (Transport)bewegung f. ; Marsch m. | *Guerre de mouvement*, Bewegungskrieg m. | *Prêt à faire mouvement*, marschbereit, -fertig. | *Mouvements de troupes*, Truppenbewegungen f. pl. | *Mouvement tournant*, Umgehung f. ; Umzingelungsbewegung.
VIII. PHYS., GÉOGR. : Bewegung f. ; Lauf m. | *Mouvement des astres*, Gestirnenlauf. | *Mouvement uniforme*, gleichförmige Bewegung. | *Mouvement varié*, ungleichmäßige Bewegung. | *Mouvement perpétuel*, Perpetuum mobile ; ständige Bewegung.
IX. ARTS, LITTÉR. : *Mouvement oratoire*, rednerischer Schwung. | *Mouvement (musical)*, Tempo n. | *Mouvement (d'une symphonie)*, Satz m.

mouvementé, ée [-te] adj. belebt ; rührig. | *Séance mouvementée*, bewegte, stürmische Sitzung.

mouvoir [muvwa:r] v. tr. bewegen ; in Bewegung setzen ; (an) treiben ; FIG. anregen, -reizen, -treiben. | *Être mû par l'intérêt*, von Interesse an-, vorwärtsgetrieben sein.
◇ v. pr. **se mouvoir**, sich bewegen ; sich regen.

moyen, enne [mwajɛ̃, ɛn] adj. mittel... ; durchschnittlich ; mittelmäßig ; mittler. | *De taille moyenne*, mittelgroß. | *D'un âge moyen*, in, von mittlerem Alter ; PAR EXT. in den besten Jahren. | *Qualité moyenne* [marchandise], Durchschnittsqualität f. | *Esprit moyen*, durchschnittlicher Geist ; mittelmäßiger Kopf. | *D'intelligence moyenne*, von durchschnittlicher Begabung. | *Classe moyenne*, Mittelstand m. | *Français moyen*, Durchschnittsfranzose m. || PAR EXT. *Prendre un moyen terme*, eine vermittelnde, neutrale Haltung annehmen. || MATH. *Valeur moyenne*, Mittelwert m. || GÉOGR. *L'Allemagne moyenne*, Mitteldeutschland n. || HIST. *Moyen Âge*, Mittelalter n. | *Moyen haut allemand*, Mittelhochdeutsch n. || RADIO. *Ondes moyennes*, Mittelwelle f.
— SYN. : *Médiocre*, mittelmäßig. *Quelconque*, unbedeutend.

moyen [mwajɛ̃] m. [moyen d'agir, pouvoir] Mittel n. ; Weg m. | *Moyens de communication*, Verkehrsmittel n. pl. | *Moyens de transport*, Transportmittel. | *Moyens de production*, Produktionsmittel. | *Moyens licites et illicites*, erlaubte und unerlaubte Mittel. | *Les grands moyens*, die äußersten Mittel ; der letzte Ausweg. | *Tous les moyens lui sont bons*, jedes Mittel ist ihm recht. | *Trouver moyen (de faire qch.)*, Mittel und Wege finden (etwas zu tun). | *Il n'y a pas moyen de faire cela*, es gibt keine Möglichkeit, es ist unmöglich, das zu tun. || FAM. *Faire avec les moyens du bord*, sich mit dem Vorhandenen begnügen. || PROV. *La fin justifie les moyens*, der Zweck heiligt die Mittel. || [aide, intermédiaire] Hilfsmittel n. ; Vermittlung f. ; Werkzeug n. | *Par ses propres moyens*, auf eigene Faust. | *Moyens pécuniaires*, (Geld)- mittel n. pl. ; Vermögen n. ; Verhältnisse n. pl. | *Avoir les moyens*, bemittelt sein ; [de faire qch.] sich etwas leisten können. | *Il vit au-dessus de ses moyens*, er lebt über seine Verhältnisse.
◇ loc. prép. **au moyen de,** (ver)mittels (gén.) ; mit Hilfe (gén.) ; durch (acc.).

moyenâgeux, euse [-jɛnɑʒœ, ø:z] adj. mittelalterlich.

moyen-courrier [-jɛ̃kurje] m. (pl. **moyen-courriers**) Mittelstreckenflugzeug n.

moyennant [-jɛnɑ̃] prép. vermittels (gén.) ; mit Hülfe, mit Hilfe von.
◇ loc. conj. **moyennant que,** vorausgesetzt, daß. — **moyennant quoi,** vermittels dessen ; wodurch ; so kam es, daß.

moyenne [-jɛn] f. Durchschnitt m. ; Durchschnittszahl f. ; Mittelwert m., -maß n. | *En moyenne*, im Durchschnitt ; durchschnittlich. | *Moyenne horaire*, Stundengeschwindigkeit f.

moyennement [-jɛnmɑ̃] adv. durchschnittlich ; mittelmäßig.

Moyen-Orient [-jɛnɔrjɑ̃] n. pr. m. GÉOGR. Mittlerer Orient.

moyeu [mwajø] m. (Rad) nabe f. || [œuf] Eigelb n. ; Dotter n. et m.

Mozambique [mɔzɑ̃bik] n. pr. m. GÉOGR. Mosambik n. ; Portugiesisch-Ostafrika n.

mû, mue [my] part. pass. et adj. *Mû électriquement*, mit elektrischem Antrieb ; elektrisch angetrieben.

mucosité [mykozite] f. ANAT. Schleim m. ; Verschleimung f.

mue [my] f. [oiseaux] Mauser f. ; Mauserung f. ; Entfederung f. || [serpents] Häutung f. ; Schuppung f. || [mammifères] Enthaarung f. ; Abstreifung f. || [cage] Käfig (m.) zum Mästen. || [voix] Stimmbruch m., -wechsel m.

muer [mɥe] v. intr. sich federn ; sich häuten. | *Oiseau qui mue*, Vogel (m.) in der Mauser. | *Sa voix mue*, er hat Stimmwechsel ; er ist im Stimmbruch. | *Voix qui mue*, gebrochene Stimme.
◇ v. pr. **se muer,** sich verwandeln (in, acc.).

muet, uette [mɥɛ, ɥɛt] adj. stumm ; schweigsam. | *Muet de terreur*, schreckensstarr. | *Muet comme une carpe*, stumm wie ein Fisch. | *Jeu muet*, stummes Ausdrucksspiel. | *Être muet de naissance*, von Geburt an stumm sein. | *E muet*, stummes *e*.
◇ s. Stumme(r) f. (m.).

mufle [myfl] m. Schnauze f. ; Maul n. ; Muffel m. ; Fig. Flegel m. ; Lümmel m. ; Grobian m.

muflerie [-fləri] f. Flegelei f. ; Rüpelei f.

muflier [myflije] m. Bot. Löwenmaul n.

mugir [myʒi:r] v. intr. brüllen ; muhen. | *Les flots mugissent*, die Fluten brausen. | *Les vents mugissent*, die Winde heulen, toben, sausen, tosen.

mugissement [-ʒismɑ̃] m. Brüllen n. ; Gebrüll n.

muguet [mygɛ] m. Bot. Maiglöckchen n. || Méd. Soorpilz m. ; Schwämmchen n.

mulâtre, esse [mylɑ:tr, ɛs] s. Mulatte m. ; Mulattin f.

mule [myl] f. Zool. Mauleselin f. | *Têtu comme une mule*, starrköpfig wie ein Esel. || [chaussure] Pantoffel m.

mulet [-lɛ] m. Zool. Maulesel m. ; Maultier n. | *Chargé comme un mulet*, beladen wie ein Packesel. || [poisson de mer] Seebarbe f.

muletier [-ltje] m. Mauleseltreiber m.
◇ adj. *Chemin muletier*, Saumpfad m. ; Bergpfad m.

Mulhouse [mylu:z] n. pr. f. Géogr. Mülhausen n.

mulot [mylo] m. Zool. Waldmaus f. ; Feldmaus f.

multicolore [myltikɔlɔ:r] adj. vielfarbig ; bunt.

multiforme [-fɔrm] adj. vielförmig, -gestaltig.

multilatéral, ale, aux [-lateral, o] mehrseitig.

multimillionnaire [-miljɔnɛ:r] s. Multimillionär (in) m. (f.)

multinational, ale, aux [-nasjɔnal, o] adj. multinational.
◇ f. **multinationale,** Multi m. ; multinationaler Konzern.

multiple [myltipl] adj. vielfach ; vielfältig ; mannigfaltig.
◇ m. Vielfaches n. ; Mehrfaches n. ; Multiplum n.

multiplex [-plɛks] m. Télécomm. Multiplexschaltung f.

multiplexage [-plɛksa:z] m. Télécomm. Multiplexbetrieb m.

multiplicande [-plikɑ̃:d] m. Multiplikant m. ; Vervielfältigungszahl f.

multiplicateur, trice [-plikatœ:r, tris] adj. vervielfältigend.
◇ m. **multiplicateur,** Multiplikator m.

multiplication [-plikasjɔ̃] f. Math. Vervielfältigung f. ; Multiplikation f. | *Table de multiplication*, Einmaleins n. || Biol. Vermehrung f. ; Fortpflanzung f. || Techn. Übersetzung f. || Nucl. *Facteur de multiplication*, Vermehrungsfaktor m. || Relig. *Multiplication des pains*, Speisung (f.) der Zehntausend.

multiplicité [-plisite] f. Vielfältigkeit f. ; Mannigfaltigkeit f.

multiplier [-plije] v. tr. multiplizieren ; vervielfältigen ; vermehren.
◇ v. pr. **se multiplier,** sich vermehren. | *Se multiplier rapidement*, üppig wuchern.

multiprogrammation [-prɔgramasjɔ̃] f. Inf. Multiprogrammverarbeitung f. ; Mehrprogrammbetrieb m.

multirisque [-risk] adj. *Assurance multirisque*, kombinierte Versicherung ; Rundumversicherung f.

multitude [-tyd] f. [quantité] Vielheit f. || [foule] Menge f. ; Volksmenge f. | *La multitude*, die große Masse.
— Syn. : *Foule*, Menge. *Affluence*, Zustrom.

Munich [mynik] n. pr. m. Géogr. München n.

munichois, oise [-kwa, wa:z] adj. aus, von München.
◇ s. **Munichois, oise,** Münch(e)ner(in) m. (f.).

municipal, ale, aux [mynicipal, o] adj. Gemeinde... | *Employé municipal*, Kommunalbeamter m. | *Conseil municipal*, Magistrat m. ; Stadtrat m. | *Conseiller municipal*, Stadtrat m.

municipalité [-lite] f. Gemeindeverwaltung f. ; Gemeinde f. ; Stadt f.

munificence [mynifisɑ̃:s] f. Freigebigkeit f. ; Großzügigkeit f.

munir [myni:r] v. tr. versehen ; ausstatten ; versorgen (mit, dat.). | *Munir qn d'argent*, jn mit Geld ausstatten. || Comm. *Munir de l'acceptation*, mit Akzept versehen.
◇ v. pr. **se munir.** Fig. *Se munir de patience*, sich mit Geduld wappnen.

munition [mynisjɔ̃] f. Munitionsausstattung f. ; Munition f. | *Dépôt de munitions*, Munitionslager n.

Munster [mœ̃stɛ:r] n. pr. m. Géogr. Münster n.
◇ m. **munster,** [fromage] elsässischer Münsterkäse.

muqueuse [mykø:z] f. Schleimhaut f.

mur [my:r] m. Archit. Mauer f. ; Wand f. | *Mur mitoyen*, Zwischen-, Brandmauer. | *Mur de séparation*, Scheidewand. | *Mur de soutènement*, Stützmauer. | *Mur de clôture*, Ringmauer. | *Mur du son*, Schallmauer f. | *Mur des lamentations*, Klagemauer. | *Donner de la tête contre un mur*, mit dem Kopf durch die Wand wollen. | *Raser les murs*, an der Wand entlangschleichen. || Fig. *Entre quatre murs*, zwischen seinen vier Wänden ; zu Hause. | *Ne laisser que les quatre murs*, nur die kahlen Wände lassen ; ein Haus, eine Wohnung völlig ausräumen. | *Mettre, Coller qn au mur*, jn an die Wand stellen ; jn erschießen.
◇ m. pl. **murs,** *Les murs (d'une ville)*, die Stadt-, Ringmauern f. pl. | *Sous les murs d'une ville*, unmittelbar vor der Stadt. | *Raser les murs (d'une ville)*, die Mauern niederreißen, schleifen. | *Il est dans nos murs*, er weilt in unserer Stadt.

mûr, ûre [my:r] adj. reif ; entwickelt ; ausgewachsen. | *Raisin mûr*, reife Trauben f. pl. | *Blé mûr*, ausgereiftes Getreide. | *D'âge mûr*, von, in gesetztem Alter. | *Esprit mûr*, geistige Reife. | *Après mûre réflexion*, nach reiflicher Überlegung ; alles wohl überlegt. | *Être mûr pour qch.*, reif, fähig zu etwas werden. || Jur. *L'affaire est mûre*, die Sache ist spruchreif.

muraille [-ra:j] f. (dicke, hohe) Mauer ; Mauerwerk n.

mural, ale, aux [-ral, o] adj. Wand... | *Carte murale*, Wandkarte f. | *Peinture murale*, Wandmalerei f. ; Fresko n.

mûre [my:r] f. Bot. Maulbeere f. | *Mûre sauvage*, Brombeere f.

mûrement [myrmɑ̃] adv. reiflich.

murène [myrɛ:n] f. Zool. Muräne f.

murer [myre] v. tr. um-, ver-, zu-, aus-, einmauern. | *Murer une porte*, eine Tür zumauern, vermauern.

mûrier [myrje] m. Bot. Maulbeerbaum m.

mûrir [myri:r] v. intr. et tr. (aus) reifen ; reif werden.

murmure [myrmy:r] m. Gemurmel n. ; Murmeln n. | *Murmure du vent*, Säuseln (n.) des Windes. | *Murmure des feuilles*, Rascheln (n.) der Blätter. | *Murmure du ruisseau*, Rauschen (n.) des Baches. | *Murmure des flots*, Plätschern (n.) der Fluten. | *Murmure de voix*, Stimmengewirr n. | *Les murmures de la foule*, das Raunen der Menge.

murmurer [-re] v. intr. [ruisseau] murmeln ; [fontaine] plätschern ; [vent] säuseln ; [feuillage] rascheln ; [foule] murren. | *Murmurer entre ses dents*, in seinen Bart brummen, murmeln. | *Murmurer à l'oreille*, ins Ohr raunen.
— SYN. : *Chuchoter*, flüstern. *Susurrer*, hauchen.

musaraigne [myzarɛœ] f. Spitz-, Zwergmaus f.

musarder [myzarde] v. intr. die Zeit vertrödeln ; sich mit Nichtigkeiten abgeben.

musc [mysk] m. [substance] Moschus m. ; Bisam n. || [animal] Moschustier n. ; Bisamtier n.

muscade [myskad] f. BOT. Muskatnuß f.

muscadet [myskadɛ] m. Muskat(eller) wein m.

muscat [myska] m. Muskat m. | *Vin muscat*, Muskat(eller) wein m.

muscle [myskl] m. Muskel m. ; Muskelkraft f. | *Muscles d'acier*, Muskeln (m. pl.) wie aus Stahl. | *Des muscles saillants*, stark hervortretende Muskeln.

musclé, ée [-kle] adj. muskulös. || FIG., FAM. handfest ; energisch.

muscler [-kle] v. tr. die Muskeln stärken.

musculaire [-kylɛ:r] adj. Muskel... | *Force musculaire*, Muskelkraft f.

musculation [-kylatsjõ] f. Kraftsport m. ; Bodybuilding n. | *Faire de la musculation*, Muskeltraining betreiben.

musculature [-kylaty:r] f. Muskelsystem n. ; Muskulatur f.

muse [my:z] f. MYTH. Muse f. | *Invoquer les Muses*, die Musen anrufen.

museau [myzo] m. Schnauze f. ; Maul n.

musée [myze] m. Museum n. ; Kunstsammlung f. | *Musée de peinture*, Gemäldegalerie f. | *Musée des arts décoratifs*, Kunstgewerbemuseum.

museler [myzle] v. tr. den Maulkorb anlegen ; FIG. jm das Reden verbieten ; jn mundtot machen. | *Museler la presse*, die Presse knebeln.

muselière [-zəljɛ:r] f. Beiß-, Maulkorb m.

muser [myze] v. intr. müßig sein ; ins Blaue gucken ; die Zeit vertrödeln.

musette [myzɛt] f. MIL. Brotbeutel m. || [animal] Freß-, Futtersack m. || MUS. Dudelsack m. | *Musette pastorale*, Hirtenschalmei f. | *Bal musette*, Tanzlokal n.

muséum [myzeɔm] m. naturwissenschaftliches Museum.

musical, ale [myzikal] adj. musikalisch ; klanglich. | *Art musical*, Tonkunst f. | *Échelle musicale*, Tonleiter f. | *Oreille musicale*, musikalisches Gehör.

musicalité [-kalite] f. Klangfülle f. || TECHN. Klangreinheit f.

music-hall [prononç. angl. mjuzikol] m. Varieté n. ; Revuetheater n.

musicien, ienne [-sjɛ̃, jɛn] adj. musikalisch.
◇ s. [compositeur] Musiker(in) m. (f.) ; Tonkünstler(in) m. (f.) ; Komponist m. || [exécutant] Musiker(in) m. (f.) ; Spieler(in) m. (f.). || VX. Musikant m. || MIL. Spielmann m. (plur. Spielleute).

musicologie [-kɔlɔʒi] f. Musikwissenschaft f.

musicologue [-kɔlɔg] s. Musikwissenschaftler(in) m. (f.).

musique [myzik] f. [art] Musik f. ; Tonkunst f. || [ensemble] Kapelle f. || [avec un adj.] *Musique atonale*, atonale Musik. | *Musique enregistrée*, Schallplattenmusik. | *Musique instrumentale*, Instrumentalmusik. | *Musique militaire*, Militärmusik. | *Musique religieuse, sacrée*, Kirchenmusik. | *Musique vocale*, Vokalmusik. || [avec un nom] *Musique de chambre*, Kammermusik. | *Musique de danse*, Tanzmusik. | *Musique d'église*, Kirchenmusik. | *Musique de jazz*, Jazzmusik. | *Musique de scène*, Begleitmusik. || *Cahier de musique*, Notenheft n. | *Papier à musique*, Notenpapier n. || [avec un verbe] *Composer de la musique*, komponieren. | *Déchiffrer de la musique*, vom Blatt (herunter)spielen. | *Faire de la musique*, musizieren. | *Mettre en musique*, vertonen ; in Noten setzen. || LOC. *Il n'aime pas la musique, Il n'entend rien à la musique*, er ist unmusikalisch. | *Musique en tête*, mit Sang und Klang ; mit klingendem Spiel. | *C'est réglé comme du papier à musique*, das ist streng, peinlich genau geregelt. || FIG. *Il connaît la musique*, er ist im Bilde ; er versteht etwas vom Handwerk.

musiquette [-kɛt] f. leichte Schlager-, Schnulzenmusik.

musqué, ée [myske] part. pass. et adj. nach Moschus riechend ; bisamartig. | *Rat musqué*, Bisamratte f.

mussif, ive [mysif, i:v] adj. *Or mussif*, Musivgold n.

musulman, ane [myzulmɑ̃, an] adj. moslemisch ; mohammedanisch.
◇ s. Moslem m. ; Mohammedaner(in) m. (f.).

mutagène [mytaʒɛ:n] m. BIOL. Mutagen n.

mutant, ante [-tɑ̃, ɑ̃:t] s. BIOL. Mutant(e) m. (f.).

mutation [mytasjɔ̃] f. Wechsel m. ; Veränderung f. ; Umwälzung f. ; Wandlung f. || [personnel] Versetzung f. || COMM. *Droit de mutation*, Besitzwechsel-, Transfergebühren f. pl. || MÉD. Mutieren n. ; Mutation f. ; Stimmwechsel m. | *Mutation chromosomique*, Chromosomenmutation.

muter [-te] v. tr. [fermentation] (aus)schwefeln. || [personnel] versetzen.

mutilation [mytilasjɔ̃] f. Verstümmelung f. ; Beschädigung f. | *Mutilation d'une statue*, Beschädigung einer Statue. | *Mutilation volontaire*, Selbstverstümmelung.

mutilé, ée [-le] s. Versehrte(r) f. (m.) ; Verstümmelte(r) f. (m.) | *Mutilé de guerre*, Kriegsversehrter m., -verletzter m. | *Grand mutilé de guerre*, Schwerkriegsbeschädigter m.

mutiler [-le] v. tr. verstümmeln ; beschädigen ; verunstalten. | *Mutiler un monument*, ein Denkmal schänden. | *Mutiler un ouvrage*, ein Werk verstümmeln.
◇ part. pass. et adj. **mutilé, ée.** *Texte mutilé*, unvollständiger Text. | *Visage mutilé*, entstelltes Gesicht. | *Soldat mutilé*, kriegsversehrter Soldat.

mutin, ine [mytɛ̃, in] adj. [coquin] keck ; leicht. | *Air mutin*, aufgewecktes Aussehen.
◇ m. **mutin,** Aufrührer m. ; Meuterer m.

mutiner (se) [səmytine] v. pr. sich empören ; sich widersetzen ; meutern.

mutinerie [mytinri] f. Meuterei f. | *Mutinerie de détenus*, Häftlingsmeuterei.

mutisme [mytism] m. Stummheit f. ; Sprachlosigkeit f. || FIG. Schweigsamkeit f. ; Lautlosigkeit f. ; Stille f. | *Se renfermer dans son mutisme*, sich in Schweigen hüllen ; beharrlich schweigen.

mutualiste [mytɥalist] s. Mitglied (n.) einer auf Gegenseitigkeit gegründeten Genossenschaft ; Mitglied einer Zusatzkasse.

mutualité [-lite] f. Gegen-, Wechselseitigkeit f.
mutuel, uelle [-tɥɛl] adj. gegenseitig ; wechselseitig ; beiderseitig. | *Être en état de dépendance mutuelle*, in gegenseitiger Abhängigkeit stehen. | *Faire des concessions mutuelles*, sich gegenseitige Zugeständnisse machen. | *Société d'assurance mutuelle*, Versicherungsgesellschaft (f.) auf Gegenseitigkeit ; Versicherungsgenossenschaft f. | *Caisse mutuelle*, soziale Zusatzkasse. | *Pari mutuel*, Totalisator m. ; Toto m.
◇ f. **mutuelle** Zusatz-, Ersatzkasse f.
mutuellement [-tɥɛlmɑ̃] adv. gegen-, wechselseitig ; untereinander ; gegeneinander.
mycélium [miseljɔm] m. Pilzfädenmasse f. ; Pilzmutter f.
Mycènes [misɛ:n] n. pr. f. ANTIQ. Mykenä n.
mycénien, ienne [-senjɛ̃, jɛn] adj. ANTIQ. mykenisch.
◇ s. **Mycénien, ienne,** Mykenier(in) m. (f.).
mycologie [mikɔlɔʒi] f. Pilzlehre f., -kunde f.
mycose [miko:z] f. MÉD. Mykose f. ; Pilzerkrankung f.
myélite [mjelit] f. MÉD. Rückenmarkentzündung f.
mygale [migal] f. ZOOL. Krebs-, Vogelspinne f.
myocarde [miɔkard] m. Herzmuskel m. | *Infarctus du myocarde*, Herzinfarkt m.
myocardite [-kardit] f. MÉD. Myokarditis f. ; Herzmuskelentzündung f.
myopathie [mjɔpati] f. MÉD. Myopathie f.
myope [mjɔp] adj. kurzsichtig ; schwachsichtig.
◇ s. Kurzsichtige(r) f. (m.).
myopie [-pi] f. Kurzsichtigkeit f. ; Schwachsichtigkeit f.
myosotis [mjozɔtis] m. BOT. Vergißmeinnicht n. ; Mäuseöhrchen n.
myriade [mirjad] f. Myriade f. ; PAR EXT. Unzahl f.
myriapode [mirjapɔd] m. ZOOL. Tausendfüß(l)er m.
myrrhe [mi:r] f. BOT. Myrrhe f. ; Myrrhenharz n.
myrte [mirt] m. BOT. Myrte f.
myrtille [mirti:j] f. Heidelbeere f.
mystère [mistɛ:r] m. Geheimnis n. ; Mysterium n. | *Mystère de l'Eucharistie*, Mysterium des heiligen Abendmahls. || LOC. *Faire des mystères*, sich geheimnisvoll gebärden. | *Ne fais pas tant de mystères !*, tu nicht so geheimnisvoll !
mystère m. (nom déposé) Krokanteis n.
mystérieusement [-terjøzmɑ̃] adv. geheimnisvoll.
mystérieux, ieuse [-terjø, jø:z] adj. geheimnisvoll ; mysteriös ; rätselhaft.
mysticisme [-tisism] m. RELIG., PHILOS. Mystizismus m. ; Wunderglaube m.
mystificateur, trice [-tifikatœ:r, tris] m. Spaßvogel m. ; Witzbold m.
mystification [-tifikasjɔ̃] f. Mystifizierung f. ; Aufzieherei f. ; Irreführung f. | *Être le jouet d'une mystification*, auf einen Streich hereinfallen. | *Monter une mystification*, einen Streich in Szene setzen.
mystifier [-tifje] v. tr. mystifizieren ; narren.
mystique [-tik] adj. mystisch ; geheimnisvoll ; schwärmerisch.
◇ m. Mystiker m.
◇ f. Mystik f.
mythe [mit] m. Mythe f. ; Mythos m.
mythique [-tik] adj. mythisch ; mythenhaft ; sagenhaft.
mythologie [-tɔlɔʒi] f. Mythologie f.
mythologique [-tɔlɔʒik] adj. mythologisch.
mythomane [-tɔman] adj. MÉD. mythomanisch ; Lügen...
◇ s. Mythomane m., Mythomanin f.
mythomanie [-mani] f. MÉD. Mythomanie f. ; Lügensucht f.
myxœdème [miksedɛm] m. MÉD. Myxödem n.
myxomatose [miksɔmatoz] f. Myxomatose f.

N

n [ɛn] m. N n. | *Un* N *majuscule*, ein großes *N*. | *Un* n *minuscule*, ein kleines *n*. || *N.* (abrév.), Nord m. ; Norden m.
nabab [nabab] m. Nabob m. ; stein-, schwerreicher Mann.
nabot [nabo] m. Knirps m. ; Dreikäsehoch m.
nacelle [nasɛl] f. MAR. Nachen m. || AÉRON. [avion] Triebwerksgondel f. ; [ballon] Gondel f. ; Korb m. | *Nacelle de pêcheur*, Fischerboot n.
nacre [nakr] f. Perlmutter f. ; Perlmutt n.
nacré, ée [-kre] adj. perlmutt(er) artig ; perlmuttern.
nacrer [-kre] v. tr. (einen) Perlmutt(er)glanz geben.
nævus [nevys] m. (pl. **nævi**). (Mutter)mal n. ; Geburtsmal n.
nage [na:ʒ] f. Schwimmen n. | *À la nage*, schwimmend. | *Passer, Traverser à la nage*, hindurch-, hinüberschwimmen ; schwimmend durchqueren. | *Être en nage*, schweißtriefend, schweißgebadet sein. | *Se mettre en nage*, in Schweiß geraten.
nageoire [-ʒwa:r] f. Flosse f. | *Nageoire abdominale, pectorale*, Bauchflosse ; Brustflosse.
nager [-ʒe] v. intr. schwimmen. | *Nager sur le dos*, auf dem Rücken schwimmen. | *Nager entre deux eaux*, unter Wasser schwimmen ; FIG. sich durchlavieren ; es mit beiden Parteien halten. || MAR. rudern. || FIG. *Nager dans l'opulence*, im Geld schwimmen. | *Nager dans la joie*, in Wonne, im Glück schwimmen. | *Il sait nager*, er weiß sich zu helfen. | *Nager dans les eaux de qn*, sich in js Schlepptau befinden ; im

Kielwasser von jm schwimmen. | *Il nage dans ses habits*, er hat zu weite Kleider an. || IRON. *Il nage*, er hängt in der Luft, weiß sich nicht zu helfen.

nageur, euse [-ʒœ:r, ø:z] s. Schwimmer(in) m. (f.). || MAR. Ruderer m. | *Maître nageur*, Schwimmmeister m., -lehrer m.

naguère [nagɛ:r] adv. neulich ; vor kurzem ; unlängst.

naïade [naiad] f. Quell-, Flußnymphe f. ; Najade f.

naïf, naïve [naif, nai:v] adj. naiv ; unbefangen ; PÉJOR. albern ; kindisch ; einfältig ; leichtgläubig. | *Réponse naïve*, einfältige Antwort. | *Personne naïve*, harmlose Person ; PÉJOR. alberne Person. | *Faire le naïf*, den Naiven spielen. | *Aveu naïf*, treuherziges Geständnis.

nain, naine [nɛ̃, nɛn] adj. zwergenhaft ; winzig. | *Fruitiers nains*, Zwergobstbäume m. pl.
◇ s. Zwerg(in) m. (f.) ; (Heinzel)männchen n. ; Berggeist m.

naissance [nɛsɑ̃:s] f. Geburt f. | *Date de naissance*, Geburtsdatum n. | *Lieu de naissance*, Geburtsort m. | *Extrait de naissance*, Geburtsurkunde f. | *Il a cela de naissance*, das ist ihm angeboren. | *Il est aveugle de naissance*, er ist blind von Geburt. | *À sa naissance*, bei seiner Geburt ; am Tag seiner Geburt. || [extraction] Herkunft f. ; Abkunft f. ; Abstammung f. || FIG. [commencement] Anfang m. ; Beginn m. ; Ursprung m. ; Entstehung f. | *Naissance du jour*, Tagesanbruch m. | *Prendre naissance*, entstehen. | *Donner naissance à qch.*, zu etwas Anlaß geben ; etwas verursachen.

naissant, ante [-sɑ̃, ɑ̃:t] adj. beginnend ; entstehend ; im Entstehen. | *Barbe naissante*, sprießender Bart. | *Jour naissant*, anbrechender Tag. | *Passion naissante*, aufkeimende Leidenschaft. || CHIM. *Hydrogène naissant*, freiwerdender Wasserstoff.

naître [nɛ:tr] v. intr. geboren werden ; zur Welt kommen. || FIG. entstehen ; werden ; lebendig werden ; (ent)keimen ; auftauchen. | *Être né de*, abstammen von. | *Né Français*, von Geburt Franzose. | *Je l'ai vu naître*, ich kenne ihn von seiner Geburt an. | *Il est né poète*, er ist der geborene Dichter. | *Il est né pour la politique*, er ist für die Politik geschaffen. | *Être né sous une bonne étoile*, unter einem günstigen, glückichen Stern geboren sein. | *Il lui est né une fille*, ihm ist eine Tochter geboren. | *Naître aveugle*, blind zur Welt kommen. | *Faire naître qch.*, zu etwas (den) Anlaß geben ; etwas erregen, anstiften.

naïvement [naivmɑ̃] adj. in treuherziger, naiver, unbekümmerter Weise.

naïveté [-vte] f. Naivität f. || [simplicité] Natürlichkeit f. ; Unbefangenheit f. || [excessive] Leichtgläubigkeit f. ; Einfalt f.

nana [nana] f. FAM. Puppe f. | *Les nanas*, die Mädchen.

nanisme [nanism] m. MÉD. Zwergwuchs m., -bildung f.

Nankin [nɑ̃kɛ̃] n. pr. m. GÉOGR. Nanking n.

nanoseconde [nanɔsəgɔ̃:d] f. Nanosekunde f.

nantir [nɑ̃ti:r] v. tr. durch ein Pfand decken ; verpfänden. | *Créancier nanti*, sichergestellter Gläubiger. || PAR EXT. *Être nanti de qch.*, mit etwas versehen sein ; im Besitz von etwas sein.
◇ v. pr. **se nantir,** sich durch Pfand sichern. | *Se nantir d'argent*, sich vorsorglich mit Geld versehen. | *Se nantir de provisions*, sich mit Vorräten eindecken.

nantissement [-tismɑ̃] m. (Unter)pfand n. ; Pfandvertrag m.

napalm [napalm] m. Napalm n.

naphtaline [naftalin] f. Naphthalin n.

naphte [naft] m. Naphta n. et f. ; Erdöl n.

Naples [napl] n. pr. m. GÉOGR. Neapel n.

Napoléon [napɔleɔ̃] n. pr. m. Napoleon m.
◇ m. **napoléon,** [monnaie] Napoleondor m.

napoléonien, ienne [-leɔnjɛ̃, jɛn] adj. napoleonisch.

napolitain, aine [napɔlitɛ̃, ɛn] adj. neapolitanisch ; von, aus Neapel.
◇ s. **Napolitain, aine,** Neapolitaner(in) m. (f.).

nappe [nap] f. [pour la table] Tisch-, Tafeltuch n. ; (Tisch)decke f. | *Mettre la nappe*, das Tischtuch auflegen ; PAR EXT. den Tisch decken. || RELIG. *Nappe d'autel*, Altardecke, -tuch. || [masse, étendue] *Nappe de brouillard*, Nebelbank f. | *Nappe d'eau*, glatte Wasserfläche ; Wasserspiegel m. | *Nappe d'eau souterraine*, Grundwasser n. ; Grundwasserspiegel m. | *Nappe de gaz*, Gasansammlung f. | *Nappe d'huile*, Öllache f. | *Nappe de pétrole*, Ölschicht f. ; Ölteppich m. || MÉD. Mantel m. || TECHN. [d'un pneu] Lage f.

napper [-pe] v. tr. CULIN. überziehen. | *Napper un gâteau de chocolat*, einen Kuchen mit Schokolade überziehen.

napperon [-prɔ̃] m. Deckchen n.

Narcisse [narsis] n. pr. m. MYTH. Narziss(us) m. || FIG. schöner Jüngling.
◇ m. **narcisse.** PÉJOR. Geck m. ; Fatzke m. || BOT. Narzisse f.

narcissique [-sik] adj. narzißtisch.

narcissisme [-sism] m. Selbstbespiegelung f. ; Eigenliebe f. || MÉD. Narzißmus m.

narcose [narko:z] f. MÉD. Betäubung f. ; Narkose f.

narcotique [-kɔtik] adj. MÉD. betäubend ; narkotisch ; einschläfernd.
◇ m. Narkotikum n. (pl. Narkotika) ; Betäubungs-, Schlafmittel n.

narguer [-ge] v. tr. trotzen ; (ver)höhnen ; pfeifen (auf, acc.). | *Pour me narguer*, um mich herauszufordern ; mir zum Trotze.

narguilé [nargile] ou **narghileh** m. Wasserpfeife f.

narine [narin] f. Nasenloch n., -flügel m. | *Narines d'un cheval*, Pferdenüstern f. pl.

narquois, oise [narkwa, wa:z] adj. verschmitzt ; neckisch ; spöttisch.

narrateur, trice [naratœ:r, tris] s. Erzähler(in) m. (f.).

narratif, ive [-tif, i:v] adj. erzählend ; darstellend.

narration [-sjɔ̃] f. Erzählung f. ; Bericht m. || UNIV. Erzählung f.

narrer [nare] v. tr. erzählen ; darstellen.

narthex [nartɛks] m. Vorhalle (f.) einer Kirche.

narval [narval] m. ZOOL. Narwal m.

nasal, ale, aux [nazal, o] adj. nasal ; Nase... | *Fosse nasale*, Nasenhöhle f.
◇ f. **nasale,** Nasenlaut m. ; Nasal m.

nasaliser [-lize] v. tr. nasal sprechen ; nasalieren.

naseau [nazo] m. Nüster f. ; Nasenloch n. | *Naseaux d'un cheval*, Pferdenüstern f. pl.

nasillard, arde [nazija:r, ard] adj. näselnd.

nasillement [-jmɑ̃] m. Näseln n.

nasiller [-je] v. intr. näseln ; durch die Nase sprechen.

nasse [nas] f. Fisch-, Fangreuse f.

natal, ale, als [natal] adj. heimatlich. | *Pays natal*, Heimatland n. | *Maison natale*, Geburtshaus n. | *Ville natale*, Heimatstadt f.

nataliste [-list] adj. geburtenfördernd. | *Politique nataliste*, geburtenfördernde Politik.

natalité [-lite] f. Geburtenziffer f. ; Geburtenzahl f.

natation [natasjɔ̃] f. Schwimmen n. ; Schwimmsport m.

natatoire [-twa:r] adj. Schwimm... | *Vessie natatoire*, Schwimmblase f.

natif, ive [natif, i:v] adj. [qui est né ici] gebürtig (aus) ; eingeboren ; bodenständig ; einheimisch. || [de naissance] angeboren ; ursprünglich. | *Or natif*, gediegenes Gold.

◇ s. Eingeborene(r) f. (m.). | *Les natifs d'un pays*, die Eingeborenen (m. pl.) eines Landes.

nation [nasjɔ̃] f. Nation f. ; Volk n. ; Volksgemeinschaft f. | *Société des Nations (S.D.N.)*, Völkerbund m. | *Les Nations unies*, die Vereinten Nationen f. pl. | *Clause de la nation la plus favorisée*, Meistbegünstigungsklausel f.

national, ale, aux [-sjɔnal, o] adj. national. | *Assemblée nationale*, Nationalversammlung f. | *Aux couleurs nationales*, in den Landesfarben. | *Bibliothèque nationale*, Staatsbibliothek f. | *Hymne national*, Nationalhymne f. | *Route nationale*, Fern(verkehrs)straße f. | *Domaine national*, Staatsgut n. ; Domäne f.

◇ m. pl. **les nationaux,** Landesangehörige m. pl. ; Einheimische m. pl. ; Landeskinder n. pl.

nationalisation [-sjɔnalizasjɔ̃] f. [entreprises] Verstaatlichung f.

nationaliser [-sjɔnalize] v. tr. verstaatlichen. | *Entreprise nationalisée*, volkseigener Betrieb (VEB).

nationalisme [-sjɔnalism] m. Nationalismus m.

nationaliste [-sjɔnalist] adj. nationalistisch.

◇ s. Nationalist(in) m. (f.).

nationalité [-sjɔnalite] f. [caractère] Nationalität f. || [appartenance] Staatsangehörigkeit f. | *Principe des nationalités*, Nationalitätsprinzip n. | *Sans nationalité*, staatenlos. | *Perdre sa nationalité*, seine Staatsangehörigkeit, Staatszugehörigkeit verlieren. | *Nationalité d'origine*, angeborene Staatsangehörigkeit.

national-socialisme [nasjɔnalsɔsjalism] m. Nationalsozialismus m.

national-socialiste [-list] adj. national-sozialistisch.

◇ s. Nationalsozialist(in) m. (f.). || Péjor. Nazi m.

nativité [nativite] f. Relig. Christi Geburt f. ; Weihnacht f. || [astrologie] (Vx.) Nativität f.

nattage [nata:ʒ] m. Geflecht n. ; Flechten n.

natte [nat] f. [tissu] Geflecht n. ; Flechtwerk n. || [objet] Matte f. || [cheveux] Zopf m. ; Haarflechte f. | *Natte de jonc*, Rohrgeflecht. | *Porter des nattes*, Zöpfe tragen. | *Tresser en natte*, zu einem Zopf flechten.

natter [-te] v. tr. (zusammen) flechten. | *Natter de la paille*, Stroh flechten. | *Natter des cheveux*, die Haare zu einem Zopf flechten.

nattier, ière [-tje, jɛ:r] s. Mattenflechter(in) m. (f.).

naturalisation [natyralizasjɔ̃] f. Naturalisation f. ; Naturalisierung f. ; Einbürgerung f.

naturaliser [-lize] v. tr. naturalisieren ; einbürgern. | *Naturaliser un animal* [mort], einen Balg ausstopfen. | *Se faire naturaliser Allemand, Français*, die deutsche, französische Staatsangehörigkeit annehmen.

naturalisme [-lism] m. Naturalismus m. || Arts, Littér. Natürlichkeit f. ; Naturhaftigkeit f. ; Naturwahrheit f. || Philos. Naturglaube m.

naturaliste [-list] adj. naturalistisch.

◇ s. [science] Naturforscher(in) m. (f.) ; Naturwissenschaftler(in) m.(f.). || Philos. Anhänger(in) (m./ f.) des Naturalismus ; Naturalist(in) m. (f.). || [qui empaille] Tierpräparator m., -ausstopfer m.

nature [naty:r] f.

I. Ensemble des êtres naturels.
II. Nature de l'homme.
III. Nature d'une chose.
IV. En nature.
V. Peinture.

I. Ensemble des êtres naturels : Natur f. ; Welt f. | *Loi de la nature*, Naturgesetz n. | *Science de la nature*, Naturwissenschaft f. ; Naturkunde f. | *Merveille de la nature*, Naturwunder n. | *Contraire à la nature, contre nature*, wider die Natur ; unnatürlich ; naturwidrig. | *Conforme à la nature*, naturgemäß. | *À l'état de nature*, im Naturzustand. | *Laisser agir la nature*, die Natur, die natürlichen Kräfte walten lassen. || Par ext. *Aimer la nature*, Naturliebhaber sein. | *S'en aller en pleine nature*, in die freie Natur hinausgehen.

II. Nature de l'homme : *Nature humaine*, menschliche Natur. | *Sa nature intime*, sein innerstes Wesen. | *Nature heureuse*, glückliche Veranlagung. | *Être gai de nature*, von Natur aus fröhlich sein. | *Obéir à sa nature*, seinem natürlichen Instinkt folgen. | *C'est une bonne nature*, das ist ein gutmütiger Mensch. | *Mauvaise nature*, Bösartigkeit f. ; Böswilligkeit f. | *C'est dans sa nature*, das liegt ihm im Blut. | *Ce n'est pas dans ma nature*, das ist nicht meine Art ; das liegt mir nicht. | *Par nature*, von Natur ; wesensmäßig. | *De nature*, von Natur (aus) ; natürlich ; angeboren. | *C'est devenu chez lui une seconde nature*, das ist ihm zur zweiten Natur geworden ; das ist ihm in Fleisch und Blut übergegangen. | *Forcer la nature, sa nature*, seine Kräfte überschreiten ; über seine Kräfte gehen ; sich überanstrengen (insépar.). || Jur. *Nature juridique*, Rechtsform f.

III. Nature d'une chose : *Nature du sol*, Bodenbeschaffenheit f. | *À l'état de nature*, im Urzustand ; im Naturzustand. | *La nature des choses*, die Natur, das Wesen der Dinge. | *De nature différente*, verschiedenartig. | *De nature à*, derart, daß. | *De telle nature que*, so beschaffen, daß.

IV. En nature : [contraire de : en espèces] *Payer en nature*, in Naturalien abgelten, zahlen. | *Salaire en nature*, Naturallohn m. | *Indemnité, rémunération en nature*, Deputat n.

V. Peinture : *Nature morte*, Stilleben n. | *D'après nature*, nach der Natur ; naturgetreu. | *Grandeur nature*, lebensgroß. | *Plus grand que nature*, überlebensgroß.

◇ adj. *Bœuf nature*, Rindfleisch (n.) ohne Zutaten. | *Café nature*, schwarzer Kaffee. | *Omelette nature*, einfaches Omelett. || Fam. *Il est très nature*, er ist sehr unbefangen, sehr geradeheraus.

naturel, elle [-rɛl] adj. [conforme à la nature] natürlich ; naturgemäß. | *Histoire naturelle*, Naturgeschichte f. | *Sciences naturelles*, Naturwissenschaften f. pl. | *Fleurs naturelles*, echte Blumen f. pl. | *Force naturelle*, Naturkraft f. | *Produit naturel*, Naturprodukt n. | *Droit naturel*, Naturrecht n. ; natürliches Recht. | *Religion naturelle*, Naturreligion f. | *Dons naturels*, Begabungen f. pl. ; natürliche Veranlagung. | *Mourir de mort naturelle*, eines natürlichen Todes sterben. | *C'est tout naturel*, es versteht sich von selbst. | *Ce n'est pas naturel*, es geht nicht richtig zu. || [simple, contraire de « artificiel »] schlicht ; einfach ; ungekünstelt. | *Style naturel*, ungekünstelter, unverdorbener Stil. || *Enfant naturel*, uneheliches Kind.

◇ m. **naturel,** [caractère] Wesen n. ; (Wesens)art f. ; Naturell n. | *Le naturel de l'homme*, die menschliche Wesensart. | *Heureux naturel*, glückliche Natur. | *D'un bon naturel*, gutartig. | *Qui part d'un bon naturel*, gutgemeint. | *Chassez le naturel, il revient au galop*, die

Katze läßt das Mausen nicht. || [simplicité] Natürlichkeit f.; Unbefangenheit f. | *Avec le plus grand naturel*, mit völliger Unbefangenheit. | *Manque de naturel*, Mangel (m.) an Natürlichkeit; Unnatürlichkeit f.; PÉJOR. Ziererei f. | *Au naturel*, naturgetreu; lebensnah; wahrheitsgetreu. || CULIN. *Thon au naturel*, Thunfisch (m.) ohne Zutat. || [habitant] Eingeborener m.

naturellement [-rɛlmɑ̃] adv. [de façon naturelle] natürlich; in natürlicher Weise. || [cela va de soi] selbstverständlich; das versteht sich (von selbst): ohne weiteres.

naturisme [-rism] m. MÉD. Naturheilmethode f., -kunde f. || [nudisme] Freikörperkultur f.; Nacktkultur f.

naturiste [-rist] adj. Natur...
◇ s. Nudist(in) m. (f.); FKK-Anhänger(in) m. (f.).

naufrage [nofra:ʒ] m. Schiffbruch m.; Scheitern n. || FIG. Untergang m.; Zusammenbruch m. | *Faire naufrage*, Schiffbruch erleiden.

naufragé, ée [-ʒe] adj. schiffbrüchig; gescheitert.
◇ s. Schiffbrüchige(r) f. (m.); Gescheiterte(r) f. (m.).

naufrageur [-ʒœ:r] m. Strandräuber m., -dieb m. || FIG. Zerstörer m.; Totengräber m.

nauséabond, onde [nozeabɔ̃, ɔ̃d] adj. ekelhaft; abstoßend; Übelkeit erregend. || FIG. widerwärtig.

nausée [noze] f. Ekel m.; Brechreiz m.; Übelkeit f. || FIG. Ekel m.; Abscheu m. | *Cela donne des nausées*, dabei kann einem übel werden.

nauséeux, éeuse [-eø, eø:z] adj. Übelkeit erregend; Brechreiz hervorrufend.

nautique [notik] adj. seemännisch; nautisch. | *Sport nautique*, Wassersport m. | *Club nautique*, Ruderverein m. | *Carte nautique*, Seekarte f.

nautonier [-tɔnje] m. Schiffer m.; Fährmann m.

naval, ale, als [naval] adj. See... | *Chantiers navals*, Schiffswerften f. pl. | *Constructions navales*, Schiffsbauten f. pl. | *Combat naval*, Seeschlacht f. | *École navale*, Seekadettenschule f.; Marineschule. | *Base navale*, Flottenstützpunkt. | FAM. [jeu] *Bataille navale*, Schiffeversenken n.

navarin [navarɛ̃] m. CULIN. Hammelragout n.

navarrais, aise [navarɛ, ɛ:z] adj. navarresisch.
◇ s. **Navarrais, aise,** Navarrese m.; Navarresin f.

Navarre [nava:r] n. pr. f. GÉOGR. Navarra n.

navet [navɛ] m. BOT. weiße Futter-, Steck-, Wasserrübe f. | *Chou-navet*, Kohlrübe f. || PAR EXT., PÉJOR. [objet d'art, film] Kitsch m.; Blech n.

navette [navɛt] f. BOT. Rübsamen m.; Rübchen n. || TEXT. Weberschiffchen n. | *Navette de la machine à coudre*, Schiffchen n. || RELIG. Weihrauchgefäß n. || TRANSP. [va-et-vient] Strecken-, Pendelzug m. | *Service de navette*, Pendelverkehr m. | *Faire la navette*, hin und her pendeln, gehen, fahren; kommen und gehen. || AÉRON. *Navette spatiale*, Raumfähre f.

navigabilité [navigabilite] f. [rivière, mer] Schiffbarkeit f. || [bateau] Seetüchtigkeit f. || [avion] Flugtüchtigkeit f.

navigable [-gabl] adj. [fleuve] schiffbar; befahrbar. | *Rendre navigable*, schiffbar machen. || [bateau] seefest, -tüchtig. || [avion] flugtüchtig.

navigant, ante [-gɑ̃, ɑ̃:t] adj. MAR. zur See fahrend. || AÉRON. *Personnel navigant*, fliegendes Personal. | *Personnel non navigant*, Bodenpersonal n.

navigateur [-gatœ:r] adj. seefahrend, -tüchtig; zur See fahrend.
◇ m. Seefahrer m.; Schiffer m. || AÉRON. [personne] Navigator m.

navigation [-gasjɔ̃] f. Schiffahrt f.; Seefahrt f. || [art] Schiffahrtskunde f.; Nautik f. | *Navigation fluviale*, Flußschiffahrt. | *Navigation intérieure*, Binnenschiffahrt. | *Navigation sur le Rhin*, Rheinschiffahrt. | *Navigation maritime*, Seeschiffahrt; Seeschiffsverkehr m. | *Navigation côtière*, Küstenschiffahrt. | *Navigation à voile*, Segelschiffahrt. | *Navigation de plaisance*, Motor- und Segelschiffahrt. | *Compagnie de navigation*, Schiffahrtsgesellschaft f. | *École de navigation*, Navigations-, Seemannsschule f. | *Ligne de navigation*, Schiffahrtslinie f. | *Navigation aérienne*, Flugnavigation f. | *Compagnie de navigation aérienne*, Luftfahrt-, Luftverkehrsgesellschaft f.

naviguer [-ge] v. intr. zur See, mit dem Schiffe fahren; schiffen; segeln; steuern. || AÉRON. steuern; fliegen; führen.

navire [navi:r] m. (See)schiff n. | *Navire-citerne, pétrolier*, Tankschiff; Tanker m. | *Navire de commerce, marchand*, Handelsschiff. | *Navire-école*, Schulschiff. | *Navire de guerre*, Kriegsschiff. | *Navire-hôpital*, Lazarettschiff. | *Navire de transport*, Transportschiff. | *Navire dépollueur*, Ölauffangschiff. | *Navire de forage*, Bohrschiff. | *Navire transbordeur*, Fährschiff.

navrant, ante [navrɑ̃, ɑ̃:t] adj. jammervoll; jämmerlich; bejammernswert. | *Spectacle navrant*, jämmerliches Schauspiel.

navré, ée [-vre] adj. betrübt; traurig. | *J'en suis navré*, ich bin zutiefst betroffen; es tut mir leid.

navrer [-vre] v. tr. tief betrüben.

nazaréen, éenne [nazareɛ̃, eɛn] adj. nazarenisch.
◇ s. **Nazaréen, éenne,** Nazarener(in) m. (f.).

nazi, ie [nazi] adj. nationalsozialistisch; nazistisch.
◇ s. **nazi.** Nazi m., f.

nazisme [-zism] m. PÉJOR. Nazismus m.; Nationalsozialismus m.

ne [nə] adv. de négation. nicht. **1.** *N'importe*, das macht nichts (aus); was tut's schon?; gleich; egal. | *Je ne sais où aller*, ich weiß nicht ein noch aus. | *On ne saurait penser à tout*, man kann nicht an alles denken. | *Si je ne me trompe, Si je ne m'abuse*, wenn mich nicht alles täuscht, so. | *Ne dire mot*, kein Wort sagen, herausbringen. — **ne... pas; ne... point.** *Ne viendrez-vous pas?*, werdet ihr (werden Sie) nicht kommen? | *Je n'ai pas le temps*, ich habe keine Zeit. | *Je ne le sais pas non plus*, ich weiß es auch nicht. — **ne... plus.** *Il ne voyage plus*, er reist nicht mehr. | *Il n'en reste plus que cinq*, es bleiben nur noch fünf übrig. | *Il n'a plus d'argent*, er hat kein Geld mehr. — **ne... jamais.** *L'avenir n'est jamais sûr*, die Zukunft ist nie(mals) sicher. | *On ne sait jamais*, [négation] das kann man nie wissen; [hypothèse] wer weiß? | *Il ne fait jamais rien de bien*, er macht nie was Gutes. — **ne... personne; aucun... ne; nul... ne.** *Personne n'est sans défaut*, niemand ist ohne Fehler. | *La mort n'épargne personne*, der Tod verschont niemand(en). | *Je n'ai entendu parler de personne*, ich habe von niemand(em) gehört. | *Aucun être n'est éternel*, kein Wesen währt ewig. — **ne... rien; ne... aucun.** *Qui donc n'a aucun souci?*, wer hat denn gar keine Sorgen? | *Rien ne naît de rien*, von nichts kommt nichts. — **ne... que.** [quantité] *Il n'écrit que des vers*, er schreibt nur Verse. | *Je n'ai (plus) que cinq francs*, ich habe nur (noch) fünf Francs. | *Vous n'avez qu'à le dire*, Sie dürfen es nur sagen. | *Il n'a que la peau et les os*, er ist nur Haut und Knochen. | *Je n'ai d'autre désir que*, ich habe keinen anderen Wunsch, als. | *Il n'est que de*, es genügt, zu. || [temps] *Il n'est que dix heures*, es ist erst zehn Uhr. | *Je ne pars que demain*, ich reise erst morgen (ab).

2. ne [explétif]. *Je crains qu'il ne vienne*, ich fürchte, er kommt. | *Il boit plus qu'il ne travaille*, er trinkt mehr als er arbeitet. | *Évitez qu'il ne s'échappe !*, lassen Sie ihn nicht entwischen ! | *Prends garde qu'on (ne) te voie*, paß auf, daß man dich (nicht) sieht.

né, ée [ne] part. pass. geboren. | *Bien né*, aus gutem Hause. | *Un homme bien né*, ein Mann von vornehmer Abstammung. | *Né allemand*, geborener Deutscher. | *Né poète*, der geborene Dichter. | *Enfant né coiffé*, Sonntagskind n. | *Aveugle né*, blind von Geburt ; blind geboren. | *Mme X, née Y*, Frau X, geborene Y. | *Ne pas être né d'hier, né de la dernière pluie*, nicht von gestern sein.

néanmoins [neɑ̃mwɛ̃] conj. doch ; dennoch ; nichtsdestoweniger.

néant [neɑ̃] m. Nichts n. ; Leere f. ; Öde f. || PAR EXT. Nichtigkeit f. ; Wertlosigkeit f. | *Tirer du néant*, aus dem Nichts (etwas) schaffen. | *Réduire à néant*, zunichte machen ; vernichten.

nébuleuse [nebylø:z] f. Sternanhäufung f.

nébuleux, euse [-lø, ø:z] adj. neb(e)lig ; nebelhaft ; vernebelt. || PAR EXT. verworren ; schleierhaft ; unverständlich. | *Ciel nébuleux*, trüber, bewölkter Himmel. | *Un écrivain nébuleux*, ein schwer verständlicher Schriftsteller.

nébulosité [-lozite] f. leichter Nebel ; Ver-, Einnebelung f. ; (Ein)trübung f. || AÉRON. Bewölkung f. ; Wolkenbedeckungsgrad m.

nécessaire [nesesɛ:r] adj. notwendig ; nötig. | *Se rendre nécessaire*, sich unentbehrlich machen. | *Cela n'est pas nécessaire*, das ist nicht erforderlich. | *Si c'est nécessaire*, im Notfall. | *Être nécessaire à qch.*, für etwas unentbehrlich sein. | *Cela m'est nécessaire*, ich habe es nötig ; ich brauche es. | *Avoir les qualités nécessaires pour*, sich zu (dat.) eignen.
◇ m. Notwendiges n. ; Bedarf m. ; Bedürfnis n. ; Erfordernis n. | *Avoir le strict nécessaire*, das Notdürftigste zum Leben haben. | *Faire le nécessaire*, das Nötige tun, veranlassen. | *Je ferai le nécessaire*, ich werde alles besorgen. | *Manquer du nécessaire*, am Hungertuch nagen ; darben. | *Nécessaire de voyage*, Reisenecessaire n. ; Reisebesteck n. | *Nécessaire pour écrire*, Schreibzeug n.

nécessairement [-sɛrmɑ̃] adv. notwendigerweise ; zwangsläufig ; unabweislich.

nécessité [-site] f. Notwendigkeit f. ; Bedürfnis n. ; Bedarf m. | *Nécessité vitale*, Lebensnotwendigkeit. | *Être dans la nécessité de*, sich in die Zwangslage versetzt sehen, zu. | *En cas de nécessité*, nötigenfalls ; im Notfall.

nécessiter [-site] v. tr. erfordern ; nötig machen. | *Nécessiter une grande dépense*, eine hohe Ausgabe erfordern.

nécessiteux, euse [-sitø, ø:z] adj. notleidend ; bedürftig ; ärmlich.
◇ m. pl. **les nécessiteux,** die Bedürftigen m. pl. ; die Notleidenden m. pl.

nec plus ultra [nɛkplyzyltra] loc. adv. et m. *Le nec plus ultra*, das Allerbeste.

nécrologie [-lɔʒi] f. Todesanzeigen f. pl. ; Nekrologie f.

nécrologique [-lɔʒik] adj. *Article nécrologique*, Nachruf m.

nécromancie [-mɑ̃si] f. Toten-, Geisterbeschwörung f.

nécromancien, ienne [-mɑ̃sjɛ̃, jɛn] s. Toten-, Geisterbeschwörer(in) m. (f.).

nécrophage [-fa:ʒ] adj. aasfressend.
◇ m. Aasfresser m.

nécropole [-pɔl] f. Totenstadt f. ; Großstadtfriedhof m. ; Nekropole f. ; Nekropolis f.

nécrose [nekro:z] f. MÉD. Gewebetod m. ; Nekrose f. | *Nécrose osseuse*, Knochenfraß m.

nécroser [-ze] v. tr. MÉD. Nekrose hervorrufen.
◇ v. pr. **se nécroser,** absterben.

nectar [nɛkta:r] m. MYTH. Göttertrank m. ; Nektar m. || PAR EXT. köstliches Getränk. || BOT. Honigsaft m.

néerlandais, aise [neɛrlɑ̃dɛ, ɛ:z] adj. niederländisch.
◇ s. **Néerlandais, aise,** Niederländer(in) m. (f.).

nef [nɛf] f. MAR. Schiff n. ; Kogge f. || ARCHIT. Kirchenschiff n. | *Nef principale*, Langschiff. | *Nef latérale*, Seitenschiff.

néfaste [nefast] adj. unheilvoll ; unheilbringend. | *Influence néfaste*, unheilvoller Einfluß. | *Jour néfaste*, Schreckenstag m. ; schwarzer (Unglücks)- tag.

nèfle [nɛfl] f. BOT. Mispel f. || POP. *Des nèfles !*, Pustekuchen ! ; denkste ! ; Käse !

néflier [neflije] m. BOT. Mispelbaum m.

négateur, trice [negatœ:r, tris] adj. leugnend ; verneinend ; ablehnend ; nein sagend.
◇ s. Leugner(in) m. (f.) ; Verneiner m.

négatif, ive [-tif, i:v] adj. negativ ; verneinend ; abschlägig ; ablehnend. | *Un geste négatif*, eine ablehnende Bewegung. | *Avoir une attitude négative*, eine negative Haltung einnehmen. | *Pôle négatif*, negativer Pol.
◇ m. **négatif,** PHOT. negativer Abzug ; Negativ n.
◇ f. **négative,** Ablehnung f. ; Verneinung f. | *Dans la négative*, im Falle einer Absage, eines abschlägigen Bescheids.

négation [-sjɔ̃] f. Verneinung f. ; Negation f.

négativement [-tivmɑ̃] adv. negativ.

négligé, ée [negliʒe] adj. vernachlässigt ; schlampig ; ungepflegt.
◇ m. **négligé,** Negligé n. ; Hauskleid n.

négligeable [-ʒabl] adj. unwesentlich ; belanglos. | *Quantité négligeable*, Belanglosigkeit f.

négligemment [-ʒamɑ̃] adv. in nachlässiger Weise. | *Répondre négligemment*, gleichgültig antworten.

négligence [-ʒɑ̃:s] f. Nachlässigkeit f. ; Achtlosigkeit f. ; Unbedacht m. | *Négligence de style*, stilistische Unebenheit. | *Par négligence*, aus Unachtsamkeit.
— SYN. : *Laisser-aller* m., Gehenlassen n. *Relâchement* m., Erschlaffung f.

négligent, ente [-ʒɑ̃, ɑ̃:t] adj. nachlässig ; unachtsam ; achtlos.

négliger [-ʒe] v. tr. vernachlässigen ; unterlassen ; versäumen. | *Négliger une occasion*, eine Gelegenheit verpassen, außer acht lassen. | *Négliger ses affaires*, seine Geschäfte vernachlässigen ; sich um seine Geschäfte nicht kümmern. | *Négliger un ami*, eine Freundschaft eingehen lassen. | *Négliger ses devoirs*, seinen Pflichten nicht nachkommen. | *Se négliger*, sich gehen lassen ; sich vernachlässigen.

négoce [negɔs] m. Handel m. ; Geschäft n. ; Gewerbe n. | *Sens du négoce*, kaufmännisches Geschick ; Handelsgeist m.

négociable [-sjabl] adj. verkäuflich ; um-, absetzbar ; übertrag-, begebbar. | *Négociable en Bourse*, börsenfähig. | *Des marchandises négociables*, gängige Waren f. pl.

négociant, ante [-sjɑ̃, ɑ̃:t] s. Kaufmann m., -frau f. ; Händler(in) m. (f.). | *Négociant en vins*, Weinhändler.

négociateur, trice [-sjatœ:r, tris] s. Unterhändler(in) m. (f.) ; Vermittler(in) m. (f.).

négociation [-sjasjɔ̃] f. [pourparlers] Verhandlung f. ; Unterhandlung f. ; Ver-, Unterhandeln n. | *Entamer* *des négociations*, Unterhandlungen einleiten. | *Entrer en négociations*, sich in Unterhandlungen einlassen. || COMM. Begebung f. ; (Ab)schluß m. ; Verkauf m. | *Négociation d'un effet*, Weitergabe (f.) eines Wertpapiers. | *Négociation d'une lettre de change*, Wechselbegebung f. | *Négociations en Bourse*, Börsenverkäufe m. pl., -umsätze m. pl.

négocier [-sje] v. tr. unterhandeln ; verhandeln ; (aus)handeln. || COMM. begeben ; umsetzen ; verkaufen ; absetzen ; verwerten. | *Négocier une affaire*, ein Geschäft vermitteln. | *Négocier un effet*, einen Wechsel begeben. | *Négocié en Bourse*, börsengängig. | *Négocier un prix*, einen Preis aushandeln. || [traiter] *Négocier un traité*, über den Abschluß eines Vertrages verhandeln.

nègre [nɛ:gr] m. Mohr m. ; Neger m. || PAR EXT. Sklave m. || FAM. *Nègre (d'un écrivain)*, Ghostwriter m.

négresse [negrɛs] f. Negerin f. ; Mohrin f. ; Schwarze f. | *Négresse à plateaux*, Negerin mit Tellerlippen.

négrier [-grije] m. Negersklavenhändler m. || [employeur] Ausbeuter m. (von Arbeitskräften).

négrillon, onne [-grijɔ̃, ɔn] s. Negerkind n.

négritude [-grityd] f. Negritude f.

négroïde [-grɔid] adj. negroid ; mit Negerblut.

neige [nɛ:ʒ] f. Schnee m. | *Neige poudreuse*, Pulverschnee. | *Neige nouvelle, mouillée*, Neu-, Pappschnee. | *Neige durcie, croûteuse*, Harsch(schnee) m. | *Neiges éternelles*, ewiger (Firn)schnee. | *Bonhomme de neige*, Schneemann m. | *Boule de neige*, Schneeball m. | *Chute de neige*, Schneefall m. | *Rafale de neige*, Schneegestöber n. | *Tempête de neige*, Schneesturm m. | *Couche de neige*, Schneedecke f. | *Champ de neige*, Schneefläche f. | *Amas de neige*, Schneeverwehung f. | *Couvrir de neige*, ein-, verschneien. | *Arrêté, Bloqué par les neiges*, eingeschneit. | *Fonte des neiges*, Schneeschmelze f. || LOC. FIG. *Blanc comme neige*, ganz unschuldig. | *Cela fait boule de neige*, das wächst unaufhaltsam. || POÉT. *Neiges d'antan*, vergangene Zeiten f. pl. || CULIN. *Œufs à la neige*, Eierschaum m., -schnee. | *Battre en neige*, zu Schaum, zu Schnee schlagen. || CHIM. *Neige carbonique*, Kohlensäureschnee.

neiger [-ʒe] v. intr. schneien. | *Il a neigé*, es hat geschneit ; Schnee ist gefallen.

neigeux, euse [-ʒø, ø:z] adj. schneeig ; beschneit ; schneebedeckt. | *Un sommet neigeux*, schneebedeckter Gipfel.

nénuphar [nenyfa:r] m. BOT. Wasser-, Seerose f. ; Seenixe f. | *Nénuphar blanc*, Lotosblume f.

néo- [neo] préf. [en composition] neu-.

néo-calédonien, ienne [-kaledɔnjɛ̃, jɛn] adj. neukaledonisch.

◇ s. **Néo-calédonien, ienne,** Neukaledonier(in) m. (f.).

néoclassique [-klasik] adj. neuklassizistisch ; néoklassizistisch.

◇ s. Neoklassizist(in) m. (f.).

néolithique [neɔlitik] adj. neolithisch.

◇ m. jüngere Steinzeit f. ; Neolithikum n.

néologie [-lɔʒi] f. Sprachschöpfung f.

néologisme [-lɔʒism] m. Neologismus m. ; neue Wortbildung.

néomortalité [-mɔrtalite] f. MÉD. Säuglingssterblichkeit f.

néon [neɔ̃] m. Neon n. ; Edelgas n. | *Tube de néon*, Neon-, Leuchtröhre f.

néonatal, ale, als [-natal] adj. Neugeborenen...

néophyte [neofit] m. RELIG. Neophyt m. ; Konvertit m. || PAR EXT. Neuling m.

néoplasme [-plasm] m. MÉD. bösartige Neubildung ; Geschwulst f.

Néoprène [-prɛn] m. (nom déposé). CHIM. Neopren n.

néoréalisme [-realism] m. neue Sachlichkeit.

néo-zélandais, aise [-zelɑ̃dɛ, ɛ:z] adj. neuseeländisch.

◇ s. **Néo-Zélandais, aise,** Neuseeländer(in) m. (f.).

népérien, ienne [neperjɛ̃, jɛn] adj. MATH. *Logarithme népérien*, natürlicher Logarithmus.

néphrétique [nefretik] adj. MÉD. nierenkrank. | *Coliques néphrétiques*, Nierenkolik f., -anfall m.

néphrite [-frit] f. MÉD. Nierenentzündung f.

népotisme [nepɔtism] m. Vettern-, Günstlingswirtschaft f. ; Nepotismus m.

Neptune [nɛptyn] n. pr. m. MYTH. Neptun m.

Néréide [-id] n. pr. f. MYTH. Nereide f. ; Meerjungfrau f. || ZOOL. Borstenwurm m.

nerf [nɛ:r] m. ANAT. Nerv m. | *Nerf optique*, Seenerv. | *Nerf auditif*, Gehör(s)nerv. | *Nerf olfactif*, Geruchsnerv. | *Nerf sciatique*, Ischiasnerv ; Hüftnerv. || MÉD. *Attaque, Crise de nerfs*, Nervenanfall m., -krise f. || *Avoir les nerfs solides*, starke, gute Nerven haben. | *Porter*, FAM. *Taper sur les nerfs de qn*, jm auf die Nerven gehen, fallen ; js Nerven angreifen. | *Paquet de nerfs*, Nervenbündel n. || FIG. Kraft f. ; Stärke f. ; Triebfeder f. | *Avoir du nerf*, Kraft, Energie haben. | *Ne pas avoir de, manquer de nerf*, kraftlos, schlapp sein. | *Nerf de la guerre*, Seele des Krieges ; Geld zum Kriegführen. | *Guerre des nerfs*, Nervenkrieg m.

Néron [nerɔ̃] n. pr. m. HIST. Nero m.

néronien, ienne [-rɔnjɛ̃, jɛn] adj. neronisch.

nerveux, euse [nɛrvø, ø:z] adj. nervös ; erregt ; erregbar. | *Système nerveux*, Nervensystem n. | *Centres nerveux*, Nervenzentren n. pl. | *Maladie nerveuse*, Nervenkrankheit f. | *Affection nerveuse*, Nervenleiden n. || FIG. *Style nerveux*, lebhafter, kraftvoller Stil. | *Moteur nerveux*, schnell anspringender Motor.

◇ s. Nervenkranke(r) f. (m.).

nervosité [-vozite] f. Nervosität f. ; Erregbarkeit f. ; Gereiztheit f.

nervure [-vy:r] f. ARCHIT. Rippe f. | *Nervure de voûte*, Gewölberippe f. | *À nervures*, gerippt ; rippenförmig. || BOT. Blattader f. ; Blattnerv m. || [reliure] Schnur f. || TEXT. Äderung f. ; Geäder n. || AÉRON. Rippe f.

net, nette [nɛt] adj. **1.** rein ; klar ; sauber ; lauter ; blank. | *Assiette nette*, sauberer Teller. | *Copie nette*, saubere Abschrift. | *Net comme un miroir*, spiegelblank. **2.** PAR EXT. [distinct] deutlich ; hell. | *Cassure nette*, glatter Bruch. | *Vue nette*, scharfes Gesicht ; FIG. klare Ansicht. || PHOT. *Image nette*, scharfe Aufnahme.

3. [libre] leer ; sauber ; frei. | *Faire place nette*, nichts zurücklassen. | *Avoir les mains nettes de qch.*, seine Hände in Unschuld waschen. | *Conscience nette*, sauberes, reines Gewissen.

4. FIG. [clair, sans ambiguïté] klar ; hell ; offen(herzig) ; bündig. | *Réponse nette*, klare, bündige Antwort. | *J'en aurai le cœur net*, ich will darüber ins reine kommen.

5. COMM., FIN. Rein... ; Netto... | *Produit net*, Reinertrag m. ; reiner Ertrag. | *Revenus nets*, Rein-, Nettoeinkünfte f. pl. | *Poids net*, Netto-, Reingewicht n. | *Prix net*, Nettopreis m. | *Bénéfice net*, Reingewinn m. | *Net d'impôt*, steuerfrei.

◇ m. **net.** *Mettre au net*, ins Reine schreiben.

◇ adv. **net,** scharf ; sofort. | *Il fut tué net*, er war auf der Stelle tot. | *Il s'arrêta net*, er blieb plötzlich stehen. || FIG. gerade ; rund(weg). | *Trancher net*, kurz abbrechen. | *Refuser (tout) net*, rundweg abschlagen. | *Déclarer net*, unverblümt erklären.

netteté [-t(ə)te] f. Reinheit f. ; Sauberkeit f. ; Bestimmtheit f. | *Netteté de l'écriture*, Leserlichkeit (f.) der Schrift. || RADIO. *Netteté du son*, Klangreinheit. || TÉLÉV. *Netteté de la vision*, Bildschärfe f. || LITTÉR. *Netteté du style*, Klarheit (f.), Sauberkeit des Stils.

nettoiement [nɛtwamɑ̃] ou **nettoyage** [-ja:ʒ] m. Reinigung f. ; Säuberung f. ; Läuterung f. ; Klärung f. ; Putzen n. ; Spülen n. | *Nettoyage général*, Großreinemachen n. | *Nettoyage à sec*, Trockenreinigen n. | *Nettoyage des rues*, Straßenreinigung f. || FIG *Nettoyage par le vide*, allgemeines Wegwerfen.

nettoyer [-je] v. tr. reinigen ; säubern ; putzen ; rein(e)machen. | *Nettoyer la chambre*, das Zimmer reinigen, putzen. | *Nettoyer les chaussures*, die Schuhe putzen. || FIG., FAM. *Nettoyer les plats*, tüchtig essen ; alles aufessen. || FIG., ARG. *Nettoyer qn*, jn umlegen, liquidieren ; sich js entledigen.

— SYN. : *Laver*, waschen. *Décrasser*, den ärgsten Schmutz entfernen. *Décrotter*, den Dreck abkratzen. *Débarbouiller*, das Gesicht waschen. *Récurer*, ausscheuern.

nettoyeur [-jœ:r] [personne] Putzer m.

neuf [nœf] adj. num. card. neun. || [cardinal] *Âgé de neuf ans*, neunjährig. || MATH. *Preuve par neuf*, Neunerprobe f. || [ordinal] *Charles IX (neuf)*, Karl IX. (der Neunte). | *Le 9 (neuf) janvier*, am 9. (neunten) Januar.

◇ m. invar. *Neuf de cœur*, Herzneun f. | *Les neuf*, die Neuner(karten) f. pl. | *Le neuf du mois*, der Neunte des Monats. || MUS. *Neuf-huit*, Neunachteltakt m.

neuf, neuve [nœf, nœ:v] adj. neu ; ungebraucht ; frisch ; neuartig ; neuwertig ; PAR EXT. rein ; kindlich. | *Habit neuf*, neuer Anzug. | *Tout neuf, Flambant neuf*, (funkel)nagelneu. || FIG. *Faire peau neuve*, ein neuer Mensch werden.

◇ m. **neuf,** das Neue. | *Quoi de neuf ?*, was gibt's Neues ?

◇ loc. adv. **à neuf, de neuf,** neu. | *Remettre à neuf*, neu machen ; renovieren. | *Être habillé de neuf*, neu eingekleidet sein.

neurasthénie [nørasteni] f. MÉD. Nervenschwäche f. ; Neurasthenie f.

neurasthénique [-nik] adj. nervenschwach ; neurasthenisch.

◇ s. Neurastheniker(in) m. (f.).

neurochirurgie [nørɔʃiryrʒi] f. Neurochirurgie f.

neurochirurgien, ienne [-ʒjɛ̃, jɛn] s. Neurochirurg(in) m. (f.).

neuroleptique [-lɛptik] m. MÉD. Neuroleptikum n. ; Beruhigungsmittel n.

neurologie [-lɔʒi] f. MÉD. Neurologie f. ; Nervenheilkunde f.

neurologue [-lɔg] m. Neurologe m. ; Nervenarzt m.

neurone [nørɔn] m. Neuron n. (pl. Neuronen et Neuren) ; Nervenzelle f.

neurotransmetteur [-trɑ̃smɛtœ:r] m. BIOL. Neurotransmitter m.

neutralisant, ante [nøtralizɑ̃, ɑ̃:t] adj. neutralisierend ; unwirksam machend.

neutralisation [-lizasjɔ̃] f. Neutralisierung f. ; Neutralisieren n. ; Unwirksammachung f.

neutraliser [-lize] v. tr. neutralisieren ; unwirksam, unschädlich machen. || POLIT. für neutral erklären. | *Neutraliser des forces ennemies*, feindliche Kräfte binden.

◇ v. pr. **se neutraliser,** sich gegenseitig aufheben.

neutralisme [-lism] m. Neutralismus m.

neutraliste [-list] adj. neutralistisch.

◇ s. Anhänger(in) [m. (f.)] des Neutralismus.

neutralité [-lite] f. Neutralität f. ; Parteilosigkeit f. | *Garder, Observer la neutralité*, die Neutralität wahren ; neutral bleiben. | *Violer la neutralité*, die Neutralität verletzen, brechen.

neutre [nø:tr] adj. neutral ; parteilos ; unbeteiligt. GRAMM. sächlich ; geschlechtslos. | *Rester neutre*, neutral bleiben. || ÉLECTR. *Fil neutre*, Nulleiter m. || CHIM. *Corps neutre*, neutraler Stoff.

◇ m. GRAMM. Neutrum n. ; sächliches Geschlecht. POLIT. Neutraler m. ; neutraler Staat ; neutrale Macht.

neutrino [nøtrino] m. PHYS. Neutrino n.

neutron [nøtrɔ̃] m. PHYS. Neutron n. | *Neutrons rapides*, schnelle Neutronen n. pl. | *Neutron de fission*, Spaltneutron. | *Bombe à neutrons*, Neutronenbombe f.

neutronique [-trɔnik] adj. PHYS. Neutronen... | *Bombardement neutronique*, Neutronenbeschuß m.

neuvaine [nøvɛn] f. RELIG. Novene f. ; neuntägige Andachtsübung.

neuvième [nœvjɛm] adj. num. ord. neunter.

◇ m. Neuntel n.

neuvièmement [-mɑ̃] adv. neuntens.

névé [neve] m. Firn-, Gletscherschnee m.

neveu [nəvø] m. Neffe m. | *Les arrière-neveux*, die Nachkommen m. pl., Enkel m. pl. | *Neveu à la mode de Bretagne*, weitläufiger Verwandter.

névralgie [nevralʒi] f. MÉD. Neuralgie f. ; Nervenschmerz m. | *Névralgie faciale*, Gesichtsschmerz m.

névralgique [-ʒik] adj. MÉD. neuralgisch. | *Douleurs névralgiques*, neuralgische Nervenschmerzen m. pl. || MIL. *Point névralgique*, Brennpunkt m. ; FIG. wunde Stelle ; schwacher Punkt.

névrite [nevrit] f. MÉD. Nervenentzündung f. ; Neuritis f.

névro- [nevrɔ] préf. [en composition] neuro-.

névrose [nevro:z] f. MÉD. Nervenkrankheit f. ; Neurose f.

névrosé, ée [-ze] adj. MÉD. neurotisch ; nervenkrank.

◇ s. Neurotiker(in) m. (f.).

nez [ne] m. Nase f. || PAR EXT. [visage] Gesicht n.

> **I.** AVEC UN ADJECTIF.
> **II.** AVEC UN NOM.
> **III.** COMPLÉMENT DIRECT D'UN VERBE.
> **IV.** COMPLÉMENT PRÉPOSITIONNEL.
> **V.** TECHNIQUE.

I. AVEC UN ADJECTIF : *Nez aquilin*, Adlernase. | *Nez camus*, stumpfe Nase. | *Nez crochu*, Haken-, Habichtsnase. | *Nez écrasé*, plattgedrückte Nase. | *Nez épaté*, wulstige Nase. | *Faux nez*, falsche Nase ; Pappnase. | *Nez pointu*, spitze Nase. | *Nez retroussé*, Stupsnase ; Stülpnase.

II. AVEC UN NOM : *Ailes du nez*, Nasenflügel m. pl. | *Nez à nez*, Auge in Auge. | *Se trouver nez à nez (avec qn)*, sich einander gegenüber befinden. | *Faire un pied de nez à qn*, jm eine lange Nase machen, ziehen. | *Saignement de nez*, Nasenbluten n. | *À vue de nez*, nach Augenmaß ; über den Daumen ; ungefähr.

III. COMPLÉMENT DIRECT D'UN VERBE : *Le chien a le nez au vent*, der Hund nimmt Witterung, schnuppert in den Wind. | *Le chien a du nez*, der Hund hat eine feine Witterung. | *Avoir du nez, bon nez, le nez creux*, eine feine (Spür)nase haben ; FAM. einen feinen Riecher haben. | *Se boucher le nez*, sich die Nase zuhalten. | *Se casser le nez (à la porte de qn)*, vor verschlossene Türen kommen ; jn nicht zu Hause antreffen. | *Fourrer son nez partout*, seine Nase in alles, FAM. in jeden Quark hineinstecken ; überall herumschnüffeln. | *Froncer le nez*, die Nase rümpfen. | *Mettre le nez à la fenêtre*, hinausgucken, -schauen. | *Montrer le bout de son nez*, sich kaum, knapp sehen lassen. | *Se moucher le nez*, sich die Nase putzen.

IV. COMPLÉMENT PRÉPOSITIONNEL : *Enlever qch. au nez (et à la barbe) de qn*, jm etwas vor der Nase wegschnappen. | *Fermer la porte au nez de qn*, jm die Tür vor der Nase zuschlagen. | *Jeter qch. au nez de qn*, jm etwas ins Gesicht werfen ; jm etwas unter die Nase halten, reiben. | *La moutarde lui monte au nez*, der Kamm schwillt ihm. | *Cela te pend au nez*, das wird dir bald passieren ; das steht dir bevor. | *Rire au nez de qn*, jm ins Gesicht lachen ; jn glatt auslachen. | *Avoir qn dans le nez*, jn nicht riechen können ; jn gefressen haben. | *Avoir un verre dans le nez*, einen in der Krone haben. | *Parler du nez*, durch die Nase sprechen. | *Piquer du nez*, nicken. | *Saigner du nez*, Nasenbluten haben. | *Tirer les vers du nez à qn*, jm die Würmer aus der Nase ziehen. | *Cela lui passe sous le nez*, das geht ihm an der Nase vorbei. | *Mener qn par le bout du nez*, jn an der Nase herumführen ; jn am Narrenseil führen. | *Regarder qn sous le nez*, jm frech ins Gesicht sehen.

V. TECHNIQUE : *Nez d'un navire*, Bug m. ; Spitze f. | *Nez d'un avion*, Flugzeugnase f.

ni [ni] conj. noch ; auch nichts. | *Ni... ni...*, weder... noch ; noch... noch. | *Ni plus ni moins*, nicht mehr und nicht weniger. | *Ni toi ni moi*, weder du noch ich ; keiner von uns.

niable [njabl] adj. leugbar. | *Cela n'est pas niable*, das läßt sich nicht leugnen.

niais, niaise [njɛ, njɛ:z] adj. einfältig ; läppisch.
◇ s. Dummkopf m. ; Pinsel m.

niaiserie [-zri] f. Plattheit f. ; Albernheit f. ; Dummheit f. ; törichtes, dummes Zeug ; leeres Geschwätz. | *Ne dire que des niaiseries*, nichts als dummes Zeug reden.

Nice [nis] n. pr. f. GÉOGR. Nizza n.

niche [niʃ] f. ARCHIT. Nische f. ; Höhlung f. ; Fuge f. ; (Mauer)vertiefung f. || *Niche à chien*, Hundehütte f. || [farce] Posse f. ; Neckerei f. ; Streich m. ; Ulk m. | *Faire une niche à qn*, jn anulken ; jm einen Schabernack spielen.

nichée [-ʃe] f. Brut f. ; Nestvoll n. ; Hecke f. | *Nichée de souris*, Mäusenest n. || FAM. *Une nichée d'enfants*, eine Hecke Kinder.

nicher [-ʃe] v. intr. nisten ; hecken ; hausen.
◇ v. tr. unterbringen.
◇ v. pr. **se nicher,** sich einnisten ; sich festsetzen. | *Se nicher au quatrième étage*, im vierten Stock hausen. | *Où s'est-il niché ?*, wohin hat er sich verkrochen ?

nickel [nikɛl] m. Nickel n.
◇ adj. FAM. tipp topp ; sauber.

nickeler [-kle] v. tr. vernickeln.

Nicolas [nikɔla] n. pr. m. Nikolaus m. ; Klaus m.

nicotine [nikɔtin] f. Nikotin n. | *Sans nicotine*, nikotinfrei.

nid [ni] m. Nest n. ; Horst m. ; PAR EXT. Bleibe f. ; Stätte f. ; Liebesnest n. ; FIG. Quelle f. | *Nid d'oiseaux*, Vogelnest. | *Faire son nid*, sein Nest bauen ; nisten. | *Sortir du nid*, aus dem Nest schlüpfen. | *Ne pas sortir de son nid*, häuslich sein. || PAR EXT. *Nid de brigands*, Räuberhöhle f. || MIL. *Nid de résistance*, Widerstandsnest. || TEXT. *Nid d'abeilles*, Wabenmuster n. ; Wabenbauweise f. | *Nid d'ange*, Babyschlafsack m. || [routes] *Nid-de-poule*, Schlagloch n. || PROV. *À chaque oiseau son nid est beau*, jeder findet es bei sich am schönsten.

nidation [-dasjɔ̃] f. BIOL. Nidation f.

nidification [-difikasjɔ̃] f. Nestbau m.

nidifier [-fje] v. intr. sein Nest bauen.

nièce [njɛs] f. Nichte f. | *Nièce à la mode de Bretagne*, Tochter (f.) des Vetters, der Kusine.

Niémen [njemɛn] n. pr. m. GÉOGR. Memel f.

nier [nje] v. tr. leugnen ; ver-, ableugnen ; verneinen ; be-, abstreiten ; in Abrede stellen ; negieren. | *Nier Dieu*, die Existenz Gottes leugnen. | *Nier une dette*, eine Schuld abstreiten.

— SYN. : *Contester*, anfechten. *Démentir*, widerrufen. *Désavouer*, nicht anerkennen. *Réfuter*, widerlegen.

nigaud, aude [nigo, o:d] adj. dumm ; einfältig ; dämlich.
◇ s. Dämel m. ; Einfaltspinsel m. ; Tölpel m.

nihilisme [niilism] m. PHILOS. Nihilismus m.

nihiliste [-list] adj. nihilistisch.
◇ s. Nihilist(in) m. (f.).

Nil [nil] n. pr. m. GÉOGR. Nil m.

nimbe [nɛ̃:b] m. Nimbus m. ; Heiligenschein m.

nimber [-be] v. tr. mit einem Heiligenschein umgeben.
◇ part. pass. et adj. **nimbé, ée,** mit Heiligenschein ; glanzumflossen.

nimbus [-bys] m. Nimbus-, Regenwolke f.

Nimègue [nimɛg] n. pr. f. GÉOGR. Nimwegen n.

nipper [-pe] v. tr. ausstaffieren. | *Être mal nippé*, alte Klamotten anhaben.
◇ v. pr. **se nipper.** FAM. sich aufmotzen.

nippes [nip] f. pl. abgetragene Kleider n. pl.

nippon, onne [nipɔ̃, ɔn] adj. japanisch.
◇ s. **Nippon, onne,** Japaner(in) m. (f.).

nique [nik] f. *Faire la nique à qn*, jm ein Schnippchen schlagen ; jn auf den Ast nehmen.

nirvâna [nirvana] m. Nirwana n.

nitouche [nituʃ] adj. scheinheilig. | *Un air de sainte nitouche*, ein zimperliches Wesen.

nitrate [nitrat] m. salpetersaures Salz ; Nitrat n. | *Nitrate d'argent*, Höllenstein m.

nitre [nitr] m. Nitrum n. ; Salpeter m.

nitreux, euse [-trø, ø:z] adj. salpeterhaltig.

nitrique [-trik] adj. salpetersauer. | *Acide nitrique*, Salpetersäure f.

nitrite [-trit] m. salpetrigsaures Salz ; Nitrit n.

nitrobenzène [nitrɔbɛ̃zɛn] m. CHIM. Nitrobenzol n.

nitroglycérine [-gliserin] f. Nitroglyzerin n. ; Sprengöl n.

niveau [nivo] m. **1.** [instrument] Libelle f. ; Setzwaage f. | *Niveau à bulle (d'air)*, Libelle ; Wasserwaage f. | *Niveau de maçon*, Setzwaage ; Lot-, Grundwaage. || MIL. *Niveau de pointage*, Winkelmesser m. ; (Libellen)quadrant m.

2. [plan, hauteur] Fläche f. ; Höhe f. ; Höhenlage f. ; Stand m. | *Niveau d'eau*, Wasserstand, -spiegel m., -linie f. | *Niveau de la mer*, Meeresspiegel m. | *Niveau d'un cours d'eau, d'une crue*, (Pegel)stand ; Pegelhöhe. | *Niveau le plus bas, minimum*, Tiefststand. | *Niveau maximum*, Höchststand. | *Différence de niveau*, Höhenunterschied m. ; Niveaudifferenz f. | *Ligne de niveau*, Höhenlinie f. | *Courbe de niveau*, Höhenschichtlinie. || [environnement] *Niveau de pollution naturelle*, natürlicher Immissionswert m. ; natürlicher Grundpegel m. | *Niveau sonore*, Schall(druck)pegel m. || PHYS. *Niveau d'excitation*, Erregungsniveau n. || TRANSP. *Passage à niveau*, Bahnübergang (zu ebener Erde) m.

3. FIG. [économique] Stufe f. ; Stand m. ; Standard m. || [intellectuel] Bildungsstand m. ; Geisteshöhe f. ; Wert m. || *Niveau d'avant guerre*, Vorkriegsstand. | *Niveau des prix*, Preisniveau n., -stand, -höhe f., -lage f. | *Niveau de ressources*, Einkommensverhältnisse n. pl. | *Niveau des salaires*, Lohnhöhe f. | *Niveau de vie*, Lebensniveau n., -standard. | *De même niveau*, auf gleicher Ebene. | *Cela dépasse son niveau*, das geht über seinen Horizont, seine Fassungskraft.
◇ loc. adv. **de niveau,** waagerecht.

niveler [nivle] v. tr. nivellieren. || [mesurer] abmessen. || [aplanir] ausgleichen ; auf gleiche Höhe bringen ; einebnen ; gleichmachen ; planieren. || FIG. ausgleichen ; gleichmachen.

niveleuse [-vløz] f. TECHN. Planierbagger m. ; Straßenhobel m.

nivellement [-vɛlmɑ̃] m. Höhenmessung f. || Einebnen n. ; Planieren n. ; Nivellieren n. || POLIT. Gleichmachung f. ; Nivellierung f.

nivôse [nivo:z] m. Schneemonat m.

Nobel [nɔbɛl] n. pr. m. Nobel m. | *Prix Nobel*, Nobelpreis m. || [détenteur] Nobelpreisträger m.

nobiliaire [nɔbiljɛ:r] adj. ad(e)lig. | *Particule nobiliaire*, Adelsprädikat n. | *Privilèges nobiliaires*, Adelsvorrechte n. pl., -reservate n. pl.

noble [nɔbl] adj. [de la noblesse] ad(e)lig ; feudal ; nobel. | *De noble naissance*, von adliger Geburt. || FIG. edel(mütig) ; erhaben. | *Cœur noble*, edles, hochgemutes Herz. | *Style noble*, gehobener, erhabener Stil. || ANAT. *Parties nobles*, edle Teile m. pl.
◇ m. Adliger m. ; Edelmann m. ; Edelfrau f.

noblement [-bləmɑ̃] adv. auf edle Weise ; edelmütig.

noblesse [-blɛs] f. Adel m. ; Adelsstand m. || [classe sociale] *Haute noblesse*, Hochadel. | *Petite noblesse*, niederer Adel. | *Noblesse campagnarde*, Landadel ; Junkertum n. | *Noblesse d'épée*, Schwert-, Kriegsadel. | *Noblesse de robe*, Amtsadel. | *Lettres de noblesse*, Adelsbriefe m. pl., -urkunden f. pl. | *Titres de noblesse*, Adelstitel m. pl. || [valeur personnelle] Edelmut m. ; Hoheit f. | *Noblesse de cœur*, Adel des Herzens ; Herzensadel. | *Noblesse oblige*, Würde bringt Bürde.

noce [nɔs] f. [cérémonie] Hochzeit f. ; Brautfest n. || [société] Hochzeitsgesellschaft f. ; Hochzeitsgäste m. pl. || *Noces d'argent, d'or, de diamant*, silberne, goldene, diamantene Hochzeit. | *Repas, Voyage de noces*, Hochzeitsmahl n., Hochzeitsreise f. | *En premières, secondes noces*, in erster, zweiter Ehe. || FIG. *Ne pas être à la noce*, übel d(a)ran sein ; sich in mißlicher Lage befinden. | *Faire la noce*, schlemmen ; prassen.

noceur [-sœ:r] m. Schlemmer m. ; Lebemann m.

nocher [nɔʃe] m. POÉT. Fährmann m. ; Ferge m.

nocif, ive [nɔsif, i:v] adj. schädlich ; gesundheitsschädigend.

nocivité [-sivite] f. Schädlichkeit f. ; Unzuträglichkeit f.

noctambule [nɔktɑ̃byl] adj. nachtwandelnd.
◇ s. Nachtschwärmer(in) m. (f.).

noctambulisme [-lism] m. MÉD. Nachtwandeln n. || PÉJOR. Nachtschwärmerei f.

nocturne [nɔktyrn] adj. nächtlich. | *Oiseau nocturne*, Nachtvogel m. | *Tapage nocturne*, nächtliche Ruhestörung.
◇ m. MUS. Notturno n. ; Nachtstück n. ; Nachtmusik f. || RELIG. Mitternachtsmette f.

nodal, e, aux [nɔdal, nɔdo] adj. Knoten... || PHYS. *Points nodaux*, Knotenpunkte m. pl.

nodosité [nɔdɔzite] f. Knotigkeit f. ; Knoten m. pl.

nodule [-dyl] m. MÉD. Knötchen n. || MÉTALL. Noppe f.

Noé [nɔe] n. pr. m. RELIG. Noah m. | *Arche de Noé*, Arche (f.) Noah.

Noël [nɔel] m. Weihnacht f. ; Weihnachten n. ; Christfest n. | *Arbre de Noël*, Weihnachts-, Christbaum m. | *Bûche de Noël*, (*etwa*) Christstollen m. | *Veille de Noël*, heiliger Abend ; Christnacht ; Weihnachtsabend m. | *La (fête de) Noël*, das Weihnachtsfest. | *À Noël*, zu Weihnachten. | *De Noël*, weihnachtlich. | *Père Noël*, Weihnachtsmann m. | *Cadeau(x) de Noël*, Weihnachtsgeschenk n., -bescherung f. || MUS. *Chanter un noël*, ein Weihnachtslied singen.

nœud [nø] m. **1.** SENS PROPRE : Knoten m. ; Verknotung f. | *Nœud de cravate*, Schlips-, Krawattenknoten. | *Nœud papillon*, Fliege f. | *Nœud (de) marin*, Schifferknoten. | *Nœud coulant*, Laufknoten ; Schleife f. ; Schlinge f. | *Faire un nœud*, einen Knoten machen, schürzen. | *Faire un nœud à son mouchoir*, einen Knoten ins Taschentuch machen.
2. SENS FIGURÉS : **a)** [liens] Bande n. pl. ; Fesseln f. pl. ; Bund m. — **b)** THÉÂTRE. [de la pièce] Knoten m. | *Nœud de l'intrigue*, Verwicklung f. ; Wendepunkt (m.) eines Dramas. — **c)** [difficulté] *Le nœud d'une affaire*, der springende Punkt ; FAM. der Haken.
3. SENS TECHNIQUES : ZOOL. [d'un reptile] Umschlingung f. || BOT. Knubben m. | *Nœud du bois*, Knoten m. ; Knorren m. || PHYS. *Nœud acoustique*, Schwingungsknoten m. || TRANSP. Knotenpunkt m. | *Nœud ferroviaire*, Eisenbahnknoten m. | *Nœud routier*, Straßenknotenpunkt. || MAR. *Nœud marin*, Knoten m. | *Ce bateau file 18 nœuds*, dieses Schiff läuft 18 Knoten.

noir, noire [nwa:r] adj. schwarz ; dunkel ; finster ; düster ; schmutzig. | *Race noire*, schwarze, dunkelhäutige Rasse. | *Pain noir*, Schwarzbrot n. | *Blé noir*, Buchweizen m. | *Beurre noir*, braune Butter. | *Chambre noire*, Dunkelkammer f. | *Nuit noire*, stockfinstere Nacht. | *Ciel noir*, dunkler, verhangener Himmel. | *Il fait noir*, es ist dunkel, Nacht. | *Il fait noir comme dans un four*, es ist stockfinster, kohlrabenschwarz. || FIG. schwarz ; traurig ; trübe ; düster. | *Magie noire*, schwarze Kunst ; Zauberei f. | *Misère noire*, schwarzes, tiefstes Elend. | *Boîte noire*, [avion] Flugschreiber m. ; [camion] Fahrtenschreiber m. | *Liste noire*, schwarze Liste. | *Série noire*, Pechsträhne f. | *Points noirs*, Mitesser m. pl. | *Noirs desseins*, finstere, tückische Absichten f. pl. | *Marché noir*, Schwarzmarkt m. | *Travail (au) noir*, Schwarzarbeit f. | *Avoir des idées noires*, sich düsterenGedanken hingeben ; trübe, finstere Gedanken haben. | *Il est ma bête noire*, er ist mir ein Dorn im Auge. || POP. *Être noir*, blau sein.
◇ s. **Noir, Noire,** [personnes] Schwarze(r) f. (m.). ; Farbige(r) f. (m.).
◇ m. **noir** [habits] Schwarz n. ; Trauer(kleidung) f. | *Être vêtu de noir*, schwarz, dunkel gekleidet sein ; in Trauerkleidung, im Abendanzug sein. || [couleur] das Schwarze ; Finsternis f. ; Dunkelheit f. | *Noir de fumée*, Rußschwarz n. | *Noir d'imprimerie*, Druckerschwärze f. | *Image en noir et blanc*, Schwarzweißbild n. | *Écrire noir sur blanc*, schwarz auf weiß festhalten. | *Tendu de noir*, schwarz behangen, ausgeschlagen. || FIG. *Broyer du noir*, Trübsal blasen ; schwarzen Gedanken nachhängen. | *Voir les choses en noir*, die Dinge schwarz in schwarz sehen. | *Il voit tout en noir*, er ist ein Schwarzseher.
◇ f. **noire.** MUS. Viertelnote f.

noirâtre [-rɑ:tr] adj. schwärzlich.

noiraud, aude [-ro, od] adj. schwarzbraun ; dunkelhäutig.

noirceur [nwarsœ:r] f. Schwärze f. ; schwärzliche Farbe ; schwarzer, dunkler Fleck. || FIG. Verworfenheit f. ; Abscheulichkeit f. ; Bosheit f.

noircir [-si:r] v. tr. schwärzen ; schwarzmachen ; einschwärzen ; schwarz färben. | *Noircir du papier*, Papier bekritzeln. || FIG. *Noircir la réputation de qn*, js guten Ruf untergraben ; POP. jm am Zeuge flicken.
◇ v. intr. schwarz werden.
◇ v. pr. **se noircir,** schwarz werden ; dunkler werden.

noircissement [-sismɑ̃] m. Schwärzen n. ; FIG. Anschwärzung f.

noise [nwa:z] f. Zank m. ; Streit m. ; Krach m. | *Chercher noise à qn*, mit jm Krach anfangen ; Händel suchen ; mit jm einen Streit vom Zaune brechen.

noisetier [nwaztje] m. BOT. Hasel(nuß)strauch m.

noisette [-zɛt] f. BOT. Haselnuß f. | *Couleur noisette*, nußbraune Farbe.

noix [nwa] f. [fruit] Walnuß f. ; Nuß f. | *Noix de coco*, Kokosnuß. | *Noix de muscade*, Muskatnuß. | *Coquille de noix*, Nußschale f. | *Huile de noix*, Nußöl n. | *Brou de noix*, grüne Nußschale. | *Gauler des noix*, Nüsse herunterschlagen. | *Casser des noix*, Nüsse knacken. || CULIN. *Noix de veau*, Kalbsnuß. || [charbon] Nußkohle f.

nom [nɔ̃] m. Name m. ; Benennung f. ; Bezeichnung f. | *Nom de lieu*, Ortsname. | *Nom de baptême*, Taufname ; Vorname. | *Nom de famille*, Familien-, Zuname. | *Nom de jeune fille*, Mädchenname. | *Nom de personne*, Personenname. | *Nom d'emprunt*, Deckname. | *Nom commercial, social*, Gesellschaftsname, -bezeichnung ; Geschäftsname, -bezeichnung. | *Petit nom*, Rufname ; Vorname. | *Mémoire des noms*, Namensgedächtnis n. | *Décliner un nom*, ein Substantiv, ein Hauptwort beugen, deklinieren. | *Décliner son nom*, seinen Namen angeben. | *Mon chien répond au nom de*, mein Hund hört auf den Namen. | *Porter un nom*, einen Namen führen. | *Qui porte le même nom*, Namensvetter m. | *Il porte le nom de son grand-père*, er wird nach seinem Großvater genannt. | *Tirer son nom de*, seinen Namen von (dat.) herleiten. | *Il porte un nom d'emprunt*, er segelt unter fremdem Namen. | *Appeler, Nommer les choses par leur nom*, die Dinge beim Namen nennen. | *Cela n'a pas de nom*, das ist unerhört ; dafür gibt es gar keine Bezeichnung. | *Il est d'une bêtise sans nom*, er ist von unglaublicher, bodenloser Dummheit. | *Mettre son nom au bas de*, seinen Namen unter (acc.) setzen ; eigenhändig unterzeichnen. | *Prêter son nom (à, pour qch.)*, seinen Namen für etwas (acc.) hergeben. | *Changer de nom*, einen anderen Namen annehmen ; seinen Namen ändern. | *Le nom ne fait rien à l'affaire*, der Name tut nichts zur Sache. || GRAMM. Hauptwort n. ; Substantiv n. | *Nom commun*, Gattungsname. | *Nom propre*, Eigenname. || FIG. Name m. ; Ruf m. ; Persönlichkeit f. | *C'est un nom dans la médecine*, er ist ein namhafter Mediziner. | *Se faire un nom*, sich einen Namen machen ; sehr berühmt werden. | *Faire honneur à son nom*, seinem Namen Ehre machen.
◇ loc. prép. **au nom de,** im Namen (gén.) ; um (gén.) willen. | *Au nom de la loi*, im Namen des Gesetzes. | *Au nom du ciel*, um Himmels willen. | *Il l'a fait en mon nom*, er hat es in meinem Namen, in meinem Auftrag getan.
◇ interj. *Nom de nom !*, zum Kuckuck nochmal ! | *Nom d'un chien !, Nom d'une pipe !*, verflixt nochmal ! ; himmelsapperment !

nomade [nɔmad] adj. unstet ; nomadisch ; nomadenhaft ; umherziehend, -schweifend. | *Peuple nomade*, Nomaden-, Wandervolk n. | *Mener une vie nomade*, ein unstetes Leben führen.
◇ s. Nomade m. ; Nomadin f.

no man's land [nomanslɑ̃d] m. (pl. **no man's lands**) Niemandsland n.

nombre [nɔ̃:br] m. Zahl f. ; Anzahl f. ; Mehrzahl f. ; Mehrheit f. ; Menge f. ; Nummer f. | *Nombre cardinal*, Grundzahl. | *Nombre ordinal*, Ordnungszahl ; Ordinalzahl. | *Nombre pair*, gerade Zahl. | *Nombre impair*, ungerade Zahl. | *Nombre entier*, ganze Zahl. | *Nombre décimal*, Dezimalzahl. | *Nombre fractionnaire*, Bruchzahl. | *Nombre complexe*, komplexe Zahl. | *Nombre premier*, Primzahl. | *Nombre proportionnel*, Verhältniszahl. | *Nombre rond*, runde Zahl. | *Nombre d'or*, goldene Zahl. | *Nombre élevé*, größere Menge ; Unzahl. | *Nombre à, de cinq chiffres*, fünfstellige Zahl. | *Nombre de tours*, Umdrehungs-, Drehzahl. | *Nombre de pages*, Seitenzahl ; Umfang m. | *En grand nombre*, zahlreich ; in Menge. | *En petit nombre*, wenig an der Zahl. | *Céder au nombre*, der Überzahl weichen. | *Le plus grand nombre*, die meisten. | *(Bon) nombre de*, mehrere ; zahlreiche ; eine Anzahl von. | *Nombre de personnes*, sehr viele. | *Un grand nombre de fois*, sehr häufig ; recht oft ; vielfach. | *Avoir des amis sans nombre*, zahllose Freunde haben. | *Être du nombre*, dazu zählen ; dazu gehören ; darunter sein. || GRAMM. *Le nombre* (singulier et pluriel), die Zahl ; der Numerus (Einzahl und Mehrzahl). || THÉOL. *Le livre des Nombres*, Numeri m. pl. ; das vierte Buch Moses.
◇ loc. prép. **au nombre de.** *Au nombre de cinquante*, fünfzig an der Zahl. | *Ils étaient au nombre de sept*, sie waren zu siebt.

nombreux, euse [-brø, ø:z] adj. zahlreich ; vielfach ; stark ; allerhand. | *Une nombreuse armée*, ein starkes Heer. | *Famille nombreuse*, kinderreiche Familie. | *Clientèle nombreuse*, zahlreiche Kundschaft ; MÉD. große Praxis.

nombril [nɔ̃bri] m. ANAT. (Bauch)nabel m.

nombrilisme [-lism] m. FAM. übertriebene Ichbezogenheit.

nomenclature [nɔmɑ̃klaty:r] f. Namenverzeichnis n. ; Aufstellung f. ; Nomenklatur f. || MÉD. Gebührenordnung f.

nominal, ale, aux [nɔminal, o] adj. namentlich ; nominell. | *Appel nominal*, namentlicher Aufruf. | *Scrutin nominal*, namentliche Abstimmung. | *Liste nominale*, Namensliste f. | *Valeur nominale*, Nennwert m.

nominalement [-lmɑ̃] adv. nur dem Namen nach ; PAR EXT. nur zum Schein ; nach außen.

nominatif, ive [-tif, i:v] adj. auf den Namen lautend ; namentlich. | *Titre nominatif*, Namensaktie f.
◇ m. **nominatif.** GRAMM. Nominativ m.

nomination [-sjɔ̃] f. Er-, Benennung f. ; Ernennen n. | *Nomination (d'un ministre)*, Ernennung (eines Ministers). | *Il reçut une nomination à Paris*, er erhielt einen Ruf nach Paris.

nommé, ée [nɔme] adj. ge-, be-, ernannt ; sogenannt ; besagt ; erwähnt.
◇ s. JUR. *Un(e) nommé(e) X*, ein gewisser, eine gewisse X.
◇ loc. adv. **à point nommé,** gerade recht ; wie gerufen.

nommément [-memɑ̃] adv. namentlich ; ausdrücklich ; besonders.

nommer [-me] v. tr. [donner un nom, une indication] nennen ; benennen ; mit, bei Namen nennen ; einen Namen geben. | *On le nomma le Juste*, er wurde der Gerechte genannt. | *Nommer ses complices*, seine Mitschuldigen angeben. || [appeler à un emploi, une fonction] ernennen ; berufen. | *Elle fut nommée directrice*, sie wurde zur Direktorin ernannt.
◇ v. pr. **se nommer,** [s'appeler] heißen. || [dire son nom] seinen Namen angeben.

non [nɔ̃] adv. nein. | *Mais non !*, aber nein ! ; keineswegs ! ; durchaus nicht ! ; ganz und gar nicht !

| *Mille fois non !*, nein und abermals nein ! ; nie und nimmermehr ! | *Ah ! non alors !*, nein, so nicht ! | *Non ?*, nein ? ; nicht wahr ? ; oder nicht ? | *Dire que non*, nein sagen ; ablehnen ; verneinen. | *Répondre non*, nein antworten. | *Répondre par oui ou par non*, mit Ja oder Nein antworten. | *Non sans quelque remords*, nicht ohne einige Skrupel.
◇ loc. adv. **non plus,** nicht mehr. | *Moi non plus*, ich auch nicht. — **non moins,** nicht weniger.
◇ loc. prép. **non loin de,** unweit von.
◇ loc. conj. **non seulement..., mais encore,** nicht nur..., sondern auch. — **non que,** nicht etwa, daß.
◇ m. Nein n. | *Répondre par (un) non*, mit einem Nein antworten. || PAR EXT. *Il se fâche pour un oui ou pour un non*, er regt sich wegen nichts auf.

non-activité [nɔ̃naktivite] f. Disposition f. | *Mettre en non-activité*, zur Disposition stellen.

nonagénaire [nɔnaʒenɛ:r] adj. neunzigjährig.
◇ s. Neunzigjährige(r) f. (m.).

non-agression [nɔnagrɛsjɔ̃] f. *Pacte de non-agression*, Nichtangriffspakt m.

non-aligné, ée [-liɲe] adj. blockfrei. | *Les pays non-alignés*, die Blockfreien.

non-alignement [-liɲmɑ̃] m. Blockfreiheit f.

nonante [nɔnɑ̃t] adj. num. card. [Belgique, Suisse] neunzig.

non-assistance [nɔnasistɑ̃s] f. *Non-assistance à personne en danger*, unterlassene Hilfeleistung f.

non-belligérance [nɔ̃bɛliʒerɑ̃:s] f. Status (m.) einer nichtkriegführenden Macht.

nonce [nɔ̃:s] m. Nuntius m. ; Nunzius m.

nonchalance [nɔ̃ʃalɑ̃:s] f. Nachlässigkeit f. ; Bequemlichkeit f. ; Saumseligkeit f. ; Fahrlässigkeit f.

nonchalant, ante [-lɑ̃, ɑ̃:t] adj. nachlässig ; bequem ; saumselig ; fahrlässig ; sorglos.

nonciature [nɔ̃sjaty:r] f. Nuntiatur f.

non-combattant, ante [nɔ̃kɔ̃batɑ̃, ɑ̃:t] s. Nichtkämpfer(in) m. (f.).

non-conducteur [nɔ̃kɔ̃dyktœ:r] m. ÉLECTR. Nichtleiter m.

non-conformisme [nɔ̃kɔ̃fɔrmism] m. Nonkonformismus m. || RELIG., HIST. Dissidententum n.

non-conformiste [-mist] s. Nonkonformist(in) m. (f.) || RELIG. Dissident m.

non-conformité [-mite] f. Nichtübereinstimmung f.

non-discrimination [-diskriminasjɔ̃] f. Nichtdiskriminierung f.

non-dit [-di] m. invar. Nichtgesagtes n. ; Mitgedachtes n. ; unterschwellig Gesagtes.

non-être [nɔ̃nɛ:tr] m. PHILOS. Nicht(vorhanden)-sein n.

non-fumeur, euse [-fymœ:r, ø:z] s. (pl. **non-fumeurs**) Nichtraucher(in) m. (f.). | *Compartiment pour les non-fumeurs*, Nichtraucherabteil n.

non-ingérence [-ɛ̃ʒerɑ̃:s] f. Nichteinmischung f. | *Non-ingérence dans les affaires intérieures d'un État*, Nichteinmischung in die inneren Angelegenheiten eines Staates.

non-initié, ée [-inisje] adj. nichteingeweiht.
◇ s. Nichteingeweihte(r) f. (m.) ; Laie m.

non-inscrit, ite [-ɛ̃skri, it] adj. POLIT. fraktionslos ; parteilos.
◇ s. POLIT. Fraktionslose(r) f. (m.) ; Parteilose(r) f. (m.).

non-intervention [nɔ̃nɛ̃tɛrvɑ̃sjɔ̃] f. Nichteinmischung f. | *Politique de non-intervention*, Nichteinmischungspolitik f.

non-lieu [nɔ̃ljø] m. JUR. *Ordonnance de non-lieu*, Einstellung (f.) des Verfahrens.

nonne [nɔn] f. Nonne f. ; Klosterfrau f.

nonnette [-nɛt] f. Nönnchen n. ; junge Nonne. || [pâtisserie] Lebkuchen m.

nonobstant [nɔnɔbstɑ̃] prép. ungeachtet (gén.) ; trotz (gén.).
◇ adv. dennoch ; gleichwohl ; nichtsdestoweniger.

non-paiement [nɔ̃pɛmɑ̃] m. Nichtzahlung f.

non-prolifération [-prɔliferasjɔ̃] f. Nichtverbreitung f. | *Traité sur la non-prolifération des armes nucléaires*, Atomsperrvertrag m. ; Atomwaffensperrvertrag m.

non-recevoir [nɔ̃rəsəvwa:r] m. invar. *Fin de non-recevoir*, Abweisung f.

non-retour [-rətu:r] m. invar. *Nous avons atteint le point de non-retour*, es gibt kein Zurück mehr.

non-sens [nɔ̃sɑ̃:s] m. Unsinn m. ; Sinnlosigkeit f. | *C'est un non-sens*, es hat keinen Sinn.

non-viable [-vjabl] adj. MÉD. nicht lebensfähig.

non-violence [nɔ̃vjɔlɑ̃:s] f. Gewaltlosigkeit f.

non-violent, ente [lɑ̃, ɑ̃:t] adj. gewaltlos.
◇ s. Gewaltlose(r) f. (m.).

nord [nɔ:r] m. Nord(en) m. ; nördliche Richtung. | *Vent du nord*, Nordwind m. | *Mer du Nord*, Nordsee f. | *Pôle Nord*, Nordpol m. | *Cap Nord*, Nordkap n. | *Au nord*, im Norden ; nördlich. | *Il est du nord*, er stammt aus dem Norden. | *Degré de latitude Nord*, Grad nördlicher Breite. | *Être exposé au nord*, nach Norden liegen. | *Perdre le nord*, die Richtung verlieren ; FIG. aus der Fassung kommen.

nord-africain, aine [-afrikɛ̃, ɛ:n] adj. nordafrikanisch.
◇ s. **Nord-Africain, aine,** Nordafrikaner(in) m. (f.).

nord-américain, aine [-amerikɛ̃, ɛ:n] adj. nordamerikanisch.
◇ s. **Nord-Américain, aine,** Nordamerikaner(in) m. (f.).

nord-est [-ɛst] m. **(N.-E.)** Nordosten m. (NO). | *Au nord-est*, nordöstlich.

nordique [nɔrdik] adj. nordish.
◇ s. **Nordique,** Nordländer(in) m. (f.).

nord-ouest [nɔrwɛst] m. **(N.-O.)** Nordwest m. (NW). | *Au nord-ouest*, nordwestlich.

noria [nɔrja] f. Becher-, Schöpf-, Paternosterwerk n. ; Schöpfrad n. ; Eimerkette f.

normal, ale, aux [nɔrmal, o] adj. normal ; regelmäßig, -recht ; genormt. | *École normale primaire*, Lehrerseminar n. ; pädagogische Hochschule. | *École normale supérieure*, Hochschule (f.) in Paris.
◇ f. **normale.** MATH. Senkrechte f. ; Lot n. ; Normale f.

normalement [-lmɑ̃] adv. in der Regel ; regelrecht. || MATH. senkrecht.

normalien, ienne [-ljɛ̃, jɛn] s. Student(in) m. (f.) der École normale.

normalisation [-lizasjɔ̃] f. Normung f. ; Vereinheitlichung f. ; Normalisierung f.

normaliser [-lize] v. tr. normen ; vereinheitlichen ; normalisieren.

normand, ande [nɔrmɑ̃, ɑ̃:d] adj. normannisch ; aus, von der Normandie. | *Réponse normande*, ausweichende Antwort.
◇ s. **Normand, ande,** Normanne m. ; Normannin f. ; Einwohner(in) m. (f.) aus der Normandie.

Normandie [nɔrmɑ̃di] n. pr. f. GÉOGR. Normandie f.

normatif, ive [nɔrmatif, i:v] adj. normativ ; maßgebend.

norme [nɔrm] f. Norm f. ; Regel f. ; Vorschrift f. | *Appliquer une norme à qch.*, einen Maßstab an etwas anlegen. || NUCL. *Norme de base*, Grundnorm f.

Norvège [nɔrvɛ:ʒ] n. pr. f. GÉOGR. Norwegen n.

norvégien, ienne [-veʒjɛ̃, jɛn] adj. norwegisch. ◇ s. **Norvégien, ienne,** Norweger(in) m. (f.).

nos [no] adj. poss. pl. unsere. (V. NOTRE.)

nostalgie [nɔstalʒi] f. Heimweh n. ; Sehnsucht (f.) nach der Heimat. | *Avoir la nostalgie de qch.*, sich nach etwas sehnen.

nostalgique [-ʒik] adj. sehnsuchtsvoll ; schwermütig.

nota ou **nota bene (N. B.)** [nɔta, nɔtabene] loc. lat. An-, Bemerkung f. ; Fußnote f.

notabilité [nɔtabilite] f. [qualité] Bedeutung f. ; Ansehen n.

notable [-tabl] adj. bedeutend ; bemerkenswert ; beachtenswert ; beachtlich ; beträchtlich.
◇ m. angesehene, bedeutende Persönlichkeit.
◇ m. pl. **notables,** Honoratioren m. pl. || HIST. Notabeln m. pl.

notablement [-tabləmɑ̃] adj. bedeutend ; beträchtlich.

notaire [nɔtɛ:r] m. JUR. Notar m. | *Dresser par-devant notaire*, notariell beglaubigen, beurkunden. | *Étude de notaire*, Notariat n. ; Notariatsbüro n.

notamment [nɔtamɑ̃] adv. insbesondere ; besonders ; namentlich.

notarial, ale, aux [nɔtarjal, o] adj. notariell ; Notariats...

notariat [-rja] m. Notariat n.

notarier [-rje] v. tr. notariell beglaubigen. | *Acte notarié*, Notariatsurkunde f.

notation [nɔtasjɔ̃] f. Bezeichnung f. ; Notierung f. | *Notation musicale*, Notenschrift f. || CHIM. Formel f.

note [nɔt] f.

> **I.** REMARQUE, ANNOTATION : An-, Bemerkung f.
> **II.** APPRÉCIATION : Zeugnis n.
> **III.** NOTE À PAYER : Rechnung f.
> **IV.** NOTE DIPLOMATIQUE : Note f.
> **V.** MUSIQUE : Note f. ; Ton m.

I. REMARQUE, ANNOTATION : An-, Bemerkung f. ; Vermerk m. ; (Fuß)note f. | *Note marginale*, Randbemerkung. | *Notes critiques*, kritische Anmerkungen f. pl. | *Mettre des notes à un livre*, ein Buch mit Anmerkungen, Fußnoten versehen. | *Notes de voyage*, Reiseaufzeichnungen f. pl. | *Notes prises à un cours*, Mitschriften f. pl. | *Cahier, Carnet de notes*, Notizbuch n. | *Il prend des notes*, er macht sich Notizen. | *Prendre (bonne) note de qch.*, etwas vormerken ; sich etwas merken.

II. APPRÉCIATION : Note f. ; Zeugnis n. ; Prädikat n. ; Beurteilung f. | *Bonne note*, gute Note ; gutes Prädikat ; gutes Zeugnis. | *Note de conduite*, Betragensnote.

III. NOTE À PAYER : Rechnung f. ; Faktur f. | *Une note salée*, eine gepfefferte Rechnung. | *Note de frais*, Auslagenrechnung ; Spesenzettel m. | *Note d'honoraires*, Honorarabrechnung.

IV. NOTE DIPLOMATIQUE : Note f. ; Anweisung f. | *Note de protestation*, Protestnote. | *Note verbale*, Verbalnote. | *Note de service*, Dienstanweisung.

V. MUSIQUE : Note f. ; Ton m. | *Note tonique*, Grundton. | *Fausse note*, falsche Note ; Mißton. | *Faire une fausse note*, einen falschen Ton spielen, singen ; sich vergreifen. || FIG. *Donner la note*, den Ton angeben. | *N'être pas dans la note*, nicht den richtigen Ton treffen ; sich im Ton vergreifen ; nicht im Bilde sein. | *Une note gaie*, eine heitere Note. | *Forcer la note*, übertreiben.

noter [-te] v. tr. [remarquer, inscrire] ver-, an-, bemerken ; aufzeichnen ; notieren. || COMM. eintragen ; buchen. || *Noter d'un trait rouge*, rot anmerken, anstreichen ; PAR EXT. besonders vermerken. | *Notez bien ceci*, merken Sie sich das ! || [apprécier] beurteilen ; zensieren. | *Bien, mal noté*, gut, schlecht angeschrieben. || MUS. *Noter un air*, eine Weise in Noten setzen.

notice [-tis] f. kurzer Bericht ; Vermerk m. ; Notiz f. | *Notice biographique*, kurzer Lebensabriß. | *Notice nécrologique*, Nachruf m. | *Notice d'entretien, d'utilisation (d'un appareil)*, Bedienungsanleitung f.

notification [nɔtifikasjɔ̃] f. Anzeige f. ; Ankündigung f. ; (An)meldung f. | *Donner notification de qch.*, Kenntnis von etwas geben.

notifier [-fje] v. tr. in aller Förmlichkeit anzeigen ; bekanntgeben ; mitteilen ; notifizieren.

notion [nɔsjɔ̃] f. Begriff m. ; Vorstellung f. ; Kenntnis f. | *Premières notions*, Grundbegriffe m. pl. | *Il n'en a aucune notion*, er hat davon keine Ahnung, keinen Schimmer.

notoire [nɔtwa:r] adj. allgemein bekannt ; notorisch ; offenkundig. | *Une injustice notoire*, eine schreiende Ungerechtigkeit.

notoirement [-twarmɑ̃] adv. bekanntlich.

notoriété [-tɔrjete] f. Offenkundigkeit f. | *C'est de notoriété publique*, das ist allgemein bekannt. | *Acte de notoriété*, Bericht (m.) eines Notars, eines Friedensrichters.

notre, pl. **nos** [nɔtr, no] adj. poss. unser ; unsere ; unser ; unsere. | *Notre père*, unser Vater ; RELIG. Vater unser ; Vaterunser n. | *De notre côté*, unser(er)seits.

nôtre [no:tr] pron. poss. der, die, das Unsrige, Unsere. | *Les nôtres*, die Unsrigen m. pl. ; unsere Leute. | *Un sort comme le nôtre*, ein Schicksal wie das unsrige. | *Il faut y mettre du nôtre*, wir müssen das Unsrige dazu beitragen. | *Il n'est pas des nôtres*, der gehört nicht zu uns.

Notre-Dame [nɔtrədam] n. pr. f. invar. RELIG. Unsere Liebe Frau. | *Église Notre-Dame*, Marienkirche f. ; Liebfrauenkirche f.

Notre-Seigneur [-sɛɲœ:r] n. pr. m. RELIG. Unser Herr und Gott, Herr und Meister.

nouba [nuba] f. nordafrikanische Musikkapelle ; FAM. lärmendes Saufgelage. || FIG., FAM. *Faire la nouba*, ordentlich feiern.

nouer [nue] v. tr. (ver)knüpfen ; ver-, zuknoten ; zusammenknüpfen. | *Nouer sa cravate*, den Schlips binden. | *Nouer ses lacets*, die Schnürsenkel zubinden. | *Nouer un bouquet*, einen Strauß binden. | *Nouer une ficelle autour de*, ver-, umschnüren. | *Nouer serré*, fest zusammenbinden. | *Les cheveux noués*, die Haare in Knoten zusammengebunden. || FIG. knüpfen ; schließen. | *Nouer des liens d'amitié*, Freundschaftsbande knüpfen. | *Nouer conversation*, ein Gespräch anknüpfen. | *Nouer une intrigue*, eine Intrige anknüpfen, anzetteln, spinnen ; THÉÂTRE. den Knoten schürzen. ◇ v. pr. **se nouer.** *Les fruits se nouent*, die Früchte setzen an. | *Une intrigue se noue*, es fädelt sich etwas ein.

noueux, euse [nuø, ø:z] adj. knotig ; verknotet ; knorrig ; verästelt. | *Bâton noueux*, Knotenstock m. | *Doigts noueux*, gichtige Finger m. pl.

nougat [nuga] m. türkischer Honig ; Nougat n.

nouille [nu:j] f. Nudel f. || FIG. schlappe Nudel ; Schlappschwanz m.

nounou [nunu] f. FAM. Amme f.

nourri, ie [nuri] part. pass. et adj. genährt. | *Bien nourri*, wohl genährt. || FIG. [pensée, ouvrage] gehaltvoll. | *Applaudissements nourris*, (lang) anhaltender Beifall. || MIL. *Feu nourri*, anhaltendes Feuer.

nourrice [nuris] f. Amme f. ; Pflegemutter f. ; Ziehmutter f. | *Mère nourrice*, (selbst) stillende Mutter.

| *Nourrice sèche*, Kinderfrau f. | *Mettre, Placer un enfant en nourrice*, ein Kind in Pflege geben. || [moteurs] Reservetank m. | *Nourrice à essence*, Benzinkanister m.

nourricier, ière [-risje, jɛ:r] adj. nährend ; Nähr... | *Père nourricier*, Pflegevater m.

nourrir [-ri:r] v. tr. (er)nähren ; füttern ; beköstigen. | *Nourrir sa famille*, seine Familie unterhalten. | *Nourrir un enfant*, ein Kind stillen, nähren. | *Nourri et logé*, freie Kost und Wohnung ; bei freier Station. | *Métier qui nourrit son homme*, Handwerk, das seinen Mann ernährt. || FIG. *La lecture nourrit l'esprit*, die Lektüre bildet den Geist. | *Nourrir un dessein*, einen Gedanken hegen ; PÉJOR. einen Plan aushecken. | *Nourrir l'espoir de*, die Hoffnung hegen, zu.

◇ v. pr. **se nourrir,** sich nähren. | *Se nourrir de viande*, sich mit, von Fleisch nähren. | *Il se nourrit du travail de ses mains*, er nährt sich durch, von, mit seiner Hände Arbeit.

— SYN. : *Alimenter*, mit Nahrungsmitteln versehen.

nourrissant, ante [-risɑ̃, ɑ̃:t] adj. nahrhaft ; kräftigend.

nourrisson [-risɔ̃] m. Säugling m. ; Pflegekind n.

nourriture [-rity:r] f. Nahrung f. ; Futter n. ; Beköstigung f. ; Ernährung f. ; Essen n. ; Kost f. ; Unterhalt m. | *Prendre quelque nourriture*, etwas Nahrung zu sich nehmen.

— SYN. : *Aliments* m. pl., Lebensmittel n. pl.

nous [nu] pron. pers. wir ; uns ; unser (sujet). | *Nous autres hommes*, wir Menschen. | *Nous qui vivons*, wir, die wir leben. | *Les gens comme nous*, unseresgleichen ; Leute wie wir. | *C'est nous*, wir sind (es). || [pluriel de majesté] *Nous soussigné avons ordonné*, Wir, der Unterzeichnete, haben befohlen. || [complément] *C'est à nous*, das gehört uns. | *Un ami à nous*, ein Freund von uns. | *Aie pitié de nous !*, erbarme dich unser !

nouveau ou **nouvel** devant une voyelle ou un *h* muet, **velle** [nuvo, -vɛl] adj. neu ; neu-, andersartig ; zum ersten Male, erstmalig auftretend. || PAR EXT. unerfahren ; fremd ; jung ; frisch. || *Nouveaux adhérents*, neu eintretende Mitglieder n. pl. | *Nouvelle année, Nouvel An*, Neujahr n. || [arriviste] *Homme nouveau*, Emporkömmling m. | *Nouvelle lune*, Neumond m. | *Les nouveaux mariés*, die Neuvermählten m. pl. | *Le Nouveau Monde*, die Neue Welt. | *Jusqu'à nouvel ordre*, bis auf weiteres. | *Pommes de terre nouvelles*, Frühkartoffeln f. pl. | *Nouveau riche*, neureich ; Neureiche(r) m. | *Nouveau venu*, Neuankömmling m. | *Vin nouveau*, diesjähriger, heuriger Wein. | *Nouveaux visages*, unbekannte Gesichter n. pl. | *Tout nouveau, tout beau*, neue Besen kehren gut. | *Rien de nouveau sous le soleil*, (es geschieht) nichts Neues unter der Sonne. || RELIG. *Le Nouveau Testament*, das Neue Testament.

◇ m. **nouveau,** Neuer m. ; Neues n.

◇ loc. adv. **de nouveau,** aufs neue ; wieder(um) ; abermals ; nochmals. — **à nouveau.** COMM. von neuem. | *Report, solde à nouveau*, Vortrag (m.) auf neue Rechnung.

nouveau-né, ée [-ne] adj. (pl. **nouveau-nés**) neugeboren ; neugeborenes Kind. | *Une fille nouveau-née*, eine Neugeborene.

nouveauté [-te] f. Neuigkeit f. ; Neuheit f. || [livre] Neuerscheinung f. ; neue Errungenschaft. | *Lire quelques nouveautés*, einige Neuerscheinungen (auf dem Büchermarkt) lesen.

◇ f. pl. **nouveautés,** [modes] Modeartikel m. pl. | *Dernières nouveautés*, letzte Neuheit ; letzter Schrei. | *Nouveautés de printemps, d'automne*, neueste Frühlings-,Herbstmode. | *Magasin de nouveautés*, Damenkonfektion f. ; Modegeschäft n.

nouvelle [nuvɛl] f. [information] Neuigkeit f. ; Nachricht f. ; Mitteilung f. ; Meldung f. ; Anzeige f. ; Kunde f. ; Botschaft f. ; Bericht m. | *Fausse nouvelle*, falsche, gefälschte Nachricht ; Ente f. | *Dernières nouvelles*, neueste Nachrichten f. pl. ; letzte Meldungen f. pl. | *Nouvelles du jour*, Tagesneuigkeiten f. pl., -nachrichten f. pl. | *Nouvelle d'un décès*, Todesnachricht. | *Quelles nouvelles (y a-t-il) ?*, was gibt's Neues ? | *Première nouvelle*, das ist mir ganz neu ; davon hatte ich keine Ahnung. | *Vous m'en direz des nouvelles*, Sie werden schon sehen, daß ich recht habe ; Sie werden davon begeistert, darüber erstaunt sein. || FIG. *Vous aurez de mes nouvelles*, Sie werden von mir hören. | *Donner de ses nouvelles*, von sich hören lassen. | *Prendre des nouvelles de qn*, sich nach jm erkundigen. || LITTÉR. Novelle f. ; Erzählung f.

Nouvelle-Calédonie [-kaledɔni] n. pr. f. GÉOGR. Neukaledonien n.

Nouvelle-Guinée [-gine] n. pr. f. GÉOGR. Neuguinea n.

nouvellement [nuvɛlmɑ̃] adv. neu(er)lich ; vor kurzem ; kürzlich.

Nouvelle-Zélande [nuvɛlzelɑ̃d] n. pr. f. GÉOGR. Neuseeland n.

nouvelliste [nuvɛlist] s. Novellist(in) m. (f.) ; Novellendichter(in) m. (f.) ; Erzähler(in) m. (f.).

novateur, trice [nɔvatœ:r, tris] adj. neuerungssüchtig. | *Esprits novateurs*, bahnbrechende Geister m. pl.

◇ m. **novateur,** Neuerer m. ; Bahnbrecher m.

novation [-sjɔ̃] f. Schuldumwandlung f.

novembre [nɔvɑ̃:br] m. November m.

novice [nɔvis] adj. ungeübt ; unerfahren ; neu ; laienhaft ; angehend.

◇ s. RELIG. Novize m., f. ; PAR EXT. Neuling m.

noviciat [-sja] m. RELIG. Noviziat n. ; Probe-, Bewährungszeit f. || [bâtiment] Novizenhaus n. || PAR EXT. Beginn m. ; Lehre f.

noyade [nwajad] f. Ertränken n. ; Ersäufen n.

noyau [nwajo] m. Kern m. || [pêche] Kern. | [cerise ; prune] Stein. || BIOL. *Noyau cellulaire*, Zellkern m. || PHYS. *Noyau atomique*, Atomkern. | *Charge du noyau atomique*, Kernladung f. | *Noyau d'électroaimant*, Magnetkern. | *Noyau de bobine*, Spulenkern. || FIG. Inhalt m. ; Mark n. ; Zentrum n. | *Noyau dirigeant*, Führungsgremium n., -stab m.

noyautage [-ta:ʒ] m. POLIT. Zellenbildung f. ; FAM. Unterwanderung f.

noyauter [-te] v. tr. POLIT. Zellen aufstellen, organisieren ; FAM. unterwandern.

noyé, ée [nwaje] adj. ertrunken. || FIG. ge-, durchtränkt ; versenkt. | *Noyé de larmes*, tränengebadet. | *Noyé dans la brume*, im Nebel verschwommen.

◇ s. Ertrunkene(r) f. (m.).

noyer [-je] v. tr. [personnes] ertränken ; [animaux] ersäufen. || PAR EXT. verwässern ; (durch)nässen ; überschwemmen ; übergießen. | *Noyer du vin*, Wein verwässern. | *Noyer son chagrin dans la boisson*, seinen Kummer, die Sorgen im Alkohol ersäufen, ertränken. | *Noyer une révolte dans le sang*, einen Aufruhr blutig niederschlagen. || AUTOM. *Noyer le carburateur, le moteur*, den Motor absaufen lassen. || LOC., FIG. *Noyer le poisson*, den Gegner durch Hinhalten ermüden.

◇ v. pr. **se noyer,** [accident] ertrinken. || [animaux] ersaufen. || [suicide] sich ertränken. || FIG. die Fassung verlieren. | *Se noyer dans les détails*, sich in Einzelheiten verlieren. | *Se noyer dans un verre d'eau*, bei der geringsten Sache in Verlegenheit geraten.

noyer [nwaje] m. BOT. [arbre] Nußbaum m. || [bois] Nußbaumholz n.

nu, nue [ny] adj. nackt ; bar ; bloß ; entblößt ; unbekleidet. | *(La) tête nue ; nu-tête*, barhäuptig. | *Les pieds nus, Nu-pieds*, barfuß. | *Tout nu*, splitternackt. | *Nu comme un ver*, splitter-, fasernackt. || PAR EXT. *L'épée nue*, mit blanker Waffe ; mit bloßem Schwert. | *La vérité nue*, die reine Wahrheit. | *Murailles nues*, kahle Wände. | *Voir qch. à l'œil nu*, etwas mit bloßem Auge erkennen.

◇ m. **nu.** ARTS. (männlicher, weiblicher) Akt ; Aktbild n.

◇ loc. adv. **à nu,** ungeschützt ; offen ; freiliegend. | *Se mettre à nu*, sich (nackend) ausziehen ; FIG. sich unverhüllt zeigen. | *Mettre qn à nu*, jn bis aufs Hemd ausziehen. | *Mettre à nu*, freilegen.

nuage [nɥa:ʒ] m. Wolke f. ; Gewölk n. ; Nebel m. | *Nuage de poussière*, Staubwolke. | *Nuage de fumée*, Rauchwolke. | *Nuage radioactif*, Atomwolke f. | *Nuages artificiels*, Einnebelung f. ; künstliche Rauchschwaden m. pl. | *Sans nuages*, wolkenlos. | *Un nuage crève*, eine Wolke entlädt sich. | *Les nuages passent dans le ciel*, die Wolken ziehen, jagen am Himmel. || PAR EXT. *Nuage de lait*, kleiner Schuß Milch. || FIG. Trübung f. ; Ungewißheit f. | *Être dans les nuages*, träumen ; im Wolkenkuckucksheim sein. | *Il n'y a pas de bonheur sans nuages*, es gibt kein ungetrübtes Glück.

nuageux, euse [-ʒø, ø:z] adj. wolkig ; be-, umwölkt ; neb(e)lig. | *Ciel nuageux*, bewölkter Himmel. || FIG. unklar ; verschwommen. | *Esprit nuageux*, umwölkter Geist.

nuance [nɥɑ̃:s] f. Nuance f. ; Schattierung f. ; Farbton m. ; Abstufung f. ; Abtönung f. || FIG. geringer Unterschied ; feinste Unterscheidung. | *Vous saisissez la nuance ?*, fühlen Sie den feinen Unterschied ?

nuancer [-se] v. tr. abtönen ; abstufen ; (ab)-schattieren ; nuancieren ; einen ganz feinen Unterschied machen. | *Finement nuancé*, zart, fein abgetönt.

nubile [nybil] adj. heiratsfähig ; ehefähig ; mannbar.

nubilité [-lite] f. Mannbarkeit f. ; heiratsfähiges Alter.

nucléaire [nykleɛ:r] adj. atomar. | *Combustible nucléaire*, atomarer, nuklearer Brennstoff. | *Essai nucléaire*, Kernwaffenversuch m. | *Explosion nucléaire*, Atomexplosion f. | *Fission nucléaire*, Kernspaltung f. | *Industrie nucléaire*, Atomindustrie f. | *Physique nucléaire*, Kernphysik f. | *Radiation nucléaire*, Kernstrahlung f. | *Réaction nucléaire*, Kernreaktion f. | *Recherche nucléaire*, Kernforschung f.

◇ m. Kernenergie f. | *Miser sur le nucléaire*, auf die Kernenergie setzen.

nucléide [-kleid] m. NUCL. Nuklid n.

nucléon [-kleɔ̃] m. Kernteilchen n.

nudisme [nydism] m. Nacktkultur f. ; Freikörperkultur f. ; IRON. Abessiniertum n.

nudiste [-dist] s. Nacktkultur-, Freikörperkulturanhänger(in) m. (f.). | *Camp de nudistes*, FKK-Zentrum n.

nudité [-dite] f. Nacktheit f. ; Blöße f. ; Entblößung f. || ARTS. Akt m., -darstellung f. || PAR EXT. Kahlheit f. ; Dürftigkeit f. ; völlige Armut.

nue [ny:] f. [nuage] Wolke f. || FIG. Himmel m. ; Himmelshöhe f. || [discours] *Porter qch. aux nues*, etwas maßlos übertreiben. | *Élever, Porter qn jusqu'aux nues*, in den Himmel heben ; POP. über den grünen Klee loben. | *Tomber des nues*, aus allen Wolken fallen.

nuée [nɥe:] f. Wolke f. ; Gewölk n. || FIG. *Nuée d'insectes*, Heer (n.) Insekten. | *Nuée de sauterelles*, Heuschreckenschwarm m. | *Nuée stellaire*, Sternennebel m. ; Sternhaufen m.

nue-propriété [nyprɔpriete] f. JUR. Eigentum ohne Nutznießung.

nuire [nɥi:r] v. intr. schaden ; (be)schädigen ; beeinträchtigen ; Unheil stiften ; schädlich sein. | *Nuire à qn*, jm Schaden zufügen. | *Nuire à la santé*, gesundheitsschädlich sein.

nuisance [nɥizɑ̃:s] f. [environnement] Immission f. ; Umweltschaden m. ; Umweltbelastung f. | *Protection contre les nuisances*, Immissionsschutz m.

nuisible [nɥizibl] adj. schädlich ; nachteilig ; unbekömmlich ; gesundheitswidrig. | *Insectes nuisibles*, schädliche Insekten n. pl. ; Schädlinge m. pl.

nuit [nɥi] f. Nacht f. ; Dunkelheit f. ; Finsternis f.
1. [avec un adjectif] *Bonne nuit !*, gute Nacht ! | *Mauvaise nuit*, unruhige, schlechte Nacht. | *Nuit blanche*, schlaflose Nacht. | *Les Mille et Une Nuits*, Tausendundeine Nacht. | *Nuit noire*, stockfinstere Nacht.
2. [complétant un nom] *Bonnet de nuit*, Schlafmütze f. | *Chemise de nuit*, Nachthemd n. | *Oiseau de nuit*, Nachtvogel m. | *Table de nuit*, Nachttisch m. | *Travail de nuit*, Nachtarbeit f. | *Vase de nuit*, Nachttopf m. ; Nachtgeschirr n. || [complété par un nom] *Nuit de, du dimanche à, au lundi*, Nacht von Sonntag auf Montag. | *Nuit d'été*, Sommernacht. | *Songe d'une nuit d'été*, Sommernachtstraum m. | *Nuit de Noël*, Heilige Nacht.
3. LOC. *La nuit porte conseil*, guter Rat kommt über Nacht. | *La nuit tombe*, die Nacht bricht herein. *Il se fait nuit*, es dunkelt ; es wird dunkel. | *Ne pas dormir de la nuit*, eine schlaflose Nacht haben. | *Être de nuit*, [ouvrier] Nachtschicht haben ; [personnel de garde] Nachtdienst haben. | *C'est le jour et la nuit*, das ist ein Unterschied wie Tag und Nacht. | *Il commence à faire nuit*, es dämmert ; es wird Nacht. || *Passer la nuit*, die Nacht verbringen. | *Il ne passera pas la nuit*, er wird den (nächsten) Tag nicht mehr erleben. | *Passer une nuit blanche*, die ganze Nacht nicht schlafen. | *Passer une nuit dans le train*, eine Nacht durchfahren (insépar.). | *Passer la nuit à s'amuser, à travailler*, die Nacht durchfeiern (insépar.), durcharbeiten (insépar.).
4. FIG. *La nuit des temps*, die graue Vorzeit.

◇ loc. adv. **nuit et jour,** Tag und Nacht. — **la nuit,** nachts ; des Nachts ; in der Nacht. — **toute la nuit,** die ganze Nacht. — **au commencement de la nuit,** bei Anbruch der Nacht. — **au milieu de la nuit,** mitten in der Nacht. — **à la nuit tombante,** bei anbrechender Nacht. — **fort avant dans la nuit,** (bis) tief in die Nacht hinein. — **durant des nuits entières,** nächtelang. — **en pleine nuit,** mitten in der Nacht.

nuitamment [-tamɑ̃] adv. zur Nachtzeit ; in der Nacht.

nuitée [nɥite] f. Übernachtung f.

nul, nulle [nyl] adj. qual. [après le nom] nichtig ; ungültig ; wertlos ; gehaltlos. | *Faire match nul*, unentschieden spielen. | *Nul et non avenu*, null und nichtig. | *Déclarer nul*, für ungültig erklären.

◇ adj. indéf. [avant le nom] *Sans nul doute*, ohne jeden, irgendwelchen Zweifel. | *Nulle part*, nirgendwo ; nirgends. | *Nulle part ailleurs*, sonst nirgends.

◇ pr. indéf. keiner ; niemand. | *Nul autre que lui*, niemand anders als er. | *Nul n'est au-dessus des lois*, kein Mensch steht über dem Gesetz.

nullement [-lmɑ̃] adv. keineswegs ; in keiner Weise ; durchaus nicht.

nullité [-lite] f. [absence de valeur] Nichtigkeit f. ; Ungültigkeit f. ; Wertlosigkeit f. ; Gehaltlosigkeit f. | JUR. *Action, Demande en nullité*, Nichtigkeitsklage f. | *Demander la nullité*, auf Nichtigkeit klagen. | *Prononcer la nullité d'un mariage*, eine Ehe für ungültig erklären. || [incapacité] Untüchtigkeit f. ; Bedeutungslosigkeit f. | *C'est une nullité* [personnes] er ist eine wahre Null, eine Niete.

numéraire [nymerɛ:r] adj. Zahlungs... ◇ m. bare Münze ; Münz-, Bargeld n. | *En numéraire*, mit Bargeld ; (in) bar.

numéral, ale, aux [-ral, o] adj. zahlenmäßig ; Zahl... | *Adjectif numéral*, Zahlwort n. ; Numerale n. | *Adjectif numéral ordinal*, Ordnungszahlwort n. | *Lettres numérales*, römische Zahlen f. pl.

numérateur [-ratœ:r] m. Zähler m. ; Dividend m.

numération [-rasjɔ̃] f. Zahlensystem n. ; Numerierung f. ; Numerieren n. | *Numération décimale*, Dezimalzahlensystem n. ; dezimales Zahlensystem. || MÉD. *Numération globulaire*, Blutnumerierung f.

numérique [-rik] adj. numerisch ; zahlenmäßig ; mit, in Zahlen ; Zahlen... | *Calcul numérique*, Zahlenrechnen n. | *Supériorité numérique*, zahlenmäßige Überlegenheit ; Mehrheit f. | *Numériquement*, der Zahl nach ; an Zahl.

numérisé, ée [-ze] adj. INF. digitalisiert. | *Commande numérisée*, digitale Steuerung.

numéro [-ro] m. (en abr. **n°**) Nummer f. (Nr. ; [Vx] N°) ; Zahl f. | *Numéro d'une maison*, Hausnummer. | *Il habite au numéro 8*, er wohnt in Nr. 8. | *Numéro de la page*, Seitenzahl. | *Numéro d'ordre*, [série] Ordnungsnummer ; COMM. Auftragsnummer. | *Numéro de série*, (laufende) Seriennummer. | *Numéro de référence*, Bezugsnummer. || [journal] *Numéro d'une annonce*, Chiffrenummer. || TÉLÉCOMM. *Numéro d'appel*, Rufnummer. | *Numéro de téléphone*, Telefonnummer. | *Faire, Composer un numéro de téléphone*, eine (Telefon)nummer wählen. | *Numéro d'enregistrement*, Buchungsnummer. || AUTOM. *Numéro d'immatriculation*, Kraftfahrzeugnummer f. ; Autokennzeichen n. || MIL. *Numéro (de) matricule*, Stammrollennummer. || PAR EXT. [loterie] (Lotterie)los n. | *Numéro gagnant*, Treffer m. | *Numéro perdant*, *Mauvais numéro*, Niete f. | [cirque, music-hall] (Kunst)stück n. || [journal] *Le numéro du jour*, das heutige Zeitungsblatt. | *Numéro spécial*, Sonderausgabe f. | *Numéro zéro*, Nullnummer f. || [revue] Sonderheft n. || FIG., POP. *C'est un numéro !*, das ist eine Nummer, ein durchtriebener Bursche !

numérotage [-rɔta:ʒ] m. Numerierung f.

numérotation [-rɔtasjɔ̃] f. *Numérotation téléphonique*, Telefonnummernsystem n.

numéroter [-rɔte] v. tr. numerieren ; mit Nummern versehen ; benummern ; beziffern. || [pages] paginieren. || MIL. durch-, abzählen.

numerus clausus [nymerysklozys] m. invar. Numerus Clausus m. ; beschränkte Zulassung (zu einem Studienfach).

numismate [nymismat] m. Münzensammler m. ; Münzenkenner m. ; Numismatiker m.

numismatique [-tik] adj. numismatisch ; Münz... ◇ f. Münzenkunde f. ; Numismatik f.

nu-pieds [nypje] adv. barfüßig.

nuptial, iale, aux [nypsjal, o] adj. hochzeitlich ; bräutlich ; Hochzeits... ; Braut... ; Ehe... | *Robe nuptiale*, Braut-, Hochzeitskleid n. | *Cérémonie nuptiale*, Eheschließung f. | *Bénédiction nuptiale*, Trauung f. | *Anneau nuptial*, Ehering m. | *Cortège nuptial*, Hochzeitszug m. | *Lit nuptial*, Ehebett n. || ZOOL. *Vol nuptial (des abeilles)*, Ausschwärmen (n.), Hochzeitsflug (m.) [der Bienen].

nuque [nyk] f. Nacken m. ; Genick n. | *Mettre les mains derrière la nuque*, die Hände hinter dem Nacken verschränken.

Nuremberg [nyrɑ̃bɛ:r] n. pr. m. Nürnberg n.

nurse [nœrs] f. Kindermädchen n.

nutation [nytasjɔ̃] f. ASTRON. Nutation f.

nu-tête [nytɛt] adv. barhaupt ; barhäuptig.

nutriment [nytrimɑ̃] m. BIOL. Nutriment n.

nutritif, ive [nytritif, i:v] adj. nahrhaft ; nährend ; Nähr... | *Valeur nutritive*, Nährwert m. || BIOL. *Milieu nutritif*, Nährboden m.

nutrition [-sjɔ̃] f. Ernährung f. ; Nahrungsaufnahme f. | *Maladie de la nutrition*, Stoffwechselkrankheit f.

nutritionnel, elle [-sjɔnɛl] adj. *Équilibre nutritionnel*, ausgewogene Ernährung. | *Valeur nutritionnelle*, Nährwert m.

nutritionniste [-nist] s. Ernährungswissenschaftler(in) m. (f.).

Nylon [nilɔ̃] m. Nylon n. | *Bas (de) Nylon*, Nylonstrümpfe m. pl.

nymphe [nɛ̃:f] f. MYTH. Nymphe f. ; Wasserfee f., -jungfrau f. || ZOOL. (Schmetterlings)puppe f.

nymphéa [nɛ̃fea] n. m. Seerose f.

nymphette [-fɛt] f. Lolita f.

nymphomanie [nɛ̃fɔmani] f. MÉD. Mannstollheit f. ; Nymphomanie f.

O

o [o] m. O n. | *Un* O *majuscule*, ein großes *O*. | *Des* o *minuscules*, kleine *Os* n. pl.

ô [o] interj. o ! ; ah ! ach ! | *Ô surprise !*, o, welche Überraschung ! | *Ô mon Dieu !*, ach du lieber Gott ! ; o Gott !

oasis [oazis] f. Oase f. || PAR EXT. et FIG. Ruheplatz m.

obédience [ɔbedjɑ̃:s] f. RELIG. kanonischer Gehorsam ; Ordens-, Klosterwechsel m.

obéir [ɔbei:r] v. intr. gehorchen ; folgen (dat.) ; befolgen (acc.) ; sich fügen ; PÉJOR. sich ducken. | *Le chien obéit au doigt et à l'œil*, der Hund folgt, hört auf einen Wink. | *Être obéi*, Gehorsam finden. | *Obéir aux lois*, den Gesetzen Folge leisten. | *Se faire obéir*, sich Gehorsam verschaffen ; sich durchsetzen.

obéissance [-isɑ̃:s] f. Gehorsam m. ; Folgsamkeit f. ; Gefügigkeit f. ; Fügsamkeit f. | *Refus d'obéissance*, Gehorsamsverweigerung f. ; Aufsässigkeit f. | *Obéissance des enfants aux parents*, kindlicher Gehorsam gegenüber den Eltern. | *Obéissance passive*, Kadavergehorsam. | *Prêter obéissance à qn*, jm Gehorsam leisten.

obéissant, ante [-isɑ̃, ɑ̃:t] adj. gehorsam ; folgsam ; gefügig ; fügsam. | *Enfant obéissant*, gehorsames, artiges Kind.

obélisque [ɔbelisk] m. Obelisk m.

obérer [ɔbere] v. tr. verschulden ; mit Schulden belasten.

Oberland bernois [obɛrlɑ̃dbɛrnwa] n. pr. m. GÉOGR. Berner Oberland n.

obèse [ɔbɛ:z] adj. starkleibig ; beleibt ; feist ; fettleibig.

obésité [ɔbezite] f. Dick-, Fettleibigkeit f.

objecter [ɔbʒɛkte] v. tr. einwenden, -werfen ; entgegensetzen, -halten. | *On lui objecte sa jeunesse*, man hält ihm seine Jugend vor.

objecteur [-tœ:r] m. *Objecteur de conscience*, Wehrdienstverweigerer m. (aus Gewissensnot).

objectif, ive [-tif, i:v] adj. objektiv ; sachlich ; vorurteilslos ; unbeeinflußt.

◇ m. **objectif.** Ziel n. | *Repérer l'objectif*, das Ziel erkennen, ausmachen. || OPT. Objektiv n.

objection [-sjɔ̃] f. Einwand m. ; Einwurf m. | *Voyez-vous une objection ?*, haben Sie etwas dagegen ? | *Il n'y a pas d'objection à cela*, dagegen ist nichts einzuwenden. | *Objection de conscience*, Wehrdienstverweigerung f. (aus Gewissensnot).

objectivement [-tivmɑ̃] adv. objektiv ; auf objektive Weise.

objectiver [-tive] v. tr. objektivieren.

objectivité [-tivite] f. Objektivität f. ; Sachlichkeit f. ; Unvoreingenommenheit f. ; Vorurteilslosigkeit f.

objet [ɔbjɛ] m. [sens concret] Objekt n. ; Gegenstand m. ; Sache f. ; Ding n. | *Objets trouvés*, Fundsachen f. pl. | *Objet d'art*, Kunstgegenstand. | *Objet de valeur*, Wertobjekt. | *Objet manufacturé*, Erzeugnis n. || PAR EXT. [cause] Sache f. ; [matière] Stoff m. ; Betreff m. ; Bezug m. ; [but] Zweck m. ; Ziel n. ; Aufgabe f. | *Objet du litige*, Streitsache, -objekt. | *Objet de l'assurance*, Versicherungsgegenstand. | *Objet du contrat*, Vertragsobjekt. | *Être l'objet de qch.*, Gegenstand einer Sache sein. | *Objet d'une société*, Gesellschaftszweck. | *Avoir pour objet*, zum Gegenstand, Ziele haben ; bezwecken. | *Sans objet*, gegenstandslos ; überflüssig.

objurgation [ɔbʒyrgasjɔ̃] f. scharfer Verweis ; Tadel m.

oblat, ate [ɔbla, at] s. RELIG. Laienbruder m., -schwester f. ; Oblate m.

oblation [-sjɔ̃] f. RELIG. Oblation f. ; Darbringung f. ; Opfergabe f. ; Oblate f.

obligataire [ɔbligatɛ:r] m. COMM. Obligationsinhaber m.

obligation [-sjɔ̃] f. [engagement, contrainte] Obligation f. ; Verbindlichkeit f. ; Verpflichtung f. ; Pflicht f. ; Zwang m. | *Obligation professionnelle*, berufliche Verpflichtung. | *Remplir une, S'acquitter d'une obligation*, eine Verpflichtung, Verbindlichkeit erfüllen ; einer Verpflichtung (dat.) nachkommen. | *Se lier par une obligation*, sich verpflichten. | *Imposer une obligation à qn*, jm eine Verpflichtung auferlegen ; jn zu etwas verpflichten. | *Assumer, Contracter une obligation*, eine Verbindlichkeit eingehen. | *Sans obligation*, unverbindlich. | *Obligation scolaire*, Schulpflicht. | *Obligation fiscale*, Steuerpflicht. | *Obligation militaire*, Wehrpflicht. || ADM. *Obligation de réserve*, Verschwiegenheitspflicht f. ; Schweigepflicht f. || JUR. Obligation f. ; (Rechts)-verpflichtung f. | *Obligation alimentaire*, Unterhaltspflicht. | *Obligation de paiement*, Zahlungsverpflichtung. || FIN. Anleihe f. ; Obligation f. ; Schuldverschreibung f. ; Pfandbrief m. | *Obligation convertible*, Wandelschuldverschreibung. | *Obligation à coupon zéro*, Nullkuponanleihe. | *Obligation d'État*, Staatspapier n. ; Bundesschatzbrief m. | *Obligation à lots*, Losanleihe ; Prämienobligation. | *Obligation à revenu fixe*, Obligation mit festem Ertrag.

obligatoire [-twar] adj. obligatorisch ; verbindlich ; verpflichtend ; pflichtmäßig, -gemäß ; bindend. | *Service militaire obligatoire*, allgemeine Wehrpflicht.

obligé, ée [ɔbliʒe] adj. verpflichtet ; verbunden ; genötigt. | *Je vous en suis très obligé*, ich bin Ihnen dafür sehr verbunden ; verbindlichen Dank ! | *Je suis votre obligé*, ich bin Ihnen zu Danke verpflichtet.

obligeamment [-ʒamɑ̃] adv. bereitwillig ; verbindlich ; gefällig.

obligeance [-ʒɑ̃:s] f. Gefälligkeit f. ; Verbindlichkeit f. ; Bereitwilligkeit f. ; (Dienst)beflissenheit f. ; Zuvorkommenheit f. ; Entgegenkommen n. | *Ayez l'obligeance de*, könnten Sie mir den Gefallen tun, zu ; würden Sie bitte. | *D'une extrême obligeance*, von außerordentlicher Liebenswürdigkeit.

obligeant, ante [-ʒɑ̃, ɑ̃:t] adj. gefällig ; verbindlich ; bereitwillig ; (dienst)beflissen ; zuvorkommend. | *Paroles obligeantes*, verbindliche Worte. | *Être obligeant pour qn*, jm eine Gefälligkeit erweisen.

obliger [-ʒe] v. tr. [lier ; contraindre] verpflichten ; binden ; zwingen ; nötigen. | *Noblesse oblige*, Adel verpflichtet ; Würde bringt Bürde. | *Votre devoir vous y oblige*, die Pflicht bindet Sie daran, verpflichtet Sie dazu. | *Obliger qn à faire qch.*, jn zwingen, etwas zu tun. | *Obliger qn à prendre qch.*, jm etwas aufnötigen, aufzwingen. || [rendre service] *Obliger son ami*, seinen Freund zu Dank verpflichten ; seinem Freund eine Gefälligkeit erweisen, erzeigen.
◇ v. pr. **s'obliger.** *S'obliger à sortir*, sich zwingen, hinauszugehen.

oblique [ɔblik] adj. schief ; schräg. | *Ligne oblique*, Schräglinie f. | *À angle oblique*, schiefwinklig. || MAR. *Route oblique*, Kreuzen n. ; Schrägschlag m. || GRAMM. *Cas obliques*, abhängige Fälle m. pl. || FIG. zweideutig ; scheel. | *Jeter des regards obliques*, Seitenblicke werfen ; POP. schief gucken.
◇ m. ANAT. schiefer Muskel.
◇ f. Schräglinie f.

obliquer [-ke] v. intr. schräg, seitwärts gehen ; abbiegen ; eine schräge Richtung nehmen. || AUTOM. *Obliquer à droite*, nach rechts abbiegen. || MAR. kreuzen ; abzweigen ; abbiegen.

oblitération [ɔbliterasjɔ̃] f. Verwischung f. ; Entwertung f. ; Abstempelung f.

oblitérer [-re] v. tr. [marquer] abstempeln ; entwerten ; ungültig machen. || [effacer] langsam zum Verschwinden bringen ; verwischen.
◇ part. pass. et adj. **oblitéré, ée** [timbre, etc.] abgestempelt ; entwertet.

oblong, ongue [ɔblɔ̃, ɔ̃:g] adj. länglich.

obnubiler [ɔbnybile] v. tr. be-, vernebeln ; verfinstern.
◇ part. pass. et adj. **obnubilé, ée,** benommen. | *Avoir l'esprit obnubilé par une idée,* von einer Idee besessen sein.

obole [ɔbɔl] f. Obolus m. ; Scherflein n. ; Pfennig m. | *Apporter son obole à qch.*, sein Scherflein zu etwas beitragen.

obscène [ɔbsɛ:n] adj. obszön ; anrüchig ; schlüpfrig ; unflätig ; zotig.

obscénité [-senite] f. Obszönität f. ; Anrüchigkeit f. ; Schlüpfrigkeit f. ; Unzüchtigkeit f.

obscur, ure [ɔbsky:r] adj. dunkel ; finster ; düster ; [temps] trübe. | *Cave obscure*, (stock)finsterer Keller. | *Couleur obscure*, dunkle, trübe Farbe. || FIG. unklar ; unverständlich ; verworren ; PAR EXT. niedrig ; zweifelhaft. | *Écrivain obscur*, verworrener, schwer verständlicher Schriftsteller. | *Passage obscur*, unverständliche Stelle. | *Siècles obscurs*, dunkle Vorgeschichte ; in Dunkel gehüllte Jahrhunderte. | *D'une naissance obscure*, von zweifelhaftem Herkommen. | *Mener une vie obscure*, im Verborgenen leben.
— SYN. : *Confus*, verworren. *Vague*, verschwommen.

obscurantisme [-rɑ̃tism] m. Obskurantismus m.

obscurantiste [-rɑ̃tist] m. Obskurant m. ; Dunkelmann m. ; Finsterling m.

obscurcir [-rsi:r] v. tr. verdunkeln ; verfinstern ; dunkel machen ; abblenden. || FIG. bemänteln ; beschatten ; verschleiern. | *Un nuage obscurcit le ciel*, eine Wolke verdunkelt den Himmel. | *Obscurcir la vérité*, die Wahrheit verschleiern.
◇ v. pr. **s'obscurcir,** sich verdunkeln, verfinstern, trüben ; dunkel werden. || FIG. nachlassen ; schwächer werden. | *Le ciel s'obscurcit*, der Himmel trübt sich. | *Son visage s'obscurcit*, sein Gesicht verfinsterte sich.

obscurcissement [-rsismɑ̃] m. Verdunkelung f. ; Verfinsterung f. || FIG. Unverständlichmachen.

obscurément [-remɑ̃] adv. dunkel ; undeutlich.

obscurité [-rite] f. Dunkel n. ; Dunkelheit f. ; Finsternis f. || FIG. [opposé à clarté] Unklarheit f. ; Undeutlichkeit f. ; Unverständlichkeit f. | *Obscurité d'un texte*, Unverständlichkeit eines Textes. | *Obscurité du langage*, Verschwommenheit (f.) der Sprache. || [opposé à célébrité] Niedrigkeit f. ; Verborgenheit f. | *Vivre dans l'obscurité*, im Verborgenen leben.

obséder [ɔbsede] v. tr. belästigen ; verfolgen ; bestürmen ; eindringen auf jn ; jm nicht von der Seite gehen. || FIG. *Cette idée m'obsède*, das kommt mir nicht aus dem Sinn. | *Être obsédé par qch.*, von etwas besessen sein.

obsèques [ɔbsɛk] f. pl. Beisetzung f. ; Leichenbegängnis n. ; Bestattung f. ; Trauerfeier f.

obséquieux, ieuse [ɔbsekjø, jø:z] adj. unterwürfig ; kriecherisch ; überhöflich.

obséquiosité [-kjozite] f. Unterwürfigkeit f. ; Kriecherei f. ; Überhöflichkeit f.

observable [ɔbservabl] adj. wahrnehmbar.

observance [-vɑ̃:s] f. Be(ob)achtung f. ; (genaue) Befolgung ; Einhaltung f. | *Stricte observance*, strenge Befolgung. | *De stricte observance*, strenggläubig. | *Observance monacale*, Kloster-, Ordensregel f.

observateur, trice [-vatœ:r, tris] adj. beobachtend ; wahrnehmend. | *Esprit observateur*, Beobachtungsgeist m.
◇ m. **observateur,** Beobachter m. ; Kundschafter m. ; Späher m. || MIL. Orter m.

observation [-vasjɔ̃] f. **1.** [respect d'une loi] Be(ob)achtung f. ; (Ein)haltung f. ; Befolgung f. | *Veiller à l'observation des lois*, für die Befolgung der Gesetze sorgen. | *Observation d'un traité*, Befolgen eines Vertrags ; Vertragstreue f.
2. [attention ; étude] Beobachtung f. ; Betrachtung f. ; Anschauen n. ; Forschung f. | *Observation astronomique*, astronomische Beobachtung. | *Esprit d'observation*, Beobachtungsgabe f. | *Poste d'observation*, Warte f. || MÉD. *Être en observation*, unter ärztlicher Überwachung stehen.
3. MIL. *Observation aérienne*, Luftbeobachtung. | *Observation terrestre*, Erdbeobachtung. | *Point d'observation*, Aussichtspunkt m. | *Être, Se tenir en observation*, auf der Lauer liegen.
4. [remarque] An-, Bemerkung f. | *Je n'ai pas d'observations à faire là-dessus*, ich habe dem nichts mehr hinzuzufügen.
5. [réprimande] Tadel m. ; Mahnung f. ; Verweis m. ; Rüge f. | *Pas d'observation !*, ohne, keine Widerrede !

observatoire [-vatwa:r] m. Observatorium n. ; Sternwarte f. ; Aussichtsturm m. | *Observatoire météorologique*, Wetterwarte f.

observer [-ve] v. tr. [accomplir, respecter] befolgen ; beachten ; halten ; erfüllen ; durchführen. | *Observer les lois*, die Gesetze befolgen. | *Observer un délai*, eine Frist einhalten, wahren. | *Observer les distances*, Distanz halten ; Abstand wahren. | *Observer le silence*, (Still)schweigen beachten. || [examiner] beobachten ; (aufmerksam) betrachten ; ins Auge fassen ; erforschen ; überwachen. | *Observer le ciel*, den Himmel beobachten. | *Observer la nature*, die Natur erforschen. || [remarque] bemerken ; wahrnehmen. | *Faire observer qch. à qn*, jn auf etwas (acc.) aufmerksam machen. | *Je voudrais uniquement faire observer que*, ich möchte mir nur die Bemerkung gestatten, daß.

obsession [ɔbsɛsjɔ̃] f. [sollicitation] Zudringlichkeit f. ; Belästigung f. ; Aufdringlichkeit f. || MÉD. Besessenheit f. ; fixe Idee ; Zwangsvorstellung f. |

Souffrir d'une obsession, von einem Gedanken nicht loskommen. | *C'est une véritable obsession*, das ist eine wahre Besessenheit.

obsidienne [ɔbsidjɛn] f. Obsidian m.

obsolescence [ɔbsɔlɛsɑ̃:s] f. Überalterung f.; Veraltetsein n.

obsolète [-lɛt] adj. veraltet; obsolet.

obstacle [ɔbstakl] m. Hindernis n.; Erschwerung f.; Hemmnis n.; Be-, Verhinderung f. | *Course d'obstacles*, Hindernisrennen n. | *Obstacle à la circulation*, Verkehrshindernis. | *Mettre, Faire obstacle à qn*, jn behindern; jm im Wege stehen. | *Se heurter à des obstacles*, auf Schwierigkeiten, Hindernisse stoßen. | *Lever un obstacle*, ein Hindernis beseitigen, aus dem Wege räumen. | *Sans obstacles*, ungehindert. || MIL. *Obstacles antichars*, Panzersperre f.

obstétrical, ale, aux [ɔbstetrikal, o] adj. MÉD. Geburts...; Entbindungs...; geburtshilflich.

obstétrique [-trik] f. MÉD. Geburtshilfe f.; Obstetrik f.; Hebammenkunst f.

obstination [ɔbstinasjɔ̃] f. Eigensinn m.; Hartnäckigkeit f.; Starrsinn m.; Verstocktheit f.

obstiné, ée [-ne] adj. eigensinnig; hartnäckig; starrsinnig; dickköpfig.

obstinément [-nemɑ̃] adv. hartnäckig.

obstiner (s') [sɔbstine] v. pr. *S'obstiner à*, sich auf (acc.) versteifen; sich in den Kopf setzen; sich in etwas (acc.) verbeißen; hartnäckig auf (dat.) bestehen; dickköpfig sein; trotzen. | *S'obstiner à garder le silence*, in trotzigem Schweigen verharren.

obstructif, ive [ɔbstryktif, i:v] adj. MÉD. verstopfend; obstruktiv.

obstruction [-sjɔ̃] f. MÉD. Verstopfung f. | *Obstruction intestinale*, Darmverstopfung. || POLIT. Obstruktion f.; Verschleppung f. | *Manœuvre d'obstruction*, Verschleppungsmanöver n. || TECHN. Sperrung f.

obstructionnisme [-sjɔnism] m. Verschleppungstaktik f., -politik f.; Hinhaltemanöver n. pl.

obstructionniste [-sjɔnist] adj. Verschleppungs... ◇ m. Verschleppungspolitiker m., -taktiker m.

obstruer [ɔbstrɥe] v. tr. verstopfen; versperren. | *Artère obstruée*, verstopfte Ader. | *Rue obstruée*, verstopfte, versperrte Straße.

obtempérer [ɔbtɑ̃pere] v. intr. Folge leisten (dat.); nachkommen (dat.); sich fügen. | *Obtempérer à un ordre*, einem Befehl(e) Folge leisten.

obtenir [ɔbtəni:r] v. tr. bekommen; erhalten; kriegen; erlangen; erreichen. | *Obtenir une faveur*, eine Gunst erlangen. | *Obtenir de force*, erzwingen. | *Obtenir à prix d'argent*, erkaufen. | *Obtenir un résultat*, zu einem Ergebnis kommen. | *Obtenir par ruse*, erlisten. | *Obtenir un succès*, einen Erfolg erringen. | *Sans avoir rien obtenu*, unverrichteterdinge. | *Faire obtenir qch. à qn*, jm zu etwas verhelfen. || JUR. *Obtenir un arrêt*, ein Urteil erwirken.

obtention [-tɑ̃sjɔ̃] f. Erlangung f.; Erhaltung f.; Erwirkung f.; Durchsetzung f.; Erreichung f. | *Obtention d'un diplôme*, Erlangung eines Diploms.

obturateur, trice [ɔbtyratœ:r, tris] adj. verschließend. | *Muscles obturateurs*, Schließmuskeln f. pl. ◇ m. **obturateur,** Verschluß m. || PHOT. *Obturateur focal*, Schlitzverschluß m.

obturation [-rasjɔ̃] f. Verschließung f.; Abdichtung f.; Absperrung f. | *Obturation des dents*, Zahnfüllung f.; Plombieren n.

obturer [-re] v. tr. verschließen; verstopfen; abdichten; ab-, versperren. | *Obturer une dent*, einen Zahn füllen, plombieren.

obtus, use [ɔbty, y:z] adj. stumpf; FIG. stumpfsinnig. | *Angle obtus*, stumpfer Winkel. | *Esprit obtus*, flacher Geist. | *Avoir l'esprit obtus*, schwer von Begriff sein.

obus [oby] m. Geschoß n.; Granate f.; Artilleriegeschoß n. | *Obus explosif*, Sprenggranate. | *Obus incendiaire*, Brandgranate. | *Obus percutant*, Aufschlaggranate. | *Éclat d'obus*, Granatsplitter m.

obusier [-zje] m. Haubitze f.; Mörser m.

obvier [ɔbvje] v. intr. *Obvier à qch.*, einer Sache vorbeugen, abhelfen, zuvorkommen.

oc [ɔk] adv. VX. Ja n. | *Langue d'oc*, südliches Altfranzösisch; Okzitanisch n.

ocarina [ɔkarina] m. MUS. Okarina f.

occasion [ɔkazjɔ̃] f. [circonstance] Gelegenheit f.; Möglichkeit f.; Umstand m. | *À l'occasion*, bei Gelegenheit; gelegentlich; unter Umständen. | *À, En cette occasion*, bei dieser Gelegenheit. | *Une occasion se présente*, es bietet sich eine (günstige) Gelegenheit. | *Si l'occasion se présente*, gelegentlich. | *Saisir l'occasion aux, par les cheveux*, die Gelegenheit beim Schopfe fassen. | *Profiter de l'occasion*, die Gelegenheit ausnützen. | *Manquer l'occasion*, die Gelegenheit verpassen. || [cause] Anlaß m.; Anreiz m.; Ursache f.; Veranlassung f. | *À l'occasion de*, anläßlich (gén.). || COMM. Gelegenheitskauf m.; Kauf aus zweiter Hand.
◇ loc. adv. **d'occasion.** *Livre d'occasion*, antiquarisches Buch. | *Librairie d'occasion*, Antiquariat n.; Antiquariatsbuchhandlung f. | *Voiture d'occasion*, Gebrauchtwagen m. || POLIT. *Majorité d'occasion*, Zufallsmehrheit f.

occasionnel, elle [-zjɔnɛl] adj. gelegentlich; zufällig; okkasionell.

occasionner [-zjɔne] v. tr. veranlassen; verursachen; herbeiführen. | *Occasionner une maladie*, eine Krankheit nach sich ziehen, zur Folge haben.

occident [ɔksidɑ̃] m. Okzident m.; Westen m. | *L'Occident*, Abendland n. | *L'Empire d'Occident*, das weströmische Reich.

occidental, ale, aux [-tal, o] adj. westlich; abendländisch; okzidental; West... | *Bloc occidental*, Westblock m. | *Puissances occidentales*, Westmächte f. pl.
◇ s. Abendländer(in) m. (f.).

occipital, ale, aux [ɔksipital, o] adj. ANAT. zum Hinterhaupt, -kopf gehörend.
◇ m. **occipital,** Hinterhaupt(s)bein n.

occiput [-pyt] m. ANAT. Hinterkopf m., -haupt n.

Occitanie [ɔksitani] n. pr. f. HIST. Okzitanien n.

occlure [ɔkly:r] v. tr. MÉD. (ver)schließen.

occlusif, ive [-zif, i:v] adj. verschließend. | *Consonne occlusive*, Verschlußlaut m.
◇ f. **occlusive,** GRAMM. Verschlußlaut m.

occlusion [-zjɔ̃] f. MÉD. Verschließung f.; Verschluß m. | *Occlusion intestinale*, Darmverschluß.

occultation [ɔkyltasjɔ̃] f. ASTRON. Überdeckung f.; Verfinsterung f.

occulte [ɔkylt] adj. verborgen; geheim; okkult. | *Sciences occultes*, okkulte Wissenschaften f. pl.; Geheimwissenschaften f. pl.

occulter [-te] v. tr. [assombrir] verdunkeln. || [dissimuler] verbergen; verheimlichen.

occultisme [-tism] m. Okkultismus m.; Geheimwissenschaft f.

occupant, ante [ɔkypɑ̃, ɑ̃:t] adj. besitzend; Besitz ergreifend.
◇ s. Besitznehmer(in) m. (f.); Besitzende(r) f. (m.). | *Occupant d'une voiture*, Fahrzeuginsasse m.

occupation [-pasjɔ̃] f. [action] Besetzung f.; Besitzergreifung f.; Aneignung f.; erstes Ansiedeln, Bewohnen. | *Occupation d'un logement*, Einziehen (n.) in eine Wohnung; Bewohnen (n.) einer Wohnung. | *Occupation d'une maison, d'une usine*, Haus-, Fabrikbesetzung f. || MIL. [fait] Besetzung f.; [troupes] Besatzung f.; Okkupation f. | *Armée d'occupation*, Besatzungsarmee f., -heer n. || [activité] Beschäftigung f.; Tätigkeit f.; Arbeit f. | [emploi] Stelle f. | *Occupation saisonnière*, Saisonarbeit, -beschäftigung. | *Être sans occupation*, beschäftigungs-, arbeitslos sein. | *Quelles sont vos occupations ?*, was treiben Sie ?

occuper [-pe] v. tr. besetzen.

> **I.** v. tr.
> **a)** REMPLIR : besetzen ;
> **b)** FIG. : beschäftigen ; verwenden.
> **II.** v. pr. **s'occuper,** sich beschäftigen.
> **III.** part. pass. et adj. **occupé, ée,** besetzt ; beschäftigt.

I. v. tr. **a)** REMPLIR : besetzen ; Besitz ergreifen ; in Besitz nehmen ; innehaben ; bewohnen. || [lieu] *Occuper une maison*, [légalement] ein Haus bewohnen ; [illégalement] ein Haus besetzen. || [temps] *Occuper son temps*, seine Zeit ausfüllen, in Anspruch nehmen. || [emploi] *Occuper un emploi, une charge*, ein Amt bekleiden. || MIL. *Occuper un pays*, ein Land besetzen. — **b)** FIG. beschäftigen ; verwenden. | *Il occupe vingt salariés*, er beschäftigt zwanzig Angestellte. | *Occuper son temps à qch.*, seine Zeit für, zu etwas verwenden.
II. v. pr. **s'occuper,** sich beschäftigen ; sich mit etwas (dat.) abgeben. | *S'occuper de qch.*, sich mit etwas beschäftigen, an etwas (dat.) arbeiten. | *S'occuper de chimie*, sich der Chemie widmen. | *S'occuper dans la maison*, im Hause herumwirtschaften. | *Il faut s'en occuper*, man muß sich schon darum kümmern. | *Laissez-moi m'en occuper*, lassen Sie mich dafür sorgen. | *Ne plus s'occuper de qch.*, etwas aufgeben ; mit etwas aufhören.
III. part. pass. et adj. **occupé, ée,** besetzt ; beschäftigt. | *Territoires occupés*, besetzte Gebiete n. pl. | *La maison n'est pas occupée*, das Haus ist nicht bewohnt, steht leer. | *Non occupé*, unbesetzt ; frei. | *Être occupé à qch.*, mit etwas beschäftigt sein.

occurrence [ɔkyrɑ̃:s] f. Fall m. ; Zusammentreffen n. ; Gelegenheit f. | *En l'occurrence*, im vorliegenden Fall. | *Que faire en cette occurrence ?*, was soll man in diesem Fall machen ? || GRAMM. Vorkommen n.

occurrent, ente [-rɑ̃, ɑ̃:t] adj. *Fêtes occurrentes*, auf den gleichen Tag fallende Feste n. pl.

océan [ɔseɑ̃] m. Ozean m. ; Weltmeer n. || FIG. Ozean m. || *Océan Atlantique*, Atlantischer Ozean ; Atlantik m. | *Océan Glacial arctique*, Nördliches Eismeer. | *Océan Pacifique*, Stiller Ozean ; Pazifik m.

océanaute [-anot] s. Tiefseetaucher(in) m. (f.).

Océanie [ɔseani] n. pr. f. GÉOGR. Ozeanien n.

océanien, ienne [-njɛ̃, jɛn] adj. ozeanisch.
◇ s. **Océanien, ienne,** Ozeanier(in) m. (f.).

océanique [-nik] adj. ozeanisch. | *Climat océanique*, Seeklima n. ; ozeanisches Klima.

océanographie [-nɔgrafi] f. Meereskunde f. ; Ozeanographie f.

océanographique [-nɔgrafik] adj. meereskundlich ; ozeanographisch. | *Musée océanographique*, Museum (n.) für Meereskunde.

ocre [ɔkr] f. Ocker m. ; Ockergelb n. ; Ockerfarbe f. | *Ocre jaune*, Brauneisenocker. | *Ocre rouge*, erdiger Roteisenstein.
◇ adj. ocker.

octane [ɔktan] m. Oktan n. | *Indice d'octane*, Oktanzahl f.

octave [ɔktav] f. MUS. Oktave f. ; acht Töne m. pl. | *À l'octave, Une octave au-dessus, au-dessous*, eine Oktave höher, tiefer.

octobre [ɔktɔbr] m. Oktober m.

octogonal, ale, aux [ɔktɔgɔnal, o] adj. achteckig.

octogone [-gon] m. Achteck n. ; Oktogon n.

octosyllabe ou **octosyllabique** [-sillab, -sillabik] adj. GRAMM. achtsilbig.

octroi [ɔktrwa] m. Zugeständnis n. ; Bewilligung f. ; Verleihung f. || HIST. [douane municipale] Stadtzoll m. ; Oktroi m. ou n. ; Zollamt n.

octroyer [-je] v. tr. zugestehen ; bewilligen ; zubilligen ; verleihen ; gewähren. | *Octroyer un prêt*, eine Anleihe gewähren.

oculaire [ɔkylɛ:r] adj. Augen... ; zum Auge gehörig. || ANAT. *Globe oculaire*, Augapfel m. | *Témoin oculaire*, Augenzeuge m.
◇ m. Okular n.

oculiste [ɔkylist] s. MÉD. Augenarzt m., -ärztin f.

ode [ɔd] f. POÉS. Ode f.

odéon [ɔdeɔ̃] m. ANTIQ. Odeon n.

odeur [odœ:r] f. Geruch m. ; Duft m. | *Bonne odeur*, Wohlgeruch. | *Mauvaise odeur*, Gestank m. | *Odeur de roussi, de brûlé*, Brandgeruch. | *Odeur de renfermé*, Dumpfigkeit f. | *Dégager une odeur de soufre*, einen Schwefelgeruch verbreiten. | *Sans odeur*, geruchlos. | *Prendre une odeur*, einen Geruch annehmen, an sich ziehen. || FIG. Ruf m. | *Ne pas être en odeur de sainteté auprès de qn*, bei jm nicht im Geruch der Heiligkeit stehen. | *Mourir en odeur de sainteté*, als frommer Christ sterben.

odieusement [ɔdjøzmɑ̃] adv. widerwärtig.

odieux, ieuse [ɔdjø, jø:z] adj. hassenswert ; verhaßt. | *Se rendre odieux auprès de, à qn*, sich bei jm verhaßt machen. || SUBSTANTIV. *L'odieux d'une action*, das Verdammenswerte einer Handlung.

odontalgie [ɔdɔ̃talʒi] f. MÉD. Zahnweh n., -schmerzen m. pl.

odontologie [-tɔlɔʒi] f. MÉD. Zahn(heil)kunde f.

odorant, ante [ɔdɔrɑ̃, ɑ̃:t] adj. (wohl)riechend ; duftend. | *Bois odorant*, Riechholz n.

odorat [-ra] m. Geruch m. ; Geruchssinn m. | *Avoir l'odorat fin*, einen feinen Geruchssinn haben ; POP. eine gute Nase haben. | *Privé de, sans odorat*, geruchlos.

odoriférant, ante [-riferɑ̃, ɑ̃:t] adj. wohlriechend ; duftig.

Odyssée [ɔdise] f. MYTH. Odyssee f.
◇ f. **odyssée.** FIG. Irrfahrt f.

œcuménique [ekymenik] adj. ökumenisch. | *Concile œcuménique*, ökumenisches Konzil.

œdème [edɛ:m] m. MÉD. Ödem n. ; wässerige Schwellung ; Wasserretention f.

Œdipe [edip] n. pr. m. MYTH. Ödipus m. || MÉD. *Complexe d'Œdipe*, Ödipuskomplex m.

œdipien, ienne [-pjɛ̃, jɛn] adj. MÉD. ödipal ; Ödipal... | *Phase œdipienne*, ödipale Phase.

œil [œ:j] m. (pl. **yeux** [jø], sauf dans certains mots composés).

> **I.** EMPLOYÉ SEUL.
> **II.** AVEC UN ADJECTIF.
> **III.** AVEC UN NOM.
> **IV.** AVEC UN VERBE :
> **a)** comme sujet ;
> **b)** comme complément.
> **V.** DANS DES LOCUTIONS, SURTOUT ADVERBIALES.

I. EMPLOYÉ SEUL : [organe] Auge n. ; [regard] Blick m. || [cerf, chevreuil, chamois] Licht n. ; [lièvre] Seher

m. || [plumage] Farbauge n. ; Farbfleck m. (auf Gefieder) ; [paon] Pfauenauge. || [plante] Knospe f. ; Knospenstelle f. || [bouillon] Fettauge ; [fromage] Käseloch n. || [câble] Kabel-, Draht-, Seilschlinge f. || [roue] Achsen-, Nabenloch n. || TYPOGR. (Schrift)bild n. | *Œil (de la lettre)*, Buchstabenabdruck m.
II. AVEC UN ADJECTIF : *(Qui a les) yeux bleus*, blauäugig. | *Yeux gonflés de sommeil*, schlaftrunkene Augen. | *Œil perçant*, durchbohrender, scharfer Blick. | *Œil poché*, blaues Auge. | *Œil rouge (d'avoir pleuré)*, rotgeweintes Auge. | *Avoir les yeux cernés*, Ringe unter den Augen haben. || FIG. *Le mauvais œil*, der böse Blick.
III. AVEC UN NOM : *Yeux en amandes*, Mandelaugen. | *Œil de braise*, feuriges Auge ; Glutauge. | *L'œil du maître*, das Auge des Herrn. | *Œil de verre*, künstliches Auge ; Glasauge. | *Blanc de l'œil*, Weiß (n.) im Auge. | *Clignement d'yeux*, Blinzeln n. | *Clin d'œil*, Augenblick. | *Coup d'œil*, Blick ; FIG. Einsicht f. | *Beau coup d'œil*, schöner Anblick. | *Coup d'œil furtif, à la dérobée*, flüchtiger Seitenblick. | *Coup d'œil à la ronde*, Umblick. | *Coup d'œil rapide (jeté sur un livre)*, Durchblättern n. | *Coup d'œil rétrospectif*, Rückblick ; Rückschau f. | *Plaisir des yeux*, Augenweide f.
IV. AVEC UN VERBE : **a)** [comme sujet] *Ses yeux s'emplissent de larmes*, seine Augen füllen sich mit Tränen. | *Ses yeux se ferment*, ihm (ihr) fallen die Augen zu. | *Les yeux parcourent l'horizon*, die Blicke durchfliegen den Horizont. | *Les yeux lui sortent de la tête*, seine Augen treten hervor ; er macht Stielaugen.
b) [comme complément] *Abaisser son chapeau sur ses yeux*, seinen Hut tief ins Gesicht drücken. | *Aimer qn comme la prunelle de ses yeux*, jn wie seinen Augapfel lieben. | *Avoir de bons yeux*, gute Augen haben. | *Avoir bon pied, bon œil*, wacker und rüstig sein. | *Avoir l'œil à tout*, seine Augen überall haben ; auf alles (acc.) achten. | *Avoir l'œil sur qn*, jn überwachen (insépar.). || FAM. *Il n'a pas les yeux dans sa poche*, er ist hellwach. | *Il a des yeux et il ne voit pas*, er ist mit sehenden Augen blind. | *Avoir les yeux fixés sur qch.*, auf etwas (acc.) sehen. | *Il a les yeux plus grands que le ventre*, seine Augen sind größer als sein Magen. | *Elle n'a d'yeux que pour lui*, sie hat nur noch Augen für ihn. | *Il n'a pas froid aux yeux*, er ist unverfroren ; er hat keine Angst. | *Avoir un bandeau sur les yeux*, eine Binde vor den Augen haben ; FIG. wie mit Blindheit geschlagen sein. | *Avoir le compas dans l'œil*, ein gutes Augenmaß haben. | *Avoir le coup d'œil*, Scharfblick haben. | *Avoir les larmes aux yeux*, Tränen in den Augen haben. | *Baisser les yeux*, den Blick senken ; die Augen niederschlagen. | *Bander les yeux à qn*, jm die Augen zu-, verbinden. | *Chercher des yeux*, mit seinen Blicken suchen. | *Cligner de l'œil (à, vers qn)*, (jm) zublinzeln. | *Cligner des yeux*, mit den Augen blinzeln. | *Coûter les yeux de la tête*, ein Heidengeld kosten. | *Couver qn des yeux*, kein Auge von jm lassen, wenden. || FIG. *Cela vous crève les yeux*, Sie sehen ja den Wald vor Bäumen nicht. | *Ne pas en croire ses yeux*, seinen (eigenen) Augen nicht trauen. | *Détourner les yeux (de qch.)*, (von etwas) die Augen, die Blicke (ab)wenden ; weggucken ; fortsehen. | *Dévorer qn des yeux*, jn mit den Augen verschlingen ; PÉJOR. jn anglotzen. | *Ne dormir que d'un œil*, einen ganz leichten Schlaf haben. | *Écarquiller les yeux*, die Augen weit aufreißen. | *Entrouvrir les yeux*, die Augen halb aufschlagen. | *Être tout yeux*, ganz Auge sein. | *Faire de l'œil à qn*, jm zublinzeln. | *Faire les yeux doux à qn*, jm verliebte Blicke zuwerfen. | *Faire les gros yeux à qn*, jm böse Blicke zuwerfen ; jn tadelnd ansehen. | *Faire des yeux ronds devant qch.*, etwas an-, beglotzen. | *Fermer les yeux*, die Augen schließen ; FIG. ein Auge zudrücken. | *Fermer les yeux à qn*, jm die Augen schließen, zudrücken. | *Je n'ai pas fermé l'œil de la nuit*, ich habe die ganze Nacht kein Auge zugetan. || FAM. *Se fourrer le doigt dans l'œil*, sich gewaltig in den Finger schneiden ; POP. sich anständig in die Nesseln setzen. | *Jeter un coup d'œil sur qch.*, einen kurzen Blick auf etwas (acc.) werfen. || [lecture] *Il n'a fait qu'y jeter un coup d'œil*, er hat es nur durchflogen. | *Jeter un coup d'œil en arrière*, zurückblicken ; zurückschauen. | *Jeter de la poudre aux yeux de qn*, jm Sand in die Augen streuen. | *Lever les yeux*, hinaufsehen, -schauen. | *Lever les yeux au ciel*, zum Himmel hinaufsehen. | *Mesurer des yeux*, mit den Augen abschätzen. | *Ôte-toi de devant mes yeux*, (gehe) mir aus den Augen ! | *Ouvrir l'œil*, ein Auge aufmachen ; FIG. aufpassen ; wachsam sein. | *Ouvrir de grands yeux*, große, erstaunte Augen machen. | *Regarder qn dans le blanc des yeux, droit dans les yeux*, jn scharf ins Auge fassen. | *Regarder qn du coin de l'œil*, jn verstohlen, von der Seite anblicken. | *Risquer un œil*, mal nachschauen. | *Cela saute aux yeux*, das springt in die Augen ; das ist augenfällig. | *Suivre qn des yeux*, jm nachsehen, nachschauen. || FAM. *Taper dans l'œil*, sofort angenehm auffallen. | *Tourner de l'œil*, [perdre connaissance] ohnmächtig werden ; [mourir] sterben ; abkratzen ; POP. sich das Gras von unten angucken. | *S'user les yeux à force de pleurer*, sich die Augen ausweinen, aus dem Kopf weinen. | *Ne pas voir qn d'un bon œil*, jm abgeneigt sein. | *Voir du même œil*, derselben Meinung sein. | *Voir de ses propres yeux*, mit eigenen Augen sehen.
V. DANS DES LOCUTIONS, SURTOUT ADVERBIALES :
a) [sans préposition] *Les yeux fermés*, mit geschlossenen Augen ; FIG. vertrauensvoll ; ungelesen ; unbesehen. | *Les yeux ouverts*, mit offenen Augen. || POP. *Mon œil !*, wer's glaubt, wird selig !
b) [avec préposition] FAM. *À l'œil* [gratuitement] umsonst. || *À l'œil nu*, mit bloßem Auge. | *Au premier coup d'œil*, auf den ersten Blick. | *Au doigt et à l'œil*, auf den kleinsten Wink. | *À vue d'œil*, [visiblement] zusehends ; [approximativement] nach Augenmaß. | *Aux yeux de*, vor den Augen (gén.). | *À mes yeux*, nach meiner Ansicht ; meiner Meinung nach. | *Les larmes aux yeux*, mit Tränen in den Augen. | *Les yeux dans les yeux*, Aug(e) in Aug(e) ; von Angesicht zu Angesicht. | *D'un tout autre œil*, mit ganz anderen Augen. | *En un clin d'œil*, in einem Augenblick ; im Nu. | *Entre quatre yeux*, POP. *Entre quat'z'yeux*, unter vier Augen. | *Œil pour œil, dent pour dent*, Auge um Auge, Zahn um Zahn. | *Pour les beaux yeux de*, aus purer Liebe zu. | *Pour tes beaux yeux*, nur um deiner schönen Augen willen ; dir zuliebe. | *Sous mes yeux*, vor meinen (eigenen) Augen.

œil-de-bœuf [œ:jdəbœf] m. (pl. **œils-de-bœuf**). Rundfenster n. || MAR. Bullauge n.

œil-de-chat [-dəʃa] m. (pl. **œils-de-chat**). MINÉRAL. Katzenauge n. ; Quarzstück n.

œil-de-perdrix [-dəpɛrdri] m. (pl. **œils-de-perdrix**). MÉD. Hühnerauge n.

œillade [œjad] f. verstohlener Blick ; Seitenblick m. ; Liebesblick m. | *Lancer des œillades*, Blicke werfen, schmeißen ; (mit jm) äugeln.

œillère [-jɛ:r] f. MÉD. Augenschälchen n. || [cheval] Scheuklappe f. ; Scheuleder n. || FIG. *Avoir des œillères*, Scheuklappen vor den Augen haben.

œillet [œjɛ] m. BOT. Nelke f. || TECHN. Auge n. ; Öse f.

œilleton [œjtɔ̃] m. BOT. Schößling m. || [arme] Visierkimme f. ; Kimme f. || TECHN. *Œilleton de visée*, Lochdiopter n.

œillette [œjɛt] f. BOT. Gartenmohn m.

œnologie [enɔlɔʒi] f. Weinbaukunde f. ; Önologie f.

œnologue [-lɔg] s. Önologe m. ; Önologin f. ; Weinbaukundige(r) f. (m.).

œsophage [ezɔfa:ʒ] m. ANAT. Speiseröhre f. ; Schlund m.

œstrogène [ɛstrɔʒɛn] adj. BIOL. *Hormones œstrogènes*, Östrogene n. pl.
◇ m. BIOL. Östrogen n.

œuf [œf] m. (pl. **œufs** [ø]. Ei n. | *Œufs de poisson*, Rogen m. ; Fischeier n. pl. | *Œuf de poule*, Hühnerei. | *Œuf frais*, frisches Ei. | *Œuf couvé*, angebrütetes Ei. | *Œuf fêlé*, Knickei. | *Œuf mollet, à la coque*, weichgekochtes, in der Schale gekochtes Ei. | *Œuf dur*, hartgekochtes, hartgesottenes Ei. | *Œuf brouillé*, Rührei. | *Œuf sur le plat*, Spiegelei. | *Œufs en neige*, zu Schaum geschlagene Eier n. pl. | *Œufs de Pâques*, Ostereier n. pl. | *Pondre un œuf*, ein Ei legen. | *Couver des œufs*, Eier ausbrüten. | *Sortir de l'œuf*, aus dem Ei schlüpfen, kriechen. || FIG. *Marcher sur des œufs*, wie auf Eiern gehen ; vorsichtig zu Werke gehen. | *Mettre tous ses œufs dans le même panier*, alles auf eine Karte setzen. | *Étouffer une révolte dans l'œuf*, einen Aufruhr im Keime ersticken. || LOC. *Œuf de Colomb*, Ei des Kolumbus. || SPORT. [remontée mécanique] Gondel f.

œuvre [œ:vr] f. Werk n. ; Arbeit f. | *Œuvre de longue haleine*, langwierige Arbeit. | *Être à l'œuvre*, bei der Arbeit sein. | *Se mettre à l'œuvre*, ans Werk, an die Arbeit gehen. | *Mettre tout en œuvre*, alles daransetzen ; alles aufbieten ; alle Hebel in Bewegung setzen. | *Être le fils de ses œuvres*, alles sich selbst verdanken. | *Œuvre de bienfaisance*, Wohlfahrtsinstitut n. || LITTÉR. *Œuvres complètes*, sämtliche, vollständige Werke n. pl. | *Œuvres choisies*, ausgewählte Werke n. pl. || MUS. Opus n. || RELIG. *Bonnes œuvres*, gute Werke n. pl. || MAR. *Œuvres mortes*, Schiff (n.) über der Wasserlinie. | *Œuvres vives*, Schiff (n.) unter der Wasserlinie.

œuvre [œ:vr] m. Werk n. ; Werke n. pl. || [alchimie] *Le grand œuvre*, der Stein der Weisen. || ARCHIT. Bauwerk n. | *Gros œuvre*, Rohbau m. | *À pied d'œuvre*, am Bauplatz.

œuvrer [œvre] v. intr. arbeiten ; wirken ; schaffen. | *Œuvrer à qch.*, an etwas arbeiten, tätig sein.

offensant, ante [ɔfɑ̃sɑ̃, ɑ̃:t] adj. beleidigend ; kränkend ; verletzend.

offense [ɔfɑ̃:s] f. Beleidigung f. ; Kränkung f. | *Faire une offense à qn*, jn beleidigen. | *Offense aux bons usages*, Verstoß (m.) gegen die guten Sitten. | *Pardonnez-nous nos offenses*, vergib uns unsere Schuld.

offenser [-se] v. tr. beleidigen ; beschimpfen ; verletzen ; kränken. | *Offenser Dieu*, sich an Gott versündigen.
◇ part. pass. et adj. **offensé, ée,** beleidigt.
◇ s. Beleidigte(r) f. (m.).
◇ v. pr. **s'offenser,** *S'offenser de qch.*, an etwas (dat.) Anstoß nehmen ; etwas (acc.) übelnehmen.

offenseur [-sœ:r] m. Beleidiger m.

offensif, ive [-sif, i:v] adj. angreifend ; offensiv ; Angriffs... | *Arme offensive*, Angriffswaffe f. | *Retour offensif*, Gegenstoß m. | *Alliance offensive et défensive*, Schutz- und Trutzbündnis n.

offertoire [ɔfertwa:r] m. RELIG. Opfergebet n. ; Offertorium n.

office [ɔfis] m. [fonction, service] Amt n. ; Dienst m. ; Obliegenheit f. | *Faire office de*, als... dienen. | *Faire office d'arbitre*, das Amt eines Schiedsrichters ausüben. | *Faire, Remplir son office*, seinen Dienst, sein Amt verrichten. | *Exercer un office*, ein Amt bekleiden. | *D'office*, von Amts wegen. | *Avocat (nommé) d'office*, vom Gericht bestellter Verteidiger ; Pflicht-, Offizialverteidiger m. | *Grâce aux bons offices de*, durch (freundliche) Vermittlung von. || [bureau] Amt n. ; Büro n. ; Geschäft n. ; Stelle f. | *Office du blé*, Getreidebewirtschaftungsstelle. | *Office franco-allemand pour la jeunesse (O.F.A.J.)*, deutsch-französisches Jugendwerk (DFJW). | *Office de tourisme*, Verkehrsbüro. || RELIG. *Office divin*, Gottesdienst. | *Office des morts*, Totenmesse f. ; Totenamt. || HIST. *Saint-Office*, Inquisitions-, Ketzergericht n.

office [ɔfis] f. [lieu] Bedientenraum m. || [à provisions] Vorratskammer f.

officialisation [ɔfisjalizɑsjɔ̃] f. (amtliche) Bestätigung.

officialiser [-lize] v. tr. amtlich bestätigen.

officiant [-sjɑ̃] m. RELIG. diensttuender, Messe lesender Priester.

officiel, ielle [-sjɛl] adj. offiziell ; amtlich ; öffentlich ; behördlich (beglaubigt). | *Cachet officiel*, Amts-, Dienstsiegel n. | *Gazette officielle*, Amtsblatt n. | *Journal officiel*, Staatsanzeiger m. ; Regierungsblatt n. | *De source officielle*, von amtlicher Seite. | *(Personnages) officiels*, offizielle Persönlichkeiten f. pl.

officiellement [-sjɛlmɑ̃] adv. amtlich ; von Amts wegen.

officier [-sje] v. intr. RELIG. (den) Gottesdienst (ab)-halten ; die Messe lesen.

officier [-sje] m. [qui occupe certaines fonctions] Beamter m. | *Officier ministériel*, Amtsträger m. ; vereidigter Beamter. | *Officier de paix*, Friedensrichter m. | *Officier de police*, Polizeioffizier m. | *Officier de l'état civil*, Standesbeamter. || MIL. Offizier m. (Offz.) | *Officier d'état-major*, Generalstabsoffizier. | *Officier de marine*, Marineoffizier. | *Officier de réserve*, Reserveoffizier.

officieux, ieuse [-sjø, jø:z] adj. offiziös ; halbamtlich ; unverbürgt. | *Communication officieuse*, halbamtliche Mitteilung. || VX. *Mensonge officieux*, Notlüge f.

officinal, ale, aux [ɔfisinal, o] adj. MÉD. vorschriftsmäßig zusammengestellt. | *Plantes officinales*, Heilpflanzen f. pl., -kräuter n. pl.

officine [-sin] f. Laboratorium n. ; Herstellungsort m. ; Apotheke f. || FIG. Brutstätte f.

offrande [ɔfrɑ̃:d] f. RELIG. Weihe-, Opfergabe f. ; Weihegeschenk n. ; Darbietung f. | *Déposer son offrande*, sein Scherflein beitragen.

offrant, ante [ɔfrɑ̃, ɑ̃:t] adj. anbietend m.
◇ m. **offrant,** Bietender m. ; Bieter m. | *Le plus offrant*, der Meistbietende. | *Vendre au plus offrant*, meistbietend verkaufen.

offre [ɔfr] f. Angebot n. ; Preisofferte f. | *L'offre et la demande*, Angebot und Nachfrage f. | *Offre d'achat*, Kaufangebot n. | *Offre de vente*, Verkaufsangebot n., -offerte f. | *Offre exceptionnelle*, Sonderangebot n. | *Offre sans engagement*, unverbindliches Angebot. | *Offre de médiation*, Vermittlungsvorschlag m. | *Faire une offre*, ein Angebot unterbreiten. | *Offre d'emploi*, Stellenangebot. | *Offres d'emploi*, offene Stellen f. pl. || FIN. Angebot n. | *Offre publique d'achat (O.P.A.)*, öffentliches Aktienkaufangebot. | *Offre publique d'échange (O.P.E.)*, öffentliches Aktientauschangebot.

offrir [ɔfri:r] v. tr. an-, darbieten ; bieten. || [vente] feilbieten ; offerieren. || [cadeau] schenken. || [un plat] vorlegen. || *Offrir des garanties*, Bürgscaft bieten. | *Offrir une réception*, einen Empfang geben. | *Offrir sa main*, seine Hand fürs Leben geben. || RELIG. *Offrir un sacrifice*, ein Opfer darbieten, bringen.
◇ v. pr. **s'offrir**. *S'offrir qch.* [se faire un cadeau], sich etwas leisten, zulegen. | *S'offrir du repos*, sich Erholung gönnen. || [se proposer] *S'offrir à qch.*, sich zu etwas erbieten.

offset [ɔfsɛt] m. TYPOGR. Offsetdruck m.

offusquer [ɔfyske] v. tr. blenden ; verdunkeln ; vernebeln. || FIG. mißfallen ; ärgern.
◇ v. pr. **s'offusquer.** *S'offusquer de qch.*, sich an etwas (dat.) stoßen ; an etwas (dat.) Anstoß nehmen ; sich über etwas (acc.) ärgern.
oflag [ɔflɑ:g] m. Offiziers(gefangen)lager n.
ogival [ɔʒival] adj. Spitzbogen... ; spitzbogig.
ogive [ɔʒiv] f. Spitzbogen m. | *Fenêtre en ogive*, Spitzbogiges, gotisches Fenster. || MIL. *Ogive d'une fusée*, Raketenkopf m. | *Ogive nucléaire*, nuklearer Sprengkopf. | *Ogive d'obus*, Geschoßspitze f.
ogre, esse [ɔgr, ɔgrɛs] s. Menschenfresser(in) m. (f.) ; Oger m. || FIG. Vielfraß m.
oh ! [o] interj. o ! ; oh ! | *Oh non !*, o nein ! ; nicht doch ! ; mitnichten ! | *Oh là là !*, hoho !
ohé ! [œ] interj. heda !
ohm [o:m] m. PHYS. Ohm n.
ohmmètre [-mɛtr] m. TECHN. Ohmmeter m.
oie [wa] f. Gans f. | *Oie sauvage*, Wildgans. | *Oie domestique*, Hausgans. | *Oie rôtie*, Gänsebraten m. | *Jeu de l'oie*, Gänsespiel n. | *Pas de l'oie*, Paradeschritt m. || FIG., PÉJOR. dumme Gans. | *Oie blanche*, naives Gänschen. | *Avoir des pattes d'oie*, Krähenfüße (an den Augen) haben.
oignon [ɔɲɔ̃] m. BOT. Zwiebel f. | *Oignon de tulipe*, Tulpenzwiebel. | *Pelure d'oignon*, Zwiebelschale f., -haut f. | *Mince comme une pelure d'oignon*, hauchdünn. || [montre] Zwiebel f. || POP. *S'occuper de ses oignons*, vor seiner eigenen Tür kehren. | *Ce n'est pas tes oignons*, das geht dich nichts an. || MÉD. Schwiele f.
◇ loc. adv. **en rang d'oignons,** in einer Reihe.
oïl [ɔil] adv. (Vx.) ja. | *Langue d'oïl*, altes Nordfranzösisch.
oindre [wɛ̃:dr] v. tr. (ein) ölen, -fetten ; RELIG. (ein)salben.
oiseau [wazo] m. ZOOL. Vogel m. | *Oiseau aquatique*, Wasservogel. | *Oiseau chanteur*, Singvogel. | *Oiseau migrateur*, Zugvogel m. | *Oiseau plongeur*, Tauchvogel. | *Oiseaux de basse-cour*, Federvieh n. | *Oiseau de nuit*, Nachtvogel. | *Oiseau de paradis*, Paradiesvogel. | *Oiseau de proie*, Raubvogel. | *À vol d'oiseau*, aus der Vogelschau, -perspektive. | *Lâcher un oiseau*, einen Vogel frei, fliegen lassen. | *Il est comme l'oiseau sur la branche*, er weiß nicht, wie es ihm ergehen wird. || FAM. *Un drôle d'oiseau*, ein drolliger Kauz. | *Avoir une cervelle d'oiseau*, ein Spatzenhirn haben.
oiseau-mouche [-muʃ] m. (pl. **oiseaux-mouches**). Kolibri m.
oiselet [-lɛ] m. Vögelchen n. ; POP. Piepmatz m.
oiseleur [-lœ:r] m. Vogelfänger m., -steller m.
oiseux, euse [wazø, ø:z] adj. müßig ; unnütz. | *Paroles oiseuses*, leere Worte n. pl. | *Question oiseuse*, müßige, unnütze Frage. | *Discussion oiseuse*, Hin- und Hergerede n.
oisif, ive [-zif, i:v] adj. müßig ; untätig ; nichtstuerisch. | *Capitaux oisifs*, tote Kapitalien n. pl.
◇ s. Müßiggänger(in) m. (f.) ; Nichtstuer(in) m. (f.).
oisiveté [-zivte] f. Nichtstun n. ; Untätigkeit f. ; Müßiggang m. | *L'oisiveté est la mère de tous les vices*, Müßiggang ist aller Laster Anfang.
oison [wazɔ̃] m. Gänschen n.
okapi [ɔkapi] m. ZOOL. Okapi n.
olé [ɔle] interj. olé.
◇ adj. invar. **olé olé,** FAM. *Être (un peu) olé olé*, (ein bißchen) frech, ungezwungen sein.
oléagineux, euse [ɔleaʒinø, ø:z] adj. ölhaltig ; ölgebend ; ölig. | *Plante oléagineuse*, Ölpflanze f.
oléiculture [ɔleikylty:r] f. Ölbaumzucht f.
oléoduc [ɔleɔdyk] m. Ölleitung f.
olfactif, ive [ɔlfaktif, i:v] adj. Geruchs... || ANAT. *Nerf olfactif*, Geruchsnerv m.
olifant [ɔlifɑ̃] m. Olifant m. || HIST. Hifthorn n.
oligarchie [ɔligarʃi] f. POLIT. Oligarchie f. ; Familienherrschaft f. ; Kastenherrschaft f.
oligarchique [-ʃik] adj. POLIT. oligarchisch ; kastenmäßig.
oligocène [oligɔsɛn] m. GÉOL. Oligozän n.
oligo-élément [oligɔelemɑ̃] m. (pl. **oligo-éléments**) Spurenelement n.
oligopole [-pɔl] m. ÉCON. Oligopol n.
olivaie [ɔlivɛ] ou **oliveraie** [-vrɛ] f. [oliviers] Olivenhain m. || [perle] Olivette f.
olivâtre [-vɑ:tr] adj. olivenfarbig, -grün.
olive [ɔliv] f. BOT. Olive f. | *Huile d'olive*, Olivenöl n.
◇ adj. invar. *Une robe olive*, ein olivgrünes Kleid.
olivette [-vɛt] f. V. OLIVAIE.
olivier [-vje] m. BOT. Ölbaum m. ; Olivenbaum m. || RELIG. *Mont des Oliviers*, Ölberg m.
olographe [ɔlɔgraf] adj. *Testament olographe*, eigenhändig geschriebenes Testament.
olympe [ɔlɛ̃:p] m. Olymp m.
olympiade [-pjad] f. Olympiade f.
olympien, ienne [-pjɛ̃, jɛn] adj. olympisch ; erhaben ; majestätisch ; göttlich. | *Dieux olympiens*, olympische Götter m. pl.
◇ s. Olympier(in) m. (f.).
olympique [-pik] adj. olympisch. | *Les jeux Olympiques*, die Olympischen Spiele n. pl. ; Olympiade f. | *Les jeux Olympiques d'hiver*, die olympischen Winterspiele n. pl. | *Champion olympique*, Olympiasieger m. | *Flamme olympique*, olympisches Feuer.
ombelle [ɔ̃bɛl] f. BOT. Dolde f.
ombellifère [-lifɛ:r] adj. doldentragend, -ständig.
◇ f. Doldenblütler m., -gewächs n.
ombilic [ɔ̃bilik] m. ANAT. Nabel m. || BOT. Kelchnarbe f. ; Nabel m. || FIG. Mittelpunkt m.
ombilical, ale, aux [-kal, o] adj. ANAT. Nabel... | *Cordon ombilical*, Nabelschnur f., -strang m.
ombrage [ɔ̃bra:ʒ] m. Laubdach n. ; schattiges Laub. || PAR EXT. Verdacht m. ; Mißtrauen n. ; Argwohn m. | *Donner de l'ombrage*, Verdacht einflößen. | *Porter ombrage à qn*, jn in den Schatten stellen. | *Prendre ombrage*, Verdacht schöpfen.
ombragé, ée [-ʒe] adj. schattig ; im Schatten.
ombrager [-ʒe] v. tr. beschatten ; Schatten werfen, spenden. || PAR EXT. verhüllen ; überdecken.
ombrageux, euse [-ʒø, ø:z] adj. scheu ; schreckhaft. || FIG. mißtrauisch.
ombre [ɔ̃:br] f. Schatten m. ; Dämmer m. ; Dunkel n. ; Dunkelheit f. | *À l'ombre*, im Schatten. | *Faire de l'ombre*, Schatten werfen. | *Couvrir de son ombre*, überschatten (insépar.). | *Dans l'ombre de la nuit*, im Dunkel, im Schutze der Nacht. | *Ombres chinoises*, Schattenspiele n. pl. || ARTS. Schatten m. ; Abschattierung f. ; dunkler Ton. || LOC. *Avoir peur de son ombre*, sich vor seinem eigenen Schatten fürchten ; überängstlich sein. | *Courir après une ombre*, einem Traumbild nachjagen. | *C'est une ombre au tableau*, das ist dabei ein kleiner Fehler. | *N'être plus que l'ombre de soi-même*, nur noch der Schatten seiner selbst sein. | *Mettre qn à l'ombre*, jn hinter Schloß und Riegel bringen ; jn hinter schwedische Gardinen setzen. | *Rester dans l'ombre*, im Hintergrund bleiben ; eine Nebenrolle spielen. | *Suivre qn comme son ombre*, sich wie sein Schatten an jn heften. || [apparence] *Cela ne*

fait pas l'ombre d'un doute, darüber besteht nicht der leiseste Zweifel. | *Je ne vois pas là-dedans l'ombre d'une difficulté*, darin sehe ich nicht die geringste Schwierigkeit. || [les morts] *Royaume des ombres*, Schatten-, Unterwelt f. ; Totenreich n. || [maquillage] *Ombre à paupières*, Lidschatten m.
◇ loc. prép. **à l'ombre de**, PR. et FIG. im Schatten von.
ombre [ɔ̃:br] f. ARTS. *(Terre d') ombre*, Umbra f.
ombre [ɔ̃:br] m. ZOOL. *Ombre commun*, Äsche f.
ombrelle [ɔ̃brɛl] f. Sonnenschirm m.
ombrer [ɔ̃bre] v. tr. beschatten ; schattieren.
ombreux, euse [ɔ̃brø, ø:z] adj. schattig.
Ombrie [ɔ̃bri] n. pr. f. GÉOGR. Umbrien n.
ombrien, ienne [ɔ̃brijɛ̃, jɛn] adj. umbrisch.
◇ s. **Ombrien, ienne,** Umbrier(in) m. (f.).
oméga [ɔmega] m. Omega n. | *L'alpha et l'oméga*, das A und O ; Anfang und Ende.
omelette [ɔmlɛt] f. Eierkuchen m. ; Omelett n. | *Omelette soufflée*, Eierauflauf m. || IRON. Scherbenhaufen m. ; Kladderadatsch m.
omettre [ɔmɛtr] v. tr. aus-, weglassen ; unterlassen (insépar.) ; übersehen ; übergehen (insépar.). | *Sans rien omettre*, ohne etwas zu übersehen. | *Omettre de faire qch.*, etwas zu tun unterlassen.
omission [ɔmisjɔ̃] f. Unterlassung f. ; Versäumnis n. | *Péché d'omission*, Unterlassungssünde f. | *Sauf erreur ou omission*, Irrtum oder Versehen vorbehalten.
omnibus [ɔmnibys] m. Omnibus m. | *Train omnibus*, Personenzug m.
omnidirectionnel, elle [-direksjɔnɛl] adj. TECHN. ungerichtet. | *Antenne omnidirectionnelle*, Rundstrahlantenne f.
omnipotence [-pɔtɑ̃:s] f. Allmacht f. ; Allgewalt f. || POLIT. absolute Gewalt, Macht f.
omnipotent, ente [-pɔtɑ̃, ɑ̃:t] adj. allmächtig ; allgewaltig ; unumschränkt ; absolut. | *Monarque omnipotent*, absoluter Herrscher.
omnipraticien [-pratisjɛ̃] m. MÉD. praktischer Arzt.
omniprésence [-prezɑ̃:s] f. Allgegenwart f.
omniprésent, ente [-prezɑ̃, ɑ̃:t] adj. allgegenwärtig.
omniscience [-sjɑ̃:s] f. Allwissenheit f.
omniscient, iente [-sjɑ̃, jɑ̃:t] adj. allwissend.
omnisports [-spɔ:r] adj. invar. für alle Sportarten. | *Palais omnisports*, Sportpalast n.
omnium [ɔmniɔm] m. SPORT. Omnium n. || ÉCON. Holding n. ; Holdinggesellschaft f.
omnivore [-vɔ:r] adj. alles fressend.
◇ m. Allesfresser m. ; Omnivore m.
omoplate [ɔmɔplat] f. ANAT. Schulterblatt n.
on [ɔ̃] pron. indéf. man ; es. | *Si l'on veut*, wenn man will. | *On frappe*, es klopft. | *On sonne*, es hat jd geklingelt. | *On est bien assis*, es sitzt sich gut. | *On mange bien ici*, hier kann man gut speisen. | *Le qu'en-dira-t-on*, die öffentliche Meinung. | *Ici on danse*, hier wird getanzt. | *On l'a récompensé*, er ist belohnt worden.
onagre [ɔna:gr] m. ZOOL. Wildesel m.
once [ɔ̃:s] f. Unze f. ; kleine Menge. | *Ne pas peser une once*, federleicht sein ; PAR EXT. keine nennenswerten Schwierigkeiten bereiten. || ZOOL. Unze f. ; Jaguar m.
oncle [ɔ̃kl] m. Onkel m. | *Oncle à la mode de Bretagne*, entfernter Onkel. | *Oncle d'Amérique*, Onkel aus Amerika. | *Oncle à héritage*, Erbonkel.
oncologie [ɔ̃kɔlɔʒi] f. MÉD. Onkologie f.
onction [ɔ̃ksjɔ̃] f. RELIG. (Ein)salbung f. ; Ölung f. | *Extrême-onction*, letzte Ölung. | *Onction des rois*, Salbung der Könige.
onctueux, ueuse [-tɥø, ɥø:z] adj. ölig ; fettig. || FIG. ölig ; salbungsvoll.
onctuosité [-tɥozite] f. Fettigkeit f. ; Öligkeit f.
onde [ɔ̃:d] f. [eau] Welle f. ; Woge f. ; Wasser n. ; Flut f. | *Sur la terre et sur l'onde*, zu Wasser und zu Lande. || PHYS. Welle f. | *Ondes lumineuses*, Lichtwellen f. pl. | *Ondes sonores*, Schallwellen ; Klangwellen. | *Onde électromagnétique*, elektromagnetische Welle. | *Ondes hertziennes*, Hertzsche, elektrische Wellen. | *Ondes porteuses*, Trägerwellen ; Wellen. | *Ondes sismiques*, Erdbebenwellen. | *Onde de choc*, Stoßwelle. | *Onde stationnaire*, Stehwelle. | *Ondes longues*, *Grandes ondes*, Langwelle(n) (LW). | *Ondes moyennes*, Mittelwelle(n) (MW). | *Ondes courtes*, Kurzwelle(n) (KW). | *Ondes ultra-courtes*, Ultrakurzwelle(n) (UKW). | *Gamme d'ondes*, Wellenbereich m. | *Longueur d'ondes*, Wellenlänge f. | *Par la voie des ondes*, durch den Äther. | *Émettre des ondes*, Wellen ausstrahlen.
ondé, ée [ɔ̃de] adj. wellig ; gewellt ; moiriert.
ondée [ɔ̃de] f. Regen-, Wasserguß m. ; Platzregen m. ; Regenschauer m.
ondin, ine [ɔ̃dɛ̃, ɔ̃din] s. Wassergeist m., -nix(e) f. ; Undine f.
on-dit [ɔ̃di] m. invar. Gerücht n. ; Gerede n. ; Ondit n.
ondoiement [ɔ̃dwamɑ̃] m. Wellenbewegung f., -linie f. ; Wallen n. ; Wogen n.
ondoyant, ante [-jɑ̃, ɑ̃:t] adj. wogend ; wallend ; schwankend ; unbeständig. | *Ligne ondoyante*, Wellen-, Schlangenlinie f. | *Cheveux ondoyants*, wallende Haare n. pl.
ondoyer [-je] v. intr. wallen ; sich wellen ; hin und herwogen.
ondulant, ante [ɔ̃dylɑ̃, ɑ̃:t] adj. wogend ; wallend.
ondulation [-lasjɔ̃] f. Wellenbewegung f, -linie f. ; Wogen n. ; Wallung f. || PAR EXT. *Ondulations d'un champ de blé*, Wogen eines Kornfeldes. | *Ondulations d'un reptile*, Dahinschlängeln (n.) einer Schlange. | *Ondulations du sol, du terrain*, (Boden)wellen f. pl. ; Erhebung f. | *Ondulation permanente*, Dauerwelle f. || PHYS. *Théorie des ondulations*, Wellentheorie f. ; Undulationstheorie f.
ondulatoire [-latwa:r] adj. wellenförmig ; gewellt ; Wellen... | *Mouvement ondulatoire*, wellenmäßige Bewegung. | *Mécanique ondulatoire*, Wellenmechanik f.
ondulé, ée [-le] adj. wellig ; gewellt. | *Carton ondulé*, Wellpappe f. | *Cheveux ondulés*, gewelltes Haar. | *Ligne ondulée*, Wellenlinie f. | *Tôle ondulée*, Wellblech n.
onduler [-le] v. tr. wellen ; in Wellen legen ; ondulieren ; kräuseln.
◇ v. intr. sich wellen ; wogen.
onduleux, euse [-lø, ø:z] adj. wellenförmig ; gewellt ; Wellen...
onéreux, euse [ɔnerø, ø:z] adj. lästig ; belastend ; drückend ; kostspielig. | *À titre onéreux*, gegen Entgelt.
ongle [ɔ̃:gl] m. Fingernagel m. ; Nagel m. || ZOOL. [lion] Kralle f. ; [oiseau] Klaue f. ; [bœuf] Huf m. || *Se couper les ongles*, sich die Nägel schneiden. | *Ronger ses ongles*, an seinen Nägeln kauen. | *Se faire les ongles*, seine Nägel maniküren. | *Avoir les ongles en deuil*, schmutzige Fingernägel, Trauerränder haben. || FIG. *Avoir les ongles crochus*, krumme Finger machen. | *Rogner les ongles à qn*, jm die Krallen beschneiden,

stutzen. | *Payer rubis sur l'ongle*, auf Heller und Pfennig bezahlen. | *Il est Normand jusqu'au bout des ongles*, er ist Stocknormanne.

onglée [ɔ̃gle] f. Erstarrung f., Erfrieren (n.) der Fingerspitzen. | *Avoir l'onglée*, blaue Nägel haben.

onglet [ɔ̃glɛ] m. MATH. Einschnitt m. || [couteau] Kerbe f. || TECHN. Gehrung f. || [baleine] Falz m.

onguent [ɔ̃gɑ̃] m. Salbe f.

onirique [ɔnirik] adj. traumhaft; Traum...

onirisme [-rism] m. Traumgebilde n., -gesicht n. (pl. -gesichte).

oniromancie [-rɔmɑ̃si] f. Traumdeutung f.

onomatopée [ɔnɔmatɔpe] f. Schallwort n.; Onomatopöie f.

ontologie [ɔ̃tɔlɔʒi] f. PHILOS. Ontologie f.

onyx [ɔniks] m. Onyx m.

onze [ɔ̃:z] adj. num. card. elf. | *Louis onze (XI)*, Ludwig der Elfte. | *Le onze février*, der elfte, am elften Februar.
◇ m. SPORT. *Le onze*, die Fußballel f.

onzième [ɔ̃zjɛm] adj. num. ord. der, die, das elfte.
◇ s. Elfte, Elftel n.

opacité [ɔpasite] f. Undurchsichtigkeit f.; Trübung f. | *Opacité de la cornée*, Hornhauttrübung.

opale [ɔpal] f. Opal m.

opalin, ine [-lɛ̃, lin] adj. opal; opalartig.

opaline [-lin] f. Milchglas n.

opaque [ɔpak] adj. undurchsichtig; dicht. | *Corps opaque*, lichtundurchlässiger Körper. | *Couleur opaque*, Deckfarbe f. | *Verre opaque*, Opakglas n.

opéra [ɔpera] m. [œuvre] Oper f. || [édifice] Opernhaus n. || *Grand opéra*, große, tragische Oper. | *Opéra-ballet*, Tanzoper. | *Opéra comique*, *Opéra-bouffe*, komische Oper.

opérateur, trice [ɔperatœ:r, tris] s. Operateur m. || MÉD. Operationsarzt m., -ärztin f.; Chirurg(in) m. (f.). || FILM. Kameramann m.; Filmvorführer(in) m. (f.). || TÉLÉPH. Telefonistin f.; POP. Fräulein (n.) vom Amt. || AÉRON., MAR. Bordfunker m. || TYPOGR. Maschinensetzer(in) m. (f.). || INF. Operator(in) m. (f.); Datentypist(in) m. (f.).
◇ m. **opérateur,** INF. *Opérateur arithmétique*, Rechenwerk n. | *Opérateur binaire*, *booléen*, Binär-, boolescher Operator. | *Opérateur logique*, logischer Operator.

opération [-rasjɔ̃] f. **1.** Wirken n.; Wirkung f.; Arbeitsgang m.; Unternehmen n.
2. FIN. Geschäft n.; Geschäftsbesorgung f. | *Opération commerciale*, Handelsgeschäft. | *Opération illicite*, Schiebung f. | *Opération immobilière*, Grundstücksgeschäft n. | *Opération au comptant*, Kassa-, Bargeschäft. | *Opération de crédit*, Kreditgeschäft. | *Opération à terme*, Zeit-, Termingeschäft; Terminhandel m.
3. MIL. Operation f.; Kampfhandlung f. | *Opération offensive*, Angriffsoperation, -bewegung f. | *Base d'opération*, Operationsbasis f. | *Troupes en opérations*, Feld-, Einsatztruppen f. pl.
4. MATH. Opération f.; Rechnungsart f. | *Opération élémentaire*, Grundrechnungsart. | *Faire une opération*, rechnen.
5. MÉD. Operation f.; chirurgischer Eingriff. | *Salle d'opération*, Operationsraum m., -saal m. | *Table d'opération*, Operationstisch m. | *Opération de l'appendicite*, Blinddarmoperation. | *Opération à cœur ouvert*, Operation am offenen Herzen. | *Opération de chirurgie esthétique*, kosmetische Operation. | *Faire une opération*, eine Operation durchführen (sépar.), vornehmen. | *Subir une opération*, sich einer Operation unterziehen (insépar.).

opérationnel, elle [-sjɔnɛl] adj. einsatzfähig; betriebsbereit.

opératoire [-ratwa:r] adj. operativ. | *Médecine opératoire*, Chirurgie f. | *Bloc opératoire*, Operationstrakt m.

opercule [ɔpɛrky:l] m. BOT. Kapseldeckel m.

opéré, ée [ɔpere] s. MÉD. Operierte(r) f. (m.).

opéré m. FIN. *Avis d'opéré*, Schlußnote f.; Ausführungsschein m.

opérer [-re] v. tr. bewirken; hervorbringen; vornehmen; durchführen (sépar.). | *La foi opère des miracles*, der Glauben bewirkt Wunder. || COMM. *Opérer des affaires de banque*, Bankgeschäfte durchführen. | *Opérer un paiement*, eine Zahlung leisten. | *Opérer un versement*, eine Einzahlung leisten. || MÉD. operieren. || CHIM. *Opérer un mélange*, eine Mischung zusammenstellen.
◇ v. pr. **s'opérer,** stattfinden; eintreten; sich ereignen; sich vollziehen. | *Un changement s'opère*, eine Veränderung geht vor sich, findet statt. | *Un mieux s'est opéré*, eine Besserung ist eingetreten.
◇ v. intr. [avoir un effet; agir] *Un remède opère*, eine Arznei schlägt an, zeigt Wirkung. || PHOT. *Opérer en gros plan*, Nahaufnahmen machen. || MÉD. *Il opère bien*, er ist ein guter Chirurg.

opérette [ɔperɛt] f. Operette f.

ophtalmie [ɔftalmi] f. MÉD. Augenentzündung f. | *Ophtalmie des neiges*, Schneeblindheit f.

ophtalmologie [-mɔlɔʒi] f. Augenheilkunde f.; Ophthalmologie f. | *Clinique ophtalmologique*, Augenklinik f.

ophtalmologiste [-mɔlɔʒist] ou **ophtalmologue** [-mɔlɔg] m. Augenarzt m.; Ophthalmologe m.

ophtalmoscope [-mɔskɔp] m. Augenspiegel m.

opiacé, ée [ɔpjase] adj. opiumhaltig.

opiner [ɔpine] v. intr. sich äußern; seine Meinung sagen; seine Stimme abgeben; urteilen. | *Opiner du bonnet*, durch Kopfnicken zustimmen.

opiniâtre [ɔpinjɑ:tr] adj. halsstarrig; hartnäckig. *Combat opiniâtre*, erbitterter Kampf. | *Haine opiniâtre*, verbissener Haß. | *Travail opiniâtre*, hartnäckige Arbeit.

opiniâtreté [-trəte] f. Hartnäckigkeit f.; Beharrlichkeit f.; Zähigkeit f.; Verbissenheit f.

opinion [ɔpinjɔ̃] f. Meinung f.; Ansicht f.; Erachten n.; Urteil n.; Stimme f. || [d'expert] Gutachten n.; Begutachtung f. || *Selon mon opinion*, meiner Meinung nach. | *Des opinions avancées*, fortschrittliche Ansichten f. pl. | *Opinion fausse*, falsche Vorstellung. | *Opinion mondiale*, Weltmeinung. | *Opinion populaire*, Volksmeinung. | *Opinion préconçue*, vorgefaßte Meinung. | *Opinion publique*, öffentliche Meinung. | *Opinion religieuse*, Glaubensmeinung. || (complément d'un nom) *Délit d'opinion*, Meinungsvergehen n. | *Divergence d'opinions*, Meinungsverschiedenheit f. | *Sondage d'opinion*, Meinungsumfrage f. || (sujet d'un verbe) *Les opinions divergent*, die Meinungen gehen auseinander. | *Mon opinion est qu'il a tort*, nach meiner Meinung hat er unrecht. || (complément d'un verbe ou attribut) *Avancer*, *Émettre une opinion*, eine Ansicht äußern. | *Je n'ai pas d'opinion là-dessus*, darüber erlaube ich mir kein Urteil. | *Il a son opinion là-dessus*, darüber hat er seine eigene Ansicht. | *Avoir bonne opinion de soi-même*, von sich selbst sehr eingenommen sein; sich nichts Geringes einbilden. | *Avoir bonne opinion de qn*, viel von jm halten. | *Avoir une haute opinion de qn*, Großes von jm denken. | *Avoir une mauvaise opinion de, sur qn*, gering, schlecht von jm denken. | *Avoir le courage de ses opinions*, für seine Meinung einstehen;

den Mut zu einer eigenen Meinung haben. | *Changer d'opinion*, anderer Meinung werden. | *C'est affaire d'opinion*, das ist Ansichtssache. | *Se faire une opinion*, sich ein Urteil bilden.
— SYN. : *Point de vue* m., Gesichtspunkt m. *Jugement* m., Urteil n. *Position* f., Stellung f.

opiomane [ɔpjɔman] adj. MÉD. opiumsüchtig.
◇ s. Opiumsüchtige(r) f. (m.).

opiomanie [-ni] f. MÉD. Opiumsucht f.

opium [ɔpjɔm] m. Opium n. | *Fumeur d'opium*, Opiumraucher m.

opossum [ɔpɔsɔm] m. ZOOL. Opossum n.

opportun, une [ɔpɔrtœ̃, yn] adj. günstig ; gelegen ; zweckmäßig ; rechtzeitig. | *En temps opportun*, zu gegebener, gelegener Zeit. | *Il serait opportun de*, es dürfte ratsam erscheinen, zu.

opportunisme [-tynism] m. Opportunismus m.

opportuniste [-tynist] adj. opportunistisch.
◇ s. Opportunist(in) m. (f.). | *C'est un opportuniste*, er hängt sein Mäntelchen nach dem Winde.

opportunité [-tynite] f. Zweckmäßigkeit f. ; günstige Gelegenheit ; Opportunität f. | *Pour des raisons d'opportunité*, aus Zweckmäßigkeitsgründen.

opposable [ɔpɔzabl] adj. gegenüberstellbar ; entgegenstellbar.

opposant, ante [-zɑ̃, ɑ̃:t] adj. gegnerisch ; dagegenstehend ; Gegen... | *La partie opposante*, die Einspruch erhebende Partei.
◇ s. Mitglied (n.) der Opposition ; Gegner(in) m. (f.).

opposé, ée [-ze] adj. gegenüberliegend ; entgegengesetzt ; gegensätzlich ; gegenteilig. | *Intérêts opposés*, entgegenstehende Interessen n. pl. | *Sur la rive opposée*, auf dem Gegenufer ; auf dem gegenüberliegenden Ufer. | *Être d'un avis opposé*, gegensätzlicher Meinung sein. || MATH. *Angles opposés (par le sommet)*, Scheitelwinkel m. pl.
◇ m. **opposé,** Gegensatz m. ; Gegenteil n.
◇ loc. prép. **à l'opposé de,** im Gegensatz zu. | *Passer à l'opposé*, in das Gegenteil umschlagen (sépar.).

opposer [-ze] v. tr. gegenüberlegen, -stellen, -setzen ; entgegenstellen, -setzen ; widersprechen. || FIG. entgegnen ; einwenden ; dagegenhalten. | *Il m'a opposé que*, er hat mir entgegengehalten, daß. | *Opposer les anciens aux modernes*, die Alten den Menschen der Gegenwart gegenüberstellen. | *Opposer de bonnes raisons*, gute Gründe ins Feld führen. | *Je ne m'y oppose pas*, ich habe nichts dagegen.

opposite (à l') [alɔpozit] loc. adv. gegenüber.

opposition [ɔpozisjɔ̃] f. **1.** [empêchement] Einspruch m. ; Einrede f. ; Einwand m. ; Einwendung f. ; Hindernis n. | *Sans opposition*, ohne Widerspruch ; anstandslos. || JUR. *Opposition à mariage*, Einspruch gegen die Ehe(schließung). | *Opposition à paiement*, Zahlungsverbot n. | *Faire, Mettre opposition à qch.*, gegen etwas Einspruch erheben. | *Faire opposition à un chèque*, einen Scheck sperren lassen.
2. [contraste] Gegensatz m. ; Gegensätzlichkeit f. | *Opposition d'opinions*, Meinungsverschiedenheit f.
3. POLIT. Opposition f. | *Parti d'opposition*, Oppositionspartei f. | *Journal d'opposition*, Oppositionsblatt n. | *Être de l'opposition*, zur Opposition gehören.

oppresser [ɔprɛse] v. tr. (be)drücken ; bedrängen ; beklemmen ; einengen. | *Il en est oppressé*, das bedrückt ihn. | *Être oppressé*, keine Luft bekommen, Atemschwierigkeiten haben.

oppresseur [-sœ:r] adj. bedrückend ; lastend.
◇ m. Unterdrücker m. ; Zwingherr m.

oppressif, ive [-sif, i:v] adj. unter-, bedrückend. | *Mesures oppressives*, Zwangsmaßnahmen f. pl.

oppression [-sjɔ̃] f. Bedrückung f. ; Druck m. || FIG. Unterdrückung f. ; Unterwerfung f. | *Oppression du peuple*, Unterdrückung des Volkes. || MÉD. Beklemmung f. | *Oppression du cœur*, Herzensbeklemmung.

opprimer [ɔprime] v. tr. be-, unterdrücken ; unterjochen ; bedrängen. | *Opprimer un peuple*, ein Volk unterjochen. | *Défendre les opprimés*, die Unterdrückten verteidigen.

opprobre [ɔprɔbr] m. Schande f. ; Unehre f. ; Schmach f. ; Verworfenheit f. | *Couvert d'opprobre*, schandbeladen. | *Vivre dans l'opprobre*, in Unehre leben. | *Être l'opprobre de la famille*, der Schandfleck seiner Familie sein.

opter [ɔpte] v. intr. eine Wahl treffen ; sich entscheiden für ; optieren.

opticien [ɔptisjɛ̃] m. Optiker m.

optimisation [ɔptimizasjɔ̃] f. Optimierung f.

optimiser [-ze] v. tr. optimieren.

optimisme [ɔptimism] m. Optimismus m.

optimiste [-mist] adj. optimistisch.
◇ s. Optimist(in) m. (f.).

optimum [ɔptimɔm] m. Bestwert m. ; Optimum n.

option [ɔpsjɔ̃] f. Wahl f. || JUR. Option f. || COMM. Vorkaufsrecht n. | *Délai d'option*, Optionsfrist f. || MIL. *Option zéro*, Nullösung f. || UNIV. *Matière à option*, Wahlfach n.

optique [ɔptik] adj. optisch. | *Angle optique*, Gesichtswinkel m. | *Nerf optique*, Sehnerv m.
◇ f. Optik f. | *Illusion d'optique*, optische Täuschung ; Augen-, Sinnentäuschung f. | *Instruments d'optique*, optische Instrumente n. pl. | *Les lois de l'optique*, die Gesetze der Optik. || FIG. Gesichtspunkt m. ; Perspektive f.

optoélectronique [ɔptɔelɛktronik] adj. optoelektronisch.
◇ f. Optoelektronik f.

opulence [ɔpylɑ̃:s] f. Reichtum m. ; Üppigkeit f. ; Fülle f. ; Überfluß m. ; Opulenz f. | *Vivre dans l'opulence*, ein üppiges Leben führen.

opulent, ente [-lɑ̃, ɑ̃:t] adj. überreich(lich) ; üppig ; füllig ; opulent ; PAR EXT. wohlbeleibt. | *Maison opulente*, stattliches Haus. | *Poitrine opulente*, üppiger Busen.

opuscule [ɔpyskyl] m. kleines Werk ; Büchlein n. ; kleine Schrift ; Schriftchen n.

or [ɔr] m. Gold n. | *En or*, aus Gold ; golden. || [avec un adjectif] *Or blanc*, Weißgold. | *Or mat*, Mattgold. | *Or moulu*, Malergold. | *Or mussif*, Goldbronze f. | *Or natif, vierge*, gediegenes Gold. | *Vieil or*, blaßgelbes Gold. || [avec un nom] *Or en barres*, Stangengold. | *Or en feuilles, en lamelles*, Blattgold. | *Âge d'or*, goldenes Zeitalter. | *Chercheur d'or*, Goldsucher m., -gräber m. | *Cheveux d'or*, goldblondes Haar. | *Couverture or*, Golddeckung f. | *Emprunt or*, Goldanleihe f. | *Étalon or*, Goldwährung f. | *Filon d'or*, Goldader f. | *Lingot d'or*, Goldbarren m., -stange f. | *Noces d'or*, goldene Hochzeit. | *Nombre d'or*, goldene Zahl. | *Pépite d'or*, Goldklumpen m. | *Pièce d'or*, Goldstück n. | *Sortie d'or*, Goldabfluß m. | *Titre de l'or*, Goldgehalt m. | *Valeur or*, Goldwert m. | *La Toison d'or*, das goldene Vlies. | *Le Veau d'or*, das Goldene Kalb. || MUS. *L'Or du Rhin*, Rheingold n. || LOC. *C'est une affaire en or*, das Geschäft ist eine Goldgrube. | *C'est un cœur d'or*, er hat ein goldenes Herz. | *Il est tout cousu d'or, Il roule sur l'or*, er hat Geld wie Heu. | *Je ne le ferai pas pour tout l'or du monde*, ich tue es um keinen Preis. | *Parler d'or*, das rechte Wort am rechten Platz sprechen. | *Cela vaut de l'or*, das ist Gold wert. | *Cela vaut son pesant d'or*, das ist nicht mit Gold aufzuwiegen.

or [ɔr] conj. nun (aber).

oracle [ɔrakl] m. Orakel n., -spruch m. ; Göttersspruch m. || PAR EXT. Voraussage f. ; Weissagung f. | *L'oracle de Delphes*, das Orakel zu Delphi ; delphisches Orakel. | *Rendre des oracles*, weissagen ; PÉJOR. orakeln.

orage [ɔra:ʒ] m. Gewitter n. ; Unwetter n. ; Sturm m. | *Orage magnétique*, magnetischer Sturm. | *Le temps est à l'orage*, ein Gewitter zieht auf. | *Il y a de l'orage dans l'air*, es ist gewitterig ; PAR EXT. es liegt was in der Luft. || FIG. Wirren f. pl. ; Sturm m.

orageux, euse [-ʒø, ø:z] adj. gewitterig ; schwül ; gewitterschwer. | *Ciel orageux*, drohender (Gewitter)-himmel. | *Mer orageuse*, (vom Unwetter) aufgewühltes Meer. || FIG. stürmisch, bewegt. | *Discussion orageuse*, aufgeregte Diskussion. | *Séance orageuse*, stürmische Sitzung.

oraison [ɔrɛzɔ̃] f. RELIG. Gebet n. | *Oraison dominicale*, Gebet des Herrn ; Vaterunser n. | *Oraison mentale*, stilles Gebet. | *Oraison funèbre*, Grab-, Leichenrede f.

oral, ale, aux [ɔral, o] adj. mündlich ; gesprochen. | *Cavité orale*, Mund-, Rachenhöhle f. | *Phase orale*, Oralphase f. | *Tradition orale*, mündliche Überlieferung.

◇ m. **oral,** mündliche Prüfung ; Mündliche(s) n. | *Être reçu à l'oral*, das Mündliche bestehen. | *Échouer à l'oral*, im Mündlichen durchfallen.

oralement [ɔralmɑ̃] adv. mündlich.

orange [ɔrɑ̃:ʒ] f. BOT. Apfelsine f. ; Orange f. | *Orange amère*, Pomeranze f. | *Jus d'orange*, Orangensaft m.

◇ adj. invar. orange ; orange(n) farbig ; goldgelb.

Orange [ɔrɑ̃:ʒ] n. pr. f. GÉOGR. Oranjefluß m. || HIST. *Guillaume d'Orange*, Wilhelm von Oranien.

orangé, ée [-ʒe] adj. orangefarben.

◇ m. **orangé,** Orange n. ; Orangefarbe f.

orangeade [-ʒad] f. Orangensaft m. ; Orangeade f.

oranger [-ʒe] m. BOT. Apfelsinen-, Orangenbaum m. | *Fleur d'oranger*, Apfelsinenblüte f. ; Orangenblüte f. || *Eau de fleur d'oranger*, Pomeranzenblütenessenz f.

orangerie [-ʒri] f. Orangenhain m. ; Orangerie f. ; Wintergarten m.

orang-outan [ɔrɑ̃gutɑ̃] m. ZOOL. Orang-Utan m. ; Menschenaffe m.

orateur [ɔratœ:r] m. Redner m. ; Sprecher m.

oratoire [-twa:r] adj. rednerisch ; oratorisch ; Redner... | *Art oratoire*, Redekunst f. | *Don oratoire*, Rednergabe f.

◇ m. RELIG. Betkapelle f. ; Oratorium n. | *L'Oratoire*, Orden (m.) der Oratorianer.

oratorien [-tɔrjɛ̃] m. RELIG. Oratorianer m.

oratorio [-tɔrjo] m. MUS. Oratorium n.

orbe [ɔrb] m. [trajectoire] Kreislauf m., -bahn f. || [cercle] *Orbe du soleil*, Sonnenumriß m.

◇ adj. *Mur orbe*, blinde, öffnungslose Mauer.

orbital, e, aux [ɔrbital, o] adj. PHYS. Orbital- ; Raum-. | *Station orbitale*, Raumstation f.

◇ f. **orbitale,** PHYS. Orbital n.

orbite [ɔrbit] f. ANAT. Augenhöhle f. | *Des yeux enfoncés dans les orbites*, tiefliegende Augen n. pl. | *Des yeux sortant de leurs orbites*, heraustretende Augen ; IRON. Stielaugen n. pl. || ASTRON. (Planeten)-kreisbahn f. | *Orbite terrestre*, Erdumlaufbahn f. | *Orbite géostationnaire*, geostationäre, Bahn. | *Orbite de révolution*, Umlaufbahn. | *Orbite de transfert*, Transferbahn f. ; Übergangsbahn f. || AÉRON. *Orbited'attente*, Parkbahn f. || FIG. Wirkungsbereich m.

Orcades [ɔrkad] n. pr. f. pl. GÉOGR. Orkneyinseln f. pl.

orchestration [ɔrkɛstrasjɔ̃] f. MUS. Instrumentierung f.

orchestre [ɔrkɛstr] m. ANTIQ. Orchestra f. || THÉÂTRE. [musiciens] Orchesterraum m. ; [spectateurs] Parkett n. ; Parterre n. | *Fauteuil d'orchestre*, Orchestersessel m. || MUS. Orchester n. ; Kapelle f. | *L'orchestre attaque, accompagne en sourdine*, das Orchester setzt ein, untermalt leise. | *Chef d'orchestre*, Dirigent m. ; Kapellmeister m. | *Orchestre (d'instruments) à cordes*, Streichorchester. | *Orchestre d'instruments à vent*, Blasorchester. | *Orchestre de jazz*, Jazzband f., -orchester, -kapelle f.

orchestrer [-tre] v. tr. MUS. für Orchester setzen, bearbeiten ; instrumentieren ; orchestrieren. || FIG., POLIT. inszenieren ; propagandistisch vorbereiten.

orchidée [ɔrkide] f. BOT. Orchidee f.

ordinaire [ɔrdinɛ:r] adj. gewöhnlich ; alltäglich ; regelmäßig ; üblich ; ordentlich. | *Pas, Peu ordinaire*, ungewöhnlich. | *Jour ordinaire*, Alltag m. | *Homme ordinaire*, Durchschnittsmensch m. | *Vin ordinaire*, Tischwein m.

◇ m. das Übliche, Gewöhnliche. | *Sortir de l'ordinaire*, aus dem üblichen Rahmen herausfallen. || [nourriture] Alltags-, Hausmannskost f. || MIL. Mannschaftskost f., -verpflegung f. || RELIG. Ordinarius m. | *L'ordinaire de la messe*, die gleichbleibenden Meßteile m. pl.

◇ loc. adv. **à l'ordinaire, d'ordinaire,** gewöhnlich ; meist(ens) ; üblicherweise.

ordinairement [-rmɑ̃] adv. gewöhnlich ; meistens ; üblicherweise ; sonst.

ordinal, ale, aux [ɔrdinal, o] adj. Ordinal... ; Ordnungs... | *Nombre ordinal*, Ordnungszahl f.

ordinateur [ɔrdinatœ:r] m. Computer m. ; Datenverarbeitungsanlage f. ; Elektronenrechner m. | *Ordinateur individuel*, Personalcomputer (PC).

ordination [ɔrdinasjɔ̃] f. RELIG. Priesterweihe f. ; Ordination f. ; Ordinierung f.

ordinogramme [ɔrdinɔgram] m. INF. Flußdiagramm n.

ordonnance [ɔrdɔnɑ̃:s] f. ARCHIT. Anordnung f. ; Gefüge n. || JUR. Beschluß m. ; Befehl m. ; Verfügung f. | *Ordonnance de mise en liberté*, Haftenlassungsbeschluß. | *Ordonnance de non-lieu*, Einstellungsbeschluß. || POLIT. *Ordonnance de police*, Polizeiverordnung f. | *Ordonnance gouvernementale*, Kabinettsorder f. ; Erlaß m. ; Edikt m. || MÉD. Rezept n. || MIL. *Officier d'ordonnance*, Adjutant m.

ordonnancement m. Zahlungsanweisung f.

ordonnateur, trice [-natœ:r, tris] adj. anordnend ; anweisend.

◇ m. **ordonnateur,** Ordner m. | *Ordonnateur des pompes funèbres*, Leichenzugordner.

ordonné, ée [-ne] adj. wohlgeordnet ; ordnungsliebend. | *Vie bien ordonnée*, gut geregeltes Leben.

ordonnée [-ne] f. MATH. Ordinate f.

ordonner [-ne] v. tr. [mettre en ordre] (an)-ordnen ; einrichten. | *Ordonner une fête*, ein Fest arrangieren. || [donner un ordre] verordnen ; befehlen ; gebieten ; bestimmten ; verfügen. ; MÉD. verschreiben. || RELIG. *Ordonner un prêtre*, einen Priester ordinieren, weihen.

ordre [ɔrdr] m.

I. DISPOSITION ; RANGEMENT : Ordnung f. ; Reihenfolge f. **a)** avec un adjectif. **b)** avec un nom. **c)** avec un verbe. **II.** CATÉGORIE : **a)** [sciences] Ordnung f. **b)** ARCHIT. : Baustil m. **c)** [société] Stand m. **d)** [décorations] Orden m. **e)** RELIG. : Weihe(n) f. (pl.) ; Orden m. **III.** COMMANDEMENT : **a)** en général : Befehl m. ; Vorschrift f. **b)** COMM. : Auftrag m. ; Order f. **c)** MIL. : Befehl m.

I. DISPOSITION ; RANGEMENT : Ordnung f. ; Anordnung f. ; Reihenfolge f. ; Rang m. ; Regel f. | *En, Par ordre*, der Reihe nach. | *Sans ordre*, planlos ; ungeordnet ; durcheinander. — **a)** [avec un adjectif] *Par ordre alphabétique*, in alphabetischer Ordnung, Reihenfolge ; nach dem ABC. | *En bon ordre*, in guter Ordnung ; wohlgeordnet ; zurecht. | *Ordre chronologique*, zeitliche Folge. | *L'ordre établi*, die bestehende Ordnung. | *Ordre hiérarchique*, Rangordnung. | *De premier ordre*, erstklassig ; ersten Ranges. | *Ordre public*, öffentliche Ordnung. | *De quel ordre sera la dépense ?*, wie hoch soll die Ausgabe sein ? | *De second ordre*, zweitklassig. | *Ordre social*, Gesellschaftsordnung ; soziale Ordnung. — **b)** [avec un nom] AUTOM. *Ordre d'allumage*, Zündfolge f. || MIL. *Ordre de bataille*, Schlachtordnung ; kriegsmäßige Gliederung. || SPORT. *Ordre de départ*, Startordnung ; Startreihenfolge f. RADIO. *Ordre des émissions*, Sendefolge f. | *Ordre de grandeur*, Größenordnung. | *Homme d'ordre*, ordnungsliebender Mensch. | *Dans cet ordre d'idées*, in diesem Zusammenhang. | *Manque d'ordre*, Ordnungslosigkeit f. || TECHN. *En ordre de marche*, betriebsbereit, -fertig ; fahrbereit, -fertig ; MIL. marschbereit, -fertig. || *Numéro d'ordre*, Kontrollnummer f., -zahl f. | *Ordre de préséance*, Vorrangordnung. | *Rappel à l'ordre*, Ordnungsruf m. ; Verweis m. ; Zurechtweisung f. | *Ordre de succession*, Erbfolge f. | *Ordre d'urgence*, Dringlichkeitsfolge f. — **c)** [avec un verbe] *Avoir de l'ordre*, ordentlich sein. | *Être en ordre, dans l'ordre*, in (der) Ordnung sein. | *C'est dans l'ordre des choses possibles*, es gehört zu den Möglichkeiten. | *Manquer d'ordre*, unordentlich sein ; schlecht wirtschaften. | *Mettre de l'ordre (dans les finances)*, Ordnung (in die Finanzen) bringen. | *Mettre en ordre*, in Ordnung bringen ; Ordnung schaffen ; ordnen. | *J'y mettrai bon ordre*, ich werde da Ordnung schaffen. | *Passer à l'ordre du jour*, zur Tagesordnung übergehen (sépar.). | *Procéder par ordre*, nach der Ordnung vorgehen. | *Rappeler qn à l'ordre*, jn zur Ordnung rufen ; jn mahnen. | *Remettre en ordre*, wieder in Ordnung bringen. | *Rétablir l'ordre*, die Ordnung wiederherstellen.

II. CATÉGORIE : **a)** [sciences] Ordnung f. — **b)** ARCHIT. Baustil m. ; Säulenordnung f. | *Ordre dorique*, dorischer Baustil ; dorische Säulenordnung. — **c)** [société] Stand m. | *Les trois ordres*, die drei Stände. | *Ordre des avocats*, Rechtsanwaltschaft f. | *Ordre des médecins*, Ärzteschaft f. || [juridiction] gerichtsbarkeit f. | *Ordre administratif*, Verwaltungsgerichtsbarkeit ; Verwaltungsgerichte n. pl. | *Ordre civil*, Zivilgerichtsbarkeit ; Zivilgerichte n. pl. — **d)** [décorations] Orden m. | *Ordre de chevalerie*, Ritterorden. | *Ordre de la Légion d'honneur*, Orden der Ehrenlegion. | *Ordre de la Jarretière*, Hosenbandorden. — **e)** RELIG. Weihe(n) f. (pl.) ; Orden m. || [sacrement] Priesterweihe. | *Ordres mineurs*, niedere Weihen. | *Ordres majeurs*, höhere Weihen. | *Conférer les ordres, le sacrement de l'ordre à qn*, jm die Priesterweihe(n) erteilen. | *Ordre monastique*, Mönchsorden. | *Ordre mendiant*, Bettelorden. | *Entrer dans les ordres*, Mönch, Nonne werden ; in einen Orden eintreten.

III. COMMANDEMENT : Befehl m. ; Anordnung f. ; Vorschrift f. — **a)** [en général] *Jusqu'à nouvel ordre*, bis auf weiteres. | *Par ordre supérieur*, auf höheren Befehl ; auf höhere Anordnung. | *Ordre du jour*, Tagesordnung f. | *Avoir des ordres à donner*, etwas auszurichten, zu bestellen haben. | *Je n'ai pas d'ordre à recevoir de vous*, Sie haben mir gar nichts zu befehlen. | *Avoir qn sous ses ordres*, jn unter sich (dat.) haben. | *Donner ordre à qn de*, jm vorschreiben, zu ; jn beordern, zu. | *Être aux ordres de qn*, jm zu Gebote, zur Verfügung stehen. | *Exécuter un ordre*, einen Befehl ausführen. | *Intimer un ordre à qn*, jm einen Befehl einschärfen. | *Placer sous les ordres de qn*, jm unterstellen (insépar.). | *Recevoir ordre de*, beordert, befehligt werden, zu. | *Suivre un ordre*, einer Anordnung, einem Befehl Folge leisten. | *Par ordre (p. o.)*, im Auftrag(e) [i. A.]. | *Sur ordre de*, auf Befehl von. | *Conformément aux ordres (reçus)*, befehlsgemäß ; befehlsmäßig ; wie befohlen. — **b)** COMM. Auftrag m. ; Order f. | *Dans l'attente de vos ordres*, in Erwartung Ihrer Aufträge. | *Selon votre ordre*, Ihrem Auftrage entsprechend. | *À l'ordre de*, an die Order von. | *À l'ordre de nous-mêmes*, auf unsere eigene Order. | *À ordre et pour compte de*, im Auftrage und für die Rechnung von. | *À l'ordre d'un tiers*, an fremde Order. | *Billet à ordre*, Eigenwechsel m. | *Ordre à terme*, Terminauftrag. | *Ordre au mieux*, unlimitierter Auftrag. | *Ordre d'achat*, Kaufauftrag m. | *Ordre de paiement*, Einlösungsauftrag. | *Ordre de recouvrement*, Einziehungsauftrag. | *Ordre complémentaire*, Nachbestellung f. || *Annuler un ordre*, einen Auftrag streichen. — **c)** MIL. Befehl m. | *Ordre d'appel*, Einberufungsbefehl. | *Ordre d'attaque*, Angriffsbefehl. | *Ordre de marche*, Marschbefehl. | *Mot d'ordre*, Losung f. ; Parole f. | *Être sous les ordres de qn*, unter dem Kommando von jm stehen. | *Transmission des ordres*, Befehlsübermittlung f. | *À vos ordres, mon capitaine !*, zu Befehl, Herr Hauptmann !

ordure [ɔrdy:r] f. Unrat m. ; Schmutz m. Dreck m. ; Müll m. ; Kehricht n. ; Kot m. | *Enlèvement des ordures*, Müllabfuhr f. | *Ordures ménagères*, Küchenabfälle m. pl. | *Tas d'ordures*, Dreck-, Müllhaufen m. | *Boîte à ordures*, Müllkasten m. | *Jeter aux ordures*, auf den Müll werfen. | *Défense de déposer des ordures*, Müllabladen verboten ! || FIG. Zote f. ; Unflätrerei f. | *Dire des ordures*, Zoten reißen ; schweinigeln. || [personne] Miststück n. ; Schweinehund m.

ordurier, ière [-rje, jɛ:r] adj. schmutzig ; unflätig ; schlüpfrig ; zotig. | *Tenir des propos orduriers*, schmutzige Reden führen.

orée [ɔre] f. Waldrand m. ; (Waldes) saum m.

oreille [ɔrɛ:j] f.

I. Employé seul. **II.** Avec un adjectif. **III.** Avec un nom. **IV.** Avec un verbe.

I. (employé seul) [organe] Ohr n. ; [ouïe] Gehör n. ; [chien de chasse] Behang m. ; Gehänge n. ; [gibier] Gehör n. ; [grand gibier] Lauscher m. ; [lapin, lièvre] Löffel m. ; [vase] Henkel m.

II. (avec un adjectif) *Oreilles coupées*, Stutzohren n. pl. ; gestutzte Ohren n. pl. | *Oreilles décollées*, abstehende Ohren n. pl. | *Oreille externe*, äußeres Ohr. | *Oreille*

interne, inneres Ohr. | *Oreille moyenne*, Mittelohr. | *Oreilles pendantes*, Hängeohren n. pl. ; Schlappohren n. pl.
III. (avec un nom) *Boucles d'oreilles*, Ohrringe m. pl. | *Pendants d'oreilles*, Ohrgehänge n. | *Bourdonnements d'oreilles*, Ohrensausen n. | *Bout de l'oreille*, Ohrlappen m. ; Ohrläppchen n. | *Oreilles d'âne*, Eselsohren n. pl.
IV. (avec un verbe) *Avoir de l'oreille*, ein feines Ohr haben. | *N'avoir point d'oreille pour qch.*, von etwas nichts hören wollen. | *Avoir l'oreille basse*, die Ohren hängen lassen. | *Avoir l'oreille dure*, harthörig, schwerhörig sein. | *Avoir l'oreille fine*, ein feines Gehör, Ohr haben. | *Avoir des dettes par-dessus les oreilles*, bis über die Ohren in Schulden stecken. | *Se boucher les oreilles*, sich die Ohren verstopfen, zuhalten. | *Casser les oreilles à qn (avec qch.)*, jm (mit etwas) in den Ohren liegen ; jm die Ohren vollschreien, vollärmen. | *Dire à l'oreille de qn*, jm ins Ohr sagen ; jm zuflüstern. | *On se le dit à l'oreille*, man munkelt davon ; es geht von Ohr zu Ohr. | *Dormir sur ses deux oreilles*, ganz ohne Sorge sein. | *Dresser, Tendre l'oreille, les oreilles*, die Ohren spitzen. | *Échauffer les oreilles à qn*, jm den Kopf heiß machen. | *Écouter d'une oreille attentive*, aufmerksam hinhören. | *N'écouter que d'une oreille*, nur mit halbem Ohr zuhören. | *Il n'entend pas de cette oreille*, er hört nicht auf diesem Ohr. || FIG. *Il ne l'entend pas de cette oreille*, er läßt es sich nicht gefallen. | *Faire la sourde oreille*, sich taub stellen. | *Frotter les oreilles à qn*, jn hinter die Ohren schlagen ; POP. jm die Ohren, den Kopf waschen. | *Laisser passer, Montrer le bout de l'oreille*, sich verraten. | *Tirer les oreilles à qn*, jm die Ohren lang ziehen. | *Se faire tirer l'oreille*, sich (lange) nötigen lassen.

oreiller [-je] m. (Kopf)kissen n. | *Une conscience pure est un mol oreiller*, ein gutes Gewissen ist ein sanftes Ruhekissen.

oreillette [-jɛt] f. ANAT. Herzvorhof m. ; Herzkammer f.

oreillons [-jɔ̃] m. pl. Ohrenschützer m. || MÉD. Ziegenpeter m. ; Mumps m.

ores [ɔ:r] adv. *D'ores et déjà*, nunmehr ; von nun ab.

Oreste [ɔrɛst] n. pr. m. MYTH. Orest m.

orfèvre [ɔrfɛvr] m. Goldschmied m. ; Gold- und Silberarbeiter m.

orfèvrerie [-vrəri] f. Goldschmiedekunst f., -arbeit f. ; Goldwarenhandel m. ; Goldwaren f. pl.

orfraie [ɔrfrɛ] f. ZOOL. Seeadler m.

organdi [ɔrgɑ̃di] m. TEXT. Organdin m.

organe [ɔrgan] m. **1.** ANAT. Organ n. ; (Sinnes)-werkzeug n. | *Organe des sens*, Sinnesorgane n. pl. | *Organe de la vue*, Sehorgan. | *Organes génitaux*, Geschlechtsorgane n. pl.
2. [voix] Stimme f. ; Organ n.
3. TECHN. Organ n. ; Element n. | *Organe de contrôle*, Kontrollorgan. || INF. *Organe d'entrée, de sortie*, Eingabe-, Ausgabeeinheit f. | *Organe de traitement*, Verarbeitungseinheit f.
4. [qui exprime un avis] Wortführer m. ; Sprachrohr n. ; Organ n. | *Organes judiciaires*, Justizorgane pl. | *Organes consultatifs*, beratende Körperschaften f. pl. | *Organe de l'opposition*, [personne] Wortführer der Opposition ; [journal] Oppositionsblatt n. ; Organ der Opposition.

organigramme [-nigram] m. Organisationsschema n. ; Stellenplan m. || INF. Ablaufdiagramm n. ; Flußdiagramm n. ; Programmablaufplan m.

organique [-nik] adj. organisch ; gegliedert. | *Loi organique*, Grundgesetz n. | *Chimie organique*, organische Chemie. | *Échanges organiques*, Stoffwechsel m.

organiquement [-nikmɑ̃] adv. organisch.

organisateur, trice [ɔrganizatœ:r, tris] adj. organisatorisch ; ordnend ; gestaltend.
◇ s. Organisator(in) m. (f.) ; Veranstalter(in) m. (f.).

organisateur-conseil [-kɔ̃sɛ:j] m. (pl. **organisateurs-conseils**) Unternehmens-, Betriebsberater m.

organisation [-zasjɔ̃] f. [structure] Organisation f. ; Aufbau m. ; Einrichtung f. | *Organisation administrative*, Verwaltungsaufbau. | *Organisation du corps humain*, Aufbau des menschlichen Körpers. | *Organisation des loisirs*, Freizeitgestaltung f. | *Organisation du travail*, Arbeitsgestaltung f., -planung f. | *Organisation des banques*, Bankwesen n. || [association] Organisation f. ; Verband m. | *Organisation des Nations unies (O. N. U.)*, Organisation der Vereinten Nationen (UNO). | *Organisation internationale du travail (O. I. T.)*, Internationale Arbeitsorganisation (IAO). | *Organisation professionnelle*, Berufsverband, -organisation. | *Organisation caritative*, Wohlfahrtsverband. || MIL. *Organisation de l'armée*, Heeresgliederung f. | *Travail d'organisation du terrain*, Verschanzung f.

organisationnel, elle [-sjɔnɛl] adj. Organisations... ; organisatorisch.

organiser [-ze] v. tr. organisieren ; einrichten ; aufbauen ; gestalten ; gliedern ; ordnen ; veranstalten. | *Bien organiser*, gut einrichten. | *Voyages organisés*, Gesellschaftsreisen f. pl. | *Organiser une fête*, ein Fest veranstalten. || MIL. *Organiser une position*, eine Stellung ausbauen.
◇ v. pr. **s'organiser,** sich einrichten ; zustande kommen ; sich einspielen.

organisme [ɔrganism] m. [êtres vivants] Organismus m. ; Lebewesen n. || [bureaux] Verband m. ; Stelle f.

organiste [ɔrganist] s. Organist(in) m. (f.) ; Orgelspieler(in) m. (f.).

orgasme [ɔrgasm] m. Orgasmus m.

orge [ɔrʒ] f. Gerste f. | *Farine d'orge*, Gerstenmehl n. | *Sucre d'orge*, Gerstenzucker.
◇ m. *Orge mondé*, Gerstengraupen f. pl. | *Orge perlé*, Perlgraupen f. pl.

orgeat [ɔrʒa] m. Mandelmilch f.

orgelet [ɔrʒəlɛ] m. MÉD. Gerstenkorn n. ; Werre f.

orgiaque [ɔrʒjak] adj. orgiatisch ; orgienhaft.

orgie [-ʒi] f. Orgie f. ; Ausschweifung f. ; Gelage n. | *Faire une orgie*, eine Orgie veranstalten. | *Orgie de fleurs*, verschwenderische Blumenfülle. | *Se livrer à des orgies*, ein wüstes Leben führen ; POP. saufen und prassen. || ANTIQ. *Les orgies*, Dionysien f. pl. ; Bacchusfest n.

orgue [ɔrg] m. Orgel f. | *Buffet d'orgue*, Orgelgehäuse n. | *Facteur d'orgues*, Orgelbauer m. | *Point d'orgue*, Fermate f. ; Haltezeichen n. | *Tuyau d'orgue*, Orgelpfeife f. || [orgue de Barbarie] Drehorgel f. ; Leierkasten m. | *Orgue électrique*, elektrische Orgel.
— OBSERV. *Orgues* est féminin au pluriel lorsqu'il désigne un seul instrument : *Les grandes orgues de la cathédrale.*

orgueil [ɔrgœ:j] m. Hochmut m. ; Dünkel m. ; Selbstüberhebung f. | *Orgueil de la naissance*, Adelsstolz m. | *Cela fait son orgueil*, das ist sein ganzer Stolz. | *Mettre son orgueil à*, seinen Stolz dareinlegen, zu.
— SYN. : *Prétention* f., Anmaßung f. *Suffisance* f., Selbstgefälligkeit f. ; Anmaßung f. *Vanité* f., Eitelkeit f.

orgueilleusement [-jøzmɑ̃] adj. hochmütig.

orgueilleux, euse [-jø, ø:z] adj. hochmütig ; dünkelhaft ; selbstgefällig ; überheblich ; hoffärtig.

orient [ɔrjɑ̃] m. GÉOGR. [est] Orient m. ; Osten m. ; Morgen m. | *L'Extrême-Orient*, der Ferne Osten ; Ostasien n. | *Le Moyen-Orient*, der Mittlere Osten. | *Le Proche-Orient*, der Vordere Orient ; Vorderasien n.

|| HIST. *L'Empire d'Orient*, das oströmische Reich. | [franc-maçonnerie] *Grand Orient*, Groß-Orient. || [éclat] Glanz m. | *Perle du plus bel orient*, Perle (f.) von reinstem Wasser.

orientable [ɔrjɑ̃tabl] adj. ein-, verstellbar ; drehbar.

oriental, ale, aux [ɔrjɑ̃tal, o] adj. orientalisch ; östlich ; morgenländisch. | *Prusse orientale*, Ostpreußen n. | *Les Indes orientales*, Ost-Indien n.
◇ s. Orientale m. ; Orientalin f.

orientalisme [-lism] m. Orientkunde f. ; Orientalistik f.

orientation [ɔrjɑ̃tasjɔ̃] f. Orientierung f. ; Ortung f. ; Lagebestimmung f. | *Table d'orientation*, Orientierungstafel f. || MAR. *Orientation des voiles*, Stellen (n.), Richten (n.) der Segel. || FIG. Richtung f. | *Orientation professionnelle*, Berufsberatung f. || POLIT. Kurs m.

orienter [-te] v. tr. orientieren ; (ein)richten ; (ein)-stellen ; orten. | *Une maison mal orientée*, ein Haus in ungünstiger Lage. | *Orienter une carte*, eine Karte richtig legen, halten. || MAR. *Orienter les voiles*, die Segel stellen. || FIG. *Orienter la production*, die Produktion lenken. | *Orienter un enfant*, ein Kind beraten.
◇ v. pr. **s'orienter,** sich orientieren ; sich zurechtfinden. || FIG. sich richten (nach).

orifice [ɔrifis] m. Öffnung f. ; Mundloch n.

oriflamme [ɔriflam] f. Kriegs-, Lilienbanner n. ; Oriflamme f.

origan [ɔrigɑ̃] m. BOT. Dost m. ; Majoran m.

originaire [ɔriʒinɛ:r] adj. ursprünglich ; herstammend, -kommend ; gebürtig. | *Être originaire de*, von... herkommen, -stammen.

original, ale, aux [-ʒinal, o] adj. [qui a rapport à l'origine] original ; ursprünglich ; echt ; ureigen ; eigentümlich ; einmalig. | *Texte original*, ursprünglicher Text. | *Édition originale*, Originalausgabe. || [particulier] originell. | *Caractère original*, sonderlicher Charakter.
◇ m. **original,** [modèle ou texte primitif] Original n. ; Urtext m. ; Erstdruck m. ; Urbild n. || [personne excentrique] Original n. ; Sonderling m. ; Kauz m. ; Eigenbrötler m.

originalité [-ʒinalite] f. Originalität f. ; Ursprünglichkeit f. ; Eigenartigkeit f. || [excentricité] Wunderlichkeit f. ; Sonderbarkeit f.

origine [-ʒin] f. [commencement] Ursprung m. ; Anfang m. ; Beginn m. ; Ansatz-, Ausgangspunkt m. ; Entstehung f. || [cause] Ursache f. || [provenance] Ab-, Herkunft f. || [naissance] Abstammung f. ; Geburt f. | *D'origine noble*, von Adel, von adliger Herkunft. | *Allemand d'origine*, Deutscher von Geburt ; gebürtiger Deutscher. || ADM. *Certificat d'origine*, Herkunftszeugnis n. | *Emballage d'origine*, Originalverpackung f. || *Gare d'origine*, Heimatbahnhof m. | *Lieu d'origine*, Heimatort m. | *Origine du monde*, Beginn, Ursprung der Welt. | *Avoir, Tirer son origine de*, seinen Ausgang von... nehmen ; von... herstammen. | *Dès l'origine*, von Anfang an ; von Beginn an.
◇ loc. adv. **à l'origine,** am Anfang ; anfangs ; ursprünglich.

originel, elle [-ʒinɛl] adj. ursprünglich ; original ; angeboren. | *Vice originel*, Fabrikationsfehler m. || RELIG. *Péché originel*, Erbsünde f.

oripeau [ɔripo] m. Rausch-, Flittergold n. ; Flitter m. ; Tand m. ; Lametta n.

orme [ɔrm] BOT. Ulme f. ; Rüster f.

ormeau [-mo] m. ou **ormille** [-mi:j] f. BOT. junge, kleine Ulme.

ornement [ɔrnəmɑ̃] m. Schmuck m. ; Verzierung f. ; Zierwerk n. ; Zierat m. ; Zierde f. | *Chargé d'ornements*, schmuckbeladen, -behangen. | *Ornements d'un livre*, Buchschmuck. | *Ornements sacerdotaux*, Paramente n. pl. ; Meßgewänder n. pl. | *Ornement du style*, stilistische Ausschmückung.

ornemental, ale, aux [-tal, o] adj. ornamental ; (aus)schmückend ; Zier... | *Plantes ornementales*, Zierpflanzen f. pl.

ornementation [-tasjɔ̃] f. Ausschmückung f. ; Verzierung f. || [art] Ornamentik f.

orner [ɔrne] v. tr. ausschmücken ; schmücken ; aufputzen ; verzieren ; zieren ; IRON. ausstaffieren. | *Lettre ornée*, Initiale f. ; ausgeschmückter, verzierter Buchstabe.

ornière [ɔrnjɛ:r] f. Wagenspur f. ; Radspur f. ; Geleise n. || FIG. betretene Bahn. || PÉJOR. gewohnter Trott ; alter Schlendrian. || *Nous sommes dans l'ornière*, die Karre ist festgefahren, sitzt fest. || FIG. *Sortir de l'ornière*, unbetretene Bahnen einschlagen ; FAM. mal aus dem alten Trott rauskommen.

ornithologie [ɔrnitɔlɔʒi] f. Vogelkunde f. ; Ornithologie f.

ornithorynque [ɔrnitɔrɛ̃:k] m. ZOOL. Schnabeltier n.

orogenèse [ɔrɔʒənɛ:z] f. ou **orogénie** [ɔrɔʒeni] f. GÉOL. Orogenese f.

orographie [ɔrɔgrafi] f. Gebirgskunde f.

oronge [ɔrɔ̃:ʒ] f. BOT. Blätterpilz m. | *Fausse oronge*, Fliegenpilz m.

orpailleur [ɔrpajœr] m. Goldwäscher m.

Orphée [ɔrfe] n. pr. m. MYTH. Orpheus m.

orphelin, ine [ɔrfəlɛ̃, in] adj. verwaist ; elternlos.
◇ s. Waise f. ; Waisenkind n. | *Orphelin de père ou de mère*, Halbwaise. | *Orphelin de père et de mère*, Vollwaise. | *Devenir orphelin*, verwaisen.

orphelinat [-lina] m. Waisenhaus n., -anstalt f.

orphéon [ɔrfeɔ̃] m. Gesang(s)-, Musikverein m. ; Liedertafel f. ; Orpheum n.

orque [ɔrk] f. ZOOL. Schwertwal m.

orteil [ɔrtɛ:j] m. Zehe f. | *Gros orteil*, große Zehe.

orthocentre [ɔrtosɑ̃tr] m. MATH. Orthozentrum n.

orthochromatique [-krɔmatik] adj. PHOT. orthochromatisch ; farbempfindlich.

orthodontie [-dɔ̃si] f. MÉD. Kieferorthopädie f.

orthodontiste [-tist] s. MÉD. Kieferorthopäde m., Kieferorthopädin f.

orthodoxe [ɔrtɔdɔks] adj. RELIG. orthodox ; recht-, strenggläubig. | *Église orthodoxe*, russischorthodoxe Kirche.

orthodoxie [-dɔksi] f. Recht-, Strenggläubigkeit f. ; Orthodoxie f.

orthogonal, ale, aux [-gɔnal, o] adj. MATH. rechtwinklig ; winkelrecht.

orthographe [-graf] f. [correcte] Rechtschreibung f. ; Richtigschreibung f. ; Orthographie f. || [quelconque] Schreibart f., -weise f. | *Savoir l'orthographe*, richtig schreiben können ; sicher in der Rechtschreibung sein. | *Faute d'orthographe*, Rechtschreibfehler m. ; POP. Schnitzer m.

orthographier [-grafje] v. tr. richtig, fehlerlos schreiben.

orthographique [-grafik] adj. [relatif à l'orthographe] orthographisch ; rechtschreibungsmäßig.

orthopédie [-pedi] f. MÉD. Orthopädie f. ; Heilgymnastik f.

orthopédique [-pedik] adj. MÉD. orthopädisch.

orthopédiste [-pedist] s. MÉD. Orthopäde m., Orthopädin f.

orthophonie [-fɔni] f. MÉD. Logopädie f.

orthophoniste [-nist] s. MÉD. Logopäde m., Logopädin f.

orthoptère [-ptɛr] m. ZOOL. Orthoptere f.

ortie [ɔrti] f. BOT. Brennessel f. | *Ortie blanche*, Taubnessel f. || ZOOL. *Ortie de mer*, Seenessel f. || FIG. *Jeter le froc aux orties*, die Kutte an den Nagel hängen.

ortolan [ɔrtɔlɑ̃] m. ZOOL. Fettammer m.

orvet [ɔrvɛ] m. ZOOL. Blindschleiche f.

orviétan [ɔrvjetɑ̃] m. Wundermedizin f., -mittel n. | *Marchand d'orviétan*, Quacksalber m.

os [ɔs] m. Knochen m. ; Bein n. | *Os nasal*, Nasenbein n. | *Os frontal*, Stirnbein. | *Os de la hanche*, Hüftbein ; Lendenknochen. | *Os iliaque*, Beckenknochen ; Ileum n. | *Os à moelle*, Markknochen. || FIG. *N'avoir que la peau et les os*, nur Haut und Knochen sein ; spindeldürr sein. | *Être trempé jusqu'aux os*, naß bis auf die Knochen sein ; bis auf die Haut durchnäßt sein ; pudelnaß sein. | *C'est lui-même en chair et en os*, das ist er, wie er leibt und lebt. | *Il ne fera pas de vieux os*, der macht's nicht mehr lange ; der wird nicht alt. | *Se rompre les os*, sich die Knochen brechen. | *Jeter un os à qn*, jn mit einem geringen Lohn abspeisen. | *Ronger qn jusqu'à l'os*, jn bis aufs Mark aussaugen. | *Jusqu'à la moelle des os*, bis ins Mark ; durch und durch. || FAM. Schwierigkeit f. ; Haken m. | *Il y a un os*, die Sache hat einen Haken. | *Tomber sur un os*, auf eine unerwartete Schwierigkeit stoßen.

oscillant, ante [ɔsilɑ̃, ɑ̃:t] adj. (hin- und her)-schwingend ; oszillierend.

oscillateur [-latœ:r] m. PHYS. Oszillator m.

oscillation [-lasjɔ̃] f. Oszillation f. ; Schwingung f. ; Pendeln n. ; Ausschlag m. ; FIG. Schwankung f. | *Amplitude d'oscillation*, Schwingungsweite f. | *Oscillation du pendule*, Pendelausschlag. | *Oscillation de relaxation*, Relaxationsschwingung. || FIN. *Oscillations des cours*, Kursschwankung f.

oscillatoire [-latwa:r] adj. schwingend. | *Mouvement oscillatoire*, Schwingungsbewegung f.

osciller [-le] v. intr. oszillieren ; schwingen ; pendeln. || FIG. schwanken.

oscillographe [-lɔgraf] m. PHYS. Oszillograph m. | *Oscillographe cathodique*, Kathodenoszillograph.

osé, ée [oze] adj. gewagt ; kühn. | *Plaisanterie osée*, gewagter, zuweitgehender Scherz.

oseille [ozɛ:j] f. BOT. Sauerampfer m. || POP. [argent] *Avoir de l'oseille plein les poches*, Geld scheffeln.

oser [oze] v. tr. wagen ; trauen ; sich vermessen ; sich unterfangen (insépar. ; gén.) ; sich erdreisten ; sich erlauben. | *Oser entrer*, sich hineinwagen. | *Oser sortir*, sich hinauswagen. | *Oser (y) aller*, sich hinwagen. | *Si tu l'oses*, wenn du den Mut dazu hast. | *Si j'ose m'exprimer ainsi*, wenn ich so sprechen darf. | *Oserai-je ?*, darf ich (es wagen) ?

osier [ozje] m. Weide f. ; Korbweide. | *Osier blanc*, Wasserweide. | *Osier jaune*, Goldweide. | *Osier vert*, Bachweide. | | *Brin d'osier*, Weidenrute f. | *Panier*, *Corbeille d'osier*, Weidenkorb m.

osmium [ɔsmjɔm] m. CHIM. Osmium n.

osmose [ɔsmo:z] f. Osmose f.

osmotique [ɔsmɔtik] adj. osmotisch.

ossature [ɔsaty:r] f. Knochengerüst n., -bau m. ; Gerippe n.

osselet [ɔslɛ] m. Knöchelchen n. | *Jouer aux osselets*, mit Knöchelchen spielen, würfeln.

ossements [ɔsmɑ̃] m. pl. (Toten)gebeine n. pl. ; Knochenreste m. pl.

osseux, euse [ɔsø, ø:z] adj. knochig ; knöch(er)-ig ; knöchern ; beinern. | *Lésion osseuse*, Knochenverletzung f.

ossification [ɔsifikasjɔ̃] f. ANAT. Knochenbildung f. ; Verknöcherung f. ; Verhornung f.

ossifier [-fje] v. tr. verknöchern.

◇ v. pr. **s'ossifier,** sich verknöchern ; zu Knochen werden.

ossu, ue [ɔsy] adj. starkknochig.

ossuaire [ɔsɥɛ:r] m. Beinhaus n.

ostéite [ɔsteit] f. MÉD. Knochenentzündung f.

ostensible [ɔstɑ̃sibl] adj. offenkundig ; offenbar ; offensichtlich ; sichtbar ; sichtlich ; ostentativ.

ostensiblement [-siblɛmɑ̃] adv. in offenkundiger Weise ; ganz offensichtlich.

ostensoir [-swa:r] m. RELIG. Monstranz f.

ostentation [-tasjɔ̃] f. Prahlen n. ; Prahlerei f. ; Zurschaustellung f. ; Ostentation f. | *Faire ostentation de ses richesses*, mit seinem Reichtum prahlen, protzen, angeben.

ostentatoire [-tatwa:r] adj. prahlerisch ; protzig ; ostentativ.

ostéogenèse [ɔsteɔʒənɛ:z] f. ou **ostéogénie** [ɔsteɔʒeni] f. MÉD. Knochenbildung f.

ostéologie [-lɔʒi] f. MÉD. Knochenlehre f.

ostéomyélite [-mjelit] f. MÉD. Knochenmarkentzündung f.

ostéoporose [-pɔroz] f. MÉD. Osteoporose f.

Ostie [ɔsti] n. pr. f. GÉOGR. Ostia f.

ostracisme [ɔstrasism] m. ANTIQ. Scherbengericht n. ; Ostrazismus m. || PAR EXT. Ausschluß m. ; Verbannung f. ; Verfemung f.

ostréiculteur [ɔstreikyltœ:r] m. Austernzüchter m.

ostréiculture [-ty:r] f. Austernzucht f., -kultur f.

ostrogoth, othe [ɔstrɔgo, ɔt] adj. HIST. ostgotisch. ◇ s. Ostgote m. ; Ostgotin f. || FIG. Barbar m.

otage [ɔta:ʒ] m. Geisel f. ; Bürge m. || FIG. Unterpfand f. | *Fournir des otages*, Geiseln stellen, geben. | *Prise d'otages*, Geiselnahme f.

otarie [ɔtari] f. ZOOL. Ohrenrobbe f. ; Seelöwe m. ; Seebär m. | *Otarie à fourrure*, Pelzrobbe f.

ôté [ote] part. pass. employé comme prép. : ausgenommen ; mit Ausnahme von ; ohne.

ôter [ote] v. tr. ab-, wegnehmen ; nehmen ; abziehen ; entfernen ; entziehen. | *Ôter les arêtes*, entgräten. | *Ôter ses bas*, seine Strümpfe ausziehen. | *Ôter sa ceinture*, den Gürtel ablegen. | *Ôter son chapeau*, den Hut abnehmen. | *Ôter son chapeau devant qn*, den Hut vor jm lüften, ziehen. | *Ôter ses chaussures*, die Schuhe ausziehen. | *Ôter ses gants*, die Handschuhe abstreifen. | *Ôter son maquillage*, die Schminke entfernen ; abschminken. | *Ôter les noyaux*, aus-, entkernen. | *Ôter les os*, die Knochen herauslösen, -nehmen. | *Ôter le pain (de la bouche) à qn*, jm das Brot wegnehmen. | *S'ôter le pain de la bouche*, sich das Brot vom Munde absparen. | *Ôter une tache*, einen Flecken entfernen. | *Ôter un vêtement*, ein Kleid ausziehen. | *Ôtez-vous cela de l'esprit*, schlagen Sie sich das aus dem Kopf, aus dem Sinn. | *On ne m'ôtera pas cela de l'esprit*, das kann man mir nicht ausreden. | *Cela m'ôte tout courage*, das nimmt mir allen Mut. | *Ôte-moi d'un doute*, nimm mir einen Zweifel. | *Ôter la vie à qn*, jn um's Leben bringen.

◇ v. pr. **s'ôter,** sich entfernen ; weggehen. | *Ôte-toi de là !*, räume den Platz ! ; hau ab ! | *Ôte-toi de là que je m'y mette*, räume mir den Platz ! ; FAM. ich will auch mal ran. | *Ôte-toi de mon chemin*, geh mir aus dem Weg ! | *Ôte-toi de mes yeux !*, aus den Augen !

otite [ɔtit] f. MÉD. Ohrenentzündung f. ; Otitis f.

oto-rhino-laryngologie [otorinolarɛ̃gɔlɔʒi] f. MÉD. Hals-, Nasen- und Ohren(heil)kunde f.

oto-rhino-laryngologiste [-ʒist] s. MÉD. Facharzt (m.), Fachärztin (f.) für Hals-, Nasen- und Ohrenkrankheiten ; HNO-Arzt m., HNO-Ärztin f.

ottoman, ane [ɔtɔmɑ̃, an] adj. ottomanisch ; osmanisch ; türkisch.

◇ s. **Ottoman, ane,** Osmane m. ; Ottomane m.

◇ f. **ottomane,** [étoffe] Ottoman m. ‖ [siège] Sofa n. ; Ottomane f.

ou [u] conj. oder. | *Ou... ou.*, entweder... oder. | *Ou alors*, sonst. | *Ou bien*, oder auch ; oder gar. | *Ou bien encore*, oder aber auch ; beziehungsweise. | *D'une façon ou de l'autre*, auf die eine oder andere Art ; so oder so.

où [u] adv. wo ; wohin, worin ; woran ; worauf ; wozu. ‖ [sans changement de lieu] *La ville où il habite*, die Stadt, wo, in der er wohnt. ‖ FIG. *Où en suis-je ?*, woran bin ich ? | *Où en suis-je resté ?*, wobei bin ich stehengeblieben ? | *Où en sont les choses ?*, wie liegen die Dinge ? ; wie weit ist es ? | *Où est le mal ?*, was ist schon dabei ? | *Où qu'il soit*, wo er auch sein mag. ‖ [éloignement] *Où allez-vous ?*, wohin gehen Sie ? ; wo wollen Sie hin ? | *Où qu'il aille*, wohin er auch gehen mag. ‖ FIG. *Il ne sait où donner de la tête*, er weiß nicht, wo ihm der Kopf steht ; er weiß nicht ein noch aus. ‖ [provenance] *D'où est-il ?*, von wo ist er her ? woher ist er ? | *D'où vient que ?*, woher kommt (es), daß. | *D'où me vient cet honneur ?*, wie komme ich zu dieser Ehre ? | *D'où qu'il vienne*, woher er auch immer kommt. | *D'où ma surprise*, daher meine Überraschung. ‖ [trajet] *Par où*, wodurch. ‖ [temps] *En un temps où*, in einer Zeit, da, als, wo.

ouailles [wa:j] f. pl. RELIG. Pfarrkinder n. pl. ; Schäflein n. pl. ; (autref. Schafe n. pl.).

ouais [wɛ] interj. ei ! ; schau an ! ‖ FAM. [oui] ja.

ouate [wat] f. Watte f. | *Tampon d'ouate*, Wattebausch m., -pfropfen m. | *Ouate hydrophile, de pansement*, Verbandwatte.

ouaté, ée [-te] adj. FIG. *Son ouaté*, gedämpfter Schall.

ouater [-te] v. tr. ind. (aus) wattieren ; mit Watte auspolstern.

oubli [ubli] m. Vergessen n., Vergessenheit f. ; Unterlassung f. ; Auslassung f. ; Versäumnis n. | *Par oubli*, aus (reiner) Vergeßlichkeit. | *Tomber dans l'oubli*, in Vergessenheit geraten. | *Tirer de l'oubli*, der Vergessenheit entreißen. | *Faire rentrer dans l'oubli*, Gras darüber wachsen lassen. | *Dans un moment d'oubli*, in einem unbedachten Augenblick. | *Réparer un oubli*, eine Unterlassungssünde wiedergutmachen ; eine Unterlassung nachholen.

oublier [ublije] v. tr. vergessen ; verlernen ; auslassen ; übergehen (insépar.). | *Oublier ses amis*, seine Freunde vernachlässigen. | *Oublier son devoir*, seine Pflicht versäumen ; seiner Pflicht nicht nachkommen. | *Oublier sa douleur*, auf seinen Schmerz nicht achten. | *Il oublie facilement*, er ist sehr vergeßlich. | *Oublier l'heure*, die Stunde versäumen. | *Oublier sa leçon*, seine Lektion verlernen. | *Oublier une offense*, nicht mehr an eine Beleidigung denken. | *Oublier qn*, jn vergessen. | *Oublier qn sur une liste*, [ne pas l'inscrire] jn auf einer Liste auslassen ; [ne pas le nommer] jn auf einer Liste übergehen ; [en lisant] jn auf einer Liste überlesen. | *Faire oublier qn*, jn in den Schatten stellen. | *Oublier qch.*, etwas vergessen. | *Je ne l'oublierai pas*, das werde ich dir nicht vergessen.

◇ v. pr. **s'oublier,** sich vergessen ; sich hinreißen lassen. ‖ [inconduite] sich vergehen ; sich vergreifen. | *Ne pas s'oublier*, sorgen, daß man nicht zu kurz kommt ; an sich selbst denken ; sein Schäfchen ins Trockene bringen.

oubliettes [-jɛt] f. pl. (Burg)verlies n. | *Mettre, Jeter aux oubliettes*, ins Verlies werfen ; FIG. jn für immer unschädlich machen ; jn zum alten Eisen werfen.

oublieux, ieuse [-jø, jø:z] adj. vergeßlich ; erinnerungslos.

oued [wɛd] m. Wadi m.

ouest [wɛst] m. GÉOGR. Westen m. ; Abend m. | *Allemagne de l'Ouest*, Westdeutschland n. | *Côté ouest*, Westseite f. | *Longitude ouest*, westliche Länge. | *Quartiers de l'ouest*, westliche Stadtteile m. pl. ; Westend n. | *Vent d'ouest*, Westwind m. | *Le vent vient de l'ouest*, der Wind kommt, weht von Westen. | *À l'ouest de*, westlich ; im Westen, westwärts von. | *Vers l'ouest*, nach Westen zu ; gen, gegen Westen ; westwärts.

ouest-allemand, ande [-almɑ̃, ɑ̃:d] adj. westdeutsch ; bundesrepublikanisch.

◇ s. **Ouest-Allemand, ande,** Westdeutsche(r) f. (m.) ; Bundesdeutsche(r) f. (m.).

ouf ! [uf] interj. uff ! ; gottlob !

oui [wi] adv. ja. ‖ FAM. *Mais oui*, ja doch ; aber natürlich ; gewiß doch ! | *Que oui !*, sicherlich ; gewiß ; ganz klar ! ; gewiß doch ! | *Oui, mon capitaine*, jawohl, zu Befehl, Herr Hauptmann ! | *Dire oui*, ja sagen ; bejahen ; zustimmen. | *Je ne dis ni oui ni non*, ich sage weder ja noch nein. | *Je crois que oui*, ich glaube schon. | *Il dit oui à tout*, der sagt zu allem ja ; er ist ein Leisetreter. | *Répondre par oui ou par non*, mit einem klaren Ja oder Nein, unmißverständlich antworten. | *Pour un oui, pour un non*, um ein Nichts ; ohne rechten Grund.

ouï-dire [widi:r] m. invar. Hörensagen n. ; Gerede n. | *Il ne le sait que par ouï-dire*, er weiß es nur vom Hörensagen.

ouïe [wi] f. [sens] Gehör n. ; Gehörsinn m. ; Ohr n. | *Avoir l'ouïe fine*, ein feines Gehör, Ohr haben. | *Perdre l'ouïe*, das Gehör verlieren ; taub werden.

◇ f. pl. **ouïes.** ZOOL. [poisson] Kiemen f. pl. ‖ [violon] Schalloch n. ; F-Loch n.

ouïr [wi:r] v. tr. *J'ai ouï dire que...*, ich habe gehört, daß...

— OBSERV. N'est plus employé qu'à l'infinitif, au part. pass. (ouï, ouïe) et aux temps composés.

ouistiti [wistiti] m. ZOOL. Seiden-, Pinseläffchen n.

oukase [uka:z] m. Ukas m. ; Erlaß m.

ouragan [uragɑ̃] m. Hurrikan m. ; Orkan m. ; Sturm m. ; Sturmwind m. ; Wirbelwind m., -sturm m. ‖ FIG. Aufruhr m.

Oural [ural] n. pr. m. GÉOGR. Ural m. | *Monts Oural*, Uralgebirge n.

ourdir [urdi:r] v. tr. anscheren ; anzetteln ; zetteln ; flechten. ‖ FIG. *Ourdir un complot*, einen Anschlag schmieden, anzetteln.

ourler [urle] v. tr. (ein)säumen ; einfassen ; um-, aufnähen. | *Ourler un mouchoir*, ein Taschentuch säumen.

ourlet [-lɛ] m. Saum m. ; Umsäumung f. ; Einfassung f. | *Faux ourlet*, Ansatz m. | *Ourlet piqué*, Steppsaum. | *Ourlet à jour*, Hohlsaum.

ours [urs] m. Bär m. ; FIG. Brummbär m. | *Ours blanc*, Eis-, Polarbär. | *Ours brun*, Braunbär. | *Meneur, Montreur d'ours*, Bärenführer m. | *Peau d'ours*, Bärenfell n. | *Ours en peluche*, Teddy(bär). ‖ FIG. *Ours mal léché*, ungeschlachter, grober Kerl. | *Vivre comme un ours*, ungesellig leben.

ourse [urs] f. Bärin f. ‖ ASTRON. *La Grande Ourse*, der Große Bär ; der große Himmelswagen. | *La Petite Ourse*, der Kleine Bär.

oursin [ursɛ̃] m. ZOOL. Seeigel m.

ourson [ursɔ̃] m. Bärchen n. ; junger Bär ; Teddybär m.

oust(e) ! [ust] interj. hau ab ! || POP. verdufte !

outarde [utard] f. ZOOL. Trappe f. ; Trappgans f.

outil [uti] m. Werkzeug n. ; Handwerkszeug n. | *Boîte à outils*, Werkzeugkasten m. | *Trousse à outils*, Werkzeugtasche f.

◇ m. pl. **outils**, Gerät n.

outillage [-ja:ʒ] m. Werkzeug-, Geräteausrüstung f. ; Maschinenausstattung f.

outiller [-je] v. tr. ausstatten ; ausrüsten ; mit Werkzeug versehen. | *Être bien outillé*, mit allem versehen sein ; gut ausgestattet sein.

◇ v. pr. **s'outiller**, sich Werkzeuge verschaffen.

outilleur [-jœ:r] m. Werzeugmacher m., -schlosser m. || MINES. Geräteausgeber m.

outrage [utra:ʒ] m. Beleidigung f. ; Beschimpfung f. ; Schmähung f. ; Schmach f. | *Faire outrage à qn*, jn gröblich beleidigen. | *Faire outrage aux bonnes mœurs*, sich einen Verstoß gegen die guten Sitten zuschulden kommen lassen. || JUR. *Outrage public à la pudeur*, Erregung (f.) öffentlichen Ärgernisses.

outrageant, ante [-ʒɑ̃, ɑ̃:t] adj. beleidigend ; schmachvoll ; schändlich ; ehrenrührig ; kränkend ; schmähend. | *Paroles outrageantes*, Schmähworte n. pl.

outrager [-ʒe] v. tr. beleidigen ; verunglimpfen ; verletzen ; kränken ; schmähen. | *Outrager la morale*, die Moral verletzen. | *Outrager le bon sens*, dem gesunden Menschenverstand ins Gesicht schlagen. || JUR. *Outrager qn*, jn gröblich beleidigen.

outrageusement [-ʒøzmɑ̃] adv. schmählich. || PAR EXT. furchtbar ; schändlich. | *Il est outrageusement bête*, er ist maßlos dumm. | *Outrageusement fardée*, zu auffallend geschminkt.

outrance [utrɑ̃:s] f. Übertreibung f. ; Übertriebenheit f. ; Maßlosigkeit f. ; Überspitzung f. ; Überspanntheit f. | *À outrance*, über alle Maßen ; aufs äußerste ; maßlos. | *Combat à outrance*, Kampf auf Leben und Tod.

outrancier, ière [-sje, jɛ:r] adj. maßlos ; übertrieben

outre [utr] f. Fell-, Lederschlauch m. ; Schlauch m.

outre [utr] prép. außer ; über... hinaus ; jenseits. || [au-delà] jenseits ; über (...hinaus). | *Outre-Atlantique*, jenseits des Atlantiks ; in Amerika. | *Outre-Manche*, jenseits des Ärmelkanals ; in England. | *Outre-Rhin*, jenseits des Rheins ; in Deutschland. | *Outre mesure*, über alle Maßen. || [de plus] außer ; neben. | *Outre cela*, außerdem ; dazu ; hierzu ; ferner(hin) ; zudem.

◇ adv. *Passer outre à qch.*, etwas übergehen (insépar.) ; sich über etwas (acc.) hinwegsetzen. | *En outre*, außerdem ; ferner ; übrigens.

◇ conj. **outre que**, außer(dem), daß ; abgesehen davon, daß.

outré, ée [utre] adj. [excessif] übertrieben. || [indigné] aufgeregt ; empört ; entrüstet ; aufgebracht. | *Outré (de colère)*, außer sich vor Zorn ; wutentbrannt.

outrecuidance [utrəkɥidɑ̃:s] f. Überheblichkeit f. ; Dünkel m. ; Anmaßung f.

outrecuidant, ante [-dɑ̃, ɑ̃:t] adj. überheblich ; selbstherrlich ; dünkelhaft ; anmaßend.

outremer [utrəmɛ:r] m. [couleur] Lapislazuli m. ; Ultramarin n.

outre-mer [-mɛ:r] loc. adv. überseeisch ; jenseits des Meeres. | *Territoires d'outre-mer*, Überseeländer n. pl., -gebiete n. pl.

outrepasser [-pase] v. tr. überschreiten. | *Outrepasser ses droits*, seine Befugnisse überschreiten.

outrer [utre] v. tr. [exagérer] übertreiben, -spannen, -spitzen. || [exciter] aufbringen.

outre-tombe [utrətɔ̃:b] loc. adv. jenseits des Grabes ; aus dem Jenseits.

outsider [prononc. angl.: autsaidər] m. Außenseiter m. ; Outsider m.

ouvert, erte [uvɛ:r, ɛrt] adj. offen ; geöffnet ; offenstehend ; aufgesperrt. || FIG. freimütig ; unverhohlen ; offenherzig ; unverhüllt ; aufrichtig ; arglos. || LOC. *Ouvert toute l'année*, ganzjährig geöffnet. | *La bouche ouverte*, mit offenem Munde. | *À bras ouverts*, mit offenen Armen. | *À bureau ouvert*, gegen Vorlage ; bei Vorzeigen. | *À bureaux ouverts, à guichet ouvert*, bei offenem Schalter. | *Caractère ouvert*, offenherziger Charakter, Offenherzigkeit f. | *La chasse est ouverte*, die Jagd ist offen. | *Crédit ouvert*, laufender Kredit. | *Guerre ouverte*, erklärter, offener Krieg. | *Lettre ouverte*, offener Brief. | *Port ouvert*, Freihafen m. | *Porte ouverte à deux battants*, sperrangelweit offene Tür. | *Enfoncer une porte ouverte*, eine offene Tür einrennen. | *Rade ouverte*, offene Reede. | *Ville ouverte*, offene Stadt. | *Visage ouvert*, offenes Gesicht. || MUS. *Jouer à livre ouvert*, vom Blatte spielen. || LITTÉR. *Traduire à livre ouvert*, glatt übertragen.

ouvertement [-təmɑ̃] adv. offen ; frei heraus ; unverhohlen.

ouverture [-ty:r] f. **1.** [action d'ouvrir ; commencement] (Er)öffnen n. ; (Er)öffnung f. ; Aufmachung f. | *Ouverture de la chasse*, Eröffnung der Jagd. | *Ouverture d'une entreprise*, Aufmachung eines Betriebes. | *Ouverture d'un magasin*, Geschäftseröffnung. | *Ouverture du parlement*, Parlamentseröffnung. | *Heures d'ouverture (des guichets)*, Öffnungszeiten f. pl. ; Schalterstunden f. pl. || MUS. Ouvertüre f. || MIL. *Ouverture des hostilités*, Eröffnung der Feindseligkeiten ; Beginn (m.) der Kampfhandlungen. | *Ouverture du parachute*, Fallschirmauslösung f. || MAR. Leck n. || MATH., TECHN. *Ouverture d'un angle*, Winkelbreite f., -größe f. | *Ouverture du circuit*, Unterbrechung (f.) des Stromkreises. || PHOT. *Ouverture du diaphragme*, Öffnung der Blende. || FIN. *Ouverture de crédit*, Kreditöffnung f., -gewährung f. | *Cours d'ouverture*, Eröffnungskurs m. || JUR. *Ouverture de l'enquête*, Einleitung (f.), Eröffnung der Untersuchung. | *Ouverture de la poursuite*, Eröffnung der Beitreibung.

2. [espace vide ; orifice] Öffnung f. ; Loch n. ; Luke f. ; Durchlaß m.

3. FIG. *Ouverture d'esprit*, (geistige) Aufgeschlossenheit f. | *Ouvertures de paix*, Friedensvorschläge m. pl.

ouvrable [uvrabl] adj. *Jour ouvrable*, Werk-, Arbeitstag m.

ouvrage [-vra:ʒ] m. Arbeit f. ; Werk n. ; Werkstück n. || ARCHIT. Bauwerk n. ; Bau m. | *Ouvrage d'art*, Kunstbau. || (avec un adj.) MIL. *Ouvrage(s) avancé(s)*, Vorwerk ; Vorbefestigungen f. pl. | *Ouvrages défensifs*, Verteidigungsanlagen f. pl. | *Ouvrage fortifié*, Befestigung f. ; Befestigungswerk. || (avec un nom) *Ouvrage en argent*, Silberarbeit. | *Ouvrage de maçonnerie*, Mauerwerk ; Mauerung f. | *Ouvrage de référence*, Nachschlagewerk. | *Ouvrages de dames*, (weibliche) Handarbeiten f. pl. | *Boîte à ouvrage*, Nähkästchen n. | *Panier à ouvrage*, Nähkörbchen n. | *Table à ouvrage*, Handarbeits-, Nähtisch m. ; Nähtischchen n. || LOC. *À l'ouvrage !*, frisch ans Werk ! ; an die Arbeit ! | *Se mettre à l'ouvrage*, sich ans Werk begeben ; sich an die Arbeit machen. | *Avoir du cœur à l'ouvrage*, mit Lust und Liebe bei der Arbeit sein.

ouvrager [-ʒe] v. tr. sorgfältig aus-, bearbeiten ; verzieren.

ouvrant, ante [uvrɑ̃, ɑ̃:t] adj. öffnend. || AUTOM. *Toit ouvrant*, Schiebedach n.

ouvré, ée [uvre] adj. ausgearbeitet ; verarbeitet ; gemustert. || *Linge ouvré*, gemusterte, geblümte Wäsche. || *Demi-ouvré*, halbfertig. | *Non ouvré*, unverarbeitet.

ouvre-boîtes [uvrəbwat] m. invar. Büchsen-, Dosenöffner m.

ouvreur [uvrœ:r] m. Öffner m. || [ski] Vorläufer m.

ouvreuse [uvrø:z] f. Platzanweiserin f. || TEXT. Zubereiterin f. ; Zwirnerin f.

ouvrier, ière [uvrije, jɛ:r] adj. arbeitend ; werktätig ; Arbeits... ; Arbeiter... ; Werks... | *Cité ouvrière*, Arbeitersiedlung f. | *Classe ouvrière*, Arbeiterklasse f. ; Arbeiterschaft f. | *Délégué ouvrier*, Arbeitervertreter m. | *Parti ouvrier*, Arbeiterpartei f. | *Syndicat ouvrier*, Arbeitergewerkschaft f. || FIG. *Être la cheville ouvrière*, die treibende Kraft sein.

◇ s. Arbeiter(in) m. (f.) ; Handwerker(in) m. (f.) ; Geselle m. || PAR EXT. [auteur] Urheber m. ; Schöpfer m. || (avec un adj.) *Ouvrier agricole*, Landarbeiter. | *Ouvrier métallurgiste*, Hütten-, Metallarbeiter. | *Ouvrier qualifié (O. Q.)*, Facharbeiter. | *Ouvrier semi-qualifié, angelernter Arbeiter.* | *Ouvrier hautement qualifié*, erstklassiger Facharbeiter. | *Ouvrier saisonnier*, Saisonarbeiter. | *Ouvrier spécialisé (O. S.)*, ungelernter Arbeiter ; Hilfsarbeiter. || (avec un nom) *Ouvrier à domicile*, Heimarbeiter. | *Ouvrier à façon*, Heimakkordarbeiter ; Arbeiter im Schichtlohn. | *Ouvrier à la journée*, Tagelöhner m. | *Ouvrier aux pièces*, Stücklohn-, Akkordarbeiter ; Arbeiter im Akkord.

◇ f. **ouvrière.** ZOOL. Arbeitsbiene f.

ouvrir [uvri:r].

> **I.** v. tr.
> **a)** MANIÈRES D'OUVRIR ;
> **b)** SENS CONCRETS ;
> **c)** SENS FIGURÉS.
> **II.** v. intr.
> **III.** v. pr.

I. v. tr. (er) öffnen ; aufmachen. — **a)** MANIÈRES D'OUVRIR : *en brisant*, aufbrechen ; *en coupant*, aufschneiden ; *en déchirant*, aufreißen ; *en frappant*, aufklopfen ; aufhauen ; *en poussant*, aufstoßen ; aufschieben ; *en pressant*, aufdrücken ; *en rompant*, erbrechen ; *en tirant*, aufziehen ; *au ciseau*, aufmeißeln ; *à coups de bec*, aufpicken ; aufhacken ; *à coups de marteau*, aufhämmern ; *avec une clef*, aufschließen ; *avec les dents*, aufbeißen ; *de force*, aufzwingen ; *tout grand*, aufsperren. — **b)** SENS CONCRETS : *Ouvrir le bal*, den Ball eröffnen. | *Ouvrir le bec*, den Schnabel aufreißen. | *Ne pas ouvrir la bouche*, den Mund nicht öffnen. | *Ouvrir un commerce*, ein Geschäft gründen, eröffnen. | *Ouvrir un compte*, ein Konto eröffnen. | *Ouvrir un cours*, eine Vorlesung beginnen. | *Ouvrir un débouché*, einen Absatzmarkt erschließen. | *Ouvrir une école*, eine Schule aufmachen, begründen, eröffnen. | *Ouvrir un emprunt*, eine Anleihe aufnehmen. || JUR. *Ouvrir une information*, eine Untersuchung einleiten. || [communications] *Ouvrir une ligne*, eine Bahn in Betrieb setzen. || *Ouvrir un livre*, ein Buch aufschlagen. | *Ouvrir sa maison à qn*, jm sein Haus öffnen. | *Ouvrir la marche*, an der Spitze gehen. | *Ouvrir l'œil*, die Augen aufmachen ; aufpassen ; wachsam sein. | *Ouvrir l'oreille*, aufhorchen. | *Ouvrir un parapluie*, einen Regenschirm aufspannen. | *Ouvrir une parenthèse*, eine Klammer aufmachen ; FIG. abschweifen. | *Ouvrir un pays à l'exploitation*, ein Land erschließen. | *Ouvrir les rideaux*, die Vorhänge aufziehen. | *Ouvrir le robinet*, den Hahn aufdrehen. | *Ouvrir une route à la circulation*, eine Straße dem Verkehr übergeben (insépar.). | *Ouvrir une rue*, eine Straße anlegen. | *Ouvrir le sol*, aufbrechen. | *Ouvrir une souscription*, zur Subskription auflegen. | *Ouvrir le verrou*, den Riegel zurückschieben. | *Ouvrir la voie*, den Weg bahnen. | *Ouvrir de grands yeux*, große Augen machen ; glotzen. || MIL. *Ouvrir le feu*, das Feuer eröffnen. || TECHN. *Ouvrir une fenêtre (dans un mur)*, ein Fenster einbauen. — **c)** SENS FIGURÉS : *Ouvrir l'appétit*, den Appetit anregen. | *Ouvrir son cœur*, sein Herz ausgießen. | *Ouvrir l'esprit*, den Geist wecken. | *Cela ouvre des horizons*, das läßt tief blicken ; das macht vieles klar. | *Ouvrir des perspectives*, Möglichkeiten enthüllen. | *Ouvrir les yeux à qn*, jm die Augen öffnen. | *Ouvrir la porte aux abus*, dem Mißbrauch Tür und Tor öffnen.

II. v. intr. *La porte ouvre sur le jardin*, die Tür führt, geht zum Garten, geht auf den Garten, nach dem Garten hinaus. | *Cette boutique n'ouvre pas le lundi*, dieses Geschäft hat montags nicht geöffnet.

III. v. pr. **s'ouvrir.** — **a)** [être ouvert]. | [abcès] aufgehen ; [fleur] sich entfalten ; [plaie] sich öffnen ; [porte] aufgehen, [bruyamment] aufspringen ; [précipice] gähnen. — **b)** [commencer] beginnen. | *La scène s'ouvre sur un dialogue*, die Szene beginnt mit einem Gespräch. — **c)** *S'ouvrir à qn*, sich jm eröffnen ; jm sein Herz ausschütten. | *Ses yeux s'ouvrirent*, die Augen gingen ihm auf.

ovaire [ɔvɛ:r] m. Ovarium n. || ANAT. Eierstock m. || BOT. Fruchtknoten m.

ovale [ɔval] adj. oval ; eiförmig. | *Forme ovale*, Eiform f.

◇ m. Oval n. | *En ovale*, eiförmig.

ovaliser [-lize] v. tr. oval machen. | *Les pneus s'ovalisent*, die Reifen werden unrund.

ovation [ɔvasjɔ̃] f. Ovation f. ; Zujubeln n. ; Jubelruf m.

ovationner [-sjɔne] v. tr. jm zujubeln ; jn hochleben lassen.

ove [ɔ:v] m. ARCHIT. Eierstab m. ; eiförmige Verzierung, Liste.

overdose [ɔvœrdo:z] f. Überdosis f.

Ovide [ɔvi:d] n. pr. m. Ovid m.

ovin, ine [ɔvɛ̃, in] adj. Schaf... | *Race ovine*, Schafsrasse f.

ovipare [ɔvipa:r] adj. eierlegend ; ovipar.

◇ m. eierlegendes Tier.

OVNI [ɔvni] m. (abrév. de *Objet Volant Non Identifié*) unbekanntes Flugobjekt.

ovoïde ou **ovoïdal, ale, aux** [ɔvɔid, -idal, o] adj. eiförmig ; eirund.

ovulation [ɔvylasjɔ̃] f. ANAT. Eisprung m. ; Ovulation f.

ovule [ɔvyl] m. kleines Ei ; Eichen n. || BOT. befruchteter Same ; Samenknospe f.

oxalique [ɔksalik] adj. CHIM. oxalsauer. | *Acide oxalique*, Oxalsäure f. ; Kleesäure f.

oxhydrique [ɔksidrik] adj. *Chalumeau oxhydrique*, Schweißbrenner m. ; Knallgasgebläse n. | *Gaz oxhydrique*, Knallgas n.

oxydable [ɔksidabl] adj. oxydierbar.

oxydation [-dasjɔ̃] f. Oxydation f. ; Oxydieren n. ; Sauerstoffbindung f. || [métaux] Rosten n.

oxyde [ɔksid] m. Oxyd n. | *Oxyde de carbone*, Kohlenoxyd.

oxyder [-de] v. tr. oxydieren.

◇ v. pr. **s'oxyder,** rosten.

oxygène [-ʒɛ:n] m. Sauerstoff m. ; Oxygen n. | *Oxygène médical*, Atemsauerstoff. | *Oxygène liquide*, flüssiger Sauerstoff.

oxygéné, ée [-ʒene] adj. sauerstoffhaltig. | *Eau oxygénée*, Wasserstoffsuperoxyd n. | *Blond oxygéné*, wasserstoffblond.

oxygéner [-ʒene] v. tr. mit Sauerstoff anreichern. | *Oxygéner les cheveux*, die Haare blondieren.

◇ v. pr. **s'oxygéner,** FAM. Sauerstoff tanken.

oxyure [ɔksjy:r] m. ZOOL. Darmwurm m. (bei Kindern).

oyez [ɔje] impér. de *ouïr* (anc.) hört ! ; horcht !

ozone [ɔzo:n] m. Ozon n. ; Höhensauerstoff m.

ozoniser [-nize] v. tr. ozonisieren.

P

p [pe] m. P n. || CHIM. *P* [phosphore] Phosphor m.
pacage [paka:ʒ] m. Viehweide f. ; Weide f. | *Pacage alpestre*, Alm f. | *Droit de pacage*, Weiderecht n.
pacha [paʃa] m. Pascha m. | *Vivre en pacha*, üppig leben.
pachyderme [paʃidɛrm] adj. dickhäutig.
◇ m. Dickhäuter m.
pacificateur, trice [pasifikatœ:r, tris] adj. friedensstiftend ; beruhigend.
◇ s. Friedensstifter(in) m. (f.) ; Ruhestifter(in) m. (f.).
pacification [-fikasjɔ̃] f. Befriedung f.
pacifier [-fje] v. tr. befrieden ; einen Streit beilegen ; den Frieden wieder herstellen.
pacifique [-fik] adj. friedlich ; friedliebend ; friedfertig. | *L'océan Pacifique*, der Stille Ozean ; der Pazifik.
pacifisme [-fism] m. Pazifismus m.
pacifiste [-fist] adj. pazifistisch.
◇ s. Pazifist(in) m. (f.).
pacotille [pakɔti:j] f. Beifracht f. ; Beilast f. || PÉJOR. Ausschuß m. ; Ausschußware f. ; Schund m. ; wertloses Zeug.
pacte [pakt] m. Pakt m. ; Vertrag m. ; Bündnis n. ; Übereinkunft f. ; Abkommen n. | *Pacte de la Société des Nations*, Völkerbundspakt, -akte f., -satzung f. | *Pacte fédéral*, schweizerische Bundesakte. | *Pacte de non-agression*, Nichtangriffspakt. | *Pacte d'amitié*, Freundschaftsvertrag. | *Pacte à quatre*, Viererpakt. — SYN. : *Accord* m., Abkommen n. *Convention* f., Konvention f. *Traité* m., Vertrag m.
pactiser [-tize] v. intr. paktieren ; einen Vertrag abschließen. || PÉJOR. gemeinsame Sache machen ; paktieren. | *Pactiser avec les rebelles*, sich mit den Rebellen einlassen.
pactole [paktɔl] m. Quelle (f.) des Reichtums ; Goldgrube f.
paddock [padɔk] m. Pferdeauslauf m. || ARG. Bett n. ; Falle f.
Padoue [padu] n. pr. f. GÉOGR. Padua n.
paf ! [paf] interj. bums ! ; plumps !
paf [paf] adj. POP. *Il est paf*, er ist blau.
pagaie [pagɛ] f. MAR. Paddel n. | *Pagaie simple*, Stechpaddel. | *Pagaie double*, Doppelpaddel.
pagaille, pagaye ou **pagaïe** [paga:j] f. FAM. Durcheinander n. ; Wirrwarr m. ; Trubel m. | *En pagaille*, in großer Menge.
paganisme [paganism] m. Heidentum n. ; Paganismus m.
pagayer [pagɛje] v. intr. MAR. paddeln.
page [pa:ʒ] f. Seite f. | *Belles pages*, schöne Seiten f. pl. ; [dans une vie] schöne Ereignisse n. pl. | *Page blanche*, unbeschriebene Seite. | *Page imprimée*, Druckseite. | *Page de garde*, Vorsatz m. ; Aufschlagseite. | *Page spécimen*, Probeseite. | *À longueur de pages*, seitenlang. | *Mettre un livre en pages*, ein Buch umbrechen (insépar.) ; den Umbruch vornehmen. | *Renvoyer à la page 30*, auf Seite dreißig verweisen. | *Sauter la page*, die Seite überspringen (insépar.). | *Tourner la page*, die Seite umwenden (sépar.) || FIG. *Être à la page*, mit der Zeit, mit der Mode gehen.
page [pa:ʒ] m. Page m. ; Knappe m. ; Edelknabe m.
pagination [paʒinasjɔ̃] f. Seitennumerierung f., -bezifferung f. ; Paginierung f.
paginer [-ne] v. tr. die Seiten durchnumerieren, beziffern ; mit Seitenzahlen versehen ; paginieren.
pagne [paɲ] m. Lendenschurz m.
pagode [pagɔd] f. Pagode f.
pagure [pagyr] m. ZOOL. Landeinsiedlerkrebs m.
paie [pɛ] ou **paye** [pɛj] f. Lohn m. ; Löhnung f. ; Verdienst m. || MIL. Sold m. || *Feuille de paie*, Gehaltsabrechnung f. | *Jour de paie*, Lohntag m. ; Zahltag m. || MIL. Soldbuch n.
paiement ou **payement** [pɛmɑ̃] m. [effectué] Zahlung f. ; Bezahlung f. ; Aus-, Abzahlung f. ; Begleichung f. ; Entrichtung f. ; Abtragung f. || [reçu] Einlösung f. | *Paiement anticipé*, Voraus(be)zahlung. | *Paiement comptant*, Barzahlung. | *Paiement échelonné*, Ratenzahlung. | *Paiement forfaitaire*, Pauschalzahlung. | *Paiement partiel*, Teil-, Abzahlung. | *Paiement trimestriel*, Quartal(s)zahlung. | *Paiement par chèque*, Scheckzahlung. | *Paiement des droits (de douane)*, Verzollung f. | *Paiement au lieu de destination*, Verzollung am Bestimmungsort. | *Paiement d'un dividende*, Ausschüttung (f.) einer Dividende. | *Paiement par effet*, Wechselzahlung. | *Paiement d'un effet*, Wechseleinlösung. | *Paiement en espèces*, Bar-, Sortenzahlung. | *Paiement des intérêts*, Zinszahlung ; Verzinsung f. | *Paiement en nature*, Naturalleistung f. | *Paiement au prorata*, anteilmäßige Zahlung. | *Paiement contre remboursement*, Zahlung per Nachnahme. | *Paiement d'un, du solde*, Saldozahlung ; Resteinlösung. | *Paiement par termes, à tempérament*, Ratenzahlung. | *Balance des paiements*, Zahlungsbilanz f. | *Délai de paiement*, Zahlungsfrist f. ; Zahlungsaufschub m. | *Jour de paiement*, Zahltag m. | *Suspension des paiements*, Zahlungseinstellung f. | *Terme de paiement*, Einlösungstermin m. | *Union européenne des paiements (U.E.P.)*, Europäische Zahlungsunion (EZU). | *En guise de paiement*, an Zahlungs Statt. | *Faire, Effectuer un paiement*, eine Zahlung leisten. | *Faire rentrer, Recouvrer un paiement*, eine Zahlung eintreiben.
païen, païenne [pajɛ̃, jɛn] adj. heidnisch.
◇ s. Heide m. ; Heidin f.
paierie [pɛri] f. Zahl(meister)amt n.
paillage [paja:ʒ] m. Strohabdeckung f. ; Umwicklung (f.) mit Stroh.
paillard, arde [paja:r, ard] adj. unzüchtig ; geil.
◇ m. **paillard,** Wüstling m. ; geiler Bock.
paillardise [-di:z] f. Unzucht f. ; Hurerei f. ; Ausschweifung f.
paillasse [pajas] f. Strohsack m. ; Strohmatratze f.
paillasson [pajasɔ̃] m. (Fuß)matte f. ; Abtreter m.

paille [pɑ:j] f. Stroh n. | *Botte de paille*, Strohbündel n. | *Brin, Fétu de paille*, Strohhalm m. | *Chaise de paille*, Strohstuhl m. | *Chapeau de paille*, Strohhut m. | *Coucher sur la paille*, auf Stroh schlafen; FIG. im äußersten Elend sein. || FIG. *Feu de paille*, Strohfeuer n. | *Homme de paille*, Strohmann m. | *Mettre qn sur la paille*, jn an den Bettelstab bringen. | *Il mourra sur la paille*, er wird im Elend sterben. | *Tirer à la courte paille*, Hälmchen ziehen; etwas ausknobeln. || POP. *Une paille*, eine Kleinigkeit. || [sens particuliers]. *Paille*, [pour boire] Trinkhalm m.; [métaux; diamants] brüchige Stelle; Fehler m.; Flecken m. | *Paille de fer*, Stahlspäne m. pl.
◇ adj. invar. strohgelb, -farben.

paillé, ée [-je] adj. [couleur] strohfarben, -gelb. || [défaut] *Un diamant paillé*, ein unreiner, fleckiger Diamant. || [couvert en paille] *Une chaise paillée*, ein Stuhl mit Strohsitz.

pailler [-je] v. tr. mit Stroh ab-, zudecken, einhüllen. | *Pailler une chaise*, einen Stuhl (aus)-flechten.

pailleter [pajte] v. tr. mit Flitter(kram) besetzen.
◇ v. intr. funkeln; glitzern; blitzen. | *Une jupe pailletée*, Flitterröckchen n.

paillette [-jɛt] f. Flitter m.; Blättchen n. | *Savon en paillettes*, Seifenflocken f. pl. | *Paillette d'or*, Goldblättchen n.

paillon [-jɔ̃] m. [bouteilles] Stroh-, Flaschenhülse f. || [bijouterie] Kupferblättchen n.; Folie f. | *Paillon d'une chaîne*, Kettenmasche f.

paillotte [-jɔt] f. Strohhütte f.

pain [pɛ̃] m.

> **I.** SENS PROPRE.
> **II.** SENS TECHNIQUES.
> **III.** SENS FIGURÉS.

I. SENS PROPRE : Brot n. | *Pain azyme*, ungesäuertes Brot; Matze f. | *Pain bénit*, geweihtes Brot, Weihbrot. | *Pain bis*, Graubrot. | *Pain blanc*, Weißbrot. | *Pain complet*, Vollkornbrot. | *Pain frais*, frisches, frischgebackenes Brot. | *Pain grillé*, Röstbrot. | *Pain noir*, Schwarzbrot. | *Pain noir de Westphalie*, westfälischer Pumpernickel. | *Pain perdu*, arme Ritter m. pl. | *Pain rassis*, altbackenes, gestriges Brot. | *Pain viennois*, Milchweißbrot; Wiener Weißbrot. | *Petit pain*, Brötchen n.; [rond] Semmel f.; [au lait] Milchbrötchen; [au beurre] Butterwecken m. | *Pain d'épices*, Pfeffer-, Honig-, Lebkuchen m. | *Pain de fantaisie*, Feinbrot. | *Pain de froment*, Weizenbrot. | *Pain de gruau*, feinstes Weizenbrot. | *Pain de régime*, Diätbrot. | *Pain de seigle*, Roggenbrot. | *Pain de son*, Weizenkleiebrot. | *Miche de pain*, Brotlaib m. | *Miettes de pain*, Brotkrümchen n. pl.; Brosamen f. pl. | *Faire du pain*, Brot backen. | *Entamer un pain*, ein Brot anschneiden. | *Mettre le pain au four*, Brot in den Ofen schieben.

II. SENS TECHNIQUES : *Pain de beurre*, Butterkloß m. | *Pain à cacheter*, Oblate f. | *Pain de cire*, Wachsklumpen m. | *Pain de savon*, Block-, Waschseife f.; Seifenriegel m. | *Pain de sucre*, Zuckerhut m.

III. SENS FIGURÉS : *Avoir son pain assuré*, sein sicheres Auskommen haben. | *Donner pour un morceau de pain*, zum Spottpreis abgeben. | *Gagner son pain*, sein Brot verdienen; sein Auskommen haben. | *Tu gagneras ton pain à la sueur de ton front*, im Schweiße deines Angesichts sollst du dein Brot essen. | *Il a mangé son pain blanc le premier*, früher ging es ihm besser. | *Mettre au pain (sec) et à l'eau*, auf Wasser und Brot setzen. | *Qui sème bon grain recueille bon pain*, wie die Saat, so die Ernte. | *Bon comme le pain*, herzensgut. || FAM. *Cela se vend comme des petits pains*, das geht weg wie warme Semmeln.

pair, paire [pɛ:r] adj. gleich; gerade. | *Nombre pair*, gerade Zahl.
◇ loc. adv. **de pair,** ebenbürtig; gleich. | *Aller de pair*, [choses] zusammengehören. | *Faire aller de pair plusieurs choses*, mehrere Sachen zugleich betreiben. | *Hors (de) pair*, unvergleichlich.

pair [pɛ:r] m. [noblesse] Pair m.; Peer m. | *Chambre des pairs*, Herrenhaus n.; Oberhaus n. || [égal] *Ses pairs*, seinesgleichen; ihresgleichen. | *Traiter qn de pair à compagnon*, jn wie seinesgleichen behandeln. || COMM. Nennwert m.; Wertgleichheit f. | *Au pair*, zum Nennwert. | *Fille au pair*, Au-pair-Mädchen n. | *Elle travaille au pair*, sie arbeitet gegen Kost und Logis; sie arbeitet als Au-pair-Mädchen.

paire [pɛ:r] f. Paar n. || [attelage] Joch n.; Gespann n. || *Une paire d'amis*, ein Freundespaar. | *Une paire de gants*, ein Paar Handschuhe. | *Une paire de ciseaux*, eine Schere. | *Une paire de lunettes*, eine Brille. | *Les deux font la paire*, die beiden passen zusammen. || POP. *C'est une autre paire de manches*, das steht auf einem anderen Blatt.

pairie [pɛri] f. Pair-, Peerswürde f.; Pairie f.

paisible [pɛzibl] adj. friedlich; friedsam; sanftmütig; ruhig. || JUR. *Paisible possesseur*, ungestörter, unbehelligter Besitzer.

paisiblement [-bləmɑ̃] adv. in Frieden, unbehelligt.

paître [pɛtr] v. tr. (ab)weiden; (ab)grasen. | *Les vaches paissent*, die Kühe weiden. | *Mener paître*, zur Weide führen. | *Les chevreuils paissent*, die Rehe äsen. || FAM. *Envoyer paître qn*, jn zum Teufel schicken.

paix [pɛ] f.

> **I.** AVEC UN ADJECTIF.
> **II.** AVEC UN NOM.
> **III.** COMPLÉMENT D'UN NOM.
> **IV.** AVEC UN VERBE.
> **V.** INTERJECTIONS.

[contraire de guerre] Friede(n) m.; Friedlichkeit f. || [tranquillité] Ruhe f.; Sicherheit f.

I. AVEC UN ADJECTIF : *Paix armée*, bewaffneter Friede. | *Paix blanche*, Friede ohne Sieg. | *Paix dictée*, Diktat-, Gewaltfriede. | *Paix éternelle*, ewige Ruhe. | *Paix fourrée*, fauler Friede. | *Paix mondiale*, Weltfriede. | *Paix publique*, Landfriede. | *Paix séparée*, Separat-, Sonderfriede. | *Paix sociale*, Arbeitsfriede.

II. AVEC UN NOM : *Paix de l'âme*, Gewissensruhe; Friede der Seele. | *Paix de Dieu*, Gottesfriede. | *Paix du foyer*, *Paix du ménage*, Hausfriede. | *Paix entre les peuples*, Völkerfriede.

III. COMPLÉMENT D'UN NOM : *Ange de paix*, Friedensengel m. | *Conclusion de la paix*, Friedens(ab)schluß m. | *Conditions de paix*, Friedensbedingungen f. pl. | *Congrès de la paix*, Friedenskongreß m., -konferenz f. | *Esprit de paix*, Friedfertigkeit f. | *Homme de paix*, friedliebender Mensch. | *Juge de paix*, Amts-, Friedensrichter m. | *Médiation de paix*, Friedensvermittlung f. | *Message de paix*, Friedensbotschaft f. | *Ouvertures de paix*, *Propositions de paix*, Friedensvorschläge m. pl. | *En temps de paix*, im Frieden; in Friedenszeiten. | *Traité de paix*, Friedensvertrag m.

IV. AVEC UN VERBE : *Assurer la paix*, den Frieden sichern. | *Pour avoir la paix*, um des lieben Friedens willen. | *Être en paix avec soi-même*, den inneren Frieden haben. | *Faire la paix avec qn*, mit jm Frieden machen, schließen, sich mit jm versöhnen. | *Faire* *régner la paix*, Frieden stiften. || FAM. *Fiche-moi la paix !*, bleibe mir vom Halse ! | *Vivre en paix avec qn*, mit jm in Frieden leben. | *Reposer en paix*, in Frieden ruhen. | *Rétablir la paix*, den Frieden wiederherstellen. | *Signer la paix*, den Frieden, Friedensvertrag unterzeichnen. | *Violer la paix*, den Frieden brechen. **V.** INTERJECTIONS : *Paix !*, schweig(t) still ! ; still ! ; Ruhe ! | *Paix à ses cendres !*, Friede seiner Asche ! | *Allez en paix !*, ziehet in Frieden ! | *La paix soit avec vous !*, Friede sei mit Euch !

— SYN. : *Apaisement* m., Befriedung f. *Calme* m., Ruhe f. *Entente* f., Einvernehmen n., Einverständnis n.

Pakistan [pakistɑ̃] n. pr. m. GÉOGR. Pakistan n.

pakistanais, aise [pakistanɛ, ɛ:z] adj. pakistanisch.
◇ s. **Pakistanais, aise,** Pakistaner(in) m. (f.) ; Pakistani m./f.

pal [pal] m. (pl. **pals**). Pfahl m. | *Supplice du pal*, Pfählen n.

palabre [pala:br] f. ou m. Palaver n. ; müßiges Gerede ; Geschwätz n.

palabrer [-bre] v. intr. schwatzen ; herumreden ; quatschen.

palace [palas] m. Palast m. ; Luxushotel n.

paladin [paladɛ̃] m. Paladin m. ; fahrender Ritter ; Beschützer m. ; Herzensritter m.

palais [palɛ] m. Palais n. ; Schloß n. ; Prachtbau m. ; Palast m. | *Palais des doges*, Dogenpalast. | *Palais des sports*, Sportpalast. || JUR. Gerichtshof m., -gebäude n. ; Gericht n. ; [personnel] Gerichtsbeamten m. pl. ; Advokatenstand m. ; Rechtsanwaltstand m. | *Palais de justice*, Gerichtsgebäude n., -palast m. | *Jour de palais*, Gerichtstag m. ; Sitzungstag m. | *Style de palais*, Gerichtsstil m. ; Anwaltssprache f. || ANAT. Gaumen m. || FIG. Geschmack m. | *Avoir le palais fin*, Feinschmecker sein.

palan [palɑ̃] m. Flaschenzug m. | *Palan de manutention*, Förderflaschenzug. || MAR. Talje f. ; Takel n.

palanche [palɑ̃ʃ] f. (Wasser)trage f. ; Trage f.

palangre [palɑ̃gr] f. Langleine f.

palanque [palɑ̃k] f. Pfahlwerk n. ; Palisade f.

palanquée [palɑ̃ke] f. FAM. Unmenge f.

palanquer [-ke] v. tr. MAR. mit dem Flaschenzug hochziehen ; aufziehen ; auftaljen. || MIL. mit Pfählen befestigen.

palanquin [-kɛ̃] m. Tragsänfte f., -stuhl m. ; Palankin m.

palatal, ale, aux [palatal, o] adj. palatal ; Gaumen...
◇ f. **palatale.** GRAMM. (Vorder)gaumenlaut m.

palataliser [-ze] v. tr. GRAMM. palatalisieren.

palatin, ine [palatɛ̃, in] adj. pfalzgräflich ; pfälzisch. || HIST. *Comte palatin*, Pfalzgraf m. | *Seigneur palatin*, polnischer Woiwode ; ungarischer Reichsverweser. | *Mont Palatin*, Palatinus m. || MÉD., ANAT. zum Gaumen gehörig ; Gaumen... | *Fosse palatine*, Gaumenspalte f. ; Wolfsrachen m.

Palatinat [-tina] m. Pfalz f. | *Habitant du Palatinat*, Pfälzer m. || HIST. Kurpfalz f.

pale [pal] f. MAR. Radschaufel f. || AÉRON. Flügel m. ; Blatt n. | *Pale articulée*, angelenktes Blatt. | *Pale d'hélice*, Luftschraubenblatt. | *Pale de rotor*, Rotorblatt. | *Hélice à trois pales*, dreiflügelige Schraube. || RELIG. *Pale (de calice)*, Kelchdeckel m.

pâle [pɑ:l] adj. bleich ; blaß, fahl ; matt. | *Visage pâle*, Bleichgesicht n. || MÉD. *Pâles couleurs*, Bleichsucht f. | *Pâle comme un mort*, totenbleich ; leichenblaß. | *Un bleu, Un jaune pâle*, ein fades Blau, ein mattes Gelb. | *La pâle lueur*, das fahle Licht. || ARG. MIL. *Se faire porter pâle*, krank spielen.

— SYN. : *Blafard*, fahl. *Blême*, farblos. *Livide*, bläulich.

palée [pale] f. Bohlenwand f. ; Pfahlwerk n. | *Palée de pont*, Brückenjoch n.

palefrenier [palfrənje] m. Stall-, Reit-, Pferdeknecht m. ; Pferdepfleger m.

palefroi [-frwa] m. Paradepferd n. ; Zelter m.

paléobotanique [paleɔbɔtanik] f. Paläobotanik f.

paléographe [-graf] s. Paläograph(in) m. (f.).

paléographie [-grafi] f. Paläographie f.

paléolithique [-litik] adj. steinzeitlich ; paläolithisch. | *Ère paléolithique*, ältere Steinzeit ; Paläolithikum n.

paléontologie [paleɔ̃tɔlɔʒi] f. Paläontologie f.

paléontologiste [-ʒist] ou **paléontologue** [-lɔg] s. Paläontologe m., Paläontologin f.

paléozoïque [paleɔzoik] adj. paläozoisch.
◇ m. [ère primaire] Paläozoikum n.

paleron [palrɔ̃] m. [boucherie] Schulterblatt n., -stück n. ; Bug m.

Palestine [palɛstin] n. pr. f. GÉOGR. Palästina n.

Palestinien, ienne [-njɛ̃, jɛn] m. Palästinenser(in) m. (f.).

palestre [palɛstr] f. ANTIQ. Palästra f. ; Kampfplatz m. ; Ringkampfschule f. ; Ringkampf m.

palet [palɛ] m. SPORT. Wurfscheibe f.

paletot [palto] m. Überzieher m. ; Paletot m. ; Überrock m. || FIG., FAM. *Tomber sur le paletot de qn*, über jn herfallen.

palette [palɛt] f. [peinture] (Farb-, Maler)palette f. || MIL. [tir] Scheiben-, Schußanzeiger m. || [boucherie] *Palette de mouton*, Hammelschulterstück n. || TECHN. *Palette de roue*, (Rad)schaufel f. | *Roue à palettes*, Schaufelrad n. || TRANSP. Abfahrtszeichen n.

palettisation [-tizasjɔ̃] f. TECHN. Palettierung f.

palettiser [-ze] v. tr. TECHN. auf Paletten stapeln ; palettieren.

palettiseur [-zœ:r] m. TECHN. Palettenheber m. ; Palettenhubwagen m.

palétuvier [paletyvje] m. BOT. Wurzel-, Mangrovebaum m. ; Rhizophorazee f.

pâleur [pɑlœ:r] f. Blässe f. ; Bleichheit f. ; Farblosigkeit f. | *D'une pâleur mortelle*, totenblaß.

palier [palje] m. [escalier] Treppenabsatz m. ; Podest m. ; Treppenflur m. | *Demeurer sur le même palier*, auf derselben Etage wohnen. || TRANSP. Planum n. | *Arrêt en palier*, Aufenthalt (m.) auf ebener Strecke. || [stades successifs] Stufe f. | *Par paliers*, stufenweise. | *Palier des prix*, Preisstufe. || TECHN. Lager n. ; Zapfenlager n. ; Lagerfuß m. | *Palier d'articulation*, Schwenklager. | *Palier à billes*, Kugellager. | *Palier de réacteur*, Triebwerkslager. | *Palier de roulement*, Drahtkugellager.

palière [-ljɛ:r] f. oberste Treppenstufe.

palinodie [palinɔdi] f. Widerruf m. ; Palinodie f.

pâlir [pɑli:r] v. intr. (er)bleichen ; erblassen ; blaß, bleich werden ; verblassen ; farblos werden. | *Pâlir de colère*, zornesbleich werden ; sich vor Zorn (dat.) entfärben. | *Les couleurs pâlissent*, die Farben verblassen, verschießen. | *Son étoile pâlit*, sein Stern verblaßt. | *Pâlir sur les livres*, über Büchern hocken. | *Faire pâlir qn*, jm Furcht einjagen ; FIG. jn in den Schatten stellen.

palis [pali] m. Zaun-, Schanzpfahl m. ; Pfahl m.

palissade [palisad] f. Holzzaun m. ; Palisade f. ; Bauzaun m. ; Staket n.

palissader [-de] v. tr. mit Pfählen, mit einem Zaun umgeben ; einpfählen ; einzäunen.

palissandre [palisɑ̃:dr] m. Palisanderholz n.
pâlissant, ante [pɑlisɑ̃, ɑ̃:t] adj. erbleichend.
palisser [palise] v. tr. AGRIC. spalierartig ziehen ; anspalieren.
palladium [paladiɔm] m. Palladium n.
palliatif, ive [paljatif, i:v] adj. lindernd ; erleichternd.
◇ m. **palliatif.** MÉD. Linderungsmittel n.
pallier [palje] v. tr. beheben ; notdürftig Abhilfe schaffen. | *Pallier un défaut*, einen Mangel beseitigen ; einen Fehler abstellen. || MÉD. lindern.
palmaire [palmɛ:r] adj. MÉD. Hand...
palmarès [palmarɛs] m. Preisträgerliste f.
palme [palm] f. Palme f. ; Palmenzweig m., -wedel m. | *Remporter la palme*, die Siegespalme erringen. | *Palme du vainqueur*, Siegespalme. | *Huile de palme*, Palmöl n. || SPORT. Schwimmflosse f. | *Palme de plongée*, Tauchflosse f.
palme [palm] m. (anc.) Spanne f. ; Handlänge f.
palmé, ée [-me] adj. BOT. handförmig. | *Feuille palmée*, handnerviges Blatt. || ZOOL. mit Schwimmhaut versehen. | *Patte palmée*, Schwimmfuß m.
palmer [palmɛr] m. Mikrometer n.
palmer [palme] v. tr. abplatten.
palmeraie [palmərɛ] f. Palmenhain m.
palmier [-mje] m. Palmbaum m. ; Palme f. || [gâteau] Schweinsöhrchen n. | *Palmier dattier*, Dattelpalme. | *Palmier en éventail*, Fächerpalme. | *Palmier nain*, Zwergpalme. | *Palmier à huile*, Ölpalme.
palmipède [-mipɛd] adj. schwimmfüßig.
◇ m. pl. **palmipèdes,** Schwimmvögel m. pl. ; Ruderfüßler m. pl.
palmure [-my:r] f. ZOOL. Schwimmhaut f.
palombe [palɔ̃:b] f. Ringeltaube f.
palonnier [palɔnje] m. *Palonnier d'une voiture*, Ortscheit n. | *Palonnier d'un avion*, Steuerhebel m., -pedal n. | *Palonnier de commandes de vol*, Seitenruderhebel m.
pâlot, otte [pɑlo, ɔt] adj. bläßlich ; etwas bleich.
palourde [palurd] f. eßbare Seemuschel.
palpable [palpabl] adj. greifbar ; anfaßbar ; handgreiflich ; berührbar. || PAR EXT. offenbar ; offensichtlich. | *C'est palpable*, das ist mit Händen zu greifen. | *Rendre palpable*, veranschaulichen.
palper [-pe] v. tr. ab-, betasten ; tasten ; ab-, befühlen. || POP. *Palper de l'argent*, Geld einstreichen.
palpeur [-pœ:r] m. TECHN. Taster m.
palpitant, ante [palpitɑ̃, ɑ̃:t] adj. zuckend ; bebend. || FIG. fesselnd ; ergreifend ; spannend. | *Le cœur palpitant*, mit klopfendem, schlagendem Herzen. | *Question palpitante*, Frage von brennendem Interesse.
palpitation [-tasjɔ̃] f. Zittern n. ; Zucken n. ; Beben n. || MÉD. *Les palpitations*, Herzklopfen n. | *Palpitation de la paupière*, Augen(lid)zwinkern n.
palpiter [-te] v. intr. zittern ; zucken ; beben. | *Le cœur palpite*, das Herz klopft.
paludéen, éenne [palydeɛ̃, -eɛn] adj. Sumpf... | *Fièvre paludéenne*, Sumpffieber n.
paludier [-dje] m. Meer-, Seesalinenarbeiter m.
paludisme [-dism] m. MÉD. Sumpffieber n. ; Malaria f.
palus [palys] m. Sumpf m.
palustre [palystr] adj. in Sümpfen lebend ; Sumpf...
pâmer (se) [səpɑ:me] v. pr. in Ohnmacht fallen ; ohnmächtig werden. | *Se pâmer de joie*, außer sich vor Freude sein. | *Se pâmer d'admiration*, ganz weg vor Bewunderung sein.
pâmoison [pɑmwazɔ̃] f. Ohnmacht f. ; Schwächeanfall m.
pamphlet [pɑ̃flɛ] m. Pamphlet n. ; Streitschrift f. ; Schmähschrift f. ; Flug-, Hetzblatt n.
pamphlétaire [-fletɛ:r] m. Pamphletist m.
pamplemousse [pɑ̃pləmus] m. ou f. Pampelmuse f. ; Grapefruit f.
pampre [pɑ̃:pr] m. Weinranke f., -rebe f.
pan [pɑ̃] m. [habit] (Rock)schoß m. ; Zipfel m. | *Tenir qn par les pans de son habit*, jn an den Rockzipfeln festhalten. | *Pan d'étoffe*, Stoffbahn f. || TECHN. Kante f. ; Seite f. | *À six pans*, sechsseitig, -flächig, -kantig. | *Écrou à six pans*, Sechskantmutter f. || ARCHIT. Fläche f. ; Seite f. | *Pan de mur*, Wandfläche f. | *Pan de bois*, Holzfachwerk n. | *Pan coupé*, Schrägkante f. | *À pans coupés*, mit abgestumpften Ecken.
pan ! [pɑ̃] interj. bums ! ; pardauz !
panacée [panase] f. Allheil-, Wunder-, Universalmittel n. ; Panazee f.
panache [panaʃ] m. Federbüschel n. ; Helmbusch m. | *Un panache de fumée*, eine Rauchfahne. || FIG. *Aimer le panache*, den Aufwand, prunkvolle Aufmachung, Brimborium lieben.
panaché, ée [-ʃe] adj. bunt ; gemischt.
◇ m. **panaché,** [boisson] Radler m. ; Alsterwasser n.
panacher [-ʃe] v. tr. mit einem Federbusch, einem Helmbusch schmücken ; bunt zusammenstellen.
panade [panad] f. Brotsuppe f. || POP. *Être dans la panade*, in der Tinte, Patsche sitzen.
panais [panɛ] m. BOT. Pastinake f.
panama [panama] m. Panama(hut) m.
Panama (canal de) [kanaldəpanama] m. Panamakanal m.
panaméricanisme [panamerikanism] m. Panamerikanismus m.
panarabisme [-arabism] m. gesamt-, großarabische Bewegung.
panard [pana:r] m. POP. Fuß m.
panaris [panari] m. MÉD. Nagelgeschwür n. ; Umlauf m. ; Panaritium n.
pancarte [pɑ̃kart] f. Anschlag(zettel) m. ; Aushang m. ; Plakat n. ; Anschlagtafel f. ; Schild n.
— SYN. : *Affiche* f., Anschlag m. *Écriteau* m., Warnungstafel f.
panchromatique [pɑ̃krɔmatik] adj. panchromatisch.
pancréas [pɑ̃kreas] m. ANAT. Bauchspeicheldrüse f. ; Pankreas n.
pancréatique [-kreatik] adj. *Suc pancréatique*, Bauchspeicheldrüsensaft m.
pandémie [pɑ̃demi] f. MÉD. Pandemie f. ; Epidemie (f.) großen Ausmaßes.
pandémonium [pɑ̃demoniɔm] m. Pandämonium n.
Pandore [pɑ̃dɔ:r] n. pr. f. MYTH. Pandora f. | *La boîte de Pandore*, die Büchse der Pandora.
panégyrique [paneʒirik] m. Lobrede f. ; Panegyrikus m.
panégyriste [-rist] s. Lobredner(in) m. (f.) ; Panegyriker(in) m. (f.).
paner [pane] v. tr. panieren.
paneterie [pantri] f. Brotkammer f.
panetier [-tje] m. HIST. Brotverwalter m.
panetière [-tjɛ:r] f. Brotkasten m., -schrank m.
paneton [-tɔ̃] m. Teigmulde f. ; Brotform f.
pangermanique [pɑ̃ʒɛrmanik] adj. POLIT. alldeutsch.

pangermanisme [-nism] m. POLIT. Alldeutschtum n. ; Pangermanismus m.

pangermaniste [-nist] s. POLIT. Alldeutsche(r) f. (m.) ; Pangermanist(in) m. (f.).

pangolin [pɑ̃gɔlɛ̃] m. ZOOL. Schuppentier n.

panicule [panikyl] f. BOT. Rispe f.

panier [panje] m. Korb m. | *Panier de jonc*, Binsenkorb. | *Panier d'osier*, Weidenkorb. | *Panier à ouvrage*, Handarbeitskorb, -körbchen n. | *Un panier de pommes*, ein Korb Äpfel. | *Panier à salade*, Salatkorb ; FAM. [voiture cellulaire] (grüne) Minna. | *Robe à panier*, Reifrock m. | *Jeter au panier*, in den Papierkorb werfen. || FIG. *Le dessus du panier*, das Allerbeste. | *Le fond du panier*, Ausschuß m. ; Schund m. | *Être un panier percé*, ein Verschwender sein. || SPORT. [filet] Korb m. ; [point marqué] Korb ; Treffer m.

panier-repas [-rəpɑ] m. (pl. **paniers-repas**) Lunchpaket n.

panifiable [panifjabl] adj. zu Brot verbackbar. | *Céréales panifiables*, Brotgetreide n.

panification [-fikasjɔ̃] f. Brotbacken n.

panifier [-fje] v. tr. zu Brot ausbacken ; Brot backen, bereiten.

panique [panik] f. Panik f. | *Terreur panique*, panischer Schrecken ; Panik f.

panislamisme [panislamism] m. POLIT. Panislamismus m.

panne [pan] f. [étoffe] Pelzsamt m. ; Felbel m. || [graisse] Fett n. ; Schmer m. ; Flom m. || [interruption] (Betriebs)störung f. ; Panne f. ; Schaden m. ; Defekt m. | *Rester en panne*, stecken-, liegenbleiben. | *Avoir une panne sèche*, keinen Tropfen Benzin mehr haben. || *Panne de courant*, Stromausfall m. ; Stromunterbrechung f. || AÉRON. *Panne de réacteur*, Triebwerksausfall m. | *Panne sèche*, Kraftstoffmangel m. || MAR. *Mettre en panne*, backbrassen ; aufbrassen. || TECHN. *Panne de toit*, Dachbalken m.

panneau [pano] m. ARCHIT. (Tür)füllung f. ; Fläche f. ; Feld n. || *Panneau lumineux*, Leuchtschild n. || [menuiserie] *Panneaux de boiserie*, Holztäfelung f. | *Panneau de contreplaqué*, Sperrholzplatte f. || [pour indications] *Panneau d'affichage*, Anschlagbrett n. | *Panneau-réclame*, Wandreklame f. | *Panneau métallique*, Blechschild n. ; Metalltafel f. | *Panneau de signalisation*, Signaltafel f. ; Warnschild n. || MIL. *Panneau de tir*, Zielscheibe f. ; Feld n. || MINES. Abbaufeld n., -abschnitt m. || TECHN. *Panneau solaire*, Solarzellengenerator m. || [chasse] (Fang)netz n. ; Garn n. || FIG. *Tomber, Donner dans le panneau*, ins Garn, Netz gehen ; auf den Leim kriechen.

panneton [pantɔ̃] m. Schlüsselbart m.

panonceau [panɔ̃so] m. (Wappen)schild n.

panoplie [panɔpli] f. vollständige Ritterrüstung ; Waffensammlung f.

panorama [panɔrama] m. Panorama n. ; Aus-, Rundblick m. ; Gesamtansicht f. ; Rundgemälde n.

panoramique [-mik] adj. mit guter Aussicht ; mit Rundsicht. | *Écran panoramique*, Panoramabreitwand f. | *Vue panoramique*, Rundblick m.

pansage [pɑ̃sa:ʒ] m. Pferdepflege f. ; Wartung f.

panse [pɑ̃:s] f. [ruminants] Vormagen m. || FAM. Pansen m. ; Wanst m. ; Schmerbauch m. | *S'en mettre plein la panse*, sich den Wanst vollstopfen.

pansement [pɑ̃smɑ̃] m. Verband m. | *Appliquer un pansement*, einen Verband anlegen. | *Pansement provisoire, de fortune*, Notverband. | *Boîte à pansement*, Verbandkasten m. | *Pansement adhésif*, Heftpflaster n.

panser [-se] v. tr. MÉD. verbinden ; einen Verband anlegen. | *Panser un cheval*, ein Pferd striegeln.

pansu, ue [pɑ̃sy] adj. bauchig ; dickbäuchig. | *Bouteille pansue*, dickbäuchige Flasche.

pantagruélique [pɑ̃tagryelik] adj. übermäßig ; unmäßig.

pantalon [pɑ̃talɔ̃] m. [vêtement] (lange) Hose. ◇ n. pr. m. **Pantalon,** THÉÂTRE. Pantalone m.

pantalonnade [-lɔnad] f. THÉÂTRE. (Gaukel)posse f. ; Schwank m. ; Harlekinade f. || PAR EXT. lächerliche Ausrede.

pantelant, ante [pɑ̃tlɑ̃, ɑ̃:t] adj. (noch) zuckend ; keuchend.

panthéisme [pɑ̃teism] m. Pantheismus m.

panthéiste [-ist] adj. pantheistisch. ◇ s. Pantheist(in) m. (f.).

panthéon [pɑ̃teɔ̃] m. ANTIQ. Pantheon n.

panthère [pɑ̃tɛ:r] f. ZOOL. Panther m.

pantin [pɑ̃tɛ̃] m. Hampelmann m.
— SYN. : *Marionnette* f., Drahtpuppe f. *Fantoche* m., Marionettenfigur f. *Polichinelle* m., Hanswurst m.

pantographe [pɑ̃tɔgraf] m. Pantograph m. ; Storchschnabel m. || [chemin de fer électrique] (Scheren)stromabnehmer m., -bügel m.

pantois, oise [pɑ̃twa, wa:z] adj. verdutzt ; verblüfft.

pantomètre [pɑ̃tɔmɛtr] m. Winkel-, Längen- und Höhenmesser m.

pantomime [pɑ̃tɔmim] f. Gebärdenspiel n., Mienenspiel n. ; Pantomime f.

pantouflard [pɑ̃tufla:r] m. FAM. Stubenhocker m. ; Schlafmütze f.

pantoufle [-tufl] f. Pantoffel m. ; Hausschuh m.

panure [pany:r] f. Paniermehl n.

Panurge [panyrʒ] n. pr. m. LITTÉR. Panurg m. | *Les moutons de Panurge*, die menschliche Hammelherde.

paon [pɑ̃] m. [oiseau] Pfau m. || FIG. eitler, aufgeblasener Mensch. | *Se parer des plumes du paon*, sich mit fremden Federn schmücken. | *Glorieux comme un paon*, aufgeblasen wie ein Pfau. || [papillon] Pfauenauge n.

paonne [pan] f. Pfauenhenne f.

papa [papa] m. Papa m. ; Vati m. ; Väterchen n. || FAM. *À la papa*, ganz gemütlich.

papal, ale, aux [papal, o] adj. päpstlich.

papauté [-pote] f. Papsttum n., -würde f. ; päpstliche Herrschaft, Regierung.

papavéracées [papaverase] f. pl. BOT. Mohngewächse n. pl.

pape [pap] m. Papst m.

papelard, arde [papla:r, ard] adj. scheinheilig ; heuchlerisch ; verlogen. | *D'une voix papelarde*, mit honigsüßer Stimme.
◇ s. Vx. Heuchler(in) m. (f.).

papelardise [-di:z] f. Scheinheiligkeit f.

paperasse [papras] f. Papierkram m.

paperasserie [-sri] f. unnütze Schreiberei ; Papierschmiererei f. ; Papierkrieg m., -kram m.

paperassier, ière [-sje, jɛ:r] s. Federfuchser m. ; Schreiberling m. || FAM. Bürohengst m.

papesse [papɛs] f. Päpstin f.

papeterie [papɛtri] f. Papierhandel m., -waren f. pl., -geschäft n. ; Schreibwarenhandlung f.

papetier, ière [paptje, jɛ:r] s. [commerçant] Papierwaren-, Schreibwarenhändler(in) m. (f.). || [fabricant] Papierhersteller(in) m. (f.) ; Papierfabrikant(in) m. (f.).

papier [papje] m. Papier n. | *Papier adhésif*, Klebefolie f. | *Papier d'argent*, Silberpapier ; Stanni-

olpapier. | *Papier bible, indien*, Dünndruckpapier. | *Papier bitumé*, Teerpapier. | *Papier blanc*, unbeschriebenes Papier. | *Papier buvard*, Löschpapier. | *Papier-calque*, Pauspapier. | *Papier carbone*, Kohlepapier. | *Papier de Chine*, Chinapapier. | *Papier à cigarettes*, Zigarettenpapier. | *Papier couché*, Kunstdruckpapier. | *Papier crêpé*, Kreppapier. | *Papier à la cuve*, Büttenpapier. | *Papier à dessin*, Zeichenpapier. | *Papier de deuil*, Briefpapier mit Trauerrand. | *Papier d'emballage*, Packpapier. | *Papier-émeri*, Schmirgelpapier. | *Papier-filtre*, Filterpapier. | *Papier glacé*, Glanzpapier. | *Papier gommé*, gummiertes Papier. | *Papier huilé*, Ölpapier. | *Papier hygiénique*, Toilettenpapier. | *Papier journal*, Zeitungspapier. | *Papier à lettres*, Briefpapier. | *Papier libre*, ungestempeltes Papier. | *Papier mâché*, Papiermaché n. ; Papiermasse f. | *Papier pour machine à écrire*, Schreibmaschinenpapier. | *Papier millimétré*, Millimeterpapier. | *Papier ministre*, Kanzleipapier. | *Papier à musique*, Notenpapier. | *Papier-parchemin*, Pergamentpapier. | *Papier peint*, Tapete f. | *Papier pelure*, Durchschlagpapier ; Luftpostpapier. | *Papier quadrillé*, kariertes Papier. | *Papier réactif*, Reagenzpapier. | *Papier recyclé*, Umweltpapier. | *Papier satiné*, satiniertes Papier. | *Papier sensible*, lichtempfindliches Papier. | *Papier de soie*, Seidenpapier. | *Papier sulfurisé*, Butterbrotpapier. | *Papier timbré*, Stempelpapier. | *Papier-toile*, Pausleinen n. | *Papier de verre*, Glaspapier ; Sandpapier. | *Vieux papiers(s)*, Altpapier. | *Feuille de papier*, Blatt (n.) Papier ; Bogen m. | *Feuille de papier à lettres*, Briefbogen m. || Loc. *Figure de papier mâché*, Milchgesicht n. | *Réglé comme du papier à musique*, peinlich genau. || [feuille écrite] Schreiben n. ; Schriftstück n. | *Coucher, Jeter, Mettre sur le papier*, zu Papier bringen ; schriftlich festlegen ; niederschreiben. | *C'est beau sur le papier*, auf dem Papier macht sich das (ja ganz) gut. || [journalisme] *Faire un papier*, einen Zeitungsbericht schreiben. || Comm. Wertpapier n. ; Wechsel m. ; Anweisung f. | *Papier à ordre*, Orderpapier. | *Papier au porteur*, Inhaberpapier. | *Papier à vue*, Sichtpapier. | *Mauvais papier*, fauler Wechsel. | *Payer une créance en papier*, eine Schuld mit einem Wechsel bezahlen.
◇ m. pl. **papiers,** [pièces d'identité] Papiere n. pl. ; Ausweis m. | *Papiers d'identité*, Ausweispapiere n. pl. | *Papiers de bord, d'un navire*, Schiffspapiere. | *Papiers officiels*, Urkunden f. pl. ; Akten f. pl. | *Demander ses papiers à qn*, jn nach seinen Ausweispapieren fragen. | *Montrer ses papiers*, sich ausweisen. | *Avoir ses papiers en règle*, seine Papiere in Ordnung haben. || Fig. *Être dans les petits papiers de qn*, bei jm gut angeschrieben sein.

papier-monnaie [-mɔnɛ] m. Papiergeld n.

papilionacé, ée [papijɔnase] adj. schmetterlingsartig.
◇ f. pl. **papilionacées,** Bot. Schmetterlingsblütler m. pl.

papillaire [papilɛ:r] adj. warzenförmig, -artig.

papille [-pi:j] f. Warze f. ; Wärzchen n.

papillon [papijɔ̃] m. Zool. Schmetterling m. ; Falter m. | *Papillon diurne, nocturne*, Tag-, Nachtfalter. || Fig. flatterhafter Mensch ; Flattergeist m. || [petite affiche] kleiner Zettel ; [contravention] Strafzettel m. ; Knöllchen n. || Techn. Drosselklappe f. ; Drosselschieber m. ; Gas-, Flachbrenner m. || Fam. *Minute, papillon !*, Augenblick bitte ! ; sachte !

papillonner [-jɔne] v. intr. umherflattern ; herumgeistern.

papillotage [-jɔta:ʒ] m. Flimmern n. ; Blinzeln n. ; Flackern n. || Typogr. unscharfer Druck.

papillotant, ante [-jɔtɑ̃, ɑ̃:t] adj. blendend ; flimmernd.

papillote [papijɔt] f. [coiffure] Haarpapillote f. ; Papillote f. ; Lockenwickel m. | *Mettre les cheveux en papillotes*, die Haare aufwickeln.

papilloter [papijɔte] v. intr. zucken ; blinzeln.

papisme [papism] m. Péjor. Papismus m.

papotage [papɔta:ʒ] m. leeres Geschwätz ; Gerede n. ; Geplapper n. ; Klatsch m.

papoter [-te] v. intr. Pop. daherschwätzen ; klatschen ; plappern ; leeres Stroh dreschen.

Papou [papu] n. pr. m. Papua(neger) m.

Papouasie [papwazi] n. pr. f. Neu-Guinea n.

paprika [paprika] m. Paprika m. ; Paprikapfeffer m.

papyrologie [papirɔlɔʒi] f. Papyruskunde f.

papyrus [-rys] m. Bot. Papyrus m. ; Papyruspflanze f., -staude f.

pâque [pɑ:k] f. Relig. [judaïsme] Passahfest n. | *Manger la pâque*, das Osterlamm essen.
◇ m. pl. **Pâques,** Relig. [christianisme] Ostern n. ; Osterfest n. | *À Pâques*, zu Ostern. | *Dimanche de Pâques*, Ostersonntag m. | *Île de Pâques*, Osterinsel f. | *Œufs de Pâques*, Ostereier n. pl. | *Semaine de Pâques*, [qui suit Pâques] Osterwoche f. | *À Pâques ou à la Trinité*, wer weiß wann ; wenn Ostern und Pfingsten auf einen Tag fallen. | *Pâques tombe tôt*, Ostern liegt früh.
◇ f. pl. *Pâques fleuries*, Palmsonntag m. | *Faire ses pâques*, zur österlichen Kommunion gehen.

paquebot [pakbo] m. Passagierdampfer m., -schiff n. || [poste] Postdampfer m. || [transatlantique] Überseeschiff n., -dampfer m.

pâquerette [pɑkrɛt] f. Bot. Gänseblümchen n. ; Tausendschön(chen) n. ; Samtröschen n.

paquet [pakɛ] m. Paket n. ; Bündel n. | *Paquet de linge*, Bündel Wäsche. | *Paquet postal*, Postpaket. | *Paquet exprès*, Eilpaket. || Fin. *Paquet d'actions*, Aktienpaket. || Inf. Programm-, Datenpaket n. || Mar. *Paquet de mer*, Sturzseen f. pl. ; Brecher m. pl. || Mil. *Paquet de mitraille*, Schrapnelladung f. | *Paquet de pansement individuel*, Notverbandpäckchen n. ; Verbandzeug n. || Méd. *Paquet de nerfs*, Nervenbündel. || *Faire son paquet*, sein Bündel schnüren. | *Faire ses paquets*, seine Siebensachen zusammenpacken. | *Recevoir, Avoir son paquet*, sein Teil bekommen. || Fam. *Risquer le paquet*, alles aufs Spiel setzen. | *Mettre le paquet*, seine ganze Kraft einsetzen.
— Syn. : *Colis* m., Frachtstück n.

paquetage [pakta:ʒ] m. [action] Packen n. || Mil. Gepäck n. | *Faire son paquetage*, sich marschfertig machen.

par [par] prép.

I. Lieu : durch ; über.
II. Temps : an ; bei.
III. Manière : mit ; bei ; in.
IV. Cause : aus ; durch.
V. Complément d'agent : von ; durch.
VI. Distributif.
VII. Locutions adverbiales.

I. Lieu : durch ; über. || [en voyage] *Passer par Berlin*, über Berlin reisen. | *Par 60 degrés de longitude est*, unter 60 Grad östlicher Länge. | *Une idée lui a passé par l'esprit*, ein Gedanke schoß ihm durch den Kopf. | *Entrer par la fenêtre*, durch das Fenster hinein-, hereinkommen. | *Jeter par la fenêtre*, zum Fenster hinauswerfen. | *Regarder par la fenêtre*, aus dem Fenster sehen, gucken. | *Il a passé par tous les grades*, er hat alle Grade durchlaufen. | *Aller par monts et par vaux*, durch Gebirg und Tal gehen. | *Entrer par la porte*, zur

Tür hinein-, hereinkommen. | *Assis par terre*, auf der Erde sitzend. | *Se répandre par toute la terre*, sich über die ganze Erde verbreiten. || [état] *Par toute la terre*, auf der ganzen Erde.
II. TEMPS : an ; bei. | *C'est comme par le passé*, das bleibt beim alten. | *Par un beau soir d'été*, an einem schönen Sommerabend. | *Par beau temps*, bei gutem, schönem Wetter. | *Voyager par tous les temps*, bei jedem Wetter, bei Wind und Wetter reisen. | *Par les temps qui courent*, bei der jetzigen Zeit.
III. MANIÈRE : mit ; bei ; in. || [déplacement] *Voyager par mer*, über das Meer reisen ; auf dem Meer fahren. | *Voyager par terre*, über das Land reisen ; zu Land reisen. | *Arriver par le bateau*, mit dem Schiff ankommen. | *Partir par le premier train*, mit dem ersten Zug abfahren. | *Envoyer par la poste*, mit der Post senden. || [partie] *Mener qn par le bout du nez*, jn an der Nase herumführen. | *Tenir qn par la main*, jn an, bei der Hand halten. | *Prendre qn par les sentiments*, jn von der Gefühlsseite her nehmen. || [procédé] *Tu ne réussiras pas par ce moyen*, damit, so, mit solchen Mitteln wirst du nichts ausrichten. | *Appeler qn par son nom*, jn beim, bei seinem Namen rufen. | *(Savoir) par cœur*, auswendig, aus dem Kopf (wissen). | *Par exemple (p. ex.)*, zum Beispiel (z. B.). | *Par ordre chronologique*, in zeitlicher Reihenfolge. || [qualification] *Il est par trop méchant*, er ist gar zu bösartig. || [résultat] *Par conséquent*, demzufolge ; demnach ; folglich. || SPORT. *Par quatre à trois*, mit vier zu drei.
IV. CAUSE : aus ; durch. | *Par amour pour moi*, aus Liebe zu mir ; mir zuliebe. | *Par bonheur*, zum Glück ; glücklicherweise. | *Par sa faute*, durch seine Schuld. | *Par hasard*, zufällig. | *Agir par intérêt*, aus Interesse handeln. | *Je vois par sa lettre que*, aus seinem Briefe ersehe ich, daß. | *Par malheur*, leider. | *Faire qch. par peur de*, aus Furcht vor einer Sache etwas tun.
V. COMPLÉMENT D'AGENT : von ; durch. | *Être tué par qn*, von jm getötet werden. | *La ville fut détruite par des bombes*, die Stadt wurde durch Bomben zerstört.
VI. DISTRIBUTIF : *Par an*, jährlich ; im Jahr. | *Par centaines*, zu Hunderten. | *Par trois fois*, dreimalig. | *Par mois*, monatlich ; im, pro Monat. | *Par moitié*, zur Hälfte. | *Point par point*, Punkt für Punkt. | *Trois marks par tête*, drei Mark pro Kopf, je drei Mark. | *Marcher un par un*, im Gänsemarsch marschieren.
VII. LOCUTIONS ADVERBIALES : **par-ci, par-là,** hier und da ; hin und wieder. — **par-delà,** jenseits (gén.). — **par-derrière,** (prép.) hinter ; (adv.) von hinten. — **par-dessous,** (prép.) unter ; (adv.) unten. — **par-dessus,** (prép.) über ; (adv.) darüber (hinaus). | *Par-dessus la tête*, bis über den Kopf. | *Par-dessus le marché*, noch dazu ; mit in den Kauf. | *Par-dessus tout*, vor allem. — **par-devant,** (prép.) vor ; (adv.) von vorne. — **par en bas,** nach unten (zu) ; hier unten. — **par en haut,** oben. — **par ici,** hier ; hierher ; heran. || [lieu] **par là,** daher ; dadurch ; [logique] damit ; darunter. | *J'entends par là*, darunter verstehe ich. — **par où,** wodurch. — **de par.** | *De par le roi*, auf Befehl, im Namen des Königs. | *De par la loi*, von Gesetzes wegen. | *De par le monde*, irgendwo(hin) in der Welt.

para [para] m. (abrév. de **parachutiste**). MIL. Fallschirmjäger m.

parabellum [parabɛlɔm] m. MIL. Armeepistole f.

parabole [parabɔl] f. Gleichnis n. | *Parler en paraboles*, in Gleichnissen reden. || GÉOM. Parabel f.

parabolique [-lik] adj. parabolisch. | *Antenne parabolique*, Parabolantenne f. | *Radiateur parabolique*, Heizsonne f.

paraboloïde [-loi:d] m. MATH. Paraboloid n.

Paracelse [parasɛls] n. pr. HIST. Paracelsus m.

parachever [-ʃve] v. tr. vollenden ; zu Ende bringen ; fertig machen.

parachutage [paraʃyta:ʒ] m. Fallschirmabwurf m., -springen n. | *Parachutage d'armes*, Waffenabwurf (m.) durch Fallschirm.

parachute [-ʃyt] m. Fallschirm m. | *Parachute dorsal, ventral*, Rücken-, Schoßfallschirm. | *Parachute à déclenchement automatique, manuel*, Fallschirm mit automatischer Auslösung ; Fallschirm mit Handauslösung. | *Sauter en parachute*, mit dem Fallschirm abspringen. | *Descente en parachute*, Fallschirmabsprung m. || AÉRON. *Parachute de queue*, Bremsschirm m. || MINES. Fangvorrichtung f.

parachuter [-ʃyte] v. tr. mit dem Fallschirm abwerfen, abspringen lassen. | *Troupes parachutées*, Fallschirmtruppen f. pl.

parachutisme [-ʃytism] m. Fallschirmspringen n.

parachutiste [-ʃytist] s. Fallschirmspringer(in) m. (f.).
◇ m. MIL. Fallschirmjäger m.

parade [parad] f. Parade f. || MIL. Truppenschau f. ; Vorbeimarsch m. ; Heerschau f. || [équitation] Anhalten n. || [escrime] Parieren n. ; Abwehr f. || [luxe] Staat m. ; Prunk m. ; Gepränge n. | *Lit de parade*, Paradebett n. || [bateleurs] Possenspiel n. | *Faire parade de qch.*, mit etwas protzen, prunken.

parader [-de] v. intr. paradieren ; vorbeimarschieren ; defilieren. | *Faire parader un cheval*, ein Pferd vorführen. || FIG. stolzieren.

paradigmatique [paradigmatik] adj. paradigmatisch.

paradigme [-digm] m. Paradigma n. ; Beispiel n.

paradis [paradi] m. RELIG. Paradies n. || THÉÂTRE, FAM. oberste Galerie ; Olymp m. || FAM. *Vous ne l'emporterez pas en paradis*, das werden Sie noch büßen müssen. || FIG. Paradies n. | *Paradis fiscal*, Steuerparadies.
— SYN. : *Éden* m., Eden n.

paradisiaque [-ziak] adj. paradiesisch ; himmlisch.

paradisier [-zje] m. ZOOL. Paradiesvogel m.

paradoxal, ale, aux [paradɔksal, o] adj. paradox ; widersinnig ; widersprechend.

paradoxe [-dɔks] m. Paradoxon n. ; Paradoxie f.

parafeur [parafœ:r] m. V. PARAPHEUR.

paraffine [parafin] f. Paraffin n.

paraffiner [-ne] v. tr. paraffinieren ; mit Paraffin überziehen.

parafiscalité [parafiskalite] f. steuerähnliche Abgaben ; Parafiskalität f.

parafoudre [parafudr] m. Blitzschutz m.

parage [para:ʒ] m. [origine] Her-, Abkunft f. || [mer] Gewässer n. || *Les parages*, die Gegend.

paragraphe [paragraf] m. Absatz m. ; Abschnitt m. ; Paragraph m.

paraître [parɛ:tr] v. intr. **1.** [se montrer] scheinen ; erscheinen ; auftreten ; in Erscheinung treten ; zum Vorschein kommen. | *Paraître en public*, öffentlich auftreten. | *Paraître devant qn*, jm unter die Augen treten. | *Son orgueil paraît dans toutes ses actions*, sein Hochmut wird in all(en) seinen Handlungen sichtbar. | *Paraître à travers qch.*, hindurchscheinen ; durchschimmern. | *Paraître à la surface*, auftauchen. | *Paraître au grand jour*, zutage, ans Licht treten. | *Le jour paraît*, der Tag bricht an.
2. [se montrer avec ostentation] *Chercher à paraître*, glänzen wollen. | *Aimer à paraître*, sich hervortun, hervordrängen ; POP. sich dick tun.

3. [sembler, avoir une apparence] scheinen ; den Anschein haben. | *Il paraît souffrant*, er sieht leidend aus. | *Il paraît plus que son âge*, er scheint älter, als er ist. | *Il paraît bien son âge*, sein Alter macht sich doch recht bemerkbar. | *Il ne paraît pas son âge*, man sieht ihm sein Alter nicht (an). | *Mieux vaut être que paraître*, besser sein als scheinen. || [faire paraître ; laisser paraître] *Cela le fait paraître plus grand*, das gibt (ihm) den Anschein, als ob er größer sei. | *Faire paraître qch.*, etwas zur Erscheinung bringen. | *Laisser paraître qch.*, etwas merken lassen.
4. [livres] erscheinen ; herauskommen. | *(Un livre) vient de paraître*, (ein Buch ist) soeben erschienen. | *La revue cesse de paraître*, die Zeitschrift stellt ihr Erscheinen ein. | *Faire paraître un livre*, ein Buch herausgeben.
5. v. impers. *Il paraît que c'est ainsi*, es scheint, als ob es so sei. | *Il paraît que*, [apparence] es scheint so ; es hat den Anschein, daß ; [rumeur] man sagt, daß ; es soll. | *À ce qu'il paraît*, wie es scheint ; dem Anschein nach. | *Sans qu'il y paraisse*, ohne daß es sichtbar (sichtlich) wird ; unmerklich. | *Il n'y paraît pas*, davon ist nichts zu merken.
parallaxe [-laks] f. Parallaxe f. | *Correction de parallaxe*, Parallaxenausgleich m.
parallèle [paralɛl] adj. gleichlaufend (zu, mit) ; parallel. || FIG. gleichgerichtet. || ÉCON. *Économie parallèle*, Schattenwirtschaft f. || SPORT. *Barres parallèles*, Barren m.
◇ f. MATH. Parallele f. ; Gleichlaufende f. | *Mener une parallèle à*, eine Parallele zu... ziehen. || ÉLECTR. *Montage en parallèle*, Parallelschaltung f. ; Nebeneinanderschaltung f. || MIL. Laufgraben m.
◇ m. [comparaison] Vergleich m. ; Parallele f. | *Établir un parallèle entre*, einen Vergleich zwischen... an-, aufstellen. | *Mettre deux choses en parallèle*, zwischen zwei Sachen (dat.) die Parallele ziehen. || GÉOGR. Parallel-, Breitenkreis m.
parallélépipède [-lelepipɛd] m. Parallelepipedon n. ; Parallelflächner m. | *Parallélépipède rectangle*, Quader m.
parallélisme [-lelism] m. Parallelität f. ; Gleichlauf m. ; Parallelismus m. || AUTOM. *Parallélisme des roues*, statische Vorspur.
parallélogramme [-lelɔgram] m. Parallelogramm n. | *Parallélogramme des forces*, Kräfteparallelogramm.
paralogisme [paralɔʒism] m. Trug-, Fehlschluß m. ; Paralogismus m.
paralyser [paralize] v. tr. lähmen ; paralysieren. || PAR EXT. lahm legen ; zum Stillstand bringen. | *Paralyser les affaires*, die Geschäfte zum Erliegen bringen.
◇ part. pass. et adj. **paralysé, ée**, lahm ; gelähmt. | *Paralysé des pieds et des mains*, an Händen und Füßen gelähmt. || FIG. *Paralysé d'effroi*, von lähmendem Entsetzen gepackt.
paralysie [-lizi] f. MÉD. Lähmung f. ; Paralyse f. | *Paralysie infantile*, Kinderlähmung.
paralytique [-litik] adj. gelähmt ; lahm ; paralytisch. | *Devenir paralytique*, erlahmen ; gelähmt werden.
◇ s. Gelähmte(r) f. (m.) ; Paralytiker(in) m. (f.).
paramécie [paramesi] f. ZOOL. Pantoffeltierchen n.
paramédical, ale, aux [paramedikal, o] adj. paramedizinisch. | *Profession paramédicale*, medizinischer Hilfsberuf.
paramètre [paramɛ:tr] m. MATH. Parameter m.
paramétrique [-metrik] adj. parametrisch.
paramilitaire [paramilitɛ:r] adj. paramilitärisch ; militärähnlich.
paranoïa [paranɔja] f. MÉD. Geistesstörung f. ; Verfolgungs-, Größenwahn m. ; Paranoia f.
paranoïaque [-jak] adj. geistesgestört.
◇ s. Geistesgestörte(r) f. (m.).
parapente [parapɑ̃t] m. Hanggleiter m.
parapet [parapɛ] m. Brüstung f. ; Brückengeländer n. || MIL. Brustwehr f.
paraphe [paraf] ou **parafe** [paraf] m. Handzeichen n. ; Namenszug m. ; Paraphe f.
parapher [-fe] v. tr. mit seinem Namenszug versehen ; paraphieren.
paraphernal, ale, aux [parafɛrnal, o] adj. *Biens paraphernaux*, Paraphernalgüter n. pl.
parapheur [parafœ:r] m. Unterschriftenmappe f.
paraphrase [parafra:z] f. Umschreibung f. ; weitschweifige Auslegung ; Paraphrase f. ; umständliches Erklären.
paraphraser [-ze] v. tr. umschreiben (insépar.) ; wortreich erklären ; paraphrasieren.
paraplégie [parapleʒi] f. MÉD. Querschnittslähmung f. ; doppelseitige Lähmung ; Paraplegie f.
paraplégique [-ʒik] s. MÉD. doppelseitig Gelähmte(r) f. (m.).
parapluie [paraplɥi] m. (Regen)schirm m.
parapsychologie [parapsikɔlɔʒi] f. Parapsychologie f.
parasitage [parazita:ʒ] m. RADIO. Störung f.
parasitaire [-zitɛ:r] adj. parasitär ; schmarotzend.
parasite [-zit] m. [personne] Schmarotzer m. ; Parasit m. || PAR EXT. [animal] Schädling m. || RADIO. Störungen f. pl. ; Nebengeräusche n. pl.
◇ adj. parasitisch ; Schmarotzer...
parasiter [-zite] v. tr. parasitieren ; schmarotzen. | *Parasiter un hôte*, in einem Wirt schmarotzen.
parasitisme [-zitism] m. Schmarotzertum n. ; Schmarotzerleben n. ; Parasitismus m.
parasitologie [-zitɔlɔʒi] f. MÉD. Parasitologie f.
parasol [parasɔl] m. Sonnenschirm m.
parasympathique [-sɛ̃patik] adj. MÉD. parasympathisch.
◇ m. MÉD. Parasympathikus m.
parataxe [-taks] f. GRAMM. Parataxe f.
paratonnerre [-tɔnɛ:r] m. Blitzableiter m.
paratyphoïde [paratifɔi:d] f. ou **paratyphus** [-fys] m. MÉD. Paratyphus m.
paravent [paravɑ̃] m. spanische Wand ; Wandschirm m. ; Schutzschirm m., -wand f.
parbleu ! [parblø] interj. wahrhaftig ! ; bei Gott ! ; fürwahr ! ; und ob !
parc [park] m. [jardin] Park m. ; (Garten)anlage f. | *Parc municipal*, Stadtpark. | *Parc national*, Nationalpark. | *Parc zoologique*, zoologischer Garten. | *Parc naturel*, Naturschutzpark. || [animaux] *Parc à chevaux*, Pferdekoppel f. | *Parc à huîtres*, Austernpark. | *Parc à moutons*, Schafpferch m. || [bébés] Laufgitter n. || [pour remiser ou garer] *Parc d'artillerie*, Artilleriepark. | *Parc de stationnement*, Parkfläche f. ; Parkplatz m. || PAR EXT. Fahrzeugbestand m.
parcage [-ka:ʒ] m. [moutons] Einpferchen n. ; Einhürden n. || [à huîtres] Einsetzen (n.) der Austern. || AUTOM. *Parcage autorisé*, Parken gestattet.
parcellaire [parsɛlɛ:r] adj. Parzellen... ; aus Parzellen bestehend.
parcelle [-sɛl] f. Parzelle f. ; kleines Grundstück ; Bauplatz m. ; Teilchen (n.) Land.
parcelliser [-selize] v. tr. [terrain] parzellieren. || FIG. aufteilen ; aufsplittern.

parce que [parskə] conj. weil ; darum daß.

parchemin [parʃəmɛ̃] m. Pergament n. | *Reliure en parchemin*, Pergamenteinband m. || PAR EXT. Urkunde f. || FIG. Adelsbrief n.

parcheminé, ée [-mine] adj. pergamentartig.

parcimonie [parsimɔni] f. Knickrigkeit f. ; peinliche Sparsamkeit ; Knauserigkeit f.

parcimonieusement [-njøzmɑ̃] adv. *Distribuer parcimonieusement les éloges*, mit seinem Lob geizen.

parcimonieux, ieuse [-njø, jø:z] adj. sparsam ; knickrig ; knauserig ; (peinlich) sparsam.

parcmètre [parkmɛtr] m. Parkuhr f. ; Parkmeter m.

parcotrain [-kotrɛ̃] m. (*etwa*) P (Park) und R (Ride) Parkplatz m.

parcourir [parkuri:r] v. tr. durchgehen, -fahren, -laufen ; durcheilen (insépar.). | *Parcourir la ville*, die Stadt durchqueren. | *Parcourir du regard*, durchblicken, -sehen, -fliegen (insépar.). | *Parcourir un livre*, ein Buch überfliegen (insépar.).

parcours [-ku:r] m. (durchlaufene) Strecke ; Weg m. ; Bahn f. || MIL., FIG. *Parcours du combattant*, Hindernisbahn f. || [transports] Linie f. | *Faire un parcours*, eine Strecke zurücklegen. || JUR. *Droit de parcours*, freies Weiderecht ; Triftrecht n.

pardessus [pardəsy] m. Überzieher m.

pardi ! [pardi] **pardieu !** [pardjø] interj. bei Gott ! ; fürwahr ! ; wahrhaftig ! ; na ob ! ; und ob !

pardon [pardɔ̃] m. Verzeihung f. ; Vergebung f. ; Gnade f. ; Entschuldigung f. | *Je vous demande pardon*, entschuldigen Sie bitte ! ; verzeihen Sie bitte ! | *Pardon !*, Entschuldigung ! ; Verzeihung ! | *Pardon ?*, bitte ? || RELIG. *Le pardon de Notre-Dame d'Auray*, die Wallfahrt nach Auray.

pardonnable [-dɔnabl] adj. verzeihlich ; verzeihbar ; erläßlich.

pardonner [-dɔne] v. tr. verzeihen ; vergeben ; lossprechen ; begnadigen. | *Faute avouée est à moitié pardonnée*, Selbsterkenntnis ist der erste Schritt zur Besserung. | *Dieu me pardonne !*, verzeih mir's Gott ! | *C'est une maladie qui ne pardonne pas*, das ist eine Krankheit, die keinen Pardon kennt.

pare-balles [-bal] m. invar. MIL. Kugelfang m. ; Traverse f. | *Gilet pare-balles*, kugelsichere Weste.

pare-brise [-bri:z] m. invar. Windschutzscheibe f.

pare-chocs [-ʃɔk] m. invar. Stoßstange f.

pare-éclats [-ekla] m. invar. MIL. Splitterschutz m.

pare-étincelles [-etɛ̃sɛl] m. invar. Funkenfänger m., -schutz m. ; Kamin-, Ofenschirm m.

pare-feu [-fø] m. invar. Feuerschutz m. ; Brandschutz m.

pare-fumée [-fyme] m. invar. Rauchschutz m.

parégorique [paregɔrik] adj. MÉD. beruhigend ; schmerzstillend.

pareil, eille [parɛj] adj. gleich ; gleichartig, -förmig, -lautend, -wertig ; ähnlich. | *Sans pareil*, ohnegleichen ; unvergleichlich. | *Deux anneaux pareils*, zwei gleiche Ringe m. pl.

◇ m. **pareil,** *N'avoir pas son pareil*, nicht seinesgleichen haben. | *Vos pareils*, euresgleichen.

◇ f. **pareille,** *La pareille*, das Gleiche. | *Rendre la pareille*, Gleiches mit Gleichem vergelten.

pareillement [-jmɑ̃] adv. in gleicher Weise ; ebenso ; gleich-, ebenfalls ; gleichermaßen ; desgleichen.

parement [parmɑ̃] m. Ärmelaufschlag m. ; Besatz m. || TECHN. Randstein m. ; Außenseite f.

parent, ente [parɑ̃, ɑ̃:t] adj. verwandt ; verschwägert.

◇ s. Verwandte(r) f. (m.). | *Un parent éloigné*, ein entfernter Verwandter. | *Un proche parent*, ein naher (Bluts)verwandter. | *Il est mon parent*, er ist ein Verwandter von mir. | *Tous mes parents*, alle meine Angehörigen m. pl.

◇ pl. **parents,** Eltern pl. | *Issu de parents illustres*, von berühmten Vorfahren abstammend. | *Avec le consentement des parents*, mit elterlicher Einwilligung.

parental, ale, aux [-tal, o] adj. elterlich.

parenté [-te] f. Verwandtschaft f. ; die Verwandten m. pl. | *Degré de parenté*, Verwandtschaftsgrad m.

parenthèse [parɑ̃tɛ:z] f. Einschiebung f. ; eingeschobener Satz. || TYPOGR. Klammer f. | *Ouvrir la parenthèse*, die Klammer aufmachen. | *Entre parenthèses*, in Klammern. || *Par parenthèse*, beiläufig ; nebenbei. || PAR EXT. Zwischenbemerkung f. || LOC. FIG. *Mettre entre parenthèses*, ausklammern.

parer [pare] v. tr. zurichten, aufputzen ; ausschmücken ; schmücken, zieren, verzieren. | *Parer la viande*, Fleisch zurichten, parieren. || [marine] klarmachen. | *Paré à virer !*, klar zum Wenden !

◇ v. pr. **se parer,** sich putzen ; sich schmücken.

parer [pare] v. tr. [éviter] parieren ; abwehren ; abwenden ; auffangen ; zurückschlagen. || SPORT. *Parer une botte*, einen Hieb parieren ; einem Schlag zuvorkommen. | *Parer un cheval*, ein Pferd parieren, zum Stehen bringen.

◇ v. intr. *Parer à un danger*, einer Gefahr vorbeugen. | *Parer au plus pressé*, dem Dringendsten abhelfen.

— SYN. : *Prévenir*, zuvorkommen.

pare-soleil [parsɔlɛj] m. invar. Blendschutz m. ; Sonnenschutzblende f.

paresse [parɛs] f. Faulheit f. ; Trägheit f. || PÉJOR. Faulenzerei f.

— SYN. : *Fainéantise* f., Nichtstuerei f. *Flemme* f., Bummelei.

paresser [-se] v. intr. FAM. faulenzen ; sich auf die faule Haut legen.

paresseux, euse [-sø, ø:z] adj. faul ; träge ; arbeitsscheu. | *Être paresseux comme un loir, comme une couleuvre*, auf der faulen Haut liegen.

◇ s. Faulpelz m. ; Faulenzer(in) m. (f.) ; Nichtstuer(in) m. (f.) ; Bummelant(in) m. (f.). || ZOOL. Faultier n.

parfaire [parfɛ:r] v. tr. vollenden (insépar.) ; fertigstellen ; vervollständigen ; ergänzen. | *Parfaire une somme*, eine Summe ergänzen, nachschießen.

parfait, aite [-fɛ, ɛt] adj. vollkommen ; vollständig ; tadellos ; mustergültig ; perfekt. | *Bonheur parfait*, vollkommenes Glück. | *Tranquillité parfaite*, völlige Ruhe.

◇ m. **parfait,** CULIN. Eisdessert n. || GRAMM. Perfekt n.

— SYN. : *Accompli*, vollendet. *Impeccable*, fehlerlos.

parfaitement [-fɛtmɑ̃] adv. [de manière parfaite] vollkommen ; vollständig ; völlig. || [affirmation] ganz recht ; richtig !

parfiler [parfile] v. tr. auszupfen.

parfois [parfwa] adv. zuweilen ; manchmal ; ab und zu ; dann und wann ; mitunter.

parfum [parfœ̃] m. Wohlgeruch m. ; Duft m. ; Parfüm n. | *Parfum de la rose*, Rosenduft. | *Un parfum d'antiquité*, ein Hauch alter Zeit. | *Avoir un parfum*, einen Duft ausstrahlen. || CHIM. Riechstoff m.

— SYN. : *Arôme* m., Aroma n. *Essence* f., Essenz f.

parfumer [-fyme] v. tr. parfümieren.

◇ part. pass. et adj. **parfumé, ée,** duftig ; wohlriechend ; parfümiert. | *Parfumé à la violette*, mit Veilchenduft. | *Parfumé à la cerise*, mit Kirschgeschmack.

parfumerie [-fymri] f. Parfümerie f.

parfumeur [-fymœ:r] m. [commerçant] Parfümeriehändler m. || [fabricant] Parfümfabrikant m.

par(h)élie [pareli] m. ASTRON. Nebensonne f.

pari [pari] m. Wette f. | *Faire un pari*, wetten ; eine Wette eingehen, abschließen. | *Tenir un pari*, eine Wette annehmen. | *Pari aux courses*, Rennwette. | *Pari mutuel*, Totalisator m. ; Toto n. | *Bureau du Pari mutuel*, Wettbüro n. | *Coupon de paris*, Totoschein m.

paria [parja] m. Paria m. ; Ausgestoßene(r) m.

pariade [parjad] f. Paarungszeit f. ; (Vogel)pärchen n.

parier [parje] v. tr. wetten ; setzen. | *Il y a gros à parier que*, da gehe ich jede Wette ein, daß. | *Pariez-vous ? Parions !*, (wollen wir) wetten ? ; was gilt die Wette ? | *Parier cent contre un*, hundert gegen eins wetten. | *Parier une somme*, eine Summe setzen ; um eine Summe wetten.

pariétal, ale, aux [-tal, o] adj. Mauer- ; Wand... || ANAT. *(Os) pariétal*, Scheitelbein n.
◇ f. **pariétale,** BOT. Kletterpflanze f.

parieur [parjœ:r] m. Wetter m.

parigot, ote [parigo, ɔt] adj. FAM. pariserisch.
◇ s. **Parigot, ote,** Pariser(in) m. (f.).

Paris [pari] n. pr. m. GÉOGR. Paris n.

parisianisme [parizianism] m. Pariser Eigentümlichkeit f., Ausdruck m., Brauch m.

parisien, ienne [-zjɛ̃, jɛn] adj. pariserisch.
◇ s. **Parisien, ienne,** Pariser(in) m. (f.).

parisyllabe [parisilab] ou **parisyllabique** [-bik] adj. gleichsilbig.

paritaire [paritɛ:r] adj. paritätisch ; gleichberechtigt ; gleichmäßig (verteilt). | *Commission paritaire*, paritätischer Ausschuß.

parité [-te] f. Parität f. ; Gleichheit f. ; Gleichartigkeit f. ; Gleichberechtigung f. | *Parité monétaire*, Währungsparität.

parjure [parʒy:r] adj. JUR. meineidig ; eidbrüchig.
◇ m. [acte] Meineid m. ; Eidbruch m. | *Faire un parjure*, einen Meineid leisten. || [personne] Meineidiger m. ; Eidbrüchiger m. ; Falschschwörer(in) m. (f.).

parka [parka] f. Parka m.

parking [parkiŋ] m. Parkplatz m. ; Autoabstellplatz m.

Parkinson (maladie de) [maladidəparkinsɔn] f. Parkinsonsche Krankheit.

parlant, ante [parlɑ̃, ɑ̃:t] adj. sprechend ; redend. || PÉJOR. geschwätzig ; wortreich. || *Film parlant*, Tonfilm m. | *Horloge parlante*, Zeitansage f. | *Regards parlants*, vielsagende Blicke m. pl.
◇ loc. adv. **généralement parlant,** allgemein genommen.

Parlement [parləmɑ̃] m. Parlament n. ; Abgeordnetenhaus n. | *Vote du Parlement*, Parlamentsbeschluß m. || HIST. *Parlement de Paris*, Pariser Gerichtshof.

parlementaire [-tɛ:r] adj. parlamentarisch ; Parlament... | *Gouvernement parlementaire*, parlamentarische Regierung.
◇ s. Parlamentarier(in) m. (f.) ; Parlamentsmitglied n. ; Abgeordnete(r) f. (m.). || MIL. Parlamentär m. ; Unterhändler m.

parlementarisme [-tarism] m. parlamentarisches System ; Parlamentarismus m.

parlementer [-te] v. intr. parlamentieren ; unterhandeln.

parler [parle] v. intr. et tr. sprechen ; reden ; sagen ; erzählen.

> **I.** EMPLOYÉ AVEC UN NOM :
> **a)** suivi d'un nom ;
> **b)** précédé d'un nom.
> **II.** AVEC UN ADVERBE.
> **III.** AVEC UNE PRÉPOSITION.
> **IV.** AVEC UN VERBE.
> **V.** v. pr. **se parler.**
> **VI.** INTERJECTIONS.

I. EMPLOYÉ AVEC UN NOM : **a)** [suivi d'un nom] *Parler affaires*, von Geschäften sprechen. | *Parler (l')allemand*, deutsch sprechen. || FIG. *Parlez français !*, reden Sie deutlich ! | *Parler français comme une vache espagnole*, französisch radebrechen. | *Parler une langue (couramment)*, eine Sprache (fließend, geläufig) sprechen. | *Parler métier*, fachsimpeln. | *Parler politique*, über Politik sprechen. | *Parler raison*, vernünftig reden. — **b)** [précédé d'un nom] *Façon de parler*, Rede-, Sprechweise f. | *C'est une façon de parler*, das sagt man so hin ; das sage ich nur so.

II. AVEC UN ADVERBE : *Parler franc, franchement*, offen, freimütig reden ; mit der Sprache herauskommen. | *Parler mal*, fehlerhaft reden. | *Parler mal de qn*, jn schlecht machen. | *Parler sérieusement*, ein ernstes Wort sprechen. | *Parler tout seul*, vor sich hinsprechen. | *Vous parlez vrai*, da haben Sie völlig recht.

III. AVEC UNE PRÉPOSITION : **à.** *Tu en parles à ton aise*, du hast gut reden. | *Parler à cœur ouvert*, frei herausreden ; frei von der Leber (weg) reden, sprechen. | *Parler à la légère*, leichtfertig drauflosreden. | *Parler à mots couverts*, durch die Blume reden ; versteckte Andeutungen machen. | *Parler à un mur*, vergebens sprechen. | *Parler à l'oreille de qn*, jm ins Ohr flüstern. | *Parler à qn*, mit, zu jm sprechen ; jn sprechen ; jn ansprechen. | *(Autant vaudrait) parler à un sourd*, (das hieße) tauben Ohren predigen. | *Parler à tort et à travers*, *Parler en l'air*, krauses Zeug quatschen ; ins Blaue hinein reden. — **comme.** *Parler comme un livre*, wie gedruckt reden, sprechen. | *Parler comme un perroquet*, wie ein Papagei nachplappern. | *Parler comme qn*, jm nachreden. — **de.** *Parlez-moi de ça !, de cela !*, das ist mir eben das Rechte ! ; das laß ich mir gefallen ! | *Parler d'une chose*, eine Sache besprechen ; von einer Sache erzählen. | *Parler du nez*, näseln. | *Parler d'or*, goldene Worte reden. | *Parler de la pluie et du beau temps*, über Gott und die Welt reden. | *Parler de qch.*, über etwas (acc.), von etwas (dat.) reden, sprechen. | *De quoi parle-t-on ?*, wovon ist die Rede ? ; worum handelt es sich ? — **en** (équivalent à *de*). *On en parle*, es wird darüber geredet. | *On en parle beaucoup*, darüber wird viel gesprochen. | *Toute la ville en parle*, die ganze Stadt ist voll davon. | *Ne m'en parle(z) pas !*, ich will nichts davon hören ! | *N'en parlons plus !*, machen wir einen Strich darunter ; Schluß damit ! — **en** (proprement dit). *Parler en faveur de qn*, für jn reden ; sich für jn einsetzen. | *Parler en maître*, als Meister auftreten ; das große Wort führen. | *Parler en maître à qn*, jn anherrschen. | *Parler en public*, in der Öffentlichkeit sprechen. — **entre.** *Parler entre ses dents*, nuscheln ; in den Bart reden. — **par.** *Parler par énigmes*, in Rätseln sprechen. | *Parler par images*, in Bildern sprechen. — **pour.** *Parler pour ne rien dire*, leeres Stroh dreschen. | *Cela parle pour vous*, das spricht für Sie. — **sans** (avant le verbe) *Sans parler de*, abgesehen von ; (après le verbe) *Il parle sans ambages, sans détours, sans fard*, er geht gerade auf sein Ziel los ; er redet, wie ihm der Schnabel gewachsen ist. | *Parler sans notes*, frei sprechen. | *Parler sans réfléchir*, unbedacht daherreden. | *Parler sans réticences*, frei herausreden.

IV. AVEC UN VERBE : *À qui croyez-vous parler ?*, mit wem reden Sie überhaupt ? ; was für einen Ton erlauben Sie sich ? | *Il demande à te parler*, er wünscht, dich zu sprechen. | *S'écouter parler*, sich gern reden hören. | *Entendre parler de qch.*, von etwas hören. | *On en entendra parler*, das wird Aufsehen erregen. | *Faire parler qn*, jn zum Reden bringen. | *Interdire à qn de parler*, jm den Mund verbieten. | *Laisser parler qn*, jn zu Wort(e) kommen lassen. | *Trouver à qui parler*, seinen Mann finden. | *Il trouvera à qui parler*, dem werde ich aber Bescheid geben ! | *Cela ne vaut pas la peine d'en parler*, es ist nicht der Rede wert. | *On en vint à parler de*, die Rede kam darauf.
V. v. pr. **se parler,** (sens passif) gesprochen werden. | *Cette langue se parle dans les Pyrénées*, diese Sprache wird in den Pyrenäen gesprochen. || (sens réciproque) miteinander sprechen. | *Ils ne se parlent plus*, sie reden nicht mehr miteinander. | *Se parler à soi-même*, vor sich hin sprechen.
VI. INTERJECTIONS : *Parle(z) (donc) !*, heraus damit ! | *Tu parles ! ; vous parlez !*, und wie !

parler [parle] m. [prononciation] Sprechen n. ; Sprechweise f. || [dialecte] Mundart f.

parleur, euse [-lœ:r, ø:z] s. Sprecher(in) m. (f.). || PÉJOR. Schwätzer(in) m. (f.). | *Beau parleur*, Schönredner m. || TECHN. Klopfer m.

parloir [-lwa:r] m. Sprechzimmer n.

parlote [-lɔt] f. Klatschgesellschaft f. ; Geschwätz n.

Parme [parm] n. pr. f. GÉOGR. Parma n.

Parmesan, ane [-məzɑ̃, an] s. Bewohner(in) m. (f.) aus Parma.
◇ m. **parmesan,** Parmesankäse m.

parmi [parmi] prép. unter ; zwischen ; darunter ; mitten unter.

Parnasse [parnas] n. pr. m. MYTH. Parnaß m. || FIG. Dichtkunst f. ; Dichterwelt f.

parnassien, ienne [-sjɛ̃, jɛ:n] adj. parnassisch.
◇ m. **parnassien,** LITTÉR. Mitglied (n.) [der literarischen Richtung] des Parnasses.

parodie [parɔdi] f. Parodie f. ; satirische Nachahmung ; Spottgedicht n.

parodier [-dje] v. tr. parodieren ; spöttisch nachahmen.

parodiste [-dist] m. Verfasser (m.) einer Parodie ; Parodist m.

parodonte [parɔdɔ̃t] m. ANAT. Zahnbett n.

parodontose [-to:z] f. MÉD. Paradentose f.

paroi [parwa] f. Wand f. ; Wandung f. || MINES. Stoß m. | *Paroi rocheuse*, Felsenwand. | *À paroi épaisse*, dickwandig.

paroisse [parwas] f. Pfarre f. ; Pfarrgemeinde f. ; Kirchspiel n. ; (Kirchen)gemeinde f. ; Kirchdorf n. ; Kirchenbezirk m. | *Le curé, pasteur de la paroisse*, Gemeindepriester m., -pfarrer m.

paroissial, iale, iaux [-sjal, jo] adj. zur Gemeinde gehörig ; parochial. | *Église paroissiale*, Pfarrkirche f.

paroissien, ienne [-sjɛ̃, jɛn] s. [personne] Gemeinde-, Pfarrmitglied n. ; Pfarrkind n.

parole [parɔl] f.

> **I.** MOT PRONONCÉ : Wort n. (pl. Worte).
> **II.** EN PUBLIC : Rede f.
> **III.** PROMESSE : Versprechen n.
> **IV.** FACULTÉ DE PARLER : Sprache f. ; Sprachvermögen n.

I. MOT PRONONCÉ : Wort n. (pl. Worte). | *Parole de Dieu*, Gotteswort. | *Trêve de paroles !*, genug der Worte ! | *Moulin à paroles*, Phrasendrescher m. | *Bonnes paroles*, freundliche Worte n. pl. | *Adresser la parole à qn*, jn anreden. | *Ne pas dire une parole*, kein einziges Wort sagen. | *Échanger des paroles*, Worte wechseln. | *Fausser le sens des paroles de qn*, js Worte verdrehen. | *Ce n'est pas parole d'Évangile*, daran kann man zweifeln. | *Ce ne sont que des paroles*, das sind nur schöne Reden. | *Sur ces paroles*, daraufhin. || MUS. *(L'air et les) paroles*, (Melodie und) Text m.
II. EN PUBLIC. Rede f. ; Wort n. | *Liberté de parole*, Redefreiheit f. | *Temps de parole*, Rededauer f. | *Avoir la parole*, das Wort führen. | *Couper la parole à qn*, jm ins Wort fallen. | *Demander la parole*, ums Wort bitten. | *Prendre la parole*, das Wort ergreifen. | *La parole est à M. N.*, Herr N. hat das Wort.
III. PROMESSE : Versprechen n. ; Wort n. | *Un homme de parole*, ein Mann von Wort. | *Manquement à la parole*, Wortbruch m. | *Parole d'honneur*, Ehrenwort. | *Avoir deux paroles*, mit zwei Zungen sprechen ; doppelzüngig sein. | *N'avoir qu'une parole*, bei seinem Wort bleiben. | *Croire qn sur parole*, jm aufs Wort glauben. | *Donner sa parole à qn*, jm sein Wort, sein Versprechen geben. | *Engager sa parole*, sein Wort verpfänden. | *Être fidèle à sa parole*, zu seinem Worte stehen. | *Manquer à sa parole*, sein Wort brechen ; wortbrüchig werden. | *Tenir (sa) parole*, (sein) Wort halten. | *Sur sa parole*, auf sein Wort. || PROV. *Un homme d'honneur n'a qu'une parole*, ein Mann, ein Wort.
IV. FACULTÉ DE PARLER : Sprache f. ; Sprachvermögen n. | *Facilité de parole*, Zungenfertigkeit f. | *Perdre la parole*, das Sprachvermögen verlieren. | *Sans parole*, stumm.
— SYN. : *Éloquence*, Beredsamkeit f. *Mot*, Wort n. (pl. Wörter). *Parler*, Sprechweise f. *Intonation*, Ton m.

parolier, ière [parɔlje, jɛ:r] s. Textdichter(in) m. (f.). ; Schlagertexter(in) m. (f.).

paronyme [parɔnim] m. GRAMM. Paronymon n.

paronymie [-mi] f. GRAMM. Paronymie f. ; Wortähnlichkeit f.

parotide [parɔtid] f. ANAT. Ohrspeicheldrüse f.

paroxysme [parɔksism] m. Paroxysmus m.

parpaing [parpɛ̃] m. Vollbinder m. ; Tragstein m. ; Kunststein m.

Parque [park] n. pr. f. MYTH. Parze f.

parquer [parke] v. tr. ein-, zusammenpferchen ; einschließen ; einlagern ; parken ; abstellen. | *Parquer des moutons*, Schafe in die Hürde treiben. || AUTOM. *Défense de parquer*, Parken verboten.

parquet [parkɛ] m. [plancher] Parkett n. ; getäfelter Fußboden. | *Parquet ciré*, gebohnertes Parkett. | *Parquet à lames*, Parkettboden m. || JUR. Staatsanwaltschaft f. | *Petit parquet*, Schnellgericht n. || *Parquet de la Bourse*, (Kurs)maklersaal m.

parquetage [-kəta:ʒ] m. [action] Parkettlegen n. || [ouvrage] Täfelwerk n. ; Täfeln n.

parqueter [-kəte] v. tr. mit Parkett belegen ; parkettieren ; täfeln.

parrain [parɛ̃] m. Pate m. ; Taufpate m., -zeuge m. || [société] Einführer m. ; Schirmherr m.

parrainage [parɛna:ʒ] m. Patenschaft f.

parrainer [-ne] v. tr. bei einem Kind(e) Patenstelle vertreten ; ein Kind aus der Taufe heben.

parricide [parisid] adj. vater-, muttermörderisch.
◇ m. [action] Vater-, Mutter-, Elternmord m.
◇ s. [auteur] Vater-, Muttermörder(in) m. (f.).

parsemer [parsəme] v. tr. besäen ; bestreuen.

part [pa:r] m. JUR. Leibesfrucht f. ; neugeborenes Kind ; Neugeborene(r) m. | *Supposition de part*, Kind(e)sunterschiebung f. | *Suppression de part*, Verheimlichung (f.) eines neugeborenen Kindes. || [animal] Werfen n. ; Jungen n.

part [pa:r] f.

> **I.** PARTIE, FRACTION : Teil m. ; Anteil m.
> **II.** PARTICIPATION, INTÉRÊT (À) : Beteiligung f. ; Beitrag m. ; Teilnahme f.
> **III.** LOCUTIONS ADVERBIALES.
> **IV.** LOCUTIONS PRÉPOSITIVES.
> **V.** LOCUTIONS CONJONCTIVES.

I. PARTIE, FRACTION : Teil m. ; Anteil m. — **a)** *Une part de*, ein Teil von. | *Une part du gâteau*, ein Stück vom Kuchen. | *Part du lion*, Löwenanteil. | *Tu en auras ta part*, es fällt etwas für dich ab. | *Il veut avoir sa part*, er will etwas abhaben. | *Faire la part de qch.*, einer Sache Rechnung tragen. | *Faire les parts*, (aus)teilen. — **b)** [finance] *Part de bénéfice*, Gewinnanteil. | *Part de capital*, Kapitalanteil. | *Part de fondateur*, Gründeranteil. | *Part sociale*, [S.A.R.L.] Geschäftsanteil ; [société de personnes] Gesellschaftsanteil. | *Part de société*, Gesellschaftsanteil. | *Part de société minière*, Kux m.
II. PARTICIPATION, INTÉRÊT (À) : Beteiligung f. ; Beitrag m. ; Teilnahme f. | *Faire-part*, Familienanzeige f. | *Avoir part à qch*, an etwas (dat.) beteiligt sein ; an etwas teilhaben. | *Faire part de qch. à qn*, jm etwas mitteilen, ankündigen. | *Prendre part à la conversation*, mitreden. | *Prendre part au vote*, mitstimmen.
III. LOCUTIONS ADVERBIALES : **à part,** abseits ; beiseite ; für sich. | *Chambre à part*, separates Zimmer. | *(C'est une) chose à part*, eine Sache für sich. | *Homme à part*, Sonderling m. | *Tirage à part*, Sonderdruck m. | *Faire bande à part*, sich (von...) absondern. | *Faire lit à part*, getrennt schlafen. | *Mettre qch. à part*, etwas zur Seite legen ; etwas auf die hohe Kante legen. | *Plaisanterie à part*, Scherze beiseite. | *Prendre qn à part*, jn beiseite nehmen. | *Chaque partie prise à part*, jeder Teil für sich. — **de part et d'autre,** beiderseits ; von beiden Seiten. — **d'une part..., d'autre part,** einerseits..., and(e)rerseits. — **de la part de.** | *De ma part*, meinerseits. | *Saluez-le de notre part*, grüßen Sie ihn von uns ! — **(Percer) de part en part,** durch und durch (bohren). — **de toutes parts,** von allen Seiten ; von überall her. — **pour ma part,** was mich angeht ; ich für mein(en) Teil. — **pour une part,** teilweise ; zu einem Teil. — [lieu] **autre part,** anderswo(hin). — **nulle part,** nirgends. — **quelque part,** irgendwo.
IV. LOCUTIONS PRÉPOSITIVES : **à part,** ausgenommen ; außer. | *À part moi*, mich ausgenommen ; außer mir. | *À part cela*, davon abgesehen ; sonst. — **de la part de,** von seiten (gén.) ; im Auftrage von.
V. LOCUTIONS CONJONCTIVES : *Quelque part qu'il aille*, wohin er auch gehen mag. | *De quelque part que*, woher auch immer.

partage [-ta:ʒ] m. [action] Teilung f. ; Ver-, Ein-, Aus-, Zuteilung f. | *Partage en deux*, Halbierung f. ; Spaltung f. | *Partage de succession*, Erbteilung f. ; Erbschaftsauseinandersetzung f. | *Partage par tirage au sort*, Auslosung f. | *Sans partage*, ungeteilt. || [portion ; part] Teil m. ; Anteil m. || INF. *Partage de temps*, Teilnehmerbetrieb m. || JUR. Erbteil m. ; Los n. || *Avoir qch. en partage*, etwas zuteil haben. | *Échoir en partage à qn*, jm zuteil werden, zufallen. || [état] *Ligne de partage des eaux*, Wasserscheide f.

partageable [-taʒabl] adj. teilbar.

partager [-taʒe] v. tr. ver-, ein-, aus-, auf-, zuteilen. | *Partager en deux*, halbieren. | *Partager entre plusieurs personnes*, unter mehreren Personen austeilen. | *Partager en frères*, brüderlich (auf)teilen. | *Une question partage le peuple*, eine Frage teilt das Volk (in zwei Teile). || FIG. *Partager ses soucis avec qn*, die Sorgen gemeinsam tragen. | *Partager une opinion*, eine Ansicht mit jm teilen. | *Les opinions sont partagées*, die Meinungen sind geteilt.

partance [partɑ̃:s] f. Abfahrt f. || MAR. Auslaufbereitschaft f. | *En partance*, abfahrtsbereit ; segelfertig. | *Le navire est en partance*, das Schiff ist seeklar, FAM. hat den blauen Peter gesetzt.

partant [partɑ̃] m. Abreisender m. ; Abfahrender m. || SPORT. Wettkampfteilnehmer m. ; Startender m.

partenaire [partənɛ:r] s. Partner(in) m. (f.) ; Mitspieler(in) m. (f.).

parterre [partɛ:r] m. Blumengarten m. ; Blumenbeet n. || THÉÂTRE. Parterre n. ; Parkett n. || PAR EXT. Zuschauer m. pl.

parthénogenèse [partenɔʒənɛ:z] f. BIOL. Parthenogenese f.

Parthes [part] n. pr. m. pl. HIST. Parther m. pl.

parti [parti] m. **1.** [groupe] Partei f. ; Anhang m. | *Prendre le parti de qn*, Partei für jn ergreifen. | *Prendre parti pour qn*, für jn eintreten. | *Être du parti de qn*, auf js Seite stehen ; zu jm halten. | *Membre d'un parti (politique)*, Parteimitglied n. | *Esprit de parti*, (enger) Parteigeist. | *Adhérer à un parti*, sich einer Partei anschließen. | *Entrer dans un parti*, einer Partei beitreten.
2. [résolution] *Prendre un parti*, einen Entschluß fassen. | *Mon parti est pris*, mein Entschluß steht fest. | *Je ne sais quel parti prendre*, ich weiß mir keinen Rat mehr. | *Quel parti prendre ?*, was ist zu tun ? | *Prendre son parti de qch.*, *En prendre son parti*, sich mit etwas abfinden. | *De parti pris*, mit vorgefaßter Meinung. | *Sans parti pris*, unvoreingenommen.
3. [utilisation ; traitement] Vorteil m. ; Nutzen m. ; Behandlung f. | *Tirer parti de qch.*, seinen Vorteil aus etwas ziehen. | *Savoir tirer parti de tout*, aus jeder Situation seinen Nutzen ziehen.
4. [mariage] Heirat f. ; (Heirats)partie f. | *Être un bon parti*, eine gute Partie sein.

partial, iale, iaux [-sjal, jo] adj. parteiisch ; parteilich ; voreingenommen ; einseitig.

partialement [-sjalmɑ̃] adv. in einseitiger Weise.

partialité [-sjalite] f. Parteilichkeit f. ; Einseitigkeit f.

participant, ante [-tisipɑ̃, ɑ̃:t] adj. teilnehmend ; teilhabend.
◇ s. Beteiligte(r) f. (m.) ; Teilnehmer(in) m. (f.).

participation [-tisipasjɔ̃] f. Teilnahme f. ; Beteiligung f. ; Teilhaberschaft f. || COMM. Partnerschaft f. || [active] Mitwirkung f. || *Participation électorale*, Wahlbeteiligung. | *Participation aux frais*, Kostenbeteiligung. | *En participation*, auf gemeine Rechnung. | *Sans ma participation*, ohne mein Zutun.

participe [partisip] m. GRAMM. Partizip(ium) n. | *Participe présent*, Partizip Präsens. | *Participe passé*, Partizip Perfekt.

participer [partisipe] v. intr. *Participer (à qch.)*, (an etwas) teilhaben, teilnehmen, beteiligt sein, beteiligen, Anteil haben ; (an, bei etwas) mitwirken ; (zu etwas) beitragen. | *Participer à une entreprise*, sich an einem Unternehmen beteiligen.

participial, iale, iaux [-pjal, jo] adj. Partizipial... | *Construction participiale*, Partizipialkonstruktion f.

particularisation [partikylarizasjɔ̃] f. Ausführlichkeit f. ; Spezifikation f.

particulariser [-rize] v. tr. JUR. ausführlich darlegen, ausführen ; spezifizieren. || (einen Fall) besonders behandeln.

particularisme [-rism] m. Partikularismus m. ; Kleinstaaterei f. ; Lokalpatriotismus m.

particulariste [-rist] s. Partikularist(in) m. (f.).

◇ adj. partikularistisch. || *Tendances particularistes*, Sonderbestrebungen f. pl.

particularité [-rite] f. Besonderheit f. ; Eigentümlichkeit f. ; Eigenart f. | *Les particularités*, die näheren Umstände m. pl. ; die Einzelheiten f. pl.

particule [partikyl] f. Teilchen n. ; Partikel f. | *Particule nobiliaire*, Adelsprädikat n. || PHYS., NUCL. *Particule électrisée*, elektrisch geladenes Teilchen. | *Particule atomique*, Atomteilchen. n. | *Particule élémentaire*, Elementarteilchen n. | *Particule ionisante*, ionisierendes Teilchen ; ionisierende Partikel.

particulier, ière [partikylje, jɛ:r] adj. **1.** [contraire de « collectif », « général »] eigen(tümlich) ; besonder(e, er, es) ; sonderlich. | *L'intérêt particulier doit s'effacer devant l'intérêt général*, Gemeinnutz geht vor Eigennutz. | *Rien de particulier*, nichts Besonderes. | *Cas particulier*, Sonderfall m.

2. [contraire de commun, public] eigen ; einzeln ; privat. | *Chambre particulière*, eigenes Zimmer. | *Leçon particulière*, Privatstunde f. | *Secrétaire particulier*, Privatsekretär m. | *Compte particulier*, Sonder-, Privatkonto n.

◇ m. [personne] Privatmann m. ; Einzelner m. | *Simple particulier*, einfacher Privatmann.

◇ loc. adv. **en particulier,** [seul à seul] unter vier Augen. || *Chacun en particulier*, jeder für sich. || [surtout] insbesondere ; besonders.

particulièrement [-ljɛrmɑ̃] adv. im einzelnen ; besonders ; insbesondere ; eigens ; sonderlich.

— SYN. : *Notamment*, insbesondere. *Principalement*, hauptsächlich. *Surtout*, besonders.

partie [parti] f.

> **I.** FRAGMENT : Teil m. ; Bruch m.
> **II.** SPÉCIALITÉ : Fach n.
> **III.** JEU : Spiel n.
> **IV.** MUSIQUE : Stimme f.
> **V.** GRAMMAIRE.
> **VI.** COMPTABILITÉ.
> **VII.** JUSTICE : Partei f.
> **VIII.** pl. ANATOMIE.
> **IX.** LOC. ADV. : zum Teil.

I. FRAGMENT : Teil m. ; Bruch m. | *La partie orientale de l'Allemagne*, der östliche Teil Deutschlands. | *Les cinq parties du monde*, die fünf Erdteile m. pl. | *Partie principale*, Hauptteil. | *Partie essentielle*, Kernstück n. | *Partie constitutive*, Bestandteil. | *Partie latérale*, Seitenteil. | *Partie inférieure*, Unterteil. | *Une bonne partie de*, ein gut Teil von. | *Majeure partie*, Mehrzahl f. | *Tout ou partie des personnes présentes*, alle oder ein Teil der anwesenden Personen. | *D'une seule partie*, einteilig. | *En plusieurs parties*, mehrteilig. | *En l'une de ses parties*, an einem Teil. | *Diviser en plusieurs parties*, in mehrere Teile teilen. | *Faire partie de qch.*, zu etwas gehören.

II. SPÉCIALITÉ : Fach n. ; Branche f. ; Geschäft n. | *Ce n'est pas ma partie*, das ist nicht mein Geschäftszweig. | *Travailler dans une partie*, in einer Branche beschäftigt sein.

III. JEU : Spiel n. ; Partie f. | *Partie nulle*, unentschiedenes Spiel. | *Partie carrée*, Partie zu zwei Paaren. | *Partie de plaisir*, Vergnügungspartie. | *Partie de campagne*, Landpartie. | *Faire une partie de cartes*, Karten spielen. | *Faire une partie de billard*, eine Billardpartie spielen. | *Faire une partie avec qn*, ein Spiel mit jm machen. | *Abandonner*, *Quitter la partie*, das Spiel, die Partie aufgeben. | *Être de la partie*, mit von der Partie, mit im Spiel sein ; dabei sein. | *La partie n'est pas égale*, das Spiel steht ungleich. | *Il me donne, me fait la partie belle*, er kommt mir sehr entgegen. | *Se mettre de la partie*, eingreifen.

IV. MUSIQUE : Stimme f. | *Partie de violon*, Geigenstimme. | *Partie récitante*, tragende Hauptstimme. | *Morceau à quatre parties*, vierstimmiges Stück.

V. GRAMMAIRE : *Partie du discours*, Redeteil m.

VI. COMPTABILITÉ : *Tenue des livres en partie simple*, einfache Buchführung.

VII. JUSTICE : Partei f. ; Prozeßpartei f. | *Partie adverse*, Gegenpartei. | *Partie civile*, Nebenkläger m. ; Privatkläger m. | *Les parties*, die Kontrahenten m. pl. | *Parties contractantes*, vertragschließende Parteien, f. pl. ; Mächte f. pl. | *Parties prenantes*, Empfänger m. pl. ; Teilhaber m. pl. | *Partie à une convention*, Vertragspartei. | *Prendre qn à partie*, jn (gerichtlich) belangen, verklagen, angreifen. | *Se porter partie*, sich zum Kläger aufwerfen. | *Se porter partie civile*, als Kläger in einer Privatsache auftreten. | *Entendre les parties*, die Parteien verhören. | *Avoir affaire à forte partie*, einen starken Gegner vor sich haben ; es mit einem starken Gegner zu tun haben.

VIII. pl. ANATOMIE : *Les parties sexuelles*, Geschlechts-, Schamteile m. pl. | *Parties nobles*, edle, lebenswichtige Teile m. pl.

IX. LOCUTIONS ADVERBIALES : **en partie,** zum Teil (z. T.) ; teilweise. | *En grande partie*, großenteils. | *Pour la plus grande, pour la majeure partie*, größtenteils. | **(en) partie... (en) partie...,** teils..., teils... ; halb..., halb...

— SYN. : *Morceau* m, Stück n. *Part* f., Teil m. *Parcelle* f., Parzelle f. *Fraction* f., Bruchteil m. *Pièce* f., Stück n.

partiel, ielle [parsjɛl] adj. Teil... ; anteilig. | *Versement*, *Paiement partiel*, Teilzahlung f. | *Résultat partiel*, Teilergebnis n.

partiellement [-lmɑ̃] adv. teilweise ; zum Teil.

partir [parti:r] v. intr.

> **I.** ÉLOIGNEMENT : composés en *ab*, *fort* ou *weg*.
> **II.** COMMENCEMENT D'UNE ACTION.
> **III.** SENS FIGURÉ : provenance.
> **IV. Avoir maille à partir.**
> **V.** LOCUTION PRÉPOSITIVE : **à partir de.**

I. ÉLOIGNEMENT : [à pied] ab-, fortgehen ; [à cheval] abreiten ; [au trot] davontraben ; [au galop] abgaloppieren ; [en véhicule] abfahren ; [en avion] ab-, auffliegen ; [en bateau] absegeln ; [quitter une société] aufbrechen. || MIL. abmarschieren ; ausrücken. || *Partir en voyage*, abreisen ; verreisen. | *Partir pour Paris*, nach Paris (ab)reisen, abfahren. | *Partir à la dérobée*, sich davonschleichen ; sich wegstehlen ; POP. verduften. | *Partir à la hâte*, davoneilen. | *Partir en courant*, weglaufen. | *Partir ventre à terre*, fortjagen. | *Partir comme un trait*, davonschießen ; absausen. | *Partir en guerre, pour la guerre*, in den Krieg ziehen. | *Il veut partir*, er will weg, fort. | *Il va partir*, er will eben gehen. | *Il est prêt à partir*, er ist reisefertig, startklar. | *Partez !*, geht ! | *Partons !*, laßt uns gehen ! ; wir wollen fort ! | *Il est parti*, er ist fort ; er ist auf und davon. || FIG., IRON. *Il est un peu parti*, er ist etwas angeheitert ; POP. er hat einen Schwips. || *L'avion part*, das Flugzeug startet. | *Le train part*, der Zug fährt (ab). | *Le navire part*, das Schiff läuft aus. | *Le moteur part*, der Motor springt an. | *Faire partir le moteur*, den Motor anwerfen, anlassen. | *Faire partir une lettre*, einen Brief abschicken. | *Faire partir un coup (de feu)*, abfeuern ; abdrücken.

II. COMMENCEMENT D'UNE ACTION : *Le feu part*, das Feuer geht an. | *Un coup de feu part*, ein Schuß geht los, knallt ; es fällt ein Schuß. | *Ce canal part de N.*, dieser Kanal beginnt bei N. | *Cet ordre part de P.*, dieser Befehl kommt von P. | *Partir d'un éclat de rire*, laut auflachen.

III. SENS FIGURÉ : [provenance] *Ses paroles partent du cœur*, seine Worte kommen von Herzen. | *Partir d'un principe*, von einem Grundsatz ausgehen ; als Grundsatz annehmen.

IV. *J'ai maille à partir avec lui*, ich habe mit ihm ein Hühnchen zu rupfen.
V. LOCUTION PRÉPOSITIVE : **à partir de,** von... an ; von... ab. | *À partir d'aujourd'hui*, von heute ab ; ab heute. | *À partir de maintenant*, von nun an ; nunmehr. || (sens local) *À partir de Sarrebruck*, ab Saarbrücken. | *À partir d'ici*, von hier aus ; von hier weg.
— SYN. : *S'en aller*, weggehen. *Se retirer*, sich zurückziehen. *Disparaître*, verschwinden. *Prendre congé*, sich verabschieden. FAM. *Décamper*, das Feld räumen. *Détaler*, davonlaufen.

partisan [partizɑ̃] m. Parteigänger m. ; Anhänger m. | *Partisan zélé*, eifriger Anhänger ; Befürworter m. || MIL. Freischärler m. ; Partisan m. | *Guerre de partisans*, Partisanen-, Guerillakrieg m.
◇ adj. **partisan, ane,** treu stehend zu. | *J'en suis partisan*, ich bin dafür. | *Opinions partisanes*, parteiische Meinungen.

partitif, ive [-tif, i:v] adj. partitiv ; Teilungs... || GRAMM. *Article partitif*, Teilungsartikel m.

partition [-sjɔ̃] f. [division, séparation] Einteilung f. ; Partition f. || MUS. Partitur f. | *Partition pour piano*, Klavierauszug m.

partout [partu] adv. überall (hin) ; allenthalben ; allerorts ; wo immer.
◇ loc. adv. **de partout,** von überallher.

parturition [-risjɔ̃] f. MÉD. Gebären n.

parure [pary:r] f. Schmuck m. ; (Auf)putz m. ; Garnitur f. || [toilette] Staat m. ; Verzierung f. || *Mettre sa plus belle parure*, seinen schönsten Schmuck anlegen. | *Parure de diamants*, Diamantenbesatz m., -garnitur.

parution [parysjɔ̃] f. [livre] Erscheinen n. ; Herausgabe f.

parvenir [parvəni:r] v. intr. **1.** [atteindre] (an)langen ; gelangen ; erreichen ; (an)kommen. | *Parvenir au sommet*, auf dem Gipfel anlangen. | *Parvenir à ses fins*, sein Ziel erreichen. | *Parvenir aux honneurs*, zu Ehren gelangen. | *Parvenir aux oreilles de qn*, jm zu Ohren kommen. | *Faire parvenir une nouvelle à qn*, jm eine Nachricht zukommen lassen.
2. [réussir une action] gelingen. | *Je suis parvenu à faire qch.*, es ist mir gelungen, etwas zu tun. | *Je n'y parviens pas*, ich schaffe es nicht ; es gelingt mir nicht.
3. [réussir dans la vie] auf-, empor-, hochkommen. | *Être parvenu*, es geschafft haben ; POP. sein Schäfchen ins Trockene gebracht haben.

parvenu, ue [-vəny] s. Emporkömmling m. ; Parvenü m.

parvis [parvi] m. ARCHIT. (Tempel)vorhof m. ; Vorplatz m. ; Vorhalle f.

pas [pa] m.

> **I.** MOUVEMENT ; MANIÈRE DE MARCHER : Schritt m. ; Tritt m. ; Gang m.
> **a)** avec un adjectif ;
> **b)** avec un nom ;
> **c)** avec un verbe :
> 1° sens propre ;
> 2° sens figuré.
> **II.** DISTANCE PARCOURUE : Schritt m.
> **III.** PRÉSÉANCE : Vorrang m. ; Vortritt m.
> **IV.** PAS DE PORTE : Türschwelle f.
> **V.** GÉOGRAPHIE : Engpaß ; (Gebirgs)paß m. ; Meerenge f.
> **VI.** TECHNIQUE.
> **VII.** MILITAIRE.
> **VIII.** LOCUTIONS ADVERBIALES.

I. MOUVEMENT ; MANIÈRE DE MARCHER : Schritt m. ; Tritt m. ; Gang m. — **a)** avec un adjectif : *À chaque pas*, bei jedem Schritt. | *Faux pas*, Fehltritt. | *À pas comptés*, gemessenen Schrittes. | *Pas décidé*, fester Schritt. | *À pas légers*, mit leisen Tritten. | *Pas lourd*, schwerfälliger Schritt. | *Du même pas*, im gleichen Schritt und Tritt. | *À pas précipités*, mit schnellen Schritten. | *Premier pas*, erster Schritt. — **b)** avec un nom : POLIT. *Mise au pas*, Gleichschaltung f. || *Salle des pas perdus*, Wandelhalle f. | *Trace de pas*, Fußspur f. ; Fußstapfen m. | *Pas de course*, Laufschritt. | *Pas de géant*, Riesenschritt. | *Pas de loup*, Katzenschritt. | *Pas de valse*, Walzerschritt. — **c)** avec un verbe : 1° au sens propre : *Aller au pas*, Schritt gehen, reiten, fahren ; Schritt halten. | *Aller à pas de tortue*, wie eine Schnecke kriechen. | *Aller d'un pas lourd*, trampeln. | *Aller du même pas que qn*, mit jm Schritt halten. | *Allonger le pas*, größere Schritte machen. | *Changer de pas*, den Tritt wechseln. | *Diriger ses pas vers*, nach..., zu... seine Schritte lenken. | *Égarer ses pas*, sich verirren. | *Emboîter le pas à qn*, jm auf den Fersen sein. | *Esquisser un pas de danse*, tänzeln. | *Faire un pas*, einen Schritt tun. | *Faire un pas en avant*, vortreten. | *Faire un pas en arrière*, einen Schritt zurücktun. | *Faire les cent pas*, auf und ab, hin und hergehen. | *Faire de grands pas*, große Schritte machen. | *Faire les premiers pas*, die ersten Schritte machen. | *Franchir le pas*, sich endlich entscheiden. | *Guider les pas de qn*, die Schritte js leiten. | *Marcher à grands pas*, tüchtig schreiten. | *Marcher à pas de loup*, auf leisen Sohlen schleichen. | *Marcher sur les pas de qn*, in die Fußstapfen js treten. | *Se mettre au pas*, (PR.) Tritt fassen ; FIG. mit der Zeit gehen. | *Ne pas quitter qn d'un pas*, jm nicht von der Seite gehen. | *Raccourcir ses pas*, kürzere Schritte machen. | *Retourner sur ses pas*, wieder umkehren (sépar.). | *À pas lents*, langsamen Schrittes. — 2° au sens figuré : *Aller à pas de géant*, riesige Fortschritte machen. | *Il n'y a que le premier pas qui coûte*, der erste Schritt ist immer der schwerste. | *Je suis dans un mauvais pas*, ich sitze in der Klemme. | *Faire un faux pas*, einen Fehltritt machen ; eine Taktlosigkeit begehen. | *Voilà un grand pas de fait*, damit sind wir ein gutes Stück weiter. | *Mettre au pas*, jn zum Gehorsam bringen ; POLIT. jn gleichschalten ; POP. jm die Flötentöne beibringen. | *Se tirer d'un mauvais pas*, mit heiler Haut davonkommen.
II. DISTANCE PARCOURUE : Schritt m. | *À deux pas*, zwei Schritt weit. | *C'est à deux pas d'ici*, das ist nur ein Katzensprung von hier. | *Ne pas s'éloigner d'un pas*, sich keinen Schritt entfernen.
III. PRÉSÉANCE : Vorrang m. ; Vortritt m. | *Céder le pas à qn*, jm den Vortritt lassen. | *Disputer le pas à qn*, sich den Vortritt streitig machen. | *Prendre le pas sur qn*, jn in den Hintergrund drängen.
IV. PAS DE PORTE : [sens propre] Türschwelle f. ; [sens commercial] *Pas-de-porte*, Abstand m. ; Abstandsgeld n.
V. GÉOGRAPHIE : Meerenge f. ; (Gebirgs)paß m. ; Engpaß m. | *Le pas de Calais*, die Meerenge von Calais.
VI. TECHNIQUE : *Pas d'engrenage*, Zahnteilung f. | *Pas de vis*, Gewindegang m. ; Schraubensteigung f. || [canons] *Pas des rayures*, Drall m.
VII. MILITAIRE : *Au pas*, im Schritt. | *Pas cadencé*, Gleichschritt m. | *Marcher au pas*, im Gleichschritt marschieren. | *Pas de l'oie*, Paradeschritt. | *Au pas de charge*, im Sturmschritt. | *Pas redoublé*, Geschwindmarsch m.
VIII. LOCUTIONS ADVERBIALES : **de ce pas,** stehenden Fußes, Schrittes. | *J'y vais de ce pas*, ich gehe stehenden Fußes dorthin. — **pas à pas,** Schritt für Schritt ; schrittweise.

pas [pa] adv. nicht. | *Ne... pas*, nicht. | *(Ne)... pas un*, nicht ein, e, es ; kein, e, es. | *Pas un seul*, nicht ein einziger, kein einziger. | *Pas vrai ?*, stimmt's nicht ? ; nicht wahr ? || TÉLÉPH. *Pas libre*, besetzt ! ||

Pas mal, nicht schlecht ; [quantité] ziemlich viel(e). | *Pas du tout*, keineswegs ; durchaus nicht ! ; absolut nicht. | *Pas d'argent*, kein Geld. | *Pas trop haut*, nicht zu laut ! | *N'est-ce pas ?*, nicht wahr ? | *Non pas !*, nicht doch ! ; nein nicht ! | *Pas que je sache*, nicht, daß ich wüßte. | *Ce n'est pas cela*, darum handelt es sich nicht. | *Un pas-grand-chose*, ein Taugenichts.

pascal, ale, als, aux [paskal, o] adj. österlich ; Oster... | *Agneau pascal*, Osterlamm n.

passable [pasabl] adj. leidlich ; erträglich ; mittelmäßig ; ziemlich.

passablement [-bləmɑ̃] adv. einigermaßen ; hinreichend ; halbwegs.

passade [pasad] f. flüchtige Laune ; vorübergehende Neigung.

passage [-sa:ʒ] m. **I.** MOUVEMENT (*à travers*, durch ; *devant*, *à proximité*, vorbei ; *par-dessus*, über) : Durch-, Vorbei-, Übergehen, -reiten, -fahren n. ; Durchreisen n. ; Übergang m. ; Überfahrt f. ; MIL. Durchmarsch m., -ziehen n. || [oiseaux] Zug m. — **a)** Fait de passer : *Passage d'une armée*, Durchzug (m.) eines Heeres. | *Passage des bécasses*, Schnepfenstrich m. | *Passage des véhicules*, Durchfahrt f. | *Passage des véhicules sur*, Befahren n. | *Passage de Vénus sur le Soleil*, Venusdurchgang m. | *Oiseau de passage*, Zugvogel m. | *Il est de passage à X.*, er ist nur vorübergehend in X. | *Il doit me prendre au passage*, er soll mich auf dem Wege mitnehmen. | *Durant son passage à Paris*, während seines/ihres Parisaufenthaltes. | *Clientèle de passage*, Laufkundschaft f. — **b)** Traversée, franchissement : *Passage d'un fleuve*, Flußüberquerung f., -übergang. | *Passage des montagnes*, Übergang über die Berge. || HIST. *Passage de la mer Rouge*, Durchzug (m.) durch das rote Meer. || *Passage de la frontière*, Grenzübertritt m. | *Droit de passage*, Durchgangs-, Durchzugsrecht n. — **c)** Transition, changement : *Passage dans la classe supérieure*, Versetzung (f.) in die höhere Klasse. || MUS. *Passage d'un ton à un autre*, Übergang in eine andere Tonart. || AUTOM. *Passage des vitesses*, Umschaltung f. — **d)** Possibilité de passer : *Passage interdit*, Durchfahrt (f.) verboten. | *Céder le passage à une voiture*, einem Fahrzeug die Vorfahrt gewähren. — **e)** POP. *Passage à tabac*, Durchprügeln n.
II. LIEU : **a)** [en général] Durch-, Übergang m. ; Übergangsstelle f. ; Überfahrt f. ; Durchweg m. | *Passage secret*, geheimer Ausgang. | *Passage clouté*, Fußgängerübergang ; Zebrastreifen m. pl. | *Passage à niveau*, Bahnübergang. | *Passage à niveau gardé*, bewachter Bahnübergang. | *Passage souterrain (ou inférieur)*, Unterführung f. | *Passage interdit*, Durchgang verboten ! | *Point de passage*, Übergangs-, Übersetzstelle f. | *Se frayer un passage*, sich Bahn brechen. || **b)** [dans un livre] Stelle f. ; Passus m. ; Abschnitt m. || MUS. Passage f. ; Läufe m. pl.

passager, ère [-saʒe, ɛ:r] adj. vorübergehend ; flüchtig ; vergänglich. | *Malaise passager*, vorübergehende Übelkeit.
◇ s. Fahrgast m. ; Reisende(r) f. (m.). || AÉRON. Fluggast m. ; Passagier(in) m. (f.). || AUTOM. Autoinsasse m. ; Antoinsassin f. || MAR. Schiffspassagier(in) m. (f.). || *Passager clandestin*, blinder Passagier.

passant, ante [-sɑ̃, ɑ̃:t] adj. viel begangen, befahren ; belebt. | *Rue passante*, verkehrsreiche Straße.
◇ s. Passant(in) m. (f.) ; Vorübergehende(r) f. (m.).
◇ m. **passant,** [vêtement, ceinture] Schlaufe f.
◇ loc. adv. **en passant,** im Vorbeigehen ; beiläufig.

passation [-sasjɔ̃] f. JUR. Ausfertigung f. | *Passation de commande*, Auftragserteilung f. | *Passation des pouvoirs*, Machtübertragung f.

passavant [-savɑ̃] m. Passierschein m. ; Zoll-, Zollfrei-, Zollbegleitschein m. || MAR. Laufplanke f.

passe [pɑs] f. [oiseaux] Vorbeizug m. ; Vorbeiziehen n. ; Durchzug m. || *Maison de passe*, Stundenhotel n. | *Bonne passe*, günstige Lage. | *Mot de passe*, Kenn-, Losungswort n. ; Parole f. || [au jeu] Spieleinsatz m. || [jeu de ballon] Ballabgabe f. | *Faire une passe (du ballon)*, den Ball zuspielen, abgeben. || SPORT. [escrime] Ausfall m. ; Passade f. || *Être en passe de*, im Begriff sein, zu. || COMM. Aufgeld n. ; Zuschuß m. || TYPOGR. Zuschuß m. || MAR. Fahrwasser n. ; Fahrtrinne f. || MIL., FIG. *Passe d'armes*, Schlagabtausch m.

passé, e [-se] part. pass. et adj. **1.** [temporel] vergangen ; verlaufen ; verflossen ; vorig. | *Le temps passé*, die vergangene Zeit. | *L'an passé*, voriges Jahr ; im vergangenen Jahr. | *L'été est passé*, der Sommer ist vorbei. | *L'orage est passé*, das Gewitter ist vorüber. | *Passé de mode*, aus der Mode. | *Il est dix heures passées*, es ist zehn Uhr durch.
2. [qui a perdu sa fraîcheur] *Des fruits passés*, überreifes Obst. | *Une étoffe passée*, ein verblichener Stoff.
◇ m. **passé,** Vergangenheit f. | *Rappeler le passé*, die Vergangenheit heraufbeschwören. | *Un passé mouvementé*, ein bewegtes Vorleben. | *Comme par le passé*, so wie bisher. || GRAMM. Vergangenheit f. ; Perfekt n. | *Passé défini*, historisches Perfekt. | *Passé simple*, Perfekt. | *Passé antérieur*, Vorvergangenheit.
◇ prép. *Passé dix heures*, nach zehn Uhr. | *Passé la frontière*, jenseits der Grenze.

passe-bande [pɑsbɑ̃d] adj. invar. ÉLECTR. Bandpaß... | *Filtre passe-bande*, Bandpaßfilter m.

passe-boules [-bul] m. (pl. **passe-boules**) Kugeltreffspiel n.

passe-droit [-drwa] m. (pl. **passe-droits**) ungerechte Bevorzugung.

passée [pɑse] f. Durch-, Vorüberziehen n. || [trace] Spur f. ; Fährte f.

passe-lacet [-lasɛ] m. (pl. **passe-lacets**) Schnürnadel f. || LOC. POP. *Être raide comme un passe-lacet*, völlig blank sein.

passement [pɑsmɑ̃] m. Borte f. ; Besatz m. ; Litze f. ; Tresse f. ; Posamenten n. pl.

passementer [-te] v. tr. mit Borten, Tressen umsäumen, besetzen, verbrämen.

passementerie [-tri] f. Posamentenarbeit f., -fabrik f., -handel m. ; Posamenten n. pl.

passementier, ière [-tje, jɛ:r] s. Besatz-, Spitzenhändler(in) m. (f.) ; Posamentierer(in) m. (f.).

passe-montagne [pɑsmɔ̃taɲ] m. (pl. **passe-montagnes**) Kopfschützer m.

passe-partout [-partu] m. invar. Passepartout m. || [clé] Dietrich m. ; Nachschlüssel m. || [scie] Quer-, Schrotsäge f. || [cadre] Wechselrahmen m. || FIG. für alle Gelegenheiten passend.

passe-passe [-pɑs] m. invar. Taschenspielerei f. ; Gaukelei f. | *Tour de passe-passe*, Hokuspokus m ; Taschenspielertrick m.

passe-plat [-pla] m. Durchreiche f.

passepoil [-pwal] m. Paspel m., f. ; Litze f. || MIL. Biese f. ; (Vor)stoß m.

passeport [-pɔ:r] m. Paß m. ; Reisepaß m. ; Ausweis m. | *Se faire délivrer un passeport*, sich einen Paß ausstellen lassen. | *Faire viser son passeport*, sich ein Visum für den Paß besorgen. | *Passeport diplomatique*, Diplomatenpaß.

passer [pɑse]

> **I.** v. intr.
> **a)** EMPLOYÉ ABSOLUMENT : lieu ; temps ; mourir ; atténuer ; convenir, admettre ; cartes. — **faire passer.**
> **b)** AVEC UN ATTRIBUT ;
> **c)** AVEC UNE PRÉPOSITION OU UNE CONJONCTION.
> **II.** v. tr.
> **a)** EMPLOYÉ AVEC COMPLÉMENT D'OBJET : lieu ; temps ; choses ; personnes.
> **b)** AVEC COMPLÉMENT D'OBJET ET COMPLÉMENT PRÉPOSITIONNEL.
> **III.** v. pr. se passer.
> **a)** arriver ; se produire ;
> **b)** temps ;
> **c)** **Se passer de.**

I. v. intr. **a)** EMPLOYÉ ABSOLUMENT : [lieu] *Passer* [à pied] durch (acc.), an (dat.) vorbeigehen, kommen ; [à cheval] durch (acc.) reiten ; [en véhicule] durch (acc.) fahren ; [en troupe] durch (acc.) ziehen ; [furtivement] durchhuschen ; [film] laufen. | *En passant*, im Vorbeigehen. | *Vouloir passer*, durch wollen. | *Défense de passer*, Durchgang verboten ! | *Il n'y a pas moyen de passer*, es ist kein Durchkommen. | *Être autorisé à passer*, frei passieren dürfen ; ungehindert durch dürfen. | *Laisser passer*, passieren lassen. | *Laisse-moi passer*, laß mich mal durch ! | *Laisse-moi passer le premier*, laß mich vor ! | *Passer outre*, sich über etwas (acc.) hinwegsetzen ; über etwas (acc.) hinaus gehen.
[temps] vergehen ; verstreichen ; verfließen ; dahinfließen, -streichen. | *Les jours passent vite*, die Tage gehen schnell dahin, verstreichen rasch. | *Comme le temps passe !*, wie schnell vergeht doch die Zeit ! | *Qui passe*, vergänglich. | *Sa colère est passée*, sein Zorn hat sich gelegt. | *Passer de mode*, aus der Mode kommen.
[mourir] verscheiden.
[atténuer] *La douleur passera bientôt*, der Schmerz geht gleich vorbei. | *L'envie m'en a passé*, mir ist die Lust dazu, daran, dafür vergangen. | *La couleur passe*, die Farbe wird blaß, verblaßt, verschießt. | *Une fleur passe*, eine Blume verblüht, verwelkt.
[convenir ; admettre] *Cela peut passer*, das mag so (an)gehen. | *Passons !* [admettons], *Passe pour cette fois*, *Passe encore*, diesmal lasse ich es noch hingehen. | *Passons !*, [n'insistons pas] weiter !
[cartes, surtout bridge] *Un joueur passe*, ein Spieler paßt.
◇ **faire passer.** *Le génie fait passer les chars*, die Pioniere setzen die Panzer über. | *Faire passer un film*, einen Film vorführen. | *Faire passer un ordre*, einen Befehl durchgeben (sépar.), weitersagen. | *Faire passer une proposition (de loi)*, einen Antrag durchbringen (sépar.) | *Cela fait passer le mal de tête*, das vertreibt die Kopfschmerzen.
b) AVEC UN ATTRIBUT : *Passer capitaine*, Hauptmann werden. | *Passer maître*, Meister werden. || *Passer pour*, für... gelten, gehalten werden. | *Il passe pour très méchant*, er soll sehr böse sein. | *Se faire passer pour*, sich für... ausgeben.
c) EMPLOYÉ AVEC UNE PRÉPOSITION OU UNE CONJONCTION : **à.** *Passer à* (complément de lieu), [à travers] durch... gehen, reiten, fahren, etc. ; [tout près de] an (dat.) vorbeigehen, reiten, etc. ; [idée de franchir] nach..., zu...(hin)übergehen. | *La Seine passe à Paris*, die Seine fließt durch Paris. || FILM. *Ce film passe au Rex*, dieser Film läuft im Rex. || *Passer à qch. d'autre*, zu etwas anderem übergehen (sépar.). || FAM. *Passer à l'as*, unter den Tisch fallen. || *Passer à l'attaque*, zum Angriff übergehen (sépar.). | *Passer à l'ennemi*, zum Feinde überlaufen (sépar.). | *Passer à l'exécution*, zur Ausführung schreiten. | *Passer au large*, das Weite suchen ; aus dem Wege treten. | *Passer à l'ordre du jour*, zur Tagesordnung übergehen (sépar.). | *Passer à la postérité*, auf die Nachwelt kommen. | *Passer au second plan*, in den Hintergrund treten. — **à travers.** *Passer à travers champs*, querfeldein gehen. | *Passer à travers tous les obstacles*, über Stock und Stein laufen, springen. — **avec.** *Cela passe avec le reste*, das geht mit durch. — **chez.** *Passer chez qn*, bei jm vorbeigehen ; POP. bei jm hereingucken. — **comme.** *Passer comme une lettre à la poste*, rund, glatt ablaufen. | *Passer comme un ouragan*, durchstürmen (sépar.). — **dans.** [complément de lieu] *Passer dans le camp ennemi*, ins Lager der Feinde hinüberwechseln.
◇ **de... à.** [en général] *Passer d'un état à un autre*, von einem Zustand zu einem anderen übergehen (sépar.). | *Passer du blanc au noir*, von einem Extrem in das andere fallen. | *Passer d'une classe à une autre, dans la classe supérieure*, (von einer Klasse in die andere) versetzt werden. | *Passer de vie à trépas*, verscheiden ; sterben. — **de... en.** *Passer d'Allemagne en France*, von Deutschland nach Frankreich gehen. | *Passer de main en main*, von Hand zu Hand gehen. — **devant.** [en général] *Passer devant qch. ou qn*, an, bei jm (dat.) vorbeigehen, -kommen, -fahren, etc. | *Passer devant les yeux*, vorbeischweben. — **en passer.** *Il faut en passer par là*, da muß man hindurch ; friß Vogel, oder stirb.
◇ **en.** (compl. de lieu, avec idée de franchir une limite). | *Le mot a passé en Allemagne*, das Deutsche hat das Wort übernommen. — **par.** *Passer par* (compl. de lieu) , über (acc.) führen. | *Le chemin passe par M.*, der Weg führt über M. | *Passer par un bois*, durch ein Wäldchen hindurchgehen. | *Passer par un pays*, ein Land durchreisen (insépar.). | *Passer par la porte*, durch die Tür gehen. | *Passer par toutes les couleurs*, mehrfach die Farbe wechseln. | *Passer par de rudes épreuves*, bittere Erfahrungen, viel durchmachen (sépar.) ; harte Prüfungen bestehen. | *Passer par tous les grades*, alle Stufen durchlaufen (insépar.) ; von der Pike auf dienen. | *Je suis passé par là*, das habe ich (auch) durchgemacht. || FIG. *Passer par la tête*, durch den Kopf gehen ; plötzlich einfallen. | *Passer par le trou d'une aiguille*, etwas ganz Unmögliches tun. || JUR. *Passer par voie de succession à qn*, sich auf jn vererben. — **sur.** *Passer sur le corps de qn (avec une voiture)*, jn überfahren (insépar.). | *Passer sur une faute*, über einen Fehler hinweggehen ; einen Fehler übergehen (insépar.). — **y passer.** *Tout le monde y passe*, das muß sich jeder gefallen lassen ; jeder muß es dulden. | *Il faut y passer*, das muß durchgestanden werden ; da muß man in den sauren Apfel beißen.
II. v. tr. **a)** EMPLOYÉ AVEC COMPLÉMENT D'OBJET : [lieu] *Passer le but*, über das Ziel hinausgehen. | *Passe ton chemin*, geh deines Weges ! | *Passer la frontière*, die Grenze überschreiten. | *Passer le pont*, über die Brücke gehen, fahren, etc. | *Passer la rivière*, [en bateau] über den Fluß fahren ; den Fluß überfahren (insépar.) ; [à la nage] den Fluß durchschwimmen (insépar.) ; [à pied, à gué], den Fluß durchwaten (insépar.). | *Faire passer la rivière à qn*, jn über den Fluß setzen ; jn übersetzen (sépar.). | *Passer le seuil*, über die Schwelle kommen.
[temps] *Il a passé l'âge*, er hat das Alter überschritten. | *Il a passé la cinquantaine*, er ist über Fünfzig. | *Passer l'été*, übersommern (insépar.). | *Passer l'hiver*, [durée] auswintern ; überwintern (insépar.) ; [survivre] den Winter überdauern (insépar.). | *Passer la journée*, den Tag verbringen. | *Le malade ne passera pas la journée*, der Kranke überlebt diesen Tag nicht mehr. | *Passer la nuit (dehors)*, die Nacht (im Freien) verbringen. | *Passer le temps à jouer*, die Zeit verspielen. | *Pour passer le temps*, zum Zeitvertreib.
[choses] (en général) *J'en passe*, ich gehe darüber hinweg.

| *Passer un accord*, übereinkommen. | *Passer un contrat*, einen Vertrag abschließen. || JUR. *Passer un acte*, ein Rechtsgeschäft eingehen, schließen. || *Passer écriture de qch.*, etwas (ver)buchen. | *Faire passer une annonce*, ein Inserat bringen. | *(Faire) passer les assiettes*, die Teller weiterreichen. | *Passer son envie*, seine Lust befriedigen. | *Passons l'éponge*, Schwamm darüber. | *Passer un examen*, eine Prüfung ablegen, bestehen. | *Passer les limites*, die Grenzen überschreiten. | *Faire passer une loi*, ein Gesetz verabschieden. | *Passer un manteau*, einen Mantel überwerfen (sépar.). | *Passer un marché*, ein Geschäft abschließen. | *Laisser passer une occasion*, eine Gelegenheit versäumen. | *Passez-moi le pain*, bitte, reichen Sie mir das Brot. | *Passer une page*, eine Seite überschlagen (insépar.). | *Passer un plat*, ein Gericht herumreichen. || FIG., FAM. *Passer de la pommade à qn*, jm Honig ums Maul schmieren. || *Passer une revue*, eine Musterung halten ; eine Parade abnehmen. | *Il ne faut rien passer aux enfants*, man darf den Kindern nichts nachsehen. || FAM. *Passer un savon à qn*, jm den Kopf waschen. || *Passer la tête (à la fenêtre)*, den Kopf (zum Fenster) hinausstrecken. | *Passer du thé*, Tee durch das Sieb gießen. | *Passer un vêtement*, ein Kleid anziehen. | *Passer les vitesses*, die Gänge schalten.

b) AVEC COMPLÉMENT D'OBJET ET COMPLÉMENT PRÉPOSITIONNEL : **à.** *Passer qch. au bleu*, etwas verheimlichen, verschleiern. || *Passer qch. au compte de profits et pertes*, auf Verlust- und Gewinnkonto verbuchen. | *Passer la corde au cou de qn*, jm die Schlinge um den Hals legen. | *Passer qch. au crédit de qn*, jm etwas gutschreiben, Gutschrift erteilen, kreditieren. | *Passer qch. au crible*, etwas durchseihen (sépar.) ; FIG. etwas durchhecheln (sépar.). | *Passer un anneau, une bague au doigt de qn*, jm einen Ring auf den Finger stecken. | *Passer qch. à l'eau*, etwas wässern. | *Passer qch. au feu*, etwas anwärmen. | *Passer l'arme à gauche*, ins Gras beißen. | *Faire passer qch. au nom de qn*, jm etwas überschreiben (sépar.). | *Faire passer qch. à la ronde*, etwas herumgehen lassen. | *Passer qn à tabac*, jn grün und blau schlagen. | *Passer qch. au tamis*, etwas durchseihen. — **de... à.** *Faire passer une somme d'un compte à un autre*, eine Summe umbuchen (sépar.). — **en.** *Passer (les phares) en code*, abblenden. | *Passer (une somme) en compte*, (eine Summe) auf einen Rechnungsposten übertragen (insépar.) ; auf ein Konto buchen. | *Faire passer qn en justice*, jn vor Gericht stellen. — **par.** *Passer qn par les armes*, jn erschießen. | *Passer qch. par écrit*, etwas schriftlich abfassen. — **sous.** *Passer qch. sous silence*, etwas mit Stillschweigen übergehen (insépar.). — **sur.** *Passer la main sur son visage*, mit der Hand übers Gesicht fahren.

III. v. pr. **se passer.** — **a)** [arriver ; se produire] geschehen ; vorkommen ; vor sich gehen ; vorfallen ; hergehen ; sich abspielen ; stattfinden ; sich ereignen ; passieren ; ablaufen ; sich begeben. | *Ceci se passait en 1900*, das geschah im Jahre 1900. | *Que se passe-t-il ?*, FAM. *Qu'est-ce qui se passe ?*, was ist (da) los ? ; was gibt's da ? | *Il se passe qch.*, es ist etwas los. | *Il se passe d'étranges choses*, eigenartige Dinge gehen vor (sich). | *Comme cela se passe souvent*, wie es oft vorkommt. | *Où cela s'est-il passé ?*, wo hat sich dies ereignet ? | *La scène se passe à Berlin*, das Stück, die Szene spielt in Berlin.

b) [temps] *La journée se passa en conversations*, man brachte den Tag mit Unterhaltungen zu. | *Cela se passera*, das wird nicht immer dauern. | *Il faut que jeunesse se passe*, Jugend hat keine Tugend.

c) Se passer de, entbehren ; missen können ; sich einer Sache enthalten. | *Se passer de vin*, sich des Weins enthalten. | *Ne pas pouvoir se passer de qch.*, etwas nicht entbehren können ; POP. sich etwas (acc.) nicht verkneifen können. | *Dont on ne peut se passer*, unentbehrlich. | *Je ne peux (pas) me passer d'eux*, ich kann nicht ohne sie auskommen.

passereau [pasro] m. ZOOL. Sperling m.
◇ m. pl. **passereaux,** Sperlingsvögel m. pl.

passerelle [pasrɛl] f. Fußgängerbrücke f. ; (Lauf)-steg m. || MAR. *Passerelle du bateau*, Kommandobrücke f.

passerose [pasro:z] f. BOT. Stockrose f.

passe-temps [pastɑ̃] m. invar. Zeitvertreib m.

passe-thé [-te] m. invar. Teesieb n.

passeur [pasœ:r] m. Fährmann m. (pl. -leute). | *Maison du passeur*, Fährhaus n. | *Passeur d'armes*, Waffenschmuggler m.

passible [pasibl] adj. empfindungsfähig ; straffällig. || JUR. *Passible d'un droit*, gebührenpflichtig. | *Être passible de poursuites pénales*, sich strafrechtlichen Verfolgungen aussetzen. | *Être passible d'une peine*, eine Strafe verwirkt haben.

passif, ive [pasif, i:v] adj. passiv ; leidend ; untätig. || CHIM. ohne Reagenz. | *Obéissance passive*, blinder Gehorsam ; Kadavergehorsam m. | *Résistance passive*, passiver Widerstand. | *Défense passive*, Luftschutz m.
◇ m. **passif.** COMM. Passivum n. ; Schuldforderung f. ; pl. Passiva n. pl. ; Verbindlichkeiten f. pl. | *Inscrire au passif*, passivieren. | *Mettre sur le, au passif*, auf der Passivseite einstellen, einsetzen. || GRAMM. Leideform f. ; Passiv n. | *Mettre un verbe au passif*, ein Verb ins Passiv setzen.

passiflore [pasiflo:r] f. BOT. Passionsblume f.

passion [pasjɔ̃] f. Leidenschaft f. ; Hang m. ; Affekt m. ; Begierde f. || [amour] heiße Liebe. || [littéraire] Eifer m. || *Avoir la passion du jeu*, dem Spiel leidenschaftlich verfallen sein. | *Donner libre cours à ses passions*, seinen Leidenschaften frönen, freien Lauf lassen. | *Sans passion*, leidenschaftslos ; gelassen. || RELIG. Leiden (n.) Christi ; Leidensgeschichte f. ; Passion f. | *La Passion selon saint Matthieu*, die Matthäuspassion. || LITTÉR. *(Jeu de la) Passion*, Passionsspiel n. || BOT. *Fleur, Fruit de la passion*, Passionsblume ; Passionsfrucht f.

passionnant, ante [-sjɔnɑ̃, ɑ̃:t] adj. aufregend ; spannend ; fesselnd.

passionné, ée [-sjɔne] adj. leidenschaftlich ; heißblütig ; feurig ; schwärmerisch ; passioniert. | *Débat passionné*, hitzige, leidenschaftliche, erregte Debatte. | *Être passionné de qch.*, leidenschaftlich für etwas schwärmen.

passionnel, elle [-sjɔnɛl] adj. leidenschaftlich ; Leidenschafts... | *Action passionnelle*, Affekthandlung f.

passionner [-sjɔne] v. tr. leidenschaftlich erregen ; begeistern ; hin-, mitreißen ; fesseln. | *Passionner les foules*, die Menge mitreißen, begeistern.

passivement [pasivmɑ̃] adv. untätig ; passiv.

passivité [-vite] f. Untätigkeit f ; Passivität f.

passoire [paswa:r] f. CULIN. (Küchen)sieb n. ; Durchschlag m. ; Seiher m.

pastel [pastɛl] m. ARTS. [matière] Pastellstift m., -farbe f. ; [œuvre] Pastellbild n., -gemälde n. | *Peindre au pastel*, in Pastell malen. || BOT. Waid m.

pastelliste [-list] s. Pastellmaler(in) m. (f.).

pastèque [pastɛk] f. BOT. Wassermelone f.

pasteur [pastœ:r] m. Hirt m. ; Schäfer m. || RELIG. Pastor m. ; Pfarrer m. ; Seelenhirt m.
◇ adj. *Peuples pasteurs*, Hirtenvölker n. pl.

pasteurisation [-rizasjɔ̃] f. Pasteurisieren n. ; Pasteurisation f.

pasteuriser [-rize] v. tr. entkeimen ; pasteurisieren ; keimfrei machen.

pastiche [pastiʃ] m. Nachahmung f. ; Nachbildung f. ; Abklatsch m.
pasticher [-ʃe] v. tr. nachmachen ; nachbilden ; nachdichten ; nachahmen ; abklatschen.
pastille [pasti:j] f. [confiserie] Plätzchen n. ; Bonbon m. ‖ PHARM. Tablette f. ‖ INF. *Pastille de silicium*, Siliziumplättchen n.
pastis [pastis] m. Anisgetränk n.
pastoral, ale, aux [pastɔral, o] adj. hirtenmäßig ; Hirten... ; Schäfer... ; pastoral. | *Poésie pastorale*, Schäferdichtung f. | *Vie pastorale*, Hirtenleben n. | *La Symphonie pastorale*, Pastoralsymphonie (f.) Beethovens ‖ RELIG. seelsorgerisch ; pastoral. | *Lettre pastorale*, Pastoralbrief m.
◇ f. **pastorale,** Schäfergedicht n. ; Pastorale n.
pastorat [-ra] m. Seelsorge f. ; Pfarramt n.
pat [pat] adj. invar. [échecs] patt.
◇ m. Patt n.
patache [pataʃ] f. MAR. Zollboot n. ‖ POP. alter Wagen ; Rumpelkasten m.
patachon [pataʃɔ̃] m. POP. *Mener une vie de patachon*, ein liederliches Leben führen ; schlampampen.
patapouf [patapuf] m. Plumpsack m.
◇ interj. plumps ! | *Faire patapouf*, hinplumpsen.
pataquès [patakɛ:s] m. FAM. Zungenschlag m. ; falsche Bindung. ‖ [discours] *Faire des pataquès*, fehlerhafte Wortverbindungen machen.
patate [patat] f. BOT. Batate f. ; Erdapfel m. ; FAM. Kartoffel f. ‖ FIG., PÉJOR. Tölpel m. ‖ LOC., FAM. *J'en ai gros sur la patate*, es reicht mir ; ich bin sauer.
patati, patata [patatipatata] onomat. papperlapapp ! ; Geschwätz n.
patatras ! [patatra] interj. pardauz ! ; krach !
pataud, aude [pato, o:d] adj. tolpatschig ; plump.
◇ s. Tolpatsch m. ; Tölpel m.
◇ m. **pataud,** ZOOL. junger Hund.
patauger [patoʒe] v. intr. (herum)patschen, -waten ; planschen ; pan(t)schen. ‖ FIG. *Patauger dans un discours*, sich in einer Rede verhaspeln.
patchouli [patʃuli] m. Patschuli n.
pâte [pɑ:t] f. [farine] Teig m. ‖ [confiserie] Paste f. ; Masse f. ‖ *Pâtes alimentaires*, Teigwaren f. pl. | *Pâte feuilletée*, Blätterteig. | *Pâte d'amandes*, Mandelmasse. | *Pâte de fruits*, Fruchtpaste. ‖ [entretien ; métiers] *Pâte dentifrice*, Zahnpasta f. | *Pâte à modeler*, Knetgummi n. | *Pâte à papier*, Papiermasse. | *Colle de pâte*, Kleister m. ‖ MINÉRAL. Grundmasse f. ‖ FIG. *C'est une bonne pâte d'homme*, er ist eine gute, eine ehrliche Haut. | *Mettre la main à la pâte*, Hand anlegen. | *Comme un coq en pâte*, wie Gott in Frankreich.
pâté [-te] m. CULIN. Pastete f. ; Fleisch-, Leberkäse m. | *Pâté de foie gras*, Gänseleberpastete. ‖ FIG. [tache] *Un gros pâté*, ein großer, dicker Tintenklecks. | *Faire un pâté*, klecksen. | *Pâté de maisons*, Häuserblock m., -komplex m.
pâtée [-te] f. Brei m. ; Geflügel-, Hundefutter n. ; Hundekuchen m. ‖ PAR EXT. Fraß m. ; Pampe f.
patelin, ine [patlɛ̃, in] adj. glatt(züngig) ; einschmeichelnd.
◇ s. Schmeichler(in) m. (f.) ; Heuchler(in) m. (f.).
patelin [patlɛ̃] m. FAM. [endroit] Kaff n. ; Nest n.
patelle [patɛl] f. ZOOL. Schüssel-, Napfschnecke f.
patène [patɛ:n] f. RELIG. Hostienschüssel f.
patent, ente [patɑ̃, ɑ̃:t] adj. offensichtlich ; offenkundig. | *Le fait est patent*, die Tatsache liegt auf der Hand. ‖ HIST. *Lettres patentes*, königliches Patent.
patente [patɑ̃:t] f. Patent n. ; Bestallungsurkunde f. ; Genehmigungsbescheid m. ‖ [impôt] Gewerbesteuer f.
patenter [-te] v. tr. patentieren ; mit einem Patent versehen. ‖ [impôt] der Gewerbesteuer unterwerfen. ‖ [brevet] Rechtsschutz verleihen.
Pater [patɛ:r] m. invar. [prière] Vaterunser n. ; Paternoster n. | *Dire son Pater*, das Vaterunser beten, hersagen.
patère [patɛ:r] f. Kleiderhaken m. ; Gardinenhaken m., -halter m.
paternalisme [patɛrnalism] m. Patronatsverfassung f. ‖ PAR EXT. politische Bevormundung.
paternaliste [-list] adj. patriarchalisch.
◇ s. Anhänger(in) m. (f.) des patriarchalischen Patronatssystems.
paterne [patɛrn] adj. katzenfreundlich ; süßtuend.
paternel, elle [-nɛl] adj. väterlich ; Vater... | *Bénédiction paternelle*, väterlicher Segen. | *Grand-mère paternelle*, Großmutter (f.) väterlicherseits, von Vaterseite her.
paternité [-nite] f. Vaterschaft f. | *Paternité spirituelle*, Patenschaft f. | *Paternité littéraire*, geistige Vaterschaft ; Urheberschaft f.
pâteux, euse [pɑtø, ø:z] adj. teigig ; pappig ; [liquide] dickflüssig ; sämig. ‖ *Langue pâteuse*, belegte Zunge. | *Style pâteux*, schwerfälliger Stil. | *J'ai la bouche pâteuse*, ich habe einen trockenen Mund.
pathétique [patetik] adj. pathetisch. ‖ PÉJOR. rührselig ; hochtrabend. ‖ ANAT. *Nerf pathétique*, Rollnerv m.
◇ m. Pathetisches n. ; Pathos n.
pathogène [patɔʒɛ:n] adj. MÉD. krankheitserregend ; pathogen. | *Microbe, Germe pathogène*, Krankheitserreger m., -keim m.
pathogénie [-ʒeni] f. MÉD. Pathogenese f.
pathologie [-lɔʒi] f. MÉD. Krankheitslehre f. ; Pathologie f.
pathologique [-lɔʒik] adj. MÉD. krankhaft ; pathologisch.
pathologiste [-lɔʒist] m. Pathologe m.
pathos [patos] m. Pathos n. ; Leidenschaftlichkeit f. ‖ PÉJOR. Schwulst m.
patibulaire [patibylɛ:r] adj. galgenmäßig ; Galgen... | *Figure patibulaire*, Galgenvogel-, Spitzbubengesicht n. | *Mine patibulaire*, Armsündermiene f.
patiemment [pasjamɑ̃] adv. geduldig.
patience [-sjɑ̃:s] f. [qualité] Geduld f. ; Beharrlichkeit f. ; Duldsamkeit f. ‖ [envers qn] Nachsicht f. ; Langmut f. | *Patience d'ange, de saint*, Engelsgeduld. | *S'armer de patience*, sich mit Geduld wappnen. | *Prendre patience*, sich gedulden. | *Prendre son mal en patience*, sein Leid mit Ergebung tragen. | *Perdre patience*, die Geduld verlieren. | *Ma patience est à bout*, mir reißt die Geduld. ‖ [jeu] Geduldspiel n. ; [cartes] Patience f. ‖ BOT. Gartenampfer m.
patient, iente [-sjɑ̃, ɑ̃:t] adj. geduldig ; ausdauernd ; beharrlich ; langmütig.
◇ s. Patient(in) m. (f.) ; Kranke(r) f. (m.).
patienter [-sjɑ̃te] v. intr. sich gedulden ; Geduld haben. | *Faire patienter qn*, jn warten lassen ; jn vertrösten.
patin [patɛ̃] m. [chaussure] Überschuh m. | *Patin à glace*, Schlittschuh m. | *Patin à roulettes*, Rollschuh m. | *Mettre ses patins*, die Schlittschuhe anschnallen. ‖ TECHN. *Patin de frein*, Bremsklotz m. ; [automobile] Bremsbelagträger m. | *Patin de rail*, Schienenfuß m. ‖ AÉRON. *Patin d'atterrissage*, Gleit-, Schleifsporn m.
patinage [-tina:ʒ] m. Schlittschuhlauf m., -laufen n. ‖ *Patinage artistique*, Eiskunstlauf m. | *Patinage de vitesse*, Eisschnellauf m.
patine [patin] f. Patina f. ; Edelrost m.

patiner [-ne] v. intr. [avec patins] Schlittschuh laufen, fahren. || [véhicules] *L'embrayage patine*, die Kupplung faßt nicht, schleift. | *La roue patine*, das Rad rutscht aus, dreht sich auf der Stelle.
◇ v. pr. **se patiner.** *Les tableaux se patinent*, die Bilder dunkeln nach. | *Les clochers se patinent*, Kirchtürme setzen Patina an.

patinette [-nɛt] f. (Kinder)roller m.

patineur, euse [-nœ:r, ø:z] s. Schlittschuhläufer(in) m. (f.) ; Eis(kunst)läufer(in) m. (f.).

patinoire [-nwa:r] f. Schlittschuh-, Eisbahn f.

pâtir [pɑti:r] v. intr. *Pâtir de*, unter (dat.) leiden ; für (acc.) büßen müssen ; an (dat.) Mangel leiden.

pâtisserie [-tisri] f. [travail et local] Feinbäckerei f. ; Konditorei f. || [gâteaux] feine Backwaren f. pl. ; Feingebäck n. ; Konditorwaren f. pl.

pâtissier, ière [-tisje, jɛ:r] s. Feinbäcker(in) m. (f.) ; Konditor m. || HIST. Zucker-, Pastetenbäcker m.

patois [patwa] m. Mundart f. | *Patois de Westphalie*, westfälisches Platt.

pâton [pɑtɔ̃] m. Teigklumpen m. ; Stopfnudel f.

patraque [patrak] adj. FAM. *Je me sens patraque*, ich fühle mich nicht wohl ; ich bin nicht recht auf dem Damm.

pâtre [pɑ:tr] m. Hirt m.

patriarcal, ale, aux [patriarkal, o] adj. patriarchalisch ; erz-, altväterlich.

patriarcat [-ka] m. RELIG. Patriarchat n. || POLIT. Vaterherrschaft f.

patriarche [patriarʃ] m. RELIG. Patriarch m. ; Erzvater m. || PAR EXT. ehrwürdiger Greis.

patricien, ienne [-sjɛ̃, jɛn] adj. patrizisch. || PAR EXT. aristokratisch.
◇ s. Patrizier(in) m. (f.).

patrie [patri] f. Vaterland n. || [petite patrie] Heimat f. || PAR EXT. Geburtsort m. | *Mère patrie*, Mutterland n. | *Patrie adoptive*, Wahlheimat f.
— SYN. : *Pays* m., Land n. *Pays natal*, Geburts-, Herkunftsland n. *Nation* f., Nation f.

patrimoine [-mwan] m. JUR. väterliches, elterliches Erbteil ; Erb-, Familiengut n. ; Vermögen n. || FIG. *Patrimoine culturel*, Kulturgut n. | *Patrimoine culturel de la France*, französische Kunstschätze m. pl. ; französischer Kulturbesitz. || BIOL. *Patrimoine génétique, héréditaire*, Erbgut n.

patrimonial, iale, iaux [-mɔnjal, jo] adj. angestammt ; ererbt ; Erb... ; Stamm...

patriote [patriɔt] adj. patriotisch ; vaterländisch.
◇ s. Patriot(in) m. (f.).

patriotique [-tik] adj. patriotisch ; vaterlandsliebend ; vaterländisch.

patriotisme [-tism] m. Vaterlandsliebe f. ; Patriotismus m. | *Patriotisme de clocher*, Lokalpatriotismus.

patron, onne [patrɔ̃, ɔn] s. RELIG. Schutzpatron(in) m. (f.) ; Schutzheilige(r) f. (m.) ; Schirmherr(in) m. (f.). || [protecteur] Beschützer(in) m. (f.) ; Gönner(in) m. (f.). || [employeur] Arbeitgeber(in) m. (f.) ; Unternehmer(in) m. (f.). || COMM. Chef(in) m. (f.). || IRON. Alte(r) f. (m.). || *Patron (de café)*, Wirt(in) m. (f.). | *Patron (de l'apprenti)*, Lehrherr m. | *Patron d'une maison*, Betriebsleiter m. | *Les patrons*, die Arbeitgeber m. pl. | *Jouer au patron*, den Herrn spielen.

patron [patrɔ̃] m. Muster n. ; Schablone f. ; Modell n. | *Patron d'une broderie*, Stickereimuster. || [mesure] *Grand patron*, größte Herrengröße.

patronage [patrɔna:ʒ] m. [protection] Schutz m. ; Fürsorge f. | *Se mettre sous le patronage de qn*, sich in den Schutz js begeben. || [société] Schirmherrschaft f. ; Wohltätigkeitsverein m.

patronal, ale, aux [-nal, o] adj. RELIG. Schutzheiligen... | *Fête patronale*, Kirchweihfest n. || [travail] Arbeitgeber... | *Cotisation patronale*, Arbeitgeberanteil m.

patronat [-na] m. Arbeitgeberschaft f.

patronne [patrɔn] f. V. PATRON.

patronner [-ne] v. tr. [personnes] beschützen ; begünstigen ; unterstützen ; beschirmen ; begönnern. || [choses] TECHN. schablonieren.

patronnesse [-nɛs] f. Vorstandsdame f. ; Patronin f. || FIG. Gönnerin f.

patronyme [patrɔnim] m. Patronymikon n. ; Familienname m.

patronymique [-nimik] adj. patronymisch ; Gattungs... ; Familien... | *Nom patronymique*, Familien-, Geschlechtsname m.

patrouille [patruj] f. MIL. Spähtrupp m. ; Patrouille f. ; Kundschafter m. pl. | *Patrouille de police*, Polizeistreife f.

patrouiller [-je] v. intr. POP. [patauger] herumpatschen ; manschen. || MIL. kundschaften ; (auf) Spähtrupp gehen ; herumstreifen ; Streife gehen.

patrouilleur [-jœ:r] m. MAR. Wach-, Schnellboot n. || MIL. Späher m. ; Kundschafter m. || AÉRON. Aufklärungsflugzeug n. ; Aufklärer m.

patte [pat] f. [membre] Pfote f. ; Tatze f. ; Klaue f. || [gros animaux] Pranke f. || *Pattes de devant*, Vorderpfoten f. pl. | *Pattes d'un chien*, Hundepfoten f. pl. | *Pattes d'un lion*, Löwentatzen f. pl. | *Pattes d'un oiseau*, Vogelfüße m. pl. || FIG. *Pattes de mouche*, (unleserliches) Gekritzel. | *Faire patte de velours*, einen Katzenbuckel machen. || *Marcher à quatre pattes*, auf allen Vieren laufen. | *Retomber sur ses pattes*, immer wieder auf die Beine fallen. | *Montrer patte blanche*, sich ausweisen ; bestimmte Voraussetzungen erfüllen. | *Graisser la patte à qn*, jn schmieren, bestechen. || FIG. *Ce peintre a de la patte*, dieser Maler hat eine geschickte Hand. | *Tomber sous la patte de qn*, in js Klauen geraten. | *Se tirer des pattes de qn*, sich aus js Gewalt befreien. | *Bas les pattes !*, Hände weg ! || TECHN. Fuß m. ; [crochet] Klammer f. ; Krampe f. | *Patte de fixation*, Befestigungsklaue f. || TEXT. *Patte d'épaule*, Achselklappe f. ; [officier] Achselstück n.

patte-d'oie [-dwa] f. (pl. **pattes-d'oie**) [routes] Wege-, Straßenkreuzung f. ; Gabelung f. ; Knotenpunkt m. || [rides] Runzeln f. pl. ; Krähenfüße m. pl. || MAR. Brückenpfeilerschutz m. ; Eisbrecher m.

pattemouille [-muj] f. feuchter Bügellappen.

pâturage [-ra:ʒ] m. Weide f. ; [enclos] Koppel f. | *Pâturage de la commune*, Dorfanger m. | *Pâturages alpestres*, Matten f. pl. ; Alp f. ; Alm f. ; Senne f. | *Droit de pâturage*, Weiderecht n.

pâture [pɑty:r] f. Grünfutter n. ; Weiden n. ; Grasen n. | *Vaine pâture*, Gemeinde-, Dorfanger m. || PAR EXT. Futter n. ; Fressen n. ; Nahrung f. | *Donner la pâture à*, abfüttern.

pâturin [-rɛ̃] m. BOT. Rispen-, Viehgras n.

paume [po:m] f. innere Handfläche ; flache, hohle Hand ; Handteller m. | *Jeu de paume*, Ballspiel n. ; Handball m. || HIST. *Serment du Jeu de paume*, Ballhausschwur m.

paumelle [-mɛl] f. [porte] Türband n., -angel f. || [gant] Handleder n. || BOT. (zweizeilige) Sommergerste.

paumer [-me] v. tr. [frapper] jm eine kleben. || POP. [perdre] verlieren.
◇ part. pass. et adj. **paumé, ée,** FAM. *Être paumé*, völlig hilflos, ratlos sein.

paumoyer [-mwaje] v. tr. *Paumoyer un câble*, ein Tau hochziehen. | *Paumoyer (avec la paumelle)*, mit dem Handleder nähen.

paupérisation [poperizasjɔ̃] f. Verarmung f.

paupérisme [-rism] m. Massenelend f. ; Pauperismus m. ; Unterentwicklungszustand m.

paupière [popjɛ:r] f. Augenlid n. ; Lid n. | *Battre des paupières*, mit den Augen zucken. | *Entrouvrir les paupières*, unter den Augenlidern blinzeln.

paupiette [popjɛt] f. CULIN. Roulade f.

pause [po:z] f. Pause f. ; Unterbrechung f. ; Rast f. | *Sans pause*, pausenlos ; durchgehend. | *Faire une pause*, Pause machen ; anhalten ; unterbrechen. || MUS. ganze Pause.

pause-café [-kafe] f. (pl. **pauses-café**) Kaffeepause f.

pauvre [povr] adj. arm ; armselig ; dürftig ; ärmlich ; elend. || PAR EXT. schäbig ; hilflos ; kümmerlich. | *Une pauvre créature*, ein armes Geschöpf. | *Le pauvre homme !*, der arme Kerl ! | *Pauvre d'esprit*, geistig arm ; unbedarft. | *Pays pauvre*, armseliges Land. | *Terre pauvre*, unergiebiges, unfruchtbares Land ; armer Boden. | *Pays pauvre en hommes*, menschenarmes Land. ◇ s. Arme(r) f. (m.) ; Verarmte(r) f. (m.). | *Au profit des pauvres*, zum Besten der Armen. | *Droit des pauvres*, Armenrecht n.

pauvresse [-vrɛs] f. Bettlerin f. ; Bettelfrau f. ; arme Frau.

pauvret, ette [-vrɛ, ɛt] s. armer Kerl.

pauvreté [-vrəte] f. Armut f. ; Dürftigkeit f. ; Kärglichkeit f. ; Knappheit f. || PAR EXT. Elend n. ; bedrängte Lage ; Verarmung f. | *Pauvreté d'idées*, Gedankenarmut.

— SYN. : *Indigence*, Bedürftigkeit. *Misère*, Elend. *Détresse*, Notlage. *Besoin*, Notdurft. *Dénuement*, Entblößung.

pavage [pava:ʒ] m. Pflastern n. ; Pflasterung f. ; Straßenpflaster n.

pavaner (se) [səpavane] v. pr. einherstolzieren. || PAR EXT. sich brüsten.

pavé [pave] m. Pflasterstein m. ; Straßenpflaster n. || FIG. Straße f. | *Tenir le haut du pavé*, eine wichtige Rolle spielen. | *Battre le pavé*, Pflaster treten ; herumbummeln. | *Brûler le pavé*, dahinsausen. | *Être sur le pavé*, auf der Straße sitzen ; POP. ohne Bleibe sein. | *Mettre qn sur le pavé*, jn auf die Straße setzen. | *Un pavé dans la mare*, ein Stich ins Wespennest.

pavement [pavmɑ̃] m. V. PAVAGE.

paver [-ve] v. tr. pflastern ; belegen. | *Route pavée*, gepflasterte Landstraße. | FIG., IRON. *Les rues en sont pavées*, damit kann man die Straße pflastern. | *L'enfer est pavé de bonnes intentions*, der Weg zur Hölle ist mit guten Vorsätzen gepflastert.

paveur [-vœ:r] m. Pflasterer m. ; Steinsetzer m.

pavillon [pavijɔ̃] m. ARCHIT. [petite maison] Gartenhaus n. ; Laube f. ; Pavillon m. ; Parkhäuschen n. | *Pavillon de chasse*, Jagdhaus n., -schlößchen n. || [extrémité d'édifice] Vor-, Anbau m. ; Kuppelbau m. || PHYS. Schalltrichter m. || ANAT. Ohrmuschel f. || [drapeau] Flagge f. ; Standarte f. ; Fahne f. ; Wimpel m. || PAR EXT. Nationalflagge f. ; Flotte f. | *Pavillon marchand*, Handelsflagge. | *Pavillon de poupe*, Heckflagge. | *Pavillon de beaupré*, Gösch m. | *Pavillon de détresse*, Notflagge. | *Mettre le pavillon en berne*, die Flagge halb aufziehen. | *Amener le pavillon*, die Flagge streichen, einholen. | *Battre pavillon français*, unter französischer Flagge segeln, fahren. | *Pavillon de complaisance*, Billigflagge f. | *Hisser le pavillon*, die Flagge hissen, setzen, aufziehen. || FIG. *Baisser pavillon devant qn*, die Überlegenheit js anerkennen. || [héraldique] Wappenzelt n.

pavois [pavwa] m. Schild m. ; Langschild m. | *Élever sur le pavois*, auf den Schild erheben ; FIG. in den Himmel heben. || MAR. *Hisser le grand pavois*, festlich ausflaggen.

pavoisement [-zmɑ̃] m. Beflaggung f. ; Fahnenschmuck m.

pavoiser [-ze] v. tr. (be)flaggen ; mit Flaggen schmücken.

pavot [pavo] m. BOT. Klatschmohn m. ; Mohn m. ; Mohnblume f. | *Tête de pavot*, Mohnkapsel f.

payable [pɛjabl] adj. zahlbar ; ein-, auszahlbar ; einlösbar ; fällig. | *Payable au comptant*, gegen bar. | *Payable à l'échéance*, zahlbar bei Fälligkeit, bei Verfall. | *Payable à l'ordre de*, zahlbar an die Order von. | *Payable au porteur*, an den Inhaber, Überbringer auszahlbar. | *Payable à vue*, zahlbar bei Sicht.

payant, ante [-jɑ̃, ɑ̃:t] adj. zahlend ; zu bezahlen ; bezahlt. | *Être payant*, sich lohnen.

paye [pɛ:j] f. Auszahlung f. (V. PAIE.)

payement [-jmɑ̃] m. Zahlung f. (V. PAIEMENT.)

payer [-je] v. tr. **1.** zahlen ; bezahlen ; einzahlen ; aus-, abzahlen ; entrichten ; begleichen ; bestreiten ; be-, entlohnen. — **a)** [manière de payer] *Payer ultérieurement*, nachzahlen. | *Payer par anticipation*, im voraus zahlen. | *Payer comptant*, bar zahlen. | *Payer en espèces*, in Sorten zahlen. || *Payer rubis sur l'ongle*, bis auf den roten Heller, auf Heller und Pfennig bezahlen. | *Payer par chèque*, per, mit, gegen Scheck zahlen. | *Payer à tempérament*, Teilzahlungen leisten. — **b)** [payer qn ; qch.] *Payer un créancier*, einen Gläubiger befriedigen, auszahlen. | *Payer une dette*, eine Schuld bezahlen, abtragen, berichtigen, begleichen. | *Payer les droits de douane*, verzollen ; Zoll entrichten. | *Payer un effet*, einen Wechsel einlösen. | *Payer une facture*, eine Rechnung begleichen. | *Payer les frais*, die Kosten bestreiten. | *Payer des intérêts*, verzinsen. | *Payer un ouvrier*, einen Arbeiter entlohnen, auszahlen. | *Payer le salaire*, den Lohn (aus)zahlen ; löhnen. | *Payer une somme*, einen Betrag abführen, zahlen. | *Payer un supplément*, zu-, nachzahlen. | *Payer demi-tarif*, den halben Preis zahlen. | *La marchandise paie un droit d'entrée*, auf der Ware liegt ein Einfuhrzoll. | *Avoir de quoi payer*, POP. Zaster haben. | *Le travail n'est pas payé*, die Arbeit lohnt (sich) nicht, wird schlecht bezahlt. | *Payer une bouteille*, POP. eine Flasche ausgeben.

2. FIG. *Payer sa faute*, für seinen Fehler büßen (müssen). | *Payer pour qn*, für jn büßen ; etwas ausbaden müssen. | *Payer les pots cassés*, für den Schaden aufkommen. | *Je ne suis pas payé pour (faire) cela*, dazu bin ich nicht verpflichtet. | *Je suis payé pour le savoir*, ich bin durch Schaden klug geworden. | *Payer en monnaie de singe*, mit leeren Worten abspeisen. | *Payer cher une victoire*, einen Sieg teuer bezahlen (müssen). | *Il me le paiera*, das soll er mir entgelten, büßen. | *Payer de sa personne*, sich mit seiner ganzen Person einsetzen, sein Leben in die Schanze schlagen. | *Il ne paie pas de mine*, er sieht nach nichts aus. | *Payer d'audace*, frech, dreist auftreten. | *Payer qn de la même monnaie*, jn mit gleicher Münze heimzahlen. | *Payer qn d'ingratitude*, jm mit Undankbarkeit vergelten. | *Payer de retour*, Gleiches mit Gleichem vergelten ; (Freundschaft, Liebe) erwidern.

◇ v. intr. FAM. (sich) lohnen. | *Qui paie (bien)*, lohnend.

◇ v. pr. **se payer.** *Se payer qch.*, sich etwas leisten. | *Se payer de mots, de belles phrases*, sich mit Worten zufrieden geben. | *Se payer la tête de qn*, sich über jn lustig machen ; jn foppen.

— SYN. : *Acquitter*, begleichen. *S'acquitter (de)*, sich (gén.) entledigen. *Rétribuer*, belohnen.

payeur, euse [-jœ:r, ø:z] s. (Aus)zahler(in) m. (f.). || MIL. *Officier payeur*, Zahlmeister m. | *Payeur général*, Schatzmeister m. | *Mauvais payeur*, säumiger Zahler.

pays [pɛi] m. Land n. ; Gegend f. ; Landstrich m. ; Gebiet n. | *Pays natal*, Heimat-, Geburtsland. | *Pays d'origine*, Ursprungs-, Herkunfts-, Heimatland. | *Pays perdu*, abgelegenes Land. | *Pays de Cocagne*, Schlaraffenland. | *Pays riche*, Wohlstandsland. | *Pays sous-développé*, unterentwickeltes Land. | *Pays en voie de développement*, Entwicklungsland. | *Pays d'accueil*, Aufnahmeland ; Asylland. | *Pays d'adoption*, Wahlheimat f. | *Les pays chauds*, die tropischen Länder n. pl. | *Plat pays*, Flachland. | *Arrière-pays*, Hinterland. | *Pays civilisé*, Kulturland. | *Pays ennemi*, Feindesland. | *Enfant du pays*, Landeskind n. | *D'usage dans le pays*, landesüblich. | *Nom de pays*, Landes-, Ländername m. | *Vin de pays*, Landwein m. | *Être d'un pays*, aus einem Land stammen. | *Courir le pays*, im Lande herum-, umherziehen. | *Voir du pays*, viel reisen. | *Être en pays de connaissance*, sich wie zu Hause fühlen. | *Avoir le mal du pays*, Heimweh haben ; sich nach Hause sehnen. || PAR EXT., PÉJOR. *Habiter un pays perdu*, in einer gottverlassenen Gegend wohnen. V. tableau p. XVIII.

pays [pɛi] m. FAM. Landsmann m. (pl. -leute).

paysage [-za:ʒ] m. Landschaft f. | *Paysage urbain*, Stadtbild n. || FAM. *Cela fait bien dans le paysage*, das nimmt sich gut aus. || [peinture] Landschaftsbild n. || PAR EXT. *Paysage audiovisuel*, (*etwa*) Medienlandschaft f. | *Paysage politique*, Parteienlandschaft f.

paysagiste [-zaʒist] m. Landschaftsmaler m.

paysan, anne [-zɑ̃, an] adj. bäuerlich ; ländlich ; bäurisch. || FIG. grob ; ungeschliffen ; ungehobelt. | *Avoir l'air, un air paysan*, ein bäuerliches Aussehen haben. | *Classe paysanne*, Bauernstand m. ; Bauernschaft f. | *Mœurs paysannes*, Bauernsitten f. pl.
◇ s. Bauer m. ; Bäuerin f. ; Landmann m. ; Landfrau f. ; Landwirt(in) m. (f.). || HIST. *Guerre des paysans*, Bauernkrieg m.
— SYN. : *Rustique*, ländlich. *Campagnard* m., Landmensch m. *Ruraux*, Landbewohner m. pl.

paysannerie [-zanri] f. Bauernwesen n. ; Bauernstand m. || LITTÉR. Dorfgeschichte f. ; Bauernroman m. || THÉÂTRE. Bauernstück n.

Pays-Bas [pɛibɑ] m. pl. GÉOGR. die Niederlande n. pl. | *Des Pays-Bas*, niederländisch. | *Habitant des Pays-Bas*, Niederländer(in) m. (f.).

péage [pea:ʒ] m. Wege-, Brückengeld n. ; Brükkenzoll m. ; Maut f. | *Droit de péage*, Brückengeld n. ; Mautgebühr f. | *À péage*, gebührenpflichtig. | *Autoroute à péage*, gebührenpflichtige Autobahn. | *(Poste de) péage*, Mautstelle f.

péan ou **pæan** [peɑ̃] m. ANTIQ. Kriegs-, Siegesgesang m. ; Päan m.

peau [po] f. **1.** [hommes] Haut f.
2. [animaux] Fell n. ; Balg m. ; Leder n. ; Pelz m. | *Peau de mouton*, Schafbalg. | *Peau de lapin*, Kaninchenfell. | *Peau d'ours*, Bärenfell. | *Peau de phoque*, Steigfelle f. | *Peau de chamois*, Ziegenleder ; Fensterleder.
3. [plantes] Hülle f. ; Hülse f. | *Peau d'orange*, Apfelsinenschale f.
4. [objets] Hülle f. ; Umhüllung f.
5. TECHN. *Corroyer, Tanner une peau*, ein Fell zurichten, gerben.
6. *Il se forme une peau sur le lait*, es bildet sich eine Haut auf der Milch.
7. LOC. *Se trouver bien dans sa peau*, sich in seiner Haut wohl fühlen. || FAM. *Il a ça dans la peau*, das steckt ihm im Blut. || *Faire peau neuve*, [animaux] sich häuten ; FIG. [personnes] sich häuten ; seine Meinung, seine Haltung ändern ; ein neuer Mensch werden. | *Il n'a que la peau sur les os*, er ist nur Haut und Knochen. | *Risquer sa peau*, seine Haut zu Markte tragen. | *Avoir la peau dure*, ein dickes Fell haben. | *Entrer dans la peau de qn*, sich in die Art js hineinversetzen. | *Je ne voudrais pas être dans sa peau*, in seiner Haut möchte ich nicht stecken.

peaufiner [-fine] v. tr. [polir] abledern. || [fignoler] ausfeilen ; letzte Hand anlegen.

peausserie [-sri] f. Lederwaren f. pl., -handel m.

peaussier [-sje] m. Lederbearbeiter m. ; Lederwarenhändler m.

Peaux-Rouges [poru:ʒ] m. pl. Rothäute f. pl. ; Indianer m. pl.

pécari [pekari] m. ZOOL. Nabelschwein n. ; Pekari n.

peccadille [pɛkadi:j] f. leichtes Vergehen ; kleiner Fehler.

pechblende [peʃblɛ̃:d] f. Pechblende f.

pêche [pɛ:ʃ] f. BOT. Pfirsich m.

pêche [pɛ:ʃ] f. Fischerei f. ; Fischen n. ; Fischfang m. | *Pêche côtière*, Küstenfischerei. | *Pêche fluviale*, Flußfischerei. | *Pêche en haute mer, hauturière*, Hochseefischerei. | *Pêche sous-marine*, Unterwasserfang m. | *Pêche à la baleine*, Walfang m. | *Pêche aux écrevisses*, Krebsfischerei. | *Pêche à la morue*, Kabeljau-, Schellfischfang m. | *Pêche au chalut*, Zesenfischerei. | *Pêche à la ligne (flottante)*, Angeln n., Angelei f. | *Pêche au filet*, Fischen mit Netz. | *Pêche à l'épervier*, Fischen mit Wurfgarn. | *Pêche interdite*, Fischen verboten ! | *Règlement de la pêche*, Fischereiordnung f. | *Délit de pêche*, Fischereidelikt m.

péché [peʃe] m. Sünde f. ; Versündigung f. ; Sündigen n. | *Péché d'omission*, Unterlassungssünde. | *Péché originel*, Erbsünde. | *Péché mortel*, Todsünde. | *Péché véniel*, läßliche, verzeihliche Sünde. || FAM. *Un péché mignon*, eine kleine Schwäche. || *Les sept péchés capitaux*, die sieben Hauptsünden.

pécher [-ʃe] v. intr. sündigen ; eine Sünde begehen ; sich versündigen. | *Pécher par excès de zèle*, sich hinreißen lassen ; zu weit gehen. | *Ce n'est pas par là qu'il pèche*, das ist seine schwache Seite nicht. || FIG. *Ce livre pèche par la base*, das Buch geht von falschen Voraussetzungen aus.

pêcher [peʃe] m. BOT. Pfirsichbaum m. | *Fleur de pêcher*, Pfirsichblüte f.

pêcher [-ʃe] v. tr. fischen. || [à la ligne] angeln ; (Fische) fangen ; herausfischen. || *Pêcher le hareng*, auf Heringsfang gehen. | *Pêcher la truite*, Forellen fangen. | *Pêcher des perles*, Perlenfischerei betreiben. | *Pêcher un cadavre*, einen Leichnam aus dem Wasser ziehen. || FIG., FAM. aufgabeln ; schnappen. | *Où avez-vous pêché cela ?*, wo haben Sie denn das aufgegabelt ? || *Permis (de pêcher)*, Fischereierlaubnis f. | *Permis (de pêche à la ligne)*, Angelschein m. || FIG. *Pêcher en eau trouble*, im Trüben fischen.

pécheresse [peʃrɛs] f. Sünderin f.

pêcherie [pɛʃri] f. Fischereigebiet n.

pécheur [peʃœ:r] m. Sünder m.
◇ adj. sündig ; sündenbeladen.

pêcheur, euse [pɛʃœ:r, ø:z] s. Fischer(in) m. (f.). | *Pêcheur à la ligne*, Angler m. | *Village de pêcheurs*, Fischerdorf n.

pécore [pekɔr] f. FAM. blöde Gans.

pectine [pɛktin] f. CHIM. Pektin n.

pectoral, ale, aux [pɛktɔral, o] adj. Brust... | *Muscle pectoral*, Brustmuskel m.

◇ m. **pectoral.** RELIG. Bruststück n. || ANTIQ., MIL. Brustschild n. || FIG. *Gonfler ses pectoraux*, sich brüsten.

pécule [pekyl] m. Sonderersparnisse f. pl. ; Erspartes n. ; Sparsumme f.

pécuniaire [pekynjɛ:r] adj. geldlich ; finanziell ; Geld... | *Embarras pécuniaires*, Geldverlegenheit f.

pédagogie [pedagɔʒi] f. Pädagogik f. ; Erziehungslehre f.

pédagogique [-gɔʒik] adj. pädagogisch ; erziehungswissenschaftlich.

pédagogue [-gɔg] s. Erzieher(in) m. (f.). ; Pädagoge m. ; Pädagogin f. | *S'ériger en pédagogue*, sich als Erzieher aufspielen.

pédale [pedal] f. Pedal n. ; Fußhebel m. ; Tritt m. ; Fußtritt m. | *Pédale d'accélérateur*, Gashebel m., -pedal n. | *Pédale de frein*, Bremspedal n. | *Pédale de débrayage*, Kupplung f. ; Kupplungspedal n.

pédaler [-le] v. intr. radeln ; radfahren.

pédalier [-lje] m. SPORT. Kurbellager n. || MUS. Pedalklaviatur f.

pédalo [-lo] m. Tretboot n.

pédant, ante [pedɑ̃, ɑ̃:t] adj. pedantisch ; genau ; schulmeisterlich.

◇ s. Pedant(in) m. (f.) ; Schulmeister(in) m. (f.). | *Faire le pédant*, schulmeistern.

pédantisme [-tism] m. pedantisches, steifes, schulmeisterliches Wesen ; gelehrte Wichtigtuerei.

pédéraste [pederast] m. Päderast m.

pédérastie [-ti] f. Päderastie f. ; Knabenliebe f.

pédestre [pedɛstr] adj. zu Fuß. | *Voyage pédestre*, Fußwanderung f.

pédiatre [pedjatr] m. MÉD. Kinderarzt m.

pédiatrie [-tri] f. MÉD. Kinderheilkunde f.

pédiculaire [pedikylɛ:r] f. BOT. Lausekraut n.

pédicure [pediky:r] s. Fußpfleger(in) m. (f.). | *Soins du pédicure*, Fußpflege f.

pedigree [pedigri, gre] m. ZOOL. Stammbaum m. ; Pedigree m.

pédologie [pedɔlɔʒi] f. AGRIC. Bodenkunde f.

pédoncule [pedɔ̃kyl] m. BOT. Stiel m. ; Stengel m.

pédophile [pedɔfil] adj. pädophil.

◇ s. Pädophile m./f.

pédophilie [-li] f. Pädophilie f.

Pégase [pega:z] n. pr. m. MYTH. Pegasus m.

pegmatite [pɛgmatit] f. MINÉRAL. Pegmatit m.

pègre [pɛgr] f. Unterwelt f. ; Verbrecherwelt f. ; Ganoven m. pl.

peignage [pɛɲa:ʒ] m. Kämmen n. ; Durchkämmen n. ; Hecheln n. ; Krempeln n. ; Strählen n.

peigne [pɛɲ] m. [instrument] Kamm m. | *Peigne de poche*, Taschenkamm. | *Peigne fin*, Staubkamm. | *Se donner un coup de peigne*, sich kurz, schnell kämmen, überkämmen. || FIG. *Passer qch. au peigne fin*, etwas durchkämmen. || TECHN. Halterung f. ; Strähler m. | *Peigne de fixation*, Kammhalterung. || ZOOL. Kammmuschel f. ; [maladie] Mauke f.

peigné [-ɲe] m. TECHN. Kammgarn n.

◇ adj. FAM. *Mal peigné*, Struwwelpeter m.

peignée [-ɲe] f. FIG. Prügelei f. | *Recevoir une peignée*, eine Abreibung bekommen.

peigner [-ɲe] v. tr. (durch)kämmen ; strählen. | *Peigner la laine*, Wolle krempeln. | *Peigner le lin*, Flachs hecheln, strählen.

peigneur, euse [-ɲœ:r, ø:z] s. Wollkämmer(in) m. (f.).

◇ f. **peigneuse,** Käm(m)maschine f.

peignier [-ɲje] m. Kam(m)macher m.

peignoir [-ɲwa:r] m. Frisiermantel m. ; Negligé n. ; Haus-, Morgenkleid n., -rock m. | *Peignoir de bain*, Bademantel m.

peinard [pɛna:r] adj. POP. ruhig ; gemütlich. | *Être peinard*, eine ruhige Kugel schieben.

peindre [pɛ̃:dr] v. tr. be-, an-, ausmalen ; malen. | *Peindre un mur*, eine Wand anstreichen. | *Peindre un plafond*, eine Decke streichen. | *Des papiers peints*, Tapeten f. pl. | *Peindre sur toile*, auf Leinwand malen. | *Peindre à l'aquarelle*, in Wasserfarben malen. | *Peindre à l'huile*, in Öl malen. | *Peindre d'après nature*, nach der Natur malen. | *Peindre qn en pied*, jn in ganzer Figur malen. | *(Fait) à peindre*, bildschön. || FIG. malen ; schildern ; darstellen ; wiedergeben.

◇ v. pr. **se peindre,** sich schminken ; IRON. sich anmalen.

peine [pɛn] f. **1.** [punition] JUR. Strafe f. ; Bestrafung f. ; Züchtigung f. | *Peine antérieure*, Vorstrafe. | *Peine comminatoire*, Strafandrohung f. | *Peine corporelle*, körperliche Züchtigung ; Körperstrafe. | *Peine infamante*, Ehrenstrafe ; ehrenrührige Strafe. | *Peine légère*, milde Strafe. | *Peine pécuniaire*, Geldstrafe. | *Peine privative de liberté*, Freiheitsstrafe. | *Peine de mort*, Todesstrafe. | *Peine de substitution*, Ersatzstrafe f. | *Application de la peine*, Strafanwendung f. | *Maximum de la peine*, höchstes Strafmaß. | *Sous peine de mort*, bei Todesstrafe ; es steht Todesstrafe darauf. | *Encourir une peine*, eine Strafe verhängt bekommen. | *Fixer une peine*, ein Strafmaß festsetzen. | *Être frappé, Être puni d'une peine*, mit einer Strafe belegt werden. | *Purger une peine de prison*, eine Gefängnisstrafe absitzen. | *Réduire une peine*, eine Strafe ermäßigen, herabsetzen.
2. [chagrin] Leiden n. ; Kummer m. ; Sorge f. ; Plage f. ; Qual f. | *Peine cruelle*, grausames Leiden ; Gram m. | *Peines de cœur*, Liebesweh n., Liebeskummer m. | *Une âme en peine*, eine Seele im Fegefeuer. | *Adoucir les peines*, die Leiden mildern. | *Avoir de la peine*, Kummer haben. | *Causer de la peine*, schmerzlich, peinlich sein. | *Confier, Conter ses peines à qn*, jm sein Leid klagen. | *Être dans la peine*, in Not sein. | *Être en peine de qch.*, um etwas besorgt sein ; Kummer um etwas haben. | *Faire de la peine à qn*, jm Leid verursachen. | *Tu me fais de la peine*, du tust mir leid. | *Cela fait peine à voir*, es tut weh zu sehen.
3. [difficulté] Mühe f. ; Mühsal f. ; Anstrengung f. ; Strapaze f. | *Peine inutile*, unnütze Mühe. | *Peine perdue*, vergebliche Mühe. | *Homme de peine*, Handlanger m. ; Tagelöhner m. | *Le prix de sa peine*, der Mühe Lohn. | *Sans peine*, mühelos ; unschwer. | *Avec peine*, mühselig. | *Accorder sans peine*, ohne weiteres, ohne Umstände gewähren. | *Avoir de la peine à*, Schwierigkeiten haben, zu. | *J'ai peine à*, es kostet mich Überwindung ; es widerstrebt mir. | *Je n'ai pas de peine à*, es fällt mir leicht. | *J'ai peine à le croire*, ich kann es kaum glauben. | *Il a de la peine à respirer*, er atmet schwer. | *On n'a rien sans peine*, ohne Fleiß kein Preis. | *Donner (bien) de la peine à qn*, jm (viel) Mühe machen. | *Se donner de la peine*, sich bemühen. | *Ne vous donnez pas cette peine*, bemühen Sie sich, bitte, nicht. | *Être en peine de qch.*, um etwas verlegen sein. | *Ce n'est pas la peine*, es ist nicht der Mühe wert ; es lohnt (sich) nicht. | *Toute peine mérite salaire*, jede Arbeit ist ihres Lohnes wert. | *Se mettre en peine pour qch.*, sich um etwas bemühen. | *Ne vous mettez pas en peine*, seien Sie deswegen unbesorgt, unbekümmert. | *Mourir à la peine*, sich totarbeiten. | *Prendre la peine de venir*, sich herbemühen. | *Prenez la peine de vous asseoir*, bitte, wollen Sie sich setzen ! | *Cela n'en vaut pas la peine*, das ist nicht der Mühe wert ; das lohnt sich nicht. | *La chose en vaut la peine*, die Sache ist wohl der Mühe, der Anstrengung wert. | *Qui vaut*

la peine, nennenswert. | *Voilà pour votre peine*, bitte, das (ist) für Ihre Bemühungen !
◇ loc. adv. **à peine,** kaum. | *À peine croyable*, kaum glaublich. | *À peine éclairé*, spärlich beleuchtet. | *À peine était-il couché qu'il s'endormit*, kaum war er im Bett, da schlief er auch schon ein. — **à grand-peine,** mit Müh und Not.

peiner [-ne] v. tr. jm Kummer verursachen, bereiten, machen. | *Cela me peine*, es bekümmert mich ; es macht mir Mühe.
◇ v. intr. sich abmühen ; sich plagen.
◇ part. pass. et adj. **peiné, ée,** bekümmert ; betrübt.

peintre [pɛ̃tr] m. Maler m. ; Kunstmaler m. | *Femme peintre*, (Kunst)malerin f. | *Peintre graveur*, Kupferstecher m. | *Peintre en bâtiments*, Weißbinder m. ; Anstreicher m. ; Maler. | *Peintre de portraits*, Porträtmaler. | *Peintre faussaire*, Gemäldefälscher m. || FIG. Schilderer m. ; Darsteller m.

peinture [-ty:r] f. [art] Malerei f. || [activité] Malen n. || [œuvre] Gemälde n. || *Peinture à la gouache*, Deckfarbenmalerei. | *Peinture en détrempe*, Temperamalerei. | *Peinture à fresque*, Freskomalerei. | *Peinture sur verre*, Glasmalerei. | *Peintures rupestres*, Felsmalereien f. pl. | *Galerie de peinture*, Gemäldegalerie f., -sammlung f. || TECHN. Anstrich m. ; Anstreichen n. | *Peinture au pistolet*, Spritzlackierung f. | *Peinture fraîche*, frischer Anstrich. | *Prenez garde à la peinture*, Vorsicht, Achtung, frisch gestrichen ! || [matière] Farbe f. | *Peinture antirouille*, Rostschutzfarbe, -anstrich. | *Peinture d'apprêt*, Grundiermittel n. | *Peinture cellulosique*, Nitrolack m. | *Peinture à la colle*, Leimfarbe. | *Peinture à l'huile*, Ölfarbe. | *Peinture monocouche*, Einschichtlack m. | *Peinture vinylique*, Vinyllack m. | *La peinture s'écaille*, die Farbe blättert ab. || FIG. Schilderung f. ; Darstellung f. | *Je ne peux pas le voir en peinture*, ich kann ihn nicht riechen, nicht ausstehen.

peinturlurer [-tyrlyre] v. tr. klecksen ; schmieren.

péjoratif, ive [peʒɔratif, i:v] adj. herabsetzend.

Pékin [pekɛ̃] n. pr. m. GÉOGR. Peking n.

pékin [pekɛ̃] m. POP. Zivilist m. || IRON. Schlipsträger m.

pékinois [pekinwa] m. ZOOL. Pekinese m.

pelade [pəlad] f. MÉD. Haarausfall m.

pelage [pəla:ʒ] m. Haarkleid n. ; Fell n. ; Pelz m.

pelé, ée [pəle] adj. kahl ; enthaart ; enthäutet. || [pays] öde. || *Fruit pelé*, geschälte Frucht.
◇ m. **pelé,** Kahlkopf m. || IRON. Glatzkopf m. || PAR EXT. armer Schlucker.

pêle-mêle [pɛlmɛl] adv. durcheinander ; drunter und drüber ; kunterbunt.
◇ m. invar. Durcheinander n. ; Wirrwarr m.

peler [pəle] v. tr. schälen ; enthaaren ; FAM. rupfen. | *Peler des pommes de terre*, Kartoffeln schälen, pellen.
◇ v. intr. sich häuten ; sich abschälen.

pèlerin, ine [pɛlrɛ̃, in] s. Pilger(in) m. (f.) ; Wallfahrer(in) m. (f.). | *Bâton de pèlerin*, Pilgerstab m. | *Manteau de pèlerin*, Pilgerkleid n.

pèlerin [pɛlrɛ̃] m. ZOOL. Wanderfalke m.

pèlerinage [pɛlrina:ʒ] m. [action] Pilgerfahrt f. ; Wallfahrt f. ; Bittgang m. || [lieu] Wallfahrtsort m. || *Aller en pèlerinage à Lourdes*, nach Lourdes eine Wallfahrt machen.

pèlerine [pɛlrin] f. Umhang m. ; Pelerine f.

pélican [pelikɑ̃] m. ZOOL. Pelikan m. || TECHN. Schraubzwinge f. || MÉD. Zahnzange f.

pelisse [pəlis] f. pelzgefütterter Mantel ; Gehpelz m.

pelle [pɛl] f. Schaufel f. ; Schippe f. | *Pelle à charbon*, Kohlenschaufel. | *Pelle à poussières, à ordures*, Kehricht-, Müllschaufel. | *Pelle à tarte, à gâteaux*, Tortenheber m. | *Pelle à enfourner*, Brotschieber m. | *Pelle mécanique*, Löffelbagger m. || MIL. *Pelle-bêche, pelle-pioche*, kurzer Spaten ; Spatenpicke f. || FIG. *À la pelle*, in Hülle und Fülle. | *Remuer l'argent à la pelle*, im Gelde wühlen. | *Ramasser une pelle*, hinfallen.

pelletée [-te] f. Schaufel(voll) f. || FIG. *Pelletée d'injures*, Flut (f.) von Beschimpfungen.

pelleter [-te] v. tr. schaufeln ; schippen.

pelleterie [-tri] f. [activité] Kürschnerei f. || [marchandises] Rauchwaren f. pl. ; Pelzwaren f. pl.

pelleteuse [-tø:z] f. Schaufellader m.

pelletier [pɛltje] m. Kürschner m. ; Pelzwarenhändler m. ; Fellhändler m.

pellicule [pɛlikyl] f. [peau fine] Häutchen n. ; Überzug m. | *Pellicule isolante*, Isolierüberzug. | *Pellicule d'huile*, Ölfilm m. || MÉD. Schuppe f. || PHOT. Film m. | *Pellicule en bobine*, Rollfilm.

pelliculeux, euse [-lø, ø:z] adj. MÉD. schuppig.

Péloponnèse [pelɔpɔnɛ:z] n. pr. m. GÉOGR., HIST. Peloponnes m.

pelote [plɔt] f. TECHN. Knäuel n. | *Pelote de laine*, Wollknäuel. | *Pelote de ficelle*, Bindfadenknäuel. | *Pelote à épingles*, Nadelkissen n. | *Mettre de la laine en pelote*, Wolle aufwickeln. | *Pelote (basque)*, (baskisches) Ballspiel. || FIG. *Faire sa pelote*, sein Schäfchen scheren, ins Trockene bringen ; sein Geschäftchen machen.

peloter [-te] v. tr. POP. *Peloter une femme*, eine Frau betatschen, befummeln. || FIG. *Peloter qn*, jm um den Bart gehen ; POP. jn einwickeln.

peloteur [-tœ:r] m. POP. Schmeichler m. ; Kriecher m. ; Angeber m.

peloton [-tɔ̃] m. TECHN. Garn-, Bindfadenrolle f., -knäuel n. || SPORT. [cyclisme] Feld n. | *Peloton de tête*, Spitzenfeld. || MIL. Zug m. | *Feu de peloton*, Pelotonfeuer n. | *Peloton d'exécution*, Erschießungs-, Hinrichtungskommando n.

pelotonner [-tɔne] v. tr. aufwickeln ; aufrollen.
◇ v. pr. **se pelotonner,** sich zusammenkugeln ; sich zusammenballen. | *Se pelotonner contre qn*, sich an jn (an)schmiegen.

pelouse [pəlu:z] f. Rasen m. ; Rasenfläche f., -platz m. ; Grünfläche f.

peluche [plyʃ] f. Plüsch m. | *(Animal en) peluche*, Plüschtier n.

peluché, ée [-ʃe] adj. plüschartig ; wollig.

pelucheux [-ʃø] adj. plüschartig.

pelure [ply:r] f. Schale f. ; Hülse f. ; Haut f. ; Umhüllung f. | *Pelure d'orange*, Apfelsinenschale. | *Pelure d'oignon*, Zwiebelschale, -haut. | *Papier pelure*, dünnes Schreibpapier. || POP. *Il a une belle pelure*, er ist prima in Schale.

pelvien, ienne [pɛlvjɛ̃, jɛn] adj. ANAT. zum Becken gehörig ; Becken... | *Os pelviens*, Beckenknochen m. pl.

pénal, ale [penal] adj. strafrechtlich ; Straf... ; Kriminal... | *Code pénal*, Strafgesetzbuch n. ; StGB n. | *Sentence pénale*, Strafurteil n. | *Être passible de poursuites pénales*, sich strafrechtlicher Verfolgung aussetzen.

pénalisation [-lizasjɔ̃] f. SPORT. Strafpunkt m.

pénaliser [-lize] v. tr. SPORT. Strafpunkte geben ; mit Stp. belegen. || JUR. (be)strafen.

pénalité [-lite] f. Strafbarkeit f. ; Strafbestimmung f.

penalty [-lti] m. SPORT. Strafstoß m. ; Elfmeter m.

pénates [penat] m. pl. MYTH. Hausgötter m. pl., -geist m. ; Penaten m. pl. || PAR EXT. Häuslichkeit f. ; Zuhause n. | *Regagner ses pénates*, heimkehren.

penaud, aude [pəno, o:d] adj. verdutzt ; verblüfft ; be-, verschämt ; verlegen. | *S'en aller tout penaud*, wie ein begossener Pudel abziehen ; mit langer Nase abziehen.

penchant [pɑ̃ʃɑ̃] m. Neigung f. ; Zuneigung f. || FIG. (Zu)- neigung f. | *Penchant au bien*, Hang, Neigung zum Guten. | *Suivre son penchant*, einer inneren Neigung folgen. | *Avoir un penchant pour*, eine Neigung zu... haben ; zu (etwas) neigen.

pencher [-ʃe] v. tr. neigen ; lehnen ; beugen ; abfallen. | *Pencher le buste*, den Rumpf beugen. | *Pencher la tête*, den Kopf neigen. | *Faire pencher la balance*, den Ausschlag geben.

◇ v. intr. *Le mur penche*, die Wand hängt über, neigt sich, steht schief. | *L'aiguille penche vers*, das Zünglein schlägt nach... (aus). || FIG. *Pencher vers qch.*, zu etwas neigen ; einen Hang nach etwas haben. | *Pencher vers la gauche*, nach links tendieren.

◇ v. pr. **se pencher,** sich neigen ; sich beugen. | *Se pencher par la fenêtre*, sich aus dem Fenster hinauslehnen. | *Ne pas se pencher au dehors*, nicht hinauslehnen !

◇ part. pass. et adj. **penché, ée,** geneigt ; schief. | *La tour penchée de Pise*, der schiefe Turm zu, von Pisa.

pendable [pɑ̃dabl] adj. den Galgen, den Strang verdienend ; hängenswert. | *Cas pendable*, Kapitalverbrechen n. | *Tour pendable*, Schelmenstreich m.

pendaison [pɑ̃dɛzɔ̃] f. Er-, Aufhängen n. ; Hängen n. ; Henken n. | *Pendaison de crémaillère*, Einweihungsfest n. ; Wohnungseinweihung f.

pendant, ante [-dɑ̃, ɑ̃:t] adj. (herab)hängend. | *Joues pendantes*, Hängebacken f. pl. || FIG. schwebend ; unentschieden ; in der Schwebe ; anhängig. || JUR. *Cause pendante*, schwebender Prozeß. | *Question pendante*, Frage (f.) in der Schwebe ; ungelöste Frage.

pendant [-dɑ̃] m. Gehänge n. | *Pendants d'oreilles*, Ohrgehänge ; Ohrringe m. pl. | *Pendant d'épée*, Wehrgehänge. || ARCHIT. Gegen-, Seitenstück n. | *Faire pendant à*, zu... das Gegenstück bilden ; zu... passen.

pendant [pɑ̃dɑ̃] prép. während (gén.). | *Pendant la représentation*, während, im Verlaufe der Vorstellung. | *Pendant ce temps*, währenddessen ; indessen. | *Pendant quelque temps*, eine Zeitlang. | *Pendant deux mois*, zwei Monate lang.

◇ loc. conj. **pendant que,** während ; indem.

pendeloque [-dlɔk] f. Gehänge n. ; Anhängsel n. ; Ohrgehänge n.

◇ f. pl. **pendeloques,** Leuchtergehänge n.

pendentif [-dɑ̃tif] m. ARCHIT. Gewölbezwickel m. || [bijou] Anhänger(schmuck) m.

penderie [-dri] f. Kleiderablage f. ; Garderobe f.

pendiller [-dije] v. intr. hin- und herbaumeln ; schlenkern.

pendoir [-dwa:r] m. Fleischhaken m.

pendre [pɑ̃dr] v. tr. (auf)hängen. | *Pendre du linge*, Wäsche aufhängen. | *Pendre une porte*, eine Tür einhängen. | *Pendre la crémaillère*, das Haus, die Wohnung einweihen. | *Pendre qn haut et court*, jn ohne viel Federlesens aufhängen. | *Pendre à une corde*, an einer Leine aufhängen. | *Pendre qch. au clou, au crochet*, etwas an den Nagel hängen, an einen Haken aufhängen ; etwas anhaken. | *Dire pis que pendre de qn*, kein gutes Haar an jm lassen. | *Faire pendre qn*, jn an den Galgen bringen. | *Envoyer qn se faire pendre ailleurs*, jn zum Teufel schicken. | *Je veux être pendu si*, ich lasse mich hängen, wenn. | *Condamner qn à être pendu*, jn zum Tode durch den Strang verurteilen.

◇ v. intr. (herab)hängen. | *Les fruits pendent aux arbres*, die Früchte hängen an den Bäumen. | *Être pendu à une potence*, am Galgen hängen. || FIG. *Cela me pend au nez*, das steht mir bevor ; das blüht mir.

◇ v. pr. **se pendre,** sich (auf)hängen ; sich erhängen. || FIG. *Se pendre au cou de qn*, jm um den Hals fallen, jn umhalsen (insépar.). | *Se pendre aux jupes de qn*, sich an js Rockschöße hängen. | *Se pendre à la sonnette*, andauernd klingeln.

◇ part. pass. et adj. **pendu, ue,** gehängt ; gehangen ; hängend. | *Avoir la langue bien pendue*, ein loses Mundwerk haben. | *Être pendu aux basques de qn*, wie eine Klette an jm hängen.

◇ s. Gehängte(r) f. (m.) ; Gehenkte(r) f. (m.) | *Décrocher un pendu*, einen Gehängten abschneiden.

pendulaire [pɑ̃dylɛ:r] adj. pendelartig. | *Mouvement pendulaire*, Pendelbewegung f.

pendule [-dyl] m. PHYS. Pendel m. (ou n.).

pendule [-dyl] f. Pendel-, Stutzuhr f. | *Pendule à carillon*, Spieluhr f. | *Pendule de pointage*, Kontrolluhr f.

pêne [pɛn] m. (Schloß)riegel m.

pénéplaine [peneplɛn] f. GÉOGR. Peneplain f.

pénétrable [penetrabl] adj. durchdringlich. || FIG. zugänglich ; verständlich ; erforschbar.

pénétrant, ante [-trɑ̃, ɑ̃:t] adj. durchdringend ; aufdringlich ; penetrant. | *Pluie pénétrante*, durchdringender Regen. | *Odeur pénétrante*, aufdringlicher Geruch. || FIG. scharf. | *Regard pénétrant*, scharfer, durchbohrender Blick. | *Esprit pénétrant*, tief schürfender Geist.

pénétration [-trasjɔ̃] f. Durchdringung f. ; Eindringung f. | *Pénétration pacifique*, friedliche Durchdringung. || MIL. *Pénétration dans le front*, Fronteinbruch m. || FIG. *Pénétration (d'esprit)*, Scharfsinn m., -blick m. ; Verstandesschärfe f.

pénétré, ée [-tre] adj. durchdrungen ; überzeugt ; beeindruckt. | *D'un ton pénétré*, mit überzeugtem Ton. | *Pénétré de son importance*, durchdrungen von seiner Wichtigkeit ; von sich überzeugt.

pénétrer [-tre] v. tr. durchdringen (insépar.). | *Une odeur pénètre tout*, ein Geruch erfüllt, durchdringt alles. | *Pénétrer d'humidité*, durchnässen (sépar.). || FIG. ergründen ; durchschauen (insépar.). | *Pénétrer un secret*, hinter ein Geheimnis kommen. | *Pénétrer les intentions de qn*, die Absichten js durchschauen. | *Être pénétré d'une vérité*, von einer Wahrheit durchdrungen sein.

◇ v. intr. (hin)eindringen. | *Pénétrer dans une chambre*, in ein Zimmer eintreten.

◇ v. pr. **se pénétrer.** | *Se pénétrer de qch.*, sich etwas einprägen ; sich etwas ganz zu eigen machen.

— SYN. : *Percer*, durchbohren. *S'infiltrer*, einsickern.

pénible [penibl] adj. mühsam ; mühselig ; mühevoll ; beschwerlich ; lästig ; peinlich. | *Chemin pénible*, beschwerlicher Weg. | *Nouvelle pénible*, unangenehme Nachricht. | *Situation pénible*, unerquickliche Lage. | *Travail pénible*, harte Arbeit.

— SYN. : *Douloureux*, schmerzlich. *Laborieux*, mühselig.

péniblement [-bləmɑ̃] adv. mit Mühe ; mühsam ; in peinlicher, beschwerlicher Weise.

péniche [peniʃ] f. [bateau] Last-, Schlepp-, Elbkahn m. ; Zille f.

pénicilline [penisilin] f. Penicillin n.

péninsulaire [penɛ̃sylɛ:r] adj. halbinselförmig, -artig ; Halbinsel...

péninsule [-syl] f. Halbinsel f.

pénis [penis] m. MÉD. männliches Glied ; Penis m.

pénitence [penitɑ̃s] f. Relig. Buße f. ; Bußfertigkeit f. ; Reue f. ; Strafe f. || [peine] Strafe f. | *Être en pénitence*, Arrest haben ; Univ. nachsitzen. | *Faire pénitence*, Buße tun. | *Jour de pénitence*, Bußtag m. | *Mettre en pénitence*, in Buße nehmen.

pénitencier [-tɑ̃sje] m. Strafanstalt f. ; Gefängnis n. ; Besserungsanstalt f. | *Détention dans un pénitencier*, Zwangserziehung f. ; Einweisung (f.) in ein Besserungshaus.

pénitent, ente [-tɑ̃, ɑ̃:t] s. Bußfertige(r) f. (m.) ; Büßer(in) m. (f.) ; Beichtkind n. | *Pénitent blanc*, Büßermönch m.

pénitentiaire [-tɑ̃sjɛ:r] adj. Straf... ; Besserungs... | *Colonie pénitentiaire*, Strafkolonie f. | *Établissement pénitentiaire*, Straf-, Besserungsanstalt f.

pénitentiel, ielle [-tɑ̃sjɛl] adj. Buß..., Straf...

penne [pɛn] f. Zool. Schwung-, Schwanzfeder f. | *Penne rectrice*, Sichelfeder f.

pénombre [penɔ̃br] f. Halbschatten m. ; Halbdunkel n. ; Zwielicht n. ; Dämmerlicht n., -schein m.

pensant, ante [pɑ̃sɑ̃, ɑ̃:t] adj. denkend ; meinend ; gesinnt. | *Bien pensant*, wohlmeinend ; wohl-, gutgesinnt.

pense-bête [pɑ̃sbɛ:t] m. (pl. **pense-bêtes**) Merkzettel m. ; Merkzeichen n.

pensée [-se] f. Bot. Stiefmütterchen n.

pensée [-se] f. [opération de l'esprit] Gedanke(n) m. ; Vorstellung f. ; Begriff m. ; Idee f. || [inspiration] Einfall m. || [esprit] Sinn m. ; Geist m. ; Eingebung f. || [faculté] Denkvermögen n. ; Denkkraft f. || [opinion] Ansicht f. ; Auffassung f. ; Meinung f. || *Mauvaises pensées*, üble Absichten f. pl. | *Riche de pensées*, gedankenschwer. | *Pensée de derrière la tête*, Hinter-, Nebengedanke. | *La pensée d'un roman*, der Plan, die Absicht eines Romans. | *La pensée de la mort*, der Gedanke an den Tod. | *Liberté de (la) pensée*, Gedankenfreiheit f. | *La pensée est libre*, Gedanken sind frei. | *Se laisser aller à ses pensées*, sich seinen Träumereien hingeben. | *Avoir une pensée*, eine Idee haben ; auf einen Einfall kommen. | *Concentrer sa pensée sur qch.*, seine Gedanken auf etwas konzentrieren, einstellen. | *Détourner le cours des pensées*, auf andere Gedanken bringen. | *Dire sa pensée toute crue*, kein Blatt vor den Mund nehmen. | *Entrer dans la pensée de qn*, jn vollkommen verstehen. | *Parler contre sa pensée*, gegen seine eigene Meinung reden. | *Saisir la pensée de qn*, die Absicht js erkennen, begreifen. | *Loin de moi cette pensée*, ich denke nicht im Traume daran, nicht im entferntesten daran ! | *À la pensée que*, bei, in dem Gedanken, daß ; wenn ich an... denke. | *La seule pensée que*, der bloße Gedanke an (acc.) ; schon allein der Gedanke, daß.
— Syn. : *Méditation*, Nachdenken ; Betrachtung. *Réflexion*, Überlegung.

penser [-se] **1.** v. intr. [en général] denken. || [mettre en balance] erwägen. || [méditer] (nach)sinnen ; nachdenken. || [réfléchir] überlegen. || [considérer] bedenken. || [opiner] meinen. || [ratiociner] grübeln. || [inventer] ersinnen ; erdenken. || *Liberté de penser*, Gedankenfreiheit f. ; Freiheit des Denkens. | *Manière de penser*, Denkart f. ; Denkweise f. ; Gesinnung f. | *Penser juste*, richtig denken. | *Qui pense petitement*, kleinlich denkend. | *Penser tout haut*, laut denken ; seine Meinung frei heraussagen ; das Herz auf der Zunge haben, tragen. | *Dire nettement sa façon de penser*, frei von der Leber weg reden. | *Je lui ai dit ma façon de penser*, ich habe ihm meine Meinung unverblümt gesagt. | *Cela donne à penser*, das stimmt nachdenklich. | *Qui donne à penser*, bedenklich. | *Il n'en pense pas moins*, er denkt sich schon sein Teil. | *Je pense, donc je suis*, ich denke, also bin ich. || Loc. fam. *Penses-tu !*, denkste ! | *Pensez-vous !*, ach was ! ; i bewahre ! | *pensez donc !*, stellt euch vor ! | *Je pense bien*, das will ich meinen !
2. v. tr. [opiner] denken ; meinen ; halten (für). || [espérer] hoffen. || [avoir l'intention] beabsichtigen ; vorhaben. || [faillir] beinahe (et verbe). || (avec un nom ou un pronom) *C'est ce que j'ai pensé*, das habe ich mir gedacht. | *Que pensez-vous de lui ?*, was halten Sie von ihm ? | *Qu'en pensez-vous ?*, was halten Sie davon ? ; was denken Sie darüber ? | *Je ne sais que, qu'en penser*, ich weiß nicht, was ich (davon) denken soll. | *Penser du bien de qn*, Gutes über jn denken. | *Penser du mal de qn*, Böses über jn denken. | *Un livre très pensé*, ein sehr durchdachtes Buch. || (avec un infinitif) *Je pense le voir*, ich hoffe, ihn zu sehen. | *Je pense partir demain*, ich beabsichtige, ich habe vor, morgen abzureisen. | *Il a pensé tomber*, er wäre beinahe gefallen. || (avec une subordonnée) *Je pense que cela est vrai*, ich halte es für wahr. | *Je pense qu'il vient demain*, ich denke, er kommt morgen. | *Penser à*, [pensée] an (acc.) denken ; [souvenir] sich an (acc.) erinnern ; etwas (gén.) gedenken ; [projet] die Absicht haben ; [inspiration] einfallen. | *Penser à un ami*, an einen Freund denken. | *À quoi pensez-vous ?*, woran denken Sie ? | *Je pense à toi*, ich denke an dich ; ich gedenke deiner. | *Il ne pense qu'à lui*, er denkt nur an sich ; er ist nur auf sich bedacht. | *Sans y penser*, unabsichtlich ; unmerklich. | *Vous n'y pensez pas ?*, das glauben Sie doch nicht im Ernst ? ; das ist wohl nicht Ihr Ernst ! | *Tu n'y penses pas*, [très familier] kommt nicht in Frage. | *Je suis à cent lieues d'y penser*, das fällt mir nicht im Traume ein. | *Rien que d'y penser*, schon beim bloßen Gedanken daran. | *Quand on y pense bien*, wenn man es recht bedenkt. | *Mais j'y pense*, aber daß ich nicht vergesse. | *Penser à (faire) qch.*, sich an etwas (acc.) erinnern. | *Faire penser qn à qch.* jn an etwas (acc.) erinnern. | *Penser à la vengeance, à se venger*, auf Rache sinnen.
— Syn. : *Méditer*, nachdenken ; betrachten. *Réfléchir*, überlegen. *Songer*, sich Gedanken machen.

penseur [-sœ:r] m. Denker m. | *Libre penseur*, Freidenker.

pensif, ive [-sif, i:v] adj. nachdenklich ; gedankenvoll. | *D'un air pensif*, mit nachdenklicher Miene. | *Être tout pensif*, ganz in Gedanken versunken sein.

pension [pɑ̃sjɔ̃] f. [somme versée] Pension f. ; Kostgeld n. | *Prendre en pension*, in Kost nehmen. | *Être en pension chez qn*, bei jm in Pension sein. || [lieu] Pension f. ; Fremdenheim n. | *Pension de famille*, Familienpension. | *Mettre son fils dans une pension, en pension*, seinen Sohn in ein Internat geben. | *Pension (de jeunes filles)*, Pensionat n. || [rente] Pension f. ; Ruhegehalt n. ; Rente f. | *Pension alimentaire*, Alimente pl. | *Pension de réversion*, Hinterbliebenenrente. | *Pension viagère*, Leibrente. | *Droit à pension*, Pensionsberechtigung f. ; Anspruch (m.) auf Ruhegehalt. | *Faire une pension à qn*, jm eine Pension, eine Unterhaltsrente, ein Kostgeld geben.

pensionnaire [-sjɔnɛ:r] s. [hôtel] Pensionsgast m. ; [école] Internatsschüler(in) m. (f.).

pensionnat [-sjɔna] m. Pensionat n. ; Schüler(innen)heim n. | *Pensionnat de jeunes filles*, Mädchenpensionat.

pensionner [-sjɔne] v. tr. jm eine Rente, eine Pension geben ; pensionieren.

pensum [pɛ̃sɔm] m. (pl. **pensums**) Strafarbeit f.

pentaèdre [pɛ̃taɛdr] m. Fünfflächner m. ; Pentaeder n.

pentagonal, ale, aux [-gɔnal, o] adj. fünfeckig ; fünfseitig.

pentagone [-gɔn] m. Fünfeck n. || MIL. *Pentagone*, Pentagon n.

Pentateuque [-tø:k] m. RELIG. fünf Bücher Mosis ; Pentateuch m.

pentathlon [-tlɔ̃] m. SPORT. Fünfkampf m. ; Pentathlon n.

pente [pɑ̃:t] f. Abhang m. ; Neigung f. ; Gefälle n. || GÉOL. Einfallen n. ; Schräge f. || MATH. schiefe Ebene. || *Pente douce*, sanfter Abhang ; Abdachung f. | *Pente escarpée*, Steilhang m. | *Rue en pente*, abschüssige Straße. | *Pente d'un cours d'eau*, Gefälle. | *Pente d'un plan*, Neigungswinkel m. | *Ligne de plus grande pente*, Fallinie f. | *Le terrain est en pente*, das Gelände ist abschüssig, fällt ab. | *Aller en pente*, sich absenken. | *Monter la pente*, den Abhang hochklimmen. | *Suivre sa pente naturelle*, seiner natürlichen Neigung folgen. | *Glisser sur la pente du mal*, den abschüssigen Weg der Hölle gehen.

Pentecôte [pɑ̃tko:t] f. RELIG. Pfingsten n. ; Pfingstfest n. | *Temps de la Pentecôte*, Pfingstzeit f. | *Dimanche de la Pentecôte*, Pfingstsonntag m.

pénultième [penyltjɛm] adj. vorletzt.
◇ f. vorletzte Silbe.

pénurie [penyri] f. Knappheit f. ; Verknappung f. ; Mangel m. | *Pénurie d'argent*, Geldnot f., -knappheit. | *Pénurie de charbon*, Kohlenmangel. | *Pénurie de devises*, Devisenmangel. | *Pénurie de main-d'œuvre*, Arbeitskräftemangel. | *Il y a pénurie de qch.*, es herrscht Mangel an etwas (dat.). | *Vivre dans une grande pénurie*, in großer Armut leben ; in dürftigen Verhältnissen leben.

pépée [pepe] f. ARG. Puppe f.

pépère [pepɛ:r] m. Opa m. ; alter Papa.
◇ adj. PAR EXT. gemütlich ; dick ; behäbig ; opaig.

pépettes [pepɛt] f. pl. POP. Moneten f. pl. ; Zaster m. ; Pinkepinke f.

pépie [pepi] f. ZOOL. Pips m. || POP. *Avoir la pépie*, eine trockene Kehle haben.

pépiement [-pimɑ̃] m. Piepsen n. ; Gepiep(s)e n. ; Piepen n.

pépier [-pje] v. intr. piepen ; piepsen.

Pépin [pepɛ̃] m. HIST. Pippin m. | *Pépin le Bref*, Pippin der Kleine.

pépin [-pɛ̃] m. BOT. Obstkern m. | *Fruits à pépins*, Kernobst n. || FAM. [parapluie] Musspritze f. ; Schirm m. || FAM. [ennui] *Avoir un pépin*, Ärger, Scherereien haben.

pépinière [pepinjɛ:r] f. Baumschule f. ; Pflanzschule f. ; Pflanzstätte f. || FIG. Ausbildungsstätte f.

pépiniériste [-njerist] m. Baumschulgärtner m., -besitzer m. ; Baum-, Pflanzenzüchter m.

pépite [pepit] f. Metall-, Goldklumpen m.

pepsine [pɛpsin] f. MÉD. Magenferment n. ; Pepsin n. ; Verdauungsstoff m.

peptide [pɛptid] m. CHIM. Peptid n.

péquenaud [pɛkno] m. POP. Bauerntölpel m.

perçage [pɛrsa:ʒ] m. Durchbohren n. ; Bohrung f. ; Lochung f. ; Abstich m. | *Gabarit de perçage*, Bohrlehre f.

percale [pɛrkal] f. Perkal m.

percaline [-lin] f. Baumwollfutter n. ; Perkalin n.

perçant, ante [pɛrsɑ̃, ɑ̃:t] adj. (durch)bohrend ; durchdringend ; schneidend ; schrill. | *Froid perçant*, schneidende Kälte. | *Yeux perçants*, stechende Augen n. pl. | *Vue perçante*, Scharfblick m. | *Voix perçante*, schrille, gellende Stimme. | *Esprit perçant*, scharfsinniger Geist ; Scharfsinnigkeit f. | *Avoir la vue perçante*, ein scharfes Auge haben.

perce [pɛrs] f. Bohrer m. || MUS. Blaslöcher n. pl. || *Perce d'un tonneau*, Zapfloch n. | *Mettre en perce*, anbohren ; anstechen. | *Mise en perce*, Anstich m. ; Anzapfung f.

percé, ée [-se] adj. durchbohrt ; durchbrochen ; durchlöchert. | *Rue bien percée*, breite, schnurgerade Straße. | *Complot percé à jour*, aufgedeckter Anschlag.

percée [-se] f. [action] Bohrung f. ; Durchbrechen n. || [résultat] Durchbruch m., -stich m. || MIL. Durchstoß m. || [forêt] Durchhau m. ; Durchsicht f. || *Faire une percée*, ein-, durchbrechen ; durchstechen.

percement [-mɑ̃] m. [action] Durchbrechen n., -bohren n. ; Durchbohrung f. || [résultat] Durchbruch m., -stich m. || *Le percement d'une rue*, das Durchbrechen einer Straße. | *Le percement de l'isthme de Suez*, der Durchstich der Landenge von Suez.

perce-neige [pɛrsənɛ:ʒ] f. invar. Schneeglöckchen n.

perce-oreille [-ɔrɛj] m. (pl. **perce-oreilles**) Ohrwurm m. ; Ohrenschliefer m.

percepteur [pɛrsɛptœ:r] m. FIN. Steuereinnehmer m.

perceptibilité [-tibilite] f. Erkennbarkeit ; Wahrnehmbarkeit f.

perceptible [-tibl] adj. [sens général] wahrnehmbar ; merk-, bemerkbar ; merklich. || [sens spéciaux] *Perceptible à l'oreille*, hör-, vernehmbar. | *Perceptible à l'odorat*, riechbar. | *Perceptible à la vue*, sichtbar.

perceptif [-tif] adj. Wahrnehmungs... | *Champ perceptif*, Wahrnehmungsfeld n.

perception [-sjɔ̃] f. **1.** [sensorielle] Wahrnehmung f. ; Wahrnehmungsfähigkeit f., -vermögen n. **2.** [d'argent] Einziehen n. ; Erhebung f. | *Perception d'impôts*, Steuereinnahme f., -einforderung f. | *Perception d'un traitement*, Bezug (m.) eines Gehalts. **3.** [service] Steueramt n. ; Einnehmer-, Hebestelle f.

percer [pɛrse].

I. v. tr.
a) bohren.
b) FIG. : in, durch etwas dringen.
c) traduction par composés en « durch- ».
II. v. intr.
a) durch etwas gehen, dringen.
b) FIG. herauskommen ; durchbrechen.

I. v. tr. **a)** bohren. | *Percer qch.*, etwas durchbohren. | *Percer de trous*, zer-, durchlöchern ; ausstechen. | *Percer des trous dans qch.*, in etwas Löcher bohren, einstechen. | *Percer avec un poignard*, erstechen. | *Percer une rue*, eine Straße durchbrechen, legen. | *Percer avec une lance, une broche*, (auf)spießen. | *Percer une ampoule*, eine Blase aufstechen. | *Percer un abcès*, einen Abszeß aufschneiden. | *Percer un tonneau*, ein Faß anbohren, -zapfen. | *Percer de part en part*, aufspießen, durch und durch stechen. | *Percer une ouverture*, eine Öffnung brechen ; durchschlagen ; aufbrechen. || TECHN. lochen ; ein Loch schlagen, (ein)hauen. | *Machine à percer*, Lochmaschine f. | *Percer au foret*, aufbohren. | *Percer une galerie (de mine)*, einen (Gruben)stollen treiben. **b)** FIG. in, durch etwas dringen. | *Percer la foule*, sich durch die Menge drängen. | *Percer du regard*, mit dem Blick durchbohren. | *Percer à jour*, durchschauen ; erraten. | *Le soleil perce les nuages*, die Sonne bricht, blickt durch die Wolken. | *C'est un panier percé*, das Geld schlüpft ihm durch die Finger ; er ist ein Faß ohne Boden.
c) [composés en « durch- »] *Percer un canal, un tunnel*, einen Kanal, Tunnel durchstechen. | *Percer* [en brûlant],

durchbrennen. | *Percé par la pluie*, durchnäßt. | *Percer d'une balle*, durchschießen. | *Mes semelles sont percées*, meine Sohlen sind durch. | *Chaussures percées*, durchtretene Schuhe m. pl. | MIL. *Percer le front ennemi*, die feindliche Front durchbrechen.
II. v. intr. **a)** durch etwas gehen, dringen. || PR. et MIL. durchbrechen, -dringen, -kommen. || *La dent perce*, der Zahn bricht durch. | *Le récipient est percé*, der Behälter rinnt, ist undicht.
b) FIG. heraus-, hervorkommen ; durch etwas brechen. | *Une lumière perce à travers l'obscurité*, ein Licht schimmert durch. | *Laisser percer sa désapprobation*, sein Mißfallen durchblicken lassen. | *L'homme capable finit par percer*, der fähige Mensch setzt sich durch, bringt es zu etwas. | *Cette nouvelle conception a percé*, diese neue Auffassung hat sich durchgesetzt. | *Sa malveillance perce à travers ses belles paroles*, seine Böswilligkeit lauert hinter seinen glatten Reden. | *La vérité percera un jour*, die Wahrheit wird schon heraus, an den Tag kommen.
— SYN. : *Perforer*, durchbohren. *Traverser*, durchschlagen. *Transpercer*, durchbohren.

perceuse [-sø:z] f. Bohrmaschine f. ; Bohrer m. | *Perceuse à percussion*, Schlagbohrmaschine.

percevable [pɛrsəvabl] adj. [sensation] wahrnehmbar ; begreifbar. || *Taxe percevable*, eintreibbare, einziehbare Gebühr.

Perceval [pɛrsəval] n. pr. m. MYTH. Parzival m.

percevoir [pɛrsəvwa:r] v. tr. [argent] einnehmen ; erheben ; einziehen. | *Percevoir des droits*, Gebühren erheben. | *Percevoir des impôts*, Steuern einziehen. || [sensations] wahrnehmen ; vernehmen. | *Percevoir un bruit*, ein Geräusch vernehmen.

perche [pɛrʃ] f. [poisson] Barsch m. || [bois long] Stab m. ; Stange f. ; Rute f. || SPORT. *Saut à la perche*, Stabhochsprung m. || FIG. *Tendre la perche à qn*, jm aus der Patsche helfen ; jm heraushelfen. || FAM. *Une grande perche*, eine lange Latte.

perché, ée [-ʃe] adj. sitzend, kauernd. | *Perché sur une branche*, auf einem Zweige sitzend. | *Il est perché sur un cheval*, er sitzt hoch zu Roß.

percher [pɛrʃe] v. intr. [oiseau] hocken ; sitzen. || FAM. hausen ; wohnen. | *Il perche au sixième étage*, er haust im sechsten Stock.
◇ v. tr. *Percher une valise sur une armoire*, einen Koffer auf den Schrank hinaufstellen.
◇ v. pr. **se percher,** sich niederlassen.

percheur, euse [pɛrʃœ:r, ø:z] adj. *Oiseaux percheurs*, Baumvögel m. pl.

perchiste [pɛrʃist] m. SPORT. Stabhochspringer m. || FILM. Mikroassistent m. ; Tonangler m.

perchoir [pɛrʃwa:r] m. Vogel-, Hühnerstange f.

perclus, use [pɛrkly, y:z] adj. MÉD. lahm ; gelähmt ; behindert. | *Perclus des jambes*, gehbehindert.

perçoir [pɛrswa:r] m. Bohrer m. ; Pfriem m.

percolateur [pɛrkɔlatœ:r] m. Kaffeemaschine f.

percussion [pɛrkusjɔ̃] f. Schlag m. ; Stoß m. || MIL. Aufschlag m. | *Force de percussion*, Schlagkraft f. || MÉD. Beklopfen n. ; Perkussion f. || MUS. *Instruments de percussion*, Schlagzeug n. | *Les percussions*, die Perkussionsinstrumente n. pl.

percutant, ante [-tɑ̃, ɑ̃:t] adj. aufschlagend ; durchschlagend. | *Fusée percutante*, Aufschlagszünder m. | *Force percutante*, Aufschlagskraft f. | *Tir percutant*, Schießen (n.) mit Aufschlagszünder.

percuter [-te] v. tr. schlagen ; klopfen ; stoßen ; auftreffen ; aufschlagen. || MÉD. abklopfen. | *Percuter le dos*, den Rücken abklopfen.

percuteur [-tœ:r] m. Schlagbolz m.

perdant, ante [pɛrdɑ̃, ɑ̃:t] adj. verlierend ; leer ausgehend. | *Billet, Numéro perdant*, Niete f.
◇ s. Verlierer(in) m. (f.).

perditance [-ditɑ̃:s] f. ÉLECTR. Stromverlust m.

perdition [-disjɔ̃] f. Untergang m. ; Verlust m. | *Cargo en perdition*, Frachter (m.) in Seenot. || FIG. Verderben n. || RELIG. Verdammnis f.

perdre [pɛrdr].

> **I.** v. tr.
> **a)** [être privé de, subir une perte] verlieren.
> **b)** [causer la perte] zugrunde richten.
> **c)** [sens moral : corrompre] verderben.
> **d)** traduction par des composés en « ver- ».
> **II.** v. intr. an Wert verlieren ; Verlust erleiden.
> **III.** v. pr. sich verirren ; verschwinden.
> **IV.** part. pass. et adj., **perdu, ue,** verloren.

I. v tr. **a)** [être privé de, subir une perte] verlieren ; Verlust haben ; einbüßen. | *Perdre une bataille*, eine Schlacht verlieren. | *Perdre son éclat*, sich verdunkeln. | *Perdre ses feuilles*, seine Blätter abwerfen ; sich entblättern. | *Perdre ses forces*, von Kräften kommen. | *Perdre sa fraîcheur*, seine Frische verlieren ; matt werden. | *Perdre haleine*, den Atem verlieren ; außer Atem kommen. | *Courir à perdre haleine*, wie toll rennen. | *Perdre une jambe*, ein Bein einbüßen. | *Perdre un œil*, ein Auge verlieren. | *Perdre son parfum*, ausduften. | *Perdre ses poils*, haaren. || [décès] *Perdre qn*, jn verlieren ; [moralement] jn ins Verderben stürzen. || *Perdre la tête*, enthauptet werden ; PR. et FIG. den Kopf verlieren ; kopflos werden ; FIG. nicht bei Sinnen sein ; von Sinnen sein. || *Perdre de vue*, aus den Augen verlieren ; FIG. außer Acht lassen. || FIG. *Perdre connaissance*, ohnmächtig werden ; das Bewußtsein verlieren. | *Perdre contenance*, aus der Fassung kommen. | *Perdre courage*, den Mut verlieren, aufgeben. | *Il en perdra l'envie*, die Lust dazu wird ihm vergehen. | *Perdre tout espoir*, jede Hoffnung aufgeben. | *Perdre la face*, den Schein nicht wahren. | *Perdre le fil*, aus dem Konzept kommen. | *Perdre une habitude*, eine Gewohnheit ablegen, abstreifen. | *Il n'y a pas un instant à perdre*, kein Augenblick ist zu verlieren. | *J'y perds mon latin*, mir geht das Latein aus. | *Ne pas perdre un mot*, kein Wort entgehen lassen. | *Perdre le nord*, sich nicht zu helfen wissen. | *Ne pas perdre le nord*, sich nicht irre machen lassen. | *Perdre une belle occasion*, eine günstige Gelegenheit verpassen. | *Perdre son pari*, seine Wette verlieren. | *Perdre patience*, die Geduld verlieren. | *Perdre pied*, den Boden unter den Füßen verlieren ; keinen Grund mehr haben ; FIG. die Fassung verlieren. | *Perdre un procès*, einen Prozeß verlieren. | *Il ne perd rien pour attendre*, er kriegt es noch. | *N'avoir rien à perdre*, nichts zu verlieren haben. | *Perdre du terrain*, überholt werden ; PR. an Boden verlieren. | *Perdre son temps*, seine Zeit verlieren, vertrödeln. | *Perdre la vie*, sein Leben lassen ; ums Leben kommen. | *Perdre la vue*, das Gesicht, das Augenlicht verlieren. || MUS. *Perdre la mesure*, aus dem Takt kommen.
b) [causer la perte] zugrunde richten. | *Perdre qn*, jn ins Verderben stürzen. | *Perdre qn dans l'esprit de qn*, jn anschwärzen (bei jm). | *Faire perdre qch. à qn*, jn um etwas bringen. | *Sa témérité l'a perdu*, seine Waghalsigkeit hat seinen Untergang herbeigeführt. | *Sa confiance aveugle l'a perdu*, sein blindes Vertrauen hat ihn zugrunde gerichtet.
c) [sens moral : corrompre] verderben. | *Les mauvaises fréquentations l'ont perdu*, der schlechte Umgang hat ihn verdorben.
d) [composés en « ver- »] *Perdre sa beauté*, verwelken.

| *Perdre sa couleur*, verbleichen ; verwaschen. | *Perdre tout son sang*, sich ver-, ausbluten ; sich zu Tode bluten. | *Perdre au jeu*, verspielen. | *Perdre son temps*, [en dormant], verschlafen ; [par insouciance], verscherzen.
II. v. intr. *Perdre de la valeur*, an Wert verlieren ; sich verschlechtern. || [laisser passer] lassen. | *Cette bouteille perd*, diese Flasche läßt, läuft aus. || [subir une perte] *Perdre sur une marchandise*, an einer Ware Verlust erleiden. | *Perdre à la Bourse*, Börsenverluste haben. | *Perdre au change*, einen schlechten Tausch machen. | *J'y perds*, ich setze dabei zu.
III. v. pr. **se perdre,** [s'égarer] sich verirren ; sich verlaufen. || [disparaître] verschwinden. || [faire naufrage] untergehen (sépar.). | *Se perdre dans la foule*, in der Menge untertauchen (insépar.), verschwinden. | *Se perdre dans les nuages*, in den Wolken ver-, entschwinden. | *La rivière se perd sous terre*, der Fluß versickert in der Erde. | *Le chemin se perd*, der Weg verläuft sich, hört... auf. | *Les traces se perdent*, die Spuren verlieren sich. | *Son talent se perd*, sein Talent geht verloren, ver-, entschwindet. | *Le son se perd*, der Ton verhallt, klingt aus. || FIG. [se débaucher] verderben ; verkommen ; zugrundegehen. || [mode, coutume] abkommen. | *Se perdre de réputation*, seinen guten Ruf verlieren. | *Se perdre en conjectures*, sich in Vermutungen ergehen. || [connaissance, capacité] *Cela ne se perd pas*, das verlernt man nicht. | *Je m'y perds*, da komme ich nicht mehr mit. | *On s'y perd*, man wird daraus nicht klug.
IV. part. pass. et adj. **perdu, ue,** verloren. | *Bataille perdue*, verlorene Schlacht. | *C'est peine perdue*, das hilft nichts. | *Un de perdu, dix de retrouvés*, das ist kein Verlust. || [désespéré ; condamné] verloren ; aufgegeben. | *Considéré comme perdu*, endgültig aufgegeben. | *Je suis perdu*, ich bin verloren ; mit mir ist es aus. | *En sentinelle perdue*, auf verlorenem Posten. || [égaré] verirrt ; verlaufen. | *Je suis perdu*, ich habe mich verirrt. | *Balle perdue*, verirrte Kugel. | *Puits perdu*, grundloser Brunnen. || [éloigné] *Un pays perdu*, ein entlegenes Land. || [inutile] *Emballage perdu*, Einwegverpackung f. | *Verre perdu*, Einwegglas n. ; Einwegflaschen f. pl. | *Temps perdu*, verlorene Zeit. | *Salle des pas perdus*, Wandelhalle f. || [sens moral] verkommen ; verdorben. | *Vie perdue*, vertanes Leben. | *Fille perdue*, liederliches Frauenzimmer. | *Il est perdu de dettes*, er ist bis über die Ohren verschuldet. | *À ses moments perdus*, in seinen Mußestunden. | *À corps perdu*, kopfüber.

perdreau [pɛrdro] m. junges Rebhuhn.

perdrix [-dri] f. Rebhuhn n.

père [pɛ:r] m. **1.** Vater m. || PAR EXT. Stamm-, Urvater m. || *Nos pères*, unsere Vorfahren m. pl. | *Père adoptif*, Pflegevater. | *Père dénaturé*, Rabenvater. | *Petit père*, Väterchen n. ; Alterchen n. | *Père de famille*, Familienvater ; Haushaltungsvorstand m. | *Placement de père de famille*, mündelsichere Anlage. | *Ses père et mère*, seine Eltern. | *Monsieur votre père*, Ihr Herr Vater. | *Sans père*, vaterlos.
2. FIG. *De père en fils*, vom Vater auf den Sohn. | *Tel père, tel fils*, wie der Vater, so der Sohn. || THÉÂTRE. *Père noble*, Heldenvater. || IRON. *Pères conscrits*, Stadtväter m. pl. || FAM. *Gros père*, Dickwanst m. ; gemütlicher Onkel. | *Le père X.*, der alte X.
3. RELIG. *Mon père*, Herr Pater ; hochwürdiger Vater ; Hochwürden. | *Père spirituel*, Beichtvater. | *Pères jésuites*, Jesuitenpatres m. pl. || *Pères de l'Église*, Kirchenväter m. pl. || *Le Saint-Père*, der Heilige Vater. || *Dieu le Père*, Gottvater.

pérégrination [peregrinasjɔ̃] f. Wanderung f. ; weite Reise ; Zug m.

péremption [perɑ̃psjɔ̃] f. JUR. Verjährung f. | *Péremption de l'action*, Klageverwirkung f.

péremptoire [-twa:r] adj. entscheidend ; endgültig ; zwingend. | *Argument péremptoire*, zwingender Beweis(grund). | *Réponse péremptoire*, endgültige Antwort. || JUR. umstoßend ; verjährend.

pérenniser [perɛnize] v. tr. verewigen.

pérennité [-te] f. Verewigung f. ; Fortbestand m.

péréquation [perekwasjɔ̃] f. Ausgleich m. ; gleichmäßige Verteilung. | *Péréquation de l'impôt*, Steuerausgleich. | *Péréquation des prix*, Preisausgleichung f. | *Fonds de péréquation*, Ausgleichsfonds m.

perfectibilité [pɛrfɛktibilite] f. Vervollkommnungsfähigkeit f.

perfectible [-tibl] adj. vervollkommnungsfähig.

perfection [-sjɔ̃] f. Vollkommenheit f. ; Vollendung f. ; Meisterschaft f. | *Jouer, Peindre à la perfection*, meisterhaft spielen, malen. | *Il parle l'allemand à la perfection*, er spricht tadellos deutsch.
— SYN. : *Excellence* f., Ausgezeichnetheit f.

perfectionnement [-sjɔnmɑ̃] m. Vervollkommnung f. ; Verbesserung f. ; Fortbildung f. ; Weiterbildung f. | *Procédé de perfectionnement*, Veredelungsverfahren n. | *École de perfectionnement*, Fortbildungsschule f. | *Stage de perfectionnement*, Aufbauseminar n.

perfectionner [-sjɔne] v. tr. vervollkommnen ; fortbilden ; weiterbilden, -entwickeln ; veredeln.
◇ v. pr. **se perfectionner.** *Se perfectionner dans une langue*, seine Sprachkenntnisse vervollkommnen, verbessern, ausbilden.

perfectionniste [-sjɔnist] s. Perfektionist (in) m. (f.).
◇ adj. perfektionistisch.

perfide [pɛrfid] adj. treulos ; un(ge)treu ; falsch ; hinter-, arglistig ; heimtückisch ; hinterhältig ; verräterisch. | *Serment perfide*, Meineid m. ; falscher Schwur. | *L'onde est perfide*, Wasser hat keine Balken.
◇ s. treulose Person ; Verräter(in) m. (f.).
— SYN. : *Infidèle* m., Untreuer m. *Traître* m., Verräter m.

perfidie [-di] f. Treulosigkeit f. ; Untreue f. ; Falschheit f. ; Hinterlist f. ; Arglistigkeit f. ; Heimtücke f. ; Tücke f. | *Commettre mille perfidies*, unzählige Ränke schmieden.

perforateur [-ratœ:r] m. [bureau] Locher m. ; Bohrer m. ; Bohrgerät n.

perforation [-rasjɔ̃] f. Durchbohrung f., -lochen n., -lochung f., -löcherung f. ; Perforierung f. || MÉD. (Durch)bruch m. ; Perforation f.

perforatrice [-ratris] f. Bohrmaschine f. | *Perforatrice à air comprimé*, Preßluftbohrmaschine.

perforer [-re] v. tr. durchbohren, -lochen, -löchern ; lochern ; lochen ; perforieren. | *Machine à perforer*, Perforiermaschine f. | *Tôle perforée*, gelochtes, perforiertes Siebblech. | *Carte perforée*, Lochkarte f.

performance [pɛrfɔrmɑ̃:s] f. SPORT. (gute) Leistung. | *Meilleure performance*, Bestleistung f.

perfusion [pɛrfyzjɔ̃] f. Perfusion f. | *Être sous perfusion*, am Tropf hängen.

pergola [pɛrgɔla] f. Pergola f. ; Laubengang m.

péricarde [perikard] m. ANAT. Herzbeutel m.

péricardite [-dit] f. MÉD. Herzbeutelentzündung f.

péricarpe [perikarp] m. BOT. Samenschale f.

péricliter [periklite] v. intr. [être en danger] in Gefahr schweben ; bedroht sein. || [aller à la ruine] verfallen ; verkommen.

péridural, ale, aux [peridyral, o] adj. MÉD. Peridural...
◇ f. **péridurale,** MÉD. Periduralanästhesie f.

périgée [periʒe] m. Erdnähe f. ; Perigäum n.

périhélie [perieli] m. Sonnennähe f. ; Perihel n.

péril [peril] m. Gefahr f. ; Unsicherheit f. | *À ses risques et périls*, auf eigene Gefahr. | *Au péril de sa vie*, unter Lebensgefahr. | *Il y a péril en la demeure*, es ist Gefahr im Verzuge. | *Un navire est en péril*, ein Schiff ist in Seenot. | *Mettre en péril*, in Gefahr bringen ; gefährden.

périlleux, euse [-rijø, ø:z] adj. gefährlich ; gewagt ; gefahrvoll. | *Saut périlleux*, Salto m. ; Überschlag m. ; Luftsprung m. | *Entreprise périlleuse*, gewagtes, gefährliches Unterfangen.

périmer (se) [səperime] v. pr. ou **être périmé** v. pass. verfallen ; verjähren ; seine Gültigkeit verlieren ; ungültig werden. | *Passeport périmé*, abgelaufener Paß. | *Droit périmé*, verjährtes Recht. | *Billet périmé*, verfallene Karte.

périmètre [perimɛtr] m. MATH. Umfang m. | *Périmètre du cercle*, Kreisumfang. | *Périmètre de la ville*, Weichbild (n.) der Stadt. || MIL. *Périmètre défensif*, Verteidigungsgürtel m.

périnatal, ale, aux [perinatal, o] adj. MÉD. perinatal. | *Médecine périnatale*, perinatale Medizin.

périnée [perine] m. ANAT. Damm m.

période [perjɔd] f. Zeitabschnitt m., -raum m., -dauer f. ; Periode f. | *Dans la dernière période de sa vie*, in seinem letzten Lebensabschnitt. || MUS. Schwingungsdauer f. || GRAMM. Satzgefüge n. ; Periode f. || *Période d'essai*, Probezeit f. | *Période de mise en marche*, Anlaufzeit f. | *Période d'activité*, [personnes] Amtszeit f. | *Période de pointe*, [circulation] Spitzen-, Hauptverkehrszeit f. ; [consommation d'électricité] Höchstlastzeit f. | *Période de transition*, Übergangszeit. | *Période creuse*, Flaute f. | *Période révolutionnaire*, Revolutionszeit f. || ASTRON. Umlaufszeit f. | *Période solaire*, Sonnenumlauf m. ; Sonnenumlaufszeit f. || MÉD. Stadium n. | *Période d'incubation*, Inkubationsstadium, -zeit f. || MIL. *Période d'instruction*, Reserveübung f. || JUR. *Période légale de conception*, gesetzliche Empfängniszeit f. || NUCL. Halbwertzeit f. | *Période radioactive*, radioaktive Halbwertzeit. | *Période d'un réacteur*, Reaktorperiode f.

périodicité [-disite] f. regelmäßige Wiederkehr ; Periodizität f. || [d'une parution] Erscheinungsweise f.

périodique [-dik] adj. periodisch ; regelmäßig ; wiederkehrend. | *Fièvre périodique*, Wechselfieber n. | *Fonction périodique*, periodische Funktion. | *Système périodique*, Periodensystem n.
◇ m. Zeitschrift f. | *Périodique financier*, Finanzblatt n. | *Périodique professionnel*, Fachzeitschrift. | *Périodique féminin*, Frauenzeitschrift. | *Périodique pour la jeunesse*, Jugendzeitschrift.

périoste [perjɔst] m. ANAT. Knochenhaut f. ; Periost n.

périostite [-tit] f. MÉD. Knochenhautentzündung f.

péripatéticien, ienne [peripatetisjɛ̃, jɛn] adj. PHILOS. peripatetisch.
◇ m. **peripatéticien,** Peripatetiker m.
◇ f. **péripatéticienne,** FAM. Bordsteinschwalbe f.

péripétie [peripesi] f. plötzlicher Umschwung ; Schicksalswende f. | *Péripéties (d'une guerre)*, Wechselfälle m. pl. (eines Krieges). || THÉÂTRE. *Péripétie bien amenée*, wohlgelungene Lösung des Knotens.

périphérie [periferi] f. Umkreis m. ; Umfang m. ; Peripherie f. || [d'une ville] Randgebiet n.

périphérique [-rik] adj. Umfangs... ; Umkreis... ; peripherisch. | *Boulevard périphérique*, Außenring m. ; Umgehungsstraße, f.
◇ m. INF. Peripheriegerät n.

périphrase [perifra:z] f. Umschreibung f.

périphraser [-fraze] v. tr. umschreiben.

périple [peripl] m. Rundfahrt f., -reise f.

périr [peri:r] v. intr. umkommen (sépar.) : untergehen (sépar.) ; sterben ; zerstört, vernichtet werden ; vergehen ; verfallen. || MAR. *Périr corps et biens*, mit Mann und Maus untergehen. | *Périr par le fer*, durch das Schwert umkommen. | *Faire périr qn*, jn umbringen. || FIG. *Périr d'ennui*, sich tödlich, zu Tode langweilen.

périscope [periskɔp] m. Sehrohr n. ; Periskop n. ; Beobachtungsspiegel m.

périssable [perisabl] adj. vergänglich ; verderblich. | *Denrées périssables*, leicht verderbliche Lebensmittel n. pl.

périssoire [periswa:r] Paddelboot n.

péristyle [peristil] m. ARCHIT. Säulenumgang m., -gang m., -reihe f. ; Peristyl n.

péritoine [peritwan] m. ANAT. Bauchfell n.

péritonite [-tɔnit] f. MÉD. Bauchfellentzündung f. ; Peritonitis f.

perle [pɛrl] f. *Perle de culture*, Zuchtperle. | *Collier de perles*, Perlenkette f. | *Pêcheur de perles*, Perlenfischer m. | *Broderie en perles*, Perlenstickerei f. | *Pêcher des perles*, Perlen fischen. | *Enfiler des perles*, Perlen auffädeln ; FIG. seine Zeit (mit Nichtigkeiten) vergeuden. | *Jeter des perles aux pourceaux*, Perlen vor die Säue werfen. || ARCHIT. Perlleiste f. || FIG. *La perle de la création*, die Krone der Schöpfung. | *C'est la perle des maris*, er ist das Muster von einem Ehemann. || [faute] Sprachschnitzer m. ; Stilblüte f.

perlé, ée [-le] adj. geperlt ; perlfarbig ; perlartig ; perlig. || FIG. sauber ausgeführt ; vollendet (schön). | *Grève perlée*, Bummelstreik m.

perler [-le] v. tr. fein, sauber ausarbeiten, ausführen ; ausfeilen. | *Perler un ouvrage*, ein Werk glänzend, musterhaft vortragen.
◇ v. intr. perlen ; tropfen. | *La sueur perle sur le front*, der Schweiß perlt auf der Stirn.

perlier, ière [-lje, jɛ:r] adj. Perlen... ; perlig. | *Huîtres perlières*, Perlaustern f. pl.

perlimpinpin [pɛrlɛ̃pɛ̃pɛ̃] m. *Poudre de perlimpinpin*, Wunderarznei f., -pulver n.

permanence [pɛrmanɑ̃:s] f. [durée] (Fort)dauer f. ; Permanenz f. ; Stetigkeit f. ; Beständigkeit f. ; Bestand m. || TECHN. Beharrungszustand m. || *En permanence*, dauernd ; auf die Dauer. | *(Service de) permanence*, Bereitschaftsdienst m. | *Permanence médicale*, ärztlicher Bereitschaftsdienst. | *Être de permanence*, Bereitschaftsdienst haben. || [local] Dienststelle f. ; Zentralstelle f.

permanent, ente [-nɑ̃, ɑ̃:t] adj. an-, fortdauernd ; ständig ; permanent ; anhaltend ; von Dauer. | *Aimant permanent*, Dauermagnet m. | *Armée permanente*, stehendes Heer. | *Bureau permanent*, Zentralbüro n., -stelle f. | *Carte permanente*, Dauerkarte f. | *Cinéma permanent*, Tageskino n. | *Spectacle permanent*, Dauervorstellung f.
◇ m. **permanent,** *Un permanent du parti, du syndicat*, Partei-, Gewerkschaftsfunktionär m.
◇ f. **permanente,** [coiffure] Dauerwelle f. | *Permanente à froid*, Kalt-, Wasserwelle f.

permanganate [pɛrmɑ̃ganat] m. übermangansaures Salz ; Permanganat n. | *Permanganate de potassium*, Kaliumpermanganat.

perméabilité [pɛrmeabilite] f. Durchlässigkeit f. | *Perméabilité à l'eau*, Wasserdurchlässigkeit f.

perméable [-abl] adj. durchlässig ; undicht. | *Perméable à l'eau*, wasserdurchlässig.

permettre [pɛrmɛtr] v. tr. erlauben ; gestatten ; bewilligen ; zulassen ; dulden ; vergönnen ; willfahren ; gewähren. || [rendre possible] ermöglichen. |

Permettre l'entrée, den Eingang freigeben. | *S'il m'est permis*, wenn ich darf ; wenn es mir gestattet ist. | *Si Dieu le permet*, so Gott will. | *Si vous permettez*, ich bin so frei. | *Permettez-moi de vous présenter monsieur X.*, gestatten Sie mir, Ihnen Herrn X. vorzustellen.
◇ v. pr. **se permettre,** sich erlauben. || PÉJOR. sich herausnehmen. | *Il se permet beaucoup de choses*, er nimmt sich viel heraus ; er erlaubt sich allerhand.

permis [pɛrmi] m. Erlaubnisschein m., -karte f. ; Passierschein m. ; Genehmigung f. | *Permis de bâtir, de construire*, Bauerlaubnis f., -genehmigung, -freigabe f. | *Permis de chasse*, Jagdschein m. | *Permis de conduire*, Führerschein m. | *Passer le permis de conduire*, den Fübrerschein machen ; die Fahrprüfung ablegen. | *Permis d'exploitation*, Abbauberechtigung. | *Permis d'exportation*, Ausfuhrgenehmigung f. | *Permis d'imprimer*, Druckgenehmigung. | *Permis d'inhumer*, Totenschein m. | *Permis de pêche*, [à la ligne] Angelschein m., -karte f. | *Permis de recherches*, Schürferlaubnis f. | *Permis de séjour*, Aufenthaltsgenehmigung.

permission [-sjɔ̃] f. [autorisation] Erlaubnis f. ; Bewilligung f. | *Avoir la permission*, dürfen. | *Accorder la permission de*, die Erlaubnis geben, zu. | *Avec votre permission*, mit Verlaub. || MIL. Urlaub m. | *(Titre de) permission*, Urlaubsschein m. | *Permission de détente*, Erholungsurlaub. | *Être en permission*, beurlaubt sein. || MAR. *Permission de descendre à terre*, Landurlaub.
— SYN. : *Autorisation* f., Einwilligung f.

permissionnaire [-sjɔnɛ:r] m. MIL. Urlauber m. ; Beurlaubter m. || IRON. Muttifahrer m.

permutabilité [pɛrmytabilite] f. Umtauschbarkeit f. ; Auswechselbarkeit f.

permutable [-tabl] adj. umtauschbar ; auswechselbar.

permutateur [-tatœ:r] m. ÉLECTR. Umschalter m.

permutation [-tasjɔ̃] f. Aus-, Umtausch m. ; Tausch m. ; Stellentausch m. ; Umstellung f. || MATH. Permutation f. || ÉLECTR. Umschaltung f.

permuter [-te] v. tr. (aus)tauschen ; umsetzen (sépar.). || ELECTR. umschalten (sépar.). || MATH. versetzen ; permutieren. | *Permuter les chiffres d'un nombre*, die Ziffern einer Zahl umstellen (sépar.).
◇ v. intr. *Permuter avec qn*, mit jm tauschen.

pernicieux, euse [pɛrnisjø, ø:z] adj. verderblich ; schädlich ; bösartig. | *Fièvre pernicieuse*, bösartiges, hartnäckiges (Sumpf)fieber.

péronnelle [perɔnɛl] f. POP. dumme Gans ; Schnatterliese f. ; schnippisches Ding ; aufgeblasene Pute.

péroraison [perɔrɛzɔ̃] f. Redeschluß m.

pérorer [-re] v. intr. perorieren ; salbadern ; lange Worte machen ; weitschweifig reden.

Pérou [peru] n. pr. m. GÉOGR. Peru n. | *Ce n'est pas le Pérou*, davon wird man auch nicht reich ; das wirft nicht viel ab.

peroxyde [pɛrɔksid] m. CHIM. Peroxyd n. ; Peroxid n. | *Peroxyde d'azote*, Stickstoffperoxid.

perpendiculaire [pɛrpɑ̃dikylɛ:r] adj. senk-, lotrecht. || TECHN. seiger.
◇ f. MATH. Senkrechte f. ; Lot n. | *Élever une perpendiculaire*, eine Senkrechte errichten.

perpétration [pɛrpetrasjɔ̃] f. Verübung f. ; Begehung f.

perpétrer [-tre] v. tr. (ein Verbrechen) begehen, verüben.

perpette (à) [apɛrpɛt] loc. adv. POP. ganz weit draußen ; auf ewig und drei Tage.

perpétuel, uelle [-tɥɛl] adj. fortdauernd, -während ; ständig ; stetig ; ununterbrochen ; dauernd ; ewig ; unaufhörlich. | *Prison perpétuelle*, lebenslängliche Haft ; Gefängnis (n.) auf Lebensdauer. | *Rente perpétuelle*, ewige, unkündbare Rente ; Rente auf Lebenszeit. | *Paix perpétuelle*, ewiger Friede. | *Mouvement perpétuel*, Perpetuum mobile n.
— SYN. : *Incessant*, unaufhörlich. *Permanent*, ständig.

perpétuer [-tɥe] v. tr. verewigen ; fortbestehen lassen ; fortpflanzen.
◇ v. pr. **se perpétuer,** sich verewigen ; sich fortpflanzen ; fortbestehen.

perpétuité [-tɥite] f. Fortdauer f. ; Fortbestand m. ; Beständigkeit f. ; Ewigkeit f. ; Fortpflanzung f. | *Travaux forcés à perpétuité*, lebenslängliche Zwangsarbeit. | *Prison à perpétuité*, Gefängnis (n.) auf Lebenszeit.

perplexe [pɛrplɛks] adj. ratlos ; hilflos ; bestürzt ; perplex. | *Il resta perplexe*, er war ratlos ; er wußte nicht, was er tun sollte.

perplexité [-site] f. Rat-, Hilflosigkeit f. ; Unschlüssigkeit f. ; Verlegenheit f. ; Bestürzung f.

perquisition [pɛrkizisjɔ̃] f. JUR. gerichtliche Untersuchung, Durchsuchung ; [à domicile] Haussuchung f. | *Mandat de perquisition*, Haussuchungs-, Durchsuchungsbefehl m.

perquisitionner [-sjɔne] v. intr. JUR. gerichtlich durchsuchen ; eine Haussuchung vornehmen.

perron [pɛrɔ̃] m. Freitreppe f. ; Vortreppe f.

perroquet [pɛrɔkɛ] m. Papagei m. || FIG. *Parler comme un perroquet*, gedankenlos nachplappern. || MAR. *Voile de perroquet*, Bramsegel n.

perruche [peryʃ] f. ZOOL. Papageienweibchen n. ; (Wellen)sittich m. || FIG., PÉJOR. blöde Gans ; dumme Pute.

perruque [pɛryk] f. Perücke f. || FIG., PÉJOR. *Vieille perruque*, alter Zopf.

perruquier [-kje] m. Perückenmacher m.

pers, perse [pɛ:r, pɛrs] adj. tief-, dunkelblau ; blaugrün.

persan, ane [pɛrsɑ̃, an] adj. persisch. | *Tapis persan*, Perserteppich m.
◇ s. **Persan, ane,** Perser(in) m. (f.).

Perse [pɛrs] n. pr. f. GÉOGR. Persien n.

perse [pɛrs] adj. altpersisch.
◇ m. **Perse,** Perser m.

persécuter [pɛrsekyte] v. tr. verfolgen ; jm hart zusetzen ; jn belästigen, plagen, hetzen.

persécuteur, trice [-tœ:r, tris] adj. verfolgend.
◇ s. Verfolger(in) m. (f.).

persécution [-sjɔ̃] f. Verfolgung f. || PAR EXT. Belästigung f. ; Quälerei f. || *Persécution des chrétiens*, Christenverfolgung. | *Folie de la persécution*, Verfolgungswahn m. | *Être en butte aux persécutions de qn*, den Nachstellungen js ausgesetzt sein.

persévérance [pɛrseverɑ̃:s] f. Beharrlichkeit f. ; Standhaftigkeit f. ; Ausdauer f.
— SYN. : *Ténacité* f., Zähigkeit f.

persévérant, ante [-rɑ̃, ɑ̃:t] adj. ausdauernd ; anhaltend ; beständig ; beharrlich.

persévérer [-re] v. intr. an-, ausdauern ; anhalten ; ver-, beharren. | *Persévérer dans sa résolution*, bei seinem Entschluß verharren.

persienne [pɛrsjɛn] f. Fenster-, Klappladen m.

persiflage [pɛrsifla:ʒ] m. Verspottung f. ; Spöttelei f. ; Gespött n. ; Verhöhnung f. ; Persiflage f.

persifler [-fle] v. tr. (ver)spotten ; sticheln ; aufziehen ; bewitzeln.

persifleur, euse [-flœ:r, ø:z] s. Spötter(in) m. (f.). || POP. Schandschnauze f.

persil [pɛrsi] m. BOT. Petersilie f.

persillade [-jad] f. CULIN. kaltes Rindfleisch mit Petersilie, Essig und Öl.

persillé, ée [-je] adj. CULIN. grüngesprenkelt ; [viande] fettdurchwachsen.

persique [pɛrsik] adj. altpersisch. | *Golfe Persique*, Persischer Golf.

persistance [pɛrsistɑ̃:s] f. [durée] Beharren n. ; Beharrung f. ; Fortdauer f. ; Anhalten n. || [fermeté] Beständigkeit f. ; Beharrlichkeit f.

persistant, ante [-tɑ̃, ɑ̃:t] adj. beharrlich ; fortbestehend ; fortdauernd ; beständig ; anhaltend. | *Feuilles persistantes*, immergrüne Blätter n. pl. | *Fièvre persistante*, anhaltendes Fieber. | *Pluie persistante*, Landregen m.

persister [-te] v. tr. be-, verharren ; fortbestehen ; fortdauern ; anhalten. | *Persister dans sa résolution*, auf seinem Entschluß bestehen. | *Persister dans son erreur*, bei seinem Irrtum beharren.

personnage [pɛrsɔna:ʒ] m. [important] (bedeutende) Persönlichkeit ; bedeutende Person. | *Les (grands) personnages*, die Prominenten m. pl. | *Se croire un grand personnage*, sich wunderwie vorkommen. || [personne] Mensch m. | *Un plaisant personnage*, ein drolliger Kauz. | *Un personnage triste*, eine kümmerliche Person. | *Un triste personnage*, ein erbärmlicher Wicht ; ein Schuft m. || LITTÉR. Person f. ; Figur f. || THÉÂTRE. Rolle f. ; Person f. ; Figur f. | *Personnage de roman*, Romanfigur, -held m. | *Jouer un personnage*, eine bestimmte Rolle spielen. | *Se mettre dans la peau d'un personnage*, sich ganz in js Rolle hineinversetzen, -leben.

personnaliser [-nalise] v. tr. eine persönliche Note geben ; individuell gestalten.

personnalité [-nalite] f. Persönlichkeit f. ; Person f. | *De hautes personnalités*, hohe Persönlichkeiten f. pl. ; Prominenz f. || JUR. *Personnalité civile, juridique, morale*, Rechtspersönlichkeit ; rechtsfähige Person. || [caractère] *Il a de la personnalité*, er ist eine ausgeprägte Persönlichkeit. | *Culte de la personnalité*, Personenkult m.

personne [pɛrsɔn] f. [telle qu'elle est] Person f. ; Persönlichkeit f. ; Mensch m. || [telle qu'on la voit] Gestalt f. ; Figur f. || (avec un adjectif épithète) *Personne civile, juridique, morale*, juristische Person. | *Personne déplacée*, (Zwangs)verschleppte(r) f. (m.) | *Les personnes âgées*, die alten Menschen ; die Alten. | *Grande personne*, [adulte] Erwachsene(r) f. (m.) | *Jeune personne*, junge Person ; junges Mädchen, Ding. | *Ma modeste personne*, meine Wenigkeit. | *Personne publique*, Person (f.) , Mann (m.) des öffentlichen Lebens. | *Les trois personnes divines*, die drei göttlichen Personen. || (complément d'un adjectif) *Content de sa personne*, selbstgefällig. | *Bien fait de sa personne*, wohlgestaltet. || (avec un verbe) *S'assurer de la personne de qn*, sich der Person (gén.) js bemächtigen. | *Quelle est cette personne ?*, wer ist das ? | *Faire erreur sur la personne*, sich in der Person irren. | *Parler à la première personne*, in der ersten Person, in der Ichform sprechen. | *Payer de sa personne*, selbst für etwas eintreten ; sich einsetzen. | *Payer cinq marks par personne*, fünf Mark pro Person, pro Kopf zahlen. | *Répondre sur sa personne*, persönlich haften. || JUR. *Personne à charge*, Unterhaltsberechtigte(r) f. (m.). | *Personne interposée*, Strohmann m. ; Mittelsmann m. | *Personne physique*, natürliche Person.

◇ loc. adv. **en personne,** selbst ; persönlich ; in (eigener) Person ; IRON. in höchsteigener Person. | *Sans acception de personne(s)*, ohne Ansehen der Person.

personne [pɛrsɔn] pr. indéf. m. invar. [négatif] niemand ; keiner. | *Personne n'est venu*, niemand ist gekommen. | *Qui était là ? Personne*, wer war da ? Niemand ! ; kein Mensch. | *Personne ne le sait*, keiner weiß es. | *Il n'y a plus personne*, es ist niemand mehr da ; PAR EXT. er ist geistig abwesend ; er ist ohne Bewußtsein. || [positif] jemand ; irgend jemand. | *Je le sais mieux que personne*, ich weiß es besser als irgendwer. | *Travailler plus que personne*, mehr als jeder andere arbeiten.

personnel, elle [-nɛl] adj. [qui a rapport à la personne] persönlich ; privat. || [à remettre à une personne] eigenhändig. || *Contribution personnelle*, Kopfsteuer f. | *Fortune personnelle*, Privatvermögen n. | *Intérêts personnels*, eigene, private Interessen n. pl. | *Opinion personnelle*, persönliche, private Meinung. || GRAMM. *Pronom personnel*, persönliches Fürwort ; Personalpronomen n. || [qui rapporte tout à sa personne] egoistisch ; ichbezogen.

personnel [-nɛl] m. Personal n. ; Belegschaft f. | *Personnel d'une entreprise*, Betriebspersonal. | *Diminution, Réduction, Licenciement de personnel*, Personalabbau m. | *Personnel de conduite*, Bedienungspersonal. | *Personnel d'encadrement*, Führungskräfte f. pl. | *Personnel enseignant*, Lehrkörper m. ; Lehrkräfte f. pl. | *Personnel navigant*, fliegendes Personal. | *Personnel stable*, Stammpersonal. | *Service du personnel*, Personalabteilung f. | *Chef du personnel*, Personalchef m.

personnellement [-nɛlmɑ̃] adv. in persönlicher Weise ; in Person ; persönlich ; selbst.

personnification [-nifikasjɔ̃] f. Personifizierung f. ; Personifikation f. ; Verkörperung f. ; Versinnbildlichung f.

personnifier [-nifje] v. tr. verkörpern ; versinnbildlichen ; personifizieren ; darstellen.

perspectif, ive [pɛrspɛktif, i:v] adj. perspektivisch.

perspective [-ti:v] f. Perspektive f. || [vue] Anblick m. ; Übersicht f. ; Überschau f. || FIG. Aussicht f. ; Perspektive f. | *Avoir en perspective*, in Aussicht haben. | *Qch. est en perspective*, etwas steht bevor.

perspicace [pɛrspikas] adj. scharf-, tiefblickend ; scharfsichtig, -sinnig ; weitsichtig ; klarblickend.

perspicacité [-site] f. Scharfblick m., -sinn m. ; Tiefblick m. ; Verstandesschärfe f.

persuader [pɛrsɥade] v. tr. überreden ; überzeugen ; zureden (dat.) ; einreden. | *Persuader qn de qch.*, jn von etwas überzeugen. | *Persuader qn de faire qch.*, jn zu etwas bereden, überreden. | *On l'a, On lui a persuadé de dire la vérité*, man hat ihn dazu gebracht, die Wahrheit zu sagen. | *Je suis persuadé*, ich bin überzeugt ; ich habe die Überzeugung. | *Être profondément persuadé de qch.*, von etwas durchdrungen, zutiefst überzeugt sein.

◇ v. pr. **se persuader,** sich einreden ; sich überzeugen ; zur Überzeugung kommen ; sich einbilden.

persuasif, ive [-sɥazif, i:v] adj. überzeugend.

persuasion [-sɥazjɔ̃] f. [persuader qn] Überredung f. | *Don de persuasion*, Überredungsgabe f. | *Céder à la persuasion*, sich überzeugen (POP. sich herumkriegen) lassen. || [être persuadé] Überzeugung f. | *Être dans la ferme persuasion que*, fest davon überzeugt sein, daß.

perte [pɛrt] f. Verlust m. ; Einbuße f. || [dommage] Schaden m. || [manque] Ausfall m. || FIG. [moral] Untergang m. ; Verderb m. || MÉD. Fluß m. ; Blutung f. || (employé avec un adjectif) *Perte nette*, Reinverlust. | *Perte sèche*, reiner, glatter Verlust. || (avec un nom) *Perte d'argent*, Geldverlust ; [en espèces, comptant] Barverlust. | *Perte d'une bataille*, unglücklicher Ausgang einer Schlacht. | *Perte à la Bourse, en Bourse*, Börsenverlust. | *Perte en capital*, Kapitalverlust. | *Perte d'un navire*, Verlust, Untergang eines Schiffes. | *Perte de poids*, Gewichtsabnahme f. | *Perte de temps*, Zeitverlust. || (avec un verbe) *Causer une perte*, einen Verlust zufügen. | *Courir à sa perte*, seinem Verderben

entgegengehen. | *Essuyer, Subir une perte*, einen Verlust erleiden, hinnehmen. || FIG. *Être en perte de vitesse*, eine Pechsträhne haben. | *Jurer la perte de qn*, jm den Untergang, den Tod schwören. | *Se solder par une perte*, mit Verlust abschließen. || [sens particuliers] GÉOGR. *Perte d'un fleuve*, Sickerung (f.) eines Flusses. || MÉD. *Perte de sang*, Blutverlust ; [violente] Blutfluß, -sturz m. | *Perte blanche*, weißer (Aus)fluß. || TECHN. *Perte de puissance*, Leistungsverlust. || AÉRON. *Perte de vitesse*, Stall m. || ÉLECTR. *Perte à la terre*, Erdschluß m. | *Perte par absorption*, Absorptionsverlust m.
◇ f. pl. **pertes.** MIL. *Liste des pertes*, Verlustliste f. | *Infliger de lourdes pertes*, schwere Verluste zufügen, beibringen.
◇ loc. adv. **à perte,** mit Verlust. | *À perte de vue*, so weit man blicken kann. — **en pure perte,** ergebnislos, nutzlos.

pertinemment [pɛrtinamɑ̃] adv. treffend ; passend.

pertinence [-nɑ̃:s] f. Zutreffen n. ; Triftigkeit f.

pertinent, ente [-nɑ̃, ɑ̃:t] adj. zur Sache gehörig ; passend ; treffend ; triftig.

pertuis [pɛrtɥi] m. Verengung f. ; Engpaß m.

perturbateur, trice [pɛrtyrbatœ:r, tris] adj. Unruhe stiftend ; verwirrend ; (ruhe) störend.
◇ s. Unruhestifter(in) m. (f.) ; Störer(in) m. (f.).

perturbation [-basjɔ̃] f. Störung f. ; Unruhe f. | *Perturbation atmosphérique*, atmosphärische Störung. | *Causer, Amener une perturbation*, Verwirrung anstiften.

perturber [-be] v. tr. stören ; verwirren ; Unruhe stiften.

péruvien, ienne [peryvjɛ̃, jɛn] adj. peruanisch.
◇ s. **Péruvien, ienne,** Peruaner(in) m. (f.).

pervenche [pɛrvɑ̃:ʃ] f. BOT. Immer-, Wintergrün n. || [auxiliaire de police] Politesse f.

pervers, erse [pɛrvɛr, -ɛrs] adj. lasterhaft ; anrüchig ; verkommen ; ausschweifend ; pervers.

perversion [-sjɔ̃] f. Verderbnis f. ; Verirrung f. ; Perversion f. || MÉD. *Perversion sexuelle*, sexuelle Perversion.

perversité [-site] f. Verderbtheit f. ; Verkommenheit f. ; Lasterhaftigkeit f. ; Perversität f.

pervertir [-ti:r] v. tr. sittlich verdreben. || (Vx.) in Unordnung bringen ; stören ; verdrehen.
◇ v. pr. **se pervertir,** entarten ; verkommen.

pervertissement [-tismɑ̃] m. Verderbnis f. ; Verdorbenheit f. ; Verderb m.

pesage [pəza:ʒ] m. Wiegen n. ; Abwiegen n. ; Wägen n. || SPORT. Wiegeplatz m.

pesant, ante [-zɑ̃, ɑ̃:t] adj. schwer ; lastend ; drückend ; gewichtig ; belastend. | *Sommeil pesant*, bleierner Schlaf. || FIG. plump. | *Esprit pesant*, schwerfälliger Geist. | *Style pesant*, unbeholfener Stil.

pesant [-zɑ̃] m. Gewicht n. | *Valoir son pesant d'or*, nicht mit Gold aufzuwiegen sein.

pesanteur [-zɑ̃tœ:r] f. PHYS. Schwere f. ; Schwerkraft f. ; Gewicht n. | *Loi de la pesanteur*, Gesetz (n.) der Schwere, Schwerkraft. || PAR EXT. *Pesanteurs d'estomac*, Magenbeschwerden f. pl.

pèse-acide [pɛzasid] m. (pl. **pèse-acides**) Säuremesser m.

pèse-alcool [-alkɔl] m. invar. Alkoholwaage f.

pèse-bébé [-bebe] m. (pl. **pèse-bébés**) Babywaage f. ; Säuglingswaage f.

pesée [pəze] f. [action de peser] Wägen n. ; Wiegen n. ; Abwiegen n. || [corps pesé] Gewogene n. ; Abgewogene n. || [pression exercée] Hebeldruck m. ; Druck m. ; Druckkraft f.

pèse-lait [pɛzlɛ] m. invar. Milchwaage f., -messer m.

pèse-lettre [-lɛtr] m. (pl. **pèse-lettres**) Briefwaage f.

pèse-personne m. invar. Personenwaage f.

peser [pəze] v. tr. wiegen ; wägen ; lasten ; einen Druck ausüben ; drücken. || [avec exactitude] abwiegen. | *Peser des légumes*, Gemüse wiegen. | *Peser du pain*, Brot abwiegen. || FIG. ab-, erwägen ; wägen ; überlegen (insépar.). | *Peser le pour et le contre*, das Für und Wider erwägen, abwägen. | *Peser ses paroles*, seine Worte abwägen, abmessen, auf die Waagschale legen. | *Tout bien pesé*, alles wohl erwogen, überlegt, durchdacht.
◇ v. intr. [avoir du poids] wiegen. | *Peser deux livres*, zwei Pfund wiegen, schwer sein. || PAR EXT. *Ces raisons ne pèseront pas beaucoup*, diese Gründe werden kaum ins Gewicht fallen. | *Peser sur*, (be)lasten ; drücken. | *Cela pèse sur l'estomac*, das liegt schwer auf dem Magen. | *Peser sur le cœur*, das Herz bedrücken. | *Peser sur la conscience*, schwer auf dem Gewissen liegen. || [absolument] *Peser de tout son poids*, sein ganzes Gewicht in die Waagschale werfen. | *Un soupçon pèse sur lui*, ein Verdacht ruht auf ihm. || FIG. [importuner] belasten ; bedrücken. | *Sa présence me pèse*, seine Gegenwart ist mir zur Last.

peson [-zɔ̃] m. Federwaage f.

pessaire [pɛsɛ:r] m. MÉD. Pessar n.

pessimisme [pɛsimism] m. Schwarzseherei f. ; Pessimismus m.

pessimiste [-mist] adj. schwarzseherisch ; pessimistisch.
◇ s. Pessimist(in) m. (f.) ; Schwarzseher(in) m. (f.).

peste [pɛst] f. [maladie] Pest f. | *Peste bubonique*, Beulenpest. | *Mourir de la peste*, von der Pest dahingerafft werden. || FIG. Pest f. ; Geißel f. | *Fuir qn comme la peste*, jn wie die Pest fliehen, meiden. || FAM. *Une petite peste*, ein kleines Aas.

pester [-te] v. intr. schimpfen ; fluchen ; verwünschen ; toben. | *Pester contre qch.*, gegen etwas losziehen ; auf etwas wettern.

pesteux, euse [-tø, ø:z] adj. Pest... || MÉD. *Bacille pesteux*, Pestbazillus m.

pesticide [-tisid] adj. Schädlingsbekämpfungs...
◇ m. Schädlingsbekämpfungsmittel n. ; Pestizid n.

pestiféré, ée [-tifere] adj. pestkrank ; von der Pest befallen.
◇ s. Pestkranke(r) f. (m.).

pestilence [-tilɑ̃:s] f. Pestilenz f. || [odeur] Pestgeruch m.

pestilentiel, ielle [-lɑ̃sjɛl] adj. pestbefallen ; verpestet. | *Émanations pestilentielles*, giftige, verpestende Ausdünstungen f. pl. || PAR EXT. übel riechend.

pet [pɛ] m. Furz m. ; Pup m. ; Wind m. | *Lâcher un pet*, einen Furz lassen ; einen streichen (fahren) lassen. || FAM. *Ça ne vaut pas un pet de lapin*, das ist keinen Pup wert.

pétale [petal] m. BOT. Blumen-, Blütenblatt n.

pétanque [petɑ̃:k] f. Kugelspiel n.

pétarade [petarad] f. [moteurs] Geknatter n. ; Knattern n. ; Geknalle n. || ARG. Furzerei f.

pétarader [-de] v. intr. knattern ; rattern.

pétard [peta:r] m. [corps explosif] Petarde f. ; Sprengbüchse f., -körper m. ; Knallfrosch m. ; Sprengsignal n., -schuß m. || FAM. [bruit] Radau m. ; Krakeel m. | *Lancer un pétard*, eine Sensationsmeldung bringen. | *Faire du pétard*, Krach schlagen ; Radau machen.

pétaudière [petodjɛ:r] f. lärmender Haufen ; wildes Durcheinander ; polnische Wirtschaft.

pet-de-nonne [pɛdnɔn] m. (pl. **pets-de-nonne**) Krapfen m. ; Baiser n.

péter [pete] v. intr. [faire un pet] furzen ; pupen ; einen streichen, ziehen lassen. || FIG., POP. *Vouloir péter plus haut que son cul*, zu hoch hinauswollen ; gegen den Wind anstinken. || [bruit éclatant] knistern ; knattern. || [éclater] knallen ; platzen.

pète-sec [pɛtsɛk] adj. invar. kaltschnäuzig.
◇ s. invar. FIG., FAM. kaltschnäuzige, hochnäsige Person.

péteux, euse [petø, ø:z] s. Angsthase m.

pétillant, ante [petijɑ̃, ɑ̃:t] adj. [bruit] knisternd. | *Feu pétillant*, prasselndes Feuer. || [vin] perlend ; schäumend ; spritzig. || FIG. feurig ; sprühend ; (über)-sprudelnd. | *Vin pétillant*, Perlwein m. | *Pétillant d'esprit*, geistsprühend.

pétillement [-tijmɑ̃] m. Sprühen n. || [bruit] Knistern n. ; Prasseln n. | *Pétillement du champagne*, Perlen (n.) , Schäumen (n.) des Champagners.

pétiller [-tije] v. intr. [feu] knistern ; prasseln. || [vin] perlen ; schäumen ; sprühen. || FIG. *Pétiller d'impatience*, sich vor Ungeduld nicht lassen können ; vor Ungeduld brennen. | *Les yeux pétillent*, die Augen funkeln. | *L'esprit pétille*, der Witz sprüht.

pétiole [pesjɔl] m. BOT. Blattstiel m.

petiot, iote [pətjo, jɔt] adj. et s. Knirps m. ; Kerlchen n. ; Bübchen n. ; Mädelchen n.

petit, ite [pəti, it] adj. **1.** klein ; kurz ; gering(fügig) ; ou forme diminutive des substantifs en « chen » et « lein ». | *Petit bois*, Kleinholz n. | *Petit commerce*, Klein-, Einzelhandel m. | *Petite fille*, kleines Mädchen ; Kleine f. | *Le petit garçon*, der Kleine ; der Junge ; der Bube. | *Petits fours*, Teegebäck n. | *Une petite heure*, eine knappe Stunde. | *Petite industrie*, Kleingewerbe n. | *Petit jardin*, Gärtchen n. ; Schrebergarten m. | *Jouer petit jeu*, mit kleinem, geringem Einsatz spielen. | *Une petite lieue*, kaum eine Meile. | *Petite monnaie*, Klein-, Wechselgeld n. | *Couper en petits morceaux*, klein schneiden. | *Le petit nombre de*, die wenigen. | *Petit pain*, Brötchen n. ; Semmel f. | *Petit paquet*, Päckchen n. | *Petits pois*, (junge) Erbsen f. pl. | *Le Petit Poucet*, der Däumling. | *Petit poisson deviendra grand*, aus Kindern werden Leute. | *Petits profits*, Nebengewinn m. | *Petite ville*, Kleinstadt f.
2. FIG. [mesquin] kleinlich ; [insignifiant] unbedeutend ; unbeträchtlich ; [médiocre, vulgaire] gemein ; gering ; [étriqué] beschränkt ; kümmerlich. | *Se faire petit*, sich ducken ; zusammenrücken. | *Ce n'est pas une petite affaire*, das ist nichts Kleines. | FAM. *Petite amie*, Schätzchen n. | *Chercher la petite bête*, sich um Kleinigkeiten streiten.
3. PAR EXT. UNIV. *Les petites classes*, die unteren Klassen f. pl. || *Petit esprit*, kleinlicher, enger Geist. || [affectueux] *Ma petite femme*, mein Weibchen. || *Se sentir petit garçon devant qn*, sich jm gegenüber ganz klein vorkommen. || [enfants] *Le petit monde*, die Kinderwelt ; das junge Völkchen. || IRON. *Mon petit monsieur*, mein lieber Mann ! ; mein Lieber ! || *De petite noblesse*, von niederem Adel. | *Sa petite personne*, sein liebes, wertes Ich. | *Avoir une petite santé*, von schwacher, zarter Gesundheit sein. | *Être aux petits soins avec, pour qn*, jn hegen und pflegen. || FIG. *Être dans ses petits souliers*, sich ungemütlich, unbehaglich fühlen.
◇ pris substantivement m. et f. || [animaux] das Junge, ein Junges. | *Les petits d'un chat*, die Jungen einer Katze. | *Faire ses petits*, Junge werfen ; jungen. || *Petits et grands*, groß und klein. || FIG. *Les petits et les grands*, die Geringen und die Großen.
◇ loc. adv. **en petit,** im kleinen. | *En petit nombre*, wenig (an der Zahl). || TRANSP. *En petite vitesse*, per Fracht ; als Frachtgut. — **petit à petit,** nach und nach ; allmählich. — **un petit peu,** ein bißchen. — **au petit jour,** bei Tagesanbruch ; in aller Frühe. — **à petits pas.** *Marcher à petits pas*, kleine Schrittchen machen ; trippeln.
— SYN. : *Court*, kurz. *Humble*, bescheiden. *Infime*, allerkleinste(r,s). *Menu*, gering. *Mesquin*, dürftig. *Minime*, geringster. *Minuscule*, winzig.

petit-beurre [-bœ:r] m. (pl. **petits-beurre**) Butterkeks m.

petit-bourgeois [-burʒwa] adj. (pl. **petits-bourgeois**) klein-, spießbürgerlich.
◇ m. Kleinbürger m. ; Spießbürger m.

petite-fille [pətitfi:j] f. (pl. **petites-filles**) Enkelin f.

petitement [-tmɑ̃] adv. kleinlich ; ärmlich ; niedrig ; in beschränkten Verhältnissen. | *Être petitement logé*, bescheiden, ärmlich wohnen.

petite-nièce [pətitnjɛ:s] f. (pl. **petites-nièces**) Großnichte f.

petitesse [-tɛs] f. Kleinheit f. Geringfügigkeit f. || [peu d'importance] Unerheblichkeit f. || *Petitesse [de la taille]*, kleiner Wuchs. | *Petitesse d'un revenu*, Geringfügigkeit eines Einkommens. || FIG. Niedrigkeit f. ; Kleinlichkeit f. ; geistige Enge. | *Petitesse de cœur*, Engherzigkeit f. | *Petitesse d'esprit*, Engstirnigkeit f. ; Niedertracht f. | *Commettre des petitesses*, Gemeinheiten begehen ; erbärmlich handeln.

petit-fils [pətifis] m. (pl. **petits-fils**) Enkel m.

petit-gris [-gri] m. (pl. **petits-gris**) sibirisches Eichhörnchen. || [fourrure] Feh n. ; Grauwerk n.

pétition [petisjɔ̃] f. Bittschrift f., -gesuch n. ; Gesuch n. ; Eingabe f. ; Petition f. | *Pétition de principe*, petitio principii f.

pétitionnaire [-sjɔnɛ:r] s. Bittsteller(in) m. (f.).

petit-lait [pətilɛ] m. Buttermilch f. ; Molke f.

petit-maître [-mɛ:tr] m. (pl. **petits-maîtres**). IRON. Herrchen n. ; Stutzer m.

petit-nègre [-nɛgr] m. *Parler petit-nègre*, (französisch) radebrechen ; kauderwelschen.

petit-neveu [-nəvø] m. (pl. **petits-neveux**) Großneffe m.

petits-enfants [pətizɑ̃fɑ̃] m. pl. (seulement au pl.) Enkel m. pl.

peton [pətɔ̃] m. FAM. Füßchen n.

pétrel [petrɛl] m. Sturmschwalbe f., -vogel m.

pétri, ie [petri] adj. durchdrungen (von) ; voll (von) ; voller. | *Pétri d'orgueil*, voller Hochmut.

pétrifiant, ante [petrifjɑ̃, ɑ̃:t] adj. versteinernd. || FIG. erstarrend.

pétrification [-fikasjɔ̃] f. Versteinerung f.

pétrifier [-fje] v. tr. versteinern ; erstarren. | *Pétrifié d'effroi*, starr vor Schreck.

pétrin [petrɛ̃] m. Backtrog m., -mulde f., -wanne f. | *Pétrin mécanique*, Knetmaschine f. || FIG. *Être dans le pétrin*, in der Patsche, in der Tinte sitzen. | *Tirer qn du pétrin*, jm aus der Patsche helfen.

pétrir [petri:r] v. tr. kneten ; durchwalken (insépar.) ; durcharbeiten (insépar.). || FIG. formen ; gestalten ; bilden.

pétrissage [-sa:ʒ] m. ou **pétrissement** [-smɑ̃] m. Kneten n. ; Durchknetung f. ; Walken n.

pétrochimie [petrɔʃimi] f. Petrochemie f.

pétrodollar [-dɔla:r] m. Petrodollar m. ; Öldollar m.

pétrographie [-grafi] f. Gesteinkunde f.

pétrole [petrɔl] m. Erdöl n. ; Petroleum n. | *Pétrole brut*, Rohöl n. | *Pétrole brut léger, moyen, lourd*, leichtes, mittelschweres, schweres Rohöl. | *Pétrole lampant*, (Leucht)petroleum. | *Gisement de pétrole*, Erdöllagerstätte f. | *Lampe à pétrole*, Petroleumlampe f. | *Raffinerie de pétrole*, Erdölraffinerie f.

pétrolette [-lɛt] f. Kleinauto n. ; Moped n. ; Motorroller m. || IRON. Landstraßenfloh m.

pétroleur, euse [-lœ:r, ø:z] s. Brandstifter(in) m. (f.). || PAR EXT. Scharfmacher m.

pétrolier, ière [-lje, ljɛ:r] adj. Erdöl... ; Mineralöl... | *Produit pétrolier*, Mineralölerzeugnis n. | *Industrie pétrolière*, Erd-, Mineralölindustrie f. | *Flotte pétrolière*, Tankerflotte f.
◇ m. **pétrolier,** (Öl)tanker m. ; Tankschiff n.

pétrolifère [-lifɛ:r] adj. (erd)ölhaltig. | *Gisement pétrolifère*, Erdöllager n. | *Région pétrolifère*, Erdölgebiet n.

pétulance [petylɑ̃:s] f. Mutwille m. ; Ausgelassenheit f. ; Heftigkeit f. ; Unbändigkeit f.

pétulant, ante [-lɑ̃, ɑ̃:t] adj. mutwillig ; ausgelassen ; spritzig.

pétunia [petynja] m. BOT. Petunie f.

peu [pø] adv. **1.** [quantité] wenig ; gering ; geringfügig. | *Peu d'espoir*, wenig Hoffnung. | *Homme de peu*, Mensch von geringem Herkommen ; kleiner Mann. | *Manger peu*, wenig zu sich nehmen, essen. | *Cela coûte peu*, das kostet wenig, ist billig. || LOC. *À peu (de chose) près*, ungefähr ; beinahe ; fast. | *Comme il y en a peu*, wie es nur wenige gibt. | *En peu de mots*, mit wenigen Worten ; kurz gesagt. | *Peu à peu*, nach und nach ; allmählich. | *Peu de chose*, wenig ; eine Kleinigkeit. | *Peu ou prou*, wenig oder viel. | *Peu s'en faut*, beinahe ; es fehlt nicht viel daran. | *Quelque peu*, einigermaßen ; etwas. | *Si peu que rien*, so gut wie nichts. | *Tant soit peu*, (wenn auch nur) ein wenig. | *Très peu pour moi !*, ohne mich ! | *Un peu*, ein wenig ; etwas. | *Un petit peu*, ein bißchen. | *C'est un peu fort*, das geht zu weit. | *Pour un peu*, *Un peu plus*, beinahe ; um ein Haar ; bald ; fast. | *Attends un peu !*, warte nur ! **2.** [temps] kurz. | *Dans peu*, *Sous peu (de jours)*, in wenigen Tagen ; in Kürze ; demnächst. | *Depuis peu*, *il y a peu (de temps)*, seit, vor kurzem. | *Peu (de temps) après*, kurz nachher ; bald darauf. | *Peu de temps*, eine (kurze) Weile. | *Peu (de temps aupar)avant*, kurz vorher.
◇ loc. conj. **pour peu que,** wenn nur. — **peu s'en fallut que ; il s'en est fallu de peu que,** es fehlte nicht viel, so ; wenig fehlte, und.
◇ m. das wenige ; das bißchen. | *Il doit se contenter de peu*, er muß sich mit wenigem zufrieden geben. | *Le peu que je possède*, das wenige, das ich besitze. | *Le peu de gens que je connais*, die wenigen Leute, die paar Leute, die ich kenne. | *L'à-peu-près*, das Ungefähre.

peuh ! [pø] interj. pah ! ; ach was ! ; ach wo !

peuplade [pœplad] f. Völkerschaft f. ; Volksstamm m. ; Stamm m.

peuple [pœpl] m. [communauté] Volk n. ; Völkerschaft f. || [population] Bevölkerung f. ; Volksmasse f. || *Le peuple allemand*, das deutsche Volk. | *Peuple élu*, auserwähltes Volk. | *Souveraineté du peuple*, Volksherrschaft f. || [catégorie sociale] *Le peuple*, das gemeine, das niedere Volk. | *Le bas peuple*, der Pöbel. | *Le menu peuple*, die kleinen Leute pl. | *Homme du peuple*, Mann von einfacher Herkunft. | *Sortir du peuple*, aus dem einfachen Volk kommen.

peuplement [-pləmɑ̃] m. Bevölkern n. || [animaux] Besetzen n. || [plantes] Bepflanzung f. || *Peuplement de l'Amérique*, Besied(e)lung (f.) Amerikas. | *Peuplement forestier*, Baumbestand m.

peupler [-ple] v. tr. bevölkern ; besiedeln ; bewohnen. || [animaux] besetzen. || [plantes] bepflanzen. || *Peu peuplé*, wenig bevölkert ; bevölkerungsarm. | *Très peuplé*, stark bevölkert. | *Trop peuplé*, übervölkert. | *Peupler une contrée*, eine Gegend besiedeln. | *Peupler un étang*, einen Teich besetzen. | *Peupler une forêt*, einen Wald aufforsten. | *Des fantômes peuplent son imagination*, Gespenster erfüllen seine Phantasie.

peuplier [-plije] m. Pappel f. | *Peuplier argenté*, Silberpappel. | *Peuplier blanc*, Weißpappel.

peur [pœ:r] f. Furcht f. ; Angst f. ; Grauen n. ; Schrecken m. || [souci] Besorgnis f. || *La peur de qn*, die Furcht vor jm. | *Peur de mourir*, Angst, Furcht vor dem Tode ; Todesfurcht. | *Sans peur et sans reproche*, ohne Furcht und Tadel. | *Avoir peur de*, vor (dat.) Angst haben ; vor (dat.) Furcht haben ; sich ängstigen ; sich vor (dat.) fürchten. | *Avoir une peur bleue*, eine Heidenangst haben. | *Il a peur de tout*, er ist ein Angsthase. | *Je n'ai pas peur*, ich fürchte mich nicht. | *En être quitte pour la peur*, mit dem (bloßen) Schrecken davonkommen. | *Faire peur à qn*, jm Angst, Furcht, Schrecken einflößen, einjagen ; jn in Schrekken versetzen. | *Cela me fait peur*, das beunruhigt mich. | *Vous m'avez fait une belle peur*, Sie haben mir einen schönen Schrecken eingejagt. | *À faire peur*, furchterregend ; schrecklich ; schauerlich. | *Mourir de peur*, vor Angst vergehen, sterben. | *Prendre peur*, erschrekken (a, o).
◇ loc. prép. **de peur de,** aus Furcht vor (dat.).
◇ loc. conj. **de peur que,** aus Furcht, daß ; in der Befürchtung, daß. | *J'ai peur qu'il ne pleuve*, ich fürchte, es wird regnen.
— SYN. : *Alarme* f., Schreck m. *Anxiété* f., Angst f. *Appréhension* f., Bangigkeit f. *Crainte* f., Befürchtung f. *Effroi* m., Schrecken m. *Épouvante* f., Entsetzen n. *Frayeur* f., Furcht f. *Panique* f., Panik f.

peureux, euse [pørø, ø:z] adj. furchtsam ; ängstlich ; bange ; scheu.

peut-être [pøtɛtr] loc. adv. vielleicht ; möglicherweise ; kann sein ! | *Peut-être bien*, mag schon sein. | *Peut-être ton père viendra-t-il*, kann sein, daß dein Vater kommt.
◇ m. *La mort est le grand peut-être*, der Tod ist das große Fragezeichen. | *Il n'y a pas de peut-être*, da gibt's keinen Zweifel.

phacochère [fakɔʃɛr] m. ZOOL. Warzenschwein m.

phagocyte [fagɔsit] m. MÉD. Fraßzelle f. ; Phagozyte f.

phalange [falɑ̃:ʒ] f. HIST. Phalanx f. ; Schlachtreihe f. || ANAT. Phalanx f. ; Finger-, Zehenglied n. || [Espagne] Falange f.

phalangiste [-ʒist] m. spanischer Falangist.

phalène [falɛ:n] f. ZOOL. Lichtmotte f. ; Spanner m. ; Nachtfalter m.

phallique [falik] adj. phallisch.

phallus [falys] m. männliches Glied ; Phallus m.

pharamineux, euse [faraminø, ø:z] adj. erstaunlich ; fabelhaft.

pharaon [faraɔ̃] m. HIST. Pharao m. || [au jeu] Phar(a)o n.

phare [fa:r] m. MAR., AÉRON. Leuchtturm m., -feuer n. | *Gardien de phare*, Leuchtturmwärter m. || AUTOM. Scheinwerfer m. | *Phare-code*, Abblendlicht n. | *Phare antibrouillard*, Nebelscheinwerfer m. | *Phare halogène*, Halogenscheinwerfer m. || FIG. Leitstern m.

pharisaïque [farizaik] adj. pharisäisch ; heuchlerisch ; selbstgerecht.

pharisaïsme [-zaism] m. Pharisäertum n. ; Heuchelei f. ; Scheinheiligkeit f.

pharisien [-zjɛ̃] m. Pharisäer m. ; Scheinheiliger m. ; Heuchler m. ; Frömmler m.

pharmaceutique [farmasøtik] adj. pharmazeutisch.

pharmacie [-si] f. [science] Arzneimittelkunde f. ; Pharmazie f. ‖ [profession] Heilmittelbereitung f. ‖ [local] Apotheke f. | *Pharmacie de garde*, dienstbereite Apotheke ; Notdienstapotheke f.

pharmacien, ienne [-sjɛ̃, jɛn] s. Apotheker(in) m. (f.).

pharmacologie [-kɔlɔʒi] f. Arzneimittellehre f., -kunde f. ; Pharmakologie f.

pharmacopée [-kɔpe] f. Pharmakopöe f. ; Rote Liste.

pharyngite [farɛ̃ʒit] f. MÉD. Rachenentzündung f. ; Rachenkatarrh m. ; Pharyngitis f.

pharynx [-rɛ̃ks] m. ANAT. Rachen m. ; Schlund m.

phase [fa:z] f. Phase f. ; Abschnitt m. ; Wandlung f. ; (Entwicklungs)stufe f. ; Stadium n. ; Stand m. | *Phase critique, décisive*, kritisches, entscheidendes Stadium. | *Phase de la lune*, Mondphase. | *À plusieurs phases*, mehrphasig, -stufig. | *Passer par une phase*, ein Stadium durchlaufen.
— SYN. : *Stade* m., Stadium n.

Phénicie [fenisi] n. pr. f. HIST. Phönizien n.

phénicien, ienne [-sjɛ̃, jɛn] adj. phönizisch.
◇ s. **Phénicien, ienne,** Phönizier(in) m. (f.).

phénix [feniks] m. MYTH. Phönix m.

phénol [fenɔl] m. Karbolsäure f. ; Phenol n.

phénoménal, ale, aux [fenɔmenal, o] adj. wunderbar ; einzigartig ; großartig ; phänomenal.

phénomène [-mɛn] m. Sinneswahrnehmung f. ‖ [fait] Phänomen n. ; Erscheinung f. ; Naturerscheinung f. ‖ PAR EXT. Besonderheit f. ; seltene Erscheinung. ‖ FAM., IRON. komischer Kauz ; Sonderling m. ; Kanone f. ; Marke f.

phénoménologie [-menɔlɔʒi] f. PHILOS. Erscheinungslehre f. ; Phänomenologie f.

philanthrope [filɑ̃trɔp] s. Menschenfreund m. ; Philanthrop(in) m. (f.).

philanthropie [-pi] f. Philanthropie f.

philanthropique [-pik] adj. philanthropisch.

philatélie [filateli] f. Briefmarkenkunde f. ; Philatelie f.

philatéliste [-list] m. Briefmarkensammler m. ; Philatelist m.

philharmonique [filarmɔnik] adj. musikliebend ; philharmonisch. | *Orchestre philharmonique*, philharmonisches Orchester.

philippin, ine [filipɛ̃, in] adj. GÉOGR. aus, von den Philippinen ; philippinisch.
◇ m. **Philippin,** Filipino m.
◇ f. pl. **les Philippines,** die Philippinen f. pl.

philistin [filistɛ̃] m. HIST. Philister m. ‖ PAR EXT., PÉJOR. Philister m. ; Spieß-, Pfahlbürger m.

philologie [filɔlɔʒi] f. Sprach- und Literaturwissenschaft f. ; Philologie f. | *Philologie classique*, altsprachliche Philologie.

philologique [-lɔʒik] adj. philologisch.

philologue [-lɔg] s. Sprachwissenschaftler(in) m. (f.) ; Philologe m., -login f.

philosophe [-zɔf] m. Philosoph m.

philosopher [-zɔfe] v. intr. philosophieren.

philosophie [-zɔfi] f. [étude] Philosophie f. ; Weisheitslehre f. ‖ [système] Weltanschauung f. | *Philosophie de l'histoire*, Geschichtsphilosophie. ‖ PAR EXT. Lebensweisheit f.

philosophique [-zɔfik] adj. philosophisch. | *Discussion philosophique*, tiefgründige Auseinandersetzung. | *Esprit philosophique*, Denkergeist m.

philosophiquement [-zɔfikmɑ̃] adv. *Accepter philosophiquement une déception*, eine Enttäuschung mit stoischer Ruhe hinnehmen.

philtre [filtr] m. Zauber-, Liebestrank m.

phimosis [fimozis] m. MÉD. Vorhautverengung f.

phlébite [flebit] f. MÉD. Venenentzündung f. ; Phlebitis f.

phlegmon [flɛgmɔ̃] m. MÉD. Zellgewebsentzündung f. ; Phlegmone f.

phobie [fɔbi] f. krankhafte Angst ; Phobie f. ‖ FIG. Abscheu m.

phonation [fɔnasjɔ̃] f. Stimmbildung f.

phonème [fɔnɛ:m] m. GRAMM. Phonem n.

phonéticien, ienne [-netisjɛ̃, jɛn] s. Phonetiker(in) m. (f.) ; Lautforscher m.

phonétique [-netik] adj. lautlich ; phonetisch. | *Écriture phonétique*, Lautschrift f.
◇ f. Lautlehre f., -kunde f. ; Phonetik f.

phono [fɔno] préf. Laut- ; Phono-.
◇ m. abrév. de PHONOGRAPHE.

phonographe [fɔnɔgraf] m. Grammophon n.

phonologie [-lɔʒi] f. Phonologie f.

phonologique [-ʒik] adj. phonologisch.

phonothèque [-tɛk] f. Phonothek f.

phoque [fɔk] m. ZOOL. Seehund m. ; Robbe f. ‖ [fourrure] Seal m. ou n. | *Manteau de phoque*, Sealmantel m.

phosphate [-fat] m. CHIM. Phosphat n. ; phosphorsaures Salz.

phosphore [fɔsfɔ:r] m. Phosphor m. | *Bombe au phosphore*, Phosphorbombe f.

phosphorescence [-rɛsɑ̃:s] f. Phosphoreszenz f.

phosphorescent, ente [-rɛsɑ̃, ɑ̃:t] adj. phosphoreszierend ; nachstrahlend. | *Peinture phosphorescente*, Leuchtfarbe f.

photo [fɔto] f. abrév. de PHOTOGRAPHIE. | *Photo d'identité*, Paßbild n. | *Appareil photo*, Photoapparat m. ; Kamera f.
◇ préf. Licht-.
— OBSERV. Pour les mots formés sur le préfixe *photo-*, l'orthographe allemande admet les deux graphies *photo- et foto-*. La seconde est plus moderne.

photochimique [-ʃimik] adj. photochemisch.

photocomposition f. TYPOGR. Lichtsatz m.

photocopie [-kɔpi] f. Photokopie f. ; Ablichtung f. | *Appareil pour photocopies*, Photokopiergerät n.

photocopier [-pje] v. tr. photokopieren ; ablichten.

photocopieur [-pjœ:r] m. ou **photocopieuse** [-pjø:z] f. Kopierer m. | *Photocopieur à laser*, Laserkopierer.

photoélectrique [-elɛktrik] adj. lichtelektrisch. | *Tube, Cellule photoélectrique*, Photozelle f.

photogénique [-ʒenik] adj. photogen.

photographe [-graf] s. Photograph(in) m. (f.). | *Atelier de photographe*, Photoatelier n.

photographie [-grafi] f. Photo n. ; Lichtbild n. ; Aufnahme f. ‖ [art] Photographie f. ; Lichtbildkunst f. ‖ [image] *Photographie aérienne*, Luftbild n. | *Photographie instantanée*, Momentaufnahme ; Schnappschuß m. | *Photographie panoramique*, Rundbild n. | *Photographie en plein air*, Freilicht-, Außenaufnahme. | *Photographie en couleurs*, Farbphoto. | *Album de photographies*, Photoalbum n.

photographier [-grafje] v. tr. photographieren ; aufnehmen. ‖ POP. knipsen ; ein Bild schießen.

photographique [-grafik] adj. photographisch. | *Appareil photographique*, Photoapparat m. ; Kamera f. ;

FAM. Knipskasten m. | *Épreuve photographique*, Abzug m. | *Laboratoire photographique*, Bildstelle f. | *Papier photographique*, Abzugspapier n.

photogravure [-gravy:r] f. Lichtbilddruck m.

photomécanique [-mekanik] adj. photomechanisch.

photomontage [-mɔ̃ta:ʒ] m. Photomontage f.

photon [fɔtɔ̃] m. PHYS. Photon n. ; Lichtquant n.

photosynthèse [-sɛ̃tɛ:z] f. CHIM. Photosynthese f.

photothèque [-tɛk] f. Lichtbildsammlung f. ; Photothek f.

photovoltaïque [-vɔltaik] adj. PHYS. photovoltaisch ; Solar... | *Cellule photovoltaïque*, Solarzelle f.

phrase [fra:z] f. Satz m. ; Redensart f. ; Redewendung f. ; PÉJOR. Phrase f. | *Phrase toute faite*, hergebrachte Redeweise. | *Tour de phrase élégant*, elegante Redewendung. | *Phrase musicale*, Tonsatz ; Phrase. | *Phrase par phrase*, Satz für Satz ; satzweise. | *Sans phrases*, ohne Umschweife ; geradezu. | *Faire des phrases*, leere Phrasen machen, dreschen. | *Faiseur de phrases*, Phrasendrechsler m.

phrasé [-ze] m. MUS. Phrasierung f.

phraséologie [-zeɔlɔʒi] f. [tour particulier] Satzbau m. ; Ausdrucksweise f. ; Phraseologie f. || PÉJOR. Phrasendrescherei f. ; leeres Gerede. | *Phraséologie politique*, politische Schaumschlägerei.

phraser [-ze] v. tr. MUS. phrasieren.

phraseur, euse [-zœ:r, ø:z] s. Phrasendrescher(in) m. (f.).

phréatique [freatik] adj. *Nappe phréatique*, Grundwasserspiegel m.

Phrygie [friʒi] n. pr. f. HIST. Phrygien n.

phrygien, ienne [-ʒjɛ̃, jɛn] adj. HIST. phrygisch. | *Bonnet phrygien*, phrygische Mütze ; HIST. Jakobinermütze f.

◇ s. **Phrygien, ienne,** Phrygier(in) m. (f.).

phtisie [ftizi] f. MÉD. Schwindsucht f. ; (Lungen)-tuberkulose f. | *Phtisie galopante*, galoppierende Schwindsucht.

phtisiologie [-ziɔlɔʒi] f. MÉD. Tuberkuloseforschung f.

phtisique [-zik] adj. MÉD. schwindsüchtig.

◇ s. Schwindsüchtige(r) f. (m.). ; Phtisiker(in) m. (f.).

phylloxéra [filɔksera] m. ZOOL. Reblaus f. ; Philoxera f.

physicien, ienne [fizisjɛ̃, jɛn] s. Physiker(in) m. (f.). | *Physicien atomiste*, Atomphysiker(in).

physico-chimie [-kɔʃimi] f. physikalische Chemie.

physiognomonie [-gnɔmɔni] f. Gesichtsdeutung f., -kunde f. ; Physiognomik f.

physiologie [-lɔʒi] f. Physiologie f. | *Physiologie végétale*, Pflanzenphysiologie.

physiologique [-lɔʒik] adj. physiologisch.

physiologiste [-lɔʒist] s. Physiologe m. ; Physiologin f.

physionomie [-nɔmi] f. Physiognomie f. ; Gesicht n., Gesichtsausdruck m. ; Gesichtszüge m. pl. || FIG. eigentümliches Gepräge. | *Jeu de physionomie*, Mimik f. ; Mienenspiel n.

physionomique [-nɔmik] adj. Gesichts... ; physiognomisch.

physionomiste [-nɔmist] s. | *C'est une grande physionomiste,* Sie hat ein gutes Personengedächtnis.

physiothérapie [-terapi] f. MÉD. Physiotherapie f.

physique [fizik] adj. physisch ; natürlich. | *Force physique*, rohe Kraft, Körperkraft. || [science] physikalisch. || [homme] leiblich ; körperlich ; sinnlich. | *Exercice physique*, körperliche Übung. | *Plaisirs physiques*, sinnliche Vergnügungen f. pl. || JUR. *Personne physique*, natürliche Person.

◇ m. [aspect] Äußeres n. ; Gestalt f. || [constitution] Körperbeschaffenheit f. ; Natur f.

◇ f. [science] Physik f. | *Physique nucléaire*, Atom-, Kernphysik. | *Physique expérimentale*, Experimentalphysik.

physiquement [-kmɑ̃] adv. physisch ; naturell. | *Physiquement impossible*, physisch unmöglich ; gegen die Naturgesetze.

phytologie [-lɔʒi] f. MÉD. Phytologie f.

phytothérapie [-terapi] f. MÉD. Phytotherapie f.

piaf [pjaf] m. POP. [moineau] Dreckspatz m.

piaffement [pjafmɑ̃] m. [cheval] Stampfen n.

piaffer [-fe] v. intr. [cheval] stampfen ; [manège] piaffieren. | *Le cheval piaffe d'impatience*, das Pferd tänzelt ungeduldig. || FIG. sich ungeduldig aufregen.

piailler [-je] v. intr. [oiseaux] piep(s)en. || [enfants] kreischen ; plärren ; quieken.

pianissimo [pjanisimo] adv. MUS. sehr leise ; pianissimo.

pianiste [-nist] s. Klavierspieler(in) m. (f.) ; Pianist(in) m. (f.).

piano [-no] m. Klavier n. ; Piano n. | *Piano droit*, Pianino n. ; Klavier. | *Piano fatigué*, ausgeleiertes Klavier. | *Piano mécanique*, mechanisches Klavier ; Klavierautomat m. ; Pianola n. | *Mauvais piano*, Klapper-, Klimperkasten m. | *Piano à queue*, Flügel m. | *Piano demi-queue*, Stutzflügel m. | *Piano de concert*, Konzertflügel m. | *Tabouret de piano*, Klaviersessel m., -hocker m. | *Jouer du piano*, Klavier spielen. | *Être au piano*, am Klavier sitzen. | *Tapoter du piano*, auf dem Klavier herumklimpern.

piano [-no] adv. MUS. leise ; piano. || FAM. sachte !

pianotage [-nɔta:ʒ] m. Klimperei f. ; Geklimper n.

pianoter [-nɔte] v. intr. auf dem Klavier klimpern, herumhämmern.

piastre [pjastr] f. Piaster m.

piaule [pjo:l] f. POP. Bude f. ; Loch n.

piaulement [pjolmɑ̃] m. [oiseaux] Piepen n. || [enfants] Plärren n. ; Quengeln n. ; Greinen n.

piauler [-le] v. intr. [oiseaux] piepen. || [enfants] plärren ; quengeln ; greinen.

pic [pik] m. [oiseau] Specht m. || [instrument] Spitzhacke f. ; (Spitz-, Keil)haue f. ; Pickel m. ; Picke f. || [montagne] (Berg)spitze f. ; Horn n. | *À pic*, senkrecht ; steil ; abschüssig ; schroff ; abfallend. | *Le sentier monte à pic*, der Pfad führt steil bergauf. || FAM. *Ça tombe à pic*, das trifft sich gerade gut. || MAR. *Couler à pic un navire*, ein Schiff in den Grund bohren.

picard, arde [pika:r, ard] adj. GÉOGR. pikardisch.

picaresque [pikarɛsk] adj. pikaresk. | *Roman picaresque*, pikaresker Roman ; Schelmenroman m.

pichenette [piʃnɛt] f. FAM. leichter Klaps ; Nasenstüber m. ; Kopfnuß f. ; Schneller m.

pichet [piʃɛ] m. Krug m. ; Kanne f.

pickpocket [pikpɔkɛt] m. Taschendieb m.

pick-up [pikœp] m. Tonabnehmer m. ; Plattenspieler m. ; Pick-up m. | *Pick-up à trois vitesses*, Dreitourenplattenspieler m.

picoler [pikɔle] v. intr. POP. picheln ; bechern.

picorer [pikɔre] v. intr. aufpicken ; auf Beutesuche gehen ; Nahrung suchen.

picotement [pikɔtmɑ̃] m. Prickeln n. ; Kribbeln n.

picoter [-te] v. tr. [piquer] stechen ; jucken ; prickeln. || [becqueter] (auf)picken. || *La fumée picote les yeux*, der Rauch beißt in die Augen.

picotin [-tɛ̃] m. Haferration f.

pictogramme [piktɔgram] m. Piktogramm n. ; Bildzeichen n.

pictural, ale, aux [piktyral, o] adj. bildmäßig ; Bild... ; Mal... | *Art pictural*, Malkunst f.

pic-vert [pivɛ:r] m. ZOOL. V. PIVERT.

Pie [pi] m. [prénom] Pius.

pie [pi] adj. *Faire œuvre pie*, fromme Werke tun.

pie [pi] f. ZOOL. Elster f. || FIG. Schwätzer m. ; geschwätzige Person. | *Jaser comme une pie (borgne)*, schwatzen ; ein altes Waschweib sein. | *Trouver la pie au nid*, einen guten Fang machen. | *Voleur comme une pie*, er stiehlt wie ein Rabe.

pie [pi] adj. invar. scheckig ; gescheckt. | *Cheval pie*, scheckiges Pferd ; Scheck m.

pièce [pjɛs] f. **1.** [morceau, fragment] Stück n. ; Teil m. ; Bestandteil m. || [raccommodage] Fleck m. ; Flicken m. || [échecs] Figuren f. pl. || *À la pièce*, per Stück ; je. | *D'une pièce*, in einem Stück. | *En deux pièces*, zweiteilig. | *Tout d'une pièce*, aus einem Stück ; FIG. steif ; nackig. | *De toutes pièces*, vollständig. | *Pièce par pièce*, Stück für Stück.
2. (avec un adjectif) *Pièce coulée*, Gußstück. | *Pièce détachée*, Einzelteil ; AUTOM. Ersatzteil.
3. (précédé d'un nom) *Maillot une pièce*, einteiliger Badeanzug. | *Maillot deux pièces*, zweiteiliger Badeanzug. | *Marchandise à la pièce*, Einzelstück. | *Ouvrier aux pièces*, Akkordarbeiter. | *Salaire aux pièces*, Akkord-, Stücklohn m.
4. (suivi d'un nom) *Pièce d'équipement*, Einrichtungsgegenstand m. | *Pièce d'exposition*, Ausstellungsstück. || CULIN. *Pièce montée*, Baumkuchen m. | *Pièce de gibier*, Stück Wild. || *Pièce de machine*, Maschinenteil. | *Pièce de rechange*, Ersatz-, Reserveteil ; auswechselbarer Teil. || [repas] *Pièce de résistance*, Hauptgericht n. ; [en général] Hauptstück.
5. (avec un verbe) *Combien (coûte) la pièce ?*, was kostet das Stück ? | *Être aux pièces*, im Akkord arbeiten ; Akkordlohn haben. | *Faire pièce à qn*, jm Widerstand leisten. | *Mettre une pièce au genou*, einen Flicken auf dem Knie anbringen. | *Mettre en pièces*, kurz und klein, in Stücke schlagen. | *Payer aux pièces*, Stücklohn zahlen. | *Tailler l'ennemi en pièces*, den Feind zerschlagen.
6. [parcelle de terrain] *Pièce de blé*, Kornfeld n. | *Pièce de bois*, Gehölz n. | *Pièce d'eau*, Teich m.
7. [monnaie] Münze f. ; (Geld)stück. | *Pièce fausse*, falsches Geldstück. || *Pièce d'argent*, [métal] Silbermünze f. ; [de monnaie] Geldstück. | *Pièce d'or*, Goldstück. | *Pièce de cinq marks*, Fünfmarkstück. | *Donner la pièce à qn*, jm ein Trinkgeld geben.
8. [chambre] Zimmer n. ; Raum m. ; Stube f. | *Appartement de six pièces*, Sechszimmerwohnung f. | *Pièces de service*, Nebenräume m. pl.
9. LITTÉR. Stück n. | *Pièce burlesque*, Possenspiel n. ; Posse f. | *Pièce larmoyante*, rührseliges Stück. | *Pièce radiophonique*, Hörspiel n. | *Pièce en un acte*, Einakter m. | *Pièce à succès*, Erfolgsstück ; Reißer m. | *Pièce de théâtre*, Theaterstück. | *Monter une pièce*, ein Theaterstück herausbringen.
10. [document] Schriftstück n. ; Aktenstück n. ; Urkunde f. | *Pièce comptable*, Rechnungs-, Buchungsbeleg m. | *Pièce officielle*, amtliche, öffentliche Urkunde. | *Pièce à l'appui*, Belegstück. | *Pièce à conviction*, Beweisstück. | *Pièce d'identité*, Ausweis m. ; Ausweispapier n. | *Pièces du procès*, Prozeßakten f. pl.
11. [canon] Geschütz n. | *Grosse pièce (d'artillerie)*, schweres Geschütz.
12. [tonneau] Faß n.

piécette [pjesɛt] f. kleine Münze.

pied [pje] m. Fuß m. (es, e).

> **I.** [homme]
> **a)** avec un nom ;
> **b)** avec un verbe ;
> **c)** loc. adv.
> **II.** [animaux].
> **III.** [plantes].
> **IV.** [choses].
> **V.** SENS DÉRIVÉS.
> **VI.** SENS FIGURÉS :
> **a)** avec un nom ;
> **b)** avec un verbe ;
> **c)** loc. adv. et prép.

I. [homme] Fuß m. | *Pied bot*, Klumpfuß. | *Pied plat*, Plattfuß. — **a)** [avec un nom] *Bain de pied*, [action] Fußbad n. ; [objet] Fußbecken n. | *Coup de pied*, Fußtritt m. | *Doigts de pied*, Zehen f. pl. | *Empreinte du pied*, Fußstapfe f. ; Fußstapfen m. | *Plante du pied*, Fußsohle f. | *Pointe du pied*, Fußspitze f. | *Troupes à pied*, Fußtruppen f. pl. — **b)** [avec un verbe] *Ne pas avoir pied*, [nage] keinen Grund finden. | *Avoir bon pied, bon œil*, rüstig sein. | *Avoir le pied marin*, seefest sein. | *Avoir le pied sûr*, einen sicheren Fuß haben. | *Avoir le pied à l'étrier*, einen Fuß schon im Steigbügel haben. | *Avoir mal aux pieds*, wunde Füße haben. | *Donner un coup de pied à qn*, jm einen Fußtritt versetzen. | *Il est sur pied de bonne heure*, er ist schon früh auf den Beinen. | *Être aux pieds de qn*, jm zu Füßen liegen. | *Fouler aux pieds*, zertreten. | *Frapper du pied*, mit dem Fuß aufstampfen. | *Se jeter aux pieds de qn*, sich jm zu Füßen werfen. | *Mettre pied à terre*, absitzen. | *Ne pas mettre le pied dehors*, keinen Fuß aus dem Hause setzen. | *Ne pas pouvoir mettre un pied devant l'autre*, kaum gehen können. | *Perdre pied*, den Boden unter den Füßen verlieren. | *Prendre pied*, Grund bekommen ; festen Fuß fassen. | *Repousser du pied*, mit dem Fuß von sich stoßen. | *Sauter à pieds joints*, mit geschlossenen Füßen springen. | *Taper du pied*, stampfen. — **c)** loc. adv. **pieds nus,** barfuß. — **à pied,** zu Fuß. | *Pied à pied*, Schritt für Schritt. — **des pieds à la tête,** von Kopf zu Fuß ; vom Scheitel bis zur Sohle. — **sur la pointe des pieds,** auf den Zehenspitzen.
II. [animaux] Fuß m. | *Pied fourchu*, gespaltener Huf. | *Pieds de devant*, Vorderfüße m. pl. | *Pieds de derrière*, Hinterfüße m. pl.
III. [plantes] Fuß m. || [petite plante] Stengel m. || [fleur] Stock m. || *Un pied de fraisier*, eine Erdbeerenstaude f. | *Un pied de salade*, ein Kopf Salat. | *Pied de vigne*, Weinstock m. | *Sécher sur pied*, auf dem Halme trocknen.
IV. [choses] Fuß m. ; unterer Teil. | *Pied (d'appareil photo)*, Stativ n. | *Pied (de chaise)*, (Stuhl-)bein n. | *Pied à coulisse*, Schublehre f. | *Pied de lampe*, Lampenfuß. | *Pied du lit*, Fußende n. | *Pied d'une perpendiculaire*, Fußpunkt m. | *Pied (d'un verre)*, Fuß (eines Glases). | *Au pied de la montagne*, am Fuß des Berges.
V. SENS DÉRIVÉS : [mesure ; versification] Fuß m. | *Haut de six pieds*, sechs Fuß hoch. | *Vers de six pieds*, sechsfüßiger Vers.
VI. SENS FIGURÉS : Fuß m. ; Maß n. ; Maßstab m. — **a)** [avec un nom] *Coup de pied de l'âne*, Eselstritt m. | *Mise à pied*, Entlassung f. | *Mise sur pied*, Aufgebot n. | *Valet de pied*, Lakai m. | *Pied de nez*, lange Nase. — **b)** [avec un verbe] *Attendre de pied ferme*,

standhalten. | *Avoir un pied dans la tombe*, mit einem Fuß im Grabe stehen. | *Avoir pieds et poings liés*, völlig machtlos sein. | *Ne pas savoir sur quel pied danser*, weder aus noch ein wissen. | *Être à pied d'œuvre*, soweit sein ; zur Arbeit bereit sein. | *Il est bête comme ses pieds*, er ist saudumm. | *Être sur pied*, (wieder) auf den Beinen sein. | *Sur quel pied êtes-vous avec X ?*, wie stehen Sie mit X ? | *Faire le pied de grue*, sich die Beine in den Leib stehen. || FAM. *Ça te fera les pieds*, das geschieht dir ganz recht. || *Faire des pieds et des mains*, sich abrackern ; sich abschuften ; alle Hebel in Bewegung setzen. | *Fouler aux pieds la justice*, das Recht mit Füßen treten. | *Lâcher pied*, Fersengeld geben. | *Lever le pied*, sich aus dem Staube machen ; durchbrennen (sépar.). | *Il s'est levé du pied gauche*, er ist heute mit dem linken Fuß aufgestanden. | *Ne pas se laisser marcher sur les pieds*, sich nichts gefallen lassen. | *Mettre à pied un fonctionnaire*, einen Beamten absetzen, kaltstellen. | *Mettre qn au pied du mur*, jn in die Enge treiben. | *Mettre sur pied*, zustande bringen. | *Mettre des troupes sur pied*, Truppen aufbringen, auf die Beine stellen. | *Mettre sur le même pied*, gleichstellen. | *Il ne se mouche pas du pied*, der hat aber Ansprüche ! | *Partir du pied gauche*, mit dem linken Fuß antreten. | *Prendre qn au pied levé*, überraschend fragen. | *Prendre qch. au pied de la lettre*, allzu wörtlich nehmen. | *Remettre sur pied*, auf die Beine bringen. | *Se remettre sur ses pieds*, sich aufrichten. | *Retomber toujours sur ses pieds*, immer wieder auf seine Beine fallen. | *Sécher sur pied*, vor Langeweile, Ungeduld vergehen. | *Tirer une épine du pied à qn*, jm eine große Sorge abnehmen. | *Traiter sur le même pied, sur un pied d'égalité*, wie seinesgleichen behandeln. | *Travailler d'arrache-pied*, büffeln. | *Vivre sur un grand pied*, auf großem Fuße leben. — **c)** loc. adv. et prép. **pied à pied,** langsam ; vorsichtig ; allmählich. — **pied à terre !,** abgesessen ! — **au pied levé,** auf der Stelle ; aus dem Stegreif ; aus dem Handgelenk. — **au petit pied,** im kleinen ; in kleinem Maßstab. — **au pied de la lettre,** buchstäblich. — **l'arme au pied,** Gewehr bei Fuß ; PAR EXT. in Bereitschaft. — **de pied ferme,** festen Fußes ; entschlossen. — **de pied en cap,** von Kopf zu Fuß. — **en pied,** in ganzer Figur. — **sur ce pied-là,** wenn die sache so steht ; wenn es sich so verhält. — **sur le pied de guerre,** auf (dem) Kriegsfuß ; in Kriegszustand. | *Sur un pied d'intimité*, auf vertrautem Fuß.

pied-à-terre [pjetatɛ:r] m. invar. Absteigequartier n.

pied-bot [pjebo] m. (pl. **pieds-bots**) Klumpfuß m.

pied-d'alouette [pjedalwɛt] m. BOT. Rittersporn m.

pied-de-biche [pjedbiʃ] m. (pl. **pieds-de-biche**) TECHN. Nagelzieher m., -klaue f. ; Geißfuß m.

pied-de-mouton [pjedmutɔ̃] m. (pl. **pieds-de-mouton**) BOT. Stachelpilz m.

pied-de-poule [pjedpul] m. (pl. **pieds-de-poule**) TEXT. Hahnentrittmuster n.

piédestal [pjedɛstal] m. Sockel m. ; Fußgestell n. ; Postament n. ; Säulenfuß m. ; Piedestal n.

piège [pjɛ:ʒ] m. Falle f. ; Schlinge f. || FIG. Köder m. ; Netz n. || *Piège à bascule*, Baumfalle. | *Piège à loup*, Wolfsfalle, -grube f. | *Dresser, Tendre un piège à qn*, jm eine Falle stellen. | *Être pris à son propre piège*, in die eigene Falle gehen. | *Donner, Tomber dans un piège*, in die Falle gehen, geraten ; darauf hineinfallen. || NUCL. *Piège à neutrons*, Neutronenfalle f.
— SYN. : *Attrape* f., Köder m. *Embûche* f., Fallstrick m. *Embuscade* f., Hinterhalt m. *Guêpier* m., Wespennest n. *Guet-apens* m. Anschlag m. *Souricière* f., Mäusefalle f. | *Traquenard* m., Falle f. ; Fuchseisen n.

piégeage [pjeʒa:ʒ] m. Fallenstellen n.

piéger [pjeʒe] v. tr. mit, in einer Falle fangen ; in die Falle locken. || MIL. *Piéger un terrain*, ein Gelände verminen.
◇ part. pass. **piégé, ée,** *Colis piégé*, Bombenpaket n. | *Voiture piégée*, Autobombe f.

pie-grièche [pigrjɛʃ] f. (pl. **pies-grièches**) ZOOL. Würger m. || FIG. [femme] Schnatterelster f.

piéride [pjerid] f. ZOOL. (Kohl)weißling m.

pierraille [pjɛra:j] f. Geröll n. ; Schotter m.

pierre [pjɛ:r] f. Stein m. | *De, En pierre*, steinern.
1. (avec un adjectif) *Pierre angulaire*, Eckstein. | *Pierre artificielle*, künstlicher Edelstein. | *Pierre calcaire*, Kalkstein. | *Pierre carrée*, Quaderstein. | *Pierres concassées*, Steinschlag m. ; Schotter m. | *Pierre levée*, Hünenstein. | *Pierre meulière*, Mühlstein. | *Pierre milliaire*, Meilenstein. | *Pierre moulée*, Kunstmarmor m. ; Kunststein. | *Pierre précieuse*, Edelstein. | *Pierre tombale*, Grabstein.
2. (précédé d'un nom) *Âge de pierre*, Steinzeit f. | *Éboulement de pierres*, Steinlawine f. ; niedergehender Steinschlag. | *Pont de pierre*, steinerne Brücke. | *Pose de la première pierre*, Grundsteinlegung f. | *Tailleur de pierres*, Steinmetz m.
3. (suivi d'un nom) *Pierre ponce*, Bimsstein m.
4. (avec une préposition) *Pierre à affûter, à aiguiser*, Schleif-, Wetzstein. | *Pierre à bâtir*, Baustein. | *Pierre à briquet*, Zündstift m. | *Pierre à chaux*, Kalkstein. | *Pierre à feu, à fusil*, Feuerstein. || ARCHIT. *Pierre de parement*, Blendstein m. | *Pierre de taille*, Hau-, Quaderstein m. | *Pierre angulaire*, Eckstein. || PR. et FIG. *Pierre de touche*, Prüfstein.
5. LOC. *Pierre par pierre*, Stein für, auf, nach Stein. | *Il gèle à pierre fendre*, es friert Stein und Bein. | *Jeter des pierres à qn*, jn mit Steinen bewerfen. | *Lancer des pierres*, Steine schmeißen, werfen. | *Poursuivre qn à coups de pierres*, jn mit Steinwürfen verfolgen, eindecken. || FIG. *Malheureux comme les pierres*, todunglücklich. | *La pierre philosophale*, der Stein der Weisen. || (avec un nom) *Pierre d'achoppement*, Stein des Anstoßes. | *Cœur de pierre*, Herz von Stein ; steinhartes Herz. | *Être changé en pierre*, wie eine Bildsäule dastehen. | *C'est une pierre dans mon jardin*, das ist auf mich gemünzt ; der Hieb gilt mir. | *Faire d'une pierre deux coups*, zwei Fliegen mit einer Klappe schlagen. | *Jeter la première pierre à qn*, den ersten Stein auf jn werfen. || MÉD. Stein m. | *Il a la maladie de la pierre*, er hat Steine [vessie] in der Blase, [vésicule] in der Galle, [rein] in der Niere.
— SYN. : *Caillou* m., Kieselstein m. *Galet* m., flacher Stein.

Pierre [pjɛ:r] n. pr. m. Peter m. ; Petrus m. | *Saint Pierre*, der heilige Petrus ; Sankt Peter m. | *Pierre le Grand*, Peter der Große.

pierreries [-rri] f. pl. Edelsteine m. pl. ; Geschmeide n. ; Juwelen n. pl.

pierreux, euse [-rø, ø:z] adj. steinig.

Pierrot [pjɛro] m. Peterchen n.
◇ m. **pierrot** (f. **pierrette**) [masque] Pierrot m. ; Hanswurst(in) m. (f.) || FAM. [moineau] Spatz m.

piétaille [pjeta:j] f. FAM. Fußvolk n.

piété [pjete] f. [sentiment] Frömmigkeit f. ; Gottesfurcht f. ; Gottergebenheit f. ; Pietät f. | *Piété filiale*, kindliche Liebe. | *Livre de piété*, Gebet-, Andachtsbuch n.

piétinement [pjetinmɑ̃] m. Getrampel n. || ZOOL. Aufstampfen n. ; Getrappel n. || FIG. Kurztreten n. ; Aufderstelletreten n.

piétiner [-ne] v. intr. stampfen ; (auf)trampeln. | *Piétiner (sur place)*, auf der Stelle treten ; nicht vorankommen ; sich abtrampeln. | *Piétiner de colère*, vor Wut auf die Erde stampfen. | *Piétiner d'impatience*, vor Ungeduld hin- und hertrippeln.

◇ v. tr. (auf)stampfen ; zertreten. | *Être piétiné par les chevaux*, niedergeritten werden.

piétisme [pjetism] m. RELIG. Pietismus m.

piéton, onne [pjetɔ̃, ɔn] s. Fußgänger(in) m. (f.). | *Chemin réservé aux piétons*, Gehweg m.
◇ adj. Fußgänger... | *Zone piétonne*, Fußgängerzone f.

piétonnier, ière [-tɔnje, jɛ:r] adj. Fußgänger... | *Zone piétonnière*, Fußgängerzone f.

piètre [pjɛtr] adj. erbärmlich ; ärmlich ; armselig ; jämmerlich ; kümmerlich ; schofel. | *Avoir une piètre idée de qn*, jn geringschätzen.

pieu [pjø] m. Pfahl m. ; Pfosten m. | *Entourer de pieux*, umzäumen ; einpfählen. | *Pieu de fondation*, Grundpfahl. || FIG., POP. [lit] Klappe f., Falle f.

pieuvre [pjœvr] f. ZOOL. Tintenfisch m. ; Krake m.

pieux, ieuse [pjø, jø:z] adj. fromm ; gottesfürchtig ; andächtig ; gottergeben. | *Fils pieux*, liebevoller Sohn. | *Devoir pieux*, heilige Pflicht.

pif [pif] m. POP. [nez] Zinken m. ; Gurke f. ; Riecher m. ; Riechkolben m.

pif ! [pif] interj. paff ! | *Pif paf !*, piff, paff (puff) !

pifomètre [pifɔmɛtr] m. FAM. *Juger au pifomètre*, über den Daumen peilen.

pige [pi:ʒ] f. [mesure] Meßdraht m. ; Pegelstab m. || [presse] Zeilenhonorar n. | *Travailler à la pige*, ein Zeilenhonorar bekommen. || TYPOGR. Setzerpensum n. ; Zeilenhonorar n. || POP. *Faire la pige à qn*, jn übertreffen ; jn abhängen.

pigeon [piʒɔ̃] m. ZOOL. Taube f. | *Pigeon mâle*, Tauber m. ; Täuberich m. | *Pigeon ramier*, Ringeltaube ; Wildtaube. | *Pigeon voyageur*, Brieftaube. || [couleur] *Gorge-de-pigeon*, taubenblau. || FIG. Gimpel m.

pigeonne [-ʒɔn] f. Taube f. ; Taubenweibchen n.

pigeonneau [-ʒɔno] m. junge Taube ; Täubchen n. || FIG. Gimpel m. ; junger Naseweis.

pigeonnier [-ʒɔnje] m. Taubenschlag m., -haus n. || FAM. Dachwohnung f. ; Mansardenstübchen n.

piger [piʒe] v. tr. POP. [regarder] angaffen ; gucken. || [comprendre] kapieren. | *Ne rien piger*, nichts kapieren.

pigiste [piʒist] s. [journaliste] freier Mitarbeiter ; freie Mitarbeiterin.

pigment [pigmɑ̃] m. Farbstoff m. ; Pigment n.

pigmentation [-tasjɔ̃] f. Farbstoffbildung f. ; Pigmentation f. ; Pigmentierung f.

pigmenter [-te] v. tr. pigmentieren ; färben.

pigne [piɲ] f. BOT. Kiefern-, Pinienzapfen m.

pignocher [piɲɔʃe] v. tr. FAM. kaum, ohne Appetit essen. || ARTS. [peinture] herumpinseln.

pignon [piɲɔ̃] m. ARCHIT. Giebel m. ; Spitzgiebel m. | *Avoir pignon sur rue*, sein eigenes Haus haben ; Haus und Hof besitzen. || [roue dentée] Getrieberad n. ; Kammrad n., -walze f. ; Ritzel n. ; Zahnrädchen n. || BOT. [arbre] Piniennuß f. ; Zirbelnuß f. ; [graine] Pignole f.

pignouf [piɲuf] m. POP. Flegel m. || Filz m.

pilage [pila:ʒ] m. Zerstampfen n. ; Zerstoßen n.

pilastre [pilastr] m. ARCHIT. viereckiger Wandpfeiler ; Pilaster m.

Pilate [pilat] n. pr. m. HIST. Pilatus m.

pile [pil] f. [amas] Haufen m. ; Stapel m. ; Stoß m. | *Pile de bois*, Holzstapel, -stoß. || [pilier] Säule f. ; Pfeiler m. | *Piles d'un pont*, Brückenpfeiler m. pl. || ÉLECTR., NUCL. Element n. ; Batterie f. | *Pile atomique*, Atommeiler m. | *Pile à combustible*, Brennstoffzelle f. | *Pile de lampe de poche*, Taschenbatterie. | *Pile de Volta*, galvanisches Element. || MÉD., FAM. Herzschrittmacher m.

pile [pil] f. [pièce de monnaie] Schrift-, Rückseite f. | *(Jouer à) pile ou face*, Kopf oder Schrift (raten).
◇ adv. FAM. *S'arrêter pile*, plötzlich anhalten. | *Arriver pile*, eben recht, wie gerufen kommen. | *À deux heures pile*, Punkt zwei Uhr.

piler [pile] v. tr. zerstoßen ; zerstampfen ; zermalmen. || PAR EXT. besiegen ; erledigen ; fertigmachen. || *Piler des amandes*, Mandeln reiben. | *Sucre pilé*, gestoßener Zucker.

pileux, euse [pilø, ø:z] adj. haarig ; behaart ; Haar...

pilier [pilje] m. ARCHIT. Pfeiler m. ; Pfosten m. ; Ständer m. || PR. et FIG. Stütze f. ; Säule f. || FIG., FAM. *Pilier de cabaret*, Wirtshausgänger m. ; Kaffeehauslöwe m. ; Stammgast m. ; Zechbruder m .

pillage [pija:ʒ] m. Plünderung f. ; Ausplündern n.

pillard, arde [-ja:r, ard] adj. räuberisch ; plündernd. | *Chevalier pillard*, Raubritter m.
◇ m. **pillard,** Plünderer m.

piller [-je] v. tr. (aus)plündern ; brandschatzen ; berauben ; ausbeuten. || FIG. *Piller un auteur*, bei einem anderen Autor abschreiben.

pilleur [-jœ:r] m. Plünderer m.

pilon [pilɔ̃] m. [instrument] Stampfer m. ; Stößel m. ; Präge-, Preßstempel m. ; Handramme f. || [livre] *Mettre une édition au pilon*, eine Ausgabe einstampfen. || FAM. *Pilon d'oie*, Gänsekeule f.

pilonnage [-lɔna:ʒ] m. (Fest-, Zer-, Ein)stampfen n. ; Festrammen n. || MIL. *Pilonnage d'artillerie*, Trommelfeuer n.

pilonner [-lɔne] v. tr. zer-, einstampfen ; stampfen ; zerstoßen ; ein-, festrammen ; rammen. || MIL. mit Trommelfeuer belegen.

pilori [pilɔri] m. Schandpfahl m. ; Pranger m. | *Clouer au pilori*, öffentlich anprangern. | *Mettre au pilori*, an den Pranger stellen.

pilosité [pilozite] f. Behaarung f.

pilotage [pilɔta:ʒ] m. MAR. Lotsendienst m., -steuerung f. || AÉRON. Flugzeugführung f. | *Pilotage manuel*, Handlenkung f. | *Pilotage sans visibilité*, Blindflug m. | *École de pilotage*, Flugschule f.

pilote [pilɔt] m. MAR. Steuermann m. ; Lotse m. || MAR., AÉRON. Pilot m. || MAR. *Pilote côtier*, Küstenlotse. | *Bateau pilote*, Lotsenboot n. || AÉRON. Flugzeugführer m. | *Chef pilote*, Chefpilot ; Flugkapitän m. | *Siège du pilote*, Führersitz m. | *Pilote automatique*, Flugregler m. ; Autopilot m. | *Pilote de chasse*, Jagdflieger m. | *Pilote d'essai*, Einflieger m. ; Versuchsflieger m. ; Testpilot. | *Pilote de ligne*, Verkehrsflieger m. || PAR EXT. *Classe pilote*, Versuchsklasse f. || ZOOL. Lotsenfisch m.

piloter [-te] v. tr. steuern ; führen ; lenken ; lotsen. | *Piloter un étranger dans la ville*, einen Fremden durch die Stadt führen. | *Avion piloté à distance*, ferngesteuertes Flugzeug.

pilotis [pilɔti] m. Pfahlwerk n. | *Construction sur pilotis*, Pfahlbauten f. pl.

pilou [pilu] m. Molton-, Baumwollstoff m.

pilule [pilyl] f. Pille f. | *Pilule anticonceptionnelle*, Antibabypille f. | *Avaler des pilules*, Pillen einnehmen, schlucken ; FIG. in den sauren Apfel beißen. || FIG., FAM. *Dorer la pilule*, die bittere Pille versüßen.

pimbêche [pɛ̃bɛʃ] adj. hochnäsig ; eingebildet.
◇ f. hochnäsige Person ; schnippisches Ding.

piment [pimɑ̃] m. Piment m. ou n. ; Nelkenpfeffer m. || PAR EXT. Würze f. ; Gewürz n.

pimenter [-te] v. tr. pfeffern. || PR. et FIG. würzen.

pimpant, ante [pɛ̃pɑ̃, ɑ̃:t] adj. schmuck ; fesch ; schick ; geputzt ; forsch.
pimprenelle [pɛ̃prənɛl] f. BOT. Pimpinelle f. ; Bibernelle f. ; Pimpernell m. ; Wiesenknopf m.
pin [pɛ̃] m. BOT. Kiefer f. ; Föhre f. ; Fichte f. | *Pin américain*, Pitchpinie f. | *Pin maritime*, Meer-, Strand-, Seekiefer. | *Pin parasol, pignon*, Pinie f. ; Schirm-, Zirbelkiefer. | *Pin sylvestre*, gemeine Kiefer, Föhre. | *Bois de pins*, Kieferngehölz n. | *Pomme de pin*, Tannenzapfen m.
pinacle [pinakl] m. Zinne f. ; Spitzsäule f. ; Fiale f. || PAR EXT. Gipfel m. ; Höhe f. | *Porter qn au pinacle*, jn in den Himmel heben.
pinacothèque [pinakɔtɛ:k] f. Pinakothek f.
pinailler [pinaje] v. intr. POP. kritteln ; tüfteln.
pinard [pina:r] m. POP. Wein m.
pinasse [pinas] f. MAR. Pinasse f.
pinastre [pinastr] m. BOT. Seekiefer f.
pince [pɛ̃:s] f. [action] Kneifen n. ; Zugriff m. ; Klemmen n. || [outil] Zange f. ; Klemme f. ; Klammer f. | *Pince coupante*, Schneidzange. | *Pince universelle*, Kombizange. | *Pince à charbon*, Kohlenzange. | *Pince à cravate*, Krawattennadel f. | *Pince à épiler*, Haarzange. | *Pince à linge*, Wäscheklammer. | *Pince à sucre*, Zuckerzange. || [vêtement] Bundfalte f. | *Pantalon à pinces*, Bundfaltenhose f. || [patte de crustacé] Schere f. || FAM. [main] Flosse f. ; Pranke f. | *Serrer la pince à qn*, jm die Hand drücken. || [pied] *À pince*, zu Fuß.
pinceau [pɛ̃so] m. [instrument] Pinsel m. | *Coup de pinceau*, Pinselstrich m. || [état] *Vivre de son pinceau*, vom Malen leben. || PHYS. *Pinceau lumineux*, Lichtbündel, -büschel n. ; Lichtkegel m. | *Pinceau de laser*, Laserschreiber m.
pincée [pɛ̃se] f. Finger-, Messerspitzevoll f.
pincement [pɛ̃smɑ̃] m. Klemmen n. ; Kneifen n. ; Zwicken n. | AGRIC. *Pincement des rameaux*, Abkneifen (n.) von Zweigen.
pince-monseigneur [pɛ̃smɔ̃sɛɲœ:r] f. (pl. **pinces-monseigneur**) Brecheisen n., -stange f.
pince-nez [-ne] m. invar. Kneifer m. ; Zwicker m.
pincer [pɛ̃se] v. tr. kneifen ; (ab-), (fest-)klemmen ; zwicken. | *Pincer le bras de qn*, jn in den Arm kneifen. | *Se pincer le doigt*, sich den Finger einklemmen. | *Les tenailles ne pincent plus*, die Zange greift, faßt nicht mehr. | *Pincer les lèvres*, die Lippen zusammenkneifen. | *Cette robe pince bien la taille*, dieses Kleid liegt eng an. | *Pincer de la guitare*, Gitarre zupfen, spielen. || FIG., FAM. *Le froid pince*, es herrscht eine schneidende Kälte. | *Pincer un voleur*, einen Dieb erwischen, schnappen. | *Elle en pince pour qn*, POP. sie ist in jn verknallt, vernarrt.
◇ part. pass. et adj. **pincé, ée**. *Avoir le visage pincé*, ein verkniffenes Gesicht haben. | *Un style pincé*, ein unnatürlicher, geschraubter Stil.
pince-sans-rire [pɛ̃ssɑ̃ri:r] m. invar. *C'est un pince-sans-rire*, er macht trockene Witze.
pincettes [pɛ̃sɛt] f. pl. Feuerzange f. || FIG. *Il n'est pas à prendre avec des pincettes*, er ist fürchterlich übelgelaunt. || [kleines Instrument] Pinzette f.
pinçon [pɛ̃sɔ] m. blauer (Haut)fleck.
pinçure [-sy:r] f. Kniff m. ; Kneifen n.
pinède [pinɛd] ou **pineraie** [pinrɛ] f. Kiefernwald m., -gehölz n.
pingouin [pɛ̃gwɛ̃] m. ZOOL. [sud] Pinguin m. ; [nord] Alk m.
ping-pong [ping-pɔ̃g] m. Tischtennis n. ; Pingpong(spiel) n.
pingre [pɛ̃gr] adj. FAM. knauserig ; filzig ; kleinlich.
◇ m. FAM. Knauser m. ; Filz m.
pingrerie [-grəri] f. Knauserigkeit f. ; Filzigkeit f. ; Geiz m. ; Pfennigfuchserei f.
pinson [pɛ̃sɔ̃] m. ZOOL. Buchfink m. ; Fink m. || *Gai comme un pinson*, quietsch-, kreuzvergnügt.
pintade [pɛ̃tad] f. ZOOL. Perlhuhn n.
pinte [pɛ̃:t] f. Pinte f. ; Seidel n. ; Schoppen m. | *Se faire une pinte de bon sang*, sich etwas zugute tun ; sich köstlich amüsieren.
pinter [-te] v. tr. tüchtig trinken.
piochage [pjɔʃa:ʒ] m. Hacken n. ; Hackbau m.
pioche [pjɔʃ] f. Hacke f. ; Haue f. ; Kreuzhacke f. ; Spitzhacke f.
piocher [-ʃe] v. tr. (auf)hacken. | *Piocher une rue*, eine Straße aufbrechen. | *Piocher une tranchée*, einen Graben schanzen. || FIG., FAM. pauken ; büffeln.
piocheur [-ʃœ:r] m. Hacker m. ; Hauer m. || MIL. Schanzarbeiter m. || FIG. Arbeitstier n. ; Büffler m.
piolet [pjɔlɛ] m. Eispickel m.
pion [pjɔ̃] m. [échecs] Bauer m. || [dames] Stein m. || FIG. *Damer le pion à qn*, jm den Rang ablaufen ; jn ausstechen. || Klassenaufseher m. ; Repetent m.
pioncer [pjɔ̃se] v. intr. POP. pennen.
pionnier [pjɔnje] m. Pionier m. ; FIG. Bahnbrecher m., Wegbereiter m.
pioupiou [pjupju] m. MIL., FAM. Landser m. ; Muschkote m. ; Sandhase m.
pipe [pip] f. [ancienne mesure] Pipe f. ; Faß n. || [pour fumer] Pfeife f. ; Tabakspfeife f. | *Pipe culottée*, angerauchte Pfeife. | *Pipe en écume*, Meerschaumpfeife. | *Tête de pipe*, Pfeifenkopf m. ; PAR EXT. Schießbudenfigur f. | *Tuyau de pipe*, Pfeifenrohr n. | *Fumer la pipe*, Pfeife rauchen. || FIG., POP. *Casser sa pipe*, abkratzen. || TECHN. Rohr n. ; Leitung f.
pipeau [pipo] m. MUS. Hirtenflöte f., -pfeife f. ; Schalmei f. || [chasse] Lockpfeife f. ; Leimrute f.
pipelet, ette [piplɛ, ɛt] s. FAM. Pförtner(in) m. (f.). | *C'est une vraie pipelette*, sie ist eine alte Klatschbase.
pipeline [paiplain] m. Erdölleitung f. ; Pipeline f. | *Pipeline immergé*, Unterwasserpipeline.
piper [pipe] v. tr. *Ne pas piper (mot)*, keinen Piep von sich geben ; kein Sterbenswörtchen sagen ; nicht mucksen. | *Piper des cartes*, Karten fälschen. | *Piper les dés*, die Würfel zinken, fälschen.
pipette [pipɛt] f. Pipette f. ; Saugheber m., -glas n.
pipi [pipi] m. Pipi n. | *Faire pipi*, Pipi machen.
pipistrelle [pipistrɛl] f. ZOOL. kleine Fledermaus.
pipit [pipit] m. ZOOL. Pieper m.
piquage [pika:ʒ] m. [tissu] Maschinennähen n., -steppen n. ; Stepp-, Maschinennaht f.
piquant, ante [pikɑ̃, ɑ̃:t] adj. [à la peau] *Dard piquant*, spitzer Stachel. | *Épines piquantes*, stechende Dornen m. pl. | *Froid piquant*, schneidende Kälte. || [à l'odorat] *Fumée piquante*, beißender Rauch. || [au goût] *Moutarde piquante*, scharfer, beißender Senf. | *Sauce piquante*, pikante Soße. || FIG. [satirique] *Mot piquant*, beißendes Wort ; Stachelrede f. || [spirituel] *Anecdote piquante*, pikante Anekdote. || [vif] *Beauté piquante*, aufreizende Schönheit.
piquant [-kɑ̃] m. [épine] Stachel m. ; Dorn m. || FIG. Pikantes n. ; Reiz m. | *Le piquant de l'aventure*, das Reizvolle an der Geschichte.
pique [pik] f. [arm] Pike f. ; Spieß m. || FIG. [paroles] Stich m. ; Stichelei f. ; [attitude] Groll m. ; Pik m. ; Pike f. || [cartes] Pik n. ; Schippe f.
piqué, ée [pike] adj. gestochen. | *Piqué aux, des vers*, wurmstichig. | *Livre piqué*, schimmel-, stockfleckiges Buch. || [fer] *Être piqué (de rouille)*, Rostnarben, -gruben haben. || *Vin piqué*, saurer Wein. || MUS. *Note piquée*,

Stakkato-Note f. || Par ext. beleidigt ; ärgerlich ; aufgebracht ; pikiert. | *Se montrer piqué de qch.*, sich über etwas (acc.) pikiert zeigen ; ärgerlich über etwas (acc.) sein. || Fig. *Ce n'est pas piqué des vers*, das ist nicht von Pappe. || Fam. *Il est piqué*, er hat einen Stich ; er ist angestochen.

piqué [pike] m. [couture] Steppstich m. || [tissu] Pikee n. || Aéron. Sturzflug m.

pique-assiette [pikasjɛt] m. invar. Schmarotzer m.

pique-feu [pikfø] m. invar. Stocher-, Schüreisen n.

pique-nique [piknik] m. (pl. **pique-niques**) Picknick n.

pique-niquer [-ke] v. intr. picknicken.

piquer [pike] v. tr. stechen. || [serpents] beißen. || [oiseaux] picken. || [vers] zerfressen. || [éperonner] anstacheln. | *Piquer au doigt*, in den Finger stechen. | *Être piqué par un serpent*, von einer Schlange gebissen werden. | *Les vers piquent le bois*, die Würmer zerfressen, durchlöchern das Holz. | *Piquer un cheval de l'éperon*, einem Pferde die Sporen (zu fühlen) geben. | *Piquer les bœufs*, die Ochsen antreiben, anstacheln. || [couture] steppen. | *Piquer à la machine*, mit der Maschine steppen. || Par ext. beißen ; schneiden. | *Le froid pique la figure*, die Kälte schneidet ins Gesicht. | *La fumée me pique les yeux*, der Rauch beißt mich in den Augen. | *La moutarde pique la langue*, der Senf beißt auf der Zunge. || Fig. *Piquer la curiosité de qn*, js Neugierde anreizen, anstacheln. | *Piquer qn*, jn verärgen, pikieren. | *Piquer qn au vif*, jn empfindlich beleidigen. || Mus. *Piquer des notes*, Noten stakkato spielen. || *Piquer un plongeon, une tête*, einen Kopfsprung machen. || Fam. *Piquer un somme*, ein Schläfchen halten. | *Quelle mouche le pique ?*, welche Laus ist ihm über die Leber gekrochen ?

◇ v. intr. *La barbe pique*, der Bart piekst. | *L'ortie pique*, die Nessel brennt. | *Les yeux me piquent*, die Augen brennen mir. || Aéron. im Sturzflug heruntergehen.

◇ v. pr. **se piquer,** *Se piquer le doigt*, sich in den Finger stechen. | *Se piquer à la morphine*, sich Morphium einspritzen. || Par ext. *Le bois se pique*, das Holz wird wurmstichig. | *Une gravure se pique*, ein Bild wird stockig, fleckig, bekommt Stockflecke. | *Le vin se pique*, der Wein verdirbt, wird sauer. || Fig. sich verletzt fühlen. || *Se piquer au jeu*, trotz Verluste weiterspielen ; par ext. sich ereifern. | *Se piquer de qch.*, [se fâcher] etwas übelnehmen ; [prendre à cœur] sich auf etwas (acc.) pikieren ; seinen Stolz in etwas (acc.) setzen. | *Se piquer d'être qch.*, sich einbilden, etwas zu sein. || Pop. *Se faire piquer*, erwischt werden.

piquet [pikɛ] m. [pieu] Pflock m. ; (Absteck)pfahl m. ; Stange f. | *Piquet d'une tente*, Zeltstock m. | *Droit comme un piquet*, steif wie eine Bohnenstange. | *Mettre un écolier au piquet*, einen Schüler in die Ecke stellen. || Mil. Bereitschaft f., Pikett n. | *Piquet d'honneur*, Ehrenwache f. | *Piquet de grève*, Streikposten m. || [au jeu] Pikett n.

piquetage [pikta:ʒ] m. Abstecken n.

piqueter [-te] v. tr. [piquet] mit Pflöcken abstekken. || [tacheter] sprenkeln ; tüpfeln.

— Observ. Se conjugue comme *jeter*.

piquette [pikɛt] f. Tresterwein m. ; Nachwein m. || Péjor. Krätzer m.

piqueur [pikœ:r] m. Pikör m. ; Jagdtreiber m. ; Hundetreiber m.

piqûre [piky:r] f. Stich m. ; Einstich m. || [couture] Steppnaht f. || *Piqûre d'épingle*, Nadelstich ; Fig. Häkelei f. | *Piqûre de moustique*, Mückenstich. | *Piqûre de serpent*, Schlangenbiß m. || Par anal. *Piqûres dans le bois*, Wurmstiche m. pl. | *Piqûres sur un livre*, Stockflecke m. pl. || Fig. *Piqûres d'amour-propre*, verletzte Eigenliebe. || Méd. Einspritzung f. ; Spritze f. | *Faire une piqûre à qn*, jm eine Spritze geben.

piranha [pirana] m. Zool. Piranha m.

piratage [pirata:ʒ] m. Comm. widerrechtliches Reproduzieren n. ; [cassette, disque] Raubpressung f.

pirate [pirat] m. [homme] Seeräuber m. ; Pirat m. ; Freibeuter m. | *Pirate de l'air*, Luftpirat. || [bateau] Räuberschiff n.

◇ adj. *Édition pirate*, Raubdruck m. | *Radio pirate*, Piratsender m.

pirater [-te] v. intr. Seeräuberei betreiben ; ein Piratenleben führen ; plündern.

◇ v. tr. [copier sans autorisation] widerrechtlich reproduzieren.

piraterie [-tri] f. Seeräuberei f. ; Freibeuterei f. | *Piraterie aérienne*, Luftpiraterie f. || Par ext. Erpressung f.

pire [pi:r] adj. (comparatif de « mauvais ») ärger ; schlechter ; schlimmer. | *Rendre pire*, verschlechtern ; verschlimmern. || Prov. *Il n'est pire eau que l'eau qui dort*, stille Wasser gründen tief.

◇ adj. et s. (superl.) der, die, das Ärgste, Schlechteste, Schlimmste. | *Au pire*, schlimmstenfalls. | *Le pire de tout*, das Allerschlimmste. | *En mettant les choses au pire*, wenn alle Stricke reißen.

piriforme [pirifɔrm] adj. birnenförmig.

pirogue [pirɔg] f. Einbaum m. ; Kanu n. ; Piroge f.

piroguier [-gje] m. Kanufahrer m.

pirouette [pirwɛt] f. Drehung f. ; Wendung f. || [cheval] Pirouette f. || Par ext. Gesinnungsumschwung m. | *S'en tirer par une pirouette*, mit billigen Ausflüchten antworten.

pirouetter [-te] v. intr. sich auf einem Fuße, im Kreise drehen ; kreiseln.

pis [pi] m. Zool. Euter n.

pis [pi] adj. et adv. (comparatif de « mauvais ») schlimmer ; ärger ; übler. | *Qui pis est*, und was noch schlimmer ist. | *Tant pis*, um so schlimmer ; nicht mehr zu ändern ! | *Dire pis que pendre de qn*, kein gutes Haar an jm lassen.

◇ (superl.) der, die, das Schlimmste. | *Mettre les choses au pis*, auf das Schlimmste gefaßt sein.

◇ loc. adv. **de mal en pis,** immer schlimmer. — **au pis aller,** schlimmstenfalls.

pis-aller [pizale] m. invar. Notbehelf m. ; Ausweg m.

piscicole [pisikɔl] adj. Fischzucht...

pisciculteur [-kyltœ:r] m. Fischzüchter m.

pisciculture [-kylty:r] f. Fischzucht f.

piscine [pissin] f. Schwimmbad n. ; Schwimmbekken n., -stadion n. | *Piscine couverte*, Hallenbad n. || Nucl. *Piscine de désactivation*, Abklingbecken n.

piscivore [pissivɔ:r] adj. fischfressend.

◇ m. Fischfresser m., -esser m.

pisé [pize] m. Stampferde f., -bau m.

pissat [pisa] m., ou **pisse** [pis] f. Harn m. ; Urin m. || Pop. Pisse f. ; Schiffe f.

pissenlit [pisɑ̃li] m. Bot. Löwenzahn m. ; Butter-, Kuhblume f. || Pop. *Manger les pissenlits par la racine*, sich die Radieschen von unten angucken.

pisser [pise] v. intr. pissen ; pinkeln ; urinieren.

pisseur, euse [pisœ:r, ø:z] s. Pop. Pisser m.

pisseux, euse [-sø, ø:z] adj. urinartig ; verpißt. || Par ext. *Couleur pisseuse*, schmutziggelbe Farbe.

pissotière [-sɔtjɛ:r] f. Fam. Bedürfnisanstalt f. ; Pinkelbude f. ; Pissoir n.

pistache [pistaʃ] f. Bot. Pistazie f.

pistachier [-ʃje] m. BOT. Pistazie f.

pistage [pista:ʒ] m. POP. Auflauerung f.

piste [pist] f. [trace] Spur f. || [gibier] Fährte f. | *Piste d'un lièvre*, Hasenspur, -fährte. || *Suivre la piste d'un cheval*, dem Hufschlag folgen. | *Suivre qn à la piste*, der Spur js folgen. || FIG. *Être sur la piste de qn*, jm auf der Spur sein. | *Sur la bonne piste*, auf richtiger Fährte. || [chemin ; terrain] Bahn f. || [mauvais chemin] Trampelpfad m. || *Piste cyclable*, Rad(fahr)-weg m. | *Piste de luge*, Rodelbahn. | *Piste (de ski)*, Piste f. | *Piste damée*, gewalzte Piste. | *Piste pour cavaliers*, Reitbahn. || AÉRON. *Piste d'envol*, Abflug-, Startbahn. | *Piste d'atterrissage*, Landebahn. || FILM. *Piste sonore*, Tonstreifen m. ; Tonspur f.

pister [-te] v. tr. aufspüren ; auflauern (dat.) ; js Spur verfolgen.

pistil [pistil] m. BOT. Stempel m. ; Griffel m. | *À cinq pistils*, fünfgriffelig ; mit fünf Stempeln.

pistole [pistɔl] f. [monnaie] Goldpistole f.

pistolet [pistɔlɛ] m. [arme] Pistole f. | *Pistolet automatique*, Selbstladepistole. | *Pistolet mitrailleur (P. M.)*, Maschinenpistole (MP) f. | *Tirer un coup de pistolet*, einen Pistolenschuß abgeben. | *Se battre au pistolet*, sich auf Pistolen schlagen. || [peinture] (Farb)-spritzpistole f. || [de dessinateur] Kurvenlineal n. || FIG., FAM. *Un drôle de pistolet*, ein sonderbarer Kauz.

piston [pistɔ̃] m. [mécanique] Kolben m. || [pompe] Stempel m. | *Course du piston*, Kolbenhub m. | *Moteur à piston*, Kolbenmotor m. | *Segment de piston*, Kolbenring m. || [arme] *Fusil à piston*, Perkussions-, Zündnadelgewehr n. || MUS. (*Cornet à*) *piston* m., Klapphorn n. ; Piston n. || FIG., FAM. *Avoir du piston*, Verbindungen, Beziehungen haben.

pistonner [-tɔne] v. tr. FAM. protegieren ; fördern. | *Se faire pistonner*, durch Beziehungen zu etwas kommen.

pitance [pitɑ̃:s] f. Tageskost f., -ration f. | *Maigre pitance*, magere Kost ; ARG. kümmerlicher Fraß.

pitchpin [pitʃpɛ̃] m. [arbre] Pechkiefer f. ; Pitchpinie f. || [bois] Pitchpinieholz n. ; Pitchpinie f.

piteux, euse [pitø, ø:z] adj. erbärmlich ; jämmerlich ; kümmerlich. | *Être en piteux état*, in einem erbarmungswürdigen Zustand sein.

pithécanthrope [pitekɑ̃trɔp] m. Pithekanthropus m.

pitié [-tje] f. Mitleid n. ; Teilnahme f. ; Erbarmen n. ; Gnade f. | *Quelle pitié !*, wie erbärmlich ! | *Sans pitié*, erbarmungslos. | *C'est pitié*, es ist ein (wahrer) Jammer. | *Ce serait grand-pitié*, es wäre jammerschade. | *Exciter la pitié de qn*, das Mitleid js erregen. | *Faire pitié à qn*, jm leid tun. | *Il me fait pitié*, ich habe Mitleid mit ihm.

— SYN. : *Compassion* f., *Commisération* f., Mitleid n. ; Mitleiden n. *Merci* f., Gnade f. *Miséricorde* f., Erbarmen n.

piton [pitɔ̃] m. [clou] Ringschraube f., -nagel m. ; Ösenschraube f. ; [d'alpiniste] Haken m. || [montagne] Bergspitze f. ; Kuppe f.

pitoyable [pitwajabl] adj. beklagens-, bedauernswert ; erbärmlich ; jämmerlich.

pitre [pitr] m. Hanswurst m. ; Hampelmann m.

pitrerie [-trəri] f. Hanswurstiade f. ; Schelmenstreich m.

pittoresque [pitɔrɛsk] adj. malerisch ; bildschön. | *Contrée pittoresque*, bildschöne, malerische Gegend. || FIG. *Style pittoresque*, bildreicher Stil.

pivert [pivɛ:r] ou **pic-vert** m. ZOOL. Grünspecht m.

pivoine [pivwan] f. BOT. Pfingstrose f. ; Päonie f.

pivot [pivo] m. TECHN. Zapfen m. ; Drehzapfen m. ; Spurzapfen m. ; Drehpunkt m. ; Türangel f. ; Stift m. | *À pivot*, schwenkbar. | *Dent à pivot*, Stiftzahn m. || FIG. Angelpunkt m. ; Hauptstütze f. | *Il est le pivot de l'affaire*, um ihn dreht sich alles, die ganze Angelegenheit.

pivotant, ante [pivɔtɑ̃, ɑ̃:t] adj. *Racine pivotante*, Pfahlwurzel f. | *Grue pivotante*, Drehkran m.

pivoter [-te] v. intr. [tourner] sich um einen Zapfen, um die eigene Achse drehen ; ausschwenken.

pixel [piksɛl] m. ÉLECTR. Pixel n.

placage [plaka:ʒ] m. Plattieren n. ; Plattierung f. ; Belag m. ; Furnierarbeit f. ; ausgelegte Arbeit ; Einlegearbeit f. | *Bois de placage*, Furnierholz n.

placard [plaka:r] m. [armoire] Wandschrank m. || [affiche] Anschlag m. ; Plakat n. || TYPOGR. Korrekturfahne f. ; Fahnenabzug m.

placarder [-de] v. tr. (öffentlich) anschlagen ; aushängen ; anheften ; veröffentlichen ; plakatieren.

place [plas] f. **1.** [espace] Raum m. ; Ort m. ; Platz m. — **a)** PR. *Il y a de la place*, es gibt Platz. | *Manque de place*, Raum-, Platzmangel m. | *Faute de place*, wegen Platzmangels. | *Tenir peu de place*, wenig Platz einnehmen, beanspruchen. | *Faire de la place*, Raum schaffen. || [pour qn ou qch.] Platz m. ; Stelle f. ; Rang m. | *Place au soleil*, Platz an der Sonne. | *En place !*, auf die Plätze ! | *Prenez place !*, nehmen Sie (bitte) Platz ! | *Place debout*, Stehplatz. | *Place assise*, Sitzplatz. | *Place d'honneur*, Ehrenplatz. | *Place de première classe*, Platz erster Klasse. | *Voiture à quatre places*, viersitziger Wagen. | *Cette place est prise, occupée, réservée*, dieser Platz ist besetzt, belegt, reserviert. | *Céder sa place à qn*, jm seinen Platz überlassen. | *Tenir sa place*, sich behaupten. | *Ne pas être à sa place*, nicht am richtigen Platz sein ; [choses] nicht am gewohnten Ort, an seinem Platz stehen. | *Remettre qn à sa place*, jn in seine Schranken verweisen, jn zurechtweisen. | *Ne pas tenir en place*, nicht still sitzen können. — **b)** FIG. *Il est partout à sa place*, er paßt überall hin. | *À la place de*, (an)statt (gén.). | *Je ne voudrais pas être à sa place*, ich möchte nicht in seiner Haut stecken. | *Si j'étais à votre place*, ich an Ihrer Stelle. | *Céder la place à qn*, jm den Platz abtreten. — **c)** [endroit] *Petite place*, Plätzchen n. | *Place de l'Opéra*, Opernplatz m. | *Sur place*, an Ort und Stelle. | *De place en place*, von Ort zu Ort. | *Par places*, stellenweise.

2. [emploi] Stellung f. ; Stelle f. ; Amt n. | *Place importante*, bedeutende Stellung. | *Place vacante*, freie Stellung. | *Place de confiance*, Vertrauensstellung. | *Briguer, Solliciter une place, (auprès de qn)*, sich (bei jm) um eine Stellung, Stelle bewerben. | *Être en place*, ein Amt bekleiden. | *Perdre sa place*, seine Stellung verlieren.

3. COMM., FIN. Platz m. | *Place bancaire*, Börsenplatz. | *Place financière*, Finanzplatz. | *Place marchande*, Handelsplatz.

4. MIL. Platz m. | *Place d'armes*, Exerzier-, Waffenplatz ; [pour cérémonies] Paradeplatz. | *Place forte*, Festung f. | *Bureau de la place*, Ortskommandantur f.

placebo [plasebo] m. MÉD. Placebo n.

placement [-smɑ̃] m. [action] Aufstellung f. ; Unterbringung f. || [travail] *Bureau de placement*, Arbeitsamt n. ; Stellenvermittlungsbüro n. ; Arbeitsnachweis m. || [argent] Anlage f. | *Placement d'argent*, Geldanlage. | *Placements à l'étranger*, Auslandsanlagen f. pl. | *Faire un placement*, Geld anlegen. | *Un placement de père de famille*, eine mündelsichere Anlage. || [vente] Absatz m. ; Verkauf m. ; Vertrieb m. | *Être d'un placement facile*, guten Absatz finden.

placenta [plasɛ̃ta] m. ANAT. Mutterkuchen m. ; Plazenta f. || BOT. Samenleiste f.

placer [plase] v. tr. [debout] (auf)stellen. || [en long] legen. || [en général] setzen. || *Être placé*, [debout] stehen ; [allongé] liegen ; [assis, perché] sitzen. || *Placer un meuble*, ein Möbelstück stellen, rücken. | *Placer des livres sur les rayons*, Bücher in die Regale stellen, einordnen. | *Placez cela là-bas*, legen Sie es dorthin ! | *Placer en arrière*, zurückstellen, -legen, -setzen. | *Placer qn*, jm einen Platz anweisen. | *Placer qn à sa droite*, jn rechts von sich setzen. | *Une maison bien placée*, ein schön gelegenes Haus. || FIG. [emploi] unterbringen (sépar.) ; anbringen ; anstellen. | *Placer qn dans une maison de commerce*, jn in einer Firma unterbringen. || FIG. [argent] anlegen ; investieren ; [marchandises] verkaufen ; absetzen. | *Placer de l'argent*, Geld anlegen. | *Avoir de l'argent placé chez qn*, Geld bei jm stehen haben. | *Placer un emprunt*, eine Anleihe unterbringen. || [classement] *Être bien placé*, an guter Stelle stehen. | [hippisme] *Le cheval est placé*, das Pferd ist placiert. || *Placer un mot*, ein Wort anbringen, einwerfen. | *Placer sa confiance en qn*, sein Vertrauen in jn setzen. | *Placer sous surveillance*, unter Aufsicht stellen. | *Avoir le cœur bien placé*, das Herz auf dem rechten Fleck haben. || [personnage] *Haut placé*, in hoher, einflußreicher Stellung.

◇ v. pr. **se placer,** [lieu] *Se placer devant qn*, sich vor jn stellen. | *Se placer au premier rang*, [debout] sich in die erste Reihe stellen, [assis] setzen. || [emploi] *Se placer chez qn*, bei jm in Dienst treten. || [commerce] *La marchandise se place bien*, die Ware hat, findet guten Absatz.

— OBSERV. Le *c* prend une cédille devant *a* et *o*. EX. : *Nous plaçons ; je plaçais.*

placet [plasɛ] m. JUR. Eingabe f. ; Denkschrift f.

placeur, euse [plasœ:r, ø:z] s. Platzanweiser(in) m. (f.) ; Stellenvermittler(in) m. (f.).

placide [plasid] adj. ruhig ; still ; gelassen.

placidité [-dite] f. Ruhe f. ; Gelassenheit f. ; Sanftmut f. ; innere Ruhe.

placier, ière [plasje, jɛ:r] s. [représentant] Stadtreisende(r) f. (m.) ; Ortsvertreter(in) m. (f.).

plafond [plafɔ̃] m. [maison] (Zimmer)decke f. | *Faux plafond*, eingezogene Decke. || ARTS. Deckengemälde n. || AÉRON. Gipfel-, Steighöhe f. ; [nuages] Wolkendecke f. || [maximum] Höchstgrenze f. || [vitesse] Höchstgeschwindigkeit f. || COMM., FIN. *Prix plafond*, Höchstpreis m. | *Crever le plafond*, die Höchstgrenze überschreiten (insépar.). | *Plafond d'affiliation*, Versicherungspflichtgrenze f. | *Plafond de revenu*, Einkommenshöchstgrenze f.

plafonnement [-mɑ̃] m. FIN. Plafonierung f.

plafonner [-fɔne] v. tr. ARCHIT. eine Decke verschalen, vergipsen ; die Decke verputzen.

◇ v. intr. keine Fortschritte mehr machen können. || AÉRON. in Gipfelhöhe fliegen. || AUTOM. die Höchstgeschwindigkeit fahren. || ÉCON., FIN. eine Höchstgrenze erreichen ; plafonieren.

plafonnier [-fɔnje] m. Deckenlampe f.

plage [pla:ʒ] f. [côte] Strand m. ; Gestade n. || [pour estivants] Strand-, Seebad n. ; Bad n. ; Badestrand m. | *Aller à la plage*, zum Strand gehen. || MAR. *Plage avant*, Vor(der)deck n. | *Plage arrière*, Achterdeck n. ; Schanz f. || PHOT. Zone f. ; Streifen m.

plagiaire [plaʒjɛ:r] m. Plagiator m. ; Abschreiber m.

plagiat [-ʒja] m. Plagiat n.

plagier [-ʒje] v. tr. abschreiben ; plagiieren.

plaid [plɛd] m. [tissu ; couverture] Schottenumhang m. ; Schotten-, Reisedecke f. ; Plaid n.

plaidable [plɛdabl] adj. vertretbar ; verfechtbar.

plaidant, ante [-dɑ̃, ɑ̃:t] adj. JUR. prozeßführend ; plädierend. | *Avocat plaidant*, plädierender Anwalt ; Verteidiger m. | *Parties plaidantes*, prozeßführende, streitende Parteien f. pl.

plaider [-de] v. intr. JUR. plädieren ; prozessieren ; vor Gericht auftreten. | *Plaider pour qn*, jn, js Sache vor Gericht vertreten.

◇ v. tr. *Plaider une cause*, einen Prozeß, Rechtsstreit führen. || FIG. *Plaider la cause de qn*, jn verteidigen. | *Plaider le faux pour savoir le vrai*, Falsches behaupten, um die Wahrheit zu ermitteln.

plaideur, euse [-dœ:r, ø:z] s. Prozeßführer(in) m. (f.).

plaidoirie [-dwari] f. gerichtliche Verhandlung ; Verteidigungsrede f. ; Plädoyer n.

plaidoyer [-dwaje] m. Verteidigungsrede f. ; Plädoyer n.

plaie [plɛ] f. Wunde f. ; wunde Stelle. || [par contusion] Quetschwunde f. || [par déchirure] Rißwunde f. ; [par arme à feu] Schußwunde f. || FIG. Plage f. | *Les dix plaies d'Égypte*, die zehn Plagen Ägyptens. || *Mettre le doigt sur la plaie*, den Finger auf die Wunde legen. | *Ne rêver que plaies et bosses*, immer auf Hauen und Stechen stehen. | *Plaie d'argent n'est pas mortelle*, ein Geldverlust ist noch zu verschmerzen.

plaignant, ante [plɛɲɑ̃, ɑ̃:t] adj. (be)klagend. | *La partie plaignante*, die klagende Partei.

◇ s. Kläger(in) m. (f.) ; Ankläger(in) m. (f.).

plaindre [plɛ̃:dr] v. tr. [avoir pitié] beklagen ; bedauern ; bemitleiden. | *Je vous plains de tout mon cœur*, Sie tun mir von Herzen leid. | *Il est à plaindre*, er ist zu bedauern, er ist bemitleidenswert.

◇ v. pr. **se plaindre,** [se lamenter] klagen ; sich beklagen ; jammern ; wehleidig sein. | *Se plaindre de maux de tête*, über Kopfschmerzen klagen. | *Avoir sujet de se plaindre*, Grund zur Klage haben. || JUR. *Se plaindre en justice*, eine Klage bei Gericht einreichen. || [réclamation] *Se plaindre de qch. auprès de qn*, sich über etwas (acc.) bei jm beschweren.

— OBSERV. Se conjugue comme *craindre*.

plaine [plɛn] f. Ebene f. ; Flachland n.

plain-pied (de) [dəplɛ̃pje] loc. adv. ebenen Fußes ; auf gleicher Ebene mit.

plainte [plɛ̃:t] f. [gémissement] Klage f. || [réclamation] Beschwerde f. || JUR. Klage f. ; Klageschrift f. | *Plainte en, pour faux*, Fälschungsklage. | *Porter plainte*, Klage führen.

plaintif, ive [-tif, i:v] adj. klagend ; jammernd.

plaire [plɛ:r] v. tr. et v. intr. gefallen ; ansprechen ; belieben. | *Cela me plaît*, das gefällt mir. | *Il lui plaît de s'en souvenir*, er erinnert sich gerne daran. | *Comme il vous plaira*, ganz wie es Ihnen beliebt, gefällt ; ganz nach Belieben. | *À Dieu ne plaise !*, Gott bewahre ! ; Gott behüte ! | *S'il vous plaît*, bitte ; gefälligst. | *Plaît-il ?*, wie bitte ? ; wie beliebt ?

◇ v. pr. **se plaire,** sich gefallen. || *Se plaire à faire qch.*, etwas gern tun ; Gefallen an etwas (dat.) finden. | *Je me plais ici*, es gefällt mir hier ; es behagt mir hier. | *Se plaire avec qn*, mit jm gern umgehen (sépar.). || [plantes] gedeihen.

plaisamment [plɛzamɑ̃] adv. in angenehmer, scherzhafter, drolliger, lustiger Weise.

plaisance [-zɑ̃:s] f. *Bateau de plaisance*, Vergnügungsdampfer m. ; Jacht f. | *Château de plaisance*, Lustschloß n.

plaisancier, ière [-sje, jɛr] m. Sportsegler(in) m. (f.).

plaisant, ante [-zɑ̃, ɑ̃:t] adj. angenehm ; lustig ; drollig ; komisch ; zum Lachen.

— SYN. : *Amusant*, amüsant ; belustigend. *Badin*, mutwillig. *Drôle*, drollig.

plaisant [-zɑ̃] m. Scherzmacher m. | *Mauvais plaisant*, Witzbold m. | *Le plaisant de l'affaire*, das Spaßige, das Köstliche an der Sache.

plaisanter [-zɑ̃te] v. intr. spaßen ; scherzen ; Spaß machen. | *Vous plaisantez ?*, Sie scherzen wohl ? | *Aimer à plaisanter*, immer zu Scherzen aufgelegt sein. | *Il ne plaisante pas*, er spricht in vollem Ernst. | *Pour plaisanter*, zum Spaß.

◇ v. tr. *Plaisanter qn*, jn aufziehen, sich über jn lustig machen.

plaisanterie [-zɑ̃tri] f. Scherz m. ; Spaß m. ; Spott m. ; Ulk m. || [bon mot] Witz m. || *Mauvaise plaisanterie*, schlechter Spaß ; Dummerjungenstreich m. | *Plaisanteries de corps de garde*, saftige Witze m. pl. | *Par plaisanterie*, scherzweise im Spaß. | *Pousser trop loin la plaisanterie*, den Spaß übertreiben. | *Entendre la plaisanterie*, Spaß verstehen. | *Tourner tout en plaisanterie*, alles auf die leichte Schulter nehmen, ins Lächerliche ziehen. | *Tu es l'objet de ses plaisanteries*, du bist die Zielscheibe seines Spottes.

— SYN. : *Blague* f., Aufschneiderei f. *Bon mot* m., Witz m. *Boutade* f., Seitenhieb m. *Espièglerie* f., Schelmerei f. *Facétie* f., Schnurre f. *Raillerie* f., Spott m. ; Verspottung f.

plaisantin [-zɑ̃tɛ̃] m. Witzling m. ; Witzereißer m.

plaisir [-zi:r] m. [agrément] Vergnügen n. ; Annehmlichkeit f. ; Freude f. ; Lust f. ; Belustigung f. ; Ergötzen n. ; Kurzweil f. | *Avec plaisir*, mit Vergnügen ; gern. | *Par plaisir*, zum Vergnügen ; zum Spaß ; vergnügens-, spaßeshalber. | *Pour le seul plaisir (de)*, aus reiner Freude (an, dat.). | *Jouer pour le plaisir*, zum Spaß spielen. | *Avoir, Prendre plaisir à*, Gefallen, Vergnügen an (dat.) finden ; sein Vergnügen an etwas haben. | *Chacun prend son plaisir où il le trouve*, ein jedes Tierchen hat sein Pläsierchen. | *Au plaisir !*, auf Wiedersehen ! | *Gâcher son plaisir à qn*, jm den Spaß, das Vergnügen verderben. | *Cela me fait plaisir*, das bereitet mir, macht mir Vergnügen. | *Faire plaisir à qn*, jm eine Freude machen ; jm etwas zuliebe tun. | *Faites-moi ce plaisir*, tun Sie mir den Gefallen. | *Pour vous faire plaisir*, Ihnen zuliebe. || [divertissement] Lust f. ; Genuß m. ; Reiz m. | *Plaisirs*, Lustbarkeiten f. pl. ; Ergötzlichkeiten f. pl. | *Plaisir(s) des sens*, Sinnengenuß.

◇ loc. adv. **à plaisir,** nach Belieben ; nach Herzenslust.

— SYN. : *Agrément* m., Annehmlichkeit f. *Bonheur* m., Glück n. *Contentement* m., Befriedigung f. *Délice(s)* m. (f. pl.) , Wonne f. *Divertissement* m., Zerstreuung f. *Joie* f., Freude f. *Jouissance* f., Genuß m.

plan [plɑ̃] m. **1.** Plan m. ; Fläche f. ; Ebene f. | *Plan de travail*, Arbeitsfläche f. || [dans l'espace] GÉOM., PHYS. Fläche f. ; Ebene f. | *Plan horizontal*, Horizontalebene. | *Plan vertical*, senkrechte Fläche. | *Plan incliné*, schiefe Ebene ; geneigte Fläche. | *Plan d'eau*, Wasserfläche f. | *Plan focal*, Brennebene.
2. [figure] Plan m. ; Riß m. ; Karte f. | *Plan cadastral*, Katasterplan. | *(Projection sur un) plan horizontal*, Grundriß. | *(Projection sur un) plan vertical*, Aufriß. | *Plan (de construction) d'un bâtiment*, Bauriß. | *Plan d'occupation des sols (P.O.S.)*, Flächennutzungsplan. | *Plan d'une ville*, Stadtplan. | *Lever un plan*, einen Plan aufnehmen.
3. [dispositions ; projet] Plan m. | *Plan d'études*, Lehrplan. | *Plan de voyage*, Reiseplan. | *Arrêter un plan*, einen Plan fassen. | *Dresser, Établir, Faire un plan*, einen Plan entwerfen. | *Plan économique*, Wirtschaftsplan. | *Plan d'austérité*, (wirtschaftliches) Sparprogramm. | *Plan quinquennal*, Fünfjahresplan. | *Plan d'ensemble*, Übersichts-, Gesamtplan. | *Établissement d'un (des) plan(s)*, Planung f. | *Selon, Suivant un plan*, plangemäß ; planmäßig. | *Plan de distribution*, Verteilungsplan. || LITTÉR. *Plan d'un drame, d'un roman*, Aufbau (m.), Gliederung (f.) eines Dramas, eines Romans.
4. LOC. FIG. *Sur un plan élevé*, auf höherer Ebene. | *Sur le plan scientifique*, auf dem Gebiet der Wissenschaft. | *Premier plan*, Vordergrund m. | *Second plan*, Mittelgrund m. | *Arrière-plan*, Hintergrund m. | *Personnage de premier plan*, Hauptperson f. | *Reléguer au second plan*, in den Hintergrund drängen. || PHOT., FILM. *Un gros plan*, eine Nahaufnahme ; eine Großaufnahme. | *Plan serré*, Close up n. || FAM. *Être, Rester en plan*, in der Schwebe sein, bleiben. | *Laisser en plan*, im Stich lassen.

plan, plane [plɑ̃, plan] adj. flach ; eben. | *Surface, géométrie plane*, ebene Fläche, Geometrie.

planche [plɑ̃:ʃ] f. [en bois] Brett n. || [pour parquet] Diele f. || *Planche épaisse*, Bohle f. ; Planke f. | *Planche à dessin*, Reiß-, Zeichenbrett. | *Planche à laver*, Waschbrett. | *Baraque en planches*, Bretterbude f. ; Holzbaracke f. || FIG., THÉÂTRE. *Les planches*, die Bretter n. pl. ; die Bühne f. | *Monter sur les planches*, zur Bühne gehen. | *Brûler les planches*, mit Leidenschaft (Theater) spielen. || FIG. *C'est sa planche de salut*, das ist sein Rettungsanker. | *Avoir du pain sur la planche*, viel zu tun haben. || [gravure] Platte f. ; [sur bois] Holzschnitt m. ; [sur cuivre] Kupferstich m. ; [estampe] Bildtafel f. | *Planche à billets*, Banknotenpresse f. || AGRIC. Beet n. || SPORT. *Faire la planche*, auf dem Rücken schwimmen ; den toten Mann machen. | *Planche à voile*, Windsurfbrett n.

planchéiage [plɑ̃ʃeja:ʒ] m. (Bretter)verschalung f., -verkleidung f. ; Dielen n. ; Dielenlegung f.

planchéier [-je] v. tr. mit Brettern verschalen, belegen, verkleiden ; dielen.

plancher [plɑ̃ʃe] m. Fußboden m. ; Diele f. ; Boden m. | *Plancher de chêne*, Eichenfußboden m.

planchette [plɑ̃ʃɛt] f. Brettchen n. ; [dessin] Meßtisch m.

planchiste [-ʃist] s. SPORT. Windsurfer(in) m. (f.).

plancton [plɑ̃ktɔ̃] m. Plankton n.

plane [plan] f. Zug-, Ziehmesser n.

planer [plane] v. tr. einebnen ; ebnen ; planieren ; glätten ; glattmachen ; ausbeulen.

◇ v. intr. schweben ; gleiten. | *Un avion plane*, ein Flugzeug schwebt. | *Vol plané*, Gleitflug m. | *Planer sur la ville*, über der Stadt kreisen. || FIG. *Un soupçon plane sur lui*, ein Verdacht schwebt, steht über ihm.

planétaire [planetɛ:r] adj. planetarisch ; planetenartig ; Planeten... | *Système planétaire*, Planetensystem n.

planétarium [-netarjɔm] m. Planetarium n.

planète [-nɛt] f. Planet m. ; Wandelstern m.

planeur [planœ:r] m. AÉRON. Segelflugzeug n. ; Gleitflugzeug n. ; (Lasten)segler m.

planificateur, trice [planifikatœ:r, tris] s. Planwirtschaftler(in) m. (f.).

planification [planifikasjɔ̃] f. Planung f. | *Planification économique*, Wirtschaftsplanung.

planifier [-fje] v. tr. planen ; einen Plan aufstellen (für). | *Économie planifiée*, Planwirtschaft f.

planisphère [-nisfɛ:r] m. Planiglob n. | *Planisphère terrestre*, Erd-, Weltkarte f.

planning [-niŋ] m. Planlenkung f., -wirtschaft f. | *Planning familial*, Familienplanung f.

planque [plɑ̃:k] f. POP. Bleibe f. ; Bude f. ; Druckposten m. ; Job m. | *Il a une bonne planque*, er hat einen guten Druckposten, einen prima Job.

planqué [plɑ̃ke] m. Drückeberger m.

planquer [plɑ̃ke] v. tr. POP. verstecken ; verbergen.

◇ v. pr. **se planquer,** POP. sich in Sicherheit bringen ; sich drücken.

plant [plɑ̃] m. BOT. junge Pflanze ; Pflänzchen n., Setzling m. ; Steckling m. ; Anpflanzung f.

plantain [plɑ̃tɛ̃] m. BOT. Wegerich m.

plantaire [plɑ̃tɛ:r] adj. ANAT. zur Fußsohle gehörig.

plantation [plɑ̃tasjɔ̃] f. Pflanzung f. ; Anpflanzung f. ; Bepflanzung f. ; Pflanzen n. ; Plantage f. | *Plantation de café*, Kaffeeplantage. | *Jeune plantation forestière*, Waldschonung f.

plante [plɑ̃:t] f. BOT. Pflanze f. ; Gewächs n. ; Staude f. | *Plante aromatique*, Gewürzpflanze. | *Plante fourragère*, Futterpflanze. | *Plante grasse*, Fettpflanze. | *Plante grimpante*, Kletterpflanze. | *Plante hâtive, précoce*, frühreife Pflanze. || *Plante médicinale*, Hilfspflanze ; Heilkraut n. | *Plante parasite*, Schmarotzerpflanze. | *Plante vénéneuse*, Giftpflanze. | *Plante d'ornement*, Zier-, Schmuckpflanze. | *Jardin des plantes*, botanischer Garten. || ANAT. *Plante du pied*, Fußsohle f.

planter [-te] v. tr. pflanzen ; an-, bepflanzen. | *Planter des légumes*, Gemüse (an)pflanzen. | *Planter des oignons*, Zwiebeln stecken. | *Planter au cordeau*, in Reihen pflanzen, stecken. || PAR EXT. stecken ; (auf)-pflanzen ; setzen. | *Planter une borne*, einen Grenzstein setzen. | *Planter son chapeau sur la tête*, den Hut auf den Kopf stülpen. | *Planter un clou*, einen Nagel anbringen, einschlagen. | *Planter un drapeau*, eine Fahne aufpflanzen ; eine Flagge setzen. | *Planter des poteaux*, Pfähle einrammen. | *Planter sa tente*, sein Zelt aufschlagen. | *Il est planté là*, da steht er. || FIG., FAM. *Planter ses choux*, sich aufs Land zurückziehen. | *Planter là qn*, jn im Stich lassen. | *Tout planter là*, alles stehen und liegen lassen.

◇ v. pr. **se planter,** [plantes] gepflanzt werden ; [personnes] sich (auf)pflanzen. | *Se planter devant qn*, sich vor jn aufpflanzen. || POP. *Se planter à un examen*, durch eine Prüfung fallen.

planteur [-tœ:r] m. Pflanzer m. ; Plantagenbesitzer m.

plantigrade [plɑ̃tigrad] m. ZOOL. Sohlengänger m.

plantoir [plɑ̃twa:r] m. Pflanz-, Setzholz n.

planton [plɑ̃tɔ̃] m. MIL. Ordonnanz f. ; Melder m. ; Posten (m.) ohne Gewehr.

plantule [plɑ̃tyl] f. BOT. Keimling m.

plantureux, euse [plɑ̃tyrø, ø:z] adj. üppig ; reichlich ; fruchtbar ; stattlich ; drall. | *Repas plantureux*, reichliche Mahlzeit. | *Terre plantureuse*, üppiger, fruchtbarer Boden. || PAR EXT., FAM. *Femme plantureuse*, beleibte Dame.

plaque [plak] f. Platte f. ; Tafel f. | *Plaque chauffante, de cuisson*, Kochplatte. | *Plaque isolante*, Isolierplatte. | *Plaque de métal*, Metallplatte. | *Plaque (ronde)*, Scheibe f. | *Plaque indicatrice*, Schild n. ; Tafel f. | *Plaque commémorative*, Gedenktafel. || TRANSP. *Plaque minéralogique, d'immatriculation*, Nummernschild n. ; amtliches Kennzeichen. | *Plaque de rue*, Straßenschild n. | *Plaque tournante*, Drehscheibe f. || PHOT. *Plaque sensible*, lichtempfindliche Photoplatte. || [honneurs] *Plaque commémorative*, Ehrentafel ; Gedenktafel.

plaqué [plake] m. [métal] Auflage f. ; Dublee n. ; Plattierung f. || [bois] Furnier n. || *Plaqué (d') or*, Goldplattierung.

plaquer [-ke] v. tr. [métal] belegen ; überziehen ; plattieren. || [bois] furnieren. || *Plaquer du plâtre sur un mur*, eine Mauer gipsen, weißen. || PAR EXT. *Plaquer les cheveux*, die Haare glatt bürsten. || MUS. *Plaquer des accords*, Akkorde anschlagen. || SPORT. [rugby] *Plaquer un joueur*, einen Spieler zu Boden werfen. || FAM. *Plaquer qn*, jn im Stich lassen, aufsitzen lassen.

◇ v. pr. **se plaquer,** *Se plaquer au sol, contre le sol*, sich hin-, niederwerfen.

plaquette [-kɛt] f. Plakette f. ; Plättchen n. ; kleines Schild. || [brochure] Heftchen n. ; Broschüre f.

plasma [plasma] m. MÉD. Blutflüssigkeit f., -wasser n. | *Plasma sanguin*, Blutplasma n. || PHYS. Plasma n. | *Physique des plasmas*, Plasmaphysik f.

plastic [plastik] m. MIL. plastischer Sprengstoff.

plasticité [plastisite] f. Bildsamkeit f. ; Plastizität f. ; Formbarkeit f.

plastifier [-tifje] v. tr. mit Kunststoff verarbeiten, belegen. | *Parquet plastifié*, PVC (Polivenylchlorid)-fußbodenbelag m. || [recouvrir de plastique] mit Kunststoff überziehen ; einschweißen.

plastique [-tik] adj. bildsam ; knetbar ; formbar ; plastisch. | *Matière plastique*, Kunststoff m., -harz m. | *Arts plastiques*, bildende Künste f. pl.

◇ m. Preß-, Kunststoff m. ; Kunstharz m.

◇ f. Plastik f. || PAR EXT. Bildhauerkunst f.

plastiquer [-ke] v. tr. *Plastiquer une maison*, einen Bombenanschlag auf ein Haus verüben.

plastiqueur, euse [-kœ:r, ø:z] s. Bombenleger(in) m. (f.).

plastron [plastrɔ̃] m. Brustharnisch m. ; Lederschurz m. || [escrime] Paukschurz m. | *Plastron de chemise*, Vorhemd n. ; Hemdeinsatz m.

plastronner [-trɔne] v. intr. sich in die Brust werfen.

plat [pla] m. [récipient] Schüssel f ; Becken n. | *Plat creux*, tiefe Schüssel. || [mets] Speise f. ; Gericht n. | *Plat chaud*, warmes Gericht. | *Plat cuisiné*, Fertiggericht. | *Plat national*, Nationalspeise, -gericht. | *Plat préféré*, Lieblingsspeise ; Leibgericht. | *Plats surgelés*, Tiefkühlkost f. | *Plat du jour*, Tagesgericht. | *Plat de viande*, Fleischspeise, -gang m., -platte f. | *Œufs sur le plat*, Spiegeleier n. pl. | *Aimer les petits plats*, Leckerbissen lieben. || FIG. *Faire du plat (à qn)*, (um jn) scharwenzeln. | *Faire (tout) un plat de qch.*, großen Wind um etwas machen. | *Mettre les pieds dans le plat*, ins Fettnäpfchen treten.

plat, plate [pla, plat] adj. flach ; eben ; platt ; glatt. | *Assiette plate*, flacher Teller. | *Calme plat*, völlige Windstille ; Flaute f. | *Pays plat*, ebenes Land. | *Pied plat*, Plattfuß m. | *Terrain plat*, Flachland n. | *Devenir plat*, verflachen. | *Se coucher à plat ventre*, sich platt auf den Bauch legen. || FIG. platt ; fade ; schal ; seicht. | *Bourse plate*, leere Geldbörse. | *Personnage plat*, [sans mérite] platter, geistloser Mensch ; PAR EXT. [rampant] unterwürfige Person. | *Style plat*, platter, nichtssagender Stil. | *Ramper à plat ventre devant qn*, im Staube vor jm kriechen. | *Battre qn à plate couture*, jn in die Pfanne hauen.

◇ m. **plat,** *Le plat de la main*, die flache Hand ; die Handfläche f. | *Le plat d'un sabre*, die flache Klinge.

◇ loc. adv. **à plat,** flach auf dem, den Boden ; der Länge nach. || [batterie] leer. || [pneu] schlaff. || PAR EXT. [épuisé] erschöpft ; fertig. || FAM. *Être à plat*, völlig fertig sein ; mit den Nerven herunter sein. || FIG. *Mettre à plat*, neu definieren. || THÉÂTRE. *La pièce est tombée à plat*, das Stück ist restlos durchgefallen.

platane [platan] m. BOT. Platane f.

plateau [plato] m. [ustensile] Brett n. || [allongé] Platte f. || [pour la nourriture, la boisson] Servierbrett n. ; Tablett n. || [de balance] Waagschale f. || [tourne-disques] Plattenteller m. || TECHN. Scheibe f. ; Fläche f. || THÉÂTRE. Bühne f. || GÉOGR. Hochebene f. ; Plateau n. | *Plateau continental*, Festlandssockel m. | *Les hauts plateaux de la cordillère des Andes,* das Hochland der Andenkette.

plateau-repas [-rəpɑ] m. (pl. **plateaux-repas**) Tellertablett n.

plate-bande [platbɑ̃:d] f. [horticulture] Rasen-, Blumenrabatte f. ; Beet n. || FIG., FAM. *Marcher sur les plates-bandes de qn*, jm ins Gehege kommen.

plate-forme [platfɔrm] f. (pl. **plates-formes**) [toit] Flach-, Terrassendach n. ; flaches Dach. || [autobus, tramway] Plattform f. || [wagon] offener Güterwagen. || TECHN. *Plate-forme de forage (flottante)*, (schwimmende) Offshore-Plattform. || POLIT. *Plate-forme (électorale)*, Wahlprogramm n. || MIL. *Plate-forme (de lancement de fusée)*, Raketenstarttisch m.

platine [platin] m. [métal] Platin n. ; Weißgold n.

platiner [-ne] v. tr. mit Platin überziehen ; platinieren. | *Platiner les cheveux*, die Haare bleichen, blondieren.

platitude [platityd] f. [d'esprit] Plattheit f. ; Stumpfheit f. ; Geistlosigkeit f. ; Schalheit f. ; Seichtheit f. ; Gedankenarmut f. | *Dire des platitudes*, Plattheiten, faule Witze von sich geben. || [d'attitude] *Platitude du caractère*, Niedrigkeit (f.) des Charakters. || [sans saveur] Flachheit f. ; Schalheit f.

Platon [platɔ̃] n. pr. m. PHILOS. Plato m.

platonicien, ienne [-tɔnisjɛ̃, jɛn] adj. platonisch ; von, nach Plato.
◇ s. PHILOS. Platoniker(in) m. (f.).

platonique [-nik] adj. platonisch.

plâtrage [plɑtra:ʒ] m. Vergipsen n. ; Gipsarbeit f.

plâtras [-trɑ] m. Schutt m. ; Gipsabfall m.

plâtre [plɑ:tr] m. [matière] Gips m. | *Plâtre d'enduit*, Putzgips m. || [œuvre] Gipsarbeit f., -figur f. | *Moulage en plâtre*, Gipsabguß m. | *Statue de plâtre*, Gipsstatue f. | *Gâcher du plâtre*, Gips anrühren. | *Mouler en plâtre*, in Gips gießen. | *Battre qn comme plâtre*, jn windelweich prügeln. || FIG. *Essuyer les plâtres*, eine Neubauwohnung trockenwohnen. || MÉD. *Mettre dans le plâtre*, einen Gipsverband anlegen.

plâtrer [-tre] v. tr. vergipsen ; gipsen.

plâtreux, euse [-trø, ø:z] adj. gipsartig, -haltig.

plâtrier [-trije] m. Gipser m. ; Gipsarbeiter m.

plâtrière [-trijɛ:r] f. [carrière] Gipsbruch m. ; [four] Gipsbrennerei f.

plausibilité [plozibilite] f. Glaubwürdigkeit f.

plausible [-zibl] adj. glaubwürdig ; glaubhaft ; annehmbar. | *Argument plausible*, stichhaltiger Beweisgrund. | *Excuse plausible*, triftige Entschuldigung.

plèbe [plɛ:b] f. HIST. Plebs f. ; niederes Volk.

plébéien, éienne [plebejɛ̃, ejɛn] adj. plebejisch ; Volks...
◇ s. Plebejer(in) m. (f.).

plébiscitaire [plebissitɛ:r] adj. durch Volksabstimmung. | *Vote plébiscitaire*, Volksabstimmung f.

plébiscite [-sit] m. Volksabstimmung f., -entscheid m.

plébisciter [-site] v. tr. durch eine Volksabstimmung entscheiden. | *Plébisciter qn, qch.*, von jm begeistert sein ; von etwas begeistert sein.

pléiade [plejad] f. LITTÉR. Plejade f.

plein, pleine [plɛ̃, plɛn] adj. voll ; völlig ; vollständig ; ganz ; gänzlich ; reichlich. | *Trop plein*, übervoll ; überfüllt. || (avec un compl.) *Plein jusqu'aux bords*, randvoll. | *Plein à craquer*, zum Bersten voll. | *Plein d'eau*, voller Wasser ; mit Wasser gefüllt. | *Plein comme un œuf*, gepfropft voll. || (adj. épithète) *Bourse pleine*, voller, gespickter Geldbeutel. | *Femelle pleine*, trächtiges Weibchen. | *Pleine lune*, Vollmond m. | *Avoir les joues pleines*, dicke, runde, volle Backen haben. | *Verser un plein verre*, das Glas randvoll gießen. || (attribut) *La forêt est pleine de gibier*, der Wald ist reich an Wild. | *La salle est pleine*, der Saal ist voll besetzt. || FIG. voll ; ganz. | *Avoir pleine confiance (en qn)*, volles Vertrauen (zu jm) haben. | *(Mettre) pleins gaz, plein régime*, Vollgas (geben). | *(Donner) plein pouvoir (à qn)*, (jm) Vollmacht (geben). | *Au sens plein du mot*, im wahrsten Sinne des Wortes. | *Plein succès*, voller Erfolg. | *Plein tarif*, Volltarif m. | *Voix pleine*, voll klingende Stimme. | *Plein de confusion*, voller Scham. | *Être plein d'inquiétude*, voller Unruhe sein. | *Être plein de bonnes intentions*, die besten Absichten haben. | *Plein de sens*, sinnvoll. | *Plein de soi-même*, überheblich ; von sich eingenommen. | *Être plein de vie*, quicklebendig sein ; voller Leben stecken. | *À pleine gorge*, aus vollem Halse. | *(Donner) à pleines mains*, aus vollen Händen (austeilen). | *À plein régime, à plein rendement*, auf vollen Touren ; auf Hochtouren. | *À pleine voix*, mit voller Stimme. | *De plein droit*, mit vollem Recht. | *Arc de plein cintre*, voller Bogen ; Rundbogen m. | *De (son) plein gré*, aus freiem Antrieb ; aus freien Stücken ; von selbst. | *En plein air*, im Freien ; unter freiem Himmel. | *Théâtre en plein air*, Freilichtbühne f. | *En plein champ*, auf freiem Felde. | *En plein cœur*, mitten ins Herz. | *En pleine connaissance de cause*, mit voller Sachkenntnis. | *En plein été*, im Hochsommer. | *En plein hiver*, mitten im Winter. | *En pleine jeunesse*, in blühender Jugend. | *En plein jour*, bei hellem Tage ; am hellichten Tage. | *(Naviguer) en pleine mer*, auf hoher See (fahren). | *En plein milieu*, mitten drin ; mitten hindurch. | *En pleine possession*, im Vollbesitz.
◇ m. **plein,** [contraire de vide] voller Raum ; Fülle f. || [contraire de délié] Grundstrich m. || FIG. *La fête bat son plein*, das Fest ist in vollem Gange. || *Faire le plein*, [essence] volltanken.
◇ prép. **plein,** *Avoir de l'argent plein ses poches*, die Taschen voll Geld haben. | *Avoir du travail plein les bras*, alle Hände voll zu tun haben. | *En avoir plein la bouche*, den Mund voll nehmen. || FAM. *J'en ai plein le dos*, ich habe davon die Nase voll.
◇ loc. adv. **en plein,** vollständig ; ganz und gar.
◇ FAM. **tout plein,** (avec adj.) mächtig ; sehr. | *Tout plein de gens*, eine Menge Leute.
— SYN. : *Bondé*, gepfropft voll. *Comble*, übervoll. *Complet*, alles besetzt. *Débordant*, überfließend.

pleinement [plɛnmɑ̃] adv. völlig ; voll und ganz ; gänzlich.

plein-emploi [plɛnɑ̃plwa] m. Vollbeschäftigung f.

plein-temps [-tɑ̃] m. (pl. **pleins-temps**) Vollzeitbeschäftigung f. | *Travailler à plein-temps*, ganztags arbeiten.

plénier, ière [plenje, jɛ:r] adj. vollständig ; vollzählig. | *Assemblée plénière*, Vollversammlung f. | *Séance plénière*, Voll-, Plenarsitzung f.

plénipotentiaire [plenipɔtɑ̃sjɛ:r] adj. bevollmächtigt.
◇ m. Bevollmächtigter m.

plénitude [plenity:d] f. Fülle f. ; Überfluß m. | *Conserver la plénitude de ses facultés*, den Vollbesitz seiner Fähigkeiten bewahren.

pléonasme [pleɔnasm] m. GRAMM. Pleonasmus m.

pléonastique [-nastik] adj. GRAMM. pleonastisch.

pléthore [pletɔ:r] f. MÉD. Überfülle f. ; Vollblütigkeit f. ; Überfluß m. ; Plethora f. || FIG. Schwemme f.

pléthorique [-tɔrik] adj. vollblütig ; in Überfluß.

pleur(s) [plœ:r] m. (pl.) Tränen f. pl. ; Wehklagen n. ; Weinen n. || POÉT. Zähre f. || *Essuyer les pleurs de qn*, die Tränen js trocknen ; jn trösten. | *Noyé de, dans les pleurs*, tränengebadet ; tränenüberströmt. | *Des pleurs et des grincements de dents*, Heulen (n.) und Zähneklappern n.

pleurage [plœra:ʒ] m. TECHN. Gleichlaufsschwankung f.

pleurard, arde [plœra:r, ard] adj. weinerlich ; greinend.
◇ s. Heulsuse f. ; Schreihals m.

pleurer [-re] v. intr. weinen ; greinen. || [fort] schluchzen ; heulen. || PÉJOR. flennen. | *Pleurer de joie*, Freudentränen vergießen. | *Pleurer à chaudes larmes*, heiße Tränen vergießen. | *Pleurer comme un veau, comme une Madeleine*, sich die Augen ausweinen ; wie ein Schloßhund heulen. | *Pleurer dans le gilet de qn*, jm sein Leid klagen. | *Les yeux pleurent*, die Augen tränen. | *Pleurer toutes les larmes de son corps*, sich ausweinen.
◇ v. tr. beweinen ; beklagen. | *Pleurer (la mort de) qn*, den Tod js beweinen ; jn beweinen ; um jn trauern. | *Pleurer des larmes de sang*, blutige Tränen vergießen.

pleurésie [plœrezi] f. MÉD. Brust-, Rippenfellentzündung f.

pleureur, euse [plœrœ:r, ø:z] adj. weinerlich ; wehleidig. | *Saule pleureur*, Trauerweide f.
◇ f. **pleureuse**, Klageweib n.

pleurnicher [-niʃe] v. intr. flennen ; greinen.

pleurnicherie [-niʃri] f. Plärrerei f. ; Flennerei f.

pleurnicheur, euse [-niʃœ:r, ø:z] adj. weinerlich ; flennend ; wehleidig.

pleutre [plø:tr] m. Lump m. ; Memme f.

pleuvasser [plœvase], **pleuviner** [-vine], **pleuvoter** [-vɔte] v. intr. FAM. nieseln.

pleuvoir [plœvwa:r] v. intr. regnen. | *Pleuvoir à verse, à torrents*, in Strömen gießen. | *Il pleut des cordes*, es schüttet ; es regnet Bindfäden. || FIG. *Comme s'il en pleuvait*, überreichlich. | *L'argent pleut sur lui*, bei ihm regnet es Geld. | *Faire pleuvoir sur qn une grêle de coups*, jm eine Tracht Prügel verabreichen.

plèvre [plɛ:vr] f. ANAT. Brust-, Rippenfell n.

Plexiglas [plɛksiglas] m. Plexiglas n.

plexus [plɛksy:s] m. ANAT. Geflecht n. ; Nerven-, Venennetz n., -geflecht n. | *Plexus solaire*, Sonnengeflecht.

pli [pli] m. Falte f. || [marque] Knick m. ; Falz m. || *Faux pli*, Knitterfalte. | *Pli de pantalon*, Bügelfalte. | *Jupe à plis*, Faltenrock m. | *Faire des plis*, Falten werfen. | *Ne pas faire un seul pli*, glatt anliegen ; nicht die kleinste Falte werfen. | *Faire des faux plis*, sich verziehen. | *Retomber en plis*, sich in Falten legen. | *Pli du bras*, Armbeuge f. | *Mise en plis*, Wasserwelle f. || [cartes] Stich m. || GÉOL. *Pli de terrain*, Bodenfalte. || [lettre] Brief m. ; Umschlag m. | *Pli officiel*, Dienstumschlag. | *Sous ce pli*, beiliegend ; in der Anlage. | *Sous pli recommandé*, eingeschrieben ; als eingeschriebener Brief. || FIG. *Prendre le pli de*, sich an (dat.) gewöhnen. | *Prendre un mauvais pli*, eine schlechte Gewohnheit annehmen. || FAM. *Cela ne fait pas un pli*, es wird glatt gehen.

pliable [-jabl] adj. faltbar ; biegbar ; biegsam.

pliage [-ja:ʒ] m. Umbiegen n. ; Biegen n. ; Falten n. ; Falzen n. ; Umfalzen n. ; Umschlagen n.

pliant, iante [-jɑ̃, jɑ̃:t] adj. biegsam ; zusammenlegbar, -klappbar. | *Échelle pliante*, Klappleiter f. | *Siège pliant*, Klappstuhl m.
◇ m. **pliant**, Feld-, Klappstuhl m.

plie [pli] f. ZOOL. Scholle f.

plier [-je] v. tr. falten ; biegen ; falzen ; knicken. | *Plier les bras*, die Arme beugen. | *Plier le corps*, den Rumpf beugen. | *Plier un éventail*, einen Fächer zusammenklappen. | *Plier une feuille de papier*, einen Bogen (Papier) knicken. | *Plier une lettre*, einen Brief zusammenfalten. | *Plier la tente*, das Zelt abbrechen. | *Plier les voiles*, die Segel einziehen. || FIG. *Plier bagage*, einpacken ; sein Bündel schnüren.
◇ v. intr. *Mieux vaut plier que rompre*, lieber biegen als brechen. | *Il a dû plier*, er mußte nachgeben. | *Il faut que ça plie ou que ça casse*, es muß biegen oder brechen. || FIG. *Plier sous le poids des années*, von der Last der Jahre gebeugt werden.
◇ v. pr. **se plier**, sich beugen ; sich bücken ; sich krümmen. || FIG. *Se plier aux circonstances*, sich den Umständen anpassen. | *Se plier à tout*, sich biegen und schmiegen. | *Se plier aux ordres*, sich den Anordnungen beugen ; den Befehlen Folge leisten. | *Ne pas se plier à tous les caprices de qn*, nicht jeder Laune js nachgeben.

plinthe [plɛ̃:t] f. Band n. ; Fuß-, Stoßleiste f.

plissage [-sa:ʒ] m. Fälteln n. ; Plissieren n.

plissé, ée [-se] adj. gefältelt ; Plissee... | *Jupe plissée*, Plisseerock m.
◇ m. **plissé**, Fältelung f. ; Plissee n.

plissement [-smɑ̃] m. GÉOL. Faltung f. ; Falten n. ; Aufwerfen n. ; Faltenbildung f. || [froncement] *Plissement de la peau*, Faltenbildung. | *Plissement du front*, Stirnrunzel n.

plisser [-se] v. tr. falten. | *Plisser le front*, die Stirn falten.
◇ v. intr. Falten schlagen, werfen.
◇ v. pr. **se plisser**, Falten werfen, ziehen ; sich kräuseln.

pliure [-jy:r] f. Falzen n.

plomb [plɔ̃] m. Blei n. | *De, En plomb*, bleiern. | *Alliage de plomb*, Bleilegierung f. | *Cercueil de plomb*, Bleisarg m. | *Feuille de plomb*, Bleifolie f. | *Mine de plomb*, [mine] Bleibergwerk n. ; [pour le crayon] Reißblei n. | *Minerai de plomb*, Bleierz n. | *Sel de plomb*, Bleisalz n. | *Soldats de plomb*, Blei-, Zinnsoldaten m. pl. | *(C'est) lourd comme du plomb*, (das ist) bleischwer. || TECHN. [dents ; scellés] Plombe f. || ÉLECTR. [fusible] Schmelzsicherung f. || *Fil à plomb*, Blei(senk)lot n. | *Plomb de chasse*, Flinten-, Jagdschrot n. | *Fondre du plomb*, Blei gießen. || FIG. *Soleil de plomb*, bleierne, drückende Hitze. | *Sommeil de plomb*, bleierner Schlaf. | *N'avoir pas de plomb dans la tête*, leichtsinnig sein.
◇ loc. adv. **à plomb**, senk-, lotrecht.

plombage [-ba:ʒ] m. [action] Plombieren (eines Zahnes) n. || [résultat] Zahnplombe f., -füllung f.

plombé, ée [-be] adj. plombiert ; mit Blei ausgefüllt, beschwert. || [couleur] bleifarben. | *Teint plombé*, aschfahle Farbe ; Leichenfarbe f.

plomber [-be] v. tr. plombieren ; verbleien. || ARCHIT. (aus)loten. || *Plomber une dent*, eine Zahnfüllung machen ; einen Zahn plombieren.

plomberie [-bri] f. [activité] Bleigießerei f. || [bâtiment] Gas- und Wasserinstallation f.

plombier [-bje] m. Rohrleger m. ; Klempner m.

plonge [plɔ̃:ʒ] f. *Faire la plonge*, das Geschirr spülen.

plongeant, ante [-ʒɑ̃, ɑ̃:t] adj. tauchend ; Senk... | *Vue plongeante*, Fliegersicht f. || MIL. *Tir plongeant*, Steilfeuer n.

plongée [-ʒe] f. Tauchen n. || MAR. Tauchmanöver n. | *En plongée*, unter Wasser. | *Sous-marin en plongée*, getauchtes Untersee-Boot.

plongeoir [-ʒwa:r] m. Sprungturm m., -brett n.

plongeon [-ʒɔ̃] m. SPORT. Kopfsprung m. | *Faire, Piquer un plongeon*, einen Kopfsprung machen. || [oiseau] Taucher m.

plonger [-ʒe] v. tr. ein-, untertauchen ; tauchen ; versenken. | *Plonger les mains dans l'eau*, die Hände ins Wasser (ein)tauchen. | *Plonger ses regards dans*, in (acc.) hinabblicken. | *Plongé dans un profond sommeil*, in tiefem Schlaf versunken. | *Plongé dans ses réflexions*,

in Gedanken versunken, vertieft. | *Plonger qn dans la misère*, jn ins Elend stürzen.
◇ v. intr. (unter)tauchen. | *Plonger dans l'eau*, ins Wasser tauchen. | *L'avion plonge*, das Flugzeug fliegt hinab.
◇ v. pr. **se plonger,** FIG. *Se plonger dans les plaisirs*, sich in Vergnügungen stürzen.

plongeur, euse [-ʒœ:r, ø:z] s. Taucher m. || [laveur, euse] Geschirrspüler(in) m. (f.). || SPORT. Springer(in) m. (f.).

plot [plo] m. Holzblock m. || ÉLECTR. Kontaktstück n.

plouc ou **plouk** [pluk] s. FAM. Bauer m. ; Tölpel m.

plouf ! [pluf] interj. plumps ! ; platsch !

ploutocrate [plutɔkrat] m. Plutokrat m.

ploutocratie [-krasi] f. Geldherrschaft f. ; Plutokratie f.

ploutocratique [-kratik] adj. plutokratisch.

ployage [-ja:ʒ] m. Biegen n. ; Biegung f.

ployer [-je] v. tr. biegen ; beugen ; krümmen. | *Ployer une branche*, einen Zweig durchbiegen. | *Ployer le dos*, den Rücken krümmen. | *Ployer les genoux*, die Knie beugen.
◇ v. intr. nachgeben ; weich werden.
— SYN. : *Courber*, biegen. *Plier*, falten.

pluche [plyʃ] ou **peluche** [pəlyʃ] f. Plüsch m.

pluie [plɥi] f. Regen m. | *Pluie battante*, Platzregen. | *Pluie fine*, Sprühregen. | *Pluie pénétrante*, durchdringender Regen. | *Pluies acides*, saurer Regen. | *Pluie de grêle*, Hagelschlag m. | *Pluie d'orage*, Gewitterregen. | *Goutte de pluie*, Regentropfen m. | *Saison des pluies*, Regenzeit f. | *Le temps est à la pluie*, das Wetter ist regnerisch, sieht nach Regen aus. | *Après la pluie le beau temps*, auf Regen folgt Sonnenschein. || FIG. *Pluie de balles*, Kugelregen. | *Ennuyeux comme la pluie*, sterbenslangweilig. | *Faire la pluie et le beau temps*, tonangebend sein. | *Faire tomber une pluie d'or sur qn*, jn mit Reichtümern überschütten. | *Petite pluie abat grand vent*, ein gutes Wort findet eine gute Statt.
— SYN. : *Averse* f., Regenguß m. *Bruine* f., Sprühregen m. *Crachin* m., Schmuddelwetter n. *Déluge* m., Sintflut f. *Giboulée* f., Hagelschauer m. *Grain* m., Regenschauer m. *Ondée* f., Guß m. *Trombe* f., Wasserhose f.

plumage [plyma:ʒ] m. Gefieder n.

plumard [-ma:r] m. POP. [lit] Falle f. ; Klappe f.

plume [plym] f. [d'oiseau] Feder f. | *Les plumes*, die Federn f. pl. ; das Gefieder n. | *Plume d'autruche*, Straußenfeder. | *Plume d'eider*, Eiderdaune f. | *La gent à plumes*, die Vogelwelt f. ; die gefiederte Welt. | *Lit de plumes*, Federbett n. | *Tuyau de plume*, Federkiel m. | *Hérisser ses plumes*, sein Gefieder sträuben. | *Perdre des, ses plumes*, Federn lassen ; mausern. || FIG. *Léger comme une plume*, federleicht. | *C'est une plume à son chapeau*, das schmeichelt seiner Eitelkeit. | *Jeter la plume au vent*, seine Entscheidung dem Zufall überlassen. | *Y laisser des plumes*, Haare, Federn (dabei) lassen ; gerupft werden. | *Se parer des plumes du paon*, sich mit fremden Federn schmücken. || [à écrire] Feder f. ; Schreibfeder f. | *Plume d'oie*, Gänsekiel m. | *Plume d'acier*, Stahlfeder. | *Plume en or*, Goldfeder. | *Dessin à la plume*, Federzeichnung f. | *Trait de plume*, Federstrich m. || PAR EXT. *Homme de plume*, Mann (m.) der Feder. | *Nom de plume*, Schriftstellername m. || LOC. *Avoir une belle plume*, einen guten Stil schreiben. | *Avoir la plume mordante*, eine bissige Feder führen. | *Écrire au courant de la plume*, schreiben, was (einem) gerade in den Sinn kommt. | *Prendre la plume*, zur Feder greifen. | *Vivre de sa plume*, von seiner Feder leben.

plumeau [-mo] m. Federwisch m. ; Staubwedel m.

plumer [-me] v. tr. rupfen ; ausrupfen. || FIG., FAM. *Plumer qn*, jn rupfen, ausbeuten.

plumet [-mɛ] m. Federbusch m. ; Hutfeder f.

plumeux, euse [-mø, ø:z] adj. federartig.

plumier [-mje] m. Federkasten m.

plumitif [-mitif] m. IRON. Federfuchser m.

plupart (la) [laplypa:r] loc. adv. die meisten ; Mehrzahl f. | *La plupart des hommes*, die meisten Menschen m. pl. | *La plupart du temps*, meistens ; die meiste Zeit. | *Pour la plupart*, zum größten Teil ; meistenteils ; meistens ; zumeist.

plural, ale, aux [plyral, o] adj. mehrfach.

pluralisme [-lism] m. PHILOS. Mehrheits-, Vielheitslehre f. ; Pluralismus m.

pluralité [-lite] f. Vielheit f. ; Vielzahl f.

pluri [plyri] préf. mehr...

pluriannuel, uelle [-anɥɛl] adj. Überjahres... ; Mehrjahres...

pluridisciplinaire [-disiplinɛr] adj. UNIV. fachübergreifend.

pluriel, ielle [-rjɛl] adj. die Mehrzahl anzeigend. | *Terminaison plurielle*, Pluralendung f.
◇ m. **pluriel,** GRAMM. Mehrzahl f. ; Plural m. | *Mettre au pluriel*, in die Mehrzahl setzen.

plus [ply ou plys] adv.

I. SENS MATHÉMATIQUE.
II. COMPARATIF :
  a) avec adj. ou adv. ;
  b) plus que ;
  c) plus de.
III. SUPERLATIF : **le plus.**
IV. NÉGATIF et RESTRICTIF.
V. LOCUTIONS ADV., PRÉP. et CONJ.
VI. le plus m.

I. SENS MATHÉMATIQUE : und ; plus ; dazu. | *Deux plus deux font, égalent quatre*, zwei und (plus) zwei ist, ergibt vier. || [température] *Plus deux degrés*, plus zwei Grad. | *Un lit, une table, plus six chaises*, ein Bett, ein Tisch, dazu noch sechs Stühle. | *Rien de plus*, sonst nichts. | *Trois ans de plus*, drei Jahre länger. | *Cela durera un an et plus*, es dauert ein Jahr und länger. | *Pas plus*, ebensowenig.
II. [ply] COMPARATIF (suffixe « er » avec l'inflexion dans certains cas) : **a)** [avec un adjectif ou un adverbe] *Parlez plus clairement*, reden Sie deutlicher. | *Il est plus grand et plus fort*, er ist größer und stärker. | *Deux fois plus large*, zweimal, doppelt so breit. | *Fût-il encore plus puissant*, und wäre er auch noch viel mächtiger. — **b) plus que.** *Il est plus grand que moi*, er ist größer als ich. | *Il est plus bête que méchant*, er ist eher, mehr dumm als bösartig. | *Il est plus grand comme poète que comme romancier*, er ist größer als Dichter denn als Romanschreiber. | *Je ne le connais pas plus que vous*, ich kenne ihn nicht besser als Sie. || LOC. *Je suis plus que content*, ich bin mehr als zufrieden. | *Il travaille plus que jamais*, er arbeitet mehr denn je. | *Il fut fêté plus que de raison*, er wurde über Gebühr gefeiert. | *Faire plus qu'il ne faut*, mehr tun als nötig ; ein Übriges tun. — **c) plus de.** *Plus d'un*, mancher. | *Plus de dix ans*, länger als, über zehn Jahre. | *Il y a plus d'un an*, es ist über ein Jahr her ; vor mehr als einem Jahr. | *Il ne régna pas plus d'un an*, er regierte nicht länger als ein Jahr. | *Plus d'une fois*, mehr als einmal. | *Plus de dix marks*, über zehn Mark. | *Plus de six mètres de long*, über sechs Meter lang. | *Il y a plus d'une semaine*, vor mehr als einer Woche. | *Pour plus de sécurité*, zur größeren Sicherheit.

III. SUPERLATIF (pour l'adj. : précédé de l'art., suivi du suffixe déclinable « ste », pourvu de l'inflexion dans les mêmes cas que le compar.) : *Il est le plus grand*, er ist der größte. || (pour l'adv. : précédé de « am », suivi du suffixe « sten », avec éventuellement l'inflexion). **le plus,** am meisten. | *C'est en juin que les jours sont le plus long*, im Juni sind die Tage am längsten. | *Le plus en arrière*, am weitesten zurück. || Loc. *Il n'est pas des plus petits*, er ist nicht einer von den kleinsten. | *Ce qui m'importe le plus, Ce qui me tient le plus à cœur*, was mir am Herzen liegt. | *Le plus possible*, höchstmöglich. | *Le plus tôt possible*, so bald wie möglich ; möglichst bald. | *Le plus grand nombre*, die meisten. | *Donner au plus offrant*, dem Meistbietenden geben.

IV. NÉGATIF ET RESTRICTIF : nicht mehr ; nur noch. | *Je ne vous connais plus*, ich kenne Sie nicht mehr. | *Je n'en puis plus*, ich kann nicht mehr. | *Il ne dit plus (un) mot*, er sprach kein Wort mehr. | *Plus personne*, niemand mehr. | *Je ne dirai plus rien*, ich habe weiter nichts zu sagen. | *Moi non plus*, ich auch nicht. | *Plus que quelques jours*, nur noch wenige Tage. | *Il ne manquait plus que cela*, das fehlte noch.

V. LOC. ADV., PRÉP. et CONJ. **plus ou moins,** mehr oder weniger. — **plus... plus,** je mehr (ou comparatif avec rejet du verbe)... desto mehr (ou comparatif avec l'inversion). | *Plus il a d'argent, plus il veut en avoir*, je mehr Geld er hat, desto mehr will er davon haben. | *Moins il pleut, plus il fait chaud*, je weniger es regnet, desto wärmer wird es. — **au plus,** höchstens. — **qui plus est, il y a plus, bien plus,** mehr noch ; darüber hinaus ; was noch mehr ist. — **d'autant plus (que),** um so mehr (als). — **de plus, en plus,** ferner ; außerdem ; dazu, überdies. — **de plus en plus,** immer mehr ; mehr und mehr ; (suivi d'un adj. : « immer » avec le compar. de l'adj.) *De plus en plus beau*, immer schöner. — **en plus de,** zu. — **et plus (encore),** und noch mehr. — **ni plus ni moins,** nicht mehr und nicht weniger ; ebenso. — **un peu plus.** *Un peu plus il gagnait*, er hätte beinahe gewonnen. — **on ne peut plus.** *Il est on ne peut plus heureux*, man kann nicht glücklicher sein als er. — **sans plus,** ohne weiteres ; nichts weiter. — **tant et plus,** reichlich ; in Übermaß. — **tout au plus,** (aller)höchstens.

VI. m. **le plus,** das Höchste. | *Le plus qu'on puisse faire*, das Höchste, was man tun kann.

plusieurs [plyzjœ:r] adj. et pron. indéf. pl. mehrere ; verschiedene ; manche. | *À plusieurs reprises*, zu wiederholten Malen ; wiederholt. | *Plusieurs fois*, mehrmals. | *À plusieurs voix*, mehrstimmig.
— SYN. : *D'aucuns*, irgendwelche. *Certains*, gewisse. *Maint*, manche. *Quelques-uns*, einige.

plus-que-parfait [plyskəparfɛ] m. invar. GRAMM. Vorvergangenheit f. ; Plusquamperfekt n.

plus-value [plyvaly] f. (pl. **plus-values**) Mehrwert m. ; Mehrbetrag m. ; Wertzuwachs m.

Pluton [plytɔ̃] n. pr. m. MYTH. Pluto m.

plutonium [plytɔnjɔm] m. Plutonium n.

plutôt [plyto] adv. vielmehr ; eher ; lieber. | *Plutôt grand que petit*, eher groß als klein. | *Plutôt la mort que l'esclavage*, lieber tot als Sklav' !

pluvial, iale, iaux [plyvjal, jo] adj. Regen... | *Eau pluviale*, Regenwasser n.

pluvier [plyvje] m. ZOOL. Regenpfeifer m.

pluvieux, ieuse [-vjø, jø:z] adj. regnerisch ; regenfeucht. | *Climat pluvieux*, (regen)feuchtes Klima. | *Saison pluvieuse*, Regenzeit f. | *Temps pluvieux*, regnerisches Wetter.

pluviomètre [-vjɔmɛtr] m. Regenmesser m.

pluviométrie [-vjɔmetri] f. Regenmessung f.

pluviosité [-vjɔzite] f. Niederschlagsmenge f.

pneu [pnø] m. (abrév. de **pneumatique**) Reifen m. || [garniture] Bereifung f. | *Pneu antidérapant*, rutschfester Reifen ; Winterreifen. | *Pneu à clous, clouté*, Spikesreifen. | *Pneu crevé*, Reifenschaden m. ; geplatzter Reifen. | *Pneus jumelés*, Doppelreifen. | *Pneu à plat*, Plattfuß m. | *Pneu plein*, Vollgummireifen. | *Pneu ballon*, Ballonreifen.

pneumatique [-matik] adj. pneumatisch ; Luft... ; Preßluft... | *Bandage pneumatique*, Luftbereifung f. | *Commande pneumatique*, Druckluftantrieb m.

pneumocoque [-kɔk] m. MÉD. Pneumokokkus m.

pneumonie [-ni] f. MÉD. Lungenentzündung f. ; Pneumonie f. | *Pneumonie double*, doppelseitige Lungenentzündung.

pochade [pɔʃad] f. flüchtige Skizze.

pochard [pɔʃa:r] m. POP. Saufbruder m.

poche [pɔʃ] f. [de vêtement] Tasche f. | *Poche de pantalon*, Hosentasche. | *Poche intérieure*, Brusttasche. | *De poche*, Taschen... || ANAT. Sack m. ; Beutel m. | *Poche d'un abcès*, Eiterbeutel, -sack. | *Poche sous les yeux*, schlaffe Säcke m. pl. | *Poche à venin*, Giftblase f. || Loc. *Argent de poche*, Taschengeld n. | *Dictionnaire de poche*, Taschenwörterbuch n. | *Théâtre de poche*, Kleinstbühne f. | *Emplir ses poches, S'emplir les poches*, sich die Taschen füllen ; seine Taschen vollpfropfen. | *Vider ses poches*, seine Taschen ausleeren. | *Mettre qch. dans sa poche*, etwas in die Tasche stecken. | *Avoir les mains dans les poches*, die Hände in den Taschen behalten. | *Connaître qch. comme sa poche*, etwas wie seine eigene, wie seine (Westen)tasche kennen. || FIG., FAM. *Mettre qn dans sa poche*, jn in die Tasche, in den Sack stecken. | *Ne pas avoir la langue dans sa poche*, nicht auf den Mund gefallen sein. | *Ne pas avoir les yeux dans sa poche*, seine Augen überall haben. | *Payer qch. de sa poche*, etwas aus eigener Tasche bezahlen. | *En être de sa poche*, Geld dabei verlieren, zusetzen. | *Acheter chat en poche*, die Katze im Sack kaufen.

poché, ée [pɔʃe] part. pass. et adj. blutunterlaufen. | *Œil poché*, blaues Auge. || CULIN. *Œufs pochés*, verlorene Eier n. pl.

pocher [-ʃe] v. tr. [frapper] blau schlagen. | *Pocher l'œil à qn*, jm das Auge blau schlagen.

pochette [pɔʃɛt] f. [petite poche] Täschchen n. | *Pochette-surprise*, Wundertüte f. || [ornement] Kavaliertuch n. ; Einstecktuch n. || [étui] *Pochette de compas*, Reißzeug n. ; Reißkasten m.

pochoir [pɔʃwa:r] m. Schablone f.

podium [pɔdjɔm] m. Podium n. ; Sockel m.

podologue [pɔdɔlɔg] s. Fußspezialist(in) m. (f.).

poêle [pwal] m. Ofen m. ; Heizofen m. | *Poêle en faïence*, Kachelofen. | *Poêle à feu continu*, Dauerbrandofen. | *Poêle en fonte*, Kanonenofen.

poêle [pwal] m. [drap funéraire] Bahrtuch n.

poêle [pwal] f. Pfanne f. | *Poêle à frire*, Bratpfanne.

poêlon [-lɔ̃] m. kleine Pfanne ; Pfännchen n.

poème [pɔɛ:m] m. Gedicht n. || [long] Dichtung f. || *Poème épique*, Heldengedicht ; Epos n. | *Les poèmes homériques*, die homerischen Gesänge m. pl. | *Poème en prose*, Prosadichtung.

poésie [poezi] f. [qualité] Poesie f. | *Poésie de la nature*, Poesie der Natur. || [art] Poesie f. ; Dichtkunst f. | *Poésie populaire*, Volksdichtung f. | *Poésie du terroir*, Heimatdichtung f. || [genre] *Poésie dramatique*, Dramatik f. ; dramatische Dichtung. | *Poésie épique*, Epik f. ; epische Dichtung. | *Poésie lyrique*, Lyrik f. ; lyrische Dichtung. || [poème] Gedicht n. | *Recueil de poésies*, Gedichtsammlung f.

poète [pɔɛt] m. Dichter m. ; Poet m. ; Sänger m. | *Femme poète*, Dichterin f. | *Être né poète*, ein geborener Dichter sein.

poétesse [-tɛs] f. Dichterin f. ; Poetin f.

poétique [-tik] adj. poetisch ; dichterisch. | *Art poétique*, Dichtkunst f. | *Licence poétique*, dichterische Freiheit.

poétiser [-tize] v. tr. dichterisch verklären.

pognon [pɔɲɔ̃] m. POP. Moos n. ; Zaster m.

pogrom ou **pogrome** [pɔgrɔm] m. Judenverfolgung f. ; Judenpogrom m.

poids [pwa] m. Gewicht n. ; Schwere f. | *Poids atomique*, Atomgewicht. | *Poids moléculaire*, Molekulargewicht. | *Poids spécifique*, spezifisches Gewicht. | *Poids maximal*, Höchstgewicht. | *Poids minimal*, Mindestgewicht. | *Poids moyen*, Durchschnittsgewicht. | *Poids total*, Gesamtgewicht. | *Unité de poids*, Gewichtseinheit f. | *Poids et mesures*, Maße und Gewichte. | *Vérificateur des poids et mesures*, Eicher m. ; Eichmeister m. | *Bureau de vérification des poids et mesures*, Eichamt n. | *Augmentation de poids*, Gewichtszunahme f. | *Perte de poids*, Gewichtsschwund m., -verlust m. | *De tout son poids*, mit voller Wucht. | *Avoir un poids de*, wiegen. || [commerce] Gewicht n. | *Poids brut*, Brutto-, Rohgewicht. | *Poids net*, Netto-, Reingewicht. | *Poids vif*, Lebendgewicht. | *Excédent de poids*, Übergewicht. | *Vente au poids*, Verkauf (m.) nach Gewicht. | *Faire bon poids*, gutes Gewicht geben. || [véhicules] *Poids lourd*, Lastkraftwagen m. (LKW) ; Fernlaster m. | *Poids mort*, Eigengewicht, -last f. | *Poids (total) en charge*, höchstes zulässiges Gesamtgewicht. | *Poids à vide*, Leergewicht. || SPORT. *Poids et haltères*, Schwerathletik f. | *Boxeur (de) poids mouche*, Fliegengewichtboxer m. | *Poids coq*, Bantamgewicht. | *Poids plume*, Federgewicht. | *Poids mi-lourd*, Halbschwergewicht. | *Poids lourd*, Schwergewicht. || FIG. Last f. ; [importance] Bedeutung f. ; Wichtigkeit f. | *Poids mort*, tote Last. | *Poids des ans*, Last der Jahre. | *Poids des impôts*, Steuerlast. | *Homme de poids*, einflußreicher Mann. | *De peu de poids*, belanglos ; unerheblich. | *Avoir deux poids et deux mesures*, mit ungleichem Maß messen ; parteiisch sein. | *Enlever à qn un grand poids (de dessus la poitrine)*, jm einen Stein vom Herzen nehmen.

poignant, ante [pwaɲɑ̃, ɑ̃:t] adj. stechend ; herzzerreißend, -ergreifend ; peinlich ; packend. | *Douleur poignante*, stechender Schmerz.

poignard [pwaɲa:r] m. Dolch m. | *Coup de poignard*, Dolchstoß m. | *Mettre le poignard sur la gorge de qn*, jm das Messer an die Kehle setzen.

poignarder [-de] v. tr. erdolchen ; erstechen ; durch-, niederstechen.

poigne [pwaɲ] f. Faust(kraft) f. | *Avoir une bonne poigne*, eine starke Faust haben. || PAR EXT. [énergie] Schneid m. ; Energie f. ; Entschlossenheit f. | *Un homme à poigne*, ein forscher, schneidiger Kerl.

poignée [pwaɲe] f. [quantité] Handvoll f. | *Poignée de cheveux*, Büschel (n.) Haare. || [pour saisir] (Hand)griff m. | *Poignée de porte*, Türgriff m. | *Poignée de robinet*, Hahn(griff) m. | *Poignée de main*, Händedruck m. || FIG. *Une poignée de soldats*, ein Häufchen (n.) Soldaten.
◇ loc. adv. **à poignée,** mit vollen Händen ; im Überfluß.

poignet [-ɲɛ] m. [au bras] Handgelenk n., -wurzel f. || FIG. *Arriver à la force du poignet*, sich durchschlagen (sépar.). || [d'habit] Manschette f.

poil [pwal] m. Haar n. ; Körperhaare n. pl. ; Barthaar n. | *Poils (de barbe) courts*, Bartstoppeln f. pl. | *Chien à longs poils*, langhaariger Hund. | *Chien à poil ras*, kurzhaariger Hund. | *Poil de chameau*, Kamelhaar. | *En poil de chèvre*, aus Angora-, Mohairwolle f. | *Couvert de poils*, behaart. | *Perdre son poil*, sich haaren. | *Bonnet à poil*, Pelzmütze f. || FIG. *De tout poil*, aller, jeder Art. || FAM. *Avoir un poil dans la main*, ein Faulpelz sein. | *Être de mauvais poil*, schlechter Laune sein. | *Reprendre du poil de la bête*, wieder hoch kommen. | *À poil*, splitternackt.

poilu, ue [-ly] adj. haarig ; behaart.
◇ m. **poilu,** MIL. Landser m.

poinçon [pwɛ̃sɔ̃] m. [pour percer ou graver] Pfriem m. ; Stichel m. || [pour élargir] Dorn m. || [emporte-pièce] Aus-, Durchtreiber m. || [marque] Punze f. ; Stempel m. || [monnaie] Patrize f.

poinçonnage [-sɔna:ʒ] ou **poinçonnement** [-sɔnmɑ̃] m. [marquer] Stempeln n. || [perforer] Lochen n.

poinçonner [-sɔne] v. tr. [perforer] (aus)stanzen ; lochen. | *Poinçonner un billet*, eine Fahrkarte lochen, knipsen. || [marquer] stempeln. | *Poiçonner de l'or*, Gold stempeln. || [poids et mesures] eichen.

poinçonneuse [-sɔnø:z] f. Lochstanze f.

poindre [pwɛ̃:dr] v. intr. hervorkommen ; erscheinen ; sprießen. | *Le jour point*, der Tag dämmert, bricht an.

poing [pwɛ̃] m. Faust f. ; geballte Hand. | *Gros comme le poing*, faustdick. | *Coup de poing*, Faustschlag m. | *Donner un coup de poing à qn*, jm einen Faustschlag versetzen. | *L'arme au poing*, mit gezückter Waffe. | *Pieds et poings liés*, an Händen und Füßen gefesselt. | *Menacer qn du poing*, *Montrer le poing à qn*, mit der Faust drohen ; jm die Faust zeigen. || PAR EXT. *Serrer les poings*, die Fäuste ballen. | *Frapper du poing sur la table*, mit der Faust auf den Tisch schlagen. | *Dormir à poings fermés*, wie ein Murmeltier, ein Dachs schlafen.

point [pwɛ̃] m.

> **I.** SENS CONCRETS ET TECHNIQUES.
> **II.** SENS FIGURÉS.
> **a)** avec un adjectif ;
> **b)** complément d'un verbe ;
> **c)** avec un complément.
> **III.** LOC. ADV. ET CONJ.

I. SENS CONCRETS ET TECHNIQUES : [couture] (Nadel)stich m. | *Point arrière*, Steppstich. | *Point de chaînette*, Kettenstich. || [dentelle] Spitze f. | *Point de Bruxelles*, Brüsseler Spitze. || [école] Note f. | *Bon point*, Lob n. ; gute Note. | *Mauvais point*, Tadel m. || SPORT. Punkt m. | *Vaincre aux points*, nach Punkten schlagen, siegen. | *Victoire aux points*, Punktsieg m. || [jeux] *Le roi vaut dix points*, der König gilt, zählt zehn. || FIG. *C'est un bon point pour lui*, das ist ein Pluspunkt, ein Vorteil für ihn. || GRAMM. Punkt m. | *Point final*, Schlußpunkt. | *Deux points*, Doppelpunkt. | *Point d'exclamation*, Ausrufungs-, Ausrufezeichen n. | *Point d'interrogation*, Fragezeichen n. | *Points de suspension*, [dans une citation] Auslassungspunkte m. pl. ; [à la fin d'une phrase] Gedankenstrich m. | *Le point sur l'« i »*, das Tüpfelchen auf dem « i ». || MUS. *Point d'orgue*, Fermate f. || COMM. *Point de vente*, Verkaufsstelle f. || PHYS. *Point critique*, kritischer Punkt. | *Point d'application (d'une force)*, Angriffs-, Ansetzpunkt. | *Point d'appui*, Stützpunkt ; Auflagepunkt. | *Point de condensation*, Taupunkt. | *Point de congélation*, Gefrierpunkt. | *Point d'ébullition*, Siedepunkt. | *Point de fusion*, Schmelzpunkt. || GÉOGR. *Point cardinal*, Himmelsrichtung f. | *Point culminant*, Gipfel m. ; höchster Punkt. || MÉD., FAM. *Point de côté*, Seitenstich m. | *J'ai un point de côté*, es sticht mich in der Seite. || MAR. *Faire le point*, das Besteck nehmen ; die Ortsbestimmung feststellen. || PHOT. *Mise au point* [objectif] Scharfstellung f. ; [autres éléments] Einstellung f. | *Mettre au point*, (genau) einstellen. || RADIO. *Mise au point*, Einstellung f. || AUTOM. *Point mort*, toter Punkt ; [boîte de vitesses] Leerlauf m. || TECHN. *Point de soudure*, Lötstelle f. || MIL. *Point d'appui*, Stütz-, Rückhaltspunkt. | *Point à atteindre*, Marschziel n. | *Point de départ*, Ausgangspunkt. | *Point d'impact*, [balle, obus] Aufschlag m. ; Aufschlagsort m., -punkt. | *Point de mire*, Zielpunkt.

II. SENS FIGURÉS : **a)** [avec un adj.] *Point chaud*, [endroit] Krisenherd m. ; Brennpunkt m. ; [sujet] heißes Eisen. | *Le point décisif*, der springende, entscheidende Punkt. | *Le point essentiel*, der Kernpunkt. | *Le point faible*, der schwache Punkt. | *Le point final*, der Endpunkt. | *Le point sensible*, der wunde Punkt. — **b)** [compl. d'un verbe] *Arriver à point nommé*, wie gerufen, zu gelegener Stunde eintreffen ; es gut treffen. | *Être mal en point*, in einer üblen, peinlichen Lage sein. | *Être sur le point de faire qch.*, im Begriff, auf dem Punkt sein, etwas zu tun ; sich (gerade) anschicken, etwas zu tun. | *Ligne de points*, Punktlinie f. | *Marquer des points (sur une feuille)*, punktieren. | *Mettre au point*, [exposé] klarstellen ; [travail] ins reine bringen. | *Mise au point*, Klarstellung f. | *Il faut lui mettre les points sur les « i »*, man muß es ihm klipp und klar sagen. | *Mettre le point final*, den Schlußpunkt setzen ; den Schlußstrich ziehen. — **c)** [avec complément] *Un point, c'est tout*, Schluß damit ! ; und damit basta ! | *Point des connaissances*, Wissensstand m. | *Point de départ*, Ausgangspunkt. | *Point en discussion, en litige*, strittiger, umstrittener Punkt. | *Point d'honneur*, Ehrenpunkt. | *Point de vue*, [lieu] Gesichts-, Blickpunkt ; [domaine ; rapport] Beziehung f. ; Hinsicht f. ; [opinion] Standpunkt. | *Au point de vue financier*, in finanzieller Hinsicht. | *De ce point de vue*, in dieser Hinsicht, Beziehung. | *À tous les points de vue*, in jeder Hinsicht. | *Au point où en sont les choses*, bei der gegenwärtigen Sachlage.

III. LOC. ADV. ET CONJ. **a) à point,** [temps] zur rechten Zeit ; rechtzeitig ; gelegen ; gerade recht. | *(Cuit) à point*, gerade gar. | *Tout vient à point à, pour qui sait attendre*, wer langsam geht, kommt auch zum Ziel. | *À ce point*, in dem Maße. | *À point nommé*, gerade im rechten Augenblick. | *(Jusqu') à quel point*, inwieweit. | *Au point que, À tel point que*, so sehr, daß. | *Au dernier point, Au plus haut point*, äußerst ; im höchsten Grade.

◇ **b) de point en point,** Punkt für Punkt ; Schritt für Schritt. | *De, En tout point*, in jeder Hinsicht ; ganz und gar ; gänzlich. | *Jusqu'à un certain point*, bis zu einem gewissen Grade.

c) *(Être) sur le point de*, auf dem Punkt (sein) ; im Begriff (sein).

point [pwɛ̃] adv. nein. | *Ne... point*, (gar) nicht. | *Point de*, kein(e) ; keinerlei. | *Point du tout*, keineswegs ; durchaus nicht ; in keiner Weise. | *Je n'en ai point*, ich habe (gar) keinen, keine, kein.

pointage [pwɛ̃ta:ʒ] m. [arme] Richten n. ; Einstellen n. || SPORT. Punktbewertung f. || [contrôle] Kontrolle f. || *Pointage des voix*, Stimmzählung f. | *Horloge de pointage*, Kontrolluhr f.

pointe [pwɛ̃:t] f. **1.** INSTRUMENTS : [clou] Stift m. || Zwecke f. || [épingle] Nadel f. || *Pointe sèche*, Griffel m. | *Pointe à tracer*, (An)reißnadel.

2. CORPS ALLONGÉ, POINTU ; EXTRÉMITÉ D'UN CORPS : Spitze f. || [piquant] Stachel m. || [dent, dentelure] Zacke f. || [tissu] Zipfel m. || *À trois pointes*, dreispitzig. | *En pointe*, spitz(ig) ; spitzzulaufend. | *Tailler (un crayon) en pointe*, (einen Bleistift) anspitzen. || *Pointe d'asperge*, Spargelkopf m. | *Pointe d'un clocher*, Kirchturmspitze. | *Pointe d'un couteau*, Messerspitze. | *Pointe d'épingle*, Nadelspitze. | *Se dresser sur la pointe des pieds*, sich auf die Fußspitzen stellen. | *Marcher sur la pointe des pieds*, auf den Zehenspitzen gehen. | *Pointe de terre*, Landspitze, -zunge f. | *Souliers à pointes*, Lauf-, Rennschuhe m. pl. || [danse] *Faire des pointes*, Spitzentanz ausführen, machen. || MÉD. *Pointes de feu*, Warmstiche m. pl. ; Ignipunktur f.

3. PETITE QUANTITÉ : *Une pointe de sel*, eine Messerspitze, ein bißchen Salz.

4. FIG. : [mot d'esprit] Pointe f. || [allusion piquante] spitze Bemerkung. || [intensité maximale] Spitze f. | *Pointe de consommation*, Verbrauchsspitze. | *Pointe de trafic*, Verkehrsspitze. || TRANSP. *Heure de pointe*, Hauptverkehrszeit f. ; Stoßzeit f. || [commencement] Anbruch m. | *Pointe du jour*, Tagesanbruch. || [promenade] *Pousser une pointe jusqu'à...*, einen Abstecher bis... machen.

pointeau [-to] m. [poinçon] (Durch)körner m. ; Spitzenmeißel m. || [de réglage] Düsennadel f.

pointer [-te] v. tr. [marquer d'un point ; dessin] punktieren. || [cocher] markieren ; bezeichnen. | *Pointer une liste*, eine Liste abhaken. || PAR EXT. stempeln. || [arme] (ein)richten. | *Pointer un canon*, ein Geschütz (ein)richten. | *Pointer sur un but*, ein Ziel anvisieren. | *Pointer les oreilles*, die Ohren spitzen. || LOC. *Pointer du doigt vers qch.*, mit dem Finger auf etwas zeigen.

◇ v. intr. [s'élever] steigen ; (empor)ragen ; sprießen. | *Le blé pointe*, das Getreide sprießt.

pointer [pɔintər] m. ZOOL. Vorstehhund m.

pointeur [pwɛ̃tœ:r] m. MIL. Richtschütze m.

pointeuse [-tø:z] f. [appareil] Stechuhr f.

pointillé [pwɛ̃tije] m. *En pointillé*, punktiert.

pointilleux, euse [-jø, ø:z] adj. kleinlich ; rechthaberisch ; (über)empfindlich.

pointillisme [-jism] m. Punktmanier f., -malerei f. ; Pointillismus m.

pointu, ue [pwɛ̃ty] adj. spitz(ig) ; zugespitzt. || FIG. stechend ; spitzfindig ; bösartig. || PAR EXT. empfindlich ; reizbar. || *Armes pointues*, Stichwaffen f. pl. | *Chapeau pointu*, Spitzhut m. | *Voix pointue*, scharfe Stimme.

pointure [pwɛ̃ty:r] f. Schuh-, Hutnummer f. ; Nummer f. ; Größe f. | *Avoir (tant) de pointure*, die Größe... haben.

point-virgule [pwɛ̃virgyl] m. (pl. **points-virgules**) Semikolon n. ; Strichpunkt m.

poire [pwa:r] f. [fruit] Birne f. | *Poire sauvage*, Holzbirne. | *Poire fondante*, saftige Birne. | *Poire blette*, mehlige, teigige Birne. | *Poire à cuire*, Kochbirne. || PAR EXT. *En (forme de) poire*, birnenförmig. | *Poire de vaporisateur*, Zerstäuberball m. || FIG. *Entre la poire et le fromage*, beim Nachtisch. | *Garder une poire pour la soif*, sich einen Notgroschen zurücklegen, aufbewahren. || FAM. [visage] Gesicht n. ; [naïf] *Être (une) poire*, ein Trottel sein.

poiré [-re] m. Birnensaft m., -most m.

poireau [pwaro] m. BOT. Lauch m. ; Porree m. | *Faire le poireau*, V. POIREAUTER.

poireauter [-rɔte] v. intr. ARG. sich die Beine in den Leib stehen ; lange warten.

poirier [pwarje] m. BOT. Birnbaum m.

pois [pwa] m. [légume] Erbse f. | *Petits pois*, junge Erbsen f. pl. | *Pois chiche*, Kichererbse. | *Pois gourmand*, Zuckererbse. || [fleur] *Pois de senteur*, Wicke f. || [dessin] *Étoffe à pois*, getupfter Stoff.

poison [pwazɔ̃] m. PR. et FIG. Gift n. | *Poison violent*, starkes Gift. || FIG., FAM. Plagegeist m. ; Giftnudel f.

poissard, arde [pwasa:r, ard] adj. pöbelhaft.

poissarde [-sard] f. Fischweib n. ; Marktfrau f.

poisse [pwas] f. POP. Pech n. ; Unglück n. | *Avoir la poisse*, Pech haben.

poisser [-se] v. tr. [enduire] aus-, verpichen. || [salir] beschmieren ; besudeln.
◇ v. intr. klebrig sein.

poisseux, euse [-sø, ø:z] adj. schmierig ; klebrig ; pechig. | *Mains poisseuses*, klebrige Hände f. pl.

poisson [pwasɔ̃] m. Fisch m. | *Poisson fumé*, geräucherter Fisch ; Räucherfisch. | *Poisson rouge*, Goldfisch. | *Poisson salé*, eingesalzener Fisch ; [morue] Klippfisch. | *Poisson d'eau douce*, Süßwasserfisch. | *Poisson de rivière*, Flußfisch. | *Poisson de mer*, Seefisch. | *Service à poisson*, Fischbesteck n. || FIG. *Poisson d'avril*, Aprilscherz m. | *Comme un poisson dans l'eau*, wie ein Fisch im Wasser. | *Petit poisson deviendra grand*, was nicht ist, kann noch werden ; aus Kindern werden Leute. | *Ce n'est ni chair ni poisson*, das ist weder Fisch noch Fleisch. | *Finir en queue de poisson*, wie das Hornberger Schießen ausgehen.

poisson-chat [-sɔ̃ʃa] m. (pl. **poissons-chats**). ZOOL. Katzenwels m.

poissonnerie [-sɔnri] f. Fischmarkt m., -laden m., -halle f.

poissonneux, euse [-sɔnø, ø:z] adj. fischreich.

poissonnier, ière [-sɔnje, jɛ:r] s. [personne] Fischhändler(in) m. (f.).

poitrail [pwatra:j] m. [cheval] (Vorder)brust f. || [harnais] Brustriemen m.

poitrinaire [pwatrinɛ:r] adj. MÉD. brustkrank.
◇ s. Schwindsüchtige(r) f. (m.).

poitrine [-trin] f. Brust. f. || PAR EXT. Brüste f. ; Busen m. ; Büste f. | *À la poitrine étroite*, schmalbrüstig. | *Tour de poitrine*, Brustumfang m. | *Se frapper la poitrine*, sich an die Brust schlagen.

poivre [pwa:vr] m. Pfeffer m. | *Grain de poivre*, Pfefferkorn n. || FIG. [poil] *Poivre et sel*, Pfeffer und Salz ; grau meliert.

poivrer [-vre] v. tr. pfeffern ; mit Pfeffer würzen.
◇ part. pass. et adj. **poivré, ée,** gepfeffert ; scharf.

poivrier [-vrije] m. BOT. Pfefferbaum m., -strauch m. || [ustensile] Pfefferbüchse f.

poivrière [-vrijɛ:r] f. [ustensile] Pfefferdose f., -büchse f. || ARCHIT. *Toit en poivrière*, Kegeldach n.

poivron [-vrɔ̃] m. Paprika n. ; Paprikaschote f.

poivrot [-vro] m. POP. Säufer m. ; Saufbruder m.

poix [pwa] f. Pech n. | *Poix minérale*, Erdpech.

poker [pokɛ:r] m. Pokerspiel n.

polaire [pɔlɛ:r] adj. polar. | *Cercle polaire*, Polarkreis m. | *Étoile polaire*, Polarstern m. | *Mer polaire*, Eismeer n.

polarisation [-zasjɔ̃] f. PHYS. Polarisation f. | *Polarisation non linéaire*, nichtlineare Polarisation.

polariser [-ze] v. tr. OPT., ÉLECTR. polarisieren.

polarité [-te] f. Polarität f.

polder [pɔldɛ:r] m. Polder m. ; Ko(o)g m.

pôle [po:l] m. Pol m. ; Drehpunkt m. | *Pôle nord, boréal, arctique*, Nordpol. | *Pôle sud, austral, antarctique*, Südpol. || ÉLECTR. *Pôle positif*, Pluspol ; positiver Pol. | *Pôle négatif*, Minuspol ; negativer Pol. | *Inverser les pôles*, umpolen. || ÉCON. *Pôle de conversion*, (*etwa*) wirtschaftliches Sanierungsgebiet. || FIG. *Pôle d'attraction*, Anziehungspunkt m.

polémique [pɔlemik] adj. polemisch ; streitbar. | *Ouvrage polémique*, Streitschrift f.
◇ f. Polemik f. ; Federkrieg m.

polémiquer [-mike] v. intr. polemisieren.

polémiste [-mist] m. Polemiker m.

polenta [pɔlɛnta] f. Maisbrei m. ; Polenta f.

poli, ie [pɔli] adj. [lisse] glatt ; poliert ; abgeschliffen, blank. || [bien élevé] höflich ; artig ; gefeilt ; manierlich.
◇ m. **poli,** Politur f. ; Glattschliff m. ; Schliff m. ; Glanz m. | *D'un beau poli*, von schönem Glanz.
— SYN. : *Affable*, leutselig. *Civil*, gesittet. *Courtois*, höflich.

police [pɔlis] f. Polizei f. ; Polizeiverwaltung f. | *Police criminelle*, Kriminalpolizei ; Kripo f. | *Police judiciaire*, Gerichtspolizei. | *Police militaire*, Feldjägerei f. ; Militärpolizei. | *Police municipale*, Schutzpolizei ; Schupo f. | *Police routière*, Verkehrspolizei. | *Police des étrangers*, Fremdenpolizei. | *Agent de police*, Polizeibeamter m. ; Polizist m. ; FAM. Schupo m. ; Wachtmeister m. | *Commissaire de police*, Polizeikommissar m. | *Commissariat de police*, Polizeiamt n. | *Préfet de police*, Polizeipräsident m. | *Préfecture de police*, Polizeipräsidium n. | *Cordon de police*, polizeiliche Absperrung. | *Sous la surveillance de la police*, unter polizeilicher Aufsicht ; unter Polizeiaufsicht. | *Police-secours*, Überfallkommando n. | *Faire la police*, [veiller à l'ordre] für Ordnung sorgen. || MIL. *Bonnet de police*, Feldmütze f. | *Salle de police*, Arrestlokal n.

police [pɔlis] f. [assurance] Schein m. ; Police f. | *Police d'assurance*, Versicherungsschein, -police.

policer [pɔlise] v. tr. zivilisieren ; bilden.
◇ part. pass. et adj. **policé, ée,** gebildet ; gesittet.

polichinelle [pɔliʃinɛl] m. Hanswurst m. ; Kasperle m. || *C'est le secret de polichinelle*, das weiß jedes Kind ; das ist ein offenes Geheimnis ; das pfeifen die Spatzen von den Dächern.

policier, ière [pɔlisje, jɛ:r] adj. polizeilich ; Polizei... | *Chien policier*, Polizeihund m. | *Film policier*, Kriminalfilm m. | *Roman policier*, Kriminal-, Detektivroman m.
◇ m. **policier,** Polizist m. ; Schutzmann m.

policlinique [pɔliklinik] f. (*etwa*) Ambulatorium n. ; Poliklinik f.

poliment [pɔlimɑ̃] adv. höflich ; artig.

poliomyélite [pɔljɔmjelit] f. MÉD. Poliomyelitis f. ; spinale Kinderlähmung f.

polir [pɔli:r] v. tr. [travail] polieren ; schleifen ; glätten. || FIG. [affiner] verfeinern ; ausbilden. | *Polir les mœurs*, die Sitten verfeinern. || LITTÉR. (aus)feilen. | *Polir son style*, seinen Stil ausfeilen.

polissage [-sa:ʒ] m. Polieren n. ; Glätten n. ; (Glanz)schleifen n.

polisson, onne [pɔlisɔ̃, ɔn] adj. liederlich ; anzüglich ; schlüpfrig ; ungezogen.
◇ s. [enfant] Straßen-, Gassenjunge m. ; Lausebengel m. ; Range f. ; Gassenbube m. ; Schlingel m. || [licencieux] Lebemann m.

polissonner [-sɔne] v. intr. [enfant] sich herumtreiben ; streunen. || [licencieux] Zoten reißen.

polissonnerie [-sɔnri] f. [enfant] Jungen-, Bubenstreich m. ; Ungezogenheit f. | *Raconter des polissonneries*, dreckige Witze reißen.

politesse [pɔlitɛs] f. Höflichkeit f. ; Artigkeit f. ; Lebensart f. | *Formule de politesse*, Höflichkeits-, Grußformel f. | *Faire une politesse à qn*, jm eine Höflichkeit erweisen. || FIG., FAM. *Brûler la politesse à qn*, sich davondrücken ; jn sitzenlassen.

politicard, arde [-tika:r, ard] s. PÉJOR. Politikaster(in) m. (f.) ; Intrigant(in) m. (f.).

politicien, ienne [-tisjɛ̃, jɛn] s. Politiker(in) m. (f.). | *Politicien en chambre*, Stammtischpolitiker m. ; politischer Kannegießer.

politique [-tik] adj. politisch ; staatsmännisch ; staatlich ; Staats... | *Affaires politiques*, Staatsgeschäfte

n. pl. | *Bouleversement politique*, Staatsumwälzung f. | *Économie politique*, Volkswirtschaftslehre f. ; Volkswirtschaft f. ; Nationalökonomie f. | *Homme politique*, Politiker m. | *Ligne politique*, politische Zielrichtung. | *Parti politique*, politische Partei. | *Sciences politiques*, Staatswissenschaft f.

politique [-tik] f. Politik f. ; Staatskunst f. || [vie] politisches Leben ; [journal] politische Richtung. || PAR EXT. Zielsetzung f. | *Politique agricole*, Agrarpolitik. | *Politique d'austérité*, Sparpolitik. | *Politique commerciale*, Handelspolitik. | *Politique énergétique*, Energiepolitik. | *Politique extérieure*, Außenpolitik. | *Politique financière*, Finanzpolitik. | *Politique fiscale*, Steuerpolitik. | *Politique intérieure*, Innenpolitik. | *Politique mondiale*, Weltpolitik. | *Politique monétaire*, Währungspolitik. | *Politique de l'autruche*, Vogelstraußpolitik. | *Politique de force*, Gewaltpolitik. | *Politique de rapprochement*, Annäherungspolitik. | *Faire une politique de gribouille*, wie der Elefant im Porzellanladen vorgehen. | *Parler politique*, politisieren. || PAR EXT. [habileté] Klugheit f. ; Schlauheit f.

politisation [-tizasjɔ̃] f. Politisierung f.

politiser [-tize] v. tr. politisieren.

politologie [-tɔlɔʒi] f. Politologie f. ; Politikwissenschaft f.

politologue [-lɔg] s. Politologe m. ; Politologin f.

polka [-pɔlka] f. Polka f.

pollen [pɔl(l)ɛn] m. BOT. Blütenstaub m. ; Pollen m.

pollinisation [pɔl(l)inizasjɔ̃] f. BOT. Bestäubung f.

polluant, uante [pɔl(l)ɥɑ̃, ɥɑ̃t] adj. verunreinigend ; umweltverschmutzend. | *Non polluant*, umweltfreundlich.

◇ m. **polluant,** Schadstoff m. | *Polluant atmosphérique*, luftverunreinigender Stoff. | *Polluant des eaux*, wasserverunreinigender Stoff. | *Polluant des sols*, bodenverunreinigender Stoff.

polluer [-(l)ɥe] v. tr. beflecken ; verunreinigen.

pollueur [-(l)ɥœ:r] m. (Umwelt)verschmutzer m. ; Umweltsünder m. | *Principe pollueur-payeur*, Verursacherprinzip n.

pollution [-(l)ɥsjɔ̃] f. Verschmutzung f. ; Verunreinigung f. ; Umweltbelastung f. | *Pollution atmosphérique*, Verunreinigung der Atmosphäre. | *Pollution des eaux*, Wasserverunreinigung. | *Pollution de l'environnement*, Umweltverschmutzung f. | *Pollution marine, en mer,* Meeresverschmutzung f. | *Pollution radioactive*, radioaktive Verseuchung der Umwelt. | *Pollution thermique*, thermische Beeinflussung der Umwelt. | *Contrôle de la pollution atmosphérique*, Überwachung (f.) der Luftbelastung. | *Source de pollution*, Emittent m.

polo [pɔlo] m. SPORT. (Polo)spiel n. || [vêtement] Polohemd n.

polochon [pɔlɔʃɔ̃] m. POP. Kopfkissen n., -rolle f.

Pologne [pɔlɔɲ] n. pr. f. GÉOGR. Polen n.

polonais, aise [pɔlɔnɛ, ɛ:z] adj. polnisch.

◇ s. **Polonais, aise,** Pole m. ; Polin f.

◇ m. **polonais,** [langue] Polnisch n.

◇ f. **polonaise,** MUS. Polonaise f.

poltron, onne [pɔltrɔ̃, ɔn] adj. feige ; furchtsam ; ängstlich ; schreckhaft.

◇ s. Memme f. ; Angsthase m., -meier m.

— SYN. : FAM. *Froussard*, ängstlich. *Peureux*, furchtsam. *Pleutre*, feige. *Pusillanime*, kleinmütig.

poltronnerie [-trɔnri] f. Feigheit f. ; Furchtsamkeit f. ; Verzagtheit f. ; Duckmäuserei f.

poly [pɔli] préf. Viel... ; Mehr...

polyarthrite [-artrit] f. MÉD. Polyarthritis f.

polychrome [-kro:m] adj. vielfarbig ; bunt ; polychrom.

polychromie [-kromi] f. Vielfarbigkeit f. ; Polychromie f.

polyclinique [-klinik] f. Poliklinik f.

polycopie [-kɔpi] f. Vervielfältigung f. ; Vervielfältigungsverfahren n.

polycopier [-kɔpje] v. tr. vervielfältigen ; abziehen.

polyculture [-kylty:r] f. AGRIC. Anbau (m.) verschiedener Erzeugnisse.

polyèdre [pɔliɛdr] m. Polyeder m. ; Vieleck n.

polyester [pɔliɛstɛr] m. CHIM. Polyester m.

polygame [pɔligam] adj. polygam.

polygamie [pɔligami] f. Vielweiberei f. ; Mehrehe f. ; Polygamie f.

polyglotte [-glɔt] adj. mehr-, vielsprachig ; sprachkundig.

◇ s. Sprachkundige(r) f. (m.) | *Interprète polyglotte*, mehrsprachiger Dolmetscher.

polygonal, ale, aux [-gɔnal, o] adj. viel-, mehreckig.

polygone [-gɔn] m. Vieleck n. ; Polygon n. || MIL. *Polygone d'artillerie, de tir*, Artillerieschießplatz m. | *Polygone d'essai*, Waffenprüfgelände n.

polygraphe [-graf] m. Vielschreiber m. || PÉJOR. Schmierfink m.

polymère [-mɛr] m. CHIM. Polymer n.

polymérisation [-merizasjɔ̃] f. CHIM. Polymerisation f.

polymorphe [-mɔrf] adj. vielgestaltig ; polymorph.

polymorphisme [-mɔrfism] m. Polymorphie f. ; Polymorphismus m.

polype [pɔlip] m. ZOOL. Polyp m. || MÉD. Stielgeschwulst f. ; Polyp m.

polysémie [pɔlisemi] f. GRAMM. Polysemie f. ; Mehrdeutigkeit f.

polysémique [-mik] adj. GRAMM. polysemantisch ; mehrdeutig.

polystyrène [-stirɛn] m. CHIM. Polystyrol n.

polytechnicien, ienne [pɔlitɛknisjɛ̃, jɛn] m. Student(in) [m. (f.)] der École polytechnique.

polytechnique [-tɛknik] adj. polytechnisch. | *École polytechnique*, Polytechnikum.

polythéisme [-teism] m. Vielgötterei f. ; Polytheismus m.

polythéiste [-teist] adj. polytheistisch.

◇ s. Polytheist(in) m. (f.).

polyvalent, ente [-valɑ̃, ɑ̃:t] adj. vielseitig ; Mehrzweck... ; Allzweck... | *Salle polyvalente*, Mehrzwecksaal m. || CHIM. mehrwertig.

Poméranie [pɔmerani] n. pr. f. Pommern n.

poméranien, ienne [-njɛ̃, jɛn] adj. pommersch ; aus, von Pommern.

pommade [pɔmad] f. Pomade f. ; Salbe f. | *Pommade pour la peau*, Hautsalbe. || FIG. *Passer de la pommade à qn*, jm Honig ums Maul schmieren.

pommader [-de] v. tr. mit Pomade, Salbe einschmieren ; einsalben.

pomme [pɔm] f. [fruit] Apfel m. | *Pomme cuite*, Bratapfel. | *Pomme sauvage*, Holzapfel. | *Pomme à cidre*, Mostapfel. | *Pomme à couteau*, Tafel-, Eßapfel. | *Compote, Marmelade de pommes*, Apfelmus n. | *Pomme d'amour*, Liebesapfel ; Tomate f. | *Pomme de pin*, Tannenzapfen m. || [pomme de terre] Kartoffel f. | *Pommes sautées*, Brat-, Röst-, Schwenkkartoffeln f. pl. | *Pommes mousseline*, Kartoffelpüree n., -brei m., -mus n. | *Pommes de terre en robe de chambre, en robe des champs*, Pellkartoffeln f. pl. || ANAT. *Pomme d'Adam*, Adamsapfel. || [objets] *Pomme d'arrosoir*, Brause f. ; Brausekopf m. | *Pomme de douche*, Duschkopf m. ||

FIG. *Pomme de discorde*, Zankapfel. || FAM. *Tomber dans les pommes*, ohnmächtig werden.

pommé, ée [-me] adj. [rond] rund. | *Chou pommé*, Kohlkopf m. | *Salade pommée*, Kopfsalat m.

pommeau [-mo] m. Knauf m. | *Pommeau d'épée*, Degenknauf. | *Pommeau de selle*, Sattelknopf m.

pommeler (se) [səpɔmle] v. pr. sich sprenkeln. ◇ part. pass. et adj. **pommelé, ée.** *Ciel pommelé*, mit Schäfchenwolken überzogener Himmel. | *Cheval gris pommelé*, Apfelschimmel m.

pommette [-mɛt] f. ANAT. Backenknochen m. ; Wange f.

pommier [-mje] m. Apfelbaum m.

pompage [pɔ̃pa:ʒ] m. Pumpen n. ; Pumparbeit f. | *Station de pompage*, Pumpwerk n., -anlage f. || ÉLECTR. *Pompage optique*, optisches Pumpen. | *Puissance de pompage*, Pumpleistung f. || PHYS. *Pompage magnétique*, magnetisches Pumpen.

pompe [pɔ̃:p] f. [appareil somptueux] Pomp m. ; Prunk m. ; Pracht f. ; Gepränge n. | *En grande pompe*, mit großem Prunk. | *Pompe du style*, hochtrabender Stil. | *Qui aime la pompe*, prunksüchtig. | *(Entreprise de) pompes funèbres*, Leichenbestattungs-, Beerdigungsinstitut n. | *Ordonnateur des pompes funèbres*, Leichenbesteller m.

pompe [pɔ̃:p] f. TECHN. Pumpe f. | *Pompe d'alimentation*, Speisepumpe. | *Pompe aspirante et foulante*, Saug- und Druckpumpe. | *Pompe centrifuge*, Kreisel-, Schleuder-, Zentrifugalpumpe. | *Pompe solaire*, Solarpumpe. | *Pompe à bicyclette*, Fahrradpumpe. | *Pompe à essence*, Benzinpumpe ; [poste de vente] Tank-, Zapfstelle f. | *Pompe à huile*, Ölpumpe. | *Pompe à incendie*, Feuerspritze f. | *Pompe à laser*, Laserpumpe. | *Pompe à (faire le) vide*, Vakuumpumpe. | *Pompe de recirculation*, Umwälzpumpe. | *Pompe de servocommande*, Servopumpe. | *Corps de pompe*, Pumpengehäuse n., -kasten m. | *Levier de pompe*, Pumpenschwengel m., -hebel m. | *Amorcer une pompe*, eine Pumpe ansaugen lassen. | *Donner un coup de pompe*, aufpumpen. || SPORT., POP. Liegestütz m. | *Faire des pompes*, Liegestütze machen. || POP. [chaussure] Latschen m. || FIG., POP. *Avoir le/un coup de pompe*, wie ausgelaugt, am Ende sein. | *Arriver à toute pompe*, angerast kommen.

pomper [pɔ̃pe] v. tr. pumpen. || FIG. an-, aufsaugen. || *Pomper l'eau*, Wasser pumpen. || FIG., FAM. *Tu me pompes l'air*, du gehst mir auf den Wecker.

pompette [-pɛt] adj. FAM. beschwipst.

pompeux, euse [pɔ̃pø, ø:z] adj. prunk-, pomphaft ; pompös ; prunkvoll ; prächtig. | *Style pompeux*, geschwollener, schwülstiger, aufgeblasener Stil. | *Termes pompeux*, hochtrabende Worte.

pompier [pɔ̃pje] adj. kitschig.
◇ m. Feuerwehrmann m. | *Capitaine de (sapeurs-) pompiers*, Feuerwehrhauptmann m. | *Les pompiers*, die Feuerwehr ; das Feuerlöschpersonal.

pompiste [pɔ̃pist] s. Tankwart m.

pompon [pɔ̃pɔ̃] m. Troddel f. ; Quaste f.

pomponner [-pɔne] v. tr. aufputzen.
◇ v. pr. **se pomponner,** sich aufdonnern ; sich ausstaffieren.

ponçage [pɔ̃sa:ʒ] m. Durchpausen n., -pausung f. ; (Ab)bimsen n. ; Abschleifen n. ; Abschleifung f.

ponce [pɔ̃s] f. *Pierre ponce*, Bimsstein m.

poncer [pɔ̃se] v. tr. abbimsen ; bimsen ; abschleifen ; glätten. || [dessin] durchpausen.

ponceuse [-sø:z] f. Bandschleif-, Schleif-, Poliermaschine f.

poncif [pɔ̃sif] m. Abklatsch m. ; Dutzendarbeit f.

ponction [pɔ̃ksjɔ̃] f. MÉD. Punktion f. ; Punktieren n. ; Einstich m. ; Punktur f. | *Faire une ponction*, punktieren ; einen Einstich machen ; eine Punktion vornehmen. || PAR EXT. Entnahme f.

ponctionner [-sjɔne] v. tr. punktieren ; einen Einstich machen ; eine Punktion vornehmen.

ponctualité [pɔ̃ktɥalite] f. Pünktlichkeit f.

ponctuation [-tɥasjɔ̃] f. Zeichensetzung f. ; Interpunktion f. | *Signe de ponctuation*, Satzzeichen n.

ponctuel, uelle [-tɥɛl] adj. [en forme de point] punktähnlich ; Punkt... || [exact] pünktlich.

ponctuer [-tɥe] v. tr. [marquer de points] punktieren ; tüpfeln ; tupfen. | *Ligne ponctuée*, punktierte Linie. || GRAMM. mit Satzzeichen versehen ; interpunktieren. || PAR EXT. *Ponctuer ses phrases de soupirs*, seine Aussagen durch Seufzer unterstreichen.

pondaison [pɔ̃dɛzɔ̃] f. Eierlegen n. ; Legezeit f.

pondérable [pɔ̃derabl] adj. aus-, ab-, wägbar.

pondéral, ale, aux [-ral, o] adj. Gewichts... | *Analyse pondérale*, Gewichtsanalyse f.

pondérateur, trice [-ratœ:r, tris] adj. gewichts-, ausgleichend ; PAR EXT. mäßigend.

pondération [-rasjɔ̃] f. MATH., STAT. Gewichtung f. || PR. et FIG. Ausgewogenheit f. ; Abwägung f.

pondérer [-re] v. tr. abwägen ; ausgleichen ; im Gleichgewicht halten ; gerecht verteilen, bewerten. ◇ part. pass. et adj. **pondéré, ée,** [personne] ausgeglichen ; besonnen ; [argument] abgewogen. || MATH., STAT. gewichtet.

pondéreux, euse [-rø, ø:z] adj. gewichtig.

pondeur, euse [pɔ̃dœ:r, ø:z] adj. eierlegend. | *Poule pondeuse*, Legehenne f.

pondre [pɔ̃:dr] v. tr. Eier legen. || FIG., FAM. *Pondre des articles*, Artikel verfassen.

poney [pɔnɛ] m. Pony n.

pongiste [pɔ̃ʒist] s. SPORT. Tischtennispieler(in) m. (f.).

pont [pɔ̃] m. Brücke f. | *Pont basculant* , Klappbrükke. | *Pont flottant*, schwimmende Brücke. | *Pont métallique*, Stahlbrücke. | *Pont mobile*, Hubbrücke. | *Pont roulant*, Laufkran m. | *Pont suspendu*, Hängebrücke. | *Pont tournant*, Drehbrücke. | *Pont transbordeur*, Förderbrücke ; Schwebefähre f. | *Pont à arches*, Bogenbrücke. | *Pont de bateaux*, Schiffsbrücke. | *Pont de chemin de fer*, Eisenbahnbrücke. | *Pont de radeaux*, Floßbrücke. | *Pont sur le Rhin*, Rheinbrücke. | *Ponts et Chaussées*, Brücken- und Straßenbauwesen n. | *Jeter un pont sur*, eine Brücke über (acc.) schlagen. || SENS TECHN. DÉRIVÉS : MAR. Deck n. | *Pont arrière*, Achter-, Hinterdeck. | *Pont inférieur*, Unterdeck. | *Pont supérieur*, Oberdeck. | *Faux pont*, doppeltes Zwischendeck. | *Pont promenade*, Promenadendeck. | *Tout le monde sur le pont !*, alle Mann an Deck ! || [voitures] *Pont avant*, Vorderachse f. | *Pont arrière*, Hinterachse f. | *Pont élévateur*, *Pont de graissage*, Abschmierrampe f., Hebebühne f. || AÉRON. *Pont aérien*, Luftbrücke f. || MIL. *Tête de pont*, Brückenkopf m. || FIG. *Couper les ponts*, alle Brücken hinter sich abbrechen ; mit allem brechen. | *C'est le pont aux ânes*, das ist eine allbekannte Sache. | *Faire le pont*, einen Werktag zwischen Festtagen ausfallen lassen. | *Faire un pont d'or à qn*, jm ein lukratives Angebot machen. | *Il passera de l'eau sous le pont*, das ist noch lange hin.
— SYN. : *Ponceau* m., Brückchen n. ; Brücklein n. *Passerelle* f., (Brücken)steg m. *Viaduc* m., Viadukt m.

ponte [pɔ̃:t] m. [personnage important] FAM. hohes Tier.

ponte [pɔ̃:t] f. Eierlegen n. ; Legezeit f. ; gelegte Eier n. pl.

pontife [põtif] m. Hohepriester m. ; Pontifex m. ; Kirchenfürst m. | *Souverain pontife*, Pontifex maximus m. ; Papst m. || IRON., FAM. großes Tier.

pontifical, ale, aux [-fikal, o] adj. bischöflich ; päpstlich. | *Messe pontificale*, Pontifikalamt n.

pontificat [-fika] m. Papstwürde f. ; Pontifikat n. ; hohepriesterliches Amt ; Hohepriesterwürde f.

pontifier [-fje] v. intr. feierlich reden, auftreten ; würdevoll tun. || IRON. belehren wollen.

pont-levis [põlvi] m. Ziehbrücke f. ; Fall-, Zugbrücke f.

ponton [põtõ] m. Prahm m. ; Lastkahn m. ; Ponton m. ; Brückenboot n. ; Wohnschiff n.

pool [pul] m. Pool m. ; Zweckgemeinschaft f., -gesellschaft f. | *Pool charbon-acier*, Montanunion f.

pope [pɔ:p] m. RELIG. Pope m.

popeline [pɔplin] f. Popeline f.

popote [pɔpɔt] f. FAM. Küche f. ; Kantine f. ; Kochgeschirr n. || FAM. *Faire la popote*, kochen. || MIL. *Popote des officiers*, Offiziersmesse f.

populace [pɔpylas] f. niederes Volk ; Pöbel m. ; Mob m.

— SYN. : *Canaille* f., Kanaille f. *Pègre* f., Gesindel n. *Plèbe* f., Plebs m. *Racaille* f., Lumpenpack f.

populaire [pɔpylɛ:r] adj. [du peuple] volkstümlich ; volkhaft ; Volks... | *Démocratie populaire*, Volksdemokratie f. | *Soulèvement populaire*, Volkserhebung f. | *Soupe populaire*, Volksküche f. | *Université populaire*, Volkshochschule f. || [aimé, proche du peuple] beliebt ; populär.

populariser [-larize] v. tr. allgemeinverständlich machen ; unters Volk bringen ; popularisieren.

popularité [-larite] f. Beliebtheit (beim Volk) f. ; Volkstümlichkeit f. ; Popularität f.

population [-lasjõ] f. Bevölkerung f. | *Population active*, erwerbstätige Bevölkerung ; Erwerbspersonen pl. | *Population à charge*, zu ernährende Bevölkerung. | *Population scolaire*, Schülerzahl f. ; Schülerschaft f. | *Population urbaine*, Stadtbevölkerung. | *Population rurale*, Landbevölkerung. | *Accroissement de population*, Bevölkerungszunahme f. | *Recensement de la population*, Volkszählung f. || PAR EXT. *Population animale*, Tierwelt f.

populeux, euse [-lø, ø:z] adj. dichtbevölkert ; volkreich.

populiste [-list] adj. Volks...

populo [pɔpylo] m. POP. Pöbel m. ; Mob m. ; kleine Leute.

porc [pɔ:r] m. [animal] Schwein n. || [viande] Schweinefleisch n. | *Porc salé*, Pökelfleisch n. | *Rôti de porc*, Schweinebraten m. || [cuir] Schweinsleder n. | *Soies de porc*, Schweineborsten f. pl. || PÉJOR. Dreckschwein n. ; Sau f. ; Ferkel n.

— SYN. : *Cochon* m., *pourceau* m., Schwein n. *Truie* f., *coche* f., Sau f. *Cochonnet* m., *porcelet* m., *goret* m., Schweinchen n. ; Ferkel n.

porcelaine [pɔrsəlɛ:n] f. Porzellan n., -geschirr n. | *Porcelaine de Saxe*, Meißner Porzellan. || [dentisterie] *Porcelaine transparente*, Transparenzmasse f.

porcelet [pɔrsəlɛ] m. (Saug-, Span)ferkel n.

porc-épic [pɔrkepik] m. ZOOL. Stachelschwein n.

porche [pɔrʃ] m. ARCHIT. (Portal)vorbau m.

porcher, ère [pɔrʃe, ɛ:r] s. Sau-, Schweinehirt(in) m. (f.)

porcherie [-ʃəri] f. Schweinestall m. || FIG. Sauwirtschaft f.

porcin, ine [-sɛ̃, in] adj. Schweine... | *Espèce porcine*, Borstenträger m. ; Schweineart f.

pore [pɔ:r] m. ANAT. Pore f.

poreux, euse [pɔrø, ø:z] adj. porös ; löcherig.

porion [pɔrjõ] m. MINES. Steiger m. | *Maître porion*, Obersteiger.

pornographe [pɔrnɔgraf] m. Pornograph m.

pornographie [-fi] f. Pornographie f.

pornographique [-fik] adj. pornographisch.

porosité [pɔrozite] f. Porosität f. ; Durchlässigkeit f. ; Porigkeit f.

porphyre [pɔrfi:r] m. GÉOL. Porphyr m.

porridge [pɔridʒ] m. Hafergrütze f.

port [pɔ:r] m. [installations] Hafen m. || [ville] Hafenstadt f. || *Port fluvial*, Binnenhafen. | *Port de mer*, Seehafen. | *Port d'attache*, Heimathafen. | *Port de départ*, Aus-, Abgangshafen. | *Port d'embarquement*, Verschiffungshafen ; Einschiffungshafen. | *Port de débarquement*, Ausschiffungshafen. | *Port de destination*, Bestimmungshafen. | *Port d'escale*, Anlege-, Anlaufhafen m. | *Port de plaisance*, Jachthafen. | *Port franc*, Freihafen. | *Port de pêche*, Fischereihafen. | *Port de guerre*, Kriegshafen. | *Toucher à un port*, *Faire escale dans un port*, einen Hafen anlaufen. | *Entrer dans un port*, in einen Hafen einlaufen. | *Être au port*, im Hafen liegen. | *Quitter le port*, aus dem Hafen auslaufen. || FIG. Zufluchtsort m. | *Arriver à bon port*, im sicheren Hafen landen ; glücklich ankommen. | *Faire naufrage au*, *Échouer en vue du port*, kurz vor dem Ziel scheitern.

port [pɔ:r] m. [action de porter] Tragen n. | *Port d'armes*, Waffentragen. | *(Permis de) port d'armes*, Waffenschein m. || [charge] Ladefähigkeit f ; Auslastung f ; [fret] Fracht f. | *Port en lourd*, Beladungsfähigkeit f. ; Höchstgewicht n. || [frais] Porto n. ; Portogebühr f., -satz m. || POSTES. Porto n. ; [fret] Frachtgeld n., -satz m. | *Frais de port*, Porto n., Portospesen, -auslagen, -kosten f. pl. | *Port d'une lettre*, Briefporto n. | *Port dû*, unfrankiert. | *Port en sus*, *Plus port*, zuzüglich Porto. | *Franco de port*, portofrei. | *Port payé*, frankiert ; porto-, frachtfrei. || [tenue, attitude] Haltung f. ; Körperhaltung f. | *Port de tête*, Kopfhaltung. | *Avoir un port de reine*, eine königliche Haltung haben.

portabilité [pɔrtabilite] f. INF. Portabilität f.

portable [-tabl] adj. tragbar. || INF. übertragbar.

portage [-ta:ʒ] m. Tragen n. ; Lieferung f.

portail [pɔrta:j] m. ARCHIT. großes Eingangstor ; Portal n. | *Portail de cathédrale*, Domportal.

portant, ante [pɔrtɑ̃, ɑ̃:t] adj. tragend. | *Bien portant*, gesund ; wohl. | *Mal portant*, kränklich ; unwohl.

◇ loc. adv. **à bout portant,** aus nächster Nähe.

portatif, ive [-tatif, i:v] adj. Koffer... ; Reise... | *Machine à écrire portative*, Reiseschreibmaschine f.

porte [pɔrt] f.

I. ARCHIT. : Tür f. ; Tor n. ; Pforte f.
II. SENS FIGURÉS : Tor n. ; Tür f. ; Pforte f.
III. GÉOGR. : Pforte f. ; Tor n. ; Engpaß m.

I. ARCHIT. : Tür f. || [plus importante] Tor n. ; Pforte f. — **a)** [avec un adjectif] *Porte blindée*, Panzertür ; Stahltür. | *Porte cochère*, Toreinfahrt f. | *Porte coulissante*, Schiebetür. | *Porte dérobée*, Tapetentür. | *Porte latérale*, Seitentür. | *Porte tournante*, Drehtür. | *Porte vitrée*, Glastür. — **b)** [avec un nom] *Porte à deux battants*, Flügeltür. | *Porte à claire-voie*, Latten-, Gittertür. | *Porte à glissière*, Schiebetür. | *Porte d'entrée*, Eingangstür. | *Porte de service*, Lieferanteneingang. | *Les portes de la ville*, die Stadttore n. pl. | *Porte Saint-Martin*, Martinstor. || [ski] *Porte de slalom*, Flaggentor ; Slalomtor. || [indiquant une direction]

Porte de derrière, Hintertür. | *Porte de la cave*, Kellertür. — **c)** [sujet d'un verbe] *La porte donne sur le jardin*, die Tür geht nach dem Garten, führt zum Garten. | *La porte s'ouvre en dedans, en dehors*, die Tür geht nach innen, außen auf. — **d)** [complément d'un verbe] *L'ennemi est aux portes*, der Feind steht vor den Toren. | *Fermer la porte sur qn*, die Tür hinter jm zumachen. | *Frapper à la porte*, an die Tür klopfen. | *Frapper à la porte de qn*, bei jm anklopfen. | *Sonner à la porte*, an der Tür klingeln. | *Trouver porte close*, vor verschlossene Türen kommen. | *Demeurer porte à porte*, Tür an Tür wohnen.

II. SENS FIGURÉS : Tor n. ; Tür f. ; Pforte f. — **a)** [avec un adjectif ou un nom] *Journée porte(s) ouverte(s)*, Tag (m.) der offenen Tür. | *La Sublime Porte*, die Hohe Pforte. | *À la porte !*, hinaus ! ; raus mit ihm ! ; schmeißt ihn raus ! | *À la porte, Aux portes de*, unmittelbar bei ; in nächster Nähe von. | *Aux portes de la mort*, an der Schwelle des Todes. — **b)** [avec un verbe] *Chassez-le par la porte, il rentrera par la fenêtre*, schmeißt man ihn vorne raus, kommt er hinten wieder rein. | *Écouter aux portes*, belauschen. | *Enfoncer des portes ouvertes*, offene Türen einrennen. | *Entrer par la grande porte*, (*etwa*) sofort eine gehobene Stellung bekommen. | *Entrer par la petite porte*, (*etwa*) sich hocharbeiten. | *Toutes les portes lui sont ouvertes*, ihm stehen alle Türen offen. | *Fermer sa porte à qn*, jm das Haus verbieten. | *Fermer à qn la porte au nez*, jm die Tür vor der Nase zuschlagen. | *Forcer la porte de qn*, sich bei jm Zugang verschaffen ; [par la violence] gewaltsam bei jm eindringen. | *Frapper à la porte de qn*, bei jm anfragen. | *Se ménager une porte de sortie*, sich ein Hintertürchen freilassen. | *Mettre qn à la porte*, jn vor die Tür, an die Luft setzen. | *Ouvrir la porte à l'ennemi*, dem Feind Tür und Tor öffnen. | *Prendre la porte*, das Weite suchen ; sich davonmachen.

III. GÉOGR. Pforte f. ; Tor n. ; Engpaß m. | *Porte de Bourgogne*, Burgundische Pforte. | *Les Portes de Fer*, das Eiserne Tor.

porté, ée [pɔrte] adj. geneigt ; aufgelegt. | *Porté à faire qch.*, geneigt, etwas zu tun. | *Porté à la colère*, leicht, schnell erzürnt. | *Être porté sur qch.*, eine (große) Vorliebe für etwas haben. || PAR EXT. *Ombre portée*, Schlagschatten m.

porte-à-faux [pɔrtafo] m. invar. Überhängen n. | *En porte à faux*, überhängend ; freitragend ; FIG. in einer heiklen Lage.

porte-à-porte [pɔrtapɔrt] m. Hausieren n. | *Faire du porte-à-porte*, von Tür zu Tür gehen ; FAM. Klinken putzen.

porte-avions [-avjɔ̃] m. invar. MAR. Flugzeugträger m.

porte-bagages [-baga:ʒ] m. invar. Gepäckträger m., -halter m.

porte-bébé [-bebe] m. (pl. **porte-bébés**) Babytragtasche f.

porte-billets [-bijɛ] m. invar. kleine Brieftasche.

porte-bonheur [-bɔnœ:r] m. invar. Glücksbringer m. ; Glückspfennig m. ; Amulett n.

porte-cartes [pɔrtəkart] m. invar. Kartentasche f. ; Ausweishülle f. ; Visitenkartenetui n.

porte-cigar(ett)es [pɔrtsiga:r, -sigarɛt] m. invar. Zigarr(ett)enetui n., -tasche f.

porte-clefs [pɔrtəkle] m. invar. [personne] Gefängnisschließer m. || [objet] Schlüsselring m.

porte-conteneurs [pɔrtkɔ̃tnœr] m. invar. Containerschiff n.

porte-couteau [pɔrtkuto] m. invar. Messerbänkchen n.

porte-documents [-dɔkymɑ̃] m. invar. Kollegmappe f. ; Aktentasche f.

porte-drapeau [-drapo] m. invar. Fahnenträger m. ; Fähnrich m.

portée [pɔrte] f. ZOOL. Wurf m. ; Gelege n. | *Une portée de quatre chats*, ein Wurf von vier Kätzchen. || [durée de la gestation] Trächtigkeitsdauer f. ; Austragezeit f. || [distance] *Portée de (la) voix*, Hörweite f., -bereich m. | *Portée de vue*, Augen-, Sichtweite f. | *À portée de la main*, greifbar ; zur Hand. | *Avoir qch. à sa portée, à portée de la main*, etwas zur Hand, in Reichweite haben. || RADIO. *Portée (d'émission)*, Sende-, Strahlungsbereich m. || MIL. [d'une arme] Schußweite f., -bereich m. | *Canon à longue portée*, weittragendes Geschütz ; Ferngeschütz n. || FIG. [compréhension] *C'est à ma portée*, das ist für mich erreichbar ; da komme ich mit ; [prix] das kann ich mir leisten. | *C'est au-dessus, hors de ma portée*, das ist mir zu hoch ; das geht über meinen Horizont. | *Se mettre à la portée de qn*, sich für jn verständlich, zugänglich machen. || [importance] Bedeutung f. | *Dans toute sa portée*, in seiner ganzen Tragweite. | *Sans portée*, unzureichend. || MUS. Notenlinien f. pl.

portefaix [pɔrtəfɛ] m. VX. Last(en)träger m.

porte-fenêtre [pɔrtfənɛ:tr] m. (pl. **portes-fenêtres**) Glas-, Fenstertür f.

portefeuille [pɔrtəfœ:j] m. Portefeuille n. || [étui] Brieftasche f. || POLIT. Ministerposten m. ; Geschäftsbereich m. | *Ministre sans portefeuille*, Minister (m.) ohne Geschäftsbereich. || [affaires] Wechsel-, Effekten-, Wertpapierbestand m.

porte-greffes [-grɛf] m. invar. AGRIC. Mutterstock m. ; Zuchtpflanzstock m.

porte-jarretelles [pɔrtʒartɛl] m. invar. Strumpfhaltergürtel m.

porte-malheur [-malœ:r] m. invar. Unglücksbote m., -rabe m.

portemanteau [-mɑ̃to] m. Kleiderständer m., -haken m. || MIL. Mantelsack m.

portement [pɔrtəmɑ̃] m. RELIG. *Portement de croix*, Kreuztragung (f.) Christi.

porte-mines [pɔrtəmin] m. invar. Drehbleistift m. | *Porte-mines à quatre couleurs*, Vierfarbstift m.

porte-monnaie [pɔrtmɔnɛ] m. invar. Geldbörse f., -täschchen n., -beutel m. ; Portemonnaie n.

porte-parapluies [-paraplɥi] m. invar. Schirmständer m.

porte-parole [-parɔl] m. invar. Wortführer m. ; Sprecher m.

porte-plume [pɔrtəplym] m. invar. Federhalter m.

porter [pɔrte].

> **I.** v. tr.
> **a)** SENS PROPRE : avec un complément direct ; avec une préposition.
> **b)** SENS FIGURÉS : avec un attribut ; avec un complément direct ; avec une préposition.
> **II.** v. intr.
> **III.** v. pr. **se porter.**

I. v. tr. : tragen ; bringen.

a) SENS PROPRE : *Porter en haut*, hinauf, herauftragen, -bringen. | *Porter en bas*, hinunter, heruntertragen, -bringen. — (avec un complément direct) *Porter de l'argent*, Geld tragen, führen. | *Porter l'arme à la bretelle*, das Gewehr umhängen (sépar.) ; das Gewehr umgehängt tragen. | *Porter des armes*, Waffen führen. | *Porter les armes*, unter den Waffen stehen ; Soldat sein. | *Porter la barbe*, den Bart wachsen lassen. | *Porter le*

deuil, Trauerkleidung tragen ; in Schwarz gehen. | *Porter le deuil de qn*, um jn trauern. | *Porter des fruits*, Früchte tragen. | *Porter le joug*, das Joch tragen. | *Porter les journaux*, die Zeitungen austragen. || (avec une préposition) *Porter dans ses bras*, auf den Armen tragen. | *Porter en terre*, zu Grabe tragen. | *Porter sur son dos*, auf dem Rücken tragen. | *Porter sur l'épaule*, schultern. | *Porter sur soi*, bei sich tragen, führen. | *C'est commode à porter*, es trägt sich bequem.
b) Sens figurés : (avec un attribut) *Porter disparu*, als vermißt melden, führen. | *Porter qn malade*, jn als krank eintragen. | *Se faire porter malade*, sich krank melden. — (avec un complément direct) *Porter une cause, une affaire devant le tribunal*, eine Sache vor Gericht bringen. | *Il porte bien son âge*, man merkt, man sieht ihm sein Alter an. | *Porter (de l')amitié à qn*, für jn Freundschaft empfinden, fühlen, hegen. | *Porter atteinte à*, beeinträchtigen ; benachteiligen. | *Porter atteinte au moral de l'armée*, die Wehrkraft zersetzen. | *Porter bonheur*, Glück bringen. | *Porter condamnation*, eine Verurteilung aussprechen. | *La nuit porte conseil*, guter Rat kommt über Nacht. | *Porter des coups*, Schläge versetzen, austeilen. | *Porter sa croix*, sein Kreuz, sein Schicksal tragen. | *Porter la culotte*, die Hosen anhaben ; das Regiment führen. | *Porter de l'eau à la rivière*, Eulen nach Athen tragen. | *Porter l'effort sur qch.*, den Angriff auf etwas (acc.) vortreiben. | *Porter envie à qn*, jn beneiden. | *Porter la guerre dans un pays*, ein Land mit Krieg überziehen (insépar.) ; den Krieg ins Land tragen. | *Porter intérêt à qn*, jm Interesse entgegenbringen. | *Porter intérêts*, Zinsen tragen, bringen. | *Porter un jugement*, ein Urteil fällen. | *Porter la main sur qn*, Hand an jn legen ; sich an jm vergreifen. | *Porter malheur*, Unglück bringen. | *Porter un nom*, [s'appeler] einen Namen führen, tragen. | *Porter un nom sur une liste*, einen Namen in eine Liste eintragen. | *Porter ombrage à qn*, js Eifersucht erregen ; [faire obstacle] jm im Wege stehen. | *Porter la parole*, das Wort führen. | *Porter une partie de la responsabilité*, mitverantwortlich sein. | *Porter ses pas vers un lieu*, seine Schritte nach einem Ort lenken. | *Porter plainte contre qn*, gegen jn gerichtlich vorgehen. | *Porter préjudice à qn*, jm Schaden zufügen ; jm Abbruch tun. | *Porter ses regards sur, vers qch.*, seine Blicke auf etwas (acc.) richten. | *Porter secours à qn*, jm Hilfe, Beistand leisten. | *Porter ses soupçons sur qn*, seinen Verdacht auf jn richten. | *Porter témoignage*, Zeugnis ablegen. | *Porter la tête haute*, den Kopf hoch tragen. | *Porter un titre*, einen Titel führen. | *Porter un toast à qn*, einen Trinkspruch auf jn halten. | *Porter tort à qn*, jm Unrecht zufügen ; jn beeinträchtigen. — [avec une préposition] **à**. *Porter à l'actif, à l'avoir, au crédit de qn*, jm gutschreiben, zur Gutschrift bringen ; jn ins Haben buchen. | *Porter au compte de qn*, jm auf das Konto setzen ; jm in Rechnung stellen. | *Porter à la connaissance de qn*, jm zur Kenntnis bringen ; jn in Kenntnis setzen. | *Porter au débit de qn*, jm zur Last schreiben ; jm ins Soll eintragen. | *Porter à domicile*, ins Haus liefern. | *Porter à l'écran*, verfilmen. | *Porter à la scène*, auf die Bühne bringen. | *Porter aux nues*, in den, bis zum Himmel heben ; pop. über den grünen Klee loben. | *Ce livre porte à la rêverie*, dieses Buch verleitet zu Träumereien. | *Tout porte à croire que*, alles deutet darauf hin, daß. || (avec une prép.) **dans.** *Porter dans son cœur* [sentiment] hegen ; [personne] jn ins Herz geschlossen haben. — **en.** *Porter en compte*, anrechnen ; verbuchen. — **sur.** *Porter sur une liste*, auf eine Liste setzen.
II. v. intr. *La glace ne porte plus*, das Eis trägt nicht mehr, wird brüchig. | *La chienne porte deux mois*, die Hündin ist zwei Monate lang trächtig. | *Pas un mot qui ne porte*, jedes Wort sitzt, ist zutreffend. | *Des répliques qui portent*, schlagende Antworten f. pl. | *Un coup qui porte*, Volltreffer m. | *La carabine porte à cinq cents mètres*, die Flinte schießt fünfhundert Meter weit. | *Porter beau*, sein Äußeres pflegen. | *La loi porte que*, das Gesetz besagt, daß. | *En porte à faux*, überhängend. | *Le vin porte à la tête*, der Wein steigt zu Kopf. | *Cela me porte sur les nerfs*, das geht mir auf die Nerven. | *Sur quoi porte sa critique ?*, worauf bezieht sich seine Kritik ?
III. v. pr. **se porter.** — **a)** [employé absolument] *Cette mode ne se porte plus*, diese Mode wird nicht mehr getragen. | *Cette robe peut encore se porter*, dieses Kleid ist noch tragbar. — **b)** [mouvement] *Se porter en avant*, vorrücken. | *Se porter au secours de qn*, jm zu Hilfe eilen. — **c)** [santé] *Je me porte bien, mal*, es geht mir gut, schlecht ; mir ist gut (wohl), schlecht. | *Il se porte comme un charme*, er strotzt von/vor Gesundheit. | *Comment vous portez-vous ?*, wie geht es Ihnen ? ; wie befinden Sie sich ? — **d)** Jur. *Se porter partie contre qn*, sich zum Kläger gegen jn aufwerfen ; als Kläger gegen jn auftreten. — **e)** Loc. *Se porter candidat*, sich bewerben (um, acc.). | *Le choix s'est porté sur lui*, die Wahl ist auf ihn gefallen.

porte-savon [pɔrtsavɔ̃] m. invar. Seifenschale f.

porte-serviettes [-sɛrvjɛt] m. invar. Handtuchhalter m., -ständer m.

porteur, euse [pɔrtœ:r, ø:z] s. Träger(in) m. (f.). || [de fardeaux] Gepäckträger m. ; Dienstmann m. | *Porteur de journaux*, Zeitungsausträger. || [d'une lettre, d'un pli] Überbringer m. ; Austräger m. ; Bote m. | *Porteur d'une bonne, d'une mauvaise nouvelle*, Überbringer einer guten, einer schlechten Nachricht ; Glücks-, Unglücks-, (Hiobs)bote m. || Fin. Inhaber m. ; Besitzer m. ; Girat m. | *Porteur d'actions*, Aktienbesitzer. | *Action au porteur*, Inhaberaktie f. | *Petit porteur*, Kleinanleger m. ; Kleinaktionär m. | *Porteur d'un billet, d'un effet, d'une lettre de change*, Vorzeiger (m.) eines Wechsels. || Méd. *Porteur asymptomatique*, symptomfreier Virusträger. | *Porteur de germes*, Bazillenträger m. | *Porteur sain*, gesunder Virusträger.

porte-voix [pɔrtəvwa] m. invar. Sprachrohr n. ; Megaphon n. || Arg. mil. Flüstertüte f.

portier, ière [pɔrtje, jɛ:r] s. Pförtner(in) m. (f.) ; Portier m. ; Portierfrau f. ; Hausmeister(in) m. (f.).

portière [-tjɛ:r] f. [porte] Wagentür f. || [rideau] Tür-, Fenstervorhang m. ; Portiere f.

portillon [-tijɔ̃] m. Türchen n. ; kleine Gittertür. || [contrôle] Sperre f. ; Bahnsteigsperre f.

portion [pɔrsjɔ̃] f. Teil m. ; Ration f. ; Portion f. | *Portion congrue*, Hungerration f. | *Être réduit, mis à la portion congrue*, auf Schmalkost gesetzt werden ; ein dürftiges Einkommen haben.
— Syn. : *Part.* f., Anteil m. *Ration* f., Verpflegungssatz m.

portique [pɔrtik] m. Archit. Säulen-, Bogenhalle f. ; Säulengang m. || Sport. Balkengerüst n. ; Turngerüst n. || Philos. *Le Portique*, Stoa f.

porto [pɔrto] m. Portwein m.

portrait [pɔrtrɛ] m. Bild n. ; Bildnis n. ; Abbild n. ; Porträt n. || [ressemblance] Ebenbild n. || [moral] Charakterbild, n., -zeichnung f., -schilderung f. | *Art du portrait*, Porträtmalerei f. | *Portrait de famille*, Ahnenbild. | *Faire le portrait de qn*, jn porträtieren. | *Faire un portrait moral*, ein Charakterbild geben. | *C'est (tout) le portrait de son père*, er ist das wahre Ebenbild seines Vaters.

portraitiste [-tist] m. Porträtmaler m. ; Porträtist m.

portrait-robot [-rɔbo] (pl. **portraits-robots**) m. Phantombild n. ; Fahndungsskizze f.

portraiturer [-tyre] v. tr. porträtieren.

portuaire [pɔrtɥɛ:r] adj. Hafen... | *Installations portuaires*, Hafenanlagen f. pl.

portugais, aise [pɔrtygɛ, ɛ:z] adj. portugiesisch. ◇ s. **Portugais, aise,** Portugiese m. ; Portugiesin f. ◇ m. **portugais,** [langue] Portugiesisch n.

Portugal [pɔrtygal] n. pr. m. GÉOGR. Portugal n.

pose [po:z] f. [action de poser] Legen n. ; Setzen n. ; Stellen n. ; Aufstellung f. ; Anbringung f. | *Pose d'un câble*, Kabellegung f. || *Pose de la première pierre*, Grundsteinlegung f. | *Pose d'un tapis*, Legen eines Teppichs. | *Pose de tuyaux*, Rohrverlegung f. | *Pose des voies*, Gleis(ver)legung f. || [d'un modèle] Modellsitzen n. || PHOT. *Temps de pose*, Belichtungszeit f., -dauer f. || [attitude] Haltung f. ; Stellung f. ; Pose f. || PAR EXT., FIG. Ziererei f. ; Effekthascherei f. | *Pose naturelle*, natürliches Sichgeben ; natürliche Haltung. | *Pose affectée*, gemachte Pose ; Effekthascherei. | *Prendre une pose*, eine Haltung annehmen. | *C'est de la pose*, das ist nur Angabe.

posé, ée [-ze] part. pass. et adj. [lieu] gesetzt ; gelegt ; liegend. | *Être posé*, [à plat] liegen ; [debout] stehen. || FIG. gesetzt ; bedächtig ; besonnen. | *Une voix posée*, eine feste Stimme.

posemètre [pozmɛtr] m. Belichtungsmesser m.

poser [poze] v. tr. (hin)setzen. || [debout] auf-, hinstellen ; stellen. || [allongé] legen, auf-, hin-, verlegen. || [suspendu] hängen, aufhängen. || [dans qch.] bauen ; einbauen ; einsetzen. || [contre qch.] anbringen. || *Poser des affiches*, Plakate anschlagen ; Zettel ankleben. | *Poser un câble*, ein Kabel verlegen. | *Poser une échelle*, eine Leiter anlegen, ansetzen, ausfstellen. | *Poser une porte*, eine Tür einhängen. | *Poser des rivets*, Nieten setzen. || FIG. legen ; setzen ; (auf)stellen. | *Poser les armes*, die Waffen niederlegen. | *Poser sa candidature*, kandidieren ; sich (um, acc.) bewerben. | FAM. *Poser un lapin à qn*, jn versetzen. || *Poser le masque*, die Maske fallen lassen. | *Poser un principe*, einen Grundsatz aufstellen. | *Poser en principe*, als Grundsatz aufstellen, annehmen. | *Poser une question*, eine Frage stellen, aufwerfen.
◇ v. intr. [locatif] ruhen (auf, dat.) ; liegen ; stehen. || PHOT. belichten. || PAR EXT. *Ses regards étaient posés sur moi*, seine, ihre Blicke waren auf mich gerichtet, ruhten auf mir. | *Poser pour un portrait*, Modell stehen, sitzen. || FIG. sich aufspielen ; sich zieren. | *Il pose au grand homme*, er spielt den großen Mann.
◇ v. pr. **se poser,** sich legen, setzen, stellen ; landen. || [sur l'eau] wassern. || FIG. *La question se pose (de savoir si)*, die Frage erhebt sich, (ob) ; es fragt sich, (ob). | *La question ne se pose pas*, es kommt (gar) nicht in Frage. | *Se poser en héros*, sich als Helden aufspielen ; sich zum Helden aufwerfen.

poseur, euse [-zœ:r, ø:z] adj. angeberisch ; geziert ; gemacht.
◇ s. ...setzer(in) m. (f.) ; ...leger(in) m. (f.) | *Poseur de bombes*, Bombenleger. | *Poseur de briques*, Steinsetzer m. | *Poseur de parquet*, Parkettleger m. || PAR EXT., FIG. Wichtigtuer m.

positif, ive [pozitif, i:v] adj. [actif] bejahend ; [sûr] sicher ; bestimmt ; feststehend ; auf Tatsachen beruhend ; tatsächlich ; wirklich ; positiv. | *Nombre positif*, positive Zahl. | *Résultat positif*, positives Ergebnis. | *Esprit positif*, nüchterner Geist.
◇ m. **positif.** PHOT. Abzug m. ; Positiv n. | *Positif sur verre*, Dia(positiv) n. || GRAMM. Grundform f. ; Positiv m.
— SYN. : *Certain*, gewiß. *Effectif*, tatsächlich. *Évident*, offensichtlich, *Réel*, wirklich. *Tangible*, fühlbar.

position [pozisjɔ̃] f. **1.** LOCATIF : [position initiale] Anfangs-, Ausgangstellung f. ; Anfangs-, Ausgangslage f. | *Position d'équilibre*, Gleichgewichtslage f. | *Position de repos*, Ruhestellung f. | *Position de service, de travail*, Betriebs-, Arbeitsstellung f. | *Position du navire*, Schiffsort m. | *Position du soleil*, Sonnenstand m. | *Feux de position*, [bateau] Positionslichter n. pl. ; [voiture] Standlichter n. pl. || AÉRON. *Signaler sa position*, den Standort angeben. || INF. *Position de mémoire*, Speicherstelle f.
2. ATTITUDE : [du corps] Haltung f. | *Position debout*, (aufrechter) Stand. | *Position allongée*, gestreckte Haltung. | *En position couchée*, im Liegen. | *En position assise*, im Sitzen. | *Position accroupie*, Hocke f. | *Position à genoux*, Knien n. | *Position à plat ventre*, Bauchlage f. | SPORT. *Position jambes écartées*, Spreizstellung f. || [de l'esprit] *Prendre position*, Stellung nehmen. | *Prise de position (personnelle)*, (persönliche) Stellungnahme f.
3. SITUATION (PROFESSIONNELLE) : Stellung f. ; Position f. | *Position sociale*, gesellschaftliche Stellung. | *Position clef*, Schlüsselstellung. | *Se créer une position*, sich eine Position schaffen.
4. FIG. [circonstances, état] Stellung f. ; Lage f. ; Zustand m. ; Verhältnisse n. pl. | *Position dirigeante*, leitende, führende Stellung. | *Être en position de*, in der Lage sein, zu ; imstande sein, zu. | *Être dans une position difficile*, sich in schwieriger Lage befinden. || [par euphémisme, femme] *Être dans une position intéressante*, in anderen Umständen sein.
5. MIL. : Stellung f. ; Haltung f. || [du soldat, tir] *Position debout*, stehend. | *Position assise*, sitzend. | *Guerre de position*, Stellungskrieg m. | *Occuper une position, Prendre position*, eine Stellung beziehen.

positionnement [-sjɔnmɑ̃] m. TECHN. Positionieren n.

positivisme [pozitivism] m. PHILOS. Positivismus m.

positiviste [-vist] adj. PHILOS. positivistisch.
◇ m. Positivist m.

posologie [pozɔlɔʒi] f. MÉD. Dosierung f.

possédé, ée [pɔsede] adj. besessen ; beherrscht. | *Possédé du démon*, vom Dämon besessen.
◇ s. Besessene(r) f. (m.).

posséder [-sede] v. tr. [avoir] besitzen ; in Besitz haben ; innehaben. | *Posséder une maison*, ein Haus besitzen. | *Posséder un titre*, einen Titel tragen, haben. | *Le diable le possède, Il est possédé du diable, du démon*, den reitet der Teufel ; er ist vom Teufel besessen. || [connaître] mächtig sein (gén.) ; beherrschen. | *Posséder une langue*, eine Sprache beherrschen. || POP. [tromper] *Posséder qn*, jn übertölpeln (insépar.), bemogeln.
◇ v. pr. **se posséder,** sich in der Gewalt haben ; sich beherrschen. | *Ne plus se posséder*, außer Rand und Band sein.

possesseur [-sɛsœ:r] m. Besitzer m. ; Inhaber m.

possessif, ive [-sɛsif, i:v] adj. besitzanzeigend ; Besitz... | *Pronom possessif*, besitzanzeigendes Fürwort ; Possessivpronomen n.

possession [-sɛsjɔ̃] f. [chose] Besitzung f. ; Besitztum n. || RELIG. Besessensein n. ; Besessenheit f. || GÉOGR. *Possessions d'outre-mer*, überseeische Besitzungen f. pl. || JUR. Besitz m. | *Prendre possession de qch.*, von etwas Besitz nehmen, ergreifen. | *Entrer en possession de qch.*, in den Besitz einer Sache gelangen. | *Avoir qch. en sa possession, Être en possession de qch.*, etwas besitzen, in Besitz haben.

possibilité [pɔsibilite] f. Möglichkeit f. | *Possibilité d'application, d'utilisation*, Verwendbarkeit f.
— SYN. : *Pouvoir* m., Vermögen n. *Faculté* f., Fähigkeit f. *Moyen* m., Mittel n.

possible [-sibl] adj. möglich ; tunlich ; angängig ; zu machen. | *Ce n'est pas possible*, das ist nicht möglich ; das geht nicht an ; FAM. nicht zu machen. | *C'est possible*, [éventuel] das kann sein ; [restrictif] (das) mag sein ; [admis] das darf sein. | *Il est possible qu'il vienne*, es kann sein, daß er kommt ; vielleicht kommt er. | *Rendre possible*, ermöglichen. | *Si possible*, womöglich. || [avec un compar. ou un superl.] *Autant que possible*, so viel wie möglich. | *Le plus possible*, möglichst viel. | *Le plus souvent possible*, so häufig, so oft wie möglich ; möglichst oft. | *Le plus tôt possible*, *Aussitôt que possible*, sobald wie möglich ; möglichst bald. | *Le mieux possible*, so gut wie (irgend) möglich. | *Dans les meilleures conditions possibles*, unter den denkbar günstigsten Umständen.

◇ m. das Mögliche. | *Dans la mesure du possible*, im Rahmen des Möglichen. | *Faire (tout) son possible*, sein Möglichstes tun.

◇ adv. et interj. möglich (!) ; mag sein ! | *Pas possible !*, ach was ! ; nicht möglich ! | *Au possible*, äußerst.

— SYN. : *Faisable*, zu machen. *Réalisable*, durchführbar.

postal, ale, aux [pɔstal, o] adj. postalisch ; Post... | *Abonnement postal*, Postbezug m. | *Boîte postale*, Postschließfach n. | *Carte postale*, [simple] Postkarte f. ; [illustrée] Ansichts(post)karte f. | *Colis postal*, Postpaket n. | *Taxes postales*, Postgebühren f. pl. | *Virement postal*, Postüberweisung f.

postcure [pɔstky:r] f. MÉD. Nachbehandlung f.

postdater [-date] v. tr. nachdatieren.

poste [pɔst] f. Post f. || [bureau] Postamt n. ; Poststelle f. || *Poste aérienne*, Luftpost. | *Poste restante*, postlagernd. | *Grande poste*, Hauptpost ; Hauptpostamt n. | *Poste aux armées*, Feldpost. | *Hôtel des postes*, Post f. ; Postgebäude n. | *Postes et Télécommunications*, Post- und Fernmeldewesen n. | *Par la poste*, per, mit der Post. | *Mettre une lettre à la poste*, einen Brief zur, auf die Post bringen. | *Cela passe comme une lettre à la poste*, das geht glatt durch, das flutscht.

poste [pɔst] m.

I. FONCTION ET LIEU DE CETTE FONCTION.
II. MIL. : Posten m. ; Stellung f.
III. INSTALLATION : Anlage, f. ; Stand m. ; etc.
a) RADIO ;
b) POSTES ;
c) AÉRON. ;
d) MAR. ;
e) ADM. ;
f) [chemin de fer] ;
g) TECHN. et SECOURS.
IV. COMPTABILITÉ : Posten m.

I. FONCTION ET LIEU DE CETTE FONCTION : Posten m. ; Amt n. ; Stellung f. ; Stelle f. | *Poste de confiance*, Vertrauensstellung. | *Poste de direction*, leitende Stellung. | *Briguer un poste*, sich um eine Stellung, einen Posten bewerben. | *Donner un poste à qn*, jn anstellen. | *Être à son poste*, seinen Platz ausfüllen ; auf Posten sein ; MAR. auf Deck sein. | *Être nommé à un poste*, zu... ernannt werden. | *Être solide au poste*, immer auf dem Posten sein. | *Mourir à son poste*, auf seinem Posten bis zum Tode ausharren. | *Occuper un poste*, einen Posten bekleiden.

II. MIL. : Posten m. ; Stellung f. | *Poste avancé*, Außenposten ; Vorposten. | *Poste de commandement (P. C.)*, Befehlsstelle f. ; [au combat] Gefechtsstand m. | *Poste d'écoute*, Abhörposten. | *Poste (de garde)*, Wachposten. | *Poste de guet*, Lauerposten ; AÉRON. Luftspähposten ; Flugwarnstelle f. | *Poste d'observation*, Beobachtungsstand m., -stelle f. ; B-Stelle f. | *Poste de police*, Torwache f. | *Poste de secours*, Hauptverband(s)platz m., -stelle f. | *Poste de surveillance*, Beobachtungsposten ; Überwachungsstelle f.

III. INSTALLATION : Posten m. ; Station f. ; Anlage f. ; Stand m. — **a)** RADIO : Apparat m. ; Gerät n. ; Funkgerät n. | *Poste de radio, de T.S.F.*, Radio-, Rundfunkapparat, -empfänger m. | *Poste de télévision*, Fernsehapparat ; Fernseher m. | *Poste émetteur*, Rundfunksender m. ; Sendegerät. | *Poste émetteur de télévision*, Fernsehsender m. | *Poste récepteur*, Rundfunkempfänger m. ; Empfangsgerät. | *Poste (récepteur) de télévision*, Fernsehempfänger m. | *Poste à galène*, Detektorempfänger m. | *Poste sur secteur*, Netzempfänger m. — **b)** POSTES : [lieu] Sprechstelle f. || [appareil] Apparat m. | *Poste téléphonique*, Telefonapparat. | *Poste automatique*, Selbstwählapparat. | *Poste d'abonné*, Teilnehmer-, Telefonanschluß m. || [dans un réseau intérieur] *Poste 320*, Apparat 320. | *Poste de télétype, de télex*, Fernschreiber m. ; Fernschreibstelle f. — **c)** AÉRON. : *Poste de conduite*, Flugleitstelle f. | *Poste de pilotage*, Pilotenraum m. ; Führer-, Steuerungsstand m. | *Poste avant*, Bugkanzel f. — **d)** MAR. : *Poste d'équipage*, Mannschaftsraum m. — **e)** ADM. : *Poste frontière*, Grenzposten. | *Poste de contrôle douanier*, Zollaufsichtsstelle f. | *Poste de police*, Polizeiwache f. | *Conduire qn au poste*, jn auf die Wache, auf das Polizeirevier bringen, schaffen. — **f)** [chemin de fer] *Poste d'aiguillage*, Stellwerk n. ; [avec signaux] Blockstelle f. — **g)** TECHN. ET SECOURS : *Poste de direction*, Hauptleitstelle f. | *Poste de machiniste*, Maschinistenstand m. | *Poste de conduite*, [machines] Führerhäuschen n. ; [véhicules] Führer-, Fahrerstand m. | *Poste d'eau*, Wasseranlage f. ; Wasserzapfstelle f. | *Poste d'essence*, Tankstelle f. | *Poste de dépannage*, Autohilfsstelle f. | *Poste de secours*, [en montagne] Bergwacht f. ; alpine Rettungsstelle.

IV. COMPTABILITÉ : Posten m. ; Rechnungs-, Buchungsposten m. ; Rechnungsansatz m. | *Poste budgétaire*, Etattitel m. ; Etatposten.

poster [-te] v. tr. [placer dans un poste] aufstellen ; postieren. || [mettre à la poste] postfertig machen ; in die Post geben.

◇ v. pr. **se poster,** Stellung beziehen.

postérieur, ieure [pɔsterjœ:r] adj. [temps] später, jünger, neuer (*à*, als) ; nachträglich ; nachmalig. | *Époque postérieure*, späterer, nachfolgender Zeitabschnitt. || [espace] hinter ; rückwärtig. | *Partie postérieure*, hinterer Teil.

◇ m. **postérieur,** Hinterteil n., Hintere m.

posteriori (a) [apɔsterjɔri] loc. adv. hinterher. || PHILOS. aus den Tatsachen folgend.

postériorité [pɔsterjɔrite] f. Spätersein n. ; Nachstehen n. | *Postériorité de date*, späteres Datum.

postérité [-rite] f. [descendance] Nachkommenschaft f. ; Nachkommen m. pl. | *Mourir sans postérité*, sterben, ohne Nachkommen zu hinterlassen. || [monde futur] Nachwelt f. | *Passer à la postérité*, auf die Nachwelt kommen ; berühmt werden. | *La postérité la plus reculée*, noch die spätesten Geschlechter n. pl.

postface [pɔstfas] f. Nachwort n.

posthume [pɔstym] adj. posthum ; nach dem Tode ; nachgelassen ; hinterlassen. | *Enfant posthume*, nachgeborenes Kind. | *Œuvres posthumes*, hinterlassene Werke n. pl. ; Nachlaß m. | *Conféré à titre posthume*, nach dem Tode verliehen.

postiche [pɔstiʃ] adj. [rajouté] hinzugefügt ; nachgemacht. || [faux] unecht ; falsch ; unpassend.

◇ m. Haarteil n. ; Toupet n.

postier, ière [pɔstje, jɛ:r] s. Postbeamter m. ; Postbeamtin f. ; Postangestellte(r) f. (m.).

postillon [-tijɔ̃] m. [poste] Postillion m. ; Postkutscher m. || [attelage] Vorreiter m.
◇ m. pl. **postillons.** FAM. Spucke f.

postillonner [pɔstijɔne] v. intr. FAM. eine feuchte Aussprache haben.

postopératoire [pɔstɔperatwa:r] adj. MÉD. postoperativ.

postscolaire [-skɔlɛ:r] adj. nachschulisch ; Fortbildungs... | *Enseignement postscolaire*, Fortbildungsunterricht m.

post-scriptum [-skriptɔm] m. invar. (abrév. P.-S.) Postskript(um) n.

postsynchronisation [-sɛ̃krɔnizasjɔ̃] f. Nachsynchronisierung f. ; Nachsynchronisation f.

postsynchroniser [-ze] v. tr. nachsynchronisieren.

postulant, ante [pɔstylɑ̃, ɑ̃:t] s. Bewerber(in) m. (f.).

postulat [-la] m. Postulat n. || MATH. Satz m. ; Axiom n.

postuler [-le] v. tr. [demander] um etwas anhalten ; fordern ; sich um etwas bewerben.

posture [pɔsty:r] f. Haltung f. ; Stellung f. ; Positur f. || FIG. Lage f. ; Situation f. ; Verhältnisse n. pl. | *Être en bonne, en mauvaise posture*, in guten, schlechten Verhältnissen sein ; gut, schlecht gestellt sein. | *Être en posture de*, in der Lage sein, zu ; vermögen.

pot [po] m. [récipient] Topf m. ; Krug m. ; Kanne f. ; Hafen m. | *Pot à eau*, Wasserkrug, -kanne. | *Pot au lait*, Milchtopf, -kanne. | *Pot de lait*, Topf Milch. | *Pot à bière*, Bierseidel n. | *Pot de bière*, Seidel Bier. | *Pot de fleurs*, Blumentopf. | *Pot de chambre*, Nachttopf. | *Pot d'étain*, Zinnkrug. || TECHN. *Pot d'échappement*, Auspuff(topf) ; [à silencieux] Auspuff (m.) mit Schalldämpfer. | *Pot catalytique*, Katalysator m. || FIG. *Découvrir le pot aux roses*, hinter die Schliche kommen. | *C'est le pot de terre contre le pot de fer*, das bedeutet den Schwächeren gegen den Stärkeren ; das ist aussichtslos. | *Sourd comme un pot*, stocktaub. | *Manger à la fortune du pot*, essen, was die Kelle gibt. | *Payer les pots cassés*, es ausbaden müssen. | *Tourner autour du pot*, wie die Katze um den heißen Brei herumgehen. — SYN. : *Cruche* f., Krug m. *Pichet* m., Henkeltopf m. *Vase* m., Vase f.

potable [pɔtabl] adj. trinkbar ; genießbar. | *Eau potable*, Trinkwasser n. || PAR EXT. *Le vin est potable*, der Wein läßt sich trinken. || FIG. erträglich.

potache [pɔtaʃ] m. FAM. Pennäler m.

potage [pɔta:ʒ] m. [bouillon] Suppe f. | *Potage à la semoule*, Griessuppe.

potager, ère [-ʒe, ɛ:r] adj. Gemüse... ; Küchen... | *Plantes potagères*, Küchenkräuter n. pl.

potager [-ʒe] m. Gemüsegarten m.

potard [pota:r] m. FAM. Apothekergehilfe m. ; Pillendreher m.

potasse [pɔtas] f. CHIM. Kaliumoxyd n. ; Pottasche f. ; Kali n. | *Mine de potasse*, Kaligrube f., -werk n.

potasser [pɔtase] v. tr. ARG. büffeln ; pauken.

potassique [pɔtasik] adj. Kali... ; kalihaltig.

potassium [-sjɔm] m. CHIM. Kalium n.

pot-au-feu [potofø] m. invar. [mets] Rindfleischsuppe f. || [viande] Suppenfleisch n.
◇ adj. hausbacken.

pot-de-vin [podvɛ̃] m. (pl. **pots-de-vin**) Schmiergeld n. | *Donner un pot-de-vin à qn*, jn bestechen, schmieren.

pote [pɔt] m. POP. Kumpel m. ; Kamerad m.

poteau [pɔto] m. [mât ; pilier] Pfahl m. ; Pfosten m. ; Stange f. ; Mast m. | *Poteau-frontière*, Grenzpfahl. | *Poteau indicateur*, Wegweiser m. | *Poteau télégraphique*, Telegraphenstange. || PAR EXT. *Envoyer au poteau*, erschießen lassen. || SPORT. [balle] Torpfosten m. ; Torlatte f. ; [courses] Ziel n.

potée [pɔte] f. [contenu] Topf voll ; Topf-, Kruginhalt m. || [quantité] Haufen m. ; Menge f. || CULIN. Gemüseeintopf m.

potelé, ée [pɔtle] adj. rundlich ; füllig ; drall. | *Bébé potelé*, praller Säugling. | *Bras potelé*, rundlicher Arm.

potence [pɔtɑ̃:s] f. [assemblage] Ausleger m. ; Trägerarm m. | *Potence de levage*, Ladebaum m. | *Grue à potence*, Wanddrehkran m. ; Auslegerkran m. || [pour pendaison] Galgen m. | *Gibier de potence*, Galgenstrick m., -vogel m.

potentat [pɔtɑ̃ta] m. Machthaber m. ; Potentat m. || PAR EXT. Wichtigtuer m. ; Dicktuer m.

potentialité [pɔtɑ̃sjalite] f. PHILOS. Möglichkeit f. ; Potentialität f.

potentiel, ielle [-sjɛl] adj. potentiell ; möglich.

potentiel [-sjɛl] m. Potential n. ; Leistungsfähigkeit f. | *Potentiel industriel*, Industriepotential. || ÉLECTR. Spannung f. | *Chute de potentiel*, Spannungsabfall m. | *Différence de potentiel*, Spannungsunterschied m.

potentiomètre [-sjɔmɛtr] m. [mesure] Potentiometer n. ; Spannungsmesser m.

poterie [pɔtri] f. [vaisselle] Tongeschirr n. ; Töpferwaren f. pl. ; Tonwaren f. pl. | *Poterie vernissée*, glasierte Töpferware. | *Poterie d'étain*, Zinngeschirr n. | *Poterie de grès*, Steinzeug n. || [lieu] Töpferei f. ; Töpferwerkstatt f. || [art] Töpferarbeit f.

poterne [pɔtern] f. Hinterpforte f. ; Ausfalltor n.

potiche [pɔtiʃ] f. Chinavase f.

potier [pɔtje] m. Töpfer m. | *Potier d'étain*, Zinngießer m.

potin [pɔtɛ̃] m. FAM. [tapage] Lärm m. ; Radau m. ; [commérage] Klatscherei f. ; Geschwätz n. | *Potins de concierge*, Hintertreppenklatsch m.

potiner [-tine] v. intr. klatschen ; tratschen.

potion [posjɔ̃] f. Arzneitrank m. ; Mixtur f.

potiron [pɔtirɔ̃] m. BOT. Riesenkürbis m.

pot-pourri [popuri] m. (pl. **pots-pourris**). CULIN. Mischgericht n. || MUS. Potpourri n.

pou [pu] m. ZOOL. Laus f. | *Laid comme un pou*, scheußlich. | *Chercher des poux à qn*, mit jm Streit anfangen.

pouah ! [pwa] interj. puh ! ; pfui Teufel ! ; äh !

poubelle [pubɛl] f. Mülleimer m. ; Müllkasten m.

pouce [pus] m. [doigt] Daumen m. || [orteil] große Zehe. || *Manger sur le pouce*, rasch im Stehen etwas zu sich nehmen. | *Sucer son pouce*, am Daumen lutschen. | *Se tourner les pouces*, die Daumen drehen. | *Donner le coup de pouce à qch.*, letzte Hand an etwas legen. | *Mettre les pouces*, sich für besiegt erklären. || [mesure ; largeur] Daumenbreite f. ; [longueur] Zoll m. | *Pas un pouce de terrain*, kein Zollbreit Landes.

Poucet [pusɛ] m. *Le Petit Poucet*, Däumling m.

poudre [pu:dr] f. [substance] Staub m. ; Pulver n. | *Poudre à éternuer*, Niespulver. | *Poudre d'amidon*, Stärkemehl n. | *Poudre de perlimpinpin*, Wunderpulver ; wertloses Zeug. | *Poudre d'or, de zinc*, Gold-, Zinkstaub. | *En poudre*, gemahlen, Pulver-. | *Sucre en poudre*, Puder-, Staubzucker m. | *S'en aller, Tomber en poudre*, in Staub zerfallen. | *Secouer la poudre de ses habits*, den Staub aus seinen Kleidern schütteln. | *Réduire qch. en poudre*, etwas zu Staub zerreiben. || [parfumerie] *Poudre de riz*, Reis-, Gesichtspuder m. | *Se mettre de la poudre*, sich pudern. || MIL. (Schieß)pulver n. || FIG. *Il n'a pas inventé la poudre*, er hat das Pulver nicht erfunden. | *Jeter de la poudre aux yeux à qn*, jm Sand in die Augen streuen ; jm blauen Dunst vormachen. | *Mettre le feu aux poudres*, die Bombe zum Platzen bringen. | *Se répandre comme une traînée de poudre*, sich wie ein Lauffeuer verbreiten.

poudrer [-dre] v. tr. (be)pudern.

poudrerie [-drəri] f. Pulverfabrik f., -mühle f.

poudreuse [pudrø:z] f. [neige] Pulverschnee f.

poudreux, euse [-drø, ø:z] adj. staubig ; bestaubt ; staubbedeckt. | *Route poudreuse*, staubige Straße. | *Neige poudreuse*, FAM. *poudreuse* f., Pulverschnee m.

poudrier [-drije] m. Puderdose f. ; Sandbüchse f.

poudrière [-drijɛ:r] f. [dépôt] Pulvermagazin n.|| FIG. Pulverfaß n.

poudroyer [-drwaje] v. intr. [état] stäuben ; stieben ; stauben.

pouf ! [puf] interj. plumps ! ; pardauz ! ; bums !

pouf [puf] m. Polsterhocker m. ; Fußkissen n.

pouffer [pufe] v. intr. *Pouffer de rire*, laut auflachen ; losprusten ; vor Lachen platzen.

pouffiasse [pufjas] f. POP. Nutte f.

pouilleux, euse [-jø, ø:z] adj. lausig ; verlaust. || FAM. schmutzig. || [stérile] unfruchtbar.
◇ m. **pouilleux,** armer Schlucker ; Lausekerl m.

pouillot [pujo] m. ZOOL. Laubsänger m. | *Pouillot siffleur*, Waldlaubsänger.

poulailler [pulaje] m. Hühnerstall m. || THÉÂTRE, POP. Olymp m.

poulain [pulɛ̃] m. [animal] Fohlen n. ; Füllen n. | *Faire un poulain*, fohlen. || FIG. Favorit m.

poulaine [pulɛ:n] f. HIST. *Soulier à la poulaine*, Schnabelschuh m.

poularde [pulard] f. Masthühnchen n. ; junges Masthuhn.

poule [pu:l] f. [animal] Huhn n. ; Henne f. | *Poule d'eau*, Wasserhuhn ; Bläßhuhn. | *Poule faisane*, Fasanenhenne. | *Poule pondeuse*, Legehenne. | *Œufs de poule*, Hühnereier n. pl. | *Poule au pot*, gekochtes Huhn. || FIG., POP. [femme] Liebchen n. ; Geliebte f. ; PÉJOR. Dirne f. | *Poule mouillée*, Memme f. ; Hasenfuß m. | *J'en ai la chair de poule*, dabei überläuft mich eine Gänsehaut. | *Tuer la poule aux œufs d'or*, die Milchkuh schlachten. || [enjeu] (ganzer) Einsatz.

poulet [-lɛ] m. [animal] Hühnchen n. ; Hähnchen n. ; Küken n. | *Poulet rôti*, Brathähnchen. || [terme affectueux] Herzchen n. ; Täubchen n. || POP. [policier] Bulle m.

poulette [-lɛt] f. Hühnchen n. ; Junghenne f.

pouliche [puliʃ] f. ZOOL. Stutenfohlen n.

poulie [puli] f. Rolle f. ; Scheibe f. ; Riemenscheibe f. ; Seilscheibe f. ; Rollenblock m. | *Poulie fixe*, Festscheibe. | *Poulie folle*, Leerlaufrolle.

poulpe [pulp] m. ZOOL. Krake m. ; Pulp m.

pouls [pu] m. MÉD. Puls m. || FIG. *Tâter le pouls à qn*, jm auf den Zahn fühlen. | *Se tâter le pouls*, sich etwas überlegen.

poumon [pumɔ̃] m. ANAT. Lunge f. | *Poumon droit*, rechter Lungenflügel. | *Chanter à pleins poumons*, aus voller Kehle singen. | *Poumon d'acier*, eiserne Lunge.

poupard, e [pupa:r, ard] adj. pausbäckig.
◇ s. Pausback m. ; Wickelkind n.

poupe [pup] f. MAR. Heck m. ; Achterdeck n. ; Achterschiff n. | *Avoir le vent en poupe*, Rückenwind haben ; PAR EXT. Glück haben, günstige Aussichten haben.

poupée [pupe] f. [jouet] Puppe f. | *Poupée articulée*, Gliederpuppe. | *Voiture de poupée*, Puppenwagen m. | *Jouer à la poupée*, mit der Puppe spielen. || FIG. Zierdämchen n. ; Puppe f. ; Püppchen n.

poupin, ine [-pɛ̃, in] adj. puppig ; puppenhaft ; pausbäckig.

poupon, onne [-pɔ̃, ɔn] s. Baby n. ; Püppchen n.

pouponner [-pɔne] v. tr. (ver)hätscheln ; päppeln.
◇ v. intr. FAM. ein Kindchen kriegen.

pouponnière [-pɔnjɛ:r] f. Klein(st)kinderkrippe f. ; Babyabteilung f. || PAR EXT. Laufställchen n.

pour [pu:r] prép. für (acc.).

> **I.** DIRECTION, BUT : nach ; für.
> **II.** SENS TEMPOREL : für.
> **III.** SUBSTITUTION : für.
> **IV.** RAPPORT, OPPOSITION : im Verhältnis zu ; gegenüber.
> **V.** SENS CAUSAL : um ; wegen.
> **VI.** DEVANT UN INFINITIF : um... zu.
> **VII.** loc adv. **pour lors, pour le moins ;** loc. conj. **pour que.**
> **VIII.** m. **le pour.**

I. DIRECTION, BUT : [à destination de] nach. | *Le train pour Hambourg*, der Zug nach Hamburg. | *Être en route pour Berlin*, auf dem Wege nach Berlin sein. | *Partir pour Berlin*, nach Berlin (ab)reisen. | *Partir pour la campagne*, aufs Land fahren. | *Partir pour la guerre*, in den Krieg ziehen. || [en vue de ; afin de] für ; zu. | *Pour ton bien*, zu deinem Besten. | *Pour te nuire*, dir zum Schaden. | *Pour cela*, dazu ; zu diesem Zweck. | *Pour quoi faire ?*, wozu (denn) ? ; was soll das ? | *Livre pour enfants*, Buch für Kinder ; Kinderbuch n. | *Lutte pour la vie*, Kampf ums Dasein. || FIG. [en faveur, au profit de] für ; zugunsten (gén.). | *Pour le roi de Prusse*, für die Katz(e) ; für nichts und wieder nichts. | *Avoir le droit pour soi*, das Recht auf seiner Seite haben. | *Être pour qn*, für jn stehen, sein ; es mit jm halten.

II. SENS TEMPOREL : für ; hindurch ; auf (acc.). | *Pour un an*, auf, für ein Jahr. | *Fini pour aujourd'hui*, für heute Schluß. | *Inviter pour demain*, auf morgen einladen. | *Je serai là pour midi*, zu Mittag bin ich wieder da. | *Pour le moment*, im Augenblick ; augenblicklich ; momentan. | *Pour peu de temps*, für, auf kurze Zeit. | *Pour toujours*, für immer. | *Pour la vie*, auf Lebenszeit. | *Pour l'éternité*, auf ewig.

III. SUBSTITUTION : [à la place de] anstelle, statt, anstatt (gén.). | *Pour le ministre*, für den Minister ; im Namen des Ministers. | *Prendre pour argent comptant*, Spaß für Ernst nehmen. || [en échange de] für (acc.) ; vermittels (gén.) ; gegen (acc.). | *Pour un prix de*, für einen Preis von. | *Pour dix marks*, um zehn Mark. | *Travailler pour de l'argent*, für Geld arbeiten. | *Céder qch. pour un plat de lentilles*, etwas für ein Linsengericht hergeben. | *Il en a pour cent marks*, es kostet ihm hundert Mark. | *Il en est pour sa peine*, dabei kommt er um seine Mühe. | *Mot pour mot*, Wort für Wort. | *Œil pour œil*, Auge um Auge. || [en qualité de] als ; zu ; für. | *Pour toute réponse*, statt jeder Antwort. | *Pour tout vêtement*, als einzige Kleidung. | *Pour de bon ?*, wirklich ? ; wahrhaftig ? ; im Ernst ? | *On l'a laissé pour mort*, man hielt ihn für tot. | *Passer pour riche*, für reich gelten. | *Prendre qn pour chef*, jn zum Führer wählen. | *Prendre, Tenir qn pour un imbécile*, jn für dumm halten, jn als dumm betrachten.

IV. RAPPORT, OPPOSITION : [eu égard à ; quant à] für ; in Anbetracht von ; angesichts (gén.) ; hinsichtlich (gén.) ; gegenüber (dat.) ; im Verhältnis zu (dat.). | *Pour (ce qui est de) moi*, für mich ; was mich betrifft, angeht, anbelangt ; ich für meine Person. | *Pour ma part*, ich für mein Teil. | *Pour une part*,

zum Teil. | *Pour cent*, pro, auf, für hundert. | *Pour l'amour de Dieu*, um Gottes willen. | *Par amour pour ses enfants*, aus Liebe zu seinen (ihren) Kindern. | *Il a de l'affection pour elle*, er empfindet Zuneigung zu ihr. | *Il n'a pas de secrets pour moi*, vor mir hat er keine Geheimnise. | *Il est grand pour son âge*, er ist groß für sein Alter, im Verhältnis zu seinem Alter.
V. SENS CAUSAL : [en raison de ; à cause de] wegen (gén.) ; auf Grund von ; aus ; um. | *Pour affaires*, aus Geschäftsgründen. | *Pour un peu*, fast. | *Pour cette raison*, aus diesem Grunde ; deshalb ; deswegen. | *Craindre pour son argent*, um sein Geld fürchten. | *Être pour beaucoup dans qch.*, eine große Rolle bei etwas spielen ; großen Anteil an etwas (dat.) haben. | *N'être pour rien dans qch.*, keine Schuld, keinen Anteil an etwas (dat.) haben. | *Être puni pour sa paresse*, wegen, auf Grund seiner Faulheit bestraft werden.
VI. DEVANT UN INFINITIF : [but] um... zu. | *Lisez pour vous instruire*, lest, um euch zu bilden ! | *Pour te nuire*, dir zum Schaden. | *Pour ainsi dire*, sozusagen ; gewissermaßen. | *Cela est fait pour* (infin.), das ist geeignet, zu ; das ist bestimmt, zu. || [cause] *Pour avoir volé*, da er gestohlen hatte ; wegen eines Diebstahls. || [concession] *Pour être riche, il n'en est pas moins stupide*, obgleich er reich ist, (so) ist er doch dumm. || [conséquence] *Il est trop bon pour me refuser cela*, er ist zu gut, als daß er es mir nicht gönnte.
VII. loc. adv. **pour lors,** in diesem Fall ; dann. — **pour le moins,** wenigstens ; mindestens. || loc. conj. **pour que,** [fin] damit ; (auf) daß. | *Pour que tu le saches*, damit du es weißt ; [concession] so auch. | *Pour autant que je sache*, soviel ich weiß. | *Pour peu que*, so wenig auch ; wenn auch nur im geringsten.
VIII. m. **le pour.** *Peser le pour et le contre*, das Für und Wider abwägen.

pourboire [purbwa:r] m. Trinkgeld n.

pourceau [purso] m. Schwein n. ; Sau f. ; Ferkel n. || PÉJOR. Dreckschwein n. ; Saukerl m. ; Schweinigel m. | *Jeter des perles aux pourceaux*, Perlen vor die Säue werfen.

pour-cent [pursɑ̃] m. invar. Prozent n., -satz m. ; Zinsfuß m., -satz m. | *De cinq pour cent*, fünfprozentig. | *En pour-cent*, in Prozenten.

pourcentage [-ta:ʒ] m. Hundertsatz m. ; Prozentsatz m. ; Zinssatz m. ; Zinsfuß m. | *Pourcentage sur les bénéfices*, Anteil (m.) am Gewinn. | *Pourcentage d'alcool*, Alkoholgehalt m.

pourchasser [purʃase] v. tr. eifrig, beharrlich verfolgen ; jagen. | *Les créanciers le pourchassent*, die Gläubiger sind ihm auf den Fersen.

pourfendeur [purfɑ̃dœ:r] m. Maulheld m. ; Großsprecher m. ; Bramarbas m.

pourfendre [-fɑ̃:dr] v. tr. mit einem Hieb spalten, durchhauen (sépar.).

pourlécher (se) [səpurleʃe] v. pr. *Se pourlécher (les babines)*, sich (den Mund) lecken.

pourparlers [purparle] m. pl. (Vor)besprechung f. ; Unter-, Verhandlung f. ; Konferenz f. | *Pourparlers commerciaux*, Handelsbesprechungen f. pl. | *Entrer en pourparlers*, in Unterhandlungen treten.

pourpoint [purpwɛ̃] m. HIST. Wams n. ; Koller n. | *À brûle-pourpoint*, ohne Umstände ; schlankweg.

pourpre [purpr] adj. purpurfarben, -rot.
◇ f. Purpur m. ; Purpurstoff m. || FIG. Herrscherwürde f. | *Pourpre romaine*, Kardinalsmantel m.
◇ m. Purpurfarbe f., -rot n.

pourpré, ée [-pre] adj. purpurn ; purpurrot.

pourquoi [purkwa] conj. warum ; weshalb. | *Pourquoi pas*, warum (denn) nicht ; weshalb nicht. | *C'est pourquoi*, daher ; deshalb ; aus diesem Grunde ; somit. | *Demandez-moi pourquoi !*, da fragen Sie mich zu viel ; da bin ich überfragt.
◇ m. invar. Grund m. ; Ursache f. ; Begründung f. ; Frage f. | *Ses éternels pourquoi*, sein dauerndes Gefrage.

pourri, ie [puri] adj. faul ; faulig ; verfault ; modrig ; vermodert ; verdorben ; verrottet. | *Fruit pourri*, faulige, angefaulte Frucht. | *Planche pourrie*, morsches Holz ; FIG. unzuverläßiger Geselle. || FIG. *Société pourrie*, korrupte Gesellschaft.
◇ m. **pourri,** Fäulnis f. ; Moder m. ; faule Stelle.

pourrir [-ri:r] v. intr., **se pourrir** [səpuri:r] v. pr. faulen, verfaulen ; modern ; vermodern ; verrotten ; morsch werden. | *Le cadavre pourrit*, der Leichnam verwest. || PAR EXT. [moral] verwesen ; verkommen ; verderben. | *Pourrir en prison*, im Gefängnis vermodern.
◇ v. tr. in Fäulnis bringen ; verderben. || FAM. *Pourrir un enfant*, ein Kind maßlos verwöhnen.
— SYN. : *Se corrompre*, verwesen. *Croupir*, versumpfen. *Se décomposer*, sich auflösen. *Se gâter*, faul werden. *Moisir*, schimmeln. *Se putréfier*, verfaulen.

pourriture [-rity:r] f. Fäulnis f. ; Fäule f. ; Verwesung f. ; Moder m. || BIOL. *Pourriture noble*, Edelfäule f. || FIG. Verderbtheit f.

poursuite [pursɥit] f. Verfolgung f. ; Jagd f. || [violente] Hetzjagd f. || *Être à la poursuite de qn*, jn verfolgen ; hinter jm her sein ; jm auf den Fersen sein. || FIG. Streben n. (*de*, nach).
◇ f. pl. **poursuites.** JUR. Betreiben n. ; Verfahren n. ; Klage f. | *Poursuites judiciaires*, gerichtliche Verfolgung. | *Poursuites pénales*, strafrechtliche Verfolgung ; Strafverfahren n.

poursuivant, ante [-sɥivɑ̃, ɑ̃:t] adj. verfolgend.
◇ s. JUR. Kläger(in) m. (f.).

poursuivre [-sɥi:vr] v. tr. [courir après] verfolgen. || [chasse] jagen. || [avec violence] hetzen. || *Poursuivre qn*, jm nachsetzen, -laufen. | *Poursuivre un voleur*, einem Dieb nachjagen, -setzen. || FIG. streben (nach, dat.). | *Poursuivre un but*, ein Ziel verfolgen ; zum Ziele streben. | *Poursuivre le bonheur*, dem Glück nachjagen. || [continuer] fort-, weiter- (avec le verbe approprié). | *Poursuivre son chemin*, weitergehen, -fahren ; seinen Weg fortsetzen. | *Poursuivre son discours*, weiterreden. | *Poursuivre la lutte*, weiterkämpfen. | *Ne pas poursuivre une affaire*, eine Sache nicht weiter verfolgen, auf sich beruhen lassen. || JUR. gerichtlich verfolgen ; belangen ; verklagen ; betreiben. || [tourmenter] quälen. | *Poursuivre qn de ses assiduités*, jm nachstellen.
◇ v. pr. **se poursuivre,** seinen Fortgang nehmen.
— SYN. : *Pourchasser*, beharrlich verfolgen. *Presser*, hart zusetzen. *Serrer de près*, bestürmen. *Talonner*, auf den Fersen sein. *Traquer*, hetzen. *Continuer*, fortsetzen.

pourtant [purtɑ̃] adv. dennoch ; gleichwohl ; indes ; indem ; doch.

pourtour [purtu:r] m. Umkreis m. ; Umfang m.

pourvoi [purvwa] m. JUR. Berufung f. ; Einspruch m. ; Rekurs m. | *Pourvoi en cassation*, Nichtigkeitsklage f. | *Pourvoi en grâce*, Gnadengesuch n.

pourvoir [purvwa:r] v. intr. vorsorgen ; Sorge tragen (für). | *Pourvoir aux besoins*, für Bedarfsdeckung sorgen. | *Pourvoir aux dépenses*, die Ausgaben betreiben, tragen. | *Pourvoir à un poste*, eine Stelle besetzen.
◇ v. tr. [munir] versehen ; ausstatten (mit). | *Pourvoir qn de qch.*, jn mit etwas versehen, versorgen, ausstatten. | *Pourvoir qn d'un emploi*, jm ein Amt anvertrauen. || [caser] *Bien pourvoir ses enfants*, seine Kinder gut unterbringen (sépar.).

◇ v. pr. **se pourvoir,** [se munir] *Se pourvoir d'argent*, sich mit Geld versehen. || JUR. *Se pourvoir en justice*, bei Gericht einkommen. | *Se pourvoir en cassation*, die Nichtigkeitsklage erheben.

pourvoyeur, euse [-vwajœ:r, ø:z] s. Lieferant(in) m. (f.). || PÉJOR. Kuppler(in) m. (f.).

pourvu que [purvykə] loc. conj. vorausgesetzt, daß ; wenn nur ; unter der Bedingung, daß.

poussah [pusa] m. Stehaufmännchen n. || FIG. Dickwanst m.

pousse [pus] f. [développement] Sprießen n. ; Wachsen n. ; Aufbrechen n. | *Pousse des dents*, Zahnen n. || BOT. *Première pousse*, Maiwuchs m. | *Deuxième pousse*, Augusttrieb m. || [plantes] junger Trieb ; Schößling m. ; Sproß m.

pousse-café [-kafe] m. invar. (*etwa*) Verdauungsschnaps m.

poussée [-se] f. [action d'une force] Druck m. ; Vordrücken n. ; Schub m. ; Stoß m. ; Stoßen n. ; Stoßkraft f. | *Poussée axiale*, Axialschub, -druck. | *Poussée (d'une fusée, d'un propulseur)*, Düsenstrahl, -trieb, -schub m. | *Poussée du réacteur*, Triebwerksschub m. | *Poussée des eaux*, Wasserdruck. || MÉD. *Poussée de fièvre*, plötzliches Hochschnellen des Fiebers. || MIL. Vorstoß (m.) einer Truppe.

pousse-pousse [puspus] m. invar. Rikscha f.

pousser [puse] v. tr. [déplacer sur le sol, sur un appui] schieben. || [en appuyant] drücken. || [en heurtant] stoßen. || [faire avancer] treiben. || *Pousser en arrière*, zurückschieben, -stoßen. | *Pousser en avant*, vorwärtsschieben, -treiben. | *Pousser dehors*, hinausschieben, -treiben. | *Pousser une brouette*, eine Schubkarre schieben. | *Pousser un fauteuil (près de la fenêtre)*, einen Sessel (ans Fenster) rücken. | *Pousser une pointe*, einen Abstecher machen (nach). | *Pousser un troupeau devant soi*, eine Herde vor sich hertreiben. | *Pousser le verrou*, den Riegel vorschieben ; verriegeln. | *Pousser qn*, jn vorwärtsdrängen, antreiben. | *Pousser qn du coude*, jn mit dem Ellbogen anstoßen. | *Pousser un adversaire*, einen Gegner bedrängen, vor sich hertreiben. || FIG. *Pousser une botte*, einen Ausfall machen. || [développer] (treiben et composés). || [végétation] *L'arbre pousse des racines*, der Baum treibt Wurzeln. || [stimuler ; favoriser] *Pousser un ami*, einen Freund unterstützen (insépar.), voranbringen. | *Pousser un élève (dans ses études)*, einen Schüler fördern. | *Pousser la production*, die Produktion vorantreiben, forcieren. || [exagérer] *Pousser une chose à l'extrême*, etwas auf die Spitze treiben, zuspitzen. | *Pousser trop loin la plaisanterie*, den Spaß übertreiben (insépar.) ; zu weit gehen. || [bruits] ausstoßen. | *Pousser des cris, des soupirs*, Schreie, Seufzer ausstoßen. | *Pousser des cris de joie*, jauchzen. || [inciter] treiben ; drängen ; anregen. | *Pousser qn au mal*, jn zum Bösen treiben, verleiten. | *Pousser qn à bout*, jn zum Äußersten, aufs Äußerste treiben, bringen. | *Pousser qn au travail*, jn zur Arbeit anspornen.

◇ v. intr. [croître] wachsen ; aufkommen ; sprießen. | *Pousser en graine*, in Samen schießen. | *Pousser comme une asperge*, hochschießen ; schnell wachsen. | *Bien pousser*, gedeihen. | *Laisser pousser sa barbe*, seinen Bart wachsen lassen. || [mouvement] *Pousser jusqu'à un endroit*, zu einem Ort vordringen. || FIG. *Pousser à la roue*, in die Speichen greifen.

◇ v. pr. **se pousser.** *Se pousser en avant*, sich vordrängen. || FAM. *Se pousser du col*, sich dicke tun.

poussette [-sɛt] f. Kinderwagen m. ; Sportwagen m. ; Handwagen m.

pousseur [-sør] m. MAR. Schubboot n.

poussier [pusje] m. staubförmiger Abfall. || [charbon] Staubkohle f. ; Kohlenstaub m.

poussière [-sjɛ:r] f. Staub m. | *Grain de poussière*, Staubkörnchen n. | *Nuage de poussière*, Staubwolke f. | *Couvert de poussière*, staubbedeckt. | *Faire de la poussière*, Staub aufwirbeln. | *Mordre la poussière*, ins Gras beißen. | *Réduire en poussière*, zerstäuben. | *Secouer la poussière*, den Staub abschütteln. | *Tomber, Se réduire en poussière*, in Staub zerfallen ; morsch werden.

poussiéreux, euse [-sjerø, ø:z] adj. staubig ; verstaubt ; staubbedeckt ; bestaubt.

poussif, ive [pusif, i:v] adj. engbrüstig ; kurzatmig. || ZOOL. [chevaux] dämpfig.

poussin [pusɛ̃] m. Küken n. ; Küchlein n. || FIG. kleines Kind ; Kindchen n.

poussoir [puswa:r] m. Drücker m. ; Druckknopf m. ; Klingelknopf m.

poutre [pu:tr] f. Balken m. ; Träger m. | *Poutre maîtresse*, Hauptträger. | *Poutre transversale*, Querbalken. | *Poutre apparente*, freigelegter Balken.

poutrelle [putrɛl] f. (Stahl)träger m.

pouvoir [puvwa:r] v. tr. **1.** [capacité] können ; imstande sein. | *Je peux venir*, ich kann kommen. | *Je n'ai (pas) pu venir*, ich habe nicht kommen können. | *(Il est) on ne peut plus aimable*, man kann nicht liebenswürdiger sein (als er). | *Je n'en peux plus*, ich kann nicht mehr (weiter) ; ich bin erschöpft. | *Je n'en peux mais*, ich kann nichts dazu, dafür. | *Je n'y peux rien, Je ne peux rien y faire*, dafür kann ich nichts. | *Vous pouvez m'en croire*, Sie können es mir glauben. | *Comme on peut penser*, wie sich denken läßt. | *Sauve qui peut !*, rette sich, wer kann ! || [influence] vermögen. | *Pouvoir beaucoup sur qn*, großen Einfluß auf jn haben ; bei jm viel vermögen. | *Je ne peux (pas) le convaincre*, ich vermag nicht, ihn zu überzeugen.

2. [autorisation] dürfen. | *Puis-je vous demander qch. ?*, darf (dürfte) ich Sie um etwas bitten ? | *Puis-je savoir ?*, darf ich wissen ?

3. [éventualité] mögen ; können. | *Où peut-il être ?*, wo mag er stecken ? | *Il pouvait être huit heures*, es mochte acht Uhr sein.

4. [souhait] mögen. | *Puisse-t-il venir !*, möge er kommen !

◇ v. pr. impers. **se pouvoir,** möglich sein ; mögen ; können. | *Il se peut*, es ist möglich ; (es) mag, kann sein. | *Il se pourrait (bien)*, das wäre durchaus möglich ; das ist wohl denkbar. | *Cela ne se peut pas*, das kann nicht sein.

pouvoir [puvwa:r] m. **1.** [faculté, influence] Können n. ; Fähigkeit f. ; Vermögen n. ; Kraft f. ; Befugnis f. || ÉCON. *Pouvoir d'achat*, Kaufkraft f. | *Baisse du pouvoir d'achat*, Kaufkraftschwund m. ; Kaufkraftverlust m. | *Avoir en son pouvoir*, in seiner Gewalt haben. | *Être au pouvoir de qn*, in js Gewalt sein. | *Tomber au pouvoir de qn*, in js Hände fallen.

2. [institutions politiques] Gewalt f. ; Macht f. ; Vollmacht f. ; Machtbefugnis f. | *Pouvoir absolu*, unumschränkte Gewalt. | *Pouvoir illimité*, unumschränkte Machtbefugnis. | *Pouvoir central*, Zentral-, Regierungsgewalt. | *Pouvoir civil*, Zivilgewalt. | *Pouvoir exécutif*, vollziehende, ausübende Gewalt ; Exekutive f. | *Pouvoir judiciaire*, richterliche Gewalt. | *Pouvoir législatif*, gesetzgebende Gewalt ; Legislative f. | *Pleins pouvoirs*, Vollmacht. | *Pouvoirs spéciaux*, Sondervollmacht. | *Pouvoirs publics*, Staatsgewalt ; öffentliche Behörden f. pl. | *Prise du pouvoir*, Machtergreifung f. | *Séparation des pouvoirs*, Gewaltenteilung f. | *De par ses pouvoirs, En vertu de ses pouvoirs*, aus eigener Machtbefugnis. | *S'emparer* *du pouvoir*, die Macht an sich reißen. | *Parvenir au pouvoir*, an die, zur Macht kommen ; zur Herrschaft gelangen. | *Être au pouvoir*, an der Macht, am Ruder sein. | *Excéder, Outrepasser ses pouvoirs*, seine Vollmachten überschreiten. | *Donner les pleins pouvoirs*, Vollmacht geben. || RELIG. *Pouvoir spirituel*, geistliche Macht. | *Pouvoir temporel*, weltliche Macht.

3. JUR. (Voll)macht f. ; Gewalt f. | *Pouvoir discrétionnaire*, freie Verfügungsgewalt. | *Pouvoir par-devant notaire*, notarielle Vollmacht. | *Fondé de pouvoir*, Prokurist m. ; Bevollmächtigte(r) m.

4. OPT. *Pouvoir de résolution*, Auflösungsvermögen n. || PHYS. Kraft f. ; Vermögen n. ; Stärke f. | *Pouvoir séparateur*, Ortsauflösung f. | *Pouvoir calorifique*, Heizwert m. | *Pouvoir réfléchissant*, Reflexionsvermögen n.

— SYN. : *Ascendant*, Einfluß. *Faculté*, Fähigkeit. *Autorité*, Obrigkeit ; Macht. *Domination*, Herrschaft. *Empire*, Gewalt. *Puissance*, Macht ; Gewalt. *Force*, Kraft.

pragmatique [pragmatik] adj. pragmatisch ; sachlich. | *La Pragmatique Sanction*, die pragmatische Sanktion.

pragmatisme [-tism] m. Pragmatismus m.

Prague [prag] n. pr. m. GÉOGR. Prag n.

prairie [prɛri] f. Wiese f. | *Prairie naturelle*, Naturwiese. | *Prairie artificielle*, ausgesäte Wiese. || [Amérique] *La Prairie*, Prärie f.

praline [pralin] f. Praline f. ; gebrannte Mandel.

praticable [pratikabl] adj. [utilisable] anwendbar ; benutzbar. || [chemin] gangbar ; befahrbar. || *Moyen praticable*, anwendbares Mittel. || [faisable] aus-, durchführbar ; tunlich.

◇ m. THÉÂTRE. Kulissen-, Versatzstück n.

praticien, ienne [-tisjɛ̃, jɛn] s. Praktiker(in) m. (f.) ; Sachwalter m. || MÉD. praktischer Arzt.

pratiquant, ante [-tikɑ̃, ɑ̃:t] adj. RELIG. ausübend ; fromm.

◇ s. Kirchgänger(in) m. (f.).

pratique [-tik] adj. praktisch. || [contraire de théorique] sachdienlich ; sachgemäß ; ausübend. || [commode ; adapté] zweckmäßig ; tauglich ; nützlich.

pratique [-tik] f. Praxis f. || [application] Anwendung f. ; Tätigkeit f. || *La théorie et la pratique*, Theorie und Praxis. | *Mettre en pratique*, praktisch durchführen (sépar.), anwenden. || [procédé] Verfahren n. ; Kniff m. || [coutume] Brauch m. || [expérience] Übung f. ; (praktische) Erfahrung. | *Pratique des affaires*, Geschäftspraxis. || [client] Kunde m. || RELIG. *Pratiques religieuses*, Religionsausübung f.

pratiquement [-tikmɑ̃] adv. in der Praxis ; praktisch (genommen, gesehen).

pratiquer [-tike] v. tr. [appliquer] (aus)üben ; anwenden ; treiben ; praktizieren. | *Pratiquer une méthode*, eine Methode befolgen, anwenden. | *Pratiquer un sport*, einen Sport (be)treiben. | *Pratiquer sa religion*, nach seiner Religion leben ; strenggläubig sein. | *Pratiquer la vertu*, tugendsam leben ; auf den Pfaden der Tugend wandeln. || [faire] anbringen ; anlegen ; praktizieren. | *Pratiquer une ouverture*, eine Öffnung anbringen. || [fréquenter] verkehren (mit jm).

◇ v. pr. **se pratiquer,** üblich sein ; angewandt werden. | *Comme cela se pratique*, wie das üblich ist.

pré [pre] m. Wiese f. ; Anger m. || POÉS. Aue f. || [couleur] *Vert pré*, grasgrün. | *Faucher un pré*, eine Wiese (ab)mähen. || PAR EXT. *Aller sur le pré*, sich schlagen ; sich duellieren.

préalable [prealabl] adj. vorher-, vorauf-, vorangehend ; vorherig. | *Consentement préalable*, vorheriges Einverständnis. | *Question préalable*, Vorfrage f. | *Remarque préalable*, Vorbemerkung f.

◇ loc. adv. **au préalable,** adv. **préalablement,** im voraus ; vorher ; zuvor.

Préalpes [prealp] n. pr. f. pl. GÉOGR. Voralpen f. pl.

préambule [preɑ̃byl] m. Vorrede f. ; Vorwort n. ; Vorspruch m. ; Präambel f. | *Sans préambule*, ohne Umschweife ; ohne langes Gerede.

préau [preo] m. Kloster-, Gefängnishof m. ; überdachter Schulhof.

préavis [preavi] m. vorherige Benachrichtigung ; Voranzeige f. ; Vorankündigung f. | *Préavis de grève*, Streikankündigung f. | *Sans préavis*, fristlos ; unangemeldet.

précaire [prekɛ:r] adj. unsicher ; ungewiß ; schwankend ; prekär. | *D'une santé précaire*, von schwankender Gesundheit.

précarité [prekarite] f. Unsicherheit f. ; Widerruflichkeit f.

précaution [prekosjɔ̃] f. Vorsicht f. ; Vorbedacht m. ; Vorsorge f. ; Behutsamkeit f. || [mesure] Vorsichtsmaßnahme f. || *User de précautions*, vorsichtig zu Werke gehen. | *Par précaution*, aus Vorsicht. | *Prendre ses précautions*, Vorsichtsmaßnahmen ergreifen.

précautionneux, euse [prekosjɔnø, ø:z] adj. vorsichtig ; umsichtig ; behutsam.

précédemment [presedamɑ̃] adv. vorher ; zuvor ; früher ; vordem ; vormals.

précédent, ente [-dɑ̃, ɑ̃:t] adj. vorhergehend ; vorig ; früher ; vorgängig. | *Le jour précédent*, der Vortag ; am Vortag.

◇ m. **précédent.** JUR. Präzedenzfall m. | *Sans précédent*, ohne Beispiel ; nie dagewesen ; erstmalig ; beispiellos. | *Créer, Établir un précédent*, einen Präzedenzfall schaffen. | *S'appuyer sur un précédent*, sich auf einen Präzedenzfall berufen.

précéder [-de] v. tr. *Précéder qn*, jm vorangehen ; vor jm hergehen. | *Faire précéder de qch.*, etwas vorausschicken.

précepte [presɛpt] m. Vorschrift f. ; Gebot n. ; Regel f. ; Lehrsatz m.

précepteur, trice [-tœ:r, tris] s. Privat-, Hauslehrer(in) m. (f.). || HIST. Hofmeister(in) m. (f.).

préchauffage [preʃofa:ʒ] m. Vorwärmen n.

prêche [prɛ:ʃ] m. Predigt f. | *Aller au prêche*, den protestantischen Gottesdienst besuchen.

prêcher [-ʃe] v. tr. predigen ; verkünd(ig)en. | *Prêcher l'Évangile*, das Evangelium predigen, auslegen. || FIG. loben, empfehlen.

◇ v. intr. predigen ; ermahnen. | *Prêcher dans le désert*, tauben Ohren predigen ; in den Wind reden. | *Prêcher d'exemple*, mit gutem Beispiel vorangehen.

prêcheur, euse [-ʃœ:r, ø:z] s. Sitten-, Moralprediger(in) m. (f.). | *Frère prêcheur*, Dominikaner m. ; Predigermönch m.

prêchi-prêcha [-ʃiprɛʃa] m. POP. Papperlapapp n. ; Gewäsch n.

précieux, ieuse [-sjø, jø:z] adj. [qui a de la valeur] kostbar ; wertvoll ; teuer ; köstlich. | *Métal précieux*, Edelmetall n. | *Pierre précieuse*, Edelstein m. || [affecté] geziert. | *Style précieux*, geschraubter Stil.

préciosité [-sjozite] f. Affektiertheit f. ; Geziertheit f. ; Ziererei f. ; Zimperlichkeit f.

précipice [presipis] m. Abgrund m.

précipitamment [-pitamɑ̃] adv. voreilig ; überstürzt ; Hals über Kopf ; überhastet.

précipitation [-pitasjɔ̃] f. [vitesse] Übereilung f. ; Überstürzung f. ; Hast f. ; Hetze f. ; höchste Eile. ‖ CHIM. Fällung f. ; Niederschlagung f. ‖ GÉOGR. [pluie] *Précipitations*, Niederschläge m. pl. ‖ [environnement] *Précipitation(s) acide(s)*, saurer Niederschlag.

précipiter [-pite] v. tr. (nieder-, herab)stürzen ; niederstoßen ; werfen. | *Précipiter du trône*, vom Thron stoßen. ‖ FIG. übereilen (insépar.) ; hasten ; beschleunigen. | *Précipiter son départ*, seine Abreise beschleunigen, überstürzen. | *Précipiter le pas*, die Schritte beschleunigen. ‖ CHIM. niederschlagen ; ausfällen.

◇ v. pr. **se précipiter,** (sich) stürzen (et composés) ; stürmen ; laufen. | *Se précipiter par la fenêtre*, sich aus dem Fenster stürzen. | *Se précipiter dans les bras de qn*, sich in die Arme js werfen. | *Se précipiter à la gare*, zum Bahnhof stürzen. | *Se précipiter en avant*, vorstürzen ; vorprellen. ‖ FIG. *Les événements se précipitent*, die Ereignisse überstürzen sich. ‖ CHIM. sich setzen ; sich absondern.

précis, ise [presi, i:z] adj. genau ; deutlich ; klar ; exakt ; bestimmt. | *Style précis*, genauer, gedrängter Stil. | *Ordre précis*, genauer, klarer, bestimmter Befehl. | *Renseignements précis*, genaue Auskünfte f. pl. | *Réglage précis*, Feineinstellung f. | *À trois heures précises*, punkt drei Uhr.

précis [presi] m. Abriß m. ; Grundriß m. | *Précis de géographie, d'histoire*, Leitfaden (m.) der Geographie ; Abriß der Geschichte.

précisément [presizemɑ̃] adv. gerade ; genau ; ganz recht ; so ist es ! | *Pas précisément*, das gerade nicht !

préciser [-ze] v. tr. bestimmen ; festlegen ; genau angeben ; deutlich, genau, klar ausdrücken.

◇ v. pr. **se préciser,** deutlich, klar werden.

précision [-zjɔ̃] f. [qualité] Genauigkeit f. ; Bestimmtheit f. ; Exaktheit f. ; Präzision f. ‖ [indication] genau(st)e Angabe. | *Appareil de précision*, Feinmeßgerät n. | *Mécanique de précision*, Feinmechanik f.

précité, ée [presite] adj. vorgenannt ; vorerwähnt ; oben erwähnt.

précoce [prekɔs] adj. vor-, frühzeitig ; frühreif ; frühentwickelt. | *Enfant précoce*, frühreifes Kind. | *Fruits précoces*, Frühobst n. | *Hiver précoce*, früher Winter.

précocement [-smɑ̃] adv. vorzeitig ; zu früh.

précocité [-site] f. Frühreife f. ; Vorzeitigkeit f.

précolombien, ienne [prekɔlɔ̃bjɛ̃, jɛn] adj. vorkolumbianisch ; vor Kolumbus.

préconçu, ue [prekɔ̃sy] adj. vorgefaßt. | *Idée, Opinion préconçue*, vorgefaßte Meinung.

préconiser [-kɔnize] v. tr. befürworten ; anpreisen ; empfehlen. ‖ RELIG. präkonisieren.

précontraint [prekɔ̃trɛ̃] adj. *Béton précontraint*, Spannbeton m.

précurseur [prekyrsœ:r] adj. vorangehend ; vorhergehend ; ankündigend ; voraus... | *Signe précurseur*, Vorzeichen n.

◇ m. Vorläufer m. ; Vorbote m. ; Wegbereiter m. ; Ankündiger m. ; Bahnbrecher m. ‖ RELIG. *Le Précurseur*, Johannes der Täufer.

prédécesseur [predesɛsœ:r] m. Vorgänger m.

prédestination [predɛstinasjɔ̃] f. RELIG. Vorherbestimmung f. ; Gnadenwahl f. ; Prädestination f.

prédestiner [-ne] v. tr. vorherbestimmen ; auserwählen ; vorbehalten zu ; prädestinieren.

◇ part. pass. et adj. **prédestiné, ée.** *Prédestiné à qch.*, zu etwas bestimmt ; prädestiniert für.

prédétermination [predetɛrminasjɔ̃] f. Vorherbestimmung f.

prédéterminer [-ne] v. tr. vorherbestimmen.

prédicat [predika] m. GRAMM. Prädikat n. ; Attribut n.

prédicateur [predikatœ:r] m. Kanzelredner m. ; Prediger m. | *Prédicateur du carême*, Fastenprediger.

prédication [-kasjɔ̃] f. Predigt f. ; Predigen n.

prédiction [prediksjɔ̃] f. Vorhersage f. ; Weissagung f. ; Prophezeiung f.

prédilection [predilɛksjɔ̃] f. Vorliebe f. ; Liеblings... | *Auteur de prédilection*, Lieblingsschriftsteller m. | *Avoir une prédilection pour qch.*, für etwas eine Vorliebe, Zuneigung haben.

prédire [predi:r] v. tr. vorher-, voraussagen ; weissagen ; prophezeien ; wahrsagen. | *Prédire le temps*, das Wetter voraussagen. | *Prédire la ruine de qn*, jm seinen Untergang prophezeien.

prédisposer [predispoze] v. tr. empfänglich, geeignet machen für ; vorbereiten.

prédisposition [-zisjɔ̃] f. *Prédisposition à*, Vorbereitung (f.), Anlage (f.), Veranlagung (f.) zu ; MÉD. Empfänglichkeit für.

prédominance [predɔminɑ̃:s] f. Vorherrschaft f. ; Vorherrschen n. ; Überwiegen n. ; Übergewicht n.

prédominant, ante [-nɑ̃, ɑ̃:t] adj. überwiegend ; vorherrschend. | *Qualité prédominante*, hervorstechende Eigenschaft.

prédominer [-ne] v. intr. überwiegen (insépar.) ; vorherrschen ; das Übergewicht haben.

préembauche [-ɑ̃bo:ʃ] f. Einstellung (f.) auf Probe.

prééminence [preeminɑ̃:s] f. Vorrang m. ; höhere Bedeutung ; Überlegenheit f.

prééminent, ente [-nɑ̃, ɑ̃:t] adj. hervorragend ; überragend.

préétabli, ie [preetabli] adj. vorherbestimmt. ‖ PHILOS. *Harmonie préétablie*, prästabilierte Harmonie.

préétablir [-bli:r] v. tr. vorherbestimmen ; vorher festsetzen.

préexistence [preɛgzistɑ̃:s] f. Präexistenz f. ; vorheriges Vorhandensein.

préexister [-te] v. intr. vorherbestehen ; vor... bestehen, da sein.

préfabriqué, ée [prefabrike] adj. Fertig... | *Maison préfabriquée*, Fertighaus n.

préface [prefas] f. Vorrede f. ; Einleitung f. ; Geleitwort n. ; Vorwort n. ‖ PAR EXT. Auftakt m. — SYN. : *Introduction* f., Einführung f. *Avant-propos* m., Vorwort n. *Préambule* m., Praeambel f. *Prologue* m., Vorspruch m.

préfacer [-se] v. tr. ein Vorwort schreiben ; mit einem Vorwort versehen.

préfacier [-sje] m. Vorwortschreiber m.

préfectoral, ale, aux [prefɛktɔral, o] adj. Präfektur...

préfecture [-ty:r] f. Amtsbezirk (m.), Amtszeit (f.), Amtssitz (m.) des Präfekten ; Präfektur f. ; Hauptstadt (f.) des Departements. | *Préfecture de police*, Polizeipräsidium n. | *Préfecture maritime*, Marinestationskommando n.

préférable [preferabl] adj. vorzuziehen. | *Il est préférable*, es ist besser.

préférence [-rɑ̃:s] f. Bevorzugung f. ; Vorzug m. ; Vorliebe f. | *Avoir de la préférence pour qn*, eine Vorliebe für jn haben. | *Donner la préférence à qn*, jm den Vorzug geben. | *De, Par préférence*, vorzugsweise ; vornehmlich ; besonders. | *De préférence à*, vor (dat.).

préférentiel, ielle [-rɑ̃sjɛl] adj. vorzugsweise ; Vorzugs...

préférer [-re] v. tr. vorziehen ; bevorzugen ; lieber haben ; lieber tun. | *Préférer Paris à Londres*, Paris lieber haben als London ; Paris gegenüber London den Vorzug geben. | *Il a préféré se taire*, er zog es vor, zu schweigen. | *Il préfère mourir*, er zieht den Tod vor. | *Poète préféré*, Lieblingsdichter m. | *Plat préféré*, Leibgericht n.

préfet [prefɛ] m. Präfekt m. ; Regierungspräsident m. | *Préfet de police*, Polizeipräfekt, -präsident. | *Préfet des études*, Studienaufseher m.

préfigurer [prefigyre] v. tr. andeuten.

préfixe [prefiks] m. Vorsilbe f. ; Präfix n.

préhensile [preɑ̃sil] adj. *Patte préhensile*, Greifhand f. | *Queue préhensile*, Wickelschwanz m.

préhension [-sjɔ̃] f. (Er)greifen n.

préhistoire [preistwa:r] f. Vor-, Urgeschichte f.

préhistorique [-tɔrik] adj. vor-, urgeschichtlich ; prähistorisch.

préjudice [preʒydis] m. Nachteil m. ; Schade(n) m. ; Schädigung f. ; Beeinträchtigung f. ; Benachteiligung f. | *Au préjudice de*, zum Schaden, Nachteil von ; dat. suivi de « zuleide ». | *Sans préjudice de*, unbeschadet, unter Vorbehalt, vorbehaltlich (avec gén.). | *Porter préjudice à qn*, jm schaden ; jm nachteilig sein.

préjudiciable [-sjabl] adj. *Préjudiciable à*, für... nachteilig ; schädlich.

préjugé [preʒyʒe] m. vorgefaßte Meinung ; Vorurteil n. ; Voreingenommenheit f. | *Plein de préjugés*, in Vorurteilen befangen. | *Exempt de, Sans préjugés*, vorurteilsfrei ; unvoreingenommen ; unbefangen. | *Préjugé de caste*, Standesvorurteil, -dünkel m.
— Syn. : *Idée* (f.), *opinion* (f.) *préconçue*, vorgefaßte Meinung. *Prévention* f., Voreingenommenheit f.

préjuger [-ʒe] v. tr. vorher entscheiden ; ein vorläufiges Urteil fällen ; vermuten ; eine vorgefaßte Meinung haben. | *Sans rien préjuger*, ohne vorgreifen zu wollen. | *Sans préjuger (de) qch.*, unbeschadet einer Sache.

prélasser (se) [səprelase] v. pr. sich breit machen ; sich aufplustern ; sich es bequem machen.

prélat [prela] m. Relig. Prälat m.

prèle ou **prêle** [prɛ:l] f. Bot. Schachtelhalm m.

prélèvement [prelɛvmɑ̃] m. Entnahme f. ; Vorwegnahme f. ; Abzug m. ; Abhebung f. | *Prélèvement d'échantillons*, Probenentnahme. || Fin. *Prélèvement automatique*, Abbuchung (f.) per Dauerauftrag. | *Prélèvements sociaux*, Sozialabgaben f. pl. || Méd. Abstrich m. | *Prélèvement de sang*, Blutentnahme f.

prélever [-lve] v. tr. entnehmen ; vorwegnehmen. || Méd. einen Abstrich machen.

préliminaire [prelimine:r] adj. vorläufig ; vorbereitend ; einleitend ; vorangehend ; Vor... | *Discours préliminaire*, Einführungsrede f. | *Remarque préliminaire*, Vorbemerkung f.
◇ m. pl. **préliminaires**, Vorverhandlungen f. pl. ; Präliminarien n. pl.

prélude [prelyd] m. Mus. Vorspiel n. ; Präludium n. || Fig. Vorbote m. ; erstes Anzeichen.

préluder [-de] v. intr. Mus. präludieren. || Par ext. zum Thema hinführen ; zu... einleiten ; den Auftakt bilden (zu).

prématuré, ée [prematyre] adj. früh-, vorzeitig ; frühreif ; übereilt ; voreilig ; zu früh. | *Accouchement prématuré*, Frühgeburt f. | *Mort prématurée*, früher, frühzeitiger Tod. | *Démarches prématurées*, übereilte Schritte m. pl.
◇ s. Frühgeburt f.

prématurément [-mɑ̃] adv. gar zu früh ; vor der Zeit ; in übereilter Weise.

préméditation [premeditasjɔ̃] f. Vorbedacht m. ; Vorsatz m. ; Vorsätzlichkeit f. ; Absichtlichkeit f. | *Avec préméditation*, vorsätzlich ; mit Vorbedacht ; mit (voller) Absicht. | *Meurtre avec préméditation*, vorsätzliche Tötung. | *Sans préméditation*, unvorsätzlich ; unabsichtlich. | *Absence de préméditation*, Unabsichtlichkeit f.

préméditer [-te] v. tr. vorbedenken ; im voraus bedenken. | *Préméditer un crime*, ein Verbrechen vorbereiten.

prémices [premis] f. pl. erste Früchte f. pl. || Par ext. erste Zeichen n. pl. ; Anfänge m. pl.

premier, ière [prəmje, jɛ:r] adj. (der, die, das) erste. || [de deux] (der, die, das) erstere. || [lieu] Vorder... || [temps] Ur... || *Condition première*, Vorbedingung f. | *Première couche (de peinture)*, Grundierung f. | *Premier jet*, Rohentwurf m. | *Matières premières*, Rohstoffe m. pl. | *Premier ministre*, Premierminister m. ; Ministerpräsident m. | *Nos premiers parents*, unsere Ureltern pl. | *Premier plan*, Vordergrund m. | *Premier rang*, Vorderreihe f. | *Premier secours*, erste Hilfe. | *Sens premier*, Grundbedeutung f. || Hist. *François I*[er] *(premier)*, Franz der Erste. || Math. *Nombre premier*, Primzahl f. || Autom. *Première (vitesse)*, erster Gang. || Loc. *Dans les premiers âges*, in frühen Zeiten. | *Dans les premières années*, in früheren Jahren. | *Pour la première fois*, zum ersten Mal. | *Dans sa première jeunesse*, in früher Jugend. | *Dès le premier jour*, vom ersten Tage an. | *En premier lieu*, in erster Linie ; vor allem. | *En tout premier lieu*, zuallererst. | *De première main*, aus erster Hand. | *De première nécessité*, von dringender Notwendigkeit. | *De premier ordre*, vortrefflich ; vorzüglich. | *Dès ses premiers pas*, von Kindesbeinen an. | *Au premier plan*, im Vordergrund. | *De première qualité*, erstklassig. | *Le premier état (d'une chose)*, der ursprüngliche Zustand. | *Tomber la tête la première*, kopfüber stürzen.
◇ adj. substantivé. *Les premiers..., les seconds*, die einen..., die anderen ; diese..., jene. || [avec un nom, pron., adj.] *Premier de l'an*, Neujahrstag m. | *Le premier arrivé*, der erste zur Stelle. | *Le premier de la classe*, Klassenprimus m. | *Le premier de tous*, der allererste. | *Un des tout premiers*, einer der Ersten, der Vornehmsten. | *Le premier venu*, der erste beste. || [avec un verbe] *Arriver le premier*, als erster ankommen. | *Être (toujours) des premiers à*, (immer) unter den Ersten sein, wenn es heißt zu. | *Être là le premier*, am ehesten da sein. || Relig. *Les premiers seront les derniers*, und die Ersten werden die Letzten sein.
◇ m. **premier,** [étage] erster Stock. || Théâtre. *Jeune premier*, jugendlicher Liebhaber.
◇ f. **première.** Transp. *Voyager en première*, erste Klasse reisen. || Univ. *(Classe de) première*, Oberprima f. | *Élève de première*, Oberprimaner(in) m. (f.). || Théâtre. *Jeune première*, erste Liebhaberin. | *Première (représentation)*, Ur-, Erstaufführung f. || Autom. *Première (vitesse)*, erster Gang.

premièrement [-mjɛrmɑ̃] adv. erstens ; zuerst ; zunächst ; fürs erste.

premier-né [-mjene] m., **première-née** [-mjɛrne] f. (pl. **premiers-nés**) adj. erstgeboren.
◇ s. Erstgeborene(r, s) f. (m. n.).

prémisse [premis] f. PHILOS. Voraussetzung f. ; Prämisse f. ; Vordersatz m.

prémolaire [premɔlə:r] f. ANAT. vorderer Backenzahn.

prémonition [premɔnisjɔ̃] f. Vorahnung f. ; Vorgefühl n.

prémonitoire [-twa:r] adj. warnend. || MÉD. vorhergehend ; ankündigend.

prémonté, ée [-mɔ̃te] adj. *Éléments prémontés*, montagefertige Elemente n. pl.

prémunir [premyni:r] v. tr., **se prémunir** [səpremyni:r] v. pr. (sich) schützen ; (sich) sichern gegen, vor ; Vorsorge treffen.

prenable [prənabl] adj. [ville] einnehmbar.

prenant, ante [-nɑ̃, ɑ̃:t] adj. nehmend ; übernehmend. || COMM. *Partie prenante*, Abnehmer m. || PAR EXT. *Une affaire prenante*, eine zeitraubende Angelegenheit. | *Travail prenant*, anstrengende Arbeit. || FIG. *Voix prenante*, packende, ergreifende Stimme. | *Lecture prenante*, spannende Lektüre.

prénatal, ale, als ou **aux** [prenatal, o] adj. vorgeburtlich. | *Allocation prénatale*, Schwangerschaftsbeihilfe f. | *Consultation prénatale*, Mütterberatung f.

prendre [prɑ̃:dr] v. tr. nehmen.

I. v. tr.
- **a)** [saisir, entrer en possession] nehmen ; ergreifen ; fassen ;
- **b)** [absorber] (zu sich) nehmen ;
- **c)** [contracter] annehmen ; bekommen ;
- **d)** [exiger] nehmen ; erfordern ;
- **e)** [attraper, s'emparer de force] fangen ; einnehmen ;
- **f)** [aller chercher, accueillir] nehmen ;
- **g)** [surprendre] ertappen ; überraschen ;
- **h)** [attaquer, saisir] nehmen ; überfallen ;
- **i)** [traiter, considérer, prendre pour] nehmen, halten (für) ;
- **j)** LOC.

II. v. intr.

III. v. pr. **se prendre :**
- **a)** sens passif (être pris) ;
- **b)** avec préposition ;
- **c) s'en prendre ;**
- **d) s'y prendre.**

I. v. tr. **a)** [saisir, entrer en possession] nehmen ; ergreifen ; fassen. | *Prendre en main un livre*, ein Buch in die Hand nehmen. | *Prendre par la main*, bei der Hand fassen. | *Prendre à pleines mains*, mit beiden Händen zugreifen. | *Prendre les armes*, zu den Waffen greifen ; die Waffen ergreifen. | *Prendre le bateau*, sich einschiffen. | *Prendre un billet*, einen Fahrschein, eine Fahrkarte lösen. || [au jeu] *Prendre une carte*, eine Karte stechen. || *Prenez ce qu'on vous offre*, nimm's wie's kommt. | *Prendre une autre direction*, eine andere Richtung einschlagen. || MAR. *Prendre du fret*, Ladung übernehmen (insépar.). || *Prendre un fusil*, ein Gewehr ergreifen. | *Prendre une marchandise à crédit*, eine Ware auf Kredit nehmen ; *en échange*, in Tausch nehmen ; *à intérêt*, gegen Zinsen entleihen. | *Prendre de la place*, Platz einnehmen. | *Prendre la place de qn*, sich an js Stelle setzen ; jn verdrängen. | *Prendre (qn) à bras le corps*, (jn) um den Leib fassen. | *Prendre dans ses bras*, umarmen (insépar.). | *Prendre (qn) aux cheveux*, (jn) bei den Haaren ergreifen ; (jm) in die Haare fahren. || FIG. *Prendre au collet*, am Kragen nehmen. | *Prendre à la lettre*, wortwörtlich nehmen ; wörtlich auffassen. | *Prendre en location*, in Miete nehmen ; mieten. | *Prendre qch. à qn*, jm etwas abnehmen. | *Prendre en remorque*, abschleppen. | *Prendre un siège*, Platz nehmen. | *Prendre le train, le tramway*, mit der Bahn, der Straßenbahn fahren.

b) absorber : (zu sich) nehmen. | *Prendre du café*, Kaffee trinken. | *Prendre de la nourriture*, Nahrung genießen, zu sich nehmen. | *Prendre un remède*, ein Heilmittel einnehmen. | *Prendre son repas*, seine Mahlzeit halten. | *Je n'ai encore rien pris*, ich habe noch nichts genossen, zu mir genommen. | *Ces souliers prennent l'eau*, diese Schuhe sind nicht wasserdicht.

c) contracter : [maladie] bekommen ; [goût ; odeur] annehmen. | *Prendre froid*, sich erkälten. | *Prendre froid aux pieds*, kalte Füße bekommen.

d) exiger : [coût, temps] nehmen ; erfordern. | *Cela prendra une heure*, es wird eine Stunde dauern. | *Ce travail me prend beaucoup*, diese Arbeit macht mir sehr, viel, schwer zu schaffen. | *Prendre sur son sommeil*, vom Schlaf abziehen. | *L'affaire prend du temps*, die Angelegenheit erfordert Zeit. | *Prendre son temps pour*, sich die Zeit nehmen, zu.

e) attraper, s'emparer de force : fangen ; einnehmen ; sich bemächtigen (gén.). | *Prendre du poisson, des poissons*, Fische fangen. | *Prendre qch. de force*, etwas an sich reißen. | *Prendre d'assaut*, im Sturm nehmen. | *Prendre qn par la ruse*, jn überlisten (insépar.). | *Prendre une ville*, sich einer Stadt bemächtigen.

f) aller chercher, accueillir : nehmen ; an-, aufnehmen. | *Prendre un avocat*, einen Rechtsanwalt nehmen. | *Prendre une cuisinière*, eine Köchin einstellen. | *Prendre femme*, heiraten. | *Prendre qn à part*, jn beiseite nehmen. | *Prendre comme partenaire*, jn als Partner aufnehmen. | *Prendre qn sous sa garde*, jn in seine Obhut nehmen. | *Aller prendre qn*, jn abholen.

g) surprendre : ertappen ; überraschen (insépar.). | *Tel est pris qui croyait prendre*, wer andern eine Grube gräbt, fällt selbst hinein. | *Prendre qn en flagrant délit, sur le fait, la main dans le sac*, jn auf frischer Tat ertappen. | *Prendre qn au dépourvu*, jn überraschen. | *Se laisser prendre*, sich erwischen lassen ; auf den Leim gehen. | *Prendre qn de vitesse*, jn überrunden, überholen (insépar.). | *Je vous y prends*, jetzt habe ich Sie. | *On ne m'y prendra plus*, das passiert mir kein zweites Mal.

h) attaquer, saisir : nehmen ; überfallen. | *Prendre l'ennemi en chasse*, auf den Feind Jagd machen. | *L'envie le prend de*, es kommt ihm die Lust, zu. | *Une faiblesse le prend*, eine Schwäche überkommt ihn. | *Un mal de dent le prend*, Zahnschmerzen überfallen ihn. | *Cette odeur me prend à la gorge, au nez*, dieser Geruch kratzt mir im Halse, steigt mir in die Nase. | *Qu'est-ce qui te prend ?*, was fällt dir denn ein ?

i) traiter, considérer, prendre pour : nehmen ; halten (für). | *Prendre qn en aversion*, gegen jn eine Abneigung fassen. | *Prendre qn en grippe*, Haß zu jm fassen. | *Prendre qn au mot*, jn beim Wort nehmen. | *Je le prends en pitié*, er tut mir leid. | *Il n'est pas à prendre avec des pincettes*, mit ihm ist nicht zu spaßen. | *Prendre qch. à cœur*, sich etwas zu Herzen nehmen. | *Prendre en considération*, in Betracht ziehen. | *Prendre en bonne, mauvaise part*, etwas gut, übel nehmen. | *Prendre au sérieux, au tragique*, etwas ernst, tragisch nehmen. | *Prendre qn par les sentiments*, jn von der Gefühlsseite her nehmen. || [considérer comme] halten (für). | *Prendre une personne pour une autre*, einen mit einem anderen verwechseln. | *Pour qui me prenez-vous ?*, für wen halten Sie mich ? | *Prendre qch. pour argent comptant*, etwas für bare Münze nehmen.

j) LOC. : *Prendre acte de qch.*, etwas zu Protokoll nehmen. | *Prendre une affaire par le mauvais bout*, eine Sache verkehrt anfassen. | *Prendre de l'âge*, altern. | *Prendre l'air*, frische Luft schöpfen. | *Prendre un air mystérieux*, eine geheimnisvolle Miene annehmen, aufsetzen. | *Prendre de l'altitude*, auf Höhe gehen. |

Prendre de l'appétit, Appetit kriegen. | *Prendre une attitude*, eine Haltung einnehmen. | *Prendre la balle au bond*, die Gelegenheit beim Schopfe erfassen. | *Où prenez-vous cela ?*, wo haben Sie das her ? | *Prendre une commande*, einen Auftrag einholen. | *Prendre le commandement, la tête*, den Befehl, die Führung übernehmen (insépar.). | *Prendre congé de qn*, von jm Abschied nehmen ; sich von jm verabschieden. | *Prendre conseil auprès de qn*, bei jm Rat holen. | *Prendre contact avec qn*, mit jm Fühlung nehmen. | *Prendre courage*, Mut fassen. | *Prendre son courage à deux mains*, sein Herz in beide Hände nehmen ; sich ein Herz fassen. | *Prendre le dessus*, die Oberhand gewinnen. | *Prendre le deuil*, Trauerkleidung anlegen. | *Prendre ses distances*, Abstand nehmen. | *Prendre effet*, wirksam werden ; in Kraft treten. | *Prendre son élan*, anlaufen ; seinen Anlauf nehmen ; zum Sprung ansetzen. | *Prendre exemple sur qn*, sich ein Beispiel an jm nehmen. | *Prendre fait et cause pour qn*, für jn Partei ergreifen. | *Prendre feu*, Feuer fangen. | *Prendre fin*, ein Ende nehmen ; zu Ende gehen ; eingestellt werden. | *Prendre des forces*, an Kräften zunehmen. | *Prendre forme*, Form gewinnen. | *Prendre la fuite*, die Flucht ergreifen. | *Prendre garde à qch.*, sich vor etwas (dat.) in Acht nehmen. | *Prendre goût à qch.*, Geschmack an etwas (dat.) bekommen, finden. | *Prendre une habitude*, eine Gewohnheit annehmen. | *Prendre de la hauteur*, an Höhe gewinnen. | *Prendre intérêt à qch.*, an etwas (dat.) Interesse nehmen. | *Prendre ses jambes à son cou*, Hals über Kopf davonrennen. | *Prendre le large*, das Weite suchen ; MAR. in See stechen. | *Prendre des libertés avec l'histoire*, mit der Geschichte frei schalten. | *Prendre la haute main sur*, die Macht über (acc.) ergreifen. | *Prendre son mal en patience*, sein Unglück mit Geduld, mit Fassung tragen. | *Prendre des mesures*, Maßnahmen treffen. | *Prendre la mouche*, gekränkt sein. | *Prendre naissance*, seinen Anfang nehmen, entstehen. | *Prendre note de qch.*, etwas vormerken. | *Prendre des nouvelles de qn*, sich nach jm erkundigen. | *Prendre l'offensive*, die Offensive ergreifen. | *Prendre la parole*, das Wort ergreifen. | *Prendre part à qch.*, sich an etwas (dat.) beteiligen ; an etwas (dat.) teilnehmen. | *Prendre part à la douleur de qn*, den Schmerz mit jm teilen. | *Prendre parti pour qn*, für jn Partei nehmen ; für jn eintreten. | *J'en prends mon parti*, ich finde mich damit ab. | *Prendre patience*, sich gedulden. | *Prendre la peine de*, sich die Mühe geben, zu. | *Prendre une photo*, ein Photo aufnehmen ; knipsen. | *Prendre pied*, festen Fuß fassen. | *Prendre plaisir à qch.*, an etwas (dat.) Vergnügen finden. | *Prendre du poids*, an Gewicht zunehmen. | *Prendre position*, Stellung nehmen. | *Prendre racine*, Wurzel schlagen, fassen. | *Prendre des renseignements*, Auskünfte einholen. | *Prendre du repos*, sich Ruhe gönnen. | *Prendre une résolution*, einen Entschluß fassen. | *Prendre la responsabilité*, die Verantwortung übernehmen (insépar.). | *Prendre sa revanche sur qn*, jm etwas vergelten. | *Prendre sa source*, entspringen. | *Prendre du bon temps*, es sich wohl sein lassen. | *À tout prendre*, alles in allem. | *Prendre du ventre*, einen Bauch ansetzen. || RELIG. *Prendre le voile*, Nonne werden. — **en prendre.** *En prendre et en laisser*, es nicht so ernst nehmen. | *En prendre pour son grade*, etwas abbekommen. — **le prendre.** *À le bien prendre*, bei ruhiger Überlegung. | *Il l'a mal pris*, er hat es übelgenommen. | *Il l'a pris pour lui*, er hat es als auf sich gemünzt aufgenommen. | *Le prendre de haut*, sich aufs hohe Pferd setzen.

II. v. intr. [se développer] Wurzel fassen ; gedeihen. || BOT. *Les arbres n'ont pas pris*, die Bäume haben nicht (keine) Wurzel gefaßt, sind nicht angegangen. || [feu] *Le feu prend*, das Feuer geht an. | *L'allumette prend*, das Streichholz zündet. || [se figer ; se fixer] gerinnen ; zufrieren. | *Le ciment prend*, der Zement wird dick. | *La colle prend*, der Leim hält. | *La gelée prend*, das Gelée verdickt sich. || FIG. [lieu] einschlagen ; abgehen. | *Prendre à droite*, rechts gehen, fahren. | *Prendre à travers champs*, querfeldein gehen. || [réussir] verfangen ; wirken. | *Ça ne prend pas*, damit lockt man keinen Hund vom Ofen. | *Ça ne prend pas avec moi*, das verfängt bei mir nicht. | *Prendre sur soi*, sich beherrschen. | *Prendre sur soi (de faire qch.)*, auf eigene Kappe nehmen. || [impersonnel] *Bien lui prit de*, es war sein Glück, daß. | *Mal lui en prit*, es ist ihm übel bekommen.

III. v. pr. **se prendre.** — **a)** sens passif (être pris) : *Ce remède se prend à jeun*, dieses Arzneimittel nimmt man nüchtern ein. || [être compris, employé] *Cette expression peut se prendre diversement*, dieser Ausdruck kann in verschiedener Bedeutung gebraucht werden. || [s'accrocher] hängenbleiben. | *Se prendre dans qch.*, sich in etwas (acc.) verfangen. | *Se prendre le doigt dans une porte*, sich den Finger in der Tür einklemmen. | *Se prendre la tête à deux mains*, sich an den Kopf fassen. — **b)** avec préposition : **à.** anfangen. | *Elle se prit à rêver*, sie versank in ein tiefes Träumen. || **de.** *Se prendre d'amitié pour qn*, sich mit jm an-, befreunden ; zu jm Freundschaft fassen. | *Se prendre de passion pour*, in eine Leidenschaft für (acc.) geraten. | *Se prendre de querelle*, in Streit geraten. — **c)** *S'en prendre à qn de qch.*, jm die Schuld an etwas (dat.) zuschieben ; jm etwas vorwerfen. — **d)** *S'y prendre*, die Sache anfassen, angreifen. | *S'y prendre adroitement*, geschickt angehen. | *S'y prendre de travers*, sich vergreifen ; einen Mißgriff tun.

preneur, euse [prənœ:r, ø:z] s. Pächter(in) m. (f.) ; Mieter(in) m. (f.). || *Preneur d'otages*, Geiselnehmer. || COMM. Abnehmer(in) m. (f.) ; Käufer(in) m. (f.).

prénom [prenɔ̃] m. Vorname m. ; Tauf-, Rufname m.

prénommé, ée [-nɔme] adj. mit (dem) Vornamen. || JUR. *Le prénommé*, der Besagte.

prénommer [-nɔme] v. tr. jm einen Vornamen geben.

prénuptial, iale, iaux [prenypsjal, jo] adj. vorehelich ; vor der Eheschließung. | *Certificat prénuptial*, Ehetauglichkeitszeugnis n.

préoccupant, ante [preɔkypɑ̃, ɑ̃:t] adj. besorgniserregend ; beunruhigend.

préoccupation [-pasjɔ̃] f. Besorgnis f. ; vorherrschender Gedanke ; Bedenken n.

préoccupé, ée [-pe] adj. in Gedanken versunken, besorgt ; sorgenvoll.

préoccuper [-pe] v. tr. stark beschäftigen ; beunruhigen ; mit Besorgnis erfüllen.

◇ v. pr. **se préoccuper.** *Se préoccuper de qch.*, sich über etwas (acc.) Gedanken machen.

préparateur, trice [preparatœ:r, tris] s. Vorbereiter(in) m. (f.) ; Labor(atoriums)gehilfe m.

préparatifs [-ratif] m. pl. Vorbereitungen f. pl. ; Zurüstungen f. pl. ; Vorbereitungsarbeiten f. pl. | *Faire ses préparatifs*, seine Vorkehrungen treffen.

préparation [-rasjɔ̃] f. [activité] Vorbereitung f. ; Auf-, Zubereitung f. ; Vorarbeit f. ; Appretierung f. | *Préparation des aliments*, Speisenzubereitung. | *Préparation du travail*, Vorarbeit. | *Sans préparation*, unvorbereitet. | *Parler sans préparation*, aus dem Stegreif sprechen. || MIL. *Préparation militaire*, vormilitärische Ausbildung. || [corps préparé] *Préparation chimique*, chemisches Präparat ; Präparieren n.

préparatoire [-ratwa:r] adj. vorbereitend ; einleitend ; Vorbereitungs... ; Einleitungs... | *Conférence* *préparatoire*, Vorbesprechung f. | *École, Travail préparatoire*, Vorschule f., Vorarbeit f.

préparer [-re] v. tr. **1.** [sens matériel et concret] (vor)bereiten ; vor-, zurichten. | *Préparer minutieusement*, bis in (alle) Einzelheiten vorbereiten. | *Préparer une chambre*, ein Zimmer zurechtmachen. | *Préparer une fête*, ein Fest veranstalten. | *Préparer un plat*, ein Gericht zubereiten. | *Préparer une tisane*, einen Tee kochen.
2. [sens intellectuel et moral] (vor)bereiten ; einleiten ; vorfühlen. || [choses] *Préparer un discours*, eine Rede ausarbeiten. | *Préparer un examen*, sich auf eine Prüfung vorbereiten. | *Préparer un projet*, einen Plan ausarbeiten. || [personnes] *Je suis préparé à tout*, ich bin auf alles gefaßt.
◇ v. pr. **se préparer.** [personnes] *Se préparer à qch.*, für etwas Anstalten, Vorkehrungen treffen ; sich zu etwas anschicken. | *Se préparer au travail*, sich zur Arbeit schicken. | *Se préparer au combat*, sich kampffertig machen. | *Se préparer à la guerre*, (sich zum Kriege) rüsten. || [choses] bevorstehen ; sich anbahnen ; im Werke, im Anzug sein. | *De grandes choses se préparent*, wichtige Dinge stehen bevor. | *Un orage se prépare*, ein Gewitter ist im Anzug.

prépondérance [prepɔ̃derɑ̃:s] f. Übergewicht n. ; Vormachtstellung f. ; Überlegenheit f.

prépondérant, ante [-rɑ̃, ɑ̃:t] adj. überwiegend ; überlegen ; vorherrschend ; ausschlaggebend.

préposé, ée [prepoze] s. Aufseher(in) m. (f.) ; Vorsteher(in) m. (f.). | *Préposé de la douane*, Zollbeamte(r) m. || POSTES. Zusteller(in) m. (f.).

préposer [-ze] v. tr. an die Spitze stellen ; vorsetzen ; vorstellen. | *Préposer qn à qch.*, jn mit etwas beauftragen.

prépositif, ive [-zitif, i:v] adj. GRAMM. *Locution prépositive*, Präpositionsausdruck m.

préposition [-zisjɔ̃] f. Verhältniswort n. ; Präposition f.

prépuce [prepy:s] m. ANAT. Vorhaut f.

préretraite [prerətrɛt] f. Vorruhestand m. ; Vorruhestandsregelung f. | *Allocation de préretraite*, Vorruhestandsentschädigung f.

prérogative [prerɔgati:v] f. Vorrecht n. ; Prärogative f. ; Privileg n.

préromantisme [prerɔmɑ̃tism] m. LITTÉR. vorromantische Zeit ; Sturm und Drang m.

près [prɛ] adv. nahe ; nebenan ; dicht dabei. | *Plus près*, näher. | *Mettez-vous plus près*, treten Sie näher ! | *Le plus près*, am nächsten. | *Tout près*, ganz nahe ; ganz in der Nähe.
◇ loc. adv. et conj. **à beaucoup près,** bei weitem. — **à cela près,** dieses ausgenommen. | *Il n'est, il n'en est pas à cela près*, darauf kommt es ihm nicht an. — **à cela près que,** nur daß. — **à peu près,** ungefähr ; etwa ; beinahe. | *À peu de chose près*, bis auf Weniges. | *À quelques exceptions près*, bis auf wenige Ausnahmen. — **au plus près,** auf kürzestem Weg. — **de près,** aus, in der Nähe ; unmittelbar ; genau. | *Tondre de près*, kurz scheren. | *Ni de près, ni de loin*, auf keinen Fall. | *De très près*, ganz aus der Nähe. | *De trop près*, aus zu großer Nähe. | *Approcher qn de très près*, mit jm auf vertrautem Fuße stehen. | *Examiner de près*, einer genauen Untersuchung unterziehen (insépar.). | *S'occuper de qch. de très près*, sich mit etwas aufs eingehendste beschäftigen. | *Ne pas y regarder de si près*, (es) nicht so genau nehmen ; nicht so genau hinsehen. | *Serrer qn de près*, jm hart zusetzen. | *Serrer de plus près une question*, einer Frage (dat.) nähertreten. | *Surveiller de près*, scharf überwachen (insépar.). | *Cela me touche de près*, das trifft mich sehr ; das liegt mir am Herzen.
◇ prép. bei ; in der Nähe von ; neben ; nahe an... | *Travemünde près Lübeck*, Travemünde bei Lübeck. | *Ambassadeur près le Saint-Siège*, Botschafter am Vatikan.
◇ loc. prép. **près de.** [lieu] *Près de l'église*, nahe bei, an der Kirche. | *Tout près de la sortie*, ganz nahe am Ausgang. | *Avoir la tête près du bonnet*, ein Hitz-, Brausekopf sein. | *Il est près de ses sous*, er ist sehr auf den Pfennig aus ; PÉJOR. er ist ein Pfennigfuchser m. || [temps] *Il n'est pas près de finir*, er ist noch lange nicht fertig.

présage [preza:ʒ] m. [signe] An-, Vorzeichen n. ; Vorbedeutung f. ; Omen n. || [supposition] Vorahnung f. ; Ahnung f.
— SYN. : *Augure* m., Anzeichen n. *Auspices* m. pl., Vorzeichen n. *Pronostic* m., Vorhersage f.

présager [-ʒe] v. tr. [phénomène] ankündigen ; (auf, acc.) deuten. || [personne] ahnen ; vermuten.

présalaire [presalɛ:r] m. Ausbildungsbeihilfe f.

pré-salé [presale] m. (pl. **prés-salés**) Salzwiese f.

presbyte [prɛsbit] adj. MÉD. weitsichtig.

presbytère [prɛsbitɛ:r] m. Pfarrhaus n. ; Pfarre f. ; Pastorat n.

presbytérien, ienne [-terjɛ̃, jɛn] adj. presbyterianisch.
◇ s. Presbyterianer(in) m. (f.).

presbytie [prɛsbisi] f., ou **presbytisme** [-bitism] m. MÉD. Weitsichtigkeit f.

prescience [presjɑ̃:s] f. Vorherwissen n.

prescription [-kripsjɔ̃] f. [réglementation] Vorschrift f. | *Prescriptions de la loi*, gesetzliche Vorschriften f. pl. | *Conforme aux prescriptions*, vorschriftsmäßig. | *Se conformer aux prescriptions*, sich nach den Vorschriften richten. || MÉD. Rezept n. ; Verordnung f. || JUR. Verjährung f.

prescrire [-kri:r] v. tr. vorschreiben ; bestimmen ; anordnen. || MÉD. verschreiben ; verordnen.
◇ v. pr. **se prescrire,** verjähren ; durch Verjährung verloren gehen.

préséance [preseɑ̃:s] f. Vorrang m. ; Vortritt m. | *Avoir la préséance sur*, den Vorrang haben vor.

présélection [-sjɔ̃] f. Vorauswahl m.

présence [prezɑ̃:s] f. Anwesenheit f. ; Gegenwart f. ; Vorhandensein n. | *Feuille, Liste de présence*, Anwesenheitsliste f. ; Präsenzliste f. | *Jetons de présence*, Diäten f. pl. | *Admettre en sa présence*, vorlassen. | *Chasser de sa présence*, fortjagen. | *Faire acte de présence*, sich kurz sehen lassen. || FIG. *Présence d'esprit*, Geistesgegenwart. || PAR EXT. [d'un acteur] Ausstrahlungskraft f.
◇ loc. adv. **en présence.** *Les équipes en présence*, die einander gegenüberstehenden Mannschaften.
◇ loc. prép. **en présence de,** vor (dat.) ; gegenüber (dat.) ; angesichts (gén.). | *En présence de qn*, im Beisein, in Gegenwart von jm.

présent, ente [-zɑ̃, ɑ̃:t] adj. anwesend ; zugegen ; gegenwärtig ; vorliegend ; vorhanden ; da. | *L'instant présent*, der gegenwärtige Augenblick. | *Dans le cas présent*, im vorliegenden Fall. | *Dans les circonstances présentes*, unter den herrschenden Umständen. | *Elle était présente*, sie war dabei. | *Elle présente, En sa présence*, in ihrer Gegenwart. | *Être présent en personne*, persönlich zugegen sein. | *Cela ne m'est plus présent à l'esprit*, es ist mir nicht mehr gegenwärtig.
◇ adj. substantivé. [personnes] der, die Anwesende. || [lettre] *Par la présente*, mit vorliegendem Schreiben ; hiermit. | *Par les présentes*, hiermit.

◇ interj. **présent !,** hier ! | *Répondre présent*, mit hier antworten.
◇ m. **présent.** GRAMM. Gegenwart f. ; Präsens n. || [temps] Gegenwart f. | *Ne songer qu'au présent*, nur an das Heute denken.
◇ loc. adv. et conj. **à présent,** jetzt ; gegenwärtig. | *Dès à présent*, von nun an. | *Jusqu'à présent*, bis jetzt. — **à présent que,** jetzt, da ; jetzt, wo.

présent [prezɑ̃] m. [cadeau] Geschenk n. ; Gabe f. | *Faire présent de qch. à qn*, jm etwas schenken ; jm ein Geschenk machen. | *Je l'ai reçu en présent*, ich habe es geschenkt bekommen. | *Combler de présents*, reichlich beschenken.
— SYN. : *Cadeau* m., Geschenk n. *Don* m., Gabe f.

présentable [-tabl] adj. vorstellbar ; vorzeigbar ; präsentierbar ; salonfähig. | *Je ne suis pas présentable*, ich kann mich so nicht sehen lassen.

présentateur, trice [-tatœ:r, tris] s. Ansager(in) m. (f.).

présentation [-tasjɔ̃] f. [de choses] Vorlegung f. ; Darbietung f. ; Auslage f. ; Vorführung f. || [marchandises] *Présentation factice*, Leeraufmachung f. ; Schaupackung f. | *Présentation de collection, de mode*, Modenschau f. | *Présentation d'un film*, Filmvorführung. || FIN. *Présentation d'un effet*, Vorzeigung (f.) eines Wechsels. || [d'une personne] Vorstellung f.

présentement [-tmɑ̃] adv. gegenwärtig ; zur Zeit.

présenter [-te] v. tr. [choses] vorlegen ; (vor-, dar)bieten ; überreichen (insépar.) ; präsentieren. | *Présenter son billet*, seine Fahrkarte vorzeigen. | *Présenter une collection*, eine Kollektion vorführen, zeigen. | *Présenter des marchandises*, Waren auslegen, ausstellen. || [quelqu'un] vorstellen ; vorschlagen. | *Permettez-moi de vous présenter monsieur X*, darf ich Ihnen Herrn X, vorstellen ? | *Présenter des candidats*, Kandidaten aufstellen, vorschlagen. || PAR EXT. darbieten ; vorbringen ; unterbreiten (insépar.). | *Présenter clairement*, klar auslegen ; auseinandersetzen. | *Présenter sa candidature à qch.*, für etwas kandidieren. | *Présenter une demande*, einen Antrag stellen, einreichen. | *Présenter ses remerciements*, seinen Dank aussprechen. | *Présenter une requête*, ein Gesuch einreichen. | *Présenter ses salutations (à qn)*, (jm) seine Grüße ausrichten, bestellen. || FIG. [comporter] aufweisen ; bieten. | *Présenter des avantages*, Vorteile bieten.
◇ v. pr. **se présenter,** [personnes] sich (vor)stellen ; sich melden. | *Se présenter à qn*, sich jm vorstellen. | *Se présenter chez qn*, bei jm vorsprechen. | *Se présenter devant qn*, jm unter die Augen treten ; vor jn (hin)treten. | *Se présenter à une autorité*, sich bei einer Behörde melden. | *Se présenter en justice*, sich vor, sich dem Gericht stellen. | *Se présenter avec assurance*, ein sicheres Auftreten haben ; sicher auftreten. | *Bien se présenter*, gute Umgangsformen haben. || [choses] sich bieten ; auftauchen. | *L'affaire se présente bien*, die Angelegenheit läßt sich gut an. | *Le cas se présente*, der Fall tritt ein, kommt vor. | *Voici comment la chose se présente*, damit hat es folgende Bewandtnis. | *Une difficulté se présente*, eine Schwierigkeit taucht auf.

présentoir [-twa:r] m. [boutique] Verkaufsständer m. | [bibliothèque] Zeitungsständer m.

préservateur, trice [prezɛrvatœ:r, tris] adj. schützend.

préservatif, ive [-vatif, i:v] adj. schützend ; vorbeugend ; verhütend.
◇ m. **préservatif,** Schutzmittel n. ; Präservativ n.

préservation [-vasjɔ̃] f. Beschützung f. ; Bewahrung f. ; Sicherung f. ; Abwehr f.

préserver [-ve] v. tr. *Préserver de*, schützen, bewahren, hüten vor. | *Dieu nous en préserve*, Gott bewahre.

présidence [prezidɑ̃:s] f. Präsidium n. ; Vorsitz m. | *Exercer la présidence*, den Vorsitz führen. | *Sous la présidence de*, unter dem Vorsitz von.

président [-dɑ̃] m. Präsident m. | [d'un parti] Vorsitzende(r) m. | *Président du Conseil*, Ministerpräsident. | *Président de la République*, Präsident der Republik ; Staatspräsident ; [fédéral] Bundespräsident.

présidente [-dɑ̃:t] f. Präsidentin f. ; Gattin (f.) des Präsidenten.

présidentiel, ielle [-dɑ̃sjɛl] adj. den Präsidenten betreffend ; Präsidenten... | *Élection présidentielle*, Präsidentenwahl f.

présider [-de] v. tr. präsidieren ; leiten ; den Vorsitz führen. | *Présider une assemblée*, eine Versammlung leiten. | *Présider à*, leiten ; lenken.

présomptif, ive [prezɔ̃ptif, i:v] adj. mutmaßlich. | *Héritier présomptif*, mutmaßlicher Erbe.

présomption [-sjɔ̃] f. [supposition] Vermutung f. ; Mutmaßung f. ; Annahme f. || [fatuité] Anmaßung f. ; Dünkel m. ; Vermessenheit f.

présomptueux, ueuse [-tɥø, ɥø:z] adj. übermütig ; anmaßend ; dünkelhaft ; überheblich.

presque [prɛsk] adv. beinah(e) ; fast ; nahezu ; etwa.

presqu'île [prɛskil] f. GÉOGR. Halbinsel f.

pressant, ante [prɛsɑ̃, ɑ̃:t] adj. [qui insiste] drängend ; zudringlich. || [urgent] dringend ; eilig. | *Besoin pressant*, dringendes Bedürfnis.

presse [prɛ:s] f. **1.** [affluence] Gedränge n. ; (An)drang m. ; Gewühl n. | *Fendre la presse*, sich durch das Gewühl drängen ; sich durchdränge(l)n. | *Il y a presse dans la salle*, der Saal ist überfüllt.
2. COMM. [affluence] Hochbetrieb m.
3. [machine] Presse f. | *Presse à emboutir*, Tiefziehpresse. | *Presse hydraulique*, hydraulische Presse. | [d'imprimeur, d'imprimerie] Druck(er)presse. | *Mise sous presse*, Drucklegung f. | *Le livre est sous presse*, das Buch befindet sich, ist im Druck.
4. [journaux] Presse f. ; Zeitungen f. pl. | *Presse gratuite*, Anzeigenblätter n. pl. | *Presse du cœur*, Regenbogenpresse ; Klatschblätter n. pl. | *Presse professionnelle*, Fachpresse. | *Presse d'opinion*, parteigebundene Presse. | *Presse à scandale*, Skandal-, Asphaltpresse. | *Délit de presse*, Pressevergehen n. | *Liberté de la presse*, Pressefreiheit f. | *Loi sur la presse*, Pressegesetz n. | *Service de presse*, Pressedienst m. || FIG. *Il a une bonne presse*, er hat einen guten Ruf.

pressé, ée [prɛse] adj. [comprimé] gepreßt ; gedrückt. || FIG. [qui a hâte] gedrängt ; eilig ; hastig. | *Je suis pressé*, ich habe es eilig. || [urgent] eilig ; dringend. | *Elle n'a rien de plus pressé à faire*, sie hat nichts Eiligeres zu tun. | *Aller au plus pressé*, das Dringendste vornehmen. || [en difficulté] bedrängt ; geplagt. | *Être pressé d'argent*, in Geldnot sein.

presse-citron [prɛssitrɔ̃] m. invar. Zitronenpresse f.

pressentiment [prɛsɑ̃timɑ̃] m. Vorgefühl n. ; Vorahnung f. ; Ahnung f. | *J'en ai le pressentiment*, mir ahnt so etwas. | *J'ai comme un pressentiment*, ich habe so eine Ahnung.

pressentir [-ti:r] v. tr. [qch.] ahnen ; vorausempfinden, -fühlen. | *Pressentir sa fin*, sein Ende, seinen Tod vorausahnen. || [qn] *Pressentir qn*, jn aushorchen, -forschen, sondieren. | *Pressentir qn pour qch.*, bei jm wegen etwas vorfühlen.

presse-papiers [prɛspapje] m. invar. Briefbeschwerer m.

presse-purée [-pyre] m. invar. Kartoffelquetsche f.

presser [-se] v. tr. **1.** [serrer] (aus)drücken ; (aus)pressen ; [fort] (aus)quetschen. | *Presser l'un contre l'autre*, aneinanderpressen ; zusammendrängen. | *Presser un citron*, eine Zitrone auspressen. | *Presser des raisins*, keltern. | *Presser sur son cœur*, an sein Herz drücken.
2. FIG. [poursuivre] verfolgen ; bedrängen. | *Presser qn de questions*, jn mit Fragen bedrängen, bestürmen. || [insister] in jn dringen. | *Presser qn de faire qch.*, jn dringend bitten, etwas zu tun.
3. FIG. [hâter] drängen ; eilen ; beeilen ; antreiben. | *Presser l'exécution d'une affaire*, auf Erledigung einer Sache dringen. | *Presser le pas*, seinen Gang beschleunigen.
◇ v. intr. [appuyer] *Presser sur le bouton*, auf den Knopf drücken. || PAR EXT. das Licht anknipsen. | *Presser sur la détente*, abdrücken. || [être urgent] drängen ; eilig sein ; eilen. | *Le temps presse*, die Zeit drängt. | *Rien ne presse*, es hat keine Eile.
◇ v. pr. **se presser,** [se serrer] *La foule se presse*, die Menge drängt sich. | *Tout le monde se presse à ce spectacle*, alle Welt läuft in diese Vorstellung. | *Se presser contre qn*, sich an jn drücken, schmiegen. || [se hâter] sich beeilen ; eilen.

pression [-sjɔ̃] f. Druck m. ; Drücken n. ; Pressen n. | *Pression artérielle*, Blutdruck. | *Pression atmosphérique*, Luftdruck. | *Basse pression*, Tiefdruck. | *Zone de basse pression*, Tiefdruckgebiet n. | *Haute pression*, Hochdruck. | *Pression maximale*, Höchstdruck. | *Pression de gonflage*, Reifendruck. | *Eau sous pression*, Druckwasser n. | *Être sous pression*, unter Druck, unter Dampf stehen. | *Exercer une pression sur qch.*, einen Druck auf etwas (acc.) ausüben. || ÉCON. *Pression fiscale*, Steuerbelastung f. ; Steuerlast f. || FIG. Druck m. ; Zwang m. | *Céder à une pression*, einem Druck nachgeben ; weichen.

pressoir [-swa:r] m. Kelter f. ; Presse f.

pressurer [-syre] v. tr. auspressen ; ausdrücken ; keltern ; ausquetschen ; mosten. || FIG. aussaugen ; erpressen ; schinden.

pressurisation [-rizasjɔ̃] f. Druckausgleich m.

pressuriser [-syrize] v. tr. unter erhöhten Druck setzen ; konstanten Druck halten.
◇ part. pass. et adj. **pressurisé, ée,** Druck... | *Cabine pressurisée*, Druckkabine f.

prestance [prɛstɑ̃:s] f. Stattlichkeit f. ; stattliches Aussehen. | *Avoir une belle prestance*, von stattlichem Wuchs sein.

prestataire [prɛstatɛ:r] s. Leistungsträger(in) m. (f.). | *Prestataire de services*, Dienstleistungserbringer m.

prestation [prɛstasjɔ̃] f. [fourniture] Leistung f. ; Einsatz m. ; Lieferung f. ; Gebühr f. | *Prestations familiales*, Familienbeihilfe f. | *Prestations de sécurité sociale*, Sozialleistung. | *Prestation en nature*, Sachleistung. | *Prestation en espèces*, Barleistung. | *Prestation de service*, Dienstleistung. || *Prestation de serment*, Eidesleistung ; Vereidigung f. ; Ablegung (f.) des Eides.

preste [prɛst] adj. flink ; behende ; lebhaft ; hurtig ; geschwind ; fix.

prestesse [-tɛs] f. Behendigkeit f. ; Flinkheit f. ; Gewandtheit f. ; Lebhaftigkeit f. ; Fixigkeit f.

prestidigitateur [prɛstidiʒitatœ:r] m. Gaukler m. ; Taschenspieler m. ; Zauberkünstler m.

prestidigitation [-tasjɔ̃] f. Gaukelspiel n. ; Taschenspielerei f. ; Taschenspielerkunst f.

prestige [prɛsti:ʒ] m. Ansehen n. ; Nimbus m. ; Prestige n. ; Einfluß m.

prestigieux, ieuse [-ʒjø, jø:z] adj. ansehnlich ; wunderbar ; herrlich ; einflußreich.

presto [prɛsto] ou **prestissimo** [-tisimo] adv. geschwind ; unverzüglich. || MUS. sehr lebhaft.

présumable [prezymabl] adj. vermutlich ; mutmaßlich.

présumer [-me] v. tr. vermuten ; mutmaßen ; annehmen. | *Il est à présumer*, vermutlich.
◇ v. intr. viel zutrauen (dat.). | *Présumer de ses forces*, seine Kräfte überschätzen ; sich übernehmen.

présupposer [presypoze] v. tr. voraussetzen ; erfordern ; zur Voraussetzung haben.

prêt, prête [prɛ, prɛ:t] adj. bereit ; fertig. | *Être prêt*, bereitstehen ; fertig sein. | *Être tout à fait prêt*, fix und fertig sein. | *Tenir prêt*, bereithalten. | *Être prêt à*, auf etwas (acc.) vorbereitet sein. | *Il est prêt à tout*, [agir] er ist zu allem bereit ; [subir] er ist auf alles gefaßt. | *Prêt à se battre, à combattre*, kampfbereit. | *Prêt à démarrer, au départ*, fahr-, startbereit. | *Prêt à fonctionner*, betriebsbereit. | *Prêt à partir*, reisefertig.

prêt [prɛ] m. Darlehen n. ; Anleihe f. ; Aus-, Verleihung f. ; Leihe f. ; Vorschuß m. | *Prêt d'accession à la propriété*, Eigentumsförderungskredit m. | *Prêt bonifié*, Vorzugskredit m. | *Prêt hypothécaire*, Hypothekendarlehen. | *Prêt à la grosse aventure*, Bodmereivertrag m. | *Prêt à fonds perdus*, verlorener Zuschuß. | *Prêt sur gages*, Lombarddarlehen ; Pfandleihe. | *Prêt à intérêts*, verzinsliches Darlehen. | *Prêt à court terme*, kurzfristiges Darlehen. | *Prêt sur nantissement*, Lombarddarlehen. | *Prêt à domicile*, [bibliothèque] Ortsleihe. | *Bibliothèque de prêt*, Leihbücherei f. | *Loi prêt-bail*, Pacht- und Leihgesetz n. | *À titre de prêt*, leihweise. | *Accorder, Octroyer un prêt*, eine Anleihe gewähren. || MIL. [des soldats] Wehrsold m.

prétantaine ou **prétentaine** [pretɑ̃tɛ:n] f. *Courir la prétantaine*, herumbummeln, -streichen ; auf Liebesabenteuer ausgehen.

prêt-à-porter [prɛtapɔrte] m. (pl. **prêts-à-porter**) Konfektionskleidung f. ; Konfektion f.

prétendant [pretɑ̃dɑ̃] m. Kronbewerber m., -prätendent m.
◇ s. Bewerber(in) m. (f.) ; Freier m.

prétendre [-tɑ̃:dr] v. tr. **1.** [affirmer] behaupten ; vorgeben ; versichern ; sich anmaßen. | *Il prétend avoir fait*, er behauptet,...getan zu haben. | *On le prétend fou*, man hält ihn für verrückt.
2. *Prétendre (à)*, streben (nach, dat.).

prétendu, ue [-tɑ̃dy] adj. vorgetäuscht ; angeblich ; behauptet ; sogenannt ; vorgeblich.

prête-nom [prɛtnɔ̃] m. (pl. **prête-noms**) Strohmann m.

prétentieusement [pretɑ̃sjøzmɑ̃] adv. pretenziös.

prétentieux, ieuse [pretɑ̃sjø, jø:z] adj. anspruchsvoll ; anmaßend ; eingebildet ; selbstbewußt ; eitel ; geziert. | *Un style prétentieux*, ein geschraubter Stil. | *Ton prétentieux*, hochfahrender, hochgestochener, selbstbewußter Ton.

prétention [-sjɔ̃] f. Anspruch m. ; Forderung f. || PÉJOR. Anmaßung f. ; Einbildung f. ; Eitelkeit f. || *Avoir de la prétention*, eingebildet sein. | *Avoir de grandes prétentions*, den Bogen hochspannen. | *J'ai la prétention de*, ich vermesse mich, zu. | *Élever des prétentions sur*, Ansprüche erheben auf (acc.). | *Sans prétentions*, anspruchslos ; genügsam.

prêter [prete] v. tr. **1.** PR. leihen ; ver-, ausleihen ; aus-, verborgen ; auf Borg geben ; vorstrecken ; vorschießen ; POP. pumpen. | *Prêter de l'argent à intérêts*, Geld auf Zinsen verleihen. | *Prêter sur gages*, gegen, auf Pfänder ausleihen ; lombardieren. | *Prêter sur hypothèque*, gegen hypothekarische Sicherheit ausleihen.
2. FIG. zuschreiben ; schenken. | *Prêter qch. à qn*, jm etwas zuschreiben ; POP. jm etwas in die Schuhe

schieben. | *Prêter son aide (à qn)*, (jm) Hilfe, Beistand leisten. | *Prêter assistance (à qn)*, (jn) unterstützen (insépar.). | *Prêter attention (à qch.)*, (etwas, dat.) seine Aufmerksamkeit schenken. | *Prêter son concours*, mithelfen ; mitwirken. | *Prêter le flanc à la critique*, sich der Kritik aussetzen. | *Prêter la main à qch.*, zu etwas die Hand bieten ; an etwas (acc.) Hand anlegen. | *Prêter main forte à qn*, jm behilflich sein. | *Prêter son nom à qch.*, seinen Namen für etwas hergeben. | *Prêter l'oreille à qn*, jm Gehör schenken. | *On lui prête ces propos*, er soll das gesagt haben ; man legt ihm Folgendes in den Mund. | *Prêter serment*, einen Eid leisten. | *Faire prêter serment à qn*, jn vereidigen.
3. *Prêter à*, Anlaß geben (zu, dat.). | *Prêter aux attaques*, zu Angriffen Anlaß geben. | *Prêter à rire*, Stoff zum Lachen geben.
◇ v. pr. **se prêter,** [choses] sich eignen. | *Le sol se prête à*, der Boden eignet sich zu. | *Ce sujet se prête à des développements*, dieses Thema ist ergiebig. || [personnes] (compl. dir.) *Se prêter mutuelle assistance*, einander helfen. | (compl. ind.) *Se prêter à un accommodement*, sich in, auf einen Vergleich einlassen. | *Se prêter à une mauvaise action*, sich zu einer schlechten Handlung hergeben. | *Se prêter aux circonstances*, sich in die Verhältnisse schicken.

prétérit [preterit] m. GRAMM. Vergangenheit f. ; Präteritum n.

prétérition [preterisjɔ̃] f. Übergehung f. ; Auslassung f. ; Übergehen n. | *Parler par prétérition*, zwischen den Zeilen reden.

prêteur, euse [prɛtœ:r, ø:z] s. Darlehensgeber(in) m. (f.) ; Ver-, Ausleiher(in) m. (f.) ; Anleihegeber(in) m. (f.). | *Prêteur sur gages*, Pfand(ver)leiher.

prétexte [pretɛkst] m. Vorwand m. ; Scheingrund m. ; Vorspiegelung f. ; Beschönigung f. ; POP. Deckmantel m. | *Donner comme prétexte*, als vermeintlichen Grund angeben ; vorschützen. | *Prendre le premier prétexte venu*, den ersten besten Grund vorschieben. | *Prendre prétexte de qch.*, etwas zum Vorwand nehmen ; etwas vorschützen. | *Sous aucun prétexte*, unter keinen Umständen. | *Sous prétexte de maladie*, unter dem Vorwand einer Krankheit.

prétexter [-te] v. tr. vorspiegeln ; anführen ; vortäuschen ; vorgeben ; vorschützen.
— SYN. : *Alléguer*, Gründe angeben. *Avancer*, vorschieben. *Invoquer*, sich berufen auf.

pretium doloris [presjɔmdɔlɔris] m. JUR. Schmerzensgeld n.

prétoire [pretwa:r] m. Gerichtssaal m.

prêtre [prɛ:tr] m. Priester m. ; Geistlicher m. | *Grand prêtre*, Ober-, Hohe(r)priester. | *Prêtre-ouvrier*, Arbeiterpriester.

prêtresse [-trɛs] f. Priesterin f.

prêtrise [-tri:z] f. Priesterweihe f. ; Priestertum n. ; Priesterstand m., -würde f.

preuve [prœ:v] f. Beweis m. ; Beweismittel n., -stück n., -führung f. ; Beleg m. ; Unterlage f. ; Nachweis m. || MATH. *Preuve d'une opération*, Rechenprobe f. | *Preuve de similitude*, Ähnlichkeitsbeweis m. || JUR. *Pour preuve, à preuve que*, zum Beweis. | *Jusqu'à preuve du contraire*, bis zum gegenteiligen Beweis. | *Exposé des preuves*, Beweisschrift f. | *Apporter, Fournir, Produire des preuves*, Beweise liefern. | *Faire la preuve de qch.*, etwas beweisen. || FIG. Probe f. | *Faire preuve de courage*, seinen Mut be-, erweisen. | *Faire ses preuves*, sich bewähren. | *Qui a fait ses preuves*, erprobt, bewährt. | *Fournir une preuve de*, eine Probe von... ablegen.

preux [prø] adj. tapfer ; wacker ; heldenhaft.

prévaloir [prevalwa:r] v. intr. vor-, überwiegen ; vorherrschen ; sich durchsetzen ; die Oberhand gewinnen ; obsiegen ; maßgebend sein. | *Faire prévaloir son opinion*, seine Ansicht durchsetzen (sépar.). | *Rien ne prévaut contre cela*, dagegen kann man nicht aufkommen.
◇ v. pr. **se prévaloir.** *Se prévaloir de qch.*, sich auf etwas (acc.) berufen, für sich in Anspruch nehmen ; sich etwas zunutze machen. | *Se prévaloir de son droit*, auf sein Recht pochen.
— SYN. : *Dominer*, beherrschen. *L'emporter sur*, den Sieg davontragen über. *Prédominer*, vorherrschen. *Primer*, den Vorrang haben.
— OBSERV. Se conjugue comme *valoir*, sauf au présent du subjonctif : *Que je prévale.*

prévaricateur, trice [prevarikatœ:r, tris] adj. pflichtvergessen ; unzuverlässig.

prévarication [-kasjɔ̃] f. Untreue (f.) im Amt ; Pflichtvergessenheit f. ; Amtsverletzung f.

prévariquer [-ke] v. intr. pflicht-, amtswidrig handeln ; seine Pflicht verletzen.

prévenance [prevnɑ̃:s] f. Zuvorkommenheit f. ; Verbindlichkeit f. | *Plein de prévenances*, voller Zuvorkommenheit.

prévenant, ante [-nɑ̃, ɑ̃:t] adj. zuvorkommend ; verbindlich ; einnehmend ; gewinnend ; freundlich.

prévenir [-ni:r] v. tr. [empêcher] vorbeugen. | *Prévenir une maladie*, einer Krankheit vorbeugen. | *Prévenir un malentendu*, einem Mißverständnis vorbauen. || FIG. [satisfaire] jm zuvorkommen. | *Prévenir les désirs de qn*, js Wünschen zuvorkommen. || [avertir] benachrichtigen ; in Kenntnis setzen ; warnen. | *Prévenir un ami d'un danger*, einen Freund vor einer Gefahr warnen. | *Prévenir qn de son arrivée*, jn von seiner Ankunft benachrichtigen. || FIG. [disposer qn] einnehmen ; stimmen. | *Prévenir qn en faveur de, contre qn*, jn vorher für, gegen jn einnehmen.

préventif, ive [prevɑ̃tif, i:v] adj. vorbeugend ; verhütend ; vorbauend ; schützend ; abwehrend. | *Détention préventive*, FAM. *préventive* f., Untersuchungs-, Schutzhaft f. | *Guerre préventive*, Präventivkrieg m. | *Vaccination préventive*, Schutzimpfung f.

prévention [-sjɔ̃] f. [préjugé] Vorurteil n. ; Voreingenommenheit f. | *Sans prévention*, vorurteilslos ; unvoreingenommen ; unbefangen. || [mesures préventives] Vorbeugung f. ; Verhütung f. | *Prévention des accidents*, Unfallverhütung f.

préventivement [-tivmɑ̃] adv. zur Vorbeugung ; vorsichtshalber.

préventorium [-tɔrjɔm] m. Krankenhaus (n.) mit vorbeugender Behandlung ; Erholungsheim n.

prévenu, ue [prevny] adj. [averti] benachrichtigt ; gewarnt. | *Un homme prévenu en vaut deux*, ein gewarnter Mensch ist zweien gewachsen. | *Être prévenu de qch.*, vor etwas (dat.) gewarnt sein. || [influencé] vor-, eingenommen ; befangen ; eingestellt für, gegen. | *Un homme prévenu*, ein Mann mit vorgefaßten Meinungen. || JUR. beschuldigt ; angeklagt.
◇ s. Angeklagte(r) m. ; Beschuldigte(r) m.

prévisible [previzibl] adj. vorhersehbar.

prévision [-zjɔ̃] f. Vorhersehung f. ; Voraussicht f. || [estimation] Vermutung f. ; Mutmaßung f. | *Prévision budgétaire*, Haushaltsvoranschlag m. || *Prévision du temps*, Wettervorhersage f. | *Contre toute prévision*, gegen jede Erwartung. | *En prévision de*, um...vorzubeugen. | *Selon toute prévision*, aller Wahrscheinlichkeit nach. | *Mes prévisions se sont réalisées*, meine Vermutungen haben sich bestätigt. || ÉCON. Prognose f. | *Modèle de prévision*, Prognosemodell n.

— Syn. : *Hypothèse*, Annahme. *Prescience*, Vorahnung. *Supposition*, Voraussetzung.

prévisionnel, elle [-zjɔnɛl] adj. vorsorglich ; mutmaßlich ; veranschlagt.

prévoir [prevwa:r] v. tr. [prophétie] vor-, vorher-, voraussehen ; vermuten ; mutmaßen. | *Prévoir l'avenir*, die Zukunft voraussehen. || [des mesures] Vorsorge treffen ; Vorsichtsmaßnahmen einplanen.

— Observ. Se conjugue comme *voir*, sauf au futur : *Je prévoirai*, et au présent du conditionnel : *Je prévoirais*.

prévôt [prevo] m. Vogt m.

prévôté [-te] f. Vogtei f.

prévoyance [prevwajɑ̃:s] f. Voraussicht f. ; Vor-, Fürsorge f. | *Mesures de prévoyance*, Vorsichtsmaßregeln f. pl. | *Prévoyance sociale*, Sozialfürsorge f. ; Wohlfahrt f. | *Société de prévoyance*, Wohltätigkeitsverein m.

prévoyant, ante [-jɑ̃, ɑ̃:t] adj. vorausschauend ; voraussehend ; vorsorgend ; vorsorglich.

prie-Dieu [pridjø] m. invar. Betstuhl m.

prier [prije] v. tr. [demander] bitten. || [inviter] einladen. || *Prier qn de*, jn um etwas bitten, anflehen. | *Je vous prie de croire*, bitte, glauben Sie. | *Vous êtes prié d'assister à*, Sie werden zu der Teilnahme an (dat.) gebeten. | *Je vous en prie*, [prière] bitte ; gefälligst ; [politesse] bitte sehr ; bitte schön ; [menace] das bitte ich mir aus. | *Se faire prier*, sich bitten lassen. | *Prier qn chez soi*, jn zu sich bitten, einladen.

◇ v. tr. et intr. Relig. beten. | *Prier Dieu*, zu Gott beten. | *Prier le Ciel*, den Himmel anflehen. | *Prions !*, laßt uns beten !

— Syn. : *Implorer*, anflehen. *Invoquer*, anrufen. *Supplier*, inständig bitten.

prière [prijɛ:r] f. [demande] Bitte f. ; Antrag m. ; Gesuch n. | *Adresser une prière à qn*, eine Bitte an jn richten. | *Exaucer une prière*, eine Bitte erhören. | *Faire qch. à la prière de qn*, etwas auf js Bitten hin tun. | *Prière de ne pas fumer*, bitte nicht rauchen ! || Relig. Gebet n. | *Faire sa prière, ses prières*, sein Gebet verrichten. || Comm. *Prière d'insérer*, Waschzettel m.

prieur, prieure [prijœ:r] s. Relig. Prior(in) m. (f.) ; Ober(in) m. (f.) ; Propst m.

prieuré [-re] m. Priorei f. ; Priorat n. ; Prioratsamt n., -würde f.

primaire [primɛ:r] adj. primär ; Primär... ; Erst... ; Anfangs... || Univ. *École primaire*, Volks-, Grundschule f. | *Enseignement primaire*, Grundschulunterricht m. || Géol. *Ère primaire*, Paläozoikum n.

primat [prima] m. Relig. Primas m.

primates [primat] m. pl. Zool. Primaten m. pl.

primauté [-mote] f. Primat m. ou n. ; Vorrang m.

prime [prim] adj. erst ; früh ; anfänglich. | *Prime jeunesse*, früh(e)ste, zarteste Jugend. | *De prime abord*, von Anfang an ; gleich anfangs. || Math. a *prime* (a'), *a*-Strich n.

prime [prim] f. [somme d'argent] Prämie f. ; Prämienzusatz m. ; Reuegeld n. ; Aufgeld n. ; Agio n. ; Zugabe f. ; Zulage f. — **a)** [à l'achat] Lieferungsprämie. — **b)** [indemnité] *Prime d'accouchement*, Wochengeld n. | *Prime d'ancienneté*, Dienstalterszulage. | *Prime d'assiduité*, Fleißzulage ; Anwesenheitsprämie. | *Prime à l'exportation*, Ausfuhrprämie. | *Prime de fin d'année*, Abschlußprämie ; Jahresgratifikation f. | *Prime de rendement*, Leistungszulage. | *Prime de risque*, Gefahrenzulage. | *Prime de transport*, Fahrgeldzuschuß m. || Mil. *Prime d'engagement*, Handgeld n. | *Prime de démobilisation*, Entlassungsgeld n. — **c)** [d'assurance] Versicherungsprämie, -gebühr f. | *Prime (d'assurance) variable*, Staffelentgelt n. || Loc. *Faire prime*, sehr gesucht sein.

primer [-me] v. tr. [accorder un prix] prämiieren. | *Être primé*, preisgekrönt werden. || [surpasser] übertreffen (insépar.). || [précéder] *La force prime le droit*, Macht geht vor Recht.

◇ v. intr. vorwiegen ; den Vorrang haben. | *Primer sur la scène*, die erste Rolle spielen.

primerose [primro:z] f. Bot. Stockrose f.

primesautier, ière [primsotje, jɛ:r] adj. naturwüchsig ; der ersten Eingebung folgend.

primeur [primœ:r] f. [nouveauté] Neuheit f. | *Avoir la primeur de qch.*, etwas als erster genießen, erfahren.

◇ f. pl. **primeurs,** Frühobst n. ; Frühgemüse n.

primevère [primvɛ:r] f. Schlüsselblume f.

primipare [primipar] adj. zum ersten Mal gebärend.

primitif, ive [primitif, i:v] adj. primitiv. || [des origines] urzuständlich ; ursprünglich ; urtümlich ; Ur... ; Früh... | *Couleurs primitives*, Grund-, Spektralfarben f. pl. | *État primitif*, Urzustand m. | *Gothique primitif*, Frühgotik f. | *Mœurs primitives*, primitive Sitten f. pl. || [simple] einfach ; naturnahe ; péjor. dürftig ; albern. || Gramm. *Forme primitive*, Grund-, Stammform f. | *Langue primitive*, Ursprache f.

◇ m. pl. **les primitifs,** die Primitiven m. pl.

primitivement [-tivmɑ̃] adv. ursprünglich ; anfänglich.

primo [primo] adv. erstens ; zuerst.

primo-infection [-ɛ̃fɛksjɔ̃] f. (pl. **primo-infections**) Méd. Primoinfektion f.

primordial, iale, iaux [primɔrdjal, jo] adj. [originel] ursprünglich. || [important] wesentlich.

prince [prɛ̃:s] m. [régnant] Fürst m. || [de famille princière] Prinz m. || *Prince consort*, Prinzgemahl m. | *Prince héritier*, Kronprinz. | *Prince du sang*, Prinz von Geblüt. | *Élever au rang de prince*, in den Fürstenstand erheben. || Par ext. *Prince Charmant*, Märchenprinz. || Relig. *Prince de l'Église*, Kirchenfürst. | *Prince-évêque*, Fürstbischof m. | *Prince des ténèbres*, Fürst der Finsternis. || Fig. *Être bon prince*, gutmütig sein.

prince-de-galles [-dəgal] m. invar. Text. Glencheck m.

princesse [-sɛs] f. [régnante] Fürstin f. || [de famille princière] Prinzessin f. || Fam. *Aux frais de la princesse*, auf Staatskosten.

princier, ière [-sje, jɛ:r] adj. fürstlich ; prinzlich ; Fürsten... ; Prinzen... | *Famille princière*, Fürstenhaus n. ; fürstliche Familie. || Par ext. *Maison princière*, prunkvolles, luxuriöses Haus.

principal, ale, aux [prɛ̃sipal, o] adj. hauptsächlich ; wesentlich ; wichtig ; bedeutsam ; Haupt... ; Ober... | *But principal*, vornehmstes, wichtigstes Ziel ; Hauptziel. | *Personnage principal*, Hauptfigur f. || Gramm. *Proposition principale*, Hauptsatz m.

◇ m. **principal,** [chose importante] Hauptsache f. ; wesentlicher Punkt ; (das) Wesentliche. || [capital] Kapital n. ; Hauptsumme f. || [collège] Schulrektor m.

— Syn. : adj. *Capital*, bedeutend. *Cardinal*, hauptsächlich. *Essentiel*, wesentlich. *Fondamental*, grundlegend.

principalement [-palmɑ̃] adv. hauptsächlich ; besonders ; insbesondere ; vornehmlich.

principauté [-pote] f. Fürstentum n.

principe [prɛ̃sip] m. [commencement] Anfang m. || [base] Grundsatz m. ; Grundwahrheit f. | *Poser qch. en principe*, etwas zum Grundsatz machen. || [règle] Leitsatz m. ; Prinzip n. ; Naturgesetz n. | *Principe directeur, fondamental*, Leitgrundsatz ; Grundprinzip. | *En principe*, prinzipiell ; im Prinzip ; grundsätzlich. | *Par principe*, grundsätzlich ; prinzipiell. | *Sans prin-*

cipes, grundsatz-, gewissenlos ; PAR EXT. schwankend. | *Homme à principes*, Mann von Grundsätzen. | *Homme à cheval sur les principes*, Prinzipienreiter m. || JUR. *Principe pollueur-payeur*, Verursacherprinzip n. || PHYS. *Principe d'Archimède*, archimedisches Prinzip.

printanier, ière [prɛ̃tanje, jɛ:r] adj. frühlingshaft ; Frühlings... | *Fleurs printanières*, Frühlingsblumen f. pl.

printemps [-tɑ̃] m. Frühling m. ; Frühjahr n. || POÉS. Lenz m. || PAR EXT. Jugend(zeit) f. | *Elle compte dix-huit printemps*, sie zählt erst achtzehn Frühlinge, Lenze. || PROV. *Une hirondelle ne fait pas le printemps*, eine Schwalbe macht noch keinen Sommer.

priori (a) [apriɔri] loc. adv. von vornherein ; vorweg.

prioritaire [priɔritɛ:r] adj. bevorzugt.

priorité [-te] f. Priorität f. ; Vorzug m. ; Vorrang m. ; Vorrecht n. | *(Droit de) priorité*, Vorzugsrecht n. ; [véhicules] Vorfahrt f. ; Vorfahrtsrecht n. | *Priorité à droite*, Rechtsvorfahrt f.

pris, prise [pri, pri:z] adj. genommen. || [prisonnier, attrapé] gefangen. || *La place est prise*, der Platz ist besetzt. | *Pris dans les glaces*, ein-, festgefroren. || FIG. [assailli] befallen. | *Pris de sommeil*, vom Schlaf befallen ; schläfrig. || FIG. [emprunté] entnommen, entlehnt. | *Pris du latin*, dem Lateinischen entlehnt, entnommen. || *D'une taille bien prise*, gut gewachsen, gebaut.

prise [pri:z] f.

> **I.** [action de prendre] : Nehmen n. ; Fang m.
> **II.** [objet pris] : Beute f.
> **III.** [point d'appui] : Halt m.
> **IV.** SENS FIGURÉS.

I. [action de prendre] Nehmen n. ; Ergreifen n. ; Fassen n. ; Fang m. ; Wegnahme f. ; Gefangennahme f. | *Prise en considération*, Berücksichtigung f. | *Prise de contact*, Fühlungnahme f. | *Prise d'otages*, Geiselnahme f. | *Prise de position*, Stellungnahme f. | *Prise de possession*, Inbesitznahme f. || AUTOM. *Prise directe*, großer Gang. | *Passer en prise directe*, den großen Gang einschalten. || FILM. *Prise de vues*, Filmaufnahme f. || COMM., ADM. *Prise en charge*, Kostenübernahme f. | *Prise d'échantillons*, Probenentnahme f. || ÉCON. *Prise de contrôle*, Übernahme (f.) der Aktienmehrheit. || ÉLECTR. *Prise de courant*, Steckdose f. | *Prise multiple, multifiche*, Mehrfachstecker m. | *Prise de terre*, Massestecker m. || MÉD. *Prise de sang*, Blutentnahme f. || MIL. *Prise d'une ville*, Einnahme f. ; [d'assaut] Erstürmung f. | *Prise d'armes*, Parade f. || RADIO. *Prise de pick-up*, Tonabnehmeranschluß m. | *Prise de son*, Tonaufnahme f. || RELIG. *Prise de voile, Prise d'habit*, Einkleidung f. ; Nonnenweihe f. || TECHN. *Prise d'air*, Luftzufuhr f. | *Prise d'eau*, Hydrant m. | [solidification] *Ciment à prise rapide*, schnell bindender Zement.

II. [objet pris] Beute f. ; Prise f. | *Prise de guerre*, Kriegsbeute ; MAR. Prise. | *Déclarer de bonne prise*, ein Schiff als gute Prise erklären. || *Lâcher prise*, loslassen ; (seine Beute) fahren lassen. | *Faire lâcher prise à qn*, sich von jm frei machen. || [tabac] *Prendre une prise*, eine Prise nehmen, Tabak schnupfen.

III. [point d'appui] Halt m. ; Haltepunkt m. | *Avoir prise*, einen Haltepunkt haben. | *Ne pas trouver prise*, keinen Angriffspunkt finden.

IV. SENS FIGURÉS : *Prise à partie*, Angriff m. | *Prise de bec*, Wortgezänk n. ; Wortwechsel m. | *Avoir prise sur qn*, auf jn Einfluß ausüben. | *On n'a pas de prise sur lui*, man kann ihm nichts anhaben. | *Être en prise directe avec qch.*, mit etwas eng verbunden sein ; mit etwas verflochten sein. | *Être aux prises avec qn*, mit jm ringen. | *Donner prise à*, zu... Anlaß geben. | *Donner prise sur soi*, sich eine Blöße geben.

priser [prize] v. tr. [estimer] schätzen ; auf etwas (acc.) Wert legen ; zu würdigen wissen. || [prendre] *Priser du tabac*, Tabak schnupfen.

prismatique [prismatik] adj. prismatisch.

prisme [prism] m. MATH., PHYS. Prisma n.

prison [prizɔ̃] f. Gefängnis n. ; Haftanstalt f. | *Prison militaire*, Militärarrestanstalt f. | *Prison pour dettes*, Schuldgefängnis. | *Mettre en prison*, ins Gefängnis werfen. || [peine] Haft f. ; Inhaftierung f. ; Gefängnisstrafe f. ; Gefangenschaft f. | *Prison préventive*, Untersuchungshaft f. | *Condamner à trois ans de prison*, zu drei Jahren Gefängnis verurteilen.

prisonnier, ière [-zɔnje, jɛ:r] adj. gefangen.
◇ s. Gefangene(r) f. (m.) ; Häftling m. | *Prisonnier de droit commun*, Strafgefangener. | *Prisonnier de guerre*, Kriegsgefangener. | *Se constituer prisonnier*, sich (als Gefangener) stellen. | *Faire prisonnier*, gefangennehmen.

privatif, ive [privatif, i:v] adj. entziehend ; verneinend. | *Particule privative*, Verneinungspartikel f. | *Peine privative de liberté*, Freiheitsstrafe f.

privation [-sjɔ̃] f. [perte] Entziehung f. ; Beraubung f. ; Verlust m. ; Entzug m. ; Aberkennung f. | *Privation de la liberté*, Freiheitsentzug, -beraubung. | *Privation de sortie*, Haus-, Stubenarrest m. || [manque] Fehlen n. ; Mangel m. ; Entbehrung f. | *Privation volontaire (de)*, Verzicht m. (auf, acc.). | *Une vie de privations*, ein entbehrungsreiches Leben.

privatique [privatik] f. Heiminformatik f. ; private EDV-Benutzung.

privatisation [privatizasjɔ̃] f. Privatisierung f.

privatiser [-ze] v. tr. privatisieren.

privauté [privote] f. Vertraulichkeit f. | *Se permettre des privautés avec qn*, sich jm gegenüber Vertraulichkeiten herausnehmen.

privé, ée [prive] adj. [particulier] privat ; eigen ; geheim ; außerdienstlich. | *École privée*, Privatschule f. | *Propriété privée*, Privateigentum n. | *Réunion privée*, geschlossene Gesellschaft. | *Vie privée*, Privatleben n. | *Voie privée*, Privatweg m. || [dépourvu] beraubt ; entblößt ; ohne... ; ...los. | *Privé d'emploi*, beschäftigungslos. | *Privé de raison*, vernunftlos. | *Être privé de qch.*, etwas entbehren, vermissen.
◇ m. **privé,** Privatleben n.

priver [-ve] v. tr. *Priver qn de qch.*, jn einer Sache (gén.) berauben ; jn um etwas bringen. | *Priver qn de ses droits*, jn entrechten.
◇ v. pr. **se priver.** *Se priver de qch.*, sich etwas versagen, entziehen. | *Se priver de vin*, auf den Wein verzichten. | *Il ne se prive de rien*, er läßt sich nichts entgehen.

privilège [privilɛ:ʒ] m. Vorrecht n. ; Vorzugsrecht n. ; Sonderrecht n. ; Privileg n. ; Vorzug m. ; Vergünstigung f. | *Privilège fiscal*, Steuerbegünstigung f. | *Les privilèges de la noblesse*, die Adelsprivilegien n. pl., -vorrechte n. pl. | *Avoir des privilèges*, bevorrechtet sein.
— SYN. : *Passe-droit*, Freipaß. *Prérogative*, Bevorrechtung.

privilégié, iée [-leʒje] adj. bevorzugt ; bevorrechtigt ; bevorrechtet ; privilegiert.
◇ s. Privilegierte(r) f. (m.).

privilégier [-leʒje] v. tr. bevorzugen ; bevorrechtigen.

prix [pri] m.

I. SENS MONÉTAIRE : Preis m. ; Kosten f. pl.
a) avec un adjectif ;
b) avec un nom ;
c) complément d'un nom ;
d) avec un verbe ;
e) avec des prépositions.
II. VALEUR : Wert m.
III. RÉCOMPENSE : Preis m. ; Lohn m. ; PAR EXT. Preisträger(in) m. (f.).

I. SENS MONÉTAIRE : Preis m. ; Kosten f. pl. — **a)** [avec un adjectif] *Bas prix*, billiger, niedriger Preis. | *Prix affiché*, Listenpreis. | *Prix brut*, Bruttopreis. | *Prix comptant*, Barpreis. | *Prix conseillé*, Preisempfehlung f. | *Prix courant*, [affiche] laufender Preis ; [publication] Preiskurant m. ; Preisliste f. | *Prix coûtant*, Einkaufspreis ; Kostenpreis. | *Prix dérisoire*, Spottpreis. | *Dernier prix*, äußerster Preis. | *Prix directeur*, Richtpreis. | *Prix fixe*, Festpreis. | *Prix forfaitaire, global*, Pauschalpreis. | *Prix honnête*, reeller Preis. | *Prix imposé*, festgesetzter Preis ; Preisbindung f. | *Prix inabordable*, unerschwinglicher Preis. | *Prix indicatif*, Richtpreis. | *Juste prix*, gerechter Preis. | *Prix majoré*, überhöhter, übersetzter Preis. | *Prix marchand*, Handelspreis. | *Prix marqué*, Ladenpreis. | *Prix modéré*, mäßiger Preis. | *Prix mondial*, Weltmarktpreis. | *Prix net*, Nettopreis. | *Prix plancher*, Mindestpreis. | *Prix publicitaire*, Reklamepreis. | *Prix réduit*, ermäßigter, zurückgesetzter Preis. | *Prix spécial*, Sonderpreis. | *Prix unitaire*, Einheitspreis. | *Vil prix*, Schleuderpreis. — **b)** [avec un nom] *Prix d'achat*, Kaufpreis. | *Prix d'appel*, Lockvogelpreis. | *Prix de catalogue*, Listenpreis. | *Prix au comptant*, Kassapreis. | *Prix à la consommation*, Verbraucherpreis. | *Prix de détail*, Einzel(verkaufs)-preis. | *Prix sans engagement*, unverbindlicher Preis. | *Prix d'exportation*, Ausfuhr-, Exportpreis. | *Prix à la production*, Herstellungspreis. | *Prix de référence*, Richtpreis. | *Prix de revient*, (Selbst)kostenpreis ; Herstellungspreis. | *Prix de vente*, Verkaufs-, Veräußerungs-, Abgabe-, Ladenpreis. — **c)** [complément d'un nom] *Affichage des prix*, Preisaushang m. | *Baisse des prix*, Preissenkung f. ; Verbilligung f. | *Blocage des prix*, Preisstop m. | *Contrôle des prix*, Preisüberwachung f. | *Fléchissement des prix*, Preisabbau m. | *Fluctuation des prix*, Preisschwankung f. | *Hausse des prix*, Preiserhöhung f., -aufschlag m. | *Indice des prix de gros*, Großhandelsindex m. | *Magasin à prix unique*, Einheitspreisgeschäft n. | *Mise à prix* [enchères] Preisanschlag m. | *Réduction de prix*, Preisermäßigung f. — **d)** [avec un verbe] *Les prix augmentent*, die Preise steigen, schlagen auf, klettern in die Höhe. | *Chaque chose a son prix*, ein jedes Ding hat seinen Wert. | *Baisser les prix*, verbilligen ; die Preise herabsetzen, senken. | *Les prix baissent*, die Preise sinken, fallen. | *Se défaire de qch. à bas prix*, etwas verschachern. | *Ce n'est pas dans mes prix*, es geht über meine Möglichkeit. | *Faire monter les prix*, die Preise hinauf-, hochtreiben. | *Rabattre de son prix*, vom Preis nachlassen ; mit dem Preis heruntergehen. | *Ne pas regarder au prix*, nicht auf den Preis, aufs Geld sehen. — **e)** [avec des prépositions] **à.** *À aucun prix*, um keinen Preis ; unter gar keinen Umständen. | *À bas prix*, wohlfeil. | *À moitié prix*, zum halben Preis. | *À n'importe quel prix*, koste es, was es wolle. | *À prix d'or*, sehr teuer. | *À quel prix ?*, um welchen Preis ? | *À tous les prix*, in jeder Preislage. | *À tout prix*, um jeden Preis. | *À vil prix*, spottbillig. || **de.** *De prix*, wertvoll. | *Objet de prix*, Wertsache f. | *D'un prix avantageux*, preiswert. | *De peu de prix*, von geringem Wert. || **hors de.** *Hors de prix*, maßlos, übermäßig teuer. || **sans.** *Sans prix*, unbezahlbar ; unschätzbar. | *C'est sans prix*, das ist nicht mit Gold zu bezahlen.
II. VALEUR : Wert m. | *Attacher grand prix à qch.*, auf etwas (acc.) großen Wert legen ; einer Sache großen Wert beimessen. | *Avoir son prix*, von Bedeutung sein.
III. RÉCOMPENSE : Preis m. ; Lohn m. || PAR EXT. Preisträger(in) m. (f.). || *Grand prix de*, großer Preis von. | *Prix de beauté*, [concours] Schönheitspreis ; [personne] preisgekrönte Schönheit. | *Adjuger, Décerner, Donner un prix à qn*, jm einen Preis zuerkennen. | *Concourir pour un prix, Disputer un prix*, sich um einen Preis bewerben. | *Fonder un prix*, einen Preis stiften. || *Recevoir le prix de ses peines*, den Lohn für seine Mühen bekommen. | *Pour prix de*, als Lohn für.

probabilité [prɔbabilite] f. Wahrscheinlichkeit f. ; Glaubhaftigkeit f. | *Calcul des probabilités*, Wahrscheinlichkeitsrechnung f. | *Selon toutes probabilités*, aller Wahrscheinlichkeit nach.

probable [-babl] adj. wahrscheinlich ; mutmaßlich ; vermutlich ; voraussichtlich.

probant, ante [-bɑ̃, ɑ̃:t] adj. beweisend ; beweiskräftig. | *Raison probante*, Beweisgrund m.

probatoire [-batwa:r] adj. überzeugend ; Probe... | *Année probatoire*, Probejahr n.

probe [prɔb] adj. rechtschaffen ; redlich ; ehrlich ; brav.
— SYN. : *Honnête*, ehrenhaft. *Intègre*, untadelig.

probité [-bite] f. Rechtschaffenheit f. ; Redlichkeit f. ; Gewissenhaftigkeit f. ; Ehrlichkeit f. ; Biederkeit f.

problématique [prɔblematik] adj. problematisch ; fraglich ; zweifelhaft ; unsicher.
— SYN. : *Douteux*, zweifelhaft. *Incertain*, ungewiß.

problème [-blɛ:m] m. Problem n. ; Frage f. ; Aufgabe f. ; Rätsel n. ; Streitfrage f. | *Problème économique*, Wirtschaftsproblem. | *Problème philosophique*, philosophische Frage.

proboscidiens [prɔbɔsidjɛ̃] m. pl. ZOOL. Rüsseltiere n. pl.

procédé [prɔsede] m. [méthode] Vorgehen n. ; Verfahren n. ; Verfahrensweise f. ; Vorgang m. ; Prozess m. || [recette] Kunstgriff m. | *Procédé de fabrication*, Produktions-, Herstellungsverfahren. | *Simplifier un procédé*, eine Methode vereinfachen. || [conduite] Betragen n. ; Verhalten n. ; Manieren f. pl. | *User de bons procédés*, glimpflich verfahren.

procéder [-de] v. intr. [manière d'agir] verfahren ; vorgehen ; zu Werke gehen ; handeln. | *Procéder avec méthode*, methodisch vorgehen, verfahren. | *Procéder à l'élection*, zur Wahl schreiten. | *Procéder à une enquête*, eine Untersuchung vornehmen, einleiten. | *Procéder aux formalités*, zu den Formalitäten schreiten ; die Formalitäten erfüllen. || *Procéder de*, herrühren (von) ; ausgehen (von). | *La faiblesse procède de sa maladie*, die Schwäche rührt von seiner Krankheit her.

procédure [-dy:r] f. Verfahren n. || JUR. Gerichtsverfahren n. ; Rechtsgang m. ; Prozeßführung f. || [actes] Prozeßakten f. pl. | *Procédure criminelle*, Strafverfahren n. | *Procédure de conciliation*, Sühneverfahren n. | *Code de procédure civile*, Zivilprozeßordnung f. (ZPO). | *Engager une procédure*, ein Verfahren, einen Prozeß einleiten. || NUCL. *Procédure d'autorisation (de création)*, Genehmigungsverfahren n.

procédurier, ière [-dyrje, jɛ:r] prozeßsüchtig.
◇ m. **procédurier,** Querulant m.

procès [prɔsɛ] m. JUR. Prozeß m. ; Rechtsstreit m., -handel m. ; Gerichtsverfahren n. | *Procès civil*, Zivilprozeß. | *Procès criminel*, Strafprozeß. | *Procès en divorce*, Scheidungsprozeß. | *Faire le procès de qn*, jm den Prozeß machen ; betadeln ; den Stab über jn brechen. | *Intenter un procès*, einen Prozeß anstrengen ;

einen Rechtsstreit anhängig machen. || FIG. *Procès d'intention*, Unterstellung f. | *Faire un procès d'intention à qn*, jn etwas unterstellen. | *Sans autre forme de procès*, ohne weiteres ; kurzerhand.

processeur [prɔsɛsœ:r] m. INF. Prozessor m. | *Processeur d'image*, Bildprozessor. | *Processeur de réseau*, Netzprozessor. | *Processeur vectoriel*, Array- Prozessor.

procession [prɔsɛsjɔ̃] f. RELIG. Prozession f. ; feierlicher, kirchlicher Umzug ; Bittgang m. || FIG., FAM. langer Zug ; lange Reihe.

processionnaire [-sjɔnɛ:r] adj. *Chenille processionnaire*, Prozessionsspinnerraupe f.

processionnel, elle [-sjɔnɛl] adj. prozessionsfeierlich.

processus [prɔsɛsys] m. Prozeß m. ; Vorgang m. ; Gang m. | *Processus d'une maladie*, Krankheitsverlauf m., -prozeß.

procès-verbal [prɔsɛvɛrbal] m. (pl. **procès-verbaux**) [constatation] Protokoll n. || [relation] Verhandlungsniederschrift f. ; (amtlicher) Bericht. || *Procès-verbal de constatation*, Tatbestandsaufnahme f. | *Procès-verbal de séance*, Sitzungsprotokoll. | *Dresser (un) procès-verbal*, ein Protokoll aufnehmen. | *Faire mention de, Inscrire, Insérer qch. au, dans le procès-verbal*, im Protokoll vermerken.

prochain, aine [prɔʃɛ̃, ɛ:n] adj. nächst ; nahe(gelegen) ; kommend. || [cause] unmittelbar. || *La prochaine fois*, das nächste Mal. | *Lundi prochain*, nächsten, kommenden Montag. | *Par le prochain courrier*, mit nächstfolgender Post. | *Sa nomination est prochaine*, seine Ernennung steht (nahe) bevor.

◇ m. **prochain.** *Aimer son prochain*, seinen Nächsten lieben.

prochainement [-ʃɛnmɑ̃] adv. demnächst ; nächstens ; dicht bevorstehend ; in Kürze.

proche [prɔʃ] adj. nahe ; nahestehend ; (dicht) bevorstehend. | *Proche banlieue*, (*etwa*) Stadtrand m. ; Vorstadt f. | *Très proche, Le plus proche*, nächst. | *Proche de l'église*, nahe bei der Kirche. | *Le Proche-Orient*, der Nahe Osten, der Vordere Orient. | *Proches parents*, nahe Verwandte.

◇ m. pl. **proches.** *Nos proches*, unsere nahen Verwandten.

◇ adv. in der Nähe. | *De proche en proche*, nach und nach ; näher und näher.

proclamation [prɔklamasjɔ̃] f. Proklamation f. ; Bekanntmachung f. ; Ausrufung f. || [au peuple] Aufruf m.

proclamer [-me] v. tr. bekanntmachen ; bekanntgeben ; verkünd(ig)en ; proklamieren ; ausrufen. | *Proclamer l'état de siège*, den Belagerungszustand ausrufen, verkünden. | *Proclamer qn empereur*, jn zum, als Kaiser ausrufen.

procréateur, trice [prɔkreatœ:r, tris] adj. zeugend ; erzeugend ; schaffend.

◇ s. Erzeuger(in) m. (f.).

procréation [-kreasjɔ̃] f. Erzeugung f. ; Zeugung f.

procréer [-kree] v. tr. erzeugen ; zeugen.

procuration [prɔkyrasjɔ̃] f. Vollmacht f. ; Ermächtigung f. || COMM. Prokura f. || *Par procuration*, im Auftrage (i. A.) ; per Prokura (ppa). | *Donner procuration à qn*, jm Prokura erteilen ; jn mit Vollmacht ausstatten.

— SYN. : *Pouvoir*, m., Vollmacht f. *Mandat* m., Handlungsvollmacht f. ; Auftrag m.

procurer [-re] v. tr. [fournir] besorgen ; be-, verschaffen. | *Procurer des marchandises*, Waren beschaffen. | *Procurer une place à qn*, jm zu einer Stellung verhelfen.

◇ v. pr. **se procurer,** sich an-, verschaffen.

procureur [-rœ:r] m. *Procureur de la République*, Staatsanwalt m. | *Procureur général*, Oberstaatsanwalt m.

prodigalité [prɔdigalite] f. Verschwendung f. ; Verschwendungssucht f. ; Vergeudung f. | *De folles prodigalités*, irrsinnige Ausgaben f. pl.

prodige [-di:ʒ] m. Wunder n. ; Wunderwerk n. | *Enfant prodige*, Wunderkind n. | *Prodige de vertu*, Ausbund (m.) von Tugend. | *Cela tient du prodige*, das grenzt ans Wunderbare.

prodigieux, ieuse [-diʒjø, jø:z] adj. wunderbar ; außerordentlich ; ungeheuer ; erstaunlich. || PAR EXT. gewaltig ; unerhört.

prodigue [prɔdig] adj. verschwenderisch ; (allzu) freigebig. | *Être prodigue de belles promesses*, das Blaue vom Himmel versprechen. | *L'enfant prodigue*, der verlorene Sohn.

◇ s. Verschwender(in) m. (f.).

prodiguer [-dige] v. tr. verschwenden ; vergeuden ; sehr freigebig sein (mit) ; verschleudern. | *Prodiguer l'argent*, sein Geld mit vollen Händen ausgeben. | *Prodiguer les compliments à qn*, jn mit Lob überhäufen (insépar.). | *Prodiguer ses soins à qn*, jn treu umsorgen (insépar.).

prodrome [prɔdro:m] m. MÉD. Vorläufer m. ; Symptom n. || PAR EXT. Vorbote m.

producteur, trice [prɔdyktœ:r, tris] adj. erzeugend ; herstellend ; produzierend ; hervorbringend ; Erzeugungs... ; Herstellungs... ; Produktions...

◇ s. Erzeuger(in) m. (f.) ; Hersteller(in) m. (f.) ; Produzent(in) m. (f.). | *Producteur d'un film*, Filmproduzent m. || AGRIC. Züchter(in) m. (f.).

productif, ive [-tif, i:v] adj. einträglich ; ergiebig ; produktiv ; fruchtbar ; wertschaffend. || [affaires] gewinnbringend. | *Capital productif*, arbeitendes, zinsbringendes Kapital. | *Terre productive*, ertragreicher Boden.

production [-sjɔ̃] f. **1.** [action] Produktion f. ; Erzeugung f. ; Hervorbringung f. ; Fertigung f. ; Herstellung f. || (avec un adjectif) *Production agricole*, Agrarproduktion. | *Production annuelle*, Jahreserzeugung. | *Production artistique*, Kunstleistung f. | *Production charbonnière*, Kohlenförderung f. | *Production cinématographique*, Filmproduktion. | *Production industrielle*, Industrieproduktion. || (avec un nom) *Production d'acier*, Stahlerzeugung. | *Production d'énergie*, Energieerzeugung. | *Production en grand*, Massenerzeugung. | *Production en série*, Serienherstellung.

2. JUR. Vorlegung f. ; Vorweisung f. ; Beibringung f. | *Production de preuves, de témoins*, Beibringung von Beweisen, von Zeugen.

productivité [-tivite] f. schöpferische Kraft ; Produktivität f. ; Fruchtbarkeit f. | *Accroissement de la productivité*, Steigerung (f.) der Produktivität.

produire [-dɥi:r] v. tr. **1.** [créer, fabriquer] hervorbringen ; erzeugen ; herstellen ; produzieren ; ausstoßen ; fertigen ; schaffen. | *L'arbre produit des fruits*, der Baum trägt Früchte, bringt Früchte hervor. | *Produire du courant*, Strom erzeugen. | *Produire des machines*, Maschinen herstellen. || FIG. [rapporter] (hervor)bringen ; abwerfen ; eintragen. | *Produire des intérêts*, Zinsen bringen. | *Qui produit*, einträglich.

2. [causer] verursachen ; veranlassen ; bewirken ; zur Folge haben. | *Produire tout son effet*, sich voll auswirken. | *Produire une bonne impression*, einen guten Eindruck machen.

3. [montrer] vorlegen ; vorführen ; beibringen ; zum Vorschein bringen. | *Produire des pièces*, Urkunden beibringen, vorlegen, einreichen. | *Produire des preuves*, Beweise vorbringen.

◇ v. pr. **se produire,** [se faire connaître] auftreten ; sich produzieren ; sich bekannt machen ; sich sehen lassen. || [avoir lieu] sich ereignen, stattfinden ; geschehen ; eintreffen ; [accidents] passieren. | *Ne pas se produire,* unterbleiben (insépar.).

produit [-dɥi] m. **1.** [objet] Produkt n. ; Erzeugnis n. Fabrikat n. ; Artikel m. || (avec un adjectif) *Produit accessoire,* Nebenprodukt. | *Produit agricole,* Boden-, Agrarprodukt ; landwirtschaftliches Erzeugnis. | *Produit alimentaire,* Nahrungsmittel n. | *Produit brut,* Roherzeugnis. | *Produit chimique,* Chemikalie f. | *Produit fini,* Fertigprodukt. | *Produit dérivé,* Derivat n. | *Produit industriel,* Industrieerzeugnis. | *Produits laitiers,* Milch-, und Molkereiprodukte n. pl. | *Produit manufacturé,* Fabrikat. | *Produits naturels, biologiques,* Naturkost f. | *Produit pétrolier,* Mineralölprodukt. | *Produit pharmaceutique,* Arzneimittel n. | *Produit semi-fini,* Halbfertigprodukt. || (avec un nom) *Produit de beauté,* Schönheitsmittel n. | *Produit d'entretien,* Putz- und Reinigungsmittel n. | *Produit de luxe,* Luxusartikel. | *Produit de marque,* Markenartikel. | *Produits de première nécessité,* lebenswichtige Güter n. pl. | *Produit de qualité,* Qualitätserzeugnis. | *Produit de récupération,* zugeführtes Produkt. | *Produit de remplacement,* Ersatz m. ; Ersatzmittel n.
2. [rapport] Erlös m. ; Ertrag m. ; Erwerb m. ; Ergebnis n. || (avec un adjectif) *Produit brut,* Roh-, Bruttoertrag. | *Produit intérieur brut (P.I.B.),* Bruttoinlandsprodukt n. | *Produit net,* Reinertrag ; Nettoerlös. | *Produit national brut (P.N.B.),* Bruttosozialprodukt n. | *Produit total,* Gesamtertrag. || (avec un nom) *Produit du capital,* Kapitalertrag. | *Produit des transactions,* Umsatzerlös. | *Produit du travail,* Erwerb m.
3. MATH., CHIM. Produkt n. | *Produit de combustion,* Verbrennungsprodukt. | *Produit de fission,* Spaltprodukt.

proéminence [prɔeminɑ̃:s] f. [état] Vorspringen n. || [chose] Vorsprung m. ; Anhöhe f.

proéminent, ente [-nɑ̃, ɑ̃:t] adj. vorspringend ; ausladend. || FIG. hervorragend.

profanateur, trice [prɔfanatœ:r, tris] adj. entweihend ; schändend.
◇ m. **profanateur,** (Tempel)schänder m.

profanation [-fanasjɔ̃] f. Schändung f. ; Entweihung f. ; Verunreinigung f. ; Profanierung f. | *Profanation de sépulture,* Grabschändung.

profane [-fan] adj. profan ; unheilig ; weltlich.
◇ s. Laie m. ; Weltkind n. ; Nichtkenner m.

profaner [-fane] v. tr. entweihen ; entheiligen ; schänden. || PAR EXT. herabwürdigen ; entwürdigen ; herabsetzen. | *Profaner un temple,* einen Tempel schänden. | *Profaner son talent,* seine Fähigkeiten mißbrauchen.

proférer [prɔfere] v. tr. hervor-, herausbringen ; aussprechen ; äußern. | *Proférer des malédictions,* Verwünschungen ausstoßen.

professer [-se] v. tr. [opinion] offen bekennen. || [exercer] ausüben. || [enseigner] unterrichten ; lehren.

professeur [-sœ:r] m. Professor m. ; Studienrat m. | *Professeur en titre,* ordentlicher Professor. | *Professeur de faculté,* Universitätsprofessor ; Dozent m. | *Professeur de lycée,* Studienrat. | *Professeur adjoint,* Studienassessor m. | *Professeur stagiaire,* Studienreferendar m. | *Professeur principal,* Ordinarius m. ; Klassenlehrer m. | *Professeur de français, de chant, de sport,* Französisch-, Gesang-, Sportlehrer m.

profession [-sjɔ̃] f. [occupation] Beruf m. ; Stand m. ; (Berufs)tätigkeit f. | *Profession artisanale,* handwerklicher Beruf. | *Profession commerciale,* Kaufmannsberuf. | *Profession libérale,* freier Beruf. | *De profession,* von Beruf ; Berufs... ; Fach... | *Par profession,* geschäftsmäßig. | *Exercer une profession,* ein Gewerbe treiben ; einen Beruf ausüben. | *Profession (de foi),* (Glaubens)bekenntnis n. | *Faire profession de,* sich zu... bekennen.
— SYN. : *État,* Stand. *Métier,* Handwerk. *Spécialité,* Fach.

professionnel, elle [-sjɔnɛl] adj. beruflich ; Berufs... ; fachlich ; Fach... ; gewerbsmäßig ; Gewerbe... | *Déformation professionnelle,* (*etwa*) berufsbedingte Verformung. | *École professionnelle,* Gewerbe-, Fachschule f. | *Enseignement professionnel,* Berufs(schul)-, Fach(schul)unterricht m. | *Expérience professionnelle,* Berufserfahrung f. | *Formation professionnelle,* Berufsausbildung f. | *Orientation professionnelle,* Berufsberatung f. | *Valeur professionnelle,* Berufstüchtigkeit f. | *Pour, À usage professionnel,* für gewerbliche Zwecke. | *Occupations professionnelles,* Berufstätigkeit f.
◇ s. Fachmann m. ; Facharbeiter(in) m. (f.). || SPORT. Berufsspieler m., -fahrer m. || *Professionnel de la photographie,* Berufsphotograph m.

professoral, ale [-sɔral] adj. professoral ; lehrhaft ; pedantisch ; schulmeisterlich.

professorat [-sɔra] m. Professur f. ; (höheres) Lehramt ; Studienratsstelle f.

profil [prɔfil] m. Profil n. | *Un beau profil,* ein schönes Profil. || [vue latérale] Seitenansicht f. | *De profil,* im Profil ; von der Seite. || [coupe] Querschnitt m. || [architecture] Aufriß m. || PAR EXT. Anforderungsprofil (n.) am Arbeitsplatz. | *Profil du poste,* Arbeitsplatzbeschreibung f. ; Stellenbeschreibung f. || FIG. *Profil bas,* Kleinmachen n. | *Adopter un profil bas,* sich klein machen.

profilé, ée [-le] adj. Profil... | *Acier profilé,* Profilstahl m.

profiler [-le] v. tr. profilieren ; im Profil darstellen ; durch-, ausformen.
◇ v. pr. **se profiler,** sich (im Profil) abheben.

profit [prɔfi] m. Gewinn m. ; Vorteil m. ; Nutzen m. ; Profit m. ; Verdienst m. ; Erwerb m. | *Profit illicite,* Wuchergewinn. | *Compte de profits et pertes,* Verlust- und Gewinnkonto n. | *Mise à profit,* Ausnutzung f. | *Source de profit,* Gewinns-, Erwerbsquelle f. | *C'est tout profit,* das ist ein offenbarer Gewinn. || FAM. *Cela ne fait pas de profit,* das ist unpraktisch. || *Faites-en votre profit,* lassen Sie sich das zur Lehre dienen. | *Mettre qch. à profit,* aus etwas Nutzen, Gewinn ziehen ; aus etwas Kapital schlagen. | *Tirer profit de qch.,* sich etwas zunutzemachen. | *Il y trouve son profit,* FAM. er bringt dabei sein Schäfchen ins Trockne.
◇ loc. prép. **au profit de,** zugunsten von. | *Au profit des pauvres,* zugunsten, zum Besten, zum Wohle, zum Nutzen der Armen.

profitable [-tabl] adj. gewinn-, nutzbringend ; vorteilhaft ; einträglich ; förderlich.

profiter [-te] v. tr. nützen ; Nutzen bringen. | *Profiter à qn,* jm nützen, frommen, Gewinn bringen, einbringen ; jm zugutekommen. | *Cela ne profite à personne,* das nützt niemandem. | *Profiter des circonstances,* sich die Umstände zunutzemachen. | *Profiter de l'occasion,* die Gelegenheit nützen, wahrnehmen.
◇ v. intr. gedeihen ; Fortschritte machen. | *La plante profite beaucoup,* die Pflanze gedeiht gut. | *Profiter à vue d'œil,* zusehends Fortschritte machen.
— SYN. : *Bénéficier de,* aus... Nutzen ziehen. *Jouir de,* sich an... (er)freuen. *Tirer parti de,* seinen Vorteil ziehen aus.

profiteur, euse [-tœ:r, ø:z] s. Nutznießer(in) m. (f.) ; Ausbeuter(in) m. (f.). | *Profiteur de guerre,* Kriegsgewinnler m. ; Schieber m.

profond, onde [prɔfɔ̃, ɔ̃:d] adj. tief. | *Blessure profonde,* tiefe, tiefgehende Wunde. | *Eau profonde,* tiefes Wasser. | *Profond de quatre mètres*, vier Meter tief. || FIG. tief ; tiefgründig, -greifend, -schürfend, -liegend ; gründlich. | *Bleu profond*, tief-, dunkelblau. | *Profonde douleur*, tiefer Schmerz. | *Nuit profonde*, tiefe, stockfinstere Nacht. | *Penseur profond*, tiefgründiger Denker. | *Profond sommeil*, fester Schlaf. | *Profond soupir*, tiefer Seufzer ; Stoßseufzer m.

◇ m. **profond,** Innerstes n. | *Au plus profond du cœur*, aus tiefstem Herzensgrunde.

profondément [-demɑ̃] adv. tief ; durch und durch. | *Profondément affligé*, tiefbetrübt.

profondeur [-dœ:r] f. Tiefe f. | *Profondeur de dix mètres*, Tiefe von zehn Metern. || PHOT. *Profondeur de champ*, Tiefenschärfe f. || FIG. Tiefe f. ; Gründlichkeit f. | *En profondeur*, gründlich. | *Profondeur d'esprit*, Tiefgründigkeit des Geistes ; Tiefsinn m. | *Profondeur du sentiment*, Innigkeit (f.) des Gefühls.

profusion [prɔfyzjɔ̃] f. (Über)fülle f. ; Überfluß m. ; Verschwendung f. | *Profusion de marchandises*, Überfluß, Überangebot (n.) an Waren. | *À profusion*, in Hülle und Fülle ; überreichlich.

progéniture [prɔʒenity:r] f. Nachkommenschaft f. ; Kinder n. pl. || [animal] Junge n. pl.

progiciel [prɔʒisjɛl] m. INF. Anlagensoftware f.

prognathe [prɔgnat] adj. mit vorspringendem Unterkiefer.

programmable [prɔgramabl] adj. programmierbar.

programmateur, trice [-matœ:r, tris] s. Programmplaner(in) m. (f.) ; Programmgestalter(in) m. (f.).

◇ m. **programmateur,** [appareil ménager] Programmsteuerung f. ; [ordinateur] Programmiergerät n.

programmation [-masjɔ̃] f. Programmgestaltung f. ; Programmierung f.

programme [-gram] m. Programm n. | *Programme scolaire*, Lehrplan m. | *Programme des cours,* [université] Vorlesungsverzeichnis n. | *Programme d'une fête*, Festordnung f. | *Programme d'un parti*, Parteiprogramm. | *Programme des spectacles*, Spielplan m., -folge f. | *Hors programme*, außerplanmäßig ; nicht im Programm vorgesehen. || INF. Programm n. | *Programme d'application*, Anwendungsprogramm. | *Programme intégré*, integriertes Programm. | *Programme source*, Quellenprogramm. | *Programme système*, Systemprogramm. || SPORT. [patinage] *Programme imposé*, Pflichtlauf m. | *Programme libre*, Kürlauf m.

programmer [-grame] RADIO. ein Programm gestalten. || TECHN. programmieren.

programmeur, euse [-mœ:r, ø:z] s. INF. Programmierer(in) m. (f.).

progrès [prɔgrɛ] m. Fortschritt m., -schreiten n., -gang m. ; Voran-, Vorwärtskommen n. ; Steigen n. ; Zunahme f. | *Progrès économique*, Wirtschaftsentwicklung f. | *Net progrès*, entschiedener Fortschritt. | *Progrès des sciences*, Weiterentwicklung (f.) der Wissenschaften. | *Homme de progrès*, Mann (m.) des Fortschritts ; Fortschrittsmann ; aufgeklärter Mann. | *Faire des progrès*, Fortschritte machen ; sich entwickeln. | *Faire faire des progrès à qn*, jn voranbringen.

progresser [-se] v. intr. fortschreiten ; Fortschritte machen ; vorankommen ; vorwärtskommen. | *Le mal progresse*, das Übel greift um sich. || MIL. vorrücken ; vordringen.

progressif, ive [-sif, i:v] vorwärtsschreitend ; fortschreitend ; steigend ; zunehmend. | *Impôts progressifs*, progressive, gestaffelte Steuern f. pl.

progression [-sjɔ̃] f. Progression f. || MIL. Vormarsch m. ; Vorrücken n. ; Vorstoß m. || FIG. [accroissement] Fortschreiten n. ; Zunahme f. ; allmähliches Anwachsen. || *Progression arithmétique*, arithmetische Progression, Reihe. | *Être en progression*, im Wachsen, im Steigen sein.

progressisme [-sism] m. fortschrittliche Gesinnung.

progressiste [-sist] adj. fortschrittlich.

◇ s. Fortschrittler m. ; Progressist m.

progressivement [-sivmɑ̃] adv. allmählich ; nach und nach ; stufenweise.

— SYN. : *Graduellement*, gradweise.

progressivité [-sivite] f. steigende Staffelung.

prohiber [prɔibe] v. tr. verbieten ; untersagen (insépar.) ; hemmen ; sperren ; prohibieren. | *Marchandises prohibées*, einfuhr-, ausfuhrgesperrte Waren f. pl. || [chasse] *Temps prohibé*, Schonzeit f.

prohibitif, ive [-bitif, i:v] adj. verbietend ; prohibitiv. | *Mesures prohibitives*, Sperrmaßnahmen f. pl. | *Prix prohibitif*, unerschwinglicher Preis.

prohibition [-bisjɔ̃] f. Verbot n. ; Untersagung f. ; Sperre f. ; Sperrung f. || [alcool] Prohibition f.

proie [prwa] f. Beute f. ; Fang m. ; Raub m. | *Oiseau de proie*, Raubvogel m. | *Être la proie des flammes*, ein Raub der Flammen werden ; in Flammen aufgehen. | *Être en proie à*, etwas (dat.) ausgesetzt, preisgegeben sein.

projecteur [prɔʒɛktœ:r] m. Scheinwerfer m. ; Projektions-, Lichtbildgerät n. ; Bildwerfer m. ; Projektor m.

projectile [-til] m. Geschoß n. ; Wurfgeschoß n. ; Projektil n. || PAR EXT. Munition f. | *Projectile téléguidé*, ferngelenktes, ferngesteuertes Geschoß.

projection [-sjɔ̃] f. [action de lancer] Werfen n. ; Wurf m. ; Abwurf m. ; Schleudern n. ; Spritzen n. || MATH., GÉOGR. Projektion f. ; Aufriß m. | *Projection horizontale*, Grundriß m. | *Projection verticale*, Aufriß. || FILM. Vorführung f. | *Projection d'un film*, Filmvorführung f. | *Appareil de projection*, Projektionsapparat m.

projet [prɔʒɛ] m. Plan m. ; Projekt n. ; Entwurf m. ; Vorhaben n. ; Vorsatz m. | *Projet budgétaire, de budget*, Haushaltsplan. | *Projets d'avenir*, Zukunftspläne m. pl. | *Projet de construction*, Bauvorhaben, -vorschlag m., -entwurf, -plan. | *Projet de loi*, Gesetzentwurf, -vorlage f. | *Projets de vacances*, Ferienpläne m. pl. | *Conception d'un projet*, Planung f. | *Être en projet*, in der Planung begriffen sein ; FAM. noch auf dem Papier stehen. | *Faire un projet*, einen Plan schmieden. | *Faire le projet de*, projektieren, zu.

projeter [prɔʒte] v. tr. [lancer] werfen ; schleudern. | *Projeter des étincelles*, Funken sprühen. | *Projeter de la lumière*, Licht werfen. | *Projeter une ombre*, einen Schatten werfen. | *L'ombre se projette sur*, der Schatten fällt auf (acc.). || [faire un plan] entwerfen ; im Sinne haben ; vorhaben ; sich vornehmen. | *Projeter de faire qch.*, etwas beabsichtigen, vorhaben, planen. | *Projeter une image*, ein Bild projizieren.

— SYN. : *Avoir l'intention*, beabsichtigen. *Compter*, vorhaben. *Envisager*, ins Auge fassen. *Préparer*, vorbereiten. *Se proposer de*, sich vornehmen, zu.

prolétaire [prɔletɛ:r] s. Proletarier(in) m. (f.). || PÉJOR. Prolet(in) m. (f.).

prolétariat [-tarja] m. Proletariat n.

prolétarien, ienne [-tarjɛ̃, jɛn] adj. proletarisch.

prolétarisation [-tarizasjɔ̃] f. Proletarisierung f.

prolétariser [-tarize] v. tr. proletarisieren.

prolifération [prɔliferasjɔ̃] f. BIOL. Wucherung f. || FIG. Vermehrung f. ; schnelle Zunahme.

proliférer [-fere] v. intr. sich vermehren ; wuchern.

prolifique [-fik] adj. sich schnell vermehrend; fruchtbar; kinderreich. || PAR EXT. vielschreibend.

prolixe [prɔliks] adj. weitschweifig; ausschweifend.

prolixité [-site] f. Weitschweifigkeit f.; Weitläufigkeit f.

prologue [prɔlɔg] m. Prolog m.; Vorrede f.; Vorspiel n.; Einführung f.

prolongation [prɔlɔ̃gasjɔ̃] f. Verlängerung f. || COMM. Aufschub m.; Prolongation f.; Frist f. || *Prolongation d'un délai*, Fristverlängerung; Terminverschiebung f. || SPORT. [match] Verlängerung f.

prolongeable [-lɔ̃ʒabl] adj. verlängerungsfähig.

prolongement [-lɔ̃ʒmɑ̃] m. Verlängerung f.; Verlängerungsstück n.; Fortsatz m.

prolonger [-lɔ̃ʒe] v. tr. verlängern; prolongieren; auf-, hinausschieben, -ziehen; in die Länge ziehen. | *Prolonger son absence*, länger fortbleiben. | *Prolonger un délai*, eine Frist verlängern; eine Nachfrist setzen. | *Prolonger une rue*, eine Straße weiterführen.
◇ v. pr. **se prolonger,** sich fortsetzen; weitergehen; fortwähren; sich hinziehen. | *La séance se prolonge*, die Sitzung zieht sich hinaus. | *Le son se prolonge*, der Ton hallt lange nach. | *Se prolonger dans ses enfants*, in seinen Kindern weiterleben.

promenade [prɔmnad] f. [action] Spaziergang m., -fahrt f., -ritt m. || *Promenade matinale*, Morgenspaziergang. | *Promenade en auto*, Autofahrt. | *Promenade en bateau*, Kahnfahrt. | *Promenade à bicyclette*, Radfahrt. | *Promenade à cheval*, Spazierritt. | *Promenade en mer*, Meerfahrt. | *Promenade en voiture*, Spazierfahrt. | *Être en promenade*, spazieren. | *Faire une promenade* [à pied], spazierengehen; [en véhicule] spazierenfahren. || [lieu] Promenade f.; Anlage f.
— SYN. : *Balade* f., Bummel m. *Excursion* f., Ausflug m. *Randonnée* f., Fernfahrt f. *Tour* m., Tour f.

promener [-ne] v. tr. spazierenführen; aus-, herumführen. | *Promener des étrangers*, Fremde herumführen. || FIG. *Promener sa main sur*, mit der Hand über etwas fahren; etwas streicheln. | *Promener ses regards*, seine Blicke schweifen lassen. | *Envoyer promener qn*, jn zum Teufel jagen; sich jn vom Halse schaffen.
◇ v. pr. **se promener,** spazierengehen. | *Se promener de long en large*, auf und ab gehen; hin und her bummeln. | *Allez vous promener !*, macht, daß ihr fortkommt !

promeneur, euse [-nœ:r, ø:z] s. Spaziergänger(in) m. (f.).

promenoir [-nwa:r] m. Wandelgang m. | *Promenoir d'un cloître*, Klosterkreuzgang m.

promesse [prɔmɛs] f. Versprechen n.; Versprechung f.; Zusage f.; Zusicherung f. | *Promesse formelle*, bindendes Versprechen. | *Promesse solennelle*, feierliches Gelöbnis. | *Plein de promesses*, verheißungsvoll. | *Sur sa promesse*, auf sein Versprechen hin. | *Promesse de mariage*, Eheversprechen. | *Promesse de récompense*, Auslobung f. || JUR. *Promesse de vente*, Verkaufsversprechen n.; Vorvertrag m. || *Bercer qn de vaines promesses*, jn mit leeren Versprechungen einlullen. | *Dégager sa promesse*, sein Versprechen einlösen. | *Faire une promesse (ferme)*, fest (in die Hand) versprechen. | *Manquer à sa promesse*, sein Versprechen nicht einhalten. | *Remplir, Tenir ses promesses*, seine Versprechungen halten.

prometteur, euse [prɔmɛtœ:r, ø:z] adj. vielversprechend; verheißungsvoll.

promettre [-mɛtr] v. tr. versprechen; verheißen; [solennellement] geloben; FIG. ankündigen. || *Promettre un cadeau*, ein Geschenk versprechen, in Aussicht stellen. | *Promettre sa fille (en mariage)*, die Hand seiner Tochter vergeben. | *Promettre son secours*, seine Hilfe zusagen. | *Promettre monts et merveilles*, goldene Berge versprechen. | *Il nous a promis de venir*, er hat uns zugesagt.
◇ v. intr. versprechen. | *Un enfant qui promet*, ein Kind, das viel verspricht; ein hoffnungsvolles Kind. || IRON. *Cela promet beaucoup*, das läßt ja allerhand erwarten. | *Voilà qui promet*, *Cela promet*, das fängt ja reizend an !
◇ v. pr. **se promettre,** sich vornehmen. | *Se promettre de travailler*, sich vornehmen, zu arbeiten.
— SYN. : *Assurer*, versichern. *Donner sa parole*, sein Wort geben. *S'engager*, sich verpflichten. *Jurer*, schwören.

promis, ise [-mi, i:z] adj. versprochen; zugesichert; verlobt. | RELIG. *La Terre promise*, das Gelobte Land. | *Chose promise, chose due*, was man versprochen hat, muß man halten.

promiscuité [prɔmiskɥite] f. Durcheinander n. || PAR EXT. lästiges Zusammenwohnen.

promission [prɔmisjɔ̃] f. RELIG. Verheißung f. | *La terre de promission*, das gelobte Land.

promontoire [prɔmɔ̃twa:r] m. Vorgebirge n.

promoteur, trice [prɔmɔtœ:r, tris] s. Urheber(in) m. (f.); Anstifter(in) m. (f.); Initiator m. | *Promoteur immobilier*, Bauträger m.; Bauherr m.

promotion [-mɔsjɔ̃] f. [élévation] Beförderung f. | *Promotion à l'échelon supérieur*, Höher(ein)stufung f. | *Promotion sociale*, sozialer Aufstieg. || COMM. Sonderangebot n. | *Promotion des ventes*, Verkaufsförderung f. || [écoles] Jahrgang m.

promouvoir [-muvwa:r] v. tr. befördern; ernennen; aufrücken lassen. | *Il a été promu*, er ist befördert worden.
— OBSERV. Ne s'emploie qu'à l'infinitif, aux temps composés et au passif. Part. pass. *promu*.

prompt, prompte [prɔ̃, prɔ̃:t] adj. [rapide] schnell; rasch; geschwind; schleunig. || [vif] behend; flink; fix; flott. || [soudain] eilig. || [sans retard] unverzüglich. || *Trop prompt*, voreilig; übereilt. | *Prompt comme l'éclair*, schnell wie der Blitz. | *Avoir l'esprit prompt*, von schneller Auffassung sein; schnell begreifen. | *Avoir la repartie prompte*, schlagfertig sein. | *Prompt à oublier*, leichtvergeßlich.

promptitude [-tityd] f. Schnelligkeit f.; Geschwindigkeit f.; Bereitschaft f. (zu...).

promulgation [prɔmylgasjɔ̃] f. Bekanntgabe f.; Verkündigung f.; Promulgation f.

promulguer [-ge] v. tr. veröffentlichen; bekanntmachen; verkünd(ig)en; promulgieren.

prône [pro:n] m. Predigt f.; Strafpredigt f.

prôner [-ne] v. tr. preisen; loben; rühmen.

pronom [prɔnɔ̃] m. Fürwort n.; Pronomen n. | *Pronom démonstratif*, hinweisendes Fürwort; Demonstrativpronomen. | *Pronom indéfini*, unbestimmtes Fürwort. | *Pronom interrogatif*, Frage(für)wort n.; Interrogativpronomen. | *Pronom personnel*, persönliches Fürwort; Personalpronomen. | *Pronom possessif*, besitzanzeigendes Fürwort; Possessivpronomen. | *Pronom relatif*, Beziehungsfürwort; Relativpronomen.

pronominal [prɔnɔminal] adj. pronominal; fürwortlich. | *Verbe pronominal*, reflexives Zeitwort.

prononçable [prɔnɔ̃sabl] adj. aussprechbar.

prononcé, ée [-se] adj. [très marqué] ausgeprägt; markant; hervortretend. | *Traits prononcés*, hervorstechende, markante Züge m. pl. || [net] ausgesprochen; entschieden. | *Aversion prononcée*, entschiedene Abneigung f. || [goût] scharf.
◇ m. **prononcé.** JUR. (Urteils)spruch m.
— SYN. : *Accentué*, betont. *Accusé*, hervortretend.

prononcer [-se] v. tr. [articuler] aussprechen. || [dire] vortragen. || *Prononcer un discours*, eine Rede halten. | *Ne pas prononcer une parole*, kein Wort hervorbringen. || [déclarer avec autorité] sprechen. || JUR. *Prononcer un jugement*, ein Urteil fällen, verkünden, aussprechen.
◇ v. pr. **se prononcer,** [être prononcé] ausgesprochen werden. || [déclarer] seine Meinung aussprechen ; sich äußern ; sich klar entscheiden. | *Se prononcer sur une question*, zu einer Frage Stellung nehmen. | *Ne pas se prononcer sur qch.*, sich des Urteils enthalten.
— SYN. : *Articuler*, deutlich aussprechen. *Déclamer*, vortragen. *Proférer*, hervorbringen. *Réciter*, hersagen.

prononciation [-sjasjɔ̃] f. PHONÉT. Aussprache f. | *Défaut de prononciation*, Aussprachefehler m.

pronostic [prɔnɔstik] m. [prévision] Voraus-, Vorhersage f. || [signe] An-, Vorzeichen n. | *Pronostic d'un médecin*, Prognose (f.) eines Arztes. || SPORT. Tip m.

pronostiquer [-ke] v. tr. [prédire] vorher-, voraussagen ; ankündigen. || [indiquer] anzeigen ; auf etwas schließen lassen. || POP. tippen auf.

propagande [prɔpagɑ̃:d] f. Propaganda f. ; Werbetätigkeit f. ; Werbung f. ; Reklame f. | *Propagande mensongère*, Lügenpropaganda. | *Brochure de propagande*, Werbeschrift f. | *Faire de la propagande pour qch.*, für etwas Propaganda machen ; für etwas werben.

propagandiste [-gɑ̃dist] s. Propagandist(in) m. (f.) ; Werber(in) m. (f.).

propagateur, trice [-gatœ:r, tris] adj. (weiter)-verbreitend ; ausbreitend ; fortpflanzend.
◇ s. Verbreiter(in) m. (f.).

propagation [-gasjɔ̃] f. [multiplication] Fortpflanzung f. ; Vermehrung f. || [diffusion] Ver-, Ausbreitung f. || *Propagation du son*, Schallausbreitung. | *Propagation des ondes*, Fortpflanzung von Wellen. | *Propagation d'une maladie*, Umsichgreifen (n.) einer Krankheit. | *Propagation des idées*, Ausbreitung von Ideen. || RELIG. *Propagation de la foi*, Ausbreitung des Glaubens.
— SYN. : *Diffusion*, f., Ausbreitung f.

propager [-ʒe] v. tr. verbreiten ; propagieren. | *Propager des bruits*, Gerüchte ausstreuen.
◇ v. pr. **se propager,** [se répandre] sich ausbreiten ; um sich greifen. || [se multiplier] sich fortpflanzen ; sich vermehren.

propane [prɔpan] m. CHIM. Propan(gas) n.

propédeutique [prɔpedøtik] adj. einführend ; vorbereitend.

propension [prɔpɑ̃sjɔ̃] f. Hinneigung f. ; Hinstreben n. (zu, nach) ; Hang m. ; Neigung f.

propergol [prɔpɛrgɔl] m. CHIM. Raketentreibstoff m. ; flüssiger Treibstoff.

prophète [prɔfɛt] m. Prophet m. ; Seher m. ; Verkünder m. ; Weissager m. | *Faux prophète*, falscher Prophet. | *Prophète de malheur*, Unglücksprophet ; IRON. Unglücksrabe m.

prophétie [-fesi] f. Prophezeiung f. ; Weissagung f. ; Vorher-, Voraussage f.

prophétique [-fetik] adj. prophetisch.

prophétiser [-fetize] v. tr. prophezeien ; voraus-, vorhersagen.

prophylactique [prɔfilaktik] adj. vorbeugend ; verhütend ; prophylaktisch. | *Mesures prophylactiques*, Vorbeugungsmaßnahmen f. pl.

prophylaxie [-laksi] f. MÉD. Krankheitsverhütung f. ; Vorbeugung f. ; Prophylaxe f.

propice [prɔpis] adj. günstig ; gnädig ; vorteilhaft. | *Vent propice*, günstiger Wind.

propitiatoire [-sjatwa:r] versöhnend ; aussöhnend ; Sühne... | *Sacrifice propitiatoire*, Sühneopfer n.

proportion [prɔpɔrsjɔ̃] f. Verhältnis n. ; Proportion f. ; Beziehung f. ; Verhältnisse n. pl. ; Dimensionen f. pl. ; Proportionen f. pl. ; Ausmaß n. | *Proportion arithmétique*, arithmetisches Verhältnis. | *Proportion géométrique*, geometrisches Verhältnis. | *Proportion moyenne*, Durchschnittsverhältnis. | *(Bonnes) proportions*, Ebenmaß n. | *Être en (juste) proportion avec qch.*, zu etwas im richtigen Verhältnis stehen. | *Toute proportion gardée*, verhältnismäßig ; im Verhältnis. | *Cela manque de proportions*, das hat keine Proportionen. | *Cela prend des proportions gigantesques*, das nimmt riesige Ausmaße an.
◇ loc. adv. **en proportion,** verhältnismäßig. — **hors de proportion,** übergroß ; unverhältnismäßig.
◇ loc. prép. **en proportion de,** im Verhältnis, im Vergleich zu. — **dans la proportion de.** *Dans la proportion de 2 à 4*, im Verhältnis von 2 zu 4.

proportionnalité [-sjɔnalite] f. Verhältnismäßigkeit f.

proportionné, ée [-sjɔne] adj. entsprechend ; verhältnismäßig. | *Bien proportionné*, gut ausgeglichen, ausgewogen ; wohl proportioniert. | *Être proportionné à qch.*, zu etwas im Verhältnis stehen.

proportionnel, elle [-sjɔnɛl] adj. verhältnismäßig ; proportional. | *Coefficient proportionnel*, Verhältniszahl f. | *Moyenne proportionnelle*, mittlere Proportionale. | *(Représentation) proportionnelle (R. P.)*, Verhältniswahl f. ; Proportionalsystem n. | *Directement proportionnel*, direkt proportional. | *Inversement proportionnel*, umgekehrt proportional.

proportionnellement [-sjɔnɛlmɑ̃] adv. *Proportionnellement à*, im Verhältnis zu ; entsprechend.

proportionner [-sjɔne] v. tr. angleichen ; anpassen ; in ein ausgeglichenes Verhältnis setzen.

propos [prɔpo] m. [paroles, discours] Rede f. (souvent au pl. Reden) ; Äußerungen f. pl. ; Worte n. pl. ; Gerede n. || [thème] Gegenstand m. ; Gesprächsthema n. || *Propos calomnieux*, üble Nachrede ; Lästerrede. | *Propos futiles*, Tändelei f. | *Propos en l'air*, leeres Geschwätz. | *Propos de table*, Tischreden f. pl., -gespräch n. | *Échange de propos (vifs)*, Wortstreit m. | *Attribuer des propos à qn*, jm Worte in den Mund legen. | *Tenir des propos*, Reden führen. | *Tenir des propos galants*, tändeln. | *Tenir des propos incohérents*, wirres Zeug reden, von sich geben ; faseln. | *Tenir des propos en l'air*, ins Blaue hineinschwatzen. || [intention] Absicht f. ; Vorsatz m. ; Vorhaben n. ; Entschluß m. | *Avoir le ferme propos de*, den festen Willen haben, zu.
◇ loc. adv. **à propos,** [au bon moment] bei passender Gelegenheit ; zur rechten, zu gelegener Zeit ; zur guten Stunde ; [à ce sujet] was ich sagen wollte ; übrigens ; dabei fällt mir ein. || *Arriver, Venir à propos*, wie gerufen, gerade recht kommen. | *Cela m'arrive à propos*, das kommt mir recht gelegen. | *Juger à propos de faire qch.*, es für angebracht, passend halten, etwas zu tun. | *À ce propos*, in diesem Zusammenhang ; bei der Gelegenheit. | *À quel propos ?*, aus welcher Veranlassung ? — **à tout propos,** bei jeder Gelegenheit. — **de propos délibéré,** vorsätzlich ; absichtlich ; mit Vorbedacht ; mit Vorsatz. — **hors de propos, mal à propos,** zur Unzeit ; an unrechter Stelle ; unzeitig ; zu ungelegener Zeit.
◇ loc. prép. **à propos de,** über (acc.) ; anläßlich (gén.) ; à propos. | *À propos de Wagner*, was Wagner betrifft. | *À propos de rien*, ohne Veranlassung ; ohne Ursache. | *À propos de tout*, bei jeder Gelegenheit.

proposable [-zabl] adj. vorschlagbar.

proposer [-ze] v. tr. vorschlagen. | *Proposer un amendement*, einen Abänderungsantrag stellen. | *Proposer une énigme*, ein Rätsel aufgeben. | *Proposer une loi*, ein Gesetz beantragen. | *Proposer qn pour une fonction*, jn für ein Amt, zu einem Amt vorschlagen. | *Proposer une question*, eine Frage aufwerfen. | *Proposer une somme*, eine Summe anbieten. | *Proposer un thème*, ein Thema stellen. | *L'homme propose et Dieu dispose*, der Mensch denkt und Gott lenkt.
◇ v. pr. **se proposer,** [s'offrir] sich anbieten ; sich (freiwillig) melden. | *Se proposer comme candidat*, sich als Kandidat anbieten. || [avoir l'intention] *Se proposer de*, sich (etwas) vornehmen ; (etwas) beabsichtigen.

proposition [-zisjɔ̃] f. [offre] Vorschlag m. ; Angebot n. ; Anerbieten n. | *Proposition de paix*, Friedensvorschlag. | *Proposition de rechange*, Alternativvorschlag. | *Sur (la) proposition de*, auf Vorschlag von ; auf die Anregung von... hin. | *Avancer, Soutenir, Faire une proposition*, einen Vorschlag unterbreiten (insépar.), machen. || [texte parlementaire] Antrag m. ; Entwurf m. | *Proposition de loi*, Gesetzvorlage f. | *Déposer une proposition*, einen Antrag einbringen, stellen. || GRAMM. Satz m. | *Proposition affirmative*, Bejahungssatz ; Aussagesatz. | *Proposition circonstancielle*, Umstandssatz. | *Proposition conjonctive*, Bindesatz. | *Proposition incidente*, Zwischensatz. | *Proposition incise*, (eingeschobener) Anführungssatz. | *Proposition infinitive*, Infinitivsatz. | *Proposition interrogative*, Fragesatz. | *Proposition négative*, Verneinungssatz. | *Proposition principale*, Hauptsatz. | *Proposition relative*, Relativsatz. | *Proposition subordonnée*, Nebensatz. || MATH., PHILOS. Lehrsatz m. | *Avancer, Soutenir une proposition*, eine Behauptung aufstellen.

propre [prɔpr] adj. **1.** [particulier, personnel] eigen ; eigentlich ; besonder ; eigentümlich. | *Caractère propre*, Grundcharakter m. | *Son propre frère*, sein leiblicher Bruder. | *Nom propre*, Eigen-, Familienname m. | *Ses propres paroles*, seine eigenen Worte n. pl. | *Sens propre*, eigentlicher, ursprünglicher Sinn. | *De sa propre autorité*, aus eigener Macht(befugnis). | *De son propre chef*, auf eigene Faust, Verantwortung. | *De sa propre main*, eigenhändig. | *De ses propres yeux*, mit eigenen Augen. | *En mains propres*, eigenhändig. | *Pour son propre compte*, auf eigene Rechnung.
2. [approprié, apte] richtig ; passend ; geeignet. | *Le mot propre*, das rechte, richtige, treffende, passende Wort. | *Être propre à qch.*, sich zu etwas eignen ; zu etwas taugen. | *Rendre propre à qch.*, zu etwas befähigen. | *Un propre à rien*, ein Taugenichts.
3. [net] sauber ; rein. | *(Avoir) les mains propres*, saubere, gewaschene Hände (haben). | *Tenir propre*, rein, sauber halten. || FIG. recht ; ordentlich ; anständig. | *Quelque chose de propre*, etwas Rechtes, Ordentliches. || IRON. *C'est du propre !*, das ist eine schöne Wirtschaft !
◇ m. [caractéristique] Eigenart f. ; Eigentümlichkeit f. ; (Be)sonderheit f. | *C'est le propre de*, das ist das Typische, Kennzeichnende von. | *Posséder en propre*, zu eigen besitzen.

proprement [-prəmɑ̃] adv. [exactement] genau ; eigentlich. | *À proprement parler*, eigentlich ; streng genommen. | *L'Allemagne proprement dite*, Deutschland, im engeren Sinne. || [avec propreté] sauber ; reinlich. || [convenablement] anständig ; einwandfrei.

propreté [-prəte] f. Sauberkeit f. ; Reinlichkeit f. | *Propreté morale*, Anständigkeit f.

propriétaire [prɔprietɛ:r] s. Besitzer(in) m. (f.) ; Eigentümer(in) m. (f.) ; Eigner m. ; Inhaber(in) m. (f.). | *Propriétaire foncier*, Grundbesitzer, -eigentümer ; Landbesitzer. | *Grand propriétaire*, Großgrundbesitzer. | *Changement de propriétaire*, Besitz(er)wechsel m.

propriété [-te] f. [possession] Eigentum n. ; Besitz m. ; Besitzung f. ; Besitztum n. || [bien] (Land)gut n. || [droit de] Eigentumsrecht n. || *Propriété artistique et littéraire*, Urheberrecht n. | *Propriété bâtie*, bebautes Grundstück. | *Propriété non bâtie*, unbebautes Grundstück. | *Propriété foncière*, Grundeigentum, -besitz ; Bodenbesitz. | *Propriété(s) immobilière(s)*, Immobilien pl. ; unbeweglicher Besitz. | *Propriété indivise*, Gesamteigentum. | *Propriété privée*, Privateigentum. || [qualité] Eigenschaft f. || [particularité] Eigentümlichkeit f. ; Besonderheit f.

propulser [prɔpylse] v. tr. vorantreiben ; antreiben ; vorwärtstreiben. | *Propulsé par fusée*, mit Raketenantrieb.

propulseur [-sœ:r] m. Antrieb m. ; Antriebsmittel n. || AÉRON. Triebwerk n. | *Propulseur d'appoint*, Zusatztriebwerk. | *Propulseur directionnel*, Steuertriebwerk.

propulsif, ive [-sif, i:v] adj. an-, vorwärtstreibend ; Treib... ; Vortriebs...

propulsion [-sjɔ̃] f. Antrieb m. ; Vorwärtstreiben n. | *À propulsion atomique*, atomgetrieben. | *Propulsion nucléaire*, Antrieb durch Atomenergie. | *Propulsion à l'arrière, par fusées*, Heck-, Raketenantrieb. | *Propulsion par réaction*, Düsen-, Strahl-, Rückstoßantrieb. | *Propulsion par turbo-réacteur*, Turbostrahlantrieb.

prorata [prɔrata] m. invar. Anteil m. | *Au prorata de*, im Verhältnis zu ; nach Maßgabe von.

prorogation [prɔrɔgasjɔ̃] f. Prorogation f. || [allongement] Verlängerung f. || [ajournement] Vertagung f. || [délai] Frist f. | *Prorogation d'un délai*, Terminaufschub m. ; Fristverlängerung f.

proroger [-ʒe] v. tr. verlängern ; vertagen. | *Proroger un délai*, eine Frist verlängern. | *Proroger un effet*, einen Wechsel prolongieren.

prosaïque [prɔzaik] adj. prosaisch ; unpoetisch. | PAR EXT. nüchtern ; alltäglich ; hausbacken.

prosaïsme [-ism] m. Nüchternheit f. ; Phantasie-, Poesielosigkeit f. ; Dürre f.

prosateur [-tœ:r] m. Prosaschriftsteller m. ; Prosaiker m.

proscription [prɔskripsjɔ̃] f. Abschaffung f.

proscrire [-kri:r] v. tr. abschaffen ; verpönen ; verwerfen.
— SYN. : *Bannir*, verbannen. *Exclure*, ausschließen.

proscrit, ite [-kri, it] adj. geächtet ; verbannt. | *Expression proscrite*, verpönter Ausdruck.
◇ m. **proscrit,** Geächtete(r) m. ; Verbannte(r) m.

prose [pro:z] f. Prosa f. ; ungebundene Rede.

prosélyte [prɔzelit] m. Neubekehrte(r) m. ; Proselyt m.

prosélytisme [-tism] m. Bekehrungseifer m., -wut f. ; Überzeugungseifer m.

prosodie [prɔzɔdi] f. POÉS. Prosodie f. ; Silben-, Versmessung f.

prospecter [prɔspɛkte] v. tr. GÉOL. schürfen. || COMM. Kundenwerbung betreiben.

prospecteur [-tœ:r] m. GÉOL. Erz-, Goldsucher m., -schürfer m. ; Prospektor m.

prospection [-sjɔ̃] f. MINES. Schürfarbeit f. ; Schürfen n. | *Prospection pétrolière*, Prospektion f. ; Erdölsuche f. || COMM. Werbetätigkeit f. ; Werbung f.

prospective [-ti:v] f. ÉCON. Vorausschau f. ; Zukunftsperspektive f.

prospectus [-tys] m. Prospekt m. ; Reklameschrift f. ; Werbeschrift f. ; Werbeanzeige f.

prospère [prɔspɛ:r] adj. erfolgreich ; aufblühend ; blühend ; günstig ; gedeihlich ; glücklich.

prospérer [-pere] v. intr. gedeihen ; gut fortkommen. | *Les affaires prospèrent*, die Geschäfte gehen gut, blühen. | *Faire prospérer*, in Schwung bringen ; voranbringen.

prospérité [-perite] f. Gedeihen n. ; Wohlstand m. ; Glück n. ; Blüte f. ; Blütezeit f. ; Prosperität f. ; Wohlergehen n. | *Période de prospérité*, Hochkonjunktur f.

prostaglandine [prɔstaglɑ̃din] f. BIOL. Prostaglandin n.

prostate [-stat] f. ANAT. Prostata f. ; Vorsteherdrüse f.

prosternation [prɔstɛrnasjɔ̃] f. ou **prosternement** [-nəmɑ̃] m. Fußfall ; Kniefall m.

prosterner (se) [səprɔstɛrne] v. pr. sich zu Füßen werfen ; einen Fuß-, Kniefall tun. || PAR EXT. sich demütigen.

prostituée [prɔstitɥe] f. Prostituierte f. ; Dirne f. ; Hure f.

prostituer [-tɥe] v. tr. prostituieren ; schänden. ◇ v. pr. **se prostituer,** sich wegwerfen ; sich hergeben ; sich verkaufen ; huren.

prostitution [-tysjɔ̃] f. Prostitution f. ; Unzucht f. ; Hurerei f. || Entehrung f. ; Entwürdigung f.

prostration [prɔstrasjɔ̃] f. MÉD. Kräfteverfall m. ; völlige Entkräftung ; Erschöpfung f.

prostré, ée [-tre] adj. völlig erschöpft ; ab-, niedergeschlagen ; ermattet ; entkräftet.

protagoniste [prɔtagɔnist] m. THÉÂTRE. Protagonist m. ; Hauptdarsteller m. || PAR EXT. Vorkämpfer m. ; Pionier m. ; Urheber m.

protecteur, trice [prɔtɛktœ:r, tris] adj. schützend ; Schutz... || [air] gönnerhaft ; herablassend. | *Enveloppe protectrice*, Schutzhülle f. | *Prendre un ton protecteur*, einen gönnerhaften Ton anschlagen.
◇ s. Beschützer(in) m. (f.) ; Förderer m. ; Förderin f. ; Gönner(in) m. (f.) ; Schutz-, Schirmherr(in) m. (f.). | *Protecteur des arts*, Kunstgönner, -mäzen m. | *Protecteur des opprimés*, Beschützer der Unterdrückten.

protection [-sjɔ̃] f. Protektion f. || [défense] Schutz m. ; (Ab)schirmung f. | *Protection de l'environnement*, Umweltschutz. | *Protection des sites*, Landschaftsschutz, -pflege f. | *Protection contre les rayonnements*, Strahlenschutz. | *Protection sanitaire*, Gesundheitsschutz. | *Protection aérienne*, Luftschutz. | *Protection antiatomique*, Atomschutz. | *Protection civile*, Zivilverteidigung. | *Protection contre les accidents*, Unfallverhütung f. | *Protection des animaux*, Tierschutz. | *Protection des inventions*, Patent-, Erfindungsschutz. | *Protection des minorités*, Minderheitenschutz. | *Protection de la nature*, Naturschutz. | *Dispositif de protection*, Schutzvorrichtung f. | *Enduit de protection*, Schutzanstrich m. || [aide] Beistand m. ; Unterstützung f. | *Avoir de puissantes protections*, gute Verbindungen, mächtige Gönner haben. | *Par protection*, nach Gunst. | *Implorer la protection divine*, den göttlichen Beistand erflehen. | *Se mettre sous la protection de qn*, sich in js Schutz begeben. | *Prendre qn sous sa protection*, jn in (seinen) Schutz, in seine Obhut nehmen.
— SYN. : *Appui*, Unterstützung. *Garde*, Schutz. *Patronage*, Schirmherrschaft. *Sauvegarde*, Obhut.

protectionnisme [-sjɔnism] m. Schutzzollsystem n. ; Protektionismus m.

protectorat [-tɔra] m. Schutzherrschaft f. ; Protektorat n. ; Schutzgebiet n.

protégé, ée [prɔteʒe] s. Schützling m. ; Schutzbefohlener m. ; Protégé m.

protège-cahier [-tɛʒkaje] m. (pl. **protège-cahiers**) Schutzumschlag m.

protéger [-teʒe] v. tr. [défendre] schützen ; beschützen ; schirmen ; beschirmen ; TECHN. absichern ; sichern ; einkapseln ; umkleiden. || MIL. *Protéger ses arrières*, sich den Rücken decken. | *Dieu le protège !*, Gott (be)schütze ihn ! | *Protéger de, contre qch.*, vor etwas bewahren. || [appuyer] beistehen ; fördern ; begünstigen ; unterstützen (insépar.) ; sich (für...) einsetzen ; (für...) einstehen. | *Protéger les arts*, die Künste fördern.

protéiforme [prɔteifɔrm] adj. wandelbar ; vielgestaltig.

protéine [prɔtein] f. CHIM. Protein n.

protéique [-teik] adj. aus Protein ; Eiweiß... | *Matières protéiques*, Eiweißstoffe m. pl.

protestant, ante [prɔtɛstɑ̃, ɑ:t] adj. RELIG. protestantisch ; evangelisch.
◇ s. Protestant(in) m. (f.) ; evangelischer Christ, evangelische Christin. | *Église protestante*, evangelische Kirche. | *Ministre protestant*, evangelischer Pastor, Pfarrer.
— SYN. : *Réformé*, reformiert. *Luthérien*, lutherisch. *Calviniste*, calvinistisch. *Huguenot*, hugenottisch.

protestantisme [-tɑ̃tism] m. Protestantismus m. ; evangelischer Glaube.

protestataire [-tatɛ:r] adj. protestierend ; widersprechend ; dagegen.

protestation [-tasjɔ̃] f. [promesse] feierliche Versicherung ; Beteuerung f. | *Protestations d'amitié*, Freundschaftsbeteuerungen f. pl. || [opposition] Protest m. ; Protesterhebung f., -anzeige f. ; Einspruch m. | *Note de protestation*, Protestnote f. | *Élever, Faire une protestation*, einen Protest, einen Einspruch erheben ; sich verwahren gegen.

protester [-te] v. intr. protestieren ; Einspruch erheben ; beanstanden ; mit Protest zurückweisen. | *Protester contre qch.*, Protest erheben ; sich gegen etwas verwahren, gegen etwas Verwahrung einlegen.
◇ v. tr. beteuern ; versichern. | *Protester de son innocence*, seine Unschuld beteuern.

prothèse [prɔtɛ:z] f. MÉD. Prothese f. ; Gliedersatz m. ; künstliches Glied.

protocolaire [prɔtɔkɔlɛ:r] adj. protokollarisch ; dem Protokoll entsprechend.

protocole [-kɔl] m. [écrit] (diplomatisches) Protokoll ; Verhandlungsschrift f. | *Protocole final*, Schlußprotokoll n. | *Dresser un protocole*, ein Protokoll aufstellen. || PAR EXT. [usages] guter Ton. || FIG. *Le protocole mondain*, die weltmännische Gepflogenheit.

proton [prɔtɔ̃] m. Proton n.

protoplasma [prɔtɔplasma] ou **protoplasme** [-plasm] m. Protoplasma n.

prototype [-tip] m. Vorbild n. ; Urtyp m. ; Prototyp m. || PAR EXT. Muster n. ; Modell n.

protozoaire [prɔtɔzɔɛ:r] m. Protozoe f. ; Protozoon n. ; Urtier n. ; Einzeller m.

protubérance [prɔtyberɑ̃:s] f. Höcker m. ; Buckel m. ; Ausbeulung f. ; Ausschwellung f. || ASTRON. Protuberanz f.

protubérant, ante [-rɑ̃, ɑ̃:t] adj. hervorragend ; vorspringend ; gewölbt.

prou [pru] adv. *Ni peu ni prou*, auf gar keinen Fall ; überhaupt nicht. | *Peu ou prou*, mehr oder weniger.

proue [pru] f. MAR. Bug m. ; Vorschiff n. | *Figure de proue*, Gallionsfigur f.

prouesse [pruɛs] f. Heldentat f. ; Großtat f.

prouver [pruve] v. tr. [établir] beweisen ; dartun ; bestätigen ; nach-, erweisen ; begründen. | *Prouver jusqu'à l'évidence*, offensichtlich bekunden. | *Cela ne prouve pas grand-chose*, das beweist herzlich wenig. |

Qu'est-ce que cela prouve?, was soll das schon beweisen? | *Qui prouve trop ne prouve rien*, gut Ding spricht für sich selbst. || [dénoter] zeigen; zeugen (von). | *Cela prouve beaucoup de courage*, das zeugt von Mut. | *Prouver l'innocence*, die Unschuld nachweisen, erhärten, bezeugen.

provenance [prɔvnɑ̃:s] f. Herkunft f.; Ursprung m.; Quelle f.; Herkommen n. | *Provenance des fonds*, Geldquellen f. pl. | *Lieu de provenance*, Herkunftsort m. | *En provenance de*, aus Richtung, von... her. | *De la même provenance*, aus derselben Quelle. | *De provenance étrangère*, ausländischer Herkunft.

provençal, ale, aux [prɔvɑ̃sal, o] adj. provenzalisch; aus, von der Provence.
◇ s. **Provençal, ale, aux,** Provenzale m.; Provenzalin f.

provenir [prɔvni:r] v. intr. herkommen; herstammen; herrühren; stammen (aus); entstammen; entspringen. | *La maladie provient de*, die Krankheit rührt von... her. | *Cela provient d'une erreur*, das beruht auf einem Irrtum. | *Cela provient du fait que*, es kommt daher, daß.

proverbe [prɔvɛrb] m. Sprichwort n.; Spruch m. | *Passer en proverbe*, zum Sprichwort, sprichwörtlich werden.

proverbial, iale, iaux [-bjal, jo] adj. sprichwörtlich.

providence [prɔvidɑ̃:s] f. Vorsehung f. || FIG. Schutzengel m.

providentiel, ielle [-sjɛl] adj. von der Vorsehung bestimmt; providentiell. || PAR EXT. schicksalhaft.

province [prɔvɛ̃:s] f. Provinz f. || FIG. Land n.; Gegend f. || *Les anciennes provinces*, die alten Regierungsprovinzen Frankreichs. | *Gens de (la) province*, Provinzler m. pl.; Kleinstädter m. pl.

provincial, iale, iaux [-sjal, jo] provinziell. || FIG. provinzlerisch; kleinstädtisch; enge.
◇ s. Provinzler(in) m. (f.); Kleinstädter(in) m. (f.).

provincialisme [-sjalism] m. Provinzialismus m.; kleinstädtische Art. || GRAMM. mundartlicher Ausdruck.

proviseur [prɔvizœ:r] m. [lycée] Oberstudiendirektor (m.) des staatlichen Gymnasiums.

provision [-zjɔ̃] f. [choses nécessaires] (souvent au pl.) Vorrat m.; Proviant m.; Provision f. | *Provisions de bouche*, Mundvorrat. | *Panier à provisions*, Eß-, Proviantkorb m. | *Faire provision de qch.*, sich einen Vorrat von etwas anlegen. || COMM. [couverture] Deckung f. | *À titre de provision*, provisionsweise. | *Sans provision*, ungedeckt. || FIN. [assurance] Rückstellung f.

provisoire [prɔvizwa:r] adj. provisorisch; vorläufig; einstweilig; vorübergehend; Aushilfs...; Not... | *Construction provisoire*, Notbau m. | *Gouvernement provisoire*, Zwischenregierung f.

provisoirement [-rmɑ̃] adv. einstweilen; provisorisch; vorläufig.

provocant, ante [prɔvɔkɑ̃, ɑ̃:t] adj. herausfordernd; provozierend.

provocateur, trice [-katœ:r, tris] adj. herausfordernd; provozierend; aufreizend; hetzerisch; aufwieglerisch. | *Agent provocateur*, Lockspitzel m.; Provokateur m.
◇ s. Provokateur(in) m. (f.); Scharfmacher m.

provocation [-kasjɔ̃] f. Herausforderung f.; Aufreizung f.; Provokation f.; Anstiftung f.; Aufhetzung f. | *Provocation en duel*, Herausforderung zum Zweikampf. | *Provocation à la désobéissance*, Anstiftung zum Ungehorsam.

provoquer [-ke] v. tr. [inciter] heraus-, auffordern; anstiften; aufreizen; provozieren; aufhetzen; verleiten. | *Provoquer les regards*, die Blicke auf sich (an)ziehen. | *Provoquer des troubles*, Unruhen stiften, hervorrufen. | *Provoquer à l'épée, au pistolet*, auf Degen, auf Pistole(n) fordern. || [causer] bewirken; veranlassen; herbeirufen. | *Provoquer la chute de qn*, jn zu Fall bringen. | *Provoquer une douleur*, (einen) Schmerz erregen. | *Provoquer l'explosion*, die Explosion herbeiführen; zünden. | *Provoquer l'hilarité*, Heiterkeit erregen. | *Provoquer une rencontre*, ein Zusammentreffen bewirken.

proxénète [prɔksenɛt] s. Kuppler(in) m. (f.).
◇ m. [souteneur] Zuhälter m.

proxénétisme [-netism] m. Kuppelei f.; Zuhälterei f.

proximité [prɔksimite] f. Nähe f.; Nachbarschaft f. | *À proximité immédiate*, in unmittelbarer Nähe.
◇ loc. prép. **à proximité de,** nahe bei; in der Nähe von.

prude [pryd] adj. prüde; spröde; zimperlich.
◇ f. Spröde f.; Zimperliese f. | *Faire la prude*, sich zieren; spröde tun; die Spröde spielen.

prudemment [prydamɑ̃] adv. in vorsichtiger Weise; mit Bedacht, Vorsicht; bedächtig; klug.

prudence [-dɑ̃:s] f. Vorsicht f.; Bedacht m.; Behutsamkeit f.; Klugheit f. | *Par prudence*, aus Vorsicht.
— SYN.: *Circonspection* f., Umsicht f. *Précaution* f., Bedacht m. *Prévoyance* f., Voraussicht f.

prudent, ente [-dɑ̃, ɑ̃:t] adj. vorsichtig; umsichtig; bedächtig; behutsam; klug. | *Conduite prudente*, vorsichtige Haltung. | *Un conseiller prudent*, ein kluger Ratgeber. | *Réponse prudente*, bedächtige, besonnene, überlegte Antwort. | *Il est prudent de*, es ist geraten zu. | *Juger prudent de*, es für ratsam halten, zu.
— SYN.: *Avisé*, klug. *Circonspect*, umsichtig. *Précautionneux*, vorausberechnend. *Prévoyant*, vorausschauend. *Réfléchi*, überlegt. *Sage*, weise.

pruderie [prydri] f. Prüderie f.; Sprödigkeit f.

prud'homal, ale, aux [prydɔmal, o] adj. schiedsgerichtlich; schiedsrichterlich; Schiedsgerichts...

prud'homme [-dɔm] m. Schiedsrichter m. | *Conseil des prud'hommes*, gewerbliches Schiedsgericht; Arbeits-, Gewerbegericht n. || FAM. *Monsieur Prud'homme*, Herr Biedermann; Herr Biedermeier.

prune [pryn] f. Pflaume f.; Zwetsch(g)e f.

pruneau [-no] m. Back-, Dörrpflaume f. || MIL. blaue Bohne. || [fille] schwarzbraunes Mädchen.

prunelle [-nɛl] f. BOT. Schlehe f. || [liqueur] Schlehenlikör m. || [pupille] Augenstern m.; Augapfel m. | *Tenir à qch. comme à la prunelle de ses yeux*, etwas wie seinen Augapfel hüten.

prunellier [-nɛlje] m. BOT. Schwarzdorn m.; Schlehe f.; Schlehenbusch m.

prunier [-nje] m. BOT. Pflaumen-, Zwetsch(g)enbaum m.

prurigineux, euse [pyriʒinø, ø:z] adj. MÉD. juckend.

prurit [-rit] m. MÉD. Juckreiz m.; Pruritus m.

Prusse [prys] n. pr. f. GÉOGR. Preußen n. | *La Prusse-Orientale, -Occidentale, Rhénane*, Ost-, Westpreußen, Rheinprovinz f. | *Travailler pour le roi de Prusse*, für nichts und wieder nichts, für die Katz arbeiten. | *Bleu de Prusse*, Preußischblau n.

prussien, ienne [-sjɛ̃, jɛn] adj. preußisch.
◇ s. Preuße m.; Preußin f.

prytanée [pritane] m. Kadettenanstalt f.

psalmodie [-mɔdi] f. Psalmensingen n. ; Psalmodieren n. || PÉJOR. Her(unter)leiern n. ; Geleier n.
psalmodier [-mɔdje] v. tr. psalmodieren ; Psalmen singen. || PÉJOR. her(unter)leiern.
psaume [pso:m] m. Psalm m.
psautier [psotje] m. Psalter m.
pseudo [psødo] préf. Pseudo... ; Schein...
◇ adj. vermeintlich ; falsch.
pseudonyme [-dɔnim] adj. pseudonym.
◇ m. Pseudonym n. ; Deckname m.
pseudopode [-pɔd] m. ZOOL. Scheinfüßchen n.
ps(i)tt ! [ps(i)t] interj. pst ! Achtung !
psittacisme [psitasism] m. Nachplappern n.
psychanalyse [psikanali:z] f. Psychoanalyse f.
psychanalyste [-list] s. Psychoanalytiker(in) m. (f.).
psyché [psiʃe] f. großer Drehspiegel. || MYTH. Psyche f. || [âme] Seele f. ; Psyche f.
psychiatre [psikia:tr] m. MÉD. Psychiater m. ; Nervenarzt m.
psychiatrie [-tri] f. MÉD. Psychiatrie f. ; Nervenheilkunde f.
psychiatrique [-trik] adj. psychiatrisch.
psychique [psiʃik] adj. psychisch ; seelisch ; geistig ; Seelen...
psychisme [-ʃism] m. PHILOS. Psychismus m. ; seelische Struktur.
psychodrame [-kɔdram] m. Psychodrama n. ; Rollenspiel n.
psychologie [-lɔʒi] f. Psychologie f. | *Psychologie animale*, Tierpsychologie. | *Psychologie appliquée*, angewandte Psychologie. | *Psychologie de l'enfant*, Kinderpsychologie. | *Psychologie de l'adolescent*, Jugendpsychologie. | *Psychologie des profondeurs*, Tiefenpsychologie. | *Psychologie des peuples, des foules*, Völker-, Massenpsychologie.
psychologique [-lɔʒik] adj. psychologisch ; seelenkundlich ; seelisch. | *Roman psychologique*, Charakterroman m. || PAR EXT. *Moment psychologique*, kritischer, entscheidender Augenblick.
psychologue [-lɔg] m. Psychologe m. ; Menschenkenner m. ; Seelenforscher m.
psychopathe [-pat] s. MÉD. Psychopath(in) m. (f.).
psychopathie [-pati] f. MÉD. Psychopathie f.
psychopathologie [-patɔlɔʒi] f. MÉD. Psychopathologie f.
psychophysiologie [-fizjɔlɔʒi] f. MÉD., PHILOS. Psychophysiologie f.
psychose [psiko:z] f. Psychose f. ; Geisteskrankheit f.
psychosomatique [-sɔmatik] adj. psychosomatisch.
psychotechnicien, ienne [-tɛknisjɛ̃, jɛn] s. Eignungsprüfer(in) m. (f.).
psychotechnique [-tɛknik] f. Eignungskunde f., -feststellung f. ; Psychotechnik f. | *Examen psychotechnique*, Eignungsprüfung f.
psychothérapie [-terapi] f. Psychotherapie f.
ptôse [pto:z] f. MÉD. Eingeweidesenkung f. ; Ptosis f.
puant, puante [pyɑ̃, ɑ̃:t] adj. stinkend. | *Boule puante*, Stinkbombe f. || FIG. widerlich ; unverschämt.
— SYN. : *Fétide*, stinkend. *Malodorant*, übelriechend. *Méphitique*, verpestend. *Nauséabond*, übelkeiterregend.
puanteur [-tœ:r] f. Gestank m. ; Stinken n.
pubère [pybɛ:r] adj. mannbar ; heiratsfähig.
puberté [-te] f. Pubertät f. ; Pubertätsalter n.
pubis [pybis] m. ANAT. Schamberg m., -bein n.
publiable [publijabl] adj. zur Veröffentlichung geeignet.
public, ique [pyblik] adj. öffentlich ; bekannt ; allgemein ; publik ; behördlich ; amtlich ; staatlich. || JUR. *Action publique*, Offizialklage f. | *Affaires publiques*, Staatsgeschäfte n. pl. | *Autorité publique*, Staatsgewalt f. | *Bien public*, Gemeinwohl n. | *Charges publiques*, öffentliche Lasten f. pl. | *La chose publique*, Staatswesen n. ; die öffentlichen Angelegenheiten f. pl. | *Dette publique*, Staatsschuld f. | *Domaine public*, Staatsgut n. | *Droit public*, öffentliches Recht ; Staatsrecht n. | *École publique*, staatliche Schule. | *Fonction publique*, öffentliches Amt ; Beamtentum n. | *Fonds publics*, öffentliche (Staats)gelder n. pl. ; Staatspapiere n. pl. | *D'intérêt public*, von öffentlichem Interesse. | *Jardin public*, öffentlicher Garten, Park ; öffentliche Anlage. | *Ministère public*, Staatsanwalt m. | *Opinion publique*, öffentliche Meinung. | *Ordre public*, öffentliche Ordnung. | *Salut public*, Allgemeinwohl n. | *Trésor public*, Staatskasse f. | *Vie publique*, politisches Leben. | *Sur la voie publique*, auf offener Straße. | *Devenir public*, laut werden. | *Rendre public*, veröffentlichen ; verkünden. || [ouvrage] *Tomber dans le domaine public*, frei werden. || *Fille publique*, Prostituierte f.
◇ m. **public,** Öffentlichkeit f. ; Publikum n. ; Allgemeinheit f. | *Le grand public*, das breite Publikum. | *Un public nombreux*, eine zahlreiche Zuhörerschaft. | *Avis au public*, öffentliche Bekanntmachung. | *Porter à la connaissance du public*, der Öffentlichkeit zur Kenntnis bringen ; veröffentlichen.
◇ loc. adv. **en public,** öffentlich. | *Paraître en public*, vor die Öffentlichkeit treten. | *Parler en public*, öffentlich sprechen.
publication [pyblikasjɔ̃] f. Publikation f. ; Veröffentlichung f. ; Bekanntmachung f. ; Kundmachung f. | *Publication des bans de mariage*, Aufgebot n. | *Publication judiciaire*, gerichtliche Bekanntmachung. | *Publication d'une loi*, Gesetzesbekanntmachung. || [d'un ouvrage imprimé] Herausgabe f. ; Veröffentlichung f. || PAR EXT. *Publication mensuelle*, Monatschrift f. | *Publication périodique*, Zeitschrift f.
publiciste [-sist] s. Journalist(in) m. (f.) ; Literat(in) m. (f.).
publicitaire [-sitɛ:r] adj. Werbe... ; Reklame... | *Film publicitaire*, Werbefilm m.
◇ s. Werbefachmann m.
publicité [-site] f. [fait d'être publié] Offenkundigkeit f. ; Öffentlichkeit f. || [réclame] Reklame f. ; Werbung f. ; Kundenwerbung f. ; Werbewesen n. ; Publizität f. | *Publicité clandestine*, Schleichwerbung. | *Publicité comparative*, vergleichende Werbung. | *Publicité lumineuse*, Lichtreklame. | *Publicité mensongère*, irreführende Werbung. | *Publicité murale*, Anschlag-, Wandreklame. | *Agence de publicité*, Werbeagentur f. | *Faire de la publicité*, werben. | *Campagne de publicité*, Werbekampagne f.
publier [pyblije] v. tr. [rendre public] öffentlich bekanntmachen ; veröffentlichen ; verkünden. || [écrit] publizieren ; herausgeben, -bringen. || [nouvelle] verbreiten. || *Publier les bans*, die Verlobten aufbieten, aushängen. | *Publier un livre*, ein Buch herausgeben. | *Publier à son de trompe*, austrompeten ; es an die große Glocke hängen. | *Publier par voie d'affiche(s)*, öffentlich anschlagen.
— SYN. : *Divulguer*, verbreiten. *Ébruiter*, ausplaudern. *Proclamer*, proklamieren. *Promulguer*, verkünden.
Publiphone [pyblifɔn] m. (nom déposé) Wertkartentelefon n.

publiquement [pyblikmɑ̃] adv. öffentlich ; auf offener Straße ; in aller Öffentlichkeit.

puce [pys] f. Floh m. | *Puce aquatique*, Wasserfloh. | *Piqûre, Morsure de puce*, Flohstich m., -biß m. | *Marché aux puces*, Trödelmarkt m. | *Mettre à qn la puce à l'oreille*, jm einen Floh ins Ohr setzen. || FAM. *Secouer les puces à qn*, jm den Kopf waschen ; jn ausschelten. || ÉLECTR. Chip m. ; Schaltelement n.
◇ adj. *Couleur puce*, floh-, rostbraune Farbe.

puceau [pyso] m. reiner Jüngling.

pucelle [-sɛl] f. Jungfer f. ; Jungfrau f. || HIST. *La Pucelle d'Orléans*, die Jungfrau von Orleans.

puceron [pysrɔ̃] m. ZOOL. Blattlaus f.

pucier [pysje] m. POP. [lit] Flohkiste f.

pudeur [pydœ:r] f. Scham f. ; Schamhaftigkeit f. ; Verschämtheit f. ; Sittsamkeit f. ; Zart-, Feingefühl n. | *Sans pudeur*, schamlos. | *Manque, Absence de pudeur*, Schamlosigkeit f. | *Attentat à la pudeur*, Vergehen (n.) gegen die Sittlichkeit.

pudibond, onde [-dibɔ̃, ɔ̃:d] adj. verschämt ; schamhaft ; prüde ; spröde.

pudibonderie [-dibɔ̃dri] f. Verschämtheit f. ; Schamhaftigkeit f. ; Sprödigkeit f. ; Prüderie f.

pudicité f. Züchtigkeit f. ; Schamhaftigkeit f.

pudique [-dik] adj. schamhaft ; sittsam ; keusch ; züchtig ; sittig ; rein.
— SYN. : *Décent*, anständig. *Délicat*, zartfühlend. *Honnête*, ehrlich. *Réservé*, zurückhaltend.

puer [pɥe] v. intr. stinken. | *Ça pue*, es stinkt.
◇ v. tr. nach etwas (schlecht, übel) riechen.

puéricultrice [pɥerikyltris] f. Kindergärtnerin f.

puériculture [pɥerikylty:r] f. Säuglings-, Kinderpflege f.

puéril, ile [-ril] adj. kindisch.

puérilité [-rilite] f. kindisches Wesen ; Albernheit f. ; Kinderei f.

puerpéral, ale, aux [pɥɛrperal, o] adj. Kindbett... | *Fièvre puerpérale*, Kindbettfieber n.

pugilat [pyʒila] m. Faustkampf m. ; Boxerei f.

pugiliste [-list] m. Faustkämpfer m. ; Boxer m.

puîné, ée [pɥine] adj. JUR. nachgeboren ; spätergeboren ; jünger. | *Frère puîné*, jüngerer Bruder.

puis [pɥi] adv. dann ; darauf ; drauf ; danach ; ferner ; zudem ; hernach ; alsdann ; sodann.
◇ loc. adv. **et puis ?,** na und ?

puisage ou **puisement** [pɥiza:ʒ, pɥizmɑ̃] m. Ausschöpfen n. ; Schöpfen n.

puisard [-za:r] m. Senkloch n. ; Gully m. ou n.

puisatier [-zatje] m. Brunnengräber m., -bauer m.

puiser [-ze] v. tr. ausschöpfen ; schöpfen. | *Puiser dans la bourse de qn*, jn anpumpen. | *Puiser du courage*, Mut schöpfen.

puisque [pɥiskə] conj. weil ; da (ja) ; da nun. | *Puisqu'il en est ainsi*, da die Dinge nun einmal so liegen. | *Puisqu'il le faut*, da es nötig ist.

puissamment [pɥisamɑ̃] adv. gewaltig ; stark ; mächtig ; tatkräftig ; machtvoll. || PAR EXT. *Puissamment riche*, steinreich ; schwerreich.

puissance [-sɑ̃:s] f. **1.** [pouvoir, force] Macht f. ; Gewalt f. ; Herrschaft f. ; Stärke f. ; Vermögen n. | *Puissance de travail*, Arbeitskraft f., -vermögen, -potential n. | *Il est en ma puissance*, [personne] er, [chose] es ist in meiner Macht. || FIG. [influence] Kraft f. ; Macht f. | *Puissance de la parole*, Kraft der Rede ; Macht des Wortes. | *Puissance de persuasion*, Überzeugungskraft f. || JUR. Gewalt f. | *Puissance paternelle*, väterliche Gewalt. | *Déchéance de la puissance paternelle*, Entzug (m.) der elterlichen, väterlichen Gewalt.
2. POLIT. Macht f. ; Staat m. | *Les puissances alliées*, die alliierten Mächte f. pl. ; die Alliierten m. pl. | *Les grandes puissances*, die Großmächte f. pl. | *Puissance mondiale*, Weltmacht. | *Les puissances occidentales*, die Westmächte f. pl. | *Puissance protectrice*, Schutzmacht. | *La puissance publique*, die öffentliche Gewalt. | *Puissance signataire*, Signatarmacht.
3. MATH. Potenz f. | *Élever à une puissance*, potenzieren ; in eine Potenz erheben.
4. PHYS., TECHN. Leistung f. ; Kraft f. ; Wirksamkeit f. | *Puissance calorifique*, Heizkraft ; Wärmeleistung. | *Puissance effective*, Nutzleistung ; (Wirk)leistung. | *Puissance fiscale*, [voiture] Steuerleistung. | *Puissance installée*, Anschlußwert m. | *Puissance maximale (produite)*, Höchstleistung. | *Puissance minimale*, Mindestleistung. | *Puissance nominale*, Nennwert m. | *Puissance thermique*, thermische Leistung. | *À grande puissance*, Hochleistungs... | *Puissance au frein*, Bremsleistung. | *Puissance d'un moteur*, Motorleistung. | *Puissance du son*, Lautstärke f.
5. RELIG. *Puissance divine*, göttliche Gewalt. | *Puissances célestes*, himmlische Mächte f. pl.

puissant, ante [-sɑ̃, ɑ̃:t] adj. mächtig ; kräftig ; gewaltig ; stark ; machtvoll. || [influent] einflußreich. || [efficace] wirksam ; leistungsfähig. | *Puissante machine*, leistungsfähige Maschine. || RELIG. *Le Tout-Puissant*, der Allmächtige.

puits [pɥi] m. Brunnen m. || FIG. Quelle f. ; POÉT. Born m. || MINES. Schacht m. | *Puits artésien*, artesischer Brunnen. | *Puits d'extraction*, Förderschacht. | *Puits de pétrole*, Erdölbohrung f., -sonde. || FIG. *C'est un puits de science*, er ist ein grundgelehrter Mann.

pullman [pulman] m. [chemin de fer] Pullmanwagen m.

pullulation [pylylasjɔ̃] f. ou **pullulement** [-lmɑ̃] m. starke Vermehrung ; Gewimmel n. || MÉD. Wuchern n.

pulluler [-le] v. intr. wimmeln ; strotzen.

pulmonaire [pylmɔnɛ:r] adj. Lungen... | *Congestion pulmonaire*, Lungenentzündung f.

pulpe [pylp] f. Fruchtfleisch n. ; Pulpe f. | *Pulpe dentaire*, Zahnmark n. ; FAM. Nerv m.

pulpeux, euse [-pø, ø:z] adj. fleischig ; markig ; pulpös.

pulsar [pylsar] m. ASTRON. Pulsar m.

pulsation [-sasjɔ̃] f. Schlagen n. ; Pulsieren n. || MÉD. Pulsschlag m. ; Herzklopfen n. ; Puls m. | *Soixante pulsations à la minute*, sechzig Pulsschläge in der Minute ; Pulsschlag sechzig.

pulsion [pylsjɔ̃] f. Antrieb m. ; Anstoß m.

pulvérisateur [-zatœ:r] m. Zerstäuber m. ; Verstäuber m. | *Pulvérisateur pour insecticides*, Schädlingsspritze f.

pulvérisation [-zasjɔ̃] f. Zerstäuben n. ; Zerstäubung f. ; Pulverisieren n.

pulvériser [-ze] v. tr. pulverisieren ; zerstäuben ; zerpulvern. || FIG. vernichten. | *Pulvériser l'ennemi*, den Gegner völlig aufreiben, vernichten. | *Pulvériser un record*, einen Rekord brechen.
◇ part. pass. et adj. **pulvérisé, ée.** *Charbon pulvérisé*, Kohlenstaub m.

pulvérulent, ente [-lɑ̃, ɑ̃:t] adj. pulverig ; staubig ; staubbedeckt.

puma [pyma] m. ZOOL. Puma m.

punaise [pynɛ:z] f. ZOOL. Wanze f. ; Laus f. | *Punaise des bois*, Baumwanze. | *Être plat comme une*

punaise, POP. platt wie eine Wanze. || [dessin] Heft-, Reißzwecke f. ; Zwecke f. ; Reißnagel m.
◇ interj. POP. Donnerwetter !

punch [pɔ̃:ʃ] m. [boisson] Punsch m.

punch [pœnʃ] SPORT. *Avoir du punch*, schlagkräftig sein ; FIG. Schwung, Elan haben.

punching-ball [pœ̃nʃiŋbol] m. (pl. **punching-balls**) Punchingball m.

punique [pynik] adj. HIST. punisch ; karthagisch. | *Guerres puniques*, Punische Kriege m. pl.

punir [pyni:r] v. tr. strafen ; bestrafen ; züchtigen. | *Punir un coupable*, einen Schuldigen (be)strafen. | *Il a été bien puni*, er ist gehörig gestraft worden ; POP. er hat seine Strafe weg. | *Punir qn d'un crime*, jn wegen eines Verbrechens bestrafen. | *Punir de mort*, mit dem Tode bestrafen.

punissable [-nisabl] adj. strafbar ; sträflich ; straffällig. | *Acte punissable*, Straftat f.

punitif, ive [-nitif, i:v] adj. Straf... | *Expédition punitive*, Strafexpedition f. | *Moyen punitif*, Strafmittel n.

punition [-nisjɔ̃] f. [peine] Strafe f. || [action] Bestrafung f. || *En punition de*, zur Strafe für. | *Punition corporelle*, körperliche Züchtigung. | *Donner une punition à un écolier*, eine Strafe über einen Schüler verhängen. | *Infliger une punition à qn*, jm eine Strafe auferlegen.
— SYN. : *Châtiment*, Züchtigung. *Correction*, Prügelstrafe.

pupillaire [pypilɛ:r] adj. JUR. Mündel... || ANAT. Pupillen...

pupille [pypil] s. Mündel n. ; Minderjährige(r) m. ; Pflegekind n. ; Pflegling m.

pupille [pypil] ANAT. Pupille f. ; Augenstern m.

pupitre [pypitr] m. Schreib-, Lesepult n. | *Pupitre de musicien*, Notenständer m. | *Pupitre du chef d'orchestre*, Dirigentenpult n. || INF. Steuerpult n. ; Konsol n.

pupitreur, euse [-trœ:r, ø:z] s. INF. Operator m.

pur, ure [pyr] adj. rein ; sauber ; lauter ; klar. | *Respirer un air pur*, eine reine Luft atmen. | *Ciel pur*, wolkenloser Himmel. | *Eau pure*, reines, klares Wasser. | *En or pur*, aus lauterem, reinem, unverfälschtem, eitlem, purem Gold. | *De race pure*, unvermischt. | *Pur sang*, reinrassig. | *(Cheval) pur sang*, Vollblut(pferd) n. | *Vin pur*, ungemischter, reiner Wein. | *Pur de tout mélange*, ohne jede Beimischung. || FIG. [sans tache] makellos ; fleckenlos ; unbefleckt. || [chaste] keusch ; unberührt ; jungfräulich. | *Conscience pure*, reines, unbeschwertes Gewissen. | *Jeune fille pure*, sittsames, unberührtes Mädchen. | *Joie pure*, ungetrübte Freude. | *Langue pure*, reine, fehlerlose Sprache. | *Mathématiques pures*, reine. theoretische Mathematik. | *Raison pure*, reine Vernunft. | *Pur et simple*, einzig und allein.

purée [pyre] f. Brei m. ; Püree n. | *Purée de pommes de terre*, Kartoffelpüree, -brei. | *Purée de pois*, Erbsenbrei.

purement [pyrmɑ̃] adv. einfach ; nur ; lediglich. | *Purement et simplement*, einzig und allein ; schlechthin.

pureté [pyrte] f. Reinheit f. ; Sauberkeit f. ; Klarheit f. || [chasteté] Keuschheit f. ; Unberührtheit f. ; Mädchenhaftigkeit f. || RADIO. *Pureté de l'audition, de la réception*, Klangreinheit. || *Pureté des mœurs*, Sittenreinheit. | *Pureté du sang*, Reinrassigkeit f. | *Pureté du style*, Klarheit des Stils.

purgatif, ive [pyrgatif, i:v] adj. reinigend. || MÉD. abführend.
◇ m. **purgatif,** Abführmittel n.

purgatoire [-twa:r] m. RELIG. Fegefeuer n. || FIG. Leidensweg m.

purge [pyrʒ] f. [purification] Reinigen n. ; Abführen n. ; Entwässern n. ; Ablauf m. ; Ausblasen n. ; Spülung f. || MÉD. Reinigung f. ; Abführmittel n. || TECHN. *Bouchon de purge*, Ablaßschraube f. || JUR. *Purge de l'hypothèque*, Hypothekentilgung f. || POLIT. Säuberungsaktion f.

purger [-ʒe] v. tr. [purifier] reinigen ; läutern ; säubern. || MÉD. abführen ; purgieren ; ein Abführmittel geben. || JUR. verbüßen ; abbüßen. | *Purger une hypothèque*, eine Hypothek ablösen, löschen. | *Purger une peine*, eine Strafe abbüßen, absitzen.
◇ v. pr. **se purger.** MÉD. ein Abführmittel nehmen.

purgeur [-ʒœ:r] m. Ablaßventil n. ; Spülgerät n. | *Purgeur d'air*, Entlüftungshahn m.

purificateur, trice [pyrifikatœ:r, tris] adj. reinigend.
◇ m. **purificateur,** Reiniger m.

purification [-fikasjɔ̃] f. Reinigung f. || FIG. Läuterung f. || RELIG. Lichtmeß f.

purifier [-fje] v. tr. reinigen ; läutern.
◇ v. pr. **se purifier,** sich reinigen, läutern ; rein werden. || [liquide] (sich) abklären.

purin [pyrɛ̃] m. (Mist)jauche f. | *Fosse à purin*, Jauche(n)grube f.

purisme [pyrism] m. Sprachreinigungseifer m.

puriste [-rist] m. Sprachreiniger m. ; Purist m.

puritain, aine [pyritɛ̃, ɛ:n] adj. puritanisch ; sittenstreng.

puritanisme [-tanism] m. Puritanertum n. ; Sittenstrenge f.

purpurin, ine [pyrpyrɛ̃, in] adj. purpurfarben.

purulence [pyrylɑ̃:s] f. MÉD. (Ver)eiterung f.

purulent, ente [-lɑ̃, ɑ̃:t] adj. MÉD. eitrig ; eiternd.

pus [py] m. MÉD. Eiter m., -absonderung f.

pusillanime [pyzilanim] adj. kleinmütig ; zaghaft ; ängstlich ; verzagt ; furchtsam.

pusillanimité [-mite] f. Kleinmut m. ; Zaghaftigkeit f. ; Ängstlichkeit f. ; Verzagtheit f.

pustule [pystyl] f. MÉD. Pustel f. ; Eiterbläschen n. ; Finne f. ; Pickel m. | *Pustule maligne*, Milzbrand m. | *Pustules varioliques*, Pocken f. pl.

pustuleux, euse [-lø, ø:z] adj. MÉD. pick(e)lig ; finnig ; blatterig.

putain [pytɛ̃] f. POP. Hure f. ; Dirne f. ; Nutte f.

putatif, ive [pytatif, i:v] adj. vermeintlich ; vermutlich. || JUR. *Père putatif*, vermutlicher Vater.

putois [pytwa] m. ZOOL. Iltis m. ; Iltispelz m. || [pinceau] Pinsel m. || *Crier comme un putois*, schreien, als ob man am Spieß stecke.

putréfaction [pytrefaksjɔ̃] f. Fäulnis f. ; Verwesung f. ; Faulen n. ; Vermoderung f.

putréfier [-fje] v. tr. verfaulen lassen.
◇ v. pr. **se putréfier,** verwesen ; verfaulen ; vermodern ; in Fäulnis übergehen ; POP. vergammeln.

putrescible [-sibl] adj. verweslich ; verderbbar.

putride [pytrid] adj. faulig ; faul ; modrig. | *Fermentation putride*, faulige Zersetzung. | *Odeur putride*, Verwesungsgestank m. ; modriger Geruch.

putsch [putʃ] m. Putsch m. ; Staatsstreich m.

puzzle [pœzl] m. Puzzlespiel n.

pygmées [pigme] m. pl. Pygmäen m. pl. || FIG. sing. Zwerg m. ; kleiner Kerl m.

pyjama [piʒama] m. Pyjama m. ou n. ; Schlafanzug m.

pylône [pilo:n] m. Turm m. ; Mast m. | *Pylône à haute tension*, Hochspannungsmast.

pylore [pilɔ:r] m. ANAT. Pförtner m.

pyramidal, ale, aux [piramidal, o] adj. pyramidal ; pyramidenförmig. || FIG. gewaltig.

pyramide [-mid] f. Pyramide f. | *Tronc de pyramide*, Pyramidenstumpf m. | *Pyramide des âges*, Alterspyramide.

Pyrénées [pirene] n. pr. f. pl. GÉOGR. Pyrenäen f. pl.

pyrogravure [-gravy:r] f. Brandmalerei f.

pyromane [-man] s. Pyromane m. ; Pyromanin f.

pyromanie [-mani] f. Pyromanie f.

pyromètre [-mɛtr] m. TECHN. Pyrometer m.

pyrotechnicien [-tɛknisjɛ̃] m. Feuerwerker m. ; Pyrotechniker m.

pyrotechnie [-tɛkni] f. Feuerwerkerei f. ; Pyrotechnik f.

pyrotechnique [-tɛknik] adj. pyrotechnisch.

pyrrhonisme [-nism] m. PHILOS. Zweifelsucht f. ; Skepsis f.

Pyrrhus [pirys] n. pr. m. HIST. Pyrrhus m. | *Victoire à la Pyrrhus*, Pyrrhussieg m.

Pythagore [pitagɔ:r] n. pr. m. Pythagoras m. | *Théorème de Pythagore*, Pythagoreischer Lehrsatz ; POP. der Pythagoras.

python [pitɔ̃] m. ZOOL. Python m. ; Pythonschlange f.

pythonisse [pitɔnis] f. Wahrsagerin f.

Q

q [ky] m. q n. || *q* (abrév. de QUINTAL), Doppelzentner m.

Q.C.M. [kyseɛm] m. Multiple-Choice-Test m.

Q.G. [kyʒe] m. Stabsquartier n.

Q.H.S. [kyaʃɛs] m. Hochsicherheitstrakt m.

Q.I. [kyi] m. IQ m.

quadragénaire [kwadraʒenɛ:r] adj. vierzigjährig. ◇ s. Vierzigjährige(r) m. ; Vierziger(in) m. (f.).

quadrangulaire [-drɑ̃gylɛ:r] adj. viereckig ; vierseitig ; vierkantig.

quadrant [kadrɑ̃] m. Quadrant m. ; Viertelkreis m.

quadrature [-draty:r] f. MATH. Quadratur f. | *Quadrature du cercle*, Quadratur des Kreises.

quadrichromie [-krɔmi] f. Vierfarbendruck m.

quadriennal, ale, aux [-driɛnal, o] adj. vierjährig. | *Plan quadriennal*, Vierjahresplan m.

quadrige [-dri:ʒ] m. Quadriga f.

quadrilatéral, e, aux ou **quadrilatère** [-drilateral, e ; -latɛ:r] adj. vierseitig ; vierkantig.

quadrilatère [-drilatɛ:r] m. Viereck n. || MIL. Festungsviereck n.

quadrillage [kadrijɑ:ʒ] m. Quadrierung f. || TEXT. Würfelmuster n. || MIL. Stützpunktsystem n.

quadrille [-dri:j] m. [danse] Quadrille f.

quadrillé, ée [-drije] adj. kariert ; gewürfelt.

quadriller [-drije] v. tr. karieren ; würfeln. || FIG. in Planquadrate einteilen.

quadrimoteur [kwa- ou kadrimɔtœ:r] adj. viermotorig ; mit vier Motoren. | *Un quadrimoteur*, ein viermotoriges Flugzeug.

quadriparti, ie [-driparti] ou **quadripartite** [-dripartit] adj. vierteilig. | *Accord quadripartite*, vierseitiges Abkommen.

quadriphonie [-fɔni] f. Quadrophonie f.

quadripolaire [-pɔlɛ:r] adj. vierpolig.

quadriréacteur [-drireaktœ:r] m. vierdüsiges, vierstrahliges Flugzeug n.

quadrisyllabique [-drisilabik] adj. viersilbig.

quadrupède [-drypɛ:d] adj. vierfüßig. ◇ m. Vierfüß(l)er m.

quadruple [-drypl] adj. vierfach. ◇ m. Vierfache(s) n.

quadruplés, ées [-dryple] m. ou f. pl. Vierlinge m. pl.

quadrupler [-dryple] v. tr. vervierfachen.

quai [kɛ] m. [port] Kai m. ; Ufer-, Hafendamm m. | *Quai de chargement*, Verladerampe f. || MAR. *Être à quai*, am Pier liegen. || [le long d'un fleuve] Flußdamm m. | *Les quais de la Seine*, die Seineufer. || PAR EXT. *Quai d'Orsay*, französisches Außenministerium. || TRANSP. Bahnsteig m. | *Billet, Ticket de quai*, Bahnsteigkarte f.

qualifiable [kalifjabl] adj. qualifizierbar ; bestimmbar ; benennbar ; zu bezeichnen.

qualificatif, ive [-fikatif, i:v] adj. GRAMM. näher bestimmend. | *Adjectif qualificatif*, (bezeichnendes) Eigenschaftswort. ◇ m. **qualificatif,** Bestimmungswort n.

qualification [-fikasjɔ̃] f. [donner un nom] Benennung f. ; Bezeichnung f. || [avoir qualité] Eignung f. ; Befähigung f. || SPORT. Zulassung f. ; Berechtigung f. ; Qualifizierung f.

qualifié, iée [-fje] adj. [qui a qualité] befähigt ; zuständig, qualifiziert ; berufen. | *Il n'est pas qualifié pour*, er ist nicht geeignet für. || [métiers] geschult. | *ouvrier qualifié*, qualifizierter Arbeiter ; Spezial-, Facharbeiter m. || JUR. *Vol qualifié*, schwerer Diebstahl.

qualifier [-fje] v. tr. [donner un nom] bezeichnen ; qualifizieren ; befähigen ; bestimmen ; benennen ; erklären. || GRAMM. näher bestimmen. | *Qualifier qn de menteur*, jn als Lügner bezeichnen ; jn für einen Lügner erklären. | *Qualifier une opinion d'erreur*, eine

Meinung als irrig bezeichnen. || [donner qualité] eignen ; qualifizieren.
◇ v. pr. **se qualifier,** sich bezeichnen. | *Se qualifier de*, sich bezeichnen, sich ausgeben als ; sich qualifizieren. | *Se qualifier pour*, sich ausweisen als ; SPORT. sich qualifizieren (für).

qualitatif, ive [kalitatif, i:v] adj. qualitativ.

qualité [-te] f. [manière d'être ; état] Beschaffenheit f. ; Eigenschaft f. ; Qualität f. | *Qualité de la vie*, Lebensqualität. || JUR. *Qualité d'associé*, Teilhaberschaft f. | *Qualité de membre*, Mitgliedschaft f. | *En qualité de*, (in der Eigenschaft) als. || [dispositions ; aptitudes] Eigenschaft f. ; Befähigung f. ; Befugnis f. | *Qualités morales*, moralische, geistige Eigenschaften f. pl. | *Qualités requises*, erforderliche Eigenschaften f. pl. | *Avoir qualité pour*, zu...befugt, berechtigt sein. | *Avoir beaucoup de qualités*, viele Vorzüge besitzen. | *Avoir toutes les qualités requises*, allen Anforderungen genügen, gewachsen sein. || [condition sociale] Stand m. ; Rang m. | *Personne de qualité*, Standesperson f. || COMM. Qualität f. ; Güte f. ; Wert m. | *Qualité courante*, gangbare Qualität. | *Qualité moyenne*, Durchschnittsqualität. | *Qualité supérieure*, bessere Qualität. | *De qualité inférieure*, minderwertig. | *De (haute) qualité*, hochwertig.
— SYN. : *Essence*, Wesensart. *Manière (d'être)*, Seinsart. *Nature*, Natur. *Propriété*, Eigenschaft.

quand [kɑ̃] adv. wann. | *Quand viendra-t-il ?*, wann wird er kommen ? | *À quand la fête est-elle remise ?*, auf wann ist das Fest verschoben ? | *Depuis quand ?*, seit wann ? ; wie lange ? | *Jusqu'à quand ?*, bis wann ? ; wie lange ? | *Quand même*, dennoch ; trotzdem. | *Quand même !*, Also doch !
◇ conj. wenn ; als ; da ; wann. | *Quand il vient*, wenn er kommt. | *Quand il venait*, wenn er kam. | *Quand il vint*, als er kam. | *Quand vous voudrez*, wann Sie wollen. | *Quand (bien) même*, selbst wenn ; wenn auch.
— OBSERV. *wenn* = toutes les fois que (au passé, au présent et au futur) ; *als*, toujours avec un verbe au passé, s'emploie pour désigner un fait unique, qui a une place définie dans le temps.

quant à [kɑ̃ta] loc. prép. was angeht ; was betrifft. | *Quant à moi*, was mich betrifft ; ich für mein Teil.

quant-à-moi [kɑ̃tamwa] ou **quant-à-soi** [-swa] m. invar. Zurückhaltung f. ; Reserviertheit f. | *Se tenir sur son quant-à-soi*, sehr reserviert sein.

quantième [kɑ̃tjɛm] m. Datum n. ; Monatstag m. ; (der) wievielte.

quantifiable [kɑ̃tifiabl] adj. quantifizierbar.

quantification [-sjɔ̃] f. Quantifikation f.

quantifier [-fje] v. tr. quantifizieren.

quantique [kwɑ̃tik] adj. PHYS. Quanten... | *Mécanique quantique*, Quantenmechanik f. | *Physique quantique*, Quantenphysik f.

quantitatif, ive [kɑ̃titatif, i:v] adj. quantitativ ; mengenmäßig.

quantité [-te] f. Quantität f. || MATH. Größe f. || [foule] Menge f. ; Anzahl f. | *Très grande quantité*, Unmenge f. ; Unzahl f. | *En quantité industrielle*, in großer Anzahl. | *Quantité négligeable*, Belanglosigkeit f. | *Par petites quantités*, in kleinen Mengen. | *Du blé en grande quantité*, Getreide, Korn in Hülle und Fülle. | *Quantité de travail*, Arbeitsleistung f. || GRAMM. *Quantité des syllabes*, Silbenlänge f.

quantum [kwɑ̃tɔm] m. (pl. **quanta**) Quantum n. ; Anteil m. ; Betrag m. || PHYS. Quant n. | *Théorie des quanta*, Quantentheorie f.

quarantaine [karɑ̃tɛ:n] f. etwa vierzig ; Zeitraum (m.) von vierzig Tagen, Jahren. | *Une quarantaine de marks*, etwa vierzig Mark. | *Friser la quarantaine*, knapp, bald an die Vierzig sein. | *Avoir passé la quarantaine*, über Vierzig sein ; in den Vierzigern stehen. || MAR. Quarantäne f. ; Sperrzeit f. || PAR EXT. *Mettre qn en quarantaine*, jn gesellschaftlich isolieren.

quarante [-rɑ̃:t] adj. num. card. vierzig. | *Ouvrage en quarante volumes*, vierzigbändiges Werk. | *Page quarante*, Seite vierzig. | *Les années quarante*, die vierziger Jahre.

quarantième [-rɑ̃tjɛm] adj. num. ord. der, die, das vierzigste.
◇ m. Vierzigstel n.

quart [ka:r] m. Viertel n. || [poids] Viertelpfund n. || [bouteille] Viertelliterflasche f. || *Un bon quart*, ein reichliches Viertel. | *Un quart de beurre*, ein Viertelpfund Butter. | *Quart de cercle*, Quadrant m. | *Quart d'heure*, Viertelstunde f. | *Deux heures un quart*, zwei Uhr fünfzehn ; ein Viertel nach zwei ; ein Viertel drei (Uhr). | *Trois heures moins le quart*, zwei Uhr fünfundvierzig ; dreiviertel drei (Uhr) ; Viertel vor drei (Uhr). | *Sonner les quarts*, alle Viertelstunden schlagen. | *Quart de siècle*, Vierteljahrhundert n. || MUS. *Quart de soupir*, Sechzehntelpause f. || PAR EXT. *Passer un mauvais quart d'heure*, bange Minuten durchmachen (sépar.). | *Les trois quarts du temps*, die meiste Zeit ; meisten-, größtenteils. || POP. *Je me moque du tiers comme du quart*, das ist mir Wurst ; was schert mich Krethi und Plethi. || MIL. Feld-, Trinkbecher m. || MAR. vierstündige Wache. | *Officier de quart*, Wacheoffizier m.

quartier [-tje] m. Viertel n. | *Mettre en quartiers*, vierteilen. || [portion d'un objet] Teil m. ; Stück n. ; Block m. || *Quartier de lard*, Speckseite f. | *Quartier de veau*, Kalbsstück. || [partie d'une ville] Stadtteil m. ; Stadtviertel n. | *Quartier commercial*, Geschäftsviertel. | *Quartier latin*, Pariser Studenten-, Universitätsviertel. || FAM. *Quartier perdu*, abgelegener Stadtteil. | *Quartier populaire*, Arbeiterviertel. | *Quartier résidentiel*, Wohnviertel. | *Tout le quartier est en émoi*, es herrscht allgemeine Aufregung ; POP. hier steht alles Kopf. || [prison] *Quartier de haute sécurité (Q.H.S.)*, Hochsicherheitstrakt m. || ASTRON. Viertel n. ; [lune] Mondviertel n. | *Dernier quartier*, letztes Mondviertel. || MIL. [cantonnement] Quartier n. ; Kaserne f. | *Prendre ses quartiers d'hiver*, seine Winterquartiere beziehen. | *Quartier général (Q.G.)*, Haupt-, Stabsquartier. || FIG. [grâce] *Demander quartier*, um Gnade, um Pardon bitten. | *Faire quartier (à qn)*, (jm) Gnade gewähren, das Leben schenken. | *Ne pas faire (de) quartier*, keine Gefangenen machen.

quartier-maître [kartjemɛtr] m. (pl. **quartiers-maîtres**) Obermatrose m. ; Maat m.

quartz [kwarts] m. MINÉR. Quarz m.

quasar [kazar ou kwazar] m. ASTRON. Quasar m.

quasi [kazi] adv. (FAM.) **quasiment** [-mɑ̃] gewissermaßen ; gleichsam ; beinahe ; quasi ; Schein...

Quasimodo [kazimɔdo] f. Sonntag (m.) nach Ostern ; Quasimodogeniti ; weißer Sonntag.

quater [kwatɛ:r] adv. viertens.

quaternaire [kwatɛrnɛ:r] adj. vier betragend ; durch vier teilbar ; vierfach vorhanden ; quaternär.
◇ m. GÉOL. Quartär n. ; Quartärformation f.

quatorze [katɔrz] adj. num. card. vierzehn. | *Âgé de quatorze ans*, vierzehn Jahre alt. | | *Le quatorze juillet*, der vierzehnte Juli. || FAM. *Chercher midi à quatorze heures*, Schwierigkeiten suchen, wo keine sind.

quatorzième [-zjɛm] adj. num. ord. vierzehnte(r).
◇ m. [partie] Vierzehntel n.

quatorzièmement [-zjɛmmɑ̃] adv. vierzehntens.

quatrain [katrɛ̃] m. Vierzeiler m. ; vierzeilige Strophe ; vierzeiliges Gedicht.

quatre [katr] adj. num. card. vier. | *Quatre marks*, vier Mark. | *Quatre cents hommes*, vierhundert Mann. | *Quatre mille ans*, viertausend Jahre. | *Quatre fois*, viermal. | *Quatre fois autant*, das Vierfache. | *À quatre mains*, vierhändig. | *À quatre roues motrices*, mit Allradantrieb. | *À quatre voix*, vierstimmig. | *À quatre pattes*, auf allen vieren. | *De quatre heures*, vierstündig. | *De quatre jours*, viertägig. | *De quatre ans*, vierjährig. | *De quatre espèces différentes*, viererlei. | *Page quatre*, Seite vier. | *Henri Quatre (IV)*, Heinrich der Vierte. | *Le quatre novembre*, der vierte, am vierten November. | *Un de ces quatre matins*, demnächst ; bald. | *Ne pas y aller par quatre chemins*, keine Umschweife, Umwege machen. | *Avoir de l'esprit comme quatre*, von Witz übersprudeln (insépar.). | *Couper un cheveu en quatre*, Haarspaltereien betreiben. | *Descendre un escalier quatre à quatre*, eine Treppe hinunterstürzen. | *Être tiré à quatre épingles*, geschniegelt und gebügelt sein. | *Faire ses quatre volontés*, nach Belieben schalten und walten. | *Manger comme quatre*, tüchtig, gewaltig essen. | *Se mettre en quatre*, keine Mühe scheuen ; alles aufbieten. | *Semer aux quatre vents*, in alle vier Winde streuen.
◇ m. Vier f. ; Vierer m. || [cartes] *Le quatre de cœur*, Herzvier f.

Quatre-Cantons (lac des) [lakdekatrkɑ̃tɔ̃] n. pr. m. Géogr. Vierwaldstätter See.

quatre-mâts [katrəmɑ] m. invar. Viermaster m.

quatre-places [-plas] m. invar. Viersitzer m.

quatre-quarts [-kɑ:r] m. invar. Napfkuchen m.

quatre-quatre [-katr] m. invar. Fahrzeug (n.) mit Allradantrieb.

quatre-saisons [-sɛzɔ̃] f. invar. *Marchande des quatre-saisons*, Gemüsefrau f.

quatre-temps [-tɑ̃] m. pl. Relig. Quatember m. ; Fronfasten n. pl. || Autom. Viertaktmotor m.

quatre-vingt-dix [-vɛ̃dis] adj. num. neunzig.

quatre-vingt-dixième [-vɛ̃dizjɛm] adj. num. ord. neunzigste(r).
◇ m. [partie] Neunzigstel n.

quatre-vingtième [-vɛ̃tjɛm] adj. num. ord. achtzigste(r).
◇ m. [partie] Achtzigstel n.

quatre-vingts [-vɛ̃] adj. num. card. achtzig.

quatrième [katrijɛm] adj. num. ord. vierter. | *Arriver (le) quatrième*, als Vierter ankommen.
◇ m. [étage] *Loger au quatrième*, im vierten Stock, vier Treppen hoch wohnen.
◇ f. [classe] vierte Klasse ; Quarta f.

quatrièmement [-mmɑ̃] adv. viertens.

quatuor [kwatɥɔr] m. Mus. Quartett n. | *Quatuor à cordes*, Streichquartett.

que [kə] pron. rel. et interr.

> **I.** pron. rel. : den, die, das ; die.
> **1.** sujet (vx) ;
> **2.** compl. d'objet direct ;
> **3.** attribut ;
> **4. ce que ;**
> **5. c'est... que ;**
> **6.** loc. circonstancielles.
> **II.** pron. interr. : was.
> **1.** sujet ;
> **2.** compl. d'objet direct ;
> **3.** attribut ;
> **4.** gallicismes : qu'est-ce qui, que ;
> **5.** exclamatif.

I. pron. rel. : den, die, das ; die. **1.** (sujet) [Vx] *Advienne que pourra*, komme, was kommen mag !
2. (compl. d'objet direct) *L'homme que tu vois*, der Mann, den, welchen du siehst. | *La femme que tu entends*, die Frau, die, welche du hörst. | *L'enfant que j'aime*, das Kind, das, welches ich liebe. | *C'est lui que j'attends*, auf ihn warte ich. || (interr. indirect) *Il ne sait que dire*, er weiß nicht, was er sagen soll. | *N'avoir que faire de qch.*, für etwas keine Verwendung haben.
3. (attribut) *Bête que je suis*, wie dumm von mir ! ; ich Schafskopf ! | *Fou que tu es*, du Narr !
4. ce que, was (complément d'objet) *Il fait ce qu'il doit faire*, er tut, was er tun muß. || (attribut) *Ce que je suis devenu*, was aus mir geworden ist. || (sujet) *Faites ce que bon vous semble*, machen Sie, was Ihnen gut dünkt. | *À ce qu'il me semble*, wie (es) mir scheint ; wie mich dünkt.
5. c'est... que (met un mot ou un groupe en relief). *C'est cela que je veux*, das will ich.
6. (locutions circonstancielles) *Le jour que vous voudrez*, am Tage, der Ihnen beliebt. | *C'est là que je vais*, dahin gehe ich.
II. pron. interr. : was ? **1.** (sujet) *Que m'importe ?*, was macht mir das schon aus ? | *Que vous reste-t-il ?*, was bleibt Ihnen übrig ?
2. (compl. d'objet direct) *Que voulez-vous de moi ?*, was wollen Sie von mir ? | *Que faire ?*, was tun ? | *Qu'avez-vous à rire ?*, was gibt's da zu lachen ?
3. (attribut) *Que suis-je ?*, was bin ich ? | *Qu'est-il devenu ?*, was ist aus ihm geworden ?
4. (gallicismes) [sujet] *Qu'est-ce qui ?*, was ? | *Qu'est-ce qui brille ?*, was glänzt ? || (compl. d'objet ou attribut) *Qu'est-ce que ?* ; was ? | *Qu'est-ce que tu vois ?*, was siehst du ? | *Qu'est-ce que c'est ?*, was ist (das) ? | *Qu'est-ce que tu es devenu ?*, was ist aus dir geworden ? | *Qui est-ce que vous cherchez ?*, wen suchen Sie ?
5. (exclamatif) [pron. ou adv.] wie ! ; wiesehr ! ; warum ? | *(Ce) que c'est bon !*, wie ist das gut ! ; wie gut ist das ! ; Par ext. das schmeckt ! | *(Ce) qu'il est petit !*, wie klein er ist ! ; wie klein ist er ! | *Que ne le disiez-vous !*, warum sagten Sie es nicht ! | *Que ne suis-je riche !*, warum bin ich nicht reich ! | *Que je le regrette !*, wie mir das leid tut ! | *Que de fois !*, wie oft ! | *Que de monde !*, wie viele Leute ! | *Que diable !*, was zum Teufel ! | *Que non !*, aber nein ! | *Que si !*, ja doch !

que [kə] conjonction.

> **I.** conj.
> **1.** conj. de subordination : daß ;
> **2.** conj. de coordination : als, wie.
> **3.** loc. adv. : **ne... que.**
> **II.** loc. conj.
> **III.** explétif.

I. conj. **1.** (conj. de subordination) daß (en général ; autres conjonctions selon le sens) [introduisant une complétive] *Je dis qu'il est là*, ich sage, daß er da ist ; ich sage, er ist da. | *Je désire qu'il vienne*, ich wünsche, daß er kommt. | *Il semble, On dirait qu'il est malade*, es scheint, als ob er krank sei. | *Je crois que non*, ich glaube nicht. | *Je crois que si*, ich glaube schon. | *Dire que oui*, bejahen. | *Faut-il que cela m'arrive à moi !*, daß ausgerechnet mir das passiert ! | *Que voulez-vous que je fasse ?*, was soll ich denn (nur) tun ? || [souhait, ordre] *Que ne vient-il !*, ach, wenn er doch käme ! ; ach käme er doch ! | *Que ne puis-je le lui dire !*, wenn ich es ihm nur sagen könnte, dürfte. | *Que n'es-tu resté en dehors de cela !*, hättest du dich doch herausgehalten ! | *Qu'il vienne !*, er soll kommen ! | *Qu'il parte !*, mag er doch gehen ! || [concession] *Que* *je sache*, soviel ich weiß. | *Pas que je sache*, nicht, daß ich wüßte. | *Quelque pauvre, si pauvre, pour pauvre qu'il soit*, wie arm er auch (immer) sein mag ; er mag auch noch so arm sein. | *Qui que ce soit*, wer es auch sein mag. || [conséquence] *Il est si riche, tellement riche que*, er ist so reich, daß. | *Il le demanderait que je refuserais*, wenn er darum bäte, so würde ich es verweigern. || [conditionnel] *Qu'il attaque, il est perdu*, wenn er angreift, so ist er verloren. | *Qu'il vienne ou non*, einerlei, gleichgültig, ob er kommt oder nicht. || [temporel] *À peine était-il parti qu'elle appela*, kaum war er weggegangen, da rief sie. | *Attendez qu'il revienne*, warten Sie, bis er zurückkommt.

2. (conj. de coordination) wie ; als ; denn. | *Paul est moins grand que Pierre*, Paul ist nicht so groß wie Peter. | *Louis est aussi grand que Pierre*, Ludwig ist (eben) so groß wie Peter. | *Pierre est plus grand que Paul*, Peter ist größer als Paul. | *Plus grand que fort*, mehr groß als stark. | *Un autre que lui*, ein anderer als er. | *Tel qu'il est*, so wie er ist. | *Tant bien que mal*, so einigermaßen ; so lala.

3. loc. adv. **ne... que,** [quantité] nur ; [date ou heure] erst. | *Je n'ai qu'un manteau*, ich habe nur einen Mantel. | *Je ne l'ai vu qu'une fois*, ich habe ihn nur einmal gesehen. | *Il ne reste que deux heures*, er bleibt nur zwei Stunden. | *Il ne vient qu'à deux heures*, er kommt erst um zwei.

II. loc. conj. *Afin que*, damit, (auf) daß. | *Après que*, nachdem. | *Attendu que*, da ; in Anbetracht ; in Erwägung. | *Avant que*, bevor. | *Bien que*, obgleich ; obschon ; obwohl. | *Considérant que*, in der Erwägung, daß. | *De façon que*, so, daß. | *De peur que*, aus Furcht, daß ; in der Befürchtung, daß. | *De (telle) sorte que*, so, daß ; derart, daß. | *Depuis que*, seit ; seitdem. | *Parce que*, weil. | *Pour que*, V. AFIN QUE. | *Pourvu que*, [condition] vorausgesetzt daß ; [souhait] wenn nur. | *Si ce n'est que*, außer daß. | *Tandis que*, [temps] V. PENDANT QUE ; [opposition] dahingegen. | *Tant que*, [temps] solange ; [intensité] sosehr ; [quantité] soviel. | *Tel que*, sowie ; soweit. | *Tellement que*, V. DE SORTE QUE. | *Toutes les fois que*, sooft.

III. (explétif) *Il y a deux ans qu'il est mort*, er ist vor zwei Jahren gestorben. | *C'est une chose curieuse que la science*, es ist eine sonderbare Sache um die Wissenschaft.

quel, quelle [kɛl] adj. (excl. et interr.) welch(er, e, es) ; (exclam. seulement) welch ein(e) ; welche ; (excl. et interr.) *Quelle sorte de*, was für ein(e), was für. || (excl.) [épithètes] *Quelle chance !*, was für ein Glück ! ; welch' Glück ! | *Quel homme !*, was für ein Mann ! | *Quel beau temps !*, was für ein schönes Wetter ; welch' schönes Wetter ! ; [attributs] *Quelle ne fut pas ma surprise !*, wie erstaunte ich ! || (interr.) [épithètes] *Quel jour sommes-nous ?*, welchen Tag, den wievielten haben wir heute ? | *De quel côté ?*, [direction] nach welcher Seite ? ; [provenance] von welcher Seite ? | *Quel âge as-tu ?*, wie alt bist du ? | *Quelle heure est-il ?*, wie spät ist es ? ; wieviel Uhr ist es ? | *Quel est son nom ?*, wie ist sein Name ? || [attributs] *Quelle est la hauteur de cette maison ?*, wie hoch ist dieses Haus ? || (traduit par « welches » invar.) welches ist ? ; welches sind ? | *Quelle est la capitale de la France ?*, welches ist die Hauptstadt Frankreichs ? | *Quels sont les quatre points cardinaux ?* welches sind die vier Himmelsrichtungen ?

◇ **quel (quelle, quels, quelles) ...que,** wer... auch ; wie... auch ; was... auch ; welches... auch. | *Quel qu'il soit*, wer es auch immer sei. | *Quelles qu'en soient les raisons*, aus welchen Gründen (es auch) immer (geschehen mag).

◇ **n'importe quel [quelle, quel(les)],** irgendein ; irgendwelcher. | *N'importe quel homme*, irgendein Mann.

◇ **tel quel,** so wie es ist.

quelconque [kɛlkɔ̃:k] adj. ind. irgendein ; irgend jemand ; irgend etwas ; beliebig. | *En un endroit quelconque*, irgendwo(hin) ; an einem beliebigen Ort. | *D'une manière quelconque*, irgendwie. | *Un homme quelconque*, irgendein Mensch ; FIG. ein nicht sehr bedeutender Mensch.

quelque [kɛlk] adj. indéf. irgendein ; ein gewisser, eine gewisse, ein gewisses ; PL. einige ; manche ; einige wenige ; ein paar. | *Vingt ans et quelques*, etwas über zwanzig Jahre ; zwanzig Jahre und darüber. | *Il a quelque argent*, er hat etwas Geld. | *Il y faut quelque courage*, es gehört einiger Mut dazu. | *Les quelques instants*, die wenigen Augenblicke. | *Il viendra quelque jour*, er wird irgendwann kommen. | *Dans quelques jours*, in wenigen, ein paar Tagen. | *Cela ne vous coûtera que quelques marks*, das kostet Sie nur wenige, einige Mark. | *Quelques personnes pensent que*, einige, wenige Leute denken, daß. | *En quelque sorte*, einigermaßen. | *Il a quelque sujet de se plaindre*, er hat einigen Anlaß zur Klage. | *Il y a quelque temps*, vor einiger, vor kurzer Zeit ; neulich ; vor kurzem. | *Il resta quelque temps silencieux*, er verharrte eine Zeit lang, eine kurze Zeit in Schweigen. | *Au bout de quelque temps*, nach einiger Zeit. || — **quelque chose,** (et)was. | *Quelque chose de beau*, (et)was Schönes. | *Elle a un certain quelque chose*, sie verfügt über ein gewisses Etwas. | *C'est déjà quelque chose*, das ist schon (et)was ; das will schon etwas heißen. || — **quelque part,** irgendwo(hin). | *Aller quelque part*, irgendwohin gehen ; FIG., FAM. mal kurz verschwinden ; mal wohin gehen. | *Cela vient de quelque part*, das kommt von irgendwo her.

◇ adv. [environ] ungefähr ; etwa ; ein wenig. | *Il y a quelque six mois*, vor etwa sechs Monaten. | *Il y a quelque cent personnes*, es sind an die hundert Personen da. | *Quelque peu*, ein wenig. || [concession] *Quelque... que*, wie (oder so)... auch immer. | *Quelque riche qu'il soit*, wie reich er auch (immer) sein mag ; und wäre er auch noch so reich. | *Quelque désir, envie que j'en aie*, so gern ich auch möchte. | *En quelque lieu que ce soit*, an welchem Ort es auch immer sei. | *De quelque nature que*, welcherlei auch. | *Quelque peine qu'il prenne*, er mag sich noch so viel Mühe geben.

quelquefois [kɛlkəfwa] adv. manchmal ; zuweilen ; mitunter ; hin und wieder ; ab und zu.

quelqu'un, une [kɛlkœ̃, yn] pr. indéf. einer ; irgendeiner ; irgend jemand. | *Quelques-un(e)s*, einige ; ein paar ; manche. | *Quelqu'un de vos parents*, jemand von Ihren Verwandten. | *Quelqu'un m'a dit*, irgend jemand hat mir gesagt. | *Moi ou quelqu'un d'autre*, ich oder irgendein anderer. || FAM. *Être quelqu'un*, eine bedeutende Persönlichkeit sein.

quémander [kemɑ̃de] v. tr. betteln ; aufdringlich um etwas nachsuchen.

quémandeur, euse [-dœ:r, ø:z] s. Bettler(in) m. (f.) ; aufdringlicher Bittsteller.

qu'en-dira-t-on [kɑ̃diratɔ̃] m. FAM. allgemeines Gerede.

quenelle [kənɛl] f. CULIN. Klößchen n. ; Röllchen n.

quenotte [kənɔt] f. FAM. Beißerchen n. ; Zähnchen n.

quenouille [kənu:j] f. Spinnrocken m. ; Spindel f. ; Kunkel f. | *Filer sa quenouille*, sein Garn spinnen. || FIG. *Tomber en quenouille*, unter weibliche Erbfolge fallen.

querelle [kərɛl] f. [dispute] Streit m. ; Händel pl. ; Zank m. ; Gezänk n. ; Hader m. ; Zwist m. | *Querelle* *littéraire*, literarische Auseinandersetzung, Fehde. || PÉJOR. *Querelle d'Allemand*, Streit (m.) um des Kaisers Bart ; vom Zaun gebrochener Streit. | *Chercher querelle à qn*, Händel mit jm suchen. | *Se prendre de querelle avec qn*, mit jm Händel anfangen. | *Vider une querelle par les armes*, einen Streit mit der Waffe austragen. || [cause] Partei f. ; Sache f.

— SYN. : *Altercation*, Wortwechsel. *Démêlé*, Schererei. *Différend*, Zwist. *Dispute*, Zank.

quereller [-le] v. tr. *Quereller qn*, hadern (mit jm) ; jn auszanken, schelten.

◇ v. pr. **se quereller.** *Se quereller avec qn*, sich mit jm (herum) streiten ; sich zanken.

querelleur, euse [-lœ:r, ø:z] adj. streitsüchtig ; zänkisch ; kämpferisch. | *Humeur querelleuse*, Streitlust f. ; Zanksucht f. ; Unverträglichkeit f.

◇ s. Zänker(in) m. (f.) ; Streithammel m. ; IRON. Kampfhahn m. ; Krakeeler m.

quérir [keri:r] v. tr. *Aller quérir*, (ab)holen.

question [kɛstjɔ̃] f. **1.** [demande] Frage f. ; Anfrage f. | *Question capitale*, Kernfrage ; Hauptproblem n. | *Question préalable*, Vorfrage. | *Quelle question !*, welch dumme Frage ! ; so 'ne Frage ! | *Question en suspens*, schwebende Frage. | *En réponse à votre question*, als Antwort auf Ihre Frage. | *La question est de savoir si*, es ist die Frage, ob. | *Mettre une question sur le tapis*, eine Frage aufs Tapet bringen. | *Poser une question*, eine Frage stellen. | *Poser une question à qn*, an jn eine Frage richten. | *Je voudrais vous poser une question*, ich hätte eine Frage an Sie. | *Presser qn de questions*, jn mit Fragen bestürmen. | *Répondre à une question*, eine Frage beantworten. | *Soulever une question*, eine Frage aufwerfen. || [parlement] *Question écrite, orale*, schriftliche, mündliche Anfrage.

2. [affaire] Frage f. ; Angelegenheit f. ; Sache f. | *Question financière*, Finanz-, Geldfrage. | *Question sociale*, soziale Frage ; soziales Problem n. | *Question vitale*, Lebensfrage. | *Question d'argent*, Geldfrage. | *Question de confiance*, Vertrauensfrage. | *Question de droit*, Rechtsfrage, -sache. | *Question de vie ou de mort*, Frage auf Leben und Tod. | *Le nœud de la question*, der springende Punkt. | *Aborder une question*, eine Sache anschneiden. | *Agiter une question*, eine Frage anregen, in Fluß bringen. | *C'est là la question*, das ist die Frage. | *Ce n'est pas (là) la question*, darauf kommt es nicht an ; POP. darum dreht es sich ja gar nicht. | *C'est une autre question*, das ist eine andere Geschichte. | *C'est une question de temps*, das ist (lediglich) eine Frage der Zeit. | *C'est à côté de, en dehors de la question*, das gehört nicht zur Sache. | *De quoi est-il question ?*, worum handelt es sich ? ; wovon ist die Rede ? | *(Il n'en est) pas question*, es kommt gar nicht in Frage. | *Il n'est point question que*, es handelt sich nicht darum, daß. | *Mettre en question*, in Frage stellen ; bezweifeln. | *Sortir de la question*, abschweifen.

3. HIST. [torture] Folter f. | *Donner la question*, peinlich befragen ; auf die Folter spannen.

4. LOC. *En question*, fraglich ; besagt ; bewußt. | *L'affaire, La chose en question*, die bewußte Sache. | *L'homme en question*, der besagte Mann. | *Mise en question*, Infragestellung f. | *Les personnes en question*, die Betreffenden.

questionnaire [-tjɔnɛ:r] m. Fragebogen m. | *Remplir un questionnaire*, einen Fragebogen ausfüllen, beantworten.

questionner [-tjɔne] v. tr. fragen ; befragen ; ausfragen ; anfragen ; Fragen stellen.

questionneur, euse [-tjɔnœ:r, ø:z] adj. wißbegierig. | *Il est très questionneur*, er fragt viel.

◇ s. Frager(in) m. (f.)

quête [kɛ:t] f. [recherche] Aufsuchen n. ; Suche f. | *Être en quête de qch.*, nach etwas auf der Suche sein. | *Se mettre en quête*, sich auf die Suche begeben. | *En quête de nourriture*, auf Nahrungssuche. || [collecte] Geldsammlung f. ; Kirchenkollekte f. | *Faire la quête*, Almosen, Geld sammeln.

quêter [kɛte] v. tr. suchen ; aufsuchen ; absuchen. | *Quêter des louanges*, nach Lob haschen. | *Quêter des suffrages*, um Stimmen werben.

◇ v. intr. Almosen sammeln.

quêteur, euse [-tœ:r, ø:z] adj. suchend ; Almosen fordernd. | *Frère quêteur*, Bettelmönch m.

quetsche [kwɛtʃ] f. [fruit] Zwetsch(g)e f. || [eau-de-vie] Zwetsch(g)enwasser n.

queue [kø] f. **1.** [animaux] Schwanz m. ; Schweif m. | *Queue prenante*, Wickel-, Greifschwanz. | *Queue d'un cheval*, Pferdeschwanz, -schweif. | *Queue d'un renard*, Fuchsschwanz, Fuchsrute f. | *Queue du lièvre*, Hasenblume f. | *Le chien remue la queue*, der Hund wedelt mit dem Schwanz.

2. PAR EXT. [objets] *Queue de billard*, Billardqueue n. ; Billardstock m. | *Queue (de comète)*, (Kometen)schweif m. || [d'une feuille, d'une fleur, d'un fruit] Stiel m. | *Rose à longue queue*, langstielige Rose. | *Queue de cerise*, Kirschstiel m. || [coiffure] *Queue de cheval*, Pferdeschwanz m. || [d'une lettre] Strich m. | *Queue d'une poêle*, Pfannenstiel m. | *Piano à queue*, (Konzert)flügel m.

3. FIG. [file] Queue f. ; Schlange f. | *Faire la queue*, Schlange stehen. | *Se mettre à la, Prendre la queue*, sich hinten anschließen. | *À la queue leu leu*, im Gänsemarsch.

4. LOC. *Avoir la queue basse*, den Schwanz hängen lassen. | *Cela n'a ni queue ni tête*, das hat weder Hand noch Fuß. | *Faire une queue de poisson à qn*, jn schneiden. | *Filer la queue entre les jambes*, den Schwanz zwischen die Beine klemmen. | *Finir en queue de poisson*, wie das Hornberger Schießen ausgehen ; im Sande verlaufen. | *Tenir la queue de la poêle*, das Heft in der Hand halten. | *Tirer le diable par la queue*, von der Hand in den Mund leben.

queue-de-pie [kødpi] f. (pl. **queues-de-pie**) FAM. Frack m. ; Schwalbenschwanz m.

qui [ki] pron. rel. (sujet) der, die, das, die ; welcher. | *Le chien qui aboie*, der Hund, der bellt. | *Le chat qui dort*, die Katze, die schläft. | *C'est moi qui*, ich bin es, der. | *Qui pis est*, was noch mehr, noch schlimmer ist. | *Qui plus est*, was noch mehr heißen will. | *Voilà qui me plaît*, so gefällt es mir. || [concessif] *Qui que ce soit*, wer es auch sein mag. | *Vienne qui voudra*, da mag kommen, wer (da) will. — **celui qui,** derjenige, der ; wer (...der). | *Celui qui doit attendre s'impatiente*, derjenige, der warten muß, wird ungeduldig ; wer warten muß, der wird ungeduldig. — **ce qui,** was. | *Il a fait ce qui lui semblait nécessaire*, er hat getan, was ihm nötig schien. | *Ce qui me fait penser*, wobei mir einfällt.

◇ (complément dir.) den, die, das, die ; (ind.) dem, der, dem, denen ; (de nom) dessen ; deren. | *Je vois bien qui vous préférez*, ich sehe schon, wen ihr vorzieht. | *Je ne sais qui*, ein x-beliebiger ; PÉJOR. irgendein Hergelaufener. | *L'homme à qui tu parles est mon père*, der Mann, mit dem du sprichst, ist mein Vater. | *Trouver à qui parler*, seinen Mann finden. | *À qui mieux mieux*, um die Wette. | *La femme de qui l'enfant est mort*, die Frau, deren Kind tot ist. | *Contre qui que ce soit*, gegen wen es auch immer sei.

◇ pr. interr. (sujet) wer ? | *Qui est-ce ?*, wer ist es ? | *Qui est-ce qui ?*, wer ? || MIL. *Qui vive ?*, wer da ?

|| (compl. dir.) wen ? ; (indir.) wem ? ; (de nom) wessen ? | *Qui préférez-vous ?*, wen ziehen Sie vor ? | *À qui est-ce ?*, wem gehört das ? | *De qui parle-t-on ?*, von wem ist die Rede ? | *De qui est-elle la mère ?*, wessen Mutter ist sie ?
◇ pron. indéf. **qui..., qui...,** der eine..., der andere...

quia (à) [akɥija] loc. adv. *Être à quia*, nichts mehr zu antworten wissen.

quiche [kiʃ] f. CULIN. Speckkuchen m.

quiconque [kikɔ̃:k] pron. indéf. wer auch immer ; jeder, der ; jede, die ; POP. ganz egal, wer.

quidam [kidam] m. ein Gewisser ; eine Gewisse ; eine gewisse Person.

quiétisme [kɥietism] m. RELIG. Quietismus m.

quiétude [kjetyd] f. (Seelen)ruhe f.

quignon [kiɲɔ̃] m. Brotkruste f. ; (Brot)kanten m.

quille [ki:j] f. MAR. Kiel m. || [jeu] Kegel m. | *jeu de quilles*, [activité] Kegelspiel n. ; [lieu] Kegelbahn f. | *Jouer aux quilles*, kegeln.

quincaillerie [kɛ̃kajri] f. [objets] Eisen- und Kurzwaren f. pl. ; Kleineisenwaren f. pl. || [boutique] Eisen- und Kurzwarengeschäft n.

quincaillier [-je] m. Eisen- und Kurzwarenhändler m. ; Eisenwarenhändler m., -kaufmann m.

quinconce [kɛ̃kɔ̃:s] m. Überkreuzanordnung f. ; Schachbrettordnung f. | *En quinconce*, schachbrettförmig ; wechselständig.

quinine [kinin] f. MÉD. Chinin n.

quinquagénaire [kɥɛ̃kwaʒenɛ:r] adj. fünfzigjährig.
◇ s. Fünfzigjährige(r) f. (m.) ; Fünfziger(in) m. (f.).

quinquennal, ale, aux [kɥɛ̃kɥenal, o] adj. fünfjährig ; alle fünf Jahre stattfindend. | *Plan quinquennal*, Fünfjahresplan m.

quinquina [kɛ̃kina] m. [arbre] China(rinden)baum m. || MÉD. China-, Fieberrinde f.

quint [kɛ̃] adj. *Charles Quint*, Karl der Fünfte. | *Sixte Quint*, Sixtus der Fünfte.

quintal [kɛ̃tal] m. *Quintal métrique*, Doppelzentner m.

quinte [kɛ̃:t] f. MUS. Quinte f. || *Quinte (de toux)*, Hustenanfall m.

quintessence [kɛ̃tɛssɑ̃:s] f. Quintessenz f. ; Inbegriff m. ; Kern m. ; Wesentliche(s) n.

quintessencier [-sje] v. tr. die Quintessenz ziehen. || PAR EXT. verfeinern ; überfeinern.

quintette [kɛ̃tɛt ou kɥɛ̃tɛt] m. MUS. Quintett n.

quinteux, euse [kɛ̃tø, ø:z] adj. stoßweise, in Anfällen auftretend. || *Avoir l'humeur quinteuse*, seine Mucken haben.

quintuple [kɛ̃typl] adj. fünffach.
◇ m. Fünffache(s) n.

quintuplé(e)s [-ple] m. (f.) pl. Fünflinge m. pl.

quintupler [-ple] v. tr. verfünffachen.

quinzaine [kɛ̃zɛn] f. fünfzehn Stück n. pl. ; Mandel f. ; vierzehn Tage m. pl. | *Dans une quinzaine*, in vierzehn Tagen.

quinze [-kɛ̃:z] adj. num. card. fünfzehn. | *Une jeune fille de quinze ans*, ein fünfzehnjähriges Mädchen. | *Quinze jours*, vierzehn Tage. | *D'aujourd'hui en quinze*, heute in vierzehn Tagen. | *Le quinze novembre*, der fünfzehnte November.
◇ m. Fünfzehn f. || SPORT. Rugbymannschaft f.

quinzième [-zjɛm] adj. num. ord. fünfzehnter.
◇ m. Fünfzehntel n.

quinzièmement [-ʒjɛmmɑ̃] adv. fünfzehntens.

quiproquo [kiprɔko] m. Verwechslung f.

quittance [kitɑ̃:s] f. Quittung f. ; Empfangs-, Zahlungsbestätigung f. | *Timbre de quittance*, [cachet] Quittungs-, Empfangsstempel m. | *Quittance de loyer*, Mietquittung. | *Contre quittance*, gegen Empfangsbescheinigung. | *Donner quittance*, Quittung geben, erteilen ; quittieren.

quitte [kit] adj. quitt. || [libéré d'une dette] schuldenfrei. || FIG. befreit ; los ; ledig, frei. || *Être quitte d'un souci*, eine Sorge los sein. | *Vous en voilà quitte*, nun haben Sie es hinter sich. | *En être quitte à bon marché*, gut dabei weggekommen sein. | *Être quitte*, quitt sein ; sich gegenseitig nichts mehr schuldig sein. | *En être quitte pour la peur*, mit dem bloßen Schreck davongekommen sein. | *Jouer à quitte ou double*, alles, sein Letztes aufs Spiel setzen. | *Tenir qn quitte (de qch)*, jn (von etwas) lossprechen ; jm (etwas) erlassen.
◇ loc. prép. **quitte à,** auf die Gefahr hin.

quitter [kite] v. tr. verlassen. || [laisser ; se séparer de] sich trennen (von). || *Sa femme l'a quitté*, seine Frau hat ihn verlassen, POP. ist ihm davongelaufen. | *Elle ne le quitte pas des yeux*, sie läßt ihn nicht aus den Augen. | *Il vient de me quitter*, gerade ist er von mir gegangen. | *Quitter ses parents*, aus dem Elternhaus gehen ; seine Eltern verlassen. || [partir ; se retirer] aus-, weggehen ; abweichen. || [téléphone] *Ne quittez pas !*, bleiben Sie am Apparat ! || *Quitter le droit chemin*, vom geraden Weg(e) abweichen. | *Quitter l'école*, aus der Schule kommen. | *Il ne quitte pas le lit*, er ist ans Bett gefesselt. | *Quitter le nid*, ausfliegen ; das Nest räumen. | *Quitter le pays*, außer Landes gehen ; auswandern. || MAR. *Quitter le port*, auslaufen. || *Quitter son poste*, seine Stellung aufgeben. | *Quitter la vie*, aus dem Leben scheiden. || [enlever ; ôter] ablegen ; ausziehen. | *Quitter ses chaussures*, seine Schuhe ausziehen. | *Quitter le deuil*, Trauer(kleidung) (f.) ablegen. | *Quitter ses vêtements*, seine Kleider ablegen ; sich ausziehen. || FIG. *Quitter ses mauvaises habitudes*, von seinen üblen Gewohnheiten ablassen ; seine schlechten Gewohnheiten ablegen. || [renoncer] aufgeben ; entsagen. | *Quitter la partie*, die Partie, das Spiel aufgeben. | *Quitter les affaires*, sein Geschäft aufgeben. | *Quitter le service*, den Dienst quittieren.
◇ v. pr. **se quitter,** sich trennen (von) ; auseinandergehen. | *Ils se sont quittés bons amis*, sie sind als gute Freunde auseinandergegangen.

quitus [kitys] m. Schlußquittung f. ; Entlastung f. | *Donner quitus*, Entlastung erteilen ; die Geschäftsführung billigen.

qui-vive [kiviv] m. invar. (Wach)anruf m. | *Être, Se tenir sur le qui-vive*, auf der Hut sein.

quoi [kwa] **1.** pron. rel.
— (compl.) **à quoi.** *C'est (ce) à quoi je pensais*, daran dachte ich ; woran ich dachte. | *C'est (ce) à quoi elle aspire*, danach strebt sie ; wonach sie strebt. — **après quoi,** worauf ; dann. — FAM. **comme quoi,** ein Beweis, daß. — **de quoi,** wovon ; worum. | *C'est justement de quoi nous parlions*, wir sprachen eben davon ; wovon wir gerade sprachen. | *Il a de quoi (vivre)*, er hat Geld ; er ist bemittelt. | *Il y a de quoi !*, es gibt Gründe genug ! | *Il n'y a pas de quoi*, keine Ursache ! ; gern geschehen ! ; nichts zu danken. | *Il n'y a pas de quoi rire*, da ist nichts zum Lachen. — **en quoi,** worin, da(rin). | *En quoi il était dans l'erreur*, da(rin) irrte er sich ; worin er sich irrte. — **sans quoi,** sonst ; wenn nicht. — **sur quoi.** *Ce sur quoi on discute*, (das) worüber man streitet. — (concessif) **quoi... que.** was...auch (immer) kommen mag, geschehe, was wolle. | *Quoi qu'il fasse*, was er auch tun mag.

| *Quoi qu'il en soit*, wie dem auch (immer) sei ; dem sei, wie ihm wolle.
2. pron. interr. was ? || (employé seul) *Quoi de neuf ?*, gibt's was Neues ? | *Quoi de plus beau ?*, was gibt es Schöneres ? || (avec prép.) *À quoi aboutira tout cela ?*, wohin soll das alles führen ? | *À quoi bon ?*, wozu ? ; was soll das nützen ? | *De quoi s'agit-il ?*, worum handelt es sich ? | *En quoi consiste mon travail ?*, worin besteht meine Arbeit ? | *Sur quoi vous fondez-vous ?*, worauf stützen Sie sich ? || (interrogation indirecte) *Je ne sais pas quoi faire*, ich weiß nicht, was ich machen soll.
3. SUBSTANTIV. *Un je-ne-sais-quoi*, ein gewisses Etwas.
4. interj. was ! wie ! | *Quoi ! vous avez le front de*, Was, Sie haben die Stirn, zu... !

quoique [kwak] (conj. avec le subj.) obgleich ; obwohl ; obschon ; wiewohl ; trotzdem ; wenngleich. | *Quoiqu'il soit pauvre*, obwohl er arm ist.

quolibet [kɔlibɛ] m. Anzüglichkeit f. ; fauler Witz ; Kalauer m. ; Witzelei f.

quorum [kɔrɔm] m. POLIT. erforderliche, beschlußfähige Anzahl. || FIN. Quorum n.

quota [kɔta] m. Quote f. ; Prozentsat m. | *Quota d'importation, de production*, Import-, Produktionsquote. | *Quota laitier*, Milchquote.

quote-part [kɔtpa:r] f. (pl. **quotes-parts**) Anteil m. ; Quote f. ; anteilmäßiger Betrag.

quotidien, ienne [kɔtidjɛ̃, jɛn] adj. täglich ; alltäglich. || PAR EXT. üblich ; normal ; gewöhnlich.
◇ m. **quotidien,** Tageszeitung f. ; Tageblatt n.

quotidiennement [-djɛnmɑ̃] adv. alltäglich.

quotidienneté [-kɔtidjɛnte] f. Alltäglichkeit f.

quotient [kɔsjɑ̃] m. MATH. Quotient m. || PAR EXT. *Quotient intellectuel (Q.I.)*, Intelligenzquotient (IQ) m.

quotité [kɔtite] f. Anteil m. ; Quote f. | *Impôt (m.) de quotité*, Quotitätssteuer m. || JUR. *Quotité disponible*, frei verfügbarer Teil einer Erbschaft.

R

r [ɛr] m. R n.

rabâchage [rabɑʃa:ʒ] m. ou **rabâchement** [-ʃmɑ̃] m. endlose Wiederholung ; Wiederkäuen n.

rabâcher [-ʃe] v. tr. dauernd wiederholen.
◇ v. intr. immer dasselbe reden.

rabais [rabɛ] m. Abzug m. ; Rabatt m. ; Abschlag m. | *Vendre au rabais*, zu ermäßigten, zu herabgesetzten Preisen verkaufen.

rabaissement [rabɛsmɑ̃] m. Verminderung f. ; Herabsetzung f.

rabaisser [-se] v. tr. niedriger setzen, stellen, legen, hängen machen. || [prix] senken. | *Rabaisser le prix*, den Preis senken. | *Rabaisser le taux*, den Zinsfuß senken. || FIG. (ver)mindern ; herabsetzen ; erniedrigen. | *Rabaisser les mérites de qn*, js Verdienst schmählern.
◇ v. pr. **se rabaisser,** sich erniedrigen ; sich demütigen.

rabat [raba] m. [vêtement] Umschlag m. ; Klappe f. || RELIG. Beffchen n.

rabat-joie [rabaʒwa] m. invar. et adj. Spielverderber m. ; Störenfried m. ; Miesmacher m.

rabattable [rabatabl] adj. herunterklappbar.

rabattage [-bata:ʒ] m. SPORT. Treibjagd f.

rabatteur [-batœ:r] m. SPORT. Treiber m. ; Zutreiber m. || COMM. (Kunden)schlepper m.

rabattre [-batr] v. tr. [rabaisser ; aplatir] um-, herunterklappen ; herunter-, abschlagen ; umlegen, -biegen ; herunter-, niederdrücken. | *Rabattre un col*, den Kragen umlegen (sépar.). | *Rabattre une couture*, eine Naht kappen. | *Rabattre un couvercle*, einen Deckel niederklappen. | *Rabattre la fumée*, den Rauch niederschlagen. | *Rabattre un siège*, einen Sessel herunterklappen. | *Rabattre son voile*, den Schleier herab-, herunterlassen. || COMM. ab-, nachlassen ; ermäßigen. | *Rabattre deux marks sur la facture*, zwei Mark von der Rechnung ab-, nachlassen. | *Faire rabattre*, abfeilschen. | *Il n'y a rien à rabattre*, davon gehe ich nicht ab. || FIG. *Rabattre le caquet à qn*, jm das Maul stopfen. | *Rabattre l'orgueil*, jm den Stolz beugen.
◇ v. intr. einbiegen. || FIG. *Rabattre du prix*, vom Preis nachlassen. | *En rabattre*, gelindere, mildere Saiten aufziehen ; geringere Ansprüche stellen.
◇ v. pr. **se rabattre.** | *Siège qui se rabat*, Klappsitz m., -stuhl m. || [direction] sich plötzlich wenden (*sur*, nach). || FIG. *Se rabattre sur*, sich auf etwas (acc.) beschränken ; mit etwas fürliebnehmen.

rabattu, ue [-baty] part. pass. et adj. umgelegt ; herabhängend. | *Col rabattu*, Umlegekragen m.

rabbin [rabɛ̃] m. RELIG. Rabbiner m. | *Grand rabbin*, Groß-, Oberrabbiner.

rabelaisien, ienne [rablɛzjɛ̃, jɛn] adj. LITTÉR. in der Art Rabelais.

rabibocher [rabibɔʃe] v. tr. FAM. [choses] zusammenflicken ; [gens] aussöhnen.

rabiot [rabjo] ou **rabe** [rab] m. POP. Reste m. pl. || ARG. MIL. Nachschlag m. || *Faire du rabiot*, [service] nachdienen ; nacharbeiten.

rabioter [rabjɔte] v. tr. POP. sich unter den Nagel reißen ; abstauben.

rabique [rabik] adj. Tollwut...

râble [rɑ:bl] m. Hasen-, Kaninchenrücken m.

râblé, ée [rɑble] adj. untersetzt ; stämmig ; lendenstark ; vierschrötig ; breitrückig.

rabot [rabo] m. Hobel m.

rabotage [rabɔta:ʒ] m. (Ab-, Be-, Glatt)hobeln n.

raboter [-te] v. tr. ab-, be-, glatthobeln ; hobeln. | *Raboter une planche*, ein Brett glatthobeln.

raboteur [-tœ:r] m. Hobler m.

raboteuse [-tø:z] f. Hobelmaschine f.

raboteux, euse [-tø, ø:z] adj. holprig ; rauh ; uneben ; knorrig ; knotig. | *Chemin raboteux*, holpriger Weg.

rabougri, ie [rabugri] adj. verkümmert ; verkrüppelt ; kümmerlich. | *Arbre rabougri*, Krüppelbaum m. | *Bois rabougri*, Knieholz n.

rabougrir (se) [sərabugri:r] v. pr. verkümmern ; verkrüppeln ; zusammenschrumpfen.

rabouter ou **raboutir** [rabute, -ti:r] v. tr. anstükkeln ; an-, zusammensetzen, -stoppeln.

rabrouer [rabrue] v. tr. anschnauzen ; barsch anfahren ; anbrüllen. || POP. herunterputzen.

racaille [raka:j] f. Gesindel n. ; Geschmeiß n.

raccommodable [rakɔmɔdabl] adj. noch auszubessern ; flickbar.

raccommodage [-da:ʒ] m. Flicken n. ; Ausbesserung f.

raccommodement [-dmɑ̃] m. Aussöhnung f.

raccommoder [-de] v. tr. flicken ; ausbessern ; instandsetzen ; reparieren. | *Raccommoder des bas*, Strümpfe stopfen. || PAR EXT. *Raccommoder une affaire*, eine Angelegenheit in Ordnung bringen.
◇ v. pr. **se raccommoder,** sich aussöhnen.
— SYN. : *Rapetasser, rapiécer*, zusammenflicken, ausflicken. *Ravauder*, ausbessern. *Repriser*, flicken. *Stopper*, stopfen.

raccommodeur, euse [-dœ:r, ø:z] s. Ausbesserer m. ; Stopferin f. ; Flickfrau f.

raccord [rakɔ:r] m. [ajustage] Zusammenfügung f. ; Verbindung f. | *Faire un raccord*, eine Verbindung herstellen. || [pièce métallique] Anschluß-, Verbindungsstück n. ; Kuppelung f. || ÉLECTR., TECHN. *Raccord électrique*, elektrischer Anschluß.

raccordement [-dəmɑ̃] m. Verbindung f. ; Vereinigung f. || [communications] Anschließen n. ; Anschluß m. || TRANSP. Gleisanschluß m. | *Voie de raccordement*, Anschlußgleis n.

raccorder [-de] v. tr. verbinden ; zusammenfügen, -passen ; anschließen ; schalten. | *Raccorder l'antenne*, die Antenne anschließen. | *Raccorder des tuyaux*, Rohre verbinden.

raccourci, ie [rakursi] adj. verkürzt ; abgekürzt. | *À bras raccourcis*, mit Leibeskräften.
◇ m. **raccourci.** [résumé] Ver-, Abkürzung f. ; Zusammenfassung f. ; Abriß m. || [chemin] *Prendre un raccourci*, eine Abkürzung nehmen.
◇ loc. adv. **en raccourci,** im Auszug ; zusammengefaßt ; gekürzt.

raccourcir [-si:r] v. tr. ver-, abkürzen ; raffen ; zusammenraffen ; kürzer machen. | *Raccourcir le chemin*, den Weg abkürzen, abschneiden. | *Raccourcir le pas*, kurz treten. | *Raccourcir le tir*, das Feuer zurückverlegen. | *Raccourcir un vêtement*, ein Kleidungsstück kürzer machen.
◇ v. intr. et v. pr. kürzer werden. || [étoffe] eingehen. || [jours] abnehmen.

raccourcissement [-sismɑ̃] m. Ver-, Abkürzen n. ; Abkürzung f.

raccroc [rakro] m. Zufallstreffer m. ; Glücksfall m. || FIG. *Par raccroc*, zufällig ; glücklicherweise ; unerwartet.

raccrocher [rakrɔʃe] v. tr. wieder an-, aufhängen. || [téléphone] *Il a raccroché*, er hat eingehängt ; er hat (den Hörer) aufgelegt. || PAR EXT. *Raccrocher les passants*, die Passanten anhalten.
◇ v. pr. **se raccrocher.** *Se raccrocher à qch.*, sich an etwas (acc.) klammern.

race [ras] f. Rasse f. ; Geschlecht n. ; Stamm m. || [sorte] Gattung f. || PÉJOR. Gezücht n. ; Brut f. || *La race humaine*, das Menschengeschlecht. | *La race blanche*, die weiße Rasse. | *Race primitive*, Urstamm. | *Race canine*, Hunderasse. | *Race chevaline*, Pferderasse. | *Un cheval de race*, ein edles Pferd. | *De bonne race*, von edlem Geschlecht. || RELIG. *Race de vipères*, Otterngezücht n. || FIG. *Avoir de la race*, Rasse haben.

racé, ée [-se] adj. rassig ; von Rasse ; adlig ; FIG. vornehm. | *Homme racé*, rassiger Mensch. | *Cheval racé*, Rassepferd n.

rachat [raʃa] m. COMM. Wiederkauf m. ; Rückkauf m. || [délivrance] *Rachat des captifs*, Freikauf (m.) der Gefangenen. || RELIG. Erlösung f.

racheter [-ʃte] v. tr. zurück-, wiederkaufen. | *Racheter des actions*, Aktien einziehen, aufkaufen. | *Racheter qch. à qn*, jm etwas abkaufen. || [libérer] frei-, loskaufen. | *Racheter des captifs*, Gefangene auslösen, freikaufen. || FIG. wiedergutmachen ; Ersatz leisten (für). || RELIG. erlösen. | *Racheter par la prière*, abbeten.
◇ v. pr. **se racheter.** *Se racheter de qch.*, etwas aufwiegen durch ; wieder gutmachen ; sühnen ; ausgleichen.

rachidien, ienne [raʃidjɛ̃, jɛn] adj. ANAT. Rückgrats...

rachitique [-ʃitik] adj. MÉD. rachitisch. || FIG. zurückgeblieben ; verkrüppelt.

rachitisme [-ʃitism] m. MÉD. Rachitis f.

racial, iale, iaux [rasjal, jo] adj. rassisch ; Rassen... | *Discrimination raciale*, Rassendiskriminierung f. ; Rassentrennung f.

racine [rasin] f. BOT. Wurzel f. | *Racine aérienne*, Luftwurzel. | *Racine pivotante*, Pfahlwurzel. | *Prendre racine*, Wurzel fassen, schlagen. || PAR EXT. *Racine des cheveux*, Haarwurzel. | *Racine d'une dent*, Zahnwurzel. | *Avoir de profondes racines dans*, stark in etwas (dat.) verwurzelt sein. || FIG. Grundlage f. ; Ursprung m. | *Aller à la racine d'une chose*, einer Sache (dat.) auf den Grund gehen. | *Couper le mal dans sa racine*, das Übel mit der Wurzel ausrotten. | *Prendre racine*, sich festsetzen. || GRAMM. Wurzel f. || MATH. Wurzel f. | *Racine carrée (de)*, Quadratwurzel (aus).

racisme [rasism] m. Rassismus m.

raciste [-sist] adj. rassistisch.
◇ s. Rassist(in) m. (f.).

racket [rakɛt] m. Erpressung f.

raclage [rakla:ʒ] ou **raclement** [-kləmɑ̃] m. Abkratzen n. ; Schaben n. ; Abschaben n. | *Raclage d'un bois*, Auslichten (n.) eines Waldes.

raclée [-kle] f. POP. Tracht Prügel f.

racler [-kle] v. tr. schaben ; kratzen ; abkratzen ; abstreifen ; schrappen. || FIG. *Racler les fonds de tiroir*, FAM., (*etwa*) die Reste zusammenkratzen.
◇ v. pr. **se racler.** *Se racler la gorge*, sich räuspern.

raclette [-klɛt] f., **racle** [ra:kl] f. ou **racloir** [-klwa:r] m. Kratzeisen n. ; Kratzer m. ; Abstreifer m. ; Spachtel m.

racleur [-klœ:r] m. miserabler Geigenspieler m.

raclure [-kly:r] f. Abschabsel n. ; Abgekratzte(s).

racolage [rakɔla:z] m. Kundenfang m., -werbung f. ; (An)werben n. ; Keilen n.

racoler [-le] v. tr. Kunden fangen, werben ; anwerben ; keilen.

racoleur [-lœ:r] m. (An)werber m. ; Keiler m.

racoleuse [-lø:z] f. POP. Straßenmädchen n.

racontable [rakɔ̃tabl] adj. was man erzählen kann.

racontar [-ta:r] m. PÉJOR. Gerede n. ; leeres Geschwätz ; Klatsch m. ; Tratsch m. ; Schwätzerei f. | *Faire des racontars*, quatschen ; Klatsch verbreiten.

raconter [-te] v. tr. erzählen ; berichten. || FAM. *Ne me racontez pas d'histoires !*, erzählen Sie mir keine Märchen !
◇ v. pr. **se raconter,** von sich selber reden.
racornir [rakɔrni:r] v. tr. hart machen ; härten.
◇ part. pass. et adj. **racorni, ie,** ledern ; zähe ; verknöchert. || PAR EXT. veraltet ; eingetrocknet.
◇ v. pr. **se racornir,** sich verhärten ; verknöchern ; ledern, zähe werden.
racornissement [-nismɑ̃] m. Verhärtung f. ; Verknöcherung f. ; Verdorren n.
rad [rad] m. NUCL. Rad n.
radar [radart] m. Radar m. ou n., -gerät n. | *Détection par radar*, Radarerfassung f. || [matériel] Funkmeßgerät n. | *Radar anticollision*, Kollisionsschutzradar. | *Radar d'atterrissage*, Radarlandegerät. | *Radar de bord*, Bordradar. | *Radar de recherche*, Radarsuchgerät.
radariste [-rist] m. Radarmann m.
rade [rad] f. MAR. Reede f. ; Ankerplatz m. | *Être en rade*, auf der Reede liegen.
radeau [rado] m. MAR. Floß n. | *Radeau pneumatique*, Schlauchfloß. | *Radeau de sauvetage*, Rettungsfloß. | *Pont de radeaux*, Floßbrücke f.
radial, iale, iaux [-djal, jo] adj. strahlig ; radial. | *Pneu à carcasse radiale*, Gürtelreifen m.
radiance [-djɑ̃:s] f. Strahlen n. ; Strahlung f.
radiateur [-djatœ:r] m. [pour chauffer] Heizkörper m., -sonne f., -röhre f. | *Radiateur électrique*, elektrischer Heizkörper. | *Radiateur à gaz*, Gasofen m. || [pour refroidir] Kühler m. ; Kühlschlange f. | *Radiateur à ailettes*, Rippenkühler. | *Radiateur d'huile*, Ölkühler.
radiation [-djasjɔ̃] f. [rayonnement] Ausstrahlung f. ; Strahlung f. ; Bestrahlung f. | *Radiation atomique*, radioaktive Strahlung ; Radioaktivität f. | *Radiation monochromatique*, monochromatische Strahlung. | *Radiation solaire*, Sonnenstrahlung. | *Détecteur de radiations*, Strahlungsdetektor m. || [action de rayer]. (Durch)streichen n. ; Streichung f. | *Radiation des cadres*, Streichung aus den Dienstlisten.
radical, ale, aux [radikal, o] adj. radikal. || [de la racine] Wurzel... || FIG. gründlich ; vollständig. | *Guérison radicale*, gründliche Heilung. | *Réformes radicales*, durchgreifende Neuerungen f. pl. || POLIT. radikal.
◇ m. **radical.** GRAMM. Stamm m. ; Wurzel f. ; Stammform f. ; Wortstamm m. || MATH. Wurzel f. ; Wurzelzeichen n. || CHIM. Radikal n. || POLIT. Radikale(r) m. | *Les radicaux*, die Radikalen.
radicalement [-kalmɑ̃] adv. von Grund aus ; gründlich ; völlig ; vollkommen.
radicaliser [-kaliʒe] v. tr. POLIT. radikalisieren.
radicalisme [-kalism] m. Radikalismus m.
radicelle [-sɛl] f. BOT. Würzelchen n.
radicule [-kyl] f. BOT. Wurzelfaser f., -keim m.
radié, iée [radje] adj. [en rayons] strahlig ; strahlenförmig ; Strahlen... || [rayé] ausgestrichen ; durchstrichen.
radier [-dje] v. tr. (durch)streichen.
radier [radje] m. Sohle f. ; Schleusenbett n.
radiesthésie [radjɛstezi] f. Radiästhesie f. ; Wünschelrutenforschung f.
radiesthésiste [-zist] s. (Wünschel)rutengänger(in) m. (f.).
radieux, ieuse [radjø, jø:z] adj. strahlend ; ausstrahlend ; glänzend. || FIG. freude-, glückstrahlend. || *Soleil radieux*, strahlender Sonnenschein.
radin [radɛ̃] adj. POP. geizig.
◇ m. POP. Geizhals m., -kragen m.
radio [radjo] f. Radio n., -wesen n. ; Rundfunk m., -wesen n., -gerät n., -apparat m. | *Appareil (de) radio*, Radioapparat. | *Émetteur (de) radio*, Radiosender m. | *Équipement, Installation (de) radio*, Funkanlage f. | *Liaison par radio*, Funkverbindung f. | *Message (par) radio*, Funkspruch m. | *Poste (de) radio*, Radioapparat, -gerät. | *Poste (de) radio portatif*, Kofferradio. | *Station (de) radio*, Funkstation f. | *Radio locale*, Lokalsender m. | *Véhicule radio*, Funkwagen m. | *À la radio*, im Radio, Rundfunk ; durch den Rundfunk. | *Par radio*, durch Funkspruch. | *Mettre la radio en marche*, das Radio anstellen. | *Radio scolaire*, Schulfunk m. || MÉD. Abrév. de RADIOGRAPHIE, OU DE RADIOSCOPIE. | *Passer une radio*, sich röntgen lassen.
◇ m. Funker m.
radioactif, ive [-aktif, i:v] adj. radioaktiv. | *Fortement radioactif*, hochradioaktiv.
radioactivité [-aktivite] f. Radioaktivität f. | *Radioactivité naturelle*, natürliche Strahlung. | *Radioactivité résiduelle*, restliche Radioaktivität f.
radiobalise [-bali:z] f. AÉRON. Funkfeuer n.
radiocobalt [-kɔbalt] m. PHYS. Radiokobalt n.
radiocommunication [-kɔmynikasjɔ̃] f. Funkverkehr m.
radiocompas [-kɔ̃pɑ] m. invar. Peil-, Funkkompaß m. ; Zielfluggerät n.
radiodiffuser [-difyze] v. tr. über den Rundfunk verbreiten ; durch Rundfunk übertragen (insépar.).
radiodiffusion [-difyzjɔ̃] f. Rundfunk m., -übertragung f.
radioélectricien [-elɛktrisjɛ̃] m. Funktechniker m.
radioélectricité [-elɛktrisite] f. drahtlose Fernmeldetechnik ; Funktechnik f.
radioélectrique [-elɛktrik] adj. radioelektrisch. | *Par voie radioélectrique*, auf dem Funkweg.
radioélément [-elemɑ̃] m. radioaktiver Stoff ; Radioelement n.
radiofréquence [-frekɑ̃:s] f. Radiofrequenz f.
radiogoniomètre [-gɔnjɔmɛtr] m. Peilfunk-, Funkpeilgerät n. ; Funkpeiler m.
radiogoniométrie [-gɔnjɔmetri] f. Funk-, Radiopeilung f. ; Richtungsbestimmung f.
radiogoniométrique [-trik] adj. *Relèvement radiogoniométrique*, Radiopeilung f.
radiogramme [-gram] m. Funkspruch m., -telegramm n.
radiographie [-grafi] f. Röntgenaufnahme f., -bild n., -durchleuchtung f. | *Faire une radiographie de qn*, jn röntgen, durchleuchten (insépar.).
radiographier [-grafje] v. tr. durchleuchten (insépar.) ; röntgen.
radioguidage [-gida:ʒ] m. Funksteuerung f. ; Leitstrahlverfahren n.
radio-isotope [-izɔtɔp] m. (pl. **radio-isotopes**) PHYS. Radioisotop n.
radiolaire [-lɛ:r] m. ZOOL. Strahlentierchen n. ; Radiolarie f.
radiologie [-lɔʒi] f. MÉD. Röntgenologie f.
radiologique [-lɔʒik] adj. MÉD. röntgenologisch ; radiologisch.
radiologue [-lɔg] ou **radiologiste** [-lɔgist] s. MÉD. Röntgenologe m., Röntgenologin f.
radionavigant [-navigɑ̃] m. Bordfunker m.
radionucléide [-nykleid] m. NUCL. Radionukleid n.
radiophare [-fa:r] m. Funkfeuer n. ; Bakensender m. ; Funkpeilturm m. | *Radiophare omnidirectionnel*, Drehfunkfeuer.

radiophonie [-fɔni] f. Rundfunk(technik) f. ; Funkfernsprechen n. ; Funkwesen n.

radiophonique [-fɔnik] adj. Funk... ; Rundfunk... || *Jeu, Pièce radiophonique*, Hörspiel n.

radiophotographie [-fɔtɔgrafi] f. Bildfunk m.

radioprotection [-prɔtɛksjɔ̃] f. NUCL. Strahlenschutz m. | *Loi sur la radioprotection*, Strahlenschutzverordnung f.

radiorécepteur [-resɛptœ:r] m. Rundfunkempfänger m. ; Empfangsgerät n.

radioreportage [-rəpɔrta:ʒ] m. Rundfunkreportage f. ; Rundfunkbericht m.

radioreporter [-rəpɔrtɛ:r] m. Rundfunkberichterstatter m.

radioréveil [-revɛj] m. Radiowecker m.

radioscopie [-skɔpi] f. MÉD. Röntgendurchleuchtung f.

radioscopique [-skɔpik] adj. röntgenologisch.

radiosignalisation [-siɲalizasjɔ̃] f. Funkzeichengebung f.

radio-taxi [-taksi] m. (pl. **radio-taxis**) Funktaxi n.

radiotechnicien [-tɛknisjɛ̃] m. Funktechniker m.

radiotechnie [-tɛkni] f. Radio-, Funktechnik f.

radiotélégramme [-telegram] m. Funkspruch m.

radiotélégraphie [-telegrafi] f. drahtlose (Funk)-telegraphie.

radiotéléphone [-telefɔn] m. Radiotelefon n.

radiotéléphonie [-telefɔni] f. Funksprechverkehr m. ; Sprechfunk m.

radiotéléviser [-televize] v. tr. im Fernsehen übertragen.

radiotélévision [-televizjɔ̃] f. Fernsehfunk m.

radiothérapie [-terapi] f. MÉD. Röntgenbehandlung f. ; Radiotherapie f.

radiotoxicité [-tɔksisite] f. NUCL. Radiotoxizität f.

radis [radi] m. BOT. Rettich m. | *Radis rose*, Radieschen n. | *Radis noir*, Rettich. || FIG. *Il n'a pas un radis*, er ist völlig abgebrannt.

radium [radjɔm] m. Radium n.

radôme [radom] m. PHYS. Radom n. ; Radarkuppel f.

radotage [radɔta:ʒ] m. albernes Geschwätz ; Gefasel n. ; Faselei f. ; Schwafelei f.

radoter [-te] v. intr. dummes, kindisches Zeug reden ; quatschen ; faseln ; schwafeln.

radoteur, euse [-tœ:r, ø:z] s. Faselhans m. ; Quatschkopf m., -liese f. ; Schwätzer(in) m. (f.).
◇ adj. geschwätzig ; schwatzhaft ; quatschig.

radoub [radu] m. MAR. Ausbesserung f. ; Reparatur f. | *Bassin de radoub*, Trockendock n.

radouber [-be] v. tr. MAR. ausbessern ; reparieren.

radoucir [radusi:r] v. tr. milder machen ; mildern ; FIG. besänftigen.
◇ v. pr. **se radoucir,** milder, sanfter werden.

radoucissement [-sismɑ̃] m. Linderung f. ; Milderung f. | *Radoucissement du temps*, Wettermilderung. || FIG. Besänftigung f.

rafale [rafal] f. [temps] Windstoß m. ; Sturmwind m. ; Bö f. | *rafales de vent*, böiger Wind. | *Rafale de neige*, Schneegestöber n. || FIG. Sturm m. | *Rafale d'applaudissements*, Beifallssturm. || MIL. *Rafale de tir*, Feuerstoß m.

raffermir [rafɛrmi:r] v. tr. fester machen ; befestigen ; festigen ; kräftigen ; stärken. | *Raffermir son corps*, seinen Körper stählen. | *Raffermir son crédit*, seinen Kredit untermauern.
◇ v. pr. **se raffermir,** sich stärken ; kräftiger werden. | *Il se raffermit dans sa résolution*, er wird in seinem Entschluß bestärkt.

raffermissement [-mismɑ̃] m. Festigung f. ; Kräftigung f. ; Stärkung f. ; Sicherung f.

raffinage [rafina:ʒ] m. Raffinieren n. ; Reinigen n. ; Veredelung f. ; Verfeinerung f. ; Läuterung f.

raffiné, ée [-ne] adj. raffiniert ; gereinigt ; veredelt ; verfeinert ; geläutert. | *Sucre raffiné*, raffinierter Zucker. || PAR EXT. gepflegt ; durchtrieben ; abgefeimt ; ausgesucht. | *Luxe raffiné*, überfeinerter Luxus. | *Style raffiné*, gepflegter Stil.
◇ s. Mann (m.), Frau (f.) mit Geschmack.

raffinement [-nmɑ̃] m. Verfeinerung f. || TECHN. Raffinieren n. || PAR EXT. Veredelung f. ; Raffinesse f. ; Überfeinerung f. | *Raffinement de cruauté*, ausgesuchte Grausamkeit. | *Sans raffinement*, ohne jede Künstelei.

raffiner [-ne] v. tr. verfeinern ; feiner machen ; raffinieren ; frischen ; läutern ; veredeln. | *Raffiner l'acier*, den Stahl gärben.

raffinerie [-nri] f. Raffinerie f. | *Raffinerie de pétrole*, Ölraffinerie. | *Raffinerie de sucre*, Zuckerfabrik f., -raffinerie ; Zuckersiederei f.

raffineur [-nœ:r] m. Raffineur m. ; Raffineriebesitzer m.

raffoler [rafɔle] v. intr. *Raffoler (de)*, schwärmen (für) ; vernarrt sein (in, acc.). | *Raffoler de la danse*, ganz auf das Tanzen versessen sein. | *Il raffole de la musique*, er schwärmt für Musik.

raffut [rafy] m. POP. Radau m. ; Krach m. ; Spektakel m. | *Faire du raffut*, Krach schlagen.

rafiot [rafjo] m. MAR. Ruderboot n. || PÉJOR. alter Kahn ; alter Äppelkahn.

rafistolage [rafistɔla:ʒ] m. [action] Flickerei f. ; Zusammenschusterei f. || [objet] Flickwerk n.

rafistoler [-le] v. tr. ausbessern ; zusammenflicken, -schustern ; zurechtflicken.

rafle [rɑ:fl] f. [enlèvement ; arrestation] Razzia f. ; Massenverhaftung f. || FAM. *Faire une rafle*, alles einstreichen, wegschleppen.

rafler [-fle] v. tr. mitnehmen ; wegraffen ; an sich reißen. | *Rafler des marchandises*, Waren aufkaufen.

rafraîchir [rafrɛʃi:r] v. tr. [rendre frais] ab-, auskühlen ; kühlen. | *Rafraîchir l'air*, die Luft abkühlen. | *Rafraîchir du vin*, Wein kaltstellen. || [améliorer] frischen ; aufarbeiten. | *Rafraîchir un tableau*, ein Gemälde reinigen, aufarbeiten. || [rogner] *Rafraîchir les cheveux*, die Haare nachschneiden. || FIG. auf-, erfrischen. | *Rafraîchir la mémoire (à qn)*, (jm) das Gedächtnis auffrischen.
◇ v. pr. **se rafraîchir,** [temps ; vent] kühler, frischer werden. || [personne] sich erfrischen ; sich erholen. || PAR EXT. eine Erfrischung zu sich nehmen.

rafraîchissant, ante [-ʃisɑ̃, ɑ̃:t] adj. erfrischend ; kühlend ; abkühlend ; erquickend.

rafraîchissement [-ʃismɑ̃] m. Kühlung f. ; Erfrischung f. || FIG. Erneuerung f.

ragaillardir [ragajardi:r] v. tr. aufheitern ; erheitern ; lustig machen. | *Il se sent tout ragaillardi*, er fühlt sich wie neugeboren.

rage [ra:ʒ] f. **1.** [maladie] (Toll)wut f. | *Suspect de rage*, tollwutverdächtig.
2. [fureur] Wut f. ; (In)grimm m. ; Zorn m. ; Erbostheit f. | *Accès de rage*, Wutanfall m. | *Cris de rage*, Wutgeschrei n. | *Rage de destruction*, Zerstörungswut. | *Écumer de rage*, vor Zorn geifern. | *La tempête fait rage*, der Sturm tobt. | *Mettre en rage*, in Wut versetzen ; erzürnen. | *De rage*, vor, aus Wut. | *En rage*, wutentbrannt.

3. [douleurs violentes] rasende Schmerzen m. pl. | *Avoir une rage de dents*, wütende, schreckliche Zahnschmerzen haben.
4. [passion] Sucht f. | *Avoir la rage de qch.*, auf etwas (acc.) erpicht, ganz versessen sein. | *Avoir la rage du jeu*, dem Spiel verfallen sein.
— SYN. : *Colère* f., Zorn m. *Fureur* f., Wut f.
rager [-ʒe] v. intr. wüten ; toben ; rasen ; geifern ; hochgehen.
rageur, euse [-ʒœ:r, ø:z] adj. (jäh) zornig ; rasend ; ergrimmt ; erbittert.
rageusement [-ʒøzmɑ̃] adv. wütend.
raglan [raglɑ̃] m. Raglan(mantel) m.
ragot [rago] m. Gerede n. ; Klatsch m.
ragoût [ragu] m. Ragout n. | *Ragoût de mouton*, Hammelragout.
ragoûtant, ante [-tɑ̃, ɑ̃:t] adj. [qui plaît] appetitlich ; lecker. || FIG. *Peu ragoûtant*, abstoßend.
rai [rɛ] m. [roue] Radspeiche f. | *Rai de lumière*, Lichtstrahl m.
raid [rɛd] m. MIL. Einfall m. ; Vorstoß m. || AÉRON. *Raid aérien*, Luftangriff m. | *Raid de harcèlement*, Störflug m. || SPORT. *Raid équestre*, Reitwanderung f.
raide [rɛd] adj. [rigide] steif. || [fixe] starr. || [tenue] stramm. || [tendu] gespannt. || *Raide comme un bâton*, stocksteif. | *Corde raide*, straffes Seil. | *Jambe raide*, steifes Bein. || [abrupt] steil ; jäh ; schroff. | *Escalier raide*, steile Treppe. | *Pente raide*, jäher Abhang. || PAR EXT. [gauche] steif ; unbeholfen ; linkisch. || FIG. [opiniâtre ; inflexible] verstockt ; dickköpfig. | *Caractère raide*, unbeugsamer Charakter. || FAM. [surprenant] *C'est un peu raide*, das ist ein starkes Stück, starker Tobak.
◇ adv. *Raide mort*, mausetot. | *Tomber raide (mort)*, auf der Stelle tot umfallen.
raideur [-dœ:r] f. [rigidité] Steifheit f. ; Starrheit f. ; Schroffheit f. | *Raideur des membres*, Steifheit der Glieder. | *Avec raideur*, steif ; schroff ; jäh. || [pente] Steilheit f. || [caractère] Schroffheit f. ; Starrsinn m. ; Halsstarrigkeit f.
raidillon [-dijɔ̃] m. steiler, ansteigender Pfad ; Kletterweg m.
raidir [-di:r] v. tr. spannen ; straffen ; steif machen ; versteifen. | *Raidir une corde*, ein Seil straff anziehen.
◇ v. pr. **se raidir,** (stock)steif werden. | *Se raidir contre qch.*, sich gegen etwas versteifen ; sich gegen etwas stemmen.
raidissement [-dismɑ̃] m. [état] Straffheit f. || [action] Spannen n. ; Straffen n. || POLIT. Versteifung f.
raie [rɛ] f. [trait] Strich m. ; Streifen m. | *Étoffe à (petites) raies*, (schmal)gestreifter Stoff. | *À raies longitudinales*, längsgestreift. | *Faire des raies sur le papier*, Striche ziehen ; lini(i)eren. || [dans les cheveux] Scheitel m. | *(Se) faire la raie*, einen Scheitel ziehen.
raie [rɛ] f. ZOOL. Rochen m.
raifort [rɛfɔ:r] m. BOT. Meerrettich m.
rail [rɑ:j] m. Schiene f. | *Poser des rails*, Schienen legen. | *Rail conducteur*, Stromschiene. | *Rail de guidage*, Führungsschiene. || PAR EXT. *Grève du rail*, Eisenbahnerstreik m. || TRANSP. *Rail de sécurité*, Leitplanke f.
railler [rɑje] v. tr. bespotten ; verspotten ; sich lustig machen (über, acc.) ; jn zum besten haben ; auslachen.
◇ v. intr. scherzen. | *Je ne raille point*, es ist mir ernst ; es ist mein voller Ernst.
raillerie [-jri] f. Spott m. ; Spöttelei f. ; Verspottung f. ; Spaß m. ; Scherz m. ; Gespaße n. | *Il n'entend pas la raillerie*, er versteht keinen Scherz, Spaß.
— SYN. : *Brocard* m., Stichelei f. *Moquerie* f., Spott m. *Persiflage* m., versteckter Spott. *Plaisanterie* f., Scherz m.
railleur, euse [-jœ:r, ø:z] adj. spöttisch ; spottsüchtig ; schalkhaft ; scherzhaft.
◇ s. Spötter(in) m. (f.) ; Schalk m. ; Spottvogel m.
rainette [rɛnɛt] f. ZOOL. Laubfrosch m.
rainure [rɛny:r] f. Nute f. ; Rinne f. ; Rille f. ; Furche f. ; Falz m.
raiponce [rɛpɔ̃:s] f. BOT. Rapunzel f.
raisin [rɛzɛ̃] m. Traube f. ; Weintraube f. | *Raisins secs*, Rosinen f. pl. | *Raisins de Corinthe*, Korinthen f. pl. | *Grain de raisin*, Weinbeere f.
raison [rɛzɔ̃] f.

I. [faculté, sagesse] : Vernunft f. ; Verstand m.
II. [justice] : Recht n.
III. [justification] : Rechenschaft f.
IV. [satisfaction] : Genugtuung f.
V. [cause, motif] : Grund m.
VI. COMM. [raison sociale] : Firma f.
VII. [rapport] : Verhältnis n.

I. [faculté ; sagesse] Vernunft f. ; Verstand m. ; Vernünftigkeit f. || (avec un adjectif) *Raison pratique*, praktische Vernunft. | *Raison pure*, reine Vernunft. | *Conforme à la raison*, vernunftgemäß. | *Contraire à la raison*, vernunftwidrig ; unvernünftig ; sinnlos. | *Doué de raison*, vernunftbegabt ; verständig. | *Privé de raison*, vernunftlos. || (avec un nom) *Âge de raison*, urteilsfähiges Alter ; verständiges Alter. | *Manque de raison*, Unvernunft ; Vernunftlosigkeit f. | *Mariage de raison*, Vernunftehe f. || (avec un verbe) *Avoir toute sa raison*, seinen vollen Verstand haben ; bei vollem Verstand sein. | *Il n'a pas toute sa raison*, er ist nicht bei Verstand. | *Cela n'a ni rime ni raison*, das hat weder Sinn noch Verstand ; das ist blanker Unsinn. | *Entendre raison*, Vernunft annehmen. | *Faire entendre raison à qn*, jm Vernunft beibringen. | *Se faire une raison*, sich (ins Unvermeidliche) fügen. | *Mettre, Ramener qn à la raison*, jn zur Vernunft bringen. | *Parler raison*, verständig sprechen. | *Perdre la raison*, den Verstand verlieren. | *Faire perdre la raison*, von Sinnen bringen. | *Se rendre à la raison*, der Vernunft nachgeben. | *Contre toute raison*, gegen alle Vernunft.
II. [justice] Recht n. ; Billigkeit f. | *La raison du plus fort*, das Recht des Stärkeren. | *Avoir raison*, recht haben. | *Donner raison à qn*, jm recht geben. | *À tort ou à raison*, mit Recht oder Unrecht. | *Avec juste raison*, mit Fug und Recht. | *Comme de raison*, wie billig ; wie es sich gehört. | *Plus que de raison*, über Gebühr ; mehr als Recht ist.
III. [justification] Rechenschaft f. | *Demander raison de qch. à qn*, jn über etwas zur Rede stellen. | *Rendre raison de qch. à qn*, jm über etwas Rechenschaft ablegen.
IV. [satisfaction] Genugtuung f. | *Avoir raison de qn*, über jn siegen ; mit jm fertig werden. | *Se faire raison à soi-même*, sich selbst Genugtuung verschaffen.
V. [cause, motif] Grund m. ; Beweis m. ; Ursache f. || (avec un adjectif) *Raison contraire*, Gegengrund. | *Mauvaises raisons*, vorgeschobene, faule Gründe m. pl. ; Ausflüchte f. pl. | *Raison spécieuse*, Scheingrund. | *Raison suffisante*, ausreichender Grund. | *Raison valable*, triftiger Grund. || (avec un complément de nom) *Raison d'État*, Staatsraison f. | *Raison d'être*, Daseinsberechtigung f. | *Raison(s) de famille*, Familienrücksichten f. pl. || (avec un verbe) *Il n'y a pas de raison pour*, es gibt keinen Grund dafür. | *Il y a de bonnes raisons pour*, es liegen gute Gründe vor, ...zu. | *Donner de mauvaises raisons*, sich ausreden (mit) ; mit

faulen Ausreden kommen. | *C'est la raison pour laquelle*, darum ; deshalb. | *C'est ma raison de vivre*, ich lebe nur dafür. || LOC. *(C'est une) raison de plus pour*, das ist ein weiterer Grund, ein Grund mehr, um. | *Raisons pour et contre*, Gründe und Gegengründe. | *En raison de*, mit Rücksicht auf (acc.), wegen (gén.). | *À plus forte raison*, um so mehr. | *Pour cette raison*, aus diesem Grund ; deshalb. | *Pour quelle raison ?*, aus welchem Grunde ? ; weshalb ? | *Pour n'importe quelle raison*, gleich aus welchem Grunde ; aus irgendeinem Grunde. | *Pour raisons de santé*, aus Gesundheitsgründen ; krankheitshalber. | *Sans raison*, grundlos ; ohne Ursache.
VI. COMM. *Raison sociale*, Firma f. ; Firmenname m. | *Donner comme raison sociale*, firmieren.
VII. [rapport] Verhältnis n. | *En raison directe*, in geradem Verhältnis. | *En raison inverse*, in umgekehrtem Verhältnis. | *À raison de*, zum Preis von.
raisonnable [-zɔnabl] adj. vernünftig ; verständig ; vernunftbegabt ; verstandesmäßig. || [réfléchi] überlegt ; bedachtsam ; erwägend. || PAR EXT. *Prix raisonnable*, angemessener Preis.
raisonnablement [-zɔnabləmɑ̃] adv. vernünftig.
raisonné, ée [-zɔne] adj. überlegt ; durchdacht. | *Un choix raisonné*, eine besonnene Entscheidung.
raisonnement [-zɔnmɑ̃] m. [faculté] Urteilskraft f. || [activité] Beweisführung f. ; Schlußfolgerung f. ; vernünftige Ausführung.
◇ pl. **raisonnements,** Räsonieren n.
raisonner [-zɔne] v. intr. vernünftig denken ; urteilen ; schließen. || PÉJOR. räsonieren ; widerreden ; nörgeln. | *La passion ne raisonne pas*, Leidenschaft kennt keine Vernunft.
◇ v. tr. überlegen (insépar.) ; durch-, überdenken (insépar.). | *Raisonner un choix*, eine Entscheidung rechtfertigen. | *Raisonner un malade*, einem Kranken vernünftig zureden.
◇ v. pr. **se raisonner,** Vernunft annehmen.
raisonneur, euse [-zɔnœ:r, ø:z] adj. widersprechend ; rechthaberisch ; disputierend.
◇ m. **raisonneur,** rechthaberischer Mensch ; Widerspruchsgeist m. || POP. Kritikaster m.
rajah [raʒa] m. Radschah m.
rajeunir [raʒœni:r] v. tr. et intr. verjüngen ; jung machen ; jünger erscheinen lassen.
◇ v. pr. **se rajeunir,** sich verjüngen ; sich für jünger ausgeben.
rajeunissement [-nismɑ̃] m. Verjüngung f. ; Verjüngen n. || FIG. Auffrischung f.
rajout [raʒu] m. Zusatz m.
rajouter [raʒute] v. tr. (aufs neue) hinzufügen.
r(é)ajustement [r(e)aʒystɛmɑ̃] m. Instandsetzung f. ; Ausgleichung f. ; Nachregulierung f. | *Rajustement des prix*, Anpassung (f.) der Preise. | *Rajustement des salaires*, Lohnausgleich m. ; Lohnangleichung f.
r(é)ajuster [-te] v. tr. wieder in Ordnung bringen ; zurechtlegen. || FIG. angleichen ; anpassen.
râle [rɑ:l] ou **râlement** [rɑlmɑ̃] m. Röcheln n.
râle m. ZOOL. Ralle f. | *Râle d'eau*, Wasserralle. | *Râle des genêts*, Wachtelkönig m.
ralenti [ralɑ̃ti] m. AUTOM. Leerlauf m. ; Abdrosselung f. || FILM. Zeitlupe f. || *Au ralenti* [moteur], mit abgestelltem Motor. || [cinéma] in Zeitlupenaufnahme. || *Les affaires marchent au ralenti*, die Geschäfte sind flau.
ralentir [-ti:r] v. tr. verlangsamen ; abdrosseln. | *Ralentir l'allure*, das Tempo herabsetzen. | *Ralentir le pas*, den Schritt verlangsamen. || FIG. hemmen ; dämpfen. | *Ralentir le progrès*, den Fortschritt hemmen. | *Ralentir son effort*, den Eifer dämpfen.
◇ v. intr. langsamer werden, [pas] gehen, [véhicule] fahren. | *Le train ralentit*, der Zug fährt langsamer.
◇ v. pr. **se ralentir,** langsamer werden ; FIG. nachlassen. | *Les affaires se ralentissent*, die Geschäfte werden stiller, flauen ab.
ralentissement [-tismɑ̃] m. Verlangsamung f. | *Ralentissement d'une machine*, Abdrosselung (f.) einer Maschine. || FIG. Nachlassen n. ; Rückgang m. ; Abnahme f. ; Erlahmen n.
râler [rɑle] v. intr. röcheln ; rasseln. || POP. [critiquer] brummeln ; meckern ; quengeln.
râleur, euse [-lœ:r, ø:z] s. POP. Querulant(in) m. (f.) ; Nörgler(in) m. (f.) ; Meckerer(in) m. (f.).
rallié, ée [ralje] adj. ausgesöhnt.
ralliement [-limɑ̃] m. MIL. Sammeln n. ; Zusammentreffen n. | *Mot de ralliement*, Losung f. | *Point de ralliement*, Sammelpunkt m. || POLIT. Aussöhnung f.
rallier [-lje] v. tr. [rassembler] sammeln. || [troupes] zusammenziehen. || [rejoindre] wieder einnehmen. || MIL. *Rallier son unité*, zu seiner Einheit zurückkehren. || FIG. vereinigen. | *Rallier tous les suffrages*, alle Stimmen vereinigen.
◇ v. pr. **se rallier,** sich versammeln. | *Se rallier à*, sich anschließen (dat.).
rallonge [ralɔ̃:ʒ] f. Verlängerung f. ; Verlängerungsstück n. ; Ansatz m. || [de table] Ausziehplatte f. ; Ansatzstück n. | *Table à rallonges*, Ausziehtisch m. || ÉLECTR. Verlängerungsschnur f.
rallonger [-ʒe] v. tr. verlängern ; länger machen.
◇ v. intr. länger werden ; zunehmen.
rallumer [ralyme] v. tr. wieder anzünden. || FIG. wieder erwecken ; erneut entfachen.
◇ v. pr. **se rallumer.** FIG. sich erneuern.
rallye [rali] m. SPORT. Sternfahrt f.
ramage [rama:ʒ] m. [oiseaux] Zwitschern n. ; Gezwitscher n. ; Vogelgesang m. || [enfant] Kindergeplapper n. || [étoffe] Blumen-, Rankenmuster n. | *Étoffe à ramages*, geblümter Stoff.
ramassage [-sa:ʒ] m. Auflesen n. ; Lesen n. ; Auf-, Ein-, Zusammensammeln n. | *Ramassage scolaire*, Schülerabholdienst m. | *Bus de ramassage*, Schulbus m.
ramassé, ée [ramase] adj. zusammengesetzt, -gesammelt ; [trapu] untersetzt ; gedrungen. || FIG. gesammelt ; gerafft.
ramasse-miettes [-masmjɛt] m. invar. Tischbürste f.
ramasser [-mase] v. tr. [rassembler] auf-, ein-, zusammensammeln ; auf-, ein-, zusammenlesen ; zusammen-, aufraffen ; raffen. | *Ramasser de l'argent*, Geld zusammenraffen. | *Ramasser du bois*, Holz lesen. | *Ramasser les cartes*, die Karten aufnehmen. | *Ramasser des cotisations*, Beiträge einsammeln. | *Ramasser ses hardes*, seine Siebensachen packen. || [prendre à terre] (vom Boden) aufnehmen. || FIG. [concentrer] *Ramasser ses forces*, seine Kräfte sammeln. || FAM. *Ramasser une bûche*, hinpurzeln ; die Erde küssen. || [tancer] jn abkanzeln. || [arrêter] jn festnehmen, abführen.
◇ v. pr. **se ramasser,** sich zusammenballen.
ramasseur, euse [-masœ:r, ø:z] s. Sammler(in) m. (f.). | *Ramasseur de balles*, Balljunge m.
ramassis [-masi] m. [choses] zusammengewürfelter Hauf(e)n ; Sammelsurium n. ; Wust m. || [branches] Leseholz n. || [gens] Bande f. ; Gesindel n.
rambarde [rɑ̃bard] f. MAR. Laufstange f., -seil n.
rame [ram] f. [support] (Bohnen)stange f. || MAR. [aviron] Ruder n. ; Riemen m. | *À deux rames*, zweirud(e)rig. | *Manier la rame*, das Ruder führen, handhaben. || [papier] Ries n. || [wagons] (Wagen)zug m. | *Rame automotrice*, Triebwagenzug m. || FAM. *Ne*

pas en faire, en ficher une rame, sich kein Bein ausreißen ; keinen Handschlag tun.

rameau [ramo] m. Zweig m. || POÉT. Reis n. || [mine] Ader f. || *Rameau d'olivier*, Olivenzweig. | *Dimanche des Rameaux*, Palmsonntag m.

ramée [rame] f. Laubwerk n. ; Lanbdach n.

ramener [ramne] v. tr. [faire revenir] zurückführen, -bringen ; heimbringen ; wiederbringen ; nach Hause bringen. || [changer de place] *Ramener le bras en arrière*, den Arm zurückziehen. | *Ramener son châle sur les épaules*, den Schal näher umlegen. || FIG. wiederherstellen. | *Ramener la paix*, den Frieden wiederherstellen. | *Ramener qn à la raison*, jn zur Vernunft bringen. | *Ramener à la vie*, dem Leben wiedergewinnen. || FAM. *La ramener*, dicktun ; angeben ; meckern.
◇ v. pr. **se ramener.** *Se ramener à qch.*, sich auf etwas zurückführen lassen ; auf etwas hinauslaufen.

ramequin [ramkɛ̃] m. Schälchen n.

ramer [rame] v. intr. [bateau] rudern. | *Ramer à tour de bras*, sich in die Riemen legen. || POP. klotzen ; ackern.

rameur, euse [-mœ:r, ø:z] s. Ruderer m. ; Ruderin f.

ramier [ramje] m. ZOOL. Holz-, Ringeltaube f.

ramification [ramifikasjɔ̃] f. Verzweigung f. ; Verästelung f.

ramifier [-fje] v. tr. et **se ramifier** [səramifje] v. pr. (sich) verzweigen ; (sich) verästeln.

ramolli, ie [ramɔli] adj. aufgeweicht.
◇ s. FAM. Schwachsinnige(r) f. (m.).

ramollir [-li:r] v. tr. er-, aufweichen ; verweichlichen.
◇ v. pr. **se ramollir,** weich werden. || FIG. erschlaffen.

ramollissement [-lismɑ̃] m. Aufweichen n. ; Verweichlichung f. | *Ramollissement cérébral*, Gehirnerweichung f.

ramonage [ramɔna:ʒ] m. Schornsteinfegen n.

ramoner [-ne] v. tr. den Schornstein fegen.

ramoneur [-nœ:r] m. Schornsteinfeger m. ; Kaminkehrer m.

rampant, ante [rɑ̃pɑ̃, ɑ̃:t] adj. kriechend ; Kriech... || FIG. niedrig ; knechtisch ; unterwürfig.
◇ m. **rampant,** Abhang m. ; Gefälle n. || ARG., MIL. *Les rampants*, das Bodenpersonal ; die Parterrakrobaten m. pl.

rampe [rɑ̃:p] f. Rampe f. || [pente] (Ab)hang m. ; Steigung f. || [route] Auffahrt f. | *Rampe d'accès*, Auffahrt ; Laderampe. | *Rampe de lancement*, Abschußrampe ; Startrampe. || [escalier] Treppenstück n. || [appui] Geländer n. ; Lehne f. || [éclairage] *Rampe électrique*, Bandleuchte f. || THÉÂTRE. Rampe f.

ramper [-pe] v. intr. kriechen ; auf dem Bauche rutschen. || [bébé] krabbeln. || [plantes] sich hinschlängeln ; ranken. || FIG. kriechen ; sich demütigen.

ramponneau [rɑ̃pɔno] m. POP. [bourrade] Schubs m. ; Puff m. ; Stoß m.

ramure [ramy:r] f. [branches] Geäst n. ; Astwerk n. || [cerf] Hirschgeweih n.

rancart [rɑ̃ka:r] m. FAM. [rebut] *Mettre au rancart*, zum alten Eisen werfen.

rance [rɑ̃:s] adj. ranzig.

rancir [rɑ̃si:r] v. intr. ranzig werden.

rancœur [rɑ̃kœ:r] f. Verstimmung f. ; Groll m.

rançon [rɑ̃sɔ̃] f. Lösegeld n. ; Auslösung f.

rançonnement [-sɔnmɑ̃] m. Los-, Freikauf m. || FIG. Erpressung f.

rançonner [-sɔne] v. tr. ein Lösegeld auferlegen, fordern. || FIG. jn brandschatzen, erpressen.

rancune [rɑ̃kyn] f. Groll m. ; Rachegefühl n. ; Rachsucht f. | *Sans rancune !*, nichts für ungut ! | *Garder rancune à qn*, jm etwas nachtragen.

rancunier, ière [-nje, jɛ:r] adj. grollend ; nachtragend ; rachsüchtig ; unversöhnlich.

randomiser [rɑ̃dɔmize] v. tr. MATH., STAT. willkürlich verteilen.

randonnée [rɑ̃dɔne] f. weiter Ausflug ; lange Wanderung. || [en véhicule] Fernfahrt f., -flug m.

rang [rɑ̃] m. **1.** [disposition] Reihe f. ; Reihenfolge f. ; Ordnung f. ; Glied n. | *Mettre en rangs*, reihen. | *Se mettre en rangs*, sich in Reihen stellen. | *Placer par rang de taille*, nach der Größe aufstellen. | *En rang d'oignons*, einer hinter dem anderen. || FIG. *Être sur les rangs*, unter den Mitbewerbern sein. | *Se mettre sur les rangs*, sich um eine Stelle bewerben.
2. [hiérarchie] Stand m. ; Rang m. | *De haut rang, D'un rang élevé*, von hohem Rang ; hochgestellt. | *Rang de préséance*, Rangordnung. | *Avoir rang de ministre*, im Range eines Ministers stehen. | *Élever qn au rang de*, jn zum... ernennen, befördern. | *Mettre qn au même rang que*, jn gleich hoch schätzen, achten. | *Tenir le premier rang*, die erste Stelle einnehmen. | *Tenir son rang*, standesgemäß leben. | *Selon son rang*, standesgemäß.
3. MIL. Reihe f. ; Glied n. ; Linie f. | *Rang d'officier*, Offiziersrang. | *Être en rangs*, in Reih' und Glied stehen. | *Mettre une troupe sur deux rangs*, eine Truppe im Doppelglied aufstellen. | *Rompez vos rangs !*, wegtreten ! || LOC. *Il sort du rang*, er hat von der Pike auf gedient.

rangé, ée [rɑ̃ʒe] adj. [à sa place] (auf)gestellt ; aufbewahrt. || [en ordre] ordentlich. | *Bataille rangée*, offene Feldschlacht. || FIG. ordentlich ; gesittet ; solide ; geregelt. | *Existence rangée*, geregeltes Leben. | *Jeune fille rangée*, ordentliches Mädchen.

range-cassettes [rɑ̃ʒkasɛt] m. invar. Kassettenständer m.

range-disques [-disk] m. invar. (Schall)plattenständer m.

rangée [-ʒe] r. Reihe f. ; Linie f. | *Rangée de maisons*, Häuserzeile f. | *Rangée de peupliers*, Pappelreihe.

rangement [-ʒmɑ̃] m. Einordnung f. ; Einreihung f. ; Anordnung f. ; Aufstellung f.

ranger [-ʒe] v. tr. [ordre] ordnen ; an-, einordnen ; in Ordnung bringen ; aufstellen ; einreihen. | *Ranger une chambre*, ein Zimmer ein-, aufräumen. | *Ranger ses habits*, seine Kleider einräumen. | *Ranger des livres*, Bücher einordnen, aufstellen. | *Ranger des troupes*, Truppen aufstellen. | *Ranger une voiture*, einen Wagen parken. | *Ranger (par espèces)*, sortieren. || FIG. *Ranger (un poète) parmi, au nombre de*, (einen Dichter) zu (dat.) zählen, rechnen ; (einen Dichter) in (acc.) einreihen.
◇ v. pr. **se ranger,** [ordre] sich (auf)stellen ; sich (ein)gliedern ; sich ordnen. | *Se ranger en ordre de bataille*, sich in Schlachtordnung aufstellen ; aufmarschieren. || AUTOM. *Se ranger le long du trottoir*, dicht am Fußwege halten. || [s'écarter] weichen (dat.) ; zurücktreten ; auf die Seite treten. || FIG. ein solider, ordentlicher Mensch werden. | *Se ranger à l'avis de qn*, der Meinung js beitreten ; sich der Meinung js anschließen. | *Se ranger du côté de qn*, jm beitreten, beipflichten. | *Se ranger parmi*, sich zu... rechnen. || FAM. *Se ranger*, ordentlich werden.
— SYN. : *Aligner*, aufreihen. *Arranger*, anordnen. *Classer*, einordnen, ablegen. *Disposer*, einrichten. *Distribuer*, verteilen. *Ordonner*, in Ordnung bringen.

ranimer [ranime] v. tr. neu, wieder beleben ; wieder aufleben lassen. || [feu ; haine] neu entfachen. | *Ranimer la flamme*, die Flamme wieder entfachen. || [cœur] auffrischen. || *Ranimer un malade*, einen Kranken beleben, ermutigen.
◇ v. pr. **se ranimer,** sich wieder beleben ; [colère] erneut losbrechen ; [feu ; résistance] wieder aufflammen, -flackern.

rapace [rapas] adj. raub-, habgierig ; gewinnsüchtig.
◇ m. **rapace,** Raubvogel m. | *Rapace diurne*, Greifvogel. | *Rapace nocturne*, Eule f.

rapacité [-site] f. Raubgier f., -lust f. ; Habsucht f., -gier f.

râpage [rɑpa:ʒ] m. Abraspeln n. ; Reiben n.

rapatrié, ée [rapatrije] s. Repatriierte(r) m., Heimkehrer(in) m. (f.) ; Rückwanderer(in) m. (f.).

rapatriement [-mɑ̃] m. Repatriierung f. ; Rückführung f.

rapatrier [-je] v. tr. repatriieren ; ins Vaterland zurückbringen.

râpe [rɑ:p] f. Reibe f. ; Reibeisen n. ; Raspel f. ; Feile f. | *Râpe à fromage*, Käsereibe.

râpé, ée [rɑpe] adj. [vêtement] abgetragen ; schäbig ; abgeschabt. || [aliment] gerieben.

râper [rɑpe] v. tr. reiben ; schaben ; raspeln ; abraspeln. | *Râper du bois*, Holz abraspeln. | *Râper du fromage*, Käse reiben. | *Râper du tabac*, Tabak mahlen.

rapetassage [raptasa:ʒ] m. Flicken n. ; Flickwerk n. ; Flickerei f.

rapetasser [-se] v. tr. flicken. || Fig. zusammenstoppeln, -stückeln.

rapetissement [raptismɑ̃] m. Verkleinerung f. || Fig. Herabsetzung f. ; Herabwürdigung f.

rapetisser [-se] v. tr. verkleinern. | *Verre rapetissant*, Verkleinerungsglas n. || Fig. herabsetzen.
◇ v. intr. kleiner werden ; abnehmen.
◇ v. pr. **se rapetisser,** sich kleiner machen ; kleiner erscheinen. || Text. eingehen. || Fig. sich herabsetzen.

râpeux, euse [rɑpø, ø:z] adj. raspelartig. | *Langue râpeuse*, rauhe Zunge.

raphia [rafja] m. Nadelpalme f.

rapiat [rapja] adj. Fam. raffgierig ; knickrig.

rapide [rapid] adj. schnell. || [vif] rasch ; eilig ; eilend ; geschwind. | *Rapide comme l'éclair*, blitzschnell. | *D'un pas rapide*, mit schnellen Schritten. || [pente] steil ; reißend. | *Un fleuve rapide, au cours rapide*, ein reißender Strom. || [prompt] *Un homme rapide*, ein schnell handelnder Mann. | *Décision rapide*, schneller, prompter Entschluß. || Fig. *Style rapide*, lebhafter, lebendiger Stil. || [hâtif] flüchtig.
◇ m. [courant] Strudel m. ; Stromschnelle f. || [chemin de fer] Eil-, Schnellzug m.

rapidement [-dmɑ̃] adv. schnell ; eilend. | *Passer rapidement*, vorbeieilen.

rapidité [-dite] f. [mouvement] Schnelligkeit f. ; Geschwindigkeit f. ; Eile f. | *Rapidité de l'éclair*, Blitzschnelle. || [pente] Steilheit f. ; Abschüssigkeit f. || [hâte] Flüchtigkeit f. ; Eile f. || [vivacité] Lebhaftigkeit f. ; Lebendigkeit f. ; Promptheit f.

rapiéçage [rapjesa:ʒ] m. Flickerei f. ; Flickarbeit f. ; Flickwerk n.

rapiécer [-se] v. tr. ausbessern ; flicken ; lappen. || Fig. zusammenschustern.

rapière [rapjɛ:r] f. Rapier n. ; Haudegen m.

rapin [rapɛ̃] m. Fam. Malerlehrling m. ; Sudler m. ; Schmierer m. ; Farbenkleckser m.

rapine [rapin] f. Raub m. ; Plünderung f. | *Esprit de rapine*, Raubgier f. || [produit] Beute f. ; Raubgut n.

rappareiller [raparɛje] v. tr. [une série] vervollständigen. || [un objet] andere Gegenstände zu ähnlichen verschaffen ; komplettieren.

rapparier [-rje] v. tr. ein Paar ergänzen.

rappel [rapɛl] m. **1.** [action de rappeler] Zurück-, Abberufung f. | *Rappel d'un ambassadeur*, Abberufung eines Botschafters.
2. [observation] Aufforderung f. | *Lettre de rappel*, Mahnbrief m. | *Rappel à l'ordre*, Ordnungsruf m. ; Verweis m.
3. Théâtre. Herausrufen n.
4. Comm., Fin. Nachzahlung f. | *Rappel d'impôt*, Steuernachforderung f.
5. Mil. *Sonner le rappel*, zum Sammeln trommeln. || Fig. *Battre le rappel*, alles zusammentrommeln, zusammenrufen ; die Werbetrommel rühren. | *Rappel d'une classe*, Wiedereinberufung (f.) eines Jahrgangs.
6. Sport. *Descente en rappel*, Abseilen n.

rappeler [raple] v. tr. **1.** [faire revenir] ab-, ein-, zurückberufen. | *Ses affaires le rappellent*, seine Geschäfte rufen ihn zurück. | *Dieu l'a rappelé à lui*, Gott hat ihn zu sich gerufen. | *Rappeler un acteur*, einen Schauspieler herausrufen. | *Rappeler un ambassadeur*, einen Gesandten abberufen. | *Rappeler au téléphone*, zurückrufen. | *Rappeler qn à l'activité*, jn wieder einberufen ; reaktivieren. | *Rappeler qn à son devoir*, jn auf seine Pflicht hinweisen. | *Rappeler qn à l'ordre*, jn zur Ordnung rufen ; jn verweisen.
2. [faire souvenir] erinnern (an, acc.) ; heraufbeschwören ; ins Gedächtnis zurückrufen. | *Rappeler à qn sa jeunesse*, jn an seine Jugend erinnern. | *Rappelez-moi à son bon souvenir*, empfehlen Sie mich bei ihm, bitte. | *Il est rappelé que*, es wird daran erinnert, daß... | *Il me rappelle son père*, er erinnert mich an seinen Vater.
◇ v. pr. **se rappeler,** sich erinnern (an, acc.) ; gedenken (gén.).

rappliquer [raplike] v. intr. Pop. sich wieder einstellen ; hereingeschneit kommen.

rapport [rapɔ:r] m. **1.** [produit] Ertrag m. | *De bon rapport*, ergiebig ; einbringend ; rentabel. | *Maison de rapport*, Mietshaus n. ; Zinshaus n. | *Ce n'est pas d'un bon rapport*, das bringt nicht viel ein.
2. [compte rendu] Bericht m. ; Berichterstattung f. ; Referat n. || [d'expert] Gutachten n. || Mil. Meldung f. || [oral] Aussage f. — **a)** [civil] *Rapport annuel*, Jahresbericht, -übersicht f. | *Rapport médical*, ärztliches Gutachten. | *Rapport officiel*, amtlicher Bericht. | *Rapport quotidien*, Tagesbericht. | *Rapport d'experts*, Sachverständigenbericht ; Gutachten. | *Rapport de gestion*, Geschäftsbericht. | *Demander un rapport sur qch.*, über etwas (acc.) Bericht fordern. | *Faire un rapport*, [écrit] einen Bericht abfassen ; Jur., Polit. eine Meldung machen ; [oral] Bericht erstatten ; berichten. | *D'après le rapport officiel*, nach amtlichem Befund. | *Sur le rapport de qn*, nach js Aussage. — **b)** Mil. *Rapport (journalier)* Befehlsausgabe f. | *Faire un rapport*, Meldung erstatten.
3. [relation ; lien] Beziehung f. ; Verhältnis n. ; Zusammenhang m. ; Ähnlichkeit f. | *Rapport de causalité, de cause à effet*, Kausalzusammenhang. | *Rapport de dépendance*, Abhängigkeitsverhältnis. | *Rapport des forces*, Kräfte-, Stärkeverhältnis. | *Rapport signal/bruit*, Signal/Rauschverhältnis. | *Sous beaucoup de rapports*, in vielen Stücken. | *Sous ce rapport*, in dieser Beziehung, Hinsicht. | *Avoir rapport à qch.*, zu etwas in Beziehung stehen ; sich auf etwas (acc.) beziehen. | *Cela n'a aucun rapport (avec)*, das hat damit gar nichts

zu tun. | *Avoir un rapport étroit avec qch.*, mit etwas in innerem Zusammenhang stehen. | *Entrer en rapport avec*, in Beziehung zu... treten. | *Établir un rapport (entre)*, (mit...) in Zusammenhang bringen. | *Être en rapport avec qch.*, [avoir un lien] mit etwas zusammenhängen ; [correspondre] etwas (dat.) entsprechen. | *Mettre qn en rapport avec qn*, jn mit jm bekannt machen. | *Mettre en rapport*, in Beziehung setzen.
◇ m. pl. **rapports,** Beziehungen f. pl. ; Verkehr m. | *Rapports commerciaux, d'affaires*, geschäftliche Beziehungen. | *Rapports de bon voisinage*, gutnachbarliche Beziehungen. | *Avoir des rapports tendus avec qn*, mit jm auf gespanntem Fuß stehen. | *Cesser, Rompre tous rapports avec qn*, mit jm alle Beziehungen abbrechen. | *Quels sont vos rapports avec eux ?*, in welchem Verhältnis stehen Sie zu ihnen ? || [intimes] Geschlechtsverkehr, -beziehungen.
◇ loc. prép. **par rapport à,** in Beziehung, in Bezug auf (acc.) ; hinsichtlich (gén.) ; im Verhältnis zu. — **sous le rapport de,** was... betrifft.
— SYN. : *Intérêt* m., Zins m. *Rendement* m., Ertrag m. *Compte rendu* m., *récit* m., *relation* f., Bericht m. ; Meldung f. *Analogie* f., Ähnlichkeit f. *Corrélation* f., Wechselbeziehung f. *Correspondance* f., Entsprechung f. *Liaison* f., Verbindung f. *Relation* f., Beziehung f.

rapporter [-te] v. tr. **1.** [remettre, revenir avec qch.] wieder-, zurückbringen ; mitbringen. | *N'en rapporter que des coups*, nur Schläge davontragen. | *Rapporter une réponse*, eine Antwort mitbringen. || [chasse] *Rapporter le gibier*, das erlegte Wild (r)apportieren.
2. [produire] einbringen ; eintragen. | *Cela rapporte*, es rentiert sich. | *Rapporter gros*, viel einbringen. | *Rapporter un bénéfice*, Gewinn abwerfen, (ein)bringen. | *Rapporter des intérêts*, sich verzinsen ; Zinsen tragen.
3. [relater] berichten ; melden ; referieren. || [en mauvaise part] (aus)schwatzen ; (aus)klatschen. || ARG., UNIV. petzen.
4. [abroger] aufheben ; widerrufen ; für nichtig erklären ; rückgängig machen.
5. [rattacher à] beziehen (auf, acc.). | *Rapporter à qch.*, auf etwas beziehen, zurückführen.
6. TECHN. *Terre rapportée*, aufgeschüttete Erde.
◇ v. pr. **se rapporter.** *Se rapporter à qch.*, sich auf etwas (acc.) beziehen. | *S'en rapporter à qn*, sich auf jn verlassen, berufen. | *S'en rapporter à qn de qch.*, jm etwas anheimgeben, -stellen.

rapporteur, euse [-tœ:r, ø:z] s. PÉJOR. Zuträger(in) m. (f.) ; Angeber(in) m. (f.).
◇ m. **rapporteur,** [de compte rendu] Berichterstatter m. ; Referent m. || MATH. Winkelmesser m.

rapprendre [raprɑ̃:dr] v. tr. wieder, von neuem lernen.

rapprochement [raprɔʃmɑ̃] m. Zusammenrücken n. ; Annähern n. ; Annäherung f. | *Rapprochement franco-allemand*, deutsch-französische Aussöhnung, Annäherung f. || FIG. [comparaison] Vergleichung f. ; Zusammenstellung f.

rapprocher [-ʃe] v. tr. [mettre plus près] näher (heran)rücken ; ansetzen ; anfügen ; herausschaffen ; nähern. | *Les lunettes rapprochent (un objet)*, die Brille holt (einen Gegenstand) heran. | *Rapprocher deux tables*, zwei Tische zusammenrücken. || FIG. [personnes] annähern ; näherbringen. || PAR EXT. [réconcilier] aus-, versöhnen. | *Rapprocher l'un de l'autre*, einander näherbringen ; PAR EXT. befreunden. || FIG. [comparer] vergleichen ; zusammenstellen.
◇ v. pr. **se rapprocher (de),** sich nähern (dat.) ; herannahen, -kommen (an, acc.). || FIG. sich annähern ; sich befreunden ; sich versöhnen.
◇ part. pass. et adj. **rapproché, ée,** nah ; Nah... | *Combat rapproché*, Nahkampf m.

rapt [rapt] m. Raub m. ; Entführung f.

raquette [rakɛt] f. SPORT. Schläger m. || [de neige] Schneereifen m., -teller m.

rare [ra:r] adj. [peu fréquent] selten ; rar. | *Se faire rare*, sich rar machen ; selten kommen. || [peu abondant] knapp ; dünn ; spärlich. | *L'argent est rare*, das Geld ist knapp. | *Cheveu(x) rare(s)*, schütteres Haar. || [exceptionnel] außerordentlich ; hervorragend. || PHYS. dünn. | *Gaz rare*, Edelgas n.

raréfaction [rarefaksjɔ̃] f. [air] Verdünnung f. || [diminution] Abnahme f. || [argent] Verknappung f.

raréfier (se) [səraréfje] v. pr. sich verdünnen ; knapper, seltener werden.

rarement [rarmɑ̃] adv. selten.

rareté [-rte] f. Seltenheit f. ; Knappheit f. ; Mangel m. || [chose rare] Rarität f. | *Rareté de l'air*, Luftverdünnung f. | *Rareté des vivres*, Lebensmittelknappheit.

rarissime [-risim] adj. sehr selten.

ras, rase [rɑ, rɑ:z] adj. [au poil court] kurz geschoren ; glatt rasiert ; kurzhaarig. | *Avoir les cheveux ras*, einen kurzen Haarschnitt haben. | *Au poil ras*, glatt-, kurzhaarig. || [plat] eben ; flach. | *En rase campagne*, auf dem flachen Lande. || [plein] gestrichen voll. | *Emplir à ras bord*, bis an den Rand füllen. || FIG., FAM. *J'en ai ras le bol*, es steht mir bis zum Hals.
◇ loc. prép. **au ras de, à ras de,** in gleicher Höhe mit. | *Au ras du sol*, zu ebener Erde.

rasade [razad] f. bis an den Rand gefülltes, gestrichen volles Glas.

rasage [rɑza:ʒ] m. Rasur f.

rasant, ante [-zɑ̃, ɑ̃:t] adj. [de faible hauteur] streifend ; streichend ; horizontal ; flach. | *Tir rasant*, Flachfeuer n. || POP. langweilig.

rase-mottes [rɑzmɔt] m. invar. AÉRON. Tiefflug m.

raser [rɑze] v. tr. [couper ras] rasieren ; scheren. || [abattre] abtragen ; niederreißen ; schleifen ; dem Erdboden gleichmachen. | *Raser une forteresse*, eine Festung schleifen. | *Raser une maison*, ein Haus niederreißen, dem Erdboden gleichmachen. || FIG. [frôler] an, über etwas (acc.) streifen, hinstreichen. | *Raser les murs*, dicht an der Mauer hin-, längsgehen. | *Rasant la terre*, über den Boden hinstreichend. || FIG., FAM. langweilen ; belästigen.
◇ v. pr. **se raser,** sich rasieren. || FIG., FAM. sich langweilen.
◇ part. pass. et adj. **rasé, ée,** rasiert. | *Non rasé*, unrasiert.

raseur [-zœ:r] m. POP. langweiliger Peter.

rasoir [-zwa:r] m. [instrument] Rasiermesser n. | *Rasoir électrique*, Trockenrasierer m.
◇ adj. FAM. langweilig.

rassasier [rasazje] v. tr. sättigen ; sattmachen ; stillen. || PAR EXT. befriedigen. | *Rassasier de*, überfüttern mit. || FIG. überhäufen ; überschütten. | *Rassasier sa curiosité*, seine Neugier(de) befriedigen. | *Ne pouvoir rassasier ses regards*, sich nicht satt sehen können.
◇ v. pr. **se rassasier,** sich satt essen. || FIG. einer Sache überdrüssig werden. | *Se rassasier de qch.*, sich an, mit, von etwas sättigen.
◇ part. pass. et adj. **rassasié, iée,** satt. || PAR EXT. übersättigt. || FIG. überdrüssig. | *J'en suis rassasié*, das habe ich satt ; das hängt mir zum Halse heraus.

rassemblement [rasɑ̃bləmɑ̃] m. Versammeln n. ; Versammlung f. || [foule] Auflauf m. || MIL.

Zusammenziehung f. | *Sonner le rassemblement*, zum Sammeln blasen.

rassembler [-ble] v. tr. (wieder)zusammenführen ; versammeln ; vereinigen ; zusammenlegen, -bringen, -tragen, -stellen, -setzen, -fügen. | *Rassembler ses forces*, seine Kräfte sammeln. | *Rassembler ses idées*, seine Gedanken zusammennehmen.

◇ v. pr. **se rassembler,** sich (ver)sammeln ; zusammentreten.

rasseoir (se) [səraswa:r] v. pr. (sich) wieder(hin)setzen.

rasséréner (se) [səraserene] v. tr. et pr. (sich) aufheitern ; (sich) beruhigen ; (sich) (auf)klären.

rassis, ise [rasi, i:z] adj. [calme] gesetzt ; gelassen ; besonnen ; ruhig. | *Esprit rassis*, Gesetztheit f. ; Besonnenheit f. || [qui n'est plus frais] *Pain rassis*, altbackenes, gestriges Brot.

rassortiment [rasɔrtimɑ̃] ou **réassortiment** [reasɔrtimɑ̃] m. Ergänzung f. ; Auffüllung f. ; Auffrischung (f.) des Warenbestandes.

rassortir [-ti:r] ou **réassortir** [reasɔrti:r] v. tr. COMM. auffüllen ; ergänzen.

rassurant, ante [rasyrɑ̃, ɑ̃:t] adj. beruhigend ; tröstlich ; ermutigend.

rassurer [-re] v. tr. beruhigen ; ermutigen. | *Rassurer qn*, jm Mut machen, einflößen.

◇ v. pr. **se rassurer,** sich beruhigen.

rat [ra] m. [animal] Ratte f. | *Rat domestique, noir*, Hausratte. | *Rat musqué*, Biber-, Bisamratte. || [petite danseuse] Ballettratte f. || FIG., FAM. *Rat de cave*, [employé] Steuerbeamter m. ; [lumignon] Wachsfakkel f. || LOC. *Pauvre comme un rat d'église*, arm wie eine Kirchenmaus. | *Rat d'hôtel*, Hoteldieb m.

rata [rata] m. POP. Ragout n. ; Fraß m.

ratage [rata:ʒ] m. Scheitern n. ; Schiffbruch m.

ratatiné, ée [ratatine] adj. zusammengeschrumpft ; runzelig ; verhutzelt. | *Un petit vieux tout ratatiné*, ein kleines Hutzelmännchen.

ratatiner (se) [səratatine] v. pr. ein-, zusammenschrumpfen.

ratatouille [ratatu:j] f. FAM. schlechtes Ragout. || CULIN. *Ratatouille niçoise*, provenzalischer Gemüseeintopf.

rate [rat] f. ZOOL. Rattenweibchen n.

rate [rat] f. ANAT. Milz f. || FIG. *Rire à se dilater la rate*, sich kranklachen.

raté, ée [rate] part. pass. et adj. mißlungen ; danebengeraten ; mißraten ; fehlgeschlagen ; verfehlt. | *Coup raté*, Fehlschuß m., -schlag m.

◇ m. **raté,** TECHN. Versager m. ; Blindgänger m. ; Fehlschlag m. | *Raté d'allumage*, Fehlzündung f. | *Le moteur a des ratés*, der Motor setzt aus, stottert.

◇ s. *Un, Une raté(e),* eine gescheiterte Existenz.

râteau [rɑto] m. Rechen m. ; Harke f.

râtelage [-tla:ʒ] m. Rechen n. ; Harken n.

râteler [-tle] v. tr. rechen ; harken ; zusammenharken.

râtelier [rɑtəlje] m. AGRIC. Raufe f. ; Futterkrippe f. || FIG. *Manger à deux, à plusieurs râteliers*, mehrere Eisen im Feuer haben. || [dentier] Gebiß n.

rater [rate] v. intr. versagen ; nicht losgehen ; aussetzen. || PAR EXT. mißlingen ; scheitern ; fehlschlagen. | *L'entreprise a raté*, das Unternehmen ist gescheitert.

◇ v. tr. verfehlen ; versäumen. | *Rater une occasion*, eine Gelegenheit versäumen. | *Rater son train*, seinen Zug verpassen. || FAM. *Rater un examen*, in einer Prüfung durchfallen (sépar.).

ratiboiser [ratibwaze] v. tr. FAM. stibitzen.

ratier [ratje] adj. et s. [chien] Rattenfänger m.

ratière [-tjɛ:r] f. Ratten-, Mausefalle f.

ratification [-fikasjɔ̃] f. [acte] Bestätigung f. ; Genehmigung f. ; Ratifikation f. ; Ratifizierung f.

ratifier [-fje] v. tr. bestätigen ; genehmigen ; ratifizieren.

ratine [ratin] f. TEXT. Ratine m.

ratiocination [rasjɔsinasjɔ̃] f. PÉJOR. Vernünftelei f. ; (Aus)tüftelei f.

ratiociner [-ne] v. intr. brüten ; austüfteln.

ration [rasjɔ̃] f. Mundvorrat m. ; Ration f. ; tägliche Nahrungsmenge ; Portion f. | *Ration de base*, Verpflegungsmindestsatz m.

rationalisation [rasjɔnalizasjɔ̃] f. Rationalisierung f.

rationaliser [-lize] v. tr. rationalisieren.

rationalisme [-lism] m. Rationalismus m. ; Aufklärung f. ; Vernunftglaube m.

rationaliste [-list] adj. PHILOS. rationalistisch ; aufklärerisch.

◇ m. Aufklärer m. ; Rationalist m.

rationalité [-lite] f. Vernünftigkeit f. ; Vernunftgemäßheit f. || MATH. Rationalität f.

rationnel, elle [-nɛl] adj. rational ; vernunftgemäß ; vernünftig. || [objet ; acte] zweckmäßig ; rationell. || MATH. berechenbar.

rationnellement [-nɛlmɑ̃] adv. rationell.

rationnement [-nmɑ̃] m. Rationierung f. ; Einschränkung f.

rationner [-ne] v. tr. auf Rationen setzen ; rationieren ; bewirtschaften.

Ratisbonne [ratisbɔn] n. pr. f. Regensburg n.

ratissage [ratisa:ʒ] m. AGRIC. Schaben n. ; Harken n. ; Rechen n. ; Durchkämmen n.

ratisser [-se] v. tr. harken ; rechen ; (ab)schaben ; (ab)kratzen. || MIL. aufkämmen (sépar.).

raton [ratɔ̃] m. ZOOL. kleine Ratte. | *Raton laveur*, Waschbär m.

rattachement [rataʃmɑ̃] m. Verbindung f. || POLIT. Angliederung f. ; Anschluß m.

rattacher [-ʃe] v. tr. wieder anbinden ; anknüpfen ; anheften ; befestigen ; festmachen ; festhalten. | *Rattacher ses lacets*, seine Schnürsenkel festknüpfen. | *Rattacher un pays (à)*, ein Land (an, acc.) angliedern. || FIG. *Rattacher (à)*, in Zusammenhang bringen (mit). | *Rattacher une question à une autre*, eine Frage an eine andere anknüpfen.

◇ v. pr. **se rattacher.** *Se rattacher à*, sich an (acc.) knüpfen. || [faits] *Se rattacher à qch.*, mit etwas zusammengehören, zusammenhängen.

rattrapage [ratrapa:ʒ] m. Wiedergewinnen n. ; Ein-, Aufholen n. || UNIV. *Cours de rattrapage*, Nachhilfestunde f.

rattraper [-pe] v. tr. [reprendre] wiederfangen, -erwischen, -ergreifen. | *Rattraper un évadé*, einen Ausbrecher wieder einfangen. | *Si je le rattrape !*, wenn ich den erwische ! || [rejoindre] ein-, nachholen. || [regagner] wiedergewinnen. | *Rattraper le temps perdu*, die verlorene Zeit wiedereinholen. || [corriger] wiedergutmachen.

◇ v. pr. **se rattraper,** [se retenir] *Se rattraper à qch.*, sich an etwas (dat.) festhalten, klammern. || FIG., FAM. *Se rattraper aux branches*, notdürftig wiedergutmachen. || [se dédommager] *Se rattraper (sur qch.)*, sich für etwas entschädigen. | *Il faut se rattraper sur la quantité*, die Menge muß es bringen.

rature [raty:r] f. [acte] Streichung f. || [passage] gestrichene, weggelassene Stelle.

raturer [-re] v. tr. weg-, aus-, durchstreichen ; streichen.

rauque [ro:k] adj. rauh ; heiser.

ravage [rava:ʒ] m. Verwüstung f. ; Verheerung f. || PAR EXT. *Ravages du temps*, Spuren (f. pl.) der Jahre ; Zahn (m.) der Zeit.

ravager [-ʒe] v. tr. verwüsten ; zerstören ; verheeren. | *Visage ravagé*, ein verzerrtes, gezeichnetes Gesicht. | *Ravagé par la petite vérole*, von Blattern entstellt, verunstaltet.

— SYN. : *Dévaster*, verwüsten.

ravalement [ravalmɑ̃] m. Putzen n. ; Verputz m. ; Bewurf m. ; Berapp m.

ravaler [-le] v. tr. [avaler] *Ravaler son dépit*, seinen Ärger verschlucken. | *Ravaler ses larmes*, seine Tränen verbeißen. || ARCHIT. verputzen ; berappen. || FIG. herabsetzen, -würdigen ; geringschätzen.
◇ v. pr. **se ravaler,** sich demütigen, erniedrigen.

ravaudage [ravoda:ʒ] m. Ausbessern n. ; Stopfen n. ; Flicken n.

ravauder [-de] v. tr. ausbessern ; stopfen ; flicken.

rave [ra:v] f. Rübe f.

ravi, ie [ravi] adj. entzückt ; begeistert ; bezaubert ; hingerissen. | *Être ravi (de qch.)*, hingerissen sein (über, von etwas).

ravier [ravje] m. Vorspeisen-, Salatteller m.

ravigote [ravigɔt] f. pikante Kräutersoße.

ravigoter [-te] v. tr. wieder auf die Beine stellen ; zu Kräften bringen ; aufmuntern.

ravin [ravɛ̃] m. Hohlweg m. ; Schlucht f.

ravinement [-nmɑ̃] m. Auswaschung f. ; Schluchtenbildung f.

raviner [-ne] v. tr. auswaschen ; aushöhlen ; eingraben.

ravioli [ravjɔli] m. CULIN. gefüllte Teigklößchen n. pl. ; Raviole f. (pl. Ravioli).

ravir [ravi:r] v. tr. [enlever] (be)rauben ; entführen ; entreißen. || PAR EXT. *Ravir la liberté à qn*, jn der Freiheit berauben. || FIG. hin-, mitreißen ; entzücken ; begeistern ; beglücken.
◇ loc. adv. **à ravir,** entzückend ; zum Entzücken.

raviser (se) [səravize] v. pr. sich anders besinnen ; seine Meinung ändern.

ravissant, ante [ravisɑ̃, ɑ̃:t] adj. reizend ; bezaubernd ; entzückend ; hinreißend.

ravissement [-smɑ̃] m. Entzückung f. ; Beseligung f. ; Seligkeit f.

ravisseur, euse [-sœ:r, ø:z] adj. räuberisch.
◇ s. Entführer(in) m. (f.) ; Räuber m.

ravitaillement [ravitajmɑ̃] m. Versorgung f. ; Verproviantierung f. ; Verpflegung f. | *Ravitaillement en vol*, Luftbetankung f.

ravitailler [-je] v. tr. versorgen ; verproviantieren ; versehen (mit).
◇ v. pr. **se ravitailler,** sich mit Lebensmitteln versorgen. || IRON. hamstern.

ravitailleur [-jœ:r] m. Verpflegungs-, Munitions-, Lagerverwalter m. || MAR. Mutter-, Versorgungsschiff n.

raviver [ravive] v. tr. wiederbeleben ; neu beleben ; auffrischen. | *Raviver les couleurs*, die Farben auffrischen. || FIG. *Raviver l'espoir*, die Hoffnung aufkommen lassen, neu beleben.

rayé, ée [rɛje] adj. [avec des raies] gestreift ; mit Streifen. | *Gilet rayé*, gestreifte Weste. | *Rayé de noir*, schwarzgestreift. || [abîmé] geritzt.

rayer [-je] v. tr. [faire des raies] ritzen ; riffeln. | *Rayer une feuille de papier*, einen Bogen Papier lini(i)eren, mit Linien versehen. || [effacer] aus-, durchstreichen ; streichen. | *Rayer un mot*, ein Wort ausstreichen. | *Rayer un passage*, eine Stelle (aus einem Text) streichen. | *Rayer du programme*, vom Programm absetzen, streichen.

rayon [rɛjɔ̃] m. [de lumière] Strahl m. | *Rayon cathodique*, Kathodenstrahl. | *Rayon cosmique*, kosmischer Strahl. | *Rayon laser*, Laserstrahl. | *Rayon de lumière, lumineux*, Lichtstrahl. | *Rayons X*, Röntgenstrahlen m. pl. | *Rayon de soleil*, Sonnenstrahl. | *Émission de rayons*, Ausstrahlung f. | *Tube à rayons cathodiques*, Braunsche Röhre f. | *Examiner aux rayons X*, röntgen. | *Traiter aux rayons X*, mit Röntgenstrahlen behandeln. || FIG. *Rayon d'espoir*, Hoffnungsstrahl, -schimmer m. || MATH. Radius m. ; Halbmesser m. || [tige métallique] *Rayon d'une roue*, Radspeiche f. || PAR EXT. Umkreis m. ; Bereich m. ; Bezirk m. | *Rayon d'action*, [en général] Fahrbereich ; AÉRON. Flugbereich ; [d'activité] Geschäftskreis m. | *Rayon (d'action) d'une fusée*, Raketenreichweite f. | *À grand rayon (d'action)*, von großer Reichweite ; mit großem Wirkungsbereich. | *Dans un rayon de vingt kilomètres*, in einem Umkreis von zwanzig Kilometern. || [de miel] Honig-, Bienenwabe f. || [tablette] Brett n. ; Fach n. | *Rayon de livres*, Bücherbrett, -regal n. || [magasin] Abteilung f. | *Chef de rayon*, Abteilungsleiter m. || COMM. *En rayon*, auf Lager. || FAM. *Ce n'est pas (de) mon rayon*, das ist nicht mein Gebiet.

rayonnage [rɛjɔna:ʒ] m. Bücherständer m., -gestell n.

rayonnant, ante [rɛjɔnɑ̃, ɑ̃:t] adj. strahlend ; glänzend. | *Rayonnant de joie*, freudestrahlend.

rayonne [rɛjɔn] f. Kunstseide f.

rayonnement [-nmɑ̃] m. (Aus)strahlung f. ; Verbreitung f. | *Rayonnement calorifique, thermique*, Wärmestrahlung. | *Rayonnement ionisant*, ionisierende Strahlung. | *Rayonnement solaire*, Sonnenstrahlung.

rayonner [-ne] v. intr. aus-, erstrahlen ; strahlen ; Strahlen aussenden ; glänzen. || [voyages] Touren machen.

rayure [rɛjy:r] f. [trace] Ritz m. ; Schramme f. || [bande verticale] Streifen m. ; Streifung f. || [trait] Strich m. || [rature] Ausstreichen n. ; Streichung f. | *À larges rayures*, breitgestreift. || [canon] Zug m. ; Drall m. ; Riffelung f.

raz ou **ras** [rɑ] m. starke Strömung. | *Raz de marée*, Flutwelle f. ; Spring-, Sturmflut f. ; FIG., POL. Erdrutsch m.

razzia [ra(d)zja] f. Beutezug m. ; Razzia f.

razzier [-zje] v. tr. eine Razzia machen.

ré [re] m. MUS. d, D n. | *Ré bémol*, Des n. | *Ré dièse*, Dis n. ; dis n.

réabonnement [reabɔnmɑ̃] m. Abonnementsverlängerung f.

réabonner [-ne] v. tr. ein Abonnement erneuern.

réacteur [reaktœ:r] m. AÉRON. Düsenantrieb m. ; Strahl-, Rückstoßtriebwerk n. ; Düse f. | *Réacteur à double flux*, Doppelflußreaktor m. || NUCL. *Réacteur atomique*, Atomkraftwerk n. ; Atommeiler m. ; Atomreaktor m. | *Réacteur à eau légère, lourde*, Leichtwasser-, Schwerwasserreaktor m. | *Réacteur à eau pressurisée*, Druckwasserreaktor m. | *Réacteur à neutrons rapides*, Brutreaktor m. ; Schnellneutronenreaktor m. | *Réacteur rapide*, schneller Reaktor.

réactif, ive [-tif, i:v] adj. rückwirkend ; reagierend.
◇ m. **réactif.** CHIM. Reagens n.

réaction [-sjɔ̃] f. Reaktion f. || [action en retour] Rück-, Gegenwirkung f. ; PAR EXT. Folgeerscheinung f. ; Auslösung f. | *Réaction secondaire*, Nebenwirkung f. ; Randgeschehen n. | *Quelle fut sa réaction ?*, wie hat er darauf reagiert ? ; wie hat er sich dabei verhalten ?

|| POLIT. Reaktion f. ; PÉJOR. Rückschritt m. || MÉD. medizinische Probe. | *Réaction défensive*, Abwehrreaktion. | *Réaction immune*, Immunreaktion f. || CHIM. *Réaction chimique*, chemischer Prozeß, Vorgang. || PHYS. *Réaction nucléaire*, Kernreaktion. | *Réaction en chaîne*, Kettenreaktion. || RADIO. Rückkopp(e)lung f. || AÉRON. *Avion à réaction*, Düsenflugzeug n.

réactionnaire [-sjɔnɛ:r] adj. reaktionär ; rückschrittlich.

◇ s. Reaktionär(in) m. (f.).

réactivité [-tivite] f. Reaktionsfähigkeit f. || NUCL. Reaktivität f. | *Réactivité résiduelle*, Abschaltreaktivität.

réadaptation [readaptasjɔ̃] f. Wiederanpassung f.

réadapter [-te] v. tr. wieder anpassen ; umstellen.

réagir [reaʒi:r] v. tr. zurückwirken ; reagieren. | *Réagir à*, zurückwirken, reagieren auf (acc.).

réalignement [realiɲmɑ̃] m. *Réalignement des monnaies*, Angleichung (f.) der Wechselkurse.

réaligner [-liɲe] v. tr. angleichen.

réalisable [realizabl] adj. realisierbar. || [exécutable] ausführbar. || [argent] umsetzbar.

réalisateur, trice [-zatœ:r, tris] adj. tatkräftig.

◇ s. Hersteller m. || FILM. Filmregisseur(in) m. (f.).

réalisation [-zasjɔ̃] f. Verwirklichung f. ; Durchführung f. ; Bewerkstelligung f. ; Leistung f. || COMM. Umsetzung f. ; Flüssigmachung f. ; Verkauf m. | *Réalisation d'une construction*, Bauausführung f. | *Réalisation d'un film*, Filmregie f. ; Drehen (n.) eines Films. | *Réalisation d'un gain*, Gewinnerzielung f.

réaliser [-ze] v. tr. [accomplir] verwirklichen ; in die Tat umsetzen ; aus-, durchführen ; vollbringen ; bewerkstelligen ; zustandebringen ; realisieren. | *Réaliser un bénéfice*, einen Gewinn erzielen. || [concevoir] *Réaliser qch.*, sich etwas vorstellen ; etwas begreifen. || COMM. verkaufen ; flüssig machen ; lösen.

◇ v. pr. **se réaliser,** sich verwirklichen ; Wirklichkeit werden ; in Erfüllung gehen.

— SYN. : *Accomplir*, erfüllen. *Effectuer*, verwirklichen.

réalisme [realism] m. Realismus m. ; Sachlichkeit f. || [état d'esprit] Wirklichkeitssinn m.

réaliste [-list] adj. sachlich ; realistisch.

◇ s. Realist m. ; Realistin f.

réalité [-lite] f. Wirklichkeit f. ; Tatsache f. ; Realität f. | *En réalité*, in Wirklichkeit ; tatsächlich.

réanimation [reanimasjɔ̃] f. Wiederbelebung f.

réanimer [-me] v. tr. wiederbeleben.

réapparaître [reaparɛ:tr] v. intr. V. REPARAÎTRE.

réapparition [-risjɔ̃] f. Wiedererscheinen n., -auftreten n. | *Faire sa réapparition*, wieder auf der Bildfläche erscheinen ; erneut auftauchen.

réapprovisionnement [reaprɔvizjɔnmɑ̃] m. Wiederversorgung f.

réapprovisionner [-ne] v. tr. wiederversorgen.

réargenter [rearʒɑ̃te] v. tr. neu versilbern.

réarmement [rearməmɑ̃] m. Neubewaffnung f. ; Wiederaufrüstung f. ; Nachrüstung f.

réarmer [-me] v. tr. wieder-, neubewaffnen ; aufrüsten.

réassortir [reasɔrti:r] v. tr. V. RASSORTIR.

réassurance [reasyrɑ̃:s] f. Rückversicherung f.

réassurer [-re] v. tr. rückversichern.

rébarbatif, ive [rebarbatif, i:v] adj. rauh ; barsch ; borstig ; unfreundlich ; unwirsch.

rebâtir [rəbɑti:r] v. tr. wiederaufbauen.

rebattre [rəbatr] v. tr. [battre de nouveau] wieder, erneut schlagen. || FIG. wiederholen (insépar.) ; aufwärmen. | *Rebattre les oreilles à qn*, jm (mit etwas) dauernd in den Ohren liegen.

rebattu, ue [-ty] part. pass. et adj. FIG. abgedroschen ; abgeklappert ; alltäglich. | *J'en ai les oreilles rebattues*, ich kann das nicht mehr hören.

rebelle [rəbɛl] adj. [révolté] aufrührerisch ; widerspenstig ; widerborstig. || [désobéissant] unfügsam ; ungehorsam. || [résistant] *Maladie rebelle*, hartnäckige Krankheit. | *Rebelle à la poésie*, der Dichtkunst unzugänglich.

◇ s. Aufrührer(in) m. (f.) ; Empörer(in) m. (f.) ; Rebell m.

rebeller (se) [sərəbɛle] v. pr. sich empören ; sich auflehnen ; sich sträuben ; rebellieren.

rébellion [rebɛljɔ̃] f. Aufstand m. ; Aufruhr m. ; Empörung f. ; Widerstreben n. ; Rebellion f.

rebiffer (se) [sərəbife] v. pr. POP. aufmucken ; rebellisch werden.

reboisement [rəbwazmɑ̃] m. Aufforstung f. ; Wiederaufforstung f.

reboiser [-ze] v. tr. wiederaufforsten.

rebond [rəbɔ̃] m. Rück-, Abprall m. | *Faux rebond*, Verspringen n.

rebondi, ie [-di] adj. prall ; dick und rund ; voll. | *Joues rebondies*, Pausbacken f. pl.

rebondir [-di:r] v. intr. aufspringen. | *La balle rebondit*, der Ball springt auf. || PAR EXT. wieder in Gang kommen ; erneut aktuell werden.

rebondissement [-dismɑ̃] m. Abprallen n. ; Rückprall m. || PAR EXT. Wiederaufleben n.

rebord [rəbɔ:r] m. [bord] Randleiste f. ; Rand m. || [arête] Kante f. || [chapeau] Krempe f. || [cheminée] Gesims n. || [fenêtre] Fensterbrett n., -bank f.

reboucher [rəbuʃe] v. tr. wieder stopfen, verkorken, verkitten.

rebours (à) [arəbu:r] loc. adv. gegen den Strich. | *Compte à rebours*, Countdown m. | *Compter à rebours*, rückwärts zählen. | *Faire tout à rebours*, alles verkehrt anfangen. | *Marcher à rebours*, rückwärts gehen. | *Il l'a pris à rebours*, er hat es falsch aufgefaßt.

◇ loc. prép. **à, au rebours de,** im Gegensatz zu.

rebouteur ou **rebouteux, euse** [rəbutœ:r, -tø, ø:z] s. Gliedereinrenker(in) m. (f.). || PÉJOR. Quacksalber(in) m. (f.) ; Heilpraktiker(in) m. (f.).

reboutonner [rəbutɔne] v. tr. wieder zuknöpfen.

rebroussement [rəbrusmɑ̃] m. Zurückbürsten n. ; Rückwärtsbürsten n. ; Umkehren n.

rebrousse-poil (à) [arəbruspwal] loc. adv. wider, gegen den Strich ; verkehrt.

rebrousser [rəbruse] v. tr. gegen den Strich bürsten, kämmen ; zurückbürsten. | *Rebrousser chemin*, kehrtmachen ; umkehren (sépar.).

rebuffade [rəbyfad] f. scharfe Abweisung. | *Essuyer une rebuffade*, eine Abfuhr einstecken.

rébus [reby:s] m. Bilderrätsel n. ; Scherzrebus n.

rebut [rəby] m. Ausschuß m., -ware f. ; Schund m. ; Abfall m. | *Marchandise de rebut*, Ausschuß-, Schundware f. | *Mettre au rebut*, ausrangieren, verschrotten ; zum alten Eisen werfen. || POSTES. *Au rebut*, unbestellbar. || FIG. *Rebut de l'humanité*, Abschaum (m.) der Menschheit.

rebutant, ante [-tɑ̃, ɑ̃:t] adj. abstoßend ; widerlich, -wärtig ; abweisend.

rebuter [-te] v. tr. ab-, zurückstoßen ; entmutigen ; barsch, rundweg abweisen ; anwidern.

◇ v. pr. **se rebuter,** sich abschrecken lassen ; den Mut sinken lassen ; sich entmutigen lassen.

récalcitrant, ante [rekalsitrɑ̃, ɑ̃:t] adj. widerspenstig ; störrisch ; unfolgsam ; aufsässig.

recaler [rəkale] v. tr. ARG., UNIV. *Être recalé à l'examen*, im Examen durchfallen (sépar.).

récapitulatif, ive [rekapitylatif, i:v] adj. kurz zusammenfassend ; rückschauend.
récapitulation [-lasjɔ̃] f. kurze Zusammenfassung ; Rückschau f. ; Überblick m.
récapituler [-le] v. tr. zusammenfassen ; kurz wiederholen ; rekapitulieren.
recéder [rəsede] v. tr. wieder abtreten.
recel [rəsɛl] m. JUR. Hehlerei f. ; Hehlen n. ; Verschleierung f. ; Unterschlagen n.
receler [-səle] v. tr. JUR. verhehlen ; verheimlichen ; unterschlagen (insépar.) ; veruntreuen. | *Receler qn*, jn versteckt halten. || [contenir] verbergen ; hegen.
receleur, euse [-səlœ:r, ø:z] s. Hehler(in) m. (f.).
récemment [resamɑ̃] adv. vor kurzem ; neulich ; neuerdings.
recensement [rəsɑ̃smɑ̃] m. Bestandsaufnahme f. ; Zählung f. ; Besichtigung f. | *Recensement de la population*, Volkszählung f. || MIL. Registrierung f.
recenser [-se] v. tr. zählen ; kontrollieren. | *Recenser la population*, die Bevölkerung zählen.
récent, ente [resɑ̃, ɑ̃:t] adj. frisch ; neu. | *Les événements récents*, die neuesten Ereignisse n. pl. | *Jusqu'à une date récente*, bis vor kurzem.
recentrage [rəsɑ̃tra:ʒ] m. POLIT. Neuorientierung f.
recentrer [-tre] v. tr. POLIT. neuorientieren.
récépissé [resepise] m. Empfangsbescheinigung f. ; Abnahmeschein m. ; Quittung f.
réceptacle [resɛptakl] m. Sammelbecken n., -punkt m., -platz m. || BOT. Blütenboden m.
récepteur [-tœ:r] m. Empfänger m. ; Auffanggefäß n. || TÉLÉPH. Hörer m. || RADIO. Empfangsgerät n. ; Empfänger m. || TÉLÉV. Fernsehgerät n. ; FAM. Fernseher m.
récepteur, trice [-tœ:r, tris] adj. empfangend ; Empfangs...
réceptif, ive [-tif, i:v] adj. empfänglich (für). || MÉD. *Réceptif à*, anfällig für.
réception [-sjɔ̃] f. **1.** [action de recevoir qch.] Empfang m. ; Annahme f. ; Auf-, Entgegennahme f. | *Réception des colis*, Paketannahme. | *Réception d'une marchandise*, Annahme einer Ware. | *Accusé de réception*, Empfangsbestätigung f. | *Bureau de réception*, Empfangsstelle f. | *Dès réception*, bei Empfang. | *Accuser réception d'une lettre*, den Empfang eines Briefes bestätigen. || RADIO. Empfang m. | *Réception d'une émission*, Rundfunkempfang.
2. [acceptation d'un travail] Abnahme f.
3. [société] Empfang m. | *Heures de réception*, Empfangszeit f. | *Jour de réception*, Gesellschaftstag m. ; Empfangstag m.
4. [admission] *Discours de réception*, Antrittsrede f. | *Réception dans une société*, Einführung (f.), Annahme in eine Gesellschaft.
réceptionnaire [-sjɔnɛ:r] m. Abnehmer m.
réceptionner [-sjɔne] v. tr. empfangen ; abnehmen ; prüfen.
réceptivité [-tivite] f. Aufnahmefähigkeit f. ; Empfänglichkeit f. || MÉD. Anfälligkeit f.
récession [-sjɔ̃] f. Zurückweichen n. ; Rückgang m. || COMM. Flaute f.
recette [rəsɛt] f. **1.** [somme encaissée] Einnahme f. ; Ertrag m. ; Erlös m. | *Recettes et dépenses*, Einnahmen und Ausgaben f. pl. | *Excédent des recettes*, Einnahmenüberschuß m. | *Garçon de recettes*, Kassenbote m. | *Livre des recettes*, Einnahmebuch n. | *Faire recette*, eine gute Einnahme erzielen. | *Porter en recette*, in Einnahme bringen, stellen.
2. [bureau] Steueramt n., -kasse f. ; Rentamt n. | *Recette municipale*, Stadtkasse f.
3. [préparation] *Recette de cuisine*, (Koch)rezept n.
— SYN. : *Gain* m., Gewinn m. *Produit* m., Ertrag m. *Revenu* m., Einkommen n.
recevabilité [rəsəvabilite] f. JUR. rechtliche Zulässigkeit.
recevable [-vabl] adj. zulässig ; statthaft ; annehmbar.
receveur, euse [-vœ:r, ø:z] s. Geld-, Kassen-, Steuer-, Zolleinnehmer(in) m. (f.) ; Kassierer(in) m. (f.). | *Receveur d'autobus*, Autobusschaffner m. | *Receveur des contributions*, Steuereinnehmer m. | *Receveur des postes*, Vorsteher eines Postamtes. || MÉD. Empfänger(in) m. (f.) | *Receveur universel, d'organe*, Universal-, Organempfänger.
recevoir [-vwa:r] v. tr. **1.** [accepter, prendre qch.] empfangen ; erhalten ; bekommen ; kriegen ; annehmen ; in Empfang nehmen. | *Recevoir de l'argent*, Geld empfangen. | *Recevoir un coup mortel*, einen tödlichen Streich empfangen. | *Recevoir une bonne éducation*, eine gute Erziehung genießen. | *Recevoir des éloges*, Lob ernten. | *Recevoir une émission*, eine Sendung empfangen. | *Recevoir une lettre*, einen Brief empfangen, bekommen. | *Recevoir des marchandises*, Waren beziehen, in Empfang nehmen. | *Recevoir une nouvelle*, eine Nachricht erhalten. | *Recevoir des ordres de qn*, von jm Befehle empfangen. | *Recevoir un présent*, ein Geschenk entgegennehmen. | *Recevoir qch. en paiement*, etwas in Zahlung nehmen. | *Recevoir une revue*, eine Zeitschrift beziehen.
2. [accueillir qn] empfangen ; aufnehmen. | *Recevoir qn à bras ouverts*, jn mit offenen Armen aufnehmen. | *Recevoir qn à sa table*, jn an seinen Tisch nehmen. | *Recevoir qn froidement*, jm einen kühlen Empfang bereiten.
3. [admettre] (qch.) annehmen ; genehmigen ; zulassen. | *Cette opinion n'est pas reçue ici*, diese Ansicht wird hier nicht anerkannt. | *Recevez l'assurance de ma considération*, genehmigen Sie die Versicherung meiner Hochachtung ; hochachtungsvoll. | *Fin de non-recevoir*, Ablehnung (f.) des Antrags ; Abweisung f. | *Recevoir qn dans une association*, jn in einen Verein aufnehmen. | *Être reçu à un examen*, eine Prüfung bestehen. | *Être reçu docteur*, (zum Doktor) promovieren. | *Il a été reçu à l'Académie*, er ist in die Akademie aufgenommen worden.
◇ v. intr. empfangen ; einen Besuchstag haben.
◇ v. pr. **se recevoir,** [saut] Boden fassen.
— SYN. : *Empocher*, einstecken. *Encaisser*, hinnehmen. *Récolter*, ernten. — *Accueillir*, bewillkommen. *Héberger*, beherbergen. *Traiter*, zu Tisch laden.
réchampir [reʃɑ̃pi:r] v. tr. vom Hintergrund abheben ; hervorheben.
rechange [rəʃɑ̃:ʒ] m. Wechseln n. ; Aus-, Umwechseln n. || COMM. Rückwechsel m. || TECHN. Ersatz m. | *Pièce de rechange*, Ersatzteil m. ; Reservestück n.
rechaper [rəʃape] v. tr. neu belegen. | *Rechaper les pneus*, die Reifen runderneuern.
réchapper [reʃape] v. intr. davon-, durchkommen (sépar.) ; überleben (insépar.). | *Réchapper d'une maladie*, eine Krankheit glücklich überstehen.
recharge [rəʃarʒ] f. [briquet, stylo, etc.] Nachfüllung f.
recharger [-ʒe] v. tr. wieder auf-, beladen ; wieder auffüllen. || PHOT. *Recharger son appareil*, einen neuen Film einlegen. || ÉLECTR. *Recharger des accus*, eine Batterie aufladen. || *Recharger son fusil*, sein Gewehr wieder (durch)laden.
réchaud [reʃo] m. Wärme-, Heizplatte f. ; Kocher m. | *Réchaud à alcool*, Spirituskocher. | *Réchaud à gaz*, Gaskocher, -herd m.

réchauffage [-fa:ʒ] ou **réchauffement** [-fmɑ̃] m. Wieder-, Aufwärmen n. ; Aufwärmung f.

réchauffé, ée [-fe] adj. aufgewärmt ; vorgewärmt. || FAM. *C'est du réchauffé*, das sind alte Geschichten.

réchauffer [-fe] v. tr. (wieder) aufwärmen ; er-, vorwärmen ; wärmen. | *Réchauffer le potage*, die Suppe aufwärmen. || FIG. wieder aufmuntern, entflammen, aufleben lassen. | *Réchauffer le zèle*, den Eifer wieder anstacheln, anfachen.

◇ v. pr. **se réchauffer,** sich erwärmen.

rechausser [rəʃose] v. tr. *Rechausser qn*, jm Schuhe, Stiefel wieder anziehen.

◇ v. pr. **se rechausser,** (sich) die Schuhe wieder anziehen.

rêche [rɛʃ] adj. [toucher] rauh. || [goût] herb. || [manières] spröde ; widerspenstig ; widerborstig.

recherche [rəʃɛrʃ] f. [action] Suche f. ; Untersuchung f. ; (Er)forschung f. ; Ermittlung f. ; Nachforschung f. || (au singulier) *Recherche et développement*, Forschung und Entwicklung. | *Recherche fondamentale*, Grundlagenforschung. | *Recherche minière*, Lagerstätten-, Bodenforschung ; Schürfen n. | *Recherche scientifique*, wissenschaftliche Forschung. | *Recherche opérationnelle*, Betriebsforschung f. | *(Aller) à la recherche de*, auf der Suche nach (gehen). || (au pluriel) *Recherches approfondies*, tiefgründige Untersuchungen f. pl. | *Recherches statistiques*, statistische Erhebungen f. pl. | *Faire des recherches*, Nachforschungen anstellen. || FIG. Gesuchtheit f. ; Geziertheit f.

recherché, ée [-ʃe] adj. ausgesucht ; selten ; beliebt ; begehrt ; gern gesehen ; gefragt. | *Un article très recherché*, ein sehr gefragter Artikel. | *Ouvrage recherché*, seltenes Werk. || PÉJOR. gekünstelt ; geziert ; affektiert. | *Style recherché*, gekünstelter Stil.

rechercher [-ʃe] v. tr. **1.** [chercher de nouveau] von neuem, wieder suchen.

2. [chercher avec soin] aufsuchen ; nachforschen. | *Rechercher la cause*, nach der Ursache suchen.

3. [poursuivre] verfolgen ; untersuchen (insépar.). | *La police recherche qn*, die Polizei fahndet nach jm.

4. [chercher à obtenir] suchen ; sich bemühen um ; trachten nach ; streben nach ; anhalten um. | *Rechercher un emploi*, sich um ein Amt bewerben. | *Rechercher une jeune fille en mariage*, um ein Mädchen freien. | *Rechercher l'amitié de qn*, sich um js Freundschaft bemühen.

rechigner [-ɲe] v. intr. verdrießlich, ungehalten, mürrisch sein ; ein schiefes Gesicht ziehen.

rechute [rəʃyt] f. Rückfall m.

récidive [residi:v] f. JUR. Rückfälligkeit f. ; Rückfall m. | *En cas de récidive*, im Wiederholungsfall.

récidiver [-ve] v. intr. JUR. rückfällig werden. || MÉD. einen Rückfall erleiden ; wieder auftreten.

récidiviste [-vist] s. Rückfalltäter(in) m. (f.) ; Gewohnheitsverbrecher(in) m. (f.).

récif [resif] m. MAR. Riff n. ; Klippe f. | *Récif corallien*, Korallenriff.

récipiendaire [resipjɑ̃dɛ:r] m. Kandidat m.

récipient [-pjɑ̃] m. Behälter m. ; Gefäß n. || [sciences] Rezipient m.

réciprocité [resiprɔsite] f. Gegen-, Wechselseitigkeit f. ; Wechselbeziehung f. | *À titre de réciprocité*, auf Gegenseitigkeit. | *C'est à charge de réciprocité*, das beruht ganz auf Gegenseitigkeit.

réciproque [-prɔk] adj. beider-, gegen-, wechselseitig ; umgekehrt ; reziprok. | *Confiance réciproque*, beiderseitiges, gegenseitiges Vertrauen. | *Obligation réciproque*, Gegenverpflichtung f.

◇ f. Gleiche(s) n. ; Entsprechende(s) n. | *Rendre la réciproque*, Gleiches mit Gleichem vergelten.

réciproquement [-prɔkmɑ̃] adv. gegen-, wechselseitig ; umgekehrt.

récit [resi] m. Bericht m. ; Erzählung f. ; Geschichte f. | *Faire le récit de qch.*, von etwas erzählen.

récital [-tal] m. (pl. **récitals**). MUS. Solokonzert n. | *Récital de chant*, Liederabend m. | *Récital de piano*, Klavierkonzert n.

récitant, ante [-tɑ̃, ɑ̃:t] adj. allein spielend ; Solo...

◇ s. Rezitator(in) m. (f.) ; Vortragende(r) m.

récitatif [-tatif] m. MUS. Rezitativ n. ; Redegesang m.

récitation [-tasjɔ̃] f. Auf-, Hersagen n. ; Vortrag m. ; Rezitation f. ; Deklamation f.

réciter [-te] v. tr. auf-, hersagen ; vortragen ; deklamieren ; rezitieren. | *Faire réciter ses leçons à un élève*, einem Schüler seine Schulaufgaben ab-, überhören. | *Réciter machinalement*, herunterleiern, -beten.

réclamation [reklamasjɔ̃] f. **1.** [revendication] Anspruch m. | *Réclamation d'un droit*, Anspruch auf ein Recht.

2. [plainte] Reklamation f. ; Einspruch m. ; Beschwerde f. | *Lettre de réclamations*, Beschwerdebrief m. | *En cas de réclamation*, im Beschwerdefall. | *Déposer une réclamation contre qn*, gegen jn Einspruch erheben. | *L'auteur d'une réclamation*, der Beschwerdeführer.

réclame [rekla:m] f. Reklame f. ; (Kunden)-werbung f. | *Réclame lumineuse*, Lichtreklame. | *Panneau-réclame*, Werbeplakat n. | *Faire de la réclame*, Reklame machen ; IRON. die Werbetrommel rühren.

réclamer [-me] v. tr. [exiger] fordern ; zurückfordern ; beanspruchen. | *Réclamer son dû*, auf seinem Recht bestehen. | *Réclamer le paiement*, die Zahlung anmahnen. | *Réclamer le paiement d'une dette*, eine Schuld einfordern. | *Réclamer qch. à qn*, jn an etwas (acc.) mahnen. || [choses] verlangen. | *La plante réclame de l'humidité*, die Pflanze verlangt (nach) Feuchtigkeit.

◇ v. intr. reklamieren ; Beschwerde einlegen, erheben, führen. | *Réclamer contre une injustice*, gegen eine Ungerechtigkeit Einspruch erheben.

◇ v. pr. **se réclamer.** *Se réclamer de qch.*, sich auf etwas (acc.) berufen.

— SYN. : *Demander*, verlangen. *Exiger*, fordern. *Revendiquer*, beanspruchen. *Solliciter*, ersuchen.

reclassement [rəklɑsmɑ̃] m. Neueinteilung f., -ordnung f., -einstufung f.

reclasser [-se] v. tr. neu einteilen, einordnen, einstufen ; nachklassieren.

reclus, use [rəkly, y:z] adj. eingeschlossen ; eingesperrt.

◇ s. Klausner(in) m. (f.) ; Einsiedler(in) m. (f.).

réclusion [reklyzjɔ̃] f. JUR. Freiheitsstrafe f. ; Freiheitsentzug m. | *Réclusion perpétuelle, à vie*, lebenslängliche Freiheitsstrafe.

recoiffer [rəkwafe] v. tr. die Haare zurechtmachen ; neu frisieren.

recoin [rəkwɛ̃] m. verborgener Winkel ; Schlupfwinkel m. | *Dans tous les coins et recoins*, in allen Ecken und Winkeln.

récollection [rekɔlɛksjɔ̃] f. RELIG. Einkehr f. ; Selbstbesinnung f.

recoller [rəkɔle] v. tr. an-, aufleimen.

récolte [rekɔlt] f. Ernte f. || [produit] Ernteertrag m. || [temps] Erntezeit f. || [fruits] Lese f. || *Mauvaise récolte*, Mißernte. | *Seconde récolte*, Nachernte. | *Récolte sur pied*, Ernte auf dem Halm. | *Faire la récolte*, Ernte halten ; ernten ; [raisins] Weinlese halten. | *Rentrer la* *récolte*, die Ernte einbringen. || FIG. *Une riche récolte (d'observations)*, eine Fülle (von Beobachtungen).

récolter [-te] v. tr. ernten ; einernten ; einsammeln. || [fruits] lesen.

recommandable [rəkɔmɑ̃dabl] adj. empfehlungswert.

recommandation [-dasjɔ̃] f. [action] (An)empfehlung f. | *Lettre de recommandation*, Empfehlungsschreiben n. || [conseil] Ratschlag m. || POSTES. Einschreiben n.

recommandé, ée [-de] adj. POSTES. eingeschrieben. | *Lettre recommandée*, Einschreibebrief m.

recommander [-de] v. tr. nahelegen. || [engager à], (an)empfehlen ; anpreisen. | *Recommander qch. à qn*, jm etwas ans Herz legen. || [confier] empfehlen. | *Recommander son âme à Dieu*, seine Seele Gott befehlen, empfehlen. || POSTES. *Recommander une lettre*, einen Brief einschreiben lassen.

◇ v. pr. **se recommander,** sich empfehlen ; sich in Empfehlung bringen. | *Se recommander de qn*, sich auf jn berufen.

— SYN. : *Conseiller*, raten. *Préconiser*, anpreisen.

recommencement [rəkɔmɑ̃smɑ̃] m. Wiederbeginn m. ; erneuter Anfang.

recommencer [-se] v. tr. wieder anfangen ; erneut beginnen ; von vorne anfangen. | *Recommencer de plus belle*, mit erneutem Eifer fortfahren.

récompense [rekɔ̃pɑ̃:s] f. Belohnung f. ; Lohn m. | *En récompense de*, als Belohnung für ; dafür ; dagegen ; zum Ersatz. | *Promesse de récompense*, Auslobung f. | *Récompense pour un objet perdu*, Finderlohn m.

récompenser [-se] v. tr. (be)lohnen ; entgelten.

recomposer [rəkɔ̃poze] v. tr. neubilden ; umgestalten.

recompter [rəkɔ̃te] v. tr. nachzählen, -rechnen ; noch einmal durch-, überzählen.

réconciliable [rekɔ̃siljabl] adj. versöhnbar.

réconciliation [-ljasjɔ̃] f. Ver-, Aussöhnung f.

réconcilier [-lje] v. tr. ver-, aussöhnen. || *Se réconcilier avec soi-même*, mit sich selbst ins Reine kommen.

reconduction [rəkɔ̃dyksjɔ̃] f. JUR. Pacht-, Mietvertragsverlängerung f. | *Reconduction tacite*, stillschweigende Vertragsverlängerung.

reconduire [-dɥi:r] v. tr. zurückführen ; zurück-, hinausbegleiten. | *Reconduire qn à la frontière*, jn über die Grenze abschieben. || FIG. *Reconduire le budget*, den Haushaltsplan verlängern.

réconfort [rekɔ̃fɔ:r] m. Stärkung f. ; Trost m. ; Zuspruch m. ; Hilfe f. | *Paroles de réconfort*, trostreiche Worte n. pl.

réconfortant, ante [-fɔrtɑ̃, ɑ̃:t] adj. stärkend ; tröstend ; tröstlich.

réconforter [-fɔrte] v. tr. stärken ; erholen ; trösten ; erquicken.

◇ v. pr. **se réconforter,** sich erholen ; wieder zu Kräften kommen.

reconnaissable [rəkɔnɛsabl] adj. erkennbar.

reconnaissance [-nɛsɑ̃:s] f. (Wieder)erkennung f. ; Erkennen n. | *Signe, Signal de reconnaissance*, Erkennungszeichen n. || JUR. Anerkennung f. ; (Zu)geständnis n. | *Reconnaissance de dépôt*, Hinterlegungs-, Depositenschein m. | *Reconnaissance de dette*, [acte] Schuldanerkenntnis f. ; [papier] Schuldbrief m., -schein m. | *Reconnaissance de paternité*, Vaterschaftsanerkennung. | *Reconnaissance d'un gouvernement*, Anerkennen einer Regierung. || [gratitude] Dankbarkeit f. ; Erkenntlichkeit f. | *Digne de reconnaissance*, dankenswert. | *Avec reconnaissance*, dankbar. | *Témoignage de reconnaissance*, Dankesbezeigung f. || [examen] Besichtigung f. ; Untersuchung f. || MIL. Aufklärung f. ; Erkundung f. | *Reconnaissance aérienne*, Lufterkundung, -aufklärung. | *Reconnaissance de terrain*, Geländeerkundung. | *Avion de reconnaissance*, Aufklärungsflugzeug n. ; Aufklärer m. | *Patrouille de reconnaissance*, Spähtrupp m.

reconnaissant, ante [-nɛsɑ̃, ɑ̃:t] adj. dankbar ; anerkennend ; erkenntlich. | *Être reconnaissant à qn de qch.*, jm für etwas dankbar sein.

reconnaître [-nɛ:tr] v. tr. [se remémorer] (wieder)-erkennen. | *Je le reconnais bien là*, das sieht ihm ähnlich ; das ist typisch für ihn. | *Reconnaître qn à sa voix*, jn an seiner Stimme erkennen. | *Se faire reconnaître*, sich zu erkennen geben. || [admettre] anerkennen ; zugeben ; ein-, zugestehen ; gestehen ; einsehen. | *Reconnaître son erreur*, seinen Irrtum zugeben, eingestehen. | *Reconnaître l'innocence de qn*, js Unschuld feststellen. | *Reconnaître une qualité à qn*, jm eine Eigenschaft zuerkennen. || [explorer] aufklären ; erkunden. | *Reconnaître le terrain*, das Gelände erkunden. || [remercier pour] dankbar sein (für) ; belohnen. || JUR. anerkennen. | *Reconnaître par écrit*, schriftlich anerkennen ; verbriefen. | *Reconnaître une dette*, eine Schuld bescheinigen. | *Reconnaître un enfant*, ein Kind anerkennen ; sich zu einem Kind bekennen. | *Reconnaître un gouvernement*, eine Regierung anerkennen.

◇ v. pr. **se reconnaître,** [se retrouver] sich (wieder)erkennen. || [s'avouer] sich bekennen. | *Se reconnaître coupable*, sich (als) schuldig bekennen. || [s'orienter] sich zurechtfinden ; sich auskennen. || FIG. *S'y reconnaître*, im Bilde sein.

reconquérir [rəkɔ̃keri:r] v. tr. wieder-, zurückerobern ; wieder-, zurückgewinnen.

reconsidérer [rəkɔ̃sidere] v. tr. wieder in Erwägung ziehen ; nochmals erwägen ; überprüfen. | *Reconsidérer le problème*, das Problem nochmals durchdenken (insépar.). | *Reconsidérer une question*, auf eine Frage zurückkommen.

reconstituant, ante [rəkɔ̃stitɥɑ̃, ɑ̃:t] adj. wiederherstellend ; stärkend.

◇ m. **reconstituant.** MÉD. Stärkungsmittel n.

reconstituer [-tɥe] v. tr. wiederherstellen. | *Reconstituer un crime*, ein Verbrechen rekonstruieren.

reconstitution [-tysjɔ̃] f. Wiederherstellung f.

reconstruction [rəkɔ̃stryksjɔ̃] f. Wiederaufbau m.

reconstruire [-trɥi:r] v. tr. wiederaufbauen, -herstellen.

reconversion [rəkɔ̃vɛrsjɔ̃] f. Umgestaltung f. || FIN. Konvertierung f. ; Umwandlung f. | *Reconversion d'usines*, Umstellung (f.) von Fabriken.

reconvertir [-vɛrti:r] v. tr. umwandeln.

recopier [rəkɔpje] v. tr. noch einmal abschreiben, abtippen ; ins Reine schreiben.

record [rəkɔ:r] m. Best-, Höchst-, Spitzen-, Rekordleistung f. ; Rekord m. | *Record mondial, du monde*, Weltrekord. | *Record de vitesse*, Schnelligkeitsrekord. | *Égaler un record*, einen Rekord einstellen. | *Établir, Réaliser un record*, eine Höchstleistung, einen Rekord aufstellen. | *Détenir un record*, einen Rekord halten, innehaben. | *Temps record*, Rekordzeit f. ; Bestzeit f.

recorder [rəkɔrde] v. tr. MUS. neu besaiten. || [raquette] neu beziehen.

recordman [rəkɔrdman] m. **recordwoman** [-wɔman] f. Rekordinhaber(in) m. (f.) ; Rekordler(in) m. (f.).

recoudre [rəkudr] v. tr. an-, zu-, zusammennähen.

recoupement [-pmɑ̃] m. Nachprüfung f.

recouper [-pe] v. tr. wiederschneiden. || FIG. *Recouper des nouvelles*, Nachrichten kontrollieren.

recourber [rəkurbe] v. tr. (um)biegen ; krümmen.

recourir [rəkuri:r] v. intr. *Recourir à qch.*, zu etwas greifen ; sich etwas (gén.) bedienen. | *Recourir à la violence*, Gewalt anwenden. | *Recourir à qn*, Zuflucht bei jm suchen ; sich um Hilfe an jn wenden.

recours [-ku:r] m. [refuge] Zuflucht f. | *Avoir recours aux (moyens) extrêmes*, zu den äußersten Mitteln greifen. | *Avoir recours aux prières*, sich aufs Bitten verlegen ; RELIG. sich dem Gebet anvertrauen. | *Vous êtes son dernier recours*, Sie sind seine letzte Zuflucht, Hoffnung. || JUR. (Rück)anspruch m. ; Berufung f. ; Gesuch n. ; Beschwerde f. ; Rechtsmittel n. | *Recours en cassation*, Nichtigkeitsklage f. | *Recours en grâce*, Gnadengesuch. | *Former un recours contre*, Berufung einlegen gegen. | *En dernier recours*, als letztes (Rechts)-mittel ; als letzter Ausweg.

recouvrement [-vrəmɑ̃] m. **1.** [recouvrer] Wiedererlangung f. ; Beitreibung f. ; Einziehung f. ; Einkassierung f. | *Recouvrement des impôts*, Steuererhebung f., -beitreibung. | *Taxe de recouvrement*, Einzugsgebühr f. | *Recouvrements*, (einzutreibende) Rückstände m. pl. ; ausstehende Gelder n. pl.
2. TECHN. [recouvrir] Überdeckung f. ; Verkleidung f.

recouvrer [-vre] v. tr. wiedererlangen, -bekommen. || [argent] einziehen ; beitreiben ; einkassieren. | *Recouvrer des créances*, Außenstände einziehen ; Schulden eintreiben.

recouvrir [-vri:r] v. tr. wieder(be)decken ; überdecken (insépar.) ; verkleiden. || FIG. verbergen ; beschönigen. | *Recouvrir un parapluie*, einen Schirm neu beziehen. | *Recouvrir un toit*, ein Dach neu decken. | *Recouvrir de métal*, mit Metall verkleiden. | *Recouvrir de toile*, mit Leinwand bespannen. | *Recouvert de lierre*, efeuumrankt. | *Recouvert de neige*, schneebedeckt.
◇ v. pr. **se recouvrir,** sich be-, überdecken (insépar.). || [ciel] sich bewölken.

récréatif, ive [rekreatif, i:v] adj. belustigend ; unterhaltend ; auf-, erheiternd ; ergötzlich. | *Lecture récréative*, Unterhaltungslektüre f.

récréation [-sjɔ̃] f. Erholung f. ; Ergötzung f. || [école] *Récréation de dix heures*, Zehnuhrpause f. | *La récréation a sonné*, es hat zur Pause geläutet.
— SYN. : *Amusement* m., Belustigung f. *Délassement* m., Erholung f. *Divertissement* m., Unterhaltung f.

recréer [rəkree] v. tr. von neuem schaffen ; wieder erschaffen.

récréer [rekree] v. tr. auf-, erheitern ; belustigen.
◇ v. pr. **se récréer,** sich zerstreuen ; sich belustigen ; sich die Zeit vertreiben ; sich erholen.

récrier (se) [sərekrije] v. pr. laut aufschreien.

récrimination [rekriminasjɔ̃] f. Gegenbeschuldigung f. ; Beschwerde f. ; Vorwurf m.

récriminer [-ne] v. intr. eine Gegenbeschuldigung vorbringen ; Vorwürfe erheben. || FAM. meckern.

récrire [rekri:r] v. intr. von neuem schreiben ; wiederschreiben. || [un livre] umarbeiten.

recroquevillé, ée [rəkrɔkvije] adj. zusammengeschrumpft ; verschrumpelt ; schrump(e)lig ; krumm.

recroqueviller (se) [sərəkrɔkvije] v. pr. sich zusammenkrümmen, krumm liegen.

recru, ue [rəkry] adj. erschöpft ; matt ; fertig.

recrudescence [-dɛssɑ̃:s] f. Zunahme f. || MÉD. Verschlimmerung f. ; Verschärfung f.

recrudescent, ente [-dɛssɑ̃, ɑ̃:t] adj. schärfer, schlimmer werdend.

recrue [rəkry] f. MIL. Rekrut m. || PAR EXT. Neuling m. ; neues Mitglied.

recrutement [-tmɑ̃] m. Rekrutierung f. ; Truppenaushebung f. ; Wehrersatz m. ; Anwerbung f. | *Liste de recrutement*, (Wehr)stammrolle f. || ÉCON. Einstellung f.

recruter [-te] v. tr. rekrutieren ; ausheben ; anwerben. | *Recruter des partisans*, Anhänger werben. | *Recruter des troupes*, Truppen ausheben. || ÉCON. einstellen.
◇ v. pr. **se recruter,** sich rekrutieren.

recruteur [-tœ:r] m. Werber m.

recta [rɛkta] adv. FAM. pünktlich ; haargenau. | *Payer recta*, auf Heller und Pfennig bezahlen.

rectal, ale, aux [rɛktal, o] adj. ANAT. rektal ; Mastdarm...

rectangle [rɛktɑ̃:gl] adj. MATH. rechtwinklig. | *Triangle rectangle*, rechtwink(e)liges Dreieck.
◇ m. Rechteck n.

rectangulaire [-gylɛ:r] adj. rechtwink(e)lig, -eckig.

recteur [rɛktœ:r] m. UNIV. Rektor m.

rectifiable [rɛktifjabl] adj. zu berichtigen.

rectificatif, ive [-fikatif, i:v] adj. berichtigend ; richtigstellend.
◇ m. **rectificatif,** Berichtigung f. ; Berichtigungsanzeige f.

rectification [-fikasjɔ̃] f. Berichtigung f. ; Richtigstellung f. || [d'une route] Begradigung f.

rectifier [-fje] v. tr. berichtigen ; richtigstellen ; verbessern ; korrigieren. || TECHN. nachschleifen. || *Rectifier un calcul*, eine Rechnung korrigieren, verbessern. || MIL. *Rectifier la position*, Haltung annehmen ; sich aufrichten. || *Rectifier une route*, eine Straße begradigen.

rectiligne [rɛktiliɲ] adj. g(e)radlinig.

rectitude [rɛktityd] f. Geradheit f. || PAR EXT. Richtigkeit f. ; Aufrichtigkeit f. ; Redlichkeit f.

recto [rɛkto] m. Vorderseite f. | *Au recto*, auf der Vorderseite.

rectoral, ale, aux [rɛktɔral, o] adj. Rektorats...

rectorat [-ra] m. Rektorat n.

rectum [-tɔm] m. ANAT. Mastdarm m. ; Rektum n.

reçu, ue [rəsy] adj. [habituel] anerkannt ; üblich ; gebräuchlich. | *Usage reçu*, üblicher Brauch. || [examen] *Il est reçu*, er hat seine Prüfung bestanden. | *Il n'est pas reçu*, er ist durchgefallen.
◇ m. **reçu,** Empfangsbescheinigung f. ; Quittung f. ; Bescheinigung f. ; Lieferungs-, Ablieferungsschein m. | *Donner reçu*, den Empfang bescheinigen. | *Au reçu de votre lettre*, bei Empfang Ihres Schreibens.

recueil [rəkœ:j] m. Sammlung f. ; Auslese f. | *Recueil de chansons*, Liederkranz m.

recueillement [-jmɑ̃] m. innere Sammlung ; Andacht f. ; Besinnung f.

recueilli, ie [-ji] adj. gesammelt. || [pieux] andächtig ; andachtsvoll. || [réfléchi] besinnlich ; in sich gekehrt.

recueillir [-ji:r] v. tr. [recevoir] erhalten ; ernten. | *Recueillir le fruit de son travail*, den Lohn für seine Arbeit bekommen. | *Recueillir la gloire*, den Ruhm ernten. | *Recueillir l'héritage*, das Erbe antreten. || [rassembler] ein-, auf-, zusammensammeln ; zusammenlesen, -tragen. | *Recueillir de l'eau*, Wasser auffangen. | *Recueillir des fruits*, Früchte (ein)sammeln. | *Recueillir les miettes*, die Brosamen aufsammeln. | *Recueillir des renseignements*, Erkundigungen einziehen. || [accueillir] aufnehmen. | *Recueillir des réfugiés*, Flüchtlinge aufnehmen. | *Recueillir les paroles de qn*, die Worte js aufnehmen.
◇ v. pr. **se recueillir,** sich sammeln ; sich besinnen ; ruhig nachdenken.

recuire [rekɥi:r] v. tr. wieder kochen ; aufkochen ; überbacken.

recul [rəkyl] m. Zurückweichen n., -gehen n., -treten n. ; Rückstoß m. ; Rückschlag m., -lauf m., -gang m. || FIG. [distance] Abstand m. || *Recul de la consommation*, Verbrauchsrückgang. | *Recul des cours*, Nachgeben (n.) der Kurse.

reculade [-lad] f. Zurückweichen n. ; Rückzug m., -schlag m.

reculé, ée [-le] adj. entfernt ; zurückliegend ; spät ; abgelegen. | *Époque reculée*, lange zurückliegende Zeit. | *Quartier reculé*, abgelegenes Viertel.

reculer [-le] v. tr. [mouvement en arrière] zurückstellen, -setzen, -rücken, -bringen. | *Reculer sa chaise*, seinen Stuhl zurückschieben, -rücken. || PAR EXT. [étendre] erweitern ; hinausrücken. | *Reculer les frontières d'un État*, die Staatsgrenzen erweitern. || FIG. [différer] hinaus-, verschieben ; verzögern.
◇ v. intr. zurückgehen, -weichen, -treten, -fahren. | *Reculer d'effroi, de peur*, zurückschaudern, -schrecken. | *Ne pas reculer d'une semelle*, keinen Schritt zurückweichen. | *Ne pas reculer devant sa peine*, keine Mühe scheuen. | *Ne reculer devant rien*, vor nichts zurückschrecken. || MIL. *Faire reculer l'ennemi*, den Feind zum Rückzug zwingen.
◇ v. pr. **se reculer,** sich zurückziehen.
— SYN. : *Battre en retraite*, zum Rückzug blasen ; zurückweichen. *Faire marche arrière*, rückwärts gehen, fahren. *Plier*, zu weichen beginnen. *Refluer*, zurückfluten. *Se replier*, sich zurückziehen.

reculons (à) [arəkylɔ̃] loc. adv. rückwärts ; zurück ; rücklings. | *Marche à reculons*, Rückwärts-, Krebsgang m. ; Rückschritt m.

récupérable [rekyperabl] adj. erfaßbar ; noch brauchbar. || POLIT. vereinnahmbar.

récupération [-sjɔ̃] f. Rück-, Wiedergewinnung f. ; Wiedererlangung f. || [industrie] Rückgewinnung f. ; Recycling n. || MAR. Bergung f. || *Récupération de l'énergie*, Energierückgewinnung f. | *Récupération de ferraille*, Schrottsammlung f. || POLIT. Vereinnahmung f.

récupérer [-re] v. tr. wiedererlangen ; rück-, wiedergewinnen. | *Récupérer l'énergie*, Energie zurückgewinnen. | *Récupérer des sous-produits*, Nebenprodukte gewinnen ; Abfallstoffe verwerten. || POLIT. vereinnahmen.
◇ v. intr. FAM. sich erholen.

récurage [rekyra:ʒ] m. Scheuern n.

récurer [-re] v. tr. aus-, aufscheuern ; reinigen.

récurrent, ente [rekyrɑ̃, ɑ̃:t] adj. MATH. rückläufig. || MÉD. *Fièvre récurrente*, Rückfallfieber n.

récusable [rekyzabl] adj. zurückweisbar ; verdächtig ; bestreitbar.

récusation [-zasjɔ̃] f. JUR. Verwerfung f. ; Ablehnung f. ; Zurückweisung f.

récuser [-ze] v. tr. JUR. verwerfen ; zurückweisen.
◇ v. pr. **se récuser,** sich für nicht zuständig erklären.

recyclage [rəsikla:ʒ] m. UNIV. Umschulung f. || [nouveau traitement] *Recyclage des matériaux*, Materialwiederverwertung f. | *Recyclage du plutonium*, Plutoniumrückführung f.

recyclé, ée [-kle] adj. [personne] umgeschult ; [objet] wiederverwertet. | *Verre recyclé*, wiederverwertetes Glas. | *Papier recyclé*, umweltfreundliches Papier.

recycler [-kle] v. tr. [quelqu'un] umschulen ; [quelque chose] wiederverwerten.
◇ v. pr. **se recycler,** sich umschulen lassen.

rédacteur, trice [redaktœ:r, tris] s. Bearbeiter(in) m. (f.) ; Redakteur(in) m. (f.). | *Rédacteur en chef*, Chefredakteur m. | *Rédacteur publicitaire*, Werbetexter m.

rédaction [-sjɔ̃] f. [action] Aufsetzen n. ; Abfassen n. ; Abfassung f. ; Aus-, Be-, Überarbeitung f. || [de journal] Schriftleitung f. ; Redaktion f.

rédactionnel, elle [-sjɔnɛl] adj. redaktionell ; Redaktions...

reddition [rɛdisjɔ̃] f. Zurückgabe f. || COMM. (Ab)legung f. || MIL. Ergebung f. ; Übergeben n.

redemander [rədəmɑ̃de] v. tr. zurückfordern ; zurückerbitten ; noch einmal fragen, bitten.

rédempteur, trice [redɑ̃ptœ:r, tris] adj. RELIG. erlösend.
◇ m. **Rédempteur.** RELIG. Erlöser m.

rédemption [-sjɔ̃] f. RELIG. Erlösung f.

redescendre [rədɛssɑ̃:dr] v. intr. wieder herunter-, hinuntergehen, -kommen. | *Le sentier redescend*, der Fußweg führt wieder hinab.

redevable [rədəvabl] adj. noch schuldig. | *Redevable (de l'impôt)*, steuerpflichtig. | *Être redevable de qch. à qn*, jm etwas schuldig sein, schulden, FIG. verdanken.

redevance [-vɑ̃:s] f. (Grund)zins m. ; Entgelt n. ; Gegenleistung f. || [télévision] Fernsehgebühr f.

redevenir [rədəvni:r] v. intr. wieder werden.

redevoir [rədəvwa:r] v. tr. noch schuldig bleiben.

rédhibitoire [-twa:r] adj. JUR. redhibitorisch. || FIG. *Ce n'est pas rédhibitoire*, dadurch wird die Sache nicht unmöglich.

rédiger [rediʒe] v. tr. abfassen ; verfassen ; redigieren ; niederschreiben ; aufsetzen.

redingote [rədɛ̃gɔt] f. Gehrock m. ; anliegender Damenmantel.

redire [rədi:r] v. tr. [répéter] noch einmal sagen ; wiederholen. || [ébruiter] weitersagen ; ausplaudern. | *Ne trouver rien à redire (à qch.)*, (an etwas, dat.) nichts auszusetzen, zu tadeln finden.

redistribuer [rədistribɥe] v. tr. neu verteilen.

redistribution [-bysjɔ̃] f. Neuverteilung f.

redite [rədit] f. Wiederholung f.

redondance [rədɔ̃dɑ̃:s] f. Wortschwall m. ; Weitschweifigkeit f. || TÉLÉCOMM. Redundanz f.

redondant, ante [-dɑ̃, ɑ̃:t] adj. überfüllt ; weitschweifig ; überschwenglich ; phrasenhaft. || TÉLÉCOMM. redundant.

redonner [rədɔne] v. tr. wiedergeben ; zurückgeben. | *Redonner du courage à qn*, jm wieder Mut machen.
— SYN. : *Rendre*, zurückgeben. *Restituer*, wiederherstellen.

redorer [rədɔre] v. tr. wieder vergolden. || FIG. *Redorer son blason*, [faire un riche mariage] reich einheiraten ; [améliorer son image] sein Image aufbessern, aufpolieren.

redormir [rədɔrmi:r] v. intr. wieder einschlafen.

redoublant [rədublɑ̃] m. Sitzenbleiber m. ; Repetent m. ; Hängengebliebene(r) m.

redoublé, ée [-ble] adj. verstärkt ; verdoppelt ; vermehrt. | *Pas redoublé*, Geschwindschritt m.

redoublement [-bləmɑ̃] m. Verdoppelung f. || GRAMM. Reduplikation f.

redoubler [-ble] v. tr. [accroître] verdoppeln ; verstärken ; steigern. | *Redoubler une classe*, eine Klasse wiederholen ; sitzengeblieben sein.
◇ v. intr. *Redoubler d'efforts*, mit verstärkten Kräften ans Werk gehen. | *Redoubler de vigilance*, die Wachsamkeit erhöhen. || [s'accroître] sich verdoppeln ; sich verstärken.

redoutable [rədutabl] adj. furchtbar ; fürchterlich ; furchterregend.

redoute [rədut] f. Redoute f. || Mil. Schanze f. || [salle de fête] Festsaal m. ; [fête] Tanzfest n.

redouter [rədute] v. tr. sehr fürchten ; befürchten. | *Redouter la colère de qn*, vor js Zorn Angst haben.

redressement [rədrɛsmɑ̃] m. Geraderichten n. ; Aufrichten n. || Par ext. Berichtigung f. ; Wiedergutmachung f. || Fig. Besserung f. ; Wiederaufstieg m. || Fin., Écon. *Redressement économique*, Wirtschaftsaufstieg m. ; Wiederankurbelung (f.) der Wirtschaft. | *Redressement financier*, finanzielle Sanierung. | *Redressement fiscal*, Steuerberichtigung f.

redresser [-se] v. tr. (auf)richten. || [seconde fois] wieder aufstellen ; geradeachen, -biegen, -richten. || *Redresser un avion*, ein Flugzeug aufrichten. | *Redresser la tête*, den Kopf recken. || Fig. berichtigen ; [torts] ausgleichen. | *Redresser des abus*, Mißbräuche abstellen. | *Redresser l'économie*, die Wirtschaft sanieren. | *Redresser une situation*, eine Lage verbessern.

◇ v. pr. **se redresser,** sich wieder aufrichten ; wieder aufstehen ; sich wieder erheben. || Fig. sich bessern ; sich in die Brust werfen.

redresseur [-sœ:r] m. Gleichrichter m. ; Richtapparat m. || Iron. *Redresseur de torts*, Weltverbesserer m.

réducteur, trice [redyktœ:r, tris] adj. reduzierend. | *Pouvoir réducteur*, Reduktionsvermögen n.

réductible [-dyktibl] adj. reduzierbar ; zerlegbar. || Méd. [fracture] einrenkbar ; einrichtbar.

réduction [-dyksjɔ̃] f. [diminution] Verringerung f. ; Verminderung f. | *Réduction des armements*, Rüstungsbeschränkung f. | *Réduction de peine*, Strafnachlaß m., -herabsetzung f. | *Réduction de personnel*, Personalabbau m., -entlassung f. | *Réduction du temps de travail*, Arbeitszeitverkürzung f., -verringerung. || [de prix] Ermäßigung f. ; Herabsetzung f. ; Kürzung f. ; Nachlaß m. ; Abzug m. ; Abschlag m. | *Réduction de la consommation*, Verbrauchsrückgang m. | *Réduction des impôts*, Steuerermäßigung, -herabsetzung. | *Réduction de tarif*, Tarifermäßigung. | *Réduction sur les prix*, Preissenkung f., -abbau m. | *Faire une réduction*, Preisnachlaß gewähren. || Math. *Réduction d'une équation*, Auflösung (f.) einer Gleichung. | *Réduction d'une fraction*, Bruchkürzung f. ; Hebung (f.) eines Bruches. || Méd. *Réduction d'une fracture*, Einrenkung (f.) eines Bruches.

— Syn. : *Diminution* f., Verminderung f. *Rabais* m., Ermäßigung f. *Restriction* f., Einschränkung f.

réduire [-dɥi:r] v. tr. **1.** [diminuer] (ver)mindern ; (ver)kürzen ; verringern ; herab-, heruntersetzen ; einschränken. || [prix] ermäßigen ; senken ; abschlagen ; nachlassen. || *Réduire un délai*, eine Frist abkürzen. | *Réduire ses dépenses*, seine Ausgaben einschränken. | *Réduire une peine*, eine Strafe mildern. | *Réduire les rations*, die Rationen schmälern. | *Réduire le personnel*, Personal abbauen. | *Réduire la vitesse*, mit der Geschwindigkeit heruntergehen. | *Réduire aux proportions de*, auf das Maß (gén.) zurückführen. | *Réduire de moitié*, um die Hälfte vermindern.

2. [transformer] verwandeln. | *Réduire le blé en farine*. Korn zu Mehl vermahlen. | *Réduire qch. en cendres*, etwas in Asche legen. | *Réduire qch. en poudre*, etwas pulverisieren. | *Réduire qch. en poussière*, etwas in Staub verwandeln. | *Réduire par ébullition*, einkochen ; eindicken. || Math. *Réduire une équation*, eine Gleichung auflösen. | *Réduire deux fractions au même dénominateur*, zwei Brüche auf den gleichen Nenner bringen. || Méd. *Réduire une fracture*, einen Bruch einrenken.

3. Fig. [dominer] unterwerfen (insépar.). | *Réduire une ville*, eine Stadt unterwerfen, unter seine Botmäßigkeit bringen. || **réduire à, en.** *Réduire qn à faire qch.*, jn zwingen, jn dazu bringen, etwas zu tun. | *Réduire au désespoir*, zur Verzweiflung bringen. | *Réduire à la dernière extrémité*, aufs Äußerste bringen. | *Réduire à l'impuissance*, zur Machtlosigkeit verdammen. | *Réduire à la mendicité*, an den Bettelstab bringen. | *Réduire à la misère*, ins Elend stoßen. | *Réduire à néant*, zunichtemachen ; vernichten. | *Réduire à la portion congrue*, auf Hungerration setzen. | *(En) être réduit à qch.*, auf etwas (acc.) angewiesen sein. | *Voilà à quoi il est réduit*, er kann nicht mehr anders. | *Réduire au silence*, zum (Still)schweigen bringen. | *Réduire en esclavage*, versklaven. | *Réduire en poussière*, völlig zerstören ; in nichts auflösen.

◇ v. pr. **se réduire,** [diminuer] sich (ver)mindern ; sich verringern. | *Se réduire à rien*, sich in nichts auflösen ; ganz verschwinden, einschrumpfen. | *Se réduire de moitié*, sich um die Hälfte vermindern. | *Se réduire en qch.*, sich in etwas (acc.) verwandeln. || [se borner à] sich auf etwas (acc.) beschränken.

réduit, uite [-dɥi, ɥit] adj. ermäßigt ; herabgesetzt. | *À prix réduit*, zu ermäßigten, herabgesetzten Preisen ; zu Sonderpreisen.

◇ m. **réduit,** stilles, verborgenes Plätzchen ; Verschlag m. || Mil. letztes Bollwerk.

rééditer [reedite] v. tr. neu verlegen ; wieder herausgeben.

réédition [-sjɔ̃] f. Neuausgabe f., -druck m.

rééducation [reedykasjɔ̃] f. Umerziehung f. || Méd. Heilgymnastik f. || *Rééducation professionnelle*, Umschulung f.

rééduquer [-ke] v. tr. umschulen ; umerziehen.

réel, éelle [reɛl] adj. wirklich ; tatsächlich ; real. || Inf. *Temps réel*, Echtzeit f.

◇ m. **réel,** Reales n. ; Reelles n. ; Wirkliches.

— Syn. : *Certain*, gewiß. *Concret*, konkret. *Effectif*, tatsächlich. *Tangible*, fühlbar. *Vrai*, wahr.

réélection [reelɛksjɔ̃] f. Wiederwahl f.

rééligible [-eliʒibl] adj. wiederwählbar.

réélire [-eli:r] v. tr. wiederwählen.

réellement [reɛlmɑ̃] adv. tatsächlich ; wirklich ; in der Tat.

réescompte [-kɔ̃:t] m. Fin. Rediskontierung f.

réescompter [-te] v. tr. Fin. (re)diskontieren.

réévaluation [reevalɥasjɔ̃] f. Neubewertung f. ; Wertberichtigung f. || Fin. Aufwertung f. | *La réévaluation du mark*, die DM-Aufwertung.

réévaluer [-lɥe] v. tr. neu bewerten. || Fin. aufwerten.

réexpédier [reɛkspedje] v. tr. wiederabsenden ; weitersenden. || [faire suivre] nachsenden.

réexpédition [-disjɔ̃] f. Wiederabsendung f. ; Weitersendung f. ; Nachsendung f.

réexportation [reɛkspɔrtasjɔ̃] f. Wiederausfuhr f.

refaire [rəfɛ:r] v. tr. [faire de nouveau] noch einmal, neu machen. || [entièrement] wieder von vorn anfangen. || [refondre] umarbeiten (sépar.). || [réparer] ausbessern. | *Refaire un fauteuil*, einen Sessel aufpolstern. || Fam. [tromper] foppen ; anschwindeln ; betrügen.

◇ v. pr. **se refaire,** [se rétablir] *Se refaire une santé*, wieder zu Kräften kommen ; sich wieder erholen. || [au jeu] den Verlust wiedergewinnen.

réfection [refɛksjɔ̃] f. Wiederinstandsetzung f., -herstellung f. ; Ausbesserung f. ; Umbau m.

réfectoire [-twa:r] m. Speiseraum m., -saal m. || [couvent] Refektorium n.

refendre [rəfɑ̃:dr] v. tr. spalten ; der Länge nach durchsägen. | *Scie à refendre*, Schreinersäge f.

référé [refere] m. JUR. Beantragung (f.) einer vorläufigen Entscheidung. | *Ordonnance de référé*, vorläufige Entscheidung.

référence [referɑ̃:s] f. [indication] Hinweis m. ; Bezugnahme f. ; Bezug m. || [sur une lettre] Brief-, Aktenzeichen n. ; Belegstelle f. | *Votre référence*, Ihr Zeichen (I. Z.). | *Ouvrage de référence*, Nachschlagewerk n.
◇ f. pl. **références,** [recommandation] Empfehlung f. ; Referenz f. | *Il a de bonnes références*, er verfügt über gute Empfehlungen.

référendaire [-rɑ̃dɛ:r] m. Referent m. | *Conseiller référendaire*, Rechnungsrat m.

référendum [-rɛ̃dɔm] m. Volksentscheid m., -abstimmung f., -befragung f. ; Referendum n.

référer [-re] v. intr. Bericht erstatten ; berichten ; referieren. | *En référer à qn*, jm berichten ; jm Bericht erstatten.
◇ v. pr. **se référer.** *Se référer à qch.*, sich auf etwas beziehen ; auf etwas (acc.) Bezug nehmen ; sich auf etwas (acc.) berufen ; etwas betreffen. || COMM. *En me référant à votre lettre*, mit Bezug auf Ihr Schreiben.

refermer [rəfɛrme] v. tr. wieder (ver)schließen, zumachen. | *Refermer un couteau*, ein Messer zusammenklappen.
◇ v. pr. **se refermer.** *La plaie se referme*, die Wunde heilt wieder zu.

refiler [rəfile] v. tr. FAM. *Refiler qch. à qn*, jm etwas aufschwindeln.

réfléchi, ie [refleʃi] adj. überlegt ; bedachtsam ; bedächtig ; durchdacht ; besonnen. | *Décision réfléchie*, wohlerwogener Entschluß. | *Jeune homme réfléchi*, besonnener junger Mann. || GRAMM. rückbezüglich ; reflexiv. | *Pronom réfléchi*, Reflexivpronomen n. || PHYS. *Rayon réfléchi*, Rückstrahl m.

réfléchir [-ʃi:r] v. tr. zurückstrahlen, -werfen ; reflektieren. | *Réfléchir des rayons*, Strahlen brechen, reflektieren.
◇ v. intr. überlegen (insépar.) ; überdenken (insépar.) ; nachdenken ; sich besinnen. | *Cela donne à réfléchir*, das gibt zu denken ; das stimmt nachdenklich. | *Parler sans réfléchir*, unüberlegt sprechen. | *Réfléchir mûrement à qch.*, etwas reiflich überlegen. | *Il réfléchit aux moyens de*, er überlegt, wie.
◇ v. pr. **se réfléchir,** sich (wider)spiegeln (sépar.).

réfléchissant, ante [-ʃisɑ̃, ɑ̃:t] adj. reflektierend ; zurückstrahlend.

réflecteur [-tœ:r] m. Rückstrahler m. ; Reflektor m.

reflet [rəflɛ] m. Reflex m. ; Widerschein m. ; Abglanz m. | *Jeter un reflet sur qch.*, auf etwas (acc.) einen Abglanz werfen. || FIG. Spiegelbild n. ; Abbild n.

refléter [-flete] v. tr. zurückwerfen, -strahlen ; widerspiegeln. || FIG. andeuten.
◇ v. pr. **se refléter,** sich (wider)spiegeln ; sich abmalen. | *Se refléter dans l'eau*, sich im Wasser (wider)spiegeln.

refleurir [rəflœri:r] v. intr. wieder (auf)blühen.

réflexe [reflɛks] adj. unwillkürlich ; Reflex... | *Action, Phénomène réflexe*, Reflexbewegung f.
◇ m. Reflex m., -bewegung f.

réflexible [-sibl] adj. reflektierbar.

réflexion [-sjɔ̃] f. PHYS. Zurückstrahlung f. ; Widerschein m. ; [son] Widerhall m. | *Réflexion de la lumière*, Lichtreflexion f. | *Réflexion de la voix*, Widerhall der Stimme. || [activité intellectuelle] Denken n. ; Nachdenken n. ; Besinnen n. ; Nachsinnen n. ; Überlegung f. ; Betrachtung f. | *Faire des réflexions*, Betrachtungen anstellen. | *Manque de réflexion*, Unbedachtsamkeit f. | *À la réflexion*, nach Überlegung. | *Sans réflexion*, unüberlegt. | *(Toute) réflexion faite*, nach reiflicher, gründlicher Überlegung. | *Cela mérite réflexion*, das wäre zu überlegen.
◇ f. pl. **réflexions,** Gedanken m. pl. ; [faites à qn] Bemerkungen f. pl. | *Réflexions profondes*, tiefgründige Überlegungen f. pl.

refluer [rəflɥe] v. intr. zurückfließen.

reflux [-fly] m. Zurückströmen n. ; Rückwärtsbewegung f. | *Reflux de la foule*, Rückfluten (n.) der Menschenmenge. || [mer] Ebbe f.

refondre [rəfɔ̃:dr] v. tr. umschmelzen, -gießen. || FIG. *Refondre un ouvrage*, ein Werk überarbeiten.

refonte [-fɔ̃:t] f. Um-, Einschmelzung f. ; Umgießen n. || FIG. [d'un ouvrage] Überarbeitung f.

réformable [refɔrmabl] adj. verbesserungsfähig.

réformateur, trice [-matœ:r, tris] adj. reformatorisch ; reformierend ; verbessernd.
◇ m. **réformateur,** Reformer m. ; Verbesserer m. || RELIG. Reformator m.

réformation [-masjɔ̃] f. Neubildung f. ; Verbesserung f. || RELIG. Reformation f.

réforme [refɔrm] f. [aménagement] Reform f. ; Neuordnung f. ; Umbildung f. | *Réforme agraire*, Bodenreform. | *Réforme monétaire*, Währungsreform. | *Réforme sociale*, Sozialreform. || MIL. [personnel] Ausscheiden (n.) aus dem aktiven Dienst ; [matériel] Ausrangieren n. | *Mettre à la réforme*, ausmustern ; ausrangieren. || RELIG. Reformation f.

réformé, ée [-me] adj. RELIG. reformiert. || MIL. dienstuntauglich (d.u.) ; ausgemustert.
◇ s. RELIG. Reformierte(r) f. (m.) ; Protestant(in) m. (f.) ; Evangelische(r) f. (m.).
◇ m. **réformé,** MIL. Dienstunfähiger m.

réformer [refɔrme] v. tr. [corriger] reformieren ; um-, neugestalten. | *Réformer des abus*, Mißbräuche beseitigen, abschaffen. | *Réformer sa vie*, sein Leben neu gestalten. || MIL. *Réformer un soldat*, einen Soldaten ausmustern.
◇ v. pr. **se réformer,** sich bessern.

réformisme [-mism] m. Reformismus m.

réformiste [-mist] adj. reformistisch.
◇ s. Reformist(in) m. (f.).

refoulement [rəfulmɑ̃] m. Zurücktreibung f., -werfung f. || [eau] Stauung f. || [en général, surtout sens psychan.] Verdrängung f.

refouler [-le] v. tr. zurückdrängen. | *Refouler les eaux*, die Wasser (zurück)stauen. | *Refouler l'attaque*, den Angriff zurückschlagen. | *Refouler l'ennemi*, den Feind zurückdrängen. | *Refouler sa douleur*, seinen Schmerz verbeißen. | *Refouler un sentiment*, ein Gefühl verdrängen.

réfractaire [refraktɛ:r] adj. widerspenstig ; widerstrebend. || FIG. unzugänglich. | *Un conscrit réfractaire*, ein Dienstflüchtiger. || TECHN. schwerflüssig ; [au feu] feuerfest ; hitzbeständig. | *Brique réfractaire*, feuerfester Ziegel. | *Réfractaire aux hautes températures*, hochhitzbeständig. || HIST. *Prêtres réfractaires*, kirchentreue Priester m. pl.

réfracter [-te] v. tr. brechen.

réfraction [-sjɔ̃] f. (Strahlen)brechung f.

refrain [rəfrɛ̃] m. Kehrreim m. ; Refrain m. || FIG. *C'est toujours le même refrain*, das ist immer dieselbe Leier, das alte Lied.

refréner [rəfrene] v. tr. im Zaume, Zügel halten ; zügeln ; zähmen.

réfrigérant, ante [refriʒerɑ̃, ɑ̃:t] adj. (ab)kühlend ; eisig ; kalt haltend. | *Chambre réfrigérante*, Gefrierraum m.

◇ m. **réfrigérant,** Kühlmittel n. | *Réfrigérant du réacteur*, Reaktorkühlmittel.

réfrigérateur [-ratœ:r] m. Kühl-, Eisschrank m.

réfrigération [-rasjɔ̃] f. Kühlung f.

réfrigérer [-re] v. tr. (ab)kühlen.

refroidir [rəfrwadi:r] v. tr. abkühlen. | *Refroidi par l'air*, luftgekühlt. || FIG. dämpfen. | *Refroidir le zèle*, den Eifer abkühlen, dämpfen.
◇ v. intr. kalt werden ; sich abkühlen. | *Le poêle est refroidi*, der Ofen ist erkaltet, ausgegangen.
◇ v. pr. **se refroidir,** sich abkühlen. | *Je me suis refroidi*, ich habe mich erkältet. | *Le temps s'est refroidi*, das Wetter hat sich abgekühlt. || FIG. erkalten.

refroidissement [-dismɑ̃] m. (Ab)kühlung f. ; Kaltwerden n. | *Refroidissement brusque*, Abschreckung f. | *Refroidissement par air*, Luftkühlung f. || NUCL. *Circuit primaire, secondaire de refroidissement*, Primär-, Sekundärkühlkreis m. | *Eau de refroidissement*, Kühlwasser n. || MÉD. *Prendre un refroidissement*, sich eine Erkältung zuziehen. || FIG. Erkalten n.

refroidisseur [-disœ:r] m. Kühler m. ; Kühlapparat m., -anlage f.

refuge [rəfy:ʒ] m. [asile] Zufluchtsort m. ; Zuflucht f. ; Unterschlupf m. | *Donner refuge*, Unterschlupf gewähren. | *Refuge (de montagne)*, Almenhütte f. ; Schutzhütte f. | *Refuge (pour piétons)*, Verkehrs-, Schutzinsel f. || FIG. Schutz m.

réfugié, iée [-ʒje] adj. flüchtig ; landesflüchtig.
◇ s. Flüchtling m. ; Heimatvertriebene(r) f. (m.).

réfugier (se) [sərefyʒje] v. pr. (sich) flüchten ; Zuflucht suchen (bei jm) ; sich zurückziehen. | *Se réfugier chez qn, auprès de qn*, sich zu jm flüchten ; bei jm Schutz, Zuflucht suchen.

refus [rəfy] m. (Ver)weigerung f. ; abschlägiger Bescheid. || [d'une offre] Ablehnung f. ; Ab-, Zurückweisung f. || [réponse] Absage f. ; abschlägige Antwort. | *Refus d'obéissance*, Gehorsamsverweigerung. | *Refus de paiement*, Zahlungsverweigerung. || FAM. *Ce n'est pas de refus*, mit Vergnügen ! || *Essuyer un refus*, abschlägig beschieden werden ; POP. sich einen Korb holen. || AUTOM. *Refus de priorité*, Nichtbeachtung (f.) der Vorfahrt. || [équitation] Ausbrechen n.

refuser [-ze] v. tr. [ne pas accepter] ab-, zurückweisen ; ablehnen ; nicht annehmen ; ausschlagen. | *Refuser un candidat à un examen*, einen Kandidaten zur Prüfung nicht zulassen. | *Il a été refusé*, er ist nicht zugelassen worden ; er ist durchgefallen. | *Ne refuser aucun travail*, keine Arbeit verschmähen ; jede Arbeit annehmen. | *Refuser un bon parti*, eine gute Partie ausschlagen. | *Le cheval refuse (l'obstacle)*, das Pferd bockt, bricht aus. || [ne pas accorder] verweigern ; versagen ; nicht gewähren. | *Refuser la bataille*, die Schlacht meiden, nicht annehmen. | *Refuser une demande*, eine Bitte versagen. | *Refuser à qn la main de sa fille*, jm die Hand seiner Tochter versagen. | *Refuser de*, sich weigern, zu.
◇ v. pr. **se refuser.** *Se refuser qch.*, sich etwas versagen ; [par avarice] FAM. sich etwas abknapsen, verkneifen. | *Il ne se refuse rien*, er läßt sich nichts abgehen, entgehen ; er leistet sich alles. || *Se refuser à*, sich weigern, zu. | *Je m'y refuse*, da mache ich nicht mit.
— SYN. : *Décliner*, ablehnen. *Repousser*, zurückweisen.

réfutable [refytabl] adj. widerlegbar.

réfutation [-tasjɔ̃] f. Widerlegung f. ; Gegenbeweis m.

réfuter [-te] v. tr. widerlegen ; den Gegenbeweis führen.

regagner [rəgaɲe] v. tr. [recouvrer] zurück-, wiedergewinnen ; wieder-, zurückerlangen. | *Regagner le temps perdu*, den Zeitverlust wieder einholen. || FIG. *Regagner la confiance de qn*, sich wieder in js Vertrauen setzen. | *Regagner les bonnes grâces de qn*, sich wieder bei jm beliebt machen. | *Regagner du terrain*, wieder an Boden gewinnen. || [rejoindre] *Regagner ses foyers*, wieder in die Heimat zurückkehren.

regain [rəgɛ̃] m. AGRIC. Grum(me)t n. ; zweite Mahd. || FIG. Wiederaufleben n., -aufblühen n. | *Connaître un regain d'activité*, sich neu beleben, wiederaufleben.

régal [regal] m. (pl. **régals**) Festessen n., -mahl n. || PAR EXT. Vergnügen n. ; Genuß m. | *C'est un véritable régal*, das schmeckt großartig ; das ist ein Festessen. | *Régal pour l'œil*, Augenweide f. | *Régal pour l'oreille*, Ohrenschmaus m.

régalade [-lad] f. Schmauserei f. ; Leckerei f. | *Boire à la régalade*, gleich aus der Flasche trinken.

régaler [-le] v. tr. [régal] ein Festessen geben. | *Régaler ses amis*, seine Freunde festlich bewirten. | *Régaler qn de vin*, jn mit Wein bewirten.
◇ v. pr. **se régaler.** *Se régaler de qch.*, etwas genießen ; sich etwas zugute tun ; an etwas gütlich tun.

regard [rəga:r] m. [action de regarder] (An)blick m. | *Regard en arrière*, Rückblick. | *Regard circulaire*, Umblick. | *Regard de connaisseur*, Kennerblick, -auge n. | *D'un seul regard*, mit einem einzigen Blick. | *Attacher, Fixer ses regards sur*, fixieren ; unverwandt auf... (acc.) blicken, starren. | *Attirer les regards*, die Blicke auf sich ziehen. | *Ne pas honorer qn d'un regard*, jn keines Blickes würdigen. | *Lancer des regards furieux*, wütende Blicke schleudern. | *Porter ses regards sur*, auf (acc.)... seinen Blick richten. | *Son regard se promène sur*, sein Blick schweift über. | *Soutenir les regards de qn*, die Blicke js aushalten.
◇ loc. adv. **en regard,** gegenüberstehend. | *Traduction avec le texte en regard*, Übersetzung (f.) mit gegenüberstehendem Text.
◇ loc. prép. **au regard de,** in Bezug auf (acc.) ; nach dem Urteil (gén.).

regardant, ante [-dɑ̃, ɑ̃:t] adj. FIG., PÉJOR. genau ; geizig.

regarder [-de] v. tr. anschauen ; anblicken ; betrachten ; (be)schauen ; ansehen ; in Augenschein nehmen. || [manière] *Regarder à la dérobée*, einen verstohlenen Blick werfen. | *Regarder à terre*, den Blick senken ; zu Boden schauen. | *Regarder autour de soi*, sich umsehen, umschauen (sépar.). | *Regarder avec surprise*, anstaunen. | *Regarder avec des yeux ronds*, anglotzen. | *Regarder bouche bée*, anstarren ; angaffen. | *Regarder dans ses papiers*, in seinen Papieren nachsehen. | *Regarder de tous côtés*, herumblicken, -schauen. | *Regarder qn de haut*, auf jn verächtlich herabsehen. | *Regarder qn des pieds à la tête*, jn von oben bis unten mustern. | *Regarder de près*, genau in Augenschein nehmen. | *Regarder qn en face*, jm ins Gesicht sehen. | *Regarder fixement*, anstarren. | *Regarder par la fenêtre*, zum, aus dem Fenster hinausschauen. | *Regarder par le trou de la serrure*, durch das Schlüsselloch gucken. || [objet] *Regarder l'heure, la pendule*, nach der Uhr sehen. || PAR EXT. [exposition] liegen (nach). | *La maison regarde le sud*, das Haus liegt nach (dem) Süden. || FIG. [considérer] *Regarder d'un bon œil*, wohlwollend in Betracht ziehen. | *Regarder d'un mauvais œil*, auf etwas (acc.) ein mißgünstiges Auge werfen. | *Regarder de travers*, ein schiefes Gesicht ziehen ; scheele Blicke werfen. | *Regarder comme*, als... betrachten, ansehen ; für... halten. || [concerner] angehen ; betreffen. | *Cela ne me regarde pas*, das geht

mich nicht(s) an. | *C'est vous que cela regarde*, das geht Sie an ; das ist Ihre Sache.
◇ v. intr. **regarder à,** auf etwas (acc.) sehen, achten. | *Ne pas regarder à la dépense*, nicht auf die Kosten, Ausgaben achten. | *Il ne regarde pas au prix*, auf den Preis kommt es ihm nicht an. | *Y regarder à deux fois*, sich etwas genau ansehen, überlegen (insépar.). | *Il ne faut pas y regarder de si près*, so genau darf man es nicht nehmen. | *Ne pas y regarder de trop près*, ein Auge zudrücken ; fünf gerade sein lassen. | *À y regarder de près*, bei näherer Betrachtung.
◇ v. pr. **se regarder,** [soi-même] sich selbst anschauen ; sich im Spiegel besehen ; [l'un l'autre] sich gegenseitig, einander anschauen. || [situation] *Maisons qui se regardent*, gegenüberliegende Häuser n. pl.

régate [regat] f. Regatta f. ; Bootsrennen n. || [cravate] Matrosenschlips m.

régence [reʒɑ̃:s] f. Regentschaft f.

régénérateur, trice [reʒeneratœ:r, tris] adj. wiederherstellend ; regenerierend ; wiederbelebend.
◇ m. **régénérateur,** Regenerator m. || NUCL. Wiederaufbereitungsanlage f.

régénération [-rasjɔ̃] f. Regenerierung f. ; Wiederherstellung f. ; Auffrischung f. || MÉD. *Régénération des cellules*, Zellenneubildung f. || NUCL. Wiederaufbereitung f.

régénérer [-re] v. tr. regenerieren ; wiederherstellen. || FIG. erneuern ; auffrischen. || NUCL. wiederaufbereiten.
◇ v. pr. **se régénérer,** sich neu bilden ; nachwachsen ; sich erneuern.

régent, ente [reʒɑ̃, ɑ̃:t] adj. regierend. | *Prince régent*, Prinzregent m.
◇ s. Regent(in) m. (f.).

régenter [-te] v. tr. schulmeistern ; sich als den Herrn aufspielen.

régicide [reʒisid] adj. königsmörderisch.
◇ m. [homme] Königsmörder m. || [acte] Königsmord m.

régie [reʒi] f. [administration] Regie f., -betrieb m. ; Verwaltung f. | *Régie des tabacs*, Tabakregie. | *Mise en régie*, Staatsunterstellung f. | *Prendre en régie*, in staatliche Verwaltung übernehmen. || THÉÂTRE. Regie f. ; Spielleitung f.

regimber [rəʒɛ̃be] v. intr. sich auf die Hinterbeine stellen ; hochgehen ; ausschlagen ; bocken. || FIG. sich sträuben ; sich widersetzen ; trotzen.

régime [reʒim] m. **1.** MÉD. Diät f. ; Krankenkost f. | *Régime carné, végétarien*, Fleisch-, Pflanzenkost. | *Régime lacté*, Milchdiät. | *Mettre au régime*, auf Diät setzen. | *Suivre un régime*, Diät halten.
2. [organisation juridique et politique] Regime n. ; Ordnung f. ; Wesen n. ; Regierung f. ; Regierungsform f. | *Régime féodal*, Lehenswesen n. | *Régime parlementaire*, parlamentarische Staats-, Regierungsform. | *Régime policier*, Polizeistaat m.
3. JUR. *Régime dotal*, Güterstand (m.) mit Vorbehaltsgut. | *Régime matrimonial*, ehelicher Güterstand der Frau. | *Sous le régime de la communauté*, in Gütergemeinschaft. | *Sous le régime de la séparation des biens*, in Gütertrennung f. | *Régime fiscal*, Steuerwesen n., -recht n., -ordnung f. || [sécurité sociale] *Régime général*, [*etwa*] (allgemeine) Krankenversorgung f. | *Régime vieillesse*, (*etwa*) Altersversorgung f.
4. TECHN. Drehzahl f. ; Lauf m. | *À régime lent*, mit langsamer Touren-, Drehzahl ; langsam laufend. | *À régime rapide*, mit schneller Touren-, Drehzahl ; schnell laufend. | *Plein régime*, Vollgas n. ; Hochtouren f. pl. || GÉOGR. *Régime des eaux (souterraines)*, (Grund)-wasserverhältnisse n. pl.
5. GRAMM. Objekt n.
6. BOT. *Régime de bananes*, Bananenbüschel n.

régiment [reʒimɑ̃] m. MIL. Regiment n. || FIG., FAM. große Anzahl.

région [reʒjɔ̃] f. Gegend f. ; Region f. ; Gebiet n. || ADM. Bezirk m. ; Kreis m. || GÉOGR. Landschaft f. ; Landstrich m. || *Région désertique*, Wüstengegend. | *Région économique*, Wirtschaftsgebiet. | *Région industrielle*, Industriegebiet. | *Région minière*, Bergbaugebiet ; (Bergbau)revier n. | *Région vinicole*, Weinbaugebiet. || MÉD. *Région lombaire*, Lendengegend. || MIL. *Région militaire*, Wehrbereich (m.), -kreis.

régional, ale, aux [-ʒjɔnal, o] adj. regional ; Bezirks... ; Gebiets... | *Gouvernements régionaux*, Landesregierungen f. pl.

régionalisme [-ʒjɔnalism] m. Regionalismus m. || [arts] Heimatkunst f.

régionaliste [-ʒjɔnalist] adj. Heimat...

régir [reʒi:r] v. tr. regieren ; verwalten. || PR. et FIG. lenken ; leiten.

régisseur [-ʒisœ:r] m. [des biens] Gutsverwalter m. ; Verwalter m. ; Wirtschafter m. || [de spectacles] Spielleiter m. ; Regieassistent m.

registre [rəʒistr] m. [livre] Register n. ; Verzeichnis n. ; Eintragebuch n. | *Registre cadastral*, Katasterbuch n. | *Registre fiscal*, Steuerregister. || ADM., COMM. *Registre du commerce*, Handels-, Firmenregister. | *Maison inscrite au registre du commerce*, eingetragene Firma. | *Registre de l'état civil*, Standesamtsregister. | *Registre des décès*, Sterberegister. | *Registre des mariages*, Heirats-, Trauungsregister. | *Registre des naissances*, Geburtsregister. | *Mentionner, Porter sur un registre*, in ein Register eintragen, registrieren. | *Tenir registre de qch.*, über etwas (acc.) Buch führen. || FIN. *Registre des actionnaires*, Aktienbuch n. || MUS. *Registre de l'orgue*, Orgelklappe f. ; (Orgel)register. | *Registre de la voix*, Stimmlage f. ; Register.

réglable [reglabl] adj. regulierbar ; einstellbar ; verstellbar. | *Réglable en hauteur*, höhenverstellbar.

réglage [-gla:ʒ] m. [papier] Lini(i)erung f. ; Linienziehen n. || TECHN. Reg(e)lung f. ; Verstellung f. ; Ein-, Nachstellung f. || [sonore] Abstimmung f. | *Réglage automatique*, Selbstregelung. | *Dispositif de réglage*, (Ein)stellvorrichtung f. | *Vis de réglage*, Stellschraube f. || MIL. [tir] Einschießen n. ; Schießberichtigung f.

règle [rɛgl] f. **1.** [instrument] Lineal n. || [section carrée] Kantel n. || *Règle graduée*, Maßstab m. ; Zollstock m. | *Règle à calcul*, Rechenschieber m. | *Règle à dessin*, Zeichenlineal ; Reißschiene f.
2. FIG. [principe ; ordre] Regel f. ; Richtschnur f. ; Ordnung f. ; Leitsatz m. ; Vorschrift f. | *Règle monastique*, Mönchs-, Ordens-, Klosterregel. | *Règle de conduite*, Verhaltensregel, -vorschrift. | *Règles de la politesse*, Erfordernisse (n. pl.) der Höflichkeit ; Anstandsregeln f. pl. | *Conforme à la règle*, regelrecht. | *Contraire à la règle*, regelwidrig ; ungehörig. | *Dans les règles*, nach allen Regeln der Kunst. | *Se faire une règle de qch.*, sich etwas zur Regel machen. | *En règle générale*, im allgemeinen ; gewöhnlich. | *Papiers en règle*, vorschriftsmäßige Papiere. | *Procès en règle*, förmlicher Prozeß. | *Sans règle*, regellos. | *Être de règle*, Sitte sein. | *Être en règle*, alle Förmlichkeiten erfüllt haben. | *Mettre en règle*, ordnen.
3. MATH. *Règle de trois*, Dreisatzrechnung f.
◇ f. pl. **règles.** MÉD. Regel f. ; Periode f.

règlement [rɛgləmɑ̃] m. [prescriptions] Regelung f. ; Reglement n. ; Bestimmung f. ; Festsetzung f. ; Ordnung f. ; Vorschrift f. || [dispositions] Verfügung

f. ; An-, Verordnung f. ; Satzung f. | *Règlement intérieur, Règlement d'atelier*, Betriebsordnung. | *Règlement intérieur (d'une assemblée)*, (parlamentarische) Geschäftsordnung ; Hausordnung. | *Règlement d'un concours*, Wettbewerbs-, Prüfungsbedingungen f. pl. | *Règlement de police*, Polizeiverordnung. | *Conforme au, Selon le règlement*, bestimmungsmäßig ; regelrecht. | *Contraire au règlement*, regelwidrig. || MIL. Dienstordnung f. || COMM., JUR. Aus-, Begleichung f. ; Abschluß m. ; Abwicklung f. | *Règlement judiciaire*, Ausgleichsverfahren n. | *Règlement à l'amiable*, gütliche Beilegung. | *Règlement d'un compte*, Rechnungsabschluß ; Kontenbegleichung. | *Règlement de comptes*, PR. et FIG. Abrechnung f. | *Règlement par chèque*, Scheckzahlung f.

réglementaire [regləmɑ̃tɛːr] adj. vorschriftsmäßig ; ordnungsmäßig.

réglementation [-tasjɔ̃] f. gesetzliche Regelung ; Verordnungswesen n. ; Dienstanweisungen f. pl. | *Réglementation de la circulation*, Verkehrsregelung, -ordnung f.

réglementer [-te] v. tr. Verordnungen erlassen (über, acc.) ; durch Verordnungen bestimmen ; bewirtschaften ; gesetzlich regeln ; reglementieren.

régler [regle] v. tr. [du papier] lini(i)eren ; Linien ziehen. || FIG. [soumettre à un ordre] regeln ; regulieren ; bestimmen ; anordnen ; (ein)richten. | *Régler ses affaires*, seine Geschäfte regeln ; seine Angelegenheiten in Ordnung bringen. | *Régler ses dépenses sur son revenu*, seine Ausgaben nach den Einnahmen richten. || FIG. [mettre un terme] abschließen ; begleichen ; bezahlen ; schlichten. | *Régler à l'amiable*, gütlich beilegen. | *Régler un compte*, eine Rechnung begleichen. || FAM. *Avoir un compte à régler avec qn*, mit jm ein Hühnchen zu rupfen haben. || *Régler ses dettes*, seine Schulden abtragen, bezahlen. | *Régler un différend*, einen Streit schlichten. || TECHN. [mettre au point] regulieren ; einstellen. | *Régler sa montre*, seine Uhr stellen. | *Régler la radio*, das Radio einstellen. || MIL. *Régler le tir*, sich einschießen.
◇ v. pr. **se régler,** sich regeln ; sich richten. | *Se régler sur qn*, sich nach jm richten.
◇ part. pass. et adj. **réglé, ée,** [papier] lini(i)ert. || FIG. *C'est réglé comme du papier à musique*, das geht wie am Schnürchen, wie geschmiert. || [conforme à un ordre] geregelt ; geordnet ; ordentlich. | *Mener une vie réglée*, ein geregeltes Leben führen. || [terminé] abgeschlossen ; abgemacht ; erledigt. | *Non réglé*, offenstehend ; [dette] unbezahlt ; unbeglichen. | *C'est une affaire réglée*, die Sache ist abgemacht. || [mis au point] eingestellt ; abgestimmt.

régleur [-glœːr] m. Justierer m.

réglisse [reglis] f. BOT. Süßholz n. ; Lakritze f.

régnant, ante [reɲɑ̃, ɑ̃ːt] adj. regierend ; herrschend. | *Prince régnant*, regierender (Landes)fürst ; Herrscher m. || FIG. (vor)herrschend. | *Goût régnant*, herrschende Geschmacksrichtung.

règne [rɛɲ] m. [autorité ; gouvernement] Regierung f. ; Regierungszeit f. ; Herrschaft f. ; Macht f. | *Durant, Sous le règne de*, unter der Herrschaft von ; während der Regierungszeit von. || RELIG. *Que ton règne vienne*, zu uns komme Dein Reich ! || ZOOL. *Règne animal*, Tierreich n., -welt f.

régner [-ɲe] v. tr. regieren ; (vor)herrschen. || PAR EXT. herrschen ; beherrschen ; FIG. vorherrschen. | *Il règne partout un esprit de*, überall macht sich ein Geist (gén.) breit. | *Une mode règne*, eine Mode herrscht vor. | *Faire régner l'ordre*, Ordnung stiften. | *Le silence règne*, Schweigen herrscht, liegt (über, dat.). | *Régner sur les mers*, die Meere beherrschen.

regonfler [rəgɔ̃fle] v. tr. wieder-, auffüllen. || [pneus] aufpumpen, anschwellen.
◇ v. pr. **se regonfler,** wieder anschwellen.

regorger [rəgɔrʒe] v. intr. überlaufen, -treten, -fließen (sépar.). | *L'argent regorge*, Geld ist im Überfluß vorhanden. | *Il regorge de richesses*, er schwimmt im Überfluß.

régresser [regrɛse] v. intr. zurückschreiten, -gehen.

régressif, ive [-sif, iːv] adj. rückgängig, -läufig. | *Transformation régressive*, (Zu)rückbildung f.

régression [-sjɔ̃] f. Rückschritt m. ; Rückgang m. ; Rücklauf m. | *Régression de la natalité*, Geburtenrückgang. | *Régression du pouvoir d'achat*, Kaufkraftschwund m. || MATH. Regression f.

regret [rəgrɛ] m. [déplaisir] Bedauern n. | *Mille regrets !*, es tut mir leid ! || [repentir] Reue f. | *J'en ai du regret*, ich bereue es.
◇ loc. adv. **à regret,** ungern. | *À notre grand regret*, zu unserem großen Bedauern.

regrettable [-tabl] adj. bedauernswert ; bedauerlich ; beklagenswert. | *Une erreur regrettable*, ein bedauerlicher Irrtum.

regretter [-te] v. tr. [tristesse] bedauern. || [deuil] vermissen ; sich zurücksehnen (nach). || *Je regrette*, (ich) bedaure sehr ; es tut mir leid. | *Regretter un absent*, einen Abwesenden vermissen. || [repentir] bereuen. | *Il est à regretter, On doit regretter que*, es ist schade, daß. | *Il n'aura pas à le regretter*, es wird sein Schaden nicht sein.
◇ part. pass. et adj. **regretté, ée.** *Notre ami regretté*, unser zu früh verstorbener Freund.

regroupement [rəgrupmɑ̃] m. Umgruppierung f. ; Umstellung f. | *Regroupement de population*, Bevölkerungsumsiedelung f.

regrouper [-pe] v. tr. um-, neugruppieren ; umstellen ; umschichten (sépar.).

régularisation [regylarizasjɔ̃] f. Regulierung f. ; Regelung f. | *Régularisation d'une rivière*, Flußregulierung.

régulariser [-rize] v. tr. in Ordnung bringen ; regulieren ; regeln.

régularité [-rite] f. [conformité à une règle] Regelmäßigkeit f. ; Ordnungsmäßigkeit f. : Gleichmaß n. || [harmonie] Ebenmaß n. ; Gleichmaß n. || [ponctualité] Pünktlichkeit f.

régulateur, trice [-tœːr, tris] adj. ordnend ; regulierend ; regelnd.
◇ m. **régulateur,** Regler m. ; Regulator m. | *Régulateur de tonalité*, Klangregler.

régulation [-sjɔ̃] f. Regulierung f.

régulier, ière [regylje, jɛːr] adj. [conforme à des règles] regel-, gleich-, ebenmäßig. || RELIG. *Clergé régulier*, Ordensgeistlichkeit f. || MIL. *Troupes régulières*, reguläre Truppen f. pl. || GRAMM. *Verbes réguliers*, regelmäßige Verben n. pl. || [conforme à un horaire] *Service régulier*, Liniendienst m., -verkehr m. | *Train régulier*, fahrplanmäßiger Zug. || FIG. geregelt ; ordentlich ; genau ; [exact] pünktlich ; [harmonieux] ebenmäßig. || MATH. gleichseitig ; gleichwinklig.
◇ m. **régulier.** RELIG. Ordensgeistlicher m. || MIL. Soldat vom stehenden Heer.

régulièrement [-ljɛrmɑ̃] adv. regelmäßig ; der Ordnung gemäß.

régurgiter [regyrʒite] v. tr. MÉD. ausbrechen ; wieder von sich geben.

réhabilitation [reabilitasjɔ̃] f. Rehabilitierung f. || PAR EXT. Ehrenrettung f. || [d'un immeuble] Instandsetzung f.

réhabiliter [-te] v. tr. rehabilitieren ; wiedereinsetzen ; wieder zu Ehren bringen. || [un immeuble] instandsetzen.

réhabituer [reabitɥe] v. tr. wieder an etwas (acc.) gewöhnen.
rehaussement [rəosmɑ̃] m. Erhöhung f.
rehausser [-se] v. tr. höher machen, setzen, stellen ; erhöhen ; erheben. | *Rehausser une maison d'un étage*, ein Haus um ein Stockwerk aufstocken. || FIG. erhöhen ; erheben ; hervorheben. | *Rehausser le mérite de qn*, js Verdienste erhöhen.
◇ v. pr. **se rehausser,** sich erhöhen ; sich größer machen ; sich Geltung verschaffen.
réification [reifikasjɔ̃] f. PHILOS. Verdinglichung f.
réimporter [-te] v. tr. reimportieren.
réimposition [reɛ̃pozisjɔ̃] f. steuerliche Neuveranlagung. || TYPOGR. Umbruch m.
réimpression [reɛ̃prɛsjɔ̃] f. Neudruck m.
réimprimer [-prime] v. tr. neu drucken, auflegen.
rein [rɛ̃] m. ANAT. Niere f. | *Rein flottant*, Wanderniere. | *Les reins*, Nieren f. pl. ; PAR EXT. Lenden f. pl. ; Kreuz n. | *Avoir mal aux reins*, Kreuz-, Nierenschmerzen haben. | *Avoir un tour de reins*, einen Hexenschuß haben. || FIG. *Avoir les reins solides*, reich, mächtig, zahlungsfähig sein. || ARCHIT. Gewölbeschenkel m.
réincarcérer [reɛ̃karsere] v. tr. wiedereinkerkern.
réincarnation [reɛ̃karnasjɔ̃] f. Wiederverkörperung f. ; Reinkarnation f.
réincorporer [reɛ̃kɔrpɔre] v. tr. wiedereinverleiben.
reine [rɛn] f. Königin f. | *Reine douairière*, Königinwitwe f. | *Reine mère*, Königinmutter f. | *Reine du ciel*, Himmelskönigin. || PAR EXT. *Reine de beauté*, Schönheitskönigin. | *Un port de reine*, eine königliche, majestätische, hoheitsvolle Haltung. || ZOOL. *Reine (des abeilles)*, (Bienen)königin. || BOT. *Reine-claude*, Reneklode f. | *Reine-marguerite*, Gartenaster f. | *Reine-des-prés*, Geißbart m.
reinette [rɛnɛt] f. BOT. Renette f.
réinsérer [reɛ̃sere] v. tr. wiedereingliedern.
réinsertion [-sɛrsjɔ̃] f. Wiedereingliederung f.
réinstallation [-stalasjɔ̃] f. Wiedereinsetzung f., -einrichtung f.
réinstaller [-le] v. tr. wiedereinsetzen, -einrichten.
réintégration [reɛ̃tegrasjɔ̃] f. Wiedereinsetzung f. ; Wiedereinstellung f.
réintégrer [-gre] v. tr. wiedereinstellen, -einsetzen. | *Réintégrer le domicile conjugal*, in die eheliche Wohnung zurückkehren.
réinvestir [reɛ̃vɛstir] v. tr. reinvestieren.
réitératif, ive [reiteratif, i:v] adj. wiederholend ; nochmalig.
réitération [-rasjɔ̃] f. Wiederholung f.
réitérer [-re] v. tr. wiederholen ; erneuern.
rejaillir [rəʒaji:r] v. intr. [liquide] auf-, hervorspritzen. || [projectile] ab-, zurückprallen. || FIG. zurückfallen (auf).
rejet [rəʒɛ] m. Auswerfen n., -stoßen n. ; Wegwerfen n. || FIG. Verwerfung f. | *Rejet d'une demande*, Zurückweisung (f.), Ablehnung (f.) einer Bitte. || BIOL. Abstoßung f. | *Réaction de rejet*, Abstoßungskrise f. || BOT. Schößling m. ; neuer Trieb. || [environnement] *Rejet en mer*, Ablassen (n.) auf See. || GÉOL. Verwerfung f. || JUR. Übertragung f. || POÉS. Zeilensprung m. || GRAMM. Zurückstellen n.
◇ m. pl. **rejets,** NUCL. Abgaben f. pl. | *Rejets gazeux, radioactifs*, gasförmige, radioaktive Abgaben.
rejeter [-ʒəte] v. tr. zurückwerfen ; wieder zuwerfen. | *Rejeter les ennemis*, die Feinde zurückwerfen, abschlagen. | *La mer rejette une épave*, das Meer wirft ein Wrack an Land. | *Rejeter des matières*, Stoffe ausscheiden. | *L'estomac rejette la nourriture*, der Magen verweigert die Nahrung. | *Rejeter un poisson dans l'eau*, einen Fisch ins Wasser zurückwerfen. || [refuser] ablehnen ; zurückwerfen. | *Rejeter une demande*, eine Bitte ablehnen, zurückweisen. || [se décharger] schieben (auf, acc.). | *Rejeter la faute sur qn*, die Schuld auf jn werfen ; jm die Schuld zuschieben. | *Rejeter un tort sur qn*, ein Unrecht auf jn schieben ; FAM. jm die Schuld in die Schuhe schieben.
◇ v. pr. **se rejeter,** sich zurückwerfen. | *Se rejeter sur qch.*, [se contenter] mit etwas fürliebnehmen.
rejeton [-ʒətɔ̃] m. Schößling m. ; Sproß m. ; wilder (Nach)trieb ; Ableger m. || FIG. Nachkomme m.
rejoindre [rəʒwɛ̃:dr] v. tr. [réunir] wieder zusammenfügen ; zusammenführen. || [retrouver] wiedertreffen ; einholen ; jm nachkommen.
◇ v. pr. **se rejoindre,** sich wiedervereinigen ; wieder zusammenkommen ; sich wiedertreffen.
rejouer [rəʒwe] v. tr. wieder spielen.
réjoui, ie [reʒwi] adj. vergnügt ; heiter ; fröhlich ; frohsinnig. | *Air réjoui*, heitere Miene.
réjouir [-ʒwi:r] v. tr. (er)freuen ; er-, aufheitern ; belustigen ; ergötzen ; lustig, in froher Stimmung sein. | *Réjouir le cœur*, herzerfreuend sein ; dem Herzen wohltun ; das Herz erfreuen. | *Réjouir l'œil*, eine Augenweide sein.
◇ v. pr. **se réjouir,** sich (er)freuen ; sich belustigen. | *Je me réjouis grandement*, das ist mir eine große Freude. | *Se réjouir de qch.*, sich über (acc.), an (dat.) etwas (er)freuen. | *Se réjouir d'avance de qch.*, auf etwas (acc.) eine Vorfreude haben.
réjouissance [-ʒwisɑ̃:s] f. Fröhlichkeit f. ; Lustbarkeit f.
◇ f. pl. **réjouissances,** (öffentliche) Belustigungen f. pl. | *Réjouissances publiques*, Volksbelustigungen.
réjouissant, ante [-ʒwisɑ̃, ɑ̃:t] aufheiternd ; lustig ; erfreulich ; ergötzlich.
relâche [rəlɑ:ʃ] m. Unterbrechung f. ; Pause f. ; Rast f. ; Ruhe f. ; Nachlassen n. | *Sans relâche*, pausenlos ; unermüdlich ; unaufhörlich ; unablässig ; rastlos ; unausgesetzt. || THÉÂTRE. spielfreier Tag. | *Les théâtres font relâche*, die Theater spielen nicht, bleiben geschlossen.
◇ f. MAR. *Le navire fait relâche*, das Schiff läuft einen Zwischenhafen an. || [port] Liege-, Anlegehafen m.
relâché, ée [-ʃe] adj. lax ; lose ; locker ; schlaff. | *Mœurs relâchées*, laxe, ausgelassene Sitten f. pl.
relâchement [-ʃmɑ̃] m. Erschlaffen n. ; Erschlaffung f. ; Lockerung f. ; Abschwächung f. | *Relâchement d'un muscle*, Erschlaffung eines Muskels. || FIG. *Relâchement de l'esprit*, Entspannung des Geistes. | *Relâchement des mœurs*, Sittenverfall m.
relâcher [-ʃe] v. tr. erschlaffen ; ent-, abspannen ; lockern. | *Relâcher une corde*, eine Saite ab-, entspannen. || [libérer] los-, freilassen. || [alléger] abschwächen ; mildern. | *Relâcher la discipline*, die Disziplin lockern.
◇ v. intr. *Relâcher (dans un port)*, einen Zwischenhafen anlaufen. || [rabattre] ablassen.
◇ v. pr. **se relâcher,** locker werden ; erschlaffen ; nachgeben, -lassen ; schlaff werden ; abflauen. | *La corde se relâche*, das Seil lockert sich, wird schlaff, hängt durch. | *La discipline se relâche*, die Disziplin lockert sich. | *Il se relâche*, er wird nachlässig. | *Son zèle s'est relâché*, sein Eifer ist erlahmt, erkaltet.
relais [rəlɛ] m. [chevaux] *(Chevaux de) relais*, frische Postpferde n. pl. || [lieu] Post-, Gespannwechselstation f. ; Umspannstation f. ; Relais n. || SPORT. Staffel f. ; Stafette f. | *Course de relais*, Staffel-, Stafettenlauf m. || ÉLECTR. Relais n. ; Zwischenverstärker m. ||

RADIO. Übertragung f. | *Relais hertzien*, Richtfunk m. | *Relais radar*, Radarstation f.

relance [rəlɑ̃:s] f. [au jeu] neuer, erhöhter Einsatz. || FIG. Wiederbelebung f., -ankurbelung f. | *Relance économique*, wirtschaftliche Wiederankurbelung.

relancer [-se] v. tr. wieder-, zurückschleudern, -werfen. || [au jeu] den Einsatz erhöhen. || [chasse] wieder auftreiben. || FAM. *Relancer qn*, in jn dringen ; jn nicht in Ruhe lassen. || FIG. wiederbeleben.

relaps, apse [rəlaps] adj. RELIG. rückfällig.

relater [rəlate] v. tr. berichten ; erzählen.

relatif, ive [rəlatif, i:v] adj. [qui se rapporte à] bezüglich (gén.) ; in Bezug auf (acc.) ; sich beziehend auf (acc.). | *Relatif à l'économie mondiale*, in Bezug auf die Weltwirtschaft ; weltwirtschaftlich. || [contraire d'absolu] verhältnismäßig ; bedingt ; relativ. || GRAMM. bezüglich. | *Pronom relatif*, Relativpronomen n. | *Proposition relative*, Relativsatz m.

relation [-sjɔ̃] f. [rapport] Beziehung f. ; Verhältnis n. ; Relation f. ; Zusammenhang m. | *Être en relation avec qch.*, sich auf etwas (acc.) beziehen ; auf etwas (acc.) Bezug haben. || [rapports] Beziehungen f. pl. ; Verhältnisse n. pl. ; Verbindung(en) f. (pl.) ; Verkehr m. | *Relations amoureuses*, Liebesbeziehungen. | *Relations économiques*, Wirtschaftsbeziehungen. | *Relations internationales*, internationale Beziehungen ; zwischenstaatlicher Verkehr. | *Relations publiques*, Öffentlichkeitsarbeit f. ; Public relations f. pl. | *Avoir de bonnes relations*, über gute Beziehungen verfügen. | *Entretenir des relations amicales avec qn*, mit jm freundschaftlichen Verkehr pflegen. | *Être en relation avec qn*, mit jm in Verbindung stehen ; mit jm Umgang haben. || [personne] *Une relation d'affaires*, ein Geschäftsfreund.

relativement [-tivmɑ̃] adv. verhältnismäßig ; beziehungsweise. | *Relativement à*, mit Bezug auf (acc.) ; mit Rücksicht auf (acc.) ; betreffs (gén.).

relativisme [-tivism] m. PHILOS. Relativismus m.

relativité [-tivite] f. Relativität f. ; Bedingtheit f. ; Verhältnismäßigkeit f. | *Théorie de la relativité générale, restreinte*, allgemeine, spezielle Relativitätstheorie.

relaver [rəlave] v. tr. wieder-, nachwaschen.

relaxation [rəlaksasjɔ̃] f. MÉD. Entspannung f. ; Relaxation f. || JUR. Freilassung f.

relaxer [-lakse] v. tr. MÉD. entspannen. || JUR. freilassen.

◇ v. pr. **se relaxer.** FAM. sich entspannen.

relayer [rəlɛje] v. tr. ablösen. | *Relayer les chevaux*, die Pferde wechseln. || RADIO. anschließen ; übertragen. | *Relayer un programme*, ein Programm anschließen.

◇ v. pr. **se relayer,** sich gegenseitig ablösen.

relégation [rəlegasjɔ̃] f. Verweisung f. ; Verbannung f.

reléguer [-ge] v. tr. JUR. verbannen ; aus-, verweisen. | *Reléguer un fonctionnaire en province*, einen Beamten in die Provinz strafversetzen. || FIG. beseitigen ; wegschaffen.

relent [rəlɑ̃] m. muffiger Geschmack ; schlechter, übler Geruch ; Nachgeschmack m.

relève [rəlɛ:v] f. MIL. Ablösung f. | *Relève de la garde*, Wachablösung. || [ouvriers] *Relève des équipes*, Schichtwechsel m.

relevé, ée [rəlve] adj. FIG. gehoben ; erhoben. || CULIN. scharf ; pikant.

◇ m. **relevé,** [liste] Aufstellung f. ; Verzeichnis n. ; Liste f. || [extrait] Auszug m. | *Relevé mensuel*, Monatsaufstellung. | *Relevé topographique*, togographische Landesaufnahme. | *Relevé de compte*, Kontoauszug. | *Relevé d'identité bancaire*, (*etwa*) Kontodaten n. pl.

relèvement [-lɛvmɑ̃] m. Wiederauf-, Wiederhochheben n. ; Wiederaufrichtung f. || FIG. [augmentation] Erhöhung f. ; Steigerung f. ; [rétablissement] Wiederaufstieg m. || *Relèvement économique*, Wirtschaftsaufstieg. | *Relèvement des salaires*, Lohnerhöhung. | *Relèvement des traitements*, Gehaltsaufbesserung f. || MAR. Peilung f.

relever [-ləve] v. tr. **1.** [remettre debout] aufheben ; wiederaufrichten ; aufbauen. | *Relever des ruines*, Ruinen wiederaufbauen. | *Relever la tête*, den Kopf aufrichten, wieder hochnehmen.

2. [rendre plus élevé ; retrousser] erhöhen ; hochheben ; aufziehen. | *Relever les bords d'un chapeau*, den Hut hochkrempeln. | *Relever ses cheveux*, das Haar, die Frisur aufstecken. | *Relever son col*, den Kragen auf-, hochschlagen. | *Relever sa robe*, das Kleid raffen. | *Virage relevé*, überhöhte Kurve. | *Relever de quelques centimètres*, um einige Zentimeter höher legen, erhöhen, anheben. || FIG. [ranimer] ermuntern ; wiederaufrichten. | *Relever une entreprise*, eine Unternehmung wiederhochbringen.

3. [augmenter] *Relever les prix*, die Preise erhöhen. | *Relever les tarifs*, die Tarife heraufsetzen.

4. [remarquer ; noter] *Relever les fautes de qn*, die Fehler js hervorheben, unterstreichen (insépar.). | *Relever l'identité*, die Personalien aufschreiben.

5. [faire valoir] *Relever la beauté*, die Schönheit hervorheben, unterstreichen (insépar.). | *Relever les couleurs*, die Farben(wirkung) heben. || CULIN. *Relever le goût*, den Geschmack erhöhen.

6. [délier ; révoquer] *Relever qn de ses fonctions*, jn seines Amtes entheben. | *Relever qn d'un vœu*, jn von einem Gelübde entbinden, lossprechen. || [faire la relève] *Relever la garde*, die Wache ablösen. | *Relever qn dans un poste*, jn ersetzen, ablösen.

7. TECHN. [arpentage] vermessen ; aufnehmen. || MAR. *Relever la position*, peilen. || POSTES. *Relever la boîte aux lettres*, den Briefkasten leeren.

8. LOC. *Relever le gant*, den Fehdehandschuh aufheben.

◇ v. intr. [guérir] *Relever de maladie*, von einer Krankheit genesen ; vom Krankenbett aufstehen. || [dépendre de] abhängen (von) ; unterstehen (dat.). | *Ne relever de personne*, von keinem Mensch abhängig sein. | *Relevant de*, von... abhängig ; zur Zuständigkeit von... gehörig ; der Kompetenz von... unterliegend. | *Cela relève de*, dafür ist... zuständig. | *Relever de la compétence de qn*, der Zuständigkeit js unterstehen (insépar.).

◇ v. pr. **se relever,** wieder aufstehen ; sich wiederaufrichten. || FIG. *Il ne s'en relèvera pas*, das hat ihm den Rest gegeben.

relief [rəljɛf] m. Relief n. ; erhabene Arbeit. | *Bas-relief*, Flachrelief. | *Haut-relief*, Hochrelief. | *En relief*, erhaben ; plastisch hervortretend ; Relief... | *Donner du relief à qch.*, etwas hervortreten lassen, herausarbeiten ; FIG. etwas herausstreichen, betonen. | *Avoir du relief*, ausgeprägt sein. | *Mettre en relief*, hervorheben ; klar herausstellen. || GÉOGR. Relief n. ; Bodenerhebung f., -profil n. | *Relief du sol*, Bodengestaltung f. || PHYS. *Relief sonore*, Klangtiefe f.

relier [rəlje] v. tr. [lier de nouveau] wieder (zusammen)binden. || [livre] (ein)binden. | *Relier un livre en toile*, ein Buch in Ganzleinen (ein)binden. || [mettre en communication] verbinden ; verknüpfen ; zusammenfügen ; anschließen. | *Relier deux points*, zwei Punkte miteinander verbinden. | *Relier à qch.*, mit etwas verbinden. | *Relier au réseau électrique*, ans Leitungsnetz anschließen.

relieur, ieuse [-ljœ:r, jø:z] s. Buchbinder(in) m. (f.).

religieusement [rəliʒjøzmɑ̃] adv. mit Andacht ; andächtig. || FIG. *Observer religieusement*, aufs gewissenhafteste befolgen.

religieux, ieuse [-ʒjø, jø:z] adj. religiös ; gottesfürchtig. || [pieux] fromm ; andächtig. || FIG. gewissenhaft ; treu. | *Année religieuse*, Kirchenjahr n. | *Communauté religieuse*, Religionsgemeinschaft f. | *Controverse religieuse*, Glaubensstreit m. | *Instruction religieuse*, Religionsunterricht m. ; Bibelstunde f. | *Ordre religieux*, Mönchsorden m.
◇ s. Mönch m. ; Nonne f. | *Religieuse catholique*, katholische Schwester. | *Religieuse réformée*, Diakonisse f. ; Diakonissin f.

religion [-ʒjɔ̃] f. Religion f. ; Glauben m. ; Gläubigkeit f. ; Frömmigkeit f. ; Gottesglaube m. | *Religion d'État*, Staatsreligion. | *Guerre de religion*, Religions-, Glaubenskrieg m. | *Sans religion*, gottlos. || PAR EXT. *Entrer en religion*, ins Kloster gehen.

religiosité [-ʒjozite] f. Religiosität f. ; Frömmigkeit f.

reliquaire [rəlikɛ:r] m. Reliquien-, Heiligenschrein m. ; Reliquiar n.

reliquat [-ka] m. Rest m. ; Restsumme f., -betrag m. ; Saldo m. | *Reliquat d'impôts*, Steuerrückstand m. | *Paiement d'un reliquat*, Restzahlung f.

relique [rəlik] f. Reliquie f. ; PAR EXT. Heiligtum n. | *Conserver, Garder qch. comme une relique*, etwas wie seinen Augapfel hüten.

relire [rəli:r] v. tr. wiederlesen. || [pour corriger] überlesen (insépar.).

reliure [rəljy:r] f. [art] (Ein)binden n. | *Atelier de reliure*, Buchbinderei f. || [couverture] Einband m. | *Reliure pleine*, Ganzledereinband. | *Reliure demi-pleine*, Halbledereinband. | *Reliure toile pleine*, Ganzleineneinband.

relouer [rəlue] v. tr. unter-, wieder-, weitervermieten ; in Untermiete nehmen.

reluire [rəlɥi:r] v. intr. leuchten ; glänzen ; schimmern. | *Une situation peu reluisante*, eine wenig glänzende Lage. | *Faire reluire*, glänzend machen ; putzen ; wichsen.

reluquer [rəlyke] v. tr. FAM. (an)gucken ; (begehrlich) schielen.

rem [rɛm] m. NUCL. Rem n.

remâcher [rəmɑʃe] v. tr. wiederkäuen. || PAR EXT. hin und her überlegen. | *Il remâche les mêmes idées*, er kommt von diesen Gedanken nicht los.

remake [rimɛk] m. FILM. Neuverfilmung f.

rémanence [remanɑ̃:s] f. Restmagnetismus m. ; Remanenz f.

rémanent, ente [-nɑ̃, ɑ̃:t] adj. zurückbleibend.

remaniement [rəmanimɑ̃] m. Umarbeitung f. ; Umgestaltung f. ; Veränderung f. ; Umbau m. || *Remaniement ministériel*, Kabinettsumbildung f.

remanier [-nje] v. tr. umarbeiten ; umgestalten ; umändern (sépar.) ; verändern. || POLIT. *Remanier le cabinet*, die Regierung umbilden. || LITTÉR. *Remanier un roman*, einen Roman umschreiben, überarbeiten (insépar.).

remariage [rəmarja:ʒ] m. Wiederverheiratung f.

remarier (se) [sərəmarje] v. pr. sich wieder verheiraten.

remarquable [rəmarkabl] adj. [à noter] bemerkenswert ; merkwürdig. || [excellent] erheblich ; ansehnlich ; bedeutend.

remarque [-mark] f. Bemerkung f. ; Anmerkung f. ; Beobachtung f. ; Vermerk m. | *Faire des remarques*, Bemerkungen, Beobachtungen machen. | *J'en ai fait la remarque*, ich habe es bemerkt ; es fiel mir auf.

remarquer [-marke] v. tr. [observer] bemerken ; anmerken ; beobachten ; wahrnehmen. | *Cela se remarque à première vue*, das sieht man doch auf den ersten Blick. | *Faire remarquer qch. à qn*, jn auf etwas (acc.) aufmerksam machen. | *Se faire remarquer*, sich auszeichnen ; PÉJOR. auffallen. || [distinguer] *Remarquer qn dans la foule*, jn in der Menge entdecken, unterscheiden (insépar.).

remballer [rɑ̃bale] v. tr. wiedereinpacken ; zusammenpacken.

rembarquement [rɑ̃barkəmɑ̃] m. Wiedereinschiffung f.

rembarquer [-ke] v. tr. wiedereinschiffen.
◇ v. intr. et v. pr. **se rembarquer,** sich wiedereinschiffen.

rembarrer [rɑ̃bare] v. tr. FAM. jn ab-, zurecht-, zurückweisen ; jm eine Abfuhr erteilen.

remblai [rɑ̃blɛ] m. Aufschüttung f. ; Ausschüttung f. ; (Erd)damm m. | *Route en remblai*, aufgeworfene, hochliegende Landstraße.

remblayer [rɑ̃blɛje] v. tr. an-, aufschütten ; aus-, auffüllen.

remboîtement [rɑ̃bwatmɑ̃] m. MÉD. Einrenken n. ; Einrenkung f.

remboîter [-te] v. tr. MÉD. einrenken.

rembourrage [rɑ̃bura:ʒ] m. Polstern n. ; (Aus)polsterung f. ; Ausstopfen n.

rembourrer [-re] v. tr. (aus)polstern ; ausstopfen ; füttern. | *Fauteuil rembourré*, Polstersessel m.

remboursable [rɑ̃bursabl] adj. rückzahlbar ; ein-, ablösbar ; tilgbar. | *Remboursable sur demande*, kündbar.

remboursement [-səmɑ̃] m. Zurück(be)zahlung f. ; Rückzahlung f. ; Rückerstattung f. || POSTES. *Contre remboursement*, gegen Nachnahme.

rembourser [-se] v. tr. zurück(be)zahlen ; (zurück)erstatten ; zurückvergüten ; ab-, einlösen ; entgelten ; ausgleichen. || [dette] abtragen.

rembrunir (se) [sərɑ̃bryni:r] v. pr. [ciel] sich verfinstern ; sich bedecken ; sich beziehen. | *Son front se rembrunit*, seine Stirn umwölkt sich.

remède [rəmɛd] m. MÉD. Heilmittel n. ; Arzneimittel n. ; Arznei f. | *Remède de cheval*, Roßkur f. | *Remède de bonne femme*, (probates) Hausmittel. | *Sans remède*, unheilbar. || FIG. (Ab)hilfe f. ; Hilfsmittel n. | *On peut y porter remède*, dem kann abgeholfen werden.

remédiable [-medjabl] adj. heilbar.

remédier [-medje] v. tr. MÉD. etwas heilen. || FIG. *Remédier à*, etwas (acc.) beheben, abstellen ; etwas (dat.) abhelfen.

remembrement [rəmɑ̃brəmɑ̃] m. neue Verteilung ; Flurbereinigung f.

remémorer [rəmemɔre] v. tr. wieder in Erinnerung bringen ; vergegenwärtigen.
◇ v. pr. **se remémorer.** *Se remémorer qch.*, sich an etwas (acc.) erinnern ; sich etwas ins Gedächtnis zurückrufen.

remerciement [rəmɛrsimɑ̃] m. Dank m. ; Danksagung f. | *Discours de remerciement*, Dankrede f. ; [Académie] Antrittsrede f. | *Lettre de remerciement*, Dank(es)brief m., -schreiben n. | *Adresser, Exprimer ses remerciements à qn (pour qch.)*, jm seinen Dank (für etwas) abstatten.

remercier [-sje] v. tr. [dire merci] danken ; sich bedanken. | *Remercier qn de qch.*, jm für etwas danken. || [congédier] *Remercier un employé*, einen Angestellten verabschieden.

réméré [remere] m. JUR. Rückkauf m. | *Vente à réméré*, Verkauf mit Rückkaufsrecht.

remettre [rəmɛ:tr].

> **I.** v. tr.
> **a)** METTRE À NOUVEAU : wieder hinsetzen.
> **b)** DONNER ; CONFIER : ab-, übergeben ; [livraison] ab-, ausliefern ; verabfolgen.
> **c)** SE DESSAISIR : niederlegen ; abgeben.
> **d)** RÉTABLIR : wiederherstellen.
> **e)** RECONNAÎTRE : (wieder)erkennen.
> **f)** PARDONNER : vergeben ; erlassen.
> **g)** DIFFÉRER : verschieben.
> **II.** v. pr. se remettre :
> **a)** SE REPLACER : sich wieder(hin)setzen.
> **b)** GUÉRIR : sich erholen.
> **c)** RECOMMENCER : wiederanfangen.
> **d)** SE CONFIER : sich verlassen.

I. v. tr. — **a)** METTRE À NOUVEAU : wiederhinsetzen, -stellen, -legen. | *Remettre son chapeau*, seinen Hut wiederaufsetzen. || MUS. *Remettre une corde*, eine neue Saite aufziehen. || *Le médecin remet une jambe*, der Arzt renkt ein Bein ein. | *Remettre un vêtement*, ein Kleid, Kleidungsstück wiederanziehen. | *Remettre des vitres*, Scheiben (wieder)einsetzen. | *Remettre un navire à flot*, ein Schiff heben, wieder flottmachen. | *Remettre qch. à la mode*, etwas wieder in Mode bringen. | *Remettre à neuf*, erneuern. | *Remettre à sa place*, an seinen Platz zurücklegen. | *Remettre en état*, wiederinstandsetzen, wiederherstellen. | *Remettre en marche*, wieder in Betrieb setzen. | *Remettre en question*, wieder in Frage stellen ; FAM. wieder aufs Tapet bringen. | *Remettre en vigueur*, wieder in Kraft setzen. | *Remettre sur pied*, wiederaufstellen, neu organisieren. | FAM. *Remettre qn au pas*, jn wieder auf Trab bringen. | *Remettre qn à sa place*, jn in die Schranken (zurecht)weisen ; jn zurechtweisen. | *Remettre les pendules à l'heure*, FIG., FAM. klar und deutlich werden ; mit jm Tacheles reden.
b) DONNER ; CONFIER : ab-, übergeben (insépar.) ; [livraison] ab-, ausliefern ; verabfolgen. | *Remettre son âme à Dieu*, seine Seele Gott befehlen. | *Remettre de l'argent à qn*, jm Geld überreichen, -senden (insépar.). | *Remettre la décision entre les mains de qn*, die Entscheidung in js Hände legen. | *Remettre une décoration à qn*, jm einen Orden überreichen. | *Remettre une demande*, eine Bitte einreichen. | *Remettre qch. en mains propres*, etwas eigenhändig übergeben (insépar.) ; etwas aushändigen. | *Remettre qn entre les mains de la justice*, jn dem Gericht ausliefern, überantworten (insépar.). | *Remettre à qn le soin de qch.*, jm etwas überlassen (insépar.).
c) SE DESSAISIR : niederlegen ; abgeben. | *Remettre une charge*, ein Amt niederlegen. | *Remettre ses pouvoirs*, zurücktreten.
d) RÉTABLIR : wiederherstellen ; [santé] wieder gesund machen ; [réconcilier] aussöhnen.
e) RECONNAÎTRE : (wieder)erkennen. | *Je ne vous remets pas*, ich komme nicht darauf, wer Sie sind ; ich erkenne Sie nicht wieder.
f) PARDONNER : RELIG. vergeben. | *Remettre les péchés*, die Sünden vergeben, erlassen. || JUR. erlassen. | *Remettre une peine*, eine Strafe erlassen.
g) DIFFÉRER : auf-, verschieben. | *Remettre au lendemain*, von einem Tag auf den anderen schieben. | *Remettre à une date ultérieure*, auf ein späteres Datum auf-, verschieben. | *Remettre qch. à plus tard*, FAM. etwas auf die lange Bank schieben. | *Ce n'est que partie remise*, die Sache ist nur aufgeschoben.

II. v. pr. **se remettre.** — **a)** SE REPLACER : sich wieder (hin)setzen. | *Se remettre au lit*, sich wieder ins Bett legen. || FIG. *Se remettre qch. en tête*, sich etwas (wieder) vergegenwärtigen.
b) GUÉRIR : sich erholen ; genesen. | *Il se remet*, er erholt sich ; es geht ihm besser. | *Remettez-vous*, fassen Sie sich ! ; nehmen Sie sich zusammen ! | *Se remettre d'une maladie*, sich von einer Krankheit erholen. | *Le temps se remet*, das Wetter wird wieder schön, heitert sich auf.
c) RECOMMENCER : wiederanfangen. | *Se remettre au français*, wieder Französisch lernen. | *Se remettre à pleuvoir*, wieder zu regnen beginnen. | *Le temps se remet à la pluie*, das Wetter schlägt wieder in Regen um. | *Se remettre au travail*, sich wieder an die Arbeit machen.
d) SE CONFIER : sich verlassen (auf, acc.). | *Se remettre entre les mains de Dieu*, sich Gott befehlen ; alles in Gottes Hand legen. | *Se remettre entre les mains de qn*, sich jm anvertrauen. | *S'en remettre à*, sich auf (acc.) verlassen. | *S'en remettre à la chance*, es darauf ankommen lassen. | *S'en remettre à la décision de qn*, es der Entscheidung js anheimstellen. | *S'en remettre au jugement de qn*, etwas in js Ermessen stellen.

remeubler [rəmœble] v. tr. neu möblieren.

remilitarisation [rəmilitarizasjɔ̃] f. Wiederbewaffnung f. ; Remilitarisierung f.

remilitariser [-ze] v. tr. wiederbewaffnen ; remilitarisieren.

réminiscence [reminissɑ̃:s] f. unbestimmte, schwache (Rück)erinnerung. || [chose dont on se souvient] Anklang m. (an, acc.).

remise [rəmi:z] f. [action de remettre, lieu ou état] Wiederanbringung f. | *Remise à flot*, Flottmachung f. ; Hebung f. (eines Schiffes). | *Remise à neuf*, Aufarbeitung f. | *Remise en état*, Wiederinstandsetzung f. | *Remise en marche*, Wiederingangsetzung f. | *Remise en vigueur*, Wiederinkraftsetzung f. || [action de livrer] Übergabe f. ; (Ab)lieferung f. ; Übermittlung f. ; Verabfolgung f. || [papiers] Zustellung f. || [lettres] Aufgabe f. || [en mains propres] Aushändigung f. || COMM. Nachlaß m. ; Rabatt m. ; Abzug m. | *Accorder, Faire une remise*, einen Nachlaß gewähren. || JUR. *Remise de peine*, Straferlaß m. || [ajournement] Verlegung f. ; Aufschub m. ; Verzögerung f. || [local pour remiser] Remise f. ; Schuppen m. || TRANSP. Wagenhalle f.

remiser [-ze] v. tr. unter-, ab-, einstellen. | *Remiser une voiture*, einen Wagen in die Garage stellen.

remisier [-zje] m. FIN. Vermittler m.

rémission [-sjɔ̃] f. Nachsicht f. ; Verzeihung f. | *Sans rémission*, schonungslos. || JUR. Begnadigung f. ; Straferlaß m. || MÉD. Nachlassen n. ; Milderung f. || RELIG. Vergebung f.

remmaillage [rɑ̃maja:ʒ] m. Aufmaschen n.

remmailler [-je] v. tr. Maschen wieder herausnehmen ; aufmaschen.

remmailloter [rɑ̃majɔte] v. tr. neu wickeln.

remmener [rɑ̃məne] v. tr. wieder zurückbringen.

remnographie [rɛmnografi] f. MÉD. Renographie f.

rémois, oise [remwa, wa:z] adj. aus, von Reims.

remontage [rəmɔ̃ta:ʒ] m. Zusammensetzen n. | *Remontage d'une horloge*, [fonctionnement] Aufziehen n.

remontant, ante [-tɑ̃, ɑ̃:t] adj. BOT. mehrmals blühend ; remontierend. || POP. stärkend ; belebend. ◇ m. **remontant,** Stärkungstrunk m.

remontée [rəmɔ̃te] f. Wiederaufstieg m. || SPORT. *Remontée mécanique*, Skilift m.

remonte-pente [rəmɔ̃tpɑ̃:t] m. (pl. **remonte-pentes**) Schlepplift m.

remonter [rəmɔ̃te] v. intr. [monter de nouveau] wieder hinauf(herauf)steigen, -fahren, -gehen. | *Remonter dans sa chambre*, in sein Zimmer (wieder) hinaufgehen. | *Remonter à cheval*, sein Pferd wieder besteigen. || [mouvement ascendant] steigen ; hinaufsteigen, -fahren. | *Jésus est remonté au ciel*, Jesus ist gen Himmel gefahren. || PAR EXT. *Le baromètre remonte*, das Barometer steigt (wieder). | *Le vent remonte*, der Wind weht, springt von Süd auf Nord. || FIG. [augmenter de valeur] (wieder)steigen. | *Les actions remontent*, die Aktien steigen wieder, erholen sich wieder. || [mouvement dans le temps] zurückgehen (auf, acc.). | *Remonter loin, au déluge*, weit in die Vergangenheit zurückgreifen. | *Remonter à l'origine*, auf den Grund zurückgehen. | *La famille remonte au XVIe siècle*, die Familie geht bis ins sechzehnte Jahrhundert zurück. | *Remonter aux sources*, auf die Quellen zurückgehen, -greifen.
◇ v. tr. [gravir de nouveau] wieder besteigen, hinaufsteigen. || [mouvement ascendant] (wieder) hinaufbringen, -tragen. | *Remonter son col*, den Kragen hochschlagen, -klappen. || MAR. aufwärtsfahren. | *Remonter le fleuve*, einen Fluß aufwärts fahren. | *Remonter le courant*, stromaufwärts fahren ; FIG. sich wieder emporarbeiten. || PAR EXT. *Remonter sa garde-robe*, sich neu einkleiden. | *Remonter une montre*, eine Uhr aufziehen. || FIG. [une personne] aufmuntern. | *Remonter le moral à, de qn*, jm den Mut stärken, wieder aufrichten. || TECHN. *Remonter une machine*, eine Maschine montieren.
◇ v. pr. **se remonter,** sich (mit etwas) neu eindecken. || FIG. [physique] sich erholen ; wieder zu Kräften kommen ; [psychologique] frischen, neuen Mut fassen.

remontoir [-twa:r] m. Aufziehfeder f. ; Stellrad n.

remontrance [rəmɔ̃trɑ̃:s] f. Vorstellung f. ; Verweis m. ; Ermahnung f. | *Faire des remontrances à qn*, jm Vorhaltungen machen ; jn zurechtweisen ; FAM. jm die Leviten lesen.

remontrer [-tre] v. tr. wieder zeigen. || [faire des remontrances] Vorhaltungen machen ; vorhalten. | *En remontrer à qn*, jm überlegen sein.

remords [rəmɔ:r] m. Gewissensbiß m. | *J'en ai des remords*, es brennt mir auf der Seele.

remorquage [rəmɔrka:ʒ] m. Schleppen n. || MAR. Bugsieren n.

remorque [rəmɔrk] f. [câble] Zugleine f. ; Schleppseil n. || [véhicule] Anhänger m. | *À la remorque*, im Schlepptau. || PR. et FIG. *Prendre en remorque*, ins Schlepptau nehmen.

remorquer [-ke] v. tr. schleppen ; ziehen. || MAR. bugsieren.

remorqueur, euse [-kœ:r, ø:z] adj. (Ab)-schlepp... ; Bugsier...
◇ m. **remorqueur,** Schlepper m. ; Schleppdampfer m.

rémoulade [remulad] f. CULIN. Rem(o)ulade f.

rémouleur [remulœ:r] m. Scherenschleifer m.

remous [rəmu] m. Kielwasser n. ; Wirbel m. ; Gegenströmung f. || PR. et FIG. Wirbel m. ; Sog m.

rempaillage [rɑ̃paja:ʒ] m. Stuhlflechterei f., -flechten n.

rempailler [-je] v. tr. neu flechten ; stuhlflechten.

rempart [rɑ̃pa:r] m. Wall m. ; Schutzwehr f. ; Bollwerk n.

rempiler [rɑ̃pile] v. intr. FAM. sich weiter verpflichten. || ARG. MIL. kapitulieren.

remplaçable [rɑ̃plasabl] adj. ersetzbar ; auswechselbar.

remplaçant, ante [-sɑ̃, ɑ̃:t] adj. stellvertretend.
◇ s. Stellvertreter(in) m. (f.) ; Vertreter(in) m. (f.).

remplacement [-smɑ̃] m. (Stell)vertretung f. ; Ersetzung f. ; Ersatz m. || [échange] Austausch m. | *Produit de remplacement*, Ersatz m., -mittel n.

remplacer [-se] v. tr. [qn] vertreten ; an die Stelle (« von » ou gén.) treten. || [qch.] ersetzen ; auswechseln ; austauschen. || [succéder à qn] jm nachfolgen. | *Remplacer qn par qn*, jn an js Stelle setzen. | *Remplacer un employé malade*, einen erkrankten Angestellten vertreten, ersetzen.

rempli, ie [rɑ̃pli] adj. ausgefüllt ; gedrängt. | *La chambre est remplie de fumée*, das Zimmer ist voll Rauch. | *Une vie (bien) remplie*, ein arbeitsames, tatenreiches Leben. || FIG. *Être rempli de joie*, voller Freude sein.

remplir [-pli:r] v. tr. [emplir de nouveau] wieder an-, auf-, -ausfüllen, füllen. || [emplir entièrement] vollgießen, -schenken, -machen (sépar.). | *Remplir une page*, eine Seite vollschreiben (sépar.). | *Remplir un verre*, ein Glas vollschenken (sépar.). || FIG. [exercer ; effectuer] erfüllen ; ausüben ; verrichten. | *Remplir son devoir*, seine Pflicht erfüllen. | *Remplir ses engagements*, seinen Verpflichtungen nachkommen. | *Remplir les espérances de qn*, js Hoffnungen erfüllen. | *Remplir une fonction*, ein Amt bekleiden, betreuen ; einen Dienst verrichten. | *Remplir une mission*, einen Auftrag ausführen. | [occuper ; emplir ; compléter] aus-, erfüllen ; bevölkern. | *Remplir (l'air) de ses cris*, mit seinem Geschrei erfüllen. | *Remplir un formulaire*, ein Formular ausfüllen. | *Remplir qn d'admiration*, jn mit Bewunderung erfüllen. | *Bien remplir son temps*, seine Zeit gut ausfüllen.
◇ v. pr. **se remplir,** sich (an)füllen. | *La salle se remplit*, der Saal füllt sich. | *Ses yeux se remplissent de larmes*, die Augen gehen ihm über. | *Se remplir d'eau*, voll Wasser laufen.

remplissage [-plisa:ʒ] m. [action] Nachfüllen n. || [objet] et FIG. (Aus)füllung f. ; Füllwerk n. ; Füllsel n.

remploi [rɑ̃plwa] m. Wiederverwendung f.

remployer [-je] v. tr. wiederverwenden. || [argent] wiederanlegen.

remplumer (se) [sərɑ̃plyme] v. pr. neue Federn bekommen. || FIG., FAM. wieder auf den Damm kommen.

remporter [rɑ̃pɔrte] v. tr. (wieder)wegtragen, -holen, -nehmen. | *On le remporta mort*, man trug ihn tot davon. || FIG. gewinnen ; davontragen. | *Remporter une course*, ein Rennen gewinnen. | *Remporter la palme*, die Siegespalme erringen. | *Remporter la victoire*, den Sieg davontragen.

remuant, ante [rəmɥɑ̃, ɑ̃:t] adj. unruhig ; bewegt ; regsam ; rührig.

remue-ménage [rəmymena:ʒ] m. invar. Durcheinander n. ; Wirrwarr m. ; Drunter und Drüber n.

remuer [-mɥe] v. tr. bewegen ; umrühren. || [terre] umschaufeln ; umgraben ; umwühlen (sépar.). | *Remuer un champ*, ein Feld umgraben (sépar.). | *Remuer un meuble*, ein Möbelstück wegrücken. | *Ne remuer ni pied ni patte*, kein Glied rühren können ; sich nicht von der Stelle rühren. | *Remuer la queue*, mit dem Schwanz wedeln. || FIG. *Remuer l'argent à la pelle*, Geld wie Heu haben ; Geld scheffeln. | *Remuer ciel et terre*, alle Hebel in Bewegung setzen. | *Je ne remuerais pas le petit doigt pour lui*, für ihn rühre ich keinen Finger. | *Remuer toute l'Europe*, ganz Europa aufrühren, -regen. | *Remuer le passé*, Vergangenes aufwühlen. || FIG., FAM. [émouvoir] rühren ; erschüttern ; aufregen.

◇ v. intr. sich bewegen ; sich rühren. | *Les enfants remuent continuellement*, die Kinder sind dauernd in Bewegung. | *La dent remue*, der Zahn wackelt.
◇ v. pr. **se remuer,** sich bewegen ; sich rühren. || Fig. sich Mühe geben.

remugle [rəmygl] m. muffiger Geruch.

rémunérateur, trice [remyneratœ:r, tris] adj. lohnend ; einträglich.

rémunération [-rasjɔ̃] f. Vergütung f. ; Entgelt n. ; Lohn m. ; Entlohnung f. | *Rémunération en nature*, Natural-, Sachleistung f. ; Deputat n.

rémunérer [-re] v. tr. ent-, belohnen ; vergüten.

renâcler [rənɑkle] v. intr. schnauben ; schnaufen. || Fig. *Renâcler à qch.*, Widerwillen gegen etwas empfinden. | *Renâcler à la besogne*, arbeitsscheu sein.

renaissance [rənɛsɑ̃:s] f. [nouvelle naissance] Wiedergeburt f. || [retour] (Wieder)aufleben n., -aufblühen n. || Hist. Renaissance f.
◇ adj. invar. *Style Renaissance*, Renaissancestil m.

renaissant, ante [-nɛsɑ̃, ɑ̃:t] adj. wiederaufstehend, -auflebend ; sich wieder regend.

renaître [-nɛ:tr] v. intr. wieder-, neugeboren werden ; wieder aufleben, aufblühen ; wieder erstehen. || [sujets] *L'industrie renaît*, die Industrie entwickelt sich wieder. || [compléments] *Renaître (à la vie)*, dem Leben wiedergeschenkt werden ; sich wieder beleben. | *Renaître au bonheur*, wieder glücklich werden. | *Se sentir renaître*, sich wie neugeboren fühlen.
— Observ. N'a ni participe passé ni temps composés.

rénal, ale, aux [renal, o] adj. Anat. Nieren... | *Fonction rénale*, Nierenfunktion f.

renard [rəna:r] m. Fuchs m. || [peau] Fuchspelz m. | *Renard argenté*, Silberfuchs. | *Renard bleu*, Blaufuchs. || Fig. *C'est un vieux renard*, er ist ein alter, schlauer Fuchs ; er ist mit allen Wassern gewaschen.

renarde [-nard] f. Füchsin f. ; Fähe f.

renardeau [-nardo] m. junger Fuchs.

renardière [-nardjɛ:r] f. Fuchsbau m., -loch n.

renchérir [rɑ̃ʃeri:r] v. tr. verteuern.
◇ v. intr. teurer werden ; im Preise steigen. | *J'ai renchéri sur lui*, ich habe ihn überboten.

renchérissement [-rismɑ̃] m. Verteuerung f. ; Preissteigerung f. ; Aufschlag m.

rencogner [rɑ̃kɔɲe] v. tr. in die Ecke treiben.

rencontre [rɑ̃kɔ̃:tr] f. [personnes] Begegnung f. ; Zusammentreffen n. ; Zusammenkunft f. ; Sport. Treffen n. | *Rencontre au sommet*, Gipfeltreffen. | *Rencontre internationale (de la jeunesse)*, internationales (Jugend)treffen. | *Aller à la rencontre de qn*, jm entgegengehen. | *Venir à la rencontre de qn*, jm entgegenkommen. | *Faire la rencontre de qn*, jn treffen. || [choses], (hasard) Zufall m. ; (heurt) Zusammenstoß m. || Math. *Point de rencontre*, Schnittpunkt m. || [combat] Zweikampf m. ; Duell n. || Mil. Gefecht n. ; Zusammenstoß m.

rencontrer [-tre] v. tr. (an)treffen ; begegnen. | *Rencontrer qn*, jn treffen ; jm begegnen. | *Rencontrer beaucoup d'obstacles*, auf zahlreiche Hindernisse stoßen. | *Rencontrer une résistance*, auf Widerstand stoßen. || [sens affaibli] *On rencontre des gens qui*, es gibt Leute, die.
◇ v. pr. **se rencontrer,** sich treffen ; einander begegnen. || (se battre) sich schlagen ; sich duellieren ; Mil. zusammenstoßen. || [se trouver ; y avoir], (sich) treffen ; vorkommen. | *Cela se rencontre quelquefois*, das kommt (so) manchmal vor. | *Cela ne se rencontre pas tous les jours*, so etwas trifft man nicht alle Tage.

rendement [rɑ̃dmɑ̃] m. [rapport] Ertrag m. | *Rendement annuel*, Jahresertrag. | *Rendement minimal*, Mindestertrag. | *Rendement à l'hectare*, Hektarertrag. || Écon. *Rendement (d'une action)*, Dividendenrendite f. | *Taux de rendement actuariel*, Effektiv verzinsung f. || Mines. Ausbeute f. || [effet utile] Leistung f. ; Leistungsfähigkeit f. ; Ergiebigkeit f. ; Einträglichkeit f. ; Wirkungsgrad m. | *Rendement individuel*, Einzelleistung. | *Rendement maximal*, Höchst-, Spitzen-, Maximalleistung. | *Rendement thermique*, thermischer Wirkungsgrad. | *D'un bon rendement*, [profitable] ergiebig ; einträglich ; [machine ; homme] leistungsfähig. | *D'un mauvais rendement*, unwirtschaftlich ; unrentabel. | *Travailler à plein rendement*, [machine] voll ausgenutzt sein ; [homme] mit voller, ganzer Kraft arbeiten.

rendez-vous [rɑ̃devu] m. [rencontre] Treffen n. ; Verabredung f. ; Termin m. | *Donner, Prendre un rendez-vous*, sich verabreden. | *Manquer au, un rendez-vous*, sich zur Verabredung nicht einfinden. || [lieu] Treffpunkt m.

rendormir [rɑ̃dɔrmi:r] v. tr. wieder zum Einschlafen bringen.
◇ v. pr. **se rendormir,** wieder einschlafen.

rendre [rɑ̃:dr].

I. v. tr.
- **a)** [redonner, restituer] wieder-, zurückgeben.
- **b)** [donner en retour] erwidern ; vergelten.
- **c)** [produire] eintragen.
- **d)** [traduire ; reproduire] wiedergeben.
- **e)** [prononcer] aussprechen.
- **f)** Méd. ; Mil. ; Sport.
- **g)** Loc. [avec un nom].
- **h)** Loc. [avec attribut d'objet].

II. v. intr.
III. v. pr. **se rendre**.

I. v. tr. — **a)** [redonner ; restituer] wieder-, zurückgeben. | *Rendre de l'argent*, Geld zurückgeben, -erstatten. | *Rendre la monnaie*, (Klein-, Wechselgeld) herausgeben. | *Rendre à qn la santé*, jm die Gesundheit wiederschenken.
b) [donner en retour] erwidern ; vergelten. | *Rendre à qn son amitié*, js Freundschaft erwidern. | *Je le lui rendrai*, ich werde es ihm vergelten, heimzahlen. | *Rendre la pareille*, Gleiches mit Gleichem vergelten. | *Rendre son salut à qn*, jm den Gruß erwidern. | *Rendre à qn sa visite*, seinen Gegenbesuch machen.
c) [produire] eintragen ; einbringen ; abwerfen. | *Cela rend (bien)*, das lohnt sich, rentiert, verzinst sich, bringt was ein. | *Cela ne rend rien*, das bringt nichts ein.
d) [traduire ; reproduire] wiedergeben ; ausdrücken ; übersetzen (insépar.). | *C'est difficile à rendre en allemand*, das läßt sich im Deutschen schlecht wiedergeben.
e) [prononcer] aussprechen. | *Rendre la justice*, Recht sprechen. | *Rendre des oracles*, orakeln ; Orakel aussprechen, verkünden. | *Rendre une sentence*, ein Urteil verkünden.
f) Méd. (wieder) von sich geben. || Mil. *Rendre une place*, eine Festung übergeben (insépar.). || Sport. *Rendre des points*, Punkte vorgeben.
g) Loc. [avec un nom] *Rendre l'âme*, den Geist aufgeben ; die, seine Seele aushauchen. | *Rendre les armes*, die Waffen strecken. | *Rendre compte*, Rechenschaft geben, ablegen. | *Rendre compte de qch.*, über etwas (acc.) berichten, Bericht erstatten. | *Rendre les derniers honneurs à qn*, jm die letzte Ehre erweisen. | *Rendre grâce à qn de qch.*, jm für etwas Dank abstatten ; sich bei jm für etwas bedanken. | *Rendre hommage à*

qn, jm huldigen, jm Ehre erweisen. | *Rendre justice à qn*, jm gerecht werden ; jm Gerechtigkeit widerfahren lassen. | *Rendre raison (à qn)*, (jm) genugtun ; (jm) Rede stehen, Genugtuung verschaffen. | *Rendre raison de qch.*, für etwas Rechenschaft ablegen ; [fonder] etwas wohl begründen. | *Rendre service*, [chose] dienlich sein. | *Rendre service à qn*, jm einen Dienst leisten, erweisen. | *Rendre le dernier soupir*, den letzten Seufzer ausstoßen. | *Rendre témoignage (de qch.)*, (von etwas) Zeugnis ablegen. | *Rendre visite à qn*, jm einen Besuch abstatten.

h) LOC. [avec attribut d'objet] machen. | *Rendre heureux*, glücklich machen. | *Rendre apte à*, zu etwas befähigen. | *Rendre possible*, ermöglichen. | *Rendre public*, bekanntgeben, -machen ; veröffentlichen.

II. v. intr. [produire] eintragen ; sich rentieren. || *La machine ne rend pas*, die Maschine rentiert sich nicht. || MÉD. (sich er)brechen.

III. v. pr. **se rendre,** [aller] sich begeben ; (hin)-gehen. | *Se rendre sur les lieux*, sich an Ort und Stelle begeben. || [céder] annehmen ; nachgeben (dat.). | *Se rendre à une demande*, einem Gesuch nachkommen, stattgeben. | *Se rendre à la raison*, sich der Vernunft unterwerfen (insépar.). || [capituler] sich ergeben ; sich ausliefern. || [avec attribut] sich... machen. | *Se rendre agréable*, sich angenehm machen. | *Se rendre coupable de qch.*, sich etwas (gén.) schuldig machen ; sich etwas zuschulden kommen lassen. | *Se rendre maître de qch.*, sich etwas (gén.) bemächtigen.

rendu, ue [rɑ̃dy] adj. [fatigué] ermüdet ; erschöpft ; FAM. abgekämpft ; fertig. || [arrivé] angekommen ; angelangt. | *Enfin, nous voilà rendus*, endlich sind wir da. || COMM. *Rendu à domicile*, frei Haus. | *Rendu en gare*, frei Bahnhof.

rendu [-dy] m. [action de rendre] Wiedergabe f. ; Vergeltung f. | *C'est un prêté pour un rendu*, das ist eine gerechte Strafe. || ARTS. Darstellung f.

rêne [rɛ:n] f. Zügel m. | *Fausses rênes*, Aufsatzzügel m. pl. || FIG. Leitung f. ; Regierung f. | *Tenir les rênes*, das Regiment führen. | *Prendre les rênes du gouvernement*, die Regierungszügel ergreifen.

renégat, ate [rənega, at] adj. abtrünnig.
◇ s. Renegat(in) m. (f.) ; Abtrünnige(r) f. (m.) || FIG. Überläufer(in) m. (f.).

renfermé, ée [rɑ̃fɛrme] adj. verschlossen ; in sich gekehrt. | *Caractère renfermé*, Verschlossenheit f.
◇ m. **renfermé,** dumpfiger, muffiger Geruch. | *Odeur de renfermé*, Muffigkeit f. | *Sentir le renfermé*, dumpfig, muffig, moderig riechen.

renfermer [-me] v. tr. [enfermer de nouveau] (wieder) verschließen, einschließen, einsperren. || [contenir] in sich schließen ; enthalten ; verhüllen.
◇ v. pr. **se renfermer,** sich einschließen. | *Se renfermer dans le silence*, sich in Schweigen hüllen.

renflé, ée [rɑ̃fle] adj. geschweift ; bauchig ; ausgebaucht.

renflement [-fləmɑ̃] m. Anschwellung f. ; Verdikkung f. || ARCHIT. Ausbauchung f.

renfler [-fle] v. tr. anschwellen.
◇ v. intr. verdicken. || [pâte] aufgehen.
◇ v. pr. **se renfler,** sich aufblasen ; anschwellen.

renflouement [rɑ̃flumɑ̃] m. ou **renflouage** [-flua:ʒ] m. PR. et FIG. Wiederflottmachung f.

renflouer [-flue] v. tr. MAR. wieder flottmachen ; heben. || FIG. *Renflouer une affaire*, ein Geschäft wieder in Gang bringen.

renfoncement [rɑ̃fɔ̃smɑ̃] m. Vertiefung f.

renfoncer [-se] v. tr. wieder hineinstoßen, -schlagen, -drücken. | *Renfoncer son chapeau*, den Hut ins Gesicht drücken.

renforçage [rɑ̃fɔrsa:ʒ] ou **renforcement** [-səmɑ̃] m. Verstärkung f. | *Renforcement d'un mur*, Versteifung (f.) einer Mauer.

renforcer [-se] v. tr. verstärken ; versteifen.

renfort [-rɑ̃fɔ:r] m. Verstärkung f. ; Entsatz m. ; Zuzug m. | *Renfort de troupes*, Truppenverstärkung.
◇ loc. prép. **à grand renfort de,** unter reichlicher Zuhilfenahme von ; mit großem Aufwand von.

renfrogné, ée [rɑ̃frɔɲe] adj. verdrießlich ; griesgrämig ; sauertöpfisch ; unlustig. | *Humeur renfrognée*, Verdrießlichkeit f. | *D'un air renfrogné*, mit verdrießlichem Gesicht ; mit saurer Miene.

renfrogner (se) [sərɑ̃frɔɲe] v. pr. die Stirn runzeln ; ein saures Gesicht ziehen.

rengagement [rɑ̃gaʒmɑ̃] m. Wieder-, (Weiter)-verpflichtung f. || ARG. MIL. Kapitulation f.

rengager [-ʒe] v. tr. *Rengager des ouvriers*, Arbeiter weiterbeschäftigen.
◇ v. pr. **se rengager,** sich wiederverpflichten.

rengaine [rɑ̃gɛ:n] f. abgedroschenes Zeug ; Schlager m. | *C'est toujours la même rengaine*, das ist immer die alte Platte, die alte Leier.

rengainer [-ne] v. tr. ein-, hineinstecken. | *Rengainer son épée*, das Schwert wieder in die Scheide stecken. || FIG. unterdrücken (insépar.) ; für sich behalten. | *Rengainer un plan*, einen Plan einpacken.

rengorger (se) [sərɑ̃gɔrʒe] v. pr. sich aufbrüsten ; sich aufplustern. || POP. dicktun.

reniement [rənimɑ̃] m. Verleugnung f.

renier [-nje] v. tr. ver-, ableugnen. || RELIG. abschwören. | *Renier ses amis*, seine Freunde nicht mehr kennen. | *Renier Dieu*, Gott lästern. | *Renier qn*, sich von jm lossagen.

renifler [rənifle] v. intr. schnüffeln ; schnuffeln. | *Renifler sur qch.*, mißtrauisch beschnuppern.
◇ v. tr. *Renifler du tabac*, Tabak schnupfen. || PAR EXT., POP. wittern ; ausbaldowern.

renne [rɛn] m. ZOOL. Renntier n. ; Ren n.

renom [rənɔ̃] m. (guter) Ruf ; Berühmtheit f. ; Ansehen n. ; Name m. | *Médecin en renom*, Arzt (m.) von Ruf, mit einem Namen.

renommé, ée [-nɔme] adj. bekannt ; berühmt.

renommée [-nɔme] f. (guter) Ruf ; Berühmtheit f. ; Renommee n.

renoncement [rənɔ̃smɑ̃] m. Verzicht m. ; Entsagung f. ; Verleugnung f. | *Renoncement à soi-même*, Selbstverleugnung.

renoncer [-se] v. tr. auf (acc.) verzichten ; Verzicht leisten ; entsagen ; abschwören ; verleugnen. | *Renoncer à un droit*, sich eines Rechtes begeben. | *Renoncer au monde*, der Welt entsagen. | *Renoncer à ses prétentions*, Ansprüche aufgeben.
◇ v. intr. [au jeu] nicht bedienen.

renonciation [-sjasjɔ̃] f. Verzichtleistung f. ; Verzicht m. ; Entsagung f.

renoncule [-kyl] f. BOT. Ranunkel f. ; Hahnenfuß m. | *Renoncule âcre*, Butter-, Dotterblume f.

renouer [rənue] v. tr. wieder-, (an)binden ; verknoten. | *Renouer la conversation*, das Gespräch wieder aufnehmen. | *Renouer les relations*, die Verbindungen wieder anknüpfen.

renouveau [rənuvo] m. POÉT. Lenz m. ; Frühlingsmond m. || PAR EXT. neue Blüte.

renouvelable [-vlabl] adj. erneuerbar ; zu erneuern ; verlängerbar.

renouveler [-vle] v. tr. [rendre nouveau] erneuern. | *Renouveler l'air*, frisch durchlüften. | *Renouveler les provisions*, die Bestände auffrischen. || [refaire] wiederanfangen ; wiederholen (insépar.). || [prolonger]

erneuern ; verlängern. | *Renouveler un contrat*, einen Vertrag erneuern, verlängern. || [transformer] umbilden, -gestalten (sépar.).
◇ v. pr. **se renouveler,** sich erneuern ; wieder auftreten.
renouvellement [-vɛlmɑ̃] m. Erneuerung f. ; Wiederaufnahme f. ; Auffrischung f. ; Ergänzung f. | *Renouvellement d'un effet (de commerce)*, Wechselprolongation f. | *Renouvellement du parlement*, Neuwahl (f.) des Parlaments.
rénovateur, trice [renɔvatœ:r, tris] adj. erneuernd.
◇ s. Erneuerer(in) m. (f.).
rénovation [-vasjɔ̃] f. Erneuerung f. ; Wiederaufleben n. ; Renovierung f.
rénover [-ve] v. tr. erneuern ; auffrischen ; wiederbeleben.
renseignement [rɑ̃sɛɲmɑ̃] m. Auskunft f. ; Bescheid m. ; Erkundigung f. ; Aufschluß m. | *Renseignement de source officielle*, amtliche Auskunft, Verlautbarung f. | *Bureau de renseignements*, Auskunftei f. | *Service de renseignements*, Nachrichtendienst m. | *Donner des renseignements*, Auskunft erteilen, geben. | *Prendre, Recueillir des renseignements sur*, über (acc.)... Erkundigungen einziehen, Auskunft einholen. | *Renseignements complémentaires*, nähere Auskunft.
renseigner [-ɲe] v. tr. informieren ; unterrichten ; Auskunft erteilen, geben ; mitteilen.
◇ v. pr. **se renseigner,** sich erkundigen. | *Se renseigner auprès de qn*, sich bei jm erkundigen.
rentabilité [rɑ̃tabilite] f. Rentabilität f. ; Einträglichkeit f. ; Wirtschaftlichkeit f.
rentable [-tabl] adj. rentabel ; einträglich ; gewinnbringend. | *Être rentable*, sich rentieren.
rente [rɑ̃:t] f. Rente f. ; Rentenzins m. ; Zins m. | *Rente foncière*, Grundrente, -zins ; Bodenrente. | *Rente viagère*, Leibrente. | *Rente d'invalidité*, Invalidenrente. | *Titre de rente*, Rentenschein m. | *Faire une rente à qn*, jm eine Rente aussetzen. | *Vivre de ses rentes*, von seinen Zinsen leben.
rentier, ière [-tje, jɛ:r] s. Rentner(in) m. (f.).
rentrant, ante [rɑ̃trɑ̃, ɑ̃:t] adj. GÉOM. einspringend ; zurückspringend ; einwärtsgebogen.
◇ m. **rentrant.** ARCHIT. einspringender Winkel ; Nische f. ; Vorgriff m.
rentrée [-tre] f. [action ; retour] Rückkehr f. ; Heim-, Wiederkehr f. ; Wiedereintritt m. || [reprise] Wiederbeginn m., -aufnahme f. || *Rentrée parlementaire*, Wiederzusammentreten (n.) des Parlaments. | *Rentrée des classes*, Wiederanfang (m.) des Schulunterrichts. | *Rentrée des récoltes*, Einbringen (n.) der Ernten. | *Rentrée des théâtres*, Wiederbeginn der Spielzeit. || [recouvrement de fonds] Eingang m. ; Beitreibung f. | *Rentrée fiscale*, Steuereingang, -einnahme f. | *Rentrée de fonds, d'argent*, Eingang von Geldern. | *Opérer les rentrées*, Außenstände einkassieren, -ziehen.
rentrer [-tre] v. intr. **1.** [entrer de nouveau] zurückkommen, -kehren. || [chez soi] heimkehren, nach Hause kommen, gehen ; wieder eintreten. || FIG. *Rentrer dans sa coquille*, sich in sein Schneckenhaus zurückziehen. | *Rentrer dans le droit chemin*, zur Pflicht zurückkehren. | *Rentrer dans ses droits*, wieder in seine Rechte eingesetzt werden. | *Rentrer dans les bonnes grâces de qn*, wieder in js Gunst kommen. | *Rentrer en soi-même*, in sich gehen. | *Rentrer dans la vie privée*, sich ins Privatleben zurückziehen.
2. [reprendre] wiederanfangen, -aufnehmen. | *Rentrer en scène*, wiederauftreten. | *Rentrer en service*, den Dienst wiederantreten.
3. [faire partie de] gehören (zu) ; enthalten sein (in, dat.). | *Rentrer dans (une catégorie)*, in (acc.)... mit inbegriffen sein ; unter (acc.)... fallen.
4. [recouvrer] *Rentrer dans ses fonds*, sein Geld zurückbekommen. | *Rentrer dans ses frais*, auf seine Kosten kommen.
5. TEXT. [tissu] einlaufen.
6. [s'emboîter] sich ineinanderfügen.
◇ v. tr. einbringen. | *Rentrer la récolte*, die Ernte einbringen, in die Scheuer bringen. || PAR EXT. *Rentrer ses griffes*, die Krallen einziehen. | *Rentrer le ventre*, den Bauch einziehen.
renversant, ante [-sɑ̃, ɑ̃:t] adj. verblüffend. | *C'est renversant*, das schmeißt einen um.
renverse (à la) [alarɑ̃vɛrs] loc. adv. rücklings ; auf dem Rücken. | *Tomber à la renverse*, auf den Rücken fallen ; hintenüber fallen.
renversement [rɑ̃vɛrsəmɑ̃] m. Umkehrung f. ; Umreißen n. ; Umkippen n. ; Umstellen n. || POLIT. Umsturz m. || FIG. Verwirrung f. ; Zerrüttung f.
renverser [-se] v. tr. umkehren, -stürzen, -wenden, -stülpen (sépar.) ; auf den Kopf stellen. | *Renverser la marche*, umsteuern (sépar.). | *Renverser une image*, ein Bild umkehren (sépar.). | *Renverser un verre*, ein Glas umstoßen (sépar.). | *Renverser un liquide*, eine Flüssigkeit verschütten. | *Renverser qch. sur soi*, sich mit etwas begießen. | *Renverser qn*, [en courant] umrennen (sépar.) ; [en véhicule] umfahren (sépar.). | *Renverser une table*, einen Tisch umkippen (sépar.). | *Renverser la tête en arrière*, den Kopf nach hinten beugen, werfen. | *Renverser la vapeur*, Gegendampf geben. || MATH. *Renverser un rapport*, ein Verhältnis umkehren (sépar.). || FIG. *Renverser un ministère*, ein Ministerium, eine Regierung stürzen. || FIG., FAM. [surprendre] *Ça me renverse*, das haut mich hin ; da bleibt mir die Spucke weg.
◇ v. pr. **se renverser,** umfallen (sépar.). || [véhicule] umkippen (sépar.). || [liquide] überfließen (sépar.). || *Se renverser sur sa chaise*, sich zurücklehnen.
◇ part. pass. et adj. **renversé, ée.** *Être renversé par une voiture*, über den Haufen gefahren werden.
renvoi [rɑ̃vwa] m. Zurückschicken n. ; Rücksendung f., -verweisung f. || [après heurt] Zurückschlagen n., -werfen n., -strahlen n. || JUR. Verweisung f. | *Renvoi à un autre tribunal*, Verweisung an ein anderes Gericht. || [ajournement] Auf-, Verschiebung f. | *Renvoi à une date ultérieure*, Aufschub (m.), Vertagung (f.) auf ein späteres Datum. || [congé ; licenciement] Entlassung f. ; Verabschiedung f. | *Renvoi en masse*, Aussperrung f. || TYPOGR. Hinweis (auf, acc.) m. ; Verweisungszeichen n. || MÉD. Aufstoßen n. ; FAM. Rülps(er) m.
— SYN. : *Ajournement* m., Aufschub m. *Congé* m., Entlassung f. *Licenciement* m., Verabschiedung f.
renvoyer [-je] v. tr. [envoyer de nouveau ou en retour] zurückschicken ; heim-, weg-, nachschicken. | *Renvoyer la balle à qn*, jm den Ball zurückgeben ; FIG. jm die Antwort nicht schuldig bleiben ; jm schlagfertig antworten. | *Renvoyer son chauffeur*, seinen Chauffeur zurückschicken, nach Hause schicken. | *Renvoyer des marchandises*, Waren zurücksenden. || FIG. *Renvoyer la balle dans l'autre camp*, dem anderen den schwarzen Peter zuspielen. || PHYS. zurückstrahlen, -spiegeln, -werfen. | *Renvoyer la lumière*, das Licht reflektieren, zurückwerfen. || [ne pas accepter] ablehnen ; ab-, zurückweisen. || [congédier] entlassen ; abdanken ; abweisen. | *Renvoyer un domestique*, einen Diener entlassen. | *Renvoyer dans ses foyers*, in die Heimat entlassen. | *Renvoyer de l'école*, von der Schule verweisen. || [adresser ailleurs] hin-, verweisen. | *Renvoyer à un article*, auf einen Artikel ver-, hinweisen.

|| JUR. *Renvoyer à un autre tribunal*, an ein anderes Gericht verweisen. || [ajourner] auf-, verschieben; vertagen. | *Renvoyer à huitaine*, auf, um acht Tage verschieben.
◇ v. pr. **se renvoyer.** *Se renvoyer la balle*, sich gegenseitig etwas zuschieben.

réoccupation [reɔkypasjɔ̃] f. Wiederbesetzung f.

réoccuper [-pe] v. tr. wiederbesetzen.

réorganisation [-zasjɔ̃] f. Neu-, Umgestaltung f.; Umbildung f.; Reorganisation f.

réorganiser [-ze] v. tr. umgestalten, -bilden (sépar.); neugestalten; reorganisieren.

réouverture [reuvɛrty:r] f. Wiedereröffnung f.

repaire [rəpɛ:r] m. Höhle f.; Räuberhöhle f.; Schlupfwinkel m.; Spelunke f.

repaître [rəpɛ:tr] v. tr. FIG. nähren. | *Repaître ses yeux (de)*, seine Augen weiden (an, dat.).
◇ v. pr. **se repaître.** FIG. sich nähren. | *Se repaître d'espérance*, sich mit Hoffnungen vertrösten.
◇ part. pass. et adj. **repu, ue,** satt; gesättigt.

répandre [repɑ̃:dr] v. tr. verstreuen; vergießen; verschütten. || [verser] *Répandre de l'eau*, Wasser verschütten. | *Répandre des larmes*, Tränen vergießen. | *Répandre de la sauce*, Soße verkleckern. | *Répandre du sel*, Salz verschütten. || FIG. aus-, verbreiten. | *Répandre une nouvelle*, eine Nachricht in Umlauf bringen. || [exhaler; émettre] *Répandre de la lumière*, Licht ausstrahlen. | *Répandre des parfums*, Düfte verbreiten.
◇ v. pr. **se répandre,** [paraître; se manifester] (composés en « über », insépar.) *Se répandre à flots*, überströmen; überfließen. || [se propager] sich verbreiten. | *Un bruit se répand comme une traînée de poudre*, ein Gerücht verbreitet sich wie ein Lauffeuer. | *Le mal se répand*, das Übel, die Krankheit greift um sich. | *Se répandre en longs discours*, sich in lange Reden verlieren; sich über etwas (acc.) lang und breit auslassen. | *Se répandre en éloges*, sich in Lobsprüchen ergehen; PÉJOR. lobhudeln. | *Se répandre en injures*, sich in Beleidigungen ergehen.
◇ part. pass. et adj. **répandu, ue.** *Opinion très répandue*, weit verbreitete Ansicht. || [admis] gängig; üblich; allgemein anerkannt.
— SYN.: *Diffuser*, verbreiten. *Propager*, verbreiten.

réparable [reparabl] adj. reparatur-, ausbesserungsfähig; reparierbar. | *Dommage réparable*, zu behebender Schaden.

reparaître [rəparɛ:tr] v. intr. wieder erscheinen; erneut auftauchen. | *Ne plus reparaître*, nicht wieder zum Vorschein kommen.

réparateur, trice [reparatœ:r, tris] adj. heilend; erquicklich; wohltätig.
◇ m. **réparateur,** Ausbesserer m. | *Réparateur mécanicien*, Autoschlosser m.

réparation [-rasjɔ̃] f. [remise en état] Wiederherstellung f.; Ausbesserung f.; Reparatur f. | *Atelier de réparation*, Reparaturwerkstatt f. | *Faire des réparations à une maison*, Hausreparaturen vornehmen. || JUR. et FIG. Schadenersatz m. | *Réparation d'honneur*, Satisfaktion f. | *Réparation d'une injure, d'une offense*, (Zu)-rücknahme (f.) einer Beleidigung. | *Réparation d'un tort*, Entschädigung (f.) für ein Unrecht. | *Obtenir réparation (d'une injure)*, sich für eine Beleidigung Genugtuung verschaffen. || POLIT. Reparation f.; Wiedergutmachung f.

réparer [-re] v. tr. reparieren; ausbessern; wiederherstellen; erneuern; wieder in Ordnung bringen. | *Réparer des chaussures*, Schuhe ausbessern. || FIG. *Réparer un dommage*, einen Schaden beheben, vergüten. | *Réparer un échec*, eine Scharte auswetzen. | *Réparer une erreur*, einen Irrtum beheben, richtigstellen. | *Réparer une faute*, einen Fehler wiedergutmachen. | *Réparer ses forces*, wieder zu Kräften kommen.

reparler [rəparle] v. intr. wieder (davon) sprechen; darauf zurückkommen.

repartie [rəparti] f. schlagfertige Antwort, Entgegnung, Erwiderung. | *Avoir la repartie facile, rapide, Être prompt à la repartie*, schlagfertig sein.

repartir [rəparti:r] v. intr. wieder abreisen, aufbrechen, abfahren.

repartir [rəparti:r] v. tr. antworten; entgegnen.

répartir [reparti:r] v. tr. auf-, aus-, verteilen. | *Répartir un bénéfice*, einen Gewinn ausschütten, verteilen. | *Répartir par classes*, einstufen. | *Répartir un impôt*, eine Steuer veranlagen.

répartition [-tisjɔ̃] f. Ver-, Auf-, Austeilung f.; Zuteilung f.; Schichtung f. | *Répartition des bénéfices*, Gewinnverwendung f. | *Répartition de dividendes*, Dividendenausschüttung f.

repas [rəpɑ] m. Mahl n.; Mahlzeit f.; Essen n.; Speisen n. | *Repas de midi*, Mittagessen. | *Repas de noces*, Hochzeitsmahl. | *Repas à prix fixe*, Einheitspreisgedeck n. | *Repas du soir*, Abendessen n., -mahlzeit. | *Aux heures des repas*, zur Essenszeit. | *Après le repas*, nach Tisch. | *Avant le repas*, vor Tisch. | *Pendant le repas*, während des Essens.

repassage [rəpɑsa:ʒ] m. [couteaux] Schleifen n., Abschleifen n. || [linge] Bügeln n.; Plätten n.

repasser [-pɑse] v. intr. wieder vorbeikommen, -gehen, -fahren, -reiten, -fliegen. | *Repasser par le même chemin*, denselben Weg zurückgehen. | *Repasser demain*, morgen wieder vorbeikommen.
◇ v. tr. [passer de nouveau] *Repasser un examen*, eine Prüfung nachmachen, wiederholen. | *Repasser un plat*, ein Gericht wieder anbieten, herumreichen. || [transporter] wieder übersetzen (sépar.). || [aiguiser] (ab)schleifen. | *Repasser des ciseaux*, eine Schere schleifen. | *Repasser un rasoir*, ein Rasiermesser abziehen. || [linge] bügeln; plätten. | *Repasser un pli à plat*, eine Falte aus-, glattbügeln. | *Fer à repasser*, Bügeleisen n. | *Machine à repasser*, Bügelmaschine f.; Heimbügler m. | *Planche à repasser*, Bügelbrett n. | *Table à repasser*, Bügeltisch m. || FIG. *Repasser sa leçon*, seine Lektion wiederholen (insépar.). | *Repasser son rôle*, seine Rolle durchgehen (sépar.).

repasseur [-pɑsœ:r] m. Schleifer m.

repasseuse [-pɑsø:z] f. Plätterin f.; Büglerin f.

repayer [rəpɛje] v. tr. noch einmal bezahlen.

repêchage [rəpɛʃa:ʒ] m. Herausfischen n. || [examen] Ergänzungsprüfung f.; Zusatzexamen n.

repêcher [-ʃe] v. tr. aus-, heraus-, auffischen; wieder aus dem Wasser ziehen, holen. || POP. *Repêcher qn*, jm aus der Patsche helfen.

repeigner [rəpɛɲe] v. tr. wiederkämmen.

repeindre [rəpɛ̃:dr] v. tr. neu bestreichen; an-, bestreichen; übermalen; aufmalen.

repenser [rəpɑ̃se] v. tr. nochmal überlegen; durch-, überdenken.

repentant, ante [rəpɑ̃tɑ̃, ɑ̃:t] adj. reumütig; bußfertig.

repenti, ie [-ti] adj. reumütig.

repentir (se) [sərəpɑ̃ti:r] v. pr. bereuen. | *Je m'en repens*, es reut mich; es tut mir leid. | *Il s'en repentira*, das soll er noch bereuen!

repentir [rəpɑ̃ti:r] m. Bedauern n.; Reue f.

repérable [rəperabl] adj. erkennbar; kenntlich.

repérage [-ra:ʒ] m. Festlegung f., -stellung f.; Erkennung f.; Ortung f.; Peilung f.

répercussion [repɛrkysjɔ̃] f. Zurückwerfen n., -prallen n. ; Rückstoß m., -prall m. | *Répercussion du son*, Widerhall m. || FIG. Rückwirkung f. ; Nachwirkung f.

répercuter [-kyte] v. tr. zurückwerfen, -strahlen ; abprallen.

◇ v. pr. **se répercuter,** zurückstrahlen. || FIG. *Se répercuter sur qch.*, auf etwas (acc.) [zu]rückwirken.

repère [rəpɛ:r] m. Merkzeichen n. | *Point de repère*, Bezugs-, Orientierungspunkt m. ; Sichtmarke f.

repérer [-pere] v. tr. [marquer] markieren ; bezeichnen. || [trouver] orten ; festlegen ; den Standort ermitteln. | *Repérer sur la carte*, auf der Karte orten, ausmachen. | *Repérer par radar*, durch Radar einmessen. | *Repérer par radio*, funkpeilen. || FAM. *Repérer qn*, jn aufs Korn nehmen.

◇ v. pr. **se repérer,** den eigenen Standort ermitteln.

répertoire [repɛrtwa:r] m. [liste complète] Sachregister n., -verzeichnis n. ; Nachschlagewerk n. || THÉÂTRE. Spielplan m. ; Repertoire n.

répertorier [-tɔrje] v. tr. ein Sachregister (von, über) anlegen ; in das Verzeichnis aufnehmen.

répéter [repete] v. tr. [redire] wiederholen (insépar.) ; wiedersagen. | *Répéter dix fois la même chose*, zehnmal dasselbe sagen. || [imiter ; transmettre] nachahmen, -sagen, -reden. | *Répéter les paroles de qn*, jm nachreden. | *Répéter des signaux*, Signale weitergeben. || [commérages] nachplappern. || [recommencer] wiedertun, -anfangen ; erneuern. || [étudier] *Répéter une comédie*, eine Komödie einstudieren. | *Répéter sa leçon*, seine Lektion wiederholen. | *Répéter son rôle*, seine Rolle proben. | *Faire répéter sa leçon à qn*, jn abhören (insépar.).

◇ v. pr. **se répéter,** [dire la même chose] sich wiederholen. || [arriver de nouveau] wieder vorkommen.

répétiteur, trice [-titœ:r, tris] s. Wiederholer(in) m. (f.) ; Einpauker(in) m. (f.) ; Repetitor m. || [surveillant] (Studien)aufseher(in) m. (f.).

◇ m. **répétiteur,** TECHN. Zweitanzeiger m.

répétition [-tisjɔ̃] f. Wiederholung f. || THÉÂTRE. Probe f. | *Répétition générale*, Generalprobe. | *Répétition en costumes*, Kostümprobe.

repeuplement [rəpœpləmɑ̃] m. Wiederbevölkern n. || [cours d'eau] Wiederbesetzung f.

repeupler [-ple] v. tr. wiederbevölkern. || [cours d'eau] wiederbesetzen ; Fischbrut aussetzen.

repiquer [rəpike] v. tr. AGRIC. Pflanzen ver-, umsetzen. || [copier] überspielen.

répit [repi] m. Aufschub m. ; Frist f. ; Atem-, Ruhepause f. | *Sans répit*, pausenlos.

replacer [rəplase] v. tr. wieder hinsetzen, hinstellen ; wieder aufstellen.

replanter [rəplɑ̃te] v. tr. neu anpflanzen ; umpflanzen ; wiederbepflanzen.

replâtrage [rəplɑtra:ʒ] m. Neuverputzen n. ; Ausgipsen n. || FIG., PÉJOR. Flickwerk n.

replâtrer [-tre] v. tr. neuverputzen ; übertünchen ; ausgipsen. || FIG., PÉJOR. zurechtflicken.

replet, ète [rəplɛ, ɛ:t] adj. rundlich ; kugelig ; dick ; wohlbeleibt ; feist.

repli [rəpli] m. [pli double] Doppelfalte f. ; Umfaltung f. ; Umschlag m. ; Falz m. | *Repli de terrain*, Geländefalte f. || [mouvement de retraite] Rückzug m. | *Position de repli*, Auffangstellung f.

réplication [replikasjɔ̃] f. BIOL. Replikation f.

replier [-je] v. tr. (wieder)zusammenfalten ; zusammenklappen, -legen. | *Replier un vêtement*, ein Kleid, ein Kleidungsstück wieder zusammenlegen.

◇ v. pr. **se replier,** sich falten ; faltbar sein. || [se retirer] sich zurückziehen ; ausweichen. || FIG. *Se replier sur soi-même*, in sich gehen.

réplique [replik] f. Antwort f. ; Entgegnung f. ; Gegenrede f. ; Erwiderung f. | *Il n'y a pas de réplique à cela*, dagegen läßt sich nichts einwenden. || THÉÂTRE. Stichwort n. ; Einsatzstelle f. | *Manquer la réplique*, seinen Einsatz verpassen. || ARTS. Nachbildung f. ; Wiedergabe f. ; Kopie f.

répliquer [-ke] v. intr. antworten ; entgegnen ; erwidern.

replonger [rəplɔ̃ʒe] v. tr. et v. intr. wieder eintauchen. | *Se replonger dans qch.*, sich wieder in etwas vertiefen.

répondant [repɔ̃dɑ̃] m. JUR. Bürge m. ; Gewährsmann m. | *Avoir du répondant*, solvent sein.

répondeur [-dœ:r] m. *Répondeur (téléphonique)*, (Telefon)anrufbeantworter m.

répondre [repɔ̃:dr] v. tr. [donner une réponse] antworten, entgegnen ; erwidern ; versetzen. | *Voici ce qu'il répondit*, er antwortete Folgendes. || [donner l'assurance] versichern. | *Je vous réponds que cela est ainsi*, ich versichere Ihnen, daß die Sache so steht.

◇ v. intr. antworten (auf, acc.) ; beantworten (acc.) ; entgegnen ; erwidern ; Antwort geben. | *L'écho répond*, das Écho gibt Antwort, hallt wider. | *Répondre affirmativement*, bejahen. | *Répondre négativement*, verneinen. | *Répondre du tac au tac*, Schlag auf Schlag, schlagfertig erwidern. | *Répondre par écrit*, schriftlich antworten. | *Répondre par lettre*, brieflich antworten. | *Répondre par retour du courrier*, umgehend, postwendend antworten. || [au téléphone] *On ne répond pas*, es meldet sich niemand. || LOC. [s'appeler] *Répondre au nom de*, auf den Namen... hören.

◇ **répondre à,** [donner des raisons] einwenden ; widerlegen (insépar.) ; einwerfen. | *Répondre à un argument*, einen Beweis widerlegen. | *Répondre à la force par la force*, Gewalt mit Gewalt begegnen. || [correspondre] entsprechen ; passen (zu) ; übereinstimmen (mit). | *Répondre à l'attente de qn*, js Erwartungen entsprechen. | *Cela ne répond pas aux espérances*, das bleibt hinter den Erwartungen zurück. || [satisfaire à ; obéir à] nachkommen ; erwidern. | *Répondre à l'amour de*, die Liebe (gén.) erwidern. | *Répondre affirmativement à une demande*, einem Gesuch stattgeben. | *Cela répond à mes désirs*, das kommt meinen Wünschen entgegen.

◇ **répondre de,** etwas verantworten. | *Répondre à qn de qch.*, jm für etwas verantwortlich sein. | *J'en réponds*, ich bürge, stehe dafür. | *Répondre de qn*, für jn bürgen, Bürgschaft leisten.

— SYN. : *Repartir*, erwidern. *Répliquer*, entgegnen.

réponse [repɔ̃:s] f. Antwort f. ; Entgegnung f. ; Erwiderung f. | *Réponse payée*, Rückantwort bezahlt. | *En réponse à votre lettre*, in Beantwortung Ihres Schreibens (I. S.). | *Pour toute réponse*, statt einer Antwort. | *Dans l'attente de votre réponse*, Ihrer gefälligen Antwort entgegensehend. | *Avoir réponse à tout*, nie um eine Antwort verlegen sein. | *Une réponse de Normand*, eine zweideutige Antwort. | *Laisser sans réponse*, die Antwort schuldig bleiben.

report [rəpɔ:r] m. COMM. Übertrag m. ; Übertragung f. ; Überschreibung f. ; Transport m. | *Report antérieur*, Vorjahresvortrag m. | *Report déficitaire*, Verlustvortrag m., -saldo m. | *Report de bénéfices*, Gewinnvortrag m. || *Report d'une position sur la carte*, Einzeichnung (f.) der Stellung auf die Karte.

reportage [rəpɔrta:ʒ] m. Bericht m. ; Berichterstattung f. ; Reportage f. | *Reportage filmé*, Filmbericht, -reportage. | *Reportage radio*, Rundfunkreportage.

reporter [-tɛr] m. Berichterstatter m. ; Reporter m. | *Reporter photographe*, Photoreporter.

reporter [-te] v. tr. wiederbringen ; zurücktragen. || [faire un report] vor-, übertragen ; überschreiben ; einen Übertrag machen. || Comm. *Reporter un montant sur le crédit*, einen Betrag gutschreiben. | *Reporter le solde*, den Saldo vortragen. || [ajourner] verschieben. || [affaires] reportieren ; in Prolongation nehmen. ◇ v. pr. **se reporter à,** sich auf (acc.) beziehen. | *Se reporter à un ouvrage*, in einem Buch nachschlagen. || Fig. sich zurückversetzen, -denken (in, acc.).

repos [rəpo] m. Ruhe f. ; (Ruhe)pause f. ; Rast f. ; Ausruhen n. ; Erholung f. | *Repos éternel*, ewige Ruhe, Seligkeit f. | *Repos hebdomadaire*, Sonntagsruhe. | *Repos de l'esprit*, Seelenruhe ; Sorglosigkeit f. | *Jour de repos*, Ruhetag m. | *Lieu de repos*, Ruhestelle f., -platz m. | *Maison de repos*, Erholungsheim m. | *Au, En repos*, still ; ruhig. | *De tout repos*, ganz leicht ; [affaires] mündelsicher. | *Sans repos*, pausenlos ; ruhelos. | *S'accorder, Se donner un peu de repos*, sich etwas Ruhe gönnen. | *Il n'aura de repos que*, er ruht nicht eher, bis. | *Ne point laisser de repos, Ne laisser aucun repos*, keine Ruhe gönnen. | *Prendre quelque repos*, ein wenig ausruhen. || Mil. *Repos !*, rührt euch !
— Syn. : *Délassement* m., Erholung f. *Détente* f., Entspannung f. *Pause* f., Pause f.

reposant, ante [-zɑ̃, ɑ̃:t] adj. erholsam.

reposé, ée [-ze] adj. ausgeruht ; erholt ; frisch. | *À tête reposée*, mit klarem Kopf ; wohlüberlegt.

reposer [-ze] v. tr. [poser de nouveau] wiederhinlegen ; zurück-, wiederlegen, -setzen, -stellen. | *Reposez... armes !*, Gewehr ab ! | *Reposer un livre*, ein Buch niederlegen. || [délasser] (aus)ruhen ; entspannen. | *Le sommeil repose le corps*, der Schlaf schenkt dem Körper Ruhe. | *Reposer l'esprit*, dem Geist Ruhe vergönnen. || Fig. *Reposer ses yeux sur*, seine Augen auf (dat.) weilen lassen.
◇ v. intr. [être au repos] (aus)ruhen ; liegen ; schlafen. | *Ici repose*, hier ruht ; hier liegt. | *Qu'il repose en paix !*, er ruhe in Frieden ! | *Faire reposer les chevaux*, den Pferden Ruhe gönnen. | *Laisser reposer du vin*, Wein lagern lassen. || [être établi] (be)ruhen auf (dat.). | *Reposer sur des pilotis*, auf Pfählen ruhen, gebaut sein. || Fig. *Tout repose sur lui*, die ganze Last, Verantwortung ruht auf ihm.
◇ v. pr. **se reposer.** *Reposez-vous bien*, angenehme Ruhe ! | *Sans se reposer*, ohne (sich) auszuruhen ; in einem Zuge. | *Aller se reposer*, sich zur Ruhe begeben. || Fig. *Se reposer sur ses lauriers*, sich auf seinen Lorbeeren ausruhen ; von seinem Ruhme zehren. | *Se reposer sur son ami*, sich auf seinen Freund verlassen.

repose-tête [rəpoztɛ:t] m. (pl. **repose-tête[s]**) Kopfstütze f.

reposoir [-zwa:r] m. Relig. Ruhealtar m.

repoussant, ante [rəpusɑ̃, ɑ̃:t] adj. abstoßend ; abschreckend ; widerlich ; abscheulich.

repoussé, ée [-se] adj. getrieben ; herausgetrieben ; gepunzt.
◇ m. **repoussé,** getriebene Arbeit.

repousser [-se] v. intr. wieder wachsen ; nachwachsen ; austreiben ; ausschlagen.

repousser [-se] v. tr. [renvoyer] zurückschlagen, -stoßen, -drängen. | *Repousser du pied*, mit dem Fuß zurückstoßen. || [combat] zurückwerfen ; abschlagen. | *Repousser les assaillants*, die Angreifer abschlagen. | *Repousser l'ennemi*, den Feind zurückwerfen. || Fig. abstoßen ; abschrecken ; anwidern. | *Repousser une accusation*, eine Beschuldigung von sich weisen. | *Repousser une demande*, ein Gesuch abweisen. | *Repousser une prière*, eine Bitte abschlagen. | *Repousser un projet de loi*, einen Gesetzesvorschlag ablehnen. | *Repousser qn*, jn verstoßen, verwerfen. || [ajourner] vertagen ; ab-, verschieben. || Techn. *Repousser un métal*, ein Metall treiben, punzen, bossieren.

repoussoir [-swa:r] m. Techn. Bolzen m. ; Durchschlag(stift) m. ; Durchtreiber m. ; Treibeisen n. || Fig. *Il lui sert de repoussoir*, er dient dazu, ihn zur Geltung zu bringen. || Fam. [personne laide] Vogelscheuche f.

répréhensible [repreɑ̃sibl] adj. tadelnswert ; sträflich ; verwerflich. | *Cela n'a rien de répréhensible*, dagegen ist nichts einzuwenden.

reprendre [rəprɑ̃:dr]

I. v. tr.
  1. [prendre de nouveau] wiederaufnehmen.
  2. [enlever] zurücknehmen.
  3. [recommencer] wiederanfangen.
  4. [modifier] verändern.
  5. [blâmer] tadeln.
II. v. intr.
  1. [se rétablir] sich erholen.
  2. [recommencer] wiederanfangen.
III. v. pr. **se reprendre.**

I. v. tr. **1.** [prendre de nouveau] wiederaufnehmen. | *Reprendre le chemin*, den Weg wieder einschlagen. | *Reprendre le chemin de*, nach... zurückkehren. | *Reprendre connaissance*, wieder zu sich kommen. | *Reprendre sa couleur*, seine alte Farbe wieder annehmen. | *Reprendre courage*, frischen, neuen Mut schöpfen. | *Reprendre un employé*, einen Angestellten wiederanstellen, wiedereinstellen. | *Reprendre espoir*, neue Hoffnung schöpfen. | *Reprendre ses esprits*, wieder zur Besinnung kommen. | *Reprendre des forces*, wieder zu Kräften kommen. | *Reprendre goût à qch.*, wieder an etwas (dat.) Geschmack finden. | *Reprendre haleine*, wieder Atem schöpfen ; wieder zu Atem kommen. | *Reprendre une maison (de commerce)*, eine Firma weiterführen. | *Reprendre la mer*, wieder auf, in See gehen. | *Reprendre pied*, wieder Grund bekommen ; wieder Fuß fassen. | *Reprendre sa place*, seinen Platz wiedereinnehmen. || Fig. *Reprendre le dessus*, wieder die Oberhand gewinnen. | *Reprendre du poil de la bête*, wiederhochkommen ; sich wieder aufrappeln. | *Reprendre du service*, den Dienst wieder antreten ; Mil. zurückerobern. || Loc. *On ne m'y reprendra plus*, ein zweites Mal erwischt man mich nicht dabei.
2. [enlever] zurücknehmen. | *Reprendre sa parole*, sein Wort zurücknehmen. | *Reprendre une voiture (à l'achat d'une autre)*, einen Wagen in Zahlung nehmen.
3. [recommencer] wiederaufnehmen ; wiederanfangen ; wiederfortsetzen. | *Reprendre la conversation*, das Gespräch wiederaufnehmen. | *Reprendre son cours*, seinen Lauf fortsetzen. | *Reprendre les hostilités*, die Feindseligkeiten wiederaufnehmen. | *Reprendre une lecture*, eine Lektüre fortsetzen. | *Reprendre une pièce (de théâtre)*, ein (Theater)stück wiederaufführen, wieder auf den Spielplan setzen. | *Reprendre le travail*, die Arbeit wiederaufnehmen.
4. [modifier] *Reprendre une pièce, un roman*, ein (Theater)stück, einen Roman umarbeiten (sépar.). | *Reprendre un vêtement*, ein Kleid, ein Kleidungsstück kürzer, enger machen.
5. [blâmer] tadeln ; verweisen. | *Reprendre qn à cause de ses fautes*, jn wegen seiner Fehler tadeln.
II. v. intr. **1.** [se rétablir] sich erholen. | *Les affaires reprennent*, die Geschäfte kommen wieder in Gang. | *Le commerce reprend*, der Handel belebt sich wieder.
2. [recommencer] wiederanfangen. || [en parlant] versetzen. || *Le feu reprend*, das Feuer geht wieder an. | *La fièvre reprend*, das Fieber stellt sich wieder ein.

| *Cette mode reprend*, diese Mode kommt wieder auf. | *La pluie reprend*, der Regen setzt wieder ein. | *Reprendre de plus belle*, stärker, mit erneutem Eifer beginnen.

III. v. pr. **se reprendre,** [se corriger] sich verbessern. | *Se reprendre en parlant*, sich beim Reden verbessern. || [se dominer] sich wieder fassen. || [recommencer] *Il se reprend à*, er beginnt wieder, zu.

représailles [rəpreza:j] f. pl. Vergeltung f.; Vergeltungsmaßnahmen f. pl.; Repressalien f. pl. | *User de représailles*, Vergeltung üben; Repressalien anwenden.

représentant, ante [-tɑ̃, ɑ̃:t] adj. stellvertretend. ◇ m. **représentant,** Vertreter m.; Stellvertreter m. | *Représentant exclusif*, Alleinvertreter. | *Représentant de commerce*, Handelsvertreter. | *Représentant du peuple*, Volksvertreter; Abgeordneter m.

représentatif, ive [-tatif, i:v] adj. darstellend; stellvertretend. || POLIT. *Gouvernement, Système représentatif*, parlamentarische Regierungsform.

représentation [-tasjɔ̃] f. Abbildung f.; Darstellung f.; Schilderung f. | *Représentation exacte*, formgetreue Nachbildung. | *Représentation topographique*, Geländedarstellung. || FILM. Vorführung f. || THÉÂTRE. Darstellung f.; Aufführung f. | *Représentation de gala*, Gala-, Festvorstellung f. | *Représentation en plein air*, Freilichtaufführung. || [mondanités] Auftreten n.; Repräsentation f.; Aufwand m. | *Frais de représentation*, Repräsentationsgelder n. pl., -kosten f. pl. || [idée] Vorstellung f.; Anschauung f. || JUR. *Représentation juridique*, Rechtsvertretung f. || POLIT. *Représentation nationale*, Volksvertretung f. | *Représentation proportionnelle*, Proporzwahl f.; Verhältniswahl f.

représenter [-te] v. tr. [présenter de nouveau] wiedervorstellen, -zeigen. || [figurer artistiquement] darlegen, -stellen; vorstellen; schildern. | *Représenter au naturel*, naturgetreu wiedergeben. | *Représenter par un symbole*, versinnbildlichen. | *Manière de représenter*, Darstellungsart f. || THÉÂTRE, FILM. vorstellen; aufführen; spielen. | *La scène représente*, die Bühne stellt... dar. | *Représenter « Andromaque »*, die « Andromache » spielen, aufführen. || PAR EXT. [signifier] darstellen; bedeuten. | *Cela représente (déjà) qch.*, das will schon etwas heißen, besagen. | *Cela représente qch. pour moi*, das bedeutet etwas für mich. || [tenir la place de qn] vertreten; repräsentieren. || COMM. *Représenter une maison*, eine Firma vertreten; für eine Firma reisen. || [faire remarquer] vorhalten; einwenden. | *Représenter son devoir à qn*, jm seine Pflicht klarmachen, vor Augen stellen.

◇ v. intr. stattlich aussehen; würdevoll auftreten; repräsentieren.

◇ v. pr. **se représenter,** sich wieder(ein)stellen. || [choses] wiedervorkommen. || FIG. sich vorstellen; sich denken. | *Se représenter nettement*, sich klar vorstellen.

répressif, ive [-sif, i:v] adj. be-, einschränkend; Straf... | *Justice répressive*, Straf-, Vollzugsjustiz f. | *Loi répressive*, Strafgesetz n. | *Mesures répressives*, Straf-, Gegen-, Zwangsmaßnahmen f. pl.

répression [-sjɔ̃] f. Unterdrückung f.; Zwang m.; Bekämpfung f.; strafrechtliche Verfolgung.

réprimande [reprimɑ̃:d] f. Verweis m.; Tadel m.; Rüge f. || POP. Anschnauzer m.; Rüffel m.

réprimander [-de] v. tr. tadeln; verweisen; einen Tadel, Verweis erteilen.

réprimer [reprime] v. tr. unterdrücken, -binden; abstellen; bekämpfen; strafen. | *Réprimer des abus*, Mißbräuche abstellen. | *Réprimer une émeute*, einen Aufruhr unterdrücken, niederschlagen. || FIG. hemmen; zurückdrängen. | *Réprimer sa colère*, seinen Zorn herunterschlucken. | *Réprimer une envie de rire*, das Lachen verbeißen.

repris [rəpri] m. *Repris de justice*, Vorbestrafter m.; Gewohnheitsverbrecher m.

reprise [rəpri:z] f. [nouvelle prise] Wiederaufnahme f., -gewinnen n. || [recommencement; renouveau] Wiederholung f.; Aufleben n. || *Reprise économique*, Wirtschaftsbelebung f., -aufschwung m. | *Reprise des cours*, Anziehen (n.) der Kurse. | *Reprise de l'exploitation*, Wiederinbetriebnahme f. | *Reprise des négociations*, Wiederaufnahme der Verhandlungen. | *Reprise du travail*, Arbeitsaufnahme. | *À maintes, À plusieurs reprises*, wiederholt; mehrfach; zu wiederholten Malen. || [réparation : habits] Ausbessern n.; Stopfen n.; [endroit] geflickte Stelle. | *Faire des reprises*, Ausbesserungen vornehmen; stopfen. || ARCHIT. [mur] *Reprise en sous-œuvre*, Unterbauverstärkung f. || THÉÂTRE. Wiederaufführung f. || MUS. Wiederholung f. | *(Barre de) reprise*, Wiederholungszeichen n. || TECHN. Beschleunigung f. || SPORT. Runde f.; Gang m.

repriser [-ze] v. tr. ausbessern; stopfen; flicken.

réprobateur, trice [reprɔbatœ:r, tris] adj. tadelnd; mißbilligend.

réprobation [-sjɔ̃] f. Mißbilligung f.; Tadel m. || RELIG. Verdammung f. | *Réprobation générale*, allgemeine, allseitige Ablehnung.

reproche [rəprɔʃ] m. Tadel m.; Vorwurf m. | *Exempt de tout reproche*, tadellos; einwandfrei. | *Sans peur et sans reproche*, ohne Furcht und Tadel. | *Essuyer des reproches*, Tadel, Vorwürfe einstecken müssen. | *Il m'en fait reproche*, er macht es mir zum Vorwurf.
— SYN. : *Accusation* f., Anklage f. *Remontrance* f., Vorhaltung f. *Réprimande* f., Tadel m.

reprocher [-ʃe] v. tr. tadeln; vorwerfen; mißbilligen; vorhalten; beanstanden. | *Reprocher à qn sa paresse*, jn wegen seiner Faulheit rügen.

◇ v. pr. **se reprocher,** sich vorwerfen. | *N'avoir rien à se reprocher*, sich selbst nichts vorzuwerfen haben.

reproducteur, trice [rəprɔdyktœ:r, tris] adj. fortpflanzend; wiedererzeugend.

◇ m. **reproducteur.** ZOOL. Zuchttier n.

reproductif, ive [-dyktif, i:v] adj. zeugungsfähig; reproduktiv.

reproduction [-dyksjɔ̃] f. BIOL. Wiedererzeugung f.; Fortpflanzung f. | *Reproduction rapide*, schnelles Wachstum; Wuchern n. | *Organes de reproduction*, Fortpflanzungsorgane n. pl. | *Taureau destiné à la reproduction*, Zuchtbulle m. || MUS. *Reproduction des sons*, Tonwiedergabe f. || ARTS. *Reproduction d'un tableau*, Wiedergabe (f.), Nachbildung (f.), Reproduktion (f.) eines Gemäldes. | *Droit de reproduction*, Vervielfältigungsrecht n.

reproduire [-dɥi:r] v. tr. vervielfältigen; reproduzieren; nachmachen; nachdrucken.

◇ v. pr. **se reproduire,** [se renouveler] sich wiederholen; wieder vorkommen. || [se multiplier] sich fortpflanzen.

reprographie [-fi] f. TECHN. Reprographie f.

réprouvé, ée [repruve] adj. verdammt; ausgestoßen; verworfen.

◇ s. Ausgestoßene(r) f. (m.); Verdammte(r) f. (m.).

réprouver [-ve] v. tr. verwerfen; verdammen; ausstoßen.

reps [rɛps] m. TEXT. Rips m.

reptation [rɛptasjɔ̃] f. Kriechen n.

reptile [-til] adj. kriechend.

◇ m. ZOOL. Kriechtier n.; Reptil n.

repu, ue [rəpy] adj. satt ; voll ; PÉJOR. vollgefressen ; vollgepfropft.

républicain, aine [repyblikɛ̃, ɛn] adj. republikanisch.

◇ s. Republikaner(in) m. (f.).

république [-blik] f. Republik f. ; Gemeinwesen n. | *République française (R.F.),* Französische Republik. | *République fédérale d'Allemagne,* Bundesrepublik Deutschland. | *République démocratique allemande,* Deutsche Demokratische Republik (DDR). | *République populaire,* Volksrepublik.

répudiation [repydjasjɔ̃] f. [d'une femme] Verstoßung f. || [d'une succession] Ausschlagung f.

répudier [-dje] v. tr. *Répudier sa femme,* seine Frau verstoßen. || FIG. *Répudier ses principes,* seine Grundsätze verleugnen. | *Répudier les croyances de ses pères,* den Glauben seiner Väter abschwören.

répugnance [repyɲɑ̃:s] f. Widerwillen m. ; Widerstreben n. ; Abneigung f. ; Abscheu m. ; Ekel m. ; Unlust f. | *Avoir une répugnance pour,* einen Widerwillen gegen etwas haben. | *Faire qch. avec répugnance,* etwas widerwillig tun. | *Inspirer de la répugnance,* anwidern.

répugnant, ante [-ɲɑ̃, ɑ̃:t] adj. widerwillig ; widerstrebend ; abstoßend ; widerlich ; ekelhaft.

répugner [-ɲe] v. intr. widerstreben ; zuwider sein ; Abneigung, Widerwillen empfinden ; verabscheuen. | *Il me répugne de,* es widerstrebt mir.

répulsif, ive [repylsif, i:v] adj. zurück-, abstoßend.

répulsion [-sjɔ̃] f. PHYS. Abstoßung f. || PAR EXT. Abscheu m. ; Widerwille m. ; Abneigung f.

réputation [repytasjɔ̃] f. Ansehen n. ; (guter) Ruf ; Name m. | *Réputation mondiale,* Weltruf. | *Avoir mauvaise réputation,* einen schlechten Ruf haben ; in üblem Ruf stehen. | *Avoir la réputation d'un avare,* im Ruf des Geizes stehen. | *Compromettre la réputation de qn,* den Namen js bloßstellen. | *Ne connaître qn que de réputation,* jn nur vom Hörensagen kennen.
— SYN. : *Célébrité,* Berühmtheit. *Renommée,* Berühmtheit.

réputé, ée [-te] adj. berühmt (als) ; geschätzt (wegen). | *Être réputé homme de bien,* als Ehrenmann angesehen werden.

requérant, ante [rəkerɑ̃, ɑ̃:t] adj. beantragend.
◇ s. Antragsteller(in) m. (f.) ; Bittsteller(in) m. (f.) ; Kläger(in) m. (f.).

requérir [-keri:r] v. tr. JUR. gerichtlich beantragen. || [prier] ersuchen ; nachsuchen. || [inviter] fordern ; auffordern ; verlangen. | *Requérir une peine,* eine Strafe beantragen. || FIG. erfordern ; verlangen. | *Cela requiert beaucoup de peine,* das erfordert viel Mühe.

requête [-kɛ:t] f. Bitte f. ; Ersuchen n. ; Ansuchen n. ; Gesuch n. ; Bittschrift f. | *À la requête de,* auf Antrag, Ersuchen von. | *Adresser une requête aux autorités,* bei den Behörden vorstellig werden.

requiem [rekɥiɛm] m. RELIG. Requiem n. | *Messe de requiem,* Toten-, Seelenmesse f.

requin [rəkɛ̃] m. ZOOL. Hai(fisch) m. || FIG. Schieber m.

requinquer [rəkɛ̃ke] v. tr. FAM. aufputzen ; ausstaffieren ; wieder hochbringen.
◇ v. pr. **se requinquer,** sich herausstaffieren ; sich auftakeln. | *Le malade se requinque,* der Kranke rappelt sich wieder hoch.

requis, ise [rəki, i:z] adj. erforderlich ; gehörig ; erwünscht. | *Âge requis,* erforderliches Mindestalter. | *Condition requise,* Erfordernis n.
◇ m. **requis.** *Requis civil,* ziviler Dienstverpflichteter.

réquisition [rekizisjɔ̃] f. [demande] Ersuchen n. ; Ansuchen n. ; Antrag m. || [exigence] Beschlagnahme f. ; Beschlagnahmung f. ; Beitreibung f. ; Requirierung f. | *Réquisition de services,* Inanspruchnahme (f.) von Dienstleistungen. | *Sur réquisition de,* auf Ansuchen von.

réquisitionner [-sjɔne] v. tr. mit Beschlag belegen ; beschlagnahmen ; requirieren ; beitreiben.

réquisitoire [-twa:r] m. JUR. Anklagerede f. ; Strafantrag m.

rescapé, ée [rɛskape] s. Davongekommene(r) f. (m.) ; Gerettete(r) f. (m.).

rescision [rɛsizjɔ̃] f. JUR. Aufhebung f. ; Ungültigkeits-, Nichtigkeitserklärung f.

rescousse [rɛskus] f. *Venir à la rescousse de qn,* jm zu Hilfe kommen ; jm beispringen.

réseau [rezo] m. Netz n. ; Geflecht n. ; Flechtwerk n. || INF. Leitungsnetz ; Datennetz ; Netzwerk. || OPT. Raster m. || BIOL. *Réseau veineux,* Adergeflecht. || [communications] *Réseau ferré,* Schienennetz ; Eisenbahnnetz. | *Réseau fluvial,* Flußnetz. | *Réseau routier,* Straßennetz. | *Réseau de lignes aériennes,* Fluglinien-netz. || [télécommunications] *Réseau câblé,* Kabelnetz. | *Réseau local,* Ortsnetz. | *Réseau téléphonique,* Fernsprechnetz. | *Réseau urbain,* Stadtnetz. | *Réseau inter(urbain),* Fernleitungsnetz. || ÉLECTR. *Réseau de distribution d'énergie,* Energieverteilungsnetz. || [topographie] *Réseau de courbes,* Kurvennetz. | *Réseau de quadrillage,* Gitternetz ; Kartengitter n. || MIL. *Réseau de barbelés,* Stacheldrahtverhau m. ou n.

réséda [rezeda] m. BOT. Reseda f. ; Resede f.

réservataire [rezɛrvatɛ:r] adj. JUR. pflichtteilberechtigt.
◇ s. Pflichtteilberechtigte(r) f. (m.).

réservation [-vasjɔ̃] f. Reservieren n. || JUR. Vorbehalt m.

réserve [rezɛrv] f. [action] Rückstellung f. || [chose] Reserve f. ; Rücklage f. ; pl. Vorrat m. || ÉCON. Reserve f. ; Rücklage f. | *Réserve déclarée,* offene Reserve. | *Réserve légale, occulte, statutaire,* gesetzliche, stille, satzungsmäßige Rücklage. | *Réserve libre de liquidités,* Überschußreserve. | *Réserve monétaire,* Währungs-, Geldreserve. | *Réserve obligataire,* Mindestreserve. | *Réserve d'amortissement,* Tilgungsrücklage. | *Réserve de changes,* Währungsreserve. || JUR. Vorbehalt m. | *Réserve des droits de propriété,* Eigentumsvorbehalt. | *Droit de réserve,* Vorbehaltsrecht n. || [eaux et forêts] Schutzgebiet n. ; Schonung f. || [chasse] Gehege n. || [pour indigènes, dans certains pays] Reservat n. | *Réserve naturelle,* Naturreservat ; Naturschutzgebiet n. || MIL. Reserve f. ; Ersatz m. | *Troupe de réserve, Réserves,* Ersatztruppen f. pl. || FIG. [retenue] Zurückhaltung f. | *Demeurer, Se tenir sur la réserve,* sich zurückhalten. | *Sortir de sa réserve,* aus seiner Zurückhaltung heraustreten.
◇ f. pl. **réserves.** FIG. [remarques] Vorbehalt m. | *Faire des réserves,* Vorbehalte machen ; sich verwahren. | *Faire des réserves sur qch.,* gegen etwas Bedenken äußern.
◇ loc. adv. **en réserve,** vorrätig. | *Mettre qch. en réserve,* etwas aufbewahren, zurücklegen. | *Tenir en réserve,* vorrätig halten. — **sans réserve,** ohne Vorbehalt ; vorbehaltlos ; bedingungslos ; rückhaltlos. — **sous réserve,** vorbehaltlich. | *Sous réserve d'erreurs,* Irrtümer vorbehalten. | *Sous toute réserve,* unter allem Vorbehalt.
◇ loc. prép. **à la réserve de,** mit Vorbehalt von ; mit Ausnahme von.

réservé, ée [-ve] part. pass. et adj. reserviert. | *Chasse réservée,* privates Jagdrevier. | *Place réservée,* belegter, vorbestellter Platz. | *Réservé au service,* nur für den Dienstgebrauch. | *Tous droits réservés,* alle

Rechte vorbehalten. || FIG. zurückhaltend ; verschlossen. | *Attitude réservée*, Zurückhaltung f.

réserver [-ve] v. tr. reservieren. || [mettre de côté] zurücklegen ; sicherstellen ; zur Seite legen. || [une place] belegen ; vorbestellen. || [garder pour l'avenir] aufsparen, -bewahren. || [garder pour qn] vorbehalten. || [pour soi] ausbedingen. | *Réserver qch. pour la bonne bouche*, etwas für zu guter Letzt aufsparen. || FIG. *Réserver son avis*, mit seiner Meinung zurückhalten. ◇ v. pr. **se réserver,** [agir avec réserve] behutsam, zurückhaltend handeln. | *Se réserver qch.*, sich etwas vorbehalten ; etwas für sich in Anspruch nehmen.

réserviste [-vist] m. Reservist m.

réservoir [-vwa:r] m. Behälter m. || [essence] Tank m. || *Réservoir d'air*, Windkessel m. ; Luftbehälter. | *Réservoir à eau*, Wasserreservoir n.

résidant, ante [rezidɑ̃, ɑ̃:t] adj. seßhaft ; wohnhaft ; eingesessen.

résidence [-dɑ̃:s] f. Wohnort m., -sitz m. ; Aufenthaltsort m. ; Aufenthalt m. | *Résidence principale*, Hauptwohnsitz. | *Résidence secondaire*, Nebenwohnsitz ; Zweitwohnung f. | *Résidence universitaire*, Studentenwohnheim n. || [habitation de fonction] Amtssitz m. | *Résidence royale*, Residenz f. || JUR. *Mettre qn en résidence surveillée*, jn unter polizeiliche Überwachung stellen.

résident, ente [-dɑ̃, ɑ̃:t] s. ADM. ständiger Bewohner m. ; ständige Bewohnerin f. || [d'un foyer] Heimbewohner(in) m. (f.). || [diplomate] Resident(in) m. (f.).

résidentiel, ielle [-dɑ̃sjɛl] adj. Wohn... | *Quartier résidentiel*, Wohnviertel n.

résider [-de] v. intr. [demeurer] sich aufhalten ; residieren ; seinen ständigen Wohnsitz haben. || FIG. *La difficulté réside en ceci*, die Schwierigkeit beruht, besteht darin.

résidu [rezidy] m. Rückstand m. ; Bodensatz m. || [déchets] Abfall m. ; Rest m., -bestand m. | *Résidus radioactifs*, radioaktive Rückstände m. pl.

résiduaire [-dɥɛ:r] adj. Abfall... ; übrigbleibend. | *Eaux résiduaires*, Abwässer n. pl.

résiduel, uelle [-dɥɛl] adj. restlich ; zurückbleibend ; abgelagert ; abgesetzt. || NUCL. *Chaleur résiduelle*, Nachwärme f.

résignation [reziɲasjɔ̃] f. JUR. Verzicht m., -leistung f. ; Abtretung f. || [retrait] Amtsniederlegung f. ; Rücktritt m. || FIG. Resignation f. ; Ergebung f. ; Entsagung f. | *Avec résignation*, resigniert ; niedergeschlagen.

résigner [-ɲe] v. tr. verzichten ; Verzicht leisten (auf) ; ab-, zurücktreten ; abdanken. | *Résigner ses fonctions*, sein Amt niederlegen. ◇ v. pr. **se résigner,** sich in etwas (acc.) fügen, geben, schicken. | *Se résigner à son sort*, sich seinem Schicksal ergeben. | *Il faut savoir se résigner*, man muß sich bescheiden können. | *Je suis résigné à tout*, ich bin auf alles gefaßt.

résiliable [reziljabl] adj. aufhebbar ; kündbar ; lösbar ; widerruflich.

résiliation [-ljasjɔ̃] f. JUR. gerichtliche Aufhebung. | [de contrat] Vertragskündigung f.

résilier [-lje] v. tr. JUR. gerichtlich aufheben ; (auf)kündigen.

résille [rezi:j] f. Haarnetz n. | *Bas résille*, Netzstrumpf m.

résine [rezin] f. Harz n. | *Résine époxy*, Epoxyharz. | *Résine synthétique*, Kunstharz.

résineux, euse [-nø, ø:z] adj. harzig ; verharzt ; klebrig. | *Bois résineux*, Kienholz n.

résipiscence [resipisɑ̃:s] f. tätige Reue. | *Venir à résipiscence*, seinen Fehler einsehen.

résistance [rezistɑ̃:s] f. [propriété physique ou corps inerte] Widerstand m. ; Widerstandskraft f. || TECHN. Haltbarkeit f. ; Beständigkeit f. ; Festigkeit f. | *Résistance aux acides*, Säurefestigkeit. | *Résistance à la corrosion*, Korrosionsbeständigkeit. | *Résistance au gel, à la gelée*, Frostbeständigkeit, -unempfindlichkeit f. | *Résistance aux intempéries*, Wetterfestigkeit. | *Résistance à la traction*, Zugfestigkeit. | *Résistance de l'air*, Luftwiderstand. | *Résistance du sol*, Tragfähigkeit f. | *Étude, Science de la résistance des matériaux*, Festigkeitslehre f. || FIG. *Morceau, Pièce, Plat de résistance*, Hauptstück n. ; schwierigster Teil. || CULIN. *Plat de résistance*, Hauptgericht n. || [qualité ou activité humaine] Widerstand m. ; Widerstandskraft f. ; Widerstreben n. || MÉD. *Résistance physique*, körperliche Belastbarkeit. || [moral] Widersetzlichkeit f. || *Résistance passive*, passiver Widerstand. | *Sans résistance*, widerstandslos ; kampflos ; anfällig. | *Opposer une résistance*, Widerstand leisten, entgegensetzen. || JUR. *Résistance à l'autorité publique*, Widerstand (m.) gegen die Staatsgewalt. || MIL. Gegenwehr f. || POLIT. Widerstandsbewegung f.

— SYN. : *Défense* f., Verteidigung f. *Endurance* f. Ausdauer f. *Opposition* f., Gegendruck m. ; Opposition f.

résistant, ante [-tɑ̃, ɑ̃:t] adj. widerstands-, strapazierfähig ; ausdauernd ; zäh ; beständig ; fest. | *Résistant à la chaleur*, wärme-, hitzebeständig. | *Résistant aux chocs*, stoßfest. | *Résistant au feu*, feuerfest, -beständig. | *Résistant au froid*, kältebeständig. ◇ s. Widerstandskämpfer(in) m. (f.).

résister [-te] v. intr. [s'opposer] sich widersetzen ; sich zur Wehr setzen ; entgegensetzen. || [tenir bon] widerstehen ; Widerstand leisten. | *La porte résiste*, die Tür hält stand. | *Résister de toutes ses forces*, sich aus Leibeskräften wehren, zur Wehr setzen. | *Résister à toutes les attaques*, allen Angriffen widerstehen, trotzen, Trotz bieten. | *Résister à la tentation*, gegenüber der Versuchung standhaft bleiben. | *Résister à qn*, sich gegen jn sträuben, sperren. || [endurer ; supporter] ertragen ; aushalten. || [survivre] überstehen ; überdauern (insépar.). || FIG. *On ne peut y résister*, das ist nicht auszuhalten. | *Résister à la douleur*, den Schmerz aushalten.

— SYN. : *Se défendre*, sich verteidigen. *S'opposer (à)*, sich entgegenstellen (dat.).

résolu, ue [rezɔly] adj. entschlossen ; mutig ; herzhaft ; tapfer ; resolut ; fest. | *D'un ton résolu*, in bestimmtem Ton. | *C'est résolu*, das ist beschlossene Sache ; die Sache ist abgemacht.

résolument [-mɑ̃] adv. in entschlossener Weise.

résolution [-lysjɔ̃] f. CHIM., MÉD. [action de se réduire] Auflösung f. | *Résolution d'une tumeur*, Rückgang (m.) einer Geschwulst. || [action de résoudre] Lösung f. | *Résolution d'une équation*, Lösung einer Gleichung. | *Résolution d'un problème*, (Auf)lösung eines Problems. || [décision] Entschluß m. ; Entschließung f. ; Resolution f. || [dessein] Vorsatz m. | *Prendre une résolution*, einen Entschluß fassen. | *Prendre la résolution de*, sich vornehmen, zu. || [fermeté] Entschlossenheit f. ; Entschiedenheit f. | *Manquer de résolution*, unentschlossen sein. || [motion d'assemblée] Beschluß m. || JUR. *Résolution d'un contrat*, Aufhebung (f.) eines Vertrages.

résolutoire [-lytwa:r] adj. JUR. aufhebend ; auflösend.

résonance [rezɔnɑ̃:s] f. Widerhall m. ; Klang m. ; Mitschwingen n. ; Nachklang m. ; Resonanz f. || MÉD. *Imagerie par résonance magnétique (I.R.M.)*, Kernspintomographie f. || MUS. *Caisse de résonance*, Resonanzkasten m. || PHYS. *Résonance d'énergie*, Energieresonanz f. | *Fréquence de résonance*, Resonanzfrequenz f.

résonateur [-natœ:r] m. PHYS. Resonator m.

résonnant, ante [-nɑ̃, ɑ̃:t] adj. nach-, widerhallend ; schallverstärkend ; volltönend.

résonner [-ne] v. intr. [renvoyer le son] wider-, nachhallen. || [être sonore] erklingen ; ertönen ; schallen ; einen vollen Klang haben.

résorber [rezɔrbe] v. tr. (wieder) aufsaugen ; resorbieren. || PAR EXT. beseitigen.

résorption [-zɔrpsjɔ̃] f. Aufsaugung f. ; Resorption f.

résoudre [rezu:dr] v. tr. [décomposer un corps] auflösen ; (in seine Bestandteile) zerlegen. || [faire disparaître ; guérir] vertreiben. || [trouver la solution] lösen. | *Je ne veux pas résoudre cette question*, ich lasse diese Frage offen, dahingestellt. || [décider] entschließen ; beschließen ; entscheiden. | *Il a résolu de partir*, er hat entschlossen, abzureisen. || [déterminer] bewegen ; bestimmen ; [à faire qch.] zu etwas bewegen, bestimmen. || JUR. [annuler] aufheben ; lösen ; annulieren.

◇ v. pr. **se résoudre,** [se décomposer, se changer en] sich auflösen. | *Se résoudre en vapeurs*, sich in Dunst auflösen. || [trouver sa solution] aufgelöst werden. || [se décider] schlüssig werden. | *Se résoudre à qch.*, sich zu etwas entschließen ; den Entschluß fassen.

respect [rɛspɛ] m. Respekt m. ; (Hoch)achtung f. ; Ehrfurcht f. | *Respect de soi-même*, Selbstachtung. | *Avec respect, Plein de respect*, respektvoll ; voller Hochachtung. | *Contraire au respect*, respektwidrig. | *Sans respect de*, ohne Rücksicht auf (acc.). | *Sauf votre respect*, mit Respekt zu sagen ; mit Verlaub. | *Inspirer le respect*, Achtung einflößen. | *Manquer de respect*, es an Respekt fehlen lassen. || *Tenir qn en respect*, jn im Zaum, in Schach halten. || *Respect humain*, Furcht (f.) vor der Meinung der anderen. || [civilités] *Présenter ses respects à qn*, jm seine Aufwartung machen, sich empfehlen.

respectabilité [-pɛktabilite] f. Achtbarkeit f. ; Ehrwürdigkeit f.

respectable [-pɛktabl] adj. achtbar ; verehrungswert ; würdig ; respektabel. | *Vieillard respectable*, würdiger Greis. || FIG. ansehnlich ; beachtlich. | *Quantité respectable*, ansehnliche Menge.

respecter [-pɛkte] v. tr. achten ; (ver)ehren ; respektieren ; in Ehren halten. | *Respecter les lois*, die Gesetze achten. || FIG. (ver)schonen ; Rücksicht nehmen (auf, acc.). | *Respecter un délai*, eine Frist einhalten. | *Respecter le sommeil de qn*, auf js Schlaf Rücksicht nehmen. | *Respecter le droit de qn*, js Recht schonen, berücksichtigen.

◇ v. pr. **se respecter,** [soi-même] seinen eigenen Wert kennen ; etwas auf sich halten ; [l'un l'autre] sich gegenseitig achten. | *Se faire respecter*, sich Achtung verschaffen ; sich durchsetzen (sépar.).

respectif, ive [-pɛktif, i:v] adj. betreffend ; gegen-, beiderseitig ; bezüglich ; jeweilig.

respectivement [-pɛktivmɑ̃] adv. beziehungsweise ; beiderseits ; jeweils.

respectueusement [-pɛktɥøzmɑ̃] adv. mit Ehrfurcht.

respectueux, ueuse [-pɛktɥø, ø:z] adj. respektvoll ; ehrerbietig ; achtungsvoll.

respirable [rɛspirabl] adj. atembar.

respiration [-rasjɔ̃] f. Atmung f. ; Einatmen n. ; Atemholen n. | *Respiration artificielle*, künstliche Atmung. | *Difficultés de respiration*, Atemnot f., -beschwerden f. pl. | *Couper la respiration*, den Atem benehmen, verschlagen. | *Retenir sa respiration*, den Atem anhalten.

respiratoire [-ratwa:r] adj. Atem... ; Atmung... | *Organes respiratoires*, Atmungsorgane n. pl.

respirer [-re] v. intr. atmen ; Luft holen, schöpfen. | *Respirer profondément*, tief Atem holen. | *Respirer à pleins poumons*, tief einatmen. | *Respirer par le nez*, durch die Nase atmen. | *Ne plus pouvoir respirer*, nach Atem ringen. || PAR EXT. atmen ; leben. | *Tout ce qui respire*, alles, was da atmet.

◇ v. tr. einatmen ; aufsaugen. | *Respirer le grand air*, frische Luft schöpfen. || FIG. verkörpern ; zum Ausdruck bringen. | *Respirer la joie*, Freude atmen, ausstrahlen. | *Il respire la santé*, er ist die Gesundheit selbst.

resplendir [rɛsplɑ̃di:r] v. intr. strahlen ; glänzen ; funkeln ; blitzen ; gleißen ; schimmern.

resplendissant, ante [-disɑ̃, ɑ̃t] adj. leuchtend ; glänzend. || FIG. *Mine resplendissante*, glänzendes Aussehen.

responsabilité [rɛspɔ̃sabilite] f. Verantwortlichkeit f. ; Verantwortung f. ; Haftung f. ; Haftpflicht f. | *Responsabilité atténuée*, verminderte Zurechnungsfähigkeit. | *Pleine responsabilité*, (volle) Zurechnungsfähigkeit. || JUR. *Responsabilité civile*, zivilrechtliche Haftung. | *(Âge de la) responsabilité pénale*, Strafmündigkeit f. | *Responsabilité de la guerre*, Kriegsschuld f. | *Étendue de la responsabilité*, Haftungsumfang m. | *Société à responsabilité limitée (S.A.R.L.)*, Gesellschaft mit beschränkter Haftung (GmbH). || *Sous sa responsabilité*, unter eigener Verantwortung ; auf seine Verantwortung (hin). | *Prendre sur soi la responsabilité*, die Verantwortung übernehmen. | *Porter la responsabilité de qch.*, die Verantwortung für etwas tragen.

responsable [-sabl] adj. verantwortlich ; haftbar. | *Responsable de ses actes*, zurechnungsfähig ; voll verantwortlich für seine Handlungen. | *Rendre qn responsable de qch.*, jn für etwas verantwortlich, haftbar machen, zur Verantwortung ziehen.

resquiller [rɛskije] v. intr. FAM. schmarotzen ; schnorren.

resquilleur, euse [-jœ:r, ø:z] s. FAM. [file d'attente] Vordrängler(in) m. (f.) ; [transports] Schwarzfahrer(in) m. (f.) ; [salle de spectacles] Zaungast m.

ressac [rəsak] m. Brandung f. ; Wogenanprall m.

ressaisir [rəsɛzi:r] v. tr. wieder ergreifen, an sich bringen ; wieder in Besitz nehmen.

◇ v. pr. **se ressaisir,** sich ermannen ; sich fassen ; sich wieder in seine Gewalt bekommen.

ressasser [rəsase] v. tr. FIG., FAM. ständig wiederholen ; wiederkäuen.

ressaut [rəso] m. ARCHIT. Vorsprung m. ; Risalit m. || GÉOL. Sprung m. ; Unebenheit f.

ressemblance [rəsɑ̃blɑ̃:s] f. Ähnlichkeit f.

ressemblant, ante [-blɑ̃, ɑ̃:t] adj. ähnlich ; gleichförmig. || ARTS. bildgetreu.

ressembler [-ble] v. intr. ähneln ; ähnlich sein, sehen ; gleichen ; gleich sein. | *Le fils ressemble à sa mère*, der Sohn ähnelt seiner Mutter ; sieht seiner Mutter ähnlich. | *Ce portrait ne vous ressemble pas*, dieses Bild trifft Sie nicht. || PAR EXT. *Cela ne vous ressemble pas*, das sieht nicht nach Ihnen aus ; das paßt nicht zu Ihnen. | *Cela lui ressemble*, das sieht ihm ähnlich. | *Cela ne ressemble à rien*, [positif] das ist einmalig, etwas Neues ; [négatif] das ist gar nichts ; das taugt nichts, ist geschmacklos.

◇ v. pr. **se ressembler,** einander gleichen ; sich gleichen. | *Cela ne se ressemble pas*, das sind zwei ganz verschiedene Dinge. | *Ils se ressemblent comme deux gouttes d'eau*, sie gleichen sich wie ein Ei dem andern.

ressemelage [rəsəmla:ʒ] m. Neubesohlung f.

ressemeler [-le] v. tr. wieder-, neubesohlen.

ressentiment [rəsɑ̃timɑ̃] m. verhaltener, heimlicher Groll ; Ressentiment n. | *Conserver envers qn le ressentiment d'une offense*, jm eine Beleidigung nachtragen.

ressentir [rəsɑ̃ti:r] v. tr. fühlen ; empfinden ; spüren. | *Ressentir des douleurs*, Schmerzen empfinden.
◇ v. pr. **se ressentir,** *Se ressentir de qch.*, etwas nachfühlen, -empfinden ; die Nachwirkung(en) von etwas verspüren. | *Il se ressent encore de sa maladie*, er leidet immer noch unter den Nachwirkungen seiner Krankheit.

resserre [rəsɛ:r] f. Aufbewahrungskammer f. ; Verschlag m. ; Vorratsraum m. ; Rumpelkammer f.

resserrement [-rmɑ̃] m. Ein-, Verengung f. ; Zusammenziehung f. ; Verdichtung f. ; Eingeengtheit f. || MÉD. *Resserrement du canal intestinal*, Darmverengung, -zwang m. || MIL. *Resserrement du front*, Frontverdichtung f., -versteifung f.

resserrer [-re] v. tr. [serrer plus fort] ver-, einengen ; einschnüren ; zu(sammen)ziehen ; fester ziehen, schnüren. || TECHN. nachspannen, -ziehen. | *Resserrer une ceinture*, einen Gürtel enger schnallen. | *Resserrer les nœuds*, die Knoten anziehen. | *Resserrer les vis*, die Schrauben nachziehen, -spannen. || FIG. *Resserrer les liens d'amitié*, die Bande der Freundschaft enger knüpfen. | *Resserrer les relations*, die Beziehungen enger gestalten. || [concentrer, diminuer] verdichten. | *Resserrer ses dépenses*, seine Ausgaben einschränken. || [mettre dans un lieu fermé] *Resserrer du linge dans une armoire*, Wäsche in den Schrank verschließen.
◇ v. pr. **se resserrer,** sich zusammenziehen ; sich verengen. || [se limiter] sich beschränken.

resservir [rəsɛrvi:r] v. intr. nochmals dienen zu, gebraucht werden.
◇ v. tr. *Resservir d'une boisson*, nochmals einschenken.

ressort [rəsɔ:r] m. **1.** [objet élastique] Sprung-, Triebfeder f. | *Ressort à boudin, hélicoïdal*, Schraubenfeder f. | *Ressort de rappel*, Rückstellfeder f. | *Faire ressort*, federn ; zurückprallen. | *Garnir de ressorts*, federn. | *Monter sur ressorts*, abfedern. || FIG. [mobile] treibende Kraft ; Triebfeder f. || [énergie] Spannkraft f. ; Schwungkraft f. | *Manque de ressort*, Schlaffheit f. | *Faire jouer tous les ressorts*, alle Hebel in Bewegung setzen. | *Perdre son ressort*, erschlaffen.
2. JUR. [compétence] Ressort n. ; Bereich m. ; Bezirk m. ; Gerichtsbarkeit f., -sprengel m. ; Instanz f. | *Être du ressort d'un tribunal*, der örtlichen Zuständigkeit eines Gerichts unterliegen. | *Juger, Statuer en dernier ressort*, in letzter Instanz entscheiden. || PAR EXT. Fach n. ; Beständigkeit f. | *Ressort d'activité*, Aufgabenkreis m. | *Du ressort de la physique*, aus dem Gebiet der Physik. | *Être du ressort de*, zu etwas gehören ; zu js Ressort gehören. | *Cela n'est pas de mon ressort*, dafür bin ich nicht zuständig.

ressortir [rəsɔrti:r] v. intr. [sortir de nouveau] wieder (hin)ausgehen ; hervortreten. || [se détacher] sich heraus-, hervorheben ; (her)vorstechen. | *Faire ressortir*, hervorheben ; unterstreichen (insépar.) ; herausstellen ; zur Geltung bringen. || [résulter] erhellen ; folgen. | *Il ressort de là*, daraus erhellt.

ressortir (à) [rəsɔrti:ra] v. tr. gehören (zu) ; ressortieren (zu) ; zu einer Gerichtsbarkeit, zur Zuständigkeit (gén.) gehören.

ressortissant, ante [rəsɔrtisɑ̃, ɑ̃:t] adj. zur Zuständigkeit gehörend ; unter einer Gerichtsbarkeit.
◇ s. Staatsangehörige(r) f. (m.).

ressouder [rəsude] v. tr. wieder verlöten.

ressource [rəsurs] f. Mittel n. ; Hilfsmittel n., -quelle f. | *Homme de ressource*, ein Mann, der sich zu helfen weiß. | *Perdu sans ressource*, rettungslos verloren. | *Il n'a que cette ressource*, er ist darauf angewiesen.
◇ f. pl. **ressources,** Einnahmequelle(n) f. (pl.) ; Geldmittel n. pl. | *Ressources énergétiques, d'énergie*, Energiequellen f. pl. | *Ressources naturelles*, natürliche Reichtümer m. pl. ; Bodenschätze m. pl. | *Être sans ressources*, mittellos sein.

ressusciter [resyssite] v. tr. auferwecken. || PAR EXT. zu neuem Leben erwecken.
◇ v. intr. auferstehen. || MÉD. wieder aufleben. || FIG. wiedererstehen.

restant, ante [rɛstɑ̃, ɑ̃:t] adj. übrig ; noch vorhanden ; restlich. | *Poste restante*, postlagernd.
◇ m. **restant,** Rest m., -bestand m., -betrag m. ; Rückstand m. | *Restant en caisse*, Kassenbestand.

restaurant [rɛstɔrɑ̃] m. Gaststätte f. ; Wirtschaft f. ; Restaurant n. | *Restaurant d'entreprise*, Betriebsrestaurant.

restaurateur, trice [-ratœ:r, tris] s. [qui renouvelle] Restaurator(in) m. (f.) ; Erneuerer(in) m. (f.). || [au restaurant] Gastronom(in) m. (f.) ; Gastwirt(in) m. (f.).

restauration [-rasjɔ̃] f. [rénovation, réfection] Restaurierung f. ; Wiederherstellung f. ; Erneuerung f. || POLIT. Restauration f. || [hôtellerie] Gaststätten-, Gastronomiegewerbe n. | *Restauration rapide*, Schnellimbißgewerbe n. ; Fast-Food-Bereich m. || ARTS. *Style Restauration*, Biedermeierstil m.

restaurer [-re] v. tr. wiederherstellen ; erneuern ; restaurieren. || FIG. erquicken.
◇ v. pr. **se restaurer,** sich kräftigen ; sich wieder stärken.

reste [rɛst] m. Rest m., -bestand m., -betrag m. ; Überrest m., -bleibsel n. | *Tout le reste*, alles übrige, andere, weitere. | *Le reste de l'année*, der Jahrausgang ; der übrige Teil des Jahres. | *Le reste de l'argent*, das übrige Geld. | *Un reste d'espoir*, ein Hoffnungsschimmer m. | *Le reste d'une soustraction*, der Substraktionsrest. | *Un reste de vin*, ein bißchen Wein. | *Sans parler du reste*, von allem übrigen zu schweigen. || LOC., FAM. *Il n'a pas demandé son reste*, er ging stillschweigend davon.
◇ loc. adv. **au reste, du reste,** außerdem ; überdies. — **de reste,** übrig ; überflüssig. | *Avoir de l'argent de reste*, (noch etwas) Geld übrig haben. — **en reste,** rückständig. | [devoir qch.] *Demeurer en reste avec qn*, jm etwas schuldig bleiben. | *Il n'est jamais en reste*, er bleibt die Antwort niemals schuldig. | *Être en reste*, mit einer Schuld im Rückstand sein.
◇ m. pl. **restes,** Übrigbleibsel n. pl. ; Rückstände m. pl. | *Restes mortels*, sterbliche Überreste m. pl. ; sterbliche Hülle f. || [reliefs] Abfälle m. pl. | *Servir des restes à qn*, jm ein Resteressen vorsetzen. | *Ne trouver que des restes*, nur noch Reste vorfinden. || [de beauté] Spuren f. pl.

rester [rɛste] v. intr. **1.** zurück-, übrig-, nachbleiben ; bleiben. | *Rester fidèle*, die Treue halten. | *Rester fidèle à soi-même*, sich gleich, treu bleiben. | *(En) rester interdit*, verdutzt, platt sein. | *Rester muet*, Schweigen bewahren. | *Rester tranquille*, ruhig bleiben ; Ruhe bewahren. | *Il ne reste plus de pain*, es bleibt kein Brot mehr übrig ; das Brot ist alle.
2. [manière] *Rester assis*, sitzenbleiben. | *Rester couché*, liegenbleiben. | *Rester debout*, stehenbleiben.
3. [lieu] Rester à sa place, auf seinem Platz verharren, aushalten. | *J'y suis, j'y reste*, hier bin ich und hier bleibe ich ; hier kriegt mich keiner weg. || FIG. *En rester là*, dabei stehenbleiben. | *On en reste là*, man ließ es dabei bewenden. | *Où en sommes-nous restés ?*, wobei sind wir stehengeblieben ? | *Rester en vie*, am Leben bleiben. | *Cela reste entre nous*, das bleibt unter uns.

| *Il est resté sur le carreau*, er blieb tot liegen. | *Rester sur ses positions*, auf seinem Standpunkt verharren. **4.** Loc. *Il ne reste qu'à*, es bleibt nur noch, zu. | *Il ne me reste qu'à*, mir bleibt nichts übrig, als. | *Reste à savoir si*, es fragt sich nur noch, ob.

restituable [rɛstitɥabl] adj. wiederherstellbar, -einsetzbar, -bestellbar.

restituer [-tɥe] v. tr. [rendre] (zurück)erstatten; wieder-, zurückgeben; her(aus)geben; ersetzen. | *Restituer une somme d'argent*, eine Geldsumme zurückerstatten. || [reconstituer] rekonstruieren; wiederherstellen. | *Restituer une inscription*, eine Inschrift wiederherstellen. | *Restituer un texte*, einen Text ergänzen.

restitution [-tysjɔ̃] f. Restitution f. || [action de rendre] Rückerstattung f.; Wieder-, Rückgabe f.; Wiedergutmachung f. || [action de reconstituer] Wiederherstellung f.

restreindre [rɛstrɛ̃:dr] v. tr. be-, einschränken. | *Restreindre ses désirs*, seine Wünsche zurückstecken. | *Un mot dans un sens plus restreint*, ein Wort in seiner engeren Bedeutung.

◇ v. pr. **se restreindre (à),** sich beschränken (auf, acc.); sich einschränken.

restrictif, ive [-triktif, i:v] adj. be-, einschränkend.

restriction [-triksjɔ̃] f. [limitation] Beschränkung f.; Einschränkung f.; Beschneidung f.; Begrenzung f. || [condition] Klausel f. || [réserve] Vorbehalt m. | *Restriction mentale*, geheimer Vorbehalt; Mentalreservation f. | *Restrictions de change*, Devisenbeschränkungen f. pl. | *Restriction de la liberté*, Freiheitsbeschränkung, -behinderung f. | *Régime de restrictions*, Rationierung f.; Rationierungssystem n. | *Sans restrictions*, unbeschränkt; uneingeschränkt; voll und ganz.

restructuration [rəstryktyrasjɔ̃] f. Umstrukturierung f.; Sanierung f.

restructurer [-tyre] v. tr. umstrukturieren; sanieren.

résultant, ante [rezyltɑ̃, ɑ̃:t] adj. hervorgehend; folgend.

◇ f. **résultante.** Phys. Resultante f.

résultat [-ta] m. Resultat n.; Ergebnis n.; Erfolg m. || [effet] Effekt m. | *Résultats obtenus*, geleistete Arbeit; [favorables] Leistung f. | *Résultat de l'examen*, [scolaire] Prüfungsergebnis; [médical] medizinischer Befund; Krankheitsbefund m. || Comm. *Résultat de l'exercice commercial*, Jahresabschluß m. || *Sans résultat*, ergebnislos. | *Aboutir à un résultat*, zu einem Ergebnis führen. | *Proclamer les résultats du scrutin*, das Abstimmungsergebnis bekannt geben. || Iron., Péjor. *Voilà le résultat*, da haben wir die Bescherung!

— Syn. : *Aboutissement* m., Endergebnis. *Conclusion* f., Schluß m. *Issue* f., Ausgang m.

résulter [-te] v. intr. folgen aus; aus etwas hervorgehen; resultieren; sich ergeben. | *Il en résulte*, es folgt daraus; daraus geht hervor, ergibt sich.

résumé [rezyme] m. Zusammenfassung f.; Abriß m.; Übersicht f.; Überblick m.; Resümee n. | *En résumé*, kurz (gesagt); zusammenfassend.

résumer [-me] v. tr. zusammenfassen, -ziehen, -drängen; resümieren. | *Résumer en peu de mots*, in wenigen Worten zusammenfassen.

◇ v. pr. **se résumer,** sich zusammenfassen. | *Pour me résumer*, um mich kurz zu fassen.

résurgence [rezyrʒɑ̃:s] f. Wiederaufkommen n.

résurrection [rezyrɛksjɔ̃] f. Auferstehung f., -erweckung f. | *Résurrection des morts*, Auferstehung der Toten. || Fig. Wiederaufleben n.; plötzliche, unverhoffte Genesung.

retable [rətabl] m. Altarblatt n., -bild n.; Retabel n. | *Retable à volets*, Flügelaltar m.

rétablir [retabli:r] v. tr. wiederherstellen. || [relever] wiederaufrichten, -aufstellen. || [droits] wiedereinsetzen.

◇ v. pr. **se rétablir,** wieder gesund werden; sich erholen; sich kräftigen. | *Sa santé se rétablit*, seine Gesundheit kräftigt sich.

— Syn. : *Ramener*, zurückführen. *Reconstituer*, rekonstruieren. *Relever*, wiederaufbauen, -aufrichten. *Restaurer*, restaurieren. *Restituer*, wiederherstellen.

rétablissement [-blismɑ̃] m. Wiederherstellung f., -einsetzung f. || Fig. *Rétablissement (de la santé)*, (Wieder)genesung f. | *Prompt rétablissement!*, gute Besserung! | *Rétablissement économique*, Wirtschaftsgesundung f. | *Rétablissement monétaire*, Währungssanierung f. || Sport. *Rétablissement sur les poignets*, Klimmzug (m.) in den Stütz.

rétamer [retame] v. tr. neu, wieder verzinnen. || Fam. *Se faire rétamer*, geprellt werden.

rétameur [-mœ:r] m. Kesselflicker m.

retaper [rətape] v. tr. auffrischen; aufarbeiten. | *Retaper un lit*, ein Bett aufklopfen.

◇ v. pr. **se retaper.** Fam. sich erholen.

retard [rəta:r] m. Verspätung f.; Verzögerung f.; Säumnis f.; Säumen n.; Verzug m.; Rückstand m. || [délai] Aufschub m. || *Retard à l'allumage*, Spätzündung f. | *Retard de livraison*, Lieferungsverzug. | *Retard de paiement*, Zahlungsrückstand, -verzug. | *Une heure de retard*, eine Stunde Verspätung. | *En retard*, rückständig; [train] überfällig; verspätet. | *Sans retard*, unverzüglich; ohne Verzug. | *Arriver, Être en retard*, Verspätung haben. || [écolier] *Être en retard*, zurückbleiben. || *La montre est en retard*, die Uhr geht nach. | *La production est en retard*, die Produktion ist rückständig. | *Se mettre en retard*, sich verspäten. | *Cela ne souffre pas de retard*, das duldet keinen Aufschub. || Mus. Vorhalt m.

retardataire [-datɛ:r] adj. verspätet; säumig; rückständig.

◇ s. Nachzügler(in) m. (f.). || [pour payer] säumiger Zahler.

retardateur, trice [-datœ:r, tris] adj. Phys. verzögernd. || Mil. hinhaltend.

retardé, ée [-de] adj. Méd. (geistig) zurückgeblieben.

◇ s. (geistig) zurückgebliebener Mensch.

retardement [-dəmɑ̃] m. Aufschub m.; Verzögerung f.; Verzug m.; Verspätung f. | *Bombe à retardement*, Zeitbombe f.

retarder [-de] v. tr. [ajourner] auf-, verschieben; verzögern. | *Retarder le paiement*, die Zahlung hinausziehen, verschleppen. || [ralentir] verlangsamen; verzögern; hinziehen; hinhalten. || [faire obstacle] aufhalten; hemmen. || [reculer] *Retarder une montre*, eine Uhr nach-, zurückstellen.

◇ v. intr. *Ma montre retarde de deux minutes*, meine Uhr geht zwei Minuten nach. | *Je retarde de cinq minutes*, ich bin fünf Minuten zu spät. || Fig. *Retarder sur son temps*, nicht mehr im Bilde sein; hinter seiner Zeit zurück sein.

◇ v. pr. **se retarder,** sich verweilen; in Verzug geraten.

retenir [rətəni:r] v. tr. **1.** [garder] fest-, zurückhalten; halten. || [objets] *Retenir de l'argent (sur qch.)*, (von etwas) abziehen. | *Retenir des impôts*, Steuern einbehalten. || Fig. [objets] *Retenir comme base de calcul*, der Berechnung zugrundelegen. | *Retenir (par cœur)*, (auswendig) behalten; im Gedächtnis halten. | *Tu ne retiens rien*, du behälst gas nichts. | *Facile à retenir*,

einprägsam. || MATH. (im Sinn) behalten. | *Je pose sept et je retiens deux*, ich schreibe sieben und behalte (mir) zwei. || [personnes] (auf)halten. | *Je ne vous retiens plus*, ich halte Sie nicht (zurück). | *Retenir qn en prison*, jn in Haft behalten. | *La fièvre le retient au lit*, das Fieber fesselt ihn ans Bett. | *Retenir qn à dîner*, jn zum Essen behalten. | *Je suis retenu* [invité], ich bin versprochen. | *Retenu par le service*, dienstlich verhindert.
2. [réserver ; engager] bestellen ; belegen ; vorenthalten. || [personnes] dingen. || *Retenir une date, un jour*, einen Termin feststellen. | *Retenir une place*, einen Platz bestellen, belegen.
3. [contenir] ab-, zurückhalten ; halten ; einbehalten. | *Retenir les eaux*, [barrages] die Wasser im Stau halten. | *Retenir ses larmes*, die Tränen zurückhalten ; sich die Tränen verbeißen. | *Retenir son souffle*, den Atem anhalten. | *Il n'y a pas moyen de le retenir*, er ist nicht zu halten.
◇ v. pr. **se retenir.** *Se retenir à qch.*, sich an etwas (dat.) festhalten. || FIG. sich zurückhalten ; sich im Zaum halten. | *Avoir peine à se retenir*, kaum an sich halten können. | *Je ne peux me retenir de rire*, ich kann nicht umhin, zu lachen. | *Se retenir de rire*, sich das Lachen verbeißen, verkneifen.

rétention [retɑ̃sjɔ̃] f. Zurückhalten n. ; Zurückbehaltung f. ; Vorbehalt m. | *Droit de rétention*, Zurückbehaltungs-, Retentionsrecht n. || MÉD. *Rétention d'urine*, Harnverhaltung f. || NUCL. Rückhaltung f. | *Chambre de rétention*, Rückhaltekammer f.

retentir [rətɑ̃ti:r] v. intr. [renvoyer un son] widerhallen. || [produire un son] (er)schallen ; erklingen ; ertönen ; dröhnen. || FIG. nachwirken.

retentissant, ante [-tisɑ̃, ɑ̃:t] adj. (er)klingend ; ertönend ; widerhallend. || PAR EXT. aufsehenerregend.

retentissement [-tismɑ̃] m. Hallen n. ; Dröhnen n. ; Nach-, Widerhall m. | *Avoir un grand retentissement*, einen großen Widerhall finden. | *Donner à qch. le plus de retentissement possible*, über etwas möglichst viel Lärm schlagen.

retenu, ue [rətəny] adj. zurückhaltend ; verhalten ; bescheiden ; mäßig.

retenue [-ny] f. **1.** [somme prélevée] Abzug m. | *Retenue fiscale*, Steuerabzug. | *Retenue pour la retraite*, Pensionsbeitrag m. | *Retenue sur les salaires, les traitements*, Lohn-, Gehaltsabzug. | *Retenue à la source*, Quellenabzug. | *Exempt de retenue*, frei von jedem Abzug.
2. [punition scolaire] *Être en retenue*, nachsitzen.
3. TECHN. *Retenue d'eau*, Anstauen (n.) von Wasser ; Rückstau m. | *Barrage de retenue*, Sperrmauer f. ; Talsperre f. | *Bassin de retenue*, Staubecken n.
4. FIG. Zurückhaltung f. ; Mäßigung f. ; Reserviertheit f. | *N'avoir aucune retenue*, keinerlei Zurückhaltung wahren. | *Parler sans retenue*, frei von der Leber reden.

réticence [retisɑ̃:s] f. Verschweigung f. ; absichtliche Auslassung ; Übergehung f. ; Verhehlung f.

réticent, ente [-sɑ̃, ɑ̃:t] adj. zurückhaltend ; zögernd ; kühl.

réticule [retikyl] m. [coiffure] Haarbeutel m. || [petit sac] Damentäschchen n. || OPT. Fadenkreuz n.

réticulé, ée [-kyle] adj. retikuliert. | *Loupe réticulée*, Fadenkreuzlupe f.

rétif, ive [retif, i:v] adj. störrisch ; widerspenstig ; unfügsam ; unfolgsam. || FAM. widerborstig.

rétine [retin] f. ANAT. Netzhaut f.

retiré, ée [rətire] adj. [personne] zurückgezogen ; einsam. || [endroit] fern(gelegen) ; abseitig. || *Vivre retiré, Mener une vie retirée*, ein zurückgezogenes, einsames Leben führen ; für sich leben.

retirer [-re] v. tr. **1.** [tirer de nouveau] nochmals ziehen.
2. [enlever ; ôter] ent-, zurückziehen ; ab-, weg-, zurücknehmen ; ab-, herausziehen. | *Retirer sa main*, seine Hand zurückziehen. | *Retirer de l'argent de la banque*, Geld von der Bank abheben. | *Retirer une balle de la plaie*, eine Kugel aus der Wunde entfernen, herausholen. | *Retirer une casserole du feu*, einen Topf vom Herd nehmen. | *Retirer la clef de la serrure*, den Schlüssel abziehen. | *Retirer son enfant d'une école*, sein Kind von, aus einer Schule nehmen. | *Retirer une pièce (de l'affiche)*, ein Theaterstück absetzen. | *Retirer ses vêtements*, seine Kleider ablegen.
3. FIG. *Retirer sa candidature*, von seiner Kandidatur zurücktreten. | *Retirer sa confiance à qn*, jm sein Vertrauen entziehen. | *Retirer sa parole*, sein Wort zurücknehmen. | *Retirer ses paroles*, seine Worte widerrufen.
4. [obtenir ; recueillir] lösen ; ziehen. | *Retirer de grands avantages de qch.*, große Vorteile aus etwas ziehen, herausholen.
◇ v. pr. **se retirer,** [rentrer chez soi] zurückkehren. || [s'éloigner] sich zurückziehen, -treten. || *La rivière se retire*, der Fluß kehrt in sein Bett zurück. | *Se retirer furtivement*, fortschleichen. | *Se retirer des affaires*, sich von den Geschäften zurückziehen ; das Geschäft aufgeben. | *Se retirer d'une association*, aus einer Verbindung austreten, ausscheiden. | *Se retirer du barreau*, seinen Anwaltsberuf aufgeben. | *Se retirer dans sa chambre*, sich in sein(em) Zimmer verschließen. | *Se retirer dans son pays*, heimkehren.

retombée [rətɔ̃be] f. ARCHIT. Gewölbeanfangsstein m. ; Behang m. || PHYS. *Retombées radioactives*, radioaktiver Abfall.

retomber [-be] v. intr. [tomber de nouveau] wieder herunter-, herab-, hinab-, hinunterfallen. || FIG. *Retomber dans une faute*, wieder in den alten Fehler ver-, zurückfallen. | *Retomber malade*, wieder krank werden. | *Retomber dans la misère*, wieder ins Elend geraten. | *Faire retomber la faute sur qn*, die Schuld auf jn abwälzen. || [pendre] (herab)hängen. | *Le rideau retombe jusqu'à terre*, der Vorhang fällt bis zum Boden.

retordre [rətɔrdr] v. tr. noch einmal drehen ; zwirnen. || FIG. *Donner du fil à retordre à qn*, jm zu schaffen machen.

rétorquer [retɔrke] v. tr. als Gegenargument benutzen ; zurückschieben.

retors, orse [rətɔ:r, ɔrs] adj. gedreht ; geflochten ; gezwirnt. | *Soie retorse*, gezwirnte Seide. || FIG. gerieben ; gewitzt ; pfiffig ; durchtrieben.

rétorsion [retɔrsjɔ̃] f. JUR. Retorsion f. ; Vergeltung f. | *Mesure de rétorsion*, Vergeltungsmaßnahme f.

retouche [rətuʃ] f. Überarbeitung f. ; Nachbearbeitung f. ; Retusche f.

retoucher [-ʃe] v. tr. überarbeiten (insépar.) ; nacharbeiten, -bearbeiten ; retuschieren.

retoucheur, euse [-ʃœ:r, ø:z] s. Retuschierer(in) m. (f.).

retour [rətu:r] m. **1.** SENS LOCAL : Rückkehr f. || [à la maison] Heimgang m. ; Heimkunft f. || [au pays] Heimkehr f. || [voyage] Rückreise f. ; [en véhicule] Rückfahrt f. ; [d'un avion] Rückflug m. | *Billet de retour, Aller et retour*, Rückfahrkarte f. | *Chemin du retour*, Heim-, Rückweg m. | *À mon retour (chez moi)*, bei meiner Rückkehr. | *Être de retour*, zurück(gekehrt) sein. | *Sans esprit de retour*, ohne die Absicht zurückzukehren. || TECHN. *Retour du piston*, Kolbenrückgang m. | *Retour de flamme*, Flammenrückschlag m. ; FIG. Wiederauflodern n. (einer Leidenschaft). || MIL. *Retour offensif*, Gegenstoß m. || [renvoi] Rücklieferung, -sendung f. | *Retour à l'envoyeur, à l'expéditeur*, Zurücksendung f. ; zurück an Absender. | *Par retour du courrier*, postwendend ; umgehend. | *Avec prière de retour*, mit der Bitte um Rückgabe. || *Tours et retours*, Windungen f. pl.

2. SENS TEMPOREL : [répétition] Wiederkehr f., -holung f. | *Retour (d'une maladie)*, Rückfall m. | *Retour à la santé*, Besserung f. | *Retour à l'état sauvage*, Verwilderung f. || FIG. *Être sur le retour*, an der Schwelle des Alters stehen. || PHILOS. *Retour éternel*, ewige Wiederkehr.

3. SENS FIGURÉS : *Retours de fortune*, Wechselfälle m. pl. | *Retour sur soi (-même)*, Selbstbesinnung f. | *Faire un retour sur soi-même*, in sich gehen. | *Payer de retour*, erwidern. | *Aimer qn sans espoir de retour*, zu jm eine unerwiderte Liebe hegen. || JUR. *Faire retour*, heimfallen.

4. loc. adv. **en retour,** dafür ; dagegen. | *Choc en retour*, Rückschlag m. — **sans retour,** unwiederbringlich.

retournement [-nəmɑ̃] m. (Um)wenden n. ; Umwendung f., -kehrung f.

retourner [-ne] v. intr. zurückkehren, -gehen. | *Retourner à son travail*, wieder zur Arbeit gehen. | *Retourner chez soi*, nach Hause kehren, gehen ; heimgehen. | *Retourner dans son pays*, heimkehren. | *Retourner sur ses pas*, denselben Weg zurückkehren. | *On ne m'y fera jamais retourner*, da bringen mich keine zehn Pferde wieder hin.

◇ v. tr. [tourner de l'autre côté, en tous sens] umdrehen, -wenden, -kehren (sépar.) ; hin und her wenden. | *Retourner une carte*, eine Karte auf-, umschlagen (sépar.). | *Retourner un champ*, [en bêchant] ein Feld umgraben (sépar.), [en labourant] umpflügen (sépar.). | *Retourner du foin*, Heu wenden. | *Tourner et retourner un objet*, einen Gegenstand hin und her drehen. | *Retourner des poches*, Taschen umkehren (sépar.). | *Retourner un tableau*, [vers le mur] ein Bild zur Wand drehen, [la tête en bas] auf den Kopf stellen. | *Retourner un vêtement*, ein Kleidungsstück wenden. || FIG. *Retourner le fer dans la plaie*, in einer Wunde nachwühlen. | *Retourner une idée dans son esprit*, über etwas (acc.) grübeln. | *Retourner qn sur le gril*, jm die Hölle heiß machen. || FAM. *Retourner sa veste*, seine Meinung ändern ; umsatteln (sépar.). || [renvoyer] zurücksenden, -schicken. | *Retourner un effet*, einen Wechsel zurückweisen. | *Retourner des marchandises*, Waren zurücksenden, -bringen. || FIG. *Retourner un argument*, den Spieß umdrehen (sépar.). | *Retourner un compliment*, ein Kompliment erwidern. || [examiner] betrachten ; prüfen. | *Tourner et retourner une question*, eine Sache hin und her überlegen (insépar.), von allen Seiten betrachten. || FAM. [faire changer d'avis] herumkriegen ; umkrempeln (sépar.). || [émouvoir] erschüttern ; ergreifen ; aufwühlen.

◇ v. pr. **se retourner,** sich umdrehen, umwenden (sépar.). | *Se retourner dans son lit*, sich im Bett wälzen. || FIG. *Se retourner contre qn*, sich an jn wenden. | *S'en retourner*, weg-, heim-, zurückgehen.

◇ v. impers. *De quoi il retourne*, worum es sich handelt.

retracer [rətrase] v. tr. neu zeichnen ; neu entwerfen. || FIG., LITTÉR. darstellen ; schildern.

rétractation [retraktasjɔ̃] f. JUR. Widerruf m. ; Zurücknahme f.

rétracter [-te] v. tr. zurück-, einziehen. | *Rétracter ses griffes*, die Krallen einziehen. || FIG. widerrufen (insépar.) ; zurücknehmen.

◇ v. pr. **se rétracter,** sich zusammenziehen. || FIG. widerrufen.

rétractile [-til] adj. ZOOL. einziehbar. || TECHN. einfahrbar.

retraduire [rətradɥi:r] v. tr. [de nouveau] nochmals übersetzen. || [remettre dans la langue originale] rückübersetzen.

retrait [rətrɛ] m. Zurückziehung f. ; Entziehung f. | *Construction en retrait*, zurückspringender Bau. || [de fonds] Einziehung f. ; Einlösung f. || [action d'enlever ; punition] | *Retrait du permis de conduire*, Entzug (m.) des Führerscheins. || [diminution] Zusammenziehen n. ; Schwinden n.

retraite [rətrɛ:t] f. **1.** [action de se retirer] Rücktritt m. || [après vie professionnelle] Ruhestand m. | *Retraite anticipée*, vorzeitige Rente ; Vorruhestand. | *En, À la retraite*, pensioniert ; im Ruhestand (i. R.) ; außer Dienst (a. D.). | *Mise à la retraite*, Pensionierung f. ; Versetzung (f.) in den Ruhestand ; MIL. Verabschiedung f. | *Faire valoir ses droits à la retraite*, um seine Pensionierung einkommen. | *Prendre sa retraite*, in Pension gehen. || [pension de retraite] Ruhegehalt n. | *Retraite proportionnelle*, Dienstzeitversorgung f. | *Retraite des vieux*, Altersversorgung f. | *Caisse de retraite pour la vieillesse*, Alters- und Pensionskasse f. | *Maison de retraite*, Altenwohnheim n. ; Altersheim n. || MIL. Rückmarsch m. ; Rückzug m. | *Battre en retraite*, den Rückzug antreten ; FIG. mildere Saiten aufziehen. || RELIG. Exerzitien n. pl. || COMM. Rückwechsel m. ; Ritratte f.

2. [lieu retiré] Schlupfwinkel m. ; Ruheort m.

retraité, ée [-te] adj. pensioniert ; emeritiert ; im Ruhestand.

◇ s. Beamter m., Beamtin f. im Ruhestand ; Ruhegehaltsempfänger(in) m. (f.).

retraitement [rətrɛtmɑ̃] m. NUCL. Wiederaufbereitung f. | *Usine de retraitement*, Wiederaufbereitungsanlage f.

retraiter [-te] v. tr. NUCL. wiederaufbereiten.

retranchement [rətrɑ̃ʃmɑ̃] m. [suppression] Abschaffung f. ; Auslassung f. ; Streichung f. || [diminution] Einschränkung f. ; Verminderung f. ; Beschränkung f. || MIL. Verschanzung f. ; Schanze f. || FIG. *Pousser qn dans ses (derniers) retranchements*, jn in die Enge treiben.

retrancher [-ʃe] v. tr. [ôter] ab-, weg-, zurückschneiden ; unterdrücken ; aus-, weglassen. | *Retrancher des dépenses*, Ausgaben beschneiden, streichen. | *Retrancher un nombre (à, de)*, eine Zahl (von) abziehen. || MIL. (ver)schanzen ; befestigen. | *Camp retranché*, befestigtes Lager.

◇ v. pr. **se retrancher,** sich verschanzen ; sich verbarrikadieren. | *Se retrancher derrière un prétexte*, sich hinter einem Vorwand verschanzen.

— SYN. : *Prélever*, vorwegnehmen. *Soustraire*, abziehen.

retransmettre [rətrɑ̃smɛtr] v. tr. TÉLÉPH. weiterleiten, -geben. || RADIO. übertragen (insépar.).

retransmission [-misjɔ̃] f. RADIO. Übertragung f., Wiederholung einer Sendung.

rétréci, ie [retresi] adj. begrenzt ; beengt ; verengt. | *Chaussée rétrécie*, verengte Fahrbahn.

rétrécir [-si:r] v. tr. enger, schmaler machen ; ver-, einengen ; FIG. beschränken.

◇ v. int., et v. pr. **se rétrécir,** einschrumpfen ; sich verengen. || [étoffe] einlaufen ; eingehen.

rétrécissement [-sismɑ̃] m. Ver-, Einengung f. || [étoffe] Einlaufen n. || FIG. Beschränkung f.

retremper [-pe] v. tr. wieder eintauchen, -tunken. | *Retremper l'acier*, Stahl nochmals härten.

◇ v. pr. **se retremper,** sich wieder eintauchen. || FIG. sich stählen ; neue Kraft schöpfen.

rétribuer [retribɥe] v. tr. entlohnen ; bezahlen ; entgelten ; besolden.
rétribution [-bysjɔ̃] f. Lohn m. ; Entlohnung f. ; Bezahlung f. ; Entgelt n. ; Besoldung f. | *Moyennant rétribution*, gegen Entgelt.
rétroactif, ive [retroaktif, i:v] adj. rückwirkend. | *Effet rétroactif*, rückwirkende Kraft.
rétroaction [-sjɔ̃] f. Rückwirkung f. || [cybernétique] Rückkopplung f.
rétroactivité [-tivite] f. rückwirkende Kraft.
rétrocéder [retrosede] v. tr. wieder abtreten.
rétrocession [-sɛsjɔ̃] f. JUR. Wiederabtretung f. ; Rückübertragung f.
rétrofusée [-fyze] f. AÉRON. Bremsrakete f.
rétrogradation [-gradasjɔ̃] f. rückläufige Bewegung ; Rückfall m. || [hiérarchie] Zurückversetzung f. || MIL. Dienstgradherabsetzung f.
rétrograde [-grad] adj. ASTRON. rückläufig. || POLIT. rückschrittlich.
rétrograder [-grade] v. intr. rückwärtsgehen ; zurückgehen ; sich zurückentwickeln.
◇ v. tr. **rétrograder qn,** jn zurückversetzen. || AUTOM. *Rétrograder les vitesses*, herunterschalten ; zurückschalten.
rétroprojecteur [-prɔʒɛktœ:r] m. Tageslichtprojektor m.
rétrospectif, ive [-spɛktif, i:v] adj. (zu)rückblikkend ; rückschauend ; retrospektiv.
◇ f. **rétrospective,** Rückblick m., -schau f.
rétrospectivement [-tivmɑ̃] adv. rückschauend ; beim Rückblick.
retroussé, ée [rətruse] adj. auf-, umgestülpt ; aufgeworfen. | *Nez retroussé*, Stülpnase f. | *Manches retroussées*, aufgekrempelte Ärmel m. pl.
retrousser [-se] v. tr. [vêtement] auf-, hochschürzen ; schürzen ; hochstreifen. || [chapeau ; manche] aufkrempeln. | *Retrousser la jupe*, den Rock schürzen. | *Retrousser ses manches*, seine Ärmel aufkrempeln.
retrouvailles [rətruvɑ:j] f. pl. Wiedersehen n.
retrouver [rətruve] v. tr. [trouver de nouveau : choses] wiederfinden, -vorfinden, -treffen. || [recouvrer] wiederbekommen, -erlangen. | *Retrouver son apport*, seinen Einsatz wieder herausbekommen. || *Retrouver son chemin*, seinen Weg wiederfinden ; den alten Weg einschlagen. | *Je ne peux pas retrouver son nom*, ich kann nicht auf seinen Namen kommen. | *Retrouver la parole*, die Sprache wiederfinden. | *Retrouver les traces*, wieder aufspüren. || [personnes] wiedertreffen, -erreichen ; FIG. wiedererkennen. || *Je saurai vous retrouver*, ich kriege Sie noch !
◇ v. pr. **se retrouver,** [se trouver réunis] einander wiederfinden, -sehen. | *Nous nous retrouverons là-bas*, wir sehen uns dann dort wieder. || [retrouver son chemin] sich wiederfinden. | *S'y retrouver*, sich zurechtfinden ; sich auskennen ; FIN. dabei auf seine Kosten kommen. || [revenir à soi] wieder zu sich kommen.
rétrovirus [retrovirys] m. MÉD. Retrovirus m. ou n.
rétroviseur [retrovizœ:r] m. Rückspiegel m.
rets [rɛ] m. Netz n. ; Garn n. ; Fangnetz n. | *Prendre qn dans ses rets*, jn umstricken, -garnen (insépar.).
réunification [reynifikasjɔ̃] f. Wiedervereinigung f.
réunifier [-fje] v. tr. wiedervereinigen.
réunion [reynjɔ̃] f. [action de réunir] Vereinigung f. ; Zusammenkunft f. ; Versammlung f. ; Zusammentritt m. ; Zusammenziehung f., -stellung f., -schluß m. | *Réunion de capitaux*, Kapitalzusammenlegung f. | *Réunion de la Corse à la France*, Anschluß (m.) Korsikas an Frankreich. || [assemblée] Versammlung f. ; Tagung f. ; Treffen n. | *Réunion électorale*, Wahlversammlung. | *Réunion de famille*, Familientag m. | *Droit de réunion*, Versammlungsrecht n. | *Liberté de réunion*, Versammlungsfreiheit f. | *Salle de réunion*, Versammlungs-, Sitzungssaal m. | *Tenir une réunion*, eine Versammlung abhalten.
réunir [-ni:r] v. tr. [rassembler] zusammenfassen, -führen, -bringen, -setzen, -legen, -fügen ; [une assemblée] versammeln. | *Réunir les capitaux*, Kapitalien zusammenlegen, aufbringen. | *Réunir la documentation*, die Unterlagen zusammenstellen. | *Réunir ses forces*, seine Kräfte vereinigen. | *Réunir les partis*, die Parteien zusammenschließen. | *Réunir des preuves*, Beweise zusammenstellen. | *Réunir des troupes*, Truppen zusammenziehen. || [relier] verbinden (*à*, mit). || [unifier] vereinigen (*à*, mit). || [de nouveau] wiedervereinigen. || *Réunir à une commune*, eingemeinden. || FIG. [concilier ; réconcilier] aus-, versöhnen. | *Réunir des intérêts opposés*, entgegengesetzte Interessen unter einen Hut bringen.
◇ v. pr. **se réunir,** sich (ver)sammeln ; zusammenkommen, -treten ; sich vereinigen.
réussir [reysi:r] v. intr. Erfolg haben ; glücken ; gelingen ; zum Ziel gelangen, kommen ; sich durchsetzen (sépar.). || [personnes] *J'ai réussi*, es ist mir geglückt, gelungen. | *Ne pas réussir*, nichts ausrichten ; mißlingen. | *Il ne réussira jamais*, er wird es niemals zu etwas bringen. | *Réussir dans une carrière*, es weit bringen. || [choses] *Ne pas réussir*, mißlingen ; fehlschlagen. | *Cela peut encore réussir*, aus der Sache kann noch was werden. | *Une méthode réussit*, eine Methode schlägt ein. | *Ce remède me réussit*, dieses Heilmittel bekommt mir gut. | *Réussir à l'examen*, das Examen bestehen. | *Tout ce qu'il entreprend lui réussit*, alles geht ihm gut von der Hand. — **réussir à.** *Il a réussi à faire qch.*, es ist ihm gelungen, etwas zu tun.
◇ v. tr. gelingen ; Erfolg haben. || LITTÉR. es treffen. || *L'avion réussit son décollage*, das Flugzeug hebt gut ab. | *Le peintre réussit son portrait*, dem Maler gelingt das Porträt. | *Ouvrage réussi*, gelungenes Werk.
réussite [-sit] f. Erfolg m. ; günstiger, glücklicher Ausgang ; Gelingen n. ; gutes Ergebnis. | *Réussite à un examen*, erfolgreiche Ablegung einer Prüfung. | *Réussite d'une affaire*, Geschäftserfolg. || [cartes] *Faire une réussite*, Patience (f.) legen.
revaloir [rəvalwa:r] v. tr. vergelten ; heimzahlen. | *Je lui revaudrai cela*, [en mauvaise part] das soll er mir büßen ; das werde ich ihm vergelten ; [en bonne part] ich werde mich revanchieren.
revalorisation [rəvalɔrizasjɔ̃] f. Auf-, Höher(be)wertung f.
revaloriser [-ze] v. tr. aufwerten ; den Wert erhöhen, heraufsetzen.
◇ v. pr. **se revaloriser,** an Wert gewinnen.
revanchard, arde [rəvɑ̃ʃa:r, ard] adj. revanchistisch.
revanche [-vɑ̃:ʃ] f. Rache f. ; Vergeltung f. ; Revanche f. || [jeux] Rück-, Revanchespiel n. || *J'aurai ma revanche*, ich werde mir Genugtuung verschaffen. | *Avoir des idées de revanche*, Rachegedanken hegen. | *Prendre sa revanche*, sich rächen ; Rache nehmen für.
◇ loc. adv. **en revanche,** zum Ersatz ; dagegen ; dafür.
rêvasser [rɛvase] v. intr. wirr träumen. || FIG. seinen Gedanken nachhängen ; dösen.
rêvasserie [-sri] f. Träumerei f. ; wirrer Traum ; Dösen n. ; Grübeln n.
rêve [rɛ:v] m. Traum m. || FIG., PÉJOR. Trugbild n. ; [positif] Wunsch(bild) n. || *Monde des rêves*, Traumwelt f. | *Perdu dans ses rêves*, traumversunken, -verloren. | *Faire un rêve*, einen Traum haben ; träumen.

revêche [rəvɛ:ʃ] adj. widerspenstig ; rauh ; kratzbürstig ; mürrisch ; störrisch. | *Humeur revêche,* Kratzbürstigkeit f. | *Personne revêche,* Miesepeter m.

réveil [revɛ:j] m. [qu'on provoque] Wecken n. || [spontané] Auf-, Erwachen n. || *Réveil en sursaut,* jähes, plötzliches Erwachen ; erschrecktes Hochfahren. | *Au, À mon* (ou autre poss.) *réveil,* beim Wachwerden ; beim Erwachen. | *Faire à qn un réveil en fanfare,* jn unsanft wecken ; jn aus dem Schlaf trommeln. || MIL. *Sonner le réveil,* zum Wecken blasen. || [pendule] Wecker m. ; Weckuhr f.

réveille-matin [revɛjmatɛ̃] m. Wecker m.

réveiller [-je] v. tr. (auf)wecken. | *Réveiller en sursaut,* jäh aufschrecken. || FIG. erwecken ; wieder-, neubeleben ; auf-, ermuntern. | *Réveiller les passions,* die Leidenschaften erwecken, anreizen. | *Réveiller des souvenirs,* Erinnerungen wachrufen.

◇ v. pr. **se réveiller,** er-, aufwachen ; FIG. aufleben.

réveillon [-jɔ̃] m. Weihnachts-, Neujahrsessen n., -feier f.

réveillonner [-jɔne] v. intr. die Weihnachts-, Neujahrsnacht feiern.

révélateur, trice [revelatœ:r, tris] adj. auf die Spur führend ; enthüllend ; FIG. aufschlußreich. | *C'est révélateur,* das läßt tief blicken.

◇ m. **révélateur,** PHOT. Entwickler m.

révélation [-lasjɔ̃] f. Enthüllung f. ; Aufdeckung f. | *Ce fut pour moi une révélation,* da ging mir ein Licht auf. || RELIG. Offenbarung f.

révéler [-le] v. tr. enthüllen ; aufdecken ; an den Tag, ans Licht bringen. | *Révéler le vrai caractère,* den wahren Charakter zu erkennen geben. | *Révéler un secret,* ein Geheimnis preisgeben, ausplaudern, verraten. || RELIG. offenbaren.

◇ v. pr. **se révéler,** sich erweisen ; sich enthüllen ; sich zu erkennen geben.

revenant [rəvnɑ̃] m. Gespenst n. ; Geist m. | *Histoire de revenants,* Gespenstergeschichte f. | *Il y a des revenants ici,* hier spukt's.

revendeur, euse [rəvɑ̃dœ:r, ø:z] s. Wiederverkäufer(in) m. (f.) ; Zwischenhändler(in) m. (f.).

revendication [rəvɑ̃dikasjɔ̃] f. Forderung f. ; Anspruch m. | *Revendication territoriale,* Gebietsanspruch. | *Revendication de salaire,* Lohnforderung. | *Élever une revendication,* einen Anspruch erheben. || [d'un acte] Bekenntnis n.

revendiquer [-ke] v. tr. (als Eigentum) zurückfordern, in Anspruch nehmen ; beanspruchen. | *Revendiquer un attentat,* sich zu einem Anschlag bekennen. | *Revendiquer des droits,* Rechte beanspruchen. | *Revendiquer une responsabilité,* eine Verantwortung auf sich nehmen. | *Revendiquer la succession,* die Erbschaft vindizieren.

revendre [rəvɑ̃:dr] v. tr. wieder verkaufen ; weiterverkaufen. | *Il en a à revendre,* er hat reichlich davon.

revenez-y [rəvnezi] m. invar. *Avoir un goût de revenez-y,* nach mehr schmecken.

revenir [rəvni:r] v. intr.

> **I.** SENS PROPRE : zurückkommen.
> **II.** SENS FIGURÉS :
> **a)** [venir à la connaissance, à l'esprit] ;
> **b)** [changer d'opinion] ;
> **c)** [coûter] ;
> **d)** [échoir].

I. SENS PROPRE : wieder-, zurück-, heimkommen ; noch einmal kommen ; zurück-, wieder-, heimkehren. | *Revenir en arrière, sur ses pas,* umkehren (sépar.). | *Revenir bredouille,* mit leeren Händen zurückkommen. | *Ne pas revenir,* fortbleiben. | *Je reviens à l'instant,* ich bin gleich wieder da. | *Revenir à la charge,* den Angriff erneuern. | *Revenir à l'état premier,* auf den früheren Zustand zurückkommen. || FIG. *Il me revient deux marks,* ich bekomme noch zwei Mark heraus, zurück. | *Cela revient à dire que,* das heißt mit anderen Worten. | *Cela revient au même,* das kommt, läuft auf dasselbe hinaus ; POP. das ist gehupft wie gesprungen. | *Revenons à nos moutons,* kommen wir endlich zum Wesentlichen ! | *Revenir à la raison,* wieder zur Vernunft kommen. | *Revenir à la vie,* wieder aufleben. | *Revenir de son étonnement,* aus der Verwunderung herauskommen. || [en réchapper] *En revenir,* davonkommen. || *Je n'en reviens pas,* ich kann es gar nicht fassen. | *Ne revenons pas sur le passé,* vorbei ist vorbei. | *Revenir sur un sujet,* auf ein Thema zurückkommen. | *N'y revenez plus,* lassen Sie sich das nicht nochmal einfallen ! | *Il n'y a pas à y revenir,* darauf ist nicht zurückzukommen. || CULIN. *Faire revenir,* in Fett braten.

II. SENS FIGURÉS : **a)** [venir à la connaissance] zu Ohren kommen ; [à l'esprit] einfallen. | *Il m'est revenu que,* es ist mir zu Ohren gekommen, daß. | *Cela me revient à l'esprit,* das fällt mir wieder ein. | *Son nom ne me revient pas,* ich komme nicht auf seinen Namen. || FAM. gefallen ; zusagen. | *Sa tête ne me revient pas,* sein Gesicht gefällt mir nicht.

b) [changer d'opinion : de qch.] von etwas zurückkommen. | *Revenir de ses erreurs,* seine Irrtümer einsehen. | *Faire revenir qn de son projet,* jn von seinem Vorhaben abbringen. | *J'en suis revenu depuis longtemps,* davon bin ich längst abgekommen. || [sur qch.] zurücknehmen ; widerrufen. | *Revenir sur une décision,* eine Entscheidung rückgängig machen. | *Revenir sur ses engagements,* seine Verpflichtungen ableugnen. | *Revenir sur sa parole,* sein Wort zurücknehmen. | *Revenir sur sa promesse,* sein Versprechen widerrufen.

c) [coûter] *Cela revient à cent marks,* das kommt auf hundert Mark. | *Cela me revient cher,* das kommt mir teuer zu stehen.

d) [échoir] zukommen, -fallen ; gebühren. | *Cet honneur lui revient,* diese Ehre kommt ihm zu, gebührt ihm. | *C'est à lui que revient le mérite,* es ist sein Verdienst. | *À chacun ce qui lui revient,* jedem was ihm zukommt. | *Revenir de droit,* rechtlich, von Rechts wegen zukommen.

revente [rəvɑ̃:t] f. Wiederverkauf m.

revenu [rəvny] m. Ertrag m. ; Einkommen n. ; Einnahme f. | *Revenu annuel,* Jahreseinkommen. | *Revenu brut,* Rohertrag ; Bruttoeinkommen. | *Revenu net des ménages,* Nettofamilieneinkommen. | *Revenu locatif,* Mieteinnahme. | *Revenu mobilier,* Kapitalertrag. | *Revenu moyen,* Durchschnittseinkommen. | *Revenu national,* Volkseinkommen. | *Revenu net,* Nettoertrag. | *Revenu per capita, par habitant,* Pro-Kopf-Einkommen. | *Impôt sur le revenu (des personnes physiques),* Einkommensteuer f. | *Répartition du revenu,* Einkommensschichtung f.

◇ m. pl. **revenus,** Bezüge m. pl. ; Einkünfte f. pl. | *Déclaration des revenus,* Einkommensteuererklärung f.

rêver [rɛve] v. tr. et v. intr. träumen ; FIG. phantasieren ; PÉJOR. faseln. || FAM. *Tu rêves ?,* du träumst wohl ? | *Rêver tout éveillé,* mit offenen Augen träumen. | *Rêver à qch.,* über etwas (acc.) sinnen. | *Rêver de qn,* von jm träumen. | *Il n'en avait pas rêvé autant,* das hatte er sich nicht träumen lassen.

réverbération [revɛrberasjɔ̃] f. Widerschein m. ; (Zu)rückstrahlung f. || [son] Nachhall m.
réverbère [-bɛːr] m. Straßenlaterne f. ; Reflektor m. | *Allumeur de réverbères*, Laternenanzünder m. | *Four à réverbère*, Flamm(en)ofen m.
réverbérer [-bere] v. tr. zurückstrahlen, -werfen ; reflektieren ; spiegeln.
reverdir [rəvɛrdiːr] v. intr. wieder grün werden, grünen. || FIG. wieder frisch, stark werden.
révérence [reverɑ̃ːs] f. [éprouvée] Ehrerbietung f. || [salut] Verbeugung f., -neigung f. ; Knicks m. | *Traiter avec révérence*, ehrerbietig behandeln. | *Faire sa révérence à qn*, jm seine Aufwartung machen. | *Tirer sa révérence à qn*, sich empfehlen.
révérencieux, ieuse [-rɑ̃sjø, jøːz] adj. übertrieben höflich ; liebedienerisch.
révérend, ende [-rɑ̃, ɑ̃ːd] adj. ehrwürdig.
◇ s. RELIG. ehrwürdiger Vater ; ehrwürdige Mutter ; Hochwürden.
révérer [-re] v. tr. verehren ; ehren.
rêverie [rɛvri] f. Träumerei f. ; Hirngespinst n. ; Phantasie f. ; Grübelei f. | *S'abandonner à la rêverie*, sich Träumereien hingeben ; PÉJOR. dösen.
revers [rəvɛːr] m. [côté opposé] Rückseite f. ; Kehrseite f. | *Revers de la main*, Handrücken m. | *À revers*, von hinten ; im Rücken. || [repli de vêtement ; manteau] Aufschlag m. ; Revers m. | *Bottes à revers*, Stulp(en)stiefel m. pl. || FIG. Rück-, Fehlschlag m. ; Mißerfolg m. ; Unglücksfall m. | *Revers de fortune*, Schicksalsschlag m. | *Essuyer des revers*, Rückschläge einstecken müssen ; FAM. Schlappen erleiden. | *C'est le revers de la médaille*, das ist die Kehrseite der Medaille. || SPORT. Rückhandschlag m. ; Rückhand f.
reversement [-səmɑ̃] m. Rückzahlung f.
reverser [-se] v. tr. [verser de nouveau] zurück-, nachgießen ; wieder einschenken. || COMM. zurückzahlen. || JUR. übertragen.
réversibilité [revɛrsibilite] f. JUR. Übertragbarkeit f. ; Rück-, Heimfälligkeit f.
réversible [-sibl] adj. umkehrbar. || JUR. übertragbar ; überschreibbar ; rück-, heimfällig.
réversion [-sjɔ̃] f. JUR. Heim-, Rückfall m. ; Übertragung f. (einer Rente).
revêtement [rəvɛtmɑ̃] m. Ver-, Bekleidung f. ; Überzug m. ; Auskleidung (mit) ; Ausfütterung f. ; Futter n. ; Umhüllung f. ; Belag m. ; Überziehung f. | *Revêtement calorifuge*, Wärmeschutzverkleidung. | *Revêtement en béton*, Betonausbau m. | *Revêtement de planches*, Bretterverschalung f. | *Revêtement de sol*, Bodenbelag.
revêtir [-tiːr] v. tr. [un vêtement] kleiden ; bekleiden ; mit etwas kleiden, anziehen, anlegen. || [recouvrir] belegen ; überziehen ; füttern ; ausbauen ; verschalen. | *Revêtir de bois*, mit Holz verkleiden, täfeln. | *Revêtir de papier*, mit Papier auslegen. | *Revêtir de planches*, verschalen. || FIG. bekleiden. | *Revêtir d'une charge*, mit einem Amt ausstatten. | *Être revêtu d'une charge*, ein Amt bekleiden. || PAR EXT. [prendre, affecter] annehmen ; tragen.
◇ v. pr. **se revêtir.** *Se revêtir de qch.*, sich mit etwas kleiden ; ein Kleidungsstück anlegen.
rêveur, euse [rɛvœːr, øːz] adj. träumerisch ; verträumt ; (geistes)abwesend.
◇ s. Träumer(in) m. (f.) ; Grübler(in) m. (f.).
revient [rəvjɛ̃] m. *Prix de revient*, Selbstkosten-, Fabrikpreis m. ; Herstellungspreis m.
revigorer [rəvigɔre] v. tr. kräftigen.
revirement [rəvirmɑ̃] m. Wendung f. ; Umschwung m. ; Umschlagen n. | *Revirement d'opinion*, Meinungsumschwung. | *Revirements de la vie*, Wechselfälle (m. pl.) des Lebens.
réviser [-ze] v. tr. durch-, nachsehen ; überprüfen ; nachrechnen ; revidieren. | *Réviser un moteur*, einen Motor überholen (insépar.). || JUR. *Réviser un jugement*, ein Verfahren wiederaufnehmen.
révision [-zjɔ̃] f. Revision f. ; Nach-, Überprüfung f. | *Révision constitutionnelle*, Verfassungsänderung f. | *Révision d'un compte*, Durchsicht (f.), Überprüfung einer Rechnung. || JUR. Wiederaufnahmeverfahren n. || TYPOGR. Korrektur f. || MIL. *Conseil de révision*, Musterungskommission f. || TECHN. Überholung f.
révisionnisme [revizjɔnism] m. POLIT. Revisionismus m.
révisionniste [-zjɔnist] adj. POLIT. verfassungsändernd ; revisionistisch.
◇ s. POLIT. Revisionist(in) m. (f.).
revivifier [-fje] v. tr. neu-, wiederbeleben ; auffrischen ; kräftigen. || TECHN. frischen.
revivre [rəviːvr] v. intr. zu neuem Leben erwachen ; wiederaufleben. | *Faire revivre*, ins Leben zurückrufen ; zu neuem Leben erwecken.
◇ v. tr. *Revivre un événement*, ein Ereignis neu erleben, an sich vorbeiziehen lassen.
révocable [revɔkabl] adj. [chose] widerruflich ; widerrufbar. || [personne] absetzbar.
révocation [-kasjɔ̃] f. [chose] Widerruf m. ; Aufhebung f. || [fonctionnaire] Absetzung f. ; Dienstentlassung f. || HIST. *Révocation de l'édit de Nantes*, Aufhebung des Ediktes von Nantes.
revoici [rəvwasi], **revoilà** [rəvwala] adv. *Me revoici*, da bin ich wieder. | *Le revoilà*, da ist er wieder.
revoir [rəvwaːr] v. tr. [voir de nouveau] wiedersehen, -treffen, -begegnen. | *Aller revoir qn*, jn wiederaufsuchen. || [réviser] nach-, durchlesen (sépar.) ; überprüfen (insépar.) ; revidieren. | *À revoir*, zur nochmaligen Überprüfung.
◇ m. Wiedersehen n., -treffen n. | *Au revoir*, auf Wiedersehen.
révoltant, ante [revɔltɑ̃, ɑ̃ːt] adj. empörend ; aufreizend.
révolte [-vɔlt] f. Empörung f. ; Aufruhr m. ; Auflehnung f. ; Aufstand m. ; Revolte f. | *Esprit de révolte*, aufsässiger, aufrührerischer Geist.
révolté, ée [-vɔlte] adj. aufständisch ; aufsässig ; aufrührerisch.
◇ m. **révolté,** Empörer m. ; Aufrührer m.
révolter [-vɔlte] v. tr. aufwiegeln ; aufsässig machen ; aufbringen.
◇ v. pr. **se révolter,** sich erheben ; sich auflehnen. | *Se révolter contre*, sich gegen (acc.) auflehnen.
révolu, ue [revɔly] adj. [temps] abgelaufen ; verstrichen. | *Le temps est révolu*, die Zeit ist um. || [âge] *À soixante ans révolus*, mit, nach Vollendung des sechzigsten Lebensjahres. | *Il a trente ans révolus*, er ist volle dreißig Jahre alt.
révolution [revɔlysjɔ̃] f. [mouvement circulaire] Kreisbewegung f. ; Umdrehung f. || [planète] Umlauf m. ; Rotation f. | *Nombre de révolutions*, Dreh-, Tourenzahl f. || FIG. [grand trouble] Umschwung m., -wälzung f., -sturz m. ; Revolution f. | *Révolution de palais*, Palastrevolution.
révolutionnaire [-sjɔnɛːr] adj. umstürzlerisch ; aufrührerisch ; revolutionär. | *Mesures révolutionnaires*, umwälzende Maßnahmen f. pl.
◇ s. Revolutionär(in) m. (f.).
révolutionner [-sjɔne] v. tr. revolutionieren ; in Aufruhr, Aufregung versetzen.
revolver [revɔlvɛːr] m. Revolver m.

révoquer [revɔke] v. tr. [choses] widerrufen ; aufheben ; aufkündigen. || [diplomate] abberufen ; zurückberufen. || [fonctionnaire] absetzen.

revu, ue [rəvy] part. pass. de **revoir,** durchgesehen ; revidiert ; nachgesehen.

revue [rəvy] f. [inspection ; examen] Durchsicht f. ; Übersicht f. ; Prüfung f. | *Revue de presse*, Presseschau f. ; Pressespiegel m. | *Faire une revue minutieuse*, eine genaue Durchsicht vornehmen. | *Passer en revue*, durchsehen (sépar.). || MIL. Musterung f. ; Truppenschau f. ; Parade f. ; Revue f. | *Passer en revue*, Revue passieren lassen ; mustern. || [périodique] Zeitschrift f. ; Rundschau f. ; Revue f. | *Revue hebdomadaire*, Wochenschrift f. ; Wochenzeitschrift f. | *Revue mensuelle*, Monatsschrift f. ; Monatszeitschrift f. | *Revue technique*, Fachschrift f. || THÉÂTRE. Revue f. | *Revue à grand spectacle*, Ausstattungsstück n. || FIG., FAM. *Nous sommes de revue*, wir werden, können uns wiedersehen.

révulsé, ée [revylse] adj. entstellt ; verdreht. | *Avoir les yeux révulsés*, die Augen verdrehen.

révulser [-se] v. tr. MÉD. ableiten.

révulsif, ive [-sif, i:v] adj. ableitend.
◇ m. **révulsif,** MÉD. Ableitungsmittel n.

révulsion [-sjɔ̃] f. MÉD. Ableitung f. ; Revulsion f.

rez-de-chaussée [redʃose] m. Erdgeschoß n.

rhabiller [rabije] v. tr. wieder ankleiden ; neu einkleiden. || PAR EXT. ausbessern, -flicken.

rhapsodie [rapsɔdi] f. Rhapsodie f.

rhénan, ane [renɑ̃, an] adj. rheinisch ; rheinländisch. | *Pays rhénans*, Rheinlande n. pl.
◇ s. **Rhénan, ane,** Rheinländer(in) m. (f.).

Rhénanie [-nani] n. pr. f. GÉOGR. Rheinland n.

rhéostat [reɔsta] m. ÉLECTR. regelbarer Widerstand ; Widerstandsgerät n. ; Rheostat m.

rhésus [rezys] m. ZOOL. Rhesusaffe m. || BIOL. *Facteur Rhésus*, Rhesusfaktor m.

rhéteur [retœ:r] m. Rhetor m. ; Schönredner m.

rhétoricien [retɔrisjɛ̃] m. Rhetoriker m.

rhétorique [-rik] f. Rhetorik f. ; Redekunst f. || PÉJOR. Wortgeklingel n.

Rhin [rɛ̃] n. pr. m. GÉOGR. Rhein m. | *Chutes du Rhin*, Rheinfall m. | *Vin du Rhin*, Rheinwein m. | *Du côté gauche du Rhin*, linksrheinisch.

rhinite [rinit] f. MÉD. Rhinitis f.

rhinocéros [rinɔserɔs] m. ZOOL. Nashorn n. ; Rhinozeros n.

rhinologie [rinɔlɔʒi] f. MÉD. Nasenheilkunde f.

rhinopharyngite [-farɛ̃ʒit] f. MÉD. Nasenrachenentzündung f.

rhizome [rizo:m] m. BOT. Wurzelstock m.

rhodanien, ienne [rɔdanjɛ̃, jɛn] adj. GÉOGR. Rhone...

Rhodes [rɔd] n. pr. f. GÉOGR. Rhodos n.

rhododendron [rɔdɔdɛ̃drɔ̃] m. BOT. Rhododendron n. ou m. ; Alpenrose f.

Rhône [ro:n] n. pr. m. GÉOGR. Rhone f. | *Canal du Rhône au Rhin*, Rhein-Rhone-Kanal m.

rhubarbe [rybarb] f. BOT. Rhabarber m.

rhum [rɔm] m. Rum m.

rhumatisant, ante [rymatizɑ̃, ɑ̃:t] adj. MÉD. an Rheuma leidend.
◇ s. Rheumatiker(in) m. (f.).

rhumatismal, ale, aux [-tismal, o] adj. MÉD. rheumatisch.

rhumatisme [-tism] m. MÉD. Rheumatismus m. ; Rheuma n. ; Gliederreißen n. | *Rhumatisme articulaire*, Gelenkrheumatismus.

rhumatologue [-tɔlɔg] s. Rheumatologe m. ; Rheumatologin f.

rhume [rym] m. MÉD. Katarrh m. ; Erkältung f. | *Rhume de cerveau*, Schnupfen m. | *Rhume de poitrine*, Husten m. | *Rhume des foins*, Heuschnupfen m. | *Attraper un rhume*, sich einen Schnupfen holen ; eine Erkältung bekommen.

riant, riante [rijɑ̃, rijɑ̃:t] adj. lachend ; fröhlich ; heiter ; lustig. | *D'un visage riant*, mit fröhlichem Gesicht. | *Contrée riante*, liebliche Gegend.

ribambelle [ribɑ̃bɛl] f. ganze, lange Reihe ; ganze Menge. | *Ribambelle d'enfants*, Kinderschar f.

riboflavine [riboflavin] f. BIOL. Riboflavin n.

ribonucléique [-kleik] adj. BIOL. *Acide ribonucléique*, Ribonukleinsäure f.

ribosome [-zom] m. BIOL. Ribosom n.

ricanement [rikanmɑ̃] m. Grinsen n. ; Kichern n. ; Feixen n.

ricaner [-ne] v. intr. grinsen ; feixen. || [sous cape] kichern ; höhnisch lachen.

ricaneur [-nœ:r] m. Spottvogel m. ; hämischer Kerl.

richard, arde [riʃa:r, ard] s. FAM. schwerreicher Mann, schwerreiche Frau.

riche [riʃ] adj. [personnes] reich ; begütert. | *Riche comme Crésus*, steinreich. || [choses] fruchtbar ; ergiebig ; kostbar. | *Langue riche*, hochentwickelte Sprache. | *Nourriture trop riche*, zu fette, zu schwere Nahrung. | *Rimes riches*, volltönende Reime m. pl. || [minerai] *Riche en plomb*, von hohem Bleigehalt. || *Riche en forêts*, waldreich. | *Riche en poissons*, fischreich. || FIG. famos ; großartig ; reich. | *Riche d'idées*, reich an Ideen (dat.). || FAM. *Une riche idée*, ein großartiger, prächtiger Einfall.
◇ s. Reiche(r) f. (m.). | *Nouveau riche*, Neureicher m.

richement [-ʃmɑ̃] adv. reichlich.

richesse [-ʃɛs] f. [d'une personne] Reichtum m. || [de choses] Fülle f. ; Mannigfaltigkeit f. | *Richesse en gibier*, Wildreichtum. || [grande valeur] *Richesse d'une parure*, Kostbarkeit (f.) eines Schmucks. | *Richesse du sol*, Fruchtbarkeit f. || [son] Vollklang m.
◇ f. pl. **richesses.** *Richesses du sol*, Bodenschätze m. pl.

richissime [-ʃisim] adj. steinreich ; schwerreich.

Richter (échelle de) [eʃɛldəriʃtɛr] f. Richterskala f.

ricin [risɛ̃] m. BOT. Rizinus m. | *Huile de ricin*, Rizinusöl n.

ricocher [rikɔʃe] v. intr. auf-, abprallen. | *La balle a ricoché*, die Kugel ist abgeprallt.

ricochet [-ʃɛ] m. Abpraller m. ; Prall-, Prellschuß m. | *Par ricochet*, auf Umwegen ; indirekt. | *Faire des ricochets*, Nixen werfen.

ric-rac [rikrak] loc. adv. FAM. haarscharf.

rictus [riktys] m. krampfhaftes Lachen ; verzerrtes Grinsen.

ride [rid] f. Runzel f. ; Falte f. | *Rides de l'eau*, Wellengekräusel n. || MATH. Spannseil n.

ridé, ée [ride] adj. faltig ; gefaltet ; durchfurcht ; runz(e)lig. | *Visage ridé*, durchfurchtes, runzeliges Gesicht. | *Eau ridée*, gekräuseltes Wasser.

rideau [rido] m. Gardine f. ; Vorhang m. || FIG. Schleier m. | *Doubles rideaux*, Fenstervorhänge m. pl. | *Baisser le rideau*, den Vorhang herunterlassen. | *Lever le rideau*, den Vorhang aufziehen. | *Tirer le rideau*, den Vorhang auf-, vor-, zuziehen. || FIG. *Rideau d'arbres*, Baumwand f.

ridelle [ridɛl] f. Wagenwand f., -leiter f. ; Seitenwand f. | *Chariot à ridelles*, Leiterwagen m.

rider [ride] v. tr. runzeln ; in Falten legen, ziehen. || [eau] kräuseln. || MATH. die Segel spannen, reffen. ◇ v. pr. **se rider,** sich runzeln ; runzelig werden. || [fruits] zusammenschrumpfen.

ridicule [ridikyl] adj. lächerlich ; zum Lachen. ◇ m. das Lächerliche. | *Se couvrir de ridicule*, sich höchst lächerlich machen. | *Tourner qn en ridicule*, jn lächerlich machen, ins Lächerliche ziehen.

ridiculiser [-lize] v. tr. lächerlich machen.

rien [rjɛ̃].

> **I.** Pron. indéf.
> **a)** [sens positif] etwas ;
> **b)** [sens négatif] nichts ;
> **c)** LOC. VERBALES ;
> **d) rien que.**
> **II.** Substantif.

I. pron. indéf. — **a)** [sens positif] etwas. | *Y a-t-il rien de mieux ?*, gibt es etwas Besseres, irgend etwas Besseres ? | *Sans rien dire*, ohne etwas zu sagen ; IRON. ohne einen Pieps. || (sens restreint) [peu de chose] recht wenig. | *Acheter pour rien*, für ein Butterbrot, spottbillig kaufen. | *Il est parti de rien*, er hat ganz klein angefangen.
b) [sens négatif] *Ne... rien*, nichts. | *Absolument rien*, ganz und gar nichts. | *Moins que rien*, weniger als nichts. | *Ne... plus rien*, nichts mehr. | *Plus rien du tout*, gar nichts mehr. || LOC. *De rien !*, aber bitte sehr ! ; macht nichts ! | *Rien d'autre*, nichts anderes ; weiter nichts. | *Rien de nouveau*, nichts Neues. | *En rien*, keineswegs ; durchaus nicht. | *En moins de rien*, *En un rien de temps*, im Nu ; im Handumdrehen. | *Pour rien*, umsonst ; vergebens. | *Pour rien au monde*, nicht um die Welt ; um keinen Preis. | *Propre à rien*, Nichtsnutz m. ; Taugenichts m.
c) LOC. VERBALES : *Je n'ai rien à ajouter*, ich habe nichts weiter zu sagen. | *Il n'a plus rien*, er besitzt nichts mehr. | *On n'a rien sans rien*, für nichts gibt's nichts. | *Compter qch. pour rien*, etwas für nichts erachten. | *Il n'y a rien à dire à cela*, dagegen ist nichts einzuwenden. | *Cela ne peut rien donner de bon*, es wird nichts daraus. | *Rien n'est plus beau*, nichts ist schöner ; es gibt nichts Schöneres. | *Comme si de rien n'était*, als wenn nichts geschehen wäre ; mir nichts, dir nichts. | *Ce n'est rien*, das macht nichts (aus). | *Ce ne sera rien*, das wird nichts zu bedeuten haben. | *Il n'en est rien*, es ist nichts damit. | *Ce n'est pas rien*, das ist schon was ; das bedeutet schon allerhand. | *Cet homme ne m'est rien*, dieser Mann bedeutet mir nichts. | *N'être bon à rien*, zu nichts taugen. | *Je n'y suis pour rien*, damit habe ich gar nichts zu tun. | *Cela ne fait rien*, das macht nichts (aus) ; das schadet nichts. | *Cela ne fait rien à l'affaire*, das tut, macht nichts zur Sache. | *On ne fait rien sans rien*, aus nichts kann man nichts machen. | *Il n'y a rien à faire*, dabei kann man nichts machen ; das ist aussichtslos. | *Je ne fais semblant de rien*, ich tue, als ob ich nichts wüßte. | *Il ne faut jurer de rien*, das möchte ich nicht beschwören. | *Rien ne presse*, das hat gute Weile. | *Se réduire à rien*, sich in nichts auflösen ; zu nichts werden. | *Cela ne ressemble à rien*, das ist weder gehauen noch gestochen. | *Il ne sait rien de rien*, er hat keinen blassen Schimmer. | *Cela ne sert à rien*, das hat keinen Zweck, keinen Sinn ; das führt zu nichts. | *Cela ne vaut rien*, es hat keinen Wert. || PROV. *Qui ne risque rien n'a rien*, frisch gewagt ist halb gewonnen.
d) rien que, nichts als ; nur ; lauter. | *Rien que des fleurs*, nur, lauter Blumen. | *Rien qu'à sa conduite*, an seinem Benehmen allein. | *Rien qu'en entrant*, schon beim Eintreten. | *Rien que d'y penser*, wenn ich bloß daran denke ; der bloße Gedanke daran.
II. Substantif m. Nichts n. ; Kleinigkeit f. ; Nichtigkeit f. ; Lappalie f. | *S'amuser à des riens*, tändeln ; die Zeit mit nichtigen Dingen zubringen. | *S'emporter, Se fâcher pour un rien, pour des riens*, sich grundlos, wegen gar nichts aufregen.

rieur, rieuse [rijœ:r, rijø:z] adj. lachend ; lachlustig ; fröhlich.
◇ s. Lacher(in) m. (f.) ; listiger (Spott)vogel.

riflard [rifla:r] m. TECHN. [menuiserie] Schrupphobel m. || FAM. [parapluie] Regenschirm m.

rigaudon ou **rigodon** [rigodɔ̃] m. provenzalischer Volkstanz.

rigide [riʒid] adj. steif ; starr. | *Cadavre rigide*, starrer, erstarrter Leichnam. || FIG. streng. | *Catholique rigide*, strenggläubiger Katholik.

rigidité [-dite] f. Steifheit f. ; Starre f. ; Starrheit f. ; Straffheit f. ; Starrköpfigkeit f. | *Rigidité cadavérique*, Leichenstarre. || FIG. Strenge f.

rigolade [rigɔlad] f. FAM. Scherz m. ; Spaß m. ; Ulk m. ; Witz m. ; Jux m.

rigole [rigɔl] f. Rinne f. ; Abzugsgraben m. ; Rinnstein m.

rigoler [rigɔle] v. intr. FAM. Spaß, einen Witz machen ; sich lustig machen ; scherzen ; spaßen.

rigolo, ote [-lo, ɔt] adj. FAM. lustig ; aufgekratzt ; ulkig ; spaßig ; aufgeräumt ; heiter ; schalkhaft.
◇ m. **rigolo,** Spaßvogel m. ; Bruder Lustig.

rigorisme [rigɔrism] m. Glaubens-, Sittenstrenge f. ; Engherzigkeit f.

rigoriste [-gɔrist] adj. sittenstreng ; engherzig ; stur.
◇ s. sittenstrenger Mensch ; Tugendheld m.

rigoureux, euse [-gurø, ø:z] adj. rigoros ; streng ; peinlich genau ; unerbittlich ; hart. | *Châtiment rigoureux*, harte Züchtigung. | *Climat rigoureux*, rauhes Klima. | *Froid rigoureux*, grimmige Kälte. | *Moraliste rigoureux*, sittenstrenger Moralist. | *Raisonnement rigoureux*, unumstößliche Beweisführung.

rigueur [-gœ:r] f. Strenge f. ; Unerbittlichkeit f. ; Härte f. ; Schärfe f. ; Unnachsichtigkeit f. | *Rigueur du climat*, Rauheit (f.) des Klimas. | *Rigueur du froid*, Strenge der Kälte. | *Rigueur d'une personne*, Härte, Strenge eines Menschen. | *Rigueur d'un raisonnement*, Schärfe einer Beweisführung. || *Avec une extrême rigueur*, auf das schärfste. | *Tenir rigueur à qn de qch.*, jm etwas übelnehmen, verargen, nachtragen. | *User de rigueur envers qn*, streng gegen jn verfahren. | *À la rigueur*, strenggenommen ; PAR EXT. im Notfall ; äußersten-, schlimmstenfalls. | *De rigueur*, unerläßlich. || MIL. *Arrêts de rigueur*, strenger Arrest.

rillettes [rijɛt] f. pl. (*etwa*) gehacktes Gänse- oder Schweinefleisch im Schmalztopf.

rimailler [rimɑje] v. intr. Reime schmieden, zusammenstoppeln.

rimailleur [-jœ:r] m. Dichterling m.

rime [rim] f. Reim m. | *Rimes croisées*, Kreuzreim. | *Rimes embrassées*, Klammerreim ; umschlungene Reime m. pl. | *Rimes redoublées*, Doppelreime m. pl. | *Rimes riches*, volltönende Reime m. pl. | *Cela n'a ni rime ni raison*, das hat weder Sinn noch Verstand ; das ist ungereimt.

rimer [-me] v. intr. reimen ; sich reimen ; FIG. zusammenpassen. | *Faire rimer*, zusammenreimen. | *Ne rimer à rien*, keinen Sinn haben ; ungereimt sein. | *Je ne vois pas à quoi cela rime*, daraus kann ich mir keinen Vers machen.

◇ v. tr. *Rimer une histoire*, eine Geschichte in Verse setzen.

rimeur [-mœ:r] m. Reimeschmied m. ; Versemacher m. ; Reimer m.

rinçage [rɛ̃sa:ʒ] m. Spülen n. ; Spülung f. ; Abspülen n.

rinceau(x) [rɛ̃so] m. (pl.) ARCHIT. Rankenornament n., -werk n.

rince-bouteilles [-butɛj] m. invar. Flaschenspülmaschine f.

rince-doigts [-dwa] m. invar. Schale (f.) zum Fingerspülen.

rincée [rɛ̃se] f. POP. [pluie] Regenguß m.

rincer [rɛ̃se] v. tr. (ab)spülen. | *Rincer du linge*, Wäsche spülen.

◇ v. pr. **se rincer.** *Se rincer la bouche*, sich den Mund ausspülen. || POP. *Se rincer l'œil*, Stielaugen machen.

rinceuse [-sø:z] f. Flaschenspülmaschine f.

ring [riŋ] m. SPORT. (Box)ring m. | *Monter sur le ring*, sich zum Boxkampf stellen.

ringard, arde [rɛ̃ga:r, ard] adj. FAM. überholt ; altmodisch.

ripaille [ripa:j] f. Schlemmerei f. ; Schmaus m. | *Faire ripaille*, sich gütlich tun ; schlemmen.

ripailleur, euse [-jœ:r, ø:z] s. Schlemmer(in) m. (f.).

riper [-pe] v. tr. [gratter] abschaben, -kratzen. || [déplacer] rutschen, gleiten lassen. || MAR. *Riper la chaîne d'ancre*, die Ankerkette auslaufen lassen.

riposte [ripɔst] f. Gegenschlag m., -stoß m., -zug m., -antwort f. | *Être habile, prompt à la riposte*, schlagfertig sein.

riposter [-te] v. intr. einen Gegenstoß, -schlag führen. || FIG. zurückschlagen ; sofort antworten.

riquiqui [rikiki] adj. FAM. kümmerlich ; piepsig.

rire [ri:r] v. intr. lachen. | *Rire aux dépens de qn*, sich über jn lustig machen. | *Rire à en être malade*, sich krank lachen. | *Rire aux éclats, à gorge déployée*, von Herzen lachen ; laut auflachen. | *Rire aux larmes*, Tränen lachen. | *Rire au nez de qn*, jm ins Gesicht lachen. | *Rire comme un bossu*, sich vor Lachen biegen ; sich einen Ast lachen. | *Rire du bout des lèvres, Rire jaune*, gezwungen lachen. | *Rire sous cape, dans sa barbe*, kichern ; sich ins Fäustchen lachen. | *Rire tout son soûl*, sich auslachen. || (avec des verbes) *Avoir le mot pour rire*, (immer) zum Spaß aufgelegt sein. | *Il n'y a pas (là) de quoi rire*, da gibts nichts (drüber) zu lachen. | *Éclater de rire*, in Lachen, in Gelächter ausbrechen. | *C'est pour rire*, es ist zum Scherz, zum Spaß. | *Cela me fait rire*, das bringt mich zum Lachen. | *Je ne fais qu'en rire*, ich lache nur darüber. | *Mourir de rire*, sich totlachen ; vor Lachen sterben. | *Pouffer de rire*, losprusten ; laut loslachen. | *Prêter à rire*, zu lachen geben. | *Se tenir les côtes de rire*, sich den Bauch vor Lachen halten. | *Se tordre de rire*, sich vor Lachen biegen, wälzen. | *Vous voulez rire*, Sie belieben zu scherzen ; das ist wohl nicht Ihr Ernst.

◇ v. pr. **se rire.** *(Se) rire de qch.*, über etwas (acc.) lachen. | *(Se) rire de qn*, jn auslachen. | *(Se) rire des menaces de qn*, js Drohungen in den Wind schlagen.

rire [ri:r] m. Lachen n. ; Gelächter n. | *Rire convulsif*, krankhaftes Lachen. | *Rires étouffés*, Gekicher n. | *Fou rire*, unbändiges Gelächter. | *Éclat(s) de rire*, lautes Gelächter. | *Mot pour rire*, Scherzwort n.

ris [ri] m. CULIN. *Ris de veau*, Kalbsbrieschen n.

ris [ri] m. MAR. Reff n. ; Segelring m.

risée [rize] f. allgemeines Gelächter ; Auslachen n. ; Gespött n. ; Hohngelächter n. | *Il est la risée de tous*, alles macht sich über ihn lustig.

risette [-zɛt] f. kindliches Lächeln. | *Faire risette à qn*, jm freundlich zulächeln.

risible [-zibl] adj. lächerlich ; ulkig ; komisch.

risque [risk] m. Risiko n. ; Wagnis n. ; Gefahr f. | *Absence de risque*, Gefahrlosigkeit f. | *Goût du risque*, Wagemut m. | *Peur du risque*, Scheu (f.) vor dem Risiko. | *Prime du risque*, Risikoprämie f. | *Assumer tous les risques*, für alle Folgen einstehen. | *Courir un risque*, ein Risiko eingehen, laufen. | *Faire courir des risques à qn*, jn gefährden. | *Ne pas prendre de risque*, kein Risiko auf sich nehmen. | *À haut risque*, Hochrisiko... | *Groupe à haut risque*, Hochrisikogruppe f. | *Région à haut risque*, Hochrisikogebiet n. | *Au risque de*, auf die Gefahr hin, zu. | *À vos risques et périls*, auf eigene Gefahr ; auf Ihre Rechnung und Gefahr.

risquer [-ke] v. tr. riskieren ; wagen ; aufs Spiel setzen. | *Risquer de l'argent pour qch.*, Geld an etwas (acc.) setzen. | *Risquer le coup*, es darauf ankommen lassen. | *Risquer gros*, ein gewagtes Spiel spielen. || FAM. *Risquer le paquet*, alles aufs Spiel setzen. | *Risquer sa peau*, seine Haut dran setzen. || *Qui ne risque rien n'a rien*, wer nicht wagt, gewinnt nicht. | *Risquer le tout pour le tout*, alles auf eine Karte setzen. | *Risquer sa vie*, sein Leben einsetzen, aufs Spiel setzen, in die Schanze schlagen. | *Risquer de*, Gefahr laufen, zu.

◇ v. pr. **se risquer,** sich wagen. | *Se risquer dans une affaire, une entreprise*, sich in ein Unternehmen hineinwagen, einlassen. | *Se risquer sur la glace*, sich aufs Eis wagen. | *Ne t'y risque pas !*, laß die Finger davon !

◇ part. pass. et adj. **risqué, ée,** gewagt ; riskant. | *Affaire, Entreprise risquée*, Wagnis n.

risque-tout [riskətu] m. invar. Draufgänger m. ; Wagehals m.

rissoler [risɔle] v. tr. goldbraun braten ; bräunen ; braun, knusperig backen.

ristourne [risturn] f. [annulation] Gegenbuchung f. ; Stornierung f. ; Rückvergütung f. | *En ristourne*, per Storno. || [réduction] Nachlaß m.

rite [rit] m. Ritus m. ; Kirchenbrauch m.

ritournelle [riturnɛl] f. MUS. Singsang m. ; Ritornell n. || FIG. *C'est toujours la même ritournelle*, das ist immer die alte Leier.

rituel, uelle [ritɥɛl] adj. rituell. | *Meurtre rituel*, Ritualmord m.

◇ m. **rituel.** RELIG. Ritual n. ; gottesdienstliche Ordnung ; [livre] Kirchenhandbuch n.

rivage [riva:ʒ] m. Ufer n. ; Küste f. ; Küstenstrich m. ; Gestade n. ; Strand m. ; Meeresstrand m.

rival, ale, aux [rival, o] adj. rivalisierend ; wetteifernd.

◇ s. Rivale m., Rivalin f. ; Gegner(in) m. (f.) ; Mitbewerber(in) m. (f.). | *Sans rival*, konkurrenzlos.

rivaliser [-lize] v. intr. *Rivaliser (de qch. avec qn)*, wetteifern, rivalisieren (mit jm in etwas, um etwas).

rivalité [-lite] f. Wetteifer m. ; Wettstreit m. ; Nebenbuhlerschaft f. ; Rivalität f.

rive [riv] f. Ufer n. ; Küste f. ; Küstenstreifen m. || TECHN. Rand m. ; Randstreifen m.

river [rive] v. tr. nieten ; vernieten ; zusammenschweißen ; fest verbinden. | *Marteau à river*, Niethammer m. | *Presse à river*, Nietpresse f.

riverain, aine [rivrɛ̃, ɛn] adj. anwohnend ; Grenz... ; Ufer... | *Pays riverain*, Anliegerstaat m. ; Anrainerstaat m.

◇ s. Küstenbewohner(in) m. (f.) ; Straßen-, Wald-, Uferanlieger(in) m. (f.).

rivet [rivɛ] m. Niete f. ; Niet m. ou n.

riveter [-vte] v. tr. vernieten.

riveuse [-vø:z] f. Nietmaschine f.

rivière [rivjɛ:r] f. Fluß m. || FIG. *Rivière de diamants*, Diamantenschnur f., -kollier n.

rixe [riks] f. Schlägerei f. ; Rauferei f. ; Keilerei f.

riz [ri] m. BOT. Reis m. | *Riz au lait*, Milchreis. | *Gâteau de riz*, Reiskuchen m. | *Farine de riz*, Reismehl n. | *Paille de riz*, Reisstroh n. | *Potage au riz*, Reissuppe f. | *Poudre de riz*, Reispuder n. | *Poule au riz*, Huhn in, auf, mit Reis.

riziculteur [-zikyltœ:r] m. Reisbauer m.

riziculture [-zikylty:r] f. Reisanbau m.

rizière [-zjɛ:r] f. Reisfeld n.

robe [rɔb] f. [vêtement] (Damen)kleid n. ; Robe f. || [dames] *Robe courte*, kurzes Kleid. | *Robe à traîne*, Schleppkleid. | *Robe de bal*, Ballkleid. | *Robe de chambre*, Morgen-, Schlafrock. | *Robe de fillette*, Kinderkleid. | *Robe de grossesse*, Umstandskleid. | *Robe d'intérieur*, Hausrock, -kleid. | *Robe de mariée*, Hochzeits-, Brautkleid. | *Robe du soir*, Abendkleid. | *Robe de ville*, Straßenkleid. || [professions] *Robe de juge, d'avocat*, Robe f. | *Robe de magistrat*, Amtsrobe, -tracht f. | *Robe de professeur*, Talar m. || FIG. *Gens de robe*, Richterstand m. ; Advokatenstand m. || [pelage] Fell n. ; Balg m. || [enveloppe] *Robe d'un cigare*, Zigarrendeckblatt n. || CULIN. *Pommes de terre en robe de chambre, en robe des champs*, Pellkartoffeln f. pl.

robin [rɔbɛ̃] m. *Robin des bois*, Freischütz m.

robinet [rɔbinɛ] m. TECHN. Hahn m. | *Robinet d'arrêt*, Absperrhahn. | *Robinet d'eau*, Wasserhahn. | *Fermer le robinet*, den Hahn zudrehen, schließen, abdrehen. | *Ouvrir, Tourner le robinet*, den Hahn aufdrehen, öffnen.

robinetterie [-tri] f. [ensemble] Dampfkesselarmaturen f. pl. || [fabrication] Hahnherstellung f.

robinier [rɔbinje] m. BOT. Robinie f.

robot [rɔbo] m. Roboter m. | *Cerveau robot*, Elektronengehirn n.

robotique [-tik] f. Robotik f. ; Robotertechnik f, -wesen n.

robuste [rɔbyst] adj. stark ; kräftig ; stämmig ; rüstig ; stramm ; robust.

robustesse [-tɛs] f. Stämmigkeit f. ; Stärke f. ; Rüstigkeit f. ; Kernigkeit f. || TECHN. Stabilität f.

roc [rɔk] m. Fels(en) m. ; Felsgestein n.

rocade [rɔkad] f. MIL. Umgehungs-, Ringstraße f.

rocaille [rɔkɑ:j] f. [terrain] Gestein n. || ARCHIT. Muschelverzierung f., -werk n.
◇ adj. *Style rocaille*, Rokokostil m.

rocailleux, euse [-jø, ø:z] adj. felsig ; steinig. || FIG. *Style rocailleux*, holpriger Stil. | *Voix rocailleuse*, rauhe Stimme.

rocambolesque [rɔkɑ̃bɔlɛsk] adj. phantastisch ; unglaublich ; münchhausisch.

roche [rɔʃ] f. Fels m. ; Felsblock m., -gestein n. | *Roches basaltiques*, Basaltgestein. | *Roches éruptives*, Eruptiv-, Ergußgestein. | *Roche(s) primitive(s)*, Urgestein. | *Roches sédimentaires*, Sedimentgestein. | *Roche stérile*, taubes Gestein. | *Roche mère*, Muttergestein. | *Cristal de roche*, Bergkristall m. | *Eau de roche*, Felsenquell m. || FIG. *C'est clair comme de l'eau de roche*, das ist sonnenklar. | *Un homme de vieille roche*, ein Mann von altem Schrot und Korn.

rocher [-ʃe] m. [pierre] Felsen m. ; Gestein n. || [récif] Klippe f. || *Banc de rochers*, Felsenbank f., -riff n. | *Paroi de rocher*, Felsenwand f. || ANAT. [os] Felsenbein n.

rocheux, euse [rɔʃø, ø:z] adj. felsig ; felsbedeckt. | *Côte rocheuse*, Felsenküste f. | *Les montagnes Rocheuses*, Rocky Mountains f. pl.

rococo [rɔkoko] adj. verschnörkelt ; altmodisch.
◇ m. Rokoko n. ; Rokokostil m.

rodage [rɔda:ʒ] m. [métaux] Einschleifen n. || [moteur] Einfahren n. || AUTOM. *En rodage*, wird eingefahren.

rodéo [rɔdeo] m. SPORT. Rodeo m. ou n.

roder [-de] v. tr. ein-, (aus)schleifen. || AUTOM. einfahren.
◇ v. pr. **se roder,** sich einlaufen. || [acquérir de l'expérience] sich einarbeiten.

rôder [rode] v. intr. umherschweifen, -streifen ; herumstreifen, -strolchen. | *Rôder autour de la maison*, um das Haus herumlungern.

rôdeur, euse [-dœ:r, ø:z] adj. vagabundierend ; herumschweifend, -streifend.
◇ m. **rôdeur,** Vagabund m. ; Strolch m.

rodomontade [rɔdɔmɔ̃tad] f. Prahlerei f. ; Aufschneiderei f. ; Bramarbasieren n.

rogatoire [-twa:r] adj. ersuchend. || JUR. *Commission rogatoire*, Rechtshilfeersuchen n.

rogaton [rɔgatɔ̃] m. Schund m. ; Abfall m.
◇ m. pl. **rogatons,** Speisereste m. pl.

rogne [rɔɲ] f. FAM. *Être en rogne*, eine Stinkwut haben. | *Se mettre en rogne*, in Zorn geraten.

rogner [-ɲe] v. tr. [retrancher] be-, abschneiden ; stutzen ; FIG. kappen. || PR. et FIG. *Rogner les ailes*, die Flügel beschneiden. | *Rogner un livre*, ein Buch beschneiden. | *Rogner les ongles*, die Nägel beschneiden. | *Rogner les oreilles à, d'un chien*, einem Hund die Ohren stutzen. | *Rogner les revenus*, die Einkommen kürzen.

rognon [rɔɲɔ̃] m. Niere f.

rognures [rɔɲy:r] f. pl. Schnitzel n. pl. ; Abfälle m. pl. ; Späne m. pl.

rogue [rɔg] adj. hochfahrend ; schroff ; barsch ; unwirsch.

roi [rwa] m. König m. | *Rois fainéants*, Schattenkönige m. pl. | *Les trois Rois mages*, die Heiligen drei Könige. | *Roi des animaux*, König der Tiere. | *Roi des aulnes*, Erlkönig. | *Roi de cœur*, Herzkönig. | *Les rois de France*, die Könige von Frankreich. | *Fête des Rois*, Bohnenfest n. | *Roi (de la fête des Rois)*, Bohnenkönig. | *Galette des Rois*, Dreikönigskuchen m. | *Jour des Rois*, Dreikönigstag m. | *Morceau de roi*, köstlicher Bissen.

roitelet [rwatlɛ] m. [personne] Duodezfürst m. || [oiseau] Zaun-, Schnee-, Winterkönig m.

rôle [ro:l] m. Rolle f. || [liste] Liste f. ; Register n. ; Aufstellung f. ; Verzeichnis n. || MAR. *Rôle de l'équipage*, Mannschaftsliste. || LOC. *À tour de rôle*, der Reihe nach ; nacheinander ; abwechselnd. || [fonction] Rolle f. || THÉÂTRE. *Premier, Grand rôle*, Hauptrolle. | *Rôle d'ingénue*, Rolle der Naiven. | *Distribution (des rôles)*, Rollenbesetzung f. | *Créer un rôle*, eine Rolle schaffen, erstmalig gestalten. || FIG. *Jouer le premier rôle*, die erste Geige spielen. | *Sortir de son rôle*, aus der Rolle fallen.

romain, aine [rɔmɛ̃, ɛn] adj. römisch. || TYPOGR. *Caractères romains*, Antiqua-, Altschrift f. | *Chiffres romains*, römische Ziffern f. pl. || RELIG. *Église romaine*, römisch-katholische Kirche.

romaine [-mɛ:n] f. [balance] Laufgewichts-, Schnellwaage f. || CULIN. römischer Salat.

roman, ane [rɔmɑ̃, an] adj. romanisch. | *Style roman*, romanischer Baustil. | *Les langues romanes*, die romanischen Sprachen f. pl.

roman [rɔmɑ̃] m. Roman m. | *Roman à l'eau de rose*, Kitschroman. | *Roman noir*, Grusel-, Schauerroman. | *Roman picaresque*, Schelmenroman. | *Roman policier*, Kriminalroman. | *Roman d'anticipation*, Zukunftsroman. | *Roman d'aventures*, Abenteuerroman.

| *Roman-feuilleton*, Fortsetzungs-, Zeitungsroman. | *Roman-fleuve*, Romanzyklus m. | *Roman-photo*, Fotoroman.
romance [rɔmɑ̃:s] f. Romanze f. ; Lied n.
romancé, ée [-se] adj. romanhaft, -förmig. | *Vie romancée*, Lebensroman m.
romancer [-se] v. tr. in Romanform bearbeiten. || PÉJOR. einen Roman erzählen ; schwindeln.
romanche [rɔmɑ̃:ʃ] adj. rätoromanisch.
◇ s. Rätoromane m. ; Rätoromanin f.
romancier, ière [rɔmɑ̃sje, jɛ:r] s. Romanschriftsteller(in) m. (f.).
romand, ande [rɔmɑ̃, ɑ̃:d] adj. *La Suisse romande*, die französisch sprechende Schweiz.
romanesque [rɔmanɛsk] adj. romantisch ; phantastisch. | *Aventure romanesque*, romantisches Abenteuer.
romanichel, elle [rɔmaniʃɛl] m. Zigeuner(in) m. (f.).
romaniste [-nist] s. Romanist(in) m. (f.).
romantique [rɔmɑ̃tik] adj. romantisch. || FIG. schwärmerisch.
◇ s. Romantiker(in) m. (f.).
romantisme [-tism] m. Romantik f. ; romantische Richtung, Schule, Epoche.
romarin [rɔmarɛ̃] m. BOT. Rosmarin m.
Rome [rɔm] n. pr. f. GÉOGR. Rom n. || FIG. die römisch-katholische Kirche.
rompre [rɔ̃:pr] v. tr. **1.** brechen ; zer-, entzwei-, durch-, auseinander-, aufbrechen. | *Rompre des chaînes*, Ketten sprengen. | *Le fleuve rompt ses digues*, der Strom durchbricht seine Dämme. | *Rompre des liens*, Bande zerreißen. | *Rompre du pain*, Brot brechen. || FIG. [briser] brechen ; durchbrechen (insépar.). | *Rompre la glace*, das Eis brechen. | *Rompre les oreilles, la tête à qn*, jm dauernd in den Ohren liegen. | *À tout rompre*, stürmisch ; heftig ; laut.
2. [faire cesser] (ab)brechen ; unterbrechen (insépar.) ; aufheben. | *Rompre un charme*, einen Zauber bannen, lösen. | *Rompre un entretien*, eine Unterhaltung abbrechen. | *Rompre l'équilibre*, das Gleichgewicht aufheben. | *Rompre des fiançailles*, eine Verlobung auflösen, rückgängig machen. | *Rompre le jeûne*, das Fasten brechen. | *Rompre un marché*, einen Handel rückgängig machen. | *Rompre les négociations*, die Verhandlungen abbrechen. | *Rompre toute relation avec qn*, den Verkehr, den Umgang mit jm abbrechen ; das Tischtuch zwischen sich und jm zerschneiden. | *Rompre son serment*, eidbrüchig werden. | *Rompre le silence*, das Schweigen brechen. | *Rompre un traité*, einen Vertrag brechen. || MIL. *Rompre les lignes ennemies*, die feindliche Linie durchbrechen (insépar.).
3. [accoutumer] gewöhnen (an, acc.). | *Rompre qn à la fatigue*, jn abhärten.
◇ v. intr. [se briser] brechen. || FIG. [reculer] *Ne pas rompre d'une semelle*, keinen Fußbreit nachgeben, zurückweichen. || FIG. *Rompre avec qn*, mit jm brechen. || MIL. *Rompez !*, ab ! ; kehrt !, marsch !
◇ v. pr. **se rompre,** [se briser] brechen ; zer-, zusammenbrechen. | *La glace se rompt*, das Eis bricht. || [briser] *Se rompre le cou*, sich das Genick, den Hals brechen. | *Se rompre les os*, sich die Knochen brechen.
◇ part. pass. et adj. **rompu, ue,** [cassé] gebrochen. | *Le charme est rompu*, der Zauber ist gelöst. | *Tout est rompu entre nous*, wir haben völlig miteinander gebrochen. || [fatigué] wie gerädert ; erschöpft. || [versé dans] bewandert (in, dat.) ; erfahren. | *Rompu à la fatigue*, an Strapazen gewöhnt ; abgehärtet. | *Parler à bâtons rompus*, seiner Rede freien Lauf lassen.
— SYN. : *Claquer*, zerspringen. *Craquer*, bersten.

romsteck ou **rumsteck** [rɔmstɛk] m. Rumpsteak n. ; Lendenstück n.
ronce [rɔ̃:s] f. BOT. Brombeerstrauch m.
◇ f. pl. **ronces.** FIG. Dornen m. pl.
ronchonner [rɔ̃ʃɔne] v. intr. FAM. brumme(l)n ; quengeln ; nörgeln ; murren ; meckern.
ronchonneur, euse [-nœ:r, ø:z] s. FAM. Brummbär m. ; Nörgler m. ; Meckerer m.
roncier [rɔ̃sje] m. Brombeergestrüpp n.
rond, ronde [rɔ̃, rɔ̃:d] adj. [de forme ronde] rund ; abgerundet ; kreis-, kugelförmig. | *Rond comme une boule*, kugelrund. | *Table ronde*, runder Tisch ; Rundtisch m. || LITTÉR. *Les chevaliers de la Table ronde*, die Ritter der Tafelrunde. || [entier ; exact] *Chiffre rond*, runde Zahl. | *En chiffre rond*, rondo-, rundgerechnet ; abgerundet. | *Compte rond*, runde, glatte Rechnung. | *Somme ronde*, runde, abgerundete Summe. || FAM. [gros] rundlich. || [décidé ; résolu] gerade ; offen. | *Il est rond en affaires*, er ist kulant. || POP. [ivre] *Il est rond*, er ist besoffen ; er ist blau.
◇ adv. **rond,** *Le moteur tourne rond*, der Motor läuft gut, gleichmäßig.
rond [rɔ̃] m. [cercle] Kreis m. ; Rund n. ; kreisförmige Linie ; Rundung f. | *Tracer un rond*, eine kreisförmige Linie ziehen. | *S'asseoir en rond*, in einem Kreis sitzen. | *Tourner en rond*, sich im Kreis drehen ; kreiseln. || [objet rond] Ring m. ; Ringeisen n., -stahl m. | *Rond de bouteille*, Flaschenuntersatz m. | *Rond de fumée*, Ringel m. | *Rond de jambe*, halbkreisförmiger Tanzschritt. | *Rond de serviette*, Serviettenring. || FIG. *Faire des ronds de jambe,* herumscharwenzeln.
rond-de-cuir [rɔdkɥi:r] m. (pl. **ronds-de-cuir**) rundes Lederkissen. || FIG., PÉJOR. Büro-, Aktenmensch m. ; Bürokrat m. ; Federfuchser m.
ronde [rɔ̃:d] f. [vérification] Ronde f. ; Runde f. ; Rundgang m. || [personnel] (Außen)streife f. || *Chemin de ronde*, Wehrgang m. | *Être de ronde*, die Ronde haben. | *Faire sa ronde*, seine Runde machen. || [chanson] Rundgesang m. || [danse] Rundtanz m. ; Reihen m. ; Reigen m. ; Ringeltanz m. || [écriture] Rundschrift f. || MUS. ganze Note.
◇ loc. adv. **à la ronde,** rings herum ; in der Umgebung.
rondeau [rɔ̃do] m. POÉS. Ringelgedicht n. || MUS. Rondo n.
rondelet, ette [rɔ̃dlɛ, ɛt] adj. rundlich ; pummelig ; dicklich ; füllig ; drall. | *Petite main rondelette*, Patschhändchen n. || FIG. *Somme rondelette*, hübsches Sümmchen.
rondelle [-dɛl] f. Scheibe f. ; kleine Lochscheibe ; Unterlegescheibe f.
rondement [-dmɑ̃] adv. prompt ; rund heraus ; schwungvoll ; frank und frei. | *Y aller rondement*, gerade auf sein Ziel lossteuern.
rondeur [-dœ:r] f. Rundung f. ; Rund n. || PAR EXT. Offenheit f. ; Geradheit f. ; Freimut m. | *Rondeur du style*, Abrundung des Stils.
rondin [-dɛ̃] m. geschältes Rundholz ; Knüppelholz n. ; Knüppel m. || [tronc] Stangenholz n.
rond-point [rɔ̃pwɛ̃] m. (pl. **ronds-points**) runder Platz ; (Stern)platz m.
Ronéo [rɔneo] f. (nom déposé) Vervielfältigungsgerät n.
ronéoter [-te] v. tr. V. RONÉOTYPER.
ronéotyper [rɔneotipe] v. tr. vervielfältigen.
ronflant, ante [rɔ̃flɑ̃, ɑ̃:t] adj. schnarchend ; brummend ; dröhnend. | *Moteurs ronflants*, dröhnende Motoren m. pl. || PAR EXT. großsprecherisch. | *Phrases ronflantes*, Wortgeklingel n. ; Phrasengedresch n.

ronflement [-fləmɑ̃] m. Schnarchen n. || PAR EXT. Brummen n. ; Dröhnen n. ; Gebrumm n. ; Schnarren n. ; Schnauben n.

ronfler [-fle] v. intr. schnarchen. || IRON. sägen. || [toupie] brummen. || [moteur] dröhnen.

ronfleur, euse [-flœ:r, ø:z] s. Schnarcher(in) m. (f.). || TECHN. Summer m.

rongé, ée [rɔ̃ʒe] adj. *Rongé par la rouille*, durchgerostet. | *Rongé par les vers*, wurmzerfressen, -stichig. | *Rongé de chagrin*, vergrämt ; verhärmt.

ronger [-ʒe] v. tr. be-, an-, (zer)nagen ; zerfressen ; anfressen. | *Le rat ronge du bois*, die Ratte knabbert Holz an, nagt an Holz (dat.). | *Ronger ses ongles*, an seinen Nägeln kauen. | *Ronger un os*, an einem Knochen nagen. || PAR EXT. [acide] angreifen ; ätzen ; [eau] unterspülen, -wühlen (insép.). | *Ronger les digues*, die Deiche unterspülen, -wühlen, auswaschen. | *Ronger les métaux*, die Metalle angreifen, -fressen, zersetzen. || FIG. *Cela me ronge*, das wurmt mich ; das nagt an mir. | *La fièvre le ronge*, das Fieber zehrt an ihm, höhlt ihn aus. | *Les remords le rongent*, die Gewissensbisse quälen ihn. || FIG. *Ronger son frein*, seinen Ärger, Grimm verbeißen.
◇ v. pr. **se ronger,** FIG. sich quälen ; sich aufzehren. | *Se ronger d'impatience*, sich in Ungeduld verzehren ; vor Ungeduld vergehen.

rongeur, euse [-ʒœ:r, ø:z] adj. nagend ; (an)fressend.
◇ m. pl. **rongeurs.** ZOOL. Nagetiere n. pl.

ronron [rɔ̃rɔ̃] ou **ronronnement** [rɔ̃rɔnmɑ̃] m. [chat] Schnurren n. || [moteur] Surren n.

ronronner [-rɔne] v. intr. schnurren ; knurren. || [moteur] surren.

roquefort [rɔkfɔ:r] m. Roquefort(käse) m.

roquet [rɔkɛ] m. [chien] Mopsbastard m. ; Spitz m. || POP. kleiner Köter ; Kläffer m.

roquette [rɔkɛt] f. MIL. Rakete f. | *Roquette antiaérienne*, Flugzeugabwehr-, Flakrakete. | *Roquette antichar*, Panzerfaust f., -schreck m.

rorqual, als [rɔrkwal] m. ZOOL. Finnwal m.

rosace [rozas] f. Rosette f. ; Fensterrose f.

rosaire [-zɛ:r] m. RELIG. Rosenkranz m. | *Réciter le, son rosaire*, den Rosenkranz beten.

rosâtre [-zɑ:tr] adj. schmutzigrosa.

rosbif [rɔsbif] m. Roastbeef n. ; Rostbraten m.

rose [ro:z] f. [fleur] Rose f. | *Rose de Noël*, Christrose, Schneerose. | *Rose thé*, Teerose. | *Rose trémière*, Stockrose. | *Bouton de rose*, Rosenknospe f. | *Eau de rose*, Rosenwasser n. | *Essence de roses*, Rosenöl n. | *Bois de rose*, Rosenholz n. || LOC. *Frais comme une rose*, taufrisch. | *Teint de rose*, rosiger, frischer Teint. | *Découvrir le pot aux roses*, hinter das Geheimnis kommen. || PAR ANAL. [diamant] Rosette f. ; Rose f. | *Rose des vents*, Windrose.

rose [ro:z] adj. rosa ; rosenfarben. | *Rose clair*, hellrosa.
◇ m. Rosenfarbe f. | *Voir tout en rose*, alles im rosigsten Lichte, durch die rosa Brille sehen.

rosé, ée [-ze] adj. rosig ; rosenrot ; blaß-, hellrot.

roseau [rozo] m. BOT. Schilf(rohr) n. ; Ried n.

rose-croix [rozkrwa] m. invar. Rosenkreuzler m.

rosée [roze] f. Tau m.

roséole [rozeɔl] f. MÉD. Roseole f.

roseraie [rozrɛ] f. Rosengarten m. ; Rosarium n.

rosette [-zɛt] f. Rosette f. ; Ordensschleife f.

rosier [-zje] m. Rosenstrauch m., -stock m. | *Rosier sauvage*, Heckenrose f. | *Rosier en tige*, hochstämmiger Rosenstock.

rosiériste [-zjerist] m. Rosenzüchter m.

rosir [-zi:r] v. intr. (zart) erröten ; rot anlaufen.

rosse [rɔs] f. altes Roß ; Schindmähre f. ; alter Klepper. || PAR EXT. Leuteschinder m. ; Biest n.
◇ adj. frech ; unverschämt ; sarkastisch.

rossée [rɔse] f. Tracht (f.) Prügel ; Dresche f.

rosser [-se] v. tr. verprügeln ; durchbleuen.

rosserie [rɔsri] f. Unverschämtheit f. ; übler Streich ; Bubenstück n.

rossignol [rɔsiɲɔl] m. ZOOL. Nachtigall f. | *Chant du rossignol*, Nachtigallenschlag m. || [marchandise] Ladenhüter m. || [crochet] Dietrich m.

rot [ro] m. Rülps(er) m. ; Aufstoßer m.

rotatif, ive [rɔtatif, i:v] adj. rotierend ; (sich) drehend ; kreisend. | *Force rotative*, Drehkraft f.
◇ f. **rotative.** TYPOGR. Rotationsmaschine f.

rotation [-sjɔ̃] f. Drehung f. ; Drehbewegung f. ; Umdrehung f. ; Umlauf m. ; Rotation f. | *Rotation de la terre*, Erdumdrehung. | *Rotation dans le sens des aiguilles d'une montre*, Drehung im Uhrzeigersinn. | *Axe de rotation*, Rotationsachse f. | *Centre de rotation*, Drehpunkt m. | *Mouvement de rotation*, Kreis-, Umlaufbewegung f. | *Sens de rotation*, Drehrichtung f., -sinn m. | *Vitesse de rotation*, Umdrehungsgeschwindigkeit f. || FIG. *Rotation du capital*, Kapitalumschlag m. | *Rotation des cultures*, Fruchtwechselfolge f. ; Wechselkultur f. | *Rotation du personnel*, Personalwechsel m. ; Fluktuation (f.) der Belegschaft. | *Rotation du stock*, Lagerumschlag m.

rotatoire [-twa:r] adj. rotierend ; kreisend.

roter [rɔte] v. intr. rülpsen ; aufstoßen.

rôti [roti] m. Braten m. ; Gebratenes n.

rotin [rɔtɛ̃] m. BOT. Rattan n. || *Meubles en rotin*, Rattanmöbel n. pl.

rôtir [roti:r] v. tr. braten ; rösten. | *Rôtir à la broche*, am Spieß braten. | *Rôtir à petit feu*, (auf kleinem Feuer) schmoren, rösten. | *Rôtir sur le gril*, auf dem Rost braten. | *Rôtir dans, à la poêle*, in der Pfanne brutzeln.
◇ v. pr. **se rôtir.** *Se rôtir (au soleil)*, sich (in der Sonne) braten lassen.

rôtissage [-tisa:ʒ] m. Braten n. ; Rösten n.

rôtisserie [-tisri] f. Garküche f. ; Braterei f.

rôtisseur [-tisœ:r] m. Gar-, Bratkoch m.

rôtissoire [-tiswa:r] f. Bratenröster m.

rotonde [rɔtɔ̃:d] f. Rundbau m. ; Rotunde f. | *En rotonde*, rundgebaut. || [pour locomotives] Maschinenschuppen m.

rotondité [-dite] f. Rundheit f.

rotor [rɔtɔ:r] m. Rotor m. | *Rotor pivotant, rigide*, Schwenkrotor ; starrer Rotor. | *Pale de rotor*, Rotorblatt n. || TECHN. Läufer m. ; Laufrad n.

rotule [rɔtyl] f. ANAT. Kniescheibe f. || TECHN. Kugelgelenk n. || FIG., FAM. *Être sur les rotules*, erschöpft, ganz fertig sein.

roturier, ière [-rje, jɛ:r] adj. nicht ad(e)lig ; bürgerlich.
◇ s. Nichtadlige(r) f. (m.) ; Bürgerliche(r) f. (m.).

rouage [rwa:ʒ] m. Räderwerk n. ; Getriebe n. ; Triebwerk n. | *Rouages d'une montre*, Uhrwerk n.

rouan [rwɑ̃] adj. [cheval] rotgrau.

roublard, arde [rubla:r, ard] adj. durchtrieben ; gerissen ; gerieben ; mit allen Wassern gewaschen.
◇ m. **roublard,** gerissener Hund ; durchtriebener Bursche.

roublardise [-di:z] f. Durchtriebenheit f. ; Gerissenheit f. ; Pfiffigkeit f.

rouble [rubl] m. Rubel m.

roucoulement [rukulmɑ̃] m. (Tauben)gurren n.

roucouler [-le] v. intr. gurren ; kollern. || IRON. Süßholz raspeln ; süß reden ; schmalzig singen.

roue [ru] f. Rad n. | *Roue arrière*, Hinterrad. | *Roue avant*, Vorderrad. | *Roue dentée*, Zahnrad. | *Roue directrice*, Lenkrad. | *Roue éolienne*, Windrad. | *Roue hydraulique*, Wasserrad. | *Roues jumelées*, Zwillings-, Doppelrad. | *Roue libre*, Freilauf m., -rad. | *Roue motrice*, Antriebs-, Treib-, Triebrad. | *Roue voilée*, verzogenes Rad. | *Roue à aubes*, *à palettes*, Schaufelrad. | *Roue à rayons métalliques*, Drahtspeichenrad. || MAR. *Roue de gouvernail*, Steuerrad. || *Roue de secours*, Hilfs-, Ersatz-, Reserverad. | *Roue (du train) d'atterrissage*, (An)-laufrad. | *À deux, trois, quatre roues*, zwei-, drei-, vierräd(e)rig. | *Écartement des roues*, Radstand m. | *Frein sur quatre roues*, Vierradbremse f. | *Aller en roue libre*, Freilauf halten. | *Mettre sur roues*, fahrbar machen. || *(Supplice de la) roue*, Rädern n. ; Rad. || FIG. *Roue de la Fortune*, Glücksrad ; Rad des Schicksals. || LOC. *Être la cinquième roue du carrosse*, das fünfte Rad am Wagen sein. | *Mettre des bâtons dans les roues à qn*, jm einen Knüppel zwischen die Beine werfen. || [paon] *Faire la roue*, ein Rad schlagen ; FIG. sich aufblasen ; sich brüsten.

roué, rouée [rwe] adj. [supplicié] gerädert. || PAR EXT. *Roué de coups*, grün und blau geschlagen. | *Roué de fatigue*, wie gerädert. || FIG. listig ; verschlagen ; durchtrieben ; abgefeimt.

rouennais, aise [rwanɛ, ɛ:z] adj. aus Rouen.
◇ s. **Rouennais, aise,** Einwohner(in) m. (f.) von Rouen.

rouer [rwe] v. tr. HIST. rädern. || PAR EXT. *Rouer de coups*, grün und blau schlagen ; verprügeln.

rouerie [ruri] f. Gaunerei f. ; Durchtriebenheit f. ; Verschlagenheit f. ; Verschmitztheit f.

rouet [rwe] m. TECHN. (Spinn)rad n. | *Rouet de cordier*, Seilerrad. | *Rouet d'un puits*, Brunnen-, Schachtmauerkranz m.

rouflaquette [ruflakɛt] f. Stirn-, Schmachtlocke f.

rouge [ru:ʒ] adj. rot. | *Rouge ardent*, glutrot. | *Rouge bordeaux*, weinrot. | *Rouge brique*, ziegelrot. | *Rouge vif*, hochrot. | *Rouge sang*, blutrot. | *Rouge vermillon*, zinnoberrot. | *Chapeau rouge*, roter Kardinalshut. | *Fer rouge*, rotglühendes Eisen. | *Vin rouge*, Rotwein m. | *Mer Rouge*, das Rote Meer. | *À raies rouges*, rotgestreift. | *Avoir les yeux rouges*, gerötete Augen haben ; rotgeweinte Augen haben. | *Être rouge de honte*, schamrot werden.
◇ adv. *Se fâcher tout rouge*, puterrot, zornesrot werden. | *Voir rouge*, rot sehen ; vor Wut kochen.
◇ m. [couleur] das Rot(e) ; PR. et FIG. die Röte. | *D'un rouge éclatant*, von brennendem, knallendem Rot. | *Porter au rouge*, zur Rotglut bringen. | *Le rouge lui monte au visage*, er läuft rot an ; ihm steigt die Röte ins Gesicht. || [fard] Schminke f. ; Rot n. ; Rouge n. | *Bâton de rouge, Rouge à lèvres*, Lippenstift m. | *Mettre du rouge*, Rot auflegen. || FIN. *Être dans le rouge*, in den roten Zahlen sein. | *Sortir du rouge*, aus den roten Zahlen kommen.
— SYN. : *Carmin* m., Karminrot n. *Écarlate*, scharlachrot. *Grenat*, granatrot. *Pourpre*, purpurn.

rougeâtre [-ʒa:tr] adj. rötlich.

rougeaud, aude [-ʒo, o:d] adj. mit rotem Gesicht ; gerötet.

rouge-gorge [ruʒgɔrʒ] m. (pl. **rouges-gorges**) ZOOL. Rotkehlchen n.

rougeoiement [-ʒwamɑ̃] m. Erglühen n. | *Rougeoiement du couchant*, Abendröte f.

rougeole [-ʒɔl] f. MÉD. Masern f. pl.

rougeoyer [-ʒwaje] v. intr. er-, aufglühen ; rotglühend werden.

rouge-queue [ruʒkø] m. (pl. **rouges-queues**). ZOOL. Rotschwänzchen n.

rouget [-ʒɛ] m. [poisson] Rötling m. ; Knurrhahn m. || ZOOL. Schweinerotlauf m.

rougeur [-ʒœ:r] f. [couleur] Röte f. ; rote Farbe ; Rötung f. || [du visage] Erröten n. || MÉD. rote Flecken m. pl. | *Rougeur de la honte, de la colère*, Scham-, Zornesröte.

rougir [-ʒi:r] v. tr. rot färben ; röten. | *Rougir le fer*, Eisen glühend machen. | *Rougir à blanc*, auf Weißglut bringen. | *Rougir au feu*, glühen. | *Faire rougir qn de honte*, jm die Schamröte ins Gesicht treiben. | *Avoir les yeux rougis (de larmes)*, rotgeweinte, gerötete Augen haben.
◇ v. intr. rot werden ; sich röten, FIG. erröten. | *Rougir de honte*, vor Scham erröten.

rougissant, ante [-ʒisɑ̃, ɑ̃:t] adj. errötend ; sich rötend. || PAR EXT. schamhaft ; verlegen.

rouille [ru:j] f. Rost m. ; Verrosten n. | *Tache de rouille*, Rostfleck m. || BOT. Brand m.

rouiller [-je] v. tr. rostig machen ; FIG. abstumpfen.
◇ v. intr., et v. pr. **se rouiller,** an-, durch-, (ver)-rosten ; Rost ansetzen. || PAR EXT. alt werden ; einrosten. || [métaux] *Lame rouillée*, stumpfe, rostige, rostzerfressene Klinge. || [végétaux] *Les blés sont rouillés*, das Korn ist vom Brand befallen.

roulade [rulad] f. CULIN. Roulade f. ; Fleischwickel m. || MUS. Roller m. ; Triller m. ; Koloratur f. ; Passage f. | *Faire des roulades*, trillern.

roulage [-la:ʒ] m. [action de rouler] Fahren n. ; Rollen n. || [transport] Fahren n. ; Fuhre f. ; Speditions-, Fuhrgeschäft n., -wesen n. || AGRIC. *Roulage de la terre*, Walzen (n.) des Bodens.

roulant, ante [-lɑ̃, ɑ̃:t] adj. [qui roule] rollend. | *Escalier roulant*, Rolltreppe f. | *Pont roulant*, Laufkran m. | *Tapis roulant*, Förderband n. || PR. et FIG. *Feu roulant*, Trommelfeuer n. || [en voiture] fahrbar. | *Chaise roulante*, Rollstuhl m. || MIL. *Cuisine roulante*, Feldküche f. ; FAM. Gulaschkanone f.

rouleau [-lo] m. Rolle f. ; Walze f. | *Rouleau compresseur*, (Straßen)walze. | *Rouleau encreur*, Druckwalze. | *Rouleau à pâtisserie*, Teig-, Tortenrolle. | *Rouleau de papier*, Rolle Papier ; [imprimerie] Papierrolle. | *Rouleau de pellicule*, Filmrolle. | *Rouleau pour gazon, jardin*, Rasen-, Gartenwalze. | *Essuie-mains à rouleau*, Rollhandtuch n. || [monnaie] *Mettre en rouleau*, Geld einrollen. || *Passer au rouleau*, auswalzen ; rollen. || FIG. *Être au bout du rouleau*, mit seiner Weisheit zu Ende sein ; auf/aus dem letzten Loch pfeifen.

roulement [-lmɑ̃] m. [mouvement] Rollen n. ; Laufen n. | *Roulement d'yeux*, Augenrollen, -verdrehen n. | *Voie de roulement*, Lauf-, Fahrbahn f. || [bruit] *Roulement de tambour*, Trommelwirbel m. | *Exécuter un roulement de tambour*, auf der Trommel wirbeln ; die Trommel rühren. || PAR EXT. *Roulement de tonnerre*, Donnern n. ; Grollen n. (des Donners). || TECHN. *Roulements à billes*, Kugellager n. | *Roulement à vide*, Leerlauf m. || [circulation ; succession] Umlauf m. ; (Personen)wechsel m. | *Roulement de fonds*, Geldumlauf. | *Fonds de roulement*, Kassenbestand m. ; Betriebskapital n. | *Tableau de roulement*, Dienstplan m. | *Par roulement*, abwechselnd ; nach der Reihe.

rouler [-le] v. tr. [faire tourner] rollen ; drehen. | *Rouler un tonneau*, ein Faß rollen. | *Rouler des vagues*, wogen. | *Rouler les yeux*, mit den Augen rollen ; die Augen rollen, verdrehen. || [faire passer le rouleau] walzen ; rollen. | *Rouler la pâte*, den Teig rollen. || [mettre en rouleau] auf-, ein-, zusammenrollen. | *Rouler une cigarette*, eine Zigarette drehen. || FIG. *Rouler sa bosse*, überall herumkommen, -wandern. | *Rouler*

des pensées dans sa tête, mit Gedanken umgehen (sépar.). || FAM. [tromper] einseifen ; anschmieren ; prellen.
◇ v. intr. [se mouvoir en roulant] rollen ; [avec bruit] kollern. | *La boule roule*, die Kugel rollt. | *La pierre roule du haut en bas*, der Stein kollert herunter. | *Rouler du haut en bas de l'escalier*, die Treppe herunterpurzeln. || [en voiture] fahren. || *Rouler à toute allure*, mit Vollgas fahren, dahinrasen. | *Rouler de front*, nebeneinanderfahren. | *Rouler toute la nuit*, die ganze Nacht hindurch fahren. | *Rouler à plat*, einen Plattfuß haben. || PAR EXT. [tonnerre] rollen ; grollen ; [tambour] wirbeln. || MAR. *Le bateau roule*, das Schiff schlingert. || FIG. *La conversation roule sur (qch.)*, die Unterhaltung dreht sich um (etwas). | *Rouler sur l'or*, im Golde schwimmen.
◇ v. pr. **se rouler,** sich rollen ; sich wälzen. | *Le papier se roule*, das Papier rollt sich. | *Se rouler dans la boue*, sich im Schlamm wälzen.
— SYN. : *Tourner*, drehen. *Enrouler*, einrollen.

roulette [-lɛt] f. [petite roue] Rolle f. || [meubles] Rollfüße m. pl. || [de pâtisserie] Teigrädchen n. || *Fauteuil à roulettes*, Rollstuhl m. | *Patin à roulettes*, Rollschuh m. | *Sifflet à roulettes*, Trillerpfeife f. || [jeu] Roulette f. || FIG. *Cela va comme sur des roulettes*, das geht wie am Schnürchen.

rouleur [-lœ:r] m. Wanderarbeiter m. || MINES. Schlepper m. ; Fördermann m.

roulis [-li] m. MAR. Schlingern n. || AÉRON. Rollen n. ; Schwanken n.

roulotte [-lɔt] f. Wohnwagen m. || [caravane] Campingwagen m.

roumain, aine [rumɛ̃, ɛ:n] adj. rumänisch.
◇ s. **Roumain, aine,** Rumäne m. ; Rumänin f.
◇ m. **roumain,** [langue] Rumänisch n.

round [raund] m. SPORT. Runde f.

roupie [rupi] f. [monnaie] (indische) Rupie.

roupiller [rupije] v. intr. FAM. pennen ; duseln.

roupillon [-jɔ̃] m. POP. Schläfchen n.

rouquin, ine [rukɛ̃, in] adj. POP. rothaarig ; fuchsrot.
◇ s. Rothaarige(r) f. (m.).

rouspéter [-te] v. intr. FAM. quengeln ; herumnörgeln ; quärren ; meckern ; maulen.

rouspéteur, euse [-tœ:r, ø:z] n. Nörgler(in) m. (f.) ; Meckerer m.
◇ adj. nörgelig ; quengelnd.

roussâtre [rusɑ:tr] adj. rötlich.

roussette [rusɛt] f. ZOOL. fliegender Hund. | [squale] Katzen-, Hundshai m.

rousseur [rusœ:r] f. rote Haarfarbe ; Rothaarigkeit f. | *Taches de rousseur*, Sommerprossen f. pl.

roussi [rusi] m. Brandgeruch m. | *Sentir le roussi*, brenzlig, angesengt, angebrannt riechen. || FIG. brenzlig werden.

roussir [rusi:r] v. tr. röten ; versengen ; ansengen. | *Roussir dans du beurre*, in Butter bräunen.
◇ v. intr. rot, rötlich werden.

routage [ruta:ʒ] m. [journaux] Drucksachensortierung f.

route [rut] f. Straße f. ; Landstraße f. ; Chaussee f. ; Route f. ; Reiseweg m. || [effectuée] Reisestrecke f. || [direction] Fahrtrichtung f. | *Route aérienne*, Flug-, Luftweg m. | *Route bitumée*, Asphaltstraße. | *Bonne route*, gute Fahrt. | *Route départementale*, (*etwa*) Kreisstraße. | *Route déviée*, Umgehungsstraße. | *Route fluviale*, Wasserweg m. | *Grand-route*, Landstraße. | *Route militaire*, Heerstraße. | *Route nationale*, Fernverkehrsstraße. | *Route à grande circulation*, Hauptverkehrsstraße. | *Route prioritaire*, Vorfahrts-, Schnellverkehrsstraße. | *Route de desserte*, Zubringerstraße. | *Route d'accès*, Zufahrtstraße. | *Code de la route*, Straßenverkehrsordnung f. || LOC. *En route !* vorwärts ! ; abfahren ! | *En route pour*, auf der Fahrt nach ; auf dem Wege nach. | *Couper la route à qn*, jm den Weg abschneiden. | *S'écarter de sa route*, von seinem Weg abbiegen. | *Être en route*, unterwegs sein. | *Faire route avec qn*, mit jm zusammenreisen. | *Faire route vers*, nach... fahren, reisen ; MAR. nach... steuern. | *Faire fausse route*, vom rechten Wege abkommen ; FIG. auf dem Holzweg sein. | *Se mettre en route*, sich auf den Weg machen. || [astre] Bahn f.

router [rute] v. tr. [journaux] Drucksachen sortieren.

routier, ière [rutje, jɛ:r] adj. Straßen... ; Wege... | *Carte routière*, Straßenkarte f. | *Circulation routière*, Straßenverkehr m. | *Gare routière*, Busbahnhof m.
◇ m. **routier,** [conducteur de camion] Fern(last)-fahrer m. || FAM. *C'est un vieux routier*, er ist ein alter Fuchs.

routine [rutin] f. Routine f. ; Übung f. ; Schablone f. | *Être esclave de la routine*, immer in der gleichen Tretmühle stecken.

routinier, ière [-nje, jɛ:r] adj. schablonenhaft ; gleichmäßig ; altgewohnt ; gewohnheitsmäßig.
◇ m. alter Praktiker ; Routinier m.

rouvre [ruvr] m. BOT. Stein-, Stieleiche f.

rouvrir [ruvri:r] v. tr. wieder eröffnen, aufmachen. | *Rouvrir une blessure*, eine Wunde wieder aufreißen.

roux, rousse [ru, rus] adj. rot(gelb) ; fuchsrot ; rothaarig. | *Lune rousse*, Aprilmond m.
◇ m. **roux,** Rotfarbe f. || CULIN. *Faire un roux*, eine Einbrenn(soße) machen.

royal, ale, aux [rwajal, o] adj. königlich ; Königs... | *Gelée royale*, Weiselfuttersaft m. | *Maison royale*, Königshaus n. | *Prince royal*, Kronprinz m. || FIG. edel ; nobel ; majestätisch. | *Tigre royal*, Königstiger m.

royalisme [-jalism] m. Königstreue f. ; Royalismus m.

royaliste [-jalist] adj. königstreu ; royalistisch.
◇ s. Königstreue(r) f. (m.) ; Royalist(in) m. (f.). | *Être plus royaliste que le roi*, päpstlicher sein als der Papst.

royaume [-jo:m] m. Königreich n. | *Le Royaume-Uni*, das Vereinigte Königreich. | *Le royaume de Belgique*, das Königreich Belgien. || FIG. *Royaume des cieux*, Himmelreich n. | *Royaume de Dieu*, Reich (n.) Gottes. | *Royaume des morts*, Unterwelt f. ; Totenreich n.

royauté [-jote] f. Königswürde f. ; Königtum n. || FIG. Krone f. ; Monarchie f.

ruade [ryad] f. Ausschlagen n. | *Ruade d'un cheval*, Keilen (n.) eines Pferdes.

ruban [rybɑ̃] m. Band n. (pl. Bänder) ; Streifen m. | *Ruban adhésif*, Klebestreifen. | *Ruban encreur*, Farbband. | *Ruban enregistreur*, Diagrammpapier n. ; Schreibstreifen. | *Ruban isolant*, Isolierband. | *Ruban magnétique*, Magnetband. | *Ruban perforé*, Lochstreifen. | *Ruban de chapeau*, Hutband. | *Ruban (de machine à écrire)*, (Schreibmaschinen)farbband. | *Scie à ruban*, Bandsäge f. || FIG. *Détenir le ruban bleu*, die Führung übernehmen ; sich an die Spitze setzen.

rubéole [rybeɔl] f. MÉD. Röteln f. pl.

rubicond, onde [rybikɔ̃, ɔ̃:d] adj. hochrot ; gerötet. | *Visage rubicond*, gerötetes Gesicht.

rubis [rybi] m. [pierre] Rubin m. | *C'est une montre à quinze rubis*, das ist eine Uhr mit fünfzehn Steinen. || FIG. *Payer rubis sur l'ongle*, auf Heller und Pfennig (be)zahlen.

rubrique [rybrik] f. [craie] Rötel m. || [titre] Titel m. ; Rubrik f. ; Artikelziffer f. | *Sous la rubrique sportive*, im Sportteil [der Zeitung].

ruche [ryʃ] f. Bienenkorb m., -stock m. || [mode] Rüsche f. ; Fältchen n.

ruchée [-ʃe] f. Bienenvolk n., -schwarm m.

rucher [-ʃe] m. Bienenstand m., -haus n.

rude [ryd] adj. roh ; hart ; rauh. || [grossier] grob. || [abrupt] schroff. || [au goût] herb. || *Rude adversaire*, unerbittlicher Gegner. | *Chemin rude*, holp(e)riger Weg. | *Froid rude*, grimmige Kälte. | *Hiver rude*, strenger Winter. | *Manières rudes*, barsches, unerzogenes, schroffes Wesen. | *Prononciation rude*, harte Aussprache. | *Essuyer une rude tempête*, einen schweren Sturm durchmachen (sépar.).
— SYN. : *Dur*, hart. *Grossier*, grob. *Inculte*, ungebildet.

rudement [-dmɑ̃] adv. roh ; rauh ; grob. || FAM. tüchtig ; sehr. | *C'est rudement bon*, das schmeckt aber fabelhaft.

rudéral, e, aux [ryderal, o] adj. Schutt... ; Trümmer... | *Plante rudérale*, Trümmerpflanze f.

rudesse [-dɛs] f. Rauheit f. ; Härte f. ; Roheit f. || [froid, esprit] Strenge f. || [au goût] Herbe f. || [grossièreté] Grobheit f. ; Derbheit f. || [ton] Schroffheit f. || [manière] Ungeschliffenheit f.

rudiment [rydimɑ̃] m. Rudiment n. || ANAT. Ansatz m.
◇ m. pl. **rudiments**, Anfangsgründe m. pl.

rudimentaire [-tɛ:r] adj. rudimentär ; in den Anfängen ; Anfangs... ; Grund... ; Elementar...

rudoiement [rydwamɑ̃] m. grobe Behandlung.

rudoyer [-dwaje] v. tr. grob behandeln, anfahren ; anschnauzen, -brüllen.

rue [ry] f. Straße f. ; Gasse f. | *Rue barrée*, gesperrte Straße. | *Rue commerçante*, Geschäftsstraße. | *Grand-rue*, *Rue principale*, Hauptstraße. | *Rue à sens unique*, Einbahnstraße. | *Rue de traverse*, Querstraße. | *Dans la rue*, auf der Straße. | *En pleine rue*, auf offener Straße. | *La nouvelle court les rues*, die Nachricht ist stadtbekannt.

ruée [rɥe] f. Ansturm m. ; Sichstürzen n.

ruelle [rɥɛl] f. Gasse f. ; Gäßchen n. | *Ruelle de lit*, Raum (m.) zwischen Bett und Wand.

ruer [rɥe] v. intr. ausschlagen ; keilen. || FIG. sich sträuben.
◇ v. pr. **se ruer.** *Se ruer sur qch.*, sich auf etwas (acc.) stürzen, über etwas (acc.) herfallen.

ruffian ou **rufian** [ryfjɑ̃] m. Wüstling m. ; Kuppler m.

rugby [rygbi] m. SPORT. Rugby n.

rugbyman [rygbiman] m. (pl. **rugbymen**) Rugbyspieler m.

rugir [ryʒi:r] v. intr. [lion] brüllen ; heulen. || PAR ANAL. *La mer rugit*, das Meer braust.

rugissement [-ʒismɑ̃] m. Brüllen n. ; Gebrüll n. ; Heulen n. || FIG. Toben n.

rugosité [rygozite] f. Unebenheit f. ; Rauheit f.

rugueux, euse [-gø, ø:z] adj. uneben ; rauh ; runz(e)lig.

ruine [rɥin] f. Zusammenbruch m. ; Fall m. ; Zerrüttung f. ; (Zusammen)sturz m. | *Tomber en ruine*, verfallen ; einstürzen. || FIG. Zusammenbruch m. ; Untergang m. ; Ruin m. ; Verfall m. ; [moral] Verderb m. | *Ruine d'un commerçant*, Ruin eines Kaufmanns. | *Ruine d'un État*, Verfall, Zusammenbruch eines Staates. | *Aller à sa ruine*, sich zugrunde richten. | *Causer la ruine de qn*, jn zugrunde richten. | *En ruine*, trümmerhaft ; verfallen.
◇ f. pl. **ruines**, Trümmer n. pl. ; Ruinen f. pl. | *Monceau de ruines*, Trümmerhaufen m.
— SYN. : *Chute*, *écroulement*, Zusammenbruch. *Effondrement*, Einsturz. *Perte*, Verfall.

ruiner [-ne] v. tr. vernichten ; zerstören ; niederreißen. || PR. et FIG. zu Fall bringen ; ruinieren ; zugrunderichten. | *Ruiner sa santé*, seine Gesundheit zerrütten ; mit seiner Gesundheit Raubbau treiben. | *Ruiner qn*, jn um Hab und Gut bringen.
◇ v. pr. **se ruiner**, sich ruinieren ; zugrunde gehen. | *Se ruiner la santé*, seine Gesundheit ruinieren.

ruineux, euse [-nø, ø:z] adj. verderblich ; zu kostspielig.

ruisseau [rɥiso] m. Bach m. || [dans la rue] Wassergraben m. ; Gosse f. ; Rinne f. ; Rinnstein m. || FIG. *Ruisseaux de sang*, Ströme (m. pl.) von Blut.

ruisselant, ante [-slɑ̃, ɑ:t] adj. triefend ; rieselnd.

ruisseler [-sle] v. intr. rieseln ; triefen ; rinnen.

ruissellement [-sɛlmɑ̃] m. Rinnen n. ; Rieseln n. ; Geriesel n. || [de diamants] Glitzern n. ; Geglitzer n.

rumeur [rymœ:r] f. Stimmengewirr n. ; Gemurmel n. ; Lärm m. ; verworrenes Getöse. | *Vague rumeur*, verworrene Stimmen f. pl. | *Toute la ville est en rumeur*, die ganze Stadt ist in Aufruhr. | *Rumeur publique*, allgemeines Raunen ; Volksstimme f. || FIG. Gerücht n. | *Une rumeur court*, ein Gerücht geht um.
— SYN. : *Bruit*, Geräusch n. ; [qui court] Gerücht n. *Murmure* m., Murmeln n.

ruminant, ante [ryminɑ̃, ɑ̃:t] adj. wiederkäuernd.
◇ m. **ruminant.** ZOOL. Wiederkäuer m.

ruminer [-ne] v. tr. et intr. wiederkäuen ; FIG. (durch)kauen. | *Ruminer qch.*, etwas hin und her überlegen.

rumsteck [rɔmstɛk] m. V. ROMSTECK.

rune [ryn] f. Rune f.

runique [-nik] adj. runenhaft ; Runen... | *Alphabet runique*, Runenalphabet n. | *Caractères runiques*, Runenzeichen n. pl.

rupestre [rypɛstr] adj. Felsen... | *Plantes rupestres*, Steingewächse n. pl. | *Peinture rupestre*, Fels(en)-malerei f.

rupin [rypɛ̃] adj. POP. piekfein.
◇ m. POP. reicher Kauz.

rupteur [ryptœ:r] m. AUTOM. Unterbrecher m.

rupture [rypty:r] f. Auf-, Zerbrechen n. ; Bruch m. ; Druchbrechen n. ; Einbruch m. ; Riß m. | *Rupture d'un câble*, Seil-, Kabelbruch. | *Rupture d'une digue*, Dammbruch. | *Rupture d'(un) essieu*, Achsenbruch. || MÉD. *Rupture d'un vaisseau*, Gefäßriß m. | *Rupture d'anévrisme*, Aderriß. || FIG. (Ab)bruch m. ; Auflösung f. ; Unterbrechung f. ; Trennung f. | *Rupture d'un contrat*, Vertragsbruch. | *Rupture des fiançailles*, Bruch der Verlobung. | *Rupture des pourparlers*, Abbruch der Verhandlungen.

rural, ale, aux [ryral, o] adj. ländlich ; bäuerlich ; Land... | *Propriété rurale*, Landgut n. | *Vie rurale*, Landleben n.

ruse [ry:z] f. List f. || [état d'esprit] Listigkeit f. ; Pfiffigkeit f. ; Schlauheit f. ; Durchtriebenheit f. ; Verschlagenheit f. || [action] Trick m. ; Schlinge f. ; Falle f. ; Kunstgriff m. | *Recourir à la ruse*, zur List greifen.
— SYN. : *Artifice*, Kunstgriff. *Astuce*, Verschlagenheit. *Ficelles*, Schliche. *Perfidie*, Arglist. *Subterfuge*, Ausflucht.

rusé, ée [-ze] adj. listig ; listenreich ; durchtrieben ; verschlagen ; pfiffig ; gerieben ; findig ; schlau ; schelmisch. | *Visage rusé*, verschmitztes Gesicht. | *Rusé compère*, schlauer Fuchs ; gerissener Bursche.

ruser [-ze] v. intr. listig sein ; List anwenden.

russe [rys] adj. russisch. | *Montagnes russes*, Berg- und Talbahn f.; Achterbahn f.
◇ s. **Russe,** Russe m.; Russin f. | *Russe blanc*, Weißrusse.
◇ m. **russe,** [langue] Russisch n.

Russie [rysi] n. pr. f. GÉOGR. Rußland n. | *Russie Blanche*, Weißrußland. || HIST. *L'empereur de toutes les Russies*, der Kaiser aller Reußen.

russule [rysyl] f. BOT. Täubling m.

rustaud, aude [rysto, o:d] adj. bäurisch; plump; grob; flegelhaft; ungeschliffen; ungehobelt.
◇ s. Bauerntölpel m., Bauerntrine f.; Flegel m.

rusticité [-tisite] f. bäurische Art; ländliche Einfachheit; Ungeschminktheit f.

rustine [rystin] f. Gummiflicken m.

rustique [-tik] adj. ländlich; bäurisch; dörflich; bäuerlich; FIG. schlicht. | *Église rustique*, Land-, Dorfkirche f. | *Meuble rustique*, Bauernmöbel n.

rustre [rystr] adj. grob; tölpelhaft; ungehobelt; bäurisch; flegelhaft.
◇ m. Bauerntölpel m.; Grobian m.; Flegel m.

rut [ryt] m. Brunst f.; Brunft f.; Läufigkeit f. | *Être en rut*, brünstig, läufig sein; PÉJOR. geil sein.

rutacée [rytase] f. BOT. Rautengewächs n.

rutabaga [rytabaga] m. BOT. Kohl-, Steckrübe f.

rutilant, ante [rytilɑ̃, ɑ̃:t] adj. glänzend rot; feuerrot; blitzsauber.

rutiler [-le] v. intr. glänzen; hell aufleuchten.

rythme [ritm] m. Rhythmus m.; Takt m.; Gleichmaß n.

rythmer [-me] v. tr. rhythmisch gliedern; skandieren.

rythmique [-mik] adj. rhythmisch; taktmäßig.

S

s, S [ɛs] m. s, S n.

sa [sa] adj. poss. sein, seine; (possesseur féminin) ihr; ihre.

sabbat [saba] m. Sabbat m.

sabbatique [-tik] adj. Sabbat... | *Année sabbatique*, [université] Forschungssemester n.; [entreprise] Beurlaubung f.

sabir [sabi:r] m. Kauderwelsch n.

sablage [sabla:ʒ] m. TECHN. Sandstrahlen n.

sable [sɑ:bl] m. Sand m. | *Sable mouvant*, Flug-, Treib-, Triebsand. | *Banc de sable*, Sandbank f. | *Tempête de sable*, Sandsturm m. || LOC. *Le marchand de sable passe*, das Sandmännchen kommt. || MÉD. Harngrieß m.

sablé [-ble] m. CULIN. Sandkuchen m.; Mürbekeks m.

sabler [-ble] v. tr. mit Sand bestreuen; sandstrahlen. || MÉTALL. in Sand gießen. || FIG. *Sabler le champagne*, Champagner in Gesellschaft trinken.

sableux, euse [-blø, ø:z] adj. sandig.
◇ f. **sableuse.** TECHN. Sandstrahlgebläse n.

sablier [-blije] m. Sandbüchse f., -uhr f.

sablière [-blijɛ:r] f. [carrière] Sand-, Kiesgrube f. || ARCHIT. Schwelle f.; Sohle f.

sablonneux, euse [-blɔnø, ø:z] adj. sandig; Sand... | *Chemin sablonneux*, Sandweg m.

sablonnière [-blɔnjɛ:r] f. Sandgrube f.

sabord [sabɔ:r] m. MAR. [chargement] Ladeluke f. || [tir] Stückpforte f.

sabordement [-dəmɑ̃] ou **sabordage** [-da:ʒ] m. Anbohrung f.; Versenken n.

saborder [-de] v. tr. anbohren; in den Grund bohren.
◇ v. pr. **se saborder,** sich selbst versenken.

sabot [sabo] m. [en bois] Holzschuh m. || [d'animal] Huf m. || PAR EXT. [de frein] Bremsbacke f., -schuh; Hemmklotz m., -schuh.

sabotage [sabɔta:ʒ] m. FIG. Sabotage f. | *Acte de sabotage*, Sabotageakt m.

saboter [-te] v. tr. TECHN. [munir de sabots] an-, beschuhen. || [détruire volontairement, torpiller] sabotieren. || [bâcler] hinpfuschen. | *Saboter un travail*, eine Arbeit pfuschen, sabotieren.

saboteur [-tœ:r] m. Saboteur m.; böswilliger Pfuscher.

sabotier [-tje] m. Holzschuhmacher m.

sabre [sɑ:br] m. Säbel m. | *Sabre d'abattis*, Hau-, Buschmesser n. | *Sabre-baïonnette*, Seitengewehr n. | *Mettre sabre au clair*, blank ziehen.

sabrer [-bre] v. tr. niedersäbeln. || FIG. schlecht-, heruntermachen.

sabreur [-brœ:r] m. Draufgänger m.; Haudegen m. || FIG. Pfuscher m.

sac [sak] m. Sack m.; Beutel m. [à main] Tasche f. || MIL. Tornister m. || *Sac à dos*, Rucksack. | *Sac à linge*, Wäschebeutel. | *Sac à main*, Handtasche. | *Sac à ouvrage*, Strickbeutel. | *Sac à pain*, Brotsack. | *Sac poubelle*, Müllsack. | *Sac à provisions*, Einholtasche. | *Sac de couchage*, Schlafsack. | *Sac d'écolier*, (Schul)-ranzen m. | *Sac de voyage*, Reisetasche. | *Sac en papier*, Tüte f. | *Sac en plastique*, Plastiktüte f. | *Sac de farine*, [contenu] Sack (voll) Mehl. | *Mettre dans son sac*, einstecken. | *Mettre en sacs*, einsacken. || ANAT. *Sac lacrymal*, Tränensack. || FIG. *Sac à vin*, Trunkenbold m. | *L'affaire est dans le sac*, die Sache ist abgemacht. | *Avoir plus d'un tour dans son sac*, alle Kniffe kennen. | *Les mettre tous dans le même sac*, alles in einen Topf werfen. | *Prendre un voleur la main dans le sac*, einen

Dieb auf frischer Tat ertappen. | *Vider son sac*, sein Herz ausschütten.
sac [sak] m. Plünderung f. | *Mettre une ville à sac*, eine Stadt zur Plünderung freigeben.
saccade [sakad] f. Ruck m. ; Stoß m. | *Par saccades*, ruck-, stoßweise. | *D'une saccade*, mit einem Ruck.
saccadé, ée [-de] adj. ruckartig ; abgehackt ; abgerissen. | *Style saccadé*, abgehackter Stil.
saccage [saka:ʒ] m. Verwüstung f.
saccager [-ʒe] v. tr. verheeren ; verwüsten ; (aus)plündern. || FIG. durcheinanderbringen.
saccharine [-rin] f. Süßstoff m. ; Saccharin n.
sacerdoce [sasɛrdɔs] m. Priestertum n., -würde f., -amt n., -stand m. || [clergé] Geistlichkeit f.
sacerdotal, ale, aux [-dɔtal, o] adj. RELIG. priesterlich ; Priester... | *Dignité sacerdotale*, Priesterwürde f.
sachet [-ʃɛ] m. Säckchen n. ; Beutelchen n. ; Säckel n. | *Sachet de pansement*, Verband(s)päckchen n. | *Sachet en papier*, Papierbeutel m.
sacoche [sakɔʃ] f. Umhängetasche f. ; [médecin] Arzttasche f. ; [pour outils] Werkzeugkoffer m. || [bourse] Geldtasche f. || [bicyclette] Sattel-, Werkzeugtasche f.
sacralisation [sakralizasjɔ̃] f. Sakralisierung f.
sacraliser [-ze] v. tr. sakralisieren.
sacramentel, elle [sakramɑ̃tɛl] adj. sakramental ; feierlich.
sacre [sakr] m. RELIG. Salbung f. ; Ölung f. ; Weihe f. | *Sacre d'un évêque*, Bischofsweihe. | *Sacre des rois*, Krönung (f.) der Könige. || ZOOL. Würgfalke m.
sacré, ée [-kre] adj. [du culte] heilig ; geweiht ; gesalbt. | *Sacré Collège*, Kardinalskollegium n. | *Livres sacrés*, heilige Schrift. | *Ordres sacrés*, höhere Weihen f. pl. || PAR EXT. [de grande valeur] heilig. || ANAT. *Vertèbre sacrée*, Kreuzbein n. || FIG., FAM. *Feu sacré*, Eifer m. || PÉJOR., FAM. verdammt.
◇ s. **(le) sacré,** (das) Heilige.
sacrebleu ! [-krəblø] interj. verflixt !
sacrement [-krəmɑ̃] m. RELIG. Sakrament n. | *Le saint sacrement*, das Allerheiligste. | *Les derniers sacrements*, *Le sacrement des malades*, die Sterbesakramente n. pl.
sacrer [-kre] v. tr. [évêque] weihen. || [souverain] salben ; krönen.
◇ v. intr. fluchen ; wettern.
sacrifice [sakrifis] m. Opfer n. || [action] Opferhandlung f. ; Opferung f. | *Sacrifice humain*, Menschenopfer. | *Sacrifice suprême*, höchste Hingabe. | *Sacrifice de la messe*, Meßopfer. | *Sacrifice de sa vie*, Hingabe (f.) des eigenen Lebens ; Selbstopferung. | *Faire des sacrifices pour*, für... Opfer bringen.
sacrifier [-fje] v. tr. opfern ; hin-, aufopfern ; zum Opfer bringen. || [consacrer] widmen. | *Sacrifier sa vie et ses biens*, Gut und Blut hingeben. || *Sacrifier à qch.*, etwas (dat.) frönen, huldigen.
◇ v. pr. **se sacrifier,** sich (auf)opfern.
sacrilège [sakrilɛ:ʒ] adj. frevelhaft ; gottlos ; sündhaft ; verdammenswert.
◇ m. [acte] Frevel m. ; Gotteslästerung f. ; Entweihung f. ; Kirchen-, Heiligtumsschändung f. || [personne] Frevler m. ; Kirchenschänder m.
sacripant [sakripɑ̃] m. Taugenichts m. ; Nichtsnutz m.
sacristain [sakristɛ̃] m. Mesner m. ; Küster m. ; Kirchendiener m.
sacristi ! [-ti] interj. Donnerwetter ! ; verflixt nochmal !
sacristie [-ti] f. Sakristei f.
sacro-saint, -sainte [sakrosɛ̃, sɛ̃:t] adj. hochheilig ; IRON. sakrosankt.
sacrum [sakrɔm] m. ANAT. Kreuzbein n.
sadique [sadik] adj. sadistisch ; lüsterngrausam. | *Crime sadique*, Lustmord m.
◇ s. Sadist(in) m. (f.).
sadisme [-dism] m. Sadismus m.
safran [safrɑ̃] m. BOT. Safran m. ; Krokus m.
safrané, ée [-frane] adj. safrangelb.
safraner [-frane] v. tr. mit Safran färben.
sagace [sagas] adj. scharfsinnig, -blickend ; verstandesscharf.
sagacité [-site] f. Verstandesschärfe f. ; Scharfsinn m.
sage [sa:ʒ] adj. [raisonnable] weise ; verständig ; vernünftig. | *Agir en homme sage*, klug handeln. || [modéré ; prudent] klug ; besonnen ; beherrscht. || THÉOL. *Les vierges sages*, die klugen Jungfrauen f. pl. || [enfant] artig ; brav ; folgsam ; gehorsam. | *Sage comme une image*, kreuzbrav. || [fille, femme] sittsam.
◇ m. Weiser m. ; abgeklärter Mensch.
sage-femme [saʒfam] (pl. **sages-femmes**) f. Hebamme f. ; Geburtshelferin f.
sagement [saʒmɑ̃] adv. wohlweislich ; klüglich ; vernünftigerweise.
sagesse [-ʒɛs] f. [conformité à la raison] Verständigkeit f. ; Verstand m. ; Vernünftigkeit f. || [prudence] Klugheit f. ; Besonnenheit f. || [pénétration] Einsicht f. || [circonspection] Umsicht f. || [enfant] Artigkeit f. ; Folgsamkeit f. || [fille] Sittsamkeit f.
sagittaire [saʒitɛ:r] m. ANTIQ. Bogenschütze m.
◇ m. **Sagittaire.** ASTRON. Schütze m.
◇ f. BOT. Pfeilkraut n.
sagittal, ale [-tal] adj. pfeilförmig.
sagouin [sagwɛ̃] m. ZOOL. Meerkatze f. ; Springaffe m. || PÉJOR. Dreckspatz m. ; Schweinigel m.
Sahara [saara] n. pr. m. GÉOGR. Sahara f.
saignant, ante [sɛɲɑ̃, ɑ̃:t] adj. blutend ; blutig. | *Bifteck saignant*, englisch gebratenes Beefsteak.
saignée [-ɲe] f. [intervention médicale] Aderlaß m. ; Blutentnahme f., -entziehung f. | *Faire une saignée*, zur Ader lassen. || [pli du bras] *Saignée (du bras)*, Armbeuge f. ; Ellenbogenfalte f. || [rigole] Abzugs-, Entwässerungsgraben m. || FIG. Aderlaß m. ; Verlust m.
saignement [-ɲəmɑ̃] m. Bluten n. ; Blutung f. | *Saignement de nez*, Nasenbluten.
saigner [-ɲe] v. tr. [tirer du sang] *Saigner qn*, jn zur Ader lassen. || [tuer] *Saigner un animal*, ein Tier abstechen.
◇ v. intr. bluten. | *Saigner abondamment*, stark bluten. | *Saigner du doigt*, am Finger bluten. | *Saigner du nez*, aus der Nase bluten.
◇ v. pr. **se saigner,** *Se saigner à blanc*, sich ausbluten. || FIG. *Se saigner aux quatre veines*, sein Letztes hergeben. | *Se saigner pour ses enfants*, sich für seine Kinder aufopfern.
saillant, ante [sajɑ̃, ɑ̃:t] adj. vor-, überstehend ; vorspringend ; heraustretend ; vorgesetzt. | *Angle saillant*, vorspringender Winkel. || FIG. hervorragend ; bemerkenswert. | *Fait saillant*, ins Auge stechende Tatsache.
◇ m. **saillant,** Vorsprung m.
saillie [-ji] f. Vorsprung m. || ARCHIT. Aus-, Vorbau m. ; Überbau m. ; Relief n. | *En saillie*, vorspringend. | *Bâtir en saillie*, vorbauen ; vorsetzen. || ZOOL. Bespringen n. ; Beschälen n.
saillir [-ji:r] v. intr. [jaillir] hervorspringen.
◇ v. tr. ZOOL. bespringen ; beschälen.

saillir [-ji:r] v. intr. [être en saillie] vorspringen ; FIG. hervortreten.

sain, saine [sɛ̃, sɛn] adj. gesund ; heilsam ; wohlbehalten. | *Un logement sain*, eine gesunde Wohnung. | *Sain et sauf*, unverletzt ; unversehrt. | *Sain de corps et d'esprit*, gesund an Körper und Geist. | *Sain d'esprit*, bei klarem Verstand.

saindoux [sɛ̃du] m. Schweineschmalz m., -fett n.

sainement [sɛnmɑ̃] adv. in gesunder, vernünftiger Weise ; vernünftig.

sainfoin [sɛ̃fwɛ̃] m. BOT. Esparsette f. ; Süßklee m.

saint, sainte [sɛ̃, sɛ̃:t] adj. heilig ; fromm ; geweiht. | *Sainte Cène*, heiliges Abendmahl. | *Écriture sainte*, heilige Schrift. | *Saintes huiles*, Salböl n. | *Lieux saints*, gottgeweihte Stätten f. pl. | *Un saint homme*, ein frommer Mensch. | [Tribunal du] *Saint-Office*, Inquisitionsgericht n. | *Peuple saint*, auserwähltes Volk. | *Saint Pierre*, der heilige Petrus. || *(Église) Saint-Pierre*, Sankt-Peter ; Peterskirche f. | *Saint sacrement*, [exposé] Venerabile n. | *Semaine sainte*, Karwoche f. | *Saint sépulcre*, Heiliges Grab. | *La Terre sainte, les Lieux saints*, das Heilige Land (Pälästina). | *Jeudi saint*, Gründonnerstag m. | *Vendredi saint*, Karfreitag m. | *Sainte Vierge*, heilige Jungfrau. || FIG. *Sainte nitouche*, scheinheilige Person. | *Toute la sainte journée*, den lieben langen Tag.
◇ s. Heiliger m. | *Le saint des saints*, das Allerheiligste. | *Les saints de glace*, die drei Eisheiligen m. pl. || FIG. *Il a l'air d'un petit saint*, er sieht aus, als könnte er kein Wässerchen trüben. | *Ne savoir à quel saint se vouer*, nicht aus noch ein wissen ; sich nicht zu helfen wissen.

Saint-Barthélemy [-bartelemi] f. HIST. Bartholomäusnacht f.

Saint-Bernard [-bɛrna:r] n. pr. m. GÉOGR. [col] Sankt-Bernhardpaß m.

saint-bernard [-bɛrna:r] m. ZOOL. Bernhardiner m.

saint-cyrien [-sijɛ̃] m. MIL. Offiziersschüler (von Saint-Cyr) m.

Saint Empire [sɛ̃tɑ̃pi:r] m. HIST. Heiliges Römisches Reich deutscher Nation.

Saint-Esprit [sɛ̃tɛspri] m. RELIG. Heiliger Geist.

sainteté [sɛ̃təte] f. Heiligkeit f. | *Sa Sainteté*, Seine Heiligkeit (der Papst). | *Être en odeur de sainteté*, im Geruch der Heiligkeit stehen.

Saint-Gothard [sɛ̃gɔta:r] n. pr. m GÉOGR. Sankt Gotthard m.

Saint-Guy (danse de) [dɑ̃:sdəsɛ̃gi] f. Veitstanz m.

Saint-Martin [sɛ̃martɛ̃] n. pr. f. Martinstag m. | *Été de la Saint-Martin*, Altweibersommer m.

saint-père [-pɛ:r] m. (der) heilige Vater.

Saint-Siège [-sjɛ:ʒ] n. pr. m. Heiliger Stuhl.

Saint-Sylvestre [-silvɛstr] n. pr. f. *Nuit de la Saint-Sylvestre*, Silvesternacht f., -abend m.

saisi, ie [sɛzi] s. Gepfändete(r) f. (m.) ; Pfandschuldner(in) m. (f.).

saisie [sɛzi] f. Beschlagnahme f. ; Pfändung f. | *Avertissement de saisie*, Vorpfändung f. | *Faire une saisie*, eine Pfändung vornehmen, durchführen. | *Saisie-arrêt sur salaire*, Gehaltspfändung. | *Saisie-exécution*, Möbelbeschlagnahme f. || INF. *Saisie de données*, Datenerfassung f., -einspeicherung f., -einspeisung f.

saisine [sɛzin] f. Erbinbesitznahme f.

saisir [-zi:r] v. tr. **1.** ergreifen ; packen ; (er)fassen ; (auf)fangen. | *Saisir qn au collet*, jn am Kragen packen. | *Saisir (qn) par le bras*, (jn) am Arm packen, fassen. | *Saisir (un cheval) par la bride*, (ein Pferd, einem Pferd) in die Zügel greifen, fallen. | *Saisir (qn) par les cheveux*, jm in die Haare greifen. || FIG. *Saisir l'occasion aux cheveux*, die Gelegenheit beim Schopf greifen. || PAR EXT., CULIN. *Saisir au feu*, anbraten.
2. JUR. [confisquer] beschlagnahmen ; mit Beschlag belegen ; pfänden. | *Saisir les meubles de qn*, js Möbel pfänden.
3. [soumettre] befassen ; vorlegen. | *Saisir un tribunal d'une affaire*, ein Gericht mit einer Sache befassen. | *Saisir la Chambre d'un projet de loi*, der Kammer einen Gesetzentwurf vorlegen.
4. FIG. [comprendre] begreifen ; fassen ; FAM. kapieren. | *Mal saisir*, mißverstehen. | *Ne pas bien saisir qch.*, etwas nicht richtig auffassen.
5. [surprendre ; émouvoir] ergreifen ; packen ; erschüttern ; betreffen. | *Être saisi*, tief ergriffen, gepackt sein.
◇ v. pr. **se saisir.** *Se saisir de qch.*, sich etwas aneignen ; sich etwas (gén.) bemächtigen.

saisissable [-zisabl] adj. JUR. pfändbar.

saisissant, ante [-zisɑ̃, ɑ̃:t] adj. [impressionnant] ergreifend ; packend. || [visible] anschaulich. | *Froid saisissant*, durchdringende Kälte.
◇ m. **saisissant.** JUR. Pfandgläubiger m.

saisissement [-zismɑ̃] m. Schock m. ; plötzliches Erschrecken ; plötzlicher Eindruck. || [étonnement] Ergriffenheit f. ; Verdutztheit f. ; Verblüffung f.

saison [sɛzɔ̃] f. [quart de l'année] Jahreszeit f. || [époque] Zeit f. || [tourisme ; économie] Saison f. | *Arrière-saison*, Spätherbst m. | *Morte saison*, stille Zeit ; Sauregurkenzeit. | *Saison sèche*, Trockenzeit. | *Saison des bains*, Kur-, Badezeit. | *Saison des pluies*, Regenzeit. | *Manteau de demi-saison*, Übergangsmantel m. | *Marchande des quatre-saisons*, Gemüsefrau f. | *La saison bat son plein*, es ist Hochsaison. || FIG. *De saison*, passend ; gelegen. | *Hors de saison*, unzeitig ; unzeitgemäß ; unpassend. || THÉÂTRE. Spielzeit f.

saisonnier, ière [-zɔnje, jɛ:r] adj. jahreszeitlich (bedingt) ; saisonbedingt.
◇ adj. et s. *(Ouvrier) saisonnier*, Saisonarbeiter m.

salace [salas] adj. gesalzen ; gepfeffert.

salade [salad] f. CULIN. Salat m. | *Remuer, Tourner la salade*, den Salat umrühren, mischen. | *Panier à salade*, Salatkorb m. ; FIG., FAM. grüne Minna ; Wirrwarr m. ; Durcheinander n. ; Gemengsel n.

saladier [-dje] m. Salatschüssel f.

salage [sala:ʒ] m. [aliments] Einsalzen n. ; Pökeln n. || [routes] Salzstreuung f.

salaire [salɛ:r] m. Lohn m. ; (Arbeits)entgelt n. ; Verdienst m. ; Vergütung f. ; Entlohnung f. | *Salaire maximal*, Spitzenlohn. | *Salaire minimal*, Mindestlohn. | *Salaire moyen*, Durchschnittslohn. | *Salaire réel*, Reallohn. | *Salaire à forfait*, Akkordlohn. | *Salaire aux pièces*, Stücklohn. | *Salaire de base*, Grundlohn. | *Salaire de début*, Anfangsgehalt n. | *Salaire de référence*, Ecklohn. | *Augmentation de(s) salaire(s)*, Lohnerhöhung f. | *Blocage des salaires*, Lohnstop m. | *Impôt sur les salaires*, Lohnsteuer f. | *Réduction de salaire*, Lohnkürzung f. | *Retenue sur les salaires*, Lohnabzüge m. pl. ; Gehaltsabzüge m. pl. | *Toucher son salaire*, seinen Lohn empfangen. || FIG. *Toute peine mérite salaire*, jede Arbeit ist ihres Lohnes wert.
— SYN. : *Appointements*, Bezüge ; Gehalt. *Cachet*, Einzelhonorar. *Gain*, Einkommen. *Honoraires*, Honorar. *Paie*, Lohnsumme. *Rémunération*, Entlohnung. *Rétribution*, Vergütung. *Solde*, Sold. *Traitement*, Beamtengehalt.

salaison [salɛzɔ̃] f. [action] Einsalzen n. ; (Ein)pökeln n. || [produit] Pökelfleisch n.

salamalec [salamalɛk] m. tiefe Verbeugung. | *Faire des salamalecs*, Kotau (m.) machen.

salamandre [salamɑ̃:dr] f. ZOOL. Salamander m. ; Molch m. || [poêle] Dauerbrandofen m.
salami [salami] m. Salami f.
salant, ante [salɑ̃, ɑ̃:t] adj. Salz... | *Marais salant*, Salzteich m.
salariat [salarja] m. Arbeitnehmerschaft f.
salarié, iée [-rje] adj. besoldet ; entlohnt. ◇ s. Arbeitnehmer(in) m. (f.) ; Lohnempfänger(in) m. (f.) ; Gehaltsempfänger(in) m. (f.).
salarier [-rje] v. tr. entlohnen ; besolden.
salaud [salo] m. POP. Dreckskerl m. ; Schweinehund m.
sale [sal] adj. schmutzig ; dreckig ; verdreckt. | *Couleur sale*, Schmutzfarbe f. | *Linge sale*, dreckige Wäsche. | *Des mains sales*, schmutzige Hände f. pl. || FIG. widerlich ; unanständig ; gemein. | *Une histoire sale*, eine unanständige Anekdote. | *Une sale histoire*, eine üble Angelegenheit.
salé, ée [sale] adj. salzig ; gesalzen ; gepökelt ; CHIM. kochsalzhaltig. | *Hareng salé*, Salzhering m. | *Viande salée*, Pökelfleisch n. || PAR EXT. *Conte salé*, gepfefferte, schlüpfrige Erzählung. || FIG. *Prix salés*, gepfefferte, gesalzene Preise m. pl. ◇ m. **salé,** Pökelfleisch n. ; Salzfleisch n. | *Petit salé*, Kasseler Rippchen.
saler [-le] v. tr. (ein)salzen ; (ein)pökeln. | *Trop saler*, versalzen. || FIG. *Saler la note*, die Rechnung pfeffern.
saleté [salte] f. [chose] Schmutz m. ; Dreck m. ; Unrat m. || [état] Unsauberkeit f. || FAM. [paroles] Zote f. || FAM. [acte] übler Streich ; Schweinerei f.
salicylique [-lik] adj. CHIM. salizylsauer. | *Acide salicylique*, Salizylsäure f.
salière [saliɛ:r] f. [récipient] Salzfaß n., -streuer m., -büchse f. || ZOOL. Grube f.
saligaud [saligo] m. POP. Schmutzfink m.
salin, ine [salɛ̃, in] adj. salzartig ; salzig ; Salz... | *Dépôts salins*, Salzablagerungen f. pl.
saline [-lin] f. MINES. Salzbergwerk n. ; Saline f.
salinité [-linite] f. Salzhaltigkeit f.
salique [salik] adj. HIST. *Loi salique*, salisches Gesetz.
salir [sali:r] v. tr. beschmutzen ; verschmutzen ; verdrecken ; verunreinigen ; besudeln ; beflecken. || FIG. *Salir la réputation de qn*, den guten Ruf js beflecken ; dem Ruf js schaden, Abbruch tun. ◇ v. pr. **se salir,** schmutzig werden ; sich beschmutzen.
salissant, ante [-lisɑ̃, ɑ̃:t] adj. leicht schmutzend. | *Travail salissant*, schmutzige Arbeit.
salissure [-lisy:r] f. [état de saleté] Verschmutzung f. || [tache] Schmutzfleck m.
salivaire [salivɛ:r] adj. Speichel... | *Glandes salivaires*, Speicheldrüsen f. pl.
salivation [-livasjɔ̃] f. Speichelfluß m.
salive [-liv] f. Speichel m. ; Spucke f.
saliver [-live] v. intr. Speichel absondern ; IRON. sabbeln.
salle [sal] f. Saal m. ; großer Raum ; Zimmer n. | *Salle commune*, Gemeinschafts-, Wohnstube f. | *Salle à manger*, Eßzimmer ; Speisesaal. | *Salle d'armes*, Waffenkammer f. ; [escrime] Fechtboden m. | *Salle d'attente*, Wartesaal, -raum. | *Salle d'audience*, Sitzungs-, Gerichtssaal. | *Salle de bains*, Badezimmer. | *Salle de bal*, Tanzsaal. | *Salle de classe*, Unterrichtsraum ; Klassenzimmer. | *Salle de concert*, Konzertsaal. | *Salle de cours*, Hörsaal. | *Salle d'eau*, Waschraum. | *Salle des fêtes*, Festsaal. | *Salle de garde*, Wachstube f. | *Salle de lecture*, Lesesaal. | *Salle des machines*, Maschinenraum. | *Salle d'opération*, Operationssaal. | *Salle des pas perdus*, Wandelhalle f. | *Salle de police*, [local] Arrestzimmer. | *Salle des séances*, Sitzungssaal. | *Salle de séjour*, Wohnzimmer. | *Salle de spectacle*, Zuschauerraum ; Schauspielhaus n. | *Salle des ventes*, Auktionslokal n. || THÉÂTRE. *Faire salle comble*, vor vollem Haus spielen.
salmigondis [salmigɔ̃di] m. Ragout n. || PAR EXT. Sammelsurium n. ; Mischmasch m.
salmonelle [salmɔnɛl] f. BIOL. Salmonelle f.
salmonellose [-neloʒ] f. MÉD. Salmonellose f.
saloir [salwa:r] m. Salz-, Pökelfaß n.
salon [salɔ̃] m. Salon m. ; Besuchs-, Empfangs-, Wohnzimmer n. ; POP. gute Stube. | *Salon de coiffure*, Frisiersalon. | *Salon de peinture*, Gemäldeausstellung f. ; Salon. | *Salon de thé*, Teeraum m., -stube f.
salopard [salɔpa:r] m. POP. Saukerl m.
salope [-lɔp] f. POP. Schlampe f. ; übles Weib.
saloper [-lɔpe] v. tr. POP. pfuschen ; hinsudeln.
saloperie [-lɔpri] f. POP. [chose] Schund m. || [action] Gemeinheit f.
salopette [salɔpɛt] f. Latzhose f. ; [vêtement de travail] Monteuranzug m. ; Overall m. ; Arbeitskittel m.
salpêtre [salpɛ:tr] m. CHIM. Salpeter m.
salpêtrer [-tre] v. tr. mit Salpeter überziehen.
salsifis [salsifi] m. BOT. Haferwurz f. | *Salsifis noir, d'Espagne*, Schwarzwurzel f.
saltimbanque [saltɛ̃bɑ̃:k] m. Seiltänzer m. ; Gaukler m. ; Bänkelsänger m.
salto [salto] m. SPORT. Salto m. | *Salto arrière*, Rückwärtssalto.
salubre [saly:br] adj. heilsam ; heilkräftig ; gesundheitsfördernd.
salubrité [-brite] f. Heilsamkeit f. ; Gesundheitspflege f.
saluer [salɥe] v. tr. grüßen ; begrüßen. | *Saluer qn chapeau bas*, tief den Hut vor jm ziehen. | *Venir saluer qn*, jm seine Aufwartung machen. || MIL. salutieren.
salure [salyr] f. Salzgehalt m.
salut [saly] m. **1.** [action de sauver ; état de celui qui est sauvé] Rettung f. ; Heil n. | *Armée du Salut*, Heilsarmee f. | *Planche de salut*, Rettungsanker m. ; Zuflucht f.
2. [prospérité ; bien] Wohl n. ; Wohlfahrt f. ; Heil n. | *Salut public*, öffentliches Wohl. | *Comité de salut public*, Wohlfahrtsausschuß m.
3. RELIG. [de l'âme] Seelenheil n. ; Seligkeit f.
4. [action de saluer] Gruß m. ; Begrüßung f. | *Salut (à toi) !*, sei mir gegrüßt ; grüß' dich ! | *À bon entendeur salut !*, wer Ohren hat, der höre ! | *Rendre le salut*, den Gruß erwidern. || MIL. Ehrenbezeigung f.
salutaire [-tɛ:r] adj. heilsam ; zuträglich ; bekömmlich.
salutation [-tasjɔ̃] f. Gruß m. ; Begrüßung f. | *Mes salutations distinguées*, mit vorzüglicher Hochachtung ; mit meinen besten Grüßen. || RELIG. *Salutation angélique*, Englischer Gruß.
salve [salv] f. Salve f. ; Lage f. | *Tirer une salve en l'honneur de qn*, für jn Ehrensalut schießen. || FIG. *Salve d'applaudissements*, Beifallssturm m.
Samaritain [samaritɛ̃] n. pr. m. Samariter m. | *Le Bon Samaritain*, der barmherzige Samariter.
samba [sɑ̃mba] f. Samba f.
samedi [samdi] m. Sonnabend m. ; Samstag m. | *Samedi saint*, Karsamstag ; Ostersonnabend.
samouraï [samuraj] m. Samurai m.
samovar [samɔva:r] m. Samowar m.

samurai [samuraj] m. V. SAMOURAÏ.

sanatorium [sanatɔrjɔm] m. Sanatorium (pl. ien) n. ; Lungenheilstätte f. ; Heilanstalt f.

sanctification [-fikasjɔ̃] f. Heiligung f. ; Seligmachung f. | *Sanctification du dimanche*, Heilighaltung (f.) des Sonntags ; Sonntagsheiligung.

sanctifier [-fje] v. tr. heiligen ; heilig halten.

sanction [sɑ̃ksjɔ̃] f. [approbation] Sanktion(ierung) f. ; Verleihung (f.) von Gesetzeskraft ; Genehmigung f. ; Bestätigung f. || [conséquence ; mesure] Sanktion f. ; Maßnahme f. ; Maßregelung f.

sanctionner [-sjɔne] v. tr. sanktionieren ; Gesetzeskraft verleihen ; bestätigen. || PAR EXT. (be)strafen.

sanctuaire [sɑ̃ktɥɛ:r] m. Heiligtum n. ; Sanktuarium n. || FIG. geweihte Stätte.

sandale [sɑ̃dal] f. Sandale f.

sandalette [-lɛt] f. Sandalette f.

sandre [sɑ̃:dr] m. ZOOL. Zander m.

sandwich [sɑ̃dwitʃ] m. (pl. **sandwiches**) Sandwich n. ; belegtes Brötchen. | *Sandwich au jambon*, Schinkenbrötchen. | *Homme-sandwich*, Sandwichmann m.

sang [sɑ̃] m. **1.** Blut n. | *Sang artériel*, arterielles Blut. | *Sang veineux*, venöses Blut. | *À sang chaud, froid*, heiß-, kaltblütig. | *Couvert de sang*, blutbedeckt, -überströmt. | *Animal à sang chaud*, Warmblüter m. | *Circulation du sang*, Blutkreislauf m. | *Coup de sang*, Gehirnschlag m. ; Schlaganfall m. | *Donneur de sang*, Blutspender m. | *Perte de sang*, Blutverlust m. ; Verbluten n. | *Transfusion de sang*, Blutübertragung f. | *En sang*, blutig ; blutend. | *Étancher le sang*, das Blut stillen. | *Être tout en sang*, blutüberströmt sein. | *Le sang monte à la tête*, das Blut steigt in den Kopf. | *Perdre tout son sang*, verbluten. | *Répandre, Verser le sang*, Blut vergießen.
2. [race] Blut n. ; Geblüt n. ; Geschlecht n. ; Geburt f. ; Rasse f. ; Ab-, Herkunft f. ; Verwandtschaft f. | *Sang bleu*, blaues Blut ; adeliges Blut. | *Berlinois pur sang*, Stock-, Urberliner m. | *Droit du sang*, Geburtsrecht n. | *Liens du sang*, Blutsbande n. pl. | *Prince du sang*, Prinz (m.) von Geblüt.
3. [vie] Blut n. ; Leben n. | *Donner son sang pour*, sein Leben für... lassen. | *Épargner le sang*, Menschenleben schonen.
4. LOC. *Avoir le sang chaud, bouillant*, heißes Blut haben ; ein Hitzkopf sein. | *Ne pas avoir de sang dans les veines*, keinen Mumm in den Knochen haben ; Fischblut haben. | *Ils ont du sang sur les mains*, Blut klebt an ihren Händen. | *Son sang ne fit qu'un tour*, es lief ihm alles Blut zum Herzen. | *Se faire du mauvais sang*, Kummer haben. | *Mettre un pays à feu et à sang*, ein Land mit Feuer und Schwert verheeren. | *Payer de son sang*, mit seinem Blut bezahlen. | *Il se ronge les sangs*, der Kummer nagt an ihm. | *Suer sang et eau*, Blut und Wasser schwitzen.

sang-froid [-frwa] m. Kaltblütigkeit f. ; Gelassenheit f.
◇ loc. adv. **de sang-froid,** kaltblütig ; gelassen.

sanglant, ante [-glɑ̃, ɑ̃:t] adj. blutig ; blutend. || [taché] blutbefleck. || [couleur] blutrot. | *Bataille sanglante*, verlustreiche Schlacht.

sangle [sɑ̃:gl] f. Gurt m. ; Tragband n., -riemen m. | *Lit de sangle*, Gurtbett n. || [parachute] *Sangle d'ouverture automatique*, selbsttätige Aufziehleine.

sangler [-gle] v. tr. gürten ; umgürten (inspar.) ; schnüren.

sanglier [sɑ̃glije] m. ZOOL. Wildschwein n. ; Eber m. | *Sanglier mâle*, Keiler m.

sanglot [sɑ̃glo] m. Schluchzer m. ; Schluchzen n. | *Éclater en sanglots*, in Schluchzen ausbrechen.

sangloter [-glɔte] v. intr. (auf)schluchzen.

sang-mêlé [sɑ̃mɛle] m. invar. Mischling m.

sangria [sɑ̃grija] f. Sangria f.

sangsue [-sy] f. Blutegel m. | *Poser des sangsues*, Blutegel ansetzen. || FIG. Blutsauger m. ; Ausbeuter m.

sanguin, ine [-gɛ̃, in] adj. Blut... ; blutreich ; blutrot ; sanguinisch. | *Groupe sanguin*, Blutgruppe f. | *Vaisseaux sanguins*, Blutgefäße n. pl. || FIG. hitzig ; aufbrausend.

sanguinaire [-ginɛ:r] adj. blutgierig, -dürstig, -rünstig ; grausam. | *Loi sanguinaire*, grausames Gesetz. | *Combat sanguinaire*, blutiger Kampf.

sanguine [-gin] f. MINÉRAL. Blutstein m. || [craie] Rötelstift m. || [dessin] Rötelzeichnung f. || [orange] Blutorange f.

sanguinolent, ente [-ginɔlɑ̃, ɑ̃:t] adj. blutig.

sanitaire [sanitɛ:r] adj. gesundheitlich ; sanitär ; MIL. sanitätsdienstlich. | *État sanitaire*, Gesundheitszustand m. | *Service sanitaire*, Sanitätsdienst m. ; Gesundheitswesen n. | *Voiture sanitaire*, Krankenwagen m.
◇ m. pl. **sanitaires,** Sanitäranlagen f. pl.

sans [sɑ̃] prép. ohne (acc.). | *Sans force*, ohne Kraft. || (se rend aussi par un composé avec le suffixe « los »). *Sans force*, kraftlos. || LOC. *Sans cela*, ohnedies ; sonst ; andernfalls. | *Sans cérémonie*, ohne Umstände. | *Sans cesse*, unaufhörlich ; beständig. | *Sans cœur*, herzlos. | *Sans (aucun) doute*, ohne (jeden) Zweifel ; zweifellos ; sicherlich. | *Sans enfants*, kinderlos. | *Sans façon*, ohne weiteres ; ohne Umstände. | *Sans faute*, [impeccable] fehlerlos ; einwandfrei ; [à coup sûr] unfehlbar ; ganz bestimmt. | *Sans fondement*, grundlos. | *Ce n'est pas sans fondement*, das ist nicht ganz unbegründet ; das hat schon was für sich. | *Sans pareil*, beispiellos. | *Sans préjudice de*, unbeschadet (gén.). || (avec un infin.) *Sans rien dire, Sans mot dire*, ohne ein Wort zu sagen. | *Vous n'êtes pas sans savoir que*, Sie wissen wohl, daß. || (condition négative) *Sans vous, j'aurais gagné mon procès*, wären Sie nicht da gewesen, hätte ich meinen Prozeß gewonnen.
◇ loc. conj. **sans que,** ohne daß.

sans-abri [sɑ̃zabri] s. invar. Obdachlose(r) f. (m.).

sans-cœur [sɑ̃kœ:r] s. invar. herzloser, harter Mensch ; Unmensch m.

sans-culotte [sɑ̃kylɔt] m. (pl. **sans-culottes**). HIST. Sansculotte m.

sans-emploi [sɑ̃zɑ̃plwa] s. invar. Beschäftigungslose(r) f. (m.).

sans-gêne [sɑ̃ʒɛn] m. invar. Ungeniertheit f. ; Ungezwungenheit f. ; Zudringlichkeit f.

sanskrit ou **sanscrit** [sɑ̃skri] m. Sanskrit n.

sans-logis [-lɔʒi] s. invar. Obdachlose(r) f. (m.).

sansonnet [sɑ̃sɔnɛ] m. ZOOL. Star m. ; Starmatz m.

sans-patrie [sɑ̃patri] s. invar. Heimatlose(r) f. (m.).

sans-souci [-susi] s. invar. sorgloser Mensch.

santal [sɑ̃tal] m. Sandelholz n.

santé [sɑ̃te] f. Gesundheit f. | *Bonne santé*, Wohlbefinden n. | *Meilleure santé !*, gute Besserung ! | *Santé publique*, öffentliches Gesundheitswesen. | *Bon pour la santé*, bekömmlich ; heilsam. | *Plein de santé*, kerngesund. | *Bulletin de santé*, Krankenbericht m. | *État de santé*, Befinden n. ; Gesundheitszustand m. | *Maison de santé*, Erholungsheim n. ; [pour maladies nerveuses] Nervenheilanstalt f. | *Pour raison de santé*, gesundheitshalber. || MIL. *Service de santé*, Sanitätswesen n. || *À votre (bonne) santé !*, auf Ihr Wohl ! ;

prost ! | *Boire à la santé de qn*, auf js Gesundheit trinken. | *Éclater de santé*, von Gesundheit strotzen. | *Recouvrer la santé*, wieder gesund werden.

santon [sɑ̃tɔ̃] m. Krippenfigur f.

saoul, saoule [su, sul] adj. V. SOÛL, SOÛLE.

sapajou [sapaʒu] m. ZOOL. Rollschwanzaffe m.

sape [sap] f. Untergrabung f. ; Sappe f.

sapement [-pmɑ̃] m. Unterminieren n., -höhlen n.

saper [-pe] v. tr. untergraben, -höhlen, -minieren (insépar.).

saperlipopette ! [sapɛrlipɔpɛt] ou **saperlotte !** [-lɔt] interj. sapperlot ! ; verflixt ! ; eijeh !

sapeur [sapœ:r] m. Pionier m. | *Sapeur-pompier*, Feuerwehrmann m.

saphir [safi:r] m. Saphir m. ; Saphirstein m. || [électrophone] Tonabnehmer m.

saphisme [safism] m. Sapphismus m.

Sapho [safo] n. pr. f. Sappho f.

sapide [sapid] adj. schmackhaft.

sapidité [-dite] f. Schmackhaftigkeit f.

sapin [sapɛ̃] m. Tanne f. | *Sapin blanc*, Silber-, Edeltanne. | *Sapin rouge*, Rottanne ; Fichte f. | *Bois de sapin*, Tannenholz n.

sapine [-pin] f. [planche] Nadelholzbrett n. || [grue] Hebekran m., -baum m. || MAR. Fährboot n.

sapinière [-pinjɛ:r] f. Tannenwald m., -gehölz n.

saponifier [-fje] v. tr. verseifen.

Sappho [safo] V. SAPHO.

sapristi ! [sapristi] interj. verflixt ! ; verflucht !

saprophyte [saprɔfit] m. BOT. Saprophyt m.

saquer [sake] v. tr. POP. abkanzeln.

sarabande [sarabɑ̃:d] f. MUS. Sarabande f.

sarbacane [sarbakan] f. Blas-, Pusterohr n.

sarcasme [sarkasm] m. Sarkasmus m. ; bitterer Hohn ; beißender Spott ; Stichelei f.

sarcastique [-kastik] adj. sarkastisch ; höhnisch.

sarcelle [sarsɛl] f. ZOOL. Knäkente f.

sarclage [sarkla:ʒ] m. AGRIC. Jäten n.

sarcler [-kle] v. tr. AGRIC. jäten.

sarcloir [-klwa:r] m. Jäthacke f.

sarcome [sarko:m] m. MÉD. Sarkom(a) n.

sarcophage [sarkɔfa:ʒ] m. Sarkophag m. ; Steinsarg m.

Sardaigne [sardɛɲ] n. pr. f. GÉOGR. Sardinien n.

sarde [sard] adj. sard(in)isch.
◇ s. **Sarde,** Sardinier(in) m. (f.).

sardine [sardin] f. Sardine f. | *Sardine à l'huile*, Ölsardine. | *Sardine fraîche*, Sardelle f.

sardinier, ière [-nje, jɛ:r] s. Sardinenfischer(in) m. (f.), -konservenarbeiter m. (f.).

sardoine [sardwan] f. MINÉRAL. Sardonyx m.

sardonique [sardɔnik] adj. sardonisch ; hämisch ; höhnisch.

sari [sari] n. Sari m.

sarigue [sarig] f. ZOOL. Beutelratte f.

sarment [sarmɑ̃] m. BOT. (Wein)ranke f. ; Rebe f.

sarong [sarɔ̃(g)] m. Sarong m.

sarrasin, ine [sarazɛ̃, in] adj. sarazenisch.
◇ s. **Sarrasin, ine,** Sarazene m. ; Sarazenin f.
◇ m. **sarrasin.** BOT. Buchweizen m.

sarrau [saro] m. Bauern-, Arbeitskittel m.

Sarre [sa:r] n. pr. f. [rivière] Saar f. || [région] Saarland n. ; Saargebiet n.

sarriette [sarjɛt] f. BOT. Pfefferkraut n. ; Saturei f.

sarrois, oise [sarwa, wa:z] adj. saarländisch.
◇ s. **Sarrois, oise,** Saarländer(in) m. (f.).

sas [sɑ] m. [tamis] Haarsieb n. || [écluse] Schleusenkammer f. || [passage étanche] Schleuse f. || AÉRON. Mannsloch n.

sasser [sase] v. tr. durchsieben (insépar.). || MAR. durchschleusen. || PAR EXT. genau überprüfen.

Satan [satɑ̃] n. pr. m. RELIG. Satan(as) m.

satané, ée [-tane] adj. verflixt, -teufelt. | *Satané farceur*, Teufelskerl m. ; toller Bursche.

satanique [-tanik] adj. satanisch ; teuflisch.

satellite [satelit] m. Satellit m. ; Trabant m. | *(État) satellite*, Satellitenstaat m. || ASTRON. Nebenmond m. ; Satellitengestirn n. | *Satellite artificiel*, künstlicher Satellit ; Sputnik m. | *Satellite(-)espion*, Aufklärungssatellit ; Espionagesatellit. | *Satellite habité, non habité*, bemannter, unbemannter Raumflugkörper. | *Satellite météorologique*, Wettersatellit. | *Satellite scientifique*, Forschungssatellit. | *Satellite de télécommunications*, Nachrichtensatellit.

satiété [sasjete] f. Sattheit f. ; Sättigung f. | *Manger jusqu'à satiété*, sich satt essen.

satin [satɛ̃] m. Satin m. ; Atlas m. | *Satin broché*, Atlasbrokat m.

satiné, ée [-tine] adj. atlasartig ; seidig(glänzend).
◇ m. **satiné,** Seiden-, Atlasglanz m.

satiner [-tine] v. tr. glätten ; satinieren ; kalandern.

satinette [-tinɛt] f. baumwollener Satin.

satire [sati:r] f. Satire f. ; Spottgedicht n., -schrift f.

satirique [-rik] adj. satirisch ; spöttisch ; beißend ; bissig. | *Chanson satirique*, Spottlied n.
◇ m. Satiriker m.

satiriquement [-rikmɑ̃] adv. satirisch ; spöttisch.

satisfaction [satisfaksjɔ̃] f. [sentiment] Befriedigung f. ; Zufriedenheit f. ; Genugtuung f. | *Satisfaction des besoins*, Bedarfsbefriedigung. | *Satisfaction d'un engagement*, Erfüllung (f.) einer Verpflichtung. | *À la satisfaction générale*, zur allgemeinen Befriedigung. | *Donner satisfaction à qn*, jm Genugtuung geben. | *Donner des satisfactions à ses parents*, seinen Eltern Freude machen. || [réparation d'honneur] Satisfaktion f.

satisfaire [-fɛ:r] v. tr. [contenter] befriedigen ; zufriedenstellen. || [suffire] genügen. || [réparer] genugtun ; Genüge leisten. | *Satisfaire l'attente*, die Erwartung erfüllen ; der Erwartung entsprechen. | *Satisfaire un besoin (naturel)*, ein Bedürfnis verrichten. | *Satisfaire ses créanciers*, seine Gläubiger auszahlen, befriedigen. | *Satisfaire sa curiosité*, seine Neugierde befriedigen. | *On ne peut satisfaire tout le monde*, man kann es nicht jedem recht machen. || *Satisfaire à*, gerecht werden ; genügen ; entsprechen ; nachkommen. | *Satisfaire aux demandes*, den Anforderungen entsprechen. | *Satisfaire à une obligation*, einer Verpflichtung nachkommen.
◇ v. pr. **se satisfaire,** seine Wünsche befriedigen.
— SYN. : *Assouvir*, befriedigen ; sättigen. *Combler*, erfüllen. *Contenter*, zufriedenstellen. *Exaucer*, erhören.

satisfaisant, ante [-fəzɑ̃, ɑ̃:t] adj. befriedigend ; zufriedenstellend. || [suffisant] genügend ; ausreichend.

satisfait, aite [-fɛ, ɛ:t] adj. befriedigt (von) ; zufrieden (mit, *de*).

satisfecit [-fesit] m. invar. schriftliche Anerkennung ; lobendes Zeugnis.

saturant, ante [-rɑ̃, ɑ̃:t] adj. CHIM. sättigend. | *Vapeur saturante*, gesättigter Dampf.

saturateur [-ratœ:r] m. CHIM. Sättigungsmittel n. || [humidificateur] Luftbefeuchter m.

saturation [-rasjɔ̃] f. CHIM. Sättigung f.

saturé, ée [-re] adj. CHIM. gesättigt ; geschwängert ; saturiert. | *Non saturé*, ungesättigt. || FIG. übersättigt.

saturer [-re] v. tr. sättigen ; durchtränken ; saturieren ; FIG. übersättigen. | *Être saturé d'une chose*, eine Sache übersatt haben.
◇ v. pr. **se saturer,** sich sättigen (mit).

Saturne [satyrn] n. pr. m. MYTH., ASTRON. Saturn m. || CHIM. *Extrait de Saturne*, Bleiessig m.

saturnin, ine [satyrnɛ̃, in] adj. bleifarben ; Blei... | *Affection saturnine*, Bleikrankheit f.

saturnisme [-nism] m. Bleivergiftung f.

satyre [sati:r] m. MYTH. Satyr m. || FIG. Lüstling m.

sauce [so:s] f. Soße f. ; Sauce f. ; Tunke f. ; Brühe f. | *Sauce blanche*, weiße Buttersoße. | *Sauce meunière*, Sauce nach Müllerin Art. | *Sauce moutarde*, Senfsauce. | *Allonger une sauce*, eine Soße verlängern, strecken, verdünnen. | *Réduire une sauce*, eine Soße verdicken. | *Lier une sauce*, eine Soße binden. || FIG. *On le met à toutes les sauces*, er ist zu allem brauchbar.

saucer [-se] v. tr. eintunken ; mit Soße übergießen. || FIG., FAM. *Se faire saucer*, [pluie] durchnäßt werden.

saucier [-sje] m. Soßenkoch m.

saucière [-sjɛ:r] f. Sauciere f. ; Soßenschüssel f.

saucisse [sosis] f. Brüh-, Bratwurst f. ; Würstchen n. | *Saucisses de Francfort*, Frankfurter Würstchen n. pl. || MIL. [ballon] Beobachtungs-, Fesselballon m.

saucisson [-sɔ̃] m. (Schnitt)wurst f. | *Saucisson sec*, Dauer-, Trockenwurst. | *Saucisson fumé*, Salami f. | *Peau de saucisson*, Wurstpelle f.

sauf, sauve [sof, so:v] adj. unbeschädigt ; wohlbehalten ; unverletzt. | *S'en tirer sain et sauf*, mit heiler Haut davonkommen. | *L'honneur est sauf*, die Ehre bleibt unangetastet.
◇ prép. [sans blesser] unbeschadet (gén.). | *Sauf le respect que je vous dois*, bei allem schuldigen Respekt. || [à la réserve de] mit Vorbehalt (gén.) ; abgesehen von (dat.). | *Sauf dispositions contraires*, sofern nichts Gegenteiliges bestimmt ist. | *Sauf erreur*, Irrtum vorbehalten. || [à l'exception de] ausgenommen (acc.) ; mit Ausnahme von (dat.) ; bis auf (acc.). | *Sauf à* (infin.), mit dem Vorbehalt, daß.
◇ loc. conj. **sauf que,** außer daß.

sauf-conduit [-kɔ̃dɥi] m. (pl. **sauf-conduits**) Geleitbrief m. ; Passierschein m.

sauge [so:ʒ] f. BOT. Salbei f. et m.

saugrenu, ue [sogrənу] adj. albern ; töricht ; skurril.

saulaie [solɛ] f. BOT. Weidengebüsch n.

saule [so:l] m. BOT. Weide f. | *Saule argenté*, Silberweide. | *Saule blanc*, Pappelweide. | *Saule pleureur*, Trauerweide.

saumâtre [soma:tr] adj. brackig ; salzig. | *Eau saumâtre*, Brackwasser n. || FIG., FAM. bitter.

saumon [somɔ̃] m. ZOOL. Lachs m. ; Salm m.
◇ adj. lachsfarben.

saumoné, ée [-mɔne] adj. lachsartig. | *Truite saumonée*, Lachsforelle f.

saumure [somy:r] f. Salzbrühe f. ; Salzlake f. ; Lauge f. ; Pökelbrühe f.

saumuré, ée [-re] adj. gepökelt.

sauna [sona] m. Sauna f.

sauner [-ne] v. intr. Salz sieden, gewinnen.

saupoudrage [sopudra:ʒ] m. Streuung f. || FIG. Gießkannenprinzip n.

saupoudrer [-dre] v. tr. mit Salz, Zucker, Mehl bestreuen. | *Saupoudrer de sel*, übersalzen (insépar.). | *Saupoudrer de sucre*, überzuckern (insépar.). || FIG. würzen (mit).

saur [sɔ:r] adj. geräuchert. | *Hareng saur*, Bücking m. ; POP. Bückling m.

saurer [sɔre] v. tr. räuchern.

saussaie [sosɛ] f. Weidengebüsch n., -dickicht n.

saut [so] m. Sprung m. ; Satz m. || FAM. Hupfer m. ; Hopser m. || [chute] Sturz m. ; Fall m. || *Saut en hauteur*, Hochsprung. | *Saut en longueur*, Weitsprung. | *Saut périlleux*, Salto mortale m. ; Todessprung. | *Triple saut*, Dreisprung. | *Saut à l'écart*, Grätschsprung. | *Saut à la perche*, Stabhochsprung. | *Saut à pieds joints*, Sprung aus dem Stand. | *Saut de carpe*, Hechtsprung. | *Saut de haies*, Hürdenspringen n. | *Saut d'obstacles*, Hindernissprung. | *Saut en arrière*, Rücksprung. | *Saut en profondeur*, Tiefsprung. | *Au saut du lit*, beim Aufstehen. | *Par sauts*, sprungweise. || FIG. *Faire un saut chez qn*, bei jm vorbeischauen ; auf einen Sprung zu jm kommen.
— SYN. : *Bond*, Sprung.

saut-de-lit [sodli] m. (pl. **sauts-de-lit**) Morgenrock m.

saute [so:t] f. *Saute de lumière*, Aufflackern n. | *Saute de vent*, Umspringen (n.), Umschlagen (n.) des Windes. || FIG. *Saute d'humeur*, Stimmungsumschwung m.

sauté, ée [sote] adj. gebraten. | *Pommes sautées*, Schwenkkartoffeln f. pl.
◇ m. **sauté.** *Sauté de veau*, Kalbsragout n.

saute-mouton [sotmutɔ̃] m. invar. Bockspringen n.

sauter [-te] v. intr. **1.** springen. || [sautiller] hüpfen ; hopsen. | *Sauter à bas de son cheval*, sich aus dem Sattel schwingen. | *Sauter à bas du lit*, aus dem Bett springen. | *Sauter à la corde*, Seil springen. | *Sauter à pieds joints*, mit gleichen Füßen springen. | *Sauter avec élan*, mit Anlauf springen. | *Sauter comme un cabri*, Bocksprünge vollführen (insépar.). | *Sauter de branche en branche*, von Ast zu Ast hüpfen. | *Sauter de joie*, vor Freude hüpfen ; Freudensprünge machen. | *Sauter en bas*, hinabspringen. | *Sauter en parachute*, mit dem Fallschirm abspringen. | *Sauter par la fenêtre*, aus dem Fenster springen ; zum Fenster hinausspringen. || SENS DÉRIVÉS : [ressort] (ab)schnellen ; [exploser] auffliegen ; in die Luft springen, knallen ; [bouchon] aufspringen ; [chaîne] ausspringen ; [fusible] durchschlagen (sépar.) ; [vent] umspringen, -schlagen (sépar.) ; [bouton] abspringen.
2. faire sauter : *Faire sauter le bouchon*, den Pfropfen knallen lassen. | *Faire sauter un lien*, ein Band brechen. | *Faire sauter un pont, une porte*, eine Brücke sprengen ; eine Tür aufsprengen. | *Faire sauter la banque*, die Bank sprengen.
3. LOC. *Sauter au cou de qn*, jm um den Hals fallen. | *Sauter à la gorge de qn*, jm an die Gurgel springen. | *Cela saute aux yeux*, das springt, fällt in die Augen.
4. FAM., POP. *Et que ça saute !*, nun mal los.
◇ v. tr. überspringen (insépar.) || [en lisant] überlesen (insépar.). | *Sauter un fossé*, über einen Graben springen ; einen Graben überspringen (insépar.). | *Faire sauter un fossé à son cheval*, sein Pferd über einen Graben sprengen. | *Sauter deux mètres*, [hauteur] zwei Meter hoch springen ; [longueur] zwei Meter weit springen. | *Sauter le mur*, über die Mauer steigen. | *Sauter l'obstacle*, das Hindernis nehmen. || PAR EXT. *Sauter une classe*, eine Klasse überspringen. | *Sauter plusieurs pages*, mehrere Seiten überschlagen, -springen.

sauterelle [-trɛl] f. Heuschrecke f. ; Heupferdchen n. || TECHN. Schmiege f.

sauterie [-tri] f. kleiner Tanzabend.

sauteur, euse [-tœ:r, ø:z] s. (Kunst)springer(in) m. (f.) | *Sauteur en hauteur, en longueur*, Hoch-, Weitspringer.
◇ f. **sauteuse.** CULIN. Schmorpfanne f.

sautillant, ante [sotijɑ̃, ɑ̃:t] hüpfend ; tänzelnd. || [flamme] züngelnd ; flackernd.

sautillement [-jmɑ̃] m. Hüpfen n. ; Tänzeln n.

sautiller [-je] v. intr. hüpfen ; hopsen ; tänzeln.

sautoir [sotwa:r] m. [collier] lange Halskette. | *Porter en sautoir*, um den Hals tragen. || SPORT. Sprunggrube f.

sauvage [sova:ʒ] adj. wild ; roh ; rauh. || [sans soin] ungepflegt. || FIG. (menschen)scheu ; ungesellig. || *Bêtes sauvages*, wilde Tiere n. pl. | *Canard sauvage*, Wildente f. | *Pays sauvage*, ödes, unkultiviertes Land. | *Plantes sauvages*, wildwachsende Pflanzen f. pl. | *Retourner à l'état sauvage*, verwildern.
◇ s. primitiver Mensch ; Wilde(r) f. (m.) | *Quel sauvage !*, was für ein Flegel ! | *Vivre en sauvage*, ganz zurückgezogen leben ; ein Eigenbrötler sein.

sauvagement [-ʒmɑ̃] adv. auf eine wilde, rohe Weise.

sauvageon [-ʒɔ̃] m. BOT. Wildling m. || PAR EXT. Naturbursche m. ; menschenscheues Kind.

sauvagerie [-ʒri] f. Wildheit f. ; Roheit f. || FIG. Menschenscheu f. ; Ungeselligkeit f.

sauvagine [-ʒin] f. [peau] Wildbalg m. || [oiseau] Wasservogel m.

sauvegarde [sovgard] f. Schutz m. ; Schirm m. ; Sicherung f. ; Wahrung f. ; Behütung f. | *Clause de sauvegarde*, Vorbehaltsklausel f.

sauvegarder [-de] v. tr. schützen ; sichern ; verwahren ; behüten.

sauve-qui-peut [-kipø] m. allgemeines Ausreißen.

sauver [sove] v. tr. retten ; erretten. || [cacher] bergen ; in Sicherheit bringen. || [libérer] befreien. || RELIG. erlösen. | *Sauver de la mort*, aus Todesgefahr erretten. | *Sauver la vie à qn*, jm das Leben retten. || FIG. *Sauver les apparences*, den äußeren Schein wahren.
◇ excl. **sauve qui peut !,** rette sich, wer kann !
◇ v. pr. **se sauver,** sich (er)retten. || [s'en aller] entfliehen ; IRON. abhauen. || FAM. *Je me sauve*, ich gehe. | *Se sauver à toutes jambes*, die Beine in die Hand nehmen ; POP. sich im Nu verduften. | *Se sauver d'un danger*, sich aus einer Gefahr retten. | *Le potage se sauve*, die Suppe kocht über.

sauvetage [-vta:ʒ] m. Rettung f. ; Errettung f. ; Bergung f. | *Canot de sauvetage*, Rettungsboot n. | *Gilet de sauvetage*, Schwimmweste f.

sauveteur [-vtœ:r] m. Retter m. ; Erretter m. ; Bergungsmann m.

sauvette (à la) [alasovɛt] loc. adv. FAM. heimlich ; verstohlen ; in aller Eile. | *Vendre à la sauvette*, schwarz verkaufen.

sauveur [sovœ:r] adj. rettend.
◇ m. Retter m. ; Erretter m. | *Vous êtes mon sauveur*, Sie sind mein Retter aus der Not. || RELIG. *Le Sauveur*, der Erlöser ; der Heiland.

savamment [savamɑ̃] adv. gelehrt ; mit Sachkenntnis.

savane [savan] f. Savanne f. ; Grassteppe f.

savant, ante [savɑ̃, ɑ̃:t] adj. [personne] wissend ; gelehrt ; sachkundig. || [habile] bewandert ; geschickt. || [chose] kunstvoll. || [informé] wohl unterrichtet. || [étudié] durchdacht. | *Société savante*, Gelehrtenvereinigung f. || [dressé] abgerichtet ; dressiert. | *Animaux savants*, dressierte Tiere n. pl.
◇ s. Gelehrte(r) f. (m.) ; Wissenschaftler(in) m. (f.) ; Forscher(in) m. (f.). | *Savant atomiste*, Atomforscher.

savarin [savarɛ̃] m. CULIN. Napfkuchen m.

savate [savat] f. alter Pantoffel ; Latschen m. || POP. *Traîner la savate*, dahinschleichen, -schlürfen ; FIG. kümmerlich sein Leben fristen.

Saverne [savɛrn] n. pr. f. GÉOGR. Zabern n. | *Col de Saverne*, Zaberner Steige f.

saveur [savœ:r] f. Geschmack m. ; Würze f. | *Sans saveur*, fade. | *Saveur agréable*, Wohlgeschmack. | *Manque de saveur*, Geschmacklosigkeit f.

Savoie [savwa] n. pr. f. GÉOGR. Savoyen n.

savoir [savwa:r] v. tr. wissen ; kennen ; können. || [langue] können. || [être ferré] beschlagen sein ; verstehen ; vermögen ; imstande sein.

1. (employé seul) *Je ne sais (pas)*, ich weiß, kann nicht. | *(Autant) que je sache*, meines Wissens ; soviel ich weiß. | *Pas que je sache*, nicht daß ich wüßte. | *Est-ce que je sais ? ; que sais-je, moi ?*, wie kann ich denn das wissen ? | *Si j'avais su !*, hätte ich gewußt ! | *Tu ne sais pas ?*, weißt du was ? | *Comme vous savez*, wie Sie wissen. | *Comme chacun sait*, bekanntlich. | *Ça se sait*, es wird ruchbar, offenkundig, bekannt. | *Dieu sait*, weiß Gott. | *Sait-on jamais ? ; On ne sait jamais*, man kann nie wissen. || [excl.] *(À) savoir*, das ist noch die Frage ; [énumération] und zwar ; nämlich. | *(Celui) qui sait*, wissend. | *(Celui) qui ne sait pas*, unkundig. || [manière] *Savoir d'avance*, vorherwissen. | *Savoir par cœur*, auswendig wissen. | *Savoir sur le bout des doigts*, an den Fingern hersagen können.

2. (avec des noms compl.) *L'affaire que vous savez*, die bewußte Sache. | *Savoir l'allemand*, Deutsch können, sprechen. | *Nous vous saurions gré de*, wir wären Ihnen zu Dank verpflichtet, wenn. | *Savoir sa leçon*, seine Lektion können. | *La personne que vous savez*, der, die Bewußte.

3. (avec un pron.) *En savoir long*, ein umfassendes Wissen haben ; IRON. ein schlauer Fuchs sein. | *Sachez-le !*, daß Sie es wissen ! | *Sans que je le sache*, ohne mein Vorwissen. | *Sans le savoir*, unbewußt. | *Je le sais très poli*, ich kenne ihn als sehr höflich. | *Qu'en savez-vous ?*, was wissen Sie davon ? ; das können Sie gar nicht wissen. | *J'en sais qch.*, ich kann davon erzählen, ein Lied davon singen. | *Je ne sais qui*, ich weiß nicht wer. | *Je ne sais quoi*, ich weiß nicht was. | *Un je-ne-sais-quoi*, ein gewisses Etwas. | *Je ne sais quoi de sympathique*, irgendwie etwas Sympathisches. | *Je n'en sais rien*, ich weiß nichts davon.

4. (à l'infinitif) *Affecter de ne pas savoir*, ignorieren. | *Je ne suis pas sans savoir*, ich weiß sehr wohl ; es ist mir nicht unbekannt, daß. | *C'est bon à savoir*, es ist gut, daß ich es weiß. | *Je suis bien placé pour le savoir*, ich muß es doch am besten wissen. | *Faire savoir*, bekanntmachen. | *Faire savoir qch. à qn*, jm etwas wissen lassen ; jm etwas mitteilen, zur Kenntnis bringen. | *Tout finit par se savoir*, es kommt doch alles an den Tag ; es ist nichts so fein gesponnen, es kommt doch endlich an die Sonnen. | *Reste à savoir si*, (es) fragt sich nur, ob. | *Il ne veut rien savoir*, er will nichts davon wissen, hören.

5. (suivi d'un infinitif) *Il ne sait où donner de la tête*, er weiß weder aus noch ein. | *Je ne sais que faire*, ich bin ganz ratlos. | *On ne saurait nier que*, es läßt sich nicht leugnen, daß.

savoir [savwa:r] m. Wissen n. ; Wissenschaft f. ; Kenntnisse f. pl. ; Gelehrsamkeit f. | *Soif, Désir de savoir*, Wissensdrang m.
— SYN. : *Connaissance*, Kenntnis.

savoir-faire [-fɛ:r] m. invar. Geschick n. ; Geschicklichkeit f. ; Gewandtheit f. ; Anstelligkeit f. || COMM. Know-how n. ; technisches Können.

savoir-vivre [-vi:vr] m. invar. Lebensart f. ; Manieren f. pl. ; Umgangsformen f. pl. | *Avoir du savoir-vivre*, Lebensart haben. | *Manque de savoir-vivre*, Ungeschliffenheit f.

savon [savɔ̃] m. Seife f. | *Savon noir*, Schmierseife. | *Savon aux amandes*, Mandelseife. | *Savon à barbe*, Rasierseife. | *Savon de Marseille*, Kernseife. | *Savon en paillettes*, Seifenflocken f. pl. | *Bulle de savon*, Seifenblase f. | *Un pain de savon*, ein Riegel Seife. | *Fabriquer, Faire du savon*, Seife kochen, sieden. || FIG. [réprimande] Rüffel m. ; Wischer m. | *Passer un savon à qn*, jm den Kopf waschen.

savonnage [-vɔna:ʒ] m. Einseifen n.

savonner [-vɔne] v. tr. einseifen ; mit Seife (durch)-waschen. || FIG., FAM. [réprimander] *Savonner (la tête de) qn*, jm den Kopf waschen.

savonnerie [-vɔnri] f. Seifenfabrik f., -siederei f.

savonnette [-vɔnɛt] f. Toilettenseife f.

savonneux, euse [-vɔnø, ø:z] adj. seifig ; voller Seife ; seifenartig. | *Eau savonneuse*, Seifenwasser n.

savourer [savure] v. tr. (aus-, durch)kosten ; genießen ; sich (an etwas, dat.) laben.

savoureux, euse [-rø, ø:z] adj. schmackhaft ; köstlich ; saftig ; lecker.

savoyard, arde [savwaja:r, ard] adj. savoyisch.
◇ s. **Savoyard, arde,** Savoyer(in) m. (f.).

Saxe [saks] n. pr. f. GÉOGR. Sachsen n. | *Porcelaine de Saxe*, Meißner Porzellan n.

saxon, onne [saksɔ̃, ɔn] adj. sächsisch.
◇ s. **Saxon, onne,** Sachse m. ; Sächsin f.

saxophone [saksɔfɔn] m. MUS. Saxophon n.

saynète [sɛnɛt] f. THÉÂTRE. kleines Lustspiel.

sbire [sbi:r] m. Häscher m. ; Scherge m. ; Büttel m. ; Sbirre m.

scabreux, euse [skabrø, ø:z] adj. bedenklich ; heikel ; schlüpfrig ; anstößig. | *Affaire scabreuse*, bedenkliche, heikle Angelegenheit. | *Conte scabreux*, schlüpfrige Erzählung.

scalaire [skalɛ:r] adj. Skalar... | *Produit scalaire*, Skalarprodukt n.

scalp [skalp] m. Kopfhaut f. ; Skalp m.

scalpel [-pɛl] m. Seziermesser n. ; Skalpell n.

scalper [-pe] v. tr. skalpieren.

scandale [skɑ̃dal] m. Skandal m. ; Ärgernis n. ; Anstoß m. || [honte] Schande f. || [indignation] Entrüstung f. || *Cause, Sujet de scandale*, Stein (m.) des Anstoßes. | *Étouffer un scandale*, einen Skandal vertuschen. | *C'est un scandale*, es ist eine Schande. | *Faire scandale*, (viel) Staub aufwirbeln.

scandaleux, euse [-lø, ø:z] adj. empörend ; unerhört ; schockierend ; skandalös.

scandaliser [-lize] v. tr. *Scandaliser qn*, jn skandalisieren ; bei jm Anstoß erregen ; jn entrüsten.
◇ v. pr. **se scandaliser,** an etwas (dat.) Anstoß nehmen ; sich über etwas (acc.) ärgern.

scander [skɑ̃de] v. tr. skandieren ; nach Versfüßen lesen ; quantitieren. || PAR EXT. *Scander ses paroles*, Wort für Wort betonen.

scandinave [skɑ̃dinav] adj. skandinavisch.
◇ s. **Scandinave,** Skandinavier(in) m. (f.).

Scandinavie [-vi] n. pr. f. Skandinavien n.

scanner [skanɛr] m. MÉD. Scanner m. ; Computertomograph m.

scanographe [skanɔgraf] m. MÉD. V. SCANNER.

scanographie [-fi] f. MÉD. Computertomographie f.

scaphandre [skafɑ̃:dr] m. Taucheranzug m. ; Tauchgerät n.

scaphandrier [-drije] m. Taucher m.

scapulaire [skapylɛ:r] m. RELIG. Skapulier n. ; Schulterband n. || MÉD. Schulter(trage)gurt m.
◇ adj. Schulter...

scarabée [skarabe] m. Käfer m. ; Mistkäfer m.

scarificateur [skarifikatœ:r] m. AGRIC. Reißpflug m. || MÉD. Schröpfeisen n., -kopf m.

scarification [-sjɔ̃] f. MÉD. Skarifikation f.

scarifier [-fje] v. tr. MÉD. skarifizieren.

scarlatine [skarlatin] f. Scharlach m.

scarole [skarɔl] f. BOT. Zaunlattich m. ; Eskariol m.

scatologique [skatɔlɔʒik] adj. dreckig ; schmutzig ; scatologisch.

sceau [so] m. amtliches Siegel ; Petschaft n. || [marque] Siegelabdruck m. | *Sceau officiel*, Amtssiegel. | *Sceaux de l'État*, Staatssiegel. || HIST. *Garde des Sceaux*, Großsiegelbewahrer m. ; französischer Justizminister. | *Apposer, Mettre son sceau*, sein Siegel aufdrücken ; mit seinem Siegel versehen. || FIG. *Sous le sceau du secret*, unter dem Siegel der Verschwiegenheit ; streng geheim.

sceau-de-Salomon [sodesalomɔ̃] m. (pl. **sceaux-de-Salomon**) BOT. Weißwurz f.

scélérat, ate [selera, at] adj. verbrecherisch ; ruchlos.
◇ m. **scélérat,** Verbrecher m. ; Schuft m. ; Schurke m. ; abgefeimter Bösewicht.

scellement [sɛlmɑ̃] m. TECHN. Verkitten n. ; Ver-, Zugießen n. ; Einlassen n.

sceller [-le] v. tr. (amtlich) versiegeln. || TECHN. verkitten ; einmauern ; hermetisch verschließen ; zuschmelzen.

scellés [-le] m. pl. gerichtliches Siegel ; gerichtliche Verriegelung. | *Apposer, Mettre les scellés à qch.*, etwas gerichtlich versiegeln. | *Lever les scellés*, die Siegel abnehmen.

scénario [senarjo] m. Szenario n. ; Szenenentwurf m. || FILM. Drehbuch n.

scénariste [-rist] s. Drehbuchautor(in) m. (f.)

scène [sɛ:n] f. [partie d'un théâtre] Szene f. ; Bühne f. || PAR EXT. Theater n. ; Bretter n. pl. ; dramatische Kunst. | *Scène tournante*, Drehbühne. | *Avant-scène*, Vorderbühne. | *Scène en plein air*, Freilichtbühne. | *Effet de scène*, Theatereffekt m. ; Bühnenwirkung f. | *Metteur en scène*, Regisseur m. ; Spielleiter m. | *Mise en scène*, Inszenierung f. | *Adapter à la scène*, für die Bühne bearbeiten. | *Entrer en scène*, auftreten. | *Porter qch. à la scène*, etwas auf die Bühne bringen ; etwas dramatisch verarbeiten. | *Tenir la scène*, sich lange oben halten ; lange gespielt werden. || [lieu de l'action] Szene f. ; Schauplatz m. | *La scène se passe à*, das Stück spielt in. || [partie d'un acte] Szene f. ; Auftritt m. | *Scène d'amour*, Liebesszene. || FIG. [altercation] Szene f. | *Scène de ménage*, Ehekrach m. | *Faire une scène à qn*, jm eine Szene machen.

scénique [senik] adj. szenisch ; bühnenwirksam ; Bühnen... ; Theater...

scepticisme [sɛptisism] m. Skeptizismus m. ; Skepsis f. || [maladif] Zweifelsucht f.

sceptique [-tik] adj. skeptisch ; zweifelnd ; abwartend ; ungläubig.
◇ s. Skeptiker(in) m. (f.) ; Zweifler(in) m. (f.).

sceptre [sɛptr] m. Zepter m. et n. ; Herrscherstab m.

Schaffhouse [ʃafu:z] n. pr. f. GÉOGR. Schaffhausen n.

schako [ʃako] m. MIL. Tschako m.

schéma [ʃema] m. Schema n. ; Plan m. ; Grundzeichnung f. ; Entwurf m. | *Faire un schéma*, einen

Entwurf skizzieren. || ÉLECTR. *Schéma de branchement*, Schaltschema. n. | *Schéma de câblage*, Verdrahtungsplan m. | *Schéma de circuit électrique*, Stromlaufplan m.
schématique [-tik] adj. schematisch ; skizzenhaft.
schématiser [-tize] v. tr. schematisieren ; vereinfachen.
schématisme [-tism] m. Schematismus m.
schème [ʃɛ:m] m. PHILOS. Schema n.
schismatique [ʃismatik] adj. RELIG. schismatisch ; abtrünnig ; abgefallen.
◇ s. Schismatiker m. ; Abtrünnige(r) f. (m.).
schisme [ʃism] m. RELIG. Schisma n. ; Kirchenspaltung f. || FIG. Trennung f. ; Bruch m. ; Abfall m.
schiste [ʃist] m. GÉOL. Schiefer m. | *Schiste bitumineux*, Ölschiefer.
schisteux, euse [-tø, ø:z] adj. schieferig ; Schiefer... | *Argile schisteuse*, Schieferton m.
schizophrène [-frɛn] adj. MÉD. schizophren ; gefühlsgespalten.
◇ s. Schizophrene(r) f. (m.).
schizophrénie [-freni] f. MÉD. Spaltungsirresein n. ; Schizophrenie f. ; Seelenspaltung f.
schlague [ʃlag] f. Stockprügel m. ; Prügelstrafe f.
schlitte [ʃlit] f. Holz(transport)schlitten m.
schlitter [-te] v. tr. Holz auf Schlitten beförden.
schnauzer [ʃnawzɛr] m. ZOOL. Schnauzer m.
schnock ou **schnoque** [ʃnɔk] m. POP. *Un vieux schnock*, ein alter Knacker.
schooner [skunœr] m. MAR. Schoner m.
schuss [ʃus] m. SPORT. Schuß m. | *Descendre (en) schuss*, Schuß fahren.
sciage [sja:ʒ] m. Durch-, (Zer)sägen n. | *Bois de sciage*, Schnittholz n.
sciatique [sjatik] f. MÉD. Hüftschmerzen m. pl. ; Lendengicht f. ; Ischias f.
scie [si] f. [instrument] Säge f. | *Scie circulaire*, Kreissäge. | *Scie à chantourner*, Rund-, Schweifsäge. | *Scie à métaux*, Metallsäge. | *Scie à ruban*, Bandsäge. | *Scie à découper*, Laubsäge. | *Scie égoïne*, *passe-partout*, Fuchsschwanz m. | *Lame de scie*, Sägeblatt n. | *Scie musicale*, singende Säge. || [poisson] Sägefisch m. || FIG. Schlager m. | *Quelle scie !*, es ist nicht zum Aushalten ; welche Nervensäge !
sciemment [sjamɑ̃] adv. wissentlich ; mit Absicht ; bewußt.
science [sjɑ̃:s] f. Wissen n. ; Wissenschaft f. ; Kenntnis f. ; Gelehrsamkeit f. | *Science appliquée*, angewandte Wissenschaft. | *Science fondamentale*, reine Wissenschaft. | *Sciences exactes*, mathematische Wissenschaften f. pl. | *Sciences humaines*, Geisteswissenschaften. | *Sciences naturelles*, Naturwissenschaften. || *Avoir la science infuse*, die Weisheit mit Löffeln gegessen haben. | *C'est un puits de science*, er ist grundgelehrt.
scientifique [sjɑ̃tifik] adj. (natur)wissenschaftlich.
◇ s. Naturwissenschaftler(in) m. (f.).
scientisme [-tism] m. Wissenschaftsgläubigkeit f.
scier [sje] v. tr. zer-, ab-, durchsägen. | *Scier des planches*, Bretter schneiden. | *Scier un arbre*, einen Baum umsägen. | *Scier du bois*, Holz zersägen.
scierie [siri] f. Sägewerk n., -mühle f.
scieur [sjœ:r] m. Säger m.
scinder [sɛ̃de] v. tr. zer-, (auf)spalten ; trennen ; zer-, aufteilen.
scintillant, ante [sɛ̃tijɑ̃, ɑ̃:t] adj. flimmernd ; funkelnd ; schimmernd.
scintillateur [-jatœ:r ou -llatœ:r] m. PHYS. Szintillator m.
scintillation [-jasjɔ̃] f. ou **scintillement** [-jmɑ̃] m. Funkeln n. ; Flimmern n. ; Schimmern n. ; Glitzern n. || PHYS. Szintillation f. | *Compteur à scintillations*, Szintillationszähler m.
scintiller [-je] v. intr. funkeln ; glänzen ; gleißen ; schimmern ; flimmern ; glitzern ; blinken.
scion [sjɔ̃] m. Schößling m.
scission [-sjɔ̃] f. Spaltung f. ; Trennung f.
scissiparité [-siparite] f. Vermehrung (f.) durch Spaltung.
scissure [sisy:r] f. Spaltung f. ; Furche f.
sciure [sjy:r] f. Sägemehl n.
sclérose [sklero:z] f. MÉD. Sklerose f. ; Verhärtung f. ; Verkalkung f. ; Verknöcherung f.
sclérosé, ée [-roze] adj. verkalkt ; verhärtet ; verknöchert.
sclérotique [-rotik] f. ANAT. Lederaugenhaut f. ; weiße Augenhaut.
scolaire [skɔlɛ:r] adj. schulisch ; Schul... | *Année scolaire*, Schuljahr n. | *Fête scolaire*, Schulfest n.
scolarisation [-larizasjɔ̃] f. Einschulung f. ; Schulbesuch m.
scolarité [-larite] f. Schulzeit f., -besuch m. | *Scolarité obligatoire*, allgemeine Schulpflicht. | *Âge de scolarité*, schulpflichtiges Alter.
scolastique [skɔlastik] adj. HIST. scholastisch.
◇ f. Scholastik f.
◇ m. Scholastiker m.
scoliose [skɔljo:z] f. MÉD. Skoliose f. ; seitliche Wirbelsäulenverkrümmung f.
scolopendre [skɔlɔpɑ̃:dr] f. ZOOL. Tausendfüß(l)er m. || BOT. Hirschzunge f.
scooter [skutœ:r] m. Motorroller m.
scootériste [-terist] s. Rollerfahrer(in) m. (f.).
scorbut [skɔrbyt] m. MÉD. Skorbut m.
scorbutique [-tik] adj. MÉD. skorbutkrank ; skorbutisch.
score [skɔ:r] m. SPORT. Punktzahl f. | *Score définitif*, Endergebnis n.
scorie [skɔri] f. Schlacke f.
scorpion [skɔrpjɔ̃] m. ZOOL. Skorpion m.
scorsonère [skɔrsɔnɛ:r] f. BOT. Schwarzwurzel f.
scotch [skɔtʃ] m. [whisky] Scotch m.
Scotch m. (nom déposé) [ruban adhésif] Klebeband n. ; Tesafilm m. (Wz.).
scout [skut] m. Pfadfinder m.
scoutisme [-tism] m. Pfadfindertum n., -bewegung f.
scribe [skrib] m. Schreiber m. || RELIG. Schriftgelehrter m. ; Abschreiber m. || PÉJOR. Skribifax m. ; Skribent m.
scribouillard [-buja:r] m. POP. Schreiberling m. ; Federfuchser m.
script [skript] m. [écriture] Blockschrift f. || FILM. Drehbuch n.
scripteur [-tœ:r] m. Schreiber m.
script-girl [-tgœrl] f. FILM. Skriptgirl n.
scriptural, ale, aux [-tyral, o] adj. biblisch. || *Monnaie scripturale*, Buch-, Giralgeld n.
scrotum [skrɔtɔm] m. ANAT. Hodensack m.
scrupule [skrypyl] m. Skrupel m. ; Zweifel m. ; Gewissenhaftigkeit f. ; Bedenken n. | *Sans scrupule*, skrupellos. | *S'acquitter de qch. avec scrupule*, sich mit peinlicher Gewissenhaftigkeit einer Sache hingeben. | *Se faire un scrupule de qch.*, wegen etwas Bedenken tragen.

scrupuleusement [-løzmɑ̃] adv. gewissenhaft; peinlich genau.

scrupuleux, euse [-lø, ø:z] adj. gewissenhaft. || [exact] sehr sorgfältig; peinlich genau.

scrutateur [skrytatœ:r] adj. m. forschend.
◇ m. Wahlprüfer m.; Stimmenzähler m.

scruter [-te] v. tr. er-, (aus)forschen; prüfen; untersuchen (insépar.). || FAM. unter die Lupe nehmen.

scrutin [skrytɛ̃] m. Abstimmung f.; Wahl f. | *Scrutin majoritaire*, Mehrheitswahl. | *Scrutin proportionnel*, Verhältniswahl. | *Scrutin uninominal*, Persönlichkeitswahl. | *Scrutin de ballottage*, Stichwahl. | *Scrutin de liste*, Listenwahl. | *Dépouillement du scrutin*, Auszählen (n.) der Stimmzettel. | *Mode de scrutin*, Wahlmodus m., -system n. | *Tour de scrutin*, Wahlgang m. | *Au scrutin secret*, in geheimer Abstimmung.

sculpter [skylte] v. tr. in Stein, Marmor (aus)hauen; herausmeißeln; skulptieren. | *Sculpter sur bois*, in Holz schnitzen. | *Bois sculpté(s)*, Holzschnitzwerk n.

sculpteur [-tœ:r] m. Bildhauer m. | *Sculpteur sur bois*, Holzschnitzer m.

sculptural, ale, aux [-tyral, o] adj. Skulptur...; wie gemeißelt. | *Art sculptural*, Bildhauerkunst f.

sculpture [-ty:r] f. Skulptur f. || [art] Bildhauerei f.; Bildhauerkunst f. || [œuvre] Bildhauerarbeit f.; Bild-, Schnitzwerk n. | *Sculpture sur bois*, Holzschnitzerei f.
◇ f. pl. **sculptures**, [pneu] (Reifen)profil n.

se [sə] pron. réfl. sich. | *Il se réjouit*, er freut sich. || (réciproque) sich; gegenseitig; einander. | *Ils s'aiment*, sie lieben sich, einander. | *Se rendre service*, einander helfen. | *Se rendre visite*, sich gegenseitig besuchen. || (passif) *Le blé se récolte*, das Getreide wird geerntet. | *Cela ne se fait pas*, das tut man nicht.

séance [seɑ̃:s] f. [réunion] Versammlung f.; Zusammenkunft. || [session] Sitzung f.; Tagung f. || [spectacle] Vorstellung f.; Aufführung f. | *Séance inaugurale*, Eröffnungssitzung. | *La séance est levée*, die Sitzung ist aufgehoben. | *Ouvrir la séance*, die Sitzung eröffnen. | *Tenir séance*, Sitzung haben; tagen. || [temps d'une occupation] Sitzung f.; Sitzungszeit f. | *Séance d'essayage*, Anprobe f. || LOC. *Séance tenante*, unverzüglich.

séant, séante [seɑ̃, seɑ̃:t] adj. schicklich; anständig.

séant [seɑ̃] m. Gesäß n. | *Se mettre sur son séant*, sich aufrecht hinsetzen.

seau [so] m. Eimer m.; Kübel m. | *Seau à charbon*, Kohleneimer. || FIG. *Il pleut à seaux*, es gießt in Strömen, wie mit Kübeln.

sébacé, ée [sebase] adj. talgig; talgartig; Talg... | *Glande sébacée*, Talgdrüse f.

sébile [sebil] f. Holzschale f.; Holzschüssel f.

séborrhée [sebɔre] f. MÉD. Seborrhö(e) f.

sébum [sebɔm] m. ANAT. Hauttalg m.

sec, sèche [sɛk, sɛʃ] adj. **1.** [contraire de « humide »] trocken; (aus)getrocknet, vertrocknet. | *Été sec*, dürrer, trockener Sommer. | *Figue sèche*, gediegene Feige. | *Fruits secs*, Dörrobst n.; dürres Obst. | *Gâteau sec*, Keks m. pl.; trockenes Gebäck. | *Linge sec*, getrocknete, trockene Wäsche. | *Pain sec*, trockenes Brot. | *À pied sec*, trockenen Fußes. | *Terre sèche*, ausgetrocknete, wasserlose Erde.
2. [contraire de « gras »] **dürr; hager.** | *Sec comme un hareng*, spindeldürr. || FIG. *Cœur sec*, hartes Herz. | *Esprit sec*, phantasieloser Mensch. | *Fruit sec*, übles, IRON. nettes Früchtchen. | *Perte sèche*, vollständiger, völliger, restloser Verlust. | *En termes secs*, mit dürren Worten. | *Vin sec*, herber Wein.
◇ adv. **sec.** *Tout sec*, gerade; genau; bloß; einzig und allein. | *Boire sec*, (fest) saufen.
◇ loc. adv. **à sec.** *La rivière est à sec*, der Fluß ist ausgetrocknet. | *Mettre à sec*, trockenlegen. || FIG., FAM. *Être à sec*, auf dem trocknen sitzen; restlos blank sein. || MAR. *À sec de toile*, mit gerafften Segeln. — **en cinq sec,** im Handumdrehen; kurz und schnell.

sécant, ante [sekɑ̃, ɑ̃:t] adj. MATH. schneidend.
◇ f. **sécante,** Sekante f.; Schnittlinie f.

sécateur [sekatœ:r] m. Hecken-, Baumschere f.; Gartenschere f.

sécession [sesɛsjɔ̃] f. Trennung f.; Absonderung f.; Abfall m. || HIST. *Guerre de Sécession*, Sezessionskrieg m.

sécessionniste [-sjɔnist] adj. abtrünnig; abgefallen.
◇ m. Abtrünniger m.; Sezessionist m.

séchage [seʃa:ʒ] m. (Ab)trocknen n.; Trocknung f. | *À séchage rapide*, schnell trocknend.

sèche-cheveux [sɛʃʃəvø] m. invar. Haartrockner m.

sèche-linge [-lɛ̃z] m. invar. Wäschetrockner m.

sèche-mains [-mɛ̃] m. invar. Händetrockner m.

sèchement [sɛʃmɑ̃] adv. *Répondre sèchement*, scharf antworten; kurz angebunden sein.

sécher [seʃe] v. tr. PR. et FIG. ab-, (aus)trocknen; dörren. | *Four à sécher*, Trockenofen m. | *Le vent sèche tout*, der Wind dörrt alles aus. || FAM. *Sécher l'école*, die Schule schwänzen.
◇ v. intr. trocken werden; (ver)trocknen. | *Mettre à sécher*, zum Trocknen aufhängen. | *Cette plante sèche sur pied*, diese Pflanze verdorrt bis an die Wurzel. || FIG. vergehen; verschmachten. | *Sécher d'ennui*, vor Langeweile vergehen.
◇ v. pr. **se sécher,** sich (ab)trocknen. | *Se sécher les cheveux*, sich das Haar trocknen.

sécheresse [-ʃrɛs] f. Trockenheit f.; Dürre f. || FIG. Steifheit f.; Unempfindlichkeit f. | *Sécheresse du ton*, Schroffheit f.; Kälte f.

séchoir [-ʃwa:r] m. Trockenständer m., -raum m., -ofen m. | *Séchoir à linge*, Trockenboden m., -platz m.; Wäscheboden m. | *Séchoir électrique*, (elektrischer) Trockenapparat.

second, onde [səgɔ̃, ɔ̃:d] adj. num. ord. zweiter; anderer; Neben... | *Second prix*, zweiter Preis. | *Seconde vue*, zweites Gesicht; Hellseherei f. | *En second lieu*, an zweiter Stelle; zweitens.
◇ m. **second,** [étage] zweiter Stock. | *Au second*, zwei Treppen hoch; im zweiten Stock. || [assistant] Beistand m.; [duel] Sekundant m. || MAR. erster Offizier; Erster m. | *Second maître*, Maat m.
◇ f. **seconde,** [école] Sekunda f. || TRANSP. *Billet de seconde*, Fahrkarte (f.) zweiter Klasse.
◇ loc. adv. **en second,** an zweiter Stelle. | *Cela vient en second (lieu)*, das kommt in zweiter Linie; das ist zweitrangig.

secondaire [-dɛ:r] adj. nebensächlich; zweitrangig; sekundär; untergeordnet. | *Question secondaire*, Nebenfrage f.; nebensächliche Frage. | *Cela est secondaire*, das steht an zweiter Stelle. || *École secondaire*, Oberschule f. | *Enseignement secondaire*, höheres Schulwesen; Oberschulunterricht m. || GÉOL. *Ère secondaire*, Mesozoikum n.
— SYN. : *Accessoire*, zusätzlich. *Incident*, beiläufig.

seconde [səgɔ̃:d] f. [temps; angle; MUS.] Sekunde f. || [escrime] Sekondlage f.

secondement [səgɔ̃dmɑ̃] adv. zweitens.

secouer [səkwe] v. tr. schütteln ; rütteln ; wackeln. | *Secouer un tapis*, einen Teppich ausschütteln. | | *Secouer la tête*, den Kopf schütteln. | *Secouer qn (pour l'éveiller)*, jn (aus dem Schlaf) wachrütteln. || FIG. *Secouer le joug*, das Joch abschütteln. | *La maladie l'a bien secouée*, die Krankheit hat sie arg mitgenommen. | *Secouer qn*, jn aufrütteln, -muntern.
◇ v. pr. **se secouer,** sich schütteln. || FIG. *Il faut se secouer*, man muß sich Bewegung machen ; sich aufraffen.

secourable [səkurabl] adj. hilfreich ; hilfsbereit.

secourir [-ri:r] v. tr. (jm) helfen ; (jn) unterstützen (insépar.) ; (jm) beistehen ; (jm) zu Hilfe kommen ; (jm) beispringen. | *Secourir sans retard*, unverzügliche Hilfe leisten. | *Secourir les pauvres*, die Armen betreuen.

secourisme [-rism] m. erste Hilfe ; erste Hilfeleistung.

secouriste [-rist] s. Sanitäter(in) m. (f.).

secours [səku:r] m. Hilfsmaßnahmen f. pl. ; Hilfe f. ; Beistand m. ; Ab-, Beihilfe f. || [activité] *Les premiers secours*, die erste Hilfe. | *Secours en cas d'accident*, Nothilfe. | *Secours en montagne*, Bergwacht f. | *Qui a besoin de secours*, hilfsbedürftig. | *Appels au secours*, Hilferufe m. pl. | *Éclairage de secours*, Notbeleuchtung f. | *Poste de secours*, Rettungsstation f. | *Sortie de secours*, Notausgang m. | *Au secours !*, zu Hilfe ! ; Hilfe ! | *Accourir*, *Venir au secours de qn*, jm zu Hilfe eilen. | *Appeler au secours*, zu Hilfe rufen. | *Donner*, *Porter*, *Prêter secours*, Hilfe, Beistand leisten. || [aide concrète] Unterstützung f. ; Beisteuer f. ; Hilfsgeld n. | *Société de secours mutuels*, Krankenversicherungsverein m. || AUTOM. *Roue de secours*, Reserverad n.

secousse [səkus] f. Stoß m. ; Ruck m. ; Schlag m. ; Erschütterung f. | *Secousse électrique*, elektrischer Schlag. | *Secousse tellurique*, Erdstoß.

secret, ète [səkrɛ, ɛ:t] adj. heimlich ; geheim. | *Fonds secrets*, geheime Gelder n. pl. | *Police secrète*, Geheimpolizei f. | *Tenir secret*, geheimhalten. || [caché] verborgen ; versteckt. || [discret] verschwiegen ; verschlossen.

secret [-krɛ] m. **1.** [chose] Geheimnis n. | *Secret de fabrication*, Fabrikationsgeheimnis. | *Emporter un secret dans la tombe*, ein Geheimnis mit ins Grab nehmen. | *C'est le secret de Polichinelle*, das ist ein öffentliches Geheimnis ; das pfeifen die Spatzen von allen Dächern. | *Être dans le secret (de qch.)*, um etwas wissen. | *Garder un secret*, ein Geheimnis (be)wahren ; reinen Mund halten. | *Mettre qn dans le secret*, jn ins Geheimnis ziehen. | *Percer un secret*, in ein Geheimnis eindringen. | *Un meuble à secret*, ein Möbelstück mit Geheimfach.
2. [discrétion] Verschwiegenheit f. ; Geheimhaltung f. || [lien] Verborgenheit f. || *Secret bancaire*, Bankgeheimnis n. | *Secret professionnel*, Amts-, Berufsgeheimnis n. | *Secret de la confession*, Beichtgeheimnis n. | *Secret médical*, ärztliche Schweigepflicht ; Arztgeheimnis n. | *Sous le sceau du secret*, unter dem Siegel der Verschwiegenheit.
3. [prison] enger(er) Gewahrsam ; Sonder-, Einzelhaft f. | *Mettre un prisonnier au secret*, einen Gefangenen in Einzelhaft halten.
◇ loc. adv. **en secret,** heimlich ; im Geheimen ; insgeheim. | *En grand secret*, ganz im Vertrauen ; in aller Stille.

secrétaire [səkretɛ:r] s. [personne] Sekretär(in) m. (f.) ; Schrift-, Protokollführer(in) m. (f.). | *Secrétaire d'ambassade*, Gesandtschaftssekretär. | *Secrétaire d'État*, Kabinettsminister m. ; [États-Unis] Außenminister m. | *Secrétaire général*, Generalsekretär. | *Secrétaire particulier*, Privatsekretär.
◇ m. [meuble] Schreibschrank m. ; Sekretär n.

secrétariat [-tarja] m. Sekretariat n. ; Kanzlei f. ; Geschäftsstelle f. | *Secrétariat général*, Generalsekretariat.

secrètement [səkrɛtmɑ̃] adv. (ins)geheim ; heimlich ; im Stillen.

sécréter [sekrete] v. tr. absondern ; sekretieren ; aussondern ; ausscheiden.

sécréteur, euse ou **trice** [-tœr, ø:z, tris] adj. absondernd ; ausscheidend.

sécrétion [-sjɔ̃] f. Sekret n. || [action] Absonderung f. ; Ausscheidung f. ; Sekretion f. | *Sécrétion externe*, äußere Sekretion. | *Sécrétion interne*, innere Sekretion. || [produit] Sekretion f.

sectaire [sɛktɛ:r] adj. sektiererisch. | *Esprit sectaire*, Sektierertum n.
◇ m. Sektierer m. ; PAR EXT. Fanatiker m.

sectarisme [-tarism] m. Sektierertum n. ; PAR EXT. Fanatismus m.

secte [sɛkt] f. Sekte f. ; Anhang m.

secteur [sɛktœ:r] m. MATH. Sektor m. ; Ausschnitt m. | *Secteur circulaire*, Kreisausschnitt. | *Secteur sphérique*, Kugelausschnitt. || MIL. Abschnitt m. ; Gebiet n. | *Secteur postal*, Feldpostnummer f. || PAR EXT. Revier n. | *Secteur forestier*, Forstrevier. || ÉCON. *Secteur privé*, Privatwirtschaft f. | *Secteur public*, öffentliche Einrichtungen f. pl. ; öffentliche Hand. | *Secteur de pointe*, Schlüsselsektor m. ; Spitzenbereich m. || ÉLECTR. Leitungsnetz n. ; Stromnetz n.

section [sɛksjɔ̃] f. **1.** [action] Schnitt m. ; Durchschneiden n. || MATH. Schnitt m. ; [dessin] Profil n. | *Section conique*, Kegelschnitt. | *Section horizontale*, Grundriß m. | *Section longitudinale*, Längsschnitt. | *Section transversale*, Querschnitt. | *Section verticale*, Aufriß m. || ARCHIT. *Section d'or*, goldener Schnitt.
2. [(sub)division] Abteilung f. ; Abschnitt ; Bezirk m. ; Revier n. || [transports] Teilstrecke f. ; || [vote] Wahlbezirk m.
3. MIL. Zug m. ; Abteilung f. | *Section d'artillerie*, Geschützstaffel f. | *Chef de section*, Zugführer m.

sectionnement [-sjɔnmɑ̃] m. (Ab)teilung f. ; Zerlegung f.

sectionner [-sjɔne] v. tr. unterteilen ; in Abschnitte teilen.

séculaire [sekylɛ:r] adj. [tous les cent ans] alle hundert Jahre eintretend ; säkular. || [de cent ans] hundertjährig ; PAR EXT. uralt.

sécularisation [-larizasjɔ̃] f. Verweltlichung f. ; Säkularisation f.

séculariser [-larize] v. tr. verweltlichen ; säkularisieren ; weltlich machen.

séculier, ière [-lje, jɛ:r] adj. weltlich ; irdisch ; laienhaft. | *Bras séculier*, weltliche Macht. | *Prêtre séculier*, Weltgeistlicher m.
◇ m. **séculier,** Laie m.

secundo [səkɔ̃do] adv. zweitens.

sécuriser [sekyrize] v. tr. jm Sicherheit geben ; jn sicherer machen.

sécurité [sekyrite] f. [état] Sicherheit f. ; [dispositif] Sicherung f. ; [d'esprit] Ruhe f. ; [inspirée par qn] Zuverlässigkeit f. | *Sécurité routière*, Straßen-, Verkehrssicherheit. | *Sécurité sociale*, Sozialversicherung f. | *Dispositif de sécurité*, Sicherheitsvorrichtung f. ; Sicherung. | *Mettre en sécurité*, in Sicherheit bringen.

sédatif, ive [sedatif, i:v] adj. schmerzstillend, -lindernd.
◇ m. **sédatif,** Linderungsmittel m.

sédentaire [sedɑ̃tɛ:r] adj. seßhaft ; ortsgebunden ; eingesessen ; häuslich. | *Vie sédentaire*, sitzende Lebensweise.
◇ s. [avec un domicile fixe] Seßhafte(r) f. (m.). || [casanier] Stubenhocker(in) m. (f.).
sédiment [sedimɑ̃] m. Bodensatz m. ; Niederschlag m. ; Ablagerung f. ; Sediment n.
sédimentaire [-tɛ:r] adj. sedimentär ; abgelagert. | *Roche sédimentaire*, Sedimentgestein n.
sédimentation [-tasjɔ̃] f. Absetzen n. ; Ablagern n. ; Ablagerung f. | *Sédimentation du sang*, Blutsenkung f.
séditieux, ieuse [sedisjø, jø:z] adj. aufrührerisch.
◇ s. Aufrührer(in) m. (f.) ; Aufständische(r) f. (m.).
sédition [-sjɔ̃] f. Aufstand m. ; Aufruhr m. ; Meuterei f. ; Empörung f.
séducteur, trice [sedyktœ:r, tris] adj. verführerisch ; lockend.
◇ s. Verführer(in) m. (f.).
séduction [-dyksjɔ̃] f. [action] Verführung f. ; Lockung f. ; Verleitung f. ; Betörung f. || [agrément] Zauber m. ; Liebreiz m.
séduire [-dɥi:r] v. tr. verführen, -locken, -leiten.
séduisant, ante [-dɥizɑ̃, ɑ̃:t] adj. verführerisch, verlockend ; bezaubernd ; reizvoll ; blendend.
segment [sɛgmɑ̃] m. Abschnitt m. || MATH. *Segment (de cercle)*, Kreisabschnitt ; Segment n. | *Segment sphérique*, Kugelabschnitt. || TECHN. *Segment de frein*, Bremsbacke f. | *Segment de piston*, Kolbenring m.
segmentation [-tasjɔ̃] f. BIOL. Einfurchung f. ; Teilung f.
segmenter [-te] v. tr. in Abschnitte gliedern.
ségrégation [segregasjɔ̃] f. Absonderung f. ; Trennung f. ; Aufspaltung f. | *Ségrégation raciale*, Rassentrennung, -absonderung.
seiche [sɛʃ] f. ZOOL. Tintenfisch m. ; Sepia f. | *Os de seiche*, Sepiaknochen m.
seigle [sɛ:gl] m. BOT. Roggen m. | *Pain de seigle*, Roggenbrot n.
seigneur [seɲœ:r] m. Herr m. ; Gebieter m. || HIST. Lehensherr m. || RELIG. Gott der Herr ; Herrgott m. | *Notre-Seigneur*, unser Herr (Jesus Christus). || FIG. *Vivre en grand seigneur*, großzügig leben.
seigneurial, iale, iaux [-rjal, io] adj. herrschaftlich ; HIST. lehensherrlich. | *Demeure seigneuriale*, Herrensitz m.
seigneurie [-ri] f. [territoire] Lehensherrschaft f. ; Gerichtsbarkeit (f.) eines Lehensherrn. || [autorité] (Ober)lehensherrlichkeit f. | *Votre Seigneurie*, Eure (Ew.) Herrlichkeit.
sein [sɛ̃] m. Busen m. ; Brust f. | *Les seins*, die Brüste f. pl. | *Donner le sein à un enfant*, ein Kind stillen ; einem Kind die Brust geben. | *Presser, Serrer qn contre son sein*, jn ans Herz drücken. || FIG. Herz n. ; Innerste n. ; Schoß m. | *Au sein de*, mitten in. | *Du sein de*, aus dem Tiefsten... heraus. | *Au sein de la famille*, im (trauten) Familienkreis.
seing [sɛ̃] m. Unterschrift f. | *Blanc-seing*, Blankounterschrift ; Blankovollmacht f. | *Acte sous seing privé*, Privatabkommen n.
séisme [seism] m. Erdbeben n.
seize [sɛ:z] adj. num. card. sechzehn. | *Âgé de seize ans*, sechzehnjährig. | *Louis seize (XVI)*, Ludwig der Sechzehnte. | *Le seize avril*, der sechzehnte April ; am sechzehnten April.
seizième [-zjɛm] adj. num. ord. sechzehnter.
◇ m. [partie] Sechzehntel n.
seizièmement [-zjɛmmɑ̃] adv. sechzehntens.
séjour [seʒu:r] m. Aufenthalt m. ; Aufenthaltsort m. ; Wohnort, -sitz m. | *Faire un séjour*, sich aufhalten ; verweilen. | *Carte de séjour*, Aufenthaltsgenehmigung f. | *Interdiction de séjour*, Aufenthaltsverbot n. | *Salle de séjour*, Wohnzimmer n. | *Taxe de séjour*, Kurtaxe f.
séjourner [-ne] v. intr. sich aufhalten ; (ver)weilen.
sel [sɛl] m. Salz n. | *Sel gemme*, Steinsalz. | *Sel gris, de cuisine*, Kochsalz. | *Sel marin*, Siedesalz. | *Grain de sel*, Salzkörnchen n. | *Sels (volatils)*, Riechsalz. | *Sels de bain*, Badesalz. | *Mettre du sel dans la soupe*, Salz in die Suppe tun. || FIG. Würze f. ; Witz m. ; Geist m. ; Pfiff m. | *Cela ne manque pas de sel*, das ist geistreich, witzig. || FAM. *Mettre son grain de sel partout*, in alles (acc.) hineinreden.
sélect [selɛkt] adj. invar. FAM. fein ; nobel.
sélecteur [-tœ:r] m. TECHN. Wählschalter m. ; Wähler m. ; Atomselektor m. | *Sélecteur de lignes*, Leitungswähler.
sélectif, ive [-tif, i:v] adj. RADIO. trennscharf.
sélection [-sjɔ̃] f. Auswahl f. ; Auslese f. ; Wahl f. | *Sélection naturelle*, natürliche (Zucht)auslese ; Zuchtwahl. | *Sélection des semences*, Saatzucht f. || TECHN. Wahl f. | *Touche de sélection*, Wahltaste f.
sélectionner [-sjɔne] v. tr. auswählen, -lesen ; selektieren.
sélectivité [-tivite] f. RADIO. Trennschärfe f.
sélénium [selenjɔm] m. Selen n.
self [sɛlf] f. ÉLECTR. Sekundärspule f.
self-induction [-indyksjɔ̃] f. Selbstinduktion f.
self-service [-sɛrvis] m. COMM. Selbstbedienungsladen m.
sellage [sɛla:ʒ] m. Sattelung f.
selle [sɛl] f. [siège] Sattel m. | *Selle d'amazone*, Damensattel. | *Cheval de selle*, Reitpferd n. | *Être en selle*, im Sattel sitzen. | *Sauter en selle*, sich in den Sattel schwingen. || PR. et FIG. *Être bien en selle*, sattelfest sein ; fest im Sattel sitzen. | *Remettre en selle*, wieder in den Sattel heben. || [boucherie] *Selle (de mouton)*, (Hammel)rücken m., -ziemer m. || MÉD. Stuhlgang m. ; Stuhl m. | *Aller à la selle*, Stuhlgang haben.
seller [-le] v. tr. satteln.
sellerie [-lri] f. Sattelzeug n. ; Sattlerarbeit f. ; Sattlerhandwerk n.
sellette [sɛlɛt] f. [d'accusé] Armsünderbänkchen n. ; Schemel m. | *Être sur la sellette*, auf der Anklagebank sitzen. | *Mettre qn sur la sellette*, jn aufs Korn nehmen.
sellier [sɛlje] m. Sattler m. ; Geschirrsattler m.
selon [səlɔ̃] prép. gemäß ; nach ; entsprechend (dat.). | *C'est selon*, je nachdem. | *Selon les circonstances*, den Umständen nach, gemäß. | *Selon moi*, meiner Meinung nach ; meines Erachtens.
◇ conj. **selon que**, je nachdem ; so wie.
semaille [səmɑ:j] f. [s'emploie surtout au pl.]. (Aus)saat f. ; Saatzeit f.
semaine [səmɛn] f. [sept jours] Woche f. | *La semaine passée*, vergangene Woche. | *Semaine de quarante heures*, Vierzigstundenwoche. | *Semaine de travail*, Arbeitswoche. | *Les sept jours de la semaine*, die sieben Wochentage m. pl. | *En semaine seulement*, nur an Werktagen ; nur werktags. | *Deux fois par semaine*, zweimal wöchentlich. || RELIG. *La semaine sainte*, die Karwoche.
sémantique [-tik] f. Wortbedeutungslehre f. ; Semantik f.
sémaphore [semafɔ:r] m. Semaphor m. ; Signalmast m.

semblable [sɑ̃blabl] adj. ähnlich ; gleichartig ; gleichförmig ; gleich ; solch ; derartig. | *Semblable à la mort*, todesähnlich. | *Deux cas semblables*, zwei gleiche Fälle m. pl. | *Et autres choses semblables*, und dergleichen mehr (en abr. u. dgl.). | *Conditions semblables*, gleichbleibende Bedingungen f. pl.
◇ m. *(Mon) semblable*, Mitmensch m. ; meinesgleichen. | *Aimer ses semblables*, seine Mitmenschen lieben.
— SYN. : *Analogue*, analog. *Identique*, identisch.

semblant [-blɑ̃] m. Anschein m. ; Schein m. ; Aussehen n. | *Un semblant de*, so etwas wie ; ein Schein von. || *Faux-semblant*, falscher Anschein. | *Il fait semblant*, er gibt sich den Anschein ; er tut nur so. | *Ne faire semblant de rien*, sich nichts (an)merken lassen. | *Faire semblant d'être fâché*, böse tun.

sembler [-ble] v. intr. scheinen ; den Anschein haben.
◇ v. impers. *Il me semble*, mich dünkt ; mir scheint. | *Il me semblait que*, mir war's als ob. | *Que vous en semble ?*, was halten Sie davon ? | *Ce me semble*, so scheint es mir. | *Si bon vous semble*, wenn es Ihnen recht ist.

semelle [səmɛl] f. [dessous de la chaussure] Sohle f. || [qu'on met dans la chaussure] (Schuh)einlage f. | *Semelle compensée*, Keilabsatz m. | *User ses semelles*, sich die Sohlen ablaufen. || FIG. *Battre la semelle*, sich die Füße vertreten. | *Ne pas quitter qn d'une semelle*, jm nicht von der Seite gehen. | *Ne pas reculer d'une semelle*, keinen Fußbreit zurückweichen. || TECHN. [comble] (Dach)schwelle f. ; [crosse] Kolbenkappe f. ; [frein] Bremsbelag m. ; [de patin] Laufbandage f. ; [de rail] Schienenfuß m.

semence [səmɑ̃:s] f. Same(n) m. ; Saat f. ; Aussaat f. ; Saatkorn n. ; Sämerei f. || FIG. Keim m. ; Ursache f. || TECHN. kleiner, spitzer Nagel.

semer [-me] v. tr. ein-, be-, (aus)säen. || [parsemer] ausstreuen. | *Semer dru, serré, épais*, dicht aussäen. || FIG. *Semer la consternation*, Bestürzung hervorrufen. | *Semer la discorde*, Unfrieden stiften. | *Semer de fausses nouvelles*, falsche Gerüchte verbreiten. || FIG., FAM. *Semer qn*, jn links liegen lassen ; jn fallen lassen. | *Le coureur sema son concurrent*, der Läufer schüttelte seinen Gegner ab.

semestre [səmɛstr] m. Halbjahr n. ; Semester n. | *Par semestre*, halbjährig.

semestriel, ielle [-trijɛl] adj. halbjährlich, -jährig.

semeur, euse [səmœ:r, ø:z] s. Säer(in) m. (f.) ; Sämann m.

semi [səmi] préf. halb...

semi-circulaire [-sirkylɛ:r] adj. halbkreisförmig.

semi-coke [-kɔk] m. (pl. **semi-cokes**) Schwelkoks m.

semi-conducteur [-kɔ̃dyktœ:r] m. (pl. **semi-conducteurs**) Halbleiter m.

sémillant, ante [semijɑ̃, ɑ̃:t] adj. quicklebendig ; äußerst lebhaft ; mutwillig ; springlebendig.

séminaire [seminɛ:r] m. Priesterseminar n.

séminariste [seminarist] m. Seminarist m.

semi-remorque [səmirəmɔrk] m. (pl. **semi-remorques**) Sattelanhänger m.

semis [səmi] m. Aussaat f. ; Sämlinge m. pl. ; Saatfeld n. ; eingesätes Beet.

sémite [semit] adj. semitisch.
◇ s. **Sémite,** Semit m. ; Semitin f.

sémitique [-tik] adj. semitisch.

sémitisme [-tism] m. Semitentum n. ; Judentum n.

semoir [semwa:r] m. Sämaschine f., -tuch n.

semonce [semɔ̃:s] f. Verweis m. ; Mahnung f. ; Warnung f. ; POP. Wischer m. || MAR. *Coup de semonce*, Warnschuß m.

semoule [səmul] f. Grieß m.

sempiternel, elle [sɛ̃pitɛrnɛl] adj. immerwährend ; andauernd ; ewig.

Sénat [sena] m. Senat m. ; Oberhaus n.

sénateur [-tœ:r] m. Senator.

sénatorial, iale, iaux [-tɔrjal, io] adj. senatorisch ; Senator...

séné [sene] m. BOT. Senesstrauch m.

sénéchal [seneʃal] m. HIST. Seneschall m.

sénégalais, aise [senegalɛ, ɛ:z] adj. GÉOGR. senegalisch.
◇ s. **Sénégalais, aise,** Senegalese m. ; Senegalesin f.

sénescence [senɛssɑ̃:s] f. Altern n. ; Vergreisung f.

sénevé [senve] m. BOT. Senf m. ; Ackersenf m.

sénile [senil] adj. greisenhaft ; senil.

sénilité [-lite] f. Greisenhaftigkeit f. ; Senilität f.

sens [sɑ̃:s] m. **1.** [faculté sensorielle] Sinn m. | *Sens de l'équilibre*, Gleichgewichtssinn. | *Sens de l'orientation*, Orientierungsvermögen n. | *Illusion des sens*, Sinnestäuschung f. | *Organes des sens*, Sinnesorgane n. pl. | *Plaisirs des sens*, sinnliche Vergnügen n. pl. | *Perdre l'usage de ses sens*, bewußtlos werden. | *Cela tombe sous le sens*, das ist sinnfällig, augenscheinlich.
2. [faculté ou activité intellectuelle] Sinn m. ; Verstand m. ; Urteilsvermögen n. ; Gefühl n. | *Sens artistique*, Kunstsinn. | *Le bon sens*, der gesunde Menschenverstand. | *Sens moral*, sittliches Bewußtsein. | *Sens pratique*, praktischer Sinn. | *Plein de bon sens*, nüchtern ; klug ; gescheit. | *Sens de l'honneur*, Ehrgefühl. | *Sens de la langue*, Sprachgefühl. | *Homme de bon sens*, verständiger Mensch. | *À mon sens*, meines Erachtens ; meiner Meinung, Ansicht nach. | *Ne pas avoir le sens de qch.*, keinen Sinn, kein Verständnis für etwas haben. | *Avez-vous perdu le sens ?*, sind Sie von Sinnen ?
3. [signification] Sinn m. ; Bedeutung f. | *Double sens*, Doppelsinn. | *Sens figuré*, bildliche Bedeutung ; bildlicher Sinn. | *Sens premier*, Urbedeutung. | *À double sens*, doppelsinnig. | *Au sens étroit, restreint du mot*, im engern Sinn(e) des Wortes. | *Au sens figuré*, im bildlichen, im übertragenen Sinn. | *Au meilleur sens du mot*, im besten Sinne des Wortes. | *Au sens propre*, im eigentlichen Sinn. | *Cela n'a pas de sens*, das hat keinen Sinn ; das ist Unsinn.
4. [direction] Richtung f. || [côté] Seite f. | *Sens giratoire*, Kreisverkehr m. | *Sens interdit*, verbotene Fahrtrichtung. | *Sens longitudinal*, Längsrichtung. | *Sens obligatoire*, vorgeschriebene Fahrtrichtung. | *Sens de la marche*, Fahrtrichtung. | *Sens du poil*, Haarstrich m. | *Sens d'un tissu*, Strich m. (eines Stoffes). | *(Rue à) sens unique*, Einbahnstraße f. | *Dans les deux sens*, hin und her. | *Dans le mauvais sens*, verkehrt. | *Dans le sens des aiguilles d'une montre*, im Uhrzeigersinn. | *Dans le sens inverse des aiguilles d'une montre*, entgegen dem Uhrzeigersinn. | *En tous sens*, in allen Richtungen. || FIG. *En un sens*, in einer Hinsicht.
◇ loc. adv. **sens dessus dessous.** *Être sens dessus dessous*, durcheinander sein, auf dem Kopfe stehen. | *Mettre qch. sens dessus dessous*, das Unterste zu oberst kehren.

sensation [sɑ̃sasjɔ̃] f. Empfindung f. ; Sinneseindruck m. || FIG. Aufsehen n. ; Sensation f. | *Avide de sensations*, sensationslüstern. | *Journal à sensation*, Revolverblatt n.

sensationnel, elle [-sjɔnɛl] adj. aufsehenerregend ; sensationell. | *Procès sensationnel*, Sensationsprozeß m.

sensé, ée [sɑ̃se] adj. vernünftig ; verständig.

senseur [sɑ̃sœ:r] m. [cybernétique] Sensor m.

sensibilisation [sɑ̃sibilizasjɔ̃] f. Lichtempfindlichmachung f.

sensibiliser [-ze] v. tr. empfindlich machen. || PHOT. lichtempfindlich machen.

sensibilité [-te] f. Empfindlichkeit f. ; Sensibilität f. ; Empfindungsvermögen n. ; [excessive] Empfindsamkeit f. | *À haute sensibilité*, hochempfindlich. | *D'une sensibilité extrême*, von äußerster Reizbarkeit. || PHOT. *Sensibilité de la pellicule*, Filmempfindlichkeit f.
— SYN. : *Sentiment*, Gefühl. *Émotivité*, Erregbarkeit.

sensible [sɑ̃sibl] adj. **1.** [qui peut être perçu] sinnlich ; wahrnehmbar ; fühlbar. | *Monde sensible*, Sinnenwelt f. | *Rendre sensible*, anschaulich machen ; veranschaulichen.
2. [qui perçoit aisément] empfindlich ; empfindend ; empfindsam ; feinfühlend. | *Très sensible*, hochempfindlich. | *Sensible aux chocs*, stoßempfindlich. | *Sensible au froid*, gegen die Kälte empfindlich. | *Sensible à la lumière*, lichtempfindlich.
3. [moral] empfindlich ; gemütvoll ; empfänglich (für) ; leicht gerührt. | *Cœur sensible*, mitfühlendes, empfindsames Herz. | *Homme sensible*, Gefühlsmensch m. | *Être sensible à qch.*, für etwas empfänglich sein ; einen Sinn für etwas haben. | *Le point sensible*, der neuralgische Punkt.
4. [important] merklich ; bemerkbar ; fühlbar.
5. MUS. *(Note) sensible*, Leitton m.

sensiblement [-bləmɑ̃] adv. fühlbar ; in beachtlicher Weise ; merklich. || PAR EXT. *Peser sensiblement deux livres*, ungefähr zwei Pfund wiegen.

sensiblerie [-bləri] f. Empfindelei f.

sensitif, ive [-tif, i:v] adj. empfindungsfähig ; sensitiv. | *Nerfs sensitifs*, Empfindungsnerven m. pl.
◇ f. **sensitive.** BOT. Sinnpflanze f. ; PR. et FIG. Mimose f.

sensoriel, ielle [sɑ̃sɔrjɛl] adj. sensorisch ; Sinnes...

sensualité [-lite] f. Sinnlichkeit f. ; Sinnenlust f.

sensuel, uelle [sɑ̃sɥɛl] adj. sinnlich ; sinnenfreudig ; fleischlich ; wollüstig ; Sinnen...

sentence [sɑ̃tɑ̃:s] f. Ausspruch m. ; Sinnspruch m. ; Sentenz f. || JUR. Urteil n. ; Richterspruch m. ; Entscheidung f. | *Sentence arbitrale*, Schiedsspruch. | *Sentence capitale, de mort*, Todesurteil. | *Rendre, Prononcer une sentence*, ein Urteil, einen Schiedsspruch fällen, aussprechen.

sentencieusement [-sjøzmɑ̃] adv. sentenziös ; lehrhaft.

sentencieux, ieuse [-sjø, jø:z] adj. spruchartig ; sentenzenreich ; PAR EXT. schulmeisterlich.

senteur [sɑ̃tœ:r] f. (Wohl)geruch m. ; Duft m. || BOT. *Pois de senteur*, Gartenwicke f.

sentier [sɑ̃tje] m. Fußweg m. ; Pfad m. ; Stieg m. ; schmaler Weg. | *Sentier battu*, Trampelpfad ; ausgetretener Fußweg. || FIG. *Suivre les sentiers battus*, in alten Gleisen fahren.

sentiment [sɑ̃timɑ̃] m. **1.** [façon de sentir] Empfinden n. ; Empfindung f. ; Gefühl n. ; Fühlen n. || [impression] Eindruck m. || [conscience immédiate] Bewußtsein n. | *Sentiment obscur*, dunkle Ahnung ; dunkles Gefühl. | *Sentiment de crainte*, Gefühl der Furcht. | *Sentiment du devoir*, Pflichtbewußtsein. | *Sentiment d'infériorité*, Minderwertigkeitsgefühl. | *Affaire, Question de sentiment*, Gefühlssache f. | *Avec mes sentiments distingués*, hochachtungsvoll.
2. [façon de penser] Meinung f. ; Ansicht f. || [opinions en général] Gesinnung f. | *Animé de sentiments hostiles*, feindlich gesinnt. | *À mon sentiment*, nach meinem Dafürhalten.

sentimental, ale, aux [-tal, o] adj. gefühlvoll ; empfindsam ; sentimental ; rührselig.

sentimentalité [-talite] f. Empfindsamkeit f. ; Rührseligkeit f. ; Sentimentalität f.

sentinelle [sɑ̃tinɛl] f. MIL. Wachposten m. ; Posten m. (unter Gewehr). | *Être en sentinelle*, auf Posten stehen.

sentir [sɑ̃ti:r] v. tr. **1.** [éprouver une sensation] fühlen ; spüren ; wahrnehmen ; empfinden. || [odorat] riechen. || [physique] *Sentir la faim*, Hunger verspüren. | *Sentir (de) la fatigue*, Müdigkeit spüren. || [intellect] fühlen ; wahrnehmen ; empfinden ; merken. | *Sentir la différence*, den Unterschied fühlen. | *Sentir du remords*, Reue empfinden. | *Faire sentir qch. à qn*, jm etwas zum Bewußtsein bringen ; jm etwas merken lassen.
2. [provoquer une sensation : odorat] riechen ; [goût] schmecken. | *Ce vin sent le bouchon*, dieser Wein schmeckt nach Korken. | *Cela sent le brûlé*, es riecht brenzlig. | *Sentir le moisi*, stockig riechen. | *Cela sent la neige*, es liegt Schnee in der Luft. | *Sentir la rose*, nach Rosen duften. || FIG., FAM. *Ne pouvoir sentir qn*, jn nicht riechen, nicht ausstehen können.
◇ v. intr. [odeur] riechen ; [bonne] duften ; [mauvaise] stinken ; [saveur] schmecken. | *Cela sent bon*, es riecht, schmeckt gut, es duftet (süß). | *La viande sent fort*, das Fleisch riecht angegangen, hat Hautgout. | *Cela sent mauvais*, es riecht, schmeckt schlecht ; PR. et FIG. es stinkt ; FIG. es riecht übel.
◇ v. pr. **se sentir** [éprouver en soi-même]. *Comment vous sentez-vous ?*, wie fühlen Sie sich ? | *Se sentir bien*, sich wohl fühlen. | *Se sentir frais et dispos*, guten Mutes sein ; bei gutem Mute sein. | *Je me sens mal*, mir ist unwohl. | *Se sentir malade*, sich krank fühlen. | *Je me sens mieux*, mir ist besser. | *Se sentir offensé*, sich beleidigt fühlen. | *Ne pas se sentir de joie*, sich vor Freude nicht lassen können. | *Se faire sentir*, sich fühlbar, bemerkbar machen ; [commencer] sich einstellen.
— SYN. : *Éprouver*, empfinden. *Flairer*, wittern. *Humer*, schnüffeln. *Ressentir*, nachempfinden.

seoir [swa:r] v. intr. (an)stehen ; sitzen ; passen. | *Cette robe vous sied*, dieses Kleid steht Ihnen.
— OBSERV. Ne s'emploie qu'à la troisième personne : Indic. prés. : *Il sied*. Imparf. : *Il seyait*. Futur : *Il siéra*, ainsi qu'au part. prés. : *Seyant, séant*, et au part. passé : *Sis, sise*.

sépale [sepal] m. BOT. Kelchblatt n.

séparable [separabl] adj. trennbar ; ablösbar ; (aus)scheidbar.

séparateur, trice [-ratœ:r, tris] adj. trennend.
◇ m. **séparateur.** TECHN. Separator m. | *Séparateur électrique*, Elektrofilter m.

séparatif, ive [-ratif, i:v] adj. trennend. | *Mur séparatif*, Trennungs-, Brandmauer f.

séparation [-rasjɔ̃] f. Trennung f. ; Absonderung f. ; Aussonderung f. ; Aufspaltung f. || [cloison] Scheidewand f. | *Séparation violente*, (gewaltsame) Losreißung. || JUR. *Séparation de biens*, Gütertrennung. | *Séparation de corps et de biens*, Trennung von Tisch und Bett. || NUCL. *Séparation isotopique*, Isotopentrennung f.

séparatisme [-ratism] m. POLIT. Separatismus m. ; Abtrennungsbestrebung f.

séparatiste [-ratist] m. POLIT. Separatist m.

séparé, ée [-re] adj. getrennt ; losgelöst ; geschieden ; abgetrennt ; einzeln ; gesondert ; Privat... |

Séparé de sa femme, von seiner Frau getrennt. | *Appartement séparé*, abgetrennte Wohnung. | *Chambre séparée*, Einzelzimmer n. ; Privatzimmer n. | *Entrée séparée*, Privateingang m. || POLIT. *Paix séparée*, Sonderfrieden m.

séparément [-remɑ̃] adv. einzeln ; besonders. | *Chaque partie prise séparément*, jeder Teil für sich genommen.

séparer [-re] v. tr. (los-, ab)trennen ; (ab)sondern ; scheiden ; auseinandernehmen. || [distinguer] unterscheiden (insépar.). | *Séparer deux combattants*, zwei Streitende auseinanderbringen. | *Séparer le bon grain de l'ivraie*, die Spreu vom Weizen sondern.

◇ v. pr. **se séparer,** [personnes] sich trennen ; sich scheiden ; auseinanderkommen, -treten. || [choses] sich abteilen ; sich abzweigen. || [se détacher] sich abtrennen. | *Une assemblée se sépare*, eine Versammlung geht auseinander, trennt sich.

— SYN. : *Désunir*, entzweien. *Disjoindre*, abtrennen. *Dissocier, dissoudre*, auflösen. *Diviser*, teilen.

sépia [sepja] f. [couleur] Sepia f. || [dessin] Sepiazeichnung f.

sept [sɛt] adj. num. card. sieben. | *Les sept couleurs de l'arc-en-ciel*, die sieben Regenbogenfarben f. pl. | *Les sept péchés capitaux*, die sieben Todsünden f. pl. | *À sept feuilles*, siebenblätt(e)rig. | *Charles sept (VII)*, Karl der Siebte. | *Le sept avril*, der siebte April. | *Guerre de Sept ans*, siebenjähriger Krieg.

septante [sɛptɑ̃:t] f. [en Belgique, en Suisse] siebzig. || RELIG. *Version des Septante*, Septuaginta f.

septembre [sɛptɑ̃:br] m. September m.

septennal, ale, aux [-tɛnal, -o] adj. siebenjährig.

septennat [-tɛna] m. Septennat n. ; Septennium n.

septentrion [-tɑ̃triɔ̃] m. GÉOGR. Norden m.

◇ n. pr. m. ASTRON. **Septentrion,** Siebengestirn n.

septentrional, ale, aux [-tɑ̃triɔnal, -o] adj. nördlich. | *Amérique septentrionale*, Nordamerika n.

septicémie [sɛptisemi] f. MÉD. Blutvergiftung f. ; Sepsis f.

septième [sɛtjɛm] adj. num. ord. sieb(en)ter.

◇ m. Siebentel n.

◇ f. UNIV. siebte Klasse. || MUS. Septime f.

septièmement [-jɛmmɑ̃] adv. siebtens.

septique [sɛptik] adj. zerfressend ; zersetzend. || MÉD. septisch. | *Fosse septique*, Klärgrube f.

septuagénaire [sɛptɥaʒenɛ:r] adj. siebzigjährig.

◇ s. Siebziger(in) m. (f.).

septuor [sɛptyɔr] m. MUS. Septett n.

sépulcral, ale, aux [sepylkral, -o] adj. Grabes... ; Toten... | *Chapelle sépulcrale*, Totenkapelle f. | *Voix sépulcrale*, Grabesstimme f.

sépulcre [-pylkr] m. Grab(mal) n. || RELIG. *Le saint sépulcre*, das Heilige Grab. || THÉOL., FIG. *Sépulcres blanchis*, Scheinheilige m. pl. ; Heuchler m. pl.

sépulture [-pylty:r] f. [action] Begräbnis n. ; Bestattung f. ; Beerdigung f. || [lieu] Grab n. ; Grabstätte f.

séquelle [sekɛl] f. [gens] Sippschaft f. || [choses] Folge f. || MÉD. Nachkrankheit f. ; Nachfolge f.

séquence [-kɑ̃:s] f. RELIG., MUS. Sequenz f. || FILM. Bildfolge f. ; Szene f.

séquestration [sekɛstrasjɔ̃] f. Zwangsverwaltung f. ; Sequestration f. || JUR. *Séquestration de personne*, Freiheitsberaubung f.

séquestre [-kɛstr] m. [état] Beschlagnahme f. ; Zwangsverwaltung f. || [chose] mit Beschlag belegtes Gut ; Privathaft f. || [personne] Sequester m. ou n. ; Zwangsverwalter m.

séquestrer [-kɛstre] v. tr. [quelque chose] mit Beschlag belegen ; unter Sequester stellen. || [quelqu'un] einsperren.

◇ v. pr. **se séquestrer,** sich ganz zurückziehen ; sich vergraben.

séquoia [sekɔja] m. BOT. Mammutbaum m.

sérac [serak] m. Firnzacken m. ; Eisnadel f. (auf einem Gletscher).

sérail [sera:j] m. Serail n.

séraphin [serafɛ̃] m. RELIG. Seraph m. (pl. Seraphim).

séraphique [-fik] adj. seraphisch.

serbe [sɛrb] adj. serbisch.

◇ s. **Serbe,** Serbe m. ; Serbin f.

Serbie [sɛrbi] n. pr. f. GÉOGR. Serbien n.

serbo-croate [sɛrbokrɔat] adj. serbo-kroatisch.

serein, eine [sərɛ̃, ɛ:n] adj. [ciel] heiter ; unbewölkt ; wolkenlos ; klar. || FIG. ruhig ; friedlich ; glücklich ; ungetrübt.

sérénade [serenad] f. MUS. Serenade f. ; Ständchen n. ; Nachtmusik f. | *Donner une sérénade*, ein Ständchen bringen.

sérénissime [serenisim] adj. (aller)durchlauchtigst. | *Son Altesse sérénissime*, Seine (Ihre) allerdurchlauchtigste Hoheit.

sérénité [-nite] f. [ciel] Heiterkeit f. ; Klarheit f. || FIG. innerer Friede ; Ungetrübtheit f. || PAR EXT. [en face d'un événement] Gelassenheit f. ; Gefaßtheit f.

séreux, euse [serø, ø:z] adj. MÉD. wässerig ; dünn ; serös.

serf, serve [sɛrf, sɛrv] adj. HIST. leibeigen ; hörig ; unfrei ; fronpflichtig.

◇ s. Leibeigene(r) f. (m.) ; Hörige(r) f. (m.) ; Unfreie(r) f. (m.).

serge [sɛrʒ] f. TEXT. (Kammgarn)serge f.

sergent [sɛrʒɑ̃] m. MIL. Unteroffizier m. | *Sergent-chef*, Unterfeldwebel m. ; [cavalerie] Unterwachtmeister m. | *Sergent fourrier*, Quartiermacher m. ; Rechnungsführer m. || TECHN. Klemmhaken m.

sériciculture f. Seiden(raupen)zucht f., -bau m.

série [seri] f. Serie f. ; Reihe f. ; Folge f. ; Satz m. ; Reihenfolge f. | *Série limitée*, begrenzte Serie. | *En série*, reihen-, serienweise ; ÉLECTR. hintereinander. | *Hors série*, außergewöhnlich. | *Série de poids*, Satz Gewichte. | *Article de série*, Massenartikel m. | *Construction en série*, Reihenbau m. | *Fabrication en série*, Serienfabrikation f. ; Massenfertigung f. | *Numéro de série*, Serien-, Fabrikationsnummer f. | *Fin de série*, Auslaufmodell n. | *Vente de fins de série*, Ausverkauf m. | *Voiture de série*, Fließbandwagen m. ; Wagentype f. | *Fabriquer en série*, serienmäßig herstellen. || ÉLECTR. *Montage en série*, Reihenschaltung f.

sérier [serje] v. tr. aufgliedern ; eine Reihenfolge aufstellen ; nacheinander behandeln.

sérieusement [serjøzmɑ̃] adv. ernstlich ; im Ernst. || [malade] schwer. | *Très sérieusement*, in allem Ernst.

sérieux, ieuse [serjø, jø:z] adj. ernst ; ernsthaft ; ernstlich. || [important] wichtig ; bedeutsam. || [inquiétant] bedenklich.

◇ m. **sérieux,** Ernst m. ; Ernsthaftigkeit f. | *Garder son sérieux*, ernst bleiben. | *Prendre qch. au sérieux*, etwas für ernst nehmen.

serin [sərɛ̃] m. ZOOL. Zeisig m. ; Zeisigweibchen n. | *Serin des Canaries*, Kanarienvogel m. || PÉJOR. Gimpel m. ; Dummkopf m.

seriner [sərine] v. tr. vorpfeifen. || FIG. einpauken ; eintrichtern.

seringa ou **seringat** [sərɛ̃ga] m. BOT. Pfeifenstrauch m. ; wilder Jasmin.

seringue [sərɛ̃:g] f. (Injektions)spritze f.

serment [sɛrmɑ̃] m. Eid m. ; Schwur m. ; eidliche Bekräftigung ; Eidesleistung f. | *Faux serment*, Meineid ; Falscheid. | *Serment (de fidélité) au drapeau*, Fahneneid. | *Serment en justice*, Eid vor Gericht. | *Déposition sous serment*, eidliche Aussage. | *Formule de, du serment*, Eidesformel f. | *Prestation de, du serment*, Eidesleistung. | *Sous serment*, eidlich ; unter Eid. | *Faire un serment*, einen Eid ablegen, schwören. | *Se lier par serment*, sich eidlich verpflichten. | *Prêter serment*, einen Eid leisten, ablegen, schwören. | *Prêter serment de fidélité à la constitution*, den Eid auf die Verfassung leisten. | *Relever qn de son serment*, jn von seinem Eid entbinden.

sermon [sɛrmɔ̃] m. Predigt f. || IRON. Strafpredigt ; Sermon m. | *Sermon de Carême*, Fastenpredigt. || RELIG. *Sermon sur la montagne*, Bergpredigt.

sermonner [-mɔne] v. tr. (jm) Vorhaltungen machen ; (jn) abkanzeln ; (jm) eine Gardinenpredigt, eine lange Predigt halten.

sermonneur, euse [-mɔnœ:r, ø:z] s. Nörgler(in) m. (f.) ; Sittenprediger m.

séropositif, ive [serɔpozitif, i:v] adj. MÉD. seropositiv.
◇ s. Seropositive(r) f. (m.).

sérosité [serozite] f. PHYSIOL. wässerige Feuchtigkeit ; Lymphe f. ; Serum n.

sérothérapie [serɔterapi] f. Serumbehandlung f.

serpe [sɛrp] f. AGRIC. Hippe f. ; Gartenmesser n. | *Taillé à coups de serpe*, grob geschnitten.

serpent [sɛrpɑ̃] m. ZOOL. Schlange f. ; Natter f. | *Serpent venimeux*, Giftschlange. | *Serpent à lunettes*, Brillenschlange. | *Serpent de mer*, Seeschlange. | *Serpent à sonnettes*, Klapperschlange. || FIG. Schlange f. ; Natter f. | *Langue de serpent*, giftige Zunge. || FIN. *Serpent monétaire européen (S.M.E.)*, (europäische) Währungsschlange (EWS) f.

serpentaire [-tɛ:r] m. ZOOL. Schlangenadler m.

serpenteau [-to] m. kleine Schlange. || [pièce d'artifice] Schwärmer m.

serpenter [-te] v. intr. sich (hin)schlängeln ; sich winden.

serpentin [-tɛ̃] m. Papierschlange f. || TECHN. Schlangenrohr n. | *Serpentin (refroidisseur)*, Kühlschlange f.

serpette [sɛrpɛt] f. Garten-, Rebmesser n. ; Gartenhippe f.

serpillière [sɛrpijɛ:r] f. [toile] Sackleinwand f. || [torchon] Scheuertuch n. ; Aufwaschlappen m.

serpolet [sɛrpɔlɛ] m. BOT. Feldthymian n. ; Quendel m.

serrage [sɛra:ʒ] m. Zusammenziehen n. ; Spannen n. ; Festschrauben n., -ziehen n. | *Vis de serrage*, Klemm-, Druckschraube f. | *Serrage d'une vis*, An-, Festziehen einer Schraube.

serre [sɛ:r] f. [griffe] Klaue f. ; Kralle f. || [jardin] Gewächshaus n. | *Serre chaude, froide*, Treib-, Kalthaus n.

serré, ée [sere] adj. gedrückt ; gepreßt. || [foule] gedrängt. || [dans qch.] eingeklemmt ; eingezwängt. | *Serrés comme des harengs*, wie die Heringe dicht gepreßt. | *En rangs serrés*, dicht gedrängt. || PAR EXT. *Avoir le cœur serré*, bedrückt, beklommen sein. || [dense, épais] dicht ; eng ; fest ; [habit] knapp, eng anliegend. | *Écriture serrée*, enge, dichte Schrift. | *Étoffe serrée*, dichter, fester Stoff. | *À mailles serrées*, engmaschig. || FIG. [rigoureux] streng. || FAM. *Tenir qn serré*, jn kurzhalten.
◇ adv. **serré,** vorsichtig. | *Jouer serré*, sich keine Blößen geben ; alles einkalkulieren.

serre-file [sɛrfil] m. invar. MIL. Schlußmann m. || MAR. Schlußschiff n.

serre-freins [-frɛ̃] m. invar. Bremser m.

serre-joint [-ʒwɛ̃] m. Schraubzwinge f.

serre-livres [-livr] m. invar. Bücherstütze f.

serrement [-mɑ̃] m. Drücken n. ; Druck m. | *Serrement de cœur*, Bedrücktheit f. ; Beklemmung f. | *Serrement de mains*, Händedruck.

serrer [-re] v. tr. **1.** [presser, rapprocher] (zusammen)drücken ; (zusammen)pressen ; verengen ; zusammenziehen ; (ein)klemmen ; [un lien] fester binden. | *Serrer les dents*, die Zähne zusammenbeißen. | *Serrer le frein*, die Bremse anziehen. | *Serrer qn à la gorge*, jn würgen ; jm die Kehle zuschnüren. | *Serrer les lèvres*, die Lippen zusammenkneifen. | *Serrer la main à qn*, jm die Hand drücken, schütteln. | *Serrer le poing*, die Faust ballen. | *Serrer les rangs*, dicht aufrücken ; die Glieder schließen. | *Serrer une vis*, eine Schraube anziehen. | *Serrer à bloc*, stramm anziehen. | *Serrer dans ses bras*, in seine Arme schließen ; umarmen (insépar.). | *Serrer sur son cœur*, ans Herz drücken. || FIG. *Serrer le cœur*, beklemmen.
2. [ranger, enfermer] (ein-, ver)schließen ; verwahren. | *Serrer dans une armoire*, in einem Schrank verwahren.
3. LOC. *Serrer les cordons de sa bourse*, den Daumen auf den Geldbeutel halten, drücken. | *Serrer la vis à qn*, jn streng halten. | *Serrer qn de près*, jm hart zusetzen, auf den Fersen sein ; jn bedrängen, in die Enge treiben. || FAM. *Serrer les fesses*, sich zusammenreißen.
4. MAR. *Serrer la terre*, sich dicht vor der Küste halten. | *Serrer le vent*, hart vor den Wind gehen. | *Serrer les voiles*, die Segel bergen.
◇ v. intr. *Serrer à droite*, rechts (he)ranfahren. | *Cette chaussure serre*, dieser Schuh drückt.
◇ v. pr. **se serrer,** sich zusammendrücken ; sich drängen ; zusammenrücken. || [corps ; taille] sich (ein)schnüren. | *Se serrer contre qn*, sich an jn schmiegen.
— SYN. : *Presser*, drücken. *Resserrer*, fester verschnüren.

serre-tête [-tɛ:t] m. invar. [ruban] Kopfband n. || [téléphone] Hörer m. || SPORT. Schutzhaube f.

serrure [sɛry:r] f. Schloß n. ; Türschloß n.

serrurerie [-(r)ri] f. Schlosserei f. ; Schlosserarbeit f., -handwerk n.

serrurier [-rje] m. Schlosser m.

sertir [sɛrti:r] v. tr. (ein)fassen ; einsetzen ; fassen.

sertissage [-tisa:ʒ] m. (Ein)fassung f. ; Fassen n.

sérum [serɔm] m. MÉD. Serum n. | *Sérum antidiphtérique*, Diphterieserum. | *Sérum antilymphocytaire*, Antilymphozytenserum.

servage [sɛrva:ʒ] m. HIST. Leibeigenschaft f. ; Knechtschaft f. ; Hörigkeit f.

servant, ante [-vɑ̃, ɑ̃:t] adj. RELIG. *Frère servant*, Laienbruder m. || FIG. *Cavalier servant*, Kavalier m. ; Ritter m.
◇ m. **servant.** MIL. Bedienungsmann m. || RELIG. Meßdiener m. ; Ministrant m.
◇ f. **servante,** Dienerin f. ; Dienstmädchen n. || TECHN. Stütze f.

serveur, euse [-vœ:r, ø:z] s. Servierer(in) m. (f.) ; Kellner(in) m. (f.).

serviabilité [-vjabilite] f. Hilfsbereitschaft f. ; Dienstfertigkeit f.

serviable [-vjabl] adj. hilfsbereit ; dienstfertig ; gefällig ; dienstbeflissen.

service [-vis] m. **1.** [activité] Dienst m. ; Bedienung f. | *Services rendus à l'État*, Verdienste (n. pl.) um den

Staat. | *Service de nuit*, Nachtdienst. | *Service d'ordre*, Ordnungsdienst. | *Entrée en service*, Dienstantritt m. | *Escalier de service*, Lieferantenaufgang m. | *Femme de service*, Aufwartefrau f. | *Heures de service*, Dienstzeit f., -stunden f. pl. | *De service*, diensttuend, -habend. | *Service compris*, einschließlich Bedienung, Trinkgeld. | *En service commandé*, in Ausübung des Dienstes. | *J'ai vingt ans de service*, ich diene jetzt zwanzig Jahre. | *Être au service de qn*, bei jm in Dienst(en), in Arbeit stehen. | *Être de service*, Dienst haben.

2. [service rendu] Dienst m. ; Gefälligkeit f. | *Qu'y a-t-il pour votre service ?*, was steht (Ihnen) zu Diensten ? | *Rendre (un) service à qn*, jm einen Dienst leisten, erweisen ; jm dienen, helfen. | *Aimer (à) rendre service*, gefällig sein. | *Toujours prêt à vous rendre service*, stets zu Ihren Diensten.

3. [partie d'une organisation, d'un établissement] Dienst m. ; Stelle f. ; Abteilung f. ; Amt n. ; Wesen n. | *Service administratif*, Verwaltungsdienst. | *Service après-vente*, Kundendienst. | *Service financier*, Finanzabteilung. | *Service météorologique*, Wetterdienst. | *Service technique*, technische Abteilung.

4. [communications] Verkehr m. | *Service aérien*, Luftverkehr. | *Service rapide*, Eildienst ; Schnelldienst. | *Service d'été*, Sommerfahrplan m. | *Service des grandes lignes*, Fernverkehr. | *Service des trains*, Zugverkehr. | *Chef de service*, Fahrdienstleiter m. || TÉLÉPH. *Service urbain*, Ortsverkehr. | *Service interurbain*, Fernverkehr.

5. [usage ; fonctionnement] Dienst m. ; Betrieb m. | *Mise en service*, Inbetriebnahme f. | *Prêt pour le service*, betriebsfertig. | *Hors service*, außer Dienst, Betrieb ; unbrauchbar. | *Mettre en service*, in Betrieb setzen, nehmen ; in Dienst stellen. | *Mettre hors service*, außer Dienst, Betrieb stellen, setzen. | *Mise hors service (d'une installation nucléaire)*, Stillegung f. (einer Kernenergieanlage).

6. [vaisselle ou linge] Service n. ; Geschirr n. | *Service à café*, Kaffeeservice, -geschirr.

7. [repas] Gang m. ; Gericht n.

8. RELIG. *Service divin*, Gottesdienst ; Messe f. | *Service funèbre*, Trauergottesdienst. | *Service mortuaire*, Seelenmesse.

9. MIL. (Wehr)dienst ; Dienstzeit f. || [service militaire] Soldaten-, Waffendienst. | *Service actif*, aktiver Wehrdienst. | *Service armé*, Waffendienst. | *Service auxiliaire*, Hilfsdienst. | *Service militaire obligatoire*, allgemeine Wehrpflicht. | *Apte au service armé, Bon pour le service*, kriegsverwendungsfähig (k. v.). | *Faire son service militaire*, seinen Wehrdienst ableisten ; seine Zeit abdienen.

serviette [sɛrvjɛt] f. [linge] *Serviette de table*, Mundtuch n. ; Serviette f. | *Serviette de toilette*, Handtuch n. | *Serviette-éponge*, Frottiertuch n. | *Serviette hygiénique*, Damenbinde f. | *Rond de serviette*, Serviettenring m. || [cartable] Aktentasche f. ; Mappe f.

servile [sɛrvil] adj. knechtisch ; sklavisch ; unterwürfig ; kriecherisch. || FIG. *Imitation servile*, blinde Nachahmung.

servilement [-lmɑ̃] adv. sklavisch ; unterwürfig.

servilité [-lite] f. Knechtssinn m. ; Unterwürfigkeit f. ; Kriecherei f.

servir [sɛrvi:r] v. tr. **1.** [faire son service ; rendre service] dienen (dat.) ; bedienen (acc.). | *Servir fidèlement*, treue Dienste leisten. | *Servir une machine*, eine Maschine bedienen. | *Pour vous servir*, zu dienen. | *Aimer à se faire servir*, sich gern bedienen lassen.

2. [opération commerciale] *Servir une commande*, eine Bestellung erledigen. | *Servir la maison X*, die Lieferungen für die Firma X besorgen. | *Servir une rente*, eine Rente (aus)bezahlen.

3. [apporter, donner à manger] auftischen ; auftragen ; servieren. | *Servir chaud*, warm auftragen. | *Servir un mets*, eine Speise auftragen, servieren. | *Servir à boire à qn*, jm einschenken. | *Madame est servie*, es ist angerichtet.

4. servir à, dienen (zu) ; nützen ; helfen. | *Cela ne sert à, de rien*, das hilft nichts ; das ist zu nichts nütze ; das ist unnütz. | *Ne pas servir à grand-chose*, nicht viel nützen, helfen.

5. servir de. *Servir de garantie*, als Sicherheit dienen. | *Servir d'interprète*, als Dolmetscher fungieren. | *Servir de médiateur*, vermitteln. | *Servir de père à qn*, jm den Vater ersetzen.

◇ v. intr. [faire un service] dienen. | *Servir comme cuisinier*, als Koch dienen. || MIL. *Servir dans l'infanterie*, bei der Infanterie dienen. || [cartes] Karten geben. || [être utile] nützen ; dienen. | *Ce livre lui a beaucoup servi*, dieses Buch war ihm von großem Nutzen.

◇ v. pr. **se servir,** sich selbst bedienen ; [à table] zulangen. || *Se servir chez un commerçant*, bei einem Kaufmann kaufen. | *Se servir de qch.*, sich einer Sache (gén.) bedienen ; eine Sache benutzen.

serviteur [-vitœ:r] m. Diener m.

servitude [-vityd] f. [état] Knechtschaft f. ; Sklaverei f. ; Hörigkeit f. Unfreiheit f. || JUR. Last f. | *Servitude foncière*, Grunddienstbarkeit f.

servocommande [sɛrvɔkɔmɑ̃d] f. Servosteuerung f.

servofrein [-frɛ̃] m. Ausgleichsbremse f. ; Bremsverstärker m.

servomoteur [-mɔtœ:r] m. Stell-, Steuer-, Servomotor m.

ses [sɛ] adj. poss. pl. seine ; [possesseur fém.] ihre. | *Un de ses amis*, einer seiner, ihrer Freunde.

sésame [sezam] m. Sesam m.

session [sɛsjɔ̃] f. Sitzung f. ; Tagung f. ; Sitzungsabschnitt m., -periode f.

set [sɛt] m. [tennis] Satz m.

seuil [sœj] m. Schwelle f. ; Türschwelle f. || PAR EXT. Anfang m. ; Beginn m. ; Grenze f. || ÉCON. *Seuil de rentabilité*, Rentabilitätsgrenze f., -schwelle f.

seul, seule [sœl] adj. [sans les autres] allein ; alleinig ; alleinstehend. || [personne d'autre] einzig. || [solitaire] einsam. || [rien que] bloß. | *Tout seul*, ganz allein ; mutterseelenallein. | *Il n'y a qu'un seul Dieu*, es gibt nur einen (einzigen) Gott. | *Seul à seul*, unter vier Augen. | *D'une seule pièce*, aus einem Stück, Guß. | *Pas un seul*, kein einziger.

seulement [sœlmɑ̃] adv. nur ; bloß ; allein ; wenigstens. | *Non seulement..., mais encore*, nicht nur..., sondern auch. | *Si seulement on faisait cela*, wenn man wenigstens das täte. | *Dites-lui seulement*, sagen Sie ihm lediglich. | *Il aime voyager, seulement il n'a pas d'argent*, er reist gern, nur hat er kein Geld dazu. || [date] erst. | *Il arrive seulement mardi*, er kommt erst am Dienstag an.

sève [sɛ:v] f. BOT. Saft m. || FIG. Kraft f. ; Mark n.

sévère [sevɛ:r] adj. streng ; ernst ; hart ; unerbittlich. | *Discipline sévère*, scharfe Zucht. | *Froid sévère*, bittere Kälte. | *Juge sévère*, harter, strenger Richter. | *Pertes sévères*, starke, außergewöhnliche Verluste m. pl.

sévèrement [-vɛrmɑ̃] adj. streng.

sévérité [-verite] f. Strenge f. ; Härte f. ; Kälte f. ; Unerbittlichkeit f.

sévices [sevis] m. pl. Mißhandlungen f. pl. ; rohe Behandlung.

Séville [sevi:j] n. pr. f. GÉOGR. Sevilla n.

sévir [sevi:r] v. intr. streng vorgehen. | *Une épidémie sévit*, eine ansteckende Krankheit wütet, grassiert.

sevrage [səvrɑ:ʒ] m. [enfant] Entwöhnung f. || [veau] Absetzen n.

sevrer [-vre] v. tr. [enfant] entwöhnen. || [animal] absetzen. || FIG. entziehen ; berauben. | *Sevrer qn de qch.*, jn einer Sache berauben.

sexagénaire [sɛgzaʒenɛ:r] adj. sechzigjährig.
◇ s. Sechzigjährige(r) f. (m.) ; Sechziger(in) m. (f.).

sexe [sɛks] m. Geschlecht n. || ANAT. Sexus m. ; Geschlechtsteile m. pl. | *Le sexe fort*, das starke Geschlecht ; die Männer m. pl. | *Le sexe faible*, das schwache Geschlecht ; die Frauen f. pl.

sexologue [sɛksɔlɔg] s. Sexualwissenschaftler(in) m. (f.).

sextant [sɛkstɑ̃] m. MAR. Sextant m.

sextuor [sɛkstɥɔr] m. MUS. Sextett n.

sextuple [-typl] adj. sechsfach.
◇ m. Sechsfaches n.

sexualité [sɛksɥalite] f. Geschlechtlichkeit f. ; Geschlechtsleben n. ; Sexualität f.

sexué, ée [-sɥe] adj. mit Geschlechtsorganen versehen.

sexuel, uelle [-sɥɛl] adj. geschlechtlich ; sexuell ; Geschlechts... | *Organes sexuels*, Geschlechts-, Fortpflanzungsorgane n. pl. | *Relations sexuelles*, Geschlechtsverkehr m.

seyant, ante [sɛjɑ̃, ɑ̃:t] adj. gut sitzend ; passend ; kleidsam. | *Sa robe est seyante*, das Kleid steht ihr.

shako [ʃako] m. Tschako m.

shampooing [ʃɑ̃pwɛ̃] m. Kopfwaschen n. ; Shampoo(n) n.

shoot [ʃut] m. [football] Schuß m.

shooter [ʃute] v. intr. [football] schießen.

short [ʃɔrt] m. kurze Sporthose ; Shorts f. pl.

shunt [ʃœnt] m. ÉLECTR. Nebenwiderstand m. ; Nebenschluß m.

shunter [-te] v. tr. in Nebenschluß legen ; shunten.

si [si] conj. **1.** [conditionnel] wenn ; falls. | *Si vous le croyez*, wenn Sie es glauben. | *S'il plaît à Dieu*, so Gott will. | *Si bon vous semble*, wenn es (Ihnen) beliebt. | *Si l'on m'avait écouté, cela ne serait pas arrivé*, wenn man auf mich gehört hätte, wäre das nicht eingetreten, geschehen. | *Si j'étais riche*, wenn ich reich wäre. | *Si j'étais vous*, wenn ich an Ihrer Stelle wäre.
2. [souhait ; regret] *Si seulement*, wenn nur ; wenn doch. | *Si seulement il venait*, wenn er doch käme. | *Ah ! si je savais écrire !*, könnte ich nur schreiben !
3. [éventualité] *S'il devait revenir*, sollte er zurückkommen. | *Si vous le voyez*, sollten Sie ihn sehen.
4. [interrogation indirecte : doute] ob. | *Je demande s'il est malade*, ich frage, ob er krank ist.
5. LOC. [conditionnelles] *Comme si*, als ob ; als wenn. | *Même si*, selbst wenn ; auch wenn. | *Si faire se peut*, womöglich. || [restrictives] *Si ce n'est que*, wenn nicht ; außer daß ; nur daß ; es sei denn, daß. | *Si tant est que*, wenn es so ist, wenn es der Fall ist, daß. || [consécutives] *Si bien que*, so, daß. | *Il court si vite qu'on ne peut le rattraper*, er läuft so schnell, daß man ihn nicht einholen kann. || [concessives] *Si... que*, wie... auch (ou constructions avec mögen). | *Si fort qu'il crie*, er mag noch so laut schreien ; wie, so laut er auch schreit. | *Si peu que ce soit*, wenn es auch noch so wenig ist.
◇ adv. [quantité ; intensité] so ; soviel ; sosehr. | *Un homme si bon*, ein so guter Mensch. || [manière] so ; derart(ig). | *Ne cours pas si vite*, lauf nicht so schnell. || [affirmatif] doch ; ja. | *Ne l'as-tu pas vu ? Si*, hast du ihn nicht gesehen ? Doch. | *Je dis que si*, ich sage ja. | *Que si !*, *Mais si !*, aber ja ; aber natürlich. | *Si, si*, ja natürlich ; gewiß doch. | *Si fait*, doch ; jawohl.
◇ m. invar. Wenn n. | *Il n'y a pas de si*, da gibt's kein Wenn und Aber.

si [si] m. invar. MUS. *Si bémol majeur*, B. | *Si bémol mineur*, b. | *Si mineur*, h. | *Si dièse*, His. | *Si majeur*, H.

Siam [sjam] n. pr. m. GÉOGR. Siam n.

siamois, oise [-mwa, wa:z] adj. siamesisch. | *Chat siamois*, siamesische Katze ; Siamkatze f. | *Frères siamois*, siamesische Zwillinge m. pl.
◇ s. **Siamois, oise,** Siamese m. ; Siamesin f.

Sibérie [siberi] n. pr. f. GÉOGR. Sibirien n.

sibérien, ienne [-rjɛ̃, jɛn] adj. sibirisch.
◇ s. **Sibérien, ienne,** Sibirier(in) m. (f.).

sibyllin, ine [-lɛ̃, in] adj. sibyllinisch. || PAR EXT. dunkel ; rätselhaft ; unverständlich.

sic [sik] loc. lat. so ; also.

siccatif, ive [sikatif, i:v] adj. schnell trocknend.
◇ m. **siccatif,** Trockenmittel n.

Sicile [sisil] n. pr. f. GÉOGR. Sizilien n.

sicilien, ienne [-ljɛ̃, jɛn] adj. sizilianisch.
◇ s. **Sicilien, ienne,** Sizilianer(in) m. (f.).

sida [sida] m. MÉD. AIDS n. ; erworbene Immunschwäche. | *Sida avéré*, manifestes AIDS.

side-car [sidkar] m. Beiwagen m.

sidéral, ale, aux [sideral, o] adj. siderisch ; Stern... | *Année sidérale*, Sternjahr n.

sidéré, ée [-re] adj. FAM. verblüfft ; wie vom Blitz getroffen ; verdutzt.

sidérurgie [sideryrʒi] f. Eisenhüttenkunde f., -wesen n., -industrie f. ; Hüttenwesen n.

sidérurgique [-ʒik] adj. Eisen... ; siderurgisch. | *Industrie sidérurgique*, Eisenindustrie f. | *Usine sidérurgique*, Eisenhütte f.

siècle [sjɛkl] m. Jahrhundert n. | *Fin de siècle*, Jahrhundertwende f. ; LITTÉR. Verfallsstimmung f. || PAR EXT., FAM. Ewigkeit f. | *Il y a un siècle qu'on ne vous a vu*, man hat Sie seit einer Ewigkeit, seit Ewigkeiten nicht gesehen. || [époque] Zeitalter n. ; Epoche f. | *Siècle classique*, klassisches Zeitalter. | *Siècle des lumières*, Aufklärungszeit f. || [temps présent] Zeit f. ; Zeitalter n. | *Devancer son siècle*, seiner Zeit vorauseilen. || RELIG. [monde séculier] Welt f. ; Weltleben n. | *Mal du siècle*, Weltschmerz m.

siège [sjɛ:ʒ] m. **1.** [objet pour s'asseoir] Sitz m. ; Sitzplatz m. ; Sitzgelegenheit f. | *Siège arrière*, [voiture] Rücksitz ; [deux-roues] Soziussitz. | *Siège éjectable*, Katapult-, Schleudersitz. | *Siège du conducteur*, Führersitz, -stand m. | *Siège du passager*, Beifahrersitz. | *À deux sièges*, zweisitzig. || FIG. *Mon siège est fait*, mein Entschluß ist gefaßt. || ANAT. Gesäß n. | *Bain de siège*, Sitzbad.
2. PAR EXT. [endroit] Sitz m. ; Amts-, Regierungs-, Wohnsitz m. | *Siège permanent*, ständiger Sitz. | *Siège social*, (Gesellschafts)sitz. | *Siège du gouvernement*, Regierungssitz. || MIL. Belagerung f. | *(Proclamer l')état de siège*, (den) Belagerungszustand (verhängen). | *Lever le siège d'une ville*, die Belagerung einer Stadt aufheben. || JUR. Gerichtshof m. ; Gericht n. || MÉD. *Siège d'une maladie*, Krankheitsherd m. || RELIG. *Siège épiscopal*, Bischofssitz. | *Saint Siège*, Heiliger Stuhl.

siéger [sjeʒe] v. intr. sitzen ; seinen Sitz haben. || [assemblée] eine Sitzung abhalten ; tagen.

sien, sienne [sjɛ̃, sjɛn] adj. poss. de la 3e personne. [possesseur masculin] sein, seine ; [possesseur féminin] ihr, ihre.
◇ pron. poss. **le sien, la sienne,** der, die, das sein(ig)e ; der, die, das ihr(ig)e.
◇ m. **sien.** *Y mettre du sien*, sein Teil dazu beitragen ; mithelfen.

◇ m. pl. **siens.** *Les siens*, die Seinigen, die Ihrigen pl. ; seine, ihre Angehörigen pl.
◇ f. pl. **siennes.** *Faire des siennes*, dumme Streiche machen ; Allotria treiben.

Sienne [sjɛn] n. pr. f. GÉOGR. Siena n.

sieste [sjɛst] f. Mittagsschlaf m. ; Siesta f. | *Faire la sieste*, sein Mittagsschläfchen halten.

sieur [sjœ:r] m. Herr m. || JUR. *Le sieur X*, ein gewisser X.

sifflant, ante [siflɑ̃, ɑ̃:t] adj. pfeifend ; zischend.
◇ f. **sifflante,** Zischlaut m.

sifflement [-fləmɑ̃] m. Pfeifen n. ; Pfiff m. ; Zischen n. ; Sausen n. | *Sifflement d'une flèche*, Schwirren (n.) eines Pfeiles.

siffler [-fle] v. intr. pfeifen ; zischen. | *La locomotive siffle*, die Lokomotive pfeift. | *L'obus siffle*, die Granate heult. | *La respiration siffle*, der Atem rasselt. | *Le serpent siffle*, die Schlange zischt. | *Le vent siffle*, der Wind pfeift.
◇ v. tr. pfeifen. | *Siffler un air*, eine Melodie pfeifen. | *Siffler son chien*, seinen Hund heranpfeifen. | *Siffler un acteur, une pièce (de théâtre)*, einen Schauspieler, ein Stück auspfeifen.

sifflet [-flɛ] m. [instrument] Pfeife f. | *Sifflet à roulette*, Trillerpfeife. | *Coup de sifflet*, Pfiff m. | *Tailler en sifflet*, schräg abschneiden. || PÉJOR. Auspfeifen n. ; Auszischen n.

siffleur, euse [-flœ:r, ø:z] adj. pfeifend.
◇ m. **siffleur,** Pfeifer m.

siffloter [-flɔte] v. tr. vor sich hin pfeifen.

sigle [sigl] m. Sigel n. ; Kürzel n. ; Abkürzung f.

signal [siɲal] m. [signe] Signal n. ; Zeichen n. | *Signal analogique*, Analogsignal. | *Signal écographique*, Echosignal. | *Signal radio*, Funksignal. | *Signal routier*, Verkehrszeichen. | *Signal de détresse*, Notsignal. | *Signal de, du départ*, Abfahrtszeichen. | *Signal d'interdiction*, Verbotszeichen. | *À un signal*, auf ein Zeichen. | *Donner le signal*, das Zeichen geben, [au sifflet] abpfeifen. | *Faire des signaux d'alarme*, Notzeichen geben. || [appareil] Signal n. || [chemins de fer] *Signal d'alarme*, Notbremse f.

signalé, ée [-le] adj. [annoncé par signal] angekündigt. || [distingué] ausgezeichnet ; ausnehmend. | *De signalés services*, ausgezeichnete Dienste m. pl.

signalement [-lmɑ̃] m. Personenbeschreibung f.

signaler [-le] v. tr. [annoncer] anzeigen ; ankündigen ; melden. || [marquer] signalisieren. | *Signaler une route*, eine Straße beschildern. || FIG. hinweisen ; winken. | *Signaler qch. à l'attention de qn*, jn auf etwas (acc.) hinweisen. | *Signaler qch. à la police*, der Polizei etwas (acc.) anzeigen. | *Signaler son retour*, sich zurückmelden.
◇ v. pr. **se signaler,** hervortreten ; sich auszeichnen.

signalétique [-letik] adj. beschreibend. | *Fiche signalétique*, Merkblatt n. ; Personalblatt n.

signalisation [-lizasjɔ̃] f. Signalisation f. ; Signalgebung f. | *Signalisation optique*, Blinken n. | *Signalisation routière*, Beschilderung f.

signataire [-tɛ:r] m. Unterzeichner m. | *Puissances signataires*, Signatarmächte f. pl.

signature [-ty:r] f. [marque] Unterschrift f. ; Namenszug m. | *Spécimen de signature*, Unterschriftsprobe f. || PAR EXT. [droit] *Avoir la signature*, zeichnungsberechtigt sein. || [acte] Unterzeichnung f. | *Signature d'un traité*, Vertragsunterzeichnung.

signe [siɲ] m. **1.** [marque] (An)zeichen n. ; Kennzeichen n. ; Merkmal n. ; Marke f. | *Signes abréviatifs*, Kürzel n. pl. | *Signe avant-coureur*, Vorbote m. ; Anzeichen. | *Signe caractéristique*, Kennzeichen. | *Signe distinctif*, Unterscheidungs-, Erkennungsmerkmal. | *Signe phonétique*, Laut(schrift)zeichen. | *Signe de l'addition*, Pluszeichen. | *Signe de la multiplication*, Malzeichen. | *Signe de ponctuation*, Satzzeichen. | *Signe de la soustraction*, Minuszeichen. | *En signe de*, als, zum Zeichen (gén.). | *Sous le signe de*, im Zeichen (gén.). | *Ne plus donner signe de vie*, kein Lebenszeichen mehr von sich geben ; FIG. nichts mehr von sich hören lassen. | *C'est bon signe*, das ist ein gutes Anzeichen.
2. [geste] Wink m. | *Au premier signe*, auf den ersten Wink hin. | *Signe de la croix*, Zeichen des Kreuzes ; Kreuz(es)zeichen. | *Faire signe à qn*, jm einen Wink geben.

signer [-ɲe] v. tr. unterschreiben ; (unter)zeichnen (insépar.). | *Autorisé à signer*, zeichnungsberechtigt. || PAR EXT. *Signer de son sang*, mit seinem Blut besiegeln. | *Ouvrage signé*, signiertes Werk.
◇ v. pr. **se signer.** RELIG. sich bekreuzigen ; das Kreuz schlagen.

signet [-ɲɛ] m. Buch-, Lesezeichen n.

significatif, ive [siɲifikatif, i:v] adj. bezeichnend ; bedeutsam ; ausdrucksvoll ; vielsagend.

signification [-fikasjɔ̃] f. [sens] Bedeutung f. ; Sinn m. || JUR. gerichtliche Anzeige ; Zustellung f.

signifier [-fje] v. tr. **1.** [avoir un sens] bedeuten ; besagen. | *Que signifient ces paroles ?*, was bedeuten diese Worte ? | *Je ne sais ce que cela signifie*, ich weiß nicht, was es heißen soll. | *Que signifie tout cela ?*, was soll das heißen ? | *Cela ne signifie pas grand-chose*, das will nicht viel heißen ; das besagt nicht viel. | *Cela ne signifie rien*, das hat keinen Sinn.
2. [faire savoir] kundtun ; mitteilen. || JUR. gerichtlich anzeigen, zustellen. | *Signifier à qn un jugement*, jm ein Urteil gerichtlich zustellen.

silence [silɑ̃:s] m. **1.** [absence de parole] (Still)-schweigen n. | *Silence !*, Ruhe ! ; still ! | *Silence, on tourne !*, Achtung ! Aufnahme ! | *Garder le silence*, schweigen. | *Imposer silence*, Ruhe gebieten. | *Réduire au silence*, zum Schweigen bringen.
2. [discrétion] Verschwiegenheit f. | *Silence sur tout cela !*, bitte kein Wort davon ! | *Acheter le silence de qn*, jm Schweigegelder zahlen. | *Passer qch. sous silence*, etwas mit Stillschweigen übergehen (insépar.) ; etwas verschweigen, ignorieren.
3. [absence de bruit] Ruhe f. ; Stille f. | *Silence de mort*, Todesstille f. || MUS. Pause f.

silencieusement [-sjøzmɑ̃] adv. still ; stillschweigend.

silencieux, ieuse [-sjø, jø:z] adj. [qui se tait] schweigend ; stumm. || [caractère] still ; schweigsam. || [discret] verschwiegen. || [sans bruit] geräuschlos ; still ; lautlos ; ganz ruhig.
◇ m. **silencieux,** Schweiger m. || TECHN. Schalldämpfer m. || AUTOM. Auspufftopf m.

Silésie [silezi] n. pr. f. GÉOGR. Schlesien n.

silésien, ienne [-zjɛ̃, jɛn] adj. schlesisch.
◇ s. **Silésien, ienne,** Schlesier(in) m. (f.).

silex [silɛks] m. Feuerstein m. ; Flintstein m.

silhouette [silwɛt] f. Schattenriß m., -bild n. ; Silhouette f. ; Umriß m. || MIL. Scheibe f.

silicate [silikat] m. CHIM. Silikat n.

silice [silis] f. CHIM. Kieselerde f., -säure f.

silicique [-sik] adj. *Acide silicique*, Kieselsäure f.

silicium [-sjɔm] m. Silizium n.

silicone [-ko:n] m. Silikon n.

silicose [-ko:z] f. MÉD. Silikose f.

sillage [sija:ʒ] m. MAR. Kielwasser n. || AÉRON. Wirbelstrom m. ; Sog m.

sillon [-jɔ̃] m. Furche f. ; TECHN. Rille f. ; Rinne f. || [bande] Streifen m. | *Tracer, Faire un sillon*, eine Furche ziehen.
sillonner [-jɔne] v. tr. (durch)furchen (insépar.) ; durchziehen (insépar.). | *Sillonner les mers*, die Meere durchfurchen. | *Des éclairs sillonnent le ciel*, Blitze zucken durch die Luft. | *Front sillonné de rides*, runzlige Stirn.
silo [silo] m. Silo m. ; Speicher m.
silotage [silɔta:ʒ] m. Einlagerung f.
silure [sily:r] m. ZOOL. Wels m.
silurien, ienne [-rjɛ̃, jɛn] adj. silurisch.
◇ m. **silurien,** Silur n.
simagrée [simagre] f. Getue n. ; Ziererei f. ; Vorspielung f. ; Fisimatenten f. pl. | *Faire des simagrées*, sich zieren ; ein Theater aufführen.
simien, ienne [simjɛ̃, -jɛn] ou **simiesque** [-mjɛsk] adj. affenartig ; Affen... ; affenähnlich.
similaire [similɛ:r] adj. gleichartig ; ähnlich.
— SYN. : *Analogue*, gleichartig. *Semblable*, ähnlich.
simili [-li] m. Nachahmung f. ; Imitation f. ; Simili m. | *Simili-cuir*, Kunstleder n. | *En simili*, unecht ; nachgemacht. | *Bijoux en simili*, unechter Schmuck.
similigravure [-ligravy:r] f. TYPOGR. Autotypie f.
similitude [-lityd] f. Gleichartigkeit f. ; Ähnlichkeit f.
simoun [simun] m. Samum m.
simple [sɛ̃pl] adj. (sens physique et pratique) einfach ; [à faire] leicht ; [sans recherche] ungekünstelt ; schlicht ; schmucklos. || *Corps simple*, Grundstoff m. | *Méthode simple*, leichte Methode. | *Simple comme bonjour*, kinderleicht ; ganz einfach. || (sens moral et intellectuel) schlicht ; natürlich ; anspruchslos ; unbefangen ; harmlos. | *Homme simple*, harmloser, schlichter Mensch. | *Le simple bon sens*, der gesunde Menschenverstand. || PÉJOR. einfältig ; albern ; simpel. | *Simple d'esprit*, einfältig. || [sens social] *Simple citoyen*, gewöhnlicher Bürger. | *Simple soldat*, gemeiner Soldat ; Gemeiner m. ; einfacher Soldat.
◇ m. [chose] das Einfache. || [homme] Einfältiger m. ; Einfaltspinsel m. ; Gimpel m. || SPORT. [tennis] Einzelspiel n. | *Simple dames, hommes*, Damen-, Herreneinzel n.
◇ m. pl. **simples,** Heilkräuter n. pl.
simplement [-pləmɑ̃] adv. einfach ; schlicht. || [restriction] nur ; bloß. | *Tout simplement*, ganz einfach ; ohne weiteres. | *Purement et simplement*, schlechterdings ; schlechtweg.
simplet, ette [-plɛ, ɛt] adj. einfältig ; leichtgläubig ; naiv.
simplicité [-plisite] f. Einfachheit f. ; Natürlichkeit f. ; Schlichtheit f. ; Anspruchslosigkeit f. | *Simplicité d'esprit*, Albernheit f.
simplificateur [-plifikatœ:r] m. Vereinfacher m.
simplification [-plifikasjɔ̃] f. Vereinfachen n. ; Vereinfachung f. || MATH. Kürzen n.
simplifier [-plifje] v. tr. vereinfachen. || MATH. kürzen ; heben.
simpliste [-plist] adj. einfältig ; unbedarft ; einseitig ; grob vereinfachend.
simulacre [simylakr] m. [apparence] Trugbild n. ; Blendwerk n. ; Fassade f. || [action] Schein m. | *Simulacre de combat*, Scheingefecht n. | *Simulacre de mariage*, Scheinehe f. | *Faire le simulacre de*, so tun als ob ; vortäuschen.
simulateur, trice [-latœ:r, tris] s. Simulant(in) m. (f.).
◇ m. **simulateur.** TECHN. Simulator m. | *Simulateur de vol*, Flugsimulator.
simulation [-lasjɔ̃] f. Vortäuschung f. ; Verstellung f. ; Simulieren n. || ÉCON., FIN. Simulation f. | *Simulation de financement*, Finanzierungsvorschlag m. || TECHN. Modellversuch m.
simulé, ée [-le] adj. vorgetäuscht ; fingiert ; Schein... | *Contrat simulé*, Scheinvertrag m.
simuler [-le] v. tr. vorgeben ; vortäuschen ; vorschützen ; simulieren ; heucheln.
simultané, ée [simyltane] adj. gleichzeitig. | *Traduction simultanée*, Simultanübersetzung f.
simultanéité [-neite] f. Gleichzeitigkeit f.
simultanément [-nemɑ̃] adv. zu gleicher Zeit ; zugleich.
sinapisme [sinapism] m. MÉD. Senfpflaster n., -umschlag m.
sincère [sɛ̃sɛ:r] adj. aufrichtig ; offen ; wahrhaftig. | *Amitié sincère*, aufrichtige, echte Freundschaft. | *Aveu sincère*, offenes Geständnis.
sincèrement [-sɛrmɑ̃] adv. aufrichtig. | *Parler sincèrement*, frei von der Leber weg, ganz offen reden.
sincérité [-serite] f. Offenheit f. ; Aufrichtigkeit f. ; Wahrhaftigkeit f. ; Echtheit f.
sinécure [sineky:r] f. Sinekure f. ; Pfründe f. ; Ruheposten m.
singe [sɛ̃:ʒ] m. ZOOL. Affe m. || [homme laid] häßlicher Kerl. || [qui contrefait] Nachäffer m. | *Faire le singe*, sich albern benehmen. | *Payer en monnaie de singe*, dem Gläubiger eine Nase drehen ; jn mit leeren Worten abspeisen.
singer [-ʒe] v. tr. nachäffen (dat.).
singerie [-ʒri] f. [en ménagerie] Affenhaus n. || FIG. Grimasse f. ; törichte Nachäfferei. || [farce] Schabernack m. ; Affenkomödie f.
singulariser [sɛ̃gylarize] v. tr. auszeichnen.
◇ v. pr. **se singulariser,** sich auffällig benehmen ; sich auszeichnen.
singularité [-larite] f. [ce qui est étrange] Sonderbarkeit f. ; Seltsamkeit f. || [ce qui est particulier] Eigenheit f. ; Eigentümlichkeit f.
singulier, ière [-lje, jɛ:r] adj. [étrange] sonderbar ; seltsam ; sonderlich. || [particulier] eigen(tümlich) ; eigenartig. || [remarquable] merkwürdig. | *Combat singulier*, Einzelkampf m.
◇ m. **singulier.** GRAMM. Einzahl f. ; Singular m.
singulièrement [-ljɛrmɑ̃] adv. [surtout] besonders ; vorzüglich. || [beaucoup] sehr ; ungemein. || [bizarrement] wunderlich ; sonderbar.
sinistre [sinistr] adj. [de mauvais augure] unheilverkündend ; unheilvoll ; drohend ; verhängnisvoll. || [effrayant] düster ; schaurig.
◇ m. Unglück n. ; Unheil n. ; Unfall m. || [dommage] Schaden m. | *Sinistre de guerre*, Kriegsschaden. | *Avis de sinistre*, Schadensanzeige f. || [assurances] Versicherungsfall m.
sinistré, ée [-tre] adj. geschädigt ; verunglückt. || [par le feu] abgebrannt ; ausgebrannt. || [bombardé] ausgebombt ; bombengeschädigt.
sinologie [sinɔlɔʒi] f. Chinakunde f. ; Sinologie f.
sinologue [-lɔg] s. Sinologe m. ; Sinologin f.
sinon [sinɔ̃] conj. wenn nicht ; wo nicht ; sonst ; andernfalls. || außer, anders als. | *Que fais-tu, sinon parler ?*, was tust du, anders als reden ? || *Sinon... au moins*, wenn nicht... so doch wenigstens. || *Sinon que*, außer, daß.
sinueux, euse [sinɥø, ø:z] adj. gewunden ; gebogen ; krumm ; sich schlängelnd.
sinuosité [-nɥozite] f. Windung f. ; Schlangenlinie f. ; Krümmung f. ; Biegung f.

sinus [sinys] m. ANAT. Höhle f. ; Vertiefung f. | *Sinus frontal*, Stirnhöhle. | *Sinus maxillaire*, Kieferhöhle. || MATH. Sinus m.
sinusite [-zit] f. MÉD. Sinusitis f. ; Kiefer-, Stirnhöhlenentzündung f.
sinusoïdal, ale, aux [-zoidal, o] adj. sinusförmig.
sinusoïde [-zoid] f. MATH. Sinuslinie f.
Sion [sjɔ̃] n. pr. m. Zion n.
sionisme [sjɔnism] m. Zionismus m.
sioniste [-nist] adj. zionistisch.
◇ s. Zionist(in) m. (f.).
siphon [sifɔ̃] m. PHYS. Saug-, (Stech)heber m. ; Siphon m. | *Siphon (à eau de Seltz)*, Sodawasserflasche f. || [canalisation] Kniestück n.
siphonner [-fɔne] v. tr. aufsaugen ; abhebern.
sire [si:r] m. HIST. Herr m. ; Majestät f.
sirène [sirɛ:n] f. MYTH. Sirene f. ; Meerjungfrau f. || [avertisseur] Sirene f.
sirocco [sirɔko] m. Schirokko m.
sirop [siro] m. Sirup m. ; (Frucht)saft m.
siroter [sirɔte] v. tr. langsam schlürfen, nippen.
sirupeux, euse [sirypø, ø:z] adj. sirupartig.
sis, sise [si, si:z] adj. JUR. gelegen ; liegend.
sismique [sismik] adj. seismisch ; Erdbeben... | *Mouvement sismique*, Erdstoß m.
sismographe [-mɔgraf] m. Seismograph m. ; Erdbebenanzeiger m.
sismologie [-mɔlɔʒi] f. Erdbebenkunde f. ; Seismologie f.
Sisyphe [sizif] n. pr. m. MYTH. Sisyphus m.
site [sit] m. Landschaft f. ; Gegend f. ; Lage f. | *Site d'une ville*, Lage einer Stadt. | *Site nucléaire*, nuklearer Standort. | *Site protégé*, Naturschutzgebiet n.
sitôt [sito] adv. sobald ; alsbald. | *Pas de sitôt*, nicht so bald. | *Il ne partira pas de sitôt*, er wird nicht so bald abfahren. | *Sitôt entré*, schon beim Eintreten ; kaum war er eingetreten.
◇ conj. **sitôt que,** sobald als.
situation [sitɥasjɔ̃] f. **1.** [position] Lage f. | *Situation d'une ville, d'une maison*, Lage einer Stadt, eines Hauses.
2. [état ; circonstances : politiques, économiques] Lage f. ; Situation f. ; (Zu)stand m. ; Sachlage f. ; Verhältnisse n. pl. | *Situation économique*, Wirtschaftslage. | *Situation financière*, Kapitalverhältnisse. | *Situation mensuelle*, Monatsübersicht f. | *Situation météorologique*, Wetterlage. | *Situation monétaire*, Währungslage. | *L'homme de la situation*, der richtige Mann.
3. [professionnelle] Stellung f. ; Stelle f. | *Situation durable*, Dauerstellung. | *Situation stable*, feste Stellung. | *Situation de premier plan*, leitende Stellung. | *Se faire une situation*, sich emporarbeiten.
4. [personnelle] Lage f. ; Stand m. | *Situation familiale*, Familienstand.
situé, uée [-tɥe] adj. stehend ; gelegen ; liegend ; befindlich. | *Être situé sur*, liegen an (dat.).
situer [-tɥe] v. tr. hinsetzen ; hinstellen. | *Situer un point*, einen Punkt festlegen, bestimmen.
six [sis ; siz devant une voyelle ou un *h* muet ; si devant une consonne] adj. num. card. sechs. | *Le six mai*, der sechste Mai ; am sechsten Mai. | *Qui dure six heures*, sechsstündig. | *Toutes les six heures*, sechsstündlich. | *Enfant de six ans*, sechsjähriges Kind.
◇ m. Sechs f. ; Sechser m.
sixième [sizjɛm] adj. num. ord. sechster.
◇ m. [fraction] Sechstel n. || [rang] Sechster m.
◇ f. UNIV. Sexta f. | *Élève de sixième*, Sextaner(in) m. (f.).
sixièmement [-zjɛmmɑ̃] adv. sechstens.
six-quatre-deux (à la) [alasiskatdø] loc. adv. FAM. nachlässig ; ohne Sorgfalt, in größter Eile.
sixte [sikst] f. MUS. Sexte f.
sketch [skɛtʃ] m. (pl. **sketches**). THÉÂTRE. lustiger Einakter.
ski [ski] m. [objet] Ski m. ; Schi m. (pl. Schier) ; Schneeschuh m. || SPORT. Skifahren n. | *Ski de fond*, Skilanglauf m. ; Loipe f. | *Ski nautique*, Wasserski. | *Bâton de ski*, Skistock m. | *À, En skis*, auf Schiern. | *Faire du ski*, Ski laufen, fahren.
skier [skie] v. intr. Schi laufen, fahren.
skieur, ieuse [skjœ:r, -jø:z] Schiläufer(in) m. (f.). | *Un grand skieur*, eine Schikanone.
skiff [skif] m. Einer m. ; Skiff n.
slalom [slalɔm] m. [ski] Slalom m.
slave [slav] adj. slawisch.
◇ s. **Slave,** Slave m. ; Slavin f.
slavon [-vɔ̃] m. Altslawisch n.
slip [slip] m. [vêtement] Schlüpfer m. ; kurze Unterhose. | *Slip de bain*, Zwickel-, Dreiecksbadehose f. || MAR. Slippanlage f. ; Ablaufbahn f.
slogan [slɔgɑ̃] m. Schlagwort n. ; Parole f.
slovaque [slɔvak] adj. slowakisch.
◇ s. **Slovaque,** Slowake m. ; Slowakin f.
slovène [-vɛ:n] adj. slowenisch.
◇ s. **Slovène,** Slowene m. ; Slowenin f.
smala ou **smalah** [smala] f. Smalah f. || FIG., FAM. Mischpoke f. ; Mischpoche f. | *Avec toute sa smala*, mit Kind und Kegel ; mit der ganzen Mischpoke.
smash [smaʃ] m. SPORT. Smash m.
smasher [-e] v. intr. et tr. SPORT. schmettern.
smoking [smokiŋ] m. Smoking m.
snack-bar [snakba:r] m. Schnellimbiß m.
snob [snɔb] adj. snobistisch.
◇ s. Snob m.
snobisme [-bism] m. Snobismus m.
sobre [sɔbr] adj. mäßig ; enthaltsam ; nüchtern. || FIG. maßvoll ; genügsam ; einfach ; schlicht.
sobriété [-briete] f. Mäßigkeit f. ; Enthaltsamkeit f. ; Nüchternheit f. || FIG. Einfachheit f. ; Schlichtheit f. ; Zurückhaltung f.
sobriquet [sɔbrikɛ] m. Spitzname m.
soc [sɔk] m. AGRIC. Pflugschar f.
sociabilité [sɔsjabilite] f. Geselligkeit f. ; Umgänglichkeit f.
sociable [-sjabl] adj. gesellig ; um-, zugänglich.
social, iale, iaux [-sjal, jo] adj. [sociable] gesellig ; zugänglich. || [qui concerne la société] gesellschaftlich ; sozial ; Gesellschafts... | *Action sociale*, Sozialpolitik f. | *Assistante sociale*, Fürsorgerin f. ; Sozialarbeiterin f. | *Sécurité sociale*, Sozialversicherung f. | *Capital social*, Gesellschaftskapital n. | *Charges sociales*, Soziallasten f. pl. | *Contrat social*, Gesellschaftsvertrag m. | *Droit social*, Gesellschaftsrecht n. | *Siège social*, Sitz (m.) des Unternehmens. | *Sciences sociales*, Sozialwissenschaften.
social-démocrate [-sjaldemɔkrat] s. (pl. **sociaux-démocrates**) Sozialdemokrat(in) m. (f.).
◇ adj. sozialdemokratisch.
socialisation [-sjalizasjɔ̃] f. Sozialisierung f. ; Vergesellschaftung f.
socialiser [-sjalize] v. tr. sozialisieren ; vergesellschaften. | *Entreprise socialisée*, volkseigener Betrieb.
socialisme [-sjalism] m. Sozialismus m.
socialiste [-sjalist] adj. sozialistisch.
◇ s. Sozialist(in) m. (f.).

sociétaire [-sjetɛ:r] m. Gesellschafter m. ; Vereinsmitglied n. ; Teilhaber m.

société [-sjete] f. [sens général] Gesellschaft f. ; Gesellschaftsleben n. | *Société d'abondance*, Wohlstandsgesellschaft. | *Société de consommation*, Konsumgesellschaft. | *Société industrielle*, Industriegesellschaft. || [groupe] Verein m. | *La bonne société*, die vornehme Gesellschaft ; feine Leute pl. | *Haute société*, höhere Schichten f. pl. | *Société protectrice des animaux (S.P.A.)*, Tierschutzverein. | *Société secrète*, Geheimklub m. | *Société sportive*, Sportverein. | *Jeu de société*, Gesellschaftsspiel n. | *Fréquenter la haute société*, in den höheren Kreisen verkehren. || COMM., JUR. Gesellschaft f. ; Verein m. | *Société de capitaux*, Kapitalgesellschaft. | *Société civile*, Gesellschaft bürgerlichen Rechts. | *Société en commandite simple*, Kommanditgesellschaft. | *Société commerciale*, Handelsgesellschaft. | *Société coopérative*, Genossenschaft f. | *Société écran*, Tarnfirma f. ; Strohfirma f. | *Société fiduciaire*, Treuhandgesellschaft. | *Société de gardiennage*, Wach- und Schließgesellschaft. | *Société d'investissements*, Investmentgesellschaft ; Kapitalanlagegesellschaft. | *Société en nom collectif*, offene Handelsgesellschaft. | *Société de personnes*, Personengesellschaft. | *Société anonyme (S.A.)*, Aktiengesellschaft (A.G.). | *Société à responsabilité limitée (S.A.R.L.)*, Gesellschaft mit beschränkter Haftpflicht, Haftung (G.m.b.H.). | *Société en commandite simple*, Kommanditgesellschaft (K.G.). | *Société en nom collectif*, Offene Handelsgesellschaft (O.H.G.). || POLIT. *Société des Nations*, Völkerbund m.

sociologie [-sjɔlɔʒi] f. Soziologie f. ; Gesellschaftswissenschaft f.

sociologique [-sjɔlɔʒik] adj. soziologisch.

sociologue [-sjɔlɔg] s. Soziologe m. ; Soziologin f.

socioprofessionnel, elle [-prɔfɛsjɔnɛl] adj. berufsständisch.

socle [sɔkl] m. Sockel m. ; Untersatz m. ; Unterlage f. ; (Fuß)gestell n.

socquette [sɔkɛt] f. Söckchen n.

Socrate [sɔkrat] n. pr. m. Sokrates m.

socratique [-tik] adj. sokratisch.

soda [soda] m. Sodawasser n.

sodium [-djɔm] m. CHIM. Natrium n. | *Chlorure de sodium*, Natriumchlorid n.

Sodome [sɔdom] n. pr. f. THÉOL. Sodom n.

sodomie [-dɔmi] f. Sodomie f.

sœur [sœ:r] f. Schwester f. | *Sœur de lait*, Milchschwester. | *Frères et sœurs*, Geschwister n. pl. | *Sœur converse*, Laienschwester. | *Sœurs de charité*, barmherzige Schwestern f. pl.

sœurette [sœrɛt] f. FAM. Schwesterchen n.

sofa [sɔfa] m. Sofa n.

soi [swa] pron. pers. sich. | *À part soi*, ganz für sich. | *En soi*, an sich. | *Chacun pour soi*, jeder für sich. | *Une chambre à soi*, ein eigenes Zimmer. | *Cela va de soi*, das versteht sich von selbst. | *Avoir sur soi*, bei sich haben, führen. | *On a souvent besoin d'un plus petit que soi*, man bedarf oft eines Geringern. | *Chez soi*, zuhause, daheim. | *Être hors de soi*, außer sich sein. | *Être maître de soi*, sich selbst beherrschen.

soi-disant [swadizɑ̃] adj. invar. angeblich ; sogenannt ; vermeintlich. | *Un soi-disant expert*, ein angeblicher Expert.

soie [swa] f. **1.** [étoffe] Seide f. || [fil] Seidengarn m., -zwirn m. || *Soie artificielle*, Kunstseide. | *Soie grège*, Rohseide. | *Soie naturelle*, Naturseide. | *Soie à coudre*, Nähseide. | *Bobine de soie*, Seidenröllchen n. | *Papier de soie*, Seidenpapier n. | *Robe de soie*, Seidenkleid n. ; seidenes Kleid.
2. [poils] *Soies (de porc)*, (Schweine)borsten f. pl.

soierie [swari] f. [marchandise] Seidenware f., -gewebe n., -stoff m. || [usine] Seidenfabrik f.

soif [swaf] f. Durst m. | *Avoir soif*, dürsten ; durstig sein. | *Boire jusqu'à plus soif*, über den Durst trinken. || FIG. Gier f. | *Soif de l'or*, Goldgier. || LOC. FIG. *Laisser qn sur sa soif*, jn hinhalten.

soiffard [-fa:r] m. FAM. Säufer m.

soigné, ée [swaɲe] adj. gepflegt ; sorgfältig ; trefflich. | *Peu soigné*, wenig gepflegt ; schlampig.

soigner [swaɲe] v. tr. pflegen ; sorgen (für) ; versorgen. | *Soigner les bêtes*, die Tiere versorgen. || *Soigner un enfant*, ein Kind (um)hegen. | *Soigner un malade*, einen Kranken pflegen.
◇ v. pr. **se soigner,** sich pflegen ; auf seine Gesundheit achten.

soigneur [swaɲœ:r] m. SPORT. Betreuer m.

soigneusement [-ɲøzmɑ̃] adv. mit Sorgfalt ; mit Bedacht.

soigneux, euse [-ɲø, ø:z] adj. sorgfältig ; sorglich ; [appliqué] achtsam ; geflissentlich.

soin [swɛ̃] m. [application] Sorgfalt f. ; Sorge f. ; Besorgung f. ; Eifer m. | *Manque de soin*, Vernachlässigung f. | *Avec soin*, sorgfältig. | *Sans soin*, lässig. | *Avoir, Prendre soin de qch.*, für etwas Sorge tragen ; etwas besorgen. | *Avoir soin que*, Vorsorge tragen, daß ; zusehen, daß.
◇ m. pl. **soins,** Sorge f. ; Bemühungen f. pl. | *Entourer de soins*, umhegen ; umsorgen (insépar.). | *Être aux petits soins pour qn*, jn auf Händen tragen. | *Mettre tous ses soins à qch.*, allen Fleiß auf etwas (acc.) anwenden. | *Aux bons soins de*, zur gefälligen Besorgung durch ; [pour une lettre] per Adresse. | *Remettre aux bons soins*, überlassen (insépar., avec dat. de la personne). || MÉD. Pflege f. ; Versorgung f. | *Soins corporels*, Körperpflege. | *Soins dentaires*, Zahnbehandlung f. | *Soins intensifs*, Intensivpflege. | *Soins de beauté*, Schönheitspflege. | *Donner des soins à qn*, jn ärztlich behandeln. | *Le médecin lui donne les premiers soins*, der Arzt leistet ihm erste Hilfe.

soir [swa:r] m. Abend m. | *Le soir*, am Abend ; abends. | *(Par) un beau soir d'été*, an einem schönen Sommerabend. | *Ce soir*, heute abend. | *Tous les soirs*, jeden Abend. | *Du matin au soir*, von morgens bis abends ; vom Morgen bis zum Abend. | *Bonsoir*, guten Abend ! | *À ce soir*, bis heute abend ! | *Mardi soir*, Dienstag abend. || FIG. *Soir de la vie*, Lebensabend.

soirée [-re] f. Abend m. ; Abendgesellschaft f., -veranstaltung f. ; THÉÂTRE. Abendvorstellung f. | *Soirée dansante*, Tanzabend ; Abendball m. | *Soirée de gala*, abendliche Festveranstaltung ; Festabend. | *Tenue de soirée*, Abendanzug m.

soit [swa devant une consonne ; swat devant une voyelle ou employé absolument] adv. et interj. es mag sein ; nun gut ; na schön ! ; meinetwegen ! | *Qu'il en soit ainsi*, es mag geschehen ! | *Soit, je veux bien*, mir auch recht !
◇ conj. **soit..., soit...,** sei es..., sei es ; entweder... oder. | *Soit en bien, soit en mal*, sei es im Guten oder im Bösen. || MATH. *Soit*, gesetzt ; angenommen.
◇ loc. adv. **tant soit peu,** so wenig es auch sei. | *Un tant soit peu*, ein klein wenig.

soixantaine [swasɑ̃tɛ:n] f. Schock n. ; etwa sechzig. | *Il approche de la soixantaine*, er geht auf die sechzig zu ; er ist hoch in den Fünfzigern.

soixante [-sɑ̃:t] adj. num. card. sechzig. | *Personne de soixante ans*, Sechziger(in) m. (f.). | *Les années soixante*, die sechziger Jahre.

soixante-dix [-sɑ̃tdis] adj. num. siebzig.
soixantième [-sɑ̃tjɛ:m] adj. num. ord. der, die, das sechzigste.
◇ m. [partie] Sechzigstel n.
soja [sɔʒa] ou **soya** [-ja] m. Sojabohne f.
sol [sɔl] m. (Acker-, Erd-, Fuß)boden m. ; Erde f. ; Land n. ; Grund und Boden m. | *Sol arable*, Ackerkrume f. | *Sol cultivé*, Kulturboden.
sol [sɔl] m. invar. MUS. G n. | *Sol bémol*, Ges. | *Sol dièse*, Gis. | *Sol majeur*, G-dur. | *Sol mineur*, G-moll.
solaire [sɔlɛ:r] adj. solar ; Sonnen... | *Année solaire*, Sonnenjahr n. | *Cadran solaire*, Sonnenuhr f. | *Rayon solaire*, Sonnenstrahl m. | *Système solaire*, Sonnensystem n.
solarium [sɔlarjɔm] m. Solarium n.
soldat [sɔlda] m. Soldat m.
◇ m. pl. **soldats** [collectif] Soldaten m. pl. ; Mannschaften f. pl. ; Militär n.
soldatesque [-tɛsk] f. Soldateska f. ; rauhes Kriegsvolk.
solde [sɔld] f. Sold m. ; Besoldung f. || FIG. *Être à la solde de qn*, in js Diensten stehen ; PÉJOR. die Kreatur js sein.
solde [sɔld] m. [somme] Saldo m. ; Rechnungsüberschuß m. ; Rest m. ; Restbestand m. | *Solde actif*, Haben-, Aktivsaldo. | *Solde bénéficiaire*, Gewinnsaldo ; Überschuß m. | *Solde créditeur*, Haben-, Kredit-, Aktivsaldo ; Saldoguthaben n. | *Solde débiteur*, Soll-, Debet-, Schuld-, Passivsaldo ; Unterschuß m. | *Solde déficitaire*, Verlustsaldo. | *Solde disponible*, verfügbarer Saldo. | *Solde en banque*, Bankguthaben n. | *Pour solde*, per Saldo ; Übertrag m. || [vente] Ausverkauf m. | *Soldes de fin d'été*, Sommeraus-, -schlußverkauf. | *Jours de soldes*, Inventurtage m. pl. | *Magasin de soldes*, Ramschladen m.
solder [-de] v. tr. [entretenir] besolden ; bezahlen. || [acquitter] aus-, begleichen ; saldieren. | *Solder un compte*, ein Konto saldieren, ausgleichen, begleichen. | *Solder par décompte*, durch Gegenrechnung saldieren ; aufrechnen. || [vendre] ausverkaufen. | *Solder des marchandises*, Waren verramschen, billig verkaufen.
◇ v. pr. **se solder.** *Se solder par une perte*, mit Verlust abschließen. | *Se solder par un succès*, von Erfolg gekrönt sein.
soldeur [-dœ:r] m. Resteverkäufer m. ; Ramschhändler m.
sole [sɔl] f. ZOOL. Seezunge f. ; Scholle f. || AGRIC. Schlag m. ; Koppel f. || [sabot] Hornsohle f. || TECHN. Herd m. ; Herdplatte f. || [mécanique] (Grund)platte f. ; Sohle f. ; Schwelle f.
solécisme [sɔlesism] m. Sprachfehler m.
soleil [sɔlɛj] m. [astre] Sonne f. | *Soleil couchant*, Abendsonne. | *Soleil levant*, Morgensonne. | *Exposé au soleil*, sonnenbeschienen ; besonnt. | *Bain de soleil*, Sonnenbad n. | *Côté exposé au soleil*, Sonnenseite f. | *Coucher de soleil*, Sonnenuntergang m. | *Coup de soleil*, Sonnenbrand m. | *Lever du soleil*, Sonnenaufgang m. | *Rayon de soleil*, Sonnenstrahl m. | *Se chauffer au soleil*, sich sonnen. || LOC. *Il n'y a rien de nouveau sous le soleil*, es gibt nichts Neues unter der Sonne. | *Le soleil luit pour tout le monde*, die Sonne scheint über Gerechte und Ungerechte. | *Ôte-toi de mon soleil*, geh mir aus der Sonne ! || BOT. Sonnenblume f. || SPORT. *Grand soleil*, Überschlag m. ; Riesenwelle f.
solennel, elle [sɔlanɛl] adj. feierlich ; festlich ; solenn ; gravitätisch ; weihevoll. | *Ton solennel*, feierlicher Ton. | *Mine solennelle*, gravitätische Miene.
solennellement [-nɛlmɑ̃] adv. feierlich ; gravitätisch. | *Promettre solennellement*, hoch und heilig versprechen.
solenniser [-nize] v. tr. feierlich, festlich begehen.
solennité [-nite] f. Feierlichkeit f. ; Festlichkeit f. ; Förmlichkeit f. ; feierlicher Akt.
solénoïde [sɔlenɔi:d] m. PHYS. Solenoid n.
Soleure [sɔlœ:r] n. pr. m. GÉOGR. Solothurn n.
solfatare [sɔlfata:r] f. GÉOL. Solfatare f.
solfège [sɔlfɛ:ʒ] m. MUS. Gesangsübungsbuch n. ; Solfeggio n.
solfier [-fje] v. tr. MUS. solfeggieren.
solidaire [sɔlidɛ:r] adj. solidarisch ; gemeinsam haftend. | *Nous sommes solidaires*, wir stehen alle für einen und einer für alle.
solidairement [-rmɑ̃] adv. solidarisch.
solidariser (se) [səsɔlidarize] v. pr. *Se solidariser (avec qn)*, sich solidarisch (mit jm) erklären ; gemeinsame Sache (mit jm) machen.
solidarité [sɔlidarite] f. Solidarität f. ; Zusammenstehen n., -halten n. | *Grève de solidarité*, Sympathiestreik m.
solide [sɔlid] adj. fest. | *Corps solide*, fester Körper. || [sens dérivés] dauerhaft ; haltbar ; (fest)gefügt ; stark ; fest ; strapazierfähig. | *Bâtiment solide*, solider Bau. | *Solide gaillard*, kräftiger Bursche. | *Terrain solide*, fester (Unter)grund. | *Avoir les nerfs solides*, starke Nerven haben. | *Être solide sur ses pieds*, auf sicheren, festen Füßen stehen. || FIG. *Amitié solide*, feste Freundschaft. | *Connaissances solides*, gründliche Kenntnisse f. pl. | *Maison solide*, zahlungsfähige, sichere Firma. | *Solides raisons*, triftige Gründe m. pl.
◇ fester Körper. || GÉOM. Körper m.
— SYN. : *Ferme*, fest. *Résistant*, widerstandsfähig.
solidement [-dmɑ̃] adv. fest.
solidification [-difikasjɔ̃] f. Erstarrung f. ; Verdichtung f. | *Point de solidification*, Erstarrungspunkt m.
solidifier [-difje] v. tr. verfestigen ; hart machen ; verdichten.
◇ v. pr. **se solidifier,** fest werden ; erstarren ; sich verdichten.
solidité [-dite] f. Festigkeit f. ; Haltbarkeit f. ; Standfestigkeit f. ; Dauerhaftigkeit f. ; Stärke f. ; Solidität f. ; Strapazierfähigkeit f. || FIG. Zuverlässigkeit f. || *Solidité d'une étoffe*, Strapazier-, Widerstandsfähigkeit (f.) eines Stoffes. | *Solidité d'une maison*, solide Bauweise eines Hauses ; FIG. Sicherheit (f.), Zuverlässigkeit (f.) einer Firma.
soliloque [sɔlilɔk] m. Selbstgespräch n.
soliste [sɔlist] s. MUS. Solist(in) m. (f.).
solitaire [sɔlitɛ:r] adj. einsam ; allein ; zurückgezogen ; einsiedlerisch. | *Vie solitaire*, vereinsamtes, abgeschiedenes Leben. | *Rendre, Devenir solitaire*, vereinsamen. | *Un endroit solitaire*, ein abgelegener Ort. || MÉD. *Ver solitaire*, Bandwurm m.
◇ s. Einzelgänger(in) m. (f.). | *En solitaire*, im Alleingang.
◇ m. [diamant] Solitär m. || [chasse] alter Keiler ; Einzelgänger m. || [ermite] Einsiedler m.
solitude [-tyd] f. Einsamkeit f. ; Alleinsein n. ; Vereinsamung f. ; Zurückgezogenheit f. ; Abgelegenheit f. || [lieu] Einöde f. ; einsamer, abgelegener Ort ; Wüstenei f. | *Se retirer dans la solitude*, sich in die Einsamkeit zurückziehen.
solive [sɔliv] f. Decken-, Zwischenbalken m. ; Unterzug m. ; Dielen-, Tragbalken m.
soliveau [-vo] m. kleiner Balken.
sollicitation [sɔlisitasjɔ̃] f. Bewerbung f. ; Gesuch n. ; An-, Ersuchen n. ; dringende Bitte. || COMM. Anstrengung f. || TECHN. Beanspruchung f.
solliciter [-te] v. tr. [demander] dringend ersuchen, bitten ; an-, ersuchen ; sich bewerben ; anhalten (um).

| *Solliciter une audience*, um eine Audienz nachsuchen. | *Solliciter une place*, sich um eine Stellung bewerben. | *Solliciter l'attention*, die Aufmerksamkeit erregen. || [gagner à soi] *Solliciter un juge*, einen Richter für sich beeinflussen, günstig zu stimmen suchen. || TECHN. beanspruchen.

solliciteur, euse [-tœ:r, ø:z] s. Bittsteller(in) m. (f.) ; Bewerber(in) m. (f.).

sollicitude [-tyd] f. Fürsorge f. ; Betreuung f. ; Sorgfalt f. ; Sorge f. | *Sollicitude maternelle*, Mütterlichkeit f. | *Plein de sollicitude*, voller Sorgfalt.

solo [sɔlo] m. (pl. **solos** ou **soli**). MUS. Solostimme f., -instrument n., -spiel n.

solstice [sɔlstis] m. Sonnenwende f. | *Solstice d'été*, Sommersonnenwende.

solubiliser [sɔlybilize] v. tr. zur Auflösung bringen ; die Auflösung herbeiführen.

solubilité [-bilite] f. Auf-, Lösbarkeit f. ; Löslichkeit f.

soluble [sɔlybl] adj. löslich ; lösbar ; auflösbar. | *Café soluble*, löslicher Kaffee. | *Problème soluble*, lösbares Problem.

solution [sɔlysjɔ̃] f. [réponse ; dénouement] (Auf)-lösung f. | *Solution transitoire*, Übergangslösung. | *Solution de remplacement*, Alternativlösung. | *Solution d'une difficulté*, Beseitigung (f.) einer Schwierigkeit. || [mélange] Auflösung f. | *Solution ammoniacale*, Ammoniakwasser n. ; Salmiakgeist m. || MATH. Lösung f.

solvabilité [sɔlvabilite] f. Zahlungsfähigkeit f. ; Zahlungsvermögen n. ; Solvenz f.

solvable [-vabl] adj. zahlungsfähig ; kreditfähig ; solvent.

solvant [sɔlvɑ̃] m. CHIM. Lösungsmittel n.

sombre [sɔ̃:br] adj. düster ; trübe ; dunkel ; finster. | *Appartement sombre*, dunkle Wohnung. | *Il fait sombre*, es ist düsteres Wetter ; es ist dunkel. | *Il commence à faire sombre*, es dunkelt ; es wird dunkel. || FIG. *D'un air sombre*, mit trübseliger, düsterer Miene. | *Avenir sombre*, düstere Zukunft. | *Caractère sombre*, mürrischer, finsterer Charakter ; Schwermut f.

sombrer [-bre] v. intr. MAR. kentern ; umschlagen (sépar.) ; umkippen (sépar.) ; Schiffbruch erleiden ; untergehen (insépar.).

sommaire [sɔm(m)ɛ:r] adj. summarisch ; kurz (gefaßt) ; zusammenfassend. || PAR EXT. dürftig ; kärglich. | *Un aménagement sommaire*, eine dürftige Einrichtung.
◇ m. kurze Inhaltsangabe ; Übersicht f.

sommation [sɔm(m)asjɔ̃] f. JUR. Aufforderung f. ; Vorladungs(urkunde) f. || [invite] Mahnung f. | *Lettre de sommation*, Mahnbrief m. | *Faire une sommation à qn*, jm eine Mahnung zukommen lassen. || MIL. *À la première sommation*, auf den ersten Anruf.

somme [sɔm] f. [total ; montant] Summe f. || COMM. Betrag m. ; Rechnungsposten m. ; Summa f. | *Somme brute*, Bruttobetrag. | *Sommes dépensées*, aufgewendete Gelder n. pl. | *Somme exigible*, fälliger Betrag. | *Somme nette*, Nettobetrag. | *Somme totale*, Gesamtbetrag. | *Somme en toutes lettres*, Betrag in Worten. | *Faire la somme*, summieren ; zusammenzählen. || LITTÉR. Summa f. ; Schatz m.
◇ loc. adv. **somme toute ; en somme,** insgesamt ; kurz (und gut) ; mit einem Worte.

somme [sɔm] f. dans l'expr. : *Bête de somme*, Last-, Saumtier n.

somme [sɔm] m. Schlaf m. ; Schlummer m. | *Petit somme*, Schläfchen n. ; Nickerchen n.

sommeil [-mɛj] m. Schlaf m. ; [envie] Schläfrigkeit f. ; Müdigkeit f. | *Sommeil hivernal*, Winterschlaf. | *Sommeil léthargique*, *Sommeil de mort*, Todesschlaf. | *Maladie du sommeil*, Schlafkrankheit f. | *Manque de sommeil*, Schlaflosigkeit f. | *Avoir sommeil*, müde, schläfrig sein. | *Avoir le sommeil léger*, einen leisen Schlaf haben. | *Dormir d'un sommeil léger*, schlummern. | *Tomber de sommeil*, vor Müdigkeit umfallen. || FIG. *Mettre en sommeil*, zu den Akten legen.

sommeiller [-mɛje] v. intr. schlummern ; dösen ; ein Nickerchen machen ; druse(l)n.

sommelier [sɔməlje] m. Kellermeister m. ; Weinkellner m.

sommer [sɔme] v. tr. auffordern ; mahnen. || MATH. addieren.

sommet [sɔmɛ] m. Gipfel m. ; höchster Punkt. | *Sommet d'un arbre*, Wipfel m. ; Spitze f. | *Sommet de la tête*, Scheitel m. | *Sommet d'une tour*, Turmspitze. || FIG. Spitze f. ; höchster Punkt, Grad m. | *Sommet de la fête*, Höhepunkt (m.) des Festes. | *Conférence au sommet*, Gipfelkonferenz f. || MATH. Scheitel(punkt) m.

sommier [sɔmje] m. [lit] (Auflege)matratze f. | *Sommier élastique*, Sprungfedermatratze. || ARCHIT. Tragbalken m. ; Oberschwelle f. ; Widerlagerstein m. || MUS. Orgelkasten m. || COMM. Hauptbuch n. || JUR. *Sommier judiciaire*, Strafregister n.

sommité [sɔmite] f. höchste Höhe ; Gipfel m. || FIG. Kapazität f. ; Größe f.

somnambule [sɔmnɑ̃byl] adj. nachtwandelnd, -wandlerisch ; mondsüchtig ; somnambul.
◇ s. Nachtwandler(in) m. (f.) ; Somnambule m. ; Mondsüchtiger m.

somnambulisme [-nɑ̃bylism] m. Somnambulismus m. ; Nacht-, Schlafwandeln n. ; Mondsüchtigkeit f.

somnifère [-nifɛ:r] adj. schlafbringend.
◇ m. Schlafmittel n.

somnolence [-nɔlɑ̃:s] f. Schläfrigkeit f. ; Halbschlaf m. ; Dösen n. ; PÉJOR. Schlaffheit f.

somnolent, ente [-nɔlɑ̃, ɑ̃:t] adj. schläfrig.

somnoler [-nɔle] v. intr. schlummern ; dahindösen ; vor sich hin dösen ; duseln.

somptuaire [sɔ̃ptɥɛ:r] adj. die Ausgaben, Kosten betreffend. | *Lois somptuaires*, Luxusgesetze n. pl.

somptueux, ueuse [-tɥø, ɥø:z] adj. prächtig ; prunkvoll ; prachtvoll ; luxuriös ; üppig.

somptuosité [-tɥozite] f. Prunk m. ; Üppigkeit f. ; Luxus m. ; großer Aufwand ; Stattlichkeit f.

son [sɔ̃] m. AGRIC. Kleie f. | *Gros son*, Schrotkleie.

son [sɔ̃] m. Ton m. || [articulé] Laut m. || [timbre] Klang m. || *Sons discordants*, Mißtöne m. pl. | *Son faux*, Mißklang. | *Son de cloche*, Glockenton, -klang. | *Au son des cloches*, unter Glockengeläut. | *Émettre un son*, einen Ton von sich geben. || FIG. *Un autre son de cloche*, eine andere Version ; andere Töne m. pl. || [phonétique] *Son guttural*, Kehllaut. | *Son nasal*, Nasal-, Nasenlaut. | *Son occlusif*, Verschlußlaut. || MUS. Ton m. ; Klang m. | *Au son des instruments*, beim Klang der (Musik)instrumente. || PHYS. Schall m. | *Vitesse du son*, Schallgeschwindigkeit f.

son, sa, ses [sɔ̃, sa, sɛ] adj. poss. sein, seine, sein, seine ; ihr, ihre, ihr, ihre. | *Le père aime son fils*, der Vater liebt seinen Sohn. | *La mère aime son fils*, die Mutter liebt ihren Sohn.

sonar [sɔnar] m. TECHN. Echolot n.

sonate [sɔnat] f. MUS. Sonate f.

sonatine [-tin] f. MUS. Sonatine f.

sondage [sɔ̃da:ʒ] m. Bohren n. ; Probebohrung f. ; PR. et FIG. Sondierung f. ; FIG. Stichprobe f. | *Sondage* *sonore*, Echolotung. | *Sondage au câble*, Seilbohrung. | *Sondage à grande profondeur*, Tiefbohrung. || FIG. *Sondage d'opinion, Enquête par sondage*, öffentliche Meinungsforschung. | *Sondage sur un échantillon représentatif*, Representativerhebung f. | *Faire, Effectuer un sondage*, eine Meinungsumfrage durchführen. || MAR. Lotung f. ; Peilen n.

sonde [sɔ̃:d] f. MAR. Lot n. ; Senkblei n. ; Peilstab m. | *Sonde-écho*, Echolot. || MINES. Erdbohrer m. ; Sonde f. || MÉD. Sonde f. ; Schallkopf m. | *Sonde monocristal*, Einzelschallkopf. | *Sonde rénale*, Harnkatheter m. || [douane] Visitiereisen n. || PHYS. *Sonde à laser*, Lasersonde f. || GÉOGR. *Îles de la Sonde*, Sunda-Inseln f. pl.

sonder [-de] v. tr. MAR. loten ; peilen ; ab-, ausloten. || PR. et FIG. abtasten ; sondieren ; untersuchen (insépar.) ; ermitteln. | *Sonder qn*, jn aushorchen. | *Sonder les reins et les cœurs*, (jn) auf Herz und Nieren prüfen. | *Sonder le terrain*, das Gelände abtasten. | *Sonder les dispositions de qn*, bei jm vorfühlen.

sondeur [-dœ:r] m. [appareil] Sondiergerät n. | *Sondeur acoustique*, Echolot n. || [travailleur] Bohrarbeiter m.

sondeuse [-dø:z] f. Bohrmaschine f.

songe [sɔ̃:ʒ] m. Traum m. ; Traumbild n., -gesicht n. | *Avoir, Faire un songe*, einen Traum haben ; träumen.

songe-creux [-krø] m. invar. Träumer m. ; Grübler m.

songer [sɔ̃ʒe] v. tr. träumen (von, dat.) ; einen Traum haben ; denken (an, acc.) ; sinnen (auf, acc.) ; grübeln (über, acc.). | *Sans songer à mal*, ohne Böses zu beabsichtigen. | *Faites-moi songer à*, erinnern Sie mich an. | *À quoi songez-vous ?*, wo denken Sie hin ? | *Songez-y*, überlegen Sie sich's wohl !
◇ v. intr. träumen ; nachsinnen.

songeur, euse [-ʒœ:r, ø:z] adj. nachdenklich ; grübelnd ; träumerisch ; besinnlich.

sonique [sɔnik] adj. Schall... | *Vitesse sonique*, Schallgeschwindigkeit f.

sonnaille [-na:j] f. Schelle f. ; (Kuh)glocke f.

sonnant, ante [-nɑ̃, ɑ̃:t] adj. klingelnd ; bimmelnd ; läutend. | *À midi sonnant*, Punkt zwölf Uhr.

sonner [-ne] v. intr. läuten ; klingen ; tönen ; schallen. | *Les cloches sonnent*, die Glocken läuten. | *Les éperons sonnent*, die Sporen klirren. | *Onze heures sonnent*, es schlägt elf Uhr. | *Sonner à la porte*, an der Tür klingeln, läuten. | *Sonner du cor*, das Horn blasen ; ins Horn stoßen. | *Sonner creux*, hohl klingen. || PR. et FIG. *Cela sonne bien*, das klingt schön. || MIL. *Sonner au drapeau*, den Fahnenmarsch spielen. || LOC. FIG. *Avoir cinquante ans bien sonnés*, gut fünfzig Jahre alt sein.
◇ v. tr. läuten ; blasen. | *Sonner l'alerte, l'alarme*, Alarm blasen, schlagen. | *Sonner le glas*, zum Begräbnis, zu Grabe läuten. | *Sonner la messe*, zur Messe läuten. | *Sonner le réveil*, zum Wecken blasen. || PAR EXT. *Sonner la femme de chambre*, nach dem (Zimmer)mädchen läuten. || FIG., FAM. *Sonner les cloches à qn*, jn tüchtig abkanzeln, anschnauzen.

sonnerie [-nri] f. [cloches] Glockenläuten n. ; Geläute n. ; Klingeln n. ; Läuten n. ; Geklingel n. ; Bimmeln n. ; Gebimmel n. || [appareil] Klingel(anlage) f. ; Läutwerk n. | *Sonnerie d'appel*, Alarmglocke f. || [instruments à vent] Horn-, Trompetensignal n. | *Sonnerie de clairon*, Hornsignal.

sonnet [sɔnɛ] m. POÉS. Sonett n.

sonnette [sɔnɛt] f. [clochette] Klingel f. ; (Wohnungs)glocke f. ; Bimmel f. | *Sonnette d'alarme*, Alarmglocke. | *Sonnette de nuit*, Nachtglocke. | *Bouton de sonnette*, Klingelknopf m. || FIG. *Tirer la sonnette d'alarme*, Alarm schlagen. || TECHN. Ramme f.

sonneur [-nœ:r] m. Glöckner m.

sonomètre [-nɔmɛ:tr] m. Schallmesser m.

sonore [-nɔ:r] adj. [qui rend un son] tönend ; klingend ; schallend. || [qui sonne fort] klangvoll ; wohlklingend ; volltönend ; sonor. | *Onde sonore*, Schallwelle f. || GRAMM. stimmhaft.

sonorisation [-nɔrizasjɔ̃] f. FILM. Vertonung f. || GRAMM. Stimmhaftigkeit f. || TECHN. [action de sonoriser] Beschallung f. ; [ensemble des appareils] Lautsprecheranlage f.

sonoriser [-nɔrize] v. tr. FILM. mit Ton untermalen. || GRAMM. stimmhaft aussprechen. || TECHN. mit Schallverstärkern versehen.

sonorité [-nɔrite] f. Klangfülle f. ; Klangfarbe f.

sophisme [sɔfism] m. Sophismus m. ; Trugschluß m. ; Spitzfindigkeit f.

sophiste [-fist] s. Sophist(in) m. (f.).

sophistique [-fistik] adj. sophistisch ; spitzfindig.
◇ f. Sophistik f.

sophistiqué, ée [-fistike] adj. PHILOS. trügerisch ; verdreht ; geziert. || TECHN. hochentwickelt.

sophistiquer [-fistike] v. tr. verfälschen.

Sophocle [sɔfɔkl] n. pr. m. Sophokles m.

soporifique [sɔpɔrifik] adj. MÉD. schlafbringend. || FIG. langweilig.
◇ m. Schlafmittel n.

soprano [sɔprano] m. MUS. Sopran m.

sorbe [sɔrb] f. BOT. Vogelbeere f. ; Spierling m.

sorbet [sɔrbɛ] m. Sorbett n. ; Scherbett n. ; Halbgefrorenes n.

sorbetière [-bətjɛ:r] f. Gefrierbüchse f. ; Speiseeismaschine f.

sorbier [sɔrbje] m. BOT. Eberesche f. ; Spierling m.

sorcellerie [sɔrsɛlri] f. Hexerei f. ; Zauberei f.

sorcier [-sje] m. Hexenmeister m. ; Zauberer m. ; Schwarz-, Zauberkünstler m. | *Apprenti sorcier*, Zauberlehrling m. || (employé adjectivement) *Ce n'est pas sorcier*, das ist keine Kunst.

sorcière [-sjɛ:r] f. Hexe f. ; Zauberin f. ; Zauberkünstlerin f.

sordide [sɔrdid] adj. schmutzig ; dreckig ; verdreckt ; schmierig. || PAR EXT. schäbig ; niedrig ; unflätig. | *Avarice sordide*, kleinlicher Geiz.

sorgho [sɔrgo] m. BOT. Sorghum n.

sornette [sɔrnɛt] f. albernes Zeug ; Geschwätz n. | *Conter des sornettes à qn*, jm einen Bären aufbinden.

sort [sɔ:r] m. [hasard] Zufall m. ; Glück n. | *Caprices du sort*, Launen (f. pl.) des Glücks. | *Tirage au sort*, Auslosung f. | *Le sort en est jeté*, die Würfel sind gefallen. | *Tirer au sort*, (aus)losen. || [destin] Schicksal n. ; Geschick n. ; Los n. ; Fatum n. ; Verhängnis n. ; Bestimmung f. | *Content de son sort*, mit seinem Los zufrieden. | *Se plaindre de son sort*, mit seinem Schicksal hadern. | *Se résigner à son sort*, sich in sein Schicksal, in sein Los fügen, ergeben. || [condition de fortune] Umstände m. pl. ; Verhältnisse n. pl. | *Assurer le sort de qn*, js Auskommen sichern. || [maléfice] Zauber m. ; Hexerei f. | *Jeter un sort à qn*, jn behexen.

sortable [sɔrtabl] adj. anständig ; salonfähig.

sortant, ante [-tɑ̃, ɑ̃:t] adj. ausscheidend ; (her)austretend ; abgehend ; bisherig. | *Numéros sortants*, herauskommende (Gewinn)nummern f. pl.

sorte [sɔrt] f. Art f. ; Weise f. ; Art und Weise f. ; Sorte f. ; Gattung f. || PÉJOR. *Un homme de sa sorte*,

ein Mensch seines Schlages. | *Une sorte de*, eine Art (von) ; so etwas wie. | *En quelque sorte*, gewissermaßen. | *Toutes sortes de*, allerlei ; allerhand.
◇ loc. adv. **de la sorte,** so ; folgendermaßen. — **en quelque sorte,** einigermaßen.
◇ loc. conj. **de, en sorte que,** so daß ; derart, daß.

sortie [sɔrti] f. **1.** [action] Ausgang m. || [en véhicule ; promenade] Ausfahrt f. ; Ausreise f. || [départ] Austritt m., -scheiden n. | *Sortie d'un acteur*, Abtreten (n.) eines Schauspielers. | *Sortie du bateau*, Auslaufen (n.) des Schiffes. | *Sortie des classes*, Schulschluß m. | *Sortie de l'hôpital*, Krankenhausentlassung f. | *Sortie du port*, Hafenausfahrt. | *Examen de sortie*, Abgangsprüfung f.
2. [endroit] Ausgang m. ; Austritt m. || [pour véhicules] Ausfahrt f. | *Sortie de délestage*, Behelfsausfahrt. || [en descendant] Ausstieg m. || *Sortie privée*, Privatausgang, -ausfahrt. | *Sortie de la gare*, Bahnhofsausgang. | *Sortie de secours*, Notausgang ; [avion] Notausstieg.
3. FIN. Ausgang m. ; Ausfuhr f. | *Sortie d'argent*, Geldausgang. | *Sortie de fonds*, Kapitalabflüsse m. pl. | *Sortie des marchandises*, Warenausgang. | *Droits de sortie*, Ausfuhrzölle m. pl.
4. MIL. Ausfall m., -bruch m. | *Tentative de sortie*, Ausbruchversuch m. | *Faire une sortie*, ausfallen, -brechen ; einen Ausfall machen.
5. INF. *Sortie d'ordinateur*, Computerausdruck m.
6. FIG. [échappatoire] *Se ménager une sortie*, sich einen Ausweg, den Rückzug sichern ; sich ein Hintertürchen offenlassen.
7. [algarade] Ausfall m. ; heftiger Vorwurf. | *Faire une sortie contre qn*, ausfällig gegen jn werden.
8. [vêtements] *Sortie-de-bain*, Bademantel m. | *Sortie-de-bal*, Abendmantel m.

sortilège [sɔrtilɛ:ʒ] m. Zauberei f. ; Hexerei f. ; Zauberkünste f. pl.

sortir [sɔrti:r]

> **I.** v. intr.
> **a)** SENS PR. : composés en « hinaus », « heraus », « aus », « weg » ou « fort » ;
> **b)** SENS FIG.
> **II.** v. tr.
> **a)** SENS PR. : herausbringen, -holen ;
> **b)** FAM. : herausschmeißen ;
> **c)** SENS FIG.
> **III.** v. pr. **se sortir,** sich herausziehen ;
> **IV.** v. impers.
> **V.** loc. prép. **au sortir de.**

I. v. intr. — **a)** SENS PR. (employé seul) : [à pied] aus-, heraus-, -weggehen ; [en courant] hinaus-, herauslaufen ; [à cheval] ab-, ausreiten ; [en véhicule] (hin)-ausfahren. | *Sortir lentement*, heraustreten. | *Sortir précipitamment*, hinausstürzen. || [en groupe] aus-, abziehen ; MIL. ausrücken. || *Sortez !*, raus ! ; hinaus ! ; fort ! ; weg ! | *Monsieur est sorti*, Herr X ist ausgegangen. | *Il ne sort jamais*, er geht niemals aus. | *Je ne fais qu'entrer et sortir*, ich mache nur einen kurzen Besuch. | *Il faut que je sorte*, ich muß hinaus. | *Le blé sort*, das Getreide geht auf, sprießt. || (avec un compl. de lieu) *Sortir de chez qn*, soeben von jm weggegangen sein ; von jm kommen. | *Sortir d'un endroit*, einen Ort verlassen. | *Sortir du lit* [personne], aus dem Bett steigen ; aufstehen. | *Sortir de son lit* [fleuve] über die Ufer treten ; überfließen (insépar.). | *Sortir de l'œuf*, aus dem Ei (aus)schlüpfen. | *Sortir du port*, (aus dem Hafen) auslaufen. || MIL. *Sortir des rangs*, vortreten ; das Glied verlassen.

b) SENS FIG. (employé seul) : *Le billet de loterie sort*, der Lotterieschein kommt heraus. | *Ce livre vient de sortir*, das Buch ist gerade erschienen. || (avec un compl.) *Sortir d'apprentissage*, seine Lehre abschließen. | *Sortir du bal*, den Ball (soeben) verlassen (haben). | *Sortir de prison*, aus dem Gefängnis entlassen werden. | *Sortir de l'hôpital*, aus dem Krankenhaus entlassen werden. | *Sortir de l'hiver*, am Ende des Winters sein. | *Un cri sort de sa bouche*, ein Schrei entringt sich seinen Lippen. | *Faire sortir qn de son calme*, jn aus der Ruhe bringen. | *Sortir d'une difficulté*, aus einer Schwierigkeit herauskommen. | *Sortir d'embarras*, sich aus der Verlegenheit ziehen ; sich heraushelfen. | *Sortir de l'enfance*, erwachsen, groß werden ; FAM. seine Kinderschuhe austreten. | *Sortir d'une épreuve*, eine Probe (erfolgreich) bestehen. | *Sortir de l'esprit*, aus dem Sinn kommen. | *Sortir d'une bonne famille*, aus gutem Hause stammen. | *Sortir de ses gonds*, aus der Haut fahren ; aus der Fassung geraten. | *Faire sortir qn de ses gonds*, jn außer sich, ganz aus dem Häuschen bringen. | *Sortir de maladie*, von der, von einer Krankheit genesen. | *Cela sort de l'ordinaire*, das ist etwas Apartes. | *Sortir de la question*, von der Frage ausgehen, abweichen. | *Sortir de son rôle*, aus der Rolle fallen. | *Sortir du sujet*, vom Thema abkommen, abweichen. | *Sortir de table*, vom Tisch aufstehen. | *Cette idée ne me sort pas de la tête*, der Gedanke geht mir nicht aus dem Sinn. | *Les yeux lui sortent de la tête*, die Augen fallen ihm aus dem Kopfe ; er ist ganz außer sich. | *Je n'en sors pas*, ich werde damit nicht fertig.
II. v. tr. — **a)** SENS PR. ausgeben ; herausbringen ; herausholen. | *Sortir des chaises*, Stühle herausbringen, hinausstellen. | *Sortir un enfant*, ein Kind ins Freie führen. | *Sortir un malade*, einen Kranken aus-, spazierenführen. — **b)** FAM. *Sortir qn*, jn hinaus-, herausschmeißen ; jn an die Luft setzen, befördern. — **c)** *Sortir un projet*, mit einem Vorschlag herauskommen. | *Sortir un (nouveau) type de voiture*, einen neuen Wagen herausbringen.
III. v. pr. **se sortir.** *Se sortir de qch.*, sich aus etwas herausziehen. | *Se sortir d'affaire*, sich aus der Affäre ziehen. || FAM. *S'en sortir avec peine*, knapp auskommen.
IV. v. impers. *Il n'en sort rien*, daraus wird nichts. | *Il n'en sortira rien de bien*, daraus wird nichts Gutes entspringen. | *Il peut encore en sortir qch.*, die Sache kann noch werden.
V. loc. prép. **au sortir de,** beim Heraus-, Hinausgehen aus. | *Au sortir de la maison*, beim Verlassen des Hauses.

s. o. s. [ɛsoɛs] m. Notruf m. ; dringender Hilferuf ; S. O. S. n.

sosie [sɔzi] m. Doppelgänger m.

sot, sotte [so, sɔt] adj. dumm ; töricht ; einfältig ; albern ; befangen ; blöde. | *Sot orgueil*, törichter Hochmut. | *Faire une sotte figure*, ein dummes Gesicht machen. | *À sotte question point de réponse*, auf eine dumme Frage gehört eine dumme Antwort.
◇ s. Dumme(r) f. (m.) ; Dummkopf m. ; Blödian m. ; dumme Gans ; Narr m. ; Schafskopf m. | *Petite sotte*, Dummerchen n. ; dummes Gänschen.

sot-l'y-laisse [solilɛs] m. invar. Bürzelstück n. ; Pfaffenschnittchen n.

sottement [sɔtmɑ̃] adv. dumm ; albern ; auf dumme Weise.

sottise [-ti:z] f. Dummheit f. ; Torheit f. ; Albernheit f. ; Unverstand m. ; Narrheit f. | *Dire des sottises à qn*, jn beschimpfen.

sottisier [-tizje] m. Schwank-, Possensammlung f.

sou [su] m. Sou m. | *Gros sou*, Groschen m. | *Question de gros sous*, eine reine Geldfrage. | *Sou par* *sou*, Pfennig für, auf Pfennig. | *N'avoir pas le sou, Être sans le sou, sans un sou vaillant*, kein Geld haben ; blank, klamm sein ; POP. abgebrannt sein ; auf dem trocknen sitzen. | *Être près de ses sous*, ein Pfennigfuchser sein ; auf seinem Geldsack sitzen.

Souabe [swab] n. pr. f. GÉOGR. Schwaben n. | *De Souabe*, schwäbisch.

◇ s. Schwabe m. ; Schwäbin f.

soubassement [subasmɑ̃] m. ARCHIT. Grundmauer f. ; Unterbau m. ; Unterlage f.

soubresaut [subrəso] m. plötzlicher Sprung ; Zusammenzucken n., -fahren n. ; Schock m. ; Ruck m. | *Soubresaut du cheval*, Satz (m.) des Pferdes.

soubrette [subrɛt] f. Kammerjungfer f. ; Zimmermädchen n. || THÉÂTRE. Kammerzofe f.

souche [suʃ] f. [d'arbre] Baumstumpf m. ; Stubben m. ; Wurzelstock m. || FIG. Blödian m. || *Dormir comme une souche*, wie ein Murmeltier schlafen. | *Rester là comme une souche*, wie angewurzelt stehenbleiben. || [famille] Schlag m. ; Stamm m. | *De vieille souche*, von altem Schrot und Korn. | *Français de vieille souche*, Stockfranzose m. | *Faire souche*, Nachkommen haben. || GRAMM. *Mot-souche*, Stammwort n. || [registre] Stammblock m., -register n. | *Carnet à souches*, Abreißblock m.

souci [susi] m. Sorge f. ; Besorgnis f. ; Besorgtheit f. ; Kümmernis f. ; Kummer m. | *Accablé, Plein de soucis*, sorgenvoll. | *Avoir des soucis*, Sorgen haben ; sich sorgen ; sorgenvoll sein. | *Causer du souci à qn*, jm Sorge machen. | *Se faire du souci*, sich Sorge machen. | *Prendre souci de qch.*, sich um etwas kümmern. | *Vivre sans souci*, sorgenfrei leben.

souci [susi] m. BOT. Gold-, Ringelblume f.

soucier (se) [səsusje] v. pr. sich sorgen, (be)kümmern ; sich Sorgen machen. | *Ne se soucier de rien*, sich um nichts kümmern ; in den Tag hineinleben. | *De quoi vous souciez-vous ?*, was kümmert Sie das ? | *Personne ne s'en soucie*, es kräht kein Hahn danach.

soucieux, ieuse [susjø, jø:z] adj. besorgt ; sorgenvoll ; bekümmert ; beunruhigt. | *Soucieux de ses intérêts*, auf seinen Vorteil bedacht.

soucoupe [sukup] f. Untertasse f. | *Soucoupe volante*, fliegende Untertasse.

soudage [-da:ʒ] m. Schweißen n. ; Schweißung f. ; Löten n. ; Lötung f. ; Anlöten n. ; Anschweißen n.

soudain, aine [sudɛ̃, ɛn] adj. jäh ; plötzlich ; unvermittelt ; schlagartig ; sofortig. | *Mort soudaine*, jäher Tod.

◇ adv. **soudain,** jäh ; plötzlich ; schlagartig.

soudaineté [-dɛnte] f. Plötzlichkeit f. ; Schlagartigkeit f. ; Jähe f.

Soudan [sudɑ̃] n. pr. m. GÉOGR. Sudan m.

soudanais, aise [-danɛ, ɛ:z] ou **soudanien, ienne** [-danjɛ̃, jɛn] adj. sudanesisch.

◇ s. **Soudanais, aise** ou **Soudanien, ienne,** Sudaner m. ; Sudanerin f.

soude [sud] f. CHIM. Natron n. ; Soda f. | *Soude caustique*, Ätznatron.

souder [-de] v. tr. an-, auf-, ein-, zusammenschweißen, -löten. | *Chalumeau à souder*, Schweißbrenner m. | *Fer à souder*, Lötkolben m. | *Lampe à souder*, Lötlampe f. | *Souder à l'arc*, lichtbogenschweißen. | *Four à souder*, Lötofen m. || FIG. fest verbinden.

◇ v. pr. **se souder,** zusammenwachsen.

soudeur [-dœ:r] m. Schweißer m. ; Löter m.

soudoyer [sudwaje] v. tr. besolden ; erkaufen ; (ver)dingen.

soudure [sudy:r] f. TECHN. Schweißen n. ; Schweißung f. ; Schweißnaht f., -fuge f., -stelle f. ; Löten n. || [produit] Lötmittel n. | *Soudure à chaud*, Warmschweißung. | *Soudure à froid*, Kaltschweißung. | *Soudure autogène*, Autogenschweissung (Selbstlötung f.). || FIG. Übergang m.

soufflage [sufla:ʒ] m. An-, Ab-, Ausblasen n. | *Soufflage du verre*, Glasblasen n., -bläserei f.

soufflante [-flɑ̃:t] f. Gebläse n.

souffle [sufl] m. [air ; choses] Hauch m. ; Luftzug m. ; Lüftchen n. ; Wehen n. || [exhalaison] Ausdünstung f. || *(Effet de) souffle*, Druckwelle f. ; Luftdruckwirkung f. | *Léger souffle de vent*, Säuseln n. | *Il n'y a pas un souffle de vent*, kein Lüftchen regt sich, es weht kein Lüftchen. || [personnes] Hauch m. ; Atem(zug) m. ; [cœur] Herzgeräusch n. | *Jusqu'à mon dernier souffle*, bis zu meinem letzten Atemzug. | *Avoir le souffle coupé*, ganz außer Atem sein. | *Manquer de souffle, Avoir le souffle court*, kurzatmig sein. | *Être à bout de souffle*, außer Atem sein. || FAM. *On en a le souffle coupé*, das benimmt einem den Atem.

soufflé, ée [-fle] adj. aus-, weg-, fort-, (auf)geblasen. | *Omelette soufflée*, Eierauflauf m.

◇ m. **soufflé.** CULIN. Auflauf m. ; Soufflé n.

souffler [-fle] v. intr. [en général] blasen ; hauchen. || [vent] wehen. || [respiration] keuchen ; pusten ; schnauben. || [reprendre son souffle] Atem holen. || *Le vent souffle*, der Wind bläst, weht ; [doucement] säuselt ; [violemment] braust ; saust. | *Souffler dans ses doigts*, die Finger warm (an)hauchen. | *Laisser souffler qn*, jn verschnaufen lassen ; jm eine Atempause gönnen.

◇ v. tr. [activer ; travailler] *Souffler le feu*, ins Feuer blasen ; das Feuer anfachen. | *Souffler le verre*, Glas, Flaschen blasen. || [éteindre] *Souffler une bougie*, eine Kerze ausblasen. || FIG. *Souffler le chaud et le froid*, zweierlei Reden führen. || [dire ; suggérer] *Souffler la leçon*, die Lektion vorsagen, -blasen, zuflüstern. | *Ne (pas) souffler mot*, kein Wort herausbringen. | *Souffler qch. à l'oreille de qn*, jm etwas ins Ohr flüstern, raunen. || THÉÂTRE. *Souffler un rôle*, eine Rolle soufflieren. || (au jeu) [enlever] blasen. || FAM. *Souffler qch. à qn*, jm etwas wegschnappen. | *Souffler qn*, jn verblüffen.

soufflerie [-fləri] f. Blasewerk n. ; Gebläse n. ; Windkanal m.

soufflet [-flɛ] m. TECHN. Blasebalg m. ; Balg m. ; Klappverdeck n. || PHOT. Balg m. || [chemin de fer] Faltenbalg m. || [orgue] Orgelbalg m. | *Soufflet de forge*, Schmiedegebläse n. || [gifle] Ohrfeige f.

souffleter [-fləte] v. tr. ohrfeigen ; ins Gesicht schlagen.

souffleur, euse [-flœ:r, ø:z] s. THÉÂTRE. Souffleur m. ; Souffleuse f. | *Trou du souffleur*, Souffleurkasten m. || TECHN. *Souffleur de verre*, Glasbläser m.

souffrance [sufrɑ̃:s] f. [douleur] Leiden n. ; Erduldung f. ; Leid n. ; [dure] Pein f. ; Qual f. || JUR. Duldung f. || COMM. *En souffrance*, überfällig ; unerledigt. | *Lettre en souffrance*, nicht abgeholter, unbestellbarer Brief.

souffrant, ante [-frɑ̃, ɑ̃:t] adj. leidend ; unpäßlich ; unwohl. | *Être toujours souffrant*, dauernd kränkeln. | *Je suis souffrant*, mir ist unwohl.

souffre-douleur [-frədulœ:r] m. invar. Sündenbock m. ; Prügelknabe m.

souffreteux, euse [-frətø, ø:z] adj. leidend ; schwächlich ; piepsig ; pimpelig.

souffrir [-fri:r] v. tr. [éprouver des souffrances] (er)leiden ; ausstehen. | *Souffrir la faim*, Hunger leiden. || [supporter] (er)dulden ; aushalten ; (ver)tragen ; über sich ergehen lassen ; hinnehmen. || [permettre] gestatten ; erlauben. | *Je ne souffrirai pas cela*, das bitte ich mir aus ! | *Je ne souffrirai cela de personne*, das lasse ich mir von niemandem gefallen, bieten. | *Je ne peux pas le souffrir* [personne], ich kann ihn nicht ausstehen, leiden. | *Il ne peut souffrir que*, er kann nicht vertragen, daß. | *Souffrez que*, gestatten Sie, daß. || [admettre ; pouvoir comporter] dulden ; vertragen ; zulassen. | *Cela ne souffre aucun doute*, das unterliegt keinem Zweifel. | *Cela ne souffre pas d'exception*, das läßt keine Ausnahme zu. | *L'affaire ne souffre pas de retard*, die Sache duldet keinen Aufschub.

◇ v. intr. [personnes] leiden. | *Où souffrez-vous ?*, wo schmerzt es ? ; wo tut's denn weh ? | *Il a cessé de souffrir*, er hat ausgelitten. | *Souffrir de* [physique], an (dat.) leiden ; [moral] unter (dat.) leiden. | *Il souffre de la tête*, er hat Kopfweh. || [choses] leiden ; Schaden (er)leiden, nehmen.

— SYN. : *Endurer*, aushalten. *Laisser*, zulassen. *Permettre*, erlauben. *Subir*, erleiden. *Supporter*, ertragen. *Tolérer*, dulden.

soufre [sufr] m. Schwefel m.

soufrer [-fre] v. tr. (aus)schwefeln.

soufrière [-frijɛ:r] f. Schwefelgrube f.

souhait [swɛ] m. Wunsch m. ; Verlangen n. | *Tous mes souhaits de bonne année*, meine besten Wünsche zum neuen Jahr ! | *À vos souhaits !*, wohl bekomm's ! ; Prosit ! ; (zur) Gesundheit !

◇ loc. adv. **à souhait,** nach Wunsch.

souhaitable [-tabl] adj. wünschenswert.

souhaiter [-te] v. tr. wünschen. || [désirer] begehren ; erstreben ; er-, herbeisehnen. || *Je vous souhaite une bonne et heureuse année*, (ich wünsche Ihnen) alles Gute zum neuen Jahr ! | *Souhaiter la bienvenue à qn*, jn willkommen heißen, bewillkommnen. | *Souhaiter le bonjour à qn*, jm guten Tag wünschen ; jn begrüßen. | *Il est à souhaiter*, es ist wünschenswert.

souiller [-je] v. tr. ver-, beschmutzen ; besudeln ; verunreinigen ; PR. et FIG. beflecken.

souillon [-jɔ̃] s. Schmutzfink m., -liese f. ; Dreckspatz m. ; Schlampe f.

souillure [-jy:r] f. Schmutzfleck m. ; Verunreinigung f. ; Befleckung f. || FIG. Schandfleck m. ; Makel m.

souk [suk] m. arabischer Markt.

soûl, soûle ou **saoul, saoule** [su, sul] adj. betrunken ; besoffen.

◇ m. **soûl,** Überfülle f. | *Manger tout son soûl*, sich satt essen.

soulagement [sulaʒmɑ̃] m. Erleichterung f. ; Linderung f. ; Entlastung f.

soulager [-ʒe] v. tr. erleichtern ; entlasten. || FIG. lindern ; unterstützen ; helfen. | *Soulager un employé*, einen Beamten entlasten. | *Soulager une poutre*, einen Balken abstützen.

◇ v. pr. **se soulager,** sich erleichtern. | *Se soulager le cœur*, sich das Herz erleichtern.

soûlard, arde [sulɑ:r, ard] ou **soûlaud, aude** [-lo, o:d] s. Säufer(in) m. (f.) ; Trunkenbold m.

soûler ou **saouler** [-le] v. tr. übersättigen (insépar.). || [griser] benommen machen. || FAM. [enivrer] *Soûler qn*, jn betrunken machen ; POP. jn abfüllen. || FIG., FAM. *Soûler qn de paroles*, jm ein Loch in den Bauch reden.

◇ v. pr. **se soûler,** FAM. sich besaufen ; sich vollsaufen ; sich betrinken. || FIG. *Se soûler de*, sich berauschen an.

soûlerie [-lri] f. Sauferei f.

soulèvement [sulɛvmɑ̃] m. Erhebung f. ; Heben n. ; Steigen n. | *Soulèvement de terrain*, Bodenhebung. || FIG. [révolte] Aufstand m. ; Aufruhr m. ; Empörung f. | *Soulèvement populaire*, Volksaufstand.

soulever [sulve] v. tr. in die Höhe heben ; hochheben ; an-, aufheben. | *Soulever une pierre*, einen Stein aufheben. | *Le vent soulève la poussière, les vagues*, der Wind wirbelt den Staub auf, peitscht die Wellen auf. | *Soulever son voile*, den Schleier lüften. || FIG. *Soulever le cœur*, [malaise] Übelkeit erregen, verursachen. | *Soulever le peuple (contre qn)*, das Volk (gegen jn) aufwiegeln, zum Aufstand bringen. | *Soulever une question*, eine Frage aufwerfen.

◇ v. pr. **se soulever,** sich auf-, hochrichten ; sich erheben. || FIG. sich erheben ; sich empören.

soulier [sulje] m. Schuh m. ; Halbschuh m. | *Soulier verni*, Lackschuh. | *Soulier à bride*, Spangenschuh. | *Soulier de bal*, Ballschuh. | *Soulier en daim*, Wildlederschuh. || FIG. *Être dans ses petits souliers*, in Verlegenheit sein ; in der Klemme sitzen.

soulignage [suliɲa:ʒ] m. ou **soulignement** [-ɲəmɑ̃] m. Unterstreichung f. ; Unterstreichen n. || FIG. Hervorhebung f. ; Betonung f.

souligner [suliɲe] v. tr. unterstreichen (insépar.). || FIG. betonen ; hervorheben ; herausheben.

soumettre [sumɛtr] v. tr. **1.** [dompter] unterwerfen (insépar.). | *Soumettre un peuple*, ein Volk unterjochen (insépar.).

2. [faire subir] unterziehen (insépar.) ; unterwerfen (insépar.). | *Soumettre à des efforts excessifs*, überbeanspruchen. | *Soumettre à un examen, à une opération*, einer Prüfung, einer Operation unterziehen. | *Soumettre qn à qch.*, jn etwas erleiden lassen.

3. [proposer] unterbreiten (insépar.) ; vorlegen. | *Soumettre une question*, eine Frage vorlegen.

◇ v. pr. **se soumettre,** sich unterwerfen (dat.) ; sich unterziehen (dat.) ; sich fügen (in, acc. ou dat.). | *Se soumettre à l'examen*, sich der Prüfung stellen.

soumis, ise [-mi, i:z] adj. [vaincu] unterworfen. || [obéissant] unterwürfig ; folgsam ; gefügig ; fügsam. | *Soumis à l'impôt*, steuerpflichtig.

soumission [-misjɔ̃] f. [acte] Unterwerfung f. || [état] Gehorsam m. ; Ergebenheit f. || COMM., JUR. Verdingung f. ; Vergebung f. ; Ausschreibung f. ; Ausbietung f. | *Par soumission*, auf dem Submissionswege.

soupape [supap] f. Ventil n. ; Dampf-, Luftklappe f. ; Verschluß m. | *Soupape d'admission*, Einlaßventil. | *Soupape d'échappement*, Ablaßventil. | *Soupape de sûreté*, Sicherheitsventil.

soupçon [supsɔ̃] m. [méfiance] Verdacht m. ; Argwohn m. | *Exempt de soupçon*, [qui n'en éprouve pas] arglos ; [qui n'en cause pas] unverdächtig. | *Concevoir des soupçons*, Verdacht schöpfen. | *Être au-dessus de tout soupçon*, über jeden Verdacht erhaben sein ; außer jedem Verdacht stehen. | *Les soupçons se sont portés sur lui*, der Verdacht fiel auf ihn. || [supposition] Vermutung f. ; Mutmaßung f. || [vague idée] Ahnung f. || [petite quantité] ein bißchen ; Tröpfchen n. ; Schlückchen n. | *Un soupçon de Cognac*, ein Tröpfchen, eine Idee Kognak.

soupçonnable [-sɔnabl] adj. verdächtig.

soupçonner [-sɔne] v. tr. [se méfier] verdächtigen ; in Verdacht haben ; (be)argwöhnen. | *Soupçonner qn d'un crime*, jn eines Verbrechens verdächtigen. | *Être soupçonné de vol*, im Verdacht des Diebstahls stehen. | *Soupçonner à tort*, einen ungerechtfertigten Verdacht hegen. || [supposer] vermuten ; mutmaßen ; ahnen.

soupçonneux, euse [-sɔnø, ø:z] adj. argwöhnisch ; mißtrauisch.

soupe [sup] f. Suppe f. ; POP. Abendbrot n. | *Soupe populaire*, Volksküche f. | *Soupe aux choux*, Kohlsuppe. | *Soupe aux herbes*, Kräutersuppe. | *Soupe aux légumes*, Gemüsesuppe. | *Soupe de poissons*, Fischsuppe. |

Assiette à soupe, Suppenteller m. | *Une assiette de soupe*, ein Teller Suppe. || Loc. *Être soupe au lait*, leicht aufbrausen.

soupente [supɑ̃:t] f. ARCHIT. Hängeboden m.

souper [supe] m. [provincial] Nachtmahl n. ; Abendessen n.

souper [supe] v. intr. zu Abend essen ; nachtmahlen. || FIG., POP. *En avoir soupé*, davon die Nase voll haben.

soupeser [supəze] v. tr. mit der Hand abwiegen. || FIG. abwägen.

soupière [-pjɛ:r] f. Suppenschüssel f.

soupir [supi:r] m. Seufzer m. | *Pousser des soupirs*, Seufzer ausstoßen. | *Rendre le dernier soupir*, den letzten Atemzug tun. || MUS. Viertelpause f. | *Demi-soupir*, Achtelpause f.

soupirail [-raj] m. (pl. **soupiraux**) Kellerfenster n., -loch n. ; Luft-, Windloch n.

soupirant [-rɑ̃] m. Anbeter m. ; Verehrer m.

soupirer [-re] v. intr. seufzen ; schmachten ; sehnsüchtig verlangen. | *Soupirer après qch.*, sich nach etwas sehnen ; um etwas seufzen.

souple [supl] adj. [choses] biegsam ; schmiegsam ; biegbar ; dehnbar. | *Un moteur souple*, ein elastischer Motor. || [personnes] geschmeidig ; flink ; gelenk(ig) ; wendig. || FIG. [docile] lenksam ; gefügig ; folgsam. || [habile] geschmeidig ; gewandt ; anpassungsfähig. || Loc. *Avoir l'échine souple*, unterwürfig sein.

souplesse [-plɛs] f. [choses] Biegsamkeit f. ; Schmiegsamkeit f. || [cuir] Weichheit f. || [ressort] Elastizität f. || [personnes] Geschmeidigkeit f. Gelenkigkeit f. ; Beweglichkeit f. || [d'esprit] Wendigkeit f. || FIG. [docilité] Fügsamkeit f. || [habileté] Gewandtheit f. || SPORT. *Souplesse arrière*, Brücke f.

souquer [suke] v. intr. MAR. anholen ; festzuziehen. | *Souquer ferme*, tüchtig rudern.

source [surs] f. Quelle f. | *Source jaillissante*, Sprudelquelle. | *Source ferrugineuse*, eisenhaltige Quelle. | *Source thermale*, Thermalquelle. | *Source d'eau minérale*, Mineralquelle. | *Eau de source*, Quellwasser n. | *Prendre sa source*, entspringen. || PAR EXT. Quelle f. | *Source lumineuse*, Lichtquelle. | *Source d'approvisionnement*, Versorgungsquelle. | *Source de chaleur*, Wärmequelle. | *Source d'énergie*, Energiequelle. | *Source d'erreurs*, Fehlerquelle. | *Source de pollution*, Emittent m. | *Nouvelle de bonne source*, Nachricht (f.) aus zuverlässiger Quelle. || FIG. Quelle f. ; Ursprung m. ; Ursache f. ; Grund m. | *Couler de source*, frei und leicht herauskommen. | *Remonter à la source*, bis auf den Ursprung zurückgehen, verfolgen. || NUCL. *Source scellée*, nuklearer Strahler. | *Source non scellée*, offener Strahler.

sourcier [-sje] m. (Wünschel)rutengänger m.

sourcil [sursi] m. Augenbraue f. | *Froncer les sourcils*, die Brauen, die Stirn runzeln.

sourciller [-sije] v. intr. die Stirn, die Augenbrauen runzeln. | *Sans sourciller*, ohne eine Miene zu verziehen.

sourcilleux, euse [-sijø, ø:z] adj. stolz ; sorgenvoll ; streng ; kniff(e)lig.

sourd, sourde [su:r, surd] adj. [sans ouïe] taub ; ohne Gehör. | *Sourd comme un pot*, stocktaub. | *Sourd d'une oreille*, auf einem Ohr taub. || FIG. [insensible] taub ; unempfindlich. | *Faire la sourde oreille*, nicht hören wollen ; sich taub stellen. | *Sourd à toutes les prières*, gegen alle Bitten taub. || [son ; bruit ; sensation] dumpf ; tonlos ; matt ; GRAMM. stimmlos. | *Bruit sourd*, dumpfes Geräusch. | *Douleur sourde*, dumpfer Schmerz. | *D'une voix sourde*, mit tonloser Stimme. || [secret] geheim ; heimlich. | *Menées sourdes*, geheime Schliche m. pl.

◇ s. Taube(r) f. (m.). | *Crier comme un sourd*, wie ein Besessener, Verrückter schreien. | *Frapper comme un sourd*, blind drauflosschlagen ; erbarmungslos zuschlagen.

◇ f. **sourde.** GRAMM. stimmloser Laut.

sourdement [-dəmɑ̃] adv. dumpf. || [en secret] heimlich ; verstohlen ; im stillen.

sourdine [-din] f. MUS. (Schall)dämpfer m. | *Jouer en sourdine*, gedämpft spielen. | *Mettre la sourdine*, den Dämpfer aufsetzen. || RADIO. *Mettre (le poste) en sourdine*, auf Zimmerlautstärke stellen. || FIG. *En sourdine*, in aller Stille ; verstohlen. | *Mettre une sourdine*, mäßigen.

sourd-muet [surmɥɛ] m. (pl. **sourds-muets**), **sourde-muette** [surdmɥɛt] f. (pl. **sourdes-muettes**) Taubstumme(r) f. (m.). | *Institution des sourds-muets*, Taubstummenanstalt f.

sourdre [surdr] v. intr. auf-, heraus, hervorquellen ; sprudeln.

— OBSERV. Ne s'emploie qu'à l'infin. et à la 3ᵉ pers. du prés. de l'indic.

souriant, iante [surjɑ̃, jɑ̃:t] adj. lächelnd.

souriceau [suriso] m. Mäuschen n.

souricière [-sjɛ:r] f. Mausefalle f. | *Tendre une souricière*, eine (Mause)falle aufstellen.

sourire [suri:r] v. intr. lächeln. | *Sourire à qn*, jn anlächeln ; jm zulächeln. || FIG. *Cela ne me sourit guère*, das sagt mir nicht zu ; das lockt mich nicht.

sourire [suri:r] m. Lächeln n. | *Adresser un sourire à qn*, jm zulächeln. || FIG. günstig sein.

souris [suri] f. Maus f. | *Souris domestique*, Hausmaus. | *Souris des champs*, Feldmaus. | *Trou de souris*, Mauseloch n. | *On entendrait trotter une souris*, es ist mäuschenstill. || INF. Maus f.

◇ adj. *Gris souris*, mausgrau.

sournois, oise [surnwa, wa:z] adj. verschlossen ; hinterhältig ; (heim)tückisch.

◇ s. Duckmäuser(in) m. (f.) ; Heimliche(r) f. (m.).

sournoisement [-nwazmɑ̃] adv. heimtückisch ; aus dem Hinterhalt.

sournoiserie [-nwazri] f. (Heim)tücke f. ; Hinterhältigkeit f. ; Duckmäuserei f. ; Muckertum n. || FAM. Leisetreterei f.

sous [su] prép. **1.** SENS LOCAL : unter ; unterhalb. | *Sous la table*, unter dem Tische. | *Mettre sous enveloppe*, in einen Umschlag stecken. | *Sous (les) scellés*, unter gerichtlichem Siegel. || FIG. *Être sous les armes*, in, unter Waffen stehen. | *Sous cape*, verstohlen. | *Sous clef*, unter Verschluß ; verschlossen. | *Sous la main*, bei, zur Hand. | *Sous le manteau*, heimlich. | *(Naviguer) sous pavillon allemand*, unter deutscher Flagge segeln. | *Sous presse*, im Druck ; unter der Presse. | *Sous le sceau du secret*, unter dem Siegel der Verschwiegenheit. | *Sous les verrous*, hinter Schloß und Riegel. | *Sous nos yeux*, vor unseren Augen.

2. SENS TEMPOREL : zur Zeit. | *Sous Napoléon*, zur Zeit Napoleons. | *Sous peu*, binnen kurzem. || [d'ici... à] in ; innerhalb ; binnen. | *Sous quinze jours*, binnen, in vierzehn Tagen ; innerhalb vierzehn Tage.

3. MOYEN ; MANIÈRE : unter ; mit ; bei. | *Sous une forme agréable*, in angenehmer Form. | *Sous ce prétexte*, unter diesem Vorwand. | *Sous (la foi du) serment*, eidlich. | *Sous peine d'amende*, bei Geldstrafe. | *Sous peine de mort*, bei Todesstrafe. | *Sous tous les rapports*, in jeder Hinsicht. | *Passer sous silence*, stillschweigend übergehen.

4. [dépendance] unter. | *Avoir sous ses ordres*, unter seinem Befehl (stehen) haben.

◇ préf. unter ; Unter... ; sub ; Neben...

sous-alimentation [suzalimɑ̃tasjɔ̃] f. (pl. **sous-alimentations**) Unterernährung f.

sous-alimenté, ée [-te] adj. unterernährt.

sous-bois [subwa] m. invar. Unterholz n. || [peinture] Waldstück n.

sous-chef [-ʃɛf] m. (pl. **sous-chefs**) zweiter Chef ; Stellvertreter m.

sous-commission [-kɔmisjɔ̃] f. (pl. **sous-commissions**) ou **sous-comité** [-ite] m. (pl. **sous-comités**) Unterausschuß m., -kommission f.

sous-consommation [-kɔ̃sɔmasjɔ̃] f. (pl. **sous-consommations**) Unterkonsumption f. ; ungenügender Verbrauch.

sous-continent [-kɔ̃tinɑ̃] m. (pl. **sous-continents**) GÉOGR. Subkontinent m.

souscripteur [-skriptœ:r] m. Subskribent m. | *Souscripteur d'une lettre de change*, Wechselaussteller m. || [à un emprunt] Anleihezeichner m.

souscription [-skripsjɔ̃] f. [signature] (Unter)-zeichnung f. ; Unterschrift f. || [formule finale] Schlußformel f. || [engagement] Verpflichtung f. || [pour un livre, une publication] Subskription f. || [somme versée] Subskriptionssumme f. || [emprunt] Zeichnung f. | *Souscription à des actions*, Zeichnung von Aktien. | *Droit de souscription*, Bezugsrecht n. | *Mettre en souscription*, zur Zeichnung auflegen.

souscrire [-skri:r] v. tr. **1.** unterschreiben ; (unter)-zeichnen ; subskribieren. | *Souscrire des actions*, Aktien zeichnen.

2. souscrire à. *Souscrire à un emprunt*, eine Anleihe zeichnen. || FIG. *Souscrire à qch.*, in etwas (acc.) willigen ; einer Sache beipflichten.

3. v. intr. [fournir une somme] Geld zeichnen (für). || [s'engager] vorausbestellen.

sous-cutané, ée [-kytane] adj. unter der Haut ; subkutan.

sous-développé, ée [-devlɔpe] adj. unterentwickelt.

sous-développement [-devlɔpmɑ̃] m. (pl. **sous-développements**) Unterentwicklung f.

sous-diacre [-djakr] m. (pl. **sous-diacres**) Subdiakonus m.

sous-directeur, trice [-dirɛktœ:r, tris] s. (pl. **sous-directeurs, trices**) stellvertretender Direktor ; stellvertretende Direktorin.

sous-emploi [suzɑ̃plwa] m. (pl. **sous-emplois**) Unterbeschäftigung f.

sous-employer [-je] v. tr. unterbeschäftigen.

sous-entendre [suzɑ̃tɑ̃:dr] v. tr. mit darunter verstehen ; stillschweigend einschließen.

sous-entendu, ue [-dy] adj. GRAMM. nicht ausgedrückt ; zu ergänzen.

◇ m. **sous-entendu** (pl. **sous-entendus**) Hintergedanke m. || JUR. heimlicher Vorbehalt. | *Parler par sous-entendus*, durch die Blume reden ; Anspielungen machen.

sous-estimer [suzɛstime] v. tr. unterschätzen (insépar.).

sous-exposer [suzɛkspoze] v. tr. PHOT. unterbelichten (insépar.).

sous-fifre [sufifr] m. (pl. **sous-fifres**) POP. Nebenperson f. | *Être le sous-fifre*, die zweite Geige spielen.

sous-jacent, ente [-ʒasɑ̃, ɑ̃:t] adj. darunterliegend ; unterhalb.

sous-lieutenant [-ljøtnɑ̃] m. (pl. **sous-lieutenants**) Leutnant m.

sous-locataire [-lɔkatɛ:r] s. (pl. **sous-locataires**) Untermieter(in) m. (f.).

sous-location [-lɔkasjɔ̃] f. (pl. **sous-locations**) After-, Untermietung f. ; Weitervermietung f.

sous-louer [-lwe] v. tr. unter-, after(ver)mieten ; weiter vermieten ; in Untermiete geben, nehmen.

sous-main [-mɛ̃] m. invar. Schreibunterlage f., -mappe f. || LOC. *Vendre en sous-main*, heimlich, unter der Hand verkaufen.

sous-marin, ine [-marɛ̃, in] adj. unterseeisch.

◇ m. **sous-marin** (pl. **sous-marins**) Unterseeboot n. ; U-Boot n.

sous-médicalisé, ée [-medikalize] adj. medizinisch unterversorgt.

sous-multiple [sumyltipl] adj. (pl. **sous-multiples**) MATH. enthalten, aufgehend in.

◇ m. in einer größeren aufgehende Zahl.

sous-œuvre [suzœ:vr] m. invar. ARCHIT. Unterbau m. ; Fundament n.

sous-officier [suzɔfisje] m. (pl. **sous-officiers**) [ABRÉV. FAM. **sous-off.**] MIL. Unteroffizier m. | *Sous-officier de marine*, Deckoffizier m. ; Maat m.

sous-ordre [suzɔrdr] m. (pl. **sous-ordres**) Untergebene(r) f. (m.). | *En sous-ordre*, unterstellt ; untergeben ; untergeordnet ; in abhängiger Stellung.

sous-préfecture [suprefɛkty:r] f. (pl. **sous-préfectures**) Kreisverwaltung f. ; Unterpräfektur f.

sous-préfet [-fɛ] m. (pl. **sous-préfets**) Landrat m. ; Unterpräfekt m.

sous-produit [suprɔdɥi] m. (pl. **sous-produits**) Nebenerzeugnis n. ; Abfallprodukt n.

sous-programme [-prɔgram] m. (pl. **sous-programmes**) INF. Unterprogramm n.

sous-secrétaire [-səkretɛ:r] m. (pl. **sous-secrétaires**) Untersekretär m. | *Sous-secrétaire d'État*, Unterstaatssekretär m.

soussigné, ée [-siɲe] s. Unterzeichnete(r) f. (m.) ; Unterzeichner(in) m. (f.).

sous-sol [-sɔl] m. (pl. **sous-sols**) Untergrund m. || ARCHIT. Keller-, Untergeschoß m. ; Kellerwohnung f.

sous-station [-stasjɔ̃] f. (pl. **sous-stations**) ÉLECTR. Umspannwerk n.

sous-titre [-titr] m. (pl. **sous-titres**) Untertitel m.

soustraction [-traksjɔ̃] f. MATH. Subtraktion f. ; Abziehung f. ; Abziehen n. || JUR. Entwendung f. ; Unterschlagung f. ; Hinterziehung f.

soustraire [-trɛ:r] v. tr. MATH. subtrahieren ; abziehen. || JUR. unterschlagen (insépar.) ; entwenden ; entziehen ; hinterziehen (insépar.). || FIG. entnehmen ; entreißen.

◇ v. pr. **se soustraire,** sich entziehen. | *Se soustraire à son devoir*, sich seiner Pflicht entziehen.

sous-traitance [sutrɛtɑ̃:s] f. (pl. **sous-traitances**) [recours à un sous-traitant] Vergabe (f.) von Aufträgen an Zulieferern. || [ensemble des sous-traitants] die Zulieferer m. pl. | *Entreprise de sous-traitance*, Zulieferbetrieb m.

sous-traitant [-tɑ̃] m. (pl. **sous-traitants**) Zulieferer m.

sous-traiter [-te] v. tr. einen Untervertrag abschließen.

sous-ventrière [suvɑ̃trijɛ:r] f. (pl. **sous-ventrières**) Bauchgurt m.

sous-verre [-vɛ:r] m. (pl. **sous-verres**) Bild (n.) unter Glas.

sous-vêtements [-vɛtmɑ̃] m. pl. Unterkleidung f. ; Leibwäsche f. || [dames] Damenwäsche f.

soutache [sutaʃ] f. Litze f. ; Besatz m.

soutane [sutan] f. S(o)utane f. ; Priestergewand n., -rock m.

soute [sut] f. MAR. Bunker m. ; Magazin n. | *Soute à bagages*, Gepäck-, Frachtraum m.

soutenable [sutnabl] adj. erträglich ; haltbar. || FIG. vertretbar ; stichhaltig ; haltbar.

soutenance [-nɑ̃:s] f. Verteidigung f. ; Disputation f. ; Rigorosum n.

soutènement [-tɛnmɑ̃] m. Stütze f. ; Halt m. | *Mur de soutènement*, Stützmauer f. || MINES. *Soutènement en bois*, Holzausbau m.

souteneur [sutnœ:r] m. Zuhälter m.

soutenir [-ni:r] v. tr. **1.** stützen ; unterstützen (insépar.). || [qn] tragen ; aufrecht(er)halten. | *Soutenir une voûte*, ein Gewölbe tragen. || FIG. [secourir ; défendre] helfen (dat.) ; beistehen (dat.) ; unterstützen (insépar.) ; behaupten ; verteidigen. || [nourriture] stärken ; nähren. || *Soutenir une conversation*, eine Unterhaltung in Gang halten. | *Soutenir le courage*, den Mut stählen. | *Soutenir une opinion*, eine Meinung vertreten, verteidigen, verfechten. | *Soutenir que*, behaupten, daß.
2. [résister ; supporter] ertragen ; standhalten. | *Soutenir une attaque*, einem Angriff standhalten ; einen Angriff aushalten. | *Soutenir la comparaison avec qch.*, sich mit etwas vergleichen lassen. | *Ne pas pouvoir soutenir sa présence*, seine/ihre Gegenwart nicht ertragen, aushalten können.
3. MINES. ausbauen.
4. UNIV. *Soutenir une thèse*, eine Dissertation, eine Habilitationsschift verteidigen.
◇ v. pr. **se soutenir,** sich aufrechterhalten ; sich (er)halten ; [se nourrir] sich nähren ; sich stärken. || (sens récipr.) einander unterstützen (insépar.) ; zusammenstehen. || FIG. haltbar sein. | *Cela se soutient*, das hat (et)was für sich.

soutenu, ue [-ny] adj. unterstützt. || [durable ; solide] ununterbrochen ; gleichmäßig ; anhaltend. | *Attention soutenue*, gespannte Aufmerksamkeit. | *Efforts soutenus*, ununterbrochene Anstrengungen f. pl. || [noble] gehoben ; edel. | *Style soutenu*, gehobener Stil.

souterrain, aine [sutɛrɛ̃, ɛn] adj. unterirdisch. | *Abri souterrain*, Unterstand m. ; Erdbunker m. | *Câble souterrain*, Erdkabel n. | *Eaux souterraines*, Grundwasser n. | *Passage souterrain*, Unterführung f. || FIG. versteckt ; heimlich.
◇ m. **souterrain,** unterirdischer Bau ; Kellergeschoß n. || [tunnel] Tunnel m. ; Durchstich m.

soutien [sutjɛ̃] m. Stütze f. ; Halt m. ; Träger m. || [aide] Unterstützung f. ; Beistandsleistung f. ; FIG. Rückhalt m. || [choses] *Dispositif de soutien*, Abstützvorrichtung f. || [personnes] *Soutien de famille*, Ernährer m. | *Soutiens du trône*, Stützen (f. pl.) des Thrones.

soutien-gorge [-gɔrʒ] m. pl. (**soutiens-gorge**) Büstenhalter m.

soutier [sutje] m. Kohlentrimmer m.

soutirer [sutire] v. tr. abziehen ; abfüllen ; (ab)zapfen. || FIG. *Soutirer de l'argent à qn*, jm Geld abluchsen, -knöpfen, -zapfen. | *Soutirer un aveu à qn*, jm ein Geständnis entlocken, ablisten.

souvenance [suvnɑ̃s] f. Erinnerung f.

souvenir [-ni:r] m. **1.** [impression gardée] Erinnerung f. | *Souvenirs* [écrits], Erinnerungen f. pl., Notizen f. pl. | *Souvenir visuel*, Erinnerungsbild n. | *Le souvenir de ce jour*, die Erinnerung an diesen Tag. | *Souvenirs d'enfance*, Kindheitserinnerungen f. pl. | *Écrire ses souvenirs*, seine Erinnerungen, Memoiren niederschreiben. | *Évoquer le souvenir de qch.*, die Erinnerung an etwas (acc.) hervorrufen.
2. [mémoire] Gedächtnis n. ; Gedenken n. | *Si j'ai bon souvenir*, wenn ich mich recht erinnere. | *J'en ai perdu le souvenir*, ich habe es aus dem Gedächtnis verloren. | *Se rappeler au bon souvenir de qn*, sich jm empfehlen. | *En souvenir de qn*, jm zum Andenken.
3. [objet ; parole] Andenken n. | *Souvenirs de voyage*, Reiseandenken n. pl.

souvenir (se) [səsuvni:r] v. pr. *Se souvenir de qch.*, sich an etwas (acc.) erinnern ; einer Sache gedenken ; sich einer Sache entsinnen ; sich auf etwas (acc.) besinnen. | *Se souvenir avec plaisir*, gern an etwas (acc.) zurückdenken. | *Je m'en souviendrai*, (neutre) das werde ich mir merken ; FAM. das vergesse ich dir nicht !
◇ v. impers. *Il me souvient que*, ich erinnere mich daran, daß. | *Autant qu'il m'en souvienne*, soviel, soweit ich mich daran erinnere.

souvent [suvɑ̃] adv. oft ; häufig ; oftmals ; öfters. | *Le plus souvent*, zumeist ; meistenteils.
◇ loc. conj. **aussi souvent que,** so oft.

souverain, aine [suvrɛ̃, ɛ:n] adj. oberst ; höchst. || [illimité] unumschränkt ; selbstherrlich. | *Autorité souveraine*, Herrschergewalt f. | *Cour souveraine*, höchster, oberster Gerichtshof. | *Décision souveraine*, oberste Entscheidung ; Machtspruch m. | *Souverain mépris*, tiefste, grenzenlose Verachtung. | *Remède souverain*, probates, unfehlbares Mittel.
◇ s. Herrscher(in) m. (f.) ; Souverän m. ; Fürst(in) m. (f.) ; Staatsoberhaupt n. ; Machthaber m. || [monnaie] Sovereign m.

souverainement [-vrɛnmɑ̃] adj. äußerst ; vollkommen. | *Juger souverainement*, in letzter, höchster Instanz entscheiden.

souveraineté [-vrɛnte] f. höchste (Staats)gewalt ; Oberhoheit f. ; Landesherrschaft f. ; Souveränität f. | *Souveraineté populaire*, Herrschaft des Volkes. | *Souveraineté territoriale*, Gebietshoheit.

soviet [sɔvjɛt] m. Sowjet m. ; Rat m.

soviétique [-vjetik] adj. sowjetisch ; Sowjet...

soyeux, yeuse [swajø, jø:z] adj. seidig ; seidenweich, -artig.
◇ m. **soyeux,** [éclat] Seidenglanz m. || [fabricant] Seidenfabrikant m., -hersteller m.

spacieux, ieuse [spasjø, jø:z] adj. geräumig ; weiträumig ; ausgedehnt ; umfangreich ; weitläufig.

sparadrap [sparadra] m. Heftpflaster n.

Sparte [spart] n. pr. f. ANTIQ. Sparta n.

spartiate [sparsjat] adj. ANTIQ. spartanisch.
◇ s. **Spartiate,** Spartaner(in) m. (f.) ; Spartiate m.
◇ f. **spartiate,** *Élever à la spartiate*, spartanisch erziehen.

spasme [spasm] m. Krampf m. ; Zuckung f.

spasmodique [-mɔdik] adj. krampfartig ; krampfhaft ; zuckend.

spasmophile [spasmɔfil] adj. MÉD. spasmophil.
◇ s. Spasmophile(r) f. (m.).

spasmophilie [-li] f. MÉD. Spasmophilie f. ; Krampfneigung f.

spath [spat] m. GÉOL. Spat m.

spatial, iale, iaux [spasjal, jo] adj. räumlich. || PHYS. Weltraum... | *Vaisseau spatial*, Raumschiff n. | *Recherche, études spatiale(s)*, Raumforschung f.

spatio-temporel, elle [spasjotɑ̃pɔrɛl] adj. raumzeitlich.

spatule [spatyl] f. MÉD. Spa(ch)tel m. || ZOOL. Löffelreiher m.

speaker [spikœ:r] m. Ansager m. ; Sprecher m.

spécial, iale, iaux [spesjal, jo] adj. besonder ; speziell ; Sonder... ; Spezial... ; Fach... | *Édition spéciale*, Sonderausgabe f.
spécialement [-lmɑ̃] adv. besonders ; eigens ; speziell ; insbesondere.
spécialisation [-lizasjɔ̃] f. Spezialisierung f. ; fachliche Schulung ; Sonderausbildung f.
spécialiser [-lize] v. tr. spezialisieren ; besonders, speziell bezeichnen ; eigens angeben. | *Ouvrier spécialisé*, ungelernter Arbeiter ; Hilfsarbeiter m.
◇ v. pr. **se spécialiser** *dans qch.*, sich auf etwas (acc.) spezialisieren, einstellen.
spécialiste [-list] s. Fachmann m. ; Spezialist(in) m. (f.). || MÉD. Facharzt m. ; Spezialist m.
◇ adj. spezialistisch ; fachmännisch.
spécialité [-lite] f. [état] Spezialität f. ; Besonderheit f. || [centre d'intérêt] Sondergebiet n. ; Fach n., -gebiet n., -richtung f. | *C'est sa spécialité*, das ist seine Fachrichtung ; das schlägt in sein Fach ein. || [article] Markenartikel m.
spécieux, ieuse [spesjø, jø:z] adj. scheinbar ; trügerisch. | *Argument spécieux*, Scheinbeweis m.
spécification [spesifikasjɔ̃] f. Spezifikation f. ; Spezifizierung f. ; Einzelangaben f. pl.
spécificité [-fisite] f. (besondere) Eigentümlichkeit.
spécifier [-fje] v. tr. spezifizieren ; einzeln verzeichnen, aufführen ; genau angeben. | *Bien spécifier*, deutlich sagen ; einschärfen.
spécifique [-fik] adj. spezifisch ; eigenartig ; eigen ; eigentümlich ; kennzeichnend. | *Poids spécifique*, spezifisches Gewicht.
spécimen [-mɛn] m. Probe f. ; Muster n. ; Probenummer f., -stück n., -heft f., -blatt n. || COMM. Warenmuster n. | *Spécimen de signature*, Unterschriftenprobe.
spectacle [spɛktakl] m. [naturel] Anblick m. || [artistique] Schauspiel n. ; Theatervorstellung f. | *Pièce à grand spectacle*, Ausstattungsstück n. | *Salle de spectacle*, Zuschauerraum m. | *Aller au spectacle*, ins Theater gehen. | *Courir les spectacles*, eifriger Theaterbesucher sein. || FIG. *Se donner en spectacle*, sich zur Schau stellen.
spectaculaire [-kylɛ:r] adj. eindrucks-, wirkungsvoll ; einmalig ; auffällig.
spectateur, trice [-tœ:r, tris] s. Zuschauer(in) m. (f.).
spectral, ale, aux [spɛktral, o] adj. gespenstisch ; gespensterhaft. || PHYS. *Analyse spectrale*, Spektralanalyse f.
spectre [spɛktr] m. Gespenst n. ; Phantom n. ; Geist m. || FIG. Schreckgespenst n. || PHYS. Spektrum n. | *Spectre solaire*, Sonnenspektrum. | *Spectre d'absorption*, Absorptionsspektrum.
spectromètre [-trɔmɛtr] m. PHYS. Spektrometer m. | *Spectromètre à laser*, Laserspektrometer.
spéculaire [spekylɛ:r] adj. Spiegel... | *Image spéculaire*, Spiegelbild n.
spéculateur, trice [spekylatœ:r, tris] adj. spekulierend.
◇ s. Spekulant(in) m. (f.).
spéculatif, ive [-latif, i:v] adj. spekulativ ; beobachtend ; grüblerisch. || FIN. *Achats spéculatifs*, Spekulationsankäufe m. pl.
spéculation [-lasjɔ̃] f. Spekulation f. || [intellectuelle] Überlegung f. || FIN. Spekulation f.
spéculer [-le] v. intr. spekulieren. || [intellectuellement] vorausberechnen ; grübeln ; theoretisieren. || FIN. *Spéculer à la baisse, à la hausse*, auf das Fallen, Steigen der Kurse spekulieren. | *Spéculer sur qch.*, auf etwas (acc.) spekulieren.
speculum [spekylɔm] m. MÉD. Spekulum n.
speech [spitʃ] m. kurze Rede, Ansprache.
spéléologie [speleɔlɔʒi] f. Höhlenkunde f., -forschung f.
spéléologue [-lɔg] m. Höhlenforscher m.
spermatozoïde [spɛrmatɔzoid] m. ANAT. Samenfaden m. ; Spermatozoon n.
sperme [spɛrm] m. ANAT. Sperma n. ; Samen m. | *Don de sperme*, Samenspende f. | *Donneur de sperme*, Samenspender m.
spermicide [-isid] adj. MÉD. samentötend ; spermizid.
◇ m. Spermizid n.
sphère [sfɛ:r] f. Sphäre f. || MATH. Kugel f. | *Volume d'une sphère*, Kugelumfang m. || FIG. Bereich m. ; Kreis m. | *Sphère d'activité*, Wirkungsbereich. | *Hautes sphères*, hohe Schichten f. pl. | *Sphère d'influence*, Wirkungsbereich ; Interessensphäre.
sphérique [-rik] adj. sphärisch ; kugelförmig. | *Secteur sphérique*, Kugel(aus)schnitt m.
sphéromètre [-rɔmɛtr] m. Kugelmesser m. ; Sphärometer n.
sphincter [sfɛ̃ktɛr] m. ANAT. Schließmuskel m.
sphinx [sfɛ̃ks] m. ZOOL. Nachtfalter m. ; Schwärmer m. || MYTH. Sphinx f. et m.
spinal, ale, aux [spinal, o] adj. ANAT. spinal ; Rückgrat...
spiral, ale, aux [spiral, o] adj. spiralförmig ; gewunden ; schneckenförmig. | *(Ressort) spiral*, Spiralfeder f.
spirale [spiral] f. MATH. Spirale f. ; Spiral-, Schneckenlinie f., -windung f. | *En spirale*, spiralförmig (gewunden) ; in Schneckenlinien. | *Escalier en spirale*, Wendeltreppe f.
Spire [spi:r] n. pr. f. GÉOGR. Speyer n.
spirite [spirit] adj. spiritistisch.
◇ s. Spiritist(in) m. (f.).
spiritisme [-tism] m. Spiritismus m.
spiritualiser [-tɥalize] v. tr. ver-, durchgeistigen.
spiritualisme [-tɥalism] m. Spiritualismus m.
spiritualiste [-tɥalist] adj. spiritualistisch.
◇ s. Spiritualist(in) m. (f.).
spiritualité [-tɥalite] f. Geistigkeit f. ; Unkörperlichkeit f.
spirituel, uelle [-tɥɛl] adj. **1.** [qui concerne l'esprit] geistig ; unkörperlich. | *Parenté spirituelle*, Verwandtschaft (f.) im Geiste.
2. [qui concerne l'Église, la religion] geistlich ; kirchlich. | *Exercices spirituels*, Andachtsübungen f. pl.
3. [qui a de l'esprit] geistreich ; witzig. | *Un mot spirituel*, ein geistvolles, witziges Wort.
spirituellement [-tɥɛlmɑ̃] adv. geistreich.
spiritueux, ueuse [spiritɥø, ɥø:z] adj. alkoholisch ; alkoholhaltig.
◇ m. **spiritueux,** geistiges, alkoholisches Getränk.
Spitzberg [spitsbɛrg] n. pr. m. GÉOGR. Spitzbergen n.
spleen [spli:n] m. (Lebens)überdruß m. ; Weltschmerz m. ; Schwermut f.
splendeur [splɑ̃dœ:r] f. Glanz m. ; Pracht f. ; Herrlichkeit f.
splendide [-did] adj. glänzend ; prächtig ; prunkvoll ; glanzvoll ; großartig ; herrlich ; wunderschön.
spoliateur, trice [spɔljatœ:r, tris] adj. räuberisch ; be-, ausraubend.
◇ m. **spoliateur,** Räuber m. ; Plünderer m.

spoliation [-ljasjɔ̃] f. Beraubung f. ; Raub m.
spolier [-lje] v. tr. be-, ausrauben.
spongieux, ieuse [-ʒjø, jø:z] adj. schwammig ; schwammartig ; locker ; weich.
spontané, ée [spɔ̃tane] adj. spontan ; unaufgefordert ; freiwillig ; aus freien Stücken. | *Génération spontanée*, Urzeugung f.
spontanéité [-neite] f. Freiwilligkeit f. ; Ursprünglichkeit f. ; Spontaneität f.
spontanément [-nemɑ̃] adv. von selbst ; aus eigenem Antrieb ; aus freiem Willen.
sporadique [spɔradik] adj. vereinzelt ; strichweise ; einzeln ; sporadisch.
spore [spɔ:r] f. BOT. Spore f. ; Keim-, Samenkorn n.
sport [spɔ:r] m. Sport m. ; pl. Sportarten f. pl. | *Faire du sport, Pratiquer le sport*, sich sportlich betätigen ; Sport treiben.
sportif, ive [-tif, i:v] adj. sportlich ; sportgerecht, -begeistert. || PAR EXT. fair ; anständig.
◇ s. Sportler(in) m. (f.) ; sportlicher Mensch.
spot [spɔt] m. TECHN. Abtastfleck m. || TÉLÉV. Lichtpunkt m. || [radar] Leuchtfleck m.
spoutnik [sputnik] m. Sputnik m.
sprat [sprat] m. ZOOL. Sprotte f. | *Sprats fumés*, Kieler Sprotten f. pl.
sprint [sprint] m. Kurzstreckenlauf m. ; Spurt m.
sprinter [-te] v. intr. sprinten ; spurten.
squale [skwal] m. ZOOL. Haifisch m.
square [skwa:r] m. Grünanlage f. ; öffentlicher Garten.
squatter [skwatœ:r ou -tɛr] s. Hausbesetzer(in) m. (f.).
squatter [-te] ou **squattériser** [-terize] v. tr. ein Haus, eine Wohnung besetzen.
squelette [skəlɛt] m. Skelett n. ; Gerippe n. ; Knochengerüst n. || FIG. Hungergestalt f.
squelettique [-tik] adj. skelettartig ; spindeldürr ; Skelett...
Sri Lanka [srilɑ̃ka] n. pr. m. GÉOGR. Sri Lanka n.
Sri(-)Lankais, aise [-kɛ, ɛ:z] s. Einwohner(in) [m. (f.)] von Sri Lanka.
stabilisant, ante [stabilizɑ̃, ɑ̃:t] adj. stabilisierend.
◇ m. **stabilisant,** Stabilisator m.
stabilisateur, trice [-tœ:r, tris] adj. stabilisierend.
◇ m. **stabilisateur,** Stabilisator m. ; Leitflosse f.
stabilisation [-zasjɔ̃] f. Stabilisierung f. ; Festlegung f. ; Festigung f. | *Stabilisation monétaire*, Währungsstabilisierung.
stabiliser [-ze] v. tr. (be)festigen ; stabilisieren ; konsolidieren ; festlegen ; standfest machen.
stabilité [-te] f. Festigkeit f. ; Beständigkeit f. ; Bestand m. ; Stabilität f. ; Standfestigkeit f. | *Stabilité économique*, Wirtschaftsfestigkeit. | *Stabilité monétaire*, Geldwertbeständigkeit.
stable [stabl] adj. stabil ; kippsicher. || [durable] dauerhaft ; beständig ; standfest. | *Revenu stable*, wertbeständiges Einkommen. | *Temps stable*, beständiges, gleichbleibendes Wetter.
stade [stad] m. SPORT. Stadium n. ; Stadion n. ; Sportplatz m. || FIG. Stufe f. ; Stadium n. | *Stade initial*, Anfangsstadium. | *Stade de transition*, Übergangsstufe.
stage [sta:ʒ] m. [durée] Probe-, Vorbereitungs-, Übergangszeit f. || [études] Lehrgang m. ; Praktikum n. | *Stage d'initiation*, Einführungskurs m. | *Faire un stage*, ein Praktikum machen ; hospitieren. || JUR. Referendarzeit f.
stagiaire [-ʒjɛ:r] s. Praktikant(in) m. (f.) ; Lehrgangsteilnehmer(in) m. (f.) ; Referendar(in) m. (f.).
stagnant, ante [stagnɑ̃, ɑ̃:t] adj. stagnierend ; stillstehend ; stockend. | *Eau stagnante*, stehendes (Brack)wasser. || FIN. *Cours stagnants*, flaue Kurse m. pl.
stagnation [-gnasjɔ̃] f. Stockung f. ; Stillstand m. ; Stagnieren n. ; Stauung f. | *Stagnation de l'eau*, Stauung des Wassers. | *Stagnation des affaires*, geschäftliche Flaute ; Geschäftsstockung.
stagner [-gne] v. intr. stagnieren ; stillstehen.
stalactite [stalaktit] f. GÉOL. Stalaktit m. ; Zapfen-, Tropfstein m. | *Stalactite de glace*, Eiszapfen m.
stalagmite [-lagmit] f. GÉOL. Stalagmit m. ; Säulentropfstein m.
stalinien, ienne [stalinjɛ̃, jɛn] adj. stalinistisch ; Stalin...
◇ s. Stalinist(in) m. (f.).
stalle [stal] f. [église] Chorstuhl m. ; Kirchengestühl n. || THÉÂTRE. Sperrsitz m. || [écurie] Box f. ; Stand m.
stance [stɑ̃:s] f. Stanze f. ; Strophe f.
stand [stɑ̃:d] m. COMM. Stand m. ; Messestand m. | *Stand d'exposition*, Ausstellungsstand. || *Stand de tir*, Schießbahn f., -stand.
standard [stɑ̃da:r] adj. Einheits... ; genormt.
◇ m. [norme] Richtmaß n. ; Norm f. ; Standard m. ; Richtlinie f. ; Einheitsmaß n. || TÉLÉPH. Vermittlungsstelle f.
standardisation [-dizasjɔ̃] f. Normung f. ; Standardisierung f.
standardiser [-dize] v. tr. normen ; vereinheitlichen ; standardisieren.
standardiste [-dist] s. TÉLÉPH. Telephonist(in) m. (f.).
standing [stɑ̃diŋ] m. Rang m. ; Stand m.
staphylocoque [stafilɔkɔk] m. MÉD. Staphylokokkus m.
star [sta:r] f. Filmstar m.
starter [startɛr] m. AUTOM. Anlasser m. || SPORT. Starter m.
stase [sta:z] f. MÉD. Stockung f. ; Stauung f.
station [stasjɔ̃] f. **1.** [action de se tenir] *Station assise*, Sitzen n. | *Station debout*, Stehen n. ; MÉD. Stand m. ; Aufrechtstehen n. | *Station droite*, aufrechte Haltung.
2. [lieu] Stelle f. ; Ort m. ; Aufenthalt m. | *Station balnéaire*, Seebad n. | *Station climatique*, Luft(kur)ort. | *Station hivernale*, Winterkurort. | *Station thermale*, Mineralbad ; Kurort. | *Station d'altitude*, Höhenluftkurort. | *Station de sports d'hiver*, Wintersportplatz m.
3. [communications] Station f. ; (Halte)stelle f. ; Halteplatz m. | *Station-service*, Tankstelle. | *Station terminus*, Endstation. | *Station de correspondance*, Umsteigestation, -bahnhof m. | *Station de départ*, Abfahrt(s)stelle, -station. | *Station de destination*, Empfangsstation. | *Station de métro*, U-Bahnhof. | *Station de taxis*, Taxenhaltestelle. | *Chef de station*, Stationsvorsteher m. | *Brûler les stations*, durchfahren (sépar.) ; nicht anhalten.
4. [technique et scientifique] Stelle f. | *Station émettrice, d'émission*, Sendestation. | *Station météorologique*, Wetterwarte f. | *Station orbitale*, Weltraumbahnhof m. | *Station d'épuration*, Kläranlage f. | *Station (de) radio*, Funkstelle.
5. RELIG. [du chemin de croix] Leidenstation f.
stationnaire [-sjɔnɛ:r] adj. stillstehend ; stationär ; ortsfest ; ortsgebunden ; gleichbleibend. | *État stationnaire*, gleichbleibender, unveränderter Zustand.

stationnement [-sjɔnmɑ̃] m. Stationierung f. ; Halten n. | *En stationnement*, beim Parken ; parkend. | *Stationnement interdit*, Parken verboten. | *Feu de stationnement*, Standlicht n. | *Place de stationnement payant*, gebührenpflichtiger Parkplatz.

stationner [-sjɔne] v. intr. parken ; anhalten ; stehenbleiben ; stationieren. | *Sortie de voiture, prière de ne pas stationner*, bitte Ausfahrt frei halten ! | *Défense de stationner*, Parken verboten.

statique [statik] adj. statisch.

statisticien, ienne [statistisjɛ̃, jɛn] s. Statistiker(in) m. (f.).

statistique [-tistik] adj. statistisch.
◇ f. Statistik f. | *Statistique des accidents*, Unfallstatistik. | *Bureau, Institut des statistiques*, statistisches Amt. | *Dresser la statistique des naissances*, die Geburtenstatistik aufstellen.

statuaire [statɥɛ:r] adj. bildhauerisch ; Bildhauer...
◇ m. Bildhauer m.
◇ f. Bildhauerei f., -kunst f.

statue [-ty] f. Statue f. ; Bildwerk n. ; Standbild n. ; Bildsäule f. | *Statue équestre*, Reiterstandbild. | *Statue de bois*, Holzbild. | *Statue de bronze*, Bronze-, Erzbild. | *Statue de pierre*, Steinbild.

statuer [statɥe] v. tr. statuieren ; festsetzen ; entscheiden (über, sur).

statuette [statɥɛt] f. Figürchen n. ; Statuette f.

statufier [-tyfje] v. tr. Iron. *Statufier qn*, jm ein Standbild errichten.

statu quo [statykwo] m. Status quo m.

stature [staty:r] f. Statur f. ; Wuchs m. ; Gestalt f. ; Größe f.

statut [staty] m. Statut n. ; geschriebenes Gesetz ; Satzung f. | *Statut juridique*, Rechtsstellung f. ; rechtliche Stellung ; Rechtsverhältnis n. | *Statut organique*, Grundgesetz. | *Conforme aux statuts*, satzungsgemäß. | *Contraire aux statuts*, satzungswidrig. | *Statuts d'une société*, Vereinssatzung.

statutaire [-tɛ:r] adj. statutenmäßig ; satzungsmäßig, -gemäß.

steak [stɛk] m. Steak n.

steamer [sti:mər] m. Mar. (Ozean)dampfer m.

stéarine [stearin] f. Talgfett n. ; Stearin n.

steeple-chase [stipltʃɛz] m. Hindernisrennen n.

stèle [stɛl] f. Grabsäule f. ; Stele f.

stellaire [stɛlɛ:r] adj. sternförmig ; Stern... | *Lumière stellaire*, Sternenlicht n.
◇ f. Bot. Sternmiere f.

stencil [stɛnsil] m. Wachsmatrize f., -schablone f.

sténodactylo [stenodaktilo] f. Stenotypistin f. ; Schreib-, Tippfräulein n.

sténographie [-grafi] f. Kurzschrift f. ; Stenographie f.

sténographier [-grafje] v. tr. stenographieren ; in Kurzschrift mit-, niederschreiben.

sténose [stenoz] f. Méd. Stenose f.

sténotype [-tip] f. Stenographiermaschine f.

sténotypie [-tipi] f. Maschinenstenographie f.

steppe [stɛp] f. Steppe f.

stère [stɛ:r] m. Raum-, Kubikmeter m. ; Ster m.

stéréométrie [-metri] f. Raumlehre f. ; Stereometrie f.

stéréophonie [-fɔni] f. Raumton m. ; dreidimensionaler Ton ; 3 D-Ton m.

stéréophotographie [-fɔtografi] f. Stereoaufnahme f.

stéréoscope [-skɔp] m. Stereoskop n.

stéréoscopique [-skɔpik] adj. stereoskopisch.

stéréotype [-tip] m. Stereotypdruck m. ; Druckplatte f.

stéréotyper [-tipe] v. tr. stereotypieren. | *Formule stéréotypée*, schablonenmäßige Wendung. | *Sourire stéréotypé*, stereotypes Lächeln.

stéréotypie [-tipi] f. Stereotypgießerei f. ; Druckplattenguß m.

stérile [steril] adj. unfruchtbar ; zeugungsunfähig. | *Sol stérile*, toter, unfruchtbarer Boden. || Mines. taub ; steril. || [sol] unergiebig. || Fig. *Discussion stérile*, nutzlose Diskussion.

stérilet [-lɛ] m. Méd. Spirale f.

stérilisateur [-lizatœ:r] m. Sterilisiergerät n.

stérilisation [-lizasjɔ̃] f. Sterilisierung f. ; Unfruchtbarmachung f. || Méd. Entkeimung f.

stériliser [-lize] v. tr. sterilisieren ; unfruchtbar machen ; entkeimen ; keimfrei machen.

stérilité [-lite] f. Unfruchtbarkeit f. ; Sterilität f. ; Keimfreiheit f. || [sol] Unergiebigkeit f.

sterne [stɛrn] f. Zool. Seeschwalbe f.

sternum [stɛrnɔm] m. Anat. Brustbein n.

stéthoscope [stetɔskɔp] m. Méd. Stethoskop n.

steward [stiwart] m. Steward m. ; Flugbegleiter m.

stick [stik] m. Reitstöckchen n. || Mil. Fallschirmergruppe f.

stigmate [stigmat] m. Méd. Narbe f. ; Brandmal n. || Par ext. [marques] *Il en porte encore les stigmates*, er trägt noch die Spuren davon an sich. || Relig. Wundmal n. ; Stigma n. (plur. Stigmata). || Bot. Narbe f. || Zool. Atemloch n. (der Insekten).

stigmatisation [-tizasjɔ̃] f. Brandmarkung f. ; Stigmatisierung f.

stigmatiser [-tize] v. tr. brandmarken ; stigmatisieren.

stimulant, ante [stimylɑ̃, ɑ̃:t] adj. stimulierend ; anregend ; anreizend ; belebend ; anspornend.
◇ m. **stimulant,** Belebungs-, Anreizmittel n. || Méd. Stimulans n. || Fig. Stimulus m.

stimulateur [-latœ:r] m. *Stimulateur cardiaque*, Herzschrittmacher m.

stimulation [-lasjɔ̃] f. (An)reiz m. ; Belebung f. ; Anregung f. ; Antrieb m.

stimuler [-le] v. tr. (an)reizen ; beleben ; anregen ; antreiben ; anstacheln ; anspornen. | *Stimuler la digestion*, die Verdauung fördern. | *Stimuler les nerfs*, die Nerven stärken, péjor. aufpeitschen. || Fig. *Stimuler le zèle de qn*, js Eifer anspornen.

stipendier [-dje] v. tr. dingen ; in Sold nehmen.

stipulation [stipylasjɔ̃] f. Jur. vertragsmäßige Bestimmung ; Vereinbarung f. | Klausel f.

stipuler [-le] v. tr. ausbedingen ; vertragsmäßig festsetzen ; bestimmen ; bedingen ; vereinbaren.

stock [stɔk] m. (Lager)vorrat m. ; (Lager)bestand m. | *Avoir en stock*, vorrätig halten.

stockage [-ka:ʒ] m. Aufstapelung f. ; Hortung f. ; (Ein)lagerung f. ; (Auf)speicherung f. || Nucl. *Stockage des déchets radioactifs*, Lagerung (f.) radioaktiven Abfalls. | *Stockage définitif*, Endlagerung. | *Stockage intermédiaire, provisoire*, Zwischenlagerung.

stocker [-ke] v. tr. (auf)speichern ; (ein)lagern ; aufstapeln ; horten ; péjor. hamstern.

stoïcien, ienne [stɔisjɛ̃, jɛn] adj. stoisch.
◇ s. Stoiker(in) m. (f.).

stoïcisme [-sism] m. Stoizismus m. ; Stoa f. || Par ext. Gleichmut m. ; Unerschütterlichkeit f.

stoïque [stɔik] adj. stoisch ; gleichmütig ; unerschütterlich ; standhaft.

stomacal, ale, aux [stɔmakal, o] adj. Magen...

stomatologie [stɔmatɔlɔʒi] f. Lehre (f.) von den Munderkrankungen.
stomatologue [-lɔg] s. Stomatologe m. ; Stomatologin f.
stop ! [stɔp] interj. stop ! ; halt !
◇ m. **stop,** Stopplicht n. | *Faire du stop, Faire de l'auto-stop,* per Anhalter fahren.
stoppage [stɔpa:ʒ] m. (Kunst)stopfen n.
stopper [-pe] v. tr. [arrêter] (ab)stoppen ; abstellen ; anhalten ; Einhalt gebieten. | *Stopper une attaque,* einen Angriff zum Stehen bringen. | *Stopper une machine,* eine Maschine abstellen. | *Stopper une voiture,* einen Wagen anhalten.
stopper [-pe] v. tr. TEXT. stopfen.
store [stɔ:r] m. Rollvorhang m. ; Markise f. | *Baisser le store,* die Markise herunterlassen.
strabisme [strabism] m. MÉD. Schielen n. ; Strabismus m.
strangulation [strɑ̃gylasjɔ̃] f. Erwürgung f. ; Erdrosselung f.
strapontin [strapɔ̃tɛ̃] m. Klappstuhl m., -sitz m.
Strasbourg [strasbu:r] n. pr. m. Straßburg n.
strasbourgeois, oise [-burʒwa, wa:z] adj. straßburgisch.
◇ s. **Strasbourgeois, oise,** Straßburger(in) m. (f.).
strass [stras] m. Bleiglas n. ; Straß m.
stratagème [strataʒɛ:m] m. Kriegslist f. ; Falle f. ; Kniff m. ; Finte f.
strate [strat] f. MINES. Schicht f. ; Lage f.
stratège [stratɛ:ʒ] m. Feldherr m. ; Stratege m.
stratégie [-teʒi] f. Feldherrnkunst f. ; Strategie f.
stratégique [-teʒik] adj. strategisch.
stratification [stratifikasjɔ̃] f. MINES. Schichtung f. ; Lagerung f. ; Schichtenbildung f.
stratifier [-fje] v. tr. schichtenförmig lagern ; überschichten ; aufeinandertürmen. | *Roche stratifiée,* Lagen-, Schichtgestein n.
stratosphère [stratosfɛ:r] f. Stratosphäre f.
stratus [stratys] m. Schichtwolke f. ; Stratuswolke f.
streptocoque [strɛptɔkɔk] m. MÉD. Streptokokkus m. (pl. -kokken).
streptomycine [-misin] f. MÉD. Streptomyzin n.
stress [strɛs] m. Streß m.
stresser [strɛse] v. tr. stressen.
strict, stricte [strikt] adj. streng ; genau ; strikt. | *Discipline stricte,* straffe Zucht. | *Droit strict,* strenges Recht. | *Le strict nécessaire,* das unbedingt Notwendige. | *La stricte vérité,* die reine Wahrheit.
strictement [-təmɑ̃] adv. genau (genommen) ; streng ; strikte. | *Strictement confidentiel,* streng vertraulich. | *Strictement parlant,* genau genommen.
strident, ente [stridɑ̃, ɑ̃:t] adj. schrill ; durchdringend ; gellend ; kreischend ; grell. | *Cri strident,* durchdringender Schrei. | *Sifflet strident,* schrille Pfeife.
striduler [stridyle] v. intr. zirpen.
strie [stri] f. Streifen m. ; Riefe f. ; Schramme f. ; Rille f. || ARCHIT. Kannelüre f.
strier [strije] v. tr. rillen ; riefe(l)n ; riffeln ; ritzen. | *Tôle striée,* Riffelblech n.
striure [strijy:r] f. Riefelung f. ; Rille f.
strophe [strɔf] f. Strophe f.
structural, ale, aux [stryktyral, o] adj. struktural, strukturell.
structure [strykty:r] f. Struktur f. ; Gefüge n. ; Aufbau m. ; Bau m. ; Gliederung f. ; Gestaltung f.
structurel, elle [-rɛl] adj. strukturell.
structurer [-re] v. tr. aufbauen ; aufgliedern.
◇ part. pass. et adj. **structuré, ée,** aufgebaut ; strukturiert.
strychnine [striknin] f. Strychnin n.
stuc [styk] m. Stuck m. ; Gipsverzierung f.
studieux, ieuse [stydjø, jø:z] adj. fleißig ; arbeitsam ; eifrig ; lernbegierig.
studio [-djo] m. FILM. Filmatelier n. ; Aufnahmeraum m. ; Studio n. || THÉÂTRE. Kleinkunstbühne f. || RADIO. Senderaum m. | *Studio de télévision,* Fernsehstudio. || [logis] Einzimmerwohnung f.
stupéfaction [stypefaksjɔ̃] f. Verblüffung f. ; Bestürzung f. ; Verdutztheit f.
stupéfait, aite [-fɛ, ɛt] adj. verblüfft ; verdutzt ; betroffen ; baff ; platt. | *Il demeurait stupéfait,* er war wie vor den Kopf geschlagen.
stupéfiant, iante [-fjɑ̃, jɑ̃:t] adj. betäubend ; bestürzend ; verblüffend.
◇ m. **stupéfiant,** Betäubungsmittel n. ; Rauschgift n.
stupéfier [-fje] v. tr. verblüffen ; in Erstaunen setzen ; wie vor den Kopf schlagen.
stupeur [stypœ:r] f. Betäubung f. ; Bestürzung f. ; Verdutztheit f. ; Erstarrung f.
stupide [-pid] adj. dumm ; blöde ; einfältig ; töricht ; stupid. || POP. doof ; dämlich.
stupidité [-pidite] f. Dummheit f. ; Einfalt f. ; Beschränktheit f. || [parole] Sinnlosigkeit f. ; Blödsinn m.
stupre [stypr] m. Schändung f. ; Schandtat f.
stuquer [styke] v. tr. Stuckarbeiten ausführen, verrichten ; mit Stuck versehen.
style [stil] m. [instrument] Griffel m. ; Stift m. || [manière] Stil m. ; Kunstrichtung f., -form f. || PAR EXT. Formgefühl n. ; Anmut f. ; Eigenart f. | *Style baroque,* Barockstil. | *Style flamboyant,* spätgotischer Stil. | *Style gothique,* gotischer Stil. | *Style roman,* romanischer Stil. | *Style Empire,* Empire-Stil. | *Style Renaissance,* Renaissance-Stil. | *Qui a du style,* stil-, geschmackvoll. | *Sans style,* stil-, geschmacklos. || PAR EXT. *Style de vie,* Lebensweise f. || LITTÉR. Stil m. ; Schreibart f. ; Schreibweise f. | *En style familier,* in der Art der gewöhnlichen Umgangssprache. | *Style soutenu,* gehobene Schreibart. | *Style ampoulé,* schwulstiger Stil. | *Avoir du style,* gut schreiben ; stilgerecht schreiben. || BOT. Griffel m.
styler [-le] v. tr. anlernen ; anleiten ; abrichten ; schulen ; instruieren. || *Domestique stylée,* gewandtes (Haus)mädchen.
stylet [stilɛ] m. Stilett n. ; kleines Dolchmesser.
stylisation [stilizasjɔ̃] f. Stilisierung f.
styliser [-lize] v. tr. stilisieren ; stilistisch überarbeiten (insépar.).
styliste [-list] m. Stilist m. ; Stilkünstler m. | *Styliste industriel,* Formgestalter m.
stylographe [stilograf] ou FAM. **stylo** [stilo] m. Füllfeder f. ; Füllfederhalter m. ; Füller m. | *Stylo à bille,* Kugelschreiber m.
Styrie [stiri] n. pr. f. GÉOGR. Steiermark f.
styrien, ienne [-rjɛ̃, -jɛn] adj. stei(e)risch.
◇ s. **Styrien, ienne,** Steiermärker(in) m. (f.).
su [sy] m. (part. pass. de *savoir*) *Au vu et au su de tout le monde,* vor aller Augen ; in aller Öffentlichkeit.
suaire [sɥɛ:r] m. Schweißtuch n. ; Leichen-, Totenhemd n. ; Grab-, Leichentuch.
suave [sɥav] adj. süß ; lieblich ; sanft ; hold ; köstlich. | *Parfum suave,* süßer Duft.

suavité [-vite] f. Süße f. ; Lieblichkeit f. ; Holdseligkeit f. ; Sanftheit f.

subalpin, ine [sybalpɛ̃, -in] adj. subalpin ; am Fuße der Alpen. | *Pays subalpin*, Alpenvorland n.

subalterne [sybaltɛrn] adj. untergeordnet ; unterstehend ; subaltern. | *Service subalterne*, untergeordnete Dienststelle.
◇ s. Untergeordnete(r) f. (m.).

subconscience [sybkɔ̃sjɑ̃:s] f. Unterbewußtsein n. ; unterschwelliges Bewußtsein.

subconscient, iente [-sjɑ̃, jɑ̃:t] adj. unterbewußt.
◇ m. **subconscient,** Unterbewußtsein n.

subdiviser [sybdivize] v. tr. unterteilen ; weiter aufgliedern.

subdivision [-zjɔ̃] f. Unterabteilung f. ; Abschnitt m. | *Subdivision militaire*, Wehrbezirk m.

subir [sybi:r] v. tr. **1.** [supporter] ertragen ; erleiden ; ausstehen ; durchmachen, -stehen ; erdulden. | *Subir une peine*, eine Strafe erleiden. | *Subir une perte*, einen Verlust erleiden. | *Subir un interrogatoire*, verhört werden. | *Faire subir de mauvais traitements à qn*, jn mißhandeln.
2. [se soumettre à] sich unterziehen (dat.) [insépar.]. | *Subir sa destinée*, sein Schicksal auf sich nehmen ; sich in sein Schicksal ergeben. | *Subir un examen*, [médical] sich einer Prüfung unterziehen. | *Subir une opération*, sich einer Operation unterziehen. | *Subir une influence*, unter einem Einfluß stehen. | *Subir des remaniements*, umgearbeitet, umgestaltet werden.

subit, ite [sybi, -it] adj. plötzlich ; unvermutet ; jäh ; unerwartet ; unvermittelt.

subitement [-tmɑ̃] ou FAM. **subito** [sybito] adv. plötzlich ; auf einmal.

subjectif, ive [sybʒɛktif, i:v] adj. subjektiv ; persönlich.

subjectivité [-tivite] f. Subjektivität f. ; persönliche Auffassung, Anschauung.

subjonctif [sybʒɔ̃ktif] m. GRAMM. Konjunktiv m. ; Möglichkeits-, Wunschform f.

subjuguer [sybʒyge] v. tr. unterjochen (insépar.) ; beherrschen ; unter Druck setzen ; unterwerfen (insépar.). || FIG. bezwingen ; bannen.

sublimation [syblimasjɔ̃] f. CHIM. Sublimierung f. ; Verdampfung f. || PAR EXT. Vergeistigung f.

sublime [syblim] adj. erhaben ; sublim ; hehr.
◇ m. Erhabenes n. ; Großartigkeit f.

sublimé [syblime] m. Sublimat n.

sublimer [-me] v. tr. CHIM. sublimieren ; verdampfen ; verflüchtigen. || PAR EXT. vergeistigen ; läutern ; klären.

sublunaire [syblynɛ:r] adj. sublunarisch.

submerger [sybmɛrʒe] v. tr. unter Wasser setzen ; überschwemmen (insépar.) ; überströmen (insépar.) ; untertauchen (sépar.). | *Être submergé*, untergehen (sépar.) ; versinken. || FIG. *Il est submergé de travaux*, er ist mit Aufgaben überhäuft.

submersible [-mɛrsibl] adj. tauchfähig ; versenkbar.
◇ m. U-Boot n. ; Tauchboot n.

submersion [-mɛrsjɔ̃] f. Eintauchen n. ; Überschwemmung f. ; Versenkung f.

subodorer [sybɔdɔre] v. tr. von weitem riechen ; wittern. || FIG. vorausahnen ; vermuten.

subordination [sybɔrdinasjɔ̃] f. [état] Unterordnung f. ; Unterstellung f. || [dépendance] Abhängigkeit f. || [obéissance] Gehorsam m. || GRAMM. *Conjonction de subordination*, unterordnendes, subordinierendes Bindewort.

subordonné, ée [-dɔne] adj. untergeordnet ; unterstellt. | *Être subordonné à qn*, jm unterstehen, unterstellt sein ; von jm abhängig sein.
◇ s. Untergebene(r) f. (m.).
◇ f. **subordonnée.** GRAMM. Nebensatz m.

subordonner [-dɔne] v. tr. subordinieren ; unterordnen (sépar.) ; unterstellen (insépar.). | *Subordonner à qch.*, von etwas abhängig machen.

suborner [-ne] v. tr. verführen ; verleiten ; bestechen ; (er)kaufen.

suborneur [-nœ:r] m. Verführer m. ; Bestecher m.

subrécargue [sybrekarg] m. MAR. Frachtaufseher m.

subreptice [sybrɛptis] adj. erschlichen ; verstohlen ; heimlich.

subrepticement [-tismɑ̃] adv. verstohlen.

subroger [sybrɔʒe] v. tr. JUR. in eines anderen Stelle und Rechte eintreten, einsetzen. | *Subrogé tuteur*, Gegenvormund m. ; Nebenvormund m.

subséquent, ente [-kɑ̃, ɑ̃:t] adj. nachfolgend ; später.

subside [sybsid] m. Unterstützung f. ; Zuschuß m.

subsidiaire [-djɛ:r] adj. subsidiär ; behelfsmäßig. | *Preuve subsidiaire*, Nebenbeweis m.

subsidiairement [-djɛrmɑ̃] adv. nachträglich ; im Notfall(e) ; nebenbei ; an zweiter Stelle.

subsistance [sybzistɑ̃:s] f. (Lebens)unterhalt m. ; Auskommen n. || MIL. Verpflegung f. | *Moyens de subsistance*, Lebensunterhalt ; Existenzmittel n. pl. | *Pourvoir à la subsistance de qn*, jn erhalten, unterhalten.

subsister [-te] v. intr. noch da sein ; noch in Kraft sein ; fortbestehen ; Bestand haben. | *Subsister avec peine*, sich kümmerlich durchschlagen (sépar.).
— SYN. : *Demeurer*, bleiben. *Durer*, dauern. *Se maintenir*, sich aufrecht erhalten. *Persister*, weiter bestehen.

subsonique [sybsɔnik] adj. unter der Schallgrenze (befindlich) ; Unterschall... | *Vitesse subsonique*, Unterschallgeschwindigkeit f.

substance [sybstɑ̃:s] f. **1.** PHILOS. Substanz f. ; Wesen n. || FIG. Wesentliche(s) n. ; Inhalt m. ; Gehalt m. | *En substance*, im wesentlichen ; in der Hauptsache.
2. Stoff m. ; Materie f. | *Substance simple*, Grundstoff. | *Substance alimentaire*, Nahrungsstoff. || MÉD. *Substance active*, Wirkstoff m.

substantiel, ielle [-sjɛl] adj. stofflich ; substantiell ; körperlich ; körperhaft ; dinglich. | *Nourriture substantielle*, gehaltvolle Nahrung. || FIG. wesentlich ; gehaltlich ; inhaltsvoll.

substantif [sybstɑ̃tif] m. GRAMM. Hauptwort n. ; Substantiv n.

substantiver [-tive] v. tr. GRAMM. substantivieren.

substituer [sybstitɥe] v. tr. ersetzen ; unterschieben (sépar.) ; an die Stelle setzen ; aus-, vertauschen. || JUR. als Nacherben einsetzen.
◇ v. pr. **se substituer.** *Se substituer à qn*, sich an js Stelle setzen.

substitut [-ty] m. Stellvertreter m. ; Amtsvertreter m. | *Substitut du procureur de la République*, Staatsanwaltsvertreter m.

substitution [-tysjɔ̃] f. Einsetzung (f.) an eines anderen Stelle, eines Nacherben.

substrat ou **substratum** [sybstra, -tɔm] m. Unterlage f. ; (Unter)grund m. ; Substrat n.

substruction [sybstryksjɔ̃] f. Unterbau m.

subterfuge [sybtɛrfy:ʒ] m. Ausflucht f. ; Ausrede f. ; List f. ; Trick m. ; Vorgeben n.

subtil, ile [sybtil] adj. subtil ; zart ; fein. | *Différence subtile*, winziger Unterschied. | *Esprit subtil*, scharfer, durchdringender Geist. | *Interprétation subtile*, überfeinerte, spitzfindige Deutung. | *Parfum subtil*, durchdringendes Parfüm. | *Raisonnement subtil*, scharfsinnige Überlegung.

subtiliser [-lize] v. tr. FAM. [dérober] *Subtiliser un objet*, ein Objekt zum Verschwinden bringen, stibitzen. ◇ v. intr. (aus)tüfteln ; grübeln ; klügeln.

subtilité [-lite] f. Subtilität f. || [habileté] Gewandtheit f. || [d'esprit] Scharfsinn m. ; Spitzfindigkeit f. ; Tüftelei f. ; Feinheit f. || *Subtilités juridiques*, juristische Kniffe m. pl. || *Subtilité (excessive d'interprétation)*, Deutelei f. | *Se perdre en subtilités*, spintisieren ; klügeln.

suburbain, aine [sybyrbɛ̃, ɛ:n] adj. vorstädtisch. | *Quartier suburbain*, Vorstadt f. | *Trafic suburbain*, Vorortsverkehr m.

subvenir [sybvəni:r] v. tr. ind. sorgen (für) ; zu Hilfe kommen. | *Subvenir à ses propres besoins*, sich selbst unterhalten. | *Subvenir aux frais*, für die Kosten aufkommen ; die Kosten bestreiten.

subvention [-vɑ̃sjɔ̃] f. Geldunterstützung f. ; Zuschuß m. ; Zuwendung f. ; Subvention f.

subventionner [-vɑ̃sjɔne] v. tr. geldlich unterstützen (insépar.) ; geldliche Beihilfe(n) gewähren ; beisteuern (dat.) ; subventionieren.

subversif, ive [sybvɛrsif, i:v] adj. umstürzlerisch ; zerstörend. | *Esprit subversif*, Zerstörungsgeist m.

subversion [-sjɔ̃] f. Umsturz m. ; Zerstörung f.

suc [syk] m. Saft m. | *Sucs digestifs*, Verdauungssäfte m. pl. | *Suc gastrique*, Magensaft. || FIG. Kern m. ; Bestes n.

succédané [syksedane] adj. ersetzend. ◇ m. Ersatz m. ; Ersatzmittel n.

succéder [-de] v. tr. ind. nachfolgen ; an die Stelle treten. | *Succéder à qch.*, auf etwas (acc.) folgen. | *Succéder à qn*, jm nachfolgen. | *Succéder à qn dans ses fonctions*, an js Stelle rücken. || JUR. *Succéder à qn*, jn beerben.
◇ v. pr. **se succéder,** aufeinanderfolgen.

succès [syksɛ] m. [Vx : issue] Ausgang m. || (en bonne part) Erfolg m. ; Gelingen n. ; Gedeihen n. | *Franc, Plein succès*, voller, durchschlagender Erfolg. | *Sans succès*, erfolglos. | *Couronné de succès*, erfolggekrönt. | *Succès d'estime*, Achtungserfolg. | *Chance de succès*, Aussicht (f.) auf Erfolg. | *Pièce à succès*, Reißer m. ; Schlager m. | *Ce livre a du succès*, das Buch schlägt ein. || FAM. *Un succès fou*, ein Bombenerfolg.
— SYN. : *Réussite* f., Gelingen n. *Triomphe* m., Triumph m.

successeur [syksɛsœ:r] m. Nachfolger m. || [au trône] Thronfolger m.

successif, ive [-sif, i:v] adj. aufeinanderfolgend. || [ininterrompu] ununterbrochen ; fortgesetzt.

succession [-sjɔ̃] f. [suite ; série] Folge f. ; Aufeinander-, Reihenfolge f. || JUR. Nachfolge f. ; Erbfolge f., -fall m. ; Erbschaft f. ; Hinterlassenschaft f. ; Nachlaß m. | *Succession collatérale*, Erbfolge in der Seitenlinie. | *Échu par succession*, angeerbt. | *Partage de succession*, Erbteilung f. | *Renonciation à la succession*, Erbverzicht m. | *Recueillir une succession*, eine Erbschaft antreten.
— SYN. : *Héritage*, Erbe.

successivement [-sivmɑ̃] adv. nacheinander ; hintereinander ; aufeinanderfolgend ; nach und nach.

successoral, ale, aux [-sɔral, o] adj. JUR. das Erbrecht betreffend. | *Droit successoral*, Erb(folge)recht n. | *Partage successoral*, Erbteilung f.

succinct, incte [syksɛ̃, ɛ̃:t] adj. knapp ; kurz ; bündig ; gedrängt. | *Exposé succinct*, knappe Zusammenfassung. | *Réponse succincte*, kurze und bündige Antwort.

succinctement [-sɛ̃tmɑ̃] adv. kurz ; summarisch.

succion [syksjɔ̃] f. (An)saugen n.

succomber [sykɔ̃be] v. intr. unter-, erliegen (insépar.). || FIG. umkommen (sépar.). | *Succomber à la tentation*, der Versuchung unterliegen.

succulence [sykylɑ̃:s] f. Saftigkeit f. ; Schmackhaftigkeit f.

succulent, ente [-lɑ̃, ɑ̃:t] adj. saftig ; nahrhaft ; kräftig. | *Viande succulente*, saftiges Fleisch. || PAR EXT. lecker, schmackhaft.

succursale [sykyrsal] f. Filiale f. ; Zweiggeschäft n., -stelle f. ; Filialgeschäft n.

sucer [syse] v. tr. ein-, (aus)saugen ; lutschen.

sucette [-sɛt] f. [pour bébé] Schnuller m. || [bonbon] Lutscher m. ; Lutschbonbon m.

suçon [-sɔ̃] m. Saugstelle f. ; Kußmal n. ; FAM. Knutschfleck m.

suçoter [-sɔte] v. tr. saugen ; lutschen.

sucrage [sykra:ʒ] m. Verzuckern.

sucre [sykr] m. Zucker m. | *Sucre candi*, Kandiszucker. | *Sucre cristallisé*, Kristallzucker. | *Sucre raffiné*, Raffinade f. | *Sucre de betterave*, Rübenzucker. | *Sucre de canne*, Rohrzucker. | *Sucre en morceaux*, Würfelzucker. | *Sucre en poudre*, Puderzucker. | *Sucre de raisin*, Traubenzucker. | *Pain de sucre*, Zuckerhut m. | *Pince à sucre*, Zuckerzange f. || FIG. *Casser du sucre sur le dos de qn*, über jn klatschen ; jn durchhecheln (sépar.). | *Être tout sucre et tout miel*, honigsüß sein.

sucrer [-kre] v. tr. (ein)zuckern ; süßen. || FIG. versüßen. | *Sucrer qn*, jn schmieren. | *Café sucré*, Kaffee (m.) mit Zucker ; süßer Kaffee. | *Eau sucrée*, Zuckerwasser n.
◇ v. pr. **se sucrer,** Zucker nehmen. || FIG., FAM. reichlich für sich sorgen ; den Rahm abschöpfen.

sucrerie [-krəri] f. [lieu] Zuckerfabrik f.
◇ f. pl. **sucreries,** Zuckerwerk n. ; Süßigkeiten f. pl. ; Konfekt n.

Sucrette [-krɛt] m. (nom déposé) Süßstoff m.

sucrier [-krije] adj. Zucker...
◇ m. [objet] Zuckerdose f. || [homme] Zuckerfabrikant m.

sud [syd] m. Süd(en) m. ; Mittag m. | *Vent du sud*, Südwind m. | *L'Amérique du Sud*, Südamerika n. | *Mer du Sud*, Südmeer n. | *Au sud de*, südlich von.
◇ adj. südlich ; Süd... | *Latitude sud*, südliche Breite.

sud-africain, aine [-afrikɛ̃, ɛn] adj. südafrikanisch.
◇ s. **Sud-Africain, aine,** Südafrikaner(in) m. (f.).

sud-américain, aine [-amerikɛ̃, ɛn] adj. südamerikanisch.
◇ s. **Sud-Américain, aine,** Südamerikaner(in) m. (f.).

sudation [sydasjɔ̃] f. MÉD. Schwitzen n.

sud-est [sydɛst] m. Südosten n. | *Au sud-est*, südöstlich.

Sudètes [sydɛ:t] n. pr. m. pl. Sudeten pl. ; Sudetenland n.

sudiste [sydist] m. HIST. Südstaatler m.

sudorifique [sydɔrifik] adj. MÉD. schweißtreibend.

sudoripare [-ripa:r] ou **sudorifère** [-rifɛr] adj. MÉD. schweißabsondernd. | *Glande sudoripare*, Schweißdrüse f.

sud-ouest [sydwɛst] m. Südwesten m. | *Au sud-ouest*, südwestlich.

Suède [sɥɛd] n. pr. f. GÉOGR. Schweden n.

suédois, oise [sɥedwa, wa:z] adj. schwedisch.
◇ s. **Suédois, oise,** [habitant] Schwede m., Schwedin f.

◇ m. **suédois,** [langue] Schwedisch n.
suée [sɥe] f. Schwitzen n. ; POP. Angstschweiß m.
suer [sɥe] v. intr. schwitzen. ‖ [mur] (aus)-schwitzen. | *Suer à grosses gouttes*, große Tropfen schwitzen. ‖ FAM. *Ça me fait suer*, das hängt mir zum Halse raus. | *Faire suer qn*, jn tüchtig langweilen.
◇ v. tr. (aus)schwitzen. | *Suer l'ennui*, sehr langweilig sein. | *Suer sang et eau*, Blut und Wasser schwitzen.
sueur [sɥœ:r] f. Schweiß m. ; Schwitzen n. | *Couvert de sueur*, schweißbedeckt. | *Tout en sueur, Ruisselant de sueur*, schweißtriefend ; verschwitzt. | *À la sueur de son front*, im Schweiße seines Angesichts.
suffire [syfi:r] v. intr. genügend sein ; genügen ; hin-, (aus)reichen. | *Cela suffit, Il suffit*, genug (damit) ! | *Une parole suffit*, ein Wort genügt ; es bedarf nur eines Wortes.
◇ **suffire à.** *Cela me suffit*, das genügt, reicht mir. | *Suffire à toutes ses obligations*, allen seinen Verpflichtungen nachkommen, Genüge leisten, genügen. | *Suffire aux frais*, die Kosten bestreiten. | *Suffire à la tâche*, der Arbeit gerecht werden.
◇ v. pr. **se suffire** [à soi-même], sich selbst genügen ; auskommen. ‖ [réciproque] einander genügen.
suffisamment [-fizamɑ̃] adv. genug ; zur Genüge ; hin-, ausreichend ; sattsam ; hinlänglich.
suffisance [-fizɑ̃:s] f. [quantité] Genüge f. ; Genügen n. | *Avoir en suffisance, à suffisance*, genug, ausreichend haben. ‖ [prétention] Selbstgefälligkeit f. ; (Eigen)dünkel m. ; Anmaßung f.
suffisant, ante [-fizɑ̃, ɑ̃:t] adj. [assez] genügend ; aus-, hinreichend. | *Raison suffisante*, zureichender Grund. | *À peine suffisant*, knapp ausreichend. ‖ [prétentieux] selbstgefällig ; anmaßend.
suffixe [syfiks] m. GRAMM. Nachsilbe f. ; Suffix n.
suffocant, ante [syfɔkɑ̃, ɑ̃:t] adj. erstickend. ‖ [temps] schwül ; stickig.
suffocation [-kasjɔ̃] f. Ersticken n. ; Erstickung f. ; Atemnot f.
suffoquer [-ke] v. tr. et intr. ersticken.
◇ v. intr. PR. et FIG. beklemmen ; den Atem benehmen. | *Suffoquer de colère*, vor Zorn ersticken.
suffrage [syfra:ʒ] m. **1.** [élection] (Wahl)stimme f. ; Wahl f. ‖ [droit] Wahlrecht n. | *Suffrages exprimés*, abgegebene Stimmen f. pl. | *Suffrage féminin*, Frauenstimmrecht n. | *Suffrage universel*, allgemeines Wahlrecht. | *Majorité des suffrages*, Stimmenmehrheit f. | *Élire au suffrage direct*, in direkter Wahl wählen.
2. [approbation] Beifall m. ; Zustimmung f. | *Briguer les suffrages de la foule*, um die Zustimmung der Menge werben. | *Cela réunit tous les suffrages*, das findet einhellige Zustimmung.
— SYN. : *Voix*, Stimme. *Vote*, Wahl. *Approbation*, Billigung.
suffragette [-ʒɛt] f. Stimmrechtlerin f. ; Suffragette f.
suggérer [sygʒere] v. tr. einflüstern ; eingeben ; nahelegen ; suggerieren. | *Cela m'a suggéré l'idée de*, das brachte mich auf den Gedanken zu.
suggestif, ive [-ʒɛstif, i:v] adj. anregend ; suggestiv ; anstiftend ; eingebend ; vielsagend.
suggestion [-ʒɛstjɔ̃] f. Anregung f. ; Einflüsterung f. ; Suggerierung f. ; Beeinflussung f. ; Verleitung f. | *Céder aux suggestions de qn*, den Einflüsterungen js nachgeben.
suggestionner [-ʒɛstjɔne] v. tr. beeinflussen ; einwirken (auf, acc.) ; einflüstern ; zureden.
suicide [sɥisid] m. Selbstmord m. ; Freitod m.
suicider (se) [səsɥiside] v. pr. sich den Tod geben ; sich töten ; seinem Leben ein Ende machen ; Selbstmord verüben, begehen.
suie [sɥi] f. Ruß m. | *Faire beaucoup de suie*, rußen. | *Tacher de suie*, berußen.
suif [sɥif] m. Talg m. ; Unschlitt n.
suint [sɥɛ̃] m. Wollfett n. ; Wollschweiß m.
suintement [-tmɑ̃] m. Ausschwitzen n.
suinter [-te] v. intr. aus-, (durch)schwitzen ; sikkern ; nässen.
Suisse [sɥis] n. pr. f. GÉOGR. Schweiz f. | *Suisse romande*, französische Schweiz.
◇ s. **Suisse, Suissesse,** [habitant] Schweizer(in) m. (f.).
◇ m. **suisse,** [langue] Schweizer m. ‖ [d'église] Schweizer m. ; Kirchendiener m. ‖ [fromage] Sahnekäse m.
◇ adj. schweizerisch.
suite [sɥit] f. Folge f. **1.** [cortège] Geleit n. ; Gefolge n. ; Zug m. | *Marcher à la suite les uns des autres*, einer hinter dem anderen hergehen. | *Marcher à la suite de qn*, hinter jm hergehen ; jm folgen.
2. [ce qui vient ensuite] Fortsetzung f. ; das Weitere ; weiterer Verlauf ; Nachfolge f. ; Weiterführung f. | *La suite au prochain numéro*, Fortsetzung folgt. | *Suite des événements*, weiterer Verlauf der Ereignisse. | *Faire suite à qch.*, auf etwas (acc.) folgen. | *Par la suite*, in der Folge ; später. | *Écoutez la suite !*, hören Sie weiter ! | *Prendre la suite d'une affaire*, ein Geschäft übernehmen (insépar.), weiterführen.
3. [série] Reihe f. ; Reihenfolge f. ; MUS. Suite f. | *Suite arithmétique*, arithmetische Reihe. | *Longue suite d'aïeux*, lange Ahnenreihe.
4. [conséquence] Wirkung f. ; Folgeerscheinung f. ; [maladie] Nachweh n. | *Suites de la guerre*, Folgen (f. pl.) des Krieges ; Kriegsfolgen f. pl. | *L'affaire n'a pas eu de suites*, die Angelegenheit zeigte keinerlei Weiterungen, Folgen. | *Avoir des suites (fâcheuses)*, [schlimme] Folgen nach sich ziehen. | *Donner suite à une demande, à un vœu*, einem Antrag, einem Wunsche stattgeben. | *Mourir des suites d'une blessure*, an den Folgen einer Verwundung sterben.
5. [ordre logique] (logischer) Zusammenhang m. ; Ordnung f. ; Folgerichtigkeit f. | *Esprit de suite*, Folgerichtigkeit f. ; Konsequenz f. | *Avoir de la suite dans les idées*, konsequent, beharrlich sein Ziel verfolgen.
◇ loc. adv. **de suite,** hintereinander. | *Deux jours de suite*, zwei Tage hintereinander. | *Et ainsi de suite*, und so fort (u.s.f.). — **tout de suite,** sofort ; (so)gleich ; unverzüglich. — **dans la suite ; par la suite,** in der Folge ; danach ; später.
◇ **par suite,** demzufolge ; demnach ; infolgedessen. — **à la suite de,** infolge (gén.). | *À la suite de quoi*, solchergestalt, daß. — **comme suite à, faisant suite à,** im Anschluß an (acc.). — **par suite de,** infolge (gén.) ; [dat.] zufolge.
— SYN. : *Cortège*, Geleit. *Prolongement*, Weiterführung. *Enchaînement*, Verkettung. *Conséquence*, Folge.
suivant, ante [sɥivɑ̃, ɑ̃:t] adj. (nach)folgend ; nachstehend ; nächst. | *Le jour suivant*, am folgenden Tage ; am Tage darauf. | *De la manière suivante*, folgendermaßen ; wie folgt.
◇ f. **suivante,** Dienerin f. ; Begleiterin f. ; Zofe f. ‖ THÉÂTRE. Vertraute f.
◇ prép. **suivant,** [direction] nach (dat.) ; längs (gén.) ; entlang (acc.). ‖ [conformité ; proportion] gemäß (dat.) ; entsprechend (dat.) ; laut. | *Suivant la loi*, laut Gesetz ; laut des Gesetzes ; gesetzesmäßig. | *Suivant les ordres*, den Befehlen gemäß.
◇ loc. conj. **suivant que,** je nachdem.
suiveur [-vœ:r] m. POLIT. Mitläufer m.
suivi, ie [-vi] adj. *Être suivi de qch.*, etwas nach sich ziehen ; etwas zur Folge haben. ‖ [continu ; qui dure]

fortgesetzt ; fortlaufend ; ununterbrochen. | *Relations suivies (avec)*, regelmäßige Beziehungen (zu) f. pl. || [logique] zusammenhängend ; wohlgeordnet. || COMM. *Article suivi*, ständig vorrätiger Artikel.

suivre [sɥi:vr]

> **I.** v. tr.
> **a)** SENS PR. [*Suivre* un être vivant ou un objet] : folgen (dat.).
> **b)** SENS FIG. :
> **1.** [observer] : befolgen ;
> **2. pouvoir suivre :** mitkommen ;
> **3.** [assister à] : beiwohnen.
> **II.** v. intr. folgen.
> **III.** v. pr. **se suivre,** aufeinanderfolgen ; zusammenhängen.

I. v. tr. **a)** SENS PR. [*suivre* un être animé] : folgen (dat.). || [à pied] nachgehen (dat.). || [en véhicule] nachfahren. | *Il m'a suivi*, er ist mir gefolgt. | *Je vous suis* [je viens tout de suite], ich komme gleich nach. | *Suivre qn à pas de loup, furtivement*, jm nachschleichen. | *Suivre qn à la trace*, jm nachspüren. | *Suivre qn de près*, jm nachfolgen ; jm auf den Fersen bleiben. | *Suivre qn des yeux*, jm nachblicken, nachsehen. | *Ne pouvoir suivre qn* [marcher moins vite], nicht gleichen Schritt halten können. | *Faire suivre qn*, jn ausspähen lassen. || [Suivre un objet] : folgen (dat.). | *Suivre un chemin*, einen Weg verfolgen, gehen ; auf einem Weg bleiben.

b) SENS FIG. : **1.** [observer ; adhérer] : befolgen ; hören. | *Suivre une affaire*, eine Angelegenheit verfolgen ; einer Sache nachgehen ; eine Sache betreiben. | *Suivre les conseils de qn*, den Ratschlägen js folgen ; auf die Ratschläge js hören. | *Suivre son cours normal*, seinen normalen Verlauf nehmen. | *Suivre un exemple*, ein Beispiel befolgen. | *Suivre les traces de quelqu'un*, in js Fußstapfen treten. | *Un exemple à suivre*, ein nachahmenswertes Beispiel. | *Suivre une mode*, eine Mode mitmachen ; sich nach einer Mode richten. | *Suivre le mouvement*, mit dem Strom schwimmen. | *Suivre les ordres*, den Befehlen Folge leisten. | *Suivre un rêve*, einem Traum nachhängen. | *Suivre les sentiers battus*, im alten Geleise bleiben. | *Suivre une règle*, nach einer Regel gehen. | *Suivre un traitement*, sich einer Kur unterziehen (insépar.). | *Suivre un régime* (pris absolument), diät leben. | *Suivre un régime* (défini), eine Diät einhalten. || GRAMM. *Ce verbe suit la deuxième conjugaison*, dieses Verb geht nach der zweiten Konjugation.

2. pouvoir suivre : mitkommen. | *Suivre une conversation*, im Gespräch mitkommen.

3. [assister à] beiwohnen ; hören. | *Suivez attentivement*, paßt gut auf ! | *Suivre des cours*, Vorlesungen hören, besuchen.

II. v. intr. folgen (dat.). | *Ce qui suit*, Folgendes n. | *Comme suit*, wie folgt. | *Suit une énumération des...*, es folgt eine Aufzählung der... | *À suivre*, Fortsetzung folgt. | *Les pages qui suivent*, die (nach)folgenden Seiten f. pl. | *Le paiement suivra*, Zahlung erfolgt später. || *Faire suivre une lettre*, einen Brief nachsenden.

III. v. pr. **se suivre. a)** [se succéder] aufeinander folgen. | *Les années se suivent*, es vergeht ein Jahr ums andere, nach dem anderen. | *Les jours se suivent*, ein Tag folgt dem ander(e) n. | *Les jours se suivent et ne se ressemblent pas*, kein Tag ist dem anderen gleich. | *Deux numéros qui se suivent*, zwei aufeinanderfolgende Nummern.

b) [s'enchaîner] zusammenhängen. | *Des pensées qui se suivent (qui se tiennent)*, zusammenhängende Gedanken.

sujet, ette [syʒɛ, ɛt] adj. **1.** [soumis] unterworfen ; untertan ; ergeben ; zugetan. || JUR. *Sujet à*, verpflichtet (zu). | *Sujet à déclaration*, anmeldepflichtig.

2. [qui risque] ausgesetzt ; geneigt (zu). || [choses] verbunden (mit). | *Sujet à l'erreur*, dem Irrtum ausgesetzt. | *Sujet à des maladies*, Krankheiten ausgesetzt. | *Sujet au vertige*, leicht schwindlig.

3. [qui appelle] *Individu sujet à caution*, unzuverlässiger Mensch ; FAM. unsicherer Kantonist. | *Nouvelles sujettes à caution*, nicht zuverlässige Nachrichten f. pl. | *Sujet à discussion*, strittig ; umstritten.

sujet [syʒɛ] m. **1.** [raison ; motif] Grund m. ; (Ur)sache f. ; Gegenstand m. ; Anlaß m. | *Sujet d'inquiétude*, Veranlassung (f.) zur Beunruhigung. | *Sujet de tristesse*, Anlaß zur Trauer. | *Avoir sujet de se plaindre*, Grund, Veranlassung, Anlaß zur Klage haben. | *Donner à qn sujet de*, jm Anlaß zu... geben.

2. [matière ; thème] Thema n. ; MUS. Motiv n. ; Gegenstand m. ; Stoff m. | *Sujet de composition*, Aufsatzthema. | *Sujet d'examen*, Prüfungsaufgabe f. | *À ce sujet*, in dieser Beziehung, Hinsicht ; diesbezüglich. | *Au sujet de*, was... betrifft, angeht. | *C'est hors du sujet*, das gehört nicht zur Sache. | *Posséder son sujet*, sein Thema, seinen Stoff beherrschen.

3. PHILOS. [par opposition à objet] Subjekt n. | *Le sujet pensant*, das denkende Ich.

4. GRAMM. [sujet d'une propos.] Subjekt n. ; Satzgegenstand m.

5. [personne] Mensch m. ; Individuum n. ; Person f.

6. [d'un prince] Untertan m. || [ressortissant] Staatsangehörige(r) f. (m.).

7. MÉD. [personne soignée] Patient m. || [sujet d'expérimentation] Versuchsperson f.

8. BOT. [jeune arbre à greffer] Setzling m.

sujétion [syʒesjɔ̃] f. Untertänigkeit f. ; Unterwürfigkeit f. ; Abhängigkeit f. ; Gebundenheit f. ; Hörigkeit f. || PAR EXT. Zwang m. ; Last f.

sulfatage [sylfata:ʒ] m. AGRIC. Sulfatieren n.

sulfate [-fat] m. CHIM. Sulfat n. ; schwefelsaures Salz. | *Sulfate de cuivre*, Kupfersulfat.

sulfaté, ée [-fate] adj. schwefelsauer.

sulfater [-fate] v. tr. AGRIC. mit Vitriol spritzen ; (aus)schwefeln.
◇ v. pr. **se sulfater,** Salz ansetzen.

sulfure [-fy:r] m. Sulfid n. | *Sulfure de carbone*, Schwefelkohlenstoff m. ; Kohlenstoffdisulfid n.

sulfuré, ée [-fyre] adj. geschwefelt ; sulfidisch. | *Hydrogène sulfuré*, Schwefelwasserstoff m.

sulfureux, euse [-fyrø, ø:z] adj. schweflig ; schwefligsauer ; schwefelhaltig. | *Acide sulfureux*, schweflige Säure. | *Source sulfureuse*, Schwefelquelle f.

sulfurique [-fyrik] adj. schwefelsauer. | *Acide sulfurique*, Schwefelsäure f.

sulfuriser [-fyrize] v. tr. mit Schwefelsäure behandeln. | *Papier sulfurisé*, Butterbrotpapier n.

sulpicien [sylpisjɛ̃] m. RELIG. Sulpizianer m.

sultan, ane [syltɑ̃, an] s. Sultan(in) m. (f.).

sultanat [-tana] m. Sultanat n. ; Sultansamt n.

summum [sɔmɔm] m. Höhepunkt m. ; höchster Grad.

super [sypɛr] préf. Über... ; Super... ; hoch...

super [sypɛr] adj. invar. FAM. klasse ; toll.

super [sypɛr] m. FAM. [carburant] Super n.

superbe [sypɛrb] adj. großartig ; prunkvoll ; herrlich ; imposant. | *Femme superbe*, prachtvolle Frau.
◇ f. Hochmut m. ; Stolz m. ; Hoffart f.

supercarburant [-karbyrɑ̃] m. Superkraftstoff m.

supercherie [sypɛrʃəri] f. Täuschung f. ; Betrug m. ; Schwindel m. ; List f.

supérette [syperɛt] f. (kleiner) Selbstbedienungsladen.

superfétatoire [-twa:r] adj. überflüssig.

superficie [sypɛrfisi] f. Boden-, (Gebiets)fläche f. || [surface] Oberfläche f. ; Flächeninhalt m.

superficiel, ielle [-sjɛl] adj. oberflächlich. | *Plaie superficielle*, äußere Wunde ; Kratze f. ; Streifwunde f. || FIG. seicht ; inhalts-, gehaltlos. | *Esprit superficiel*, Flachkopf m. ; oberflächlicher Mensch. | *Jugement superficiel*, leichtfertiges Urteil.

superflu, ue [sypɛrfly] adj. [en trop] überflüssig. || [inutile] unnütz ; vergeblich ; gegenstandslos. || [dont on peut se passer] entbehrlich.
◇ m. Überflüssiges n.

super-huit [sypɛrɥit] m. invar. PHOT. [caméra] Superachtkamera f. ; [film] Superachtfilm m.

supérieur, ieure [syperjœ:r] adj. **1.** höher gelegen ; höher stehend ; ober ; Ober... | *Lèvre supérieure*, Oberlippe f. | *Animaux supérieurs*, höher entwickelte Tiere n. pl. | *Classes supérieures (à l'école)*, Oberklassen f. pl. | *Officier supérieur*, höherer Offizier.
2. FIG. hervorragend, bedeutend ; vorzüglich ; vortrefflich. | *Nature supérieure*, höheres Wesen.
◇ m. **supérieur,** Vorgesetzter m. ; Vorsteher m. || RELIG. Oberer m. ; Superior m.
◇ f. **supérieure.** RELIG. Superiorin f.

supériorité [-rjɔrite] f. Überlegenheit f. ; Übergewicht n. || PAR EXT. Übermacht f. ; höhere Gewalt. | *Supériorité aérienne*, Luftüberlegenheit. | *Supériorité numérique*, zahlenmäßige Übermacht ; Überzahl f. ; Übergewicht. || FIG. *Supériorité intellectuelle*, geistige Überlegenheit.

superlatif [sypɛrlatif] m. Superlativ m. ; Höchststufe f. || FIG. *Au superlatif*, äußerst.

supermarché [sypɛrmarʃe] m. Supermarkt m.

superposable [sypɛrpozabl] adj. übereinanderlegbar.

superposé, ée [-ze] adj. übereinanderliegend ; überlagernd.

superposer [-ze] v. tr. über-, aufeinanderlegen ; aufeinanderschichten, -türmen.

superposition [-zisjɔ̃] f. Überdeckung f. ; Über-, Aufeinanderlegen n. || TÉLÉV. Einblendung f.

superproduction [sypɛrprɔdyksjɔ̃] f. FILM. Spitzen-, Monumentalfilm m.

superpuissance [sypɛrpɥisɑ̃s] f. Supermacht f.

supersonique [-sɔnik] adj. *Vitesse supersonique*, Überschallgeschwindigkeit f.

superstitieux, ieuse [sypɛrstisjø, jø:z] adj. abergläubisch.

superstition [-sjɔ̃] f. Aberglaube m.

superstructure [sypɛrstrykty:r] f. Hoch-, Ober-, Überbau m. ; Aufbau m. || MAR. Aufbauten f. pl.

superviser [-vize] v. tr. überwachen, -prüfen.

supplanter [syplɑ̃te] v. tr. verdrängen ; ausstechen. | *Supplanter un concurrent*, einen Konkurrenten ausschalten.

suppléance [sypleɑ̃:s] f. Stellvertretung f.

suppléant, ante [-pleɑ̃, ɑ̃:t] adj. stellvertretend. | *Juge suppléant*, Gerichtsbeisitzer m. | *Instituteur suppléant*, Hilfslehrer m.
◇ s. Stellvertreter(in) m. (f.).

suppléer [-plee] v. tr. [chose] ergänzen ; ersetzen. | *Suppléer un mot*, ein Wort ergänzen. || [personne] vertreten. || *Suppléer à qch.*, *Y suppléer*, abhelfen (dat.).

supplément [-plemɑ̃] m. [pour compléter] Ergänzung f. ; [à une somme] Zulage f. ; [paiement] Nachzahlung f. ; [en argent] Zuschuß m. ; [à payer] Zuschlag m. | *Supplément d'un angle*, Ergänzungswinkel m. ; Supplement n. | *Supplément de poids*, Mehr-, Übergewicht n. || [journal] (Zeitungs)beilage f. ; Beiblatt n. | *Supplément (d'un livre)*, Nachtrag m. ; Anhang m. (eines Buches). || [augmentation] *Supplément de prix*, Preisaufschlag m. ; [différence] (Preis)-zuschlag. | *Supplément de salaire*, Lohnzuschlag. | *Supplément de traitement*, Gehaltszulage.

supplémentaire [-plemɑ̃tɛ:r] adj. ergänzend ; nachträglich ; zusätzlich ; Neben... ; Mehr... ; Zusatz... | *Angle supplémentaire*, Ergänzungswinkel m. ; Supplement n. | *Crédit supplémentaire*, zusätzlicher Kredit. | *Faire des heures supplémentaires*, Überstunden machen.

supplétif, ive [-pletif, i:v] adj. ergänzend ; Ergänzungs...

suppliant, iante [syplijɑ̃, jɑ̃:t] adj. hilfeflehend ; flehend ; demütig bittend.
◇ s. Bittflehende(r) f. (m.). ; Bittsteller(in) m. (f.).

supplication [-kasjɔ̃] f. inständige Bitte ; (An)-flehen n.

supplice [syplis] m. Pein f. ; Leibesstrafe f. ; Qual f. ; Marter f. || [torture] Folter(qual) f. | *Supplice de la croix*, Kreuzigung f. | *Instrument de supplice*, Folterwerkzeug n. | *Aller au supplice*, das Schafott besteigen ; zur Hinrichtung gehen. | *Subir le supplice de Tantale*, Tantalusqualen ausstehen (müssen). || FIG. *Mettre qn au supplice*, jn auf die Folter spannen.
— SYN. : *Martyre*, Martyrium ; Marter. *Torture*, Folter(ung).

supplicié, e [-sje] s. Hingerichtete(r) f. (m.).

supplicier [-sje] v. tr. hinrichten. || PAR EXT. martern ; quälen.

supplier [syplije] v. tr. inständig, flehentlich, demütig bitten ; (an)flehen.

supplique [-plik] f. Bittschrift f. ; Eingabe f.

support [sypɔ:r] m. Stütze f. ; Gestell n. ; (Trag)-gerüst n. ; Auflager n. ; Unterlage f. || [plantes] (Blumen)ständer m. ; Stange f. || FIG. Beistand m. || INF. *Support de données*, Datenträger m.

supportable [-tabl] adj. erträglich ; leidlich.

supporter [-te] v. tr. **1.** tragen ; stützen ; unterstützen (insépar.) ; halten.
2. PAR EXT. *Supporter le feu*, feuerfest sein. | *Supporter les frais*, die Kosten tragen.
3. FIG. ertragen ; erdulden ; aushalten. | *Supporter beaucoup*, viel vertragen. | *Supporter patiemment*, geduldig auf sich nehmen, über sich ergehen lassen. | *Il supporte tout*, er läßt sich alles gefallen.
◇ v. pr. **se supporter,** [passif] ertragen werden ; sich ertragen lassen. || [récip.] sich miteinander vertragen.

supporter [-tɛ:r] m. SPORT. Anhänger m.

supposé, ée [sypoze] adj. [substitué] untergeschoben. || [faux] falsch. || [admis] angenommen ; vorausgesetzt.
◇ conj. **supposé que,** vorausgesetzt, angenommen, daß.

supposer [-ze] v. tr. **1.** [admettre comme hypothèse] annehmen ; voraussetzen ; den Fall setzen. | *Supposer à tort*, zu unrecht annehmen. | *En supposant que ce soit ainsi*, selbst wenn es so wäre.
2. [exiger comme condition] voraussetzen. | *Cela suppose que je parte demain*, das setzt voraus, daß ich morgen wegfahre.
3. [présumer] vermuten ; denken. || [inventer] erdichten. | *Je n'aurais jamais supposé cela*, das hätte ich nie für möglich gehalten.

4. JUR. *Supposer un enfant*, ein Kind unterschieben (sépar.).

supposition [-zisjɔ̃] f. [hypothèse] Annahme f. ; Voraussetzung f. || [pensée] Vermutung f. | *Pure supposition*, bloße Vermutung. || JUR. Unterschiebung f. ; falsche Angabe.

suppositoire [sypozitwa:r] m. PHARM. Zäpfchen n. ; Suppositorium n.

suppôt [sypo] m. Handlanger m. ; Helfershelfer m. | *Suppôt de Satan*, Werkzeug (n.) des Satans.

suppression [sypresjɔ̃] f. Unterdrückung f. ; Abschaffung f. ; Aufhebung f. ; Einstellung f. | *Suppression d'un abus*, Abstellung (f.) eines Mißbrauchs. | *Suppression d'un emploi*, Abschaffung, Abbau (m.) eines Amtes. | *Suppression d'une phrase*, Aus-, Weglassen (n.) eines Satzes. || [action de cacher] Verheimlichung f. | *Suppression d'un testament*, Unterschlagung (f.) eines Testaments.

supprimer [syprime] v. tr. unterdrücken (insépar.) ; abschaffen ; aufheben. || [cesser] einstellen. || [omettre] auslassen ; weglassen. || [rayer] streichen ; weglassen. | *Supprimer un emploi*, eine Stelle streichen, abbauen. | *Supprimer un impôt*, eine Steuer aufheben. | *Supprimer une phrase*, einen Satz auslassen. || JUR. *Supprimer un document*, unterschlagen. || UNIV. *Supprimer un cours*, eine Stunde ausfallen lassen. || FAM. *Supprimer qn*, jn verschwinden lassen.

◇ v. pr. **se supprimer.** FAM. sich das Leben nehmen.

— SYN. : *Abolir, abroger*, aufheben. *Annuler*, ungültig, rückgängig machen. *Détruire*, zerstören.

suppurant, ante [sypyrɑ̃, ɑ̃:t] adj. MÉD. eiternd ; eit(e)rig.

suppuration [-rasjɔ̃] f. MÉD. (Ver)eiterung f.

suppurer [-re] v. intr. MÉD. (ver)eitern ; schwären.

supputation [sypytasjɔ̃] f. Rechnung f. ; Aus-, Berechnung f. ; Schätzung f. ; Überschlag m.

supputer [-te] v. tr. berechnen ; überschlagen ; schätzen ; veranschlagen.

supraconducteur [syprakɔ̃dyktœ:r] m. TECHN. Supraleiter m.

supranational, ale, aux [-nasjɔnal, o] adj. überstaatlich.

suprématie [sypremasi] f. Oberhoheit f. ; Überlegenheit f. ; Obergewalt f.

suprême [syprɛ:m] adj. höchst ; oberst ; unübertrefflich ; vollkommen. || [dernier] letzt. | *Cour suprême*, oberster Gerichtshof ; höchste Instanz. | *Au suprême degré*, im höchsten Maße. | *L'Être suprême*, das höchste Wesen. | *Loi suprême*, oberstes Gesetz. | *Pouvoir suprême*, höchste Gewalt.

sur [syr] prép.

> **I.** LIEU : auf ; über ; an ; bei ; zu.
> **a)** SENS PR.
> **b)** Indiquant une direction ;
> **c)** SENS FIG.
> **II.** TEMPS : gegen ; um ; etwa um.
> **III.** MOTIF : auf Grund von ; auf... hin.
> **IV.** PROPORTION : nach ; von ; zu.
> **V.** AU SUJET DE : über (acc.) ; wegen.

I. LIEU : auf ; über ; an ; bei ; zu (pour les trois premières, acc. s'il y a changement de lieu ou d'état, dat. dans les autres cas). *Il est assis sur une chaise*, er sitzt auf einem Stuhl. | *Il s'assied sur une chaise*, er setzt sich auf einen Stuhl.

a) SENS PR. : *Mettre l'un sur l'autre*, eins auf das andere legen ; aufeinandertürmen, -schichten. | *Sur le bord*, am Rande ; [de l'eau] am Ufer. | *Flotter sur l'eau*, auf dem Wasser schwimmen. | *Jeter un manteau sur ses épaules*, einen Mantel über die Schultern werfen. | *Peindre sur ivoire*, auf Elfenbein malen. | *Sur les lieux*, an Ort und Stelle. | *La foudre est tombée sur la maison*, der Blitz ist in das Haus eingeschlagen. | *Francfort-sur-le-Main*, Frankfurt am Main. | *Je ne l'ai pas sur moi*, ich habe es nicht bei mir. | *La tête sur l'oreiller*, den Kopf auf dem Kissen. | *Sur la plage*, am Strand. | *La clef est sur la porte*, der Schlüssel steckt an, in der Tür. | *Inscrire sur un registre*, in eine Liste eintragen. | *Fonder sur le roc*, auf Felsen bauen. | *Mettre la nappe sur la table*, das Tischtuch auflegen. | *Sur terre et sur mer*, zu Wasser und zu Lande. | *Avoir un bandeau sur les yeux*, eine Binde vor den Augen haben. | *Tourner sur son axe*, sich um seine Achse drehen.

b) [indiquant une direction] : auf ; gegen ; zu ; nach. | *Tirer sur qn*, auf jn schießen. | *Aller sur l'ennemi*, auf den Feind losgehen. | *La fenêtre donne sur la cour*, das Fenster geht auf den Hof. | *Sur la gauche* (statique), auf der linken Seite. | *Prendre sur la gauche*, links abbiegen. | *Sur la rue*, nach der Straße hin. | *Avoir vue sur la mer*, Meeresblick haben. | *Revenir sur ses pas*, umkehren. | *Tirer sur le bleu*, ins Blaue spielen.

c) SENS FIG. : *Sur-le-champ*, auf der Stelle ; sofort ; unverzüglich. | *Crier qch. sur tous les toits*, etwas ausposaunen. | *Marcher sur les pas de qn*, hinter jm hergehen. | *Sur mon honneur*, auf mein Ehrenwort. | *Compter sur ses doigts*, an den Fingern (ab)zählen. | *Prendre sur le fait*, auf frischer Tat ertappen. | *Mettre un impôt sur qch.*, eine Steuer auf etwas legen. | *Avoir un avantage sur qn*, einen Vorteil, einen Vorzug vor jm haben. | *Avoir l'œil sur qn*, ein Auge auf jn werfen. | *Fermer la porte sur qn*, die Tür hinter jm zuwerfen. | *Tomber sur qn*, [rencontrer par hasard] auf jn stoßen ; [attaquer] über jn (her)fallen. | *Prendre sur soi*, es über sich gewinnen ; sich Gewalt antun. | *Prendre qch. sur soi*, etwas auf sich nehmen. | *Mettre sur le tapis*, zur Sprache bringen.

II. TEMPS : gegen ; um ; etwa um. | *Sur ce*, darauf ; daraufhin. | *Il est sur le départ*, er ist bei der Abreise ; er ist im Begriff abzureisen. | *Sur ces mots*, nach diesen Worten. | *Sur ces entrefaites*, inzwischen ; mittlerweile ; unterdessen. | *Sur l'heure*, zur Stunde ; unverzüglich. | *Sur les dix heures*, gegen zehn Uhr. || LOC. *Coup sur coup*, dicht hintereinander.

III. MOTIF : auf Grund von ; auf... hin. | *Sur mon conseil*, auf meinen Rat. | *Sur mon entremise*, durch meine Vermittlung. | *Sur l'honneur*, auf meine Ehre ; bei meiner Ehre. | *Sur mon invitation*, auf meine Einladung hin. | *Prisonnier sur parole*, Gefangener auf Ehrenwort. | *Sur présentation de la carte d'identité*, unter Vorzeigung des Ausweises.

IV. PROPORTION : nach ; von ; zu. | *Sur dix invités, cinq sont venus*, von zehn Eingeladenen sind fünf gekommen. | *Un jour sur deux*, jeden zweiten Tag. | *Dix mètres de longueur sur cinq de profondeur*, zehn Meter Länge zu fünf Meter Tiefe. | *Un progrès sur le passé*, ein Fortschritt im Vergleich zu, gegenüber der Vergangenheit.

V. AU SUJET DE : über (acc.) ; wegen. | *Une conférence sur Pasteur*, ein Vortrag über Pasteur. | *Écrire sur un sujet*, über ein Thema schreiben. | *Pas un mot sur tout cela*, kein Wort davon, darüber. | *Jouer sur les mots*, mit den Worten spielen. | *Commentaires sur Platon*, Erklärungen (f. pl.) zu, über Plato.

sur, sure [sy:r] adj. sauer ; säuerlich ; herb.

sûr, sûre [sy:r] adj. **1.** [à qui on peut se fier] zuverlässig. || [sans danger] gefahrlos. | *Ami sûr*, treuer, zuverlässiger Freund. | *Mémoire sûre*, zuverlässiges Gedächtnis. | *Je suis sûr de lui*, ich kann mich auf ihn verlassen.

2. [certain ; assuré] sicher ; gewiß ; bestimmt. | *Sûr et certain*, gewiß und wahrhaftig ; ganz sicher. | *D'une main sûre*, mit sicherer, fester Hand. | *Avoir le goût sûr*, einen sicheren Geschmack haben. | *Il est sûr de lui(-même)*, er ist selbstbewußt, selbstsicher. | *Être sûr de qch.*, einer Sache sicher sein. | *J'en suis sûr*, ich weiß es gewiß, genau.
◇ loc. adv. **à coup sûr, pour sûr,** ganz bestimmt ; gewiß ; ohne Zweifel. — **bien sûr !,** gewiß doch ! ; sicherlich ! ; natürlich ! | *Bien sûr que non*, sicherlich nicht.

surabondance [syrabɔ̃dɑ̃:s] f. Überfülle (an, *de*) f. ; Überfluß m. ; Übermaß n. ; Überschwang m.

surabondant, ante [-dɑ̃, ɑ̃:t] adj. überreichlich. || [superflu] überflüssig.

surabonder [-de] v. intr. im Überfluß vorhanden sein ; überfließen ; wimmeln (von).

suraigu, uë [syrɛgy] adj. MUS. sehr hoch ; PAR EXT. schrill ; kreischend.

surajouter [-aʒute] v. tr. darüber hinaus, außerdem noch hinzufügen.

suralimentation [-alimɑ̃tasjɔ̃] f. Überernährung f. || PÉJOR. Überfütterung f. || MÉD. Mastkur f.

suralimenter [-alimɑ̃te] v. tr. überernähren.

suranné, ée [syrane] adj. JUR. verjährt ; außer Kraft gesetzt ; ungültig. || FIG. veraltet ; altmodisch.

surbaisser [-se] v. tr. ARCHIT. flachbauen ; flachdrücken. | *Arc surbaissé*, Flachbogen m.

surcharge [syrʃarʒ] f. Über(be)lastung f. ; Mehrbelastung f. ; Über-, Mehrlast f., -gewicht n. || [taxe] Zuschlags-, Strafgebühr f. || [écriture] Überschriebenes n.

surcharger [-ʒe] v. tr. über(be)lasten ; über(be)-laden. || [écrit ; imprimé] überschreiben, -drucken (sépar.).
◇ v. pr. **se surcharger.** *Se surcharger l'estomac*, sich den Magen überladen (insépar.).
◇ part. pass. et adj. **surchargé, ée.** *Surchargé de besogne*, arbeitsüberlastet. | *Timbre-poste surchargé*, Briefmarke (f.) mit Überdruck.

surchauffe [syrʃof] f. Überhitzung f.

surchauffer [-ʃofe] v. tr. überhitzen ; überheizen (insépar.).

surchoix [-ʃwa] m. erste Auswahl ; Auslese f. ; beste Sorte.

surclasser [-klase] v. tr. SPORT. übertreffen (insépar.) ; (jm) überlegen sein ; POP. (jn) überbieten (insépar.).

surcompression [-kɔ̃prɛsjɔ̃] f. Überdruck m.

surcoût [-ku] m. ÉCON. Mehrkosten pl.

surcritique [-kritik] adj. NUCL. überkritisch.

surcroît [-krwa] m. Zuwachs m. ; Vermehrung f. | *Surcroît de dépenses*, Mehraufwand m.
◇ loc. adv. **de surcroît, par surcroît,** überdies ; obendrein ; zudem ; ferner ; dazu.

surdité [-te] f. MÉD. Taubheit f. ; Schwerhörigkeit f. ; Harthörigkeit f.

surdoué, ée [syrdue] adj. hochbegabt.
◇ s. Hochbegabte(r) f. (m.).

sureau [syro] m. BOT. Holunder m.

sureffectif [syrefɛktif] m. *Personnel en sureffectif*, zu hoher Personalbestand.

surélévation [syrelevasjɔ̃] f. Überhöhung f. || ARCHIT. Aufstockung f. ; Aufbau m.

surélever [-elve] v. tr. er-, überhöhen. | *Surélever un bâtiment*, ein Gebäude aufstocken. | *Surélever un mur*, eine Mauer erhöhen. | *Rez-de-chaussée surélevé*, Hochparterre n.

sûrement [syrmɑ̃] adv. sicher ; sicherlich ; gewiß ; bestimmt ; doch ! | *Sûrement pas !*, sicherlich nicht !

suremploi [syrɑ̃plwa] m. Überbeschäftigung f.

surenchère [syrɑ̃ʃɛ:r] f. Übergebot n. ; Mehrgebot n. | *Faire de la surenchère sur qn*, jn überbieten.

surenchérir [-ʃeri:r] v. intr. mehr bieten ; ein Mehrgebot abgeben ; (jn) überbieten (insépar.).

surenchérisseur, euse [-ʃerisœ:r, ø:z] s. Mehrbietender m. || PÉJOR. Preistreiber(in) m. (f.).

suréquipé, ée [syrekipe] adj. TECHN. überbesetzt.

surestimation [syrɛstimasjɔ̃] f. Überbewertung f.

surestimer [-me] v. tr. überbewerten ; überschätzen ; zu hoch veranschlagen.

sûreté [syrte] f. Sicherheit f. — **1.** [absence de péril] Gefahrlosigkeit f. | *Sûreté nucléaire*, Atomschutz m. | *À sûreté intégrée*, ausfallsicher. || [confiance méritée] Zuverlässigkeit f. | *Mettre en sûreté*, sicherstellen.
2. [certitude] Gewißheit f. | *Sûreté du goût*, Sicherheit (f.), Unfehlbarkeit (f.) des Geschmacks. | *Sûreté de jugement*, sichere Urteilskraft.
3. [précaution ; dispositif de sûreté] Schutzvorrichtung f. ; Sicherung f. | *Épingle de sûreté*, Sicherheitsnadel f. | *Soupape de sûreté*, Sicherheitsventil n. | *Pour plus de sûreté*, sicherheitshalber ; um ganz sicher zu gehen.
4. COMM. [garantie] Bürgschaft f. ; Deckung f.
5. POLIT., MIL. *Sûreté aérienne*, Luftsicherung f.

surévaluer [syrevalɥe] v. tr. überbewerten.

surexcitable [syrɛksitabl] adj. überreizbar.

surexcitation [-tasjɔ̃] f. Überreizbarkeit f. ; krankhafte Erregung ; Überspanntheit f.

surexciter [-te] v. tr. überreizen (insépar.) ; übermäßig auf-, erregen.

surexposer [-poze] v. tr. PHOT. überbelichten.

surexposition [-zisjɔ̃] f. PHOT. Überbelichtung f.

surf [sœrf] m. Surfing n. ; Surfen n. | *Faire du surf*, surfen.

surface [syrfas] f. Oberfläche f. MATH. Fläche f. | *Surface d'appui*, Auflagefläche. | *Surface de la terre*, Erdoberfläche. | *Surface d'un triangle*, Dreiecksfläche. | *Unité de surface*, Flächeneinheit f. || AÉRON. *Surface portante*, Tragfläche. || COMM. *Grande surface*, Verbrauchermarkt m. || FIN. *Avoir de la surface*, Kredit haben. || MAR. [sous-marin] *Faire surface*, auftauchen. || MINES. *En surface*, über Tage. || FIG. Außenseite f. ; Schein m.
— SYN. : *Aire*, Flächenraum. *Étendue*, Ausdehnung.

surfiler [-file] v. tr. [fil] überdrehen ; zwirnen.

surfin, ine [-fɛ, in] adj. extrafein ; hochfein.

surgelé, ée [-ʒəle] adj. tiefgekühlt.
◇ m. pl. **surgelés,** Tiefkühlprodukte n. pl. ; Tiefkühlkost f.

surgeler [-ʒəle] v. tr. einfrieren ; tiefgefrieren.

surgénérateur [syrʒeneratœ:r] m. NUCL. schneller Brüter ; Brutreaktor m.

surgeon [syrʒɔ̃] m. BOT. Wurzelreis n., -trieb m.

surgir [syrʒi:r] v. tr. PR. et FIG. auftauchen ; zum Vorschein kommen ; sich erheben ; hervorgehen ; plötzlich hervortreten. | *Une difficulté surgit*, eine Schwierigkeit taucht plötzlich auf.

surgissement [-ʒismɑ̃] m. (plötzliches) Auftauchen, Erscheinen.

surhausser [-se] v. tr. (üb)erhöhen (insépar.) ; zuspitzen. || [prix] überteuern (insépar.).

surhomme [syrɔm] m. Übermensch m.

surhumain, aine adj. übermenschlich.

surimposer [syrɛ̃poze] v. tr. zu hoch besteuern.

surimposition [-zisjɔ̃] f. Überbesteuerung f.
surimpression [syrɛ̃prɛsjɔ̃] f. PHOT. Doppel-, Überbelichtung f. ‖ FILM. Überblendung f.
surintendant, ante [syrɛ̃tɑ̃dɑ̃, ɑ̃:t] s. Oberaufseher(in) m. (f.); Fürsorgerin f.
surir [syri:r] v. intr. sauer werden; säuern.
surjet [syrʒɛ] m. überwendliche Naht.
sur-le-champ [syrləʃɑ̃] loc. adv. auf der Stelle; unverzüglich; augenblicklich; sofort.
surlendemain [syrlɑ̃dmɛ̃] m. übernächster Tag.
surmenage [syrməna:ʒ] m. Überarbeitung f., -anstrengung f., -bürdung f., -müdung f.
surmener [-ne] v. tr. überarbeiten, -anstrengen, -bürden (insépar.).
◇ v. pr. **se surmener,** sich übernehmen (insépar.).
surmoi [syrmwa] m. invar. Über-ich n.
surmontable [syrmɔ̃tabl] adj. übersteigbar; überbrückbar; überwindbar.
surmonter [-te] v. tr. übersteigen (insépar.), -winden, -brücken; überragen. ‖ FIG. überwinden; bezwingen. | *Surmonter l'attraction terrestre,* die Erdanziehung überwinden. | *Surmonter son chagrin,* seinen Kummer verwinden. | *Surmonter des difficultés,* Schwierigkeiten bezwingen. | *Surmonté de,* mit... gekrönt.
◇ v. pr. **se surmonter,** sich überwinden; seiner selbst Herr werden.
surmulot [syrmylo] m. ZOOL. Wanderratte f.
surnager [syrnaʒe] v. intr. obenauf schwimmen. ‖ FIG. fortbestehen; fortdauern; sich erhalten.
surnaturel, elle [syrnatyrɛl] adj. übernatürlich; übersinnlich; überirdisch.
◇ m. **surnaturel,** Übernatürliches n.
surnom [syrnɔ̃] m. Bei-, Zuname m. ‖ IRON. Spitzname m.
surnombre [syrnɔ̃:br] m. Überzahl f. | *En surnombre,* überzählig; außeretatmäßig.
surnommer [syrnɔme] v. tr. jm einen Bei-, Spitznamen geben.
surnuméraire [-nymerɛ:r] adj. überzählig.
◇ m. Supernumerar m.; Beamtenanwärter m.
suroffre [-ɔfr] f. Überbietung f.; höheres Gebot.
suroît [syrwa] m. MAR. Südwestwind m. ‖ [chapeau] Seemannshut m.; Sturmhut m.
surpasser [syrpase] v. tr. überragen (insépar.); hinausragen, -gehen (über). ‖ FIG. übersteigen (insépar.); übertreffen (insépar.). | *Surpasser en qualité,* an Qualität übertreffen. | *Cela surpasse mes forces,* das geht über meine Kräfte. ‖ FAM. *Cela me surpasse,* da bin ich überfordert.
◇ v. pr. **se surpasser,** sich (selber) übertreffen.
surpaye [syrpɛ:j] f. Sondervergütung f.
surpayer [-je] v. tr. über(be)zahlen.
surpeuplé, ée [syrpœple] adj. übervölkert.
surpeuplement [-pləmɑ̃] m. Übervölkerung f.
surplace [syrplas] m. *Faire du surplace,* auf der Stelle treten.
surplis [syrpli] m. RELIG. Chorhemd n.
surplomb(ement) [syrplɔ̃(bmɑ̃)] m. Überhang(en) m. (n.); Ausladung f. | *En surplomb,* überhängend; vorspringend.
surplomber [-be] v. intr. überhängen; überspringen (insépar.); ausladen.
surplus [syrply] m. Überschuß m.; Mehrbetrag m., -ertrag m. | *Surplus de revenus,* Mehreinkommen n.
◇ loc. adv. **en surplus,** überzählig. — **au surplus,** überdies; außerdem.
surpopulation [-pɔpylasjɔ̃] f. Überbevölkerung f.

surprenant, ante [syrprənɑ̃, ɑ̃:t] adj. überraschend; seltsam; merkwürdig; erstaunlich.
surprendre [-prɑ̃:dr] v. tr. **1.** [prendre sur le fait] ertappen; erwischen; abfassen. | *Surprendre qn en flagrant délit,* jn auf frischer Tat ertappen.
2. [prendre à l'improviste] überraschen (insépar.). | *La pluie nous surprit,* der Regen überraschte uns.
3. FIG. verblüffen; befremden; in Erstaunen setzen. ‖ [tromper] überlisten (insépar.); hintergehen (insépar.); irreführen. ‖ *Cela me surprit,* FAM. das machte mich stutzig. | *Surprendre la bonne foi de qn,* die Gutgläubigkeit js ausnutzen. | *Surprendre un secret,* ein Geheimnis ent-, aufdecken.
surpression [syrprɛsjɔ̃] f. Überdruck m.
surprime [syrprim] f. Prämienzuschlag m.
surprise [syrpri:z] f. **1.** [étonnement; inattendu] Überraschung f.; Erstaunen n.; Befremdung f.; Befremden n. ‖ [intense] Bestürzung f. | *Boîte à surprise,* Vexierkästchen n. | *Effet de surprise,* Überraschungsmoment n. | *Par surprise,* überraschend. | *Aller de surprise en surprise,* von einer Überraschung in die andere fallen. | *Causer une grande surprise,* eine große Überraschung, Bestürzung hervorrufen. | *Faire une surprise (agréable) à qn,* jm eine unerwartete Freude machen. | *Ne pas revenir de sa surprise,* aus dem Staunen nicht herauskommen.
2. MIL. Überfall m.; PAR EXT. Überrumpelung f. | *Par surprise,* überfallartig. | *Craindre une surprise,* einen Überfall befürchten.
surprise-party ou **surprise-partie** [-parti] f. Tanzparty f.
surproduction [syrprɔdyksjɔ̃] f. Überproduktion f.; Mehrerzeugung f.
surréalisme [syrrealism] m. Surrealismus m.
surréaliste [-list] adj. surrealistisch.
◇ s. Surrealist m.
surrégénérateur [syrreʒeneratœ:r] m. NUCL. V. SURGÉNÉRATEUR.
surrénal, ale, aux [syrrenal, o] adj. ANAT. *Capsules surrénales,* Nebennieren f. pl.
sursalaire [syrsalɛ:r] m. Gehaltsaufschlag m.
sursaturation [syrsatyrasjɔ̃] f. Übersättigung f.
sursaturer [-re] v. tr. übersättigen (insépar.).
sursaut [syrso] m. plötzliches Hoch-, Auffahren; Aufspringen n. | *En sursaut,* jäh; ruckartig; mit einem Ruck. | *S'éveiller en sursaut,* aus dem Schlaf hochfahren; jäh erwachen. ‖ FIG. Ausbruch m.; Aufflammen n. | *Sursaut d'énergie,* Anspannen (n.) aller Kräfte. | *Sursaut de colère,* Wutanfall m.
sursauter [-te] v. intr. auf-, hochfahren; aufspringen; in die Höhe fahren.
surseoir [syrswa:r] v. tr. JUR. ver-, aufschieben. | *Surseoir aux poursuites,* die weiteren Ermittlungen aussetzen, einstellen. ‖ COMM. *Surseoir à un paiement,* eine Zahlung aufschieben lassen.
sursis [syrsi] m. Aufschub m.; Stundung f.; Frist f. | *Sursis de paiement,* Zahlungsaufschub. ‖ JUR. Strafaufschub mit Bewährungsfrist. | *Condamnation avec sursis,* Bestrafung (f.) mit Bewährungsfrist. ‖ MIL. *Sursis d'appel, d'incorporation,* Zurückstellung f.
sursitaire [-tɛ:r] m. MIL. (vom Wehrdienst) Zurückgestellter m.; Reklamierter m.
surtaxe [syrtaks] f. [impôt] Nachsteuer f. ‖ [supplément] Aufschlag m. ‖ [postes] Zuschlagsporto n.; Nach-, Strafporto n. | *Surtaxe aérienne,* Luftpostzuschlag m. | *Timbre avec surtaxe,* Zuschlagmarke f.
surtaxer [-se] v. tr. [taxer trop] zu hoch veranschlagen. ‖ [élever] aufschlagen. ‖ POSTES. mit Strafporto, Nachgebühr belegen.

surtension [syrtɑ̃sjɔ̃] f. Überspannung f.
surtout [syrtu] m. Tafelaufsatz m.
surtout [syrtu] adv. besonders ; vor allem ; vornehmlich ; zumal ; insbesondere. | *Surtout maintenant*, jetzt erst recht. | *Surtout ne quittez pas la ville*, verlassen Sie die Stadt, bitte, nicht !
surveillance [syrvɛjɑ̃:s] f. Überwachung f. ; Beaufsichtigung f. ; Aufsicht f. | *Surveillance des prix*, Preisüberwachung. | *Placer sous surveillance*, unter Aufsicht stellen.
surveillant, ante [-jɑ̃, ɑ̃:t] s. Aufseher(in) m. (f.) ; Aufsichtführender f. (m.) ; Aufpasser(in) m. (f.).
surveiller [-je] v. tr. über-, bewachen ; beaufsichtigen. | *Surveiller les élèves*, die Schüler beaufsichtigen. | *Surveiller les enfants*, die Kinder betreuen. | *Surveiller une machine*, eine Maschine bedienen, warten, pflegen. | *Surveiller qn de près*, jm scharf auf die Finger gucken.
◇ v. pr. **se surveiller,** [soi-même] sich beobachten. || [l'un l'autre] einander überwachen (insépar.).
survenir [syrvəni:r] v. intr. unvermutet dazukommen ; plötzlich eintreten ; sich ereignen ; vorfallen.
survêtement [syrvɛtmɑ̃] m. Über-, Schutzkleidung f. | *Survêtement de sport*, Trainingsanzug m.
survie [syrvi] f. Überleben n. ; Fortleben n. ; Leben (nach dem Tode). | *En cas de survie*, im Falle des Überlebens, des Erlebens. || MÉD. *Taux de survie*, Überlebensquote f.
survivance [-vivɑ̃:s] f. [fait de survivre] Fort-, Überleben n. ; Fortdauer f. ; Fortbestand m. || [anachronisme] überständiger, veralteter Brauch.
survivant, e [-vivɑ̃, ɑ̃t] adj. überlebend.
◇ s. Überlebende(r) f. (m.).
survivre [-vi:vr] v. intr. [avoir la vie sauve] mit dem Leben davonkommen. | *Survivre à qn*, jn überleben. || FIG. überstehen ; überdauern. | *Survivre à un malheur*, ein Unglück überstehen.
survol [syrvɔl] m. AÉRON. Über-, Befliegen n. | *Droit de survol*, Überflugrecht n. || FIG. Überblick m. (über, acc.).
survoler [-le] v. tr. überfliegen (insépar.).
survoltage [syrvɔlta:ʒ] m. ÉLECTR. Überspannung f.
survolté, ée [-te] adj. PR. et FIG. überspannt.
survolter [-te] v. tr. ÉLECTR. die Spannung erhöhen ; hinauftransformieren.
sus [sy(s)] prép. *Courir sus à qn*, auf jn losgehen ; über jn herfallen.
◇ interj. **sus !**, los ! ; auf ! ; frisch auf ! ; 'ran !
◇ loc. adv. **en sus,** noch dazu ; darüber hinaus ; obendrein. | *Payement en sus*, Zuzahlung f.
◇ loc. prép. **en sus de,** über... hinaus ; außer.
◇ en compos. : Oben...
susceptibilité [sysɛptibilite] f. [sensibilité] Empfindlichkeit f. || [irritabilité] Reizbarkeit f. | *Être d'une grande susceptibilité*, leicht verletzt, gereizt sein. || [réceptivité] Empfänglichkeit f.
susceptible [-tibl] adj. [capable de] geeignet (für) ; fähig (zu). | *Susceptible de s'adapter*, anpassungsfähig. | *Susceptible d'améliorations*, verbesserungsfähig. || [irritable] empfänglich ; reizbar ; empfindlich ; empfindsam.
susciter [sysite] v. tr. hervorrufen ; hervorbringen ; veranlassen ; entstehen lassen ; erwecken. | *Susciter des obstacles à qn*, jm Hindernisse in den Weg legen. | *Susciter une querelle*, einen Streit erregen. | *Susciter des troubles*, Unruhen stiften.
suscription [syskripsjɔ̃] f. Auf-, Überschrift f.
susdit, ite [sysdi, it] adj. vorerwähnt ; obengenannt ; besagt.
◇ s. Obengenannte(r) f. (m.).
susmentionné, ée [sysmɑ̃sjɔne] adj. obenerwähnt ; obengenannt.
susnommé, ée [-nɔme] adj. obengenannt.
◇ s. Obengenannte(r) f. (m.).
suspect, ecte [syspɛ, ɛkt] adj. verdächtig ; anrüchig ; zweifelhaft ; in Verdacht stehend. | *Chose suspecte*, düstere, faule Angelegenheit. | *Marchandise de qualité suspecte*, zweifelhafte Ware. | *Être suspect d'avoir commis un crime*, eines Verbrechens verdächtig sein. | *Être suspect de trahison*, im Verdacht des Verrats stehen. | *Rendre suspect*, verdächtigen ; in Verdacht bringen. | *Se rendre suspect*, sich verdächtig machen ; in den Verdacht geraten.
◇ s. Verdächtige(r) f. (m.).
— SYN. : *Douteux*, zweifelhaft. *Équivoque*, zweideutig. *Louche*, unklar. *Interlope*, fragwürdig.
suspecter [-te] v. tr. verdächtigen ; für verdächtig halten ; im Verdacht haben ; beargwöhnen. | *Être suspecté*, in Verdacht stehen ; verdächtig sein.
suspendre [syspɑ̃:dr] v. tr. **1.** (auf)hängen. | *Suspendre qch. au plafond*, etwas an die Decke aufhängen.
2. [différer] auf-, verschieben ; aussetzen. | *Suspendre son jugement*, mit seinem Urteil zurückhalten.
3. [interrompre] einstellen ; unterbrechen (insépar.) ; aufheben. | *Suspendre les hostilités*, die Feindseligkeiten einstellen. | *Suspendre la marche, son vol*, seinen Lauf unterbrechen. | *Suspendre ses paiements*, seine Zahlungen einstellen.
4. [retirer] suspendieren. | *Suspendre qn de ses fonctions*, jn zeitweilig seines Amtes entheben, vom Amt suspendieren.
◇ v. pr. **se suspendre.** *Se suspendre à qch.*, sich an etwas (acc.) hängen, anklammern.
suspendu, ue [-pɑ̃dy] adj. (auf)hängend. | *Pont suspendu*, Hängebrücke f. | *Voiture bien suspendue*, gut gefederter Wagen. | *Être suspendu*, hängen. || *Jardin suspendu*, Dachgarten m. ; hängender Garten. || FIG. *Être suspendu à une décision*, von einem Entschluß abhängen. | *Être suspendu aux lèvres de qn*, an den Lippen js hängen.
suspens (en) [ɑ̃syspɑ̃] loc. adv. in der Schwebe ; unentschieden ; unschlüssig. | *Laisser en suspens*, in der Schwebe, offen, unentschieden lassen.
suspensif, ive [syspɑ̃sif, i:v] adj. aufschiebend ; aussetzend ; unterbrechend. | *Veto suspensif*, aufschiebendes Veto. | *Avoir effet suspensif*, aufschiebende Wirkung haben.
suspension [-pɑ̃sjɔ̃] f. **1.** [action] Aufhängen n. ; Aufhängung f. | *En suspension*, hängend ; schwebend.
2. [action de différer] Aufschub m. ; Aussetzen n. || JUR. *Suspension d'instance*, Sistierung f. || GRAMM. *Points de suspension*, Gedankenpunkte m. pl. ; Gedankenstrich m.
3. [interdiction momentanée] Suspendierung f. ; Amts-, Dienstenthebung f.
4. [cessation momentanée] Einstellung f. ; Unterbrechung f. ; Stillstand m. ; Sperre f. | *Suspension de paiement*, Zahlungseinstellung. || JUR. *Suspension de la procédure*, Ruhen (n.) des Verfahrens.
5. TECHN. Aufhängung f. ; [à ressorts] Federung f. | *Suspension élastique*, Gummiabfederung. | *Ressort de suspension*, Aufhänge-, Tragfeder f. | *À suspension libre*, freischwebend.
6. [éclairage] *(Lampe à) suspension*, Hängelampe f.

7. CHIM. *En suspension*, ungelöst. | *Poussières en suspension*, Flug-, Schwebstaub m.

suspicion [syspisjɔ̃] f. Verdacht m. ; Argwohn m. ; Beargwöhnung f. | *Tenir qn en suspicion*, jn in Verdacht haben.

sustentation [-tasjɔ̃] f. Gleichgewichtserhaltung f. ; Unterhaltung f. || FIG. Ernährung f. ; Unterhalt m.

sustenter [-te] v. tr. erhalten ; unterhalten ; ernähren. | *Sustenter un malade*, einen Kranken bei Kräften halten.
◇ v. pr. **se sustenter,** sich ernähren.

susurrement [sysyrmɑ̃] m. Säuseln n. ; Murmeln n. ; Lispeln n. ; Wispern n. ; Wispeln n.

susurrer [-re] v. intr. säuseln ; murmeln ; flüstern. | *Susurrer des paroles tendres*, zärtliche Worte lispeln.

suture [syty:r] f. MÉD. Naht f. | *Suture visible*, sichtbare Nahtstelle.

suturer [-re] v. tr. MÉD. vernähen.

suzerain, aine [syzrɛ̃, ɛn] adj. HIST. lehensherrlich ; oberherr(schaft)lich.
◇ s. Lehnsherr(in) m. (f.).

suzeraineté [-rɛnte] f. HIST. Oberlehnsherrlichkeit f. ; Oberlehnsherrschaft f. ; Oberhoheit f.

svastika [svastika] m. Swastika f. ; Hakenkreuz n.

svelte [svɛlt] adj. schlank ; schmächtig ; rank.

sveltesse [-tɛs] f. Schlankheit f.

sybarite [sibarit] m. Weichling m. ; Sybarit m.

sycomore [sikɔmɔ:r] m. BOT. Sykomore f.

syllabaire [silabɛ:r] m. Fibel f. ; ABC-Buch n.

syllabe [-lab] f. Silbe f. | *Syllabe finale*, Endsilbe. | *Syllabe initiale*, Anfangssilbe. | *Syllabe radicale*, Stammsilbe. | *À, De trois syllabes*, dreisilbig. | *Syllabe par syllabe*, silbenweise.

syllabique [-labik] adj. silbenmäßig ; nach Silben. | *Écriture syllabique*, Silbenschrift f.

syllabisme [-labism] m. Silbenschrift f.

syllogisme [sillɔʒism] m. PHILOS. Syllogismus m.

sylphe [silf] m., **sylphide** [silfid] f. Luftgeist m. ; Elfe f. ; Sylphe f. ; Sylphide f.

sylvestre [silvɛstr] adj. im Wald wachsend ; waldig ; Wald...

Sylvestre [silvɛstr] n. pr. m. *(La) Saint-Sylvestre*, Silvester-, Neujahrsnacht f.

sylviculteur [silvikyltœ:r] m. Forstwirt m.

sylviculture [-ty:r] f. Forstwirtschaft f., -wissenschaft f. ; Waldpflege f.

symbiose [sɛ̃bjo:z] f. Zusammenleben n. ; Symbiose f.

symbole [sɛ̃bɔl] m. Sinnbild n. ; Symbol n. ; Zeichen n. | *Symbole numérique*, Kennzahl f. | *Symbole de la souveraineté*, Hoheitszeichen. || RELIG. *Symbole des Apôtres*, apostolisches Glaubensbekenntnis.

symbolique [-lik] adj. symbolisch ; sinnbildlich.
◇ f. RELIG. Symbolik f.

symbolisation [-lizasjɔ̃] f. Versinnbildlichung f. ; Symbolisierung f.

symboliser [-lize] v. tr. symbolisieren ; versinnbildlichen ; sinnbildlich darstellen.

symbolisme [-lism] m. Symbolismus m.

symboliste [-list] adj. LITTÉR. symbolistisch.
◇ s. Symbolist m. ; symbolistischer Dichter.

symétrie [simetri] f. Symmetrie f. ; Eben-, Gleichmaß n.

symétrique [-trik] adj. symmetrisch ; gleich-, ebenmäßig ; spiegelgleich.

sympathie [sɛ̃pati] f. Sympathie f. ; Mitempfinden n. ; Mitgefühl n. ; Seelenverwandtschaft f. ; Gewogenheit f. ; Zuneigung f. | *Avoir de la sympathie pour qn*, sich zu jm hingezogen fühlen. | *Éveiller la sympathie de qn*, js Mitgefühl erwecken. || [accord] Einklang m. ; Harmonie f.

sympathique [-tik] adj. sympathisch ; anziehend ; liebenswürdig ; teilnehmend. | *Homme sympathique*, angenehmer, liebenswerter, sympathischer Mensch. || ANAT. *Système nerveux sympathique*, sympathisches Nervensystem. || *Encre sympathique*, unsichtbare Tinte.
◇ m. ANAT. *Le (grand) sympathique*, Sympathikus m. ; Lebensnerv m.

sympathiser [-tize] v. intr. (avec qn), (mit jm) sympathisieren, mitfühlen, übereinstimmen.

symphonie [sɛ̃fɔni] f. Sinfonie f.

symphonique [-nik] adj. MUS. sinfonisch.

symphoniste [-nist] s. MUS. Sinfoniker(in) m. (f.).

symposion [sɛ̃pozjɔ̃] ou **symposium** [-zjɔm] m. Gastmahl n. ; Symposion n.

symptomatique [sɛ̃ptɔmatik] adj. symptomatisch ; PAR EXT. typisch ; kennzeichnend.

symptôme [-to:m] m. Symptom n. ; Krankheits(an)zeichen n. | *Symptôme d'intoxication*, Vergiftungserscheinung f.

synagogue [sinagɔg] f. RELIG. Synagoge f.

synchrone [sɛ̃krɔ:n] adj. synchron ; gleichlaufend. | *Moteur synchrone*, Synchronmotor m.

synchronique [-nik] adj. synchronistisch ; gleichzeitig.

synchronisation [-nizasjɔ̃] f. Synchronisierung f. ; Gleichschaltung f.

synchroniser [-nize] v. tr. synchronisieren ; aufeinander abstimmen ; gleichschalten.

synchronisme [-nism] m. Gleichgang m., -lauf m., -zeitigkeit f. ; Synchronismus m. ; Gleichtakt m.

synclinal [sɛ̃klinal] m. Mulde f.

syncope [sɛ̃kɔp] f. MÉD. Ohnmacht f. || GRAMM. Verkürzung f. || MUS. Synkope f.

syncoper [-pe] v. tr. MUS. synkopieren.

syndic [sɛ̃dik] m. Syndikus m. | *Syndic de faillite*, Konkursverwalter m. || [d'immeuble] Hausverwalter m. ; Hausverwaltung f.

syndical, ale, aux [-kal, o] adj. gewerkschaftlich ; genossenschaftlich. | *Mouvement syndical*, Gewerkschaftsbewegung f.

syndicalisme [-kalism] m. Gewerkschaftsbewegung f. ; Syndikalismus m.

syndicaliste [-kalist] m. Gewerkschaftler m. ; Gewerkschaftsangehörige(r) f. (m.).

syndicat [-ka] m. [ouvrier] Gewerkschaft f. ; Arbeitergewerkschaft f. || [patronal] Verband m. ; Vereinigung f. | *Syndicat des métallurgistes*, Metallarbeitergewerkschaft. | *Syndicat agricole*, landwirtschaftliche Genossenschaft. | *Syndicat patronal*, Arbeitgeberverband ; Unternehmervereinigung. | *Syndicat professionnel*, Berufs-, Fachverband. | *Syndicat d'initiative*, Fremdenverkehrsverein m.
— OBSERV. Le mot « Syndikat » ne s'emploie guère que pour désigner des ententes patronales, ainsi : *das Kohlensyndikat*, le cartel de vente des charbons.

syndiqué, ée [-ke] adj. *Ouvrier syndiqué*, gewerkschaftlich organisierter Arbeiter.
◇ s. Gewerkschaftler(in) m. (f.).

syndiquer [-ke] v. tr. gewerkschaftlich organisieren.
◇ v. pr. **se syndiquer,** sich gewerkschaftlich zusammenschließen.

syndrome [sɛ̃dro:m] m. MÉD. Symptomgruppe f. ; Syndrom n. | *Syndrome immunodéficitaire acquis (SIDA)*,

AIDS n. ; erworbene Abwehrschwäche ; erworbenes Immundefektsyndrom.
synergie [sinɛrʒi] f. Synergie f.
synode [sinɔd] m. RELIG. Kirchentag m., -tagung f. ; Synode f. ; Synod m.
synonyme [sinɔnim] adj. gleichbedeutend.
◇ s. sinnverwandtes Wort ; Synonym n.
synonymie [-mi] f. Sinnverwandtschaft f.
synoptique [sinɔptik] adj. übersichtlich ; synoptisch. | *Tableau synoptique*, Übersichtstafel f.
◇ m. RELIG. Synoptiker m.
synovie [sinɔvi] f. ANAT. Gelenkschmiere f.
syntaxe [sɛ̃taks] f. GRAMM. Syntax f. ; Satzlehre f. ; Satzbildungslehre f.
syntaxique [-taksik] adj. syntaktisch.
synthèse [sɛ̃tɛ:z] f. Synthese f. ; Zusammenfügung f. ; Gesamtüberblick m. || CHIM. Aufbau m. || BIOL. *Synthèse des protéines*, Biosynthese (f.) der Proteine.
synthétique [-tetik] adj. synthetisch ; künstlich zusammengefügt. | *Caoutchouc synthétique*, Kunstgummi n. || TEXT. *Fibre synthétique*, Kunstfaser f.
synthétiser [-tetize] v. tr. zusammenfassen ; in sich begreifen ; in sich fassen.
synthétiseur [-tizœ:r] m. MUS. Synthesizer m.
syphilis [sifilis] f. MÉD. Syphilis f. ; Lustseuche f. ; Lues f.
syphilitique [-litik] adj. MÉD. syphilitisch ; luetisch.
◇ s. Syphilitiker(in) m. (f.) ; Luetiker(in) m. (f.).
syriaque [sirjak] adj. altsyrisch.
Syrie [siri] n. pr. f. Syrien n.
syrien, ienne [-rjɛ̃, jɛn] adj. syrisch.
◇ s. **Syrien, ienne,** Syrer(in) m. (f.).
syrphe [sirf] m. ZOOL. Schwebeflieger m.
systématique [sistematik] adj. systematisch ; geordnet ; ordnungsmäßig.
systématiser [-tize] v. tr. systematisieren ; in ein System bringen ; systematisch einteilen.
système [sistɛ:m] m. **1.** [ensemble] System n. ; Ordnung f. | *Système solaire*, Sonnensystem. | *Système du monde*, Weltordnung. | *Système pénitentiaire*, Strafvollzugssystem. | *Système décimal*, Dezimalsystem. | *Système métrique*, metrisches Maßsystem.
2. [construction ; arrangement] Aufbau m. ; Ordnung f. | *Système féodal*, Feudalordnung ; Feudalwesen n. | *Système monétaire*, Währungssystem, Münzwesen n. | *Système monétaire européen (S.M.E.)*, europäisches Währungssystem (EWS).
3. PHILOS. System n. ; Lehre f. ; Lehrgebäude n.
4. [procédé] Verfahren n. | *Système d'exploitation*, Betriebsverfahren. || AUTOM. *Système ABS*, ABS-System. || TRANSP. *Système coordonné de feux*, grüne Welle.
5. PHYSIOL. *Système nerveux*, Nervensystem.
6. GÉOL. Formation f. | *Système dévonien*, Devonformation.
7. INF. System n. | *Système expert*, Expertensystem. | *Système d'exploitation, de numérotation*, Betriebs-, Zahlensystem. | *Système de traitement des données*, Datenverarbeitungssystem.
8. LOC. FAM. *Taper sur le système*, auf die Nerven gehen.
systole [sistɔl] f. ANAT. Systole f.

T

t [te] m. T n. | *Fer à T*, T-Eisen n.
ta [ta] adj. poss. f. dein(e).
tabac [taba] m. **1.** Tabak m. | *Tabac gris*, Knaster m. | *Tabac à chiquer*, Kautabak. | *Tabac à fumer*, Rauchtabak. | *Tabac à priser*, Schnupftabak. | *Blague à tabac*, Tabaksbeutel m. | *Bureau, Débit de tabac*, Tabakladen m. ; Tabakbude f.
2. FIG., FAM. *C'est un peu fort de tabac*, das ist starker Tobak. | *C'est du même tabac*, das ist Jacke wie Hose. | *Faire un tabac*, helle Begeisterung auslösen ; einen Knalleffekt erzielen. | *Passer qn à tabac*, jn vertobaken, verprügeln.
◇ adj. [couleur] tabakbraun.
tabagie [-ʒi] f. PÉJOR. verqualmter Laden. || FIG. Rauchloch n.
tabagisme [-ʒism] m. Nikotinsucht f.
tabassage [tabasa:ʒ] m. POP. brutales Zusammenschlagen.
tabasser [-se] v. tr. POP. verdreschen ; vermöbeln ; zusammenschlagen.
tabatière [tabatjɛ:r] f. (Schnupf)tabaksdose f. ; Tabakskasten m.
tabellaire [tabɛlɛ:r] adj. tabellarisch ; tafelförmig ; Tafel...
tabernacle [tabɛrnakl] m. RELIG. Tabernakel n. ; Hostienschrein m. | *Fête des Tabernacles*, Laubhüttenfest n.
tablature [tablaty:r] f. MUS. Tabulatur f.
table [tabl] f.

I. MEUBLE : Tisch m. ; Tafel f. ; Platte f.
II. NOURRITURE : Kost f.
III. TABLEAU : Tafel f. ; Verzeichnis n.
IV. SENS PARTICULIERS.

I. MEUBLE : Tisch m. ; Tafel f. ; Platte f. | *Table abattante*, Wandklapptisch. | *Table gigogne*, Schiebetisch. | *Table pivotante*, Dreh-, Schwenktisch. | *Table pliante*, Klapptisch. | *Table ronde*, Rundtisch. | *Table roulante*, Teewagen m. | *Tables tournantes*, Tischklopfen n., -rücken n. | *Table à ouvrage*, Arbeits-, Nähtisch. | *Table à rallonges*, Ausziehtisch. | *Table à roulettes*, Rolltisch. | *Table de billard*, Billardtisch, -platte. | *Table d'hôte*, Wirtstafel, -tisch. | *Table de jeu*, Spieltisch. | *Table de nuit*, Nachttisch. | *Table d'opération*, Operationstisch. | *Table d'orientation*, Panoramatafel. | *Table de travail*, Arbeitstisch. | *Dessus de table*, Tischplatte. | *Tapis de table*, Tischdecke f. || SENS DÉRIVÉS : *Table bien garnie*, wohlbesetzte Tafel. | *Propos de table*, Tischgespräch n., -reden f. pl. | *Dresser, Mettre la table*, den Tisch decken. | *Être à table*, zu Tisch sein ; POP. gerade beim Essen sein. | *Faire les honneurs de la table*, bei Tisch die Gäste betreuen. | *Se lever, Sortir de table*, vom Tisch aufstehen. | *Manger à la table d'hôte*, an der gemeinsamen Tafel teilnehmen. | *Tenir table ouverte*, offene Tafel halten, häufig Tischgäste haben. || FIG. *Table ronde*, Rundtischgespräch n. | *Faire table rase de qch.*, mit etwas reinen Tisch machen. | *Rouler sous la table*, sich unter den Tisch trinken ; sich um Sinn und Verstand trinken. | *Faire rouler qn sous la table*, jn unter den Tisch trinken. || [avouer] *Se mettre à table*, das Geheimnis verraten ; POP. pfeifen ; auspfeifen ; singen.

II. NOURRITURE : Kost f. | *Aimer les plaisirs de la table*, den Tischfreuden zugetan sein. | *Avoir une bonne table*, einen guten Tisch führen.

III. TABLEAU : (Zahlen)tafel f. ; Tabelle f. ; Verzeichnis n. ; Ausstellung f. | *Table alphabétique*, alphabetisches Verzeichnis. | *Table des matières*, Inhaltsverzeichnis. || MATH. *Table de conversion*, Umrechnungstafel. | *Table de logarithmes*, Logarithmentafel. | *Table de multiplication*, Einmaleins n.

IV. SENS PARTICULIERS : INF. *Table traçante*, Kurvenschreibertisch m. || MUS. *Table d'harmonie*, Klang-, Resonanzboden m. || HIST. *Les Douze Tables*, die Zwölftafelgesetze n. pl. | *Chevalier de la Table ronde*, Ritter (m.) von des Königs Artus Tafelrunde. || RELIG. *Sainte table*, Tisch (m.) des Herrn ; heiliges Abendmahl. | *S'approcher de la sainte table*, zum Abendmahl gehen. | *Tables de la loi*, Gesetzestafeln f. pl. || TÉLÉCOMM. Abhörgerät n. | *Mettre qn sur table d'écoute*, jn abhören ; js Telefonleitung anzapfen.

tableau [tablo] m. **1.** [représentation ; reproduction] Bild n. ; Gemälde n. | *Tableau vivant*, lebendes Bild. | *Tableau de famille*, Familienbild. || PAR EXT. Bild n. ; Darstellung f. ; Übersicht f. | *Tableau d'ensemble*, Gesamtbild.

2. UNIV. Tafel f. | *Tableau mural*, Wandtafel.

3. [liste] Tabelle f. ; Liste f. ; Verzeichnis n. ; Plan m. | *Tableau comparatif*, vergleichende Zusammenstellung. | *Tableau récapitulatif*, Übersichtstabelle. | *Tableau d'affichage*, Anschlagbrett n. | *Tableau d'avancement*, Beförderungsliste. | *Tableau d'honneur*, Ehrenliste. | *Tableau de service*, Dienstplan m. ; Turnus m. || FIG. *Miser sur deux tableaux*, auf zwei Karten setzen.

4. TECHN. Tafel f. ; Brett n. | *Tableau de bord,* [avion] Instrumentenbrett ; [automobile] Armaturenbrett ; ÉCON. Wirtschaftsindikatoren m. pl. | *Tableau de commande,* Instrumentenbrett ; Schaltbrett.

5. THÉÂTRE. (Bühnen)bild n.

tableautin [-tɛ̃] m. kleines Gemälde ; Bildchen n.

tablée [table] f. Tischgesellschaft f. ; Tisch m.

tabler [table] v. intr. *Tabler sur qch.*, auf etwas (acc.) setzen ; mit etwas rechnen.

tabletier [tablətje] m. Kunsttischler m.

tablette [tablɛt] f. [planche] Brett n. ; Bücher-, Schrankbrett n. || [pierre] Platte f. ; Gesims n. ; Sims n. | *Tablette de cheminée*, Kaminsims. || *Une tablette de chocolat*, eine Tafel Schokolade.

◇ f. pl. **tablettes.** FIG. *Inscrire qch. sur ses tablettes*, sich etwas hinter die Ohren schreiben.

tabletterie [-tri] f. Kunsttischlerarbeit f., -tischlerei f.

tableur [-œ:r] m. INF. integrierter Tabellenrechner.

tablier [tablije] m. [vêtement] Schurz m. ; Schürze f. | *Tablier de cuir*, Lederschurz ; Schurzfell n. | *Enlever son tablier*, die Schürze abbinden. | *Mettre son tablier*, die Schürze vorbinden. || FIG. *Rendre son tablier*, den Dienst aufsagen ; das Amt niederlegen. || TECHN. [d'un pont] Brückenbelag m., -decke f.

tabloïd [tablɔid] adj. Kleinformat... ; kleinformatig.
◇ m. Kleinformatzeitung f.

tabou [tabu] adj. unantastbar ; geweiht ; tabu.
◇ m. Tabu n.

tabouret [taburɛ] m. Hocker m. ; Schemel m. ; Fußbank f., -schemel m. | *Tabouret de bar*, Barhocker. | *Tabouret de piano*, Klavierhocker.

tabulaire [tabylɛ:r] adj. tafelförmig ; tabellarisch.

tabulateur [-latœ:r] m. Tabulator m.

tabulatrice [-latris] f. Tabelliermaschine f.

tac [tak] m. FAM. *Répondre du tac au tac*, schlagfertig antworten.

tache [taʃ] f. **1.** [marque naturelle] Fleck(en) m. ; Mal n. | *Tache hépatique*, Leberfleck. | *Tache lumineuse*, Leuchtfleck. | *Tache solaire*, Sonnenflecken. | *Taches de rousseur*, Sommersprossen f. pl.

2. [marque sale] Fleck(en) m. ; Schmutzfleck m. | *Tache d'encre*, Tintenklecks m. | *Tache de graisse*, Fettfleck. | *Tache d'humidité*, Stockfleck. | *Tache de sang*, Blutfleck. || FIG. *Faire tache d'huile*, um sich greifen.

3. FIG. Makel m. ; Fehler m. ; Schandfleck m. | *Tache originelle*, Erbsünde f. | *Sans tache*, makellos ; unbescholten. | *Faire tache*, nicht am Platze sein ; unangenehm auffallen.

tâche [tɑ:ʃ] f. Aufgabe f. ; aufgegebene Arbeit. | *Tâche répétitive*, repetitive, monotone Arbeit. | *Tâches ménagères*, Haushaltsarbeiten f. pl. || [journalière] Tagewerk n. | *Travailler à la tâche*, im Akkord, im Stücklohn arbeiten. || FIG. *Remplir sa tâche*, seine Aufgabe erfüllen. | *Il n'a pas la tâche facile*, er hat keine leichte Aufgabe. | *Mourir à la tâche*, in den Sielen sterben.

tacher [taʃe] v. tr. beflecken ; besudeln ; fleckig machen ; beschmieren ; klecksen. | *Taché par l'humidité*, stockfleckig. | *Taché de sang*, blutbefleckt.

tâcher [tɑ:ʃe] v. intr. *Tâcher de*, sich bemühen um ; sich Mühe geben zu. | *Tâcher que*, zusehen, machen, daß ; trachten nach ; etwas erstreben.

tâcheron [tɑʃrɔ̃] m. Handlanger m. ; Tagelöhner m.

tacheter [taʃte] v. tr. flecken ; (be)sprenkeln.
◇ part. pass. et adj. **tacheté, ée,** fleckig ; gefleckt ; gesprenkelt. | *Animal tacheté*, Schecke f. | *Vache tachetée de noir*, schwarzscheckige Kuh.

tachisme [taʃism] m. ARTS. Tachismus m.

tachycardie [takikardi] f. MÉD. Herzjagen n. ; Tachykardie f.

tachygraphe [-graf] m. AUTOM. Fahrtschreiber m.

tachymètre [-mɛtr] m. Drehzahl-, Geschwindigkeitsmesser m. ; Tachometer m.

tacite [tasit] adj. stillschweigend. | *Accord tacite*, stillschweigende Einwilligung. | *Par tacite reconduction*, durch stillschweigende Verlängerung.

tacitement [-tmɑ̃] adv. stillschweigend.

taciturne [-tyrn] adj. schweigsam ; still ; verschlossen ; einsilbig ; wortkarg. | *C'est un taciturne*, er ist ein Schweiger. || HIST. *Guillaume le Taciturne*, Wilhelm der Schweigsame.

tacot [tako] m. IRON. alte Mühle ; alte Kiste ; Klapperkasten m. || TRANSP. Bimmelbähnchen n.

tact [takt] m. [sens] Gefühl n. ; Gefühlssinn m. Tastsinn m. || FIG. Takt m. ; Feingefühl n. ; Zart-, Fingerspitzengefühl n. ; Anstand m. ; Anstandsgefühl

n. | *Manque, Absence de tact*, mangelnder Takt; Taktlosigkeit f.

tacticien [taktisjɛ̃] m. MIL. Taktiker m.

tactile [taktil] adj. fühlbar; Gefühls...; Tast...

tactique [taktik] adj. MIL. taktisch. | *Unité tactique*, Gefechtseinheit f.

◇ f. Taktik f.; Gefechtslehre f.; taktisches Vorgehen. || PAR EXT. Verfahren n.; Verhalten n.

tadorne [tadɔrn] m. ZOOL. Brandente f.

taffetas [tafta] m. [étoffe] Taft m.; Taffet m.

taïaut! [tajo] interj. hussa!; hallo!; horrido!

taie [tɛ] f. [literie] (Kopf)kissenbezug m.; Überzug m. || MÉD. Hornhautfleck m.

taillable [tɑjabl] adj. steuerpflichtig. | *Taillable et corvéable à merci*, unbedingt steuerbar und frohnpflichtig.

taillade [tɑjad] f. Schlitz m.; Schnitt m. || [dans les chairs] Hieb m.; Schmarre f.; Schmiß m.

taillader [-de] v. tr. (auf)schlitzen; zerfetzen; einen Schnitt machen; zersäbeln. | *Avoir le visage tailladé*, Schmisse im Gesicht haben.

taillanderie [tɑjɑ̃dri] f. Zeug-, Kleinschmiedehandwerk n., -werkstatt f., -arbeit f.; Werkzeugschmiede f. || [ouvrage] Schneidezeugware f.

taillandier [-dje] m. Klein-, (Werk)zeugschmied m.

taille [tɑ:j] f. **1.** [action de tailler] (Be)schneiden n.; Schnitt m. || [pierre] Behauen n. || [pierres précieuses] Schleifen n.; Schliff m. || [forêt] (Holz)schlag m. || [gravure] Stich m. || [mines] Abbau m. | *Taille des arbres*, Zurückschneiden der Bäume. | *Taille de la barbe*, Bartscheren n. | *Taille du diamant*, Diamantschliff. | *Taille d'un habit*, Zuschneiden. | *Taille de la vigne*, Beschneiden des Weinstocks. | *Gravure en taille dure*, Stahlstich. | *Pierre de taille*, Quaderstein m.

2. [dimension] (Körper)größe f.; Wuchs m.; Gestalt f. | *Taille mannequin*, Mannequinfigur f. | *De grande taille*, von hohem Wuchs; groß. | *Par rang de taille*, nach der Größe. | *Être de la même taille*, gleich groß sein. || FIG. *Être de taille à*, Manns genug sein, um. | *Il n'est pas de taille*, er ist (dieser Aufgabe) nicht gewachsen.

3. [partie du corps] Taille f. | *Taille de guêpe*, Wespentaille. | *Avoir la taille bien prise*, schön gewachsen sein. | *Prendre par la taille*, um die Hüfte, um den Leib fassen.

4. [tranchant d'une épée] Schärfe f.; Schneide f. | *Frapper d'estoc et de taille*, stechen und hauen.

5. [ancien impôt] Leibeigenensteuer f.

6. INF. *Taille mémoire*, Speicherraum m.

taillé, ée [tɑje] adj. [de telle taille] *Bien taillé*, schön, wohl gewachsen. || PAR EXT. [fait pour] *Il n'est pas taillé pour cela*, dem ist er nicht gewachsen.

taille-crayon [tɑjkrɛjɔ̃] m. invar. Bleistiftspitzer m.

taille-douce [-dus] f. (pl. **tailles-douces**) Kupferstich m.

tailler [tɑje] v. tr. schneiden; beschneiden; behauen; anspitzen; zurecht-, zuschneiden. | *Tailler un arbre*, einen Baum stutzen. | *Tailler la barbe*, den Bart schneiden. | *Tailler un crayon*, einen Bleistift (an)spitzen. | *Tailler un diamant*, einen Diamanten schleifen. | *Tailler une pierre*, einen Stein behauen. | *Tailler une robe*, ein Kleid zuschneiden. | *Tailler un rosier*, einen Rosenbusch ausschneiden. | *Tailler au ciseau*, ausmeißeln. || LOC. *Tailler des croupières à qn*, jn übel zurichten; jm hart zusetzen. || FAM. *Tailler une bavette*, ein Schwätzchen halten; plauschen.

tailleur [-jœ:r] m. **1.** *Tailleur de diamants*, Diamantenschleifer m. | *Tailleur de pierres*, Steinmetz m.

2. [qui fait des vêtements] Schneider m. | *Tailleur pour dames*, Damenschneider. | *Tailleur pour hommes*, Herrenschneider. | *Tailleur travaillant sur mesure*, Maßschneider.

3. PAR EXT. [costume de dame] Schneiderkleid n.; Damenkostüm n.; Jackenkleid n.

taillis [taji] m. Busch-, Niederwald m.; Unterholz n.; Dickicht n.

tain [tɛ̃] m. Spiegelbelag m., -folie f.; Stanniol n.

taire [tɛ:r] v. tr. verschweigen; verbergen; verheimlichen. | *Taire la vérité*, die Wahrheit verschweigen. | *Faire taire*, zum Schweigen bringen. || FIG. *Faire taire son ressentiment*, seinen Groll hinunterschlucken, hinunterwürgen.

◇ v. pr. **se taire,** stillschweigen; verstummen; den Mund halten. | *Taisez-vous!*, still!; halten Sie den Mund!

talc [talk] m. MINÉRAL. Talk m.

talent [talɑ̃] m. [don] Talent n.; Begabung f.; Veranlagung f.; Naturgabe f. | *Homme de talent*, talentvoller Mann. | *Avoir du talent*, begabt sein.

talentueux, euse [-tɥø, ø:z] adj. talentiert; talentvoll; begabt.

talion [taljɔ̃] m. (Wieder)vergeltung f. | *Loi du talion*, Vergeltungsrecht n.

talisman [talismɑ̃] m. Talisman m.; Zauber-, Schutzmittel n.

taloche [talɔʃ] f. [coup] Klaps m.; Ohrfeige f.

talon [talɔ̃] m. [partie du corps] Ferse f.; Hacken m.; Hacke f. || [partie de la chaussure] (Schuh)absatz m. | *Talon haut*, hoher Absatz; Stöckelabsatz. | *Talon plat*, flacher Absatz. | *Talon aiguille*, Pfennigabsatz; Stöckelabsatz. | *Faire claquer les talons*, die Hacken zusammenschlagen. || [fragment] Talon m., Stamm m. (au jeu). | *Talon de chèque*, Scheckabschnitt m. || [pneu] Reifenwulst m. || FIG. *Talon d'Achille*, Achillesferse. | *Avoir l'estomac dans les talons*, einen Bärenhunger haben. | *Être sur les talons de qn*, jm hart auf den Fersen sein. | *Tourner les talons*, den Rücken wenden.

talonner [-lɔne] v. tr. jm auf den Fersen sein; jn hart verfolgen; jm hart zusetzen; jn antreiben.

talonnette [-lɔnɛt] f. Ferseneinlage f.; verstärkte Strumpfferse.

talonneur [-lɔnœ:r] m. SPORT. Hackler m.

talquer [talke] v. tr. mit Talk einreiben.

talus [taly] m. Böschung f.; Abdachung f.; Schräge f. | *En talus*, schräg; abschüssig.

talweg [talvɛg] m. GÉOL. Strombahn f.

tamanoir [tamanwa:r] m. ZOOL. Ameisenbär m.

tamarin [tamarɛ̃] m. BOT. Tamarinde f. || ZOOL. Großohrseidenaffe m.

tamarinier [-rinje] m. BOT. Tamarinde f.

tamaris [tamaris] m. BOT. Tamariske f.

tambouille [tɑ̃bu:j] f. POP. Fraß m.; Futter n.

tambour [tɑ̃bu:r] m. [instrument] Trommel f. | *Baguette de tambour*, Trommelschlegel m. | *Peau de tambour*, Trommelfell n. | *Roulement de tambour*, Trommelwirbel m. | *Jouer du tambour*, die Trommel schlagen; trommeln. | *Tambour battant*, mit klingendem Spiel. || [instrumentiste] Trommler m.; Tambour m. || TECHN. [cylindre; rouleau] Walze f. | *Tambour de frein*, Bremstrommel. | *Tambour de porte*, Windfang m. || INF. *Tambour magnétique*, Magnettrommel f. || FIG. *Sans tambour ni trompette*, sang- und klanglos. | *Tambour battant*, rasch; in einem Zug; pausenlos.

tambourin [-rɛ̃] m. [instrument] Tamburin n.; Handtrommel f. || [danse] Tamburintanz m.

tambourinage [-rina:ʒ] m. Getrommel n.

tambourinaire [-rinɛ:r] m. Tamburinschläger m.

tambouriner [-rine] v. intr. trommeln ; mit den Fingern trommeln. | *Tambouriner sur la porte,* an die Tür trommeln.
◇ v. tr. *Tambouriner une marche,* einen Marsch trommeln. || FIG. *Tambouriner une nouvelle,* eine Nachricht ausposaunen, austrompeten.

tambourineur [-rinœ:r] m. Tamburinschläger m.

tambour-major [tɑ̃burmaʒɔ:r] m. Tambourmajor m. ; Regimentstambour m.

tamis [tami] m. Sieb n. | *Passer au tamis,* aus-, durchsieben (sépar.) ; FIG. durchhecheln (sépar.) ; einer genauen Prüfung unterziehen (insépar.).

tamisage [-za:ʒ] m. (Ab)sieben n. ; Aussortieren n.

tamiser [tamize] v. tr. sieben ; seihen ; ab-, durch-, aussieben (sépar.). || PAR EXT. *Tamiser la lumière,* das Licht dämpfen.

tampon [tɑ̃pɔ̃] m. [bouchon pour obturer] Pfropfen m. ; Stopfen m. ; Dübel m. ; Spund m. || MÉD. *Tampon d'ouate,* Wattebausch m. | *Tampon périodique,* Tampon m. || [produit d'entretien] *Tampon à récurer,* Scheuerlappen m. || [timbre] Stempel m. | *Tampon encreur,* Farbkissen n. | *Tampon-buvard,* Löscher m. | *Coup de tampon,* Abstempelung f. || INF. Puffer m. || TRANSP. Puffer m. || FIG. *État tampon,* Pufferstaat m.

tamponnement [-pɔnmɑ̃] m. [heurt] Zusammenprall m., -stoß m., -stoßen n.

tamponner [-pɔne] v. tr. *Tamponner d'ouate,* mit Watte be-, abtupfen, verschließen. || [heurter] zusammenprallen, -stoßen. || [un mur] bohren ; döbeln.
◇ v. pr. **se tamponner,** aufeinanderprallen ; kollidieren ; zusammenstoßen.

tamponneur, euse [-nœ:r, ø:z] adj. auffahrend ; aufprallend. | *Auto tamponneuse,* (Auto)skooter m.

tamponnoir [-pɔnwa:r] m. Mauerbohrer m.

tam-tam [tamtam] m. PR. et FIG. Tamtam n.

tan [tɑ̃] m. (Gerber)lohe f.

tancer [tɑ̃se] v. tr. schelten ; auszanken.

tanche [tɑ̃:ʃ] f. [poisson] Schlei m. ; Schleie f.

tandem [tɑ̃dɛm] m. Zweisitzer m. ; Tandem n. | *En tandem,* hintereinanderliegend ; gekoppelt.

tandis que [tɑ̃dikə] loc. conj. während. || [au contraire] dahingegen.

tangage [tɑ̃ga:ʒ] m. MAR. Stampfen n.

tangent, ente [-ʒɑ̃, ɑ̃:t] adj. MATH. berührend ; tangierend. | *Plan tangent,* Berührungsebene f. || FIG., FAM. hart am Ziel.
◇ f. **tangente.** MATH. Tangente f. || FIG. *Prendre la tangente,* die Kurve kratzen.

tangible [-ʒibl] adj. berührbar ; fühlbar ; greifbar. || PAR EXT. *Rendre tangible,* zugänglich, begreiflich machen.

tango [tɑ̃go] m. [danse] Tango m.
◇ adj. [couleur] orange.

tanguer [tɑ̃ge] v. intr. MAR. stampfen ; schaukeln ; schwanken.

tanière [tanjɛ:r] f. Höhle f. ; Loch n. | *Tanière du lion,* Löwengrube f. | *Tanière du renard,* Fuchsbau m. || FIG. Schlupfwinkel m. ; Loch n. | *Il ne sort pas de sa tanière,* er geht nicht aus seinem Bau ; er steckt immer in seinem Loch.

tanin ou **tannin** [tanɛ̃] m. Gerbstoff m. ; Tannin n. ; Gerbsäure f.

tank [tɑ̃:k] m. MIL. Panzer m.

tannage [tana:ʒ] m. Gerben n. ; Gerbung f. ; (Loh)beize f.

tannant, ante [-nɑ̃, ɑ̃:t] adj. gerbend ; beizend. || FIG., FAM. ermüdend ; lästig.

tanné, ée [-ne] adj. gegerbt. || FIG. sonnenverbrannt ; braungebrannt.

tanner [-ne] v. tr. gerben ; bräunen. || FIG. *Tanner qn,* FAM. jn belästigen ; POP. jm das Fell gerben.

tannerie [-nri] f. (Loh)gerberei f.

tanneur [-nœ:r] m. (Loh)gerber m.

tant [tɑ̃] adv. **1.** [quantité] so ; soviel ; soviele. | *Tant de fois,* so oft. | *Tant par tête,* so viel pro Kopf. | *Comme il y en a tant,* wie es derer so viele gibt. | *Tous tant que nous sommes,* wir alle (ohne Ausnahme). **2.** [intensité] so sehr ; dermaßen. | *Il m'aime tant,* er hat mich so lieb. | *Tant il est difficile de,* so schwer ist es, zu. | *Faire tant que,* so weit gehen, daß. **3.** [durée] so lange. | *Tant que je vivrai,* so lange ich lebe.
◇ loc. adv. **tant bien que mal,** so gut es eben geht ; recht und schlecht ; halbwegs. — **tant mieux,** umso besser ; desto besser. — **tant pis,** umso schlimmer ; desto schlimmer. — **tant et plus,** und noch mehr ; weit mehr. — **(un) tant soit peu,** ein ganz klein wenig.
◇ loc. conj. **tant que,** [quantité] so viel(e) wie ; [intensité] so sehr wie ; soweit wie ; [durée] solange (wie). — **tant s'en faut que,** weit entfernt, daß. — **en tant que,** als ; insofern als. — **si tant est que,** vorausgesetzt, daß das so ist ; wenn es sich wirklich so verhält.

Tantale [tɑ̃tal] n. pr. m. MYTH. Tantalus m. | *Supplice de Tantale,* Tantalusqualen f. pl.

tante [tɑ̃:t] f. [parente] Tante f. ; Muhme f. || POP. [Mont-de-Piété] *Ma tante,* das Leihhaus.

tantième [tɑ̃tjɛm] m. Gewinnanteil m. ; Tantieme f.

tantinet [tɑ̃tinɛ] m. *Un tantinet,* ein klein(es) bißchen ; ein wenig.

tantôt [tɑ̃to] adv. [bientôt] bald ; in kurzem. || [il y a peu] vor kurzem ; soeben ; eben erst ; gleich. | *Il est arrivé tantôt,* er ist gerade gekommen. || [alternative] *Tantôt l'un, tantôt l'autre,* bald dieser, bald jener.
◇ m. FAM. [après-midi] Nachmittag m.

taon [tɑ̃] m. ZOOL. Bremse f.

tapage [tapa:ʒ] m. Lärm m. ; Krach m. ; Radau m. ; Krakeel m. ; Spektakel m. ; Skandal m. ; Gepolter n. ; Krawall m. | *Tapage infernal,* Höllenspektakel. | *Tapage nocturne,* nächtliche Ruhestörung. | *Faire du tapage,* lärmen ; poltern. | *Faire grand tapage autour de qch.,* viel Wesens von etwas machen.

tapageur, euse [-paʒœ:r, ø:z] adj. laut ; lärmend ; Krach schlagend ; polterig ; rumorend. || FIG. *Couleurs tapageuses,* grelle, schreiende Farben f. pl. | *Toilette tapageuse,* auffällige Kleidung.

tapant, ante [-pɑ̃, ɑ̃:t] adj. POP. schlagend. | *À midi tapant,* Punkt, Schlag zwölf Uhr.

tape [tap] f. [coup] Schlag m. ; Klaps m. ; Streich m. ; Maulschelle f. | *Légère tape sur la joue,* leichte Ohrfeige. | *Donner des tapes,* klapsen ; patschen.

tape-à-l'œil [tapalœ:j] adj. auffällig ; schreiend ; grell ; ins Auge fallend ; grellbunt.
◇ m. Kitsch m.

tapecul [tapky] m. Wippe f. ; Drehbaum m. || [voiture] Klapperkasten m. ; Rippenbrecher m.

tapée [tape] f. POP. Haufen m. ; Schwarm m.

tapement [tapmɑ̃] m. [action de taper] *Tapement de pieds,* Trampeln n.

taper [-pe] v. tr. **1.** [frapper] klopfen ; klapsen ; einen Klaps geben ; schlagen. | *Taper à la machine,* auf der Maschine schreiben ; tippen. || FAM. [emprunter]

Taper qn de qch., jn um etwas anpumpen ; jm etwas abknöpfen.
◇ v. intr. [frapper] klopfen ; klapsen ; schlagen. | *Taper à côté*, vorbeischlagen ; FIG. fehlschlagen. | *Taper dans le tas*, blind drauflos schlagen. | *Taper du pied*, mit dem Fuß (auf)stampfen. | *Taper sur qn*, jn hauen. || FIG., FAM. *Taper dans l'œil*, ins Auge fallen ; gefallen. | *Taper sur les nerfs à qn*, jm auf die Nerven gehen.
tapette [-pɛt] f. kleiner Klaps ; Klopfer m.
tapeur, euse [-pœ:r, ø:z] s. FAM. Pumpgenie n. ; Nassauer(in) m. (f.).
tapinois (en) [ɑ̃tapinwa] adv. verstohlen ; heimlich. | *Disparaître en tapinois*, sich davonstehlen ; sich fortschleichen.
tapioca [tapjɔka] m. Sago m. ; Tapioka f.
tapir [tapi:r] m. ZOOL. Tapir m. ; Wasserschwein n.
tapir (se) [sətapi:r] v. pr. sich ducken ; sich kauern ; niederhocken.
◇ part. pass. et adj. **tapi, ie,** verkrochen ; geduckt. | *Rester tapi*, stilliegen.
tapis [tapi] m. **1.** Teppich m. ; Decke f. ; Überzug m. | *Tapis roulant*, Lauf-, Fließband n. ; Rolltreppe f. | *Tapis de caoutchouc*, Gummiboden m., -unterlage f., -belag m. | *Tapis d'escalier*, (Treppen)- läufer m. | *Tapis de gazon*, Rasenteppich. | *Tapis d'Orient*, Orientteppich. | *Tapis de table*, Tischdecke. | *Battre un tapis*, einen Teppich (aus)klopfen.
2. SPORT. Matte f. | *Tapis de sol*, Niedersprungmatte. | *Envoyer qn au tapis*, jn auf die Matte legen.
3. PAR EXT. *Tapis vert*, [au jeu] Spieltisch m. ; [discussion] Verhandlungstisch m.
4. FIG. *Mettre qch. sur le tapis*, etwas zur Sprache, aufs Tapet bringen ; etwas aufwerfen.
tapis-brosse [-brɔs] m. (pl. **tapis-brosses**) Türmatte f.
tapisser [-se] v. tr. tapezieren ; mit Wandteppichen behängen ; PAR EXT. bedecken ; überziehen (insépar.).
tapisserie [-sri] f. [tenture] Wandbehang m., -teppich m. ; Gobelin m. ; Wirkteppich m. || [de papier] Papiertapete f. || FIG. *Faire tapisserie*, Mauerblümchen spielen ; sitzenbleiben.
tapissier [-sje] m. Tapezierer m. ; Tapetenmacher m. ; Polsterer m.
tapoter [tapɔte] v. tr. sanft klopfen ; tätscheln. | *Tapoter la joue*, die Wange tätscheln. || [piano] klimpern.
taquet [takɛ] m. Pflock m. ; Absteckpfahl m.
taquin, ine [takɛ̃, in] adj. neckisch ; neckend ; spöttisch.
◇ m. **taquin,** Necker m.
taquiner [-kine] v. tr. necken ; hänseln ; sticheln.
taquinerie [-kinri] f. Neckerei f. ; Hänselei f. ; Stichelei f.
tarabiscoté, ée [-ɔte] adj. geschraubt ; geschnörkelt ; geziert ; überladen.
tarabuster [tarabyste] v. tr. drangsalieren ; schikanieren ; fertigmachen ; piesacken.
tarage [tara:ʒ] m. Tarieren n. ; Eichung f.
taratata [taratata] interj. papperlapapp ! ; larifari ! ; dummes Zeug ! ; Quatsch !
taraudage [-da:ʒ] m. (Gewinde)bohren n.
tarauder [-de] v. tr. Gewinde schneiden, ausbohren.
tard [ta:r] adv. spät. | *Tôt ou tard*, früher oder später ; über kurz oder lang. | *Tard le soir*, am späten Abend. | *Plus tard*, später. | *Au plus tard*, spätestens. | *Pas plus tard*, aber nicht später. | *Il se fait tard*, es wird schon spät. | *Mieux vaut tard que jamais*, lieber spät als gar nicht.
◇ m. *Sur le tard*, am späten Abend ; FIG. am Lebensabend ; auf seine alten Tage.
tarder [-de] v. intr. zögern ; zaudern ; säumen. | *Sans plus tarder*, unverzüglich ; ohne weiteres Zögern.
◇ v. tr. ind. *Tarder à*, zögern ; zaudern ; säumen. | *Il tardait à arriver*, er ließ lange auf sich warten. | *Tarder à revenir*, lange wegbleiben.
◇ v. impers. *Il me tarde de le faire*, es verlangt mich danach, es zu tun.
tardif, ive [-dif, i:v] adj. spät ; spätreif ; sich spät entwickelnd. | *Floraison tardive*, Nachblüte f. | *Fruits tardifs*, Spätobst n. ; Spätling m.
tardigrade [-grad] m. ZOOL. Faultier n.
tardivement [-divmɑ̃] adv. spät ; zu spät kommend.
tare [ta:r] f. [poids] Leer-, Verpackungsgewicht n. ; Tara f. | *Faire la tare*, die Verpackung berücksichtigen. || FIG. Mangel m. ; Fehl m. ; Fehler m. ; Makel m. | *Tare congénitale*, Geburtsfehler. | *Tare héréditaire*, erbliche Belastung. | *Sans tare*, makellos, -frei.
taré, ée [tare] adj. verdorben ; beschädigt ; mit einem Fehler (behaftet). | *Homme taré*, verdorbener Mensch. || FAM. [stupide] blöd ; schwachsinnig.
tarentule [tarɑ̃tyl] f. Tarantel f.
tarer [tare] v. tr. tarieren ; die Verpackung wiegen.
taret [tarɛ] m. ZOOL. Bohrwurm m. ; Pfahlmuschel f.
targette [tarʒɛt] f. Schub-, Drehriegel m.
targuer (se) [sətarge] v. pr. *Se targuer (de)*, sich brüsten (mit) ; prahlen (mit) ; aufschneiden. | *Se targuer de ses richesses*, sich auf seinen Reichtum etwas einbilden.
tarif [tarif] m. Tarif m. ; Gebühr f. ; Satz m. | *Tarif douanier*, Zolltarif. | *Tarif ferroviaire*, Eisenbahntarif. | *Tarif intérieur*, Binnentarif. | *Tarif maximal*, Höchsttarif. | *Tarif minimal*, Mindesttarif. | *Tarif préférentiel*, Vorzugstarif. | *Tarif réduit*, ermäßigter Tarif.
tarifaire [-fɛ:r] adj. tariflich ; tarifmäßig. | *Accord tarifaire*, Tarifvertrag m.
tarifer [-fe] v. tr. tarifieren ; den Preis, Tarif, Satz festsetzen.
tarification [-fikasjɔ̃] f. Tarifgestaltung f. ; Gebührenfestsetzung f. ; Preisbestimmung f.
tarin [tarɛ̃] m. ZOOL. Zeisig m.
tarir [tari:r] v. tr. austrocknen ; trockenlegen ; zum Versiegen bringen. | *Tarir les puits*, die Brunnen austrocknen.
◇ v. intr. versiegen ; vertrocknen. | *La source tarit*, die Quelle versiegt. || FIG. *La conversation tarit*, die Unterhaltung gerät ins Stocken. | *Ne pas tarir sur un sujet*, über ein Thema unerschöpflich sein.
tarissement [-rismɑ̃] m. Versiegen n. ; Austrocknen n. ; Vertrocknen n.
tarots [taro] m. pl. [cartes] Tarockkarten f. pl. || [jeu] Tarockspiel n.
tarte [tart] f. Torte f. ; Tortenschnitte f. | *Tarte aux cerises*, Kirschtorte.
tartelette [-təlɛt] f. Törtchen n.
tartine [tartin] f. [morceau de pain] Brotschnitte f. ; Stulle f. | *Tartine de beurre*, Butterbrot n. | *Tartine de confiture*, Marmeladenbrot. | *Faire des tartines*, Stullen machen ; Butterbrote schmieren. || FIG., FAM. langes Gerede.
tartiner [-ne] v. tr. streichen.
tartre [tartr] m. Wein-, Kessel-, Zahnstein m.

tartreux [-trø] adj. weinsteinartig; weinsteinhaltig.

tartufe [tartyf] m. Heuchler m.; Scheinheiliger m.; Frömmler m.; Mucker m.

tartuferie f. Heuchelei f.; Scheinheiligkeit f.

tas [tɑ] m. **1.** Haufen m.; Stoß m.; Stapel m. | *Tas de bois*, Holzstapel. | *Tas de charbon*, Kohlenhaufen. | *Tas d'ordures*, Müllhaufen. | *Tas de sable*, Sandhaufen. | *En tas, Par tas*, haufenweise; schockweise. | *Mettre en tas*, zusammenhäufen. | *Mettre le foin en tas*, das Heu in Haufen, in Hocken setzen. | *Mettre en petits tas*, häufeln.
2. FIG. Menge f.; Masse f.; Bande f. | *Tas de gens*, Menge, Haufen Leute. | *Tas de questions*, allerlei Fragen. | *Sur le tas*, vor Ort. | *Apprendre sur le tas*, von der Pike auf lernen. | *Formation sur le tas*, Ausbildung (f.) am Arbeitsplatz. | *Grève sur le tas*, Sitzstreik m.

tasse [tas] f. Tasse f. | *Tasse à café*, Kaffeetasse. | *Tasse de café*, Tasse Kaffee. | *Boire dans une tasse*, aus einer Tasse trinken. || FAM. [nage] *Boire la tasse*, Wasser schlucken.

tassé, ée [tɑse] adj. zusammengedrückt, -gepreßt, -geschrumpft; niedergedrückt. || FIG. *Bien tassé*, bis zum Rand gefüllt.

tasseau [taso] m. Querleiste f.; Traglatte f.

tassement [tɑsmɑ̃] m. [action] Zusammendrücken n. | *Tassement de terrain*, Bodensenkung f. || FIN. *Tassement des cours*, Kurssenkung f., -rückgang m.

tasser [-se] v. tr. zusammenpressen, -drücken. | *Tasser la terre*, die Erde feststampfen.
◇ v. pr. **se tasser,** sich sacken; sich setzen; sich senken. || FIG. *Ça se tassera*, es wird sich alles geben; es wird sich klären; das geht vorbei.

taste-vin [tastəvɛ̃] ou **tâte-vin** [tɑtvɛ̃] m. invar. Stechheber m. || [petite tasse] Probierbecher m.

tatar, e [tata:r] adj. tatarisch.
◇ s. **Tatar, e,** Tatar(in) m. (f.).

tâter [tɑte] v. tr. (be)fühlen; (be-, ab-, umher)-tasten. | *Tâter le pouls à qn*, jm den Puls fühlen. || FIG. *Tâter qn*, jn sondieren; jm auf den Zahn fühlen. | *Tâter le terrain*, das Terrain sondieren; behutsam zu Werke gehen. || *Tâter à, de qch.*, etwas ausprobieren, kosten.
◇ v. pr. **se tâter,** seine Kräfte prüfen; mit sich selbst zu Rate gehen; sich abtasten.

tatillon, onne [tatijɔ̃, ɔn] adj. FAM. kleinlich; peinlich; genau; akkurat.

tatillonner [-jɔne] v. intr. FAM. sich um jede Kleinigkeit kümmern; alles beschnüffeln.

tâtonnement [tɑtɔnmɑ̃] m. Tasten n.; Herumtappen n. || FIG. Versuchen n.

tâtonner [-ne] v. intr. tasten; sich vortasten; herumtappen. || FIG. versuchen.

tâtons (à) [atɑtɔ̃] loc. adv. tastend; tappend; auf gut Glück; aufs ungewisse; blindlings. | *Marcher à tâtons*, im dunkeln tappen.

tatou [tatu] m. ZOOL. Gürteltier n.

tatouage [tatwa:ʒ] m. Tätowierung f.

tatouer [-twe] v. tr. tätowieren.

tatoueur [-twœ:r] m. Tätowierer m.

tau [to] m. Antoniuskreuz n.; Tau n.

taudis [todi] m. armseliges Loch; Elendsquartier n.; Dreckbude f., -loch n.

taulard, arde [tola:r, ard] s. POP. Knastbruder m.; Knastologe m.; Knastologin f.

taule [to:l] f. POP. Loch n.; Kittchen n. | *Faire de la taule*, sitzen.

taulier, ière [tolje, jɛ:r] s. POP. [tenancier d'hôtel] Wirt m.; Wirtin f.

taupe [to:p] f. ZOOL. Maulwurf m. || [fourrure] Maulwurfsfell n. || *Taupe-grillon* (f.) V. COURTILIÈRE. || FAM. [espion] Maulwurf m.

taupin [topɛ̃] m. ZOOL. Schnellkäfer m. || UNIV., FAM. Kandidat (m.) für die École polytechnique.

taupinière [topinjɛ:r] f. Maulwurfshaufen m., -hügel m., -loch n.

taure [to:r] f. ZOOL. Färse f.; Sterke f.

taureau [toro] m. ZOOL. Stier m.; Bulle m. | *Taureau reproducteur*, Zuchtbulle. | *Taureau sauvage*, Auerochs m.; Ur m. | *Course de taureaux*, Stierkampf m. || FIG. *Fort comme un taureau*, bären-, riesenstark. | *Cou de taureau*, Stiernacken m. | *Prendre le taureau par les cornes*, den Stier bei den Hörnern fassen, packen.

Tauride [torid] n. pr. f. ANTIQ. Tauris n.

taurillon [torijɔ̃] m. junger Stier; Stierkalb n.

tauromachie [-romaʃi] f. Stierkampf m.

tautologie [totɔlɔʒi] f. Tautologie f.

taux [to] m. [proportion] (Prozent)satz m.; Zinsfuß m., -satz m. | *Taux actuariel brut*, Bruttozinssatz. | *Taux annuel*, Jahressatz. | *Taux de base bancaire*, Eckzins-, Leitzinssatz. | *Taux directeur*, Leitzinssatz. | *Taux légal*, gesetzlicher Zinsfuß; Normalsatz. | *Taux de l'escompte*, Diskontsatz. | *Taux de l'impôt*, Steuer-(an)satz. | *Taux préférentiel*, Vorzugssatz. || PAR EXT. *Taux d'activité*, Erwerbsquote f. | *Taux annuel d'accroissement*, jährliche Zuwachsrate f. | *Taux de chômage*, Arbeitslosenquote f. | *Taux de fécondité*, Fruchtbarkeitsziffer f. | *Taux d'inflation*, Inflationsrate f. | *Taux d'invalidité*, Versehrtenstufe f. | *Taux de mortalité*, Sterblichkeitsziffer f. || AUTOM. *Taux de compression*, Kompressionsgrad m.; Verdichtungsgrad m. || MÉD. *Taux de cholestérol*, Cholesterinspiegel m. || NUCL. *Taux de fission*, Spaltrate f. || [montant] Kurs m.; Preis m. | *Taux de change*, Umwechslungskurs. | *Taux d'émission*, Emissionskurs.

taveler [tavle] v. tr. tüpfeln; sprenkeln; tigern.

tavelure [-vly:r] f. (das) Gesprenkelte (am Obst, an einem Fell).

taverne [tavɛrn] f. Schenke f.; Kneipe f.

taxation [taksasjɔ̃] f. Besteuerung f.

taxe [taks] f. Taxe f.; Steuer f. (auf etwas); Gebühr f. (für etwas). | *Être soumis à taxe*, abgabepflichtig sein. | *Taxe sur le chiffre d'affaires*, Umsatzsteuer. | *Taxe d'habitation*, Wohnraumsteuer. | *Taxe locale*, Gemeindesteuer. | *Taxe de luxe*, Luxussteuer. | *Taxe professionnelle*, Gewerbesteuer. | *Taxe sur le revenu*, Einkommensteuer. | *Taxe de stationnement*, Parkgebühr. | *Taxe à la valeur ajoutée (T.V.A.)*, Mehrwertsteuer f. (MwSt.). || TÉLÉPH. *Taxe de base*, Gebühreneinheit f.

taxer [-kse] v. tr. taxieren, den Preis festsetzen. || mit einer Steuer belegen; besteuern. || FIG. *Taxer qn d'avarice*, jn des Geizes beschuldigen.

taxi [taksi] m. Taxi n.

taxidermie [taksidɛrmi] f. Taxidermie f.

taxidermiste [-mist] s. Präparator m.

taximètre [-mɛtr] m. Taxameter m.; Kilometerzähler m.

taxinomie [taksinɔmi] f. Taxonomie f.

Taxiphone [-fɔn] m. (nom déposé) Münzfernsprecher m.; Fernsprechautomat m.

taylorisme [tɛlɔrism] m. Taylorsystem n.

tchécoslovaque [tʃekɔslɔvak] adj. tschechoslowakisch.

Tchécoslovaquie [tʃekɔslɔvaki] n. pr. f. GÉOGR. Tschechoslowakei f. (ČSSR).

tchèque [tʃɛk] adj. tschechisch.
◇ s. **Tchèque,** Tscheche m. ; Tschechin f.
◇ m. **tchèque,** [langue] Tschechisch n.

te [-tə] pron. pers. dich (acc.) ; dir (dat.). | *Je te regarde*, ich betrachte dich. | *Je te donne*, ich gebe dir.

té [te] m. [règle] Reißschiene f. || [section] T-Eisen n. | *En té*, T-förmig.

technicien, ienne [tɛknisjɛ̃, jɛn] s. Techniker(in) m. (f.) ; Fachmann m.

technicité [-site] f. technischer Charakter ; Technik f.

technico-commercial, iale, iaux [-kokɔmɛrsjal, o] adj. kaufmännisch-technisch. | *Ingénieur technico-commercial*, Vertriebsingenieur m.

technique [tɛknik] adj. technisch ; fachmännisch ; Fach... | *Conseiller technique*, Betriebsrat m. | *École technique*, Fachschule f. ; [supérieure] Technische Hochschule (T.H.). | *Terme technique*, Fachausdruck m.
◇ f. Technik f. ; technisches Verfahren. | *Technique de fabrication*, Herstellungsverfahren.

technocrate [tɛknɔkrat] m. Technokrat m.

technocratie [-krasi] f. Herrschaft (f.) der Technik.

technologie [-lɔʒi] f. Technologie f. | *Haute technologie*, Spitzentechnologie.

technologique [-lɔʒik] adj. technologisch.

technostructure [-strykty:r] f. Technostruktur f.

teck [tɛk] m. Tiekbaum m. || [bois] Tiekholz n.

teckel [tekɛl] m. ZOOL. Dackel m.

tectonique [tɛktɔnik] f. GÉOL. Tektonik f. | *Tectonique des plaques*, Plattentektonik.

tee-shirt [tiʃœrt] (pl. **tee-shirts**) m. Tee-Shirt n.

tégument [tegymɑ̃] m. Hülle f. ; Haut f. ; Decke f.

teigne [tɛɲ] f. [papillon] Motte f. ; Schabe f. || [maladie] Kopfgrind m. ; Räude f. ; Schorf m. || FIG., PÉJOR. Giftkröte f.

teigneux, euse [-ɲø, ø:z] adj. räudig ; grindig.

teindre [tɛ̃:dr] v. tr. färben ; einfärben. | *Teindre en bleu*, blau färben.
◇ v. pr. **se teindre.** *Se teindre les cheveux*, sich die Haare färben.

teint [tɛ̃] m. Färbung f. ; Farbton m. || [visage] Gesichtsfarbe f. ; Teint m. | *Avoir un teint florissant*, blühende Farbe haben. | *Teint frais*, frische Gesichtsfarbe. | *Elle a un teint de lis et de rose*, sie hat einen taufrischen Teint. || [étoffe] *Une étoffe bon teint*, ein waschechter Stoff. | *Une étoffe grand teint*, ein farbechter Stoff.

teinte [tɛ̃:t] f. Färbung f. ; Farbton m. ; Schattierung f. | *Demi-teinte*, Halbfarbe f. | *Teinte plate*, eintönige Farbe. || FIG. Anflug m., Anstrich m. (*de*, von).

teinté, ée [tɛ̃te] adj. getönt ; gefärbt. || FIG. mit einem Anflug, einem Schimmer von.

teinter [-te] v. tr. (gleichmäßig) färben, tönen. || [bois] beizen.

teinture [-ty:r] f. [couleur] Farbstoff m., -lösung f. ; Färbemittel n. || [action] Färbung f. ; Einfärben n. || *Teinture pour les cheveux*, Haarfärbemittel. || PHARM. Tinktur f. | *Teinture d'iode*, Jodtinktur. || FIG. *Une teinture de*, ein Anflug, ein Anstrich von.

teinturerie [-tyrri] f. Reinigung f. | *Porter un vêtement à la teinturerie*, ein Kleidungsstück in die Reinigung geben.

teinturier, ière [-tyrje, jɛ:r] s. Chemischreiniger m. | *Porter une robe chez le teinturier*, ein Kleid in die Reinigung geben.

tel, telle [tɛl] adj. solcher, solche, solches ; so ein, eine, ein ; derartig. — **1.** [ressemblant] *De telles choses*, solche Sachen f. pl. ; derlei Dinge n. pl. | *Un tel homme*, ein solcher Mann ; so(lch) ein Mann. | *Un homme tel que vous*, ein Mann wie Sie. | *Tel maître, tel valet*, wie der Herr, so der Knecht. | *Tels que*, solche wie. | *Tels ceux qui*, wie diejenigen, die. | *Tel que*, sowie er (sie, es) eben ist ; unverändert. | *Telle est l'affaire*, (al)so verhält sich die Angelegenheit. | *Tel est notre bon plaisir*, so ist unser gnädigster Wille. | *On n'a jamais rien vu de tel*, so was, so etwas hat man noch nie gesehen.
2. [indéterminé] *De telle et telle manière*, auf diese oder jene Art. | *Monsieur un Tel*, Herr Soundso. | *Madame un(e) Tel(le)*, Frau Soundso. | *Rien de tel*, nichts von alledem.
3. [si grand] *Sa bêtise est telle que*, seine Dummheit ist so groß, daß ; er ist so dumm, daß. | *Une telle quantité*, so viel(e). | *Il n'y a rien de tel que*, nichts geht über (acc.).
4. loc. conj. **de telle sorte que,** so, derart, dergestalt, dermaßen, daß.
◇ pron. solcher, solche, solches ; so einer, eine, eines ; derartig. || [ressemblant] *Passer pour tel*, als solcher, als so einer gelten. || [indéterminé] *Tel ou tel*, dieser oder jener ; dies und das.

télé [tele] (abrév. fam. de **télévision**) f. Fernsehen n. || FAM. *Soirée télé*, Fernsehabend m.

téléboutique [-butik] f. Telefonladen m.

télécabine [-kabin] f. Sessellift m.

Télécarte [-kart] f. (nom déposé). TÉLÉPH. Telefonkarte f.

téléchargement [-ʃarʒəmɑ̃] m. INF. Fernladen n.

télécommande [-kɔmɑ̃:d] f. Fernbedienung f., -steuerung f.

télécommandé, ée [-kɔmɑ̃de] adj. ferngesteuert, -gelenkt.

télécommander [-kɔmɑ̃de] v. tr. fernsteuern, -lenken.

télécommunication [-kɔmynikasjɔ̃] f. Fernmeldeverkehr m., -technik f., -wesen n.

téléconférence [-kɔ̃ferɑ̃:s] f. Telefonkonferenz f.

télécopie [-kɔpi] f. Telefaxkopie f.

télécopier [-pje] v. tr. fernkopieren.

télécopieur [-pjœ:r] m. Fernkopierer m. ; Telefaxkopierer m.

télédétection [-detɛksjɔ̃] f. Teledetektion f. ; Fernerfassung f.

télédiffusion [-difyzjɔ̃] f. Fernsehausstrahlung f.

télédistribution [-distribysjɔ̃] f. Kabelfernsehen n.

télédocumentation [-dɔkymɑ̃tasjɔ̃] f. Teledokumentation f. ; Ferndokumentation f.

téléenseignement [-ɑ̃sɛɲmɑ̃] m. Fernunterricht m.

téléfilm [-film] m. Fernsehfilm m.

télégénique [-ʒenik] adj. telegen.

télégramme [-gram] m. Telegramm n. ; Depesche f. | *Envoyer, Expédier un télégramme*, ein Telegramm schicken, aufgeben. | *Télégramme chiffré*, Chiffretelegramm. | *Télégramme téléphoné*, telefonisch durchgegebenes Telegramm. | *Télégramme de félicitations*, Glückwunschtelegramm. | *Par télégramme*, telegraphisch.

télégraphe [-graf] m. Telegraph m. ; Fernschreiber m. | *Télégraphe Morse*, Morsetelegraph. | *Télégraphe optique*, Spiegelsignalapparat m.

télégraphie [-grafi] f. Telegraphie f. ; Fernmeldewesen n. | *Télégraphie sans fil*, drahtlose (Radio)-telegraphie. | *Télégraphie optique*, Lichttelegraphie.

télégraphier [-grafje] v. tr. drahten ; telegraphieren.

télégraphique [-grafik] adj. telegraphisch. | *Adresse télégraphique*, Telegrammadresse f. | *Mandat télégraphique*, telegraphische Postanweisung. | *Poteau télégraphique*, Telegraphenmast m. | *Style télégraphique*, Telegrammstil m.

télégraphiste [-grafist] s. [employé] Telegraphenbeamter m., -beamtin f. || [qui porte les dépêches] Telegrammbote m., -botin f.

téléguidage [-gida:ʒ] m. Fernlenkung f. ; Fernsteuerung f.

téléguidé, ée [-gide] adj. ferngesteuert ; ferngelenkt. | *Téléguidé par radar*, radargelenkt. | *Arme téléguidée*, Fernlenkwaffe f.

téléguider [-gide] v. tr. fernsteuern, -lenken.

téléimpression [-ɛ̃prɛsjɔ̃] f. TECHN. Fernschreiben n.

téléimprimeur [-ɛ̃primœ:r] m. Fernschreiber m. ; Fernschreibmaschine f.

téléinformatique [-ɛ̃fɔrmatik] f. INF. Datenfernverarbeitung f.

téléjournal [-ʒurnal] m. Fernsehzeitschrift f.

télémaintenance [-mɛ̃tnɑ̃:s] f. INF. Fernwartung f.

télémanipulateur [-manipylatœ:r] m. TECHN. Fernbedienungsgerät n.

télémanipulation [-lasjɔ̃] f. TÉLÉCOMM. Fernbetätigung f.

télématique [-matik] f. Telematik f. ; Teleprocessing n. ; Datenfernverarbeitung f.

télémesure [-məzy:r] f. TECHN. Fernmessung f.

télémètre [-mɛtr] m. Entfernungsmesser m.

téléobjectif [-ɔbʒɛktif] m. Teleobjektiv n. ; Fernlinse f.

téléologie [teleɔlɔʒi] f. PHILOS. Teleologie f.

télépathie [telepati] f. Fernempfinden n. ; Telepathie f. ; Ferngefühl n.

télépathique [-patik] adj. telepathisch.

téléphérique [-ferik] m. Drahtseilbahn f.

téléphone [-fɔn] m. Telefon n. ; Fernsprecher m., -sprechapparat m. | *Téléphone automatique*, Selbstanschluß m. | *Téléphone privé*, Haustelefon. | *Téléphone public*, öffentlicher Fernsprecher. | *Téléphone routier*, Autotelefon. | *Téléphone à pièces*, Münzfernsprecher. | *Téléphone à touches*, Tastentelefon. | *Téléphone sans fil*, schnurloses, mobiles Telefon. | *Abonné au téléphone*, Fernsprechteilnehmer m. | *Annuaire du téléphone*, Telefonbuch n. | *Coup de téléphone*, Telefonanruf m. | *Numéro de téléphone*, Telefon-, Rufnummer f. | *Par téléphone*, fernmündlich ; telefonisch. | *Appeler qn au téléphone*, jn ans Telefon rufen. | *On m'appelle au téléphone*, man verlangt mich am Telefon. || POLIT. *Téléphone rouge*, heißer Draht.

téléphoner [-fɔne] v. intr. telefonieren. | *Téléphoner à qn*, jn anrufen.

téléphonie [-fɔni] f. Telefonie f. ; Fernsprechwesen n.

téléphonique [-fɔnik] adj. telefonisch ; fernmündlich. | *Appel téléphonique*, Anruf m. | *Cabine téléphonique*, Fernsprechzelle f. ; Telefonkabine f. | *Communication téléphonique*, Ferngespräch n. | *Ligne téléphonique*, Fernsprechlinie f. | *Réseau téléphonique*, Fernsprechnetz n. | *Taxe téléphonique*, Telefongebühren f. pl.

téléphoniste [-fɔnist] s. Telefonist(in) m. (f.).

téléphoto(graphie) [-fɔtɔgrafi] f. Telefoto n. ; Fernaufnahme f.

téléprompteur [-prɔ̃ptœ:r] m. TÉLÉV. Teleprompter m.

téléreportage [-rəpɔrta:ʒ] m. Fernsehbericht m.

télescopage [-skɔpa:ʒ] m. Zusammenstoß m.

télescope [-skɔp] m. Teleskop n. ; Fernrohr n. | *Télescope binoculaire*, Doppelfernrohr.

télescoper [-skɔpe] v. tr. zusammenstoßen ; in einen anderen Zug hineinfahren.
◇ v. pr. **se télescoper,** sich ineinanderschieben.

télescopique [-skɔpik] adj. teleskopisch ; ineinanderschiebbar ; einfahrbar ; ausziehbar.

téléscripteur [-skriptœ:r] m. Fernschreiber m., -schreibmaschine f.

télésiège [-sjɛ:ʒ] m. Sesselbahn f., -lift m.

téléski [-ski] m. Schilift m. ; Skilift m.

téléspectateur, trice [-spɛktatœ:r, tris] s. Fernsehzuschauer(in) m. (f.).

télétexte [-tɛkst] m. Bildschirmtext m.

télétraitement [-trɛtmɑ̃] m. INF. Datenfernverarbeitung f.

télétransmission [-trɑ̃smisjɔ̃] f. TECHN. Fernübertragung f.

Télétype [-tip] m. (nom déposé). V. TÉLÉSCRIPTEUR.

télévisé, ée [-vize] adj. durch Fernsehen übertragen ; Fernseh... | *Journal télévisé*, Fernsehnachrichten f. pl. ; Tagesschau f.

téléviser [-vize] v. tr. durch Fernsehen übertragen.

téléviseur [-vizœ:r] m. Fernsehempfänger m.

télévision [-vizjɔ̃] f. (abrév. fam. **télé** f.) Fernsehen n. ; Fernsehübertragung f. ; Bildfunk m., -übertragung f. | *Télévision en couleurs*, Farbfernsehen. | *Télévision scolaire*, Schulfernsehen. | *Télévision par câbles*, Kabelfernsehen. | *Télévision à péage*, Abonnementfernsehen.

télévisuel, uelle [-vizyɛl] adj. Fernseh...

télex [telɛks] m. TECHN. [système] Fernschreibnetz n. ; [message] Telex n.

télexer [-se] v. tr. telexen.

tellement [tɛlmɑ̃] adv. so ; so sehr ; derartig ; dermaßen ; dergestalt. | *Pas tellement*, nicht besonders. | *Tellement... que*, so..., daß.

tellurien, ienne [-rjɛ̃, jɛn] ou **tellurique** [-rik] adj. tellurisch ; irden ; erden ; Erd... | *Secousse tellurique*, Erdstoß m.

téméraire [temerɛ:r] adj. [hardi] waghalsig ; tollkühn ; verwegen ; vermessen. || HIST. *Charles le Téméraire*, Karl der Kühne. || [irréfléchi] leichtsinnig ; voreilig.
◇ m. Wagehals m. ; Draufgänger m. | *Un jeune téméraire*, ein junger Brausekopf.

témérairement [-rɛrmɑ̃] adv. tollkühn ; verwegen.

témérité [-rite] f. Wagehalsigkeit f. ; Tollkühnheit f. ; Verwegenheit f. ; Vermessenheit f. || [de jugement] Voreiligkeit f. ; Unbesonnenheit f.

témoignage [temwaɲa:ʒ] m. **1.** [action] (Be)zeugen n. || [relation] Zeugnis n. ; Zeugenaussage f. | *Faux témoignage*, falsches Zeugnis. | *Appeler qn en témoignage*, jn als Zeugen vorladen. | *S'en rapporter, S'en référer au témoignage de qn*, sich auf js Zeugnis, Zeugenaussage berufen. | *Porter, Rendre témoignage*, Zeugnis ablegen. **2.** FIG. Zeichen n. ; Beweis m. | *Témoignage d'amitié*, Freundschaftsbezeigung f. | *Témoignage de sympathie*, Sympathiekundgebung f. | *En témoignage de*, als Zeichen (gén.) ; zum Beweis für.

témoigner [-ɲe] v. tr. ind. (be)zeugen ; als Zeuge aussagen. | *Témoigner de qch.*, von etwas Zeugnis

ablegen. | *Témoigner de son innocence*, seine Unschuld bezeugen.
◇ v. tr. bestätigen ; erweisen ; zeigen ; zu erkennen geben. | *Témoigner sa reconnaissance*, seine Dankbarkeit erweisen.
◇ v. intr. *Témoigner en justice*, vor Gericht als Zeuge auftreten.

témoin [temwɛ̃] m. **1.** [personne] Zeuge m. ; Zeugin f. || [à un mariage] Trauzeuge m. || [en duel] Sekundant m. | *Témoin oculaire*, Augenzeuge, -zeugin. | *Témoin principal*, Kronzeuge. | *Faux témoin*, falscher Zeuge. | *Témoin à charge*, Belastungszeuge. | *Témoin à décharge*, Entlastungszeuge. | *Témoin de moralité*, Leumundszeuge. | *Audition des témoins*, Zeugenverhör n. | *Déposition du témoin*, Zeugenaussage f. | *Dieu m'est témoin*, Gott ist mein Zeuge. | *Prendre qn à témoin*, jn als Zeugen anrufen. | *Récuser un témoin*, einen Zeugen ablehnen.
2. FIG. Zeuge m. ; Beweis m. ; Beweisstück n. ; (Merk)zeichen n. | *Témoin les blessures qu'il a reçues*, davon zeugen seine Wunden.
◇ adj. *Lampe témoin*, Kontrollampe f.

tempe [tɑ̃:p] f. ANAT. Schläfe f.

tempérament [tɑ̃peramɑ̃] m. Temperament n. ; Körper-, Geistesbeschaffenheit f. ; Veranlagung f. ; Anlage f. ; Natur f. | *Avoir du tempérament*, heißblütig sein ; Temperament haben. | *Avoir un tempérament d'artiste*, künstlerisch veranlagt sein. || COMM. *Payement à tempérament*, Ratenzahlung f. | *Vente à tempérament*, Verkauf (m.) auf Abzahlung. | *Acheter à tempérament*, auf Raten kaufen.

tempérance [-rɑ̃:s] f. Mäßigung f. ; Mäßigkeit f. ; Enthaltsamkeit f.

tempérant, ante [-rɑ̃, ɑ̃:t] adj. mäßig ; enthaltsam. | *Être tempérant*, Maß halten.

température [-raty:r] f. Temperatur f. ; Wärmegrad m. | *Température ambiante*, Zimmertemperatur. | *Température extérieure*, Außentemperatur. | *Température de l'air*, Lufttemperatur. || MÉD. Fieber n. | *Avoir une température élevée*, eine erhöhte Temperatur haben.

tempéré, ée [-re] adj. gemäßigt ; mäßig ; lind ; lau. | *Climat tempéré*, gemäßigtes Klima. || MUS. temperiert.

tempérer [-re] v. tr. mäßigen ; abkühlen ; lindern ; temperieren ; mildern.

tempête [tɑ̃pɛ:t] f. Sturm m. ; stürmisches Wetter ; Unwetter n. ; Ungewitter n. | *Tempête de neige*, Schneesturm, -gestöber n. || FIG. Streit m. ; Krach m. | *Une tempête dans un verre d'eau*, Sturm im Wasserglas ; viel Lärm um nichts.

tempêter [-pɛte] v. intr. stürmen ; lärmen ; toben ; tosen ; wettern ; schelten ; Krach schlagen.

tempétueux, ueuse [-petɥø, ɥø:z] adj. stürmisch ; ungestüm ; aufbrausend.

temple [tɑ̃:pl] m. Tempel m. ; Gotteshaus n. || [protestant] protestantische Kirche.

templier [-plije] m. HIST. Tempelherr m. ; Templer m. ; Tempelritter m. | *Ordre des Templiers*, Templerorden m.

tempo [tɛmpo] m. MUS. Tempo n. ; Zeitmaß n.

temporaire [tɑ̃pɔrɛ:r] adj. vorübergehend ; zeitweilig. | *Travail temporaire*, Zeitarbeit f.

temporairement [-rɛrmɑ̃] adv. vorübergehend.

temporal, ale, aux [tɑ̃pɔral, o] adj. ANAT. Schläfen... ; temporal. | *Os temporal*, Schläfenbein n.

temporel, elle [tɑ̃pɔrɛl] adj. [contraire d'éternel] zeitlich ; vergänglich. || [contraire de spirituel] irdisch ; weltlich.
◇ m. **temporel,** [pouvoir] weltliche Macht.

temporisateur, trice [-rizatœ:r, tris] adj. hinhaltend ; zaudernd ; abwartend.
◇ m. **temporisateur,** Zauderer m.

temporisation [-rizasjɔ̃] f. Zaudern n. ; Abwarten n. ; Verzögerung f.

temporiser [-rize] v. tr. zaudern ; abwarten ; aufschieben ; hinhalten.

temps [tɑ̃] m.

I. DURÉE : Zeit f. ; Dauer f. ; Zeitpunkt m.
  1. avec un adj. ;
  2. avec un nom ;
  3. avec un verbe ;
  4. LOC.
II. ÉTAT DE L'ATMOSPHÈRE : Wetter n.
III. MUS. : Zeitmaß n. ; Takt m. — POÉS.
IV. GRAMM. : Zeit f. ; Tempus n.
V. TECHN. : Takt m. ; Zeit f.
  1. moteur ;
  2. PHOT. ;
  3. INF.

I. DURÉE : Zeit f. || [moment précis] Zeitpunkt m. || [durée] Zeitabschnitt m., -dauer f., -raum m. || [époque] Zeitalter n.
1. (avec un adj.) *Le bon vieux temps*, die gute alte Zeit. | *Un certain temps*, eine längere Dauer. | *Un long temps*, eine geraume Zeit. | *Un assez long temps*, eine gute Weile. | *Les Temps modernes*, die neue Zeit ; die Neuzeit. | *Le temps passé*, die Vergangenheit.
2. (avec un nom) *Temps d'arrêt*, Atempause f. | *Temps d'attente*, Wartezeit. | *Temps de cuisson*, Kochzeit. | *Temps d'épreuve*, Prüf-, Probezeit. | *Temps du parcours*, Laufzeit. | *Temps record*, Rekordzeit. | *Temps de repos*, Arbeitspause f., -ruhe f. | *Mesure du temps*, Zeitberechnung f. | *La misère des temps*, die Not der Zeit. | *La nuit des temps*, das graueste Altertum, die Vorzeit. | *Perte de temps*, Zeitverlust m. || MIL. *Temps du service actif*, aktive Dienstzeit.
3. (avec un verbe) *Avoir le temps*, Zeit haben. | *Je n'ai pas le temps*, es fehlt mir an Zeit. | *Avoir un temps d'arrêt*, stocken. | *N'avoir qu'un temps*, nicht lange dauern. | *Il y a beau temps (que c'est passé)*, das ist schon lange her. | *Il y a beau temps qu'il est mort*, er ist längst gestorben. | *Il y a peu de temps*, (noch) vor kurzer Zeit. | *Il y a temps pour tout*, alles hat seine Zeit. | *Cela demande du temps*, dazu gehört Zeit. | *Se donner du bon temps*, es sich wohl sein lassen ; sich gute Tage machen. | *Le temps me dure*, die Zeit wird mir lang. | *Il s'écoula peu de temps*, es verging nur eine geringe Zeit. | *Être de son temps*, mit seiner Zeit gehen. | *Il est (grand) temps*, es ist höchste (höchst an der) Zeit. | *Il n'est plus temps*, es ist zu spät. | *Il n'était que temps*, es war auch die höchste Zeit. | *Le temps, c'est de l'argent*, Zeit ist Geld. | *Laissons faire le temps*, kommt Zeit, kommt Rat. | *Il a fait son temps*, er hat seine Zeit gehabt ; er hat sich überlebt. | *Cela se fera avec le temps*, das wird sich finden. | *Il faut le temps*, gut Ding will Weile haben. | *Gagner du temps*, Zeit gewinnen. | *Le temps passe*, die Zeit vergeht, verfließt. | *Passer son temps*, seine Zeit verbringen. | *Passer son temps à boire*, seine Zeit vertrinken. | *Faire passer le temps à qn*, jm die Zeit vertreiben. | *Sans perdre de temps*, unverzüglich. | *Nous n'avons pas de temps à perdre*, wir haben keine Zeit zu verlieren ; Eile tut Not. | *Prendre le temps de*, sich die Zeit nehmen, zu. | *Prendre beaucoup de temps*, viel Zeit kosten, in Anspruch nehmen. | *Prendre son temps*, sich Zeit lassen. | *Rattraper le temps perdu*, den Zeitverlust wieder einholen. | *Trouver le temps long*, Langeweile haben.

| *Tuer le temps*, die Zeit totschlagen. | *Vivre avec son temps*, in der Gegenwart leben.
4. Loc. *Autres temps, autres mœurs*, andre Zeiten, andre Sitten. | *Chaque chose en son temps*, alles zu seiner Zeit. | *À temps*, zur rechten Zeit ; rechtzeitig. | *Au temps jadis*, vor Zeiten ; ehedem. | *Dans l'ancien temps*, in alter Zeit. | *Au temps où*, in der Zeit, da, wo. | *Quelque temps après*, etwas später ; nach einiger Zeit. | *Avant le temps*, vorzeitig. | *Avec le temps*, im Laufe der Zeit. | *Ces derniers temps*, in letzter Zeit. | *Combien de temps ?*, wie lange ? | *Dans mon jeune temps*, in meiner Jugendzeit. | *Dans le même temps, En même temps*, zu gleicher Zeit ; gleichzeitig. | *Dans la nuit des temps*, in grauer Vorzeit. | *Dans la suite des temps*, in ferner Zukunft. | *De temps en temps, De temps à autre*, von Zeit zu Zeit ; dann und wann ; ab und zu. | *De temps immémorial*, vor undenklichen Zeiten. | *De mon temps*, zu meiner Zeit ; zu meinen Zeiten. | *De tout temps*, von jeher ; jederzeit. | *Depuis ce temps-là*, von da ab. | *Depuis ce temps*, seitdem. | *En temps de paix*, in Friedenszeiten. | *En temps de guerre*, in Kriegszeiten. | *En ce temps-là*, zu, in jener Zeit ; damals. | *En même temps que*, während ; indessen. | *En temps ordinaire*, unter gewöhnlichen Umständen. | *En quelque temps que ce soit*, es sei wann es wolle. | *En tout temps*, zu jeder Zeit ; jederzeit ; jeher. | *En temps utile*, zu gegebener Zeit. | *En temps voulu*, zum passenden Augenblick. | *Faute de temps*, aus Zeitmangel. | *La plupart du temps*, meistens. | *Par les temps qui courent*, gegenwärtig ; heutzutage. | *Pendant ce temps*, während dieser Zeit ; während(dessen) ; indessen. | *Pendant un certain temps*, eine Zeitlang. | *Pour peu de temps*, auf kurze Zeit.
II. État de l'atmosphère : Wetter n. ; Witterung f. | *Temps bouché*, diesiges Wetter. | *Gros temps*, stürmisches Wetter. | *Temps de chien*, Sauwetter. | *Changement de temps*, Wetterumschlag m. | *Prévision du temps*, Wettervoraussage f. | *Par tous les temps*, bei jeder Witterung. | *Faire la pluie et le beau temps*, über alles Herr sein ; Herr im Haus sein. | *Il fait beau temps*, es ist, es herrscht schönes Wetter.
III. Mus. Tempo n. ; Takt m. | *Mesure à trois temps*, Dreivierteltakt. || Poés. *Temps fort*, Hebung f. | *Temps faible*, Senkung f.
IV. Gramm. Zeit f. ; Tempus n. | *Temps composés*, zusammengesetzte Zeiten f. pl. | *Temps primitifs*, Hauptzeiten. | *Temps simples*, einfache Zeiten. | *Concordance des temps*, Zeitenfolge f. | *Complément circonstanciel de temps*, Umstandsergänzung (f.) der Zeit.
V. Techn. **1.** [moteur] *Moteur à deux temps*, Zweitaktmotor m.
2. Phot. *Temps de pose*, Belichtungszeit, -dauer.
3. Inf. *Temps d'accès*, Zugriffszeit f. | *Temps partagé*, Teilnehmerbetrieb m. ; Mehrbenutzerzeit f. | *Temps réel*, Echtzeit f. | *Temps de réponse*, Ansprechzeit f.

tenable [tənabl] adj. haltbar ; zu halten. | *Ce n'est plus tenable*, es ist nicht mehr auszuhalten.

tenace [-nas] adj. festhaltend ; zäh[e]. || Fig. hartnäckig ; beharrlich ; eigensinnig ; starrköpfig.

ténacité [tenasite] f. [métal] Festigkeit f. || Fig. Hartnäckigkeit f. ; Beharrlichkeit f. ; Zähigkeit f. ; Ausdauer f.

tenaille [tənɑ:j] f. (plus souvent **tenailles** f. pl.) Beiß-, Kneifzange f. || Mil. Zangenbewegung f.

tenailler [-je] v. tr. martern ; foltern. | *Être tenaillé par la faim*, von Hunger gepeinigt sein.

tenancier [tənɑ̃sje] m. Zinsbauer m. ; Pächter m.

tenant, ante [-nɑ̃, ɑ̃:t] adj. haltend. | *Séance tenante*, auf der Stelle ; unverzüglich.
◇ m. **tenant,** [personne] Verfechter m. ; péjor. Mitläufer m. || Sport. *Tenant du titre*, Titelverteidiger m., -träger m. || [morceau] *D'un seul tenant*, ununterbrochen ; aus einem Stück.
◇ m. pl. **tenants.** *Les tenants et les aboutissants*, die angrenzenden Grundstücke n. pl. ; fig. die Nebenumstände m. pl.

tendance [tɑ̃dɑ̃:s] f. Streben n. ; Richtung f. ; Tendenz f. || Fig. Hang m. ; Neigung f. || [évolution] Entwicklung f. | *Tendance littéraire*, literarische Richtung. | *Avoir tendance à*, zu... neigen. || Fin. Börsenströmung f. ; Entwicklung f. | *La tendance est orientée à la baisse, à la hausse*, die Aktien tendieren schwächer, fester.

tendancieux, ieuse [-sjø, jø:z] adj. tendenziös ; zweckbestimmt. | *Nouvelle tendancieuse*, Zweckmeldung f.

tendineux, euse [tɑ̃dinø, ø:z] adj. sehnig.

tendinite [-nit] f. Méd. Sehnenentzündung f.

tendon [-dɔ̃] m. Anat. Sehne f.

tendre [tɑ̃:dr] adj. mürbe ; weich. || [pain] frischgebacken. | *Bois tendre*, weiches Holz. || Fig. [délicat] zart ; zärtlich. || [sensible] empfindlich. || [doux] sanft ; mild. || [affectueux] liebevoll ; herzlich. | *Cœur tendre*, empfindsames Herz. | *Mots tendres*, Koseworte n. pl. | *Paroles tendres*, liebevolle Worte. | *Peau tendre*, zarte, empfindliche Haut. | *Rose tendre*, zartrosa. | *Dès l'âge le plus tendre*, seit frühester Kindheit. || Fam. *Avoir l'âme tendre*, zart besaitet sein. | *Ne pas être tendre pour qn*, gegen jn keine Nachsicht haben, streng sein.

tendre [tɑ̃:dr] v. tr. **1.** [tirer ; allonger] dehnen ; straffen ; an-, auf-, ausspannen. | *Tendre un arc*, einen Bogen spannen. | *Tendre les bras*, die Arme (aus)strecken, breiten. | *Tendre un ressort*, eine Feder spannen. || Mus. *Tendre une corde*, eine Saite aufspannen. || Fig. *Tendre son esprit*, seinen Geist anstrengen. | *Tendre l'oreille*, die Ohren spitzen.
2. [dresser ; disposer] auf-, behängen ; aufstellen. | *Tendre des filets*, Netze aufstellen. | *Tendre un piège*, eine Falle stellen. | *Église tendue de noir*, schwarz behängte Kirche.
3. [offrir] ausstrecken ; reichen. | *Tendre la main à qn*, jm die Hand (dar)reichen, hinhalten, bieten. | *Tendre qch. à qn*, jm etwas (hin-, dar-, zu)reichen. || Fig. *Tendre la perche à qn*, jm heraushelfen.
4. tendre à. *Tendre à qch.*, nach etwas trachten, streben ; auf etwas (acc.) hingehen, hinzielen. | *Où, À quoi tendent ces paroles ?*, wo soll das hinaus ? | *Tendre à ses fins*, auf sein Ziel lossteuern.

tendrement [tɑ̃drəmɑ̃] adv. zärtlich ; auf zärtliche Weise.

tendresse [-drɛs] f. Zärtlichkeit f. ; Liebe f. | *Aimer avec tendresse*, innig lieben.
◇ f. pl. **tendresses,** Liebkosungen f. pl.

tendreté [-drəte] f. [viande] Weichheit f.

tendron [-drɔ̃] m. [jeune fille] Backfisch m. ; junges Blut. || Bot. Knospe f. || Culin. *Tendron de veau*, Kalbsbrust f.

tendu, ue [tɑ̃dy] adj. gespannt ; straff ; gestreckt ; stramm. | *Mal tendu*, schlaff gespannt. | *Le corps tendu*, in strammer Haltung. | *Les jambes tendues*, mit gestreckten Beinen. || Fig. *Esprit tendu*, angespannter, angestrengter Geist. | *Rapports tendus*, gespannte Beziehungen f. pl.

ténèbres [tenɛ:br] f. pl. Dunkel n. ; Dunkelheit f. ; Finsternis f. || Relig. *Ange, Esprit, Prince des ténèbres*, Höllenfürst m. ; Teufel m.

ténébreux, euse [-nebrø, ø:z] adj. finster ; dunkel ; düster. || Fig. [triste] traurig. || [obscur] geheim ; unverständlich ; lichtscheu. || [démoniaque] verrucht ;

teuflisch. | *Projets ténébreux*, undurchsichtige Pläne m. pl.

teneur [-nœ:r] f. [texte] Wortlaut m. ; Inhalt m. || JUR. Tenor m. || [proportion] Gehalt m. | *À faible teneur*, geringhaltig. | *À haute teneur*, reichhaltig ; hochgradig. | *Teneur en carbone*, Kohlenstoffgehalt.

ténia [tenja] m. Bandwurm m.

tenir [təni:r].

I. v. tr.
1. AVOIR À LA MAIN : (fest)halten ; in der Hand halten ;
2. SENS DÉRIVÉS :
a) [contenir] umfassen.
b) [occuper] einnehmen.
3. FIG.
a) [garder] halten.
b) [diriger] führen.
c) [avoir reçu ; être redevable] haben ; verdanken.
d) [considérer comme] halten (für).
e) LOC.
II. tenir à, halten (auf, acc.) ; Wert legen (auf, acc.).
III. tenir de, grenzen (an, dat.) ; schlagen (nach) ; haben (von).
IV. v. intr.
1. ÊTRE ATTACHÉ : halten. ÊTRE CONTIGU À : grenzen (an, dat.) ;
2. AVOIR DE LA PLACE : hineingehen ;
3. DURER ; SUBSISTER : an-, aushalten ; dauern ;
4. RÉSISTER : aus-, durch-, standhalten.
V. v. impers. abhängen (von).
VI. v. pr. **se tenir.**
1. MAINTIEN : sich halten ;
2. CONDUITE : sich verhalten ; stehen ;
3. SE CONSIDÉRER COMME : sich halten für ;
4. COHÉSION : zusammenhangen ;
5. AVOIR LIEU : stattfinden ;
6. s'en tenir à qch., sich halten (an, acc.).

I. v. tr. **1.** AVOIR À LA MAIN : (fest)halten ; in der Hand halten. | *Ce qu'il tient, il le tient bien*, was er einmal in den Klauen hat, läßt er so leicht nicht wieder los. | *Si je le tenais !*, hätte ich ihn jetzt da ! | *Tenir qch. à la main*, etwas in der Hand halten. | *Tenir qch. entre ses mains*, etwas in den Händen haben. | *Faire tenir qch. à qn*, etwas an jn gelangen lassen. | *Tenir qn par le bras*, jn am Arm halten. | *Tenir qn sur les fonts baptismaux*, jn über die Taufe halten. | *Tenir qn à la gorge*, jn bei der Gurgel halten. | *Tenir qn par la main*, jn bei der Hand halten. | *Tenir le volant*, das Steuer führen ; am Steuer sitzen.
2. SENS DÉRIVÉS : **a)** [contenir] (um)fassen ; enthalten. | *Cette bouteille tient un litre*, diese Flasche faßt, enthält einen Liter. — **b)** [occuper] : einnehmen. | *Tenir un emploi*, ein Amt führen, betreuen, bekleiden. | *Tenir de la place*, Raum einnehmen. | *Tenir une place*, einen Platz einnehmen. | *Tenir le premier rang*, die erste Stelle einnehmen ; die erste Geige spielen. || MIL. *Tenir garnison*, in Garnison liegen. || THÉÂTRE. *Tenir le rôle de Faust*, den Faust spielen.
3. FIG. **a)** [garder] halten. | *Tenir sa droite*, sich rechts halten. | *Tenir (sa) parole*, sein Wort halten. | *Tenir sa promesse*, sein Versprechen halten. | *Tenir qch. secret*, etwas geheim halten. | *Tenir qch. au sec*, etwas trocken aufbewahren. | *Tenir qch. en (bon) état*, etwas instand halten ; etwas unterhalten (insépar.). | *Tenir qch. en réserve*, etwas aufbewahren. | *Tenir qch. sous clef*, etwas unter Verschluß halten. | *Tenir qn éveillé*, jn wach erhalten. | *Tenir qn en haleine*, jn in Atem halten. | *Tenir qn prisonnier*, jn gefangenhalten. | *Tenir son rang*, seinen Rang behaupten ; standesgemäß leben. | *Tenir rigueur à qn*, jm grollen. | *Tenir son sérieux*, ernsthaft bleiben. | *Tenir la tête droite*, den Kopf aufrecht halten. | *Tenir la tête haute*, den Kopf hoch halten. | *Tenir les yeux fixés sur qch.*, keinen Blick, kein Auge von etwas verwenden. | *Tenir les yeux ouverts*, die Augen offen halten, aufhalten. || MUS. *Tenir une note*, einen Ton (an)halten. — **b)** [diriger] führen ; (unter)halten. | *Tenir la banque*, die Bank halten. | *Tenir une école*, ein Schule betreiben. | *Tenir un hôtel*, ein Hotel bewirtschaften, in Pacht haben. | *Tenir le ménage*, den Haushalt führen. | *Tenir pension*, Kostgänger halten. || COMM. *Tenir la caisse*, die Kasse führen. | *Tenir les livres*, die Buchführung halten. | *Tenir un magasin*, einen Laden führen. | *Tenir qn en bride*, jn im Zaum halten. | *Tenir qn serré*, jn kurz halten. — **c)** [avoir reçu ; être redevable] haben ; verdanken. | *D'où tenez-vous cet argent ?*, wo haben Sie das Geld her ? | *D'où le tenez-vous ?*, woher wissen Sie das ? | *Tenir qch. de qn*, jm etwas verdanken. | *Tenir qch. de bonne source*, etwas aus guter Quelle haben, wissen. — **d)** [considérer comme] halten (für). | *Je me le tiens pour dit*, das lasse ich mir gesagt sein ; das soll mir eine Warnung sein. | *Tenir qch. pour certain*, etwas für erwiesen, für sicher halten. — **e)** LOC. *Tiens !*, *Tenez !*, ach siehst du ! ; sieh ! ; wirklich ? | *Tenir audience*, Gericht halten ; zu Gericht sitzen. | *Tenir compagnie à qn*, jm Gesellschaft leisten. | *Tenir compte de qch.*, sich etwas merken ; etwas berücksichtigen. | *Ne tenir aucun compte de qch.*, etwas völlig unbeachtet lassen ; sich nichts aus etwas machen. | *Tenir conseil*, Rat halten ; zu Rate sitzen. | *Tenir une conversation*, eine Unterhaltung führen. | *Tenir le haut du pavé*, die erste Rolle spielen. | *Tenir en honneur*, in Ehren halten. | *Tenir son journal*, sein Tagebuch halten, führen. | *Ne pas tenir le même langage*, aneinander vorbeireden. | *Tenir sa langue*, den Mund halten. | *Tenir lieu de*, vertreten ; ersetzen. | *Tenir un pari*, eine Wette halten. | *Tenir qn au courant*, jn auf dem laufenden halten. | *Tenir une séance*, eine Sitzung abhalten. | *Tenir tête à qn*, jm Widerstand leisten ; jm standhalten. || AUTOM. *Bien tenir la route*, eine gute Straßenlage haben. || MAR. *Tenir la mer*, seetüchtig sein. || FAM. *Tenir le bon bout*, das Schlimmste hinter sich haben. | *Tenir le coup*, aushalten. | *En tenir pour qn*, in jn vernarrt, verschossen sein.

II. tenir à, halten (auf, acc.) ; Wert legen (auf, acc.). — **a)** [avec un nom ou un pron.] *Il tient à l'argent*, Geld bedeutet ihm viel. | *Je tiens beaucoup à ce livre*, ich lege großen Wert auf dieses Buch. | *Tenir à qch.*, auf etwas (acc.) halten. | *Tenir beaucoup à qch.*, auf etwas (acc.) großen Wert legen. | *Tenir à la vie*, am Leben hängen. | *S'il tient à la vie*, wenn ihm sein Leben lieb ist. | *Il y tient*, er ist darauf versessen ; er ist nicht davon abzubringen. | *J'y tiens beaucoup*, ich halte viel davon ; ich lege großen Wert darauf. | *Je n'y tiens guère*, *Je n'y tiens pas*, ich mache mir nicht viel daraus. — **b)** [avec un verbe] *Je tiens à vous dire*, es liegt mir viel daran, Ihnen zu sagen. | *Il tient à partir*, er besteht darauf, abzureisen.

III. tenir de, haben (von) ; grenzen (an, dat.). | *Il tient beaucoup de sa mère*, er hat viel von seiner Mutter ; er ist seiner Mutter sehr ähnlich. | *Cela tient du miracle, du prodige*, das grenzt ans Wunderbare.

IV. v. tr. **1.** ÊTRE ATTACHÉ : halten. || ÊTRE CONTIGU À : grenzen (an, dat.). — **a)** *Tenir bien*, gut sitzen. | *Ne pas tenir*, locker, lose sein. | *Cette vis ne tient pas*, die Schraube hält nicht. — **b)** FIG. *Cela a tenu à un fil*, das hing an einem seidenen Fädchen. | *Cela me tient à cœur*, das liegt mir (nahe) am Herzen.

2. AVOIR DE LA PLACE : Platz haben ; hineingehen. | *Ce vêtement ne tient pas dans cette valise*, dieses Kleid geht nicht in den Koffer hinein.
3. DURER ; SUBSISTER : an-, (aus)halten ; bleiben ; dauern. | *La neige tient*, der Schnee bleibt liegen. | *Le beau temps ne tiendra pas*, das schöne Wetter wird nicht anhalten. | *Ne pas tenir en place*, nicht stillsitzen können ; aufgeregt sein.
4. RÉSISTER : aus-, durch-, standhalten. | *Tenir bon, ferme*, standhalten. | *Tenir contre l'ennemi*, Widerstand gegen den Feind leisten. | *Cet argument ne tient pas debout*, dieses Argument ist nicht stichhaltig. | *Cela ne tient pas debout*, das geht nicht ; das hat keinen Sinn. | *Ne plus pouvoir y tenir*, es nicht mehr aushalten können.
V. v. impers. abhängen (von). | *Il ne tient qu'à lui*, das hängt nur von ihm ab ; das kommt nur auf ihn an. | *Qu'à cela ne tienne*, darauf soll es nicht ankommen. | *À quoi cela tient-il ?*, woran liegt es ?
VI. v. pr. **se tenir. 1.** MAINTIEN : sich halten. | *Se tenir à la rampe*, sich am Geländer (fest)halten. | *Se tenir par la main*, sich an der Hand halten ; [en marchant] Hand in Hand gehen.
2. CONDUITE ; COMPORTEMENT : sich (ver)halten ; stehen. — **a)** [attitude] *Se tenir bien*, sich zu benehmen wissen. | *Tenez-vous bien !*, halten Sie sich gut ! | *Se tenir coi*, sich still verhalten. | *Se tenir debout*, sich aufrecht halten. | *Se tenir droit*, aufrecht stehen. | *Se tenir tranquille*, sich ruhig verhalten. | *Se tenir à l'écart*, sich abseits halten ; abseits stehen. | *Se tenir auprès*, dabeistehen. — **b)** PAR EXT. *Il n'a qu'à bien se tenir*, er mag sich nur in acht nehmen. | *Se tenir les côtes de rire*, sich die Seiten vor Lachen halten. | *Se tenir sur ses gardes*, auf der Hut sein. | *Ne pas se tenir de joie*, sich vor Freude nicht halten können.
3. SE CONSIDÉRER COMME : sich halten (für). | *Ne pas se tenir pour battu*, sich (noch) nicht geschlagen geben.
4. COHÉSION : PR. et FIG. zusammenhängen ; Halt, Zusammenhang haben. | *Un récit qui se tient*, eine zusammenhängende Erzählung.
5. AVOIR LIEU : stattfinden ; (ab)gehalten werden.
6. s'en tenir à qch., sich an etwas (acc.) halten ; bei etwas bleiben. | *S'en tenir à sa décision*, von seiner Entscheidung nicht abgehen. | *Tenons-nous-en là*, lassen wir es damit bewenden ! ; wir wollen es dabei lassen. | *Il faut s'en tenir là*, damit mag es sein Bewenden haben. | *Je m'en tiens à ce qu'on a dit*, ich halte mich an das Gesagte. | *Savoir à quoi s'en tenir*, Bescheid wissen ; wissen, woran man ist.

tennis [tenis] m. SPORT. Tennis n. | *Jouer au tennis*, Tennis spielen. | *Court de tennis*, Tennisplatz m. | *Raquette de tennis*, Tennisschläger m. | *Tennis de table*, Tischtennis.

tenon [tənɔ̃] m. Zapfen m. ; Stift m. ; Ansatz m.

ténor [tenɔ:r] m. MUS. Tenor m. ; Tenorstimme f., -sänger m. | *Ténor léger*, erster Tenor.

tenseur [tɑ̃sœ:r] m. ANAT. Spanner m.

tensiomètre [-mɛtr] m. Blutdruckmeßapparat m.

tension [-sjɔ̃] f. Spannung f. || [force physique] Spannkraft f. || [d'esprit] Gespanntheit f. || POLIT. Gespanntheit f. || ÉLECTR. *Basse tension*, Niederspannung. | *Haute tension*, Hochspannung. || MÉD. *Tension artérielle*, Blutdruck m.

tentaculaire [tɑ̃takylɛ:r] adj. fühlerartig ; Fühlfaden... ; polypenartig. | *Ville tentaculaire*, Riesenstadt f.

tentacule [-kyl] m. Fühler m. ; Fangarm m.

tentant, ante [tɑ̃tɑ̃, ɑ̃:t] adj. verlockend ; verführerisch ; anziehend.

tentateur, trice [-tatœ:r, tris] adj. verführerisch ; verlockend.
◇ s. Versucher(in) m. (f.).

tentation [-tasjɔ̃] f. Versuchung f. ; (Ver)lockung f. ; Verführung f. | *La tentation de saint Antoine*, die Versuchung des heiligen Antonius.

tentative [-tati:v] f. Versuch m. ; Unterfangen n. | *Tentative d'évasion*, Fluchtversuch. | *Tentative de meurtre*, Mordanschlag m.

tente [tɑ̃:t] f. Zelt n. | *Tente de camping*, Sport-, Campingzelt. | *Tente à oxygène*, Sauerstoffzelt. | *Dresser une tente*, ein Zelt aufrichten, aufbauen, aufschlagen. | *Planter une tente*, ein Zelt aufstellen. | *Plier sa tente*, das Zelt abbrechen.

tenter [tɑ̃te] v. tr. **1.** [tentative] versuchen ; (aus)probieren ; erproben ; den Versuch unternehmen (insépar.). | *Tenter sa chance*, sein Glück versuchen. || FAM. *Tenter le coup*, den Versuch wagen. | *Tenter une entreprise*, ein Unternehmen wagen. | *Tout tenter*, nichts unversucht lassen.
2. [tentation] in Versuchung führen ; verführen ; verlocken ; reizen. | *Être tenté de faire qch.*, große Lust verspüren, etwas zu tun. | *Se laisser tenter*, auf etwas reflektieren.

tenture [tɑ̃ty:r] f. Behang m. ; Tapete f.

tenu, ue [təny] adj. [bien soigné] gehalten ; gepflegt. | *Bien tenu*, gepflegt ; ordentlich ; gut gehalten. || [obligé] angehalten ; verpflichtet. | *Être tenu de faire qch.*, angehalten, verpflichtet sein, etwas zu tun. | *Être tenu par ses promesses*, durch seine Versprechungen gebunden sein. | *Tenu au secret*, zum Schweigen verpflichtet.

ténu, ue [teny] adj. dünn ; winzig ; schmal ; zart ; fein ; hauchdünn. | *Fil ténu*, hauchdünner Faden. || FIG. knifflich.

tenue [təny] f. [action de tenir] Abhaltung f. || [manière de tenir] Haltung f. ; Führung f. || AUTOM. *Tenue de route*, Straßenlage f. || COMM. *Tenue des livres*, Buchführung, -haltung. || [manière de se tenir] Haltung f. ; Auftreten n. ; (moralischer) Halt. | *Manque de tenue*, Haltlosigkeit f. | *Avoir de la tenue*, Anstand haben. | *Ne pas avoir de tenue*, kein Benehmen haben ; sich gehen lassen. || [vêtement] Anzug m. ; Kleidung f. | *Tenue de soirée*, Abend-, Gesellschaftsanzug. | *En grande tenue*, in vollem Staat. || MIL. Uniform f. ; Garnitur f. | *Tenue civile*, Zivilkleidung, -anzug.

ténuité [tenɥite] f. Dünnheit f. ; Feinheit f.

tenure [təny:r] f. HIST. Lehensbezirk m.

ter [tɛr] adv. dreimal. | *Numéro dix ter*, Hausnummer 10 c.

tératogène [teratɔʒɛ:n] adj. MÉD. teratogen ; Mißbildungen bewirkend.

tératologie [-lɔʒi] f. MÉD. Lehre (f.) von den Mißbildungen ; Teratologie f.

tératologique [-ʒik] adj. MÉD. teratologisch.

tercet [tɛrsɛ] m. POÉS. Dreizeiler m. ; Terzine f.

térébenthine [terebɑ̃tin] f. Terpentin n. | *Essence de térébenthine*, Terpentinöl n.

Tergal [tɛrgɑ:l] m. (nom déposé) Tergal n.

tergiversation [tɛrʒivɛrsasjɔ̃] f. Zaudern n. ; Ausflucht f. ; Umschweife m. pl.

tergiverser [-se] v. intr. Ausflüchte suchen ; Winkelzüge machen ; sich drehen und winden.

terme [tɛrm] m. **1.** [limite ; époque] Ende n. ; Grenze f. ; Abschluß m. ; Endpunkt m. ; Ziel n. | *Terme de la vie*, Lebensende. | *Terme du voyage*, Reiseziel. | *Fixer un terme*, einen Zeitpunkt, ein Ziel festlegen, -setzen. | *Mener qch. à son terme*, etwas zum Abschluß bringen. | *Mettre un terme à qch.*, etwas (dat.) ein Ende machen. | *À terme*, zeitig. | *Au terme de*, nach

Ablauf (gén.) ; am Ende (gén.). || MÉD. *Naissance avant terme*, Frühgeburt f. | *Enfant venu à terme*, ausgetragenes Kind.
2. [loyer d'une maison] : [temps] (Verfall)termin m. ; [somme] fällige Miete ; Hausmiete f. ; Hauszins m. | *(Jour du) terme*, Zinstag m.
3. COMM. Frist f. ; Termin m. | *Terme de rigueur*, äußerster Termin. | *À terme*, auf Zeit. | *À court terme*, kurzfristig. | *À long terme*, auf lange Sicht ; langfristig. | *À terme échu*, bei(m) Verfall. | *Achat à terme*, Terminkauf m. | *Marché à terme*, Terminmarkt m. ; Terminbörse f. | *Vendre à terme*, auf Termin verkaufen.
4. [mot ; expression] Wort n. ; Ausdruck m. | *Terme technique, de métier*, Fachausdruck. | *Aux termes du contrat*, nach dem Wortlaut des Vertrags ; laut Vertrag. | *Dans toute la force du terme*, im vollen Sinne des Wortes. | *En d'autres termes*, mit anderen Worten ; anders ausgedrückt. | *En ces termes*, mit diesen, mit solchen Worten. | *En termes exprès*, ausdrücklich. | *En propres termes*, wörtlich. | *En termes propres*, in angemessenen Worten. | *Sans ménager ses termes*, in recht derber Weise. | *Parler de qn en bons termes*, sich lobend über jn äußern, aussprechen. | *S'en tenir aux termes de*, sich an den Wortlaut (gén.) halten. || GRAMM. *Terme générique, spécifique*, Oberbegriff m., Unterbegriff m. || MATH. *Les deux termes d'une équation*, die beiden Glieder (n. pl.) einer Gleichung. | *Moyen terme*, Mittelglied n. || PHILOS. *Moyen terme*, Mittelbegriff m. || FIG. [compromis] Mittelweg m. || *Terme de comparaison*, Vergleichspunkt m.
5. ARCHIT. [grec] Herme f. ; Hermensäule f. || [latin] Grenzsäule f.
◇ m. pl. **termes,** Verhältnisse n. pl. ; Beziehungen f. pl. | *Être en bons termes avec qn*, mit jm auf gutem Fuße stehen.

terminaison [-minɛzɔ̃] f. Ende n. ; Endung f. ; Vollendung f. ; Abschluß m. || GRAMM. *Terminaison féminine*, weibliche Endung. || ANAT. *Terminaison nerveuse*, Nervenende.

terminal, ale, aux [-minal, o] adj. End... | *Classe terminale*, Abschlußklasse f. || BOT. gipfelständig.
◇ m. **terminal,** INF. Terminal m. ou n. ; Daten(end)-station f. | *Terminal conversationnel*, Dialoggerät n. | *Terminal graphique*, graphisches Terminal. | *Terminal vidéo*, Datensichtgerät n. || MAR. *Terminal pétrolier*, Produktterminal m. ou n. ; Ölterminal m. ou n.
◇ f. **terminale,** UNIV. letzte Klasse des französischen Gymnasiums.

terminer [-mine] v. tr. [délimiter] begrenzen ; beschließen. || [finir] enden ; beenden ; beendigen ; zu Ende führen ; be-, abschließen ; erledigen ; fertigstellen. | *Terminer ses études avec succès*, sein Studium absolvieren.
◇ v. pr. **se terminer,** enden ; endigen ; auslaufen. | *L'affaire s'est bien terminée*, die Angelegenheit ist gut ausgelaufen. | *Ce verbe se termine en*, das Verbum endigt auf (acc.).

terminologie [-minɔlɔʒi] f. Terminologie f. ; Fachsprache f.

terminologue [-lɔg] s. Terminologe m., -login f.

terminus [-minys] m. End-, Kopfstation f. ; Endhaltestelle f.

termite [tɛrmit] m. ZOOL. weiße Ameise ; Termite f.

termitière [-tjɛ:r] f. Termitenhügel m., -bau m. || FIG. Termitensiedlung f.

ternaire [tɛrnɛ:r] adj. dreistoffig ; ternär ; dreifach ; Drei... | *Nombre ternaire*, dreistellige Zahl.

terne [tɛrn] adj. fahl ; matt ; trübe ; glanz-, farblos ; stumpf. | *Couleur terne*, verblichene Farbe.

ternir [-ni:r] v. tr. (ein)trüben ; trübe, matt, glanzlos, stumpf machen ; mattieren. | *Vitres ternies*, erblindete Fensterscheiben f. pl. || FIG. *Ternir sa réputation*, seinen guten Ruf beflecken.
◇ v. intr. et v. pr. **se ternir,** trübe, matt, glanzlos werden.

ternissure [-nisy:r] f. (Ein)trübung f. || [miroir] Beschlagen n. ; Blindwerden n. ; Anlaufen n.

terrain [tɛrɛ̃] m. **1.** Boden m. ; Erde f. ; Grundstück n. ; Gelände n. ; Erdart f. | *Terrain cultivé*, bebautes Land. | *Terrain inculte*, Ödland n. | *Terrain vague*, leeres Gelände ; Baulücke f. | *Terrain viabilisé*, bebaubares, erschlossenes Gelände. | *Terrain à bâtir*, Baugrund m. | *Terrain en friche*, Brache f. ; Brachland n. | *Accident de terrain*, Bodenfalte f. | *Nature du terrain*, Bodenart f. ; Bodenbeschaffenheit f. | *Sur le terrain*, an Ort und Stelle.
2. MÉD. Nährboden m.
3. MIL. Feld n. ; Gelände n. ; Terrain n. | *Terrain découvert*, offenes Gelände. | *Disputer le terrain*, seine Stellung halten. | *Gagner du terrain*, Gelände gewinnen. | *Perdre du terrain*, an Boden verlieren. | *Rester maître du terrain*, das Feld behaupten.
4. SPORT. Platz m. | *Terrain de camping*, Campingplatz. | *Terrain d'entraînement*, Übungsplatz. || AÉRON. *Terrain d'atterrissage*, Landungsplatz. || AUTOM. *Véhicule tout terrain*, geländegängiges Fahrzeug.
5. FIG. Boden m. ; Fach n. ; Gebiet n. | *Terrain d'entente*, Verständigungsgrundlage f. | *Bien connaître le terrain*, genau Bescheid wissen ; POP. seine Leute genau kennen. | *Déblayer le terrain*, Klarheit schaffen ; Luft machen. | *C'est un terrain brûlant*, das ist ein heißes Eisen ; das ist eine heikle Frage. | *Être sur son terrain*, in seinem Element sein. | *Tâter le terrain*, das Gelände sondieren ; auf den Busch klopfen.

terrasse [tɛras] f. Terrasse f. || [en terre] Erdwall m., -aufschüttung f. || [toit] flaches Dach. || *En, À terrasses*, terrassenförmig. | *Terrasse d'un café*, Caféterrasse.

terrassement [-smɑ̃] m. Erdarbeiten f. pl., -aufschüttung f. ; Damm m.

terrasser [-se] v. tr. an-, aufschütten ; terrassenförmig anlegen. | *Terrasser un chemin*, einen Weg aufschütten. | *Terrasser un mur*, eine Mauer mit Erde abstützen. || FIG. [abattre] niederschlagen ; niederstrecken ; zu Boden schlagen.

terrassier [-sje] m. Erdarbeiter m.

terre [tɛ:r] f. **1.** [planète] Erde f. ; Erdball m. | *Surface de la Terre*, Erdoberfläche f. | *Tremblement de terre*, Erdbeben n. | *Par toute la Terre*, auf der ganzen Erde. | *Faire le tour de la Terre*, eine Reise um die Welt machen.
2. [élément] Erde f. ; (Erd)boden m. | *Terre arable*, Ackererde. | *Terre argileuse*, Lehm m. | *Terre cuite*, gebrannter Ton ; [objet] Terrakotta f. ; Tonware f. | *Terre ferme*, Festland n. | *Terre grasse*, lehmiger Boden ; Kleierde. | *Terre marneuse*, Mergelboden. | *Terre réfractaire*, feuerfester Ton ; Schamotte f. | *Terre végétale*, Mutterboden ; Humus-, Gartenerde. | *Terre à potier*, Töpferton. | *Par voie de terre*, auf dem Landweg(e). | *Sous terre*, unterirdisch. | *Sur terre*, auf Erden. | *Sur terre et sur mer*, zu Wasser und zu Lande. | *Sur la terre ferme*, auf festem Boden. | *Mettre pied à terre*, den Fuß auf die Erde setzen ; [en descendant] absteigen. | *Ramasser par terre*, von der Erde, vom Boden aufheben. | *Toucher terre*, landen. | *Tomber à terre*, auf die Erde fallen. | *Travailler la terre*, das Feld bebauen.
3. PAR EXT. [biens fonciers] Grund m. ; (Land)gut n. ; Grundstück n. ; Ländereien f. pl. | *Fonds de terre*,

Landgut. | *Posséder des terres*, Grund und Boden besitzen. || [cimetière] Erde f. ; Friedhof m. | *Inhumer en terre sainte*, in geweihter Erde beisetzen. | *Porter en terre*, unter die Erde bringen ; beerdigen. || [pays] Land n. | *Terre d'asile*, Asylland. | *Terre natale*, Heimat-, Herkunftsland. | *La Terre promise*, das Gelobte Land. | *La Terre sainte*, das Heilige Land.
4. FIG. *Plaisirs de la terre*, irdische Vergnügen n. pl. | *Terre à terre*, alltäglich ; spießig ; schwunglos ; platt ; banausisch. || [caractère] *Esprit terre à terre*, Plattheit f. | *Avoir les pieds sur terre*, mit beiden Beinen auf der Erde stehen. | *Remuer ciel et terre*, Himmel und Hölle in Bewegung setzen ; alle Hebel in Bewegung setzen.
5. ÉLECTR. Erde f. ; Erdung f. | *Fil de terre*, Erdungsleiter m. | *Prise de terre*, Erdung f. ; Erdanschluß m. | *Mettre à la terre*, erden.

terreau [tɛro] m. Humus m. ; Mutterboden m.

Terre de Feu [tɛrdəfø] n. pr. f. GÉOGR. Feuerland n.

Terre-Neuve [tɛrnœv] n. pr. f. GÉOGR. [île] Neufundland n.
◇ m. **terre-neuve,** [chien] Neufundländer m.

terre-neuvien [-vjɛ̃] (pl. **terre-neuviens**) ou **terre-neuvas** [-va] m. MAR. Neufundlandfahrer m., -fischer m.

terre-plein [tɛrplɛ̃] m. (pl. **terre-pleins**) Erdaufwurf m., -damm m. || TRANSP. Bahndamm m. | *Terre-plein central*, Mittelstreifen m.

terrer (se) [sətɛre] v. pr. sich (in die Erde) eingraben. || FIG. sich nicht mehr sehen lassen.

terrestre [-rɛstr] adj. Erd... ; Land... | *Animal terrestre*, Landtier n. | *Forces terrestres*, Landstreitkräfte f. pl. | *Globe terrestre*, Erdball m. || FIG. irdisch ; erdgebunden.

terreur [tɛrœ:r] f. [impression] Schreck m. ; Entsetzen n. | *Inspirer de la terreur à qn*, jm Schrecken einflößen, einjagen. | *Vivre dans la terreur*, unter dem Terror sein Leben fristen. || POLIT. Terror m. || HIST. *La Terreur*, die Schreckensherrschaft.

terreux, euse [tɛrø, ø:z] adj. erdig ; erdfarben. | *Visage terreux*, (erd)fahles Gesicht.

terrible [tɛribl] adj. schrecklich ; furchtbar ; fürchterlich. | *Enfant terrible*, unausstehliches Kind.

terriblement [-bləmɑ̃] adv. schrecklich ; entsetzlich.

terrien, ienne [tɛrjɛ̃, jɛn] adj. landbesitzend.
◇ s. Erd-, Landbewohner(in) m. (f.) ; Landwirt(in) m. (f.). | *Propriétaire terrien*, Großgrundbesitzer m. || MAR., IRON. Landratte f.

terrier [-rje] m. [gîte] (Fuchs)bau m., -loch n., -höhle f. || PAR EXT. Loch n. ; Grube f. || [chien] Terrier m. | *Terrier à poil ras*, Glatthaarterrier.

terrifier [tɛrifje] v. tr. ab-, erschrecken ; einen Schrecken einjagen ; Furcht einflößen.

terrine [tɛrin] f. [plat] Terrine f. ; (tiefe) Schüssel. || [mets] Fleischpastete f.

territoire [tɛritwa:r] m. Gebiet n. ; Bereich m. ; Bezirk m. ; Territorium n. | *Territoire métropolitain*, Mutterland n.

territorial, iale, iaux [-tɔrjal, jo] adj. landeseigen ; Grund... ; Landes... ; Territorial... | *Armée territoriale*, Landwehr f. ; Landsturm m. | *Eaux territoriales*, Hoheitsgewässer n. pl.
◇ m. **territorial,** MIL. Landsturmmann m.

territorialité [-tɔrjalite] f. Territorialität f. ; Staatszugehörigkeit f.

terroir [tɛrwa:r] m. Ackerland n. ; (Erd)boden m. | *Du terroir*, erdverbunden ; bodenständig.

terroriser [tɛrɔrize] v. tr. in Schrecken versetzen ; terrorisieren ; Furcht einjagen.

terrorisme [-rism] m. Terrorismus m. ; Schrekkensherrschaft f.

terroriste [-rist] adj. terroristisch.
◇ s. Terrorist(in) m. (f.).

tertiaire [tɛrsjɛ:r] adj. GÉOL. tertiär. || ÉCON. *Secteur tertiaire*, tertiärer Sektor ; Dienstleistungsbereich m. | *Métier du secteur tertiaire*, Dienstleistungsberuf m.
◇ m. GÉOL. Tertiär n. ; Tertiärformation f.

tertio [-sjo] adv. drittens.

tertre [tɛrtr] m. kleiner Hügel ; Anhöhe f. Erdaufwurf m. || [funéraire] Grabhügel m.

tes [tɛ] adj. poss. 2ᵉ pers. pl. deine (V. TON.)

tessiture [tɛsity:r] f. MUS. Stimmlage f.

tesson [tɛsɔ̃] m. Scherbe f.

test [tɛst] m. [examen] Test m. ; (Eignungs)prüfung f. | *Test d'aptitude*, Eignungstest. | *Test en double aveugle*, doppelblinder Test.

testament [tɛstamɑ̃] m. JUR. Testament n. ; letzter Wille ; Vermächtnis f. | *Ouverture du testament*, Testamentseröffnung f. | *Dresser*, *Faire un testament*, ein Testament aufstellen, machen. | *Être sur le testament de qn*, in js Testament bedacht sein, werden. | *Laisser*, *Léguer par testament*, testamentarisch vermachen. | *Annuler un testament*, ein Testament umstoßen. || RELIG. *L'Ancien Testament*, das Alte Testament ; der Alte Bund. | *Le Nouveau Testament*, das Neue Testament ; der Neue Bund.

testamentaire [-mɑ̃tɛ:r] adj. testamentarisch ; letztwillig. | *Disposition testamentaire*, letztwillige Verfügung. | *Exécuteur testamentaire*, Testamentsvollstrecker m.

testateur, trice [-tœ:r, tris] s. Erblasser(in) m. (f.) ; Testator m.

tester [tɛste] v. intr. [testament] letztwillig verfügen ; sein Testament machen.
◇ v. tr. [test] testieren ; prüfen ; testen.

testicule [tɛstikyl] m. ANAT. Hoden m.

testimonial, iale, iaux [tɛstimɔnjal, jo] adj. Zeugen... ; Beglaubigungs... | *Déposition testiomiale*, Zeugenaussage f.

testostérone [tɛstɔsterɔn] f. MÉD. Testosteron n.

tétanique [tetanik] adj. Starrkrampf... ; vom Starrkrampf befallen.

tétanos [-nos] m. MÉD. Wundstarrkrampf m. ; Tetanus m.

têtard [tɛta:r] m. Kaulquappe f. ; Kaulfrosch m.

tête [tɛ:t] f.

> **I.** ANAT. : Kopf m. ; Haupt n.
> **II.** SENS DÉRIVÉS : Kopf m. ; Spitze f.
> **III.** FIG. : Kopf m. ; Haupt n.
> **1.** Avec un adj. ;
> **2.** Avec un nom ;
> **3.** Avec un verbe.
> **IV.** LOC.

I. ANAT. : Kopf m. ; Haupt n. | *La tête basse*, gesenkten Hauptes. | *La tête haute*, hocherhobenen Hauptes. | *Nu-tête*, *Tête nue*, barhaupt ; ohne Kopfbedeckung. | *La tête la première*, kopfüber. | *La tête en bas*, kopfunter. | *Tête de mort*, Totenkopf. | *Tête de veau*, Kalbskopf. | *Haut*, *Sommet de la tête*, Scheitel m. | *Signe de tête*, Kopfnicken n. | *Avoir mal à la tête*, Kopfschmerzen, Kopfweh haben. | *Baisser la tête*, den Kopf hängen lassen. | *Donner de la tête contre une porte*, mit dem Kopf gegen eine Tür fallen, stoßen. | *Enfoncer son chapeau sur sa tête*, den Hut tief ins Gesicht ziehen. | *Être la tête en bas*, auf dem Kopf stehen. | *Examiner qn de la tête aux pieds*, jn von Kopf zu Fuß mustern.

| *Piquer une tête*, einen Kopfsprung machen. | *Porter la tête haute*, das Haupt hoch tragen. | *Trancher la tête*, enthaupten ; köpfen.
II. Sens dérivés : Kopf m. ; Spitze f. | *Tête d'affiche*, Hauptdarsteller(in) m. (f.) ; Topstar m. | *Tête de bétail*, Stück (n.) Vieh. | *Tête d'un chapitre*, Kopf eines Kapitels. | *Tête d'une entreprise*, Haupt, Spitze einer Firma. | *Tête d'épingle*, Stecknadelspitze. | *Tête de ligne*, Endstation f. ; Kopfbahnhof m. | *Tête de liste*, Spitzenkandidat m. | *En tête*, voran. | *En tête de liste*, oben auf der Liste ; an erster Stelle. | *En tête de qch.*, zu Anfang einer Sache (gén.). | *Être en tête*, vorstehen. | *Être à la tête de qch.*, an der Spitze (gén.) stehen. | *Se mettre à la tête de, Prendre la tête de*, sich an die Spitze setzen ; die Führung übernehmen (insépar.). || Inf. *Tête d'effacement*, Löschkopf m. | *Tête de lecture*, Lesekopf m. || Mil. *Tête de colonne*, Kolonnen-, Marschspitze. | *Musique en tête*, Musik voran ; mit klingendem Spiel(e). | *Tête de pont*, Brückenkopf. || Mus. *Voix de tête*, Kopfstimme f. || Sport. *Gagner d'une tête*, um einen Kopf, um eine Nasenlänge gewinnen. | *Prendre la tête*, in Führung gehen. || Techn. *Tête de soupape*, Ventilkegel m. | *Tête de vis*, Schraubenkopf. || [armement] *Tête nucléaire*, Atomgefechtskopf ; Atomsprengkopf. | *Tête chercheuse*, (Ziel)suchkopf. | *À tête chercheuse*, zielsuchend ; zielansteuernd.
III. Fig. Kopf m. ; Haupt n. — **1.** (avec un adj.) *Tête chaude*, Hitzkopf. | *Tête couronnée*, gekröntes Haupt. | *Tête fêlée*, Tollkopf. | *Tête folle*, überspannter Kopf. | *Tête pensante*, Kopf ; intellektuelles Zentrum. | *Forte tête*, eigenwilliger, aufsässiger Mensch.
2. (avec un nom) *Tête à claques*, Ohrfeigengesicht n. | *Tête de mule*, Trotzkopf ; Bock m. | *Coup de tête*, unüberlegter Streich. | *Homme de tête*, kluger Mann ; pop. Mann mit Köpfchen. | *Idée de derrière la tête*, geheimer Hintergedanke.
3. (avec un verbe) *Il y va de votre tête*, es geht um Kopf und Kragen ; Ihr Leben steht auf dem Spiele. | *Avoir la tête chaude*, hitzig, aufbrausend sein. | *Avoir la tête dure*, schwer von Begriff sein. | *Avoir la tête fêlée*, ein bißchen durchgedreht sein. | *Avoir la tête lourde*, benommen sein. | *Avoir la tête à l'envers*, wirr im Kopfe sein ; ganz betäubt sein. | *Avoir la tête près du bonnet*, leicht aufbrausen ; schnell hochgehen. | *Il n'a plus sa tête à lui*, er ist nicht mehr bei Verstand, bei Troste ; pop. er hat sie nicht mehr alle bei sich. | *Avoir qch. en tête*, sich etwas in den Kopf gesetzt haben. | *N'avoir rien d'autre en tête que*, nichts im Kopf haben, als. | *Casser la tête à qn*, jm die Ohren vollschreien, vollquengeln. | *Se casser la tête*, sich den Kopf zerbrechen. | *Coûter la tête à qn*, jn den Hals kosten. | *Se creuser la tête*, nachgrübeln. | *Enfoncer qch. dans la tête de qn*, jm etwas eintrichtern. | *Être à la tête de mille marks*, im Besitze von tausend Mark (DM) sein. | *Faire la tête à qn*, jn schief ansehen ; mit jm schmollen. | *Il n'en fait qu'à sa tête*, er ist sehr eigensinnig. | *Foncer tête baissée sur qch.*, auf etwas (acc.) blind zufahren, blindlings losgehen. | *Il a gardé toute sa tête*, er ist geistig noch ganz beweglich, noch auf der Höhe. | *Se jeter tête baissée dans qch.*, sich blindlings in etwas (acc.) stürzen. | *Jeter qch. à la tête de qn*, [lui reprocher] jm etwas nachwerfen. | *Se jeter à la tête de qn*, sich jm an den Hals werfen. | *Jouer sa tête*, seinen Kopf aufs Spiel setzen. | *Laver la tête à qn*, jm gehörig den Kopf, den Pelz waschen. | *Se mettre qch. dans la tête*, sich etwas in den Kopf setzen. | *Ôte-toi cela de la tête*, schlag dir das aus dem Kopfe. | *Une idée me passe par la tête*, ein Gedanke schießt mir durch den Kopf, fährt mir in den Kopf. | *Se payer la tête de qn*, jn foppen ; sich über jn lustig machen. | *Avoir perdu la tête*, nicht mehr bei Verstand sein ; aus dem Häuschen sein. | *C'est à en perdre la tête*, das ist zum Tollwerden. | *Répondre de qch. sur sa tête*, mit seinem Kopf für etwas haften. | *Risquer sa tête*, seinen Kopf riskieren, aufs Spiel setzen. | *Servir de tête de Turc*, als Prügelknabe dienen. | *Cela ne me sort pas de la tête*, das kommt mir nicht aus dem Sinn, aus dem Kopf. | *Tenir tête à qn*, jm die Stirn bieten ; sich gegen jn stemmen ; vor jm bestehen. | *La tête me tourne*, es wird mir schwindlig ; der Kopf dreht sich mir. | *Cela lui tourne la tête*, das verdreht ihm den Kopf. | *Cela me trotte par la tête*, es geht mir im Kopfe herum.
IV. Loc. *À tête reposée*, in aller Ruhe. | *À tue-tête*, aus vollem Halse ; aus Leibeskräften. | *Autant de têtes, autant d'avis*, soviel Köpfe, soviel Sinne. | *De tête*, aus dem Kopf ; im Kopf.

tête-à-queue [tɛtakø] m. invar. Kehrtwendung f. | *Faire un tête-à-queue*, sich um die eigene Achse drehen.

tête-à-tête [tɛtatɛ:t] m. invar. Zwiegespräch n. || zweiteiliges Frühstückservice n.
◇ loc. adv. **en tête à tête,** unter vier Augen.

tête-bêche [tɛtbɛʃ] adv. Kopf bei Fuß.

téter [tete] v. tr. saugen ; trinken ; die Brust nehmen ; lutschen. | *Donner à téter à un enfant*, einem Kind die Brust geben ; ein Kind stillen.

téterelle [-trɛl] f. Saughörnchen n.

tétin [-tɛ̃] m. Brustwarze f.

tétine [-tin] f. Zool. Zitze f. ; Euter n. ; [pour enfants] Lutscher m. ; Schnuller m.

téton [-tɔ̃] m. weibliche Brust.

tétra [tetra] préf., en compos. Tetra... ; vier...

tétraèdre [-ɛdr] m. Tetraeder n. ; Vierflach n.

tétragone [-gɔn] f. Bot. Sorte von Spinat.

tétralogie [-lɔʒi] f. Littér. Tetralogie f.

tétras [tetra] m. Zool. *Grand tétras*, Auerhahn m. | *Petit tétras*, Birkhahn m.

tétrasyllabique [tetrasilabik] adj. viersilbig.

têtu, ue [tɛty] adj. eigensinnig ; starrköpfig ; störrisch ; hartnäckig ; dickköpfig.
◇ s. Starr-, Dickkopf m.

teuton, onne [tøtɔ̃, ɔn] adj. teutonisch ; altdeutsch.
◇ s. **Teuton, onne,** Teutone m. ; Teutonin f.

teutonique [-tɔnik] adj. teutonisch ; altdeutsch. || Hist. *Ordre Teutonique*, deutscher Ritterorden.

texte [tɛkst] m. Text m. ; Wortlaut m. ; Original n. | *Lire dans le texte*, im Urtext, im Original lesen.

textile [tɛkstil] adj. faserig ; Textil... ; Spinnstoff... | *Industrie textile*, Textilindustrie f.
◇ m. Textilien pl.

textuel, uelle [tɛkstɥɛl] adj. wörtlich ; buchstäblich ; textgetreu.

textuellement [-lmɑ̃] adv. wörtlich.

texture [tɛksty:r] f. Textur f. || [d'un tissu] Gewebe n. || Par ext. Gefüge n. ; Struktur f.

T.G.V. [teʒeve] m. (nom déposé, abrév. de **train à grande vitesse**) Hochgeschwindigkeitszug m.

thalassothérapie [talasɔterapi] f. Thalassotherapie f.

thallophyte [talɔfit] f. Bot. Thallophyt m.

thaumaturge [tomatyrʒ] m. Wundertäter m.

thaumaturgie [-ʒi] f. Wundertätigkeit f.

thé [te] m. [boisson] Tee m. | *Thé dansant*, Tanztee. | *Service à thé*, Teeservice, -geschirr n. | *Tasse à thé*, Teetasse f. | *Tasse de thé*, Tasse Tee. | *Prendre du thé, le thé*, Tee trinken. | *Inviter à un thé*, zum Tee einladen. || Bot. Teestrauch m. ; Teeblätter n. pl.

théâtral, ale, aux [teɑtral, o] adj. theatralisch ; bühnenmäßig ; Theater... | *Année théâtrale*, Spieljahr

n. | *Représentation théâtrale*, Theatervorstellung f. || FIG. gespreizt ; affektiert. | *Un ton théâtral*, ein affektierter Ton.
théâtre [teɑ:tr] m. **1.** [lieu] Theater n. ; Schauspielhaus n. ; Bühen f. | *Théâtre libre*, freie Bühne. | *Théâtre d'État*, Staatstheater. | *Théâtre en plein air, de verdure*, Freilichtbühne, Gartentheater. | *Théâtre de marionnettes*, Puppentheater. | *(Théâtre de l')Opéra*, (Staats)oper f. | *Théâtre de poche*, Zimmertheater. | *Pièce de théâtre*, Theaterstück n. | *Salle de théâtre*, Zuschauerraum m. | *Aller au théâtre*, das Theater besuchen. | *Monter une pièce de théâtre*, ein Theaterstück inszenieren. | *Directeur de théâtre*, Theaterintendant.
2. SENS DÉRIVÉS : [art] Schauspielkunst f. ; Bühne f. || [œuvres] Bühnenwerke n. pl. ; dramatische Werke. || [en général] Theaterwesen n. | *Coup de théâtre*, Theaterstreich m. ; Theatereffekt m. ; FIG. plötzliche Wendung. | *Adapter pour le théâtre*, bühnenmäßig bearbeiten.
3. FIG. Schauplatz m. || [crime] Tatort m. || MIL. *Théâtre des opérations*, Kriegsschauplatz.
Thébaïde [tebaid] n. pr. f. Thebais f.
◇ f. **thébaïde,** FIG. Einöde f. ; Einsamkeit f.
théière [tejɛ:r] f. Teekanne f.
thématique [tematik] adj. thematisch.
thème [tɛm] m. **1.** [sujet] Thema n. ; Gegenstand m. ; Stoff m. || MUS. Motiv n. || [traduction] *Thème allemand*, Übersetzung (f.) ins Deutsche.
théocratie [teokrasi] f. Theokratie f.
théocratique [-tik] adj. theokratisch. | *Régime théocratique*, Kirchen-, Priesterherrschaft f.
théodicée [teɔdise] f. PHILOS. Theodizee f.
théodolite [teɔdɔlit] m. Theodolit m. ; Höhenmesser m.
théologal, ale, aux [-lɔgal, o] adj. theologisch. | *Les trois vertus théologales*, die drei Kardinaltugenden f. pl.
théologie [-lɔʒi] f. Theologie f. ; Gottesgelehrtheit f. | *Théologie de la libération*, Befreiungstheologie.
théologien [-lɔʒjɛ̃] m. Theologe m. ; Gottesgelehrter m.
théologique [-lɔʒik] adj. theologisch.
théorème [teɔrɛm] m. MATH. Lehrsatz m.
théoricien, ienne [teɔrisjɛ̃, jɛn] s. Theoretiker(in) m. (f.).
théorie [-ri] f. [doctrine] Lehre f. ; Theorie f. ; Lehrgebäude n. | *Théorie économique*, Wirtschaftstheorie. | *Théorie monétaire*, Geldtheorie. | *Théorie de la relativité*, Einsteinsche Relativitätstheorie. | *En théorie*, theoretisch. | *Édifier une théorie*, eine Theorie aufstellen. || ANTIQ. Aufzug m. ; Prozession f.
théorique [-rik] adj. theoretisch.
théosophe [teɔzɔf] m. Theosoph m.
théosophie [-fi] f. PHILOS., RELIG. Theosophie f.
thérapeute [terapø:t] m. MÉD. Natur-, Heilkundiger m. ; Therapeut m.
thérapeutique [-tik] adj. therapeutisch ; Heil...
◇ f. MÉD. Therapeutik f. ; Therapie f.
thérapie [terapi] f. Therapie f. | *Thérapie de groupe*, Gruppentherapie.
thériaque [terjak] f. MÉD. Theriak m.
thermal, ale, aux [tɛrmal, o] adj. warm ; naturheiß. | *Cure thermale*, Badekur f. | *Établissement thermal*, Kurhaus n. | *Station thermale*, Thermalbad n.
thermalisme [-lism] m. Bäderwesen n.
thermes [tɛrm] m. pl. ANTIQ. Thermen f. pl.
thermidor [tɛrmidɔ:r] m. HIST. Thermidor m.
thermidorien [-rjɛ̃] m. HIST. Thermidorianer m.
thermique [-mik] adj. thermisch ; wärmemäßig. | *Centrale thermique*, Dampfkraftwerk n.
thermocautère [tɛrmokotɛ:r] m. Brennstift m.
thermocopie [-kɔpi] f. TECHN. Thermokopie f.
thermocouple [-kupl] m. TECHN. Thermoelement n.
thermodilatable [-dilatabl] adj. TECHN. warmdehnbar.
thermodynamique [-dinamik] f. Wärmekraftlehre f., -mechanik f. ; Thermodynamik f.
thermoélectricité [-elɛktrisite] f. Thermoelektrizität f.
thermoélectrique [-elɛktrik] adj. thermo-, wärmeelektrisch.
thermoformable [-fɔrmabl] adj. TECHN. warmformbar.
thermogène [-ʒɛn] adj. wärmeerzeugend.
◇ m. Wärmeerzeuger m.
thermoluminescence [-lyminɛsɑ̃:s] f. PHYS. Thermolumineszenz f.
thermomètre [-mɛtr] m. Thermometer n. ; Wärmemesser m. | *Thermomètre médical*, Fieberthermometer. | *Thermomètre à gaz*, Gasthermometer.
thermométrie [-metri] f. Wärmemessung f.
thermonucléaire [-nykleɛ:r] adj. thermonuklear. | *Bombe thermonucléaire*, Wasserstoffbombe f.
thermoplongeur [-plɔ̃ʒœ:r] m. Tauchsieder m.
thermorégulateur [-regylatœ:r] m. Wärmeregler m.
thermorégulation [-sjɔ̃] f. Wärmeregulation f.
Thermos [tɛrmos] (nom déposé) f. Thermosflasche f.
thermostat [tɛrmosta] m. Thermostat m. ; Wärme-, Temperaturregler m.
thésard, arde [teza:r, ard] s. UNIV., FAM. Doktorand(in) m. (f.).
thésaurisation [tezorizasjɔ̃] f. Geldanhäufung f., -hortung f. ; Thesaurierung f.
thésauriser [-ze] v. tr. horten ; anhäufen ; ansammeln. | *Thésauriser l'or*, Gold horten.
thésauriseur, euse [-zœ:r, ø:z] s. Geldhamsterer m.
◇ adj. geldgierig.
thésaurus [tezɔrys] m. Thesaurus m.
thèse [tɛ:z] f. [théorie] These f. ; Behauptung f. ; Lehrsatz m. | *Pièce à thèse*, Tendenzstück n. | *Roman à thèse*, Tendenzroman m. || UNIV. *Thèse de doctorat*, Dissertation f. ; Doktorarbeit f. | *Thèse de doctorat d'État*, Habilitationsschrift f.
Thionville [tjɔ̃vil] n. pr. f. GÉOGR. Diedenhofen n.
thomisme [tɔmism] m. PHILOS. Thomismus m.
thon [tɔ̃] m. [poisson] Thunfisch m.
thonier [tɔnje] m. Thunfischerboot n.
thoracique [tɔrasik] adj. ANAT. Brust... ; Thorax... | *Cage thoracique*, Brustkorb m. | *Capacité thoracique*, Vitalkapazität f.
thorax [-raks] m. ANAT. Brust f. ; Brustkasten m.
thrombose [trɔ̃bo:z] f. MÉD. Thrombose f. | *Thrombose coronaire*, Koronarthrombose.
Thulé [tyle] n. pr. m. ANTIQ. Thule n.
Thurgovie [tyrgɔvi] n. pr. f. GÉOGR. Thurgau m.
thuriféraire [tyriferɛ:r] m. Beweihräucherer m. ; FIG. Schmeichler m.
Thuringe [tyrɛ̃:ʒ] n. pr. f. GÉOGR. Thüringen n.
thuringien, ienne [-ʒjɛ̃, jɛn] adj. thüringisch.
◇ s. **Thuringien, ienne,** Thüringer(in) m. (f.).

thuya [tyja] m. Bot. Thuja f. ; Lebensbaum m.
thym [tɛ̃] m. Bot. Thymian m.
thyristor [tiristɔr] m. Phys. Thyristor m.
thyroïde [tirɔid] adj. Anat. *Glande thyroïde*, Schilddrüse f.
tiare [tja:r] f. [coiffure] Tiara f. ; Papstkrone f. || [papauté] Papstwürde f. ; Papsttum n.
Tibériade [tiberjad] n. pr. f. Tiberias n. | *Lac de Tibériade*, See (f.) Tiberias.
Tibet [tibɛ] n. pr. m. Géogr. Tibet n.
tibétain, aine [-betɛ̃, ɛ:n] adj. tibetanisch.
◇ s. **Tibétain, aine,** Tibeter(in) m. (f.).
tibia [tibja] m. Anat. Schienbein n.
Tibre [ti:br] n. pr. m. Géogr. Tiber m. ou f.
tic [tik] m. Méd. Muskel-, Gesichtszucken n. ; Zucken n. | *Tic nerveux*, Nervenzuckung f. || Fig. *Tic de langage*, Spracheigentümlichkeit f.
ticket [tikɛ] m. Fahrschein m., -karte f. | *Ticket d'entrée*, Eintrittskarte. | *Ticket de quai*, Bahnsteigkarte. | *Ticket de ravitaillement*, Lebensmittelabschnitt. | *Ticket de vestiaire*, Garderobenmarke f. | *Carnet de tickets*, Fahrscheinheft n. || [Sécurité sociale] *Ticket modérateur*, (*etwa*) Selbstkostenanteil m.
tic tac [tiktak] onomat, ticktack ; klippklapp.
◇ m. **tic-tac.** *Tic-tac d'une montre*, Ticktack (n.) der Uhr.
tiède [tjɛd] adj. lau ; lauwarm ; mild ; überschlagen. | *Bain tiède*, lauwarmes Bad. | *Eau tiède*, lauwarmes Wasser. | *Hiver tiède*, milder Winter. | *Boire tiède*, lauwarm trinken. || Fig. *Un ami tiède*, ein lauer, lascher, flauer Freund.
tiédeur [tjedœ:r] f. Lauheit f. ; Milde f. | *Tiédeur de l'air*, Milde der Luft. || Fig. Lässigkeit f. | *Avec tiédeur*, mit halbem Herzen ; lässig.
tiédir [-di:r] v. tr. abkühlen lassen.
◇ v. intr. abkühlen ; lau werden. || Par ext. nachlassen ; erschlaffen.
tiédissement [-dismɑ̃] m. Abkühlung f. ; Nachlassen n. ; Erschlaffen n.
tien, tienne [tjɛ̃, tjɛn] adj. et pr. poss. 2ᵉ pers. der, die, das Deinige ; pl. die Deinen.
◇ mot neutre. *C'est le tien*, das ist das deinige ; das gehört dir.
◇ m. **le tien,** das Deine.
◇ pl. **les tiens,** die Deinigen pl. ; deine Angehörigen.
tiens ! [tjɛ̃] (impér. de **tenir**) interj. sieh an ! ; nicht möglich ! ; schau, schau ! ; pop. ach nee !
tierce [tjɛrs] adj. f. de **tiers,** dritt.
tierce [tjɛrs] f. Escr., Mus. Terz f. || [cartes] *Tierce majeure*, große Terz. | *Tierce mineure*, kleine Terz.
tiercé [-se] m. Jeux. Terne f. ; Terno m. | *Pari tiercé*, Dreierwette f. | *Toucher le tiercé*, bei der Dreierwette gewinnen.
tiercelet [tjɛrsəlɛ] m. [oiseau] Sperber-, Habicht-, Falkenmännchen n.
tiers, tierce [tjɛ:r, tjɛrs] adj. dritter, dritte, drittes. || Hist. *Tiers état*, dritter Stand. || Relig. *Tiers ordre*, dritter Orden. || Écon. *Le tiers-monde*, die dritte Welt.
tiers [tjɛ:r] m. [troisième partie] Drittel n. | *Le tiers d'une pomme*, der dritte Teil eines Apfels. || [personne] der Dritte, ein Dritter ; Mittelsperson f. ; Vermittler m. | *Être en tiers*, der dritte Mann, der Dritte im Bunde sein. | *Je tiens cela d'un tiers*, ich habe es aus dritter Hand. || [Sécurité sociale] *Système du tiers payant*, (*etwa*) System (n.) des selbsteintretenden Versicherungsträgers. || [impôts] *Tiers provisionnel*, Vorauszahlung (f.) des Steuerdrittels.
tiers-point [-pwɛ̃] m. (pl. **tiers-points**) [lime] Dreikantfeile f.
tif [tif] m. Pop. [cheveu] Haar n. ; Borste f.
tige [ti:ʒ] f. [plante] Stiel m. ; Stengel m. | *Tige d'une fleur*, Blumenstengel. | *Tige de graminée*, Grashalm m. | *Rose à longue tige*, langstielige Rose. || Par ext. Stange f. ; Schaft m. ; [d'axe] Spindel f. | *Tige (de chaussure)*, Schaft. | *Tige de colonne*, Säulenschaft.
tigelle [tiʒɛ:l] f. Bot. Stielchen n.
tignasse [tiɲas] f. Fam. [chevelure] Stru[w]welkopf m. ; struppiger Haarschopf.
tigre [tigr] m. Zool. Tiger m. || Fig. *Jaloux comme un tigre*, wild eifersüchtig.
Tigre [tigr] n. pr. m. Géogr. Tigris m.
tigré, ée [-gre] adj. getigert ; tigerfleckig.
tigresse [-grɛs] f. Tigerin f. || Fig. eifersüchtige Frau.
tilde [tild] m. Typogr. Tilde f.
tilleul [tijœl] m. Bot. Linde f. ; Lindenbaum m. | *(Bois de) tilleul*, Lindenholz n. | *(Infusion de) tilleul*, Lindenblütentee m.
timbale [tɛ̃bal] f. Mus. Kesselpauke f. || Culin. Pastete f. || [gobelet] Trinkbecher m. || Fig. *Décrocher la timbale*, den Vogel abschießen.
timbalier [-lje] m. Mus. Paukenschläger m.
timbrage [tɛ̃bra:ʒ] m. Abstempelung f. ; Stempeln n.
timbre [tɛ̃:br] m. **1.** [disque sonore] Schlagglocke f. ; Schelle f. || [bicyclette] Klingel f. | *Timbre électrique*, Läutapparat m.
2. Phys. Klang m. ; Klangfarbe f. ; Tonfarbe f.
3. [vignette] Marke f. ; Zeichen n. | *Timbre*, V. timbre-poste. || Comm. *Timbre-escompte*, Rabattmarke. | *Timbre fiscal*, Steuermarke. | *Timbre de quittance*, Quittungsstempel m. ; Stempelmarke. | *Collection de timbres*, Briefmarkensammlung f. | *Droit de timbre*, Stempelgebühr f. | *Oblitérer un timbre*, eine Briefmarke entwerten. | *Assujetti au (droit du) timbre*, stempelpflichtig. | *Exempt du droit de timbre*, stempelfrei.
4. [cachet] Stempel m. | *Timbre officiel*, Amtsstempel. | *Timbre à date*, Datumstempel. | *Timbre du bureau de distribution*, Postausgabestempel.
timbré, ée [-bre] adj. abgestempelt ; mit Stempel versehen. | *Papier timbré*, Stempelpapier n. | *Feuille de papier timbré*, Stempelbogen m. || *Voix bien timbrée*, klangreiche, wohltönende Stimme. || Fig., fam. *Il est timbré*, er hat einen Stich ; er spinnt.
timbre-poste [-brəpɔst] m. (pl. **timbres-poste**) ou, fam., **timbre** m. Briefmarke f. ; Postwertzeichen n.
timbrer [-bre] v. tr. (ab)stempeln. | *Machine à timbrer*, Stempelmaschine f.
timide [timid] adj. schüchtern ; zaghaft.
timidité [-dite] f. Schüchternheit f. ; Zaghaftigkeit f. ; Ängstlichkeit f. ; Scheuheit f.
timon [timɔ̃] m. Deichsel f. || Mar. Ruderpinne f. ; Steuer n., -ruder n.
timonerie [-mɔnri] f. Mar. Ruderwache f. ; Steuermannsstand m. | *Timonerie de freins*, Bremsgestänge n.
timonier [-mɔnje] m. Mar. Steuermann m. || [cheval] Stangen-, Deichselpferd n.
timoré, ée [timɔre] adj. verängstigt ; überängstlich ; verzagt ; zaghaft. | *Esprit timoré*, Ängstlichkeit f. ; Zaghaftigkeit f. ; zaghafter Charakter.
tinctorial, iale, iaux [tɛ̃ktɔrjal, jo] adj. Farb... ; Färbe... | *Matières tinctoriales*, Farbstoffe m. pl.
tinette [tinɛt] f. Aborteimer m., -kübel m.

tintamarre [tɛ̃tama:r] m. Krach m. ; Lärm m. ; Getöse n. ; Dröhnen n. ; Gepolter n.

tintement [tɛ̃tmɑ̃] m. Klingeln n. ; Geklingel n. ; Bimmeln n. ; Gebimmel n. | *Tintement d'une cloche*, Glockengeläut n. | *Tintement d'oreilles*, Ohrensausen n. ; Ohrenklingen n.

tinter [-te] v. tr. et intr. klingeln ; läuten ; bimmeln.

tintinnabuler [-tinabyle] v. intr. klingeln ; bimmeln.

tintouin [tɛ̃twɛ̃] m. POP. Kopfzerbrechen n. ; Hin und Her n. | *Cela me donne du tintouin*, das macht mir viel zu schaffen.

tique [tik] f. ZOOL. Zecke f. ; Tecke f.

tiquer [tike] v. intr. Zuckungen haben ; zucken. | *Ce mot l'a fait tiquer*, dieses Wort ließ ihn zusammenzucken, zusammenfahren.

tiqueté, ée [tikte] adj. gesprenkelt.

tir [ti:r] m. [action de tirer un coup de feu] Schießen n. ; Beschuß m. ; Feuer n. ; Feuern n. ; Beschießung f. | *Tir rapide*, Schnellfeuer. | *Tir bien réglé*, gut liegendes Feuer. | *Tir tendu*, Flachfeuer. | *Tir à balles réelles*, Scharfschießen. | *Tir à blanc*, Schießen mit Übungsmunition, mit Platzpatronen. | *Tir à la cible*, Scheibenschießen. | *Concours de tir*, Schützenfest n. | *Société de tir*, Schützenverein m. | *Allonger le tir*, das Feuer vorverlegen. | *Faire un tir d'essai*, anschießen. | *Régler son tir*, sich einschießen. | *Raccourcir le tir*, das Feuer zurückverlegen. | *Champ de tir*, Schießbahn f., -platz m. | *Stand de tir*, Schießstand m. | *Tir (forain)*, Schießbude f. || SPORT. *Tir à l'arc*, Bogenschießen n.

tirade [tirad] f. Tirade f. ; Wortschwall m.

tirage [-ra:ʒ] m. [action de tirer] Ziehen n. ; Ziehung f. | *Tirage d'une loterie*, Lotterie-, Losziehung. | *Tirage au sort*, Aus-, Verlosung f.

2. [cheminée] Zug m. ; Ziehen n. | *Il y a du tirage*, es zieht. | *Ce poêle n'a pas de tirage*, dieser Ofen hat keinen Zug.

3. COMM. *Tirage d'un effet*, Ziehung eines Wechsels. || ÉCON. *Droits de tirage spéciaux (D.T.S.)*, Sonderziehungsrechte n. pl.

4. TYPOGR. Abzug m. ; Auflage f. ; Abdruck m. | *Tirage à part*, Sonder(ab)druck. | *Tirage en quatre couleurs*, Vierfarbendruck. | *Journal à grand tirage*, auflagenstarke Zeitung.

5. PHOT. Abziehen n. ; Abzug m. | *Tirage contact*, Kontaktkopieren n. | *Papier de tirage*, Kopierpapier n.

tiraillement [-rajmɑ̃] m. Hin- und Herziehen n. ; Gezerre n. || MÉD. *Tiraillement d'estomac*, Magenkrämpfe m. pl. ; POP. Bauchgrimmen n.

◇ m. pl. **tiraillements,** FIG. *Il y a des tiraillements entre eux*, es gibt Reibereien zwischen ihnen.

tirailler [-raje] v. intr. wild in die Gegend knallen ; eine wilde Schießerei veranstalten.

◇ v. tr. hin- und herziehen, -zerren ; keine Ruhe lassen ; (herum)zupfen.

tirailleur [-rajœ:r] m. Schütze m. ; Plänkler m. ; Tirailleur m. | *En tirailleurs*, in Schützenlinie.

tirant [-rɑ̃] m. [de bourse] Zugband n., -schnur f. || [de chaussure] Strippe f. ; Schlaufe f. || TECHN. Zuganker m. ; Stehbolzen m. ; Klammer f. || [pont] *Tirant d'air*, Brückenhöhe f. ; lichte Höhe. || MAR. *Tirant d'eau*, Tiefgang m. | *Avoir 8 m de tirant d'eau*, einen Tiefgang von 8 m haben.

tire [ti:r] f. *Voleur à la tire*, Taschendieb m.

tiré, ée [-re] part. pass. de **tirer. 1.** V. TIRER.

2. [fatigué] angegriffen ; ausgemergelt. | *Avoir les traits tirés*, angegriffen, abgespannt aussehen.

3. LOC. *Tiré à quatre épingles*, wie aus dem Ei gepellt, geschält ; geschniegelt und gebügelt ; pikfein. || FIG. *Tiré par les cheveux*, (mühsam) an den Haaren herbeigezogen. | *Il est tiré d'affaire*, er ist durch.

tiré [tire] m. COMM. Bezogener m. ; Trassat m. || [chasse] Holzrevier n.

tire-au-flanc [tiroflɑ̃] m. invar. MIL. Drückeberger m.

tire-botte [tirbɔt] m. (pl. **tire-bottes**) Stiefelknecht m., -auszieher m.

tire-bouchon [-buʃɔ̃] m. (pl. **tire-bouchons**) Korkenzieher m. || PAR EXT. *En tire-bouchon*, geringelt ; aufgedreht. | *Une queue en tire-bouchon*, ein Ringelschwanz.

tire-bouchonné, ée [-ʃɔne] adj. [pantalon, chaussette] schlotterig ; schlaff.

tire-bouchonner [-ne] v. tr. [mèche de cheveux] drehen ; [moustache] zwirbeln.

tire-d'aile (à) [atirdɛl] loc. adv. pfeilschnell.

tire-fesses [tirfɛs] m. invar. FAM. Schlepplift m.

tire-fond [tirfɔ̃] m. invar. Schienennagel m. ; Schwellenschraube f. || [tonnellerie] Bodenzieher m.

tire-larigot (à) [atirlarigo] adv. POP. reichlich ; tüchtig ; aus vollen Bechern.

tire-ligne [tirliɲ] m. (pl. **tire-lignes**) Reißfeder f.

tirelire [tirli:r] f. Sparbüchse f.

tirer [tire] v. tr. et intr. ziehen (zog, gezogen).

> **I.** v. tr.
> **1.** TRACTION : ziehen (et composés) ;
> **2.** EXTRACTION : ziehen ; [liquides] schöpfen ; [extraire] gewinnen ;
> **3.** TRACER : ziehen ;
> **4.** TYPOGR. : drucken ;
> **5.** MIL. : schießen ;
> **6.** COMM. : ziehen ; ausstellen ;
> **7.** MAR. : tief gehen ;
> **8.** EMPLOIS AU FIGURÉ.
> **II.** v. intr.
> **1.** TRACTION : ziehen ;
> **2.** TYPOGR. : gedruckt werden ;
> **3.** MIL. : schießen ;
> **4.** COMM. : ziehen ;
> **5.** CHEMINÉES : ziehen ;
> **6.** COULEURS : spielen in (acc.) ;
> **7.** FIG.
> **III.** v. pr. **se tirer.**

I. v. tr. **1.** TRACTION : ziehen (et composés). | *Tirer un bateau* [halage], ein Schiff treideln. | *Tirer les bottes à qn*, jm die Stiefel ausziehen. | *Tirer un cheval par la bride*, ein Pferd am Zügel ziehen. || *Tirer les oreilles à qn*, jm die Ohren lang ziehen. | *Tirer une porte derrière soi*, eine Tür hinter sich zumachen. | *Tirer qch. fortement*, etwas reißen. | *Tirer qch. violemment*, etwas zerren. | *Tirer qch. à soi*, etwas an sich (herbei)ziehen. | *Tirer qn par le bras*, jn am Arm ziehen. | *Tirer le rideau*, den Vorhang vor-, zuziehen. | *Tirer la sonnette*, klingeln. | *Tirer un tiroir*, eine Schublade aufziehen. | *Tirer un verrou*, einen Riegel vorschieben.

2. EXTRACTION : ziehen ; [liquides] schöpfen ; [extraire] gewinnen. | *Tirer sa bourse*, den Beutel, die Börse ziehen. | *Tirer son couteau*, zum Messer greifen ; das Messer zücken. | *Tirer de l'eau du puits*, Wasser aus dem Brunnen schöpfen. | *Tirer l'épée du fourreau*, das Schwert aus der Scheide ziehen ; blank ziehen. | *Tirer qn de l'eau*, jn aus dem Wasser ziehen. | *Tirer qn du lit*, jn aus dem Schlafe rütteln. | *Tirer qn de prison*, jn auf freien Fuß setzen. | *Tirer de l'huile des olives*, Öl aus Oliven gewinnen. | *Tirer le jus*, den Saft auspressen. | *Tirer du vin au tonneau*, Wein abzapfen.

3. Tracer : ziehen. | *Tirer une allée au cordeau*, eine Allee schnurgerade anlegen. | *Tirer une ligne, un trait*, eine Linie ziehen.
4. Typogr. : drucken. | *Tirer un livre à mille exemplaires*, ein Buch in einer Auflage von tausend Exemplaren drucken, herausbringen. || Phot. *Tirer une épreuve*, abziehen.
5. Mil. : schießen ; abfeuern. | *Tirer le canon*, das Geschütz abfeuern. | *Tirer des coups de feu*, schießen. | *Tirer un coup de fusil*, einen Gewehrschuß abgeben. | *Tirer un feu d'artifice*, ein Feuerwerk abbrennen. | *Tirer une flèche*, einen Pfeil abschießen. | *Tirer des lapins*, Kaninchen schießen.
6. Comm. : ziehen ; ausstellen. | *Tirer un chèque*, einen Scheck ausstellen. | *Tirer une lettre de change sur*, einen Wechsel auf (acc.) ausstellen, ziehen.
7. Mar. *Tirer dix mètres d'eau*, zehn Meter tief gehen.
8. Emplois au figuré : *Tirer de l'argent de qn*, jm Geld ablocken. | *Tirer avantage de qch.*, aus etwas Nutzen ziehen. | *Tirer les cartes à qn*, jm die Karten legen. | *Tirer son chapeau à qn*, den Hut vor jm ziehen, lüften. | *Tirer une conclusion de qch.*, eine Folgerung aus etwas ziehen ; aus etwas folgern. | *Tirer la couverture à soi*, das Deckbett an sich ziehen. | *Tirer les marrons du feu*, die Kastanien aus dem Feuer holen. | *Tirer un mot du latin*, ein Wort aus dem Lateinischen entlehnen. | *Tirer son nom de*, seinen Namen von... ableiten. | *Tirer un bon numéro*, eine gute Nummer ziehen. | *Tirer l'œil*, ins Auge stechen ; auffällig sein. | *Se faire tirer l'oreille*, sich lange bitten lassen. | *Tirer son origine de qch.*, sich von etwas herleiten. | *Tirer parti, profit de qch.*, aus etwas Nutzen, Vorteil ziehen ; sich etwas zunutze machen. | *Tirer sa poudre aux moineaux*, sein Pulver unnütz verschießen. | *Tirer qch. au clair*, etwas aufklären ; über etwas (acc.) ins klare kommen. | *Tirer qch. au sort*, etwas auslosen. | *Tirer qn d'affaire*, jm aus der Not helfen ; [guérir] jn (er)retten. | *Tirer qn de son sommeil*, jn aus dem Schlaf wecken. | *Tirer sa révérence à qn*, sich bei jm empfehlen, verabschieden. | *Tirer des sons d'un instrument*, Töne einem Musikinstrument entlocken. | *Tirer vengeance de qch.*, für etwas Rache nehmen. | *Tirer vengeance de qn*, an jm Rache nehmen, ausüben. | *Tirer à qn les vers du nez*, jm die Würmer aus der Nase ziehen.
II. v. intr. **1.** Traction : ziehen. | *Tirer sur la corde*, am Seil ziehen.
2. Typogr. : gedruckt werden. | *Tirer à cent mille (exemplaires)*, in hunderttausend Exemplaren gedruckt werden, herauskommen. | *Bon à tirer* (adj.) druckfertig ; (m.) Imprimatur n.
3. Mil. : schießen. | *Tirer trop loin*, das Ziel überschießen (insépar.). | *Tirer à l'arc*, mit dem Bogen schießen. | *Tirer à balles*, scharf schießen. | *Tirer à blanc*, blind schießen. | *Tirer dans le tas*, drauflos schießen.
4. Comm. : ziehen. | *Tirer sur qn*, auf jn ziehen ; einen Wechsel auf jn ausstellen.
5. Cheminées : ziehen. | *La cheminée tire bien*, der Ofen zieht gut, hat guten Zug.
6. Couleurs : spielen in. | *Cette couleur tire sur le rouge*, diese Farbe spielt ins Rot, geht in(s) Rot über.
7. Fig. *Tirer à conséquence*, Folgen haben. | *Cela ne tire pas à conséquence*, das hat weiter keine Bedeutung. | *Tirer à sa fin*, seinem Ende entgegengehen. | *Tirer au flanc*, sich beiseite, vom Dienst drücken. || [auteur] *Tirer à la ligne*, weitschweifig schreiben ; Zeilen schinden. | *Tirer en longueur*, sich in die Länge ziehen. | *Tirer sur la corde*, die Saiten hochspannen.
III. v. pr. **se tirer,** [partir] pop. abhauen. || Loc. *Se tirer d'affaire*, sich durchbringen, durchhelfen (sépar.) ; sich heraushelfen. | *Il sait se tirer d'affaire*, er weiß sich zu helfen. | *Se tirer du pétrin*, sich aus der Patsche ziehen. | *S'en tirer*, davonkommen. | *Il ne savait comment s'en tirer*, er wußte weder aus noch ein. | *S'en tirer par des mensonges*, sich herauslügen (sépar.).

tiret [tirɛ] m. Typogr. Binde-, Gedankenstrich m. ; Querstrich m.

tiretaine [tirtɛn] f. Petermann m. (grobes, halbwollenes Zeug).

tirette [tirɛt] f. [cordon] Zug-, Gardinenschnur f. ; || [planchette] Ausziehbrett n.

tireur [-rœ:r] m. [avec arme à feu] Schütze m. | *Tireur d'élite*, Scharfschütze. || [ouvrier] Drahtzieher m. || Comm. Aussteller m. | *Tireur d'un chèque*, Scheckaussteller.

tireuse [-rø:z] f. *Tireuse de cartes*, Kartenlegerin f. || Phot. Kopierapparat m.

tiroir [-rwa:r] m. Schublade f., -kasten m. || Techn. Schieber m., Schieberventil n.

tiroir-caisse [-kɛs] m. (pl. **tiroirs-caisses**) Ladenkasse f.

tisane [tizan] f. Kräutertrank m., -tee m.

tison [tizɔ̃] m. halbverkohltes, halbaufgebranntes Stück Holz ; Löschbrand m. | *Allumettes tisons*, Sturmstreichhölzer n. pl. || Fig. *Tison de discorde*, Zankteufel m. ; Unruhestifter m.

tisonner [-zɔne] v. intr. et v. tr. im Feuer herumstochern ; das Feuer schüren.

tisonnier [-zɔnje] m. Feuer-, Schürhaken m., -eisen n.

tissage [tisa:ʒ] m. [action] Weben n. || [usine] Weberei f. || [ouvrage] Gewebe n.

tisser [-se] v. tr. weben ; wirken ; ein-, verweben. | *Métier à tisser*, Webstuhl m. | *Tissé en couleurs*, buntgewebt. | *Tissé de fils d'or*, golddurchwirkt.

tisserand [-srɑ̃] m. Garn-, Leinen-, Seidenweber m. | *Maître tisserand*, Web-, Wirkmeister m.

tisseur, euse [-sœ:r, ø:z] s. Weber(in) m. (f.).

tissu [-sy] m. [étoffe] Gewebe n. ; Stoff m. ; Tuch n. ; Zeug n. | *Tissu d'ameublement*, Möbelbezug m. | *Gants en tissu*, Stoffhandschuhe m. pl. || [ensemble homogène] *Tissu industriel*, industrielles Gefüge. | *Tissu urbain*, Stadtgefüge n. || Anat. *Tissu (cellulaire)*, Zellstoff, -gewebe. | *Tissu conjonctif*, Bindegewebe. || Fig. *Tissu de mensonges*, Lügengespinst n.

tissu-éponge [-syepɔ̃:ʒ] m. Frotté-, Frottierstoff m.

tissure [-sy:r] f. Webart f. ; Gewebe-, Wirkart f.

titan [titɑ̃] m. Myth. Titan(e) m. || Fig. *Travail de titan*, gigantische Arbeit.

titane [titan] m. Chim. Titan n.

titanesque [titanɛsk] adj. titanisch ; titanenhaft.

titi [titi] m. Fam. Pariser Straßenjunge m.

titiller [titile] v. tr. ind. kitzeln ; prickeln.

titrage [titra:ʒ] m. Chim. Titrieren n. ; Maßanalyse f.

titre [titr] m. **1.** [dans un livre] Titel m. ; Überschrift f. ; Aufschrift f. || [dans le Code] Abteilung f. || [journaux] *Gros titre*, *Titre sur six colonnes*, Balkenüberschrift f. | *Titre ronflant*, hochtrabender Titel.
2. [d'un homme] Titel m. ; Name m. | *Titre de conseiller aulique*, Hofratstitel. | *Titre de roi*, Königstitel. | *Manie des titres*, Titelsucht f. | *Appeler qn par son titre*, jn mit seinem Titel anreden. | *Conférer un titre à qn*, jm einen Titel verleihen.
3. [document] Schein m. ; Dokument n. ; Papier n. | *Titre de transport*, Fahrkarte f. || Fin. Schein m. ; Geschäfts-, Handels-, Wertpapier n. | *Titre d'emprunt public*, Staatsschuldpapier. | *Titre négociable*, begebbares Wertpapier. | *Titre nominatif*, Namenspapier. | *Titre au porteur*, Inhaberpapier. | *Titre de rente*,

Rentenbrief m., -schein. | *Prêt sur titres*, Effektenlombard m. || Jur. Titel m. ; Urkunde f. | *Titre de propriété*, Besitztitel, -urkunde ; Eigenschaftsurkunde, -nachweis m. || Univ. Diplom n. | *Professeur en titre*, ordentlicher Professor.

4. Fig. (An)recht n. ; Anspruch m. ; [qualité de] Eigenschaft f. | *À titre bénévole*, ehrenamtlich. | *À divers titres*, aus verschiedenen Gründen. | *À titre exceptionnel*, ausnahmsweise ; in Ausnahmefällen. | *À titre gracieux, gratuit*, unentgeltlich. | *À titre indicatif*, zu Ihrer Orientierung. | *À juste titre*, mit vollem Recht. | *Au même titre*, gleichberechtigt. | *À titre onéreux*, gegen Entgelt ; mit Auflage. | *À plus d'un titre*, in mancher Hinsicht ; in mehr als einer Hinsicht. | *À titre privé*, privatim. | *À titre provisoire*, provisorisch ; vorläufig. | *À quel titre ?*, mit welchem Recht ? | *À titre révocable*, mit Vorbehalt des Widerrufs. | *À titre d'ami*, in der Eigenschaft als Freund. | *À titre de dédommagement*, zum Schadenersatz. | *À titre d'essai*, probe-, versuchsweise. | *À titre d'information*, zur Kenntnisnahme. | *Avoir des titres à qch.*, auf etwas (acc.) Ansprüche, Anrecht haben.

5. [proportion] Gehalt m. | *Titre d'un alliage d'or*, Goldgewicht n. | *Titre des monnaies*, Münzfuß m. | *Titre de l'or*, Goldgehalt.

titrer [-tre] v. tr. [qn] jm einen Titel verleihen. || Chim. titrieren.

◇ part. pass. et adj. **titré, ée**, betitelt. | *Pièce titrée à*, Münze (f.) mit einem Feingehalt von.

titubant, ante [titybɑ̃, ɑ̃:t] adj. schwankend ; taumelnd ; wacklig.

tituber [-be] v. intr. wanken ; taumeln.

titulaire [titylɛ:r] adj. ordentlich ; Titular... | *Professeur titulaire*, ordentlicher Professor.

◇ s. Inhaber m. | *Titulaire d'un brevet*, Patentinhaber, -träger m. | *Titulaire d'un compte*, Konto-, Konteninhaber. | *Titulaire d'un prix*, Preisträger(in) m. (f.).

titularisation [-larizasjɔ̃] f. endgültige Ernennung.

titulariser [-larize] v. tr. ernennen ; fest anstellen.

toast [tost] m. [pain grillé] Toast m. | *Manger un toast*, einen Toast, ein Röstbrot essen. || [en buvant] Trinkspruch m. | *Porter un toast à qn*, auf jn einen Trinkspruch ausbringen.

toboggan [tɔbɔgɑ̃] m. Rodelschlitten m. ; Rutsche f. || [foire] Rutschbahn f.

toc [tɔk] interj. tick ; knacks.

◇ m. Fam. Schund m. ; Kitsch m. | *En toc*, kitschig.

tocade [tɔkad] f. V. toquade.

tocard, arde [tɔka:r, ard] adj. Pop. mies ; verbraucht. || [courses] Fam. schlechtes Pferd.

tocsin [tɔksɛ̃] m. Alarm-, Feuer-, Sturmglocke f. ; Sturmgeläut(e) n.

toge [tɔ:ʒ] f. Toga f.

tohu-bohu [tɔy bɔy] m. Tohuwabohu n. ; Durcheinander n. ; Wirrwarr m.

toi [twa] pron. pers. 2ᵉ pers. **1.** (sujet ou apposition) du. | *Toi et moi*, du und ich. | *Est-ce toi ?*, bist du es ? | *Il est plus brave que toi*, er ist tapferer als du.

2. (compl. dir. d'objet) dich. | *Assieds-toi*, setze dich ! | *Je l'aime autant que toi*, ich liebe ihn ebenso sehr wie dich.

3. (compl. d'attribution) dir ; dein. | *C'est à toi*, das gehört dir ; das ist dein. | *Est-ce pour toi ?*, gilt das dir ? ; ist das für dich ? | *Je suis à toi*, ich bin dein.

4. (rapports divers) dich ; dir ; deiner. | *À cause de toi*, deinetwegen. | *Quant à toi*, was dich betrifft. | *Je pense à toi*, ich denke an dich.

toilage [twala:ʒ] m. Spitzengrund m., -muster n.

toile [twal] f. [étoffe] Leinwand f. ; Leinen n. ; Linnen n. ; Gewebe n. ; Tuch n. ; Stoff m. | *Toile écrue*, Rohleinen. | *Toile gommée*, Steifleinen. | *Toile goudronnée*, Teerleinwand ; Persenning f. | *Grosse toile*, Sackleinwand. | *Toile métallique*, Drahtgewebe ; Fliegengitter n. | *Toile vernie*, Öltuch. | *Toile de coton*, Kattun m. ; Baumwolleinen n. | *Toile (d')émeri*, Schmirgelleinwand. | *Toile d'emballage*, Packleinen. | *Toile cirée*, Wachstuch. | *Livre en demi-toile*, in Halbleinen gebundenes Buch. | *Reliure pleine toile*, Ganzleinen ; Ganzleinenband m. || [camping] *Toile de tente*, Zeltleinwand ; Zeltbahn f. ; Zelttuch. | *Village de toile*, Zeltlager n. || Mar. Segel n. | *Toile à voile*, Segeltuch. || Arts. [non peinte] Leinen n. ; [peinte] Gemälde n. || Fig. *Toile de fond*, Hintergrund m. || Zool. *Toile d'araignée*, Spinn(en)gewebe.

toilerie [-lri] f. Leinenfabrikation f., -handel m.

toilettage [twalɛta:ʒ] m. *Toilettage de chiens*, Hundekosmetik f. ; Hundepflege f. | *Salon de toilettage*, Hundesalon m.

toilette [-lɛt] f. [action] Toilette f. ; Putzen n. | *Gant de toilette*, Waschlappen m., -tuch n. | *Faire sa toilette*, sich putzen ; sich ankleiden. || [meuble] Toilette f. ; Putz-, Waschtisch m. | *Table de toilette*, Toilettentisch m. || [lieu] Toilette f. | *Cabinet de toilette*, Ankleideraum m. ; kleiner Waschraum. || [vêtement de dames] Toilette f. ; Kleidung f. ; Putz m. | *Toilette de bal*, Balltoilette. | *Toilette du soir*, Abendtoilette. | *Toilette de ville*, Straßentoilette, -kleid n. | *En (grande) toilette*, in vollem Staat. | *Aimer la toilette*, putzsüchtig sein.

toiletter [-te] v. tr. [un chien] Hunde pflegen.

toise [twa:z] f. [mesure] Klafter f. || [instrument de mesure] Klaftermaß n., -stock m. ; Meßrute f.

toiser [-ze] v. tr. ab-, ausklaftern ; abmessen. || Fig. (jn) mit den Augen messen, abschätzen.

toison [twazɔ̃] f. Schaffell n. ; Schur f. ; fig. lange Mähne ; Zottelhaar n. || Hist. *La Toison d'or*, das Goldene Vlies.

toit [twa] m. Dach n. | *Toit de chaume*, Strohdach. | *Toit de tuiles*, Ziegeldach. || Autom. *Toit ouvrant*, Schiebedach. || Fig. Haus n. ; Wohnung f. ; Obdach n. | *Toit paternel*, Vaterhaus ; väterliches Haus. | *Habiter sous le même toit*, im gleichen Hause wohnen. || Par ext. *Crier sur les toits*, öffentlich ausposaunen.

toiture [-ty:r] f. Dach n. ; Bedachung f.

tôlard, arde [tola:r, ard] s. Pop. V. taulard.

tôle [to:l] f. [métal] Blech n. | *Tôle emboutie*, Preßblech. | *Tôle laminée*, Walzblech. | *Tôle ondulée*, Wellblech. | *Feuille de tôle*, Blechtafel f. | *Tôle de cheminée*, Ofenblech. || Pop. (parfois **taule**) Loch n. ; Kittchen n. | *Faire de la tôle*, sitzen.

tolérable [tɔlerabl] adj. erträglich ; zulässig.

tolérance [-rɑ̃:s] f. Toleranz f. ; Duldung f. ; Nachsicht f. | *Maison de tolérance*, Freudenhaus n. || Techn. Spielraum m. ; Toleranz f. | *Seuil de tolérance*, Toleranzgrenze f.

tolérant, ante [-rɑ̃, ɑ̃:t] adj. tolerant ; duldsam.

tolérer [-re] v. tr. (er)dulden ; ertragen ; tolerieren. || [permettre] zulassen ; gestatten.

tôlerie [tolri] f. [lieu] Blechwerk n. ; Blechschmiede f. || [produits] Blechwaren f. pl.

tôlier [tolje] m. Blechschmied m. || Pop. schlechter Wirt.

tollé [tɔle] m. Gezeter n. ; Zetergeschrei n.

tomaison [tɔmɛzɔ̃] f. Typogr. Bandbezeichnung f., -nummer f.

tomate [tɔmat] f. Tomate f. | *Jus de tomate*, Tomatensaft m. | *Sauce tomate*, Tomatensoße f.

tombal, ale, als ou **aux** [tɔ̃bal, o] adj. Grab... | *Pierre tombale*, Grabstein m., -denkmal n.

tombant, ante [tɔ̃bɑ̃, ɑ̃:t] adj. fallend. | *Cheveux tombants*, herunterhängende Haare n. pl. | *À la nuit tombante*, bei Einbruch der Nacht.

tombe [tɔ̃:b] f. Grab n. ; Grabmal n., -stein m., -hügel m. ; Gruft f. | *Avoir un pied dans la tombe*, mit einem Fuße im Grabe stehen. | *Creuser une tombe*, ein Grab ausheben. | *Creuser sa (propre) tombe*, sein eigenes Grab schaufeln. | *Descendre dans la tombe*, ins Grab sinken. | *Emporter dans la tombe*, mit ins Grab nehmen. — SYN. : *Caveau*, Gruft. *Fosse*, Grab. *Sépulcre*, Grabmal. *Sépulture*, Grabstätte.

tombeau [-bo] m. Grab n. ; Gruft f. ; Grabstätte f., -mal n. || FIG. Tod m. ; Untergang m. || *Mise au tombeau*, Grablegung f. | *Silence du tombeau*, Grabesstille f. | *Descendre au tombeau*, ins Grab steigen, sinken. | *Mettre au tombeau*, ins Grab legen ; zur ewigen Ruhe betten. | *Rouler à tombeau ouvert*, auf halsbrecherische Art fahren.

tombée [tɔ̃be] f. *À la tombée de la nuit*, bei Einbruch der Nacht.

tomber [tɔ̃be] v. intr.

I. SENS PR.
  1. CHUTE : fallen (et compos.) ; stürzen ;
  2. PENDRE : hängen.
II. FIG.
  1. Employé seul :
    a) PHÉNOMÈNES ATMOSPHÉRIQUES ;
    b) MOURIR : fallen ;
    c) PRENDRE FIN : sich legen ;
  2. ARRIVER : fallen ; sich treffen.
  3. PHÉNOMÈNES PHYSIOLOGIQUES ET PSYCHOLOGIQUES.
  4. LOC. : (ver)fallen ; geraten.
III. Employé avec un autre verbe.
  1. faire tomber : fällen, etc.
  2. laisser tomber : fallen lassen, etc.
IV. part. pass. et adj. **tombé, ée :** gefallen.
V. v. tr. FAM.

I. SENS PR. **1.** CHUTE : fallen (et compos.) ; stürzen. || [cheveux] ausgehen, -fallen ; [dents] ausfallen ; [feuilles ; fruits] abfallen ; [maison] einstürzen. | *Tomber lourdement*, hinplumpsen. | *Tomber les quatre fers en l'air*, alle Viere von sich, in die Luft strecken. | *Tomber la tête la première*, kopfüber stürzen. | *Tomber à l'eau*, ins Wasser fallen. | *Tomber à la renverse*, umfallen (sépar.) ; auf den Rücken fallen. | *Cela tombe sous le sens*, das ist sinnfällig. | *Tomber de son haut*, von seiner Höhe herunterstürzen. | *Tomber de tout son long*, der Länge lang, längelang (auf den Boden) hinschlagen. | *L'avion tombe en flammes*, das Flugzeug stürzt brennend ab. | *L'avion tombe en vrille*, das Flugzeug trudelt. | *Tomber par la fenêtre*, aus dem Fenster stürzen. | *Tomber par terre*, zu Boden fallen. | *Tomber sur les genoux*, auf die Knie fallen. | *Être près de tomber*, dem Sturz nahe sein.

2. PENDRE : hängen. | *Les cheveux lui tombent sur le visage*, die Haare hängen, fallen ihm ins Gesicht. | *Sa robe lui tombe jusqu'aux pieds*, das Kleid reicht ihr bis an die Füße.

II. FIG. **1.** (employé seul) — **a)** PHÉNOMÈNES ATMOSPHÉRIQUES : *Le brouillard tombe*, (der) Nebel fällt ein ; es wird neblig. | *La foudre tombe (sur un arbre)*, der Blitz schlägt (in einen Baum) ein, fährt in einen Baum. | *Le jour tombe*, der Tag neigt sich. | *La nuit tombe*, die Nacht bricht herein. | *À la nuit tombante*, bei Einbruch der Nacht ; bei einbrechender Nacht. | *Le vent tombe*, der Wind legt sich, schläft ein. — **b)** MOURIR : fallen. | *Tomber au champ d'honneur*, im Felde fallen. | *Tomber en héros*, als Held fallen. — **c)** PRENDRE FIN : nachlassen ; sich legen. | *Sa colère tombe*, sein Zorn legt sich, verraucht. | *La conversation tombe*, das Gespräch, die Unterhaltung gerät ins Stocken. | *Le ministère est tombé*, das Ministerium ist gestürzt.

2. ARRIVER : fallen auf ; sich treffen. | *La fête tombe un jeudi*, das Fest fällt auf einen Donnerstag. | *Cela tombe bien*, das trifft sich gut ; es kommt zu gelegener Zeit. | *Cela tombe bien pour moi*, es kommt mir gelegen. | *Vous tombez bien*, Sie kommen gerade recht. | *Vous tombez mal*, Sie kommen ungelegen.

3. PHÉNOMÈNES PHYSIOLOGIQUES ET PSYCHOLOGIQUES : *Tomber amoureux*, sich verlieben. | *Tomber malade*, krank werden. | *Tomber raide mort*, tot umfallen (sépar.). | *Tomber de fatigue*, vor Müdigkeit umsinken (sépar.) ; FAM. zusammenklappen. | *Tomber d'inanition*, vor Hunger und Durst umfallen (sépar.). | *Tomber de sommeil*, vom Schlaf übermannt werden. | *Tomber sans connaissance*, in Ohnmacht fallen ; ohnmächtig werden.

4. LOC. : (ver)fallen ; geraten. | *Être tombé bien bas*, tief gefallen, heruntergekommen sein. | *Tomber bien bas dans l'estime de qn*, tief in js Meinung sinken. | *Tomber juste*, den Nagel auf den Kopf treffen. | *Tomber à l'eau*, ins Wasser fallen ; sich zerschlagen. || FAM. *C'est tombé à l'eau*, daraus ist nichts geworden ; es ist Essig damit. || *Tomber aux mains de qn*, jm in die Hände fallen. | *Tomber aux pieds de qn*, jm zu Füßen fallen ; sich jm zu Füßen werfen. | *Tomber dans le besoin*, in Dürftigkeit geraten. | *Tomber dans une profonde déchéance*, auf den Hund kommen. | *Tomber dans le domaine public*, Gemeingut werden ; [écrivain] für den Nachdruck frei werden. | *Tomber dans une embuscade*, in einen Hinterhalt geraten. | *Tomber dans l'erreur*, einem Irrtum verfallen. | *Tomber dans l'oubli*, in Vergessenheit geraten. | *Tomber dans le panneau*, ins Garn gehen ; POP. hereinfallen. | *Tomber dans le piège*, in die Falle gehen ; auf den Leim kriechen. | *Tomber dans un profond sommeil*, in tiefen Schlaf (ver)sinken. | *Tomber dans un travers*, in einen Fehler geraten. | *Tomber d'accord (avec qn)*, (mit jm) eins werden. | *Cela me tombe du ciel*, das fällt mir in den Schoß. | *Tomber de haut, des nues*, aus allen Wolken fallen. | *Tomber en arrêt*, stehenbleiben. | *Tomber en décadence*, in Verfall geraten. | *Tomber en désuétude*, ungebräuchlich werden. | *Tomber en disgrâce*, in Ungnade fallen. | *Tomber en panne*, unterwegs liegenbleiben ; eine Panne haben. | *Tomber en poussière*, in Staub zerfallen. | *Il est tombé en mon pouvoir*, ich habe ihn in meine Gewalt bekommen. | *Tomber en ruine*, zerfallen ; baufällig werden. | *Cela m'est tombé entre les mains*, zufällig bekam ich es in die Hände. | *Tomber sous le coup de la loi*, unter das Gesetz fallen. | *Tout ce qui me tombe sous la main, entre les mains*, alles, was mir unter die Finger kommt. | *Tomber sur*, geraten auf, an (acc.). | *Tomber sur le dos de qn*, jn überrumpeln (insépar.). | *Tomber sur qn*, [attaque], über jn herfallen, herkommen ; [par hasard] auf jn geraten, stoßen, treffen. | *La conversation tombe sur qn*, man kommt auf jn zu sprechen. | *Le sort tombe sur qn*, das Los fällt auf jn, trifft jn. | *Cela tombe sous le sens*, das versteht sich von selbst.

III. (employé avec un autre verbe). **1. faire tomber,** fällen. | *Faire tomber qn*, jn zu Fall bringen ; jn zu Boden werfen, (um)stoßen. | *Faire tomber qch. des mains*, etwas aus der Hand schlagen, fallen lassen. | *Faire tomber la fièvre*, das Fieber senken.

2. laisser tomber, fallen lassen. | *Laisser tomber ses regards sur qn*, seine Blicke auf jm ruhen lassen. |

Laisser tomber la voix, die Stimme sinken lassen. || FIG. *Laisser tomber qn*, jn fallen lassen ; jn im Stich(e) lassen.
IV. part. pass. et adj. **tombé, ée,** gefallen. | *Fruits tombés*, Fallobst n.
V. v. tr. FAM. *Tomber un adversaire*, einen Gegner zu Fall bringen, zu Boden strecken. | *Tomber la veste*, die Jacke ablegen.
tombereau [tɔ̃bro] m. (Kipp)karre f., -karren m.
tombola [tɔ̃bɔla] f. Verlosung f. ; Tombola f.
tome [to:m] m. Teil (m.) eines Werkes ; Band m.
tomographie [tɔmɔgrafi] f. MÉD. Tomographie f.
tom-pouce [tɔmpus] m. invar. [parapluie] Knirps m.
ton, ta, tes [tɔ̃, ta, tɛ] adj. poss. dein, deine, dein ; deine. | *Ton crayon*, dein Bleistift. | *De ta part*, deinerseits.
ton [tɔ̃] m. **1.** Ton m. ; Tonart f. ; Klang m. ; Akzent m. || [façon d'écrire] Schreibart f. ; Stil m. || [façon d'être, de s'exprimer] *Bon ton*, guter Ton ; feine Lebensart ; Geschmack m. | *De bon ton*, geschmackvoll ; schicklich. | *D'un ton supérieur*, in überlegenem Tone. | *D'un ton de maître*, in gebieterischem Tone. | *Sur tous les tons*, in allen Tonarten. | *Baisser le ton*, leiser reden ; FIG. gelindere Saiten aufziehen. | *Faire baisser le ton à qn*, jm Bescheidenheit beibringen. | *Changer de ton*, einen anderen Ton anschlagen. | *Donner le ton*, den Ton angeben. | *Ne pas être dans le ton*, nicht den richtigen Ton haben. | *C'est le ton qui fait la chanson*, auf den Ton kommt's an. | *Hausser le ton*, lauter reden ; FIG. schärfere Saiten aufziehen. | *Se mettre au ton de qn*, sich nach js Art richten. | *Prendre un ton (insolent)*, einen (frechen) Ton anschlagen. | *Ne le prenez pas sur ce ton*, ich verbitte mir diesen Ton.
2. MUS. [intervalle] Ton m. || [tonalité] Tonart f. | *Demi-ton*, halber Ton. | *Ton majeur*, Dur-Tonart. | *Ton mineur*, Moll-Tonart. | *Changer de ton*, die Tonart wechseln. | *Ne plus être dans le ton*, aus dem Ton fallen.
3. [couleurs] Farbton m. ; Schattierung f. | *Ton sur ton*, in schattierten Farben.
tonal, ale, als [tɔnal] adj. tonal ; Ton... | *Système tonal*, Tonsystem n.
tonalité [-lite] f. Klangfarbe f. || MUS. Tonart f. || RADIO. Klang m. | *Régulateur de la tonalité*, Klangregler m. || TÉLÉPH. *Tonalité (continue)*, Dauerton m.
tondeur [-dœ:r] m. (Schaf)scherer m.
tondeuse [-dø:z] f. Schermaschine f. ; Haarschneidemaschine f. | *Tondeuse à gazon*, Rasen-, Grasmäher m.
tondre [tɔ̃:dr] v. tr. (ab)scheren. || [prairie] mähen. | *Tondre le gazon*, [bétail] abgrasen ; [machine] den Rasen schneiden. | *Tondre la laine*, die Wolle scheren. | *Tondre la pelouse*, den Rasen mähen. | *Tondu de près*, kahl-, kurz geschoren. || FIG. *Tondre qn*, jn neppen, rupfen. | *Se laisser tondre la laine sur le dos*, sich das Fell über die Ohren ziehen lassen.
tonifier [tɔnifje] v. tr. stärken ; kräftigen.
tonique [-nik] adj. stärkend ; kräftigend. || GRAMM. betont. | *Accent tonique*, Ton m. | *Syllabe tonique*, betonte Silbe ; Hebung f.
◇ m. Stärkungs-, Kräftigungsmittel n. ; magenstärkendes Mittel.
◇ f. GRAMM. Tonsilbe f. || MUS. Tonika f. ; Grundton m.
tonitruant, uante [tɔnitryɑ̃, ɑ̃:t] adj. donnernd ; krachend. | *D'une voix tonitruante*, mit Donnerstimme.
tonkinois, oise [tɔ̃kinwa, wa:z] adj. aus Tonkin.
◇ s. **Tonkinois, oise,** Tonkinese m. ; Tonkinesin f.
tonnage [tɔna:ʒ] m. Schiffsraum m. ; Tonnage f. ; Tonnengehalt m. ; Lade-, Tragfähigkeit f.
tonnant, ante [tɔnɑ̃, ɑ̃:t] adj. donnernd ; krachend. | *Voix tonnante*, dröhnende Stimme.
tonne [tɔn] f. Tonne f. | *Tonne brute*, Bruttoregistertonne. | *Tonne équivalent pétrole (T.E.P.)*, Rohöleinheit f.
tonneau [tɔno] m. [récipient] Tonne f. ; Faß n. | *Tonneau de vin*, [contenant] Weinfaß ; [contenu] Faß Wein. | *Tonneau d'arrosage*, Sprengwagen m. || [unité] Tonneau m. ; Tonne f. || AÉRON. Rolle f. ; Kehre f. || AUTOM. *Faire un tonneau*, sich überschlagen.
tonnelet [-nlɛ] m. kleines Faß ; Fäßchen n.
tonnelier [-nəlje] m. Faßbinder m. ; Küfer m. ; Böttcher m.
tonnelle [-nɛl] f. Sommer-, Gartenlaube f.
tonnellerie [-nɛlri] f. Böttcherei f. ; Küferei f.
tonner [tɔne] v. intr. donnern ; krachen. || FIG. *Tonner contre qch.*, gegen etwas wettern.
tonnerre [-nɛ:r] m. Donner m. ; PAR EXT. Blitz m. | *Coup de tonnerre*, Donnerschlag m. | *Au milieu du tonnerre et des éclairs*, unter Donner und Blitz. || FIG. *Tonnerre d'applaudissements*, donnernder, stürmischer Beifall. | *D'une voix de tonnerre*, mit Donnerstimme. || FAM. *Un gars du tonnerre*, ein Blitzkerl m.
◇ interj. *Mille tonnerres !*, Himmeldonnerwetter !
tonsure [tɔ̃sy:r] f. Tonsur f.
tonsurer [-re] v. tr. (jm) die Tonsur geben.
tonte [tɔ̃:t] f. [coupe] Schafschur f. || [temps] Schurzeit f. || [laine] Schurwolle f.
tonton [tɔ̃tɔ̃] m. FAM. Onkel m. ; Onkelchen n.
tonus [tɔnys] m. PHYSIOL. Tonus m. ; Spannung f. || FAM. *Avoir du tonus*, in Schwung sein.
topaze [tɔpa:z] m. MINÉRAL. Topas m.
tope [tɔp] interj. topp ! ; einverstanden !
toper [tɔpe] v. intr. einschlagen ; einwilligen.
topinambour [tɔpinɑ̃bu:r] m. BOT. Erdbirne f. ; Topinambur f.
topique [tɔpik] adj. zur Sache gehörig. MÉD. örtlich.
◇ m. MÉD. örtlich wirkendes Mittel.
topo [tɔpo] m. FAM. [carte] Geländeskizze f. || [discours] Rede f. ; Vortrag m.
topographe [-graf] s. Topograph(in) m. (f.) ; Vermessungstechniker(in) m. (f.).
topographie [-fi] f. Topographie f.
topographique [-fik] adj. topographisch ; geländekundlich.
topologie [-lɔʒi] f. MATH. Topologie f.
toponymie [-nimi] f. Ortsnamenkunde f.
toquade [tɔkad] f. FAM. Grille f. ; Laune f. | *Avoir une toquade pour qn*, in jn verknallt sein.
toque [tɔk] f. Mütze f. ; [de magistrat] Barett n. | *Toque de fourrure*, Pelzmütze f. | *Toque de cuisinier, de pâtissier*, Koch-, Konditormütze.
toqué, ée [tɔke] adj. FAM. verrückt ; verdreht ; verliebt. || *Être toqué d'une actrice*, in eine Schauspielerin verschossen sein.
toquer (se) [sətɔke] v. pr. FAM. *Se toquer de qn*, sich in jn verknallen, vernarren, vergaffen.
torche [tɔrʃ] f. Fackel f. ; Pechfackel f. || [de paille] Strohwisch m.
torcher [-ʃe] v. tr. [nettoyer] ab-, aus-, (weg)wischen ; reinigen. || FAM. *Travail bien torché*, famose Arbeit.
◇ v. pr. **se torcher,** VULG. sich abputzen.
torchère [-ʃɛ:r] f. [lampe] Leuchter m. ; Lampenständer m. || [qui brûle] Fackel f.
torchis [-ʃi] m. Stroh-, Kleiberlehm m.

torchon [-ʃɔ̃] m. [à nettoyer] Spül-, Putz-, Wisch-, Scheuerlappen m. ; Dreck-, Schmutzlappen m. || [femme sale] Schlampe f. ; Schmutzliese f. || FIG., POP. *Le torchon brûle*, es ist Streit im Hause.

torchonner [-ʃɔne] v. tr. mit einem Lappen abwischen. || FIG., POP. pfuschen.

tordant, ante [tɔrdɑ̃, ɑ̃:t] adj. FAM. zum Totlachen ; ulkig ; urkomisch.

tord-boyaux [tɔrbwajo] m. invar. POP. Fusel m.

tordeuse [tɔrdø:z] f. ZOOL. Spinner m.

tordre [tɔrdr] v. tr. um-, verdrehen ; winden. | *Tordre le bras à qn*, jm den Arm umdrehen, verdrehen. | *Tordre la bouche*, ein schiefes Maul ziehen. | *Tordre le cou*, den Hals umdrehen. | *Tordre du linge*, Wäsche auswringen. | *Tordre de la soie*, Seide zwirnen.
◇ v. pr. **se tordre,** sich drehen ; sich winden ; sich krümmen. | *Se tordre le bras*, sich den Arm verrenken. | *Se tordre le pied*, sich den Fuß verstauchen. | *Se tordre les mains, les bras (de désespoir)*, die Hände (vor Verzweiflung) ringen. | *Se tordre comme un ver*, sich wie ein Wurm krümmen. | *Se tordre de douleur*, sich vor Schmerz krümmen. | *Se tordre de rire*, sich vor Lachen biegen, schütteln.

tordu, ue [-dy] adj. ge-, verdreht ; verzogen ; krumm ; gewunden. | *Un arbre tordu*, ein verwachsener Baum.
◇ m. **tordu,** FIG. verrückter Kerl ; Idiot m.

tore [tɔ:r] m. Säulenwulst m. ; Rundstab m. || INF. *Tore magnétique*, Magnetkern m.

toréador [tɔreadɔ:r] m. ou **torero** [torero] m. Stierkämpfer m. ; Torero m.

tornade [tɔrnad] f. Tornado m. ; Wirbelsturm m.

torpédo [tɔrpedo] f. Sportwagen m. ; offener Wagen.

torpeur [tɔrpœ:r] f. Erstarrung f. ; Betäubung f. ; Gefühllosigkeit f. ; Dumpfheit f.

torpide [-pid] adj. erstarrt ; betäubt ; gefühllos.

torpillage [tɔrpija:ʒ] m. Torpedierung f.

torpille [-pi:j] f. ZOOL. Zitterrochen m. || MIL. Torpedo m.

torpiller [-pije] v. tr. torpedieren ; in die Luft sprengen. || FIG. [faire échouer] zu Fall bringen.

torpilleur [-pijœ:r] m. MAR. Torpedoboot n.

torréfacteur [tɔrefaktœ:r] m. [machine] Röstmaschine f. ; (Kaffee)röster m ; [personne] (Kaffee)röster m.

torréfaction [-faksjɔ̃] f. Rösten n. ; Dörren n.

torréfier [-fje] v. tr. rösten ; dörren ; brennen.

torrent [tɔrɑ̃] m. Sturz-, Gieß-, Wildbach m. ; Bergstrom m. || PAR EXT. *Il pleut à torrents*, es gießt, es regnet in Strömen. || FIG. *Un torrent d'injures*, eine Flut von Schimpfworten. | *Verser un torrent de larmes*, in Tränen zerfließen.

torrentiel, ielle [-sjɛl] adj. wildbachartig. | *Eaux torrentielles*, Gießbäche m. pl. | *Pluie torrentielle*, Platzregen m. ; Wolkenbruch m.

torrentueux, ueuse [-tɥø, ɥø:z] adj. wild ; brausend ; reißend.

torride [tɔrid] adj. brennend ; heiß. | *Chaleur torride*, sengende Hitze ; Glühhitze f.

tors, torse [tɔ:r, tɔrs] adj. gewunden ; gedreht. | *Câble tors*, gedrehtes Kabel. | *Colonne torse*, gewundene, gedrehte Säule. | *Fil tors*, Zwirn(faden) m. | *Jambes torses*, krumme Beine n. pl.

torsade [-sad] f. gedrehte Franse ; Raupe f.

torsader [-sade] v. tr. verdrillen ; verwinden ; verdrehen.

torse [tɔrs] m. Torso m. ; Rumpf m. | *Bomber le torse*, sich in die Brust werfen.

torsion [tɔrsjɔ̃] f. Torsion f. ; Verdrehung f. ; Verdrillung f. ; Verwinden n. | *Torsion d'un câble*, Kabeldrall m. | *Barre de torsion*, Drehstabfeder f.

tort [tɔ:r] m. **1.** [contraire de droit, de raison] Unrecht n. ; Schuld f. | *À tort*, zu Unrecht ; mit Unrecht. | *À tort ou à raison*, mit Recht oder Unrecht. | *Avoir tort*, unrecht haben ; im Unrecht sein. | *Il a tous les torts*, das Unrecht liegt ganz bei ihm. | *Donner tort à qn*, jm die Schuld geben. | *Mettre les torts du côté de qn, Rejeter les torts sur qn*, die Schuld auf jn schieben, abwälzen.
2. [dommage ; préjudice] Schaden m. ; Nachteil m. ; Abbruch m. | *Faire du tort à qn*, jm schaden ; jn benachteiligen. | *Redresser les torts*, den Schaden wieder gutmachen, reparieren.
◇ loc. adv. **à tort et à travers,** unbesonnen ; unüberlegt ; blind drauflos. | *Parler à tort et à travers*, ins Blaue hineinreden.

torticolis [tɔrtikɔli] m. MÉD. steifer Hals.

tortillard [-ja:r] m. BOT. Krummholz n. || FAM. [chemin de fer] Bummelzug m.

tortillé, ée [-je] adj. gewunden ; verschlungen. || FIG. verschroben.

tortillement [-jmɑ̃] m. Drehen n. ; Winden n. ; Windung f.

tortiller [-je] v. tr. winden ; (zusammen)drehen.
◇ v. intr. FAM. *Il n'y a pas à tortiller*, da hilft kein Drehen und Winden.
◇ v. pr. **se tortiller,** sich drehen und winden.

tortillon [-jɔ̃] m. Wulst m. ; Kopfpolster n. ; Tragekranz m.

tortionnaire [tɔrsjɔnɛ:r] m. Folterknecht m.

tortu, ue [tɔrty] adj. schief ; krumm ; gewunden ; gekrümmt. || FIG. verschroben.

tortue [tɔrty] f. ZOOL. Schildkröte f. || PAR EXT. *Aller à pas de tortue*, im Schneckentempo gehen.

tortueux, ueuse [tɔrtɥø, ɥø:z] adj. gewunden ; gekrümmt ; verschlungen ; unlauter. | *Menées tortueuses*, Schleichwege m. pl.

torture [tɔrty:r] f. Tortur f. ; Folter f. || FIG. Qual f. ; Pein f. || *Chambre de torture*, Folterkammer f. | *Instruments de torture*, Folterwerkzeuge n. pl. | *Être à la torture*, Folterqualen, Höllenpein ausstehen. | *Mettre qn à la torture*, jn auf die Folter spannen. || FIG. *Se mettre l'esprit à la torture*, sich den Kopf zerbrechen.

torturer [-re] v. tr. foltern ; der Folter, Tortur unterziehen (insépar.) ; auf die Folter spannen ; martern. | *Torturer un texte*, einem Text Gewalt antun.
◇ v. pr. **se torturer.** FIG. *Se torturer l'esprit*, sich den Kopf zerbrechen.

torve [tɔrv] adj. scheel ; verquer ; schief. | *Jeter un regard torve à qn*, scheele Blicke auf jn werfen.

tôt [to] adv. früh ; bald ; zeitig. | *Tôt ou tard*, früher oder später ; über kurz oder lang. | *Plus tôt*, früher ; eher. | *Au plus tôt*, frühestens. | *Le plus tôt possible*, so früh, schnell, bald wie möglich ; möglichst früh ; baldigst. | *Le plus tôt sera le mieux*, je eher, je lieber. | *Ce n'est pas trop tôt*, endlich doch !

total, ale, aux [tɔtal, o] adj. ganz ; gesamt ; vollständig ; völlig ; gänzlich ; Total... ; Gesamt... | *Poids total*, Gesamtgewicht n. | *Somme totale*, Gesamtsumme f.
◇ m. **total,** Gesamtbetrag m., -summe f. ; Hauptbetrag m. ; volle Summe. | *Faire le total*, zusammenrechnen. | *Se monter à un total de*, sich insgesamt auf... belaufen. | *Au total*, insgesamt ; zusammen ; alles in allem.

totalement [-lmɑ̃] adv. ganz und gar ; durch und durch ; vollständig ; gänzlich ; völlig.
totalisateur [-lizatœ:r] ou **totaliseur** [-lizœ:r] m. Totalisator m. ; Zählwerk n. ; Registrierapparat m.
totaliser [-lize] v. tr. addieren ; summieren ; zusammenzählen-, rechnen.
totalitaire [-litɛ:r] adj. totalitär. | *État totalitaire*, totalitärer Staat ; Zwang(s)staat m.
totalitarisme [-litarism] m. Totalitarismus m.
totalité [-lite] f. Totalität f. ; Gesamtheit f. ; Ganzheit f. | *Dans sa totalité*, insgesamt ; im ganzen.
totem [tɔtɛm] m. Totem n. ; Stammeszeichen n.
totémisme [-mism] m. Totemismus m. ; Totemglaube m.
toton [tɔtɔ̃] m. Kreisel m. ; Drehwürfel m.
toubib [tubib] m. FAM. [médecin] Arzt m. ; Onkel Doktor m.
toucan [tukɑ̃] m. ZOOL. Tukan m.
touchant, ante [tuʃɑ̃, ɑ̃:t] adj. [émouvant] ergreifend ; rührend.
touchant [tuʃɑ̃] prép. bezüglich auf (acc.) ; in Bezug auf (acc.) ; was... anbetrifft ; in Hinsicht auf (acc.) ; betreffend.
touche [tuʃ] f. [action de toucher] Berühren n. ; Anrühren n. || [pêche] Anbeißen n. || ARTS. Manier f. ; [peintre] Pinselstrich m. ; [poète] Schreibweise f. ; Feder f. || PR. et FIG. *Donner, Mettre la dernière touche à qch.*, die letzte Hand an etwas (acc.) legen. || [instruments] Taste f. | *Les touches d'un piano*, die Tastatur eines Klaviers. || ÉLECTR. Taste f. | *Touche d'annulation*, Löschtaste ; Rückstelltaste. | *Touche de commande*, Befehls-, Steuertaste. | *Touche de correction*, Korrekturtaste. | *Touche de fonction*, Funktionstaste. | *Touche de retour arrière*, Rücklauftaste. | *Touche de validation*, Freigabetaste. | *Touche de verrouillage*, Sperrtaste ; Verriegelungstaste. | *Touche de déverrouillage*, Entsperrtaste. | *Commutateur à touches*, Drucktastenumschalter m. || FIG. *Pierre de touche*, Prüf-, Probierstein m. | *Rester sur la touche*, ausgebootet werden ; überflüssig sein. || SPORT. *Ligne de touche*, Seitenlinie f. || POP. *Avoir une drôle de touche*, komisch aussehen.
touche-à-tout [-atu] m. Alles-, Besserwisser m. ; Tausendsassa m.
toucher [tuʃe] v. tr. et intr.

> **I.** v. tr. SENS PR.
> **1.** CONTACT : an-, berühren ; anfühlen ; rühren (an, acc.) ;
> **2.** ÊTRE CONTIGU : grenzen (an, acc.) ;
> **3.** RECEVOIR : bekommen ;
> **4.** ATTEINDRE : treffen.
> **II.** SENS FIG.
> **1.** CONTACT ;
> **2.** CONCERNER : betreffen ;
> **3.** ÉMOUVOIR : rühren ; bewegen.
> **III.** v. intr. **toucher à.**
> **IV.** v. pr. **se toucher.**

I. v. tr. SENS PR. — **1.** CONTACT : an-, berühren ; anfühlen ; rühren (an, acc.) ; an-, betasten. | *Toucher légèrement*, streifen. | *Défense de toucher*, bitte nicht berühren. | *Toucher qch. du doigt*, mit dem Finger an etwas rühren. || MAR. *Toucher le fond*, auf Grund laufen ; auflaufen.
2. ÊTRE CONTIGU : grenzen (an, acc.). | *Ma maison touche la vôtre*, mein Haus grenzt ans Ihrige.
3. RECEVOIR : bekommen. | *Toucher de l'argent*, Geld abheben, bekommen, einnehmen. | *Toucher un chèque*, einen Scheck einlösen, kassieren.
4. ATTEINDRE : treffen. || [personnes] *Toucher son adversaire*, seinen Gegner treffen. | *Touché !*, Treffer ! | *La balle l'a touché à l'épaule*, die Kugel hat ihn an der Schulter getroffen. || [choses] *Toucher le but*, am Ziele sein ; das Ziel treffen. || MAR. *Toucher un port*, einen Hafen anlaufen. | *Toucher terre*, landen.
II. FIG. — **1.** CONTACT : *Toucher la corde sensible*, die heikle Stelle berühren. | *Toucher qn par téléphone*, jn telefonisch erreichen. | *Je lui en ai touché quelques mots*, ich habe ihm zwei Worte darüber gesagt.
2. CONCERNER : betreffen ; angehen. | *Cela ne me touche pas*, das schert mich nicht. | *Cela me touche de près*, es geht mir nahe. | *En quoi cela vous touche-t-il ?*, was geht Sie das an ?
3. ÉMOUVOIR : rühren ; bewegen. | *Toucher le cœur de qn*, jm ins Herz sprechen. | *Se laisser toucher par qch.*, sich durch etwas bewegen lassen.
III. v. intr. **toucher à,** SENS PR. anrühren ; berühren ; anfühlen ; rühren ; an-, betasten. | *Ne pas toucher à*, die Hand von etwas lassen ; etwas unberührt lassen. | *Ne pas toucher à un plat*, keinen Bissen anrühren. | *N'y touche pas*, rühr' das nicht an ! | *La maison touche à un parc*, das Haus stößt, grenzt an einen Park. | *Toucher au plafond*, bis an die Decke reichen. || FIG. *On ne touchera pas à un cheveu de sa tête*, man wird ihm, ihr kein Haar krümmen. | *Cela touche à l'effronterie*, das grenzt an Frechheit. | *Toucher à un sujet*, einen Stoff berühren. | *Ne pas avoir l'air d'y toucher*, unschuldig tun.
IV. v. pr. **se toucher.** *Ces maisons se touchent*, diese Häuser stoßen, grenzen aneinander.
toucher [-ʃe] m. Gefühl n. ; Tastsinn m. | *Organe du toucher*, Tastorgan n. | *Au toucher*, beim Anfühlen. | *Avoir le toucher de la laine*, sich wie Wolle anfühlen. || MUS. [piano] Anschlag m.
touffe [tuf] f. Büschel n. et m. | *Touffe d'arbres*, Baumgruppe f. | *Touffe de cheveux*, Haarbüschel.
touffu, ue [tufy] adj. dicht ; buschig. | *Arbre touffu*, dicht belaubter Baum. | *Barbe touffue*, struppiger Bart.
touiller [tuje] v. tr. FAM. (um)rühren (sépar.).
toujours [tuʒu:r] adv. [constamment] immer ; immerzu ; fortwährend ; unaufhörlich. | *Comme toujours*, wie gewöhnlich ; wie immer. | *Depuis toujours*, von jeher. | *Pour toujours*, für, auf immer ; auf ewig. | *À toi pour toujours*, auf ewig dein. || [encore maitenant] immer noch ; immerhin. | *Il ne vient toujours pas*, er kommt immer noch nicht. || [néanmoins] indessen ; dennoch ; noch. | *Toujours est-il que*, jedenfalls ; immerhin ; soviel ist sicher, daß. | *Allez toujours !*, nun geht schon ! ; nur zu !
— SYN. : *De tout temps*, von jeher. *Constamment*, ständig. *Continuellement*, beständig. *Sans relâche*, pausenlos.
toundra [tundra] f. Tundra f.
toupet [tupɛ] m. Haarschopf m., -büschel n. et m. ; Schopf m. || FIG. Keckheit f. ; Dreistigkeit f. ; Unverfrorenheit f. | *Avoir le toupet*, die Stirn haben ; sich erdreisten.
toupie [tupi] f. [jouet] Kreisel m.
tour [tu:r] m. **1.** [mouvement circulaire] Drehung f. ; Umdrehung f. ; Umlauf m. | *Tours et détours*, Krümmungen und Windungen f. pl. | *Tour de roue*, Radumdrehung. | *Nombre de tours*, Dreh-, Umlaufzahl. | *Faire un tour sur soi-même*, sich einmal um sich selbst drehen. | *Faire demi-tour*, umkehren (sépar.) ; kehrtmachen. | *Fermer une porte à double tour*, den Türschlüssel zweimal herumdrehen. || PAR EXT. *Tour d'horizon*, Überblick m. ; Umschau f.

2. [circonférence ; périmètre] Umkreis m. ; Umfang m. | *Tour de col*, Kragenweite f. | *Faire le tour de qch.*, um etwas herumgehen. | *La rivière fait le tour de la ville*, der Fluß fließt um die Stadt herum. | *Faire le tour du monde*, eine Weltreise, eine Reise um die Welt machen. || SPORT. [cyclisme] Runde f. | *Tour d'honneur*, Ehrenrunde.

3. [promenade] Tour f. ; Rundgang m. ; Rundfahrt f. | *Tour en montagne*, Bergtour. | *Tour en voiture*, Spazierfahrt. | *Faire un tour en ville*, in der Stadt herumschlendern.

4. [action habile, plaisante] Kunststück n. ; Streich m. ; Spaß m. | *Bon tour*, guter Streich, Spaß. | *Mauvais tour*, übler Streich ; schlechter Spaß. | *Tour de cartes*, Kartenkunststück. | *Tour de main*, Handgriff m. | *Avoir le tour de main*, geschickt sein. | *Il a plus d'un tour dans son sac*, er ist mit allen Hunden gehetzt, mit allen Wassern gewaschen. | *C'est un tour de force*, das ist ein schweres Stück Arbeit. | *Jouer un tour à qn*, jm einen Streich spielen ; jm eins auswischen.

5. [apparence] Wendung f. | *L'affaire prend un mauvais tour*, die Angelegenheit nimmt eine üble Wendung.

6. [ordre ; succession] Reihe f. | *Tour de faveur*, Vergünstigung f. ; Vorzugsbehandlung f. | *À qui le tour ?*, wer ist an der Reihe ? ; wer ist dran ? | *À son tour*, seinerseits ; wiederum. | *Chacun à son tour*, jeder der Reihe nach ; immer hübsch nach der Reihe. | *Tour à tour, À tour de rôle*, abwechselnd ; nach der Reihe. | *Il aura son tour*, die Reihe wird an ihn kommen. | *Céder son tour à qn*, einem anderen den Vortritt lassen. | *Votre tour viendra*, Sie kommen auch noch dran. | *C'est (à) ton tour*, da bist du an der Reihe ; du bist dran. || POLIT. *Tour de scrutin*, Wahlgang m.

7. [tournure ; expression] Ausdruck m. ; Redewendung f. | *Un tour peu usité*, eine selten gebrauchte Redewendung. || *Tour d'esprit*, Geistesrichtung f.

8. TECHN. Dreh-, Drechselbank f. | *Tour de potier*, Töpferscheibe f.

9. LOC., MÉD. *Tour de reins*, Hexenschuß m. | *Se donner un tour de reins*, sich verheben. || FAM. *À tour de bras*, mit voller Gewalt, Wucht. | *En un tour de main*, im Nu ; im Handumdrehen.

tour [tu:r] f. ARCHIT. Turm m. | *Tour ronde*, Rundturm. | *Tour Eiffel*, Eiffelturm. | *Tour de télévision*, Fernsehturm. || RELIG. *Tour de Babel*, Turm zu Babel ; FIG. babylonische Sprachenverwirrung. || AÉRON. *Tour de contrôle*, Flugsicherungs-, Kontrollturm. || CHIM. *Tour de fractionnement*, Fraktionierturm. || NUCL. *Tour de réfrigération*, Kühlturm. || [échecs] Schachturm m. || FIG. *Se retirer dans sa tour d'ivoire*, die Welt von hoher Warte besehen.

tourbe [turb] f. [combustible] Torf m.

tourbeux, euse [-bø, ø:z] adj. torfartig, -haltig.

tourbière [-bjɛ:r] f. Torfmoor n., -stich m.

tourbillon [turbijɔ̃] m. Wirbel m. ; Strudel m. || [vent] Wirbelwind m., -sturm m. | *Tourbillon de poussière*, Staubwirbel. | *Tourbillon de neige*, Schneegestöber n. | *Tourbillon de sable*, Sandsturm. | *Monter en tourbillon*, hochwirbeln. || FIG. Taumel m.

tourbillonnant, ante [-jɔnɑ̃, ɑ̃:t] adj. wirbelnd ; wirbelig ; strudelnd.

tourbillonnement [-jɔnmɑ̃] m. Wirbel m.

tourbillonner [-jɔne] v. tr. ind. (herum)wirbeln, -kreiseln ; strudeln ; quirlen.

tourelle [turɛl] f. ARCHIT. Türmchen n. || MIL. Panzerturm m. ; Waffendrehstand m.

tourier, ière [turje, jɛ:r] s. Klösterpförtner(in) m. (f.).

tourillon [turijɔ̃] m. Dreh-, Lagerzapfen m.

tourisme [turism] m. Fremdenverkehr m. ; Reiseverkehr m. ; Touristik f. | *Agence, Bureau de tourisme*, Verkehrsbüro n. ; Reiseagentur f.

touriste [-rist] s. Tourist(in) m. (f.) ; Ausflügler(in) m. (f.) ; Vergnügungsreisende(r) f. (m.). | *Classe touriste*, Touristenklasse f.

touristique [-ristik] adj. Reise... ; Wander... | *Industrie touristique*, Fremdenverkehrsindustrie f. ; Verkehrsgewerbe n.

tourmaline [turmalin] f. MINÉRAL. Turmalin m.

tourment [turmɑ̃] m. Qual f. ; Pein f. ; Gram m. ; Plage f. ; Harm m. | *Tourments de la jalousie*, Eifersuchtsqualen f. pl. | *Donner, Causer du tourment*, Kummer machen ; Pein verursachen. | *Se donner bien du tourment*, sich sorgen.

tourmente [-mɑ̃:t] f. Orkan m. ; Unwetter n. || PR. et FIG. Sturm m.

tourmenté, ée [-mɑ̃te] adj. [accidenté] uneben ; durchwühlt ; wüst. || [inquiet ; troublé] gequält ; sorgenvoll ; bekümmert. | *Visage tourmenté*, verstörtes Gesicht. || [style] geschraubt ; verzerrt.

tourmenter [-mɑ̃te] v. tr. [faire souffrir] plagen ; quälen ; foltern ; martern ; Kummer machen. || FIG. belästigen ; bedrängen.

◇ v. pr. **se tourmenter,** sich abmühen ; sich quälen ; sich ängstigen ; sich Sorgen machen.

— SYN. : POP. *Hanter*, keine Ruhe lassen. *Harceler*, belästigen. *Inquiéter*, beunruhigen. *Obséder*, nicht aus dem Sinn gehen. *Persécuter, poursuivre*, verfolgen. FAM. *Tarabuster*, drangsalieren.

tournage [turna:ʒ] m. [au tour] Drechseln n. ; (Ab)drehen n. || FILM. Drehen n. ; Dreharbeiten f. pl. | *Tournage en extérieur*, Außenaufnahmen f. pl.

tournailler [-naje] v. tr. kreisen ; umher-, herumschleichen ; dauernd hin und hergehen.

tournant, ante [-nɑ̃, ɑ̃:t] adj. [qui tourne] drehbar ; sich drehend ; rotierend ; Dreh... | *Escalier tournant*, Wendeltreppe f. | *Porte tournante*, Drehtür f. | *Scène tournante*, Drehbühne f. | *Tables tournantes*, Tischrücken, -klopfen n. || [qui contourne] *Mouvement tournant*, Umgehungsbewegung f. || TRANSP. *Plaque tournante*, Drehscheibe f. | *Pont tournant*, Drehbrücke f.

tournant [-nɑ̃] m. Biegung f. ; Krümmung f. ; Kurve f. ; Straßenecke f., -einbiegung f. | *Tournant brusque*, scharfe Kurve, Einbiegung ; kurze Wendung. | *Prendre le tournant*, um die Ecke biegen. || FIG. Wende f. ; Wendepunkt m. | *Marquer un tournant*, einen Wendepunkt bedeuten.

tourné, ée [-ne] adj. [orienté] liegend ; gelegen. | *Tourné vers l'est*, nach Osten gewandt, liegend ; in östlicher Richtung. || [altéré] *Lait tourné*, geronnene Milch. | *Vin tourné*, versäuerter Wein. || [formé] *Bien tourné*, [bien fait] schön gewachsen ; [de bonne humeur] gutgelaunt ; [style] gewandt. | *Mal tourné*, [moral] aus der Art geschlagen ; [style] unbeholfen.

tournebouler [turnəbule] v. tr. FAM. verrückt machen ; den Kopf verdrehen.

tournebroche [-brɔʃ] m. Bratenwender m.

tourne-disque [-disk] m. (pl. **tourne-disques**) Plattenspieler m.

tournedos [turnədo] m. Rindsfilet n.

tournée [turne] f. [voyage] Dienst-, Geschäftsreise f. || [facteur] Zustellung f. || [consommations] *Offrir une tournée de bière*, eine Runde Bier ausgeben. || POP. [volée de coups] Tracht (f.) Prügel.

tournemain (en un) [ɑ̃nœturnəmɛ̃] adv. (Vx.) im Handumdrehen ; im Nu.

tourner [turne] v. tr. et intr.

I. v. tr. MOUVOIR ; CHANGER DE POSITION.
1. MOUVEMENT CIRCULAIRE : drehen ; wenden (et compos.) ;
2. DIRIGER : richten ; wenden ;
3. CONTOURNER : umgehen ;
4. TOURNER, FAIRE AU TOUR : drechseln.
II. FIG.
1. ÉLUDER : umgehen ; ausweichen ;
2. EXPRIMER : ausdrücken ;
3. INTERPRÉTER : auslegen ;
4. FILM : drehen.
5. LOC.
III. v. intr.
1. MOUVEMENT CIRCULAIRE : drehen (et compos.) ;
2. CHANGEMENT DE DIRECTION : biegen ; schwenken ; umkehren ;
3. CHANGEMENT D'ÉTAT (liquides ; température) ;
4. FIG. MOUVEMENT ; MALAISE ; ÉVOLUTION.
IV. v. pr. **se tourner,** sich drehen.

I. v. tr. MOUVOIR ; CHANGER DE POSITION. **1.** MOUVEMENT CIRCULAIRE : an-, ab-, umdrehen ; umwenden ; wenden. | *Tourner le bouton*, das Licht ein-, ausschalten. | *Tourner le dos*, den Rücken wenden. | *Tourner la broche*, den Bratspieß drehen, kurbeln. | *Tourner la manivelle*, die, an der Kurbel drehen ; kurbeln. | *Tourner la page*, die Seite umschlagen, umwenden (sépar.). | *Tourner la tête*, den Kopf umdrehen (sépar.), wenden. | *Faire tourner une roue*, ein Rad in Bewegung setzen. | *Faire tourner les tables*, Tischrücken treiben.
2. DIRIGER : richten ; wenden. | *Tourner ses armes contre qn*, seine Waffen gegen jn wenden. | *Tourner sa colère contre qn*, seine Wut gegen jn richten. | *Tourner ses pas vers*, seine Schritte nach... lenken. | *Tourner les yeux vers qn*, die Augen auf jn richten.
3. CONTOURNER : umgehen (insépar.). | *Tourner le coin*, um die Ecke biegen. | *Tourner l'ennemi*, den Feind umgehen.
4. TOURNER, FAIRE AU TOUR : drechseln.
II. FIG. **1.** ÉLUDER, umgehen (sépar.) ; ausweichen. | *Tourner une difficulté*, einer Schwierigkeit aus dem Wege gehen.
2. EXPRIMER : ausdrücken. | *Bien tourner une lettre*, einen Brief geschickt abfassen. | *Tourner des compliments*, Komplimente machen.
3. INTERPRÉTER : auslegen. | *Tourner les choses à son avantage*, alles zu seinem Vorteil auslegen. | *Tourner en plaisanterie*, etwas ins Scherzhafte ziehen. | *Tourner qch. en ridicule*, etwas lächerlich machen.
4. FILM : drehen. | *Tourner un film*, einen Film drehen ; filmen. | *Silence ! on tourne !*, Achtung ! Aufnahme !
5. LOC. *Tourner casaque*, die Farbe wechseln ; umsatteln (sépar.). | *Tourner le dos à qn*, jm den Rücken zuwenden. | *Tourner les talons*, Fersengeld geben. | *Tourner la tête à qn*, jm den Kopf verdrehen ; jn betören.
III. v. intr. **1.** MOUVEMENT CIRCULAIRE : drehen (et compos.). | *Le moteur tourne à plein*, der Motor geht, läuft auf vollen Touren. | *Le moteur tourne à vide*, der Motor läuft leer. | *Tourner en rond*, kreisen ; sich im Kreise drehen. | *Tourner sur son axe*, rotieren. | *La terre tourne sur elle-même*, die Erde dreht sich um ihre Achse.
2. CHANGEMENT DE DIRECTION : biegen ; schwenken ; umkehren. | *Le chemin tourne à droite*, der Weg macht eine Biegung nach rechts. | *Le vent a tourné*, der Wind hat sich gedreht, ist umgeschlagen.
3. CHANGEMENT D'ÉTAT : *La bière tourne*, das Bier wird schal. | *Le lait tourne*, die Milch gerinnt. | *La sauce tourne*, die Soße bekommt einen Stich. | *Le vin tourne*, der Wein wird sauer. | *Le temps tourne au beau*, es wird schön.
4. FIG. **a)** MOUVEMENT : *Tourner autour du pot*, wie die Katze um den heißen Brei gehen, schleichen. — **b)** MALAISE : *La tête me tourne*, mir schwindelt. || POP. *Tourner de l'œil*, ohnmächtig werden. — **c)** ÉVOLUTION : *La chance tourne*, das Glück schlägt um ; das Blatt hat sich gewendet. | *L'affaire tourne bien*, die Sache läuft, schlägt gut aus, wendet sich zum Guten. | *L'affaire tourne court*, die Sache fällt ins Wasser. | *L'affaire tourne mal*, die Sache geht schief, nimmt eine üble Wendung. | *Il tourne mal*, er wird ein Taugenichts. | *Cela tourne à mon avantage*, es schlägt zu meinem Vorteil aus. | *L'affaire tourne à son honneur*, die Angelegenheit schlägt zu seiner Ehre aus. | *Cela tourne au tragique*, das nimmt eine tragische Wendung. || FAM. *L'affaire tourne rond*, die Sache läuft. | *Cela ne tourne pas rond*, es hapert. | *Faire tourner qn en bourrique*, jn hoch, auf die Palme bringen.
IV. v. pr. **se tourner,** sich drehen. | *Se tourner et se retourner dans son lit*, sich in seinem Bett hin- und herwälzen. || FIG. *Se tourner contre qn*, sich gegen jn wenden. | *Je ne sais de quel côté me tourner*, ich weiß weder aus noch ein. | *Se tourner vers qn*, sich jm zuwenden.

tournesol [turnəsɔl] m. BOT. Sonnenblume f. || CHIM. Lackmus n.

tourneur [turnœ:r] m. Dreher m. ; Drechsler m. | *Tourneur sur métaux*, Metalldreher.

tournevis [-nəvis] m. Schraubenzieher m. | *Tournevis cruciforme*, Kreuzschlitzschraubenzieher.

tourniquet [-nikɛ] m. [à un passage] Drehkreuz n.

tournis [-ni] m. ZOOL. Drehkrankheit f.

tournoi [-nwa] m. HIST. Turnier n. ; Kampfspiel n. || SPORT. Wettkampf m., -bewerb m.

tournoiement [-nwamɑ̃] m. Drehen n. ; Wirbeln n. ; Kreiseln n.

tournoyant, ante [-nwajɑ̃, ɑ̃:t] adj. strudelnd ; wirbelnd ; sich drehend ; kreise(l)nd.

tournoyer [-nwaje] v. intr. sich im Kreise herumdrehen ; kreise(l)n ; wirbeln ; strudeln.

tournure [turny:r] f. [du corps] (Körper)-haltung f. ; Aussehen n. | *Elle a une belle tournure*, sie ist hübsch gewachsen. || [de l'esprit] Geisteshaltung f. ; Sinnesart f. | *Il a une agréable tournure d'esprit*, er ist von angenehmem Wesen. || [des événements] Wendung f. | *Prendre une autre tournure*, umschlagen (sépar.). | *L'affaire prend une bonne tournure*, die Sache nimmt eine gute Wendung. | *Cela commence à prendre tournure*, das nimmt greifbare Gestalt an. || [expression] Redewendung f. ; Redensart f.

tourte [turt] f. [pâtisserie] Torte f. ; Pastete f. || PÉJOR. Dämel m. ; Dämlack m. ; Dussel m.

tourteau [turto] m. [crabe] Taschenkrabbe f. || AGRIC. Ölkuchen m. ; Trester pl.

tourtereau [turtəro] m. Turteltäubchen n. ◇ m. pl. **tourtereaux,** FIG. Liebespärchen n.

tourterelle [-rɛl] f. Turteltaube f.

tourtière [turtjɛ:r] f. Pasteten-, Tortenform f.

Toussaint [tusɛ̃] n. pr. f. RELIG. Allerheiligen n.

tousser [tuse] v. intr. husten. | *Envie de tousser*, Hustenreiz m.

tousseur, euse [-sœ:r, ø:z] s. Huster(in) m. (f.).

toussoter [-sɔte] v. intr. hüsteln.

tout, toute ; tous, toutes [tu, tut, tus, tut].

I. adj. ganz ; all (-er, -e, -es).
1. sing. ;
2. pl. ;
3. indéf. : jeder, jede, jedes ; jede.
II. pron. indéf.
1. sing. : alles ;
2. pl. : alle.
III. adv.
1. (avec un adj. ou un adv.) ;
2. loc. adv. ;
3. (avec un part. prés.) ;
4. (restrictif).
IV. m. **tout,** Ganzes n. ; Gesamtheit f.

I. adj. ganz ; all (er, -e, -es). **1.** sing. *(Dans) toute l'Allemagne*, (in) ganz Deutschland. | *Pour toute ambition*, als einziger Ehrgeiz. | *Toute l'année*, das ganze Jahr (hindurch) ; ganzjährig. | *Toute une année*, ein ganzes Jahr ; ein volles Jahr lang. | *En tout bien tout honneur*, in allen Ehren. | *À toute bride*, mit verhängtem Zügel. | *Tout cela*, das alles. | *Rien de tout cela*, nichts von alledem. | *De tout (mon) cœur*, von ganzem Herzen. | *Tout compte fait*, alles in allem ; alles wohl erwogen. | *De toute éternité*, von Ewigkeit her. | *En toute hâte*, flugs ; schleunigst. | *En toute liberté*, in voller Freiheit. | *J'ai tout lieu de croire*, ich habe allen Grund anzunehmen. | *Tout le monde*, alle ; alle Leute ; jeder(mann). | *Manger tout un pain*, ein ganzes Brot aufessen. | *Tout Paris*, ganz Paris. | *Toute la vie*, das Leben lang. | *À toute vitesse*, in fliegender Eile.
2. pl. *De tous (les) côtés*, von überall (her) ; von allen Seiten. | *Faire tous ses efforts*, alle seine Kräfte zusammennehmen ; die größten Anstrengungen machen. | *Toutes les fois (que)*, jedesmal (wenn) ; sooft. | *Une fois pour toutes*, ein für allemal. | *De toutes ses forces*, aus Leibeskräften. | *Tous les jours*, alle Tage ; jeden Tag ; (all)täglich. | *Tous les deux jours*, alle zwei Tage ; jeden zweiten Tag. | *En tous lieux*, überall. | *Inventé de toutes pièces*, frei erfunden. | *Sous tous les rapports*, in jeder Beziehung, Hinsicht. | *Toutes sortes de, De toutes sortes*, allerlei ; allerhand.
3. indéf. : jeder, jede, jedes ; jede. | *De tout âge*, jung und alt. | *À toute heure*, zu jeder Stunde ; jederzeit. | *À tout moment*, jeden Augenblick. | *En tout temps*, zu jeder Zeit ; jederzeit ; ständig.
II. pron. indéf. **1.** sing. : alles. | *Tout à la fois*, alles auf einmal. | *Après tout*, [à la fin] schließlich ; [restriction] übrigens ; im Grunde. | *Avant tout*, vor allem ; zu allererst ; hauptsächlich. | *Malgré tout*, trotz allem ; trotzdem. | *Voilà tout*, das ist alles ! ; nichts weiter ! | *Il y a temps pour tout*, alles zu seiner Zeit. | *C'est tout dire*, damit ist alles gesagt. | *C'est tout*, fertig ; Schluß. || FAM. *C'est tout ?*, ist das alles ? ; weiter nichts ? || *Ce n'est pas tout de*, es genügt nicht zu. | *Tout est bien qui finit bien*, Ende gut, alles gut. | *Être prêt à tout*, zu allem bereit sein ; auf alles gefaßt sein. | *Se faire à tout*, sich in alles fügen. | *Bonne à tout faire*, Mädchen (n.) für alles. | *Tout bien pesé*, alles wohl erwogen. | *Tout bien considéré*, alles wohl betrachtet. | *À tout prendre*, alles in allem.
2. pl. : alle. | *Tous (les) deux*, beide. | *Tous ensemble*, alle zusammen. | *C'est notre intérêt à tous*, das liegt in unser aller Interesse. | *Tous tant que nous sommes*, (wir alle) soviel unser sind.
III. adv. **1.** (avec un adj. ou un adv.) *Tout au contraire*, ganz im Gegenteil. | *Tout au moins*, wenigstens ; mindestens. | *Tout au plus*, (aller)höchstens. | *Tout aussi bien*, ebensowohl ; ebensogut. | *Tout autant*, ebensosehr ; ebensoviel. | *Tout autour*, rund herum. | *Tout autre chose*, ganz (et)was anderes. | *Tout comme*, gerade wie ; genau dasselbe. | *Tout entier*, ganz und gar. | *Tout doux*, sachte, sachte ; gemach. | *Opinion toute faite*, vorgefaßte Meinung. | *Tout juste*, [temps] gerade ; eben ; [quantité] knapp. | *Cela suffit tout juste*, das reicht gerade noch. | *Tout en or*, aus purem Golde ; ganz aus Gold. | *Tout particulièrement*, ganz besonders. | *Tout petit*, winzig klein ; ganz klein. | *Tout seul*, [solitaire] ganz allein ; [de soi-même] von selbst. | *Parler tout seul*, Selbstgespräche führen ; mit sich selbst reden. | *C'est tout un*, das ist ein und dasselbe. | *Tout à vous*, ganz der Ihrige. | *Être tout ouïe*, ganz Ohr sein. | *Elle est toute à son chagrin*, sie überläßtsich ihrem Schmerz.
2. loc. adv. *Tout à coup*, plötzlich. | *Tout à fait*, völlig ; gänzlich ; vollständig ; ganz und gar. | *Tout à l'heure*, [passé] soeben ; [futur] bald. | *C'est tout comme*, gleichviel ; es ist eins so gut wie das andere. | *(Pour) tout de bon*, in vollem Ernst ; allen Ernstes. | *Tout d'un coup*, mit einem Schlag ; in einem Zug. | *Tout de même*, trotzdem ; immerhin. | *Tout de suite*, gleich ; sofort. | *En tout (et pour tout)*, alles in allem. | *En tout ou en partie*, ganz oder teilweise. | *Pas, Point du tout*, keineswegs ; durchaus nicht.
3. (avec un part. prés.) *Tout en s'habillant*, gerade beim Anziehen ; indem er (sie) sich anzog.
4. (restrictif) *Tout intelligente qu'elle est*, so klug sie auch ist ; sie mag noch so klug sein.
IV. m. **tout,** Ganzes n. ; Gesamtheit f. ; Vollständigkeit f. | *Mon tout*, mein ein und mein alles ; [charade] mein Ganzes. | *Le tout est égal à la somme des parties*, das Ganze ist gleich der Summe seiner Teile. | *Le tout est de savoir*, die Hauptsache ist zu wissen. | *Changer du tout au tout*, völlig, von Grund auf ändern. | *Risquer le tout pour le tout*, alles aufs Spiel setzen. | *Il se trompe du tout au tout*, er irrt sich völlig.

tout-à-l'égout [tutalegu] m. invar. Abwässer-, Wasserspülanlage f. ; städtische Kanalisation.

toutefois [tutfwa] adv. dennoch ; jedoch ; indessen ; gleichwohl ; aber doch. | *Si toutefois*, wenn ja ; wenn überhaupt.

toute-puissance [tutpɥisɑ̃:s] f. Allmacht f.

toutou [tutu] m. FAM. Wauwau m.

tout-venant [tuvənɑ̃] m. MINES. Förderkohle f. || PAR EXT. unverlesene Ware.

toux [tu] f. Husten m. | *Toux sèche*, trockener Husten. | *Quinte de toux*, Hustenanfall m.

toxicité [tɔksisite] f. Giftigkeit f.

toxicologie [-kɔlɔʒi] f. Giftkunde f., -lehre f. ; Toxikologie f.

toxicomane [-kɔman] s. Süchtige(r) f. (m.).

toxicomanie [-kɔmani] f. Süchtigkeit f.

toxine [tɔksin] f. Toxin n. ; Giftstoff m.

toxique [-sik] adj. giftig ; toxisch. | *Gaz toxique*, Giftgas n.
◇ m. Toxikum n. ; Gift n.

toxoplasmose [tɔksɔplasmo:z] f. MÉD. Toxoplasmose f.

trac [trak] m. THÉÂTRE. Lampenfieber n. || POP. *Avoir le trac*, Manschetten, Bammel haben. || *Tout à trac*, blindlings ; blind drauflos.

tracas [traka] m. [désordre] Wirrwarr m. ; Durcheinander n. ; Gewirr n. || [souci] Schererei f. ; Plackerei f. ; Unrast f. | *Tracas des affaires*, geschäftliche Sorgen f. pl. | *Avoir du tracas*, Scherereien, Ärger haben. | *Donner du tracas*, viel zu schaffen machen.

tracasser [-se] v. tr. Scherereien, Sorgen verursachen ; plagen ; Ärger machen.

tracasserie [-sri] f. Plackerei f. ; Schinderei f. ; Schikane f. ; Gehetze n. ; Verdrießlichkeit f.

tracassier, ière [-sje, jɛ:r] adj. quälend ; aufhetzerisch.

trace [tras] f. **1.** [marque] ; Spur f. ; Fußstapfe f. ; Fußspur f. ; [gibier] Fährte f. | *Trace lumineuse*, Leuchtspur f. | *Trace de freinage*, Bremsspur f. | *Sans laisser de traces*, spurlos. | *Être sur les traces de qn*, jm auf der Spur sein. | *Suivre la trace de qn*, js Spur verfolgen ; FIG. in js Fußstapfen treten ; jm nacheifern.
2. [petite quantité] Spur f. | *Trouver des traces d'albumine*, Eiweißrückstände (m. pl.), -reste (m. pl.), -spuren (f. pl.) feststellen.
3. [trace de coup] Striemen m. | *Portant la trace de coups*, striemig.
— SYN. : *Marque*, Zeichen. *Stigmate*, Narbe. *Vestige*, Fußspur ; Überrest.

tracé [-se] m. (Um)riß m. ; Linienführung f. ; Verlauf m. ; Absteckung f. ; Plan m. ; Trasse f. ; Trassierung f. | *Tracé général*, Lageplan. | *Tracé de la frontière*, Grenzverlauf m., -ziehung f.

tracer [-se] v. tr. **1.** anreißen ; aufzeichnen ; abstecken ; entwerfen. | *Tracer une ligne*, eine Linie ziehen. | *Tracer un plan*, einen Plan entwerfen. | *Tracer une rue*, eine Straße trassieren. | *Tracer un sillon*, eine Furche ziehen. || SPORT. [ski] *Tracer une piste*, spuren.
2. FIG. [décrire] vorzeichnen ; beschreiben ; [prescrire] vorschreiben. | *Tracer le chemin à qn*, jm den Weg bezeichnen ; jm vorschreiten.

trachée-artère [-ʃeartɛ:r] f. ANAT. Luftröhre f.

trachéite [-keit] f. MÉD. Luftröhrenentzündung f.

trachéotomie [-keɔtɔmi] f. MÉD. Tracheotomie f. ; Luftröhrenschnitt m.

tract [trakt] m. Flugblatt n., -schrift f.

tractation [traktasjɔ̃] f. Ver-, Behandlung f.

tracteur [traktœ:r] m. Traktor m. ; Zugmaschine f.

traction [-sjɔ̃] f. Ziehen n. ; Zug m. ; [force] Zugkraft f. || AUTOM. *Traction (avant)*, Front-, Vorderradantrieb m. || TRANSP. [chemin de fer] Betrieb m. | *Traction électrique*, elektrischer Betrieb. | *Traction Diesel*, Dieselantrieb.

tradition [tradisjɔ̃] f. Überlieferung f. ; Tradition f. ; Brauch m. ; Herkommen n. || JUR. Ab-, Auslieferung f. ; Übergabe f. | *Tradition populaire*, Volksbrauch m. | *Il est de tradition*, es ist Brauch, Sitte.

traditionalisme [-sjɔnalism] m. Traditionalismus m.

traditionaliste [-sjɔnalist] m. Traditionalist m.

traditionnel, elle [-sjɔnɛl] adj. herkömmlich ; überliefert ; (alt)hergebracht ; traditionell.

traducteur, trice [tradyktœ:r, tris] s. Übersetzer(in) m. (f.).
◇ m. **traducteur,** INF. Sprachübersetzer m.

traduction [-dyksjɔ̃] f. Übersetzung f. ; Übertragung f. ; Wiedergabe f. | *Traduction mot à mot*, buchstäbliche Übersetzung. | *Traduction assistée par ordinateur*, maschinengestützte Übersetzung. | *Traduction automatique*, maschinelle Übersetzung. || [d'un interprète] Verdolmetschung f.

traduire [-dɥi:r] v. tr. übersetzen (insépar.) ; übertragen (insépar.). | *Traduire (du français) en allemand*, (vom Französischen) ins Deutsche übersetzen, übertragen. || PAR EXT. wiedergeben ; ausdrücken. | *Traduire ses pensées*, seine Gedanken wiedergeben, zum Ausdruck bringen. || JUR. *Traduire qn devant un tribunal*, jn vor ein Gericht bringen, fordern. | *Traduire qn en justice*, jn gerichtlich belangen.
◇ v. pr. **se traduire,** übersetzt werden. | *Cela se traduit mal*, das läßt sich schwer übersetzen. || PAR EXT. sich äußern ; an den Tag kommen. | *Sa joie se traduit par des gestes*, seine Freude offenbart sich in seinen Gesten. || [conséquence] *Se traduire par*, zur Folge haben.

traduisible [-dɥizibl] adj. übersetzbar.

trafic [trafik] m. **1.** COMM. Handel m. ; Gewerbe n. | *Trafic commercial*, Handelsverkehr m. | *Trafic d'armes*, Waffenhandel. | *Trafic de stupéfiants*, Rauschgifthandel. || PAR EXT. *Trafic d'influences*, passive Bestechung.
2. [circulation] Verkehr m. | *Trafic aérien*, Luft-, Flugverkehr. | *Trafic local*, Ortsverkehr. | *Trafic fluvial*, Flußverkehr ; Binnenschiffahrtsverkehr. | *Trafic maritime*, Schiffsverkehr. | *Trafic à grande distance*, Fernverkehr. | *Trafic à petite distance*, Nahverkehr. | *Densité du trafic*, Verkehrsdichte f. | *Rue à grand trafic*, Hauptverkehrsstraße f. | *Rue à faible trafic*, verkehrsschwache Straße. | *Suspendre le trafic*, den Verkehr einstellen. || TRANSP. [chem. de fer] *Trafic ferroviaire*, Eisenbahnverkehr. | *Trafic des marchandises*, Waren-, Güterverkehr. | *Trafic de transit*, Durchgangverkehr. | *Trafic des voyageurs*, Personenverkehr.

trafiquant, ante [-kɑ̃, ɑ̃:t] s. Schwarzhändler(in) m. (f.). || PÉJOR. Schieber m.

trafiquer [-ke] v. tr. Handel treiben. || PÉJOR. (ver)schieben ; schachern ; [sens vague] treiben. | *Qu'est-ce que tu trafiques ?*, was treibst du da ?

tragédie [traʒedi] f. Tragödie f. ; Trauerspiel n.

tragédien, ienne [-djɛ̃, jɛn] s. Trägöde m. ; Tragödin f.

tragi-comédie [traʒikɔmedi] f. Tragikomödie f.

tragi-comique [-mik] adj. tragikomisch.

tragique [traʒik] adj. tragisch. | *Auteur, Poète tragique*, Tragiker m.
◇ m. Tragisches n. ; Tragik f. ; [auteur] Tragiker m. | *Prendre qch. au tragique*, etwas tragisch nehmen, auffassen. | *Tourner au tragique*, eine üble, tragische Wendung nehmen.

tragiquement [-kmɑ̃] adv. tragisch.

trahir [trai:r] v. tr. **1.** [abandonner ; tromper] verraten. | *Trahir qn*, jn verraten ; an jm Verrat begehen. | *Trahir la confiance*, das Vertrauen hintergehen (insépar.), täuschen. | *Trahir sa foi*, Treubruch begehen. | *Trahir un serment*, einen Eid brechen.
2. [livrer] *Trahir un secret*, ein Geheimnis verraten, preisgeben, ausplaudern.
3. PAR EXT. *Ses forces le trahissent*, seine Kräfte lassen ihn im Stich, versagen.
4. [déformer] *Trahir la pensée de qn*, js Meinung verfälschen, nicht richtig wiedergeben.
◇ v. pr. **se trahir,** sich verraten ; [bavardage] sich verplappern, verplaudern.

trahison [traizɔ̃] f. Verrat m. ; Untreue f. ; Treulosigkeit f. | *Haute trahison*, Hoch-, Landesverrat.

train [trɛ̃] m. **1.** [allure] Gangart f. ; Gang m. ; Lauf m. | *À fond de train*, blitzschnell. | *Aller bon train*, [à pied] schnell gehen ; guten Schritt halten ; [en véhicule] rasch fahren. | *Le monde va son train*, das Leben geht seinen Gang weiter. | *Aller son petit train*, seine ruhige Kugel schieben ; seinen Schlendrian weitermachen. | *Au train où nous allons*, wenn wir in diesem Tempo weitergehen.
2. MAR. *Train de bateaux*, Schleppzug m. | *Train de bois*, Floß n.
3. TRANSP. *Train auto-couchettes*, Autoreisezug m. | *Train automoteur*, Triebwagenzug m. | *Train électrique*, elektrische Bahn. | *Train express*, Eilzug m. | *Train rapide*, Schnellzug m. ; Intercity (IC) m. | *Train omnibus*, Personenzug m. ; FAM. Bummelzug. | *Train sanitaire*, Sanitätszug. | *Train spécial*, Sonderzug. | *Train supplémentaire*, eingeschobener, zusätzlicher Zug.

| *Train de banlieue*, Vorortzug m. | *Train de marchandises*, Güterzug. | *Chef de train*, Zugführer m. | *Par le train*, mit dem Zuge ; per Bahn. | *Prendre le train*, mit dem Zug fahren.
4. AUTOM. Satz m. | *Train de roues*, Radsatz. | *Train de pneus*, Reifensatz.
5. AÉRON. *Train d'atterrissage*, Fahrgestell n.
6. MIL. *Train* [des équipages], Train m. ; Troß m. | *Train automobile*, Kraftfahrtruppen f. pl.
7. ZOOL. *Train arrière*, Hinterteil n. | *Train de devant*, Vorderteil.
8. FIG. *Il est en train*, er ist sehr lustig. | *Il n'est pas en train*, er ist nicht gut aufgelegt. || [genre de vie] *Train de vie*, Leben n. ; Lebensart f. | *Avoir un grand train (de maison)*, einen großen Hausstand führen. | *Mener grand train*, auf großem Fuße leben ; großen Aufwand machen. || [activité] Gang m. | *Le train des affaires*, Gang (m.) der Geschäfte. | *Je suis en train de le faire*, ich bin gerade damit beschäftigt ; ich bin daran, es zu tun. | *Mettre qch. en train*, etwas in Gang bringen, setzen, in Trab bringen, in Bewegung setzen.

traînant, ante [trɛnɑ̃, ɑ̃:t] adj. schleppend. | *Robe traînante*, Schleppkleid n. || FIG. gedehnt ; matt. | *Discours traînant*, langatmige Rede. | *D'une allure traînante*, mit schleppendem Gang.

traînard [-na:r] m. Nachzügler m. ; IRON. Bummelant m. ; langweiliger Peter.

traînasser [-nase] v. intr. bummeln ; lange hinziehen.

traîne [trɛ:n] f. [de robe] Schleppe f. | *Robe à traîne*, Schleppkleid n. || MAR. Schleppseil, -tau n. || PR. et FIG. *Être à la traîne*, am Schlepptau sein. || FIG., POP. *Rester à la traîne*, zurückbleiben ; hinterherbummeln.

traîneau [-no] m. Schlitten m. | *Traîneau à chevaux*, Pferdeschlitten m. | *Traîneau à voile*, Segelschlitten m.

traînée [-ne] f. [suite ; petite quantité] Streifen m. ; Spur f. || PHYS. Widerstand m. | *Traînée aérodynamique*, aerodynamischer Widerstand. | *Traînée de brouillard*, Nebelstreif m. || FIG. *Se répandre comme une traînée de poudre*, sich wie ein Lauffeuer verbreiten. || FAM. Strichmädchen n. ; Nutte f.

traîner [-ne] v. tr. **1.** schleppen ; ziehen ; [derrière soi] hinter sich herziehen ; nachziehen. | *Traîner un filet*, ein Netz schleppen, nachziehen. | *Traîner la jambe*, das Bein nachziehen. | *Traîner qch. à la remorque*, etwas (ab)schleppen. || POP. *Traîner la patte*, latschen. | *Traîner la savate*, mit den Pantoffeln klappern.
2. SENS DÉRIVÉS : *Traîner qn partout avec soi*, jn überall mit sich herumschleppen. | *Traîner qn devant les tribunaux*, jn vor Gericht ziehen.
3. FIG. *Traîner en longueur*, in die Länge ziehen ; auf die lange Bank schieben. | *Traîner une maladie*, sich mit einer Krankheit schleppen. | *Traîner sa misère*, ein erbärmliches Leben führen. | *Traîner qn dans la boue*, jn in den Schmutz, durch den Dreck ziehen. | *Traîner les rues*, in den Straßen herumlungern.
◇ v. intr. (nach)schleppen. | *Cette robe traîne à terre*, das Kleid schleift auf der Erde. || FIG. *Ses affaires traînent partout*, seine Sachen liegen überall herum, sind unaufgeräumt. | *La conversation traîne (en longueur)*, das Gespräch spinnt sich, zieht sich in die Länge. | *Le malade traîne*, der Kranke schleppt sich dahin, siecht dahin. | *Traîner au travail*, bei seiner Arbeit trödeln ; seine Arbeit nur schleppend erledigen.
◇ v. pr. **se traîner**, sich schleppen ; schleichen ; kriechen. | *Se traîner sur le ventre*, auf dem Bauche, auf allen vieren kriechen. | *Pouvoir à peine se traîner*, sich nur mühsam fortschleppen können.

traîneur [-nœ:r] m. Nachzügler m.

train-train [trɛ̃trɛ̃] m. alltägliches Einerlei ; Schlendrian m. ; üblicher Trott. | *Tout va son petit train-train*, es geht alles seinen Gang.

traire [trɛ:r] v. tr. melken. || FIG. ausbeuten.

trait [trɛ] m. sing. **1.** [action] Ziehen n. ; Zug m. | *Animaux de trait*, Zugvieh n. | *Cheval de trait*, Zugpferd, Wagenpferd.
2. [objet] Strang m. ; Zugseil n. ; Zugleine f. || SENS DÉRIVÉS. [arme] Geschoß n. ; Pfeil m. ; Bolzen m. | *Trait acéré*, scharfer Pfeil. | *(Arme de) trait*, Schleuderwaffe f. | *(Prompt) comme un trait*, pfeilschnell. | *Décocher un trait*, einen Pfeil abschießen ; FIG. ein spitzes Wort äußern. | *Partir comme un trait*, pfeilschnell abgehen.
3. [ligne] Zug m. ; Strich m. ; [encoche] Schnitt m. | *Trait de lime*, Feilenstrich. | *Trait de lumière*, (Licht)-strahl m. ; PAR EXT. Erleuchtung f. | *Trait de plume*, Federstrich. | *Trait d'union*, Bindestrich ; Bindezeichen n. | *À grands traits*, in groben Umrissen ; PAR EXT. in großen Zügen. | *Trait pour trait*, Strich für Strich ; Zug um Zug. | *Dessiner au trait*, in Umrissen zeichnen, festhalten. | *Marquer d'un trait*, an-, unterstreichen (insépar.). | *Rayer d'un trait de plume*, mit einem Federstrich durch-, wegstreichen. || *(Boire) à longs traits*, in langen Zügen trinken.
4. FIG. [action ou pensée] Streich m. ; Zug m. ; [idée] Einfall m. | *Trait de cruauté*, Zug von Grausamkeit ; grausamer Zug. | *Trait d'esprit*, geistreicher Einfall. || [signe caractéristique] Zug m. ; Zeichen n. || [rapport] Bezug m. | *Avoir trait à qch.*, sich auf etwas (acc.) beziehen ; auf etwas (acc.) Bezug haben.
◇ m. pl. **traits,** Gesichtszüge m. pl. | *Traits tirés*, abgespannte Gesichtszüge. | *Il a les traits de sa mère*, er ist seiner Mutter wie aus dem Gesicht geschnitten.

traitable [trɛtabl] adj. verträglich ; umgänglich ; fügsam ; leicht zu behandeln ; nachgiebig.

traitant [-tɑ̃] part. prés. et adj. *Médecin traitant*, praktischer Arzt ; behandelnder Arzt.

traite [trɛt] f. **1.** [action de traire] Melken n.
2. [chemin] Wegstrecke f. ; Strecke. | *Faire une longue traite*, eine lange Strecke zurücklegen. | *Tout d'une traite*, in einem Zuge ; ohne Unterbrechung.
3. COMM. *Traite des Noirs*, Sklavenhandel. | *Traite des Blanches*, Mädchenhandel.
4. [lettre de change] Wechsel(brief) m. ; Tratte f. | *Traite (payable) à vue*, Sichtwechsel. | *Accepter une traite*, einen Wechsel akzeptieren, querschreiben, annehmen. | *Tirer une traite sur qn*, einen Wechsel auf jn ziehen.

traité [trete] m. **1.** [diplomatique] (Staats)vertrag m. ; Abkommen n. ; Vergleich m. | *Traité d'alliance*, Bündnisvertrag. | *Traité d'assistance mutuelle*, Beistandspakt m. | *Traité de commerce*, Handelsabkommen n. | *Traité de paix*, Friedensvertrag. | *Conclusion d'un traité*, Vertragsabschluß m.
2. [ouvrage] Abhandlung f. ; Lehrbuch n. ; Traktat n.

traitement [-tmɑ̃] m. **1.** [conduite envers qn] Behandlung f. | *Mauvais traitements*, Mißhandlungen f. pl. | *Traitement de faveur*, Begünstigung f. ; Vorzugsbehandlung. | *Faire subir de mauvais traitements à qn*, jn mißhandeln, quälen.
2. [rémunération] Gehalt n. ; Besoldung f. | *Traitement de base*, Grundgehalt.
3. MÉD. Behandlung f. ; Kur f. | *Traitement médical*, Heilbehandlung f., -verfahren n.
4. TECHN. Ver-, Bearbeitung f. | *Traitement des déchets*, Abfallaufbereitung f. | *Traitement des minerais*, Erzaufbereitung f. || INF. Verarbeitung f. | *Traitement automatique du langage*, linguistische Datenverarbeitung. | *Traitement des données*, Datenverarbeitung. |

Traitement séquentiel, sequentielle Speicherung. | *Capacité de traitement*, Rechenleistung f. || [bureautique] *Traitement de texte*, Textverarbeitung f. | *Machine à traitement de texte*, Textverarbeitungsgerät n.

traiter [-te] v. tr. **1.** [façon d'agir] *Traiter qn avec beaucoup d'égards*, jn sehr rücksichtsvoll behandeln. | *Traiter qn de haut*, jn von oben herab behandeln, über die Schulter ansehen. | *Traiter qn en ami*, jn als Freund behandeln. | *Traiter qn en parent pauvre*, jn stiefmütterlich behandeln. | [façon d'accueillir] bewirten. | [de nourrir] auftischen. | *On nous a bien traités*, man hat uns gut aufgetischt.
2. [soigner] behandeln ; kurieren. | *Traiter un malade*, einen Kranken behandeln. | *Se faire traiter par un médecin*, sich in ärztliche Behandlung begeben.
3. [qualifier] nennen ; schelten ; heißen ; schimpfen. | *Il le traita d'imbécile*, er nannte ihn, er schalt ihn einen Schafskopf.
4. [exposer] darlegen ; darstellen. | *Traiter un sujet*, ein Thema abhandeln. | *Traiter en détail*, im einzelnen ausführen.
5. TECHN. verarbeiten ; aufbereiten. | *Traiter le minerai*, Erz aufbereiten, veredeln.
◇ v. tr. ind. *Traiter de*, von... handeln. | *Traiter de la paix*, vom Frieden handeln.
◇ v. intr. ver-, unterhandeln (insépar.). | *Traiter de gré à gré, à l'amiable*, im Guten verhandeln ; auf gütlichem Wege verhandeln.

traiteur [-tœ:r] m. Delikatessenhändler m. ; Feinkosthändler m.

traître, esse [trɛ:tr, ɛs] adj. **1.** verräterisch ; treulos ; wortbrüchig.
2. FIG. heimtückisch ; falsch ; unzuverlässig. | *Un vin traître*, gefährlicher, heimtückischer Wein.
3. *Ne pas dire un traîte mot*, kein Sterbenswörtchen von sich geben, verlauten lassen.
◇ s. Verräter(in) m. (f.) ; treuloser Mensch. | *Traître à son pays*, Landesverräter m. | *En traître*, verräterisch ; hinterrücks ; durch Verrat.

traîtreusement [-trøzmɑ̃] adv. verräterischerweise.

traîtrise [-tri:z] f. (Heim)tücke f. ; Verrat m. ; Hinterlist f. | *Par traîtrise*, verräterischerweise.

trajectoire [traʒɛktwa:r] f. [projectile] Flug-, Wurf-, Geschoßbahn f. || [astre] Zugrichtung f.

trajet [traʒɛ] m. Weg m. ; Strecke f. ; Wegstrecke. || [voyage] Reise f. ; [traversée] Überfahrt f. | *Trajet de nuit*, Nachtfahrt. | *Pendant le trajet*, während der Fahrt ; unterwegs. || AÉRON. Flugweg, -strecke. || MÉD. *Trajet d'une veine*, Verlauf (m.) einer Ader.

tralala [tralala] interj. heißa ! ; hopsa ! ; trallala !
◇ m. FAM. Remmidemmi m. ; Tamtam m. ; Klimbim m. ; Krach m. | *Faire un grand tralala*, viel Aufhebens machen. | *En grand tralala*, aufgedonnert ; in vollem Staat. | *Et tout le tralala*, mit allen Schikanen ; mit allem Drum und Dran.

tram [tram] abrév. fam. de **tramway.**

trame [tram] f. TEXT. Einschlag m. ; (Ein)schuß m. || ARTS GRAPH. Raster m. || FIG. *Trame des événements*, Verkettung (f.) der Ereignisse. | *Trame de nos jours*, Lebensfaden m. || [intrigue] *Découvrir la trame d'un complot*, die Fäden einer Verschwörung aufdecken.

tramer [-me] v. tr. **1.** TEXT. einschießen ; einschlagen ; durchschießen. | *Tramé d'or*, golddurchwirkt. || FIG. *Tramer un complot*, ein Komplott anzetteln, anstiften. | *Tramer qch.*, etwas im Schilde führen.
◇ v. pr. **se tramer.** *Il se trame qch.*, es braut sich etwas zusammen ; POP. da tut sich was.

tramontane [tramɔ̃tan] f. [in Südfrankreich] Nordwind m.

trampoline [trɑ̃pɔlin] m. SPORT. Trampolin n.

tramway [tramwɛ] m. (abrév. **tram**) m. Straßenbahn f. ; Elektrische f.

tranchage [trɑ̃ʃa:ʒ] m. TECHN. Schneiden n.

tranchant, ante [-ʃɑ̃, ɑ̃:t] adj. [qui coupe] schneidend ; scharf. || FIG. *D'un ton tranchant*, mit, in schneidendem, scharfem Ton.
◇ m. **tranchant,** Schneide f. ; Schärfe f. | *Arme à double tranchant*, zweischneidiges Schwert.

tranche [trɑ̃:ʃ] f. **1.** [morceau] Schnitte f. ; Scheibe f. | *Tranche de bœuf*, Mittelschwanzstück n. | *Tranche de jambon*, Schinkenschnitte. | *Tranche de pain*, Brotschnitte. || FIG. *Tranche de vie*, ein Stück zuckendes Leben. | *Couper par tranches*, in Scheiben (auf)-schneiden.
2. [surface en épaisseur] Kante f. ; [monnaie] Münzrand m. ; [livre] Schnitt m. | *Doré sur tranche*, mit Goldschnitt.
3. [série de chiffres] Zahlengruppe f.
4. [catégorie] Gruppe f. | *Tranche d'âge, de salaire*, Altersgruppe ; Lohngruppe. || FIN. *Tranche d'imposition*, Steuerstufe f.

tranché, ée [-ʃe] adj. grell ; scharf ; schneidend ; abstechend. | *Opinion tranchée*, entschiedene Meinung.

tranchée [-ʃe] f. Graben m. ; Durchstich m. ; Einschnitt m. | *Creuser une tranchée*, einen Graben ziehen, auswerfen. || MIL. Schützen-, (Lauf)graben. | *Guerre de tranchées*, Grabenkrieg m.

trancher [-ʃe] v. tr. **1.** ab-, durch-, ein-, auf-, entzwei-, zerschneiden. | *Trancher la tête*, den Kopf abschlagen, abschneiden.
2. heben ; rasch lösen. | *Trancher une difficulté*, eine Schwierigkeit beheben, lösen. | *Tranchons le mot*, sagen wir es kurz heraus.
◇ v. intr. **1.** [décider] entscheiden. | *Trancher net*, kurz abbrechen ; keine Widerrede dulden. | *Trancher sur qch.*, über etwas (acc.) entscheiden, urteilen. | *Trancher dans le vif*, energische Maßnahmen ergreifen ; energisch durchgreifen (sépar.).
2. [faire contraste] *Trancher sur qch.*, von etwas grell abstechen, hervortreten ; sich scharf hervorheben.

tranchoir [-ʃwa:r] m. Hack(e)brett n. ; Vorschneidebrett ; Holzteller m.

tranquille [trɑ̃kil] adj. ruhig ; still(e) ; friedlich ; ungestört. | *Eau tranquille*, stehendes, unbewegtes Wasser. | *Mer tranquille*, ruhige See. | *Le cœur tranquille*, getrosten Herzens. | *Soyez tranquille*, seien Sie unbesorgt ; machen Sie sich keine Sorgen. | *Je suis tranquille sur son sort*, sein Schicksal bereitet mir keine Sorgen, keine Unruhe. | *Laissez-moi tranquille*, lassen Sie mich in Ruhe, in Frieden. | *Ne pas laisser qn tranquille*, jm keine Ruhe lassen. || FAM. *Laissez-moi tranquille*, bleiben Sie mir vom Halse ! | *Se tenir tranquille*, sich ruhig verhalten. | *Faire tenir tranquille*, zur Ruhe bringen. | *Vivre tranquille*, sorgenfrei leben.
— SYN. : *Calme*, ruhig. *Paisible*, friedlich. *Placide*, still. *Posé*, gesetzt. *Rassis*, besonnen. *Serein*, heiter.

tranquillement [-lmɑ̃] adv. in aller Ruhe ; ungestört ; seelenruhig ; unbesorgt.

tranquillisant, ante [-lizɑ̃, ɑ̃:t] adj. beruhigend.
◇ m. MÉD. (Nerven)beruhigungsmittel n.

tranquilliser [-lize] v. tr. beruhigen ; zur Ruhe bringen ; beschwichtigen.
◇ v. pr. **se tranquilliser,** sich beruhigen ; ruhiger werden. | *Tranquillisez-vous*, machen Sie sich keine Sorgen ; seien Sie unbesorgt !

tranquillité [-lite] f. Ruhe f. ; Stille f. ; Unbesorgtheit f. ; Friede(n) m. | *Tu peux le faire en toute tranquillité*, das kannst du getrost machen.

— SYN. : *Calme* m., Stille f. *Paix* f., Friede(n) m. *Quiétude* f., Seelenruhe f. *Repos* m., Ruhe f. *Sécurité* f., Sicherheitsgefühl n. *Sérénité* f., innere Ruhe.

transaction [trɑ̃zaksjɔ̃] f. [accord] Vergleich m. ; Abfindung f. | *Conclure une transaction*, einen Vergleich schließen. || [affaire] Geschäft n. ; Transaktion f. | *Transaction illicite*, Schiebergeschäft. | *Transactions bancaires*, Bankverkehr m. | *Transactions commerciales*, Umsatz m. ; Handels-, Geschäftsverkehr m.

transactionnel, elle [-sjɔnɛl] adj. vermittelnd ; ver-, ausgleichend ; Vergleichs... ; Kompromiß... || INF. interaktiv.

transalpin, ine [trɑ̃zalpɛ̃, in] adj. jenseits der Alpen ; transalpinisch.

transaminase [trɑ̃sɑminɑ:z] f. BIOL. Transaminase f.

transatlantique [trɑ̃zatlɑ̃tik] adj. transatlantisch ; überseeisch.

◇ m. [bateau] Überseedampfer m. ; Ozeandampfer ; [fauteuil] Liege-, Decksstuhl m.

transbordement [trɑ̃sbɔrdəmɑ̃] m. Umladen n. ; Umladung f.

transborder [-de] v. tr. umladen ; umschlagen (sépar.) ; verladen ; übernehmen.

transbordeur [-dœ:r] m. Um-, Entlader m. | *Pont transbordeur*, Verladebrücke f.

transcendance [trɑ̃ssɑ̃dɑ̃:s] f. PHILOS. Übersinnlichkeit f. ; Transzendenz f.

transcendant, ante [-dɑ̃, ɑ̃:t] adj. PHILOS. übersinnlich ; transzendent. || [excellent] überlegen ; erhaben.

transcendantal, ale, aux [-dɑ̃tal, o] adj. transzendental.

transcodage [trɑ̃skɔda:z] m. INF. Codeumsetzung f.

transcoder [-de] v. tr. INF. umschlüsseln.

transcontinental, ale, aux [trɑ̃skɔ̃tinɑ̃tal, o] adj. transkontinental ; Überland...

transcription [-skripsjɔ̃] f. [copie] Abschreiben n. ; Über-, Eintragung f. ; [transposition] Umschreiben n., -ung f. | *Transcription phonétique*. Lautschrift f. || MUS. Umsetzen n.

transcrire [-skri:r] v. tr. ab-, über-, umschreiben ; über-, eintragen ; übersetzen. | *Transcrire un article de compte*, einen Rechnungsposten übertragen (insépar.). | *Transcrire une chanson*, ein Lied in eine andere Tonart umsetzen (sépar.).

transe [trɑ̃:s] f. **1.** [peur] Beklemmung f. ; große Angst ; Seelennot f., -qual f. | *Être dans les transes*, tausend Ängste ausstehen.

2. [état second] Trance f. ; Entrückungszustand m.

transept [trɑ̃sɛpt] m. ARCHIT. Querschiff n.

transférable [trɑ̃sferabl] adj. übertragbar ; girierbar ; versetzbar.

transférer [-fere] v. tr. **1.** [changer de lieu] überführen (sépar.) ; verlegen ; versetzen. | *Transférer les cendres*, die sterblichen Überreste überführen. | *Transférer son domicile*, seinen Wohnsitz verlegen. | *Transférer des prisonniers*, Gefangene überstellen (insépar.), umlegen (sépar.).

2. JUR. et COMM. transferieren ; übertragen (insépar.) ; überweisen (insépar.) ; umbuchen (sépar.). | *Transférer des droits à qn*, Rechte auf jn übertragen, auf jn übergehen lassen. | *Transférer la propriété*, Eigentum übertragen.

transfert [-fɛ:r] m. COMM., JUR. Übertragung f. ; Zession f. ; Abtretung f. ; Überweisung f. ; Umschreibung f. ; Überleitung f. ; Verlegung f. ; Transfer m. | *Transfert d'un compte à un autre*, Umbuchung f. | *Transfert de devises*, Devisentransfer m. | *Transfert de fonds*, Zahlungsverkehr m. | *Transfert de populations*, Umsiedlung f. | *Machines transfert*, Kraftübertragungsmaschine f. || ÉCON. *Transferts sociaux*, staatliche Transferzahlungen pl. | *Transfert de technologie*, Wissenstransfer m. ; Technologietransfer m.

transfiguration [trɑ̃sfigyrasjɔ̃] f. RELIG. Verklärung f. ; Läuterung f. ; Transfiguration f.

transfigurer [-re] v. tr. verwandeln ; umgestalten (sépar.). || RELIG. läutern ; verklären.

transformable [trɑ̃sfɔrmabl] adj. ver-, umwandelbar ; umstellbar ; überführbar.

transformateur [-matœ:r] m. ÉLECTR. Transformator m. ; Umspanner m.

transformation [-masjɔ̃] f. (Ver-, Um)wandlung f. ; Ver-, Abänderung f. ; Umbildung f. ; Um-, Neugestaltung f. ; Formveränderung f. || [travail] Verarbeitung f. ; Weiterverarbeitung f.

— SYN. : *Changement*, Änderung. *Conversion*, Umwandlung. *Métamorphose*, Verwandlung.

transformer [-me] v. tr. ver-, umwandeln ; umbilden ; um-, ab-, verändern ; umgestalten ; umformen. || TECHN. ver-, umarbeiten.

◇ v. pr. **se transformer,** sich verändern ; sich verwandeln (in, acc.).

— SYN. : *Changer*, ändern. *Commuer*, *convertir*, umwandeln (sépar.). *Métamorphoser*, verwandeln.

transformisme [-mism] m. Entwicklungslehre f.

transfrontalier, ière [trɑ̃sfrɔ̃talje, jɛ:r] adj. grenzüberschreitend.

transfuge [trɑ̃sfy:ʒ] m. MIL. Überläufer m.

transfuser [-fyze] v. tr. übergießen (sépar.) ; überleiten (sépar.). | *Transfuser du sang*, Blut übertragen.

transfusion [-fyzjɔ̃] f. Umgießung f. ; Überleitung f. | *Transfusion du sang*, Bluttransfusion f.

transgresser [trɑ̃sgrɛse] v. tr. überschreiten ; übertreten (insépar.). | *Transgresser la loi*, ein Gesetz übertreten.

transgression [-sjɔ̃] f. Übertretung f. ; Überschreitung f. ; Zuwiderhandlung f.

transhumance [trɑ̃zymɑ̃:s] f. Almauftrieb m.

transhumer [-me] v. intr. auf die Almen ziehen, treiben.

transi, ie [trɑ̃zi] adj. steif ; erstarrt. | *Transi de froid*, vor Kälte erstarrt. | *Transi de peur*, angstgelähmt. || FIG. *Amoureux transi*, schüchterner Liebhaber.

transiger [trɑ̃ziʒe] v. intr. einen Vergleich (ab)schließen ; sich vergleichen. || PAR EXT. *Transiger avec son devoir*, es mit seiner Pflicht leicht nehmen.

transir [trɑ̃zi:r] v. tr. erstarren ; steif, starr machen.

transistor [trɑ̃zistɔr] m. RADIO. Transistor m. || INF. *Transistor discret*, getrennter Transistor.

transit [trɑ̃zit] m. Durchgang m. ; Durchfuhr f. ; Transit m. | *Commerce de transit*, Durchgangs-, Durchfuhr-, Transithandel m. | *Dépôt de transit*, Transitlager n.

transitaire [-tɛ:r] adj. Transit... ; Durchfuhr... ; Durchgangs...

◇ m. Transithändler m., -kaufmann m.

transiter [-te] v. tr. im Transitverkehr verfrachten, durchgehen lassen.

◇ v. intr. im Transitverkehr durchgehen (sépar.).

transitif, ive [-tif, i:v] adj. transitif ; zielend. || GRAMM. *Verbe transitif*, transitives Verbum.

transition [-sjɔ̃] f. Übergang m. | *Période de transition*, Übergangsperiode f. | *Former la transition*, überleiten (sépar.). | *Ménager les transitions*, den Übergang mildern.

transitoire [-twa:r] adj. vorübergehend ; transitorisch. | *Dispositions transitoires*, Übergangsbestimmungen. | *Période transitoire*, Übergangszeit f. || Polit. *Régime transitoire*, Zwischenregierung f.

Transjordanie [trɑ̃sʒɔrdani] n. pr. f. Géogr. Transjordanien n.

translation [trɑ̃lasjɔ̃] f. Überführung f. ; Verlegung f. ; Versetzung f. ; Übertragung f.

translucide [-lysid] adj. durchscheinend ; transluzent.

transmetteur [-mɛtœ:r] m. Sender m. ; Sprechkapsel f. || Mil. Funker m.

transmettre [-mɛtr] v. tr. übertragen, -senden, -mitteln (insépar.) ; weiterleiten ; überlassen (sépar.). | *Transmettre un ordre*, einen Befehl durchgeben, weiterleiten. | *Transmettre par radio*, funken. | *Transmettre par la voie hiérarchique*, auf dem Dienstwege weitergeben, melden. || Jur. *Transmettre par héritage*, durch Erbschaft über-, hinterlassen (insépar.) ; vererben. || Fig. *Transmettre une maladie à qn*, auf jn eine Krankheit übertragen. | *Transmettre des salutations*, Grüße ausrichten. | *Transmettre à la postérité*, der Nachwelt überliefern (insépar.).
◇ v. pr. **se transmettre,** sich fortpflanzen ; übertragen werden. | *Se transmettre par hérédité*, sich forterben.

transmigration [-migrasjɔ̃] f. *Transmigration des âmes*, Seelenwanderung f.

transmissibilité [trɑ̃smisibilite] f. Übertragbarkeit f. ; Vererblichkeit f.

transmissible [-sibl] adj. übertragbar ; (ver)erblich.

transmission [-sjɔ̃] f. Übertragung f. ; Übermittlung f. ; Weitergabe f. ; Überweisung f. ; Übergabe f. | *Transmission des ordres*, Befehlsübermittlung. | *Transmission de pensée*, Gedankenübertragung. || Biol. Fortpflanzung f. ; Vererbung f. || Inf. *Transmission (de données) à distance*, Datenfernübertragung f. || Méd. *Transmission d'une maladie*, Krankheitsübertragung, -fortpflanzung. || Mécan. *Transmission hydraulique*, Strömungs-, Turbokupplung f. | *Transmission par engrenage*, Zahnradübersetzung f., -vorgelege n. | *Arbre de transmission*, Transmissionswelle f. | *Courroie de transmission*, Treib-, Transmissionsriemen m. || Radio. *Transmission radiophonique*, Funkübertragung.
◇ pl. Mil. Nachrichtentruppen f. pl. ; [aujourd'hui] Fernmeldetruppen. | *Réseau de transmissions*, Nachrichtennetz n.

transmuer [-mɥe] v. tr. ver-, umwandeln. | *Transmuer les valeurs*, umwerten (sépar.).

transmutation [-mytasjɔ̃] f. Verwandlung f. ; Umwandlung f. ; Transmutation f.

transocéanique [trɑ̃sɔseanik] adj. transozeanisch ; überseeisch ; Übersee...

transparaître [trɑ̃sparɛ:tr] v. intr. (hin)durchscheinen, -schimmern (sépar.). || Fig. sichtbar werden ; zum Vorschein kommen.

transparence [-rɑ̃:s] f. Durchsichtigkeit f. ; Transparenz f. ; Lichtdurchlässigkeit f.

transparent, ente [-rɑ̃, ɑ̃:t] adj. durchscheinend ; durchsichtig ; transparent ; strahlen-, lichtdurchlässig.
◇ m. Linienblatt n., -papier n.

transpercer [trɑ̃spɛrse] v. tr. durchbohren ; durchstechen ; durchdringen (insépar.).
◇ part. pass. **transpercé, ée.** *Transpercé de douleur*, schmerzdurchdrungen. | *Transpercé par la pluie*, durch und durch naß ; völlig durchnäßt.

transpiration [trɑ̃spirasjɔ̃] f. Ausdünstung f. ; Schwitzen n. ; Transpirieren n. | *Être en transpiration*, verschwitzt sein.

transpirer [-re] v. intr. schwitzen ; ausdünsten ; ausschwitzen. | *Faire transpirer un malade*, einen Kranken schwitzen lassen, zum Schwitzen bringen. | *Les plantes transpirent*, die Pflanzen dünsten aus. || Fig. durchsickern. | *Ne rien laisser transpirer*, nichts verlauten, durchsickern lassen.

transplant [trɑ̃splɑ̃] m. Méd. Transplantat n.

transplantation [-tasjɔ̃] f. Ver-, Umpflanzung f.

transplanter [-te] v. tr. um-, aus-, verpflanzen ; versetzen ; übertragen (insépar.) ; umsetzen (sépar.). | *Transplanter des arbres*, Bäume umsetzen.
◇ v. pr. **se transplanter,** sich verpflanzen. || Par ext. sich an einem anderen Ort ansiedeln.

transport [trɑ̃spɔ:r] m. **1.** Versendung f. ; (Weiter)beförderung f. ; Übertragung f. ; Transport m. | *Transport routier*, Straßentransport. | *Transport de marchandises*, Warenbeförderung ; Frachtverkehr m. | *Transport de personnes*, Personenbeförderung. | *Transports en commun*, öffentliche Verkehrsmittel n. pl. | *Transports terrestres*, Landverkehr m. | *Capacité de transport*, Förderleistung f. | *Entreprise de transport*, Verkehrsbetrieb m. ; Speditionsunternehmen n. | *Ligne de transport* [de force] Kraftstrom-, Überlandleitung f. | *Moyens de transport*, Transport-, Beförderungsmittel n. pl.
2. Mil. *Transport de troupes*, Truppentransporter m. ; Truppentransportschiff n.
3. Méd. *Transport au cerveau*, Hirnschlag m.
4. Fig. *Dans un transport de joie*, in einer freudigen Aufwallung. | *Calmer les transports de qn*, Wasser in js Wein gießen.

transportable [-tabl] adj. transportfähig ; fortschaffbar ; transportabel. | *Malade transportable*, transportfähiger Kranker. | *Machines transportables*, versetzbare, bewegliche Maschinen f. pl.

transporté, ée [-te] adj. Fig. verzückt ; hochbegeistert ; hingerissen. | *Transporté de fureur*, wutschnaubend. | *Transporté de joie*, außer sich vor Freude.

transporter [-te] v. tr. **1.** befördern ; verfrachten ; transportieren ; weg-, fortschaffen. | *Transporter des troupes*, Truppen verfrachten. | *Transporter à dos d'animal*, auf Tragtieren befördern. | *Transporter à l'hôpital*, ins Krankenhaus schaffen, bringen. | *Transporter de l'autre côté*, auf die andere Seite übersetzen (sépar.). | *Transporter par chemin de fer*, mit der Bahn befördern. | *Transporter par mer*, verschiffen ; auf dem Seeweg befördern. || Fig. *La foi peut transporter des montagnes*, der Glauben vermag Berge zu versetzen.
2. Comm., Jur. umbuchen (sépar.) ; transferieren ; übertragen (insépar.) ; abtreten.
3. Par ext. *L'écrivain nous transporte à*, der Dichter versetzt uns nach. || Fig. hinreißen ; mitreißen ; begeistern ; entzücken. | *La fureur le transporte*, die Wut reißt ihn hin.
◇ v. pr. **se transporter** *(sur les lieux)*, sich (an Ort und Stelle) begeben. || Fig. sich versetzen.
— Syn. : *Passer*, übersetzen (sépar.). Fam. *Transbahuter*, hinüberbuckeln. *Transférer*, übertragen (insépar.). *Véhiculer*, befördern. Fig., fam. *Emballer*, mitreißen.

transporteur [-tœ:r] m. [homme] Spediteur m. ; Transportunternehmer m. ; Verfrachter m. || [appareil] Beförderungseinrichtung f. | *Transporteur à bande*, Bandförderer m. ; Gurtförderer m.

transposable [trɑ̃spozabl] adj. versetzbar ; Mus. transponierbar.

transposer [-ze] v. tr. versetzen ; umstellen (sépar.). || Mus. transponieren.

transposition [-zisjɔ̃] f. Versetzung f. ; Umstellung f. || Mus. Transponierung f.

transsaharien, ienne [trɑ̃ssaarjɛ̃, jɛn] adj. transsaharisch.

transsexuel, uelle [-sɛksɥɛl] adj. transsexuell. ◇ s. Transsexuelle(r) f. (m.).

transsibérien, ienne [-siberjɛ̃, jɛn] adj. transsibirisch.
◇ m. **transsibérien,** Transsibirienbahn f.

transsonique [trɑ̃ssɔnik] adj. *Vitesse transsonique,* Überschallgeschwindigkeit f.

transsubstantiation [trɑ̃ssypstɑ̃sjasjɔ̃] f. RELIG. heilige Verwandlung ; Transsubstantiation f.

transsuder [trɑ̃ssyde] v. tr. ind. durch-, ausschwitzen.

transvasement [trɑ̃svazmɑ̃] m. Umfüllen n., -füllung f. ; Umgießen n. ; Übergießen n.

transvaser [-ze] v. tr. umfüllen, -gießen (sépar.).

transversal, ale, aux [trɑ̃svɛrsal, o] adj. schräg ; quer ; transversal ; quer-, (ver)laufend. | *Coupe transversale,* Querschnitt m. | *Ligne transversale,* Schneidelinie f.
◇ f. Querlinie f. ; Transversale f. ; Schneidende f.

transversalement [-lmɑ̃] adj. in die, in der Quere ; quer ; überquer.

transverse [trɑ̃svɛrs] adj. V. TRANSVERSAL.

Transylvanie [trɑ̃sylvani] n. pr. f. GÉOGR. Siebenbürgen n.

trapèze [trapɛ:z] m. GÉOM. Trapez n. || SPORT. Trapez n. || ANAT. *Muscle trapèze,* Trapezmuskel m.

trapéziste [-pezist] m. Trapezkünstler m.

trappe [trap] f. RELIG. Trappistenorden m.

trappe [trap] f. [petite porte] Klappe f. ; Fallklappe f. ; [à coulisse] Schiebetür f. ; [ouverture] Öffnung f. | *Trappe d'un avion,* Luke f. ; Einstiegklappe f., -luke f. || [piège] Fall-, Wolfsgrube f. ; Falle f.

trappeur [trapœ:r] m. Trapper m. ; Fallensteller m.

trappiste [trapist] m. RELIG. Trappist m.

trapu, ue [trapy] adj. gedrungen ; untersetzt ; vierschrötig ; stämmig.

traque [trak] f. [battue] Hetzjagd f. || FIG., FAM. Verfolgung(sjagd) f.

traquenard [trakna:r] m. Falle f. ; Fuchseisen n. ; FIG. Hinterhalt m.

traquer [trake] v. tr. (an)treiben ; hetzen ; hitzig verfolgen. | *Comme une bête traquée,* wie ein gehetztes Wild. | *Traquer des voleurs,* Diebe verfolgen, in die Enge treiben.

traqueur [-kœ:r] m. Treiber m.

traumatique [tromatik] adj. MÉD. Wund... | *Fièvre traumatique,* Wundfieber n.

traumatiser [-tize] v. tr. schocken ; einen Schock versetzen. | *Être traumatisé,* einen Schock erleiden.

traumatisme [-tism] m. MÉD. Verwundung f. ; Verletzung f. ; Trauma n.

traumatologie [-tɔlɔʒi] f. MÉD. Traumatologie f.

travail [trava:j] m. (pl. **travaux**) **1.** [œuvre] Arbeit f. ; Werk n. ; Arbeiten n. ; Werken n. ; Schaffen n. | *Travail bâclé,* Schluderarbeit. | *Travail illicite,* Schwarzarbeit. | *Travail intellectuel,* geistige Arbeit. | *Travail manuel,* Handarbeit. | *Travail préparatoire,* Vorarbeit. | *Travail soigné,* Qualitätsarbeit. | *Travail supplémentaire,* Mehrarbeit. | *Travail à la chaîne,* Fließ(band)-arbeit. | *Travail à domicile,* Haus-, Heimarbeit. | *Travail à forfait,* Akkordarbeit. | *Travail aux pièces,* Stückarbeit. | *Travail à la tâche,* Akkord-, Schichtarbeit. | *Travail à mi-temps,* Kurzarbeit. | *Travail à temps partiel,* Teilzeitarbeit. || POP. *Travail de cochon,* Hunde-, Sauarbeit. | *Travail de jour,* Tagesarbeit. | *Travail de nuit,* Nachtarbeit. | *Travail occasionnel,* Gelegenheitsarbeit. | *Travail posté,* Schichtarbeit. | *Travail temporaire,* Zeitarbeit. | *Accident du travail,* Arbeitsunfall m. | *Arrêt de travail,* Arbeitseinstellung f. | *Cabinet de travail,* Arbeitszimmer n. | *Certificat de travail,* Arbeitsbescheinigung f. | *Contrat de travail,* Arbeitsvertrag m. | *Droit au travail,* Recht (n.) auf Arbeit. | *Droit du travail,* Arbeitsrecht n. | *Durée du travail,* Arbeitszeit f. | *Inspection du travail,* Gewerbeaufsicht f. | *Instruments de travail,* Arbeitsgerät n., -werkzeuge n. pl. | *Lieu de travail,* Arbeitsstätte f., -platz m. | *Ministère du Travail,* Arbeitsministerium n. | *Office du travail,* Arbeitsamt n. | *Produit du travail,* Arbeitsertrag m. ; Erträgnisse (n. pl.) der Erwerbstätigkeit. | *Protection du travail,* Arbeitsschutz m. | *Vêtements de travail,* Arbeits-, Werkskleidung f. | *Bureau international du travail (B. I. T.),* Internationales Arbeitsamt n. | [en France] *Confédération générale du travail (C. G. T.),* [en Allemagne] Deutscher Gewerkschaftsbund m. (DGB). | *Organisation internationale du travail,* internationale Arbeitsorganisation (IAO). | *Au travail !,* ans Werk ! ; an die Arbeit ! | *En plein travail,* mitten in der Arbeit. | *Sans travail,* arbeitslos ; erwerbslos. | *Se mettre au travail,* an die Arbeit gehen ; sich an die Arbeit machen.
2. [façon de travailler] Arbeitsweise f. ; [transformation par le travail] Be-, Verarbeitung f. | *Travail du bois,* Holzbearbeitung.
3. [peine ; effort] Mühe f. ; Anstrengung f. || MÉD. Geburtswehen f. pl. | *Femme en travail,* Frau (f.) in ihren Wehen.
4. PHYS. Leistung f. | *Travail utile,* Nutzleistung f.
◇ m. pl. **travaux,** ARCHIT. Bauarbeiten f. pl. | *Travaux publics,* öffentliche Bauten f. pl. | *Travaux d'aménagement,* Ausbauarbeiten. | *Travaux de déblaiement,* Aufräumungsarbeiten. | *Travaux de terrassement,* Erdarbeiten. | *Travaux d'utilité collective (T.U.C.),* gemeinnützige Arbeiten. | *Financement des travaux,* Baufinanzierung f. | *Attention, travaux !,* Vorsicht ! Bauarbeiten !, Baustelle ! || JUR. *Travaux forcés,* Zwangsarbeit.

travail [trava:j] m. (pl. **travails**) [appareil vétérinaire] Notstall m.

travailler [-je] v. intr. **1.** [effectuer un travail] arbeiten ; schaffen ; tätig, beschäftigt sein. | *Travailler à qch.,* an etwas (dat.) arbeiten ; sich mit etwas beschäftigen. | *Travailler à s'en rendre malade,* sich überarbeiten. | *Travailler comme un bœuf,* büffeln ; ochsen. | *Travailler comme un forcené,* wie ein Berserker arbeiten. | *Travailler comme un nègre,* wie ein Wilder schuften. | *Travailler chez qn,* bei jm in Arbeit stehen. | *Travailler dans les cuirs,* in der Lederbranche arbeiten. | *Travailler d'arrache-pied,* schuften. | *Travailler sans soin,* schludern ; pfuschen. | *Se tuer à travailler,* sich totarbeiten.
2. FIG. *Travailler contre qn,* gegen jn intrigieren. || [subir une transformation] *Le bois travaille,* das Holz wirft sich. | *Le mur travaille,* die Mauer setzt sich. | *Le vin nouveau travaille,* der junge Wein gärt.
3. [fonctionner] *L'estomac ne travaille pas,* der Magen verdaut, verarbeitet nicht. | *La machine travaille,* die Maschine läuft, ist in Gang.
◇ v. tr. bearbeiten. | *Travailler le bois,* das Holz bearbeiten. | *Travailler la pâte,* den Teig kneten. | *Travailler le piano,* fleißig am Klavier üben. | *Travailler son style,* an seinem Stil feilen. | *Travailler au ciseau,* etwas (aus)meißeln. | *Travailler au marteau,* etwas (aus)hämmern. | *Pièce à travailler,* Werkstück n. || FIG. *Travailler les esprits,* die Geister aufreizen, erhitzen, bearbeiten. | *La fièvre le travaille,* das Fieber setzt ihm zu.
◇ part. pass. et adj. **travaillé, ée,** durchgearbeitet ; durchgefeilt.

travailleur, euse [-jœ:r, ø:z] adj. arbeitsam ; werktätig ; fleißig.
◇ s. Arbeiter(in) m. (f.) ; Werktätige(r) f. (m.). | *Travailleur de force*, Schwerarbeiter. | *Travailleur frontalier*, Grenzgänger m. | *Travailleur immigré*, Gastarbeiter. | *Travailleur indépendant*, Selbstständiger m. ; selbstständiger Erwerbstätiger. | *Travailleur intellectuel*, geistiger (Kopf)arbeiter. | *Travailleur manuel*, Handarbeiter. | *Travailleur saisonnier*, Saisonarbeiter. | *Travailleur à domicile*, Heimarbeiter.
— SYN. : *Journalier*, Tagelöhner. *Manœuvre*, ungelernter Arbeiter. *Ouvrier*, Arbeiter. *Salarié*, Lohnempfänger.

travailliste [-jist] m. POLIT. Anhänger (m.) der Arbeiterpartei ; Mitglied der Labourpartei.

travée [trave] f. ARCHIT. Balkenfeld n. ; Bogen m. ; Fach n. ; Gewölbejoch n. || [gradin] Reihe f.

travelling [travliŋ] m. FILM. Fahraufnahme f. ; Kamerafahrt f. ; [appareil] Schienenwagen m.

travelo [travlo] m. POP. Transvestit m.

travers [travɛ:r] m. Quere f. ; Schiefe f. ; Breite f. ; Breitseite f. | *Travers de main*, Handbreite ; Daumensprung m. || FIG. Fehler m. ; Mangel m. | *Les travers de l'esprit humain*, Verkehrtheiten (f. pl.) des menschlichen Geistes. | *Tomber dans un travers*, in einen Fehler verfallen.
◇ loc. adv. **à tort et à travers,** blindlings ; blind drauflos ; unüberlegt. — **de travers.** *Avaler qch. de travers*, etwas in die falsche Kehle bekommen ; sich verschlucken. | *Mettre son chapeau de travers*, den Hut schief aufsetzen. | *Pousser de travers*, schief und krumm wachsen. | *Regarder de travers*, von der Seite ansehen ; scheel, schief blicken. || FIG. *Les choses vont de travers*, die Sachen gehen schief. | *Avoir l'esprit de travers*, ein Querkopf sein. | *Entendre de travers*, mißverstehen. | *Faire qch. de travers*, etwas verkehrt anfangen. | *Prendre qch. de travers*, etwas übel (auf)nehmen. | *Regarder qn de travers*, jn schief ansehen ; jm mißgünstige Blicke zuwerfen. | *Répondre de travers*, falsch antworten. — **en travers.** *Poutre en travers*, Querbalken m. | *Rayé en travers*, quergestreift. | *Se mettre en travers*, sich quer legen, stellen ; hindern ; durchkreuzen (insépar.).
◇ loc. prép. **à travers qch., au travers de,** quer durch. | *À travers les barreaux*, durchs Gitter. | *À travers le brouillard*, durch den Nebel hindurch. | *À travers champs*, querfeldein. | *Couler à travers Paris*, durch Paris hindurchfließen ; Paris durchfließen (insépar.). | *Prendre à travers champs*, querfeldein, über Stock und Stein gehen.

traversable [-sabl] adj. durchfahrbar ; durchschiffbar ; passierbar.

traverse [travɛrs] f. **1.** ARCHIT. [poutre] Querbalken m., -strebe f. ; Traverse f. ; Querstück n. ; Querholz n. || TRANSP. Schwelle f.
2. *Chemin de traverse*, Abkürzungs-, Querweg m.

traversée [-se] f. Durch-, Überfahrt ; Durch-, Überquerung f. || TRANSP. Bahnkreuzung f. | *Traversée souterraine*, Unterführung f.

traverser [-se] v. tr. **1.** durchqueren, -gehen, -führen ; überschreiten, -queren, -schreiten ; durchdringen, -schießen, -schreiten, -fahren (insépar.). | *Traverser à cheval*, durchreiten (insépar.). | *Traverser à la nage*, durchschwimmen (insépar.). | *Traverser à pied*, durchgehen (insépar.). | *Traverser à pied sec*, durchwaten (insépar.). | *Le fleuve traverse un pays*, der Fluß fließt durch ein Land, durchfließt ein Land. | *Le voyageur traverse ce pays*, der Reisende fährt, reist durch dieses Land. | *Traverser la rue*, die Straße überschreiten, überqueren (insépar.). | *La balle traversa la table*, die Kugel durchbohrte den Tisch. | *La pluie traverse les vêtements*, der Regen durchnäßt die Kleider.
2. FIG. *Traverser une crise*, eine Krise durchmachen (sépar.). | *Traverser l'esprit*, durch den Kopf schießen.
◇ v. intr. überqueren (insépar.) ; hindurchgehen (sépar.). | *Je ne peux pas traverser*, ich kann nicht durch ; ich komme nicht hinüber.

traversier, ière [-sje, jɛ:r] adj. hindurchgehend ; kreuzend. || MUS. *Flûte traversière*, Querflöte f.

traversin [sɛ̃] m. [de lit] Kopfpolster n. ; Schlummerolle f. ; [tonneau] Querbalken m.

travesti, ie [travɛsti] adj. verkleidet ; vermummt.
◇ m. [costume] Verkleidung f. ; Vermummung f. ; Maskenkostüm n. || [homosexuel] Transvestit m.

travestir [-ti:r] v. tr. verkleiden ; vermummen. || FIG. *Travestir la pensée de qn*, js Gedanken entstellen, falsch wiedergeben.
◇ v. pr. **se travestir** (*en femme*), sich (als Frau) verkleiden, ausstaffieren, vermummen.

travestissement [-tismɑ̃] m. Verkleidung f. ; Vermummung f. ; Travestie f. ; Ausstaffierung f. || PAR EXT. Entstellung f. ; Parodierung f.

trayeur, euse [trɛjœ:r, ø:z] s. Melker(in) m. (f.). || TECHN. *Trayeuse électrique*, elektrischer Melker.

trayon [-jɔ̃] m. ZOOL. Zitze f.

trébuchant, ante [trebyʃɑ̃, ɑ̃:t] adj. *Espèces sonnantes et trébuchantes*, klingende Münze.

trébucher [-ʃe] v. intr. stolpern ; straucheln. | *Trébucher sur une pierre*, über einen Stein stolpern. || FIG. straucheln ; einen Fehltritt machen.

trébuchet [-ʃɛ] m. [balance] Gold-, Münzwaage f. || [piège] Vogelfalle f.

tréfilage [trefila:ʒ] m. Drahtziehen n., -zug m.

tréfiler [-le] v. tr. (zu) Draht ziehen ; drahtziehen.

tréfilerie [-lri] f. Drahtzieherei f. ; Drahtwerk n.

trèfle [trɛfl] m. BOT. Klee m. ; Kleeblatt n. | *Trèfle d'eau*, Bitterklee. | *Trèfle à quatre feuilles*, vierblättriger Klee. || [cartes] Kreuz n. ; Treff n.

tréflé, ée [trefle] adj. kleeblattförmig.

tréfonds [trefɔ̃] m. JUR. unterirdischer Grundbesitz ; Untergrund m. || FIG. *Savoir le fonds et le tréfonds de qch.*, den wahren Sachverhalt einer Sache kennen. | *Au tréfonds de son âme*, im tiefsten Herzen.

treillage [trɛja:ʒ] m. Gitterwerk n. ; Lattengitter n., -werk n. | *Treillage métallique*, Drahtgitter, -zaun m. | *Mettre, poser un treillage*, vergittern ; eindrahten.

treillager [-ʒe] v. tr. vergittern ; verlatten.

treille [trɛ:j] f. Weinspalier n., -laube f. || POÉT. *Jus de la treille*, Rebensaft m.

treillis [-ji] m. [clôture] Gitter-, Netzwerk n. ; Flechtwerk. || TEXT. Arbeitsanzug m.

treize [trɛ:z] adj. num. dreizehn. | *Le treize juillet*, der dreizehnte Juli. | *Âgé de treize ans*, dreizehnjährig. || HIST. *Louis XIII*, Ludwig der Dreizehnte (XIII.).

treizième [-zjɛm] adj. num. ord. dreizehnter, e, es.

treizièmement [-zjɛmmɑ̃] adv. dreizehntens.

tréma [trema] m. GRAMM. Trema n.

tremblaie [trɑ̃blɛ] f. Espenwald m.

tremblant, ante [-blɑ̃, ɑ̃:t] adj. zitternd ; bebend. | *Tremblant de froid*, vor Kälte zitternd, schlotternd. | *Tremblant de fièvre*, fiebergeschüttelt. || FIG. ängstlich ; furchtsam ; zaghaft.

tremble [trɑ̃:bl] m. BOT. Espe f. ; Zitterpappel f.

tremblé, ée [-ble] adj. *Écriture tremblée*, zittrige Schrift. | *Son tremblé*, schwingender Ton m.

tremblement [-bləmɑ̃] m. Zittern n. ; Erzittern n. ; Beben n. ; Schwanken n. | *Tremblement de la main*, Zittern der Hand. | *Tremblement d'un pont*, Schwanken (n.) einer Brücke. | *Tremblement de terre*, Erdbeben n. || MUS. Tremolo n. || FIG. *Avec des tremblements dans* *la voix*, mit bebender, unsicherer Stimme. || POP. *Tout le tremblement*, das ganze Drum und Dran.

trembler [-ble] v. intr. **1.** zittern ; beben ; [vaciller] schwanken. | *Le sol, La terre tremble*, der Boden (er)-zittert, bebt, schwankt. | *Les vitres tremblent*, die Scheiben klirren. | *Trembler comme une feuille*, wie Espenlaub zittern. | *Trembler de fièvre*, vom Fieber geschüttelt werden. | *Trembler de froid*, vor Kälte zittern, schlottern. | *Trembler de tous ses membres*, am ganzen Leibe zittern.

2. FIG. [avoir peur] sich fürchten. | *Je tremble de le perdre*, ich habe Angst, ihn zu verlieren. | *Trembler pour qch.*, um etwas bangen, Ängste ausstehen. | *À faire trembler*, zum Fürchten. | *Faire trembler toute une ville*, ein ganze Stadt in Schrecken setzen.

trembleur [-blœ:r] m. Angsthase m. ; Memme f. ; Hasenfuß m. || ÉLECTR. Wackelkontakt m.

tremblotant, ante [-blɔtɑ̃, ɑ̃:t] adj. zitternd ; bebend. | *Lumière tremblotante*, flimmerndes Licht. | *Voix tremblotante*, zittrige Stimme.

tremblote [-blɔt] f. *Il a la tremblote*, er hat den Tatterich, den Dattrich.

trembloter [-blɔte] v. intr. zittern ; flimmern.

trémie [tremi] f. TECHN. Trichter m. ; Fülltrichter.

trémière [tremjɛ:r] adj. *Rose trémière*, Stockrose f. ; Rosenmalve f.

trémolo [tremɔlo] m. MUS. Tremolo n. ; Tremulieren n.

trémoussement [tremusmɑ̃] m. Geflatter n. ; Hin- und Hergehüpfe n. ; Herumtummeln n.

trémousser (se) [sətremuse] v. pr. sich tummeln ; hin und herflattern.

trempage [trɑ̃pa:ʒ] m. Anfeuchten n. ; (Ein)-tauchen n.

trempe [trɑ̃:p] f. **1.** TECHN. Härten n. ; Härtung f. ; Stählen n. || [résultat] Härte f.

2. FIG. Schlag m. ; Art f. ; Beschaffenheit f. | *Ils sont tous de la même trempe*, sie sind alle vom gleichen Schlag, aus einem Guß, Holz, gleichen Kalibers.

3. POP. *Recevoir une trempe*, Dresche, eine Tracht Prügel beziehen.

tremper [-pe] v. tr. **1.** [mouiller] einweichen ; eintauchen ; an-, durchfeuchten ; wässern ; [pluie] durchnässen (insépar.). | *Tremper du linge*, Wäsche wässern. | *Tremper les pieds dans l'eau*, die Füße ins Wasser tauchen, mit Wasser netzen. | *Tremper de larmes*, mit Tränen benetzen.

2. CULIN. *Tremper du pain*, Brot einbrocken, einstippen. | *Faire tremper des petits pois*, Erbsen einweichen. | *Tremper la soupe*, die Suppe anrichten. | *Tremper son vin*, seinen Wein mit Wasser verdünnen, strecken.

3. [acier] härten ; FIG. stählen. | *Tremper l'acier*, den Stahl härten. | *Four à tremper*, Härteofen m.

4. FIG. *Tremper ses mains dans le sang de qn*, die Hände mit js Blut beflecken ; an js Tod schuldig sein.

◇ v. intr. **1.** im Wasser liegen ; erweichen. | *Mettre le linge à tremper*, die Wäsche einweichen.

2. FIG. *Il a trempé dans cette affaire*, er ist in diese Angelegenheit verwickelt. | *Tremper dans un crime*, in ein Verbrechen verwickelt sein.

◇ part. pass. **trempé, ée,** naß ; durchnäßt. | *Être tout trempé*, völlig durchnäßt sein. | *Trempé comme une soupe*, pudelnaß ; klatschnaß ; pitschnaß. | *Trempé de sueur*, schweißtriefend. || TECHN. *Acier trempé*, gehärteter Stahl.

trempette [-pɛt] f. Brotschnitte (f.) zum Eintunken. | *Faire trempette*, Brot eintunken ; FIG. ein schnelles, kurzes Bad nehmen.

tremplin [trɑ̃plɛ̃] m. Sprungbrett n. | *Tremplin de ski*, Sprungschanze f.

trentaine [trɑ̃tɛn] f. etwa, ungefähr dreißig. | *Une trentaine de personnes*, etwa dreißig Personen. | *Arriver à, atteindre la trentaine*, in die Dreißig kommen. | *Avoir passé la trentaine*, über die Dreißig hinaus sein.

trente [trɑ̃:t] adj. num. **1.** dreißig. | *Le trente juillet*, der dreißigste Juli. | *Âgé de trente ans*, dreißigjährig ; dreißig Jahre alt. || HIST. *Guerre de Trente ans*, Dreißigjähriger Krieg.

2. FIG., FAM. *Se mettre sur son trente-et-un*, sich herausputzen ; sich in Schale werfen. | *Tous les trente-six du mois*, am Sankt-Nimmerleinstag. | *Il en a vu trente-six chandelles*, ihm tanztten Sternchen vor den Augen ; er hörte die Englein pfeifen.

Trente [trɑ̃:t] n. pr. f. GÉOGR. Trient n. || RELIG. *Concile de Trente*, Tridentinisches Konzil.

trentenaire [trɑ̃tnɛ:r] adj. JUR. dreißigjährig.

trentième [-tjɛm] adj. num. ord. dreißigster, e, es.

◇ m. Dreißigstel n.

trépan [trepɑ̃] m. [outil] Bohrmeißel m. ; Schachtbohrer m. || MÉD. Schädelbohrer m.

trépanation [-panasjɔ̃] f. MÉD. Trepanation f. ; Schädelbohrung f. ; Schädeloperation f.

trépaner [-pane] v. tr. ind. MÉD. trepanieren ; den Schädel aufbohren, öffnen.

trépas [trepɑ] m. Hin-, Verscheiden n. ; Dahinscheiden n. ; Heimgehen n. | *Passer de vie à trépas*, aus dem Leben scheiden. | *Faire passer qn de vie à trépas*, jm das Lebenslicht ausblasen.

trépassé, ée [-pase] adj. verstorben ; heimgegangen ; verschieden.

◇ s. Dahingegangene(r) f. (m.) ; Verblichene(r) f. (m.). | *Fête, jour des trépassés*, Allerseelen n. ; Allerseelentag m.

trépasser [-pase] v. tr. verscheiden ; dahingehen.

trépidant, ante [trepidɑ̃, ɑ̃:t] adj. erregt ; aufgeregt. | *Vie trépidante*, fieberhafte Lebensart.

trépidation [-dasjɔ̃] f. Zittern n. ; Beben n. ; Erregung f. || FIG. Aufgeregtheit f.

trépider [-de] v. intr. beben ; rütteln ; zucken.

trépied [trepje] m. Dreifuß m. ; Dreibein n. || PHOT. Stativ n.

trépignement [trepiɲmɑ̃] m. Getrampel n. ; Trampelei f. ; Stampfen n. ; Scharren n.

trépigner [-ɲe] v. intr. trampeln ; ein-, feststampfen. | *Trépigner de colère*, vor Wut aufstampfen.

tréponème [trepɔnɛm] m. MÉD. Treponema n.

très [trɛ] adv. sehr ; höchst ; recht. | *Très dévoué*, ergebenst. | *Il est très estimé*, er ist äußerst geschätzt, hochgepriesen. | *Parler très lentement*, ganz langsam sprechen. | *Très peu*, herzlich wenig ; recht wenig. | *Dans très peu de temps*, recht bald. | *Très sérieusement*, in vollem Ernst. || RELIG. *Le Très-Haut*, der Allerhöchste.

trésor [trezɔ:r] m. Schatz m. ; Kleinod n. | *Trésors de la terre*, Schätze, Reichtümer der Erde. | *Chercheur de trésors*, Schatzgräber m. | *Déterrer, Trouver un trésor*, einen Schatz heben, graben. || [terme d'affection] *Mon trésor*, mein Schatz ; mein Schätzchen ; mein Liebling. || [lieu] Schatzkammer f. || FIN. Schatzamt n. ; Fiskus m. | *Trésor public*, Staatskasse f., -schatz m. ; öffentliche Hand.

trésorerie [-rri] f. Schatzamt n., -kammer f. ; Finanzwesen n.

trésorier [-rje] m. Schatz-, Rentmeister m. ; Kassenführer m. || MIL. Zahlmeister m.

tressaillement [trɛsajmɑ̃] m. (Zusammen)zucken n. ; Erzittern n. ; Zusammenfahren n.

tressaillir [-ji:r] v. intr. zusammenfahren, -zucken ; aufschrecken ; erzittern ; erbeben. | *Tressaillir de joie*, vor Freude erbeben.

tressauter [trɛsote] v. intr. auffahren ; hochfahren ; aufspringen ; aufschrecken.

tresse [trɛs] f. Geflecht n. ; Flechte f. ; Tresse f. ; Litze f. | *Tresse de cheveux*, Haarflechte f.

tresser [-se] v. tr. ver-, umflechten. | *Tresser un câble*, ein Kabel umklöppeln. | *Tresser ses cheveux*, seine Haare, Zöpfe flechten. | *Tresser une couronne*, einen Kranz winden.

tresseur [-sœ:r] m. Flechter m.

tréteau [treto] m. Gestell n. ; Gerüst n. ; Stütze f.
◇ pl. **tréteaux,** Bretterbühne f. ; Schaugerüst n.

treuil [trœ:j] m. TECHN. Winde f. ; Haspel f.

trêve [trɛ:v] f. [absence d'hostilités] Waffenruhe f., -stillstand m. || HIST. *Trêve de Dieu*, Burgfrieden ; Gottesfrieden. || FIG. Rast f. ; Ruhe f. | *Sans trêve*, ohne Unterlaß. | *Sans trêve ni repos*, ohne Rast und (ohne) Ruhe. || LOC. *Trêve de compliments*, keine süßen Reden ! ; genug der Komplimente ! | *Trêve de discussion*, keine langen Reden ; der Worte sind genug gewechselt. | *Trêve de plaisanteries*, Spaß, Scherz beiseite !

Trèves [trɛ:v] n. pr. f. GÉOGR. Trier n.

tri [tri] préfixe. drei... ; dreifach ; Tri...

tri [tri] m. Aussonderung f. ; Auslese f. | *Faire un tri*, eine Auswahl treffen. || POSTES. Verteilung f.

triade [trijad] f. Dreiheit f. ; Dreizahl f. ; Trias f.

triage [trija:ʒ] m. Auslesen n. ; Aussortieren n. ; Aussondern n. ; Auswahl f. ; Sichtung f. ; Auslese f. || POSTES. Verteilen n. ; Verteilung f. || TRANSP. *Gare de triage*, Verschiebe-, Rangierbahnhof m. | *Voie de triage*, Rangiergleis n.

triangle [trijɑ̃:gl] m. Dreieck n. | *Triangle rectangle*, rechtwinkliges Dreieck. | *Triangle équilatéral*, gleichseitiges Dreieck. | *La base d'un triangle*, die Grundlinie eines Dreiecks. | *Triangles égaux*, gleiche Dreiecke. | *Triangles semblables*, ähnliche Dreiecke. || AUTOM. *Triangle de signalisation*, Warndreieck n. || MUS. Triangel m.

triangulaire [-gylɛ:r] adj. dreieckig, -kantig.

triangulation [-gylasjɔ̃] f. Triangulierung f. ; Triangulation f. ; trigonometrische Vermessung.

trianguler [-gyle] v. tr. triangulieren ; trigonometrisch vermessen.

triathlon [tri(j)atlɔ̃] m. SPORTS. Triathlon n.

triboélectricité [triboelɛktrisite] f. Reibungselektrizität f.

tribord [tribɔ:r] m. MAR. Steuerbord n.

tribu [triby] f. Volksstamm m. ; Stamm m. | *Chef d'une tribu*, Stammeshäuptling m. || BIBLE. *Les douze tribus d'Israël*, die zwölf Stämme (m. pl.) Israels.

tribulation [tribylasjɔ̃] f. Drangsal f. ; Trübsal f. ; Leiden n.
◇ pl. Widerwärtigkeiten f. pl.

tribun [tribœ̃] m. HIST. Volkstribun m. || PAR EXT. Volksredner m., -aufwiegler m.

tribunal [-bynal] m. JUR. Richterstuhl m. ; Tribunal n. ; (niederes) Gericht ; Gerichtshof m. | *Tribunal administratif*, Verwaltungsgericht. | *Tribunal arbitral*, Schiedsgericht. | *Tribunal civil*, Zivilgericht. | *Tribunal correctionnel*, Strafgericht. | *Tribunal militaire*, Militärgericht. | *Tribunal de commerce*, Handelsgericht. | *Tribunal d'exception*, Sonder-, Ausnahmegericht. | *Tribunal d'instance*, Instanzgericht ; Amtsgericht. | *Tribunal de grande instance*, Großinstanzgericht ; Landgericht. | *Tribunal de simple police*, Polizeigericht. | *Décision du tribunal*, Gerichtsbeschluß m. | *Salle de tribunal*, Gerichts-, Sitzungssaal m. | *Siège du tribunal*, Gerichtsstand m. | *Comparaître devant un tribunal*, vor einem Gericht erscheinen.
◇ pl. *Les tribunaux*, Gerichtswesen n.

tribune [-byn] f. (Redner-, Zuhörer-, Zuschauer)-tribüne f. | *Tribunes d'une église*, Kirchenempore f.

tribut [triby] m. Zwangsauflage f. ; Tribut m. ; Abgabe f. | *Payer tribut*, einen Tribut zahlen. | *Payer le tribut à la nature*, der Natur seinen Tribut entrichten.

tributaire [-tɛ:r] adj. zinspflichtig ; tributpflichtig ; abhängig ; untertan.

triche [triʃ] f. FAM. Schummelei f. ; Mogelei f.

tricher [-ʃe] v. intr. betrügen ; hintergehen (insépar.). | *Tricher au jeu*, mogeln ; schummeln.

tricherie [-ʃri] f. Schummelei f. ; Mogelei f.

tricheur, euse [-ʃœ:r, ø:z] s. Betrüger(in) m. (f.) ; Mogler(in) m. (f.) ; Falschspieler(in) m. (f.).

trichine [triʃin] f. ZOOL. Trichine f.

trichromie [-kromi] f. TYPOGR. Dreifarbendruck m.

tricolore [-kɔlɔ:r] adj. dreifarbig. | *Drapeau tricolore*, Trikolore f.

tricorne [-kɔrn] m. dreieckiger Hut ; Dreispitz m.

tricot [triko] m. [travail] Strickarbeit f. ; Strickerei f. ; Stricken n. ; [résultat] Strick-, Wirkware f. ; Trikot m. ou n. || [sous-vêtement] *Tricot de corps, de peau*, Unterhemd n.

tricoter [-te] v. tr. stricken ; wirken. | *Laine à tricoter*, Strickwolle f. | *Tricoté à la machine*, maschinengestrickt. | *Tricoté à la main*, handgestrickt.

tricoteuse [-tø:z] f. Strickerin f. || TECHN. Strickmaschine f.

trictrac [triktrak] m. JEUX. Tricktrack n.

tricycle [trisikl] m. Dreirad n.

trident [-dɑ̃] m. Dreizack m. ; [pêche] Steckgabel f. || FAM. Mistgabel f.

tridimensionnel, elle [-dimɑ̃sjɔnɛl] adj. dreidimensional.

trièdre [triɛdr] m. MATH. Dreiflächner m.

triennal, ale, aux [triɛnnal, o] adj. dreijährig.

trier [trije] v. tr. [pour garder] ver-, (aus)lesen ; aussuchen ; ausklauben ; sortieren. || [pour jeter] sichten ; sieben ; auskämmen. | *Trier des papiers (pour jeter)*, Papiere sichten, aussortieren. | *Trié sur le volet*, (sorgfältig) ausgesucht ; auserlesen ; ausgewählt.

trieur [-jœ:r] m. Ausleser m. ; Scheider m. ; Sieb n. || MINES. Erzklauber m.

trieuse [-jø:z] f. Sortiererin f. ; Sortiermaschine f.

trifouiller [trifuje] v. tr. FAM. durchstöbern (insépar.) ; durch(einander)wühlen.

trigonométrie [-gɔnɔmetri] f. MATH. Trigonometrie f.

trigonométrique [-gɔnɔmetrik] adj. trigonometrisch.

trijumeau [-ʒymo] m. ANAT. Drillingsnerv m.

trilatéral, ale, aux [-lateral, o] adj. dreiseitig.

trilingue [-lɛ̃:g] adj. dreisprachig ; in drei Sprachen.

trille [tri:j] m. MUS. Triller m. | *Lancer des trilles*, tirilieren ; trillern.

trilobé, ée [trilɔbe] adj. BOT. dreilappig.

trilogie [-lɔʒi] f. Trilogie f.

trimaran [trimarɑ̃] m. MAR. Trimaran m.

trimardeur [-mardœ:r] m. POP. Landstreicher m. ; Stromer m. ; Vagabund m.

trimbaler [trɛ̃bale] v. tr. FAM. mit sich herumschleppen ; mitschleppen.

trimer [trime] v. tr. POP. schuften ; sich abrackern ; sich schinden ; ochsen.
trimestre [trimɛstr] m. Vierteljahr n. ; Quartal n. || [paiement] Vierteljahrszahlung f. ; Quartalsmiete f. | *Par trimestre*, vierteljährlich.
trimestriel, ielle [-triɛl] adj. vierteljährlich ; dreimonatlich. | *Abonnement trimestriel*, Quartalsabonnement n. ; Vierteljahresbezug m. | *Revue trimestrielle*, Vierteljahresschrift f.
trimoteur [-mɔtœ:r] adj. dreimotorig.
◇ m. dreimotoriges Flugzeug.
tringle [trɛ̃:gl] f. Leiste f. ; Stange f. ; Latte f. | *Tringle dorée*, Goldleiste f. | *Tringle de rideau*, Gardinenstange f.
tringlerie [trɛ̃gləri] f. TECHN. Gestänge n.
trinitaire [trinitɛ:r] m. RELIG. Trinitarier m.
trinité [-te] f. Trinität f. ; Dreieinigkeit f. ; Dreifaltigkeit f. || RELIG. *La Sainte Trinité*, die Heilige Dreieinigkeit. | *Fête de la Trinité*, Sonntag (m.) Trinitatis ; Dreifaltigkeitsfest n.
trinôme [trino:m] m. MATH. Trinom n.
trinquer [trɛ̃ke] v. intr. **1.** [en buvant] zutrinken ; mit den Gläsern anstoßen. | *Trinquer à qch.*, auf etwas anstoßen. | *Trinquer à la santé de qn*, auf die Gesundheit js anstoßen, jm zutrinken.
2. [subir] POP. *Il a trinqué*, er hat eins auf den Deckel gekriegt ; er hat eine Schlappe erleiden müssen.
trio [trijo] m. Trio n. || MUS. Terzett n. || IRON. *Un beau trio*, ein sauberes Kleeblatt.
triode [triɔd] f. RADIO. Triode f. | *Triode oscillatrice*, Schwingtriode f.
triomphal, ale, aux [trijɔ̃fal, o] adj. Triumph... ; triumphal. | *Entrée triomphale*, Siegesmarsch m.
triomphant, ante [-fɑ̃, ɑ̃:t] adj. triumphierend.
triomphateur, trice [-fatœ:r, tris] s. Triumphator m. ; Sieger(in) m. (f.).
◇ adj. siegreich ; triumphierend.
triomphe [trijɔ̃:f] m. Triumph m. ; Sieg m. ; großartiger, glänzender Erfolg ; Triumphzug m. | *Arc de triomphe*, Triumphbogen m. | *Chant de triomphe*, Triumphgesang m. ; Siegeslied n. | *Porter qn en triomphe*, jn im Triumphzug davontragen. || ANTIQ. Triumph ; Siegeszug.
triompher [-fe] v. intr. triumphieren ; den Sieg davontragen ; jubeln. | *Triompher de qn*, über jn triumphieren, Herr werden ; jn bezwingen. | *Triompher de ses passions*, Herr seiner Leidenschaften werden ; seine Leidenschaften bezwingen. || *Faire triompher son point de vue*, seine Meinung durchsetzen, durchfechten.
triparti, ie [-parti] ou **tripartite** [-tit] adj. dreigeteilt ; dreiteilig. | *Comité tripartite*, Dreierkollegium n. | *Gouvernement tripartite*, Dreiparteienregierung f.
tripatouiller [tripatuje] v. tr. FAM. mogeln ; verfälschen.
tripe [trip] f. [d'animal] Eingeweide n. ; Gekröse n. ; Gedärme pl.
◇ pl. Kutteln f. pl. ; Kaldaunen f. pl. ; Gekröse n.
triperie [-pri] f. Darmhandlung f. ; Kaldaunengeschäft n.
tripette [tripɛt] f. FAM. *Cela ne vaut pas tripette*, das ist keinen Heller, keinen Pfifferling wert.
triphasé, ée [trifɑze] adj. ÉLECTR. dreiphasig. | *Courant triphasé*, Drehstrom m.
tripier [tripje] m. Kaldaunen-, Darmhändler m.
triplace [triplas] m. AVIAT. Dreisitzer m.
triplan [-plɑ̃] m. AVIAT. Dreidecker m.
triple [tripl] adj. dreifach ; dreimalig ; Dreier... | *En triple exemplaire*, in dreifacher Ausfertigung. | *Triple sot*, Erzdummkopf m. ; Riesenidiot m. || HIST. *Triple alliance*, Dreibund m.
◇ m. Dreifaches n.
triplement [-pləmɑ̃] adv. dreifach.
tripler [-ple] v. tr. verdreifachen.
triplés [-ple] m. pl. ou **triplées** f. pl. Drillinge pl.
tripolaire [-pɔlɛ:r] adj. dreipolig.
triporteur [tripɔrtœ:r] m. Lieferdreirad n.
tripot [tripo] m. Spielhölle f.
tripotage [tripɔta:ʒ] m. FAM. faule, dunkle, unsaubere Geschäfte n. pl. ; Kniffe m. pl.
tripotée [-te] f. FAM. [raclée] Tracht (f.) Prügel ; Abreibung f. || [grande quantité] *Une tripotée d'enfants*, ein Haufen (m.) Kinder.
tripoter [-te] v. intr. FIG. et FAM. schwindeln ; unsaubere, faule Geschäfte machen.
◇ v. tr. an etwas fingern ; abtasten. || FIG. *Tripoter un texte*, einen Text verhunzen.
tripoteur [-tœ:r] m. FAM. Börsenjobber m. ; dunkler Geschäftemacher.
triptyque [triptik] m. AUTOM. Triptyk n. ; Triptik n. || ARCHIT. Triptychon n.
trique [trik] f. Knüppel m. ; Knüttel m. ; Prügel m.
trisaïeul, eule [trizajœl] s. Ururgroßvater m., -mutter f. ; Ururahn m. ; Ururahne f.
trisannuel, uelle [trizanɥɛl] adj. dreijährig ; alle drei Jahre stattfindend.
trisser [trise] v. intr. [hirondelle] zwitschern.
trisser [trise] v. tr. MUS. eine dritte Wiederholung fordern, verlangen.
Tristan [tristɑ̃] n. pr. m. Tristan m. | *Tristan et Iseut*, Tristan und Isolde.
triste [trist] adj. traurig. || [esprit] betrübt ; trübselig ; schwermütig ; verdrießlich. | *Caractère triste*, schwermütiger Charakter. | *Chevalier de la Triste Figure*, Ritter von der traurigen Gestalt. | *Front triste*, umwölkte Stirn. | *Il a l'air triste*, er sieht traurig aus. || [sombre] trübe ; düster ; finster ; dunkel. | *Appartement triste*, unfreundliche Wohnung. || [attristant] *Le plus triste côté des choses*, das Traurigste an der ganzen Sache. | *Triste nouvelle*, betrübliche Nachricht ; Trauerbotschaft f. | *Temps triste*, düsteres Wetter. || [pauvre] *Triste sire*, [pauvre hère] erbämlicher Lump ; [coquin] Schuft m. | *Être dans un triste état*, sich in einem jämmerlichen Zustand befinden. | *Faire triste mine*, ein betrübtes Gesicht machen. | *Il a fait une triste fin*, es nahm mit ihm ein trauriges Ende.
— SYN. : *Maussade*, verdrießlich. *Mélancolique*, melancholisch. *Morne*, trübsinnig. *Morose*, mürrisch ; grämlich. *Sombre*, düster.
tristement [-təmɑ̃] adv. traurig ; trüb. | *Être tristement célèbre*, auf traurige Weise berühmt sein ; eine traurige Berühmtheit erlangen.
tristesse [-tɛs] f. Traurigkeit f. ; Trauer f. ; Trauern n. ; Betrübtheit f. ; Trübseligkeit f. ; Schwermut f. ; Trübsinn m. | *Voile de tristesse*, Anflug (m.) von Traurigkeit. | *Rempli de tristesse*, voller Trauer ; gramgebeugt. | *Chasser la tristesse*, den Kummer vertreiben.
trisyllabe [trisilab] adj. dreisilbig.
◇ m. dreisilbiges Wort.
trisyllabique [-bik] adj. dreisilbig.
triton [tritɔ̃] m. MYTH. Triton m. || ZOOL. Wassermolch m.
trituration [-rasjɔ̃] f. Zerreibung f. ; Zermalmen n. ; Zerstoßen n.

triturer [-re] v. tr. zer-, verreiben ; zerstoßen, -stampfen ; zermalmen ; zerkleinern ; zerkauen.
triumvirat [triɔmvira] m. Triumvirat n. ; Dreiherrschaft f.
trivalent [trivalɑ̃] adj. dreiwertig.
trivial, iale, iaux [trivjal, jo] adj. abgedroschen ; platt ; gemein ; trivial ; burschikos.
trivialité [-lite] f. Abgedroschenheit f. ; Platitüde f.
troc [trɔk] m. Tausch m. ; Tauschhandel m.
trocart [trɔka:r] m. MÉD. Trokar m. ; Bauchstecher m. ; Punktiernadel f.
trochée [trɔʃe] m. POÉS. Trochäus m.
trochée [-ʃe] f. AGRIC. Wurzelschößlinge m. pl.
troène [trɔɛn] m. BOT. Liguster m. ; Rainweide f. ; Hartriegel m.
troglodyte [trɔglɔdit] m. Höhlenbewohner m., -mensch m. || [oiseau] Zaunkönig m.
trogne [trɔɲ] f. FAM. (Vollmond)gesicht n.
trognon [trɔɲɔ̃] m. Strunk m. ; Kerngehäuse n. | *Trognon de chou*, Kohlstrunk. | *Trognon de pomme*, Apfelgriebs m. || FIG., FAM. *Jusqu'au trognon*, mit Haut und Haaren ; restlos.
Troie [trwa] n. pr. f. ANTIQ. Troja n. | *Cheval de Troie*, Trojanisches Pferd. | *Guerre de Troie*, Trojanischer Krieg.
trois [trwa] adj. numér. drei. | *Le trois août*, der dritte August. | *Chapitre trois*, drittes Kapitel. | *Trois fois*, dreimal. | *Henri III*, Heinrich der Dritte (III.). | *Trois et demi*, dreieinhalb. | *Les trois quarts des gens*, die meisten Leute. | *Les trois quarts du temps*, meist(ens). | *À trois*, zu dritt. | *À trois dimensions*, dreidimensional. | *À, De trois étages*, dreistöckig. | *À trois places*, dreisitzig. | *À trois pieds*, dreibeinig ; POÉS. dreifüßig. | *Voiture à trois chevaux*, Dreigespann n. | *De trois couleurs*, dreifarbig. | *Règle de trois*, Dreisatzregel f. ; Regeldetri f. | *Pièce en trois actes*, Dreiakter m. | *Qui dure trois mois*, vierteljährig. | *Qui revient tous les trois mois*, vierteljährlich.
trois-huit [trwaɥit] m. *Faire les trois-huit*, in drei Schichten arbeiten.
troisième [trwazjɛm] adj. num. ord. dritter, e, es. | *Troisième personne*, dritte Person. | *Arriver troisième*, als dritter ankommen.
◇ m. dritter Stock.
◇ f. [école] *La troisième*, die dritte Klasse ; Tertia f. | *Élève de troisième*, Tertianer(in) m. (f.).
troisièmement [-mmɑ̃] adv. drittens.
trois-mâts [trwamɑ] m. invar. MAR. Dreimaster m.
trois-quarts [-ka:r] m. invar. MUS. Dreiviertelgeige f. || [manteau] dreiviertellanger Mantel.
trolley [trɔlɛ] m. Rolle f. ; Stromabnehmer m. | *Perche de trolley*, Stromabnehmer m.
trolleybus [-bys] m. Oberleitungsbus m. ; Obus m. ; Trolleybus m.
trombe [trɔ̃:b] f. Trombe f. | *Trombe de vent*, Windhose f. | *Trombe d'eau*, Wasserhose. || FIG. *Arriver en trombe*, hereingefegt kommen.
trombone [trɔ̃bɔn] m. MUS. Posaune f. | *Trombone à coulisse*, Zugposaune. | *Jouer du trombone*, posaunen. | [musicien] Posaunenbläser m. || [agrafe] Bürobriefklammer f.
trompe [trɔ̃:p] f. [de chasse] Jagdhorn n. ; Alpenhorn n. || FIG. *Publier qch. à (grand) son de trompe*, etwas ausposaunen ; etwas laut heraustrompeten ; mit Posaunenschlag verkünden. || [d'auto] Tute f. ; Hupe f. || ZOOL. *Trompe d'éléphant*, (Elefanten)rüssel m. | *Trompe d'insecte*, (Insekten)saugrüssel m. || ANAT. *Trompe d'Eustache*, Ohrtrompete f. | *Trompe utérine*, Tube f. ; Eileiter m.
trompe-l'œil [-lœ:j] m. trügerischer Schein ; Blender m. | *Ce n'est qu'un trompe-l'œil*, das ist lauter Mache. || [peinture] Augentäuschung f.
tromper [trɔ̃pe] v. tr. trügen ; betrügen ; täuschen ; hintergehen (insépar.). | *Signe qui ne trompe pas*, untrügliches, sicheres Zeichen. | *Tromper la confiance de qn*, das Vertrauen js mißbrauchen. | *Tromper les espoirs, les espérances de qn*, den Hoffnungen js nicht entsprechen. | *Elle trompe son mari*, sie hintergeht ihren Ehemann. | *Tromper la vigilance de qn*, js Wachsamkeit überlisten (insépar.). | *C'est ce qui vous trompe*, da sind Sie im Irrtum !
◇ v. pr. **se tromper,** (sich) irren ; sich täuschen ; etwas falsch, verkehrt machen. | *Se tromper d'adresse*, eine falsche Adresse angeben ; FIG. an die falsche Adresse, an den Unrechten geraten. | *Se tromper de personne*, sich in der Person irren. | *Se tromper du tout au tout*, völlig danebenhauen ; etwas ganz und gar verkehrt machen, auffassen. | *Se tromper en calculant*, sich verrechnen. | *Se tromper en comptant*, sich verzählen. | *Se tromper en écrivant*, sich verschreiben. | *Se tromper en lisant*, sich verlesen. | *Se tromper en parlant*, sich versprechen. | *Qu'on ne s'y trompe pas*, täuschen Sie sich ja nicht ! | *Ressembler à qn à s'y tromper*, jm zum Verwechseln ähnlich sehen. | *Je me suis trompé sur son compte*, ich habe ihn falsch eingeschätzt ; ich habe mich in ihm geirrt. | *Se tromper sur le sens de qch.*, etwas mißverstehen. | *Si je ne me trompe*, wenn mich nicht alles täuscht, so ; irre ich mich nicht, so. | *Tout le monde peut se tromper*, Irren ist menschlich ; jeder kann sich mal irren.
— SYN. : *Abuser*, hintergehen (insépar.). FAM. *Berner*, foppen. *Blouser*, reinlegen. *Égarer*, irreleiten. *Leurrer*, ködern. *Rouler*, prellen. *Surprendre*, überlisten (insépar.). *Trahir*, verraten.
tromperie [-pri] f. Betrügerei f. ; Täuschung f. ; Betrug m. ; Hinterhältigkeit f.
trompeter [trɔ̃pəte] v. tr. bei Trompetenschall bekanntmachen. || FIG. ausschreien.
trompette [-pɛt] f. [instrument] Trompete f. || RELIG. *Trompettes de Jéricho*, Posaunen (f. pl.) von Jericho. | *Trompette du jugement dernier*, Posaune (f.) des Jüngsten Gerichts. || FIG. *Nez en trompette*, Stupsnase f. | *Déloger sans tambour ni trompette*, sang- und klanglos verschwinden. || BOT. *Trompette-de-la-mort*, Herbsttrompete.
◇ m. Trompeter m. ; Hornist m.
trompettiste [-pɛtist] m. MUS. Trompeter m. ; Trompetenbläser m. ; Hornist m.
trompeur, euse [trɔ̃pœ:r, ø:z] adj. betrügerisch ; täuschend ; irreführend ; falsch. | *Signal trompeur*, irreführendes Signal. | *Image trompeuse*, Trug-, Wahnbild n.
◇ s. Betrüger(in) m. (f.) ; Schwindler(in) m. (f.).
tronc [trɔ̃] m. [arbre] Stamm m. || [homme] Rumpf m. || *Tronc des pauvres*, Armenbüchse f. ; Opferstock m. || MATH. *Tronc de cône*, Kegelstumpf m.
tronçon [trɔ̃sɔ̃] m. [route] Weg-, Baustrecke f. ; Streckenabschnitt m. || [fragment] Stumpf m. ; Stück n. ; Teilabschnitt m. | *Tronçons d'une colonne*, Säulentrommeln f. pl. | *Tronçon d'épée*, Schwertstummel m.
tronconique [trɔ̃kɔnik] adj. kegelstumpfartig.
tronçonner [trɔ̃sɔne] v. tr. zerschneiden ; zerstückeln.
tronçonneuse [-nø:z] f. Motorsäge f.
trône [tro:n] m. Thron m. ; Herrscherstuhl m. || FIG. Königsstuhl ; Regierung f. | *Discours du trône*, Thronrede f. | *Héritier du trône*, Thronerbe m. | *Salle du trône*, Thronsaal m. | *Aspirer au trône*, Absichten

auf den Thron haben. | *Monter sur le trône*, den Thron besteigen.

trôner [-ne] v. intr. thronen ; herrschen ; glänzen.

tronquer [trɔ̃ke] v. tr. abstumpfen. | *Colonne tronquée*, Säulenstumpf m. | *Cône tronqué*, Kegelstumpf m. || FIG. *Tronquer un texte*, einen Text verstümmeln.

trop [tro] adv. [quantité] zuviel ; [intensité] zu sehr ; (devant un adj.) [all]zu. | *Trop vieux*, zu alt. | *Pas trop mal*, so ziemlich ; so eben ; so gerade. | *Trop de bonheur*, zuviel Glück. | *C'en est trop*, das geht zu weit. | *En faire un peu trop*, zu dick auftragen. | *Être de trop*, überflüssig sein. | *Vous n'êtes pas de trop*, bitte bleiben Sie doch ruhig ; Sie stören uns gar nicht. | *Il va trop loin*, er geht zu weit ; er treibt es zu bunt. | *Trop... pour que*, zu... als daß.
◇ m. Überfluß m. ; Übermaß n. ; Zuviel n.

trope [trɔp] m. LITTÉR. Trope f. ; Tropus m.

trophée [trɔfe] m. Trophäe f. ; Siegeszeichen n.

tropical, ale, aux [trɔpikal, o] adj. tropisch ; Tropen... | *Chaleur tropicale*, tropische Hitze ; (Brut)-hitze. | *Climat tropical*, Tropenklima n. | *Pays tropicaux*, Tropenländer n. pl.

tropicalisé [-pikalize] adj. tropenfest.

tropique [-pik] m. Wendekreis m. | *Tropique du Cancer*, nördlicher Wendekreis (des Krebses). | *Tropique du Capricorne*, südlicher Wendekreis (des Steinbocks). | *Sous les tropiques*, in den Tropen.
◇ m. pl. **les tropiques,** Tropen pl. ; tropische Regionen f. pl.

tropisme [trɔpism] m. BIOL. Tropismus m.

troposphère [trɔpɔsfɛ:r] f. Troposphäre f.

trop-perçu [tropɛrsy] m. (pl. **trop-perçus**) Überzahlung f. ; Mehreinnahme f.

trop-plein [-plɛ̃] m. invar. Überfülle f. || TECHN. Überlauf m. ; Rücklaufrohr n.

troquer [trɔke] v. tr. aus-, ein-, um-, vertauschen. | *Troquer son cheval borgne contre un aveugle*, einen schlechten Tausch machen.

troquet [trɔkɛ] m. FAM. Kneipe f.

trot [tro] m. Trab m. ; Traben n. | *Au trot !*, los ! ; fix ! ; nur zu ! ; dalli ! | *Aller au trot*, traben. | *Arriver au trot*, angetrabt kommen. | *Il arrive au petit trot*, er kommt angezuckelt. || [cheval] *Se mettre au trot*, sich in Trab setzen. || SPORT. *Trot attelé*, Trabrennen n.

trotte [trɔt] f. FAM. gutes Stück Weg. | *Tout d'une trotte*, in einem Stück ; ohne anzuhalten.

trotte-menu [trɔtmənу] adj. invar. trippelnd. | *La gent trotte-menu*, das (trippelnde) Mäusevölkchen.

trotter [-te] v. intr. traben ; trotten ; [menu] trippeln ; im Trab gehen. | *Une souris trotte*, eine Maus trippelt. || FAM. *Il trotte toute la journée*, er zuckelt den ganzen Tag herum. | *Cela me trotte dans la tête*, das geht mir im Kopf(e) herum.
◇ v. pr. **se trotter,** FAM. sich wegscheren ; sich trollen.

trotteur [-tœ:r] m. Traber m.

trotteuse [-tø:z] f. [horlogerie] Sekundenzeiger m.

trottinement [-tinmɑ̃] m. Getrippel n.

trottiner [-tine] v. intr. trippeln ; zuckeln.

trottinette [-tinɛt] f. Kinder-, Tretroller m.

trottoir [-twa:r] m. Bürger-, Fußsteig m. ; Gehweg m. ; Trottoir n. | *Trottoir roulant*, Rollsteg m. ; Rollsteig m. || POP. *Faire le trottoir*, auf den Strich gehen.

trou [tru] m. **1.** Loch n. ; Öffnung f. ; Lücke f. ; Leck n. | *Trou rempli d'eau*, Wasserloch. | *Trou rempli de vase*, Sumpflache f. | *Trou d'aiguille*, Nadelöhr n. | *Trou de la serrure*, Schlüsselloch. | *Trou du souffleur*, Souffleurkasten m. | *Trou de souris*, Mauseloch. | *Creuser, Faire, Percer un trou*, ein Loch bohren ; durchlöchern. | *Faire des trous dans qch.*, etwas durchlöchern (insépar.).
2. LOC. FIG. *Trou de mémoire*, Gedächtnislücke f. | *Il a fait son trou*, er hat's zu was gebracht ; er hat sich sein Nest gebaut. | *N'être jamais sorti de son trou*, nie aus seinem Nest herausgekommen sein. | POP. *Il boit comme un trou*, er trinkt wie ein Bürstenbinder ; er säuft wie ein Loch.
3. AÉRON. *Trou d'air*, Luftloch n. || ASTRON. *Trou noir*, schwarzes Loch. || SPORT. [golf] (Golf)loch n.

troubadour [trubadu:r] m. LITTÉR. provenzalischer Minnesänger ; Troubadour m.

troublant, ante [trublɑ̃, ɑ̃:t] adj. beunruhigend ; verwirrend ; aufregend ; störend.

trouble [trubl] adj. trübe ; getrübt ; unklar. || FIG. unrein ; undeutlich. | *Pêcher en eau trouble*, im trüben fischen. | *Voir trouble*, undeutlich, verschwommen sehen.
◇ m. **1.** [agitation] Aufregung f. ; [désordre] Unordnung f. ; Verwirrung f. ; Durcheinander n. | *Trouble* [d'esprit], Bestürzung f. ; Unruhe f. | *Au milieu du trouble général*, mitten in, bei dem allgemeinen Durcheinander. | *Se remettre de son trouble*, sich von seiner Bestürzung erholen ; sich wieder fassen.
2. [mésentente] Uneinigkeit f. ; Mißhelligkeit f. | *Porter le trouble dans un ménage*, den häuslichen Frieden stören. | *Craindre des troubles*, Unruhen befürchten.
3. JUR. *Trouble de jouissance*, Eingriff (m.) in die persönlichen Besitzrechte ; Besitzstörung f.
4. MÉD. Störung f. | *Troubles digestifs*, Verdauungsstörung(en) f. (pl.). | *Troubles respiratoires*, Atembeschwerden f. pl.
◇ m. pl. **troubles,** [émeute] Unruhe(n) f. (pl.) ; Trubel m. ; Aufruhr m.

trouble-fête [trubləfɛ:t] m. invar. Störenfried m. ; Spielverderber m.

troubler [truble] v. tr. **1.** trüben. | *Troubler le ciel*, den Himmel benebeln. | *Troubler l'eau*, das Wasser aufwühlen, trüben.
2. FIG. [personnes] stören ; verwirren ; unsicher machen. || [choses] stören ; in Unordnung bringen ; durcheinanderbringen. | *Troubler la conscience*, das Gewissen beunruhigen, aufwühlen. | *Troubler la digestion*, die Verdauung stören. | *Troubler un entretien*, eine Unterhaltung stören. | *Troubler une fête*, ein Fest durcheinanderbringen. | *Troubler un orateur*, einen Redner verwirren. | *Troubler l'ordre public*, die öffentliche Ordnung stören. | *Troubler un pays*, ein Land in Unruhe stürzen. | *Troubler le plaisir*, den Spaß verderben. | *Troubler des projets*, Pläne durchkreuzen (insépar.).
◇ v. pr. **se troubler,** sich trüben ; trübe werden. | *Ma vue se trouble*, es schwimmt mir vor den Augen. || FIG. sich verwirren. | *L'orateur se trouble*, der Redner verhaspelt sich, verliert den Faden.

trouée [true] f. Loch n. ; Lücke f. ; Öffnung f. ; enger Durchgang. | *Trouée d'invasion*, Einfallstor n. | *Faire une trouée*, durchbrechen (sépar.). V. PERCÉE, BRÈCHE.

trouer [true] v. tr. durchlöchern ; durchbohren ; durchbrechen (insépar.).
◇ v. pr. **se trouer,** Löcher bekommen.
◇ part. pass. **troué, ée,** zer-, durchlöchert.

troufion [trufjɔ̃] m. ARG. MIL. Gemeiner m. ; Sandhase m. ; Muschkote m.

trouillard [truja:r] m. FAM. Angsthase m.

trouille [tru:j] f. POP. Bammel m. ; Schiß m. | *Avoir la trouille*, Bammel, Schiß haben.

troupe [trup] f. **1.** Schar f. ; Trupp m. ; Haufen m. || [animaux] Schwarm m. ; Herde f. ; Rudel n. | *En,*

Par troupe, trupp-, haufen-, scharenweise. | *Troupe de comédiens*, Schauspielertruppe f.
2. MIL. Truppe f. (généralement au pl.) : Truppen f. pl. | *Troupes d'élite*, Elite-, Kerntruppen. | *Corps de troupe*, Truppeneinheit f. | *Enfant de troupe*, Soldatenkind n. | *(Hommes de) troupe*, Mannschaft(en) f. pl. | *Mouvements de troupe*, Truppenbewegungen f. pl.

troupeau [-po] m. Herde f. ; Viehherde f. || PÉJOR. [hommes] Haufe(n) m. | *Misérable troupeau*, elender, kümmerlicher Haufe(n).

troupier [-pje] m. Mus(ch)kote m. ; Landser m.

trousse [trus] f. [étui] Bündel n. ; Pack m. ; Tasche f. ; Garnitur f. | *Trousse à outils*, Werkzeugtasche. | *Trousse à pharmacie*, Taschenapotheke f. | *Trousse de chirurgien*, chirurgisches Besteck. | *Trousse de couture*, Nähzeug n., -besteck n. | *Trousse d'écolier*, Federmäppchen n. ; Federmappe f. | *Trousse de pansement*, Verbandstasche. | *Trousse de toilette*, Toilettentasche. | *Trousse de voyage*, Reisenecessaire n. || AUTOM. *Trousse de secours*, Verband(s)kasten m.
◇ pl. *Il a les gendarmes à ses trousses*, die Polizei ist hinter ihm her. | *Être aux trousses de qn*, jm auf den Fersen sitzen ; hinter jm her sein. | *Mettre qn aux trousses de qn*, jm jn auf den Hals hetzen.

troussé, ée [-se] adj. geschürzt. || FIG. *Compliments bien troussés*, wohlgedrechselte Komplimente n. pl. ; artig gesetzte Worte n. pl. | *C'est bien troussé*, das ist gut gelungen.

trousseau [-so] m. [de clefs] Bündel n. | *Trousseau de clefs*, Schlüsselbund m. || *Trousseau de mariée*, Brautausstattung f. ; Aussteuer f. | *Donner un trousseau*, aussteuern.

trousser [-se] v. tr. hoch-, aufschürzen ; hochbinden ; aufbinden, -stecken. | *Trousser sa jupe*, seinen Rock raffen, hochschlagen. || CULIN. *Trousser une volaille*, ein Geflügel bratfertig machen. || FIG. *Trousser une affaire*, ein Geschäft schnell erledigen.
◇ v. pr. **se trousser,** sich das Kleid aufschürzen.

trouvable [truvabl] adj. auffindbar.

trouvaille [-va:j] f. glücklicher Fund. || FIG. guter Einfall ; glänzende Idee.

trouver [-ve]

> **I.** v. tr. finden.
> **1.** EN CHERCHANT : herausfinden ; auftreiben ;
> **2.** PAR HASARD : auf (acc.) stoßen.
> **II.** FIG.
> **1.** ÉPROUVER ; RESSENTIR ;
> **2.** JUGER ; ESTIMER (avec attribut) : finden ;
> **3.** LOC.
> **III.** v. pr. **se trouver.**
> **1.** SE RENCONTRER : einander treffen ;
> **2.** ÊTRE DANS UN LIEU : sich befinden ;
> **3.** ÊTRE DANS UN ÉTAT : sich befinden ; sich fühlen ;
> **4.** SE CROIRE : sich finden.
> **IV.** v. impers. : sich treffen ; sich fügen ; vorkommen.
> **V.** part. pass. **trouvé, ée.**

I. v. tr. finden. **1.** EN CHERCHANT : herausfinden ; auftreiben ; [dans son esprit] erdenken ; aus-, ermitteln ; [inventer] erfinden. | *J'ai trouvé !*, ich hab's (he)raus ! | *Où avez-vous trouvé cela ?*, wo haben Sie (denn) das her ? | *On trouve cela dans « Faust »*, das stammt aus dem Faust. | *Où puis-je le trouver ?* [personne], wo kann ich ihn antreffen ? | *Trouver du premier coup*, auf (den ersten) Anhieb herausbekommen. | *Facile à trouver*, leicht aufzufinden.
2. PAR HASARD : *Trouver qch.*, etwas (zufällig) finden ; auf etwas (acc.) stoßen. | *Trouver qn*, jn (an)treffen ; auf jn stoßen.
II. FIG. **1.** ÉPROUVER ; RESSENTIR : *Trouver du plaisir à qch.*, Vergnügen an etwas (dat.) finden. | *Trouver plaisir à (faire qch.)*, sein Vergnügen dabei finden, zu.
2. JUGER ; ESTIMER (avec attribut) : finden ; schätzen ; erachten. | *Comment trouvez-vous cela ?*, wie finden Sie das ? ; wie gefällt Ihnen das ? ; was halten Sie davon ? | *Trouver bon*, für gut halten ; billigen. | *Je trouve cela bon*, es gefällt mir ; [manger ou boire] es schmeckt mir. | *Trouvez bon que*, gestatten Sie (mir), zu. | *Je trouve cette pièce bonne*, ich halte das Stück für gut. | *Je trouve mauvais qu'on fasse cela*, es mißfällt mir, daß man das tut. | *Il trouve le temps long*, die Zeit wird ihm lang.
3. LOC. *Y trouver son compte*, dabei auf seine Rechnung kommen. | *Je lui trouve mauvaise mine*, ich finde, er sieht schlecht aus. | *Trouver la mort*, den Tod finden ; umkommen (sépar.). | *Trouver le mot juste*, das richtige Wort treffen ; FAM. den Nagel auf den Kopf treffen. | *Trouver moyen*, Mittel und Wege finden. | *Trouver (se procurer) de l'argent*, Geld auftreiben. | *Trouver du travail à qn*, jm Arbeit verschaffen. | *Trouver qn en faute*, jn ertappen. | *Trouver à qui parler*, seinen Mann finden ; seinen Meister finden. | *Trouver à redire à qch.*, etwas beanstanden ; etwas an einer Sache auszusetzen haben. | *Aller trouver qn*, jn aufsuchen. | *Venir trouver qn*, jn besuchen.
III. v. pr. **se trouver. 1.** SE RENCONTRER : sich einander treffen ; einander begegnen.
2. ÊTRE DANS UN LIEU : [personnes] sich befinden ; [rendez-vous] sich einfinden ; [personnes et choses] stehen ; liegen ; stecken ; vorkommen. | *Se trouver dans une situation fâcheuse*, in einer mißlichen Lage sein. | *Se trouver devant qch.*, vor etwas stehen. | *Il se trouve des gens qui*, es gibt Leute, die. | *Où cela se trouve-t-il ?*, wo befindet sich das ? ; wo steckt das ? | *Ce livre se trouve partout*, dieses Buch ist überall vorrätig.
3. ÊTRE DANS UN ÉTAT : sich befinden ; sich fühlen ; sein. | *Comment vous trouvez-vous ?*, wie (er)geht es Ihnen ? ; wie ist es Ihnen (zumute) ? | *Je me trouve bien*, es geht mir gut. | *Il se trouve mieux*, es geht ihm besser. | *Il s'en trouve bien*, es bekommt ihm gut. | *Se trouver mal*, ohnmächtig werden ; in Ohnmacht fallen.
4. SE CROIRE : *Se trouver beau*, sich schön finden ; sich einbilden, schön zu sein.
IV. v. impers. sich treffen ; vorkommen. | *Cela se trouve bien*, es trifft sich, fügt sich gut.
V. part. pass. **trouvé, ée,** *Chien trouvé*, zugelaufener, herrenloser Hund. | *Enfant trouvé*, Findelkind n. | *Objets trouvés*, Fundsachen f. pl. | *Bureau des objets trouvés*, Fundbüro n.

trouvère [truvɛ:r] m. HIST. nordfranzösischer Minnesänger.

truand [tryɑ̃] m. Landstreicher m. ; Strolch m.

truanderie [-dri] f. Bettlerhandwerk n.

trublion [tryblijɔ̃] m. Quertreiber m. ; Friedenstörer m. ; Hetzer m.

truc [tryk] m. [tour de main] FAM. Handgriff m. ; Kunstgriff m. ; Kniff m. ; Trick m. | *Trucs de métier*, fachmännische Kniffe m. pl. | *Connaître le truc*, den Dreh kennen. || FAM. [objet vague] Zeug(s) n. ; Ding n.

trucage [tryka:ʒ] m. V. TRUQUAGE.

truchement [tryʃmɑ̃] m. Dolmetscher m. ; Fürsprecher m. ; FIG. Vermittlung f.

trucider [tryside] v. tr. IRON. niedermachen.

truculence [trykylɑ̃:s] f. Urwüchsigkeit f. ; Wildheit f. ; Rohheit f.

truculent, ente [-lɑ̃, ɑ̃:t] adj. urwüchsig ; wild ; roh ; vital ; ungestüm.
truelle [tryɛl] f. Kelle f. ; Maurerkelle f. ; Spachtel m. | *Truelle à gâteaux*, Kuchenmesser n.
truffe [tryf] f. BOT. Trüffel f. || ZOOL. Schnauze f. || CULIN. *Truffe au chocolat*, Schokoladentrüffel m. || FAM. [nez] Kartoffelnase f.
truffer [-fe] v. tr. trüffeln. || PAR EXT. vollpropfen ; füllen ; spicken.
truffier, ière [-fje, jɛ:r] adj. Trüffel... | *Chêne truffier*, Trüffeleiche f.
truie [trɥi] f. ZOOL. Mutterschwein n. ; Sau f.
truisme [trɥism] m. Gemeinplatz m.
truite [trɥit] f. Forelle f. | *Truite fario*, Bergforelle. | *Truite saumonée*, Lachsforelle.
truité, ée [-te] adj. rötlich gefleckt ; getüpfelt ; fleckig ; gesprenkelt. | *Céramique truitée*, rissige Keramik.
trumeau [trymo] m. ARCHIT. Fenster-, Tür-, Mauerpfeiler m. || [miroir] Pfeilerspiegel m.
truquage ou **trucage** [tryka:ʒ] m. Schwindelei f. ; Fälschung. | *Truquage d'une photo*, Trickaufnahme f. ; Photomontage f.
truquer [-ke] v. tr. fälschen ; verfälschen. | *Truquer le bilan*, die Bilanz verschleiern, frisieren.
trusquin [tryskɛ̃] m. Streichmaß n.
trust [trœst] m. Trust m. ; Konzern m.
truster [-te] v. tr. vertrusten.
tsar [tsa:r] m. Zar m.
tsarevitch [-revitʃ] m. Zarewitsch m.
tsarine [-rin] f. Zarin f.
tsariste [-rist] adj. zaristisch.
◇ s. Zarenanhänger(in) m. (f.).
tsé-tsé [tsetse] f. ZOOL. Tsetsefliege f.
T.S.F. [teɛsɛf] f. (abrév. de **télégraphie, téléphonie sans fil**) (Vx.) Rundfunk m.
tsigane [tsigan] m. V. TZIGANE.
t.s.v.p. abrév. de **tournez, s'il vous plaît,** bitte wenden (b.w.).
tu, toi, te [tu, twa, tə] pron. pers. sing. 2e pers. du. | *Viens-tu ?*, kommst du ? | *Être à tu et à toi avec qn*, mit jm auf du und du stehen. | *Ils sont à tu et à toi*, sie sind Duzfreunde, -brüder.
tuant, uante [tɥɑ̃, ɑ̃:t] adj. tötend ; ermüdend. || [ennuyeux] sterbenslangweilig.
tub [tœb] m. Badezuber m. ; Wannenbad n.
tuba [tyba] m. MUS. Tuba f. ; Baßtrompete f.
tubage [tyba:ʒ] m. MÉD. Einsetzen einer Sonde.
tube [tyb] m. Tube f. | *Tube de dentifrice*, Tube Zahnpasta. || ANAT. Röhre f. ; Kanal m. ; Gang m. | *Tube digestif*, Verdauungskanal m. | *Tube capillaire*, Haarröhrchen n. || CHIM. *Tube à essai*, Reagenzglas n. || ÉLECTR. *Tube à néon*, Neonröhre. | *Tube à rayons X*, Röntgenröhre. || RADIO. *Tube électronique*, Elektronenröhre. || TÉLÉV. *Tube cathodique*, Kathodenröhre. || NUCL. *Tube de force*, Druckrohr n. || FAM. [haut de forme] Zylinder m. ; Angströhre. || FAM. [chanson, disque à succès] Schlager m. ; Hit m.
tuber [-be] v. tr. Röhren einsetzen. || MINES. verrohren.
tubercule [tybɛrkyl] m. BOT. Wurzelknolle f., -warze f., -knötchen n.
tuberculeux, euse [-lø, ø:z] adj. MÉD. tuberkulös ; schwindsüchtig.
◇ s. Tuberkulöse(r) f. (m.).
tuberculose [-lo:z] f. Tuberkulose f. ; Schwindsucht f. | *Tuberculose pulmonaire*, Lungentuberkulose f. | *Tuberculose osseuse*, Knochentuberkulose.
tubéreux, euse [tyberø, ø:z] adj. BOT. knollig ; höckerig.
◇ f. **tubéreuse,** Tuberose f.
tubérosité [-rozite] f. Knoten m. ; Knollen m. ; Anschwellung f. ; Auswuchs m.
tubulaire [tybylɛ:r] adj. rohr-, röhrenförmig. | *Construction tubulaire*, Rohrkonstruktion f. | *Échafaudage tubulaire*, Stahlrohr(bau)gerüst n.
tubuleux, euse [-lø, ø:z] adj. röhrenartig, -förmig.
tubulure [-ly:r] f. Rohransatz m. ; Stutzen m. ; Rohrmündung f., -öffnung f. | *Tubulure d'aspiration*, Ansaugstutzen m. || AUTOM. *Tubulure d'admission*, Saugrohr n.
tudesque [tydɛsk] adj. altdeutsch. || IRON. treudeutsch ; teutsch ; teutonisch.
tudieu ! [tydjø] interj. bei Gott !
tue-mouches [tymuʃ] m. BOT. Fliegenklatsche f. ; Fliegenpilz m.
◇ adj. *Papier tue-mouches*, Fliegenfänger m. ; Fliegenpapier n.
tuer [tɥe] v. tr. **1.** töten ; totschlagen ; umbringen (sépar.). | *Tu ne tueras point*, du sollst nicht töten. | *Le froid a tué cet arbre*, die Kälte hat den Baum erfroren, eingehen lassen. | *Tuer un bœuf*, einen Ochsen schlachten. | *Tuez-le !*, schlagt ihn tot ! | *Tuer raide*, auf der Stelle töten. | *Tuer à coups de bâton, d'un coup de bâton*, erschlagen. | *Tuer d'un coup de couteau*, erstechen. | *Tuer d'un coup d'épée*, niederstechen. | *Tuer d'un coup de fusil*, erschießen. | *Tuer d'un coup de poignard*, erdolchen.
2. FIG. belästigen ; vernichten. | *Tuer une entreprise*, eine Unternehmung zum Erliegen bringen. | *L'ennui me tue*, ich vergehe vor Langeweile. | *Tuer le temps*, die Zeit totschlagen ; sich die Zeit vertreiben.
◇ v. pr. **se tuer,** sich töten ; sich umbringen (sépar.) ; sich das Leben nehmen. | *Se tuer en tombant*, totfallen. || FIG. *Se tuer au travail*, sich tot arbeiten ; sich abrackern. | *Se tuer à qch.*, sich alle mögliche Mühe geben.
— SYN. : *Assassiner*, ermorden. *Décapiter*, enthaupten. *Égorger*, den Hals abschneiden. *Empoisonner*, vergiften. *Étrangler*, erwürgen. *Exécuter*, hinrichten. *Fusiller*, erschießen. *Lapider*, steinigen. *Lyncher*, lynchen. *Noyer*, ertränken. *Passer au fil de l'épée*, über die Klinge springen lassen.
tuerie [tyri] f. Gemetzel n. ; Blutbad n.
tue-tête (à) [atytɛ:t] loc. adv. aus Leibeskräften ; aus vollem Halse. | *Crier à tue-tête*, grölen. | *Chanter à tue-tête*, johlen.
tueur [tɥœ:r] m. [boucherie] Schlächter m. || [qui tue] Mörder m. | *Tueur à gages*, gedungener Mörder.
tuf [tyf] m. MINES. Tuff m. ; Tuffstein m.
tuile [tɥil] f. Ziegel m. ; Dachziegel m. ; Ziegelstein m. | *Tuile faîtière*, Firstziegel. || FIG., FAM. *Quelle tuile !*, was für ein Pech ! ; so was Dummes !
tuilerie [-lri] f. Ziegelei f. ; Ziegelbrennerei f.
tuilier [-lje] m. Ziegelbrenner m.
tulipe [tylip] f. BOT. Tulpe f.
tulipier [-pje] m. BOT. Tulpenbaum m.
tulle [tyl] m. Tüll m. | *Tulle de soie*, Seidentüll m.
tuméfaction [tymefaksjɔ̃] f. MÉD. (An)schwellung f. ; Geschwulst f.
tuméfier [-fje] v. tr. anschwellen lassen ; auftreiben. | *Genou tuméfié*, geschwollenes Knie.
tumescence [tymɛssɑ̃:s] f. (An)schwellung f.
tumeur [-mœ:r] f. Tumor m. ; Geschwulst f. | *Tumeur cancéreuse*, Krebsgeschwulst. | *Tumeur maligne, cancéreuse*, bösartige Geschwulst ; Krebsgeschwulst.
tumulaire [tymylɛ:r] adj. Grab(es)... | *Pierre tumulaire*, Grabstein m.

tumulte [tymylt] m. Tumult m. ; Lärm m. ; Getöse n. ; Aufruhr m. ; Auflauf m. ; Getümmel n. | *Tumulte de la foule,* Aufruhr der Menge. | *Tumulte du monde,* Treiben (n.) der Welt. | *Tumulte des passions,* Sturm (m.) der Leidenschaften.

tumultueux, ueuse [-tɥø, ɥø:z] adj. geräuschvoll ; tumultuarisch ; ungestüm ; stürmisch ; tobend. | *Vie tumultueuse,* sehr bewegtes Leben.

tumulus [tymylys] m. ANTIQ. Grabhügel m. ; Hünengrab n.

tuner [tjunœ:r ou tynɛr] m. ÉLECTR. Tuner m.

tungstène [tœ̃gstɛn] m. CHIM. Wolfram n.

tunique [tynik] f. [vêtement] Tunika f. ; Unterkleid n. ; Rock m. || MIL. Waffenrock.

Tunisie [tynizi] n. pr. f. GÉOGR. Tunesien n.

tunisien, ienne [-zjɛ̃, jɛn] adj. tunesisch.
◇ s. **Tunisien, ienne,** Tunesier(in) m. (f.).

tunnel [tynɛl] m. Tunnel m. ; Durchbruch m. | *Tunnel routier,* Straßentunnel. | *Percer un tunnel sous une montagne,* einen Berg untertunneln (insépar.).

turban [tyrbɑ̃] m. Turban m.

turbidité [tyrbidite] f. GÉOL. Trübungsgrad m.

turbin [tyrbɛ̃] m. POP. Arbeit f.

turbine [tyrbin] f. Turbine f. | *Turbine à gaz,* Gasturbine. | *Turbine à vapeur,* Dampfturbine. | *Turbine hydraulique,* Wasserturbine.

turbiner [-ne] v. intr. POP. schuften ; büffeln.

turboalternateur [tyrboaltɛrnatœ:r] ou **turbogénérateur** [-generatœ:r] m. Turbogenerator m. || NUCL. Turbinensatz m.

turbocompresseur [-kɔ̃prɛsœ:r] m. Turboverdichter m., -kompressor m.

turbomachine [-maʃin] f. Turbotriebwerk n.

turbomoteur [-mɔtœ:r] m. Turbomotor m. ; Dampfturbine f.

turbopropulseur [-prɔpylsœ:r] m. Propellerturbine f. ; T.-P.-Triebwerk.

turboréacteur [-reaktœ:r] m. Turboreaktor m. ; Stahlturbine f. ; T.-L.-Triebwerk.

turbot [tyrbo] m. Steinbutt m.

turbotière [-tjɛ:r] f. Buttenpfanne f.

turbulence [tyrbylɑ̃:s] f. Ungestüm n. ; Wildheit f. ; Ausgelassenheit f. ; Herumtoben n. || TECHN. Durchwirbelung f. ; Turbulenz f.

turbulent, ente [-lɑ̃, ɑ̃:t] adj. unruhig ; wild ; ungestüm ; ausgelassen ; tobend ; turbulent ; stürmisch ; lärmend.

turc, turque [tyrk] adj. türkisch.
◇ s. **Turc, Turque,** Türke m. ; Türkin f. | *Fort comme un Turc,* stark wie ein Bär. || HIST. *Jeune-Turc,* Jungtürke m. | *Le Grand Turc,* der (Groß)türke. || FIG. *Tête de Turc,* Prügelknabe m.

turf [tyrf] m. Rennbahn f. ; Pferderennsport m.

turfiste [-fist] m. SPORT. Liebhaber (m.) von Pferderennen.

turgescence [tyrgɛssɑ̃:s] f. MÉD. (An)schwellung f.

turgescent, ente [-sɑ̃, ɑ̃:t] adj. MÉD. anschwellend ; an-, geschwollen.

turkmène [tyrkmɛn] adj. turkmenisch.
◇ s. **Turkmène,** Turkmene m. ; Turkmenin f.

turlupinade [tyrlypinad] f. alberner Witz.

turlupiner [-ne] v. tr. *Turlupiner qn,* jn hänseln, foppen, aufziehen. | *Cela me turlupine,* das läßt mir keine Ruhe ; das geht mir nicht aus dem Kopf.

turne [tyrn] f. POP. Budicke f. ; Bude f.

turnep [tyrnɛp] m. BOT. Runkelrübe f.

turpitude [tyrpityd] f. Schändlichkeit f. ; Schandtat f. ; Schande f. ; Verdorbenheit f.

turque [tyrk] adj. f. V. TURC.

turquerie [-kəri] f. [cruauté] Härte f. ; Grausamkeit f. || ARTS. Türkenszene f.

turquet [tyrkɛ] m. BOT. türkischer Weizen.

Turquie [tyrki] n. pr. f. GÉOGR. Türkei f.

turquoise [tyrkwa:z] f. MINÉRAL. Türkis m.
◇ adj. [couleur] türkisfarben.

tussilage [tysila:ʒ] m. BOT. Huflattich m.

tutélaire [tytelɛ:r] adj. schützend ; Schutz... || JUR. vormundschaftlich ; Vormundschafts...

tutelle [tytɛl] f. **1.** JUR. Vormundschaft f. ; Kuratel f. | *Tutelle administrative,* Staatsaufsicht f. | *Être en tutelle,* unter Vormundschaft stehen ; bevormundet werden. | *Mettre qn en tutelle,* jn unter Kuratel stellen.
2. FIG. Schutz m. ; Schirm m. ; Abhängigkeit f. | *Tenir qn en tutelle,* jn bevormunden.

tuteur, trice [-tœ:r, tris] s. JUR. Vormund m. ; Beschützer(in) m. (f.). | *Subrogé tuteur,* Gegenvormund m. | *Nommer un tuteur,* einen Vormund bestellen.
◇ m. [soutien d'une plante] Stütze f.

tutoiement [tytwamɑ̃] m. Duzen n.

tutoyer [-twaje] v. tr. duzen.
◇ v. pr. **se tutoyer,** sich duzen ; auf du und du stehen ; sich mit du anreden.

tutu [tyty] m. Ballettröckchen n.

tuyau [tɥijo] m. **1.** [rigide] Rohr n. ; Röhre f. | *Tuyau acoustique,* Sprachrohr. | *Tuyau coudé,* Knierohr. | *Tuyau d'aération,* Lüftungsrohr. | *Tuyau d'arrivée,* Zufluß-, Zuleitungs-, Einlaufrohr. | *Tuyau de cheminée,* Rauchabzugsrohr. || AUTOM. *Tuyau d'échappement,* Auspuffrohr.
2. [souple] Schlauch m. | *Tuyau d'arrosage,* Gartenschlauch.
3. (sens particuliers) *Tuyau d'orgue,* Orgelpfeife f. | [oiseau] *Tuyau d'une plume,* Federkiel m. || [couture] Röhrenfalte f. || POP. *Tuyau de poêle,* Zylinder(hut) m.
4. FAM. Geheimtip m. | *Donner un tuyau à qn,* jm einen Tip geben. | *Tuyau crevé,* falscher Tip.

tuyautage [-ta:ʒ] m. Röhren n.

tuyauter [-te] v. tr. [linge] in Röhrenfalten legen. || FAM. vertrauliche Mitteilung machen ; einen Tip, Wink geben ; tippen. || ARG. UNIV. mogeln.

tuyauterie [-tri] f. Rohrnetz n. ; Röhrenwerk n. ; Leitung f.

tuyère [tɥijɛ:r] f. Düse f. | *Tuyère orientable,* schwenkbare Schubdüse.

T.V. [teve] f. (abrév. de **télévision**) Fernsehen n.

T.V.A. [tevea] f. (abrév. de **taxe à la valeur ajoutée**) Mehrwertsteuer f.

tympan [tɛ̃pɑ̃] m. ANAT. Trommelfell n. || ARCHIT. Giebelfeld n. ; Tympanon n.

tympanon [-panɔ̃] m. MUS. Hackbrett n. ; Hammerzither f. ; Tympanon n.

type [tip] m. Typ m. ; Grundform f. ; Urbild n. | *Type anglais,* englischer Typ. | *Type primitif,* Urform f. | *De type classique,* von herkömmlicher, üblicher Art. || FAM. [espèce] Type f. ; Marke f. ; [individu] Kerl m. ; Kauz m. | *Un brave type,* ein braver Kerl. | *Un chic type,* ein prima Kerl.

typé [tipe] adj. ausgeprägt, typisch.

typhique [tifik] adj. MÉD. typhisch ; [maladie] typhuskrank. | *Affection typhique,* Typhuserkrankung f.
◇ m. *Un typhique,* ein Typhuskranker.

typhoïde [tifɔid] adj. MÉD. typhusartig. | *Fièvre typhoïde,* Typhus m.

typhon [tifɔ̃] m. Taifun m. ; Wirbelsturm m.
typhus [tify:s] m. MÉD. Typhus m. | *Typhus exanthématique*, Flecktyphus m.
typique [tipik] adj. typisch ; charakteristisch. | *Musique typique*, südamerikanische Musik.
typographe [tipograf] m. Buchdrucker m. ; Schriftsetzer m. ; Typograph m.
typographie [-grafi] f. Buchdruckerei f. ; Typographie f.
typographique [-grafik] adj. typographisch ; Buchdruck... | *Presse typographique*, Druckpresse f. | *Art typographique*, Buchdruckerkunst f.
typologie [-lɔʒi] f. Typologie f.
typologique [-ʒik] adj. typologisch.
tyran [tirɑ̃] m. Tyrann m. ; Gewaltherrscher m. ; Unterdrücker m. ; Wüterich m.
tyranneau [tirano] m. kleiner Tyrann.
tyrannicide [-nisid] m. Tyrannenmord m., -mörder m.
tyrannie [-ni] f. Tyrannei f. ; Tyrannen-, Gewaltherrschaft f. ; Zwangsherrschaft f. || FIG. unerträglicher Zwang. || HIST. Tyrannei f.
tyrannique [-nik] adj. tyrannisch ; gewalttätig. | *Régime tyrannique*, Gewaltherrschaft f.
tyranniser [-nize] v. tr. tyrannisieren ; unterdrükken (insépar.) ; knechten.
Tyrol [tirɔl] m. Tirol n.
tyrolien, ienne [-ljɛ̃, jɛn] adj. tiroler.
◇ f. MUS. Jodler m. | *Chanter des tyroliennes*, jodeln.
◇ s. **Tyrolien, ienne,** Tiroler(in) m. (f.).
tzar [tsar] m. V. TSAR.
tzigane [tsigan] s. Zigeuner(in) m. (f.).
◇ adj. zigeunerhaft ; zigeunerisch.

U

u [y] m. U n.
ubac [ybak] m. Nordseite f.
ubiquité [-kɥite] f. Allgegenwart f. | *Je n'ai pas le don d'ubiquité*, ich kann nicht überall zugleich sein.
uhlan [ylɑ̃] m. MIL. Ulan m.
ukase [ykɑ:z] ou **oukase** [ukɑ:z] m. Ukas m. || PAR EXT. strikter Befehl.
Ukraine [ykrɛ:n] n. pr. f. GÉOGR. Ukraine f.
ukrainien, ienne [-njɛ̃, jɛn] adj. ukrainisch.
◇ s. **Ukrainien, ienne,** Ukrainer(in) m. (f.).
ulcération [ylserasjɔ̃] f. MÉD. Geschwürbildung f. ; Verschwärung f. || PAR EXT. Verbitterung f.
ulcère [-sɛ:r] m. MÉD. Geschwür n. | *Ulcère variqueux*, Krampfadergeschwür n.
ulcérer [-sere] v. tr. MÉD. ein Geschwür verursachen. || FIG. sehr kränken ; verbittern.
◇ v. pr. **s'ulcérer,** MÉD. schwären ; sich zum Geschwür entwickeln. || FIG. verbittert werden. | *D'un cœur ulcéré*, mit wundem Herzen.
ulcéreux, euse [-serø, ø:z] adj. mit Geschwüren bedeckt ; geschwürig.
U.L.M. [yɛlɛm] m. invar. Ultraleichtflugzeug n.
ultérieur, ieure [ylterjœ:r] adj. GÉOGR. jenseitig. || [temps] weiter ; später ; ferner. | *Traitement ultérieur*, Nachbehandlung f. ; Weiterverarbeitung f.
ultérieurement [-rmɑ̃] adv. später ; in der Folge ; nachträglich ; hernach ; nachher.
ultimatum [yltimatɔm] m. Ultimatum n.
ultime [-tim] adj. (aller)letzt ; höchst.
ultra [yltra] adv. übertrieben ; radikal ; extrem ; Über... ; Ultra... | *Ultrasecret*, streng geheim. | *Le nec plus ultra*, das Allerbeste n.
◇ m. POLIT. Rechtsradikaler ; Rechtsextremist m.
ultracentrifugation [-sɑ̃trifygasjɔ̃] f. TECHN. Gaszentrifugenverfahren n.
ultracourt, courte [-ku:r, kurt] adj. *Ondes ultracourtes*, Ultrakurzwellen f. pl. ; UKW.
ultrafiltre [-filtr] m. Ultrafilter m.
ultramicroscope [-mikrɔskɔp] m. Ultramikroskop n.
ultramoderne [-mɔdɛrn] adj. hochmodern.
ultramontain, aine [-mɔ̃tɛ̃, ɛ:n] adj. GÉOGR. jenseits der Alpen (gelegen). || RELIG. ultramontan ; streng katholisch.
ultramontanisme [-mɔ̃tanism] m. RELIG. Ultramontanismus m.
ultrarapide [-rapid] adj. überschnell.
ultraroyaliste [-rwajalist] adj. streng königlich gesinnt.
ultrasensible [-sɑ̃sibl] adj. über-, höchstempfindlich.
ultrason [-sɔ̃] m. Über-, Ultraschall m.
ultrasonique [-sɔnik] adj. Ultraschall...
ultraviolet, ette [-vjɔlɛ, ɛt] adj. ultraviolett. | *Exposition aux rayons ultraviolets*, Bestrahlung mit Höhensonne.
ululement [ylylmɑ̃] m. Eulengeschrei n.
ululer ou **hululer** [-le] v. intr. schreien.
Ulysse [ylis] n. pr. m. MYTH. Odysseus m.
un, une [œ̃, yn] adj. numér. (suivi d'un nom) ein, eine, eines ; (non suivi d'un nom) eins. | *Cent un*, hunderteins. | *Pas un (seul)*, kein(er) ; kein einziger ; nicht ein(er). | *Vingt et un*, einundzwanzig. | *Un mark*, eine Mark. | *Un mètre*, ein Meter. | *Acte un*, erster Akt. | *Chapitre un*, erstes Kapitel. | *Page un*, erste Seite ; Seite eins. | *Un à un*, einzeln ; hintereinander ; nacheinander ; einer nach dem anderen. | *De deux choses l'une*, eins von beiden. | *Un et un font deux*, eins und eins ist zwei.
◇ adj. qual. einzig ; einheitlich ; eingeteilt ; einfach. | *C'est tout un*, das ist einerlei, ein und dasselbe. | *Ne faire qu'un*, ein Herz und eine Seele sein.

◇ art. indéf. ein, eine. || **1.** (emploi courant) *Un homme*, ein Mensch. | *Un jour*, (compl. de temps) eines Tages. | *Un jour ou l'autre*, irgendwann. | *Un de ces jours*, in den nächsten Tagen.
2. (devant un n. propre) *Un Dürer* : 1° [un peintre tel que Dürer] ein Maler wie Dürer ; 2° [un tableau de Dürer] ein Gemälde von Dürer.
◇ pron. indéf. einer, eine, eins. | *L'un, l'une*, der eine ; die eine ; das eine. | *Les uns*, die einen. | *Un pour tous, tous pour un*, einer für alle, alle für einen. | *Les uns..., les autres...*, die einen..., die anderen... | *L'un l'autre*, einander ; (réciprocité) gegenseitig. | *À cinq marks l'un*, zu je fünf Mark. | *L'un après l'autre*, nacheinander ; einer nach dem anderen. | *L'un dans l'autre*, durchschnittlich. | *De l'un à l'autre*, von einem zum andern. | *Ni l'un ni l'autre*, weder der, das eine noch der, das andere ; keiner, keines von beiden.
◇ nom de nombre m. Eins f. | *Ne faire ni une ni deux*, sich nicht lange besinnen.

unanime [ynanim] adj. einstimmig ; einmütig ; einhellig.

unanimement [-nimmɑ̃] adv. einstimmig.

unanimité [-nimite] f. Einstimmigkeit f. ; Einmütigkeit f. | *À l'unanimité*, einstimmig. | *Obtenir l'unanimité des suffrages*, alle Stimmen auf sich vereinigen.

uni, ie [yni] adj. [sans aspérités] eben ; glatt ; flach. | *Chemin uni*, ebener Weg. | *Uni comme un miroir*, spiegelglatt. || [sans ornements] einfach ; schlicht. | *D'une couleur unie*, einfärbig. | *Style uni*, schlichter Stil. || FIG. [sans imprévu ; monotone] gleich-, einförmig ; eintönig.
◇ part. pass. de **unir**, vereint ; einig ; einträchtig. | *Unis dans la mort*, im Tode vereint. | *Les États-Unis*, die Vereinigten Staaten m. pl.
◇ m. ungemusterter, glatter Stoff.

uni [yni] préf. ein...

unicellulaire [ynisɛlylɛ:r] adj. BIOL. einzellig.

unicité [-site] f. Einmaligkeit f.

unicolore [-kɔlɔ:r] adj. einfarbig.

unidirectionnel, elle [-dirɛksjɔnɛl] adj. TECHN. Einweg...

unième [ynjɛ:m] adj. numér. *Le vingt et unième*, der einundzwanzigste.

unification [ynifikasjɔ̃] f. Einigung f. ; Vereinheitlichung f. || ÉLECTR. Gleichschaltung f.

unifier [-fje] v. tr. einigen ; vereinigen ; vereinheitlichen ; zusammenschließen, -fügen. | *Parti socialiste unifié*, Sozialistische Einheitspartei Deutschlands (SED).

uniforme [-fɔrm] adj. [pareil] gleichförmig, -artig, -mäßig ; uniform ; [monotone] einförmig ; eintönig.
◇ m. Uniform f. ; Dienstkleidung f. ; Garnitur f.

uniformément [-fɔrmemɑ̃] adv. ein-, gleichförmig ; gleichmäßig.

uniformisation [-fɔrmizasjɔ̃] f. Vereinheitlichung f. ; Uniformierung f.

uniformiser [-fɔrmize] v. tr. vereinheitlichen ; uniformieren.

uniformité [-fɔrmite] f. Einförmigkeit f. ; Gleichförmigkeit f. ; Gleichmäßigkeit f. || PÉJOR. Einerlei n.

unijambiste [-ʒɑ̃bist] s. Einbeinige(r) f. (m.).

unilatéral, ale, aux [-lateral, o] adj. einseitig.

uniment [-mɑ̃] adv. gleichmäßig ; einfach ; ohne Umschweife. | *Refuser tout uniment*, glatt ablehnen.

uninominal, ale, aux [-nɔminal, o] adj. auf einen Namen lautend. | *Scrutin uninominal*, Persönlichkeitswahl f. ; Einzelwahl.

union [ynjɔ̃] f. **1.** [action]. **a)** [en général] Vereinigung f. ; Verbindung f. || GRAMM. *Trait d'union*, Verbindungsstrich m. — **b)** [personnes] *Union conjugale*, Ehebund m. | *Union libre*, wilde Ehe.
2. [état]. **a)** [qualité de ce qui est un] Eintracht f. ; Einigkeit f. | *Esprit d'union*, Geist (m.) der Eintracht. | *L'union fait la force*, Einigkeit macht stark. — **b)** [association juridique ou politique] Verein m. ; Verband m. ; Bund m. ; Gemeinschaft f. ; Union f. | *Union douanière*, Zollverband, -verein. | *Union économique*, Wirtschaftsverband. | *Union postale (universelle)*, (Welt)postverein. | *Union européenne des paiements (U. E. P.)*, Europäische Zahlungsunion (EZU). | *Union sud-africaine*, Südafrikanische Union. | *Union de l'Europe occidentale (U. E. O.)*, Westeuropäische Union (WEU). | *Union des républiques socialistes soviétiques (U. R. S. S.)*, Union der Sozialistischen Sowjetrepubliken (UdSSR).
— SYN. : *Fusion*, Verschmelzung. *Liaison*, Bindung. *Accord*, Übereinkunft. *Alliance*, Bündnis.

unioniste [ynjɔnist] adj. unionistisch ; Einheits...
◇ s. RELIG. Anhänger(in) der unierten Kirche.

unipolaire [-pɔlɛ:r] adj. einpolig.

unique [ynik] adj. einzig ; allein ; alleinig ; einzeln ; [dans le temps] einmalig. || PAR EXT. unvergleichlich. | *Seul et unique*, einzig und allein. | *École unique*, Einheitsschule f. | *Liste unique*, Einheitsliste f. | *Magasin à prix unique*, Einheitspreisgeschäft n. | *Rue, Voie à sens unique*, Einbahnstraße f. | *À voie unique*, eingleisig.

uniquement [-kmɑ̃] adv. einzig ; bloß ; lediglich.

unir [yni:r] v. tr. einen ; vereinen ; vereinigen ; verbinden ; zusammenfügen, -schließen. | *Unir par un canal*, durch einen Kanal verbinden.
◇ v. pr. **s'unir**, sich vereinigen ; sich zusammenschließen. || [se marier] sich verheiraten ; eine Ehe schließen ; sich vermählen.
— SYN. : *Allier*, verbinden. *Associer*, vereinigen. *Fondre*, einschmelzen. *Réunir*, vereinigen.

unisexué, uée [ynisɛksɥe] ou **unisexuel, uelle** [-sɛksɥɛl] adj. eingeschlechtlich.

unisson [ynisɔ̃] m. MUS. Ein-, Gleichklang m. || PAR EXT. Einmütigkeit f. ; Übereinstimmung f. | *Être à l'unisson*, übereinstimmen ; miteinander harmonieren. | *Mettre à l'unisson*, in Einklang bringen ; aufeinander abstimmen.

unitaire [-tɛ:r] adj. einheitlich ; unitarisch.
◇ s. Unitarier(in) m. (f.).

unité [-te] f. Einheit f. ; [commerce] Stück n. ; [qualité] Einheitlichkeit f. || [sciences] Maßeinheit ; Größe f. | *Unité de longueur*, Längeneinheit. | *Unité de temps*, Zeiteinheit. || ÉCON. *Unité de compte*, Rechnungseinheit f. || INF. *Unité centrale*, Zentraleinheit f. || MATH. *Tranche des unités*, Einerreihe f. || LITTÉR. *Les trois unités*, die drei Einheiten. || MIL. Truppenverband m., -einheit f. || UNIV. *Unité d'enseignement et de recherche (U. E. R.)*, Fachbereich m.

univers [ynivɛ:r] m. Weltall n. ; Universum n. | *Univers carcéral*, Gefängniswelt f. | *Univers des enfants*, Kinderwelt f.

universalité [-salite] f. Allgemeinheit f. ; Viel-, Allseitigkeit f. ; Universalität f. || JUR. Gesamtheit f.

universaux [-so] m. pl. PHILOS. Universalien f. pl. ; allgemeine Begriffe.

universel, elle [-sɛl] adj. allumfassend ; allgemein ; umfassend ; all-, vielseitig ; universal. | *Esprit universel*, umfassender Geist. | *Exposition universelle*, Weltausstellung f. | *Légataire universel*, Universal-, Allein-, Gesamterbe m. | *Suffrage universel*, allgemeines Wahlrecht.

universellement [-sɛlmɑ̃] adv. allgemein ; überall.

universitaire [-sitɛ:r] adj. akademisch ; Universitäts... ; Hochschul... | *Cité universitaire*, Studentenwohnheim n. | *Droits universitaires*, Studiengebühren f. pl.
◇ s. Akademiker(in) m. (f.).

université [-site] f. [établissement] Universität f. ; Hochschule f. | *À l'Université de Paris*, auf der Universität Paris. | *Études à l'université*, Universitäts-, Hochschulstudium n. | *Professeur à l'université*, Universitätsprofessor m. ; Hochschullehrer m. || ADM. Unterrichtswesen n.

univoque [ynivɔk] adj. eindeutig. || MATH. eineindeutig.

uppercut [ypɛrkyt] m. BOXE. Uppercut m.

uranifère [-nifɛ:r] adj. GÉOL. uranhaltig. | *Gisement uranifère*, Uranvorkommen n.

uranium [-njɔm] m. MINES. Uran n. | *Uranium naturel, enrichi*, Natururan ; angereichertes Uran. | *Minerai d'uranium*, Uranerz n. | *Mines d'uranium*, Uranbergwerke n. pl., -bergbau m.

urbain, aine [yrbɛ̃, ɛ:n] adj. städtisch ; Stadt... | *Population urbaine*, Stadtbevölkerung f. | *Services urbains*, städtische Betriebe m. pl. ; Stadtbetriebe. | *Chauffage urbain*, Fernheizung f. || TÉLÉPH. *Réseau urbain*, Ortsnetz n.

urbanisation [yrbanizasjɔ̃] f. Verstädterung f.

urbaniser [-nize] v. tr. verstädtern ; einen städtischen Charakter geben.

urbanisme [-nism] m. Städtebau m.

urbaniste [-nist] s. Städteplaner(in) m. (f.) ; Städtebauer(in) m. (f.).

urbanité [-nite] f. Höflichkeit f. ; Kultur f.

urée [yre] f. CHIM. Harnstoff m.

urémie [-mi] f. MÉD. Harnvergiftung f. ; Urämie f.

uretère [yrətɛ:r] m. ANAT. Harnleiter m.

urètre [yrɛ:tr] m. ANAT. Harnröhre f.

urgence [yrʒɑ̃:s] f. Dringlichkeit f. ; dringende Notwendigkeit ; Eilbedürftigkeit f. | *Degré d'urgence*, Dringlichkeitsstufe f. | *Ordre d'urgence*, Reihenfolge der Dringlichkeit. | *D'urgence*, dringend. | *De première urgence*, vordringlich. | *En cas d'urgence*, bei dringendem Bedarf. | *Il y a urgence*, die Sache drängt. || POLIT. *État d'urgence*, Not-, Ausnahmezustand m.

urgent, ente [-ʒɑ̃, ɑ̃:t] adj. dringend ; dringlich ; sehr eilig ; unaufschiebbar. | *Très urgent*, eilt sehr. | *Besoin urgent*, dringender Bedarf. | *Le cas est urgent*, die Sache duldet keinen Aufschub.

urger [yrʒe] v. intr. FAM. dringend sein. | *Cela urge*, die Zeit drängt.

urinaire [yrinɛ:r] adj. MÉD. Harn... ; Urin...

urinal [-nal] m. MÉD. Harnglas n. ; Urinal n.

urine [yrin] f. MÉD. Harn m. ; Urin m.

uriner [-ne] v. intr. urinieren ; Wasser lassen.

urineux, euse [-nø, ø:z] adj. harnartig.

urinoir [-nwa:r] m. Bedürfnisanstalt f.

urique [yrik] adj. *Acide urique*, Harnsäure f.

urne [yrn] f. Urne f. | *Urne sépulcrale, funéraire*, Totenurne. || [pour le scrutin] Wahlurne.

urodèle [yrɔdɛl] m. ZOOL. Schwanzlurch m.

urologie [yrɔlɔʒi] f. MÉD. Urologie f.

urologue [-lɔg] m. MÉD. Facharzt (m.) für Harn- und Blasenleiden ; Urologe m.

urticacées [yrtikase] f. pl. BOT. Nesselgewächse n. pl.

urticaire [-kɛ:r] f. MÉD. Nesselausschlag m.

urticant, ante [-kɑ̃, ɑ̃:t] adj. MÉD. brennend ; ein Brennen verursachend.

Uruguay [yrygɥɛ] n. pr. m. GÉOGR. Uruguay n.

uruguayen, ayenne [-jɛ̃, ɛn] adj. uruguayisch.
◇ s. **Uruguayen, ayenne,** Uruguayer(in) m. (f.).

us [ys] m. pl. *Us et coutumes*, Sitten (f. pl.) und (Ge)bräuche m. pl.

usage [yza:ʒ] m. **1.** [emploi] Gebrauch m. ; Anwendung f. ; Benutzung f. ; Nutzen m. | *Les différents usages du bois*, die verschiedenen Anwendungen des Holzes. | *D'usage quotidien*, für den, zum täglichen Gebrauch. | *À l'usage de la jeunesse*, zum Gebrauch für die Jugend. | *Hors d'usage*, unbrauchbar ; nicht mehr verwendungsfähig ; außer Betrieb ; außer Gebrauch. | *On l'apprend par l'usage*, man lernt es durch Übung. | *Cette locution n'est plus en usage*, dieser Ausdruck wird nicht mehr angewendet, ist veraltet. | *Être d'un usage commun*, allgemein üblich sein. | *Faire usage de qch.*, etwas benutzen, anwenden. | *Faire mauvais usage de qch.*, etwas mißbrauchen, schlecht (be)nutzen. | *Cette étoffe fait de l'usage*, dieser Stoff läßt sich lange tragen, ist strapazierfähig.
2. [coutume] Brauch m. ; Sitte f. ; Gewohnheit f. ; Herkommen n. | *Usage commercial*, Handelsbrauch ; Usance f. | *D'usage*, üblich. | *Avec les réserves d'usage*, unter üblichem Vorbehalt. | *Suivant l'usage local*, dem Ortsbrauch entsprechend. | *Avoir l'usage de qch.*, mit etwas vertraut sein. | *C'est l'usage*, es ist Sitte ; es ist üblich. | *Passer dans l'usage courant*, gebräuchlich, üblich werden.
3. *Usage du monde*, Weltkenntnis f. ; Schicklichkeit f. | *Usages mondains*, Umgangsformen f. pl. | *Il manque d'usage*, er ist ungeschliffen.
4. JUR. Nutznießung f. | *Droit d'usage*, Nutzungsrecht n.

usagé, ée [-ʒe] adj. gebraucht ; (ab)getragen ; abgenutzt.

usager [-ʒe] m. Benutzer m. ; Verbraucher m. ; Berechtigter. | *Usager de la route*, Verkehrsteilnehmer m.

usé, ée [yze] adj. verbraucht ; abgenutzt ; [vêtement] abgetragen. | *Eaux usées*, Abwässer n. pl. | *Machine usée*, ausgeleierte Maschine. | *Thème usé*, abgedroschenes Thema. || PAR EXT. *Homme usé*, verlebter Mensch.

user [-ze] v. tr. ind. *User de qch.*, etwas (ge)brauchen, anwenden. | *Bien user de qch.*, guten Gebrauch von etwas machen. | *Mal user de qch.*, schlechten Gebrauch von etwas machen. || FIG. *Usez, n'abusez pas !*, haltet Maß in allen Dingen ! ; seid maßvoll ! | *User d'un droit*, ein Recht ausüben. | *User de finesse*, es fein anfangen. | *User d'indulgence*, mit Nachsicht verfahren. | *User de son influence*, seinen Einfluß verwenden. | *User de prudence*, Vorsicht walten lassen. | *User de représailles*, Vergeltung üben. | *User de ruse*, eine List anwenden. | *En user (avec qn)*, (mit jm) umgehen (sépar.), verfahren.
◇ v. tr. [utiliser] verbrauchen ; aufbrauchen ; [détériorer] abnutzen ; [vêtements] abtragen. | *User ses chaussures*, seine Schuhe abtragen, FAM. ablatschen. || FIG. *User ses forces*, seine Kräfte verbrauchen. | *User sa santé*, seine Gesundheit zugrunde richten.
◇ v. pr. **s'user,** [par l'emploi] sich abnutzen ; sich aufbrauchen ; sich verbrauchen ; [vêtement] sich abtragen ; [étoffe] sich verschleißen ; [frottement] PR. et FIG. sich aufreiben ; [personnes] sich erschöpfen ; sich abkämpfen.
— SYN. : *Employer*, gebrauchen. *Manier*, handhaben. *Mettre en œuvre*, ins Werk setzen ; aufbieten. *Pratiquer*, ausüben. *Se servir (de)*, sich bedienen (gén.).

usinage [yzina:ʒ] m. Be-, Verarbeitung f.

usine [yzin] f. Fabrik f. ; Werk n. ; Betrieb m. ; Betriebs-, Industrieanlage f. | *Usine métallurgique*, Hütte

f. ; Hüttenwerk. | *Usine sidérurgique*, Eisenhütte ; Hüttenwerk. | *Usine mère*, Stamm-, Hauptwerk. | *Usine d'armement*, Rüstungsbetrieb. | *Usine à gaz*, Gasanstalt, -werk. | *Usine d'incinération des déchets*, Müllverbrennungsanlage f. | *Usine de retraitement*, Wiederaufbereitungsanlage f. | *Usine de séparation isotopique*, Isotopentrennanlage f. | *Sortant de l'usine*, fabrikneu.

usiner [-ne] v. tr. be-, verarbeiten ; fertigen.

usité, ée [yzite] adj. gebräuchlich ; üblich ; gangbar ; in, im Gebrauch ; gängig.

ustensile [ystɑ̃sil] m. Gerät n. ; Werkzeug n. ◇ m. pl. Utensilien m. pl. | *Ustensiles de cuisine*, Küchengerät n.

usuel, uelle [yzɥɛl] adj. gebräuchlich ; üblich ; gewöhnlich. | *Expression usuelle*, üblicher Ausdruck. | *Langue usuelle*, tägliche Sprache ; Umgangssprache.

usufruit [yzyfrɥi] m. Jur. Nießbrauch m. ; Nutznießung f.

usufruitier, ière [-tje, jɛ:r] s. Jur. Nutznießer(in) m. (f.) ; Nießbraucher(in) m. (f.).

usuraire [yzyrɛ:r] adj. wucherisch ; Wucher... | *Intérêts usuraires*, Wucherzinsen m. pl.

usure [yzy:r] f. Wucher m. ; Wucherzins m. ; Wucherei f.

usure [yzy:r] f. (de **user**) Abnutzung f. ; Verschleiß m. | *Résistant à l'usure*, widerstandsfähig ; verschleißfest.

usurier, ière [yzyrje, jɛ:r] s. Wucherer m. ; Wucherin f.

usurpateur, trice [yzyrpatœ:r, tris] adj. Jur. usurpatorisch ; räuberisch ; anmaßend. ◇ m. Kron-, Thronräuber m. ; Usurpator m.

usurpation [-pasjɔ̃] f. unrechtmäßige Besitznahme ; Usurpation f. | *Usurpation de fonctions*, Amtsanmaßung f. | *Usurpation de pouvoir*, Amtsüberschreitung f.

usurper [-pe] v. tr. usurpieren ; sich widerrechtlich aneignen ; gewaltsam in Besitz nehmen. || Fig. *Réputation usurpée*, nicht berechtigter, unrechtmässiger Ruf.

ut [yt] m. Mus. C n. | *Ut dièse*, Cis n. | *Ut majeur*, C-Dur n. | *Ut mineur*, C-Moll n.

utérin, ine [yterɛ̃, in] adj. mütterlicherseits. || Méd. Gebärmutter... | *Frère utérin*, Bruder mütterlicherseits ; Halbbruder m.

utérus [-rys] m. Anat. Gebärmutter f. ; Uterus m. | *Col de l'utérus*, äußerer Muttermund.

utile [ytil] adj. nützlich ; förderlich ; vorteilhaft ; brauchbar ; zuträglich ; nutzbar ; dienlich. | *Charge, Poids utile*, Nutzlast f. | *À toutes fins utiles*, auf alle Fälle. | *En temps utile*, zur rechten, gegebenen Zeit. | *Être utile à qch.*, taugen. | *Être utile à qn*, jm nützen, dienen. | *Juger, Croire utile*, es für nützlich, angemessen, ratsam erachten, halten. | *Se rendre utile*, sich nützlich machen. ◇ m. *Joindre l'utile à l'agréable*, das Angenehme mit dem Nützlichen verbinden.

utilement [-lmɑ̃] adv. nützlich.

utilisable [-lizabl] adj. brauchbar, verwertbar ; verwendbar ; benutzbar.

utilisateur, trice [-lizatœ:r, tris] s. Benutzer(in) m. (f.). || Écon. *Utilisateur final*, Endverbraucher m.

utilisation [-lizasjɔ̃] f. (Be)nutzung f. ; Verwendung f. ; Verwertung f. ; Ausnutzung f. ; Nutzbarmachung f. | *Utilisation pacifique de l'énergie nucléaire*, friedliche Nutzung der Atomenergie.

utiliser [-lize] v. tr. benutzen ; in Benutzung nehmen ; brauchen ; gebrauchen ; nutzbar machen.

utilitaire [-litɛ:r] adj. Nutz... || [qui sert] *Article utilitaire*, Gebrauchsartikel m. | *Véhicule utilitaire*, Nutzfahrzeug n. || [idées] *Morale utilitaire*, Nützlichkeitsmoral f.

utilitarisme [-litarism] m. Philos. Nützlichkeitslehre f. ; Utilitarismus m.

utilité [-lite] f. Nützlichkeit f. ; Nutzen m. ; Brauch-, Verwendbarkeit f. | *Utilité publique*, Gemeinnützlichkeit f. ; allgemeines Interesse ; (all)gemeiner Nutzen. | *Association (reconnue) d'utilité publique*, gemeinnütziger Verein. | *N'être d'aucune utilité*, von keinem Nutzen sein. || Théâtre. *Jouer les utilités*, Nebenrollen spielen.

utopie [ytɔpi] f. Utopie f. ; Hirngespinst n.

utopique [-pik] adj. utopisch ; erträumt.

utopiste [-pist] m. Utopist(in) m. (f.) ; Träumer(in) m. (f.).

uval, ale, aux [yval, o] adj. Trauben... | *Cure uvale*, Traubenkur f.

V

v [ve] m. V n. | *Le V majuscule*, das große V. || [chiffre romain] römische Zahl V ; Fünf f.

va [va] interj. na schön ! ; meinetwegen. || [concession] *Va pour cette fois*, diesmal mag es noch angehen. || [accord] *Va pour deux marks*, na schön, also für zwei Mark.

vacance [vakɑ̃:s] f. [d'un emploi] Vakanz f. ; Unbesetztsein n. [einer Stelle]. | *Pourvoir à une vacance*, eine offene Stelle besetzen.

◇ f. pl. **vacances**, Ferien f. pl. | *Jour de vacances*, Ferientag ; [école] freier Tag. | *Les vacances de Pâques*, Osterferien. | *Cours de vacances*, Ferienkurs m. | *Être en vacances*, Ferien haben.

vacancier, ière [vakɑ̃sje, jɛ:r] s. Urlauber(in) m. (f.).

vacant, ante [-kɑ̃, ɑ̃:t] adj. vakant ; frei ; unbesetzt ; offen. | *Un logement vacant*, eine freie, unbewohnte Wohnung. || JUR. *Succession vacante*, erbenlose Hinterlassenschaft.

vacarme [vakarm] m. Lärm m. ; Heidenlärm ; Krach m. ; Spektakel m. ; Getöse n. ; Gepolter n. | *Un vacarme affreux*, ein entsetzlicher Lärm.

vacataire [vakatɛr] s. ADM. freier Mitarbeiter ; freie Mitarbeiterin ; nebenamtliche Kraft.

vacation [vakasjɔ̃] f. Mühewaltung f. ; Sitzung f.

vaccin [vaksɛ̃] m. Impfstoff m.

vaccinable [vaksinabl] adj. impfbar ; zu impfen.

vaccinal, ale, aux [-nal, o] adj. Impf... | *Bouton vaccinal*, Impfpocken f. pl.

vaccination [-nasjɔ̃] f. Impfung f. | *Vaccination obligatoire*, gesetzliche (Zwangs)impfung.

vaccine [vaksin] f. Kuhpocken f. pl.

vacciner [-ne] v. tr. impfen.

vaccinothérapie [-nɔterapi] f. Impfbehandlung f.

vache [vaʃ] f. Kuh f. | *Lait de vache*, Kuhmilch f. | *Vache laitière*, Milchkuh. || [viande] *Manger de la vache*, Rindfleisch (n.) essen. | *Pis de vache*, Kuheuter n. | *Traire la vache*, die Kuh melken. || FIG. jn ausnützen. | *Garder les vaches*, die Kühe hüten. || LOC. *Les sept vaches grasses et les sept vaches maigres*, die sieben fetten und die sieben mageren Jahre. | *Manger de la vache enragée*, schwere Zeiten durchmachen.

vacher, ère [-ʃe, ɛ:r] s. Kuhhirt m. ; Kuhmagd f.

vacherie [-ʃri] f. Kuhstall m. ; Schweizerei f. || FAM. Sauerei f. ; übler Streich ; Gemeinheit f.

vacherin [-ʃrɛ̃] m. Molkenkäse m.

vachette [-ʃɛt] f. Rindleder n.

vacillant, ante [vasijɑ̃, ɑ̃:t] adj. [forme ; mouvement] schwankend ; wankend ; wackelig. || [lumière] flackernd ; flimmernd ; zitternd. | *Une flamme vacillante*, eine flackernde Flamme. || FIG. [mobile ; indécis] unentschlossen ; ungewiß ; wankelmütig.

vacillation [-jasjɔ̃] f. Schwanken n. ; Wanken n. ; Flackern n. ; Wackligkeit f. || FIG. Unentschlossenheit f. ; Wankelmut m.

vacillement [-jmɑ̃] m. V. VACILLATION.

vaciller [-je] v. intr. [forme ; mouvement] wanken ; schwanken ; wackeln. || [flamme] flackern ; flimmern ; zittern ; beben. || FIG. [hésiter] unschlüssig sein.

— SYN. : *Osciller*, schwanken. *Branler*, wackeln. *Trembler*, zittern ; beben. *Papilloter*, flimmern. *Clignoter*, blinzeln.

vacuité [vakɥite] f. Leere f. ; Leerheit f.

vade-mecum [vademekɔm] m. Taschenbuch n.

vadrouille [vadru:j] f. Schiffsbesen m. || FAM. [flânerie] Bummelei f.

vadrouiller [-je] v. intr. FAM. herumbummeln.

vadrouilleur [-jœ:r] m. Liederjan m. ; Nichtstuer m.

va-et-vient [vaevjɛ̃] m. invar. [d'un balancier] Perpendikel m. | *Un va-et-vient continuel*, ein ständiges Kommen und Gehen, Hin und Her. || ÉLECTR. Doppelschalter m. || TRANSP. Pendelverkehr m. ; Pendelwagen m.

vagabond [vagabɔ̃] adj. umher-, herumstreifend ; herumschweifend ; unstet. || FIG. schwärmerisch. | *Imagination vagabonde*, zügellose Phantasie.

◇ m. Landstreicher m. ; Vagabund m.

vagabondage [-da:ʒ] m. Landstreicherei f.

vagabonder [-de] v. intr. umher-, herumstreichen ; streunen ; umherschweifen ; trampen. || FIG. *Laisser vagabonder ses pensées*, seine Gedanken umherschweifen lassen ; träumen.

vagin [vaʒɛ̃] m. Vagina f. ; Scheide f.

vaginal, ale, aux [-ʒinal, o] adj. Scheiden...

vagir [vaʒi:r] v. intr. schreien ; wimmern. || [lièvre] klagen.

vagissant, ante [-ʒisɑ̃, ɑ̃:t] adj. wimmernd.

vagissement [-ʒismɑ̃] m. Schreien n. ; Winselei f. ; Klagen f. pl.

vague [vag] adj. [vide] frei ; leer. | *Terrain vague*, unbebautes Gelände. || [indécis, imprécis] unbestimmt ; undeutlich ; vage. | *Des désirs vagues*, Traumwünsche m. pl. || [regard] irr ; unstet ; unsicher.

◇ m. Unbestimmtes n. ; Nebelhaftes n. ; Verschwommenes n. | *Rester dans le vague*, im Unklaren bleiben. || [discours] *Se perdre dans le vague*, ins Blaue hineinreden. || *Avoir du vague à l'âme*, unbestimmte Sehnsucht empfinden.

— SYN. : *Incertain*, ungewiß. *Imprécis*, undeutlich. *Flou*, verschwommen.

vague [vag] f. Welle f. ; Woge f. | *La vague se brise contre le rocher*, die Welle brandet, bricht sich am Felsen. | *Vague de sable*, Sandwelle. || FIG. *Vague de froid*, Kältewelle. || MIL. *Vague d'assaut*, Angriffswelle.

vaguelette [-lɛt] f. kleine Welle ; Wellchen n.

vaguement [vagmɑ̃] adv. etwa ; ungefähr. || FIG. *J'ai vaguement l'idée que*, es ist mir so, als ob.

vaguemestre [vagmɛstr] m. MIL. Postverteiler m.

vaguer [vage] v. intr. umherstreichen ; POP. herumstreunen ; umherirren.

vaillamment [vajamɑ̃] adv. tapfer ; mannhaft ; heldenhaft.

vaillance [-jɑ̃:s] f. Tapferkeit f. ; Heldenmut m.

vaillant, ante [-jɑ̃, ɑ̃:t] adj. tapfer ; mutig ; heldisch. || LOC. *N'avoir pas un sou vaillant*, keinen roten Heller haben.

vain, vaine [vɛ̃, vɛ:n] adj. [vide] leer ; gehaltlos. | *Vaine pâture*, Freiweide f. ; Gemeindeanger m. || [inutile] vergeblich ; nichtig ; eitel ; nutzlos. | *Vains efforts*, vergebliche Anstrengungen. || [illusoire] eitel ; nichtig. | *Vain espoir*, eitle Hoffnung. || [orgueilleux, vaniteux] *Esprit vain*, eitler, hochmütiger Sinn.
◇ loc. adv. **en vain,** unnütz ; umsonst ; vergeblich.

vaincre [vɛ̃:kr] v. tr. besiegen ; überwältigen. || MIL. besiegen ; schlagen. || FIG. überwinden ; meistern. | *Vaincre des difficultés*, Schwierigkeiten meistern. | *Vaincre sa passion*, seiner Leidenschaft Herr werden. | *On ne peut pas vaincre la destinée*, man hat sein Schicksal nicht in der Hand. || SPORT. übertreffen.
◇ v. pr. **se vaincre,** sich in der Gewalt haben.

vaincu, ue [vɛ̃ky] adj. besiegt ; überwunden. | *Une difficulté vaincue*, eine überstandene Schwierigkeit.
◇ s. Besiegte(r) f. (m.) ; Überwundene(r) f. (m.) ; Unterlegene(r) f. (m.). | *Épargner le vaincu*, Milde walten lassen über dem Unterlegenen.

vainement [vɛnmɑ̃] adv. vergebens ; umsonst.

vainqueur [vɛ̃kœ:r] m. Sieger m. ; Überwinder m. ; Siegerin f. | *Air vainqueur*, Siegermiene f. | *Sortir vainqueur d'une lutte*, aus einem Kampf als Sieger, siegreich hervorgehen.

vair [vɛ:r] m. grauweißer Pelz.

vairon [-rɔ̃] adj. *Yeux vairons*, verschiedenfarbige Augen. || [cheval] *Œil vairon*, Glasauge n.
◇ m. ZOOL. Elritze f. || DIAL. Pfrille f.

vaisseau [vɛso] m. [vase] VX. Gefäß n. || [navire] Schiff n. | *Vaisseau amiral*, Flaggschiff. || ANAT. *Vaisseau sanguin*, Blutgefäß. || ARCHIT. *Vaisseau d'une cathédrale*, Kirchenschiff. || LOC. *Brûler ses vaisseaux*, alle Brücken hinter sich abbrechen. | *Vaisseau fantôme*, Gespensterschiff ; fliegender Holländer.

vaisselier [vɛsəlje] m. Geschirrschrank m. ; Tellerbrett n.

vaisselle [-sɛl] f. Geschirr n. | *Vaisselle plate*, Tafelgeschirr. | *Faire la vaisselle*, das Geschirr spülen. | *Eau de vaisselle*, Spülwasser n.

val [val] m. Tal n. ; Talkessel m. || LOC. *Par monts et par vaux*, über Berg und Tal.

valable [valabl] adj. [recevable ; acceptable] gültig ; annehmbar. | *Monnaie valable*, gültiges Geld. || [argument] *Raison valable*, rechtskräftiger, triftiger Grund.

valablement [-bləmɑ̃] adv. gültig.

Valais [valɛ] n. pr. m. GÉOGR. Wallis n.

valaisan, ane [-zɑ̃, an] adj. wallisisch.
◇ s. **Valaisan, ane,** Walliser(in) m. (f.).

valence [valɑ̃:s] f. CHIM. Wertigkeit f.

valériane [valerjan] f. Baldrian m. ; Speik m.

valet [valɛ] m. [domestique] Diener m. ; Knecht m. ; Bedienter m. | *Valet de chambre*, Kammerdiener. | *Valet de pied*, Fußknecht. | *Valet d'écurie*, Stallknecht. | *Valet de ferme*, (Bauern)knecht. || [cartes] *Valet de cœur*, Herzbube m. || [menuiserie] Bankeisen n. ; Knecht. || FIG. *Se conduire en valet*, liebedienern.

valetaille [-ltɑ:j] f. Bedienten-, Lakaienpack n.

valétudinaire [valetydinɛ:r] adj. kränkelnd ; anfällig.

valeur [valœ:r] f. **1.** [chose] Wert m. | *Objet de valeur*, Wertsache f. | *De valeur*, wertvoll. | *De peu de valeur*, geringwertig. | *De beaucoup de valeur*, von hohem Wert. | *Remettre une ferme en valeur*, einen Hof wieder hochbringen. || [acte] Bedeutung f. | *Il ne sait pas la valeur des termes*, er kennt die Bedeutung der Ausdrücke nicht. | *Ne pas attacher beaucoup de valeur à qch.*, einer Sache keine große Bedeutung beimessen. || FIG. *Mettre en valeur*, hervorheben ; zur Geltung bringen.
2. [morale] Tüchtigkeit f. ; Tapferkeit f. ; Mut m. | *Valeur indomptable*, unbezwingbarer Heldenmut. | *Valeur héroïque*, Heldenhaftigkeit f. || MATH. mathematischer Wert ; Rechenwert.
3. FIN. *Valeur actuelle*, Tageswert m. | *Valeur capitalisée*, Kapitalwert. | *Valeur commerciale*, Handelswert ; Warenwert. | *Valeur comptable*, Buchwert. | *Valeur en douane*, Zollwert. | *Valeur d'échange*, Umtauschwert ; Wechselwert ; Einlösungswert. | *Valeur estimative*, Schätzungswert. | *Valeur forfaitaire*, Pauschalwert. | *Valeur locative annuelle*, Jahresmietwert. | *Valeur marchande*, Handelswert ; Marktwert ; Kaufpreis m. | *Valeur monétaire*, Währung f. | *Valeur nominale*, Nennwert. | *Valeur vénale*, Verkaufswert. | *Valeur de Bourse*, Börsenpapier n. | *Valeur d'exploitation*, Betriebswert. | *Valeur or*, Goldwert. | *Valeur au pair*, Pariwert. | *Valeur au porteur*, Inhaberpapier n. | *Valeur refuge*, Fluchtwert. | *Valeur à revenu fixe*, festverzinsliches Wertpapier. | *Valeur d'usage*, Gebrauchswert. | *Valeur déclarée*, Wertangabe f. || [assurances] *Valeur de rachat*, Rückkaufswert m.
4. ÉCON. *Valeur ajoutée*, Mehrwert m. ; Wertzuwachs m. | *Taxe à la valeur ajoutée (T.V.A.)*, Mehrwertsteuer (MwSt.) f.
◇ f. pl. **valeurs,** Werte m. pl. ; Wertpapiere n. pl. | *Valeurs spéculatives*, Spekulationspapiere. | *Valeurs d'investissement*, Anlagewerte m. pl. | *Bourse des valeurs*, Effektenbörse f.

valeureux, euse [-lørø, ø:z] adj. heldenhaft ; tapfer ; mutig ; beherzt.
— SYN. : *Courageux*, mutig. *Vaillant*, beherzt.

validation [validasjɔ̃] f. Gültigkeitserklärung f. ; Bestätigung f. || INF. Freigabe f.

valide [valid] adj. [sain ; vigoureux] gesund ; wehrfähig. || [apte au travail] arbeitsfähig. || [légal] rechtswirksam ; vollgültig.

valider [-de] v. tr. für rechtsgültig erklären. || INF. freigeben.

validité [-dite] f. (Rechts)gültigkeit f. ; Rechtskraft f. ; Stichhaltigkeit f. | *Durée de validité*, Geltungsdauer f.

valise [vali:z] f. Koffer m. ; Handkoffer ; Reisekoffer. || FIG. *Valise diplomatique*, Diplomatenkoffer.

vallée [vale] f. Tal n. | *La vallée du Rhône*, Rhonetal. || GÉOL. *Vallée encaissée*, Talkessel m. | [combe] *Vallée anticlinale*, Schlucht f. | [cluse] *Vallée transversale*, Seitental ; Paß m. | *Chemin qui suit la vallée*, Talweg m. || FIG. *Vallée de larmes*, irdisches Jammertal.

vallon [-lɔ̃] m. Talmulde f.

vallonné, ée [-lɔne] adj. hügelig ; durchfurcht.

vallonnement [-lɔnmɑ̃] m. Hügelbildung f.

valoir [valwa:r] v. intr. **1.** [coût] gelten ; wert sein. | *Cela vaut dix marks*, das ist zehn Mark wert. | FAM. *Cela ne vaut pas tripette*, das ist keinen Heller wert.
2. [mérite] taugen. | *Il vaut mieux*, es ist besser, vorteilhafter. | *Valoir mieux*, besser sein ; den Vorrang haben. | *Il sait ce qu'il vaut*, er schätzt sich richtig ein. | *Il vaut qu'on s'occupe de lui*, er verdient, daß man sich um ihn kümmert. | *L'un vaut bien l'autre*, die beiden passen zusammen. | *Cela vaut bien la peine*,

es lohnt sich. | *Cela ne vaut rien*, das taugt nichts. || *Faire valoir*, nutzbar machen ; verwerten ; FIG. geltend machen. | *Se faire valoir*, sich herausstreichen.
3. [rapporter] einbringen ; eintragen. | *Cela ne me vaut que des ennuis*, das bringt mir nur Ärger ein.
4. LOC. *À valoir*, a Conto. | *C'est un homme qui vaut son pesant d'or*, der Mann ist Gold wert. | *Un homme en vaut un autre*, keiner ist unersetzlich. | *Le jeu n'en vaut pas la chandelle*, das ist den Einsatz nicht wert. | *Je sais ce qu'en vaut l'aune*, ich kann auch ein Liedchen davon singen. | *Ne rien faire qui vaille*, nur Unnützes tun, Schaden anrichten. | *Cela ne vous vaut rien*, das bekommt Ihnen nicht. | *Vaille que vaille*, so oder so.

valorem (ad) [advalɔrɛm] adv. nach dem Wert.

valorisation [valɔrizasjɔ̃] f. Aufwertung f. ; Veredelung f. ; Werterhöhung f.

valoriser [-ze] v. tr. aufwerten.

valse [vals] f. Walzer m. | *Valse à trois temps*, Dreitaktwalzer. || FIG., FAM. *Valse des étiquettes*, Preiskarussell n.

valser [-se] v. tr. Walzer tanzen ; walzen.

valseur, euse [-sœ:r, ø:z] s. Walzertänzer(in) m. (f.).

Valteline [valtəlin] n. pr. f. GÉOGR. Veltlintal n.

valve [valv] f. ZOOL. Muschelschale f. || TECHN. [soupape] Ventil n. | *Valve de commande*, Steuerventil.

valvule [-vyl] f. ANAT. Arterienklappe f. | *Valvule du cœur*, Herzklappe.

vamp [vɑ̃:p] f. FAM. [femme fatale] Vamptyp m.

vampire [vɑ̃pi:r] m. [animal sadique] Vampir m. ; Blutsauger m. || ZOOL. Fledermaus f. || FIG. [parasite] Ausbeuter m.

vampirisme [-rism] m. Blutsaugerei f.

van [vɑ̃] m. Getreideschwinge f. ; Kornwanne f. || TRANSP. Pferdetransportwagen m.

Vandale [vɑ̃dal] n. pr. m. PR. et FIG. (sans majusc.) Vandale m.

vandalisme [-lism] m. Vandalismus m. ; blinde Zerstörungswut f.

vandoise [vɑ̃dwa:z] f. [poisson] Lauben m. ; Weißfisch m.

vanille [vani:j] f. Vanille f.

vanillé, ée [-je] adj. mit Vanille ; Vanille...

vanillier [-je] m. Vanillenstaude f.

vanité [vanite] f. [inutilité ; vide] Nichtigkeit f. | *Les vanités du monde*, die eitle, leere, sinnlose Welt. | *Tout est vanité*, alles ist eitel, ist Blendwerk. || [amour-propre] Eitelkeit f. | *Tirer vanité de*, sich etwas einbilden auf ; prahlen mit. || [orgueil futile] Dünkel m. ; Selbstgefälligkeit f. | *Sans vanité*, ohne überheblich zu sein.

vaniteux, euse [-tø, ø:z] adj. eitel ; stolz ; selbstgefällig ; eingebildet.
◇ s. Eingebildete(r) f. (m.).

vannage [vana:ʒ] m. AGRIC. [action de vanner le grain] Kornsieben n. ; Kornschwingen n.

vanne [van] f. TECHN. [écluse] Schieber m. ; Staubrett n. | *Vanne d'écluse*, Schleusentor n.

vanneau [vano] m. ZOOL. Kiebitz m.

vanner [vane] v. tr. AGRIC. sieben ; schwingen. | *Vanner du blé*, Getreide sieben. || FIG., FAM. [fatiguer] abhetzen ; ermüden. | *Être vanné*, hundemüde sein ; fertig sein.

vannerie [-nri] f. [métier] Korbflechterei f. | [marchandises] Korbwaren f. pl.

vanneur, euse [-nœ:r, øz] s. AGRIC. [ouvrier ; machine] Getreidesieber m. ; Waschmaschine f.

vannier [-nje] m. Korbmacher m. ; Korbflechter m.

vantail [vɑ̃ta:j] m. (pl. **vantaux**) [battant] Fensterflügel m. ; Türflügel ; Torflügel. | *Porte à vantaux*, Flügeltür f.

vantard, arde [vɑ̃ta:r, ard] s. Großsprecher m. ; Aufschneider m. ; Angeber m.
◇ adj. großmäulig ; angeberisch.

vantardise [-tardi:z] f. Prahlerei f. ; Angeberei f. ; Aufschneiderei f.

vanter [-te] v. tr. [louer beaucoup] rühmen ; hervorheben ; preisen. || [louer exagérément] herausstreichen. | *Il vante sa marchandise*, er streicht seine Ware heraus.
◇ v. pr. **se vanter,** sich rühmen ; angeben ; prahlen ; aufschneiden. | *Se vanter de qch.*, sich mit etwas dicktun. || LOC. *Il se vante*, er gibt (eine Welle) an. | *Il n'y a pas de quoi se vanter*, darauf braucht man nicht stolz zu sein.
— SYN. : *Louer*, loben ; preisen. *Célébrer*, feiern ; rühmen. *Porter au pinacle*, herausstreichen.

va-nu-pieds [vanypje] m. Barfüßer m. || FIG. Habenichts m. ; Strolch m. ; Lump m.

vapeur [vapœ:r] f. Dampf m. || Dunst m. ; Duft m. || *À l'état de vapeur*, dampfförmig. | *Vapeur d'eau*, Wasserdampf. | *Vapeur épaisse*, Rauch m. ; Qualm m. | *Vapeur de détente*, Entspannungsbrüden m. | *Vapeur d'échappement*, Abdampf. | *Machine à vapeur*, Dampfmaschine f. | *Bateau à vapeur*, Dampfschiff n. ; Dampfer m. | *Cheval-vapeur*, Pferdekraft f. ; PS n. | *Bain de vapeur*, Dampfbad n. || LOC. *À toute vapeur*, mit Volldampf.
◇ pl. Dämpfe m. pl. ; Dünste m. pl. | *Vapeurs du vin*, Weindünste m. pl. || FIG. *Être sujet aux vapeurs*, sich erhitzen ; sich aufregen.

vapeur [vapœ:r] m. Dampfschiff n. ; Dampfer m.

vaporeux, euse [vapɔrø, ø:z] adj. dunstig ; neblig. || [estompé] verschwommen ; zerflossen. || [flou] unklar, nebelhaft. | *Tissu vaporeux*, luftiger Stoff. || [léger] duftig ; luftig.

vaporisable [-rizabl] adj. verdunstbar ; zu zerstäuben.

vaporisage [-riza:ʒ] m. Dämpfung f. ; Verdunstung f.

vaporisateur [-rizatœ:r] m. PHYS. Zerstäuber m. ; Verdampfer m. ; Sprühdüse f. || [toilette] Sprühfläschchen n. ; Zerstäuber m.

vaporisation [-rizasjɔ̃] f. Verdampfung f. ; Verdunstung f. ; Dampfbildung f. || FIG. Verflüchtigung f. ; Verdunstung f.
— SYN. : *Évaporation*, Ausdünstung ; Verdunstung. *Volatilisation*, Verflüchtigung. *Pulvérisation*, Zerstäubung.

vaporiser [-rize] v. tr. verdampfen lassen ; verdunsten lassen ; zerstäuben. || [couvrir de vapeur] besprühen.
◇ v. pr. **se vaporiser,** verdampfen ; verdunsten.

vaquer [vake] v. intr. [être inoccupé] frei, unbesetzt sein. || [interrompre son activité] *Les tribunaux vaquent*, es sind Gerichtsferien. || [s'occuper de] *Vaquer à*, sich einer Sache widmen ; sich kümmern um. | *Vaquer à ses occupations quotidiennes*, seinen täglichen Geschäften nachgehen.

varan [varɑ̃] m. ZOOL. Waran m.

varappe [varap] f. SPORT. Klettern n. ; Kletterei f.

varappeur, euse [varapœ:r, -ø:z] Kletterer m. ; Klettrin f.

varech [varɛk] m. Seetang m. ; Alge f. ; Seegras n. ; (bas all.) Wrack n. || *Les varechs*, Strandgut n.

varègue [varɛg] m. HIST. Waräger m.

vareuse [varø:z] f. MAR. Matrosenbluse f. || MIL. kurzer Waffenrock m. || PAR EXT. Kittel m. ; Joppe f.

varia [varja] m. pl. Verschiedenes n. ; Vermischtes n.

variabilité [-rjabilite] f. Veränderlichkeit f. ; Abänderlichkeit f. | *Variabilité du temps*, Witterungsschwankung f. || FIG. *Variabilité du caractère*, Unstetigkeit f. ; Wandelbarkeit f.

variable [-rjabl] adj. [état ; temps] veränderlich ; schwankend ; wechselnd ; unterschiedlich. | *Vents variables*, umspringende, wechselnde Winde. | *Temps variable*, unbeständiges Wetter. || FIN. *Cours variables*, schwankende Kurse. || FIG. [inconstant] unstet ; wandelbar. | *Être d'une humeur variable*, launisch sein.
◇ f. MATH. veränderliche Größe.

variante [-rjɑ̃:t] f. [autre forme] Abwandlung f. || [œuvre] Abweichung f. ; andere Lesart.

variateur [varjatœ:r] m. TECHN. Variator m. | *Variateur de lumière*, Dimmer m.

variation [-rjasjɔ] f. [modification de forme] Abwandlung f. || ARTS. freie Bearbeitung f. ; Spielart f. || MUS. Variation f. || [changement de direction] Abweichung f. ; Variation f. | *Variation de la boussole*, Kompaßabweichung. || FIN. *Variation des prix*, Preisschwankung f.

varice [varis] f. MÉD. Krampfader f.

varicelle [varisɛl] f. MÉD. Windpocken f. pl. ; Spitzblattern f. pl.

varier [varje] v. tr. [forme] abwechseln ; verschieden sein. || [mouvement] schwanken ; wechseln. || MUS. variieren.

varié, ée [-rje] adj. [différent] verschieden(artig). || [multiforme] mannigfaltig ; vielartig. || [alternant] abwechselnd. || [couleurs] *Couleurs variées*, bunte Farben f. pl. | *Des prix variés*, schwankende Preise.

variété [-rjete] f. Verschiedenheit f. ; Verschiedenartigkeit f. ; Mannigfaltigkeit f. | *La variété d'un paysage*, abwechslungsreiche Landschaft. || BOT. *Variétés d'une plante*, Abart f., Spielart (f.) einer Pflanze.

variole [varjɔ:l] f. Pocken f. pl. ; Blattern f. pl.

varioleux, euse [-lø, ø:z] adj. pocken-, blatternartig.
◇ s. Pockenkranke(r) f. (m.).

variolique [-lik] adj. Blattern... ; Pocken... | *Virus variolique*, Pockenerreger m. | *Pustules varioliques*, Blatternausschlag m. ; Pockenpustel f.

variqueux, euse [varikø, ø:z] adj. krampfadrig. || MÉD. *Ulcère variqueux*, Krampfadergeschwür n.

varlet [varlɛ] m. (Vx. pour **valet**) Knappe m.

varlope [varlɔp] f. großer Hobel m.

Varsovie [varsɔvi] n. pr. f. GÉOGR. Warschau n.

vasard, arde [vɑza:r, ard] adj. schlammig.

vasculaire [vaskylɛ:r] ou **vasculeux, euse** [-lø, ø:z] adj. gefäß... ; gefäßreich ; mit Gefäßen versehen. | *Système vasculaire*, Gefäßsystem n.

vascularisation [-larizasjɔ̃] f. PHYSIOL. Gefäßbildung f.

vase [vɑ:z] m. [récipient] Vase f. ; Blumenvase ; Gefäß n. | *Vase poreux*, Tontopf m. | *Vase de nuit*, Nachttopf. | *Vase de cristal*, Kristallvase. | *Vase sacré*, Abendmahlskelch m. || PHYS. *Vases communicants*, kommunizierende Röhren f. pl.

vase [vɑ:z] f. [boue] Schlamm m. ; Moder m. ; Schlick m. ; Morast m. | *Se remplir de vase*, verschlammen. | *Sentir la vase*, einen modrigen Geschmack haben ; nach Unrat riechen.

vasectomie [vazɛktɔmi] f. MÉD. Vasektomie f.

vaseline [vazli:n] f. Vaseline f. ; Salbe f.

vaseux, euse [vɑzø, ø:z] adj. schlammig ; sumpfig. | *Fond vaseux*, schlammiger Grund. || FIG., FAM. *Être vaseux*, einen Kater haben ; sich nicht wohl fühlen.

vasière [-zjɛ:r] f. Sumpfloch n. ; Sumpfstelle f.

vasistas [vazistɑ:s] m. [fenêtre] Oberlicht n. ; Schiebefenster n.

vasomoteur, trice [vazomɔtœ:r, tris] adj. *(Nerfs) vasomoteurs*, Gefäßnerven m. pl.

vasque [vask] f. Brunnenbecken n. ; Wasserbecken n. || [décoration] Zierschale f.

vassal, ale, aux [vasal, o] adj. lehenspflichtig ; dienstbar.
◇ m. [homme lige] Lehensmann m. ; Vasall m. | *Devoir de vassal*, Lehnspflicht f.

vassaliser [-lize] v. tr. lehenspflichtig machen ; unterwerfen.

vassalité [-lite] f. Lehensabhängigkeit f. ; Vasallentum n.

vasselage [vasla:ʒ] m. Lehenswesen n. | *Droits de vasselage*, Lehensrechte n. pl.

vaste [vast] adj. [étendue] weit ; ausgedehnt ; geräumig ; gewaltig. | *La vaste mer*, das weite, hohe Meer. || FIG. [ampleur ; envergure] *Vaste érudition*, vielseitige Bildung.

Vatican [vatikɑ̃] m. Vatikan m. ; päpstlicher Hof.

vaticane [-kan] adj. vatikanisch ; päpstlich.

vaticinateur, trice [vatisinatœ:r, tris] s. Wahrsager(in) m. (f.) ; Prophet(in) m. (f.).

vaticination [-nasjɔ̃] f. Weissagung f. ; Wahrsagen n. ; Voraussage f. ; Zukunftsdeutung f.

vaticiner [-ne] v. intr. wahrsagen ; deuten ; voraussagen ; prophezeien.

va-tout [vatu] m. [mise totale] Gesamteinsatz m. || FIG. *Jouer son va-tout*, alles aufs Spiel setzen ; den Einsatz wagen.

Vaud [vo:d] n. pr. m. GÉOGR. Waadt n. | *Le pays de Vaud*, Waadtland n.

vaudeville [vodvil] m. THÉÂTRE. Vaudeville n.

vaudevilliste [-list] m. Verfasser (m.) von Vaudevilles.

vaudois, oise [vodwa, waz] adj. waadtländisch.
◇ s. **Vaudois, oise**, Waadtländer(in) m. (f.). || RELIG. Waldenser.

vau-l'eau (à) [avolo] adv. stromabwärts. | *Aller à vau-l'eau*, stromabwärts treiben ; FIG. [aller à sa ruine] FAM. in die Binsen gehen.

vaurien, ienne [vorjɛ̃, jɛn] adj. nichtsnutzig.
◇ m. Taugenichts m. ; Nichtsnutz m. ; Lump m. ; Halunke m. ; Leichtfuß m.

vautour [votu:r] m. ZOOL. Geier m.

vautrer (se) [səvotre] v. pr. sich wälzen ; sich herumwälzen. || FIG. *Se vautrer dans la boue*, sich im Schlamm herumwälzen. | *Se vautrer dans un fauteuil*, sich in einem Sessel lümmeln.

vauvert [vovɛ:r] m. (Vx.) LOC. *Aller au diable vauvert*, zum Teufel gehen.

vavasseur [vavasœ:r] m. kleiner Lehensherr.

veau [vo] m. Kalb n. | *Veau de lait*, Saugkälbchen n. || [viande] Kalbfleisch n. | *Escalope de veau*, Kalbsschnitzel n. | *Rôti de veau*, Kalbsbraten m. || [phoque] *Veau marin*, Seehund m. ; Robbe f. || [cuir] *En veau mégis*, aus gegerbtem Kalbsleder. || FAM. *S'étendre comme un veau*, sich hinfläzen. | *Il pleure comme un veau*, er heult wie ein Schloßhund. || FIG. *Adorer le veau d'or*, das goldene Kalb anbeten. | *Tuer le veau gras*, ein Festmahl halten.

vecteur [vɛktœ:r] adj. MATH. *Rayon vecteur*, Radiusvektor m.
◇ m. Vektor m.

vectoriel, ielle [-tɔrjɛl] adj. Vektoren... | *Diagramme vectoriel*, Vektorendiagramm n.

vécu, ue [veky] part. pass. et adj. erlebt ; gelebt ; lebensnah.
Véda [veda] m. RELIG. Wedaschrift f. ; Weda m.
vedettariat [vədɛtarja] m. Starsystem n.
vedette [vədɛt] f. MAR. Vorpostenboot n. ; Schnellboot n. || Star m. | *Vedette du cinéma*, Kinostar m. | *Vedette de théâtre*, Hauptdarsteller(in) m. (f.). || LOC. *Mettre en vedette*, in den Vordergrund stellen ; ins rechte Licht rücken.
védique [vedik] adj. Weda... ; zur Wedaschrift (f.) gehörig.
végétal [veʒetal] m. Pflanze f. ; Gewächs n.
végétal, ale, aux [-tal, o] adj. pflanzlich. | *Terre végétale*, Pflanzenerde f. ; Blumenerde f. | *Le règne végétal*, Pflanzenreich n. ; Flora f.
végétarien, ienne [-tarjɛ̃, jɛn] adj. vegetarisch ; fleischlos.
◇ m. Vegetarier m.
végétarisme [-tarism] m. Pflanzenkost f. ; vegetarische Küche ; fleischlose Ernährung.
végétatif, ive [-tatif, i:v] adj. wachstumsmäßig ; vegetativ. | *Principe végétatif*, Wachstumsprinzip n. | *Nerfs végétatifs*, vegetatives Nervensystem n.
végétation [-tasjɔ̃] f. Wachstum n. ; Pflanzenwuchs m. ; Vegetation f. || [foisonnement] Wucherung f.
◇ f. pl. **végétations,** MÉD. Wucherungen f. pl. ; Polypen m. pl.
végéter [-te] v. intr. [être en végétation] wachsen ; treiben. || FIG. [vivre misérablement] verkümmern ; spärlich auskommen ; dahinsiechen.
véhémence [veemɑ̃:s] f. [force] Heftigkeit f. ; Ungestüm n. || [passion] Leidenschaft f. | *Parler avec véhémence*, leidenschaftlich sprechen.
véhément, ente [-mɑ̃, ɑ̃:t] adj. heftig ; ungestüm ; leidenschaftlich.
véhémentement [-mɑ̃tmɑ̃] adv. sehr ; sehr stark ; feurig ; mit Heftigkeit.
véhicule [veikul] m. [moyen de transport] Gefährt n. ; Fahrzeug n. ; Beförderungsmittel n. ; Fuhrwerk n. | *Véhicule automobile*, Kraftfahrzeug n. ; Kraftwagen m. | *Véhicule utilitaire*, Nutzfahrzeug. || MÉD. *Être un bon véhicule pour*, ein guter Träger für etwas sein.
véhiculer [-le] v. tr. fahren ; befördern.
Vehme [vɛ:m] f. HIST. Femegericht n.
veille [vɛj] f. [état] Wachen n. ; Wachsein n. ; Nachtwache f. | *En état de veille*, im wachen Zustand. | *Les veilles*, schlaflose Nächte. || Vortag m. ; Vorabend m. | *La veille de Pâques*, ein Tag (m.) vor Ostern. | *La veille de Noël*, am Heiligen Abend. || [jour avant] *La veille du départ*, ein Tag vor der Abreise f. || LOC. [sur le point de] *Être à la veille de*, im Begriff sein zu ; unmittelbar bevorstehen. || [peu de temps avant] *Être à la veille de la mort*, kurz vor dem Tode stehen.
veillée [-je] f. [soirée] Abend m. ; Abendzeit f. | *Passer une bonne veillée chez quelqu'un*, einen gemütlichen Abend bei jm verbringen. || [garde d'un malade] Nachtwache f. | *Veillée funèbre*, Totenwache f.
veiller [-je] v. intr. [ne pas dormir] wachen ; wach bleiben ; aufbleiben. | *J'ai veillé tard*, ich bin lange aufgeblieben. | *J'ai veillé toute la nuit*, ich habe durchgewacht. || [garder] Wache halten ; überwachen. | *Il veille jour et nuit*, er hält Tag und Nacht Wache. || [surveiller] *Veiller à, sur*, aufpassen auf ; die Aufsicht führen über ; wachsam sein auf ; achtgeben auf. | *Veiller à ce que*, zusehen, daß. || [travailler la nuit] Nachtarbeit machen. || LOC. *J'y veillerai*, ich werde dafür sorgen. | *Veiller au grain*, auf einen Windstoß gefaßt sein ; eine Gefahr voraussehen. | *Veiller aux bonnes mœurs*, auf gute Sitten halten.
◇ v. tr. *Veiller un malade, un mort*, Kranken-, Totenwache halten.
veilleur, euse [-jœ:r, ø:z] s. Wächter(in) m. (f.). | *Veilleur de nuit*, Nachtwächter m.
veilleuse [-jø:z] f. Nachtlicht n. ; Nachtbeleuchtung f. ; Nachtlampe f. | *Mettre en veilleuse*, Nachtbeleuchtung einstellen ; die Lampe kleinstellen ; FIG. eine Sache auf Eis legen, auf sich beruhen lassen.
veinard [vɛna:r] m. FAM. Glückspilz m. ; Glückskind n.
veine [vɛ:n] f. ANAT. **1.** Vene f. ; Ader f. | *Veine céphalique*, Hauptader. | *Veine jugulaire*, Kehlader. | *Veine cave*, Hohlader. | *Ouvrir une veine à qn*, jn zur Ader lassen. || [vaisseaux du bois] Holzmaserung f. || MINES. [filon] Ader f. ; Gang m. ; Flöz n.
2. FIG. *Veine poétique*, dichterische Ader, Veranlagung f. || LOC. *Avoir du sang dans les veines*, energisch, kraftvoll sein ; Mark in den Knochen haben. | *Être en veine de gaieté*, in heiterer Stimmung sein.
3. [chance] Glück n. | *Vous avez eu de la veine*, da haben Sie Dusel gehabt.
veiné, ée [vɛne] adj. geadert ; gemasert.
veiner [-ne] v. tr. TECHN. masern ; ädern.
veineux, euse [-nø, ø:z] adj. geädert ; aderdurchzogen. | *Sang veineux*, Venenblut n. | *Marbre veineux*, geäderter Marmor. || [bois] maserig. | *Du bois veineux*, gemasertes Holz.
veinule [-nyl] f. Äderchen n.
veinure [-ny:r] f. Äderung f. ; Maserung f.
vêlage [vɛla:ʒ] m. [vache] Kalben n.
vélaire [velɛ:r] adj. [palais] Gaumen...
◇ f. [son] Gaumenlaut m.
velche [vɛlʃ] adj. [gallois] welsch. || FIG., PÉJOR. fremdartig. || FIG. (de souche latine) welsch.
◇ s. **Velche,** Welsche(r) f. (m.).
vêlement [vɛlmɑ̃] m. V. VÊLAGE.
vêler [-le] v. intr. kalben.
vélin [velɛ̃] m. Kalbsleder n.
◇ adj. *Papier vélin*, Pergamentpapier n.
véliplanchiste [veliplɑ̃ʃist] s. SPORT. Windsurfer(in) m. (f.).
vélivole [velivɔl] s. Segelflieger(in) m. (f.).
velléitaire [vɛleitɛ:r] adj. willensschwach.
◇ s. Willensschwache(r) f. (m.).
velléité [-te] f. Willensanwandlung f. || FIG. [envie] Lust f. | *Avoir des velléités de*, einen schwachen Versuch machen, zu.
vélo [velo] m. FAM. (Fahr)rad n. | *Vélo pliant*, Klappfahrrad. || [activité] Radsport m.
véloce [velɔs] adj. pfeilschnell.
vélocipède [velɔsipɛd] m. Veloziped n. ; Hochrad n.
vélocité [-site] f. Schnelligkeit f. ; Geschwindigkeit f. || FIG. [agilité] Behendigkeit f.
vélodrome [-dro:m] m. Radrennbahn f.
vélomoteur [-mɔtœ:r] m. Kleinkraftrad n. ; Leichtmotorrad n.
velours [vəlu:r] m. Samt m. ; Sammet m. | *Robe de velours*, Samtkleid n. | *Velours côtelé*, Rippssamt. || *De velours*, samten. || FIG. [doux] *Patte de velours*, Sammetpfötchen n. | *Elle a un regard de velours*, sie hat Plüschaugen. || FIG. *Jouer sur le velours*, mit gewonnenem Geld spielen. | *Faire patte de velours*, Pfötchen geben ; katzenfreundlich sein.
velouté, e [-lute] adj. samtartig ; samtweich ; aus Samt. || FIG. *Vin velouté*, milder Wein. | *Voix veloutée*, samtweiche Stimme.
◇ m. Samtartigkeit f. ; Weichheit f. || CULIN. Cremesuppe f.

veloutier [-lutje] adj. samtwebereimäßig.
◇ m. Samtweber m.
velu, ue [vəly] adj. haarig ; behaart ; zottig ; rauh.
vélum [velɔm] m. Zeltdach n.
venaison [vənɛzɔ̃] f. [chair du gros gibier] Edelwildbret n. || PAR EXT. [tout le gibier] Wildfleisch n. ; Wild n.
vénal, ale, aux [venal, o] adj. käuflich ; feil. || FIG. bestechlich.
venant [vənɑ̃] adj. vorwärtskommend.
◇ m. *À tout venant*, dem ersten besten.
vendable [vɑ̃dabl] adj. verkäuflich ; absetzbar.
vendange [vɑ̃dɑ̃:ʒ] f. Weinlese f. ; Weinernte f. ; Herbstlese f. ; Herbsten n. | *Porter la vendange à la cuve*, die Trauben zur Bütte bringen. | *Fêtes des vendanges*, Winzerfest n.
vendangeoir [-ʒwa:r] m. [hotte] Traubenbütte f. || [cave] Weinkeller m.
vendanger [-ʒe] v. intr. Weinlese (f.) halten ; Wein (m.) lesen, ernten ; herbsten.
vendangeur, euse [-ʒœ:r, ø:z] Weinleser(in) m. (f.) ; Winzer(in) m. (f.).
vendémiaire [vɑ̃demjɛ:r] m. Weinmonat m.
vendetta [vɛ̃dɛta] f. Blutrache f.
vendeur, euse [vɑ̃dœ:r, ø:z] s. Verkäufer(in) m. (f.) ; Händler(in) m. (f.). | *Vendeur de journaux*, Zeitungsausrufer m.
vendre [vɑ̃:dr] v. tr. **1.** verkaufen. || [se défaire] veräußern ; absetzen ; abgeben ; ablassen ; verschachern. | *Vendre au comptant*, gegen bar verkaufen. | *Vendre à crédit*, auf Kredit verkaufen. | *Vendre au détail*, einzeln verkaufen. | *Vendre aux enchères*, versteigern. | *Vendre des marchandises*, Waren umsetzen. | *Vendre sur échantillon*, nach Probe verkaufen. | *Vendre au plus offrant*, meistbietend verkaufen. | *Vendre un paquet d'actions*, ein Aktienpaket abstoßen. | *Vendre au-dessous des prix*, unterbieten ; verschleudern. | *Vendre en sous-main*, unter der Hand verkaufen. | *Vendre à terme*, auf Ziel verkaufen. | *Vendre un objet 100 marks*, einen Gegenstand für 100 Mark verkaufen.
2. FIG. *Vendre chèrement sa vie*, sein Leben teuer verkaufen ; sich tapfer verteidigen. | *Vendre la peau de l'ours*, über etwas verfügen, ehe man es hat. || [trahir] *Être vendu*, verraten werden ; bestochen sein (fig.).
◇ **se vendre,** Absatz finden. | *Ne pas se vendre*, liegen bleiben. || FIG. sich bestechen lassen.
— SYN. : *Aliéner*, veräußern. *Céder*, hergeben ; abtreten.
vendredi [vɑ̃drədi] m. Freitag m. | *Vendredi saint*, Karfreitag m.
vendu, ue [vɑ̃dy] adj. verkauft. || FIG. *Un fonctionnaire vendu*, ein bestochener Beamter.
venelle [vənɛl] f. Gäßchen n.
vénéneux, euse [venenø, ø:z] adj. [contenant du venin] giftig ; vergiftet. | *Champignon vénéneux*, Giftpilz m.
vénérable [venerabl] adj. ehrwürdig ; verehrungswürdig. | *Très vénérable*, hochehrwürdig.
◇ m. [franc-maçonnerie] Meister vom Stuhl.
vénération [-rasjɔ̃] f. Verehrung f. ; Ehrfurcht f. || FIG. [honneur] *Être en vénération*, in Ehren stehen.
vénérer [-re] v. tr. verehren ; Ehrerbietung erweisen.
vénerie [venri] f. [chasse à courre] Hetzjagd f. ; Parforcejagd. || LOC. *Termes de vénerie*, Weidmannssprache f.
vénérien, ienne [venerjɛ̃, jɛn] adj. geschlechtlich. | *Maladie vénérienne*, Geschlechtskrankheit f.
Vénétie [venesi:] f. Venetien n. | *Vénétie julienne*, julisches Venetien.
veneur [vənœ:r] m. Jäger(meister) m. | *Grand veneur*, Oberjägermeister.
vengeance [vɑ̃ʒɑ̃:s] f. [acte] Rache f. ; Vergeltung f. || *Tirer vengeance de qch.*, sich für etwas rächen. | *Crier vengeance*, nach Rache schreien. || FIG. [désir] Rachsucht f. | *Méditer vengeance*, Rachepläne schmieden. | *Assouvir sa vengeance*, seine Rachsucht kühlen. | *Qui crie vengeance*, racheheischend. | *Par vengeance*, aus Rachsucht.
venger [-ʒe] v. tr. rächen ; vergelten ; ahnden. | *Se venger de qch. sur qn*, sich für etwas an jm rächen.
vengeur, eresse [-ʒœ:r, ərɛs] adj. rächend. | *La main vengeresse*, Rächerhand f.
◇ m. Rächer m.
véniel, ielle [venjɛl] adj. verzeihlich ; nachsehbar. || FIG., RELIG. *Péché véniel*, läßliche Sünde.
venimeux, euse [vənimø, ø:z] adj. giftig. || FIG. bösartig. | *Tenir des propos venimeux*, giftig sein ; eine Lästerzunge haben.
venin [-nɛ̃] m. Giftstoff m. | *Venin de (la) vipère*, Schlangengift n. || FIG. *Cracher son venin*, Gift und Galle spritzen.
venir [vəni:r] v. intr.

> **I.** SE RENDRE À ; S'APPROCHER DE : kommen (ou comp. avec partic.).
> **II.** ARRIVER : ankommen ; vorkommen.
> **III.** PARVENIR ; ATTEINDRE À : (er)reichen.
> **IV.** SE FORMER ; GRANDIR : sich bilden ; wachsen.
> **V.** PROVENIR ; NAÎTRE : herkommen ; geboren werden ; entspringen.
> **VI.** Avec les prép. : **à ; chez ; en ; sur.**
> **VII.** Avec un infin.
> **VIII. en venir ; y venir ; faire venir ; voir venir.**
> **IX. à venir.**
> **X. venir de** (passé immédiat) : (so)eben et passé composé.
> **XI. venir à** [éventualité] : sollte (avec infin.).
> **XII.** adj. et s. **venu.**
> **XIII.** Loc.

I. SE RENDRE À ; S'APPROCHER DE : kommen (ou comp. avec partic. her-, hin-, herauf-, hinauf-). | *Venir à Paris*, nach Paris kommen. | *Venez*, kommen Sie herein, heraus, herab, herauf, herüber. | *D'où viens-tu ?*, woher kommst du ? | *Venir en tête*, vorangehen. | *Venir à pied*, zu Fuß kommen. | *Venir en voiture*, mit dem Wagen kommen. | *Venir au fait*, zur Sache kommen. || *Venir* avec part. prés., part. pass. et « kommen ». | *Venir en volant*, geflogen kommen. || *Viens voir*, schau her. | *Viens donc !*, komm mal her ! || *Viens t'asseoir*, komm und setze dich ! || *Viens-tu ?*, kommst du mit ? | *Il va venir*, er kommt gleich.
II. ARRIVER ; SE PRODUIRE : ankommen, vorkommen. | *Le jour, la nuit vient*, es dämmert. | *L'été vient*, es wird Sommer. || [se produire] *Un malheur ne vient jamais seul*, ein Unglück kommt selten allein. || *D'où vient-il que ?*, wie kommt es, daß ?
III. PARVENIR ; ATTEINDRE À : (er)reichen. | *Il me vient à l'épaule*, er reicht mir bis an die Schulter. || FIG. *Venir à maturité*, zur Reife gelangen ; reif werden. | *Le bruit en est venu jusqu'ici*, das Gerücht drang bis hierher. || [réussir] *Tout lui vient à souhait*, alles gelingt ihm nach Wunsch. | *Venir à bout de qch.*, mit etwas fertig werden.
IV. SE FORMER : sich bilden. | *Il lui est venu une tumeur*, es hat sich bei ihm eine Geschwulst gebildet. | *Il lui vint une forte fièvre*, er bekam hohes Fieber. || FIG. *Venir*

à l'esprit, einfallen. | *Il lui vint à l'idée*, er kam auf den Einfall ; es kam ihm der Gedanke. — GRANDIR : *Cet arbre vient bien*, dieser Baum kommt, wächst gut. | *Faire venir du blé dans un champ*, Korn auf einem Acker wachsen lassen. || FIG. *L'enfant ne vient pas bien*, das Kind gedeiht nicht gut.

V. PROVENIR ; NAÎTRE : herkommen ; geboren werden ; entspringen. | *Le thé vient de Chine*, der Tee kommt aus China. | *Ce bien vient de*, dies Gut stammt von. || FIG. *D'où venez-vous donc ?*, Sie sind wohl nicht von hier ? || GRAMM. *Ce mot vient du latin*, dieses Wort stammt aus dem Lateinischen. || *Le Rhin vient du Saint-Gothard*, der Rhein entspringt am St. Gotthard. | *Cela vient du fait que*, das kommt daher, daß.

VI. Avec les prép. **à ; chez ; en ; sur.** *Les larmes lui viennent aux yeux*, die Augen laufen ihm über. | *Venir au monde*, zur Welt kommen. | *Venir au jour*, an den Tag kommen. || (Chez) *Venez chez nous*, kommen Sie zu uns. || *Venir en aide à qn*, jm zu Hilfe kommen. || *Il venait droit sur nous*, er fuhr auf uns zu.

VII. Avec un infin. : *Les flots viennent mourir à mes pieds*, langsam laufen die Wellen an meinen Füßen aus. || *Il vint tomber à deux pas de moi*, er fiel zwei Schritt von mir hin. | *Ne viens pas me dire*, sage mir nur nicht, daß. || *On viendra peut-être nous objecter que*, man wird uns vielleicht vorhalten, daß.

VIII. En venir : *Il ne faudra pas laisser les choses en venir là*, so weit darf man es nicht kommen lassen. | *On en vient toujours à la même affaire*, man kommt immer auf die gleiche Sache zurück. | *Il faut en venir là*, was schließlich nicht zu ändern ist. || FIG. *En venir à ses fins*, seinen Zweck erreichen. | *En venir aux mains*, handgreiflich werden. | *Où voulez-vous en venir ?*, was soll das heißen ? ; wo wollen Sie hinaus ? — **Y venir :** *Vous y venez ?*, sehen Sie es ein ? || FIG. *Qu'il y vienne*, er soll sich nur unterstehen. || FIG. *Il y viendra bien*, er wird sich schon dazu entschließen. — **Faire venir :** *Il m'a fait venir*, er hat mich kommen lassen. | *Faire venir un taxi*, ein Taxi kommen lassen. | *Faire venir le médecin*, den Arzt rufen lassen. — **Voir venir :** abwarten. || FAM. *Je te vois venir*, ich sehe, worauf du hinaus willst.

IX. À venir : (zu)künftig ; kommend. | *Il partira dans les jours à venir*, er fährt in den nächsten Tagen ab. | *Les temps à venir*, die künftigen Zeiten.

X. Venir de [passé immédiat] : (so)eben (avec passé composé). *Il vient de rentrer*, er ist eben heimgekommen. | *Je viens d'expédier le colis*, ich habe gerade das Paket abgesandt. | *Onze heures viennent de sonner*, es hat soeben elf geschlagen. || *Vient de paraître*, soeben erschienen. || *Ce qui vient d'être dit*, Obiges.

XI. Venir à [éventualité] : sollte... (avec infin.). | *S'il venait à mourir*, wenn er etwa sterben sollte. | *Si les brigands venaient à les attaquer*, sollten die Räuber sie anfallen. | *Si les provisions venaient à manquer*, wenn der Vorrat ausgehen sollte.

XII. adj. et s. **venu, e :** gekommen. | *Le premier venu*, der erste beste. | *Le dernier venu*, der zuletzt Gekommene. || *Soyez le bien venu*, seien Sie herzlich willkommen. || FIG. *Être mal venu à faire qch.*, zu etwas nicht berechtigt sein.

XIII. LOC. *Aller et venir*, hin- und hergehen. || PROV. *Il faut prendre le temps comme il vient*, egal, gleich was kommt ; wie's kommt, kommt's ; so oder so. | *Cela fait venir l'eau à la bouche*, da läuft einem das Wasser im Munde zusammen.

Venise [vəni:z] n. pr. f. GÉOGR. Venedig n.

vénitien, ienne [venisjɛ̃, jɛn] adj. venezianisch. ◇ s. **Vénitien, ienne,** Venezianer(in) m. (f.).

vent [vɑ̃] m. **1.** [mouvement d'air] Wind m. | *Vent du nord*, Nordwind. | *Vent d'ouest*, Westwind. | *Vent léger*, Lüftchen n. | *Vent violent*, Sturmwind. | *Grand vent*, starker Wind. | *Coup de vent*, Windstoß m. || *Le vent se lève*, der Wind macht sich auf. | *Le vent tombe*, der Wind legt sich. | *Le vent souffle du sud*, der Wind weht von Süden her. | *Le vent change*, der Wind ändert sich. | *Le vent tourne*, der Wind schlägt um. | *Se mettre à l'abri du vent*, sich in den Windschutz, in den Windschatten begeben. || PR. et FIG. *Faire du vent*, Wind machen. | *Faire du vent avec un éventail*, fächeln. | *Sans vent*, windstill. | *Des arbres en plein vent*, hochstämmige Bäume. || [gaz intestinal] *Avoir des vents*, Blähungen haben. || [souffle ; haleine] *Un vent de mort*, ein Todeshauch.

2. TECHN. *Moulin à vent*, Windmühle f. | *Séparateur à vent*, Windtrichter m. || MUS. *Instrument à vent*, Blasinstrument n. || MAR. *Rose des vents*, Windrose f. | *Vent debout*, Gegenwind. | *Vents alizés*, Passatwinde. | *Vent en poupe*, Rückwind. | *Bon vent*, Segelwind. | *Côté du vent*, Luvseite. | *Côté sous le vent*, Lee f.

3. LOC. *Vent coulis*, Zug m. | *En plein vent*, in freier Luft f. | *Flotter au gré du vent*, ein Spiel der Winde sein. | *Aller contre vents et marées*, gegen den Strom schwimmen ; hartnäckig sein Ziel verfolgen. | *Aller selon le vent*, sich nach dem Wind richten. | *Situé aux quatre vents*, frei, ungeschützt gelegen. | *Aller comme le vent*, windschnell sein. || FIG. *Avoir vent de qch.*, Wind von etwas bekommen. | *Regarder de quel côté vient le vent*, sehen, woher der Wind weht. | *Autant en emporte le vent*, federleicht ; nichts dahinter. | *Quel bon vent vous amène ?*, welch glücklicher Zufall führt Sie her ? | *Venir en coup de vent*, schnell vorbeikommen.

vente [vɑ̃:t] f. **1.** [action de vendre] Verkauf m. ; Veräußerung f. | *Vente exclusive*, Alleinverkauf. | *Vente forcée*, Zwangsverkauf. | *Vente immobilière*, Liegenschaftsverkauf. | *Vente simulée*, Scheinverkauf. | *Vente totale*, Ausverkauf. | *Vente par adjudication*, öffentlicher gerichtlicher Verkauf. | *Vente à l'amiable*, freihändiger Verkauf. | *Vente sur catalogue, par correspondance*, Versandverkauf. | *Vente au comptant*, Barverkauf. | *Vente à crédit*, Abzahlungsgeschäft n. | *Vente à découvert*, Leerverkauf. | *Vente au détail*, Einzelverkauf. | *Vente sur échantillon*, Kauf nach Probe. | *Vente de gré à gré*, freihändiger Verkauf. | *Vente en gros*, Großverkauf. | *Vente au-dessous des prix*, Preisunterbietung f. | *Vente à vil prix*, Preisschleuderei f. | *Vente au rabais*, Ausverkauf. | *Vente à tempérament*, Abzahlungsgeschäft n. | *Vente à terme*, Lieferungsverkauf. | *Prix de vente*, Verkaufspreis ; Ladenpreis. | *Service après vente*, Kundendienst m.

2. [débit] *Vente journalière*, Tagesumsatz m. | *Ventes*, Umsatz m. | *Ventes fictives*, Scheinumsatz m. | *Ventes réelles*, Nettoumsatz ; Reinumsatz m.

3. [adjudication] *Vente judiciaire*, gerichtliche Versteigerung. | *Vente publique*, Auktion f. | *Vente aux enchères*, Versteigerung f. | *Vente après faillite*, Konkursausverkauf.

4. LOC. *Mettre en vente*, zum Verkauf stellen. | *C'est en vente chez*, es ist zu haben bei.

venteaux [vɑ̃to] m. pl. TECHN. Luftventil n. ; Entlüfter m.

venter [-te] v. intr. wehen. | *Il vente*, es ist windig.

venteux, euse [-tø, ø:z] adj. windig ; stürmisch.

ventilateur [-tilatœ:r] m. Ventilator m. ; Entlüfter m. || [soufflerie] Gebläse n. | *Ventilateur centrifuge*, Schleuderlüfter m. | *Ventilateur extracteur*, Gassauger m.

ventilation [-tilasjɔ̃] f. Ventilation f. ; Lüftung f. ; Luftzuführung f. || MINES. Bewetterung f. || TECHN. *Ventilation autonome*, Eigenbelüftung f. | *Ventilation extérieure*, Oberflächenkühlung f. || MÉD. *Ventilation pulmonaire*, Atemvolumen n. || COMM. Aufgliederung

f. ; rechnerische Verteilung. | *Ventilation des coûts*, Kostenaufgliederung, -aufschlüsselung f.

ventiler [-tile] v. tr. [aérer] ventilieren ; lüften. || [répartir] aufteilen. || MINES. bewettern.

ventouse [vɑ̃tu:z] f. MÉD. Schröpfkopf m. ; Schröpfschnepper m. || TECHN. Luftloch n. ; Entlüftungsventil n. || ZOOL. et FIG. Saugnapf m.

ventral, ale, aux [vɑ̃tral, o] adj. Leib... ; Bauch... | *La région ventrale*, Unterleibspartie f. | *Parachute ventral*, Schoßfallschirm m.

ventre [vɑ̃:tr] m. Bauch m. ; Leib m. | *Ventre gonflé*, aufgedunsener Leib. | *Ventre dur*, harter Leib. | *Gros ventre*, dicker Bauch. | *Bas-ventre*, Unterleib m. || TECHN. Ausbuchtung f. || MAR. *Le ventre d'un navire*, Schiffsbauch m. ; Schiffsrumpf m. || FIG. [sein de la mère] Mutterleib ; Mutterschoß m. | *L'enfant se retourne dans le ventre*, das Kind bewegt sich im Mutterleib. || LOC. *Avoir mal au ventre*, Leibschmerzen haben. | *Se mettre à plat ventre*, sich flach hinlegen ; auf dem Bauch kriechen. | *Prendre du ventre*, dick werden. | *Avoir le ventre plat*, einen leeren Magen haben. | *Aller ventre à terre*, in gestrecktem Galopp reiten. | *Il a les yeux plus grands que le ventre*, seine Augen sind größer als sein Magen. || FAM. *Avoir du cœur au ventre*, beherzt sein. | *On ne sait pas ce qu'il a dans le ventre*, man weiß nicht wo er hinaus will.

ventrée [vɑ̃tre] f. POP. *Manger une ventrée de fraises*, sich den Bauch mit Erdbeeren vollschlagen.

ventriculaire [vɑ̃trikylɛ:r] adj. Bauchhöhlen...

ventricule [-kyl] m. Bauchhöhle f. | *Les ventricules du cœur*, Herzkammern f. pl.

ventrière [-jɛ:r] f. [cheval] Bauchgurt m.

ventriloque [-lɔk] s. Bauchredner(in) m. (f.). ◇ adj. bauchrednerisch.

ventriloquie [-lɔki] f. Bauchrednerei f.

ventripotent, ente [-pɔtɑ̃, ɑ̃:t] adj. dickbäuchig.

ventru, ue [vɑ̃try] adj. bäuchig ; dickbäuchig.

venu, e [vəny] adj. et s. V. VENIR.

venue [vəny] f. [arrivée] Kommen n. ; Ankunft f. | *Allées et venues*, ständiges Kommen und Gehen. || [développement] Wuchs m. | *Arbre d'une belle venue*, Baum von schönem Wuchs.

Vénus [venys] f. MYTH. Venus f. ; Liebesgöttin f. | *La Vénus de Médicis*, die Mediceische Venus. || FIG. weibliche Schönheit ; schöne Frau. || ANAT. *Mont de Vénus*, Venusberg m. || ASTRON. Morgenstern m. ; Abendstern m. || ZOOL. Venusmuschel f.

vénusien, ienne [venyzjɛ̃,- jɛn] Venus... ; ... der Venus.

vêpres [vɛ:pr] f. pl. RELIG. Nachmittagsgottesdienst m. || Vesper f.

ver [vɛ:r] m. Wurm m. | *Ver blanc*, Engerling m. | *Ver luisant*, Glühwürmchen. | *Ver solitaire*, Bandwurm. | *Ver à soie*, Seidenraupe f. | *Ver de terre*, Regenwurm. || *Piqué des vers*, wurmstichig. | *Plein de vers*, wurmig ; madig. || FIG. *Tirer les vers du nez à qn*, jm die Würmer aus der Nase ziehen ; etwas von jm herauskriegen. | *Nu comme un ver*, splitternackt.

véracité [verasite] f. [attachement à la vérité] Wahrheitsliebe f. ; Wahrheitssinn m. || [qualité de ce qui est vrai] Wahrhaftigkeit f. ; Zuverlässigkeit f. | *Manque de véracité*, Unwahrhaftigkeit f. || *Contester la véracité d'un fait*, die tatsächliche Wahrheit eines Geschehens bestreiten.

véranda [verɑ̃da] f. [galerie] Veranda f. || [balcon] gedeckter Balkon.

verbal, ale, aux [vɛrbal, o] adj. mündlich. | *Promesse verbale*, mündliche Versprechung. | *Procès-verbal*, Protokoll n. || FIG. *Flux verbal*, Redseligkeit f. || GRAMM. *Forme verbale*, Verbalform f. | *Adjectif verbal*, Prädikatsadjektiv.

verbalement [-lmɑ̃] adv. mündlich.

verbalisation [-lizasjɔ̃] f. Protokollierung f. ; Protokollaufnahme f.

verbaliser [-lize] v. intr. ein Protokoll aufnehmen, anfertigen. || [police] protokollieren.

verbalisme [-lism] m. Wortklauberei f.

verbe [vɛrb] m. GRAMM. Verb n. ; Tätigkeitswort n. ; Zeitwort. | *Verbe impersonnel*, unpersönliches Verbum. | *Verbe auxiliaire*, Hilfszeitwort. | *Verbe réfléchi*, rückbezügliches, reflexives Verbum. | *Verbe transitif*, transitives Verbum. | *Verbe intransitif*, intransitives Verbum. || [parole] Wort n. | *Avoir le verbe haut*, laut sprechen ; das große Wort führen ; angeben. | *Qui a le verbe haut*, vorlaut.

verbeux, euse [vɛrbø, ø:z] adj. wortreich ; redselig ; phrasendreschend ; quatschig ; weitschweifig.

verbiage [-bja:ʒ] m. Wortschwall m. ; Phrasengedresch n. ; Geschwätz n. ; Kohl m. ; dummes Zeug ; Schnattern n. ; Wortkram m.

verbosité [-bozite] f. [défaut] Wortschwall m. ; Überfluß (m.) an Worten ; Geschwätzigkeit f. ; Phrasendrescherei f.

verdâtre [vɛrdɑ:tr] adj. grünlich.

verdelet, ette [-dəlɛ, ɛt] adj. *Vin verdelet*, herber Wein.

verdeur [-dœ:r] f. [manque de maturité] Unreife f. || [du vin] Herbe f. || FIG. *La verdeur d'un propos*, Herbe eines Ausspruchs. || FIG. [ardeur de jeunesse] Jugendfrische f.

verdict [vɛrdikt] m. JUR. Rechtsspruch m. ; Urteil n. ; Spruch der Geschworenen. | *Verdict d'acquittement*, Freisprechung f. || [jugement quelconque] Entscheidung f.

verdier [vɛrdje] m. ZOOL. Grünfink m.

verdir [-di:r] v. tr. grün machen. ◇ v. intr. grün werden ; grünen. | *Les arbres verdissent*, die Bäume schlagen aus.

verdoiement [-dwamɑ̃] m. Grünwerden n.

verdoyant, ante [-dwajɑ̃, ɑ̃:t] adj. grünend. || [feuillage] grün belaubt. || [herbe] begrast.

verdoyer [-dwaje] v. intr. grünen.

verdunisation [vɛrdynizasjɔ̃] f. [eau] Chloren (n.) des Wassers ; Wasserreinigung f.

verdure [vɛrdy:r] f. Grün n. ; Grünen n. | *Dans la verdure*, im Grünen. | *Tapis de verdure*, Rasenteppich m. | *Couvert de verdure*, grün bewachsen.

véreux, euse [verø, ø:z] adj. wurmstichig ; madig. | *Un fruit véreux*, eine madige Frucht. || FIG. faul ; verdächtig ; unlauter. | *Une affaire véreuse*, eine faule Angelegenheit.

verge [vɛrʒ] f. [baguette de bois] Rute f. ; Gerte f. ; Geißel f. | *Battre de verges*, geißeln. | *Passer par les verges*, Spießruten laufen lassen. || ANAT. männliches Glied.

vergé, ée [-ʒe] adj. ungleich gewebt. | *Étoffe vergée*, streifiger Stoff. | *Papier vergé*, geripptes Papier n.

vergeoise [vɛrjwa:z] f. Melassezucker m.

verger [vɛrʒe] m. Obstgarten m.

vergeté, ée [vɛrʒəte] adj. streifig ; gestreift ; striemig. | *Peau vergetée*, geäderte Haut.

vergetures [-ʒəty:r] f. pl. Hautstreifen m. pl. ; Schwangerschaftsstreifen m. pl.

verglaçant, ante [vɛrglasɑ̃, ɑ̃:t] adj. gefrierend. | *Pluies verglaçantes*, gefrierender Regen.

verglacer [-se] v. intr. vereisen.

verglacé [-se] adj. vereist.

verglas [-glɑ] m. Glatteis n.

vergogne [vɛrgɔɲ] f. Scham f. ; Scheu f. | *Sans vergogne*, schamlos ; unverschämt.

vergue [vɛrg] f. MAR. Rahe f. ; Querrahe.

véridique [veridik] adj. wahrhaftig ; treu ; wahrheitsliebend.

— SYN. : *Vrai*, wahr. *Authentique*, echt.

vérifiable [-fjabl] adj. feststellbar.

vérificateur [-fikatœ:r] m. Prüfer m. ; Revisor m. ; Buchprüfer m. | *Vérificateur des poids et mesures*, Eicher m.

vérification [-fikasjɔ̃] f. [examen] Überprüfung f. ; Nachprüfung f. ; Kontrolle f. || [confirmation] Beglaubigung f. ; Bestätigung f.

vérifier [-fje] v. tr. [examiner] nachprüfen ; untersuchen ; kontrollieren ; überprüfen. || [confirmer] bestätigen ; beurkunden. | *Vérifier une balance*, eine Waage eichen.

◇ v. pr. **se vérifier,** bestätigt werden ; sich bewähren.

— SYN. : *Constater*, feststellen. *Examiner*, prüfen.

vérin [verɛ̃] m. TECHN. (Schrauben)winde f. | *Vérin hydraulique*, hydraulische Winde ; Hubspindel f.

véritable [veritabl] adj. wahrhaftig ; wirklich ; echt. | *Cuir véritable*, echtes Leder. | *Ami véritable*, wahrer Freund.

véritablement [-tabləmɑ̃] adv. wahrhaft. | *Être véritablement heureux*, wirklich glücklich sein.

vérité [-te] f. [qualité de ce qui est vrai] Wahrheit f. ; Wahrhaftigkeit f. | *Dire ses vérités à qn*, jm Wahrheiten ins Gesicht sagen ; reinen Wein einschenken. || [sincérité] Aufrichtigkeit f. | *La vérité de ses propos*, die Aufrichtigkeit seiner Worte. || [chose vraie ; axiome] Wahrheit ; Grundtatsache f. | *Vérité morale*, sittlicher Grundsatz. | *Une vérité de La Palisse*, eine Binsenwahrheit. | *À la vérité*, freilich. | *En vérité*, in Wirklichkeit ; fürwahr ; tatsächlich. | *Conforme à la vérité*, wahrheitsgemäß ; wahrheitsgetreu. | *Manque de vérité*, Unwahrheit f. || LOC. DIV. *Il n'y a pas un mot de vérité*, davon ist kein Wort wahr. | *Découvrir la vérité*, hinter die Wahrheit kommen. | *Il n'y a que la vérité qui blesse*, der getroffene Hund bellt. | *Dire à quelqu'un ses quatre vérités*, jm die Leviten lesen.

verjus [vɛrʒy] m. [raisin] Sauertraube f. || [jus] Saft unreifer Trauben ; Krätzer m.

vermeil, eille [vɛrmɛ:j] adj. hochrot ; purpurrot. || FIG. *Teint vermeil*, frische, blühende Gesichtsfarbe. | *Bouche vermeille*, Rosenmund m.

◇ m. vergoldetes Silber ; Silber mit Goldauflage.

vermicelle [vɛrmisɛl] m. [pâte] Fadennudel f.

vermicide [-sid] adj. MÉD. wurmtötend.

◇ m. Wurmabführmittel n.

vermiculaire [-kylɛ:r] adj. wurmförmig ; wurmartig.

vermiculé, ée [-kyle] adj. ARCHIT. wurmartig gerieft, geriefelt.

vermiforme [-fɔrm] adj. wurmförmig.

vermifuge [-fy:ʒ] adj. wurmabführend.

◇ m. Wurmmittel n.

vermillon [vɛrmijɔ̃] m. Zinnober m. ; Zinnoberrot n.

vermine [vɛrmin] f. Ungeziefer n. ; Geschmeiß n. || FIG. Gesindel n. || AGRIC. Schädlinge m. pl.

vermisseau [-so] m. Würmchen n. ; kleiner Wurm ; kümmerlicher Wurm.

vermivore [-vɔ:r] adj. würmerfressend.

vermoulu, ue [vɛrmuly] adj. wurmstichig ; wurmig ; zerfressen ; morsch.

vermoulure [-ly:r] f. Wurmfraß m. ; Wurmstich m. ; Wurmmehl n.

vermouth [vɛrmut] m. Wermut(wein) m.

vernaculaire [vɛrnakylɛ:r] adj. angestammt. | *Langue vernaculaire*, Mundart f. ; Dialekt m.

vernal, ale, aux [vɛrnal, o] adj. frühlingsmäßig ; Frühlings...

vernier [vɛrnje] m. Nonius m. ; Gradteiler m.

vernir [vɛrni:r] v. tr. lackieren ; firnissen ; glasieren. || FIG. beschönigen ; übertünchen.

vernis [-ni] m. Lack m. ; Firnis m. ; Glasur f. ; Glanz m. | *Le vernis du Japon*, Japanlack. | *Vernis siccatif*, Trockenfirnis. || FIG. Schliff m.

vernissage [-nisa:ʒ] m. [action de vernir] Lackierung f. ; Lackieren n. ; Glasieren n. || ARTS. Eröffnungstag m.

vernissé, ée [-nise] adj. gelackt ; poliert ; glasiert. | *Brique vernissée*, glasierter Ziegelstein.

vernisser [-nise] v. tr. lackieren ; glasieren.

vérole [verɔl] f. Syphilis f. ; Lues f. ; harter Schanker. | *Petite vérole*, Windpocken f. pl. ; Spitzblattern f. pl. | *Marque de petite vérole*, Blatternnarbe f.

véronique [verɔnik] f. BOT. Männertreu f. ; Ehrenpreis m.

Véronique n. pr. f. Veronika f. || RELIG. *Le voile de Véronique*, das Schweißtuch der Veronika.

verrat [vɛra] m. Eber m. ; Keiler m.

verre [vɛ:r] m. **1.** [substance translucide] Glas n. | *Verre armé*, Drahtglas. | *Verre blindé*, Panzerglas. | *Verre cannelé*, Riffelglas. | *Verre cathédrale*, Kathedralglas. | *Verre dépoli*, Mattglas. | *Verre double*, dickes Glas. | *Verre sans éclats*, *Verre Securit*, splittersicheres Glas. | *Verre à glace*, Spiegelglas. | *Verre de sécurité*, Sicherheitsglas. | *Verre taillé*, geschliffenes Glas. | *Verre à vitre collé*, Mehrschichtenglas ; Verbundglas. | *Verre à vitres*, Fensterglas. | *Œil de verre*, Glasauge. | *Éclat de verre*, Glassplitter m. | *Papier de verre*, Schmirgelpapier n. | *Fibre de verre*, Glasfaser f. | *En verre*, gläsern. | *Laine de verre*, Glaswolle f.

2. [objet en verre] *Verre de lunettes*, Brillenglas. | *Verre concave*, Hohlglas. | *Verre de cristal*, Kristallglas. | *Verre de lampe*, Lampenzylinder m. | *Les verres optiques*, optische Gläser. | *Verre de contact*, Kontaktglas. | *Verre grossissant*, Vergrößerungsglas. | *Peinture sur verre*, Glasmalerei f.

3. [verre à boire] Glas n. ; Trinkglas n. | *Verre à vin*, Weinglas. | *Verre à liqueur*, Likör-, Schnapsglas. | *Verre à pied*, Stengelglas. | *Un verre d'eau*, ein Glas Wasser.

verrerie [-rri] f. [fabrique] Glashütte f. ; Glasbläserei f. || [marchandises] Glaswaren f. pl. || [vaisselle] Glasgeschirr n.

verrier [-rje] m. [ouvrier] Glasarbeiter m. ; Glasbläser m. || [corbeille] Gläserkorb m. || [marchand] Glaswarenhändler m.

verrière [-rjɛ:r] f. Glaskasten m. || [vitraux] Kirchenfenster n. || [mansarde] Glasdach n.

verroterie [-rɔtri] f. Glasschmuck m. ; Glasperlen f. pl.

verrou [vɛru] m. Riegel m. ; Verschluß m. | *Être sous les verrous*, hinter Schloß und Riegel sitzen. | *Verrou de sûreté*, Sicherungsriegel m. | *Fermer au verrou*, verriegeln ; abriegeln.

verrouillage [vɛruja:ʒ] m. Verriegelung f. || AUTOM. *Verrouillage central (des portes)*, Zentralverriegelung (der Türen).

verrouiller [-je] v. tr. verriegeln ; abriegeln.

◇ v. pr. **se verrouiller,** sich einriegeln. || TECHN. blockieren.

verrue [vɛry] f. Warze f. || FIG. Laster n.

verruqueux, euse [-kø, ø:z] adj. warzig.

vers [vɛ:r] m. POÉS. Vers m. | *Vers rythmiques*, rhythmische Verse. | *Vers faux*, holprige, fehlerhafte Verse. | *Vers libres*, freies Versmaß. | *Vers blancs*, ungereimte Verse. | *Faire des vers*, reimen ; dichten. | *Mettre en vers*, in Verse bringen.

vers [vɛ:r] prép. **1.** DANS L'ESPACE [du côté de ; dans la direction de] : gegen ; nach. | *Vers la lumière*, gegen das licht. | *Vers Berlin*, nach Berlin. || [point cardinal] gegen ; gen. | *Vers le sud*, gegen Süden ; nach Süden zu ; südwärts. | *Vers le ciel*, himmelaufwärts. || [auprès de] zu. | *Il m'a envoyé vers vous*, er hat mich zu Ihnen geschickt.

2. DANS LE TEMPS [à peu près] : gegen ; um. | *Vers midi*, gegen Mittag. | *Vers la fin*, gegen (das) Ende ; dem Ende zu. | *Vers le printemps*, auf den Frühling zu. | *Vers l'heure de midi*, um die Mittagszeit.

versant [-sɑ̃] m. Abhang m. ; Berghang m. ; Hang m. ; Abdachung f. | *Le versant français des Pyrénées*, die französische Seite des Pyrenäen. || MINES. Flügel m.

versatile [vɛrsatil] adj. wankelmütig ; charakterlos ; unstet ; unbeständig.

versatilité [-lite] f. Wankelmut m. ; Unbeständigkeit f. ; Unstetigkeit f.

verse [vɛrs] f. [action de verser] Ausgießen n. ; Ausschütten n. | *À verse*, in Strömen. | *Il pleut à verse*, es gießt in Strömen ; es gießt ; FAM. es schüttet.

versé, ée [vɛrse] adj. [habitué ; instruit] bewandert ; beschlagen ; kundig ; versiet. | *Versé dans les affaires*, geschäftsgewandt. | *Versé dans la bible*, bibelfest. | *Peu versé*, wenig bewandert.

versement [vɛrsəmɑ̃] m. Einzahlung f. ; Zahlung f. ; Einlage f. ; Einschuß m. | *Versement additionnel*, Nachtragszahlung. | *Versement provisionnel*, Vorschußzahlung. | *Versement d'acomptes*, Abschlagszahlung. | *Opérer un versement*, eine Einzahlung leisten.

verser [-se] v. tr. **1.** [répandre un liquide] vergießen ; verschütten ; ausschütten. | *Verser de l'eau sur*, Wasser verschütten auf. || [transvaser] gießen ; schütten. | *Verser à boire*, zu trinken einschenken. | *Verser dans les bouteilles*, in Flaschen füllen.

2. FIG. *Verser le sang*, Blut vergießen ; das Leben hingeben. | *Verser des larmes*, Tränen vergießen. | *Verser une pièce au dossier*, den Akten einverleiben. | *Être versé dans un autre bataillon*, in ein anderes Bataillon versetzt werden. || [payer] bezahlen ; einzahlen ; einschießen ; auszahlen ; entrichten. | *Verser un acompte*, anzahlen. | *Verser des acomptes*, Abschlagszahlungen leisten, entrichten.

3. AGRIC. [céréales] *La pluie a versé les blés*, der Regen hat das Getreide zum Liegen gebracht.

◇ v. intr. [tomber sur le côté] umkippen ; stürzen. | *Notre voiture a versé*, unser Wagen ist umgekippt. | *Les blés versent*, das Getreide legt sich.

verset [vɛrsɛ] m. [paragraphe] Bibelstelle f. || [ligne] Bibelzeile f. ; Bibelvers m. || RELIG. Gesangbuchvers m.

verseur [vɛrsœ:r] m. Einschenker m. || TECHN. Gießer m. ; Kipper m.

◇ adj. *Wagonnet verseur*, Muldenkippwagen m.

verseuse [-sø:z] f. Kaffeekanne f. (mit waagerechtem Griff).

versicolore [vɛrsikɔlɔ:r] adj. verschiedenfarbig ; buntscheckig ; kunterbunt.

versificateur [-fikatœ:r] m. Versemacher m. ; Reimschmied m.

versification [-fikasjɔ̃] f. Reimkunst f. | *Art de la versification*, Metrik f.

versifier [-fje] v. intr. reimen ; Verse machen ; in Verse bringen.

version [vɛrsjɔ̃] f. [traduction] Rückübersetzung f. | *Version latine*, Übersetzung aus dem Lateinischen. || [interprétation] Lesart f. ; Auslegung f. | *Différentes versions*, verschiedene Lesarten. || [texte] Darstellung. || FILM. *Film en version originale*, Originalfassung f.

verso [vɛrso] m. Rückseite f. | *Au verso*, rückseitig ; umstehend ; umseitig.

versoir [vɛrswa:r] m. Pflugstreichbrett n.

verste [vɛrst] f. [mesure russe] Werst f.

vert, verte [vɛ:r, vɛrt] adj. grün. || PR. et FIG. *Tapis vert*, grüner Tisch ; Spieltisch m. | *Vert foncé*, dunkelgrün. | *Vert émeraude*, smaragdgrün. || ÉCON. *Billet vert*, Dollar m. || [sève] *Bois vert*, grünes, nasses Holz. || LOC. *Langue verte*, Rotwelsch n.

2. [non mûr] grün ; unreif. | *Des pommes vertes*, unreife Äpfel m. pl. | *Haricots verts*, grüne Bohnen f. pl. | *Du vin vert*, zu junger Wein. || [frais] *Légume vert*, frisches Gemüse.

3. FIG. [jeune] *La verte jeunesse*, strotzende Jugend ; vollste Jugendkraft. | *Un vieillard encore vert*, ein noch jugendlicher Greis. | *Un vert galant*, ein Schürzenjäger m. ; Hähnchen n.

◇ m. [couleur] Grün n. | *Tirer sur le vert*, ins Grüne übergehen. | *Mettre un cheval au vert*, ein Pferd auf die Weide lassen, auf Grünfütterung stellen. || LOC. *Se mettre au vert*, einen Ausflug ins Grüne machen.

◇ m. pl. **verts,** POLIT. die Grünen.

vert-de-gris [vɛ:rdəgri] m. Grünspan m.

vert-de-grisé, ée [-ze] adj. mit Grünspan überzogen ; voller Grünspan.

vertébral, ale, aux [vɛrtebral, o] adj. Wirbel... | *Colonne vertébrale* f., Wirbelsäule f. ; Rückgrat n.

vertèbre [-tɛ:br] f. Wirbel(knochen) m. | *Vertèbres dorsales* f. pl., Rückenwirbel m. pl. | *Vertèbre cervicale*, Halswirbelbein n.

vertébré, ée [-tebre] adj. gewirbelt ; wirbelförmig.

◇ m. pl. **vertébrés,** ZOOL. Wirbeltiere n. pl.

vertement [vɛrtəmɑ̃] adv. [rudement] derb ; roh ; schroff. | *Répondre vertement*, eine derbe Antwort geben ; derb erwidern. | *Refuser vertement*, schroff abweisen.

vertical, ale, aux [vɛrtikal, o] adj. senkrecht ; aufrecht stehend. || TECHN. lotrecht.

◇ f. **verticale,** MATH. Senkrechte f.

verticalement [-kalmɑ̃] adv. senkrecht.

verticalité [-kalite] f. Vertikalrichtung f. ; Scheitelstand m.

vertige [vɛrti:ʒ] m. [étourdissement] Schwindel m. ; Taumel m. ; Dusel m. | *Vertige des sens*, Sinnentaumel ; Sinnenrausch m. | *Accès de vertige*, Schwindelanfall m. | *Vertige de l'esprit*, Wahnsinn m. | *Avoir le vertige*, den Schwindel bekommen ; taumeln ; duseln. | *J'ai le vertige*, es schwindelt mir ; mir wird's schwarz vor den Augen. | *Qui a le vertige*, schwindlig. | *Qui donne le vertige*, schwindlig ; schwindelerregend.

vertigineux, euse [-ʒinø, ø:z] adj. schwindlig ; schwindelhaft ; schwindelerregend. | *Une allure vertigineuse*, eine tolle Geschwindigkeit.

vertu [vɛrty] f. [force ; courage] Kraft f. ; Stärke f. ; Mut m. | *Vertu guerrière*, Heldenmut. || [morale] Tugend f. || [mérite] Verdienst n. || [féminine] Zucht f. ; Keuschheit f. ; Sittsamkeit f. || [médicament] Kraft f. ; Vermögen n. ; Wirksamkeit f. | *La vertu d'un remède*, die Wirksamkeit einer Arznei f. | *Vertu curative*, Heilkraft f. || [particulière] Eigenschaft f.

◇ loc. prép. **en vertu de,** kraft ; vermögens ; auf Grund (gén.). | *En vertu de la loi*, kraft Gesetzes.

| *En vertu de mes pouvoirs*, auf Grund meiner Ermächtigung. | *En vertu de quoi*, aus welchem Grunde. | *Faire de nécessité vertu*, aus der Not eine Tugend machen.

vertueux, ueuse [-tɥø, ɥø:z] adj. [morale] tugendhaft ; tugendreich. || [femmes] keusch ; züchtig ; sittsam.

vertueusement [-tɥøzmɑ̃] adv. tugendhaft.

vertugadin [vɛrtygadɛ̃] m. [robe] wulstiges Kleid.

verve [vɛrv] f. [caprice] Laune f. || [chaleur ; ardeur] Schwung m. ; Feuer n. ; Begeisterung f. | *Verve poétique*, dichterische Begeisterung. || [gaieté] Ausgelassenheit f. | *Être en verve*, guter Laune sein ; ausgelassen sein. | *Qui a de la verve*, schwunghaft.

verveine [vɛrvɛ:n] f. Bot. Eisenkraut n. ; Verbene f.

vesce [vɛs] f. Bot. Kornwicke f.

vésical, ale, aux [vezikal, o] adj. Harnblasen...

vésicant, ante [-kɑ̃, ɑ̃:t] adj. Méd. blasenziehend. | *Gaz vésicant*, Ätzgas n.

vésication [-kasjɔ̃] f. Méd. Blasenbildung f.

vésicatoire [-katwa:r] m. Méd. Zugpflaster n.
◇ adj. blasenziehend.

vésiculaire [-kylɛ:r] adj. Méd. bläschenartig ; blasig ; Bläschen...

vésicule [-kul] f. Méd. Blase f. ; Bläschen n.

vespasienne [vɛspazjɛn] f. Bedürfnisanstalt f.

vespéral, ale, aux [vɛsperal, o] adj. abendlich. | *Brise vespérale*, Abendlüftchen n.

vesse [vɛs] f. [pet] Schleicher m. ; unhörbarer Furz.

vesse-de-loup [vɛsdəlu] f. Bot. Bovist m.

vessie [vɛsi] f. Anat. Harnblase f. | *Vessie natatoire*, Schwimmblase f. | *Vessie de porc*, Schweinsblase f. || Loc. fam. *Faire prendre à qn des vessies pour des lanternes*, jm ein X für ein U, jm blauen Dunst vormachen.

vestale [vɛstal] f. keusche Jungfrau.

veste [vɛst] f. Wams n. ; Jacke f. ; Rock m. | *Veste de chasse*, Jagdjoppe f. | *Ôter sa veste*, seine Jacke ausziehen. || Fig., fam. *Prendre une veste*, eine Schlappe erleiden. | *Retourner sa veste*, umschwenken.

vestiaire [-tjɛ:r] m. Kleiderablage f. ; Garderobe f.

vestibule [vɛstibyl] m. Diele f. ; Vorraum m. ; Vorsaal m. ; Vorflur m. ; Vorzimmer n.
— Syn. : *Entrée*, Eingang m. *Antichambre*, Vorzimmer.

vestige [vɛsti:ʒ] m. Spur f. ; Fußabdruck m.
◇ m. pl. **vestiges,** Trümmer n. pl. ; Überreste m. pl.

vestimentaire [vɛstimɑ̃tɛ:r] adj. Kleider... ; Kleidungs...

veston [-tɔ̃] m. Jackett n. | *Veston de sport*, Sportsakko m. | *Être en veston*, im Straßenanzug sein.

vêtement [vɛtmɑ̃] m. Kleid n. ; Anzug m. ; Kleidung f. || Fig. Bekleidung f. || Poét. Gewand n. | *Un vêtement*, ein Kleidungsstück ; ein Kleid. | *Vêtement d'homme*, Herrenkleidung. | *Vêtement ajusté*, eng anliegende Kleidung. | *Des vêtements de travail*, Arbeitskleidung. | *Vêtement de deuil*, Trauerkleidung. | *Changer de vêtements*, sich umziehen ; die Kleidung wechseln. || Loc. *Il n'entre plus dans ses vêtements*, er ist aus seinen Kleidern herausgewachsen.

vétéran [veterɑ̃] m. Mil. altgedienter Soldat ; Veteran m. || Fam. alter Hase.

vétérinaire [veterinɛ:r] adj. tierärztlich ; Tier... | *École vétérinaire*, tierärztliche Hochschule. | *Médecine vétérinaire*, Veterinärmedizin f.
◇ s. Tierarzt m. ; Tierärztin f.

vétille [veti:j] f. Kleinigkeit f. ; Nichtigkeit f. ; Lappalie f. || Fam. Quark m.

vétilleux, euse [-jø, ø:z] adj. knifflig. | *Ouvrage vétilleux*, knifflige Arbeit. | *Esprit vétilleux*, spitzfindige, nörgelnde Art f. | *Un critique vétilleux*, ein Wortklauber m.

vêtir [vɛti:r] v. tr. kleiden, bekleiden. | *Vêtir une robe*, ein Kleid anziehen.
◇ v. pr. **se vêtir,** sich anziehen. | *Proprement vêtu*, gut, sauber gekleidet.

veto [veto] m. Veto n. ; Einspruch m. ; Einspruchsrecht n. | *Veto suspensif*, aufschiebendes Vetorecht. | *Mettre son veto à*, sein Veto einlegen.

vêture [vɛty:r] f. Einkleidung f.

vétuste [vetyst] adj. alt ; abgenutzt ; verbraucht. || [construction] baufällig ; morsch ; verfallen.

vétusté [-te] f. Baufälligkeit f. ; Abgenutztheit f. || [construction] Verfallenheit f.

veuf, veuve [vœf, vœ:v] adj. verwitwet. || Fig. *Veuf de*, beraubt ; ohne.
◇ m. **veuf,** Witwer m.
◇ f. **veuve,** Witwe f. | *Veuve de guerre*, Kriegswitwe. | *C'est une veuve joyeuse*, sie ist eine lustige Witwe.

veule [vø:l] adj. schwach ; schlaff ; schlapp. || Fig. weichlich ; kraftlos.
— Syn. : *lâche*, feig.

veulerie [-lri] f. Schlappheit f. ; Schlaffheit f. ; Verweichlichung f.

veuvage [vœva:ʒ] m. Witwentum n. ; Witwenstand m. ; Witwerstand m.

vexant, ante [vɛksɑ̃, ɑ̃:t] adj. ärgerlich ; verdrießlich ; unangenehm. | *Voilà qui est vexant*, das ist aber ärgerlich.

vexation [-sasjɔ̃] f. lästige Beunruhigung ; Plackerei f. ; Widerwärtigkeit f. ; Schererei f.

vexatoire [-satwa:r] adj. bedrückend ; lästig ; widerwärtig.

vexer [-se] v. tr. bedrücken ; quälen ; schinden.
◇ v. pr. **se vexer.** *Se vexer de*, sich ärgern über.

via [via] prép. über.

viabilisation [vjabilizasjɔ̃] f. Erschließung f. (eines Grundstücks).

viabilisé, ée [-ze] adj. baureif ; erschlossen.

viabilité [-te] f. [aptitude à vivre] Lebensfähigkeit f. || [état d'une route] Befahrbarkeit f. | [état d'un terrain] Erschließung f.

viable [vjabl] adj. lebensfähig. | *Entreprise viable*, existenzfähige Unternehmung. || [état d'un chemin] fahrbar.

viaduc [vjadyk] m. Viadukt m. ; Talbrücke f. ; Überführung f.

viager, ère [vjaʒe, ɛ:r] adj. lebenslänglich ; auf Lebenszeit. | *Rente viagère*, Leibrente f.

viande [vjɑ̃:d] f. [chair] Fleisch n. | *Viande maigre*, mageres Fleisch. | *Viande rôtie*, gebratenes Fleisch. | *Viande grillée*, Röstfleisch. | *Viande lardée*, gespicktes Fleisch. | *Viande salée*, Pökelfleisch. | *Viande hachée*, Hack n. || [plat] *Un plat de viande*, Fleischgericht n. | *Viande froide*, kalter Aufschnitt.

viander [-de] v. intr. [vénerie] äsen ; weiden.

viatique [vjatik] m. [provisions] Wegzehrung f. Reisegeld n. || Relig. letzte Ölung ; heilige Wegzehrung.

vibrant, ante [vibrɑ̃, ɑ̃:t] adj. vibrierend ; schwingend ; bebend. || [retentissant] gellend. | *Une voix vibrante*, eine gellende, aufgeregte Stimme.

vibrateur [-bratœ:r] m. Techn. Schwingungsgerät n. ; Rüttler m. || Électr. Summer m.

vibratile [-bratil] adj. schwingungsfähig ; Schwingungs... | *Cil vibratile*, Flimmer m. ; Zilie f.

vibration [-brasjɔ̃] f. [oscillation] Schwingung f. ; Schwingen n. ; Vibrieren n. ; Erschütterung f. || [tremblement] Zittern n.

vibratoire [-bratwa:r] adj. schwingend ; Schwingungs...

vibrer [-bre] v. intr. [osciller] schwingen ; vibrieren. || [trembler] zittern ; beben ; erschüttern ; rütteln. | *Le canon fait vibrer les vitres*, die Kanone erschüttert die Scheiben. | *Béton vibré*, Rüttelbeton m. || [papilloter] flimmern. || Fig. *Faire vibrer les auditeurs*, die Zuhörer begeistern.

— Syn. : *Palpiter*, zucken ; wallen. *Trembler*, zittern ; beben. *Frémir* schauern ; schaudern.

vibrion [-brjɔ̃] m. Zittertierchen n. ; Vibrione f.

vibromasseur [vibrɔmasœ:r] m. Vibrationsgerät n.

vicaire [vikɛ:r] m. Stellvertreter m. ; Vikar m. ; Kaplan m. ; Hilfspfarrer m. | *Vicaire de Jésus-Christ*, Stellvertreter Christi auf Erden.

vicariat [-rja] m. Vikariat n. || Vikarswohnung f.

vice [vis] m. **1.** [défectuosité] Fehler m. ; Mangel m. ; Gebrechen n. | *Vice caché*, verborgener Mangel. | *Vice de construction, de fabrication*, Konstruktions-, Fabrikationsfehler. | *Vice de forme*, Formfehler. | *Vice de conformation*, Verbildung f. ; Mißbildung f.
2. [disposition au mal ; morale] Laster n. ; Unzucht f. ; Liederlichkeit f. | *Stigmatiser le vice*, das Laster brandmarken, anprangern.

vice [vis] préf. invar. [en sous-ordre] Vize...

vice-amiral [visamiral] m. (pl. **vice-amiraux**) Vizeadmiral m.

vice-chancelier [-ʃɑ̃səlje] m. (pl. **vice-chanceliers**) Vizekanzler m.

vice-consul [-kɔ̃syl] m. (pl. **vice-consuls**) Vizekonsul m.

vice-présidence [-prezidɑ̃:s] f. (pl. **vice-présidences**) Vizepräsidentschaft f.

vice-président(e) [-prezidɑ̃(t)] m. (f.) (pl. **vice-président(e)s**) Vizepräsident(in) m. (f.).

vice-roi [-rwa] m. (pl. **vice-rois**) Statthalter m. ; Vizekönig m.

vice-royauté [-rwajote] f. (pl. **vice-royautés**) Statthalterschaft f. ; Vizekönigtum n. ; Vizekönigreich n.

vice versa [viseversa] adv. umgekehrt.

viciation [visjasjɔ̃] f. Verschlechterung f.

vicier [-sje] v. tr. verderben ; verschlechtern. | *L'air vicié*, verbrauchte Luft.

vicieux, ieuse [-sjø, jø:z] adj. [défectueux] fehlerhaft ; mangelhaft. | *Conformation vicieuse*, Mißbildung f. ; Mißwuchs m. || [morale] lasterhaft. | *Homme vicieux*, lasterhafter Mensch. || [rétif] störrisch. | *Mulet vicieux*, störrischer Maulesel. || Fig. *Cercle vicieux*, Circulus vitiosus ; Fehlschluß m. ; Ausweglosigkeit f.

— Syn. : *Corrompu*, verderbt. *Dépravé*, verkommen. *Pervers*, lastervoll ; entartet. *Dissolu*, liederlich.

vicinal, ale, aux [visinal, o] adj. nachbarlich ; Gemeinde... ; Kreis... | *Chemin vicinal*, Gemeindeweg m. | *Route vicinale*, Kreisstraße f.

vicissitude [visisityd] f. [révolution] Abwechslung f. ; Wechsel m. ; Umschwung m. || [idée de fatalité] Wechselfälle m. pl. ; Schicksalsschläge m. pl. | *Les vicissitudes de la fortune*, die Wechselfälle des Schicksals. | *Éprouver des vicissitudes*, Wechselfälle durchzumachen haben. || [instabilité] Wandelbarkeit f.

vicomte [-kɔ̃:t] m. (Vize)graf m.

vicomté [-kɔ̃te] f. (Vize)grafschaft f.

vicomtesse [-kɔ̃tɛs] f. Gräfin f. ; Vicomtesse f.

victime [-tim] f. Relig. Opfer n. ; Schlachtopfer n. | *Victime expiatoire*, Sühneopfer n. | *Les victimes d'un sacrifice*, Opfertiere n. pl. | *Victimes humaines*, Menschenopfer n. pl. | *Victime de guerre*, Kriegsopfer n. ; Kriegsbeschädigte(r) f. (m.) | *Victime d'un accident*, Verunglückte(r) f. (m.) ; Unfallbeschädigte(r) f. (m.).

victoire [viktwa:r] f. Sieg m. ; Siegen n. | *Victoire à la Pyrrhus*, Scheinsieg m. | *Chant de victoire*, Siegeslied n. | *Décider de la victoire*, den Sieg entscheiden. | *Victoire navale*, Seesieg m. || Myth. (avec une majusc.) Siegesgöttin f. ; Nike f. || Fig. Überwindung f. | *La victoire sur nous-même*, die Selbstüberwindung. || Loc. *Conduire à la victoire*, zum Siege führen. | *Chanter victoire*, frohlocken ; triumphieren. | *Remporter la victoire*, den Sieg erringen, davontragen.

victorien, ienne [viktɔrjɛ̃, jɛn] adj. viktorianisch. | *L'époque victorienne*, die viktorianische Zeit.

victorieusement [-rjøsmɑ̃] adv. siegreich.

victorieux, ieuse [-rjø, jø:z] adj. siegreich ; erfolgreich.

victuailles [viktɥa:j] f. pl. Lebensmittel n. pl. ; Eßwaren f. pl. ; Proviant m.

vidage [vida:ʒ] m. Entleerung f. ; Leerung f. ; Ausleerung f. ; Räumung f.

vidange [vidɑ̃:ʒ] f. Ausleeren n. ; Wegschaffen n. ; Leerung f. ; Unrat m. || *Tonneau en vidange*, nicht volles Faß. || Techn. Entwässerung f. | *Robinet de vidange*, Ablaßhahn m. || [moteur] *Vidange d'huile*, Ölwechsel m.
◇ f. pl. **vidanges,** Müll m. ; Abfälle m. pl.

vidanger [-ʒe] v. tr. leeren ; ausleeren ; räumen ; Müll (m.) abfahren ; Abort (m.) reinigen. || Techn. ablassen.

vidangeur [-ʒœ:r] m. Klosettreiniger m.

vide [vid] adj. leer ; hohl ; öde. | *Un verre vide*, ein leeres Glas. | *Une chambre vide*, ein unmöbliertes Zimmer. | *Un cerveau vide*, ein Hohlkopf. | *Une place vide*, ein unbesetzter Platz. | *Contrée vide*, öde Gegend. | *Rue vide*, menschenleere Straße. | *Vide de sens*, sinnlos. || Loc. *Ne pas venir les mains vides*, nicht mit leeren Händen kommen.
◇ m. Leere f. ; leerer Raum ; Hohlheit f. ; Lücke f. | *Démarrer à vide*, leer, ohne Last anlaufen. | *Sa mort a laissé un grand vide*, sein Tod hinterließ eine große Leere. | *Le vide de la vie*, die Nichtigkeit, die Eitelkeit des Lebens. | *Faire le vide autour de qn*, jn isolieren. | *Parler dans le vide*, drauflos reden ; ins Blaue hineinreden. || Phys. Vakuum n. ; Unterdruck m. | *Faire le vide*, evakuieren. | *Marche à vide*, Leerlauf m. | *Pompe à vide*, Vakuumpumpe f. | *Sous vide*, vakuumverpackt. | *Vide parfait*, absolute Leere.

vidéo [video] adj. ou en composition. Video...

vidéocassette [-kasɛt] f. Videokassette f.

vidéoconférence [-kɔ̃ferɑ̃:s] f. Videokonferenz f.

vidéodisque [-disk] m. Videoplatte f. ; Bildplatte f.

vide-ordures [-ɔrdy:r] m. invar. Müllschlucker m.

vidéotex [videotɛks] m. Videotex n. ; Bildschirmtext m.

vidéothèque [-tɛk] f. Videothek f.

vide-poches [-pɔʃ] m. invar. Ablagekörbchen n.

vide-pomme [-pɔm] m. invar. Apfelstecher m.

vider [vide] v. tr. [récipient] leeren ; entleeren. | *Vider une bouteille*, eine Flasche leeren. || [gibier] ausnehmen. | *Vider une volaille*, Geflügel ausnehmen. || [liquide] ablassen. | *Vider un étang*, einen Teich ablassen. | *Vider une salle*, einen Saal raumen. || Loc. *Vide ton verre*, trink aus ! | *Vider les arçons*, aus dem Sattel gehoben werden. | *Vider une querelle*, einen Streit beilegen, schlichten. | *Vider les lieux*, den Platz räumen. | *Se vider de tout sens*, jeden Sinn verlieren. || Pop. *Se faire vider*, hinausgeworfen werden.
◇ v. pr. **se vider,** leer werden ; auslaufen.

videur [vidœ:r] m. FAM. Rausschmeißer m.

vidure [vidy:r] f. *Les vidures d'une volaille*, die Eingeweide eines Geflügels.

vie [vi] f.

> **I.** EXISTENCE : Leben n.
> **II.** DURÉE : Lebenszeit f. ; Lebensdauer f. || Lebensbeschreibung f.
> **III.** MANIÈRE DE VIVRE : Lebensart f. ; Lebensweise f. ; Lebenswandel m.
> **IV.** SUBSISTANCE : Lebensunterhalt m. ; Lebenskosten f. pl.

I. EXISTENCE : Leben n. | *Vie active*, Erwerbsleben. | *Entrer dans la vie active*, ins Erwerbsleben treten. | *Être en vie*, am Leben sein. | *La vie de tous les jours*, Alltagsleben. || LOC. *Être plein de vie*, voller Lebenskraft sein. | *Être las de la vie*, lebensüberdrüssig sein. | *Être entre la vie et la mort*, zwischen Tod und Leben schweben ; todkrank sein. | *Donner signe de vie*, ein Lebenszeichen von sich geben. | *Ôter la vie à qn*, jm das Leben nehmen. | *Sauver la vie à qn*, jm das Leben retten. | *Perdre la vie*, umkommen. | *Droit de vie et de mort*, Recht auf Leben und Tod. | *Tenir à la vie*, am Leben hängen. | *Avoir la vie dure*, ein zähes Leben haben. | *Sa vie ne tient qu'à un fil*, sein Leben hängt nur noch an einem (seidenen) Faden. || RELIG. *La vie éternelle*, das ewige Leben. || FIG. *Un discours sans vie*, eine langweilige Rede.

II. DURÉE : Lebenszeit f. ; Lebensdauer f. || Lebensbeschreibung. | *Écrire la vie de qn*, eine Lebensbeschreibung von jm geben. | *Pour toute la vie*, fürs ganze Leben. | *À la vie, à la mort*, auf Tod und Leben ; auf ewig. | *Jamais de la vie*, mein Lebtag nicht ; niemals in meinem Leben. | *Une pension à vie*, eine Pension auf Lebenszeit. | *Sa vie durant*, zeitlebens. | *Assurance sur la vie*, Lebensversicherung f.

III. MANIÈRE DE VIVRE : Lebensart f. ; Lebensweise f. ; Lebenswandel m. | *Changer de vie*, seine Lebensweise ändern. | *Vie irréprochable*, untadeliges Leben. | *Vie contemplative*, beschauliches Leben. | *Vie de garçon*, Junggesellenleben. || FAM. *Mener une vie de chien*, ein Hundeleben führen. | *Mener une vie de bâton de chaise*, ein liederliches Leben führen. | *Mener joyeuse vie*, in Saus und Braus leben. || LOC. *Rendre la vie dure à qn*, jm das Leben sauer machen.

IV. SUBSISTANCE : Lebensunterhalt m. ; Lebenskosten f. pl. | *La vie chère*, Teuerung f. | *Le coût de la vie*, Lebenshaltungskosten f. pl. | *Gagner sa vie*, seinen Lebensunterhalt verdienen. | *Indice du coût de la vie*, Lebenskostenindex m.

vieil [vjɛ:j] adj. V. VIEUX.

vieillard [-ja:r] m. Greis m. ; alter Mann. | *Des vieillards*, alte Leute f. pl. | *Hospice des vieillards*, Altersheim n.

vieille [vjɛ:j] f. [poisson] Lippenfisch m.

vieillerie [vjɛjri] f. alter Hausrat ; Trödel m. || FIG. überlebte Ansichten f. pl.

vieillesse [-jɛs] f. Alter n. ; Greisenalter n. ; hohes Alter. | *Bâton de vieillesse*, Stütze (f.) des Alters. | *Pension de vieillesse*, Altersrente f. | *Assurance vieillesse*, Altersversicherung f.

vieillir [-ji:r] v. intr. altern ; alt werden ; veralten. | *Il a bien vieilli*, er ist erheblich älter geworden. | *Vieillir sous le harnais*, in den Sielen alt werden.
◇ v. tr. älter machen. | *Cette coiffure la vieillit*, diese Frisur macht sie älter.
◇ v. pr. **se vieillir**, sich für älter ausgeben.
◇ part. pass. et adj. **vieilli**, gealtert ; alt geworden ; veraltet. | *Un ouvrage vieilli*, ein überholtes Werk.

vieillissant, ante [-jisɑ̃, ɑ̃:t] adj. alternd ; ältlich.

vieillissement [-jismɑ̃] m. Altern n.

vieillot, otte [-jo, ɔt] adj. ältlich.

vielle [vjɛl] f. MUS. Leier f. | *Jouer de la vielle*, leiern. | *Joueur de vielle*, Leiermann m.

Vienne [vjɛn] f. Wien n.

viennois, oise [-nwa, wa:z] adj. wienerisch.
◇ s. **Viennois, oise,** Wiener m. ; Wienerin f.

vierge [vjɛrʒ] adj. jungfräulich ; unberührt ; rein. | *Terre vierge*, jungfräulicher Boden. | *Forêt vierge*, Urwald m.
◇ f. Jungfrau f. || RELIG. *La Sainte Vierge*, die Heilige Jungfrau. || LOC. *Fils de la Vierge*, Sommerfäden m. pl.

vieux, vieil, vieille [vjø, vjɛ:j] adj. alt.
1. CONTRAIRE DE « JEUNE » [âge] : *Devenir vieux*, altern. | *Vieux comme Mathusalem*, von biblischem Alter ; steinalt. | *Être vieux avant l'âge*, vorzeitig gealtert sein. | *La vieille garde*, die alte Garde. || [invétéré] *Un vieux garçon*, ein Junggeselle, Hagestolz m. | *Une vieille fille*, eine alte Jungfer. | *Un vieil avare*, ein alter Geizhals. | *Un vieux radoteur*, ein alter Quatschkopf. || [ancien] *Les vieux auteurs*, die alten Schriftsteller.
2. CONTRAIRE DE « NEUF » : *De vieilles monnaies*, alte Münzen f. pl. | *Vieille lune*, letztes Mondviertel. | *Les vieux quartiers*, Altstadt f. | *De vieille réputation*, von althergebrachtem Ruf m. | *Le bon vieux temps*, die gute alte Zeit. | *Vieux bouquin*, alter Schmöker. || [usé] *Vieux matériel*, Altmaterial n.
◇ m. **vieux,** *Un vieux de la vieille*, ein alter Haudegen. | *Un vieux beau*, ein alter Geck ; ein alter Hahn.
◇ f. **vieille,** Mütterchen n. ; Alte f. ; Greisin f.
— SYN. : *Âgé*, betagt ; alt. *Ancien*, altertümlich.

vieux-catholique [vjøkatɔlik] adj. altkatholisch.

vif, vive [vif, vi:v] adj. [en vie] lebend ; lebendig. | *J'étais plus mort que vif*, ich war mehr tot als lebendig. | *De vive voix*, mündlich. | *Poids vif*, Lebendgewicht n. | *Être brûlé vif*, bei lebendigem Leibe verbrannt werden. | *Entrer dans le vif de la question*, zur Kernfrage kommen. | *Sur le vif*, nach dem Leben ; lebenswahr. | *Trancher dans le vif*, ins schiere Fleisch schneiden. || FIG. *Eau vive*, Quellwasser n. ; Springflut f. || [manière] lebhaft. | *Esprit vif*, heller, scharfer Geist. | *Il a une intelligence vive*, er ist aufgeweckt. | *Faire une vive impression*, einen lebhaften Eindruck hinterlassen. || [prompt et violent] *Air vif*, scharfe Luft. | *Rouge vif*, hochrot. || FIG. *Une vive critique*, eine scharfe Kritik. || TECHN. *Lumière vive*, grelles Licht. | *Chaux vive*, ungelöschter Kalk.

vif-argent [vifarʒɑ̃] m. Quecksilber n. || FIG. *Être comme du vif-argent*, quecksilbrig sein.

vigie [viʒi] f. Ausguck m. ; Ausguckposten m. | *Être en vigie*, auf Wachposten stehen. || TRANSP. Bremserhäuschen n. || MAR. Küstenüberwachung f. ; Boje f.

vigilance [-lɑ̃:s] f. Überwachung f. ; Wachsamkeit f.

vigilant, ante [-lɑ̃, ɑ̃:t] adj. wachsam. | *Œil vigilant*, wachsames Auge.

vigile [viʒil] f. Festvorabend m. ; Vigile f.
◇ m. Nachtwächter m.

vigne [vi:ɲ] f. Rebe f. ; Weinrebe f. | *Cep de vigne*, Weinstock m. | *Feuille de vigne*, Weinblatt n. | *La vigne pleure*, die Rebe blutet. | *La vigne gèle*, der Wein erfriert. | *On taille la vigne*, man schneidet die Reben. || LOC. *Être dans les vignes du Seigneur*, einen Schwips haben. || BOT. *Vigne vierge*, wilder Wein.

vigneron, onne [-ɲrɔ̃, ɔn] s. Winzer m. ; Winzerin f. ; Weinbauer m. ; Weinbäuerin f.
— SYN. : *Viticulteur*, Weinbauer ; Winzer.

vignette [-ɲɛt] f. [dessin] Seitenverzierung f. ; Titelbildchen n. ; Vignette f. ; Weinlaubleiste f. || *Vignette auto*, Kfz-Steuermarke f. | *Vignette postale*, Postwertzeichen n.

vignoble [-ɲɔbl] m. Weinberg m. ; Rebberg m. | *Cultiver un vignoble*, Wein anbauen.

vigogne [vigɔɲ] f. ZOOL. Vikunja n. || TEXT. Vikunjawolle f.

vigoureusement [vigurøzmɑ̃] adv. kraftvoll ; kräftig.

vigoureux, euse [-rø, ø:z] adj. [force] kräftig ; kraftvoll ; rüstig. | *Une végétation vigoureuse*, ein üppiger Wuchs. || [ferme] *Une résistance vigoureuse*, ein entschlossener Widerstand m. || [langue] nachdrücklich. | *Un style vigoureux*, ein derber Stil. | *Une langue vigoureuse*, eine kernige Sprache f.

vigueur [vigœ:r] f. **1.** [force] Kraft f. ; Stärke f. ; Rüstigkeit f. ; Vollkraft f. | *Dans toute la vigueur de la jeunesse*, in der Vollkraft seiner Jugend. | *Manque de vigueur*, Kraftlosigkeit f. | *La vigueur s'affaiblit*, die Kraft läßt nach. | *Avoir de la vigueur*, kraftvoll sein. | *Déployer de la vigueur*, Kraft entfalten. | *Reprendre de la vigueur*, wieder zu Kräften kommen. || FIG. *Vigueur d'esprit*, geistige Frische. || [énergie] Nachdruck m. ; Derbheit f. | *Répondre avec vigueur*, derb antworten.
2. [action] *La loi est en vigueur*, das Gesetz ist in Kraft f. | *Mise en vigueur*, Inkraftsetzung f. | *Remise en vigueur*, Wiederinkraftsetzung f. | *Demeurer en vigueur*, in Kraft bleiben. | *Entrer en vigueur*, in Kraft treten.

Viking [vikiŋ] m. HIST. Wikinger m.

vil, vile [vil] adj. minderwertig ; gemein ; niederträchtig ; nichtswürdig. | *Un vil métier*, ein verächtliches Handwerk. | *Une âme vile*, eine gemeine Seele. || [prix] *À vil prix*, spottbillig.

vilain, aine [vilɛ̃, ɛ:n] s. Unadlige(r) f. (m.) ; Bauer m. | *Nobles et vilains*, Adel und Bauerntum.
◇ adj. [caractère] häßlich ; schlecht ; gemein ; abscheulich. | *Jouer un vilain tour*, einen bösen Streich spielen. | *Une vilaine action*, eine häßliche Handlung ; eine Untat. || [mauvais] *Il fait un vilain temps*, es ist garstiges Wetter n. | *Une vilaine histoire*, eine fatale Geschichte. | *Un vilain rhume*, ein hartnäckiger Schnupfen. || LOC. *Il y a eu du vilain*, es hat Krach gegeben. | *À vilain vilain et demi*, auf einen groben Klotz gehört ein grober Keil.
— SYN. : *Laid*, häßlich. *Affreux*, abscheulich. *Hideux*, scheußlich ; abschreckend. *Horrible*, schrecklich.

vilainement [-lɛnmɑ̃] adv. garstig ; schändlich.

vilebrequin [vilbrəkɛ̃] m. TECHN. Bohrwinde f. ; Brustbohrer m. || AUTOM. Kurbelwelle f.

vilement [vilmɑ̃] adv. gemein ; schnöde.

vilenie [vilni] f. [bassesse] Gemeinheit f. ; Niederträchtigkeit f. ; Niedrigkeit f. ; Schnödigkeit f. || [acte] gemeine Handlung ; gemeiner Frevel.

vilipender [vilipɑ̃de] v. tr. herabsetzen ; gering achten ; herunterreißen ; verumglimpfen.

villa [vila] f. [autrefois] Landhaus n. ; Landsitz m. || [aujourd'hui] Einzelhaus n. ; Villa f.

village [vila:ʒ] m. Dorf n. | *Vivre au village*, auf dem Lande leben. | *Une noce de village*, eine Dorfhochzeit. | *Un petit village*, ein Dörfchen. | *Fête du village*, Kirmeß f. | *Des gens de village*, Leute aus dem Dorf. || LOC. *Le coq du village*, der Hahn im Korb.

villageois, oise [-ʒwa, wa:z] adj. bäurisch ; dörflich ; ländlich. | *Des manières villageoises*, bäuerliche Sitten f. pl. | *Récits villageois*, Dorfgeschichten f. pl. | *Costume villageois*, Bauerntracht f.
◇ s. Dorfbewohner(in) m. (f.).

ville [vil] f. Stadt f. | *Grande ville*, Großstadt f. | *Une ville forte*, eine befestigte Stadt. | *Petite ville*, Städtchen n. ; Kleinstadt f. | *La haute et la basse ville*, Ober- und Unterstadt. | *Villes jumelées*, Partnerstädte f. pl. | *La ville neuve*, Neustadt. | *Ville nouvelle*, Trabantenstadt ; Neubaugebiet n. | *La vieille ville*, die Altstadt. | *À l'autre bout de la ville*, am entgegengesetzten Stadtende. | *Bruit de la ville*, Straßenlärm m. | *Ville commerçante*, Handelsstadt ; Handelsplatz m. | *Ville hanséatique*, Hansestadt. | *À la ville et à la campagne*, auf dem Lande und in der Stadt. | *Sortir en ville*, ausgehen. | *Habitants des grandes et des petites villes*, Groß- und Kleinstädter m. pl. || LOC. *En ville*, in der Stadt ; zur Stadt ; [adresse] hier. | *Dîner en ville*, auswärts essen ; zum Essen eingeladen sein. | *Habit de ville*, Ausgehanzug m. | *La Ville éternelle*, Rom ; die ewige Stadt. | *La Ville sainte*, Jerusalem. | *L'hôtel de ville*, Rathaus n. | *Sergent de ville*, Stadtpolizist m. ; Wachtmeister m. ; Schupo m. | *Toute la ville en parle*, alles redet davon ; es ist Stadtgespräch.

ville-dortoir (pl. **villes-dortoirs**) f. Schlafstadt f.

villégiature [vileʒjaty:r] f. Sommerfrische f. ; Erholungsaufenthalt m.

villosité [-lozite] f. Zottigkeit f. ; zottiges Haar. || ANAT. Rauhwandigkeit f.

vin [vɛ̃] m. Wein m. | *Vin rouge*, Rotwein. | *Vin blanc*, Weißwein. | *Vin clairet*, blaßroter Wein. | *Vin rosé*, Rosé-Wein. | *Vin généreux*, edler Wein. | *Vin frelaté*, gepanschter Wein. | *Vin âpre*, herber Wein. | *Vin aigre*, säuerlicher Wein. | *Vin mousseux*, Schaumwein. | *Vin chaud*, Glühwein. | *Vin coupé*, verschnittener Wein. | *Vin baptisé*, verdünnter Wein. | *Vin doux*, Most m. | *Vin fait*, ausgegorener Wein. | *Vin de Bourgogne*, Burgunder m. | *Vin du Rhin*, Rheinwein. | *Vin de Tokay*, Tokaier m. | *Vin en bouteille*, auf Flaschen abgefüllter Wein. | *Vin en fût*, Wein vom Faß n. | *Le fumet du vin*, Blume f. | *Ce vin sent le bouchon*, der Wein schmeckt nach Korken. | *Le vin se gâte*, der Wein wird sauer. | *Le vin pétille*, der Wein perlt. | *Tremper son vin*, den Wein verdünnen. || LOC. *Vin d'honneur*, Ehrentrunk m. ; Willkommenstrunk m. | *Cuver son vin*, seinen Rausch ausschlafen. | *Être entre deux vins*, einen Schwips haben. | *Mettre de l'eau dans son vin*, gelindere Saiten aufziehen.

vinaigre [vinɛ:gr] m. Essig m. | *Vinaigre d'alcool*, Alkoholessig. | *Un filet de vinaigre*, einige Tropfen Essig. | *Mettre au vinaigre*, in Essig einlegen. || FAM. *Faire vinaigre*, sich beeilen.

vinaigrer [-gre] v. tr. mit Essig zubereiten, anmachen.

vinaigrerie [-grəri] f. Essigfabrik f.

vinaigrette [-grɛt] f. [sauce] Essigsoße f. | *Bœuf à la vinaigrette*, Fleischsalat m.

vinaigrier [-grije] m. [marchand] Essighändler m. ; Essigfabrikant m. || [bouteille] Essigflasche f.

vinasse [-nas] f. Weinrückstand m. ; sehr schwacher Wein ; Nachwein m.

vindicatif, ive [vɛ̃dikatif, i:v] adj. rachsüchtig ; rachgierig.

vindicte [-dikt] f. Ahndung f. ; Sühne f. | *La vindicte publique*, die gerichtliche Verfolgung.

viner [vine] v. tr. dem Wein Alkohol zusetzen.

vinette [vinɛt] f. BOT. [oseille] Sauerampfer m.

vineux, euse [vinø, ø:z] adj. alkoholhaltig ; weinartig ; weinreich. | *D'une teinte vineuse*, weinfarbig.

vingt [vɛ̃] adj. num. zwanzig. | *Vingt marks*, zwanzig Mark. | *Le vingt avril*, der zwanzigste April. | *Je te l'ai dit vingt fois*, ich hab's dir hundertmal gesagt. | *Le chapitre vingt*, Kapitel zwanzig. | *Âgé de vingt ans*, zwanzigjährig. | *Avoir vingt ans*, zwanzig Jahre alt sein. | *Avoir entre vingt et trente*, in den Zwanzigern stehen. | *Voilà bientôt vingt ans*, es geht jetzt ins zwanzigste Jahr. | *Que cela soit fait dans les vingt-quatre heures*, das muß in einem Tage fertig sein. | *Vingt-quatre heures sur vingt-quatre*, rund um die Uhr.

vingtaine [-tɛ:n] f. etwa zwanzig. | *Environ une vingtaine*, so um zwanzig herum.
vingtième [-tjɛm] adj. num. ord. der, die, das zwanzigste.
◇ m. [fraction] Zwanzigstel n.
vinicole [vinikɔl] adj. weinanbauend ; weinproduzierend. | *Région vinicole*, Weingegend f.
vinification [-fikasjɔ̃] f. Weingärung f. ; Weinzubereitung f.
viol [vjɔl] m. Notzucht f. ; Vergewaltigung f. ; Schändung f. | *Assassinat avec viol*, Lustmord m.
violacé, ée [vjɔlase] adj. violett ; ins Violett stechend ; ins Violett gehend.
violateur, trice [vjɔlatœ:r, tris] s. Verletzer m. ; Zuwiderhandelnder m. ; Schänder m.
violation [-sjɔ̃] f. [infraction] Übertretung f. ; Verletzung f. ; Bruch m. ; Verstoß (m.) gegen... | *Violation de domicile*, Hausfriedensbruch m. | *En violation de*, unter Verletzung von. | *Violation des lois*, Gesetzesüberschreitung f. | *Violation de serment*, Eidbruch m. || [profanation] *Violation du temple*, Tempelentweihung f. || Gramm. *La violation des règles*, Regelwidrigkeit f.
violâtre [vjɔlɑ:tr] adj. violettähnlich.
viole [vjɔl] f. Viola f. ; Bratsche f. | *Viole d'amour*, Viola d'amore. || *Viole de gambe*, Viola da gamba.
violemment [vjɔlamɑ̃] adv. heftig ; gewaltsam.
violence [-lɑ̃:s] f. **1.** [force] Heftigkeit f. ; Gewalt f. ; Ungestüm n. ; Stärke f. | *La violence du vent*, Windstärke f. | *La violence d'un choc*, Anprall m. | *Avec violence*, gewaltsam.
2. [abus de force] Gewalttätigkeit f. ; Gewaltsamkeit f. ; Zwang m. | *User de violence*, Gewalt anwenden. | *Se laisser aller à des violences*, sich zu Gewalttätigkeiten hinreißen lassen. | *Être en butte aux violences de quelqu'un*, jm ausgesetzt sein. || [caractère] Ungestüm n. ; Leidenschaftlichkeit f.
3. Littér. *La violence d'expression*, der ungestüme Ausdruck. || Loc. *Faire violence à un texte*, einem Text Gewalt antun ; ihn falsch auslegen. | *Faire violence à une femme*, eine Frau vergewaltigen, schänden. | *Faire violence à la loi*, das Gesetz beugen. | *Se faire violence*, sich zu etwas zwingen ; sich beherrschen.
violent, ente [-lɑ̃, ɑ̃:t] adj. [fort] heftig ; stark ; gewaltig ; ungestüm. | *Vent violent*, heftiger, stürmischer Wind. || [contre nature] gewalttätig ; gewaltsam. | *Un effort violent*, eine Gewaltanstrengung f. | *Mort violente*, gewaltsamer Tod. || [irascible] *Un caractère violent*, ein aufbrausender Charakter. | *Des couleurs violentes*, grelle Farben f. pl.
violenter [-lɑ̃te] v. tr. vergewaltigen ; Gewalt antun ; jn zwingen.
violer [-le] v. tr. [femme] vergewaltigen ; schänden ; notzüchtigen. || [contrat] übertreten ; verletzen. | *Violer un serment*, einen Eid brechen. || [lieu] entweihen.
violet, ette [vjɔlɛ, ɛt] adj. violett ; veilchenblau.
violette [-lɛt] f. Bot. Veilchen n.
violier [-lje] m. Bot. Levkoje f.
violon [vjɔlɔ̃] m. **1.** Mus. Geige f. ; Violine f. | *Jouer du violon*, Geige spielen ; geigen. | *Un solo de violon*, ein Violinsolo n. | *Le premier violon*, der erste Geiger.
2. Pop. Arrestzimmer. | *Mettre au violon*, auf die Wache bringen ; ins Kittchen stecken.
violoncelle [-lɔ̃sɛl] m. Cello n. ; Violoncello n.
violoncelliste [-lɔ̃sɛlist] m. Cellist m.
violoneux [-lɔnø] m. Fiedler m. ; Dorfgeiger m.
violoniste [-lɔnist] m. Geigenspieler m. ; Geiger m. ; Violinist m.
viorne [vjɔrn] f. Bot. Schneeballen m. pl.
vipère [vipɛ:r] f. Viper f. ; Giftschlange f. ; Natter f. ; Otter f. | *Vipère commune*, Kreuzotter. | *Nid de vipères*, Otterngezücht n. ; Schlangennest n. ; Drachenbrut f. || Fig. *Langue de vipère*, Lästerzunge f. ; Lastermaul n. ; Giftzunge.
vipérin, ine [-perɛ̃, in] adj. Schlangen... || Fig. *Langue vipérine*, boshafte (Gift)zunge f.
virage [vira:ʒ] m. [action] Drehen n. ; Wenden n. ; Drehung f. || [lieu] Wendung f. ; Kurve f. ; Kehre f. || Phot. Fixierbad n. || Autom. *Rayon de virage*, Wendekreis m. | *Virage à droite*, Rechtskurve. | *Virage en épingle à cheveux*, Haarnadelkurve. | *Virage relevé*, überhöhte Kurve. || Loc. *Prendre un virage*, eine Kurve nehmen.
virago [virago] f. Mannweib n. ; Amazone f. || Fig. Drache m.
viral, ale, aux [viral, o] adj. Méd. Virus... | *Affection virale*, Viruserkrankung f. | *Enveloppe virale*, Virushülle f. | *Réplication virale*, Virusreplikation f.
virée [vire] f. Wenden n. ; Wendung f. || Bot. Schlag m. ; Jagen n. || Fam. *Faire une virée*, einen Bummel machen.
virement [virmɑ̃] m. Fin. Überweisung f. ; Umbuchung f. ; Girobuchung f. | *Virement bancaire*, Banküberweisung f. | *Virement postal*, Postüberweisung f. | *Virement télégraphique*, telegraphische Überweisung. | *Compte de virement*, Girokonto n. | *Mandat de virement*, Überweisungsauftrag m. || Mar. Beidrehen n. ; Wenden n.
virer [-re] v. intr. [tourner] wenden ; drehen. || [tendre vers] *Virer au rouge*, ins Rote übergehen. || Mar. *Virer de bord*, sich vor den Wind legen.
◇ v. tr. Comm. überweisen ; umbuchen. | *Virer une somme*, eine Summe übertragen.
virevolte [virvɔlt] f. [Reitkunst] doppelte Volte ; Reiten (n.) eines Doppelkreises .
virevolter [-te] v. intr. Volten reiten ; sich schnell in Kreisen bewegen.
Virgile [virʒil] n. pr. m. Virgil m. ; Vergil m.
virginal, ale, aux [virʒinal, o] adj. jungfräulich ; mädchenhaft. || Fig. unberührt.
virginité [-nite] f. Jungfräulichkeit f. ; Jungfernschaft f. || Fig. Unschuld f. ; Reinheit f.
virgule [virgyl] f. Komma n. ; Beistrich m. || Inf. *Virgule fixe, flottante*, Festkomma n. ; Gleitkomma n. || Math. *Trois virgule cinq*, drei Komma fünf.
viril, ile [viril] adj. männlich ; mannbar. | *Être dans l'âge viril*, im mannbaren Alter sein. || Fig. mannhaft ; männlich. | *Une résolution virile*, ein mannhafter Entschluß.
virilement [-lmɑ̃] adv. nach Mannesart. | *Agir virilement*, sich als ganzer Mann erweisen.
virilité [-lite] f. Männlichkeit f. ; Mannbarkeit f. || Fig. Mannhaftigkeit f. | *Qui a perdu sa virilité*, entmannt.
virole [virɔl] f. Ring m. ; Zwinge f. | *Virole à boudin*, Wulstzwinge f.
virtualité [virtɥalite] f. Wirkungsmöglichkeit f. ; innewohnende Kraft.
virtuel, uelle [-tɥɛl] adj. wirkungsfähig ; möglich. || Inf. *Adresse virtuelle*, virtuelle Adresse. | *Mémoire virtuelle*, virtueller Speicher. || Phys. *Une image virtuelle*, ein virtuelles Bild.
virtuellement [-tɥɛlmɑ̃] adj. möglicherweise.
virtuose [virtɥo:z] m. Meister m. ; Virtuose m.
virtuosité [-zite] f. überragendes Können n. ; Virtuosität f. | *Avec virtuosité*, virtuosenhaft.
virulence [virylɑ̃:s] f. Heftigkeit f. ; Bösartigkeit f. | *La virulence d'une satire*, Bissigkeit (f.) einer Satire. || Méd. Giftigkeit f. ; Virulenz f.

virulent, ente [-lɑ̃, ɑ̃:t] adj. ansteckend ; giftig ; krankheitserregend. || FIG. heftig ; derb ; bissig.

virus [virys] m. Erreger m. ; Krankheitserreger m. ; Virus n. | *Virus filtrant*, filtrierbarer Krankheitserreger. | *Virus lent*, Lentivirus.

vis [vis] f. Schraube f. ; Spindel f. | *Vis à bois*, Holzschraube. | *Filet de vis*, Schraubengewinde n. | *Pas de vis*, Gewindegang m. | *Vis à ailettes*, Flügeldaumenschraube. | *Vis d'Archimède*, Förderschnecke f. | *Vis à fentes croisées*, Kreuzschlitzschraube. | *Vis à tête*, Kopfschraube. | *Vis noyée*, versenkte (Senkkopf)schraube. | *Vis d'arrêt*, Sicherungsschraube. | *Vis de direction*, Lenkschnecke f. | *Vis de réglage*, Stellschraube. | *Vis graduée*, Schalenschraube. | *Vis sans fin*, Schnecke f. | *En forme de vis*, schraubenförmig. | *Escalier à vis*, Wendeltreppe f. | *Serrer une vis*, eine Schraube anziehen. | *Fixer avec des vis*, anschrauben ; verschrauben. | *Assemblage par vis*, Schraubenverbindung. || FIG., POP. *Serrer la vis*, strenger werden.

visa [viza] m. Sichtvermerk m. ; Visum n. | *Visa d'entrée*, Einreisevisum. | *Visa de transit*, Transitvisum.

visage [viza:ʒ] m. [la face humaine] Gesicht n. ; Angesicht n. | *Frapper qn au visage*, jn ins Gesicht schlagen. | *Avoir le visage ovale*, ein längliches Gesicht haben. | *Expression du visage*, Gesichtsausdruck m. || POÉT. Antlitz n. || LOC. *Se montrer à visage découvert*, sein wahres Gesicht zeigen. | *Un visage de pleine lune*, ein Vollmondgesicht. | *Trouver visage de bois*, vor verschlossene Türen kommen. | *Composer son visage*, sich verstellen. | *Changer de visage*, die Farbe wechseln ; sich verfärben. | *Avoir un visage de déterré*, wie ein Gespenst aussehen. | *Faire bon visage à qn*, jn freundlich empfangen.

vis-à-vis [vizavi] loc. adv. [en face de] gegenüber. | *Je loge vis-à-vis*, ich wohne gegenüber.
◇ loc. prép. **vis-à-vis de,** [à l'égard de] gegen ; betreffs. | *Il est aimable vis-à-vis de son frère*, er ist freundlich zu seinem Bruder. | *Être sincère vis-à-vis de soi-même*, sich selbst nichts vormachen.
◇ m. [personne ; chose] *Un vis-à-vis*, ein Gegenüber.
— SYN. : *En face*, gegenüber. *Face à face*, einander gegenüber. *En regard*, hinsichtlich ; gegenüber.

viscache [viskaʃ] f. ZOOL. Hasenmaus f.

viscéral, ale, aux [viseral, o] adj. Eingeweide...

viscère [-sɛ:r] m. Eingeweide n. ; inneres Organ.

viscose [visko:z] f. Zellstoff m.

viscosité [-te] f. Zähflüssigkeit f. ; Klebrigkeit f. ; Schleim m.

visée [vize] f. [dessein] Richtungslinie f. ; Ziel n. ; Absicht f. | *Changer de visée*, seine Absichten ändern. || PHYS. *Lunette de visée*, Schießfernrohr n. || LOC. *Avoir de hautes visées*, hoch hinauswollen.

viser [-ze] v. tr. [diriger] zielen (auf, nach). | *Viser un oiseau*, auf einen Vogel zielen. || [chercher à atteindre] erstreben. || PAR EXT. im Auge haben. | *C'est vous qui étiez visé*, Sie waren gemeint.
◇ v. intr. [mettre en joue] anlegen ; anschlagen ; zielen. | *Le chasseur visa*, der Jäger legte an. || FIG. [tendre à] zielen ; streben ; auf etwas hinarbeiten. | *Il vise à vous humilier*, er ist darauf aus, Sie zu demütigen. | *Viser à l'effet*, nach Effekt haschen.

viser [vize] v. tr. [marquer d'un visa] beglaubigen ; bestätigen. | *Viser une lettre*, einen Brief abzeichnen. | *Viser le passeport*, den Paß bescheinigen.

viseur, euse [vizœ:r, ø:z] s. OPT. Sucher m. ; Suchvorrichtung f. || MIL. Visier n.

visibilité [vizibilite] f. Sichtbarkeit f. | *Tournant sans visibilité*, unübersichtliche Kurve. || AÉRON. *Visibilité au sol*, Bodensicht f. | *Visibilité en vol*, Flugsicht f. || MAR. Sichtigkeit f. ; Sichtweite f.

visible [-zibl] adj. [vue] sichtbar ; sehbar. | *Madame n'est pas visible*, die gnädige Frau ist nicht zu sprechen. || [évident] offensichtlich ; augenscheinlich ; ersichtlich. | *Imposture visible*, offensichtlicher Betrug. | *Visible à l'œil nu*, mit bloßem Auge erkenntlich. || [esprit] wahrnehmbar ; ersichtlich ; merklich. | *Des progrès visibles*, merkliche Fortschritte.
— SYN. : *Perceptible*, wahrnehmbar. *Percevable*, erfaßbar. *Apparent*, offensichtlich. *Ostensible*, offenkundig.

visiblement [-zibləmɑ̃] adv. offensichtlich.

visière [vizjɛ:r] f. [casque] Visier n. ; Helmklappe f. | *Baisser sa visière*, sein Visier herablassen. | *Lever sa visière*, das Visier aufschlagen ; FIG. mit offenen Karten spielen. || [bord] *Visière du casque d'acier*, Stahlhelmrand m. | *Visière de casquette*, Mützenschirm m.

vision [vizjɔ̃] f. **1.** [action de voir] Sehen n. ; Schauen n. || [action de percevoir] Wahrnehmen n. || [sens] Gesicht n.
2. [intuition] Anschauung f. ; Schauen n. | *La vision du monde*, die Weltanschauung.
3. [apparition] Erscheinung f. ; Vision f. ; Gesicht n.
4. [produit de l'imagination, du rêve] Wahnvorstellung f. ; Traumbild n. ; Traumgesicht n. || [chimère] Einbildung f. ; Hirngespinst n. ; Grille f. ; Phantasie f. | *Une pure vision*, eine reine Einbildung. | *Tu as des visions*, du spinnst.
— SYN. : *Mirage*, trügerisches Spiegelbild. *Hallucination*, Sinnestäuschung. *Phantasme*, Traumvorstellung.

visionnaire [-zjɔnɛ:r] adj. seherisch ; visionär.
◇ s. Seher(in) m. (f.).

visionner [-zjɔne] v. tr. FILM. ansehen.

visionneuse [-zjɔnø:z] f. FILM. Filmüberprüfungsmaschine f. || PHOT. Bildbetrachter m.

visitandine [vizitɑ̃din] f. Marienordensschwester f.

visitation [-tasjɔ̃] f. RELIG. *La Visitation*, Heimsuchung Mariae.

visite [vizit] f. [action d'aller voir qn] Besuch m. ; Aufsuchen n. | *Avoir une visite*, Besuch empfangen. | *Rendre sa visite à qn*, jm seinen Besuch erwidern ; einen Gegenbesuch abstatten. | *Une visite de cérémonie*, ein Anstandsbesuch. | *Carte de visite*, Visitenkarte f. | *Heures de visite*, Besuchszeit f. | *Visite de condoléance*, Beileidsbesuch. || MÉD. Visite f. | *Passer la visite*, sich untersuchen lassen. | *Visite du matin à l'hôpital*, Morgenrundgang (m.) im Krankenhaus ; Besichtigung. | *La visite du musée*, Museumsbesichtigung. | *Visite pastorale*, Besuch des Pfarrers.

visiter [-te] v. tr. besuchen ; aufsuchen. || besichtigen. || untersuchen. | *Visiter ses malades*, seine Patienten aufsuchen.

visiteur, euse [-tœ:r, ø:z] s. Besucher(in) m. (f.) ; Gast m. || [représentant] *Visiteur médical*, Pharmareferent(in) m. (f.).

vison [vizɔ̃] m. Nerz m. | *Élevage de visons*, Nerzfarm f. | *Fourrure de vison*, Nerzfell n.

visqueux, euse [viskø, ø:z] adj. klebrig ; zäh ; schleimig ; dickflüssig. | *Substance visqueuse*, klebrige Masse. | *Être visqueux*, kleben.

vissage [visa:ʒ] m. Schrauben n. ; An-, Ein-, Auf-, Ver-, Zu-, Zusammenschrauben.

visser [-se] v. tr. schrauben ; an-, fest-, zuschrauben. || FIG. *Visser quelqu'un*, jn streng halten.

Vistule [vistyl] n. pr. f. GÉOGR. Weichsel f.

visu (de) [devizy] adv. mit eigenen Augen. || FAM. *J'en parle de visu*, ich habe es mit eigenen Augen gesehen.

visualisation [vizyalizasjɔ̃] f. INF. Visualisierung f. ; Anzeige f. | *Écran de visualisation*, Datensichtgerät n.

visualiser [-ze] v. tr. INF. optisch darstellen ; anzeigen.

visuel, uelle [vizɥɛl] adj. Seh-, Gesichts-... | *Rayon visuel*, Strahlengang m. | *Champ visuel*, Gesichtsfeld n.
◇ m. **visuel,** INF. Datensichtstation f.

vital, ale, aux [vital, o] adj. lebensfähig ; Lebens... ; vital. | *Le principe vital*, Lebensgrundsatz m. | *Les forces vitales*, Lebenskräfte f. pl. | *Fonctions vitales*, Lebensfunktionen f. pl. || FIG. lebenswichtig ; grundsätzlich. | *Un organe vital*, lebenswichtiges Organ. | *Une question vitale*, eine grundsätzliche Frage. || HIST. *Espace vital*, Lebensraum m.

vitalisme [-lism] m. PHILOS. Vitalismus m.

vitaliste [-list] m. PHILOS. Anhänger des Vitalismus.
◇ adj. vitalistisch.

vitalité [-lite] f. [état] Lebendigkeit f. || [force] Vitalität f. ; Lebenskraft f. || [aptitude] Lebensfähigkeit f.

vitamine [vitamin] f. Vitamin n.

vitaminé [-ne] adj. vitaminreich.

vite [vit] adv. schnell ; rasch ; geschwind. | *Marcher vite*, eilen. || LOC. *Faites vite*, los ! los ! ; schnell ! ; eilt euch ! | *Au plus vite*, so schnell wie möglich ; möglichst schnell. | *Il a vite oublié*, er hat bald vergessen. | *Il va bien vite*, er ist voreilig. | *Aller vite en besogne*, schnell von der Hand gehen ; etwas unüberlegt unternehmen.

vitellus [vitɛlys] m. Eidotter m. ou n. ; Eigelb n.

vitesse [vitɛs] f. **1.** [mouvement] Schnelligkeit f. ; Geschwindigkeit f. ; Raschheit f. | *Gagner qn de vitesse*, jn überholen ; jm zuvorkommen. | *La vitesse d'un cheval*, die Schnelligkeit eines Pferdes. | *À toute vitesse*, in aller Eile. | *Filer à toute vitesse*, dahinflitzen. || FIG. *Être en perte de vitesse*, an Einfluß verlieren.
2. PHYS. *Vitesse du son*, Schallgeschwindigkeit. | *Vitesse de révolution*, Umlaufgeschwindigkeit. | *Vitesse à vide*, Leerlaufgeschwindigkeit. | *Vitesse sous charge*, Lastdrehzahl.
3. AUTOM. *Boîte de vitesses*, Getriebe n. ; Schaltgetriebe. | *Changer de vitesse*, schalten, einen Gang einschalten. | *Boîte à trois vitesses*, Dreiganggetriebe. | *Levier de vitesse*, Schalthebel m. | *Vitesse horaire*, Stundengeschwindigkeit. | *Vitesse moyenne*, Durchschnittsgeschwindigkeit.
4. TRANSP. [chemins de fer] *En grande vitesse*, als Eilgut. | *En petite vitesse*, als Frachtgut.
5. FIN. *Vitesse de circulation de la monnaie*, Geldumlaufgeschwindigkeit f.
— SYN. : *Rapidité*, Geschwindigkeit. *Célérité*, Zügigkeit. *Promptitude*, pünktliche Fertigstellung.

viticole [vitikɔl] adj. Wein... | *Pays viticole*, Weingebiet n.
— SYN. : *Vinicole*, weinbauend.

viticulteur [-kyltœ:r] m. Winzer m. ; Weinbauer m.

viticulture [-kylty:r] f. Weinbau m.

vitrage [vitra:ʒ] m. [action] Verglasen n. ; Glaserarbeit f. || [fermeture vitrée] Fenster n. ; Glastür f. ; Glaswand f. ; Glasverschlag m. || [rideau] Gardine f. ; Tüllvorhang m.

vitrail, aux [vitra:j, o] m. bleigefaßtes Fenster. || [église] Kirchenfenster.

vitre [vitr] f. Glasscheibe f. ; Fensterscheibe f. | *Poser une vitre*, eine Scheibe einsetzen. | *Casser une vitre*, eine Scheibe einschlagen. || FIG. *Casser les vitres*, alles kurz und klein schlagen ; Krach machen.
— SYN. : *Glace*, Spiegelglas n. *Carreau*, Scheibe f.

vitré, ée [-tre] adj. gläsern ; durchsichtig ; Glas... || MÉD. *Humeur vitrée*, Augenkammerflüssigkeit f.

vitrer [-tre] v. tr. verglasen ; Scheiben einsetzen.

vitrerie [-trəri] f. [fabrication] Glasherstellung f. ; Glashütte f. ; Glaserei f. ; Glaserhandwerk n. || [marchandise] Glaswaren f. pl.

vitreux, euse [-trø, ø:z] adj. glasartig ; glasig. | *Œil vitreux*, Glasauge n.

vitrier [-trije] m. Glaser m.

vitrifiable [-trifjabl] adj. verglasbar ; quarzig.

vitrification [-trifikasjɔ̃] f. Verglasung f. ; Glasfluß m.

vitrifié, iée [-trifje] adj. hochgebrannt. || TECHN. gefrittet.

vitrifier [-trifje] v. tr. [rendre vitreux] in Glas umwandeln. || [parquet] versiegeln.

vitrine [-trin] f. [armoire] Schaukasten m. ; Glasschrank m. ; Schautisch m. || [fenêtre] Schaufenster n. ; Auslage f.

vitriol [vitriɔl] m. Vitriol m. ou n. ; schwefelsaures Salz ; Sulfat n.

vitriolage [-la:ʒ] m. [bain] Vitriolbad n. ; Sauerbad n. || [action] Bespritzen (n.) mit Vitriol.

vitriolé, ée [-le] adj. mit Vitriol behandelt, bespritzt ; vitriolhaltig.

vitrioler [-le] v. tr. mit Vitriol bearbeiten, bespritzen ; in Vitriol tauchen.

vitupération [vityperasjɔ̃] f. Tadeln n. ; Schimpfen n.

vitupérer [-re] v. tr. tadeln ; schimpfen ; mißbilligen.

vivace [vivas] adj. lebenskräftig ; ausdauernd ; langlebig. | *Une haine vivace*, ein eingewurzelter Haß. || BOT. *Plante vivace*, Dauergewächs n.

vivacité [-site] f. [promptitude] Lebhaftigkeit f. ; Lebendigkeit f. ; Belebtheit f. || [mobilité] Beweglichkeit f. ; Rührigkeit f. || [esprit] Munterkeit f. ; Aufgewecktheit f. ; Witz m. | *Vivacité de l'imagination*, blühende Phantasie. || [caractère] Heftigkeit f. ; Hitze f. ; Zähigkeit f. | *La vivacité de ce caractère*, dieser sprunghafte, aufbrausende Charakter m. | *La vivacité de la critique*, die Heftigkeit der Kritik f. || [sentiment] Glut f. ; Feuer n. || [zèle] Eifer m. || FIG. *La vivacité des couleurs*, die Grellheit der Farben f. pl. | *La vivacité du regard*, lebhafter Blick.

vivandier, ière [vivɑ̃dje, jɛ:r] s. Marketender(in) m. (f.) ; Kantinenwirt(in) m. (f.).

vivant, ante [vivɑ̃, ɑ̃:t] adj. [en vie] lebend ; am Leben ; lebendig. | *Un être vivant*, ein Lebewesen. || [survivant] fortwirkend ; überlebend. | *Son œuvre reste vivante*, sein Werk wirkt fort, bleibt geltend. || [animé] lebendig ; belebt ; lebensvoll. | *Scènes vivantes*, lebende Bilder n. pl. | *Un portrait vivant*, ein lebensgetreues Abbild. | *Quartier vivant*, belebtes Stadtviertel. || LOC. *Moi vivant*, solange ich lebe ; bei meinem lebendigen Leib. | *Langue vivante*, lebende, gesprochene Sprache.
◇ s. [personne] Lebende(r) f. (m.). | *Un bon vivant*, ein Lebemann m. ; fideler, lustiger Geselle.
◇ m. *De son vivant*, zu seinen Lebzeiten.
— SYN. : *Vif*, lebhaft.

vivarium [vivarjɔm] m. Tierhaus n. ; Aquarium n. ; Terrarium n.

vivat ! [viva] interj. hoch !
◇ m. Hoch n. | *Des vivats*, Hochrufe m. pl. | *Pousser des vivats*, hochleben lassen.

vive [vi:v] f. ZOOL. Stachelfisch m. ; Queise f.

vivement [vivmɑ̃] adv. [de façon vive] lebhaft ; kräftig. || [vite] schnell ; behend ; rasch. | *Se retourner vivement*, sich rasch umdrehen. || [beaucoup] lebhaft ; sehr. | *S'intéresser vivement à qn*, sich lebhaft für jn interessieren ; einen lebhaften Anteil nehmen an. || [profondément] tief ; schmerzhaft. | *Ressentir vivement* *une perte*, einen Verlust schmerzlich, stark empfinden. | *Vivement touché*, tief ergriffen, gerührt.

viveur [vivœ:r] m. Genußmensch m. ; Lebemann m.

vivier [vivje] m. Fischteich m. ; Fischkasten m.

vivifiant, iante [vivifjɑ̃, jɑ̃:t] adj. belebend. | *Le soleil vivifiant*, die alles belebende Sonne f.

vivifier [-fje] v. tr. [rendre vivant] lebendig machen ; zum Leben erwecken. || [ressusciter] wieder beleben, beseelen. | *Le printemps vivifie la nature*, der Frühling beseelt die Natur wieder.

vivipare [-pa:r] adj. lebendgebärend. ◇ m. lebendige Junge werfendes Tier.

vivisection [-sɛksjɔ̃] f. wissenschaftliche Tierzerlegung f. ; operativer Tierversuch.

vivoter [vivɔte] v. intr. sein Leben fristen ; kümmerlich dahinleben ; sich durchhungern.

vivre [vi:vr] v. intr. et v. tr.

> **I.** Exister : leben ; wachsen ; sich regen.
> **II.** Durer : fortleben ; bestehen.
> **III.** Soutenir sa vie ; se nourrir de : leben (von) ; sich ernähren (von).
> **IV.** Lieu ; manière : wohnen ; leben.
> **V.** Se conduire : sich aufführen.
> **VI.** But : leben für ; leben, um zu...
> **VII.** v. tr. erleben ; durchleben.
> **VIII.** Loc.

I. Exister : leben ; wachsen ; sich regen. || [en général] leben ; lebendig sein ; am Leben sein. | *Il vit encore*, er ist noch am Leben. | *Fatigué de vivre*, lebensmüde. || [plantes] wachsen ; treiben. | *Les palmiers vivent dans les pays chauds*, die Palmen wachsen in den heißen Ländern. || [donner signe de vie] sich regen ; atmen. | *Cet homme vit encore*, dieser Mann atmet noch. | *Il est mort sans avoir vécu*, er starb, ohne sein Leben genossen zu haben.

II. Durer : (fort)leben ; bestehen. || [existence réelle] *Dieu vit dans les siècles des siècles*, Gott lebt von Ewigkeit zu Ewigkeit. | *Ils vivront éternellement*, sie werden ewig fortleben. | *Vivre longtemps*, ein langes Leben haben. | *Vivre âgé*, alt werden. | *Il a vécu* [il est mort], er ist nicht mehr, er hat ausgelebt.

III. Subsister : leben (von). | *Vivre sobrement*, genügsam leben. | *Vivre chichement*, dürftig leben. | *Vivre au jour le jour ; se laisser vivre*, in den Tag hineinleben ; von der Hand in den Mund leben. | *Vivre aux dépens d'autrui*, auf Kosten anderer leben. | *Il fait bon vivre ici*, hier läßt sich gut leben. | *Vivre comme un coq en pâte*, wie die Made im Speck leben. | *Faire vivre qn*, jm Brot geben ; jm am Leben erhalten. | *Il faut bien vivre*, was wollen Sie machen, man muß leben. | *Il n'a pas de quoi vivre*, er hat nichts zu beißen. | *Vivre de qch.*, zehren von. | *Vivre de son travail*, von seiner Hände Arbeit leben. | *Vivre de son traitement*, mit seinem Gehalt auskommen.
◇ Se nourrir de : *Ne vivre que de légumes*, sich nur von Gemüse ernähren. | *Vivre de l'air du temps*, nichts zu beißen noch zu brechen haben.

IV. Lieu ; manière : wohnen ; leben. || [habiter] wohnen ; leben. | *Il vit à Paris*, er wohnt in Paris. | *Il vit à la campagne*, er lebt auf dem Land. | *Vivre hors du monde*, auf dem Monde leben ; ein zurückgezogenes Leben führen. || [cohabiter] *Ils vivent ensemble*, sie führen (einen) gemeinsamen Haushalt. || [existence matérielle] *Vivre en grand seigneur*, ein Herrenleben führen ; auf großem Fuße leben. | *Vivre pauvrement*, in ärmlichen Verhältnissen leben ; ein jämmerliches Leben führen. | *Il a beaucoup vécu*, er hat flott gelebt. || [existence sociale] | *Vivre dans le grand monde*, in der besten Gesellschaft verkehren. || [existence morale] *Vivre dans la tristesse*, sein Leben vertrauern. | *Vivre saintement*, einen frommen Lebenswandel führen.

V. Se conduire : sich aufführen. | *Vivre religieusement*, fromm, gläubig leben. | *Vivre en bon chrétien*, ein christliches Leben führen. | *Vivre en libertin*, ein Lüstling sein. | *Il est facile à vivre*, mit ihm ist gut umgehen. | *Il sait vivre*, er ist ein Lebenskünstler ; er versteht zu leben. | *Apprendre à vivre à qn*, jm Lebensart beibringen.

VI. But : leben für ; um... zu. | *Vivre pour qn*, für jn leben. | *Il ne vit que pour étudier*, er lebt nur seinem Studium. | *Elle vit pour les autres*, ihr Leben gilt den Mitmenschen.

VII. v. tr. leben ; durchleben. | *Vivre une vie heureuse*, ein glückliches Leben haben. | *Vivre une grande joie*, eine große Freude erleben. | *Vivre un événement sensationnel*, ein epochemachendes Ereignis erleben. | *Vivre une heure délicieuse*, eine angenehme Stunde durchleben. | *Vivre pleinement sa vie*, sich ausleben.

VIII. Loc. *Vive la République !*, es lebe die Republik ! | *Qui vive ?*, wer da ? | *Qui vivra verra*, kommt Zeit, kommt Rat.

vivre [vi:vr] m. Lebensmittel n. pl. ; Viktualien pl. ; Mundvorrat m. ; Proviant m. || Mil. *Fournitures des vivres*, Proviantlieferung f. | *Vivres de campagne*, Konserven f. pl. | *Couper les vivres à qn*, jm den Brotkorb höher hängen ; jn auf knappe Rationen setzen ; jm Unterstützungen streichen. || Loc. *Avoir le vivre et le couvert chez qn*, bei jm freie Kost haben.

vivrier, ière [vivrije, jɛ:r] adj. Lebensmittel... ; Lebensmittel erzeugend ; Nahrungs... | *Cultures vivrières*, Bau von Nährpflanzen.

vizir [vizi:r] m. Vezier ou Wesir m. | *Grand vizir*, Großwesir m.

vlan ! [vlɑ̃] interj. bums ! ; rumms ! ; wutsch !

vocable [vɔkabl] m. Vokabel f. ; Wort n. || Relig. *Sous le vocable de...*, dem heiligen... geweiht.

vocabulaire [-bylɛ:r] m. [livre] Wörterverzeichnis n. | *Vocabulaire de médecine*, medizinisches Wörterbuch. || [mots] Wortschatz m. | *Le vocabulaire allemand*, der deutsche Wortschatz.

vocal, ale, aux [vɔkal, o] adj. stimmlich ; stimmhaft ; mündlich. | *Les organes vocaux*, die Sprechorgane n. pl. | *Musique vocale*, Gesangsmusik f. || Anat. *Cordes vocales*, Stimmbänder n. pl.

vocalique [-lik] adj. stimmhaft ; vokalisch.

vocalisation [-lizasjɔ̃] f. Gramm. Aussprechen (n.) der Vokale m. pl. || [diction] stimmhaftes Sprechen. || Mus. Klanggebung f.

vocalise [-li:z] f. Mus. Singübung f. ; Vokalise f.

vocaliser [-lize] v. intr. Stimmübungen (f. pl.) machen ; vokalisieren.

vocalisme [-lism] m. Gramm. [théorie] Stimmlautlehre f. ; Stimmlautaufbau m. || [son] Wortklang m. ; Vokalismus m.

vocatif [-tif] m. Anrede-, Ruffall m.

vocation [-sjɔ̃] f. Théol. Berufung f. || Par ext. Neigung f. ; Bestimmung f. | *Suivre sa vocation*, seiner Neigung nachgeben ; seiner Berufung folgen. | *Ne pas avoir la vocation*, nicht dazu ausersehen sein.

vociférations [vɔsiferasjɔ̃] f. pl. Verwünschungen f. pl. ; Gebrüll n. ; Geschrei n. ; Gezeter n.

vociférer [-re] v. intr. schreien ; zetern ; verwünschen ; beschimpfen.

vœu [vø] m. **1.** Relig. [promesse solennelle] Gelübde n. ; Gelöbnis n. | *Vœux monastiques*, Ordensgelübde. | *Prononcer des vœux*, Gelübde ablegen. ||

[promesse] Versprechen n. | *Faire vœu de*, geloben ; sich fest vornehmen, etwas zu tun.
2. [souhait] Wunsch m. | *Mes meilleurs vœux*, meine besten (Glück)wünsche. | *Être au comble de ses vœux*, am Ziel seiner Wünsche sein. | *Former le vœu*, den Wunsch hegen. | *Faire des vœux pour la prospérité de qn*, jm Glück wünschen. || [désir ardent] Begehren n. ; Sehnsucht f. | *Appeler qch. de tous ses vœux*, sich nach etwas sehnen.

vogue [vɔg] f. Ruf m. ; Beliebtheit f. ; Mode f. | *En vogue*, in Mode. | *Être en vogue*, sehr gefragt sein. | *Mettre en vogue*, in Ruf setzen ; in Aufnahme bringen. | *Une pièce en vogue*, ein zugkräftiges Stück ; ein Kassenschlager. | *Un livre en vogue*, ein viel gelesenes Buch. | *Une expression en vogue*, ein Modeausdruck m. | *Restaurant en vogue*, ein Gasthof mit großem Zulauf.

voguer [vɔge] v. intr. [ramer] rudern. || [naviguer] dahinsegeln ; dahinschwimmen. | *Voguer à pleines voiles*, mit vollen Segeln dahinschwimmen ; FIG. durchschlagenden Erfolg haben. || FIG. *Vogue la galère !*, auf gut Glück !

voici [vwasi] prépos. **1.** [présent] hier ist ; hier steht, liegt, hängt, sitzt ; hier ; da. | *Voici ma maison*, hier steht mein Haus. | *Voici Paul*, da kommt Paul. | *Voici la fin de notre misère*, das ist das Ende unseres Elends. | *En voici le salaire*, da haben Sie den Lohn dafür. | *Nous voici quatre*, da, nun sind wir schon zu viert. | *Nous voici arrivés*, da sind wir nun.
2. [futur] nun ; jetzt ; da. | *Voici venir le printemps*, nun kommt der Frühling ; der Frühling steht vor der Tür. | *Voici que la terre tremble*, da bebt die Erde. || [symétrique de **voilà**] *Voici votre chapeau, voilà le mien*, hier ist ihr Hut, da ist meiner.
3. LOC. *Nous y voici*, da haben wir's. | *Voici pourquoi*, der Grund davon war, daß... | *Et voici comment*, und zwar so. — OBSERV. En règle générale, *voici* désigne une chose ou une personne proche, *voilà* un objet plus éloigné ; *voilà* se rapporte à ce qui a été fait, *voici* à ce qui va être fait. Dans l'usage, *voilà* est souvent employé à la place de *voici*.

voie [vwa] f. **1.** [chemin] Weg m. || PR. et FIG. Bahn f. | *Voie piétonne*, Fußgängerweg. | *Voie publique*, öffentlicher Weg. | *Sur la voie publique*, auf offener Staße. | *Voie privée*, Privatweg ; nicht öffentlicher Weg. | *Voie de communication*, Verbindungsweg. | *Voie romaine*, römische Heerstraße f. | *Voie navigable*, Wasserweg. | *Voie maritime*, Seeweg. | *Par voie de terre*, zu Lande. | *Par voie de mer*, zu Wasser. | *Par la voie postale*, per Post. | *Suivre une voie*, einen Weg wandeln. | *Voie hiérarchique*, Amtsweg ; Instanzenweg. | *Être dans la bonne voie*, auf dem rechten Wege sein. | *Suivez cette voie*, folgen Sie diesem Weg. | *Remettre dans la bonne voie*, wieder in die Wege leiten. | *Les voies du Seigneur*, Gottes Wege. | *Les voies de la Providence*, die Wege der Vorsehung. || [trace] Spur f. | *Être sur la voie*, auf der Spur sein.
2. [moyen] Weg m. ; Mittel n. | *Par la voie de*, über ; vermittels. | *Des voies obliques*, krumme Wege. | *Par voie d'entente*, auf gütlichem Weg. | *Par la voie des armes*, mit Waffengewalt. | *Par voie d'emprunt*, auf dem Anleiheweg. | *Voies de fait*, Gewalttat ; Tätlichkeit f. ; tätliche Beleidigung. | *Passer aux voies de fait*, handgreiflich werden. — **en voie de,** loc. prép. auf dem Wege zu. | *Espèce en voie de disparition*, vom Aussterben bedrohte Art. | *En voie de guérison*, auf dem Wege der Besserung. | *Être en voie de formation*, im Werden sein.
3. JUR. Rechtsweg m. | *Par voie de justice*, auf gerichtlichem Weg. | *Par voie d'appel*, auf dem Weg der Berufung. | *Par voie de procédure*, durch einen Prozeß.
4. TRANSP. [chemins de fer] Gleis n. ; Geleise n. ; Bahn f. | *Voie ferrée*, Schienenweg ; Eisenbahn. | *Voie d'arrivée*, Anfuhrgleis. | *Voie de raccordement*, Anschlußgleis. | *Voie en cul-de-sac*, totes Gleis. | *Voie étroite*, Schmalspur f. | *À voie étroite*, schmalspurig. | *À voie normale*, normalspurig. | *À voie unique*, eingleisig. | *Voie de garage*, Abstell-, Rangiergleis. | *Voie de service*, Nebengleis. | *Largeur de voie*, Spurweite f. || [automobiles] *Voie d'accès*, Zufahrt f. ; Auffahrt f. | *Voie express*, Schnellstraße f. | *Voie sans issue*, Sackgasse f. | *Voie à sens unique*, Einbahnstraße f.
5. (sens particuliers) MAR. *Voie d'eau*, Wassereinbruch m. ; Leck n. | *Aveugler une voie d'eau*, ein Leck verstopfen. || MÉD. *Voies respiratoires*, Atemwege. | *Voies digestives*, Verdauungswege. || TECHN. *La voie d'une scie*, die Bahn einer Säge. | *Donner de la voie à une scie*, die Zähne schränken. || ASTRON. *La Voie lactée*, die Milchstraße.

voilà [vwala] prép. **1.** hier ; da ; da ist ; da sind. | *Voilà mon cousin*, da kommt mein Vetter. | *Me voilà*, da bin ich. || (nuance de passé) *Voilà qu'on sonne*, da, es hat geläutet. | *Voilà tout*, so, das ist alles ; weiter nichts. | *Voilà mes raisons*, so, das waren meine Gründe. || (en relation avec « voici ») da. | *Voici mon père, voilà le tien*, hier ist mein Vater, da ist der deine.
2. LOC. *Voilà le groupe qui prédomine*, da ist die Gruppe, die überwiegt. | *Voilà qui plaira à ma mère*, das wird ja meiner Mutter gefallen. | *Voilà que*, und siehe ! | *Voilà comme je suis*, ich bin einmal so. | *Nous y voilà*, siehst du, da haben wir die Bescherung ; da haben wir's. | *En voilà du propre*, das ist ja eine reizende Bescherung. | *Me voilà frais*, da bin ich ja schön dran. | *Vous y voilà*, da haben Sie es getroffen. | *Voilà qui s'appelle vivre*, das heißt leben ; das nennt man leben. | *Ne voilà-t-il pas qu'il se met à rire*, da fängt er gar zu lachen an. | *Voilà pourquoi*, darum ; deshalb. | *Voilà trois jours*, es ist drei Tage her ; vor drei Tagen. | *Voilà six ans qu'il y travaille*, sechs Jahre arbeitet er schon daran.

voilage [vwala:ʒ] m. [tissu] Schleiergewebe n. || [rideaux] Vorhänge m. pl.

voile [vwal] m. [étoffe] Schleier m. ; Flor m. ; Hülle f. | *Voile de veuve*, Witwenschleier m. | *Couvert d'un voile*, verschleiert. || FIG. *Avoir un voile devant les yeux*, nicht klar sehen. | *Arracher le voile à qn*, jn entlarven. | *Jeter le voile sur*, etwas verschleiern. | *Le voile de la nuit*, der Schleier der Nacht. | *Déchirer le voile*, entschleiern ; aufdecken. | *Sous le voile de*, unter dem Decknamen, dem Deckmantel. || [coiffe] Haube f. | *Voile d'une religieuse*, Schwesternhaube f. | *Prendre le voile*, den Schleier nehmen. || ANAT. *Le voile du palais*, Gaumensegel n.

voile [vwal] f. MAR. Segel n. | *La grande voile*, Großsegel. | *Déployer les voiles*, Segel setzen. | *Baisser les voiles*, Segel raffen. | *À pleines voiles*, mit vollen Segeln. | *La voile se gonfle*, das Segel bläht sich. | *Mettre à la voile*, unter Segel gehen. | *Amener les voiles*, die Segel streichen. | *Toutes voiles dehors !*, alle Segel beigesetzt ! | *Vol à voile*, Segelflug m.

voilé, ée [-le] adj. [couvert] verschleiert ; verdeckt ; verhüllt. | *Regard voilé*, verschleierter Blick. || FIG. *Reproche voilé*, versteckter Vorwurf. | *Parler en termes voilés*, FAM. durch die Blume sprechen. || [déformé] *Roue voilée*, verzogenes Rad n.

voiler [-le] v. tr. verschleiern ; verdecken. | *Voiler d'un rideau*, durch einen Vorhang verdecken. | *Voiler le regard*, den Blick verdüstern. | *Voiler la lumière*, das Licht verhüllen, abblenden. || FIG. verschleiern ; bemänteln ; hüllen.
◇ v. pr. **se voiler,** sich (ver)ziehen ; sich werfen. || FIG. sich umwölken ; sich trüben.

voilette [-lɛt] f. Augenschleier m.

voilier [-lje] m. [fabricant] Segelmacher m. || [bateau] Segler m. ; Segelschiff n. || ZOOL. Zugvogel m.

voilure [-ly:r] f. [en général] Besegelung f. ; Segelwerk n. | *Carguer la voilure*, die Segel reffen. |

Changer de voilure, Segel wechseln. || [déformation] *Voilure du bois*, Sichwerfen (n.) des Holzes. || AÉRON. Tragwerk n.

voir [vwa:r]

> **I.** v. intr.
> **1.** ÊTRE DOUÉ DE LA VUE ; PERCEVOIR : sehen ;
> **2.** AVOIR VUE SUR : auf... sehen ;
> **3. voir à :** dafür sorgen ; darauf achten.
> **II.** v. tr.
> **1.** PERCEVOIR : sehen, schauen ;
> **2.** ÊTRE TÉMOIN DE : mit ansehen ;
> **3.** CONNAÎTRE ; RECONNAÎTRE : sehen ; erkennen ;
> **4.** CONSIDÉRER : ansehen ;
> **5.** PRÉVOIR : voraussehen ;
> **6.** FRÉQUENTER : besuchen ; verkehren mit ;
> **7. voir venir ; voir faire ; faire voir ; en, y, à voir ;**
> **8.** part. pass. **vu.**
> **9.** loc. conj. **vu que.**
> **III.** v. pr. **se voir.**
> **IV.** LOC.

I. v. intr. **1.** ÊTRE DOUÉ DE LA VUE ; PERCEVOIR : sehen. | *Voir bien*, gut sehen. | *N'y voir goutte*, nicht sehen können. || PR. et FIG. *Voir clair*, klar, deutlich sehen. **2.** AVOIR VUE SUR : auf... sehen. | *De la colline on voit le village*, von dem Hügel hat man Aussicht auf das Dorf. **3. voir à :** dafür sorgen ; darauf achten. | *Voyez à ce qu'il ne manque de rien*, sorgt dafür, daß ihm an nichts fehle.

II. v. tr. **1.** PERCEVOIR ; APERCEVOIR : sehen ; schauen ; erblicken. | *Voir de ses yeux*, mit eigenen Augen sehen. | *Voir de près*, von nahe schauen. | *On n'a jamais vu pareille chose*, so etwas hat man noch nie gesehen. | *Je voudrais bien voir cela*, das möchte ich aber sehen. | *Je le vis tomber*, ich sah, wie er hinfiel. | *Voir qn d'un bon œil*, jn mit freundlichem Auge ansehen. | *Voir qn d'un mauvais œil*, jn mit scheelen Augen ansehen. **2.** ÊTRE TÉMOIN DE ; ASSISTER À : etwas mit ansehen ; etwas (dat.) beiwohnen ; erleben. | *Il a vu l'accident*, er hat den Unfall mit angesehen. | *Il faut que je voie cela*, das muß ich mir ansehen. | *Nous avons vu le drame se produire*, wir haben dem dramatischen Vorfall beigewohnt. | *Il a beaucoup vu*, er hat viel erlebt. | *Je ne le verrai plus*, ich werde es nicht mehr erleben. **3.** CONNAÎTRE ; RECONNAÎTRE : sehen ; erkennen. | *Voir au microscope*, im Mikroskop erkennen. | *On voit que vous...*, man sieht Ihnen an, daß Sie... | *Où avez-vous vu cela ?*, wo haben Sie das her ? | *Voir le sens d'un texte*, den Sinn eines Textes erkennen. | *Je vois mon erreur*, ich sehe meinen Irrtum ein. || FAM. *Il n'y voit que du feu*, er kapiert nichts davon. | *Voir rouge*, in Wut geraten. **4.** CONSIDÉRER : sehen ; ansehen ; nachsehen ; beurteilen. | *Il faudra voir*, man wird nachprüfen müssen. | *Voyez ce qui se passe*, sehen Sie mal nach, was vorgeht, los ist. | *Vois s'il est chez lui*, erkundige dich, ob er zu Hause ist. | *Le médecin voit le malade*, der Arzt untersucht den Kranken. | *À voir ses habits*, nach seiner Kleidung zu urteilen. | *Voir autrement*, eine andere Ansicht haben. | *Voir la vie en rose*, das Leben im rosigsten Licht sehen. | *Voir tout en noir*, alles schwarz (in schwarz) sehen. **5.** PRÉVOIR : sehen ; voraussehen. | *Voir de loin*, es kommen sehen. | *Il ne vit pas que la guerre approchait*, er sah nicht den nahen Krieg. | *Il ne voit pas plus loin que son nez*, der sieht nur bis zu seiner Nasenspitze. **6.** FRÉQUENTER : besuchen ; verkehren mit. | *Aller voir qn*, jn besuchen. | *Voir son avocat*, mit seinem Anwalt sprechen. | *On ne vous voit plus*, man sieht Sie überhaupt nicht mehr. | *Il ne voit personne*, er lebt zurückgezogen. **7. voir venir :** *Voir venir qch.*, etwas an sich herankommen lassen. | *Je te vois venir avec tes gros sabots*, ich sehe schon, wo du hinaus willst. | *Voir venir avant d'agir*, abwarten, bevor man handelt. — **voir faire :** *Je l'ai vu faire son tour*, ich habe gesehen, wie er sein Kunststück ausübte. — **faire voir :** *Fais voir ta main !*, zeige mal deine Hand her ! | *Je lui ferai bien voir*, ich werde es ihm schon zeigen. | *Se faire voir*, sich sehen lassen ; erscheinen. — **en voir :** *Il en voit de toutes les couleurs*, er macht viel(es) durch (mit). | *J'en ai vu d'autres*, ich habe schon Schlimmeres erlebt ; das kann mir nicht imponieren. | *Il en fait voir à ses parents*, er bereitet seinen Eltern viel Kummer ; er macht seinen Eltern die Hölle heiß. — **y voir :** *Venez y voir*, kommen Sie nur mal her. — **à voir :** *Ceci est à voir*, na, das wollen wir erst mal sehen. | *Cela n'a rien à voir avec notre affaire*, das hat gar nichts mit unserer Sache zu tun. **8.** part. pass. **vu :** *Être mal vu de ses voisins*, bei seinen Nachbarn schlecht angesehen sein. | *Bien vu*, gern gesehen. | *Voilà qui est bien vu*, da haben Sie's richtig gefaßt ! | *Ni vu ni connu*, ungesehen, unbemerkt. || prép. *Vu les difficultés actuelles*, angesichts der gegenwärtigen Schwierigkeiten. **9.** loc. conj. **vu que :** *Vu qu'il n'est pas très appliqué*, da er nicht sehr fleißig ist.

III. v. pr. **se voir :** [se regarder] *Se voir dans une glace*, sich spiegeln. || [se juger] *Se voir tel qu'on est*, sich richtig einschätzen. || [se produire] *Cela se voit rarement*, das kommt selten vor. || [réciprocité] *Il y a dix ans que nous nous voyons*, schon seit zehn Jahren verkehren wir miteinander. || (sens passif) *Cela se voit*, so was kommt vor. | *Cela se voit tous les jours*, das ist alltäglich. | *Cela ne s'est jamais vu*, das ist noch nie dagewesen. | *Cette couleur ne se voit guère*, diese Farbe ist kaum sichtbar. || [se considérer] *Il se voit déjà ministre*, er sieht sich schon als Minister.

IV. LOC. *Voyons !*, siehst du ; na also ; nicht wahr ! ; im Ernst ! | *Voyez-moi ça !*, so so ; da seht mal her ! | *On verra bien*, wir werden schon sehen. || FAM. *Un m'as-tu vu*, ein Wichtigtuer ; ein Geck. | *Venez voir*, guckt euch das an ; seht mal her. || PROV. *Qui vivra verra*, kommt Zeit, kommt Rat.

voire [vwa:r] adv. ja (sogar) ; selbst ; mehr noch... | *Il était fâché, voire furieux*, er war böse, ja sogar wütend.

voirie [vwari] f. [service] Straßenverwaltung f. || [enlèvement des ordures] Müllabfuhr f. || [dépôt d'ordures] Mülldeponie f.

voisin, ine [vwazɛ̃, in] adj. benachbart ; angrenzend. | *Des peuples voisins*, Nachbarvölker n. pl. | *Être voisin de qch.*, angrenzen an. | *Rue voisine*, Nebenstraße f. | *Pièce voisine*, Nebenraum m.
◇ s. Nachbar m. ; Nachbarin f. ; Anwohner(in) m. (f.). | *Rapports entre voisins*, Nachbarschaft f. | *En voisins*, nachbarlich.

voisinage [-zina:ʒ] m. Nachbarschaft f. | *Rapports de bon voisinage*, gutnachbarliche Beziehungen.

voisiner [-zine] v. intr. die Nachbarschaft pflegen.

voiturage [vwatyra:ʒ] m. Wagentransport m.

voiture [-ty:r] f. [véhicule] Wagen m. ; Fahrzeug n. ; Fuhrwerk n. | *Voiture à deux roues*, zweirädriger Wagen. | *Voiture à bras*, Handkarren. | *Voiture à chevaux*, Pferdewagen. | *Voiture d'enfant*, Kinderwagen. | *Voiture automobile*, Kraftfahrzeug. | *Voiture banalisée*, Zivilautostreife f. | *Voiture de course*, Rennwagen. | *Voiture de livraison*, Lieferwagen. | *Voiture d'occasion*, gebrauchter Wagen. | *Voiture de tourisme*, Personenkraftwagen (PKW). | *Voiture ouverte*, offener Wagen. | *Voiture de louage*, Mietwagen. | *Voiture de chemin de* *fer*, Eisenbahnwagen. | *Voiture directe*, durchlaufender Wagen ; Kurswagen. | *Voiture-atelier*, Werkstattwagen. | *Aller en voiture*, fahren. | *Trajet en voiture*, Fahrt f. | *Monter en voiture*, einsteigen. | *En voiture, s'il vous plaît*, einsteigen, bitte ! | *Frais de voiture*, Frachtgeld n. ; Fuhrlohn m. || [charge d'une voiture] Fuhre f. ; Ladung f.

— SYN. : *Véhicule*, Fahrzeug n.

voiturée [-tyre] f. Wagenladung f. | *Une voiturée de choux*, eine Wagenladung Kohl.

voiturer [-tyre] v. tr. fahren ; befördern.

voiturette [-tyrɛt] f. Wägelchen n. || [voiture sans permis] (*etwa*) Kabinenroller m.

voiturier [-tyrje] m. Fuhrmann m. ; Frachtfahrer m.

voix [vwa] f. **1.** [son] Stimme f. | *Voix forte*, starke Stimme. | *Voix haute*, laute Stimme. | *Voix seule*, Einzel-, Solostimme f. | *Voix discordante*, schrille Stimme. | *Avoir un filet de voix*, ein dünnes Stimmchen haben. | *Donner de la voix*, Laut geben ; Krach machen ; keifen. | *À mi-voix*, halblaut. | *À portée de la voix*, in Rufweite f. | *Larmes dans la voix*, tränenerstickte Stimme. | *Voix de soprano*, Sopranstimme. | *Chanter à pleine voix*, aus voller Kehle singen. | *Un canon à trois voix*, dreistimmiger Kanon. | *De vive voix*, mündlich. | *Voix blanche*, matte Stimme. | *Voix d'homme*, Männerstimme. || FIG. *La voix du sang*, Stimme des Bluts. | *Voix intérieure*, eine innere Stimme.

2. [opinion] Meinung f. | *La voix publique*, die öffentliche Meinung. | *Avoir voix au chapitre*, Sitz und Stimme haben.

3. [suffrage] Stimmabgabe f. | *Donner sa voix*, seine Stimme abgeben ; abstimmen. | *Compter les voix*, die Stimmen auszählen. | *La voix consultative*, beratende Stimme. | *Aller aux voix*, zur Abstimmung schreiten. | *Donner sa voix à*, (ab)stimmen für. | *Avoir toutes les voix*, einstimmig gewählt sein. | *D'une seule voix*, einstimmig.

4. GRAMM. *Voix active*, Tätigkeitsform f. ; Aktiv n. | *Voix passive*, Leideform f. ; Passiv n.

vol [vɔl] m. [en l'air] Flug m. ; Fliegen n. | *Au vol*, im Fluge. | *Prendre son vol*, auffliegen. || (distance) Flugstrecke f. ; Flugweite f. || AÉRON. *Vol en hauteur*, Höhenflug. | *Vol plané*, Gleitflug. | *Vol à voile*, Segelflug. | *Vol à basse altitude*, Tiefflug. | *Vol sans escale*, Nonstopflug. | *Vol à vue*, Sichtflug. | *Vol sans visibilité*, Blindflug. | *Vol régulier*, Linienflug. || FIG. Flug m. ; Schwung m. || LOC. *Saisir l'occasion au vol*, die Gelegenheit beim Schopfe ergreifen. | *À vol d'oiseau*, aus der Vogelperspektive(schau) ; schnurgerade ; in der Luftlinie. || [bande d'oiseaux] Flug m. ; Zug m. | *Un vol de colombes*, ein Flug, eine Flucht Tauben.

vol [vɔl] m. [action de prendre] Diebstahl m. ; Raub m. | *Commettre un vol*, einen Diebstahl begehen. | *Vol avec effraction*, Einbruchsdiebstahl. | *Vol de grand chemin*, Straßenraub. | *Vol qualifié*, schwerer Diebstahl ; Diebstahl unter erschwerenden Umständen. | *Vol à l'escalade*, Einsteigediebstahl. | *Vol à l'étalage*, Auslagendiebstahl. | *Vol à la tire*, Taschendiebstahl. | *Vol à main armée*, Raubüberfall m. | *Vol par ruse, par substitution*, Trickdiebstahl. || [produit] Diebesgut n. ; gestohlene Sache.

— SYN. : *Larcin*, Dieberei ; Entwendung.

volage [vɔla:ʒ] adj. flatterhaft ; leichtfertig. | *La fortune est volage*, das Glück ist launisch. || FIG. *Un cœur volage*, ein flatterhaftes Herz.

volaille [vɔla:j] f. Geflügel n. ; Federvieh n. | *Une volaille rôtie*, ein Brathuhn n.

volailler [-je] m. [marchand] Geflügelhändler m.

volant [vɔlɑ̃] adj. fliegend. | *Poisson volant*, fliegender Fisch m. | *Fusée volante*, Rakete f. || FIG. [mobile] beweglich ; lose. | *Des feuilles volantes*, fliegende, lose Blätter. | *Table volante*, Servier-, Spieltischchen. | *Pont volant*, Pontonbrücke f. || MIL. *Escadron volant*, Aufklärungsschwadron f.

◇ m. [jouet] Federball m. | *Jouer au volant*, (mit dem) Federball spielen. || [roue] Schwungrad n. || [étoffe] Falbel f. || [voiture] Steuerrad n. || FIG. Reserve f. ; Kraftreserve.

volatil, ile [vɔlatil] adj. fliegend ; flüchtig. || verflüchtigend. | *Sel volatil*, Riechsalz n.

volatile [vɔlatil] m. geflügeltes Tier ; Geflügel n. ; Federvieh n.

volatiliser [-lize] v. tr. verflüchtigen ; vergasen. || FIG. vernichten.

◇ v. pr. **se volatiliser,** sich in Gas auflösen ; verdampfen ; verdunsten.

volatilité [-lite] f. PHYS. Flüchtigkeit f.

vol-au-vent [vɔlovɑ̃] m. CULIN. Pastete f.

volcan [vɔlkɑ̃] m. Vulkan m. ; feuerspeiender Berg. | *Éruption d'un volcan*, Vulkanausbruch m. || FIG. *Danser sur un volcan*, auf einem Vulkan leben.

volcanique [-kanik] adj. vulkanisch. | *Scorie volcanique*, vulkanischer, eruptiver Auswurf.

volcanisme [-kanism] m. Eruptionslehre f. ; Vulkanismus m.

vole [vɔl] f. [au jeu] Schlemm m. | *Faire la vole*, alle Stiche machen.

volée [vɔle] f. [action] Flug m. ; Aufflug m. | *Prendre sa volée*, auffliegen ; ausfliegen. || [groupe] Schwarm m. ; Flug m. | *Une volée de moineaux*, ein Spatzenschwarm. || FIG. [classe] *Une personne de la haute volée*, eine hochgestellte Persönlichkeit. || [abondance] *Une volée d'obus*, ein Feuerüberfall ; eine Salve. | *Sonner à toute volée*, Sturm läuten. | *Volée de coups*, eine Tracht Prügel. || TECHN. *Volée d'escalier*, Treppenstück n. | *Volée de la grue*, Kranarm m. || LOC. *À la volée*, im Fluge ; unüberlegt.

voler [vɔle] v. intr. [se mouvoir en l'air] fliegen. | *En volant*, beim Fluge. | *Voler à tire-d'aile*, pfeilgeschwind fliegen. || [se hâter] eilen ; rasen. | *Voler au secours*, zu Hilfe eilen. || FIG. *Voler de ses propres ailes*, auf eigenen Füßen stehen ; flügge sein. | *Voler en éclats*, in Stücke fliegen ; zersplittern.

voler [vɔle] v. tr. [dérober] stehlen ; rauben ; einen Diebstahl begehen. | *Voler qn*, jn bestehlen. | *Voler avec effraction*, einbrechen. || FIG. *Je suis volé*, da bin ich reingefallen. || FAM. *Il ne l'a pas volé,* [il le mérite bien] das hat er sich redlich verdient ; [c'est bien fait pour lui] er hat's nicht anders verdient.

— SYN. : *Piller*, ausplündern. *Escroquer*, beschwindeln. *Extorquer*, erpressen. *Dépouiller*, ausziehen. *Détrousser*, ausrauben. *Dévaliser*, entleeren. *Cambrioler*, einbrechen.

volet [vɔlɛ] m. [fenêtre] Fensterladen m. | *Volet roulant*, Rolladen m. || [panneau] Tafel f. | *Volet de triptyque*, Altartafel f. || FIG. *Trié sur le volet*, ausgesucht ; auserlesen. || AÉRON. *Volet d'aérofrein*, Luftbremsklappe f. | *Volet hypersustentateur*, Hochauftriebsklappe.

voleter [vɔlte] v. intr. flattern ; herumschwirren.

voleur, euse [vɔlœ:r, ø:z] adj. diebisch. | *Pie voleuse*, diebische Elster.

◇ s. Dieb m. ; Diebin f. ; Spitzbube m. | *Voleur de grand chemin*, Straßenräuber. | *Voleur à la tire*, Taschendieb m. || LOC. *Au voleur !*, haltet den Dieb ! | *Venir comme un voleur*, wie ein Dieb geschlichen kommen. | *Voleur et assassin*, Raubmörder m.

— SYN. : *Cleptomane*, krankhafter Dieb. *Pickpocket*, Langfinger. *Coupeur de bourse*, Börsenjäger.

volière [vɔljɛ:r] f. [cage] Vogelhaus n. ; großes Bauer n.

volige [vɔli:ʒ] f. Schindelbrett n.

volitif, ive [vɔlitif, i:v] adj. willensmäßig ; Willens...

volition [-sjɔ̃] f. Willensäußerung f. ; Willensakt m. ; Wollen n.

volontaire [vɔlɔ̃tɛ:r] adj. [avec liberté] freiwillig. | *Sacrifice volontaire*, freiwilliges Opfer. || [avec intention] absichtlich. || FIG. eigenwillig ; eigensinnig.
◇ s. Freiwillige(r) f. (m.).

volontairement [-tɛrmɑ̃] adv. freiwillig ; gutwillig ; aus freien Stücken. || FIG. eigenwillig.
— SYN. : *De bon gré*, freiwillig, gutwillig. *Volontiers*, gern.

volontariat [-tarja] m. freiwilliger Militärdienst.

volonté [-te] f. [faculté ; acte] Wille m. ; Willensäußerung f. ; Wollen n. | *Une volonté de fer*, ein eiserner Wille. | *Il n'en fait qu'à sa volonté*, er geht nur nach seinem eigenen Kopf. || LOC. *Manifester sa volonté de*, zu erkennen geben, daß man gewillt ist. | *À volonté*, nach Belieben. | *Il ne manque pas de bonne volonté, mais*, er möchte ja gern, aber. | *Telle est ma volonté*, also ist mein Wille. || RELIG. *Que ta volonté soit faite*, Dein Wille geschehe ! | *Mauvaise volonté*, Böswilligkeit. | *Bonne volonté*, Gutwilligkeit f. | *Avec la meilleure volonté (du monde)*, beim besten Willen. | *Les hommes de bonne volonté*, die guten Willens sind.
◇ pl. [caprices] Launen f. pl. | *Faire ses volontés*, nur tun, was einem gefällt ; launisch sein. || FIG. [testament] *Dernières volontés*, letzter Wille.
— SYN. : *Dessein*, Absicht. *Intention*, Vorhaben.

volontiers [-tje] adv. gern ; mit Vergnügen. | *Plus volontiers*, lieber. | *Le plus volontiers*, am liebsten.
— OBSERV. Les nuances de l'adverbe *gern* correspondent, en français, à des locutions verbales avec *aimer, aimer mieux, préférer*.

volt [vɔlt] m. Volt n. | *Tension de deux cents volts*, Zweihundertvoltspannung f.

voltage [-ta:ʒ] m. Voltzahl f. ; Spannung f.

voltairien, ienne [-rjɛ̃, jɛn] adj. nach der Art Voltaires ; aufklärerisch.
◇ m. Voltairianer m. ; Freigeist m.

volte [vɔlt] f. [manège] Wendung f. ; Volte f.

volte-face [vɔltəfas] f. Kehrtwendung f. | *Faire volte-face*, kehrtmachen ; FIG. seine Meinung plötzlich wechseln ; umschwenken.

volter [-te] v. intr. sich umdrehen ; sich wenden. | *Faire volter un cheval*, ein Pferd voltieren.

voltige [-ti:ʒ] f. Springkunst f. | *Faire de la voltige*, voltigieren. || [manège] Pferdesprung m.

voltiger [-tiʒe] v. intr. flattern ; herumflattern ; gaukeln. | *Le papillon voltige*, der Schmetterling taumelt, flattert.

voltigeur, euse [-tiʒœ:r, ø:z] s. MIL. Aufklärer m. ; Voltigeur m. || [acrobate] Kunstspringer m. ; Akrobat m.

voltmètre [vɔltmɛtr] m. Spannungsmesser m. ; Voltmeter n. ou m.

volubile [vɔlybil] adj. BOT. herumwindend. || [loquace] geschwätzig.

volubilis [-lis] m. BOT. Winde f.

volubilité [-lite] f. Wendigkeit f. ; Fertigkeit f. || [langage] Zungenfertigkeit f. ; Geläufigkeit f. | *Elle parle avec volubilité*, sie hat ein gutes Mundwerk ; sie redet wie ein Wasserfall.

volume [vɔly:m] m. [tome] Band m. | *Un ouvrage en dix volumes*, ein zehnbändiges Werk. || [étendue] Umfang m. ; Ausmaß n. ; Größe f. | *Des corps de même volume*, Körper gleichen Rauminhalts. || COMM. *Volume de la production*, Produktionsumfang m. ; Produktionsstärke f. | *Volume des ventes*, Absatzhöhe f. || LOC. *Volume de la voix*, Stimmfülle f. | *Un navire déplace un grand volume d'eau*, ein Schiff hat eine große Wasserverdrängung.

volumétrique [-metrik] adj. maßanalytisch ; umfangmäßig.

volumineux, euse [-minø, ø:z] adj. umfangreich ; voluminös ; dick.

volupté [vɔlypte] f. [des sens] Sinnenlust f. ; Wollust f. | *Volupté charnelle*, Sinnlichkeit f. | *S'amollir dans les voluptés*, durch Ausschweifung verweichlichen. | *Boire avec volupté*, mit Hochgenuß trinken. || [de l'âme] Wonne f. ; Hochgenuß m. | *Volupté de l'étude*, die hohe Freude am Studium n. || [vie voluptueuse] Schwelgerei f.

voluptueusement [-tɥøzmɑ̃] adv. wollüstig.

voluptueux, ueuse [-tɥø, ɥø:z] adj. wollüstig ; sinnlich ; ausschweifend ; sinnenfreudig. | *Un homme voluptueux*, Lüstling m.

volute [vɔlyt] f. Spirale f. ; Windung f. || ZOOL. Faltenschnecke f.

vomir [vɔmi:r] v. tr. [aliment] (er)brechen ; sich erbrechen ; sich übergeben. | *Vomir son dîner*, sein Essen wieder von sich geben. | *Avoir envie de vomir*, (einen) Brechreiz haben. | *Vomir du sang*, Blut spucken. | *Vomir de la bile*, sich bis zur grünen Galle erbrechen. || PAR EXT. speien ; auswerfen. | *Le volcan vomit des flammes*, der Vulkan speit Feuer. | *Vomir des injures contre qn*, jn beschimpfen, begeifern. || LOC., POP. *Vomir tripes et boyaux*, sich die Seele aus dem Leibe brechen. | *C'est à vomir*, das ist zum Erbrechen.

vomissement [-mismɑ̃] m. [action] (Er)brechen n. ; Übergeben n. ; Speien n. ; Auswerfen n.

vomissure [-misy:r] f. Erbrochenes n. ; Auswurf m.

vomitif, ive [-mitif, i:v] adj. brechreizend.
◇ m. Brechmittel n.

vorace [vɔras] adj. gefräßig ; gierig.
◇ s. Vielfraß m. ; Fresser(in) m. (f.).

voracité [-site] f. Gefräßigkeit f. ; Gier f.

vortex [vɔrtɛks] m. TECHN. Wirbel m.

vorticelle [vɔrtisɛl] f. Infusorien f. pl.

vos [vo] adj. poss. 2e pers. pl. V. VOTRE.

Vosges [vo:ʒ] f. pl. GÉOGR. Vogesen f. pl.

vosgien, ienne [-ʒjɛ̃, jɛn] adj. vogesisch.
◇ s. **Vosgien, ienne,** Vogesenbewohner m.

votant, ante [vɔtɑ̃, ɑ̃:t] s. (Ab)stimmende(r) f. (m.) ; Wählende(r) f. (m.) ; Wähler(in) m. (f.).

votation [-tasjɔ̃] f. [en Suisse] Abstimmung f. ; Wahl f.

vote [vɔt] m. Abstimmen n. ; Abstimmung f. ; Stimmabgabe f. ; Wahl f. | *Vote à bulletins secrets*, geheime Abstimmung. | *Vote à mains levées*, Abstimmung durch Handzeichen. | *Avoir droit de vote*, stimmberechtigt sein. | *Bulletin de vote*, Stimmzettel m. || FIN. *Vote de l'impôt*, Steuerbewilligung f.
— SYN. : *Suffrage*, Stimme. *Scrutin*, Wahlgang.

voter [-te] v. intr. abstimmen ; wählen. | *Voter au scrutin secret*, zur geheimen Abstimmung schreiten.
◇ v. tr. beschließen ; bewilligen. | *Voter un projet de loi*, für einen Gesetzentwurf stimmen. | *Voter une loi*, ein Gesetz verabschieden.

votif, ive [vɔtif, i:v] adj. Dankes... ; Weihe... | *Tableau votif*, Votivbild n.

votre [vɔtr] adj. poss. 2e pers. sing. (pl. **vos**) Ihr, euer. | *Votre père*, Ihr, euer Vater. | *Un de vos ancêtres*, einer Ihrer Vorfahren. | *Monsieur votre père*, Ihr Herr Vater. | *De votre part*, eurerseits ; Ihrerseits. | *Votre Majesté*, Eure Majestät.

◇ pron. poss. **vôtre.** *Le, la, les vôtre(s),* der, die, das Ihrige, eurige ; die Ihrigen, eurigen. || Loc. *Il faut y mettre du vôtre,* Sie müssen das Ihrige dazu tun. | *Les vôtres,* Ihre Angehörigen. | *À la vôtre !,* auf Ihr Wohl ; prost ! ; wohl bekomm's !
— OBSERV. En s'adressant à un groupe que l'on tutoie, on emploie « euer » ; sinon on emploie « Ihr », forme de politesse qui est en réalité la 3e pers. du pl.

vouer [vwe] v. tr. weihen ; widmen ; geloben. | *Vouer obéissance à qn,* jm Gehorsam geloben.
◇ v. pr. **se vouer,** sich widmen ; sich weihen (dat.). | *Ne savoir à quel saint se vouer,* nicht mehr aus noch ein wissen.
— SYN. : *Prédestiner,* vor(her)bestimmen.

vouge [vu:ʒ] m. Haumesser n.

vouloir [vulwa:r]

> **I.** v. tr.
> **1.** AVOIR LA VOLONTÉ : wollen.
> **2.** AVOIR L'INTENTION ; SE PROPOSER ; wollen ; vorhaben.
> **3. vouloir de qch. :** etwas mögen ; wollen ; wünschen.
> **4.** DÉSIRER : wünschen ; mögen ; begehren ; streben (nach).
> **5.** EXIGER : fordern ; verlangen ; befehlen.
> **6.** NÉCESSITER : brauchen ; (er)fordern ; benötigen.
> **7.** CONSENTIR : einwilligen ; erlauben ; gestatten.
> **8.** AFFIRMER : meinen ; behaupten ; sagen wollen.
> **9. vouloir dire :** bedeuten ; meinen.
> **10. en vouloir.**
> **II.** v. pr. **se vouloir.**
> **III.** part. pass. **voulu :** gewollt ; absichtlich.

I. v. tr. **1.** AVOIR LA VOLONTÉ : wollen ; willens sein. | *Je veux sortir,* ich will hinaus. | *Qu'il fasse ce qu'il voudra,* er mache was er will. | *Sans le vouloir,* unwillkürlich. | *Vouloir, c'est pouvoir,* wer will, der kann. | *Dieu l'a voulu,* Gott hat es so gefügt. | *Dieu le veuille,* das wolle Gott.
2. AVOIR L'INTENTION ; SE PROPOSER : wollen ; vorhaben. | *Que voulez-vous dire ?,* was wollen Sie damit sagen ? | *Il voulait devenir un grand peintre,* er hatte vor, ein großer Maler zu werden. || (temps composés [avec double infinitif]) *Il a voulu partir en vacances,* er hat in Ferien fahren wollen. | *Le travail que j'ai voulu faire ce matin,* die Arbeit, die ich heute morgen habe machen wollen.
3. vouloir de qch. : etwas mögen, wollen, wünschen. | *Il ne veut pas de vin,* er mag keinen Wein. | *Ici on ne veut pas de moi,* hier bin ich nicht erwünscht. | *Je ne veux pas de cela,* nichts davon ! | *Ne pas vouloir de qch.,* etwas abschlagen, verschmähen.
4. DÉSIRER : wünschen ; mögen ; begehren ; streben (nach). | *Je voudrais,* ich möchte. | *Combien voulez-vous ?,* wieviel möchten Sie haben ? | *Quand vous voudrez !,* wann Sie es wünschen ! | *Il lui veut du bien,* er meint es gut mit ihm. | *Veuillez !,* bitte ! | *Comme vous voudrez !,* ganz wie Sie es wünschen ! | *Que vouliez-vous qu'il fît ?,* Was sollte er tun ? | *En veux-tu en voilà,* da braucht man nur zuzugreifen.
5. EXIGER : fordern ; verlangen ; befehlen. | *J'en veux la preuve,* ich fordere einen Beweis dafür. | *La raison veut que,* die Vernunft erfordert, daß. | *Le malheur voulut que,* das Unglück fügte es, daß. | *La loi veut que,* das Gesetz schreibt vor, daß.
6. NÉCESSITER : brauchen ; (er)fordern ; benötigen. | *Cette terre veut beaucoup de soleil,* dieser Boden braucht viel Sonnenschein. | *Ce verbe veut le subjonctif,* dieses Zeitwort erfordert den Konjunktiv.
7. CONSENTIR : einwilligen ; erlauben ; gestatten. | *Je veux bien,* ich habe nichts dagegen. | *Ton père ne veut pas,* dein Vater erlaubt es nicht. | *Que tu le veuilles ou non,* ob du willst oder nicht. | *Voulez-vous finir ?,* hört doch einmal auf ! | *Voudriez-vous avoir la bonté de... ?,* würden Sie wohl so freundlich sein... ?
8. AFFIRMER : meinen ; behaupten ; sagen wollen. | *Les Anciens veulent que,* die Alten behaupten, daß. | *Que voulez-vous dire par là ?,* was meinen Sie damit ? ; was wollen Sie damit sagen ?
9. vouloir dire [signifier] bedeuten ; meinen. | *Que veut dire cela,* was soll das heißen (bedeuten).
10. en vouloir : *En vouloir à qn,* auf jn böse sein. | *Il lui en veut,* er ist ihm böse. | *Il lui en veut de n'avoir pas écrit,* er zürnt ihm seiner Schreibfaulheit wegen. | *Il n'en veut qu'à votre argent,* er ist nur auf Ihr Geld aus. | *À qui en voulez-vous ?,* auf wen haben Sie es abgesehen ? | *En vouloir à la vie de qn,* jm nach dem Leben trachten.
II. v. pr. **se vouloir :** *Ils se veulent du mal,* sie sind gegen einander übel gesinnt ; FAM. sie sind sich bitter böse. | *Ils s'en veulent,* sie sind aufeinander böse.
III. part. pass. **voulu :** gewollt ; absichtlich. || [règle] vorgeschrieben ; geeignet. | *Le temps voulu,* die vorgeschriebene Zeit. | *L'argent voulu,* das nötige, erforderliche Geld.

vouloir [vulwa:r] m. Wollen n. ; Wille m. | *Le bon vouloir,* die Bereitwilligkeit. | *Le vouloir-vivre,* der Lebensdrang ; der Wille zum Leben.

vous [vu] pron. pers., 2e pers. du pl. **1.** SUJET (forme familière : plusieurs personnes) : ihr. || (forme polie : une ou plusieurs personnes) : Sie.
2. COMPLÉMENT (direct ou acc.) euch ; Sie. | *Il vous aime,* er liebt euch, Sie ; er hat euch, Sie gern. || (indir. ou dat.) euch ; Ihnen. | *Il vous donne,* er gibt euch, Ihnen. | *Je vous parle,* ich spreche mit euch, Ihnen. | *Elle vous veut du bien,* sie meint es gut mit euch, Ihnen. || (réfl.) sich.
3. GÉN. (peu usité) *De vous,* euer ; Ihrer. | *Il pensera à vous,* er wird euer, Ihrer gedenken.
4. INDÉF. man ; (aux autres cas) einen ; einem. | *On vous voit et on ne vous dit rien,* man sieht einen und man sagt einem nichts. || Loc. *À cause de vous,* euret-, (Ihret)wegen. | *Tout à vous,* ganz der Ihrige ; ergebenst ; Ihr ergebener. | *Dire vous à qn,* jn siezen.
— OBSERV. Formes intermédiaires : er ; sie (3e pers. du sing.) en s'adressant à un inférieur ; euch (2e pers. du plur.) qui est plus solennel ; tournures indirectes à l'aide de titres (Ihre Gnaden, Ihre Majestät).

voussure [vusy:r] f. Rundung f. ; Wölbung f. ; Bogen m. ; Bogenrundung f.

voûte [vut] f. Gewölbe n. ; Wölbung f. ; Rundung f. | *Voûte du céleste,* Himmelsgewölbe ; Firmament n. || ANAT. *Voûte du palais,* Gaumenbogen m. | *Voûte de feuillage,* Blätterdach n. ; Laube f. || ARCHIT. *Voûte en berceau,* Tonnengewölbe. | *Voûte en plein cintre,* Rundbogengewölbe. | *Clef de voûte,* Schlußstein m.

voûté, ée [-te] adj. gebogen ; gewölbt ; krumm. || FIG. bucklig ; gebückt. | *Dos voûté,* Rundrücken m.

voûter [-te] v. tr. wölben. | *Un passage voûté,* ein überwölbter Durchgang.
◇ v. pr. **se voûter,** sich wölben ; krumm werden.

vouvoiement [vuvwamɑ̃] ou **voussoiement** [vuswamɑ̃] m. Siezen n.

vouvoyer [-vwaje] ou **voussoyer** [-swaje] v. tr. siezen. | *Vouvoyer ses collègues,* die Kollegen siezen ; Sie zu den Kollegen sagen.

voyage [vwaja:ʒ] m. Reise f. ; Fahrt f. | *Un voyage autour du monde,* eine Reise um die Welt ; eine Weltreise f. | *Voyage à pied,* Fußwanderung. | *Voyage d'agrément,* Erholungsreise. | *Voyage d'affaires,* Geschäftsreise. | *Voyage à l'étranger,* Auslandsreise. | *Voyage organisé,* Gesellschaftsreise. | *Chèque de voyage,* Reisescheck m. | *Partir en voyage,* auf Reisen gehen. | *Bon voyage !,* glückliche Reise !, gute Fahrt ! | *Voyage aller et retour,* Hin- und Rückreise. | *Être en voyage,* verreist sein. | *Être du voyage,* mitreisen. | *Bourse de voyage,* Reisestipendium n.

— SYN. : *Tournée,* Rundfahrt. *Expédition,* Forschungsreise. *Exploration,* Entdeckungsreise. *Croisière,* Seefahrt.

voyager [-ʒe] v. intr. reisen ; fahren. | *Voyager pour affaires,* in Geschäften reisen ; geschäftlich unterwegs sein. | *Il a beaucoup voyagé,* er ist weit herumgekommen. | *Voyager à pied,* (zu Fuß) wandern.

voyageur, euse [-ʒœ:r, ø:z] adj. reisend ; fahrend. | *Humeur voyageuse,* Reiselust f. | *Pigeon voyageur,* Brieftaube f.

◇ s. Reisende(r) f. (m.) ; Fahrgast m. ; Passagier m. | *Voyageur de commerce,* Handelsreisender.

voyagiste [-ʒist] m. Reiseveranstalter m.

voyant, ante [vwajɑ̃, ɑ̃:t] adj. [qui voit] sehend. || [criard] sichtbarlich ; in die Augen springend ; grell. | *Une couleur voyante,* eine grelle, schreiende Farbe. | *Cette robe est trop voyante,* das Kleid ist zu auffällig.

◇ s. [devin] (Hell)seher m. ; Prophet m. | *Consulter une voyante,* eine Seherin befragen.

◇ m. **voyant,** [plaque] *Voyant lumineux,* Leuchtzeichen n. | *Voyant témoin,* Kontrollicht n.

voyelle [vwajɛl] f. Vokal m. ; Selbstlaut m. | *Voyelle nasale,* nasaler Selbstlaut. | *Changement de voyelle,* Ablaut m. | *Voyelle infléchie,* Umlaut m.

voyeur, euse [vwajœ:r, -ø:z] Voyeur m. ; FAM. Spanner m.

voyou [vwaju] m. Straßen-, Gassen-, Lausejunge m. ; Gassenbube m. ; Lümmel m. ; Strolch m.

vrac [vrak] m. Durcheinander n. | *En vrac,* unverpackt. | *Denrées en vrac,* Schüttgüter n. pl.

vrai, aie [vrɛ] adj. **1.** [conforme à la vérité] wahr ; wahrhaft ; wahrhaftig. | *Cela est vrai,* das ist wahr ; das stimmt. | *Ce n'est pas vrai,* das ist nicht wahr ; das stimmt nicht. | *Il n'y a pas un mot de vrai,* davon stimmt kein Wort. | *Aussi vrai que je suis ici,* so wahr, wie ich vor dir stehe. | *Le vrai Dieu,* der wahrhaftige Gott. | *Le vrai motif,* der tatsächliche Beweggrund. | *Il y a qch. de vrai,* daran ist was Wahres. | *Il n'est que trop vrai,* es ist leider nur zu wahr.

2. [authentique] echt ; unverfälscht. | *Un diamant vrai,* ein echter Diamant. | *Un vrai poète,* ein wirklicher Dichter. | *Le vrai père,* der rechte Vater. | *La vérité vraie,* die reine Wahrheit.

3. [convenable] passend ; richtig. | *La vraie place du tableau,* der passende Platz für das Gemälde.

4. [naturel] natürlich ; naturgetreu ; ungekünstelt. || [exagération] *Il travaille comme un vrai cheval de labour,* er ist ein richtiges Arbeitstier. | *Une vraie charge,* eine wirkliche Belastung. | *Un vrai Anglais,* ein typischer Engländer. || [franc] offen ; aufrichtig.

5. LOC. *À vrai dire, À dire vrai,* um die Wahrheit zu sagen ; eigentlich. | *Au vrai,* zwar ; in der Wahrheit. | *Pour de vrai,* im Ernst. | *Il est vrai,* allerdings ; zwar.

◇ m. *Le vrai,* das Wahre n. | *Vous êtes dans le vrai,* Sie liegen ganz richtig. | *Il y a du vrai à cela,* es ist etwas dran.

— SYN. : *Véritable,* wahrhaftig, echt. *Avéré,* bezeugt, bewiesen. *Exact,* genau. *Authentique,* offenkundig. *Juste,* treffend. *Véridique,* wahrheitsgemäß. *Sincère,* aufrichtig.

vraiment [-mɑ̃] adv. wahrhaftig ; wahrlich ; wirklich. || IRON. Vraiment !, ach nein ! ; wirklich ! ; was Sie nicht sagen !

vraisemblable [-sɑ̃blabl] adj. wahrscheinlich ; vermutlich.

◇ m. das Wahrscheinliche.

vraisemblablement [-sɑ̃blabləmɑ̃] adv. aller Wahrscheinlichkeit nach ; vermutlich.

vraisemblance [-sɑ̃blɑ̃:s] f. Wahrscheinlichkeit f. | *Glaubhaftigkeit* f. | *Selon toute vraisemblance,* höchst wahrscheinlich. | *Contre toute vraisemblance,* gegen alle Wahrscheinlichkeit.

vrille [vri:j] f. Bohrer m. ; Vor-, Nagel-, Drillbohrer. | *Un trou de vrille,* ein Bohrloch. || AÉRON. Trudeln n. | *Vrille serrée,* Steiltrudeln. || BOT. Ranke f. | *Les vrilles de la vigne,* Weinranken f. pl.

vrillé, ée [vrije] adj. gebohrt. || BOT. rankig ; berankt. || PAR EXT. gewunden.

vriller [-je] v. tr. (durch)bohren ; vorbohren.

◇ v. intr. sich verdrehen.

vrombir [vrɔ̃bi:r] v. intr. (er)dröhnen.

vrombissement [-bismɑ̃] m. Dröhnen n. ; Summen n. ; Brummen n.

vu [vy] part. passé de **voir.**

◇ m. LOC. *Au vu et au su de tous,* offenkundig und vor aller Augen. | *Sur le vu de,* nach Kenntnisnahme von.

vue [vy] f. **1.** [faculté de voir] Gesicht n. ; Sehen n. ; Sehkraft f. | *Avoir une vue perçante,* ein scharfes Gesicht haben. | *Perdre la vue,* das Augenlicht verlieren ; erblinden. || [yeux ; regard] Augen n. pl. ; Blick m. | *Il a la vue basse,* er hat schlechte Augen ; er ist kurzsichtig. | *Choquer la vue,* das Auge verletzen. | *À perte de vue,* soweit der Blick reicht ; unabsehbar. | *Perdre de vue,* aus den Augen verlieren.

2. [action de voir] Anschauen n. ; (An)sehen n. ; Blick m. | *À première vue,* beim ersten Anblick. | *À la vue de tous,* vor aller Augen.

3. [ouverture] Fensteröffnung f. | *Condamner une vue,* eine Öffnung zumauern.

4. [étendue qu'on peut voir] Aussicht f. ; (Aus)blick m. ; Durchblick m. ; Übersicht f. | *Une belle vue sur la mer,* eine schöne Aussicht aufs Meer. || PR. et FIG. *Une vue limitée,* ein begrenztes Blickfeld ; ein beschränkter Gesichtskreis. || PR. et FIG. *Point de vue,* Gesichtspunkt m. ; Aussichtspunkt m. | *Ma chambre a vue sur la cour,* mein Zimmer geht auf den Hof.

5. [tableau ; photo] Ansicht f. ; Bild n. ; Aufnahme f. | *Une vue de Paris,* eine Aufnahme von Paris. | *Une vue de la maison natale de Goethe,* ein Bild von Goethes Geburtshaus. | *Carte avec vue,* Ansichtskarte f.

6. [chose vue] Anblick m. ; Ansicht f. ; Übersicht f. ; Überschau f. | *Vue du château,* Schloßansicht f. | *Vue de la ville,* Stadtüberblick m. | *Vue aérienne,* Luftbild n. | *Vue d'ensemble,* Überblick m. ; Gesamtansicht f. | *Vue de côté,* Seitenansicht f. | *Vue de face,* Vorderansicht f. | *Vue partielle,* Teilansicht f. | *Point de vue,* Aussichtspunkt ; FIG. Gesichtspunkt.

7. [manière de voir ; opinion ; projet] Blick m. ; Denkart f. ; Meinung f. ; Ansicht f. ; Anschauung f. | *De nouvelles vues,* neue Ansichten. | *Des vues différentes,* verschiedene Meinungen. | *Échanger des vues sur qch.,* Meinungen austauschen über etwas. || (au pluriel : projets) Vorhaben n. ; Absicht f. | *Avoir des vues cachées sur qch.,* verborgene Absichten auf etwas haben. | *Seconde vue,* Vorahnung f. ; Sehergabe f. ; Scharfsichtigkeit f.

8. LOC. EN VUE ; EN VUE DE ; À VUE ; DE VUE. — **en vue,** in Sicht. | *Avoir en vue,* im Auge haben ; beabsichtigen. | *Il n'a en vue que,* er will weiter nichts als. — **en vue de,** in der Absicht ; zum Zweck von. | *En vue de quoi ?,* ja warum denn ? | *Une personnalité en vue,* eine angesehene Persönlichkeit. — **à vue.** *À vue d'œil,* zusehends. | *À première vue,* beim ersten Anblick. | *À ma vue,* bei meinem Anblick. | *À vue* *de nez*, so ungefähr ; grob geschätzt. | *Chèque payable à vue*, ein auf Sicht zahlbarer Scheck. | *Garder à vue*, nicht aus den Augen lassen ; unter Aufsicht stellen. — **de vue.** *Connaître qn de vue*, jn nur von Ansehen kennen.

— SYN. : *Aspect*, Blickpunkt. *Spectacle*, Schauspiel. *Vision*, Wahrnehmung ; Gesicht. *Apparition*, Erscheinung.

vulcanisation [vylkanizasjɔ̃] f. Gummihärtung f. ; Vulkanisieren n.

vulcaniser [-nize] v. tr. erhärten ; vulkanisieren.

vulgaire [vylgɛ:r] adj. [ordinaire] gewöhnlich ; allgemein ; üblich. | *Langage vulgaire*, Umgangs-, Volkssprache f. | *Expression vulgaire*, geläufiger Ausdruck. | *Esprit vulgaire*, seichter Kopf. || [bas] gemein ; niedrig ; vulgär ; ordinär. | *Un homme vulgaire*, ein gemeiner Kerl. | *Des manières vulgaires*, ordinäre Umgangsformen. | *Un mot vulgaire*, ein dreckiger, zotiger Witz.
◇ m. *Le vulgaire*, das gemeine Volk.

vulgairement [-gɛrmɑ̃] adv. 1° [communément] gewöhnlich ; im gemeinen Leben. || 2° [bassement] gemein ; niedrig.

vulgarisateur, trice [-garizatœ:r, tris] adj. gemeinverständlich darstellend ; verbreitend.
◇ s. populärwissenschaftlicher Autor ; populärwissenschaftliche Autorin.

vulgarisation [-garizasjɔ̃] f. populärwissenschaftliche Darstellung. | *Œuvre de vulgarisation*, populäre, leichtverständliche Bearbeitung.

vulgariser [-garize] v. tr. verständlich machen ; allgemein verständlich ausdrücken.
◇ v. pr. **se vulgariser,** gemein werden.

vulgarité [-garite] f. Ungeschliffenheit f. ; Gewöhnlichkeit f. ; Unerzogenheit f. ; Gemeinheit f.

vulnérabilité [vylnerabilite] f. Verwundbarkeit f. ; Verletzbarkeit f. || FIG. Empfindlichkeit f.

vulnérable [-rabl] adj. verwundbar ; verletzlich ; verletzbar. | *Endroit vulnérable*, schwache Stelle ; Achillesferse f.

vulnéraire [-rɛ:r] adj. Heil... ; Wund...
◇ m. MÉD. Wundsalbe f. ; Heilbalsam m.
◇ f. BOT. Wundkraut n.

vulpin [vylpɛ̃] m. BOT. Fuchsschwanz m.

vulvaire [vylvɛ:r] f. BOT. Bocksmelde f.
◇ adj. Scham...

vulve [vylv] f. äußere weibliche Geschlechtsteile m. pl. ; Schamritze f.

WXYZ

w [dubləve] m. W n. | *Un* W *majuscule*, ein großes *W*. | *Un* w *minuscule*, ein kleines *w*.

wagnérien, ienne [vagnerjɛ̃, jɛn] adj. wagnerisch.
◇ s. Wagnerianer(in) m. (f.).

wagnérisme [-rism] m. wagnerische Richtung.

wagon [vagɔ̃] m. Waggon m. ; Eisenbahnwagen m. | *Wagon-citerne*, Kesselwagen. | *Wagon découvert*, offener Wagen. | *Wagon fermé*, gedeckter Wagen. | *Wagon frigorifique*, Kühlwagen. | *Wagon-lit* (ou *voiture-lit*), Schlafwagen. | *Wagon de marchandises*, Güterwagen. | *Wagon plat*, Plattformwagen. | *Wagon-restaurant*, Speisewagen. | *Wagon* (ou *voiture*) *pour voyageurs*, Personenwagen. | *Wagon-couchettes* (ou *voiture-couchettes*), Liegewagen.

wagonnet [-gɔnɛ] m. Wägelchen n. ; Kippwagen m. ; Lore f. ; Förderwagen.

Walhalla [valhala] m. MYTH. [Olympe germanique] Walhalla f.

Walkyrie [valkiri] f. MYTH. Walküre f.

wallon, onne [walɔ̃, ɔn] adj. wallonisch.
◇ s. **Wallon, onne,** Wallone m. ; Wallonin f.

wapiti [wapiti] m. ZOOL. Wapiti m.

warrant [warɑ̃] m. Lagerschein m. ; Lagerhausschein ; Lagerpfandschein ; Warenkreditbrief m.

water-ballast [watɛrbalast] m. Tauchtanker m.

water-closet [-klɔzɛt] (en abr. **W.-C.**) [dubləvese] m. Klosett n. ; Toilette f. ; Abort m.

water-polo [-polo] m. Wasserball m. ; Wasserballspiel n.

watt [wat] m. ÉLECTR. Watt n.

wattheure [-œ:r] m. ÉLECTR. Wattstunde f.

week-end [wikɛnd] m. Wochenende n.

Westphalie [vɛsfali] n. pr. f. GÉOGR. Westfalen n. | *Le traité de Westphalie*, der Westfälische Friede.

westphalien, ienne [-ljɛ̃, jɛn] adj. westfälisch.
◇ s. **Westphalien, ienne,** Westfale m. ; Westfälin f.

wharf [warf] m. Landungssteg m. ; Landungsbrücke f.

whisky [wiski] m. Whisky m.

whist [wist] m. Whist(kartenspiel) n.

Wisigoth [vizigo] m. Westgote m.

wisigothique [-gɔtik] adj. westgotisch.

wombat [vɔ̃bɑ] m. ZOOL. Wombat m.

Wurtemberg [vyrtɛ̃bɛ:r] n. pr. m. GÉOGR. Württemberg n.

wurtembergeois, oise [-ʒwa, wa:z] adj. württembergisch.
◇ s. **Wurtembergeois, oise** s. Württemberger(in) m. (f.).

X

x [iks] m. X n. || [chiffre romain] römische Zahl X ; Zehn f. || PHYS. *Rayons X*, Röntgenstrahlen m. pl. | *Avoir les jambes en x*, X-Beine haben. || JUR. Unbekannt. | *Plainte contre X*, Anzeige (f.) gegen

« Unbekannt ». || MATH. [inconnue] die Unbekannte ; die unbekannte Größe x. || UNIV. *L'X*, die polytechnische Schule.

xénon [ksenɔ̃] m. CHIM. Xenon n.

xénophile [ksenɔfil] adj. ausländerfreundlich.

xénophilie [-fili] f. Ausländerfreundlichkeit f.

xénophobe [-fɔb] adj. ausländerfeindlich.

xénophobie [-fɔbi] f. Ausländerfeindlichkeit f. ; Ausländerhaß m.

xérès [xerɛs ou gzerɛs] m. Sherry m.

Xérographie [kserɔgrafi] f. (nom déposé). TECHN. Xerographie f.

xérophyte [kserɔfit] f. BOT. Xerophyt m.

xiphoïde [ksifɔi:d] adj. schwertförmig. | *Appendice xyphoïde*, Brustbeinfortsatz m.

xylographe [ksilɔgraf] m. Holzschneider m.

xylographie [-fi] f. Holzschneidekunst f. ; Holzdruckverfahren n.

xylographique [-fik] adj. *Impression xylographique*, Holzschnittdruck m.

xylophage [-fa:ʒ] m. ZOOL. [insectes] Holzbohrerkäfer m., -larve f. ; Holzkäferlarve f.
◇ adj. *Ver xylophage*, Holzwurm m.

xylophone [-fɔn] m. MUS. Xylophon n.

Y

y [igrɛk] m. Y n. | *Un* Y *majuscule*, ein großes *Y.*

y [i]

I. adv. de lieu.
II. pron. pers. de la 3ᵉ personne.
III. gallicisme : **il y a.**

I. adv. de lieu (valeur d'un nom accompagné d'un adj. démonstr.). — **1.** (lieu où l'on est avec question : « wo » ?) hier ; da ; dort. | *J'y suis*, ich bin dort. | *Restons-y*, laßt uns da bleiben ! || (plus généralement) « da » (« dar » devant une voyelle) avec une prép. | *J'y étais*, ich war dabei.
2. (lieu où l'on va avec la question : « wohin ») hin ; hierhin ; dahin ; dorthin. | *J'y vais*, ich gehe hin. | *Ce chemin y mène*, dort führt der Weg hin. || (plus généralement) « da » (« dar ») avec une prép. | *J'y pose ma serviette*, ich lege meine Mappe darauf, darein. || (lieu par où l'on passe ; question : « wodurch ? », « worüber ? ») dadurch ; darüber. | *Un sentier y passe*, ein Pfad führt hindurch. || FIG. *J'y suis, j'y reste*, hier bin ich und hier bleibe ich ! | *Vous n'y êtes pas*, Sie sind nicht bei der Sache. | *J'y suis*, ich hab's. | *Vous y êtes*, da haben Sie's ! richtig ! ; stimmt ! | *Ça y est*, so ! ; es geht ; fertig ; in Ordnung ! | *Allez-y !*, nun los ! | *Y compris*, eingeschlossen ; einschließlich. | *On y va*, gleich. | *On n'y voit rien*, es ist stockdunkel. | *Nous y voilà*, da haben wir die Bescherung !
II. pron. pers. de la 3ᵉ personne (avec valeur adverbiale se rapportant obligatoirement à une chose, incorrectement à une personne et dans certaines tournures seulement). — **1.** (complément d'un verbe à régime) « da » (« dar » devant une voyelle) avec une prép. | *J'y pense*, ich denke daran. | *Je n'y comprends rien*, ich verstehe nichts davon. | *Il n'y peut rien*, er kann nichts dafür. | *N'y touche pas*, rühre nicht daran. | *J'y renonce*, ich lasse davon ab ; ich verzichte darauf. | *Songez-y*, denken Sie darüber nach ; bedenken Sie es. | *Nous y mangeons*, wir essen dort.
2. (complément d'un adj. à régime) « da » (« dar ») suivi d'une prép. : es. | *Il y est enclin*, er ist dazu geneigt. | *Vous y êtes habitués*, ihr seid daran gewöhnt ; ihr seid es gewohnt. | *Je m'y perds*, ich kann nicht klug daraus werden.
3. (complément exprimant un nom de personne) prép. avec un pron. pers. | *Ne vous y fiez pas*, trauen Sie ihm nur nicht ! | *J'y pense*, ich denke daran. || FIG. *S'y mettre*, daran gehen. | *Il y tient*, er hält viel darauf. | *On y passe beaucoup de temps*, es geht viel Zeit dabei darauf. | *Tout ce qui s'y rapporte*, das Drum und Dran. | *Il s'y prend mal*, er hat kein Geschick dazu. | *Que voulez-vous que j'y fasse ?*, was kann ich dafür ?
III. (gallicisme) **il y a. 1.** [il existe] es gibt (acc.). | *Il y aura des jours sombres*, es wird finstere Tage geben. || (avec un nombre card.) es ist, es sind. | *Il y a vingt et un élèves dans cette cour*, es sind einundzwanzig Schüler auf diesem Hof.
2. (pour indiquer une position) es steht ; es liegt ; es sitzt ; es hängt (nomin.). | *Il y a de beaux arbres dans cette forêt*, es stehen schöne Bäume in diesem Wald.
3. (complément de temps) « vor », dat. | *Il y a des années et des années*, vor langen Jahren. | *Il y a un siècle et plus*, vor mehr als einem Jahrhundert. || FIG. *Il n'y a pas de quoi*, keine Ursache ; bitte sehr ! | *Il y a lieu de croire*, man hat allen Grund zu glauben. | *Qu'y a-t-il de nouveau ?*, was gibt's Neues ? | *Il y a que*, die Sache ist die, daß.

yacht [jak, jot] m. Yacht f. ; Jacht f.

yachting [jotiŋ] m. Segelsport m.

yachtman [-man] m. Segler m. ; Wassersportler m.

yack [jak] m. Jack m. ; Buckelochse m.

yaourt [jaurt] m. V. YOGOURT.

yard [jard] m. englisches Yard.

yen [jɛn] m. japanischer Jen.

yeuse [jø:z] f. BOT. immergrüne (Stein)eiche f.

yeux [jø:] m. pl. V. ŒIL.

yiddisch [jidiʃ] m. Jiddisch n. ; Judendeutsch n. | *Parler le yiddisch*, mauscheln.

yoga [jɔga] m. Yoga n.

yogi [jogi] m. indischer Yogi.

yogourt [jogu:r] m. Yoghurt m. ou n. ; Yoghurtmilch f.

yole [jɔl] f. Jolle f. ; Beiboot n.

yougoslave [jugoslav] adj. jugoslawisch.
◇ s. **Yougoslave,** Jugoslawe m. ; Jugoslawin f.

Yougoslavie [-vi] n. pr. f. GÉOGR. Jugoslawien n.

youyou [juju] m. Dingi n. ; kleines Beiboot ; Bötchen n.

Yo-Yo [jojo] m. (nom déposé) Yoyo n.

ypérite [iperit] f. Senfgas n.

Ypres [i:pr] n. pr. m. GÉOGR. Ypern n. | *La bataille d'Ypres*, die Schlacht bei Ypern.

Yseult [izœt] n. pr. f. Isolde f.

yucca [juka] m. Yucca f. ; Palmlilie f.

Z

z [zɛd] m. Z n. | *De A jusqu'à Z*, von A bis Z.

zabre [zabr] m. ZOOL. Getreidekäfer m.

Zambèze [zɑ̃bɛ:z] n. pr. m. GÉOGR. Sambesi m.

Zanzibar [zɑ̃zibar] n. pr. m. GÉOGR. Sansibar n. || (sans majusc.) [jeu] Würfelspiel n.

zèbre [zɛbr] m. Zebra n. || Loc. FAM. *Courir comme un zèbre,* wie ein Wiesel laufen.

zébré [zebre] adj. gestreift.

zébrer [-bre] v. tr. zebraartig streifen. | *Les éclairs zèbrent le ciel,* die Blitze durchzucken den Himmel.

zébrure [-bryr] f. (Zebra)streifung f.

zébu [zeby] m. Zebu m. ; Buckelochse m.

zélandais, aise [zelɑ̃dɛ, ɛ:z] adj. seeländisch. ◇ s. **Zélandais, aise,** Seeländer(in) m. (f.).

Zélande [zelɑ̃:d] n. pr. f. Géogr. Seeland n. | *Nouvelle-Zélande* f., Neuseeland.

zélateur, trice [zelatœ:r, tris] s. Eiferer m. || Relig. Zelot m. ; Fanatiker m.

zèle [zɛ:l] m. Eifer m. ; eifriges Bestreben. | *Zèle d'un serviteur,* Diensteifer m. ; Dienstbeflissenheit f. | *Grève du zèle,* Dienst (m.) nach Vorschrift. | *Affecter du zèle pour,* Eifer zur Schau tragen ; den Eifrigen spielen. | *Faire du zèle,* allzu eifrig sein. | *Mettre tout son zèle,* bestrebt sein. | *Enflammer le zèle,* den Eifer anstacheln. | *Le zèle refroidit,* der Eifer erlahmt. | *Zèle religieux,* Glaubenseifer m. ; religiöser Eifer.
— Syn. : *Assiduité,* Fleiß. *Empressement,* Beflissenheit. *Activité,* Tätigkeit. *Dévouement,* Hingabe.

zélé [zele] adj. eifrig ; diensteifrig ; strebsam.

zélote [zelɔt] m. Hist. Zelot m. ; Sklavennatur f.

zénith [zenit] m. Zenit m. ; Scheitelpunkt m. ; Gipfelpunkt m. | *Le soleil est au zénith,* die Sonne steht im Zenit. || Fig. *Au zénith de sa gloire,* auf dem Höhepunkt seiner Laufbahn.

zénithal, ale [-tal] adj. zenital. | *Distance zénithale,* Scheitelpunktentfernung f.

zéphyr [zefi:r] m. Zephir m. ; Westwind m. || Fig. *Un zéphyr,* ein Zephirlüftchen n.

zéphyrien, ienne [-rjɛ̃, jɛn] adj. zephirleicht ; zephirartig.

zeppelin [zɛplɛ̃] m. Zeppelin m. ; Zeppelinluftschiff n.

zéro [zero] m. Null f. ; Gefrierpunkt m. | *Au-dessous de zéro,* unter dem Nullpunkt. || Phys. *Zéro absolu,* absoluter Nullpunkt. || Fig. *Être un zéro,* eine Null sein.

zest [zɛst] m. invar. *C'est entre le zist et le zest,* das ist so so ; das ist nicht Fisch noch Fleisch.

zeste [zɛst] m. Bot. Nußhäutchen n. | *Zeste de citron,* Zitronenschale f.

zézaiement ou **zézayement** [zezɛmɑ̃] m. Lispeln n.

zézayer [-je] v. intr. lispeln ; mit der Zunge anstoßen.

zibeline [ziblin] f. Zobel m. | *Fourrure de zibeline,* Zobelpelz m.

zigouiller [ziguje] v. tr. Pop. killen ; den Hals abschneiden.

zigue [zig] m. Pop. Kamerad m. ; Kumpan m. ; Kumpel m.

zigzag [zigzag] m. Zickzack m. | *Un zigzag,* eine Zickzacklinie. | *Les zigzags de l'éclair,* das Zukken des Blitzes. | *Marcher en zigzag,* im Zickzack gehen ; torkeln. | *Faire des zigzags,* hin und her taumeln. | *Le chemin fait des zigzags,* der Weg windet sich.

zinc [zɛ̃:g] m. Zink m. ou n. | *Sulfate de zinc,* Zinkvitriol n. ; Zinksalz n. ; schwefelsaures Zinkoxyd. | *Blende de zinc,* Zinkblende f. ; Blende f. ; Sphalerit n. | *Blanc de zinc,* Zinkweiß n. | *Feuille de zinc,* Zinkfolie f. ; dünnes Zinkblech. || Pop. Theke f.

zingage [zɛ̃ga:ʒ] ou **zincage** [-ka:ʒ] m. Verzinken n.

zingueur [-gœ:r] m. Zinkarbeiter m. ; Verzinker m.

zinnia [zinja] m. Bot. Zinnienkraut n. ; Zinnienstrauch m.

zinzin [zɛ̃zɛ̃] m. Fam. Dingsda n.
◇ adj. Fam. [toqué] meschugge.

zinzins [zɛ̃zɛ̃] m. pl. Fin., fam. institutionelle Anleger m. pl.

zist [zist] m. V. zest.

zizanie [zizani] f. Bot. [terme biblique] Wasserhafer m. ; Unkraut n. || Fig. Uneinigkeit f. | *Semer la zizanie,* Zwietracht säen.

zizi [zizi] m. [oiseau] Goldammer f. || Fam. [pénis] Pimmel m.

zodiacal, ale, aux [zɔdjakal, o] adj. zum Tierkreis gehörig ; Tierkreis... || Astron. *Signes zodiacaux,* Tierkreiszeichen n.

zodiaque [-djak] m. Tierkreis m.

zona [zɔna] m. Méd. Gürtelrose f. ; Gürtelflechte f. ; Gürtelausschlag m.

zone [zo:n] f. Géogr. Erdzone f. | *Zone pluvieuse,* Regengebiet n. | *Zone tempérée,* gemäßigte Zone. | *Zone torride,* heiße Zone. | *Zone tropicale,* tropische Zone. | *Zone glaciale,* Polarzone ; Zone des ewigen Eises. || *Zone frontière,* Grenzgebiet n. | *Zone douanière,* Zollgebiet. | *Zone franche,* Freizone. | *Zone monétaire,* Währungsgebiet. | *Zone d'activité,* Betätigungsgebiet ; Wirkungsbereich ; Reichweite f. | *Zone d'aménagement concerté (Z.A.C.),* Gebiet für konzertierte Raumplanung. | *Zone dollar,* Dollarwährungsgebiet. | *Zone militaire,* Militärbereich. | *Zone dangereuse,* Gefahrenzone. | *Zone interdite,* Sperrgebiet. | *Zone d'occupation,* Besatzungszone. || [urbanisme] *Zone piétonnière,* Fußgängerzone f. || Géom. [entre deux cercles parallèles] Streifen m. || Nucl. *Zone contrôlée, surveillée,* Kontroll-, Überwachungsbereich m.

zoo [zoo] m. Zoo m. ; zoologischer Garten ; Tierpark m.

zooïde [-id] m. Tierabdruck m.

zoologie [-lɔʒi] f. Zoologie f. ; Tierkunde f.

zoologique [-lɔʒik] adj. zoologisch ; tierkundlich ; Tier... | *Jardin zoologique,* Zoo m.

zoologiste [-lɔʒist] ou **zoologue** [-lɔg] m. Zoologe m.

zootechnicien [-tɛknisjɛ̃] m. wissenschaftlicher Tierzüchter ; Züchter m.

zootechnie [-tɛkni] f. wissenschaftliche Aufzucht.

zoothérapie [-terapi] f. Tierheilkunde f.

Zoroastre [zɔrɔastr] n. pr. m. Zoroaster m. ; Zarathustra m.

zostère [zɔstɛr] f. Seegras n. ; Grasalge f.

zouave [zwa:v] m. Zuave m. || Loc. pop. *Faire le zouave,* sich aufspielen ; angeben.

Zoulou [zulu] m. Zulukaffer m.

zozoter [zɔzɔte] v. intr. V. zézayer.

Zurich [zyrik] n. pr. m. Géogr. Zürich n. | *Lac de Zurich,* Zür(i)cher See.

zurichois [-kwa] adj. zürcher.

zut ! [zyt] interj. ach was ! ; ich pfeif'drauf ! ; na wenn schon !

zwinglien [zwɛ̃glijɛ̃] m. Anhänger Zwinglis ; Zwinglianer m.

zyeuter [zjøte] v. tr. Arg. anglotzen.

zythum [zitɔm] ou **zython** [zitɔ̃] m. Zython n.

LOCUTIONS ET PROVERBES FRANÇAIS	LOCUTIONS ET PROVERBES ALLEMANDS ÉQUIVALENTS

A

À bon entendeur, salut !	Wer Ohren hat, der höre !
À bon vin point d'enseigne	Gute Ware lobt sich selbst
À brebis tondue Dieu mesure le vent	Gott legt niemandem mehr auf, als er ertragen kann
À chacun sa chanson	Jeder Vogel singt, wie ihm der Schnabel gewachsen ist
À chacun son dû	Jedem das Seine
À chacun son métier, les vaches en sont mieux gardées	Schuster, bleib bei deinem Leisten
À chaque jour suffit sa peine	Morgen ist auch noch ein Tag
À cheval donné on ne regarde pas la bride	Geschenktem Gaul schaut man nicht ins Maul
À cœur vaillant rien d'impossible	Dem Mutigen gehört die Welt
À l'impossible nul n'est tenu	Man kann von niemandem Unmögliches verlangen
À l'œuvre on connaît l'artisan	Am Werke erkennt man den Meister
À malin, malin et demi	Auf einen Schelmen anderthalbe
À parti pris point de conseil	Wem nicht zu raten ist, dem ist auch nicht zu helfen
À quelque chose malheur est bon	Kein Unglück ist so groß, es hat nicht ein Glück im Schoß
À qui se lève matin, Dieu donne la main	Morgenstunde hat Gold im Munde
À tout seigneur tout honneur	Ehre, wem Ehre gebührt
À vaincre sans péril on triomphe sans gloire	Ohne Fleiß, kein Preis
À vilain, vilain et demi	Auf einen groben Klotz gehört ein grober Keil
Abondance de biens ne nuit pas	Lieber zuviel als zuwenig
Advienne que pourra !	Komme, was wolle !
Apprenti n'est pas maître	Es ist noch kein Meister vom Himmel gefallen
Après la pluie le beau temps	Auf Regen folgt Sonnenschein
Araignée du matin : chagrin ; araignée du soir : espoir	Spinne am Morgen bringt Kummer und Sorgen ; Spinne am Abend, erquickend und labend
Argent comptant fait content	Bargeld lacht
Au royaume des aveugles les borgnes sont rois	Unter den Blinden ist der Einäugige König
Aujourd'hui en vie, demain en terre	Heute rot, morgen tot
Autant de têtes, autant d'avis	Viele Köpfe kommen schwer unter einen Hut
Autant en emporte le vent	Vom Winde verweht
Autant vaudrait parler à un sourd	Es hieße tauben Ohren predigen
Aux grands maux les grands remèdes	Großen Übeln muß man tatkräftig zu Leibe rücken
Aux innocents les mains pleines	Die dümmsten Bauern haben die dicksten Kartoffeln
Avec des « si » on mettrait Paris en bouteille	Wenn das Wörtlein « wenn » nicht wär', wär' mein Vater Millionär

B

Beaucoup de bruit pour rien	Viel Geschrei um nichts
Bien de fortune passe comme la lune	Glück und Glas, wie leicht zerbricht das !
Bien faire et laisser dire	Tue recht und scheue niemand
Bien mal acquis ne profite jamais	Unrecht Gut gedeihet nicht

Bon chien chasse de race	Der Apfel fällt nicht weit vom Stamm
Bon sang ne peut mentir	Das Blut verleugnet sich nicht
Bonne renommée vaut mieux que ceinture dorée	Guter Ruf geht über Reichtum

C

Ce n'est pas la mort d'un homme	Den Kopf wird's nicht kosten
Ce n'est que partie remise	Aufgeschoben ist nicht aufgehoben
Ce que femme veut, Dieu le veut	Frauenwille, Gottes Wille
Ce qui est fait est fait	Was geschehen ist, ist nicht mehr zu ändern
Ce qui va trop bien va trop loin	Wenn es dem Esel zu wohl wird, geht er aufs Eis
Cela tient à un fil	Es schwebt auf des Messers Schneide
Cela vient comme un cheveu sur la soupe	Das paßt wie die Faust aufs Auge
C'est bonnet blanc et blanc bonnet	Das ist Jacke wie Hose
C'est en forgeant qu'on devient forgeron	Übung macht den Meister
C'est la goutte d'eau qui fait déborder le vase	Das ist der Tropfen, der das Faß zum Überlaufen bringt
Chacun croit voir ce qu'il espère	Was man wünscht, das glaubt man gern
Chacun est l'artisan de son bonheur	Jeder ist seines Glückes Schmied
Chacun est maître chez soi	Jeder Hahn ist König auf seinem Mist
Chacun tire l'eau à son moulin	Jeder ist sich selbst der Nächste
Chaque chose en son temps	Alles zu seiner Zeit
Charbonnier est maître chez lui	Jeder ist Herr im eigenen Hause
Charité bien ordonnée commence par soi-même	Die Hose ist einem näher als der Rock
Chassez le naturel, il revient au galop	Die Katze läßt das Mausen nicht
Chat échaudé craint l'eau froide	Gebranntes Kind scheut das Feuer
Chien qui aboie ne mord pas	Hunde, die bellen, beißen nicht
Choisir un remède pire que le mal	Den Teufel mit dem Beelzebub austreiben
Chose promise chose due	Sein Versprechen muß man halten
Comme on connaît ses saints on les honore	Will man sich jemanden geneigt machen, fügt man sich seinen Wünschen
Comme on fait son lit on se couche	Wie man sich bettet, so liegt man
Comparaison n'est pas raison	Beispiele beweisen nichts
Concorde construit, discorde détruit	Friede ernährt, Unfriede verzehrt
Contentement passe richesse	Zufriedenheit geht über Reichtum
Coûte que coûte	Koste es, was es wolle

D

Dans le doute abstiens-toi	Im Zweifelsfall laß die Finger davon
De deux maux il faut choisir le moindre	Von zwei Übeln muß man das kleinere wählen
De gré ou de force	Auf Biegen oder Brechen
De l'abondance du cœur la bouche parle	Wes das Herz voll ist, des geht der Mund über
De qui me nourrit je chante la louange	Wes Brot ich eß', des Lied ich sing'
Demain il fera jour	Morgen ist auch noch ein Tag
Des goûts et des couleurs on ne discute pas	Über Geschmack läßt sich nicht streiten
Deux précautions valent mieux qu'une	Doppelt genäht hält besser
Deux yeux valent mieux qu'un	Vier Augen sehen besser als zwei
Dieu pourvoit à tout	Gott lenkt alles zum Guten
Dis-moi qui tu hantes, je te dirai qui tu es	Sag mir, wer deine Freunde sind, dann sage ich dir, wer du bist
Dormir du sommeil du juste	Den Schlaf der Gerechten schlafen

E F

Entre l'arbre et l'écorce il ne faut pas mettre le doigt	Man darf die Finger nicht zwischen Tür und Angel stecken
Est bien fou du cerveau qui prétend contenter tout le monde et son père	Wer am Weg baut, hat viele Meister
Estomac plein, tête vide	Ein voller Bauch studiert nicht gern
Être et paraître sont deux	Ein anderes ist scheinen, ein anderes ist sein
Faire contre mauvaise fortune bon cœur	Gute Miene zum bösen Spiel machen
Faire d'une pierre deux coups	Zwei Fliegen mit einer Klappe schlagen
Faute de grives on mange des merles	In der Not frißt der Teufel Fliegen
Fleuve passé, saint moqué	Ist die Gefahr vorbei, lacht man den Heiligen aus

G H

Gloire vaine ne porte graine	Vom Ruhm wird man nicht satt
Gros-Jean qui en remontre à son curé !	Das Ei will klüger sein als die Henne
Heureux au jeu, malheureux en amour	Glück im Spiel, Pech in der Liebe
Honni soit qui mal y pense !	Ein Schelm, der Schlechtes dabei denkt !
Humilité toute porte franchit	Mit dem Hut in der Hand kommt man durch das ganze Land

I J

Il attend que les alouettes lui tombent toutes rôties dans le bec	Er wartet, daß ihm die gebratenen Tauben ins Maul fliegen
Il faut battre le fer tant qu'il est chaud	Man muß das Eisen schmieden, solange es heiß ist
Il faut bien que jeunesse se passe	Die Jugend muß sich austoben
Il faut excuser ce que l'on ne peut plus corriger	Zu geschehenen Dingen soll man das Beste reden
Il faut faire de nécessité vertu	Man muß aus der Not eine Tugend machen
Il faut prendre les choses comme elles viennent	Man muß die Feste feiern, wie sie fallen
Il faut puiser tant que la corde est au puits	Man muß Heu machen, solange die Sonne scheint
Il faut qu'une porte soit ouverte ou fermée	Entweder... oder
Il faut rester sur la bonne bouche	Man muß aufhören, wenn es am besten schmeckt
Il faut saisir l'occasion par les cheveux	Man muß die Gelegenheit beim Schopfe fassen
Il faut tourner sa langue sept fois dans sa bouche avant de parler	Vor dem Öffnen des Mundwerks Gehirn einschalten
Il faut vivre selon ses moyens	Man muß sich nach der Decke strecken
Il gèle à pierre fendre	Es friert Stein und Bein
Il ne fait pas bon être familier des grands	Mit großen Herren ist nicht gut Kirschen essen
Il ne faut jurer de rien	Es ist noch nicht aller Tage Abend
Il ne faut pas courir deux lièvres à la fois	Man kann nicht zwei Herren dienen
Il ne faut pas éveiller le chat qui dort	Man soll keine schlafenden Hunde wecken
Il ne faut pas jouer avec le feu	Mal' den Teufel nicht an die Wand
Il ne faut pas lâcher la proie pour l'ombre	Ein Spatz in der Hand ist besser als eine Taube auf dem Dach
Il ne faut pas mettre tous ses œufs dans le même panier	Man darf nicht alles auf eine Karte setzen
Il ne faut pas parler de corde dans la maison d'un pendu	Im Haus des Gehängten sprich nicht vom Strick
Il ne faut pas vendre la peau de l'ours avant de l'avoir tué	Die Nürnberger hängen keinen, es sei denn sie hätten ihn
Il ne faut pas vouloir décrocher la lune	Keiner kann die Sterne vom Himmel holen

Il n'est si méchant pot qui ne trouve son couvercle	Auf jeden Topf gehört ein Deckel
Il n'est si menu métier qui ne nourrisse son homme	Handwerk hat goldenen Boden
Il n'est pas né de la dernière pluie	Er ist ein alter Hase
Il n'est pire eau que l'eau qui dort	Stille Wasser gründen tief
Il n'est pire sourd que celui qui ne veut pas entendre	Wenn einer nicht hören will, ist alles Reden umsonst
Il n'est sauce que d'appétit	Hunger ist der beste Koch
Il n'y a pas de fumée sans feu	Kein Rauch ohne Feuer
Il n'y a pas de rose sans épines	Kein Freud ohne Leid
Il n'y a pas de sot métier, il n'y a que de sottes gens	Kein Handwerk ist schlecht, doch viele treiben's unrecht
Il n'y a pas loin du Capitole à la roche Tarpéienne	Hochmut kommt vor dem Fall
Il n'y a que le premier pas qui coûte	Aller Anfang ist schwer
Il trouve les raisins trop verts	Die Trauben sind ihm zu sauer
Il vaut mieux avoir affaire à Dieu qu'à ses saints	Gleich an die oberste Stelle sich wenden ist der beste Weg
Il y a loin de la coupe aux lèvres	Von der Hand zum Mund verschüttet mancher die Suppe
Il y a remède à tout, fors la mort	Gegen den Tod ist kein Kraut gewachsen
Jamais deux sans trois	Aller guten Dinge sind drei
Je sème à tout vent	Mein Feld ist die Welt
Jouer au chat et à la souris avec quelqu'un	Mit jemandem Katz und Maus spielen

L

La belle plume fait le bel oiseau	Kleider machen Leute
La caque sent toujours le hareng	Das Faß riecht nach dem ersten Wein
La chance sourit aux audacieux	Wer wagt, gewinnt
La façon de donner vaut mieux que ce qu'on donne	Doppelt gibt, wer schnell gibt
La faim chasse le loup du bois	Der Hunger treibt den Fuchs aus dem Bau
La force prime le droit	Macht geht vor Recht
La fortune sourit aux audacieux	Frisch begonnen ist halb gewonnen
La nuit tous les chats sont gris	Bei Nacht sind alle Katzen grau
Là où la chèvre est attachée, il faut qu'elle broute	Bleibe im Land und nähre dich redlich
La parole est d'argent, mais le silence est d'or	Reden ist Silber, Schweigen ist Gold
La pluie du matin n'arrête pas le pèlerin	Nach dem Regen kommt Sonnenschein
La plus belle fille du monde ne peut donner que ce qu'elle a	Keiner kann mehr geben, als er hat
La poule ne doit pas chanter devant le coq	Kräht das Huhn und schweigt der Hahn, ist das Haus gar übel dran
La raison du plus fort est toujours la meilleure	Gegen Kanonen gilt kein Recht
La vérité sort de la bouche des enfants	Kinder und Narren sagen die Wahrheit
La voix du peuple est la voix de Dieu	Volkes Stimme, Gottes Stimme
L'appétit vient en mangeant	Appetit kommt beim Essen
L'argent mène le monde	Geld regiert die Welt
Le fruit défendu a le plus de saveur	Verbotene Früchte schmecken am besten
Le jeu n'en vaut pas la chandelle	Das lohnt sich nicht
Le malheur des uns fait le bonheur des autres	Der Katzen Spiel ist der Mäuse Tod
Le mieux est l'ennemi du bien	Das Bessere ist des Guten Feind
Le monde est rond, qui nage mal va au fond	Alles geht in der Welt : der eine steigt, der andere fällt
Le monde paie d'ingratitude	Undank ist der Welt Lohn
Le plus tôt sera le mieux	Je eher, desto besser
Le silence vaut une réponse	Keine Antwort ist auch eine Antwort
Le soleil luit pour tout le monde	Die Sonne scheint für alle
Le sort en est jeté	Die Würfel sind gefallen

Le temps panse les plaies	Zeit heilt Wunden
L'enfer est pavé de bonnes intentions	Der Weg zur Hölle ist mit guten Vorsätzen gepflastert
Les absents ont toujours tort	Der Abwesende muß Haare lassen
Les apparences sont trompeuses	Der Schein trügt
Les bras m'en tombent	Ich bin wie vor den Kopf gestoßen
Les choses étant ce qu'elles sont	So, wie die Dinge einmal liegen
Les conseilleurs ne sont pas les payeurs	Raten ist wohlfeil
Les gros poissons mangent les petits	Die großen Fische fressen die kleinen
Les loups ne se mangent pas entre eux	Eine Krähe hackt der anderen kein Auge aus
Les petits cadeaux entretiennent l'amitié	Kleine Geschenke erhalten die Freundschaft
Les petits ruisseaux font les grandes rivières	Kleinvieh macht auch Mist
Les plaisanteries les plus courtes sont les meilleures	In der Kürze liegt die Würze
L'esprit est prompt, la chair est faible	Der Geist ist willig, doch das Fleisch ist schwach
L'exception confirme la règle	Die Ausnahme bestätigt die Regel
L'habit ne fait pas le moine	Der Schein trügt
L'habitude est une seconde nature	Der Mensch ist ein Gewohnheitstier
L'homme propose et Dieu dispose	Der Mensch denkt, Gott lenkt
L'imprévu souvent arrive	Unverhofft kommt oft
L'occasion fait le larron	Gelegenheit macht Diebe
Loin des yeux, loin du cœur	Aus den Augen, aus dem Sinn
L'oisiveté est la mère de tous les vices	Müßiggang ist aller Laster Anfang
L'orgueil est frère de l'ignorance	Dummheit und Stolz wachsen aus einem Holz

M

Mauvaise herbe pousse toujours	Unkraut vergeht nicht
Mettre la charrue avant les bœufs	Das Pferd vom Schwanz her aufzäumen
Mettre les pieds dans le plat	Mit der Tür ins Haus fallen
Mieux vaut aller au moulin qu'au médecin	Lieber zum Wirt als zum Apotheker
Mieux vaut être seul qu'en mauvaise compagnie	Besser allein als in böser Gemeind
Mieux vaut plier que rompre	Lieber biegen als brechen
Mieux vaut prévenir que guérir	Lieber Vorbeugen als Heilen
Mieux vaut tard que jamais	Besser spät als nie
Mieux vaut tendre la main que le cou	Betteln ist besser als stehlen
Mieux vaut tenir que courir	Ein Spatz in der Hand ist besser als eine Taube auf dem Dach
Mieux vaut une once de fortune qu'une livre de sagesse	Lieber ein Quentlein Glück als ein Pfund Weisheit
Monter sur ses grands chevaux	Sich aufs hohe Roß setzen

N

Ne craindre ni Dieu ni Diable	Weder Tod noch Teufel fürchten
Ne fais pas à autrui ce que tu ne voudrais pas qu'on te fît	Was du nicht willst, daß man dir tu', das füg' auch keinem anderen zu
Ne remets pas au lendemain ce que tu peux faire le jour même	Was du heute kannst besorgen, das verschiebe nicht auf morgen
Ne réveillez pas le chat qui dort	Man soll keine schlafenden Hunde wecken
Ne tirez pas trop sur la corde	Wenn man den Bogen zu stark spannt, bricht er
Nécessité fait loi	Not kennt kein Gebot
Noblesse oblige	Würde bringt Bürde
Noël au balcon, Pâques aux tisons	Grüne Weihnachten, weiße Ostern
Nul ne peut servir deux maîtres à la fois	Niemand kann zwei Herren dienen
Nul n'est prophète en son pays	Ein Prophet gilt nichts im eigenen Lande
N'y regardez pas de trop près	Lassen Sie fünfe gerade sein

O

Oignez vilain, il vous poindra ; poignez vilain, il vous oindra	Salb den Schelm, so sticht er ; stich ihn, so salbt er
On choisit ses amis, pas sa famille	Freundschaft geht über Verwandtschaft
On connaît ses amis dans le besoin	Freunde in der Not geh'n hundert auf ein Lot
On fait des sottises à tout âge	Alter schützt vor Torheit nicht
On juge l'arbre à son fruit	Den Vogel erkennt man am Gesang
On n'attrape pas les mouches avec du vinaigre	Mit Speck fängt man Mäuse
On ne fait pas d'omelette sans casser des œufs	Wo gehobelt wird, da fallen Späne
On ne prête qu'aux riches	Wer hat, dem wird gegeben
On n'est jamais si bien servi que par soi-même	Die Axt im Hause erspart den Zimmermann
On récolte ce qu'on a semé	Wie die Saat, so die Ernte
On revient toujours à ses premières amours	Alte Liebe rostet nicht
Où il n'y a rien, le roi perd ses droits	Wo nichts ist, hat der Kaiser sein Recht verloren
Où l'hôtesse est belle, le vin est bon	Je schöner die Wirtin, desto besser der Wein

P

Pain d'autrui réveille l'appétit	Die Äpfel aus Nachbars Garten schmecken am besten
Paris ne s'est pas fait en un jour	Gut Ding will Weile haben
Parler à cœur ouvert	Aus seinem Herzen keine Mördergrube machen
Pas de nouvelles, bonnes nouvelles	Keine Nachricht, gute Nachricht
Patience et longueur de temps font plus que force ni que rage	Mit Geduld und Zeit kommt man weit
Pauvreté n'est pas vice	Armut schändet nicht
Petit à petit l'oiseau fait son nid	Viele Federn machen ein Bett
Petite pluie abat grand vent	Kleiner Funken, großes Feuer
Peu me chaut ce que j'ignore	Was ich nicht weiß, macht mich nicht heiß
Pierre qui roule n'amasse pas mousse	Am rollenden Stein wächst kein Moos
Plaisir partagé, plaisir doublé	Geteilte Freude ist doppelte Freude
Porter de l'eau à la rivière	Eulen nach Athen tragen
Promettre monts et merveilles	Goldene Berge versprechen
Promettre et tenir sont deux	Versprechen und Halten ist zweierlei
Prudence est mère de sûreté	Vorsicht ist besser als Nachsicht

Q

Quand il n'y a plus d'avoine à l'auge, les chevaux se battent	Armut ist ein schlimmer Gast
Quand le chat n'est pas là, les souris dansent	Wenn die Katze aus dem Haus ist, tanzen die Mäuse
Quand le puits est à sec, on connaît le prix de l'eau	Wenn der Brunnen trocken ist, schätzt man erst das Wasser
Quand le renard prêche, gardez les poules !	Wenn der Fuchs predigt, hütet die Gänse !
Quand le vin est tiré, il faut le boire	Wer A sagt, muß auch B sagen
Quand on n'a pas de tête, il faut avoir des jambes	Was man nicht im Kopf hat, muß man in den Beinen haben
Quand on parle du loup, on en voit la queue	Wenn man vom Teufel spricht, kommt er gerannt
Que chacun balaye devant sa porte !	Jeder kehre vor seiner Tür !
Que le diable m'emporte si...	Hol' mich der Teufel, wenn...
Qui aime bien châtie bien	Wen Gott liebhat, den züchtigt er
Qui donne aux pauvres prête à Dieu	Wohltun trägt Zinsen

Qui dort dîne	Wer lange schläft, den Gott ernährt
Qui mal fera, mal trouvera	Tu' nichts Böses, so widerfährt dir nichts Böses
Qui ne dit mot consent	Wer schweigt, der bejaht
Qui peut donner a maints voisins	Siedet der Topf, so blüht die Freundschaft
Qui se ressemble s'assemble	Gleich und gleich gesellt sich gern
Qui s'excuse s'accuse	Wer sich entschuldigt, klagt sich an
Qui s'y frotte s'y pique	Daran kann man sich die Finger verbrennen
Qui trop embrasse mal étreint	Wer alles tun will, tut nichts recht
Qui va à la chasse perd sa place	Wer nicht kommt zur rechten Zeit, der muß essen, was übrigbleibt
Qui veut la fin veut les moyens	Der Zweck heiligt die Mittel
Qui veut noyer son chien l'accuse de la rage	Wenn man jemanden hängen will, findet man auch einen Strick dazu
Qui veut voyager loin ménage sa monture	Gut Ding will Weile haben
Qui vivra verra	Was nicht ist, kann noch werden
Qui vole un œuf vole un bœuf	Wer angebissen hat, tut nimmer gut

R S

Remettre aux calendes grecques	Auf den Sanktnimmerleinstag verschieben
Remettre dans le droit chemin	Wieder ins rechte Gleis bringen
Remuer ciel et terre	Himmel und Hölle in Bewegung setzen
Renaître de ses cendres	Wie ein Phönix aus der Asche steigen
Rendez à César ce qui est à César	Gebt dem Kaiser, was des Kaisers ist
Rendre à quelqu'un la monnaie de sa pièce	Jemanden mit gleicher Münze heimzahlen
Rendre la vie impossible à quelqu'un	Jemandem die Hölle heiß machen
Rendre le bien pour le mal	Böses mit Gutem vergelten
Rentrer bredouille	Unverrichteter Dinge zurückkommen
Rester en carafe	Da stehen wie bestellt und nicht abgeholt
Restons-en là !	Lassen wir es gut sein !
Rien de si caché qui ne vienne au jour	Es ist nichts so fein gesponnen, es kommt endlich an die Sonnen
Rien ne sert de courir, il faut partir à temps	Eile allein tut es nicht
Rien ne vaut son chez-soi	Eigener Herd ist Goldes wert
Rira bien qui rira le dernier	Wer zuletzt lacht, lacht am besten
Rouge au soir, clair au matin, c'est la journée du pèlerin	Abendrot, Gutwetterbot
Sans tambour ni trompette	Sang- und klanglos
S'arracher les cheveux (de désespoir)	Sich (vor Verzweiflung) die Haare raufen
Savoir à quoi s'en tenir	Wissen, was die Glocke geschlagen hat
Se croire plus malin que les autres	Das Gras wachsen hören
Se faire manger la laine sur le dos	Ein gutmütiges Schaf sein
Se ressembler comme deux gouttes d'eau	Sich aufs Haar gleichen
S'entendre comme larrons en foire	Unter einer Decke stecken
Si jeunesse savait, si vieillesse pouvait	Jugend weiß nicht, Alter kann nicht
Si on lui tend le petit doigt, il prend tout le bras	Gibt man dem Teufel den kleinen Finger, so nimmt er gleich die ganze Hand
Sortir de ses gonds	Aus der Haut fahren
Souvent femme varie, bien fol est qui s'y fie	Weibergunst ist wie Aprilwetter

T

Tambour battant	Mit Sang und Klang
Tant va la cruche à l'eau qu'à la fin elle se casse	Der Krug geht so lange zum Wasser, bis er bricht
Tel est pris qui croyait prendre	Wer andern eine Grube gräbt, fällt selbst hinein
Tel maître, tel serviteur	Wie der Herr, so's Gescherr

Tel père, tel fils	Wie die Alten sungen, so zwitschern auch die Jungen
Tel qui rit vendredi dimanche pleurera	Wer am Morgen lacht, den holt am Abend die Katze
Tirer les marrons du feu	Die Kastanien aus dem Feuer holen
Tirer son épingle du jeu	Sich aus der Affäre ziehen
Tous les chemins mènent à Rome	Alle Wege führen nach Rom
Tous sont égaux devant la mort	Arm oder reich, der Tod macht alle gleich
Tout a une fin	Alles hat einmal ein Ende
Tout bois n'est pas bon à faire flèche	Man kann nicht alles Holz zu Bolzen drehen
Tout ce qui brille n'est pas d'or	Es ist nicht alles Gold, was glänzt
Tout est bien qui finit bien	Ende gut, alles gut
Tout nouveau tout beau	Neue Besen kehren gut
Tout vient à point à qui sait attendre	Was lange währt, wird endlich gut
Toute médaille a son revers	Jedes Ding hat zwei Seiten
Toute peine mérite salaire	Jeder Arbeiter ist seines Lohnes wert
Trembler de tous ses membres	An allen Gliedern zittern
Trop de cuisiniers gâtent la sauce	Viele Köche verderben den Brei
Trop de zèle nuit	Blinder Eifer schadet nur
Trouver grâce aux yeux de quelqu'un	Bei jemandem Gnade finden
Trouver le truc	Auf den Dreh kommen
Tu auras de mes nouvelles !	Du wirst noch von mir hören !
Tu es tombé sur la tête !	Du bist wohl nicht recht gescheit !
Tu ne perds rien pour attendre	Warte nur !
Tu peux avoir toute confiance en elle	Du kannst dich getrost auf sie verlassen

U

Un cautère sur une jambe de bois	Ein Tropfen Wasser auf einen heißen Stein
Un chien vivant vaut mieux qu'un lion mort	Besser ein lebender Esel als ein totes Pferd
Un clou chasse l'autre	Ein Keil treibt den anderen
Un malheur ne vient jamais seul	Ein Unglück kommt selten allein
Un mauvais arrangement vaut mieux qu'un bon procès	Besser ein magerer Vergleich als ein fetter Prozess
Un peu de fiel gâte beaucoup de miel	Ein faules Ei verdirbt den ganzen Brei
Un tiens vaut mieux que deux tu l'auras	Ein Spatz in der Hand ist besser als eine Taube auf dem Dach
Une fois n'est pas coutume	Einmal ist keinmal
Une hirondelle ne fait pas le printemps	Eine Schwalbe macht noch keinen Sommer

V

Va où le destin t'appelle	Tu, was du nicht lassen kannst
Vaille que vaille	So gut es eben geht
Valoir son pesant d'or	Gold wert sein
Va-t'en au diable !	Scher' dich zum Teufel !
Ventre affamé n'a pas d'oreilles	Einem hungrigen Magen ist nicht gut predigen
Vérité en deçà des Pyrénées, erreur au-delà	Andere Länder, andere Sitten
Vieux pécheur rarement se convertit	Alte Häute brauchen viel Gerbens
Voilà ce que c'est !	Das kommt davon !
Voilà le hic !	Da liegt der Hase im Pfeffer
Vouloir c'est pouvoir	Wer will, der kann

DEUTSCHE REDENSARTEN UND SPRICHWÖRTER	FRANZÖSISCHE ENTSPRECHUNGEN

A

Abendrot, Gutwetterbot	Rouge au soir, clair au matin, c'est la journée du pèlerin
Alle Wege führen nach Rom	Tous les chemins mènent à Rome
Aller Anfang ist schwer	Il n'y a que le premier pas qui coûte
Aller guten Dinge sind drei	Jamais deux sans trois
Alles geht in der Welt : der eine steigt, der andere fällt	Le monde est rond, qui nage mal va au fond
Alles hat einmal ein Ende	Tout a une fin
Alles zu seiner Zeit	Chaque chose en son temps
Alte Häute brauchen viel Gerbens	Vieux pécheur rarement se convertit
Alte Liebe rostet nicht	On revient toujours à ses premières amours
Alter schützt vor Torheit nicht	On fait des sottises à tout âge
Am rollenden Stein wächst kein Moos	Pierre qui roule n'amasse pas mousse
Am Werke erkennt man den Meister	À l'œuvre on connaît l'artisan
An allen Gliedern zittern	Trembler de tous ses membres
Andere Länder, andere Sitten	Vérité en deçà des Pyrénées, erreur au-delà
Appetit kommt beim Essen	L'appétit vient en mangeant
Arm oder reich, der Tod macht alle gleich	Tous sont égaux devant la mort
Armut ist ein schlimmer Gast	Quand il n'y a plus d'avoine à l'auge, les chevaux se battent
Armut schändet nicht	Pauvreté n'est pas vice
Auf Biegen oder Brechen	De gré ou de force
Auf den Dreh kommen	Trouver le truc
Auf den Sanktnimmerleinstag verschieben	Remettre aux calendes grecques
Auf einen Schelmen anderthalbe	À malin, malin et demi
Auf einen groben Klotz gehört ein grober Keil	À vilain, vilain et demi
Auf jeden Topf gehört ein Deckel	Il n'est si méchant pot qui ne trouve son couvercle
Auf Regen folgt Sonnenschein	Après la pluie le beau temps
Aufgeschoben ist nicht aufgehoben	Ce n'est que partie remise
Aus den Augen, aus dem Sinn	Loin des yeux, loin du cœur
Aus der Haut fahren	Sortir de ses gonds
Aus seinem Herzen keine Mördergrube machen	Parler à cœur ouvert

B

Bargeld lacht	Argent comptant fait content
Beharrlichkeit führt zum Ziel	Avec de la persévérance on arrive à tout
Bei jemandem Gnade finden	Trouver grâce aux yeux de quelqu'un
Bei Nacht sind alle Katzen grau	La nuit tous les chats sont gris
Beispiele beweisen nichts	Comparaison n'est pas raison
Besser allein als in böser Gemeind	Mieux vaut être seul qu'en mauvaise compagnie
Besser ein lebender Esel als ein totes Pferd	Un chien vivant vaut mieux qu'un lion mort
Besser ein magerer Vergleich als ein fetter Prozeß	Un mauvais arrangement vaut mieux qu'un bon procès

Besser spät als nie	Mieux vaut tard que jamais
Betteln ist besser als stehlen	Mieux vaut tendre la main que le cou
Bleibe im Land und nähre dich redlich	Là où la chèvre est attachée, il faut qu'elle broute
Blinder Eifer schadet nur	Trop de zèle nuit
Böses mit Gutem vergelten	Rendre le bien pour le mal

D

Da liegt der Hase im Pfeffer	Voilà le hic !
Da stehen wie bestellt und nicht abgeholt	Rester en carafe
Daran kann man sich die Finger verbrennen	Qui s'y frotte s'y pique
Das Bessere ist des Guten Feind	Le mieux est l'ennemi du bien
Das Blut verleugnet sich nicht	Bon sang ne peut mentir
Das Ei will klüger sein als die Henne	Gros-Jean qui en remontre à son curé !
Das Faß riecht nach dem ersten Wein	La caque sent toujours le hareng
Das Gras wachsen hören	Se croire plus malin que les autres
Das ist der Tropfen, der das Faß zum Überlaufen bringt	C'est la goutte d'eau qui fait déborder le vase
Das ist Jacke wie Hose	C'est bonnet blanc et blanc bonnet
Das Kind beim rechten Namen nennen	Appeler un chat un chat
Das kommt davon !	Voilà ce que c'est !
Das lohnt sich nicht	Le jeu n'en vaut pas la chandelle
Das paßt wie die Faust aufs Auge	Cela vient comme un cheveu sur la soupe
Das Pferd vom Schwanz her aufzäumen	Mettre la charrue avant les bœufs
Dem Mutigen gehört die Welt	À cœur vaillant rien d'impossible
Den Kopf wird's nicht kosten	Ce n'est pas la mort d'un homme
Den Schlaf der Gerechten schlafen	Dormir du sommeil du juste
Den Teufel mit dem Beelzebub austreiben	Choisir un remède pire que le mal
Den Vogel erkennt man am Gesang	On juge l'arbre à son fruit
Der Abwesende muß Haare lassen	Les absents ont toujours tort
Der Apfel fällt nicht weit vom Stamm	Bon chien chasse de race
Der Geist ist willig, doch das Fleisch ist schwach	L'esprit est prompt, la chair est faible
Der Hunger treibt den Fuchs aus dem Bau	La faim chasse le loup du bois
Der Katzen Spiel ist der Mäuse Tod	Le malheur des uns fait le bonheur des autres
Der Krug geht so lange zum Wasser, bis er bricht	Tant va la cruche à l'eau qu'à la fin elle se casse
Der Mensch denkt, Gott lenkt	L'homme propose et Dieu dispose
Der Mensch ist ein Gewohnheitstier	L'habitude est une seconde nature
Der Schein trügt	L'habit ne fait pas le moine
Der Weg zur Hölle ist mit guten Vorsätzen gepflastert	L'enfer est pavé de bonnes intentions
Der Zweck heiligt die Mittel	Qui veut la fin veut les moyens
Die Äpfel aus Nachbars Garten schmecken am besten	Pain d'autrui réveille l'appétit
Die Ausnahme bestätigt die Regel	L'exception confirme la règle
Die Axt im Hause erspart den Zimmermann	On n'est jamais si bien servi que par soi-même
Die dümmsten Bauern haben die dicksten Kartoffeln	Aux innocents les mains pleines
Die großen Fische fressen die kleinen	Les gros poissons mangent les petits
Die Hose ist einem mäher als der Rock	Charité bien ordonnée commence par soi-même
Die Jugend muß sich austoben	Il faut bien que jeunesse se passe
Die Kastanien aus dem Feuer holen	Tirer les marrons du feu
Die Katze läßt das Mausen nicht	Chassez le naturel, il revient au galop
Die Nürnberger hängen keinen, es sei denn sie hätten ihn	Il ne faut pas vendre la peau de l'ours avant de l'avoir tué

Die Sonne scheint für alle	Le soleil luit pour tout le monde
Die Trauben sind ihm zu sauer	Il trouve les raisins trop verts
Die Würfel sind gefallen	Le sort en est jeté
Doppelt genäht hält besser	Deux précautions valent mieux qu'une
Doppelt gibt, wer schnell gibt	La façon de donner vaut mieux que ce qu'on donne
Du bist wohl nicht recht gescheit !	Tu es tombé sur la tête !
Du kannst dich getrost auf sie verlassen	Tu peux avoir toute confiance en elle
Du wirst noch von mir hören !	Tu auras de mes nouvelles !
Dummheit und Stolz wachsen aus einem Holz	L'orgueil est frère de l'ignorance
Durch Schaden klug werden	Apprendre à ses dépens

E F

Ehre, wem Ehre gebührt	À tout seigneur tout honneur
Ehrlich währt am längsten	Probité est gage de durée
Eigener Herd ist Goldes wert	Rien ne vaut son chez-soi
Eile allein tut es nicht	Rien ne sert de courir, il faut partir à temps
Ein anderes ist scheinen, ein anderes ist sein	Être et paraître sont deux
Ein faules Ei verdirbt den ganzen Brei	Un peu de fiel gâte beaucoup de miel
Ein gutes Gewissen ist ein sanftes Ruhekissen	Une bonne conscience est un mol oreiller
Ein gutmütiges Schaf sein	Se faire manger la laine sur le dos
Ein Keil treibt den anderen	Un clou chasse l'autre
Ein Prophet gilt nichts im eigenen Lande	Nul n'est prophète en son pays
Ein Schelm, der Schlechtes dabei denkt !	Honni soit qui mal y pense !
Ein Spatz in der Hand ist besser als eine Taube auf dem Dach	Il ne faut pas lâcher la proie pour l'ombre Un tiens vaut mieux que deux tu l'auras
Ein Tropfen Wasser auf einen heißen Stein	Un cautère sur une jambe de bois
Ein Unglück kommt selten allein	Un malheur ne vient jamais seul
Ein voller Bauch studiert nicht gern	Estomac plein, tête vide
Eine Krähe hackt der anderen kein Auge aus	Les loups ne se mangent pas entre eux
Eine Schwalbe macht noch keinen Sommer	Une hirondelle ne fait pas le printemps
Einem hungrigen Magen ist nicht gut predigen	Ventre affamé n'a pas d'oreilles
Einmal ist keinmal	Une fois n'est pas coutume
Ende gut, alles gut	Tout est bien qui finit bien
Entweder... oder	Il faut qu'une porte soit ouverte ou fermée
Er ist ein alter Hase	Il n'est pas né de la dernière pluie
Er wartet, daß ihm die gebratenen Tauben ins Maul fliegen	Il attend que les alouettes lui tombent toutes rôties dans le bec
Es friert Stein und Bein	Il gèle à pierre fendre
Es hieße tauben Ohren predigen	Autant vaudrait parler à un sourd
Es ist nicht alles Gold, was glänzt	Tout ce qui brille n'est pas d'or
Es ist nichts so fein gesponnen, es kommt endlich an die Sonnen	Rien de si caché qui ne vienne au jour
Es ist noch kein Meister vom Himmel gefallen	Apprenti n'est pas maître
Es ist noch nicht aller Tage Abend	Il ne faut jurer de rien
Es schwebt auf des Messers Schneide	Cela tient à un fil
Eulen nach Athen tragen	Porter de l'eau à la rivière
Frauenwille, Gottes Wille	Ce que femme veut, Dieu le veut
Freunde in der Not geh'n hundert auf ein Lot	On connaît ses amis dans le besoin
Freundschaft geht über Verwandtschaft	On choisit ses amis, pas sa famille
Friede ernährt, Unfriede verzehrt	Concorde construit, discorde détruit
Frisch begonnen ist halb gewonnen	La fortune sourit aux audacieux

GH

Gebranntes Kind scheut das Feuer	Chat échaudé craint l'eau froide
Gebt dem Kaiser, was des Kaisers ist	Rendez à César ce qui est à César
Gegen den Tod ist kein Kraut gewachsen	Il y a remède à tout, fors la mort
Gegen Kanonen gilt kein Recht	La raison du plus fort est toujours la meilleure
Geld regiert die Welt	L'argent mène le monde
Gelegenheit macht Diebe	L'occasion fait le larron
Geschehen Ding ist nicht zu ändern	Ce qui est fait est fait
Geschenktem Gaul schaut man nicht ins Maul	À cheval donné on ne regarde pas la bride
Geteilte Freude ist doppelte Freude	Plaisir partagé, plaisir doublé
Gibt man dem Teufel den kleinen Finger, so nimmt er gleich die ganze Hand	Si on lui tend le petit doigt, il prend tout le bras
Gleich und gleich gesellt sich gern	Qui se ressemble s'assemble
Glück im Spiel, Pech in der Liebe	Heureux au jeu, malheureux en amour
Glück und Glas, wie leicht zerbricht das !	Bien de fortune passe comme la lune
Gold wert sein	Valoir son pesant d'or
Goldene Berge versprechen	Promettre monts et merveilles
Gott legt niemandem mehr auf, als er ertragen kann	À brebis tondue Dieu mesure le vent
Gott lenkt alles zum Guten	Dieu pourvoit à tout
Großen Übeln muß man tatkräftig zu Leibe rücken	Aux grands maux les grands remèdes
Großspurig auftreten	Se donner de grands airs
Grüne Weihnachten, weiße Ostern	Noël au balcon, Pâques aux tisons
Gut Ding will Weile haben	Paris ne s'est pas fait en un jour
Gute Miene zum bösen Spiel machen	Faire contre mauvaise fortune bon cœur
Gute Ware lobt sich selbst	À bon vin point d'enseigne
Guter Ruf geht über Reichtum	Bonne renommée vaut mieux que ceinture dorée
Handwerk hat goldenen Boden	Il n'est si menu métier qui ne nourrisse son homme
Heute rot, morgen tot	Aujourd'hui en vie, demain en terre
Himmel und Hölle in Bewegung setzen	Remuer ciel et terre
Hochmut kommt vor dem Fall	Il n'y a pas loin du Capitole à la roche Tarpéienne
Hol' mich der Teufel, wenn...	Que le diable m'emporte si...
Hunde, die bellen, beißen nicht	Chien qui aboie ne mord pas
Hunger ist der beste Koch	Il n'est sauce que d'appétit

IJ

Ich bin wie vor den Kopf gestoßen	Les bras m'en tombent
Im Haus des Gehängten sprich nicht vom Strick	Il ne faut pas parler de corde dans la maison d'un pendu
Im Zweifelsfall laß die Finger davon	Dans le doute abstiens-toi
In der Kürze liegt die Würze	Les plaisanteries les plus courtes sont les meilleures
In der Not frißt der Teufel Fliegen	Faute de grives on mange des merles
Ist die Gefahr vorbei, lacht man den Heiligen aus	Fleuve passé, saint moqué
Je eher, desto besser	Le plus tôt sera le mieux
Je schöner die Wirtin, desto besser der Wein	Où l'hôtesse est belle, le vin est bon
Jedem das Seine	À chacun son dû
Jeder Arbeiter ist seines Lohnes wert	Toute peine mérite salaire
Jeder Hahn ist König auf seinem Mist	Chacun est maître chez soi
Jeder ist Herr im eigenen Hause	Charbonnier est maître chez lui
Jeder ist seines Glückes Schmied	Chacun est l'artisan de son bonheur
Jeder ist sich selbst der Nächste	Chacun tire l'eau à son moulin
Jeder kehre vor seiner Tür !	Que chacun balaye devant sa porte !

Jeder Vogel singt, wie ihm der Schnabel gewachsen ist	À chacun sa chanson
Jedes Ding hat zwei Seiten	Toute médaille a son revers
Jemanden mit gleicher Münze heimzahlen	Rendre à quelqu'un la monnaie de sa pièce
Jemanden übers Ohr hauen	Rouler quelqu'un dans la farine
Jugend weiß nicht, Alter kann nicht	Si jeunesse savait, si vieillesse pouvait

K

Kein Freud ohne Leid	Il n'y a pas de rose sans épines
Kein Handwerk ist schlecht, doch viele treiben's unrecht	Il n'y a pas de sot métier, il n'y a que de sottes gens
Kein Rauch ohne Feuer	Il n'y a pas de fumée sans feu
Kein Unglück ist so groß, es hat nicht ein Glück im Schoß	À quelque chose malheur est bon
Keine Antwort ist auch eine Antwort	Le silence vaut une réponse
Keine Nachricht, gute Nachricht	Pas de nouvelles, bonnes nouvelles
Keiner kann die Sterne vom Himmel holen	Il ne faut pas vouloir décrocher la lune
Keiner kann mehr geben, als er hat	La plus belle fille du monde ne peut donner que ce qu'elle a
Kinder und Narren sagen die Wahrheit	La vérité sort de la bouche des enfants
Kleider machen Leute	La belle plume fait le bel oiseau
Kleine Geschenke erhalten die Freundschaft	Les petits cadeaux entretiennent l'amitié
Kleiner Funken, großes Feuer	Petite pluie abat grand vent
Kleinvieh macht auch Mist	Les petits ruisseaux font les grandes rivières
Komme, was wolle !	Advienne que pourra
Koste es, was es wolle	Coûte que coûte
Kräht das Huhn und schweigt der Hahn, ist das Haus gar übel dran	La poule ne doit pas chanter avant le coq

L

Lange geborgt ist nicht geschenkt	Tu ne perds rien pour attendre
Lassen Sie fünfe gerade sein	N'y regardez pas de trop près
Lassen wir es gut sein !	Restons-en là !
Lieber biegen als brechen	Mieux vaut plier que rompre
Lieber ein Quentlein Glück als ein Pfund Weisheit	Mieux vaut une once de fortune qu'une livre de sagesse
Lieber Vorbeugen als Heilen	Mieux vaut prévenir que guérir
Lieber zum Wirt als zum Apotheker	Mieux vaut aller au moulin qu'au médecin
Lieber zuviel als zuwenig	Abondance de biens ne nuit pas

M

Macht geht vor Recht	La force prime le droit
Mal' den Teufel nicht an die Wand	Il ne faut pas jouer avec le feu
Man darf die Finger nicht zwischen Tür und Angel stecken	Entre l'arbre et l'écorce il ne faut pas mettre le doigt
Man darf nicht alles auf eine Karte setzen	Il ne faut pas mettre tous ses œufs dans le même panier
Man kann nicht alles Holz zu Bolzen drehen	Tout bois n'est pas bon à faire flèche
Man kann nicht zwei Herren dienen	Il ne faut pas courir deux lièvres à la fois

Man kann von niemandem Unmögliches verlangen	À l'impossible nul n'est tenu
Man muß aufhören, wenn es am besten schmeckt	Il faut rester sur la bonne bouche
Man muß aus der Not eine Tugend machen	Il faut faire de nécessité vertu
Man muß das Eisen schmieden, solange es heiß ist	Il faut battre le fer tant qu'il est chaud
Man muß die Feste feiern, wie sie fallen	Il faut prendre les choses comme elles viennent
Man muß die Gelegenheit beim Schopfe fassen	Il faut saisir l'occasion par les cheveux
Man muß Heu machen, solange die Sonne scheint	Il faut puiser tant que la corde est au puits
Man muß sich nach der Decke strecken	Il faut vivre selon ses moyens
Man soll keine schlafenden Hunde wecken	Il ne faut pas éveiller le chat qui dort
Mein Feld ist die Welt	Je sème à tout vent
Mit dem Hut in der Hand kommt man durch das ganze Land	Humilité toute porte franchit
Mit der Tür ins Haus fallen	Mettre les pieds dans le plat
Mit Geduld und Zeit kommt man weit	Patience et longueur de temps font plus que force ni que rage
Mit großen Herren ist nicht gut Kirschen essen	Il ne fait pas bon être familier des grands
Mit jemandem Katz und Maus spielen	Jouer au chat et à la souris avec quelqu'un
Mit Sang und Klang	Tambour battant
Mit Speck fängt man Mäuse	On n'attrape pas les mouches avec du vinaigre
Morgen ist auch noch ein Tag	À chaque jour suffit sa peine Demain il fera jour
Morgenstunde hat Gold im Munde	À qui se lève matin, Dieu donne la main
Müßiggang ist aller Laster Anfang	L'oisiveté est la mère de tous les vices

NO

Nach dem Regen kommt Sonnenschein	La pluie du matin n'arrête pas le pèlerin
Neue Besen kehren gut	Tout nouveau tout beau
Niemand kann zwei Herren dienen	Nul ne peut servir deux maîtres à la fois
Not kennt kein Gebot	Nécessité fait loi
Ohne Fleiß kein Preis	À vaincre sans péril on triomphe sans gloire

RS

Raten ist wohlfeil	Les conseilleurs ne sont pas les payeurs
Reden ist Silber, Schweigen ist Gold	La parole est d'argent, mais le silence est d'or
Sag mir, wer deine Freunde sind, dann sage ich dir, wer du bist	Dis-moi qui tu hantes, je te dirai qui tu es
Salb den Schelm, so sticht er ; stich ihn, so salbt er	Oignez vilain, il vous poindra ; poignez vilain, il vous oindra
Sang- und klanglos	Sans tambour ni trompette
Scher' dich zum Teufel !	Va-t'en au diable !
Schuster, bleid bei deinem Leisten	À chacun son métier, les vaches en sont mieux gardées
Sein Versprechen muß man halten	Chose promise chose due
Sich (vor Verzweiflung) die Haare raufen	S'arracher les cheveux (de désespoir)
Sich aufs Haar gleichen	Se ressembler comme deux gouttes d'eau
Siedet der Topf, so blüht die Freundschaft	Qui peut donner a maints voisins
So gut es eben geht	Vaille que vaille
So wie die Dinge einmal liegen	Les choses étant ce qu'elles sont

Spinne am Morgen bringt Kummer und Sorgen ; Spinne am Abend, erquickend und labend	Araignée du matin : chagrin ; araignée du soir : espoir
Stille Wasser gründen tief	Il n'est pire eau que l'eau qui dort

TU

Tu' nichts Böses, so widerfährt dir nichts Böses	Qui mal fera, mal trouvera
Tu', was du nicht lassen kannst	Va où le destin t'appelle
Tue recht und scheue niemand	Bien faire et laisser dire
Über Geschmack läßt sich nicht streiten	Des goûts et des couleurs on ne discute pas
Übung macht den Meister	C'est en forgeant qu'on devient forgeron
Undank ist der Welt Lohn	Le monde paie d'ingratitude
Unkraut vergeht nicht	Mauvaise herbe pousse toujours
Unrecht Gut gedeihet nicht	Bien mal acquis ne profite jamais
Unter den Blinden ist der Einäugige König	Au royaume des aveugles les borgnes sont rois
Unter einer Decke stecken	S'entendre comme larrons en foire
Unverhofft kommt oft	L'imprévu souvent arrive
Unverrichteter Dinge zurückkommen	Rentrer bredouille

V

Verbotene Früchte schmecken am besten	Le fruit défendu a le plus de saveur
Versprechen und Halten ist zweierlei	Promettre et tenir sont deux
Viel Geschrei um nichts	Beaucoup de bruit pour rien
Viele Federn machen ein Bett	Petit à petit l'oiseau fait son nid
Viele Köche verderben den Brei	Trop de cuisiniers gâtent la sauce
Viele Köpfe kommen schwer unter einen Hut	Autant de têtes, autant d'avis
Vier Augen sehen besser als zwei	Deux yeux valent mieux qu'un
Volkes Stimme, Gottes Stimme	La voix du peuple est la voix de Dieu
Vom Ruhm wird man nicht satt	Gloire vaine ne porte graine
Vom Winde verweht	Autant en emporte le vent
Von der Hand zum Mund verschüttet mancher die Suppe	Il y a loin de la coupe aux lèvres
Von zwei Übeln muß man das kleinere wählen	De deux maux il faut choisir le moindre
Vor dem Öffnen des Mundwerks Gehirn einschalten	Il faut tourner sa langue sept fois dans sa bouche avant de parler
Vorsicht ist besser als Nachsicht	Prudence est mère de sûreté

W

Wände haben Ohren	Les murs ont des oreilles
Was du heute kannst besorgen, das verschiebe nicht auf morgen	Ne remets pas au lendemain ce que tu peux faire le jour même
Was du nicht willst, daß man dir tu', das füg' auch keinem anderen zu	Ne fais pas à autrui ce que tu ne voudrais pas qu'on te fît
Was ich nicht weiß, macht mich nicht heiß	Peu me chaut ce que j'ignore
Was lange währt, wird endlich gut	Tout vient à point à qui sait attendre
Was man nicht im Kopf hat, muß man in den Beinen haben	Quand on n'a pas de tête, il faut avoir des jambes
Was man wünscht, das glaubt man gern	Chacun croit voir ce qu'il espère
Was nicht ist, kann noch werden	Qui vivra verra
Weder Tod noch Teufel fürchten	Ne craindre ni Dieu ni Diable

Weibergunst ist wie Aprilwetter	Souvent femme varie, bien fol est qui s'y fie
Wem nicht zu raten ist, dem ist auch nicht zu helfen	À parti pris point de conseil
Wen Gott liebhat, den züchtigt er	Qui aime bien châtie bien
Wenn das Wörtlein « wenn » nicht wär', wär' mein Vater Millionär	Avec des « si » on mettrait Paris en bouteille
Wenn der Brunnen trocken ist, schätzt man erst das Wasser	Quand le puits est à sec, on connaît le prix de l'eau
Wenn der Fuchs predigt, hütet die Gänse !	Quand le renard prêche, gardez les poules !
Wenn die Katze aus dem Haus ist, tanzen die Mäuse	Quand le chat n'est pas là, les souris dansent
Wenn einer nicht hören will, ist alles Reden umsonst	Il n'est pire sourd que celui qui ne veut pas entendre
Wenn es dem Esel zu wohl wird, geht er aufs Eis	Ce qui va trop bien va trop loin
Wenn man den Bogen zu stark spannt, bricht er	Ne tirez pas trop sur la corde
Wenn man jemanden hängen will, findet man auch einen Strick dazu	Qui veut noyer son chien l'accuse de la rage
Wenn man vom Teufel spricht, kommt er gerannt	Quand on parle du loup, on en voit la queue
Wer A sagt, muß auch B sagen	Quand le vin est tiré, il faut le boire
Wer alles tun will, tut nichts recht	Qui trop embrasse mal étreint
Wer am Morgen lacht, den holt am Abend die Katze	Tel qui rit vendredi dimanche pleurera
Wer am Weg baut, hat viele Meister	Est bien fou du cerveau qui prétend contenter tout le monde et son père
Wer andern eine Grube gräbt, fällt selbst hinein	Tel est pris qui croyait prendre
Wer angebissen hat, tut nimmer gut	Qui vole un œuf vole un bœuf
Wer hat, dem wird gegeben	On ne prête qu'aux riches
Wer lange schläft, den Gott ernährt	Qui dort dîne
Wer nicht kommt zur rechten Zeit, der muß essen, was übrigbleibt	Qui va à la chasse perd sa place
Wer Ohren hat, der höre !	À bon entendeur, salut !
Wer schweigt, der bejaht	Qui ne dit mot consent
Wer sich entschuldigt, klagt sich an	Qui s'excuse s'accuse
Wer wagt, gewinnt	La chance sourit aux audacieux
Wer will, der kann	Vouloir c'est pouvoir
Wer zuletzt lacht, lacht am besten	Rira bien qui rira le dernier
Wes Brot ich eß', des Lied ich sing'	De qui me nourrit je chante la louange
Wes das Herz voll ist, des geht der Mund über	De l'abondance du cœur la bouche parle
Wie der Herr, so's Gescherr	Tel maître, tel serviteur
Wie die Alten sungen, so zwitschern auch die Jungen	Tel père, tel fils
Wie die Saat, so die Ernte	On récolte ce qu'on a semé
Wie ein Phönix aus der Asche steigen	Renaître de ses cendres
Wie man sich bettet, so liegt man	Comme on fait son lit on se couche
Wieder ins rechte Gleis bringen	Remettre dans le droit chemin
Will man sich jemanden geneigt machen, fügt man sich seinen Wünschen	Comme on connaît ses saints on les honore
Wissen, was die Glocke geschlagen hat	Savoir à quoi s'en tenir
Wo gehobelt wird, da fallen Späne	On ne fait pas d'omelette sans casser des œufs
Wo nichts ist, hat der Kaiser sein Recht verloren	Où il n'y a rien, le roi perd ses droits
Wohltun trägt Zinsen	Qui donne aux pauvres prête à Dieu
Würde bringt Bürde	Noblesse oblige

Z

Zeit heilt Wunden	Le temps panse les plaies
Zufriedenheit geht über Reichtum	Contentement passe richesse
Zu geschehenen Dingen soll man das Beste reden	Il faut excuser ce que l'on ne peut plus corriger
Zwei Fliegen mit einer Klappe schlagen	Faire d'une pierre deux coups

ALLEMAND-FRANÇAIS
DEUTSCH-FRANZÖSISCH

ABRÉVIATIONS DU DICTIONNAIRE
IM WÖRTERBUCH VERWENDETE ABKÜRZUNGEN

I. RUBRIQUES
SACHBEREICHSANGABEN

ADM.	Administration, *Verwaltung.*
AÉRON.	Aéronautique ; Aviation, *Luftfahrt.*
AGRIC.	Agriculture, *Landwirtschaft.*
ANAT.	Anatomie, *Anatomie.*
ANTIQ.	Antiquité, *Altertum.*
ARCHIT.	Architecture, *Architektur.*
ARTS.	Arts, *Kunst.*
ASTRON.	Astronomie, *Astronomie.*
AUTOM.	Automobile, *Kraftfahrzeugwesen.*
BIOL.	Biologie, *Biologie.*
BOT.	Botanique, *Botanik.*
CHIM.	Chimie, *Chemie.*
COMM.	Commerce, *Handel.*
CULIN.	Art culinaire, *Küche.*
ÉCON.	Économie, *Wirtschaft.*
ÉLECTR.	Électricité ; Électronique, *Elektrotechnik.*
FILM.	Film ; Cinéma, *Film ; Kino.*
FIN.	Finances ; Banque ; Bourse, *Finanzwesen ; Bank ; Börse.*
GÉOGR.	Géographie, *Geographie.*
GÉOL.	Géologie, *Geologie.*
GRAMM.	Grammaire, *Grammatik.*
HIST.	Histoire, *Geschichte.*
INF.	Informatique, *Informatik ; EDV.*
JUR.	Science et pratique du droit, *Rechtswesen.*
LITTÉR.	Littérature, *Literatur.*
MAR.	Marine, *Schiffahrt.*
MATH.	Mathématiques, *Mathematik.*
MÉD.	Médecine, *Medizin.*
MÉTALL.	Métallurgie, *Hüttenwesen.*
MIL.	Art militaire, *Militär.*
MINÉRAL.	Minéralogie, *Mineralogie.*
MINES.	Mines, *Bergbau.*
MUS.	Musique, *Musik.*
MYTH.	Mythologie, *Mythologie.*
NUCL.	Nucléaire, *Kernenergie.*
OPT.	Optique, *Optik.*
PHILOS.	Philosophie, *Philosophie.*
PHOT.	Photographie, *Photographie.*
PHYS.	Physique, *Physik.*
PHYSIOL.	Physiologie, *Physiologie.*
POÉS., POÉT.	Poésie, *Dichtung.*
POLIT.	Politique, *Politik.*
RADIO.	Radio, *Rundfunk.*
RELIG.	Religion, *Religion.*
SPORT.	Sports, *Sport.*
STAT.	Statistique, *Statistik.*
TECHN.	Techniques, *Technik.*
TÉLÉCOMM.	Télécommunications, *Fernmeldewesen.*
TÉLÉPH.	Téléphone, *Telefon.*
TÉLÉV.	Télévision, *Fernsehen.*
TEXT.	Textiles, *Textilindustrie.*
THÉÂTRE.	Théâtre ; Spectacles, *Theater ; Darbietungen.*
THÉOL.	Théologie, *Theologie.*
TRANSP.	Transports, *Transportwesen.*
TYPOGR.	Arts graphiques, *Druckwesen.*
UNIV.	Écoles ; Université, *Schule ; Universität.*
ZOOL.	Zoologie, *Zoologie.*

II. AUTRES ABRÉVIATIONS
ANDERE ABKÜRZUNGEN

abrév.	abréviation, *Abkürzung.*
acc.	accusatif, *Akkusativ.*
adj.	adjectif, *Adjektiv.*
adj. num. card.	adjectif numéral cardinal, *Grundzahl.*
adj. num. ord.	adjectif numéral ordinal, *Ordnungszahl.*
adv.	adverbe, *Adverb.*
ARG.	argot, *Argot.*
compar.	comparatif, *Komparativ.*
compl.	complément, *Objekt.*
condit.	conditionnel, *Konditional.*
conj.	conjonction, *Konjunktion.*
dat.	datif, *Dativ.*
DIAL.	dialecte, *Dialekt.*
en compos.	en composition, *in Zusammensetzungen.*
f.	féminin, *feminin.*
FAM.	familièrement, *umgangssprachlich.*
FIG.	sens figuré, *übertragene Bedeutung.*
futur.	futur, *Futur.*
gén.	génitif, *Genitiv.*
imparf.	imparfait, *Imperfekt.*
impér.	impératif, *Imperativ.*
indéf.	indéfini, *unbestimmt.*
indic. prés.	présent de l'indicatif, *Indikativ Präsens.*
infin.	infinitif, *Infinitiv.*
insépar.	inséparable, *nicht trennbar.*
interj.	interjection, *Interjektion.*
interr.	interrogatif, *Frage...*
invar.	invariable, *unveränderlich.*
IRON.	ironiquement, *ironisch.*
jm.	quelqu'un (datif), *jemandem.*
jn.	quelqu'un (accusatif), *jemanden.*
js.	quelqu'un (génitif), *jemandes.*
LITT.	littéraire, *gehoben.*
LOC.	locution, *Redewendung.*
m.	masculin, *maskulin.*
n.	neutre, *neutrum.*
n. pr.	nom propre, *Eigenname.*
nomin.	nominatif, *Nominativ.*
OBSERV.	observation, *Anmerkung.*
PAR ANAL.	par analogie, *analog.*
PAR EXT.	par extension, *im weiteren Sinne.*
partic.	particule, *Verbalpräfix.*
PARTICUL.	particulièrement, *besonders.*
part. pass.	participe passé, *Partizip Perfekt.*
part. prés.	participe présent, *Partizip Präsens.*
PÉJOR.	péjorativement, *abwertend.*
pl.	pluriel, *Plural.*
POP.	populaire, *derb.*
PR.	sens propre, *eigentliche Bedeutung.*
préf.	préfixe, *Präfix.*
prét.	prétérit, *Präteritum.*
pr. dém.	pronom démonstratif, *Demonstrativpronomen.*
pr. pers.	pronom personnel, *Personalpronomen.*
pr. poss.	pronom possessif, *Possessivpronomen.*
pr. relat.	pronom relatif, *Relativpronomen.*
PROV.	proverbe, *Sprichwort.*
qn	quelqu'un, *jemand.*
qch.	quelque chose, *etwas.*
s.	substantif, *Substantiv.*
sépar.	séparable, *trennbar.*
subj. prés.	présent du subjonctif.
SUBSTANTIV.	substantivement, *substantivisch.*
superl.	superlatif, *Superlativ.*
suff.	suffixe, *Suffix.*
SYN.	synonyme, *Synonym.*
v. impers.	verbe impersonnel, *unpersönliches Verb.*
v. intr.	verbe intransitif, *intransitives Verb.*
v. pr.	verbe pronominal, *reflexives Verb.*
v. tr.	verbe transitif, *transitives Verb.*
VULG.	vulgaire, *vulgär.*
VX.	vieux, *veraltet.*
Wz.	nom déposé, *Warenzeichen.*

COMMENT UTILISER CE DICTIONNAIRE

INDICATIONS GÉNÉRALES

L'ordre alphabétique, qui est de règle dans un dictionnaire, n'a pas toujours été scrupuleusement respecté ici.

En effet, nous avons tenu à donner, après chaque mot représentant un radical important, les composés formés sur ce radical.

Ainsi apparaissent immédiatement après le mot **Bahn** ses composés ; de ce fait, le verbe *bahnen* se trouve repoussé après la série formée par ces composés. Quand deux termes de même forme ont des sens différents, ils sont traités séparément et chacun est suivi des composés qu'il sert à former. On trouve ainsi une série de composés sur **fest,** adjectif, et une autre sur **das Fest ;** une sur **der Nagel** (le clou), une autre sur **der Nagel** (l'ongle). Le signe °- indique que le composé est un substantif et comporte une majuscule à l'initiale.

Quand, dans un mot composé, le premier élément se termine par une consonne double et que le second élément commence par la même consonne, cette troisième consonne disparaît. Ainsi **Schiff/fahrt** s'écrit *Schiffahrt ;* **Schall/loch** s'écrit *Schalloch.*

Quand, dans une série de mots composés, apparaît un vocable très usité et qui sert lui-même à former d'autres composés, il a été, le plus souvent, traité séparément. Ainsi le mot *Haushalt* apparaît dans la série des composés de **Haus,** puis il est traité lui-même, séparément, avec ses propres composés. Si cette méthode ne permet pas toujours de respecter l'ordre alphabétique, elle nous a semblé répondre mieux aux règles de formation des mots composés.

Les différentes acceptions d'un mot sont traitées séparément ; chacune est définie par un terme de sens approximativement équivalent, placé entre crochets. Souvent, nous citons, à propos d'un mot, certains de ses composés usuels, qui nous ont paru propres à illustrer le sens du mot simple.

INDICATIONS GRAMMATICALES

Verbes. — Pour les verbes, les formes réfléchies sont traitées dans le même article que les formes non réfléchies. Les participes passés, quand ils prennent une valeur particulière, sont placés à leur ordre alphabétique, donc, dans la plupart des cas, dans les mots commençant par **ge.** Pour les verbes forts, les changements de voyelle au prétérit et au parfait sont indiqués, ainsi **biegen** *(o, o).* On peut se reporter, par ailleurs, à la liste des verbes forts (v. p. X), où sont indiquées les formes du présent de l'indicatif des verbes forts qui ont subi l'inflexion au présent, comme **fahren** *(du fährst, er fährt) ;* **treten** *(du trittst, er tritt).*

Les infinitifs substantivés ne sont pas traités en dehors du verbe si leur sens recouvre exactement celui du verbe correspondant. La préférence a été souvent donnée à des substantifs dérivés avec le suffixe **ung.** Ceux-ci, en effet, n'ont pas toujours un sens exactement conforme à celui du verbe dont ils dérivent. Quand il existe des différences de sens entre ces sortes de formes voisines, nous avons essayé de les préciser.

Déclinaisons. — Pour chaque substantif nous avons indiqué la désinence du génitif singulier et celle du nominatif pluriel. Ainsi **Buch** *n. (s, ¨er).* Le signe - indique que la forme ainsi mentionnée est exactement celle du nominatif singulier : **Hand** *f (-, ¨e).*

Les désinences données entre parenthèses indiquent ce qui s'ajoute au radical. Dans le cas des noms terminés par ß, il faut tenir compte du fait que ß se résout en **ss** quand il n'est plus en position finale. Ainsi, au génitif singulier d'un mot comme **Erlaß** *m. (es, e),* il est entendu que le génitif singulier s'écrit *Erlasses.*

La désinence du génitif fort est **s ;** elle peut être écrite **es** dans tous les cas ; ainsi on dit *des Huts* ou *des Hutes.* Le **e** est obligé après les consonnes sifflantes ; là où il est obligatoire il a été chaque fois signalé.

La seconde indication entre parenthèses manque quand le pluriel du mot en question est inusité. Si un nom n'est suivi d'aucune indication de déclinaison, c'est que le génitif singulier a la forme du nominatif et que le pluriel est inusité. C'est le cas d'un grand nombre de féminins désignant des abstractions.

Les adjectifs et participes substantivés, quand ils constituent une entrée à part entière, sont présentés à la forme féminine et masculine qu'aurait l'adjectif épithète précédé de l'article indéfini ; ils ne sont suivis d'aucune indication de déclinaison ; ainsi **Körperbehinderte(r)** *f. (m.)* se lit : eine Körperbehinderte, ein Körperbehinderter.

Adjectifs numéraux. — Leurs formes n'ont été signalées que pour les plus usuels. Pour les autres, on devra se reporter à l'introduction grammaticale où les lois de leur formation sont indiquées. (V. p. VI.)

Mots allemands d'origine française. – Certains mots français employés en allemand dans leur forme et avec leur sens d'origine n'ont pas été mentionnés. Le lecteur pourra se reporter à la partie français-allemand.

Par contre, les mots de ce genre ont été traités quand, passant d'une langue à l'autre, ils ont subi une altération d'orthographe ou de sens.

PRONONCIATION FIGURÉE

Tous les mots souches sont suivis de leur prononciation figurée. L'accent est indiqué par le signe '. Dans les mots où deux syllabes portent un accent, l'accent principal est indiqué par le signe ", l'accent secondaire par le signe '. Le signe d'accent a été placé immédiatement avant la syllabe accentuée.

L'accentuation indiquée pour un nom est celle de la forme singulier. En principe, l'accent demeure, au pluriel, sur la même syllabe ; certains masculins en **or** font exception à cette règle, l'accent se déplaçant au pluriel : *der 'Vektor,* mais *die Vek'toren ; der Pro'fessor,* mais *Profe'ssoren.*

La prononciation figurée n'a pas été donnée pour les mots composés, à l'exception du premier de la série. Quand, dans une série de composés, un mot nous a paru avoir une accentuation remarquable, celle-ci est indiquée par des signes conventionnels, ainsi : **Buchdruckerkunst** ["- - -/'-].

La prononciation indiquée pour un mot est celle de l'infinitif pour un verbe, du nominatif singulier pour un nom, du masculin singulier pour un adjectif. Il arrive que, dans certaines formes fléchies, la prononciation des finales change. Ainsi pour les adjectifs en **ig ;** *schuldig* = ʃuldiç, mais, devant un e, *eine Schuldige* = ʃuldigə.

L'alphabet employé est l'alphabet phonétique international adapté à l'allemand.

ALPHABET PHONÉTIQUE INTERNATIONAL

CONSONNES

SIGNES	GRAPHIE	MOTS TYPES
[b]	b	*Bank* [baŋk]
[ç]	ch	*Ich* [iç]
	ig	*König* [køniç]
		richtig [riçtiç]
[d]	d	*Dieb* [di:p]
[f]	f et v	*Funk* [funk]
		Vater [fɑ:tər]
[g]	g	*Glück* [glyk]
[h]	h	*Hut* [hu:t]
[j]	j	*Jahr* [jɑ:r]
[k]	k	*Kohle* [ko:lə]
[ks]	chs	*wachsen* [vaksən]
[kv]	qu	*Qual* [qvɑ:l]
[k]	g	*Krieg* [kri:k]
		gesagt [gəzɑ:kt]
[l]	l	*legen* [le:gən]
[m]	m	*Meer* [me:r]
[n]	n	*Nase* [nɑ:zə]
[ŋ]	ng	*ringen* [riŋən]
	n	*Onkel* [ɔŋkəl]
[p]	p	*Probe* [pro:bə]
[pf]	pf	*Pferd* [pfe:rt]
[r]	r	*Ritter* [ritər]
[s]	s et ß	*Kissen* [kisən]
		Fluß [flus]
[ʃ]	sch	*Schwester* [ʃvɛstər]
	s	*Sprache* [ʃprɑ:xə]
		Straße [ʃtrɑ:sə]
[t]	t	*Tisch* [tiʃ]
[ts]	z	*Zimmer* [tsimər]
[v]	w	*Wacht* [vaxt]
[x]	ch	*nach* [nɑ:x]
[z]	s	*Rose* [ro:zə]
[ʒ]	g, j	*Genie* [ʒeni:]
		Jackett [ʒakɛt]

(:) signifie que la voyelle précédente est longue. En phonétique, il remplace :
– le **h** qui suit une voyelle simple ou se trouve entre des voyelles. Ex. : *fühlen* [fy:lən], *sehen* [ze:ən].
– le **e** qui suit un **i**. Ex. : *spielen* [ʃpi:lən].

VOYELLES

SIGNES	GRAPHIE	MOTS TYPES
[ɑ]	a	*Ahnung* [ɑ:nuŋ]
[a]	a	*Album* [album]
[ɛ:]	ä	*Rätsel* [rɛ:tsəl]
[ɛ]	e	*Teller* [tɛlər]
[e:]	e	*Rede* [re:də]
[e]	e	*Element* [elemɛnt]
[ə]	e	*genug* [gənu:k]
[i:]	i	*ihnen* [i:nən]
[i]	i	*immer* [imər]
[o:]	o	*Obst* [o:pst]
[o]	o	*Tomate* [tomɑ:tə]
[ɔ]	o	*offen* [ɔfən]
[ø:]	ö	*Öse* [ø:zə]
[ø]	ö	*öffnen* [øfnən]
[u:]	u	*Uhr* [u:r]
[u]	u	*Umlauf* [umlauf]
[y:]	ü	*Übung* [y:buŋ]
[y]	ü	*rütteln* [rytəln]

DIPHTONGUES

SIGNES	GRAPHIE	MOTS TYPES
[ai]	ai	*Waise* [vaizə]
	ei	*Feind* [faint]
[au]	au	*Auge* [augə]
[ɔy]	äu	*Täufling* [tɔyfliŋ]
	eu	*Feuer* [fɔyər]

ALPHABET ALLEMAND

	TRANSCRIPTION PHONÉTIQUE	TRANSCRIPTION FRANÇAISE APPROCHÉE
A a	[ɑ:]	a
B b	[be:]	bé
C c	[tse:]	tsé
D d	[de:]	dé
E e	[e:]	é
F f	[ɛf]	eff
G g	[ge:]	gué
H h	[hɑ:]	ha
I i	[i:]	i
J j	[jɔt]	yott
K k	[kɑ:]	ka
L l	[ɛl]	ell
M m	[ɛm]	emm
N n	[ɛn]	enn
O o	[o:]	o
P p	[pe:]	pé
Q q	[ku:]	kou
R r	[ɛr]	err
S s	[ɛs]	ess
T t	[te:]	té
U u	[u:]	ou
V v	[fau]	faou
W w	[ve:]	vé
X x	[iks]	ix
Y y	[ypsilon]	upsilonn
Z z	[tsɛt]	tsett

— Observ. : ß [esstsɛt] a la même valeur phonétique que *ss*. Il n'existe qu'en minuscule.

NOTES SUR LA FORME ET L'USAGE DES MOTS ALLEMANDS

FORMATION DES MOTS

À l'origine du vocabulaire allemand, on trouve un nombre relativement limité (deux mille cinq cents environ) d'éléments radicaux simples. Ils sont à l'origine de familles de mots, simples ou complexes, très nombreuses et en continuel accroissement. Une famille de mots comprend trois types de vocables : des radicaux verbaux ; des mots composés ; des mots dérivés.

MOTS COMPOSÉS

La composition est le procédé le plus vivant de formation des mots. Ses possibilités sont, en allemand, illimitées ; elles s'étendent aux substantifs, aux adjectifs, mais non aux verbes.

Un mot composé comprend un élément déterminant et un élément déterminé. Ainsi, dans **Weinflasche,** *Wein* est le déterminant et *Flasche* le déterminé.

Le déterminant, placé en tête, porte l'accent tonique principal. Toutefois, dans **Jahrzehnt, Jahrhundert,** et autres composés de **Jahr,** l'accent principal porte sur le dernier composant.

Un mot composé peut à son tour être modifié, par dérivation ou par un nouveau terme déterminant. Ainsi **Kraftwagen,** mot composé, devient, par une seconde composition : **Personen***kraftwagen.* On peut obtenir ainsi des vocables extrêmement longs, typiques des lois de la composition en allemand.

Le premier terme d'un composé se présente soit dans sa forme nue, tel *Obstgarten,* ou bien avec une désinence qui peut être celle du pluriel, ou d'une ancienne forme du génitif *Kirche***n***väter,* ou celle du génitif singulier : *Jahre***s***zeit.* Il arrive que **s** s'intercale après un mot féminin, donc sans justification grammaticale, ainsi dans les composés *Arbeit***s-**. Dans une même famille de mots, le premier terme peut ainsi apparaître sous différentes formes entre lesquelles l'usage quelquefois hésite ; dans d'autres cas, deux formes différentes ont été fixées, avec des valeurs différentes. Ainsi, *der Landmann* signifie « le campagnard », alors que *der Land***s***mann* signifie « le compatriote ».

Les innombrables mots composés de l'allemand ne pouvant pas figurer dans un dictionnaire, nous avons choisi, entre les plus usuels, ceux dont le sens ne ressort pas immédiatement des éléments composés. Là où la composition est simple et le sens du composé résulte immédiatement de l'union de ses éléments, nous n'avons pas jugé nécessaire de retenir certains mots.

Préfixes. — Les principaux préfixes de composition sont : **ab, aber, ant, erz, miß, un, ur.**

Le préfixe **ge** sert à former de très nombreux noms à sens collectif ou désignant l'appartenance à une collectivité.

MOTS DÉRIVÉS

Ils se forment pas adjonction de suffixes.

Le suffixe peut être ajouté :

— à un mot simple : **froh,** *fröhlich ;*

— à un dérivé déjà pourvu d'un suffixe : **liederlich,** *Liederlichkeit ;*

— à un mot composé : **Haushalt,** *haushälterisch ;*

— à une association particule-verbe : **umgehen,** *Umgehung ;*

— même à un groupe d'éléments unis seulement par le sens : **langbeinig,** *wer lange Beine hat.*

On forme par dérivation :

— des ***noms masculins*** de personnes ou d'objets (principaux suffixes : **er, ler, ner, ling, rich**) ;

— des ***noms féminins*** (principaux suffixes : **e, ung, d, de, t, te, st, in** [pour les dérivés du masculin], **nis, sal, heit, keit, schaft**). Les éléments auxquels s'adjoignent ces suffixes sont souvent des adjectifs ou des participes ; ainsi **besessen,** *Besessenheit ;* **wirklich,** *Wirklichkeit.* Étant donné la très grande fréquence des dérivations de ce type, on s'est efforcé de n'admettre que celles qui font partie du vocabulaire le plus usuel.

— des ***noms neutres*** (principaux suffixes : **nis, sal, sel, tum**). Les suffixes **chen** et **lein** servent à former les diminutifs ;

— des ***adjectifs*** par les suffixes : **bar, en, ern, haft, ig, isch, lich, los, sam, selig.**

Le suffixe **er** sert à former des adjectifs invariables sur des noms géographiques : *der Köln***er** *Dom,* ou de nombres : *die siebzig***er** *Jahre.*

Suffixes adjectivaux d'origine nominale. — Certains adjectifs, comme **ähnlich, artig, förmig, mäßig, feindlich, fremdlich,** permettent, joints à des noms, de former une quantité pratiquement illimitée de nouveaux adjectifs composés.

Ex. : **förmig** (en forme de) a réalisé des compositions courantes comme *kreisförmig,* mais on peut en imaginer — ou en trouver dans les textes — une foule d'autres, comme celle, concevable, de *tannenzapfenförmig* (en forme de pomme de pin).

Nous n'avons indiqué qu'une faible proportion des formations possibles, dont la variété est sans limites.

DÉCLINAISONS

Les éléments non verbaux d'une phrase se groupent, en allemand, suivant un ordre qui est normalement : article (ou déterminatif), adjectif épithète, substantif, complément déterminatif.

Les formes de l'article, de l'adjectif et du substantif varient suivant le cas. Ces différentes formes constituent les déclinaisons. Elles sont, en allemand, à quatre cas :

Nominatif : cas du sujet et de l'attribut (en allemand **Werfall**).

Génitif : cas du complément déterminatif **(Wesfall).**

Datif : cas du complément d'attribution et de l'objet indirect **(Wemfall).**

Accusatif : cas de l'objet du verbe transitif **(Wenfall).**

DÉCLINAISON DES ARTICLES ET DÉTERMINATIFS

En allemand, les formes du nominatif et de l'accusatif sont identiques, sauf au masculin singulier. Un classement rationnel des cas rapprocherait donc le nominatif de l'accusatif, et les confondrait au féminin, au neutre et au pluriel. L'ordre adopté ici n'est pas « normal », mais seulement traditionnel.

ARTICLE DÉFINI

	MASCULIN	FÉMININ	NEUTRE	PLURIEL (3 genres)
Nominatif	*d*er	*d*ie	*d*as	*d*ie
Génitif	*d*es	*d*er	*d*es	*d*er
Datif	*d*em	*d*er	*d*em	*d*en
Accusatif	*d*en	*d*ie	*d*as	*d*ie

Suivent cette déclinaison :

1. Les pronoms et adjectifs démonstratifs : **welcher, dieser, jener, mancher, aller, jeder ; einige, viele, wenige, mehrere.**

2. Les pronoms possessifs : **meiner, deiner, seiner, ihrer, unserer, eurer, ihrer.**

ARTICLE INDÉFINI

	MASCULIN	FÉMININ	NEUTRE	
Nominatif	*ein*	*eine*	*ein*	
Génitif	*eines*	*einer*	*eines*	sans pluriel
Datif	*einem*	*einer*	*einem*	
Accusatif	*einen*	*eine*	*ein*	

Le déterminatif négatif **kein** suit cette déclinaison, mais avec des formes plurielles : *keine, keiner, keinen, keine.* De même les adjectifs possessifs *(mein, dein, sein, ihr, unser, euer, ihr),* qui ont toutes les formes plurielles.

DÉCLINAISON DE L'ADJECTIF ÉPITHÈTE

AVEC L'ARTICLE DÉFINI OU UN DÉTERMINATIF DE MÊME FLEXION

	MASCULIN	FÉMININ	NEUTRE
Nominatif ...	*der gut***e** *Mann*	*die gut***e** *Frau*	*das gut***e** *Kind*
Génitif	*des gut***en** *Mannes*	*der gut***en** *Frau*	*des gut***en** *Kindes*
Datif	*dem gut***en** *Mann*	*der gut***en** *Frau*	*dem gut***en** *Kind*
Accusatif	*den gut***en** *Mann*	*die gut***e** *Frau*	*das gut***e** *Kind*

Au pluriel, pour les trois genres, l'adjectif précédé de l'article défini prend **en** aux quatre cas.

AVEC L'ARTICLE INDÉFINI

	MASCULIN	FÉMININ	NEUTRE
Nominatif ...	*ein guter...*	*eine gute...*	*ein gutes...*
Génitif	*eines guten...*	*einer guten...*	*eines guten...*
Datif	*einem guten...*	*einer guten...*	*einem guten...*
Accusatif	*einen guten...*	*eine gute...*	*ein gutes...*

Quand l'adjectif épithète n'est précédé d'aucun déterminatif, ou qu'il suit un mot invariable, il se décline comme un déterminatif. On conserve pourtant au génitif singulier masculin la désinence **en** à l'adjectif. Ainsi on dira : *ein Glas gut***en** *Wein***s**.

ADJECTIF SUBSTANTIVÉ

Tout adjectif allemand peut être employé substantivement. Il prend alors une majuscule :

Ex. : *der* ***K****ranke, ein* ***K****ranker.*

L'adjectif substantivé se décline suivant la règle générale de la déclinaison de l'adjectif épithète.

Au neutre, l'adjectif substantivé désigne des notions impersonnelles.

Ex. : *das Innere, das Schöne.*

DEGRÉS DE COMPARAISON DES ADJECTIFS

Le comparatif se forme avec le suffixe **er** : *schön, schön***er.**

Certains adjectifs prennent l'inflexion au comparatif : *alt,* **älter.** De même : *arg, arm, dumm, groß, grob, hart, jung, kalt, klug, krank, krumm, kurz, lang, nah, scharf, schwach, schwarz, stark, warm.*

Le superlatif a deux formes :

Le superlatif relatif, formé avec le suffixe **st** : *schön, der schön***ste ;**

Le superlatif absolu, formé par adjonction d'un adverbe tel que **sehr, ganz, äußerst.**

Il existe aussi une forme superlative de l'adverbe, formée avec la préposition **an** (**an dem,** contracté en **am**) :

Ex. : *auf dieser Strecke fährt man* **am schnellsten.**

Adverbe qualificatif. — À tout adjectif qualificatif allemand correspond un adverbe qui garde, d'une façon générale, la forme même de l'adjectif. L'adjectif allemand, employé adverbialement, ne prend pas la flexion : ***Adjectif épithète*** *: ein freiwilliges Opfer;* ***Adverbe*** *: ein freiwillig dargebrachtes Opfer.*

On n'a donc pas jugé nécessaire, sauf exception, d'indiquer l'emploi adverbial de tous les adjectifs.

Par contre, on a donné les formes spécialement adverbiales que prennent certains adjectifs par adjonction des suffixes **maßen** *et* **weise.**

Ex. : **merkwürdig,** *merkwürdiger***weise.**

NOMS DE NOMBRES ET ADJECTIFS NUMÉRAUX

eins (1)	*elf* (11)	*zwanzig* (20)
zwei (2)	*zwölf* (12)	*dreißig* (30)
drei (3)	*dreizehn* (13)	*vierzig* (40)
vier (4)	*vierzehn* (14)	*fünfzig* (50)
fünf (5)	*fünfzehn* (15)	*sechzig* (60)
sechs (6)	*sechzehn* (16)	*siebzig* (70)
sieben (7)	*siebzehn* (17)	*achtzig* (80)
acht (8)	*achtzehn* (18)	*neunzig* (90)
neun (9)	*neunzehn* (19)	
zehn (10)		

Les autres noms de nombres se forment par composition des éléments indiqués ci-dessus et, en outre, de *hundert* (cent) et *tausend* (mille).

Les noms de nombres composés s'écrivent en un seul mot, même s'ils sont très longs :

Ex. : *zweiundzwanzig* (22) ; *vierhundertsiebenunddreißig* (437) ; *neunzehnhunderteinundneunzig* (1991) ; *achttausendachthundertachtzig* (8880) ; *vierhundertdreitausendsiebenhundertneunundzwanzig* (403729).

Les adjectifs numéraux ordinaux (sauf *der erste*) se forment par addition du suffixe **te** (jusqu'à dix-neuf) et **ste** (à partir de vingt) au nombre cardinal *(der vierzehn***te** *; der dreißig***ste***)*.

Les noms de **fractions** se forment en ajoutant **tel** (jusqu'à dix-neuf) et **stel** (à partir de vingt) aux noms de nombres : **vierzig,** *das Vierzig***stel.**

Des adverbes en **tens** se forment sur les adjectifs numéraux : **vier,** *viertens,* quatrièmement.

DÉCLINAISON DES NOMS COMMUNS

Dans la déclinaison des noms allemands, il ne subsiste qu'un petit nombre de formes différentes, au singulier seulement celle du génitif. Le pluriel a, le plus souvent, une désinence propre, qui est toujours **(e)n** au datif pluriel. Les noms masculins, féminins et neutres forts ont plusieurs types de désinences au pluriel : **e, ¨e, ¨er,** qui déterminent plusieurs types de déclinaisons.

MASCULINS FORTS

Au singulier, type unique : N. *der Hut ;* G. *des Hut***(e)s ;** D. *dem Hut ;* A. *den Hut.*

Au pluriel, différentes désinences : **¨e, e, ¨,** rarement **¨er.** De nombreux masculins n'ont pas de désinence particulière au pluriel (sauf **n** au datif pluriel).

MASCULINS FAIBLES

	SINGULIER	PLURIEL
Nominatif ...	*der Knabe*	*die Knaben*
Génitif	*des Knaben*	*der Knaben*
Datif	*dem Knaben*	*den Knaben*
Accusatif	*den Knaben*	*die Knaben*

Les noms qui suivent cette déclinaison sont terminés par **e** et désignent des êtres animés.

Un certain nombre (vingt-cinq environ) ont perdu le **e** et suivent néanmoins la déclinaison faible : ainsi *der Bär, der Bauer, der Fürst, der Prinz.*

Certains masculins faibles ont au génitif une forme en **ens** rappelant la déclinaison forte. Ainsi *der Friede, der Glaube, der Name, der Wille.*

NOMS NEUTRES

Au singulier, ils suivent tous la déclinaison forte. Ex. : *das Jahr, des Jahres, dem Jahr, das Jahr.*

Au pluriel, plusieurs types de désinences :

1. En **e :** *die Jahr***e** (dat. pl. *Jahr***en**).

2. En **¨er :** *die Bäd***er** (dat. pl. *Bäd***ern**).

3. En **en :** *die Aug***en.**

4. Pluriel semblable au singulier : les neutres en **el, en, er** (sauf *Kloster,* pl. *Klöster*), **chen, lein ;** les neutres commençant par **ge** et terminés par **e.**

NOMS FÉMININS

Au singulier, tous les féminins sont invariables.

Au pluriel :

1. FÉMININS FAIBLES : **en** à tous les cas.

2. FÉMININS FORTS : trois formes de pluriel :

– **¨e :** *die Früchte* (dat. pl. *Frücht***en**) ;

– **e :** *die Kenntniss***e** (dat. pl. *Kenntniss***en**) ;

– **¨** deux noms seulement : *Mütter et Töchter.*

GENRE DES NOMS

Les êtres vivants de sexe masculin sont presque toujours désignés par un nom masculin, et ceux de sexe féminin par un nom féminin. Exception : **das** *Weib,* la femme, et les diminutifs comme **das** *Mädchen.*

Le genre des objets est imprévisible.

On peut remarquer pourtant que :

1. Les noms qui ont la forme d'un radical verbal sont presque toujours masculins : *der Schlag, der Sprung.*

2. Les noms à suffixes **(-ei, -heit, -keit, -schaft, -ung)** désignant des abstractions sont féminins. De même les substantifs féminins dérivés d'adjectifs : **die** *Kälte,* **die** *Weite.*

3. Presque tous les noms d'arbres sont féminins : **die** *Eiche.*

4. Presque tous les noms de métaux sont neutres : **das** *Eisen.*

5. Les diminutifs en **chen** et **lein** sont tous neutres.

6. Les collectifs en **Ge** sont neutres.

— OBSERV. Tous les noms en **Ge** ne sont pas de ce type. D'autres indiquent l'appartenance à une collectivité : *der Geselle, der Genosse.*

7. Les noms de couleurs sont neutres : *das Rot.*

8. Sont neutres aussi les noms de villes (**das** *schöne München*) et de pays (**das** *ganze Amerika*) sauf **die** *Schweiz* et les noms de pays terminés par **ei** (**die** *Türk***ei**).

DÉCLINAISON DES PRONOMS

PRONOMS PERSONNELS

	ich	**du**	**er**	**sie**	**es**	**wir**	**ihr**	**Sie**
Nominatif	*ich*	*du*	*er*	*sie*	*es*	*wir*	*ihr*	*Sie*
Génitif	*meiner*	*deiner*	*seiner*	*ihrer*	*seiner*	*unser*	*euer*	*Ihrer*
Datif	*mir*	*dir*	*ihm*	*ihr*	*ihm*	*uns*	*euch*	*Ihnen*
Accusatif	*mich*	*dich*	*ihn*	*sie*	*es*	*uns*	*euch*	*Sie*

PRONOMS RELATIFS ET DÉMONSTRATIFS

	MASCULIN	FÉMININ	NEUTRE	PLURIEL
Nominatif	*der*	*die*	*das*	*die*
Génitif	*dessen*	*deren*	*dessen*	*deren*
Datif	*dem*	*der*	*dem*	*denen*
Accusatif	*den*	*die*	*das*	*die*

Si, au génitif pluriel, le pronom sert d'antécédent à une relative, on emploie la forme **derer** au lieu de **deren.**

Ex. : *wir gedenken* **derer,** *die im Kriege gefallen sind.*

Le génitif des relatifs sert à rendre le pronom français **dont.**

Ex. : *die Frau,* **deren** *Kind krank ist ; der Mann,* **dessen** *Frau wir sehen.*

Après les verbes à régime prépositionnel, la préposition demeure (équivalent du français *dont*).

Ex. : *der Briefträger,* **von dem** *wir sprechen ; der Traum,* **an den** *ich mich erinnere.*

ADVERBES

ADVERBES QUALIFICATIFS

En allemand, tout adjectif peut être employé adverbialement.

Au comparatif, l'adverbe garde la forme de l'adjectif ; au superlatif, il prend la forme d'une locution avec la préposition **an** :

Ex. : *schnell ; schneller ; am schnellsten.*

Il existe par ailleurs plusieurs séries d'adverbes qualificatifs invariables :

1. en **s : nachts ; rechts ; rings ; teils...**
2. en **lings : blindlings ; rittlings...**
3. en **maßen : einigermaßen ; folgendermaßen...**
4. en **wärts : abwärts ; stromaufwärts ; himmelwärts...**
5. en **weise : kreuzweise ; paarweise...**

ADVERBES CIRCONSTANCIELS

Ils peuvent être classés suivant la notion circonstancielle qu'ils servent à préciser :

Affirmation et négation : **doch ; ja ; nicht.**
Temps : **bald ; eben ; erst ; gerade ; heute...**
Lieu : **da ; dort ; hier** (et leurs composés en **-her** et **-hin**) ; **hinten ; links ; rechts...**
Quantité : **genug ; nur ; sehr ; viel...**

Combinaison des adverbes *da* et *wo* avec les prépositions. — Elle produit des adverbes démonstratifs qui commencent par **da** (ou **dar**) et **wo** (ou **wor**), ainsi que des conjonctions. On trouve la même combinaison avec les pronoms relatifs et le préfixe **her.**

PRÉPOSITIONS

Les prépositions allemandes se classent en quatre groupes d'après le cas que prend le groupe (substantival généralement) auquel elles se joignent.

1. Le groupe le plus original est celui des neuf prépositions qui gouvernent tantôt l'accusatif, tantôt le datif :

an, auf, hinter, in, neben, über, unter, vor, zwischen.

Elles définissent toutes une position *dans l'espace* et constituent ainsi un système de désignations spatiales, statiques ou dynamiques. M. Fourquet *(Grammaire de l'allemand)* en fait la description suivante :

« Toutes marquent une position définie *dans l'espace ;* il est facile d'en retrouver huit en faisant la liste des positions qu'un objet peut occuper par rapport à un corps creux, une caisse par exemple, dans les trois dimensions de l'espace. »

De haut en bas : **über ; auf ; unter.**
D'avant en arrière : **vor, hinter.**
De côté : **neben** (à côté de ; sans toucher) ; **an** (contre).
Centre commun : **in.**
Entre deux objets : **zwischen.**

Pour la majorité d'entre elles, ce système peut être transposé dans des significations temporelles ou abstraites. On trouvera dans le dictionnaire, pour chacune de ces prépositions, un essai de classement de ses différents sens suivant une progression allant du concret à l'abstrait : sens spatial ; sens temporel ; différents sens notionnels.

2. Prépositions avec l'accusatif : **durch, um, für, gegen** (Vx, **wider**), **ohne** (Vx, **sonder**).

3. Prépositions avec le datif : **bei, zu, nach, von, aus, seit, mit.**

Il faut y adjoindre des adverbes employés comme prépositions (ou postpositions) : **dank, nächst, nebst, längst** (aussi gén.), **binnen** (aussi gén.), **außer, gemäß, zufolge,** et des particules qui s'emploient en postposition : **entgegen, gegenüber, zuwider.**

4. Prépositions avec le génitif : **während, statt, anstatt, trotz, wegen.**

— Observ. L'usage parlé admet le complément au datif après **trotz** et **wegen.**

Outre ces prépositions usuelles, un grand nombre d'adverbes et de locutions adverbiales peuvent faire fonction de prépositions, ainsi : **diesseits, jenseits ; außerhalb, innerhalb, oberhalb, unterhalb ; inmitten, unweit, kraft, laut, ungeachtet, vermöge.**

Contraction de la préposition et de l'article. — Les prépositions usuelles se combinent avec l'article défini et donnent des formes contractées.

Certaines sont très usitées : **am, ans ; im, ins ; zum, zur ; vom ; beim ; ums.**

PRÉPOSITION	ADVERBE	CONJONCTION
an	*daran*	*woran*
bei	*dabei*	*wobei*
in	*darin*	*worin*
		indem
nach	*nachher*	
	hernach	*nachdem*
seit	*seither*	*seitdem*
über	*darüber*	*worüber*
unter	*darunter*	*worunter*
vor	*vorher*	*bevor*
von	*davon*	*wovon*

CONJONCTIONS

Les **conjonctions de coordination** n'entraînent pas, en principe, de modification de l'ordre des mots dans la phrase.

Ainsi : **und, oder, aber, sondern, denn.** Placées devant une proposition, elles ne changent en rien sa construction.

Ex. : *Robert liest* **und** *Hans schreibt einen Brief. Sie lesen Zeitungen* **oder** *sie arbeiten zusammen. Robert geht zur Schule,* **aber** *Hans lernt zuhause. Er arbeitet nicht,* **sondern** *er geht spazieren. Wir gehen zu Bett,* **denn** *wir sind müde.*

— Observ. **also, doch** et **entweder** peuvent modifier l'ordre des mots de la phrase. (V. ces mots.)

Après toute **conjonction de subordination,** le verbe est rejeté à la fin de la proposition.

Ex. : *er sah, daß sein Freund nicht zu Hause* **war** ; *er kam, als wir schon von der Stadt* **weggefahren** *waren.*

Als* et *wenn. — **Als,** au sens de *quand,* s'emploie pour situer une action passée, un fait unique, qui s'est passé à un moment précis. Ex. : **Als** *Bismarck starb, war mein Vater noch ein Kind.*

Wenn signifie *toutes les fois que* et désigne une action répétée, dans le passé. Ex. : **Wenn** *wir in die Ferien fuhren, freuten wir uns.*

Pour un fait présent ou futur, on ne peut employer que **wenn.** Ex. : **Wenn** *ich nächstes Jahr nach Paris fahre...*

Subjonctif. — Aucune conjonction allemande n'exige le subjonctif, sauf **als ob** (ou **als** pris au sens de **als ob**). Mais le subjonctif s'emploie après **daß** si le verbe de la principale exprime la crainte ou le doute.

Ex. : *Wir fürchteten,* **daß** *er verunglückt sei.*

Cela s'applique en particulier aux verbes **fürchten, vermuten, wünschen, zweifeln.**

Le subjonctif, par ailleurs, s'emploie dans les propositions conditionnelles et, en dehors du style indirect, après *daß* dans l'expression : **zu... als daß.**

Ex. : *er ist* **zu** *krank,* **als daß** *er fahren könnte.*

CONJUGAISONS

VERBES AUXILIAIRES

SEIN *(être)*

PRÉSENT DE L'INDICATIF : *ich bin, du bist, er ist, wir sind, ihr seid, sie sind.*
PRÉTÉRIT : *ich war.*
PASSÉ COMPOSÉ : *ich bin gewesen.*
SUBJONCTIF I : *ich sei.*
SUBJONCTIF II : *ich wäre.*

L'auxiliaire **sein** s'emploie pour les verbes *sein, werden, bleiben.*

Il est l'auxiliaire des verbes intransitifs qui marquent soit le mouvement vers un but (ex. : *er* **ist** *zu uns gekommen*), soit le changement d'état, l'entrée dans un état (ex. : *die Blume* **ist** *aufgeblüht*).

HABEN *(avoir)*

PRÉSENT DE L'INDICATIF : *ich habe, du hast, er hat, wir haben, ihr habt, sie haben.*
PRÉTÉRIT : *ich hatte.* — SUBJ. : *ich hätte.*
PASSÉ COMPOSÉ : *ich habe gehabt.*

Haben est l'auxiliaire des verbes transitifs ; des verbes intransitifs qui n'indiquent ni mouvement ni changement d'état ; des verbes réfléchis.

— Observ. Il arrive qu'on trouve le même verbe employé avec les deux auxiliaires, en particulier les verbes de position, tels que *stehen, sitzen, liegen.* On peut dire : *er* **ist** *da gestanden* et *er* **hat** *da gestanden.* La première tournure s'entend en Allemagne du Sud, la seconde dans le Nord.

WERDEN *(devenir)*

PRÉSENT DE L'INDICATIF : *ich werde, du wirst, er wird, wir werden, ihr werdet, sie werden.*
PRÉTÉRIT : *ich wurde.* — SUBJ. : *ich würde.*
PASSÉ COMPOSÉ : *ich bin geworden.*
Werden est l'auxiliaire du futur, du conditionnel, du passif-action.
Ex. : *er schreibt den Brief (der Brief* **wird** *von ihm geschrieben) ; er schrieb den Brief (der Brief* **wurde** *von ihm geschrieben).*
Aux temps composés du passif, le participe passé de **werden** est **worden** : *das Schloß ist im Jahre 1750 gebaut* **worden.**

SEMI-AUXILIAIRES OU AUXILIAIRES DE MODE

Sur les sept verbes dits prétérito-présents **(dürfen, können, mögen, müssen, sollen, wissen, wollen),** six peuvent remplir des fonctions voisines de celles de l'auxiliaire, pour marquer une nuance de mode, pour suppléer des formes manquantes, pour exprimer des nuances, des idées de *pouvoir, devoir, vouloir.*

Les six semi-auxiliaires ou auxiliaires de mode sont : **dürfen, können, mögen, müssen, sollen, wollen.**

Aux temps composés, le participe passé des auxiliaires de mode, lorsqu'il a lui-même pour complément un infinitif, a la forme de l'infinitif (règle du double infinitif). Ex. : *er hätte das nicht machen sollen.*

VERBES FORTS ET VERBES FAIBLES

Les verbes allemands se divisent en deux grands groupes, suivant le rapport entre le radical du présent de l'indicatif et celui du prétérit.

Verbes faibles. — On appelle verbes faibles ceux qui forment le prétérit en ajoutant le suffixe **te** au radical du présent.
Ex. : **lieb**|*en, ich lieb*|**te.**

Verbes forts. — On appelle *forts* ceux qui forment le radical du prétérit en changeant la voyelle de la syllabe principale.
Ex. : **springen,** *ich sprang.*
Le prétérit des verbes forts se distingue par l'absence de terminaison aux première et troisième personnes du singulier.

Verbes faibles irréguliers. — Les verbes faibles irréguliers, appelés aussi **verbes mixtes,** combinent au prétérit la désinence **te** des verbes faibles avec une altération du radical.
Ex. : **kennen,** *ich kannte* ; **denken,** *ich* **dachte.**

CONJUGAISON FAIBLE

Verbe « machen » (auxiliaire *haben*).

INDICATIF		SUBJONCTIF I		SUBJONCTIF II	
Présent.	*Futur.*	*Présent.*	*Futur.*	*Présent.*	*Futur.*
ich mache	ich werde machen	ich mache	ich werde machen	ich machte	ich würde machen
du machst	du wirst —	du machest	du werdest —	du machtest	du würdest —
er macht	er wird —	er mache	er werde —	er machte	er würde —
wir machen	wir werden —	wir machen	wir werden —	wir machten	wir würden —
ihr macht	ihr werdet —	ihr machet	ihr werdet —	ihr machtet	ihr würdet —
sie machen	sie werden —	sie machen	sie werden —	sie machten	sie würden —
Prétérit.					
ich machte					
du machtest					
er machte					
wir machten					
ihr machtet					
sie machten					
Parfait.	*Futur antérieur.*	*Parfait.*	*Futur antérieur.*	*Parfait.*	*Futur antérieur.*
ich habe gemacht	ich werde gemacht haben	ich habe gemacht	ich werde gemacht haben	ich hätte gemacht	ich würde gemacht haben
Plus-que-parfait.	er wird gemacht haben	er habe gemacht	er werde gemacht haben	er hätte gemacht	er würde gemacht haben
ich hatte gemacht					

IMPÉRATIF : mache ; machen wir ; macht ; machen Sie.

FORMES IMPERSONNELLES		
Infinitif. machen *Infinitif parfait.* gemacht haben	*Participe présent.* machend	*Participe passé.* gemacht

CONJUGAISON FORTE

Verbe « fahren » (auxiliaire *sein*).

INDICATIF		SUBJONCTIF I		SUBJONCTIF II	
Présent. ich fahre du fährst er fährt wir fahren ihr fahrt sie fahren *Prétérit.* ich fuhr du fuhrst er fuhr wir fuhren ihr fuhrt sie fuhren	*Futur.* ich werde fahren du wirst — er wird — wir werden — ihr werdet — sie werden —	*Présent.* ich fahre du fahrest er fahre wir fahren ihr fahret sie fahren	*Futur.* ich werde fahren du werdest — er werde — wir werden — ihr werdet — sie werden —	*Présent.* ich führe du führest er führe wir führen ihr führet sie führen	*Futur.* ich würde fahren du würdest — er würde — wir würden — ihr würdet — sie würden —
Parfait. ich bin gefahren *Plus-que-parfait.* ich war gefahren	*Futur antérieur.* ich werde gefahren sein er wird gefahren sein	*Parfait.* ich sei gefahren er sei gefahren	*Futur antérieur.* ich werde gefahren sein er werde gefahren sein	*Parfait.* ich wäre gefahren er wäre gefahren	*Futur antérieur.* ich würde gefahren sein er würde gefahren sein
IMPÉRATIF : fahre ; fahren wir ; fahrt ; fahren Sie.					
FORMES IMPERSONNELLES					
Infinitif. fahren *Infinitif parfait.* gefahren sein		*Participe présent.* fahrend		*Participe passé.* gefahren	

LISTE DES VERBES FORTS ET DES VERBES FAIBLES IRRÉGULIERS

INFINITIF	PRÉTÉRIT (3ᵉ pers. sing.) IND.	PART. PASSÉ
backen (er bäckt)	buk (Vx)	gebacken
befehlen (er befiehlt)	befahl	befohlen
sich befleißen	befliß	beflissen
beginnen	begann	begonnen
beißen	biß	gebissen
bergen (er birgt)	barg (bürge) [1]	geborgen
bersten (er birst)	barst (borste)	geborsten (S) [2]
bewegen	bewog	bewogen
biegen	bog	gebogen
bieten	bot	geboten
binden	band	gebunden
bitten	bat	gebeten
blasen (er bläst)	blies	geblasen
bleiben	blieb	geblieben
braten (er brät)	briet	gebraten
brechen (er bricht)	brach	gebrochen
brennen	brannte	gebrannt
bringen	brachte	gebracht
denken	dachte	gedacht
dingen (Vx)	dang (Vx)	gedungen
dreschen (er drischt)	drosch	gedroschen
dringen	drang	gedrungen (S)
dürfen (er darf)	durfte	gedurft
empfehlen (er empfiehlt)	empfahl	empfohlen
erlöschen (er erlischt)	erlosch	erloschen (S)
erschrecken (er erschrickt)	erschrak	erschrocken (S)
erwägen	erwog	erwogen
essen (er ißt)	aß	gegessen

INFINITIF	PRÉTÉRIT (3ᵉ pers. sing.) IND.	PART. PASSÉ
fahren (er fährt)	fuhr	gefahren (S)
fallen (er fällt)	fiel	gefallen (S)
fangen (er fängt)	fing	gefangen
fechten (er ficht)	focht	gefochten
finden	fand	gefunden
fliegen	flog	geflogen (S)
fliehen	floh	geflohen (S)
fließen	floß	geflossen (S)
fressen (er frißt)	fraß	gefressen
frieren	fror	gefroren
gären	gor (Vx)	gegoren
gebären (sie gebiert)	gebar	geboren
geben (er gibt)	gab	gegeben
gedeihen	gedieh	gediehen
gehen	ging	gegangen (S)
gelingen	gelang	gelungen (S)
gelten (es gilt)	galt	gegolten
genesen	genas	genesen
genießen	genoß	genossen
geschehen (es geschieht)	geschah	geschehen (S)
gewinnen	gewann	gewonnen
gießen	goß	gegossen
gleichen	glich	geglichen
gleiten	glitt	geglitten (S)
glimmen	glomm	geglommen
graben (er gräbt)	grub	gegraben
greifen	griff	gegriffen
halten (er hält)	hielt	gehalten

(1) La forme indiquée entre parenthèses est celle du subjonctif II, présent, donnée chaque fois qu'elle se forme avec une autre voyelle que celle du prétérit.
(2) Le signe (S) indique que le verbe se conjugue avec l'auxiliaire *sein*.

INFINITIF	PRÉTÉRIT (3ᵉ pers. sing.) IND.	PART. PASSÉ
hangen (er hängt)	hing	gehangen
hauen	hieb	gehauen
heben	hob	gehoben
heißen	hieß	geheißen
helfen (er hilft)	half (hülfe)	geholfen
kennen	kannte	gekannt
klimmen	klomm	geklommen (S)
klingen	klang	geklungen
kneifen	kniff	gekniffen
kommen	kam	gekommen (S)
können (er kann)	konnte	gekonnt
kriechen	kroch	gekrochen (S)
laden (er lädt [ladet])	lud	geladen
lassen (er läßt)	ließ	gelassen
laufen (er läuft)	lief	gelaufen (S)
leiden	litt	gelitten
leihen	lieh	geliehen
lesen (er liest)	las	gelesen
liegen	lag	gelegen
lügen	log	gelogen
meiden	mied	gemieden
melken	molk	gemolken
messen (er mißt)	maß	gemessen
mögen (er mag)	mochte	gemocht
müssen (er muß)	mußte	gemußt
nehmen (er nimmt)	nahm	genommen
nennen	nannte	genannt
pfeifen	pfiff	gepfiffen
pflegen	pflog	gepflogen
preisen	pries	gepriesen
quellen (er quillt)	quoll	gequollen
raten (er rät)	riet	geraten
reiben	rieb	gerieben
reißen	riß	gerissen
reiten	ritt	geritten (S) [2]
rennen	rannte	gerannt (S)
riechen	roch	gerochen
ringen	rang	gerungen
rinnen	rann	geronnen
rufen	rief	gerufen
saufen (er säuft)	soff	gesoffen
saugen	sog	gesogen
schaffen	schuf	geschaffen
scheiden	schied	geschieden
scheinen	schien	geschienen
schelten (er schilt)	schalt (schölte) [1]	gescholten
scheren	schor (scherte)	geschoren (geschert)
schieben	schob	geschoben
schießen	schoß	geschossen
schlafen (er schläft)	schlief	geschlafen
schlagen (er schlägt)	schlug	geschlagen
schleichen	schlich	geschlichen (S)
schleifen	schliff	geschliffen
schließen	schloß	geschlossen
schlingen	schlang	geschlungen
schmeißen	schmiß	geschmissen
schmelzen (er schmilzt)	schmolz	geschmolzen
schnauben	schnob	geschnoben
schneiden	schnitt	geschnitten
schreiben	schrieb	geschrieben

INFINITIF	PRÉTÉRIT (3ᵉ pers. sing.) IND.	PART. PASSÉ
schreien	schrie	geschrieen
schreiten	schritt	geschritten (S)
schweigen	schwieg	geschwiegen
schwellen (er schwillt)	schwoll	geschwollen (S)
schwimmen	schwamm	geschwommen (S)
schwinden	schwand	geschwunden (S)
schwingen	schwang	geschwungen
schwören	schwor	geschworen
sehen (er sieht)	sah	gesehen
senden	sandte (sendete)	gesandt (gesendet)
sieden	sott (Vx)	gesotten
singen	sang	gesungen
sinken	sank	gesunken (S)
sinnen	sann	gesonnen
sitzen	saß	gesessen
sollen (er soll)	sollte	gesollt
speien	spie	gespieen
spinnen	spann	gesponnen
sprechen (er spricht)	sprach	gesprochen
sprießen	sproß	gesprossen (S)
springen	sprang	gesprungen (S)
stechen (er sticht)	stach	gestochen
stehen	stand (stünde)	gestanden
stehlen (er stiehlt)	stahl	gestohlen
steigen	stieg	gestiegen (S)
sterben	starb (stürbe)	gestorben
stieben	stob (Vx)	gestoben (S) [Vx]
stinken	stank	gestunken
stoßen (er stößt)	stieß	gestoßen
streichen	strich	gestrichen
streiten	stritt	gestritten
tragen (er trägt)	trug	getragen
treffen (er trifft)	traf	getroffen
treiben	trieb	getrieben
treten (er tritt)	trat	getreten (S)
triefen	troff	(getrieft)
trinken	trank	getrunken
trügen	trog	getrogen
tun	tat	getan
verbieten	verbot	verboten
verderben (es verdirbt)	verdarb (verdürbe)	verdorben
verdrießen	verdroß	verdrossen
vergessen (er vergißt)	vergaß	vergessen
verlieren	verlor	verloren
wachsen (er wächst)	wuchs	gewachsen (S)
waschen (er wäscht)	wusch	gewaschen
weben	wob (webte)	gewoben (gewebt)
weichen	wich	gewichen (S)
weisen	wies	gewiesen
wenden	wandte (wendete)	gewandt (gewendet)
werben (er wirbt)	warb (würbe)	geworben
werfen (er wirft)	warf (würfe)	geworfen
winden	wand	gewunden
wollen (er will)	wollte	gewollt
zeihen	zieh	geziehen
ziehen	zog	gezogen (S)
zwingen	zwang	gezwungen

(1) La forme indiquée entre parenthèses est celle du subjonctif II, présent, donnée chaque fois qu'elle se forme avec une autre voyelle que celle du prétérit.
(2) Le signe (S) indique que le verbe se conjugue avec l'auxiliaire *sein*.

INFINITIF SUBSTANTIVÉ

Tout infinitif est susceptible de revêtir une valeur nominale ; c'est alors un substantif neutre, avec une majuscule initiale. Indiquant sous son aspect général l'action exprimée par le verbe, il ne peut pas se mettre au pluriel sauf, exceptionnellement, pour certains mots très usuels dont l'origine verbale est oubliée, tels que **das Wesen.**

Les infinitifs pronominaux substantivés d'usage courant se forment sans le réfléchi. Ainsi **das Betragen** est la forme substantivée de *sich betragen.* Mais dans certains cas l'infinitif substantivé serait incompréhensible sans le réfléchi.

Ex. : *sich hervortun* (se mettre en avant) donne **das Sichhervortun** (le fait de se mettre en avant, le manque de discrétion).

Des tournures de ce genre n'existent pas dans la langue courante, mais se sont multipliées dans le langage littéraire et philosophique moderne. On peut étendre le procédé à tout un groupe de mots : *ein In-sich-zur-Ruhe-kommen* (Nietzsche).

Nous nous sommes bornés à donner les formes les plus usuelles ou celles qui ont revêtu un sens particulier, différent du sens du verbe.

PARTICULES VERBALES

L'allemand compte un nombre très important, et toujours accru, de verbes à particule. Les particules sont des éléments invariables, de même origine que les prépositions ou les préfixes de composition. Elles s'associent au verbe de deux façons :

— comme ***particule inséparable,*** formant avec le verbe un tout, dans lequel il n'y a plus qu'une syllabe principale ;

— comme ***particule séparable.*** Les deux éléments verbe et particule sont alors unis par le sens, mais chacun conserve une syllabe principale et continue à suivre les mêmes règles de position et d'accentuation que s'il était indépendant. Un verbe à particule séparable représente l'équivalent d'une locution verbale.

Les particules inséparables sont : **be, emp, ent, er, ge, miß, ver, zer.** Elles ne portent pas l'accent, qui demeure sur le radical verbal.

Les particules séparables sont : **ab, an, auf, aus, bei, dar, ein, empor, entgegen, fort, heim, her** (et ses composés), **hin** (et ses composés), **los, mit, nach, nieder, vor** (et ses composés), **weg, zu** (et ses composés. Ex. : *zurück, zusammen*).

Six particules sont tantôt séparables, tantôt inséparables, suivant le sens du groupe verbe-particule. Ces particules à double régime sont : **durch, um, über, unter, hinter, wieder.** On peut reconnaître leur règle d'emploi d'après leur accentuation ; elles ne sont accentuées que quand elles sont séparables.

PLACE DE LA PARTICULE SÉPARABLE

La particule séparable peut être considérée comme le dernier des membres de la phrase.

Elle termine la phrase dans la proposition indépendante, si le verbe est à un temps simple.

Ex. : *der Zug fährt um neun Uhr von Köln* **ab** ; *um neun Uhr fährt der Zug von Köln* **ab.**

Si le verbe est à un temps composé, le participe ou l'infinitif se trouvent après la particule ; la particule et la forme impersonnelle s'écrivent en un seul mot.

Ex. : *der Zug ist um neun Uhr von Köln* **ab***gefahren ; der Zug wird um neun Uhr von Köln* **ab***fahren.*

Si la proposition est **subordonnée,** avec **rejet,** le verbe à une forme simple se trouve **après** la particule, et l'ensemble particule-verbe s'écrit **en un seul mot.**

Ex. : *wir stellten fest, daß der Zug um neun Uhr von Köln* **abfuhr.**

Si le verbe est à un temps composé, et **s'il y a rejet,** l'ordre des mots du groupe verbal devient : **particule-participe-auxiliaire.**

Ex. : *der Bahnbeamte sagt, daß der Zug um neun Uhr von Köln* **abgefahren** *ist.*

Toutefois, dans le cas du double infinitif, l'auxiliaire précède les deux infinitifs.

Ex. : *er sagt, daß der Zug um neun Uhr von Köln* **hätte abfahren müssen.**

CONSTRUCTION DE LA PROPOSITION

PLACE DU VERBE

Règle fondamentale. — Dans la phrase allemande (proposition indépendante), il ne peut y avoir avant le verbe plus d'un membre de phrase.

Il ne peut donc y avoir ici que deux positions du verbe dans une proposition indépendante.

La ***deuxième place :***

Der Lehrer **kommt** *jetzt in die Schule.*

Jetzt **kommt** *der Lehrer in die Schule.*

Ou bien la ***première,*** dans la proposition interrogative : **Kommt** *der Lehrer jetzt in die Schule ?*

La construction avec le verbe à la deuxième place est la construction normale, celle qu'on emploie dans la majorité des cas.

Mais le membre de phrase qui occupe la première place n'est pas forcément le sujet. Il peut être un objet, un attribut, un complément circonstantiel. Le sujet vient alors immédiatement après le verbe (inversion du sujet).

SUJET : *die Autos* **fahren** *heute schnell.*

OBJET : *dieses Auto* **überhole** *ich.*

COMPLÉMENT CIRCONSTANCIEL : *in meinem Auto* **können** *nur zwei sitzen.*

ADVERBE : *bald* **fahren** *die Autos noch schneller.*

À la première place peut se trouver ***toute une proposition subordonnée*** qui remplit la fonction d'objet, de complément circonstanciel :

Ex. : **wenn die Straßen breit sind,** *fahren die Autos schneller.*

La subordonnée est toujours séparée de la principale par une virgule.

DISCOURS INDIRECT

Le subjonctif est le mode du discours indirect, du potentiel et de l'irréel.

Le discours indirect souligne qu'il s'agit de paroles ou de pensées d'une autre personne que celle qui parle.

Ex. : *man sagt, er sei krank und er müsse deswegen das Bett hüten. Es heißt, er habe die Prüfung mit Glanz bestanden.*

Le subjonctif du style indirect demeure au présent, même si le verbe de la proposition principale est au passé.

Ex. : *er* **schrieb,** *daß er krank* **sei.**

Il n'y a donc pas, dans ce cas, concordance des temps.

Les principaux verbes qui introduisent le discours indirect sont : **erzählen, antworten, sagen, meinen, glauben, denken, schreiben.**

En règle générale :

— À l'indicatif présent du discours direct correspond le subjonctif présent du discours indirect.

— Au prétérit, au passé composé et au plus-que-parfait du discours direct correspond le parfait du subjonctif I pour le discours indirect.

— Au futur de l'indicatif du discours direct correspond le futur du subjonctif I dans le discours indirect.

— Toutefois, si le présent, le parfait ou le futur du subjonctif I ne se distinguent pas des temps correspondants de l'indicatif, on les remplace par des temps correspondants du subjonctif II. C'est le cas notamment à la première personne du singulier et à celle du pluriel.

Ex. : *ich sage ihm, daß ich heute Abend über Rilke* **spräche.**

— L'impératif se transpose à l'aide des auxiliaires de mode **mögen, sollen, müssen.**

TABLEAU DES TEMPS

DISCOURS DIRECT	DISCOURS INDIRECT	
Indicatif prés. Prétérit, passé composé. Futur.	Subj. I, prés. Subj. I, parfait. Subj. I, futur.	Si besoin est (v. Observ.) subj. II, présent. Subj. II, parfait. Subj. II, futur.
Der Professor fragte die Studentin : « Von welcher Universität **kommen** *Sie ? Wieviel Semester studierten Sie bereits ? Haben Sie auch Spanisch* **gelernt** *? Werden Sie lange in Frankreich bleiben ? »* *Die Studentin antwortete : « Ich und meine Freundin* **kommen** *aus München und wir werden ein Jahr in Frankreich bleiben. Wir* **haben** *auch Spanisch studiert. »* *Der Professor sagte : « Besuchen Sie regelmäßig die Vorlesungen ! »*	*Der Professor fragte die Studentin, won welcher Universität sie* **komme,** *wieviel Semester sie bereits studiert habe, ob sie auch Spanisch* **gelernt habe,** *und ob sie lange in Frankreich bleiben* **werde.** *Die Studentin antwortete, sie und ihre Freundin* **kämen** *aus München und sie* **würden** *ein Jahr in Frankreich bleiben. Sie* **hätten** *auch Spanisch studiert.* *Der Professor sagte, sie* **möchten (sollten)** *regelmäßig die Vorlesungen besuchen.*	

REMARQUES

1. Le subjonctif II se substitue au subjonctif I s'il s'agit d'exprimer un fait douteux ou contesté.

Ex. : *denkt euch, die Zeitung meldet, Herr Müller wäre gestorben* (ce qui n'est pas vrai).

2. Le futur du subjonctif II remplace souvent le présent quand il s'agit d'affirmer une détermination ou une certitude.

Ex. : *er versicherte, er würde kommen* est plus affirmatif que : *er versicherte, er komme* (ou *käme*).

3. Étant donné son caractère de parenthèse, la subordonnée relative du discours direct peut rester à l'indicatif dans le discours indirect.

4. Le subjonctif est employé par attraction quand une phrase complexe est transposée au discours indirect.

Ex. : *er sagte, er fahre, obwohl das Wetter schlecht* **sei.**

Alors qu'après **obwohl** on emploie normalement l'indicatif.

Ex. : *er fährt,* **obwohl** *das Wetter schlecht* **ist.**

DEUTSCHE ABKÜRZUNGEN
ABRÉVIATIONS ALLEMANDES

A	Ampere Österreich (Austria)	ampère (A) Autriche
AA	Auswärtiges Amt	ministère des Affaires étrangères.
Abb.	Abbildung	figure (fig.)
Abk.	Abkürzung	abréviation
Abs.	Absender	expéditeur (exp.)
a.D.	außer Dienst	à la retraite
A.D.	Anno Domini ; im Jahre des Herrn	Anno Domini (A.D.)
ADAC	Allgemeiner Deutscher Automobilclub	Club automobile allemand
ADN	Allgemeiner Deutscher Nachrichtendienst (DDR)	Agence de presse allemande (R.D.A.)
Adr.	Adresse	adresse
AG	Aktiengesellschaft	société anonyme (S.A.)
allg.	allgemein	en général
a. M.	am Main	...sur-le-Main
Anm.	Anmerkung	remarque
Anm. d. Red.	Anmerkung der Redaktion	note de la rédaction (N.D.L.R.)
a. O.	an der Oder	...sur-l'Oder
AOK	Allgemeine Ortskrankenkasse	Caisse primaire d'assurance-maladie
ARD	Arbeitsgemeinschaft der Rundfunkanstalten Deutschlands	Société de production de télévision (première chaîne)
Art.	Artikel	article
Aufl.	Auflage	tirage
Ausg.	Ausgabe	édition
B	Bundesstraße	route nationale (R.N.)
b.	bei	chez ; c/o
Bd.	Band	volume
bes.	besonders	particulièrement
betr.	betreffs, betreffend	concernant
bez.	bezahlt	payé
BfA	Bundesversicherungsanstalt für Angestellte	Caisse centrale des assurances sociales des employés et des cadres
BGB	Bürgerliches Gesetzbuch	Code civil
Bhf.	Bahnhof	gare
BIZ	Bank für internationalen Zahlungsausgleich	Banque des règlements internationaux
BLZ	Bankleitzahl	numéro d'identité bancaire
BP	Bundespost	postes fédérales
BR	Bayerischer Rundfunk	radio Munich
BRT	Bruttoregistertonne	tonne brute
bsd.	besonders	particulièrement
b. w.	bitte wenden	tournez, s'il vous plaît (T.S.V.P.)
bzw.	beziehungsweise	ou bien ; éventuellement ; respectivement
ca.	zirka, etwa	environ
Cand.	Kandidat	candidat
CC	Konsularisches Korps	corps consulaire (C.C.)
CD	Diplomatisches Korps	corps diplomatique (C.D.)
CDU	Christlich-Demokratische Union	Union démocratique chrétienne
cg	Zentigramm	centigramme (cg)
cl	Zentiliter	centilitre (cl)
cm	Zentimeter	centimètre (cm)
Co.	Kompanie	compagnie (Cie)
CSU	Christlich-Soziale Union	Union sociale chrétienne
Ct.	Centime	centime (c)
D	Bundesrepublik Deutschland Durchgangszug	R.F.A. rapide, express
DAAD	Deutscher Akademischer Austauschdienst	service allemand d'échanges internationaux
DaF	Deutsch als Fremdsprache	allemand langue étrangère
DAG	Deutsche Angestellten-Gewerkschaft	Syndicat des employés allemands
dat.	datum, dato	à dater de
DB	Deutsche Bundesbahn	chemins de fer allemands
DBB	Deutscher Beamtenbund	Union des fonctionnaires allemands
DER	Deutsches Reisebüro	Agence de voyages allemande
desgl.	desgleichen	idem (id.)
DGB	Deutscher Gewerkschaftsbund	Fédération des syndicats allemands
dgl.	dergleichen	tel ; pareil
d. h.	das heißt	c'est-à-dire (c.-à-d.)
d. i.	das ist	c'est-à-dire (c.-à-d.)
DIN	Deutsche Industrienorm	normes de l'industrie allemande
Dipl.	Diplom	diplôme
Dipl. Ing.	Diplomingenieur	ingénieur diplômé
Dir.	Direktor	directeur
d. J.	dieses Jahres ; der Jüngere	de l'année ; le plus jeune
DJH	Deutsches Jugendherbergswerk	Association des auberges de la jeunesse (R.F.A.)

DKP	Deutsche Kommunistische Partei	Parti communiste allemand (R.F.A.)
DLRG	Deutsche Lebensrettungsgesellschaft	Société de sauvetage allemande
d. M.	dieses Monats	du mois courant
DM	deutsche Mark	mark allemand
do., dto.	dito, dasselbe	dito (d°) ; le même
dpa	Deutsche Presseagentur	Agence de presse allemande
d. R.	der Reserve	de réserve
DR	Deutsche Reichsbahn (DDR)	Chemins de fer du Reich (R.D.A.)
Dr.	Doktor	docteur (D^r)
Dr. jur.	Doktor der Rechtswissenschaften	docteur en droit
DRK	Deutsches Rotes Kreuz	Croix-Rouge allemande
Dr. med.	Doktor der Medizin	docteur en médecine
Dr. phil.	Doktor der Philosophie	docteur ès lettres
Dtzd.	Dutzend	douzaine (dz)
ebd.	ebenda	à cet endroit
EG	Europäische Gemeinschaft	Communauté européenne (C.E.)
EGKS	Europäische Gemeinschaft für Kohle und Stahl (Montanunion)	Communauté européenne du charbon et de l'acier (C.E.C.A.)
ehem.	ehemals	autrefois
eidg.	eidgenössisch	helvétique
einschl.	einschließlich	inclusivement ; y compris
EKD	Evangelische Kirche in Deutschland	Église évangélique en Allemagne
Emp.	Empfänger	destinataire (dest.)
Entf.	Entfernung	distance
Euratom	Europäische Atomgemeinschaft	Communauté européenne de l'énergie atomique
e. V.	eingetragener Verein	association déclarée
ev.	evangelisch	protestant
evtl.	eventuell	éventuel(lement)
EWG	Europäische Wirtschaftsgemeinschaft	Communauté économique européenne (C.E.E.)
EWS	Europäische Währungssystem	système monétaire européen (S.M.E.)
exkl.	exklusive	exclusivement
Fa.	Firma	firme (commerciale)
Fam.	Familie	famille
FDGB	Freier Deutscher Gewerkschaftsbund (DDR)	Fédération libre des syndicats allemands (R.D.A.)
FDJ	Freie Deutsche Jugend (DDR)	Jeunesse allemande libre (R.D.A.)
FDP	Freie Demokratische Partei	Parti libéral (R.F.A.)
FF	Franc ; französischer Franc	franc ; franc français (F ; FF)
ff	folgende Seiten	suivant ; et la suite ; pages suivantes
FH	Fachhochschule	I.U.T.
FL	Fürstentum Liechtenstein	principauté du Liechtenstein
fob	free on board	free on board (FOB)
Forts.	Fortsetzung	suite
FPÖ	Freiheitliche Partei Österreichs	parti libéral autrichien
fr.	frei	franco
Fr.	Frau	madame (Mme)
Frl.	Fräulein	mademoiselle (Mlle)
frz.	französisch	français
FU	Freie Universität (Berlin)	Université libre de Berlin
g	Gramm	gramme (g)
geb.	geboren	né
Gebr.	Gebrüder	frères
gem.	gemäß	selon
Ges.	Gesellschaft	société
GEW	Gewerkschaft Erziehung und Wissenschaft	Syndicat des enseignants (R.F.A.)
gez.	gezeichnet	signé
GG	Grundgesetz	loi fondamentale
GmbH	Gesellschaft mit beschränkter Haftung	société à responsabilité limitée (S.A.R.L.)
h	hora (Stunde)	heure (h)
ha	Hektar	hectare (ha)
Hbf.	Hauptbahnhof	gare centrale
h. c.	honoris causa (ehrenhalber)	honoris causa
hg.	herausgegeben	édité
HGB	Handelsgesetzbuch	Code de commerce
hl.	heilig	saint (S^t, S^te)
HO	Handels-Organisation (DDR)	organisation commerciale (R.D.A.)
HR	Hessischer Rundfunk	radio Francfort
i. A.	im Auftrage	par odre (p.o.)
i. allg.	im allgemeinen	en général
IAO	internationale Arbeitsorganisation	Bureau international du travail (B.I.T.)
IC	Intercity	intercity (train corail)
id.	idem	idem (id.)
IG	Industriegewerkschaft	Union syndicale (R.F.A.)
i. J.	im Jahre	dans l'année, en l'an
Imm.	Immobilien	immobilier
Ing.	Ingenieur	ingénieur
Inh.	Inhaber	propriétaire
inkl.	inklusive	inclus

IOK	Internationales Olympisches Komitee	Comité international olympique (C.I.O.)
i. R.	im Ruhestand	en retraite
i. V.	in Vertretung	par intérim
IWF	Internationaler Währungsfonds	Fonds monétaire international (F.M.I.)
Jb.	Jahrbuch	annuaire
jun.	junior	[commerce] fils
Kap.	Kapitel	chapitre
kath.	katholisch	catholique
kfm.	kaufmännisch	commercial
Kfz.	Kraftfahrzeug	véhicule à moteur
kg	Kilogramm	kilogramme (kg)
KG	Kommanditgesellschaft	société en commandite
Kl.	Klasse	classe
km	Kilometer	kilomètre (km)
km^2	Quadratkilometer	kilomètre carré (km^2)
km/h	Stundenkilometer	kilomètre-heure (km/h)
Kr.	Kreis	cercle ; canton ; district
KSZE	Konferenz über Sicherheit und Zusammenarbeit in Europa	Conférence sur la sécurité et la coopération en Europe (C.S.C.E.)
Kt.	Kanton	canton (Suisse)
Kto.	Konto	compte
Kto.-Nr.	Kontonummer	numéro de compte
kWh	Kilowattstunde	kilowattheure (kWh)
KZ	Konzentrationslager	camp de concentration
l	Liter	litre (l)
led.	ledig	célibataire
lfd.	laufend	courant
lks.	links	gauche
LKW	Lastkraftwagen	camion
lt.	laut	conformément à
M	Mark (DDR)	mark (R.D.A.)
m	Meter	mètre (m)
m^2	Quadratmeter	mètre carré (m^2)
m^3	Kubikmeter	mètre cube (m^3)
MdB, M. d. B.	Mitglied des Bundestags	membre du Parlement fédéral
MdL, M. d. L.	Mitglied des Landtags	membre de l'Assemblée du Land
m. E.	meines Erachtens	à mon avis
MEZ	mitteleuropäische Zeit	heure de l'Europe centrale
MG	Maschinengewehr	mitrailleuse
mg	Milligramm	milligramme (mg)
Mill., Mio.	Million	million
Mitgl.	Mitglied	membre
mm	Millimeter	millimètre (mm)
möbl.	möbliert	meublé
MP	Maschinenpistole	pistolet-mitrailleur (P.M.)
Mrd.	Milliarde	milliard
m ü. M.	Meter über dem Meeresspiegel	mètres au-dessus de la mer
m. W.	meines Wissens	autant que je sache
MwSt.	Mehrwertsteuer	taxe à la valeur ajoutée (T.V.A.)
N	Nord(en)	nord (N.)
n.	nach	à, pour
Nachf.	Nachfolger	successeur
nachm.	nachmittags	l'après-midi
NATO	Nordatlantikpaktorganisation	Organisation du traité de l'Atlantique Nord (O.T.A.N.)
n. Chr.	nach Christus	après Jésus-Christ (apr. J.-C.)
NDR	Norddeutscher Rundfunk	radio Hambourg
NO	Nordost(en)	nord-est (N.-E.)
Nr.	Nummer	numéro (n°)
NW	Nordwest(en)	nord-ouest (N.-O.)
O	Ost(en)	est (E.)
OAU	Organization of African Unity (Organisation für die Einheit Afrikas)	Organisation de l'unité africaine (O.U.A.)
OB	Oberbürgermeister	maire
o. B.	ohne Befund	néant
ÖBB	Österreichische Bundesbahnen	chemins de fer autrichiens
od.	oder	ou
OECD	Organization for Economic Cooperation and Development (Organisation für wirtschaftliche Zusammenarbeit und Entwicklung	Organisation de coopération et de développement économique (O.C.D.E.)
OPEC	Organization of Petroleum Exporting Countries (Organisation erdölexportierender Länder)	Organisation des pays exportateurs de pétrole (O.P.E.P.)
ÖRF	Österreichischer Rundfunk	Radio autrichienne
ÖS	Österreichischer Schilling	schilling autrichien
ÖVP	Österreichische Volkspartei	Parti populiste autrichien

p. A.	per Adresse	aux bons soins de
Pf.	Pfennig	pfennig
Pfd.	Pfund	livre (poids)
PH	Pädagogische Hochschule	école normale
PKW	Personenkraftwagen	voiture de tourisme
PLO	Palestinian Liberation Organization (Palästinensische Befreiungsfront)	Organisation de libération de la Palestine (O.L.P.)
priv.	privat	privé
Prof.	Professor	professeur d'université
PS	Pferdestärke	cheval-vapeur
	Postskriptum, Nachschrift	post-scriptum (P.-S.)
q. e. d.	quod erat demonstrandum	ce qu'il fallait démontrer (C.Q.F.D.)
qm	Quadratmeter	mètre carré (m^2)
r.	rechts	droite
rd.	rund	environ
RIAS	Rundfunksender im amerikanischen Sektor (von Berlin)	radio locale de Berlin
r. k.	römisch-katholisch	catholique romain
Rp.	Rappen	centime (suisse)
S	Süd(en)	sud (S.)
	Stadtbahn	Réseau express régional (RER)
s.	siehe	voyez
		confer (cf.)
S.	Seite	page (p.)
SBB	Schweizerische Bundesbahnen	chemins de fer fédéraux suisses (C.F.F.)
SDR	Süddeutscher Rundfunk	radio Stuttgart
S. E.	Seine Exzellenz (für Bischöfe)	Monseigneur (Mgr)
SED	Sozialistische Einheitspartei Deutschlands	Parti socialiste unifié allemand
Sek.	Sekunde	seconde
sen.	senior	[commerce] père
SFB	Sender Freies Berlin	radio Berlin libre
sfr, sFr.	Schweizer Franken	franc suisse
SJ	Jesuitenorden	Société de Jésus (S. J.)
S. M.	Seine Majestät	Sa Majesté (S. M.)
SO	Südost(en)	sud-est (S.-E.)
s.o.	siehe oben	voir plus haut
SPD	Sozialdemokratische Partei Deutschlands	Parti social-démocrate allemand
SR	Saarländischer Rundfunk	radio Sarrebruck
SS	Sommersemester	semestre d'été
St.	Sankt, der heilige	Saint (S^{t}, S^{te})
	Stück	pièce
Std.	Stunde(n)	heure (h)
Str.	Straße	rue (r.)
Stud.	Studiosus, Student	étudiant
StVO	Straßenverkehrsordnung	Code de la route
s. u.	siehe unten	voir plus bas
SW	Südwest(en)	sud-ouest (S.-O.)
SWF	Südwestfunk	radio Baden-Baden
SZR	Sonderziehungsrechte	droits de tirage spéciaux (D.T.S.)
t	Tonne	tonne (t)
Tabl.	Tablette	cachet, comprimé
Tel.	Telefon	téléphone (tél.)
TH	Technische Hochschule	établissement d'enseignement supérieur technique
TU	Technische Universität	université technique
TÜV	Technischer Überwachungsverein	Office de contrôle technique (Service des mines)
TV	Television (Fernsehen)	télévision (T.V.)
typ.	typisch	typique
U	Untergrundbahn	métro(politain)
u.	und	et
u. a.	unter anderem	entre autres
	und andere	et autres
U-Boot	Unterseeboot	sous-marin
UKW	Ultrakurzwelle	modulation de fréquence (FM)
UN	United Nations (Vereinte Nationen)	Nations unies
Uni	Universität	université (fac)
UNO	United Nations Organization (Organisation der Vereinten Nationen)	Organisation des Nations unies (O.N.U.)
usw.	und so weiter	et cetera (etc.)
u. U.	unter Umständen	le cas échéant
v.	von	de
v. Chr.	vor Christi Geburt	avant Jésus-Christ (av. J.-C.)
VEB	volkseigener Betrieb (DDR)	entreprise nationalisée (R.D.A.)
Verf.	Verfasser, Autor	auteur
verh.	verheiratet	marié
verk.	verkauft	vendu
Verl.	Verlag	éditions

Verw.	Verwaltung	administration
vgl.	vergleiche	confer (cf.)
v. H.	vom Hundert	pour cent
VHS	Volkshochschule	université populaire
VIP	Very Important Person (hochgestellte Persönlichkeit)	Very Important Person (VIP)
vorm.	vormals ; vormittags	autrefois ; le matin
VW	Volkswagen	Volkswagen
W	West(en)	ouest (O.)
WC	water-closet (Toilette)	toilettes (w.-c.)
WDR	Westdeutscher Rundfunk	radio Cologne
WG	Wohngemeinschaft	communauté
WGB	Weltgewerkschaftsbund	Fédération syndicale mondiale (F.S.M.)
WHO	Weltgesundheitsorganisation	Organisation mondiale de la santé (O.M.S.)
wiss.	wissenschaftlich	scientifique
WS	Wintersemester	semestre d'hiver
Wwe.	Witwe	veuve
Z.	Zeile	ligne
z. B.	zum Beispiel	par exemple
ZDF	Zweites Deutsches Fernsehen	Deuxième chaîne de télévision (R.F.A.)
z. H.	zu Händen	[lettre] à l'attention de
z. S.	zur See	de marine ; de vaisseau
z. T.	zum Teil	en partie
ZVS	Zentralstelle für die Vergabe von Studienplätzen	Bureau national d'attribution des places universitaires
z. Z.	zur Zeit	en ce moment

LÄNDERNAMEN — NOMS DE PAYS

Afghanistan	Afghanistan
Ägypten	Égypte
Albanien	Albanie
Algerien	Algérie
Andorra	Andorre
Angola	Angola
Äquatorial-Guinea	Guinée-Équatoriale
Argentinien	Argentine
Äthiopien	Éthiopie
Australien	Australie
Bahrain	Bahrein
Bangla Desh	Bangladesh
Belgien	Belgique
Benin	Bénin
Bhutan	Bhoutan
Birma	Birmanie
Bolivien	Bolivie
Botswana	Botswana
Brasilien	Brésil
Brunei	Brunei
Bulgarien	Bulgarie
Bundesrepublik Deutschland (BR Deutschland)	République fédérale d'Allemagne (R.F.A.)
Burkina	Burkina
Burundi	Burundi
Chile	Chili
China	Chine
Costa Rica	Costa Rica
Dänemark	Danemark
Deutsche Demokratische Republik (DDR)	République démocratique allemande (R.D.A.)
Dominikanische Republik	République Dominicaine
Ecuador	Équateur
Elfenbeinküste	Côte-d'Ivoire
El Salvador	Salvador
Fidschi	Fidji, Fiji
Finnland	Finlande
Frankreich	France
Gabun	Gabon
Gambia	Gambie
Ghana	Ghana
Grenada	Grenade
Griechenland	Grèce
Großbritannien	Grande-Bretagne
Guatemala	Guatemala
Guinea	Guinée
Guinea-Bissau	Guinée-Bissau
Guyana	Guyana
Haiti	Haïti
Honduras	Honduras
Indien	Inde
Indonesien	Indonésie
Irak	Iraq, Irak
Iran	Iran
Irland	Irlande
Island	Islande
Israel	Israël
Italien	Italie
Jamaika	Jamaïque
Japan	Japon
Jordanien	Jordanie
Jugoslawien	Yougoslavie
Kamerun	Cameroun
Kampuchea (Kambodscha)	Kampuchéa (Cambodge)
Kanada	Canada
Kapverde	Cap-Vert
Katar	Qatar, Katar
Kenia	Kenya
Kolumbien	Colombie
Komoren	Comores
Kongo	Congo
Kuba	Cuba
Kuwait	Koweït
Lesotho	Lesotho
Libanon	Liban
Liberia	Liberia
Libyen	Libye
Liechtenstein	Liechtenstein
Luxemburg	Luxembourg
Madagaskar	Madagascar
Malawi	Malawi
Malaysia	Malaysia
Malediven	Maldives
Mali	Mali
Malta	Malte
Marokko	Maroc
Mauretanien	Mauritanie
Mauritius	Maurice *(île)*
Mexiko	Mexique
Moçambique, Mozambique	Mozambique
Monaco	Monaco
Mongolische Volksrepublik	République populaire de Mongolie
Nepal	Népal
Neuguinea	Nouvelle-Guinée
Neuseeland	Nouvelle-Zélande
Nicaragua	Nicaragua
Niederlande	Pays-Bas
Niger	Niger
Nigeria	Nigeria
Nordjemen	Yémen du Nord
Nordkorea	Corée du Nord
Norwegen	Norvège
Oman	Oman
Österreich	Autriche
Pakistan	Pakistan
Panama	Panamá
Papua-Neuguinea	Papouasie-Nouvelle-Guinée
Paraguay	Paraguay
Peru	Pérou
Philippinen	Philippines
Polen	Pologne
Portugal	Portugal
Rumänien	Roumanie
Rwanda	Ruanda
Salomonen	Salomon *(îles)*
Sambia	Zambie
Samoa	Samoa
Saudi-Arabien	Arabie Saoudite
Schweden	Suède
Schweiz	Suisse
Senegal	Sénégal
Seychellen	Seychelles
Sierra Leone	Sierra Leone
Somalia	Somalie
Spanien	Espagne
Sri Lanka	Sri Lanka
Südafrika	Afrique du Sud
Sudan	Soudan
Südjemen	Yémen du Sud
Südkorea	Corée du Sud
Surinam	Surinam
Swasiland	Swaziland
Syrien	Syrie
Taiwan	Taiwan
Tansania	Tanzanie
Thailand	Thaïlande
Tibet	Tibet
Togo	Togo
Transkei	Ciskei
Trinidad und Tobago	Trinité-et-Tobago
Tschad	Tchad
Tschekoslowakei	Tchécoslovaquie
Tunesien	Tunisie
Türkei	Turquie
UdSSR	U.R.S.S.
Uganda	Ouganda
Ungarn	Hongrie
Uruguay	Uruguay
Vanuatu	Vanuatu
Vatikanstadt	Vatican
Venezuela	Venezuela
Vereinigte Arabische Emirate	Émirats arabes unis
Vereinigte Staaten	États-Unis
Vietnam	Viêt-nam
Zaïre	Zaïre
Zentralafrikanische Republik	République centrafricaine
Zimbabwe	Zimbabwe
Zypern	Chypre

DEUTSCH – FRANZÖSISCH

A

A, a [ɑ:] n. A, a m. | *das kleine* a, l'*a* minuscule. | *das große* A, l'*A* majuscule ; le grand *A*. || LOC. *von A bis Z*, de A à Z ; du commencement à la fin. || *das A und O*, l'alpha et l'oméga. || MUS. *A-Dur*, « la » majeur. | *A-Moll*, « la » mineur.

à [a] (abrév. de *für, je, zu*) au prix de. | *drei Stück à drei Mark*, trois articles à trois marks.

Aachen ['ɑ:xən] n. pr. n. GÉOGR. Aix-la-Chapelle.

Aal [ɑ:l] m. (s, e) anguille f.

aal|glatt ["ɑ:l'glɑt] adj. souple comme une anguille. || FIG. insaisissable.

aalen (sich) [ziç'ɑ:lən] v. pr. POP. s'étirer. | *sich in der Sonne aalen*, faire le lézard.

Aargau ['ɑ:rgau] n. pr. m. GÉOGR. Argovie f.

Aas [ɑ:s] n. (es, e, Äser). [Tiere] bête crevée ; charogne f. || FIG. crapule f. ; canaille f. || FAM. *ein kleines Aas*, une petite peste.

aasen ['ɑ:zən] v. intr. gâcher ; gaspiller. | *mit seiner Gesundheit aasen*, ruiner sa santé.

Aas|geier ["ɑ:s'gɑiər] m. (s, -). ZOOL. vautour m.

ab [ap] adv., rarement prép. (dat.).

> **I.** SENS LOCAL :
> **a)** mouvement de haut en bas ;
> **b)** en partant de.
> **II.** SENS TEMPOREL : depuis.
> **III.** SOUSTRACTION : en moins.
> **IV.** LOC.

I. SENS LOCAL **a)** (mouvement de haut en bas) excl. comme : *Hut ab !*, chapeau bas ! | *Gewehr ab !*, reposez (vos) armes !
b) en partant de ; loin de. | *von hier ab*, en partant d'ici. | *fünf Schritte vom Wege ab*, à cinq pas du chemin. | *weit vom Wege ab*, loin du chemin. || COMM. *ab Fabrik*, pris à l'usine ; départ usine. || TRANSP. *Speisewagen ab Köln*, wagon-restaurant à partir de Cologne.
II. SENS TEMPOREL : à partir de ; depuis. | *ab acht Uhr*, à partir de huit heures. | *ab heute ; von heute ab*, à partir d'aujourd'hui. | *von da ab*, dès lors.
III. SOUSTRACTION : en moins ; de. | *von fünf drei ab*, en ôtant trois de cinq.
IV. LOC. *ab und zu ; ab und an*, de temps à autre ; de temps en temps. | *auf und ab*, de long en large ; de haut en bas. | *auf und ab gehen*, aller et venir. | *ab sein*, être détaché ; être tombé. | *das Rad ist ab*, la roue s'est détachée.

ab|ändern [-dərn] v. tr. sépar. [ändern] changer ; modifier. | *seinen Reiseplan abändern*, modifier son itinéraire. || [Mode] transformer ; retoucher.

Ab|änderung [-dəruŋ] f. (-, en) changement m. | *eine Abänderung vornehmen*, opérer un changement.

Abänderungs|antrag ["apɛndəruŋs'antrɑ:k] m. (s, ¨e). JUR. amendement m.

ab|arbeiten ["ap'arbaitən] v. tr. [bearbeiten] dégrossir ; ébaucher. || PAR EXT. [herunterarbeiten] abattre du travail ; achever un travail. || FIG. [abzahlen] *er arbeitet seine Schulden ab*, il travaille pour rembourser ses dettes.
◇ v. pr. **sich abarbeiten,** [sich ermüden] FIG. s'épuiser ; FAM. s'éreinter.

Ab|art ['apɑ:rt] f. (-, en) [Sorte] variété f. || PAR EXT. espèce bâtarde.
— SYN. : *Spielart*, variété.

Ab|bau ['apbau] m. (s) [Zerlegen] démontage m. || ADM. *Abbau von Beamten*, suppression (f.) de fonctionnaires. || COMM. [Senkung] *Abbau der Preise*, baisse (f.) des prix. || FIG. *Abbau der Lebenshaltungskosten*, diminution (f.) du coût de la vie. || MINES. exploitation f. | *Abbau einer Lagerstätte*, exploitation d'un gisement. || [Kohlenabbau] abattage m. || PAR EXT. ouvrage m. || CHIM. désintégration (f.) moléculaire.

ab|baubar ["apbau'bɑ:r] adj. *biologisch abbaubar*, biodégradable. | *biologisch abbaubarer Stoff*, substance (f.) biodégradable.

ab|bauen ["ap'bauən] v. tr. [zerlegen] démonter. | *ein Zelt abbauen*, défaire une tente. || PAR ANAL. *seine Lebenshaltung abbauen*, réduire son train de vie. || ADM. [entlassen] *Personal abbauen*, licencier des employés. || MINES. [gewinnen] *Erze abbauen*, exploiter des minerais.
◇ v. intr. *der Zirkus baut ab*, le cirque démonte ses installations, s'en va. || FAM. s'affaiblir ; s'évanouir.

Abbé [a'be:] m. (s, s) abbé m.

ab|beißen ["ap'baisən] (i, i) v. tr. arracher avec les dents. | *ein Stück Wurst abbeißen*, mordre dans une saucisse. || FIG. *sich lieber die Zunge abbeißen als...*, plutôt mourir que de...

ab|beizen ["ap'baitsən] v. tr. CHIM. décaper.

ab|bekommen ["apbə'kɔmən] (a, o) v. tr. enlever. || PAR EXT. emporter. || POP. *er hat was abbekommen*, il en a pris pour son grade.

ab|berufen ["apbə'ru:fən] (ie, u) v. tr. [zurückrufen] rappeler ; révoquer. | *jn vom Amt abberufen*, rappeler, révoquer qn. | *einen Gesandten abberufen*, rappeler un ambassadeur. || POÉT. *Gott berief ihn ab*, Dieu l'a rappelé à lui.

Ab|berufung [-fuŋ] f. (-, en) révocation f. ; rappel m.

ab|bestellen ["apbə'ʃtɛlən] v. tr. COMM. [absagen] décommander (des marchandises).

ab|bezahlen ["apbə'tsɑ:lən] v. tr. payer par acomptes, à tempérament.

ab|biegen ["ap'bi:gən] (o, o) v. tr. [biegen] courber ; plier.

◇ v. intr. [abweichen] s'écarter. | *vom rechten Wege abbiegen*, s'écarter du droit chemin. || AUTOM. *nach links abbiegen*, tourner, prendre à gauche.

Ab|bild ['apbilt] n. (s, er) [Bild] copie f. ; image f. ; portrait m. | *sie ist das getreue Abbild ihrer Mutter*, c'est tout le portrait de sa mère. || FIG. reflet m.

ab|bilden ["ap'bildən] v. tr. figurer ; représenter. || FIG. dépeindre.

Ab|bildung [-duŋ] f. (-, en) reproduction f. ; image f. ; illustration f. | *ein Buch mit vielen Abbildungen*, un livre abondamment illustré.

ab|binden ["ap'bindən] (a, u) v. tr. [losmachen] délier ; détacher ; défaire. | *ein Bündel Holz abbinden*, défaire un fagot de bois. || MÉD. *den Arm abbinden*, mettre un garrot au bras. || TECHN. *der Kalk bindet ab*, la chaux prend.

Ab|bitte ["ap'bitə] f. (-, n) excuse f. ; réparation f. | *jm für etwas Abbitte tun, leisten*, demander pardon à qn de qch.

ab|blasen ["ap'blɑ:zən] (ä, ie, a) v. tr. [wegblasen] souffler. || TECHN. *Staub abblasen*, souffler la poussière. || FIG. sonner pour la dernière fois ; faire cesser. | *die Jagd abblasen*, forhuer. || FAM. [absagen] annuler ; décommander.

ab|blättern ["ap'blɛtərn] v. tr. effeuiller.

◇ v. intr. se détacher par feuilles. | *Die Farbe blättert ab*, la peinture s'écaille.

ab|blenden ["ap'blɛndən] v. tr. [verdecken] voiler ; masquer. | *die Lampe abblenden*, masquer la lampe. || PHOT. diaphragmer. || AUTOM. *die Scheinwerfer abblenden*, mettre en code.

Ab|blendlicht [-d'liçt] n. (s). AUTOM. code m. ; feux (m. pl.) de croisement.

ab|blitzen ["ap'blitsən] v. intr. FIG., FAM. *jn abblitzen lassen*, envoyer promener qn.

Ab|brand ['apbrant] m. (s, ¨e) [Verbrennungsreste] déchets m. pl. ; débris m. pl. || NUCL. combustion (f.) nucléaire.

ab|brausen ["ap'brauzən] v. tr. [spülen] doucher. | *den Wagen abbrausen*, laver la, sa voiture.

◇ v. intr. AUTOM. partir à toute allure.

ab|brechen ["ap'brɛçən] (i, a, o) v. tr. briser. | *einen Zweig abbrechen*, cueillir un rameau. || démolir ; détruire. | *ein Haus abbrechen*, démolir une maison. || PAR EXT. démonter. | *das Lager abbrechen*, lever le camp. | *ein Zelt abbrechen*, démonter une tente. || FIG. [unterbrechen] *ein Spiel abbrechen*, arrêter un jeu. | *Verhandlungen abbrechen*, rompre des pourparlers. | *einen Streik abbrechen*, arrêter une grève. | *alle Brücken hinter sich abbrechen*, couper tous les ponts derrière soi.

◇ v. intr. s'arrêter. | *mitten in der Rede abbrechen*, s'interrompre au milieu de son discours. | *kurzerhand abbrechen*, s'arrêter net. || se détacher ; tomber.

ab|brennen ["ap'brɛnən] (brannte, gebrannt) v. tr. brûler ; incendier. | *ein Feuerwerk abbrennen*, tirer un feu d'artifice. || TECHN. *Metall abbrennen*, dérocher du métal. | *Stahl abbrennen*, affiner l'acier.

◇ v. intr. se consumer ; être réduit en cendres. | *das Feuer abbrennen lassen*, laisser s'éteindre le feu. || FIG., FAM. *er ist abgebrannt*, il est sans un ; il est fauché.

ab|bringen ["ap'briŋən] (brachte, gebracht) v. tr. enlever ; ôter. || FIG. *jn von seinem Plan abbringen*, détourner qn de son projet. | *jn von seinem Glauben abbringen*, faire abandonner à qn sa confession.

ab|bröckeln ["ap'brøkəln] v. tr. émietter.

◇ v. intr. s'émietter ; s'écailler ; s'effriter. | *der Putz bröckelt ab*, le crépi s'émiette.

Ab|bruch ['apbrux] m. (s, ¨e) démolition f. | *Abbruch des Hauses*, démolition de la maison. || GÉOL. *Abbruch des Ufers*, éboulement (m.) de la berge. || MINES. éboulement m. ; déblaiement m. || POLIT. *Abbruch der diplomatischen Beziehungen*, rupture (f.) des relations diplomatiques. || FIG. *jm großen Abbruch tun*, causer à qn un préjudice considérable. || LOC. *Das tut der Liebe keinen Abbruch*, cela ne fait rien.

abbruch|reif [-raif] adj. vétuste.

ab|brühen ["ap'bry:ən] v. tr. échauder ; ébouillanter. || FIG., POP. *er ist abgebrüht*, c'est un dur à cuire.

ab|buchen ["ap'bu:xən] v. tr. COMM. [abschreiben] déduire ; amortir. | *von einem Konto abbuchen*, porter au débit d'un compte.

Ab|buchung ["ap'bu:xuŋ] f. (-, en). FIN. prélèvement m. | *Abbuchung per Dauerauftrag*, prélèvement automatique.

ab|bürsten ["ap'byrstən] v. tr. donner un coup de brosse ; brosser.

ab|büßen ["ap'by:sən] v. tr. expier ; subir (une peine). | *eine Strafe abbüßen*, purger une peine.

Abc [abe:'tse:] n. alphabet m.

ABC-Alarm [abe:tse:'alarm] m. (s, e) alarme (f.) antitoxique.

Abc-Schütze [abe:tse:'ʃytsə] m. (n, n) [Schulanfänger] enfant (m.) qui en est à l'abc.

ab|dampfen ["ap'dampfən] v. intr. s'évaporer. || FIG., FAM. s'esbigner.

ab|danken ["ap'daŋkən] v. intr. abdiquer ; démissionner. | *der König dankte ab*, le roi abdiqua. | *abgedankter Offizier*, officier mis à la retraite.

Ab|dankung [-kuŋ] f. (-, en) abdication f.

ab|decken ["ap'dɛkən] v. tr. *etwas gegen den Regen abdecken*, mettre qch. à l'abri de la pluie. || [abnehmen] découvrir. || PAR ANAL. *den Tisch abdecken*, desservir. || PAR EXT. *Tiere abdecken*, équarrir des cadavres.

Ab|decker [-kər] m. (s, -) équarrisseur m.

Ab|deckerei [apdɛkə'rai] f. (-, en) équarrissage m.

Abdeck|stift ["apdɛk'ʃtift] m. (s, e) anticerne m. ||°**-streifen** m. (s, -) bande (f.) de protection.

ab|dichten ["ap'diçtən] v. tr. boucher ; calfeutrer. | *ein Faß abdichten*, rendre un fût étanche.

Ab|dichtung [-tuŋ] f. (-, en) étanchéification f. || TECHN. joint m.

ab|dienen ["ap'di:nən] v. tr. MIL. *seine Zeit abdienen*, faire son service militaire.

ab|drängen ["ap'drɛŋən] v. tr. écarter ; repousser. | *jn vom Platz abdrängen*, chasser qn de sa place ; supplanter qn.

ab|drehen ["ap'dre:ən] v. tr. et v. intr. tordre ; casser ; fermer. | *einen Knopf abdrehen*, arracher, faire sauter un bouton. || PAR ANAL. *das Wasser abdrehen*, fermer la conduite d'eau. | *das Gas abdrehen*, fermer le robinet du gaz. || MAR. *das Schiff dreht ab*, le bateau change de cap.

ab|drosseln ["ap'drɔsəln] v. tr. étrangler. || TECHN. *den Motor abdrosseln*, mettre le moteur au ralenti ; caler.

Ab|druck ['apdruk] m. (s, ¨e) impression f.; empreinte f.

ab|drucken ["ap'drukən] v. tr. imprimer; reproduire. | *eine Rede abdrucken*, imprimer un discours.

ab|drücken ["ap'drykən] v. tr. empreindre; mouler. | *in Gips abdrücken*, mouler en plâtre. || MIL. *die Pistole abdrücken*, presser la détente (du pistolet).

ab|ebben ["ap'ɛbən] v. intr. se calmer; s'apaiser.

abelsch ['a:bəlʃ] adj. MATH. abélien. | *abelsche Gruppe*, groupe abélien.

Abend ['ɑ:bənt] m. (s, e). [Zeitpunkt] soir m. | *es wird Abend*, le jour baisse; il se fait tard. || [Dauer] soirée f. || *gegen Abend*, vers, sur le soir. | *am Abend*, le soir. | *diesen Abend*, ce soir. | *eines Abends*, un (beau) soir. | *heute abend*, ce soir. | *gestern abend*, hier (au) soir. | *heiliger Abend*, veille (f.) de Noël. | *am Abend vorher*, la veille (au soir). | *zu Abend essen*, dîner. | *guten Abend sagen*, dire bonsoir. || PROV. *es ist noch nicht aller Tage Abend*, rira bien qui rira le dernier. || *abends* adv. le soir.

Abend|anzug ["ɑ:bənt'antsu:k] m. (s, ¨e) tenue (f.) de soirée. ||°**-aufführung** f. (-, en) représentation (f.) de soirée (théâtre). ||°**-blatt** n. (es, ¨er) journal (m.) du soir. ||°**-brot** n. ([e] s, e) dîner m.; souper m. ||°**-dämmerung** f. (-, en) crépuscule m. ||°**-essen** n. (s, -) repas (m.) du soir; dîner m. ||°**-gesellschaft** ["--/-'--] f. (-, en) soirée f. ||°**-gymnasium** n. (s, ien) cours (m. pl.) secondaires du soir. ||°**-kasse** f. (-, n). THÉÂTRE. contrôle m. ||°**-kleid** n. (s, er) robe (f.) du soir; habit (m.), tenue (f.) de soirée. ||°**-land** n. (es, ¨er) Occident m.; pays occidentaux. ||°**-mahl** n. (s). RELIG. Sainte Cène. | *das Abendmahl nehmen*, communier. | *zum heiligen Abendmahl gehen*, aller communier. ||°**-programm** n. (s, e) programme (m.) de la soirée. ||°**-rot** n. (s), °**-röte** f. coucher (m.) de Soleil; couchant m. ||°**-schule** f. (-, n) cours (m. pl.) du soir. ||°**-stern** m. (s) étoile (f.) du soir; étoile (f.) du berger.

abendlich ['ɑ:bəntliç] adj. du soir; vespéral.

Abenteuer ['ɑ:bəntɔyər] n. (s, -) aventure f. | *auf Abenteuer (aus)ziehen, (aus)gehen,* courir, chercher des aventures.

abenteuerlich [-ərliç] adj. aventureux; risqué. | *abenteuerliche Fahrt*, voyage semé d'aventures, mouvementé.

Abenteuerlichkeit [-ərliçkait] f. (-, en) [Menschen] caractère aventureux; extravagance f. || [Dinge] fantastique m.

Abenteuer|lust ["ɑ:bəntɔyər'lust] f. goût (m.) de l'aventure. ||°**-roman** m. (s, e) roman (m.) d'aventures. ||°**-urlaub** m. (s, e) vacances-évasion f. pl.

Abenteurer(in) [-rər(in)] m. (s, -), f. (-, nen) aventurier m.; aventurière f.

aber ['ɑ:bər] adv. [nochmals] mais; encore; de nouveau. | *aber und abermals*, à maintes reprises. | *tausend und abertausend Leute* m. pl., des milliers (et des milliers) de personnes, de gens.

◇ conj. [jedoch] mais; cependant; pourtant. | *aber ja!, aber sicher!*, mais oui!; certainement. | *nun aber*, or. | *oder aber*, ou bien; autrement. | *er will nicht oder aber er kann nicht*, il ne veut pas ou (bien) il ne le peut.

Aber ['ɑ:bər] n. (s, -) restriction f.; réserve f. || LOC. *es ist ein Aber dabei*, il y a un mais. | *das Wenn und das Aber bedenken*, envisager tous les aspects du problème. | *ohne Wenn und Aber*, il n'y a pas de mais qui tienne. | *viele Wenn und Aber*, beaucoup de si et de mais.

Aber|glaube(n) ["ɑbər'glaubə(n)] m. (s) superstition f. ||**-gläubisch** adj. superstitieux. || **-malig** adj. répété; réitéré. ||**-mals** adv. encore une fois; une fois de plus. ||°**-witz** m. (es) déraison f.; folie (des grandeurs). ||**-witzig** adj. fou; absurde.

ab|erkennen ["apɛr'kɛnən] (erkannte, erkannt) v. tr. contester; refuser. | *jm die Staatsbürgerschaft aberkennen*, déchoir qn de sa nationalité.

Ab|erkennung [-nuŋ] f. (-, en). JUR. privation f.

ab|ernten ["ap'ɛrntən] v. tr. moissonner. | *die Felder sind abgeerntet*, les champs sont moissonnés. || [pflücken] cueillir.

Aberration [abɛra'tsion] f. (-, en). OPT. aberration f. | *chromatische Aberration*, aberration chromatique.

Abessinien [abɛ'si:niən] n. pr. n. GÉOGR. Abyssinie f.

Abessinier(in) [-niər(in)] m. (s, -), f. (-, nen). GÉOGR. Abyssin(e) m. (f.), Abyssinien(ne) m. (f.).

abessinisch [-niʃ] adj. GÉOGR. abyssin.

ab|fahren ["ap'fɑ:rən] (ä, u, a) v. tr. [fahren] charrier. | *Steine abfahren*, charrier, transporter des pierres. || PAR EXT. [abnützen] *eine Strecke abfahren*, défoncer un chemin; [kontrollieren] inspecter un parcours.

◇ v. intr. partir (avec un véhicule). | *der Zug fährt eben ab*, le train part à l'instant.

Ab|fahrt ['apfɑ:rt] f. (-, en). [Zug] départ m. | *Abfahrt des Zuges*, départ du train. || MAR. partance f. || [Flugzeug] décollage m. || [Ski] descente f. || [Autobahn] sortie f.

Abfahrts|lauf ["apfɑ:rts'lauf] m. (es, ¨e) [Ski] course (f.) de descente.

Ab|fall ['apfal] m. (s, ¨e) déchets m. pl.; [Müll] ordures f. pl. | *radioaktiver Abfall*, retombées radioactives. || BOT. *Abfall von Blüten*, chute (f.) des fleurs. | *Abfall von Früchten*, coulure f. || GÉOL. déclivité f. || RELIG. *Abfall von Gott*, apostasie f. || HIST. *Abfall der Niederlande*, soulèvement (m.) des Pays-Bas.

Abfall|aufbereitung ["apfal'aufbəraituŋ] f. traitement (m.) des déchets. ||°**-eimer** m. (s, -) boîte (f.) à ordures, poubelle f. ||°**-produkt** n. (s, e) sous-produit m. ||°**-stoffe** m. pl. déchets m. pl. || °**-verbrennungsanlage** f. (-, n) incinérateur m.

ab|fallen ["ap'falən] (ä, ie, a) v. intr. se détacher; tomber. | *von der Wand abfallen*, se détacher, tomber du mur. || [Leistung] connaître une baisse de régime. || BOT. *die Blüten fallen ab*, les fleurs coulent. | *der Hang fällt steil ab*, la pente est escarpée. || POP. *für dich fällt bei dem Geschäft etwas ab*, tu auras ta part de cette affaire. | *von einer Partei abfallen*, déserter un parti (politique). || RELIG. *von Gott abfallen*, renier sa foi.

ab|fällig ["ap'fɛliç] adj. penché; en déclivité. || FIG. défavorable. | *ein abfälliges Urteil*, un jugement négatif.

ab|fangen ["ap'faŋən] (ä, i, a) v. tr. attraper; saisir; intercepter. | *eine Nachricht abfangen*, capter une nouvelle. || AÉRON. *ein Flugzeug abfangen*, dérouter un avion.

Abfang|jäger ["apfaŋ'jɛ:gər] m. (s, -). MIL. chasseur (m.) d'interception; intercepteur m.

ab|färben ["ap'fɛrbən] v. intr. déteindre. | *dieses Grün färbt ab*, ce vert déteint. || FIG. *seine Umgebung färbt auf ihn ab*, son entourage déteint sur lui.

ab|fassen ["ap'fasən] v. tr. **1.** FAM. surprendre; appréhender.

2. rédiger, composer. | *einen Brief abfassen*, rédiger une lettre.

Ab|fassung [-suŋ] f. (-, en) rédaction f. | *Abfassung einer Klageschrift*, libellé (m.) d'une plainte.

ab|federn ["ap'fe:dərn] v. tr. AUTOM. amortir. | *der Wagen ist gut abgefedert*, cette voiture est bien suspendue.

◇ v. intr. SPORT. prendre son appel.

ab|fegen ["ap'fe:gən] v. tr. balayer. | *den Staub abfegen*, balayer la poussière. | *den Teppich abfegen*, épousseter le tapis.

ab|feilen ["ap'failən] v. tr. limer ; ébarber.

ab|fertigen ["ap'fɛrtigən] v. tr. expédier. | *ein Paket abfertigen*, expédier un paquet. | *Gepäck abfertigen*, enregistrer des bagages. || PAR EXT. servir ; traiter. | *Kunden abfertigen*, servir des clients. | *einen Zug abfertigen*, faire partir un train. || FIG. *jn kurz abfertigen*, envoyer promener qn.

Ab|fertigung [-guŋ] f. (-, en) expédition f. ; renvoi m. || [Polizei, Zoll] contrôle m. || FIG., FAM. *seine Abfertigung erhalten*, recevoir son compte.

ab|feuern ["ap'fɔyərn] v. tr. tirer ; faire feu sur ; décharger. || MIL. *eine Salve auf jn abfeuern*, tirer une salve sur qn. | *ein Geschütz abfeuern*, tirer le canon.

ab|finden ["ap'findən] (a, u) v. tr. indemniser ; dédommager. | *jn mit Geld abfinden*, indemniser qn. ◇ v. pr. **sich abfinden,** FIG. *sich mit etwas abfinden*, s'accommoder, s'arranger de qch.

Ab|findung [-duŋ] f. (-, en) accommodement m. ; arrangement m. | *Abfindungssumme*, montant (m.) de l'indemnité ; forfait m. ; [Unternehmen] indemnité (f.) de départ.

ab|flauen ["ap'flauən] v. intr. faiblir ; mollir. || COMM. *das Geschäft flaut ab*, les affaires baissent.

ab|fliegen ["ap'fli:gən] (o, o) v. intr. **1.** s'envoler. | *das Flugzeug fliegt ab*, l'avion décolle, s'élève.
2. se détacher ; s'arracher. | *ein Stück des Propellers flog ab*, un morceau de l'hélice se détacha.
◇ v. tr. reconnaître. | *eine Strecke abfliegen*, reconnaître un parcours en avion.

Ab|flug ['apflu:k] m. (s, ¨e) départ m. ; décollage m. (d'un avion).

Ab|fluß ['apflus] m. (es, ¨e) [Handlung] écoulement m. ; dégorgement m. | *dieses Gelände hat keinen Abfluß*, ce terrain n'a pas de pente. || [Instrument, Ort] déversoir m. ; égout m.

Abfluß|rinne ["apflus'rinə] f. (-, n) rigole f. ||°**-rohr** n. (s, e) dégorgeoir m.

ab|fordern ["ap'fɔrdərn] v. tr. réclamer ; demander ; exiger.

ab|fragen ["ap'fra:gən] v. tr. interroger ; questionner.

Ab|fuhr ['apfu:r] f. (-, en) enlèvement m. ; transport m. | *Müllabfuhr*, enlèvement des ordures ménagères. || FIG. affront m. ; insulte f. || FAM. *jm eine Abfuhr erteilen*, envoyer qn paître.

ab|führen ["ap'fy:rən] v. tr. emmener ; transporter ; emporter. | *Gefangene abführen*, emmener des prisonniers. || FIG. *das führt zu weit vom Thema ab*, cela nous écarte trop du sujet. | *eine Summe abführen*, verser une somme. || [Duell] *er wurde abgeführt*, il fut mis hors de combat. || MÉD. purger.

Abführ|mittel ["apfy:r'mitəl] n. (s, -). MÉD. laxatif m. ; purgatif m. ; FAM. purge f.

Ab|führung ["ap'fy:ruŋ] f. (-, en) emprisonnement m.

ab|füllen ["ap'fylən] v. tr. TECHN. [Flüssigkeiten] mettre en bouteilles ; embouteiller. | *er füllt Bier in Flaschen ab*, il met de la bière en bouteilles. || [feste Körper] ensacher ; mettre en sacs.

ab|füttern ["ap'fytərn] v. tr. nourrir ; alimenter. | *die Tiere abfüttern*, nourrir les bêtes.

Ab|fütterung [-ruŋ] f. repas m. | *Abfütterung der Raubtiere*, repas (m.) des fauves.

Ab|gabe ["ap'ga:bə] f. (-, en) livraison f. ; remise f. ; distribution f. | *Abgabe einer Erklärung*, remise d'une déclaration. || FIN. impôt m. | *steuerliche Abgaben, Steuerabgabe*, impôts m. pl. || [Börse] vente f. || NUCL. *radioaktive Abgaben*, rejets radioactifs. || SPORT. [Fußball] passe f.

abgaben|frei ["apga:bən'frai] adj. non imposable. | *abgabenfreier Betrag*, somme (f.) non imposable.

Ab|gang ['apgaŋ] m. ([e]s, ¨e) départ m. || [Austritt] sortie. | *Abgang eines Schauspielers*, sortie d'un acteur. || ADM. retraite f. || COMM. débit m. (d'une marchandise). || MÉD. écoulement m. ; dégorgement m.

ab|gängig ["ap'gɛŋiç] adj. disparu ; manquant.

Abgangs|zeugnis ["apgaŋs'tsɔyknis] n. (ses, se) diplôme (m.) de fin d'études.

Ab|gas ['apga:s] n. (es, e). TECHN. gaz (m.) d'échappement. || [Umwelt] effluents (m. pl.) gazeux.

Abgas|entschwefelung ["apga:sɛnt'ʃve:fəluŋ] f. (-, en). TECHN. désulfuration (f.) des gaz.

ab|geben ["ap'ge:bən] (i, a, e) v. tr. remettre ; livrer. | *einen Brief bei jm abgeben*, remettre une lettre à qn. || PAR ANAL. donner. | *seine Stimme für jn abgeben*, donner sa voix à qn. || JUR. *ein Urteil abgeben*, rendre un jugement. || FIG. *seine Meinung abgeben*, donner son avis. || [überlassen] laisser ; abandonner. | *viel an Steuern abgeben*, payer de gros impôts. | *billig abzugeben*, vente (f.) à bas prix. || LOC. faire. | *er wird einen guten Handwerker abgeben*, il fera, deviendra un bon artisan. || [sich ereignen] *es hat Prügel abgegeben*, il y a eu une volée de bois vert. || SPORT. *den Ball abgeben*, faire une passe.
◇ v. pr. **sich abgeben,** *sich mit etwas abgeben*, s'occuper de qch. || fréquenter. | *sich mit schlechter Gesellschaft abgeben*, avoir de mauvaises fréquentations.

ab|gedroschen ["apgə'drɔʃən] adj. FIG. rebattu ; ressassé ; éculé.

ab|gefeimt ["apgə'faimt] adj. audacieux ; malin. | *ein abgefeimter Schuft*, un fieffé coquin.

ab|gehen ["ap'ge:ən] (ging, gegangen) v. intr. **1.** s'en aller ; partir. | *der Zug geht ab*, le train part. || quitter. | *der Schüler geht zu Ostern ab*, cet élève quitte l'école définitivement à Pâques. || sortir. | *von der Bühne abgehen*, quitter la scène. | *ein Rad geht ab*, une roue se détache. || FIG. *er wird von seiner Meinung nicht abgehen*, il ne démordra pas de son opinion. | *er läßt sich nichts abgehen*, il ne se refuse rien. | *vieles geht ihm ab*, bien des choses lui demeurent fermées. | *es geht mir dadurch nichts ab*, je n'y perds rien.
2. — **a)** COMM. [verkauft werden] se vendre. | *die Ware geht reißend ab*, cette marchandise se vend comme des petits pains. — **b)** réduire ; diminuer. | *von seinen Forderungen abgehen*, réduire ses exigences. | *vom Preise abgehen*, rabattre son prix. — **c)** se déduire. | *von der Summe gehen zwei Mark ab*, deux marks sont à déduire du total.
3. se terminer ; se passer. | *alles ist gut, glatt abgegangen*, tout s'est bien passé.
4. s'écailler ; s'en aller. | *diese Farbe geht ab*, cette peinture s'écaille.
◇ v. tr. TECHN. *Schienen abgehen*, contrôler des rails (en les parcourant). || MIL. *der General geht die Front ab*, le général passe les troupes en revue.

ab|gekartet ["apgə'kartət] adj. tramé ; comploté. || *ein abgekartetes Spiel*, un coup monté.

ab|geklärt ["apgə'klɛ:rt] adj. rasséréné ; serein. || FIG. *ein abgeklärter Greis*, un vieillard plein de sérénité.

ab|gelegen ["apgə'le:gən] adj. écarté ; isolé. | *ein abgelegenes Haus*, une maison isolée, retirée.

Ab|gelegenheit [-hait] f. isolement m. ; éloignement m. ; solitude f.

ab|gelten ["ap'gɛltən] (i, a, o) v. tr. rembourser. || FIG. *einen Dienst abgelten*, rendre un service.

ab|geneigt ["apgə'naikt] part. pass. et adj. défavorable à ; répugnant à ; hostile à. | *abgeneigt sein, zu*, refuser de. | *nicht abgeneigt sein, etwas zu tun*, être prêt, disposé à faire qch.

Ab|geneigtheit [-hait] f. aversion f. ; répugnance f.

Ab|geordnete(r) ["apgə'ɔrdnətə(r)] f. (m.). POLIT. député(e) m. (f.).

Abgeordneten|haus ["apgəɔrdnətən'haus] n. (es), °**-kammer** f. chambre (f.) des députés.

ab|gerissen ["apgə'risən] adj. déchiré ; en lambeaux. || FIG. incohérent ; sans suite.

Ab|gesandte(r) ["apgə'zantə(r)] f. (m.). POLIT. délégué(e) m. (f.).

Ab|gesang ["apgə'zaŋ] m. ([e]s, ¨e) épode f.

ab|geschieden ["apgə'ʃi:dən] part. pass. et adj. isolé. | *eine abgeschiedene Gegend*, une contrée perdue. || FIG. mort ; décédé.

Ab|geschiedenheit [-hait] f. isolement m.

ab|geschmackt ["apgə'ʃmakt] adj. fade ; sans goût ; insipide. || FIG. absurde. | *abgeschmacktes Zeug zusammenschwatzen*, débiter des niaiseries.

Ab|geschmacktheit [-hait] f. (-, en) ineptie f. ; absurdité f. ; sornette f.

ab|gesehen von ["apgə'ze:ənfɔn]. V. ABSEHEN.

ab|gestanden ["apgə'ʃtandən] part. pass. et adj. passé ; gâté. | *abgestandenes Bier*, bière éventée. | *abgestandene Luft*, air vicié.

ab|gewinnen ["apgə'vinən] (a, o) v. tr. gagner. | *jm beim Spiel Geld abgewinnen*, gagner de l'argent sur qn. || FIG. *dem Leben die schönsten Seiten abgewinnen*, prendre la vie du bon côté.

ab|gewöhnen ["apgə'vø:nən] v. tr. déshabituer. | *jm das Trinken abgewöhnen*, déshabituer qn de boire. | *sich etwas abgewöhnen*, se défaire d'une habitude.

ab|gießen ["ap'gi:sən] (o, o) v. tr. verser ; couler. | *die Kartoffeln abgießen*, égoutter les pommes de terre. || TECHN. couler. | *eine Statue in Bronze abgießen*, couler une statue en bronze.

Ab|glanz ['apglants] m. (es) reflet m. || FIG. *Abglanz seines Ruhmes*, reflet de sa gloire.

ab|gleiten ["ap'glaitən] (i, i) v. intr. glisser ; tomber en glissant. || FIG. déchoir. | *sozial abgleiten*, tomber bien bas ; déchoir de son rang social.

Ab|götterei ['apgøtə"rai] f. idolâtrie f. | *Abgötterei betreiben*, adorer les faux dieux.

ab|göttisch ["ap'gøtiʃ] adj. idolâtre. | *jn abgöttisch lieben*, idolâtrer qn.

ab|graben ["ap'grɑ:bən] (ä, u, a) v. tr. creuser ; abaisser ; détourner ; aplanir. | *ein Moor abgraben*, dessécher un marais. || FIG. *jm das Wasser abgraben*, couper l'herbe sous le pied à qn.

ab|grasen ["ap'grɑ:zən] v. tr. brouter l'herbe. || [systematisch suchen] chercher partout.

ab|greifen ["ap'graifən] (i, i) v. tr. user à force de manier. | *ein abgegriffenes Geldstück*, une pièce de monnaie très usée.

ab|grenzen ["ap'grɛntsən] v. tr. délimiter ; démarquer ; borner.

Ab|grenzung [-tsuŋ] f. (-, en) démarcation f. ; délimitation f.

Ab|grund ['apgrunt] m. (es, ¨e) gouffre m. ; précipice m. | *ein jäher Abgrund*, un précipice vertigineux. || FIG. *der Diktator brachte das Land an den Rand des Abgrunds*, le dictateur amena le pays au bord de la ruine.

ab|gründig ["ap'gryndiç] adj. insondable ; indéchiffrable.

abgrund|tief ["apgrunt'ti:f] adj. profond comme l'abîme ; abyssal.

ab|gucken ["ap'gukən] v. tr. imiter ; copier. | *jm seine Kunst, sein Handwerk abgucken*, imiter un art, un métier en voyant faire qn.

Ab|guß ['apgus] m. (es, ¨e) moulage m. || TYPOGR. cliché m.

ab|haben ["ab'habən] v. tr. FAM. *etwas abhaben wollen*, vouloir sa part du gâteau.

ab|hacken ["ap'hakən] v. tr. couper à la hache ; découper. || FIG. *abgehackt sprechen*, parler d'une façon saccadée.

ab|haken ["ap'hɑ:kən] v. tr. décrocher ; dégrafer. | *ein Bild abhaken*, décrocher un tableau. || FIG. *einen Namen auf einer Liste abhaken*, cocher un nom sur une liste.

ab|halftern ["ap'halftərn] v. tr. ôter le licou.

ab|halten ["ap'haltən] (ä, ie, a) v. tr. **1.** éloigner ; empêcher ; débaucher. | *jn von der Arbeit abhalten*, détourner qn de son travail. || FIG. empêcher. | *jn von einer Unbesonnenheit abhalten*, empêcher qn de commettre une imprudence.
2. [veranstalten] organiser ; tenir. | *eine Sitzung abhalten*, tenir une séance. || RELIG. *einen Gottesdienst abhalten*, célébrer un office.

Ab|haltung [-tuŋ] f. (-, en). 1° empêchement m. ; 2° célébration f.

ab|handeln ["ap'handəln] v. tr. COMM. marchander. || FIG. traiter. | *ein Thema abhandeln*, traiter un sujet.

abhanden|kommen [ap"handən'kɔmən] v. intr. se perdre. | *der Schlüssel ist mir abhandengekommen*, j'ai perdu la clef.

Ab|handlung ["ap'handluŋ] f. (-, en) traité m. | *Abhandlung über Philosophie*, traité de philosophie.

Ab|hang ['aphaŋ] m. (s, ¨e). GÉOL. pente f. | *ein steiler Abhang*, un escarpement.

ab|hängen ["ap'hɛŋən] v. tr. détacher ; décrocher ; dépendre ; découpler. | *ein Bild abhängen*, décrocher un tableau. || SPORT. *A. hing B. ab*, A. se détacha de B. || ADM., FIG. *jn abhängen*, déplacer qn. || TECHN. découpler.
◇ v. intr. (i, a) *von jm abhängen*, dépendre de qn ; être sous la coupe de qn. | *das hängt davon ab*, cela dépend (de).

ab|hängig ["ap'hɛŋiç] adj. *abhängig von*, dépendant de ; assujetti à. | *wir sind von ihm abhängig*, nous dépendons de lui.

Ab|hängigkeit [-kait] f. dépendance f.

ab|härten ["ap'hɛrtən] v. tr. endurcir. | *Wind und Wetter härten den Hirten ab*, les intempéries endurcissent le pâtre.
◇ v. pr. **sich abhärten,** s'endurcir.

Ab|härtung [-tuŋ] f. endurcissement m.

ab|haspeln ["ap'haspəln] v. tr. dévider ; dérouler.

ab|hauen ["ap'hauən] (hieb, gehauen) v. tr. couper ; trancher ; abattre.
◇ v. intr. (prétérit : haute). POP. filer ; décamper ; décaniller ; se tailler.

ab|heben ["ap'he:bən] (o, o) v. tr. enlever ; découper ; décoller ; démouler ; décrocher ; lever. | *den Deckel abheben*, soulever le couvercle. || CULIN. *den Rahm, die Sahne abheben*, écrémer ; FIG. faire son beurre. || COMM. retirer ; prélever. | *Geld von der Bank abheben*, retirer de l'argent de la banque. || [Kartenspiel] couper. | *Karten abheben*, couper les cartes. || TEXT. *die Masche abheben*, sauter une maille.
◇ v. intr. AÉRON. décoller.
◇ v. pr. **sich abheben,** FIG. se détacher ; se

distinguer. | *die Berge heben sich am Horizont ab*, les montagnes se détachent, se découpent sur l'horizon.

Ab|hebung [-buŋ] f. (-, en), **Ab|heben** [-bən] n. (s) enlèvement m. ; retrait m. ; prélèvement m. || FIG. moulage m. ; coupe f.

ab|heften ["ap'hɛftən] v. tr. ADM. classer ; ranger dans un classeur.

ab|helfen ["ap'hɛlfən] (i, a, o) v. intr. aider à ; remédier à. || FIG. *einem Übel abhelfen*, remédier à un mal, à un inconvénient. | *der Sache kann abgeholfen werden*, on peut y remédier.

ab|hetzen ["ap'hɛtsən] v. tr. réduire aux abois. ◇ v. pr. **sich abhetzen,** s'éreinter.

Ab|hilfe ["ap'hilfə] f. remède m. ; secours m. | *Abhilfe schaffen*, porter remède à qch.

ab|hobeln ["ap'ho:bəln] v. tr. TECHN. raboter ; dégrossir ; dégauchir.

ab|holen ["ap'ho:lən] v. tr. aller chercher. | *ein Paket am Zoll abholen*, aller prendre un colis à la douane ; dédouaner un colis. | *jn am Bahnhof abholen*, aller attendre qn à la gare. || [verhaften] arrêter ; emmener.

ab|holzen ["ap'hɔltsən] v. tr. déboiser.

Ab|holzung [-tsuŋ] f. (-, en) déboisement m.

ab|horchen ["ap'hɔrçən] v. tr. MÉD. ausculter.

Abhör|dienst ["aphø:r'di:nst] m. (es, e). MIL. service (m.) d'écoute. ||°**-gerät** n. (s, e) table (f.) d'écoute.

ab|hören ["ap'hø:rən] v. tr. interroger ; écouter. | *die Schulaufgaben abhören*, interroger sur les leçons et les devoirs. || [Polizei] *jn abhören*, mettre qn sur table d'écoute. | *ein Gespräch abhören*, écouter une conversation. || RADIO. *Rundfunk abhören*, écouter la radio.

ab|irren ["ap'irən] v. intr. errer ; s'égarer ; dévier ; se fourvoyer. | *vom Wege abirren*, perdre la direction ; se fourvoyer. || FIG. être dans l'erreur.

Abitur [abi'tu:r] n. (s, e) [Deutschland] baccalauréat m.

— SYN. : *Reifeprüfung.*

Abitur|zeugnis [abi"tu:r'tsɔyknis] n. (ses, se) diplôme (m.) du baccalauréat.

Abiturient(in) [-turi'ɛnt, (in)] m. (en, en), f. (-, nen) bachelier m. ; bachelière f.

ab|jagen ["ap'ja:gən] v. tr. SPORT. [jagen, hetzen] fatiguer à la course. || [Jagd] ein Jagdrevier abjagen, battre un terrain de chasse. || FIG. [nehmen] prendre ; faire lâcher.

Abk. (abrév. de **Abkürzung**) f. abréviation f.

ab|kämmen ["ap'kɛmən] v. tr. peigner. || FIG. *den Wald abkämmen*, passer la forêt au peigne fin.

ab|kämpfen ["ap'kɛmpfən] v. tr. arracher par la lutte.

◇ (employé surtout au part. pass.) **abgekämpft,** éreinté ; à bout de forces.

◇ v. pr. **sich abkämpfen,** s'exténuer au combat.

ab|kanzeln ["ap'kantsəln] v. tr. FAM. attraper ; sermonner ; chapitrer.

ab|kapseln (sich) [ziç"ap'kapsəln] v. pr. s'enfermer ; s'isoler. || BOT. *der Samen kapselt sich ab*, la graine s'enferme dans une capsule. || MÉD. s'enkyster. || FIG. s'isoler. | *er kapselt sich ab*, il se retranche du monde.

Ab|kapselung ["ap'kapsəluŋ] f. (-, en) isolement m.

ab|kaufen ["ap'kaufən] v. tr. COMM. acheter ; racheter.

Ab|kehr ['apke:r] f. éloignement m. ; aversion f. ; horreur f. || FIG. *Abkehr vom Bösen*, aversion pour le mal.

ab|kehren ["ap'ke:rən] v. tr. balayer ; nettoyer. | *den Tisch abkehren*, nettoyer la table. || PAR EXT. détourner. | *den Blick abkehren*, détourner les yeux. ◇ v. pr. **sich abkehren,** FIG. se détourner de ; prendre qch. en aversion.

ab|klären ["ap'klɛ:rən] v. tr. clarifier ; décanter. || CHIM. *Wein abklären*, décanter du vin.

Ab|klatsch ['apklatʃ] m. (es, e) copie f. ; imitation f. ; épreuve f. ; cliché m. | *schwacher Abklatsch*, copie sans valeur.

ab|klatschen ["ap'klatʃən] v. tr. clicher ; décalquer.

Abkling|becken ["ap'kliŋbɛkən] n. (s, -). NUCL. piscine (f.) de désactivation.

ab|klingen ["ap'kliŋən] (a, u) v. intr. s'évanouir ; disparaître. || MUS. *der Gesang klingt ab*, le chant s'évanouit, meurt. || FIG. [abnehmen] *die Erregung klingt ab*, l'émotion diminue, faiblit. || [verschwinden] *die Krise klingt ab*, la crise s'estompe.

ab|klopfen ["ap'klɔpfən] v. tr. détacher ; battre ; faire tomber en frappant. | *den Staub abklopfen*, épousseter. || PAR ANAL. *eine Mauer abklopfen*, sonder un mur. || MÉD. *den Rücken abklopfen*, percuter le dos. || MUS. interrompre. | *der Kapellmeister klopft ab*, le chef d'orchestre (fait) arrête(r) les musiciens.

ab|knabbern ["ap'knabərn] v. tr. grignoter. | *die Knochen abknabbern*, ronger les os. | *etwas vom Brot abknabbern*, grignoter du pain.

ab|knallen ["ap'knalən] v. tr. massacrer ; FAM. descendre. | *die Hasen werden abgeknallt*, on fait un carnage de lièvres.

ab|knapsen ["ap'knapsən] v. tr. rogner. | *er hat es sich mühsam abgeknapst*, il l'a acquis à force de privations.

ab|knipsen ["ap'knipsən] v. tr. couper ; faire sauter. || FIG., FAM. prendre en photo.

ab|knöpfbar ["ap'knøpfba:r] adj. détachable. | *abknöpfbarer Kragen*, faux col.

ab|knöpfen ["ap'knøpfən] v. tr. déboutonner. || FIG., POP. soustraire (de l'argent) ; taper qn.

ab|kochen ["ap'kɔxən] v. tr. faire cuire ; faire bouillir. || CHIM. faire une décoction.

ab|kommandieren ["apkɔman'di:rən] v. tr. MIL. détacher.

Ab|komme ["ap'kɔmə] m. (n, n) descendant m.

— SYN. : *Abkömmling, Nachkomme*, descendant.

ab|kommen ["ap'kɔmən] (a, o) v. intr. s'écarter ; s'éloigner ; se fourvoyer. | *vom Wege abkommen*, dévier de son chemin. || FIG. changer. | *er ist von seiner früheren Ansicht abgekommen*, il a changé d'avis. | *von einer Mode abkommen*, abandonner une mode. || MIL. pointer ; viser.

Ab|kommen ["ap'kɔmən] n. (s, -). **1.** descendance f.

2. entente f. ; arrangement m. ; accord m. | *ein Abkommen treffen*, conclure un traité, une convention. | *zu einem Abkommen gelangen*, tomber d'accord. || POLIT. accord m. ; pacte m. | *Münchner Abkommen*, les accords de Munich. || JUR. arrangement m. | *ein gütliches Abkommen*, un arrangement (à l')amiable.

ab|kömmlich ["ap'kømliç] adj. disponible ; libre.

Ab|kömmlichkeit [-liçkait] f. disponibilité f.

Ab|kömmling [-liŋ] m. (s, e) descendant m. ; rejeton m.

ab|koppeln ["ap'kɔpəln], **-kuppeln** [-'kupəln] v. tr. découpler. || AUTOM. décrocher.

ab|kratzen ["ap'kratsən] v. tr. gratter ; racler ; nettoyer ; décrasser ; décrotter. | *Schuhe abkratzen*,

décrotter des chaussures. || ARCHIT. *den Putz abkratzen*, décrépir.
◇ v. intr. POP. passer l'arme à gauche ; clamser.
ab|kriegen ["ap'kri:gən] v. tr. FIG., FAM. recevoir ; obtenir. | *er hat eins abgekriegt*, il a reçu un bon coup. | *sie hat keinen abgekriegt*, elle n'a pas réussi à se marier.
ab|kühlen ["ap'ky:lən] v. tr. rafraîchir ; réfrigérer ; refroidir. | *das Wasser abkühlen*, refroidir l'eau.
◇ v. impers. *es kühlt ab*, le temps se rafraîchit.
◇ v. pr. **sich abkühlen,** se refroidir. | *sein Zorn hat sich abgekühlt*, sa colère s'est calmée.
Ab|kühlung [-luŋ] f. (-, en). [Handlung] rafraîchissement m. ; refroidissement m. || PHYS. réfrigération f. || FIG. désaffection f.
Ab|kunft ['apkunft] f. descendance f. ; origine f. ; extraction f. | *von vornehmer Abkunft*, de noble origine.
ab|kürzen ["ap'kyrtsən] v. tr. raccourcir ; abréger. | *den Weg abkürzen*, raccourcir son chemin. | *eine Diskussion abkürzen*, abréger une discussion.
Ab|kürzung [-tsuŋ] f. (-, en) raccourcissement m. ; abréviation f. ; réduction f. (s. Tafel S. XIV)
ab|küssen ["ap'kysən] v. tr. FAM. bécoter.
◇ v. pr. **sich abküssen,** FAM. se bécoter.
ab|laden ["ap'lɑ:dən] (ä, u, a) v. tr. déposer ; décharger. | *einen Wagen abladen*, décharger une voiture. || PAR EXT. se débarrasser. | *eine Last abladen*, se débarrasser d'un fardeau. | *Schuttabladen verboten !*, défense de déposer des ordures. || FIG. *seinen Kummer bei jm abladen*, confier ses peines à qn.
Ablade|platz ["aplɑ:də'plats] m. (es, ¨e) lieu (m.) de déchargement.
Ab|lage ["ap'lɑ:gə] f. (-, n). [Vorrichtung] dépôt m. ; magasin m. | *Kleiderablage*, vestiaire m. || [Unterlagen] classement m. ; rangement m.
ab|lagern ["ap'lɑ:gərn] v. tr. entreposer. || GÉOL. déposer.
Ab|lagerung [-gəruŋ] f. (-, en) dépôt m. || GÉOL. dépôt m. ; gisement m. ; sédiment m. || CHIM. sédiment m. ; précipité m. ; résidu m. || [Bier, Wein] lie f.
Ab|laß ['aplas] m. (es, ¨e) roulement m. ; décharge f. || COMM. déduction f. ; rabais m. || RELIG. indulgence f. ; pardon m. ; rémission f.
Ablaß|brief ["aplas'bri:f] m. (es, e). RELIG. bulle (f.) d'indulgence. ||°**-ventil** n. (s, e). TECHN. purgeur m.
ab|lassen ["ap'lasən] (ä, ie, a) v. tr. évacuer ; faire, laisser écouler ; laisser échapper ; vider. | *Dampf ablassen*, lâcher la vapeur. || PAR EXT. soutirer. || [nachlassen] réduire. | *von einer Schuld ablassen*, réduire une dette. || FIG. renoncer à. | *von einem Plan ablassen*, renoncer à un projet.
Ab|lativ [abla'ti:f] m. (s, e). GRAMM. ablatif m.
Ab|lauf ['aplauf] m. (s, ¨e). **1.** [Handlung] écoulement m. || [Abfahrt] départ m. | *Ablauf eines Schiffes*, lancement (m.) d'un navire. || FIG. déroulement m. ; révolution f. | *Ablauf der Schlacht*, déroulement de la bataille. || MAR. descente f. | *Ablauf der Flut*, marée descendante.
2. [Zeit] expiration f. | *nach Ablauf von vierzehn Tagen*, passé quinze jours ; au bout de quinze jours. || COMM. terme m. ; échéance f. | *Ablauf eines Wechsels*, échéance d'un effet, d'une traite. || issue f. | *Ablauf eines Geschäfts*, issue, résultat (m.) d'une affaire.
Ablauf|diagramm ["aplaufdia'gram] n. (s, e). INF. organigramme m. ||°**-frist** f. (-, en) délai (m.) [de l'échéance]. ||°**-hahn** m. (es, ¨e) robinet m.
ab|laufen ["ap'laufən] (ä, ie, a) v. tr. ADM. vérifier. | *die Strecke ablaufen*, contrôler un parcours. || FIG. l'emporter sur. | *jm den Rang ablaufen*, l'emporter sur qn.
◇ v. intr. **1.** s'écouler. | *das Wasser läuft ab*, l'eau s'écoule. || PAR ANAL. *der Film läuft ab*, le film se déroule. | *die Uhr läuft ab*, la montre s'arrête.
2. expirer. | *die Frist läuft ab*, le délai expire. || COMM. arriver à échéance.
3. (se) périmer. | *der Paß ist abgelaufen*, le passeport est périmé.
ab|lauschen ["ap'lauʃən] v. tr. épier.
Ab|laut ['aplaut] m. (s, e) apophonie f. ; alternance (f.) vocalique.
ab|leben ["ap'le:bən] v. intr. décéder.
◇ part. pass. et adj. **abgelebt,** usé. | *eine abgelebte Sitte*, une coutume démodée, désuète.
Ab|leben [-bən] n. (s) décès m.
ab|ledern ["ap'le:dərn] v. tr. nettoyer avec une peau de chamois.
ab|legen ["ap'le:gən] v. tr. déposer ; ôter ; enlever. | *Briefe ablegen*, classer des lettres. | *den Mantel ablegen*, se défaire, se débarrasser de, enlever son manteau. || PAR ANAL. [Karten] écarter. | *eine Karte ablegen*, écarter une carte. || se défaire de ; mettre au rebut. | *die Kutte ablegen*, se défroquer ; jeter le froc aux orties. | *einen alten Fehler ablegen*, se corriger d'un vieux défaut. | *die Gewohnheit ablegen*, abandonner une habitude. | *alle Scham ablegen*, dépouiller toute honte. || JUR. *Rechenschaft ablegen*, rendre compte. | *Zeugnis ablegen*, déposer ; témoigner ; rendre témoignage. | *einen Eid ablegen*, prêter serment. || PAR EXT. *ein Versprechen ablegen*, promettre. | *eine Prüfung ablegen*, passer un examen.
◇ v. intr. MAR. dériver. || CHIM. déposer.
Ab|legen [-gən] n. (s) [action de] déposer ; dépôt m. || TECHN. dépose f.
Ab|leger [-gər] m. (s, -). AGRIC. provin m. ; bouture f. ; marcotte f. || FIG. branche f. ; descendant m.
ab|lehnen ["ap'le:nən] v. tr. refuser ; décliner ; rejeter. || JUR. *den Zeugen ablehnen*, récuser le témoin. || PAR ANAL. *sich ablehnend verhalten*, désapprouver.
— SYN. : *abweisen, ausschlagen*, écarter.
Ab|lehnung [-nuŋ] f. (-, en) refus m. || JUR. récusation f.
ab|leiern ["ap'laiərn] v. tr. FIG. psalmodier ; débiter. | *abgeleiertes Lied*, FAM. rengaine f.
ab|leisten ["ap'laistən] v. tr. accomplir un devoir.
ab|leiten ["ap'laitən] v. tr. détourner ; écarter ; dériver. | *einen Bach ableiten*, dériver un ruisseau. | *den Blitz ableiten*, détourner la foudre par un paratonnerre. || GRAMM. tirer son origine de. | *von einem Wort ableiten*, dériver d'un mot.
Ab|leiter [-tər] m. (s, -). TECHN. déflecteur m.
Ab|leitung [-tuŋ] f. (-, en) déversement m. ; déviation f. ; dérivation f. || [Umwelt] *radioaktive Ableitungen*, effluents radioactifs. || MATH. dérivée f. || PHILOS. déduction f.
Ableitungs|kanal ["aplaituŋska'nɑ:l] m. (s, ¨e) canal (m.) de dérivation. ||°**-rohr** n. (s, e). ARCHIT. tuyau (m.) de descente. || [Brennerei] dégorgeoir m.
ab|lenkbar ["ap'lɛŋkbɑ:r] adj. mobile. || FIG. facile à distraire.
ab|lenken [-kən] v. tr. détourner ; distraire | *von der Fährte ablenken*, faire perdre la trace. || PHYS. *Strahlen ablenken*, diffracter des rayons. || FIG. détourner. | *den Verdacht von sich ablenken*, écarter le soupçon.
Ab|lenkung [-kuŋ] f. (-, en) déviation f. || PHYS. diffraction f. || GRAMM. déflexion f. || FIG. *sich Ablenkung schaffen,* se distraire.

Ablenkungs|manöver ["aplɛŋkuŋsma'nøvər] n. (s, -). MIL. diversion f. ||°**-winkel** m. (s, -). PHYS. angle (m.) de déflexion.

Ablese|fehler ["aple:zə'fe:lər] m. (s, -) erreur (f.) de lecture. ||°**-gerät** n. (s, e) lecteur m.

ab|lesen ["ap'le:zən] (ie, a, e) v. tr. cueillir. | *Beeren ablesen*, cueillir des baies. || PAR ANAL. ramasser. || FIG. lire ; faire une lecture. | *den Zähler ablesen*, relever le compteur. | *einen Wunsch an js Augen ablesen*, lire un désir dans les yeux de qn.

ab|leuchten ["ap'lɔyçtən] v. tr. contrôler avec la lumière ; éclairer. | *den Himmel ableuchten*, balayer le ciel.

ab|leugnen ["ap'lɔygnən] v. tr. désavouer ; nier ; dénier.

ab|lichten [ap'liçtən] v. tr. photocopier. | *Ablichtung*, photocopie f.

ab|liefern ["ap'li:fərn] v. tr. livrer ; fournir.

Ab|lieferung [-ruŋ] f. (-, en) livraison f. ; remise f. | *Ablieferungstermin*, délai (m.) de livraison.

ab|liegen ["ap'li:gən] (a, e) v. intr. être éloigné. | *das Dorf liegt weit ab*, le village est très isolé, à l'écart.

ab|löschen ["ap'løʃən] v. tr. éteindre. || FIG. sécher. || CULIN. déglacer.

ab|lösen ["ap'lø:zən] v. tr. **1.** délier ; détacher. | *Briefmarken ablösen*, détacher des timbres. | *das Zahnfleisch ablösen*, déchausser les dents.
2. [Folge] remplacer. | *jn in der Arbeit ablösen*, relayer qn. | *ein Jahr löst das andere ab*, une année succède à l'autre. || MIL. relever. | *einen Posten ablösen*, relever une sentinelle. | *eine Truppe ablösen*, relayer une troupe.
3. JUR. purger. | *eine Hypotheke ablösen*, purger une hypothèque. | *eine Schuld ablösen*, racheter une dette. | *eine Rente ablösen*, amortir une rente.

Ab|lösung [-zuŋ] f. (-, en) séparation f. || [Arbeit] remplacement m. ; relais m. ; relève f. || JUR. purge f. ; rachat m. || FIN. amortissement m. ; remboursement m.

ab|luchsen ["ap'luksən] v. tr. POP. soutirer ; escamoter.

Ab|luft ['apluft] f. NUCL. air (m.) de rejet. || TECHN. air (m.) d'évacuation ; air vicié.

ab|machen ["ap'maxən] v. tr. **1.** défaire ; ôter. | *das Firmenschild über der Tür abmachen*, enlever l'enseigne au-dessus de la porte.
2. FIG. arranger ; régler ; terminer. | *eine Sache gütlich abmachen*, régler une affaire à l'amiable. || convenir. | *abgemacht !*, d'accord ! | *einen Streit abmachen*, arranger une contestation.

Ab|machung [-xuŋ] f. (-, en) convention f. ; pacte m. ; arrangement m.

ab|magern ["ap'mɑ:gərn] v. intr. maigrir.

Ab|magerung [-gəruŋ] f. amaigrissement m.

ab|mähen ["ap'mɛ:ən] v. tr. couper. | *das Gras abmähen*, couper l'herbe.

ab|malen ["ap'mɑ:lən] v. tr. copier (un tableau). || dépeindre ; peindre.

Ab|marsch ['apmarʃ] m. (es, ¨e) départ m.

ab|marschieren ["apmar'ʃi:rən] v. intr. partir ; se mettre en route.

ab|melden ["ap'mɛldən] v. tr. déclarer le départ. | *sich bei der Polizei abmelden*, déclarer son départ à la police. || FIG., FAM. *bei mir ist er abgemeldet*, pour ma part, c'est comme s'il n'existait pas.

ab|messen ["ap'mɛsən] (i, a, e) v. tr. [Maße] mesurer ; métrer. | *eine Entfernung abmessen*, mesurer une distance. || [Gewicht] doser ; peser. || FIG. mesurer. | *seine Worte abmessen*, mesurer ses dires.

Ab|messung [-suŋ] f. (-, en) métrage m. ; dosage m. ; poids m. || FIG. pondération f.

ab|montieren ["apmɔn'ti:rən] v. tr. démonter.

ab|mühen (sich) [ziç"ap'my:ən] v. pr. se fatiguer ; se donner du mal. || FIG. se démener.

ab|murksen ["ap'murksən] v. tr. FAM. abattre ; tuer ; estourbir ; zigouiller.

ab|mustern ["ap'mustərn] v. tr. MAR. licencier.

Ab|musterung [-təruŋ] f. (-, en). MAR. licenciement m.

ab|nabeln ["ap'nɑ:bəln] v. tr. MÉD. couper le cordon ombilical.

ab|nagen ["ap'nɑ:gən] v. tr. ronger.

ab|nähen ["ap'nɛ:ən] v. tr. piquer (une couture).

Ab|näher ["ap'nɛ:ər] m. (s, -). [Kleidung] pince f.

Ab|nahme ["ap'nɑ:mə] f. (-, n). **1.** [Handlung] enlèvement m. || RELIG. *Abnahme Christi vom Kreuz*, descente (f.) de croix. || MÉD. *Abnahme eines Beines*, amputation (f.) d'une jambe. || JUR. levée f. | *Abnahme der Siegel*, levée des scellés.
2. diminution f. ; déclin m. | *Gewichtabnahme*, perte (f.) de poids ; amaigrissement m. | *Abnahme der Kräfte*, déclin des forces ; dépérissement m.
3. COMM. réception f. | *Abnahme der Ware*, réception des marchandises ; débit m.

Abnahme|prüfung ["apnɑ:mə'pry:fuŋ] f. (-, en). TECHN. contrôle d'acceptation. ||°**-schein** m. (s, e) reçu m. ; récépissé m.

ab|nehmen ["ap'ne:mən] (i, a, o) v. tr. **1.** enlever ; ôter. | *ein Bild abnehmen*, décrocher un tableau. | *den Deckel abnehmen*, découvrir (le pot, la marmite). | *den Hörer abnehmen*, décrocher le combiné. || démonter. | *den Sattel abnehmen*, débâter. || MÉD. enlever. | *einen Arm abnehmen*, amputer un bras. | *den Verband abnehmen*, débander, enlever le pansement. || TECHN. déposer.
2. recevoir. | *Eid abnehmen*, recevoir le serment. | *eine Truppenparade abnehmen*, passer les troupes en revue. | *Ware abnehmen*, réceptionner de la marchandise. ◇ v. intr. décroître ; diminuer. | *in einem Monat hat sie sechs Pfund abgenommen*, en un mois elle a maigri de six livres. | *das Wasser nimmt ab*, les eaux sont en décrue. || ASTRON. décliner. | *die Tage nehmen ab*, les jours commencent à décroître. | *Abnehmen des Mondes*, déclin (m.) de la Lune. || MÉD. désenfler.

Ab|nehmer(in) [-mər(in)] m. (s, -), f. (-, nen) preneur ; acheteur ; client ; réceptionnaire.

Abnehmer|land ["apne:mər'lant] n. (es, ¨er) pays acheteur ; débouché m.

Ab|neigung ["ap'naiguŋ] f. antipathie f. ; répugnance f. ; dégoût m. ; aversion f. | *Abneigung vor, gegen Alkohol*, aversion pour l'alcool.

ab|norm [ap'nɔrm] adj. anormal.

Ab|normität [apnɔrmi'tɛ:t] f. (-, en) anomalie f.

ab|nötigen ["ap'nø:tigən] v. tr. arracher. | *ein Geständnis abnötigen*, extorquer un aveu.

ab|nutzen ["ap'nutsən] v. tr. user ; détériorer.

Ab|nutzung [-tsuŋ] f. usure f. ; détérioration f.

Abnutzungs|anzeiger ["ap'nutsuŋsantsaigər] m. (s, -). [Reifen] indicateur (m.) d'usure.

Abonnement [abɔnə'mɑ̃] n. (s, s) abonnement m.

Abonnement|fernsehen [abɔnə"mɑ̃'fɛrnze:ən] n. (s) télévision (f.) à péage.

Abonnent(in) [-'nɛnt(in)] m. (en, en), f. (-, nen) abonné(e) m. (f.).

abonnieren [-'ni:rən] v. tr., intr. et pr. abonner ; s'abonner. | *eine Zeitschrift abonnieren*, s'abonner à une revue.

ab|ordnen ["ap'ɔrdnən] v. tr. déléguer ; députer.

Ab|ordnung [-nuŋ] f. (-, en) délégation f. ; députation f.

Ab|ort ['apɔrt] m. (s, e) cabinets m. pl. (d'aisances) ; water-closet (W.-C.) m.

ab|packen ["ap'pakən] v. tr. empaqueter. | *abgepacktes Brot*, pain préemballé.

ab|passen ["ap'pasən] v. tr. attendre ; guetter. | *eine günstige Gelegenheit abpassen*, guetter une occasion favorable.

ab|pfeifen ["ap'pfaifən] (i, i) v. tr. SPORT. siffler la fin du match. || TRANSP. *den Zug abpfeifen*, donner le signal de départ du train.

ab|pflücken ["ap'pflykən] v. tr. cueillir.

ab|plagen (sich) [ziç"ap'plɑ:gən] v. pr. se fatiguer ; s'éreinter.

ab|platten ["ap'platən] v. tr. aplatir.

Ab|prall ['appral] m. (es, e) rebondissement m. ; rejaillissement m. ; ricochet m.

ab|prallen ["ap'pralən] v. intr. rebondir ; rejaillir ; ricocher. || FIG. *alles prallt an ihr ab*, rien ne la touche.

ab|pressen ["ap'prɛsən] v. tr. extorquer.

ab|putzen ["ap'putsən] v. tr. nettoyer. | *die Füße abputzen*, se décrotter les pieds. | *ein Kind abputzen*, essuyer un enfant. || ARCHIT. *ein Gebäude abputzen*, ravaler un bâtiment. || FIG., FAM. *jn abputzen*, réprimander qn.

◇ v. pr. **sich abputzen,** VULG. se torcher.

ab|quälen ["ap'kvɛ:lən] v. tr. torturer.

◇ v. pr. **sich abquälen,** se tourmenter.

ab|rackern (sich) [ziç"ap'rakərn] v. pr. POP. s'éreinter.

ab|rahmen ["ap'rɑ:mən] v. tr. écrémer. | *die Milch abrahmen*, écrémer le lait.

Abrakadabra [abraka'dɑ:bra] n. (s) mots (m. pl.) sans suite, inintelligibles, abracadabrants.

Abrasion [abra'zio:n] f. (-). TECHN. abrasion f.

Abrasions|fähigkeit [abra"zions'fɛiçkait] f. TECHN. résistance (f.) à l'abrasion.

ab|raten ["ap'rɑ:tən] (ä, ie, a) v. tr. déconseiller ; dissuader.

Ab|raum ['apraum] m. (s, ¨e) décombres m. pl. ; débris m. (pl.) ; déblai m. ; gravats m. pl.

ab|räumen ["ap'rɔymən] v. tr. déblayer ; débarrasser. | *den Tisch abräumen*, débarrasser la table ; desservir.

ab|rauschen ["ap'rauʃən] v. intr. FAM. prendre ses cliques et ses claques.

ab|rechnen ["ap'rɛçnən] v. tr. [abziehen] décompter ; déduire ; défalquer. | *die Kosten abrechnen*, défalquer les frais. || [ausgleichen] balancer ; régler. | *ein Konto abrechnen*, régler, liquider un compte.

◇ v. intr. faire les comptes.

Ab|rechnung [-nuŋ] f. (-, en) décompte m. ; déduction f. ; liquidation f. | *gegenseitige Abrechnung*, compensation f. | *nach, unter Abrechnung von*, déduction faite de ; sous déduction de. | *nach Abrechnung aller Unkosten*, tous frais déduits. || FIG. vengeance f. ; règlement (m.) de comptes.

Abrechnungs|bank ["aprɛçnuŋs'baŋk] f. (-, en) banque (f.) de compensation, de clearing. ||°**-stelle** f. (-, n) office (m.) de compensation.

Ab|rede ["ap're:də] f. (-, n). **1.** convention f. ; entente f. ; accord m. | *sie trafen die Abrede*, ils tombèrent d'accord.

2. contestation f. | *etwas in Abrede stellen*, contester qch.

ab|reden [-dən] v. tr. désavouer ; dédire ; dénier. | *er redet das ab*, il dénie cela. || dissuader ; déconseiller. | *sie redete mir davon ab*, elle m'en dissuada.

◇ v. pr. **sich abreden,** FIG. s'épuiser en parlant.

ab|reiben ["ap'raibən] (ie, ie) v. tr. frotter ; frictionner. | *ein Pferd abreiben*, bouchonner un cheval. || user. | *mit Bimsstein abreiben*, poncer. || broyer. | *Farben abreiben*, broyer des couleurs. || ôter avec une râpe. | *die Zitronenschale abreiben*, enlever le zeste d'un citron avec une râpe.

Ab|reibung [-buŋ] f. (-, en) frottement m. ; friction f. ; broyage m. (des couleurs). || FIG., POP. [Schläge] dégelée f. || FIG., FAM. [Schelte] savon m.

Ab|reise ["ap'raizə] f. (-, n) départ m. | *Abreise nach Italien*, départ pour l'Italie.

ab|reisen [-zən] v. intr. partir. | *abreisen nach*, partir pour.

Abreiß|block ["aprais'blɔk] m. (s, ¨e) bloc-notes m. ||°**-kalender** m. (s, -) éphéméride f.

ab|reißen ["ap'raisən] (i, i) v. tr. démolir ; détruire. | *ein Haus abreißen*, démolir une maison. | *eine Festung abreißen*, démanteler les fortifications. || arracher. | *ein Blatt abreißen*, arracher, détacher une feuille (d'un bloc). | *jm die Maske abreißen*, démasquer qn. | *dem Baum die Krone abreißen*, découronner l'arbre. || COMM. interrompre. || TECHN. déposer.

◇ v. intr. FIG. se rompre. || MUS. *die Musik reißt ab*, la musique s'arrête brusquement. | *ein Gespräch reißt ab*, une conversation s'interrompt tout à coup.

ab|reiten ["ap'raitən] (i, i) v. tr. fatiguer. | *ein Pferd abreiten*, forcer un cheval. || MIL. *die Front abreiten*, passer une revue à cheval.

◇ v. intr. partir à cheval.

ab|richten ["ap'riçtən] v. tr. dresser (des animaux). | *einen Hund abrichten*, dresser un chien. || TECHN. aplanir. || FIG. endoctriner ; influencer.

Ab|richter [-tər] m. (s, -) dresseur m.

Ab|richtung ["ap'riçtuŋ] f. dressage m. (d'animaux).

ab|riegeln ["ap'ri:gəln] v. tr. verrouiller. | *eine Tür abriegeln*, verrouiller une porte. | *eine Straße abriegeln*, barrer, barricader une rue.

Ab|riegelung [-geluŋ] f. (-, en). MIL. barrage m. || ÉLECTR. découplage m.

ab|ringen ["ap'riŋən] (a, u) v. tr. arracher par la lutte.

Ab|riß ['apris] m. (es, e) [Abreißen] démolition f. || [Übersicht] résumé m. ; abrégé m.

ab|rollen ["ap'rɔlən] v. tr. dérouler ; dévider. | *Papier abrollen*, dérouler du papier. || TRANSP. camionner. | *Güter abrollen*, camionner des marchandises.

◇ v. intr. se dérouler. | *die Zeit rollt ab*, le temps passe.

ab|rücken ["ap'rykən] v. tr. éloigner ; écarter. | *den Tisch vom Fenster abrücken*, écarter, éloigner la table de la fenêtre.

◇ v. intr. partir. || MIL. *die Truppe rückt ab*, la troupe part. || se détacher. | *von jm abrücken*, s'écarter de qn. || POP. filer ; se débiner.

Ab|ruf ['apru:f] m. (s, e) rappel m. ; révocation f. | *Abruf eines Ministers*, rappel d'un ministre. || FIN. (à) disposition f. | *Kauf auf Abruf*, achat (m.) à disposition. || INF. appel m.

ab|rufen ["ap'ru:fən] (ie, u) v. tr. appeler ; rappeler. || TRANSP. annoncer. | *den Zug abrufen*, annoncer l'arrivée (ou le départ) du train. || COMM. faire venir. || FIN. prélever. | *Geld abrufen*, retirer de l'argent. || INF. appeler. | *Daten abrufen*, appeler des données.

ab|runden ["ap'rundən] v. tr. arrondir. || PAR ANAL. *einen Betrag abrunden*, arrondir une somme. || FIG. [glätten] polir.

Ab|rundung [-duŋ] f. [Handlung] (action d') arrondir.

abrupt [ap'rupt] adj. subit ; brusque ; soudain. ◇ adv. *abrupt abbrechen*, couper brusquement.

ab|rüsten ["ap'rystən] v. tr. MIL. désarmer. | *ein Land abrüsten*, désarmer une nation. || MAR. démonter. | *ein Schiff abrüsten*, déséquiper un navire.

Ab|rüstung [-tuŋ] f. (-, en) désarmement m. || TECHN. démontage m.

Ab|rutschen ["ap'rutʃən] n. (s). AÉRON. *(seitliches) Abrutschen*, glissade f.

ab|sacken ["ap'zakən] v. intr. tomber. || AÉRON. descendre. | *das Flugzeug sackt ab*, l'avion perd subitement de la hauteur. || GÉOL. *der Boden sackt ab*, le sol s'affaisse. || MAR. *das Schiff sackt ab*, le bateau coule.

Ab|sage ["ap'zɑ:gə] f. (-, n) refus m. ; contrordre m. | *Absage einer Einladung*, refus d'une invitation. | *eine Absage erteilen*, refuser. ||°**-brief** m. (s, e) lettre (f.) d'excuses.

ab|sagen [-gən] v. tr. refuser. | *eine Einladung absagen*, refuser une invitation. || décommander. ◇ v. intr. FIG. renoncer à. | *dem Laster absagen*, renoncer au vice ; s'amender.

ab|sägen ["ap'zɛ:gən] v. tr. scier. || FIG., POP. débarquer ; dégommer ; limoger.

ab|sahnen ["ap'zɑ:nən] v. tr. FIG., FAM. se sucrer.

ab|satteln ["ap'zatəln] v. tr. desseller ; débâter.

Ab|satz ['apzats] m. (es, ¨e). **1.** [Schuh] talon m. | *sich die Absätze abtreten*, éculer ses talons.
2. [in einem Text] alinéa m. ; paragraphe m. | *einen Absatz machen*, aller à la ligne.
3. [Treppe, Fassade] palier m. ; enlevure f.
4. [Verkauf] débit m. ; vente f. ; écoulement m. | *guten Absatz finden*, se vendre bien.
5. CHIM. [Niederschlag] dépôt m.

absatz|fähig ["apzats'fɛ:iç] adj. COMM. de bon débit ; vendable ; commercialisable. || °**-gebiet** n. (es, e). COMM. débouché m. ||°**-genossenschaft** f. (-, en) coopérative f. ||°**-gestein** n. (s, e) roche (f.) sédimentaire. ||°**-krise** f. (-, n). COMM. mévente f. ||°**-markt** m. (es, ¨e). COMM. débouché m. | *einen Absatzmarkt erschließen*, conquérir un marché. | *Absatzmärkte erweitern*, multiplier les débouchés. ||°**-möglichkeit** f. (-, en) possibilité (f.) de créer des débouchés. ||°**-strategie** f. (-, n) stratégie (f.) de vente.

ab|saufen ["ap'zaufən] v. intr. POP. se noyer. || AUTOM. *den Motor absaufen lassen*, noyer le moteur.

ab|saugen ["ap'zaugən] v. tr. aspirer.

Absaug|gerät ["apzaukgə'rɛ:t] n. (s, e) aspirateur m.

abschaben ["ap'ʃɑ:bən] v. tr. racler ; gratter. | *abgeschabte Hose*, pantalon râpé.

ab|schaffen ["ap'ʃafən] v. tr. (u, a) abolir ; supprimer. || JUR. abroger (une loi).

Ab|schaffung [-fuŋ] f. (-, en) abrogation f. ; suppression f. || JUR. abolition f. | *Abschaffung der Todesstrafe*, abolition de la peine capitale. || *Abschaffung des Wehrdienstes*, suppression du service militaire.
— SYN. : *Aufhebung*, abolition.

ab|schälen ["ap'ʃɛ:lən] v. tr. écorcer ; décortiquer ; peler. | *seine Haut schält sich ab*, il pèle.

ab|schalten ["ap'ʃaltən] v. tr. ÉLECTR. couper. | *den Strom abschalten*, couper le courant. | *eine Maschine abschalten*, arrêter une machine. | *das Radio abschalten*, éteindre, fermer la radio. || TECHN. débrayer ; désaccoupler.
◇ v. intr. FIG., FAM. ne plus écouter ; décrocher.

Abschalt|reaktivität ["apʃaltreaktivi'tɛ:t] f. NUCL. réactivité résiduelle.

Ab|schaltung [-tuŋ] f. (-, en). ÉLECTR. coupure f. || TECHN. débrayage m.

ab|schatten ["ap'ʃatən] v. tr. estomper ; nuancer les couleurs ; dégrader.

ab|schätzen ["ap'ʃɛtsən] v. tr. taxer ; évaluer ; estimer.

ab|schätzig ["ap'ʃɛtsiç] adj. méprisant. | *abschätzig sprechen*, médire de qn.

Ab|schätzung ["ap'ʃɛtsuŋ] f. (-, en) estimation f. ; taxation f. ; évaluation f. | *eine Abschätzung vornehmen*, procéder à une évaluation.

Ab|schaum ['apʃaum] m. (s). PÉJOR. lie f. (de la société).

ab|schäumen ["ap'ʃɔymən] v. tr. CULIN. écumer.

ab|scheiden ["ap'ʃaidən] (ie, ie) v. tr. séparer.

Ab|scheidung [-duŋ] f. (-, en). CHIM. dépôt m.

Ab|scheu ['apʃɔy] m. (es) dégoût m. ; aversion f. ; répugnance f. | *Abscheu vor jm, gegen jn haben*, avoir, concevoir du dépit de qn ; avoir qn en horreur.

abscheu|erregend ["apʃɔyɛr're:gənt] adj. dégoûtant.

ab|scheulich [ap'ʃɔyliç] adj. affreux ; repoussant ; abominable ; horrible.

Ab|scheulichkeit [-liçkait] f. (-, en) horreur f. ; atrocité f. ; abomination f.

ab|schicken ["ap'ʃikən] v. tr. V. SCHICKEN.

ab|schieben ["ap'ʃi:bən] (o, o) v. tr. pousser ; repousser. || POLIT. expulser. | *einen Ausländer abschieben*, expulser un étranger. || FIG. écarter. | *eine Schuld von sich abschieben*, se disculper.
◇ v. intr. FIG., FAM. *er schob ab*, il décampa.

Ab|schiebung [-buŋ] f. (-, en) expulsion f. ; relégation f. ; interdiction (f.) de séjour.

Ab|schied ['apʃi:t] m. (s, e) départ m. ; adieux m. pl. ; retraite f. ; congé m. | *von seinen Eltern Abschied nehmen*, faire ses adieux à ses parents. | *seinen Abschied nehmen*, prendre sa retraite.

Abschieds|besuch ["apʃi:tsbə'zu:x] m. (es, e) visite (f.) d'adieux. ||°**-gesuch** n. (s, e) demande (f.) de mise à la retraite. ||°**-trunk** m. (s, ¨e) coup (m.) de l'étrier. ||°**-wort** n. (es, e) [parole (f.) d']adieux m. pl.

ab|schießen ["ap'ʃi:sən] (o, o) v. tr. décharger ; abattre. | *ein Rebhuhn abschießen*, tirer une perdrix. | *einen Pfeil abschießen*, décocher une flèche. | *ein Gewehr abschießen*, décharger un fusil. | *einen Panzer abschießen*, détruire un char. || *ein Flugzeug abschießen*, abattre un avion. || FIG., FAM. *er hat den Vogel abgeschossen*, il a décroché la timbale. | *man hat ihn abgeschossen*, on l'a débarqué.
◇ v. intr. descendre à pic. | *die Felswand schießt jäh ab*, la paroi du rocher descend à pic. || CHIM. perdre sa couleur.

ab|schinden (sich) [ziç"ap'ʃindən] (u, u) v. pr. s'éreinter.

ab|schirmen ["ap'ʃirmən] v. tr. mettre à l'abri ; isoler. | *das Licht abschirmen*, tamiser la lumière. || MIL. protéger. || ÉLECTR. blinder. || NUCL. confiner.

Ab|schirmung [-muŋ] f. (-, en) protection f. ; isolation f. || NUCL. confinement m. ; [Schutz] blindage m.

ab|schlachten ["ap'ʃlaxtən] v. tr. [Schlächterei] égorger ; massacrer.

Ab|schlag ['apʃlɑ:k] m. (s, ¨e) [Wald] abattis m. || COMM. [Waren] baisse f. ; diminution f. ; réduction f. ; déduction f. ; rabais m. | *großer Preisabschlag*, grande baisse. || [Abzahlung] acompte m. | *auf Abschlag kaufen*, acheter à tempérament. || SPORT. *Ballabschlag*, dégagement m.

ab|schlagen ["ap'ʃlɑ:gən] (ä, u, a) v. tr. [niederschlagen] abattre. | *einen Baum abschlagen*, abattre, couper un arbre. | *den Kopf abschlagen*, décapiter. | *ein Gerüst abschlagen*, démonter un échafaud. || COMM. diminuer ; baisser ; réduire. || FIG. repousser. | *eine Bitte abschlagen*, repousser une demande. || MIL. repousser (une attaque).

ab|schlägig [-'ʃlɛ:giç] adj. négatif. | *einen abschlägigen Bescheid geben*, donner une réponse négative, une fin de non-recevoir.

Abschlags|zahlung ["apʃlɑ:ks'tsɑ:luŋ] f. (-, en). COMM. paiement (m.) par acomptes.

ab|schleifen ["ap'ʃlaifən] (i, i) v. tr. affiler ; polir. || FIG. dégrossir ; dégauchir ; POP. décrasser.

ab|schleißen ["ap'ʃlaisən] (i, i) v. tr. user. | *abgeschlissene Kleidung*, vêtements râpés.

Abschlepp|dienst ["apʃlɛp'di:nst] m. (es, e). AUTOM. (service [m.] de) dépannage m. ||°**-seil** n. (s, e) câble (m.) de dépannage. ||°**-wagen** m. (s, -). AUTOM. dépanneuse f.

ab|schleppen ["ap'ʃlɛpən] v. tr. dépanner. ◇ v. pr. **sich abschleppen,** FIG. se fatiguer (en portant une charge).

ab|schließen ["ap'ʃli:sən] (o, o) v. tr. fermer. | *eine Tür abschließen*, fermer une porte. || [enden] arrêter. | *die Bücher abschließen*, arrêter les comptes. | *einen Vertrag abschließen*, conclure un traité. || FIN. contracter. || FIG. clôturer. | *ein Fest abschließen*, clôturer une fête. ◇ v. pr. **sich abschließen,** se retirer.

Ab|schluß ['abʃlus] m. (es, ¨e) conclusion f. (d'un contrat, d'un traité). || COMM. marché m. ; contrat (m.) d'achat. || clôture f. ; bilan m. | *er macht seinen Abschluß*, il fait son bilan.

Abschluß|bilanz ["apʃlusbi'lants] f. (-, en). COMM. bilan (définitif). ||°**-buchung** f. (-, en) arrêté (m.) de compte. ||°**-klasse** f. (-, en) classe terminale. ||°**-kundgebung** f. (-, en) meeting (m.) de clôture. ||°**-prüfer** m. (s, -). ÉCON. commissaire (m.) aux comptes. ||°**-prüfung** f. (-, en). UNIV. examen (m.) de fin d'études. ; ÉCON. examen (m.) des comptes. || °**-rechnung** f. (-, en). COMM. compte définitif. || °**-ring** m. (s, e). TECHN. anneau obturateur.

ab|schmieren ["ap'ʃmi:rən] v. tr. TECHN. graisser. || FIG., POP. copier (sur un camarade à l'école).

ab|schnallen ["ap'ʃnalən] v. tr. déboucler.

ab|schneiden ["ap'ʃnaidən] (i, i) v. tr. couper ; découper ; démembrer. | *den Hals abschneiden*, couper la gorge. || PAR EXT. *den Weg abschneiden*, barrer le chemin. | *die Zufuhr abschneiden*, barrer l'accès. || FIG. couper. | *das Wort abschneiden*, couper la parole. ◇ v. intr. *gut abschneiden*, réussir ; faire bonne figure. | *schlecht abschneiden*, échouer ; faire mauvaise figure.

ab|schnellen ["ap'ʃnɛlən] v. tr. lancer ; lâcher. ◇ v. intr. *der Pfeil schnellt ab*, la flèche part, est décochée.

Ab|schnitt ['apʃnit] m. (es, e) tranche f. ; section f. || ADM. [Kontrolle] souche f. || FIN. [Aktie] coupon m. || FIG., JUR. [Gesetz] paragraphe m. || LITTÉR. [Roman] passage m. ; page f. || MIL. secteur m. || MINES. enlevure f. || MATH. segment m.

ab|schnüren ["ap'ʃny:rən] v. tr. ligaturer. || aligner au cordeau.

ab|schöpfen ["ap'ʃøpfən] v. tr. écumer ; écrémer. || FIG. écrémer.

ab|schrägen ["ap'ʃrɛ:gən] v. tr. TECHN. chanfreiner ; couper en biseau.

Ab|schrägung [-guŋ] f. (-, en) chanfrein m. ; biseau m. ; inclinaison f.

ab|schrauben ["ap'ʃraubən] v. tr. dévisser ; déboulonner.

ab|schrecken ["ap'ʃrɛkən] v. tr. effrayer. | *ein abschreckendes Beispiel*, un exemple à ne pas suivre. | *sich von nichts abschrecken lassen*, avoir de l'aplomb, n'avoir pas froid aux yeux. || MÉTALL. *Metall abschrecken*, tremper du métal. || [Eier] tremper dans l'eau froide.

Ab|schreckung [-kuŋ] f. (-, en) intimidation f. || MÉTALL. trempe f. || MIL. dissuasion f.

Abschreckungs|streitmacht ["apʃrɛkuŋs'ʃtraitmaxt] f. (-, ¨e). MIL. force (f.) de dissuasion.

ab|schreiben ["ap'ʃraibən] (ie, ie) v. tr. copier. || FIG. *fremde Gedanken abschreiben*, plagier les idées d'autrui. || COMM. déduire. | *eine Schuld abschreiben*, éteindre une dette. || ÉCON. amortir. | *eine Maschine abschreiben*, amortir une machine. || FIG., FAM. *jn abschreiben*, cesser de voir qn. || user (à force d'écrire).

Ab|schreibung [-buŋ] f. (-, en) copie f. || COMM. amortissement m. || FIN. *steuerliche Abschreibung*, amortissement anticipé.

ab|schreiten ["ap'ʃraitən] (i, i) v. tr. arpenter. | *eine Strecke abschreiten*, arpenter, mesurer une distance. || MIL. *die Front der Truppen abschreiten*, passer la revue des troupes.

Ab|schrift ['apʃrift] f. (-, en) copie f. | *Abschrift nehmen*, prendre copie. || ADM. *Abschrift beglaubigt*, pour copie conforme.

ab|schuften (sich) [ziç"ap'ʃuftən] v. pr. POP. s'éreinter.

ab|schuppen ["ap'ʃupən] v. tr. écailler. || TECHN. *Metall abschuppen*, dégrossir du métal.

ab|schürfen ["ap'ʃyrfən] v. tr. érafler ; écorcher.

Ab|schürfung [-fuŋ] f. (-, en) éraflure f. ; écorchure f.

Ab|schuß ['apʃus] m. (es, ¨e) [Waffe] décharge f. ; départ (m.) du coup. || AÉRON. lancement m. (d'un satellite). | *Abschußbasis für Raketen*, aire (f.) de lancement de fusées. | *Abschuß eines Flugzeugs*, destruction (f.) d'un avion.

ab|schüssig ["ap'ʃysiç] adj. escarpé ; abrupt ; déclive. | *abschüssig sein*, être en forte pente.

Ab|schüssigkeit [-kait] f. déclivité f.

Abschuß|turm ["apʃus'turm] m. (s, ¨e). AÉRON. tour (f.) de lancement.

ab|schütteln ["ap'ʃytəln] v. tr. secouer ; hocher. | *Obst abschütteln*, hocher des fruits. || FIG. *die Fremdherrschaft abschütteln*, secouer le joug de l'esclavage. || FIG., FAM. *einen Bittsteller abschütteln*, se débarrasser d'un quémandeur.

ab|schütten ["ap'ʃytən] v. tr. verser.

ab|schwächen ["ap'ʃvɛçən] v. tr. affaiblir ; atténuer ; diminuer. || ÉLECTR. affaiblir.

Ab|schwächung [-çuŋ] f. (-, en) affaiblissement m. ; atténuation f. ; diminution f.

ab|schweifen ["ap'ʃvaifən] v. intr. s'écarter. | *er schweift vom Thema ab*, il s'écarte de son sujet.

Ab|schweifung [-fuŋ] f. (-, en) digression f.

ab|schwellen ["ap'ʃvɛlən] (i, o, o) v. tr. dégonfler. ◇ v. intr. et v. pr. MÉD. désenfler. | *der Fuß schwillt ab*, le pied désenfle. || FIG. diminuer, décroître.

ab|schwenken ["ap'ʃvɛŋkən] v. tr. rincer. ◇ v. intr. dévier ; changer de direction. | *vom Wege abschwenken*, quitter la route. || MIL. faire une conversion.

ab|schwören ["ap'ʃvø:rən] (o, o) v. tr. abjurer ; renier.

ab|sehbar ["ap'ze:bɑ:r] adj. *in absehbarer Zeit*, à bref délai. | *die Folgen sind nicht absehbar*, les conséquences sont imprévisibles.

ab|sehen [-ze:ən] (ie, a, e) v. tr. voir. | *an den Augen absehen*, deviner. | *von jm etwas absehen*, copier qch. sur qn. || FIG. *es auf jn abgesehen haben*, viser qn. || JUR. *von einer Strafe absehen*, renoncer à punir. || LOC. *abgesehen von*, à part ; abstraction faite de.

ab|seihen ["ap'zaiən] v. tr. filtrer.

ab|seilen ["ap'zailən] v. tr. SPORT. descendre en rappel.

Ab|seilen n. (s). SPORT. descente (f.) en rappel.

ab|seitig [-tiç] adj. à l'écart. || FIG. dénaturé.

ab|seits ['apzaits] adv. à l'écart. || SPORT. *der Spieler ist, steht abseits*, le joueur est hors jeu.

Abseits|stellung ["apzaits'ʃtɛluŋ] f. (-, en). SPORT. hors-jeu m. invar. | *sich in Abseitsstellung befinden*, être (en position de) hors-jeu.

ab|senden ["ap'zɛndən] (sandte, gesandt) v. tr. envoyer ; expédier.

Ab|sender(in) [-dər(in)] m. (s, -) f. (-, nen) expéditeur m. ; expéditrice f.

Ab|sendung [-duŋ] f. (-, en) envoi m. ; expédition f.

ab|senken ["ap'zɛŋkən] v. tr. abaisser. || BOT. *eine Pflanze absenken*, marcotter une plante.

Absenz [ab'zɛnts] f. (-, en) absence f.

ab|setzbar ["ap'zɛtsbɑ:r] adj. amovible ; révocable. || COMM. *leicht absetzbare Ware*, marchandise (f.) de vente facile. || FIN. déductible de l'impôt.

ab|setzen ["ap'zɛtsən] v. tr. déposer. | *den Hut absetzen*, enlever son chapeau. || AÉRON. *Fallschirmspringer absetzen*, larguer des parachutistes. || MIL. *Gewehr absetzen*, reposer son fusil. || FIG. *Zeile absetzen*, aller à la ligne ; faire un alinéa. || COMM. *Waren absetzen*, vendre des marchandises. | *von der Rechnung absetzen*, déduire, défalquer de la facture, du compte. || FIN. déduire. | *von der Steuer absetzen*, déduire des impôts. || POLIT. *von der Tagesordnung absetzen*, rayer de l'ordre du jour. || JUR. révoquer qn (d'une fonction). | *den König absetzen*, déposer le roi. || MAR. débarder. || CHIM. *der Wein setzt Hefe ab*, le vin dépose (de la lie).

◇ v. intr. s'interrompre. | *ohne abzusetzen*, d'une traite. || MAR. *vom Lande absetzen*, quitter le rivage.

◇ v. pr. **sich absetzen.** CHIM. se déposer.

Ab|setzung [-suŋ] f. (-, en) déposition f. || MÉD. amputation f. || COMM. déduction f. || FIN. dégrèvement m. | *steuerliche Absetzung*, dégrèvement fiscal. || POLIT. *Absetzung eines Beamten*, révocation (f.) d'un fonctionnaire. | *Absetzung eines Herrschers*, déposition (f.), déchéance (f.) d'un souverain.

Ab|sicht ['apziçt] f. (-, en) intention f. ; dessein m. ; projet m. ; but m. | *strafbare Absicht*, projet criminel. | *Absichten auf etwas haben*, avoir des visées sur qch. | *redliche Absichten hegen*, être animé d'intentions louables.

ab|sichtlich [-liç] adj. et loc. adv. exprès ; à dessein ; intentionnellement ; de propos délibéré.

ab|singen ["ap'ziŋən] (a, u) v. tr. **1.** chanter à livre ouvert, à vue.

2. chanter toute la chanson.

ab|sinken ["ap'ziŋkən] (a, u) v. intr. baisser.

Absinth [ap'zint] m. (s, e) absinthe f.

ab|sitzen ["ap'zitsən] (saß, gesessen) v. intr. descendre. | *vom Pferd absitzen*, descendre de cheval. || MIL. *absitzen !*, pied à terre !

◇ v. tr. PAR ANAL. *die Hose absitzen*, user son pantalon. || JUR. *eine Strafe absitzen*, purger une peine.

absolut [apzo'lu:t] adj. [selbst, ohne Hilfe] absolu. | *absoluter Wert*, valeur absolue, intrinsèque. | *absolute Monarchie*, monarchie absolue. | *absolute Mehrheit*, majorité absolue. || [Tiefe] *absoluter Nullpunkt*, zéro absolu. || PHILOS. *das Absolute*, l'absolu.

Absolution [-lu'tsio:n] f. RELIG. absolution f. ; rémission f. (des péchés). || [Karfreitag] absoute f.

Absolutismus [-lu'tismus] m. absolutisme m.

absolutistisch [-lu'tistiʃ] adj. absolutiste.

Absolvent [apzɔl'vent] m. (en, en) candidat m.

absolvieren [-'vi:rən] v. tr. absoudre. || PAR EXT. terminer. | *die Schule absolvieren*, terminer ses études (à une école). | *die Prüfung absolvieren*, passer un examen.

ab|sonderlich ["ap'zɔndərliç] adj. curieux ; étrange ; bizarre.

Ab|sonderlichkeit [-liçkait] f. (-, en) singularité f. ; étrangeté f. ; bizarrerie f.

ab|sondern ["ap'zɔndərn] v. tr. séparer ; isoler, démêler ; dégager. | *einen Kranken absondern*, isoler un malade. || JUR. distraire. || CHIM. *den Wasserstoff vom Wasser absondern*, dégager l'hydrogène de l'eau. || FIG. *das Gute vom Bösen absondern*, faire le départ entre le bien et le mal ; distinguer le bien et le mal. || MÉD., BIOL. sécréter. | *Eiter absondern*, rejeter du pus.

◇ v. pr. **sich absondern,** faire bande à part.

Ab|sonderung [ruŋ] f. (-, en) 1° séparation f. ; 2° sécrétion f.

absorbieren [apzɔr'bi:rən] v. tr. absorber.

Absorption [apzɔrp'tsio:n] f. absorption f.

Absorptions|spektrum [apzɔrp"tsio:ns'ʃpɛktrum] n. (s, tren). PHYS. spectre (m.) d'absorption. ||°**-verlust** m. (s, e). ÉLECTR. perte (f.) par absorption. ||°**-vermögen** n. (s). PHYS. facteur (m.) d'absorption.

ab|spalten ["ap'ʃpaltən] v. tr. détacher ; fendre. || PHYS. *der Atomkern spaltet ein Teilchen ab*, le noyau atomique détache une petite particule.

◇ v. intr. *eine Partei spaltet von der Mehrheit ab*, un parti se détache de la majorité.

◇ v. pr. **sich abspalten,** se déliter.

Ab|spaltung [-tuŋ] f. (-, en) désagrégation f. ; fission f.

ab|spannen ["ap'ʃpanən] v. tr. dételer. | *die Leine abspannen*, lâcher la longe. || TECHN. *ein Werkzeug abspannen*, desserrer un outil.

◇ part. pass. et adj. **abgespannt,** fatigué ; las. || MÉD. atonique.

Ab|spannung [-nuŋ] f. (-, en). [Pferd] dételage m. || TECHN. haubanage m. || FIG. fatigue f.

ab|sparen (sich) [ziç"ap'ʃparən] v. pr. économiser. | *sich etwas vom Munde absparen*, faire des économies en se serrant la ceinture (pour acheter qch.).

ab|speisen ["ap'ʃpaizən] v. tr. FIG. *jn mit leeren Worten abspeisen*, payer qn de belles paroles ; payer qn en monnaie de singe.

◇ v. intr. finir de manger.

ab|spenstig ["ap'ʃpɛnstiç] adj. *abspenstig machen*, détourner ; débaucher ; ravir.

ab|sperren ["ap'ʃpɛrən] v. tr. fermer ; bloquer ; verrouiller. | *die Straße absperren*, barrer la rue, la route. | *den Verkehr absperren*, arrêter la circulation. || ÉLECTR. *den Strom absperren*, couper le courant.

Absperr|ventil ["apʃpɛrvɛn'ti:l] n. (s, e) soupape (f.) d'arrêt.

Ab|sperrung ["ap'ʃpɛruŋ] f. (-, en) arrêt m. ; blocage m. | *Absperrung des Stroms*, coupure (f.) du courant.

ab|spielen ["ap'ʃpi:lən] v. tr. [abnützen] *eine*

abgespielte Platte, un disque usé. || FIG. *abgespieltes Stück*, ritournelle f. || MUS. *vom Blatte abspielen*, jouer à vue. | *eine Schallplatte abspielen*, passer un disque.
◇ v. pr. **sich abspielen,** *ein Ereignis spielt sich ab*, un événement se déroule.

Abspiel|gerät ["apʃpi:lgə'rɛ:t] n. (s, ¨e). ÉLECTR. lecteur m.

ab|splittern ["ap'ʃplitərn] v. tr. faire éclater.

Ab|sprache ["ap'ʃprɑ:xə] f. (-, n) accord m. ; convention f. ; stipulation f.

ab|sprechen ["ap'ʃprɛçən] (i, a, o) v. tr. **1.** discuter. || [durchsprechen] *eine Tagesordnung absprechen*, discuter de l'ordre du jour.
2. contester ; dénier. | *durch Urteil absprechen*, déposséder par jugement. | *absprechendes Urteil*, jugement (m.) défavorable. | *jm den guten Willen absprechen*, contester la bonne volonté de qn. || PÉJOR. critiquer.
◇ v. pr. **sich absprechen.** | *sich mit jm absprechen*, convenir avec qn.

ab|springen ["ap'ʃpriŋən] (a, u) v. intr. sauter ; se détacher. | *von der Straßenbahn abspringen*, sauter du tramway. | *mit dem Fallschirm abspringen*, sauter en parachute. | *der Knopf springt ab*, le bouton saute. || FIG. quitter ; abandonner.

Ab|sprung ['apʃpruŋ] m. (s, ¨e) saut m. ; bond m.

ab|spulen ["ap'ʃpu:lən] v. tr. TEXT. [Garn] débobiner ; dévider.

ab|spülen ["ap'ʃpy:lən] v. tr. rincer ; laver.

ab|stammen ["ap'ʃtamən] v. intr. descendre de. | *er stammt von armen Eltern ab*, il descend de parents pauvres. || GRAMM. *das Wort stammt von... ab*, ce mot (pro)vient de, est dérivé de.

Ab|stammung [-muŋ] f. origine f. ; descendance f. || GRAMM. origine f. ; provenance f.

Abstammungs|lehre ["apʃtamuŋs'le:rə] f. (-, n). BIOL. théorie (f.) de l'évolution ; lamarckisme m.

Ab|stand ['apʃtant] m. (s, ¨e) écart m. ; intervalle m., distance f. | *den Abstand verkürzen*, réduire l'écart. | *von etwas Abstand nehmen*, renoncer à, se désister de qch. || FIG. *Abstand zu jm halten*, se montrer réservé envers qn. || COMM. *Abstand zahlen*, payer un dédit.

Abstands|geld ["apʃtants'gɛlt] n. (s, er). JUR. dédit m.

ab|statten ["ap'ʃtatən] v. tr. présenter ; faire ; rendre. | *Besuch abstatten*, rendre visite. | *Dank abstatten*, remercier. | *Bericht abstatten*, rendre compte ; faire un rapport.

Ab|stattung [-tuŋ] f. (-, en) *Abstattung eines Besuchs*, visite f. | *Abstattung eines Berichts*, compte rendu m.

ab|stauben ["ap'staubən] v. tr. épousseter.
◇ v. intr. SPORT. marquer un but opportuniste.

ab|stechen ["ap'ʃtɛçən] (i, a, o) v. tr. TECHN. décolleter ; tronçonner. || [töten] *ein Schwein abstechen*, saigner un cochon. || PAR ANAL. *den Rasen abstechen*, couper le gazon.
◇ v. intr. FIG. *diese Farbe sticht von den anderen ab*, cette couleur tranche sur les autres.

Ab|stecher [-çər] m. (s, -) *einen Abstecher machen*, faire un crochet (en chemin).

ab|stecken ["ap'ʃtɛkən] v. tr. détacher. || délimiter ; jalonner. || *ein Kleid abstecken*, bâtir, épingler une robe, un habit. || PAR EXT. [festsetzen] *ein Ziel abstecken*, fixer un but.

ab|stehen ["ap'ʃte:ən] (stand, gestanden) v. intr. être distant. | *abstehende Ohren*, oreilles décollées. | *das Haus steht von der Straße ab*, la maison est écartée de la route. || JUR. *von einer Klage abstehen*, se désister d'une plainte. || FIG. *von etwas nicht abstehen*, ne pas démordre de qch.

ab|steigen ["ap'ʃtaigən] (ie, ie) v. intr. descendre. | *in einem Hotel absteigen*, descendre dans un hôtel. | *bei Freunden absteigen*, descendre chez des amis. || FIG. *absteigende Linie*, ligne descendante. || MUS. *die absteigende Tonleiter singen, spielen*, descendre la gamme.|| SPORT. être relégué ; descendre en division inférieure.

Absteige|quartier ["apʃtaigəkvar'ti:r] n. (s, e) pied-à-terre m. || PÉJOR. maison (f.) de passe.

ab|stellen ["ap'ʃtɛlən] v. tr. déplacer ; déposer. | *Gepäck abstellen*, déposer des bagages. | *sein Rad abstellen*, garer sa bicyclette. || PAR ANAL. *Wasser, Dampf, Strom, Motor, Maschine, Radio abstellen*, couper l'eau, la vapeur, le courant (électrique), arrêter son moteur, sa machine, la radio. || FIG. *einen Fehler abstellen*, corriger une faute. | *der Plan ist abgestellt auf...*, ce projet vise...

Abstell|gleis ["apʃtɛl'glais] n. (es, e). [Bahn] voie (f.) de garage. ||°**-raum** m. (s, ¨e) dépôt m.

ab|stempeln ["ap'ʃtɛmpəln] v. tr. poinçonner ; estampiller ; timbrer. | *Marken abstempeln*, oblitérer des timbres. | *den Paß abstempeln*, estampiller le passeport.

ab|sterben ["ap'ʃtɛrbən] (i, a, o) v. intr. dépérir ; mourir. || [Gliedmaßen] s'engourdir.

Ab|stieg ['apʃti:k] m. (s, e) descente f. || FIG. chute f. ; ruine f.

ab|stimmen ["ap'ʃtimən] v. intr. voter. | *durch Erheben von den Sitzen abstimmen*, voter par assis et levé. | *über etwas abstimmen lassen*, mettre qch. aux voix.
◇ v. tr. MUS. accorder. || ARTS. *die Farben aufeinander abstimmen*, assortir les couleurs. || TECHN. *Maschinen aufeinander abstimmen*, synchroniser des machines.
◇ v. pr. **sich abstimmen,** *sich mit jm abstimmen*, se mettre d'accord avec qn.

Abstimm|schärfe ["apʃtim'ʃɛrfə] f. (-, n). RADIO. sélectivité f.

Ab|stimmung [-'ʃtimuŋ] f. (-, en) vote m. ; scrutin m. | *Abstimmung durch Handzeichen*, vote à main levée. | *geheime Abstimmung*, scrutin secret ; vote à bulletin secret. | *namentliche Abstimmung*, scrutin nominal. | *zur Abstimmung !*, aux voix ! || RADIO. syntonisation f. ; réglage m.

abstinent [apʃti'nɛnt] adj. abstinent.

Ab|stinenz [-'nɛnts] f. abstinence f.

Ab|stinenzler(in) [-'nɛntslər(in)] m. (s, -), f. (-, nen) antialcoolique.

ab|stoppen ["ap'ʃtɔpən] v. tr. stopper ; arrêter. | *einen Wagen abstoppen*, arrêter une voiture. || SPORT. *die Zeit abstoppen*, chronométrer.

Ab|stoß ['apʃto:s] m. (es, ¨e) coup m. || SPORT. coup m. (d'envoi).

ab|stoßen ["ap'ʃto:sən] (ö, ie, o) v. tr. repousser. | *das Boot vom Ufer abstoßen*, éloigner la barque de la rive. | *den Ball abstoßen*, lancer la balle. || FIG. [ekeln] *einen Freund abstoßen*, dégoûter un ami. | *sich die Hörner abstoßen*, jeter sa gourme. || JUR. *eine Schuld abstoßen*, s'acquitter d'une dette. || [billig verkaufen] *Waren abstoßen*, solder. || TECHN. *Ecken abstoßen*, écorner.

ab|stoßend [-sənt] adj. dégoûtant. | *abstoßender Eindruck*, impression (f.) pénible.

Ab|stoßung [-suŋ] f. (-, en). BIOL. rejet m. || ÉLECTR. répulsion f.

Abstoßungs|krise [-suŋs'kri:sə] f. (-, n). BIOL. réaction (f.) de rejet. ||°**-phänomen** n. (s, e). BIOL., POLIT. phénomène (m.) de rejet.

abstrahieren [apstra'hi:rən] v. tr. abstraire.

abstrakt [-'strakt] adj. abstrait. | *abstrakter Begriff*, notion abstraite. | *abstrakte Kunst*, art abstrait.

Abstraktion [-strak'tsio:n] f. (-, en) abstraction f.

Abstraktum [-'straktum] n. (s) idée abstraite.

ab|streichen ["ap'ʃtraiçən] (i, i) v. tr. ôter ; enlever (en raclant). || COMM. déduire (d'un compte).
◇ v. intr. *der Vogel streicht ab*, l'oiseau s'envole.

ab|streifen ["ap'ʃtraifən] v. tr. ZOOL. dépouiller. | *die Schlange streift (die Haut) ab*, le serpent fait peau neuve, mue. || PAR EXT. *Handschuhe abstreifen*, se déganter. | *Beeren abstreifen*, cueillir des baies. || FIG. *alte Vorurteile abstreifen*, se défaire d'anciens préjugés.
◇ v. intr. *vom Wege abstreifen*, dévier ; se fourvoyer.

ab|streiten ["ap'ʃtraitən] (i, i) v. tr. contester ; nier ; dénier ; défendre. | *etwas abstreiten*, contester qch. || LOC. *er läßt es sich nicht abstreiten*, il n'en démord pas.

Abstrich ['apʃtriç] m. (es, e). MÉD. [Entnahme] prélèvement m. || COMM. [Abzug] déduction f. || FIG. *Abstriche machen*, en rabattre.

abstrus ['apʃtru:s] adj. confus ; trouble.

ab|stufen (sich) [ziç"ap'ʃtu:fən] v. pr. *der Park von Sanssouci stuft sich ab*, le parc de Sans-Souci descend en gradins.
◇ v. tr. FIG. *die Arbeit abstufen*, échelonner le travail. | *die Farben abstufen*, dégrader les couleurs.

Ab|stufung ["ap'ʃtu:fuŋ] f. (-, en) échelonnement m. ; graduation f. ; gamme f. ; dégradé m.

ab|stumpfen ["ap'ʃtumpfən] v. tr. émousser ; épointer. || FIG. *er ist abgestumpft*, il est blasé.

Ab|stumpfung [-fuŋ] f. (-). [Schere] épointage m. ; épointement m. || TECHN. troncature f. || FIG. insensibilité f.

Ab|sturz ['apʃturts] m. (es, ¨e). **1.** chute verticale. | *ein Flugzeug zum Absturz bringen*, descendre un avion. **2.** pente escarpée ; paroi f.

Absturz|stelle ["apʃturts'ʃtɛlə] f. (-, n). AÉRON. point (m.) de chute.

ab|stürzen ["ap'ʃtyrtsən] v. intr. tomber à pic ; faire une chute. || AÉRON. s'écraser. | *in Flammen abstürzen*, s'abattre en flammes. || [Alpinist] dérocher ; FAM. dévisser.

ab|stützen ["ap'ʃtytsən] v. tr. étayer ; soutenir.

ab|suchen ["ap'zu:xən] v. tr. fouiller ; explorer.

absurd [ap'zurt] adj. absurde.

Absurdität [-zurdi'tɛ:t] f. (-, en) absurdité f.

Abszeß [ap'tsɛs] m. (es, sse). MÉD. abcès m.

Abszisse [ap'tsisə] f. (-, n) abscisse f.

Abt [apt] m. (es, ¨e). RELIG. prieur m. ; père (m.) abbé (d'un couvent).

Abt. [apt] abrév. de **Abteilung**.

ab|takeln ["ap'tɑ:kəln] v. tr. MAR. désarmer ; désappareiller ; désemparer ; dégréer ; déséquiper.
◇ part. pass. **abgetakelt,** FIG. fini ; FAM. décati.

Ab|taster ["ap'tastər] m. (s, -). ÉLECTR. analyseur m.

Ab|tastung ["ap'tastuŋ] f. (-, en). INF., RADIO. balayage m.

Abtau|automatik ["aptauauto'ma:tik] f. [Kühlschrank] dégivreur (m.) automatique.

ab|tauen ["ap'tauən] v. tr. et v. intr. dégeler.

Abtei [ap'tai] f. (-, en). RELIG. abbaye f.

Ab|teil [ap'tail] n. ou m. (s, e). [Zug] compartiment m.

ab|teilen ["ap'tailən] v. tr. diviser ; compartimenter ; démembrer.

Ab|teilung [-luŋ] f. (-, en). [action de] séparer ; division f. ; rayon m. ; département m. || MIL. section f. ; détachement m. ; groupe m.

Abteilungs|leiter [ab"tailuŋs'laitər] m. (s, -) chef (m.) de service.

ab|telefonieren ["aptelefo'ni:rən] v. intr. se décommander par téléphone.

ab|tippen ["ap'tipən] v. tr. taper à la machine.

Äbtissin [ɛp'tisin] f. (-, nen). RELIG. abbesse f.

ab|tönen ["ap'tø:nən] v. tr. dégrader. | *Farben abtönen*, nuancer les couleurs.
◇ part. pass. et adj. **abgetönt,** dégradé.

Ab|tönung [-nuŋ] f. (-). [Malerei] dégradé m.

ab|töten ["ap'tø:tən] v. tr. tuer ; supprimer. || MÉD. *Bazillen abtöten*, désinfecter. | *einen (Zahn)nerv abtöten*, dévitaliser une dent.

Ab|tötung [-tuŋ] f. destruction f. || FIG. *Abtötung der Sinnlichkeit*, mortification f.

Ab|trag ['aptrɑ:k] m. (s, ¨e) déblai m. || JUR. tort m. ; dommage m.

ab|tragen ["ap'trɑgən] (ä, u, a) v. tr. enlever ; déblayer. | *ein Gebäude abtragen*, démolir un bâtiment. || PAR EXT. *Kleider abtragen*, user des vêtements. | *die Speisen abtragen*, desservir la table. || FIN. *eine Schuld abtragen*, payer une dette.

ab|träglich ["ap'trɛ:kliç] adj. et adv. défavorable ; préjudiciable.

Ab|tragung ["ap'trɑ:guŋ] f. (-, en) démolition f. ; enlèvement m. ; déblaiement m. || COMM. paiement m. || JUR. amortissement m.

ab|treiben ["ap'traibən] (ie, ie) v. tr. chasser. | *der Wind treibt die Wolken ab*, le vent chasse les nuages. || CHIM. *Silber aus Blei abtreiben*, affiner de l'argent. || MÉD. faire avorter. || expulser (du corps). | *ein Kind abtreiben*, provoquer un avortement.
◇ v. intr. MAR. [Schiff] dériver.

Ab|treibung [-buŋ] f. (-, en). MINES. exploitation f. || CHIM. affinage m. ; coupellation f. || [Jagd] expulsion f. || MÉD. avortement m. | *Abtreibungsmittel*, moyen abortif. || MAR. dérivation f.

ab|trennbar ["ap'trɛnbɑ:r] adj. séparable.

ab|trennen [-nən] v. tr. séparer ; découdre ; démembrer.

Ab|trennung [-nuŋ] f. (-, en) séparation f.

ab|treten ["ap'tre:tən] (i, a, e) v. intr. se retirer. | *der Richter ließ die Zeugen abtreten*, le juge fit se retirer les témoins. || PR. et FIG. *von der Bühne abtreten*, se retirer de la scène.
◇ v. tr. **1.** céder ; remettre. | *ein Zimmer abtreten*, céder une chambre. | *ein Recht abtreten*, céder un droit. **2.** se débarrasser en marchant. | *den Schnee abtreten*, faire tomber la neige de ses chaussures en marchant. **3.** user en marchant. | *seine Absätze abtreten*, user ses talons.

Abtreter [-tər] m. (s, -) décrottoir m. ; paillasson m.

Ab|tretung [-tuŋ] f. (-, en). JUR. cession f. ; dation f. ; transfert m. ; abandon m.

Ab|trift ['aptrift] f. (-, en). MAR., AÉRON. dérive f.

ab|trinken ["ap'triŋkən] (a, u) v. tr. boire une petite gorgée. || FAM. buvoter ; siroter.

Ab|tritt ['aptrit] m. (s, e). retrait m. | *Abtritt von der Bühne*, (action de) se retirer, (de) quitter la scène. | *Abtritt eines Ministers*, retraite (f.) d'un ministre.

ab|trocknen ["ap'trɔknən] v. tr. sécher. | *sich die Hände abtrocknen*, s'essuyer les mains. | *das Geschirr abtrocknen*, essuyer la vaisselle.

ab|tropfen ["ap'trɔpfən], **-tröpfeln** [-'trøpfəln] v. intr. dégoutter ; distiller. | *Nudeln abtropfen lassen*, égoutter des pâtes.

ab|trotzen ["ap'trɔtsən] v. tr. extorquer (par violence ou menace).

ab|trudeln ["ap'tru:dəln] v. intr. AÉRON. *ein Flugzeug trudelt ab*, un avion descend en vrille.

ab|trünnig ["ap'tryniç] adj. POLIT. rebelle. || RELIG. renégat ; infidèle.

Ab|trünnigkeit [-kait] f. POLIT., MIL. défection f. ; désertion f. || RELIG. apostasie f.

ab|tun ['aptu:n] (tat, getan) v. tr. enlever. | *den Rock abtun*, se défaire, se débarrasser de, enlever sa veste. || [Personen] *jn kurz abtun*, POP. expédier qn. || [Dinge] *einen Einwand abtun*, passer sur une objection. || FIG. *eine Unsitte abtun*, se défaire d'une mauvaise habitude. || FAM. *das ist abgetan*, c'est réglé. | *damit ist's noch nicht abgetan*, l'affaire n'est pas encore réglée.

ab|tupfen ["ap'tupfən] v. tr. éponger ; tamponner.

ab|urteilen ["ap'urtailən] v. tr. JUR. juger. | *endgültig aburteilen*, juger sans appel.

ab|verlangen ["apfɛr'laŋən] v. tr. réclamer. | *die Pässe abverlangen*, demander les passeports.

ab|wägen ["ap'vɛ:gən] v. tr. FIG. balancer ; équilibrer ; proportionner. || soupeser ; peser. | *seine Worte abwägen*, peser ses paroles. | *das Für und Wider abwägen*, peser le pour et le contre.

Ab|wägung [-guŋ] f. (-, n) réflexion f. ; délibération f.

ab|wälzen ["ap'vɛltsən] v. tr. dérouler. || FIG., JUR. *eine (Be)schuld(igung) auf einen andern abwälzen*, se décharger d'une accusation sur qn. | *eine Schuld von sich abwälzen*, se disculper.

ab|wandeln ["ap'vandəln] v. tr. modifier ; changer. | *seine Gedanken abwandeln*, changer d'idées. || GRAMM. décliner ; conjuguer.

ab|wandern ["ap'vandərn] v. intr. partir ; s'en aller ; émigrer.

Ab|wanderung ["ap'vandəruŋ] f. (-, en) émigration f. ; exode m.

Ab|wandlung ["ap'vandluŋ] f. (-, en) modification f. ; changement m. || GRAMM. flexion f. ; déclinaison f. ; conjugaison f.

Ab|wärme ["ap'vɛrmə] f. PHYS. chaleur perdue ; chaleur (f.) d'échappement.

ab|warten ["ap'vartən] v. tr. attendre. | *etwas (ruhig) abwarten*, laisser, voir venir qch. | *eine abwartende Haltung einnehmen*, demeurer dans l'expectative.

ab|wärts ['apvɛrts] adv. en bas ; vers le bas ; en aval. | *der Weg führt abwärts*, le chemin va en descendant. || FIG. *mit ihr geht es abwärts*, elle décline.

Abwärts|bewegung ["apvɛrtsbə've:guŋ] f. (-, en). ÉCON. mouvement (m.) de baisse. ||°**-transformator** m. (s, en). ÉLECTR. dévolteur m.

Ab|wasch ['apvaʃ] m. (es) vaisselle (f.) sale. || [Handlung] lavage m. | *den Abwasch des Geschirrs besorgen*, faire la vaisselle.

ab|waschen ["ap'vaʃən] (ä, u, a) v. tr. laver ; nettoyer ; débarbouiller ; délaver. || PAR EXT. faire la vaisselle.

Abwasch|tisch ["apvaʃ'tiʃ] m. ([e]s, e) égouttoir m.

Ab|wässer ["ap'vɛsər] n. pl. eaux (f. pl.) d'égout ; eaux usées. || TECHN. eaux résiduaires.

ab|wechseln ["ap'vɛksəln] v. tr. et v. intr. changer ; alterner ; se relayer.

◇ adj., part. prés. et adv. **abwechselnd,** tour à tour ; alternatif ; alternativement.

Ab|wechslung [-vɛksluŋ] f. (-, en) alternance f. ; changement m. | *abwechslungsreich*, varié.

Ab|weg ['apve:k] m. (s, e) détour m. ; fausse route. || FIG. *auf Abwege geraten*, s'égarer.

ab|wegig ["ap've:giç] adj. erroné. | *seine Überlegung ist abwegig*, son raisonnement porte à faux.

Ab|wegigkeit [-kait] f. (-, en) inexactitude f.

Ab|wehr ['apve:r] f. (-, en) défense f. ; défensive f. | *in Abwehr stehen*, être sur la défensive. || MIL. service (m.) de contre-espionnage.

Abwehr|bereitschaft ["apve:rbə'raitʃaft] f. (-, en). BIOL. défense (f.) immunitaire. ||°**-kampf** m. (es, ¨e) combat défensif. ||°**-kräfte** f. pl. MÉD. défenses (f. pl.) immunitaires. ||°**-stoff** m. (s, e). MÉD. anticorps m.

ab|wehren ["ap've:rən] v. tr. parer (un coup) ; repousser. | *Besucher abwehren*, écarter des visiteurs. || FIG. *Dank abwehren*, refuser des remerciements. | *Unheil abwehren*, détourner un malheur. || MIL. *einen Angriff abwehren*, repousser une attaque.

ab|weichen ["ap'vaiçən] (i, i) v. intr. dévier. | *vom Wege abweichen*, s'écarter du, de son chemin. || FIG. *diese Satzform weicht von der Regel ab*, la structure de cette phrase fait exception à la règle. | *in Abweichung von*, par dérogation à. || JUR. déroger. || PHYS. décliner. || MAR. dériver.

◇ v. tr. (conjug. faible) [r]amollir.

◇ part. prés. et adj. **abweichend,** divergent ; irrégulier ; exceptionnel ; anormal.

Ab|weichung [-çuŋ] f. (-, en) déviation f. || JUR. dérogation f. || PHYS. déclinaison f. ; décalage m. | *Abweichungswinkel*, angle (m.) de déclinaison. || MAR. dérivation f.

ab|weisen ["ap'vaizən] (ie, ie) v. tr. refuser ; repousser. || JUR. démettre ; décliner. | *mit seiner Klage abgewiesen werden*, être débouté.

Ab|weisung [-zuŋ] f. (-, en) refus m. || JUR. rejet m. ; déboutement m.

ab|wenden ["ap'vɛndən] (wandte, gewandt) v. tr. éviter ; détourner. | *eine Gefahr abwenden*, écarter, prévenir un danger.

◇ v. pr. **sich abwenden.** PR. et FIG. se détourner.

ab|werben ["ap'vɛrbən] v. tr. débaucher.

ab|werfen ["ap'vɛrfən] (i, a, o) v. tr. jeter bas. | *Fesseln abwerfen*, se libérer. | *Kleider abwerfen*, se déshabiller. | *das Pferd wirft den Reiter ab*, le cheval désarçonne son cavalier. || MIL. *Bomben abwerfen*, bombarder. || AÉRON. *das Flugzeug wirft Fallschirmjäger ab*, l'avion largue des parachutistes. || FIN. *Zinsen abwerfen*, rapporter des intérêts. | *Nutzen abwerfen*, être profitable. || FIG. *die Hülle abwerfen*, se dépouiller.

ab|werten ["ap've:rtən] v. tr. FIN. déprécier ; dévaluer.

Ab|wertung [-tuŋ] f. (-, en). FIN. dépréciation f. ; dévaluation f.

ab|wesend ["ap've:zənt] adj. absent.

Ab|wesenheit [-zənhait] f. (-, en) absence f. || *Abwesenheit vom Wohnsitz*, non-résidence f. || JUR. *Abwesenheit vor Gericht*, défaut (m.) de comparution devant le tribunal ; contumace f. | *in Abwesenheit verurteilen*, condamner par contumace. | *Abwesenheit während der Tat*, alibi m. | *in Abwesenheit von*, en l'absence de. || IRON. *durch Abwesenheit glänzen*, briller par son absence.

ab|wickeln [-kəln] v. tr. dérouler ; désentortiller ; dévider. | *eine Spule abwickeln*, débobiner. || COMM. *ein Geschäft abwickeln*, liquider une affaire. || FIG. *alles wickelt sich reibungslos ab*, tout va comme sur des roulettes.

Ab|wickler ["ap'viklər] m. (s, -) [Magnetband] dérouleur m.

Ab|wicklung [-kluŋ] f. déroulage m. || TEXT. dévidage m. ; débobinage m. | *Abwicklung von Wolle*, débobinage de laine. || FIG. règlement m. || COMM. liquidation f. | *Abwicklungsgeschäft*, opération (f.) de liquidation. | *Abwicklungsverfahren*, procédure (f.) de liquidation. || MATH. développement (m.) [d'une courbe].

ab|wiegen ["ap'vi:gən] (o, o) v. tr. peser.
◇ part. pass. et adj. **abgewogen,** pondéré. | *abgewogene Rede*, discours prudent, pondéré.

Ab|wind ['apvint] m. (s, e) vent descendant ; vent soufflant de haut en bas. || ÉCON. marasme m.

ab|winken ["ap'viŋkən] v. tr. TRANSP. donner le signal du départ.
◇ v. intr. faire un signe de dénégation.

ab|wirtschaften ["ap'virtʃaftən] v. tr. ruiner ; mal travailler. | *abgewirtschafteter Betrieb*, entreprise (f.) sur le déclin, FAM. aux abois.

ab|wischen ["ap'viʃən] v. tr. essuyer ; torcher ; nettoyer. | *mit dem Schwamm abwischen*, éponger ; passer l'éponge sur. | *sich die Stirne abwischen*, s'éponger le front.

ab|wracken ["ap'vrakən] v. tr. MAR. désappareiller. | *ein Schiff abwracken*, désarmer un navire.

Ab|wurf ['apvurf] m. (s, ¨e) jet m. | *Abwurf einer Bombe*, lancement (m.) d'une bombe. || ZOOL. *Abwurf des Geweihs,* mue f. || SPORT. dégagement (m.) à la main. || COMM. rendement m.

ab|würgen ["ap'vyrgən] v. tr. étrangler ; étouffer. | *jn abwürgen*, étrangler qn. || FIG. *eine Diskussion abwürgen*, mettre fin sèchement à la discussion. || AUTOM. *den Motor abwürgen*, caler.

ab|zahlen ["ap'tsa:lən] v. tr. payer ; payer par acomptes, à tempérament.

ab|zählen ["ap'tsɛ:lən] v. tr. compter ; dénombrer. | *Geld abzählen*, compter l'argent. | *an den Fingern abzählen*, compter sur les doigts. || soustraire.

Ab|zahlung ["ap'tsa:luŋ] f. (-, en) paiement m. ; amortissement m. | *auf Abzahlung kaufen*, acheter à tempérament.

Abzahlungs|geschäft ["aptsa:luŋsgə'ʃɛft] n. (s, e). COMM. vente (f.) à crédit.

Abzähl|vers ["ap'tsɛlfɛrs] m. (es, e) comptine f.

ab|zapfen ["ap'tsapfən] v. tr. soutirer. | *Wein abzapfen*, soutirer du vin. || MÉD. *Blut abzapfen*, saigner. || FIG., FAM. *Geld abzapfen*, soutirer de l'argent. || TECHN. *einen Teich abzapfen*, débonder un étang.

ab|zäumen ["ap'tsɔymən] v. tr. [Pferd] débrider.

ab|zäunen [-'tsɔynən] v. tr. délimiter par une clôture.

ab|zehren ["ap'tse:rən] v. tr. défaire ; épuiser.
◇ part. pass. et adj. **abgezehrt,** *ein abgezehrter Kranker*, un malade émacié, hâve.

Ab|zeichen ["ap'tsaiçən] n. (s, -) insigne m. ; marque distinctive.

ab|zeichnen ["ap'tsaiçnən] v. tr. dessiner ; reproduire ; copier. | *ein Muster abzeichnen*, copier un modèle.
◇ v. pr. **sich abzeichnen,** FIG. *eine Gefahr zeichnet sich ab*, un danger se dessine.

ab|ziehen [-'tsi:ən] (zog, gezogen) v. tr. enlever ; ôter. | *die Betten abziehen*, retirer, enlever les draps. | *den Schlüssel abziehen*, retirer la clef. | *einem Hasen das Fell abziehen*, dépouiller un lièvre. || PAR ANAL. *ein Rad abziehen*, démonter une roue. || TECHN. poncer ; polir. || FIN. *Skonto abziehen*, escompter. | *Kosten abziehen*, défalquer des frais. || CHIM. *eine Flüssigkeit abziehen lassen*, décanter un liquide.
◇ part. pass. (ayant valeur de prép.) **abgezogen,** déduction faite.
◇ v. intr. s'éloigner. | *sang- und klanglos abziehen*, déloger sans tambour ni trompette. || MIL. *die Wache zieht ab*, la garde descend.

Abzieh|bild ["aptsi:'bilt] n. (s, er) décalque m. ; décalcomanie f. ||°**-er** m. (s, -). ANAT. abducteur m.

ab|zielen ["ap'tsi:lən] v. intr. (auf, acc.) viser à. || [Werbung] cibler.

ab|zirkeln ["ap'tsirkəln] v. tr. [genau abmessen] tracer au compas.

Ab|zug ['aptsu:k] m. (s, ¨e) déduction f. ; décompte m. ; défalcation f. ; copie f. | *Abzug vom Preis*, rabais m. | *unter, nach Abzug von*, déduction faite de. | *in Abzug bringen*, défalquer ; déduire. | *Abzüge vom Arbeitslohn*, retenues f. pl. || MIL. [Abmarsch] *Abzug der Truppen*, départ (m.) des troupes. || PHOT. *Abzug eines Photos*, épreuve (f.) d'une photo. | *Abzug eines Briefes*, copie d'une lettre. || TECHN. [Abfluß] bonde (f.) [d'un étang]. | *Rauchabzug*, hotte (f.) de cheminée. || [Gewehr] détente f. || MÉCAN. déclic m.

ab|züglich ["ap'tsy:kliç] adv. COMM. déduction, défalcation faite de ; sous, après déduction de.

abzugs|fähig ["aptsu:ks'fɛ:iç] adj. déductible. ||°**-haube** f. (-, n) hotte aspirante.

ab|zupfen ["ap'tsupfən] v. tr. arracher ; effilocher.

ab|zwacken ["ap'tsvakən] v. tr. pincer ; rogner.
◇ v. pr. *sich etwas abzwacken*, se priver de qch.

Ab|zweig ['aptsvaik] m. (s, e) dérivation f. ; embranchement m.

ab|zweigen ["ap'tsvaigən] v. tr. ÉLECTR. mettre en dérivation ; dériver. || FIG. *Geld abzweigen (für einen bestimmten Zweck)*, prélever de l'argent (pour un but déterminé).
◇ v. intr. *der Weg zweigt ab*, le chemin bifurque.

Ab|zweigung [-guŋ] f. (-, en) embranchement m. ; bifurcation f. || ÉLECTR. dérivation f.

ab|zwicken ["ap'tsvikən] v. tr. couper à la pince.

ab|zwingen ["ap'tsvingən] (a, u) v. tr. extorquer ; obtenir par la force.

Acetylen [atsety'le:n] n. (s) acétylène m.

ach ! [ax] interj. [Schmerz] hélas ! || [Erstaunen ; Bewunderung] ah ! | *ach wirklich ?*, tiens ! ; pas possible ! | *mit Ach und Krach*, avec bien du mal, FAM. cahin-caha. | *ach so !*, ah ! ah ! ; ah bon ! | *ach was !*, allons donc !

Achill(es) [a'xil(əs)] n. pr. m. ANTIQ. Achille m.

Achilles|ferse [a"xiləs'fɛrsə] f. FIG. défaut (m.) de la cuirasse. ||°**-sehne** f. MÉD. tendon (m.) d'Achille.

a. C(hr). abrév. de *ante Christum (natum)*, avant Jésus-Christ.

Achromat [akro'ma:t] m. (s, e). OPT. lentille (f.), objectif (m.) achromatique.

achromatisch [-tiʃ] adj. achromatique.

Achse ['aksə] f. (-, n) axe m. ; arbre m. ; essieu m. || AUTOM. *sich um die eigene Achse drehen*, faire un tête-à-queue. || FAM. *immer auf Achse sein*, être toujours par monts et par vaux. || [adjektival] *ein-, zweiachsig*, adj. uniaxe ; biaxe.

Achsel ['aksəl] f. (-, n). ANAT. aisselle f. ; épaule f. | *die Achseln zucken, mit den Achseln zucken*, hausser les épaules. | *jn über die Achsel ansehen*, regarder qn de haut en bas ; toiser qn ; traiter qn par-dessus l'épaule. | *etwas auf die leichte Achsel nehmen*, prendre qch. à la légère ; FAM. traiter qch. par-dessous la jambe.

Achsel|höhle ["aksəl'hø:lə] f. (-, n). ANAT. creux (m.) de l'aisselle. ||°**-klappe** f. (-, n). MIL. patte (f.) d'épaule. ||°**-stück** n. (s, e). MIL. [Offiziere] épaulette f. ||°**-zucken** n. (s) haussement (m.) d'épaules. | *etwas mit Achselzucken aufnehmen, quittieren*, rester indifférent à.

Achsen|abstand ["aksən'apʃtant] m. (s, ¨e). TECHN. empattement m. ; écartement (m.) des essieux ; entraxe m.||°**-antrieb** m. (s, e). TECHN.

commande directe, axiale. ||°-**druck** m. (s, e). TECHN. charge (f.) sur l'essieu.||°-**kreuz** n. (es, e). MATH. système (m.) de coordonnées.||°-**lager** n. (s, -). TECHN. coussinet m.

Acht [axt] f. [Aufmerksamkeit] attention f. | *sich in acht nehmen*, faire attention. | *achthaben, achtgeben (auf)*, faire attention (à). | *vor jm achthaben*, se garder de qn. | *außer acht las-sen*, négliger.|| [Bann ; Ächtung] bannissement m. | *in Acht und Bann tun*, proscrire.

achtbar ['axtba:r] adj. honorable ; estimable.

acht [axt] adj. num. card. huit. | *heute in acht Tagen*, dans huit jours. | *Montag in acht Tagen*, lundi en huit. | *auf acht Tage hinausschieben*, remettre à huitaine. ◇ **die Acht,** *eine Acht schreiben*, écrire un huit.

Acht|eck ["axt'ɛk] n. (s, e) octogone m. ||-**eckig** adj. octogonal. ||-**ens** adv. huitièmement. ||-**fach** adj. huit fois plus grand ; adv. huit fois autant. || -**hundert** adj. num. card. huit cents. ||-**mal** adv. huit fois. | *achtmal zwei*, huit fois deux. ||°-**stundentag** m. (s, e) journée (f.) de huit heures. ||-**zehn** adj. num. card. dix-huit.

achte ['axtə] adj. num. ord. huitième. || [Kalender] *der Achte des Monats*, le huit du mois.

Achtel ['axtəl] n. (s, -). MATH. huitième m. || flûte (à bière) ; fillette (pour le vin).

Achtel|note ["axtəl'no:tə] f. (-, n). MUS. croche f. ||°-**pause** f. (-, n). MUS. demi-soupir m.

achten ['axtən] v. tr. et v. intr. faire attention ; considérer ; estimer. | *auf etwas achten*, faire attention à qch. || *jn hoch achten*, estimer qn. | *jn gering achten*, mépriser qn. | *etwas für gut achten*, tenir qch. pour bon.

ächten ['ɛçtən] v. tr. bannir ; proscrire.

achtens|wert ["axtəns've:rt] adj. estimable.

Achter ['axtər] m. (s, -). MAR., SPORT. huit m. | *Achterbahn* f., grand huit ; montagnes (f. pl.) russes.

Achter|deck ["axtər'dɛk] n. (s,e). MAR. pont (m.) arrière.

achtlos ['axtlo:s] adj. inattentif ; négligent.

achtsam ['axtza:m] adj. attentif.

Achtung ['axtuŋ] f. [Aufmerksamkeit] attention f. | *Achtung !* interj. attention ! | *alle Achtung !*, chapeau bas ! ; mazette ! || MIL. garde à vous ! ; fixe ! || [Ehrung] déférence f. ; respect m. | *Achtung genießen*, être respecté. | *sich Achtung verschaffen*, se faire respecter. | *Achtung empfinden für, vor*, respecter ; vénérer. | *bei jm in Achtung stehen*, être tenu en estime par qn.

Achtungs|erfolg ["axtuŋsɛr'fɔlk] m. (s, e) succès (m.) d'estime. ||°-**verlust** m. (es) déconsidération f. ||-**voll** adj. déférent. | *sich achtungsvoll beugen vor*, déférer à, céder à.

Ächtung ['ɛçtuŋ] f. bannissement m. ; proscription f.

achtzig ['axtsiç] adj. num. card. MATH. quatre-vingt(s). | *ein Achtziger*, un octogénaire. | *in den achtziger Jahren*, dans les années quatre-vingt(s). || LOC. *auf die Achtzig gehen*, aller sur ses quatre-vingts ans.

ächzen ['ɛçtsən] v. intr. geindre ; gémir.

Ächzen [-sən] n. (s) gémissement m.

Acker [akər] m. (s, ¨) [Feld] champ m. || [Feldmaß] acre m.

ackerbar ['akərba:r] adj. labourable.

Acker|bau ['akərbau] m. (s) agriculture f. ||°-**fläche** f. (-, n) surface labourée. ||°-**gaul** m. (s, ¨e) cheval (m.) de labour. || PÉJOR. vieux cheval. ||°-**krume** f. AGRIC. terre végétale. ||°-**land** n. ([e]s, ¨er). AGRIC. terre (f.) arable. ||°-**schachtelhalm** m. (es, e). BOT. [Zirmkraut] prèle f.

ackern [akərn] v. tr. labourer. || FIG. travailler d'arrache-pied ; FAM. bûcher.

a. D. [a'de:] abrév. ADM. *außer Dienst*, en retraite. || GÉOGR. *an der Donau*, sur le Danube. || RELIG. *Anno Domini (im Jahre des Herrn)*, après J.-C.

Adam ['a:dam] n. pr. m. Adam. | *seit Adams Zeiten*, depuis longtemps. | *bei Adam und Eva anfangen*, remonter au déluge. || FIG. *den alten Adam ausziehen*, dépouiller le vieil homme ; faire peau neuve. || FAM. *nach Adam Riese*, si mon calcul est bon.

Adams|apfel ["a:dams'apfəl] m. (s, ¨). ANAT. pomme (f.) d'Adam. ||°-**kostüm** n. (s, e). FIG. [Nacktheit] costume (m.) d'Adam.

adäquat [adɛ'kva:t] adj. conforme.

addieren [a'di:rən] v. tr. MATH. additionner.

Addition [adi'tsio:n] f. (-, en). MATH. addition f.

ade ! [a'de:] interj. adieu !

Adebar ['a:dəba:r] n. pr. m. [Storch] (nom de la) cigogne f.

Adel ['a:dəl] m. (s) noblesse f. ; nobles m. pl. | *von Adel sein*, être noble.

adelig ['a:dəliç] adj. V. ADLIG.

adeln ['a:dəln] v. tr. anoblir.

Adels|brief ["a:dəls'bri:f] m. (s, e) lettre (f.), titre (m.) de noblesse. ||°-**partikel** f. (-, n) particule (f.) nobiliaire. ||°-**stand** m. (es) noblesse f. ; aristocratie f.

Adept [a'dɛpt] m. (en, en) adepte m.

Ader ['a:dər] f. (-, n). [Blutader] artère f. ; veine f. || MÉD. *die Ader abbinden*, ligaturer la veine. || (Vx.) *zur Ader lassen*, saigner, faire une saignée. || FIG. *eine dichterische Ader haben*, avoir la fibre poétique. || MINES. [Erzader] filon m. || ÉLECTR. [Kabel] fil conducteur.

Ader|laß ["a:dər'las] m. (sses, sse). MÉD. et FIG. saignée f. ; hémorragie f.

Äderung [-ruŋ] f. (-, en). FIG. [Holz, Bergwerk] veine(s) f. (pl.).

Ad|häsion [adhɛ'zio:n] f. (-, en). ANAT. adhérence f. || PHYS. adhésion f.

Adhäsions|kraft [adhɛ"zio:ns'kraft] f. (-, ¨e). PHYS. pouvoir (m.), force (f.) d'adhérence.

Ädil [ɛ'di:l] m. (en, en). HIST. édile m.

ad infinitum [atinfi'ni:tum] loc. lat. [endlos] sans fin.

Adjektiv [adjɛk'ti:f] n. (s, e). GRAMM. adjectif m.

adjustieren [adjus'ti:rən] v. tr. TECHN. [einrichten] ajuster.

Adjutant [adju'tant] m. (en, en). MIL. officier (m.) d'ordonnance ; aide (m.) de camp.

Adler ['a:dlər] m. (s, -) aigle m. | *mit Adleraugen sehen*, regarder avec des yeux perçants. || FIG. aigle f. ; étendard m.

Adler|horst ["a:dlər'horst] m. (es, e) aire f. ||°-**nase** f. (-, n). ANAT. nez aquilin.

adlig ['a:dliç] adj. noble. | *ein Adliger*, un noble.

Administration [administra'tsio:n] f. (-, en) [Verwaltung] administration f.

Administrator(in) [-'stra:tɔr, -stra'to:rin] m. (s, en), f. (-, nen) administrateur m., -trice f.

administrativ [-stra'ti:f] adj. administratif.

Admiral [admi'ra:l] m. (s, ¨e). MAR. amiral m.

Admiralität [-rali'tɛ:t] f. MAR. amirauté f.

adoptieren [adɔp'ti:rən] v. tr. JUR. adopter.

Adoption [-'tsio:n] f. JUR. adoption f.

Adoptiv|kind [adɔp"ti:f'kint] n. (es, er). JUR. enfant adoptif.

Adrenalin [adrena'li:n] n. (s). MÉD. adrénaline f.

Adressat [-'sa:t] m. (en, en). [Empfänger] destinataire m.

Adreß|buch [a"drɛs'bu:x] n. (s, ¨er) annuaire m.

Adreß|büchlein [a"drɛs'by:çlain] n. (s, -), °**-heft** n. (s, e) carnet (m.) d'adresses.

Adresse [a'drɛsə] f. (-, n) adresse f. | *an die falsche Adresse geraten*, se tromper d'adresse. | *per Adresse*, chez ; aux soins de. || ADM. adresse f. ; requête f. || INF. *virtuelle Adresse*, adresse virtuelle.

adressieren [adrɛ'si:rən] v. tr. adresser.

Adressier|maschine [adrɛ"si:rma'ʃi:nə] f. (-, n) adressographe m. ||°**-ung** f. (-, en) INF. adressage m.

Adress|raum [a"drɛs'raum] m. (s, ¨e) INF. espace-adresse m.

adrett [a'drɛt] adj. [sauber] propre ; soigné.

Adria ['ɑ:driɑ:] n. pr. f. GÉOGR. Adriatique f.

adriatisch [adri'ɑ:tiʃ] adj. adriatique. | *Adriatisches Meer*, mer Adriatique.

A-Dur ['ɑ:du:r] n. MUS. la majeur.

Advent [ad'vɛnt] m. (s, e). RELIG. Avent m.

Adventist(in) [-vɛn'tist(in)] m. (en, en), f. (-, nen). RELIG. adventiste s.

Adverb [ad'vɛrp] n. (s, ien). GRAMM. adverbe m.

adverbial [-vɛrbi'ɑ:l] adj. GRAMM. adverbial, ale, aux.

Advokat [advo'kɑ:t] m. (en, en) avocat m. || [Eierschnaps] cognac (m.) aux œufs.

Aero|dynamik [aerody'nɑ:mik] f. PHYS. aérodynamique f. ||**-dynamisch** adj. aérodynamique. | *aerodynamischer Widerstand*, traînée (f.) aérodynamique. ||°**-nautik** f. [Luftfahrt] aéronautique f. ||°**-statik** f. PHYS. [Luftgleichgewichtslehre] aérostatique f.

Aero|sol [-zo:l] n. (s, e). CHIM. aérosol m.

Affäre [a'fɛ:rə] f. (-, n) affaire f. | *sich geschickt aus der Affäre ziehen*, tirer son épingle du jeu.

Affe ['afə] m. (n, n). ZOOL. singe m. || FIG. fat m. ; imitateur m. ; benêt m. | *flink wie ein Affe*, adroit, agile comme un singe. | *vom Affen gebissen sein*, POP. être dingo. || FAM. *an jm einen Affen gefressen haben*, être entiché de qn.

Affekt [a'fɛkt] m. (s, e) émotion f. ; état (m.) passionnel. || JUR. *im Affekt handeln*, agir sous l'empire de la passion.

Affekt|handlung [a"fɛkt'handluŋ] f. (-, en). JUR. acte passionnel.

affektiert [afɛk'ti:rt] adj. affecté ; maniéré.

Affektiertheit [-"ti:rt'hait] f. maniérisme m.

affen|artig ["afən'ɑ:rtiç] adj. simiesque ; simien. || FIG. *mit affenartiger Geschwindigkeit*, à une vitesse vertigineuse. ||°**-brotbaum** m. (s, ¨e). BOT. baobab m. ||°**-liebe** f. FIG. amour (m.) aveugle ; amour insensé. ||°**-pinscher** m. (s, -). ZOOL. griffon m. ||°**-schande** f. (-, n). FAM. scandale m.

affig ['afiç] adj. FIG. ridicule.

Affigkeit [-kait] f. manières (f. pl.) ridicules.

Äffin ['ɛfin] f. (-, nen). ZOOL. guenon f.

Affinität [afini'tɛ:t] f. (-, en) affinité f.

Affront [a'frɔnt] m. (s, s) insulte f. ; injure f.

Afrika ['ɑ:frika] n. pr. n. GÉOGR. Afrique f.

Afrikaner(in) [-'kɑ:nər(in)] m. (s, -), f. (-, nen) Africain(e) m. (f.).

afrikanisch [-'kɑ:niʃ] adj. africain.

Afrikanist [-'kɑ:nist] m. (en, en) africaniste m.

After ['aftər] m. (s, -). ANAT. séant m. ; anus m.

Ägäis [ɛ'gɛ:is] n. pr. f. GÉOGR. mer (f.) Égée.

ägäisch [-iʃ] adj. GÉOGR. égéen.

Agave [a'gɑ:və] f. (-, n) agave m.

Agent [a'gɛnt] m. (en, en). COMM. représentant m. ; agent m. || POLIT. agent secret.

Agentur [agɛn'tu:r] f. (-, en) agence f. ; succursale f. ; filiale f.

Agglomerat [aglomə'rɑ:t] n. (s, e) aggloméré m.

agglomerieren ['-ri:rən] v. tr. agglomérer.

Aggregat [agre'gɑ:t] n. (s, e) agrégat m. || ÉCON. agrégat m. || ÉLECTR. *Stromaggregat*, groupe électrogène.

Aggregats|zustand [-stsu:ʃtant] m. (s, ¨e). PHYS. état (m.) de la matière.

Aggression [agrɛ'sio:n] f. (-, en) attaque f. ; agression f.

Ägide [ɛ'gi:də] f. égide f. ; protection f.

Agio ['ɑ:ʒio:] n. (s, s). FIN. agio m. ; prime f. (d'émission).

Agitation [agita'tsio:n] f. (-, en). POLIT. agitation f. ; propagande f.

agitatorisch [-ta'to:riʃ] adj. agitateur.

agitieren [-'ti:rən] v. intr. faire de la propagande.

Agnostizismus [agnɔsti'tsismus] m. PHILOS. agnosticisme m.

agrar [a'grɑ:r] (composition) : agraire ; agricole.

Agrar|staat [a"grɑ:r'ʃtɑ:t] m. (es, en) pays (m.) agricole. ||°**-technik** f. (-, en), °**-wesen** n. (s) génie rural. ||°**-wirtschaft** f. économie (f.) agraire.

Agrarier [a'grɑ:riər] m. (s, -) agrarien m. ; propriétaire terrien.

agrarisch [-riʃ] adj. agraire.

Agronom [agro'no:m] m. (en, en) agronome m.

Agrumen [a'gru:mən] f. pl. agrumes m. pl.

Ägypten [ɛ'gyptən] n. pr. n. GÉOGR. Égypte f.

Ägypter(in) [-tər(in)] m. (s, -), f. (-, nen). Égyptien(ne) m. (f.).

ägyptisch [-tiʃ] adj. égyptien. || FIG. *ägyptische Finsternis*, ténèbres épaisses, profondes.

Ägyptologe [ɛgypto'lo:gə] m. (n, n) égyptologue m.

ah ! [ɑ:] interj. ah ! ; oh ! | *ah so !*, tiens ! | *ah was !*, eh !

aha ! [a'hɑ:] interj. ah ! ; voilà ; vous voyez bien !

Ahle ['ɑ:lə] f. (-, n). [Schuster, Sattler] alêne f.

ahnden ['ɑ:ndən] v. tr. punir ; venger.

Ahndung [-duŋ] f. (-, en) punition f. ; châtiment m.

Ahn(e) ['ɑ:n(ə)] m. (f.) (en, en) aïeul(e) m. (f.). ◇ pl. **Ahnen**, ancêtres m. pl. ; aïeux m. pl.

ähneln ['ɛ:nəln] v. intr. ressembler à (qn ou qch.).

ahnen ['ɑ:nən] v. tr. et intr. pressentir ; se douter de. | *er ahnte seinen nahen Tod*, il sentit venir la mort. || FIG. entrevoir ; deviner. | *ihm ahnt nichts Gutes*, il ne présage rien de bon.

— SYN. : *vermuten*, se douter ; *mutmaßen*, soupçonner.

Ahnen|bild ["ɑnən'bilt] n. (es, er) portrait (m.) d'aïeul(e). ||°**-galerie** f. (-, en) galerie (f.) des ancêtres. ||°**-kult** m. (s). RELIG. culte (m.) des ancêtres. ||°**-reihe** f. (-, n). HIST. quartiers (m. pl.) de noblesse. ||°**-tafel** f. (-, n). HIST. arbre (m.) généalogique.

ähnlich ['ɛ:nliç] adj. [Personen] ressemblant. | *sie ist ihrer Mutter ähnlich*, elle ressemble à sa mère. || FIG. *das sieht ihm ähnlich*, c'est bien lui. || [Dinge] semblable ; pareil ; analogue. | *ich kann nichts Ähnliches brauchen*, je ne veux rien de pareil. | *einander zum Verwechseln ähnlich sehen*, se ressembler comme deux gouttes d'eau. | *Solches und Ähnliches*, des choses semblables. || MATH. semblable.

— SYN. : *gleich*, semblable ; *entsprechend*, analogue.

Ähnlichkeit ['ɛ:nliçkait] f. (-, en) ressemblance f. ; similitude f. ||[Gleichartigkeit] analogie f.

Ähnlichkeits|beweis [-sbevais] m. (es, e) MATH. preuve (f.) de similitude.

Ahnung ['ɑ:nuŋ] f. (-, en) pressentiment m. ; intuition f. | *böse Ahnung*, appréhension f. || PAR EXT. idée f. ; soupçon m. | *ich hatte keine, nicht die geringste Ahnung davon*, j'étais bien loin de m'en douter. | *keine blasse Ahnung von einer Sache haben*, ignorer tout d'une affaire.

ahnungs|los ["ɑ:nuŋs'lo:s] adj. inconscient ; sans se douter de qch. | *ahnungslos sein*, FAM. n'y voir que du bleu. ||**-voll** adj. [Personen] qui a des pressentiments. || [Sachen] mystérieux.

ahoi ! [a'hɔj] interj. MAR. ohé ! | *Boot ahoi !*, ohé, du canot !

Ahorn ['ɑ:hɔrn] m. (s, e). BOT. érable m.

Ähre ['ɛ:rə] f. (-, n) épi m. | *sich zu Ähren auswachsen*, se former en épi ; épier. | *Ähren lesen*, PR. et FIG. glaner.

Ähren|lese ["ɛrən'le:zə]f. (-, n) glanage m. ||°**-leser(in)** s. glaneur m. ; glaneuse f.

AIDS [eids] n. (-). MÉD. sida m. | *manifestes AIDS*, sida avéré. | *AIDS haben*, avoir le sida.

Air [ɛ:r] n. (s, s) [Lied, Weise] air m. ; mélodie f. || [Aussehen] air m. ; mine f.

Ais [ais] n. MUS. la dièse m.

Akademie [akade'mi:] f. (-, en) académie f. || PAR EXT. université f.

Akademiker(in) [-'de:mikər(in)] m. (s, -), f. (-, nen) qui a fait des études universitaires.

akademisch [-'de:miʃ] adj. académique ; universitaire.

Akanthus [a'kantus] m. (-). BOT. acanthe f.

Akazie [a'kɑ:tsiə] f. (-, n). BOT. acacia m.

Akazien|gummi [-ngumi] n. (s) gomme (f.) arabique.

Akelei [ake'lai] f. (-, en). BOT. ancolie f.

akklimatisieren [-ti'zi:rən] v. tr. acclimater.

Akkord [a'kɔrt] m. (s, e). MUS. accord m. | *einen Akkord anschlagen*, frapper un accord. || COMM. prix fait, convenu ; forfait m. | *im Akkord arbeiten*, travailler à la tâche, aux pièces. || JUR. arrangement m. (amiable) ; concordat m.

Akkord|arbeit ["akɔrt'arbait] f. travail (m.) aux pièces. ||°**-arbeiter(in)** m. (s, -), f. (-, nen) ouvrier (m.), ouvrière (f.) aux pièces. ||°**-lohn** m. (s, ¨e) salaire (m.) à la pièce, à la tâche ; forfait m.

akkreditieren [akredi'ti:ren] v. tr. accréditer.

Akkreditiv [-'ti:f] n. (s, e). COMM. accréditif m. || POLIT. lettre (f.) de créance.

Akku [aku] m. abrév. de **Akkumulator** m.

Akkumulation [-mula'tsio:n] f. accumulation f.

Akkumulator [-'lɑ:tɔr] m. (s, en). ÉLECTR. accumulateur m. ; FAM. accu.

akkumulieren [-'li:rən] v. tr. accumuler.

akkurat [aku'rɑ:t] adj. exact ; méticuleux.

Akkuratesse [-ra'tɛsə] f. méticulosité f. ; netteté f. ; propreté f.

Akkusativ [akuza'ti:f] m. (s, e). GRAMM. [Wenfall] accusatif m. (compl. d'objet direct).

Akne ['aknə] f. MÉD. [Pickel] acné f.

Akonit [ako'ni:t] n. (s, e). BOT. aconit m.

Akonto|zahlung [a"kɔntɔ'tsɑ:luŋ] f. (-, en). COMM. paiement (m.) d'un acompte ; acompte m.

Akribie [akri'bi:] f. [Sorgfalt] méticulosité f.

Akrobat [akrɔ'bɑ:t] m. (en, en) acrobate m.

Akrobatik [-tik] f. (art [m.] de l')acrobatie f.

Akryl|faser [a"kryl'fa:zər] f. (-, n) fibre (f.) acrylique. ||°**-harz** n. (es, e) acrylique m. ||°**-säure** f. (-, n) acide (m.) acrylique.

Akt [akt] m. (es, e) acte m. ; action f. | *feierlicher Akt*, cérémonie f. || THÉÂTRE. acte m. | *im ersten Akt*, au premier acte. || ARTS. *ein weiblicher Akt*, nu m. (de femme). | *Aktmodell*, modèle (m.) pour le nu ; modèle vivant. | *Aktstudie*, étude (f.) de nu.

Akte ['aktə] f. (-, n), **Akt** m. JUR. pièce f. ; acte m. ; document m. | *notarielle Akte*, acte notarié. | *zu den Akten (ad acta) legen*, classer.

Akten|ordner ["aktən'ɔrdnər] m. (s, -) classeur m. || °**-schrank** m. (s, ¨e) cartonnier m. ||°**-stoß** m. (es, ¨e) pile (f.) de dossiers. ||°**-tasche** f. (-, n) porte-documents m.

Aktie ['aktsiə] f. (-, n). FIN. action f. | *Aktien begeben, einziehen*, émettre, racheter des actions. | *Aktien zeichnen*, souscrire à une émission d'actions. | *die Aktien tendieren fester, schwächer*, la tendance est orientée à la hausse, à la baisse.

Aktien|bezugsschein ["aktsiənbə'tsu:ksʃain] m. (s, e) promesse (f.) d'action. ||°**-buch** n. (s, ¨er) registre (m.) des actionnaires. ||°**-gesellschaft** f. (-, en) [en abr. A.G.] société (f.) anonyme, par actions [S.A.]. ||°**-gesetz** n. (es, e) loi (f.) sur les sociétés anonymes. ||°**-handel** m. agiotage m. ||°**-inhaber** m. (s, -) actionnaire m. ; porteur (m.) d'actions. ||°**-kapital** n. (s, e et ien) capital (m.) en actions ; fonds social. ||°**-markt** m. (es, ¨e) Bourse (f.) des valeurs. ||°**-mehrheit** f. majorité (f.) des actions. | *die Aktionmehrheit übernehmen*, devenir l'actionnaire majoritaire.

Aktinium [ak'tinium] n. (s, ien). CHIM. matière radioactive.

Aktion [ak'tsio:n] f. (-, en) action f. ; activité f. | *in Aktion treten*, entrer en action.

Aktionär [aktsio'nɛ:r] m. (s, e). FIN. actionnaire m. ; porteur (m.) d'actions.

Aktionärs|hauptversammlung [aktsio'nɛ:rs-"hauptfɛrzamluŋ] (-, en) assemblée générale des actionnaires.

Aktions|radius [ak"tsio:ns'rɑ:dius] m. (-, ien) rayon (m.) d'action.

aktiv [ak'ti:f] adj. actif. | *er ist ein aktiver Politiker*, c'est un politicien actif. || MIL. *aktiver Offizier*, officier (m.) d'active, de carrière. | *aktive Dienstzeit*, service (militaire) actif. || COMM. *aktive Bilanz*, bilan actif. | *aktive Handelsbilanz*, balance commerciale excédentaire. ||°**-posten** m. (s, -), °**-saldo** m. (s, den) solde créditeur.

Aktiv [ak'ti:f] n. (s, e). GRAMM. actif m.

Aktiva [ak'ti:va] n. pl. FIN. actif m. ; masse active ; ressources f. pl. | *Aktiva und Passiva*, actif et passif.

aktivieren [akti'vi:rən] v. tr. activer. || COMM. virer, porter à l'actif. || INF. activer.

Aktivismus [-'vismus] m. POLIT. activisme m.

Aktivist [-'vist] m. (en, en) activiste m.

aktualisieren [aktuali'si:rən] v. tr. actualiser.

Aktualität [aktuali'tɛ:t] f. (-, en) actualité f.

aktuell [aktu'ɛl] adj. d'actualité ; actuel. || POLIT. [Bundestag] *aktuelle Stunde*, questions (f. pl.) d'actualité.

Akupunkteur [akupuŋk'tø:r] m. (s, e). MÉD. acuponcteur m.

Akupunktur [akupuŋk'tu:r] f. MÉD. acupuncture ou acuponcture f.

Akustik [a'kustik] f. acoustique f.

akustisch [-tiʃ] adj. acoustique. | *akustische Vorsatzlinse*, lentille (f.) acoustique.

akut [a'ku:t] adj. aigu ; aiguë. | *akute Frage*, question brûlante. || MÉD. *die Krankheit ist akut*, la maladie est à l'état aigu.

Akzent [ak'tsɛnt] m. (s, e). GRAMM. accent m. | *er spricht mit hartem Akzent*, il a un accent dur. || FIG. *den Akzent auf etwas legen*, insister sur qch.

akzentuieren [-tsɛntu'i:rən] v. tr. accentuer.

akzeptieren [-tsɛp'ti:rən] v. tr. COMM. accepter.

à la ['ala] loc. [nach Art von] à la manière de.

Alabaster [ala'bastər] m. (s, -). MINÉRAL. albâtre m.

Alarm [a'larm] m. (es, e) alarme f. ; alerte f. | *Alarm blasen, schlagen*, donner, sonner l'alarme ; FIG. tirer la sonnette d'alarme. | *blinder Alarm*, fausse alerte.

Alarm|anlage [a"larm'anla:gə] f. (-, n) installation (f.) d'alarme. ||°**-bereitschaft** f. état (m.) d'alerte ; dispositif (m.) d'alerte, piquet (m.) d'incendie. ||°**-glocke** f. (-, n) sonnerie (f.) d'alarme ; tocsin m.

alarmieren [alar'mi:rən] v. tr. alarmer ; alerter.

Alaun [a'laun] m. (s, e). CHIM. alun m.

Alb [alp] f. (-, en). GÉOL. alpage m. || GÉOGR. *Schwäbische Alb*, Jura (m.) souabe.

Albaner (in) [alba:nər (in)], **Albanier(in)** [-niər (in)] m. (s, -), f. (-, nen). GÉOGR. Albanais(e) m. (f.).

Albanien [al'ba:niən] n. pr. n. GÉOGR. Albanie f.

albanisch [-niʃ] adj. GÉOGR. albanais.

Albatros ['albatrɔs] m. (-, sse). ZOOL. albatros m.

Albe ['albə] f. (-, n). RELIG. [Chorhemd] aube f.

Alberei [albə'rai] f. (-, en) niaiserie f. (V. ALBERNHEIT.)

albern ['albərn] adj. niais ; nigaud ; simple ; déraisonnable. | *albernes Zeug zusammenreden*, dire des sottises ; radoter.

albern v. intr. dire, faire des niaiseries.

Albernheit ["albərn'hait] f. (-, en) niaiserie f. ; sottise f. ; sornettes f. pl.

Albigenser [albi'genzər] m. (s, -). HIST., RELIG. albigeois m. | *Albigenserkrieg*, croisade (f.) des albigeois.

Albino [al'bi:no] m. (s, s) albinos m.

Album ['album] n. (s, Alben) album m.

Alchimie [alçi'mi:] f. alchimie f.

Alchimist [-'mist] m. (en, en) alchimiste m.

Aldehyd [alde'hy:t] m. ou n. (s, e) aldéhyde m.

Alemanne [ale'manə] n. pr. m. (n, n) Alaman m.

alemannisch [-niʃ] adj. alémanique.

Aleuten [ale'u:tən] n. pr. pl. GÉOGR. îles (f. pl.) Aléoutiennes.

Alexandriner [alɛksan'dri:nər] m. (s, -). POÉS. (vers [m.]) alexandrin m.

Alge ['algə] f. (-, n). BOT. algue f.

Algebra ['algebra:] f. MATH. algèbre f.

algebraisch [alge'bra:iʃ] adj. algébrique.

Algerien [al'ge:riən] n. pr. n. (s). GÉOGR. Algérie f.

Algerier(in) [-riər(in)] m. (s, -), f. (-, nen) Algérien(ne) m. (f.).

algerisch [-riʃ] adj. algérien.

Algorithmus [algo'ritmus] m. (-, men). MATH. algorithme m.

Alibi ['a:libi:] n. (s, s). JUR. alibi m.

Alimente [ali'mɛntə] n. pl. JUR. pension (f.) alimentaire.

Alk [alk] m. (s, e). ZOOL. pingouin m.

Alkali [al'ka:li] n. (s, en). CHIM. alcali m.

alkalisch [-liʃ] adj. alcalin. | *alkalisch machen*, alcaliniser.

Alkohol ['alkoho:l] m. (s, e) alcool m.

Alkohol|blutprobe [alko"ho:lblu:t'pro:bə] f. (-, n) alcootest m. ||**-frei** adj. sans alcool ; non alcoolisé. ||°**-gehalt** m. (s, e) degré (m.) d'alcool. ||°**-pegel** m. (s, -) alcoolomètre m. ||°**-verbot** n. (es, e) prohibition f. (d'alcool). ||°**-vergiftung** f. (-, en) alcoolisme m. ; éthylisme m.

Alkoholiker (in) [alko'ho:likər (in)] m. (s, -), f. (-, nen) alcoolique s.

alkoholisieren [-holi'zi:rən] v. tr. alcooliser.

Alkoholismus [-ho'lismus] m. alcoolisme m.

Alkoven [al'ko:vən] m. (s, -) alcôve f.

Alkylierung [alki'li:ruŋ] f. (-, en). PHYS. alkylation f.

All [al] n. (s) univers m. || PAR ANAL. totalité f. ; ensemble m.

all ['al] (er, e, es) adj. tout(e), tous, toutes. | *alle Menschen müssen sterben*, tous les hommes sont mortels. || *dies alles*, tout cela. | *das wäre alles*, ce serait tout. | *alles Beliebige*, tout ce que vous voudrez. | *alles Schöne*, tout ce qu'il y a de beau. || [distributiv] *alle Jahre wieder*, tous les ans. | *auf alle Fälle*, de toutes façons. | *vor allen Dingen*, avant tout. || [verstärkend] *in aller Frühe*, de très bonne heure. | *mit aller Deutlichkeit*, avec toute la netteté voulue. | *für alle Ewigkeit*, pour toujours. | *und was alles noch !*, et tout le reste avec ! | *was in aller Welt denken Sie sich ?*, à quoi diable pensez-vous ? | *was hat er alles gesagt ?*, qu'est-ce qu'il a bien pu dire ? || LOC. *alles in allem*, au bout du compte. | *ihr ein und alles*, tout son bonheur. | *da hört doch alles auf*, c'est trop fort. | *er ist alles, nur kein Pädagoge*, il est tout sauf un pédagogue. | *mir ist alles eins*, tout m'est égal. | *jetzt ist alles aus*, tout est fini. || FAM. fini. | *der Wein ist alle*, il n'y a plus de vin. | *ich bin alle !*, je suis fini !

all|bekannt ["albə'kant] adj. bien connu. | *das ist eine allbekannte Sache*, c'est le secret de Polichinelle. ||**-deutsch** adj. pangermaniste. | HIST. *alldeutscher Verband*, ligue pangermaniste. ||°**-gegenwart** f. omniprésence f. ; ubiquité f.

all|gemein ["algə'main] adj. général ; universel. | | *allgemeine Richtlinien*, directives générales. || POLIT. *allgemeines Wahlrecht*, suffrage universel. | *allgemeine Dienstpflicht*, service (m.) obligatoire. || PHILOS. *vom Allgemeinen auf das Besondere schließen*, déduire du général au particulier. || TECHN. *allgemeine technische Daten*, caractéristiques générales.

◇ adv. im allgemeinen, en général ; généralement. | *man sagt allgemein*, le bruit court. | *allgemein gültig*, universellement valable.

Allgemein|befinden ["algəmainbə'findən] n. MÉD. état général. ||°**-bildung** f. culture générale. ||**-gültig** adj. de valeur universelle. ||°**-gut** n. (es, ¨er) bien public ; propriété publique ; biens collectifs. ||°**-mediziner** m. (s, -) médecin (m.) généraliste ; généraliste s. ||**-verständlich** adj. vulgarisé. ||°**-wohl** n. (s) bien-être général.

Allgemeinheit ["algəmain'hait] f. universalité f. ; généralité f. ; communauté f.

All|heilmittel ["al'hailmitəl] n. (s, -) panacée f. ; remède universel. ||**-jährlich** adj. et adv. annuel ; tous les ans. ||°**-macht** (-, ¨e) toute-puissance f. ||**-mächtig** adj. tout-puissant. ||°**-mächtiger** m. (s) tout-puissant ; interj. *Allmächtiger !*, grand Dieu ; pas possible ! ||**-mählich** adj. et adv. graduel ; peu à peu ; petit à petit. ||°**-mende** f. (-, n) terrain communal. ||**-monatlich** adj. et adv. mensuel ; tous les mois. ||**-nächtlich** adj. et adv. toutes les nuits. ||**-seitig** adj. et adv. universel ; de tous côtés ; de toutes parts. ||**-seits** adv. à tous égards. ||°**-tag** m. ([e]s, e) ouvrable ; jour (m.) ordinaire. | *der graue Alltag*, la grisaille quotidienne. ||**-täglich** adj. et adv. quotidien, ienne ; banal ; ordinaire. ||°**-täglichkeit** f. (-, en) banalité (f.) ; trivialité (f.). ||°**-tagsmensch** m. homme moyen, ordinaire. ||**-überall** adv. absolument partout. ||**-wissend** adj. omniscient. || **-wöchentlich** adj. et adv. hebdomadaire. ||**-zu** adv. trop ; par trop. |*allzu oft*, par trop souvent. |*allzugelehrt*, trop savant. ||**-zusehr** adv. trop ; par trop. ||**-zuviel** adv. trop. | *allzuviel ist ungesund*, l'excès en tout est un défaut ; trop, c'est trop. ||°**-zweck**... préf. polyvalent. | *Allzweckhalle*, salle polyvalente.

alle|dem [″alə'de:m] adv. Loc. *bei alledem, trotz alledem*, malgré tout. ||**-mal** adv. toutes les fois ; toujours. |*ein für allemal*, une fois pour toutes. || dans tous les cas ; à coup sûr. ||**-samt** adv. tout, tous, toutes ensemble.

Allee [a'le:] f. (-, n) allée f. ; avenue f. ; cours m.

Allegorie [alego'ri:] f. (-, n) allégorie f.

allegorisch [-'go:riʃ] adj. allégorique.

Allegro [a'le:gro] n. (s, s). Mus. allégro m.

allein [a'lain] adj. invar. (toujours attribut) seul ; seule. |*er lebt allein*, il vit seul. || [ohne Hilfe] *das Kind läuft schon allein*, cet enfant marche déjà seul.
◇ adv. uniquement.
◇ conj. de coord. cependant ; mais. |*ich erwartete ihn, allein ich wurde enttäuscht*, je l'attendais, mais j'ai été déçu.

Allein|erbe [a″lain'ɛrbə] m. (n, n). Jur. légataire universel. ||°**-gang** m. (s,¨e) Sport., fig. *im Alleingang*, en solitaire. ||°**-herrschaft** f. (-, en) monarchie f. ||°**-herrscher** m. (s, -) monarque m. ; autocrate m. ||**-stehend** adj. seul ; isolé ; sans appui ; sans famille. ||°**-verkauf** m. (s, ¨e) vente exclusive. ||°**-vertreter** m. dépositaire exclusif.

alleinig [a'lainiç] adj. unique ; exclusif.

allen|falls [″alən'fals] adv. au besoin ; à la rigueur ; tout au plus ; éventuellement.

allent|halben [″alənt'halbən] adv. partout ; en tout lieu.

aller ['alɛr] (en compos.) le plus ; très.

aller|art [″alər'ɑ:rt] adj. invar. de toute sorte.

aller|best ['alər″bɛst] adj. le meilleur de tous. || adv. *er hat am allerbesten gearbeitet*, c'est lui qui a le mieux travaillé. ||**-dings** adv. en effet ; sans doute ; bien sûr ; cependant ; il est vrai. ||**-erst** adj. et adv. en premier lieu ; en première ligne ; premièrement. ||**-hand** adj. invar. [verschiedene] toutes sortes de. | *allerhand Geschichten*, toutes sortes d'histoires. || [ziemlich] *allerhand Geld*, (une) assez (forte somme) d'argent. || Fig., fam. *das ist allerhand !*, c'en est trop ! ||°**-heiligen** n. Relig. Toussaint f. ||°**-heiligste** n. (n) [Tempel] sanctuaire m. || [Innerste des Tempels] saint (m.) des saints ; sacraire ; tabernacle m. ; saint sacrement (Syn. hostie.). ||°**-höchst** adj. très haut ; très honoré. ||**-lei** adj. invar. toutes sortes de. | *allerlei Schönes*, maintes belles choses. ||°**-lei** n. Fig. pot-pourri m. || Culin. *Leipziger Allerlei*, macédoine f. ||**-letzt** adj. tout dernier. | *als allerletztes Mittel*, en désespoir de cause. || adv. *zu allerletzt*, en tout dernier lieu. ||**-liebst** adj. très cher. | *die Allerliebste*, la bien-aimée. | *am allerliebsten*, de préférence. ||**-meist** adj. bien des (pl.) ; la plupart de. || adv. *am allermeisten*, le plus (souvent). ||**-neuest** adj. le plus nouveau. || Fig. [Mode] dernier cri. ||**-orten, -orts** adv. en tout lieu, en tous lieux. ||°**-schönste** n. Fig., fam. *das Allerschönste kommt erst jetzt*, voilà le bouquet ; voici le plus beau de tout. ||°**-seelen** n. Relig. les Trépassés. ||**-seits** adv. de tous (les) côtés ; de partout. ||**-wenigste** adj. le, la moindre. || adv. *am allerwenigsten*, le moins du monde. ||°**-weltskerl** m. (s, e) gaillard m. ; luron m. ; pop. type m. ||°**-weltswort** n. (s, ¨er et e) mot (m.) passe-partout.

allergisch [a'lɛrgiʃ] adj. Méd. [reizempfindlich] allergique.

Allergo|loge [alɛrgo'lo:gə] m. (n, n), °**-login** [-gin] f. (-, nen). Méd. allergologue s.

Allianz [ali'ants] f. (-, en). Polit. alliance f.

Alligator [ali'gɑ:to:r] m. (s, en). Zool. alligator m.

Alliierter [ali'i:rtər] m. allié m. || Hist. *die Alliierten*, les Alliés.

Alliteration [alitera'tsio:n] f. (-, en). Littér. [Stabreim] allitération f.

Allotria [a'lo:tria] pl. invar. frasque f. ; fatras m. | *Allotria treiben*, s'amuser.

Allrad|antrieb ['alrɑt″antri:p] m. (s, e) Autom. *mit Allradantrieb*, à quatre roues motrices. | *Fahrzeug (n.) mit Allradantrieb*, quatre-quatre m.

Allüren [a'ly:rən] f. pl. manières f. pl.

Alm [alm] f. (-, en) alme f. ; prairie (f.), pâturage (m.) alpestre.

Almanach ['almanax] m. (s, e) almanach m. ; annuaire m.

Almosen [″al'mo:zən] n. (s, -) aumône f. | *um ein Almosen bitten*, demander l'aumône, la charité.

Aloe [″alo'e:] f. Bot. aloès m.

Alp [alp] m. (es, e) [Alb] cauchemar m. | *der Alp drückte mich ; ich hatte einen Alpdruck, einen Alptraum*, j'ai eu un cauchemar. || [Kobold] elfe m.

Alp [alp] f. (-, en). V. Alb. || V. Alm.

Alpaka [al'paka] n. (s, e). Zool. [Tier] alpaca m., alpaga m. || Comm. [Stoff, Wolle] alpaga m. || [Metallbesteck] métal (m.) argenté.

Alp|drücken [″alp'drykən] n. cauchemar m.

Alpen ['alpən] n. pr. f. pl. Géogr. Alpes f. pl.

Alpen|land [″alpən'lant] n. ([e]s, ¨er) région alpine. ||°**-paß** m. (sses, ¨sse) col (m.) des Alpes. ||°**-pflanze** f. (-, n) plante (f.) alpestre. ||°**-rose** f. (-, n) rhododendron m. ||°**-veilchen** n. (s, -). Bot. cyclamen m. ||°**-vorland** n. (s.) contreforts (m. pl.) des Alpes ; Préalpes.

Alphabet [alfa'bɛ:t] n. (s, e) alphabet m.

alphabetisch [-tiʃ] adj. alphabétique.

alphanumerisch [″alfanu'me:riʃ] adj. alphanumérique.

Alp|horn ['alphɔrn] n. (s, ¨er) cor (m.) des Alpes.

alpin [al'pi:n] adj. alpin ; alpestre.

Alpinismus [alpi'nismus] m. alpinisme m.

Alpinist(in) [-'nist″, (in)] m. (en, en), f. (-, nen) alpiniste m. et f.

Alraun [″ɑ:l'raun] m. (s, e), **Alraune** [-nə] f. (-, n). Bot. mandragore f.

als [als] conj.

> **I.** Coordination de substantifs ou adj. : comme ; en qualité de.
> **II.** Degrés de comparaison : que. *so... als ; mehr... als ; zu... als ; um so mehr... als ; insofern... als ; als ob.*
> **III.** Subordination introduisant une prop. temporelle : lorsque ; que ; quand.

I. Coordination de substantifs ou adj. : comme ; en qualité de ; en tant que. | *als Vormund handeln*, agir en qualité de tuteur. | *als Mönch verkleidet*, déguisé en moine. | *als Kind*, étant enfant.

II. Degrés de comparaison : que... — **a)** [égalité] *so bald als möglich*, aussitôt que possible. | *so wohl er als* *auch ich*, aussi bien lui que moi. — **b)** [inégalité] (après un compar.) *größer als*, plus grand que. | *er ist anders als sein Bruder*, il ne ressemble pas à son frère. — **c)** [inégalité et rapport de conséquence] *zu... als...*, trop... pour que. | *er ist zu jung, als daß er schreiben könnte*, il est trop jeune pour savoir écrire. — **d)** [coordination comparative] *um so mehr... als*, d'autant plus... que ; *desto* et comparatif... *als...*, d'autant plus. | *um so mehr gilt das für dich, als du älter wirst*, cela vaut pour toi d'autant plus que tu vieillis. — **e)** [limitation] *insofern als*, dans la mesure où. | *die beiden ähneln sich insofern, als beide groß sind*, ils se ressemblent dans la mesure où ils sont grands tous les deux. — **f)** [supposition] *als ob*, comme si ; *als* avec le subj., comme si. | *tu, als ob du zu Hause wärest*, fais comme si tu étais chez toi. | *als wäre er mein Bruder*, comme s'il était mon frère.

III. SUBORDINATION introduisant une prop. temporelle : lorsque ; que ; quand. — **a)** deux événements contemporains, dans le passé. | *als sein Vater starb, war er noch jung*, quand son père mourut il était encore jeune. — **b)** deux événements passés, qui se suivent immédiatement. | *kaum war ich da, als sie kam*, à peine étais-je là qu'elle vint. | *er fuhr erst, als seine Arbeit fertig war*, il ne partit que son travail fini.

also ['alzo:] adv. ainsi ; de cette manière. | *also geschah es*, cela se passa ainsi.
◇ conj. donc ; c'est pourquoi ; par conséquent. | *du hast gelogen, also wirst du bestraft*, tu as menti, donc tu seras puni.
◇ interj. FAM. *na also !*, eh bien, voilà !

alt [alt] (compar. **älter,** superl. **ältest**) adj. **1.** [Personen] vieux (devant une voyelle ou un *h* muet : vieil), vieille (pl. vieux, vieilles). | *wie alt ist er ?*, quel âge a-t-il ? | *er ist zehn Jahre alt*, il a dix ans ; il est âgé de dix ans. | *für wie alt halten Sie mich ?*, quel âge me donnez-vous ? | *so alt wie Methusalem*, FAM. vieux comme Hérode. | *die alten Menschen, Leute*, les personnes âgées. | *Alt(e) und Jung(e)*, grands et petits. | *sein älterer Bruder*, son frère aîné. | *alte Jungfer*, vieille fille. | *alt genug sein, um zu*, être d'âge à, en âge de (avec l'infin.) ; être assez grand pour. | *zu alt sein, um zu*, être trop âgé pour (avec l'infin.). | *alt werden*, vieillir. || invétéré. | *alter Trinker*, buveur invétéré.
2. (Dinge) [nicht mehr frisch] *altes Brot*, pain rassis. | *alte Bücher*, livres (m. pl.) d'occasion. | *altes Zeug*, vieilleries f. pl.
3. [einstig] ancien ; antique. | *ein alter Freund*, un ami de toujours. || FIG. *von altem Schrot und Korn*, de vieille roche. | *alles ist beim alten geblieben*, rien n'a changé.
4. [aus früheren Zeiten] ancien ; antique. | *das Alte Testament*, l'Ancien Testament. | *die alten Römer*, les anciens Romains.
5. LOC. FAM. *immer wieder das alte Lied anstimmen*, chanter toujours la même antienne. | *zum alten Eisen werfen*, mettre au rancart. | *er ist immer der alte*, il est toujours le même. || FIG. *nicht alt werden*, ne pas s'éterniser.

Alt [alt] m. (es, e). MUS. alto m. ||°**-stimme** f. (-, n) voix d'alto f.

Altan [al'tɑ:n] m. (s, e) balcon m. ; galerie f.

Altar [al'tɑ:r] m. (s, ¨e). RELIG. autel m.

Altar|bild [al"tɑ:rbilt] n. (s, er) retable m.

alt|backen ["alt'bakən] adj. rassis ; réchauffé. || FIG. *altbackene Ansichten*, des idées vieux jeu. ||°**-Berlin** n. (s) [le] vieux Berlin. ||**-deutsch** adj. ancien allemand. || PÉJOR. tudesque. ||**-eingesessen** adj. propriétaire, habitant de très longue date. ||°**-eisen** n. (s) [Schrott] ferraille f. ; riblon m. ||**-gedient** adj. expert ; FIG. blanchi sous le harnois. ||**-gewohnt** adj. traditionnel. ||°**-glas** n. (es) verre (m.) jetable. ||**-hergebracht, -herkömmlich** adj. traditionnel. ||**-hochdeutsch,** ancien haut allemand. ||**-jüngferlich** adj. à la manière d'une vieille fille. ||**-klug** adj. blanc-bec. ||°**-metall** n. (s, e) métal (m.) recyclable. ||**-modisch** adj. démodé. | *altmodisch werden*, se démoder ; FAM. être vieux jeu. ||**-nordisch** adj. vieux nor(r)ois. ||°**-öl** n. (s) huile (f.) de vidange ; huiles usagées. ||°**-ölentsorgung** f. (-) gestion (f.) des huiles de vidange. ||°**-philologe** m. (n, n) philologue (m.) classique. ||°**-philologie** f. philologie (f.) classique. ||**-väterlich** adj. à l'ancienne mode ; patriarcal ; FIG. tranquille. ||°**-warenhändler** m. (s, -). COMM. brocanteur m. ||°**-weibergeschwätz** n. (es). FAM. commérages m. pl. ||°**-weibersommer** m. (s) été (m.) de la Saint-Martin.

Alten|teil ["altən'tail] m. et n. (s, e). JUR. pension (f.) à verser aux parents. ||°**-wohnheim** n. (s, e) maison (f.) de retraite ; foyer (m.) de personnes âgées.

Alter ['altər] n. (s, -) âge m. | *in meinem Alter*, à mon âge. | *im Alter von*, à l'âge de. | *hohes Alter*, vieillesse f. ; âge avancé ; bel âge. | *im besten Alter*, dans la force de l'âge. || LOC., JUR. *das gesetzliche Alter haben*, avoir l'âge (requis). | *man sieht ihm sein Alter nicht an*, on ne lui donnerait pas son âge ; il ne paraît pas son âge. || MÉD. [Wechseljahre] *das gefährliche Alter*, retour (m.) d'âge ; âge critique.

altern [-tərn] v. intr. vieillir ; se faire vieux. | *er ist gealtert*, il a vieilli.

alternativ [altɛrna'ti:f] adj. alternatif. | *alternative Kultur*, contre-culture f. ||°**-medizin** f. (-) médecine douce, parallèle. ||°**-szene** f. (-, n) monde (m.) des marginaux.

Alternative [-'ti:və] f. (-, n) alternative f.

alters ['altərs] adv. *von alters her*, de tout temps. | *seit alters*, depuis longtemps.

Alters|genosse, ssin ["altərsgə'nɔsə", -sin] m. (n, n), f. (-, nen) contemporain(e) m. (f.). ||°**-grenze** f. (-, n) limite (f.) d'âge. | *die Altersgrenze erreichen*, être atteint par la limite d'âge. ||°**-gruppe** f. (-, n) tranche (f.) d'âge. ||°**-heilkunde** f. (-) MÉD. gériatrie. ||°**-heim** n. (s, e) maison (f.) de retraite ; foyer (m.) de personnes âgées. ||°**-präsident** m. (en, en) doyen m. ||°**-rente** f. (-, n) pension (f.) de vieillesse. ||**-schwach** adj. sénile ; affaibli par l'âge ; décrépit. ||°**-schwäche** f. décrépitude f. ; débilité (f.) sénile. ||°**-schwachsinn** m. (s) démence (f.) sénile. ||°**-stufe** f. (-, n) rang (m.) d'âge. ||°**-versorgung** f. (-, en) pension (f.) de vieillesse, de retraite ; [Sozialversicherung] régime (m.) vieillesse.

Altertum ["altər'tu:m] n. (s) antiquité f.
◇ pl. **Altertümer,** antiquités f. pl.

Altertümlichkeit [-'ty:mliçkait] f. caractère (m.) antique, archaïque.

Altertums|forscher ["altərtu:ms'fɔrʃər] m. (s, -) archéologue m. ||°**-forschung** f., °**-kunde** f., °**-wissenschaft** f. archéologie f.

Altruismus [altru'ismus] m. altruisme m.
— SYN. : *Nächstenliebe*, charité.

Altruist [-'ist] m. (en, en) altruiste m. et f.

altruistisch [-'istiʃ] adj. altruiste.

Aluminium [alu'mi:nium] n. (s) aluminium m.

am [am] contract. de **an dem** (s'emploie toujours devant un superl.). | *am besten*, de la meilleure façon. || (souvent dans le sens local) *am Meer*, au bord de la mer. | *Frankfurt am Main*, Francfort-sur-le-Main. || (dans le sens temporel, devant les noms de jours) *am Montag*, le lundi. || (dans les expressions figurées) *am Leben bleiben*, demeurer en vie.

Amalgam [amal'gɑ:m] n. (s, e) amalgame m.

amalgamieren [-ga'mi:rən] v. tr. amalgamer.
Amarant [ama'rant] m. (s, e). BOT. amarante f. ◇ adj. **amarant,** couleur amarante (invar.).
Amarelle [ama'rɛlə] f. (-, n). BOT. merise f.
Amateur(in) [ama'tø:r(in)] m. (s, e), f. (-, nen) amateur m.
Amazone [ama'tso:nə] f. (-, n). MYTH. Amazone f. || FIG. [Reiterin] amazone f.
Amber ['ambər] m. (s, -) ambre m.
Ambiente [ambi'ɛntə] n. ambiance f.
Ambition [ambi'tsio:n] f. (-, en) ambition f. | *Ambitionen haben*, être ambitieux.
Ambivalenz [ambiva'lɛnts] f. (-, en) ambivalence f. ||°**-konflikt** m. (s, e). MÉD. conflit (m.) d'ambivalence.
Amboß ['ambɔs] m. (sses, sse). TECHN. enclume f.
Ambrosia [am'bro:zia] f. MYTH. ambroisie f.
ambulant [ambu'lant] adj. [umherziehend] ambulant. | *ambulantes Gewerbe*, métier ambulant. || MÉD. *ambulante Behandlung*, traitement (m.) à domicile ; médecine (f.) ambulatoire. | *ambulante Medizin*, médecine (f.) de ville, ambulatoire.
Ambulanz [-'lants] f. (-, en) [Krankenwagen] ambulance f. || [Behandlungsraum] dispensaire m. ; polyclinique f.
Ameise ['ɑ:maizə] f. (-, n) fourmi f.
Ameisen|äther ["ɑ:maizən'ɛ:tər] m. (s). CHIM. éther (m.) formique. ||°**-bär** m. (en, en) fourmilier m. ; tamanoir m. ||°**-haufen** m. (s, -) fourmilière f. ||°**-säure** f. (-, n). CHIM. acide (m.) formique.
Amen ['ɑ:mən] n. (s, -). RELIG. amen m. || FIG. *ja amen sagen*, opiner du bonnet ; dire amen à tout. | *sicher wie das Amen in der Kirche sein*, aussi sûr que deux et deux font quatre.
Amerika [a'me:rika] n. pr. n. (s). Amérique f.
Amerikaner(in) [ameri'kɑ:nər(in)] m. (s, -), f. (-, nen) Américain(e) m. (f.).
amerikanisch [-'kɑ:niʃ] adj. américain.
amerikanisieren [-kani'zi:rən] v. tr. américaniser.
Amerikanisierung [-kani'zi:ruŋ] f. américanisation f.
Amethyst [ame'tyst] m. (es, e) améthyste f.
Amino|säure [a"mi:no'zɔyrə] MÉD. acide aminé.
Amme ['amə] f. (-, n) nourrice f.
Ammer ['amər] f. (-, n). ZOOL. bruant m.
Ammoniak [amoni'ak] n. (s) ammoniaque f.
Ammons|horn ["amɔns'hɔrn] n. (es, ¨er) ammonite f. ; POP. corne (f.) d'Am(m)on.
Amnesie [amne'zi:] f. (-, n). MÉD. amnésie f.
Amnestie [amnɛs'ti:] f. (-, n). JUR. amnistie f.
amnestieren [-'ti:rən] v. tr. amnistier.
Amöbe [a'mø:bə] f. (-, n). ZOOL. amibe f.
Amöben|ruhr [a"mø:bən'ru:r] f. (-, en). MÉD. amibiase f.
Amok|lauf [a"mɔk'lauf] m. (s, ¨e) amok m. ; folie (f.) meurtrière.
Amor ['ɑ:mor] m. MYTH. Cupidon m. ; Amour m.
amoralisch ["ɑ:mo'rɑ:liʃ] adj. amoral.
amorph [a'mɔrf] adj. amorphe.
Amortisation [amɔrtiza'tsio:n] f. (-, en). COMM. amortissement m.
amortisieren [-'zi:rən] v. tr. COMM. amortir.
Ampel ['ampəl] f. (-, n) lampe suspendue. || PAR EXT. feux (m. pl.) de signalisation.
Ampere [am'pɛ:rə] n. (-). [en abr. AMP.] ampère m.
Ampere|meter [am"pɛ:rə'me:tər] n. (s, -) ampèremètre m. ||°**-stunde** f. (-, n) ampère-heure f.
Ampfer ['ampfər] m. (s) rumex m.
Amphetamin [amfetɑ'mi:n] n. (s, e) MÉD. amphétamine f.
Amphibie [am'fi:bie] f. (-, n) amphibie m.
Amphibien|fahrzeug [-bien'fɑrtsɔyk] n. (s, e). AUTOM. voiture (f.) amphibie. ||°**-flugzeug** n. (s, e). AÉRON. avion (m.) amphibie.
amphibisch [-biʃ] adj. amphibie.
Amphi|theater [am"fi:te'ɑtər] n. (s, -). ARCHIT. amphithéâtre m.
Amplitude [ampli'tu:də] f. (-, n). PHYS. amplitude.
Amplituden|modulation [-ənmodula'tsjo:n] f. (-, en). PHYS. modulation (f.) d'amplitude.
Ampulle [am'pulə] f. (-, n) ampoule f.
Amputation [amputa'tsio:n] f. (-, en). MÉD. amputation f.
amputieren [-'ti:rən] v. tr. MÉD. amputer.
Amsel ['amzəl] f. (-, n) merle m.
Amt [amt] n. (es, ¨er). **1.** ADM. [öffentliche Dienststellung] fonction f. ; charge f. ; emploi m. ; poste m. ; magistrature f. ; ministère m. | *ein Amt antreten*, entrer en fonction(s). | *ein Amt bekleiden*, exercer une fonction. | *sein Amt niederlegen*, démissionner. | *im Amt*, en service. | *Amtsbruder*, collègue m.
2. [Aufgabe] compétence f. ; juridiction f. | *kraft seines Amtes*, de par sa fonction. | *von Amts wegen*, d'office.
3. [Dienststelle, -raum] bureau(x) m. (pl.) ; office m. ; administration f. ; service m. | *das Amt für Jugendfragen*, le service chargé de la jeunesse. | *das Auswärtige Amt*, le ministère (allemand) des Affaires étrangères.
4. RELIG. messe chantée.
Ämter|häufung ["ɛmtər'hɔyfuŋ] f. cumul (m.) des fonctions.
amtieren [am'ti:rən] v. intr. être en fonction(s).
amtlich ['amtliç] adj. officiel. | *das ist amtlich*, c'est officiel. | *amtliche Bestätigung*, officialisation f. | *amtliche Einführung*, introduction (f.) en Bourse. | *amtlicher Handel*, cote officielle. | *amtliches Mitteilungsblatt*, journal (m.) d'annonces légales. || AUTOM. *amtliche Zulassung*, immatriculation f. | *amtlicher Kurs*, cours officiel.
◇ adv. officiellement.
Amt|mann ['amtman] m. (s, ¨er) secrétaire m.
Amts|anmaßung ["amts'anmɑ:suŋ] f. (-, en). JUR. abus (m.) de pouvoir. ||°**-antritt** m. (es). ADM. entrée (f.) en fonction(s), en charge. ||°**-bezirk** m. (s, e) juridiction f. ; ressort m. ; circonscription f. ; district m. ||°**-blatt** n. (es, ¨er) journal, bulletin officiel. ||°**-dauer** f. durée (f.) du mandat. ||°**-eid** m. (es, e). JUR. serment (m.) d'entrée en charge. | *jm den Amtseid abnehmen*, assermenter qn. ||°**-enthebung** f. (-, en). JUR. suspension f. ; destitution f. ||°**-geheimnis** n. (ses, se). JUR. secret professionnel. ||°**-gericht** n. (s, e) tribunal cantonal. ||°**-gewalt** f. (-, n) autorité f. ||°**-mißbrauch** m. (s, ¨e). JUR. abus (m.) de pouvoir. ||°**-niederlegung** f. démission f. ||°**-person** f. (-, en) fonctionnaire m. ; magistrat m. ||°**-pflicht** f. (-, en) devoirs (m. pl.) d'une charge. | *seine Amtspflichten verletzen*, trahir les devoirs de sa charge. ||°**-richter(in)** m. (s, -), f. (-, nen) juge de première instance. ||°**-schimmel** m. (s, -). FIG., POP. bureaucratie f. | *den Amtsschimmel reiten*, avoir l'esprit bureaucratique. ||°**-sprache** f. (-, n) langue officielle, administrative. ||°**-tracht** f. (-, en) costume officiel ; robe f. (d'un magistrat). ||°**-träger** m. (s, -) officier ministériel. ||°**-vergehen** n. (s, -) prévarication f. ;

malversation f. ||°-**weg** m. (s, e) voie (f.) hiérarchique. ||°-**zeichen** n. (s, -) tonalité f.

Amulett [amu'lɛt] n. (s, e) amulette f. ; talisman m. ; fétiche m. ; gri-gri m.

amüsant [amy'zant] adj. amusant ; drôle.

Amüsement [amyzə'mɑ̃] m. (s, s) amusement m.

amüsieren [amy'zi:rən] v. tr. et v. pr. amuser.

amusisch [a'mu:ziʃ] adj. indifférent à l'art ; béotien.

an [an]

> **I.** prép. gouvernant l'acc. et le dat.
> **1.** SENS LOCAL ;
> **2.** SENS LOCAL ATTRIBUTIF ;
> **3.** SENS TEMPOREL ;
> **4.** SENS CAUSAL ;
> **5.** SENS INSTRUMENTAL ;
> **6.** SENS DISTRIBUTIF ;
> **7.** SENS ESTIMATIF.
> **II.** adv. SENS LOCAL ; SENS TEMPOREL.

I. prép. gouvernant l'acc. et le dat. — **1.** SENS LOCAL : **a)** marquant une situation (dat.) : à, contre, sur, en. | *das Bild hängt an der Wand*, le tableau est accroché au mur. | *an mehreren Stellen*, en plusieurs endroits. | *Frankfurt an der Oder*, Francfort-sur-l'Oder. **b)** marquant une direction de mouvement (acc.) : à, vers, contre. | *an die Wand werfen*, lancer contre le mur. | *er tritt an ihn heran*, il s'approche de lui. || FIG. [destination] *an jn schreiben*, écrire à qn. | *ich habe eine Bitte an Sie*, j'ai une prière à vous adresser. | *Lied an die Freude* (SCHILLER), hymne à la joie.

2. SENS LOCAL ATTRIBUTIF : à, envers. — **a)** [désignant le lieu d'une activité] *er lehrt an der Realschule*, il est professeur au collège. | *der Pfarrer an der Karlskirche*, le curé de l'église Saint-Charles. | *er geht an die Arbeit*, il se met au travail. — **b)** *die Schuld liegt an Ihnen*, c'est votre faute. | *es liegt mir daran*, cela m'importe. | *es liegt mir am Herzen*, j'ai cela à cœur. || *du hast an mir schlecht gehandelt*, tu as mal agi envers moi. — **c)** *es ist nichts an dem*, il n'en est rien. | *es ist nichts an der Nachricht*, c'est un faux bruit. — **d)** [régime de verbes abstraits] *an jn denken*, penser à qn. | *sich an jn erinnern*, se souvenir de qn. — **e)** *an sich, an und für sich*, en soi. || PHILOS. *das Ding an sich*, la chose en soi.

3. SENS TEMPOREL (dat., souvent sans prép.) : par ; que (où). | *an diesem Morgen*, ce matin. | *an diesem schönen Sommertag(e)*, par ce beau jour d'été. | *der Tag, an dem*, le jour où, que. || PAR ANAL. *es, die Reihe ist an ihm*, c'est son, c'est à son tour. | *es ist an der Zeit*, il est temps.

4. SENS CAUSAL (dat.) : à, de ; à la suite ; à cause de ; d'après. | *jn an seinem Schritt erkennen*, reconnaître qn à sa démarche. | *an einer Krankheit leiden*, souffrir d'une maladie.

5. SENS INSTRUMENTAL (dat.) : de ; par ; en ; avec. | *an der Leine führen*, tenir en laisse. | *an der Krücke gehen*, marcher avec une béquille.

6. SENS DISTRIBUTIF (dat.) : de ; en ; comme ; en fait de. — **a)** [avec un verbe] *was haben Sie an Kleidung ?*, qu'avez-vous comme vêtements ? — **b)** [avec un adj. ; locutions fixes] *jung an*, jeune en. | *arm an*, pauvre en. | *reich an*, riche en, de. — **c)** [avec un substantif ; locutions fixes] *Mangel an*, manque de. | *Überfluß an*, surabondance de. | *Vorrat an*, provision de.

7. SENS ESTIMATIF (acc.) : à peu près ; environ. | *das ist wohl an die vier Wochen her*, il y a environ quatre semaines.

II. adv. SENS LOCAL : à partir de. | *von hier an*, à partir d'ici. || SENS TEMPOREL : à partir de ; dès. | *von jetzt (nun) an*, à partir de maintenant ; dorénavant ; désormais. || [Zustand] *das Radio ist an*, le poste marche. | *das Licht ist an*, la lumière brûle.

Anabolikum [ana'bo:likum] m. (s, ka). MÉD. anabolisant m.

Anachronismus [anakro'nismus] m. (-, men) anachronisme m.

Anagramm [ana'gram] n. (es, e) anagramme m.

Anakonda [ana'kɔnda] f. (-, s). ZOOL. anaconda m.

analog [ana'lo:k] adj. analogue.

Analogie [-lo'gi:] f. (-, n) analogie f.

Analog|rechner [ana"lo:k'rɛçnər] m. (s, -). INF. calculateur (m.) analogique. ||°-**signal** n. (s, e). TÉLÉCOMM. signal (m.). analogique. ||°-**steuerung** f. (-, en). INF. commande (f.) analogique.

An|alphabet(in) [analfa'be:t(in)] m. (en, en), f. (-, nen) analphabète s. ; illettré(e) m. (f.).

Analphabetentum ['betɛntum] n. (s) analphabétisme m.

Analysator [analy'zɑ:tɔr] m. (en, en). INF. analyseur m.

Analyse [ana'ly:zə] f. (-, n) analyse f. | *eine Analyse vornehmen, ausführen, machen*, faire une analyse. || GRAMM. analyse grammaticale, logique.

analysieren [-ly'zi:rən] v. tr. analyser.

Analytik [-'ly:tik] f. analytique f.

Analytiker [-'ly:tikər] m. (s, -) analyste m.

analytisch [-'ly:tiʃ] adj. analytique.

Anämie [anɛm'i:] f. MÉD. anémie f.

anämisch [a'nɛ:miʃ] adj. MÉD. anémique.

Anamnese [anam'ne:zə] f. (-, n). MÉD. anamnèse f.

Ananas ['ananas] f. BOT. ananas m.

Anapäst [ana'pɛst] m. (s, e). POÉS. anapeste m.

Anapher [a'nɑ:fɛr] f. LITTÉR. anaphore f.

Anarchie [anar'çi:] f. anarchie f.

anarchisch [an'arçiʃ] adj. anarchique.

Anarchismus [anar'çismus] m. POLIT. anarchisme m.

Anarchist [-'çist] m. (en, en). POLIT. anarchiste m.

anarchistisch [-'çistiʃ] adj. anarchiste.

Anästhesie [anɛste'zi:] f. (-, n) anesthésie f.

Anästhesist [anɛste'zist] m. (en, en), °-**in** [in] f. (-, nen). MÉD. anesthésiste s.

Anatom [ana'to:m] m. (en, en) anatomiste m.

Anatomie [-to'mi:] f. anatomie f.

anatomisch [-'to:miʃ] adj. anatomique. | *anatomisches Lehrbuch*, manuel (m.) d'anatomie.

an|backen ["an'bakən] (ä, u, a) v. intr. [backen] cuire brièvement. || [anbrennen] attacher. | *der Kuchen ist angebacken*, le gâteau a attaché.

an|bahnen ["an'bɑ:nən] v. tr. frayer, préparer la voie. || FIG. *ein Gespräch anbahnen*, engager une conversation. | *Verhandlungen anbahnen*, entamer des négociations. | *Beziehungen anbahnen*, entrer en relation.

An|bahnung [-nuŋ] f. (-, en) [Handlung] préparation f. || [Arbeiten] préparatifs m. pl.

an|bändeln ["an'bɛndəln] v. intr. flirter avec qn ; faire la cour à qn. || PÉJOR. chercher noise à qn.

An|bau ['anbau] m. (s) culture f. ; exploitation f. || ARCHIT. annexe f. ; agrandissement m.

an|bauen ["an'bauən] v. tr. AGRIC. cultiver ; mettre en culture ; exploiter. || ARCHIT. adosser à ; ajouter à.

anbau|fähig ["anbau'fɛ:iç] adj. AGRIC. cultivable. ||°-**fläche** f. (-, n) surface ensemencée ; emblavure f.

Anbau|schrank ["anbau'ʃrank] m. (s,¨e) armoire (f.) à éléments.

An|beginn ["anbə'gin] m. (s) commencement m. ; début m. ; origine. f. | *von Anbeginn*, dès le début.

an|behalten ["anbə'haltən] (ä, ie, a) v. tr. garder ; ne pas quitter (un vêtement).

an|bei ['anbai] adv. ci-joint ; ci-inclus ; sous ce pli. | *anbei zwei Abschriften*, ci-inclus deux copies.

an|beißen ["an'baisən] (i, i) v. tr. entamer avec les dents ; grignoter ; mordre dans.
◇ v. intr. mordre à l'hameçon. | *der Fisch beißt an*, le poisson mord (à l'hameçon). || FIG. se laisser prendre ; gober. || FAM. *sie ist zum Anbeißen hübsch*, elle est jolie à croquer.

an|belangen ["anbə'lagən] v. impers. concerner. | *was ihn anbelangt*, en ce qui le concerne ; quant à lui.

an|bellen ["an'bɛlən] v. tr. aboyer contre qn.

an|beraumen ["anbə'raumən] v. tr. fixer ; déterminer une date.

An|beraumung [-muŋ] f. (-, en) fixation (f.) d'une date ; d'un délai.

an|beten ["an'be:tən] v. tr. adorer. || FIG. adorer. | *die Angebetete*, l'adorée ; la bien-aimée.

An|betracht ["anbə'traxt] m. ou **Anbetreff** ["anbə'trɛf] m. dans la loc. *in Anbetracht*, *in Anbetreff* (gén.) eu égard à ; vu ; en considération de ; étant donné. | *in Anbetracht, daß*, étant donné que.

an|betreffen ["anbə'trɛfən] (i, a, o) v. tr. et v. intr. concerner. | *was mich anbetraf*, en ce qui me concernait.

an|betteln ["an'bɛtəln] v. tr. mendier (qch.) auprès de.

An|betung ["an'be:tuŋ] f. (-, en) adoration f.

an|biedern (sich) [ziç"an'bi:dərn] v. pr. se montrer familier (avec qn) ; faire des avances.

Anbiederungs|versuch ["anbi:dəruŋsfɛr'zu:x] m. (s, e) tentative (f.) de rapprochement.

an|bieten ["an'bi:tən] (o, o) v. tr. offrir ; proposer. | *ein Glas Wein anbieten*, offrir un verre de vin. | *eine Stelle anbieten*, proposer un emploi. | *zum Kauf anbieten*, mettre en vente.
◇ v. pr. **sich anbieten,** se mettre à la disposition de ; offrir ses services à.

an|binden ["an'bindən] (a, u) v. tr. attacher, lier à. || AGRIC. palisser. || MAR. amarrer.
◇ v. intr. FIG. *mit jm anbinden*, chercher querelle à qn ; prendre qn à partie.
◇ part. pass. et adj. **angebunden.** FIG. *er war kurz angebunden*, il était abrupt, grognon et avare de paroles.

an|blasen ["an'blɑ:zən] (ä, ie, a) v. tr. attiser ; souffler. | *das Feuer anblasen*, souffler le feu. || [Jagd] *die Jagd anblasen*, sonner la chasse.

an|blecken ["an'blɛkən] v. tr. *der Hund bleckte ihn an*, le chien lui montra les dents.

An|blick ['anblik] m. (s, e) regard m. ; vue f. ; coup (m.) d'œil. || *beim Anblick von*, à la vue de. | *ein herrlicher Anblick*, un spectacle magnifique.

an|blicken [-ən] v. tr. regarder.

an|blinzeln ["an'blintsəln] v. tr. FAM. faire de l'œil à qn ; regarder du coin de l'œil.

an|bohren ["an'bo:rən] v. tr. sonder ; percer.

An|bohren n. (s) [Forstdienst] térébration f. || TECHN. forage m. ; amorçage m.

an|bräunen ["an'brɔynən] v. tr. hâler. || CULIN. faire dorer.

an|brausen ["an'brauzən] v. intr. arriver à toute vitesse.

an|brechen ["an'brɛçən] (i, a, o) v. tr. entamer ; écorner ; ébrécher.
◇ v. intr. commencer. | *der Tag bricht an*, le jour point, se lève. | *bei anbrechendem Tag*, à l'aube.

an|brennen ["an'brɛnən] (brannte, gebrannt) v. tr. allumer ; mettre le feu à.
◇ v. intr. brûler ; prendre feu. | *angebrannt schmecken*, sentir le brûlé. || CULIN. attacher.

an|bringen ["an'briŋən] (brachte, gebracht) v. tr. placer ; mettre ; poser ; appliquer ; fixer. | *ein Gemälde an der Wand anbringen*, fixer un tableau au mur. | *eine Klage anbringen*, déposer une plainte. || FIG. *etwas Neues anbringen*, apporter des nouvelles.

An|bruch ['anbrux] m. (s, ¨e) [Beginn] commencement m. | *bei(m) Anbruch des Tages*, à la pointe du jour. | *bei(m) Anbruch der Nacht*, à la tombée de la nuit.

an|brüllen ["an'brylən] v. tr. FAM. rugir ; mugir contre. || FIG. pester, tonner contre qn.

An|chovis [an'ʃo:vis] f. (-, -) anchois m.

An|dacht ['andɑxt] f. (-, en) méditation f. ; recueillement m.

an|dächtig ["an'dɛçtiç] adj. recueilli. || FIG. attentif. | *andächtige Stimmung*, atmosphère recueillie.
◇ adv. *andächtig zuhören*, écouter attentivement.

andachts|voll ["andaxts'fɔl] adj. dévot ; pieux.

Andalusi|en [anda'lu:ziən] n. pr. n. GÉOGR. Andalousie f.

Andalusier(in) [-zier(in)] m. (s, -), f. (-, nen). GÉOGR. Andalou(se) m. (f.).

andalusisch [-ziʃ] adj. GÉOGR. andalou.

Andante [an'dante] n. (s, s). MUS. andante m.

an|dauern ["an'dauərn] v. intr. durer ; persister.
◇ part. prés. et adj. **andauernd,** persistant ; continuel.

Anden ['andən] n. pr. f. pl. Andes f. pl.

an|denken ["an'dɛŋkən] *denk (mal) an !*, figure-toi.

An|denken [-kən] n. (s, -) [Gedanke] souvenir m. ; mémoire f. | *zum Andenken an* (acc.), en souvenir de. | *in gutem Andenken bei jm stehen*, laisser un bon souvenir à qn. || [Gegenstand] souvenir m.

ander ['andər] (er, e, es, e) adj. et pron. **1.** autre ; nouveau. || [nicht derselbe ; unterschiedlich] *der eine, der and(e)re*, l'un, l'autre. | *auf dem andern Rheinufer*, de l'autre côté du Rhin. | *er ist and(e)rer Meinung*, il est d'un autre avis. | *am ander(e)n Tag(e)*, le lendemain. **2.** *ein and(e)rer*, un autre. | *and(e)re Leute*, d'autres gens. | *er weiß noch ganz and(e)re Sachen*, il en sait long. | *sich auf and(e)re verlassen*, compter sur autrui. | *unter and(e)rem*, entre autres. | *ich habe ganz and(e)re Dinge erlebt*, j'en ai vu (bien) d'autres. | *kein and(e)rer als*, nul autre que. | *alles and(e)re*, tout le reste. | *diese Aufgabe verdient alles andere als Lob*, ce devoir mérite tout autre chose que des éloges.
3. LOC. *in and(e)ren Umständen sein*, être enceinte. | *sie sind einer wie der and(e)re*, l'un vaut l'autre. | *einer um den and(e)ren*, tour à tour. | *er macht eine Dummheit über die and(e)re*, il fait sottise sur sottise.

andererseits ["andərər'zaits] adv. d'autre part ; par ailleurs.

ander|wärtig ["andər'vɛrtiç] adj. autre. ||**-weitig** adj. autre ; ultérieur.

ändern ['ɛndərn] v. tr. changer ; modifier ; corriger ; altérer. | *ein Kleid ändern*, retoucher un vêtement. || FIG. *seine Ansicht ändern*, changer d'avis.
◇ v. intr. et pr. changer. | *das Wetter ändert sich*, le temps change.

andern|falls ["andərn'fals] adv. autrement ; sinon. ||**-orts** adv. (par) ailleurs. ||**-tags** adv. le lendemain.

anders ['andərs] adv. autrement ; différemment. | *anders als*, à la différence de. | *wenn anders*, si toutefois. || [neuartig] *es kommt ganz anders*, les choses se passent différemment. | *das ist was ganz anders*, FAM. c'est tout autre chose. | *mir wird ganz anders*, je me sens mal. | *jd anders*, qn d'autre. | *niemand anders*, personne d'autre. | *nirgend anders*, nulle part ailleurs. | *das ist nun einmal nicht anders*, c'est comme ça ; il n'y a rien à changer. | *das klingt schon ganz anders*, voilà qui est mieux !

anders|artig ["andərs'ɑ:rtiç] adj. d'une autre espèce. ||**-gläubig** adj. RELIG. hétérodoxe. ||**-rum** adv. dans l'autre sens. ||**-wo** adv. ailleurs. ||**-woher** adv. d'ailleurs. ||**-wohin** adv. ailleurs.

andert|halb ["andərt'halp] adj. invar. un(e) et demi(e).

Änderung ['ɛndəruŋ] f. (-, en) changement m. ; modification f. ; variation f. ; altération f. | *eine Änderung vornehmen*, modifier. | *Änderungen vorbehalten*, sous réserve de modifications.

an|deuten ["an'dɔytən] v. tr. faire signe de ; indiquer. || FIG. insinuer ; faire allusion à. || ARTS. ébaucher.

An|deutung [-tuŋ] f. (-, en) (vague) indication f. ; allusion (f.) à. | *eine Andeutung fallen lassen*, faire une allusion. | *in Andeutungen reden*, parler par allusions. | *versteckte Andeutungen machen*, dire à demi-mot. || ébauche f. | *andeutungsweise*, par allusion ; à demi-mot.

an|dichten ["an'diçtən] v. tr. inventer. | *jm Worte andichten*, prêter des paroles à qn.

an|donnern ["an'dɔnərn] v. tr. FIG., FAM. apostropher violemment (qn) ; fulminer (contre qn).

Andorra [ən'dɔra] n. pr. n. GÉOGR. Andorre.

An|drang ['andraŋ] m. (s) affluence f.

an|drängen ["an'drɛŋən] v. intr. s'approcher ; se serrer.

Andreas|kreuz [an"dre:as'krɔyts] n. (es, e) croix (f.) de Saint-André.

an|drehen ["an'dre:ən] v. tr. tourner. || AUTOM. *den Motor andrehen*, mettre le moteur en marche. || ÉLECTR. *das Licht andrehen*, allumer. || AÉRON. lancer. || COMM., FAM. *jm schlechte Ware andrehen*, fourguer, refiler de la camelote à qn.

an|dringen ["an'driŋən] (a, u) v. intr. affluer ; s'approcher de ; se porter violemment sur.

an|drohen ["an'dro:ən] v. tr. menacer ; avertir. | *jm eine Strafe androhen*, menacer qn d'une punition.

An|drohung [-uŋ] f. (-, en) menace f. || JUR. *unter Androhung*, sous peine de.

Andromache [an'dromaxə] n. pr. f. Andromaque f.

Andromeda [an'dro:meda] n. pr. f. MYTH. Andromède f.

an|ecken ["an'ɛkən] v. intr. cogner ; heurter.
◇ v. tr. scandaliser.

Äneas [ɛ'ne:as] n. pr. m. MYTH. Énée m.

an|eignen (sich) [ziç"an'aignən] v. pr. s'approprier ; se saisir de. || PHYS. s'assimiler. || FIG. *sich eine Sprache aneignen*, assimiler une langue étrangère.

An|eignung ["an'aignuŋ] f. (-, en) prise (f.) de possession ; appropriation f. || assimilation f.

an|einander [anain'andər] adv. l'un près de l'autre ; ensemble ; serré.

aneinander|geraten [anain"andərgə'rɑ:tən] (ä, ie, a) v. intr. se heurter ; se quereller ; se battre. ||**-grenzen** v. intr. être attenant, contigu. ||**-hängen** (i, a) v. tr. joindre ; adjoindre. — v. intr. FIG. être (intimement) lié. ||**-rücken** v. tr. rapprocher. — v. intr. se rapprocher. ||**-setzen** v. tr. joindre. ||**-stoßen** (ö, ie, o) v. intr. s'entrechoquer ; s'entreheurter. || AGRIC. être limitrophe.

Anekdote [anɛk'do:tə] f. (-, n) anecdote f.

an|ekeln ["an'e:kəln] v. tr. dégoûter ; écœurer. | *es ekelt mich an*, cela me répugne, m'écœure.

Anemone [ane'mo:nə] f. (-, n). BOT. anémone f.

an|empfehlen ["anɛm'pfe:lən] (ie, a, o) v. tr. recommander ; confier (à).

anerbieten ["anɛr'bi:tən] (o, o) v. tr. offrir.

An|erbieten [-tən] n. (s, -) offre f. ; proposition f.

an|erkannt ["anɛr'kant] adj. (généralement) admis ; reconnu. || adv. *eine anerkannt gute Küche*, une cuisine réputée.

anerkanntermaßen ["anɛrkantər'mɑ:sən] adv. de l'aveu de tous.

an|erkennen ["anɛr'kɛnən] (kannte, gekannt) v. tr. reconnaître ; accepter. | *den Standpunkt des Gegners anerkennen*, accepter, admettre, approuver le point de vue de l'adversaire. | *eine Arbeit anerkennen*, reconnaître le mérite d'un travail ; apprécier un travail. || JUR. *gerichtlich, gesetzlich anerkennen*, légitimer ; légaliser. || COMM. *einen Wechsel anerkennen*, accepter une traite. || SPORT. *einen Rekord offiziell anerkennen*, homologuer un record. || [gestehen] avouer.

An|erkenntnis [-'kɛntnis] f. (-, se), **Anerkennung** [-'kɛnuŋ] f. (-, en) reconnaissance f. ; approbation f. || [Lob] appréciation f. ; louange f. | *Anerkennung finden*, être approuvé, apprécié. || JUR. légalisation f. || légitimation f. || COMM. acceptation f. || SPORT. homologation f. || POLIT. [Gesandter] exequatur m. || [Geständnis] aveu m.

an|erziehen ["anɛr'tsi:ən] (o, o) v. tr. inculquer.

an|fachen ["an'faxən] v. tr. PR. et FIG. attiser.

an|fahren ["an'fɑ:rən] (ä, u, a) v. intr. **1.** arriver. | *der Wagen kommt angefahren*, la voiture approche, arrive. || MAR. [Schiff] aborder.
2. démarrer ; se mettre en marche.
◇ v. tr. [anstoßen] accrocher. | *jn mit dem Wagen anfahren*, accrocher, renverser qn avec sa voiture. || FIG. [schelten] brusquer. | *jn hart anfahren*, rabrouer, rudoyer, FAM. rembarrer qn. || COMM. amener (en voiture).

An|fahrt ['anfɑ:rt] f. (-, en) arrivée f. | *leichte Anfahrt*, accès (m.) facile. | *weite Anfahrt*, long trajet. || MAR. abordage m.

An|fall ['anfal] m. (s, ¨e). **1.** MÉD. accès m. ; attaque f. ; crise f. ; quinte f. | *Fieberanfall*, accès de fièvre. | *Nervenanfall*, crise de nerfs.
2. production f. | *der Anfall an Milch*, la production de lait.

an|fallen ["an'falən] (ä, ie, a) v. tr. attaquer ; assaillir. | *der Wolf fällt die Herde an*, le loup attaque le troupeau.
◇ v. intr. échoir ; apparaître accessoirement. | *was an Schlacken dabei anfällt*, les scories produites au cours de l'opération.

anfallend ["an'falənt] adj. occasionnel. | *anfallende Arbeiten*, travaux (m. pl.) courants.

an|fällig ["an'fɛliç] adj. de santé délicate.

An|fälligkeit [-kait] f. délicatesse de santé.

An|fang ['anfaŋ] m. (s, ¨e) commencement m. ; début m. ; origine f. | *Anfang Mai*, au début de mai. | *im Anfang* ; *anfangs*, au début. | *von Anfang an*, dès le début. | *von Anfang bis Ende*, du commencement à la fin. | *das Geschäft nimmt einen guten Anfang*, l'affaire prend un bon départ. | *sich aus kleinen Anfängen*

emporarbeiten, partir de rien. | *die Anfänge der Mathematik*, les rudiments (m. pl.) des mathématiques. || LITTÉR. exorde m. ; entrée (f.) en matière.
— SYN. : *Beginn*, début ; *Einleitung*, introduction ; *Ursprung*, origine ; *Quelle*, source.

an|fangen ["an'faŋən] (ä, i, a) v. tr. commencer. | *ein neues Leben anfangen*, changer de vie. | *zu genesen anfangen*, entrer en convalescence.
◇ v. intr. entrer en action, en matière ; débuter ; commencer. | *die Hitze fängt wieder an*, la chaleur reprend. | *wie soll ich's anfangen ?*, comment m'y prendre ? | *es ist nichts mit euch anzufangen*, il n'y a rien à faire avec vous. | *ich weiß nichts damit anzufangen*, je ne sais qu'en faire. | *alles verkehrt anfangen*, prendre tout à rebours.

An|fänger(in) [-'fɛŋər(in)] m. (s, -), f. (-, nen) débutant(e) m. (f.). || FAM. *er ist noch ein blutiger Anfänger*, il fait ses premiers pas.

an|fänglich ["an'fɛŋlio] adj. initial. || FIG. primitif.
◇ adv. au début ; au commencement.

an|fangs ['anfaŋs] adv. au commencement ; d'abord. | *Anfangs...*, initial.

Anfangs|buchstabe ["anfaŋs'bu:xʃtɑ:bə] m. (n, n) lettre initiale. ||°**-gehalt** n. (s, ¨er). ÉCON. salaire (m.) de début. ||°**-geschwindigkeit** f. (-, en). PHYS. vitesse initiale. ||°**-gründe** m. pl. premières notions ; éléments m. pl. ; rudiments m. pl. ||°**-kurs** m. (es, e). [Börse] cours (m.) d'ouverture.

an|fassen ["an'fasən] v. tr. saisir ; prendre. | *faß mich nicht an !*, ne me touche pas ! || FIG. *eine Sache verkehrt anfassen*, prendre une affaire à l'envers ; mal s'y prendre. | *jn mit Glacéhandschuhen anfassen*, prendre des gants avec qn. | *jn rauh anfassen*, traiter qn brutalement.

an|faulen ["an'faulən] v. intr. se mettre à pourrir ; se gâter. | *angefaultes Obst*, fruits gâtés.

an|fechtbar ["an'fɛçtbɑ:r] adj. contestable ; discutable ; attaquable.

An|fechtbarkeit [-barkait] f. JUR. contestabilité f. ; annulabilité f.

an|fechten ["an'fɛçtən] (i, o, o) v. tr. contester ; attaquer. | *ein Urteil anfechten*, attaquer un jugement. | *ein Testament anfechten*, contester la validité d'un testament. || FIG. combattre. | *ihn ficht nichts an*, il ne craint ni Dieu ni diable ; il n'a peur de rien.

An|fechtung [-tuŋ] f. (-, en). JUR. contestation f. ; discussion f.

an|feinden ["an'faindən] v. tr. attaquer ; harceler ; montrer de l'hostilité.

an|fertigen ["an'fɛrtigən] v. tr. fabriquer ; confectionner.

An|fertigung [-guŋ] f. (-, en) fabrication f. ; production f. | *Anfertigung einer Bilanz*, établissement (m.) d'un bilan.

an|feuchten ["an'fɔyçtən] v. tr. humecter. || [Pflanzen] bassiner ; mouiller.

An|feuchter [-tər] m. (s, -) humecteur m.

an|feuern ["an'fɔyərn] v. tr. allumer ; faire du feu. || FIG. enflammer ; exciter ; encourager.

An|feuern [-ərn] n. (s), °**-feuerung** [-əruŋ] f. (-, en) allumage m. || FIG. encouragement m.

an|flehen ["an'fle:ən] v. tr. implorer ; supplier.

an|fletschen ["an'flɛtʃən] v. tr. montrer les dents.

an|fliegen ["an'fli:gən] (o, o) v. tr. aborder en volant. || AÉRON. *einen Flugplatz anfliegen*, faire escale.

An|flug ['anflu:k] m. (s, ¨e). AÉRON. approche f. || [Schimmer] légère quantité. | *in einem Anflug von Heiterkeit*, dans un accès de gaieté.

Anflug|weg ["anfluk've:k] m. (s, e). AÉRON. trajectoire (f.) d'approche.

an|fordern ["an'fɔrdərn] v. tr. exiger ; demander ; réclamer ; solliciter.

An|forderung [-ruŋ] f. (-, en) demande f. ; prière instante ; requête f. | *Anforderungen*, caractéristiques exigées.

Anforderungs|profil ["anfɔrdəruŋspro'fi:l] n. (s, e) profil m.

An|frage ["an'frɑ:gə] f. (-, n). COMM. demande f. | *auf Anfrage*, sur demande. || POLIT. interpellation f.

an|fragen [-gən] v. tr. et v. intr. se renseigner, s'informer (auprès de qn de qch.) ; s'adresser (à qn). || POLIT. interpeller (qn).

an|fressen ["an'frɛsən] (i, a, e) v. tr. grignoter ; entamer. || MÉD. ronger ; ulcérer ; carier. || CHIM. attaquer ; corroder.

an|freunden (sich) [ziç"an'frɔyndən] v. pr. se lier d'amitié. | *sich mit einem Gedanken anfreunden*, se faire à une idée.

an|frieren ["an'fri:rən] (o, o) v. intr. geler ; se congeler ; prendre.

an|fügen ["an'fy:gən] v. tr. joindre ; ajouter ; adapter ; apposer.

An|fügung [-guŋ] f. (-, en) addition f. ; adjonction f. | *unter Anfügung des Briefes*, ci-joint, ci-inclus la lettre.

An|fuhr ['anfu:r] f. (-, en). TECHN. charriage m. ; charroi m. ; transport m.

an|führen ["an'fy:rən] v. tr. conduire ; amener. | *den Tanz anführen*, mener la danse. | *ein Heer anführen*, commander une armée. || PAR ANAL. [Bücher, Worte] citer ; rapporter. | *eine Stelle anführen*, citer, mentionner un passage. || FIG. [betrügen] tromper ; duper. | *sich anführen lassen*, tomber dans le panneau.

An|führer [-rər] m. (s, -) chef m. ; conducteur m. || MIL. commandant m. || POLIT., PÉJOR. meneur m.

An|führung [-ruŋ] f. (-, en) direction f. ; conduite f. ; commandement m. || PAR ANAL. énumération f. ; citation f. || *Anführung einer Gesetzesstelle*, citation d'un passage du Code. || JUR. allégation f.

Anführungs|striche ["anfy:ruŋs'ʃtriçə] m. pl. (n). TYPOGR. guillemets m. pl. || PR. et FIG. *in Anführungsstrichen*, entre guillemets.
— SYN. : *Anführungszeichen* n. pl.

an|füllen ["an'fylən] v. tr. (r)emplir ; combler.

An|gabe ["an'gɑ:bə] f. (-, n) indication f. ; information f. ; déclaration f. ; énoncé m. | *technische Angaben*, données (f. pl.) techniques. || JUR. *falsche Angaben*, faux témoignages m. pl. || PÉJOR. dénonciation f. || COMM. déclaration f. || ADM. disposition f. ; instruction f. || [Prahlerei] vantardise f.

an|gaffen ["an'gafən] v. tr. regarder ; rester bouche bée ; dévisager.

an|geben ["an'ge:bən] (i, a, e) v. tr. **1.** indiquer ; donner des indications. | *eine Anschrift angeben*, donner une adresse. | *seinen Namen angeben*, décliner son nom, son identité. || [mitteilen] déclarer ; faire la déclaration de.. | *genau angeben*, préciser ; décrire. | *sein Einkommen angeben*, déclarer ses revenus. | *als Grund angeben*, donner comme prétexte.
2. MUS. *den Takt, den Ton angeben*, battre la mesure ; donner le ton.
3. JUR. *bei der Polizei angeben*, dénoncer à la police.
4. [protzen] se vanter ; crâner.
◇ v. intr. [anspielen] donner le premier (au jeu).

An|geber [-bər] m. (s, -) vantard m. ; FAM. esbroufeur m. ; m'as-tu-vu m.

An|geberei [ange:bə'rai] f. (-, en) vantardise f. ; FAM. esbroufe f.

an|geberisch ["an'ge:bəriʃ] adj. fanfaron.

an|geblich ["an'ge:pliç] adj. prétendu ; soi-disant. | *er ist angeblich krank*, il est soi-disant malade.

an|geboren ["angə'bo:rən] adj. inné ; congénital.

An|gebot ["angə'bo:t] n. (es, e) offre f. ; enchère f. | *erstes Angebot*, première offre. | *festes Angebot*, offre ferme. | *höheres Angebot*, enchère ; surenchère f. | *die Nachfrage übersteigt das Angebot*, la demande excède, dépasse l'offre.

an|gebracht ["angə'braxt] adj. *nicht angebracht*, déplacé. | *etwas für angebracht halten*, tenir qch. pour opportun.

an|gedeihen ["angə'daiən] (ie, ie) v. tr. [nur mit lassen] accorder ; procurer. | *jm eine gute Erziehung, angedeihen lassen*, donner une bonne éducation à qn.

an|geduselt ["angə'du:zəlt] part. pass. et adj. FAM. éméché.

an|gegangen ["angə'gaŋən] part. pass. et adj. avancé. | *angegangenes Fleisch*, viande avancée.

an|gegossen ["angə'gɔsən] adj. FIG. *das Kleid sitzt ihr wie angegossen*, cette robe lui va comme un gant.

an|gehaucht ["angə'hauxt] adj. FIG. légèrement coloré ; qui a reçu une teinte de.

an|geheitert ["angə'haitərt] part. pass. et adj. guilleret ; éméché ; gris.

an|gehen ["an'ge:ən] (ging, gegangen) v. tr. aborder. || [bitten] demander (qch. à qn). | *er ging mich um Geld an*, il me demanda de l'argent. || [angreifen] s'attaquer à. | *das Pferd geht das Hindernis an*, le cheval attaque l'obstacle. || [betreffen] concerner. | *das geht mich nicht(s) an*, cela ne me regarde pas ; cela n'est pas de mon ressort.
◇ v. intr. [beginnen] commencer ; débuter. | *der Motor geht an*, le moteur part, FAM. démarre. || PAR ANAL. *ein angehender Gelehrter ; ein angehender Fünfziger*, un demi-savant ; un homme dans les cinquante (ans). || [mittelmäßig, erträglich] être passable, supportable, possible. | *das geht gerade noch an*, cela peut (encore) aller. | *das geht nicht an*, cela n'est pas convenable ; cela ne se fait pas. || [sich anziehen lassen] se mettre. | *diese Schuhe gehen sehr schwer an*, ces chaussures se mettent difficilement.

an|gehören ["angə'hø:rən] v. intr. appartenir à. | *er gehört dem Ausschuß an*, il fait partie de la commission.

An|gehörige(r) [-rigə(r)] f. (m.) parent(e) m. (f.) (s'emploie surtout au pl.) les miens ; les tiens ; les siens ; les nôtres ; les vôtres ; les leurs. | *die nächsten Angehörigen*, les (plus) proches parents m. pl. ; la famille. || *die Angehörigen eines Betriebes*, le personnel d'une entreprise.

an|gekränkelt ["angə'krɛŋkəlt] adj. maladif. || FIG. *von Skepsis angekränkelt*, saisi par le doute.

Angel ['aŋəl] f. (-, n). [Tür] gond m. || FIG. *zwischen Tür und Angel*, entre deux portes ; en coup de vent. | *aus den Angeln heben*, sortir de ses gonds.

Angel|punkt ["aŋəl'puŋkt] m. (s, e). FIG. pivot (m.), charnière (f.) d'une affaire.

Angel ['aŋəl] f. (-, n) ligne f. (pour la pêche).

Angel|leine ["aŋəl'laine] f. (-, n) fil (m.) de la ligne. ||°**-rute** f. (-, n) canne (f.) à pêche. ||°**-schnur** f. (-en et ¨e) fil (m.) de la ligne. ||°**-sport** m. (s, e) sport (m.) halieutique.

an|gelegen ["angə'le:gən] adj. qui tient à cœur. | *sich etwas angelegen sein lassen*, prendre qch. à cœur.

An|gelegenheit [-hait] f. (-, en) affaire f. | *eine Angelegenheit erledigen*, régler une affaire. | *in welcher Angelegenheit kommen Sie ?*, quel est le but de votre démarche ?

an|gelegentlich [-gəntliç] adj. pressant ; empressé.
◇ adv. instamment ; avec empressement. | *angelegentlich empfehlen*, recommander vivement.

angeln ['aŋəln] v. tr. pêcher à la ligne ; prendre à l'hameçon.

an|geloben ["angə'lo:bən] v. tr. promettre.

Angel|sachse [aŋəl'zaksə], °**-sächsin** [-'zɛksin] m. (n, n), f. (-, nen) Anglo-Saxon(ne) m. (f.).

angel|sächsisch [-'zɛksiʃ] adj. anglo-saxon.

an|gemessen ["angə'mɛsən] adj. approprié ; convenable ; conforme à. | *für angemessen halten*, juger bon, à propos. | *angemessener Preis*, prix (m.) raisonnable, honnête.

An|gemessenheit [-hait] f. FIG. convenance f.

an|genehm ["angə'ne:m] adj. agréable. || [Besuch] bienvenu. || [Bekanntschaft machen] *sehr angenehm !*, ravi, enchanté de faire votre connaissance.

Anger ['aŋər] m. (s, -). [Wiese] pâturage m.

an|geregt ["angə're:kt] adj. PHYS. *angeregter Zustand*, état excité.

an|gereichert ["angə'raiçərt] adj. CHIM. enrichi. | *angereichertes Uran*, uranium enrichi.

an|gesehen ["angə'ze:ən] adj. [Personen] bien vu ; considéré ; estimé.

An|gesicht ["angə'ziçt] n. (s, er). [Sehen] vue f. ; présence f. | *nur von Angesicht kennen*, ne connaître que de vue. || [Vorderteil des Kopfes] visage m. ; face f. ; figure f. | *ins Angesicht sehen*, regarder en face. | *von Angesicht zu Angesicht*, face à face. | *im Schweiße seines Angesichts*, à la sueur de son front.

an|gesichts [-'ziçts] prép. (gén.) en vue de. || FIG. eu égard à. | *angesichts der Tatsache, daß*, eu égard au fait que.

an|gestammt ["angə'ʃtamt] adj. héréditaire. | *angestammter Besitz*, domaine (m.) héréditaire.

An|gestellte(r) ["angə'ʃtɛltə(r)] f. (m.) employé(e) m. (f.). | *kaufmännischer Angestellter*, employé de commerce. | *leitender Angestellter*, cadre supérieur. | *die Angestellten*, le personnel. | *Angestellter des öffentlichen Dienstes, (etwa)* agent contractuel de droit public. | *Angestellte(r) ohne festen Vertrag*, contractuel(le) m. (f.). | *Angestelltenverband*, syndicat (m.) des employés.

an|getan ["angə'tɑ:n] part. pass. de **antun** et adj. vêtu de. || de nature à. | *das Wetter ist nicht dazu angetan*, le temps ne convient pas pour cela. || *sie hat es ihm angetan*, elle l'a conquis.

an|getrunken ["angə'truŋkən] adj. *angetrunkene Flasche*, bouteille entamée. || FAM. éméché ; gris.

an|gewöhnen ["angə'vø:nən] v. tr. habituer.
◇ v. pr. **sich angewöhnen,** s'habituer ; s'accoutumer ; prendre une habitude.

An|gewohnheit [-'vo:nhait] f. (-, en), °**-gewöhnung** [-vø:nuŋ] f. (-, en) habitude f. ; accoutumance f.

Angiographie [aŋiogrɑ'fi:] f. (-, n). MÉD. angiographie f.

an|gleichen ["an'glaiçən] v. tr. assimiler ; ajuster ; coordonner ; harmoniser ; égaliser.

An|gleichung [-çuŋ] f. (-, en) assimilation f. ; rajustement m. ; ajustement m. ; harmonisation f. ; coordination f. | *Angleichung der Gehälter an die Lebenskosten*, alignement (m.) des salaires sur le coût de la vie. | *Angleichung der Wechselkurse*, réalignement (m.) des monnaies.

Angler ['aŋglər] m. (s, -) pêcheur à la ligne.

Angliederung ["an'gli:dəruŋ] f. (-, en) annexion f. ; rattachement m.

anglikanisch [aŋgli'kɑ:niʃ] adj. RELIG. anglican.

anglisieren [-gli'zi:rən] v. tr. angliciser.
Anglist(in) [aŋ'glist(in)] m. (en, en), f. (-, nen) angliciste s.
Anglistik [aŋ'glistik] f. science (f.) des langues anglaise et américaine.
Anglo|normannen ['aŋglonɔr"manən] m. pl. Anglo-Normands m. pl. ||**-normannisch** adj. anglo-normand.
an|glotzen ["an'glɔtsən] v. tr. FAM. écarquiller les yeux devant qn ; regarder bouche bée.
Angora|kaninchen [aŋ"go:raka'ninçən] n. (s, -) lapin (m.) angora. ||°**-katze** f. (-, n) chat (m.) angora ; angora m. ||°**-wolle** f. TEXT. laine (f.) angora ; angora m.
an|greifbar ["an'graifbɑ:r] adj. attaquable ; contestable ; discutable.
an|greifen [-fən] (i, i) v. tr. **1.** [feindlich losgehen auf] attaquer ; assaillir. || FIG. *der Rost greift das Eisen an*, la rouille ronge, corrode, mange le fer. | *er wurde in den Zeitungen angegriffen*, il a été attaqué dans la presse.
2. [belästigen, ermüden] saisir ; fatiguer ; affecter. | *angegriffen aussehen*, avoir l'air fatigué.
3. [erfassen ; greifen ; berühren] prendre ; saisir.
4. [beginnen] entreprendre ; attaquer. | *es geschickt angreifen*, s'y prendre adroitement.
5. [anbrechen] entamer.
An|greifer [-fər] m. (s, -). [Personen] agresseur m. ; assaillant m. || MIL. envahisseur m.
an|grenzen ["an'grɛntsən] v. intr. | *angrenzen an*, avoisiner qch ; confiner à ; être limitrophe de.
◇ part. prés. et adj. **angrenzend,** adjacent ; contigu ; limitrophe.
An|griff ['angrif] m. (s, e) attaque f. ; assaut m. ; offensive f. ; agression f. | *zum Angriff antreten*, se rassembler pour l'assaut. | *zum Angriff ansetzen, übergehen*, déclencher l'attaque ; prendre l'offensive. | *den Angriff abschlagen, abweisen, zurückschlagen*, repousser l'attaque. || FIG. *eine Arbeit in Angriff nehmen*, aborder un travail.
Angriffs|fläche ["angrifs'flɛçə] f. (-, n) surface (f.) d'attaque. ||°**-geist** m. (s, er) esprit offensif. ||°**-krieg** m. (s, e) guerre (f.) d'agression. ||°**-lust** f. esprit agressif ; agressivité f. ||**-lustig** adj. agressif ; guerrier. ||°**-waffe** f. (-, en) arme offensive. ||°**-welle** f. (-, en) vague (f.) d'assaut.
an|grinsen ["an'grinzən] v. tr. regarder en ricanant ; ricaner.
Angst [aŋst] f. (-, ¨e) peur f. ; angoisse f. ; anxiété f. | *vor etwas* (dat.) *Angst haben*, craindre, redouter, appréhender qch ; avoir peur de qch. | *Angst einjagen*, inspirer de la frayeur. | *in Angst versetzen*, effrayer qn. | *in Angst geraten*, prendre peur ; s'effrayer.
◇ adj. **angst,** *ihm ist angst und bang(e)*, il est dans les transes.
angst|befallen ["aŋstbə'falɛn] adj. FIG. envahi par la peur. ||**-erfüllt** adj. angoissé ; plein d'angoisse. ||°**-hase** m. (n, n). FIG. poltron m. ; FAM. froussard m. ||°**-psychose** f. (-, n) angoisse maladive. ||°**-röhre** f. (-, n). FAM., FIG. tube m. ; chapeau haut de forme. ||°**-schweiß** m. (es, e) sueur de l'angoisse. ||°**-zustand** m. (s, ¨e) état (m.) d'anxiété.
ängstlich ['ɛŋstliç] adj. [Personen, Tiere] anxieux ; craintif ; peureux ; timide ; apeuré. | *ängstliche Mutter*, mère inquiète.
◇ adv. minutieusement, scrupuleusement. | *ein ängstlich gehütetes Geheimnis*, un secret jalousement gardé.
an|gucken ["an'gukən] v. tr. regarder ; FAM. dévisager ; toiser. || FAM. *jn verliebt angucken*, couver qn des yeux ; faire les yeux doux à qn.
an|gurten (sich) [ziç"an'gurtən] v. pr. mettre la ceinture (de sécurité).
an|haben ["an'hɑ:bən] (hast, hatte, gehabt) v. tr. porter ; être vêtu de. | *sie hat ein schönes Kleid an*, elle porte une belle robe. || FIG. *er kann mir nichts anhaben*, il n'a pas de prise sur moi ; il ne peut rien contre moi.
an|haften ["an'haftən] v. intr. adhérer ; coller ; rester attaché à.
An|halt ['anhalt] m. (s, e). [Stütze] (point d') appui m. ; soutien m. || [Halteplatz] arrêt m.
an|halten ["an'haltən] (ä, ie, a) v. intr. **1.** [stehenbleiben] s'arrêter. | *auf einmal anhalten*, FIG., FAM. s'arrêter pile.
2. persister, durer. | *der Regen hält an*, la pluie persiste. | *anhaltender Beifall*, applaudissements nourris.
3. briguer ; solliciter ; demander. | *um ein Mädchen anhalten*, demander la main d'une jeune fille.
◇ v. tr. **1.** [drücken] tenir (qch. contre qch.).
2. [aussetzen] suspendre. | *den Atem anhalten*, retenir son souffle.
3. [halten lassen] arrêter. | *ein Auto anhalten*, arrêter, faire stopper une voiture.
4. [ermahnen] FIG. inviter à ; exhorter à. | *jn zur Arbeit, zum Lernen anhalten*, exhorter qn à travailler, à apprendre.
anhaltend [-tənt] adv. sans désemparer.
Anhalte|punkt ["anhaltə'puŋkt] m. (s, e) arrêt m. ; station f. ; halte f.
Anhalter(in) [-tər(in)] m. (s, -), f. (-, nen) auto-stoppeur m. ; auto-stoppeuse f. | *per Anhalter fahren*, faire de l'auto-stop.
Anhalts|punkt ["anhalts'puŋkt] m. (s, e) point (m.) d'appui. || FIG. point (m.) de repère ; directive f.
An|hang ['anhaŋ] m. (s, ¨e). [Buch, Schrift] appendice m. || [Nachtrag] supplément m. || [Vertrag] annexe. | *als Anhang beifügen*, joindre ; annexer. || POLIT. [Partei] parti m. ; partisans m. pl. ; coterie f. || COMM. allonge f. || JUR. codicille m. || FIG., FAM. famille f.
Anhänge|adresse ["anhɛŋəa'drɛsə] f. (-, n) étiquette-adresse f. ; étiquette-bagage f. ||°**-schloß** n. (es, ¨er) cadenas m.
an|hängen ["an'hɛŋən] v. tr. accrocher ; suspendre ; attacher. | *einen Waggon anhängen*, accrocher un wagon. || FIG. [Streit suchen] *jm etwas anhängen*, imputer, attribuer qch. à qn.
◇ v. intr. POLIT. *jm anhängen*, être partisan de qn.
An|hänger [-ŋər] m. (s, -). [Schmuck] pendentif m. ; breloque f. ; pendeloque f. || [Zettel] étiquette f. || AUTOM. remorque f. || FIG. disciple m. ; adhérent m. ; adepte m.
Anhänger|kupplung ["anhɛŋər'kupluŋ] f. (-, en). AUTOM. dispositif (m.) d'attelage. ||°**-schaft** f. partisans m. pl.
an|hängig ["an'hɛŋiç] adj. JUR. pendant. | *einen Prozeß gegen jn anhängig machen*, intenter un procès à qn.
an|hänglich ["an'hɛŋliç] adj. fidèle ; dévoué.
An|hänglichkeit [-kait] f. (-, en) attachement m. ; fidélité f. ; affection f. ; dévouement m.
An|hängsel ["an'hɛŋzəl] n. (s, -) appendice m. ; breloque f. ; pendeloque f.
An|hauch ['anhaux] m. (es, e) || FIG. trace f. ; teinte f.
an|hauchen ["an'hauxən] v. tr. effleurer d'un souffle ; souffler sur. || FIG., déteindre sur.

an|hauen ["an'hauən] (haute, gehauen) v. tr.|| FAM. [pumpen] *jn anhauen*, taper qn.

an|häufeln ["an'hɔyfəln] v. tr. mettre en tas. || AGRIC. butter.

an|häufen [-fən] v. tr. accumuler ; entasser ; amasser ; amonceler. || JUR. *Strafen anhäufen*, cumuler des peines.

◇ v. pr. **sich anhäufen,** s'amasser ; s'entasser.

An|häufung [-fuŋ] f. (-, en). [Aufschichtung] mise (f.) en tas. || [Aufstapelung] entassement m. || [Ansammlung] accumulation f. || JUR. cumul m.

an|heben ["an'he:bən] (o, o) v. tr. soulever ; amorcer.

◇ v. intr. FIG. commencer. | *der Chor hob mit dem Lied an*, la chorale entonna le cantique.

an|heften ["an'hɛftən] v. tr. attacher ; agrafer.

an|heimeln ["an'haiməln] v. tr. FIG. envahir de nostalgie. | *das Zimmer heimelt mich an*, cette chambre me rappelle ma propre chambre, mon pays natal.

anheim|fallen [an"haim'falən] (fällt, fiel anheim, anheimgefallen) v. intr. échoir à qn. || JUR. *erbloses Gut fällt dem Staat anheim*, les biens en déshérence sont attribués à l'État.

anheim|stellen [an"haim'ʃtɛlən] v. tr. s'en remettre à. | *das stelle ich dir anheim*, pour cela je m'en remets à toi.

an|heiraten ["an'haira:tən] v. tr. | *angeheiratet*, allié (par le mariage).

an|heizen ["an'haitsən] v. tr. (commencer à) chauffer. || FIG. *die Stimmung anheizen*, réchauffer l'atmosphère.

an|herrschen ["an'hɛrʃən] v. tr. apostropher.

An|hieb ['anhi:p] m. (s, e) *auf Anhieb*, du premier coup.

An|höhe ["an'hø:ə] f. (-, n) élévation f. ; éminence f. ; hauteur f. ; côte f. ; colline f.

an|holen ["an'ho:lən] v. tr. MAR. haler. | *das Tau anholen*, haler le cordage.

an|hören ["an'hø:rən] v. tr. écouter ; entendre ; prêter l'oreille à ; écouter attentivement. || JUR. *nach Anhören der Parteien*, ouï les parties. || FIG. *man hört ihm an der Stimme an, daß*, on reconnaît à sa voix que... | *es hört sich an, als ob*, on croirait (à l'entendre) que.

An|hörung [-ruŋ] f. (-, en). JUR. audition f.

Anhörungs|verfahren ["anhø:ruŋsfɛr'fa:rən] n. (s, -) enquête publique.

Anhydrid [anhy'dri:t] n. (s, e). CHIM. anhydride m.

Anilin [ani'li:n] n. (s). CHIM. aniline f.

animalisch [ani'ma:liʃ] adj. animal ; bestial.

animieren [ani'mi:rən] v. tr. aguicher ; exciter. | *er ist animiert*, il est exalté.

Animier|kneipe [ani"mi:r'knaipə] f. (-, n). POP. boîte (f.) de nuit. ||°**-mädchen** n. (s, -) entraîneuse f.

Anis [a'ni:s] m. (s, e). BOT. anis m.

an|kämpfen ["an'kɛmpfən] v. intr. lutter contre ; combattre. || FIG. *gegen alle Hindernisse ankämpfen*, aller contre vents et marées.

An|kauf ['ankauf] m. (s, ¨e) achat m.

an|kaufen [-fən] v. tr. acheter.

An|käufer ["an'kɔyfər] m. (s, -) acquéreur m.

Ankaufs|preis ["ankaufs'prais] m. (es, e) prix (m.) d'achat ; prix coûtant.

Anker ['aŋkər] m. (s, -). MAR., ancre f. | *vor Anker gehen*, jeter l'ancre. | *den Anker fallen lassen*, mouiller l'ancre. | *vor Anker liegen*, être à l'ancre. | *den Anker lichten*, lever l'ancre. || PHYS. portant m. ; induit m. ; noyau m. ; armature f. || ARCHIT. ancre f.

Anker|grund ["aŋkər'grunt] m. (es, ¨e) mouillage m. ; fond m. ||°**-kette** f. (-, n). MAR. câble-chaîne m. ||°**-platz** m. (es, ¨e) mouillage m. ||°**-stromkreis** m. (es, e) circuit (m.) d'induit. ||°**-winde** f. (-, n). MAR. guindeau m.

ankern ['aŋkərn] v. intr. MAR. mouiller ; jeter l'ancre.

an|ketten ["an'kɛtən] v. tr. mettre à la chaîne ; enchaîner.

An|klage ["an'kla:gə] f. (-, n). JUR. accusation f. | *jn unter Anklage stellen* ; *Anklage gegen jn erheben*, mettre qn en accusation ; accuser qn ; poursuivre qn.

Anklage|bank ["ankla:gə'baŋk] f. (-, ¨e) banc (m.) des accusés, des prévenus. ||°**-gründe** m. pl., °**-punkte** m. pl., chefs (m. pl.) d'accusation. ||°**-kammer** f. (-, n), °**-senat** m. (s, e) chambre (f.) d'accusation. ||°**-rede** f. (-, n) réquisitoire m. ||°**-schrift** f. (-, en) acte (m.) d'accusation.

anklagen ["an'kla:gən] v. tr. accuser. | *jn des Diebstahls anklagen*, accuser qn de vol. || dénoncer. | *vor Gericht anklagen*, poursuivre devant les tribunaux. || *ein Angeklagter*, un prévenu ; un accusé.

An|kläger(in) ["an'klɛ:gər(in)] m. (s, -), f. (-, nen) accusateur m. ; accusatrice f.

an|klammern ["an'klamərn] v. tr. agrafer ; accrocher. | *die Wäsche anklammern*, fixer le linge avec des pinces.

◇ v. pr. **sich anklammern,** s'accrocher ; s'agripper ; se cramponner.

An|klang ['anklaŋ] m. (s, ¨e) résonance f. ; écho m. || FIG. réminiscence f. | *Anklang finden*, avoir du succès ; être bien accueilli (par le public) ; trouver un écho.

an|kleben ["an'kle:bən] v. tr. coller (à, contre) ; afficher.

◇ v. intr. être collé ; tenir à.

Ankleide|kabine ["anklaidəka'bi:nə] f. (-, n) cabine-vestiaire f. ||°**-raum** m. (es, ¨e) vestiaire m.

an|kleiden ["an'klaidən] v. tr. habiller ; vêtir.

an|klingeln ["an'kliŋəln] v. tr. appeler au téléphone.

an|klingen ["an'kliŋən] (a, u) v. intr. résonner ; retentir. || FIG. *die mit A anklingenden Wörter*, les mots commençant par A. || [erinnern an] rappeler. | *dieses Lied klingt an ein Kirchenlied an*, ce lied rappelle un cantique.

◇ v. tr. *eine Saite anklingen (lassen)*, faire résonner une corde.

an|klopfen ["an'klɔpfən] v. intr. frapper (à la porte). || FIG. *bei jm anklopfen*, tâter le terrain auprès de qn ; pressentir qn.

an|knipsen ["an'knipsən] v. tr. *Licht anknipsen*, presser, tourner le bouton, le commutateur.

an|knöpfen ["an'knøpfən] v. tr. boutonner.

an|knüpfen ["an'knypfən] v. tr. attacher en nouant ; nouer. || FIG. lier ; nouer ; rattacher. | *ein Gespräch anknüpfen*, engager une conversation. | *Beziehungen anknüpfen*, entrer en relation. || COMM., POLIT. *Verhandlungen anknüpfen*, entamer des négociations.

◇ v. intr. attacher à ; partir de. | *mit jm anknüpfen*, nouer des relations avec qn.

Anknüpfungs|punkt ["anknypfuŋs'puŋkt] m. (s, e) point (m.) de contact, de liaison.

an|knurren ["an'knurən] v. tr. grogner contre.

an|kommen ["an'kɔmən] (a, o) v. intr. arriver. || **1.** [eintreffen ; da sein] *der Zug ist eben angekommen*, le train vient d'arriver. || FAM. [aufgenommen,

behandelt werden] être reçu. | *wir kommen gut bei ihm an*, FIG. il comprend bien nos intentions.
2. [erreichen] parvenir ; arriver ; réussir à. | *er kann nicht gegen ihn ankommen*, il n'est pas de taille à rivaliser avec lui.
3. [seelisch ergreifen] venir à l'esprit. | *ihn kommt das Grauen an*, il frémit d'horreur. | *der Entschluß kam ihn hart an*, cette décision lui coûta.
◇ **ankommen auf,** (acc.). [der entscheidende Mann oder Punkt sein] dépendre de ; être conditionné par. | *es kommt uns darauf an, zu*, il nous importe de ; nous tenons à. | *es kommt darauf an*, FAM. cela dépend. | *es kommt ihm nicht auf Geld an*, il ne regarde pas à l'argent. | *darauf soll es nicht ankommen*, qu'à cela ne tienne.

An|kömmling ["an'kømliŋ] m. (s, e) nouveau venu.

an|können ["an'kønən] v. intr. LOC. *dagegen können wir nicht an*, à cela nous ne pouvons rien ; là contre, nous ne pouvons rien faire.

an|koppeln ["an'kɔpəln] v. tr. atteler.

an|kratzen ["an'kratsən] v. tr. érafler. || POP. raccrocher (qn).

an|kreiden ["an'kraidən] v. tr. FIG., FAM. *das werde ich ihm schön ankreiden*, je lui garde un chien de ma chienne.

an|kündigen ["an'kyndigən] v. tr. annoncer ; faire savoir ; déclarer ; faire connaître. || PAR ANAL. avertir ; présager. | *das kündigt nichts Gutes an*, cela ne présage rien de bon. || COMM. donner avis.
◇ v. pr. **sich ankündigen,** s'annoncer.

An|kündigung [-guŋ] f. (-, en) annonce f. ; déclaration f. ; publication f. ; avis m.

An|kunft ['ankunft] f. (-, ¨e) arrivée f. ; venue f. || TRANSP. arrivée f. || COMM. arrivage m.

an|kuppeln ["an'kupəln] v. tr. TRANSP. accoupler, accrocher (des wagons).

an|kurbeln ["an'kurbəln] v. tr. tourner la manivelle ; donner un tour de manivelle. || PAR ANAL., FIG. mettre en marche ; lancer.

An|kurbeln [-bəln] n. (s), **An|kurbelung** [-bəluŋ] f. (-, en) mise (f.) en marche. || FIG. lancement m. | *Ankurbelung der Wirtschaft*, relance (f.) économique.

an|lachen ["an'laxən] v. tr. regarder en riant.

An|lage ["an'lɑ:gə] f. (-, n). **1.** [Begabung ; Fähigkeit] aptitude f. ; disposition f. | *gute Anlagen haben zu*, avoir de bonnes dispositions à, pour ; être bien doué pour. || [Neigung ; Veranlagung] disposition f. ; penchant m. | *Anlage zum Geiz*, disposition à, pour l'avarice.
2. [Aufbau] établissement m. ; disposition f. ; arrangement m. | *Anlage einer Fabrik*, établissement d'une usine. | *Anlage von Gärten*, disposition de jardins. | *diese Stadt ist in der Anlage ganz modern*, cette ville a un plan très moderne. | *eine automatische Anlage*, une installation automatique. || RADIO : chaîne (f.).
3. square m. ; jardin public ; parc m.
4. FIN. placement m.
5. annexe f. ; pièce jointe (à une lettre). | *in der Anlage*, ci-joint.

Anlage|fonds ["anlɑ:gə'fɔ̃] m. (-). FIN. fonds communs de placement. ||°**-kosten** f. pl. frais (m. pl.) d'installation. ||°**-politik** f. politique (f.) d'investissement. ||°**-vermögen** n. (s, -). FIN. immobilisations f. pl.

Anlagen|ausrüstung ["anlɑ:gən'ausrystuŋ] f. (-, en). INF. configuration (f.) du système. ||°**-generation** f. (-, en). INF. génération (f.) de machines. ||°**-software** f. (-, s). INF. progiciel m.

an|landen ["an'lɑ:ndən] v. intr. MAR. accoster. || GÉOL. faire des alluvions.

an|langen ["an'laŋən] v. intr. arriver ; parvenir.
◇ v. tr. FIG. concerner. | *was dies anlangt*, pour ce qui est de cette affaire.

An|laß ['anlas] m. (es, ¨e) sujet m. ; occasion f. ; motif m. | *ein Anlaß zum Feiern*, une occasion, un motif de fête. | *das gibt zu Mißbrauch Anlaß*, cela ouvre la porte à des abus. | *ohne allen Anlaß*, sans aucun motif.

an|lassen ["an'lasən] (ä, ie, a) v. tr. **1.** garder ; ne pas ôter. | *den Mantel anlassen*, garder son manteau. | *das Radio anlassen*, laisser marcher la radio.
2. mettre en marche. | *den Motor anlassen*, mettre le moteur en marche.
◇ v. pr. **sich anlassen,** s'annoncer ; se présenter. | *es läßt sich gut an*, cela s'annonce bien.

An|lassen n. (s) mise (f.) en marche. || AUTOM. démarrage m.

An|lasser [-sər] m. (s, -). AUTOM. démarreur m.

an|läßlich ["an'lɛsliç] prép. (gén.) à l'occasion, au sujet, à propos de.

an|lasten ["an'lastən] v. tr. *jm etwas anlasten*, porter qch. au débit de qn.

An|lauf ['anlauf] m. (s, ¨e) élan m. | *der Weitspringer nimmt seinen Anlauf*, le sauteur en longueur prend son élan. | *im ersten Anlauf*, du premier coup ; d'emblée. || COMM. démarrage m. ||°**-stelle** f. (-, n). FIG. point (m.) de chute.

an|laufen ["an'laufən] (ä, ie, a) v. intr. **1.** [Anlauf nehmen] prendre son élan ; s'élancer. | *die Produktion läuft an*, la production démarre. | *der Film läuft an*, le film commence. | *der Motor läuft an*, le moteur démarre.
2. PAR EXT. | *hoch angelaufene Schulden*, des dettes amoncelées.
3. FAM. [erröten] rougir. | *der Kopf läuft dem Lügner rot an*, le menteur rougit.
4. [sich mit einer dünnen Schicht bedecken] *die Fenster laufen an*, les fenêtres se couvrent de buée, s'embuent.
◇ v. tr. MAR. [landen] aborder. | *einen Hafen anlaufen*, faire escale.

An|laut ['anlaut] m. (es, e). GRAMM. son initial.

an|lauten ["an'lautən] v. intr. commencer par.

an|läuten ["an'lɔytən] v. tr. sonner. || PAR EXT. *bei jm anläuten*, appeler qn au téléphone.

anleg|bar ["ɑnleg'ba:r] adj. ÉCON. *anlegbarer Preis*, prix directeur.

Anlege|brücke ["anle:gə'brykə] f. (-, n) débarcadère m. ||°**-hafen** m. (s, ¨) port (m.) de relâche ; escale f. ||°**-gelder** n. pl. FIN. fonds (m. pl.) d'amortissement. ||°**-stelle** f. (-, n) appontement m. ; débarcadère m. ; embarcadère m.

an|legen ["an'le:gən] v. tr. **1.** mettre ; appliquer. *sie legt ihren Schmuck an*, elle met ses bijoux. | *einem Pferde Zügel anlegen*, mettre la bride à un cheval. || PAR ANAL. *(Kohlen, Holz) anlegen*, mettre (du charbon, du bois) au feu. || PAR EXT. *Maßstab an etwas anlegen*, appliquer une norme, un critère à qch. || FIG. *Hand anlegen*, donner un coup de main ; FAM. mettre la main à la pâte.
2. [schaffen ; bereiten] disposer ; établir. | *einen Ziergarten anlegen*, tracer le plan d'un jardin d'agrément.
3. [anziehen] mettre. | *ein neues Kleid anlegen*, mettre une nouvelle robe, un nouveau complet. || COMM., FIN. placer. | *Geld anlegen*, placer de l'argent. | *kurzfristig anlegen*, investir à court terme.
4. [zielen auf] viser. | *das Gewehr anlegen*, épauler ; mettre en joue. | *auf jn anlegen*, coucher qn en joue.

|| [den Plan haben, zu] viser à ; se donner la tâche de ; organiser ; tramer ; ourdir.
◇ v. intr. [landen] aborder ; accoster ; faire escale.

An|leger ["an'le:gər] (s, -) m. FIN. *institutionelle Anleger*, investisseurs institutionnels.

An|legung [-guŋ] f. (-, en) disposition f. ; installation f. | *Anlegung von Siegeln*, apposition (f.) des scellés. || MAR. accostage m.

an|lehnen ["an'le:nən] v. tr. adosser ; appuyer. | *die Leiter an die Wand anlehnen*, appuyer l'échelle contre le mur. | *die Tür ist nur angelehnt*, la porte est entrouverte.
◇ v. pr. **sich anlehnen,** s'appuyer. || FIG. *sich eng an ein Vorbild anlehnen*, suivre un modèle de près.

An|lehnung [-nuŋ] f. (-, en) appui m. ; soutien m.

An|leihe ["an'laiə] f. (-, n). FIN. emprunt m. | *kurzfristige Anleihe*, emprunt à court terme. | *öffentliche Anleihe*, emprunt public. | *unkündbare Anleihe*, emprunt consolidé. | *eine Anleihe auflegen, begeben*, émettre un emprunt. | *eine Anleihe aufnehmen*, contracter un emprunt. | *eine Anleihe gewähren*, accorder un prêt. | *eine Anleihe zeichnen*, souscrire à un emprunt.

Anleihe|ablösung ["anlaiə'aplø:zuŋ] f. (-, en) amortissement (m.) d'un emprunt. ||°**-ausstattung** f. (-, en) contrat (m.) d'émission. ||°**-geber** m. (s, -). FIN. prêteur m. ||°**-markt** m. (es, ¨e) marché (m.) obligataire, des obligations. ||°**-stücke** n. pl. titres (m. pl.) d'emprunt.

an|leimen ["an'laimən] v. tr. coller (à, contre).

An|leitung ["an'laituŋ] f. (-, en) instruction f. ; conseil m. ; directives f. pl. | *technische Anleitung*, guide (m.) technique.

an|lernen ["an'lɛrnən] v. tr. instruire. | *einen Lehrling anlernen*, instruire, former un apprenti.
◇ part. pass. **angelernt,** appris ; non inné. || *angelernter Arbeiter*, ouvrier semi-qualifié.

An|lernen n. (s) formation (f.) sur le tas.

an|liefern ["an'li:fərn] v. tr. COMM. livrer à domicile.

an|liegen ["an'li:gən] (a, e) v. intr. être voisin de ; être contigu, adjacent, attenant à ; être limitrophe de. | *sein Haus liegt an unserm an*, sa maison est contiguë à la nôtre.
◇ part. prés. et adj. **anliegend,** contigu ; joignant ; jointif. | *eng anliegende Hose*, pantalon moulant. || *anliegend (anbei)*, sous ce pli. || MATH. adjacent.
◇ v. tr. MAR. mettre le cap sur. | *das Schiff liegt Ost an*, ce bateau fait route vers l'est.

An|liegen [-gən] n. (s, -) requête f. ; désir m. ; prière f. ; sollicitation f. | *ein Anliegen haben*, avoir un désir à formuler..

An|lieger [-gər] m. (s, -) voisin m. ; riverain m.

Anlieger|staat ["anli:gər'ʃta:t] m. (es, en) pays riverain.

an|locken ["an'lɔkən] v. tr. attirer ; allécher.

an|löten ["an'lø:tən] v. tr. souder ; braser.

an|lügen ["an'ly:gən] (o, o) v. tr. mentir (à qn).

an|luven ["an'lu:fən] v. intr. MAR. [gegen den Wind richten] lofer.

an|machen ["an'maxən] v. tr. attacher ; fixer ; poser ; mettre. || CULIN. préparer. | *eine Soße anmachen*, faire une sauce. | *Salat anmachen*, assaisonner la salade. || [anzünden] allumer. | *Feuer anmachen*, allumer ; faire du feu. | *Licht anmachen*, allumer (la lumière) ; faire de la lumière. || TECHN. *Beton anmachen*, gâcher du béton. || FAM. [ansprechen] draguer.

an|mahnen ["an'ma:nən] v. tr. exhorter (à) ; rappeler (qch. à qn).

an|malen ["an'ma:lən] v. tr. peindre ; mettre une couche de peinture.

An|marsch ['anmarʃ] m. (es, ¨e). (marche [f.] d') approche f.

an|maßen (sich) [ziç"an'ma:sən] v. pr. FIG. avoir la prétention, l'audace de ; se permettre de.
◇ part. prés. et adj. **anmaßend,** prétentieux ; présomptueux ; arrogant ; impertinent.

An|maßung ["an'ma:suŋ] f. (-, en) présomption f. ; prétention f. ; arrogance f. ; usurpation f.

Anmelde|bescheinigung ["anmɛldə'bəʃainiguŋ] f. (-, en) certificat (m.) d'inscription. ||°**-formular** n. (s, e) formulaire (m.) d'inscription. ||°**-frist** f. (-, en) délai (m.) de déclaration, de dépôt. ||°**-pflicht** f. (-, en) déclaration (f.) obligatoire.

an|melden ["an'mɛldən] v. tr. annoncer. || ADM. déclarer. | *beim Zoll anmelden*, déclarer en douane. | *eine Geburt anmelden*, déclarer une naissance. || [einschreiben lassen] ADM. inscrire. | *ein Kind in der Schule anmelden*, inscrire un enfant à l'école. || [Post] *ein Telefongespräch anmelden*, demander une communication téléphonique. || JUR. *ein Recht anmelden*, revendiquer un droit. || COMM. déposer. | *ein Patent anmelden*, déposer un brevet. | *Konkurs anmelden*, déposer son bilan ; se déclarer en faillite.
◇ **sich anmelden,** s'annoncer.

An|meldung [-duŋ] f. (-, en) déclaration f. ; inscription f. || ADM. *Anmeldung eines Fremden*, déclaration (f.) de séjour. | *Anmeldung einer Geburt*, déclaration d'une naissance. || UNIV. inscription f. || JUR. *Anmeldung einer Forderung*, production (f.) d'une créance. | *Anmeldung eines Patents*, dépôt (m.) d'un brevet. || COMM. *Anmeldung beim Handelsregister*, inscription (f.) au registre du commerce. | *Anmeldung des Konkurses*, dépôt (m.) du bilan.

an|merken ["an'mɛrkən] v. tr. noter ; annoter ; prendre note de. || FIG. remarquer. | *man merkt ihm seinen Ärger an*, on lit la colère sur son visage.
◇ v. pr. **sich anmerken lassen,** laisser voir.

An|merkung [-kuŋ] f. (-, en) note f. ; annotation f. || FIG. observation f. ; remarque f.

an|mustern ["an'mustərn] v. tr. MAR. enrôler.

An|mut ['anmu:t] f. grâce f. ; agrément m. ; gentillesse f. ; charme m. | *anmutsvoll*, gracieux.

an|muten ["an'mu:tən] v. intr. donner l'impression de.
◇ v. impers. *es mutet ihn heimatlich an*, il a l'impression d'être dans son pays, chez lui.

an|mutig [-tiç] adj. gracieux ; agréable ; charmant.
— SYN. : *artig*, aimable ; *einnehmend*, avenant, séduisant ; *lieblich*, amène ; *angenehm*, plaisant ; *heiter*, riant.

an|nageln ["an'na:gəln] v. tr. clouer ; fixer avec des clous.

an|nagen ["an'na:gən] v. tr. grignoter.

an|nähen ["an'nɛ:ən] v. tr. coudre à.

an|nähern ["an'nɛ:ərn] v. tr. approcher ; rapprocher de ; avancer vers.
◇ v. pr. **sich annähern,** s'approcher ; se rapprocher de ; s'avancer vers.

an|nähernd [-ərnt] adv. approximativement ; environ.
— SYN. : *annäherungsweise*.

An|näherung [-əruŋ] f. (-, en) approche f. || FIG. rapprochement m.

An|nahme ["an'na:mə] f. (-, n). **1.** [Empfang ; Übernehmen] réception f. | *Annahme eines Kindes*, adoption (f.) d'un enfant.
2. [Zustimmung] admission f. | *Annahme eines Angebots*, acceptation (f.) d'une offre. || POLIT. *Annahme eines*

Gesetzes, adoption (f.) d'une loi. || COMM. *Annahme eines Wechsels*, acceptation d'une traite. || JUR. acceptation f.
3. FIG. [Vermutung] supposition f. ; hypothèse f. | *eine irrige Annahme*, une supposition erronée. | *in der Annahme, daß*, en supposant que. | *Grund zu einer Annahme haben*, avoir lieu de supposer.
Annahme|frist ["anna:mə'frist] f. (-, en) délai (m.) de réception. ||°**-verweigerung** f. (-, en) refus (m.) de réception.
Annalen [a'na:lən] f. pl. annales f. pl.
an|nehmbar ["an'ne:mba:r] adj. acceptable ; admissible.
an|nehmen [-mən] (nimmt, nahm, genommen) v. tr. **1.** [Personen] accepter ; agréer ; prendre. | *an Kindes Statt annehmen*, adopter un enfant.
2. [Dinge] accepter. | *ein Geschenk annehmen*, accepter un cadeau. | *einen Vorschlag annehmen*, accepter une proposition. || CHIM. *Farbe annehmen*, prendre la teinte. || FIN. *einen Wechsel annehmen*, accepter une traite.
3. admettre ; approuver ; adopter. | *eine Resolution annehmen*, approuver une résolution. | *ein Gesetz annehmen*, adopter une loi. || FIG. *keine Vernunft annehmen wollen*, ne pas entendre raison.
4. s'approprier ; prendre. | *schlechte Manieren annehmen*, prendre de mauvaises manières. | *ein angenommener Name*, un nom d'emprunt. | *eine gönnerhafte Miene annehmen*, prendre un air protecteur.
5. supposer ; admettre ; penser. | *als Grundsatz annehmen*, partir du principe que. | *angenommen, daß*, supposé que. | *das muß man doch wohl annehmen*, il faut pourtant l'admettre.
◇ v. pr. **sich annehmen,** [sorgen für] se charger de. | *er nimmt sich meines Prozesses an*, il se charge de mon procès.
an|nehmlich [-mliç] adj. agréable ; acceptable.
An|nehmlichkeit [-mliçkait] f. (-, en) charme m. ; avantage m. ; agrément m.
annektieren [anɛk'ti:rən] v. tr. annexer.
anno ['ano] (lat.) prép. en (l'an). || RELIG. *Anno Domini (A. D.)*, l'an (m.) après J.-C. | *Anno dazumal*, jadis.
Annonce [a'nɔ̃sə] f. (-, n) annonce f.
annoncieren [anɔ̃'si:rən] v. tr. annoncer ; publier une annonce.
Annuität [anui'tɛ:t] f. (-, en) annuité f.
annullieren [anu'li:rən] v. tr. annuler.
Annullierung [-ruŋ] f. (-, en) annulation f. ; révocation f. ; invalidation f.
Anode [a'no:də] f. (-, n). PHYS. anode f.
Anoden|batterie [a"no:dənbatə'ri:] f. (-, n). RADIO. batterie (f.) d'anodes ; batterie de plaque. ||°**-kreis** m. (es, e). PHYS. circuit (m.) de plaques. ||°**-spannung** f. (-, en) tension (f.) de plaque. ||°**-strom** m. (s, ¨e) courant (m.) de plaque.
an|öden ["an'ø:dən] v. tr. POP. embêter.
anomal [ano'ma:l] adj. irrégulier ; exceptionnel.
Anomalie [-ma'li:] f. (-, n) anomalie f.
anonym [ano'ny:m] adj. anonyme.
Anonymität [-nymi'tɛ:t] f. anonymat m.
Anorak ['anɔrak] m. (s, s) anorak m.
an|ordnen ["an'ɔrdnən] v. tr. ordonner ; disposer ; ranger ; arranger. | *in Reihen anordnen*, mettre en rang(s) ; ranger. || PAR ANAL. organiser ; distribuer. | *eine Arbeit anordnen*, ordonner une tâche. || FIG. établir ; fixer. | *eine Versammlung anordnen*, organiser une réunion. | *die Mobilmachung anordnen*, décréter la mobilisation.
An|ordnung [-nuŋ] f. (-, en) disposition f. ; arrangement m. ; aménagement m. ; FIG. règlement m. ; décision f. ; arrêté m. ; décret m.
an|organisch ["anɔr'ga:niʃ] adj. CHIM. *anorganische Chemie*, chimie minérale.
anormal [anɔr'mal] adj. anormal.
an|packen ["an'pakən] v. tr. saisir ; empoigner. || FIG., FAM. *jn hart anpacken*, attraper qn.
an|passen ["an'pasən] v. tr. adapter ; ajuster. ◇ v. pr. FIG. s'adapter. | *sich der Umgebung anpassen*, s'adapter, s'assimiler au milieu.
An|passung [-suŋ] f. (-, en) ajustement m. ; adaptation f. | *Anpassung eines Textes*, adaptation d'un texte.
Anpassungs|fähigkeit ["anpasuŋs'fɛ:içkait] f. (-, en) faculté (f.) d'adaptation. || [Beruf] flexibilité f. || TECHN. *Anpassungsfähigkeit eines Motors*, souplesse (f.) d'un moteur.
an|peilen ["an'pailən] v. tr. MAR. mettre le cap sur.
an|pfeifen ["an'pfaifən] (i, i) v. tr. siffler. || FIG., FAM. rabrouer. || SPORT. *das Spiel anpfeifen*, donner le coup d'envoi.
An|pfiff ['anpfif] m. (s, e). SPORT. coup (m.) d'envoi. || FIG., FAM. savon m. ; attrapade f.
an|pflanzen ["an'pflantsən] v. tr. [Garten] planter. || [Land] cultiver.
An|pflanzung [-tsuŋ] f. (-, en) plantation f.
an|pflöcken ["an'pfløkən] v. tr. cheviller.
an|pöbeln ["an'pø:bəln] v. intr. brusquer.
an|pochen ["an'pɔxən] v. intr. frapper (contre, à).
An|prall ['anpral] m. (s, e) m. collision f. ; choc m.
an|prallen ["an'pralən] v. intr. heurter ; donner contre.
an|prangern ["an'praŋərn] v. tr. FIG. clouer au pilori.
an|preisen ["an'praizən] (ie, ie) v. tr. vanter ; prôner ; recommander.
An|probe ["an'pro:bə] f. (-, n) essayage m.
an|proben [-bən], **an|probieren** ["anprɔ'bi:rən] v. tr. essayer.
an|pumpen ["an'pumpən] v. tr. POP. taper (qn).
Anrainer|staat ["anrainər'ʃta:t] m. (s, en) pays riverain.
an|raten ["an'ra:tən] (ä, ie, a) v. tr. conseiller. | *jm etw. anraten*, recommander qch. à qn.
An|raten n. (s) conseil m. | *auf js Anraten*, sur le conseil de qn.
an|rechnen ["an'rɛçnən] v. tr. mettre au compte ; compter ; facturer. || COMM. défalquer ; déduire. || FIG. attribuer. | *wir rechnen es ihnen hoch an*, nous leur en savons infiniment gré. | *als Fehler anrechnen*, imputer à faute.
An|rechnung [-nuŋ] f. (-, en) imputation f. ; mise (f.) en compte. || COMM. facturation f.
An|recht ['anrɛçt] n. (s, e) droit m. ; titre m. | *ein Anrecht haben auf*, avoir droit à.
An|rede ["an're:də] f. (-, n) allocution f. ; harangue f. ; apostrophe f. || PAR ANAL. titre m.
an|reden ["an're:dən] v. tr. adresser la parole (à qn) ; haranguer.
an|regen ["an're:gən] v. tr. animer ; stimuler ; inciter. | *sein Vortrag regte uns an*, son discours nous a stimulés. | *eine angeregte Unterhaltung*, une conversation animée. || PAR EXT. [veranlassen] suggérer ; pousser à. | *einen Plan anregen*, suggérer un projet.
an|regend [-gənt] adj. 1° stimulant ; 2° suggestif.

An|regung [-guŋ] f. (-, en) animation f. ; impulsion f. | *auf seine Anregung hin*, sous son impulsion.

an|reichern ["an'raiçərn] v. tr. GÉOL. enrichir.

An|reicherung [-çəruŋ] f. (-, en). GÉOL., NUCL. enrichissement m.

an|reihen ["an'raiən] v. tr. ranger ; joindre l'un à l'autre. || [Perlen] enfiler. || [Faden] faufiler.

An|reim ['anraim] m. (s, e). POÉS. allitération f.

an|reisen ["an'raizən] v. intr. arriver (de voyage).

Anreise|tag ["anraizə'tɑ:k] m. (es, e) jour (m.) d'arrivée.

an|reißen ["an'raisən] (i, i) v. tr. entamer ; déchirer au bord. | *das Vermögen anreißen*, entamer sa fortune. || COMM. [Kunden] raccrocher (des clients). || TECHN. tracer ; marquer.

an|reißerisch ["an'raisəriʃ] adj. *anreißerische Reklame*, publicité tapageuse.

An|reiz ['anraits] m. (es, e) impulsion f. ; instigation f. | *einen Anreiz ausüben*, exciter. | *einen Anreiz in sich fühlen*, être intéressé. || MÉD. stimulation f.

an|reizen ["an'raitsən] v. tr. exciter ; stimuler ; encourager.

Anrempel|diebstahl ["anrɛmpəl'di:pʃtɑ:l] m. (s, ¨e) vol (m.) à l'esbroufe.

an|rempeln ["an'rɛmpəln] v. tr. FAM. bousculer ; injurier ; insulter.

an|rennen ["an'rɛnən] (rannte, gerannt) v. intr. accourir. | *angerannt kommen*, arriver en courant. || [anstoßen] heurter ; donner contre.
◇ v. tr. assaillir ; fondre sur.

An|richte ["an'riçtə] f. (-, n) dressoir m. ; desserte f. ; crédence f.

Anrichte|tisch ["anriçtə'tiʃ] m. (es, e) desserte f. ; crédence f. ||°**-zimmer** n. (s, -) office m.

an|richten ["an'riçtən] v. tr. [fertigmachen] préparer. | *es ist angerichtet*, le dîner est servi. || PAR ANAL. [verursachen] causer ; occasionner. | *Schaden anrichten*, causer des dégâts. || PAR IRON. *da haben Sie was Schönes angerichtet !*, vous en faites de belles !
— SYN. : *anstiften*, occasionner ; *verursachen*, procurer.

an|rollen ["an'rɔlən] v. tr. rouler ; pousser vers.
◇ v. intr. arriver en voiture. || commencer à rouler ; se mettre en route.

an|rüchig ["an'ryçiç] adj. mal famé ; suspect.

an|rücken ["an'rykən] v. tr. approcher.
◇ v. intr. approcher ; s'approcher.

An|ruf ['anru:f] m. (s, e) appel m. ; cri (m.) d'appel. || MAR. demande f. (d'un signe). || MIL. sommation f. ; qui-vive m. || TÉLÉPH. appel m. | *Anruf im Orts-, im Fernverkehr*, appel local, interurbain.

Anruf|beantworter ["anru:fbə'antvɔrtər] m. (s, -) répondeur (m.) téléphonique, automatique. ||°**-weiterschaltung** f. (-, en) déviation (f.) des appels. ||°**-zeichen** n. (s, -) signal (m.) d'appel ; indicatif m.

an|rufen ["an'ru:fən] (ie, u) v. tr. appeler ; interpeller ; héler. || *ein Schiff anrufen*, héler un bateau. | *jn anrufen*, appeler qn au téléphone. | *die Feuerwehr anrufen*, appeler les pompiers. | *er rief mich um Hilfe an*, il m'appela au secours. || FIG. invoquer. | *zum Zeugen anrufen*, prendre à témoin. | *ein höheres Gericht anrufen*, faire appel. || RELIG. *Gott anrufen*, invoquer Dieu.

An|rufung [-fuŋ] f. (-, en) appel m. || RELIG. invocation f.

an|rühren ["an'ry:rən] v. tr. toucher à. | *nicht anrühren !*, n'y touchez pas ! || CULIN. délayer. || [Farben] délayer.

an|säen ["an'zɛ:ən] v. tr. semer ; ensemencer.

An|sage ["an'zɑ:gə] f. (-, n) annonce f. ; avertissement m. ; notification f. || [Kartenspiel] *die Ansage haben*, annoncer la couleur. || RADIO. *Ansage im Rundfunk*, communiqué m. | *eine Ansage durchgeben*, transmettre un communiqué.

an|sagen [-gən] v. tr. annoncer ; avertir ; notifier ; dire. || RADIO. annoncer ; communiquer. || [Spiel] faire les annonces.

An|sager(in) [-gər(in)] m. (s. -), f. (-, nen). RADIO. présentateur m., présentatrice f. ; speaker m., speakerine f. || [Kabarett] animateur m.

an|sammeln ["an'zaməln] v. tr. amasser ; accumuler ; rassembler. || MIL. rassembler.

An|sammlung [-'zamluŋ] f. (-, en) accumulation f. ; amas m. ||[Menschen] foule f. || MIL. rassemblement m.

an|sässig ["an'zɛsiç] adj. domicilié ; établi. | *sich ansässig machen*, se domicilier ; s'établir.

An|satz ['anzats] m. (es, ¨e) commencement m. ; élan m. | *auf den ersten Ansatz*, du premier coup ; d'emblée ; d'un seul élan. | *in den ersten Ansätzen steckenbleiben*, rester court dès le début. || BOT. jeune pousse f. || CHIM. dépôt m. ; alluvion f. || [Verlängerung] pièce ajoutée. || MUS. [Mundstück] embouchure f. || ARCHIT. [Vorsprung] saillie f. || ANAT. [Darm] appendice m. || COMM. [Wechsel] (r)allonge f. ; [Abschätzung] évaluation f. || MATH. mise (f.) en équation ; disposition (f.) d'une opération.

Ansatz|punkt ["anzats'puŋkt] m. (s, e) point (m.) de départ. ||°**-rohr** n. (s, e). TECHN. tuyau (m.) de raccord ; aj(o)utage m. ||°**-stück** n. (s, e). TECHN. (r)allonge f. ; ajutage m. ; embout m.

an|säuern ["an'zɔyərn] v. tr. mettre du levain (dans la pâte). || CHIM. aciduler.

an|saugen ["an'zaugən] (o, o) v. tr. aspirer ; sucer.

an|säuseln ["an'zɔyzəln] v. intr. souffler doucement.
◇ v. pr. **sich ansäuseln,** FIG. se griser.

an|sausen ["an'zauzən] v. intr. *angesaust kommen*, arriver en coup de vent.

an|schaffen ["an'ʃafən] v. tr. procurer ; acquérir ; acheter ; pourvoir de. | *Möbel anschaffen*, acheter des meubles.

An|schaffung [-fuŋ] f. (-, en) achat m. ; acquisition f. ; approvisionnement m.

Anschaffungs|kosten ["anʃafuŋs'kɔstən] f. pl. COMM. frais (m. pl.) d'achat, de premier établissement. ||°**-preis** m. (es, e). COMM. prix (m.) de revient ; prix coûtant. ||°**-wert** m. (es, e). COMM. valeur (f.) d'achat.

an|schalten ["an'ʃaltən] v. tr. mettre le contact. || ÉLECTR. *Licht anschalten*, allumer.

an|schauen ["an'ʃauən] v. tr. regarder ; contempler ; considérer ; envisager.

an|schaulich [-'ʃauliç] adj. clair ; évident ; expressif ; intuitif. | *anschaulich machen*, dépeindre.

Anschauung [-'ʃauuŋ] f. (-, en) contemplation. || manière (f.) de voir ; point (m.) de vue ; opinion f. ; conception f. | *meiner Anschauung nach*, à mon avis. || PHILOS. intuition ; façon de voir, de concevoir.

Anschauungs|kraft ["anʃauuŋs'kraft] f. °**-vermögen** [-fœr'mø :gən] n. (s). PHILOS. intuition f. ; faculté intuitive. ||°**-unterricht** m. (s) leçon (f.) de choses.

An|schein ['anʃain] m. (s, e) apparence f. | *den Anschein haben*, sembler ; paraître. | *sich den Anschein geben, als ob*, faire semblant de ; se donner l'air de. | *dem Anschein nach*, selon les apparences. | *allem Anschein nach*, tout porte à croire que.

an|scheinen ["an'ʃainən] (ie, ie) v. tr. éclairer.
◇ part. prés. et adj. **anscheinend,** apparent.
◇ adv. apparemment ; selon toute apparence.

an|scheinlich [-liç] adj. apparent.
◇ adv. apparemment ; en apparence.

an|schicken (sich) [ziç"an'ʃikən] v. pr. s'apprêter, se préparer, se disposer à.

an|schielen ["an'ʃi:lən] v. tr. loucher vers ; regarder de travers. || FIG. lorgner.

an|schießen ["an'ʃi:sən] (o, o) v. tr. [durch Schuß verletzen] blesser légèrement. || *ein Gewehr anschießen*, essayer un fusil.
◇ v. intr. s'élancer (vers) ; foncer (sur). || MIL., SPORT. tirer le premier. || CHIM. *in, zu Kristallen anschießen*, se cristalliser. || FIG., FAM. *er kommt angeschossen*, il arrive comme une flèche.

an|schirren ["an'ʃirən] v. tr. atteler ; harnacher.

An|schlag ['anʃlɑ:k] m. (s, ¨e) **1.** choc m. ; coup m. ; son m. (d'une cloche). | *der Anschlag eines Pianisten*, le toucher d'un pianiste. || TYPOGR. frappe f. ; PAR EXT. signe m.
2. pancarte f. ; affiche f. ; panneau-réclame m. | *durch Anschlag veröffentlichen*, publier par voie d'affiche. | *einen Anschlag machen*, afficher.
3. [Veranschlagung] évaluation f. ; estimation f. ; devis m. ; taxation f. | *in Anschlag bringen*, décompter ; faire entrer en ligne de compte.
4. projet m. ; plan m. ; attentat m. | *einen Anschlag verüben*, commettre un attentat. | *ein geheimer Anschlag*, un complot.
5. ARCHIT. butée f. (de porte ou de fenêtre). || MATH. [Geometrie] amplitude f. || MAR. ressac m. ; brisants m. pl. || MIL. *Gewehranschlag*, mise (f.) en joue.

Anschlag|brett ["anʃlɑ:k'brɛt] n. (s, er) tableau (m.) d'affichage. ||°**-säule** f. (-, n) colonne (f.) d'affichage ; colonne Morris. ||°**-zettel** m. (s, -) affichette f.

an|schlagen ["an'ʃlɑ:gən] (ä, u, a) v. tr. clouer ; fixer. || PAR ANAL. [bekanntmachen] afficher ; placarder. | *Plakate anschlagen*, afficher ; apposer des affiches. || [stoßen] frapper ; donner contre. | *das Feuerzeug anschlagen*, battre le briquet. | *die Glocke anschlagen*, sonner la cloche. || FIG. *einen Ton anschlagen*, prendre un ton. | *einen andern Ton anschlagen*, changer de ton. || MIL. *das Gewehr anschlagen*, mettre en joue. || COMM. évaluer ; estimer.
◇ v. intr. battre ; frapper. || MAR. *die Wellen schlagen an*, les vagues déferlent. | *die Glocke schlägt an*, la sonnerie retentit. || [bellen] *der Hund schlug an*, le chien aboyait. || MÉD. *das Heilmittel schlägt an*, le remède fait de l'effet, opère.

an|schleichen ["an'ʃlaiçən] (i, i) v. intr. approcher à pas de loup, furtivement.

an|schleppen ["an'ʃlɛpən] v. tr. traîner.

an|schließen ["an'ʃli:sən] (o, o) v. tr. attacher ; enchaîner. || ÉLECTR. relier ; connecter. || RADIO. relayer. | *angeschlossen alle europäischen Sender*, relayé par tous les postes européens.
◇ v. pr. **sich anschließen,** FIG. [in Berührung stehen] se rattacher ; être contigu. | *das anschließende Zimmer*, la pièce contiguë. || TRANSP. avoir la correspondance avec. || se rattacher à ; suivre. | *dem Vortrag schloß sich eine Diskussion an*, une discussion suivit la conférence. | *sich der Meinung eines andern anschließen*, se ranger à l'avis d'un autre. || *anschließend* (adv.), ensuite, immédiatement après.

an|schließend [-sənt] part. prés. et adj. suivant.
◇ adv. sans discontinuer ; immédiatement après.

An|schluß ['anʃlus] m. (es, ¨e) rattachement m. ; enchaînement m. || PAR ANAL. fonction f. ; connexion f. ; branchement m. | *elektrischer Anschluß*, branchement (m.) électrique. || TRANSP. correspondance f. ; desserte f. | *der Zug hat Anschluß nach*, ce train établit la correspondance avec. | *den Anschluß erreichen*, avoir la correspondance. | *den Anschluß verfehlen*, manquer la correspondance ; FIG., FAM. manquer le coche. || FIG. *Anschluß suchen*, chercher à lier connaissance. || TÉLÉPH. communication f. || POLIT., HIST. *der Anschluß Österreichs*, le rattachement de l'Autriche à l'Allemagne.

Anschluß|dose ["anʃlus'do:zə] f. (-, n). ÉLECTR. boîte (f.) de connexion ; prise (f.) de courant. ||°**-kabel** n. (s, -) câble (m.) de raccordement. ||°**-leitung** f. (-, en) ligne (f.) de jonction. ||°**-stelle** f. (-, n). AUTOM. diffuseur m. ||°**-stück** n. (s, e) raccord m. ; pièce (f.) de jonction. ||°**-wert** m. (s, e). ÉLECTR. puissance installée. ||°**-zug** m. (s, ¨e) train (m.) de correspondance.

an|schmieden ["an'ʃmi:dən] v. tr. river ; attacher en forgeant.

an|schmiegen ["an'ʃmi:gən] v. tr. serrer contre ; appliquer ; coller à.
◇ v. pr. **sich anschmiegen,** se blottir.

an|schmieren ["an'ʃmi:rən] v. tr. enduire ; barbouiller. || FIG., FAM. rouler dans la farine.

an|schnallen ["an'ʃnalən] v. tr. attacher avec une ceinture.
◇ v. pr. **sich anschnallen,** mettre sa ceinture.

an|schnauzen ["an'ʃnautsən] v. tr. FAM. rabrouer ; enguirlander. || VULG. engueuler.

An|schnauzer [-tsər] m. (s, -). FIG. réprimande f. ; POP. savon m.

an|schneiden ["an'ʃnaidən] (schnitt, geschnitten) v. tr. entamer. || FIG. entamer. | *ein Thema anschneiden*, entamer un sujet.

An|schnitt ['anʃnit] m. (s, e). [Brot, Schinken] entame f.

Anschovis [an'ʃo:vis] f. (-, n) anchois m.

an|schrauben ["an'ʃraubən] v. tr. visser ; boulonner. | *fester anschrauben*, serrer (une vis).

an|schreiben ["an'ʃraibən] (ie, ie) v. tr. inscrire ; noter. || COMM. porter en compte. || FIG., FAM. | *bei jm gut angeschrieben sein*, être bien vu de qn.

an|schreien ["an'ʃraiən] (ie, ie) v. tr. crier après qn ; apostropher vertement.

An|schrift ['anʃrift] f. (-, en) adresse f.

An|schuldigung ["an'ʃuldiguŋ] f. (-, en) accusation f. ; inculpation f. | *falsche Anschuldigung*, dénonciation calomnieuse.

An|schuß ['anʃus] m. (es, ¨e). SPORT. coup (m.) d'envoi. || [Jagd] blessure (f.) par une arme à feu.

an|schwärmen ["an'ʃvɛrmən] v. intr. essaimer.
◇ v. tr. adorer, idolâtrer.

an|schwärzen ["an'ʃvɛrtsən] v. tr. noircir. || FIG. noircir ; diffamer ; dénigrer.

an|schweißen ["an'ʃvaisən] v. tr. souder à.

an|schwellen ["an'ʃvɛlən] (i, o, o) v. intr. enfler ; gonfler ; grossir. | *der Bach schwillt an*, le ruisseau est en crue, grossit. || MÉD. *die Backe ist angeschwollen*, la joue est enflée. || MUS. et FIG. aller crescendo.

An|schwellen [-lən] n. (s) crue f. ||°**-schwellung** f. enflure f. ; gonflement m. ; renflement m. ; hausse f. || [Wasser] crue f.

an|schwemmen ["an'ʃvɛmən] v. tr. [Holz] flotter. |[Sand] charrier. |[Land] déposer. | *angeschwemmtes Land*, terrain alluvial.

An|schwemmung [-muŋ] f. (-, en) flottage m. ; dépôt m. ; alluvion f.

an|sehen ["an'ze:ən] (ie, a, e) v. tr. et v. pr. **1.** [betrachten] regarder ; voir ; contempler. | *ich will mir morgen die Stadt ansehen*, demain je voudrais visiter la ville. | *jn von der Seite, verstohlen ansehen*, regarder qn du coin de l'œil. | *das sieht sich wie Seide an*, on dirait de la soie. | *man sieht ihm sein Alter nicht an*, il ne paraît pas son âge. || PAR ANAL. considérer ; envisager. | *mit andern Augen ansehen*, voir d'un autre œil. || FIG. traiter. | *über die Schulter ansehen*, traiter par-dessus l'épaule ; regarder de haut.

2. FIG. [meinen] prendre pour ; considérer comme. | *wofür siehst du mich an ?*, pour qui me prends-tu ? | *bei jm hoch angesehen sein*, jouir d'un grand crédit auprès de qn. | *angesehene Leute*, des gens en vue, considérés.

3. LOC. *seht mal an !*, voyez plutôt. | *das sieht sich gut an*, cela a belle apparence.

An|sehen ["an'ze:ən] n. (s). [Handlung] vue f. ; coup (m.) d'œil. | *von Ansehen kennen*, connaître de vue. || [Resultat] apparence f. ; FIG. crédit m. | *hohes Ansehen genießen*, jouir d'un grand crédit. | *sein Ansehen verlieren*, perdre son crédit. | *wieder zu Ansehen kommen*, retrouver son crédit. | *ohne Ansehen der Person*, sans égard à la personne.

an|sehnlich [-'ze:nliç] adj. [Dinge] considérable ; important. | *ein ansehnliches Vermögen*, une belle fortune. || [Personen] respectable ; notable.

An|sehung [-ze:uŋ] f. *in Ansehung der Person oder Sache*, eu égard à la personne ou à l'affaire.

an|seilen ["an'zailən] v. tr. attacher à la corde ; encorder.

an|setzen ["an'zɛtsən] v. tr. **1.** [haftend, passend befestigen] appliquer ; ajuster ; rapporter. || [daran fügen] *eine Leiter ansetzen*, poser une échelle. | *Sporen ansetzen*, donner de l'éperon.

2. disposer ; mettre. | *einen Hund ansetzen*, mettre un chien en chasse.

3. fixer (un délai, un prix). | *den Beginn eines Festes ansetzen*, fixer l'heure d'une fête. | *den Wert ansetzen*, fixer la valeur ; estimer. | *einen Preis zu niedrig ansetzen*, sous-estimer.

4. préparer. | *Essig ansetzen*, préparer du vinaigre. | *eine Bowle ansetzen*, préparer un punch.

5. BOT. *Blätter, Blüten ansetzen*, pousser des feuilles, des fleurs. | *Früchte ansetzen*, se charger de fruits. || MÉD. *Fett ansetzen*, engraisser.

◇ v. intr. [beginnen] commencer ; prendre un élan. | *zum Sprung ansetzen*, prendre son élan. | *noch einmal ansetzen*, revenir à la charge.

◇ v. pr. **sich ansetzen,** CHIM. (se) déposer.

An|sicht ['anziçt] f. (-, en) **1.** [Handlung] vue f. ; inspection f. ; examen m. | *der Buchhändler schickt ein Buch zur Ansicht*, le libraire envoie un livre en communication. || PAR EXT. [Anblick] vue f. ; aspect m. | *Ansicht von vorn*, vue de face. | *Ansicht von der Seite*, vue de profil.

2. FIG. [Meinung] vue f. ; avis m. ; manière (f.) de voir ; idée f. | *eine Ansicht haben, vertreten*, avoir une opinion ; être d'avis (que). | *eine verkehrte Ansicht*, une opinion fausse. | *auf js Ansichten eingehen*, entrer dans les vues de qn. | *meiner Ansicht nach*, à mon avis. | *verschiedener Ansicht sein*, être d'un avis différent. | *mit seiner Ansicht zurückhalten*, ne pas donner son avis.

an|sichtig [-tiç] adj. *einer Sache ansichtig werden*, découvrir, apercevoir qch.

Ansichts|karte ["anziçts'kartə] f. (-, n) carte illustrée ; carte-vue f. ||°**-sache** f. (-, n) affaire (f.) de point de vue, de goût.

an|siedeln ["an'zi:dəln] v. tr. et v. pr. (s')établir ; (se) domicilier.

An|siedler ["an'zi:dlər] m. (s, -) colon m.

An|siedlung [-luŋ] f. (-, en). [Handlung] établissement m. ; colonisation f. || [Resultat] établissement m. ; colonie f.

An|sinnen ["an'zinən] n. (s, -) prétention f. | *an jn das Ansinnen (die Zumutung) stellen*, engager qn à faire qch. qui ne lui agrée pas.

An|sitz ['anzits] m. (es, e). [Jagd] affût m.

ansonsten [an'zɔnstən] adv. V. SONST.

an|spannen ["an'ʃpanən] v. tr. bander ; tendre (un arc ; ses muscles). || atteler (un cheval). || FIG. *mit angespannten Kräften*, de toutes ses forces. | *Anspannen aller Kräfte*, sursaut d'énergie.

An|spannung [-nuŋ] f. (-, en) tension f. || attelage m. || FIG. effort m. ; application f.

an|speien ["an'ʃpaiən] (ie, ie) v. tr. cracher (sur). || FIG. conspuer ; honnir ; bafouer ; huer.

An|spiel ['anʃpi:l] n. (s, e) début (m.) du jeu.

an|spielen ["an'ʃpi:lən] v. intr. commencer à jouer. || FIG. *auf etwas anspielen*, faire allusion à qch.

An|spielung [-luŋ] f. (-, en). FIG. allusion f. | *in versteckten Anspielungen*, à mots couverts.

an|spinnen ["an'ʃpinən] (a, o) v. tr. tramer ; nouer. | *eine Freundschaft anspinnen*, lier amitié. | *eine Unterhaltung anspinnen*, engager une conversation.

an|spitzen ["an'ʃpitsən] v. tr. || [Bleistift] tailler.

An|sporn ['anʃpɔrn] m. (s, e) excitation f. ; stimulation f.

an|spornen ["an'ʃpɔrnən] v. tr. éperonner. || FIG. aiguillonner ; stimuler. | *zur Arbeit anspornen*, pousser au travail.

An|sprache ["an'ʃprɑ:xə] f. (-, n) allocution f. ; harangue f. | *eine Ansprache halten*, faire un discours ; haranguer.

an|sprechen ["an'ʃprɛçən] (i, a, o) v. tr. adresser la parole à qn. || aborder ; accoster. | *jn um Geld ansprechen*, demander de l'argent à qn.

◇ v. intr. FIG. [gefallen] plaire ; intéresser. | *der Artikel spricht nicht an*, cet article ne dit rien. || MUS. *das Klavier spricht schwer an*, le piano répond mal.

an|sprechend [-çənt] part. prés. et adj. intéressant ; attirant.

Ansprech|zeit ["an'ʃprɛçtsait] f. (-, en). INF. temps (m.) de réponse.

an|springen ["an'ʃpriŋən] (a, u) v. tr. et intr. bondir ; s'approcher par bonds ; sauter. || partir. | *der Motor springt nicht an*, le moteur ne démarre pas. | *sofort anspringen*, démarrer au quart de tour.

an|spritzen ["an'ʃpritsən] v. tr. asperger ; éclabousser. || BOT. bassiner.

An|spruch ['anʃprux] m. (s, ¨e) revendication f. ; réclamation f. ; prétention f. ; titre m. | *auf etwas Anspruch haben*, avoir droit à. | *Anspruch erheben auf* (acc.), revendiquer, réclamer qch. | *ein Anspruch gegen jn*, une créance contre qn. | *erworbene Ansprüche*, droits (m. pl.) acquis. | *Ansprüche geltend machen*, prétendre à. || FIG. prétention f. | *übertriebene Ansprüche*, prétentions démesurées. | *seine Ansprüche herabschrauben*, déchanter. || LOC. *die Aufmerksamkeit in Anspruch nehmen*, captiver l'attention. | *ich bin sehr in Anspruch genommen*, je suis fort occupé.

anspruchs|berechtigt ["anʃpruxsbə'rɛçtiçt] adj. JUR. ayant droit. || [Arbeitsloser] *nicht mehr anspruchsberechtigt sein*, être en fin de droit. ||**-los** adj. simple ; modeste ; sans prétention. ||°**-losigkeit** f. simplicité f. ; modestie f. ||**-voll** adj. exigeant ; prétentieux.

an|spülen ["an'ʃpy:lən] v. tr. baigner ; arroser. || GÉOL. [anflößen] charrier ; déposer.

an|stacheln ["an'ʃtaxəln] v. tr. aiguillonner ; piquer. || FIG. stimuler.

An|stalt ['anʃtalt] f. (-, en) établissement m. ; institution f. ; école f. || maison (f.) de correction, de rééducation.

◇ f. pl. **Anstalten,** préparatifs m. pl. ; arrangement m. | *Anstalten treffen, machen*, prendre ses dispositions ; se préparer à. | *er macht Anstalten zum Gehen*, il s'apprête à partir.

An|stand ['anʃtant] m. ([e]s) **1.** [Schicklichkeit] tenue f. ; décence f. ; bienséance f. ; courtoisie f. | *den Anstand wahren*, respecter les règles de la bienséance. | *gegen den Anstand verstoßen*, manquer aux convenances. | *mit Anstand*, décemment ; convenablement.
2. hésitation f. ; scrupule m. | *keinen Anstand nehmen zu*, ne pas craindre de ; ne pas hésiter à [infin.].
3. FIG. [Einspruch] protestation f. | *Anstand erheben gegen*, protester contre.
4. [Jagd] affût m. | *auf den Anstand gehen*, se mettre à l'affût.

an|ständig ["an'ʃtɛndiç] adj. [schicklich] décent ; convenable ; bienséant. | *ein anständiges Benehmen*, une conduite correcte. | *in anständiger Weise*, décemment. || PAR ANAL. [reichlich] suffisant ; décent.

An|ständigkeit [-kait] f. décence f. ; bienséance f. ; convenance f. ; honnêteté f.

Anstands|besuch ["anʃtantsbə'zu:x] m. (s, e) visite (f.) de politesse, de courtoisie. ||°**-dame** f. (-, n) chaperon m. ; duègne f. ||°**-gefühl** n. (s, e) tact m. ; savoir-vivre m. ||**-halber** adv. pour la forme ; pour (garder) le décorum. ||**-los** adj. sans (aucune) difficulté ; sans opposition ; sans résistance. ||°**-regeln** f. pl. usages (m. pl.) de la bienséance. ||°**-wauwau** m. (s, s) chaperon m.

an|starren ["an'ʃtarən] v. tr. regarder fixement ; fixer du regard ; dévisager.

an|statt ['anʃtat] prép. (gén.) au lieu de ; à la place de ; pour. | *anstatt meines Onkels*, à la place de mon oncle. | *anstatt deiner*, à ta place.

◇ conj. de subord. **anstatt zu ; anstatt daß,** au lieu de (infin.). | *anstatt daß er sein Versprechen hielt*, au lieu de tenir sa promesse.

an|stauen ["an'ʃtauən] v. tr. endiguer ; barrer.
◇ v. pr. **sich anstauen,** s'amasser.

an|staunen ["an'ʃtaunən] v. tr. considérer avec étonnement ; regarder bouche bée.

an|stechen ["an'ʃtɛçən] (i, a, o) v. tr. piquer ; faire une piqûre. || PAR ANAL. percer. | *ein Faß anstechen*, mettre un tonneau en perce.

an|stecken ["an'ʃtɛkən] v. tr. **1.** épingler ; piquer ; attacher ; fixer avec des épingles.
2. mettre. | *einen Ring anstecken*, mettre une bague.
3. PAR EXT. [anzünden] allumer. | *das Haus anstecken*, mettre le feu à la maison.
4. MÉD. contaminer. | *eine ansteckende Krankheit*, une maladie contagieuse.

Ansteck|nadel ["anʃtɛk'nɑdəl] f. (-, n). [Herren] épingle (f.) de cravate ; [Damen] broche f.

An|steckung ["an'ʃtɛkuŋ] f. (-, en). MÉD. contagion f. ; contamination f. ; infection f.

Ansteckungs|herd ["anʃtɛkuŋs'he:rt] m. (es, e). MÉD. foyer (m.) de contagion.

an|stehen ["an'ʃte:ən] (stand, gestanden) v. intr. **1.** convenir ; être séant. | *das steht mir nicht an*, cela n'est pas mon affaire. | *es stünde Ihnen nicht an, das zu tun*, il ne vous reviendrait pas de le faire.
2. durer. | *etwas anstehen lassen*, laisser traîner une affaire. | *eine Schuld steht noch an*, une dette demeure.
3. attendre en file ; faire la queue. | *nach Brot anstehen*, faire la queue pour avoir du pain.

an|steigen ["an'ʃtaigən] (ie, ie) v. intr. monter ; aller en montant. | *der Pfad steigt an*, le sentier est très escarpé. || croître. | *das Wasser steigt um einen Meter an*, l'eau monte d'un mètre. || FIG., COMM. [größer werden] s'accroître ; s'accumuler.

◇ part. prés. et adj. **ansteigend,** croissant.

an|stelle, an Stelle ['an"ʃtɛlə] (« von » ou gén.) prép. au lieu de ; à la place de. || FIG. *an seiner Stelle*, à sa place.

an|stellen ["an'ʃtɛlən] v. tr. **1.** placer, poser, mettre (contre). | *eine Leiter anstellen*, (ap)poser une échelle. || PAR ANAL. [einstellen] placer ; employer ; engager ; embaucher. | *jn fest anstellen*, titulariser.
2. FIG. [machen] arranger. | *etwas Dummes anstellen*, faire une bêtise. | *etwas geschickt anstellen*, s'y prendre habilement. | *einen Vergleich anstellen*, faire une comparaison ; comparer. | *Betrachtungen anstellen*, se livrer à des considérations. | *damit ist nichts anzustellen*, il n'y a rien à en faire. || [arbeiten lassen] faire marcher. | *das Radio anstellen*, faire marcher la radio.

◇ v. pr. **sich anstellen, 1.** [sich anreihen] se placer (à la suite) ; se joindre.
2. [sich benehmen] se comporter. | *man stelle sich so oder so (an)*, de quelque façon qu'on s'y prenne. | *sich anstellen, als ob*, faire semblant de. | *sich anstellen*, faire la mijaurée.

An|stellerei [anʃtɛlə'rai] f. (-). FIG. simulation f.

an|stellig ["an'ʃtɛliç] adj. FIG. adroit ; habile ; FAM. débrouillard.

An|stellung [-luŋ] f. (-, en) emploi m. ; fonction f. ; engagement m.

an|stemmen ["an'ʃtɛmən] v. tr. et v. pr. (s')appuyer contre.

an|steuern ["an'ʃtɔyərn] v. tr. MAR. mettre le cap sur ; diriger le bateau sur. | *das Schiff steuert den Hafen an*, le bateau aborde le port.

An|stich ['anʃtiç] m. (s, e). [Faß] mise (f.) en perce.

An|stieg ['anʃti:k] m. (s) montée f.

an|stieren ["an'ʃti:rən] v. tr. FIG. regarder avec des yeux ronds.

◇ v. pr. récipr. **sich anstieren,** FIG., POP. se regarder en chiens de faïence.

an|stiften ["an'ʃtiftən] v. tr. susciter ; provoquer ; tramer ; machiner. | *ein Unheil anstiften*, causer un malheur. | *ein Verbrechen anstiften*, être l'instigateur d'un crime. || IRON., FAM. *da haben Sie was Schönes angestiftet*, c'est du propre ! ; vous en faites de belles !

An|stifter(in) [-tər(in)] m. (s, -), f. (-, nen) auteur m. ; instigateur m. ; fauteur m.

An|stiftung [-tuŋ] f. (-, en) impulsion f. ; instigation f.

an|stimmen ["an'ʃtimən] v. tr. entonner ; commencer à chanter. || MUS. donner le ton. || FIG. *einen anderen Ton anstimmen*, changer de ton.

An|stoß ['anʃto:s] m. (es, ¨e). **1.** heurt m. ; choc m. ; coup m. || SPORT. coup (m.) d'envoi. || PAR ANAL. [Anregung, Anlaß] impulsion f. ; branle m. | *den Anstoß geben*, donner l'impulsion à ; prendre l'initiative de. || FIG. *ohne Anstoß*, sans heurt ; FAM. sans anicroche.
2. [Ärgernis] scandale m. | *Anstoß erregen*, choquer ; scandaliser. | *Anstoß an etwas* (dat.) *nehmen*, être choqué par qch. ; se formaliser, se scandaliser de qch.

an|stoßen ["an'ʃto:sən] (ö, ie, o) v. tr. heurter ; cogner ; pousser ; trinquer. | *die Gläser, mit den Gläsern anstoßen*, choquer les verres ; trinquer. || TECHN. [anschieben] joindre ; assembler bout à bout.

◇ v. intr. toucher ; être contigu, attenant. | *ansto-*

ßendes Zimmer, pièce contiguë, attenante. || PAR ANAL. se heurter. | *an die Wand anstoßen*, se heurter au mur. || PAR EXT. *mit der Zunge anstoßen*, zézayer. || FIG. [ärgern] choquer.

an|stößig ["an'ʃtø:siç] adj. incorrect ; choquant ; inconvenant ; indécent ; scabreux. | *anstößiger Ausdruck*, terme cru ; gros mot.

An|stößigkeit [-kait] f. (-, en) inconvenance f.

an|strahlen ["an'ʃtra:lən] v. tr. darder ses rayons, rayonner sur. || FIG. regarder (qn) d'un air rayonnant.

an|streben ["an'ʃtre:bən] v. tr. et intr. tendre, aspirer à qch. || *gegen etwas anstreben*, lutter contre qch.

an|streichen ["an'ʃtraiçən] (i, i) v. tr. **1.** enduire ; badigeonner ; peindre.
2. marquer d'un trait ; souligner. | *einen Satz anstreichen*, souligner une phrase.
3. FIG. noter. || LOC. *das will ich dir anstreichen*, je t'en ferai repentir.

an|strengen ["an'ʃtrɛŋən] v. tr. tendre ; bander. || FIG. *anstrengende Arbeit*, travail fatigant. | *seinen Geist anstrengen*, tendre son esprit. || JUR. *einen Prozeß gegen jn anstrengen*, intenter un procès contre qn.
◇ v. pr. **sich anstrengen,** s'efforcer de ; s'appliquer à. | *sich vergebens anstrengen*, FIG., FAM. se battre les flancs. | *sich tüchtig anstrengen*, FIG., FAM. donner un coup de collier.

An|strengung [-ŋuŋ] f. (-, en) effort m.

An|strich ['anʃtriç] m. (s, e). [Farbe] badigeonnage m. ; couche (f.) de peinture, de vernis. || FIG. [Schein, Vorspiegelung] vernis m. ; apparence f. ; semblant m. ; teinture f. | *sich einen vornehmen Anstrich geben*, se donner des airs ; prendre des airs. || MUS. coup (m.) d'archet.

An|sturm ['anʃturm] m. (s, ¨e) assaut m. ; attaque f.

an|stürmen ["an'ʃtyrmən] v. intr. *anstürmen gegen* (acc.), assaillir ; charger ; donner l'assaut à.

an|suchen ["an'zu:xən] v. intr. solliciter ; demander. | *bei jm um etwas ansuchen*, requérir qch. de qn.

An|suchen [-xən] n. (s) demande f. ; requête f. | *auf mein Ansuchen*, à ma requête.

Antagonismus [antagɔ'nismus] m. (-, men) antagonisme m.

Ant|arktis [ant'arktis] f. GÉOGR. région (f.) antarctique ; Antarctique m.

ant|arktisch [-tiʃ] adj. antarctique.

an|tasten ["an'tastən] v. tr. tâter ; palper ; toucher. || FIG. porter atteinte à.

An|teil ['antail] m. (s, e) part f. ; portion f. ; quote-part f. || JUR. *rechtlicher Anteil*, portion afférente. || FIN. titre (m.) de participation ; part f. || PAR ANAL. contribution f. | *an etwas Anteil haben*, avoir part, participer à qch. || FIG. [Teilnahme] intérêt m. | *Anteil nehmen an* (dat.), prendre part à, s'intéresser à qch.

anteil|mäßig ["antail'mɛ:siç] adj. proportionnel. ||°**-nahme** f. (-, en) intérêt m. ; FIG. sympathie f. ; [Trauer] condoléances f. pl. ||°**-schein** m. (s, e). FIN., COMM. part (f.) bénéficiaire ; action f.

Antenne [an'tɛnə] f. (-, n). antenne f.

Antennen|weiche [an"tɛnən'vaiçə] f. (-, n). TECHN. présélecteur m.

Anthrazit [antra'tsit] m. (s, e) anthracite m.

Anthropologe [-po'lo:gə] m. (n, n) anthropologue m.

Anthropologie [-polɔ'gi:] f. (-) anthropologie f.

Anthroposophie [-pozɔ'fi] f. (-) anthroposophie f. (doctrine de Rudolf Steiner).

anti préf. (sens d'opposition) anti ; contre.

Anti|alkoholiker [antialko'ho:likər] m. (s, -) antialcoolique m.

Anti|babypille [anti"be:bi:'pilə] f. (-, n). MÉD. pilule anticonceptionnelle.

Anti|biotikum [antibi'o:tikum] n. (s, ka). MÉD., CHIM. antibiotique m.

Anti|blockiersystem [antiblɔ"ki:rzys'te:m] n. (s, e), **ABS** [abe'ɛs]. AUTOM. système (m.) ABS.

Anti|christ ["anti'krist] m. ([e]s) Antéchrist m.

Anti|depressivum ["antideprɛ'si:vum] n. (s, va). MÉD. antidépresseur m.

Anti|gen ["anti'ge:n] n. (s, e). MÉD. antigène m.

antik [an'tik] adj. ancien ; antique.

Antike [-kə] f. (-). [Altertum] antiquité f.

anti|klerikal [antikleri'ka:l] adj. anticlérical.

Anti|klopfmittel [anti'klɔpf"mitəl] n. (s, -). AUTOM. additifs antidétonants.

Anti|körper ["anti'kørpər] m. (s, -). MÉD. anticorps m.

Antillen [an'tilən] f. pl. GÉOGR. Antilles f. pl.

Antilope [anti'lo:pə] f. (-, n). ZOOL. antilope f.

Anti|lymphozytenserum [antilymfo"tsy:tən'se:-rum] n. (s, seren ou sera). MÉD. sérum (m.) antilymphocytaire.

Anti|materie ["antima'te:riə] f. PHYS. antimatière f.

Antimon [anti'mon] n. (s). CHIM. antimoine m. | *Antimonglanz* m. stibine f.

Anti|nomie [antino'mi:] f. (-). antinomie f.

Anti|pathie [antipa'ti:] f. (-) antipathie f.

Anti|pode [anti'po:də] m. (n, n) antipode m. || FIG. antipode m.

Antiqua [an'tikva] f. (-). TYPOGR. (caractère) romain m.

Antiquar [anti'kva:r] m. (s, e) antiquaire m. || bouquiniste m.

Antiquariat [-kvari'a:t] n. (s, e) boutique (f.) de bouquiniste ; librairie (f.) d'occasions.

antiquarisch [-'kva:riʃ] adj. d'occasion.

antiquiert [-'kvi:rt] adj. démodé ; désuet.

Antiquität [-kvi'tɛ:t] f. (-, en). HIST. antiquité f. || PAR EXT. objet ancien, d'époque.

Anti|raucher... ["anti'rauxər] (en compos.) antitabac.

Antireflex|belag [antire"flɛksbə'la:k] m. (s, ¨e) couche (f.) antireflet.

Anti|semit [antize'mi:t] m. (en, en) antisémite m.

anti|semitisch [-tiʃ] adj. antisémite. ||°**-semitismus** [-zemi'tismus] m. antisémitisme m.

Anti|septikum ['anti"zɛptikum] n. (s) antiseptique m. ||**-septisch** adj. antiseptique. ||**-spastisch** adj. antispasmodique.

Anti|these [anti'tɛ:zə] f. (-, n) antithèse f.

antizipieren [antitsi'pi:rən] v. tr. anticiper.

Antlitz ['antlits] n. (es, e). POÉS. face f. ; visage m.

An|trag ['antra:k] m. (s, ¨e). demande f. | *einen Antrag im Parlament einbringen*, soumettre une proposition au Parlement. | *auf Antrag von*, à la demande de ; sur la proposition de. || JUR. demande f. ; requête f. ; réquisition f. | *Antrag auf Schadenersatz*, demande en dommages-intérêts. || LOC. *einem Antrag stattgeben*, déférer, faire droit à une demande. | *einem Antrag nicht stattgeben*, rejeter une demande. || COMM. offre f. | *einen Antrag machen*, faire une offre.

an|tragen ["an'tra:gən] (ä, u, a) v. tr. apporter ; rapporter. || FIG. offrir ; proposer.

Antrag|steller ["antra:k'ʃtɛlər] m. (s, -) auteur

(m.) de proposition, de motion ; pétitionnaire m. || Jur. demandeur m. [f. : demanderesse].

an|trauen ["an'trauən] v. tr. unir ; marier.

an|treffen ["an'trɛfən] (i, a, o) v. tr. rencontrer ; trouver.

an|treiben ["an'traibən] (ie, ie) v. tr. [drängen] pousser vers. | *Pferde antreiben*, fouailler des chevaux. || Par anal. [in Bewegung bringen] activer ; actionner. || Fig. pousser ; exciter ; stimuler ; talonner. | *zur Arbeit antreiben*, faire travailler.

◇ v. intr. flotter vers. | *Holz treibt an*, le bois flottant échoue sur la côte, sur la berge.

an|treten ["an'tre:tən] (i, a, e) v. intr. approcher de ; aborder. | *zum Appell antreten*, se rassembler pour l'appel. | *zum Wettkampf antreten*, se présenter au concours.

◇ v. tr. [beginnen] commencer. | *ein Amt antreten*, entrer en fonction. | *eine Reise antreten*, se mettre en route ; entreprendre un voyage. || Fig. *eine Erbschaft antreten*, recueillir une succession. || Jur. [beweisen] *den Beweis antreten*, fournir la preuve. || Mil. *den Rückzug antreten*, battre en retraite.

An|treten [-tən] n. (s). Mil. rassemblement m.

An|trieb ['antri:p] m. (s, e) commande f. ; attaque f. ; lancement m. ; propulsion f. ; entraînement m. | *elektrischer Antrieb*, commande (f.) électrique. | *hydraulischer Antrieb*, commande hydraulique. || Fig. impulsion f. ; instigation f. ; stimulation f. | *auf Antrieb von*, à l'instigation de. | *aus freiem Antrieb*, de plein gré.

Antriebs|achse ["antri:ps'aksə] f. (-, n) axe (m.) d'entraînement. ||°**-kraft** f. (-, ¨e) force motrice. ||°**-rad** n. (s, ¨er) roue motrice. ||°**-riemen** m. (s, -) courroie (f.) de transmission. ||°**-welle** f. (-, n). Autom. arbre (m.) de transmission.

An|tritt ['antrit] m. (s, e) premier pas. || Fig. début m. ; commencement m. | *Antritt der Regierung*, avènement (m.) au pouvoir. | *Antritt einer Erbschaft*, prise (f.) de possession d'un héritage. | *Urlaubsantritt*, départ (m.) en congé. || Sport. sprint m.

Antritts|besuch ["antritsbə'zu:x] m. (s, e) visite (f.) d'entrée en fonctions. ||°**-rede** f. (-, n). [Parlament] discours inaugural ; [Akademie] discours (m.) de réception. ||°**-vorlesung** f. (-, en) cours inaugural.

an|tun ['antu:n] v. tr. faire ; commettre. | *jm Gutes antun*, faire du bien à qn. | *jm Böses antun*, faire du mal à qn. | *Ehre antun*, faire honneur. | *Gewalt antun*, faire violence, forcer la main. || Fam. *sich etwas antun*, attenter à ses jours ; se tuer. || Fig. *diese Melodie hat es uns angetan*, cette mélodie nous a charmés.

Antwerpen ["ant'vɛrpən] n. pr. n. Géogr. Anvers m.

Antwort ['antvɔrt] f. (-, en) réponse f. ; réplique f. ; repartie f. | *rasche Antwort*, riposte f. | *eine treffende, bündige Antwort geben*, donner une réponse pertinente, qui porte ; répondre de façon concise. | *in Antwort auf* (acc.), en réponse à. | *nie um eine Antwort verlegen sein*, avoir la répartie prompte ; avoir réponse à tout. | *die Antwort schuldig bleiben*, laisser sans réponse. | *Rede und Antwort stehen*, rendre raison de. | *um Antwort wird gebeten*, réponse, s'il vous plaît (R. S. V. P.).

Antwort|karte ["antvɔrt'kartə] f. (-, n) carte-réponse f. ||°**-schein** m. (s, e) coupon-réponse (international). ||°**-schreiben** n. (s, -) réponse f.

ant|worten ["ant'vɔrtən] v. intr. répondre ; répliquer. | *schlagfertig antworten*, répondre du tac au tac.

an|vertrauen ["anfɛr'trauən] v. tr. confier (qch. à qn). | *anvertrautes Gut*, objet confié ; dépôt m.

an|verwandt ["anfɛr'vant] V. verwandt.

an|wachsen ["an'vaksən] (ä, u, a) v. intr. croître ; s'accroître ; augmenter ; grossir ; grandir. | *die Flut wächst an*, le flot monte.

An|walt ['anvalt] m. (s, ¨e). [Verteidiger ; Rechtsanwalt] avocat m. | *bestellter Anwalt*, avocat commis d'office. | *beratender Anwalt*, consultant ; conseil. || Par ext. [Staatsanwalt] procureur (m.) de la République. || [Sachanwalt ; Rechtsbeistand] avoué m. || [bevollmächtigter Vertreter] syndic m. || Fig. [Fürsprecher] tuteur m. ; défenseur m.

An|waltschaft [-ʃaft] f. (-, en) barreau m.

Anwalts|kammer ["anvalts'kamər] f. (-, n) conseil (m.) de l'ordre (des avocats). ||°**-praxis** f. cabinet (m.) d'avocat.

An|wandlung [-'vandluŋ] f. (-, en) accès m. ; atteinte f. (d'une maladie). || Fig. élan m. ; velléité f. | *Anwandlung von Edelmut*, accès de générosité.

an|wärmen ["an'vɛrmən] v. tr. chauffer légèrement.

An|wärter ["an'vɛrtər] m. (s, -) candidat m.

An|wartschaft ["an'vartʃaft] f. (-, en) candidature f.

an|wehen ["an've:ən] v. tr. souffler contre.

an|weisen ["an'vaizən] (ie, ie) v. tr. [belehren] indiquer ; instruire ; diriger. | *jn in einer Arbeit anweisen*, instruire quelqu'un dans un travail. || Par anal. [befehlen] donner des instructions, des ordres ; enjoindre. | *eine Summe anweisen*, mandater une somme. || Fig. *er ist auf mich angewiesen*, il dépend de moi.

An|weisung [-zuŋ] f. (-, en). [Belehrung] indication f. ; instruction f. ; directives f. pl. ; méthode f. || [Befehl] instruction f. ; ordre m. || Par ext. mandat m. ; assignation f. ; affectation f. || Comm. *eine Anweisung ausstellen*, établir un mandat.

anwendbar ["an'vɛntbɑ:r] adj. applicable ; adaptable. | *anwendbar sein auf* (acc.), s'appliquer à.

an|wenden [-'vɛndən] (wandte an, angewandt et conjug. faible) v. tr. appliquer ; utiliser ; employer ; faire usage de. | *eine Regel anwenden*, appliquer une règle. | *falsch anwenden*, faire un mauvais emploi. | *richtig anwenden*, faire (un) bon usage, un usage judicieux.

◇ part. pass. et adj. **angewandt,** appliqué. | *angewandte Physik*, physique expérimentale. | *angewandte Wissenschaften*, sciences appliquées.

An|wendung [-'vɛnduŋ] f. (-, en) application f. ; emploi m. ; utilisation f. ; usage m. ; pratique f. | *vorschriftsmäßige Anwendung*, application conforme aux instructions. | *Anwendung finden, zur Anwendung kommen*, s'appliquer à ; être applicable à.

Anwendungs|programm ['anvɛnduŋspro'gram] n. (s, e). Inf. programme (m.) d'application. || °**-software** f. (-, s) logiciel (m.) d'application.

an|werben ["an'vɛrbən] (i, a, o) v. tr. enrôler ; recruter ; engager ; embaucher.

An|werbung [-buŋ] f. (-, en) enrôlement m. ; recrutement m. ; engagement m. ; embauche f.

an|werfen ["an'vɛrfən] (i, a, o) v. tr. *den Motor anwerfen*, mettre le moteur en marche.

An|wesen ["an've:zən] n. (s, -) propriété f. ; domaine m.

an|wesend [-zənt] adj. présent. | *die Anwesenden*, les personnes (f. pl.) présentes.

An|wesenheit [-hait] f. (-) présence f. | *Anwesenheit von Zeugen*, assistance (f.) de témoins. | *in Anwesenheit der Königin*, en présence de la reine.

Anwesenheits|gelder ["anve:zənhaits'gɛldər] n. pl. jetons (m. pl.) de présence. ||°**-prämie** f. (-, n) prime (f.) d'assiduité.

an|widern ["an'vi:dərn] v. tr. dégoûter ; répugner à. | *das widert mich an*, cela me dégoûte.

◇ part. prés. et adj. **anwidernd,** répugnant.

An|wohner ["an'vo:nər] m. (s, -). [Nachbar] voisin m. || [Fluß] riverain m.

an|wurzeln ["an'vurtsəln] v. intr. prendre racine.

Anxiolytikum [aŋksio'ly:tikum] n. (s, ka). MÉD. anxiolytique m.

An|zahl ['antsɑ:l] f. nombre m. ; quantité f.

an|zahlen ["an'tsɑ:lən] v. tr. verser ; payer un acompte, des arrhes.

An|zahlung [-luŋ] f. (-, en). COMM. acompte m. ; arrhes f. pl.

an|zapfen ["an'tsapfən] v. tr. percer ; mettre en perce. || PAR ANAL. [Bäume] gemmer.

An|zeichen ["an'tsaiçən] n. (s, -) signe m. ; indice m. || MÉD. *die ersten Anzeichen der Krankheit*, les premiers symptômes de la maladie.

an|zeichnen [-tsaiçnən] v. tr. marquer ; noter. | *einen Text anzeichnen*, annoter un texte.

An|zeige ["an'tsaigə] f. (-, n). déclaration f. | *amtliche Anzeige*, annonce légale. || JUR. *gerichtliche Anzeige*, signification f. | *strafrechtliche Anzeige*, assignation f. | *Anzeige gegen « Unbekannt »*, plainte (f.) contre X. | *eine Anzeige erstatten*, dénoncer ; déposer une plainte. || COMM. annonce f. || [Mitteilung] *schriftliche Anzeige*, avis écrit. || [Inserat] annonce f. (dans un journal) ; faire-part m. | *kleine Anzeige*, petite annonce. | *Heiratsanzeige*, faire-part (m.) de mariage. || INF. affichage m. ; visualisation f.

Anzeige|brett ["antsaigə'brɛt] n. (s, er) tableau (m.) d'annonces, d'affiches. || TECHN. tableau (m.) de contrôle. ||°**-instrument** n. (s, e) appareil indicateur. ||°**-pflicht** f. (-, en) déclaration (f.) obligatoire.

an|zeigen ["an'tsaigən] v. tr. indiquer ; déclarer. || JUR. *der Behörde, dem Gericht anzeigen*, dénoncer. || PAR ANAL. *in der Zeitung die Geburt eines Sohnes anzeigen*, annoncer (par, dans un journal) la naissance d'un garçon. || COMM. aviser. || INF. afficher ; visualiser.

Anzeigen|abteilung ["antsaigen'aptailuŋ] f. (-, en) service (m.) des annonces. ||°**-blätter** n. pl. presse gratuite.

Anzeiger ["an'tsaigər] m. (s, -). [Zeitungen] moniteur m. ; indicateur f. || ÉLECTR. *elektrischer Anzeiger*, jauge (f.) électrique. | *Stromanzeiger*, compteur électrique.

an|zetteln ["an'tsɛtəln] v. tr. FIG. monter un coup ; FAM. manigancer qch. | *ein Komplott anzetteln*, ourdir un complot. | *ein Verbrechen anzetteln*, méditer un crime.

an|ziehen ["an'tsi:ən] (zog, gezogen) v. tr. **1.** attirer ; tirer. | *die Schraube anziehen*, serrer la vis. | *das Seil anziehen*, tendre la corde. | *die Bremse anziehen*, freiner. | *die Zügel anziehen*, tirer les rênes. || PAR ANAL. attirer. | *der Magnet zieht den Nagel an*, l'aimant attire le clou.
2. FIG. [gefallen] attirer ; intéresser. | *das Theater zieht ihn an*, il aime le théâtre.
3. PAR EXT. mettre ; endosser ; (re)vêtir ; habiller. | *ein Kind anziehen*, habiller un enfant. | *ein Kleid anziehen*, mettre une robe. | *Handschuhe anziehen*, se ganter.
◇ v. intr. COMM. *die Preise ziehen an*, les prix montent. || *die Börse zieht an*, la Bourse est à la hausse.
◇ adj. **anziehend,** attirant ; attrayant ; intéressant.

An|zieher [-ər] m. (s, -). ANAT. (muscle) adducteur m.

An|ziehung [-uŋ] f. attrait m. ; attraction f. | *eine Anziehung ausüben auf jn*, attirer qn ; être sympathique à qn.

Anziehungs|bereich ["antsi:uŋsbə'raiç] m. (s, e), °**-feld** [-'fɛlt] n. (s, er) champ (m.) d'attraction. ||°**-kraft** f. (-, ¨e) force (f.) d'attraction ; FIG. attrait m. ; charme m. ||°**-punkt** m. (s, e). FIG. pôle (m.) d'attraction.

an|zischen ["an'tsiʃən] v. tr. émettre un sifflement. || FIG., FAM. rabrouer.

An|zug ['antsu:k] m. (s, ¨e) vêtement m. ; costume m. ; complet m. | *dieser Anzug sitzt, paßt ihm wie angegossen*, ce complet lui va comme un gant. || FIG. approche f. | *ein Gewitter ist im Anzug*, un orage s'annonce, menace. || MIL. *die Truppen sind im Anzug auf* (acc.), les troupes s'approchent de.

an|züglich ["an'tsy:kliç] adj. à double entente. | *anzügliche Reden führen*, faire des allusions déplacées, désobligeantes.

An|züglichkeit [-kait] f. (-, en) allusion désobligeante.

an|zünden ["an'tsyndən] v. tr. allumer ; mettre le feu à. | *ein Streichholz anzünden*, craquer une allumette.

An|zünder [-dər] m. (s, -) allume-feu m.

an|zwecken ["an'tsvɛkən] v. tr. FAM. punaiser.

an|zweifeln ["an'tsvaifəln] v. tr. mettre en doute.

Äonen [ɛ'o:nən] m. pl. siècles m. pl. ; éternité f.

Aorta [a'ɔrta] f. (-, ten). ANAT. aorte f.

Aorten|bogen [a"ɔrtən'bo:gən] m. [-s, ¨]. ANAT. crosse (f.) de l'aorte. ||°**-klappe** f. (-, n). ANAT. valve (f.) de l'aorte.

Apache [a'paxə] m. (n, n) Apache m.

apart [a'part] adj. raffiné.

Apathie [apa'ti:] f. (-) apathie f. ; indifférence f.

apathisch [a'pɑ:tiʃ] adj. apathique ; indifférent.

Apfel ['apfəl] m. (s, ¨) pomme f. | *Augapfel*, globe (m.) de l'œil.

Apfel|baum ["apfəl'baum] m. (s, ¨e) pommier m. ||°**-branntwein** m. (s) calvados m. ||°**-most** m. (s) jus de pomme. ||°**-schimmel** m. (s, -) cheval (m.) gris pommelé. ||°**-sine** f. (-, n) orange f. ||°**-sinenbaum** m. (s, ¨e) oranger m. ||°**-strudel** m. (s, -) chausson (m.) aux pommes. ||°**-wein** m. (s) cidre m.

Aphorismus [afo'rismus] m. (-, men) aphorisme m.

Aphthe ['aftə] f. (-, n). MÉD. aphte m.

Apnoe [ap'nø:] f. (-, n) apnée f.

Apokalypse [apoka'lypsə] f. Apocalypse f.

apokalyptisch [-'lyptiʃ] adj. apocalyptique.

apollinisch [apɔ'li:niʃ] adj. apollinien.

Apoll(o) [a'pɔl(o)] n. pr. m. MYTH. Apollon m.

Apologet [-lɔ'ge:t] m. (en, en) apologiste m.

Apologetik [-lɔ'ge:tik] f. (-) apologétique f.

apologetisch [-lɔ'ge:tiʃ] adj. apologétique.

Apostel [a'pɔstəl] m. (s, -). RELIG. apôtre m.

Apostolat [apɔsto'lɑ:t] n. (s) apostolat m.

apostolisch [-'sto:liʃ] adj. apostolique. | *der Apostolische Stuhl*, le Saint-Siège.

Apostroph [apɔ'stro:f] m. (s, e) apostrophe f.

apostrophieren [-strɔ'fi:rən] v. tr. TYPOGR. mettre une apostrophe. || GRAMM. apostropher.

Apotheke [apo'te:kə] f. (-, n) pharmacie f.

Apotheker(in) [-kər(in)] m. (s, -), f. (-, nen) pharmacien(ne) m. (f.).

Apotheose [apote'o:zə] f. (-, n) apothéose f.

Apparat [apa'rɑ:t] m. (s, e) appareil m. || [Rundfunk] (poste [m.] de) radio(diffusion) f. ; radio f. || PAR EXT. [Ausrüstung] équipement m. || FIG. *kritischer Apparat eines Textes*, apparat (critique) d'un texte. | *Parteiapparat*, appareil (m.) d'un parti.

Apparatur [-ra'tu:r] f. (-, en) appareillage m. ; équipement m.

Appell [a'pɛl] m. (s, e) appel m. | *einen Appell richten an* (acc.), en appeler à. || MIL. appel.

Appellations|gericht [apɛla"tsio:nsgə'riçt] n. (s, e). JUR. cour (f.) d'appel.

appellieren [apɛ'li:rən] v. intr. interjeter appel ; en appeler ; se pourvoir en appel.

Appendix [a'pɛndiks] m. (es, e) appendice m. ; supplément m. || ANAT. appendice m.

Appetit [ape'ti:t] m. (s) appétit m. | *guten Appetit!*, bon appétit ! | *Appetit erregen*, ouvrir l'appétit ; donner de l'appétit. | *den Appetit verschlagen*, couper l'appétit. | *er macht ihm damit Appetit*, il lui en donne l'envie.

Appetit|häppchen [ape"ti:t'hɛpçən] n. (s, -). FAM. amuse-gueule m. ||°**-zügler** m. (s, -) anorexigène m. ; FAM. coupe-faim m.

appetitlich [-liç] adj. appétissant.

appetit|los [-lo:s] adj. sans appétit. ||°**-losigkeit** f. manque (m.) d'appétit ; inappétence f. ; anorexie f.

applaudieren [a'plau"di:rən] v. tr. et v. intr. applaudir.

Applaus [a'plaus] m. (es, e) applaudissement m.

apportieren [apɔr'ti:rən] v. tr. [Jagd] (r)apporter.

Apposition [apozi'tsio:n] f. (-, en). GRAMM. apposition f.

appretieren [apre'ti:rən] v. tr. TEXT. apprêter.

Appretur [-'tu:r] f. (-, en). TEXT. apprêt m. | *die Appretur nehmen*, décatir.

Approbation [aproba'tsio:n] f. (-, en). [Zulassung] admission f. ; approbation f. || [Druckerlaubnis] permis (m.) d'imprimer ; RELIG. imprimatur m.

approximativ [aprɔksima'tif] adj. approximatif. ◇ adv. approximativement ; environ ; à peu près.

Aprikose [apri'ko:zə] f. (-, n). BOT. abricot m.

April [a'pril] m. (s) avril m. | *in den April schicken*, donner un poisson d'avril.

April|scherz [a"pril'ʃɛrts] m. (es, e) poisson (m.) d'avril. ||°**-wetter** n. (s) giboulées f. pl. (de mars).

Apside [ap'zi:də] f. (-, n), **Apsis** ['apsis] f. (-, iden). ARCHIT. abside f.

Aquädukt [akvɛ'dukt] m. ([e]s, e) aqueduc m.

Aquarell [akva'rɛl] n. (s, e) aquarelle f.

Aquarium [a'kva:rium] n. (s, ien) aquarium m.

Äquator [ɛ'kva:tɔr] m. (s) équateur m.

äquatorial [ɛkvatɔri'a:l] adj. équatorial.

Aquavit [akva'vi:t] m. (s, e) alcool m. (de grain).

äqui|noktial [ɛkvinɔktsi'a:l] adj. équinoxial. || °**-noktium** [-'nɔktsium] n. (s, tien) équinoxe m.

äqui|valent [-va'lɛnt] adj. équivalent.

Äquivalent|dosis [ɛkviva"lɛnt'do:zis] f. (-, sen). NUCL. équivalent (m.) de dose. | *höchstzugelassene Äquivalentdosis*, équivalent de dose maximale admissible.

Ar [a:r] [en abr. **a**] n. (s, e) are m.

Ära ['ɛ:ra] f. (-, Ären) ère f.

Araber(in) [a'ra:bər(in)] m. (s. -), f. (-, nen) Arabe s.

Arabeske [ara'bɛskə] f. (-, n) arabesque f.

Arabien [a'ra:biən] n. pr. n. GÉOGR. Arabie f.

arabisch [-biʃ] adj. arabe.

Aragonien [ara'go:niən] n. pr. n. Aragon m.

Aragonier(in) [-niər(in)] m. (s, -), f. (-, nen) Aragonais(e) m. (f.).

aragonisch [-niʃ] adj. GÉOGR. aragonais(e).

Aral|see ["ara:l'ze:] m. (s) mer (f.) d'Aral.

Aräo|meter [arɛo'me:tər] n. (s, -) aréomètre m. ; pèse-liqueur m.

Ärar [ɛ'ra:r] n. (s, ien). [Österreich] Trésor public.

Arbeit ['arbait] f. (-, en). **1.** travail m. ; occupation f. ; besogne f. | *in seiner Arbeit erfahren sein*, être rompu à la tâche ; connaître son affaire. | *jm die Arbeit vorkauen*, FIG. mâcher la besogne à qn. | *sich an die Arbeit machen*, se mettre au travail. | *die Arbeit aufnehmen, wieder aufnehmen*, prendre son service, reprendre le travail, FAM. le collier, POP. le boulot, le turbin. | *die Arbeit einstellen*, cesser le travail, FAM. débrayer. | *eine Arbeit eilig abfertigen, erledigen*, bâcler un travail. | *sich vor der Arbeit drücken*, fuir le travail ; aimer la besogne toute faite. | *keine Arbeit scheuen*, mettre la main à la pâte ; ne pas reculer, ne pas renâcler devant la besogne. | *gemeinnützige Arbeiten*, travaux d'utilité collective (T.U.C.). | *gigantische Arbeit*, travail de titan. | *Feldarbeit*, travaux des champs.
2. [Mühe] peine f. ; fatigue f. | *machen Sie sich keine Arbeit*, ne vous fatiguez pas.
3. [Werk, Schöpfung] travail m. ; tâche f. ; œuvre f. ; ouvrage m. ; façon f. ; fabrication f. | *etwas in Arbeit haben*, avoir qch. sur le chantier. | *saubere Arbeit verrichten*, faire du bon travail, de la bonne besogne. | *er ist stolz auf seine Arbeit*, il est fier de son travail. | *eine schriftliche Arbeit*, [in der Schule] un devoir sur table. | *eine Hausarbeit*, un devoir fait à la maison. | *eine Doktorarbeit*, une thèse de doctorat. | *eine gelungene Arbeit*, un travail réussi. | *erhabene Arbeit*, (travail en) relief m. | *eingelegte Arbeit*, incrustation f. ; marqueterie f. | *gestochene Arbeit*, ciselure f. | *Handarbeit*, travail fait à la main. || PROV. *wie die Arbeit, so der Lohn*, à chacun selon ses mérites.

Arbeit|geber ["arbait'ge:bər] m. (s, -) patron m. ; employeur m. ||°**-geber|beiträge** m. pl. cotisations patronales. ||°**-geberschaft** f. patronat. ||°**-geber|verband** m. (s, ¨e) syndicat patronal. || °**-nehmer** m. (s, -) salarié m. ; employé m. ||°**-nehmer|beiträge** m. pl. cotisations salariales. ||°**-nehmerschaft** f. salariat.

arbeiten ["ar'baitən] v. intr. **1.** travailler ; être occupé. | *schwer arbeiten*, peiner. | *rastlos arbeiten*, travailler d'arrache-pied. | *tüchtig arbeiten*, travailler ferme. | *wie ein Berserker arbeiten*, travailler comme un forcené. | *arbeiten, daß die Späne fliegen*, travailler comme un nègre. || FAM. *arbeiten, bis einem der Kopf raucht*, suer sang et eau. || *bei jm als Aupair-Mädchen arbeiten*, être au pair chez qn. | *an etwas arbeiten*, avoir qch. en chantier, sur le chantier. | *jm in die Hand arbeiten*, aider, seconder qn ; faire le jeu de qn.
2. fonctionner. | *der Motor arbeitet regelmäßig*, le moteur marche régulièrement. || [gären] fermenter. | *der Most arbeitet*, le moût fermente. | *der Teig arbeitet*, la pâte lève. | *das Holz arbeitet*, le bois travaille, joue.
3. FIN. *das Kapital arbeiten lassen*, faire travailler l'argent.
◇ v. tr. travailler ; façonner ; faire.
◇ v. pr. **sich arbeiten,** *sich tot, müde arbeiten*, se tuer, se fatiguer au travail. | *sich durch den Urwald arbeiten*, se frayer un chemin à travers la forêt vierge.

Arbeiter(in) ["ar'baitər(in)] m. (s, -) f. (-, nen) ouvrier m., ouvrière f. ; travailleur m., travailleuse f. ; salarié(e) m. (f.). | *erfahrener, fachgelernter Arbeiter*, ouvrier expérimenté, qualifié. | *ungelernter Arbeiter*, ouvrier spécialisé ; manœuvre m. | *organisierter Arbeiter*, ouvrier syndiqué. | *Arbeiter einstellen*, embaucher de la main-d'œuvre.

Arbeiter|aktionär ["arbaitəraktsio'nɛ:r] m. (s, e) salarié (m.) actionnaire. ||°**-ausschuß** m. (es, ¨e) comité (m.) des ouvriers. ||°**-bewegung** f. (-, en) mouvement ouvrier. ||°**-frage** f. (-, n) problème ouvrier. ||°**-gewerkschaft** f. (-, en) syndicat ouvrier. ||°**-klasse** f. (-, en) classe ouvrière. ||°**-mangel** m. (s,¨) pénurie (f.) de main-d'œuvre. ||°**-partei** f. (-, en) parti ouvrier. ||°-**priester** m. (s, -) prêtre-ouvrier m. ||°-**siedlung** f. (-, en) cité ouvrière. ||°-**viertel** n. (s, -) quartier ouvrier. ||°-**zug** m. (s, ¨e) train ouvrier.

Arbeiterschaft ["ar'baitərʃaft] f. ensemble (m.) des ouvriers d'une entreprise ; classe ouvrière.

arbeitsam ["ar'baitzɑ:m] adj. laborieux ; actif ; appliqué.

Arbeitsamkeit [-kait] f. application f. ; activité f.

Arbeits|amt ["arbaits'amt] n. (s, ¨er) office (m.) du travail. | *Internationales Arbeitsamt*, Bureau international du travail. ||°-**anzug** m. (s, ¨e) combinaison f. ; POP. bleu (m.) de travail ; salopette f. ||°-**aufwand** m. (s, ¨e) travail fourni ; énergie dépensée. ||°-**bereich** m. (s, e) rayon (m.) d'action. ||°-**bescheinigung** f. (-, en) certificat (m.) de travail. ||°-**dauer** f. (-) durée (f.) du travail. ||°-**dienst** m. (s). HIST. service (m.) du travail obligatoire. ||°-**einheit** f. (-, en) unité (f.) de travail ; PHYS. erg m. ||°-**einstellung** f. (-, en) arrêt (m.), cessation (f.) du travail ; grève f. ||°-**einteilung** f. (-, en) répartition (f.) du travail. ||°-**erlaubnis** f. (-, se) carte (f.) de travail. ||-**fähig** adj. apte, propre au travail. ||°-**fähigkeit** f. (-, en) capacité (f.) de travail. ||°-**feld** n. (s, er) champ (m.) d'activité. ||°-**freudigkeit** f. (-) ardeur (f.) au travail. ||°-**friede** m. (ns) paix sociale. ||°-**gang** m. (s, ¨e) opération (f.), phase (f.) de travail. ||°-**gebiet** (s, e). V. ARBEITSFELD. ||°-**gemeinschaft** f. (-, en) groupe (m.), centre (m.) d'études ; communauté (f.) de travail. | *Arbeitsgemeinschaft der öffentlich-rechtlichen Rundfunkanstalten der Bundesrepublik Deutschland (A.R.D.)*, société (f.) de production de télévision de la 1re chaîne en R.F.A. ||°-**gericht** n. (s, e) tribunal (m.) de travail ; conseil (m.) des prud'hommes. ||°-**gestaltung** f., -**planung** f. organisation (f.) du travail. ||°-**gruppe** f. (-, n) groupe (m.) de travail. ||°-**immigrant** m. (en, en) travailleur immigré. ||°-**kampf** m. (s, ¨e) conflit (m.) du travail ; conflit social. ||°-**kleidung** f. (-) tenue (f.) de travail. ||°-**kollege** m. (n, n), °-**kollegin** f. (-, nen) collègue (s.) de travail. ||°-**kraft** f. (-, ¨e). [Arbeiter] main-d'œuvre f. ; [Tätigkeit] faculté (f.) de travail ; [Vermögen] TECHN. puissance (f.) de travail. ||°-**kräftemangel** m. (s) pénurie (f.) de main d'œuvre. ||°-**kreis** m. (es, e) groupe (m.) de travail. ||°-**lager** n. (s, -) camp (m.) de travail. ||°-**leistung** f. (-, en) production f. ; rendement m. ; débit m. ||°-**lohn** m. (s, ¨e) salaire m. ||°-**lohnsätze** m. pl. barème (m.) des salaires. ||-**los** adj. sans travail ; chômeur. | *ein Arbeitsloser*, un chômeur. ||°-**losenquote** f. (-, n) taux (m.) de chômage. ||°-**losenunterstützung** f. (-, en) allocation (f.), indemnisation (f.) de chômage. ||°-**losigkeit** f. (-, en) chômage m. | *Jugendarbeitslosigkeit*, chômage des jeunes. | *konjukturelle, verdeckte Arbeitslosigkeit*, chômage conjoncturel, déguisé. ||°-**markt** m. (s, ¨e) marché (m.) du travail. ||°-**mediziner** m. (s, -) médecin (m.) du travail. ||°-**methode** f. (-, n) méthode (f.), mode (m.) de travail. ||°-**minister** m. (s, -) ministre (m.) du Travail. ||°-**nachweis** m. (es, e) bureau (m.) de placement (ouvrier). ||°-**niederlegung** f. (-, en). [Streik] débrayage m. ; [Krankheit] arrêt (m.) de travail. ||°-**ordnung** f. (-, en) règlement intérieur. ||°-**pferd** n. (s, e) cheval (m.) de trait. ||°-**plan** m. (s, ¨e) plan (m.) de travail ; programme m. ||°-**platz** m. (es, ¨e) lieu (m.) de travail ; poste (m.) de travail. || °-**platzbeschreibung** f. (-, en) profil (m.) du poste. ||°-**recht** n. (s) droit du travail ; ||°-**ruhe** f. (-) repos m. ||-**scheu** adj. rétif au travail ; paresseux, euse. ||°-**schieds|gericht** n. (es, e) conseil (m.) des prud'hommes. ||°-**schutz** m. (es) protection (f.) du travail. ||°-**speicher** m. (s, -). INF. mémoire (f.) de rafraîchissement ; mémoire vive. ||°-**sperre** f. (-, n) lock-out m. ||°-**stelle** f. (-, n) lieu (m.) de travail ; chantier m. ; atelier m. ||°-**stillstand** m. (s, ¨e) arrêt (m.) de travail. ||°-**stockung** f. arrêt (passager) du travail. ||°-**suchende(r)** f. (m.) demandeur (m.), demandeuse (f.) d'emploi. ||°-**tag** m. (s, e) jour (m.) ouvrable. ||°-**takt** m. (s, e). [Motor] cadence f. ||°-**tarif** m. (s, e) tarif ouvrier. ||°-**teilung** f. (-, en) division (f.) du travail. ||°-**tisch** m. (s, e). [Kopfarbeiter] table f. ; bureau m. ; [Handarbeiter] banc m. ; établi m. ||°-**überlastung** f. (-, en) surcharge (f.), surcroît (m.) de travail. ||-**unfähig** adj. incapable de travailler ; inapte, impropre au travail ; invalide. ||°-**unfähigkeit** f. (-) incapacité (f.) physique ; inaptitude (f.) au travail. ||°-**unfall** m. (s, ¨e) accident (m.) de travail. | *Verhütung* (f.) *von Arbeitsunfällen*, prévention (f.) des accidents du travail. ||°-**verfahren** n. (s, -) procédé m. (technique) de travail. ||°-**verhältnis** n. (ses, se) contrat (m.) de travail. | *betriebliche Arbeitsverhältnisse*, conditions (f. pl.) de travail. ||°-**verlust** m. (es, e) perte (f.) de travail. ||°-**vermittlung** f. (-, en) bureau (m.) de placement ; bourse (f.) de travail. ||°-**vermögen** n. (s) énergie potentielle mécanique, dynamique ; capacité (f.) de travail. ||°-**versäumnis** n. (ses, se) absence injustifiée. ||°-**verteilung** f. (-, en) répartition (f.), distribution (f.) du travail. ||°-**vertrag** m. (s, ¨e) contrat (m.) de travail. ||°-**vorgang** m. (s, ¨e). TECHN. opération f. ||°-**weise** f. (-, n) [mode (m.) de] fonctionnement m. ||°-**wert** m. (s, e) valeur-travail f. ||°-**woche** f. (-, n) semaine (f.) de travail. ||°-**zeit** f. (-, en) durée (f.) de travail. | *gleitende Arbeitszeit*, horaire (m.) variable. || °-**zeit|einteilung** ["--/-'--] f. (-, en) répartition (f.) des heures de travail. ||°-**zeit|verkürzung** (-, en), °-**zeit|verringerung** f. (-, en) réduction (f.) du temps de travail. ||°-**zeug** n. (s). [Werkzeug] outils (m. pl.) ; [Kleidung] vêtements (m. pl.) de travail. ||°-**zimmer** n. (s, -) cabinet (m.) de travail ; bureau m.

archaisch [ar'çɑ:iʃ] adj. archaïque. || FIG. démodé.

Archaismus [arçɑ:'ismus] m. (-, men) archaïsme m.

Archäologe [arçεo'lo:gə] m. (en, en) archéologue m.

archäologisch [-'lo:giʃ] adj. archéologique.

Arche ['arçə] f. (-, n) arche f. | *Arche Noah*, arche de Noé.

Archimedes [arçi'me:dəs] n. pr. m. Archimède m.

archimedisch [arçi'me:diʃ] adj. d'Archimède. | *archimedisches Gesetz, Prinzip*, principe (m.) d'Archimède.

Archipel [arçi'pe:l] m. (s, e). GÉOGR. archipel m.

Architekt [arçi'tεkt] m. (en, en) architecte m.

Architektur [-tεk'tu:r] f. (-, en) architecture f.

Archiv [ar'çi:f] n. (s, e) archives f. pl.

Architvar [arçi'vɑ:r] m. (s, e). archiviste m.

ARD [aεr'de] f. première chaîne de télévision allemande.

Ardennen [ar'dεnən] n. pr. pl. GÉOGR. Ardennes n. pr. f. pl.

Areal [are'ɑ:l] n. (s, e) aire f. ; superficie f.

Arena [a're:na] f. (-, nen) arène f.

Areopag [areo'pɑ:k] m. (s) aréopage m.

arg [ark] adj. mauvais ; méchant. || [Personen] méchant ; malicieux ; malin. | *das ist ein arger Fuchs*, c'est un rusé compère. || [Dinge] fâcheux ; vexant ; scandaleux. | *er hat mich in eine arge Lage gebracht*, il m'a mis dans une mauvaise posture, dans de vilains draps. | *vor dem Ärgsten bewahren*, éviter le pire. | *es arg, zu arg treiben*, exagérer ; aller trop loin. | *es ist ärger denn je*, c'est pire que jamais.

◇ adv. méchamment ; sévèrement ; rudement. | *arg strafen*, punir durement.
◇ compar. **ärger,** pire.

Arg [ark] n. (s) méchanceté f. ; malice f. | *ohne Arg sein, kein Arg dabei finden*, être sans malice ; n'y voir point de mal.

Arg|list ['arklist] f. (-, en) astuce f. ; malice f. ; perfidie f. || JUR. dol m. ||**-listig** adj. malicieux ; perfide. | *arglistige Worte*, paroles artificieuses. || JUR. dolosif. |*arglistige Täuschung*, acte dolosif ; dol m. ||**-los** adj. ingénu ; candide ; sans malice. ||°**-losigkeit** f. innocence f. ; candeur f.

Argentinien [argɛn'ti:niən] n. pr. n. GÉOGR. Argentine f.

Argentinier(in) [-niər(in)] m. (s, -), f. (-, nen). GÉOGR. Argentin(e) m. (f.).

argentinisch [-niʃ] adj. GÉOGR. argentin.

Ärger ['ɛrgər] m. (s) irritation f. ; contrariété f. ; dépit m. | *ich habe viel Ärger damit*, j'en suis fort contrarié. | *seinen Ärger verbeißen*, réprimer son dépit. | *aus, vor Ärger*, de dépit.

ärgerlich [-liç] adj. irritant ; vexant ; agaçant ; fâcheux. | *wie ärgerlich !*, quel désagrément ! ; comme c'est ennuyeux ! | *er fängt an, ärgerlich zu werden*, FIG., FAM. la moutarde lui monte au nez. | *ärgerlich machen*, dépiter ; FAM. crisper.

ärgern [-gərn] v. tr. agacer ; contrarier ; faire enrager ; dépiter ; POP. faire bisquer ; FAM. crisper.
◇ v. pr. **sich ärgern,** se fâcher ; se faire de la bile. | *sich furchtbar ärgern*, enrager ; se fâcher tout rouge.
— SYN. : *plagen*, harceler ; *quälen*, tracasser ; *stacheln*, talonner ; *erzürnen*, fâcher ; *verdrießen*, *verstimmen*, contrarier.

Ärgernis [-gərnis] n. (sses, sse) contrariété f. ; dépit m. ; scandale m. | *Ärgernis geben*, faire, causer de l'esclandre.

Argheit ['arkhait] f. (-, en) méchanceté f.

Argon [ar'go:n] n. (s). CHIM. argon m.

Argonnen [ar'gɔnən] n. pr. pl., **Argonner Wald** [ar"gɔnər'valt] m. GÉOGR. Argonne f.

Argument [argu'mɛnt] n. (s, e) argument m.

argumentieren [-mɛn'ti:rən] v. intr. argumenter.

Argus ['argus] n. (-) pr. m. MYTH. Argus m. | *Argusaugen haben*, avoir des yeux de lynx.

Argwohn ['arkvo:n] m. (s) défiance f. ; soupçon m. ; suspicion f. | *Argwohn gegen jn hegen*, se méfier de qn. | *Argwohn schöpfen*, avoir du soupçon.

argwöhnen ["ark'vø:nən] v. tr. soupçonner ; suspecter. || [mißtrauisch sein] se défier ; se méfier de.

argwöhnisch [-niʃ] adj. soupçonneux ; défiant ; méfiant ; ombrageux.

Ariadne|faden [ari"ɑ:dnə'fɑ:dən] m. (s). FIG., MYTH. fil (m.) d'Ariane.

Arianer [ari'ɑ:nər] m. (s, -). RELIG. arien m.

arianisch [-niʃ] adj. arien.

Arie ['ɑ:riə] f. (-, n). MUS. air m. | *kurze Arie*, ariette f.

Arier(in) ['ɑ:riər(in)] m. (s, -), f. (-, nen) Aryen(ne) m. (f.).

Arier|paragraph ["ɑ:riərpara'grɑ:f] m. (en). HIST. loi nazie contre les Juifs.

arisch ['ɑ:riʃ] adj. aryen.

Aristokrat(in) [aristo'krɑ:t(in)] m. (en, en), f. (-, nen) aristocrate s.

Aristokratie [-kra'ti:] f. (-, n) aristocratie f.

aristokratisch [aristɔ'krɑ:tiʃ] adj. aristocratique.

Aristoteles [aris'to:təlɛs] m. ANTIQ. Aristote m.

Aristoteliker(in) [-to'telikər(in)] m. (s, -), f. (-, nen). PHILOS. aristotélicien(ne) m. (f.).

Arithmetik [arit'me:tik] f. (-) arithmétique f.

Arithmetiker(in) [-tikər(in)] m. (s, -), f. (-, nen) arithméticien (ienne) m. (f.).

arithmetisch [-tiʃ] adj. arithmétique. | *arithmetische Reihe*, progression (f.) arithmétique.

Arkade [ar'kɑ:də] f. (-, n). ARCHIT. arcade f.

Arkadien [ar'kɑ:diən] n. pr. n. Arcadie f.

Arktis ['arktis] n. pr. f. région (f.) arctique.

arktisch [-tiʃ] adj. arctique.

arm [arm] adj. (compar. **ärmer** ; superl. **ärmste[r]**). [mittellos] pauvre ; dépourvu de. | *arm und reich, Arme und Reiche*, (les) pauvres et (les) riches. | *arm wie eine Kirchenmaus*, pauvre comme Job. || *arm machen*, appauvrir. | *arm werden*, s'appauvrir. || PAR EXT. [bedauernswert] misérable ; malheureux. | *armer Schlucker, Wicht*, pauvre diable m. ; pauvre bougre m. | *armes Kind !*, pauvre enfant ! | *ich armer Mensch !*, misérable que je suis ! | *du Ärmster*, mon pauvre ! || [jämmerlich ; kümmerlich] nécessiteux ; indigent. | *ein armes Leben führen*, mener une vie d'indigent.
— SYN. : *elend, armselig*, misérable ; *ärmlich*, piètre ; *bedürftig*, besogneux ; *bettelarm*, miséreux.

armselig [arm'ze:liç] adj. pauvre ; pitoyable ; misérable. | *armseliger Schüler*, piètre élève m. | *in armseligen Verhältnissen leben*, tirer le diable par la queue.

Arm [arm] m. (s, e) bras m. | *jm den Arm bieten, reichen*, donner, offrir le bras à qn. | *js Arm nehmen*, prendre le bras de qn. | *die Arme verschränken*, croiser les bras. | *Arm in Arm*, bras dessus, bras dessous. | *mit Armen und Beinen um sich schlagen*, se démener. | *die Arme frei haben*, avoir les mains libres. | *ein Arm voll*, une brassée. || MÉD. *sich den Arm auskugeln, verrenken*, se luxer le bras. || FIG. *jn mit offenen Armen aufnehmen, empfangen*, recevoir, accueillir qn à bras ouverts. | *jm unter die Arme greifen*, donner un coup d'épaule à qn ; épauler qn. | *einen langen Arm haben*, avoir le bras long. | *jm in den Arm fallen*, arrêter le bras de qn. || POP. *jn auf den Arm nehmen*, se moquer de qn. || PAR ANAL. [Fluß] bras m. | *Meeresarm*, bras de mer.

Arm|band ['armbant] n. (s, ¨er) bracelet m. ||°**-banduhr** f. (-, en) montre-bracelet f. ||°**-binde** f. (-, n) brassard m. ; MÉD. écharpe f. ||°**-füßler** m. (s, -) brachiopode m. ||°**-höhle** f. (-, n) aisselle f. ||°**-lehne** f. (-, n) bras (m.) de fauteuil ; accoudoir m. ||°**-leuchter** m. (s, -) candélabre m. ||°**-muskel** m. (-, n) biceps m. ||°**-reif** m. (s, e) bracelet m. ||°**-sessel** m. (s, -), °**-stuhl** m. (s, ¨e) fauteuil m. ||°**-voll** m. (s, -) brassée f.

Armatur [arma'tu:r] f. (-, en). TECHN. armature f. ; garniture f. || PHYS. armure f. ; induit m.

Armaturen|brett [arma"tu:rən'brɛt] n. (es, er). TECHN. tableau (m.) de bord, de commande.

Armbrust ['armbrust] f. (-, ¨e) arbalète f.

Armee [ar'me:] f. (-, n). MIL. armée f.

Armee|korps [ar"me:'ko:r] n. (-, -). MIL. corps (m.) d'armée. ||°**-lieferant** m. (en, en) fournisseur (m.) aux armées.

Ärmel ['ɛrməl] m. (s, -) manche f. | *die Ärmel hochschlagen*, retrousser les manches. || FIG. *etwas aus dem Ärmel schütteln*, produire, faire qch. en un tour de main ; [Rede] parler d'abondance.

Ärmel|aufschlag ["ɛrməl'aufʃlɑ:k] m. (es, ¨e) revers (m.) de manche. ||°**-brett** n. (es, er). TECHN. jeannette f. ||°**-kanal** (s) n. pr. m. GÉOGR. Manche f. ||°**-schoner** m. (s, -) manchette f.

Armen|anwalt ["armən'anvalt] m. (s, ¨e) assistant (m.) judiciaire. ||°**-arzt** m. (es, ¨e) médecin (m.) de l'assistance publique. ||°**-haus** n. (es, ¨er) hospice m. ; asile m. ||°**-kasse** f. (-, n) bureau (m.) de bienfaisance. ||°**-pflege** f., °**-wesen** n. (s) assistance (f.) publique. ||°**-recht** n. (s) assistance (f.) judiciaire.

Armenien [ar'me:niən] n. pr. n. Arménie f.

Armenier(in) [-niər(in)] m. (s, -), f. (-, nen). GÉOGR. Arménien(ne) m. (f.).

armenisch [-niʃ] adj. arménien.

Armesünder|gesicht [armə"zyndərgə'ziçt] n. (s, er). FIG. mine (f.) patibulaire. ||°**-glocke** f. (-, n), °**-glöckchen** n. (s, -) glas (m.) d'un condamné.

armieren [ar'mi:rən] v. tr. armer ; blinder. || ARCHIT. *armierter Beton*, béton armé.

ärmlich ['ɛrmliç] adj. assez pauvre ; nécessiteux. | *er führt ein ärmliches Dasein*, il mène une vie assez misérable.

Ärmlichkeit [-kait] f. (-) pauvreté f. ; dénuement m. ; nécessité f.

Armut ['armu:t] f. (-) pauvreté f. ; indigence f. || FIG. *geistige Armut*, pauvreté d'esprit.

— SYN. : *Not, Bedürftigkeit*, indigence ; *Knappheit*, pénurie ; *Notstand, -lage*, détresse ; *Mangel*, dénuement.

Armuts|zeugnis ["armu:ts'tsɔyknis] n. (ses, se) certificat (m.) d'indigence. || FIG. *damit stellt er sich ein Armutszeugnis aus*, il prouve par là son incapacité.

Aroma [a'ro:ma] n. (s, s) arôme m. ; parfum m.

aromatisch [arɔ'mɑ:tiʃ] adj. aromatique.

aromatisieren [-mati'zi:rən] v. tr. aromatiser.

Aron ['ɑ:rɔn] m. (s, s), **Aron|stab** ["ɑ:rɔn'ʃtɑ:p] m. ([e]s). BOT. arum m.

Arpeggiatur [arpɛdja'tu:r] f. (-, en). MUS. arpèges m. pl.

Arrak ['arak] m. (s, e) arack m. ; arac m.

Arrangement [arɑ̃:ʒə'mɑ̃] n. (s, s). [Anordnung] arrangement m. ; préparation f. ; disposition f. || PAR ANAL. [Übereinkommen] arrangement m. ; transaction f. ; compromis m. || MUS. arrangement m. ; adaptation f.

arrangieren [-'ʒi:rən] v. tr. préparer ; disposer. | *ein Fest arrangieren*, organiser une fête.

Arrest [a'rɛst] m. (s, e) emprisonnement m. ; arrêts m. pl. || MIL. *leichter Arrest*, arrêts (m. pl.) simples. | *strenger, verschärfter Arrest*, arrêts de rigueur. || JUR. saisie-arrêt f. | *mit Arrest belegen*, saisir.

arretieren [are'ti:rən] v. tr. arrêter. || JUR. saisir ; mettre arrêt sur.

Arretierung [-ruŋ] f. (-, en) arrestation f. || TECHN. dispositif (m.) d'arrêt.

arrivieren [ari'vi:rən] v. intr. réussir.

arrogant [aro'gant] adj. arrogant ; impertinent.

Arsch [arʃ] m. (s, ¨e). POP. cul m. ; derrière m. ; FAM. postérieur m.

Arsen [ar'ze:n] n. (s). CHIM. arsenic m.

arsen|haltig [ar"ze:n'haltiç] adj. CHIM. arsénical. ||°**-säure** f. (-, n). CHIM. acide (m.) arsénique.

Arsenal [arzə'nɑ:l] n. (s, e). MIL. arsenal m.

Arsenik [ar'ze:nik] n. (s) arsenic m.

Art [ɑ:rt] f. (-, en). **1.** [Wesen] nature f. ; être m. || PAR EXT. manière f. ; façon f. | *auf diese Art*, de cette manière. | *nach deiner Art*, à ta façon. | *nach Art von*, à la manière de. | *das ist so seine Art*, voilà bien son genre. || FIG. [Benehmen ; Auftreten] manière(s) f. (pl.). | *das ist doch keine Art !*, en voilà des façons ! | *jeder soll nach seiner Art selig werden*, à chacun sa religion ; chacun dans ce monde est heureux à sa manière.

2. [Sorte ; Gattung] espèce f. ; sorte f. ; classe f. | *diese Art Tulpen*, cette variété de tulipes. | *diese Art stirbt aus*, cette variété disparaît. | *er ist ganz aus der Art geschlagen*, il a dégénéré. || FIG. [ähnlich] espèce f. ; genre m. | *Margarine ist eine Art von Butter*, la margarine est une sorte de beurre.

Artefakt [arte'fakt] n. (s, e) artefact m.

art|eigen ["ɑ:rt'aigən] adj. caractéristique ; propre à l'espèce. ||**-fremd** adj. étranger à l'espèce ; allogène. ||**-verwandt** adj. apparenté à.

arten ['ɑ:rtən] v. intr. ressembler à ; tenir de. | *er artet seiner Mutter nach*, il tient de sa mère. | *er ist gut geartet*, il a un bon naturel.

Arterie [ar'te:riə] f. (-, n). ANAT. artère f.

Arterien|verkalkung [ar"te:riənfɛr'kalkuŋ] f. (-, n). MÉD. artériosclérose f.

Arteriographie [ar'te:riɔgra"fi:] f. (-, n). MÉD. artériographie f.

artesisch [a'rte:ziʃ] adj. artésien.

Arthritis [ar'tri:tis] f. MÉD. arthritisme m.

artig ['ɑ:rtiç] adj. qui a de bonnes façons ; bien élevé ; civil ; sage ; gentil. | *recht artig sein*, être sage comme une image.

Artig|keit [-kait] f. (-, en) civilité f. ; gentillesse f. | *er sagte ihr Artigkeiten*, il lui fit des compliments.

Artikel [ar'ti:kəl] m. (s, -). [Abschnitt] article m. ; clause f. | *eingeschobener Artikel*, entrefilet m. | *einen Artikel beschneiden, kürzen*, faire des coupures, couper dans un article. || COMM. [Warengattung] article m. | *gängiger Artikel*, article courant. | *ein dankbarer Artikel*, une marchandise qui se vend bien. || GRAMM. article m.

artikulieren [artiku'li:rən] v. tr. articuler.

Artillerie [artilə'ri:] f. (-, n). MIL. artillerie f.

Artillerist [artilə'rist] m. (en, en) artilleur m.

artilleristisch [-tiʃ] adj. d'artillerie.

Artischocke [arti'ʃɔkə] f. (-, n). BOT. artichaut m.

Artist [ar'tist] m. (en, en) artiste m. ; équilibriste m. ; acrobate m.

artistisch [ar'tistiʃ] adj. artistique.

Artus ['ɑ:rtus] n. pr. m. MYTH. Arthur m. ; Artus m.

Artus|runde ["ɑ:tus'rundə] f. (-). MYTH. chevaliers (m. pl.) de la Table ronde du roi Arthur (Artus).

Arznei [arts'nai] f. (-, en) médicament m. ; remède m. | *bittere Arznei*, médecine amère. | *eine Arznei verordnen, verschreiben*, prescrire un remède. | *eine Arznei verabreichen*, administrer un médicament.

Arznei|buch [arts"nai'bu:x] n. (es, ¨er). PHARM. Codex m. ||°**-kunde** f. médecine f. ||°**-mittel** n. (s, -) médicament m. ||°**-mittelsucht** f. pharmacomanie f. ||°**-pflanze** f. (-, n). BOT. plante officinale. ||°**-schrank** m. (es, ¨e) armoire (f.) à pharmacie ; pharmacie familiale. ||°**-verordnung** f. (-, en), °**-verschreibung** f. (-, en). MÉD. ordonnance médicale.

Arzt [ɑ:rtst] m. (es, ¨e) médecin m. ; docteur m. | *Assistenzarzt*, médecin assistant ; interne s. (des hôpitaux). | *Augenarzt*, oculiste m. ; ophtalmologue m. | *Facharzt*, spécialiste m. | *Zahnarzt*, dentiste m. | *behandelnder Arzt*, médecin traitant. | *praktischer Arzt*, omnipraticien m. ; généraliste s.

Ärzte|kammer ["ɛ:rtstə'kamər] f. (-, n) ordre (m.) des médecins.

Ärzteschaft ['ɛ:rtstəʃaft] f. corps médical.

Ärztin ['ɛ:rtstin] f. (-, nen) doctoresse f. ; femme (f.) médecin.

ärztlich [-tliç] adj. médical. | *ärztliche Praxis*, pratique (f.) médicale. | *ärztliche An-, Verordnung, Verschreibung*, ordonnance (médicale). | *ärztliches Zeugnis ; ärztliche Bescheinigung*, certificat médical. | *sich ärztlich behandeln lassen*, se faire soigner par un médecin.

As [as] n. invar. MUS. la (m.) bémol. | *As-Dur*, la bémol majeur. | *As-Moll*, la bémol mineur.

As [as] n. (Asses, Asse). [Kartenspiel] as m. || FIG. champion m. | *er ist ein As*, c'est un crack.
Asbest [as'bɛst] m. (s, e) amiante m.
Asbest|anzug [as"bɛst'antsu:k] m. (s, ¨e), vêtement (m.) d'amiante. ||°**-dichtung** f. (-, en) joint (m.) en amiante ; garniture (f.) d'amiante. ||°**-zement** m. (es, e) fibrociment m.
Äsche ['ɛʃə] f. (-, n). [Fisch] ombre m.
asch|blond ['aʃblɔnt] adj. blond cendré. ||**-fahl** adj. gris cendré ; livide.
Asche ['aʃə] f. (-, n) cendre f. | *in Schutt und Asche legen*, réduire en cendres. | *aus der Asche erstehen*, renaître de ses cendres. | *sich Asche aufs Haupt streuen*, faire pénitence. | *Friede seiner Asche !*, paix à ses cendres.
Aschen|bahn ["aʃən'bɑ:n] f. (-, en). SPORT. cendrée f. ||°**-becher** m. (s, -) cendrier m. ||°**-brödel** n. (s), °**-puttel** n. (s) Cendrillon m. ||°**-eimer** m. (s, -) poubelle f. ||°**-regen** m. (s, -) pluie (f.) de cendres.
Ascher|mittwoch ["aʃər'mitvɔx] m. (s) mercredi (m.) des Cendres.
Äschylos ['ɛʃylɔs] n. pr. m. Eschyle m. | *die Äschylischen Tragödien*, les tragédies (f. pl.) d'Eschyle.
äsen ['ɛ:zən] v. intr. [Jagd] brouter.
aseptisch [-tiʃ] adj. MÉD. aseptique.
Asiat(e) [azi'ɑt(ə)] m. (n, n). GÉOGR. Asiate m.
asiatisch [-tiʃ] adj. asiatique. | *das asiatische Rußland*, la Russie d'Asie.
Asien ['ɑ:ziən] n. pr. n. GÉOGR. Asie f.
Askanier [as'kɑ:niər] m. (s, -). HIST. Ascanien m.
Askari [as'kɑ:ri] m. (s, s). GÉOGR., MIL. askari m.
Askese [as'ke:zə] f. (-) ascétisme m. ; ascèse f.
Asket [as'ke:t] m. (en, en) ascète m. | *wie ein Asket leben*, mener une vie d'ascète.
asketisch [-tiʃ] adj. ascétique.
Äskulap ['ɛskulap] n. pr. m. MYTH. Esculape m.
Äskulap|stab ["ɛskulap'ʃtɑ:p] m. (s, ¨e). MYTH. caducée m.
Äsop ['ɛ:zɔp] n. pr. m. Ésope m. | *Äsopische Fabeln*, fables (f. pl.) d'Ésope.
a|sozial ["ɑ:sɔtsi'ɑ:l] adj. asocial.
Aspe ['aspə] f. (-, n). BOT. tremble m.
Aspekt [as'pɛkt] m. (s, e) manière (f.) de voir ; point (m.) de vue. ; conception f. || ASTRON. aspect (m.), position (f.) des astres.
Asphalt [as'falt] m. (s, e). MINÉRAL. asphalte m. ; bitume m.
asphaltieren [asfal'ti:rən] v. tr. bitumer ; bituminer ; asphalter.
Asphaltierung [-ruŋ] f. (-, en) asphaltage m. ; bitumage m.
Asphalt|straße [as"falt'ʃtrɑ:sə] f. (-, n) route bitumée.
Asphodelos [asfo'de:los], **Aphodill** [afɔ'dil] m. (s, e). BOT. asphodèle m.
Aspik [as'pik] n. (s, e). [Gelee] aspic m.
Aspirant [aspi'rant] m. (en, en) candidat m. || MIL. aspirant m.
Aspirin [aspi'ri:n] n. (s) aspirine f. | *Aspirintablette*, comprimé (m.) d'aspirine.
aß [ɑ:s] prét. de **essen**.
Assel ['asəl] f. (-, n). ZOOL. cloporte m.
Assemblier|programm [asɛm"bli:rprɔ'gram] n. (s, e). INF. assembleur m.
Assessor [a'sɛsɔr] m. (s, en), **Assessorin** [asɛ'so:rin] f. (-, nen) candidat(e) [m. (f.)] à une fonction supérieure. || JUR. assesseur m. ; adjoint(e) m. (f.).
Assimilation [asimila'tsio:n] f. (-, en), **Assimilierung** [-'li:ruŋ] f. (-, en) assimilation f.
assimilieren [-'li:rən] v. tr. assimiler.
Assistent [asis'tɛnt] m. (en, en) assistant m.
Assistenz [-'tɛnts] f. (-, en) assistance f. | *unter Assistenz von*, avec l'aide de.
Assistenz|arzt [asis"tɛnts'artst] m. (es, ¨e). MÉD. interne (m.) des hôpitaux. || MIL. aide-major m.
assistieren [-'ti:rən] v. tr. aider. || PAR EXT. assister à.
Assonanz [asɔ'nants] f. (-, en) assonance f.
assortieren [asɔr'ti:rən] v. tr. COMM. assortir. | *reich assortiertes Lager*, stock bien assorti.
Assortiment [-ti'mɛnt] n. (s, e) assortiment m. ; collection f. ; ensemble m.
Assoziation [asɔtsia'tsio:n] f. (-, en) société f. ; association f. || PHILOS. association (f.) d'idées.
Assoziativität [-tivi'tɛ:t] f. (-) associativité f.
assoziieren (sich) [ziçasɔtsi'i:rən] v. pr. s'associer.
Assyrien [a'sy:riən] n. pr. n. HIST. Assyrie f.
Assyrier [-riər] m. (s, -) Assyrien m.
assyrisch [-riʃ] adj. assyrien.
Ast [ast] m. (es, ¨e) branche f. || [Astteil] rameau m. | *ein dürrer Ast*, une branche morte. | *einen Ast stutzen*, étayer une branche. | *sich in Äste teilen*, se ramifier. || PAR EXT. nœud m. | *ein Brett mit vielen Ästen*, une planche avec des nœuds. || excroissance f. ; loupe f. || LOC. *sich einen Ast lachen*, rire comme un bossu.
Ästchen ['ɛstçən] n. (s, -) petite branche ; rameau m. ; brindille f.
asten ['astən] v. intr. POP. peiner ; turbiner.
ästen ['ɛstən] v. intr. se ramifier.
Aster ['astər] f. (-, n). BOT. aster m.
ast|frei ['astfrai], **-rein** [rain] adj. [Holz] sans nœuds. || FIG. *die Sache ist nicht ganz astrein*, l'affaire n'est pas très catholique. || POP. *astrein !*, impec ; super ! ||°**-loch** n. (s, ¨er) nœud m. (dans le bois). ||°**-werk** n. (s, e) ramure f. ; branchage m.
Asthenie [aste'ni:] f. (-). MÉD. asthénie f.
Ästhet [ɛs'te:t] m. (en, en) esthète m.
Ästhetik [-tik] f. (-) esthétique f.
Ästhetiker [-tikər] m. (s, -) esthéticien m.
ästhetisch [-tiʃ] adj. esthétique.
Asthma ['astmɑ] n. (s). MÉD. asthme m.
Asthmatiker [ast'mɑ:tikər] m. (s, -). MÉD. asthmatique m.
asthmatisch [-tiʃ] adj. MÉD. asthmatique.
astigmatisch [astig'mɑ:tiʃ] adj. astigmatique.
ästimieren [ɛsti'mi:rən], **estimieren** v. tr. COMM. estimer.
Astrachan ['astraxan] n. pr. m. GÉOGR. Astrakan m. || PAR ANAL. [Pelz] astrakan m.
astral- [as'trɑ:l] en compos. astral.
Astro|loge [astro'lo:gə] m. (n, n), °**-login** ['lo:gin] f. (-, nen) astrologue s. ||°**-naut** m. (en, en) astronaute m. ||°**-navigation** f. (-, en). AÉRON. guidage (m.) astronomique. ||°**-nom** m. (en, en) astronome m. ||**-nomisch** adj. astronomique.
Asturien [as'tu:riən] n. pr. n. Asturies f. pl.
Äsung ['ɛ:zuŋ] f. (-, en). [Jagd] gagnage m.
Asyl [a'zy:l] n. (s, e) asile m.
Asyl|bewerber(in) [a"zy:lbə'vɛrbər(in)] m. (s, -), f. (-, nen) demandeur (m.) d'asile. ||°**-land** n. (es, ¨er) terre (f.) d'asile ; pays (m.) d'accueil. ||°**-recht** n. (s, e) droit (m.) d'asile.
Asymmetrie [asyme'tri:] f. (-, n) asymétrie f.
asymmetrisch [-'me:triʃ] adj. asymétrique.

Atavismus [ata'vismus] m. atavisme m.

Atem ['a:təm] m. (s) respiration f. ; haleine f. ; souffle m. | *tief Atem holen*, respirer profondément. | *außer Atem ankommen*, arriver à bout de souffle. | *mit keuchendem Atem ; atemlos*, à bout de souffle ; essoufflé. | *jn in Atem halten*, tenir qn en haleine.

Atem|beklemmung ["a:tɛmbə'klɛmuŋ] f. (-, en) étouffement m. ; asthme m. ||**-beraubend,** palpitant ; FAM. époustouflant. ||°**-beschwerde** f. (-, n) troubles (m. pl.) respiratoires. ||°**-gerät** n., °**-schutzgerät** n. (s, e) appareil (m.) respiratoire ; inhalateur m. ||°**-geräusch** n. (s, e) bruit (m.) respiratoire. ||°**-gymnastik** f. (-) gymnastique (f.) respiratoire. ||°**-losigkeit** f. (-) asphyxie f. ||°**-maske** f. (-, n) masque (m.) respiratoire. ||°**-not** f. (-) essoufflement m. ; dyspnée f. ||°**-pause** f. (-, n) temps (m.) d'arrêt ; pause f. ||°**-übung** f. (-, en) exercice (m.) respiratoire. ||°**-wege** m. pl. ANAT. voies aériennes. ||°**-zug** m. (s, ¨e) souffle m. | *in den letzten (Atem)zügen liegen*, être à l'agonie.

Äthan [ɛ'ta:n] n. (s, -). CHIM. éthane m.

Äthanol [ɛtano:l] n. (s) CHIM. éthanol m.

Atheismus [ate'ismus] m. RELIG. athéisme m.

Atheist(in) [-'ist(in)] m. (en, en), f. (-, nen). RELIG. athée s.

atheistisch [-'istiʃ] adj. athée.

Athen [a'te:n] n. pr. n. GÉOGR. Athènes f.

Athener(in) [-nər(in)] m. (s, -), f. (-, nen) Athénien (ienne) m. (f.).

Äther ['ɛ:tər] m. (s) éther m. || CHIM. éther m.

Atherosklerose ['aterɔskle"ro:zə] f. (-, n.) MÉD. athérosclérose f.

Äther|sucht ["ɛtər'zuxt] f. éthéromanie f.

ätherisch [ɛ'te:riʃ] adj. céleste. || CHIM. éthéré. | *ätherisches Öl*, huile essentielle.

Äthiopien [ɛti'o:piən] n. pr. n. Éthiopie f.

Athlet [at'le:t] m. (en, en) athlète m.

Athletik [-tik] f. (-) athlétisme m.

athletisch [-tiʃ] adj. athlétique.

Äthylen [ɛty'le:n] n. (s). CHIM. éthylène m.

Äthyl|alkohol [ɛ"ty:lalko'ho:l] m. (s, e) alcool (m.) éthylique.

Atlantik [-tik] n. pr. m. (s). GÉOGR. océan (m.) Atlantique ; Atlantique m.

Atlantik|charta [at"lantik'ʃarta] f. HIST. Charte (f.) atlantique. ||°**-staaten** m. pl. bloc (m.) atlantique. ||°**-wall** m. (s). HIST. mur (m.) de l'Atlantique.

atlantisch [at'lantiʃ] adj. atlantique.

Atlas ['atlas] n. pr. m. MYTH. Atlas m.

Atlas m. (ses, se ou Atlanten). GÉOGR. atlas m.

Atlas m. (ses, se). TEXT. satin m.

atmen ['a:tmən] v. intr. respirer.

Atmosphäre [atmos'fɛ:rə] f. (-, n) atmosphère f. | *Druck von einer Atmosphäre*, pression (f.) d'une atmosphère. | *Verunreinigung der Atmosphäre*, pollution (f.) atmosphérique. || FIG. ambiance f. ; milieu m. | *Großstadtatmosphäre*, ambiance de grande ville. | *Treibhausatmosphäre*, atmosphère surchauffée.

Atmosphären|druck [atmɔs"fɛ:rən'druk] m. (s) pression (f.) atmosphérique.

atmosphärisch [atmɔs'fɛ:riʃ] adj. atmosphérique.

Atmung ['a:tmuŋ] f. respiration f. | *künstliche Atmung*, respiration artificielle. | *Ausatmung*, expiration f. | *Einatmung*, inspiration f.

Atmungs|gerät ["a:tmuŋsgə'rɛ:t] n. (s, e) appareil (m.) respiratoire. ||°**-organ** n. (s, e). ANAT. appareil (m.) respiratoire.

Atoll [a'tɔl] n. (s, e). GÉOGR. atoll m.

Atom [a'to:m] n. (s, e) corpuscule m. || NUCL. atome m. | *das Atom spalten*, désintégrer l'atome.

Atom|bombe [a"to:mbɔmbə] f. (-, n) bombe (f.) atomique. ||°**-energie** f. (-, n). NUCL. énergie (f.) nucléaire. ||°**-gesetz** n. (es, e) loi (f.) atomique. ||°**-gewichtsbestimmung** f. (-, en) détermination (f.) du poids atomique. ||°**-kern** m. (s, e) noyau (m.) atomique. ||°**-kommissariat** n. (s) Commissariat (m.) à l'énergie atomique (C.E.A.). ||°**-kraftgegner(in)** m. (s, -), f. (-, nen) antinucléaire s. ||°**-kraftwerk** n. (s, e) centrale (f.) nucléaire ; centrale (f.) d'énergie atomique. ||°**-meiler** m. (s, -) réacteur (m.), pile (f.) atomique. ||°**-müll** m. (s) déchets radioactifs, atomiques. ||°**-physik** f. (-) physique (f.) atomique. ||°**-reaktor** m. (s, en) réacteur (m.) atomique. ||°**-schutz** m. (es) sûreté (f.) nucléaire. ||°**-schutzkeller** m. (s, -) abri (m.) antiatomique. ||°**-spaltung** f. (-, en). PHYS. désintégration (f.) de l'atome ; fission f. ||°**-sperrvertrag** m. (s, ¨e) traité (m.) de non-prolifération des armes atomiques. ||°**-sprengkopf** m. (es, ¨e) ogive (f.) nucléaire. ||°**-streitmacht** f. (-, ¨e) puissance (f.) atomique ; force (f.) de frappe. ||°**-stromerzeuger** m. (s, -) générateur (m.) atomique. ||°**-umwandlung** f. (-, en) transmutation (f.) des atomes. ||°**-versuch** m. (s, e) essai (m.) nucléaire. ||°**-waffe** f. (-, n) arme (f.) atomique. ||**-waffenfrei** adj. dénucléarisé. | *atomwaffenfreie Zone*, zone dénucléarisée. ||°**-waffenversuch** m. (s, e) essai (m.) nucléaire. ||°**-wirtschaft** f. électronucléaire m. ||°**-wolke** f. (-, n) nuage radioactif. ||°**-zerfall** m. (s), °**-zertrümmerung** f. (-) désintégration (f.) de l'atome.

atomisieren [atomi'zi:rən] v. tr. atomiser.

atonal [ato'na:l] adj. MUS. atonal. | *atonale Musik*, dodécaphonisme m.

Atrophie [atrɔ'fi:] f. atrophie f.

Atropin [atrɔ'pi:n] n. (s, e) atropine f.

ätsch ! [ɛtʃ] interj. FAM. hou ! ; c'est bien fait !

Attaché [ata'ʃe:] m. (s, s) attaché d'ambassade.

Attacke [a'takə] f. (-, n). MIL. attaque f. || [Kavallerie] charge f.

attackieren [ata'ki:rən] v. tr. attaquer ; charger.

Attentat [atɛn'ta:t] n. (s, e) attentat m. | *ein Attentat auf jn planen*, préparer un attentat contre qn. | *ein Attentat verüben*, commettre un attentat.

Attentäter [-'tɛ:tər] m. (s, -) auteur (m.) d'un attentat.

Attest [a'tɛst] n. (s, e) attestation f. ; certificat m. | *ärztliches Attest*, certificat médical.

attestieren [atɛs'ti:rən] v. tr. attester ; certifier.

Attich ['atiç] m. (s, e). BOT. hièble f.

Attika ['atika] n. pr. n. GÉOGR. Attique f. || PAR EXT., ARCHIT. attique m.

Attila ['atila] n. pr. m. Attila m. || MIL. dolman m.

attisch ['atiʃ] adj. GÉOGR. attique.

Attizismus [ati'tsismus] m. atticisme m.

Attraktion [atrak'tsio:n] f. (-, en) attraction f.

attraktiv [-'ti:f] adj. attractif.

Attrappe [a'trapə] f. (-, n) trompe-l'œil m. ; objet (m.) factice. || FIG., FAM. attrape f.

Attribut [atri'bu:t] n. (s, e) emblème m. ; attribut m. || GRAMM. attribut m.

attributiv [-bu'ti:f] adj. attributif.

Atzel ['atsəl] f. (-, n). [Elster] pie f.

atzen ['atsən] v. tr. [Wild] nourrir ; appâter.

ätzen ['ɛtsən] v. tr. corroder ; ronger ; brûler ; attaquer. || ARTS. graver (à l'eau-forte).

ätzend [ˈɛtsent] adj. corrosif ; caustique. || FIG. caustique ; mordant. | *ätzender Spott*, sarcasme m.

Ätz|mittel [ˈˈɛtsˈmitəl] n. (s, -) réactif (m.) d'attaque ; corrosif ; mordant m. ||°**-nadel** f. (-, n) échoppe f. (de graveur). ||°**-natron** n. CHIM. soude (f.) caustique. ||°**-wasser** n. (s) eau-forte f.

Atzung [ˈatsuŋ] f. (-, en). [Wild] nourriture f. ; (action de) nourrir.

Ätzung [ˈɛ:tsuŋ] f. (-, n) corrosion f. || TECHN. gravure à l'eau-forte. || MÉD. cautérisation f.

au ! [au] interj. aïe ! || FAM. *au Backe !*, oh, là, là !

Au [au] f. (-, en), **Aue** [auə] f. (-, n) prairie f.

auch [aux] adv. et conj. **1.** [ebenfalls ; ebenso] aussi ; également. | *ich kenne auch seinen Bruder*, je connais également son frère. | *die Schwiegermutter kommt auch*, la belle-mère vient aussi. || [sogar ; noch ; selbst] encore ; même. | *auch der kleinste Fehler darf nicht übersehen werden*, il ne faut pas passer la moindre faute. | *ohne auch nur zu antworten*, sans même répondre. | *nicht nur er, sondern auch sie*, non seulement lui, mais elle (aussi). | *auch du nicht*, même pas toi. | *ich hatte auch die Kosten zu bezahlen*, j'ai eu les frais à payer en plus.

2. [doch wohl ; wirklich ; tatsächlich] en effet ; sans doute. | *er wartete auf seinen Bruder, der dann auch kam*, il attendait son frère, qui arriva en effet. | *so ist es auch*, c'est comme ça. | *er tat es auch*, il ne manqua pas de le faire.

3. [allerdings] en effet. | *so sieht er auch aus*, il en a bien l'air. | *das hat auch niemand behauptet*, personne n'a jamais prétendu cela.

4. [verächtlich] encore. | *auch so einer !*, encore un (de cette espèce) !

5. [einschränkend] *auch wenn ; wer, was auch*, même si ; qui que, quoi que ce soit. | *wenn er auch noch so reich ist ; so reich er auch ist*, si riche qu'il soit ; même s'il est riche. | *was auch geschehen mag*, quoi qu'il arrive. | *wer es auch (immer) sei*, qui que ce soit. | *wie dem auch sei*, quoi qu'il en soit. | *aus welchen Gründen auch immer*, quelles qu'en soient les raisons.

Audienz [audiˈɛnts] f. (-, en) audience f. | *Audienz geben, erteilen*, donner audience.

Audio|vision [ˈaudioviˈˈzio:n] f. audiovisuel m. ||**-visuell** adj. audiovisuel adj.

Auditorium [audiˈto:rium] n. (s, rien) salle (f.) de concert, de conférences ; amphithéâtre m.

Auer|ochs [ˈˈauərˈɔks] m. (en, en). ZOOL. aurochs m.

Auer|hahn [ˈˈauərˈha:n] m. (s, ¨e). ZOOL. coq (m.) de bruyère ; tétras m.

auf [auf] prép., adv.

> **I.** prép.
> **a)** LIEU.
> **1.** [sens translocal] (acc.) dans ; à ; vers ; sur ; par.
> **2.** [sens intralocal] (dat.) : sur ; dans ; à ; en ; par ; de.
> **b)** TEMPS (acc.) : à ; vers ; pour ; de ; sur ; jusqu'à.
> **c)** MANIÈRE : de ; à ; sur ; en ; dans ; pour.
> **d)** SUCCESSION ; CONSÉQUENCE : après ; sur ; par ; à ; de ; contre.
> **e)** LOC. (régimes verbaux).
> **II.** adv.
> **III.** loc. prép. : **von... auf.**
> **IV.** loc. conj. : **auf daß.**

I. prép. **a)** LIEU. **1.** [sens translocal] (acc.) : dans ; à ; vers ; sur ; par. | *er ging auf die Straße, den Hof, die Wiese, das Land*, il alla dans la rue, dans la cour, dans (sur) la prairie, aux champs (à la campagne). | *aufs Gymnasium kommen*, entrer au lycée. | *sie kommt auf mich zu*, elle vient vers moi. | *auf etwas schießen*, tirer sur qch. | *das Zimmer geht auf den Garten*, la chambre donne sur le jardin. | *auf die Erde fallen*, tomber à terre, par terre. | *auf den Kopf fallen*, tomber la tête en bas. || FIG. *auf js Seite treten*, se mettre du côté de qn. | *auf den Gedanken kommen*, avoir l'idée de.

2. [sens intralocal] (dat.) : sur ; dans ; à ; en ; par ; de. | *er sitzt auf dem Dach, dem Boden*, il est assis sur le toit, par terre. | *er ist auf dem Feld, dem Hof, der Straße*, il est dans les champs, dans la cour, dans la rue. | *auf hoher See*, au large. | *auf Posten stehen*, être de garde. | *auf dieser Seite*, de ce côté-ci. || PAR ANAL. *sie ist auf ihrem Zimmer, der Post, dem Büro, dem Schloß, der Jagd, dem Markt*, elle est dans sa chambre, à la poste, au bureau, au château, à la chasse, au marché. | *auf dem Land*, à la campagne. | *auf der Reise, dem Wege*, en, pendant le voyage ; en route. || LOC. *auf dem Klavier spielen*, jouer du piano. | *auf frischer Tat ertappen*, prendre sur le fait. | *auf dem Herzen haben*, avoir sur le cœur. | *etwas auf dem Gewissen haben*, avoir qch. sur la conscience. | *früh auf den Beinen sein*, être debout, se lever de bonne heure. | *auf der Stelle*, sur-le-champ.

b) TEMPS (acc.) : à ; vers ; pour ; de ; sur ; jusqu'à. | *in der Nacht von Montag auf Dienstag*, dans la nuit de lundi à mardi. | *auf Ostern*, pour Pâques. | *auf lange Zeit*, pour longtemps. | *auf einen Augenblick*, pour un moment. | *auf den ersten Blick*, du premier coup d'œil. | *auf meine alten Tage*, sur mes vieux jours. | *auf immer*, à jamais. | *auf drei Jahre*, pour trois ans. | *bis auf weiteres*, jusqu'à nouvel ordre.

c) MANIÈRE : de ; à ; sur ; en ; dans ; pour. | *auf diese Weise*, de cette façon. | *auf folgende Art*, de la manière suivante. | *auf deutsch*, en allemand. | *auf alle Fälle*, en tout cas ; dans tous les cas. | *aufs neue*, à nouveau. | *aufs Geratewohl ; auf gut Glück*, au petit bonheur. | *auf mein Wort*, sur ma parole. | *aufs Wort glauben*, croire sur parole. | *auf meine Ehre*, sur mon honneur. | *auf der Hut sein*, être sur ses gardes. | *auf meine Kosten*, à mes frais. | *auf Abruf*, sur commande. | *auf Kredit*, à crédit. | *aufs erste*, tout d'abord. || *auf einmal*, [plötzlich] tout à coup ; [in einem Zug] tout d'un coup. || FIG. *auf einen Zug austrinken*, boire d'un coup, d'un trait. || (devant un superlatif) *aufs Höchste*, au plus haut point. | *aufs Angenehmste*, de la façon la plus agréable.

d) SUCCESSION, CONSÉQUENCE : après ; sur ; par, à ; de ; contre. | *Brief auf Brief*, lettre après lettre ; lettre sur lettre. | *Schlag auf Schlag*, coup sur coup. | *Wein auf Bier*, vin sur, vin après bière. | *auf deine Bitte*, sur ta demande. | *auf Befehl*, sur ordre. | *auf deinen Rat*, sur ton conseil. | *auf einen Wink*, sur un signe. | *auf Ihre Gefahr (hin)*, à vos risques et périls. | *auf solches Betragen*, en présence d'une pareille attitude. | *Hoffnung auf*, espoir (m.) de. | *auf etwas antworten*, répondre à qch. | *auf den Fall, daß*, au cas où. | *stolz, eifersüchtig, böse auf*, fier, jaloux de, fâché contre.

e) LOC. (régimes verbaux) : *auf ein Wort !*, deux mots seulement ! | *auf Ihr Wohl !*, à votre santé ! | *auf Leben und Tod !*, à la vie (et) à la mort ! | *auf Wiedersehen !*, au revoir. | *auf Morgen*, à demain. | *auf ihn !*, (courez) sus à lui ! | *auf jn, etwas warten*, attendre qn, qch. | *das Wort Stadt endigt auf dt*, le mot « Stadt » se termine par « dt ». | *vertrauen auf*, avoir confiance en. | *hoffen auf*, espérer en. | *sich verlassen auf*, compter sur (qn). | *auf etwas pochen*, invoquer qch. | *bestehen auf*, tenir à ; persister dans. | *es darauf ankommen lassen*, risquer le coup ; courir la chance. | *es darauf absehen, zu*, se donner pour tâche de (infin.). | *Wert legen auf*, attacher de l'importance à. | *sich verstehen auf*, se connaître à. | *dem kommt es auf tausend Franken nicht an*, il n'est pas à mille francs près. — **auf sich haben,** *es hat etwas auf sich*, cela est important. | *es hätte nichts auf sich, daß*, il serait sans importance que.

II. adv. : [von unten nach oben] de bas en haut ; en se dirigeant vers le haut. | *auf und ab gehen*, marcher de long en large ; faire les cent pas. | *das Auf und Ab*, les hauts et les bas. | *auf und davon fliegen*, s'envoler. || FIG. *auf und davon gehen* ; *sich auf und davon machen*, se sauver ; FAM. filer. || PAR ANAL. sur pied ; debout ; levé. | *mein Vater war noch auf*, mon père n'était pas encore couché. | *nicht auf können*, ne pas être en état de se lever. | *meine Mutter ist wohl auf*, ma mère est bien portante, se porte bien. || PAR EXT. ouvert. | *die Tür stand weit auf*, la porte était grande ouverte.

III. loc. prép. : **von... auf** (dat.) depuis ; dès. | *von Jugend auf*, dès la jeunesse. | *von klein auf*, dès l'enfance, depuis l'enfance. | *von unten auf*, en partant du bas.

IV. loc. conj. : **auf daß,** afin que (subj.) ; afin de (inf.) ; pour que (subj.) ; pour (infin.).

auf|arbeiten ["auf'arbaitən] v. tr. achever, expédier un travail. | *einen Stoß Akten aufarbeiten*, liquider une pile de dossiers. | *ein Kleid aufarbeiten*, remettre un vêtement à neuf.

auf|atmen ["auf'a:tmən] v. intr. respirer ; reprendre haleine ; souffler.

auf|bahren ["auf'ba:rən] v. tr. mettre en bière.

Auf|bau ['aufbau] m. (s, ten) construction f. ; édification f. ; reconstruction f. | *im Aufbau begriffen sein*, être en voie de (re)construction. | *Aufbau einer Maschine*, montage (m.) d'une machine. || FIG. organisation f. | *Aufbau des Staates*, organisation de l'État. || PAR EXT. constitution f. ; structure f. | *Aufbau einer Dichtung*, plan d'un poème. || CHIM. constitution f. || TÉLÉV. *Aufbau eines Fernsehbildes*, synthèse (f.) d'une image télévisée. || MAR. *Aufbauten eines Schiffes*, superstructure (f.) d'un navire.

auf|bauen ["auf'bauən] v. tr. construire ; reconstruire ; édifier ; élever ; ériger. || TECHN. monter ; organiser. || CHIM. faire la synthèse.

Aufbau|plan ["aufbau'pla:n] m. (s, ¨e) plan (m.), projet (m.) de construction. || plan (m.) économique. ||°**-schule** f. (-, n) enseignement secondaire accéléré. ||°**-seminar** n. (s, e) stage (m.) de perfectionnement.

auf|bäumen (sich) [ziç"auf'bɔymən] v. pr. se cabrer ; FIG. se révolter contre.

auf|bauschen ["auf'bauʃən] v. tr. faire bouffer ; gonfler. || FIG. exagérer. | *etwas aufbauschen*, monter qch. en épingle.

auf|begehren ["aufbə'ge:rən] v. intr. FIG., PÉJOR. protester ; s'insurger contre.

auf|bereiten ["aufbə'raitən] v. tr. préparer. || TECHN. *Erze aufbereiten*, traiter des minerais. | *aufbereitete Kohle*, charbon préparé.

Auf|bereitung [-tuŋ] f. (-, en) préparation f. || TECHN. traitement m. ; épuration f.

auf|bessern ["auf'bɛsərn] v. tr. améliorer. || FIG. augmenter.

Auf|besserung [-ruŋ] f. (-, en) amélioration f. || FIG. *Aufbesserung der Gehälter und Löhne*, relèvement (m.) des traitements et salaires.

auf|bewahren ["aufbə'va:rən] v. tr. garder ; conserver. | *einen Gegenstand aufbewahren*, prendre un objet en dépôt. | *trocken aufbewahren*, tenir au sec.

Auf|bewahrung [-ruŋ] f. conservation f. ; garde f. ; dépôt m. ; consigne f.

Aufbewahrungs|ort ["aufbəva:ruŋs'ɔrt] m. (es, e) lieu (m.) de dépôt.

auf|bieten ["auf'bi:tən] (o, o) v. tr. convoquer ; faire appel à ; proclamer. || MIL. *Truppen aufbieten*, lever des troupes. || FIG. *all(e) seine Kraft aufbieten*, déployer toutes ses forces. | *alles aufbieten*, remuer ciel et terre.

Auf|bietung [-tuŋ] f. (-, en) appel m. ; proclamation f. || HIST. *Aufbietung des ganzen Volkes*, levée (f.) en masse. || FIG. mise (m.) en œuvre. | *unter Aufbietung aller Kräfte*, en déployant toutes ses forces.

auf|binden ["auf'bindən] (a, u) v. tr. [öffnen] délier ; dénouer ; défaire ; détacher. | *das Schuhband aufbinden*, délier, dénouer des lacets. || PAR EXT. [hochbinden] relever ; retrousser. | *das Haar aufbinden*, retrousser les cheveux. || FIG. [belügen] en faire accroire à qn. | *jm eins, etwas, einen (Bären) aufbinden*, FAM. monter un bateau à qn ; mener qn en bateau. | *sich etwas aufbinden lassen*, gober une histoire.

auf|blähen ["auf'blɛ:ən] v. tr. gonfler ; enfler.
◇ v. pr. **sich aufblähen,** se gonfler ; s'enfler ; se boursoufler ; se ballonner. || FIG. se rengorger.

Auf|blähung [-'blɛ:uŋ] f. (-, en) gonflement m.

auf|blasbar ["aufbla:s'ba:r] adj. gonflable.

auf|blasen ["auf'bla:zən] (ä, ie, a) v. tr. souffler ; gonfler.
◇ v. pr. **sich aufblasen**, se gonfler ; faire l'important.
◇ part. pass. et adj. **aufgeblasen,** FIG. suffisant ; poseur, qui fait l'important.

auf|bleiben ["auf'blaibən] (ie, ie) v. intr. rester debout ; veiller. || [offenbleiben] rester ouvert.

auf|blicken ["auf'blikən] v. intr. lever les yeux. || FIG. *zu jm aufblicken*, admirer qn.

auf|blitzen ["auf'blitsən] v. intr. jeter une lumière vive ; jaillir (comme l'éclair).

auf|blühen ["auf'bly:ən] v. intr. éclore ; fleurir ; s'épanouir. | *die Blume blüht auf*, la fleur s'ouvre. || FIG. être florissant ; prospérer.

Auf|blühen [-ən] n. (s). FIG. épanouissement m.

auf|brauchen ["auf'brauxən] v. tr. consommer ; user ; épuiser.

auf|brausen ["auf'brau:zən] v. intr. entrer en effervescence ; bouillonner. || FIG. s'emporter ; s'emballer ; FAM. monter sur ses grands chevaux. | *leicht aufbrausen*, être très soupe au lait.

auf|brechen ["auf'brɛçən] (i, a, o) v. tr. [gewaltsam öffnen] ouvrir en brisant ; fracturer. | *eine Tür aufbrechen*, enfoncer une porte. | *das Siegel aufbrechen*, briser les sceaux. | *das Pflaster aufbrechen*, éventrer la chaussée ; enlever le pavage ; dépaver. | *das Eis aufbrechen*, casser la glace. || AGRIC. défoncer. || TECHN. *einen Schacht aufbrechen*, ouvrir un puits. || MIL. percer. | *die Front aufbrechen*, percer le front.
◇ v. intr. **1.** [sich öffnen] s'ouvrir ; éclater ; crever ; percer. | *die Knospe bricht auf*, le bouton éclate.
2. FIG. [weggehen] s'en aller ; plier bagage ; se mettre en route. | *die Gesellschaft bricht auf*, les convives se séparent.

auf|bringen ["auf'briŋən] (brachte, gebracht) v. tr. **1.** apporter ; trouver. | *das nötige Geld aufbringen*, réunir les fonds nécessaires. || *den Mut aufbringen*, avoir le courage. | *Verständnis aufbringen*, montrer de la compréhension.
2. ouvrir. | *er bringt den Schrank nicht auf*, il n'arrive pas à ouvrir l'armoire.
3. [einführen] introduire ; amener ; mettre en vogue, à la mode. | *ein Gerücht aufbringen*, faire circuler une rumeur.
4. *aufgebracht sein*, être en colère ; être dans tous ses états.

Auf|bruch ['aufbrux] m. (s, ¨e). [Öffnen] fracture f. ; effraction f. || départ m. ; élan nouveau.

auf|brühen ["auf'bry:ən] v. tr. | *Tee aufbrühen*, faire du thé.

auf|bügeln ["auf'by:gəln] v. tr. [glätten] repasser. | *eine Hose schnell aufbügeln*, donner un coup de fer à un pantalon. || FIG. [bearbeiten] mettre au goût du jour ; moderniser.

auf|bürden ["auf'byrdən] v. tr. charger ; imposer une charge. || FIG., FAM. *jm eine Schuld aufbürden*, imputer une faute à qn ; charger qn.

auf|bürsten ["auf'byrstən] v. tr. donner un coup de brosse à ; nettoyer à la, avec une brosse.

auf|decken ["auf'dɛkən] v. tr. [auflegen] étendre ; étaler. | *das Tischtuch aufdecken*, dresser la table ; mettre la nappe. || PAR EXT. [enthüllen] découvrir. | *das Bett aufdecken*, découvrir le lit. | *ein Verbrechen aufdecken*, déceler, découvrir un crime. || FIG. dévoiler. | *sein Spiel aufdecken*, découvrir, montrer son jeu.

Auf|deckung [-kuŋ] f. découverte f. | *Aufdeckung eines Anschlags*, découverte d'un complot.

auf|donnern (sich) [ziç"auf'dɔnərn] v. pr. FIG., POP. s'attifer ; se pomponner.

auf|drängen ["auf'drɛŋən] v. tr. imposer (qch. à qn).
◇ v. pr. *sich aufdrängen*, s'imposer ; imposer sa présence.

auf|drehen ["auf'dre:ən] v. tr. ouvrir en tournant. | *den Hahn aufdrehen*, ouvrir le robinet. | *das Licht aufdrehen*, faire de la lumière. || desserrer. | *eine Schraube aufdrehen*, dévisser. || PAR EXT. [festschrauben] visser.

auf|dringlich ["auf'driŋliç] adj. importun. | *jm aufdringlich werden*, importuner qn ; agacer qn.

Auf|dringlichkeit [-liçkait] f. (-, en) importunité f.

Auf|dringling [-liŋ] m. (s, e) importun m.

Auf|druck ['aufdruk] m. (s, e) impression f.

auf|drucken ["auf'drukən] v. tr. imprimer (sur).

auf|drücken ["auf'drykən] v. tr. [einprägen] appuyer ; presser sur. | *sein Siegel aufdrücken*, mettre, apposer son sceau. || [durch Druck öffnen] *eine Tür aufdrücken*, pousser une porte.

auf|einander [aufain'andər] adv. l'un sur, après l'autre.

Aufeinander|folge [aufain"andər'fɔlgə] f. (-) succession f. ||**-folgen** v. intr. se succéder ; se suivre. ||**-folgend** part. prés. et adj. successif ; consécutif. ||**-passen** v. tr. ajuster. || v. intr. s'accorder ; s'harmoniser. ||**-platzen, -prallen, -stoßen** (ö, ie, o), **-treffen** (i, a, o) v. intr. s'entrechoquer ; se heurter.

Auf|enthalt ["aufɛnt'halt] m. (s, e). [Halt] stationnement m. ; arrêt m. | *(der Zug hat hier) zehn Minuten Aufenthalt*, (le train a ici) dix minutes d'arrêt. || séjour m. | *ein längerer Aufenthalt*, un séjour prolongé. || [Rastort] résidence f. ; domicile m.

Aufenthalts|erlaubnis ["aufɛnthaltsɛr'laupnis] f. (-), °**-genehmigung** ["—/-'—] f. (-, en) permis (m.), carte (f.) de séjour. ||°**-ort** m. (s, e) résidence f. ; domicile m. ; séjour m. ||°**-verbot** n. (s, e) interdiction (f.) de séjour. | *von einem Aufenthaltsverbot betroffen sein*, être interdit de séjour.

auf|erlegen ["aufɛr'le:gən] v. tr. imposer ; enjoindre. | *eine Strafe auferlegen*, infliger une punition. | *eine Verpflichtung auferlegen*, imposer une obligation.

auf|erstehen ["aufɛr'ʃte:ən] (erstand, erstanden) v. intr. ressusciter. | *Christus ist auferstanden*, le Christ est ressuscité.

Auf|erstehung [-'ʃte:uŋ] f. (-) résurrection f.

auf|erwecken ["aufɛr'vɛkən] V. ERWECKEN.

auf|essen ["auf'ɛsən] (ißt, aß, gegessen) v. tr. manger tout ; consommer ; FAM. liquider.

auf|fädeln ["auf'fɛ:dəln] v. tr. enfiler ; faufiler.

auf|fahren ["auf'fɑ:rən] (ä, u, a) v. intr. [hochsteigen] monter ; s'élever. | *gen Himmel auffahren*, monter au ciel. | *der Bergmann fährt auf*, le mineur remonte. || [plötzlich in die Höhe gehen] sursauter. | *aus seiner Träumerei auffahren*, être brusquement tiré de ses rêves. || FIG. [in Zorn ausbrechen] s'emporter. || PAR EXT. [Aufstellung nehmen] arriver ; prendre position. | *die Wagen fahren auf*, les voitures se présentent (à l'entrée). || MAR. *ein Schiff fährt auf*, un navire échoue. || AUTOM. *ein auffahrendes Fahrzeug*, un véhicule tamponneur.
◇ v. tr. [heranbringen] amener. || MIL. *ein Geschütz auffahren*, mettre un canon en batterie.

Auf|fahrt ['auffɑ:rt] f. (-, en) montée f. ; ascension f. || RELIG. [Maria] Assomption f. || PAR ANAL. [Rampe, Bergstraße] montée f. ; rampe f. || ARCHIT. [Schloßauffahrt] rampe (f.) de château. || [Autobahn] entrée f. ; voie (f.) d'accès.

auf|fallen ["auf'falən] (ä, ie, a) v. intr. tomber sur. || FIG. frapper. | *er fiel unangenehm auf*, il s'est fait remarquer. | *es fiel mir auf, daß*, ce qui m'a frappé, c'est que (indic.).

auf|fallend [-lənt] part. prés. et adj. frappant ; voyant. | *dieses Kleid ist zu auffallend*, ce costume est trop voyant. || PHYS. *auffallendes Licht*, lumière incidente.

auf|fällig ["auf'fɛliç] adj. frappant ; singulier ; excentrique. | *auffällige Kleidung*, toilette criarde.

Auf|fälligkeit [-kait] f. (-) singularité f.

Auffang|becken ["auffaŋ'bɛkən] n. (s, -) bassin (m.) de réception. ||°**-lager** n. (s, -) centre (m.) d'accueil.

auf|fangen ["auf'faŋən] (ä, i, a) v. tr. saisir ; recueillir. | *einen Ball auffangen*, saisir une balle (au bond). | *einen Schlag auffangen*, parer un coup. | *Briefe auffangen*, intercepter des lettres. || FIG. *Flüchtlinge auffangen*, accueillir des réfugiés.

auf|fassen ["auf'fasən] v. tr. FIG. concevoir ; comprendre ; saisir. | *er faßt den Rat falsch auf*, il interprète mal le conseil.

Auf|fassung [-suŋ] f. (-, en). FIG. conception f. ; manière (f.) de voir ; interprétation f.

auf|finden ["auf'findən] (a, u) v. tr. trouver ; découvrir. || FIG. dénicher.

Auf|findung [-duŋ] f. (-) découverte f.

auf|fischen ["auf'fiʃən] v. tr. pêcher ; repêcher ; retirer de l'eau. || FIG., POP. dégoter.

auf|flackern ["auf'flakərn] v. intr. jeter une flamme, une clarté vacillante.

auf|flammen ["auf'flamən] v. intr. PR. et FIG. flamber ; s'enflammer ; s'embraser.

auf|flattern ["auf'flatərn] v. intr. s'envoler en battant des ailes.

auf|fliegen ["auf'fli:gən] (o, o) v. intr. s'envoler ; prendre son essor. || FIG. *die Tür fliegt auf*, la porte s'ouvre brusquement.

auf|fordern ["auf'fɔrdərn] v. tr. convier, inviter à. | *zum Tanze auffordern*, inviter à danser. || JUR. mettre en demeure. || MIL. sommer.

Auf|forderung [-ruŋ] f. (-, en) invitation f. ; engagement m. ; appel m. || JUR. sommation f. | *gerichtliche Aufforderung*, mise (f.) en demeure. || FIN. *Aufforderung zur Einzahlung*, appel (m.) de fonds.

auf|forsten ["auf'fɔrstən] v. tr. reboiser.

Auf|forstung [-tuŋ] f. (-, en) reboisement m.

auf|fressen ["aufˈfrɛsən] (frißt, fraß, gefressen) v. tr. dévorer.

auf|frischen ["aufˈfrɪʃən] v. tr. rafraîchir ; raviver.

auf|führbar ["aufˈfy:rba:r] adj. THÉÂTRE. jouable.

auf|führen [-rən] v. tr. [Schauspiel] représenter ; jouer. | *ein Schauspiel aufführen*, jouer une pièce de théâtre. || JUR. [nennen] produire. | *einen Zeugen aufführen*, produire un témoin. || FIN. [verzeichnen] porter en compte. | *einzeln aufführen*, énumérer. ◇ v. pr. FIG. **sich aufführen,** se conduire ; se comporter. | *sich gut aufführen*, avoir une bonne conduite ; savoir se tenir.

Auf|führung [-ruŋ] f. (-, en) THÉÂTRE. représentation f. || JUR. production f. ; présentation f. || FIN. inscription (f.) en compte. || FIG. conduite f.

auf|füllen ["aufˈfylən] v. tr. (r)emplir. | *Benzin auffüllen*, faire le plein d'essence. | *Reserven auffüllen*, compléter les stocks. || ARCHIT. remblayer.

auf|füttern ["aufˈfytərn] v. tr. nourrir ; élever.

Auf|gabe ["aufˈga:bə] f. (-, n). **1.** [Sendung] remise f. ; expédition f. | *Aufgabe des Gepäcks*, expédition des bagages.
2. [Anforderung] mission f. ; tâche f. | *schriftliche Aufgabe*, devoir m. | *mündliche Aufgabe*, leçon f. | *mathematische Aufgabe*, problème m.
3. [Verzicht] abandon m. || JUR. *Aufgabe eines Recht(e)s*, abandon d'un droit. | *Aufgabe eines Gutes*, délaissement (m.) d'un bien. || COMM. cessation f. || SPORT. *Sieg durch Aufgabe*, victoire (f.) par abandon.

Aufgabe|schein ["aufga:bəˈʃein] m. (es, e) récépissé m. ||°**-station** f. (-, en) gare expéditrice. ||°**-stempel** m. (s, -) timbre (m.) au départ.

auf|gabeln ["aufˈga:bəln] v. tr. piquer à la fourche(tte). || POP. raccrocher ; dénicher.

Auf|gang [ˈaufgaŋ] m. (s,¨e) montée f. ; ascension f. || ASTRON. lever m. || [Haus] escalier m.

auf|geben ["aufˈge:bən] (i, a, e) v. tr. **1.** remettre ; expédier. | *sein Gepäck aufgeben*, expédier, faire enregistrer ses bagages. || [anfordern] charger ; demander (qch. à qn). || COMM. *eine große Bestellung aufgeben*, passer, faire une commande importante.
2. [verzichten] abandonner ; renoncer à. || JUR. *ein Recht aufgeben*, renoncer à un droit. | *seine Stelle aufgeben*, résigner ses fonctions ; se démettre ; donner sa démission. | *sein Geschäft aufgeben*, se retirer des affaires. || FIG. *den Geist aufgeben*, rendre l'âme, l'esprit. | *eine Meinung aufgeben*, revenir d'une opinion. | *eine Meinung nicht aufgeben*, ne pas en démordre. | *etwas aufgeben*, faire son deuil de qch. | *die Hoffnung aufgeben*, perdre l'espoir.

Auf|geblasenheit [-hait] f.|| FIG. vanité f. ; suffisance f. ; fatuité f.

Auf|gebot ["aufgəˈbo:t] n. (s, e) proclamation f. ; publication f. ; soumission f. | *Aufgebot eines Brautpaares*, publication des bans. || FIG. concentration f. ; mobilisation f. | *ein starkes Aufgebot von Polizeikräften*, une forte présence policière. | *Aufgebot aller seiner Kräfte*, en mobilisant toute son énergie. || MIL. levée f. ; conscription f. ; appel m. | *das letzte Aufgebot*, le dernier carré.

auf|gebracht ["aufgəˈbraxt] part. pass. et adj. FIG. fâché ; indigné ; irrité ; courroucé.
— SYN. : *empört*, outré ; *entrüstet*, indigné, révolté.

auf|gedunsen ["aufgəˈdunzən] part. pass. et adj. boursouflé ; bouffi.

Auf|gedunsenheit [-hait] f. boursouflure f. ; bouffissure f.

auf|gehen ["aufˈge:ən] (ging, gegangen) v. intr. **1.** [steigen] monter. | *die Sonne geht auf*, le soleil se lève. || PAR ANAL. [sich ausdehnen] *der Teig geht auf*, la pâte lève, gonfle. || BOT. lever ; pousser. | *der Samen geht auf*, la semence lève.
2. PAR EXT. [sich öffnen] s'ouvrir. | *die Tür geht auf*, la porte s'ouvre. | *der Vorhang geht auf*, le rideau se lève. | *ein Geschwür geht auf*, un abcès crève. | *die Naht geht auf*, la couture se défait. | *die Jagd geht auf*, la chasse est ouverte.
3. FIG. s'ouvrir à. | *ein Licht geht mir auf*, je commence à y voir clair.
4. se perdre en ; se dissoudre. | *er geht ganz in der Musik auf*, il est entièrement pris par la musique. | *in Schall und Rauch aufgehen*, s'en aller en fumée.
5. MATH. [sich teilen lassen] être contenu dans, divisible sans reste. | *vier geht in zwölf auf*, douze est divisible par quatre.

Auf|geklärtheit ["aufgəˈklɛ:rthait] f. opinion éclairée, avancée ; tendances (f. pl.) rationalistes.

Auf|geld [ˈaufgɛlt] n. (es, er). FIN. agio m.

auf|gelegt ["aufgəˈle:kt] part. pass. et adj. FIG. disposé à. | *er ist gut aufgelegt*, il est bien disposé ; FAM. il est bien luné. | *sie ist zum Tanzen nicht aufgelegt*, elle n'a pas le cœur à danser.

auf|geräumt ["aufgəˈrɔymt] part. pass. et adj. rangé. || FIG. de bonne humeur.

Auf|geräumtheit [-hait] f. bonne humeur.

auf|geregt ["aufgəˈre:kt] part. pass. et adj. excité ; agité ; ému ; FAM. énervé.

Auf|geregtheit [-hait] f. excitation f. ; nervosité f. ; FAM. énervement m.

auf|geschlossen ["aufgəˈʃlɔsən] part. pass. et adj. ouvert ; FIG. compréhensif.

Aufgeschlossenheit [-hait] f. esprit ouvert ; compréhension f.

auf|geschossen ["aufgəˈʃɔsən] adj. élancé.

auf|geweckt ["aufgəˈvɛkt] part. pass. et adj. réveillé. || FIG. éveillé ; intelligent ; dégourdi.

Auf|gewecktheit [-hait] f. FIG. vivacité (f.) d'esprit ; air éveillé ; intelligence f.

auf|gießen ["aufˈgi:sən] (o, o) v. tr. verser sur ; faire infuser. | *Tee aufgießen*, faire infuser du thé.

Auf|gliederung ["aufˈgli:dəruŋ] f. ÉCON. ventilation f.

auf|graben ["aufˈgra:bən] (ä, u, a) v. tr. creuser ; fouiller ; déterrer. | *um einen Baum aufgraben*, déchausser un arbre.

auf|greifen ["aufˈgraifən] (griff, gegriffen) v. tr. ramasser ; saisir ; appréhender. || FIG. *einen Gedanken aufgreifen*, s'inspirer d'une idée.

Auf|guß [ˈaufgus] m. (es, ¨e). MÉD. infusion f.

Aufguß|tierchen ["aufgusˈti:rçən] n. (s, -). ZOOL. infusoires m. pl.

auf|haben ["aufˈha:bən] v. tr. FAM. garder ouvert ; garder sur soi. | *die Mütze aufhaben*, avoir la casquette sur la tête. || FIG. *er hat ein Gedicht auf*, il a une poésie à apprendre.

auf|hacken ["aufˈhakən] v. tr. piocher ; fouiller avec la pioche.

auf|haken ["aufˈha:kən] v. tr. dégrafer ; décrocher.

auf|halsen ["aufˈhalzən] v. tr. charger de ; mettre qch. sur le dos de qn.

auf|halten ["aufˈhaltən] (ä, ie, a) v. tr. **1.** [offen haben] tenir, laisser ouvert. | *das Geschäft aufhalten*, tenir ouvert son magasin. || IRON. *die Hand aufhalten*, tendre la main ; mendier.
2. [hindern] arrêter ; attarder ; entraver ; empêcher. |

jn aufhalten, retarder, retenir qn. | *jn im Fall aufhalten*, amortir la chute de qn.
◇ v. pr. **sich aufhalten,** s'arrêter ; s'attarder. || PAR ANAL. séjourner. | *sich in Hamburg aufhalten*, faire un séjour à Hambourg. || FIG. [darüber reden] *sie halten sich über dein Benehmen auf*, ils critiquent ta conduite.

auf|hängen ["auf'hɛŋən] v. tr. suspendre ; accrocher. | *den Verbrecher aufhängen*, pendre le criminel.

Auf|hängung [-ŋuŋ] f. (-, en) suspension f. ; pendaison f.

auf|haspeln ["auf'haspəln] v. tr. dévider.

auf|hauen ["auf'hauən] (hieb, gehauen) v. tr. faire une entaille dans ; ouvrir.

auf|häufeln ["auf'hɔyfəln] v. tr. mettre en petits tas. || AGRIC. *die Kartoffeln (auf)häufeln*, butter les pommes de terre.

auf|häufen [-fən] v. tr. et v. pr. entasser ; (s')amonceler ; (s')amasser.

Auf|häufung [-fuŋ] f. (-, en) accumulation f. ; amoncellement m.

auf|heben ["auf'he:bən] (o, o) v. tr. **1.** [in die Höhe bringen] lever ; soulever. | *das Kind vom Boden aufheben*, soulever l'enfant du sol. | *einen Stein aufheben*, ramasser une pierre. | *die Augen aufheben*, lever les yeux au ciel.
2. FIG. [beenden] (se) lever. | *die Tafel aufheben*, se lever de table. | *die Sitzung aufheben*, lever la séance. || MIL. *die Belagerung aufheben*, lever le siège.
3. faire cesser ; arrêter ; supprimer ; abolir. | *einen Vertrag aufheben*, résilier un contrat. | *eine Beschlagnahme aufheben*, accorder mainlevée d'une saisie. | *ein Gesetz aufheben*, abroger une loi.
4. [aufbewahren] garder ; conserver ; ramasser ; mettre de côté. | *Geld aufheben*, conserver de l'argent. || FIG. *er ist gut aufgehoben*, il est en bonnes mains ; on prend soin de lui.
5. MATH. réduire. | *einen Bruch aufheben*, réduire, simplifier une fraction.
◇ v. pr. **sich aufheben,** *sich, einander aufheben*, se compenser ; s'annuler ; se neutraliser. | *10 — 10 hebt sich auf*, 10 — 10 égale zéro. || PHILOS. *Gegensätze heben sich auf*, les contraires s'annulent.

Auf|heben [-bən] n. (s). FIG. *(viel) Aufhebens von etwas machen*, faire beaucoup de bruit autour de, grand cas de qch.

Auf|hebung [-buŋ] f. (-) levée f. || JUR. levée f. ; abolition f. ; résiliation f. ; abrogation f. ; annulation f. ; cassation f. ; mainlevée f. | *Aufhebung des Leichnams*, levée de corps. | *Aufhebung der Ehe*, annulation du mariage. | *Aufhebung eines Gesetzes, eines Haftbefehls*, abrogation d'une loi ; mainlevée d'un mandat de dépôt. | *Aufhebung eines Urteils*, cassation, annulation d'un jugement. | *Aufhebung eines Vertrags*, résiliation d'un contrat. || POLIT. *Aufhebung einer Sperre*, levée d'un blocus. || MUS. *Aufhebungszeichen* n. bécarre m.

auf|heften ["auf'hɛftən] v. tr. fixer ; attacher ; retrousser. || PAR EXT. détacher ; défaire ; dégrafer.

auf|heißen ["auf'haisən] v. tr. MAR. hisser ; arborer. | *Flagge, heißt auf !*, hissez le drapeau !

auf|heitern ["auf'haitərn] v. tr. rasséréner. || FIG. dérider ; égayer ; ragaillardir.
◇ v. pr. **sich aufheitern,** s'éclaircir. || FIG. se dérider ; s'épanouir.

Auf|heiterung [-ruŋ] f. éclaircie f. || FIG. distraction f. ; amusement m. ; épanouissement m.

auf|helfen ["auf'hɛlfən] (a, o) v. intr. *jm aufhelfen*, aider qn à se relever.

auf|hellen ["auf'hɛlən] v. tr. rendre clair ; clarifier. || FIG. élucider ; éclaircir. | *eine Frage aufhellen*, débrouiller une question.
◇ v. pr. **sich aufhellen,** s'éclaircir ; se découvrir ; se mettre au beau. | *der Himmel hellt sich auf*, le ciel se dégage.

Auf|hellung [-luŋ] f. (-) éclaircissement m. || FIG. éclaircissement m. ; explication f.

auf|hetzen ["auf'hɛtsən] v. tr. ameuter. || FIG. provoquer ; exciter.

auf|hissen ["auf'hisən] V. AUFHEIßEN.

auf|hocken ["auf'hɔkən] v. tr. prendre sur son dos ; mettre à califourchon. || FIG. *man hockt ihm alles auf*, on lui met tout sur le dos.

auf|holen ["auf'ho:lən] v. tr. regagner du terrain, du temps perdu ; rattraper. || MAR. haler.

auf|horchen ["auf'hɔrçən] v. intr. écouter ; tendre, dresser l'oreille. | *dieses Geräusch ließ ihn aufhorchen*, ce bruit lui fit dresser l'oreille.

auf|hören ["auf'hø:rən] v. intr. arrêter ; cesser ; finir de. | *der Regen hört auf*, la pluie cesse (de tomber). || FIG. *da hört alles auf !*, c'est trop fort ! ; FAM. c'est la fin de tout.

Auf|hören [-rən] n. (s) arrêt m. ; cessation f. ; fin f.

auf|jagen ["auf'ja:gən] v. tr. [Jagd] lancer ; lever. | *einen Hasen aufjagen*, lever un lièvre.

auf|jauchzen ["auf'jauxtsən] v. intr. exulter ; pousser des cris d'allégresse. || FAM. jubiler.

Auf|kauf ['aufkauf] m. (s, ¨e) achat (m.) en masse. || accaparement m.

auf|kaufen ["auf'kaufən] v. tr. acheter en masse ; enlever. || rafler ; accaparer.

Auf|käufer ["auf'kɔyfər] m. (s, e) accapareur m. (professionnel) ; acheteur m.

Auf|klang ['aufklaŋ] m. (s, ¨e) ouverture f. ; début m. ; commencement m.

auf|klappbar ["auf'klapba:r] adj. décapotable.

auf|klappen [-pən] v. tr. ouvrir. || AUTOM. décapoter.

auf|klaren ["auf'kla:rən] v. intr. s'éclaircir.

auf|klären ["auf'klɛ:rən] v. tr. tirer, mettre au clair ; débrouiller. || MIL. *das Gelände aufklären*, reconnaître le terrain ; patrouiller. || FIG. élucider ; débrouiller ; renseigner ; instruire ; informer. | *jn über einen Irrtum aufklären*, tirer qn d'erreur. | *einen Mord aufklären*, tirer au clair une affaire de meurtre.
◇ part. pass. et adj. **aufgeklärt,** [vorurteilsfrei] libre de préjugés ; éclairé. || PHILOS. libéral.

Auf|klärer [-rər] m. (s, -). PHILOS. rationaliste m. || AÉRON. avion (m.) de reconnaissance. || MIL. éclaireur m.

Auf|klärung [-ruŋ] f. (-, en) éclaircissement m. || PHILOS. rationalisme m. ; philosophie (f.) des lumières. | *das Zeitalter der Aufklärung*, le siècle des lumières. || MIL. reconnaissance f.

auf|kleben ["auf'kle:bən] v. tr. coller sur. | *Marken aufkleben*, affranchir.

Auf|kleber ['aufkle:bər] m. (s, -) autocollant m.

Aufklebe|zettel ["aufkle:bə'tsɛtəl] m. (s, -) étiquette gommée.

auf|knacken ["auf'knakən] v. tr. casser. || [Auto, Tresor] ouvrir par effraction.

auf|knöpfen ["auf'knøpfən] v. tr. déboutonner.

auf|knoten ["auf'kno:tən] v. tr. déficeler.

auf|knüpfen ["auf'knypfən] v. tr. défaire ; délier ; détacher. | *einen Knoten aufknüpfen*, défaire un nœud.

auf|kochen ["auf'kɔxən] v. tr. faire bouillir ; recuire.
◇ v. intr. bouillir.

auf|kommen ["auf'kɔmən] (a, o) v. intr. **1.** s'élever ; se relever. | *vom Boden aufkommen*, se relever. | *ein Wind kommt auf*, un vent se lève. | *wieder aufkommen*, se relever.
2. FIG. [wachsen ; gedeihen] se remettre ; se rétablir ; se relever ; croître ; grandir ; parvenir ; réussir. | *er kommt wieder auf*, il se relève, se remet. | *gegen jn nicht aufkommen können*, ne pas être de taille à rivaliser avec qn.
3. [auftauchen ; entstehen] faire son apparition ; s'implanter ; prendre. | *eine Mode kommt auf*, une mode prend, se répand. | *mir kommen Zweifel auf*, des doutes me viennent.
4. [bezahlen ; ersetzen] subvenir à ; garantir ; répondre de. | *wir kommen für den Schaden nicht auf*, nous ne répondons pas des dommages.

Auf|kömmling ["auf'kømliŋ] m. (s, e) parvenu m.

auf|kratzen ["auf'kratsən] v. tr. égratigner ; écorcher ; gratter. || TEXT. carder. || FIG., FAM. mettre de bonne humeur.

auf|krempeln ["auf'krɛmpəln] v. tr. retrousser.

auf|kriegen ["auf'kri:gən] v. tr. FAM. parvenir, arriver à ouvrir. || recevoir qch. à faire ; se faire donner une tâche.

auf|kündigen ["auf'kyndigən] v. tr. donner congé ; dénoncer ; se dédire de. | *einen Mietsvertrag aufkündigen*, résilier un bail. || FIG. *jm die Freundschaft aufkündigen*, rompre avec qn.

Auf|kündigung [-guŋ] f. (-, en) congé m. || JUR. dénonciation f. ; rupture f. ; résiliation f. || COMM. dédit m. || FIG. rupture f.

auf|lachen ["auf'laxən] v. intr. éclater de rire.

auf|laden ["auf'lɑ:dən] (ä, u, a) v. tr. charger. | *einen Wagen aufladen*, charger une voiture. || ÉLECTR. charger.

Auf|laden [-dən] n. (s) chargement m. || ÉLECTR. charge f.

Auf|lader [-dər] m. (s, -) fort (m.) des Halles.

Auf|lage ["auf'lɑ:gə] f. (-, n). FIG. obligation f. || TYPOGR. tirage m. ; édition f. | *neue, vermehrte Auflage*, édition revue et augmentée. || TECHN. couche f.

Auflage|fläche ["auflɑ:gə'flɛçə] f. (-, n) surface (f.) d'appui ; face (f.) de joint.

auf|lassen ["auf'lasən] (ä, ie, a) v. tr. [aufgeben] céder ; résigner. | *ein Recht auflassen*, céder un droit. || FIG. [gestatten] permettre. || PAR EXT. *eine Tür auflassen*, laisser une porte ouverte. | *den Hut auflassen*, garder son chapeau ; rester couvert.

Auf|lassung [-suŋ] f. (-, en). JUR. résignation (f.), cession (f.) d'un droit. | *Auflassung einer Hypothek*, extinction (f.) d'une hypothèque.

Auflassungs|urkunde [-suŋs'u:rkundə] f. (-, n). JUR. acte notarié.

auf|lasten ["auf'lastən] v. tr. V. AUFBÜRDEN.

auf|lauern ["auf'lauərn] v. intr. guetter ; faire le guet. | *jm auflauern*, épier, espionner qn.

Auf|lauf ['auflauf] m. (s, ¨e) attroupement m. ; rassemblement m. ; émeute f. || CULIN. soufflé m.

Auflauf|bremse ["auflauf'brɛmzə] f. (-, n). AUTOM. frein (m.) à inertie.

auf|laufen ["auf'laufən] (ä, ie, a) v. intr. gonfler ; enfler. || *die Ader läuft auf*, la veine enfle. || CULIN. lever. | *der Teig läuft auf*, la pâte lève. || MAR. échouer. | *das Schiff läuft auf*, le bateau échoue. || FIN. s'accumuler.

auf|lauschen ["auf'lauʃən] v. tr. et intr. dresser l'oreille.

auf|leben ["auf'le:bən] v. intr. revivre ; renaître ; se ranimer.

Auf|leben n. (s) reprise f.

auf|lecken ["auf'lɛkən] v. tr. laper ; lécher.

auf|legen ["auf'le:gən] v. tr. **1.** poser ; mettre ; imposer. | *die Hände auflegen*, imposer les mains. | *Pflaster auflegen*, appliquer un emplâtre. || TÉLÉPH. *(den Hörer) auflegen*, reposer l'écouteur.
2. [auslegen] étaler. | *Waren auflegen*, étaler, exposer de la marchandise. | *die Karten auflegen*, étaler son jeu. || FIN. *eine Anleihe auflegen*, lancer un emprunt. | *Aktien auflegen*, ouvrir une souscription.
3. TYPOGR. *ein Buch auflegen*, éditer un livre.
4. MAR. *ein Schiff auflegen*, [bauen] mettre un bateau en chantier ; [abbauen] dégréer ; désarmer un bateau.
◇ part. pass. et adj. V. AUFGELEGT.

auf|lehnen (sich) [ziç"auf'le:nən] v. pr. s'appuyer. || FIG. se révolter ; se soulever ; s'insurger.

Auf|lehnung ["auf'le:nuŋ] f. (-, en) soulèvement m. ; révolte f. ; rébellion f. ; insurrection f.

auf|lesen ["auf'le:zən] (ie, a, e) v. tr. ramasser ; glaner ; (re)cueillir. | *Ähren auflesen*, glaner des épis. | *jn von der Straße auflesen*, ramasser qn dans le ruisseau.

auf|leuchten ["auf'lɔyçtən] v. intr. flamboyer ; se mettre à briller.

auf|lichten ["auf'liçtən] v. tr. éclaircir. | *den Wald auflichten*, éclaircir la forêt. | *die Farben auflichten*, éclaircir les couleurs.

auf|liefern ["auf'li:fərn] V. LIEFERN.

auf|liegen ["auf'li:gən] (a, e) v. intr. être posé, couché sur ; être étalé.
◇ v. pr. **sich aufliegen,** MÉD. *sich den Rücken aufliegen*, avoir des escarres dans le dos.

auf|lockern ["auf'lɔkərn] v. tr. desserrer ; défaire. | *einen Knoten auflockern*, desserrer un nœud. | *die Erde auflockern*, ameublir la terre. || SPORT. assouplir.
◇ v. pr. **sich auflockern,** se défaire ; se relâcher. || FIG. *die Sitten lockern sich (auf)*, les mœurs se relâchent.

Auf|lockerung [-ruŋ] f. (-). AGRIC. ameublissement m. || SPORT. assouplissement m. || FIG. relâchement m.

auf|lodern ["auf'lo:dərn] v. intr. s'embraser ; s'enflammer. | *die Flammen lodern auf*, les flammes montent. || FIG. se lever. | *Widerstand lodert auf*, la résistance se lève.

auf|lösbar ["auf'lø:sbɑ:r] adj. CHIM. soluble. || MATH. résoluble. || POLIT. dissoluble.

Auf|lösbarkeit [-kait] f. CHIM. solubilité f. || MATH. résolubilité f.

auf|lösen ["auf'lø:zən] v. tr. **1.** dénouer ; défaire ; délier ; détacher. | *mit aufgelöstem Haare*, les cheveux dénoués, épars. || FIG. *ein Rätsel auflösen*, résoudre une énigme. | *sich in Tränen auflösen*, fondre en larmes.
2. rompre ; disperser ; dissoudre. | *ein Heer auflösen*, licencier une armée. | *in aufgelöster Ordnung*, en ordre dispersé. || JUR. dissoudre. | *eine Gesellschaft auflösen*, dissoudre une société.
3. MATH. réduire ; résoudre. | *einen Bruch auflösen*, réduire une fraction. | *eine Gleichung auflösen*, résoudre une équation. || CHIM. dissoudre ; décomposer ; analyser. || GÉOL. désintégrer.
◇ v. pr. **sich auflösen,** CHIM. se décomposer ; se désintégrer. || FIG. *die Sitten lösen sich auf*, la morale se relâche.

Auf|lösung [-zuŋ] f. (-, en) action (f.) de délier ; dénouement m. ; dissolution f. | *Auflösung eines Knotens*, dénouement. | *Auflösung eines Vereins*, dissolution d'une association. | *Auflösung des Parlaments*, dissolution du Parlement. | *ein Heer in völliger Auflösung*, une armée en pleine déroute. | *Auflösung eines Vertrags*, résiliation (f.) d'un contrat. || FIG. *Auflösung der Sitten*, relâchement (m.) des mœurs. | *Auflösung eines Rätsels*, recherche (f.) de la solution d'une énigme. || MATH. réduction f. ; résolution f. || CHIM. dissolution f. ; désagrégation f. ; décomposition f. ; délayage m. | *Auflösung eines Körpers*, décomposition d'un corps. || GÉOL. désintégration f. || PHYS. *axiale Auflösung*, résolution axiale.

Auflösungs|mittel ["aufløːzuŋs'mitəl] n. (s, -). CHIM. dissolvant m. || MÉD. excipient m. ||°**-rechnung** f. (-) calcul (m.) analytique. ||°**-vermögen** n. (s). CHIM. pouvoir séparateur. || OPT. pouvoir (m.) de résolution. ||°**-zeichen** n. (s, -). MUS. bécarre m.

auf|machen ["auf'maxən] v. tr. ouvrir. | *halb aufmachen*, entrouvrir. | *ein Paket aufmachen*, défaire un paquet. || PAR ANAL. arranger ; parer ; apprêter. ◇ v. pr. **sich aufmachen,** se lever ; se mettre en route ; s'en aller ; partir.

Auf|machung [-xuŋ] f. (-, en) décor m. || FIG. *in großer Aufmachung*, en grande tenue. || COMM. présentation f.

Auf|marsch ['aufmarʃ] m. (es, ¨e). MIL. marche f. ; déploiement m. | *strategischer Aufmarsch*, concentration f. || SPORT. défilé m.

auf|marschieren ["aufmar'ʃiːrən] v. intr. se déployer (en bataille) ; entrer en ligne.

auf|meißeln ["auf'maisəln] v. tr. trépaner ; ouvrir au ciseau.

auf|merken ["auf'mɛrkən] v. intr. écouter ; dresser l'oreille.

auf|merksam ["auf'mɛrkzaːm] adj. attentif ; plein d'attention. | *jn auf etwas aufmerksam machen*, attirer l'attention de qn sur qch. ; faire remarquer qch. à qn.

Auf|merksamkeit [-kait] f. (-, en) attention f. || FIG. attentions f. pl. ; prévenances f. pl. ; égards m. pl. | *die Aufmerksamkeit auf sich lenken*, attirer l'attention sur soi. | *jm große Aufmerksamkeiten erweisen*, avoir de grands égards pour qn.

auf|mucken ["auf'mukən] v. intr. FIG. se rebiffer.

auf|muntern ["auf'muntərn] v. tr. (r)animer. || FIG. encourager ; exhorter ; stimuler.

— SYN. : *ermuntern*, encourager ; *ermutigen*, enhardir.

Auf|munterung [-ruŋ] f. (-, en) encouragement m. ; exhortation f.

auf|nähen ["auf'nɛːən] v. tr. coudre sur ; ourler.

Auf|nahme ["auf'naːmə] f. (-, n). [Empfang] accueil m. ; réception f. | *er fand eine gute Aufnahme*, il fut bien reçu. | *Aufnahme im Krankenhaus*, admission (f.) à l'hôpital. || *Aufnahme eines Protokolls*, établissement (m.) d'un procès-verbal. || COMM. *Aufnahme des Warenlagers*, inventaire m. || PHOT. cliché m. ; prise (f.) de vues. | *Achtung ! Aufnahme !*, silence ! on tourne ! || PHYS. *Aufnahme von Wärme*, absorption (f.) de chaleur. || RAD., TÉLÉV. enregistrement m.

Aufnahme|bedingungen ["aufnaːməbə'diŋuŋən] f. pl. conditions (f. pl.) d'admission. ||°**-fähigkeit** f. (-, en) capacité (f.) d'absorption, d'assimilation. ||°**-gebühr** f. (-, en) droits (m. pl.) d'admission. ||°**gerät** n. (s, e). PHOT. caméra f. || ÉLECTR. appareil (m.) d'enregistrement. ||°**-kapazität** f. (-, en) capacité (f.) d'accueil. ||°**-land** n. (s, ¨er) pays (m.) d'accueil. ||°**-prüfung** f. (-, en) examen (m.) d'admission. ||°**-raum** m. (s, ¨e). FILM. studio m. ; salle (f.) de prise de vues ; cabine (f.) d'enregistrement.

auf|nehmen ["auf'neːmən] (nimmt, nahm, genommen) v. tr. **1.** (re)lever ; (r)amasser. | *einen Stein vom Boden aufnehmen*, ramasser une pierre. || FIG. *den Handschuh aufnehmen*, relever le gant.

2. PAR ANAL. [empfangen] accueillir ; recevoir ; admettre. | *in ein Krankenhaus aufnehmen*, admettre à l'hôpital. | *jn freundlich aufnehmen*, faire bon accueil à qn. | *jn bei sich aufnehmen*, accueillir qn chez soi. || FIG. *etwas als Scherz aufnehmen*, prendre bien qch. | *etwas als Beleidigung aufnehmen*, prendre mal qch. | *jn in einen Verein aufnehmen*, admettre qn dans une société.

3. FIG. prendre. | *den Kampf wieder aufnehmen*, reprendre le combat. | *Siegfried nahm es mit dem Drachen auf*, Siegfried affronta le dragon. | *die Arbeit wieder aufnehmen*, reprendre le travail. | *Verhandlungen aufnehmen*, engager des négociations. | *den Faden wieder aufnehmen*, reprendre le fil (de la conversation).

4. JUR. *ein Protokoll aufnehmen*, dresser (un) procès-verbal. | *ein Testament aufnehmen*, recueillir un testament. | *ein Warenlager aufnehmen*, faire l'inventaire ; inventorier. | *eine Anleihe aufnehmen*, contracter un emprunt. | *eine Hypothek aufnehmen*, prendre une hypothèque.

5. PHOT. enregistrer ; photographier. | *einen Film aufnehmen*, tourner un film. || MUS. *auf Langspielplatte aufnehmen*, enregistrer sur microsillon. || PHYS. absorber. | *Hitze aufnehmen*, absorber de la chaleur. || PHYSIOL. *in sich aufnehmen*, assimiler. || GÉOM. lever. | *einen Grundriß aufnehmen*, lever le plan de qch., faire le croquis de qch. || TECHN. *eine Masche wieder aufnehmen*, reprendre une maille.

auf|opfern ["auf'ɔpfərn] v. tr. sacrifier ; immoler. | *sie hat ihn in aufopfernder Liebe gepflegt*, elle l'a soigné avec beaucoup de dévouement.
◇ v. pr. **sich aufopfern,** *sich für jn, für etwas aufopfern*, se sacrifier pour qn, pour qch.

Auf|opferung [-ruŋ] f. (-, en) sacrifice m. ; dévouement m. | *aufopferungsfreudig*, dévoué.

auf|passen ["auf'pasən] v. intr. faire attention ; prendre garde ; veiller à. | *jm aufpassen*, épier, guetter qn. || FIG. *scharf aufpassen*, veiller au grain.
◇ part. pass. **aufgepaßt !,** attention !

Auf|passer [-sər] m. (s, -) observateur m. ; guetteur m. || PÉJOR. espion m. ; mouchard m.

auf|peitschen ["auf'paitʃən] v. tr. fouetter. || FIG. exciter ; soulever.

auf|pflanzen ["auf'pflantsən] v. tr. arborer ; planter.

auf|pfropfen ["auf'pfrɔpfən] v. tr. greffer.

auf|picken ["auf'pikən] v. tr. picorer.

auf|platzen ["auf'platsən] v. intr. éclater.

auf|plustern (sich) [ziç"auf'plustərn] v. pr. s'ébouriffer. || FIG., FAM. se rengorger.

auf|polieren ["aufpɔ'liːrən] v. tr. (re)polir.

auf|prägen ["auf'prɛːgən] v. tr. mettre une empreinte ; empreindre ; imprimer.

Auf|prall ['aufpral] m. (s, e) choc m. ; ricochet m.

auf|prallen ["auf'pralən] v. intr. rebondir ; ricocher.

Auf|preis ['aufprais] m. (es, e). COMM. surplus m. (de prix).

auf|pressen ["auf'prɛsən] v. tr. imprimer ; gaufrer. || emboutir.

auf|probieren ["aufpro'biːrən] v. tr. essayer. | *einen Hut aufprobieren*, essayer un chapeau.

auf|pumpen ["auf'pumpən] v. tr. gonfler.

Auf|putschmittel ["aufputʃ'mitəl] n. (s, -). SPORT. dopant m.

Auf|putz ['aufputs] m. (es) parure f. ; toilette f. ; ornementation f.

auf|putzen ["auf'putsən] v. tr. parer ; apprêter.
◇ v. pr. **sich aufputzen,** se parer ; faire toilette.

auf|quellen ["auf'kvɛlən] (i, o, o) v. intr. sourdre ; jaillir. || FIG. s'épanouir.

auf|raffen ["auf'rafən] v. tr. ramasser vite ; rafler.

◇ v. pr. **sich aufraffen,** FIG. se ressaisir ; se reprendre.

auf|ragen ["auf'ra:gən] v. intr. surgir ; se dresser ; s'élever.

auf|rappeln (sich) [ziç"auf'rapəln] v. pr. FIG., FAM. se relever (avec peine) ; remonter la pente.

auf|rauhen ["auf'rauən] v. tr. égratigner.

auf|räumen ["auf'rɔymən] v. tr. mettre en ordre ; ranger ; débarrasser ; déblayer. | *die Wohnung aufräumen*, faire le ménage. || FIG. *mit einer Sache gänzlich aufräumen*, faire table rase ; liquider.
◇ part. pass. FIG. V. AUFGERÄUMT.

Auf|räumung [-muŋ] f. (-, en) rangement m. ; nettoyage m. || COMM. liquidation f.

Aufräumungs|arbeiten ["aufrɔymuŋs'arbaitən] f. pl. travaux (m. pl.) de déblaiement.

auf|rechnen ["auf'rɛçnən] v. tr. porter au compte de ; imputer à ; décompter.

auf|recht ['aufrɛçt] adv. debout. | *aufrecht stehen*, se tenir debout. || FIG. *aufrecht erhalten*, faire durer ; maintenir. | *das läßt sich nicht aufrecht erhalten*, cela ne peut (pas) se défendre.
◇ adj. vertical. || FIG. droit ; loyal.

Aufrecht|erhaltung ["aufrɛçtɛr'haltuŋ] f. (-). FIG. maintien m. | *Aufrechterhaltung der Ordnung*, maintien de l'ordre.

auf|reden ["auf're:dən] v. tr. FAM. *jm eine Ware aufreden*, placer (par persuasion) une marchandise à qn ; embobiner un client.

auf|regen ["auf're:gən] v. tr. et v. pr. agiter ; émouvoir ; exciter ; énerver. | *sich über etwas aufregen*, s'irriter de qch.
◇ adj. **aufregend,** énervant ; crispant.

Auf|regung [-guŋ] f. (-, en) agitation f. ; excitation f. ; émotion f. ; énervement m. | *in Aufregung bringen*, mettre en émoi ; irriter ; exciter.

auf|reiben ["auf'raibən] (ie, ie) v. tr. frotter ; écorcher ; érafler. | *er hat sich aufgerieben*, il s'est écorché. || *Farben aufreiben*, broyer des couleurs. || FIG. user ; miner ; ruiner. | *eine aufreibende Arbeit*, un travail usant. | *er rieb sich auf*, il a miné sa santé. || MIL. anéantir ; exterminer.

auf|reihen ["auf'raiən] v. tr. ranger ; enfiler. | *Perlen aufreihen*, enfiler des perles.

auf|reißen ["auf'raisən] (i, i) v. tr. déchirer ; arracher. | *das Pflaster aufreißen*, arracher le pavé ; dépaver, éventrer la chaussée. | *einen Brief aufreißen*, décacheter une lettre. | *das Fenster aufreißen*, ouvrir la fenêtre violemment. || FIG. *vor Staunen die Augen aufreißen*, écarquiller les yeux d'étonnement. || MÉD. *eine Wunde aufreißen*, déchirer une plaie. || FIG. *eine alte Wunde aufreißen*, retourner le fer dans la plaie. || GÉOM. dessiner ; tracer.
◇ v. intr. se crevasser ; se fendiller ; se gercer. | *die Haut reißt auf*, la peau se gerce.

auf|reizen ["auf'raitsən] v. tr. exciter ; pousser ; provoquer ; défier ; crisper.

auf|richten ["auf'riçtən] v. tr. élever ; relever ; dresser ; mettre debout. | *den Körper aufrichten*, redresser le corps. | *ein Denkmal aufrichten*, ériger un monument. || FIG. consoler ; remonter. | *jn in seinem Kummer aufrichten*, consoler qn. || POLIT. *eine Diktatur aufrichten*, instaurer une dictature.
◇ v. pr. **sich aufrichten,** se mettre debout ; se (re)-dresser. || FIG. reprendre courage.

auf|richtig ["auf'riçtiç] adj. sincère ; franc.
◇ adj. sincèrement ; franchement.

Auf|richtigkeit ["auf'riçtiçkait] f. (-) sincérité f. ; franchise f. ; droiture f. ; bonne foi.

auf|riegeln ["auf'ri:gəln] v. tr. ouvrir le verrou ; déverrouiller.

Auf|riß ['aufri:s] m. (es, e). ARCHIT. dessin m. ; (levé [m.] de) plan m. ; élévation f. ; tracé m.

auf|ritzen ["auf'ritsən] v. tr. érafler ; égratigner.

auf|rollen ["auf'rɔlən] v. tr. **1.** dérouler ; développer ; déplier. || FIG. *eine Frage aufrollen*, entamer, poser une question.
2. rouler ; enrouler. || MIL. attaquer, déborder par le flanc ; envelopper.

auf|rücken ["auf'rykən] v. intr. monter en grade. || FIG. serrer les rangs.

Auf|ruf ['aufru:f] m. (s, e) appel m. ; proclamation f. || JUR. citation f.

auf|rufen ["auf'ru:fən] (ie, u) v. tr. appeler ; convoquer. || JUR. citer. | *die Zeugen aufrufen*, citer les témoins. | *die Parteien aufrufen*, faire l'appel des parties. || interroger. | *Schüler aufrufen*, interroger des élèves. || FIN. annuler.

Auf|ruhr ['aufru:r] m. (s, e) soulèvement m. ; émeute f. ; révolte f. ; insurrection f. ; rébellion f. | *Aufruhr stiften*, fomenter des troubles.

auf|rühren ["auf'ry:rən] v. tr. remuer ; agiter. | *die Suppe aufrühren*, remuer, POP. touiller la soupe. || FIG. agiter ; soulever. | *Erinnerungen aufrühren*, raviver, réveiller des souvenirs.

Auf|rührer [-rər] m. (s, -) émeutier m. ; révolté m. ; rebelle m. ; insurgé m.

auf|rührerisch [-rəriʃ] adj. rebelle ; séditieux ; factieux ; insurrectionnel.

auf|runden ["auf'rundən] v. tr. MATH. arrondir.

auf|rüsten ["auf'rystən] v. tr. réarmer.

Auf|rüstung [-tuŋ] f. (-, en) réarmement m.

auf|rütteln ["auf'rytəln] v. tr. secouer.

auf|sagen [-gən] v. tr. résilier ; donner congé. || FIG., FAM. rendre son tablier. || FIG. rompre. | *jm die Freundschaft aufsagen*, rompre avec qn. || PAR EXT. annoncer. | *ein Gedicht aufsagen*, réciter un poème.

auf|sammeln ["auf'zaməln] v. tr. recueillir ; (r)amasser ; (r)assembler.

auf|sässig ["auf'zɛsiç] adj. séditieux ; récalcitrant ; rebelle.

auf|satteln ["auf'zatəln] v. tr. seller.

Auf|satz ['aufzats] m. (es, ¨e) composition f. ; dissertation f. ; rédaction f. ; article m. ; essai m. || [Tafelaufsatz] surtout m. || ARCHIT. [Kamin] garniture f. ; [Säule] chapiteau m. ; [Haus] corniche f. ; applique f. ; [Schornstein] mitre f. || TECHN. [Maschine] chapeau m. ; capote f.

auf|saugen ["auf'zaugən] (o, o) v. tr. aspirer ; absorber ; sucer. | *Wasser mit dem Schwamm aufsaugen*, éponger de l'eau.

auf|schauen ["auf'ʃauən] v. intr. lever les yeux.

auf|schaufeln ["auf'ʃaufəln] v. tr. ramasser à la pelle ; amonceler.

auf|schäumen ["auf'ʃɔymən] v. intr. écumer ; bouillonner. || FIG. enrager.

auf|scheuchen ["auf'ʃɔyçən] v. tr. effrayer ; effaroucher. || [Jagd] débucher ; faire lever.

auf|scheuern ["auf'ʃɔyərn] v. tr. (r)écurer.
◇ v. pr. **sich aufscheuern,** FIG. s'écorcher.

auf|schichten ["auf'ʃiçtən] v. tr. mettre en tas ; entasser ; disposer par couches.

auf|schieben ["auf'ʃi:bən] (o, o) v. tr. pousser. || FIG. remettre ; ajourner ; différer ; retarder. || JUR. proroger ; reporter.
◇ part. prés. et adj. **aufschiebend,** JUR. dilatoire. | *aufschiebendes Veto*, veto suspensif.

◇ part. pass. et adj. **aufgeschoben,** remis ; différé. — SYN. : *verschieben*, retarder ; *zurückstellen*, reculer ; *hinausschieben*, différer ; *vertagen*, renvoyer.

Auf|schiebung [-buŋ] f. (-, en) ajournement m.

auf|schießen ["auf'ʃi:sən] (o, o) v. intr. FIG. s'élancer ; s'élever ; pousser ; grandir. | *lang aufgeschossener Mensch*, FAM. échalas m.

Auf|schlag ['aufʃlɑ:k] m. (s, ¨e) choc m. ; heurt m. ; écrasement m. || MIL. impact m. || [Kleid] *Rockaufschlag*, revers (m.) de veste. || [Kartenspiel] retourne f. || COMM. enchère f. ; majoration (f.) de prix. || MUS. levé m. || SPORT. service m.

auf|schlagen [-'ʃlɑ:gən] (ä, u, a) v. tr. **1.** ouvrir. | *Eis aufschlagen*, percer la glace. | *ein Ei aufschlagen*, casser un œuf. | *die Augen aufschlagen*, ouvrir les yeux. **2.** élever ; monter ; établir. | *das Zelt aufschlagen*, planter, monter sa tente. | *ein Bett aufschlagen*, monter un lit. | *ein Baugerüst aufschlagen*, dresser un échafaudage. | *sein Quartier aufschlagen*, établir son quartier. **3.** COMM. augmenter ; hausser.
4. SPORT. servir.
◇ v. pr. **sich aufschlagen,** *sich das Knie aufschlagen*, se blesser le genou ; se couronner.
◇ v. intr. s'élever subitement ; jaillir. | *die Flamme schlug auf*, la flamme jaillit subitement. || heurter. | *mit dem Kopf auf den Tisch aufschlagen*, heurter la table de la tête. || MIL. *das Geschoß schlägt auf*, le projectile rebondit.

auf|schließen ["auf'ʃli:sən] (o, o) v. tr. ouvrir. | *jm sein Herz aufschließen*, s'ouvrir de qch. à qn. || CHIM. décomposer ; désagréger.
◇ v. intr. MIL. serrer les rangs.
◇ v. pr. **sich aufschließen,** s'ouvrir. || FIG. *sich jm aufschließen*, ouvrir son cœur à qn.

auf|schlitzen ["auf'ʃlitsən] v. tr. taillader ; fendre ; découdre. | *den Bauch aufschlitzen*, ouvrir le ventre ; éventrer.

Auf|schluß ['aufʃlus] m. (es, ¨e) ouverture f. || FIG. explication f. ; renseignement m. ; éclaircissements m. pl. | *Aufschluß über etwas verlangen*, demander des explications au sujet de qch.

aufschluß|reich ["aufʃlus'raiç] adj. instructif.

auf|schnallen ["auf'ʃnalən] v. tr. [anschnallen] boucler. || [losschnallen] déboucler.

auf|schnappen ["auf'ʃnapən] v. tr. happer ; attraper. || FIG., FAM. apprendre par hasard.
◇ v. intr. *die Feder schnappt auf*, le ressort se débande.

auf|schneiden ["auf'ʃnaidən] (schnitt, geschnitten) v. tr. ouvrir ; couper ; fendre ; entailler. | *Geflügel aufschneiden*, découper de la volaille.
◇ v. intr. FIG. se vanter ; fanfaronner.

Auf|schneider [-dər] m. (s, -). FIG. fanfaron m. ; hâbleur m. ; gascon m. ; fumiste m.

Auf|schneiderei ['aufʃnaidə"rai] f. (-, en) vantardise f. ; hâblerie f. ; fanfaronnade f.

auf|schneiderisch adj. fanfaron ; vantard.

auf|schnellen ["auf'ʃnɛlən] v. tr. lancer en l'air.
◇ v. intr. rebondir ; sauter en l'air.

Auf|schnitt ['aufʃnit] m. (s, e) entaille f. ; incision f. || CULIN. *(kalter) Aufschnitt*, viande froide (en tranches) ; charcuterie f. | *Platte mit kaltem Aufschnitt*, assiette anglaise.

auf|schnüffeln ["auf'ʃnyfəln], **auf|schnuppern** [-'ʃnupərn] v. tr. FIG. dénicher ; découvrir.

auf|schnüren ["auf'ʃny:rən] v. tr. déficeler ; dénouer ; défaire. | *Schuhe aufschnüren*, délacer ses chaussures. | *ein Paket aufschnüren*, défaire un paquet.

auf|schrauben ["auf'ʃraubən] v. tr. visser ; boulonner. || PAR EXT. [lösen] dévisser ; déboulonner.

auf|schrecken ["auf'ʃrɛkən] v. tr. effrayer.

Auf|schrei ['aufʃrai] m. (s, e) cri perçant, strident.

auf|schreiben ["auf'ʃraibən] (ie, ie) v. tr. mettre par écrit ; noter ; prendre note de. | *er schreibt sich das auf*, il en prend note. | *der Polizist schreibt ihn auf*, l'agent lui dresse procès-verbal.

auf|schreien ["auf'ʃraiən] (ie, ie) v. intr. crier ; pousser un cri. | *Laut aufschreien*, se récrier.

Auf|schrift ['aufʃrift] f. (-, en) [Brief] adresse f. || [Ware] étiquette f. ; écriteau m. || [Überschrift] inscription f. ; titre m. ; épigraphe f.

Auf|schub ['aufʃu:p] m. (s, ¨e) délai m. ; prolongation f. ; répit m. ; ajournement m. ; retard m. || JUR., MIL. sursis m. ; moratoire m.

auf|schürzen ["auf'ʃyrtsən] v. tr. retrousser. || MAR. ferler.

auf|schütteln ["auf'ʃytəln] v. tr. secouer ; agiter ; remuer.

auf|schütten ["auf'ʃytən] v. tr. verser ; répandre.

Auf|schüttung [-tuŋ] f. (-, en) [Häufung] entassement m. || [Bau] terrassement m. ; remblai m.

auf|schwatzen ["auf'ʃvatsən] v. tr. FIG., FAM. persuader de prendre, d'acheter.

auf|schweißen ["auf'ʃvaisən] v. tr. souder ; corroyer ; ouvrir en faisant fondre.

auf|schwellen ["auf'ʃvɛlən] (i, o, o) v. intr. (s')enfler ; gonfler ; se tuméfier.
◇ v. tr. (conjug. faible) gonfler ; enfler.

auf|schwemmen ["auf'ʃvɛmən] v. tr. délaver ; charrier (des alluvions). || FIG. *aufgeschwemmtes Gesicht*, visage bouffi.

auf|schwingen (sich) [ziç"auf'ʃviŋən] (a, u) v. pr. s'élancer ; se hisser. || FIG. *sich zu etwas aufschwingen*, parvenir à qch.

Auf|schwung ['aufʃvuŋ] m. (s) élan m. ; essor m. || FIG. expansion f. ; extension f. | *das Geschäft nimmt einen ungeahnten Aufschwung*, l'affaire prend une extension inespérée.

auf|sehen ["auf'ze:ən] (ie, a, e) v. intr. lever les yeux. | *zu jm aufsehen*, lever les yeux sur, vers qn.

Auf|sehen [-ən] n. (s). FIG. sensation f. ; bruit m. | *Aufsehen erregen*, faire sensation. | *das wird großes Aufsehen erregen*, cela va faire du bruit. | *jedes Aufsehen vermeiden*, éviter tout incident.

aufsehen|erregend ["aufze:ənɛr're:gənt] adj. remarquable ; sensationnel.

Auf|seher(in) ["auf'ze:ər(in)] m. (s, -), f. (-, nen) surveillant(e) m. (f.) ; gardien m. ; gardienne f. || inspecteur m. ; conducteur (m.) de travaux.

auf|sein ['aufzain] (ist, war, gewesen) v. intr. FIG., FAM. être réveillé. || PAR EXT. [aufgestanden] être levé ; être sur pied. || [offen] être ouvert.

auf|setzen ["auf'zɛtsən] v. tr. mettre ; poser. | *ein Stockwerk aufsetzen*, ajouter un étage ; élever d'un étage. | *eine beleidigte Miene aufsetzen*, prendre un air offensé. || FAM. *jm Hörner aufsetzen*, faire porter des cornes à qn. | *das setzt allem die Krone auf*, c'est le bouquet. || PAR ANAL. mettre par écrit ; rédiger ; composer.
◇ v. pr. **sich aufsetzen,** se dresser sur son séant.
◇ v. intr. se poser. || AÉRON. *das Flugzeug setzte zu hart auf*, l'avion atterrit trop brutalement.

auf|seufzen ["auf'zɔyftsən] v. intr. pousser un soupir.

Auf|sicht ['aufziçt] f. (-) surveillance f. ; contrôle m. ; inspection f. ; garde f. | *unter Aufsicht stellen*, placer sous surveillance.

Aufsichts|führender ["aufziçts'fy:rəndər] m. surveillant m. ; inspecteur m. ; garde m. ||°**-führung**

f. (-) surveillance f. ; contrôle m. ||°-**rat** m. (s, ¨e) conseil (m.) d'administration.

auf|sitzen ["auf'zitsən] (saß, gesessen) v. intr. se mettre, se dresser sur son séant. || se mettre en selle ; monter à cheval. || FIG. *jn aufsitzen lassen*, laisser qn en plan ; FAM. poser un lapin à qn.

auf|spalten ["auf'ʃpaltən] v. tr. fendre ; déliter ; séparer. || PHYS. décomposer ; désagréger. | *das Atom aufspalten*, désintégrer l'atome.

Auf|spaltung [-tuŋ] f. (-, en). PHYS. décomposition f. ; désintégration f. || FIG. division f.

auf|spannen ["auf'ʃpanən] v. tr. déployer ; tendre. | *den Schirm aufspannen*, ouvrir son parapluie. | *alle Segel aufspannen*, mettre toutes voiles dehors. || FIG. *mildere Saiten aufspannen*, rabattre de ses prétentions ; baisser le ton.

auf|sparen ["auf'ʃpɑ:rən] v. tr. réserver ; économiser ; épargner. | *etwas bis zu guter Letzt aufsparen*, FIG. garder qch. pour la bonne bouche.

auf|speichern ["auf'ʃpaiçərn] v. tr. engranger ; emmagasiner ; amasser ; stocker.

Auf|speicherung [-ruŋ] f. (-, en) emmagasinage m. ; accumulation f.

auf|sperren ["auf'ʃpɛrən] v. tr. ouvrir tout grand. || FIG. *die Augen aufsperren*, écarquiller les yeux. | *mit aufgesperrtem Munde*, bouche bée.

auf|spielen ["auf'ʃpi:lən] v. tr. se mettre à jouer. | *zum Tanz aufspielen*, se mettre à jouer des airs de danse.

◇ v. pr. **sich aufspielen,** se mettre en avant ; faire l'important.

auf|spießen ["auf'ʃpi:sən] v. tr. embrocher ; enferrer ; empaler.

auf|springen ["auf'ʃpriŋən] (a, u) v. intr. bondir ; sursauter ; se lever ; sauter. | *vom Stuhl aufspringen*, bondir de sa chaise. || s'ouvrir brusquement. | *die Frucht springt auf*, le fruit éclate. | *die Lippen springen auf*, les lèvres se gercent. || SPORT. rebondir.

Auf|springen [-ŋən] n. (s) bond m. ; rebondissement m. || PAR ANAL. gerçure f. || BOT. déhiscence f.

auf|spritzen ["auf'ʃpritsən] v. intr. jaillir ; faire des éclaboussures.

◇ v. tr. faire jaillir. | *Farbe aufspritzen*, peindre au pistolet.

auf|sprudeln ["auf'ʃpru:dəln] v. intr. jaillir ; bouillonner.

auf|sprühen ["auf'ʃpry:ən] v. intr. étinceler ; jeter des étincelles.

Auf|sprung ['aufʃpruŋ] m. (s, ¨e) bond m. ; sursaut m. ; soubresaut m. ; rebond m.

auf|spulen ["auf'ʃpu:lən] v. tr. TEXT. bobiner.

auf|spüren ["auf'ʃpy:rən] v. tr. dépister ; découvrir la piste. || FIG. flairer.

auf|stacheln ["auf'ʃtaxəln] v. tr. aiguillonner. || FIG. exciter ; énerver.

auf|stampfen ["auf'ʃtampfən] v. intr. frapper du pied ; piétiner ; fouler.

Auf|stand ['aufʃtant] m. (s, ¨e) soulèvement m. ; insurrection f.

auf|ständisch [-'ʃtɛndiʃ] adj. rebelle ; révolté ; insurrectionnel.

Auf|ständische (der) [-'ʃtɛndiʃə] (en, en) rebelle m. ; insurgé m.

auf|stapeln ["auf'ʃtɑ:pəln] v. tr. amonceler ; entasser ; emmagasiner ; stocker.

auf|stauen ["auf'ʃtauən] v. tr. accumuler. | *Wasser aufstauen*, arrêter le cours de l'eau.

auf|stechen ["auf'ʃtɛçən] (i, a, o) v. tr. ouvrir. || MÉD. *ein Geschwür aufstechen*, crever un abcès.

auf|stecken ["auf'ʃtɛkən] v. tr. planter sur ; épingler ; arborer. | *die Flagge aufstecken*, arborer le pavillon. || PAR ANAL. relever ; attacher. | *das Haar aufstecken*, relever ses cheveux. || CULIN. embrocher. || FAM. abandonner ; laisser tomber.

auf|stehen ["auf'ʃte:ən] (stand, gestanden) v. intr. se lever ; se mettre debout. || FIG., FAM. *er ist mit dem linken Fuß aufgestanden*, il s'est levé du pied gauche. || [auf sein] être ouvert. | *die Tür steht auf*, la porte est ouverte.

auf|steigen ["auf'ʃtaigən] (ie, ie) v. intr. monter ; s'élever. | *das Flugzeug steigt auf*, l'avion prend de l'altitude. || FIG. avancer. | *beruflich aufsteigen*, avancer. | *Verwandter in aufsteigender Linie*, ascendant m.

Auf|steigen [-gən] n. (s) montée f. || AÉRON. montée f. || FIG. avancement m.

Auf|steiger ["auf'ʃtaigər] m. (s, -). [Fußball] équipe promue ; [Karrierist] ambitieux m. ; jeune loup (m.)

auf|stellen ["auf'ʃtɛlən] v. tr. mettre debout ; dresser ; placer ; poser ; monter. | *ein Denkmal aufstellen*, ériger un monument. || MIL. placer ; poster. || COMM. établir. | *eine Rechnung aufstellen*, établir une facture. || JUR. produire. | *Zeugen aufstellen*, produire des témoins. | *einen Beweis aufstellen*, fournir la preuve. || POLIT. *Kandidaten aufstellen*, présenter des candidats.

Auf|stellung [-luŋ] f. (-, en) mise (f.) en place ; installation f. | *Aufstellung einer Maschine*, montage (m.) d'une machine. || MIL. disposition f. | *Aufstellung einer Truppe*, mise sur pied d'une troupe. || JUR. production f. ; présentation f. || POLIT. *Aufstellung eines Programms*, établissement (m.) d'un programme. || SPORT. *Aufstellung einer Mannschaft*, composition (f.) d'une équipe.

auf|stemmen (sich) [ziç"auf'ʃtɛmən] v. tr. et v. pr. (s')appuyer ; (s')accoter ; (s')arc-bouter.

auf|stempeln ["auf'ʃtɛmpəln] v. tr. timbrer ; empreindre ; mettre une empreinte sur.

Auf|stieg ['aufʃti:k] m. (s, e) [Handlung] montée f. ; ascension f. || AÉRON. départ m. ; décollage m. || PAR EXT. [Trittbrett] marche-pied m. || FIG. expansion f. | *Aufstieg der Wirtschaft*, expansion économique. | *Aufstieg im Amt*, avancement m.

auf|stöbern ["auf'ʃtø:bərn] v. tr. [Jagd] lever ; déterrer. || dénicher.

auf|stocken ["auf'ʃtɔkən] v. tr. surélever ; exhausser d'un étage. || COMM. élever.

Auf|stoß ['aufʃto:s] m. (es, ¨e) heurt m. ; choc m.

auf|stoßen ["auf'ʃto:sən] (ö, ie, o) v. tr. pousser ; ouvrir ; enfoncer ; défoncer. | *die Läden aufstoßen*, pousser les volets.

◇ v. intr. heurter ; toucher. || MAR. *das Schiff stößt auf*, le bateau touche (le fond). || PAR ANAL. *es stößt ihm auf*, il a des renvois.

Auf|stoßen [-sən] n. (s). MÉD. aigreurs f. pl. ; renvois m. pl. || FAM. rot m.

auf|streichen ["auf'ʃtraiçən] (i, i) v. tr. étendre. | *Honig aufstreichen*, étaler du miel sur sa tartine.

Auf|strich ['aufʃtriç] m. (s, e). [Belag] matière grasse étendue sur le pain. || MUS. coup (m.) d'archet. || [Schrift] délié m.

auf|stülpen ["auf'ʃtylpən] v. tr. relever les bords (d'un chapeau, des lèvres).

auf|stützen ["auf'ʃtytsən] v. tr. étayer ; appuyer ; soutenir.

auf|suchen ["auf'zu:xən] v. tr. aller trouver ; être à la recherche de ; rendre visite à.

auf|takeln ["auf'tɑ:kəln] v. tr. MAR. gréer.

◇ v. pr. **sich auftakeln,** s'attifer ; s'accoutrer ; s'affubler.

Auf|takt ['auftakt] m. (s, e). MUS. levé m. || FIG. départ m. ; ouverture f. ; prélude m. | *den Auftakt geben*, lancer ; déclencher le mouvement.

auf|tauchen ["auf'tauxən] v. intr. émerger ; paraître à la surface. || FIG. surgir. | *plötzlich tauchte er auf*, tout à coup il apparut.

auf|tau(e)n ["auf'tau(ə)n] v. tr. dégeler. || CULIN. décongeler.

◇ v. intr. dégeler ; fondre. || FIG. *endlich taut er auf*, enfin il se dégèle.

auf|teilen ["auf'tailən] v. tr. partager ; démembrer. | *eine Bodenfläche aufteilen*, lotir un terrain. || MATH. *in Grade aufteilen*, diviser en degrés.

Auf|teilung [-luŋ] f. (-, en) répartition f. ; partage m. ; lotissement m. ; distribution f. | *Aufteilung von Vermögenswerten*, dévolution (f.) de biens. | *Aufteilung des Grundbesitzes*, morcellement (m.) de la propriété.

auf|tischen ["auf'tiʃən] v. tr. servir à table. || PAR EXT. couvrir la table de mets. || FIG. *alte Geschichten auftischen*, débiter de vieilles histoires.

Auf|trag ['auftrɑ:k] m. (s, ¨e) (com)mission f. ; course f. ; ordre m. ; charge f. | *jm einen Auftrag geben*, charger qn d'une mission. | *einen Auftrag ausrichten*, faire une commission. | *im Auftrag(e) von*, par ordre de ; par délégation. || COMM. commande f. ; ordre m. | *einen Auftrag ausführen*, exécuter une commande. | *einen Auftrag rückgängig machen*, annuler un ordre. | *in Auftrag geben*, passer commande. | *öffentliche Aufträge ; Aufträge der öffentlichen Hand*, commandes (f. pl.) d'un service public. || MIL. mission f. | *den Auftrag ausführen*, remplir sa mission.

Auftrag|geber ["auftrɑ:k'ge:bər] m. (s, -) commettant m. ; mandant m. ; [Werbung] annonceur m. ||°**-nehmer** m. (s, -) mandataire m. || ADM. adjudicataire m.

Auftrags|bestätigung ["auftrɑ:ksbə'ʃtɛ:tiguŋ] f. (-, en) confirmation (f.) de commande. ||°**-buch** n. (s, ¨er) carnet (m.) de commandes. ||°**-erteilung** f. (-, en) [passation (f.) de] commande f.

auf|tragen ["auf'trɑ:gən] (ä, u, a) v. intr. servir ; mettre sur la table. | *die Speisen auftragen*, servir ; apporter les plats. || étendre. | *Farben auftragen*, mettre, étaler des couleurs. || FIG. *er hat zu dick aufgetragen*, il a exagéré ; il en a remis. || PAR EXT. charger. | *jm eine Arbeit auftragen*, charger qn d'un travail. || FIG. *Grüße an jn auftragen*, charger qn de salutations pour.

auf|treffen ["auf'trɛfən] (i, a, o) v. intr. donner, frapper contre ; arriver au point de chute.

auf|treiben ["auf'traibən] (ie, ie) v. tr. FIG., FAM. dénicher. | *Waren auftreiben*, dénicher de la marchandise. || MÉD. tuméfier.

◇ v. intr. MÉD. (se) gonfler. | *sein Bauch war aufgetrieben*, son ventre se ballonnait.

auf|trennen ["auf'trɛnən] v. tr. découdre ; défaire.

auf|treten ["auf'tre:tən] (i, a, e) v. tr. enfoncer. | *eine Tür auftreten*, enfoncer une porte.

◇ v. intr. poser le pied ; marcher ; avancer. | *fest auftreten*, marcher d'un pas ferme. || FIG. se présenter. | *der Schauspieler tritt auf*, l'acteur entre en scène, fait son entrée. | *zum ersten Mal auftreten*, faire ses débuts ; débuter. | *diese Seuche tritt selten auf*, cette épidémie se manifeste rarement. || JUR. *als Kläger auftreten*, se porter partie contre.

Auf|treten [-tən] n. (s) *ein sicheres Auftreten haben*, avoir de l'assurance.

Auf|trieb ['auftri:p] m. (s, e) départ (m.) des troupeaux pour l'alpage. || FIG. élan m. | *der Industrie einen neuen Auftrieb geben*, donner un nouvel essor à l'industrie. || PHYS. poussée f. ; portance (f.) aérodynamique.

Auftriebs|erhöhung ["auftri:psɛr'hø:uŋ] f. (-, en). AÉRON. hypersustentation f. ||°**-kraft** f. (-, ¨e) force ascensionnelle. ||°**-verlust** m. (es, e). AÉRON. perte (f.) de portance.

Auf|tritt ['auftrit] m. (s, e) entrée f. ; apparition f. | *Auftritt eines Schauspielers*, entrée (en scène) d'un acteur. || PAR EXT. scène f. | *zweiter Auftritt des dritten Aktes*, scène deux du troisième acte. || FIG. *es kam zwischen ihnen zu einem peinlichen Auftritt*, il y eut entre eux une scène pénible.

auf|trumpfen ["auf'trumpfən] v. intr. [Kartenspiel] jouer atout. || FIG. dire son fait à qn.

auf|tun ['auftu:n] (tat, getan) v. tr. ouvrir. | *den Mund nicht auftun*, ne pas dire un mot ; ne pas desserrer les dents. || PAR EXT., FAM. [aufsetzen] mettre.

◇ v. pr. **sich auftun,** s'ouvrir.

auf|türmen ["auf'tyrmən] v. tr. et pr. amonceler ; entasser. | *Wolken türmen sich auf*, des nuages s'amoncellent. || FIG. *neue Schwierigkeiten türmten sich vor ihm auf*, de nouvelles difficultés surgirent devant lui.

auf|wachen ["auf'vaxən] v. intr. se réveiller ; s'éveiller. || FIG. se dégriser. | *aus seinem Irrtum aufwachen*, ouvrir les yeux.

Auf|wachen [-xən] n. (s) réveil m.

auf|wachsen ["auf'vaksən] (ä, u, a) v. intr. grandir ; croître ; pousser.

auf|wallen ["auf'valən] v. intr. se soulever ; bouillonner ; bouillir. | *das Wasser wallt auf*, les eaux bouillonnent. || FIG. s'emporter.

Auf|wand ['aufvant] m. ([e]s, ¨e) frais m. pl. ; dépenses f. pl. | *Aufwand von Kraft, von Zeit*, dépense (f.) de force, de temps. | *großen Aufwand machen*, vivre sur un grand pied ; mener grand train. | *mit großem Aufwand von*, à grand renfort de. || PHYS. *Aufwand von Energie*, déploiement (m.) d'énergie.

Aufwands|entschädigung ["aufvantsɛnt'ʃɛ:diguŋ] f. (-, en) indemnité (f.) de représentation.

auf|wärmen ["auf'vɛrmən] v. tr. réchauffer. | *Speisen aufwärmen*, réchauffer des aliments.

Aufwarte|frau ["aufvartə'frau] f. (-, en) femme (f.) de ménage.

auf|warten ["auf'vartən] v. intr. servir. | *jm aufwarten*, présenter ses hommages à qn.

auf|wärts ['aufvɛrts] adv. vers le haut ; en montant. | *flußaufwärts*, en remontant le fleuve ; en amont.

Aufwärts|bewegung ["aufvɛrtsbə've:guŋ] f. (-, en). COMM. (tendance à la) hausse f. ; reprise f. ||°**-entwickelung** f. extension f. ; progrès m. ||°**- trend** m. (s, -). ÉCON. [Währung] appréciation f.

Auf|wasch ['aufvaʃ] m. (s) vaisselle (f.) à laver ; lavage (m.) de vaisselle.

auf|waschen ["auf'vaʃən] (ä, u, a) v. tr. laver, faire la vaisselle.

auf|wecken ["auf'vɛkən] v. tr. réveiller. || FIG. *ein aufgewecktes Kind*, un enfant éveillé.

auf|weichen ["auf'vaiçən] v. tr. (r)amollir. | *aufgeweichter Weg*, chemin détrempé.

auf|weisen ["auf'vaizən] (ie, ie) v. tr. montrer ; présenter ; produire. || COMM. *ein Defizit aufweisen*, accuser un déficit.

auf|wenden ["auf'vɛndən] (wandte, gewandt, et aussi conjug. faible) v. tr. mettre en œuvre. || dépenser. | *Geld aufwenden*, dépenser de l'argent. | *alle Mittel aufwenden*, remuer ciel et terre.

Auf|wendung [-duŋ] f. (-, en) emploi (m.), dépense (f.) d'argent. (V. AUFWAND.)
◇ Pl. **Aufwendungen,** ÉCON. impenses f. pl. | *Aufwendungen für bezogene Waren und Leistungen*, achats et prestations reçus.

auf|werfen [″auf'vɛrfən] (i, a, o) v. tr. jeter en l'air ; (sou)lever ; relever. | *einen Graben aufwerfen*, creuser un fossé. | *einen Damm aufwerfen*, élever une digue. || PAR ANAL. [wölben] lever ; relever. | *die Lippen aufwerfen*, faire la moue, la lippe. | *aufgeworfene Nase*, nez retroussé. || FIG. *eine Frage aufwerfen*, soulever une question. || PAR EXT. ouvrir brusquement ; forcer.
◇ v. pr. **sich aufwerfen,** FIG. se poser, s'ériger en. | *sich zum Richter aufwerfen*, s'ériger en juge, en arbitre.

auf|werten [″auf'vɛrtən] v. tr. revaloriser.

Auf|wertung [-tuŋ] f. (-, en) revalorisation f. ; plus-value f. ; déflation f. ; réévaluation f.

auf|wickeln [″auf'vikəln] v. tr. enrouler ; bobiner. || PAR EXT. dérouler ; démêler ; dévider ; développer.

Auf|wicklung [-kluŋ] f. (-, en) enroulement m. || PAR EXT. déroulement m. ; développement m.

Auf|wiegelei [″aufvi:gə'lai] f. (-, en) provocation f. ; soulèvement m. ; mutinerie f.

auf|wiegeln [″auf'vi:gəln] v. tr. soulever ; exciter ; provoquer.

auf|wiegen [″auf'vi:gən] (o, o) v. tr. contrebalancer ; compenser.

Auf|wiegler [″auf'vi:glər] m. (s, -) agitateur m.

auf|wieglerisch [-riʃ] adj. séditieux ; factieux.

Auf|wind ['aufvint] m. (es, e). AÉRON. courant (d'air) ascendant.

auf|winden [″auf'vindən] (a, u) v. tr. [Kran] soulever ; guinder ; enrouler. | *das Seil aufwinden*, enrouler la corde. || PAR EXT. détordre ; détortiller.

auf|wirbeln [″auf'virbəln] v. tr. soulever des tourbillons de. || FIG. *viel Staub aufwirbeln*, faire grand bruit.
◇ v. intr. monter, s'élever en tourbillons.

auf|wischen [″auf'viʃən] v. tr. essuyer ; laver.

auf|wühlen [″auf'vy:lən] v. tr. retourner ; fouir ; fouiller ; remuer. | *die Erde aufwühlen*, fouiller le sol ; fouir la terre. || FIG. remuer ; bouleverser. | *sie war ganz aufgewühlt*, elle était toute retournée.

auf|zählen [″auf'tsɛ:lən] v. tr. énumérer ; dénombrer ; compter.

Auf|zählung [-luŋ] f. (-, en) énumération f. ; dénombrement m.

auf|zäumen [″auf'tsɔymən] v. tr. brider ; mettre la bride. || FIG. *das Pferd beim Schwanz aufzäumen*, mettre la charrue devant les bœufs.

auf|zehren [″auf'tse:rən] v. tr. consommer ; consumer ; absorber.

auf|zeichnen [″auf'tsaiçnən] v. tr. dessiner ; tracer. || FILM. enregistrer. || TÉLÉV. retransmettre en différé.

Auf|zeichnung [-nuŋ] f. (-, en) dessin m. || FILM. enregistrement m. || TÉLÉV. retransmission (f.) en différé.
◇ f. pl. **Aufzeichnungen,** notes f. pl.

auf|zeigen [″auf'tsaigən] v. tr. montrer ; présenter ; produire.

Aufzieh|brücke [″auftsi:'brykə] f. (-, n) pont-levis m. ||°**-leine** f. (-, n). AÉRON. sangle (f.) d'ouverture. | *selbsttätige Aufziehleine,* sangle d'ouverture automatique.

auf|ziehen [″auf'tsi:ən] (zog, gezogen) v. tr. **1.** [hochziehen] faire monter ; lever ; soulever ; arracher du sol. | *die Fahne aufziehen*, hisser le drapeau. | *den Vorhang aufziehen*, lever le rideau. | *die Segel aufziehen*, mettre les voiles. || FIG. *gelindere Saiten aufziehen*, baisser le ton. || PAR ANAL. [spannen] (re)-monter. | *die Uhr aufziehen*, remonter sa montre. | *den Hahn (des Gewehrs) aufziehen*, armer son fusil. | *ein Konkurrenzunternehmen aufziehen*, monter une entreprise concurrente. || FAM. *jn aufziehen*, taquiner, plaisanter, faire marcher qn.
2. [erziehen] élever ; nourrir.
3. [öffnen] ouvrir. | *die Schublade aufziehen,* tirer le tiroir. | *die Schleife aufziehen*, défaire le nœud.
4. [aufkleben] coller, tendre sur. | *Karten auf Leinwand aufziehen*, entoiler des cartes. | *Stickerei aufziehen*, tendre une broderie.
◇ v. intr. monter ; s'élever. | *ein Gewitter zieht auf*, un orage se prépare. || MIL. *die aufziehende Wache*, la garde montante.

Auf|zucht ['auftsuxt] f. (-). [Vieh] élevage m.

Auf|zug ['auftsu:k] m. [s, ¨e] (appareil) élévateur m. ; ascenseur m. ; monte-charge m. ; monte-plats m. || PAR ANAL. [Aufmarsch] défilé m. ; cortège m. ; procession f. || FIG. accoutrement m. || PAR EXT., THÉÂTRE. acte m. | *zweiter Aufzug*, acte deux.

auf|zwängen [″auf'tsvɛŋən], **-zwingen** [-'tsviŋən] v. tr. faire entrer de force. || FIG. imposer de force.

Auge ['augə] n. (s, n) œil m. (pl. **yeux**).

I. PARTIE DU VISAGE : œil.
II. ORGANE DE LA VUE : œil.
III. SENS FIG.
IV. SENS PARTICULIERS.

I. PARTIE DU VISAGE : œil m. (pl. yeux). | *tiefliegende Augen*, yeux caves. | *dunkelblaue Augen*, yeux pers. | *meergrüne Augen*, yeux couleur d'aigue-marine. | *glasige Augen*, yeux vitreux. | *blauumränderte Augen*, yeux battus, cernés. | *starre Augen*, yeux fixes. | *ein Kind mit blauen Augen*, un enfant aux yeux bleus. | *scharfe Augen haben*, avoir des yeux perçants. | *gute Augen haben*, avoir une bonne vue, la vue bonne. | *die Augen niederschlagen*, baisser les yeux. | *verweinte Augen haben*, avoir les yeux rouges. | *die Augen quellen ihm aus dem Kopf*, les yeux lui sortent de la tête. | *die Augen öffnen*, ouvrir les yeux. | *die Augen weit aufreißen*, écarquiller les yeux. | *die Augen schließen*, fermer les yeux. || FAM. *ein blaues Auge haben*, avoir un œil au beurre noir.

II. ORGANE DE LA VUE : œil m. | *seine Augen richten auf*, braquer ses yeux sur. | *mit den Augen suchen*, chercher des yeux. | *etwas im Auge haben*, envisager qch. | *seine Augen überall haben*, avoir l'œil à tout. | *in die Augen sehen, schauen*, regarder dans le blanc des yeux. | *im Auge behalten ; nicht aus den Augen verlieren*, ne pas quitter des yeux. | *aus den Augen kommen*, disparaître. | *so weit das Auge reicht*, aussi loin que porte le regard, la vue. | *man sieht nicht die Hand vor den Augen*, on n'y voit goutte. | *vor Augen sehen*, avoir devant, sous les yeux. | *mit verstohlenem Auge blicken*, regarder du coin de l'œil. | *kein Auge abwenden von*, ne pas détourner les yeux de. | *mit den Augen verschlingen*, dévorer, couver des yeux. | *ein Auge auf jn, auf etwas haben*, avoir l'œil sur qn, sur qch. | *mit bloßem Auge*, à l'œil nu. | *vor meinen Augen*, sous mes yeux. | *vor aller Augen*, au vu et au su de tout le monde. | *unter die Augen treten*, paraître devant qn. | *jm in die Augen stechen*, sauter aux yeux ; taper dans l'œil de qn. | *unter vier Augen*, entre quatre (z)yeux ; seul à seul ; en tête à tête. | *Aug' in Auge*, les yeux dans les yeux. | *an den Augen absehen, ablesen*, lire dans les yeux. | *sich die Augen aus dem Kopf weinen*, pleurer comme une Madeleine. | *sein Auge bricht*, son œil s'éteint. | *schwarz vor den Augen sehen*, FAM. tourner de l'œil. | *nur mit halbem Auge schlafen*, ne dormir que d'un œil.

III. SENS FIG. : *mit offenen Augen durch die Welt gehen*, ouvrir l'œil. | *große Augen machen*, ouvrir de grands yeux. | *die Augen gehen ihm auf*, il commence à voir clair. | *es fällt ihm wie Schuppen von den Augen*, ses yeux se dessillent. | *er schläft mit offenen Augen*, on ne sait où il a les yeux. | *einen Schleier vor den Augen haben*, avoir un voile sur les yeux. | *jm Sand in die Augen streuen*, jeter de la poudre aux yeux de qn. | *seinen Augen nicht trauen*, ne pas en croire ses yeux. | *um ihrer schönen Augen willen*, pour ses beaux yeux. | *der Lump sieht ihm aus den Augen*, il a bien l'air d'une fripouille. | *ein Auge bei etwas zudrücken*, faire semblant de ne pas voir ; fermer les yeux sur qch. | *beide Augen zudrücken*, ne rien voir ; être complice. | *ein wachsames Auge auf... haben*, avoir l'œil à. | *ganz Auge sein*, être tout yeux. | *ein Auge für etwas haben*, avoir le goût de qch. | *jm ein Dorn im Auge sein*, être la bête noire de qn. || PROV. *Aug' um Auge, Zahn um Zahn*, œil pour œil, dent pour dent.

IV. SENS PARTICULIERS : [Punkt, Tupfen] œil m. || [Fett] *Suppenaugen*, yeux (du bouillon). || [Ei] germe m. || TEXT. lustre m. ; satiné m. || MAR. [Tauschlinge] boucle f. || BOT. [Knospe] petite pointe ; œil m. ; écusson m. ; bourgeon m. ; greffe f. || [Würfel] point m. || MIL. *Augen rechts !*, tête droite !

äugeln ['ɔygəln] v. intr. lancer des œillades ; jouer de la prunelle ; faire signe des yeux.

äugen ['ɔygən] v. intr. regarder attentivement, fixement ; fixer.

Augen|arzt ["augən'artst] m. (es, ¨e), °**-ärztin** [-'ɛrtstin] f. (-, nen). [médecin] oculiste s. ; ophtalmologiste s. ||°**-bad** n. (s, ¨er) bain (m.) d'yeux.

Augen|blick ['augən'blik] m. ([e]s, e) instant m. ; moment m. | *jeden Augenblick*, à tout moment. | *der günstige Augenblick*, le moment propice. | *die letzten Augenblicke*, les derniers moments.

augen|blicklich [-liç] adj. et adv. instantané ; momentané ; à l'instant ; tout de suite ; sur-le-champ. — SYN. : *sofort*, immédiatement ; *flugs*, sur-le-champ.

Augen|braue ["augən'brauə] f. (-, n) sourcil m. ||**-fällig** adj. 1° évident ; 2° voyant. ||°**-glas** n. (es, ¨er) verre m. ; lunettes f. pl. ; lorgnon m. ; pince-nez m. ||°**-heilkunde** ["-/-'--] f. (-) ophtalmologie f. ||°**-höhle** f. (-, n). ANAT. orbite f. ||°**-licht** n. (es) vue f. ||°**-lid** n. (s, er) paupière f. ||°**-lidflechte** f. (-, n). MÉD. trachome m. ||°**-maß** n. (es, e) mesure (f.) à vue d'œil. | *gutes Augenmaß haben*, avoir du coup d'œil. ||°**-merk** n. (s) vue f. ; attention f. || FIG. *sein Augenmerk auf etwas richten*, avoir en vue qch. ||°**-muskel** m. (s, n) muscle (m.) oculaire. ||°**-schein** m. (s) apparence f. ; examen m. ; coup (m.) d'œil. || FIG. *in Augenschein nehmen*, inspecter ; examiner. ||**-scheinlich** adj. et adv. évident ; en apparence. || FIG. *das ist augenscheinlich*, cela crève les yeux. ||°**-spiegel** m. (s, -) rétinoscope m. ; ophtalmoscope m. ||°**-stern** m. (s, e) prunelle f. ; pupille f. ||°**-täuschung** f. (-, en) illusion (f.) d'optique. || [Malerei] trompe-l'œil m. ||°**-tropfen** m. pl. collyre m. ||°**-weide** f. (-, n) plaisir (m.) des yeux. ||°**-wimper** f. (-, n) cil m. ||°**-wink** m. (s, e) signe (m.) de l'œil ; œillade f. ||°**-zahl** f. (-, en). [Würfelspiel] nombre (m.) de points. ||°**-zahn** m. (s, ¨e) canine f. ||°**-zeuge** m. (n, n) témoin (m.) oculaire.

Augias|stall [au"gi:as'ʃtal] m. (s, ¨e). || FIG. *den Augiasstall ausmisten*, nettoyer les écuries d'Augias.

Augsburg ['augsburk] n. pr. n. GÉOGR. Augsbourg f. || HIST., RELIG. *Augsburger Konfession*, confession (f.) d'Augsbourg.

Augur ['augur] m. (s, en) augure m. || FIG. *Augurenlächeln*, sourire (m.) de complicité.

August [au'gust] m. (s) août m.

August ['august] n. pr. m. [Zirkus] *der dumme August*, l'auguste ; le clown.

Augustiner [augus'ti:nər] m. (s, -). RELIG. augustin m.

Auktion [auk'tsion] f. (-, en) vente (f.) aux enchères. || JUR. *gerichtliche Auktion*, vente judiciaire.

Auktionator [auktsio'nɑ:tɔr] m. (s, en) commissaire-priseur m.

Aula ['aula] f. (-, Aulen und Aulas) salle (f.) de fête ; salle (f.) des actes.

Aurikel [au'ri:kəl] f. (-, n). BOT. oreille (f.) d'ours.

aus [aus]

> **I.** prép. (dat.).
> **1.** LIEU (origine locale) ;
> **2.** TEMPS (origine dans le temps) ;
> **3.** MATIÈRE CONSTITUTIVE ;
> **4.** CAUSE ; RAISON ; ORIGINE ;
> **5.** MANIÈRE.
> **II.** adv. **aus ; aus und ein ; ein und aus ; von... aus.**

I. prép. (dat.). **1.** LIEU (origine locale) : de ; hors de ; par ; du fond de ; parmi ; d'entre ; dans. | *aus dem Haus kommen*, sortir de la maison. | *aus der Stadt kommen*, venir de la ville. | *aus der Türkei kommen*, venir de Turquie. | *aus dem Haus werfen*, mettre à la porte. | *aus dem Fenster sehen*, regarder par la fenêtre. | *aus der Hinterlassenschaft*, provenant de la succession de. | *aus der Hand geben*, lâcher. | *aus der Tiefe des Abgrundes*, du fond de l'abîme. | *aus dem Französischen übersetzen*, traduire du français. | *aus Hunderten einen wählen*, en choisir un parmi cent autres. | *aus einer Tasse trinken*, boire dans une tasse. | *aus einem Brunnen schöpfen*, puiser dans un puits. | *Stelle aus einer Rede*, passage, extrait d'un discours. || FIG. *aus dem Sinn kommen*, sortir de l'esprit, de la mémoire. | *aus der Fassung geraten, aus der Haut fahren*, FAM. sortir de ses gonds. || [venant de] *er ist aus Berlin*, il est de Berlin. | *er ist aus guter Familie*, il est de bonne famille. | *ich habe es aus erster Hand*, je le tiens de première main, de bonne source. | *was wird aus mir werden ?*, qu'adviendra-t-il de moi ? | *aus ihm wird nichts*, on ne fera jamais rien de lui. || PROV. *aus nichts wird nichts*, on ne fait rien de rien.

2. TEMPS (origine dans le temps) : *ein Märchen aus alten Zeiten*, une légende des temps anciens. | *aus der Zeit von*, du temps de. | *aus meiner Jugendzeit*, de ma jeunesse.

3. MATIÈRE CONSTITUTIVE : de ; en. | *eine Uhr aus Gold*, une montre en or. | *eine Mappe aus schwarzem Leder*, une serviette en cuir noir.

4. CAUSE ; RAISON ; ORIGINE : par ; pour ; faute de. | *aus diesem Grunde*, pour cette raison. | *aus Überzeugung*, par conviction. | *aus Mangel an*, faute de. | *aus Furcht, daß*, de peur que (subj.). | *aus reiner Verzweiflung*, en désespoir de cause. | *aus Liebe zu ihr*, par amour pour elle.

5. MANIÈRE : de ; à. | *aus Leibeskräften schreien*, crier à tue-tête. | *aus vollem Halse lachen*, rire à gorge déployée. | *aus dem Kopf hersagen*, réciter par cœur. | *aus dem Stegreif hersagen*, improviser. | *aus eigenem Antriebe handeln*, agir de son plein gré.

II. adv. sorti ; vide ; vidé ; fini ; éteint. | *er ist aus(gegangen)*, il est sorti. | *der Wein ist aus*, le vin est bu. | *der Film ist aus*, le film est terminé. | *das Lied ist aus*, finie la chanson. | *die Zeit ist aus*, le temps est passé. | *das Feuer ist aus*, le feu est éteint. | *Licht aus !*, éteignez (la lumière). | *es ist alles aus*, c'est la fin de tout. | *es ist aus mit mir,* je suis perdu ; c'en est fait de moi ; je suis un homme mort. | *auf etwas aus sein,* raffoler de qch. — **aus und ein ; ein und aus,** entrer et sortir ; aller et venir. | *bei jm aus- und eingehen,* fréquenter chez qn ; être l'ami intime de qn. || FIG. *nicht ein noch aus wissen,* s'être fourré dans un bourbier ; ne pas savoir à quel saint se vouer. | *jahraus, jahrein,* d'une année à l'autre ; bon an mal an. || SPORT. *aus !,* out ! — **von... aus,** de ; à partir de ; depuis ; dès ; à ; dans. | *von hier aus,* d'ici. | *von meinem Fenster aus sehe ich das Gebirge,* de ma fenêtre, je vois la montagne. | *von diesem Standpunkt aus,* de, à ce point de vue. | *von Haus aus,* dès l'origine. | *von Haus aus arm,* d'origine pauvre. | *von Grund aus,* à fond ; de fond en comble ; dans le fond. | *von mir aus,* pour ce qui est de moi ; quant à moi.

aus|arbeiten ["aus'arbaitən] v. tr. élaborer ; mettre au point ; parfaire.

Aus|arbeitung [-tuŋ] f. (-) finissage m. ; achèvement m. | *schriftliche Ausarbeitung,* rédaction f.

aus|arten ["aus'ɑ:rtən] v. intr. dégénérer.

aus|atmen ["aus'ɑ:tmən] v. tr. exhaler ; expirer.

aus|baden ["aus'bɑ:dən] v. tr. rincer. || FIG. *etwas ausbaden müssen,* devoir trinquer ; avoir à payer les pots cassés.

aus|baggern ["aus'bagərn] v. tr. draguer ; creuser ; curer.

Aus|bau ['ausbau] m. (s) achèvement m. || PAR ANAL. extension f. ; développement m. || TECHN. dépose f. || MINES. boisage m.

aus|bauchen ["aus'bauxən] v. tr. bomber ; renfler.

aus|bauen ["aus'bauən] v. tr. ARCHIT. achever ; finir de construire ; terminer. || PAR EXT. développer. || MINES. *einen Stollen ausbauen,* boiser une galerie. || MIL. *eine Stellung ausbauen,* aménager une position. || TECHN. démonter, déposer.

aus|baufähig ["ausbau'fɛ:iç] adj. modulable.

aus|bedingen ["ausbə'diŋən] (a, u et conjug. faible) v. tr. stipuler.

◇ v. pr. **sich ausbedingen,** *sich etwas ausbedingen,* se réserver qch.

aus|beißen ["aus'baisən] (i, i) v. tr. arracher avec les dents. | *sich einen Zahn ausbeißen,* se casser une dent. || FIG. *sich die Zähne an etwas ausbeißen,* se casser les dents sur qch. ; échouer.

aus|bessern ["aus'bɛsərn] v. tr. repriser ; réparer. | *die Wäsche ausbessern,* repriser le linge. | *ein Gemälde ausbessern,* restaurer un tableau. | *notdürftig ausbessern,* FAM. rafistoler.

Aus|besserung [-səruŋ] f. (-, en) reprise f. ; réparation f. ; restauration (f.) [d'un tableau].

aus|beulen ["aus'bɔylən] v. tr. débosseler.

Aus|beute ["aus'bɔytə] f. (-, n) butin m. ; fruit m. ; rendement m. || COMM. dividende m. ; bénéfice m. || FIG. exploitation f.

aus|beuten ["aus'bɔytən] v. tr. exploiter. | *ein Kohlenflöz ausbeuten,* exploiter un filon de charbon. || FIG. exploiter ; tirer profit ; tirer parti de.

Aus|beuter [-tər] m. (s, -) exploiteur m. ; négrier m.

Aus|beutung [-tuŋ] f. (-, en) exploitation f.

aus|bezahlen ["ausbə'tsɑ:lən] v. tr. payer entièrement ; solder.

aus|biegen ["aus'bi:gən] (o, o) v. intr. céder la place ; s'effacer ; contourner.

aus|bilden ["aus'bildən] v. tr. façonner ; former ; instruire. | *einen Arbeiter ausbilden,* former un ouvrier. | *voll ausgebildete Form,* forme arrivée à son plein développement.

Aus|bilder [-dər] m. (s, -). MIL. instructeur m.

Aus|bildung [-duŋ] f. (-) formation f. ; instruction f. ; éducation f. ; culture f. | *Er ist von seiner Ausbildung her Lehrer,* il est professeur de formation. | *Ausbildung am Arbeitsplatz,* formation sur le tas. | *Ausbildung des Geistes,* culture de l'esprit. || MIL. instruction.

Ausbildungs|beihilfe ["ausbilduŋs'baihilfə] f. (-, en) présalaire m.

aus|bitten ["aus'bitən] (a, e) v. tr. [erbitten] prier d'accorder. | *sich ein Buch ausbitten,* emprunter un livre. || [verwahren] exiger. | *das möchte ich mir ausbitten,* je ne supporte pas ces manières ! ; FAM. pas de ça !

aus|blasen ["aus'blɑ:zən] (ä, ie, a) v. tr. souffler ; éteindre en soufflant. | *das Feuer ausblasen,* éteindre le feu.

aus|bleiben ["aus'blaibən] (ie, ie) v. intr. être absent ; ne pas venir ; ne pas rentrer. | *mit der Zahlung ausbleiben,* être en retard pour le paiement. || ÉLECTR. *der Strom bleibt manchmal aus,* il y a parfois des coupures de courant. || FIG. *das konnte nicht ausbleiben,* cela ne pouvait pas manquer d'arriver.

Aus|blick ['ausblik] m. (s, e) vue f. ; coup (m.) d'œil ; perspective f. ; regard m.

aus|blicken ["aus'blikən] v. intr. *nach jm ausblikken,* chercher qn du regard.

aus|bluten ["aus'blu:tən] v. intr. finir de saigner ; perdre tout son sang.

aus|bohren ["aus'bo:rən] v. tr. forer ; aléser ; tarauder ; creuser.

aus|bomben ["aus'bɔmbən] v. tr. détruire, raser par le bombardement. | *ein Ausgebombter,* un sinistré par suite de bombardements.

aus|booten ["aus'bo:tən] v. tr. débarquer. || FIG. débarquer ; FAM. dégommer ; renvoyer. | *einen Beamten ausbooten,* débarquer un employé. | *ausgebootet werden,* FAM. rester sur la touche.

aus|borgen ["aus'bɔrgən] v. tr. prêter.

aus|brechen ["aus'brɛçən] (i, a, o) v. tr. arracher ; ébrécher. | *Steine ausbrechen,* extraire de la pierre. || TECHN. *Zähne aus dem Zahnrad ausbrechen,* édenter le pignon.

◇ v. intr. sortir violemment ; s'échapper ; s'évader. | *aus dem Gefängnis ausbrechen,* s'évader de (la) prison. | *der Vesuv bricht aus,* le Vésuve fait éruption. || FIG. éclater ; se déclarer. | *ein Krieg bricht aus,* une guerre éclate. | *in Tränen ausbrechen,* fondre en larmes.

Aus|brechen [-'brɛçən] n. (s), **Aus|bruch** [-brux] m. (s, ¨e) [Vulkan] éruption f. || [Krieg] déclenchement m. || [Häftling] évasion f. || [Pferd] dérobade f. || [Krankheit] apparition f. || *zum Ausbruch kommen,* se déclarer.

Aus|brecher(in) [-'brɛçər(in)] m. (s, -), f. (-, nen) évadé(e) m. (f.).

aus|breiten ["aus'braitən] v. tr. étendre ; étaler ; déplier ; déployer ; dérouler. | *eine Decke ausbreiten,* déplier une couverture. | *Waren ausbreiten,* étaler de la marchandise. | *seine Flügel ausbreiten,* déployer ses ailes.

◇ v. pr. **sich ausbreiten,** se déployer ; s'étendre ; se propager. | *eine Krankheit hat sich ausgebreitet,* une maladie s'est répandue.

Aus|breitung [-tuŋ] f. (-) étalage m. ; déploiement m. ; extension f. ; propagation f. ; diffusion f. | *Ausbreitung des Lichtes,* propagation de la lumière.

aus|brennen ["aus'brɛnən] (brannte, gebrannt) v. tr. brûler entièrement ; consumer par le feu. || MÉD. cautériser.

◇ v. intr. être consumé par le feu ; brûler entièrement ; cesser de brûler ; s'éteindre.

aus|bringen ["aus'briŋən] (brachte, gebracht) v. tr. ôter ; faire sortir. | *einen Trinkspruch auf jn ausbringen*, boire à la santé de qn ; porter un toast à qn.

Aus|bruch ['ausbrux] m. V. AUSBRECHEN.

aus|brüten ["aus'bry:tən] v. tr. couver ; faire éclore. || FIG. machiner ; échafauder.

aus|bügeln ["aus'by:gəln] v. tr. repasser complètement ; enlever les plis en repassant.

Aus|bund ['ausbunt] m. ([e]s, ¨e) modèle m. ; prodige m. ; parangon m. | *ein Ausbund von Tüchtigkeit*, un modèle de valeur.

aus|bürgern ["aus'byrgərn] v. tr. déclarer déchu de sa nationalité, de ses droits de citoyen.

aus|bürsten ["aus'byrstən] v. tr. brosser ; donner un coup de brosse à.

Aus|dauer ["aus'dauər] f. (-) persévérance f. ; endurance f. ; résistance f. ; ténacité f.

aus|dauern [-ərn] v. intr. persévérer ; endurer ; persister ; aller jusqu'au bout.

aus|dauernd [-ərnt] part. pass. et adj. persévérant ; endurant ; persistant.

aus|dehnbar ["aus'de:nba:r] adj. extensible ; malléable ; ductile.

aus|dehnen [-nən] v. tr. étendre ; allonger ; élargir ; agrandir. || FIG. *seinen Weg ausdehnen bis*, aller jusqu'à. | *eine ausgedehnte Kundschaft*, une clientèle nombreuse. | *die Macht ausdehnen*, augmenter sa puissance. | *im ausgedehnten Sinne*, par extension.

◇ v. pr. **sich ausdehnen,** s'étendre ; s'élargir ; se dilater ; s'agrandir ; s'allonger. || FIG. faire tache d'huile.

Aus|dehnung [-nuŋ] f. (-, en) extension f. ; expansion f. ; étendue f. | *Ausdehnung eines Gartens*, dimensions (f. pl.) d'un jardin. || PHYS. dilatation f.

Ausdehnungs|kraft ["ausde:nuŋs'kraft] f. (-, ¨e) force expansive. ||°**-vermögen** n. (s) extensibilité f.

aus|denken ["aus'dɛŋkən] (dachte, gedacht) v. tr. penser ; se représenter ; imaginer.

aus|deuten ["aus'dɔytən] v. tr. interpréter ; expliquer ; déchiffrer.

Aus|deutung [-tuŋ] f. (-, en) interprétation f. ; explication f. ; déchiffrement m.

aus|dienen ["aus'di:nən] v. intr. achever son service.

◇ part. pass. et adj. **ausgedient,** en retraite. | *ausgedienter Soldat*, soldat libéré du service militaire ; vétéran m. | *ausgedientes Pferd*, cheval réformé. | *ausgedientes Kleid*, vêtement usagé.

aus|drehen ["aus'dre:ən] v. tr. aléser. || PAR ANAL. dévisser. | *das Licht ausdrehen*, éteindre la lumière.

Ausdruck ['ausdruk] m. (s, ¨e) expression f. ; terme m. ; formule f. | *gebräuchlicher, fester Ausdruck*, locution courante. | *veralteter Ausdruck*, archaïsme m. ; expression désuète. | *nach dem rechten Ausdruck suchen*, chercher le mot propre. | *zum Ausdruck bringen*, exprimer ; formuler. || diction f. ; élocution f. | *ein Lied mit Ausdruck singen*, chanter une chanson d'une façon expressive. || PAR EXT. air m. ; expression f.

aus|drucken ["aus'drukən] v. tr. achever d'imprimer. || imprimer en toutes lettres.

aus|drücken ["aus'drykən] v. tr. exprimer ; presser. | *eine Zitrone ausdrücken*, presser un citron. || FIG. *seine Freude ausdrücken*, exprimer sa joie.

◇ v. pr. **sich ausdrücken,** s'exprimer.

aus|drücklich [-kliç] adj. formel ; strict ; exprès. | *ausdrücklicher Befehl*, ordre formel.

◇ adv. formellement ; expressément.

Ausdrucks|art ["ausdruks'a:rt] f. (-, en) style m. ; manière (f.) de parler, de s'exprimer. ||**-los** adj. inexpressif. ||**-voll** adj. expressif.

aus|dünsten ["aus'dynstən] v. intr. s'évaporer ; s'exhaler.

Aus|dünstung [-tuŋ] f. (-, en) évaporation f. ; émanation f. ; exhalaison f. ; effluve m.

— SYN. : *Verdunstung*, vaporisation ; *Aus-*, *Verdampfen*, évaporation.

aus|einander ['ausain"andər] adv. et partic. sépar. en se séparant ; séparés. | *sie sind weit auseinander*, ils sont éloignés l'un de l'autre.

auseinander|breiten [ausain"andər'braitən] v. tr. déployer ; étaler ; étendre. ||**-bringen** (brachte, gebracht) v. tr. disjoindre ; séparer ; désunir. ||**-falten** v. tr. déplier. ||**-fliegen** v. intr. se disperser ; s'envoler en poussière. ||**-gehen** (ging, gegangen) v. intr. se séparer ; se disloquer. || FIG. *die Ansichten der Sachverständigen gehen auseinander*, les avis des experts ne concordent pas. | *die Aussagen der Zeugen gehen weit auseinander*, les dépositions des témoins sont très divergentes. ||**-halten** (ä, ie, a) v. tr. séparer ; démêler. || FIG. distinguer ; démêler ; discerner. ||**-laufen** (ä, ie, a) v. intr. se disperser. ||**-legen** v. tr. démonter ; séparer ; déployer ; étaler. || FIG. expliquer ; exposer. ||**-liegen** (a, e) v. intr. être écartés, séparés l'un de l'autre. | *die Gehöfte liegen auseinander*, les fermes sont dispersées. ||**-nehmen** (nimmt, nahm, genommen) v. tr. défaire ; démonter. ||**-reißen** (i, i) v. tr. déchirer ; mettre en morceaux, en pièces. || écarteler. ||**-setzen** v. tr. || exposer ; expliquer ; débattre. | *sich auseinandersetzen,* s'expliquer. | *sich mit jm auseinandersetzen*, s'expliquer avec qn. ||°**-setzung** f. (-, en) explication f. ; discussion f. ; démêlé m. ||**-stieben** (o, o) v. intr. se disperser ; s'envoler en poussière. ||**-treiben** (ie, ie) v. tr. disperser ; chasser de tous côtés.

aus|erkoren ["ausɛr'ko:rən] adj. choisi ; élu. | *die Auserkorenen*, les élus m. pl. ; les prédestinés m. pl. || FAM. [Braut] *die Auserkorene*, l'élue.

aus|erlesen ["ausɛr'le:zən] (ie, a, e) v. tr. choisir ; élire.

◇ part. pass. et adj. trié sur le volet. | *auserlesene Früchte*, fruits (m. pl.) de choix.

aus|erwählen ["ausɛr'vɛ:lən]. V. AUSERLESEN.

◇ part. pass. *die Auserwählten*, les élus.

aus|essen ["aus'ɛsən] (ißt, aß, gegessen) v. tr. finir de manger. || PAR ANAL. manger tout. | *seinen Teller ausessen*, achever, vider son assiette.

aus|fädeln ["aus'fɛ:dəln] v. tr. ôter les fils ; désenfiler.

aus|fahren ["aus'fa:rən] (ä, u, a) v. intr. sortir ; aller se promener (dans un véhicule). || MAR. sortir du port. || AÉRON. sortir le train d'atterrissage.

◇ v. tr. sortir. | *das Kind ausfahren*, promener l'enfant. || PAR EXT. creuser ; user. | *die Geleise ausfahren*, user les rails.

◇ part. pass. et adj. **ausgefahren.** | *ausgefahrene Wege*, chemins défoncés ; FIG. sentiers battus.

Aus|fahrt ['ausfa:rt] f. (-, en) sortie (f.) en voiture, en bateau. | *Achtung !, Ausfahrt !*, attention !, sortie de voitures.

Aus|fall ['ausfal] m. (s, ¨e). **1.** chute f. || MÉD. *Ausfall der Haare*, chute des cheveux. || MIL. sortie f. ; attaque f.

2. perte f. ; absence f. ; panne f.

3. COMM. découvert m. ; déficit m. ; différence (f.) en moins ; moins-value f.

4. FIG. issue f. ; résultat m.

aus|fallen ["aus'falən] (ä, ie, a) v. intr. tomber ; se détacher. | *die Zähne fallen ihm aus*, il perd ses dents.

|| MIL. faire une sortie. || PAR EXT. manquer ; tomber ; faire défaut ; n'avoir pas lieu. | *die Sitzung fällt aus*, la séance n'a pas lieu. || FIG. finir. | *das Fest ist gut ausgefallen*, la fête a été une réussite. | *die Ernte fällt gut aus*, la récolte est bonne.

aus|fällig ["aus'fɛliç] adj. agressif.

ausfall|sicher ["ausfal'ziçər] adj. TECHN. à sûreté intégrée. ||°**-straße** f. (-, n) sortie f. (d'une ville). ||°**-winkel** m. (s, -) angle (m.) de réflexion. ||°**-zeit** f. (-, en) durée (f.) d'immobilisation.

aus|fasern ["aus'fɑ:zərn] v. tr., intr. et pr. (s')effiler ; (s')effilocher.

aus|fechten ["aus'fɛçtən] (i, o, o) v. tr. vider ; disputer. | *einen Streit ausfechten*, vider une querelle.

aus|fegen ["aus'fe:gən] v. tr. balayer ; nettoyer.

aus|feilen ["aus'failən] v. tr. limer ; polir.

aus|fertigen ["aus'fɛrtigən] v. tr. rédiger ; dresser ; passer. | *einen Wechsel ausfertigen*, établir une traite.

Aus|fertigung [-guŋ] f. (-, en) copie f. | *in doppelter Ausfertigung*, en double exemplaire. | *für die Richtigkeit der Ausfertigung*, pour copie conforme.

aus|finden ["aus'findən] (a, u) v. tr. trouver.
◇ v. pr. **sich ausfinden,** s'y retrouver ; se débrouiller.

aus|findig [-diç] adj. | *ausfindig machen*, découvrir ; détecter ; FAM. dénicher.

aus|fliegen ["aus'fli:gən] (o, o) v. intr. s'envoler ; quitter le nid ; s'échapper.

aus|fließen ["aus'fli:sən] (o, o) v. intr. s'écouler ; fuir. || MÉD. suppurer.

aus|flippen ['ausflipən] v. intr. flipper.

Aus|flockung ["aus'flɔkuŋ] f. (-, en). NUCL. floculation f.

Aus|flucht ['ausfluxt] f. (-, ¨e). FIG. faux-fuyant m. ; prétexte m. | *leere Ausflüchte*, de mauvaises raisons.

Aus|flug ['ausflu:k] m. (s, ¨e) excursion f.

Aus|flügler ["aus'fly:glər] m. (s, -) excursionniste m. ; touriste m.

Aus|fluß ['ausflus] m. (es, ¨e) écoulement m. ; égout m. ; déversoir m. || MÉD. flux m. ; pus m. ; suppuration f. || PHYS. émanation f. || TECHN. dégorgement m. || FIG. épanchement m.

aus|forschen ["aus'fɔrʃən] v. tr. explorer ; sonder.

aus|fragen ["aus'frɑ:gən] v. tr. questionner ; interroger. | *jn gründlich ausfragen*, FIG. mettre qn sur la sellette.

aus|fransen ["aus'franzən] v. tr. et v. pr. (s')effranger ; (s')effilocher.

aus|fressen ["aus'frɛsən] (frißt, fraß, gefressen) v. tr. dévorer. || FIG., POP. *etwas ausgefressen haben*, avoir qch. sur la conscience. || CHIM. ronger ; corroder.

Aus|fuhr ['ausfu:r] f. (-) sortie f. ; exportation f.

Ausfuhr|abteilung ["ausfu:r'aptailuŋ] f. service (m.) export. ||°**-erlaubnis** f. (-, se) permis (m.) d'exportation. ||°**-hafen** m. (s, ¨) port (m.) d'exportation. ||°**-kredit** m. (s, e) crédit (m.) à l'exportation. ||°**-land** n. (s, ¨er) pays exportateur. ||°**-lizenz** f. (-, en) licence (f.) d'exportation. ||°**-vergütung** f. (-, en) prime (f.) d'exportation. ||°**-waren** f. pl. marchandises (f. pl.) d'exportation. ||°**-zoll** m. (s, ¨e) droit (m.) d'exportation.

aus|führbar ["aus'fy:rbɑ:r] adj. [ausfuhrfähig] exportable. || [durchführbar] réalisable.

aus|führen [-rən] v. tr. **1.** [spazieren führen] sortir. | *den Hund ausführen*, sortir, promener le chien. **2.** [ins Ausland verkaufen] exporter. **3.** [ausarbeiten] exécuter ; accomplir. | *etwas sorgfältig ausführen*, fignoler qch. | *einen Bau ausführen*, édifier une construction. **4.** [darlegen] traiter ; exposer ; développer. | *ein Thema ausführen*, s'étendre sur un sujet.

Aus|führer [-rər] m. (s, -). COMM. exportateur m. || PAR EXT. exécutant m.

aus|führlich ["aus'fy:rliç] adj. détaillé ; circonstancié.
◇ adv. en détail. | *ausführlich erzählen*, raconter par le menu.

Aus|führlichkeit [-kait] f. (-) exactitude f.

Aus|führung ["aus'fy:ruŋ] f. (-, en) exécution f. ; opération f. ; réalisation f. ; accomplissement m. | *in Ausführung*, en cours d'exécution. | *zur Ausführung bringen*, mettre à exécution. | *Ausführungsbestimmungen erlassen*, fixer les modalités d'application. || ADM., COMM. *zur Ausführung kommen*, être exécuté. | *Ausführung eines Auftrags*, exécution d'une commande. || PAR EXT. *schriftliche Ausführung*, exposé m.

Ausführungs|schein ["ausfy:ruŋs'ʃain] m. (s, e). [Börse] avis (m.) d'opéré.

aus|füllen ["aus'fylən] v. tr. remplir ; combler. | *einen Graben ausfüllen*, combler un fossé. | *ein Formular ausfüllen*, remplir un formulaire.

Aus|gabe ["aus'gɑ:bə] f. (-, n) [Geldaufwand] dépense f. | *die Ausgaben bestreiten*, pourvoir aux dépenses. | *laufende Ausgaben*, dépenses courantes. | *öffentliche Ausgaben*, dépenses publiques. | *abzugsfähige Ausgaben*, dépenses déductibles. || PAR EXT. [Aushändigung] délivrance f. || FIN. émission f. || [Veröffentlichung] édition f. | *die neueste Ausgabe*, la dernière édition. || INF. édition f.

Ausgabe|einheit ["ausga:bə'ainhait] f. (-, en). INF. organe (m.), unité (f.) de sortie.

Aus|gang ['ausgaŋ] m. (s, ¨e). **1.** sortie f. | *einen Ausgang machen*, faire une promenade, un tour. | *das Mädchen hat Ausgang*, la bonne a son jour de sortie. **2.** PAR EXT. [Tür] issue f. | *wo ist der Ausgang ?*, où est la sortie ? | *kein Ausgang !*, impasse f. | *das Haus hat Ausgang nach zwei Straßen*, la maison donne sur deux rues.
3. FIG. [Ende ; Ergebnis] fin f. ; dénouement m. ; résultat m. || LITTÉR. *der Ausgang des Romans*, le dénouement du roman. | *Ausgang der Verhandlungen*, résultat des pourparlers. | *unglücklicher Ausgang*, catastrophe f.

Ausgangs|basis ["ausgaŋs'ba:zis] f. (-, sen) base (f.) de départ. ||°**-impedanz** f. (-, en). ÉLECTR. impédance (f.) de sortie. ||°**-leistung** f. (-, en). PHYS. puissance (f.) de sortie. ||°**-punkt** m. (es, e). FIG. point (m.) de départ. ||°**-stellung** f. (-, en). MIL. base (f.) de départ. || TECHN. position initiale.

aus|geben ["aus'ge:bən] (i, a, e) v. tr. [verausgaben] dépenser. | *das Geld der Kasse ausgeben*, FIG., FAM. manger la grenouille. || PAR EXT. [verteilen] distribuer. || MIL. *die Parole ausgeben*, donner le mot de passe. || FIN., COMM. émettre. | *Banknoten ausgeben*, émettre des billets.
◇ v. pr. **sich ausgeben.** || FIG. *sich für etwas ausgeben*, se faire passer pour.

Aus|geburt ["ausgə'bu:rt] f. (-, en) créature f. ; produit m. || POP. avorton m.

aus|gefallen adj. inusité ; rare. || PAR EXT. bizarre.

Aus|geglichenheit ["ausgə'gliçənhait] f. (-) symétrie f. || FIG. égalité (f.) d'humeur.

aus|gehen ["aus'ge:ən] (ging, gegangen) v. intr. sortir. | *aus- und eingehen*, entrer et sortir ; aller et venir. | *leer ausgehen*, revenir les mains vides ; FAM. rentrer bredouille ; faire chou blanc. || PAR ANAL. [verlorengehen] s'épuiser ; disparaître. | *die Ware geht aus*, la marchandise s'épuise. | *das Feuer geht aus*, le feu s'éteint. | *die Geduld geht mir aus*, je suis à bout de patience. || PAR EXT. finir. | *das geht gut aus*, cela finit bien. | *das geht schlecht aus*, cela finit mal. || GRAMM. *auf einen Vokal ausgehen*, se terminer par une voyelle. || FIG. *er geht auf Abenteuer aus*, il court les aventures. || **von... ausgehen,** venir ; procéder. | *wenn wir davon ausgehen*, en commençant par là ; FIG. si nous considérons la chose de ce point de vue.

Aus|gehen [-ən] n. (s) sortie f.

aus|geklügelt [″ausgə'kly:gəlt] adj. sophistiqué.

aus|gelassen [″ausgə'lasən] part. pass. et adj. FIG. exubérant ; espiègle ; turbulent.

Aus|gelassenheit [-hait] f. (-) exubérance f. ; turbulence f. ; verve f.

aus|gelernt [″ausgə'lɛrnt] part. pass. et adj. sorti d'apprentissage.

aus|gepicht [″ausgə'piçt] part. pass. et adj. consommé. || FIG. *ein ausgepichter Kerl*, un individu astucieux.

aus|gerechnet [″ausgə'rɛçnət] adv. justement ; précisément.

aus|geschlossen [″ausgə'ʃlɔsən] part. pass. et adj. exclu. || FIG. *es ist ausgeschlossen*, c'est impossible. (V. AUSSCHLIEẞEN.)

aus|gesprochen [″ausgə'ʃprɔxən] part. pass. et adj. FIG. déclaré ; marqué ; prononcé. | *ein ausgesprochener Fehltritt*, un faux pas caractérisé.
◇ adv. absolument ; décidément.

aus|gezeichnet [″ausgə'tsaiçnət] part. pass. et adj. excellent ; distingué ; signalé.
◇ interj. à merveille ! ; parfait !

aus|giebig [″aus'gi:biç] adj. abondant ; copieux.

aus|gießen [″aus'gi:sən] (o, o) v. tr. (dé)verser ; (r)épandre ; épancher. | *ein Glas ausgießen*, vider un verre. || PAR EXT. *mit Zement ausgießen*, couler du ciment dans les interstices. || [ausfüllen] *eine Form ausgießen*, remplir un moule.

Aus|gleich ['ausglaiç] m. (s, e). FIN. compensation f. ; équilibre m. ; péréquation f. | *Ausgleich von Währungen*, alignement (m.) des monnaies. | *zum Ausgleich unsrer Rechnung*, pour solde de notre compte. || POLIT. compromis m. ; arrangement m. || SPORT. [Vorgabe] handicap m.

aus|gleichen [″aus'glaiçən] (i, i) v. tr. FIN. égaliser ; compenser ; équilibrer. || COMM. *ein Konto ausgleichen*, solder, régler, balancer un compte. | *den Fehlbetrag ausgleichen*, combler le déficit. | *eine Rechnung ausgleichen*, payer une facture. || POLIT. [aussöhnen] concilier ; arranger ; accorder.
— SYN. : *gleichmachen*, égaler ; égaliser ; *aufwiegen*, contrebalancer ; *kompensieren*, compenser.

Ausgleich|getriebe [″ausglaiçgə'tri:bə] n. (s). TECHN. différentiel m. ||°**-gewicht** n. (s, e) contrepoids m.

Ausgleichs|abkommen [″ausglaiçs'abkɔmən] n. (s) clearing m. ||°**-beträge** m. pl. montants (m. pl.) compensatoires. ||°**-fonds** m. (-). FIN. fonds (m.) de compensation. ||°**-rennen** n. (s, -) handicap m. ||°**-tor** n. (s, e). SPORT. but égalisateur. ||°**-verfahren** n. (s, -). ÉCON., JUR. règlement (m.) judiciaire. || FIN. clearing m. ||°**-zulage** f. (-, n). FIN. indemnité compensatrice.

aus|gleiten [″aus'glaitən] (i, i) v. intr. glisser. || AUTOM. déraper.

aus|gliedern [″aus'gli:dərn] v. tr. éliminer.

aus|glitschen [″aus'glitʃən]. V. AUSGLEITEN.

aus|glühen [″aus'gly:ən] v. tr. (re)cuire. || CHIM. aciérer. || MÉD. [Gerät] flamber.
◇ v. intr. se consumer ; s'éteindre.

aus|graben [″aus'grɑ:bən] (ä, u, a) v. tr. déterrer ; exhumer ; fouiller. | *ein Loch ausgraben*, creuser un trou. | *eine Leiche ausgraben*, exhumer un cadavre. || FIG. *eine alte Geschichte ausgraben*, ressortir une vieille histoire.

aus|greifen [″aus'graifən] (i, i) v. intr. allonger le pas. | *das Pferd greift aus*, le cheval allonge le pas. || FIG. *weit ausgreifende Pläne*, projets (m. pl.) de grande portée.

Aus|guck ['ausguk] m. (s, e). MAR. vigie f.

aus|gucken [″aus'gukən] v. intr. et v. tr. MAR. être en vigie. || PAR ANAL. épier. | *sich die Augen ausgucken*, écarquiller les yeux.

Aus|guß ['ausgu:s] m. (es, ¨e) déversement m. ; épanchement m. || PAR EXT. évier m.

aus|hacken [″aus'hakən] v. tr. arracher ; crever. || PROV. *eine Krähe hackt der anderen kein Auge aus*, les loups ne se mangent pas entre eux.

aus|haken [″aus'hɑ:kən] v. tr. et v. pr. (se) dégrafer ; (se) décrocher.

aus|halten [″aus'haltən] (ä, ie, a) v. tr. soutenir ; supporter ; endurer. | *die Schmerzen aushalten*, supporter les douleurs. | *ich halte es nicht mehr aus*, je n'en puis plus. || MUS. *den Ton aushalten*, tenir une note. || PAR EXT. *jn aushalten*, entretenir qn.
◇ v. intr. persévérer ; tenir ; durer. | *noch lange aushalten*, durer encore longtemps. | *bei ihm ist es nicht auszuhalten*, il est insupportable.
— SYN. : *durchhalten*, tenir ; *leiden*, endurer ; *erleiden*, supporter ; *ertragen*, soutenir ; *ausstehen*, pâtir.

aus|händigen [″aus'hɛndigən] v. tr. remettre en mains propres ; délivrer.

Aus|händigung [-guŋ] f. (-, en) délivrance f. ; remise f.

Aus|hang ['aushaŋ] m. (s, ¨e) affiche f. ; placard m.

aus|hängen [″aus'hɛŋən] (i, a) v. tr. mettre à l'étalage ; afficher. || décrocher. | *ein Fenster aushängen*, décrocher une fenêtre. || TECHN. démonter.

Aushänge|schild [″aushɛŋə'ʃilt] n. (es, er) enseigne f. ||°**-tafel** f. (-, n) écriteau m.

aus|harren [″aus'harən] v. intr. persévérer ; patienter.

aus|hauchen [″aus'hauxən] v. tr. exhaler ; expirer. | *die Seele aushauchen*, rendre l'âme.

aus|hauen [″aus'hauən] (hieb, gehauen) v. tr. creuser. || PAR ANAL. [Wald] découper ; débiter ; détailler ; éclaircir. || TECHN. tailler. | *ein Standbild in Marmor aushauen*, tailler une statue dans le marbre.

aus|heben [″aus'he:bən] (o, o) v. tr. ôter. | *ein Nest ausheben*, prendre les œufs au nid ; dénicher. || FIG., JUR. *ein Verbrechernest ausheben*, prendre une bande de criminels. || MIL. *Soldaten ausheben*, recruter, mobiliser des soldats. || PAR ANAL. creuser. | *einen Graben ausheben*, creuser un fossé. || TECHN. démonter.

Aus|hebung [-buŋ] f. (-, en) prise f. || MIL. recrutement m.

aus|hecken [″aus'hɛkən] v. tr. couver. || FIG. machiner. || FAM. *einen Streich aushecken*, monter un coup.

aus|heilen [″aus'hailən] v. intr. et v. tr. guérir. | *die Wunde heilt aus*, la blessure guérit. | *der Arzt heilt ihn aus*, le médecin le guérit complètement.

aus|helfen [″aus'hɛlfən] (i, a, o) v. intr. aider, assister qn. | *jm mit Geld aushelfen*, prêter de l'argent à qn. || FAM. dépanner.

Aus|hilfe [″aus'hilfə] f. (-) aide f. ; assistance f.

Aushilfs|kraft [″aushilfs'kraft] f. (-, ¨e) auxiliaire m. ||°**-personal** n. (s) personnel (m.) intérimaire.

aus|höhlen [″aus'hø:lən] v. tr. excaver ; creuser ; évider.

Aus|höhlung [-luŋ] f. (-, en) creux m. ; excavation f. ; cavité f. ; évidement m.

aus|holen ["aus'ho:lən] v. intr. allonger ; lever le bras. | *zum Schlage ausholen*, lever la main pour frapper. || FIG. reprendre. | *weit ausholen*, remonter au déluge.
◇ v. tr. FIG. questionner.

aus|holzen ["aus'hɔltsən] v. tr. déboiser.

aus|horchen ["aus'hɔrçən] v. tr. épier, surprendre les paroles de qn. || MÉD. ausculter.

aus|hülsen ["aus'hylzən] v. tr. [Erbsen] écosser. || [Nüsse] écaler ; décortiquer.

aus|hungern ["aus'huŋərn] v. tr. affamer.

aus|kämmen ["aus'kɛmən] v. tr. enlever avec le peigne, démêler. | *Auskämmekamm*, démêloir m.

aus|kehren ["aus'ke:rən] v. tr. balayer.

aus|keilen ["aus'kailən] v. tr. caler.

aus|kennen (sich) [ziç"aus'kɛnən] (kannte, gekannt) v. pr. s'y connaître. || FIG. s'y retrouver. | *sich in etwas* (dat.) *gründlich auskennen*, être ferré sur qch. ; être dans son élément.

aus|kernen ["aus'kɛrnən] v. tr. égrener ; ôter le noyau ; dénoyauter ; enlever les pépins ; épépiner.

aus|klammern ["aus'klamərn] v. tr. FIG. mettre entre parenthèses.

Aus|klang ['ausklaŋ] m. (s, ¨e) note finale. || FIG. *Ausklang des Festes*, phase finale de la fête.

aus|kleiden ["aus'klaidən] v. tr. déshabiller. || TECHN. revêtir ; garnir.
◇ v. pr. **sich auskleiden,** se déshabiller.

aus|klingen ["aus'kliŋən] (a, u) v. intr. cesser de résonner ; expirer. || FIG. finir.

aus|klinken ["aus'kliŋkən] v. tr. [Schleppseil] détacher ; [Bomben] larguer.
◇ v. intr. se détacher ; [Skibindung] se déclencher.

aus|klopfen ["aus'klɔpfən] v. tr. battre ; frapper. | *den Teppich ausklopfen*, épousseter le tapis. || FIG. *jn ausklopfen*, rosser qn.

Aus|klopfer [-fər] m. (s, -) tapette f.

aus|klügeln ["aus'kly:gəln] v. tr. découvrir ; raffiner ; arranger subtilement dans son esprit. | *sie klügelte sich etwas Neues aus*, elle imagina une nouvelle combinaison.

aus|kneifen ["aus'knaifən] (i, i) v. intr. FIG., FAM. filer ; prendre la poudre d'escampette.

aus|knobeln ["aus'kno:bəln] v. tr. [entscheiden durch Würfeln] jouer aux dés ; tirer à la courte paille. || PAR EXT. arranger subtilement dans son esprit.

aus|kochen ["aus'kɔxən] v. tr. faire bouillir. || MÉD. *die Instrumente auskochen*, stériliser les instruments.
◇ part. pass. et adj. **ausgekocht,** FIG. *ein ausgekochter Schuft*, un fieffé coquin.

aus|kommen ["aus'kɔmən] (a, o) v. intr. sortir. || éclater ; s'ébruiter. || PAR EXT. arriver au bout ; se tirer d'affaire avec. | *dürftig auskommen*, avoir juste de quoi vivre ; être réduit à la portion congrue. || FIG. *ich komme gut mit ihm aus*, je m'entends bien avec lui.

Aus|kommen ["aus'kɔmən] n. (s) [Unterhalt] revenu m., ressources f. pl. | *er hat sein Auskommen*, il a de quoi vivre. || [Nebeneinanderleben] entente f.

aus|kömmlich ["aus'kømliç] adj. suffisant.
◇ adv. assez ; suffisamment.

aus|kosten ["aus'kɔstən] v. tr. déguster ; savourer. || FIG. *bis zur Neige auskosten*, boire jusqu'à la lie.

aus|kramen ["aus'krɑ:mən] v. tr. déballer ; étaler. | *Waren auskramen*, étaler de la marchandise. || FIG. déballer ; étaler (son savoir).

aus|kratzen ["aus'kratsən] v. tr. gratter ; arracher avec les ongles. | *jm die Augen auskratzen*, arracher les yeux à qn. || MÉD. cureter.

aus|kugeln ["aus'ku:gəln] v. tr. démettre.
◇ v. pr. **sich auskugeln,** MÉD. *sich den Arm auskugeln*, se démettre le bras.

aus|kundschaften ["aus'kuntʃaftən] v. tr. se renseigner ; reconnaître (le terrain) ; épier.

Aus|kunft ['auskunft] f. (-, ¨e) renseignement m. ; information f. | *Auskunft erteilen über*, renseigner sur. | *Auskünfte einholen*, prendre des renseignements.

Aus|kunftei ['auskunf"tai] f. (-, en) bureau (m.) de renseignements.

Auskunfts|büro ["auskunftsby'ro:] n. (s, s) bureau (m.) de renseignements ; les renseignements m. pl.

aus|kuppeln ["aus'kupəln] v. tr. débrancher ; découpler. || [Wagen] désaccoupler ; déclencher. || AUTOM. *einen Gang auskuppeln*, débrayer.

aus|lachen ["aus'laxən] v. tr. se moquer, rire de qn.
◇ v. pr. **sich auslachen,** *sich tüchtig auslachen*, FAM. se dilater la rate.

aus|laden ["aus'lɑ:dən] (ä, u, a) v. tr. décharger. || MAR. débarquer ; débarder ; délester. || PAR EXT. décommander une invitation.
◇ v. intr. ARCHIT. faire saillie.

Aus|laden [-dən] n. (s), **Aus|ladung** [-duŋ] f. (-, en) décharge f. ; déchargement m. || MAR. débarquement m. ; débardage m. ; délestage m.

aus|ladend [auslɑ:dənd] adj. [Schultern] large ; [Hüften] épanoui ; généreux.

Aus|lage ["aus'lɑ:gə] f. (-, n) étalage m. || PAR ANAL. [Kosten] débours m. pl. ; frais m. pl. | *allgemeine Auslagen*, frais généraux. | *sonstige Auslagen*, frais divers. | *die Auslagen decken*, couvrir les frais. | *die Auslagen zurückerstatten*, rembourser ses frais à qn.

Auslagen|diebstahl ["auslɑ:gən'di:pʃtɑ:l] m. (s, ¨e). JUR. vol (m.) à l'étalage.

Aus|land ['auslant] n. (s) étranger m. | *ins Ausland reisen*, partir à l'étranger.

Aus|länder(in) ["aus'lɛndər(in)] m. (s, -), f. (-, nen) étranger m. ; étrangère f.

aus|ländisch [-'lɛndiʃ] adj. étranger. | *ausländische Geldsorten*, monnaies étrangères. | *ausländische Valuta*, devises f. pl.

Auslands|beziehungen ["auslantsbe'tsi:uŋən] f. pl. relations internationales. ||°**-geschäft** n. (es, e) opération (f.) avec l'étranger. ||°**-markt** m. (s, ¨e). COMM. marché extérieur. ||°**-porto** n. (s, s) tarif international. ||°**-reise** f. (-, n) voyage (m.) à l'étranger. ||°**-schulden** f. pl., °**-verschuldung** f. (-, en). FIN. dette extérieure ||°**-verbindlichkeiten** f. pl. FIN. engagements (m. pl.) envers l'étranger. ||°**-zulage** f. (-, n). ADM. indemnité (f.) de dépaysement.

aus|lassen ["aus'lasen] (ä, ie, a) v. tr. faire, laisser sortir ; laisser éclater. || FIG. *(an jm) seinen Zorn auslassen*, décharger, épancher sa colère (sur qn). || PAR EXT. [vergessen] omettre ; oublier. || MUS. *eine Note auslassen*, FIG., FAM. croquer une note. || CULIN. *Fett auslassen*, faire fondre de la graisse. || UNIV. *ein Kapitel auslassen*, faire une impasse sur un chapitre.
◇ part. pass. V. AUSGELASSEN.
◇ v. pr. **sich auslassen,** *sich über etwas auslassen*, s'étendre sur un sujet.

Aus|lassung [-suŋ] f. (-, en) omission f. ; oubli m. || expression f. ; manifestation (f.) d'une pensée.

Auslassungs|fehler ["auslasuŋs'fe:lər] m. (s, -)

faute (f.) par omission. ||°**-zeichen** n. (s, -). GRAMM. apostrophe f.

Aus|lastung ["aus'lastuŋ] f. (-, en). [Betrieb] exploitation (f.) de la capacité.

Auslastungs|plan ["auslastuŋs'plan] m. (s, ¨e). [Betrieb] plan (m.) de charge.

Aus|lauf ['auslauf] m. (s, ¨e). [Handlung] écoulement m. ; fuite f. || [Ort] bouche f. ; embouchure f. | *Auslauf der Wasserrinne*, goulotte (f.) d'écoulement, d'évacuation. || PAR ANAL. sortie f. ; parcours m. || MAR. *Auslauf eines Schiffes*, départ (m.) d'un navire.

Auslauf|bahn ["auslauf'bɑ:n] f. (-, en). [Flughafen] piste (f.) de roulement (après atterrissage). ||°**-hahn** m. (s, ¨e) robinet (m.) de vidange. ||°**-modell** n. (s, e). COMM. fin (f.) de série.

aus|laufen ["aus'laufən] (ä, ie, au) v. intr. **1.** sortir. | *aus- und einlaufen*, entrer et sortir. | *das Schiff läuft aus*, le bateau part.
2. couler ; fuir ; échapper. | *das Faß läuft aus*, le tonneau fuit.
3. [enden] s'arrêter. | *der Fluß läuft in der Wüste aus*, le fleuve se perd dans le désert. | *spitz auslaufen*, se terminer en pointe. | *die Maschine läuft aus*, la machine cesse de marcher. | *das läuft schlecht aus*, cela finit mal.

Aus|läufer ["aus'lɔyfər] m. (s, -) contrefort montagneux ; ramification f. ; stolon m.

aus|laugen ["aus'laugən] v. tr. CHIM. lessiver. | *Salz auslaugen*, déminéraliser.

Aus|laut ['auslaut] m. (s, e). GRAMM. syllabe finale. | *im Auslaut*, en position finale.

aus|lauten ["aus'lautən] v. intr. GRAMM. se terminer par.

aus|läuten ["aus'lɔytən] v. intr. et tr. achever, finir de sonner. || annoncer au son des cloches.

aus|leben ["aus'le:bən] v. intr. cesser de vivre ; expirer.
◇ adj. **ausgelebt,** qui a vécu ; fini ; usé.
◇ v. pr. **sich ausleben,** vivre sa vie ; FAM. se donner du bon temps. || FIG. se dépenser ; s'user.

aus|leeren ["aus'le:rən] v. tr. vider. || vidanger.

aus|legen ["aus'le:gən] v. tr. **1.** étendre ; étaler. || COMM. *Waren auslegen*, étaler des marchandises.
2. FIG. expliquer ; commenter. | *ein Gesetz auslegen*, commenter une loi. | *einen Text auslegen*, interpréter un texte.
3. garnir ; marqueter ; incruster. | *mit Fliesen auslegen*, revêtir de carrelage ; carreler. || CULIN. [Form] foncer.
4. *Geld auslegen*, avancer de l'argent.

Aus|legen [-gən] n. (s), **Aus|legung** [-guŋ] f. (-, en). COMM. exposition f. || FIG. commentaire m. ; explication f. ; interprétation f. | *Textauslegung*, explication de texte. || TECHN. marqueterie f. ; incrustation f. ; carrelage m. ; damasquinage m.

Aus|leger [-gər] m. (s, -). [Personen] commentateur m. || [Dinge] console f. ; potence f. ; flèche (f.), bras (m.) d'une grue. || MAR. bout-dehors m.

aus|leiden ["aus'laidən] (litt, gelitten) v. intr. finir, cesser de souffrir. | *er hat ausgelitten*, il a cessé de souffrir (il est mort).

aus|leiern ["aus'laiərn] v. tr. user (par frottement).
◇ part. pass. et adj. **ausgeleiert,** usé.
◇ v. pr. **sich ausleiern,** prendre du jeu.

Aus|leihe ["aus'laiə]. V. AUSLEIHUNG.

aus|leihen ["aus'laiən] (ie, ie) v. tr. prêter ; louer. | *Geld auf hohe Zinsen ausleihen*, prêter de l'argent à gros intérêts. | *gegen Pfand ausleihen*, prêter sur gages. || [borgen] emprunter.

Aus|leihung [-uŋ] f. (-, en), °**-leihe** [-laie] f. (-, n) prêt m.

aus|lernen ["aus'lɛrnən] v. tr. et v. intr. apprendre à fond ; finir d'apprendre. | *man hat nie ausgelernt*, on n'a jamais fini d'apprendre. | *er hat ausgelernt*, il a terminé son apprentissage.

Aus|lese ["aus'le:zə] f. (-, n). [Handlung] choix m. ; sélection f. || [Resultat] élite f. ; première qualité. || ZOOL., BOT. sélection. || LITTÉR. *literarische Auslese*, anthologie f. || [Wein] appellation (f.) d'origine.

aus|lesen [-zən] (ie, a, e) v. tr. **1.** choisir ; trier. || FIG. *sorgfältig auslesen*, FAM. trier sur le volet.
2. lire jusqu'au bout.

Aus|lesen n. (s, -). INF. *Auslesen von Daten*, extraction (f.) de données.

Aus|lieferer ["aus'li:fərər] m. (s, -) livreur m.

aus|liefern [-fərn] v. tr. (dé)livrer ; expédier. || FIG. communiquer ; trahir. || JUR. remettre ; extrader. | *dem Gericht ausliefern*, remettre aux mains de la justice. | *einen Gefangenen ausliefern*, extrader un prisonnier.

Aus|lieferung [-fəruŋ] f. (-, en) livraison f. ; expédition f. || FIG. *Auslieferung eines Geheimnisses*, trahison (f.) d'un secret. || JUR. *Auslieferung von Verbrechern*, extradition de criminels.

aus|liegen ["aus'li:gən] (a, e) v. intr. être étalé ; être exposé.

aus|löffeln ["aus'løfəln] v. tr. boire, manger à la cuiller. || FIG. *er muß die Suppe, den Brei auslöffeln*, il paie les pots cassés.

aus|löschen ["aus'løʃən] v. tr. éteindre. || FIG. effacer. | *ein Übel auslöschen*, éradiquer un mal. || COMM. *eine Schuld auslöschen*, régler une dette.

aus|losen ["aus'lo:zən] v. tr. tirer au sort.

aus|lösen ["aus'lø:zən] v. tr. détacher ; dégager ; racheter. | *Gefangene auslösen*, racheter des prisonniers. | *ein Pfand auslösen*, retirer un gage. || COMM. acquitter. || MIL. *einen Angriff auslösen*, déclencher une attaque. | *das Feuer auslösen*, ouvrir le feu. || MÉD. désarticuler. || TECHN. déclencher ; débrayer. | *einen Hebel auslösen*, déclencher un levier. || FIG. *ein Gefühl auslösen*, provoquer un sentiment.

Aus|löser [-zər] m. (s, -). TECHN., PHOT. déclencheur m. ; dispositif (m.) de déclenchement.

Aus|losung ["aus'lo:zuŋ] f. (-, en) tirage (m.) au sort. | *Auslosung von Losen*, tirage au sort de lots.

Aus|lösung ["aus'lø:zuŋ] f. (-, en) dégagement m. ; rachat m. ; libération f. || COMM. acquit m. || MIL. déclenchement m. || MÉD. désarticulation f. || TECHN. déclenchement m. ; débrayage m. | *impulsgesteuerte Auslösung*, topage m.

aus|loten ["aus'lo:tən] v. tr. mesurer au plomb. || MAR. sonder.

aus|lüften ["aus'lyftən] v. tr. aérer ; ventiler.

aus|machen ["aus'maxən] v. tr. *das Feuer ausmachen*, éteindre le feu. || FIG. arrêter ; décider ; convenir. | *einen Preis ausmachen*, convenir d'un prix. || faire ; avoir pour résultat. | *im Ganzen macht das zehn Mark aus*, cela fait en tout dix marks. | *diese zwei Zimmer machen die Wohnung aus*, ces deux chambres font, constituent tout le logement. | *das macht nichts aus !*, cela ne fait rien. | *was macht das aus ?*, qu'importe ?
◇ part. pass. et adj. **ausgemacht,** consommé. | *das ist eine ausgemachte Sache*, c'est une affaire entendue. | *es ist ausgemacht*, (c'est) entendu ; d'accord. | *ein ausgemachter Schuft*, une crapule consommée ; un fieffé coquin.

aus|malen ["aus'mɑ:lən] v. tr. peindre ; colorier.
◇ v. pr. **sich ausmalen,** FIG. *sich etwas ausmalen*, se figurer ; se représenter qch.

Aus|maß ['ausma:s] n. (es, e) dimension f. ; mesure f. ; étendue f. | *in großem Ausmaß*, dans une large mesure.

aus|mergeln ["aus'mɛrgəln] v. tr. exténuer ; épuiser.

aus|merzen ["aus'mɛrtsən] v. tr. retrancher ; éliminer. || FIG. élaguer ; épurer. | *die Druckfehler ausmerzen*, éliminer les fautes d'impression ; corriger.

Aus|merzung [-tsuŋ] f. (-, en) suppression f. ; élimination f.

aus|messen ["aus'mɛsən] (i, a, e) v. tr. mesurer ; arpenter. || MATH. cuber. || MAR. jauger.

Aus|messung [-suŋ] f. (-, en) mesurage m. ; arpentage m. || MATH. cubage m. || MAR. jaugeage m.

aus|misten ["aus'mistən] v. tr. enlever le fumier.

aus|mustern ["aus'mustərn] v. tr. trier ; passer en revue. || COMM. *Waren ausmustern*, trier des marchandises. || MIL. réformer.

Aus|musterung [-təruŋ] f. (-, en). COMM. choix m. ; tri m. || MIL. réforme f.

Aus|nahme ["aus'na:mə] f. (-, n) exception f. | *eine Ausnahme machen, bilden*, faire une exception. | *mit Ausnahme von*, à l'exception de ; sauf ; exception faite de ; sans.

Ausnahme|fall ["ausna:mə'fal] m. (s, ¨e) cas exceptionnel ; exception f. ||°**-genehmigung** f. (-, en) autorisation exceptionnelle. ||°**-gericht** n. (s, e) tribunal (m.) d'exception ; juridiction exceptionnelle. ||°**-zustand** m. (s, ¨e) état (m.) de siège.

ausnahms|los ["ausna:ms'lo:s] adj. et adv. sans exception. ||**-weise** adv. exceptionnellement ; par exception.

aus|nehmen ["aus'ne:mən] (i, a, o) v. tr. sortir ; tirer de. | *ein Nest ausnehmen*, dénicher des oiseaux. | *einen Bienenstock ausnehmen*, châtrer une ruche. | *Geflügel ausnehmen*, vider la volaille. | *im Spiel ausnehmen*, décaver un joueur. || PAR ANAL. excepter ; faire exception de. | *ausnehmend schön*, exceptionnellement beau. | *Anwesende ausgenommen*, excepté ceux qui sont présents. || FIG. *das nimmt sich gut aus*, cela fait bien ; cela fait bon effet.

aus|nützen ["aus'nytsən] v. tr. mettre à profit ; utiliser ; exploiter. | *alle Vorteile ausnützen*, faire flèche de tout bois.

Aus|nutzung [-tsuŋ] f. (-, en) utilisation f. ; mise (f.) à profit ; exploitation f.

aus|packen ["aus'pakən] v. tr. déballer ; dépaqueter ; défaire. || FIG., POP. *tüchtig auspacken*, dire rondement sa façon de penser.

aus|peitschen ["aus'paitʃən] v. tr. fouetter.

aus|pfeifen ["aus'pfaifən] (i, i) v. tr. siffler (jusqu'au bout) ; huer.

aus|pflanzen ["aus'pflantsən] v. tr. déplanter ; transplanter ; dépoter.

Auspizium [aus'pitsium] n. (s, zien) auspice m.

aus|plaudern ["aus'plaudərn] v. tr. ébruiter. | *ein Geheimnis ausplaudern*, vendre la mèche.
— SYN. : *ausplappern*, révéler ; *ans Licht bringen*, dévoiler.

aus|plündern ["aus'plyndərn] v. tr. piller ; dépouiller ; ravager ; détrousser. | *etwas regelrecht ausplündern*, FIG. mettre qch. en coupe réglée.

aus|posaunen ["auspo'zaunən] v. tr. annoncer à son de trompe ; crier sur (tous) les toits.

aus|powern ["aus'po:vərn] v. tr. appauvrir ; exploiter ; gruger.

aus|prägen ["aus'prɛ:gən] v. tr. FIG. marquer ; prononcer ; rendre net. | *ausgeprägte Gesichtszüge*, des traits marqués, accusés.

aus|pressen ["aus'prɛsən] v. tr. exprimer ; presser ; pressurer. | *eine Frucht auspressen*, presser un fruit. || FIG. *jn auspressen*, pressurer, exploiter qn.

Aus|pressung [-suŋ] f. (-, en) pressurage m. ; extraction f. ; exploitation f.

aus|proben ["aus'pro:bən], **ausprobieren** ["auspro'bi:rən] v. tr. essayer.

Aus|puff ['auspuf] m. (s, e). AUTOM. échappement m.

Auspuff|gase ["auspuf'ga:zə] n. pl. gaz (m. pl.) d'échappement.

aus|pumpen ["aus'pumpən] v. tr. pomper ; faire le vide. || MÉD. *den Magen auspumpen*, laver l'estomac.
◇ part. pass. et adj. **ausgepumpt,** FIG., POP. *er ist ausgepumpt*, il est épuisé.

aus|punkten ["aus'puŋktən] v. tr. SPORT. [boxe] battre aux points.

aus|putzen ["aus'putsən] v. tr. nettoyer. | *ein Faß ausputzen*, rincer un tonneau. | *einen Baum ausputzen*, émonder, élaguer un arbre. || TECHN. ébarber.

aus|quartieren ["auskvar'ti:rən] v. tr. et v. pr. déloger ; déménager.

aus|radieren ["ausra'di:rən] v. tr. effacer ; gommer.

aus|rauben ["aus'raubən] v. tr. dépouiller ; dévaliser.

aus|räuchern ["aus'rɔyçərn] v. tr. enfumer.

aus|raufen ["aus'raufən] v. tr. arracher. | *sich die Haare ausraufen*, s'arracher les cheveux.

aus|räumen ["aus'rɔymən] v. tr. vider. | *ein Zimmer ausräumen*, dégarnir, démeubler une pièce. || PAR ANAL. nettoyer ; vider. || TECHN. curer ; vidanger ; dégorger.

aus|rechnen ["aus'rɛçnən] v. tr. calculer ; supputer.

Aus|rechnung [-nuŋ] f. (-, en) calcul m. ; supputation f.

Aus|rede ["aus're:də] f. (-, n) excuse f. ; échappatoire f. ; prétexte m. ; défaite f. | *faule Ausrede*, faux-fuyant m. | *um eine Ausrede nicht verlegen sein*, trouver toujours des excuses. | *da hilft keine Ausrede*, FAM. il n'y a pas à tortiller.
— SYN. : *Ausflucht*, fuite ; *Vorwand*, échappatoire.

aus|reden ["aus're:dən] v. intr. achever de parler.
◇ v. tr. parler de ; épuiser un sujet ; finir une phrase. || PAR EXT. *jm etwas ausreden*, dissuader qn de qch.
◇ v. pr. **sich ausreden,** s'expliquer. | *sich mit jm ausreden*, s'expliquer avec qn. || FIG. chercher des excuses. | *sie redet sich aus*, elle avance un prétexte.

aus|reiben ["aus'raibən] (ie, ie) v. tr. frotter ; frictionner. || TECHN. aléser.

aus|reichen ["aus'raiçən] v. intr. suffire. | *mein Geld reicht aus*, j'ai assez d'argent.

aus|reichend [-çənt] adj. suffisant.
◇ adv. suffisamment. | *ausreichend frankiert*, dûment affranchi.

aus|reifen ["aus'raifən] v. intr. mûrir. | *die Sonne läßt die Früchte ausreifen*, le soleil mûrit les fruits. || FIG. mûrir. | *ein dichterisches Werk ausreifen lassen*, mûrir une œuvre poétique.

Aus|reise ["aus'raizə] f. (-, n) départ m. ; sortie f. ; passage (m.) de la frontière. | *Ausreisevisum*, visa (m.) de sortie.

aus|reisen [-zən] v. intr. partir ; sortir du pays ; passer la frontière.

aus|reißen ["aus'raisən] (i, i) v. tr. extirper ; arracher ; déraciner. | *Unkraut ausreißen*, arracher les mauvaises herbes ; désherber. | *die Haare ausreißen*, épiler. | *sich kein Bein ausreißen*, POP. ne pas se fouler la rate.

◇ v. intr. s'en aller ; se déchirer. || PAR ANAL. se sauver ; fuir ; prendre la clef des champs.

Aus|reißer [-sər] m. (s, -) fugueur m.

aus|reiten ["aus'raitən] (i, i) sortir à cheval.

aus|renken ["aus'rɛŋkən] v. tr. MÉD. démettre ; déboîter ; désarticuler.

aus|richten ["aus'riçtən] v. tr. **1.** aligner ; redresser. || TECHN. dégauchir ; centrer. || TYPOGR. justifier. | *linksbündig, rechtsbündig ausrichten*, justifier à gauche, à droite.
2. PAR EXT. transmettre. | *einen Gruß ausrichten*, transmettre des salutations. || FIG. exécuter ; obtenir. | *er hat nicht viel ausgerichtet*, il n'a pas bien réussi. | *damit ist nichts ausgerichtet*, cela n'avance à rien.

Aus|richtung [-tuŋ] f. (-). MIL. alignement m. || TECHN. dégauchissement m. || OPT. *schlechte Ausrichtung* [Handlung] décentrage m. ; décentration f. ; [Resultat] décentrement m. || PAR EXT. commission f.

aus|rinnen ["aus'rinən] (a, o) v. intr. couler ; s'écouler.

Aus|ritt ['ausrit] m. (s, e) sortie (f.), promenade (f.) à cheval.

aus|rollen ["aus'rɔlən] v. tr. dérouler. | *Teig ausrollen*, étendre la pâte au rouleau.
◇ v. intr. finir de rouler.

aus|rotten ["aus'rɔtən] v. tr. exterminer ; extirper. || FIG. *ein Laster ausrotten*, déraciner un vice.
— SYN. : *vertilgen*, déraciner ; *vernichten*, détruire, anéantir.

Aus|rottung [-tuŋ] f. (-) extermination f. ; extirpation f.

aus|rücken ["aus'rykən] v. intr. partir ; sortir ; POP. déguerpir. | *bei Nacht und Nebel ausrücken*, déménager à la cloche de bois. || MIL. *die Truppen rücken aus*, les troupes se mettent en marche.

Aus|ruf ['ausru:f] m. (s, e) exclamation f. ; cri m. || PAR EXT. publication f. ; proclamation f. || GRAMM. interjection f.

aus|rufen ["aus'ru:fən] (ie, u) v. tr. crier. | *Zeitungen ausrufen*, crier les journaux. | *öffentlich ausrufen*, publier ; proclamer.

Aus|rufer ["aus'ru:fər] m. (s, -). HIST. héraut m. || *öffentlicher Ausrufer*, crieur public ; appariteur m.

Ausrufe|satz ["ausru:fə'zats] m. (es, ¨e). GRAMM. proposition exclamative.

Aus|rufung [-'ru:fuŋ] f. (-, en) proclamation f.

Ausrufungs|zeichen ["aus'ru:fuŋs'tsaiçən] n. (s, -). GRAMM. point (m.) d'exclamation.

aus|ruhen ["aus'ru:ən] v. intr. se reposer ; se délasser. || AGRIC. être en jachère.

aus|rupfen ["aus'rupfən] v. tr. arracher. | *Haare ausrupfen*, arracher des cheveux ; épiler. | *Federn ausrupfen*, plumer. || [Textil] éplucher.

aus|rüsten ["aus'rystən] v. tr. équiper ; pourvoir ; munir ; armer.

Aus|rüstung [-tuŋ] f. (-, en). [Handlung] équipement m. ; armement m. || [Material] matériel m.

aus|rutschen ["aus'rutʃən] v. intr. glisser ; faire un faux pas ; déraper.

Aus|saat ['ausza:t] f. (-, en) ensemencement m.

Aus|sage ["aus'za:gə] f. (-, n) affirmation f. ; déclaration f. ; dires m. pl. || JUR. *Aussage eines Zeugen*, déposition (f.) d'un témoin. | *seine Aussage widerrufen*, se rétracter ; se dédire. | *nach Aussage von*, au dire de.

Aussage|satz ["ausza:gə'zats] m. (es, ¨e). GRAMM. proposition affirmative.

aus|sagen ["aus'za:gən] v. tr. déclarer ; affirmer ; dire. || JUR. *vor Gericht aussagen*, déposer en justice. | *zu Gunsten von jm aussagen*, déposer en faveur de qn. | *das sagt nichts darüber aus*, cela n'explique rien.

aus|sägen ["aus'zɛ:gən] v. tr. découper à la scie.

Aus|satz ['auszats] m. (es, ¨e). MÉD. lèpre f.

aus|sätzig ["aus'zɛtsiç] adj. lépreux.

aus|saugen ["aus'zaugən] (o, o) v. tr. sucer ; vider en suçant. || FIG. exploiter ; pressurer.

aus|schachten ["aus'ʃaxtən] v. tr. creuser ; fouiller ; excaver.

Aus|schachtung [-tuŋ] f. (-, en) fouilles f. pl ; fonçage m.

aus|schälen ["aus'ʃɛ:lən] v. tr. ôter l'enveloppe. | *Äpfel ausschälen*, peler des pommes. | *Nüsse ausschälen*, écaler des noix. | *Erbsen ausschälen*, écosser des petits pois. || MÉD. enlever.

aus|schalten ["aus'ʃaltən] v. tr. éliminer ; exclure ; isoler. || ÉLECTR. *den Strom ausschalten*, couper le courant. || AUTOM. *einen Gang ausschalten*, changer de vitesse. | *den Motor ausschalten*, arrêter le moteur. || TECHN. *die Kupplung ausschalten*, débrayer.

Aus|schaltung [-tuŋ] f. (-, en). ÉLECTR. coupure f. ; disjonction f. ; interruption f. || FIG., POLIT. *Ausschaltung eines Ministers*, FAM. limogeage (m.) d'un ministre.

Aus|schank ['ausʃaŋk] m. (s, ¨e) débit (m.) de boissons ; estaminet m.

Ausschank|recht ["ausʃaŋk'rɛçt] n. (s, e). JUR. licence f.

Aus|schau ['ausʃau] f. (-) tour (m.) d'horizon ; vue f. ; regard m. | *Ausschau halten*, scruter l'horizon.

aus|schauen ["aus'ʃauən] v. intr. | *nach jm ausschauen*, chercher qn du regard ; regarder ; observer. || PAR EXT. [aussehen] *böse ausschauen*, avoir l'air méchant.

aus|scheiden ["aus'ʃaidən] (ie, ie) v. intr. se séparer ; s'en aller. | *aus dem Geschäft ausscheiden*, se retirer des affaires. || SPORT. *eine Mannschaft scheidet aus*, une équipe est éliminée.
◇ v. tr. séparer ; écarter ; éliminer. || CHIM. *ein Gas ausscheiden*, dégager un gaz. || MÉD. *Eiter ausscheiden*, sécréter du pus.

Aus|scheidung [-duŋ] f. (-, en) séparation f. || SPORT. élimination f. || MÉD. sécrétion f. || ANAT. désassimilation f. || TECHN. départ m. ; dépôt m.

Ausscheidungs|kampf ["ausʃaiduŋs'kampf] m. (s, ¨e). SPORT. épreuve (f.) éliminatoire ; éliminatoire f. ||°**-spiel** n. (s, e). SPORT. match (m.) de sélection.

aus|schelten ["aus'ʃɛltən] (i, a, o) v. tr. gronder ; tancer.
— SYN. : *rügen*, reprendre ; *einen Verweis geben*, attraper.

aus|schenken ["aus'ʃɛŋkən] v. tr. verser (à boire). || PAR EXT. tenir un débit (de boissons).

aus|scheren ["aus'ʃe:rən] v. intr. MAR. dévier ; changer de direction. || [Fahrzeug] déboîter.

aus|schicken ["aus'ʃikən] v. tr. envoyer ; expédier.

aus|schießen ["aus'ʃi:sən] (o, o) v. tr. tirer ; détruire en tirant ; user en tirant. | *ihm wurde ein Auge ausgeschossen*, un coup de feu lui fit perdre un œil. || PAR ANAL. *einen Preis ausschießen*, gagner un prix de tir.

aus|schiffen ["aus'ʃifən] v. tr. débarquer.

Aus|schiffung [-fuŋ] f. MAR. débarquement m.

aus|schimpfen ["aus'ʃimpfən] v. tr. gronder ; injurier ; tancer. || FAM. passer un savon à qn.

aus|schlachten ["aus'ʃlaxtən] v. tr. dépecer. | *einen Wagen ausschlachten*, démolir une voiture. || FIG. exploiter. | *alles für sich ausschlachten*, faire flèche de tout bois. ‖[Presse] *ein Ereignis ausschlachten*, exploiter un événement.

aus|schlafen ["aus'ʃlɑ:fən] (ä, ie, a) v. intr. FAM. faire la grasse matinée.
◇ v. tr. FIG., POP. *seinen Rausch ausschlafen*, cuver son vin.

Aus|schlag ['ausʃlɑ:k] m. (s, ¨e). PHYS. déviation f. ; oscillation f. | *Ausschlag der Magnetnadel*, déviation de la boussole. ‖ MAR. *Ausschlag des Steuers*, braquage (m.) du gouvernail. ‖ MÉD. éruption f. ‖ FIG. *den Ausschlag geben*, faire pencher la balance ; décider ; départager.

aus|schlagen ["aus'ʃlɑ:gən] (ä, u, a) v. tr. faire sortir. | *einen Zahn ausschlagen*, casser une dent. ‖ FIG. *das schlägt dem Faß den Boden aus*, cela passe la mesure ; c'est le bouquet. ‖ PAR ANAL. *mit Samt ausschlagen*, garnir, tendre de velours. ‖ PAR EXT. [verweigern] rejeter. | *eine Bitte ausschlagen*, repousser une demande.
◇ v. intr. ruer. | *das Pferd schlägt aus*, le cheval rue. ‖ *das Herz hat ausgeschlagen*, le cœur a cessé de battre. ‖ *die Waage schlägt aus*, la balance penche. ‖ *die Bäume schlagen aus*, les arbres bourgeonnent. ‖ FIG. *es schlägt zu meinem Vorteil aus*, cela tourne à mon avantage.

ausschlag|gebend ["ausʃla:k'ge:bənt] adj. décisif ; déterminant ; crucial.

Aus|schlagung ["aus'ʃlɑ:guŋ] f. (-). JUR. refus m.

aus|schließen ["aus'ʃli:sən] (o, o) v. tr. exclure ; excepter. | *niemanden davon ausschließen*, n'en excepter personne. | *er hat mich ausgeschlossen*, il m'a fermé sa porte.
◇ part. pass. et adj. **ausgeschlossen,** excepté. | *Sonntag ausgeschlossen*, excepté le dimanche.

aus|schließlich [-'ʃli:sliç] adj. (gén.) et adv. exclusif ; privatif ; à l'exclusion de. | *eine ausschließliche Gunst*, une faveur exclusive.

Aus|schließlichkeit [-liçkait] f. (-) exclusivité f.

aus|schlüpfen ["aus'ʃlypfən] v. intr. éclore.

Aus|schluß ['ausʃlus] m. (es, ¨e) exclusion f. ; forclusion f. | *Ausschluß aus dem Verein*, exclusion de la société. ‖ JUR. *Ausschluß der Gütergemeinschaft*, séparation (f.) de biens. | *unter Ausschluß der Öffentlichkeit*, à huis clos. ‖ ADM. *zeitweiliger Ausschluß vom Dienst*, suspension f. ‖ SPORT. disqualification f.

aus|schmücken ["aus'ʃmykən] v. tr. parer ; orner ; décorer. ‖ FIG. *eine Nachricht ausschmücken*, enjoliver une information.

Aus|schmückung [-kuŋ] f. (-, en) [Handlung] décoration f. ‖ [Resultat] parure f. ; décor m. ; ornementation f.

aus|schnappen ["aus'ʃnapən] v. intr. se lâcher ; se débander ; se déclencher.

aus|schneiden ["aus'ʃnaidən] (schnitt, geschnitten) v. tr. découper ; échancrer.
◇ part. pass. et adj. **ausgeschnitten,** *ausgeschnittenes Kleid*, robe décolletée.

Aus|schnitt ['ausʃnit] m. (s, e) échancrure f. ; coupure f. | *Ausschnitt aus einem Buch*, extrait (m.) d'un livre. | *zackiger Ausschnitt*, déchiqueture f. ‖ [Kleid] décolleté m. ‖ COMM. *im Ausschnitt verkaufen*, vendre au détail. | *Zeitungsausschnitt*, coupure de presse.

aus|schöpfen ["aus'ʃøpfən] v. tr. puiser ; épuiser. | *einen Brunnen ausschöpfen*, mettre un puits à sec. ‖ FIG. *alle Möglichkeiten ausschöpfen*, épuiser toutes les possibilités.

aus|schreiben ["aus'ʃraibən] (ie, ie) v. tr. **1.** écrire en toutes lettres. | *seinen Namen (voll) ausschreiben*, écrire son nom en toutes lettres.
2. PAR ANAL. transcrire ; copier. | *eine Rechnung ausschreiben*, relever un compte.
3. copier des extraits (d'un texte).
4. faire savoir ; publier. | *eine Stelle ausschreiben*, déclarer un emploi vacant. | *einen Wettbewerb ausschreiben*, ouvrir un concours.
◇ part. pass. et adj. **ausgeschrieben,** *eine ausgeschriebene Handschrift haben*, avoir une écriture bien formée.

Aus|schreibung [-buŋ] f. (-, en) annonce f. ‖ ADM. *Ausschreibung eines Wettbewerbs*, ouverture (f.) d'un concours. ‖ ÉCON. appel (m.) d'offres.

aus|schreien ["aus'ʃraiən] (ie, ie) v. tr. annoncer à cor et à cri ; crier partout. | *Zeitungen ausschreien*, vendre des journaux à la criée.

aus|schreiten ["aus'ʃraitən] (i, i) v. intr. allonger le pas.

Aus|schreitung [-tuŋ] f. (-, en) excès m. ; infraction f. | *Ausschreitungen begehen*, faire des excès.

Aus|schuß ['ausʃus] m. (es, ¨e). **1.** FIG., COMM., ADM. [Rat] comité m. ; commission f. ; délégation f. | *beratender Ausschuß*, comité consultatif. | *geschäftsführender Ausschuß*, conseil (m.) de gestion.
2. COMM. [Abfall] déchet m. ; rebut m. ; perte f. | *Ausschußware*, marchandise (f.) de rebut ; camelote f.

aus|schütteln ["aus'ʃytəln] v. tr. secouer.

aus|schütten ["aus'ʃytən] v. tr. répandre ; (ren)-verser. | *einen Eimer ausschütten*, vider un seau. ‖ FIN. *eine Dividende ausschütten*, distribuer, répartir un dividende. ‖ FAM. *sein Herz ausschütten*, épancher son cœur ; s'ouvrir (à qn). | *das Kind mit dem Bade ausschütten*, jeter l'or avec les crasses ; rejeter les bonnes choses avec les mauvaises.
◇ v. pr. **sich ausschütten,** FIG., FAM. *sich vor Lachen ausschütten*, se tordre, se pâmer de rire.

Aus|schüttung [-tuŋ] f. (-, en). FIN. répartition f. ; distribution f. ; versement m. | *Ausschüttung der Dividende*, distribution des dividendes.

aus|schwärmen ["aus'ʃvɛrmən] v. intr. essaimer. ‖ MIL. se déployer en tirailleurs, en éclaireurs.

aus|schwefeln ["aus'ʃve:fəln] v. tr. soufrer.

aus|schweifen ["aus'ʃvaifən] v. tr. échancrer.
◇ part. pass. et adj. **ausgeschweift,** échancré ; galbé ; qui a des formes rondes.
◇ v. intr. dévier ; sortir des limites ; divaguer ; digresser. ‖ PAR EXT. faire des écarts.

aus|schweifend [-fənt] part. prés. et adj. FIG. extravagant ; déréglé. | *er führt ein ausschweifendes Leben*, il mène une vie déréglée. | *ausschweifende Phantasie*, imagination déréglée.
— SYN. : *liederlich*, débauché ; *lasterhaft*, libertin ; *schamlos*, dévergondé ; *zügellos*, effréné.

Aus|schweifung [-fuŋ] f. (-, en). FIG. excès m. ; débauche f. ; dérèglement m. ; débordements m. pl.

aus|schweigen (sich) [ziç"aus'ʃvaigən] (ie, ie) v. pr. se taire ; garder le secret.

Aus|schwemmung ["aus'ʃvɛmuŋ] f. (-, en). MÉD. diurèse f.

aus|schwenkbar ["aus'ʃvɛŋkbɑ:r] adj. TECHN. [horizontal] à bascule ; basculant. ‖ [vertikal] pivotant ; articulé.

aus|schwenken [-kən] v. tr. rincer.
◇ v. intr. TECHN. basculer ; pivoter.

aus|schwitzen ["aus'ʃvitsən] v. tr. éliminer par la transpiration. ‖ MÉD. exsuder.
◇ v. intr. exsuder ; bien transpirer.

aus|sehen ["aus'ze:ən] (ie, a, e) v. intr. paraître ; sembler. | *er sieht gut aus*, il a bonne mine. | *er sieht nach nichts aus*, il a l'air insignifiant. | *ganz harmlos aussehen*, avoir un air d'innocence. | *er sieht jünger aus, als er ist*, il paraît moins que son âge. | *er sieht danach* *aus*, il en a l'air. | *die Sache sieht günstig aus*, l'affaire prend (une) bonne tournure. || *aussehen wie*, ressembler à. | *es sieht nach Regen aus*; *es sieht aus, als ob es regnen wollte*, on dirait qu'il va pleuvoir. | *das sieht nach etwas aus*, cela fait bien.

◇ v. tr. voir jusqu'au bout ; voir tout. | *sich die Augen aussehen*, s'abîmer les yeux, la vue.

Aus|sehen [-ən] n. (s) air m. ; mine f. ; aspect m. ; apparence f. | *nach dem (bloßen) Aussehen urteilen*, juger sur l'apparence.

aus|sehend [-ent] part. prés. et adj. | *gut aussehend*, de belle apparence.

aus|senden [″aus'zɛndən] (sandte, gesandt et conjug. faible) v. tr. envoyer ; expédier. | *Boten aussenden*, envoyer des émissaires. | *ein Radioprogramm aussenden*, émettre un programme (de radio).

außen ['ausən] adv. [ohne Bewegung] dehors ; en dehors ; au-dehors ; à l'extérieur. | *außen herumgehen*, faire le tour par l'extérieur. || [Bewegung] *nach außen*, en dehors. | *diese Tür öffnet sich nach außen*, cette porte s'ouvre en dehors. | *von außen betrachtet*, vu de dehors. | *von außen her*, du dehors. | *von innen nach außen*, du dedans au dehors.

Außen ['ausən] m. (s, -). SPORT. ailier m. | *Linksaußen*, ailier gauche. | *Rechtsaußen*, ailier droit.

Außen|ansicht [″ausən'ansiçt] f. (-, en) vue extérieure ; aspect extérieur. ||°**-aufnahme** f. (-, n). FILM. tournage (m.) en extérieur. ||°**-bordmotor** m. (s, e). MAR. moteur (m.) hors bord ; moteur amovible ; motogodille f. ||°**-bordmotorboot** n. (s, e) canot (m.) hors-bord ; hors-bord m. ||°**-dienst** m. (es, e) service extérieur. || COMM. service (m.) de diffusion. ||°**-handel** m. (s) commerce extérieur. ||°**-handelsüberschuß** m. (es, ¨e) excédent (m.) de la balance commerciale. ||°**-minister** m. (s, -) ministre (m.) des Affaires étrangères. ||°**-ministerium** (s) ministère (m.) des Affaires étrangères. ||°**-politik** f. (-) politique extérieure. ||°**-seite** f. (-, n) [côté] extérieur ; dehors m. || TEXT. endroit m. ||°**-seiter** m. (s, -). FIG. [Einsamer] solitaire m. ; retiré m. | *gesellschaftlicher Außenseiter*, marginal(e) m. (f.). ||[Rennen] outsider m. ||°**-stände** m. pl. FIN. créances f. pl. ||°**-stelle** f. (-, n) service détaché ; succursale f. ||°**-stellung** f. (-, en). MIL. position avancée. ||°**-stürmer** m. (s, -). SPORT. ailier m. ||°**-welt** f. (-) monde extérieur. ||°**-winkel** m. (s, -) angle (m.) externe.

außer ['ausər] prép. (dat.) **1.** [außerhalb] hors de ; en dehors de. | *außer Haus sein*, être sorti ; ne pas être chez soi.

2. PAR ANAL. *ein Werk außer Tätigkeit setzen*, désaffecter une usine. | *außer Gefecht setzen*, mettre hors de combat. | *außer Kurs setzen*, retirer de la circulation. || ADM. *außer Dienst*, en dehors du service ; [im Ruhestand] (a.D.), à la retraite.

3. FIG. *außer Atem*, essoufflé. | *sich außer Atem laufen*, courir à perdre haleine. | *außer Fassung*, déconcerté ; désarçonné ; décontenancé. | *außer Rand und Band geraten*, être déchaîné ; avoir le diable au corps. | *außer sich sein*, être hors de soi. | *ich bin außer mir vor Freude*, je suis transporté de joie. | *außer sich geraten*, FAM. sortir de ses gonds. | *außer Acht lassen*, négliger ; ne pas tenir compte de. | *außer allem Zweifel*, sans aucun doute.

4. PAR EXT. [abgesehen von] outre ; excepté. | *außer ihm habe ich keinen Freund*, excepté lui, lui excepté, à part lui, je n'ai pas d'amis.

◇ loc. conj. **außer daß,** hormis que. | *sie ist eine schöne Frau, außer daß sie zu groß ist*, c'est une belle femme, hormis qu'elle est trop grande. — **außer wenn,** à moins que.

außer|amtlich [″ausər'amtliç] adj. officieux. ||°**-betriebsetzung** f. (-, en) mise (f.) hors service, hors d'usage. ||**-dem** adv. en outre, en plus. ||**-dienstlich** adj. en dehors du service. ||**-ehelich** adj. hors du mariage ; illégitime. | *außereheliches Kind*, enfant naturel. ||**-etatmäßig** adj. extrabudgétaire. ||**-fahrplanmäßig** adj. *außerfahrplanmäßiger Zug*, train (m.) supplémentaire. ||**-gerichtlich** adj. JUR. extra-judiciaire. | *außergerichtlicher Vertrag*, acte (m.) sous seing privé. ||**-gewöhnlich** adj. extraordinaire ; exceptionnel ; hors série. ||**-halb** adv. au-dehors ; à l'extérieur. | *ich weile außerhalb*, je ne suis pas chez moi. — prép. (gén.) hors de. | *außerhalb der Stadt*, *außerhalb des Landes*, hors (de la) ville ; à l'étranger. ||°**-kraftsetzung** f. (-, en) abrogation f. ; annulation f. ; invalidation f. ||°**-kurssetzung** f. (-, en). FIN. démonétisation f. ||**-ordentlich** adj. extraordinaire ; exceptionnel. || UNIV. *außerordentlicher Professor*, (professeur) chargé de cours. ||**-planmäßig** adj. hors programme. || FIN. extrabudgétaire. ||**-schulisch** adj. extrascolaire. ||**-stande** adv. hors d'état. | *außerstande sein*, être dans l'impossibilité (de). | *jn außerstande setzen, der Gesellschaft zu schaden*, mettre qn hors d'état de nuire à la société.

äußer ['ɔysər] adj. extérieur ; externe. | *äußerer Rand*, bord extérieur. | *der äußere Schein*, l'apparence extérieure. || MATH. *äußerer Winkel*, angle (m.) externe. || NUCL. *äußere Strahlenbelastung*, irradiation (f.) externe.

Äußere ['ɔysərə] n. (n) dehors m. ; extérieur m. ; apparences f. pl. | *von angenehmem Äußeren*, d'un physique agréable. | *viel auf das Äußere geben*, se fier trop aux apparences. | *auf sein Äußeres halten*, avoir toujours une mise soignée. || POLIT. *Minister des Äußeren*, ministre (m.) des Affaires étrangères.

äußerlich [-rliç] adj. extérieur. | *äußerliche Ruhe*, calme apparent. | *äußerlicher Eindruck*, impression superficielle. | *äußerliches Heilmittel*, remède (m.) pour l'usage externe. || PHILOS. extrinsèque. | *äußerlicher Wert*, valeur (f.) extrinsèque.|| FIG. *äußerlicher Mensch*, homme superficiel.

◇ adv. extérieurement ; du dehors ; en apparence.

Äußer|lichkeit ['ɔysərliçkait] f. (-, en) chose superficielle ; formalité f. | *sich nur an Äußerlichkeiten halten*, ne s'attacher qu'aux apparences.

äußern ['ɔysərn] v. tr. et v. pr. manifester ; marquer ; extérioriser ; dire. | *wodurch äußert sich die Krankheit ?*, quels sont les symptômes de cette maladie ? | *einen Wunsch äußern*, exprimer un désir. | *seine Meinung äußern*, dire son avis. | *sich zu etwas äußern*, dire son avis sur qch.

äußerst ['ɔysərst] adj. (superl. de **äußer**) le plus éloigné ; dernier ; extrême. | *der äußerste Stadtrand*, l'extrême bordure (f.) de la ville. | *das äußerste Dorf*, le village le plus éloigné. | *das äußerste Ende*, le bout. | *äußerster Termin*, dernier délai. | *äußerste Linke*, extrême gauche f. || FIG. extrême. | *jn zum Äußersten bringen*, exaspérer qn. | *jn aufs Äußerste treiben*, mettre, pousser qn à bout. | *die äußersten Mittel anwenden*, FIG. employer les grands moyens. | *zum Äußersten kommen*, en venir aux dernières extrémités. | *auf das, aufs Äußerste*, à outrance ; à bout ; extrêmement. | *aufs Äußerste gefaßt sein*, s'attendre au pire. | *sein Äußerstes tun*, faire (tout) son possible.

◇ adv. extrêmement ; fort. | *das ist äußerst lächerlich*, c'est du dernier ridicule.

Äußerung ['ɔysəruŋ] f. (-, en) manifestation f. ; propos m. ; dires m. pl. ; déclaration f. | *gutachtliche Äußerung*, avis motivé ; expertise f.

aus|setzen [″aus'zɛtsən] v. tr. **1.** mettre dehors ; exposer. | *ein Rettungsboot aussetzen*, mettre un canot

(de sauvetage) à la mer. | *ein Kind aussetzen*, abandonner un enfant.
2. PAR ANAL. [festlegen] fixer ; proposer. | *eine Rente aussetzen*, constituer une rente. | *einen Preis aussetzen*, attribuer un prix.
3. PAR EXT. interrompre ; suspendre. | *die Zahlungen aussetzen*, suspendre les paiements. || JUR. *die Vollstreckung aussetzen*, suspendre l'exécution.
4. [tadeln] critiquer ; blâmer. | *es gibt mancherlei an diesem Werk auszusetzen*, il y a bien des choses à critiquer dans cet ouvrage.
◇ v. intr. arrêter. | *mit der Arbeit aussetzen*, arrêter le travail. || MÉD. *das Herz setzt aus*, le cœur s'arrête, cesse de battre. || TECHN. *der Motor setzt aus*, le moteur a des ratés.
◇ v. pr. **sich aussetzen,** s'exposer. | *sich einer Gefahr aussetzen*, courir un danger. | *sich der Kritik aussetzen*, donner prise à la critique.

Aus|setzen [-tsən] n. (s), °**-setzung** [-tsuŋ] f. (-, en) exposition f. ; débarquement m. | *Aussetzung von Truppen*, débarquement de troupes. | *Aussetzung eines Kindes*, abandon (m.) d'un enfant. || PAR ANAL. *Aussetzung einer Rente*, constitution (f.) d'une rente. | *Aussetzung eines Preises*, attribution (f.) d'un prix. || FIN. *Aussetzung von Kursnotierungen*, cotation réservée. || PAR EXT. *Aussetzung der Arbeit*, arrêt (m.) du travail. || TECHN. *Aussetzung des Stroms*, interruption (f.) du courant. | *Aussetzung des Motors*, raté (m.) du moteur. || MÉD. *Aussetzung des Pulses*, arrêt (m.), intermittence (f.) du pouls.

Aus|sicht ['ausziçt] f. (-, en) vue f. (sur) ; perspective f. ; coup d'œil m. | *Aussicht aufs Meer*, vue sur la mer. | *eine schmale Aussicht zwischen Bäumen*, une échappée entre les arbres. || FIG. perspective f. ; chance f. ; espérance f. | *gute Aussichten haben*, avoir de bonnes chances. | *etwas in Aussicht haben*, avoir qch. en vue. | *in Aussicht nehmen*, se proposer de. | *jm etwas in Aussicht stellen*, faire espérer, entrevoir qch. à qn.

aussichts|los ["ausziçts'lo:s] adj. sans espoir ; désespéré. | *aussichtsloser Fall*, cas désespéré. ||°**-punkt** m. (s, e) point (m.) de vue. ||**-reich** adj. FIG. prometteur. ||°**-turm** m. (s, ¨e) observatoire m. ; belvédère m.

aus|sieben ["aus'zi:bən] v. tr. cribler ; tamiser.

aus|sinnen ["aus'zinən] (a, o) v. tr. imaginer ; inventer ; machiner.

aus|söhnen ["aus'zø:nən] v. tr. et v. pr. (se) réconcilier.

Aus|söhnung [-nuŋ] f. (-, en) réconciliation f.

aus|sondern ["aus'zɔndərn] v. tr. trier ; démêler ; séparer. || JUR. distraire. || CHIM. sécréter.

Aus|sonderung [-dəruŋ] f. (-, en) tri m. ; triage m. ; choix m. ; séparation f. ; élimination f. || CHIM. sécrétion f. || JUR. distraction f.

aus|sortieren ["aussɔr'ti:rən] v. tr. trier ; assortir.

aus|spähen ["aus'ʃpɛ:ən] v. tr. et v. intr. épier ; guetter. || MIL. reconnaître. || PÉJOR. espionner.

aus|spannen ["aus'ʃpanən] v. tr. déployer ; (é)tendre. | *seine Flügel ausspannen*, déployer ses ailes. || dételer. | *ein Pferd ausspannen*, dételer un cheval. || FIG. *(sich) ausspannen*, se délasser.

Aus|spannung [-nuŋ] f. (-) détente f. ; repos m.

aus|speien ["aus'ʃpaiən] v. tr. cracher ; vomir.

aus|sperren ["aus'ʃpɛrən] v. tr. écarter. || PAR EXT. *jn aussperren*, fermer la porte à qn. | *Arbeiter aussperren*, renvoyer des ouvriers ; avoir recours au lock-out.

Aus|sperrung [-ruŋ] f. (-) fermeture (f.) de l'atelier, de l'usine ; lock-out m.

aus|spielen ["aus'ʃpi:lən] v. tr. jouer. || FIG. *er spielt den letzten Trumpf aus*, il joue son va-tout ; il brûle sa dernière cartouche.
◇ v. intr. [Spiel] jouer le premier. || SPORT. jouer un match. || FIG., FAM. *er hat ausgespielt*, il est au bout du rouleau.

aus|spinnen ["aus'ʃpinən] (a, o) v. tr. FIG. étendre ; délayer ; imaginer. | *eine Geschichte ausspinnen*, imaginer une histoire.

aus|spionieren ["ausʃpio'ni:rən] v. tr. espionner.

Aus|sprache ["aus'ʃprɑ:xə] f. (-, n) prononciation f. | *eine gute Aussprache haben*, avoir une bonne diction. | *eine fremdartige Aussprache haben*, parler avec un accent étranger. || PAR EXT. discussion f. ; explication f. | *ich wünsche eine offene Aussprache mit Ihnen*, j'aimerais m'expliquer franchement avec vous.

Aussprache|bezeichnung ["ausʃprɑ:xəbe'tsaiçnuŋ] f. (-, en) prononciation figurée.

aus|sprechen ["aus'ʃprɛçən] (i, a, o) v. tr. et v. pr. (se) prononcer. | *deutlich aussprechen*, bien articuler. | *sich für jn aussprechen*, se prononcer pour, en faveur de qn. | *seine Meinung aussprechen*, donner son avis. | *ein Urteil aussprechen*, prononcer un jugement.

aus|spritzen ["aus'ʃpritsən] v. tr. faire jaillir. || laver (avec un jet d'eau).

Aus|spruch ['ausʃprux] m. (s, ¨e) sentence f. || JUR. jugement m. | *Ausspruch der Geschworenen*, verdict (m.) du jury.

aus|spucken ["aus'ʃpukən] v. tr. cracher.

aus|spülen ["aus'ʃpy:lən] v. tr. rincer. | *das Geschirr ausspülen*, laver la vaisselle. | *den Mund ausspülen*, se rincer la bouche. || *das Ufer ausspülen*, éroder, miner le rivage. | *die Wurzeln ausspülen*, déchausser les racines.

Aus|spülung [-luŋ] f. (-, en) lavage m. ; rinçage m. || érosion f.

aus|staffieren ["ausʃta'fi:rən] v. tr. garnir ; équiper. || FIG. étoffer.
◇ v. pr. **sich ausstaffieren,** FAM. *sich lächerlich ausstaffieren*, se fagoter drôlement.

Aus|staffierung [-ruŋ] f. accoutrement m.

Aus|stand ['ausʃtant] m. (s, ¨e) [Streik] grève f. | *in den Ausstand treten*, se mettre en grève. || COMM. [Forderung] créance f. | *Ausstände einziehen*, recouvrer des créances.

aus|ständig ["aus'ʃtɛndiç] adj. *ausständige Arbeiter*, grévistes m. pl. || COMM. *ausständige Zahlungen*, paiements arriérés.

aus|stanzen ["aus'ʃtantsən] v. tr. MÉTALL. découper ; poinçonner.

aus|statten ["aus'ʃtatən] v. tr. équiper ; pourvoir de. | *ein Zimmer ausstatten*, meubler, décorer une pièce. | *ein Schiff ausstatten*, armer, équiper un navire. | *mit Vollmacht ausstatten*, donner pleins pouvoirs.

Aus|stattung [-tuŋ] f. (-, en) équipement m. | *Ausstattung eines Buches*, présentation (f.) d'un livre. | *vornehme Ausstattung*, mise élégante. || THÉÂTRE. *Ausstattung*, décors m. pl. | *Oper in großer Ausstattung*, opéra (m.) à grand spectacle. || COMM. conditionnement m. (d'un article).

aus|stechen ["aus'ʃtɛçən] (i, a, o) v. tr. enlever avec un instrument pointu ou tranchant. | *Rasen ausstechen*, enlever du gazon. | *Torf ausstechen*, extraire de la tourbe. | *jm die Augen austechen*, crever les yeux à qn. || TECHN. graver ; pointer. || PAR ANAL. supplanter ; évincer ; FAM. couper l'herbe sous le pied de qn.

aus|stehen ["aus'ʃte:ən] **(stand, gestanden)** v. intr. **1.** être à l'étalage.
2. être en souffrance, en retard. | *seine Antwort steht*

noch aus, on n'a pas encore sa réponse. || COMM. *ausstehende Gelder*, sommes (f. pl.) à recouvrer.
◇ v. tr. FIG. subir ; supporter. | *den Schmerz austehen*, supporter la douleur. | *jn nicht ausstehen können*, ne pas pouvoir supporter qn.

aus|steigen ["aus'ʃtaigən] (ie, ie) v. intr. descendre ; débarquer. | *alles aussteigen!*, tout le monde descend !

Aus|steiger(in) ["aus'ʃtaigər(in)] m. (s, -), f. (-, nen) marginal(e) m. (f.).

aus|stellen ["aus'ʃtɛlən] v. tr. exposer. | *Bilder ausstellen*, exposer des tableaux. | *Waren ausstellen*, mettre des marchandises à l'étalage. || MIL. *Posten ausstellen*, disposer des sentinelles. || COMM. établir. | *eine Rechnung ausstellen*, établir une facture. | *einen Scheck ausstellen*, tirer un chèque. | *einen Wechsel ausstellen*, tirer une traite. || ADM. *eine Bescheinigung, ein Zeugnis ausstellen*, délivrer un certificat.

Aus|steller [-lər] n. (s, -) [Messe] exposant m. || [Geschäft] étalagiste m. || [Wechsel] tireur m.

Aus|stellung [-luŋ] f. (-, en) étalage m. ; exposition f. | *Ausstellung von Gemälden*, exposition de tableaux. || *Ausstellung einer Rechnung*, établissement (m.) d'une facture. | *Ausstellung eines Wechsels*, émission (f.) d'une traite. | *Ausstellung eines Visums*, délivrance (f.) d'un visa.

Ausstellungs|datum ["ausʃtɛluŋs'dɑ:tum] n. (s, ten) date (f.) d'émission. ||°**-gegenstand** ["—/'—] m. (s, ¨e) objet exposé. ||°**-gelände** n. (s) terrain (m.) d'exposition. ||°**-halle** f. (-, n) pavillon (m.) d'exposition. ||°**-stand** m. (s, ¨e) stand (m.) d'exposition. ||°**-ware** f. (-, n) marchandise destinée à l'exposition.

Aussterbe|etat ["ausʃtɛrbəe'tɑ:] m. (s, s) *auf den Aussterbeetat setzen*, condamner à disparaître ; considérer comme perdu.

aus|sterben ["aus'ʃtɛrbən] (i, a, o) v. intr. [Familie] s'éteindre. || [Rasse] disparaître. || [Stadt] se dépeupler. || [Pflanze] périr.

Aus|sterben n. (s, -) *vom Aussterben bedrohte Art*, espèce (f.) en voie de disparition.

Aus|steuer ["aus'ʃtɔyər] f. (-, n) trousseau m. ; dot f.

aus|steuern [-ərn] v. tr. ÉLECTR. régler.

Aus|stieg ['ausʃti:k] m. (s, e) descente f. || [Verkehrsmittel] sortie f.

aus|stopfen ["aus'ʃtɔpfən] v. tr. rembourrer ; capitonner. | *Tiere ausstopfen*, naturaliser, empailler des animaux.

Aus|stoß ['ausʃto:s] m. (es, ¨e). COMM. production (f.) d'une entreprise.

aus|stoßen ["aus'ʃto:sən] (ö, ie, o) v. tr. expulser ; rejeter ; émettre avec force. | *einem Faß den Boden ausstoßen*, défoncer un tonneau. | *Feuer ausstoßen*, cracher du feu. | *einen Schrei ausstoßen*, pousser un cri. | *Drohungen ausstoßen*, proférer des menaces. | *aus einer Partei ausstoßen*, exclure, radier qn d'un parti.

Aus|stoßen [-sən] n. (s), °**-stoßung** [-suŋ] f. (-, en) expulsion f. ; émission f. ; exclusion f. ; élimination f. || [Rakete] lancement m.

aus|strahlen ["aus'ʃtrɑ:lən] v. tr. et v. intr. rayonner ; émettre des rayons. | *Wärme ausstrahlen*, répandre de la chaleur.

Aus|strahlung [-luŋ] f. (-, en) rayonnement m. ; radiation f. ; irradiation f. ; radiance f. | *spektrale Ausstrahlung*, radiance spectrale. | *Ausstrahlung von Wellen*, émission (f.) d'ondes.

aus|strecken ["aus'ʃtrɛkən] v. tr. et v. pr. (s')étendre ; (s')étirer.

aus|streichen ["aus'ʃtraiçən] (i, i) v. tr. rayer ; biffer ; raturer. | *ein Wort ausstreichen*, biffer un mot. | *die Falten ausstreichen*, effacer les plis. || PAR ANAL. graisser. | *mit Fett, mit Farbe ausstreichen*, enduire de graisse, de peinture.

aus|streuen ["aus'ʃtrɔyən] v. tr. épandre ; répandre ; disséminer ; disperser. || FIG. semer ; propager. | *Gedanken ausstreuen*, semer, propager des idées. | *Gerüchte ausstreuen*, répandre des (faux) bruits.

aus|strömen ["aus'ʃtrø:mən] v. intr. s'écouler ; se répandre ; couler à flots ; se dégager ; émaner. || PHYS. *Gas strömt aus*, il y a une fuite de gaz.
◇ v. tr. répandre ; verser à flots ; déverser ; émettre. || FIG. *dieser Mensch strömt Kraft und Ruhe aus*, cet homme dégage une impression de force et de calme.

Aus|strömung [-muŋ] f. (-). CHIM. dégagement m. ; émanation f.

aus|suchen ["aus'zu:xən] v. tr. choisir ; sélectionner ; trier. | *sorgfältig aussuchen*, FIG. trier sur le volet. | *ausgesuchte Waren*, marchandises (f. pl.) de premier choix.

Aus|tausch ['austauʃ] m. (es, e) échange m. ; troc m. | *Austauschprofessor*, professeur associé. | *Austauschstoff*, produit de remplacement ; ersatz.

aus|tauschbar ["aus'tauʃbɑ:r] adj. interchangeable.

aus|tauschen ["aus'tauʃən] v. tr. échanger ; troquer ; permuter.

aus|teilen ["aus'tailən] v. tr. distribuer ; répartir. | *Faustschläge austeilen*, donner des coups de poing.

Aus|teilung [-luŋ] f. (-, en) distribution f.

Auster ['austər] f. (-, n). ZOOL. huître f.

Austern|bank ["austərn'baŋk] f. (-, ¨e). MAR. banc (m.) d'huîtres ; huîtrière f. ||°**-fischer** m. (s, -). MAR. pêcheur (m.) d'huîtres. || ZOOL. pie (f.) de mer ; huîtrier m. ||°**-händler(in)** m. (s, -), f. (-, nen) écailler m., écaillère f. ||°**-messer** n. (s, -) couteau (m.) à huîtres. ||°**-zucht** f. (-) ostréiculture f.

aus|tilgen ["aus'tilgən] v. tr. exterminer ; extirper ; détruire.

aus|toben ["aus'to:bən] v. intr. donner libre cours à sa fureur.
◇ v. tr. *seinen Zorn austoben*, décharger sa colère. | *Jugend will sich austoben*, il faut que jeunesse se passe.
◇ v. pr. **sich austoben,** POP. s'éclater.

aus|tollen (sich) [ziç"aus'tɔlən] v. pr. faire le fou, des folies.

Austrag ['austrɑ:k] m. (s, ¨e) solution f. (d'une affaire). | *zum Austrag bringen*, arranger, régler (une affaire). || SPORT. *einen Wettkampf zum Austrag bringen*, organiser une compétition.

aus|tragen ["aus'trɑ:gən] (ä, u, a) v. tr. sortir ; porter dehors. | *Post austragen*, distribuer du courrier. || mener à bout. | *einen Streit austragen*, régler un différend, une querelle. || PAR EXT. *ein Kind austragen*, mener la grossesse à terme. || SPORT. *einen Wettkampf austragen*, disputer une compétition.
◇ part. pass. et adj. **ausgetragen,** *ausgetragenes Kind*, enfant venu à terme. | *ausgetragene Kleider*, vêtements hors d'usage.

Aus|träger ["aus'trɛ:gər] m. (s, -) facteur m. ; distributeur m.

Aus|tragung ["aus'trɑ:guŋ] f. (-, en) distribution f.

Australien [aus'trɑ:liən] n. pr. n. GÉOGR. Australie f.

Australier(in) [-liər(in)] m. (s, -), f. (-, nen) Australien(ne) m. (f.).

australisch [-liʃ] adj. australien(ne).

Austrasien [aus'tra:ziən] n. pr. n. HIST. Austrasie f.

aus|treiben ["aus'traibən] (ie, ie) v. tr. chasser ; expulser ; faire sortir. | *das Vieh austreiben*, conduire le bétail au pâturage. || FIG. *den Teufel austreiben*, exorciser le démon. | *den Teufel durch Beelzebub austreiben*, FAM. choisir un remède pire que le mal. || PAR ANAL. faire passer. | *ein Übel austreiben*, faire passer un mal. || TECHN. [ausbauchen] emboutir. ◇ v. intr. BOT. pousser ; bourgeonner.

Aus|treibung [-buŋ] f. (-, en) expulsion f. | *Austreibung aus dem Besitz*, éviction (f.) de la propriété. | *Austreibung aus dem Paradies*, expulsion du paradis. | *Austreibung von bösen Geistern*, exorcisme m.

aus|treten ["aus'tre:tən] (i, a, e) v. intr. sortir ; quitter. | *der Fluß tritt aus*, le fleuve déborde. | *aus einem Verein austreten*, sortir d'une association. | *aus dem Kloster ausgetretener Mönch*, moine défroqué. || POP. aller quelque part.
◇ v. tr. écraser. | *Schuhe austreten*, éculer des chaussures. | *Feuer austreten*, éteindre le feu (avec le pied). || FIG. *die Kinderschuhe ausgetreten haben*, être sorti de l'enfance.

Austria ['austria] n. pr. n. GÉOGR. Autriche f.

aus|trinken ["aus'triŋkən] (a, u) v. tr. vider son verre ; boire tout.

Aus|tritt ['austrit] m. (s, e) sortie f. || ADM. démission f. || CHIM. *Austritt von Gas*, dégagement (m.) de gaz.

aus|trocknen ["aus'trɔknən] v. tr. dessécher ; assécher ; tarir ; mettre à sec. || CHIM. déshydrater. ◇ v. intr. (se) tarir ; se dessécher.

Aus|trocknung [-nuŋ] f. (-, en) assèchement m. || CHIM. déshydratation f.

aus|trommeln ["aus'trɔməln] v. tr. annoncer au son du tambour. || FIG. colporter.

aus|trompeten ["austrɔm'pe:tən] v. tr. annoncer, publier à son de trompe.

aus|tüfteln ["aus'tyftəln] v. tr. FAM. ratiociner ; combiner avec astuce.

aus|üben ["aus'y:bən] v. tr. exercer ; pratiquer. | *einen Beruf ausüben*, exercer une profession. | *Einfluß auf etwas* (acc.) *ausüben*, influer sur qch. | *Reiz ausüben*, exercer son charme. | *an jm Rache ausüben*, tirer vengeance de qn. || POLIT. *ausübende Gewalt*, pouvoir exécutif. || JUR. *ein Recht ausüben*, user d'un droit. | *ein Verbrechen ausüben*, commettre, perpétrer un crime. || FIN. *eine Option ausüben*, lever une option.

Aus|übung [-buŋ] f. exercice m. ; opération f. ; pratique f. | *Ausübung eines Berufs*, exercice d'une profession. || JUR. *Ausübung eines Rechts*, exercice d'un droit. || ADM. *in Ausübung seines Dienstes*, dans l'exercice de ses fonctions.

aus|ufern ["aus'u:fərn] v. intr. déborder.

Aus|verkauf ["ausfɛr'kauf] m. (s, ¨e). COMM. liquidation f. || [Sonderverkauf] soldes m. pl.

aus|verkaufen [-fən] v. tr. COMM. liquider ; solder. | *die Ware ist ausverkauft*, l'article est épuisé. || THÉÂTRE. *das Stück ist ausverkauft*, on joue à bureaux fermés ; on fait salle comble.

aus|wachsen ["aus'vaksən] (ä, u, a) v. intr. se développer ; arriver à sa croissance. | *er ist fast ausgewachsen*, il est arrivé presque au terme de sa croissance.
◇ v. pr. **sich auswachsen,** FIG. *diese Streitigkeiten wachsen sich zu einem Kriege aus*, ces différends vont engendrer une guerre.

Aus|wahl ['ausva:l] f. (-, en) choix m. ; sélection f. ; élite f. | *eine Auswahl treffen, vornehmen*, faire un choix ; choisir. || COMM. *zur Auswahl*, au choix. | *eine reiche Auswahl vorlegen*, présenter un grand assortiment.

Auswahl|mannschaft ["ausva:l'manʃaft] f. (-, en). SPORT. sélection f. ||°**-verfahren** n. (s, -). SPORT. épreuve (f.) éliminatoire.

aus|wählen ["aus'vɛ:lən] v. tr. choisir ; faire son choix.

aus|walzen ["aus'valtsən] v. tr. TECHN. laminer.

Aus|wanderer ["aus'vandərər] m. (s, -) émigrant m.

aus|wandern [-dərn] v. intr. émigrer ; quitter sa patrie.

Aus|wanderung [-dəruŋ] f. (-, en) émigration f.

aus|wärtig ["aus'vɛrtiç] adj. étranger ; extérieur. || COMM. *auswärtiger Handel*, commerce extérieur. || POLIT. *auswärtige Angelegenheiten*, Affaires étrangères. | *auswärtiges Amt*, ministère (m.) des Affaires étrangères. | *Minister des Auswärtigen*, ministre (m.) des Affaires étrangères. | *auswärtige Politik*, politique extérieure. || *auswärtiger Schüler*, (élève) externe m.

aus|wärts ['ausvɛrts] adv. dehors, au-dehors ; en dehors. | *auswärts essen*, manger en ville. | *auswärts wohnen*, habiter la banlieue.

Auswärts|spiel ["ausvɛ:rts'ʃpi:l] n. (s, e) match (m.) à l'extérieur, en déplacement.

aus|waschen ["aus'vaʃən] (ä, u, a) v. tr. laver ; rincer. | *einen Fleck auswaschen*, enlever une tache. | *ausgewaschenes Kleid*, robe délavée. || GÉOL. *das Ufer auswaschen*, ronger, creuser la rive.

Aus|waschung [-ʃuŋ] f. (-, en) lavage m. ; rinçage m. || GÉOL. érosion f. || TECHN. lixiviation f.

aus|wechselbar ["aus'vɛksəlba:r] adj. échangeable ; interchangeable ; amovible.

aus|wechseln ["aus'vɛksəln] v. tr. changer ; échanger ; rechanger ; remplacer ; renouveler.

Aus|wechs(e)lung [-s(ə)luŋ] f. (-, en) changement m. ; remplacement m. ; échange m.

Aus|weg ['ausve:k] m. (s, e) issue f. ; sortie f. || FIG. échappatoire f. ; faux-fuyant m.

aus|weglos ["ausve:k'lo:s] adj. sans issue ; désespéré.

Ausweg|losigkeit [-'loziçkait] f. (-) situation sans issue, désespérée.

aus|weichen ["aus'vaiçən] (i, i) v. intr. se garer ; se ranger de côté ; éviter. | *einem Wagen ausweichen*, éviter une voiture. | *einem Stoß ausweichen*, esquiver un coup. | *dem Kampf ausweichen*, refuser le combat. | *einer Frage ausweichen*, éluder une question. | *einer Gefahr ausweichen*, parer un danger.
◇ part. prés. et adj. **ausweichend,** *ausweichende Antwort*, réponse évasive. || adv. *ausweichend antworten*, FAM. répondre en Normand.

Ausweich|flughafen ["ausvaiç'flu:kha:fən] m. (s, ¨). AÉRON. aérodrome (m.) de dégagement, de déroutement.

aus|weiden ["aus'vaidən] v. tr. [Jagd] éventrer ; vider.

aus|weinen ["aus'vainən] v. intr. et v. tr. finir de pleurer ; pleurer toutes les larmes de son corps.

Aus|weis ['ausvais] m. (es, e) pièce (f.) d'identité ; passeport m. ; papiers m. pl. ; laissez-passer m. | *den Ausweis vorzeigen*, montrer ses papiers, son laissez-passer.

aus|weisen ["aus'vaizən] (ie, ie) v. tr. [entfernen] expulser ; chasser ; mettre à la porte ; exclure. | *jn aus dem Lande ausweisen*, expulser qn du pays. || PAR EXT. démontrer ; justifier.
◇ v. pr. **sich ausweisen,** justifier de sa qualité.

Ausweis|karte ["ausvais'kartə] f. (-, n) carte (f.) d'identité. ||°**-papier** n. (s, e) pièce (f.) d'identité.

Aus|weisung ["aus'vaizuŋ] f. (-, en) expulsion f. ; bannissement m. ; interdiction (f.) de séjour.

aus|weiten ["aus'vaitən] v. tr. et v. pr. (s')élargir ; (s')étendre ; (s')évaser.

Aus|weitung [-tuŋ] f. (-, en) élargissement m. ; extension f. ; évasement m.

aus|wendig ["aus'vəndiç] adj. extérieur. | *die auswendige Seite*, le côté extérieur.
◇ adv. extérieurement ; à l'extérieur. || FIG. *einen Wald auswendig kennen*, connaître une forêt par cœur. | *ein Gedicht auswendig lernen*, apprendre une poésie par cœur. | *auswendig können*, savoir par cœur. | *einen Menschen in- und auswendig kennen*, connaître un homme comme sa poche.

aus|werfen ["aus'vɛrfən] (i, a, o) v. tr. jeter dehors ; rejeter ; expulser. | *einen Graben auswerfen*, creuser un fossé. | *Patronenhülsen auswerfen*, éjecter des douilles. || MAR. *den Anker auswerfen*, jeter l'ancre. | *ein Netz auswerfen*, jeter un filet. || MÉD. *Blut auswerfen*, cracher du sang.

aus|werten ["aus'vɛrtən] v. tr. exploiter. || [Presse ; Literatur] dépouiller.

Aus|wertung [-tuŋ] f. (-, en) exploitation f.

aus|wetzen ["aus'vɛtsən] v. tr. *eine Scharte auswetzen*, enlever une brèche (en aiguisant) ; FIG. réparer un échec.

aus|wickeln ["aus'vikəln] v. tr. débrouiller. | *ein Baby auswickeln*, démailloter un bébé.

aus|wiegen ["aus'vi:gən] (o, o) v. tr. peser exactement. | *ausgewogene Ernährung*, équilibre alimentaire, nutritionnel. || FIG. *eine ausgewogene Rede*, un discours mesuré.

aus|wirken ["aus'virkən] v. tr. [verschaffen] obtenir.
◇ v. pr. **sich auswirken,** produire tout son effet. | *sich (voll) auf etwas auswirken*, se répercuter sur qch. ; produire son (plein) effet sur qch.

Aus|wirkung [-kuŋ] f. (-, en) effet m. ; conséquence f. ; répercussion f.

aus|wischbar ["aus'viʃba:r] adj. effaçable.

aus|wischen [-ʃən] v. tr. effacer ; éponger.

aus|wringen ["aus'vriŋən] (a, u) v. tr. essorer.

Aus|wuchs ['ausvuks] m. (es, ¨e) excroissance f. ; difformité f. || BOT. loupe f. || MÉD. tumeur f.
◇ Pl., FIG. **Auswüchse,** excès m. pl ; aberrations f. pl. ; débordements m. pl.

aus|wuchten ["aus'vuxtən] v. tr. AUTOM. équilibrer.

Aus|wuchten n. (s). AUTOM. équilibrage m.

aus|wühlen ["aus'vy:lən] v. tr. fouiller ; déterrer.

Aus|wurf ['ausvurf] m. (s, ¨e) déjection f. || MÉD. crachat m. ; expectoration f. || FIG. rebut m. ; lie f.

aus|würfeln ["aus'vyrfəln] v. tr. jouer aux dés.

aus|zacken ["aus'tsakən] v. tr. denteler.

aus|zahlbar ["aus'tsa:lba:r] adj. payable.

aus|zahlen [-lən] v. tr. payer ; solder ; décaisser. | *die Angestellten auszahlen*, régler les employés.

aus|zählen ["aus'tsɛ:lən] v. tr. compter (tout). | *die Stimmzettel auszählen*, dépouiller le scrutin. || SPORT. *einen Boxer auszählen*, compter les dix secondes, compter out.

Aus|zählung [-'tsɛ:luŋ] f. (-) dénombrement m.

Aus|zahlung ["aus'tsa:luŋ] f. (-, en) paiement m. ; paye f. | *telegraphische Auszahlung*, mandat (m.) télégraphique.

aus|zehren ["aus'tse:rən] v. tr. et v. pr. (s')épuiser ; (se) consumer ; (s')affaiblir.

Aus|zehrung [-ruŋ] f. (-). MÉD. épuisement m. ; consomption f. ; phtisie f.

aus|zeichnen ["aus'tsaiçnən] v. tr. marquer ; distinguer. | *die Waren auszeichnen*, marquer les prix. | *Mitarbeiter auszeichnen*, décorer des collaborateurs.
◇ v. pr. **sich auszeichnen,** exceller ; se distinguer ; se signaler.

Aus|zeichnung [-nuŋ] f. (-, en) marque f. ; étiquetage m. ; étiquette f. ; décoration f. || [Schule] *die Prüfung mit Auszeichnung bestehen*, passer l'examen avec mention.

aus|ziehbar ["aus'tsi:ba:r] adj. extensible. | *ausziehbarer Tisch*, table (f.) à rallonges.

aus|ziehen ["aus'tsi:ən] (zog, gezogen) v. tr. **1.** ôter ; retirer. | *die Schuhe ausziehen*, se déchausser. || FIG. | *die Uniform ausziehen*, quitter l'armée. **2.** PAR ANAL. extraire ; sortir. | *Rüben ausziehen*, déterrer des betteraves. | *die Tischplatte ausziehen*, rallonger la table. | *eine Zeichnung mit Tinte ausziehen*, passer un dessin à l'encre. || TECHN. *Draht ausziehen*, étendre, étirer du fil. || CHIM. *einen Stoff ausziehen*, extraire une matière, une substance.
◇ v. intr. partir ; déménager. | *aus der Heimat ausziehen*, s'expatrier. | *aus der Wohnung ausziehen*, déménager. || MIL. partir en campagne.
◇ v. pr. **sich ausziehen,** se déshabiller.

Auszieh|feder ["austsi:'fe:dər] f. (-, n) tireligne m. ||°**-leiter** f. (-, n) échelle (f.) à coulisse. ||°**-tisch** m. (s, e) table (f.) à rallonges, à coulisses. ||°**-tusche** f. (-, n) encre (f.) de Chine.

aus|zischen ["aus'tsiʃən] v. tr. siffler ; huer.

Aus|zug ['austsu:k] m. (s, ¨e) sortie f. ; départ m. ; émigration f. || [Tisch] allonge f. || CHIM. extrait m. || [Rede ; Urteil] extrait. || *Auszüge aus einem Buch*, extraits d'un livre. || *Auszug aus einem Konto*, relevé (m.) de compte. || JUR. *Auszug aus dem Strafregister*, extrait de casier judiciaire. || HIST. *Auszug der Juden*, exode des Hébreux. || LOC. *im Auszug*, en abrégé.

Auszugs|mehl ["austsu:gs'me:l] n. (s) fleur (f.) de farine. ||**-weise** adv. par extraits.

aus|zupfen ["aus'tsupfən] v. tr. plumer ; épiler.

autark [aut'ark], **autarkisch** [-kiʃ] adj. se suffisant à soi-même ; autarcique.

Autarkie [autar'ki:] f. (-). POLIT. autarcie f.

authentisch [au'tɛntiʃ] adj. authentique. | *authentische Abschrift*, copie (f.) conforme.

Authentizität [autɛntitsi'tɛ:t] f. (-) authenticité f.

Auto ['auto] n. (s, s) [abrév. de **Automobil**] automobile f. | *ein Auto fahren, lenken, führen*, conduire une auto. | *Auto mit Raupenantrieb*, auto-chenille f.

Auto|anhänger ["auto'anhɛŋər] m. (s, -) remorque f. ||°**-bahn** f. (-, en) autoroute f. ||°**-bahnanschlußstelle** f. (-, n), °**-bahnzubringer** m. (s, -) bretelle (f.) d'autoroute. ||°**-bahndreieck** n. (s, e), °**-bahnkreuz** n. (es, e). TRANSP. échangeur m. ||°**-bahnnetz** n. (es, e) réseau autoroutier. ||°**-bau** m. ([e]s, e) industrie (f.) automobile. ||°**-bombenattentat** n. (s, e) attentat (m.) à la voiture piégée. ||°**-bus** m. (ses, se) autobus m. ; FAM. bus m. ||°**-busdoppeldecker** m. (s, -) autobus (m.) à impériale. ||°**-bussammelstelle** f. (-, n) dépôt (m.) d'autobus. ||°**-fähre** f. (-, n) bac (m.) à voitures. ||°**-fahrer(in)** m. (s, -), f. (-, nen) automobiliste s. ; conducteur m. ; conductrice f. ||°**-fahrschule** f. (-, n) auto-école f. ||°**-garage** f. (-, n) garage m. (d'autos). ||°**-hersteller** m. (s, -) constructeur (m.) automobile. ||°**-industrie** f. (-) industrie (de l') automobile. ||°**-karte** f. (-, n) carte routière. ||°**-koffer** m. (s, -)

malle (f.) à bagages ; coffre m. ||°-**kran** m. (s, ¨e) grue (f.) sur camion. ||°-**park** m. (s, e) parc (m.) d'automobiles. ||°-**pilot** m. (en, en). AÉRON. pilote (m.) automatique. ||°-**rahmen** m. (s, -) châssis m. ||°-**reifen** m. (s, -) pneu (m.) d'auto. ||°-**reisezug** m. (s, ¨e) train (m.) auto-couchettes. ||°-**rennbahn** f. (-, en) circuit (m.) de compétitions automobiles. ||°-**rennen** n. (s, -) course (f.) d'automobiles. ||°-**reparatur** f. (-, en) dépannage (m.) d'autos. ||°-**schau** f. (-, en) exposition (f.) d'autos. ||°-**schlosser** m. (s, -) mécanicien m. (d'automobiles). ||°-**skooter** m. (s, -) auto (-) tamponneuse f. ||°-**straße** f. (-, n) autoroute f. ||°-**teile** m. pl. accessoires (m. pl.) d'auto. ||°-**unfall** m. (s, ¨e) accident (m.) d'auto. ||°-**versicherung** f. (-, en) assurance (f.) automobile. ||°-**werkstatt** f. (-, ¨en) atelier (m.) de réparation d'autos. ||°-**wrack** n. (s, e) épave (f.) automobile. ||°-**zubehör** m. ou n. (s) accessoires (m. pl.) automobiles.

Auto|biographie ["autobiɔgra'fi] f. (-, en) autobiographie f.

autochthon ['autɔk"to:n] adj. autochtone.

Auto|didakt ['autodi"dakt] m. (en, en) autodidacte m.

autogen ['auto"ge:n] adj. autogène.

Auto|gramm ['auto"gram] n. (s, e) autographe m.

Auto|immunkrankheit [autoi"mu:n'kraŋkhait] f. (-, en). BIOL. maladie (f.) auto-immune.

Auto|kratie ['autokra"ti:] f. (-) autocratie f.

auto|kratisch [-"kra:tiʃ] adj. autocratique.

Automat ['auto"ma:t] m. (en, en) automate m. ; distributeur (m.) automatique.

Automaten|büffet [auto"mɑ:tənby'fe:t] n. (s, s), °-**restaurant** n. (s, s) bar m., self-service m.

Automatik|getriebe [auto"mɑ:tikgə'tri:bə] n. (s). AUTOM. boîte (f.) de vitesses automatique.

Automation [automa'tsjo:n] f. automation f.

automatisch [auto'mɑ:tiʃ] adj. automatique.

automatisieren [automati'zi:rən] v. tr. TECHN. automatiser.

Automatisierung [ti'zi:ruŋ] f. TECHN. automation f.

Autopsie ['autɔp"si:] f. (-, n) autopsie f.

Autor ['autɔr] m. (s, en) auteur m.

Autoren|recht [au"torən'rɛçt] n. (s, e). JUR. droit (m.) d'auteur.

Autorisation [autɔriza'tsio:n] f. (-, en) autorisation f.

autorisieren [-"zi:rən] v. tr. autoriser.

autoritär ['autori"tɛ:r] adj. autoritaire ; directif. || POLIT. *autoritärer Staat*, État (m.) autoritaire.

Autorität [-"tɛ:t] f. (-, en) autorité f. | *Autorität genießen*, jouir d'une autorité. | *als Autorität gelten*, faire autorité.

Autorschaft ['autorʃaft] f. (-). [Eigenschaft] qualité (f.) d'auteur ; paternité (f.) littéraire. || PAR EXT. société (f.) des auteurs.

Auto|typie ['autoty"pi:] f. (-, en) autotypie f.

autsch! [autʃ], **auweh!** [au've:] interj. aïe !

Avancement [avɑ̃s'mɑ̃] n. (s) avancement m. ; promotion f.

avancieren [-'si:rən] v. tr. et v. intr. avancer ; promouvoir. | *er ist zum Hauptmann avanciert*, il est promu capitaine.

Avant|gardist [avɑ̃gar'dist] m. (en, en) artiste (m.), homme (m.) d'avant-garde.

Ave (Maria) ["avə(ma'ria)] n. RELIG. ave m.

Avenue [avə'ny:] f. (-, n) avenue f.

Aversion [avɛrzi'o:n] f. (-, en) aversion f. ; dégoût m. ; répugnance f.

Avis [av'i:] n. (es, e) avis m.

avisieren [avi'zi:rən] v. tr. aviser ; donner avis ; prévenir.

Aviso [a'vi:zo] m. (s, s). MAR. aviso m.

axial [aksi'a:l] adj. PHYS. axial.

Axiom [aksi'o:m] n. (s, e). PHILOS. axiome m.

Axt [akst] f. (-, ¨e) cognée f. ; hache f. | *kleine Axt*, hachette f. || FIG. *die Axt an die Wurzel legen*, couper le mal dans sa racine.

Azalee [atsa'le:ə], **Azalie** [a'tsɑ:liə] f. (-, n). BOT. azalée f.

Azetat [atse'ta:t] n. (s, e). CHIM. acétate m.

Azeton [atse'to:n] n. (s). CHIM. acétone f.

Azetylen [atse'ty'le:n] n. (s). CHIM. acétylène m. ||°-**entwickler** m. (s, -) générateur (m.) d'acétylène.

Azimut [atsi'mu:t] n. et m. (es) azimut m. ; gisement m.

Azoren [a'tso:rən] n. pr. f. pl. GÉOGR. Açores f. pl.

Azteke [ats'te:kə] m. (n, n). HIST. Aztèque m.

Azur [a'tsu:r] m. (s). POÉT. azur m.

azur|blau [a"tsu:r'blau] adj. azuré.

azyklisch ["a'tsy:kliʃ] adj. acyclique.

B

B, b [be:] n. B. m. || FIN. *B* (abrév. de *Brief*), cours m. || *b* [abrév. de *bei*], (au)près de. || MUS. *B*, si bémol m.

babbeln ['babəln] v. tr. FAM. bavarder ; babiller.

Babel ['ba:bəl] n. pr. n. GÉOGR., HIST. Babel f. | *Turmbau zu Babel*, tour (f.) de Babel.

Baby ['be:bi:] n. (s, s) bébé m.

Babylon ['ba:bylɔn] n. pr. n. GÉOGR. Babylone f.

Babylonien [baby'lo:niən] n. pr. n. GÉOGR. Babylonie f.

Babylonier(in) [-'lo:niər(in)] m. (s, -), f. (-, nen) Babylonien(ne) m. (f.).

babylonisch [-'lo:niʃ] adj. babylonien. || HIST. *Babylonische Gefangenschaft*, captivité (f.) des Juifs à Babylone. || FIG. *babylonische Verwirrung*, tour (f.) de Babel.

Baby|schlafsack ["be:bi:'ʃla:fzak] m. (s, ¨e) nid (m.) d'ange. ||°**-tragetasche** f. (-, n) porte-bébé m.

baby|sitten ["be:bi'sitən] v. intr. faire du baby-sitting.

Baby|sitter(in) ["be:bi'sitər(in)] m. (s, -), f. (-, nen) baby-sitter s.

Bacchanal [baxa'na:l] n. (s, ien). FAM. bacchanale f. ; bacchanales f. pl.

Bacchant(in) [ba'xant(in)] m. (en, en), f. (-, nen) MYTH. bacchant(e) m. (f.).

bacchantisch [-tiʃ] adj. bachique.

Bach [bax] m. (s, ¨e) ruisseau m.

Bache ['baxə] f. (-, n). ZOOL. laie f.

Bach|stelze ["bax'ʃtɛltsə] f. (-, n). ZOOL. bergeronnette f. ; hochequeue m.

back [bak] adj. MAR. en arrière.

Back [bak] n. (s, e). MAR. [Vorderschiff] gaillard (m.) d'avant. || [Backbord] bâbord m.

Back|fisch ["bak'fiʃ] m. (s, e) petit poisson ; friture f. || FIG. petite jeune fille ; jouvencelle f. ||°**-fischalter** n. (s) âge ingrat. ||°**-form** f. (-, en) moule (m.) à pâtisserie ; tourtière f. ||°**-hitze** f. chaleur (f.) du four. ||°**- mulde** f. (-, n) pétrin m. ||°**-obst** n. (es) fruits secs. ||°**-ofen** m. (s,¨) four m. | *Backofen voll*, fournée f. ||°**-pfeife** f. (-, n) soufflet m. ; gifle f. ; POP. calotte f. ||°**-pflaume** f. (-, n) pruneau m. ||°**-pulver** n. (s). CULIN. levure (f.) en poudre. ||°**-röhre** f. (-, n) foyer (m.) à gaz. ||°**-stein** m. (s, e) brique f. ||°**-steingotik** f. gothique (f.) de briques (du nord de l'Allemagne). ||°**-stube** f. (-, n) fournil m. ; boulangerie f. ||°**-trog** m. (s, ¨e), °**-wanne** f. (-, n) pétrin m. ||°**-waren** f. pl. pâtisserie f. ||°**-zeit** f. (-, en) temps (m.) de cuisson.

Backe ['bakə] f. (-, n), **Backen** [-kən] m. (s, -) joue f. | *mit vollen Backen kauen*, manger à belles dents. | *eine dicke Backe haben*, avoir la joue enflée. | *hohle, eingefallene Backen*, joues creuses. || PAR EXT. *Hinterbacke*, fesse f. ; croupe f. || PAR ANAL., TECHN. mâchoires f. pl. ; mors m.

backen ['bakən] (ä, u, a, et conjug. faible) v. tr. cuire. | *Brot backen*, cuire du pain. | *Fisch backen*, frire du poisson. | *Eier backen*, faire des œufs sur le plat. | *Ziegel backen*, cuire des briques.
◇ v. intr. cuire ; durcir ; prendre. | *der Schnee backt an den Schuhen*, la neige colle aux chaussures.

Backen ['bakən] n. (s) cuisson f. || [Porzellan] cuite f.

Backen|bart ["bakən'bart] m. (es¨e) favoris m. pl. || POP. côtelettes f. pl. ||°**-streich** m. (s, e) soufflet m. ; gifle f. ||°**-zahn** m. (s, ¨e). ANAT. molaire f.

Bäcker(in) ['bɛkər(in)] m. (s, -), f. (-, nen) boulanger m. ; boulangère f.

Bäckerei ['bɛkərai] f. (-, en) boulangerie f.

Bäcker|junge ["bɛkər'juŋə] m. (n, n) apprenti boulanger ; mitron m. ||°**-laden** m. (s, -). V. BÄCKEREI.

Bad [ba:t] n. (es, ¨er) bain m. | *ein Bad bereiten*, préparer, couler un bain. | *Zimmer mit Bad*, chambre (f.) avec salle de bains. || FIG. *das Kind mit dem Bade ausschütten*, jeter l'or avec les crasses ; rejeter les bonnes choses avec les mauvaises. || PAR EXT. (établissement [m.] de) bains m. pl. ; station balnéaire, thermale.

Bade|anstalt ["ba:də'anʃtalt] f. (-, en) établissement (m.) de bains. ||°**-anzug** m. (s,¨e) costume (m.), maillot (m.) de bain. | *zweiteiliger Badeanzug*, maillot (m.) deux pièces. ||°**-arzt** m. (es, ¨e) médecin (m.) des eaux. ||°**-gast** m. (es, ¨e) baigneur m. ||°**-hose** f. (-, n) caleçon (m.) de bain ; slip m. ||°**-kabine** f. (-, n) cabine (f.) de bains. ||°**-kappe** f. (-, n) bonnet (m.) de bain. ||°**-kleid** n. (s, er) costume (m.) de bain. ||°**-kur** f. (-, en) cure (f.) balnéaire. ||°**-mantel** m. (s,¨) peignoir (m.). ||°**-matte** f. (-, n) natte (f.) de bain. ||°**-meister** m. (s, -) maître-nageur m. ||°**-ofen** m. (s,¨) chauffe-bain m. ||°**-ort** m. (s, e) station balnéaire, thermale. ||°**-reise** f. (-, n) voyage (m.) aux eaux. ||°**-schwamm** m. (s, ¨e) éponge (f.) de toilette. ||°**-strand** m. (s, e) plage f. ||°**-wanne** f. (-, n) baignoire f. ||°**-zeug** n. (s) affaires (f. pl.) de bain. ||°**-zimmer** n. (s, -) salle (f.) de bains.

baden ['ba:dən] v. tr. et v. pr. (se) baigner ; donner, prendre un bain.
◇ v. intr. (se) baigner. | *kalt baden*, prendre un bain froid. || FIG. *tränengebadet*, baigné de larmes. | *schweißgebadet*, baigné de sueur.

Baden ['ba:dən] n. pr. n. le pays de Bade.

Badener(in) ['ba:dənər(in)], **Badenser(in)** [ba'dənzər(in)] n. pr. m. (s, -), f. (-, nen) Badois(e) m. (f.).

badisch ['ba:diʃ] adj. badois.

baff [baf] interj. FAM. *baff sein*, être épaté, époustouflé.

BAFÖG ['bafœk] n. (s) (*etwa*) régime (m.) d'allocations d'études.

Bagage [ba'ga:ʒə] f. (-, n). [Gepäck] bagage m. || FIG., POP. [Gesellschaft] racaille f.

Bagatelle [baga'tɛlə] f. (-, n) bagatelle f.

Bagatell|klage [baga"tɛl'klɑgə] f. (-, n). JUR. affaire (f.) de simple police.

bagatellisieren [bagatɛli'zi:rən] v. tr. minimiser.

Bagger ['bagər] m. (s, -) drague f. ; excavateur m. ; excavatrice f. ; pelle (f.) mécanique.

Bagger|see ["bagər'ze:] m. (s, n) (*etwa*) lac artificiel.

baggern ['bagərn] v. tr. draguer.

Baguette [ba'gɛt] n. (s, s). CULIN. baguette f.

bah ! [bɑ:], **bäh !** [bɛ:] interj. bah !

Bahn [bɑ:n] f. (-, en) **1.** voie f. ; chemin m. ; route f. | *die Bahn ist frei*, la voie est libre. || FIG. *Bahn brechen*, frayer la voie. | *freie Bahn haben*, avoir le champ libre. | *jn auf die rechte Bahn führen*, mettre qn sur, dans la bonne voie.

2. PAR ANAL., ASTRON. cours m. (d'une planète). || PHYS. *durchlaufene Bahn*, trajectoire (f.) d'un corps, d'un projectile. || HIST. lice f. ; carrière f. || TEXT. [Breite eines Gewebes] lé m. | *der Rock ist zwei Bahnen weit*, cette jupe a deux lés de large, de largeur. || [Zeltbahn] toile (f.) de tente. || FIG. [Fläche] face f. (d'une enclume) ; frappe f. ; pan m.

3. PAR EXT. [Eisenbahn] ligne f. ; voie (f.) de chemin de fer. | *frei Bahn*, franco. | *mit der Bahn*, par chemin de fer. || FAM. [Bahnhof] gare f. | *ich hole dich an der Bahn ab*, je viendrai te prendre à la gare.

Bahn|anschluß ["bɑ:n'anʃlus] m. (es, ¨e) desserte (f.) ferroviaire. ||°**-arbeiter** m. (s, -) homme (m.) d'équipe. ||°**-beamte (der)** [n, n] employé (m.) de chemin de fer. ||**-brechend** adj. *bahnbrechende Erfindung*, invention (f.) qui fait époque. ||°**-brecher** m. (s, -). FIG. pionnier m. ||°**-damm** m. (s, ¨e) remblai (m.) de voie de chemin de fer ; talus m. ||°**-fracht** f. (-, en). TRANSP. port m. ||**-frei** adj. et adv. franco gare. ||°**-g(e)leise** n. (s, -) voie ferrée ; rails m. pl. ||°**-geschwindigkeit** ["-/-'—] f. (-, en). PHYS. vitesse (f.) linéaire. ||°**-hof** m. (s, ¨e) gare f. ; station f. | *Hauptbahnhof*, gare centrale, principale. | *Güterbahnhof*, gare des marchandises. ||°**-hofshalle** f. (-, n) hall (m.) de la gare ; salle (f.) des pas perdus. ||°**-hofsvorsteher** m. (s, -) chef (m.) de gare. ||°**-hofswache** f. (-, n) poste (m.) de police de la gare. ||°**-hofswirtschaft** f. (-, en) buffet de la gare. ||°**-körper** m. (s, -) terre-plein (m.) de la voie ; voies f. pl. ||**-lagernd** adj. en dépôt de gare. ||°**-post** f. (-) [im Zug] poste ambulante ; bureau de poste ambulant. ||°**-postwagen** m. (s, -) wagon-poste m. ||°**-steig** m. (s, e) quai m. (de gare). ||°**-steigkarte** f. (-, n) ticket (m.) de quai. ||°**-strecke** f. (-, n) ligne, voie ferrée. ||°**-überführung** f. (-, en) passage supérieur. ||°**-übergang** m. (s, ¨e) passage (m.) à niveau. | *unbewachter Bahnübergang*, passage à niveau non gardé. ||°**-unterführung** f. (-, en) [Reisende] passage souterrain. || [Strecke] voie souterraine. ||°**-verbindung** f. (-, en) communication (f.) par voie ferrée. ||°**-versand** m. (s, e) envoi (m.), expédition (f.) par chemin de fer, par rail. ||°**-wärter(in)** m. (s, -), f. (-, nen) [Eisenbahn] garde-barrière m. (f.).

bahnen ['bɑ:nən] v. tr. frayer ; aplanir. | *sich einen Weg bahnen*, se frayer un chemin.

Bahre ['bɑ:rə] f. (-, n). [Trage] civière f. | *Krankenbahre*, brancard m. | *Totenbahre*, bière f. | *hochgestellte Bahre*, catafalque m.

Bahren|träger ["bɑ:rən'trɛ:gər] m. (s, -) brancardier m.

Bahr|tuch ['bɑ:rtu:x] n. (es, ¨er) drap (m.) mortuaire ; poêle m.

Bai [bai] f. (-, en). MAR. baie f.

Baiser [bɛ'ze:] n. (s, s) meringue f.

Baisse ['bɛ:sə] f. (-). COMM., FIN. baisse f. | *auf Baisse spekulieren*, jouer à la baisse.

Baissier [bɛs'je] m. (s, s) spéculateur (m.) à la baisse.

Bajazzo [ba'jatso] m. (s, s) paillasse m. ; pitre m. ; clown m.

Bajonett [bajo'nɛt] n. (s, e). MIL. baïonnette f. | *mit aufgepflanztem Bajonett*, baïonnette au canon. | *das Bajonett fällen*, croiser la baïonnette.

Bajuware [baju'vɑ:rə] m. (n, n), **Bajuwarin** [-rin] f. (-, nen). PÉJOR. Bavarois(e) m. (f.)

bajuwarisch [-riʃ] adj. bavarois.

Bake ['bɑ:kə] f. (-, n). MAR. bouée f.

Bakelit [bakə'lit] n. (s, e). CHIM. bakélite f.

Bakkarat ['bakara] n. (s) baccara m.

Bakterie [bak'te:riə] f. (-, n). MÉD. bactérie f. ; microbe m.

Bakterien|forschung [bak"teriən'fɔrʃuŋ] f. (-) bactériologie f. ||°**-herd** m. (s, e) colonie (f.) de bactéries. ||°**-kunde** f. (-). MÉD. microbiologie f. ; bactériologie f. ||**-tötend** adj. MÉD. microbicide.

Bakteriologe [bakterio'lo:gə] m. (n, n). MÉD. bactériologue m.

Bakteriologie [-lo'gi:] f. (-) bactériologie f.

Balalaika [bala'laika] f. (-, s). MUS. balalaïka f.

Balance [ba'lɑ̃sə] f. (-, n) équilibre m. || COMM., FIG. balance f.

Balancier [balɑ̃'si:r] m. (s, s) [Uhr] balancier m.

balancieren [-'si:rən] v. tr. balancer. | *ausbalancieren* v. tr. tenir la balance ; équilibrer.

Balancier|stange [balɑ̃"si:r'ʃtaŋə] f. (-, n) balancier m. (des danseurs de corde).

bald [balt] adv. bientôt ; sous peu ; peu après ; vite. | *komm bald wieder !*, reviens vite, bientôt ! | *so bald wie möglich ; möglichst bald ; baldmöglichst*, le plus tôt possible. | *die Gelegenheit kommt so bald nicht wieder*, cette occasion ne se représentera pas de sitôt. | *das ist bald gesagt*, c'est vite dit. | *bald darauf*, bientôt, aussitôt après. | *je bälder, je lieber*, le plus tôt sera le mieux. || PAR EXT. [fast ; beinahe] presque. | *es ist bald keinem Menschen mehr zu trauen*, on ne peut presque plus se fier à personne. | *ich hätte bald etwas gesagt*, je faillis, j'allais dire qch. || *bald..., bald...* tantôt..., tantôt...

Baldachin ["balda'xi:n] m. (s, e) baldaquin m. ; dais m.

Bälde ['bɛldə] f. *in Bälde*, bientôt ; sous peu.

baldig ['baldiç] adj. prochain.

baldigst [-dikst] adv. au plus tôt.

bald|möglichst ["balt'mø:kliçst] adv. V. BALD.

Baldrian ['baldriɑ:n] n. (s, e). BOT. valériane f.

Balg [balk] m. (s, ¨e). ZOOL. peau f. ; dépouille f. || TECHN. soufflet m. || MUS. soufflet m. (de l'orgue). || FIG., FAM. bedaine f. ; bedon m.

Balg [balk] m. (s, ¨e[r]). POP. marmot m. ; moutard m.

◇ m. pl. **Bälger,** POP. marmaille f.

balgen (sich) [ziç'balgən] POP. se chamailler.

Balgerei [balgə'rai] f. (-, en) querelle f. ; dispute f. ; rixe f.

Balkan ['balkan] n. pr. m. (s). GÉOGR. Balkans m. pl.

Balken ['balkən] m. (s, -) poutre f. ; solive f. | *kleiner Balken*, poutrelle f. ; soliveau m. | *aufrechtstehender Balken*, poteau m. ; montant m. | *eingespannter Balken*, poutre encastrée. || FIG. *er lügt, daß sich die Balken biegen*, il ment comme un arracheur de dents.

Balken|überschrift ["balkən'y:bərʃrift] f. (-, en).

[Zeitungen] manchette f. ; gros titre. ||°**-waage** f. (-, n). PHYS. peson m. ; romaine f. ; balance (f.) à fléau. ||°**-werk** n. (s, e) charpente f. ; poutrage m. ; solivage m.

Balkon [bal'ko:n] m. (s, e) balcon m.

Ball [bal] m. (s, ¨e) balle f. ; pelote f. ; ballon m. ; boule f. || [Billard] bille f. || *einen Ball schießen, werfen*, envoyer une balle. | *Ball spielen*, jouer à la balle. || FIG. *ein (Spiel)ball seiner Leidenschaften sein*, être l'esclave de ses passions.

Ball|junge ["bal'juŋə] m. (n, n). SPORT. ramasseur (m.) de balles. ||°**-spiel** n. (s, e) jeu (m.) de balle, de paume. | *baskisches Ballspiel*, pelote (f.) basque.

Ball [bal] m. (s, ¨e) bal m. | *auf den Ball gehen*, aller au bal. | *auf keinem Ball fehlen*, courir les bals.

Ball|kleid ["bal'klait] n. (s, er) robe (f.) de bal.

Ballade [ba'lɑ:də] f. (-, n). POÉS. ballade f.

balladenhaft [ba'lɑ:denhaft] adj. balladesque.

Ballast [ba'last] m. (s, -). MAR. lest m. ; ballast m. || FIG. remplissage m. ; fatras m.

Ballast|stoffe ["balast'ʃtɔfə] m. pl. fibres (f. pl.) alimentaires.

ballen ['balən] v. tr. mettre en boule, en pelote ; presser ; serrer. | *die Faust ballen*, serrer le poing. | *Schnee ballen*, faire des boules de neige.

◇ v. pr. **sich ballen,** se serrer ; se pelotonner.

Ballen ['balən] m. (s, -) ballot m. || [tausend Bogen] *ein Ballen Papier*, dix rames (f. pl.) de papier ; balle (f.) de papier. || *Handballen*, paume (f.) de la main. || *Fußballen*, plante (f.) des pieds.

ballen|weise ["balən'vaizə] adv. par ballots.

Ballerine [balə'ri:nə] f. (-, inen) ballerine f.

ballern ['balɛrn] v. intr. tirer des salves, des coups de feu à l'aveuglette. || FIG. faire du tapage.

Ballett [ba'lɛt] n. (s, e) ballet m. | *Opernballett*, ballet de l'opéra.

Balletteuse [balɛ'tø:zə] f. (-, n) danseuse (f.) de ballet.

Ballett|kunst [ba"lɛt'kunst] f. (-, ¨e) chorégraphie f. ||°**-meister(in)** m. (s, -), f. (-, nen) maître (m.), maîtresse (f.) de ballet. ||°**-tänzer(in)** m. (s, -), f. (-, nen) danseur (m.), danseuse (f.) de ballet ; ballerine f.

Ballistik [ba'listik] f. (-). PHYS. balistique f.

ballistisch [-tiʃ] adj. balistique.

Ballon [ba'lɔ̃] m. (s, s). AÉRON. ballon m. | *Fesselballon*, ballon captif. || CHIM. *Glasballon*, bonbonne f.

Ballung ['baluŋ] f. V. ZUSAMMENBALLUNG.

Ballungs|zentrum ["baluŋs'tsɛntrum] n. (s, tren) conurbation f.

Balsam ['balzɑ:m] m. (s, e) baume m.

Balte ['baltə] n. pr. m. (n, n), **Baltin** ['baltin] n. pr. f. (-, nen). GÉOGR. Balte m. et f.

Baltikum [-tikum] n. pr. n. (s). GÉOGR. pays (m. pl.), provinces (f. pl.) baltiques.

baltisch [-tiʃ] adj. GÉOGR. baltique. || [Ostsee] *das Baltische Meer*, la mer Baltique.

Balustrade [balus'trɑ:də] f. (-, n) balustrade f.

Balz [balts] m. (es, e) et f. (-, en). ZOOL. accouplement (des oiseaux) m. ; pariade f.

balzen ['baltsən] v. intr. être en chaleur. | *balzender Auerhahn*, coq (m.) de bruyère en chaleur.

Balz|zeit ['baltstsait] f. (-, en) époque (f.) de l'accouplement ; pariade f.

Bambus ['bambus] m. (ses, se). BOT. bambou m.

Bambus|rohr ["bambus'ro:r] n. (s, e), °**-stock** m. (s, ¨e) [bâton, canne de] bambou m.

Bammel ['baməl] f. (-, n). FAM. frousse f. ; POP. pétoche f. ; trouille f. | *Bammel haben*, POP. avoir les jetons.

bammeln [-məln] v. intr. FAM. pendiller. || FIG., POP. avoir peur.

banal [ba'nɑ:l] adj. banal ; plat ; sans esprit. | *banales Geschwätz*, bavardage (m.) futile.

— SYN. : *gewöhnlich*, ordinaire ; *abgedroschen*, rebattu.

banalisieren [banali'zi:rən] v. tr. banaliser.

Banalität [-li'tɛ:t] f. (-, en) banalité f.

Banane [ba'nɑ:nə] f. (-, n). BOT. banane f.

Bananen|baum [ba"nɑ:nən'baum] m. (s, ¨e). BOT. bananier m. ||°**-republik** f. (-, en) république bananière. ||°**-stecker** m. (s, -). TECHN. fiche (f.) banane ; fiche (f.) à ressort.

Banause [ba'nauzə] m. (n, n) pédant m. ; cuistre m. ; baderne f.

Band [bant] n. (s, ¨er) lien m. ; nœud m. ; bande f. ; ruban m. ; [Förderband] courroie f. | *ein Band im Haar*, un ruban dans les cheveux. || MÉD. ligament m. || TECHN. [Bandarbeit] *am Band*, travail (m.) à la chaîne. | *Förderband, Laufband*, ruban transporteur. || *Schuhbänder,* lacets m. pl.

Band [bant] n. (s, e) lien moral. | *das Band der Freundschaft*, les liens de l'amitié. | *die Liebesbande*, les liens de l'amour. | *außer Rand und Band geraten*, être déchaîné, avoir le diable au corps. || POÉT. *in Banden liegen*, être dans les fers. | *in Bande schlagen*, mettre aux fers.

Band [bant] m. (s, ¨e) [Buch] volume m. ; tome m. (d'un ouvrage). | *in acht Bänden*, en huit volumes. || FIG. *das spricht Bände !*, voilà qui est éloquent !

Band|aufnahme ["bantauf'nɑ:mə] f. (-, n). RADIO. enregistrement (m.) sur bande. ||°**-breite** f. (-, n). ÉLECTR. bande passante. || TÉLÉCOMM. largeur (f.) de bande. ||°**-eisen** n. (s, -). TECHN. fer (m.) en rubans ; feuillard m. ||°**-förderer** m. (s, -). TECHN. transporteur (m.) à bande. ||°**-maß** n. (es, e) mètre (m.) à ruban. ||°**-säge** f. (-, n). TECHN. scie (f.) à ruban. ||°**-scheibe** f. (-, n). ANAT. disque m. ||°**-scheiben...** (en compos.). ANAT. discal. ||°**-scheibenvorfall** m. (s, ¨e). MÉD. hernie discale. ||°**-stahl** m. (s, e). TECHN. acier (m.) feuillard ; feuillards m. pl. ||°**-wurm** m. (s, ¨er). ZOOL. ver (m.) solitaire ; ténia m.

Bandage [ban'dɑ:ʒə] f. (-, n). MÉD. bandage m.

Bändchen ['bɛntçən] n. (s, -) petit ruban ; bandelette f. || PAR EXT. petit volume.

Bande ['bandə] f. (-, n) bande f. || TEXT. [Rand] raie f. || [Billard] bande f. || FIG. bande f. ; troupe (scouts). | *Räuberbande*, bande de brigands.

Banderole [bandə'ro:lə] f. (-, n) banderole f.

Bänder|riß ["bɛndər'ris] m. (es, e). MÉD. déchirure (f.) ligamentaire, d'un ligament.

Bänder|schuh ["bɛndər'ʃu:] m. (s, e) espadrille f.

bändig ['bɛndiç] adj. suff. *drei, mehrbändig*, en trois, en plusieurs volumes.

bändigen ['bɛndigən] v. tr. dompter ; maîtriser ; mater. || FIG. refréner.

Bändiger(in) [-gər(in)] m. (s, -), f. (-, nen) dompteur m. ; dompteuse f.

Bändigung [-guŋ] f. (-) domptage m.

Bandit [ban'di:t] m. (en, en) bandit m. ; brigand m.

Bandoneon [ban'do:neɔn] n. (s, ien). MUS. bandonéon m.

bang(e) [baŋ(ə)] adj. anxieux ; inquiet ; craintif ; intimidé ; peureux. | *in banger Erwartung*, plein d'inquiétude. | *mir ist angst und bang(e)*, j'ai grand peur. | *jm bange machen*, faire peur à qn, intimider qn.

Bange ['baŋə] f. (-) crainte f. | *ohne Bange*, sans crainte.

bangen [-ŋən] v. intr. craindre ; redouter ; appréhender ; avoir peur. | *er bangt um sein Leben*, il craint pour sa vie.

Bangigkeit [-ŋiçkait] f. (-) angoisse f. ; anxiété f.

bänglich ['bɛŋliç] adj. inquiet ; craintif. | *ihm ist bänglich zumute*, il a peur.

Banjo ['banjo] n. (s, s). MUS. banjo m.

Bank [baŋk] f. (-, ¨e). [zum Sitzen] banc m. ; [ohne Lehne] banquette f. | *vor leeren Bänken spielen*, jouer pour les banquettes. || FIG. *auf die lange Bank schieben*, faire traîner en longueur, renvoyer aux calendes grecques. | *durch die Bank*, sans exception ; sans distinction ; en tas ; en moyenne. || GÉOL. barre f. ; sillon m. ; lit m. || MAR. banc m. (de sable). || TECHN. établi m.

Bank [baŋk] f. (-, en). [Geldinstitut] banque f. | *Geld auf der Bank haben*, avoir de l'argent en banque. | *Kreditbank*, banque d'affaires. | *Notenbank*, banque d'émission. || PAR ANAL. [Spiel] *die Bank halten*, tenir la banque. | *die Bank sprengen*, faire sauter la banque.

Bank|angestellte (r) ["baŋkangə'ʃtɛltə(r)] f. (m.) (n, n) employé(e) [m. (f.)] de banque. ||°**-auftrag** m. (es, ¨e) ordre (m.) bancaire. ||°**-auszug** m. (es, e) relevé (m.) d'identité bancaire. ||°**-beamter** m., °**-beamtin** f. employé(e) [m. (f.)] de banque. ||°**-einlage** f. (-, n) dépôt (m.) en banque. ||°**-geheimnis** n. (ses, se) secret (m.) bancaire. ||°**-geschäft** n. (s, e), °**-haus** n. (es, er) banque f. ; maison (f.), établissement (m.) bancaire. | *Bankgeschäfte tätigen*, opérer des transactions bancaires. ||°**-halter** m. (s, -) [Spiel] banquier m. ||°**-konto** n. (s, en) compte (m.) en banque. ||°**-kredit** m. (s, e) crédit (m.) bancaire. ||°**-leitzahl, (BLZ)** f. (-, en) numéro (m.) d'identité bancaire. ||°**-monopol** n. (s, e) monopole (m.) d'émission de billets de banque.

Bank|note ["baŋk'no:tə] f. (-, n) billet (m.) de banque ; banknote f. | *in, im Umlauf befindliche Banknoten*, billets (m. pl.) en circulation.

Banknoten|ausgabe ["baŋkno:tən'ausga:bə] f. émission (f.) fiduciaire ; émission (f.) de billets de banque. ||°**-fälscher** m. (s, -) falsificateur (m.) de billets de banque.

Bank|papiere ["baŋkpa'pi:rə] n. pl. valeurs (f. pl.) de banque ; titres (m. pl.) de banque. ||°**-satz** m. (es, ¨e) taux (m.) bancaire. ||°**-schalter** m. (s, -) guichet (m.) de banque. ||°**-überweisung** f. (-, en) virement (m.) bancaire. ||°**-verbindung** f. (-, en) relation (f.) bancaire. ||°**-vollmacht** f. (-, en) procuration (f.) de banque. ||°**-wechsel** m. (s, -) effet (m.), traite (f.) bancaire. ||°**-welt** f. (-) milieux (m. pl.) bancaires. ||°**-wesen** n. (s, -) système (m.) bancaire ; banques f. pl.

Bänkel|gesang ["bɛŋkəlge'zaŋ] m. (s, ¨e). FAM. scie f. (populaire) ; chanson (f.) des rues. ||°**-sänger** m. (s, -) chanteur ambulant.

Bankett [baŋ'kɛt] n. (s, e) banquet m. || ARCHIT. palissade (f.) à hauteur d'appui ; embasement m.

Bankette [-tə] f. (-, n) banquette f. ; accotement m. || ARCHIT. embasement m.

Bankier [ban'kie:] m. (s, s) banquier m.

Bankrott [baŋ'krɔt] m. (s, e) cessation (f.) de paiement ; banqueroute f. ; faillite f. ; FAM. désastre financier. | *betrügerischer Bankrott*, faillite frauduleuse. | *Bankrott machen*, faire faillite.

bankrott [-'krɔt] adj. insolvable ; en faillite. | *für bankrott erklären*, déclarer en faillite.

Bankrotteur [baŋkrɔ'tœ:r] m. (s, s). JUR. banqueroutier ; failli.

Bann [ban] m. (es, e) ban m. ; bannissement m. | *den Bann ausüben*, avoir le droit de contrainte, de bannir. | *mit dem Bann belegen*, mettre au ban. || RELIG. excommunier. || FIG. charme m. ; fascination f. | *den Bann brechen*, rompre le charme. | *in den Bann eines Menschen geraten*, tomber sous l'influence d'un homme. | *der Redner zwang die Zuhörerschaft in seinen Bann*, l'orateur tint son auditoire sous le charme.

bannen ['banən] v. tr. bannir ; mettre au ban. || RELIG. excommunier. || FIG. [begeistern] *er ist wie gebannt*, on le croirait ensorcelé.

Bann|fluch ['banflu:x] m. (s, ¨e). RELIG. anathème m. ; excommunication f. | *mit dem Bannfluch belegen*, excommunier ; anathématiser. ||°**-kreis** m. (es, e). JUR. juridiction f. || FIG. zone (f.) d'influence. ||°**-meile** f. (-, n). ADM. zone (f.) de protection renforcée. ||°**-strahl** m. (s, en). V. BANNFLUCH.

Banner ['banər] n. (s, -) bannière f. ; étendard m.

Banner|träger ["banər'trɛ:gər] m. (s, -) porte-étendard m. ; porte-enseigne m.

Bantam|gewicht ["bantamgə'viçt] n. (s, e). SPORT. [Boxen] poids (m.) coq.

Baobab ['ba:obap] m. (s, s). BOT. baobab m.

Baptist [bap'tist] m. (en, en). RELIG. baptiste m.

bar [ba:r] adj. **1.** [entblößt] nu. | *baren Hauptes, barhäuptig*, tête nue ; nu-tête. | *barfuß* ; *barfüßig*, nu-pieds ; pieds nus. | *aller Vernunft bar*, dénué de toute raison. | *jedes Geldes bar*, dépourvu d'argent.

2. PAR EXT. [in Geld] comptant. | *bares Geld*, espèces f. pl. ; argent comptant. | *in barem Geld*, au comptant. || LOC. FIG. *etwas für bar(e Münze) nehmen*, prendre qch. pour argent comptant. | *das ist ja barer Unsinn*, c'est pure sottise.

◇ au lieu de « Bargeld » : *gegen bar* ; *in bar*, au comptant. | *bar bezahlen*, payer (au) comptant.

Bar|füßer ["ba:r'fy:sər] (sens **1.** de **bar**) m. (s, -). RELIG. cordelier m. ||**-füßig** adj. qui a les pieds nus. -||**-häuptig** adj. tête nue.

Bar|abfindung ["ba:r'apfinduŋ] (sens **2.** de **bar**) f. (-, en) indemnité (f.) en espèces. ||°**-auslage** f. (-, en) débours m. pl. ||°**-bestand** m. (s, ¨e) encaisse f. ||°**-betrag** m. (s, ¨e) montant (m.) en espèces. ||°**-eingang** m. (s, ¨e) recette (f.) au comptant. ||°**-kauf** m. (s, ¨e) achat (m.) au comptant. ||°**-preis** m. (es, e) prix comptant. ||°**-scheck** m. (s, e) chèque non barré. ||°**-zahlung** f. (-, en) paiement (m.) en espèces.

Bargeld ['ba:rgɛlt] n. (s). COMM., FIN. espèces f. pl. ; numéraire m. ||°**-bestand** m. (s, ¨e). COMM. encaisse f. ||**-los** adj. COMM. par virement ; par mandat. | *bargeldloser Verkehr*, transactions (f. pl.) par virement.

Barschaft ['ba:rʃaft] f. (-, en) avoir (m.) liquide.

Bar [ba:r] f. (-, s) bar m. ; débit (m.) de boissons.

Bar|hocker ["ba:r'hɔkər] m. (s, -) tabouret (m.) de bar. ||°**-mädchen** n. (s, -) serveuse (f.) de bar ; barmaid f. ||°**-meister** m. (s, -), °**-mixer** m. (s, -) barman m.

bar [ba:r] [Suffix, Ausdruck der Möglichkeit, meist]... able ; ...ible. | *tragbar*, portable. | *trinkbar*, potable. | *lesbar*, lisible.

Bär [bɛ:r] m. (en, en) ours m. || FIG. *jm einen Bären aufbinden*, FAM. monter un bateau, en faire accroire à qn. || FAM. *er ist ein rechter Bär*, c'est un ours mal léché. || ASTRON. *der Große Bär*, la Grande Ourse. | *der Kleine Bär*, la Petite Ourse. || TECHNOL. [Fallhammer] mouton m. ; marteau-pilon m. ||[Rammklotz] bélier m.

bär|beißig ["bɛ:r'baisiç] adj. hargneux ; d'une

humeur massacrante. | *bärbeißig werden*, POP. se mettre en boule. ||°**-lapp** m. (s, e). BOT. lycopode m.

Baracke [ba'rakə] f. (-, n) baraque f. ; baraquement m.

Barbar [bar'bɑ:r] m. (en, en) barbare m.

Barbarei [barba'rai] f. (-) barbarie f. ; cruauté f.

barbarisch [-'bɑ:riʃ] adj. barbare.

Barbarismus [-ba'rismus] m. (-, men) barbarisme m.

Barbarossa [barba'rɔsa] n. pr. m. HIST. Barberousse m.

Barbe ['barbə] f. (-, n) barbeau m. ; bar m.

Barbier [bar'bi:r] m. (s, e) barbier m. ; coiffeur m. ; POP. figaro m.

barbieren [-rən] v. tr. (Vx.) raser ; faire la barbe. || FIG. *jn über den Löffel barbieren*, duper, FAM. rouler qn.

Barbiturat [barbitu'ra:t] n. (s, e). MÉD. barbiturique m.

Barbitur|säure [barbi"tu:r'zɔyrə] f. (-, n) acide (m.) barbiturique.

bardauz! [bar'dauts] interj. patatras !

Barde ['bardə] m. (n, n). LITTÉR. barde m.

Bären|dienst ["bɛ:rən'di:nst] m. (es, e) LOC. *jm einen Bärendienst leisten*, rendre (sans le vouloir) un mauvais service à qqn. ||°**-fell** n. (s, e) peau (f.) d'ours. ||°**-führer** m. (s, -) montreur (m.) d'ours. ||°**-haut** f. (-, ¨e) peau (f.) d'ours. || FIG. *auf der Bärenhaut liegen*, FAM. être paresseux comme un loir. ||°**-hunger** m. (s) faim (f.) de loup ; fringale f. ||°**-jäger** m. (s, -) chasseur (m.) d'ours. ||°**-klau** m. (s). BOT. acanthe f. ||°**-mütze** f. (-, n) bonnet (m.) à poil. ||°**-zwinger** m. (s, -) fosse (f.) aux ours.

Barett [ba'rɛt] n. (s, e) barrette f. ; toque f.

Bärin ['bɛ:rin] f. (-, nen). ZOOL. ourse f.

Bariton ['bɑ:ritɔn] m. (s, e). MUS. baryton m.

Barium ['bɑ:rium] n. (s). MINES. barium m.

Bark [bark] f. (-, en). MAR. trois-mâts m.

Barkarole [barka'ro:lə] f. (-, n). MUS. barcarolle f.

Barkasse [bar'kasə] f. (-, n). MAR. barcasse f.

Barke ['barkə] f. (-, n). MAR. barque f.

Bärlappgewächs ["bɛ:rlapgə'vɛks] n. (es, e). BOT. lycopode m.

barm|herzig [barm'hɛrtsiç] adj. miséricordieux ; charitable. | *barmherzige Brüder*, frères (m. pl.) de la Charité.

Barm|herzigkeit [-kait] f. (-) miséricorde f. ; charité f. ; pitié f.

barock [ba'rɔk] adj. baroque ; bizarre. || FIG. *ein barocker Mensch*, un homme bizarre.

Barock [ba'rɔk] m. ou n. (s). ARTS. baroque m.

Barock|stil [ba"rɔk'ʃti:l] m. (s) style (m.) baroque.

Baro|meter ['baro"me:tər] m. et n. (s, -) baromètre m. | *das Barometer steht auf veränderlich*, le baromètre est au variable.

Baron [ba'ro:n] m. (s, e) baron m.

Baronesse [baro'nɛsə] f. (-, n) baronne f. (épouse ou fille d'un baron).

Baronin [-'ro:nin] f. (-, nen) baronne f. (épouse d'un baron).

Barras [baras] m. (-). POP. service (m.) militaire.

Barrel ['barəl] n. (s, s) baril m.

Barren ['barən] m. (s, -) barre f. ; lingot m. | *Gold in Barren, Barrengold*, or (m.) en lingots, en barres. || SPORT. barres (f. pl.) parallèles.

Barriere [bari'ɛ:rə] f. (-, n) barrière f.

Barrikade [bari'kɑ:də] f. (-, n) barricade f.

barrikadieren [-ka'di:rən] v. tr. et v. pr. ériger des barricades ; se barricader.

Barsch [bɑ:rʃ], **Bärsch** [bɛrʃ] m. ([e], e), **Bärsche** ['bɛrsʃə] f. (-, n). [Fisch] perche f.

barsch [barʃ] adj. [grob, verdrießlich] bourru ; brutal ; renfrogné. || [beißend] mordant ; cinglant. || [herb] âpre ; rude. | *in barschem Ton*, d'un ton rogue. | *jm barsch entgegenkommen*, FAM. recevoir qn comme un chien dans un jeu de quilles. | *zu barsch verfahren*, FAM. (y) aller fort.

Barschheit ['barʃhait] f. (-, en) brusquerie f.

Bart [bɑ:rt] m. (s, ¨e) barbe f. ; moustache f. || FIG., FAM. *er murmelte etwas in den Bart*, il grommelait, il parlait entre ses dents. || FAM. *jm um den Bart gehen*, flatter, courtiser qn. | *in den Bart hineinlügen*, mentir impudemment. | *sich um des Kaisers Bart streiten*, FAM. se disputer, se quereller pour un rien ; avoir une querelle d'Allemand. || TECHN. [Schlüssel] panneton (m.) de clef. || [Grat] bavure f.

Bart|fäden ["bɑ:rt'fɛ:dən] m. pl. barbillons (m. pl.) de poisson. ||°**-flechte** f. (-, n). MÉD. sycosis m. ; lichen plan. || BOT. lichen m. ||**-los** adj. imberbe ; sans barbe. ||°**-moos** n. (es, e). BOT. lichen m. ||°**-wuchs** m. (es, ¨e) barbe f. | *einen schütteren, dünnen Bartwuchs haben*, avoir la barbe rare.

Bärtchen ['bɛ:rtçən] n. (s, -) barbiche f.

Barte ['bɑ:rtə] f. (-, n). ZOOL. fanon (m.) de baleine.

Bartholomäus [bartolo'mɛ:us] n. pr. m. Barthélemy m. | *die Bartholomäusnacht*, la nuit de la Saint-Barthélemy.

bärtig ['bɛ:rtiç] adj. barbu ; poilu.

Baryt [bary:t] m. (s). MINÉRAL. baryte m.

baryt|haltig [ba"ry:t'haltiç] adj. barytifère.

Basalt [ba'zalt] m. (s, e) MINÉRAL. basalte m.

Basalt|felsen [ba"zalt'fɛlzən] m. (s, -) roche (f.) basaltique. ||**-haltig** adj. basaltique. ||°**-porphyr** m. (s, e) basalte (m.) porphyrique. ||°**-schiefer** m. (s, -) basalte schisteux.

Basar [ba'zɑ:r] m. (s, e) bazar m.

Baschkire [baʃ'ki:rə] n. pr. m. GÉOGR. Baskir m. ; Bachkir m.

Base ['bɑ:zə] f. (-, n) tante f. || PAR EXT. cousine f. ; parente âgée. || FIG. commère f.

Base ['bɑ:zə] f. (-, n). CHIM. base f.

Base|ball ['besbo:l] m. (s). SPORT. baseball m.

Basedowsche Krankheit [bazə"dɔvʃə'krankhait] f. MÉD. goitre (m.) exophtalmique ; maladie (f.) de Basedow.

Basel ['bɑ:zel] n. pr. n. GÉOGR. Bâle f.

basieren [ba'zi:rən] v. tr. baser ; fonder.

Basilika [ba'zi:lika] f. (-, ken) basilique f.

Basis ['bɑ:zis] f. (-, sen), **Base** [bɑ:zə] f. (-, n) base f. ; fondement m.

basisch ['bɑ:ziʃ] adj. CHIM. basique.

Basizität [bazitsi'tɛt] f. (-, en). CHIM. basicité f.

Baske ['baskə] n. pr. m. (n, n), **Baskin** [baskin] n. pr. f. (-, nen). GÉOGR. Basque m. ; Basquaise f.

Basken|mütze ["baskən'mytsə] f. (-, n) béret (m.) basque.

Basket|ball ["beskit'bo:l] m. (s) basket-ball m.

baskisch ['baskiʃ] adj. GÉOGR. basque.

Basler(in) ['bɑ:zlər(in)] m. (s, -), f. (-, nen) Bâlois(e) m. (f.).

baß [bas] adv. fort ; très. | *ich war baß erstaunt*, j'étais fort étonné.

Baß [bas] m. (es, ¨e). MUS. basse f. | *erster Baß*, première basse, baryton m. | *zweiter Baß*, basse-contre f. | *begleitender Baß*, basse continue.

Baß|bläser ["bas'blɛ:zər] m. (s, -). MUS. basson m. ||°-**geige** f. (-, n). MUS. basse (f.) de viole. | *große Baßgeige*, contrebasse f. | *kleine Baßgeige*, violoncelle m. ||°-**horn** n. (s, ¨er). MUS. cor (m.) de basset. ||°-**sänger** m. (s, -). MUS. basse f. ||°-**schlüssel** m. (s, -) clef (f.) de *fa*. ||°-**stimme** f. (-, n) [voix (f.) de] basse f.

Bassin [ba'sɛ̃] n. (s, s) bassin m. ; piscine f.

Bassist [ba'sist] m. (en, en) joueur (m.) de basse.

Bast [bast] m. (es, e). BOT. fibre végétale ; liber m. || [Werg ; Flachs] filasse f. || raphia m.

basta ! ['basta] interj. bast(e) ! ; assez ! ; suffit !

Bastard ['bastart] m. (s, e) bâtard m.

bastardieren [bastar'di:rən] v. tr. abâtardir.

Bastei [bas'tai] f. (-, en). ARCHIT. bastion m.

Bastelei [bastə'lai] f. bricolage m.

basteln ['bastəln] v. tr. bricoler.

Bastler [-tlər] m. (s, -) bricoleur m.

Bataillon [batajɔ̃] n. (s, e). MIL. bataillon m.

Batate [ba'tɑ:tə] f. (-, n). BOT. patate f.

Batist [ba'tist] m. ([e]s, e). TEXT. batiste f.

Batterie [batə'ri:] f. (-, en). MIL. batterie f. | *Batterie zu sechs Geschützen*, batterie à six pièces. || ÉLECTR. batterie f. ; pile f. | *Akkumulatorenbatterie*, batterie d'accumulateurs.

Batterie|klemme [batə"ri:'klɛmə] f. (-, n). ÉLECTR. borne (f.) de batterie.

Batzen ['batsən] m. (s, -) **1.** motte (f.) de terre. **2.** ancienne monnaie. FAM. *einen schönen Batzen Geld haben*, avoir des écus.

Bau [bau] m. ([e]s, e et Bauten) **1.** bâtiment m. ; édifice m. ; bâtisse f. ; construction f. | *das Haus ist im Bau*, la maison est en construction. | *Bau einer Bahnlinie*, construction d'une voie ferrée. | *er ist vom Bau*, il est du bâtiment, du métier, de la partie.
2. [Dachs-, Fuchsloch] terrier m. || LOC. *immer in seinem Bau sitzen*, être toujours dans sa tanière.
3. culture f. (des champs).
4. structure (f.), constitution f. (d'un corps, d'un ensemble).

Bau|abteilung ["bau'aptailuŋ] f. (-, en). ARCHIT. service (m.) des constructions. || MINES. section (f.) d'exploitation. ||°-**amt** n. (es, ¨er) office (m.) des constructions ; service (m.) des travaux publics. ||°-**arbeit** f. (-, en) travail (m.) de construction. ||°-**arbeiter** m. (s, -) ouvrier (m.) du bâtiment. ||°-**art** f. (-, en) type (m.) de construction ; architecture f. ||°-**betreuer** m. (s., -) maître (m.) d'œuvre. ||°-**bewilligung** f. (-, en) permis (m.) de construire. ||°-**darlehen** n. (s, -) prêt (m.) à la construction. ||°-**entwurf** m. (s, ¨e). ARCHIT. projet (m.) de construction. ||°-**erlaubnis** f. (-, e) permis (m.) de construire. ||°-**fach** n. (s, ¨er) profession (f.) d'architecte ; architecture f. ||-**fällig** adj. délabré ; croulant. | *baufällig werden*, se délabrer ; dépérir ; menacer ruine. ||°-**formel** f. (-, n). CHIM. formule développée. ||°-**gelände** n. (s) terrain (m.) à bâtir. ||°-**geld(er)** n. (pl.) fonds (m. pl.) de construction. ||°-**genehmigung** f. (-, en) permis (m.) de construire. ||°-**gerüst** n. (es, e) échafaudage m. ||°-**gewerbe** n. (s) industrie (f.) du bâtiment. ||°-**grund** m. ([e]s, ¨e) terrain (m.) à bâtir. ||°-**handwerk** n. (s, e) [industrie] (f.) du] bâtiment m. ||°-**herr** m. (n, en) maître (m.) d'œuvre. || NUCL. maître (m.) d'ouvrage. ||°-**holz** n. (es, ¨er) bois (m.) de construction. ||°-**jahr** n. (s, e) année (f.) de fabrication. ||°-**kasten** m. (s, -) jeu (m.) de construction. ||°-**kostenvoranschlag** m. (s, ¨e) devis (m.) d'une construction. ||°-**kredit** m. (s, e) crédit (m.) de construction. ||°-**kunst** f. (-) architecture f. ||°-**land** n. (s) terrain (m.) à bâtir. ||°-**leiter** m. (s, -) architecte m. ; conducteur (m.) des travaux de construction. ||°-**material** n. (s) matériaux de construction. ||°-**meister** m. (s, -) architecte m. ; constructeur m. ||°-**ordnung** f. (-) réglementation (f.) de la construction. ||°-**plan** m. (s, ¨e) plan (m.), projet (m.) de construction. ||°-**platz** m. (es, ¨e) terrain (m.) à bâtir. || [im Bau] lieu (m.), chantier (m.) de construction. ||°-**rat** m. (s, ¨e) architecte m. ||-**reif** adj. prêt à construire. ||°-**sparvertrag** m. (s, ¨e) plan (m.) d'épargne-logement. ||°-**stätte** f., °-**stelle** f. (-, n) [zu verbauen] emplacement (m.), terrain (m.) à bâtir. || [im Bau] chantier (m.) de construction. ||°-**stein** m. (s, e) pierre (f.) à bâtir ; moellon m. ||°-**stellenleiter** m. (s, -) conducteur (m.) des travaux ; chef (m.) de chantier. ||°-**stil** m. (s, e). ARCHIT. style m. ||°-**stoff** m. ([e]s, e) matériaux de construction. ||°-**tätigkeit** f. (-) activité (f.) de construction. ||°-**träger** m. (s, -). NUCL. maître (m.) d'ouvrage. ||°-**unternehmen** ["-/-'-] n. (s, -) entreprise (f.) de bâtiment. ||°-**unternehmer** m. (s, -) entrepreneur (m.) de bâtiment, de travaux publics. ||°-**vertrag** m. (s, ¨e) contrat (m.) de construction. ||°-**vorhaben** n. (s, -) projet (m.) de construction. ||°-**weise** f. (-, n) méthode (f.), type (m.) de construction. ||°-**werk** (s, e) édifice m. ; bâtiment m. ; ouvrage m. ; construction f. ||°-**wesen** n. (s) bâtiment m. ; génie civil. ||°-**zeit** f. (-, en) durée (f.) des travaux.

Bauch [baux] m. (s, ¨e). ANAT. ventre m. ; abdomen m. | *dicker Bauch*, gros ventre. | *leerer Bauch*, estomac creux. | *er bekommt einen Bauch*, il prend du ventre. | *sich vor Lachen den Bauch halten*, rire à s'en tenir les côtes. | *sich den Bauch vollstopfen, vollschlagen*, s'empiffrer.

Bauch|binde ["baux'bində] f. (-, n). MÉD. ceinture f. ; bandage m. ; ventrière f. ||°-**fell** n. (s, e) péritoine m. ||°-**fellentzündung** f. (-, en). MÉD. péritonite f. ||°-**flosse** f. (-, n) nageoire abdominale, pelvienne. ||°-**höhle** f. (-, n). ANAT. cavité abdominale. ||°-**höhlenschnitt** m. (s, e). MÉD. laparotomie f. ||°-**höhlenschwangerschaft** f. (-, en). MÉD. grossesse extra-utérine. ||°-**kneifen**, °-**kneipen** n. (s). MÉD. colique f. ||°-**muskel** m. (s, n) ANAT. muscle abdominal. ||°-**redner** m. (s, -) ventriloque m. ||°-**speicheldrüse** f. (-, n). ANAT. pancréas m. ||°-**tanz** m. (es, ¨e) danse (f.) du ventre. ||°-**weh** n. (s). MÉD. colique f. ; mal (m.) au ventre.

bauchig ['bauxiç] adj. ventru ; pansu ; bombé ; convexe.

bäuchlings ['bɔyçliŋs] adv. à plat ventre.

Bauchung ['bauxuŋ] f. (-, en) renflement m.

Baude ['baudə] f. (-, n) cabane (f.), hutte (f.).

bauen ['bauən] v. tr. **1.** bâtir ; construire ; édifier. || [errichten] dresser ; élever. || *Wohnungen, Maschinen bauen*, construire des logements, des machines. | *die Vögel bauen (sich) Nester*, les oiseaux font des nids. || PAR EXT. FAM. *Seinen Doktor bauen*, passer son doctorat. || IRON. *Einen Unfall bauen*, avoir un accident.
2. PAR EXT. cultiver. | *den Boden (be)bauen*, travailler la terre. || planter ; cultiver (des plantes). | *Wein (an)-bauen*, planter de la vigne.
3. MINES. exploiter, tirer (du minerai).
◇ v. intr. **bauen an,** travailler à la construction de. — **bauen auf,** se fonder sur. | *darauf ist nicht zu bauen*, il ne faut pas y compter.

Bauer ['bauər] m. (n, n) paysan m. ; laboureur m. ; agriculteur m. ; cultivateur m. || [Pächter] fermier m. ; métayer m. || PÉJOR. rustre m. ; plouc m. || PAR ANAL. [Kartenspiel] valet m. ; [Schach] pion m.

Bauer m. et n. (s, -) [Käfig] cage (f.) d'oiseau.

Bäu(e)rin [-(ə)rin] f. (-, nen) paysanne f. ; cultivatrice f.

bäu(e)risch [-(ə)riʃ] adj. rustique ; paysan ; à la manière d'un paysan. || PÉJOR. rustre ; rustaud.

bäuerlich [-liç] adj. paysan.

Bauern|aufstand ["bauərn'aufʃtant] m. (s, ¨e) révolte (f.) des paysans ; jacquerie f. ||°**-bengel** m. (s, -). FIG. rustre m. ; manant m. ||°**-brot** n. (s, e) pain (m.) de campagne, de seigle. ||°**-fänger** m. (s, -) filou m. ; bonneteur m. ||°**-fängerei** f. (-, en) filouterie f. ||°**-gut** n. (es, ¨er), ferme f. ||°**-hof** m. (s, ¨e) ferme f. ; métairie f. ||°**-knecht** m. (s, e) valet (m.) de ferme. ||°**-land** n. (s, ¨er) pays (m.) agricole. ||°**-regel** f. (-, n) dicton (m.) sur le temps (qu'il fait). ||°**-schläue** f. (-) ruse paysanne. ||°**-stand** m. (s, ¨e) classe paysanne ; paysannerie f. ||°**-stück** n. (s, e). THÉÂTRE. paysannerie f.

Bauers|frau ["bauərs'frau] f. (-, en) femme (f.) de paysan ; paysanne f.

Bauernschaft ['bauərnʃaft] f. (-, en) paysannerie f. (ensemble des paysans).

baulich ['bauliç] adj. *in gutem baulichen Zustand*, en bon état.

Baulichkeit [-kait] f. (-, en) construction f. ; immeuble m.

Baum [baum] m. (s, ¨e). BOT. arbre m. || PROV. *wie der Baum, so die Frucht*, tel père, tel fils. | *er sieht den Wald vor lauter Bäumen nicht*, les arbres lui cachent la forêt. | *auf einen Hieb fällt kein Baum*, Paris ne s'est pas fait en un jour. | *die Bäume wachsen nun einmal nicht in den Himmel*, il y a une limite à toutes choses. || LOC. *zwischen Baum und Borke*, entre l'arbre et l'écorce. || TECHN. arbre m. (de couche).

baum|artig ["baum'ɑ:rtiç] adj. arborescent ; ressemblant à un arbre. ||°**-blüte** f. (-, n). BOT. [Handlung] floraison f. ; [Resultat] fleur f. ||°**-eule** f. (-, n). ZOOL. chat-huant m. ; hulotte f. ||°**-falke** m. (n, n). ZOOL. hobereau m. ||°**-farn** m. (s, e). BOT. fougère arborescente. ||°**-gärtner** m. (s, -) pépiniériste m. ||°**-gärtnerei** f. (-, en) pépinière f. ||°**-krone** f. (-, n) cime (f.) d'arbre. ||°**-kuchen** m. (s, -). CULIN. pièce montée. ||°**-läufer** m. (s, -). ZOOL. grimpereau m. ||°**-malve** f. (-, n) guimauve f. ||°**-marder** m. (s, -) martre f. ; martre (f.) des bois. ||°**-rinde** f. (-, n) écorce (f.) d'arbre. ||°**-schere** f. (-, n). TECHN. sécateur m. ||°**-schule** f. (-, n) pépinière f. ||°**-stamm** m. (s, ¨e) tronc (m.) d'arbre. ||**-stark** adj. FIG. fort comme un chêne. ||°**-stumpf** m. (s, ¨e) souche (f.) d'arbre. ||°**-zucht** f. (-). BOT. arboriculture f. ||°**-züchter** m. (s, -) arboriculteur m.

Bäumchen ['bɔymçən] n. (s, -). BOT. petit arbre ; arbrisseau m. ; arbuste m.

baumeln ['bauməln] v. intr. pendiller ; brandiller.

bäumen (sich) [ziç'bɔymən] v. pr. se cabrer.

Baum|wolle ["baum'vɔlə] f. (-) coton m.

baum|wollen [-'vɔlən] adj. de coton ; cotonné.

Baumwoll|garn ["baumvɔl'garn] n. (s). TEXT. fil (m.) de coton ; coton filé. ||°**-stoff** m. (s, e) cotonnade f. ||°**-strauch** m. (s, ¨er) cotonnier m.

Bausch [bauʃ] m. (es, ¨e) bourrelet m. ; renflement m. ; coussinet m. || FIG. *in Bausch und Bogen kaufen*, acheter en bloc, à forfait, en vrac.

bauschen ['bauʃən] v. tr. faire bouffer ; rendre bouffant.
◇ v. intr. bouffer ; être bouffant ; se renfler.

bauschig [-ʃiç] adj. bouffant.

Bauxit [bau'ksi:t] m. (s, e). MINÉRAL. bauxite f.

bauz ! [bauts] interj. POP. patatras !

Bayer(in) ['baiər(in)] m. (n, n), f. (-, nen) Bavarois(e) m. (f.).

bayerisch [-əriʃ] adj. bavarois. | *Bayerische Alpen*, Alpes bavaroises.

Bayern [-ərn] n. pr. n. (s). Bavière f.

Bazille [ba'tsilə] f. (-, n), **Bazillus** [-lus] m. (-, llen). MÉD. bacille m.

Bazillen|träger [ba"tsilən'trɛ:gər] m. (s, -). MÉD. contagieux m.

be|absichtigen [bə"ap'ziçtigən] v. tr. avoir l'intention de ; projeter ; se proposer de ; compter.

beachten [bə'ɑxtən] v. tr. considérer ; prendre en considération ; tenir compte de ; écouter. | *ein Gesetz nicht beachten*, désobéir à une loi.

beachtens|wert [bə"ɑxtəns've:rt], **beachtlich** [-axtliç] adj. qui mérite l'attention ; important.

Beachtung [bə'ɑxtuŋ] f. (-) observation f. ; considération f. | *lebhafte Beachtung finden*, intéresser beaucoup. | *keine Beachtung schenken*, ne pas faire attention à.

beackern [bə'akərn] v. tr. labourer.

Beamter [bə'amtər] m. [Staat] fonctionnaire m. ; agent m. || [Privat, Stadt] employé m. | *Beamter werden*, entrer dans l'administration. | *einen Beamten versetzen*, déplacer un fonctionnaire. | *einen Beamten absetzen*, destituer, révoquer, suspendre un fonctionnaire.

Beamten|abbau [bə"amtən'apbau] m. (s) suppression (f.) de fonctionnaires. ||°**-bestechung** f. (-) corruption (f.) de fonctionnaires. ||°**-stand** m. (s) fonctionnaires m. pl.

Beamtenschaft [bə'amtənʃaft] f. (-, en) corps (m.) des fonctionnaires.

Beamtentum [bə'amtəntu:m] n. (s) fonctionnarisme m.

Beamtin [bə'amtin] f. (-, nen). ADM. [Staat] fonctionnaire f.

be|ängstigen [bə'ɛŋstigən] v. tr. faire peur ; inquiéter.
◇ part. prés. et adj. **beängstigend,** inquiétant.

be|anspruchen [bə"an'ʃpruxən] v. tr. demander ; revendiquer ; prétendre à. | *jn stark beanspruchen*, demander beaucoup à qn. | *als Eigentum für sich beanspruchen*, revendiquer qch. || TECHN. *das Material zu stark beanspruchen*, fatiguer le matériel.

Be|anspruchung [-xuŋ] f. (-) demande f. ; revendication f. || TECHN. [Anstrengung] effort m. | *zulässige Beanspruchung*, charge admise.

be|anstanden [bə"an'ʃtandən] v. tr. formuler des objections, des critiques ; critiquer ; réclamer. | *es gibt mancherlei an diesem Bau zu beanstanden*, il y a bien des critiques à faire à ce bâtiment.

Be|anstandung [-duŋ] f. (-, en) objection f. ; critique f. ; réclamation f. | *Beanstandungen erheben*, formuler des objections.

be|antragen [bə"an'trɑ:gən] v. tr. proposer ; demander. || JUR. requérir.

be|antworten [bə"ant'vɔrtən] v. tr. répondre à.

Be|antwortung [-tuŋ] f. (-, en) réponse f.

be|arbeiten [bə"ar'baitən] v. tr. œuvrer à ; façonner ; travailler à ; usiner ; traiter. || TECHN. *im Rohen bearbeiten*, dégrossir. || LITTÉR., MUS. arranger. | *eine neu bearbeitete Auflage*, une édition refondue.

Be|arbeiter [-tər] m. (s, -) façonneur m. | surtout dans *Sachbearbeiter*, employé spécialisé ; spécialiste m. || THÉÂTRE. adaptateur m.

Be|arbeitung [-tuŋ] f. (-, en) travail m. ; façon f. ; traitement m. ; transformation f. || TECHN. usinage m. ; façonnage m. || LITTÉR. élaboration f. ; remaniement (m.) d'un texte. || POLIT. étude (f.) d'une affaire. || MUS. arrangement m.

Bearbeitungs|gebühren [bə"arbaitʊŋsgə'by:rən] f. pl. frais (m. pl.) de dossier.

be|argwöhnen [bə"ark'vø:nən] v. tr. soupçonner ; suspecter ; se méfier de.

Beau [bo:] m. (s, s) bel homme ; FAM. beau gosse.

Beaufort|skala [bo"fɔ:r'ska:la] f. (-) échelle (f.) de Beaufort.

be|aufsichtigen [bə"auf'ziçtigən] v. tr. surveiller ; contrôler ; inspecter.

Be|aufsichtigung [-gʊŋ] f. (-, en) surveillance f. ; contrôle m. ; inspection f.

be|auftragen [bə"auf'tra:gən] v. tr. charger ; commettre ; mandater ; déléguer ; députer.

Be|auftragter [-'tra:ktər] m. chargé (m.) d'affaires ; mandataire m.

Be|auftragung [-'tra:gʊŋ] f. (-, en) charge f. ; commission f. ; délégation f. ; mandat m.

be|äugeln [bə'ɔygəln] v. tr. guigner ; lorgner.

be|augen|scheinigen [bə"augən'ʃainigən] v. tr. [in Augenschein nehmen] inspecter, contrôler soi-même.

be|bändern [bə'bɛndərn] v. tr. garnir de rubans.

be|baubar [bə"bau'ba:r] adj. viabilisé. | *bebaubares Gelände*, terrain viabilisé.

be|bauen [bə'bauən] v. tr. bâtir ; construire sur. | *bebautes Grundstück*, terrain bâti ; propriété bâtie. || AGRIC. cultiver. | *nie bebautes Land*, sol (m.) vierge.

Be|bauung [-ʊŋ] f. (-, en) construction f. (de bâtiments). || AGRIC. culture f.

Bebauungs|plan [-ʊŋs'pla:n] m. (s, ¨e) (*etwa*) plan (m.) d'aménagement concerté.

beben ['be:bən] v. intr. trembler ; frémir ; vibrer. | *die Erde bebt*, la terre tremble. || FIG. *vor Zorn beben*, trembler de colère.

be|bildern [bə'bildərn] v. tr. illustrer.

be|brüten [bə'bry:tən] v. tr. couver.

Becher ['bɛçər] m. (s, -) coupe f. || [Trinkbecher] gobelet m. ; timbale f. || [Mischbecher] shaker m. || [Würfel] cornet m. || TECHN. [Bagger] godet m.

Becher|glas ["bɛçər'gla:s] n. (es, ¨er) coupe f. (de cristal) ; verre-gobelet m. || CHIM. bécher m. ||°**-werk** n. (s, e). TECHN. élévateur (m.) à godets. || AGRIC. noria f.

bechern ['bɛçərn] v. intr. boire copieusement ; FAM. picoler.

Becken ['bɛkən] n. (s, -) bassin m. ; bac m. || [Waschbecken] cuvette f. || [Brunnenbecken] vasque f. || ANAT. *(menschliches) Becken*, bassin m. || MAR. bassin m. ; dock m. || MUS. cymbales f. pl.

Becken|knochen ["bɛkən'knɔxən] m. (s, -) os (m.) du bassin. ||°**-schläger** m. (s, -). MUS. cymbalier m.

bedachen [bə'daxən] v. tr. poser un toit ; une couverture ; couvrir (d'un toit).

bedacht [bə'daxt] adj. *bedacht sein auf*, être soucieux, jaloux de.

Bedacht [bə'daxt] m. (s) précaution f. ; circonspection f. ; réflexion f. | *mit Bedacht*, avec prudence. | *Bedacht nehmen auf*, avoir égard à ; tenir compte de.

bedächtig [be'dɛ:çtiç] adj. réfléchi ; prudent ; circonspect ; posé. | *er ist bedächtig*, c'est un homme réfléchi.

Be|dächtigkeit [-kait] f. (-) circonspection f. ; réflexion f. ; prudence f. || IRON. lenteur f.

bedachtsam [bə'daxtza:m] adj. V. BEDÄCHTIG.

Be|dachtsamkeit [-kait] f. V. BEDÄCHTIGKEIT.

Bedachung [-xʊŋ] f. (-, en) toiture f. ; couverture f. || PAR EXT. maison f.

Be|dämpfung [bə'dɛmpfʊŋ] f. (-, en). PHYS. amortissement (m.) de l'écho.

bedanken (sich) [ziçbə'daŋkən] v. pr. remercier. | *sich bei jm für etwas bedanken*, remercier qn de qch.

Bedarf [bə'darf] m. (s) besoin(s) m. (pl.) ; (le) nécessaire ; provisions f. pl. | *dringender Bedarf*, besoin pressant. | *nach Bedarf*, suivant les besoins. | *an etwas* (dat.) *Bedarf haben*, avoir besoin de qch. | *den Bedarf decken*, couvrir les besoins. || TECHN. équipement m.

Bedarfs|artikel [bə"darfsar'tikəl] m. (s, -) article (m.) de première nécessité. ||°**-fall** m. (s, ¨e) *im Bedarfsfall*, en cas de besoin. ||°**-halte|stelle** f. (-, n). [Eisenbahn, Omnibus] arrêt facultatif.

bedauerlich [bə'dauərliç] adj. regrettable ; fâcheux.

bedauern [-ərn] v. tr. regretter ; déplorer. || PAR EXT. plaindre ; avoir pitié de. | *er ist zu bedauern*, il est à plaindre.

Bedauern [-ərn] n. (s) regret m. ; désespoir m. | *zu meinem großen Bedauern*, à mon grand désespoir. || *sein Bedauern aussprechen*, regretter.

bedauerns|wert, -würdig [bə"dauərns've:rt, -'vyrdiç] adj. 1° pitoyable ; 2° regrettable.

bedecken [bə'dɛkən] v. tr. couvrir ; recouvrir. | *bedeckter Himmel*, ciel couvert, gris, voilé.

◇ v. pr. **sich bedecken,** se couvrir ; se recouvrir ; se protéger. || MIL. se couvrir ; s'abriter. || FIG. *sich mit Ruhm bedecken*, se couvrir de gloire.

Bedeckung [-kʊŋ] f. (-, en) couverture f. ; abri m. || MIL. *unter Bedeckung*, sous escorte.

bedenken [bə'dɛŋkən] (bedachte, bedacht) v. tr. [denken] considérer ; penser, songer, réfléchir, prendre garde à ; ne pas oublier. | *vorher bedenken*, préméditer. | *ich gebe Ihnen zu bedenken*, je vous laisse à penser. | *bedenkt man's recht, so*, à y bien réfléchir. || PAR ANAL. [zögern] délibérer ; hésiter ; balancer. | *sich eines Besseren bedenken*, changer d'avis ; se raviser. || PAR EXT. [beschenken] *jn in seinem Testament bedenken*, coucher qn sur son testament. | *zu Weihnachten werden die Kinder mit Geschenken bedacht*, à Noël les enfants reçoivent des cadeaux.

◇ v. pr. **sich bedenken,** délibérer.

Bedenken [-kən] n. (s, -) réflexion f. ; méditation f. ; considération f. ; doute m. ; hésitation f. | *ohne Bedenken*, sans hésitation ; sans scrupules. | *nach reiflichem Bedenken*, après mûre réflexion ; toute réflexion faite ; à la réflexion. | *Bedenken tragen, hegen*, avoir des doutes ; hésiter. | *voller Bedenken*, scrupuleux.

Bedenk|frist [bə"dɛŋk'frist] f. (-, en) délai (m.), temps (m.) de réflexion.

bedenklich [bə'dɛŋkliç] adj. [Personen] soucieux ; inquiet ; pensif ; préoccupé. || [Dinge] critique ; dangereux ; scabreux. | *eine bedenkliche Lage*, une situation critique, délicate. | *das stimmt bedenklich*, cela donne à penser ; c'est une affaire inquiétante.

bedeuten [bə'dɔy:tən] v. tr. [heißen] signifier ; vouloir dire ; représenter. | *das Kreissymbol bedeutet Ewigkeit*, le symbole circulaire représente l'éternité. | *das hat nichts zu bedeuten*, c'est sans importance ; cela ne signifie rien. || PAR ANAL. [ankünden] *das bedeutet nichts Gutes*, cela ne présage rien de bon. || PAR EXT. [zu verstehen geben] signifier, notifier qch. à qn.

bedeutend [-tənt] part. pass. et adj.,

be|deutsam [bə"dɔyt'za:m] adj. significatif ; signifiant ; considérable ; important ; remarquable. | *ein bedeutender Gelehrter*, un savant remarquable. | *eine bedeutende Summe*, une somme importante, considérable.

◇ adv. considérablement ; remarquablement ; fort ; bien.

Bedeutung [-tuŋ] f. (-, en), **Bedeutsamkeit** [bə"dɔyt'zɑ:mkait] f. f. (-, en). [Sinn] sens m. ; signification f. | *Bedeutung eines Wortes*, acception (f.) d'un mot. | *eigentliche Bedeutung*, sens propre. | *übertragene Bedeutung*, sens figuré. || PAR ANAL. [Andeutung] présage m. || PAR EXT. [Wert] valeur f. ; portée f. | *ohne jede Bedeutung* ; *nicht von Bedeutung*, sans (aucune) importance ; futile.

bedeutungs|los [bə"dɔytuŋs'lo:s] adj. insignifiant ; sans valeur ; sans importance. ||°**-losigkeit** f. (-) insignifiance f. ||**-voll** adj. significatif ; très important.

bedienen [bə'di:nən] v. tr. servir. || FAM. *ich bin bedient*, j'en ai ma claque ; j'ai déjà donné. || MIL. *ein Geschütz bedienen*, servir une pièce. || TECHN. *eine Maschine bedienen*, servir une machine.

◇ v. pr. **sich bedienen,** se servir de. | *bitte, bedienen Sie sich*, servez-vous, s'il vous plaît.

Bedien|hebel [bə"di:n'he:bəl] m. (s, -). TECHN. manette (f.) de commande.

Bedienstete(r) [bə'di:nstətə(r)] f. (m.) domestique s. ; employé(e) m. (f.).

Bedienung [-nuŋ] f. (-, en) service m. || TECHN. *Bedienung einer Maschine*, maniement (m.) d'une machine.

Bedienungs|anleitung [bə"di:nuŋs'anlaituŋ] f. (-, en) TECHN. instruction (f.) de service ; mode (m.) d'emploi ; [Heft] manuel (m.) d'utilisation. ||°**-fehler** m. (s, -) fausse manœuvre. ||°**-mannschaft** f. (-, en). MIL. équipe (f.) d'une pièce ; servants m. pl. ||°**-personal** n. (s, e). TRANSP. personnel (m.) de conduite. ||°**-vorschrift** f. (-, en). TECHN. notice (f.) d'utilisation ; mode (m.) d'emploi.

bedingen [-ŋən] (bedang, bedungen, et conjug. faible) v. tr. conditionner ; stipuler ; exiger.

◇ part. pass. et adj. **bedingt,** *bedingt sein,* être conditionné par ; avoir pour condition.

◇ adv. sous réserve. | *das ist bedingt zulässig*, c'est admissible sous certaines réserves.

Bedingtheit [bə'diŋthait] f. (-) limitation f. ; relativité f. ; caractère limité.

Bedingung [bə'diŋuŋ] f. (-, n) **1.** condition f. ; modalité f. ; clause f. ; stipulation f. ; réserve f. ; restriction f. | *seine Bedingungen stellen*, poser des, ses conditions. | *zu sehr günstigen Bedingungen*, à très bon compte. | *unter der Bedingung, daß*, à (la) condition que (subj.) ; à condition de (infin.). | *unter der einen Bedingung*, à la seule condition de.

2. JUR. *auflösende Bedingung*, condition résolutoire.

bedingungs|los [bə"diŋuŋs'lo:s] adj. inconditionnel ; sans condition. || MIL., POLIT. *bedingungslose Übergabe, Kapitulation*, reddition (f.) sans condition. ||°**-satz** m. (es, ¨e). GRAMM. proposition, phrase conditionnelle. ||°**-schlüssel** m. (s, -). INF. code (m.) d'état. ||**-weise** adv. sous condition ; conditionnellement ; sous réserve.

bedrängen [bə'drɛŋən] v. tr. serrer de près ; poursuivre ; opprimer. | *jn mit Fragen bedrängen*, FIG. harceler qn de questions.

Bedrängnis [-ŋnis] f. (-, se) embarras m. ; gêne f.

bedrohen [bə'dro:ən] v. tr. menacer. | *von etwas bedroht sein*, être sous la menace de qch.

bedrohlich [-liç] adj. menaçant.

Bedrohung [-uŋ] f. (-, en) menace f.

bedrucken [bə'drukən] v. tr. imprimer.

bedrücken [bə'drykən] v. tr. presser. || FIG. opprimer ; accabler.

◇ part. pass. et adj. **bedrückt,** FIG. oppressé ; accablé ; triste.

Bedrückung [-kuŋ] f. (-, en). FIG. oppression f. ; accablement m. ; tristesse f.

Beduine [bedu'i:nə] n. pr. m. (n, n) Bédouin m.

Beduinin [-nin] n. pr. f. (-, nen) Bédouine f.

bedürfen [bə'dyrfən] (bedarf, bedurfte, bedurft) v. intr. (gén.) nécessiter qch. ; demander qch. ; avoir besoin de qch. | *das bedarf einer Erklärung*, cela demande explication.

Bedürfnis [-'dyrfnis] n. (ses, se) besoin m. ; nécessité f. | *Bedürfnis nach etwas*, besoin de qch. || FIG. *ein Bedürfnis befriedigen*, faire ses besoins.

Bedürfnis|anstalt [bə"dyrfnis'anʃtalt] f. (-, en) toilettes publiques ; vespasienne f. ||°**-losigkeit** f. (-) absence (f.) de besoins ; frugalité f.

bedürftig [bə'dyrftiç] adj. indigent ; pauvre ; nécessiteux.

Bedürftigkeit [-kait] f. (-) nécessité f. ; indigence f.

beduseln [bə'du:zεln] v. tr. et pr. FAM. (s')enivrer.

Beefsteak ['bi:fste:k] n. (s, s) bifteck m.

beehren [bə'e:rən] v. tr. honorer. | *beehren Sie mich bald wieder mit Ihrem Besuch*, faites-moi l'honneur de revenir bientôt. || COMM. honorer.

◇ v. pr. **sich beehren,** avoir l'honneur.

beeiden [bə'aidən], **beeidigen** [-digən] v. tr. assermenter. || JUR. affirmer, assurer sous serment.

Beeidigung [-diguŋ] f. (-, en). JUR. prestation (f.) de serment ; affirmation (f.) par serment.

beeifern (sich) [ziçbə'aifərn] v. pr. s'empresser ; faire du zèle.

beeilen (sich) [ziçbə'ailən] v. pr. se dépêcher ; se presser ; s'empresser.

beeindrucken [bə"ain'drukən] v. tr. FIG. impressionner. | *ungünstig beeindrucken*, faire une mauvaise impression.

beeinflussen [bə"ain'flusən] v. tr. FIG. influencer ; exercer une influence sur ; influer sur.

Beeinflussung [-suŋ] f. (-, en) influence f. ; suggestion f. || [Umwelt] *thermische Beeinflussung*, pollution (f.) thermique.

beeinträchtigen [bə"ain'trεçtigən] v. tr. porter atteinte, porter préjudice à ; léser. || JUR. *js Rechte beeinträchtigen*, empiéter sur les droits de qn.

Beeinträchtigung [-guŋ] f. (-, en). JUR. préjudice m. ; atteinte f. ; infraction f. ; dérogation f.

Beelzebub [bə"εltsə'bu:b] n. pr. m. RELIG. Belzébuth m. ; diable m.

beenden [bə'εndən], **beendigen** [-digən] v. tr. finir ; terminer ; achever.

Beendigung [-diguŋ] f. (-, en) fin f. ; arrêt m. ; achèvement m. ; cessation f.

beengen [bə'εŋən] v. tr. resserrer ; rétrécir. | *beengt wohnen*, vivre à l'étroit.

Beengtheit [bə'εŋthait] f. (-) resserrement m. ; rétrécissement m.

beerben [bə'εrbən] v. tr. hériter de qn ; recueillir l'héritage de qn.

beerdigen [bə'e:rdigən] v. tr. enterrer. || [edel] inhumer ; ensevelir.

Beerdigung [-guŋ] f. (-, en) enterrement m. ; inhumation f. ; sépulture f. ; ensevelissement m.

Beerdigungs|feier [bə"e:rdiguŋs'faiər] f. (-, n) funérailles f. pl. ; obsèques f. pl. ||°**-institut** n. (s, e) pompes (f. pl.) funèbres.

Beere ['be:rə] f. (-, n). BOT. baie f. || [Traube] grain m. | *Erdbeere*, fraise f. | *Himbeere*, framboise f.

Beet [be:t] n. (es, e). AGRIC. planche f. ; plate-bande f. | *Blumen-, Rasenbeet*, parterre m.

Beete ['be:tə] f. (-, n). BOT. [rote Rübe] *rote Beete*, betterave (f.) rouge.

befähigen [bə'fɛ:igən] v. tr. rendre propre à ; rendre capable de ; qualifier ; habiliter à ; mettre à même de.

◇ part. pass. et adj. **befähigt,** qualifié (pour) ; capable de ; apte à.

Befähigung [-guŋ] f. (-, en) qualification f. ; capacité f.

Befähigungs|nachweis [bə"fɛ:iguŋs'na:xvais] m. (es, e). ADM. certificat (m.) d'aptitude ; brevet m.

befahrbar [bə'fa:rba:r] adj. carrossable ; praticable. | *mit dem Fahrrad befahrbar*, cyclable.

befahren [-rən] (ä, u, a) v. tr. passer ; circuler sur. || [Wasser] naviguer sur. | *stark befahrene Strecke*, parcours (m.) à forte circulation. || MINES. *einen Schacht befahren*, descendre dans un puits. || PAR EXT. exploiter une mine.

Befall [bə'fal] m. (s, ¨e). ZOOL., AGRIC. vermine f.

befallen [bə'falən] (ä, ie, a) v. tr. attaquer ; saisir. || FIG. *die Seuche befällt das ganze Dorf*, l'épidémie envahit tout le village.

befangen [bə'faŋən] part. pass. et adj. gêné ; empêtré ; perplexe ; gauche. | *in Vorurteilen befangen*, imbu de préjugés.

Befangenheit [bə'faŋənhait] f. (-) prévention f. ; préjugé m. ; embarras m. ; partialité f.

befassen (sich) ['ziçbə"fasən] v. pr. s'occuper de. | *sich mit allerlei Geschäften befassen*, toucher à tout. | *das Buch befaßt sich mit*, le livre traite de.

befehden [bə'fe:dən] v. tr. et pr. POÉT. combattre. || *sich befehden*, se faire la guerre.

Befehl [bə'fe:l] m. (s, e) ordre m. ; commandement m. | *einen Befehl geben, erteilen*, donner un ordre. | *einen Befehl erhalten, empfangen, bekommen*, recevoir un ordre. | *einen Befehl ausführen, vollziehen*, exécuter un ordre. | *sich einem Befehl widersetzen*, désobéir. | *bis auf gegenteiligen Befehl*, sauf contrordre. | *zu Befehl, Herr Hauptmann !*, à vos ordres, mon capitaine ! | *auf königlichen Befehl*, par ordre du roi. | *unter seinem Befehl*, sous son commandement ; sous ses ordres.

befehlen [-lən] (ie, a, o) v. tr. ordonner ; donner des ordres ; commander. || ADM. décréter. || FIG. *wie Sie befehlen*, comme il vous plaira.

befehligen [-ligən] v. tr. MIL. commander ; exercer le commandement.

Befehls|form [bə"fe:ls'form] f. (-). GRAMM. impératif m. ||**-gemäß** adv. ADM., MIL. conformément aux ordres reçus. ||°**-haber** m. (s, -). MIL. commandant m. ||°**-stab** m. (s, ¨e). MIL. état-major (m.) de commandement. || [Eisenbahn] disque m., palette (f.) de commandement. ||°**-taste** f. (-, n). ÉLECTR. touche (f.) de commande. ||**-widrig** adj. et adv. contraire(ment) aux ordres.

befeinden [bə'faindən] v. tr. combattre.

befestigen [bə'fɛstigɛn] v. tr. **1.** fixer ; attacher ; affermir ; consolider ; amarrer. | *mit einem Riemen befestigen*, attacher avec une sangle. || MIL. fortifier. || MAR. *mit einem Tau befestigen*, amarrer.
2. FIG. consolider ; raffermir ; conforter.

Befestigung [-guŋ] f. (-, en) fixation f. ; attache f. || MIL. fortification f. ; ouvrage fortifié. || MAR. amarrage m. || TECHN. boulonnage m. ; goujonnage m. || FIG., COMM. consolidation f. ; raffermissement m. || FIN. redressement m.

Befestigungs|schraube [bə"fɛstiguŋs'ʃraubə] f. (-, n). TECHN. vis (f.) de fixation, d'assemblage.

befeuchten [bə'fɔyçtən] v. tr. humecter ; mouiller ; tremper.

befeuern [bə'fɔyərn] v. tr. MIL. tirer contre ; bombarder ; canonner. || MAR. éclairer. || FIG. enflammer ; inciter.

befinden [bə'findən] (a, u) v. tr. FIG. trouver ; juger ; estimer. | *es (für) gut befinden*, trouver bon ; juger à propos. || JUR. *jn für schuldig befinden*, déclarer, juger qn coupable. | *das Gericht wird darüber befinden*, la justice en connaîtra.

◇ v. pr. **sich befinden,** [Ort] se trouver dans, à un endroit. | *der Eingang befindet sich dort*, l'entrée est là-bas. || PAR ANAL. [Gesundheitszustand] se trouver dans un état. | *wie befinden Sie sich ?*, comment allez-vous ?

Befinden [-dən] n. (s) avis m. ; opinion f. | *nach seinem Befinden*, à son avis. || [Gesundheitszustand] état (m.) de santé. | *sich nach js Befinden erkundigen*, demander des nouvelles de la santé de qn.

befindlich [bə'fintliç] adj. qui se trouve ; existant ; situé ; sis.

befingern [bə'fiŋərn] v. tr. palper ; tâter.

beflaggen [bə'flagən] v. tr. pavoiser.

Beflaggung [-guŋ] f. (-, en) pavoisement m.

beflecken [bə'flɛkən] v. tr. couvrir de taches ; tacher ; salir ; souiller. | *mit Blut beflecken*, ensanglanter. || FIG. entacher ; ternir ; flétrir. | *js Ehre beflecken*, porter atteinte à l'honneur de qn.

Befleckung [-kuŋ] f. (-, en) tache f. ; souillure f.

befleißigen (sich) [ziçbə'flaisigən] v. pr. (gén.) s'efforcer de ; s'appliquer à.

befliegen [bə'fli:gən] v. tr. AÉRON. voler sur ; parcourir. | *eine stark beflogene Strecke*, une ligne à grand trafic.

beflissen [bə'flisən] adj. appliqué ; zélé ; empressé.

Beflissenheit [bə'flisənhait] f. (-) application f. ; soin m. ; effort m.

beflügeln [bə'fly:gəln] v. tr. donner des ailes à. || FIG. hâter ; accélérer.

◇ part. pass. et adj. **beflügelt,** ailé. || FIG. ailé ; rapide.

befolgen [bə'fɔlgən] v. tr. suivre ; obéir à. | *einen Rat befolgen*, suivre un conseil.

Befolgung [-guŋ] f. (-) observation f. || [Befehl] obéissance f. ; exécution f.

Beförderer [bə'førdərər] m. (s, -) transporteur m. ; expéditeur m.

befördern [-dərn] v. tr. transporter ; expédier. | *Waren befördern*, expédier des marchandises. | *ein Paket durch die Post befördern*, expédier un colis par la poste. || FAM. *ins Jenseits befördern*, envoyer dans l'autre monde. || PAR ANAL. promouvoir. | *zum Major befördert werden*, passer commandant.

Beförderung [-dəruŋ] f. (-, en) transport m. ; expédition f. || PAR ANAL. [aufrücken] MIL., ADM. avancement m. ; promotion f. | *Beförderung nach Dienstalter, nach Qualifikation*, avancement à l'ancienneté, au mérite.

Beförderungs|art [bə"førdəruŋs'a:rt] f. (-, en) mode (m.) de transport. ||°**-leistung** f. (-, en) *Beförderungsleistung (eines Verkehrsmittels)*, débit m. (d'un moyen de transport). ||°**-mittel** n. (s, -) moyen (m.) de transport. || FIG. stimulant m. ||°**-wesen** n. (s) régie f. ; ensemble (m.) des transports ; transports m. pl.

beforsten [bə'fɔrstən] v. tr. planter d'arbres ; boiser.

Beforstung [-tuŋ] f. (-, en) plantation (f.) d'arbres ; boisement m.

befrachten [bə'fraxtən] v. tr. [Wagen] charger. || MAR. [Schiff] affréter.
Befrachter [-tər] m. (s, -) chargeur (m.) commissionnaire ; affréteur m.
Befrachtung [-tuŋ] f. (-, en) chargement m. || MAR. affrètement m. | *Befrachtung eines Schiffes*, [Atlantik] affrètement d'un bateau ; fret m. ; [Mittelmeer] nolisement m. ; nolis m.
befragen [bə'frɑ:gən] v. tr. questionner ; interroger ; interviewer ; demander à. | *jn um etwas befragen*, interroger, consulter qn au sujet de, sur qch. | *den Arzt befragen*, consulter le médecin.
Befragung [-guŋ] f. (-, en) interrogation f. ; enquête f. ; interview f. ; consultation f. | *statistische Befragung*, enquête (f.) statistique.
befreien [bə'fraiən] v. tr. libérer ; délivrer. | *einen Gefangenen befreien*, relâcher un prisonnier. | *einen Sträfling befreien*, élargir un détenu. || FIG. libérer ; dégager ; affranchir ; débarrasser ; émanciper. | *sein Gewissen befreien*, libérer sa conscience. | *jn von einer Verantwortung befreien*, décharger qn d'une responsabilité. || PAR ANAL. dispenser. | *(Schüler) vom Turnunterricht befreien*, dispenser (les élèves) de gymnastique. || MIL. exempter.
◇ v. pr. **sich befreien,** se libérer.
Befreier [bə'fraiər] m. (s, -) libérateur m. ; émancipateur m.
Befreiung [-uŋ] f. (-) libération f. ; délivrance f. ; décharge f. ; dispense f. | *Befreiung aus dem Gefängnis*, libération d'un prisonnier. || POLIT., MIL. *Befreiung eines Landes*, libération d'un pays. || FIN. *Befreiung von Lasten und Steuern*, exemption (f.) des charges, des impôts. || ADM. *eine Befreiung erteilen*, accorder une dispense.
Befreiungs|kriege [bə"fraiuŋs'kri:gə] m. pl. HIST. guerres (f. pl.) d'indépendance. ||°**-theologie** f. POLIT. théologie (f.) de la libération.
befremden [bə'frɛmdən] v. tr. surprendre ; étonner ; frapper.
◇ v. impers. *es hat mich sehr befremdet*, j'ai trouvé (cela) très étrange.
◇ part. prés. et adj. **befremdend,** étrange ; déconcertant.
befremdlich [bə'frɛmtliç] adj. V. BEFREMDEND.
Befremdung [bə'frɛmduŋ] f. (-, en) surprise (f.) désagréable ; étonnement m.
befreunden [bə'frɔyndən] v. tr. et v. pr. (récipr.) rendre amis ; lier d'amitié. | *miteinander befreundet sein*, être amis. | *sie sind eng befreundet*, ils sont amis intimes. || FIG. *sie hat sich mit dem Gedanken befreundet*, elle s'est familiarisée avec cette idée.
befrieden [bə'fri:dən] v. tr. pacifier ; calmer. | *ein Land befrieden*, établir, rétablir la paix dans un pays.
befriedigen [-digən] v. tr. satisfaire ; contenter ; apaiser. || JUR. *einen Gläubiger befriedigen*, désintéresser, dédommager un créancier.
Befriedigung [-diguŋ] f. (-, en) contentement m. ; satisfaction f. ; apaisement m. ; assouvissement m. | *diese Arbeit gewährt mir volle Befriedigung*, cette occupation me satisfait pleinement. || JUR., COMM. *anteilsmäßige Befriedigung*, règlement proportionnel ; paiement (m.) au prorata.
Befriedung [-duŋ] f. (-) pacification f.
befristen [bə'fristən] v. tr. fixer un délai, une limite ; soumettre à un délai. || COMM. *befristetes Angebot*, offre limitée.
befruchten [bə'frux:tən] v. tr. BIOL. féconder ; fertiliser.
Befruchtung [-tuŋ] f. (-, en). BIOL. fécondation (f.) ; fertilisation f. | *künstliche Befruchtung*, insémination artificielle.
Befruchtungs|organe [bə"fruxtuŋsɔr'gɑ:nə] n. pl. BIOL. organes (m. pl.) de la fécondation.
befugen [bə'fu:gən] v. tr. autoriser ; donner pouvoir à.
◇ part. pass. et adj. **befugt,** autorisé ; habilité. || JUR. délégué. | *befugt sein zu* (dat. ou inf.), avoir qualité pour ; être en droit de.
Befugnis [bə'fu:knis] f. (-, se) autorité f. ; compétence f. ; droit m. ; autorisation f. | *seine Befugnisse überschreiten*, outrepasser ses droits.
befühlen [bə'fy:lən] v. tr. tâter ; palper ; toucher.
befummeln [bəfuməln] v. tr. FAM. tripoter.
Befund [bə'funt] m. (s, e) état m. (de lieux, de choses) ; situation f. || MÉD. *ärztlicher Befund*, résultat (m.) d'un examen médical.
befürchten [bə'fyrçtən] v. tr. craindre ; redouter ; appréhender. | *es steht zu befürchten*, il est à craindre que (subj.).
Befürchtung [-tuŋ] f. (-, en) crainte f. ; appréhension f. | *Befürchtungen hegen*, craindre que (subj.).
befürworten [bə"fy:r'vɔrtən] v. tr. recommander ; donner un avis favorable.
Befürwortung [-tuŋ] f. (-, en) recommandation f. ; avis (m.) favorable.
begaben [bə'gɑ:bən] v. tr. (mit) douer (de) ; doter ; gratifier ; pourvoir.
begabt [-'gɑ:pt] adj. doué. | *er ist musikalisch sehr begabt*, il est très doué pour la musique.
Begabung [-'gɑ:buŋ] f. (-, en) intelligence f. ; aptitude f. ; talent m. ; don m.
begaffen [bə'gafən] v. tr. regarder bouche bée.
begasen [bə'gɑ:zən] v. tr. MIL. gazer.
begatten [bə'gatən] v. tr. et v. pr. (s')accoupler.
begebbar [bə'ge:pbɑ:r] adj. COMM. négociable.
begeben [bə'ge:bən] (i, a, e) vendre ; émettre ; mettre en circulation. | *eine Anleihe begeben*, émettre un emprunt.
◇ v. pr. **sich begeben, 1.** se dessaisir de ; se départir de. | *sich eines Vorteils begeben*, se démunir d'un avantage.
2. PAR EXT. se rendre à. | *sich nach Berlin begeben*, aller à Berlin. | *sich zur Ruhe begeben*, aller se coucher. | *sich an Ort und Stelle begeben*, se rendre sur place. | *sich in Gefahr begeben*, encourir un danger.
◇ v. impers. arriver ; se passer ; se produire. || POÉT. *es begab sich, daß*, il arriva, il advint que.
Begebenheit [bə'ge:bənhait] f. (-, en) événement m. ; incident m.
Begebung [bə'ge:buŋ] f. (-, en). FIN. émission f. ; négociation f. ; placement m.
begegnen [bə'ge:gnən] v. intr. [antreffen] rencontrer ; croiser. | *jm begegnen*, rencontrer qn. | *sie ist mir begegnet*, je l'ai rencontrée, croisée. || accueillir. || PAR EXT. [entgegentreten] (auxil. « haben ») prévenir ; empêcher. | *einem Übelstand begegnen*, prévenir un mal.
Begegnung [-nuŋ] f. (-, en) rencontre f. ; entrevue f. || SPORT. match m.
begehen [bə'ge:ən] (beging, begangen) v. tr. passer sur ; parcourir. | *dieser Weg ist stark begangen*, ce chemin est très fréquenté. || [Eisenbahn] *eine Strecke begehen*, inspecter un parcours. || PAR ANAL. fêter ; célébrer. | *ein Jubiläum begehen*, fêter un jubilé. || FIG. faire ; commettre. | *ein Verbrechen begehen*, perpétrer un crime ; se rendre coupable d'un crime.
Begehr [bə'ge:r], **Begehren** [-rən] n. (s) (nach) désir m. ; demande f. ; envie f. ; prière f.

begehren [-rən] v. tr. désirer ; demander. | *von jm etwas begehren*, demander qch. à qn. | *ein begehrter Gast*, un convive très demandé. || COMM. *sehr begehrter Artikel*, article très demandé.

begehrens|wert [bə"ge:rəns've:rt] adj. désirable ; souhaitable.

begehrlich [bə'ge:rliç] adj. exigeant ; avide ; insatiable. | *begehrliche Blicke*, œillades concupiscentes.

Begehrlichkeit [-kait] f. (-, en) avidité f. ; exigence f. ; convoitise f. ; concupiscence f.

Begehung [bə'ge:uŋ] f. *Begehung eines Verbrechens*, perpétration (f.) d'un crime.

begeifern [bə'gaifərn] v. tr. baver sur. || FIG. répandre son venin sur ; déblatérer contre.

begeistern [bə'gaistərn] v. tr. enthousiasmer ; inspirer ; exciter ; exalter.
◇ v. pr. **sich begeistern,** s'enthousiasmer ; s'exalter ; s'enflammer. | *sich für Kunst begeistern*, se passionner pour les arts. | *ich kann mich dafür nicht begeistern*, cela me laisse froid.

Begeisterung [-təruŋ] f. (-) enthousiasme m. ; exaltation f. ; emballement m. | *helle Begeisterung auslösen*, FAM. faire un tabac.

Begier [bə'gi:r] f. (-), **Begierde** [-də] f. (-, n) désir m. ; envie f. ; convoitise f. ; [materiell] cupidité f. ; [sinnlich] concupiscence f. | *Begierde nach Ruhm*, désir de gloire. | *Begierde nach Reichtum*, soif (f.) de richesse.

begierig [-riç] adj. avide ; cupide ; concupiscent ; désireux de. | *ruhmbegierig*, avide de gloire. | *wißbegierig*, désireux de savoir.

begießen [bə'gi:sən] (o, o) v. tr. arroser. || LOC. *wie ein begossener Pudel dastehen*, rester tout penaud.

Beginn [bə'gin] m. (s) commencement m. ; début m. || FIG. entrée f. | *bei Beginn des Winters*, à l'entrée de l'hiver. | *gleich zu Beginn*, dès le début.

beginnen [-nən] v. tr. (a, o) commencer ; débuter. | *den Kampf beginnen*, engager le combat. | *ein Geschäft beginnen*, entreprendre une affaire. || PAR EXT. faire.
◇ v. intr. commencer ; être au début ; entrer. | *mit einer Arbeit beginnen*, commencer un travail, une entreprise. | *noch einmal beginnen*, recommencer. | *der Tag beginnt*, le jour point.

Beginnen [-nən] n. (s) commencement m. ; début m. ; entrée f. || PAR EXT. entreprise f.

beglaubigen [bə'glaubigən] v. tr. attester ; certifier. | *etwas beglaubigen*, certifier qch. | *eine Unterschrift amtlich beglaubigen*, légaliser une signature. | *Abschrift beglaubigt*, copie conforme. | *beglaubigte Urkunde*, acte (m.) authentique.

Beglaubigung [-guŋ] f. (-, en) attestation f. ; certification f. ; légalisation f. ; légitimation f.

Beglaubigungs|schreiben [bə"glaubiguŋs'ʃraibən] n. (s, -). POLIT. lettres (f. pl.) de créance.

begleichen [bə'glaiçən] v. tr. (i, i). COMM. solder ; régler ; payer ; acquitter. | *eine Rechnung begleichen*, régler une facture. | *eine Schuld begleichen*, (s')acquitter (d')une dette. | *einen Wechsel begleichen*, honorer une traite. | *ein Konto begleichen*, régler, solder un compte.

Begleichung [-çuŋ] f. (-, en). COMM. balance f. ; règlement m. ; paiement m.

Begleit|brief [bə"glait'bri:f] m. (s, e). TRANSP. lettre (f.) de voiture.

begleiten [bə'glaitən] v. tr. accompagner ; escorter. | *jn nach Hause begleiten*, accompagner qn chez lui. || MIL. escorter. || MAR. convoyer. || MUS. *den Sänger auf dem Klavier begleiten*, accompagner le chanteur au piano.

Begleiter(in) [-tər(in)] m. (s, -), f. (-, nen) compagnon m. ; compagne f. || MIL. escorteur m. ; convoyeur m. || MUS. accompagnateur m. ; accompagnatrice f.

Begleit|erscheinung [bə"glaitɛr'ʃainuŋ] f. (-, en) phénomène m., événement concomitant, secondaire. ||°**-mannschaft** f. (-, en). MIL. escorte f. ||°**-musik** f. (-) musique (f.) d'accompagnement, d'ambiance. ||°**-person** f. (-, en) accompagnateur m. ; accompagnatrice f. ; convoyeur m. ; escorteur m. ||°**-schein** m. (s, e), °**-schreiben** n. (s, -). COMM. lettre (f.) de voiture ; bordereau (m.) d'envoi. || FIN. acquit-à-caution m. ; passavant m. ||°**-schiff** n. (s, e). MAR. [bâtiment] convoyeur m. ||°**-schutz** m. (es). MIL. convoyage m.

Begleitung [bə'glaituŋ] f. (-) accompagnement m. | *in Begleitung von*, en compagnie de.

be|glotzen [bə'glɔtsən] v. tr. FAM. regarder en écarquillant les yeux.

beglücken [bə'glykən] v. tr. rendre heureux.

Beglücktheit [bə'glykthait], **Beglückung** [-kuŋ] f. (-) bonheur m. ; ravissement m.

beglück|wünschen [bə"glyk'vynʃən] v. tr. féliciter. ||°**-wünschung** f. (-, en) félicitation f.

begnaden [bə'gnɑ:dən] v. tr. accorder des faveurs. || *ein begnadeter Künstler*, un artiste très doué.

begnadigen [-digən] v. tr. JUR. gracier ; amnistier ; accorder l'amnistie.

Begnadigung [-diguŋ] f. (-, en). JUR. grâce f. ; amnistie f. ; pardon m.

Begnadigungs|gesuch [bə"gnɑ:diguŋsgə'zu:x] n. (s, e). JUR. recours m., pourvoi (m.) en grâce. ||°**-schreiben** n. (s, -) lettre (f.) de grâce.

begnügen (sich) [ziçbə'gny:gən] v. pr. (mit) se contenter de ; être content de.

begnügsam [bə'gny:kzɑ:m] adj. qui se contente de peu ; modeste ; sans prétentions.

Begonie [bə'go:niə] f. (-, n). BOT. bégonia m.

begönnern [bə'gønərn] v. tr. se faire le protecteur, le mécène. || PAR EXT. traiter avec condescendance.

begraben [bə'grɑ:bən] (ä, u, a) v. tr. enterrer ; inhumer ; ensevelir. | *die Toten begraben*, ensevelir les morts. || FIG. *seine Hoffnungen begraben*, abandonner ses rêves. || FAM. *da liegt der Hund begraben*, voilà le hic ; c'est là que gît le lièvre.

Begräbnis [bə'grɛ:pnis] n. (ses, se) enterrement m. ; inhumation f. ; funérailles f. pl.

begradigen [bə'grɑ:digən] v. tr. rectifier ; aligner. | *eine Straße begradigen*, aligner les maisons d'une rue.

Begradigung [-diguŋ] f. (-, en) alignement m. ; rectification f.

begreifen [bə'graifən] (begriff, begriffen) v. tr.
1. DIAL. toucher ; tâter ; palper.
2. comprendre ; inclure ; renfermer. | *mit inbegriffen*, inclus. || PAR EXT. *Die Gäste sind im Aufbruch begriffen*, les invités s'apprêtent à partir. | *in der Ausführung begriffen*, en voie, en cours d'exécution.
3. FIG. comprendre ; saisir ; concevoir. | *leicht begreifen*, comprendre facilement. | *schwer begreifen*, avoir l'esprit lent. | *das ist einfach nicht zu begreifen*, c'est inconcevable.

Begreifen [-fən] n. (s) compréhension f.

begreiflich [-fliç] adj. compréhensible ; concevable ; intelligible ; naturel. | *etwas begreiflich machen*, bien expliquer, faire comprendre qch.

begreiflicher|weise [bə"graifliçər'vaizə] adv. naturellement.

begrenzen [bə'grɛntsən] v. tr. borner ; limiter ; délimiter. || ÉLECTR. écrêter.

Begrenzer [-'grɛntsər] m. (s, -). TECHN. limiteur m.

Begrenztheit [-'grɛntsthait] f. caractère limité, restreint.

Begrenzung [-'grɛntsuŋ] f. (-, en) bornage m. ; limitation f. ; délimitation f. ; démarcation f. || ÉLECTR. écrêtage m.

Begrenzungs|leuchten [-s'lɔyçtən] f. pl. TRANSP. feux (m. pl.) de gabarit.

Begriff [bə'grif] m. (s, e) concept m. ; notion f. ; idée f. | *der Begriff der Freiheit*, l'idée de liberté. | *ein klarer Begriff*, une idée nette. | *einen Begriff geben*, définir. | *nach unsern Begriffen*, selon notre conception. | *sich einen Begriff von etwas machen*, se faire une idée de qch. | *gar keinen Begriff von etwas haben*, n'avoir pas la moindre notion de qch. || FAM. *schwer von Begriff sein*, avoir l'esprit obtus, lent. || PAR EXT. *er steht im Begriff abzureisen*, il est sur le point de partir ; il se dispose à partir.

begrifflich [-fliç] adj. abstrait.

Begriffs|bestimmung [bə"grifsbə'ʃtimuŋ] f. (-, en) définition f. ||°**-schrift** f. (-, en) idéographie f. ||°**-vermögen** n. (s, -) capacité intellectuelle ; entendement m.

begründen [bə'gryndən] v. tr. créer ; fonder. | *einen Hausstand (be)gründen*, fonder un foyer, une maison. || justifier ; motiver. | *seine Ansicht begründen*, justifier, motiver son avis. | *das ist nicht begründet*, ce n'est pas fondé.

Begründer(in) [-dər(in)] m. (s, -), f. (-, nen) fondateur m., fondatrice f. ; créateur m., créatrice f.

Begründung [-duŋ] f. (-, en) fondation f. ; établissement m. || JUR. *Begründung eines Rechts*, établissement d'un droit. || FIG. motif m. ; raison f. ; explication f. ; justification f. | *zur Begründung seiner Aussage*, pour justifier ses dires.

begrünen [bə'gry:nən] v. tr. et v. pr. verdir.

begrüßen [bə'gry:sən] v. tr. saluer. | *jn begrüßen*, saluer qn. | *ein Ereignis begrüßen*, se réjouir d'un événement.

Begrüßung [-suŋ] f. (-, en) salut m. ; salutation f.

begucken [bə'gukən] v. tr. FAM. contempler ; regarder. || FAM. lorgner.

begünstigen [bə'gynstigən] v. tr. favoriser ; avantager ; protéger ; appuyer. || FIG., POP. pistonner. ◇ part. pass. et adj. **begünstigt,** *begünstigt werden*, bénéficier de.

Begünstigte(r) [-tikte(r)] f. (m.) (n, n) bénéficiaire m. ou f. ; favori(e) m. (f.) ; protégé(e) m. (f.) ; privilégié(e) m. (f.)

Begünstigung [-tiguŋ] f. (-, en) faveur f. ; avantage m. ; privilège m. ; protection f.

Begünstigungs|klausel [bə"gynstiguŋs'klauzəl] f. (-, n). COMM. clause préférentielle.

begutachten [bə"gu:t'axtən] v. tr. expertiser ; faire une expertise (sur) ; émettre un avis (sur).

Begutachter [-tər] m. (s, -) expert m.

Begutachtung [-tuŋ] f. (-, en) avis, jugement motivé. | *dem Sachverständigen zur Begutachtung vorlegen*, soumettre à l'examen de l'expert.

begütert [bə'gy:tərt] adj. riche ; fortuné.

begütigen [-tigən] v. tr. apaiser ; calmer.

Begütigung [-tiguŋ] f. (-) apaisement m.

behaaren (sich) [ziçbə'hɑ:rən] v. pr. se couvrir de cheveux, de poils. ◇ part. pass. et adj. **behaart,** [Kopf] chevelu ; [sonst] poilu.

Behaarung [bə'hɑ:ruŋ] f. (-) poils m. pl. || BIOL. pilosité f.

Behaben [bə'hɑ:bən] n. (s) conduite f.

behäbig [bə'hɛ:biç] adj. [phlegmatisch] FAM. pépère ; [gemächlich] lent, tranquille.

Behäbigkeit [-kait] f. (-) commodité f. ; confort m.

behaftet [bə'haftət] part. pass. et adj. MÉD. *mit einer Krankheit behaftet*, atteint d'une maladie. || FIG. *mit Mängeln behaftet*, défectueux.

behagen [bə'hɑ:gən] v. intr. plaire, être agréable à. ◇ v. impers. *es behagt mir*, il me plaît de.

Behagen [-gən] n. (s) agrément m. ; aise f. ; plaisir m. ; délectation f.

behaglich [bə'hɑ:kliç] adj. [Personen] à son aise. | *sich behaglich fühlen*, se sentir bien, à son aise. || accommodant. || [Dinge] confortable ; agréable. | *eine behagliche Stimmung*, une atmosphère cordiale.

Behaglichkeit [-kait] f. (-) aisance f. ; commodité f. ; agrément m. ; sentiment (m.) de bien-être.

behalten [bə'haltən] (ä, ie, a) v. tr. garder ; conserver. || FIG. *etwas für sich behalten*, garder qch. pour soi ; être discret. | *sie kann Namen nicht behalten*, elle ne retient pas les noms. | *er behält diese Sache im Auge, im Blickfeld*, il ne perd pas de vue cette affaire. | *die Oberhand behalten*, garder la haute main sur. | *Recht behalten*, avoir raison. || MATH. *sechs schreiben, zwei behalten*, poser six et retenir deux.

Behälter [bə'hɛltər] m. (s, -), rarement **Behältnis** [-tnis] n. (ses, se) récipient m. ; réservoir m.

behandeln [bə'handəln] v. tr. manier ; traiter. | *jn gut behandeln*, traiter qn en ami. | *jn schlecht behandeln*, maltraiter qn. | *stiefmütterlich behandeln*, désavantager. || MÉD. soigner ; traiter. | *einen Kranken behandeln*, soigner un malade. | *stationär behandeln*, hospitaliser. | *behandelnder Arzt*, médecin traitant. || FIG. traiter. | *ein Thema behandeln*, traiter un sujet. | *gründlich behandeln*, traiter à fond.

Behandlung [bə'handluŋ] f. (-, en) traitement m. || MÉD. *ärztliche Behandlung*, traitement médical. | *ambulante Behandlung*, médecine (f.) ambulatoire. | *stationäre Behandlung*, hospitalisation f. || TECHN. maniement m. ; conduite f.

Behandlungs|art [bə"handluŋs'ɑ:rt] f. (-, en) mode (m.) de traitement. || MÉD. thérapeutique f.

Behang [be'haŋ] (s, ¨e) tenture f. || [Weihnachtsbaum] ornement (m.) d'arbre de Noël.

behängen [bə'hɛŋən] v. tr. pendre ; suspendre. | *die Wände mit Teppichen behängen*, tendre les murs de tapis. ◇ part. pass. et adj. **behängt, behangen,** *mit Orden behängt*, constellé de décorations.

beharken [bə'harkən] v. tr. ratisser ; râteler ; nettoyer avec le râteau. || MIL. bombarder.

beharren [bə'harən] v. intr. persister ; persévérer ; demeurer. | *auf seiner Meinung beharren*, tenir ferme à son opinion ; n'en pas démordre. | *auf etwas beharren*, insister sur qch.

beharrlich [bə'harliç] adj. persévérant ; persistant ; opiniâtre ; tenace. | *beharrlich auf etwas bestehen*, FAM. ne pas démordre de qch.

Beharrlichkeit [-'harliçkait] f. (-) persévérance f. ; persistance f. ; entêtement m.

Beharrung [-'haruŋ] f. constance f. ; assiduité f.

Beharrungs|kraft [be"haruŋs'kraft] f. (-, ¨e), °**-vermögen** [-fɛr'mø:gən] (s). PHYS. (force [f.] d')inertie f. ; énergie latente.

behauchen [bə'hauxən] v. tr. souffler sur ; embuer ; ternir.

behauen [bə'hauən] v. tr. tailler à la hache ; dégrossir. | *rechtwinklig behauen*, équarrir.

Behauen [bə'hauən] n. (s), **Behauung** [-uŋ] f. TECHN. taille f. ; façonnage m. (de bois) ; dégrossissage m. ; dégauchissage m. ; équarrissage m.

behaupten [bə'hauptən] v. tr. **1.** affirmer ; soutenir ; assurer ; prétendre. | *etwas steif und fest behaupten*, affirmer qch. contre vents et marées ; FAM. affirmer mordicus.
2. maintenir ; garder ; soutenir. | *seinen Rang behaupten*, tenir son rang. | *das Feld behaupten*, rester maître du terrain.
◇ v. pr. **sich behaupten,** tenir bon ; se maintenir.

Behauptung [-tuŋ] f. (-, en) affirmation f. ; assertion f. | *bloße Behauptung*, affirmation gratuite. | *eine Behauptung aufstellen*, avancer, soutenir une proposition ; prétendre.

Behauptungs|satz [bə"hauptuŋs'zats] m. (es, ¨e). GRAMM. proposition énonciative.

Behausung [bə'hauzuŋ] f. (-, en) demeure f. ; logement m. | *ärmliche Behausung*, pauvre logis m.

beheben [bə'he:bən] (o, o) v. tr. écarter ; faire cesser ; supprimer. | *Schwierigkeiten beheben*, aplanir des difficultés. | *einen Mangel beheben*, remédier à qch.

beheimaten [bə'haimɑ:tən] v. tr. établir ; domicilier. || *beheimatet*, domicilié ; originaire de.

beheizen [bə'haitsən] v. tr. chauffer.

Behelf [bə'hɛlf] m. (s, e) expédient m.

behelfen (sich) [ziçbə'hɛlfən] (i, a, o) v. pr. se tirer d'affaire ; se débrouiller. | *sich mit wenigem behelfen*, se tirer d'affaire avec peu de chose.

Behelfs|ausfahrt [bə"hɛlfs'ausfɑ:rt] f. (-, en). AUTOM. sortie (f.) de délestage. ||°**-brücke** f. (-, n). ARCHIT. pont (m.) de fortune.

behelligen [bə'hɛligən] v. tr. molester ; importuner ; tracasser ; déranger. || FAM. embêter.

Behelligung [-guŋ] f. (-, en) importunité f. ; tracasserie f. ; dérangement m.

behende [bə'hɛnde] adj. agile ; preste ; leste ; alerte ; prompt.

beherbergen [bə'hɛrbɛrgən] v. tr. héberger ; loger ; donner l'hospitalité à qn.

Beherbergung [-guŋ] f. (-) hébergement m. ; logement m. ; hospitalité f.

beherrschen [bə'hɛrʃən] v. tr. être maître de ; dominer ; régner sur ; commander. | *ein Land beherrschen*, régner sur un pays. || PAR ANAL. posséder. | *eine Sprache beherrschen*, posséder, bien connaître une langue. | *seine Leidenschaften beherrschen*, dompter ses passions. || FIG. *die Türme beherrschen das Stadtbild*, ce sont les tours qui donnent son visage à cette ville.
◇ v. pr. **sich beherrschen,** être maître de soi ; se contenir ; se maîtriser ; se dominer.

Beherrscher [-ʃər] m. (s, -) souverain m. ; maître m. ; dominateur m.

Beherrschtheit [bə'hɛrsʃthait] f. maîtrise (f.) de soi-même ; self-control m.

Beherrschung [bə'hɛrʃuŋ] f. (-) domination f. ; maîtrise f. ; empire m.

beherzigen [bə'hɛrtsigən] v. tr. FIG. prendre à cœur ; méditer. | *er beherzigt ihren Rat*, il suit son conseil (à elle).

beherzt [bə'hɛrtst] adj. courageux ; résolu ; décidé ; intrépide ; hardi ; brave.

Beherztheit [bə'hɛrtsthait] f. courage m. ; intrépidité f. ; résolution f. ; bravoure f.

behexen [bə'hɛksən] v. tr. ensorceler ; envoûter ; enchanter.

behilflich [bə'hilfliç] adj. secourable ; serviable. | *jm behilflich sein*, aider qn.

behindern [bə'hindərn] v. tr. gêner ; empêcher. || PAR EXT. *ein Behinderter*, un handicapé.

Behinderten|ausweis [bə"hindərtən'ausvais] m. (es, e) carte (f.) d'invalidité.

Behinderung [-ruŋ] f. (-) gêne f. ; empêchement m.

Behinderungs|grad [-sgrɑ:t] m. (s, e) degré (m.) d'invalidité.

behorchen [bə'hɔrçən] v. tr. écouter ; épier.

Behorchung [-çuŋ] f. (-). MÉD. auscultation f.

Behörde [bə'hø:rdə] f. (-, n) autorité f. ; administration publique. | *zuständige Behörde*, autorité compétente.

behördlich [bə'hø:rtliç] adj. officiel.

Behuf [bə'hu:f] m. (s) usage m. ; utilité f. ; but m. | *zu diesem Behuf*, dans ce but, à cette fin.

behüten [bə'hy:tən] v. tr. garder ; sauvegarder ; protéger. | *Gott behüte !*, à Dieu ne plaise !

Behüter [-tər] m. (s, -) protecteur m. ; gardien m.

behutsam [bə'hu:tzɑ:m] adj. prudent ; circonspect. | *behutsam zu Werke gehen*, s'y prendre avec précaution.

Behutsamkeit f. prudence f. ; circonspection f.

Behütung [bə'hy:tuŋ] f. (-) protection f. ; garde f.

bei [bai]

I. prép. gouvernant le dat.
  1. SENS LOCAL (proximité).
  2. SENS INSTRUMENTAL.
  3. SENS TEMPOREL (proximité ; simultanéité).
  4. ÉTAT (momentané ou durable).
  5. CONDITION ; CIRCONSTANCES.
  6. CAUSALITÉ.
  7. RESTRICTION.
  8. APPROXIMATION.
II. adv.

I. prép. gouvernant le dat. **1.** SENS LOCAL (proximité) : près (de) ; auprès de ; proche de ; contre ; sous ; sur ; de ; dans. | *Grinzing bei Wien*, Grinzing près Vienne. | *bei Hof(e)*, à la cour. | *Anwalt beim Landgericht*, avocat près le tribunal de première instance. | *er ist bei Meiers eingeladen*, il est invité chez les Meier. | *er dient bei der Luftwaffe*, il est dans l'aviation. | *bei jm Stunden haben*, prendre des leçons auprès de, chez qn. | *das ist bei uns nicht Sitte*, ce n'est pas la coutume, l'habitude chez nous. | *bei Goethe lesen wir*, nous lisons dans Goethe. || (proximité) près ; sur ; sous ; à. | *die Schlacht bei Leipzig*, la bataille de Leipzig. | *beim Gymnasium wohnen*, habiter près du lycée. | *Geld bei sich haben*, avoir de l'argent sur soi. | *etwas bei der Hand haben*, avoir qch. sous, à portée de la main.
2. SENS INSTRUMENTAL : par. | *bei der Hand nehmen*, prendre par la main. | *jn beim Kragen fassen*, attraper qn par le col, au collet. | *bei Gott !*, par Dieu ! | *bei meiner Ehre !*, sur mon honneur !
3. SENS TEMPOREL (proximité ; simultanéité) : à, en ; de ; pendant ; lors de. | *bei seiner Abreise*, à son départ. | *beim Frühstück*, au petit déjeuner. | *beim Aufstehen*, en se levant. | *bei Tag*, de jour. | *bei Nacht*, de nuit. | *bei Sonnenaufgang*, à l'aube. | *beim ersten Wink*, au premier signe. | *bei Gelegenheit*, à l'occasion. | *bei diesen Worten*, à ces mots. | *beizeiten*, de bonne heure.
4. ÉTAT (momentané ou durable) : à ; auprès ; en ; de. | *bei Stimme sein*, être en voix. | *bei Kräften sein*, avoir toutes ses forces. | *bei Laune sein*, être de bonne humeur. | *er ist schon bei Jahren*, il est déjà d'un certain âge. || POP. *bei Kasse sein*, FAM. être en fonds. || *bei Wasser und Brot sitzen*, être au pain et à l'eau. | *bei Licht besehen*, regarder à la lumière. | *das Beste bei der Sache*, le mieux dans cette affaire. | *ich dachte bei mir*,

je pensais en moi-même. | *bei sich anfangen*, commencer par soi-même. || Loc. *er ist nicht ganz bei Trost*, il déraisonne. | *es bleibt beim Alten*, c'est comme par le passé ; rien n'est changé.

5. CONDITION ; CIRCONSTANCES : par ; dans ; sous peine de ; en cas de ; après. | *bei schlechtem Wetter*, par mauvais temps. | *bei Westwind*, par vent d'ouest. | *bei Frost*, en cas de gel. | *etwas bei Todesstrafe verbieten*, défendre qch. sous peine de mort. | *bei einem Unfall*, dans un accident ; en cas d'accident. | *bei näherer Erkundigung*, après plus ample information ; après plus ample informé.

6. CAUSALITÉ : à cause de ; vu (que) ; avec ; en face de. | *bei seiner Schüchternheit*, étant donné sa timidité. | *bei seinem Charakter muß man vorsichtig handeln*, avec son caractère, il faut agir prudemment. | *bei der allgemeinen Lage*, eu égard à la situation générale.

7. RESTRICTION : malgré ; en dépit de ; avec. | *bei all seinem Reichtum bleibt er arm*, malgré, en dépit de toute sa richesse, il reste pauvre. | *beim besten Willen kann ich nicht*, avec la meilleure volonté du monde, je ne puis (le faire). | *bei alledem*, malgré tout cela.

8. APPROXIMATION : autour de ; environ. || [an die] *bei tausend Mann*, environ mille hommes. — **bei weitem,** de loin ; de beaucoup ; loin de là ; tant s'en faut. | *er ist bei weitem nicht so alt*, il est loin d'avoir cet âge.

II. adv. POP. *da ist nichts bei*, ce n'est pas grave. || (en compos.) **dabei, anbei, hierbei,** ci-joint. | *dabei bleibt es*, on en reste là. | *anbei eine Photographie*, ci-joint une photographie. | *hierbei sagte er*, à ceci, il dit.

bei|behalten ["baibə'haltən] (ä, ie, a) v. tr. garder ; conserver ; ne pas changer.

Bei|blatt ['baiblat] n. (s, ¨er) supplément m. (d'un journal) ; numéro spécial ; édition spéciale.

Bei|boot ['baibo:t] n. (s, e). canot (m.) de bord.

bei|bringen ["bai'briŋən] (brachte, gebracht) v. tr. **1.** apporter ; fournir. | *Zeugen beibringen*, produire des témoins. | *Beweise, Gründe beibringen*, fournir, administrer des preuves. | *dem Gegner Verluste beibringen*, infliger des pertes à l'adversaire.

2. FIG. [lehren] apprendre ; enseigner. | *jm das Skilaufen beibringen*, apprendre à skier à qn. | *man kann ihm das nicht beibringen*, on ne peut pas lui faire entrer cela dans la tête.

Bei|bringung [-ŋuŋ] f. (-) fourniture f. ; production f.

Beichte ['baiçtə] f. (-, n). RELIG. confession f. ; aveux m. pl. | *zur Beichte gehen*, se confesser. | *eine Beichte ablegen*, faire sa confession ; se confesser.

beichten [-tən] v. tr. RELIG. confesser ; avouer. ◇ v. intr. se confesser.

Beicht|geheimnis ["baiçtgə'haimnis] n. (ses, se) secret (m.), sceau (m.) de la confession. ||°**-stuhl** m. (s, ¨e) confessionnal m. ||°**-vater** m. (s, ¨) confesseur m.

beide ['baidə] pron. ou adj. indéf. l'un et l'autre ; les deux. | *wir beide*, nous deux. | *auf beiden Seiten*, des deux côtés ; de côté et d'autre ; de part et d'autre. | *einer, eins von beiden*, l'un des deux ; l'un ou l'autre.

beide|mal ["baidə'ma:l] adv. les deux fois.

beider|lei ['baidərlai] adj. invar. des deux espèces. | *auf beiderlei Art*, d'une manière et de l'autre.

beider|seitig ["baidər'zaitiç] adj., **beider|seits** [-'zaits] adv. (gén.) des deux côtés ; réciproque(ment) ; mutuel(lement) ; de part et d'autre.

beides ['baidəs] pron. indéf. neutre sing. les deux choses.

beid|händig [-'hɛndiç] adj. ambidextre.

bei|drehen ["bai'dre:ən] v. tr. et v. intr. MAR. ralentir ; (s')immobiliser ; (s')arrêter.

bei|einander ['baiain"andər] adv. l'un avec l'autre ; l'un auprès de l'autre ; ensemble. || FIG. *ein fröhliches Beieinander*, une société gaie.

Bei|fahrer ["bai'fa:rər] m. (s, -). AUTOM. [Kopilot] chauffeur (m.) en second ; [Mitfahrer] passager m.

Beifahrer|sitz ["baifa:rər'zits] m. (es, e). AUTOM. siège (m.) du passager.

Bei|fall ['baifal] m. (s) applaudissements m. pl. ; approbation f. | *stürmischer Beifall*, applaudissements enthousiastes, à tout rompre. | *Beifall finden*, avoir du succès. | *Beifall klatschen*, applaudir. | *laut(en) Beifall spenden*, crier bravo.

Beifall|klatschen ["baifal'klatʃən] n. (s) applaudissements m. pl.

Beifalls|ruf ["baifals'ru:f] m. (s, e) bravo m. ||°**-sturm** m. (s, ¨) salve (f.) d'applaudissements.

Bei|film ['baifilm] m. (s, e) court métrage.

Bei|form ['baifɔrm] f. (-, en). GRAMM. participe m.

bei|fügen ["bai'fy:gən] v. tr. ajouter ; joindre ; annexer.

Bei|fügung [-guŋ] f. (-, en) addition f. ; adjonction f. || GRAMM. [Hauptwort] complément (m.) de nom ; apposition f. || [Adjektiv] épithète f.

Bei|fuß ['baifus] m. (es). BOT. armoise f.

Bei|gabe ["bai'ga:bə] f. (-, n) supplément m. ; complément m. ; FAM. extra m. || COMM. prime f. || LITTÉR. appendice m. || CHIM. addition f.

beige [bɛ:ʒ] adj. de couleur naturelle ; beige.

bei|geben ["bai'ge:bən] (i, a, e) v. tr. ajouter ; joindre ; adjoindre ; annexer. || [Spiel] *eine Karte beigeben*, servir. || FIG. céder. | *klein beigeben*, baisser le ton ; FAM. filer doux.

Bei|gericht ["baigə'ri:çt] n. (s, e). CULIN. hors-d'œuvre m.

Bei|geschmack ["baigə'ʃmak] m. (s) arrière-goût m. ; relent m. || FIG. *ein Lob ohne jeden Beigeschmack*, un éloge sans aucune arrière-pensée.

bei|gesellen ["baigə'zɛlən] v. tr. (dat.) adjoindre à ; donner pour compagnon à.
◇ v. pr. **sich beigesellen,** s'adjoindre ; s'associer ; se joindre à.

Bei|hilfe ["bai'hilfə] f. (-, n) secours m. ; allocation f. ; subsides m. pl. ; aide f. | *Beihilfe zu einem Verbrechen*, complicité criminelle. | *staatliche Beihilfe*, contribution (f.) de l'Etat.

bei|holen ["bai'ho:lən] v. tr. MAR. border. | *die Segel beiholen*, border, amener les voiles.

Bei|klang ['baiklaŋ] m. (s, ¨). PHYS. harmonique m. || MUS. seconde f.

bei|kommen ["bai'kɔmən] (a, o) v. intr. (dat.) arriver ; accéder à ; s'approcher de. || FIG. *jm nicht beikommen können*, ne pas avoir prise sur qn.

Beil [bail] n. (s, e) hache f. | *großes Beil*, grande hache ; cognée f. | *mit dem Beil hingerichtet werden*, avoir la tête tranchée.

Bei|lage ["bai'la:gə] f. (-, n) annexe f. ; supplément m. (d'un journal, d'un ouvrage) ; pièce jointe. || CULIN. garniture f.

bei|läufig ["bai'lɔyfiç] adj. et adv. accessoire(ment) ; incident, incidemment ; en passant. | *er sagte beiläufig*, il dit en passant.

bei|legen ["bai'le:gən] v. tr. ajouter ; joindre ; annexer. | *einem Schreiben eine Rechnung beilegen*, joindre une facture à une lettre. | *jm einen Titel beilegen*, donner, attribuer un titre à qn. || PAR ANAL. arranger ; régler. | *einen Streit beilegen*, cesser une querelle ; régler un différend.

Bei|legung [-guŋ] f. (-) jonction f. ; attribution f. || PAR ANAL. arrangement m. | *gütliche Beilegung*, règlement (m.), arrangement à l'amiable.
— SYN. : *Schlichtung*, accommodement ; *Abmachung*, arrangement ; *Einigung*, conciliation ; *Vergleich*, compromis.
bei|leibe [bai'laibə] adv. *beileibe nicht!*, pas du tout ! ; FAM. dame non !
Bei|leid ['bailait] n. (s) condoléances f. pl. | *jm sein Beileid ausdrücken, bezeigen*, exprimer ses condoléances à qn.
Beileids|bezeigung ["bailaitsbə'tsaiguŋ] f. (-, en) condoléances f. pl. ||°**-schreiben** n. (s) lettre (f.) de condoléances.
bei|liegen ["bai'li:gən] (a, e) v. intr. être joint à. | *dem Brief beiliegen*, être joint, annexé à la lettre. || MAR. *das Schiff liegt bei*, le bateau est à la cape.
bei|liegend [-gənt] adj. ci-joint ; ci-annexé ; sous ce pli.
beim [baim] V. BEI DEM.
bei|mengen ["bai'mɛŋən] v. tr. mêler ; mélanger ; ajouter.
Bei|mengung [-ŋuŋ] f. (-) addition f. ; mélange m.
bei|messen ["bai'mɛsən] (mißt, maß, gemessen) v. tr. attribuer. | *einer Sache Glauben beimessen*, ajouter foi à qch. | *einer Sache Bedeutung beimessen*, attacher de l'importance à qch.
bei|mischen ["bai'mi:ʃən] v. tr. ajouter ; mélanger avec ; mêler à.
Bei|mischung [-ʃuŋ] f. (-) addition f. ; mélange m.
Bein [bain] n. (s, e) **1.** os m. || FIG. *das geht mir durch Mark und Bein*, cela me va à la moelle des os. | *es friert Stein und Bein*, il gèle à pierre fendre. | *er schwor Stein und Bein*, il jura ses grands dieux, par tous les saints du paradis.
2. [Menschen] jambe f. || [Tiere] patte f. | *gerade Beine*, jambes bien droites. | *krumme Beine*, jambes cagneuses, torses. | *X-Beine haben*, avoir les jambes cagneuses. | *künstliches Bein*, jambe artificielle. | *die Beine kreuzen, übereinander schlagen*, croiser les jambes. | *die Beine spreizen*, écarter les jambes. | *von einem Bein aufs andere treten*, sautiller d'une jambe sur l'autre. | *(sich) ein Bein brechen*, se casser, se briser, se fracturer une jambe. | *sich ein Bein auskugeln*, se déboîter une jambe. | *das Bein verrenken*, se démettre la jambe. | *meine Beine kribbeln, prickeln*, j'ai des fourmis dans les jambes.
3. LOC. **a)** SENS PR. *sich auf die Beine machen*, se mettre en route. | *er ist früh auf den Beinen*, il se lève tôt. | *den ganzen Tag auf den Beinen sein*, être sur pied toute la journée. | *er ist noch gut auf den Beinen*, il a encore bon pied, bon œil. || FIG. *ein Heer auf die Beine bringen*, mettre sur pied une armée. | *jm wieder auf die Beine helfen*, aider qn à se remettre à flot ; tendre la perche à qn. | *er ist wieder auf den Beinen*, il est rétabli, remis ; FAM. il est retombé sur ses pattes. — **b)** FIG. *mit beiden Beinen auf der Erde stehen*, avoir les deux pieds sur terre. | *mit einem Bein im Grab stehen*, avoir un pied dans la tombe. | *mit dem linken Bein zuerst aufstehen*, se lever du mauvais pied. | *der Dieb nahm die Beine unter die Arme*, le voleur prit ses jambes à son cou. | *jm ein Bein stellen*, donner, faire un croc-en-jambe à qn. | *das habe ich ans Bein gebunden*, je me suis consolé de cette perte ; j'en ai fait mon deuil.
4. PROV. *Lügen haben kurze Beine*, le mensonge ne mène pas bien loin.
5. TECHN. [Tisch] pied m. || [Zirkel] branche f.
bei|nah(e) [bai'na:(ə) et 'baina:(ə)] adv. presque ; près de ; à peu près ; à peu de chose près ; pour un peu. | *beinahe hätte ich gewonnen*, j'ai failli gagner ; j'ai manqué (de) gagner.
Beinahe|zusammenstoß ["baina:ətsu'zamənʃto:s] m. (es, ¨e) collision évitée de peu.
Bei|name ["bai'na:mə] m. (ns, n) surnom m. | *mit dem Beinamen*, surnommé.
Bein|arbeit ["bain'arbait] f. (-, en). SPORT. jeu (m.) de(s) jambes. ||°**-bruch** m. (s, ¨e). MÉD. fracture (f.) de la jambe. | *Hals- und Beinbruch!*, bonne chance. ||°**-haus** n. (es, ¨er) ossuaire m. ||**-los** adj. *beinloser Krüppel*, cul-de-jatte m. ||°**-schiene** f. (-, n), °**-schutz** m. (es), °**-schützer** m. (s, -). SPORT. jambière f. ; protège-tibia m. || MÉD. éclisse f. ||°**-stumpf** m. (s, ¨e) moignon (m.) de jambe.
beinern [-nərn] adj. (mieux **knöchern**) d'os ; en os.
bei|ordnen ["bai'ɔrdnən] v. tr. adjoindre ; coordonner.
◇ part. pass. et adj. **beigeordnet,** adjoint.
bei|pflichten ["bai'pfliçtən] v. intr. (dat.) consentir à ; se ranger à l'avis de ; approuver.
Bei|programm ["baipro'gram] n. (s, e). FILM. actualités f. pl. ; court métrage.
Bei|rat ['baira:t] m. (s, ¨e) conseil m. ; avis m. || PAR EXT. conseil m. ; comité consultatif. | *juristischer Beirat*, avocat m. ; conseil judiciaire.
be|irren [bə'irən] v. tr. déconcerter ; déranger. | *sich nicht beirren lassen*, ne pas se laisser déconcerter.
bei|sammen [bai'zamən] adv. ensemble. | *beisammen sein*, être réunis.
Bei|sammensein [bai"zamən'zain] n. (s.) réunion f. | *gemütliches Beisammensein*, (*etwa*) réunion informelle.
Bei|satz ['baizats] m. (es, ¨e) supplément m. ; addition f. || GRAMM. apposition f.
Bei|schlaf ['baiʃla:f] m. (s) cohabitation f. || PÉJOR. concubinage m. || MÉD. acte, commerce sexuel, charnel ; coït m.
Bei|schläfer(in) ["bai'ʃlɛ:fər(in)] m. (s, -), f. (-, nen) amant m. ; maîtresse f. ; concubine f.
Bei|sein ['baizain] n. (s) présence f. | *im Beisein des Notars*, par-devant notaire.
bei|seite [bai'zaitə] adv. à part ; de côté ; à l'écart. | *beiseite schieben*, écarter. | *beiseite lassen*, laisser de côté. | *Scherz, Spaß beiseite*, trêve de plaisanteries ; FAM. blague à part.
beiseite|bringen [bai"zaitə'briŋən] (brachte, gebracht) v. tr. faire disparaître. ||**-legen** v. tr. mettre de côté ; différer. ||**-nehmen** (a, o) v. tr. prendre à part.
bei|setzen ["bai'zɛtsən] v. tr. mettre à côté. || PAR ANAL. *jn beisetzen*, enterrer, inhumer qn. || MAR. *Segel beisetzen*, mettre, déployer les voiles.
Bei|setzung [-tsuŋ] f. (-, en) enterrement m.
Beisetzungs|feier ["baizɛtsuŋs'faiər] f. (-, n) funérailles f. pl.
Bei|sitzer [-tsər] m. (s, -) assesseur m.
Bei|spiel ['baiʃpi:l] n. (s, e) exemple m. ; modèle m. ; type m. ; idéal m. | *zum Beispiel*, par exemple. | *Beispiel für etwas*, exemple de qch. | *nach js Beispiel*, à l'exemple de qn. | *als Beispiel anführen, aufstellen*, citer en exemple ; proposer comme exemple. | *mit gutem Beispiel vorangehen*, prêcher d'exemple.
beispiel|gebend ["baiʃpi:l'ge:bənt] adj. exemplaire. ||**-los** adj. sans exemple.
beispielhaft ['baiʃpi:lhaft] adj. exemplaire.
beispiels|weise ["baiʃpi:ls'vaizə] adv. par exemple.
bei|springen ["bai'ʃpriŋən] (a, u) v. intr. (dat.) aider ; secourir ; courir au secours de qn.

beißen ['baisən] (i, i) v. tr. et v. pr. mordre ; piquer ; démanger. | *sich auf die Lippen beißen*, se mordre les lèvres. || FAM. *nichts zu beißen noch zu brechen haben*, n'avoir rien à se mettre sous la dent. || FIG. *die Farben beißen sich*, ces couleurs hurlent.
◇ v. intr. mordre ; piquer ; cuire. | *tapfer beißen*, mordre à belles dents. | *Pfeffer beißt auf der Zunge*, le poivre pique la langue. || FIG. *in den sauren Apfel beißen (müssen)*, avaler la pilule. || FAM. *ins Gras beißen müssen*, mordre la poussière.
◇ part. prés. et adj. **beißend,** mordant ; piquant ; caustique. | *beißender Schmerz*, douleur cuisante. | *beißender Witz*, esprit, trait mordant ; sarcasme m.

Beißerchen [-sərçən] n. (s, -). FAM. petite dent ; quenotte f.

Beiß|zange ["bais'tsaŋə] f. (-, n) pince coupante ; tenaille(s) f. (pl.).

Bei|stand ['baiʃtant] m. (s, ¨e) assistance f. ; secours m. ; aide f. | *jm Beistand leisten*, prêter assistance, main-forte à qn. || JUR. [Rechtshilfe] assistance (f.) judiciaire. || PAR EXT. soutien m. ; défenseur m. ; avocat m.

bei|stehen ["bai'ʃte:ən] (stand, gestanden) v. intr. (dat.) aider ; secourir ; assister ; prêter assistance.

bei|steuern [-ərn] v. tr. aider ; secourir ; subventionner ; contribuer à ; donner sa quote-part.

bei|stimmen ["bai'ʃtimən] v. intr. consentir, acquiescer à ; approuver.
— SYN. : *zustimmen*, consentir ; *einwilligen*, acquiescer.

Bei|strich ['baiʃtriç] m. (s, e). GRAMM. virgule f.

Bei|trag ['baitra:k] m. (s, ¨e) contribution f. ; cotisation f. ; quote-part f. | *Mitgliedsbeitrag*, cotisation. || PAR ANAL., LITTÉR. collaboration f. | *einen Beitrag für eine Zeitung liefern*, donner un article à un journal.

bei|tragen ["bai'tra:gən] (ä, u, a) v. tr. contribuer ; concourir ; aider. || PAR ANAL. collaborer. | *viel zu etwas beitragen*, entrer pour beaucoup dans qch.
— SYN. : *steuern, beisteuern zu*, contribuer à ; *mithelfen*, concourir ; *beistehen*, seconder.

beitrags|pflichtig ["baitraks'pfliçtiç] adj. assujetti à des contributions. ||°**-zahler(in)** m. (s, -), f. (-, nen) cotisant(e) m. (f.).

bei|treiben ["bai'traibən] (ie, ie) v. tr. FIN. faire rentrer. | *Steuern beitreiben*, faire rentrer des impôts. || exiger ; recouvrer. | *Forderungen beitreiben*, recouvrer des créances. || MIL. réquisitionner. || [Jagd] *Wild beitreiben*, rabattre le, du gibier.

Bei|treibung [-buŋ] f. (-, en). COMM., FIN. recouvrement m. ; rentrée f. || MIL. réquisition f. || [Jagd] rabattage m.

bei|treten ["bai'tre:tən] (i, a, e) v. intr. accéder, adhérer à. || *einer Gesellschaft beitreten*, entrer dans une société. | *einem Vertrag beitreten*, adhérer à une convention. | *einer Partei beitreten*, adhérer à un parti.

Bei|tritt ['baitrit] m. (s, e) adhésion f. ; affiliation f. || POLIT. *Beitritt zu einem Staatsvertrag*, adhésion (f.) à un traité.

Bei|wagen ["bai'va:gən] m. (s, -) voiture (f.) supplémentaire ; remorque f. || [Straßenbahn] baladeuse f. || [Motorrad] side-car m.

Bei|werk ['baivɛrk] n. (s, e) accessoire m. || FIG. *schmückendes Beiwerk*, hors-d'œuvre m.

bei|wohnen ["bai'vo:nən] v. intr. (dat.) être présent à ; assister à ; cohabiter. | *einem Feste beiwohnen*, assister à une fête. | *ehelich beiwohnen*, vivre maritalement.

Bei|wohnung [-nuŋ] f. (-) présence f. ; assistance f. ; cohabitation f. ; commerce sexuel, charnel.

Bei|wort ['baivɔrt] n. (s, ¨er). GRAMM. adjectif m. FIG. *schmückendes Beiwort*, épithète oiseuse.

Beiz|mittel ["baits'mitəl] n. (s, -). CHIM. décapant m. ; corrosif m.

Beize ['baitsə] f. (-, n). TECHN. corrodant m. ; liquide (m.) de décapage. || [Jagd] chasse (f.) au faucon.

bei|zeiten [bai'tsaitən] adv. à temps ; tôt ; de bonne heure.

beizen ['baitsən] v. tr. TECHN. décaper ; corroder ; mariner. | *in Essig beizen*, mariner dans le vinaigre. || TECHN. *schwarz beizen*, ébéner.

bejahen [bə'ja:ən] v. tr. affirmer ; dire oui ; répondre affirmativement.
◇ adj. **bejahend,** affirmatif. | *im bejahenden Fall* ; *bejahendenfalls*, dans l'affirmative.

bejahrt [bə'ja:rt] adj. âgé ; vieux ; chargé d'ans.

Bejahung [bə'ja:uŋ] f. (-, en) affirmation f. ; affirmative f.

bejammern [bə'jamərn] v. tr. déplorer ; pleurer ; se lamenter sur.

bejammerns|wert [bə"jamərns've:rt], **-würdig** [-'vyrdiç] adj. déplorable ; misérable.

bejauchzen [bə'jauxtsən] v. tr. acclamer ; saluer par des cris de joie.

bekämpfen [bə'kɛmpfən] v. tr. combattre ; lutter contre.

Bekämpfung [-pfuŋ] f. (-, en) combat m. ; lutte f. ; répression f.

bekannt [bə'kant] adj. connu. | *ich bin mit ihm bekannt*, nous nous connaissons. | *bekannt machen*, présenter (qn à qn) ; faire les présentations. | *mit etwas bekannt werden*, apprendre qch. ; être mis au courant de qch. | *er ist in Wien bekannt*, on le connaît à Vienne. | *das ist eine bekannte Sache*, c'est un fait bien connu, notoire. | *bekannt werden*, s'ébruiter. | *er ist dafür bekannt, daß er jähzornig ist*, il est connu pour être coléreux. || FIG., FAM. *er ist bekannt wie ein bunter Hund*, il est connu comme le loup blanc.

Bekannte(r) [-tə(r)] f. (m.) connaissance f. | *wir sind alte Bekannte*, nous sommes de vieilles connaissances.

bekannter|maßen [bə"kantər'ma:sən] adv. notoirement.

Bekannt|gabe [bə"kant'ga:bə] f. (-, n) avis m. ; déclaration f. ; proclamation f. ; communication f. ; notification f. ; diffusion f. | *öffentliche Bekanntgabe*, avis public. | *Bekanntgabe eines Geheimnisses*, divulgation (f.) d'un secret. ||**-geben** (i, a, e) v. tr. déclarer ; proclamer ; publier ; communiquer ; notifier. || RADIO. *etwas über die Sender bekanntgeben*, diffuser qch. sur les antennes. ||**-machen**, v. tr. publier ; rendre public. | *feierlich bekanntmachen*, proclamer. ||°**-machung** f. (-, en) publication f. ; avis m. ; annonce f. | *amtliche Bekanntmachung*, avis au public. | *gerichtliche Bekanntmachung*, publication (f.) judiciaire. | *laut Bekanntmachung*, ainsi qu'il a été annoncé. | *Bekanntmachung von Gesetzen*, promulgation (f.) de lois.

bekanntlich [bə'kantliç] adv. comme on sait ; comme chacun sait.

Bekanntschaft [bə'kantʃaft] f. (-, en) connaissance f. | *mit jm Bekanntschaft machen*, faire la connaissance de qn. | *er gewinnt bei näherer Bekanntschaft*, il gagne à être connu.

bekehren [bə'ke:rən] v. tr. et v. pr. RELIG. (se) convertir. | *sich zum Katholizismus bekehren*, se convertir au catholicisme. || FIG. persuader ; convaincre.

Bekehrung [-ruŋ] f. (-, en). RELIG. conversion f.

bekennen [bə'kɛnən] v. tr. et v. pr. (s')avouer ; (se)

reconnaître ; (se) confesser. | *sich für schuldig bekennen*, s'avouer coupable. | *sich zu einem Anschlag bekennen*, revendiquer un attentat. | *sich zum Islam bekennen*, professer l'islam. | *er mußte endlich Farbe bekennen*, il dut finalement lever le masque.

Bekenner(in) [-nər(in)] m. (s, -), f. (-, nen). RELIG. fidèle m. ou f. ; adepte m. ou f. ; sectateur m. ; sectatrice f. || POLIT., PHILOS. partisan m. ; adepte m. ou f.

Bekenner|brief [bə"kɛnər'bri:f] m. (s, e) lettre (f.) de revendication.

Bekenntnis [-tnis] n. (ses, se). RELIG. confession f. ; profession (f.) de foi ; aveu m. || [Anschlag] revendication f.

Bekenntnis|schule [bə"kɛntnis'ʃu:lə] f. (-, n) école confessionnelle.

beklagen [bə'klɑ:gən] v. tr. déplorer ; plaindre. ◇ v. pr. **sich beklagen,** *sich über etwas* (acc.) *bei jm beklagen*, se plaindre de qch. à qn.

beklagens|wert [bə"klɑ:gəns'veːrt], **-würdig** [-'vy:rdiç] adj. déplorable ; regrettable.

Beklagte(r) [bə'klɑ:ktə(r)] f. (m.) inculpé(e) m. (f.) ; défendeur m. ; prévenu(e) m. (f.).

beklatschen [bə'klatʃən] v. tr. applaudir. || PAR EXT. médire (de qn).

bekleben [bə'kle:bən] v. tr. coller ; afficher.

bekleckern [bə'klɛkərn], **beklecksen** [-ksən] v. tr. FAM. tacher ; couvrir de taches ; barbouiller.

bekleiden [bə'klaidən] v. tr. vêtir ; revêtir ; habiller. || PAR ANAL. couvrir ; garnir de. | *mit Holz, Marmor, Papier bekleiden*, boiser ; revêtir de marbre ; tapisser. || FIG. occuper. | *ein Amt bekleiden*, être revêtu d'une charge ; occuper une charge.

Bekleidung [-duŋ] f. (-, en) vêtement(s) m. (pl.) ; habits m. pl. ; habillement m. || PAR ANAL. revêtement m. ; recouvrement m. ; lambrissage m. || FIG. *Bekleidung eines Amtes, einer Würde*, exercice (m.) d'une fonction ; investiture (f.) d'une dignité.

bekleistern [bə'klaistərn] v. tr. enduire de colle.

beklemmen [bə'klɛmən] v. tr. serrer ; oppresser. | *eine beklemmende Lage*, une situation critique, difficile.

Beklemmung [-muŋ] f. (-) angoisse f. ; oppression f. ; serrement m.

beklommen [bə'klɔmən] adj. oppressé ; serré ; anxieux. | *beklommenen Herzens*, le cœur serré, gros.

Beklommenheit [bə'klɔmənhait] f. (-) angoisse f. ; serrement (m.) de cœur ; oppression f.

beklopfen [bə'klɔpfən] v. tr. frapper sur. || MÉD. percuter. || MINES. sonder.

bekommen [bə'kɔmən] (a, o) v. tr. recevoir ; obtenir ; commencer à avoir. | *einen Brief bekommen*, recevoir une lettre. | *etwas umsonst bekommen*, avoir qch. gratis. || PAR ANAL. *ein Kind bekommen*, accoucher (d'un enfant). | *Junge bekommen*, mettre bas. | *Hunger bekommen*, commencer à avoir faim. | *Zähne bekommen*, faire ses dents. | *Runzeln bekommen*, se rider. | *der Mörtel bekommt Risse*, le crépi se fendille. | *den Schnupfen bekommen*, s'enrhumer. | *einen Verweis bekommen*, recevoir un blâme. | *Furcht vor etwas bekommen*, prendre peur de qch. | *er bekommt Lust zu*, l'envie le prend de. || PAR EXT. *von jm etwas geliehen bekommen*, emprunter qch. à qn. | *von einer Sache Wind bekommen*, avoir vent de qch. | *zu Gesicht bekommen*, apercevoir. | *jn in seine Gewalt bekommen*, assujettir qn. || FAM. *einen Korb bekommen*, essuyer un refus. | *etwas satt bekommen*, avoir assez de qch.

◇ v. intr. réussir. | *der Wein bekommt dir nicht*, le vin ne te réussit pas. | *wohl bekomm's !*, [beim Essen] bon appétit ! ; [beim Niesen] à vos souhaits !

bekömmlich [bə'kømliç] adj. trouvable. || PAR EXT. profitable ; salutaire ; digestible.

beköstigen [bə'køstigən] v. tr. nourrir ; pourvoir à la nourriture (de qn).

Beköstigung [-guŋ] f. (-) nourriture f.

bekräftigen [bə'krɛftigən] v. tr. affirmer ; confirmer ; corroborer.

Bekräftigung [-guŋ] f. (-, en) affirmation f. ; confirmation f. | *zur Bekräftigung seiner Aussage*, à l'appui de ses dires.

bekränzen [bə'krɛntsən] v. tr. couronner.

bekreuz(ig)en [bə'krɔyts(ig)ən] v. tr. faire le signe de la croix sur.

◇ v. pr. **sich bekreuzigen,** se signer.

bekriegen [bə'kri:gən] v. tr. faire la guerre à.

bekritteln [bə'kritəln] v. tr. critiquer ; faire des critiques à ; épiloguer sur. | *ein Werk bekritteln*, PÉJOR. éplucher une œuvre.

bekritzeln [bə'kritsəln] v. tr. griffonner ; tracer des inscriptions.

bekümmern [bə'kymərn] v. tr. affliger ; soucier. | *bekümmert sein*, avoir des soucis.

◇ v. pr. **sich bekümmern,** s'inquiéter ; se mettre en peine ; se mêler, s'occuper de qch. | *sich um nichts bekümmern*, n'avoir souci de rien.

bekunden [bə'kundən] v. tr. déclarer ; dire ; manifester. || JUR. témoigner ; déposer.

Bekundung [-duŋ] f. (-, en) déclaration f. ; manifestation f. || JUR. déposition f. ; témoignage m.

belächeln [bə'lɛçəln] v. tr. sourire de. || FIG. railler ; se moquer de.

beladen [bə'lɑ:dən] (ä, u, a) v. tr. et v. pr. (se) charger. | *den Wagen mit Holz beladen*, charger de bois la voiture. || MAR. fréter.

Belag [bə'lɑ:k] m. (s, ¨e) couche f. ; doublage m. ; revêtement m. ; garniture f. ; enduit m. (fixe) ; placage m. | *Zementbelag*, chape f. | *Brückenbelag*, tablier (m.) de pont. || MÉD. *Belag der Zunge*, dépôt (m.) sur la langue.

Belagerer [bə'lɑgərər] m. (s, -). MIL. assiégeant m.

belagern [-gərn] v. tr. assiéger.

Belagerung [-gəruŋ] f. (-, en). MIL. siège m.

Belagerungs|zustand [bə"lɑ:gəruŋs'tsuʃtant] m. (es). MIL., POLIT. état (m.) de siège.

Belang [bə'laŋ] m. (es, e) intérêt m. ; importance f. | *das ist nicht von Belang*, cela n'a pas d'importance. | *öffentliche Belange*, intérêts publics. | *seine Belange wahren*, veiller à ses intérêts.

belangen [-ŋən] v. tr. JUR. poursuivre ; attaquer. | *jn gerichtlich belangen*, traduire qn en justice ; intenter, faire un procès à qn.

belang|los [bə"laŋ'lo:s] adj. sans importance. | *ein belangloses Gespräch führen*, FAM. parler de la pluie et du beau temps. ||°**-losigkeit** f. (-, en) futilité f. ||**-voll** adj. important ; considérable ; de conséquence.

belassen [bə'lasən] (ä, ie, a) v. tr. laisser ; ne pas changer. | *er hat es dabei belassen*, il s'en est tenu là.

Belastbarkeit [bə'lastbɑ:rkait] f. capacité f. ; charge admise. || ÉLECTR. capacité (f.), limite (f.) de charge. || MÉD. *körperliche Belastbarkeit*, résistance (f.) physique.

belasten [bə'lastən] v. tr. charger ; poser sur ; mettre en charge. | *der Wagen ist zu schwer belastet*, la voiture est trop chargée. | *diese Arbeit belastet ihn,* ce travail lui pèse. || grever ; accabler ; obérer. | *belastende Zeugenaussagen*, des témoignages accablants. || COMM.

jn belasten, porter au débit de qn. | *ein Konto belasten*, débiter un compte. || MÉD. *erblich belastet sein*, avoir une hérédité chargée ; être atteint d'un mal héréditaire.

belästigen [bə'lɛstigən] v. tr. incommoder ; importuner ; tracasser ; molester.

Belästigung [bə'lɛstiguŋ] f. (-, en) harcèlement m. ; tracasseries f. pl. | *sexuelle, telephonische Belästigung*, harcèlement sexuel, téléphonique.

Belastung [bə'lastuŋ] f. (-, en). PHYS. charge f. ; mise (f.) en charge. | *zulässige Belastung*, charge admissible. || COMM. hypothèque f. ; charge f. || MÉD. *erbliche Belastung*, mal (m.) héréditaire ; tare f.

Belastungs|anzeige [bə"lastuŋs'antsaigə] f. (-, n), °**-aufgabe** [-'aufga:bə] f. (-, n). COMM. avis (m.) de débit. ||**-fähig** adj. COMM. débitable. ||°**-gewicht** n. (s, e) TECHN. gueuse f. ||°**-grad** m. (s, e), °**-grenze** f. (-, n). PHYS. degré (m.), limite (f.) de charge. ||°**-probe** f. (-, n). PHYS. épreuve (f.), essai (m.) de charge. ||°**-zeuge** m. (n, n) témoin (m.) à charge.

belauben [bə'laubən] v. tr. et v. pr. (se) couvrir de feuillage, de verdure. | *dicht belaubt*, feuillu ; touffu.

belauern [bə'lauərn] v. tr. épier ; guetter.

belaufen [bə'laufən] (ä, ie, a) v. tr. parcourir. | *eine Strecke belaufen*, parcourir, inspecter, contrôler un parcours.

◇ v. pr. **sich belaufen,** (se) monter, s'élever à. | *seine Schulden belaufen sich auf fünftausend Mark*, ses dettes s'élèvent à cinq mille marks.

belauschen [bə'lauʃən] v. tr. [Worte] épier. || [Geheimnis] surprendre.

Belchen ['bɛlçən] m. (s). GÉOGR. ballon m.

beleben [bə'le:bən] v. tr. et v. pr. (se) vivifier ; (s')animer. | *eine belebte Straße*, une rue animée.

Belebtheit [bə'le:pthait] f. animation f.

Belebung [bə'le:buŋ] f. (-) stimulation f.

Beleg [bə'le:k] m. (s, e) document m. ; pièce à l'appui, justificative ; preuve f. ; référence f. | *als Beleg*, à titre documentaire.

belegen [bə'le:gən] v. tr. mettre sur ; couvrir. | *Brötchen mit Schinken belegen*, faire un sandwich au jambon. | *den Boden mit Fliesen belegen*, carreler le sol. || FIG. *einen Platz belegen*, réserver une place. || COMM. *eine Rechnung belegen*, justifier un compte. || JUR. imposer. | *jn mit einer Strafe belegen*, infliger une peine à qn. || FIN. *mit Steuern belegen*, imposer. || UNIV. *eine Vorlesung belegen*, prendre une inscription pédagogique. || MIL. *mit Feuer belegen*, prendre sous le feu. || LITTÉR. *durch Zitate belegen*, donner des références, des citations à l'appui. || ZOOL. couvrir ; saillir.

◇ part. pass. et adj. **belegt,** MÉD. *belegte Stimme, Zunge*, voix couverte, langue chargée.

Beleg|exemplar [bə"le:kɛksɛm'pla:r] n. (s, e), °**-nummer** f. (-, n) exemplaire justificatif ; [Buch] spécimen m. ||°**-lesen** n. (s). INF. lecture (f.) optique.

Belegschaft [bə'le:kʃaft] f. (-, en) personnel m. ; équipe f.

belehnen [bə'le:nən] v. tr. HIST. donner un fief. || JUR. ensaisiner ; investir.

Belehnung [-nuŋ] f. (-). HIST. inféodation f. || JUR. ensaisinement m. ; investiture f.

belehren [bə'le:rən] v. tr. enseigner ; instruire ; apprendre ; faire savoir. | *sich belehren lassen*, entendre raison. | *jn eines Besseren belehren*, détromper qn ; ouvrir les yeux à qn.

Belehrung [-ruŋ] f. (-, en) instruction f. ; information f. ; leçon f. ; enseignement m.

beleibt [bə'laipt] adj. corpulent ; replet.

Beleibtheit [bə'laipthait] f. (-) corpulence f. ; embonpoint m.

beleidigen [bə'laidigən] v. tr. offenser ; insulter ; injurier ; outrager ; blesser ; vexer. | *sich beleidigt fühlen*, se sentir offensé.

◇ part. prés. et adj. **beleidigend,** injurieux ; offensant. | *höchst beleidigend*, outrageant.

Beleidigung [-guŋ] f. (-, en) offense f. ; insulte f. ; injure f. | *tätliche Beleidigung*, voies (f. pl.) de fait. | *eine Beleidigung einstecken*, avaler un affront.

Beleidigungs|klage [be"laidiguŋs'kla:gə] f. (-, n). JUR. plainte (f.) en diffamation.

beleihen [-'lai:ən] (ie, ie) v. tr. [nehmen] contracter un emprunt ; gager. | *ich beleihe mein Haus*, je gage ma maison ; je gage un emprunt sur ma maison. || PAR EXT. [geben] prêter sur hypothèque.

belemmert [bə'lɛmərt] adj. FAM. enquiquinant.

belesen [bə'le:zən] adj. qui a beaucoup lu. || PAR EXT. lettré. || *ein Mann von großer Belesenheit*, un homme qui a beaucoup lu.

Bel|etage ["bɛle'ta:ʒə] f. (-, n). ARCHIT. premier étage ; étage (m.) noble.

beleuchten [bə'lɔyçtən] v. tr. éclairer ; illuminer. | *die Stube beleuchten*, éclairer la pièce. || FIG. éclaircir ; examiner de près.

Beleuchtung [-tuŋ] f. (-, en) éclairage m. ; illumination f. | *indirekte Beleuchtung*, éclairage indirect. || FIG. éclaircissement m.

Beleuchtungs|anlage [bə"lɔyçtuŋs'anla:gə] f. (-, n) installation (f.) d'éclairage. ||°**-körper** m. (s, -) appareil (m.) d'éclairage. ||°**-techniker(in)** m. (s, -), f. (-, nen) éclairagiste s.

beleum(un)det [bə'lɔym(un)dət] adj. nommé. | *gut beleum(un)det*, qui a une bonne renommée. | *ein übel beleum(un)deter Mensch*, une personne déconsidérée.

belfern ['bɛlfɛ:rn] v. intr. glapir ; criailler ; aboyer ; clabauder. || FIG. gronder.

Belgien ['bɛlgiən] n. pr. n. GÉOGR. Belgique f.

Belgier(in) [-giər(in)] m. (s, -), f. (-, nen) Belge s.

belgisch [-giʃ] adj. belge.

belichten [bə'liçtən] v. tr. exposer à la lumière. | *den Film belichten*, exposer, insoler le film.

Belichtung [-tuŋ] f. (-, en). PHOT. exposition f. ; éclairement m. ; pose f.

Belichtungs|dauer [bə"liçtuŋs'dauər] f. (-). PHOT. temps (m.) de pose. ||°**-messer** m. (s, -). PHOT. posemètre m. ; FAM. cellule f.

belieben [bə'li:bən] v. intr. plaire. | *ganz wie es dir beliebt*, comme il te plaît. | *wie beliebt ?*, plaît-il ? ; vous désirez ?

◇ v. tr. *Sie belieben zu scherzen !*, IRON. vous plaisantez !

Belieben [-'li:bən] n. (s) plaisir m. ; gré m. ; goût m. | *es steht ganz in deinem Belieben*, à ton gré. | *nach Belieb(en)*, au gré de.

beliebig [-'libiç] adj. quelconque. | *jeder beliebige*, qui que ce soit ; n'importe qui. | *zu jeder beliebigen Stunde*, à n'importe quelle heure.

◇ adv. à volonté ; à discrétion.

beliebt [-'li:pt] adj. aimé ; recherché ; en faveur. | *ein beliebter Schauspieler*, un acteur populaire, en vogue, aimé du public. | *sich bei jm beliebt machen*, se faire aimer de qn.

Beliebtheit [bə'li:pthait] f. (-) popularité f. ; faveur f. ; vogue f.

beliefern [bə'li:fərn] v. tr. fournir ; livrer.

Belladonna [bɛla'dɔna] f. (-, en). BOT. belladone f. ; belledame f. ; morelle furieuse.

bellen ['bɛlən] v. intr. aboyer ; glapir. ‖ FAM. donner de la voix. | *die Hunde bellen*, les chiens aboient.
Belletrist [bɛlɛ'trist] m. (en, en). LITTÉR. homme (m.) de lettres ; journaliste m. ; romancier m.
Belletristik [-tik] f. (-). LITTÉR. belles-lettres f. pl.
belletristisch [-tiʃ] adj. littéraire.
belobigen [bə'lo:bigən] v. tr. louer.
belohnen [bə'lo:nən] v. tr. récompenser ; rétribuer ; rémunérer.
Belohnung [-nuŋ] f. (-, en) récompense f. ; rétribution f. ; rémunération f.
belügen [bə'ly:gən] (o, o) v. tr. mentir à qn ; tromper qn.
belustigen [bə'lustigən] v. tr. et v. pr. (s')amuser ; (se) divertir. | *die Gesellschaft belustigen*, FAM. amuser la galerie.
Belustigung [-guŋ] f. (-, en) amusement m. ; divertissement m. ; réjouissance f.
bemächtigen (sich) [ziçbə'mɛçtigən] v. pr. s'emparer de. | *sich des Thrones bemächtigen*, usurper le trône.
bemäkeln [bə'mɛ:kəln] v. tr. PÉJOR. critiquer ; dénigrer.
bemalen [bə'ma:lən] v. tr. peindre ; enduire de peinture. ‖ PÉJOR. peinturlurer.
Bemalung [-luŋ] f. (-) peinture f. ; badigeonnage m.
bemängeln [bə'mɛŋəln] v. tr. critiquer ; dénigrer ; trouver à redire.
bemannen [bə'manən] v. tr. MAR. équiper.
Bemannung [-nuŋ] f. (-, en). MAR. équipement m. ‖ PAR EXT. armement m. ; équipage m.
bemänteln [bə'mɛntəln] v. tr. recouvrir ; voiler. ‖ FIG. voiler ; habiller ; dissimuler. | *die Wahrheit bemänteln*, farder, déguiser la vérité.
bemerkbar [bə'mɛrkba:r] adj. perceptible ; sensible ; apercevable. | *sich bemerkbar machen*, se faire remarquer ; se mettre en évidence.
bemerken [bə'mɛrkən] v. tr. remarquer ; s'apercevoir de. ‖ PAR EXT. faire remarquer ; noter ; marquer. | *ich habe manches zu deinen Worten zu bemerken*, j'ai bien des choses à faire remarquer à propos de tes paroles.
bemerkens|wert [bə"mɛrkəns've:rt] adj. remarquable.
Bemerkung [-kuŋ] f. (-, en) remarque f. ; réflexion f. ; observation f. ; critique f. | *alberne Bemerkungen*, réflexions saugrenues.
bemessen [bə'mɛsən] (i, a, e) v. tr. mesurer ; calculer ; fixer ; déterminer. | *knapp bemessen*, mesuré trop juste.
Bemessung [-suŋ] f. (-, en) mesure f. ; calcul m. ; fixation f. ; détermination f.
Bemessungs|grundlage [-sgruntla:gə] f. (-, n) barème m.
be|mitleiden [bə'mitlaidən] v. tr. avoir pitié de ; prendre en pitié ; s'apitoyer sur.
bemitleidens|wert [bə"mitlaidəns've:rt].
-würdig [-'vyrdiç] adj. digne de pitié ; pitoyable.
bemittelt [bə'mitəlt] adj. aisé.
bemogeln [bə'mo:gəln] v. tr. FAM. tromper ; rouler ; filouter.
bemoost [bə'mo:st] adj. moussu ; couvert de mousse. ‖ FIG. antique ; vieux ; chenu.
bemühen [bə'my:ən] v. tr. donner de la peine (à qn) ; déranger ; incommoder. | *jn in einer Sache bemühen*, déranger qn pour une affaire.
◇ v. pr. **sich bemühen,** se donner de la peine ; prendre la peine de ; s'efforcer de. | *sich um etwas bemühen*, se donner du mal pour qch. | *sich für jn bemühen*, faire des démarches pour qn.
Bemühung [-'my:uŋ] f. (-, en) peine f. ; effort m. ; soins m. pl. ; empressement m. | *ärztliche Bemühungen*, soins médicaux.
bemüßigen [bə'my:sigən] v. tr. *sich bemüßigt fühlen*, se voir contraint, obligé de.
bemustern [bə'mustərn] v. tr. COMM. échantillonner.
bemuttern [bə'mutərn] v. tr. dorloter ; soigner ; gâter ; materner.
Bemutterung [bə'mutəruŋ] f. maternage m.
benachbart [bə'naxba:rt] adj. voisin ; avoisinant.
be|nachrichtigen [bə'na:xriçtigen] v. tr. aviser ; informer ; prévenir ; avertir.
Be|nachrichtigung [-guŋ] f. (-, en) information f. ; renseignement m. ; avertissement m. ; avis m. | *schriftliche Benachrichtigung*, avis (par) écrit. | *vorherige Benachrichtigung*, préavis m.
be|nachteiligen [bə'na:xtailigən] v. tr. désavantager ; léser ; faire tort, porter préjudice (à qn).
Be|nachteiligung [-guŋ] f. (-, en) désavantage m. ; préjudice m. ; dommage m. ; détriment m.
benässen [bə'nɛsən] v. tr. mouiller ; humecter.
benebeln [bə'ne:bəln] v. tr. couvrir de brouillard. ‖ FIG. troubler.
◇ part. pass. et adj. **benebelt,** brouillé.
◇ v. pr. **sich benebeln,** FIG. se griser.
benedeien [bene'daiən] v. tr. bénir ; glorifier.
Benediktiner [benedik'ti:nər] m. (s, -). RELIG. bénédictin m.
Benefiz [bene'fits] n. (es, e). JUR. bénéfice m. ‖ représentation (f.) au bénéfice d'une œuvre.
benehmen [bə'ne:mən] (benimmt, benahm, benommen) v. tr. enlever ; prendre ; ôter ; couper. | *der Anblick benahm mir den Atem*, le spectacle me coupa le souffle. | *die Zweifel benehmen*, lever les doutes. | *den Mut benehmen*, décourager.
◇ part. pass. et adj. **benommen,** *er war ganz benommen*, il était tout étourdi.
◇ v. pr. **sich benehmen,** se comporter ; se conduire. | *sich gut benehmen*, bien se conduire. | *er weiß sich zu benehmen*, il a du savoir-vivre.
Benehmen [-mən] n. (s) conduite f. ; comportement m. ; manières f. pl. ; manière (f.) d'agir. ‖ [Lebensart] savoir-vivre m. | *musterhaftes Benehmen*, conduite exemplaire. | *ein linkisches Benehmen*, une allure gauche. ‖ FIG. *sich mit jm ins Benehmen setzen*, se concerter avec qn.
beneiden [bə'naidən] v. tr. envier. | *jn um etwas beneiden*, envier qch. à qn.
beneidens|wert [bə"naidəns've:rt] adj. enviable ; digne d'envie.
Benelux [bene'luks] n. GÉOGR. Benelux m. (Belgique f., Pays-Bas m. pl., Luxembourg m.).
benennen [bə'nɛnən] (benannte, benannt) v. tr. nommer ; dénommer ; appeler ; désigner. | *Zeit und Ort benennen*, fixer le temps et le lieu. ‖ MATH. *benannte Zahlen*, nombres concrets.
Benennung [-nuŋ] f. (-, en) nom m. ; dénomination f. ; appellation f. ; désignation f. ; titre m.
benetzen [bə'nɛtsən] v. tr. humecter ; mouiller ; arroser ; tremper. | *mit Tränen benetzen*, baigner, arroser de larmes.
Bengale [ben'ga:lə] n. pr. m. (n, n), **Bengalin** [-lin] f. (-, nen) n. pr. f. Bengali m. et f.
Bengalen [-lən] n. pr. n. GÉOGR. Bengale m.

bengalisch [-liʃ] adj. GÉOGR. bengali. | *bengalisches Feuer*, feu (m.) de Bengale.

Bengel ['bɛŋəl] m. (s, -) gourdin m. ; battant m. (de cloche). || FIG., FAM. gamin m. || POP. drôle m.

Benommenheit [bə'nɔmənhait] f. FIG. lourdeur f. ; engourdissement m. ; assoupissement m.

benötigen [bə'nø:tigən] v. tr. avoir besoin de ; nécessiter.

benutzbar [bə'nutsba:r] adj. utilisable.

benutzen [-tsən] v. tr. V. BENÜTZEN.

benützen [bə'nytsən] v. tr. utiliser ; employer ; se servir de ; tirer parti de. | *die Gelegenheit benützen*, profiter de l'occasion.

— SYN. : *Nutzen ziehen aus*, exploiter ; *nutzen*, utiliser ; *auswerten*, faire valoir ; *brauchen*, *gebrauchen*, user ; *ver-*, *anwenden*, employer ; *sich bedienen*, se servir de.

Benutzer [bə'nutsər] m. (s, -) usager m.

benutzer|freundlich [-frɔyntliç] adj. convivial.

Benutzung [-'nutsuŋ] f. (-) utilisation f. ; usage m. ; emploi m. ; exploitation f.

Benutzungs|recht [bə"nutsuŋs'rɛçt] n. (s, e). JUR. jouissance (f.), droit (m.) d'usufruit.

Benzin [bɛn'tsi:n] n. (s). CHIM. benzine f. ; essence f.

Benzin|behälter [bɛn"tsi:nbə'hɛltər] m. (s, -). AUTOM. réservoir (m.) d'essence. ||°**-kanister** m. (s, -) bidon (m.) à essence ; jerricane m. ||°**-motor** m. (s, en) moteur (m.) à essence. ||°**-tank** m. (s, e) réservoir (m.) à essence.||°**-uhr** f. (-, en) jauge (f.) d'essence ; indicateur (m.) de niveau d'essence.

Benzoe ['bɛntsoə] f. (-). BOT. benjoin m.

Benzol [ben'tso:l] n. (s, e). CHIM. benzol m.

beobachten [bə'o:baxtən] v. tr. observer ; examiner ; surveiller. | *die Natur beobachten*, observer la nature. | *Stillschweigen beobachten*, garder le silence. | *Regeln beobachten*, observer des règles.

— SYN. : *betrachten*, considérer ; *an-*, *beschauen*, contempler ; *Beobachtungen anstellen*, observer ; *in Betracht ziehen*, envisager ; *ins Auge fassen*, dévisager, envisager.

Beobachter(in) [-tər(in)] m. (s, -), f. (-, nen) observateur m. ; observatrice f.

Beobachtung [-tuŋ] f. (-, en) observation f. ; surveillance f. | *etwas einer genauen Beobachtung unterziehen*, soumettre qch. à un examen attentif. || JUR., RELIG. observance f.

Beobachtungs|stand [bə"o:baxtuŋs'ʃtant] m. (s, ¨e). MIL. poste (m.) d'observation, de surveillance. ||°**-stelle** f. (-, n) observatoire m.

beordern [bə'ɔrdərn] v. tr. ordonner ; donner l'ordre ; commander. | *man beorderte ihn nach Berlin*, on l'envoya à Berlin.

bepacken [bə'pakən] v. tr. charger.

bepflanzen [bə'pflantsən] v. tr. AGRIC. planter ; couvrir de végétation.

bepflastern [bə'pflastərn] v. tr. TECHN. paver.
◇ part. pass. et adj. **bepflastert,** FIG., POP. *mit Orden bepflastert*, chamarré de décorations.

bepinseln [bə'pinzəln] v. tr. passer au pinceau ; peindre.

beplanken [bə'plankən] v. tr. TECHN. revêtir, recouvrir de planches.

bequem [bə'kve:m] adj. [Sachen] commode ; confortable ; aisé ; facile. | *ein bequemer Weg*, un chemin facile. | *bequeme Schuhe*, des chaussures (f. pl.) confortables. | *bequeme Arbeit*, travail (m.) facile. || [Personen] facile ; agréable. || PAR EUPHÉM. *bequemer Schüler*, élève paresseux. | *er macht es sich bequem*, FAM. il ne se fatigue pas. | *machen Sie es sich bequem !*, mettez-vous à votre aise.

bequemen (sich) [ziçbə'kve:mən] v. pr. s'accommoder, se prêter, condescendre à.

Bequemlichkeit [bə'kve:mliçkait] f. (-, en) commodité f. ; confort m. ; aises f. pl. | *seine Bequemlichkeit lieben*, aimer ses aises. || PAR EUPHÉM. paresse f.

berappen [-pən] v. tr. ARCHIT. [verputzen] crépir ; ravaler. || FIG., POP. payer (à contrecœur) ; casquer.

beraten [bə'ra:tən] (ä, ie, a) v. tr. conseiller ; donner des conseils. | *jn gut beraten*, donner de bons conseils à qn. | *beratender Anwalt*, avocat (m.) conseil. | *beratender Ingenieur*, ingénieur (m.) conseil. | *mit beratender Stimme*, avec voix consultative. | *eine Gesetzvorlage beraten*, délibérer sur un projet de loi.
◇ v. intr. délibérer sur qch.
◇ v. pr. **sich beraten,** tenir conseil.

Berater [-tər] m. (s, -) conseiller m. ; consultant m. || JUR. conseil m.

berat|schlagen [bə"ra:t'ʃla:gən]. V. BERATEN.

Berat(schlag)ung [-'(ʃla:g)uŋ] f. (-, en) consultation f. ; délibération f. || JUR. délibération f. || MÉD. *ärztliche Beratung*, consultation médicale.

Beratungs|stelle [bə"ra:tuŋs'ʃtɛlə] f. (-, n) service (m.) de consultation.

berauben [bə'raubən] v. tr. dépouiller ; piller ; voler ; dévaliser ; spolier ; détrousser. | *jn der Freiheit berauben*, ravir la liberté à, de qn. || FIG. *sich des Vorteils berauben*, se priver de l'avantage.

— SYN. : *stehlen*, voler ; *plündern*, piller ; *rauben*, dépouiller ; *einbrechen*, cambrioler.

Beraubung [-buŋ] f. (-, en) pillage m. ; dépouillement m. ; spoliation f. ; privation f.

berauschen [bə'rauʃən] v. tr. et v. pr. (se) griser ; (s')enivrer. | *berauschende Getränke*, boissons capiteuses. || FIG. (se) griser ; (s')enivrer.

Berber ['bɛrbər] m. (s, -) n. pr. m. Berbère m.

Berberitze [bɛrbə'ritsə] f. (-, n). BOT. berbéris commun ; épine-vinette f.

berechenbar [bə'rɛçənba:r] adj. calculable.

berechnen [bə'rɛçnən] v. tr. calculer ; évaluer ; supputer ; compter. | *Kosten berechnen*, calculer les frais. | *Preise berechnen*, calculer les prix. | *Delkredere berechnen*, porter en compte ducroire.
◇ part. prés. et adj. **berechnend,** calculateur.

Berechnung [-nuŋ] f. (-, en) calcul m. ; compte m. ; évaluation f. ; estimation f. ; supputation f. || FIG. *bei ihm ist alles Berechnung*, il fait tout par calcul. | *sich jeder Berechnung entziehen*, échapper à tout calcul. | *js Berechnungen zuschanden machen*, ruiner les calculs de qn.

berechtigen [bə'rɛçtigən] v. tr. autoriser ; habiliter ; donner droit à qch. | *berechtigt sein, etwas zu tun*, avoir qualité pour, être fondé en droit de faire qch. | *berechtigtes Interesse*, intérêt (m.) légitime. | *sein Tun berechtigt zur Annahme, daß*, ses actes autorisent à supposer que.

Berechtigung [-tiguŋ] f. (-, en) autorisation f. ; droit m. ; pouvoir m. | qualité f. ; titre m. | *ohne jede Berechtigung*, sans aucun droit. || COMM. licence f.

Berechtigungs|schein [bə"rɛçtiguŋs'ʃain] m. (s, e) titre (m.) d'autorisation.

bereden [bə're:dən] v. tr. parler (de qch.). | *sie bereden ihre Ferienpläne miteinander*, ils discutent de leurs projets de vacances. || PÉJOR. *jn bereden*, médire de qn. || PAR EXT. persuader.

beredsam [bə're:tza:m], **beredt** [bə're:t] adj. éloquent ; disert ; persuasif.

Beredsamkeit [-zamkait] f. (-) éloquence f. ; force persuasive, de persuasion.

beregnen [bə're:knən] v. tr. arroser par une pluie artificielle.

Bereich [bə'raiç] m. (s, e) domaine m. ; rayon m. ; sphère f. ; zone f. ; étendue f. | *im Bereich der Stadt*, dans le périmètre de la ville. | *Verwaltungsbereich*, circonscription administrative ; département m. | *Bereich eines Ministers*, ressort (m.) d'un ministre. || FIG. attributions f. pl. ; ressort m. | *das gehört nicht zu meinem (in meinen) Bereich*, cela n'est pas de mon domaine, sort de mes attributions. | *das liegt im Bereich des Möglichen*, cela est dans le domaine du possible.

bereichern [bə'raiçərn] v. tr. et v. pr. (s')enrichir.

Bereicherung [-ruŋ] f. (-) enrichissement m.

bereifen [bə'raifən] v. tr. couvrir de gelée blanche.

bereifen [bə'raifən] v. tr. TECHN. cercler. || [Faß] cercler. || AUTOM. munir de pneus.

Bereifung [-fuŋ] f. (-). TECHN. cerclage m. || AUTOM. pneu(s) m. (pl.).

bereinigen [bə'rainigən] v. tr. apurer ; assainir. || FIG. *eine Angelegenheit bereinigen*, arranger une affaire. | *eine Schuld bereinigen*, régler une dette. | *ein Konto bereinigen*, apurer un compte.

Bereinigung [-guŋ] f. (-, en) assainissement m. ; apurement m. ; règlement m.

bereisen [bə'raizən] v. tr. parcourir ; visiter ; voyager ; circuler dans un pays.

bereit [bə'rait] adj. prêt ; disponible. | *stets bereit*, toujours prêt. | *sich bereit finden*, être prêt. | *sich bereit halten*, se tenir prêt. | *bereit stehen*, être disposé. | *bereit zu etwas sein*, être disposé à qch. || FIN. *bereite Kapitalien*, fonds (m. pl.) disponibles.

bereiten [-tən] v. tr. préparer ; apprêter. | *eine Speise bereiten*, préparer un plat. || FIG. *er bereitet mir Kummer*, il me fait de la peine. | *eine Überraschung bereiten*, ménager une surprise. | *das bereitet Mühe*, c'est pénible.

bereit|legen [bə"rait'le:gən] v. tr. préparer ; mettre en place. ||**-machen** v. tr. et v. pr. (se) préparer. ||**-stellen** v. tr. tenir prêt ; mettre en place, à la disposition ; rendre disponible. ||°**-stellung** f. (-, en) mise (f.) en place. || MIL. mobilisation f. ; alerte f. ; base (f.) de départ. ||**-willig** adj. prêt ; disposé ; empressé ; officieux ; obligé. ||°**-willigkeit** f. (-) empressement m. ; obligeance f. ; complaisance f. ; bon vouloir.

Bereitschaft [bə'raitʃaft] f. (-, en) disposition f. ; disponibilité f. ; permanence f. | *in Bereitschaft sein, liegen, stehen*, être alerté.

Bereitschafts|arzt [bə"raitʃafts'ɑ:rtst] m. (es, ¨e) médecin (m.) de garde. ||°**-dienst** m. (es) service (m.) de permanence.

bereits [bə'raits] adv. déjà.

berennen [bə'rɛnən] (berannte, berannt) v. tr. attaquer ; assaillir. || PAR EXT. cerner ; investir.

bereuen [bə'rɔyən] v. tr. se repentir de qch. | *etwas bitter bereuen*, FAM. s'en mordre les doigts, les pouces. | *du wirst es bereuen*, POP. il t'en cuira.

Berg [berk] m. (s, e) mont m. ; montagne f. ; côte f. | *ein steiler Berg*, une montagne escarpée. | *ein waldbedeckter Berg*, une montagne boisée. | *der Berg ist tausend Meter hoch*, la montagne est haute de mille mètres. | *auf einen Berg steigen* ; *einen Berg besteigen*, gravir une montagne. | *einen Berg umgehen*, tourner, contourner une montagne. | *einen Berg durchbohren*, percer une montagne. | *über Berg und Tal wandern*, aller par monts et par vaux. | *über alle Berge sein*, être loin ; avoir pris la clef des champs. || [Haufen] *Berge von Kartoffeln*, des monceaux de pommes de terre. || FIG., FAM. *goldene Berge versprechen*, promettre monts et merveilles. | *dastehen, wie der Ochs vorm Berg*, être pantois. | *mit seiner Meinung nicht hinter dem Berg halten*, ne pas cacher, ne pas dissimuler son opinion ; avoir son franc-parler. | *noch nicht über den Berg sein*, n'avoir pas encore fait le plus difficile. | *mir stehen die Haare zu Berge*, les cheveux se dressent sur ma tête. || PAR ANAL. mine f. || TRANSP. rampe f.

berg|ab ['bɛrk"ap] adv. en descendant. | *bergab gehen*, descendre. | *der Weg führt bergab*, le chemin descend. || FIG. *es geht mit ihm bergab*, ses affaires vont mal ; MÉD. il baisse, décline ; FAM. il file un mauvais coton. ||**-abwärts** adv. en descendant. ||°**-ahorn** m. (s, e). BOT. érable (m.) à feuille d'obier. ||°**-akademie** f. (-, en) école nationale des mines. ||°**-amt** n. (s, ¨er) administration (f.), service (m.) des mines. ||**-an** adv. [Gebirge] en montant ; [Fluß] en amont. ||°**-arbeiter** m. (s, -) mineur m. ||°**-arbeiter|siedlung** f. (-, en) cité ouvrière des mines ; coron m. ||**-auf** adv. en montant. | *bergauf gehen*, monter. || FIG. prospérer. ||°**-bahn** f. (-, en) chemin (m.) de fer à crémaillère. ||°**-bau** m. (s) exploitation (f.) des mines ; industrie extractive ; exploitation minière. | *Bergbaugebiet*, région minière. | *Bergbautreibender*, exploitant minier. | *Bergbautechnik*, technique minière. | *bergbaulich*, minier. ||°**-bewohner** m. (s, -) montagnard m. ||°**-fahrt** f. (-, en) excursion (f.) dans la montagne. || MAR. remontage m. || [Eisenbahn] montée f. || °**-forelle** f. (-, n). ZOOL. truite (f.) fario. ||°**-fried** m. (s, e). ARCHIT. beffroi m. ||°**-führer** m. (s, -) guide montagnard. ||°**-grat** m. (s, e). GÉOL. arête f. ||°**-hang** m. (s, ¨e) versant m. ||°**-hütte** f. (-, n) chaumière f. ; chalet (m.) de montagne. ||°**-ingenieur** m. (s, e) ingénieur (m.) des mines. ||°**-kamm** m. (s, ¨e) crête (f.), croupe (f.) de montagne. ||°**-kette** f. (-, n) chaîne (f.) de montagnes. ||°**-kristall** m. (s, e) cristal (m.) de roche. ||°**-kuppe** f. (-, n). GÉOL. ballon m. ; sommet m. ||°**-land** n. (s, ¨er) pays (m.) de montagnes. ||°**-mann** m. (es, -leute) mineur m. ||**-männisch** adj. à la manière des mineurs. ||°**-partei** f. HIST., POLIT. Montagne f. ; Montagnards m. pl. ||°**-predigt** f. RELIG. Sermon (m.) sur la Montagne. ||°**-rücken** m. (s, -) crête (f.), croupe (f.) de montagne. ||°**-rutsch** m. (es, e) glissement (m.) de terrain. ||°**-schaden** m. (s, ¨) dommage minier ; dégât (m.) de surface causé par les mines. ||°**-schuh** m. (s, e) soulier (m.) à crampon. ||°**-spitze** f. (-, n) pic (m.), cime (f.) de montagne. ||°**-sport** m. (s) alpinisme m. ||°**-steiger** m. (s, -) ascensionniste m. ; alpiniste m. ||°**-stock** m. (s, ¨e) bâton ferré ; alpenstock m. || PAR EXT. GÉOL. massif m. (de montagnes). ||°**-straße** f. (-, n) route (f.) de montagne. ||°**-sturz** m. (es, ¨e) glissement m. ; éboulement m. ||°**-wand** f. (-, ¨e) paroi f.

Berg|werk ['bɛrkvɛrk] n. (s, e) mine f. | *Kohlenbergwerk*, mine de houille ; houillère f.

Bergwerks|anlagen ["bɛrkvɛrks'anlɑ:gən] f. pl. (ensemble [m.] des) installations (f. pl.) des fosses de mine. ||°**-betrieb** m. (s, e) exploitation minière ; travaux (m. pl.) de mine.

Berg- und Tal|bahn ["bɛrkunt"tɑlbɑ:n] f. (-, en) montagne(s) f. (pl.) russe(s) ; scenic railway m.

Berge|geld ["bɛrgə'gɛlt] n. (s, er) indemnité (f.) de sauvetage.

berge|hoch ["bɛrgə'ho:x] adj. haut comme une montagne.

bergen ['bɛrgən] (i, a, o) v. tr. cacher ; mettre en sûreté ; sauver ; [Verschüttete] dégager. | *die Ernte bergen*, mettre la moisson à l'abri. || MAR. sauver (d'un naufrage). | *die Segel bergen*, descendre les voiles. || PAR ANAL. contenir ; receler ; renfermer. | *die Erde birgt viele*

Schätze in sich, la terre renferme de nombreuses richesses.

bergig ['bɛrgiç] adj. montagneux ; montueux.

Bergung ['bɛrguŋ] f. (-, en). MINES. sauvetage m. || MAR. sauvetage m. ; renflouage m. || TRANSP. dégagement m.

Bericht [bəriçt] m. (s, e) rapport m. ; exposé m. ; compte rendu m. ; relation f. ; mémoire m. ; aperçu m. ; communiqué m. | *laut Bericht*, suivant avis. | *einen Bericht entgegennehmen*, entendre un rapport. | *Bericht erstatten*, rapporter ; référer ; faire un rapport. || [Zeitungen] article m. ; reportage m. | *Auslandsbericht*, article (m.) d'un correspondant à l'étranger. || MIL. *Heeresbericht*, communiqué.
— SYN. : *Mitteilung*, avis ; *Bekanntmachung*, avertissement ; *Meldung*, annonce ; *Nachricht*, communiqué.

Bericht|erstatter [bə"riçtɛr'ʃtatər] m. (s, -) journaliste m. ; reporter m. ; correspondant m. || POLIT. [Parlament] rapporteur m. ||°**-erstattung** f. (-, en) rapport m. ; compte rendu m.

berichten [bə'riçtən] v. tr. rapporter ; relater ; référer ; informer ; faire un rapport ; rendre compte. | *ausführlich berichten*, faire un rapport détaillé.

berichtigen [bə'riçtigən] v. tr. rectifier ; corriger ; mettre en ordre ; arranger. | *einen Irrtum berichtigen*, redresser une erreur. || COMM. régler.
◇ v. pr. **sich berichtigen,** se corriger ; se redresser.

Berichtigung [-guŋ] f. (-, en) rectification f. ; rajustement m. ; correction f. ; rectification m. ; mise (f.) au point. | *zur Berichtigung unserer Anzeige*, pour rectification de notre avis. | *amtliche Berichtigung*, communiqué officiel. || COMM. *buchungsmäßige Berichtigung*, redressement (m.) comptable. | *Berichtigung einer Schuld*, règlement (m.), acquittement (m.) d'une dette. || INF. *automatische Berechtigung*, autocorrection f. || TECHN. ajustage.

Berichts|jahr [bə"riçts'jɑ:r] n. (s, e). FIN., COMM., ADM. exercice m.

beriechen [bə'ri:çən] v. tr. flairer ; sentir.

berieseln [bə'ri:zəln] v. tr. irriguer ; arroser.

Berieselung [-luŋ] f. (-) irrigation f. ; arrosage m. ; ruissellement m. ; épandage m.

beringen [bə'riŋən] v. tr. garnir, charger de bagues, d'anneaux.

beritten [-tən] adj. à cheval ; monté.

Berlin [bɛr'li:n] n. pr. n. GÉOGR. Berlin.

Berliner(in) [bɛr'li:nər(in)] m. (s, -), f. (-, nen) Berlinois(e) m. (f.).
◇ m. **Berliner,** CULIN. (*etwa*) beignet m.
◇ adj. invar. **Berliner,** berlinois. | *Berliner Blau*, bleu (m.) de Prusse. | *die Berliner Mauer*, le mur de Berlin.

berlinerisch [-riʃ] adj. berlinois.

Bern [bɛrn] n. pr. n. GÉOGR. Berne.

Berner(in) ['bɛrnər(in)] m. (s, -), f. (-, nen) Bernois(e) m. (f.).

Bernhardiner [bərnhar'di:nər] m. ZOOL. [Hund] saint-bernard m.

Bern|stein ['bɛrnʃtain] m. (s, e) ambre m. (jaune) ; succin m.

Bernstein|farbe ["bɛrnʃtain'farbə] f. (-, n) couleur ambrée.

Berserker [bɛr'zɛrkər] n. pr. m. (s, -) guerrier (m.) sauvage. | *wie ein Berserker arbeiten*, travailler comme un forcené .

bersten ['bɛrstən] (i, a, o) v. intr. crever ; éclater ; se crevasser. | *das Eis barst*, la glace cassa, se brisa. | *die Granate birst*, la grenade éclate. | *bei der Dürre birst die Erde*, en temps de sécheresse la terre se crevasse. || FIG. éclater ; crever. | *vor Wut bersten*, crever de rage, de dépit. | *vor Lachen bersten*, éclater de rire.

Bersten [-tən] n. (s) éclatement m. ; crevassement m.

berüchtigt [be'ryçtiçt] adj. mal famé ; de mauvaise réputation.

berücken [bə'rykən] v. tr. ensorceler ; charmer ; prendre au filet ; attraper ; surprendre. | *mit Worten berücken*, séduire par des paroles.
— SYN. : *bezaubern*, charmer ; *locken*, *verlocken*, séduire.

berückend [-kənt] adj. captivant ; ravissant.
— SYN. : *verführerisch*, séduisant ; *hinreißend*, enchanteur.

be|rücksichtigen [bə"ryk'ziçtigən] v. tr. prendre en considération ; considérer ; tenir compte de. | *berücksichtigt werden*, être considéré ; entrer en considération. | *ein Kapitel nicht berücksichtigen*, faire une impasse sur un chapitre.
— SYN. : *erwägen*, *beachten*, considérer ; *in Betracht ziehen*, envisager.

Be|rücksichtigung [-guŋ] f. (-) considération f. ; égard m. ; prise (f.) en considération. | *unter Berücksichtigung von*, compte tenu de ; eu égard à ; en raison de ; considérant que.

Beruf [bə'ru:f] m. (s, e) profession f. ; métier m. ; carrière f. | *freier Beruf*, profession libérale. | *handwerklicher Beruf*, métier manuel, artisanal. | *einen Beruf ergreifen*, choisir une profession. | *einen Beruf ausüben*, exercer un métier. | *seinen Beruf ändern*, changer de métier. | *er ist von Beruf Arzt*, il est médecin de son métier. | *er geht seinem Beruf mit Fleiß nach*, il est sérieux dans son métier.

berufen [-fən] (ie, u) v. tr. mander ; faire venir ; convoquer ; appeler. | *jn auf ein Amt berufen*, nommer qn à une fonction. | *jn zum Nachfolger berufen*, appeler qn comme successeur. | *jn auf einen Lehrstuhl berufen*, nommer qn à une chaire. | *eine Versammlung berufen*, convoquer une assemblée. || FIG. *zu etwas berufen sein*, avoir la vocation de qch. || PROV. *viele sind berufen, aber wenige auserwählt*, il y a beaucoup d'appelés, mais peu d'élus.
◇ part. pass. et adj. **berufen,** compétent. | *berufener Vertreter*, représentant qualifié.
◇ v. pr. **sich berufen,** *sich auf etwas berufen*, invoquer, alléguer qch. | *sich auf jn berufen*, se réclamer de, en appeler à qn. || JUR. *sich auf seine Unschuld berufen*, protester de son innocence.

beruflich [-fliç] adj. professionnel. | *berufliche Eignung*, aptitude professionnelle. | *berufliche Mobilität*, mobilité professionnelle. | *beruflich tätig sein*, exercer une profession, un métier.

Berufs|ausbildung [bə"ru:fs'ausbilduŋ] f. (-) formation professionnelle. ||°**-befähigung** f. (-, en) aptitude professionnelle. ||°**-berater(in)** m. (s, -), f. (-, nen) conseiller (m.), conseillère (f.) d'orientation. ||°**-beratung** f. (-, en) orientation professionnelle. ||°**-beratungsstelle** f. (-, n) service (m.) d'orientation professionnelle. ||°**-ehre** f. (-, n) honneur professionnel ; conscience professionnelle. ||°**-eingliederung** f. (-, en) insertion professionnelle. ||°**-erfahrung** f. (-, en) expérience professionnelle. ||°**-geheimnis** n. (ses, se) secret professionnel. ||°**-genossenschaft** f. (-, en) corporation f. ; association professionnelle. ||°**-handel** m. (s). JUR. délit (m.) d'initié. ||°**-krankheit** f. (-, en) maladie professionnelle. ||**-mäßig** adj. et adv. professionnel(lement) ; en vertu de sa charge. ||°**-offizier** m. (s, e) officier (m.) de carrière. ||°**-schule** f. (-, n) école professionnelle. ||°**-spieler** m. (s, -). SPORT. joueur professionnel. ||°**-stand** m. (s, ¨e) profession f. ; corporation f. ||**-ständisch** adj. corporatif ; socio-professionnel. || °**-systematik** f. (-, en) classification (f.) des métiers.

‖**-tätig** adj. qui exerce un métier, une profession. ‖°**-tätigkeit** f. (-, en) activité professionnelle. ‖ ‖°**-unfähigkeit** f. (-) invalidité professionnelle. | *dauernde, vorübergehende Berufsunfähigkeit*, incapacité permanente, temporaire. ‖°**-verband** m. (s, ¨e) organisation, association, fédération professionnelle.

Berufung [bə'ru:fuŋ] f. (-, en) **1.** convocation f. ‖ POLIT. *Berufung des Bundestags*, convocation du Parlement de la Fédération allemande. | *Berufung eines Ministers*, nomination (f.) d'un ministre.

2. vocation f. | *Berufung zum Musiker*, vocation pour la musique ; vocation de musicien.

3. JUR. appel m. | *Berufung einlegen gegen*, interjeter appel ; recourir en appel contre. ‖ LOC. *unter, mit Berufung auf*, en se référant à.

Berufungs|frist [bə"ru:fuŋs'frist] f. (-, en) délai (m.) d'appel. ‖°**-gericht** n. (s, e), °**-instanz** f. (-, en). JUR. tribunal (m.), cour (f.) d'appel.

beruhen [bə'ru:ən] v. intr. reposer sur ; tenir à ; dépendre de ; provenir de. | *das beruht auf einem Irrtum*, cela provient d'une erreur. | *das beruht auf Gegenseitigkeit*, c'est réciproque. | *man läßt es auf sich beruhen*, on s'en tient là ; on en demeure là.

beruhigen [bə'ru:igən] v. tr. apaiser ; tranquilliser ; calmer ; rassurer ; remettre, rasséréner.

◇ v. pr. **sich beruhigen,** se tranquilliser ; se rassurer ; se remettre.

— SYN. : *befriedigen*, apaiser ; *zur Ruhe bringen*, calmer ; *beschwichtigen*, tranquilliser.

beruhigend [-ru:igənt] adj. MÉD. calmant ; sédatif.

Beruhigung [-ru:iguŋ] f. apaisement m. ; soulagement m. | *zur Beruhigung des Gewissens*, par acquit de conscience.

berühmt [bə'ry:mt] adj. renommé ; célèbre ; illustre ; fameux. ‖ FIG., FAM. *das war nicht gerade berühmt*, ce n'était pas bien fameux.

Berühmtheit [bə'rymthait] f. (-, en) renom m. ; renommée f. ; célébrité f. ‖ PAR ANAL. personnage (m.) célèbre, illustre.

berühren [bə'ry:rən] v. tr. toucher. | *bitte, das Brot nicht berühren !*, prière de ne pas toucher au pain. | *einen Ort auf der Reise berühren*, passer par un endroit. | *er hat diesen Punkt nicht berührt*, il n'a pas mentionné, effleuré ce point. | *es berührt schmerzlich*, cela est désagréable. | *das berührt mich nicht*, cela ne me touche pas.

Berührung [-ruŋ] f. (-, en) attouchement m. ; contact m. ‖ FIG. *in Berührung kommen*, coudoyer. | *mit jm geschäftlich in Berührung kommen*, entrer en rapports d'affaires avec qn. ‖ ÉLECTR. contact m. ‖ MATH. tangence f.

Berührungs|empfindlichkeit [-sɛmpfintliçkait] f. (-, en). MÉD. hyperesthésie f. ‖°**-punkt** m. (s, e) point (m.) de contact.

Beryllium [be'ry:lium] n. (s.). CHIM. beryllium m. ; glycine f. ; glycocolle m.

besabbeln [bə'zabəln], **besabbern** [-bərn] v. tr. POP. tacher de salive ; baver sur. ‖ FIG. médire de.

besäen [bə'zɛ:ən] v. tr. ensemencer ; semer.

besagen [bə'zɑ:gən] v. tr. dire ; énoncer ; expliquer ; signifier. | *das besagt nicht viel*, cela ne dit rien. | *das will gar nichts besagen*, cela ne veut rien dire.

◇ part. pass. et adj. **besagt,** mentionné ; susdit. ‖ JUR. ledit.

besaiten [bə'zaitən] v. tr. [Geige] monter, mettre des cordes. | *Neu besaiten*, recorder.

◇ part. pass. et adj. **besaitet,** FIG. sensible. | *ein zart-, feinbesaitetes Gemüt*, une âme sensible.

besamen [be'zɑ:mən] v. tr. ensemencer ; féconder.

Besamung [-muŋ] f. (-, en) ensemencement m. ; dépôt (m.) de graines ; fécondation f. | *künstliche Besamung*, insémination artificielle.

Besan [be'zɑ:n] m. (s, e). MAR. artimon f.

besänftigen [bə'zɛnftigən] v. tr. et v. pr. (se) calmer ; (s')apaiser ; (s')adoucir.

Besatz [bə'zats] m. (es, ¨e) bordure ; f. garniture f.

Besatzung [bə'zatsuŋ] f. (-, en) garnison f. ; troupes (f. pl.) d'occupation. ‖ MAR., AÉRON. équipage m.

Besatzungs|heer [bə"zatsuŋ'he:r] n. (es, e) armée (f.) d'occupation. ‖°**-macht** f. (-, ¨e) puissance occupante. ‖°**-zone** f. (-, n) zone (f.) d'occupation.

besaufen (sich) [ziçbə'zaufən] (ä, o, o) v. pr. POP. se soûler. | *er ist besoffen*, il est soûl.

besäuseln (sich) [ziçbə'zɔyzəln] v. pr. FAM. se griser.

beschädigen [bə'ʃɛ:digən] v. tr. endommager ; détériorer ; dégrader ; gâter ; avarier ; blesser.

Beschädigung [-guŋ] f. (-, en) endommagement m. ; dégradation f. ; détérioration f. ; dommage m. ; dégât m. ; avarie f. | *Beschädigung des Geräts*, dégradation du matériel.

beschaffen [bə'ʃafən] v. tr. procurer ; approvisionner. | *Geld beschaffen*, procurer de l'argent. | *Arbeit beschaffen*, procurer du travail. ‖ LOC. *mit der Sache ist es folgendermaßen beschaffen*, voici ce qu'il en est de cette affaire.

Beschaffenheit [bə'ʃafənhait] f. (-) nature f. ; état m. ; condition f. ; propriété f. ; qualité f. ; constitution f. ; structure f. ; essence f. | *äußere Beschaffenheit*, aspect extérieur. | *körperliche Beschaffenheit*, constitution f. ; complexion f.

Beschaffung [bə'ʃafuŋ] f. (-) action de se procurer ; constitution f. ; achat m. ; approvisionnement m. | *Beschaffung von Geldern*, réunion (f.) de fonds.

beschäftigen [bə'ʃɛftigən] v. tr. occuper ; employer. | *dieses Werk beschäftigt tausend Arbeiter*, cette usine occupe mille ouvriers. ‖ FIG. *der Vorfall beschäftigt mich*, l'incident me préoccupe.

◇ v. pr. **sich beschäftigen,** *sich mit einem Problem beschäftigen*, s'employer à un problème.

— SYN. : *sich befassen mit*, s'occuper de.

Beschäftigung [-guŋ] f. (-, en) occupation f. ; emploi m. | *eine regelmäßige Beschäftigung ausüben*, exercer une occupation régulière.

Beschäftigungs|grad [bə"ʃɛftiguŋs'grɑ:t] m. (s, e) degré (m.) d'occupation. ‖°**-therapie** f. (-, n) ergothérapie f.

beschallen [bə'ʃalən] v. tr. sonoriser.

Beschallung [bə'ʃaluŋ] f. (-, en) sonorisation f.

beschämen [bə'ʃɛ:mən] v. tr. humilier ; rendre honteux, confus ; confondre. | *jn durch Großmut beschämen*, confondre qn par sa magnanimité.

◇ part. prés. et adj. **beschämend,** humiliant.

◇ part. pass. et adj. **beschämt,** humilié ; honteux ; confus.

Beschämung [-muŋ] f. (-, en) honte f. ; confusion f. ; humiliation f.

beschatten [bə'ʃatən] v. tr. ombrager ; donner de l'ombre. ‖ FIG. prendre en filature.

Beschau [bə'ʃau] f. (-) inspection f. ; examen m.

beschauen [-'ʃauən] v. tr. regarder ; examiner ; considérer ; inspecter.

Beschauer [-'ʃauər] m. (s, -) inspecteur m.

beschaulich [-'ʃauliç] adj. contemplatif. | *ein beschauliches Leben führen*, mener une vie contemplative.

Beschaulichkeit [-'ʃauliçkait] f. contemplation f. ; réflexion f.

Bescheid [bə'ʃait] m. (s, e) décision f. ; arrêt m. ; ordre m. ; décret m. ; réponse f. | *Bescheid geben*, donner une réponse. | *einen abschlägigen Bescheid erteilen*, répondre par une fin de non-recevoir. | *jm Bescheid sagen*, avertir qn ; FIG., FAM. dire carrément son fait à qn. || JUR. *gerichtlicher Bescheid*, jugement m. ; arrêt m. || HIST. rescrit m.

bescheiden [bə'ʃaidən] (ie, ie) v. tr. **1.** départir, donner en partage (qch. à qn). | *ihr beschiedenes Teil*, sa légitime part. | *mir ist beschieden... zu tun*, il m'est échu de faire.

2. instruire ; informer ; renseigner. | *abschlägig bescheiden*, répondre par un refus.

3. mander ; convoquer.

◇ v. pr. **sich bescheiden,** *sich mit wenig bescheiden*, se contenter de peu.

bescheiden [bə'ʃaidən] adj. modeste ; modéré ; simple. | *ein bescheidenes Mädchen*, une fille modeste. | *bescheidener Lohn*, petit salaire. | *bescheidenes Essen*, modeste repas. | *bescheidenes Haus*, petite maison. | *von bescheidenem Herkommen*, d'extraction modeste.

Bescheidenheit [be'ʃaidənhait] f. (-) simplicité f. ; modestie f. ; modération f. ; décence f. | *gekünstelte Bescheidenheit*, fausse modestie. | *bei aller Bescheidenheit*, en toute modestie. || PROV. *Bescheidenheit ist eine Zier, doch weiter kommt man ohne ihr*, modestie est vertu, le monde ne s'en soucie. | *Bescheidenheit ist das schönste Kleid*, rien n'est plus beau que la modestie.

bescheinen [bə'ʃainən] (ie, ie) v. tr. éclairer ; illuminer. | *die Sonne bescheint das Haus*, la maison est ensoleillée.

bescheinigen [bə'ʃainigən] v. tr. certifier ; attester. || JUR. *die Unterschrift bescheinigen*, légaliser, certifier exacte la signature.

Bescheinigung [-guŋ] f. (-, en) attestation f. ; certificat m. ; reçu m. ; quittance f. ; décharge f.

bescheißen [bə'ʃaisən] (i, i) v. tr. FIG., POP. estamper ; filouter ; rouler.

beschenken [bə'ʃɛnkən] v. tr. faire un cadeau. || JUR. doter ; donner à titre gracieux.

Beschenkte(r) [-kte(r)] f. (m.) donataire s.

bescheren [bə'ʃe:rən] v. tr. [schenken] donner ; faire un cadeau. | *jm etwas, jn mit etwas bescheren*, offrir qch. à qn.

Bescherung [-ruŋ] f. (-, en) distribution (f.) de cadeaux ; cadeau m. ; présent m. ; étrennes f. pl. || FIG. *da haben wir die Bescherung !*, FAM. voilà le travail ! nous voilà dans de jolis draps.

beschicken [bə'ʃikən] v. tr. envoyer ; déléguer ; députer. | *den Markt beschicken*, approvisionner le marché. || FIG. *sein Haus beschicken*, mettre (de l')ordre à ses affaires (avant de mourir). || TECHN. *den Ofen beschicken*, charger le haut fourneau. | *Gold mit Legierung beschicken*, ajouter l'alliage à l'or.

beschießen [bə'ʃi:sən] (o, o). MIL. tirer contre ; tirer sur ; canonner ; bombarder.

beschildern [bə'ʃildərn] v. tr. garnir de plaques.

beschimpfen [bə'ʃimpfən] v. tr. insulter ; injurier.

Beschimpfung [pfuŋ] f. (-, en) insulte f. ; injure f. ; outrage m. ; affront m.

beschirmen [bə'ʃirmən] v. tr. abriter. || FIG. protéger ; défendre.

beschlafen [bə'ʃlɑ:fən] (ä, ie, a) v. tr. [Beischlaf ausüben] coucher avec ; POP. baiser. || [überdenken] se laisser la nuit pour réfléchir.

Beschlag [bə'ʃlɑ:k] m. (s, ¨e). **1.** garniture f. ; armure f. | *Maschinenbeschlag*, armature f. || ferrure (f.) d'un meuble.

2. JUR. saisie f. ; confiscation f. ; séquestre m. ; séquestration f. | *mit Beschlag belegen*, saisir ; séquestrer. | *das Vermögen mit Beschlag belegen*, mettre arrêt sur les biens.

3. MAR. *ein Schiff mit Beschlag belegen*, mettre l'embargo sur un navire.

4. *Fensterbeschlag*, buée sur la fenêtre.

beschlagen [bə'ʃlɑ:gən] (ä, u, a) v. tr. garnir ; armer. | *mit Eisen beschlagen*, armer ; ferrer. | *ein Pferd beschlagen*, ferrer un cheval. || FIG. *in etwas wohl beschlagen sein*, connaître à fond qch. ; être très ferré en qch.

◇ v. intr. et v. pr. **sich beschlagen,** se couvrir. | *sich mit Feuchtigkeit beschlagen*, se couvrir de buée. | *eine beschlagene Scheibe*, une vitre embuée.

Beschlagenheit [bə'ʃlɑ:gənhait] f. (-). FIG. savoir m. ; intelligence f.

Beschlag|nahme [bə"ʃlɑg'nɑ:mə] f. (-, n). JUR. saisie f. ; confiscation f. ; mainmise f. ; séquestre m. | *Beschlagnahme von Waren*, saisie-warrant f. | *Beschlagnahme von Möbeln*, saisie-exécution f. | *Beschlagnahme eines Schiffes*, embargo m. | *die Beschlagnahme aufheben*, lever le séquestre, l'embargo.

beschlag|nahmen [-'nɑ:mən] v. tr. réquisitionner ; saisir ; confisquer ; séquestrer ; mettre l'embargo sur.

beschleichen [bə'ʃlaiçən] (i, i) v. tr. s'approcher à pas de loup ; épier ; espionner. | *der Jäger beschleicht das Wild*, le chasseur approche le gibier. || FIG. *ein Angstgefühl beschlich ihn*, la peur le gagnait.

beschleunigen [bə'ʃlɔynigən] v. tr. accélérer ; hâter ; presser. | *die Abreise beschleunigen*, hâter le départ. | *die Produktion beschleunigen*, activer la production. || AUTOM. accélérer. || JUR. *beschleunigtes Verfahren*, procédure (f.) des flagrants délits.

◇ part. prés. et adj. **beschleunigend,** accélérateur.
— SYN. : *fördern*, accélérer ; *beeilen*, hâter ; *drängen*, presser ; *beleben*, activer.

Beschleunigung [-guŋ] f. (-) accélération f.

Beschleunigungs|messer [-smɛsər] m. (s, -). TECHN. accéléromètre m.

beschließen [bə'ʃli:sən] (o, o) v. tr. fermer ; circonscrire ; achever. | *eine Sitzung beschließen*, clore une session, une séance. || PAR ANAL. conclure ; résoudre ; décider ; arrêter ; fixer ; décréter. | *das Parlament beschließt die Absetzung des Königs*, le Parlement décide la déposition du roi. | *das ist beschlossene Sache*, c'est entendu ; c'est une affaire entendue.

Beschluß [bə'ʃlus] m. (es, ¨e) clôture f. || conclusion f. | *zu keinem Beschluß kommen*, n'arriver, n'aboutir à aucune conclusion. | *zum Beschluß*, pour clore le débat. || PAR EXT. résolution f. ; décision f. | *einen Beschluß fassen*, prendre une décision ; voter une résolution (dans un congrès). || JUR. jugement m. ; décret m. | *Beschluß eines Richters*, décision judiciaire. || ADM. *Beschluß einer Versammlung*, résolution d'une assemblée.

beschluß|fähig [bə"ʃlus'fɛ:iç] adj. en nombre suffisant ; qui atteint le quorum. | *beschlußfähige Versammlung*, assemblée qualifiée pour délibérer. ||°-**fassung** f. (-, en) décision f. ; résolution f.

beschmieren [bə'ʃmi:rən] v. tr. enduire ; frotter. | *mit Butter beschmieren*, beurrer. || FAM. *Papier beschmieren*, barbouiller du papier. | *eine Wand beschmieren*, couvrir un mur de graffiti.

◇ v. pr. **sich beschmieren,** se barbouiller ; se tacher ; se salir ; se crotter.

beschmutzen [bə'ʃmutsən] v. tr. salir ; souiller ; maculer ; couvrir de boue.

— SYN. : *besudeln*, salir ; *verunreinigen*, souiller, polluer ; *beflecken*, tacher.

beschneiden [bə'ʃnaidən] (beschnitt, beschnitten) v. tr. tailler ; couper ; rogner ; réduire. | *Bäume beschneiden*, tailler des arbres. | *der Buchbinder beschneidet die Bücher*, le relieur ébarbe, rogne les livres. || MÉD., RELIG. circoncire. || TECHN. *den Rand beschneiden*, déborder.

Beschneidung [-duŋ] f. (-) coupe f. ; taille f. ; réduction f. || [Baum] taille f. ; émondage m. || [Buch] ébarbage m. ; rognage m. || FILM. découpage m. || MÉD., RELIG. circoncision f.

beschneien [bə'ʃnaiən] v. tr. couvrir de neige.

beschnüffeln [bə'ʃnyfəln] v. tr. flairer ; renifler sur. || FAM. mettre son nez dans.

beschönigen [bə'ʃø:nigən] v. tr. embellir ; enjoliver ; farder.

Beschönigung [-guŋ] f. (-, en). FIG. enjolivement m. ; enjolivure f. | *ohne Beschönigung*, crûment.

beschränken [bə'ʃrɛŋkən] v. tr. limiter ; restreindre ; borner ; circonscrire. | *die Ausgaben beschränken*, réduire ses dépenses. | *sich auf... beschränken*, se limiter à.

◇ part. pass. et adj. **beschränkt,** limité ; borné ; étroit. | *beschränkte Mittel haben*, disposer de peu de moyens, de peu de fortune. || COMM. *beschränkte Haftung*, responsabilité limitée. || FIG. *er ist beschränkt*, il est borné ; il a la vue courte. | *beschränkte Ansichten haben*, avoir des vues courtes.

Beschränktheit [bə'ʃrɛŋkthait] f. (-) bornes f. pl. ; étroitesse f. | *Beschränktheit der Mittel*, insuffisance (f.) des moyens ; gêne f. || FIG. stupidité f. ; étroitesse (f.) de vue.

Beschränkung [bə'ʃrɛŋkuŋ] f. (-, en) limitation f. ; restriction f. ; étroitesse f. | *sich Beschränkungen auferlegen*, s'imposer des restrictions.

beschreiben [bə'ʃraibən] (ie, ie) v. tr. écrire sur ; couvrir d'écriture. | *Papier beschreiben*, noircir du papier. | *beschriebenes Blatt*, feuillet couvert d'écriture. || décrire. || MATH. *einen Kreis beschreiben*, tracer, dessiner, décrire un cercle. || FIG. décrire ; définir ; dépeindre. | *eine Landschaft beschreiben*, dépeindre un paysage. | *ein Erlebnis beschreiben*, narrer un événement.

— SYN. : *ausdrücken*, énoncer ; *erzählen*, dire, préciser ; *darlegen*, exposer ; *schildern*, peindre ; *darstellen*, dépeindre.

Beschreibung [-buŋ] f. (-, en) description f. ; définition f. ; peinture f. | *Reisebeschreibung*, récit (m.) de voyage. | *eine Beschreibung geben*, décrire. | *das spottet jeder Beschreibung*, cela défie toute description.

— SYN. : *Darlegung*, exposé ; *Schilderung*, peinture.

beschreiten [bə'ʃraitən] (i, i) v. tr. mettre le pied sur, dans, à. | *einen Weg beschreiten*, s'engager dans une voie. | *den Rechtsweg beschreiten*, poursuivre par les voies de droit.

beschriften [bə'ʃriftən] v. tr. mettre une inscription ; inscrire sur ; étiqueter.

Beschriftung [-tuŋ] f. (-, en) inscription f. ; étiquette f.

beschuldigen [bə'ʃuldigən] v. tr. incriminer ; inculper ; accuser. || JUR. *jn eines Verbrechens beschuldigen*, accuser qn d'un crime.

— SYN. : *anklagen*, accuser ; *anschuldigen*, incriminer ; *bezichtigen*, inculper.

Beschuldigte(r) [-diçtə(r)] f. (m.) JUR. accusé(e) m. (f.) ; inculpé(e) m. (f.) ; prévenu(e) m. (f.).

Beschuldigung [-diguŋ] f. (-, en). JUR. accusation f. ; incrimination f. ; imputation f. ; prévention f. || [Bezichtigung] inculpation f. || [Anzeige] dénonciation f. || [Klage] plainte f.

beschummeln [bə'ʃuməln] v. tr. FAM. tromper ; attraper ; POP. rouler ; filouter.

Beschuß [bə'ʃus] m. (es, ¨e). MIL. tir m. ; coup m. ; bombardement m.

beschütten [bə'ʃytən] v. tr. jeter, répandre sur ; combler de. | *einen Weg mit Kies beschütten*, charger un chemin de gravier.

beschützen [bə'ʃytsən] v. tr. protéger ; défendre.

Beschützer(in) [-tsər(in)] m. (s, -), f. (-, nen) protecteur m. ; protectrice f.

beschwatzen [bə'ʃvatsən] v. tr. FAM. *jn beschwatzen,* faire du boniment à qn. ; baratiner qn. | *sich beschwatzen lassen*, se laisser persuader ; FAM. se laisser embobiner.

Beschwer [bə'ʃve:r] f. (-), **Beschwerde** [bə'ʃve:rdə] f. (-, n) peine f. ; fatigue f. ; malaise m. ; charge f. | *Beschwerden haben*, être incommodé. || PAR EXT. grief m. ; charge f. ; plainte f. ; réclamation f. | *Beschwerde einlegen gegen*, porter plainte contre. | *einer Beschwerde stattgeben*, admettre une réclamation.

Beschwerde|buch [bə"ʃve:rdə'bu:x] n. (s, ¨er) registre (m.) des réclamations. ||°-**frist** f. (-, en) délai (m.) de pourvoi.

beschweren [bə'ʃve:rən] v. tr. alourdir ; charger. || FIG. incommoder ; importuner. | *jm das Gewissen beschweren*, troubler qn.

◇ v. pr. **sich beschweren,** se plaindre. | *sich über etwas beschweren*, se plaindre de qch.

beschwerlich [bə'ʃve:rliç] adj. pénible ; difficile ; malaisé ; incommode.

Beschwerlichkeit [-rliçkait] f. (-, en) peine f. ; difficulté f. | *die Beschwerlichkeit einer Reise*, les fatigues (f. pl.) d'un voyage.

beschwichtigen [bə'ʃviçtigən] v. tr. calmer ; apaiser ; tranquilliser ; faire taire. || FIG. *js Zorn beschwichtigen*, désarmer la colère de, fléchir qn.

— SYN. : *beruhigen*, apaiser ; *stillen*, calmer ; *lindern*, alléger ; *mildern*, *besänftigen*, adoucir.

Beschwichtigung [-guŋ] f. (-, en) apaisement m. || FIG. assoupissement m. ; tranquillisation f. | *zur Beschwichtigung meines Gewissens*, pour la tranquillité de ma conscience.

beschwindeln [bə'ʃvindeln] v. tr. POP. duper ; tromper ; berner ; filouter.

beschwingen [bə'ʃviŋən] v. tr. donner des ailes. || FIG. enthousiasmer ; transporter.

◇ part. pass. et adj. **beschwingt,** ailé. || FIG. enthousiasmé ; transporté.

beschwipst [bə'ʃvipst] adj. FAM. éméché.

beschwören [bə'ʃvø:rən] (o, o) v. tr. jurer ; affirmer par serment. | *seine Aussagen (vor Gericht) beschwören*, affirmer sous la foi du serment. || PAR ANAL. adjurer ; conjurer. | *jn beschwören, von etwas abzulassen*, conjurer qn de ne pas faire qch. || PAR EXT. exorciser.

Beschwörung [-ruŋ] f. (-, en) affirmation (f.) par serment. || PAR ANAL. adjuration f. ; objurgation f. || PAR EXT. évocation f. ; exorcisme m. | *Beschwörung von Geistern*, conjuration des esprits.

beseelen [bə'ze:lən] v. tr. animer ; inspirer.

besegeln [bə'ze:gəln] v. tr. MAR. garnir de voiles. | *ein Schiff besegeln*, voiler un navire. || PAR EXT. *eine Strecke besegeln*, naviguer sur un parcours.

besehen [bə'ze:ən] (ie, a, e) v. tr. considérer ; regarder de près ; examiner ; inspecter. | *Bilder besehen*, regarder des images.

◇ part. pass. et adj. **besehen,** vu, vue. | *bei Licht(e) besehen*, vu, regardé au grand jour.

◇ v. pr. **sich besehen,** *sich im Spiegel besehen*, se regarder dans la glace.

beseitigen [bə'zaitigən] v. tr. supprimer ; écarter ; mettre de côté ; éloigner ; libérer ; débarrasser. |

Schwierigkeiten beseitigen, aplanir des difficultés. | *ein Übel beseitigen*, éradiquer un mal.

Beseitigung [-guŋ] f. (-) éloignement m. ; aplanissement m. ; suppression f. | *Beseitigung der Zölle*, abolition (f.) des droits de douane. || [Umwelt] dépollution f.

beseligen [bə'ze:ligən] v. tr. rendre heureux ; ravir.

Besen ['be:zən] m. (s, -) balai m. | *Federbesen*, plumeau m. || FIG. *mit eisernem Besen auskehren*, FAM. donner un grand coup de balai.

Besen|binder ["bezən'bindər] m. (s, -) faiseur (m.) de balais. ||°**-stiel** m. (s, e) manche (m.) à balai.

besessen [bə'zɛsən] adj. FIG. possédé. | *wie besessen*, comme possédé (du démon).

Besessenheit [bə'zɛsənhait] f. (-) possession f. ; obsession f. ; folie f.

besetzen [bə'zɛtsən] v. tr. **1.** occuper. | *die Zuschauer besetzen die Plätze*, les spectateurs occupent les, leurs places.

2. occuper militairement. | *ein Haus besetzen,* squatter, squattériser une maison.

3. garnir de. | *mit Pelz besetzen*, garnir de fourrure.

4. THÉÂTRE. *die Rollen besetzen*, distribuer les rôles ; faire une distribution.

5. *einen Teich besetzen*, peupler, empoissonner un étang.

◇ part. pass. et adj. **besetzt,** occupé. || [Theater, Autobus] *alle Plätze sind besetzt*, toutes les places sont occupées. || TÉLÉPH. occupé ; pas libre. || garni de. | *mit Perlen besetzt*, garni de perles. || occupé par une armée étrangère. | *besetztes Gebiet*, régions occupées.

Besetzung [-tsuŋ] f. (-, en) garniture f. || MIL. occupation f. || THÉÂTRE. distribution f.

besichtigen [bə'ziçtigən] v. tr. regarder ; visiter ; inspecter ; examiner. || MIL. passer en revue.

Besichtigung [-guŋ] f. (-, en) inspection f. ; visite f. ; examen m. || MIL. revue f.

besiedeln [bə'zi:dəln] v. tr. coloniser.

Besiedelung [-luŋ] f. (-, en) colonisation f.

besiegeln [bə'zi:gəln] v. tr. sceller ; apposer un sceau sur.

besiegen [bə'zi:gən] v. tr. vaincre ; défaire ; battre ; triompher de. | *sich selbst besiegen*, se vaincre soi-même.

besingen [bə'ziŋən] (a, u) v. tr. chanter. || PAR ANAL. célébrer.

besinnen (sich) [ziçbə'zinən] (a, o) v. pr. réfléchir. | *sich auf etwas besinnen*, se souvenir de, se rappeler qch. | *wenn ich mich recht besinne*, si j'ai bonne mémoire ; si je ne me trompe. | *sich eines andern, eines bessern besinnen*, changer d'avis ; se raviser. | *sich nicht lange besinnen*, ne pas tergiverser ; ne pas hésiter longtemps.

besinnlich [-liç] adj. méditatif ; pensif.

Besinnung [bə'zinuŋ] f. (-) réflexion f. || connaissance f. ; conscience f. | *die Besinnung verlieren*, perdre connaissance. | *wieder zur Besinnung kommen*, reprendre connaissance. || [Haltung ; Überlegung] *vor Zorn die Besinnung verlieren*, être aveuglé, égaré par la colère.

besinnungs|los [bə"zinuŋs'lo:s] adj. sans connaissance ; évanoui. ||°**-losigkeit** f. (-) évanouissement m.

Besitz [bə'zits] m. (es, e) **1.** possession f. ; propriété f. ; bien m. | *geistiger Besitz*, bien spirituel. | *etwas in Besitz nehmen ; von etwas Besitz ergreifen*, prendre possession de qch. | *im Besitz einer Sache sein*, être en possession d'une chose. | *etwas in Besitz haben*, posséder qch ; être en possession, avoir la possession de qch. | *sich in den Besitz von etwas setzen*, s'approprier qch.

2. JUR. détention f. ; possession f. | *rechtmäßiger Besitz*, possession légale. || PAR EXT. *beweglicher Besitz*, biens mobiliers ; meubles m. pl.

besitz|anzeigend [bə"zits'antsaigənt] adj. GRAMM. *besitzanzeigendes Fürwort*, pronom possessif. ||°**-ergreifung** f. (-, en) prise (f.) de possession. | *widerrechtliche Besitzergreifung*, usurpation f. ||°**-nahme** f. (-, n) prise (f.) de possession ; saisine f. ||°**-stand** m. (s, ¨e) état (m.) de fortune. || COMM. actif m.

besitzen [bə'zitsən] (besaß, besessen) v. tr. posséder ; détenir ; avoir. || FIG. *Einfluß besitzen*, avoir de l'influence.

◇ part. prés. et adj. **besitzend,** *die besitzenden Klassen*, les classes possédantes.

Besitzer(in) [-tsər(in)] m. (s, -), f. (-, nen) propriétaire m. (f.).

Besitztum [bə'sitstum] n. (s, ¨er) propriété f. ; domaine m. ; bien-fonds m.

Besitzung [bə'zitsuŋ] f. (-, en) propriété f. ; possession f. | *überseeische Besitzungen*, possessions (f. pl.) d'outre-mer.

besoffen [bə'zɔfən] adj. POP. ivre ; saoul.

besohlen [bə'zo:lən] v. tr. mettre des semelles. | *wieder, neu besohlen*, ressemeler.

besolden [bə'zɔldən] v. tr. appointer ; gager ; salarier.

Besoldung [-duŋ] f. (-, en) rétribution f. ; rémunération f. ; salaire m. ; gages m. pl. ; solde f.

besonder [bə'zɔndər] (er, e, es) adj. spécial ; particulier ; singulier. | *besondere Wünsche*, vœux particuliers. | *besonderer Eingang*, entrée séparée. | *das Allgemeine und das Besondere*, le général et le particulier.

Besonderheit [bə'zɔndərhait] f. (-, en) particularité f. ; singularité f. ; PÉJOR. bizarrerie f.

besonders [bə'zɔndərs] adv. surtout ; particulièrement ; en particulier ; spécialement ; principalement. || FAM. *es geht mir nicht besonders (gut)*, ça ne va pas très fort. | *nichts Besond(e)res*, rien de particulier.

besonnen [bə'zɔnen] adj. réfléchi ; prudent ; pondéré ; circonspect.

Besonnenheit [bə'zɔnənhait] f. (-) circonspection f. ; pondération f.

besonnt [-'zɔnt] adj. ensoleillé.

besorgen [bə'zɔrgən] v. tr. craindre ; appréhender. | *besorgt sein für, um jn*, être inquiet au sujet de qn. || PAR ANAL. soigner ; prendre soin de ; s'occuper de. | *die Wirtschaft besorgen*, s'occuper du ménage. || PAR EXT. procurer. | *er hat mir ein Zimmer besorgt*, il m'a procuré une chambre.

Besorgnis [-'zɔrknis] f. (-, se) souci m. ; préoccupation f. ; appréhension f. ; crainte f. | *besorgniserregend*, inquiétant ; préoccupant.

besorgt [-zɔrkt] adj. soucieux ; inquiet. | *um die Gesundheit besorgt*, soucieux, inquiet de sa santé.

Besorgung [-'zɔrguŋ] f. (-, en) gestion f. ; administration f. || PAR ANAL. course f. ; achat m. | *Besorgungen machen*, faire des courses.

bespannen [bə'ʃpanən] v. tr. atteler. | *einen Wagen mit Pferden bespannen*, atteler des chevaux à une voiture. || *einen Bogen mit einer Sehne bespannen*, tendre un arc avec une corde.

Bespannung [-nuŋ] f. (-, en) attelage m. || SPORT. [Schläger] cordage m.

bespeien [bə'ʃpaiən] (ie, ie) v. tr. cracher sur ; conspuer.

bespiegeln (sich) [ziçbə'ʃpi:gəln] v. pr. se mirer.

bespitzeln [bə'ʃpitsəln] v. tr. épier ; espionner.

bespötteln [bə'ʃpøtəln] v. tr. railler ; persifler ; se moquer de.

besprechen [bə'ʃprɛçən] (i, a, o) parler de ; débattre ; discuter ; commenter ; examiner ensemble. | *eine Sache gründlich besprechen*, discuter un problème à fond. || PAR ANAL. *ein Buch besprechen*, faire le compte rendu d'un livre. || *den bösen Geist besprechen*, conjurer le mauvais esprit.
◇ v. pr. **sich besprechen,** conférer, s'entendre, s'aboucher, se concerter avec qn.

Besprechung [-çuŋ] f. (-, en) entretien m. ; discussion f. ; conversation f. ; pourparlers m. pl. || LITTÉR. compte rendu m. ; commentaire m.

Besprechungs|exemplar [bə"ʃprɛçuŋsɛksem'-plɑ:r] n. (s, e) exemplaire (m.) de presse.

besprengen [bə'ʃprɛŋən] v. tr. arroser ; asperger ; mouiller.

besprenkeln [bə'ʃprɛŋkəln] v. tr. tacher.

bespritzen [bə'ʃpritsən] v. tr. éclabousser ; faire rejaillir sur ; arroser ; asperger. | *mit Blut bespritzen*, couvrir de sang ; ensanglanter.

besprühen [bə'ʃpry:ən] v. tr. couvrir de petites gouttes ; arroser.

Bessemer|birne ["bɛsemer'birnə] f. (-, n). TECHN. convertisseur (m.) acide ; cornue (f.) Bessemer.

besser ['bɛsər] compar. de **gut** adj. meilleur. | *bessere Tage*, des jours meilleurs. | *das bessere Teil*, la meilleure part. || LOC. *in etwas* (dat.) *besser sein*, être meilleur, plus fort en qch. | *besser werden*, s'améliorer ; s'amender. | *der Wein wird besser*, le vin se bonifie. | *das Wetter wird besser*, le temps se remet au beau. | *besser machen*, rendre meilleur ; améliorer ; amender.
◇ adv. mieux. | *besser sein*, valoir mieux. | *es geht ihr besser*, elle va mieux. | *es steht besser mit ihm*, il va mieux ; il se remet. | *ihm ist besser*, il se sent mieux. | *immer besser*, de mieux en mieux. | *sie haben es besser als wir*, ils sont mieux lotis que nous. | *du weißt es besser*, tu en sais plus, davantage. | *je eher, desto (je) besser*, le plus tôt sera le mieux. | *um so besser*, tant mieux.
◇ superl. **das Bessere,** le meilleur ; le mieux. | *in Ermangelung eines Besseren*, faute de mieux. | *jn eines Besser(e)n belehren*, tirer qn d'erreur ; désabuser qn. | *sich eines Besser(e)n besinnen*, revenir à de meilleurs sentiments ; se raviser. | *die Wendung zum Besseren*, amélioration f.

bessern [-sərn] v. tr. améliorer ; corriger.
◇ v. pr. **sich bessern,** s'améliorer ; se corriger. | *das Wetter bessert sich*, le temps se remet.

Besserung [-səruŋ] f. (-, en) amélioration f. ; amendement m. || MÉD. *auf dem Wege der Besserung*, en voie de guérison. | *gute Besserung !*, meilleure santé ! ; prompt rétablissement !

Besserungs|anstalt ["bɛsəruŋs'anʃtalt] f. (-, en) maison (f.) de correction.

Besser|wisser ["bɛsər'visər] m. (s, -) Gros-Jean qui en remontre à son curé.

best [bɛst] (er, e, es) adj. superl. de **gut, wohl,** le meilleur, la meilleure. | *das beste Brot*, le meilleur pain. | *einer Sache die beste Seite abgewinnen*, FAM. prendre la chose du bon côté. | *mein bester Freund*, mon meilleur ami. | *das Beste bis zuletzt aufsparen*, FAM. garder qch. pour la bonne bouche. | *das ist vom Besten (Wein)*, c'est de la première qualité. | *ich handle nach bestem Wissen und Gewissen*, j'agis en mon âme et conscience. | *beim besten Willen*, avec la meilleure volonté. | *ein Mann in den besten Jahren*, un homme dans la force de l'âge. | *auf dem besten Wege sein*, approcher du but. | *der erste beste*, le premier venu. | *sein Bestes tun*, faire de son mieux. | *ich halte es für das beste, zu*, je crois que le mieux, le meilleur est de (infin.).
◇ adv. le mieux. | *aufs beste, am besten*, au mieux ; le mieux ; très bien ; le mieux du monde ; le mieux possible. | *es ist am besten, wenn ich gehe*, le mieux est de m'en aller. | *am besten abschneiden*, être le premier ; réussir le mieux ; l'emporter sur. | *jn zum besten haben*, se jouer de qn ; FAM. se payer la tête de qn. | *ein Lied zum besten geben*, chanter une chanson devant des amis. | *zum Besten der Gemeinschaft*, pour le plus grand bien de la collectivité.

Best|leistung ["bɛst'laistuŋ] f. (-, en) record m. ||**-möglich** adj. le mieux possible. ||°**-zeit** f. (-, en). SPORT. meilleur temps.

bestallen [bə'ʃtalən] v. tr. nommer à ; installer dans un emploi.

Bestallung [-luŋ] f. (-, en) installation f. (dans) ; nomination f. (à).

Bestand [bə'ʃtant] m. (s, ¨e) existence f. ; persistance f. ; stabilité f. ; durée f. | *sein Fleiß hat wenig Bestand*, son application ne dure pas. | *das Wetter ist nicht von Bestand*, le temps n'est pas stable. || PAR ANAL., MIL. effectif m. ; état (m.) numérique. | *der eiserne Bestand*, les vivres (m. pl.) de réserve. || COMM. stock m. | *den Bestand aufnehmen*, faire l'inventaire. || AGRIC. plantation f. ; cheptel m.

Bestands|änderungen [bə"ʃtants'ɛndəruŋən] f. pl. COMM. mouvements (m. pl.) des stocks. || °**-aufnahme** f. (-, n). COMM. inventaire m.

Bestand|teil [bə"ʃtant'tail] m. (s, e) élément m. ; organe m. ; partie intégrante ; constituant m. ; composant m. || CHIM. *chemische Bestandteile*, composants m. pl. (chimiques). | *Bestandteil sein von*, entrer dans la composition de.

beständig [bə'ʃtɛndiç] adj. constant. || PAR ANAL. durable ; stable ; fixe ; persistant ; persévérant. || FIN. *beständige Valuta*, monnaie (f.) stable ; valeur (f.), change (m.) fixe. || PHYS. *das Barometer steht auf beständig*, le baromètre est au beau fixe. || PAR EXT. perpétuel. | *in beständiger Sorge leben*, vivre dans des soucis permanents.

Beständigkeit [-kait] f. (-) stabilité f. ; fixité f. ; constance f. ; persistance f. ; permanence f.

bestärken [bə'ʃtɛrkən] v. tr. confirmer ; affermir ; corroborer. || FIG. *das bestärkt mich in meiner Meinung*, cela me fortifie dans ma conviction.

Bestärkung [-kuŋ] f. (-, en) confirmation f. ; affermissement m.

bestätigen [bə'ʃtɛ:tigən] v. tr. constater ; vérifier confirmer ; certifier ; ratifier. | *eine Nachricht bestätigen*, confirmer une information. | *ein Gesetz bestätigen*, sanctionner une loi. | *gerichtlich bestätigen*, entériner ; homologuer. || COMM. accuser réception.

Bestätigung [-guŋ] f. (-, en) confirmation f. ; affirmation f. ; ratification f. ; légalisation f. | *Bestätigung einer Wahl*, validation (f.) d'une élection. | *Bestätigung von Verträgen*, ratification de traités. || COMM. accusé (m.) de réception.

bestatten [bə'ʃtatən] v. tr. enterrer ; inhumer.

Bestattung [-tuŋ] f. (-, en) enterrement m. ; inhumation f. ; funérailles f. pl.

bestäuben [bə'ʃtɔybən] v. tr. couvrir de poussière. | *mit Puder bestäuben*, poudrer. || CULIN. saupoudrer. || BOT. féconder.
◇ part. pass. et adj. **bestäubt,** BOT. fécondé.

Bestäubung [-'ʃtɔybuŋ] f. (-). BOT. fécondation f. ; pollinisation f.

bestaunen [bə'ʃtaunən] v. tr. s'étonner de ; regarder avec étonnement.

bestechen [bə'ʃtɛçən] (i, a, o) v. tr. corrompre ; acheter. || JUR. *Zeugen bestechen*, suborner des témoins.

|| FIG. *ihre Freundlichkeit besticht mich nicht*, son amabilité ne me séduit pas.

bestechlich [-'ʃtɛçliç] adj. corruptible ; vénal.

Bestechlichkeit [bə'ʃtɛçliçkait] f. (-) corruptibilité f. ; vénalité f.

Bestechung [-çuŋ] f. (-, en) corruption f.

Besteck [bə'ʃtɛk] n. (s, e) trousse f. ; étui m. ; couvert m. | *silbernes Besteck*, couvert d'argent. | *Bestecke auflegen*, mettre le couvert.

bestecken [-kən] v. tr. garnir ; piquer.

bestehen [bə'ʃte:ən] (bestand, bestanden) v. tr. soutenir ; subir. | *einen Kampf, eine Prüfung bestehen*, soutenir un combat ; réussir à un examen.
◇ v. intr. exister ; demeurer ; rester ; durer. | *die Einrichtung besteht seit langem*, l'institution existe depuis longtemps. | *seine Forderung besteht zu Recht*, sa demande est justifiée. | *es besteht keine Gefahr*, il n'y a pas de danger, aucun danger. | *darüber besteht nicht der geringste Zweifel*, il n'y a pas l'ombre d'un doute à ce sujet. | *bestehen bleiben*, durer ; rester ; persister. || FIG. tenir tête à ; se suffire. | *auf etwas bestehen*, persister dans ; exiger ; ne pas démordre de. — **bestehen aus**, se composer de. | *Wasser besteht aus Wasserstoff und Sauerstoff*, l'eau se compose d'hydrogène et d'oxygène. — **bestehen in**, consister à, dans ; être fait de. | *seine Aufgabe besteht darin, daß*, sa mission consiste à.
◇ part. prés. **bestehend**, *die bestehende Verfassung*, la constitution en vigueur.
◇ part. pass. **bestanden**, *nach bestandenem Examen*, après avoir passé l'examen.

Bestehen [-ən] n. (s) existence f. ; persistance f. || *nach dem Bestehen der Prüfung*, après avoir passé l'examen.

bestehlen [bə'ʃte:lən] (ie, a, o) v. tr. voler.

besteigen [bə'ʃtaigən] (ie, ie) v. tr. monter sur ; gravir ; escalader ; faire l'ascension de. | *das Rad, das Pferd besteigen*, enfourcher la bicyclette ; monter à cheval. | *den Berg, den Thron besteigen*, escalader la montagne, monter sur le trône.

Besteigung [-guŋ] f. (-, en) ascension f. | *Thronbesteigung*, avènement m. (au trône).

bestellen [bə'ʃtɛlən] v. tr. **1.** cultiver ; labourer. | *den Acker bestellen*, cultiver son champ. || FIG. *sein Haus bestellen*, mettre de l'ordre dans ses affaires ; régler ses affaires.
2. remettre ; transmettre. | *Briefe, ein Paket bestellen*, remettre des lettres ; remettre un paquet. | *seinem Freund Grüße bestellen (senden)*, faire transmettre ses salutations à son ami.
3. commander. | *Waren (beim Kaufmann) bestellen*, passer une commande.
4. mander, faire venir. | *ich habe ihn in eine Gaststätte bestellt*, je lui ai donné rendez-vous dans un restaurant. | *jn zu sich bestellen*, faire venir, mander qn chez soi.
5. nommer, instituer (qn). | *jn zum Schiedsrichter bestellen*, nommer qn arbitre.
6. FIG., POP. *es ist schlecht um ihn bestellt*, FAM. il file un mauvais coton.

Bestell|dienst [bə"ʃtɛl'di:nst] m. (s, e). POSTES. service (m.) de factage. ||°**-formular** n. (s, e), °**-zettel** m. (s, -). COMM. bulletin (m.) de commande.

Bestellung [bə'ʃtɛluŋ] f. (-, en) nomination f. ; constitution f. | *Bestellung eines Anwalts*, constitution d'un avoué, d'un avocat. | *Bestellung eines Vormunds von Amts wegen*, dation (f.) d'un tuteur. || COMM. commande f. | *eine Bestellung ausführen, rückgängig machen, verweigern*, exécuter, annuler, refuser une commande.

besten|falls ["bɛstən'fals] adv. dans le meilleur des cas.

bestens ['bɛstəns] adv. le mieux ; le, du mieux possible ; pour le mieux ; au mieux ; fort ; très bien. | *ich empfehle mich bestens*, mes meilleures salutations. || COMM., FIN. *bestens verkaufen*, vendre au mieux.

besternt [bə'ʃtɛrnt] adj. étoilé ; parsemé d'étoiles. | *besternter Himmel*, ciel étoilé.

besteuern [bə'ʃtɔyərn] v. tr. FIN. imposer ; taxer.

Besteuerung [-ruŋ] f. (-, en). FIN. imposition f. ; taxation f.

bestialisch [bɛsti'ɑ:liʃ] adj. brutal ; bestial.

Bestialität [-tiali'tɛ:t] f. (-) cruauté f. ; bestialité f.

besticken [bə'ʃtikən] v. tr. garnir de broderies ; broder.

Bestie ['bɛstiə] f. (-, n) bête (f.) féroce ; brute f.

bestimmbar [bə'ʃtimbɑ:r] adj. définissable ; déterminable. || PAR EXT. influençable.

bestimmen [bə'ʃtimən] v. tr. **1.** [festsetzen] fixer. | *den Tag des Ferienbeginns bestimmen*, fixer le jour du début des vacances. || [wissenschaftlich festlegen] préciser ; déterminer.
2. décider ; influencer. | *über js Schicksal bestimmen*, décider du sort de qn.
3. [zudenken] destiner, désigner. | *dieses Buch habe ich für ihn bestimmt*, je lui ai destiné ce livre. | *zum Nachfolger bestimmen*, désigner pour successeur.
◇ part. prés. et adj. **bestimmend**, décisif, déterminant. | *ein bestimmendes Moment*, un facteur décisif.
◇ part. pass. et adj. **bestimmt**, [festgesetzt] déterminé ; net ; précis. | *zur bestimmten Stunde*, à l'heure fixée. | *ein bestimmter Punkt*, un point précis. | *bestimmte Zahlen*, nombres bien définis. | *vom Gesetz bestimmt*, prescrit par la loi. || PAR ANAL. décidé, sûr ; déterminé. | *eine bestimmte Antwort*, une réponse nette. | *in bestimmtem Ton*, d'un ton décidé, déterminé. || GRAMM. *der bestimmte Artikel*, l'article défini. || PAR EXT. [gewiß] certain. | *bestimmte Anzeichen sprechen dafür*, certains indices le prouvent.
◇ adv. **bestimmt**, sûrement ; certainement. | *er wird bestimmt kommen*, il viendra sûrement, sans faute.
◇ v. intr. arrêter ; prescrire ; ordonner. | *sie bestimmten, daß die Hochzeit zu Pfingsten sein sollte*, ils fixèrent la date du mariage à la Pentecôte. | *über jn, über etwas bestimmen*, disposer de qn ; décider de qch.

Bestimmtheit [bə'ʃtimthait] f. (-) certitude f. ; décision f. ; précision f. ; netteté f.

Bestimmung [bə'ʃtimuŋ] f. (-, en). [Bezeichnung] détermination f. ; définition f. ; précision f. || JUR. [Entscheidung] arrêt m. ; disposition f. ; ordonnance f. | *gesetzliche Bestimmungen*, dispositions légales. | *Bestimmungen eines Vertrags*, clauses (f. pl.) d'un traité. || COMM. destination f. || FIG. destination f. ; destinée f. ; sort m. ; vocation f.

Bestimmungs|bahnhof [bə"ʃtimuŋs'bɑ:nho:f] m. (s, ¨e) gare (f.) de destination. ||°**-land** n. (s, ¨er) pays (m.) destinataire. ||°**-ort** m. (s, e) lieu (m.) de destination. ||°**-wort** n. (s, ¨er). GRAMM. déterminatif m.

bestirnt [bə'ʃtirnt] adj. étoilé ; constellé.

bestochen [bə'ʃtɔxən] part. pass. de BESTECHEN.

bestoßen [bə'ʃto:sən] (ö, ie, o) v. tr. heurter ; endommager. || TECHN. dresser ; écorner.

bestrafen [bə'ʃtrɑ:fən] v. tr. punir ; châtier. || JUR. *jn für ein Verbrechen bestrafen*, punir qn d'un crime. | *mit dem Tode bestrafen*, condamner à mort. || *gehörig bestraft werden*, FAM. recevoir une correction en règle.

Bestrafung [-fuŋ] f. (-, en) punition f. ; châtiment m.

bestrahlen [bə'ʃtrɑ:lən] v. tr. éclairer de ses rayons. || PHYS. irradier. | *bestrahltes Brennelement*, combustible irradié. || MÉD. *mit Höhensonne bestrahlen*, exposer aux rayons ultraviolets.

Bestrahlung [-luŋ] f. (-, en) exposition (f.) à l'action des rayons. || PHYS. irradiation f. || MÉD. radiothérapie f.

Bestrahlungs|lampe [bə"ʃtrɑ:luŋs'lampə] f. (-, n). TECHN. lampe (f.) à rayons ultraviolets. || °**-schäden** m. pl. MÉD. radiodermite f.

bestreben (sich) [ziçbə'ʃtre:bən] v. pr. s'efforcer ; s'appliquer ; tâcher.

Bestreben [bə'ʃtre:bən] n. (s) application f. ; effort m. ; désir m. ; volonté f. ; aspiration f.

Bestrebung [-buŋ] f. (-, en) tentative f. ; essai m. ; entreprise f.

bestreichen [bə'ʃtraiçən] (i, i) v. tr. enduire ; oindre ; frotter de. | *Brot mit Butter bestreichen*, beurrer une tartine. || MIL. balayer.

bestreitbar [bə'ʃtraitbɑ:r] adj. contestable ; discutable ; incertain.

bestreiten [bə'ʃtraitən] (i, i) v. tr. contester ; nier ; dénier. | *das wird niemand bestreiten*, personne ne dira le contraire. || COMM. *eine Forderung bestreiten*, contester une dette. || PAR EXT. suffire, faire face à. | *die Kosten bestreiten*, payer les frais.

Bestreitung [-tuŋ] f. (-, en) contestation f. || PAR EXT., FIG. paiement m. | *zur Bestreitung der Unkosten*, pour couvrir les frais.

bestreuen [bə'ʃtrɔyən] v. tr. répandre ; semer. | *mit Mehl bestreuen*, saupoudrer de farine.

bestricken [bə'ʃtrikən] v. tr. entourer de mailles ; envelopper dans un filet, un réseau. || FIG. prendre dans ses filets ; charmer ; enjôler. | *von bestrickender Schönheit*, d'une beauté captivante.

bestücken [bə'ʃtykən] v. tr. MIL., MAR. armer de canons. || PAR EXT. équiper.

Bestückung [-kuŋ] f. (-). MIL., MAR. équipement m. ; armement (m.) de canons.

bestürmen [bə'ʃtyrmən] v. tr. assaillir ; donner l'assaut à. || MIL. *eine Festung bestürmen*, donner l'assaut à une forteresse. || FIG. assaillir ; obséder ; importuner. | *jn mit Fragen, Bitten bestürmen*, presser qn de questions ; importuner qn par des prières, des demandes.

bestürzen [bə'ʃtyrtsən] v. tr. FIG. bouleverser ; troubler ; décontenancer.

◇ part. pass. et adj. **bestürzt,** FIG. stupéfait ; interdit ; confus ; bouleversé ; consterné ; déconcerté. | *bestürzt machen*, confondre ; troubler ; déconcerter ; consterner.

Bestürzung [-suŋ] f. (-) consternation f. ; confusion f. ; stupeur f. ; désarroi m. ; perplexité f.

Besuch [bə'zu:x] m. (s, e) visite f. | *bei jm zu, auf Besuch sein*, être en visite chez qn. | *einen Besuch machen (abstatten), empfangen, bekommen, erwidern*, rendre visite à qn ; recevoir (une visite) ; rendre sa visite à qn.

besuchen [-xən] v. tr. visiter ; faire une visite ; rendre visite à ; aller voir. | *die Schule besuchen*, aller à l'école. | *Vorlesungen, eine Versammlung besuchen*, suivre des cours ; assister à une réunion. | *ein Land besuchen*, visiter un pays.

Besucher(in) [-xər(in)] m. (s, -), f. (-, nen) visiteur m. ; visiteuse f.

Besuchs|zeit [bə"zu:xs'tsait] f. (-, en) heure (f.) de visite.

besudeln [bə'zu:dəln] v. tr. salir ; souiller ; polluer. || FIG. entacher ; flétrir ; déshonorer.

◇ v. pr. **sich besudeln,** se salir ; se souiller.

betagt [bə'tɑ:kt] adj. très âgé ; d'un âge avancé.

betasten [bə'tastən] v. tr. tâter ; palper ; toucher.

betätigen [bə'tɛ:tigən] v. tr. mettre en action. | *einen Hebel betätigen*, actionner un levier.

◇ v. pr. **sich betätigen,** se manifester. | *er betätigt sich in einem Sportverein*, il prend part à l'activité d'une société sportive.

Betätigung [-guŋ] f. (-, en) mise (f.) en action ; commande f. ; activité f. ; opération f. ; actionnement m. ; activité f. ; participation f.

Betätigungs|feld [bə"tɛ:tiguŋs'fɛlt] n. (s, er) champ (m.) d'activité.

Betatron ['be:tatro:n] n. (s, e). PHYS. bêtatron m.

betäuben [bə'tɔybən] v. tr. assourdir ; abasourdir ; engourdir ; assoupir ; étourdir ; FIG. casser la tête ; casser les oreilles. | *betäubt von einem Schlag*, abasourdi par un coup. || MÉD. anesthésier ; insensibiliser. | *örtlich betäuben*, anesthésier localement.

◇ part. prés. et adj. **betäubend,** assourdissant.

Betäubung [-buŋ] f. (-) assourdissement m. ; étourdissement m. ; engourdissement m. || MÉD. anesthésie f.

Betäubungs|mittel [bə"tɔybuŋs'mitəl] n. (s, -). MÉD. [Droge] stupéfiant m. ; [Narkotikum] anesthésique m.

beteiligen [bə'tailigən] v. tr. faire participer ; intéresser à qch. | *beteiligt sein*, avoir part à ; participer à. | *zu gleichen Teilen beteiligt sein*, participer à parts égales. | *am Gewinn beteiligt sein*, avoir part aux bénéfices. | *der Beteiligte*, le participant.

◇ v. pr. **sich beteiligen,** participer, s'intéresser, prendre part à. || COMM. *sich mit einer Einlage beteiligen*, commanditer qch.

Beteiligung [-liguŋ] f. (-, en) participation f. ; coopération f. ; concours m. ; intérêt m. || COMM. *stille Beteiligung*, participation financière sans intervention dans la gestion.

beten ['be:tən] v. tr. prier ; dire une prière.

◇ v. intr. prier. | *zu Gott, für die Verstorbenen beten*, prier Dieu, pour les morts.

Bet|bruder ["be:t'bru:dər] m. (s, ¨). RELIG., PÉJOR. bigot m. ||°**-haus** n. (es, ¨er). RELIG. oratoire m. ; chapelle f. ||°**-schwester** f. (-, n). RELIG., PÉJOR. bigote f. ||°**-stuhl** m. (s, ¨e) prie-Dieu m.

Beter(in) ['be:tər(in)] m. (s, -), f. (-, nen) celui, celle qui prie.

beteuern [bə'tɔyərn] v. tr. affirmer ; protester de.

Beteuerung [-ruŋ] f. (-, en) affirmation f. ; protestation f.

betiteln [bə'ti:təln] v. tr. et v. pr. (s')intituler.

Beton [be'tɔ̃] m. (s) béton m. | *Eisenbeton*, béton armé.

Beton|abschirmung [be"tɔ̃ap'ʃi:rmuŋ] f. (-, en). NUCL. enceinte (f.) de confinement. ||°**-bau** m. (s, e) construction (f.) en béton. ||°**-mischer** m. (s, -), °**-misch|maschine** f. (-, n) bétonnière f.

betonen [bə'to:nən] v. tr. accentuer ; mettre l'accent, appuyer sur. || FIG. insister sur.

betonieren [beto'ni:rən] v. tr. bétonner.

Betonung [bə'to:nuŋ] f. (-, n). GRAMM. accentuation f. ; accent m.

betören [bə'tø:rən] v. tr. séduire ; enjôler ; POP. embob(el)iner.

Betörung [-ruŋ] f. (-, en) séduction f. ; enjôlement m.

betr. (abrév. de **betreffend**) adj. concernant ; en ce qui concerne ; quant à.

Betracht [bə'trɑxt] m. (s) considération f. | *in Betracht*, eu égard à ; vu ; en considération de. | *in Betracht kommen, ziehen*, entrer en ligne de compte (en considération) ; prendre en considération. | *das kommt* *nicht in Betracht*, c'est sans importance. | *es muß außer Betracht bleiben*, il faut laisser cela de côté.

betrachten [-tən] v. tr. regarder ; considérer ; contempler ; observer ; envisager ; examiner. | *ein Bild aufmerksam betrachten*, contempler une image. || FIG. considérer ; examiner. | *wir müssen die Angelegenheit von allen Seiten betrachten*, nous devons examiner l'affaire sous tous les rapports, sous toutes ses faces.
◇ v. pr. **sich betrachten,** se contempler.

beträchtlich [bə'trɛ:çtliç] adj. considérable ; important ; sensible.

Betrachtung [bə'traxtuŋ] f. (-, en) considération f. ; contemplation f. ; méditation f. ; réflexion f.

Betrachtungs|weise [bə"trɑ:xtuŋs'vaizə] f. (-, n) manière (f.) de voir (les choses).

Betrag [bə'trɑ:k] m. (s, ¨e) montant m. ; somme f. ; quantité f. | *abgerundeter Betrag*, montant arrondi. || COMM. *fälliger Betrag*, somme due, exigible. | *Betrag erhalten*, pour acquit. | *Betrag bar erhalten*, payé comptant.

betragen [bə'trɑ:gən] (ä, u, a) v. intr. COMM. (se) monter, s'élever à ; faire. | *die Rechnung beträgt tausend Mark*, la facture s'élève à mille marks.
◇ v. pr. **sich betragen,** se comporter ; se conduire.

Betragen [-'trɑ:gən] n. (s) conduite f. ; attitude f. ; manières f. pl. ; procédé m. | *sich mit seinem Betragen nach jm richten*, modeler sa conduite sur celle de qn.

betrauen [bə'trauən] v. tr. confier ; charger. | *jn mit etwas betrauen*, confier qch. à qn.

betrauern [bə'trauərn] v. tr. déplorer ; regretter. | *jn betrauern*, porter le deuil de qn.

beträufeln [bə'trɔyfəln] v. tr. verser goutte à goutte.

Betreff [bə'trɛf] m. (s) référence f. ; rapport m. | *in Betreff* (gén.), au sujet de ; relativement à.

betreffen [-'trɛfən] (i, a, o) v. tr. atteindre ; frapper. | *ein schweres Unglück hat ihn betroffen*, un grand malheur l'a frappé. || PAR EXT. [angehen] concerner ; regarder. | *was dich betrifft*, en ce qui te concerne ; quant à toi ; pour ce qui te regarde.
◇ part. prés. et adj. **betreffend,** concernant ; relatif à. | *der betreffende Plan*, le projet en question.
◇ part. pass. et adj. **betroffen,** frappé ; interdit. | *er schwieg betroffen*, il demeura interdit. || JUR. *von einem Aufenthaltsverbot betroffen sein*, être interdit de séjour.

betreffs [-'trɛfs] prép. (gén.) quant à.

betreiben [bə'traibən] (ie, ie) v. tr. exercer ; pratiquer ; exploiter. | *die Bahn wird elektrisch betrieben*, l'exploitation de la ligne est électrique. || FIG. pratiquer ; exploiter ; cultiver. | *ein Geschäft betreiben*, exploiter une affaire. | *Studien betreiben*, faire des études. || JUR. *einen Prozeß betreiben*, mener une affaire en justice.

Betreiben [-bən] n. (s) exercice m. ; exploitation f. || *auf Betreiben von...*, à l'instigation de...

Betreibung [-buŋ] f. (-) exploitation f. ; exercice m. (d'une profession).

betreten [bə'tre:tən] (i, a, e) v. tr. mettre le pied, marcher sur ; fouler. | *die Kanzel betreten*, monter en chaire.
◇ part. pass. et adj. **betreten,** frayé ; battu ; fréquenté. | *betretener Weg*, chemin battu. || FIG. confus ; interdit ; consterné. | *sie schwieg betreten*, elle se tut, interdite. | *betretenes Schweigen*, silence gêné.

Betreten [-tən] n. (s) accès m. | *das Betreten des Rasens ist nicht gestattet*, il n'est pas permis de marcher sur le gazon.

Betretenheit [bə'tre:tənhait] f. (s) surprise f. ; confusion f. ; embarras m. ; consternation f.

betreuen [bə'trɔyən] v. tr. avoir le soin, la garde, la charge de ; surveiller ; soigner. | *Kinder betreuen*, s'occuper d'enfants.

Betreuer [bə'trɔyər] m. (s, -). SPORT. soigneur m.

Betreuung [-uŋ] f. (-) soin m. ; assistance f. ; surveillance f. ; contrôle m.

Betreuungs|behörden [-sbəhø:rdən] pl. ADM. autorités (f. pl.) de tutelle.

Betrieb [bə'tri:p] m. (s, e) **1.** exploitation f. ; entreprise f. | *industrieller, gewerblicher Betrieb*, entreprise industrielle.
2. PAR EXT. mouvement m. ; marche f. ; service m. | *Baustelle in Betrieb*, chantier (m.) en activité. | *außer Betrieb*, hors service ; arrêté. | *in Betrieb setzen*, [Industrie] mettre en exploitation ; [Maschine] mettre en service, en marche, en fonctionnement ; mettre en action ; en activité ; [Hochofen] mettre à feu. | *wieder in Betrieb setzen*, remettre en marche. | *den Betrieb wieder aufnehmen*, reprendre le travail.
3. animation f. ; trafic m. | *auf dem Bahnhof war starker Betrieb*, à la gare le trafic était fort animé. || FAM. *in dieser Straße herrscht immer großer Betrieb*, cette rue est toujours très animée.

Betriebs|analyse [bə"tri:psana'ly:zə] f. (-, n). ADM. analyse (f.) d'exploitation. ||°**-anleitung** f. (-, en) instruction (f.) de service ; manuel (m.) d'utilisation. ||°**-ausschuß** m. (es, ¨e) comité (m.) d'entreprise. ||°**-berater** m. (s, -) organisateur- conseil m. ||**-bereit** adj. en état, en ordre de marche ; prêt à fonctionner, à être mis en marche, en service. ||°**-dauer** f. (-) durée (f.) d'exploitation. ||°**-einnahmen** f. pl. recettes (f. pl.) d'entreprise. || °**-ergebnis** n. (ses, se) compte (m.) d'exploitation. ||**-fähig, -fertig** adj. exploitable ; en état de marche, de fonctionnement. ||°**-geheimnis** n. (ses, se) secret (m.) d'exploitation ; secret professionnel. ||°**-kapital** n. (s, ien) capital (m.) d'exploitation ; fonds (m.) de roulement. ||°**-leiter** m. (s, -) chef (m.) technique ; chef d'exploitation, d'entreprise. ||°**-obmann** m. (s, ¨er) délégué (m.) du personnel. ||°**-personal** n. (s) personnel (m.) d'exploitation. ||°**-rat** m. (s, ¨e) comité (m.) d'entreprise. ||°**-restaurant** n. (s, s) restaurant (m.) d'entreprise. ||°**-spannung** f. (-, en). ÉLECTR. tension (f.) de service. ||°**-stillegung** f. (-, en) arrêt (m.) du service ; fermeture (f.) de l'exploitation. ||°**-störung** f. (-, en) perturbation f., dérangement m. ; panne f. ||°**-system** n. (s, e). INF. système (m.) d'exploitation. ||°**-umstellung** f. (-, en) transformation (f.), regroupement (m.), réadaptation (f.) d'une entreprise. ||°**-unfall** m. (s, ¨e) accident (m.) du travail. ||°**-verlegung** f. (-, en) déplacement (m.) d'entreprise. ||°**-verwaltung** f. (-, en) administration (f.) d'entreprise. ||°**-vorschriften** f. pl. consignes (f. pl.), instructions (f. pl.) de service. ||°**-wirt(in)** m. (s, e), f. (-, nen) diplômé(e) [m. (f.)] en gestion d'entreprise. ||°**-zugehörigkeit** f. (-) appartenance (f.) à l'entreprise. ||°**-zweig** m. (s, e) secteur (m.) de l'entreprise ; branche (f.) d'activité.

betrinken (sich) [ziçbə'triŋkən] (a, u) v. pr. s'enivrer ; se griser.

betroffen [bə'trɔfən] adj. interdit ; confus ; troublé.

Betroffene(r) [bə'trɔfənə(r)] f. (m.). personne concernée.

Betroffenheit [bə'trɔfənhait] f. (-) consternation f. ; surprise f. ; confusion f. ; trouble m.
— SYN. : *Verwirrung*, confusion ; *Bestürzung*, trouble.

betrüben [bə'try:bən] v. tr. attrister ; affliger ; contrister ; affecter.

betrüblich [-'try:pliç] adj. triste ; affligeant ; désolant.

Betrug [bə'tru:k] m. (s) tromperie f. ; fraude f. ; imposture f. ; tricherie f. ; escroquerie f. | *offenbarer Betrug*, tromperie manifeste, visible.

betrügen [bə'try:gən] (o, o) v. tr. tromper ; duper ; frauder. | *er wurde um seinen Tageserlös betrogen*, il a été frustré de ce qu'il avait gagné dans la journée. | *sich beim Spiel betrügen lassen*, se laisser piper.

Betrüger(in) [-gər(in)] m. (s, -), f. (-, nen) trompeur m. ; trompeuse f. ; fraudeur m. ; fraudeuse f. ; fourbe m.

Betrügerei [-'try:gə"rai] f. (-, en) tromperie f. ; fraude f. ; supercherie f. ; imposture f.

betrügerisch [bə'try:gəriʃ] adj. [Personen] trompeur ; fourbe ; imposteur. || [Dinge] trompeur ; fallacieux ; frauduleux ; insidieux. || JUR. dolosif. | *betrügerischer Bankrott*, banqueroute frauduleuse.

betrunken [bə'truŋkən] adj. ivre. || FAM. *jn betrunken machen*, soûler qn.

Betrunkenheit [bə'truŋkənhait] f. ivresse f.

Bett [bɛt] n. (s, en) lit m. ; couche f. | *ein gutes Bett*, un bon lit. | *ein Bett machen, überziehen*, faire un lit, mettre les draps. | *das Bett lüften*, aérer le lit. | *das Bett hüten*, garder le lit. | *sich zu (ins) Bett legen, ins Bett steigen*, aller se coucher. || [Bettzeug] literie f. || JUR. *von Bett und Tisch getrennt*, séparés de corps et de biens. || PAR ANAL. lit m. | *der Wildbach hat sein Bett verlassen*, le torrent a quitté son lit. || MINES. couche f. ; gisement m. || AGRIC. couche f. || TECHN. [Maschine] semelle f. ; socle m.

Bett|bezug ["bɛtbə'tsu:k] m. (s, ¨e) draps (m. pl.) de lit ; garniture (f.) de lit. ||°**-decke** f. (-, n) couverture (f.) de lit ; couvre-pieds m. | *gesteppte Bettdecke*, courtepointe f. ||°**-federn** f. pl. duvet m. ||°**-gestell** n. (s, e) bois (m.) de lit. || MIL. châlit m. ||**-lägerig** adj. alité ; grabataire. ||°**-laken** n. (s, -) drap (m.) de lit. ||°**-nässen** n. (s). MÉD. incontinence f. (d'urine) ; énurésie f. ||°**-rolle** f. (-, n) traversin m. ||°**-vorleger** m. (s, -) descente (f.) de lit. ||°**-wäsche** f. (-), °**-zeug** n. (s) draps (m. pl.) de lit et taies f. pl.

Bettel ['bɛtəl] m. (s). (Vx.) mendicité f. || PAR EXT. guenille f. ; bagatelle f. ; vétille f.

bettel|arm ["bɛtəl'arm] adj. misérable ; miséreux ; gueux ; FAM. pauvre comme Job, comme un rat d'église. ||°**-stab** m. (s, ¨e) bâton (m.) de mendiant. || FIG. mendicité f. | *an den Bettelstab geraten*, être réduit à la mendicité.

Bettelei [bɛtə'lai] f. (-, en) mendicité f.

betteln ['bɛtəln] v. intr. mendier ; demander l'aumône.

betten ['bɛtən] v. tr. faire le(s) lit(s) ; coucher. | *das Kind betten*, coucher l'enfant. | *auf Stroh betten*, coucher sur la paille.

◇ v. pr. **sich betten,** se faire un lit ; se coucher. || FIG. *er hat sich weich gebettet*, il s'est (bien) casé.

Bettler(in) ['bɛtlər(in)] m. (s, -), f. (-, nen) mendiant(e) m. (f.) ; gueux m. ; gueuse f. ; FAM. mendigot m.

Bettung ['bɛtuŋ] f. (-, en) base f. ; lit m. || MIL. plate-forme (f.) d'artillerie. || TRANSP. ballast m.

betulich [bə'tu:liç] adj. empressé ; actif. || PAR EXT. habile, prévenant.

betupfen [bə'tupfən] v. tr. moucheter ; tapoter du bout du doigt, du pinceau. || Tamponner.

beugbar ['bɔykbɑ:r] adj. flexible.

Beuge ['bɔygə] f. (-, n) courbure f. ; coude m. ; flexion f. ; fléchissement m.

Beuge|muskel ["bɔygə'muskəl] m. (s, -). ANAT. fléchisseur m.

beugen ['bɔygən] v. tr. fléchir ; plier ; ployer ; courber. | *das Knie, den Arm, den Ellenbogen beugen*, plier le genou, le bras, le coude. | *den Körper beugen*, ployer le corps. | *die Jahre haben ihn gebeugt*, il ploie sous le poids des ans. || FIG. faire ployer. | *js Stolz beugen*, rabaisser l'orgueil de qn. || JUR. *das Recht beugen*, violer le droit. || GRAMM. décliner, conjuguer.

◇ v. pr. **sich beugen,** se plier ; se courber ; s'incliner. | *sich dem Befehl beugen*, obéir.

Beuger [-gər] m. (s, -). ANAT. fléchisseur m.

Beugung ['bɔyguŋ] f. (-, en) fléchissement m. ; courbure f. ; coude m. ; flexion f. ; inflexion f. || FIG., JUR. violation f. || GRAMM. [Hauptwort ; Beiwort] flexion f. ; déclinaison f. || [Tätigkeitswort] conjugaison f.

Beule ['bɔylə] f. (-, n) bosse f. ; bosselure f. || MÉD. bosse f. ; enflure f. ; tumeur f. ; bubon m.

Beulen|pest ["bɔylən'pɛst] f. (-) MÉD. peste (f.) bubonique.

beunruhigen [bə"un'ru:igən] v. tr. inquiéter ; alarmer ; agiter ; troubler.

◇ v. pr. **sich beunruhigen,** s'inquiéter.

Beunruhigung [-guŋ] f. (-) inquiétude f. ; trouble m. ; alarme f.

beurkunden [bə"u:r'kundən] v. tr. produire des titres à l'appui de ; authentifier ; certifier ; attester.

Beurkundung [-duŋ] f. (-, en) documentation f. ; confirmation f. ; attestation f. ; preuve f. | *zur Beurkundung dessen*, dont acte.

beurlauben [bə'u:rlaubən] v. tr. donner congé à ; congédier. || MIL. *Soldaten beurlauben*, donner une permission à des soldats.

◇ v. pr. **sich beurlauben,** *sich von jm beurlauben*, prendre congé de qn.

Beurlaubung [bə'u:rlaubuŋ] f. (-, en) renvoi m. ; mise (f.) en congé. || MIL. permission f. || ADM., UNIV. année (f.) sabbatique.

beurteilen [bə'urtailən] v. tr. juger ; critiquer ; apprécier ; estimer.

Beurteilung [-luŋ] f. (-, en) jugement m. ; critique f. ; analyse f. ; appréciation f.

Beute ['bɔytə] f. (-, n) butin m. | *Beute machen, die Beute verteilen*, faire du butin ; faire la part du butin. || MAR. prise f. ; capture f. || PAR ANAL. proie f. ; rapine f. | *auf Beute ausgehen*, chercher une proie. || FIG. proie f. ; victime f.

beute|lustig ["bɔytə'lustiç] adj. avide de butin ; âpre à la curée. ||°**-zug** m. (s, ¨e) raid m. ; razzia f.

Beutel ['bɔytəl] m. (s, -) sac m. ; sachet m. ; sacoche f. | *einen leeren Beutel haben*, FAM. avoir la bourse plate. || FIG. *sich nach seinem Beutel richten*, régler sa dépense sur ses revenus.

Beutel|ratte ["bɔytəl'ratə] f. (-, n). ZOOL. sarigue m., f. ; opossum m. ||°**-schneider** m. (s, -) coupeur (m.) de bourse ; filou m. ; tire-laine m. ||°**-schneiderei** f. (-) filouterie f. ||°**-tiere** m. pl. ZOOL. marsupiaux m. pl.

beuteln ['bɔytəln] v. tr. secouer. | *Mehl beuteln*, filtrer, bluter la farine.

◇ v. intr. goder.

bevölkern [bə'følkərn] v. tr. et v. pr. (se) peupler. | *ein Land bevölkern*, peupler un pays. | *dicht bevölkert*, très peuplé ; populeux.

Bevölkerung [-ruŋ] f. (-, en). [Handlung] peuplement m. || [Zustand] population f.

Bevölkerungs|abnahme [bə"følkəruŋs'apna:mə] f. (-, n) diminution (f.), décroissance (f.) de la population. ||°**-dichte** f. (-, n) densité (f.) de la population. ||°**-überschuß** m. (es, ¨e) excédent (m.)

de population. ||°-**zunahme** f. (-, n) augmentation (f.) de la population.

bevollmächtigen [bə"fɔl'mɛçtigən] v. tr. JUR. autoriser ; donner procuration, pouvoir à qn ; mandater ; déléguer.

Bevollmächtigter [-tiçtər] m. JUR. mandataire m. ; fondé (m.) de pouvoir. || POLIT. plénipotentiaire m.

Bevollmächtigung [-tiguŋ] f. (-, en) autorisation f. ; procuration f. ; délégation f.

bevor [bə'fo:r] conj. avant que (subj.) ; avant de (infin.).

bevormunden [bə"fo:r'mundən] v. tr. être tuteur de qn. || PAR EXT. donner un tuteur à qn.

Bevormundung [-duŋ] f. PR. et FIG. tutelle f.

bevor|recht(ig)en [bə"fo:r'rɛçt(ig)ən] v. tr. privilégier ; accorder des prérogatives (à qn).

bevor|stehen [bə"fo:rʃte:ən] (stand bevor, bevorgestanden) v. intr. être imminent ; être en perspective ; être sur le point d'arriver. | *es steht ihm etwas bevor,* FAM. ça lui pend au nez.

bevorteilen [bə"fo:r'tailən] v. tr. [fördern] avantager ; donner des avantages ; préférer.

bevorzugen [bə"fo:r'tsu:gən] v. tr. préférer ; favoriser ; avantager ; accorder un traitement de faveur à. | *der Bevorzugte,* FAM. le préféré.

bewachen [bə'vaxən] v. tr. garder ; surveiller.

bewachsen [bə'vaksən] (ä, u, a) v. tr. et v. pr. (se) couvrir de végétation.

Bewachung [bəvaxuŋ] f. (-) garde f. ; surveillance f. || JUR. *unter polizeilicher Bewachung stehen*, être gardé à vue.

bewaffnen [bə'vafnən] v. tr. et v. pr. (s')armer ; (s')équiper.

◇ part. pass. et adj. **bewaffnet,** armé ; équipé.

Bewaffnung [-nuŋ] f. (-, en) armement m. ; équipement m.

bewahren [bə'va:rən] v. tr. garder ; conserver ; protéger ; garantir ; préserver ; mettre à l'abri. | *einen Schatz bewahren*, garder un trésor. | *Gott bewahre mich !*, Dieu me garde ! | *Stillschweigen bewahren*, garder le silence.

bewähren [bə'vɛ:rən] v. tr. (Vx.) confirmer.

◇ v. pr. **sich bewähren,** s'avérer ; se vérifier ; se révéler. || faire ses preuves. | *sich nicht bewähren*, ne pas résister à l'épreuve.

bewahrheiten [bə'va:rhaitən] v. tr. et v. pr. (se) confirmer ; (se) réaliser.

bewährt [bə'vɛ:rt] adj. éprouvé ; à toute épreuve. | *bewährter Freund*, ami éprouvé.

Bewahrung [bə'va:ruŋ] f. (-, en) garde f. ; conservation f. ; préservation f. ; protection f.

Bewährung [bə'vɛ:ruŋ] f. (-, en) confirmation f. ; vérification f. ; épreuve f. || JUR. liberté conditionnelle, provisoire.

Bewährungs|frist [bə"vɛ:ruŋs'frist] f. (-, en). JUR. sursis m. | *drei Monate Gefängnis mit Bewährungsfrist*, trois mois de prison avec sursis.

bewalden [bə'valdən] v. tr. boiser.

bewältigen [bə'vɛltigən] v. tr. venir à bout de ; dompter ; terrasser. | *Schwierigkeiten bewältigen*, surmonter des difficultés.

◇ part. prés. et adj. **bewältigend,** qui subjugue.

Bewältigung [-guŋ] f. soumission f. ; réduction f. || accomplissement m. (d'un travail).

bewandert [bə'vandərt] adj. FIG. versé ; expert. | *er ist in Naturwissenschaften sehr bewandert*, il est fort en sciences naturelles.

Bewandtnis [-nis] f. (-, se) caractère m. ; tournure f. | *damit hat es folgende Bewandtnis*, voici ce qu'il en est.

bewässern [bə'vɛsərn] v. tr. arroser ; irriguer.

Bewässerungs|anlage [bə"vɛsəruŋs'anla:gə] f. (-, n) système (m.) d'irrigation.

bewegen [bə've:gən] v. tr. (conjug. faible) mouvoir ; agiter ; mettre en mouvement. | *der Wind bewegt die Blätter, das Meer*, le vent agite les feuilles, la mer. | *von der Stelle bewegen*, faire mouvoir. || FIG. *sich bewegen lassen*, se laisser ébranler, toucher.

◇ v. pr. **sich bewegen,** se mouvoir ; se mettre en mouvement. | *wir standen so dicht aneinander, daß wir uns nicht bewegen konnten*, nous étions si serrés que nous ne pouvions pas bouger. | *sich im Kreise bewegen*, tourner en rond. || FIG. *sich in vornehmen Kreisen bewegen*, fréquenter la haute société.

bewegen [bə've:gən] (o, o) v. tr. amener à ; engager, déterminer à. | *was bewog dich zur Abreise ?*, qu'est-ce qui t'a engagé à partir ? | *sich bewogen fühlen*, se sentir porté à. | *er ließ sich zur Reise bewegen*, il se laissa convaincre de partir.

Beweg|grund [bə"ve:k'grunt] m. (s, ¨e) motif m. ; mobile m.

beweglich [bə've:kliç] adj. mobile ; mouvant. || JUR. meuble. | *bewegliche Güter*, biens (m. pl.) meubles. | *sein Geist ist höchst beweglich*, il a l'esprit très délié.

Beweglichkeit [-kait] f. (-) mobilité f. ; vivacité f. ; volubilité f.

bewegt [bə've:kt] adj. en mouvement ; mouvant ; agité. | *bewegte See*, mer houleuse. || FIG. mouvementé ; agité. | *bewegte Vergangenheit*, passé agité. | *bewegtes Leben*, vie mouvementée.

Bewegung [-'veguŋ] f. (-, en) mouvement m. ; geste m. | *in Bewegung setzen, bringen*, mettre en mouvement. | *sich Bewegung machen*, se dégourdir les jambes ; faire de l'exercice ; marcher. || LOC. *alle Hebel in Bewegung setzen*, remuer ciel et terre. || FIG. agitation f. ; émotion f. | *es gab eine große Bewegung unter den Zuhörern*, il se fit un grand mouvement dans l'auditoire. | *vor Bewegung zitterte ihre Stimme*, sa voix tremblait d'émotion. || COMM. mouvement m. ; circulation f. || PHYS. mouvement m. | *Lehre von der reinen Bewegung*, mécanique rationnelle. | *drehende, schwingende Bewegung*, mouvement de rotation, d'oscillation. || ASTRON. *rückläufige Bewegung*, rétrogradation f.

Bewegungs|energie [bə"ve:guŋsenɛr'gi:] f. (-) énergie (f.) cinétique. ||-**fähig** adj. mobile. ||°-**kraft** f. (-, ¨e) force motrice. ||°-**krieg** m. (s, e). MIL. guerre (f.) de mouvement. ||°-**lehre** f. (-, n) mécanique f. ; cinétique f. ||-**los** adj. sans mouvement ; immobile. ||°-**losigkeit** f. (-) immobilité f. ||°-**spiele** n. pl. jeux (m. pl.) de plein air. ||°-**übertragung** f. (-, en). PHYS. transmission (f.) de mouvement.

bewehren [bə've:rən] v. tr. MIL. (Vx.) mettre en état de défense ; armer.

beweih|räuchern [bə"vai'rɔyçərn] v. tr. encenser.

beweinen [bə'vainən] v. tr. pleurer ; déplorer.

Beweis [bə'vais] m. (es, e) preuve f. ; argument m. ; témoignage m. ; démonstration f. ; justification f. ; raison f. | *überzeugender, zwingender, schlagender Beweis*, preuve convaincante, décisive, éclatante. | *einen Beweis erbringen, liefern*, apporter, fournir une preuve. | *unter Beweis stellen*, prouver ; faire la preuve de. | *halber Beweis*, commencement (m.) de preuve. | *schriftlicher Beweis*, preuve littérale. | *das bedarf des Beweises*, cela demande à être prouvé. || MATH., PHILOS. preuve f. ;

démonstration f. | *den Beweis eines Satzes führen*, faire la démonstration d'un théorème.

Beweis|aufnahme [bə"vais'aufna:mə] f. (-, n). JUR. preuves f. pl. | *die Beweisaufnahme beschließen*, ordonner la preuve. ||°**-führung** f. (-, en) argumentation f. ; démonstration f. ; raisonnement m. ||°**-grund** m. (s, ¨e) argument m. ; raison (probante). ||°**-kraft** f. (-) force démonstrative. ||**-kräftig** adj. probant ; concluant ; démonstratif. | *beweiskräftige Tatsache*, fait probant. ||°**-mittel** n. (s, -) argument m. ; preuve f. || JUR. élément (m.) de preuve. ||°**-stück** n. (s, e). JUR. pièce justificative ; preuve f.

beweisbar [bə'vaisba:r] adj. prouvable ; démontrable.

beweisen [bə'vaizən] (ie, ie) v. tr. prouver ; démontrer ; faire voir ; faire preuve de ; fournir des preuves. | *seine Unschuld beweisen*, prouver son innocence. || MATH. *den Lehrsatz beweisen*, démontrer le théorème. || PAR ANAL. [bezeugen] prouver ; témoigner. | *Mut beweisen*, montrer du courage.
◇ v. pr. **sich beweisen,** se montrer ; faire preuve de.

bewenden [bə'vɛndən] v. intr. employé dans la loc. *es bei, mit etwas bewenden lassen*, s'en tenir à qch ; en rester là.

Bewenden [-dən] n. employé dans la loc. *damit hat es sein Bewenden*, il faut s'en tenir là.

bewerben (sich) [ziçbə'vɛrbən] (i, a, o) v. pr. rechercher ; aspirer à ; se porter candidat (à). | *sich um eine Stelle bewerben*, solliciter, postuler un emploi.

Bewerber [bə'vɛrbər] m. (s, -) postulant m. ; solliciteur m. ; concurrent m.

Bewerbung [-buŋ] f. (-, en) recherche f. ; sollicitation f. ; concours m. ; candidature f. || [um ein Mädchen] demande (f.) en mariage.

Bewerbungs|schreiben [bə"vɛrbuŋs'ʃraibən] n. (s, -) demande écrite ; lettre (f.) de sollicitation. ||°**-unterlagen** f. pl. dossier (m.) de candidature.

bewerfen [bə'vɛrfən] (i, a, o) v. tr. jeter ; couvrir. | *jn mit Steinen bewerfen*, jeter des pierres à qn. || FIG. *jn mit Schmutz bewerfen*, couvrir qn de boue. || ARCHIT. ravaler ; crépir.

bewerkstelligen [bə"vɛrk'ʃtɛligən] v. tr. effectuer ; exécuter ; réaliser ; mettre en œuvre. | *bewerkstelligen, daß*, faire en sorte que.

bewerten [bə've:rtən] v. tr. évaluer ; estimer ; taxer. || FIN. *Aktien bewerten*, coter les actions. || FIN., COMM. *neu bewerten*, réévaluer.

Bewertung [-tuŋ] f. (-, en) taxation f. ; évaluation f. ; estimation f.

bewilligen [bə'viligən] v. tr. accorder ; octroyer ; allouer ; concéder ; impartir. | *eine Unterredung bewilligen*, accorder un entretien. | *eine Unterstützung bewilligen*, octroyer une subvention. || COMM. *einen Kredit bewilligen*, consentir un crédit.

Bewilligung [-guŋ] f. (-, en) consentement m. ; permission f. ; autorisation f. ; agrément m. | *zeitlich unbegrenzte Bewilligung*, concession perpétuelle.

bewillkommnen [bə'vilkɔmnən] v. tr. souhaiter la bienvenue à ; saluer.

bewirken [bə'virkən] v. tr. effectuer ; produire. causer ; obtenir.
— SYN. : *verursachen*, occasionner ; *veranlassen*, causer.

bewirten [bə'virtən] v. tr. héberger ; donner l'hospitalité à. | *Gäste bewirten*, traiter, régaler des invités.

bewirtschaften [bə'virtʃaftən] v. tr. administrer ; exploiter. | *ein Gut bewirtschaften*, exploiter une propriété. || FIN. réglementer. | *Devisen bewirtschaften*, réglementer le marché des devises.

Bewirtschaftung [-tuŋ] f. (-, en) exploitation f. ; gestion f. ; faire-valoir m. || FIN. réglementation f.

Bewirtung [bə'virtuŋ] f. (-) hospitalité f. ; traitement m.

bewohnbar [bə'vo:nba:r] adj. habitable.

Bewohnbarkeit [bə'vo:nba:rkait] f. (-) habitabilité f.

bewohnen [bə'vo:nən] v. tr. habiter ; habiter à, dans ; demeurer à, dans.

Bewohner(in) [-nər(in)] m. (s, -), f. (-, nen) habitant(e) m. (f.).

Bewohnerschaft [bə'vo:nərʃaft] f. (-) ensemble (m.) des habitants.

bewölken [bə'vølkən] v. tr. et v. pr. (se) couvrir de nuages. | *bewölkter Himmel*, ciel couvert. || FIG. (s') assombrir ; (se) rembrunir.

Bewölkung [-kuŋ] f. (-) nuages m. pl. || AÉRON. nébulosité f. || FIG. assombrissement m.

Bewund(e)rer [bə'vund(e)rər] m. (s, -), **Bewunderin** [-dərin] f. (-, nen) admirateur m. ; admiratrice f.

bewundern [-dərn] v. tr. admirer.

bewunderns|wert [bə"vundərns've:rt], **-würdig** [-vy:rdiç] adj. admirable ; merveilleux, étonnant.

Bewunderung [bə'vundəruŋ] f. (-) admiration f. ; émerveillement m. ; ravissement m. ; enthousiasme m. ; extase f. | *voller Bewunderung*, plein d'admiration.

Bewurf [bə'vurf] m. (s, ¨e). ARCHIT. [Mörtel] crépi m. ; ravalement m. ; enduit m. ; crépissure f. ; mouchetis m. || [Kalk] hourdage (m.) à la chaux.

bewußt [bə'vust] adj. conscient. | *bewußt sein*, être conscient ; avoir conscience de. | *er war sich seiner Tat vollkommen bewußt*, il savait parfaitement ce qu'il faisait. || [sich erinnern] *es ist mir nicht mehr bewußt, was ich sagen wollte*, je ne me rappelle plus ce que je voulais dire. || [mit voller Absicht] *du hast mich bewußt belogen*, tu m'as menti sciemment. || PAR EXT. bien connu ; en question. | *das bewußte Buch*, le livre en question ; ce fameux livre.

Bewußtheit [bə'vusthait] f. (-) conscience f. ; connaissance (f.) de qch.

bewußt|los [bə"vust'lo:s] adj. sans, privé de connaissance ; évanoui. || FIG. [unbewußt] inconscient ; instinctif. ||°**-losigkeit** f. (-) perte (f.) de connaissance ; évanouissement m. || FIG. inconscience f.

Bewußtsein [bə"vust'zain] n. (s) connaissance (f.) de soi ; conscience f. | *das Bewußtsein verlieren*, perdre connaissance. | *wieder zu(m) Bewußtsein kommen*, reprendre connaissance. || PAR EXT. [klar werden] *allmählich kam ihm zum Bewußtsein, daß...*, peu à peu il se rendit compte que... || [Gefühl] *im Bewußtsein seiner Unschuld*, fort de son innocence.

Bewußtseins|spaltung [bə"vustzains'ʃpaltuŋ] f. (-). MÉD., FIG. dédoublement (m.) du moi ; schizophrénie f.

bezahlen [bə'tsa:lən] v. tr. payer ; rétribuer ; rémunérer ; acquitter. | *auf Heller und Pfennig, pünktlich, aufs Härchen, auf Sicht, im voraus, auf Abschlag, in klingender Münze bezahlen*, payer rubis sur l'ongle, jusqu'au dernier centime, à vue, d'avance, par acomptes, en espèces. | *was haben Sie dafür bezahlt ?*, combien avez-vous payé cela ? | *Rückantwort bezahlt*, réponse payée. || LOC. *den Schaden bezahlen müssen*, FAM. payer les pots cassés. | *jn mit gleicher Münze bezahlen*, rendre à qn la monnaie de sa pièce. | *das ist nicht mit Gold zu bezahlen, aufzuwiegen,* cela vaut son pesant d'or ; cela n'a pas de prix. | *die Zeche bezahlen*, payer la note ; FIG.payer les pots cassés.

Bezahlung [-luŋ] f. (-, en) paiement m. ; rétribu-

tion f. ; rémunération f. | *gegen bare Bezahlung*, contre paiement comptant.
— SYN. : *Zahlung*, paiement ; *Entrichtung*, acquittement ; *Begleichung*, règlement ; *Besoldung*, solde.
bezähmen [bə'tsɛ:mən] v. tr. dompter ; apprivoiser ; maîtriser ; dominer.
bezaubern [bə'tsaubərn] v. tr. charmer ; enchanter ; fasciner ; ensorceler.
— SYN. : *berücken*, charmer ; *entzücken*, enchanter ; *verführen*, séduire ; *behexen*, ensorceler ; *bestricken*, fasciner.
bezaubernd [-bərnt] adj. ravissant ; charmant ; enchanteur ; charmeur.
Bezauberung [-bəruŋ] f. (-) charme m. ; enchantement m. ; ensorcellement m.
bezechen [bə'tsɛçən] v. tr. et v. pr. (s')enivrer ; (se) griser. | *bezecht sein*, être gris.
bezeichnen [bə'tsaiçnən] v. tr. **1.** caractériser ; dénoter ; indiquer. | *näher bezeichnen*, qualifier. | *treffend bezeichnen*, caractériser. | *nicht zu bezeichnen*, PÉJOR. inqualifiable.
2. marquer d'un signe. | *Bäume, Vieh bezeichnen*, marquer des arbres, du bétail. || COMM. étiqueter.
bezeichnend [-nənt] adj. significatif ; caractéristique ; typique.
bezeichnender|weise [bə"tsaiçnəndər'vaizə] adv. typiquement.
Bezeichnung [bə'tsaiçnuŋ] f. (-, en) marque f. ; signe m. ; désignation f. ; dénomination f. ; indication f.
bezeigen [bə'tsaigən] v. tr. montrer ; faire voir ; manifester ; témoigner ; marquer. | *jm seine Achtung bezeigen*, témoigner de son respect pour qn.
bezeugen [bə'tsɔygən] v. tr. attester ; prouver ; témoigner ; certifier.
Bezeugung [-guŋ] f. (-, en) témoignage m. ; attestation f. ; protestation f.
bezichtigen [bə'tsiçtigən] v. tr. accuser. | *jn des Verrats bezichtigen*, accuser qn de trahison.
Bezichtigung [-guŋ] f. (-, en) accusation f.
beziehbar [bə'tsi:bɑ:r] adj. qui peut se rapporter à. || PAR EXT. habitable.
beziehen [bə'tsi:ən] (bezog, bezogen) v. tr. **1.** couvrir ; revêtir ; garnir de. | *eine Zither, eine Geige mit Saiten beziehen*, monter une cithare, un violon. | *Betten, das Sofa beziehen*, mettre les draps ; garnir le divan. || PAR EXT. [einziehen] s'établir dans ; entrer. | *eine Wohnung beziehen*, aller occuper un appartement. || MIL. *einen (Wach)posten beziehen*, monter la garde.
2. ADM., COMM. [erhalten] toucher ; percevoir ; recevoir. | *beziehen von...*, faire venir de...
◇ v. pr. **sich beziehen,** se couvrir de. | *der Himmel bezieht sich mit Wolken*, le ciel se couvre de nuages. || FIG. se rapporter, avoir trait, être relatif à ; concerner. | *seine Äußerung bezog sich nicht auf dich*, sa remarque ne te concernait pas. || COMM. se référer.
Beziehen [bə'tsi:ən] n. (s) action (f.) de couvrir, de monter ; PAR ANAL. de s'installer. | *beim Beziehen dieses Hauses*, au moment de l'installation dans cette maison.
Bezieher(in) [-ər(in)] m. (s, -), f. (-, nen). [Gehalt] bénéficiaire s. || [Zeitung] abonné(e) m. (f.).
Beziehung [-uŋ] f. (-, en) relation f. ; rapport m. ; commerce m. ; liaison f. ; correspondance f. | *gute Beziehungen zu jm haben*, avoir de bons rapports avec qn. | *gutnachbarliche Beziehungen*, rapports (m. pl.) de bon voisinage. | *zu jm in Beziehung treten*, entrer en rapport avec qn. | *in dieser Beziehung hat er recht*, sous ce rapport il a raison. | *in gewisser Beziehung*, à certains égards ; sous certains rapports.
Beziehungs|problem [bə"tsi:uŋs'proble:m] n. (s, e) (*etwa*) problème affectif, relationnel. ||**-weise** (en abr. **bzw.**) adv. ou ; respectivement ; le cas échéant ; éventuellement. ||°**-wort** n. (s, ¨er). GRAMM. pronom relatif.
beziffern [bə'tsifərn] v. tr. chiffrer ; numéroter. | *die Seiten eines Buches beziffern*, paginer, folioter un livre.
◇ v. pr. **sich beziffern,** se monter, s'élever à ; se chiffrer par.
Bezifferung [-ruŋ] f. (-, en) chiffrage m. ; numérotage m. || [Buch] pagination f. ; foliotage m. || [Schätzung] estimation f.
Bezirk [bə'tsirk] m. (s, e) rayon m. ; district m. ; circonscription f. ; arrondissement m. ; canton m. || JUR. ressort m. || FIG. sphère f. ; domaine m.
Bezirks|amt [bə"tsirks'amt] n. (es, ¨er). ADM. mairie (f.) d'arrondissement. ||°**-ausschuß** m. (es, ¨e). ADM. conseil (m.) d'arrondissement. ||°**-gericht** n. (es, e). JUR. tribunal cantonal. ||°**-kommando** n. (s, s). MIL. bureau (m.) de recrutement.
Bezogener [bə'tso:gənər] m. COMM. tiré m.
Bezug [bə'tsu:k] m. (s, ¨e). [Überzug] taie f. ; housse f. ; garniture f. | *der Bezug der Betten und Kissen*, les draps et les taies d'oreiller. || cordes (f. pl.) de violon. || COMM. fourniture f. | *Zeitschriftenbezug*, abonnement (m.) à des revues. || FIG. *mit Bezug auf* (acc.), relativement à ; touchant. || COMM. *unter Bezug auf Ihr Schreiben*, nous référant à votre lettre. || PAR EXT. **Bezüge** m. pl. [Einkommen] traitement m. ; salaire m. ; rémunération f. ; émoluments m. pl.
bezüglich [bə'tsy:kliç] adj. et adv. relatif ; concernant ; quant à. || COMM. *bezüglich Ihrer Anfrage*, concernant votre demande.
Bezug|nahme [bə"tsu:k'nɑ:mə] f. (-) référence f.
Bezugs|anweisung [bə"tsu:ks'anvaizuŋ] f. (-, en) ordre (m.) de livraison, de paiement. ||°**-berechtigte(r)** f. (m.). COMM. ayant droit m. ; bénéficiaire s. ||**-fertig** adj. immédiatement habitable. ||°**-preis** m. (es, e). COMM. prix (m.) d'achat. || FIN. prix (m.) d'émission. ||°**-quelle** f. (-, n). COMM. source f. ; origine f. ||°**-recht** n. (s, e). FIN. droit (préférentiel) de souscription. ||°**-schein** m. (s, e) bon (m.) d'achat.
bezwecken [bə'tsvɛkən] v. tr. avoir pour but de ; tendre, viser à. | *was bezweckst du damit ?*, où veux-tu en arriver ?
bezweifeln [bə'tsvaifəln] v. tr. mettre en doute ; douter de.
bezwingen [bə'tsviŋən] (a, u) v. tr. dompter ; maîtriser ; soumettre. | *einen Gegner bezwingen*, défaire un adversaire. || FIG. surmonter. | *ein Lachen bezwingen*, réprimer son envie de rire.
Bezwinger [-ŋər] m. (s, -) dompteur m. ; vainqueur m. ; triomphateur m.
Bezwingung [-ŋuŋ] f. (-) soumission f. ; assujettissement m.
bibbern ['bibərn] v. intr. POP. trembler.
Bibel ['bi:bəl] f. (-, n). RELIG. Bible f. ; Écriture sainte.
Bibel|auslegung ["bi:bəl'ausle:guŋ] f. (-, en) exégèse (f.) biblique. ||**-fest** adj. versé dans la Bible. ||°**-kunde** f. (-) connaissance (f.) de la Bible. ||°**-spruch** m. (s, ¨e) verset m. ||°**-stunde** f. (-, n) instruction religieuse.
Biber ['bi:bər] m. (s, -). ZOOL. castor m.
Biber|bau ["bi:bər'bau] m. (s, e) construction (f.), terrier (m.) de castor. ||°**-fell** n. (s, e) peau (f.), fourrure (f.) de castor.
Bibliograph [biblio'grɑ:f] m. (en, en) bibliographe m.
Bibliographie [-gra'fi:] f. (-, n) bibliographie f.

bibliographisch [-'grɑ:fiʃ] adj. bibliographique.
Bibliomane [-'mɑ:nə] m. (n, n) bibliomane m.
Bibliophile [-'fi:lə] m. (n, n) bibliophile m.
Bibliophilie [-fi'li:] f. (-) bibliophilie f.
Bibliothek [-'tɛ:k] f. (-, en) bibliothèque f. | *Staatsbibliothek*, bibliothèque nationale.
Bibliothekar [-te'kɑ:r] m. (s, e) bibliothécaire m.
biblisch ['bi:bliʃ] adj. biblique. | *die biblische Geschichte*, l'Histoire sainte.
Bidet [bi'de:] n. (s, s) [Badegefäß] bidet m.
bieder ['bi:dər] adj. bon ; brave ; honnête ; droit ; loyal ; probe.
— SYN. : *rechtschaffen*, loyal ; *redlich*, droit.
Biederkeit [-kait] f. (-) honnêteté f. ; probité f. ; bonhomie f.
Bieder|mann [-man] m. (s, ¨er) homme (m.) de bien ; honnête homme ; brave homme.
Bieder|meier ['bi:dərmaiər] n., **Biedermeierstil** ["bi:dərmaiər'ʃti:l] m. mode (f.), style (m.) de la Restauration, Louis-Philippe.
biegbar ['bi:kbɑ:r] adj. flexible ; pliable ; souple.
Biege ['bi:gə] f. (-, n) pli m. ; courbure f. ; courbe f. ; flexion f. ; coude m.
Biege|beanspruchung ["bi:gəbə'anʃpru:xuŋ] f. (-, en). PHYS. effort (m.) de flexion. ||°**-maschine** f. (-, n). TECHN. cintreuse f. ||°**-radius** m. (-, dien). PHYS. rayon (m.) de courbure.
biegen ['bi:gən] (o, o) v. tr. plier ; courber ; arquer. | *gerade, krumm biegen*, redresser, (re)courber. | *knieförmig biegen*, couder. || FIG. *etwas gerade biegen*, réparer qch. || TECHN. couder.
◇ v. pr. **sich biegen,** se plier ; se ployer ; se courber. || FIG. *das Recht biegen*, fausser le sens de la loi. | *sich schmiegen und biegen*, se plier à tout ; être souple comme un gant. || LOC. *er lügt, daß sich die Balken biegen*, il ment comme un arracheur de dents.
◇ v. intr. tourner. | *der Weg biegt um den Berg*, le chemin (con)tourne la montagne. | *um die Ecke biegen*, prendre le tournant. || LOC. *auf Biegen oder Brechen*, de gré ou de force.
biegsam ['bi:kzam] adj. flexible ; pliable ; souple. || FIG. souple ; traitable.
Biegsamkeit [-kait] f. (-) flexibilité f. ; élasticité f. ; souplesse f. || FIG. souplesse f.
Biegung ['bi:guŋ] f. (-, en) courbure f. ; incurvation f. ; courbe f. ; sinuosité f. ; cambrure f. ; flexion f. | *scharfe Biegung*, tournant (m.) brusque. || TECHN. cintrage m. || GRAMM. flexion f.
Biel [bi:l] n. pr. n. GÉOGR. Bienne f. | *der Bieler See*, le lac de Bienne.
Biene ['bi:nə] f. (-, n) abeille f.
Bienen|haus ["bi:nən'haus] n. (es, ¨er) rucher m. ||°**-königin** f. (-, nen). ZOOL. reine f. (des abeilles). ||°**-korb** m. (s, ¨e) ruche f. ||°**-schwarm** m. (s, ¨e) essaim m. (d'abeilles). ||°**-stand** m. (s, ¨e) rucher m. ||°**-stich** m. (s, e). MÉD. piqûre (f.) d'abeille. || CULIN. gâteau plat au miel. ||°**-stock** m. (s, ¨e) ruche f. | *ein Bienenstock voll Honig*, ruchée (f.) de miel ; gâteau (m.) de miel. ||°**-wachs** n. (es) cire (f.) d'abeilles. ||°**-zucht** f. (-) apiculture f. ||°**-züchter** m. (s, -) apiculteur m.
Biennale ['bie"nɑ:lə] f. (-, n) biennale f.
Bier [bi:r] n. (s, e) bière f. | *helles, dunkles Bier*, bière blonde, brune. | *Faß-, Flaschenbier*, bière en fût, en bouteille. | *Bier ausschenken*, débiter de la bière. | *Bier einschenken*, verser de la bière. | *(ein Faß) Bier anstechen, anzapfen*, mettre un tonneau de bière en perce. | *Bier auf Flaschen ziehen*, mettre de la bière en bouteilles.
Bier|baß ['bi:rbas] m. (es, ¨e) voix (f.) de rogomme. ||°**-bauch** m. (s, ¨e). FAM. bedon m. ; bedaine f. ; brioche f. | *einen Bierbauch haben*, avoir de la brioche. ||°**-brauer** m. (s, -) brasseur m. ||°**-brauerei** f. (-, n) brasserie f. ||°**-eifer** m. (s). POP., IRON. chaleur communicative des banquets ; zèle excessif. ||°**-faß** n. (es, ¨er) tonneau (m.) à bière. ||°**-flasche** f. (-, n) bouteille (f.) à bière. ||°**-glas** n. (es, ¨er) verre (m.) à bière. ||°**-hefe** f. (-) levure (f.) de bière. ||°**-keller** m. (s, -) cave (f.) à bière. || PAR ANAL. brasserie f. ; taverne f. ||°**-krug** m. (s, ¨e) cruche (f.) à bière. ||°**-schank** m. (s, ¨e), °**-schenke** f. (-, n), °**-ausschank** m. (s, ¨e) débit (m.) de bière ; estaminet m. ||°**-seidel** n. (s, -) pot (m.) à bière. ||°**-verleger** m. (s, -) dépositaire (m.) de bière.
Biest [bi:st] n. (es, er). FAM. bête f. | *verdammtes Biest*, sale bête ! || FIG. V. LUDER.
bieten ['bi:tən] (o, o) v. tr. offrir ; proposer. | *jm den Arm bieten*, offrir son bras à qn. | *Waren feilbieten*, offrir des marchandises à la vente. || *die Stirn bieten*, faire front. | *dem König Schach bieten*, faire échec au roi. || LOC. *das bietet keine besondere Schwierigkeit*, cela ne fait pas de difficultés. | *das laß ich mir nicht bieten*, cela, je ne l'accepte pas, je ne l'admets pas.
◇ v. pr. **sich bieten,** s'offrir ; se présenter.
bifilar [bifi'lɑ:r] adj. ÉLECTR. bifilaire.
Bigamie [biga'mi:] f. (-). JUR. bigamie f.
bigamistisch [biga'mistiʃ] adj. bigame.
bigott [bi'gɔt] adj. bigot ; cagot.
Bikarbonat [bikarbonɑ:t] n. (s, e). CHIM. bicarbonate m.
Bilanz [bi'lants] f. (-, en) bilan m. ; balance (f.) des comptes. | *eine Bilanz aufstellen*, établir un bilan. | *eine Bilanz feststellen*, arrêter un bilan. | *die Bilanz verschleiern*, maquiller son bilan. | *eine Bilanz frisieren*, FAM. arranger un bilan. | *eine Bilanz vorlegen*, présenter un bilan. || JUR. *die Bilanz niederlegen*, déposer son bilan.
Bilanz|abschluß [bi"lants'apʃlus] m. (es, ¨e) clôture (f.) de bilan. ||°**-auszug** m. (s, ¨e) relevé (m.) du bilan. ||°**-bereinigung** f. (-, en) apurement (m.) des comptes. ||°**-posten** m. (s, -) poste (m.) de bilan. ||°**-prüfer** m. (s, -) expert-comptable m. ; [G.m.b.H.] commissaire (m.) aux comptes. ||°**-prüfung** f. (-, en) vérification (f.), contrôle (m.) du bilan. ||°**-rechnung** f. (-, en) bilan m. ||°**-saldo** m. (s, den et s) solde (m.) du bilan. ||°**-stichtag** m. (s, e) [jour (m.) de l'] échéance (f.) du bilan. ||°**-wert** m. (s, e) valeur (f.) figurant au bilan ; valeur (f.) comptable.
bilanzieren [bilan'tsi:rən] v. tr. faire, dresser, établir son bilan.
Bilanzierung [-ruŋ] f. (-) inscription (f.) au bilan.
Bild [bilt] n. (s, er). **1.** image f. ; illustration f. ; figure f. ; tableau m. ; portrait m. | *Bild in Öl, Ölbild*, tableau. | *Bild in Erz*, (statue [f.] de) bronze m. | *ein Bild von etwas entwerfen*, faire la description de qch. **2.** FIG. symbole m. ; métaphore f. ; figure f. ; idée f. | *ich kann mir kein rechtes Bild von dieser Sache machen*, je ne puis me faire une idée nette de cette chose. | *ich bin ganz im Bilde*, j'y vois clair ; j'ai compris ; j'y suis.
3. PHYS. *scheinbares (virtuelles), wirkliches Bild*, image virtuelle, réelle. || PHOT., FILM. *positives, negatives Bild*, positif m. ; négatif m.
Bild|abzug ["bilt'aptsu:k] m. (s, ¨e). TYPOGR. épreuve f. ||°**-archiv** n. (s, e) archives (f. pl.) photographiques. ||°**-ausschnitt** m. (s, e) cadrage m. ||°**-bericht** m. (s, e) reportage illustré. ||°**-berichterstattung** f. (-) information (f.) par l'image. ||°**-breite** f. (-), °**-höhe** f. (-) amplitude (f.) de l'image. ||°**-ebene** f. (-, n). MATH. plan (m.) de projection. ||°**-erfassung** f. (-). MÉD. *medizinische Bilderfassung*, imagerie médicale. || °**-fläche** f. (-, n). FILM. écran m.

|| FIG., FAM. *von der Bildfläche verschwinden*, disparaître. ||°**-folge** f. (-, n). FILM. cadence (f.) de prise de vue. ||°**-funk** m. (s). RADIO. télévision f. ; téléphotographie f. ; bélino(graphie) f. ||°**-hauer** m. (s, -) sculpteur m. ; statuaire m. ||°**-hauerei** f. (-) sculpture f. ; statuaire f. ||**-hübsch** adj. beau comme un astre. ||°**-nachricht** f. (-, en). INF. textimage m. ||°**-platte** f. (-, n) vidéodisque m. ||°**-prozessor** m. (s, en). INF. processeur (m.) d'image. ||°**-röhre** f. (-, n). [Fernsehen] tube (m.) cathodique. ||°**-säule** f. (-, n) statue f. ||°**-schärfe** f. (-). PHOT. clarté (f.), netteté (f.) [de l'image]. | *Bildschärfe einstellen*, mettre (l'appareil) au point. ||°**-schirm** m. (s, e) écran m. || ÉLECTR. écran (m.) de visualisation. ||°**-schirmsetzer(in)** m. (s, -), f. (-, nen) claviste s. ||°**-schirmtext** m. (es, e). ÉLECTR. vidéotex m. ||°**-schnitzer** m. (s, -) sculpteur (m.) sur bois. ||°**-schnitzerei** f. (-) sculpture (f.) sur bois. ||**-schön** adj. beau comme un astre, comme le jour. ||°**-seite** f. (-, n) face f. ; effigie f. ||°**-streifen** m. (s, -). PHOT. pellicule f. ; film m. ||°**-telefon** n. (s, e) visiophone m. ||°**-telegramm** n. (s, e). PHOT. bélino(gramme) m. ||°**-telegraphie** f. (-) phototélégraphie f. ; télévision f. ||°**-übertragung** f. (-, en). PHOT. télévision f. ||°**-umkehr** f. (-). MÉD. inversion (f.) d'image. ||°**-unterschrift** f. (-, en) légende f. ||°**-werfer** m. (s, -). PHOT. lanterne (f.), appareil (m.) de projection ; projecteur m. || [Schulen] épidiascope m. ||°**-zeichen** n. (s, -) pictogramme m.

Bildchen ['biltçən] n. (s, -) petite image ; photo(graphie) f.

bilden ['bildən] v. tr. former ; façonner. || POLIT. *ein Kabinett bilden*, former un gouvernement. || GRAMM. *Wörter, Sätze bilden*, former, faire des mots, des phrases. || PAR EXT. cultiver ; instruire. | *den Verstand, den Charakter bilden*, former l'intelligence, le caractère. | *gebildete Leute*, gens cultivés. || CHIM. dégager.

◇ v. pr. **sich bilden,** se former ; se développer. || BOT. *der Keim bildet sich zur Pflanze*, le germe devient plante. | *er bildet sich zum Künstler heran*, il fait son éducation d'artiste.

bildend [-dənt] adj. *bildende Künste*, beaux-arts m. pl. ; arts (m. pl.) plastiques. | *bildender Künstler*, sculpteur m. ; (artiste) peintre m.

Bilder|archiv ["bildərar'çi:f] n. (s, e) collection (f.) de clichés. ||°**-ausstellung** f. (-, en) exposition (f.) de tableaux. ||°**-beilage** f. (-, n) supplément illustré. ||°**-bogen** m. (s, ¨) feuille (f.), recueil (m.) d'images, d'illustrations. ||°**-buch** n. (s, ¨er) livre (m.) d'images. ||°**-galerie** f. (-, en) galerie (f.) de tableaux. ||°**-rätsel** n. (s, -) rébus m. ||**-reich** adj. riche en images ; imagé ; figuré ; métaphorique. ||°**-schrift** f. (-, en) hiéroglyphes m. pl. ; langage figuré. ||°**-strips** m. pl. bandes dessinées. ||°**-stürmer** m. (s, -) iconoclaste m. ||°**-tafel** f. (-, n) [Lexikon] planche f.

bildlich ['biltliç] adj. expliqué par les dessins ; historié. || FIG. figuré ; symbolique ; métaphorique. | *bildlicher Ausdruck*, expression figurée ; métaphore f. ◇ adv. par métaphore ; au figuré.

Bildner [-nər] m. (s, -) créateur (m.) d'images ; sculpteur m. || PAR EXT. éducateur m.

Bildnis [-nis] n. (ses, se) image f. ; portrait m. ; effigie f.

Bildung ['bilduŋ] f. (-, en) formation f. ; façonnement m. | *Bildung von Wolken, von Seen, von Staub*, formation de nuages, de lacs, de poussière. | *Bildung einer Regierung*, formation d'un gouvernement. | *Bildung von Früchten*, développement (m.) de fruits. || CHIM. cristallisation f. || PAR EXT. formation f. ; développement m. ; perfectionnement m. ; éducation f. ; culture f. ; civilisation f. | *wissenschaftliche, geistige Bildung*, culture scientifique ; formation intellectuelle. | *Bildung haben, sich Bildung aneignen*, avoir de l'instruction, de l'éducation ; s'instruire ; se cultiver.

bildungs|fähig ["bilduŋs'fɛ:iç] adj. susceptible d'être instruit ; éducable. ||°**-gut** n. (s, ¨er) patrimoine culturel. ||°**-lücke** f. (-, n) lacune (f.) dans la culture. ||°**-roman** m. (s, e) roman (m.) de formation ; roman d'éducation. ||°**-stätte** f. (-, n) centre (m.) de formation ; pépinière f. ||°**-stufe** f. (-, n) degré (m.) d'instruction, de culture. ||°**-trieb** m. (s, e) besoin (m.) de se cultiver ; soif intellectuelle. ||°**-urlaub** m. (s, e) congé (m.) de formation.

Bilge ['bilgə] f. (-, n). MAR. cale f.

Billard ['biljart] n. (s, s) billard m.

Billard|kugel [bil"jart'ku:gəl] f. (-, n) bille (f.) de billard. ||°**-stock** m. (s, ¨e) queue (f.) de billard.

Billett [bil'jɛt] n. (s, e) billet m. ; ticket m.

Billiarde [bil'jardə] f. (-, n) mille billions.

billig ['biliç] adj. **1.** bon marché ; à bas prix ; de prix modique, modéré. || COMM. *ein billiger Hut*, un chapeau bon marché, pas cher. | *billig kaufen*, acheter bon marché. | *billiger, am billigsten*, meilleur marché ; le meilleur marché. | *der billigste Preis*, le dernier prix. **2.** FIG. juste ; équitable ; raisonnable. | *billige Forderung*, demande justifiée. | *das ist recht und billig*, c'est fort juste. || PROV. *was dem einen recht ist, ist dem andern billig*, il ne doit pas y avoir deux poids et deux mesures.

3. PÉJOR. [leicht zu finden] *ein billiger Witz*, une mauvaise plaisanterie. | *billiges Versprechen*, promesse (f.) en l'air. | *billiger Trost*, consolation (f.) sans valeur.

billigen ['biligən] v. tr. approuver ; trouver bon ; agréer ; être d'accord ; consentir à.

billiger|weise ["biligər'vaizə] adv. équitablement ; en toute équité ; à bon droit.

Billig|flagge ["biliç'flagə] f. (-, n). MAR. pavillon (m.) de complaisance.

Billigkeit ['biliçkait] f. (-) bon marché ; modicité (f.) des prix. || FIG. équité f. ; justice f. | *nach Billigkeitsermessen*, en toute équité. | *aus Billigkeitsgründen*, pour des raisons d'équité.

Billigung ['biliguŋ] f. (-) approbation f. ; consentement m. ; agrément m. ; autorisation f.

— SYN. : *Genehmigung*, approbation ; *Beistimmung*, applaudissement ; *Zustimmung*, consentement.

Billion [bil'jo:n] f. (-, en) milliard m. || trillion m. (mille milliards).

Bilse ['bilzə] f. (-), **Bilsen|kraut** ["bilzən'kraut] n. (s). BOT. jusquiame f.

Bimmel ['biməl] f. (-, n). FAM. sonnette f. ; clochette f.

Bimmel|bahn ["biməl'ba:n] f. (-, en). FAM., TRANSP. tortillard m.

Bimmelei [bimə'lai] f. (-). FAM. sonnerie f. (importune).

bimmeln ['biməln] v. intr. FAM. tinter ; sonner ; carillonner ; sonnailler.

Bims|stein ["bims'ʃtain] m. (s, e) pierre (f.) ponce.

binär [bi'nɛ:r] adj. binaire. | *binäre Addition*, addition (f.) binaire. | *binäres System*, système (m.) binaire.

Binär|operator [bi"nɛ:ropə'ra:tɔr] m. (s, en). INF. opérateur (m.) binaire.

Binde ['bində] f. (-, n) bande f. ; bandeau m. ; lien m. ; MÉD. bande (f.) élastique ; bandage m. | *den Arm in einer Binde tragen*, porter le bras en écharpe. | *eine Binde vor den Augen haben*, avoir un bandeau sur les yeux. || PAR ANAL. [Halsbinde] cravate f.

Binde|gewebe ["bindəgə've:bə] n. (s). ANAT. tissu conjonctif. ||°**-glied** n. (es, er) lien m. ||°**-haut** f. (-).

ANAT. conjonctive f. ||°-**hautentzündung** f. (-, en). MÉD. conjonctivite f. ; blennophtalmie f. ||°-**kraft** f. (-, ¨e) cohésion f. ||°-**mäher** m. (s, -), °-**mähmaschine** f. (-, n). AGRIC. moissonneuse-lieuse f. ||°-**mittel** n. (s, -). ARCHIT. ciment m. ; liant m. ; mortier m. || CULIN. liaison f. ; liant m. || CHIM. fixateur m. ; agglomérant m. ; agglutinant m. ||°-**strich** m. (s, e). GRAMM. trait (m.) d'union ; tiret m. ||°-**wort** n. (s, ¨er). GRAMM. conjonction f.

binden ['bindən] (a, u) v. tr. **1.** attacher ; lier ; nouer ; enchaîner. | *fester binden*, serrer davantage. | *jn binden*, enchaîner qn. | *mit Bindfaden binden*, ficeler. | *ein Buch binden*, relier un livre. | *Besen, Bürsten, Fässer binden*, faire des balais, des brosses, relier (cercler) des tonneaux. | *eine Schleife, eine Krawatte (einen Schlips) binden*, faire un nœud, nouer une cravate. || MUS. lier. || CHIM. combiner ; fixer.

2. FIG. lier ; engager ; astreindre ; assujettir. | *jm die Hände binden*, gêner, embarrasser qn. | *jm etwas auf die Seele (das Gewissen) binden*, remettre qch. à la conscience de qn. | *jm nicht alles auf die Nase binden*, ne pas dire tout à qn. || JUR. *bindender Vertrag*, contrat (m.) obligatoire. | *bindend sein*, avoir force obligatoire pour.

◇ part. pass. et adj. **gebunden,** lié. | *an die Stunde gebunden*, tenu par l'heure. | *an feste Preise gebunden*, à prix fixes. | *gebundene Rede*, langage soutenu. | *in gebundener Rede*, en vers.

◇ v. pr. **sich binden** (an, dat.) se lier ; s'engager ; s'obliger ; s'astreindre à. | *sich fürs Leben binden*, se lier pour la vie ; se marier.

Binder [-dər] m. (s, -) celui qui lie ; lieur m. || [Schlips, Krawatte], cravate f. || ARCHIT. boutisse f. ; ferme f. ; maîtresse poutre f. || AGRIC. moissonneuse-lieuse f.

Bind|faden ["bint'fa:dən] m. (s, ¨) ficelle f.

Bindung ['binduŋ] f. (-, en) fixation f. ; liaison f. ; lien m. ; attaches f. pl. | *vertragliche Bindung*, engagement contractuel. || GRAMM. *fehlerhafte Bindung*, liaison incorrecte. || MUS. coulé m. || AGRIC. bottelage m. || CHIM. combinaison f. ; fixation f. || SPORT. *Schibindung*, fixation f.

Bingel|kraut ["biŋəl'kraut] n. (s). BOT. mercuriale f.

binnen ['binən] prép. (dat.) dans l'espace de. | *binnen vierundzwanzig Stunden*, dans les vingt-quatre heures. | *binnen Jahr und Tag*, dans le délai d'une année. | *binnen kurzem*, sous peu.

Binnen|fischerei ["binənfiʃə'rai] f. (-) pêche (f.) en eau douce. ||°-**gewässer** n. pl. POLIT., MAR. eaux continentales. ||°-**hafen** m. (s, ¨) port fluvial ; bassin m. ; darse f. ||°-**handel** m. (s). COMM. commerce intérieur. ||°-**land** n. (s, ¨er) région continentale. ||°-**markt** m. (s, ¨e). COMM. marché intérieur. ||°-**schiffahrt** f. (-) navigation fluviale. ||°-**verkehr** m. (s) circulation intérieure ; trafic (m.) interne.

Binom [bi'no:m] n. (s, e). MATH. binôme m.

binomisch [-miʃ] adj. MATH. composé de deux termes ; binôme. | *binomische Größe*, binôme m.

Binse ['binzə] f. (-, n) jonc m. || FIG., FAM. *in die Binsen gehen*, (s'en) aller à vau-l'eau ; être fichu.

Binsen|wahrheit ["binzən'va:rhait] f. (-, en), °-**weisheit** [-'vaishait] f. (-, en). FIG., FAM. vérité de La Palisse ; lieu commun.

Bio|chemie [bioçe'mi:] f. (-) biochimie f. ; chimie (f.) biologique. ||°-**chemiker(in)** m. (s, -), f. (-, nen) biochimiste s.

Bio|ethik [bi'oe:tik] f. (-) bioéthique f.

biogenetisch [-ge'ne:tiʃ] adj. biogénétique.

Biograph [-'gra:f] m. (en, en), **Biographin** [-gra:fin] f. (-, nen) biographe s.

Biographie [-gra'fi:] f. (-, en) biographie f.

biographisch [-'gra:fiʃ] adj. biographique.

Bio|indikator [-indi'ka:tor] m. (s, en) indicateur (m.) écologique.

Biologe [-'lo:gə] m. (n, n), **Biologin** [-lo:gin] f. (-, nen) biologiste s.

Biologie [-lo'gi:] f. (-) biologie f.

biologisch [-'lo:giʃ] adj. biologique. | *Biologisch abbaubar*, biodégradable.

Biomasse [-masə] f. (-). [Umwelt] biomasse f.

Bionik [bi'o:nik] f. (-) bionique f.

bionisch [bi'o:niʃ] adj. bionique.

Biophysik [-fy'si:k] f. (-) biophysique f.

Biopsie [biɔ'psi:] f. (-, n). MÉD. biopsie f.

Biorhythmus [-'rytmus] m. (-, men) biorythme m.

Bio|synthese [-syn'te:zə] f. (-, n). BIOL. *Biosynthese der Proteine*, synthèse (f.) des protéines.

Biotop [-'to:p] m. (s, e) biotope m.

Bi|polarität [-polari"tɛt] f. (-). PHYS. bipolarité f.

Bi|quadrat [-kwa"dra:t] n. (s, e). MATH. quatrième puissance f. ; puissance bicarrée.

Birke ['birkə] f. (-, n) bouleau m.

Birma ['birma] n. pr. n. GÉOGR. Birmanie f.

Birmane(se) [bir'ma:nə, -ma'ne:ze] m. (n, n). GÉOGR. Birman m.

Birn|baum ['birnbaum] m. (s, ¨e) poirier m.

Birne ['birnə] f. (-, n) poire f. || POP. tête f. ; tronche f. || ÉLECTR. ampoule f. || CHIM. cornue f. | *Bessemer Birne*, convertisseur (m.) acide ; cornue Bessemer.

birnen|förmig ["birnən'førmiç] adj. en forme de poire ; piriforme.

bis [bis].

I. prép. **1.** SENS TEMPOREL : jusqu'à ; à ; pour. **2.** SENS LOCAL : jusque ; jusqu'à ; à ; en. **3.** APPROXIMATION ET EXCLUSION : environ ; près de ; sauf ; excepté ; jusqu'à. **II.** conj. : jusqu'à ce que ; avant que ; que.

I. prép. **1.** SENS TEMPOREL : jusqu'à ; à ; pour. | *bis wann ?* jusqu'à quand ? | *bis jetzt*, jusqu'à présent. | *bis zu diesem Tage*, jusqu'à ce jour. | *bis auf weiteres*, jusqu'à nouvel ordre. | *bis in die späte Nacht hinein*, jusque tard dans la nuit. | *bis zum Tod*, jusqu'à la mort. | *bis Montag*, à lundi !

2. SENS LOCAL : jusque ; jusqu'à ; à ; en. | *bis wo(hin) ?*, jusqu'où ? | *bis hierher*, jusqu'ici. | *bis dahin*, jusque-là. | *bis Frankfurt*, jusqu'à Francfort. | *bis zu Ende*, jusqu'à la fin. | *bis an die Schulter, die Knie*, jusqu'aux épaules, aux genoux. | *naß bis auf die Haut*, trempé jusqu'aux os. | *von Kopf bis Fuß, vom Scheitel bis zur Sohle*, de pied en cap. | *ich bezahle bis tausend Mark*, je paie mille marks au maximum. | *Kampf bis aufs Messer*, lutte (f.) sans merci, au couteau. | *er muß alles bis auf den letzten Heller bezahlen*, il doit tout payer jusqu'au dernier centime. || FIG. *bis an die Zähne bewaffnet*, armé jusqu'aux dents. | *bis über die Ohren in Schulden stecken*, être dans les dettes jusqu'au cou.

3. APPROXIMATION ET EXCLUSION : environ ; près de ; sauf ; excepté ; à l'exception de. | *sieben bis acht Tage*, environ sept à huit jours. | *bis an tausend Mark*, près de mille marks. | *bis auf einen kamen sie alle um*, ils périrent tous sauf un.

II. conj. : jusqu'à ce que ; avant que ; que (subj.). | *warte, bis ich komme*, attends que je vienne. | *kommen*

Sie nicht, bis daß Nachricht eintrifft, ne venez pas avant d'avoir reçu des nouvelles.
Bisam ['bi:zam] m. (s, e) musc m.
Bisam|ratte ["bi:zam'ratə] f. (-, n). ZOOL. rat musqué.
Bischof ['biʃɔf] m. (s, ¨e) évêque m. || CULIN. vin aromatisé ; bichof m.
bischöflich ['biʃø:fliç] adj. épiscopal.
Bischofs|amt ["biʃɔfs'amt] n. (s, ¨er) épiscopat m. ||°-**hut** m. (s, ¨e) mitre f. ||°-**sitz** m. (es, e) évêché m. ; siège, palais épiscopal. ||°-**stab** m. (s, ¨e) crosse épiscopale, d'évêque. ||°-**würde** f. (-) dignité épiscopale.
bisexuell [bizɛksu'ɛl] adj. bisexué ; bisexuel.
bis|her [bis'he:r] adv. jusqu'ici.
bis|herig [-riç] adj. ce qui était, durait jusqu'ici. | *das bisherige Wetter*, le temps qu'il a fait jusqu'à ce jour.
Biskaya [bis'kaja] n. pr. f. GÉOGR. Biscaye f. | *der Golf von Biskaya*, le golfe de Gascogne.
Biskuit [bis'kvi:t] m. ou n. (s, e). CULIN. biscuit m. || PAR ANAL. [Porzellan] biscuit m.
bis|lang [bis'laŋ] adv. jusqu'ici.
Bismut ['bismut] n. (s). MINES. bismuth m.
Bison ['bi:zɔn] m. (s, s). ZOOL. bison m.
Biß [bis] m. (es, e) morsure f. ; coup (m.) de dent.
bißchen ['bisçən] adv. un peu. | *ihr bißchen Habe*, le peu qu'elle possède.
Bißchen ['bisçən] n. (s, -) bouchée f.
Bissen [-sən] m. (s, -) bouchée f. ; morceau m. | *ein leckerer Bissen*, un fin morceau.
bissig [-siç] adj. qui mord. | *bissiger Hund*, chien méchant. || FIG. mordant ; qui a la dent dure ; incisif ; hargneux.
Bissigkeit [-siçkait] f. (-) humeur hargneuse ; acrimonie f.
Biß|wunde ["bis'vundə] f. (-, n) morsure f.
Bis|tum ['bistu:m] n. (s, ¨er). RELIG. évêché m.
bis|weilen [bis'vailən] adv. parfois ; quelquefois.
Bithynien [bi'ty:niən] n. pr. n. GÉOGR. Bithynie f.
Bitt|brief [bit'bri:f] m. (s, e) pétition f. ; demande écrite ; requête f.
Bitte ['bitə] f. (-, n) prière f. ; désir m. ; demande f. ; requête f. ; sollicitation f. | *dringende Bitte*, demande pressante, instante. | *eine Bitte an jn richten*, faire, adresser une demande, une prière à qn. | *eine Bitte gewähren*, accéder à une demande. | *eine Bitte erhören*, exaucer une prière. | *eine Bitte abschlagen*, repousser, rejeter une demande, une prière.
bitten [-tən] (a, e) v. tr. **1.** prier ; adresser une prière à ; demander. | *jn flehentlich bitten*, supplier, conjurer, implorer qn. | *jn inständig bitten*, prier qn instamment. | *um Hilfe, Verzeihung bitten*, demander secours, pardon. | *ich bitte Sie darum*, je vous en prie. | *sich lange bitten lassen*, FAM. se faire tirer l'oreille. | *auf dein Bitten*, sur ta demande. || PAR EXT. réclamer ; demander ; solliciter. | *ums Wort bitten*, demander la parole.
2. LOC. *ich lasse bitten*, faites entrer ! || *darf ich bitten (zum Tanze)*, puis-je me permettre ? | *bitte !*, s'il vous plaît ! | *bitte schön, sehr !*, je vous (en) prie. | *bitte*, [nach Dank] il n'y a pas de quoi ; [nach Entschuldigung] il n'y a pas de mal. | *wie, bitte ?*, plaît-il ?
Bittende(r) [-təndə(r)]. V. BITTSTELLER(IN).
bitter ['bitər] adj. amer ; aigre ; piquant. | *bittere Mandeln, Arznei, Kräuter*, amandes amères ; médecine amère ; herbes amères. || FIG. amer ; piquant ; rigoureux ; sévère ; acharné. | *das ist bitter*, c'est dur à supporter. | *bittere Armut, Not, Reue*, extrême pauvreté f. ; détresse f. ; repentir profond. | *bittere Tränen vergießen*, verser des larmes amères. | *bitterer Ernst*, gravité f. ; sérieux m. || LOC. *er ist bitterböse*, il est très fâché.
Bitter ['bitər] m. (s, -). [Likör] amer m.
bitter|kalt ["bitər'kalt] adj. très froid. ||°-**klee** m. (s). BOT. trèfle (m.) d'eau. ||°-**mandelöl** n. (s) huile (f.) d'amandes amères. ||-**süß** adj. aigre-doux ; doux-amer.
Bitterkeit ['bitərkait] f. (-, en) amertume f. ; aigreur f. || FIG. fiel m. ; mordant m.
bitterlich [-liç] adj. un peu amer ; un peu aigre. ◇ adv. amèrement. || FIG. *bitterlich weinen*, pleurer à chaudes larmes.
Bitternis [-nis] f. (-, se) amertume f. ; aigreur f. || FIG. dureté f. ; aigreur f. ; misère f. ; douleur f.
Bitt|gang ['bitgaŋ] m. (s, ¨e). RELIG. procession f. ; pèlerinage m. ||°-**gesuch** n. (s, e) pétition f. ; demande (écrite). ||°-**schrift** f. (-, en). ADM. demande (écrite) ; pétition f. || POLIT. supplique f. ; placet m. || JUR. requête f. ||°-**steller(in)** m. (s, -), f. (-, nen) pétitionnaire s. ; solliciteur m., solliciteuse f. ; demandeur m., demanderesse f.
Bitumen [bi'tu:mən] n. (s). MINES. bitume m.
Biwak ['bi:vak] n. (s, s) bivac m. ; bivouac m. | *das Biwak beziehen*, s'installer au bivac.
biwakieren [biva'ki:rən] v. intr. bivaquer ; bivouaquer.
bizarr [bi'tsar] adj. bizarre ; fantasque.
Bizeps ['bi:tsɛps] m. (es, e). ANAT. biceps m.
bläffen ['blɛfən] v. intr. aboyer.
blähen ['blɛ:ən] v. tr. et v. pr. (se) gonfler ; (s') enfler. | *der Wind bläht die Segel*, le vent gonfle les voiles. || FIG. s'enfler ; se gonfler ; se vanter.
Blähen [-ən] n. (s) gonflement m.
Blähung [-uŋ] f. (-, en). MÉD. vent m. ; vents m. pl. ; gaz m. pl. ; flatulence f. | *Mittel gegen Blähungen*, carminatif m.
blamabel [bla'ma:bəl] adj. ridicule ; honteux.
Blamage [-'ma:ʒə] f. (-, n) gaffe f. ; impair m. | *sich eine Blamage zuziehen*, commettre un impair.
blamieren [-'mi:rən] v. tr. discréditer ; décrier. | *jn blamieren*, ridiculiser qn.
◇ v. pr. **sich blamieren,** faire une gaffe, un pas de clerc.
blank [blaŋk] adj. **1.** [leuchtend] clair ; brillant ; reluisant. | *blankes Metall*, du métal brillant. | *blanke Flächen*, surfaces polies. | *blanke Stiefel*, chaussures, bottes reluisantes, astiquées. | *blanke Augen*, yeux clairs, brillants. || PAR ANAL. *blitz und blank*, reluisant. | *Waffen blank putzen*, fourbir des armes. || CHIM. décapé.
2. PAR EXT. [bloß, nackt] *er schlief auf blankem Boden*, il dormait à même le sol. | *sich mit blanker Waffe verteidigen*, se défendre à l'arme blanche. | *blank und bloß*, tout nu. || FIG. *blank sein*, être à sec, sans le sou.
blank|drehen ["blaŋk'dre:ən] v. tr. polir. || ||-**geglüht** adj. TECHN. recuit ; blanc.
Blankett [blaŋ'kɛt] n. (s, e). COMM. carte blanche ; blanc-seing m. ; quittance (f.) en blanc.
blanko ['blaŋko] adv. COMM., JUR. en blanc. | *blanko indossieren*, endosser en blanc.
Blanko|akzept ["blaŋkoak'tsɛpt] n. (es, e). COMM., JUR. acceptation (f.) en blanc, à découvert. ||°-**geschäft** n. (s, e) [opération (f.) à] découvert m. ||°-**unterschrift** f. (-, en) blanc-seing m. ; signature (f.) en blanc. ||°-**vollmacht** f. (-, en) blanc-seing m. ||°-**wechsel** m. (s, -) traite (f.) en blanc.
Blase ['bla:zə] f. (-, n) bulle f. ; bouillon m. || MÉD.

Blase auf der Haut, cloque f. | *sich Blasen am Fuß laufen*, se faire des ampoules au pied. || ANAT. *Harnblase*, vessie f. || CHIM. cornue f. ; alambic m.

Blase|balg ["blɑ:zə'balk] m. (s, ¨e) soufflet m.

blasen ['blɑ:zən] (ä, ie, a) v. tr. souffler. | *Glas blasen*, souffler le verre. | *das Horn, die Trompete blasen*, sonner du cor ; jouer de la trompette. | *einen Marsch blasen*, jouer une marche. || FIG. *Trübsal blasen*, broyer du noir.

◇ v. intr. souffler. | *der Wind bläst*, le vent souffle. || MIL. *zum Rückzug blasen*, sonner la retraite.

Blasen ['blɑ:zən] n. (s). TECHN. (action de) souffler. || [Glas] soufflement m. ; soufflage m. || [mit Sandstrahlen] sablage m. || MUS. son (m.) du cor. || MIL. sonnerie f. ; fanfare f.

Blasen|entzündung ["blɑ:zənɛnt'tsyndʊŋ] f. (-, en). MÉD. inflammation vésicale ; cystite f. ||°**-schwäche** f. (-, n). MÉD. atonie (f.) de la vessie. ||°**-sonde** f. (-, n). MÉD. sonde f. ; cathéter m. ||°**-speicher** m. (s, -). INF. mémoire (f.) à bulles. ||°**-tang** m. (s, e). BOT. varech m. ||**-ziehend** adj. MÉD. vésicant.

Bläser ['blɛ:zər] m. (s, -). TECHN. [Glas] souffleur m. || MUS. joueur (m.) d'instrument à vent. | *Flötenbläser*, joueur de flûte. || GÉOL. soufflard m.

blasiert [bla'zi:rt] adj. blasé ; infatué.

Blasiertheit [-hait] f. esprit blasé ; désabusement m. ; orgueil m.

blasig ['blɑ:ziç] adj. où il y a des bulles, des ampoules ; vésiculaire ; cellulaire. | *blasig werden*, se couvrir de bulles, de boursouflures.

Blas|instrument ["blɑsinʃtru'mənt] n. (s, e). MUS. instrument (m.) à vent. ||°**-rohr** n. (s, e) sarbacane f. || TECHN. [Glas] tube souffleur ; canne f. ; fêle f. ; felle f. || CHIM. chalumeau m.

Blasphemie [blasfe'mi:] f. (-, n). RELIG. blasphème m.

blasphemisch [-'fe:miʃ] adj. blasphémateur.

blaß [blas] adj. pâle ; blême ; blafard ; décoloré ; sans couleur. | *blasse Farben*, couleurs (f. pl.) pâles, ternes. | *ein blasses Gesicht*, un visage pâle, hâve. | *blaß vor Erregung*, blême d'indignation. | *blaß werden*, pâlir. || FIG., FAM. *keine blasse Ahnung von etwas haben*, n'avoir pas la moindre idée de qch. | *blasse Erinnerung*, faible souvenir m. | *vor Neid blaß werden*, pâlir d'envie.

blaß|blau ['blasblau] adj. bleu pâle.

Blässe ['blɛsə] f. (-) pâleur f. ; absence (f.) de couleur. || ANAT., ZOOL. [Pferd] étoile blanche ; chanfrein m.

Bläß|huhn ['blɛshu:n] n. (s, ¨er). ZOOL. poule (f.) d'eau ; foulque f.

bläßlich ['blɛsliç] adj. un peu pâle ; pâlot.

Blatt [blat] n. (s, ¨er). **1.** feuille f. | *grünes, neues, welkes, dürres Blatt*, feuille verte, nouvelle, flétrie, morte. || TECHN. *Blatt eines Beiles*, taillant (m.) d'une hache. | *Blatt eines Ruders*, pale (f.) d'une rame. | *Blatt einer Säge*, lame f. | *Blatt Papier*, feuille, feuillet (m.) de papier. | *loses Blatt*, feuille volante. || AÉRON. pale f. | *angelenktes Blatt*, pale articulée.

2. FIG. *das Blatt wendet sich*, le vent tourne ; la situation change. | *er ist ein unbeschriebenes Blatt*, il n'a pas encore fait ses preuves. | *das steht auf einem andern Blatt*, c'est une autre question. | *er nimmt (sich) kein Blatt vor den Mund*, il ne mâche pas ses mots. || MUS. *vom Blatt spielen*, jouer à livre ouvert. || PAR EXT. [Tageblatt] journal m.

Blatt|feder ["blat'fe:dər] f. (-, n). TECHN. ressort (m.) à lames. ||**-förmig** adj. en forme de feuille ; foliacé. ||°**-gold** n. (s) or (m.) en feuilles ; or laminé ; or en paillettes. ||°**-grün** n. (s). BOT. chlorophylle f. ||°**-laus** f. (-,¨e). ZOOL. puceron m. ||°**-pflanze** f. (-, n) plante verte, à feuilles, d'ornement. ||°**-rippe** f. (-, n), °**-ader** f. (-, n) nervure (f.), côte (f.) de feuille. ||°**-silber** n. (s) argent (m.) en feuilles, en paillettes. ||°**-stiel** m. (s, e). BOT. pétiole m.

Blättchen ['blɛtçən] n. (s, -) petite feuille. || BOT. foliole f. ; lamelle f. || PAR ANAL., TECHN. lamelle f. | *Metallblättchen*, feuillet (m.) de métal. || MÉD. pustule f. || PAR EXT. petit journal ; FAM. feuille (f.) de chou. || ÉLECTR. *Blättchenelektroskop*, électroscope (m.) à feuille d'or.

Blätter|magen ["blɛtər'mɑ:gən] m. (s, -) m. ZOOL. feuillet m. ||°**-pilz** m. (es, e). BOT. agaric m. ||°**-teig** m. (s, e). CULIN. pâte feuilletée. ||°**-werk** n. (s, e) [mieux **Blattwerk**]. BOT. feuillage m.

Blatter ['blatər] f. (-, n). MÉD. | *Blattern*, variole f.

blätterig ['blɛtəriç] adj. BOT. garni de feuilles ; feuillu, lamellé. || MINES. lamelleux.

blättern [-tɛrn] v. intr. feuilleter. | *in einem Buche blättern*, feuilleter un livre. || PAR ANAL. s'écailler. | *die Farbe blättert*, la peinture, la couleur s'écaille.

blau [blau] adj. bleu ; azuré. | *blauer Himmel*, ciel bleu, d'azur. | *blaues Meer*, mer (f.) d'azur. | *blaue Augen*, yeux bleus. | *blau vor Kälte*, bleu de froid. | *das blaue Band*, le ruban bleu. || FIG. *blaues Blut*, sang bleu, noble. || LOC. FAM. *blauen Montag machen*, chômer le lundi ; manquer à son travail. | *er ist blau*, il est gris. | *wir sind mit einem blauen Auge davongekommen*, nous l'avons échappé belle. | *jm blauen Dunst vormachen*, en faire accroire à qn. | *du wirst noch dein blaues Wunder erleben*, tu n'en croiras pas tes yeux. | *er ärgert sich grün und blau*, il a des colères bleues.

◇ adv. *blau leuchten, schimmern*, bleuir. | *blau angelaufen*, poché. || CULIN. *blau sieden*, faire au bleu. | *Forelle blau*, truite (f.) au bleu. || TECHN. *Eisen blau anlaufen lassen*, bleuir le fer.

Blau(e) ['blau(ə)] n. (n) bleu m. ; couleur bleue. | *Blau des Himmels*, bleu, azur (m.) du ciel. | *leichtes Blau*, bleuté m. | *dunkles Blau*, bleu foncé. || FIG. *das Blaue vom Himmel lügen*, mentir comme un arracheur de dents. | *er will für sie das Blaue vom Himmel holen*, il veut pour elle décrocher la lune. | *ins Blaue hinein reden, schießen*, parler, tirer en l'air. | *Fahrt ins Blaue*, voyage-surprise m. ; voyage (m.) à destination inconnue.

blau|äugig ["blau'ɔygiç] adj. aux yeux bleus. || FIG. naïf ; crédule. ||°**-beere** f. (-, n). BOT. myrtille f. ; airelle f. ||**-grau** adj. gris bleuâtre. ||**-grün** adj. vert bleu ; glauque. ||°**-licht** n. (s, er) gyrophare m. ||°**-mann** m. (s, ¨er) bleu m. (de travail). ||°**-meise** f. (-, n). ZOOL. mésange bleue. ||°**-pause** f. (-, n). TECHN. bleu m. ; photocopie bleue ; calque m. ||**-rot** adj. violacé ; rouge foncé. ||°**-säure** f. (-). CHIM. acide (m.) cyanhydrique, prussique. ||°**-strumpf** m. (s,¨e). FIG. bas-bleu m.

Bläue ['blɔyə] f. (-) bleu m. ; azur m.

blauen ['blauən] v. intr. et pr. bleuir ; être bleu.

bläulich [-liç] adj. bleuâtre.

Blech [blɛç] n. (s, e) tôle f. ; fer-blanc m. | *Eisenblech*, tôle (f.) en fer. | *verzinktes Blech*, tôle galvanisée. | *Weiß-, Wellblech*, fer-blanc ; tôle ondulée. || FIG. bourdes f. pl. | *das ist doch Blech*, cela ne rime à rien.

Blech|abfälle ["blɛç'apfɛlə] m. pl. déchets (m. pl.) de tôle. ||°**-büchse** f. (-, n), °**-dose** f. (-, n) boîte (f.) en fer-blanc. ||°**-geschirr** n. (s, e) casseroles (f. pl.) en fer-blanc. ||°**-instrument** n. (s, e). MUS. (instrument [m.] de) cuivre m. ||°**-musik** f. (-, en). MUS. clique f. ; fanfare f. ||°**-schaden** m. (s, ¨). AUTOM. (*etwa*) dégâts matériels. ||°**-schere** f. (-, n). TECHN.

cisaille (f.) à tôle ; cisailles (f. pl.) de ferblantier. ||°-**schmied** m. (s, e). TECHN. ferblantier m. ||°-**schmiede** f. (-, n). TECHN. tôlerie f. ; ferblanterie f. ||°-**stimme** f. (-, n). FIG. voix criarde. ||°-**walzwerk** n. (s, e) laminoir (m.), train (m.) à tôles. ||°-**waren** f. pl. ferblanterie f.

blechen ['blɛçən] v. tr. POP. payer ; casquer.

blechern ['blɛçərn] adj. en fer-blanc ; en tôle. || FIG. creux. | *mit blecherner Stimme*, d'une voix creuse, blanche.

blecken ['blɛkən] v. tr. *die Zähne blecken*, montrer les dents, les crocs.

Blei [blai] n. (s) plomb m. | *Blei gießen*, fondre, couler du plomb. || FIG. *die Füße sind mir (schwer) wie Blei*, j'ai les jambes comme du plomb.

Blei|einlage ["blai'ainlɑ:gə] f. (-, n). ÉLECTR. fusible m. || [Bleistift] charge f. ||°-**erz** n. (es, e) minerai (m.) de plomb. ||-**farben, -farbig** adj. plombé ; livide ; blafard ; blême. ||-**frei** adj. *bleifreies Benzin*, essence (f.) sans plomb. ||°-**glanz** m. (es) galène f. ; sulfure naturel de plomb. ||°-**glätte** f. (-) oxyde naturel de plomb ; litharge f. ||°-**glimmer** m. (s) plomb micacé. ||°-**hütte** f. (-, n) plomberie f. ||°-**kammer** f. (-, n). CHIM. chambre (f.) de plomb. || FIG., HIST. les Plombs (m. pl.) [de Venise]. ||°-**kugel** f. (-, n) balle (f.) de plomb. ||°-**legierung** f. (-, en) alliage (m.) de plomb. ||°-**lot** n. (s, e) fil (m.) à plomb ; sonde f. | *mit dem Bleilot messen*, sonder. ||°-**lötung** f. (-, en). TECHN. soudure (f.) à plomb. ||°-**mantel** m. (s, ¨) gaine (f.) de plomb. ||°-**plombe** f. (-, n). COMM. (cachet m., scellé[s] m. [pl.] de) plomb m. ||°-**salbe** f. (-, n). PHARM. onguent (m.) de Saturne. ||°-**schrot** m. ou n. (s) grenaille (f.) de plomb. ||-**schwer** adj. FIG. lourd comme du plomb ; accablant. ||°-**sicherung** f. (-, en). ÉLECTR. (plomb [m.]) fusible m. ; FAM. plomb. ||°-**vergiftung** f. (-, en). MÉD. empoisonnement (m.) par le plomb ; saturnisme m. ||°-**wasser** n. (s). PHARM. eau blanche. ||°-**weiß** n. (es). CHIM. céruse f. ||°-**zusätze** m. pl. AUTOM. additifs (m. pl.) au plomb.

Bleistift ["blai'ʃtift] m. (s, e) crayon m. | *stumpfer Bleistift*, crayon épointé. | *den Bleistift spitzen*, tailler son crayon.

Bleistift|absatz ["blaiʃtift'apzats] m. (es, ¨e) talon (m.) aiguille. ||°-**spitzer** m. (s, -) taille-crayon m. ||°-**zeichnung** f. (-, en) dessin (m.) au crayon.

Bleibe ['blaibə] f. (-, n) asile m. ; gîte m. ; logis m. | *keine Bleibe haben*, vagabonder. | *eine Notbleibe finden*, trouver un refuge. | *keine Bleibe haben*, n'avoir ni feu ni lieu.

bleiben ['blaibən] (ie, ie). **1.** v. intr. rester ; demeurer. | *zu Hause bleiben*, rester chez soi. | *nüchtern bleiben*, demeurer à jeun. | *treu bleiben*, rester fidèle. || *stehen, sitzen, liegen bleiben*, rester debout, assis, couché. | *hier waren wir stehen geblieben*, nous nous étions arrêtés ici. — **stecken bleiben.** *das Auto bleibt im Schlamm stecken*, la voiture s'embourbe. | *der Redner bleibt in der Rede stecken*, l'orateur s'arrête, perd le fil. | *am Leben bleiben*, rester en vie.

2. LOC. *er ist und bleibt ein Spaßmacher*, il est et il restera, il sera toujours un farceur. | *alles bleibt beim Alten*, rien n'est changé. | *bei der Sache bleiben*, ne pas sortir du sujet. | *bei seiner Aussage bleiben*, persister dans ses déclarations. | *es bleibt dabei*, voilà qui est convenu ; c'est entendu. | *es dabei bleiben lassen*, en demeurer là ; en rester là. | *bleiben Sie mir weg mit solchen Reden*, épargnez-moi de pareils propos. | *jm vom Leibe, vom Halse bleiben*, FAM. ficher la paix à qn. | *der Schüler bleibt sitzen*, l'élève redouble. | *jm die Antwort schuldig bleiben*, rester en dette d'une réponse. || FAM. *bei der Stange bleiben*, ne pas s'écarter de son sujet. || [ledig, eine alte Jungfer bleiben] *sitzen bleiben*, demeurer fille ; coiffer sainte Catherine.

3. (aus)bleiben. | *wo nur mein Vater bleibt ?*, où peut bien être mon père ? | *wo bleibt mein Frühstück ?*, et mon déjeuner ? — **bleiben lassen.** *laß (mir) das bleiben*, laisse cela ! | *wenn Sie es nicht wollen, lassen Sie es bleiben*, c'est à prendre ou à laisser.

◇ part. prés. et adj. **bleibend,** permanent ; durable ; stable ; constant ; fixe. | *bleibende Erinnerung*, souvenir éternel, impérissable. | *bleibender Wert*, valeur (f.) durable. || COMM. *frei bleibend*, sans engagement.

bleich [blaiç] adj. pâle ; blême ; blafard. | *bleiches Gesicht*, visage (m.) pâle. | *bleiche Farbe*, pâleur f. | *vor Schrecken bleich werden*, pâlir, blêmir de saisissement.

Bleiche ['blaiçə] f. (-, n). TECHN. blanchissage m. ; blanchiment m.

bleichen [-çən] v. tr. TECHN. blanchir ; décolorer. ◇ v. intr. (Vx. : i, i) pâlir ; blanchir ; se décolorer.

Bleich|sucht ['blaiçzuxt] f. (-). MÉD. anémie f. ; chlorose f.

bleiern ['blaiərn] adj. de, en plomb. || FIG. pesant, lourd. | *bleierne Müdigkeit*, fatigue accablante.

Blende ['blɛndə] f. (-, n) œillère f. || MIL. blindes f. pl. ; masque de créneau(x). || ARCHIT. fausse porte ; niche f. | *Blendfenster*, fausse fenêtre. | *Fensterblende*, volet. || ÉLECTR. cabochon m. || MINES. [Licht] lampe (f.) de mine. || [Mineral] blende f. || PHOT. diaphragme m. | *die Blende einstellen*, diaphragmer.

blenden [-dən] v. tr. rendre aveugle ; aveugler ; crever les yeux ; éblouir. | *auf einem Auge blenden*, éborgner. | *der Schnee blendete (die Augen)*, la neige aveuglait. || FIG. éblouir ; tromper. | *sich durch den äußeren Schein blenden lassen*, se laisser tromper par les apparences. || PAR ANAL. [färben] ternir. || PAR EXT. [tarnen] masquer. || AUTOM. *die Scheinwerfer (ab)blenden*, baisser les phares.

◇ part. prés. et adj. **blendend,** aveuglant ; prestigieux. || FIG. *blendender Erfolg*, succès éblouissant.

Blender [-dər] m. (s, -). FIG. [Personen] *er ist ein Blender*, il fait illusion ; c'est un faiseur.

Blend|laterne ["blɛntla'tɛrnə] f. (-, n) lanterne sourde. ||°-**rahmen** m. (s, -) châssis m. ; encadrement (m.) de fenêtre. ||°-**schutz** m. (es) pare-soleil m. invar. ; écran, dispositif antiéblouissant. ||°-**werk** n. (s, e). MIL. blindes f. pl. || FIG. illusions f. pl. ; fascination f. ; fantasmagories f. pl.

Blendung ['blɛnduŋ] f. (-, en). [Handlung] aveuglement m. || FIG. éblouissement m. ; impression f. || [Instrument] MIL. blindes f. pl. || OPT. œilleton m.

Blesse ['blɛsə] f. (-, n) étoile (f.) au front d'un animal ; chanfrein m.

blessieren [blɛ'si:rən] v. tr. [verletzen] blesser.

Blessur [-'su:r] f. (-, en) blessure f. ; plaie f.

Blick [blik] m. (s, e) regard m. ; coup (m.) d'œil. | *sprechender, verstohlener, schmachtender Blick*, regard expressif, furtif, langoureux. | *den Blick auf etwas lenken, richten*, tourner ses regards vers, porter ses regards sur qch. | *jn mit den Blicken durchbohren*, transpercer qn du regard. | *er wandte keinen Blick davon*, il n'en détournait pas les yeux. | *ich folgte ihm mit dem Blick*, je le suivais du regard. | *einen sicheren, scharfen Blick haben*, avoir le coup d'œil. | *auf den ersten Blick*, du premier coup d'œil. | *Liebe auf den ersten Blick*, FIG. coup (m.) de foudre. | *jn keines Blickes würdigen*, ne pas daigner honorer qn d'un regard. | *Blick auf das Tal*, panorama (m.) de la vallée. | *er hat dafür keinen Blick*, il ne comprend pas ces choses-là. || PAR ANAL. lueur f. ; éclair m. ; éclat m.

Blick|fang ['blikfaŋ] m. (s, ¨e) objet (m.) qui

accroche le regard. ||°-**feld** n. (s, er). PHOT. champ visuel. ||°-**punkt** m. (s, e) point (m.) de vue. ||°-**winkel** m. (s, -) angle visuel.

blicken ['blikən] v. intr. **1.** regarder. | *vor sich hin blicken*, regarder devant soi. | *scharf auf jn blicken*, jeter un regard perçant sur, scruter qn. | *zur Seite blicken*, regarder de côté. | *gen Himmel blicken*, lever les yeux au ciel. || FAM. *er läßt sich wieder blicken*, le voilà revenu ! | *das läßt tief blicken*, cela donne à penser, à réfléchir.

2. avoir l'air. | *trübe, heiter, freundlich blicken*, avoir l'air triste, gai, aimable.

3. luire, briller. | *die Sonne blickt durch die Wolken*, le soleil luit à travers les nuages.

blind [blint] adj. aveugle. | *ein blinder Bettler*, un mendiant aveugle. | *blind geboren*, aveugle de naissance. | *blind werden*, perdre la vue. | *blind machen*, aveugler. | *auf einem Auge blind*, borgne. || FIG. *blinder Haß, Zufall*, haine (f.) aveugle ; pur hasard. | *blinder Gehorsam*, obéissance (f.) aveugle. | *Liebe ist, macht blind*, l'amour (m.) est, rend aveugle. | *ein blinder Eifer*, un zèle outré. || PAR ANAL. faux ; feint ; fictif ; simulé. | *blindes Fenster*, fausse fenêtre. | *blinder Schuß*, coup (m.) de feu à blanc. | *blinder Passagier*, passager clandestin. || [Spiel] *blinder Mann*, mort m. || PAR EXT. terne. | *blind werden*, ternir ; perdre son éclat.

◇ adv. aveuglément. | *sich blind drauflos stürzen*, se jeter tête baissée sur. | *blind schreiben*, écrire à la machine sans voir le clavier.

Blind|darm ['blintdarm] m. (s, ¨e). ANAT. cæcum m. || MÉD. *Blinddarmentzündung*, appendicite f. ||°-**flug** m. (s, ¨e). AÉRON. pilotage (m.) sans visibilité (P.S.V.). ||°-**gänger** m. (s, -). MIL. raté m. ||°-**landung** f. (-, en). AÉRON. atterrissage (m.) sans visibilité. ||-**lings** adv. à l'aveuglette ; aveuglément ; à tâtons ; d'estoc. | *blindlings auf etwas losgehen*, foncer tête baissée sur qch. | *blindlings ja sagen*, opiner du bonnet. f. ||°-**schleiche** f. (-, n). ZOOL. orvet m. ||°-**schreiben** n. (s, -). [Schreibmaschine] frappe (f.) en aveugle. ||°-**spiel** n. (s, e). [Schach] partie (f.) à l'aveugle. ||°-**strom** m. (s). ÉLECTR. courant déwatté, réactif. ||°-**widerstand** m. (s, ¨e). PHYS. réactance f.

Blinde(r) ['blində(r)] f. (m.) aveugle s.

Blinde|kuh ["blində'ku:] f. (-) colin-maillard m.

Blinden|anstalt ["blindən'anʃtalt] f. (-, en) institution (f.) pour aveugles. ||°-**hund** m. (s, e) chien (m.) d'aveugle. ||°-**schrift** f. (-) alphabet (m.) des aveugles ; caractères (m. pl.) Braille.

Blindheit ['blinthait] f. (-) cécité f. || FIG. aveuglement m. | *mit Blindheit schlagen*, aveugler ; frapper de cécité, d'aveuglement.

blinken ['bliŋkən] v. intr. luire ; briller ; étinceler. | *der See blinkt im Mondschein*, le lac brille au clair de lune. || PAR ANAL. clignoter. || MIL. faire des signaux lumineux.

Blinker [-kər] m. (s, -). AUTOM. (feu) clignotant m. || SPORT. [Angeln] cuiller f. ; cuillère f.

Blink|feuer ["bliŋk'fɔyər] n. (s, -). MAR. feu (m.) à éclipses, tournant, clignotant. ||°-**gerät** n. (s, e) appareil (m.) de signalisation optique. ||°-**licht** n. (s, er) feu intermittent ; [Polizei, usw.] gyrophare m. ||°-**zeichen** n. (s, -). MIL. signal lumineux.

blinzeln ['blintsəln] v. intr. clignoter ; papilloter. | *mit den Augen blinzeln*, cligner des yeux.

Blitz [blits] m. (es, e). [Schein] éclair m. || [Schlag] foudre f. | *der Blitz schlägt ein*, la foudre tombe. | *vom Blitz getroffen*, foudroyé. || PAR ANAL. saillie f. | *Geistesblitze*, traits (m. pl.) d'esprit.

Blitz|ableiter ["blits'aplaitər] m. (s, -). PHYS. paratonnerre m. ||-**artig** adj. MÉD. foudroyant. ||°-**aufnahme** f. (-, n). PHOT. photo(graphie) [f.] au flash. ||-**blank** adj. reluisant. | *blitzblank gescheuert*, brillant de propreté. ||°-**gespräch** n. (s, e) conversation téléphonique très urgente. ||°-**krieg** m. (s, e). MIL. guerre (f.) éclair. ||°-**licht** n. (s). PHOT. flash m. ||°-**licht|aufnahme** f. (-, n) photo (f.) au flash. ||°-**schlag** m. (s, ¨e) coup (m.) de foudre. ||-**schnell** adj. rapide comme l'éclair. || adv. à toute allure. ||°-**strahl** m. (s, en) foudre f.

blitzen ['blitsən] v. imp. lancer des éclairs ; éclairer. | *es blitzt und donnert*, il fait des éclairs et il tonne.

◇ v. intr. étinceler ; briller ; resplendir ; flamboyer. | *die Schwerter blitzen*, les épées flamboient. || FIG. *alles blitzt vor Sauberkeit*, tout brille d'une extrême propreté.

Block [blɔk] m. (s, ¨e) bloc m. ; bille f. || [Holz] billot m. || [Guß] lingot m. || [Klumpen] saumon m. ; pain m. | *einen Felsblock zersprengen, behauen, spalten*, faire sauter, tailler, fendre un rocher. | *in den Block schließen*, mettre aux fers. || COMM. *im Block verkaufen*, vendre en bloc. || ARCHIT. aggloméré m. | *(Häuser)-block*, îlot (m.), pâté (m.) de maisons. || ÉLECTR. *Kontaktblock*, plot (m.) de contact. || AUTOM. *Motorblock*, bloc-moteur m. || [Notizblock] bloc-notes m.

Block|flöte ["blɔk'flø:tə] f. (-, n). MUS. flûte (f.) à bec (d'une seule pièce). ||-**frei** adj. POLIT. non-aligné. | *die Blockfreien*, les pays non-alignés. ||°-**freiheit** f. (-, en). POLIT. non-alignement m. ||°-**haus** n. (es, ¨er). MIL. blockhaus m. ||°-**schrift** f. (-) caractères (m. pl.) d'imprimerie (opposés à l'écriture cursive). || TYPOGR. gros caractères m. pl. ||°-**stelle** f. (-, n). TRANSP. poste (m.) d'aiguilleur.

Blockade [blɔ'ka:də] f. (-, n). POLIT. blocus m. | *die Blockade durchbrechen*, forcer le blocus.

blocken ['blɔkən] v. tr. TECHN. bloquer.

blockieren [-'ki:rən] v. tr. bloquer. || MIL., POLIT. faire le blocus.

Blockierung [-kiruŋ] f. (-, en). MIL., POLIT. verrouillage m. ; blocus m.

Blockung ['blɔkuŋ] f. TECHN. blocage m.

blöde ['blø:də] adj. faible ; débile ; délicat. || PAR ANAL. gauche ; timide ; gêné. || PAR EXT. stupide ; sot ; niais.

◇ adv. *sich blöde benehmen*, être gauche.

Blödian [-dian] m. (s, e). FAM. dadais m.

Blödigkeit [-diçkait] f. (-). ANAT. faiblesse (f.) de la vue. || PAR ANAL. gaucherie f. ; timidité f. || PAR EXT. sottise f. ; niaiserie f.

— SYN. : *Dummheit*, bêtise ; *Albernheit*, sottise.

Blöd|sinn [-zin] m. (s). [Zustand] imbécillité f. ; stupidité f. ; idiotie f. || PAR EXT. [Worte ; Taten] absurdités f. pl. ; bêtises f. pl. ||-**sinnig** adj. sot ; stupide ; niais.

blöken ['blø:kən] v. intr. bêler ; beugler ; mugir.

blond [blɔnt] adj. blond. | *eine hübsche Blonde*, une jolie blonde.

Blond [blɔnt] n. (s). [Farbe] blond m.

blond|gelockt ["blɔntgə'lɔkt] adj. qui a les, des cheveux blonds. ||-**haarig** adj. aux cheveux blonds. ||°-**kopf** m. (s, ¨e) blondin m. ; blondine f.

blondieren [blɔn'di:rən] v. tr. blondir ; oxygéner.

Blondine [-'di:nə] f. (-, n) blonde f.

bloß [blo:s] adj. nu ; découvert. | *bloße Füße*, pieds nus ; nu-pieds. | *nackt und bloß*, tout(e) nu(e). | *mit bloßem Kopf*, tête nue ; nu-tête. | *in bloßem Hemd*, en chemise. | *mit bloßem Schwert*, l'épée nue. | *auf der bloßen Erde schlafen*, dormir, coucher sur la dure. | *auf bloßer Haut*, à même la peau. | *mit dem bloßem Auge sichtbar*, visible à l'œil nu. || PAR EXT. simple. | *das ist bloßer Neid*, c'est pure envie. | *der bloße Gedanke daran*, rien que le fait d'y penser. | *auf den*

bloßen Verdacht hin wurde er verhaftet, on l'arrêta sur un simple soupçon. | *mit dem bloßen Schrecken davonkommen*, en être quitte pour la peur.
◇ adv. simplement ; seulement ; uniquement ; rien que. | *bloß zum Schein*, pour la parade.

bloß|legen ["blo:s'le:gən] v. tr. mettre à nu ; découvrir. || MÉD. *einen Zahn, einen Knochen bloßlegen*, déchausser une dent ; dénuder un os. ||°**-legen** n. (s) mise (f.) à nu. || MÉD. [Zahn] déchaussement m. ; [Knochen] dénudation f. || MINES. découverte f. || **-liegen** (a, e) v. intr. être mis à nu. || MÉD. [Zahn] être déchaussé ; [Knochen] être dénudé. ||**-stellen** v. tr. et v. pr. découvrir ; mettre à nu. || MIL. découvrir ; laisser sans protection. || FIG. (se) compromettre. | *bloßstellend*, compromettant.

Blöße ['blø:sə] f. (-, n) nudité f. || FIG. dénuement m. || PAR ANAL., FIG. côté (m.), point (m.) faible ; faible m. ; faiblesse f. | *sich eine Blöße geben*, donner prise sur soi ; prêter le flanc. || SPORT. [Fechtkunst] se découvrir.

blubbern ['blubərn] v. intr. FAM. bredouiller. || gargouiller.

Bluff [bløf] m. (s, e) bluff m. ; tromperie f.

bluffen [-fən] v. tr. bluffer ; tromper ; intimider.

blühen ['bly:ən] v. intr. fleurir ; être en fleur ; pousser des fleurs. | *der Baum blüht*, l'arbre fleurit, est en fleurs. || FIG. être florissant. | *in Weimar blühte die deutsche Klassik*, le classicisme allemand a fleuri à Weimar. | *sein Geschäft blüht*, son affaire prospère ; FAM. il fait florès. || FAM. *das kann mir auch noch blühen*, cela peut m'arriver aussi ; FAM. cela me pend au nez.
◇ part. prés. et adj. **blühend**, fleuri ; en fleur. | *blühende Gärten*, des jardins en fleurs, fleuris. || FIG. florissant ; prospère. | *blühende Schönheit*, beauté éclatante.

Blühen [-ən] n. (s) floraison f. || FIG. prospérité f.

Blümchen ['bly:mçən] n. (s, -) petite fleur ; fleurette f. || FAM. *Blümchenkaffee*, jus (m.) de chaussette ; lavasse f.

Blume ['blu:mə] f. (-, n) fleur f. | *eine gefüllte Blume*, une fleur double. | *mit Blumen übersät*, émaillé de fleurs. | *die Blume blüht auf, verkümmert*, la fleur s'épanouit, s'étiole. | *mit Blumen schmücken*, garnir de fleurs ; fleurir. || FIG. *durch die Blume sprechen*, parler à mots couverts. || ZOOL. *Blume des Fuchses*, poil follet du renard. | *Blume des Pferdes*, tache blanche, étoile (f.) du cheval. || ANAT. virginité f. || CHIM. fleur f.

Blumen|beet ["blu:mən'be:t] n. (s, e) parterre m. ||°**-binderin** f. (-, nen) bouquetière f. ||°**-duft** m. (s, ¨e) parfum (m.) des fleurs ; arôme m. ||°**-erde** f. (-). AGRIC. terreau m. ||°**-garten** m. (s, ¨) jardin (m.) d'ornement, d'agrément. ||°**-händler(in)** m. (s, -), f. (-, nen) fleuriste s. ||°**-kasten** m. (s, -) jardinière f. ||°**-kohl** m. (s, e) chou-fleur m. ||°**-korb** m. (s, ¨e) corbeille (f.) à, de fleurs. ||°**-korso** m. et n. (s, s) corso fleuri. ||°**-kranz** m. (es, ¨e) couronne (f.) de fleurs ; guirlande f. ||°**-laden** m. (s, ¨) boutique (f.) de fleuriste. ||°**-mädchen** n. (s, -) fleuriste f. ; bouquetière f. ||°**-markt** m. (es, ¨e) marché (m.) aux fleurs. ||**-reich** adj. plein de fleurs. || FIG. fleuri. | *blumenreiche Sprache*, langage fleuri. ||°**-schale** f. (-, n) vase (m.) à fleurs ; bouquetier m. ||°**-schau** f. (-, en) floralies f. pl. ||°**-schere** f. (-, n). TECHN. sécateur m. ||°**-sprache** f. (-, n) langage (m.) des fleurs ; FIG. langage figuré. ||°**-stock** m. (s, ¨e). BOT. pied (m.) de fleur. || PAR EXT. pot (m.) de fleurs. || [Stütze] tuteur m. ||°**-strauß** m. (es, ¨e) bouquet m. (de fleurs). ||°**-stück** n. (s, e) [tableau (m.) représentant des] fleurs f. pl. ||°**-topf** m. (s, ¨e) pot (m.) à, de fleurs. ||°**-topfkrause** f., °**-topfmanschette** f. (-, n) cache-pot m. ||°**-vase** f. (-, n) vase (m.) à fleurs ; bouquetier m. ||°**-züchter** m. (s, -) horticulteur m. ||°**-zwiebel** f. (-, n). BOT. oignon (m.) de fleurs ; bulbe m.

blümerant [blymə'rant] adj. | *mir wird blümerant*, j'ai des éblouissements ; la tête me tourne.

blumig ['blu:miç] adj. semé, plein, émaillé de fleurs. | *blumige Wiese*, pré émaillé de fleurs. || FIG. fleuri. | *blumige Redeweise*, style maniéré.

Bluse ['blu:zə] f. (-, n) blouse f. ; corsage m. ; chemisier m. | *Kittelbluse*, blouse f.

Blut [blu:t] n. (s). **1.** sang m. | *geronnenes Blut*, sang caillé. | *das Blut stillen*, arrêter le sang. | *Blut lassen*, [bluten] saigner ; perdre du sang ; [zur Ader lassen] se faire saigner. | *Blut spucken, husten*, cracher du sang. | *bis aufs Blut schlagen*, frapper jusqu'au sang. | *mit Blut überströmt*, couvert de sang. || PR. et FIG. *sein Blut vergießen*, verser son sang.
2. FIG. *heißes Blut haben*, avoir le sang chaud. | *mein Blut empört sich*, mon sang se révolte. | *das Blut strömte ihm zum Herzen*, son sang ne fit qu'un tour. | *das Blut schoß ihr ins Gesicht*, le rouge lui monta au visage. | *alles Blut wich aus ihrem Gesicht*, elle blêmit. | *sich böses Blut machen*, FAM. se faire du mauvais sang. | *jn bis aufs Blut quälen*, faire damner quelqu'un. | *ein junges Blut*, une jeune personne.
3. LOC. *Gut und Blut einsetzen, opfern*, mettre en jeu, sacrifier sa vie et ses biens. | *von, aus Fleisch und Blut sein*, être de chair et de sang. | *er ist mein Fleisch und Blut*, c'est mon sang. | *in Fleisch und Blut übergehen*, entrer dans le sang. | *wie Milch und Blut aussehen*, avoir un teint de lis et de roses. | *dies wird böses Blut verursachen*, cela aura de très mauvaises conséquences ; FAM. ça va aller mal.
4. FIG. sang m. ; race f. | *er hat blaues Blut in den Adern*, il a du sang bleu, noble. | *die Bande* (n. pl.) *des Blutes*, les liens (m. pl.) du sang. | *es liegt ihm im Blut*, il a cela dans le sang. | *sein Blut schreit nach Rache*, son sang crie vengeance.

Blut|apfelsine ["blu:t'apfəlzi:nə] f. (-, n). BOT. (orange [f.]) sanguine f. ||**-arm** adj. anémique. || FIG., FAM. très pauvre ; pauvre comme Job. ||°**-armut** f. (-), MÉD. anémie f. ||°**-bad** n. (s, ¨er) effusion (f.) de sang ; tuerie f. ; carnage m. ; boucherie f. ; massacre m. ||°**-bank** f. (-, en) banque (m.) du sang. ||°**-bann** m. (s). JUR., HIST. juridiction criminelle. ||**-befleckt** adj. taché, couvert de sang. ||°**-bild** n. (s, er). MÉD. formule (f.) hématologique ; hémogramme m. ||**-bildend** adj. MÉD. hémoplastique. ||°**-bildung** f. (-). MÉD. hémoplastie f. ||°**-buche** f. (-, n). BOT. hêtre (m.) rouge, pourpre. ||°**-druck** m. (s). MÉD. tension artérielle. | *erhöhter, niedriger Blutdruck*, hypertension f., hypotension f. ||°**-druckmesser** m. (s, -). MÉD. tensiomètre m. ||**-dürstig** adj. altéré de sang ; sanguinaire ; féroce. ||°**-egel** m. (s, -). ZOOL. sangsue f. ||°**-entnahme** f. (-, n). MÉD. prise (f.) de sang. ||°**-erguß** m. (es, ¨e) épanchement sanguin ; hémorragie f. ||°**-erzeugung** f. (-). MÉD. sanguification f. ||°**-farbstoff** m. (s, e). CHIM. hémoglobine f. ||°**-faserstoff** m. (s, e). PHYSIOL. fibrine f. ||°**-fluß** m. (es). MÉD. flux (m.) de sang ; hémorragie f. ||°**-flüssigkeit** f. (-, en) plasma (m.) sanguin. ||**-flußstillend** adj. MÉD. hémostatique. ||°**-gefäß** n. (es, e). ANAT. vaisseau sanguin. ||°**-gericht** n. (s, e). JUR. juridiction criminelle. ||**-gerinnungshemmend** adj. MÉD. anticoagulant. | *blutgerinnungshemmendes Mittel*, anticoagulant m. ||°**-gier** f. (-) goût (m.) du sang ; férocité f. ||**-gierig** adj. altéré de sang ; sanguinaire ; féroce. ||°**-gruppe** f. (-, n). MÉD. groupe sanguin. ||°**-gruppenbestimmung** f. (-, en). MÉD. groupagem. ||°**-hund** m. (s, e). ZOOL. braque m. ||

FIG., FAM. homme (m.) sanguinaire ; boucher m. ||**-jung** adj. très jeune. ||°**-körperchen** n. (s, -). PHYSIOL. globule (m.) du sang. | *weißes Blutkörperchen*, globule blanc ; leucocyte m. | *rotes Blutkörperchen*, globule rouge ; hématie f. ||°**-kreislauf** m. (s). MÉD. circulation (f.) du sang. ||**-leer** adj. exsangue. || FIG. pâle ; sans relief. ||°**-numerierung** f. numération (f.) globulaire. ||°**-plättchen** n. (s, -). MÉD. plaquette sanguine. ||°**-probe** f. (-, n). MÉD. analyse (f.) du sang. ||°**-rache** f. (-) vengeance sanglante ; vendetta f. ||**-rot** adj. rouge sang. || FIG. *er wird blutrot*, il devient tout rouge. ||**-rünstig** adj. ensanglanté ; meurtri. || PAR EXT. cruel ; féroce. ||°**-sauger** m. (s, -). ZOOL. sangsue f. ; vampire m. || FIG. sangsue f. ; vampire m. ||°**-schande** f. (-). JUR. inceste m. ||**-schänderisch** adj. JUR. incestueux. ||°**-schuld** f. (-, en). JUR. homicide m. ; meurtre m. ||°**-senkung** f. (-). MÉD. sédimentation (f.) du sang. ||°**-spende** f. (-, n). MÉD. don (m.) de sang. ||°**-spender** m. (s, -). MÉD. donneur (m.) de sang. ||**-stillend** adj. MÉD. hémostatique. | *blutstillendes Mittel*, hémostatique m. ||°**-strieme** f. (-, n). MÉD. meurtrissure f. ; hématome m. ||°**-sturz** m. (es, ¨e). MÉD. hémorragie foudroyante ; hémoptysie f. ; coup (m.) de sang. ||°**-tat** f. (-, en). JUR. meurtre m. ; crime m. ||°**-übertragung** f. (-, en). MÉD. transfusion sanguine. ||**-unterlaufen** adj. injecté de sang. ||°**-untersuchung** f. (-, en). MÉD. analyse (f.) du sang ; hématoscopie f. ||°**-vergießen** n. (s) effusion (f.) de sang. ||°**-vergiftung** f. (-, en). MÉD. empoisonnement (m.) du sang ; septicémie f. ; hémotoxie f. ||°**-verlust** m. (es, e) perte (f.) de sang. ||**-verträglich** adj. MÉD. hémocompatible. ||°**-wäsche** f. (-, n). MÉD. hémodialyse f. ||°**-wasser** n. (s). PHYSIOL. sérum m. ; lymphe f. ||°**-wurst** f. (-, ¨e). CULIN. boudin m. ||°**-zuckerspiegel** m. (s, -). MÉD. taux (m.) de glycémie.

Blüte ['bly:tə] f. (-, n). BOT. fleur f. | *duftende, welkende Blüten*, des fleurs parfumées, fanées. | *ein Baum voller Blüten*, un arbre couvert de fleurs. | *die Bäume stehen in voller Blüte*, les arbres sont tout en fleurs. || FIG. prospérité f. ; état florissant ; apogée m. | *in höchster Blüte*, en pleine prospérité ; à son apogée. | *die Blüte der Ritterschaft, der Jugend*, la fleur de la chevalerie ; l'élite de la jeunesse. | *in der Blüte des Alters, der Jahre*, à la fleur de l'âge. || PAR ANAL., MÉD. bouton m.

Blüte|zeit ["bly:tə'tsait] f. (-, en) [époque (f.) de la] floraison f. || FIG. prospérité f. ; apogée m.

bluten ['blu:tən] v. intr. saigner ; perdre du sang. | *am Finger, aus der Nase bluten*, saigner du doigt, du nez. || FIG. *das Herz, die Seele blutet mir*, le cœur me saigne. || FAM. *er soll mir dafür bluten*, il me le paiera.

Bluten [-tən] n. (s). MÉD. saignement m.

Blüten|blatt ["bly:tən'blat] n. (s, ¨er). BOT. pétale m. ||°**-honig** m. (s) miel m. ; nectar m. ||°**-kelch** m. (s, e). BOT. calice m. ||°**-knospe** f. (-, n) bouton (m.) à fleur. ||°**-schlauch** m. (s, ¨e). BOT. tube (m.) pollinique. ||°**-stand** m. (s). BOT. inflorescence f. ||°**-staub** m. (s) pollen m.

Bluter(in) ['blu:tər(in)] m. (s, -), f. (-, nen). MÉD. hémophile s.

blutig ['blu:tiç] adj. sanglant ; sanguinolent ; ensanglanté. | *blutige Hände, blutiges Gesicht*, mains souillées, tachées de sang ; visage ensanglanté. | *blutiges Fleisch*, viande saignante. | *jn blutig schlagen*, frapper qn jusqu'au sang. || FIG., FAM. *es wird blutiger Ernst*, cela devient sérieux.

Bluts|tropfen ["blu:ts'trɔpfən] m. (s, -) goutte (f.) de sang. ||°**-verwandte(r)** f. (m.) parent(e) [m. (f.)] consanguin(e). ||°**-verwandtschaft** f. (-, en) [vom Vater] agnation f. ; [von der Mutter] cognation f.

Blutung ['blu:tuŋ] f. (-, en). MÉD. saignement m. ; hémorragie f. || [Frau] règles f. pl.

B-moll ['be:mɔl] n. MUS. « si » bémol mineur.

Bö [bø:] f. (-, en). MAR. rafale f. ; grain m.

Boa ['bo:a] f. (-, s). ZOOL. boa m. || [Pelz] boa m.

Bob [bɔb] m. (s, s), **Bob|sleigh** m. (s, s). SPORT. bob m. ; bobsleigh m.

Bock [bɔk] m. (s, ¨e). ZOOL. [Schaf] bélier m. || [Ziege] bouc m. | *Steinbock*, bouquetin m. | *alter Bock*, bouquin m. || FIG., FAM. *alter, geiler Bock*, satyre m. ; vieux paillard. | *steifer Bock*, lourdaud m. || LOC. *einen Bock aufsetzen*, faire la tête de mule. | *einen Bock schießen*, faire la culbute ; FIG. faire une bévue, une gaffe, une boulette. || PAR ANAL. *Kutscherbock*, siège (m.) du cocher. || SPORT. cheval (m.) de bois. || *Bock springen*, jouer à saute-mouton. || [Glas Bier] bock m. || ARCHIT. armature f. || TECHN. chevalet m. ; tréteau m. ; chèvre f. ; mouton m.

bock|beinig ["bɔk'bainiç] adj. récalcitrant ; entêté. ||°**-bier** n. (s, e) bière forte ; bière de mars. ||°**-käfer** m. (s, -). ZOOL. capricorne m. ||°**-leiter** f. (-, n). TECHN. échelle (f.) double.

bocken ['bɔkən] v. intr. sauter comme un bouc ; donner des coups de corne. || FIG. s'entêter.

bockig [-kiç] adj. FIG., FAM. entêté ; rétif.

Bocks|bart ["bɔks'ba:rt] m. (s, ¨e). BOT. barbe (f.) de bouc. || PAR ANAL. [Bart] bouc m. || BOT. salsifis m. ||°**-beutel** m. (s, -). ANAT. bourse (f.) de bouc. || PAR ANAL. [Flasche für Frankenwein] bouteille (f.) en forme de bourse. ||°**-horn** n. (s, ¨er). ANAT. corne (f.) de bouc. || FIG., FAM. *jn ins Bockshorn jagen*, intimider qn.

Bodden ['bɔdən] m. (s, -) baie découpée.

Boden ['bo:dən] m. (s, ¨). **1.** [Erdgrund ; Ackerland] sol m. ; terre f. ; terrain m. ; terroir m. | *ein ergiebiger Boden*, un sol généreux. | *den Boden urbar machen*, défricher. | *den Boden ebnen*, égaliser le terrain. **2.** LOC. *auf ebenem Boden*, à même le sol ; au rez-de-chaussée. | *auf dem bloßen, auf hartem Boden schlafen*, coucher par terre, sur la dure. | *jn zu Boden werfen*, renverser qn. | *jn zu Boden strecken, schlagen*, terrasser, abattre, assommer qn. | *zu Boden drücken*, écraser. | *festen Boden unter den Füßen haben*, PR. et FIG. être sur un terrain solide. | *den Boden unter den Füßen verlieren*, perdre pied. | *jm Boden abgewinnen*, gagner du terrain sur qn. | *ihm brannte der Boden unter den Füßen*, il sentait le sol lui brûler les pieds.
3. [Grund und Boden] fonds m. ; terrain m. | *Grund und Boden*, terres f. pl. ; biens m. pl. || FIG. *in Grund und Boden verdorben*, foncièrement corrompu.
4. PAR EXT. [Grund ; unterer Boden] fond m. | *der Boden des Meeres*, le fond de la mer. | *der Boden des Topfes, des Fasses, des Brunnens, der Hose*, le fond du pot, du tonneau, du puits, de la culotte. | *ein Koffer mit doppeltem Boden*, une valise à double fond.
5. étage. | *Dachboden*, grenier m.
6. sol national. | *den französischen Boden betreten*, fouler le sol français.
7. FIG. fondement m. ; base f. | *auf dem Boden der Verfassung*, conformément à la constitution. | *auf dem Boden der Erfahrung*, en se fondant sur l'expérience.

Boden|abstand ["bo:dən'apʃtant] m. (s, ¨e). AÉRON. distance (f.) du sol. || AUTOM. garde (f.) au sol. ||°**-belag** m. (s, ¨e) revêtement (m.) de sol. ||°**-beschaffenheit** f. (-). AGRIC. nature (f.) du sol, du terrain. ||°**-bestellung** f. (-). AGRIC. emblavement m. ||°**-bildung** f. (-) formation (f.) du sol. ||°**-dienst** m. (es, e). AÉRON. service (m.) au sol. ||°**-effekt** m. (s, e). TECHN. effet (m.) de sol. ||°**-erhebung** f. (-, en). GÉOL. soulèvement (m.) du sol. ||°**-ertrag** m. (s, ¨e).

AGRIC. rapport (m.) du sol ; revenu foncier. ||°-**erzeugnisse** n. pl. denrées (f. pl.) agricoles. ||°-**fenster** n. (s, -). ARCHIT. lucarne f. ||°-**fläche** f. (-, n) étendue f. ; superficie f. ||°-**freiheit** f. (-, en). AUTOM. garde (f.) au sol. ||°-**kammer** f. (-, n). ARCHIT. mansarde f. ||°-**kredit** m. (s, e). FIN. crédit foncier. ||-**los** adj. sans fond. || FIG. énorme. — adv. énormément ; immensément. ||°-**luke** f. (-, n). ARCHIT. lucarne f. ||°-**personal** n. (s). AVIAT. personnel non navigant ; personnel (m.) au sol. ||°-**platte** f. (-, n). ARCHIT. plaque f. ; dalle f. || TECHN. embase f. ||°-**probe** f. (-, n). GÉOL. carotte f. ||°-**recht** n. (s, e). JUR. droit foncier. ||°-**reform** f. (-, en). AGRIC. réforme (f.) agraire. ||°-**satz** m. (es, ¨e). [Wein, Bier] dépôt m. ; lie f. || [Kaffee] marc m. || CHIM. sédiment m. ; résidu m. || MIL. culot m. ||°-**schätze** m. pl. MINES. produits (m. pl.) du sous-sol ; ressources minérales. ||°-**schicht** f. (-, en). GÉOL. couche (f.) de terrain. ||°-**see** n. pr. m. GÉOGR. lac (m.) de Constance. ||°-**senkung** f. (-, en). GÉOL. dépression (f.) de terrain ; affaissement m. ||°-**sicht** f. (-). AÉRON. visibilité (f.) au sol. ||°-**spekulation** f. (-, en) spéculation foncière. ||-**ständig** adj. du terroir ; natif. ||°-**ständigkeit** f. (-). FIG. enracinement m. ||°-**staubsauger** m. (s, -) aspirateur-traîneau m. ||°-**treppe** f. (-, n). ARCHIT. escalier (m.) de grenier. ||°-**übungen** f. pl. SPORT. exercices (m. pl.) au sol. ||°-**verhältnisse** n. pl. GÉOL. état (m.), nature (f.) du sol, du terrain. || AGRIC. conditions (f. pl.) de l'exploitation agricole. ||°-**vermessung** f. (-, en) arpentage m. ||-**verunreinigend** adj. [Umwelt] *bodenverunreinigende Stoffe*, polluants (m. pl.) des sols. ||°-**welle** f. (-, n). GÉOL. ondulation (f.), repli (m.) du sol. || AUTOM. dos (m.) d'âne. || RADIO. onde (f.) de sol. ||°-**wind** m. (s, e) vent (m.) au sol. ||°-**zins** m. (es, en). FIN. rente foncière.

Bodmerei [bodmə'rai] f. (-, en). JUR., MAR. prêt (m.) [à la grosse aventure].

Böe ['bø:ə] f. V. Bö.

Bofist ['bo:fist] m. (es, e), **Bovist** [-fist] m. (es, e). BOT. vesse-de-loup f. ; boviste m. ; lycoperdon m.

Bogen ['bo:gən] m. **1.** (s, ¨) coude m. | *der Fluß beschreibt einen großen Bogen um die Stadt*, la rivière fait, forme un grand coude autour de la ville. || MATH. courbe f. | *mit dem Zirkel einen Bogen schlagen*, décrire une courbe au compas. || [Schußwaffe] arc m. | *den Bogen spannen*, bander son arc. || MUS. [Fiedelbogen] archet m. || FIG. *er macht einen großen Bogen um mich*, il m'évite ; il fait un détour pour m'éviter. || LOC. *in Bausch und Bogen*, en bloc.

2. ARCHIT. arc m. ; arceau m. | *Strebebogen*, arc-boutant m. | *Brückenbogen*, arche f. | *Rundbogen*, arc en plein cintre. | *Spitzbogen*, ogive f. || COMM. *Papierbogen*, feuille (f.) de papier. | *Druckbogen*, placard (m.) d'imprimerie.

Bogen|fenster ["bo:gən'fɛnstər] n. (s, -). ARCHIT. fenêtre cintrée. ||°-**fläche** f. (-, n) convexité f. ||-**förmig** adj. en arc ; arqué ; cintré ; voûté. ||°-**fries** m. (es, e). ARCHIT. frise arquée. ||°-**gang** m. (s, ¨e). ARCHIT. arcade f. ||°-**gewölbe** n. (s, -). ARCHIT. voûte (f.) en plein cintre. ||°-**lampe** f. (-, n), °-**licht** n. (s, er). ÉLECTR. lampe (f.) à arc. ||°-**schießen** n. (s) tir (m.) à l'arc. ||°-**schuß** m. (es, ¨e). MIL. tir courbe, plongeant. | *einen Bogenschuß weit*, à portée d'arc. ||°-**schütze** m. (n, n) archer m. ||°-**strich** m. (s, e). MUS. coup (m.) d'archet.

Boheme [bo'ɛ:mə] f. (-) [vie (f.) de] bohème f.

Bohle ['bo:lə] f. (-, n). TECHN. planche épaisse ; madrier m. ; ais m. | *zugespitzte Bohlen*, palplanches f. pl.

Bohlen|belag ["bo:lənbə'la:g] m. (s). ARCHIT. platelage m. ; revêtement m., couverture (f.) en madriers. ||°-**wand** f. (-, ¨e). ARCHIT. palée f.

Böhme ['bø:mə] n. pr. m. (n, n), **Böhmin** ['bø:-min] f. (-, nen). GÉOGR. Tchèque s. ; Bohémien m. ; Bohémienne f.

Böhmen ['bø:mən] n. pr. n. GÉOGR. Bohême f.

böhmisch [-miʃ] adj. GÉOGR. bohémien ; tchèque. || FIG., FAM. *das sind mir böhmische Dörfer*, pour moi c'est de l'hébreu.

Bohne ['bo:nə] f. (-, n) haricot m. ; flageolet m. ; fève f. | *grüne Bohnen*, haricots verts. | *weiße, trockene Bohnen*, fèves f. pl. | *Schnittbohnen*, haricots verts. || FIG., FAM. *das ist nicht die Bohne wert*, cela ne vaut pas un sou.

Bohnen|kaffee ["bo:nən'kafe:] m. (s) café (m.) en grains. ||°-**stange** f. (-, n) rame (f.) de haricots. || FIG., FAM. [großer, dünner Mensch] perche f. ; échalas m. ; grande bringue. ||°-**stroh** n. (s) paille (f.) de fèves. || FIG., FAM. *dumm wie Bohnenstroh*, bête comme ses pieds.

Bohner|besen ["bo:nər'be:zən] m. (s, -) brosse (f.), cireuse (f.) à parquet. ||°-**maschine** f. (-, n) cireuse f. ||°-**wachs** n. (es, e) encaustique f.

bohnern ['bo:nərn] v. tr. cirer, frotter, faire le parquet.

Bohr|anlage ["bo:r'anla:gə] f. (-, n). TECHN. installation (f.), appareil (m.) de forage, de sondage. ||°-**eisen** n. (s, -). TECHN. mèche f. ||°-**hammer** m. (s, ¨). TECHN. marteau-perforateur m. ||°-**kopf** m. (s, ¨e). TECHN. mandrin m. ; plateau (m.) porte-lame. || °-**loch** n. (s, ¨er) trou (m.) de forage, de sonde, de mine. ||°-**maschine** f. (-, n). TECHN. machine (f.) à percer ; perceuse f. ; porte-foret m. ; vilebrequin m. ; chignole f. ||°-**profil** n. (s, e) coupe (f.) de sondage. ||°-**schiff** n. (s, e). TECHN. navire (m.) de forage. ||°-**spindel** f. (-, n) broche (f.) de perçage. ||°-**spitze** f. (-, n) mèche f. ; vrille f. ||°-**tisch** m. (s, e) table (f.) de perçage ; table rotative. ||°-**turm** m. (s, ¨e) tour (f.) de sondage ; derrick m. ||°-**winde** f. (-, n) vilebrequin m. ||°-**wurm** m. (s, ¨er). ZOOL. taret m.

Bohr- und Fräs|maschine ['-/-"-/--] f. (-, n). TECHN. perceuse-fraiseuse f. ; aléseuse-fraiseuse f.

bohren ['bo:rən] v. tr. TECHN. forer ; percer ; creuser ; perforer. | *ein Loch bohren*, percer, creuser, faire un trou ; trouer. | *einen Brunnen bohren*, creuser un puits. | *eine Schraube bohren in* (acc.), enfoncer une vis dans ; visser. | *jm das Schwert durch den Leib bohren*, passer l'épée au travers du corps de qn. || FIG., FAM. *das Brett bohren, wo es am dünnsten ist*, FAM. se la couler douce.

◇ v. intr. *auf, nach Erdöl bohren*, faire des sondages pour la recherche, la prospection du pétrole.

Bohren ['bo:rən] n. (s). TECHN. forage m. ; perçage m. ; percement m. ; alésage m. ; taraudage m.

Bohrer [-rər] m. (s, -). TECHN. [Arbeiter] (ouvrier) perceur m. ; foreur m. || [Werkzeug] machine (f.) à percer ; perceuse f. ; fleuret m. ; foret m.

Bohrung [-ruŋ] f. (-, en). TECHN. forage m. ; perçage m. ; alésage m. ; sondage m. ; taraudage m. | *Bohrung von Hand*, forage à la main. | *Trockenbohrung*, forage à sec. | *Durchbohrung*, perforation f. | *Gewindebohrung*, taraudage m. ; trou taraudé.

böig ['bø:iç] adj. MAR. à rafales ; à grains.

Boiler ['bɔylər] m. (s, -) chauffe-eau m. invar.

Boje ['bojə] f. (-, n). MAR. bouée f. ; balise f.

Bolivianer(in) [bolivi'a:nər(in)] n. pr. m. (s, -), f. (-, nen). GÉOGR. Bolivien(ne) m. (f.).

bolivianisch [-niʃ] adj. GÉOGR. bolivien.

Bolivien [bo'li:viən] n. pr. n. (s). GÉOGR. Bolivie f.
Bolle ['bɔlə] f. (-, n). BOT. bulbe m. ; oignon m.
Böller ['bølər] m. (s, -). MIL. petit mortier ; crapouillot m. | *mit Böllern empfangen*, recevoir avec des salves d'artillerie.
böllern [-lərn] v. intr. tirer le canon.
Boll|werk ['bɔlvɛrk] n. (s, e). ARCHIT., MIL. bastion m. || MAR. digue f. || FIG. rempart m. ; boulevard m.
Bolognese(r)[in] [bolɔ'ɲe:zər(in)] n. pr. m. (s, -), f. (-, nen). GÉOGR. Bolonais(e) m. (f.).
Bolschewismus [bɔlʃə'vismus] m. (-). POLIT. bolchevisme m.
Bolschewist [-'vist] m. (en, en) bolcheviste m.
bolschewistisch [-'vistiʃ] adj. bolcheviste.
Bolzen ['bɔltsən] m. (s, -) boulon m. ; cheville f. | *mit Bolzen befestigen*, boulonner. || [Maschine] axe m. ; cheville (f.) métallique ; goujon m.
Bolzen|drehbank ["bɔltsən'dre:baŋk] f. (-, ¨e). TECHN. tour (m.) à boulons. ||**-gerade** adj. FAM. droit comme un I. ||°**-gewinde** n. (s, -). TECHN. filet (m.) mâle.
Bombardement [bɔmbardə'mɑ̃] m. (s, s). MIL. bombardement m.
bombardieren [-'di:rən] v. tr. MIL. bombarder. || PAR ANAL. *mit Neutronen bombardieren*, activer des neutrons.
Bombardierung [-'di:ruŋ] f. (-, en). MIL. bombardement m.
Bombast [bɔm'bast] m. (es). LITTÉR. emphase f. ; enflure f. ; phrases ampoulées.
bombastisch [-tiʃ] adj. LITTÉR. emphatique ; ampoulé ; boursouflé. || FAM. pompier.
Bombe ['bɔmbə] f. (-, n). MIL. bombe f. ; obus m. ; grenade f. | *Spreng-, Splitter-, Brand-, Zeitbombe*, bombe explosive, à fragmentation, incendiaire, à retardement. | *Atombombe*, bombe atomique. | *Bomben abwerfen*, bombarder. || FIG. *die Nachricht schlug ein wie eine Bombe*, la nouvelle éclata comme une bombe.
Bomben|alarm ["bɔmbəna'larm] m. (s, e) alerte (f.) à la bombe. ||°**-angriff** m. (s, e) bombardement aérien. ||°**-erfolg** m. (s, e). FIG. succès éclatant. ||°**-flugzeug** n. (s, e) bombardier m. ||°**-geschwader** n. (s, -) escadrille (f.) de bombardement. ||°**-leger** m. (s, -) poseur (m.) de bombes ; plastiqueur m. ||°**-paket** n. (s, e) colis piégé. ||°**-satz** m. (es, ¨e) chapelet (m.) de bombes. ||**-sicher** adj. à l'abri des bombardements. || FAM. absolument sûr. ||°**-splitter** m. (s, -) éclat (m.) de bombe.
Bomber ['bɔmbər] m. (s, -) bombardier m.
Bommel ['bɔməl] f. (-, n) pendeloque f.
Bon [bɔn] m. (s, s). FIN. obligation f.
Bonbon [bɔ̃'bɔ̃] m. et n. (s, s) bonbon m.
Bonbonnière [bɔ̃bɔn'jɛ:rə] f. (-, n) bonbonnière f.
Bonität [boni'tɛ:t] f. (-, en). COMM. valeur f. ; solvabilité f. || PAR EXT. remise f. ; bonification f.
Bonus ['bonus] m. (-). FIN. dividende supplémentaire, spécial ; bonus m.
Bonze ['bɔntsə] m. (n, n). RELIG. bonze m. || FIG., FAM., PÉJOR. bonze m. ; ponte m.
Boot [bo:t] n. (s, e) bateau m. ; barque f. ; canot m. | *zerbrechliches Boot*, embarcation (f.) frêle. | *leicht umschlagendes Boot*, périssoire f. | *Motor-, Faltboot*, canot automobile, pliant. | *das Boot treibt ab*, le bateau va à la dérive. | *das Boot scheitert, schlägt um, sinkt*, le bateau s'échoue, chavire, enfonce. | *ein Boot anlegen, losbinden, steuern*, amarrer, détacher, gouverner un bateau.
Böotien [bø'o:tsiən] n. pr. n. ANTIQ. Béotie f.
Boots|deck ["bo:ts'dɛk] n. (s, e) ponton supérieur d'un bateau. ||°**-haken** m. (s, -). MAR. gaffe f. ||°**-haus** n. (es, ¨er) hangar (m.) à canots. ||°**-mann** m. (s, ¨er). MAR. second maître. ||°**-rennen** n. régates f. pl.
Bor [bo:r] n. (s). CHIM. bore m.
Bord [bɔrt] m. (s, e). MAR., AÉRON. bord m. | *an Bord sein*, être à bord. | *an Bord gehen*, monter à bord. | *über Bord werfen*, jeter par-dessus bord. | *über Bord fallen*, tomber à la mer. | *Mann über Bord !*, un homme à la mer ! || COMM. *frei an Bord*, franco à bord (ABRÉV. : fob). || FIG. *Erinnerungen über Bord werfen*, se débarrasser de ses souvenirs. || PAR ANAL. [Rand] bord m. ; bordure f.
Bord [bɔrt] n. (s, e) planche f. ; rayon m. | *Bücherbord*, étagère à livres.
Bord|ausrüstung ["bɔrt'ausrystuŋ] f. (-, en). AÉRON. équipement (m.) de bord. ||°**-buch** n. (s, ¨er). AÉRON., MAR. carnet (m.), journal (m.), livre (m.) de bord. ||°**-elektronik** f. (-). AÉRON. électronique embarquée. ||°**-funker** m. (s, -) radiotélégraphiste m. ||°**-linie** f. (-, n). MAR. ligne (f.) de flottaison, d'eau. ||°**-radar** m. ou n. (s, s) radar (m.) de bord. ||°**-stein** m. (s, e) bordure (f.) de trottoir. ||°**-waffen** f. pl. armes (f. pl.) de bord. ||°**-wand** f. (-, ¨e). MAR. bordage m.
Bordell [bɔr'dɛl] n. (s, e) maison (f.) de tolérance. || VULG. bordel m.
bordieren [bɔr'di:rən] v. tr. border ; galonner.
Bordstein|schwalbe ["bɔrtʃtain'ʃvalbə] f. (-, n). FAM. péripatéticienne f.
Borg [bɔrk] m. (s, e). COMM. crédit m. ; emprunt m. | *auf Borg geben, nehmen*, faire (donner à) crédit ; prendre à crédit.
borgen ['bɔrgən] v. tr. [leihen] prêter ; faire crédit. | *jm (das) Geld borgen*, prêter de l'argent à qn. || PAR EXT. [entleihen] emprunter. | *ich borge mir sein Fahrrad*, je lui emprunte sa bicyclette.
Borger [-gər] m. (s, -). [Leiher] prêteur m. || PAR EXT. [Entleiher] emprunteur m.
Borke ['bɔrkə] f. (-, n) écorce f. || MÉD. croûte f.
Borken|käfer ["bɔrkən'kɛ:fər] m. (s, -). ZOOL. bostryche (m.) capucin.
Born [bɔrn] m. (s, e). POÉT. puits m. ; source f. ; fontaine f.
borniert [bɔr'ni:rt] adj. borné.
Borniertheit [-hait] f. étroitesse (f.), médiocrité (f.) d'esprit.
Borretsch ['bɔrɛtʃ] m. (es). BOT. bourrache f.
Bor|salbe ["bo:r'zalbə] f. (-, n) vaseline boriquée. ||°**-säure** f. (-, n) acide (m.) borique.
Börse ['bø:rzə] f. (-, n) bourse f. || PAR EXT. [Gebäude] Bourse f. | *schwache, matte, schwankende, feste Börse*, Bourse faible, lourde, houleuse, ferme. | *an der Börse tätigen*, traiter à la Bourse. | *an der Börse notiert werden*, être coté en Bourse.
Börsen|abteilung ["bø:rzən'aptailuŋ] f. (-, en) secteur (m.), compartiment (m.) de Bourse. ||°**-angestellte(r)** f. (m.) employé(e) [m. (f.)] de Bourse. ||°**-auftrag** m. (s, ¨e) ordre (m.) de Bourse. ||°**-bericht** m. (s, e) informations financières. ||**-fähig** adj. négociable, coté en, admis à la, en Bourse. ||**-gängig** adj. négocié à, en Bourse. ||°**-geschäft** n. (s, e) transaction boursière ; marché (m.), opération (f.) de Bourse. | *kleine Börsengeschäfte machen*, FAM. boursicoter. ||°**-index** m. (es, e et dizes) indice boursier. ||°**-krach** m. (s, e) débâcle financière, boursière ; krach m. ||°**-kreise** m. pl. milieux boursiers. ||°**-kurs** m. (es, e) cote (f.), cours (m.) de

la Bourse ; cours (m. pl.) des valeurs. ||°-**makler** m. (s, -) agent (m.) de change. ||°-**manöver** n. (s, -) manœuvre (f.), coup (m.) de Bourse. ||-**notiert** adj. FIN. coté. | *nicht börsennotierte Aktie*, action non cotée. ||°-**papier** n. (s, e) valeur mobilière. ||°-**preis** m. (es, e) prix coté à la Bourse ; prix officiel. ||°-**schwindel** m. (s) agiotage m. ||°-**spekulant** m. (en, en) spéculateur (m.) en Bourse ; agioteur m. ||°-**spekulation** f. (-, en) spéculation (f.) en Bourse ; agiotage m. ||°-**umsatzsteuer** f. (-, n) impôt (m.) sur les transactions boursières. ||°-**verein** m. (s, e). *Börsenverein des deutschen Buchhandels*, Union centrale de la librairie allemande. ||°-**verkauf** m. (s, ¨e). FIN. négociations (f. pl.) en Bourse. ||°-**vertreter** m. (s, -). [offiziell] agent (m.) de change. || [offiziös] courtier m. ||°-**wert** m. (s, e) valeur boursière. | *diese Aktie hat Börsenwert*, cette action est cotée en Bourse. ||°-**zulassung** f. (-, en) admission (f.) à la Bourse.

Börsianer [børzi'ɑ:nər] m. (s, -) boursier m. ; client (m.) de la Bourse.

Borste ['bɔrstə] f. (-, n) soie (f.) de porc. || [Igel] piquants m. pl. || BOT. poil m. ; soie f.

Borsten|vieh ["bɔrstən'fi:] n. (s, e). ZOOL. espèce porcine.

borstig ['bɔrstiç] adj. hérissé. || FIG. rébarbatif ; repoussant. | *borstig werden*, se hérisser.

Bort [bɔrt] n. (es, e) planche f.

Borte ['bɔrtə] f. (-, n) bordure f. ; galon m. ; passement m. ; passepoil m. | *mit einer Borte einfassen, besetzen*, border ; galonner.

Bor|wasser ["bo:r'vasər] n. (s). PHARM. acide (m.) borique.

bös|artig ["bø:z'ɑ:rtiç] adj. mauvais ; malin ; pernicieux. | *bösartiges Fieber*, fièvre maligne. || FIG. méchant.

Bös|artigkeit [-kait] f. (-) malice f. ; malignité f. ; virulence f. ; méchanceté f.

Böschung ['bøʃuŋ] f. (-, en) talus m. ; pente f. || MIL. *äußere Böschung*, contrescarpe f.

Böschungs|winkel ["bøʃuŋs'viŋkəl] m. (s, -) inclinaison (f.) des talus. || MIL. angle (m.) de défilement.

böse ['bø:zə] adj. **1.** [arg ; schlecht ; unangenehm] mauvais ; méchant ; malin ; pernicieux. | *böser Mensch*, homme méchant. | *böse Zunge*, mauvaise langue. | *böser Blick*, regard méchant. | *böse Augen machen*, faire les gros yeux. || FIG. *böse Nachricht*, mauvaise, fâcheuse nouvelle. | *böser Blick*, mauvais œil. | *böser Streich*, PÉJOR. mauvais coup. | *böses Maul haben*, être mal embouché. || RELIG. *böser Geist, Feind*, démon m. ; malin m. **2.** [krank] malade. | *böse Krankheit*, maladie dangereuse.
3. [erzürnt] *böse, gleich böse werden*, se fâcher, prendre la mouche. | *sie sind sich böse*, ils sont brouillés. | *seien Sie mir nicht böse*, ne m'en veuillez pas.
4. PAR EXT. [schlecht ; mühsam] mauvais ; pénible. | *böser Weg*, mauvais chemin, chemin difficile. | *böses Wetter*, mauvais temps. | *böse Zeiten*, temps durs, difficiles.
◇ adv. mal ; méchamment ; malignement. | *es war nicht böse gemeint*, sans penser à mal.

Böse|wicht ["bø:zə'viçt] m. (s, er) vaurien m. ; coquin m. ; méchant m.

boshaft ['bo:shaft] adj. mauvais ; méchant ; malin ; malicieux ; cynique ; pervers. | *recht boshaft sein*, être mauvais comme la gale, comme une teigne.
◇ adv. méchamment ; cyniquement.

Boshaftigkeit [-tiçkait] f. (-, en) malice f. ; méchanceté f. ; malignité f. ; FAM. rosserie f.
— SYN. : *Bösartigkeit, Bosheit*, malice ; *Tücke*, malignité.

Bos|heit ['bo:shait] f. (-, en). V. BOSHAFTIGKEIT.

Boskett [bɔs'kɛt] n. (s, e) bosquet m. ; petit bois.

Bosnien ['bɔsniən] n. pr. n. GÉOGR. Bosnie f.

Bosporus ['bɔsporus] n. pr. m. GÉOGR. Bosphore m.

Boß [bɔs] m. (es, e). POP. patron m.

bossieren [bɔ'si:rən] v. tr. bosseler.

bös|willig ["bø:s'viliç] adj. malveillant ; malintentionné. ||°-**willigkeit** f. (-) malveillance f.

Botanik [bo'tɑ:nik] f. (-) botanique f.

Botaniker [-nikər] m. (s, -) botaniste m.

botanisch [-niʃ] adj. botanique. | *botanischer Garten*, jardin (m.) botanique, des plantes.

botanisieren [botani'zi:rən] v. tr. botaniser ; herboriser.

Bote ['bo:tə] m. (n, n) messager m. ; courrier m. ; facteur m. ; commissionnaire m. | *eigener Bote*, exprès m. | *reitender Bote*, courrier m. ; estafette f.

Boten|gang ["bo:tən'gaŋ] m. (s, ¨e) course f. ; commission f. ||°-**zustellung** f. (-, en) remise (f.) à domicile par porteur.

Botin ['bo:tin] f. (-, nen) messagère f. ; commissionnaire f.

botmäßig ["bo:t'mɛ:siç] adj. JUR. sujet ; soumis ; tributaire.

Botmäßigkeit [-kait] f. (-) dépendance f.

Botschaft ['bo:tʃaft] f. (-, en) message m. ; nouvelle f. ; avis m. | *Botschaft senden*, envoyer un message. || PAR ANAL., POLIT. message m. ; discours m. || PAR EXT. [Gesandtschaft] ambassade f.

Botschafter [-tər] m. (s, -) ambassadeur m.

Böttcher ['bøtçər] m. (s, -) tonnelier m.

Böttcherei [bøtçə'rai] f. (-, en) tonnellerie f.

Bottich ['bɔtiç] m. (s, e) cuve f. ; tonneau m.

bottnisch ['bɔtniʃ] adj. GÉOGR. bothniaque. | *bottnischer Meerbusen*, golfe (m.) de Bothnie.

Boudoir [bu'dwa:r] n. (s, s) boudoir m.

Bouillon [bu'jɔ̃] f. (-, s). CULIN. bouillon m. ; consommé m.

Bouillon|würfel [bu"jɔ̃'vyrfəl] m. (s, -). CULIN. cube (m.) de consommé.

Bourbone [bur'bo:nə] n. pr. m. (n, n) Bourbon m.

bourbonisch [-niʃ] adj. HIST. bourbonien.

Bowle ['bo:lə] f. (-, n) bol m. || vin aromatisé.

Box [bɔks] f. (-, en et es). [im Stall] box m.

boxen ['bɔksən] v. tr. boxer.

Boxen n. (s). boxe f.

Boxer ['bɔksər] m. (s, -) boxeur m.

Box|handschuhe ["bɔks'hantʃu:ə] m. pl. gants (m. pl.) de boxe. ||°-**kampf** m. (s, ¨e) combat (m.), match (m.) de boxe ; [Sportart] boxe f. ||°-**ring** m. (s, e) ring m.

Boykott ['bɔjkɔt] m. (s, e) boycottage m.

boykottieren [bɔjkɔ'ti:rən] v. tr. boycotter.

brach [brɑ:x] adj. inculte ; en friche. | *brach liegende Felder*, des champs (m. pl.) en jachère. || FIG. improductif ; mort. | *brach liegendes Geld*, argent improductif.

Brache [-xe] f. (-, n). AGRIC. jachère f. ; friche f.

brachial [braxi'ɑ:l] adj. brachial.

Brachial|gewalt [braxi"ɑ:lgə'valt] f. (-) force brutale.

Brach|feld ['brɑ:xfɛlt] n. (s, er) jachère f. ||-**liegen** v. intr. PR. et FIG. reposer ; être en friche ; rester inculte. ||°-**vogel** m. (s, ¨) pluvier m. ; courlis m. ||°-**zeit** f. (-, en) période (f.) de jachère.

Brack|wasser ["brak'vasər] n. (-) eau croupie, saumâtre.

Brahmane [bra'mɑ:nə], **Brahmine** [-'mi:nə] m. (n, n) brahmane m. ; bramine m.

brahmanisch [-'mɑ:niʃ] adj. brahmanique.

bramarbasieren [bramarba'zi:rən] v. intr. fanfaronner ; faire le matamore.

Bram|segel ["bram'ze:gəl] n. (s, -). MAR. (voile [f.] de) perroquet m. ; cacatois m. ||°**-stenge** f. (-, n) mât (m.) de perroquet.

Bramme ['bramə] f. (-, n). TECHN. brame f.

Branche ['brɑ̃:ʃə] f. (-, n). COMM. branche f. ; spécialité f.

Brand [brant] m. (s, ¨e) **1.** incendie m. ; feu m. ; embrasement m. ; sinistre m. | *das Gut steht in Brand*, la ferme est en flammes. | *in Brand geraten, stecken*, prendre feu (s'enflammer) ; mettre le feu à (incendier). | *Brand anfachen, bekämpfen, löschen, eindämmen*, allumer, combattre, éteindre, circonscrire l'incendie. || PAR EXT. chaleur (f.) torride. || FIG., POP. soif f. ; FAM. pépie f. || TECHN. cuite f. (des tuiles).
2. PAR ANAL. [brennendes Holzstück] brandon m. ; tison m. | *den Brand schleudern*, lancer le brandon.
3. MÉD. gangrène f. ; nécrose f. | *trockener Brand*, gangrène sèche. || AGRIC. charbon m. ; rouille f. ; carie f. ; chancre m.

Brand|bekämpfung ["brantbə'kɛmpfuŋ] f. (-, en) lutte (f.) contre l'incendie. ||°**-blase** f. (-, n). MÉD. cloque f. ; ampoule f. ||°**-bock** m. (s, ¨e) chenet m. ||°**-bombe** f. (-, n) bombe (f.) incendiaire. ||°**-brief** m. (s, e) menace écrite d'incendie. || FIG. demande pressante de secours. ||°**-fackel** f. (-, n) brandon m. ; torche (f.) incendiaire. || FIG. brandon m. ||°**-flecken** m. (s, -). MÉD. (cicatrice [f.] de) brûlure f. ; tache gangrenée. ||°**-fleckig** adj. MÉD. couvert de taches gangrenées. ||°**-gefahr** f. (-, en) danger (m.) d'incendie. ||°**-geruch** m. (s, ¨e) odeur (f.) de roussi, de brûlé. ||°**-geschoß** n. (es, e), °**-granate** f. (-, n) obus (m.) incendiaire. ||°**-geschwür** n. (s, e) abcès gangreneux. ||°**-glocke** f. (-, n) tocsin m. ||°**-herd** m. (s, e) foyer (m.) d'incendie. ||°**-kalk** m. (s, e) chaux vive ; chaux anhydre. ||°**-kasse** f. (-, n) caisse (f.) d'assurance contre l'incendie. ||°**-mal** n. (s, e) marque (f.), cicatrice (f.) de brûlure ; marque (f.) au fer rouge ; stigmate m. || FIG. flétrissure f. ||°**-malerei** f. (-, en) pyrogravure f. ||**-marken** v. tr. marquer au fer rouge ; stigmatiser. || FIG. flétrir ; stigmatiser. ||°**-mauer** f. (-, n). ARCHIT. mur mitoyen, de refend, réfractaire. ||°**-melder** m. (s, -). TECHN. détecteur (m.) d'incendie. ||°**-opfer** n. (s, -). RELIG. holocauste m. ||°**-rede** f. (-, n). FIG. discours (m.) incendiaire. ||**-rot** adj. rouge, roux ardent. ||°**-salbe** f. (-, n) onguent (m.), baume (m.), liniment (m.) contre les brûlures. ||°**-schaden** m. (s, ¨) dommage causé par l'incendie ; sinistre m. ||**-schatzen** v. tr. rançonner ; pressurer ; imposer une contribution à. ||°**-schutz** m. (es) pare-feu m. ||°**-schwaden** m. pl. fumées (f. pl.) d'incendie. ||°**-schwäre** f. (-, n). MÉD. anthrax m. ||°**-stätte** f. (-, n), °**-stelle** f. (-, n) lieu (m.) du sinistre. ||°**-stifter** m. (s, -) incendiaire m. ||°**-stiftung** f. (-, en) incendie (m.) volontaire. ||°**-wache** f. (-, en) garde (f.), patrouille (f.) veillant aux incendies. ||°**-wunde** f. (-, n). MÉD. brûlure f. ||°**-zeichen** n. (s, -) marque (f.) au fer rouge ; stigmate m.

branden ['brandən] v. intr. déferler. | *die Wellen branden gegen die Felsküste*, les vagues se brisent contre les rochers.

Brandenburg ['brandənburk] n. pr. n. Brandebourg m.

Brandenburger(in) [-gər(in)] m. (s, -), f. (-, nen) Brandebourgeois(e) m. (f.).

brandenburgisch [-giʃ] adj. brandebourgeois.

brandig [-diç] adj. qui sent le brûlé, le roussi. || MÉD. gangrené. || AGRIC. rouillé ; charbonné.

Brandung ['branduŋ] f. (-, en) ressac m. ; déferlement (m.), brisement (m.) des flots.

Brannt|wein ['brantvain] m. (s, e) eau-de-vie f. ; alcool m.

Branntwein|brenner ["brantvain'brɛnər] m. (s, -) bouilleur (m.) de cru ; distillateur m. ||°**-brennerei** f. (-, en) distillerie f.

Brasilianer(in) [brazili'jɑ:nər(in)] n. pr. m. (s, -), f. (-, nen). GÉOGR. Brésilien(ne) m. (f.).

brasilianisch [li'ɑ:niʃ] adj. brésilien.

Brasilien [-'zi:ljən] n. pr. n. (s) Brésil m.

Brasse ['brasə] f. (-, n). MAR. bras m. ; brasse f.

brassen [-sən] v. tr. MAR. brasser.

Brat|apfel ["brɑ:t'apfəl] m. (s, ¨) pomme (f.) à cuire. || PAR EXT. pomme cuite. ||°**-fisch** m. (s, e) poisson (m.) à frire ; poisson frit ; friture f. ||°**-hähnchen** n. (s, -) poulet rôti. ||°**-kartoffeln** f. pl. pommes de terre sautées, frites. ||°**-ofen** m. (s, ¨) four m. ||°**-pfanne** f. (-, n) poêle (f.) à frire. ||°**-rost** m. (s, e) gril m. ||°**-spieß** m. (es, e) broche (f.) à rôtir.

braten ['brɑ:tən] (ä, ie, a) v. tr. cuire ; rôtir. | *in der Pfanne braten*, frire. | *auf dem Rost braten*, griller. || PROV. *es fliegen einem keine gebratenen Tauben ins Maul*, les alouettes ne nous tomberont pas toutes rôties dans le bec.
◇ v. intr. rôtir ; griller ; cuire. || FIG. *in der Sonne braten,* (se) rôtir au soleil.

Braten [-tən] m. (s, -). CULIN. rôti m. || FIG. *ein fetter Braten*, une aubaine. | *den Braten riechen*, éventer la mèche ; avoir vent de qch.

Braten [-tən] n. (s) rôtissage m. ; friture f.

Braten|rock ["brɑ:tən'rɔk] m. (s, ¨). FIG., FAM. habit (m.) de gala ; redingote f. ||°**-wender** m. (s, -) tournebroche m. ; spatule f.

Bratsche ['brɑ:tʃə] f. (-, n). MUS. alto m.

Bräu [brɔy] m. et n. (s, ¨e). [DIAL.] bière (bavaroise). || PAR EXT. brasserie f.

Brau|bottich ["brau'bɔtiç] m. (s, e). TECHN. cuve (f.) de brasseur.

Brauch [braux] m. (s, ¨e) coutume f. ; usage m. | *nach altem Brauch*, selon la vieille coutume. | *alte Bräuche wiederbeleben*, ranimer les vieux usages. | *Sitte und Brauch*, us et coutumes.

brauchbar ['brauxbɑ:r] adj. utilisable ; qui peut servir. | *brauchbare Kleider*, vêtements (m. pl.) mettables.

Brauchbarkeit [-kait] f. (-) utilité f. ; capacité f. ; aptitude f.

brauchen ['brauxən] v. tr. [nötig haben] avoir besoin de ; nécessiter. | *der Kranke braucht Ruhe*, le malade a besoin de repos. | *der Boden braucht Regen*, la terre demande de la pluie. | *wir brauchen dafür drei Stunden*, nous y mettons trois heures. | *ich brauche dich zu dieser Arbeit*, j'ai besoin de toi pour ce travail. | *jn nicht brauchen*, n'avoir que faire de qn. | *das brauchen Sie mir nicht erst zu sagen*, cela va sans dire. | *er braucht nicht zu wissen*, il n'a pas besoin de savoir. | *du brauchst darauf nicht stolz zu sein*, il n'y a pas de quoi être fier. | *er braucht nur aufzutreten, und der Saal applaudiert*, il suffit qu'il paraisse pour que la salle applaudisse. || PAR ANAL. [verwenden ; gebrauchen] se servir de ; user de ; utiliser ; employer. | *sie braucht viel Geld*, elle dépense beaucoup d'argent. | *der Mann ist zu allem zu brauchen*, cet homme est bon à tout faire. | *gebrauchte Kleider, Bücher*, vêtements usagés ; livres (m. pl.) d'occasion.

Brauch|tum ['brauxtu:m] n. (s) coutumes f. pl. ;

mœurs f. pl. ; habitudes f. pl. ||°-**wasser** n. (s) eau (f.) non potable.

Braue ['brauə] f. (-, n). ANAT. sourcil m. | *die Brauen runzeln, hochziehen*, froncer les sourcils.

brauen ['brauən] v. tr. brasser. | *Bier brauen*, brasser de la bière. | *einen Punsch, einen Zaubertrank brauen*, faire, préparer un punch, un philtre.

◇ v. pr. **sich brauen,** [sich zusammenballen] *ein Wetter braut sich zusammen*, un orage s'amoncelle.

◇ v. intr. exhaler. | *Nebel brauen (wallen)*, des brouillards montent de la terre.

Brauer [-ər] m. (s, -) brasseur m.

Brauerei [brauə'rai] f. (-, en) brasserie f.

Brau|haus ['brauhaus], **Bräu|haus** ['brɔyhaus] n. (es, ¨er) brasserie f. ||°-**kessel** m. (s, -). TECHN. chaudière (f.) à brasser.

braun [braun] adj. brun. | *braunes Haar*, cheveux bruns. | *braunes Bier*, bière brune. | *von der Sonne braun werden*, brunir ; se hâler ; se bronzer. || FIG. *braun und blau schlagen*, couvrir de bleus ; rouer de coups. || PAR ANAL., CULIN. *braun braten*, roussir. | *braune Butter*, beurre noir. || TECHN. *braun beizen*, brunir ; bronzer.

braun|äugig ["braun'ɔygiç] adj. aux yeux bruns. ||°-**bier** n. (s, e) bière brune. ||-**gefleckt** adj. tacheté de brun. ||-**gelb** adj. bistre ; (couleur) feuille morte. ||°-**kohle** f. (-, n). MINES. lignite m.

Braun(e) n. (n) brun m. ; couleur brune.

Bräune ['brɔynə] f. (-, n) couleur brune. || TECHN. bronzage m.

bräunen ['brɔynən] v. tr. et intr. brunir.

bräunlich ['brɔynliç] adj. brunâtre.

Braunschweig ['braunʃvaik] n. pr. n. Brunswick m.

Braunschweiger(in) [-ʃvaigər(in)] n. pr. m. (s, -), f. (-, nen) Brunswickois(e) m. (f.).

braunschweigisch [-ʃvaigiʃ] adj. brunswickois.

Braus [braus] m. (es) bruit m. ; vacarme m. | *in Saus und Braus leben*, mener la vie à grandes guides.

Brause ['brauzə] f. (-, n) effervescence f. ; bouillonnement m. ; fermentation f. || PAR ANAL. limonade f. | *eine Brause trinken*, boire une limonade. || PAR EXT. arrosoir m. ; pomme (f.) d'arrosoir, de douche. | *unter die Brause gehen*, se doucher.

Brause|bad ["brauzə'ba:t] n. (s, ¨er) douche f. ||°-**kopf** m. (s, ¨e). FIG. tête chaude ; homme impétueux, emporté, emballé. || FAM. soupe (f.) au lait. ||°-**limonade** f. (-, n) limonade gazeuse.

brausen ['brauzən] v. intr. bruire ; mugir ; gronder ; souffler ; bourdonner. | *der Wind braust*, le vent souffle. | *die Wogen brausen*, les flots mugissent. | *es braust mir in den Ohren*, j'ai des bourdonnements d'oreilles ; les oreilles me tintent. || PAR ANAL. passer en trombe ; filer à grand fracas.

◇ v. tr. et v. pr. (s')asperger ; (s')arroser.

Brausen [-zən] n. (s.). [Wellen] mugissement m. || [Wind] sifflement m. || [Zug] fracas m. || [Ohren] bourdonnement m.

brausend [-zənt] adj. mugissant ; bruyant ; impétueux ; emporté. || FIG. *brausender Beifall*, tonnerre (m.) d'applaudissements.

Brause|pulver ["brauzə'pulfər] n. (s, -) limonade sèche.

Braut [braut] f. (-, ¨e) fiancée f. ; FAM. promise f. ; future f. | *sie ist Braut*, elle est fiancée. || PAR EXT. [Hochzeitstag] épousée f. ; mariée f.

Braut|führer ["braut'fy:rər] m. (s, -) garçon (m.) d'honneur. ||°-**gemach** n. (s, ¨er) chambre nuptiale. ||°-**jungfer** f. (-, n) demoiselle (f.) d'honneur. ||°-**kleid** n. (s, er) robe (f.) de mariée ; toilette (f.) de noces, de mariée. ||°-**kranz** m. (es, ¨e) couronne nuptiale. ||°-**leute** pl. fiancés m. pl. || PAR EXT. nouveaux, jeunes mariés. ||°-**paar** n. (s, e) fiancés m. pl. || PAR EXT. nouveaux époux ; nouveaux, jeunes mariés. ||°-**schau** f. (-) première visite faite à celle dont on pense faire sa fiancée. || FAM. *auf Brautschau gehen*, chercher femme. ||°-**schleier** m. (s, -) voile (m.) de mariée. ||°-**stand** m. (s, ¨e) fiançailles f. pl. ||°-**werber** m. (s, -) celui qui fait la demande en mariage. ||°-**werbung** f. (-, en) demande (f.) en mariage.

Bräutigam ['brɔytigam] m. (s, e) fiancé m. ; FAM. futur m. ; promis m.

brav [bra:f] adj. [artig] brave ; bon ; gentil ; probe. | *ein braves Kind*, un enfant sage. || [tüchtig] *eine brave Hausfrau*, une bonne ménagère. || [tapfer] brave ; courageux ; vaillant. | *als Soldat und brav* (GOETHE), en soldat courageux.

◇ adv. comme il faut ; très bien. | *brav gehandelt !*, voilà qui est courageux !

bravo ['bra:vo] exclam. bravo !

Bravour [bra'vu:r] f. (-) bravoure f. ; courage m.

Bravour|stück [bra"vu:r'ʃtyk] n. (s, e) action (f.) d'éclat ; haut fait d'armes. || FIG., MUS. grand air.

Brech|bohne ["brɛç'bo:nə] f. (-, n) haricot (m.) mange-tout. ||°-**eisen** n. (s, -), °-**stange** f. (-, n) levier m. ; pince-monseigneur f. || MINES. barre (f.) à mine. ||°-**mittel** n. (s, -) vomitif m. ; émétique m. ||°-**reiz** m. (es, e) envie (f.) de vomir ; nausée f.

brechbar [brɛçba:r] adj. cassant ; fragile. || PHYS. réfrangible.

brechen ['brɛçən] (i, a, o) v. tr. [mit einem Male] casser. || [in Stücke] briser. || [entzwei] rompre ; mettre en morceaux ; fracasser. | *Brot brechen*, rompre le pain. | *Blumen brechen*, cueillir des fleurs. | *Hanf brechen*, broyer du chanvre. | *Marmor brechen*, extraire du marbre. | *den Hals brechen*, se casser, se rompre le cou (PR. et FIG.). || MÉD. *Blut, Galle brechen*, vomir du sang, de la bile. || SPORT. *einen Rekord brechen*, battre un record. || LOC. *für jn eine Lanze brechen*, rompre une lance pour qn. | *den Stab über jn brechen*, prononcer la sentence de mort contre qn ; condamner qn. | *etwas übers Knie brechen*, expédier une affaire. | *den Widerstand brechen*, briser la résistance. | *einen Streit vom Zaun brechen*, chercher une querelle d'Allemand ; chercher noise. || JUR. *einen Eid, einen Vertrag, sein Wort, die Ehe brechen*, violer son serment, un contrat, manquer à sa parole (se parjurer), violer la foi conjugale. || PROV. *er hat nichts zu beißen und zu brechen*, il n'a rien à se mettre sous la dent.

◇ v. intr. **1.** rompre ; se briser ; (se) casser. | *im Frühling bricht das Eis*, au printemps la glace fond. | *Leder, Seide bricht*, le cuir se casse ; la soie se fend, se coupe. | *das Auge bricht*, le regard s'éteint. | *mir bricht das Herz*, j'ai le cœur brisé. | *mit jm brechen*, rompre avec qn. | *ihm bricht die Geduld*, il est à bout de patience. **2.** apparaître brusquement, faire irruption. | *die Sonne, der Mond bricht aus den Wolken*, le soleil, la lune perce les nuages. | *die Quelle bricht aus dem Felsen*, la source jaillit du rocher. | *das Kind bricht aus den Reihen*, l'enfant s'élance hors des rangs. || *aus dem Gefängnis ausbrechen*, s'évader de la prison. | *aus dem Hinterhalt hervorbrechen*, surgir d'une embuscade.

◇ part. prés. et adj. **brechend,** FIG. *brechendes Auge*, regard (m) [du] mourant.

◇ part. pass. et adj. **gebrochen,** brisé. | *gebrochenes Deutsch*, mauvais allemand. | *ein gebrochener Akkord*, un accord brisé. | *gebrochene Linie*, ligne brisée. | *gebrochene Zahl*, nombre (m.) fractionnaire. | *mit gebrochenem Herzen*, le cœur brisé.

◇ v. pr. **sich brechen,** se rompre ; se casser ; se briser. | *sich den Arm brechen*, se fracturer le bras. |

Lichtstrahlen brechen sich, les rayons lumineux se réfractent, se réfléchissent.

Brechen [-çən] n. (s) brisement m. ; cassure f. ; rupture f. || PHYS. réfraction f. ; réflexion f. || MINES. extraction f. || MÉD. [Bruch] fracture f. ; [Erbrechen] nausée f. ; vomissement m. || FIG. rupture f. ; manque (m.) de parole. || JUR. violation f. || LOC. *besser Biegen als Brechen*, mieux vaut plier que rompre.

Brecher [-çər] m. (s, -) concasseur m. ; broyeur m. | *Backenbrecher*, concasseur à mâchoires. || MAR. lame brisante ; paquet (m.) de mer. || [Damm] brise-lames m.

Brechung [-çuŋ] f. (-, en). PHYS. réfraction f. || GRAMM. alternance vocalique ; flexion f.

Brechungs|index [ʺbrεçuŋs'indεks] m. (es, e ou -indizes). PHYS. indice (m.) de réfraction.

Brei [brai] m. (s, e) bouillie f. ; purée f. ; pâtée f. ; marmelade f. | *zu Brei kochen*, mettre en marmelade. || FIG. *wie die Katze um den heißen Brei herumgehen*, tourner autour du pot. | *einen Brei anrühren*, tramer une affaire. | *alten Brei wieder aufrühren, aufkochen*, réchauffer de vieilles histoires. | *seinen Brei selber auslöffeln*, supporter les conséquences de ses actes.

Breisach ['braizax] n. pr. n. GÉOGR. Brisach m.

Breis|gau ['braisgau] n. pr. m. GÉOGR. Brisgau m.

breit [brait] adj. **1.** large ; ample ; vaste. | *eine breite Straße*, une rue large. | *eine Hand breit*, large(ur) [f.] d'une main. | *keinen Finger breit nachgeben ; nicht einen Fuß breit weichen*, ne pas reculer d'une ligne ; ne pas céder un pouce de terrain. | *der Stoff liegt achtzig Zentimeter breit*, le tissu a quatre-vingts centimètres de large. | *breit(er) machen, breit(er) werden*, élargir ; s'élargir. | *breit drücken, schlagen, treten*, aplatir, élargir. | *breit gedrückte Nase*, nez camus.

2. FIG. *breit treten*, s'étendre sur ; rabâcher ; être prolixe ; délayer. | *breiter Stil*, prolixité f. | *breit reden*, pérorer. | *sich breit machen*, faire l'important. | *die breite Öffentlichkeit*, tout le monde ; le public. | *weit und breit*, partout ; à la ronde. | *er ist weit und breit bekannt*, il est connu à cent lieues à la ronde.

Breit|band [ʺbrait'band] n. (s, ¨er). TÉLÉCOMM. large bande. ||**-beinig** adj. et adv. qui a les jambes écartées. ||**-drücken** v. tr. aplatir. ||**-gestreift** adj. à larges raies. ||**-randig** adj. à bord large. ||**-schulterig** adj. aux épaules carrées ; de forte carrure. ||°**-seite** f. (-, n) flanc m. || MAR. bordée f. | *eine volle Breitseite feuern*, lâcher une bordée. ||°**-spur** f. (-, en). TRANSP. voie (f.) à grand écartement. ||°**-spurbahn** f. (-, en) chemin (m.) de fer à grand écartement. ||**-spurig** adj. TRANSP. à voie large. || FIG. qui fait l'important ; qui a de l'aplomb ; arrogant. | *breitspurig darlegen*, exposer sans faire grâce d'aucun détail. ||**-treten** (i, a, e) v. tr. élargir ; aplatir. || FIG. délayer ; s'étendre.

Breite ['braitə] f. (-, n) largeur f. | *die Breite des Schwimmbeckens beträgt 20 Meter*, la largeur du bassin est de 20 mètres. | *Breite der Schultern*, carrure f. ; largeur (f.) d'épaules. | *in die Breite gehen*, grossir. || ASTRON. *geographische Breite eines Ortes*, latitude (f.) d'un lieu. | *südliche Breite*, latitude (f.) sud. || MAR. [Segel] envergure f. || FIG. ampleur f. ; prolixité f. | *epische Breite*, ampleur épique. | *um Haaresbreite einen Unfall vermeiden*, éviter d'un cheveu un accident.

breiten [-tən] v. tr. élargir ; aplatir. || PAR EXT. étendre ; déployer. | *nach jm die Arme breiten*, tendre les bras à qn. | *eine Decke auf den Boden breiten*, étendre une couverture par terre. || AGRIC. *Heu breiten*, étendre du foin.

Breiten|grad [ʺbraitən'grɑ:t] m. (s, e). ASTRON. degré (m.) de latitude. ||°**-kreis** m. (es, e). ASTRON. parallèle m.

Bremen ['bre:mən] n. pr. n. GÉOGR. Brême m.

Bremer(in) [-mər(in)] m. (s, -), f. (-, nen) Brémois(e) m. (f.).

bremisch [-miʃ] adj. de Brême.

Brems|backe [ʺbrεms'bakə] f. (-, n). TECHN. mâchoire (f.) de frein ; sabot m. ; segment (m.) de frein, de freinage. ||°**-belag** m. (s, e) garniture (f.) de frein. ||°**-einrichtung** f. (-, en) dispositif (m.) de freinage. ||°**-fähigkeit** f. (-, en) puissance (f.) de freinage, des freins. ||°**-klappe** f. (-, n). AÉRON. frein (m.) aérodynamique ; aérofrein m. ||°**-klotz** m. (es, ¨e) patin (m.) de frein. ||°**-kraft** f. (-, ¨e) puissance de freinage. ||°**-leistung** f. (-, en) puissance (f.) des freins. ||°**-licht** n. (s, er). AUTOM. feu (m.) de signalisation, de freinage ; feu (m.) de stop. ||°**-rakete** f. (-, n). AÉRON. rétrofusée f. ||°**-scheibe** f. (-, n) disque (m.) de frein. ||°**-schirm** m. (s, e). AÉRON. parachute (n.) de queue. ||°**-schuh** m. (s, e) sabot (m.) de frein. || TRANSP. cale f. ||°**-seil** n. (s, e) câble (m.) de frein. ||°**-trommel** f. (-, n) tambour (m.) de frein. ||°**-weg** m. (s, e). AUTOM. distance (f.) de freinage.

Bremse ['brεmzə] f. (-, n) frein m. | *starke Bremse*, frein puissant. | *Felgen-, Fußbremse*, frein sur jante, à pied. | *Hand-, Luftdruckbremse*, frein à main, à air comprimé (pneumatique). | *Trommel-, Reibungs-, Öldruckbremse*, frein à tambour, à friction, hydraulique. | *Rücktritt-, Hinterradbremse*, frein à rétropédalage, arrière. | *Notbremse*, frein de secours.

Bremse ['brεmzə] f. (-, n). ZOOL. taon m.

bremsen ['brεmzən] v. intr. freiner ; serrer le frein. | *stark bremsen*, bloquer le frein. | *scharf bremsen*, freiner brusquement.

Bremser [-zər] m. (s, -). TRANSP. garde-frein m. ; serre-frein m.

Bremsung [-zuŋ] f. (-, en) freinage m.

Brenn|achse [ʺbrεn'aksə] f. (-, n). PHYS. axe focal. ||°**-dauer** f. (-) [Lampe] durée (f.) d'éclairage. || [Ziegel] durée (f.) de cuisson. ||°**-eisen** n. (s, -). TECHN. fer (m.) rouge ; fer à friser. || MÉD. cautère m. ||°**-element** n. (s, e). NUCL. *bestrahltes Brennelement*, combustible irradié. ||°**-(n)essel** f. (-, n). BOT. ortie f. ||°**-glas** n. (es, ¨er). PHYS. loupe f. ; lentille f. ||°**-holz** n. (es) bois (m.) de chauffage. ||°**-kammer** f. (-, n) chambre (f.) de combustion. ||°**-linie** f. (-, n). OPT. parabole focale. ||°**-material** n. (s, ien) combustibles m. pl. ||°**-ofen** m. (s, ¨) four (m.) de calcinage, de cuisson. ||°**-punkt** m. (s, e). OPT. foyer m. | *auf den Brennpunkt einstellen*, mettre au point. ||**-schneiden** v. tr. couper à l'autogène. || °**-schweißen** n. (s) soudure (f.) à chaud. ||°**-stab** m. (s, ¨e). NUCL. aiguille (f.), barreau (m.) de combustible. ||°**-stoff** m. (s, e) combustible m. || AÉRON. ergol m. || AUTOM. carburant m. | *nuklearer Brennstoff*, combustible nucléaire. ||°**-stoffzelle** f. (-, n). NUCL. pile (f.) à combustible. ||°**-weite** f. (-, n). PHYS. distance focale.

brennbar [ʺbrεn'bɑ:r] adj. combustible.

Brennbarkeit [-kait] f. (-) combustibilité f.

brennen ['brεnən] (brannte, gebrannt) v. intr. brûler ; prendre feu ; s'allumer ; être en flammes ; flamber ; briller. | *lichterloh, flackernd brennen*, brûler clair, à petit feu. | *das Haus, der Wald brennt*, la maison, la forêt est en flammes. | *es brennt in der Scheune*, la grange est en flammes. | *es brennt !*, au feu ! | *die Lampe will heute nicht brennen*, la lampe ne marche pas bien aujourd'hui. || PAR EXT. *die Wunde brennt*, la plaie cuit. | *die Nessel brennt*, l'ortie pique. | *die Sonne brennt*, le soleil est brûlant. | *der Pfeffer brennt auf der Zunge*, le poivre pique la langue. || FIG. *auf etwas brennen*, être impatient, s'impatienter de. | *vor Ungeduld, Ehrgeiz, Begierde, Neugierde brennen*, brûler d'impatience, d'am-

bition, de désir, de curiosité. | *es brennt mir auf der Seele*, cela me ronge le cœur. | *das Wort brennt mir auf der Zunge*, j'ai le mot sur le bout de la langue. | *ihm brannte der Boden unter den Füßen*, le sol lui brûlait les pieds.
◇ v. tr. et v. pr. **(sich) brennen,** (se) brûler ; mettre le feu à ; mettre en feu ; (se) consumer. | *Holz, Torf, Öl, Gas brennen*, brûler du bois, de la tourbe, du pétrole, du gaz. | *Holz zu Kohlen brennen*, faire du charbon de bois. | *Gips, Kalk brennen*, calciner du plâtre, de la chaux. | *Ton, Porzellan, Backsteine, Ziegel brennen*, cuire de l'argile, de la porcelaine, des briques, des tuiles. | *Kaffee, Mehl brennen*, griller, torréfier du café ; griller de la farine. || [destillieren] *Kartoffeln, Getreide, Branntwein brennen*, distiller des pommes de terre, du blé, de l'eau-de-vie. || *sich die Haare brennen*, donner un coup de fer à ses cheveux ; se friser les cheveux. || MÉD. *die Wunde brennen*, cautériser la plaie. || LOC. *sich eine Kugel vor den Kopf brennen*, se brûler la cervelle. | *sengen und brennen*, mettre à feu et à sang.
◇ part. prés. et adj. **brennend,** brûlant ; ardent ; en feu. | *brennend heiße Sonne*, soleil (m.) torride. || FIG. *brennendes Rot*, rouge éclatant. | *brennende Frage*, question brûlante.
◇ part. pass. et adj. **gebrannt,** brûlé ; calciné ; consumé. | *gebrannte Mandeln*, amandes grillées.

Brennen [-nən] n. (s) brûlure f. ; cuisson f. ; calcination f. ; torréfaction f. ; grillage m. || MÉD. *Brennen im Magen*, brûlures d'estomac.

Brenner [-nər] m. (s, -). [Personen] brûleur m. | *Branntweinbrenner*, distillateur m. | *Ziegelbrenner*, cuiseur m. (de briques, de tuiles) ; briquetier m. || [Dinge] brûleur m. | *Bunsen-, Gasbrenner*, bec (m.) Bunsen, à gaz. || AGRIC., BOT. charbon m. ; nielle f. ; carie f.

Brennerei [brɛnə'rai] f. (-, en). [Alkohol] distillerie f. || [Ziegel] tuilerie f.

brenzlig [-tsliç] adj. qui sent le roussi, le brûlé. | *brenzliger Geruch*, odeur (f.) de brûlé. || FIG. *die Sache wird brenzlig*, FAM. l'affaire se gâte.
— SYN. : *brenzlich ; brenzlicht* (vx).

Bresche ['brɛʃə] f. (-, n) brèche f. | *eine Bresche schlagen*, ouvrir une brèche. || FIG. *in die Bresche springen*, intervenir ; porter assistance à.

Bretone [brə'to:nə] n. pr. m., **Bretonin** [-nin] f. Breton m. ; Bretonne f.

bretonisch [-niʃ] adj. breton(ne).

Brett [brɛt] n. (s, er). **1.** planche f. ; ais m. | *Tannen-, Eichenbrett*, planche de sapin, de chêne. | *dünnes Brett*, volige f. | *Bretter schneiden*, scier du bois en planches. | *mit Brettern auslegen, beschlagen*, planchéier ; lambrisser.
2. LOC., FIG. *er hat ein Brett vor dem Kopf*, c'est un imbécile ; POP. il est bouché. | *ich habe bei ihm einen Stein im Brett*, je suis dans ses petits papiers. || FIG., COMM. *auf einem Brett bezahlen*, payer tout à la fois.
3. PAR EXT. *das schwarze Brett*, le tableau noir ; le panneau d'affichage. | *Bücherbrett*, rayon m. ; étagère f. | *Zeichenbrett*, planche à dessin. | *Schachbrett*, échiquier m. || JUR. *vors Brett kommen*, venir en justice. || THÉÂTRE. *die Bretter betreten, besteigen*, monter sur les planches. | *das Stück ging zwölfmal über die Bretter*, la pièce eut douze représentations.

Brett|spiel ["brɛt'ʃpi:l] n. (s, e) jeu (m.) de société (avec damier ou échiquier). ||°**-stein** m. (s, e) pion m.

Brettchen ['brɛtçən] n. (s) planchette f. || MUS. éclisse (f.) de violon.

Bretter|bude ["brɛtər'bu:də] f. (-, n) baraque (f.) en planches. ||°**-verschlag** m. (s, ¨e), **-wand** f. (-, ¨e) cloison f. ||°**-zaun** m. (s, ¨e) clôture (f.) en planches.

brettern ['brɛtərn] adj. de, en planches.

Brevier [bre'vi:r] n. (s, e). RELIG. bréviaire m.

Brezel ['bre:tsəl] f. (-, n). CULIN. craquelin m. ; bretzel m.

Bridge [bridʒ] n. (s, s) jeu (m.), partie (f.) de bridge ; bridge m.

Brief [bri:f] m. (s, e) lettre f. ; missive f. ; épître f. | *ein unleserlicher Brief*, une lettre illisible. | *eingeschriebener Brief*, lettre recommandée. | *einen Brief austragen, überbringen, unterschlagen*, porter, remettre, intercepter une lettre. || FIG. *darauf gebe ich dir Brief und Siegel*, tu peux m'en croire ; tu peux compter sur moi.

Brief|abfertigung ["bri:f'apfɛrtiguŋ] f. (-, en) expédition (f.) des lettres. ||°**-anschrift** f. (-, n) adresse f. ||°**-beschwerer** m. (s, -) presse-papiers m. ||°**-bogen** m. (s, -) feuille (f.) de papier à lettres. ||°**-bote** m. (n, n) facteur m. ||°**-buch** n. (s, ¨er). COMM. livre (m.) de correspondance. || °**-geheimnis** n. (ses, se). JUR. secret postal. ||°**-karte** f. (-, n) carte-lettre f. ||°**-kasten** m. (s, ¨) boîte (f.) aux lettres. ||°**-kasten|leerung** f. (-, en) levée (f.) des boîtes aux lettres. ||°**-kasten|onkel** m. (s, -), °**-kasten|tante** f. (-, n) courriériste s. ||°**-kopf** m. (es, ¨e) en-tête (m.) de lettre. ||°**-kurs** m. (es, e). [Börse] cours offert. ||°**-öffner** m. (s, -) ouvre-lettres m. ; coupe-papier m. ||°**-ordner** m. (s, -) classeur (m.) de lettres. ||°**-papier** n. (s, e) papier (m.) à lettres. | *Briefpapier mit Trauerrand*, papier à lettres de deuil. ||°**-porto** n. (s, s) port m. ; affranchissement m. ||°**-prüf|stelle** f. (-, n). ADM. contrôle (m.) du courrier ; censure (f.) des lettres. ||°**-stil** m. (s, e). LITTÉR. style (m.) épistolaire. ||°**-tasche** f. (-, n) portefeuille m. ||°**-taube** f. (-, n). ZOOL. pigeon voyageur. ||°**-telegramm** n. (s, e) télégramme-lettre m. ||°**-träger** m. (s, -) facteur m. ||°**-waage** f. (-, n) pèse-lettres m. ||°**-wechsel** m. (s, -) échange (m.) de lettres ; correspondance f.

Brief|marke ["bri:f'markə] f. (-, n) timbre-poste m.

Briefmarken|album ["bri:fmarkən'album] n. (s, alben) album (m.) de timbres-poste. ||°**-automat** m. (en, en) distributeur (m.) automatique de timbres-poste. ||°**-heft** n. (s, e) carnet (m.) de timbres-poste. ||°**-sammeln** n. (s) philatélie f. ||°**-sammler** m. (s, -) philatéliste m. ||°**-sammlung** f. (-, en) collection (f.) de timbres-poste.

brieflich ['bri:fliç] adj. et adv. par lettre. | *brieflicher Verkehr*, correspondance f. | *brieflich mit jm verkehren*, correspondre avec qn.

Briefschaften ['bri:fʃaftən] f. pl. lettres f. pl. ; courrier m. ; correspondance f.

briet [bri:t] prétérit de **braten.**

Brigade [bri'gɑ:də] f. (-, n). MIL. brigade f.

Brigadier [briga'di:r] m. (s, s). MIL. général (m.) de brigade. || brigadier m. ; caporal m.

Brigg [brig] f. (-, en). MAR. voilier (m.) à deux mâts ; brick m.

Brikett [bri'kɛt] n. (s, e) briquette f. ; aggloméré m. | *Eierbrikett*, boulet m.

brillant [bril'jant] adj. brillant. || FIG. excellent.

Brillant ['jant] m. (en, en) brillant m. ; diamant (m.) à facettes.

Brillantine [-jan'ti:nə] f. (-) brillantine f.

Brille ['brilə] f. (-, n) lunettes f. pl. ; pince-nez m. ; lorgnon m. | *eine Brille*, une paire de lunettes. | *eine Brille tragen, aufsetzen, die Brille absetzen*, porter, mettre des lunettes ; ôter (enlever) ses lunettes. | *Sonnenbrille*, lunettes de soleil. || FIG. *durch eine rosige Brille sehen*, voir la vie en rose.

Brillen|bügel ["brilən'by:gəl] m. (s, -) branche (f.) de lunettes. ||°**-fassung** f. (-, en) monture (f.), châsse (f.) de lunettes. ||°**-glas** n. (es, ¨er) verre (m.) de lunettes ; verre lenticulaire. ||°**-schlange** f. (-, n).

ZOOL. serpent (m.) à lunettes. || FIG., IRON. femme (f.) qui porte des lunettes.

brillieren [bril'ji:rən] v. intr. FIG. briller ; se distinguer.

Brimborium [brim'borjum] n. (s, orien). FAM. *viel Brimborium machen*, faire des manières.

bringen ['briŋən] (brachte, gebracht) v. tr.

I. sens du verbe simple.
1. APPORTER ; PORTER VERS.
2. RAPPORTER ; PRODUIRE ; DONNER ; PROCURER.
3. PRODUIRE ; METTRE AU JOUR.
4. RECONDUIRE ; ACCOMPAGNER.
II. avec adverbes.
III. avec prépositions.

I. Sens du verbe simple. **1.** apporter ; porter vers. | *einen Stuhl bringen*, apporter une chaise. | *bring mir ein Glas Wasser*, apporte-moi un verre d'eau. | *einen Brief zur Post bringen*, porter une lettre à la poste. | *Nachricht, Kunde bringen*, renseigner. | *das Programm bringt nichts Neues*, le programme n'offre rien de nouveau. | *die Zeitungen brachten nichts darüber*, les journaux n'en dirent rien, n'en parlèrent pas, furent muets. | *Trost bringen*, consoler. | *ein Opfer bringen*, faire des sacrifices. | *Tod und Verderben bringen*, apporter la mort et la désolation. | *ein Ständchen bringen*, donner une sérénade. | *es jm bringen*, boire à la santé de qn. | *das bringt Glück*, cela porte chance. | *Freude bringen*, causer de la joie. | *Ehre bringen*, faire honneur à. | *das bringt ihm Schimpf und Schande*, cela tournera à sa honte. **2.** RAPPORTER ; PRODUIRE ; DONNER ; PROCURER : *das Geschäft bringt reichen Ertrag*, cette affaire rapporte, est d'un bon rendement. | *Nutzen bringen*, donner un bénéfice. | *Zinsen bringen*, porter des intérêts. | *es bringt nicht viel*, cela ne rapporte pas beaucoup. | *die Menge muß es bringen*, il faut se rattraper sur la quantité. | *ein Wort bringt das andere*, un mot en amène un autre. || LOC. *Zeit bringt Rat*, la nuit porte conseil. | *Zeit bringt Rosen*, tout vient à point à qui sait attendre.
3. PRODUIRE ; METTRE AU JOUR : *auf die Welt, zur Welt bringen*, mettre au monde. | *etwas zum Vorschein bringen*, produire, montrer qch. | *die Sonne bringt es an den Tag*, tôt ou tard la vérité se fera.
4. RECONDUIRE ; ACCOMPAGNER : *jn ins Krankenhaus bringen*, conduire qn à l'hôpital. | *jn nach Hause, an die Bahn, über die Grenze bringen*, reconduire qn chez soi, à la gare, au-delà de la frontière. | *etwas zu(m) Markte bringen*, porter qch. au marché ; lancer qch. sur le marché. | *unter die Erde bringen*, mettre, porter en terre ; FIG. pousser qn au désespoir.
II. avec adverbes. **dahin :** *es dahin bringen, daß*, faire en sorte que. — **fertig :** *er bringt es fertig, zwei Seiten in einer Stunde zu schreiben*, il arrive à écrire deux pages à l'heure. — **heim :** *heimbringen*, reconduire à la maison. — **her :** *wo bringst du das her ?* où as-tu pris cela ? — **hoch :** *ein Geschäft hochbringen*, développer une affaire. — **nahe :** *dem Untergang nahebringen*, amener au bord de la perte. — **vorwärts :** *seine Geschäfte vorwärtsbringen*, faire avancer ses affaires. — **weit :** *jung schon brachte er es weit*, jeune il est allé déjà loin (dans le succès). — **zusammen :** *die Beiden zusammenbringen*, agencer une rencontre, un mariage.
III. avec prépositions. **an :** *wieder an sich bringen*, recouvrer. | *eine Ware an den Mann bringen*, placer une marchandise. | *jn an den Rand der Verzweiflung bringen*, amener qn au bord du désespoir. — **auf :** *auf die Beine bringen*, remettre sur pied. | *wieder aufs Tapet bringen*, mettre sur le tapis, revenir à la charge. | *jn auf andere Gedanken bringen*, faire changer d'idée, distraire qn. — **aus :** *jn aus der Fassung, aus dem Häuschen bringen*, faire perdre contenance à qn. | *jn aus dem Konzept bringen*, désarçonner qn. | *jn aus dem Gleichgewicht bringen*, faire perdre l'équilibre à qn ; désaxer qn. | *aus den Fugen bringen*, démantibuler. — **bis :** *es bis zum Minister bringen*, monter jusqu'au rang de ministre. | *es bis auf neunzig bringen*, atteindre quatre-vingt-dix ans. — **hinter :** *einen Gauner hinter Schloß und Riegel bringen*, mettre un escroc sous les verrous. — **in :** *in Bewegung, in Gang bringen*, mettre en marche. | *wieder in Gang bringen*, dépanner (une automobile). | *in Verbindung bringen*, mettre en rapports. | *etwas in seinen Besitz bringen*, se mettre en possession de qch. | *in Einklang bringen*, mettre d'accord ; accorder. | *in Erinnerung bringen*, rappeler. | *in Erfahrung bringen*, apprendre (par l'expérience). | *in Gefahr bringen*, mettre en danger. | *in Mode bringen*, mettre à la mode. | *etwas in Ordnung bringen*, mettre de l'ordre dans qch. | *in Sicherheit bringen*, mettre en sûreté. | *ein Gerücht in Umlauf bringen*, faire circuler un bruit. | *in Verlegenheit bringen*, embarrasser ; gêner. | *jn in Aufregung bringen*, exciter, énerver qn. | *jn ins Elend bringen*, réduire qn à la misère. | *jn ins Gerede, in üblen Ruf bringen*, compromettre, faire une mauvaise réputation à qn. | *in Verruf bringen*, discréditer. | *ins Reine bringen*, tirer au clair. || LOC. *sein Schäfchen ins Trockene bringen*, mettre du foin dans ses bottes. || COMM. *in Rechnung bringen*, mettre sur le compte de. | *in Ausgabe, in Einnahme bringen*, porter en dépense, en recette. — **mit :** *die Sache bringt es mit sich*, cela est dans la nature de la chose. — **über :** *Segen über ein Land bringen*, faire la prospérité d'un pays. | *er konnte es nicht übers Herz bringen*, il ne put pas s'y résoudre. | *kein Wort über die Lippen bringen*, ne dire mot. — **um** (au sens de ôter, enlever) [acc.] : *jn um etwas bringen*, faire perdre qch. à qn. | *jn ums Leben bringen*, faire mourir, tuer qn ; coûter la vie à qn. | *sich ums Leben bringen*, se tuer. | *jn um seine Stellung, um seine Ehre, um Hab und Gut bringen*, enlever, faire perdre à qn sa situation, son honneur, ses biens. || LOC. POP. *jn um die Ecke bringen*, faire passer à qn l'arme à gauche. — **unter :** *die Ernte unter Dach und Fach bringen*, rentrer la récolte. | *etwas unter die Leute bringen*, divulguer, ébruiter qch. | *etwas unter das Volk bringen*, mettre qch. en circulation. | *zwei unter einen Hut bringen*, réconcilier, unir deux personnes. | *seine Tochter unter die Haube bringen*, marier sa fille. — **von :** *etwas von der Stelle, vom Fleck bringen*, déplacer, faire bouger qch. — **zu :** *zum Ausdruck bringen*, exprimer. | *zur Kenntnis bringen*, porter à la connaissance de. | *zu Papier bringen*, coucher sur le papier. | *zur Reife bringen*, amener à maturité. | *jn zum Lachen, zum Schweigen bringen*, faire rire qn ; réduire qn au silence. | *jn zur Vernunft bringen*, ramener qn à la raison. | *zu Fall bringen*, causer la perte. | *zu Ende, zum Abschluß bringen*, mener à terme, à sa conclusion. | *jn zur Einsicht bringen*, faire entendre raison à qn. | *es zu hohen Ehren bringen*, arriver aux plus grands honneurs. — **dazu :** *jn dazu bringen, daß*, pousser qn à. | *du bringst mich nicht dazu, darauf zu verzichten*, tu ne me feras pas renoncer à... — **zustande :** *er bringt eine gute Leistung zustande*, il réussit une bonne performance.

brisant [bri'zant] adj. brisant.

Brisanz [bri'zants] f. (-) force explosive.

Brise ['bri:zə] f. (-, n). MAR. brise f. ; vent frais.

Britannien [bri'tanjen] n. pr. n. (s). GÉOGR. îles (f. pl.) Britanniques.

Brite ['britə] m. (n, n), **Britin** [-tin] f. (-, nen). Britannique s.

britisch [-tiʃ] adj. britannique.

Bröckchen ['brøkçən] n. (s, -) petit morceau ; miette f.

bröckelig [-kəliç] adj. friable ; cassant.
bröckeln [-kəln] ou **brocken** ['brɔkən] v. tr. émietter ; casser. | *Brot in die Suppe brocken*, mettre du pain dans la soupe.
Brocken ['brɔkən] m. (s, -) fragment m. ; parcelle f. ; morceau m. ; éclat m. | *ein Brocken Brot*, un morceau de pain. || FIG. *das sind harte Brocken*, c'est dur à avaler. | *ein paar Brocken Englisch*, quelques bribes (f. pl.) d'anglais.
brocken|weise ["brɔkən'vaizə] adv. par petits morceaux ; par fragments ; par miettes ; par bribes.
brodeln [-dəln] v. intr. bouillonner ; être en ébullition.
Brodem [-dəm] m. (s) vapeur chaude.
Brokat [bro'kɑ:t] m. (s, e). TECHN. brocart m.
Brokkoli ['brɔkoli] pl. BOT. brocoli m.
Brom [bro:m] n. (s). CHIM. brome m.
Brom|beere ["brɔm'be:rə] f. (-, n). BOT. mûre f. | *Brombeerstrauch*, ronce f.
Bronchien ['brɔnçiən] f. pl. ANAT. bronches f. pl.
Bronchitis [brɔn'çi:tis] f. (-). MÉD. bronchite f.
Bronze ['brɔ̃sə] f. (-, n) bronze m.
Bronze|guß ["brɔ̃sə'gus] m. (es, ¨e). TECHN. [Handlung] moulage (m.) en bronze. || PAR EXT. fonte (f.) de bronze ; bronze fondu. ||°**-zeit** f. (-) âge (m.) du bronze.
Brosche ['brɔʃə] f. (-, n) broche f.
broschieren [brɔ'ʃi:ren] v. tr. brocher.
Broschüre [brɔ'ʃy:rə] f. (-, n) brochure f.
Brösel ['brø:zəl] n. (s, -) miette (f.) de pain.
Brot [bro:t] n. (s, e) **1.** pain m. | *frischbackenes Brot*, pain frais. | *trockenes Brot*, pain sec. | *geweihtes Brot*, pain bénit. | *ungesäuertes Brot*, pain azyme, sans levain. | *eine Schnitte Brot*, une tranche de pain. | *Brot bereiten, backen*, faire, cuire le pain. | *Brot abschneiden, anschneiden*, couper, entamer le pain. | *Brot brechen*, rompre le pain. | *Brot rösten*, griller du pain. | *bei Wasser und Brot sitzen*, être en prison.
2. FIG. pain m. ; gagne-pain m. | *sein Brot im Schweiße seines Angesichts verdienen*, gagner son pain à la sueur de son front. | *sein Brot haben*, avoir de quoi vivre. | *in Brot und Lohn bei jm stehen*, être au service de qn. | *jn ums Brot bringen*, ôter son pain à qn.
Brot|beutel ["bro:t'bɔytəl] m. (s, -) musette f. ||°**-erwerb** m. (s) gagne-pain m. ||°**-kanten** m. (s, -) quignon (m.) de pain. ||°**-korb** m. (s, ¨e) corbeille (f.) à pain. || FIG. *jm den Brotkorb höher hängen*, tenir la dragée haute à qn. ||°**-kruste** f. (-, n) croûte (f.) de pain ; croûton m. ||°**-laib** m. (s, e) miche (f.) de pain. ||**-los** adj. 1° sans pain. || FIG. sans ressources. | *jn brotlos machen*, ôter le pain, les moyens d'existence à qn. || 2° peu lucratif. | *brotlose Arbeit*, travail peu lucratif. ||°**-rinde** f. (-, n) croûte (f.) de pain. | *Stück Brotrinde*, croûton m. ||°**-schnitte** f. (-, n) tranche (f.) de pain ; mouillette f. ||°**-suppe** f. (-, n) panade f. ||°**-tasche** f. (-, n) musette f. ; besace f.
Brötchen ['brø:tçən] n. (s, -) petit pain. | *ein belegtes Brötchen*, un sandwich.
brotzeln ['brɔtsəln], **brutzeln** ['brutsəln] v. intr. bouillonner ; grésiller ; frire.
Brouillon n. (s, s) brouillon m. ; brouillard m.
brr ! [br] interj. brr !
Bruch [brux] m. (s, ¨e) **1.** brisure f. ; bris m. ; rupture f. ; cassure f. ; brèche f. ; fente f. ; crevasse f. | *zu Bruch gehen*, se rompre. | *Brüche bekommen*, se crevasser. || GÉOL. cassure f. ; fracture f. || AÉRON. *Bruch machen*, briser son train d'atterrissage ; FAM. casser du bois.
2. MÉD. *Knochenbruch*, fracture f. | *Leistenbruch*, hernie f. ; descente f. | *eingeklemmter Bruch*, hernie étranglée. | *einen Bruch einrichten*, réduire une hernie, une fracture. || [Papier ; Stoff] *wieder in die alten Brüche legen*, replier.
3. FIG. *es kam zwischen ihnen zum Bruch*, ils se séparèrent ; ils rompirent l'un avec l'autre. || JUR. *Bruch eines Versprechens, eines Vertrages*, rupture (f.) d'une promesse, d'un traité ; violation (f.) d'un traité. | *das Unternehmen geht in die Brüche*, l'entreprise échoue. | *das ist Bruch*, ce sont des déchets ; c'est du rebut. | *das geht in die Brüche*, c'est incalculable.
4. MATH. fraction f. | *gemeiner, gemischter Bruch*, fraction ordinaire ; nombre (m.) fractionnaire. || *unechter Bruch*, expression (f.) fractionnaire. | *Bruchkürzung*, réduction (f.) d'une fraction.
Bruch [brux] n. [ou m.] (s, ¨e) marécage m.
Bruch|band ['bruxbant] n. (s, ¨er). MÉD. bandage (m.) herniaire. ||°**-bude** f. (-, en). FAM. bicoque f. ||**-fest** adj. résistant à la rupture. ||°**-festigkeit** f. (-) résistance (f.) à la rupture. ||°**-fläche** f. (-, n) surface cassée ; cassure f. ||°**-fort|pflanzung** f. (-, en). TECHN. propagation (f.) de rupture. ||°**-kante** f. (-, n) ligne (f.) de cassure ; bordure (f.) du foudroyage. ||°**-linie** f. (-, n). GÉOL. ligne (f.) de faille. ||°**-schiene** f. (-, n). MÉD. éclisse f. ; attelle f. ; attel m. ||**-sicher** adj. incassable. ||°**-spalte** f. (-, n) cassure f. ; fracture f. || MINES. crevasse (f.) de rupture. ||°**-stein** m. (s, e). ARCHIT. moellon m. ; pierre (f.) de taille. ||°**-strich** m. (es, e) trait (m.) de fraction. ||°**-stück** n. (s, e) fragment m. ; morceau m. ; bribe f. ||°**-stückweise** adv. par bribes. ||°**-teil** m. (s, e) fraction f. ; partie f. | *Bruchteil einer Sekunde*, fraction de seconde. ||°**-teils|gemeinschaft** f. (-, en). JUR. indivision f. ||°**-winkel** m. (s, -) angle (m.) de rupture. ||°**-zahl** f. (-, en) nombre (m.) fractionnaire.
brüchig ['bryçiç] adj. cassant ; friable ; fragile. | *brüchige Seide*, soie qui est coupée. || TECHN. *brüchige Stelle*, paille f. || FIG. cassé ; fêlé ; raté. | *brüchige Stimme*, voix cassée. | *brüchige Existenz*, vie ratée.
Brüchigkeit [-kait] f. (-) fragilité f.
Brücke ['brykə] f. (-, n) pont m. | *fliegende, schwimmende Brücke*, pont volant, flottant. | *stehende Brücke*, pont dormant. | *eine Brücke bauen, schlagen, abbrechen, sprengen*, construire, jeter, rompre, faire sauter un pont. | *über eine Brücke gehen*, passer sur un pont. | *eine Brücke führt über den Strom*, un pont traverse le fleuve. || FIG. *jm goldene Brücken bauen*, faciliter la tâche à qn. | *alle Brücken hinter sich abbrechen*, brûler ses vaisseaux. || PAR ANAL. tapis m. ; carpette f. || [Zähne] bridge m. || SPORT. souplesse (f.) arrière.
Brücken|bau ["brykən'bau] m. (s, e). ARCHIT. construction (f.) de ponts ; pontage m. ||°**-belag** m. (s, e). ARCHIT. tablier (m.) de pont. ||°**-bogen** m. (s, ¨). ARCHIT. arche f. ||°**-geländer** n. (s, -) garde-fou m. ; parapet (m.) de pont. ||°**-joch** n. (s, e) travée (f.) de pont. ||°**-kopf** m. (es, ¨e). MIL. tête (f.) de pont. ||°**-pfeiler** m. (s, -). ARCHIT. pile (f.) d'un pont. ||°**-zoll** m. (s, ¨e). FIN. péage m.
Bruder ['bru:dər] m. (s, ¨) frère m. | *mein älterer Bruder*, mon frère aîné, puîné. | *mein jüngster Bruder*, mon (frère) cadet. | *feindliche Brüder*, frères ennemis. || PROV. *gleiche Brüder, gleiche Kappen*, qui se ressemble s'assemble. || RELIG. *geistlicher Bruder*, frère. || PAR EXT. confrère m. ; camarade m. || POP. copain m. | *Bruder Leichtfuß*, écervelé m. | *Bruder Lustig*, joyeux compère ; loustic m.
Bruder|bund ["bru:dər'bunt] m. (s, ¨e) amitié (f.) sincère ; union fraternelle. ||°**-hand** f. (-, ¨e) main fraternelle. || FIG. secours fraternel. ||°**-mord** m. (s, e) fratricide m. ||°**-mörder** (s, -) fratricide m. ||°**-zwist** m. (s, e) querelle (f.) entre frères.

brüderlich ['bry:dərliç] adj. fraternel.
Brüderlichkeit [-kait] f. (-) fraternité f.
Brüderschaft ['bry:dərʃaft] f. (-) fraternité f. ; confraternité f. | *mit jm Brüderschaft trinken*, fraterniser avec qn. || FIG., RELIG. congrégation f. ; confrérie f. ; communauté f.
Brügge ['brygə] n. pr. n. GÉOGR. Bruges m.
Brühe ['bry:ə] f. (-, n). CULIN. bouillon m. ; sauce f. | *klare Brühe*, coulis m. || FAM. *in der Brühe sitzen, stecken*, être dans le pétrin.
brühen [-ən] v. tr. échauder. | *die Wäsche brühen*, couler la lessive.
brüh|heiß ['bry:hais] adj. bouillant ; tout chaud. ||°**-kartoffeln** f. pl. CULIN. pommes de terre bouillies. ||**-warm** adj. FAM. tout chaud ; bouillant. || FIG. tout frais. | *brühwarme Neuigkeit*, nouvelle toute fraîche. ||°**-würfel** m. (s, -). CULIN. cube (m.) de consommé.
Brüll|affe ["bryl'afə] m. (n, n). ZOOL. (singe) hurleur m.
brüllen ['brylən] v. intr. [Rind] mugir. || [Schaf] bêler. || [Löwe] rugir. || PAR ANAL. mugir ; beugler. || FIG. hurler ; vociférer.
◇ v. tr. *ein Lied brüllen*, beugler une chanson.
Brüllen [-lən] n. (s) [Rind] mugissement m. || [Schaf] bêlement m. || [Löwe] rugissement m. || FIG. hurlement m. ; vocifération f.
Brumm|bär ['brumbɛ:r] m. (en, en). ZOOL. ours m. || FIG. [mürrischer Mensch] bougon m. ; FAM. ronchon(neur) m. ||°**-baß** m. (es, ¨e). MUS. bourdon m. ; forte voix de basse. ||°**-kreisel** m. (s, -) [Spiel] toupie bourdonnante, d'Allemagne. ||°**-schädel** m. (s, -). LOC. POP. *einen Brummschädel haben*, avoir mal aux cheveux.
brummen [-mən] v. intr. bourdonner ; grommeler ; grogner ; maugréer ; bougonner ; murmurer. | *Fliegen brummen*, les mouches bourdonnent. | *die Glocke brummt*, la cloche résonne. | *der Kreisel brummt*, la toupie ronfle. | *der Motor brummt*, le moteur ronfle. || FIG. *mir brummt der Kopf*, j'en ai la tête cassée. | *in den Bart brummen*, marmonner. || PAR EXT., FAM. être en prison.
◇ v. tr. FAM. *ein Lied brummen*, fredonner.
Brummer [-mər] m. (s, -). ZOOL. mouche bleue. || FIG., FAM. grognon m. || MUS. bourdon m. || ARG. MIL. grosse pièce d'artillerie.
brummig [-miç] adj. grondeur ; grognon ; de mauvaise humeur.
brünett [bry'nɛt] adj. brun ; brunet.
Brunft [brunft] f. (-). ZOOL. (mieux : **Brunst**) rut m. ; chaleur f.
brünieren [bry'ni:rən] v. tr. TECHN. brunir ; polir.
Brunnen ['brunən] m. (s, -) source f. ; fontaine f. ; puits m. | *artesischer Brunnen*, puits artésien. | *einen Brunnen graben, bohren, zuschütten*, creuser, forer, combler un puits. || FIG. *seine Aussichten sind in den Brunnen gefallen*, ses projets sont tombés à l'eau. || PAR ANAL. source thermale ; source, eau minérale.
Brunnen|bauer ["brunən'bauər] m. (s, -), °**-bohrer** [-'bo :rər] m. (s, -), °**-gräber** [-'grɛ:bər] m. (s, -). TECHN. puisatier m. ||°**-kresse** f. (-, n). BOT. cresson (m.) de fontaine. ||°**-kur** f. (-, en). MÉD. cure (f.) de station thermale. ||°**-vergifter** m. (s, -). FIG. semeur (m.) de haine.
Brunst [brunst] f. (-, ¨e) rut m. ; chaleur f. (des animaux). || PAR EXT. fougue, passion violente.
brünstig ['brynstiç] adj. ZOOL. en rut ; en chaleur. || PAR EXT. ardent ; fervent. | *(in)brünstiges Gebet*, prière fervente. | *brünstige Bitten*, prières instantes ; instances f. pl.
Brunst|zeit ["brunst'tsait] f. (-, en). ZOOL. temps (m.), époque (f.), saison (f.) du rut.
brüsk [brysk] adj. brusque ; rude ; brutal.
brüskieren [brys'ki:rən] v. tr. brusquer ; rudoyer ; offenser.
Brüssel ['brysəl] n. pr. m. GÉOGR. Bruxelles m.
Brüsseler(in) [-lər(in)] m. (s, -), f. (-, nen) Bruxellois(e) m. (f.).
Brust [brust] f. (-, ¨e) **1.** poitrine f. | *starke, schwache Brust*, poitrine forte, faible (délicate). | *er hat es auf der Brust*, il a la poitrine prise. | *er ist schwach auf der Brust*, il a la poitrine faible. | *jn an seine Brust ziehen, drücken*, serrer qn sur son cœur. | *Brust an Brust stehen*, se serrer ; être coude à coude. || LOC. *sich in die Brust werfen, die Brust verwölben*, bomber la poitrine ; plastronner. | *sich an die Brust schlagen*, se frapper la poitrine ; battre sa coulpe.
2. PAR EXT. gorge f. ; sein m. | *dem Kind die Brust geben*, donner le sein à son enfant. | *ein Kind von der Brust entwöhnen*, sevrer un enfant. || PAR EXT. *Hemdenbrust*, devant m. (de chemise).
Brust|bein ["brust'bain] n. (s, e). ANAT. sternum m. ||°**-bild** n. (es, er) buste m. ||°**-bohrer** m. (s, -). TECHN. vilebrequin m. ||°**-drüse** f. (-, n) thymus m. ; ris (m.) de veau. ||°**-fell** n. (s, e). ANAT. plèvre f. ||°**-fell|entzündung** f. (-, en). MÉD. pleurésie f. ||°**-flosse** f. (-, n). ZOOL. nageoire pectorale. ||°**-höhe** f. (-, n). MIL. hauteur (f.) d'appui. ||°**-kasten** m. (s, -), °**-korb** m. (s, ¨e). ANAT. cage (f.) thoracique ; thorax m. ||°**-krebs** m. (es, e). MÉD. cancer (m.) du sein. ||°**-schild** m. (s, e) bouclier m. ||°**-schwimmen** n. (s). SPORT. brasse f. ||°**-stimme** f. (-, n). MUS. voix (f.) de poitrine. ||°**-tasche** f. (-, n) poche intérieure. ||°**-tee** m. (s) tisane, potion pectorale. ||°**-ton** m. (s, ¨e). MUS. note (f.) de poitrine. || FIG. *mit dem Brustton der Überzeugung*, d'un ton de profonde conviction. ||°**-tuch** n. (s, ¨er) fichu m. ||°**-warze** f. (-, n). ANAT. téton m. ; mamelon m. ||°**-wehr** f. (-, en). MIL. parapet m. ||°**-weite** f. (-, n) tour (m.) de poitrine.
brüsten (sich) [ziç'brystən] v. pr. bomber la poitrine. || FIG. se rengorger ; plastronner ; faire le faraud.
Brüstung ['brystuŋ] f. (-, en). ARCHIT. parapet m. ; appui m. ; balustrade f.
Brut [bru:t] f. (-, en) incubation f. || PAR EXT. [Vogel] couvée f. || [Bienen] couvain m. || [Fische] frai m. ; alevin m. ; fretin m. || FIG. engeance f. ; race f.
Brut|apparat ["bru:tapa'ra:t] m. (s, e) couveuse artificielle. ||°**-ei** n. (s, er) œuf (m.) à couver ; œuf couvi. ||°**-element** n. (s, e). NUCL. élément (m.) fertile. ||°**-henne** f. (-, n) poule couveuse. ||°**-hitze** f. (-, n), °**-wärme** f. (-, n) chaleur (f.) d'incubation. ||°**-kasten** m. (s, -), °**-schrank** m. (s, ¨e) étuve (f.) bactériologique. ||°**-reaktor** m. (s, en). NUCL. sur(ré)générateur m. ; réacteur (m.) à neutrons rapides. ||°**-stätte** f. (-, n) couvoir ; FIG. foyer m. ; lieu (m.) d'origine ; point (m.) de départ. ||°**-stoff** m. (s, e). NUCL. matière (f.) fertile. ||°**-zeit** f. (-, en) couvaison f. ||°**-zone** f. (-, n). NUCL. couche (f.) fertile.
brutal [bru'tɑ:l] adj. brutal ; grossier ; rude ; cruel.
Brutalität [brutali'tɛ:t] f. (-, en) brutalité f. ; rudesse f. ; cruauté f.
brüten ['bry:tən] v. intr. couver. || FIG. couver ; méditer ; songer. | *die Sonne brütet*, il fait très chaud. | *über eine Sache brüten*, ourdir qch.
◇ v. tr. *Rache brüten*, méditer une vengeance.
Brüter [-tər] m. (s, -). PHYS. sur(ré)générateur.
brutto ['bruto] adv. brut. || COMM. *brutto für netto*, poids brut pour net.
Brutto... (en compos.) brut. ||°**-gewicht** n. (s, e)

poids brut. ||°-**inlands|produkt** n. (s, e). ÉCON. produit intérieur brut. ||°-**inlands|verbrauch** m. (s). ÉCON. consommation intérieure brute. ||°-**preis** m. (es, e) prix fort. ||°-**register|tonne** (en abr. **brt**). COMM. tonneau de jauge internationale brute. ||°-**sozial|produkt** n. (s, e). ÉCON. produit national brut (P. N. B.). ||°-**zinssatz** m. (es, ¨e). FIN. taux actuariel brut.

brutzeln ['brutsəln] v. intr. FAM. grésiller ; frire.

bst ! [pst] interj. pst !, ps't ! ; psitt !

Bub [bu:b] m. (en, en). FAM. garçon m.

Bübchen ['by:bçən] n. (s, -) petit bonhomme ; gamin m.

Bube ['bu:bə] m. (n, n) [petit] garçon m. ; gamin m. || FAM. polisson m. || [Spiel] valet m. || PAR EXT., PÉJOR. [Schuft] coquin m. ; fripon m.

Buben|streich [-'ʃtraiç] m. (es, e) gaminerie f. ; rosserie f. ; mauvais tour m. || PAR EXT., PÉJOR. friponnerie f. ; canaillerie f.

Bubi ['bu:bi] m. (s, s). FAM. petit m. ; chéri m.

Bubi|kopf ["bu:bi'kɔpf] m. (s, ¨e) cheveux (de femme) coupés court, à la garçonne.

Buch [bu:x] n. (s, ¨er). **1.** livre m. | *gebundenes Buch*, livre relié. | *antiquarisches Buch*, livre d'occasion. | *neu bearbeitetes, erweitertes Buch*, livre revu, augmenté. | *juristisches, medizinisches Buch*, livre de droit, de médecine. || RELIG. *das Buch der Bücher*, la Sainte Écriture ; la Bible. | *die fünf Bücher Mosis*, le Pentateuque.
2. FIG. *ein Buch verschlingen*, dévorer un livre. | *aus einem Buch lesen*, lire dans un livre. | *über Büchern hocken*, être enfoui dans des livres ; FAM. être bûcheur. | *über den Büchern sitzen*, pâlir sur les livres. | *es ließe sich darüber ein Buch schreiben*, on en ferait un livre. | *das ist mir ein Buch mit sieben Siegeln*, c'est de l'hébreu pour moi.
3. PAR EXT., COMM. *Buch Papier*, main (f.) de papier. | *Buch führen*, tenir les livres ; faire la comptabilité. | *die Bücher abschließen*, arrêter les comptes. | *das Grundstück steht mit fünfzig tausend Mark zu Buch*, ce terrain figure pour cinquante mille marks au bilan.

Buch|abschluß ["bu:x'apʃlus] m. (es, ¨e). COMM. arrêté m. (du livre) de comptes. | *auf Grund eines Buchabschlusses*, en vertu d'un arrêté de compte. ||°-**ausstellung** f. (-, en). COMM. exposition (f.) de livres. ||°-**besprechung** f. (-, en). LITTÉR. compte rendu m. ||°-**binder** m. (s, -) relieur m. ||°-**deckel** m. (s, -) couverture (f.) de livre ; reliure f. ||°-**druck** m. (s, -) imprimerie f. ; typographie f. || PAR EXT. imprimé m. ||°-**drucker** m. (s, -) imprimeur m. ; typographe m. ||°-**druckerei** f. (-, en) imprimerie f. ; typographie f. ||°-**drucker|kunst** ["-/-/'-] f. (-) art (m.) typographique ; typographie f. ; imprimerie f. ||°-**forderung** f. (-, en). COMM. créance (f.) comptable ; dette active. ||°-**führung** f. (-, en) comptabilité f. ; tenue (f.) des livres. | *einfache, doppelte Buchführung*, comptabilité en partie simple, en partie double. | *die Buchführung bestätigen*, certifier les comptes. ||°-**geld** n. (s, er). COMM. monnaie (f.) de compte ; monnaie-virement f. ; monnaie scripturale. ||°-**halter** m. (s, -). COMM. comptable m. ; teneur (m.) de livres. ||°-**haltung** f. (-, en) comptabilité f. ||°-**handel** m. (s). COMM. librairie f. | *im Buchhandel sein*, être en vente. ||°-**händler** m. (s, -) libraire m. ||°-**handlung** f. (-, en) librairie f. ||°-**hülle** f. (-, n) liseuse f. ||°-**hypothek** f. (-, en). COMM. hypothèque sans cédule, inscrite au livre foncier. ||°-**macher** m. (s, -). SPORT. bookmaker m. ||-**mäßig** adj. COMM. suivant le système comptable. | *buchmäßige Berechnung, Forderung*, calcul actuariel ; créance comptable. ||°-**messe** f. (-, n) foire (f.) du livre. ||°-**prüfer** m. (s, -). COMM. expert-comptable. ||°-**prüfung** f. (-, en) vérification (f.) des livres. | *Buch- und Betriebsprüfung*, contrôle (m.) des livres et de l'entreprise. ||°-**schuld** f. (-, en) dette (f.) comptable ; dette (f.) en compte. ||°-**verleih** m. (s, e) [Leihbuchhandlung] prêt (m.) de livres. ||°-**wert** m. (s, e). COMM. valeur (f.) en compte. ||°-**zeichen** n. (s, -) ex-libris m.

Buch|ecker ["bu:x'ɛkər] f. (-, n) °-**eichel** [-'aiçəl] f. (-, n). BOT. faine f. ||°-**fink** m. (s, e). ZOOL. pinson m. ||°-**weizen** m. (s, -). BOT. sarrasin m. ; blé noir.

Buche ['bu:xə] f. (-, n). BOT. hêtre m.

Büchelchen ['by:çəlçən] n. (s, -) petit livre ; livret m. ; opuscule m.

buchen ['bu:xən] v. tr. COMM. passer écriture ; passer en compte ; comptabiliser. | *ins Haben buchen*, créditer. | *einen Platz auf einem Schiff buchen*, retenir une place sur un bateau. || SPORT. *Punkte buchen*, marquer des points. || FIG. *das wäre als ein Erfolg zu buchen*, on pourrait considérer cela comme un succès.

buchen ['bu:xən] adj. de, en hêtre.

Buchen|hain ["bu:xən'hain] m. (s, e). BOT., POÉT. bois m., bosquet (m.) de hêtres ; hêtraie f. ||°-**holz** n. (es) hêtre m.

Bücher|abschluß ["by:çər'apʃlus] m. (es, ¨e). COMM. arrêté (m.) de comptes ; clôture (f.) des livres. ||°-**bord** n. (s, e), °-**brett** n. (s, er) rayon (m.) ; rayonnage (m.) ; étagère (f.) à livres. ||°-**bus** m. (es, e) bibliobus m. ||°-**gestell** n. (s, e) étagère (f.), rayon (m.), rayonnage (m.) à livres ; bibliothèque f. ||°-**markt** m. (s, ¨e) marché (m.) du livre. ||°-**narr** m. (en, en) bibliomane m. ||°-**revision** f. (-, en). COMM. vérification, contrôle (m.) des livres. ||°-**revisor** m. (s, en). COMM. expert-comptable m. ||°-**sammlung** f. (-, en) collection (f.) de livres ; bibliothèque f. ||°-**schrank** m. (s, ¨e) bibliothèque f. ||°-**ständer** m. (s, -) présentoir (m.) de livres. ||°-**stube** f. (-, n) cabinet (m.) de lecture. ||°-**verzeichnis** n. (ses, se) liste (f.), catalogue (m.) de livres. ||°-**wurm** m. (s, ¨er). ZOOL. ver rongeur ; gerce f. ; teigne f. || FIG. rat (m.) de bibliothèque. ||°-**wut** f. (-) bibliomanie f. ||°-**zeichen** n. (s, -) ex-libris m. ||°-**zettel** m. (s, -) bulletin (m.) de prêt (de livres).

Bücherei [by:çə'rai] f. (-, en) bibliothèque f.

Büchlein ['by:çlain] n. (s, -) petit livre ; opuscule m.

Buchs|baum ['buksbaum] m. (s, ¨e). BOT. buis m.

Buchse ['buksə] f. (-, n). TECHN. fiche (f.) femelle.

Büchse ['byksə] f. (-, n) boîte f. | *Blech-, Konservenbüchse*, boîte en fer-blanc ; boîte à conserves. || PAR ANAL. [Sparbüchse] tirelire f. || PAR EXT. [Gewehr] fusil m. ; carabine f.

Büchsen|fleisch ["byksən'flaiʃ] n. (es) viande (f.) de conserve. ||°-**gemüse** n. (s). CULIN. légumes (m. pl.) en conserve. ||°-**macher** m. (s, -). TECHN. armurier m. ||°-**milch** f. (-). CULIN. lait condensé ; lait (m.) en boîte. ||°-**öffner** m. (s, -) ouvre-boîtes m.

Buchstabe ["bu:xʃta:bə] m. (ns, n) lettre f. ; caractère m. | *großer, kleiner Buchstabe*, majuscule f. ; capitale f. ; [lettre] minuscule f. || TYPOGR. *doppelte Buchstaben*, ligature f. | *in großen Buchstaben*, en capitales. | *in Buchstaben*, en toutes lettres.

Buchstaben|folge ["bu:xʃta:bən'fɔlgə] f. (-, n) ordre (m.) alphabétique. ||°-**rätsel** n. (s, -) logogriphe m. ||°-**rechnung** f. (-, en). MATH. calcul (m.) algébrique. ||°-**schloß** n. (es, ¨er) serrure (f.) à combinaison.

buchstabieren ['bu:xʃta"bi:rən] v. tr. épeler.

buchstäblich ['bu:xʃtɛ:pliç] adj. littéral ; textuel. ◇ adv. littéralement ; textuellement ; à la lettre. ||

FIG. *er wurde buchstäblich in Stücke gerissen*, il fut littéralement déchiqueté.

Bucht [buxt] f. (-, en) courbe f. ; sinuosité f. || GÉOGR. baie f. ; anse f. ; golfe m. | *kleine Bucht*, crique f. || FIG., POP. [Bett] pieu m.

buchten (sich) [ziç'buxtən] v. pr. faire une courbure ; former une baie.

Buchung ['bu:xuŋ] f. (-, en). COMM. écriture (f.) comptable ; comptabilisation f. ; passation (f.) d'écriture. | *gleichlautende, irrtümliche Buchung*, écriture conforme, erronée. | *eine Buchung machen, vornehmen*, passer écriture.

Buchungs|beleg ["bu:xuŋsbə'le:k] m. (s, e) pièce (f.) comptable. ||°**-maschine** f. (-, n) machine (f.) comptable. ||°**-nummer** f. (-, n) contre-marque f. ||°**-posten** m. (s, -) écriture (f.) comptable. ||°**-unterlage** f. (-, n) document (m.) comptable.

Buckel ['bukəl] m. (s, -) bosse f. ; dos m. || ANAT. gibbosité f. || FIG. *sich einen Buckel lachen*, se tordre de rire. | *der hat einen breiten Buckel*, il a bon dos. | *jm den Buckel voll schlagen*, rouer qn de coups.

Buckel [-kəl] m. (s, -) ou f. (-, n) boucle f. || MÉD. bosse f. || ARCHIT. saillie f. ; ventre m.

buck(e)lig [-k(e)liç] adj. bossu. | *buckeliges Gelände*, terrain mamelonné.

buckeln [-kəln] v. tr. POP. porter sur le dos.
◇ v. intr. faire le gros dos.

bücken ['bykən] v. tr. baisser ; incliner. | *vom Alter gebückt*, courbé par l'âge.
◇ v. pr. **sich bücken,** se courber ; se baisser ; s'incliner. | *sich nach etwas bücken*, se baisser pour ramasser qch.

Bückling [-kliŋ] m. (s, e) révérence f. ; courbette f.

Bück(l)ing ['byk(l)iŋ] m. (s, e). CULIN. hareng saur.

Buddelei [budə'lai] f. (-, en) fouille f.

buddeln ['budəln] v. tr. fouir ; piocher ; creuser.

Buddha ['buda] n. pr. m. (s, s) Bouddha m.

Buddhist [bu'dist] m. (en, en) bouddhiste m.

buddhistisch [-'distiʃ] adj. bouddhique.

Bude ['bu:də] f. (-, n) boutique f. ; baraque f. ; échoppe f. || PAR ANAL. boîte f. ; chambre f. (d'étudiant) ; FAM. turne f. || FIG. *Leben in die Bude bringen*, être boute-en-train.

Budget [byd'ʒe:] n. (s, s). POLIT. budget m. | *ein Budget aufstellen, besprechen, genehmigen*, établir (dresser), discuter, voter un budget.

Budget|gesetz ["byd'ʒe:gə'zεts] n. (es, e). POLIT. loi (f.) de finances. ||°**-jahr** n. (s, e). POLIT. année (f.) budgétaire ; exercice m. ||°**-kürzung** f. (-, en). FIN. compression (f.) budgétaire.

Budike [bu'di:kə] f. (-, n). FAM. boutique f. || PAR EXT. estaminet m. ; cabaret m. ; bistrot m.

Büfett [by'fe:] n. (s, s) buffet m. ; crédence f.

Büffel ['byfəl] m. (s, -). ZOOL. buffle m. || FIG. butor m.

Büffelei [byfə'lai] f. (-, en). FIG. manières (f. pl.) de butor. | *durch Büffelei*, à force de travail.

büffeln ['byfəln] v. tr. FAM. travailler d'arrache-pied ; bûcher ; potasser.

Büffet [by'fe:] n. (s, s). V. BÜFETT.

Büffler ['byflər] m. (s, -). FAM. bûcheur m.

Bug [bu:k] m. (s, ¨e) courbure f. ; pli m. || ANAT. [Schulterstück] épaule f. ; jarret m. ; paleron m. || MAR. avant m. ; proue f. || AÉRON. nez m.

Bug|flagge ["bu:k'flagə] f. (-, n). MAR. pavillon (m.) de beaupré. ||°**-kanzel** f. (-, n). AÉRON. carlingue f. ||°**-welle** f. (-, n). MAR. lame (f.) de proue.

Bügel ['by:gəl] m. (s, -) pièce courbe ; cintre m. ; étrier m.

Bügel|brett ["by:gəl'brεt] n. (s, er) planche (f.) à repasser. ||°**-eisen** n. (s, -) fer (m.) à repasser. ||°**-falte** f. (-, n) pli (m.) du pantalon. ||°**-maschine** f. (-, n) machine (f.) à repasser. ||°**-riemen** m. (s, -) [Reitkunst] étrivière f.

bügeln ['by:gəln] v. tr. TECHN. repasser.

Bügeln [-gəln] n. (s, -). TECHN. repassage m.

Büglerin ['by:glərin] f. (-, nen) repasseuse f.

bugsieren [buk'zi:rən] v. tr. MAR. remorquer.

Buhle ['bu:lə] m. (n, n) et f. (-, n). POÉT. amant m. ; galant m. ; amoureux m.

buhlen [-lən] v. intr. aimer ; se montrer amoureux. || FIG. *um die Gunst der Menge buhlen*, briguer les suffrages de la foule.

buhlerisch [-riʃ] adj. (Vx.) amoureux ; galant. || [Blicke ; Geste] lascif.

Bühne ['by:nə] f. (-, n). THÉÂTRE. scène f. ; estrade f. ; planches f. pl. ; théâtre m. | *die Bühne betreten, zur Bühne gehen*, paraître sur la scène ; entrer en scène ; monter sur les planches. | *ein Stück auf die Bühne bringen*, monter une pièce. || TECHN. plateau m. ; plancher m. ; palier m. ; plate-forme f.

Bühnen|anweisungen ["by:nən'anwaizuŋən] f. pl. indications (f. pl.) scéniques. ||°**-aussprache** f. (-, n) prononciation employée au théâtre. ||°**-ausstattung** f. (-, en) décor m. ||°**-bild** n. (s, er) décors m. pl. ||°**-bildner** m. (s, -) décorateur m. ||°**-dekoration** f. (-, en). THÉÂTRE. décors m. pl. ; coulisses f. pl. ||°**-dichter** m. (s, -) auteur (m.) dramatique. ||**-gerecht** adj. adapté à la scène. ||°**-künstler** m. (s, -) artiste (m.) dramatique. ||°**-maler** m. (s, -) peintre (m.) de décors. ||**-mäßig** adj. scénique ; théâtral. ||°**-stück** n. (s, e) pièce (f.) de théâtre. ||°**-werk** n. (s, e). 1° pièce (f.) de théâtre || 2° machinerie f. ||°**-wirkung** f. (-, en) effet (m.) de scène ; effet théâtral. ||°**-zubehör** n. (s) accessoire (m.) de théâtre.

Bukett [bu'kεt] n. (s, e) bouquet m. || PAR EXT. [Duft des Weines] bouquet m.

bukolisch [bu'ko:liʃ] adj. LITTÉR. bucolique.

Bulgare [bul'gɑ:rə] n. pr. m. (n, n). GÉOGR. Bulgare m.

Bulgarien [-riən] n. pr. n. (s). GÉOGR. Bulgarie f.

Bulgarin [bul'gɑ:rin] n. pr. f. Bulgare f.

bulgarisch [-riʃ] adj. bulgare.

Bull|auge ["bul'augə] n. (s, n). ARCHIT. œil-de-bœuf m. (pl. œils-de-bœuf). || MAR. hublot m.

Bull|dogg ['buldɔg] m. (s, en), **Bull|dogge** f. (-, n). ZOOL. bouledogue m.

Bulle ['bulə] m. (n, n). ZOOL. taureau m. || PAR ANAL. dogue m. || ARG. flic m.

Bulle ['bulə] f. (-, n) sceau m. ; bulle f.

Bullen|beißer ["bulən'baisər] m. (s, -). ZOOL. bouledogue m.

bullerig ['buləriç] adj. ronflant.

bullern ['bulərn] v. intr. bouillonner (bruit de l'eau bouillonnante) ; ronronner.

Bulletin ['byltɛ̃] n. (s, s) bulletin m.

bum ! [bum] interj. boum ! ; crac !

Bumerang ['bu:məraŋ] m. (s, e) boomerang m.

Bummel ['buməl] m. (s). FAM. balade f.

Bummelei [bumə'lai] f. FAM. flânerie f. ; lenteur f. ; fainéantise f.

bummeln ['buməln] v. intr. FAM. flâner ; paresser ; traîner.

Bummel|zug ["buməl'tsu:k] m. (s, ¨e) petit train. || FAM. tortillard m. ; tacot m.

Bummler ['bumlər] m. (s, -). FAM. flâneur m. ; traînard m. ; bohème m. || PAR EXT. dissipé m.

bummlig [-liç] adj. négligent ; paresseux.

bums ! [bums] interj. pouf ! ; crac ! ; patatras !

bumsen ['bumzən] v. intr. tomber avec un bruit sourd sur qch.

Bums|lokal ["bumslo'ka:l] n. (s, e). FAM. bastringue m.

Bund [bunt] m. (s, ¨e) lien m. ; bandeau m. ; bande f. ; nœud m. ; cercle m. ; anneau m. || FIG. alliance f. ; union f. ; ligue f. ; coalition f. ; confédération f. || HIST. *deutscher Bund*, Confédération germanique. | *Schweizer Bund*, Confédération helvétique. | *einen Bund schließen, künd(ig)en*, contracter, dénoncer une alliance.

Bund [bunt] n. (es, e) faisceau m. ; paquet m. ; botte f. | *fünf Bund Radieschen*, cinq bottes de radis. | *ein Bund Stroh, Holz*, une botte de paille, un fagot de bois. | *Bund Schlüssel*, trousseau (m.) de clefs. || TECHN. collet m. ; collerette f. ; rebord m.

Bund|falte ["bunt'faltə] f. (-, n) pince f. | *Bundfaltenhose*, pantalon (m.) à pinces. ||°**-verbindung** f. (-, en). TECHN. joint (m.) à collerette.

Bündchen ['byntçən] n. (s, -). TEXT. bord supérieur de chemise, de pantalon.

Bündel ['byndəl] n. (s, -) trousseau m. ; paquet m. | *Bündel Reisig, Stroh*, fagot m. (de bois) ; botte (f.) de paille. | *Bündel Wäsche*, paquet de linge. | *Bündel Briefe*, liasse (f.) de lettres. || PHYS. *Strahlenbündel*, faisceau (m.) de rayons. || FIG., FAM. *sein Bündel schnüren*, faire son paquet.

Bündel|pfeiler ["byndəl'pfailər] m. (s, -). ARCHIT. pilier-faisceau m. ||**-weise** adv. par paquets ; par bottes.

bündeln [-dəln] v. tr. lier ensemble ; faire un paquet de. || ÉLECTR. [Strahlen] concentrer ; focaliser.

Bundes|akte ["bundəs'akte] f. (-, n). POLIT. pacte fédéral. ||°**-ausbildungsförderungs|gesetz, (BAFÖG)** n. (es, e) *(etwa)* régime fédéral de l'allocation d'études. ||°**-bahn** f. (-, en) chemin de fer fédéral. ||°**-behörde** f. (-, n). ADM. autorité fédérale. || f. pl. autorités (f. pl.) de Bonn. ||°**-bruder** m. (s, ¨) confédéré m. ||°**-deutsche(r)** f. (m.) Allemand(e) de l'Ouest m. (f.) ; Ouest-Allemand(e) m. (f.). ||°**-genosse** m. (n, n). POLIT. allié m. ||°**-gericht** n. (s, e). JUR. tribunal fédéral. ||°**-kanzler** m. (s, -) chancelier (m.) de la République fédérale (d'Allemagne). ||°**-lade** f. (-, n). RELIG. arche (f.) d'alliance. ||°**-minister** m. (s, -) ministre (m.) de la République fédérale (d'Allemagne). ||°**-ministerium** n. (s, ien) ministère fédéral. ||°**-rat** m. (s, ¨e) conseil fédéral. ||°**-republik** f. (-) République fédérale (d'Allemagne). ||°**-republikaner(in)** m. (s, -), f. (-, nen) Allemand(e) de l'Ouest m. (f.) ; Ouest-Allemand(e) m. (f.). ||**-republikanisch** adj. ouest-allemand. ||°**-staat** m. (s, en) confédération f. ; État confédéré. | *einzelner Bundesstaat*, État fédéral. ||°**-staats|system** n. (s, e). POLIT. fédéralisme m. ||°**-tag** m. (s) diète fédérale. ||°**-wehr** f. armée de l'Allemagne fédérale.

bündig ['byndiç] adj. JUR. [bindend] obligatoire. || [gültig] valable ; valide. || [überzeugend] démonstratif ; concluant. | *bündiger Beweis*, preuve concluante. || FIG. serré ; concis ; précis ; laconique. | *bündige Antwort*, réponse nette.
◇ adv. *kurz und bündig*, sans détours.

Bündigkeit [-kait] f. (-). JUR. validité f. ; obligation f. || FIG. concision f. ; précision f. ; netteté f.

Bündner ['byntnər] m. (s, -) confédéré m. || GÉOGR. *Graubündner*, Grison m.

Bündnis [-tnis] n. (ses, se). POLIT. alliance f. ; (con)fédération f. ; ligue f. ; coalition f. ; pacte m. | *ein Bündnis suchen, schließen, besiegeln, lösen*, rechercher, contracter, sceller, rompre une alliance.

bündnis|frei ["byntnis'frai] adj. non engagé par des alliances. | *bündnisfreier Staat*, État non-aligné. ||°**-politik** f. (-, en) politique (f.) des alliances. ||°**-vertrag** m. (s, ¨e) traité (m.) d'alliance.

Bunker ['buŋkər] m. (s, -). MAR. soute (f.) à charbon. || SPORT. *Golfbunker*, trou (m.) de golf. || PAR EXT. abri bétonné. || FIG. cachot m.

bunkern ['bunkərn] v. intr. faire du charbon.

Bunsen|brenner ["bunzən'brɛnər] m. (s, -). CHIM. brûleur (m.) Bunsen ; bec (m.) Bunsen.

bunt [bunt] adj. de, en couleur ; de diverses couleurs ; bariolé ; multicolore ; bigarré. | *bunte Blumen, Bänder*, fleurs diaprées (jaspées) ; rubans multicolores (variés). || FIG. *bunter Abend*, soirée (f.) de variétés. || FAM. fort ; exagéré. | *das wird mir zu bunt*, j'en ai assez ; c'en est trop. | *wie ein bunter Hund bekannt*, connu comme le loup blanc.
◇ adv. pêle-mêle. | *alles bunt durcheinander werfen*, jeter tout pêle-mêle. || FAM. *er treibt es zu bunt*, il va trop loin. | *es ging recht bunt zu*, tout allait sens dessus dessous.

Bunt|druck ['buntdruk] m. (s). TYPOGR. chromotypographie f. ; chromotypie f. ; impression (f.) en couleurs. ||**-farbig** adj. multicolore. ||°**-sand|stein** m. (s, e). GÉOL. grès bigarré. ||**-scheckig** adj. bariolé. ||**-schillernd** adj. chatoyant ; diapré. ||°**-specht** m. (s, e). ZOOL. épeiche f. ||°**-stift** m. (s, e) crayon (m.) de couleur. ||°**-wäsche** f. (-). TEXT. linge (m.) de couleur.

Bur [bu:r] n. pr. m. (s, en). GÉOGR. Boer m. ; Boor m.

Bürde ['byrdə] f. (-, n) fardeau m. ; charge f. ; faix m. | *jm eine Bürde aufladen*, imposer un fardeau, une charge à qn ; charger qn. || PROV. *Würde bringt Bürde*, noblesse oblige.

Bureau [by'ro:] n. (s ou x). V. BÜRO.

Burg [burk] f. (-, en). ARCHIT. château m. ; château fort ; castel m. ; manoir m. || PAR EXT. citadelle f. ; forteresse f. || FIG. asile m.

Burg|fried ['burkfri:t] m. (s, e). ARCHIT. donjon m. ||°**-friede** m. (ns, n). HIST. banlieue (f.) du château fort. || FIG. trêve (f.) politique, parlementaire. ||°**-graf** m. (en, en). HIST. burgrave m. ||°**-herr** m. (n, en) seigneur (m.) d'un château. ||°**-verlies** n. (ses, se). ARCHIT. oubliettes f. pl. ||°**-wache** f. (-, n) garde (f.) du château. ||°**-wall** m. (s, ¨e) rempart m.

Bürge ['byrgə] m. (n, n). JUR. caution f. ; garant m. ; répondant m. ; otage m. | *sicherer Bürge*, solide garantie f. | *Bürgen stellen*, fournir caution.

bürgen [-gən] v. intr. JUR. garantir ; répondre de. | *für etwas bürgen*, se porter garant pour qch. || COMM. *für einen Wechsel bürgen*, avaliser une traite.

Bürger(in) ['byrgər(in)] m. (s, -), f. (-, nen) bourgeois(e) m. (f.). || [Staat] citoyen(ne) m. (f.). || HIST. *Bürger des dritten Standes*, roturier m.

Bürger|haus ["byrgər'haus] n. (es, ¨er) maison bourgeoise. ||°**-initiative** f. (-, n) groupement (m.) de défense. ||°**-krieg** m. (s, e) guerre civile. ||°**-meister** m. (s, -) maire m. || [Belgien] bourgmestre m. || [Berlin] *Regierender Bürgermeister*, bourgmestre-chef (m.) du gouvernement. || [Schweiz] syndic m. ||°**-meister|amt** n. (s, ¨er) mairie f. ||°**-pflicht** f.

(-, en). JUR. devoir (m.) civique. ||°-**recht** n. (s, e). JUR. 1° droits civils et politiques ; 2° droit (m.) de cité. ||°-**sinn** m. (s) civisme m. ||°-**steig** m. (s, e) trottoir m. ||°-**wehr** f. (-, en) garde nationale.

bürgerlich ['byrgərliç] adj. bourgeois. || PÉJOR. roturier. | *bürgerliche Gesellschaft*, société bourgeoise. || PAR ANAL. [nicht militärisch] civil ; civique. || JUR. *bürgerliche Freiheiten*, libertés individuelles. | *bürgerliches Gesetzbuch, BGB,* Code civil.

Bürgerschaft [-ʃaft] f. (-) bourgeoisie f. ; ensemble (m.) des bourgeois d'une ville. || municipalité f.

Bürgers|mann ["byrgərs'man] m. (s, -leute). POÉT. bourgeois m. ; citoyen m.

Bürgertum ['byrgərtu:m] n. (s) bourgeoisie f.

Bürgin ['byrgin] f. (-, nen). JUR. garante f. ; répondante f. ; caution f.

Bürgschaft ['byrkʃaft] f. (-, en). JUR. caution f. ; garantie f. ; cautionnement m. | *Bürgschaft leisten für*, fournir caution pour. | *Wechsel mit Bürgschaft versehen*, avaliser un effet. | *gegen Bürgschaft freigelassen werden*, être mis en liberté sous caution.

Bürgschafts|klage ["byrkʃafts'kla:gə] f. (-, n). JUR. action (f.) en garantie. ||°-**leistung** f. (-, en) cautionnement m. ||°-**vergütung** f. (-, en). JUR. ducroire m. ||°-**vertrag** m. (s, ¨e) cautionnement m.

Burgund [bur'gunt] n. pr. n. GÉOGR. Bourgogne f.

Burgunder(in) [-'gundər(in)] m. (s, -), f. (-, nen). Bourguignon(ne) m. (f.). || vin (m.) de Bourgogne.

burgundisch [-'gundiʃ] adj. bourguignon. | *Burgundische Pforte*, trouée (f.) de Belfort.

burlesk [bur'lɛsk] adj. burlesque.

Burleske [-kə] f. (-, n) farce f.

Burnus ['burnus] m. (-) et (ses, se) burnous m.

Büro [by'ro] n. (s, s). [Zimmer] bureau m. ; cabinet (m.) d'étude.

Büro|angestellte(r) [by"ro'angəʃtɛltə(r)] f. (m.) employé(e) [m. (f.)] de bureau. ||°-**automation** f. (-), °-**kommunikation** f. (-) bureautique f. ||°-**bedarf** m. (s) article (m.), matériel (m.), fournitures (f. pl.) de bureau. ||°-**einrichtung** f. (-, en) mobilier (m.) de bureau. ||°-**(hoch)haus** n. (es, ¨er). ARCHIT. immeuble (m.) de bureaux. ||°-**mensch** m. (en, en). FIG. rond-de-cuir m. ||°-**stunden** f. pl. heures (f. pl.) de bureau. ||°-**technik** f. (-) bureautique f. ||°-**zeit** f. (-, en) heures (f. pl.) de service.

Bürokrat [byro'kra:t] m. (en, en) bureaucrate m.

Bürokratie [-kra'ti:] f. bureaucratie f.

bürokratisch [-'kra:tiʃ] adj. bureaucratique.

Bursche ['burʃə] m. (n, n) garçon m. ; gars m. ; gaillard m. || PÉJOR. *liederlicher Bursche*, vaurien m. || IRON. *sauberer Bursche*, drôle m. || PAR EXT. [Student] étudiant m. || MIL. ordonnance f. ou m.

Burschenschaft [-ʃənʃaft] f. (-, en) association (f.) d'étudiants.

burschikos [burʃi'ko:s] adj. du genre estudiantin. || PAR EXT. sans-gêne ; cavalier.

Bürste ['byrstə] f. (-, n) brosse f. || ÉLECTR. balai m.

bürsten [-tən] v. tr. brosser. || FIG. *jm den Kopf bürsten*, laver la tête à qn.

Bürsten|binder ["byrstən'bindər] m. (s, -). COMM. fabricant (m.) de brosses ; brossier m. || FIG., FAM. *er säuft wie ein Bürstenbinder*, il boit comme un trou.

Bürzel ['byrtsəl] m. (s, -). ANAT., FAM. croupion m. || POP. [Steiß] derrière m.

Bus [bus] m. (es, se). FAM. bus m. | *den Bus verpassen*, manquer le bus.

Bus [bus] m. (es, se). INF. bus m.

Bus|bahnhof ["bus'ba:nho:f] m. (s, ¨e) gare routière. ||°-**fahrer** m. (s, -) conducteur (m.) de bus. ||°-**haltestelle** f. (-, n) arrêt (m.) de bus. ||°-**linie** f. (-, n) ligne (f.) de bus.

Busch [buʃ] m. (es, ¨e). BOT. arbuste m. ; arbrisseau m. ; buisson m. ; bouquet m. || PAR EXT. hallier m. ; taillis m. ; bosquet m. ; bocage m. ; bois m. || FIG. *auf den Busch klopfen*, tâter le terrain. | *hinter dem Busch halten*, agir en dessous ; cacher son jeu. | *sich in die Büsche schlagen*, s'esquiver.

busch|artig ["buʃ'a:rtiç] adj. en buisson. ||°-**holz** n. (es, ¨er) buissons m. pl. ; broussailles f. pl. ; branchages m. pl. ||°-**mann** m. (s, ¨er), °-**neger** m. (s, -). GÉOGR. Boschimans m. pl. ; Bushmen m. pl. ||°-**rose** f. (-, n). BOT. anémone f. ||°-**wald** m. (s, ¨er) bosquet m. ; bocage m. ; taillis m. ; petit bois. ||°-**werk** n. (s, e) broussailles f. pl.

Büschel ['byʃəl] n. (s, -) poignée f. ; bouquet m. ; botte f. | *Heubüschel*, botte de foin. || PAR ANAL. touffe f. ; toupet m. ; épi m. ; aigrette f. | *Haarbüschel*, touffe de cheveux. || ÉLECTR. *elektrische Büschel*, aigrettes électriques.

buschig ['buʃiç] adj. touffu ; broussailleux.

Busen ['bu:zən] m. (s, -). ANAT. sein m. ; gorge f. ; poitrine f. | *ein voller Busen*, une belle poitrine. || FIG. poitrine f. ; cœur m. | *eine Schlange am Busen nähren*, réchauffer un serpent dans son sein. || GÉOGR. baie f. ; golfe m.

Busen|freund(in) ["bu:zən'frɔynt, -'frɔyndin] m. (s, e), f. (-, nen). FIG. ami(e) [m. (f.)] intime.

Bussard ['busart] m. (s, e). ZOOL. buse f. ; busard m.

buß|fertig ["bu:s'fɛrtiç] adj. contrit ; repentant. ||°-**fertigkeit** f. (-) contrition f. ; repentance f. ||°-**geld** n. (s, er) amende f. ||°-**prediger** m. (s, -). RELIG. prédicateur (m.) de carême. ||°-**predigt** f. (-, en) sermon (m.) de carême. ||°-**tag** m. (s, e). RELIG. jour (m.) de pénitence, de jeûne et de prières.

Buße ['bu:sə] f. (-, n) pénitence f. ; peine f. | *jm eine Buße auferlegen*, infliger une pénitence à qn. | *Buße tun*, faire pénitence ; faire amende honorable. | *körperliche Buße*, châtiment corporel. | *Geldbuße*, amende f.

büßen ['by:sən] v. tr. expier ; réparer ; faire pénitence. | *das mußt du (mir) büßen*, tu en seras puni ; tu me le paieras. | *mit Geld büßen*, payer une amende. | *er mußte seinen Leichtsinn mit dem Leben büßen*, il paya de sa vie sa légèreté.

Büßende(r) [-səndə(r)] f. (m.) pénitent(e) m. (f.).

Büßer(in) ['by:sər(in)] m. (s, -), f. (-, nen) pénitent(e) m. (f.).

Büßer|hemd ["bysər'hɛmt] n. (s, en). RELIG. haire f. ; cilice m. ||°-**kleid** n. (s, er) vêtement (m.) de pénitence ; haire f. ; cilice m.

Buß(erl) ['bus(ərl)] m. DIAL. baiser m.

Büste ['bystə] f. (-, n) buste m. || PAR EXT. poitrine f.

Büsten|halter ["bystən'haltər] m. (s, -) (en abr. BH) soutien-gorge m.

Butan [bu'ta:n] n. (s). CHIM. butane m.

Buten|land ["bu:tən'lant] n. (s,¨er). GÉOGR., DIAL. [Norddeutsch] terre située devant la digue.

Butler ['batlər] m. (s, -). 1° sommelier m. ; 2° maître (m.) d'hôtel.

Butt [but] m. (s, e). ZOOL. pleuronecte m. ; limande f. ; plie f. ; flet m. ; flétan m. | *Steinbutt*, turbot m.

Bütt(e) ['byt(ə)] f. (-, en) cuve f. ; baquet m. ; hotte f. | *eine Bütte voll*, une cuvée.

Buttel ['butəl] f. (-, n). FAM. bouteille f.

Büttel ['bytəl] m. (s, -). HIST. archer m. ; sbire m. ; valet (m.) de bourreau. || JUR. huissier m.

Bütten|papier ["bytənpa'pi:r] n. (s) papier (m.) à la cuve.

Butter ['butər] f. (-) beurre m. | *frische, ranzige, braune Butter*, beurre frais, rance, noir. | *Tafelbutter*, beurre de table. | *Butter zerlassen*, faire fondre du beurre. | *mit Butter bestreichen*, beurrer. | *Butter stoßen*, battre le beurre ; baratter. || FAM. *es ist alles in Butter*, tout baigne (dans l'huile).

Butter|birne ["butər'birnə] f. (-, n). BOT. beurré m. ||°**-blume** f. (-, n). BOT. pissenlit m. ; renoncule f. ; bouton (m.) d'or. ||°**-brot** n. (s, e) tartine (f.) de beurre. | *belegtes Butterbrot*, sandwich m. || FAM. *etwas für ein Butterbrot bekommen*, acheter qch. pour un morceau de pain. ||°**-dose** f. (-, n) beurrier m. ||°**-fahrt** f. (-, en) (*etwa*) excursion (f.) dans le but d'acheter des produits détaxés. ||°**-faß** n. (es, ¨er) baratte f. ||**-gelb** adj. [Farbe] beurre frais. ||°**-milch** f. (-) petit lait ; babeurre m. ||°**-säure** f. (-). CHIM. acide (m.) butyrique. ||°**-schmalz** n. (es) beurre fondu et refroidi. ||°**-schnitte** f. (-, en) tartine (f.) de beurre ; beurrée. ||°**-stulle** f. (-, n) tartine (f.) de beurre. ||**-weich** adj. mou comme du beurre. || FIG. mou ; sans énergie.

butt(e)rig ['but(ə)riç] adj. butyreux. || FIG. mou.

buttern [-tərn] v. intr. et v. tr. battre le beurre ; baratter.

Büttner ['bytnər] m. (s, -). TECHN. tonnelier m.

Butze|mann ["butsə'man] m. (s, ¨er). POP. farfadet m. ; épouvantail m. ; croque-mitaine m.

Butzen ['butsən] m. (s, -). [Augen] chassie f. || [Nase] morve f. || [Obst] trognon m. || [Licht] lumignon m. || MÉD. [Eiterpflock] bourbillon m.

Butzen|scheibe ["butsən'ʃaibə] f. (-, n). ARCHIT. vitre f. ; vitrail (m.) en culs de bouteille.

Bypass ['baipɑ:s] m. (es). MÉD. (*koronarer*) *Bypass*, bipasse m. ; pontage m. (coronaire).

Byzantiner(in) [bytsan'ti:nər(in)] m. (s, -), f. (-, nen) Byzantin(e) m. (f.). || FIG. flagorneur m.

byzantinisch [-'ti:niʃ] adj. byzantin. || FIG. vil ; servile.

Byzantinismus [-ti'nismus] m. (-) 1° byzantinisme m. || 2° régime (m.) de courtisans.

Byzanz [by'tsants] n. pr. n. GÉOGR. Byzance f. ; Constantinople f.

C

> BEMERKUNG. — Das *C* findet sich im Deutschen nur in den Verbindungen *ch* und *ck*, sonst in Fremdwörtern, wo es vor *a*, *o*, *u*, und *ä*, *ö*, *ü* meist als *k*, vor *e*, *i* und *y* als *z* ausgesprochen und oft auch geschrieben wird.
>
> OBSERV. — Le *C* ne se trouve en allemand que dans les combinaisons *ch* et *ck*, par ailleurs dans des mots d'origine étrangère ; devant les voyelles *a*, *o*, *u*, et les infléchies *ä*, *ö*, *ü*, il est prononcé — et souvent écrit — comme *k* ; devant *e*, *i*, *y*, il est prononcé — et souvent écrit — comme *z*.

C, c [tse:] n. C m. | *großes C*, C majuscule. | *kleines c*, c minuscule. || MUS. *C*, do m. ; ut m. | *C-Dur*, do, ut majeur. | *C-Moll*, ut mineur. | *C-Schlüssel*, clef (f.) d'ut. || COMM., HIST. [chiffre romain] cent m. || PHYS. *C(elsius)*, Celsius m. || CHIM. *C(arboneum) Kohlenstoff*, carbone m.

Caddie ['kɛdi] m. [Golfjunge] caddie m.

Cadmium ['kadmium] n. (s) cadmium m.

Cæsar ['tse:zar] n. pr. m. HIST. César m.

Caesarentum [tse'zɑ:rentu:m] n. (s). HIST. césarisme m.

Cæsur [tse'zu:r] f. (-, en) césure f. ; coupure f. ; repos m. (V. ZAESUR.)

Café [kafe] n. (s, s) café m. (local).

Cafeteria [kafete'ri:a] f. (-, rien) cafétéria f.

Calvinist [kalvi'nist] m. (en, en) calviniste m.

Camper(in) ['kɛmpər(in)] m. (s, -), f. (-, nen) campeur m., campeuse f.

Camping ['kɛmpiŋ] n. (s) camping m. | *auf Camping gehen*, faire du camping.

Canaille [ka'na:jə] f. canaille f.

cand. [kand] m. abrév. de **Candidat** m.

Cardan-Gelenk, Kardan-Gelenk [kar"dɑ:ngə-'lɛŋk] n. (s, e). TECHN. joint (m.) de cardan.

Caritas ['kɑ:ritas] f. (-). RELIG. amour (m.) du prochain ; charité f.

Cartesianer [kartezi'ɑ:nər] m. (s, -). PHILOS. cartésien m.

cartesianisch [-niʃ] adj. cartésien.

Cashewnuß ['kɛʃunus] f. (-, ¨e). BOT. noix (f.) de cajou.

Cäsium ['tsɛ:zium] n. (s, -). CHIM. cæsium m.

Casus ['kazus] m. (-) cas m. || POLIT. *casus belli* ; motif (m.) d'une guerre. || GRAMM. cas m.

Causa ['kauza] f. JUR. raison (f.) juridique.

cbm [tse:be:'ɛm] abrév. de **Kubikmeter** m. ou n. (s, -). MATH. mètre (m.) cube.

ccm [tse:tse:'ɛm] abrév. de **Kubikzentimeter** m. ou n. (s, -). MATH. centimètre (m.) cube.

cdm [tse:de:'ɛm] abrév. de **Kubikdezimeter** m. ou n. (s, -). MATH. décimètre (m.) cube.

Cedille [se'di:j] f. (-, n). GRAMM. cédille f.

C-Dur ['tse:du:r] n. (-). MUS. ut majeur.

Cellist [tʃɛ'list] m. (en, en). MUS. violoncelliste m.

Cello ['tʃɛlo] n. (s, s). MUS. violoncelle m.

Cello|phan(e) [tsɛlo'fa:n(ə)] n. (s) Cellophane f.
Celsius-grad ["tsɛlzius'gra:t] m. (s, e) degré (m.) Celsius.
Cembalo ['tʃɛmbalo] m. (s, s). MUS. clavecin m.
Cement [tse'mɛnt] V. ZEMENT.
Ces [tsɛs] n. (-). MUS. ut (m.) bémol.
Chaise ['ʃɛ:zə] f. HIST. chaise (f.) de poste.
Chamäleon [ka'mɛ:leɔn] n. (s, s). ZOOL. caméléon m. || FIG. personne (f.) instable.
Chamotte [ʃa'mɔtə] f. (-, n). TECHN. chamot m. ; chamotte f. ; argile (f.) réfractaire.
Champagner [ʃam'panjər] m. (s) champagne m. ; vin (m.) de Champagne. | *Champagner auf Eis*, champagne frappé.
Champignon [ʃampi'ŋɔ̃] m. (s, s) champignon m.
Chance ['ʃɑ̃:sə] f. (-, n) chance f. || [Aussichten] *er hat die besten Chancen auf den Sieg*, il a le plus de chances de remporter la victoire. || PAR EXT. [Möglichkeit ; Gelegenheit] chance f.
changieren [ʃɑ̃'ʒi:rən] v. tr. changer. | *ein Pferd changieren*, changer de cheval.
Chansonnette [ʃɑ̃nzo'nɛtə] f. (-, n) [Sängerin] chanteuse f. (de variétés) ; [Chanson] chansonnette f.
Chaos ['ka:ɔs] n. (-) chaos m. ; désordre m.
Chaot(in) [ka'o:t(in)] m. (s, en), f. (-, nen) [gewalttätiger Demonstrant] casseur m., casseuse f.
chaotisch [ka'o:tiʃ] adj. PR. et FIG. chaotique.
Charakter [ka'raktər] m. (s, e) caractère m. ; humeur f. ; tempérament m. ; nature f. | *guter Charakter*, bon caractère. | *Mann von Charakter*, homme (m.) de caractère. | *die Besprechung trug vertraulichen Charakter*, l'entretien était confidentiel.
Charakter|beschaffenheit [ka"raktərbə'ʃafənhait] f. (-) nature (f.) du caractère. ||°**-bild** n. (s, er) portrait moral. || PHILOS. analyse caractérielle. || PAR EXT. caractère m. ||°**-darsteller** m. (s, -) acteur (m.) de rôles de caractère. ||**-fest** adj. d'un caractère ferme. ||°**-kopf** m. (s, ¨e) visage (m.) typique. ||°**-kunde** f. (-) caractérologie f. ||°**-schilderung** f. (-, en) peinture (f.) d'un caractère. ||**-voll** adj. qui a du caractère. ||°**-zug** m. (s,¨e) trait (m.) de caractère ; trait (m.) caractéristique.
charakterlich [ka'raktərliç] adj. de caractère. | *charakterliche Eigenschaften haben*, avoir de la personnalité.
charakterlos [ka"raktər'lo:s] adj. sans caractère ; versatile.
Charakterlosigkeit [-lo:ziçkait] f. (-) manque (m.) de caractère ; versatilité f. ; faiblesse f.
charakterisieren [karakteri'zi:rən] v. tr. caractériser ; dépeindre ; faire le portrait moral de.
Charakteristik [-'ristik] f. (-, en) caractéristique f. ; portrait moral ; peinture (f.) de caractère. || MATH. caractéristique f.
charakteristisch [-'ristiʃ] adj. caractéristique ; typique. | *charakteristisch für eine Zeit*, typique d'une époque.
Charge [ʃarʒə] f. (-, n) [Last] charge f. ; emploi m. ; office m. || PAR ANAL., THÉÂTRE. (kleine Rolle) rôle (m.) secondaire. || MIL. grade m. || TECHN. [Beschikkung] *Charge des Hochofens*, charge du haut fourneau.
chargieren [ʃar'ʒi:rən] v. tr. [beschicken] charger. || PAR ANAL. [beauftragen] donner mission à ; charger.
Charité [ʃari'te:] f. MÉD. Hôtel-Dieu m.
Charleston ['tʃarləstɔn] m. (-, s) charleston m.
Charlotte [ʃar'lɔtə] n. pr. f. Charlotte f. || CULIN. charlotte f.
Charme ['ʃarmə] m. (-) charme m.
Charta ['karta] f. (-, ten). JUR., POLIT. charte f.
Charterer ['ʃartərər] m. (s, -). MAR. chargeur m. ; commissionnaire (m.) chargeur.
Charter|gebühren ["ʃartərgə'by:rən] f. pl. COMM., MAR. fret m. ||°**-gesellschaft** f. (-, en). AÉRON. compagnie (f.) d'affrètement ; compagnie (f.) de charters.
chartern ['ʃartərn] v. tr. MAR. fréter ; affréter.
Chassis [ʃa'si:] n. (-, -). TECHN., AUTOM. châssis m.
Chauffeur, Schofför [ʃɔ'fø:r] m. (s, -) chauffeur m.
Chaussee [ʃɔ'se:] f. (-, n) chaussée f. ; route nationale.
Chauvinismus [ʃɔ'vinismus] m. (-) chauvinisme m.
Chauvinist(in) [-'nist(in)] m. (en, en), f. (-, nen) chauvin(e) m. (f.).
chauvinistisch ['nistiʃ] adj. chauvin.
Chef [ʃɛf] m. (s, s) chef m. ; patron m. || MIL. *Chef des Stabes*, chef d'état-major. || FAM., CULIN. chef m. (de cuisine).
Chef... (en compos.) chef ; en chef ; principal.
Chef|ingenieur ["ʃɛfinʒəni'ø:r] m. (s, e) ingénieur (m.) en chef. ||°**-redakteur(in)** m. (s, e), f. (-, nen) rédacteur (m.), rédactrice (f.) en chef.
Chemie [çe'mi:] f. (-) chimie f. | *organische Chemie*, chimie organique, animale et végétale. | *physikalische Chemie*, physico-chimie f.
Chemikalie [çemi'ka:liə] f. (-, n) produit (m.) chimique.
Chemiker(in) ['çe:mikər(in)] m. (s, -), f. (-, nen) chimiste s.
chemisch [-miʃ] adj. chimique. | *chemische Formel*, formule (f.) chimique. | *chemische Verbindung*, constitution (f.) chimique. | *chemische Zusammensetzung*, composé (m.) chimique. | *chemischer Stoff*, produit (m.) chimique. | *ohne chemische Wirkung*, inactinique. | *chemisch-physikalisch*, chimico-physique. | *chemische Fabrik, Werke*, fabrique (f.), usine (f.) de produits chimiques. | *chemisch untersuchen*, faire l'analyse chimique de.
Chemisch|reiniger(in) [çe:miʃ'rainigər(in)] m. (s, -), f. (-, nen) teinturier m., teinturière f.
Chemo|therapie [çe:motera'pi:] f. (-, n). MÉD. chimiothérapie f.
Cherusker [çe'ruskər] n. pr. m. pl. HIST. Chérusques m. pl.
Chester(käse) ["tʃɛstər'kɛ:zə] m. chester m.
Chiffer ['ʃifər] f., **Chiffre** [ʃifrə] f. (-, n). ADM. chiffre m. | *in Chiffren geschrieben*, chiffré.
Chiffer|adresse ["ʃifəra'drɛsə] f. (-, n) adresse chiffrée ; adresse-clef f. ||°**-nummer** f. (-, n) numéro-clef m. ; chiffre (m.) du code. ||°**-schlüssel** m. (s, -). ADM. clef (m.) du chiffre. ||°**-schrift** f. (-, en) écriture chiffrée ; chiffre m. ||°**-telegramm** n. (s, e) dépêche chiffrée.
chiffrieren [ʃi'fri:ren] v. tr. ADM. chiffrer.
Chiffrier|maschine [ʃi"fri:rma'ʃinə] f. (-, n) machine (f.) à déchiffrer.
Chiffrierung [ʃi'fri:ruŋ] f. (-, en) chiffrage m.
Chile ['tʃi:lə] n. pr. n. (s). GÉOGR. Chili m.
Chilene [tʃi'le:nə] m. (n, n). GÉOGR. Chilien m.
Chilenin [-nin] n. pr. f. GÉOGR. Chilienne f.
chilenisch [-niʃ] adj. GÉOGR. chilien.
Chile|salpeter ["tʃi:ləzal'pe:tər] m. (s). CHIM. azotate (m.) de sodium ; salpêtre (m.) du Chili.
Chimäre [ʃi'mɛ:rə] f. (-, n) chimère f.
chimerisch [-'me:riʃ] adj. chimérique.
China ['çi:na] n. pr. n. GÉOGR. Chine f.
China|baum ["çina'baum] m. (s, ¨e). BOT. quin-

quina m. ||°-**fieber** n. (s, -) fièvre (f.) jaune. ||°-**rinde** f. (-, n). MÉD. quinquina m.
Chinese [çi'ne:zə] n. pr. m. (n, n). GÉOGR. Chinois m.
Chinesin [-zin] f. (-, nen). GÉOGR. Chinoise f.
chinesisch [-ziʃ] adj. GÉOGR. chinois. | *chinesische Mauer*, muraille (f.) de Chine. | *chinesische Tusche*, encre (f.) de Chine.
Chinin [çi'ni:n] n. (s). MÉD. quinine f.
Chip [tʃip] n. (s, s). ÉLECTR. puce f. | *Chip-Karte*, carte (f.) à mémoire.
Chiro|mant [çirɔ'mant] m. (en, en) chiromancien m.
Chiro|mantie [-man'ti] f. (-) chiromancie f.
Chirurg(in) [çi'rurk(in)] m. (en, en), f. (-, nen) chirurgien m., chirurgienne f.
Chirurgie [-rur'gi:] f. (-) chirurgie f.
chirurgisch [-'rurgiʃ] adj. chirurgical. | *chirurgischer Eingriff*, intervention chirurgicale.
Chlor [klo:r] n. (s). CHIM. chlore m.
Chlor|bleiche ["klo:r'blaiçə] f. (-, n) blanchiment (m.) au chlore. ||°-**gas** n. (es) chlore m. ||-**haltig** adj. chloré. ||°-**monoxyd** n. (s) anhydride hypochloreux. ||°-**säure** f. (-) acide (m.) chlorique. ||°-**verbindung** f. (-, en) chlorure m. ||°-**wasser** n. (s) eau chlorurée ; eau de Javel. ||°-**wasserstoff** m. (s) acide (m.) chlorhydrique.
chloren ['klo:rən] v. tr. chlorurer.
Chlorid [klo'ri:t] n. (s). CHIM. chlorure m.
Chlorierung [-'ri:ruŋ] f. (-). TECHN. chloruration f.
Chlorit [klo'ri:t] n. (s, e). [chlorigsaures Salz] chlorite m.
Chloro|form [klɔro'fɔrm] n. (s, e). CHIM. chloroforme m. ||-**formieren** v. tr. MÉD. chloroformer ; chloroformiser. ||°-**phyll** n. (s). CHIM. chlorophylle f.
Cholera ['ko:lera] f. (-). MÉD. choléra m.
Choleriker(in) [kɔ'le:rikər(in)] m. (s, -), f. (-, nen) coléreux m., coléreuse f.
cholerisch [ko'le:riʃ] adj. colère ; colérique ; coléreux ; emporté.
Cholesterin [koleste:'rin] n. (s). MÉD. cholestérol m.
Cholesterin|spiegel [kolɛste"ri:n'ʃpi:gəl] m. (s, -). MÉD. taux (m.) de cholestérol.
Chor [ko:r] m. (s, ¨e). MUS. chœur m. ; chant m. | *zwei-, dreistimmiger Chor*, chœur à deux, trois voix, parties. | *im Chor singen*, chanter en chœur. | *im Chor einfallen*, faire chorus. || ARCHIT. chœur m. ; [dans ce sens, aussi n.] galerie f.
Chor|gesang ["ko:rgə'zaŋ] m. (s, ¨e). MUS. chœur m. || RELIG. plain-chant m. ||°-**knabe** m. (n, n). RELIG. enfant (m.) de chœur. ||°-**sänger** m. (s, -). MUS. choriste m. || RELIG. chantre m. ||°-**umgang** m. (s, ¨e) déambulatoire m.
Choral [ko'rɑ:l] m. (s, ¨e). MUS. choral m. ; cantique m. ; psaume m. ; hymne m.
Choreo|graph [kɔreɔ'grɑ:f] m. (en, en) chorégraphe m. ||°-**graphie** f. (-) chorégraphie f. || -**graphisch** adj. chorégraphique.
chorisch ['ko:riʃ] adj. MUS. à chanter, à dire en chœur.
Chorist(in) [ko'rist(in)] m. (en, en), f. (-, nen). MUS. choriste s.
Chr. [tse:haɛ:r] abrév. de **Christus.**
Christ [krist] m. (en, en) le Christ. || chrétien m. | *evangelischer Christ*, protestant m. | *Christ werden*, se faire chrétien. | *als Christ sterben*, mourir en chrétien.
Christ|baum ["krist'baum] m. (s, ¨e) arbre (m.) de Noël. ||°-**kind** n. (s). RELIG. l'enfant, le petit enfant Jésus. || FIG., FAM. *du glaubst wohl noch an das Christkind(l) ?*, tu crois encore au Père Noël ? ||°-**messe** f. (-, n), °-**mette** f. (-, n). RELIG. messe (f.) de minuit. ||°-**nacht** f. (-, ¨e). RELIG. nuit (f.) de Noël. ||°-**rose** f. (-, n). BOT. ellébore m. ; rose (f.) de Noël. ||°-**stolle** f. (-, n), °-**stollen** m. (s, -). CULIN. bûche (f.) de Noël.
Christen|gemeinde ["kristəngə'mainde] f. (-, n). RELIG. communauté (f.) des chrétiens. ||°-**glaube** m. (ns) foi chrétienne. ||°-**lehre** f. (-) doctrine chrétienne.
Christenheit ['kristənhait] f. (-) chrétienté f.
Christentum [-tu:m] n. (s) chrétienté f. ; christianisme m.
Christin ['kristin] f. (-, nen) chrétienne f.
christlich [-tliç] adj. chrétien. | *ein christliches Leben führen*, vivre en bon chrétien. | *christliche Liebe*, charité chrétienne. | *christliche Kunst*, art sacré.
Christus ['kristus] m. (ti). RELIG. Jésus-Christ m. ; Christ m. | *vor, nach Christus, Christi Geburt*, avant, après Jésus-Christ.
Chrom [kro:m] n. (s). CHIM. chrome m.
Chromatik [-tik] f. (-). PHYS. chromatique f.
chromatisch [-tiʃ] adj. MUS. chromatique.
Chrom|stahl ["kro:m'ʃtɑ:l] m. (s) acier chromé ; ferrochrome m.
Chromosom [kromo'zo:m] n. (s, en). BIOL. chromosome m. | *atypisches Chromosom,* chromosome atypique.
Chromosomen|mutation [kromo"zo:mənmuta-'tsio:n] f. (-, en). BIOL. mutation (f.) chromosomique.
Chronik ['kro:nik] f. (-, en) chronique f.
chronisch ['kro:niʃ] adj. chronique.
Chronist(in) [krɔ'nist(in)] m. (en, en), f. (-, nen) chroniqueur m., chroniqueuse f. ; courriériste s.
Chrono|logie [krɔnɔlɔ'gi:] f. (-) chronologie f. ||-**logisch** adj. chronologique. ||°-**meter** n. (s, -) chronomètre m.
Chrysantheme [kryzan'te:mə] f. (-, n). BOT. chrysanthème m.
Chur [ku:r] n. pr. n. GÉOGR. [Stadt] Coire.
Cicero ['tsi:tsero] n. pr. m. Cicéron m.
Cicerone [tsitse'ro:nə] m. ([s], s) cicerone m.
circa ['tsirka] adv. V. ZIRKA.
Cis [tsis] n. MUS. ut (m.) dièse.
Claque [klak] f. (-). THÉÂTRE. claque f.
Clearing ['kli:riŋ] n. (s). FIN. clearing m.
Cliché [kli'ʃe:] n. (s, s) cliché m.
Clique [klikə] f. (-, n) clique f. ; coterie f. ; bande f. ; groupe m. | *eine Clique bilden*, former une bande.
Cliquen|wesen ["klikən've:zən] n. (s) régime (m.) de coterie. ||°-**wirtschaft** f. (-) régime (m.), esprit (m.) de coterie, de clique.
Close up ['kləusap] m. (s, s). FILM. plan serré.
Clou [klu:] m. (s, s). FIG. clou m. | *der Clou des Abends*, le clou de la soirée.
Clown [klaun] m. (s, s) clown m.
cm [tse:ɛm] abrév. de **Zentimeter** m. ou n. (s, -). MATH. centimètre m. ; cm.
cmm [tseɛmɛm] (Vx.) abrév. de **Kubikmillimeter** m. ou n. (s, -). MATH. millimètre cube ; mm^3.
C-Moll ['tse:mɔl] n. MUS. ut mineur.
Codein [kode'i:n] n. (s). PHARM. codéine f.
Code|telegramm ["ko:dətele'gram] n. (s, e) télégramme chiffré, en code. ||°-**umsetzung** f. (-, en). INF. transcodage m.
Coitus ['ko:itus] m. MÉD. coït m.

Comic ['kɔmik] m. (s, s) m. bande dessinée ; FAM. B.D. f.
Compact Disk [kɔm'paktdisk], **CD** [tse:'de:] f. (-, s) disque compact ; compact m.
Compiler [kɔm'pailər] m. (s, -). INF. compilateur m.
Computer [kɔm'pju:tər] m. (s, -). INF. ordinateur m.
Computer|ausdruck [-'ausdruk] m. (s, ¨e). INF. sortie (f.) ordinateur. ||**-gestützt** adj. INF. *computergestütztes Konzept*, conception assistée par ordinateur, C.A.O. f. | *computergestützte Übersetzung*, traduction assistée par ordinateur, T.A.O. f. | *computergestützer Unterricht*, enseignement assisté par ordinateur, E.A.O. m. ||°**-graphik** f. (-, en). INF. infographie f. ||°**-spielprogramm** n. (s, e). INF. ludiciel m. ||°**-tomograph** m. (en, en). MÉD. scanner m. ; scanographe m. ||°**-tomographie** f. MÉD. scanographie f.
Conférencier [kɔ̃ferɑ̃sje:] m. (s, s). THÉÂTRE. présentateur m.
Container [kɔn'te:nər] m. (s, -) conteneur m.
Container|schiff [kɔn"te:nər'ʃif] n. (s, e). MAR. porte-conteneurs m.
Cornwall(is) ['kɔrnval(is)] n. pr. n. GÉOGR. Cornouaille(s) f.
Corps [ko:r] n. corporation f. ; groupe m. ; société f. | *Diplomatisches Corps*, corps (m.) diplomatique.
Corps|bruder ["ko:r'bru:dər] m. (s,¨), °**-student** [-ʃtu'dɛnt] m. (en, en). [Deutschland] membre (m.) d'une corporation d'étudiants.
Corticoide [kɔrtiko'i:də] n. pl. MÉD. corticoïdes m. pl.
Couch [kautʃ] f. (-, es) divan m. ; sofa m.
Couleur [ku'lø:r] f. (-, en) couleur f. || PAR EXT. [Spiel] atout m. || UNIV. [Deutschland] couleurs (f. pl.) des corporations d'étudiants, estudiantines.
Countdown ['kaunt"daun] m. ou n. (s, s) compte (m.) à rebours.
Coup [ku:] m. (s, s) coup m. | *einen großen Coup landen*, faire un grand coup.
Coupé [ku'pe:] n. (s, s) compartiment (m.) de chemin de fer. || AUTOM. coupé m.
Couplet [ku'ple:] n. (s, s) couplet m.
Cour [ku:r] f. (-, en). FIG. cour f. ; politesse f. ; civilité f. | *einer Dame die Cour machen, schneiden*, faire la cour à une dame ; courtiser une dame.
Courage [ku'rɑ:ʒə] f. (-) courage m. ; cœur m.
Courtage [kur'tɑ:ʒə] f. (-, n). FIN. courtage m.
Courtage|satz [kur"tɑ:ʒə'zats] m. (es, ¨e). FIN. taux (m.) de courtage.
Cousin [ku'zɛ̃:] m. (s, s) cousin m.
Cousine [-'zi:nə] f. (-, n) cousine f.
Couvert [ku'vɛ:r] n. (s, s). [Briefumschlag] enveloppe f.
Creme [krɛ:m] f. (-, s). CULIN. crème f.
creme|farben ["krɛ:m'farbən] adj. de couleur crème. ||°**-suppe** f. (-, n). CULIN. velouté m.

D

D, d [de:] n. D m. | *großes D*, D majuscule. | *kleines d*, d minuscule. || AUTOM. *D* [Deutschland], Allemagne. || COMM., HIST. *D* [chiffre romain] cinq cents. || MUS. *D*, ré m. | *D-Dur*, ré majeur. | *D-Moll*, ré mineur. || RELIG. *D(oktor) der Theologie*, docteur (m.) en théologie.
da [dɑ:]

> **I.** adv.
> **1.** SENS LOCAL : là ; ici ;
> **2.** SENS TEMPOREL : alors ; là ; lors ; dans le temps où ;
> **3.** CIRCONSTANCES ;
> **4.** LOC. : *da* explétif.
> **II.** conj.
> **1.** SENS TEMPOREL (simultanéité) : lorsque ; au moment où ; comme ; quand ; pendant que.
> **2.** SENS CAUSAL : comme ; puisque ; vu que ; attendu que.

I. adv. **1.** SENS LOCAL [entfernt] là ; [näher] ici. | *er ist da*, il est là ; il est présent. | *da ist er ja*, le voilà. | *da kommt er*, le voilà (qui vient). | *da drinnen*, là-dedans ; *da oben*, là-haut ; *da unten*, là-bas. | *hie(r) und da*, par ci, par là ; deçà, delà. | *da und dort*, çà et là ; par ci par là. | *da und da*, à tel et tel endroit. | *der Mann da*, l'homme que voilà. | *der da*, celui-là. | *du da !*, eh toi, là-bas ! | *ich bin gleich wieder da*, je reviens à l'instant. | *da irren Sie sich*, là, en cela vous faites erreur.
2. SENS TEMPOREL : alors ; lors ; dans le temps où, que. | *von da an, ab*, à partir de ce moment ; dès lors. | *ich sagte es ihm, da erschrak er*, je le lui dis, alors il prit peur. | *da siehst du !*, tu vois maintenant.
3. CIRCONSTANCES : *was kann man da machen ?*, qu'y faire ? *da kann man sagen*, c'est le cas de dire. | *hier und da*, parfois ; par moments ; de temps à autre.
4. LOC. : *nichts da !*, que non ! ; POP. bernique ! | *da hast dus !*, tiens ! | *da nimms !*, prends ! | *da haben wirs !*, nous y voilà ! ; ça y est ! | *da siehst du !*, tu vois ! | *da könnt ihr euch denken, wie*, je vous laisse à penser comme(nt). | *da ist keiner, der*, il n'est personne qui (subj.). | *die Stimmen mehren sich, die da sagen*, il y a de plus en plus de gens qui prétendent. | *als da sind*, tel(le)s que ; par exemple. | *wer da will*, quiconque veut ; tous ceux qui veulent. | *da lief alles fort*, et tout le monde de se sauver.
II. conj. **1.** SENS TEMPOREL (simultanéité, même valeur que *als*) : lorsque ; au moment où ; comme ; quand ; pendant que.
2. SENS CAUSAL (même valeur que *weil*) : comme ; puisque ; vu que ; attendu que. | *da dem so ist*, puisqu'il

en est ainsi ; cela étant. | *da ja*, étant donné que. | *da jedoch*, mais comme. | *da aber*, étant donné que.

d.Ä. [de:ɛ:], abrév. de **der Ältere** (n, n), l'aîné m.

dabei ['dabai - da'bai] adv. **1.** [Ort] auprès ; près. | *wir sind ganz nahe dabei*, nous en sommes tout près. | *eine Villa und ein Park dabei*, une villa et un parc. | *mein Bruder ist dabei*, mon frère est de la partie. **2.** [Zeit] *er war gerade dabei zu telefonieren*, il allait téléphoner.
3. FIG. *er bleibt dabei*, il persiste ; il s'en tient là. | *es mag dabei bleiben*, soit. | *es bleibt dabei*, c'est entendu. | *es dabei bewenden lassen*, s'en tenir là ; en rester là. | *was ist (denn) dabei ?*, quel mal y a-t-il à cela ? | *es ist nichts dabei*, il n'y a rien (de vrai, de sérieux) là-dedans. | *es kommt nichts dabei heraus*, il n'en sortira rien (de bon). | *das Gute dabei ist, daß*, ce qu'il y a de bon, c'est. | *dabei befinde ich mich wohl*, je m'en trouve bien. | *sie hat sich nichts Böses dabei gedacht*, elle a fait cela sans penser à mal. | *dabei wußte er nichts*, et pourtant il ne savait rien.

dabei|sein [da"bai'zain] v. intr. être présent ; assister à ; être de la partie ; en être.

da capo [da'ka:po] loc. adv. bis. || MUS. da capo.

Dach [dax] n. (s, ¨er) **1.** toit m. ; toiture f. | *flaches Dach*, toit plat, en terrasse. | *schiefes Dach*, toit en pente. | *spitzes Dach*, toit en pointe. | *das Dach decken, aufsetzen*, couvrir la maison. | *einen Bau unter Dach bringen*, achever un bâtiment jusqu'au toit. | *unter Dach und Fach*, à l'abri ; à couvert ; en sécurité.
2. FAM. tête f. || LOC. FAM. *eins aufs Dach bekommen*, en prendre pour son grade.

Dach|arbeiten ["dax'arbaitən] f. pl. travaux (m. pl.) de couverture. ||°**-balken** m. (s, -) solive f. ||°**-boden** m. (s, ¨) combles m. pl. ; grenier m. ||°**-decker** m. (s, -). ARCHIT. couvreur m. ||°**-fenster** n. (s, -) lucarne f. ; fenêtre mansardée. ||°**-first** m. (es, e) faîte f. ; faîtage m. ||°**-garten** m. (s, ¨) jardin suspendu. ||°**-gebälk** n. (s) charpente f. ||°**-geschoß** n. (es, e) étage mansardé ; combles m. pl. ||°**-gesellschaft** f. (-, en). FIN. holding m. ||°**-kammer** f. (-, n) mansarde f. ; galetas m. ||°**-luke** f. (-, n) lucarne f. ||°**-organisation** f. (-, en). FIN. groupe (m.) de sociétés. ||°**-pappe** f. (-, n) carton goudronné. ||°**-reiter** m. (s, -). ARCHIT. lanternon (m.) de la croisée. ||°**-rinne** f. (-, n) gouttière f. ; chéneau m. ||°**-schindel** f. (-, n). ARCHIT. bardeau m. ||°**-sparren** m. (s, -) chevron m. ||°**-stübchen** n. (s, -) mansarde f. ||°**-stuhl** m. (s, ¨e). ARCHIT. ferme f. ||°**-traufe** f. (-, n) gouttière f. ||°**-wohnung** f. (-, en) mansarde f. ||°**-ziegel** m. (s, -) tuile f.

Dachs [daks] m. (es, e). ZOOL. blaireau m. || [Hund] basset m. || FIG. *frecher Dachs*, insolent m.

Dachs|bau ["daks'bau] m. (s, e). ZOOL. terrier (m.) de blaireau. ||°**-hund** m. (s, e). ZOOL. basset m. ; teckel m.

Dackel ['dakəl] m. (s, -). ZOOL. basset m.

Dackelbeine ["dakəl'bainə] n. pl. ANAT. jambes très courtes et torses.

Dadaismus [dada'ismus] m. LITTÉR. dadaïsme m.

da|durch ['da:durç - da'durç] adv. [Ort] par-là. | *dadurch muß er kommen*, il faut qu'il passe par là. || [Mittel] par là ; par ce moyen ; de cette façon ; ainsi. | *dadurch, daß er krank ist*, du fait qu'il est malade.

da|für [da'fy:r - 'da:fy:r] adv. **1.** pour cela ; en échange ; pour. | *er gibt mir ein Buch dafür*, il me donne un livre en échange. | *er ist klein, aber dafür kräftig*, il est petit, mais vigoureux. | *ich half ihm, dafür schenkte er mir*, je l'ai aidé, en retour il m'a récompensé.
2. LOC. *dafür oder dagegen sein*, être pour ou contre. | *ich bin dafür, daß*, je suis d'avis que. | *er kann nichts dafür*, il n'y peut rien. | *wer kann dafür ?*, qu'y faire ?
3. dafür halten, tenir pour ; croire ; juger ; considérer comme. | *er ist nicht reich, aber man hält ihn dafür*, il n'est pas riche, mais on le considère comme tel.

Dafür|halten [da"fy:r'haltən] n. (s) opinion f. ; avis m. | *nach unserm Dafürhalten*, à notre (humble) avis.

da|gegen [da'ge:gən - "da:'ge:gən] adv.
1. contre ; là contre. | *ich kann nichts dagegen*, je ne puis rien là contre. | *dagegen handeln*, contrevenir à. | *dagegen hilft nichts*, il n'y a rien à y faire.
2. par contre.
3. en regard ; en revanche.

dagegen|halten [da"ge:gən'haltən] (ä, ie, a) v. tr. comparer ; mettre en regard. || FIG. opposer.

da|heim [da'haim] adv. à la maison ; chez soi. | *daheim bleiben*, rester chez soi. | *ist sie daheim ?*, est-elle chez elle ?

da|her [da'he:r - 'da:he:r] adv. [Ort] de là ; de ce côté. | *er kommt daher*, il arrive. || [Zeit] *seit daher*, depuis ce temps. || [Grund] de là. | *daher die Aufregung*, d'où l'émotion.
◇ conj. c'est pourquoi ; pour cette raison ; à cause de cela ; par conséquent.

daher|kommen [da"he:r'kɔmən] (kam, gekommen) v. intr. arriver ; s'en venir. || FIG. provenir de.

daher|reden [da"he:r're:dən] v. tr. parler sans réfléchir. | *dumm daherreden*, débiter des sottises.
◇ v. intr. bavarder.

daher|rühren [da"he:r'ry:rən] v. intr. FIG. provenir de.

da|hin [da'hin - 'da:hin] adv. **1.** [Bewegung] là ; là-bas ; vers cet endroit-là ; y. | *du gehst dahin*, tu vas là-bas ; tu y vas. | *ist es noch weit bis dahin ?*, y a-t-il encore loin jusque-là(-bas) ? || [Zeit] *bis dahin*, jusque-là ; jusqu'à ce moment-là. || [Zweck] jusque-là. | *das Trinken hat ihn dahin gebracht*, c'est la boisson qui l'a amené là. | *meine Meinung geht dahin, daß*, je suis d'avis que.
2. FIG. parti ; passé ; perdu ; anéanti. | *meine Ruhe ist dahin*, c'en est fait de ma sérénité.

da|hinab ['dahin"ap - "da:hin'ap] adv. par là (-bas).

da|hinauf ['dahin"auf - "da:hin'auf] adv. par là (-haut).

da|hinaus ['dahin"aus - "da:hin'aus] adv. par-là ; de ce côté-là.

dahin|bringen [da"hin'briŋən] (brachte, gebracht) v. tr. amener là ; porter là. || FIG. *es dahin bringen, daß*, parvenir à (infin.) ; réussir ; faire en sorte que. | *jn dahin bringen, daß*, amener qn à (infin.).

dahin|eilen [da"hin'ailən] v. intr. aller, passer rapidement, en vitesse, à toute allure.

dahin|ein ["da:hin'ain] adv. là-dedans.

dahin|fahren [da"hin'fa:rən] (ä, u, a) v. intr. s'éloigner. || FIG. *alle Hoffnung dahinfahren lassen*, désespérer.

dahin|geben [da"hin'ge:bən] (i, a, a) v. tr. sacrifier. | *sein Leben dahingeben*, sacrifier sa vie.

dahin|gegen [da'hin"ge:gən] adv. et conj. tandis que ; au lieu que ; par contre.

dahin|gehen [da"hin'ge:ən] (ging, gegangen) v. intr. passer. || FIG. *die Jahre gehen dahin*, les années passent.

dahin|gehören [da"hingə'hø:rən] v. intr. faire partie de ; appartenir à ; se rapporter à.

dahin|gestellt [da"hingə'ʃtelt] part. pass. et adj. *es bleibe dahingestellt, ob wir das Haus kaufen oder nicht*, ne décidons pas encore si nous achèterons cette maison. | *lassen wir es dahingestellt sein*, passons là-dessus.

dahin|leben [da"hin'le:bən] v. intr. se laisser vivre ; couler ses jours. || FIG. végéter.

dahin|raffen [da"hin'rafən] v. tr. FIG. enlever ; emporter ; faucher.

dahin|siechen [da"hin'zi:çən] v. intr. dépérir.

dahin|stehen [da"hin'ʃte:ən] (stand, gestanden) v. intr. *es steht noch dahin, ob*, on ne sait encore si.

da|hinten ['da"hintən] adv. en arrière ; derrière.

da|hinter ["da:'hintər - 'da"hintər] adv. derrière ; là derrière. || FIG. *sich dahinter machen*, se mettre à l'œuvre. | *es steckt nichts dahinter*, FAM. c'est du vent.

dahinter|kommen [da"hintər'kɔmən] (a, o) v. intr. FIG. éclaircir qch. ; découvrir le mystère ; FAM. découvrir le pot aux roses.

dahin|unter ["da:hin'untər] adv. là-bas ; en descendant (par) là.

dahin|welken [da"hin'vɛlkən] v. intr. se flétrir ; s'étioler.

Dahlie ['da:liə] f. (-, n). BOT. dahlia m.

Dahome [daho'me:] n. pr. n. GÉOGR. Dahomey m.

Daktylus ['daktylus] m. (-, len). POÉS. dactyle m.

da|liegen ["da:'li:gən] (a, e) v. intr. être couché. || FIG. être disponible.

dalli ['dali] adv. FAM. lestement ; prestement.

Dalmatien [dal'ma:tsiən] n. pr. n. GÉOGR. Dalmatie f.

Dalmati(n)er(in) [-ma'ti(n)ər(in)] m. (s, -), f. (-, nen). GÉOGR. Dalmate.

dalmat(in)isch [-ma'tiniʃ, -'ma:tiʃ] adj. GÉOGR. dalmate.

da|malig ["da:'ma:liç] adj. d'alors ; de cette époque-là ; d'autrefois ; de jadis.

da|mals ['da:mals] adv. en ce temps-là ; à cette époque-là ; alors ; à l'époque.

Damaskus [da'maskus] n. pr. n. GÉOGR. Damas m.

Damast ['damast] m. (es, e). TEXT. damas m.

Dam|hirsch ['damhirʃ] m. (es, e). ZOOL. daim m. ||°**-wild** n. (s) les daims (m. pl.).

Däm|chen ['dɛmçən] n. (s, -). FAM. petite dame.

Dame ['da:mə] f. (-, n) dame f. | *meine Damen und Herren*, mesdames, messieurs. || [Damenspiel] dame f. | *Dame spielen*, jouer aux dames. || [Kartenspiel] dame f.

Dame|brett ["da:mə'brɛt] n. (s, er) damier m. ||°**-spiel** n. (s, e) jeu (m.) de dames.

Damen|bekanntschaft ["da:mənbə'kantʃaft] f. (-, en) relation féminine ; FAM. amie f. ||°**-binde** f. (-, n) serviette (f.) hygiénique. ||°**-doppel** n. (s, -). [Tennis] double dames m. ||°**-einzel** m. (s, -). [Tennis] simple dames m. ||°**-kleid** n. (s, er) vêtement (m.) de femme ; robe f. ||°**-sattel** m. (s, ¨) selle (f.) d'amazone. ||°**-schneider** m. (s, -) tailleur (m.) pour dames ; couturier m. ||°**-sitz** m. *im Damensitz reiten*, monter en amazone. ||°**-wahl** f. (-) danse où les dames choisissent leur cavalier.

da|mit [da'mit - 'da:mit] adv. avec cela ; par là ; par ce moyen. | *er kaufte Lebensmittel ein und ging damit nach Hause*, il acheta des denrées et les rapporta. | *was soll ich damit (anfangen) ?*, qu'en ferai-je ? | *ich bin damit zufrieden*, j'en suis content. | *es ist aus damit*, c'en est fait. | *damit ist uns gar nicht gedient*, cela ne nous arrange pas du tout. | *damit ist alles gesagt*, c'est tout dire. | *damit gingen sie*, là-dessus ils partirent. | *immer nur her damit !* ; donne(z) toujours !
◇ conj. de subord. afin que (subj.) ; pour que (subj.) ; afin de ; pour (infin.). | *damit du weißt*, afin, pour que tu saches.

dämlich ['dɛmliç] adj. FAM. stupide ; nigaud ; niais.

Damm [dam] m. (s, ¨e) digue f. ; barrière f. | *einen Damm aufschütten, bauen*, construire, élever une digue, un barrage. | *der Damm bricht*, la digue se rompt. || FAM. *wieder auf den Damm bringen, kommen*, remettre sur pied ; se rétablir. || *recht auf dem Damm sein*, être d'attaque.

Damm|bruch ['dambrux] m. (s, ¨e) rupture (f.) de digue. || MÉD. rupture périnéale. ||°**-riß** m. (es, e). MÉD. déchirure périnéale. ||°**-straße** f. (-, n), °**-weg** m. (s, e) chaussée f.

dämmen ['dɛmən] v. tr. TECHN. endiguer ; élever une digue.

dämmerhaft ['dɛmərhaft], **dämmerig** ['dɛməriç] adj. crépusculaire ; encore, déjà sombre. | *es wird dämmerig*, le crépuscule tombe.

Dämmer|licht [-'liçt] n. (es) lueur (f.) du crépuscule, de l'aube ; crépuscule m. ; pointe (f.) du jour ; petit jour ; pénombre f. ||°**-schein** m. (s) demi-jour m. ; pénombre f. ||°**-schlaf** m. (s) somnolence f. ||°**-stunde** f. (-, n) crépuscule m. | *in der Dämmerstunde*, entre chien et loup.

dämmern ['dɛmərn] v. intr. poindre. | *es dämmert*, [Morgen] le jour, l'aube point ; [Abend] le soir tombe. || FIG., FAM. *jetzt dämmert's mir*, je commence à y voir clair. || PAR ANAL. rêvasser ; somnoler.

Dämmerung ['dɛməruŋ] f. (-, en) crépuscule m. ; nuit tombante.

Dämmerungs|zustand ["dɛməruŋs'tsu:ʃtant] m. (s, ¨e). MÉD. état (m.) crépusculaire.

Damokles|schwert [da"mɔkləs'ʃve:rt] n. (es, e). HIST. épée (f.) de Damoclès.

Dämon ['dɛ:mɔn] m. (s, en) démon m. ; génie m. | *guter, böser Dämon*, bon, mauvais génie.

dämonisch [dɛ'mo:niʃ] adj. démoniaque.

Dampf [dampf] m. (s, ¨e). **1.** PHYS. vapeur f. | *Dampf abblasen*, lâcher la vapeur. | *Dampf aufbehalten*, rester sous pression. | *Dampf aufmachen*, mettre en pression. | *unter Dampf*, PR. et FIG. sous pression. **2.** FIG., FAM. *mit Dampf arbeiten*, travailler d'arrache-pied. || PAR EXT. *Hansdampf in allen Gassen*, la mouche du coche. || PAR ANAL., MÉD. asthme m.

Dampf|antrieb ["dampf'antri:p] m. (s, e) traction (f.) à vapeur ; fonctionnement (m.) à la vapeur. ||°**-bad** n. (s, ¨er) bain (m.) de vapeur. ||°**-bildung** f. (-, en) vaporisation f. ||°**-dichte** f. (-). PHYS. densité (f.) de vapeur. ||°**-druck** m. (s) pression (f.) de la vapeur. ||°**-druck|messer** m. (s, -). TECHN. manomètre m. ||°**-faß** n. (es, ¨er). TECHN. cuve (f.) de vaporisage. ||**-förmig** adj. PHYS. à l'état de vapeur. ||°**-heizung** f. (-, en) chauffage (m.) à la vapeur. ||°**-kessel** m. (s, -) chaudière (f.) à vapeur. ||°**-kocher** m. (s, -). TECHN. autoclave m. ||°**-kochtopf** m. (es, ¨e) autocuiseur m. ; cocotte-minute f. ||°**-kracken** n. (s). TECHN. craquage (m.) à la vapeur ; vapocraquage m. ||°**-kraft** f. (-, ¨e) force motrice à vapeur. ||°**-leitung** f. (-, en). TECHN. conduite (f.), tuyauterie (f.) de vapeur. ||°**-lokomotive** f. (-, n) locomotive (f.) à vapeur. || °**-maschine** f. (-, n). TECHN. machine (f.) à vapeur. ||°**-messer** m. (s, -). PHYS. manomètre m. ||°**-motor** m. (s, en). PHYS. moteur (m.) à vapeur. ||°**-nudeln** f. pl. CULIN. boulettes de pâte sucrées. ||°**-ramme** f. (-, n). TECHN. mouton (m.) à vapeur. ||°**-reiniger** m. (s, -) épurateur (m.) de vapeur. ||°**-schiff** n. (s, e). MAR. bateau (m.) à vapeur. ||°**-spannung** f. (-, en) tension de vapeur. ||°**-strahl** m. (s, en). PHYS. jet (m.) de vapeur. ||°**-turbine** f. (-, n). TECHN. turbomoteur m. ||°**-umformer** m.

(s, -) convertisseur (m.), transformateur (m.) de vapeur. ||°**-ventil** n. (s, e). PHYS. soupape (f.) à vapeur. ||°**-walze** f. (-, n). PHYS. rouleau compresseur.

dampfen ['dampfən] v. intr. fumer ; dégager des vapeurs. | *die Suppe dampft*, la soupe fume.
◇ v. tr. fumer. | *dampfende Pferde*, des chevaux en nage.

dämpfen ['dɛmpfən] v. tr. CULIN. cuire en daube ; cuire à l'étuvée ; étuver. | *Fleisch dämpfen*, dauber de la viande. || CHIM. *ein Gewebe dämpfen*, préparer un tissu à l'aide de vapeurs concentrées. || TECHN. *den Hochofen dämpfen*, mettre le haut fourneau en veilleuse. || FIG. étouffer ; éteindre ; affaiblir ; réprimer ; amortir ; adoucir. | *mit gedämpfter Stimme*, à voix basse. | *den Ton dämpfen*, mettre la sourdine. | *die Schmerzen dämpfen*, atténuer les douleurs.

Dampfer ['dampfər] m. (s, -). MAR. vapeur m.

Dämpfer ['dɛmpfər] m. (s, -). TECHN. éteignoir m. ; modérateur m. ; amortisseur m. || MUS. sourdine f. || FIG. *seinen Wünschen einen Dämpfer aufsetzen*, mettre une sourdine à ses désirs.

dampfig ['dampfiç] adj. vaporeux.

Dämpfung ['dɛmpfuŋ] f. (-, en). || AÉRON. stabilisation f. || CHIM. absorption f. || CULIN. cuisson (f.) à l'étuvée.

Dämpfungs|fläche ["dɛmpfuŋs'flɛçə] f. (-, n), °**-flosse** f. (-, n), °**-wand** f. (-, ¨e). AÉRON. stabilisateur m. ||°**-vorrichtung** f. (-, en). PHYS. dispositif (m.) amortisseur ; amortisseur m.

da|nach ['dɑ:nɑ:x - da'nɑ:x] adv. après cela ; vers cela ; à cela ; de cela ; après ; là-dessus. || FIG. *er strebt danach*, il y aspire. | *sich danach richten*, s'y conformer. | *mein Sinn steht danach*, c'est vers cela que vont mes pensées. | *ich frage nicht danach*, cela ne m'intéresse pas. || FAM. *es ist auch danach*, ça ne vaut pas grand-chose. | *es ging euch auch danach*, vous en avez subi les conséquences. || [Zeit] *nicht viel danach*, peu après.

Dandy ['dandi] m. (s, s) dandy m.

Däne ['dɛ:nə] n. pr. m. (n, n). GÉOGR. Danois m.

da|neben ['da"ne:bən] adv. à côté ; près ; auprès. | *das Eßzimmer ist daneben*, la salle à manger est à côté. || en plus ; en outre ; outre cela ; en même temps.

daneben|gehen [da"ne:bən'ge:ən] (ging, gegangen) v. intr. marcher à côté ; passer à côté (du but visé).

daneben|hauen [da"ne:bən'hauən] (hieb, gehauen) v. intr. POP. frapper à côté. || FAM. se tromper ; faire erreur. | *danebengehauen*, POP. loupé !

Dane|brog ["danə'bro:k] m. (s). POLIT. drapeau danois.

Däne|mark ['dɛnəmark] n. pr. n. GÉOGR. Danemark m.

da|nieder ['da"ni:dər] adv. en bas ; à, par terre.

da|nieder|liegen [da"ni:dər'li:gən] (a, e) v. intr. être alité. || FIG. languir.

Dänin ['dɛ:nin] n. pr. f. (-, nen). GÉOGR. Danoise f.

dänisch [-niʃ] adj. GÉOGR. danois(e).
◇ n. **Dänisch,** [Sprache] danois m.

Dank [daŋk] m. (s, pl. : Danksagungen f. pl.) remerciement m. ; reconnaissance f. ; gratitude f. ; gré m. ; action (f.) de grâces ; grâces f. pl. | *aufrichtigen Dank für*, sincères remerciements pour. | *tausend Dank*, mille mercis ! | *jm für etwas Dank abstatten*, adresser à qn ses remerciements de, pour qch. | *Dank bezeigen*, témoigner sa gratitude, sa reconnaissance. | *Dank ernten*, recevoir des remerciements. | *Gott sei Dank !*, Dieu merci. | *jn zu Dank verpflichten*, obliger qn. | *zum Dank dafür*, en reconnaissance de. | *(keinen) Dank wissen*, (ne pas) savoir gré. | *schlechten Dank für etwas bekommen*, être mal payé de qch. || COMM. *mit Dank erhalten*, pour acquit.

dank [daŋk] prép. (dat., plus rarement gén.) grâce à. | *dank seiner Arbeit*, grâce à son travail.

Dank|adresse ["daŋka'drɛsə] f. (-, n) adresse (f.) de remerciements. ||°**-gebet** n. (s, e). RELIG. action (f.) de grâces. ||**-sagen** v. intr. remercier ; rendre grâce(s). ||°**-sagung** f. (-, en) remerciement(s) m. (pl.) ; action (f.) de grâces. ||°**-schreiben** n. (s, -), lettre (f.) de remerciements.

dankbar ['daŋkbɑ:r] adj. reconnaissant. | *sich gegen jn dankbar zeigen, erweisen*, témoigner de la reconnaissance à qn. || FIG. agréable ; qui apporte une satisfaction ; gratifiant. | *eine dankbare Arbeit*, un travail agréable. || THÉÂTRE. *dankbare Rolle*, rôle (m.) à effet. | *ein dankbares Publikum*, un excellent public.

Dankbarkeit [-bɑ:rkait] f. (-) reconnaissance f. ; gratitude f. | *aus Dankbarkeit*, par reconnaissance.

danke ! ['daŋkə] interj. merci. | *danke sehr ; danke schön !*, merci bien ; merci beaucoup.

danken [-kən] v. intr. remercier ; rendre grâce. | *herzlich danken*, remercier cordialement. | *er läßt danken*, il (vous) dit merci. | *ich danke Ihnen dafür*, je vous en remercie. | *keine Ursache ; nicht(s) zu danken,* (il n'y a) pas de quoi. || COMM. *dankend erhalten*, pour acquit.
◇ v. tr. devoir ; être redevable de. | *das dankt er seinem Mut*, il doit cela à son courage.

dankens|wert ["daŋkəns've:rt] adj. digne de reconnaissance.

dann [dan] adv. [Zeit] alors ; ensuite ; après cela. | *erst die Arbeit, dann das Spiel*, le travail d'abord, le jeu ensuite. | *dann und wann*, de temps en temps ; de temps à autre ; par moments. | *dann und dann*, à tel et tel moment. || [Folge] alors ; dans, en ce cas. | *was soll dann aus uns werden ?*, que deviendrons-nous alors ? | *was dann ? ; wie dann ?, und dann ?*, et puis ? ; et après ? || [Bedingung] *selbst dann*, alors même que ; même dans ce cas. | *selbst dann nicht*, même pas dans ce cas-là.

dannen ['danən] adv. *von dannen gehen*, s'en aller ; partir.

Danzig ['dantsiç] n. pr. n. GÉOGR. Dantzig m.

Danziger(in) [-tsigər(in)] n. pr. m. (s, -), f. (-, nen). GÉOGR. Dantzicois(e) m. (f.). || HIST. *Danziger Korridor*, couloir (m.) de Dantzig.

dar|an [dar'an - 'dɑ:ran] adv. (FAM. **dran**). **1.** [Ort] auprès ; près ; à côté ; attenant ; y attenant.
2. [Zeit] *nahe daran sein*, être sur le point de. | *drauf und dran sein zu*, être sur le point de (infin.) | *alles was drum und dran hängt*, tout ce qui s'y rapporte ; FAM. et tout le tremblement. | *sich daran machen*, se mettre à la besogne ; s'y mettre.
3. [Folge] *mir liegt viel daran*, j'y tiens beaucoup. | *wer kommt jetzt dran, daran ?*, à qui le tour ? | *du wirst schon dran kommen*, ton tour viendra.
4. LOC. *ich denke ja nicht daran*, je n'y pense pas. | *daran ist etwas Wahres*, il y a du vrai là-dedans. | *es ist nichts daran*, il n'en est rien. | *daran erkennt man ihn*, on le reconnaît bien là. | *er ist gut dran*, il a beau jeu. | *er ist schlecht dran*, il est en mauvaise posture. | *man weiß nie, wie man mit ihm dran ist*, on ne sait jamais à quoi s'en tenir avec lui.

daran|geben [da"ran'ge:bən] (i, a, e) v. tr. donner en vue de ; sacrifier ; mettre en œuvre. | *er gab sein ganzes Geld daran*, il sacrifia tout son argent. | *er gibt alles daran*, il met tout en œuvre. ||**-gehen** (ging, gegangen) v. intr. commencer. ||**-glauben** v. intr. y croire. || FIG. *er mußte daran glauben*, 1° il y est resté ; 2° il en a fait les frais. ||**-halten** (ä, ie, a) y tenir. ||

PAR EXT. continuer opiniâtrement. ||**-kommen** (kam, gekommen) v. intr. avoir son tour. ||**-machen (sich)** v. intr. se mettre à. ||**-nehmen** (i, a, o) v. tr. s'occuper de. || FIG., FAM. *jn tüchtig darannehmen*, sermonner qn. ||**-setzen** V. DARANGEBEN. ||**-stoßen** (ie, o) v. intr. être contigu à.

dar|auf [da'rauf] adv. (FAM. **drauf**). **1.** [Ort] là-dessus ; sur cela ; sur ceci ; dessus. | *darauf ruht der ganze Bau*, c'est là-dessus que repose toute la bâtisse. **2.** [Zeit] après ; ensuite ; puis ; là-dessus. | *ein Jahr darauf*, un an après. | *am Tag darauf*, le lendemain. | *kurz darauf*, peu après.
3. LOC. FIG. *er zählt darauf*, il compte là-dessus. | *ich achte darauf*, j'y prends garde. | *wie bist du darauf gekommen ?* comment t'est venue cette idée ? | *sie ist stolz darauf*, elle en est fière. | *darauf läßt er sich nicht ein*, il n'entre pas dans ces considérations. | *er gibt nichts darauf*, il n'y croit pas. | *ihm kommt es darauf an*, c'est cela qui lui importe. | *darauf soll es nicht ankommen*, qu'à cela ne tienne. | *er ließ es darauf ankommen*, il a accepté le risque. | *er war darauf aus, zu* (infin.), il visait à (infin.). | *sie zielen darauf hin*, ils visent à (infin.). | *darauf steht ein Jahr Gefängnis*, cela vaut un an de prison. | *er ist drauf und dran, nachzugeben*, il s'en faut d'un rien qu'il cède.

darauf|folgend [da"rauf'fɔlgənt] adj. suivant. | *am darauffolgenden Tag*, le lendemain. ||**-geben** (i, a, e) v. tr. donner un acompte. || FIG. insister sur. ||**-gehen** (ging, gegangen) v. intr. y passer. | *sein ganzes Vermögen ging darauf*, toute sa fortune y passa. | *es geht viel Zeit dabei darauf*, cela prend beaucoup de temps. | *es gingen hundert Mark darauf*, cela coûta 100 marks. || FIG., FAM. crever ; périr.

darauf|hin ['da:rauf"hin] adv. [Zeit] là-dessus ; à ces paroles ; à ces mots. | *daraufhin ging er*, là-dessus il s'en alla. || [Folge] d'après cela ; d'après quoi.

dar|aus ['da:raus - dar'aus] adv. (FAM. **draus**). [Ort] de là ; de cela ; en. || [Folge] *was wird daraus werden ?*, qu'en adviendra-t-il ? | *daraus wird nichts*, il n'en sera rien. | *er macht kein Geheimnis daraus*, il n'en fait pas mystère. | *man wird nicht klug daraus*, on n'y comprend goutte. | *er macht sich nichts daraus*, il s'en moque (bien). | *daraus folgt*, il s'ensuit.

darben ['darbən] v. intr. se priver ; manquer du nécessaire ; être dans le besoin.

Darben [-bən] n. (s) indigence f. ; privations f. pl.

dar|bieten ["da:r'bi:tən] (o, o) v. tr. présenter ; offrir. | *in diesem Zirkus wird vieles dargeboten*, ce cirque offre un brillant programme.
◇ v. pr. **sich darbieten**, s'offrir ; se présenter. || FIG. *eine gute Gelegenheit bietet sich dar*, une (bonne) occasion se présente.

Dar|bietung [-'bi:tuŋ] f. (-, en) offre f. ; présentation f. || THÉÂTRE. représentation f. ; spectacle m.

dar|bringen ["da:r'briŋən] (brachte, gebracht) v. tr. apporter ; offrir ; faire offrande de ; sacrifier.

Darbringung [-'briŋuŋ] f. (-, en) offre m.

Dardanellen [darda'nɛlən] n. pr. f. pl. GÉOGR. (détroit [m.] des) Dardanelles f. pl. || HIST. Hellespont m.

dar|ein [da'rain - "da:'rain] adv. (FAM. **drein**). [Ort] dans ce lieu ; là-dedans ; y. | *sich darein ergeben, finden, schicken*, s'y résigner ; s'incliner.

d(a)rein|geben [da"rain'ge:bən] (i, a, e) v. tr. donner par-dessus le marché. ||**-mischen (sich)** v. pr. intervenir ; se mêler de ; s'immiscer dans. ||**-reden** v. intr. intervenir dans la conversation. ||**-schlagen** (ä, u, a) v. intr. frapper à tort et à travers.

darf [darf] V. DÜRFEN.

dar|in [dar'in - 'da:rin] adv. (FAM. **drin**) là-dedans ; en cela ; y. | *ein Geldschrank und nichts drin*, un coffre-fort et rien dedans. | *darin hast du Recht*, en cela tu as raison. | *darin inbegriffen*, y compris.

dar|legen ["da:r'le:gən] v. tr. exposer ; faire voir ; montrer. || FIG. exposer ; expliquer. | *offen darlegen*, expliquer. | *umständlich darlegen*, détailler.

Dar|legung [-guŋ] f. (-, en) exposition f. || FIG. exposé m. ; explication f.

Dar|lehen ["da:r'le:ən] n. (s, -). COMM. prêt (m.) d'argent ; avance f. | *langfristiges, ungesichertes Darlehen*, prêt à long terme ; avance à découvert (sur notoriété). | *als Darlehen*, à titre de prêt. | *ein Darlehen aufnehmen, gewähren*, contracter, accorder un prêt.

Darlehens|antrag ["da:rle:əns'antrak] m. (s, ¨e). COMM. demande (f.) de prêt. ||°**-forderung** f. (-, en). COMM. créance (f.) résultant de prêts. ||°**-gesellschaft** f. (-, en) société (f.) de prêts. ||°**-konto** n. (s, ten) compte (m.) d'avances.

Darm [darm] m. (s, ¨e). ANAT. intestin m. ; boyau m.

Darm|flora ["darm'flo:ra] f. (-, ren). MÉD. flore intestinale. ||°**-geschwür** n. (s, e). MÉD. ulcère intestinal. ||°**-lähmung** f. (-, en). MÉD. parésie intestinale. ||°**-leiden** n. (s, -) affection intestinale. ||°**-saite** f. (-, n). MUS. corde (f.) de boyau. ||°**-schlinge** f. (-, n). ANAT. anse intestinale. ||°**-verschlingung** f. (-, en). MÉD. occlusion intestinale ; torsion (f.) de l'intestin ; volvulus m. ; étranglement intestinal.

dar|nach [da:r'na:x], **dar|nieder** [da:r'ni:dər] adv. V. DANACH, DANIEDER.

darnieder|liegen [da:r"ni:dər'li:gən] (lag, gelegen) v. intr. être couché, malade.

dar|reichen ["da:r'raiçən] v. tr. offrir ; présenter ; tendre.

darren ['darən] v. tr. sécher au four ; torréfier.

dar|stellbar ["da:r'ʃtɛlba:r] adj. représentable. || THÉÂTRE. jouable.

dar|stellen [-'ʃtɛlən] v. tr. exposer ; représenter ; produire ; démontrer. || LITTÉR. décrire ; dépeindre ; représenter. || THÉÂTRE. *dieser Schauspieler stellte Faust meisterhaft dar*, cet acteur a été un excellent Faust. | *bildlich darstellen*, figurer.

dar|stellend [-'ʃtɛlənt] adj. descriptif. | *darstellende Künste*, arts figuratifs. || MATH. *darstellende Geometrie*, géométrie descriptive.

Dar|steller(in) [-'ʃtɛlər(in)] m. (s, -), f. (-, nen) acteur m. ; actrice f. ; démonstrateur m. ; démonstratrice f. ; artiste m. et f.

Dar|stellung [-'ʃtɛluŋ] f. (-, en) présentation f. ; description f. ; exposé m. || THÉÂTRE. représentation f. || FIG. peinture f.

Darstellungs|gabe ["da:rʃtɛluŋs'ga:bə] f. (-, n) don (m.) de peindre, talent (m.) d'évocation.

dar|tun ['da:rtu:n] (tat, getan) v. tr. montrer ; démontrer ; faire voir ; prouver.

dar|über [da'ry:bər - "da:'ry:bər] adv. (FAM. **drüber**). **1.** SENS LOCAL : au-dessus de cela ; sur cela ; par-dessus ; dessus ; par-delà ; au-delà. | *leg deine Kleider darüber*, mets tes habits par-dessus.
2. FIG., LOC. *darüber geht nichts*, il n'y a rien de mieux. | *sie ist darüber hinweg*, elle est au-dessus de cela. | *darüber hinaus gehen*, (dé)passer le but ; aller trop loin. | *er setzt sich leicht darüber hinweg*, rien ne lui coûte.
3. QUANTITÉ : en sus ; en plus. | *ein Drittel darüber*, un tiers en plus. | *es sind zwanzig Jahre und darüber*, il y a vingt ans et davantage.
4. TEMPS : sur ces entrefaites ; pendant ce temps-là ;

là-dessus ; en plus ; au-delà. | *darüber kam der Sommer*, l'été arriva sur ces entrefaites.
5. Par rapport à un sujet : à ce sujet ; là-dessus ; de cela ; en ; y. | *wir freuen uns darüber*, nous nous en réjouissons. | *sie beschwert sich darüber*, elle s'en plaint.

darüber|liegen [da"ry:bər'li:gən] (lag, gelegen) v. intr. être situé, placé au-dessus.

dar|um [da'rum - "dɑ:'rum] adv. (fam. **drum**).
1. Sens local : autour ; tout autour. | *binde die Schnur darum*, mets la ficelle autour. | *der See ist groß ; viele Tannen stehen darum*, le lac est grand ; il est entouré de beaucoup de sapins. || Fig. *es hängt viel drum und dran*, bien des choses s'y rattachent ; c'est complexe.
2. Sens final : pour cela ; de cela ; en. [Avec les verbes se construisant avec *um (bitten ; bemühen ; sich handeln ; besorgen*, etc.), v. ces verbes.] | *ich bitte Sie darum*, je vous en prie. | *ich gäbe viel darum, wenn*, je donnerais beaucoup pour. | *wie steht es darum ?*, où en est l'affaire ? | *ich weiß darum*, je suis au courant de l'affaire. || Fig., fam. *er ist darum gekommen*, il a perdu cela. | *darum bringen*, faire perdre qch. | *sei es drum !*, soit.
◇ conj. de coord. c'est pourquoi ; donc ; pour cette raison ; aussi. | *du bist krank, darum schone dich*, tu es malade, ménage-toi donc.

darum|legen [dar"um'le:gən] v. tr. entourer.

dar|unter [da'runtər - "dɑ:'runtər] adv. (fam. **drunter**) là-dessous ; au-dessous ; par-dessous ; dessous. | *gehen wir unter diesen Baum ; darunter ist man geschützt*, allons sous cet arbre ; on y est à l'abri. | *darunter legen*, poser en dessous, dessous. | *drunter und drüber*, sens dessus dessous. | *was steckt darunter ?* qu'y a-t-il là-dessous ? | *was verstehen Sie darunter ?*, qu'entendez-vous par là ? | *er leidet darunter*, il en souffre. || [weniger] au-dessous ; moins. | *darunter verkauft er das Haus nicht*, il ne vend pas sa maison à moins. || [zwischen] entre ; parmi ; dans le, du nombre ; en ; y. | *darunter sein*, être du nombre. | *mit darunter (ein)-begriffen*, y compris, y inclus.

Darwinismus [darvi'nismus] m. (-). Philos. darwinisme m.

darwinistisch [-'nistiʃ] adj. Philos. darwinien.

das [das] n. art. défini le ; la. | *das Buch*, le livre, | *das Mädchen*, la jeune fille.
◇ pron. dém. n. cela ; ceci ; ce. | *was ist das ?*, qu'est-ce ? ; qu'est-ce que cela ? ; qu'est-ce que c'est ? ; qu'y a-t-il ? | *das waren doch schöne Zeiten*, c'était le bon temps. | *das heißt (d. h.) ; das ist (d. i.)*, c'est-à-dire. | *das bin ich*, c'est moi. | *das, was*, ce qui ; ce que.
◇ pron. relat. n. (nomin. et acc.) qui ; que. | *das Haus, das leer ist*, la maison qui est vide. | *das Auto, das er kauft*, la voiture qu'il achète.

da|sein ['dɑ:zain] v. intr. être présent ; exister ; être là ; être ; être arrivé, venu.

Da|sein [-zain] n. (s) présence f. ; fait d'être là. || existence f. ; vie f. | *Kampf ums Dasein*, lutte pour la vie.

Daseins|bedingungen ["dazainsbə'diŋuŋən] f. pl. conditions (f. pl.) de vie. ||°**-philosophie** f. (-) existentialisme m.

da|selbst [dɑ'zɛlbst] adv. là-même ; en ce lieu ; au même endroit ; y.

da|sitzen ["dɑ:'zitsən] (saß, gesessen) v. intr. être assis là. || Fig. *untätig, mit den Händen im Schoß dasitzen*, se croiser les bras ; avoir les bras croisés.

das|jenige ['das"je:nigə] pron. dém. n. sing. celui ; celle ; ce.

daß [das] conj. que.

Sert à introduire des propositions :
I. énonciatives en fonction d'objet ;
II. complétives de style indirect ;
III. formant sujet (réel) ;
IV. formant attribut ;
V. finales ;
VI. consécutives ;
VII. conditionnelles ;
VIII. temporelles ;
IX. concessives ;
X. optatives et exclamatives ;
XI. en relation avec des adv. dém., ou *dem, dessen*.

I. Propositions énonciatives en fonction d'objet : *ich weiß, daß es wahr ist*, je sais que c'est vrai. | *ich glaube, daß du unrecht hast*, je crois que tu as tort.
II. Propositions complétives de style indirect : *er sagt, daß er krank gewesen sei*, il dit avoir été malade.
III. Propositions formant sujet (réel) : *daß du bald kommst, freut mich*, le fait que tu viendras bientôt me réjouit.
IV. Propositions formant attribut : *das Ergebnis der Prüfung ist, daß der Kandidat durchgefallen ist*, le résultat de l'examen est que le candidat a échoué. | *was hast du denn, daß du so weinst ?*, qu'as-tu donc à pleurer ainsi ? || (attribut de nom) *er läßt nicht von dem Gedanken ab, daß er recht habe*, il ne démord pas de l'idée qu'il a raison.
V. Propositions finales : **daß ; auf daß** (style biblique ou noble) afin que ; pour que (mêmes fonctions que *damit*). | *machen wir das Fenster zu, daß uns niemand hört*, fermons la fenêtre pour que personne ne nous entende.
VI. Propositions consécutives : **so... daß,** de telle sorte que ; **zu..., als daß,** trop pour que. | *er kann so schnell laufen, daß ihn niemand einholt*, il court si vite que personne ne peut le rattraper. | *es ist zu schön, als daß es wahr sein könnte*, c'est trop beau pour être vrai.
VII. Propositions conditionnelles : **unter der Bedingung, daß,** à (la) condition que (subj.), de (infin.). | *du darfst unter der Bedingung ausgehen, daß du nicht zu spät nach Hause kommst*, tu peux aller jouer à condition de ne pas rentrer trop tard.
VIII. Propositions temporelles : **bis daß,** jusqu'à ce que (subj.) ; **ehe daß,** avant que (subj.). | *es sind zwei Jahre (her), daß*, il y a deux ans que. | *es dauert noch zwei Jahre, bis (daß) sie heiraten können*, il faudra encore deux ans avant qu'ils puissent se marier. | *ehe (daß) du kommst, schreibe mir*, avant de venir, écris-moi.
IX. Propositions concessives (exprimant une réserve) : **es sei denn, daß,** à moins que. ; **außer daß,** sinon que ; si ce n'est que.
X. Propositions optatives et exclamatives : **daß... nur,** *daß Sie doch nur auf uns hörten !*, qu'ils nous écoutent seulement ! | *daß sie doch nur gekommen wäre !*, si seulement elle était venue ! | *daß dir gerade das passieren mußte*, fallait-il que cela t'arrivât !
XI. En relation avec des adv. dém., ou **dem, dessen, dadurch, daß,** du fait, par le fait que. — **dafür, daß,** *sorgen Sie dafür, daß die Post mir nachgeschickt wird*, faites en sorte que mon courrier soit réexpédié. — **darüber, daß,** *wundern Sie sich nicht darüber, daß ich gehe*, ne vous étonnez pas que je parte. — **daran, daß,** *er scheiterte daran, daß er zu unvorsichtig war*, il a échoué parce qu'il était trop imprudent. — **darauf, daß,** *er hält darauf, daß wir alle anwesend sind*, il tient à ce que nous soyons tous présents. — **daß... dessen,** *daß das so nicht weitergehen konnte, dessen wurde er sich bewußt*, que cela ne pouvait pas continuer ainsi, il s'en rendit compte.

◇ Loc. *nicht daß ich wüßte*, pas que je sache.

das|selbe ['das"zɛlbə] pron. dém. n. le, la même ; la même chose.

da|stehen ["dɑ:'ʃte:ən] (stand, gestanden) v. intr. être là, debout. || FIG. *schuldig dastehen*, être en posture d'accusé.

Datei [da'tai] f. (-, en). INF. fichier m.

Datei|aufbereiter [da"tai'aufbəraitər] m. (s, -), °**-editor** m. (s, en). INF. éditeur m. (de fichier). ||°**-generierung** f. (-, en). INF. création (f.) de fichier. ||°**-verwaltung** f. (-, en). INF. gestion (f.) de fichier. ||°**-zuordnung** f. (-, en). INF. affectation (f.) de fichier.

Daten [dɑ:tən] n. pl. INF. données f. pl.

Daten|anzeige ["dɑ:tən'antsaigə] f. (-, n). INF. affichage (m.) des données. ||°**-bank** f. (-, en). INF. banque (f.) de données. ||°**-eingabe** f. (-, n). INF. entrée (f.) des données. ||°**-einspeicherung** f. (-, en), °**-erfassung** f. (-, en). INF. saisie f. (de données). ||°**-(end)station** f. (-, en). INF. terminal m. ||°**-fernübertragung** f. (-, en). INF. messagerie (f.) électronique ; transmission (f.) de données à distance. ||°**-fernverarbeitung** f. (-, en). INF. [Fach] télématique f. ; [Vorgang] télétraitement m. ||°**-fluß** m. (es, ¨e) flux (m.) d'informations. ||°**-netz** n. (es, e). INF. réseau m. ||°**-paket** n. (s, e). INF. paquet m. ||°**-schutz** m. (es). INF. protection (f.) des données. | *Datenschutzgesetz*, loi (f.) sur l'informatique et les libertés. | *Datenschutzkommission*, commission nationale de l'informatique et des libertés. ||°**-sichtgerät** n. (s, e). INF. écran (m.) de visualisation ; terminal (m.) vidéo. ||°**-sichtstation** f. (-, en). INF. visuel m. ||°**-teilnehmer(in)** m. (s, -), f. (-, nen). INF. abonné(e) m. (f.). ||°**-träger** (s, -). INF. support (m.) de données. ||°**-typist(in)** m. (en, en), f. (-, nen). INF. opérateur m., opératrice f. || °**-verarbeitung** f. (-, en). INF. traitement (m.) des données. | *linguistiche Datenverarbeitung*, traitement automatique du langage. | *verteilte Datenverarbeitung*, informatique distribuée. ||°**-verarbeitungs|system** n. (s, e). INF. système (m.) de traitement des données.

datieren [da'ti:rən] v. tr. mettre la date ; dater.
◇ v. intr. dater de.

datiert [-'ti:rt] adj. daté.

Datierung [da'ti:ruŋ] f. (-, en) datation f.

Dativ [da'ti:f, 'dɑ:ti:f] m. (s, e). GRAMM. datif m.

DAT-Kassette ["dat'kasɛtə] f. (-, n) cassette (f.) audionumérique.

dato ['dɑ:to] adv. COMM. aujourd'hui ; à ce jour. | *bis dato*, jusqu'à ce jour. | *a dato*, à dater de ce jour.

Dattel ['datəl] f. (-, n). BOT. datte f.

Dattel|baum ["datəl'baum] m. (s,¨e), °**-palme** f. (-, n). BOT. dattier m.

Datum ['dɑ:tum] n. (s, ten) date f. | *das Datum auf einen Brief setzen*, mettre la date sur, dater une lettre. | *ein Datum festsetzen*, fixer une date. | *ein früheres, späteres Datum einsetzen*, antidater ; postdater. | *was für ein Datum hatten wir gestern ?*, quel jour étions-nous hier ? || INF. donnée f.

Datum|stempel ["dɑ:tum'ʃtɛmpəl] m. (s, -) cachet (m.) à date ; (tampon) dateur m.

Daube ['daubə] f. (-, n). TECHN. douve f. ; douelle f.

Dauer ['dauər] f. (-). [Zeit] durée f. ; temps passé, nécessaire à. | *ununterbrochene Dauer*, continuité f. ; permanence f. | *von langer Dauer*, de longue durée. | *auf die Dauer*, à la longue. || PAR EXT. [Beständigkeit] stabilité f. ; persistance f. | *sein Fleiß ist von Dauer*, son zèle se maintient.

Dauer|anzeige ["dauər'antsaigə] f. (-, n) annonce permanente. ||°**-auftrag** (s,¨e). FIN. prélèvement (m.) automatique. ||°**-ausstellung** f. (-, en) exposition permanente. ||°**-belastung** f. (-, en). TECHN. charge permanente. ||°**-betrieb** m. (s, e). TECHN. fonctionnement continu. ||°**-brandofen** m. (s,¨), °**-brenner** m. (s, -) poêle (m.) à feu continu. ||°**-festigkeit** f. TECHN. endurance f. ||°**-karte** f. (-, n) carte permanente ; abonnement m. ||°**-krise** f. (-, n) [état de] crise chronique, persistante. ||°**-lauf** m. (s, ¨e). SPORT. pas (m.) gymnastique. || PAR EXT. course (f.) de fond ; jogging m. ||°**-leistung** f. (-, en). TECHN. débit continu. ||°**-magnet** m. (s, e). PHYS. aimant permanent. ||°**-marsch** m. (es, ¨e). SPORT. marche forcée. ||°**-obst** n. (es) fruits (m. pl.) de garde. ||°**-regen** m. (s, -) crachin m. ||°**-stellung** f. (-, en). COMM., ADM. situation (f.) stable. || MIL. position (f.) fixe. ||°**-strom** m. (s, ¨e). ÉLECTR. intensité permanente. ||°**-ton** m. (s, ¨e). TÉLÉPH. tonalité continue. ||°**-welle** f. (-, n) permanente f. ||°**-zustand** m. (s, ¨e) état, régime permanent.

dauerhaft ['dauərhaft] adj. durable ; solide ; stable ; de durée.
◇ adv. de durée ; à demeure.

Dauerhaftigkeit ['dauerhaftiçkait] f. (-) durée f. ; stabilité f. ; solidité f. ; persistance f.

dauern ['dauərn] v. intr. [andauern] durer ; persister ; subsister. | *das dauert mir zu lange*, c'est trop long pour moi. | *es dauert lange, bis, ehe*, il se passera du temps avant que (subj.). | *es dauert lange, bis er kommt*, il est long à venir. | *die Sitzung dauert immer noch*, la séance continue. | *ewig dauern*, s'éterniser. || PAR ANAL. [sich erhalten] se conserver ; être de garde.
◇ v. tr. [bedauern] faire pitié. | *der arme Kerl dauert mich*, ce pauvre diable me fait pitié.

dauernd [-ərnt] adj. durable ; permanent ; persistant ; continu. | *dauernde Berufsunfähigkeit*, incapacité permanente.
◇ adv. à demeure ; en permanence. | *dauernd bei jm wohnen*, être à demeure chez qn. | *das Lokal ist dauernd besetzt*, cet établissement ne désemplit pas. | *dauernd untauglich*, MIL. réformé définitif.

Daumen ['daumən] m. (s, -). ANAT. pouce m. || FIG., FAM. *einem den Daumen halten*, faire des vœux pour le succès de qn.

Daumen|abdruck ["daumən'apdruk] m. (s, ¨e). JUR. empreinte (f.) du pouce. ||°**-breite** f. (-, n) largeur (f.) de pouce. || FIG. *um Daumenbreite*, presque. ||°**-lutscher** m. (s, -). FAM. qui suce son pouce. ||°**-schraube** f. (-, n). HIST. poucettes f. pl.

Daumes|breite ["dauməs'braitə] V. DAUMENBREITE. ||°**-dick** m. Petit Poucet.

Däumlein ['dɔymlain] n. (s, -), °**-ling** m. (s, e) marmouset m. ; Petit Poucet. || TECHN. came f.

Daune ['daunə] f. (-, n) duvet m. ; édredon m.

Daunen|bett ["daunən'bɛt] n. (s, en) duvet m.

Daus [daus] n. (es, e). [Karten] as m.

Davis-Pokal ["dɛivispɔ'kɑ:l] m. (s, -). SPORT. coupe (f.) Davis.

da|von [da'fɔn - 'dɑ:fɔn] adv. de cela ; de là ; en ; par-là. | *er ging, machte sich davon*, il s'en alla. | *genug davon !*, en voilà assez ! | *nichts mehr davon !*, n'en parlons plus. | *er weiß davon*, il est au courant. | *davon ist keine, nicht die Rede*, il n'en est pas question. | *sie ist davon krank geworden*, cela l'a rendue malade. | *hast du etwas davon ?*, cela te profitera-t-il ? | *nimm davon !*, prends-en ! | *er hat mehr davon*, 1° il en a encore ; 2° il y gagne davantage.

davon|bleiben [da"fɔn'blaibən] (ie, ie) v. intr. ne pas y toucher ; ne pas y aller. || FIG. s'en abstenir ; ne pas s'en mêler. ||**-eilen** v. intr. s'enfuir ; partir en hâte. ||**-fahren** (ä, u, a) v. intr. partir en voiture, à bicyclette. ||-**fliegen** (o, o) v. intr. s'envoler. ||-**führen** v. tr. emmener. ||-**gehen** (ging, gegangen) v. intr. s'en aller ; se sauver ; FAM. filer. ||-**kommen** (a, o) v. intr. s'en tirer ; en réchapper ; en revenir. || FIG. *gut, mit einem blauen Auge davonkommen*, l'échapper belle. | *mit dem bloßen Schrecken davonkommen*, en être quitte pour la peur. | *mit heiler Haut davonkommen*, s'en tirer sain et sauf. ||-**laufen** (ä, ie, a) v. intr. s'enfuir ; détaler ; filer. | *jm davonlaufen*, fausser compagnie à qn. ||-**machen (sich)** v. pr. s'enfuir. | *sich heimlich davonmachen*, s'esquiver. ||-**schleichen (sich)** (i, i) v. pr. s'esquiver ; s'éclipser. ||-**tragen** (ä, u, a) v. tr. emporter. | *einen Sieg davontragen*, remporter une victoire. | *eine Krankheit davontragen*, attraper une maladie.

da|vor [da'fo:r - 'dɑ:fo:r] adv. devant. | *davor treten*, se mettre devant. | *davor stehen*, être devant. || FIG. de cela ; en. | *Gott bewahre, behüte uns davor !*, Dieu nous en préserve !

da|wider ['da"vi:dər - "dɑ:'vi:dər] adv. là contre. | *dafür und dawider*, pour et contre.

da|zu [da'tsu: - 'dɑ:tsu] adv. **1.** [Richtung] y ; à cela. | *wie kommst du dazu ?*, 1° comment y arrives-tu ? ; qu'est-ce qui te le fait croire ? ; 2° comment as-tu eu cela ? | *was meinst du dazu ?*, qu'en penses-tu ? | *er ist dazu berechtigt*, il en a le droit.

2. [Zweck] à ; pour cela ; à cet effet ; à cette fin ; y ; en. | *ich bin dazu bereit*, j'y suis prêt. | *dazu gehört Zeit*, cela demande du temps.

3. [Hinzufügen] en outre ; de, en plus ; par-dessus le marché ; en même temps. | *sie ist schön und reich dazu*, elle est belle et riche avec cela. | *dazu kommt, daß*, ajoutez que ; et avec cela.

dazu|geben [da"tsu:'ge:bən] (i, a, e) v. tr. ajouter ; donner en plus. ||-**gehören** v. intr. en faire partie ; faire partie de. ||-**kommen** (a, o) v. intr. surgir. || FIG. s'ajouter. ||-**mal** adv. autrefois ; jadis. || IRON. *anno dazumal*, au bon vieux temps. ||-**schreiben** (ie, ie) v. tr. ajouter par écrit. ||-**tun** (tat, getan) v. tr. ajouter. ||°-**tun** n. *ohne sein Dazutun*, sans son intervention ; sans qu'il y mette du sien.

da|zwischen [da'tsviʃən] adv. [Ort] entre. | *dazwischen liegt ein Meer*, entre les deux il y a une mer. || [Zeit] *es ist etwas dazwischengekommen*, il est survenu un contretemps.

dazwischen|kommen [da"tsviʃən'kɔmən] (a, o) v. intr. intervenir ; s'interposer ; survenir ; s'immiscer. ||-**rufen** (ie, u) v. tr. interrompre ; s'écrier. || -**treten** (i, a, e) v. intr. intervenir.

Debatte [de'batə] f. (-, n). POLIT. discussion (f.) parlementaire ; débat m.

debattieren [deba'ti:rən] v. tr. et v. intr. débattre ; discuter.

Debet ['de:bɛt] n. (s, s). COMM. débit m. | *ins Debet stellen*, porter au débit.

Debet|konto ["de:bɛt'kɔnto] n. (s, ten) compte débiteur. ||°-**saldo** m. (s, en) solde débiteur ; passif m.

Debitor ['de:bitor] m. (s, en) débiteur m.

Debüt [de'by:] n. (s, s) début m. ; commencement m.

debütieren [deby'ti:rən] v. intr. débuter ; commencer ; jouer son premier rôle.

Dechanat [deça'nɑ:t] (s, e). UNIV. dignité (f.), fonction (f.) du doyen ; décanat m. || RELIG. dignité (f.), fonction (f.) du doyen d'église ; doyenné m. || PAR EXT. demeure (f.), circonscription (f.) du doyen.

Dechant [de'kant] m. (en, en). UNIV. doyen (m.) de faculté. || RELIG. 1° doyen m. (catholique) ; 2° [Superintendent] doyen protestant.

dechiffrieren [deʃi'fri:rən] v. tr. déchiffrer.

Deck [dɛk] n. (s, e). MAR. pont m. | *alle Mann auf, an Deck !*, tout le monde sur le pont ! || FIG., FAM. *er ist wieder auf Deck*, il est rétabli.

Deck|adresse ["dɛka'drɛsə] f. (-, n) couvert m. ||°-**anstrich** m. (es, e). TECHN. seconde couche. ||°-**bett** n. (s, en) édredon m. ; couverture f. ||°-**blatt** n. (s, ¨er). BOT. bractée f. | *Deckblatt einer Zigarre*, robe (f.) d'un cigare. ||°-**farbe** f. (-, n). TECHN. couleur, peinture couvrante. || °-**federn** f. pl., °-**flügel** m. (s, -). ZOOL. élytre m. ||°-**hengst** m. (es, e). ZOOL. étalon m. ||°-**landung** f. (-, en). MAR., MIL. appontage m. ||°-**leiste** f. (-, n). TECHN. couvre-joint m. ; [Innenarchitektur] baguette (f.) de moulure. ||°-**mantel** m. (s, ¨) manteau m. || FIG., PÉJOR. couvert m. ; prétexte m. ||°-**name** m. (ns, n) nom (m.) d'emprunt, de guerre ; pseudonyme m. ||°-**offizier** m. (s, e). MIL., MAR. maître m.

Decke ['dɛkə] f. (-, n) couverture f. || LOC. *sich nach der Decke strecken*, vivre selon ses moyens. | *er steckt mit ihm unter einer Decke*, ils s'entendent comme larrons en foire. || PAR ANAL., ARCHIT. [Zimmer] plafond m. ; voûte f. || BOT. [Blätter] couvert m. || ANAT., BOT. enveloppe f. || MUS. table f. || MINES. ciel m.

Deckel [-kəl] m. (s, -) couvercle m. | *den Deckel abnehmen*, ôter le couvercle. || FAM. [Hut, Mütze] couvre-chef m. || BOT., ZOOL. opercule m. || CHIM. dôme m.

decken ['dɛkən] v. tr. **1.** [bedecken] couvrir ; recouvrir. | *das Dach mit Ziegeln decken*, couvrir le toit de tuiles. || [drauflegen] *den Tisch decken*, mettre le couvert.

2. [verdecken] *diese Farbe deckt gut*, cette couleur est couvrante.

3. [beschützen] protéger. | *jn mit seinem Ruf decken*, couvrir qn de sa réputation. || MIL. *Roland deckte den Rückzug*, Roland couvrait la retraite.

4. COMM. couvrir ; nantir. | *durch Versicherung gedeckt*, couvert par l'assurance. | *seinen Bedarf an etwas decken*, s'approvisionner. | *ein Defizit decken*, combler un déficit. | *einen Wechsel decken*, honorer une traite.

5. ZOOL. couvrir ; saillir ; monter.

◇ v. pr. **sich decken**, se couvrir ; se protéger. || COMM. se couvrir ; se nantir ; prendre des garanties. || MATH. coïncider. | *die beiden Dreiecke decken sich*, les deux triangles coïncident. || FIG. *seine Interessen decken sich mit den meinen*, ses intérêts coïncident avec les miens.

Decken|balken ["dɛkən'balkən] m. (s, -). ARCHIT. solive f. ||°-**beleuchtung** f. (-, en) plafonnier m.

Deckung ['dɛkuŋ] f. (-, en) couverture f. ; couvert m. ; abri m. ; protection f. || MIL. couvert m. ; protection f. | *in Deckung gehen*, se mettre à couvert. | *ohne Deckung*, à découvert. || COMM. *bankmäßige Deckung*, couverture bancaire. || SPORT. marquage m. | *enge Deckung*, marquage serré. || ZOOL. saillie f. ; monte f.

Deckungs|arbeit ["dɛkuŋs'arbait] f. (-, en). SPORT. marquage m. ||°-**fähigkeit** f. (-). MATH. coïncidence f. ||°-**kapital** n. (s, ien). COMM. capital (m.), fonds (m. pl.) de couverture. ||°-**papiere** n. pl. valeurs (f. pl.) de garantie. ||°-**rückstellung** f. (-, en). FIN. [Versicherung] provision (f.) mathématique.

Deduktion [deduk'tsio:n] f. (-, en). PHILOS. déduction f.

de facto [de'fakto] adv. de fait.

Defaitist [defɛ'tist] m. (en, en) défaitiste m.

Defäkation [defɛka'tsio:n] f. MÉD. défécation f.

defekt [de'fɛkt] adj. défectueux ; détérioré ; avarié ;

en mauvais état. | *defektes Buch*, livre incomplet. | *defekt sein*, avoir des défauts.

Defekt [-'fɛkt] m. (s, e) manque m. ; défaut m. ; détérioration f. ; dégradation f. || TECHN. défaut ; panne f. || COMM. manque m. || TYPOGR. défet m.

defensiv [defɛn'zi:f] adj. défensif.

Defensive [-'zi:və] f. (-). MIL. défensive f. | *in der Defensive bleiben*, rester sur la défensive.

Defilee [defi'le:] n. (s, s) défilé m. ; gorge f. ; col m. || PAR EXT., MIL. revue f. ; défilé m.

defilieren [-'li:rən] v. intr. MIL. défiler ; passer.

definierbar [defi'ni:rbɑ:r] adj. définissable ; explicable.

definieren ['ni:rən] v. tr. PHILOS. définir ; expliquer.

Definition [-ni'tsio:n] f. (-, en). PHILOS. définition f. ; explication f.

definitiv [-ni'ti:f] adj. définitif.

Defizit ['defitsit] n. (s, e). COMM. déficit m.

Deflation [defla'tsio:n] f. (-, en). FIN. déflation f.

Defloration [deflora'tsio:n] f. (-, en). PHYSIOL. défloration f.

deformieren [defɔr'mi:rən] v. tr. déformer.

Deformierung [-ruŋ] f. (-, en) déformation f.

deftig ['deftiç] adj. [kräftig] solide. | *eine deftige Mahlzeit*, un solide repas. || [derb] cru ; vert ; osé. | *eine deftige Abreibung hinnehmen*, se faire réprimander vertement.

Degen ['de:gən] m. (s, -) épée f. ; glaive m. ; sabre m. ; rapière f. ; dague f. ; fleuret m. | *den Degen führen*, porter l'épée. | *den Degen ziehen*, tirer l'épée. | *zum Degen greifen*, mettre l'épée à la main. | *sich auf Degen schlagen*, se battre à l'épée.

Degen|stoß ["de:gən'ʃto:s] m. (es, ¨e), coup (m.) d'épée.

Degeneration [degenera'tsio:n] f. PHYSIOL. dégénération f. ; dégénérescence f.

degenerieren [-'ri:rən] v. intr. PHYSIOL. dégénérer.

degradieren [-'di:rən] v. tr. MIL. dégrader ; casser. || ADM. rétrograder.

degressiv [degrɛ'sif] adj. dégressif.

dehnbar ['de:nbɑ:r] adj. extensible ; élastique ; souple. || PHYS. dilatable. || [Gas] expansible. || [Metall] ductile ; malléable. || FIG. vague. | *dehnbare Begriffe*, notions mal définies.

Dehnbarkeit [-ba:rkeit] f. (-) élasticité f. ; souplesse f. || PHYS. dilatabilité f. || [Gas] expansibilité f. || [Metall] ductilité f. ; malléabilité f.

dehnen ['de:nən] v. tr. tendre ; étendre ; allonger ; étirer ; élargir. | *die Glieder dehnen*, étirer ses membres. || FIG. *gedehnt sprechen*, traîner sur les mots.
◇ v. pr. **sich dehnen,** se tendre ; s'étendre ; s'allonger ; s'étirer ; s'élargir. || FIG. *die Sitzung dehnt sich in die Länge*, la séance traîne en longueur.

Dehnung [-nuŋ] f. (-, en) extension f. ; étirage m. ; allongement m. || PHYS. dilatation f. || GRAMM. longueur f. (d'une syllabe). || MÉD. élongation f.

Dehnungs|fuge ["de:nuŋs'fu:gə] f. (-, n). TECHN. joint (m.) de dilatation. ||°**-grenze** f. (-, n). TECHN. limite (f.) d'allongement, de dilatation. ||°**-messer** m. (s, -). TECHN. dilatomètre m. ; extensomètre m. ||°**-meßgerät** n. (s, e), °**-meßstreifen** m. (s, -). TECHN. jauge (f.) de contrainte. ||°**-zeichen** n. (s, -). GRAMM. signe (m.) de longueur ; accent (m.) circonflexe.

Deich [daiç] m. (s, e) digue f. ; levée f. ; chaussée f.

Deich|graf ['daiçgrɑ:f] m. (en, en) intendant (m.) des digues.

Deichsel ['daiksəl] f. (-, n) timon m. ; limonière f. ; brancard m.

deichseln ['daiksəln] v. tr. FIG., FAM. venir à bout de ; arranger.

dein [dain] **(deine, dein)** adj. poss. ton, ta, tes, ◇ pron. poss. **(deine, deines)** le tien, la tienne, les tiens, les tiennes. | *mein Haus ist neu, das deine alt*, ma maison est neuve, la tienne vieille. | *die Deinen*, les tiens. | *das Deine*, ton bien. | *tu das Deine*, fais ton devoir ; fais ce que dois.

deiner|seits ["dainər'zaits] adv. de ton côté ; à ton tour ; de ta part.

deines|gleichen [-nəs'glaiçən] adv. ton pareil, ta pareille ; ton semblable ; comme toi.

deinet|halben [-nət'halbən], **deinet|wegen** [-nət've:gən], **deinet|willen** [-nət'vilən] adv. à cause, pour l'amour de toi.

deinige ['dainigə] pron. poss. le tien, la tienne,

Deismus [de'ismus] m. (-). PHILOS. déisme m.

deistisch [-tiʃ] adj. PHILOS. déiste.

de jure [de:'iu:rə] loc. adv. JUR. de droit.

Dekade [de'kɑ:də] f. (-, n) décade f.

dekadent [deka'dɛnt] adj. décadent.

Dekadenz [-'dɛnts] f. (-) décadence f.

Deka|liter [deka'li:tər] m. et n. (s, -) décalitre m.

Deka|meter [-'me:tər] m. et n. (s, -) décamètre m.

Dekan [de'kɑ:n] m. (s, e). UNIV. doyen m.

Dekanat [-ka'nɑ:t] n. (s, e) décanat m.

Deklamation [deklama'tsio:n] f. (-, en) déclamation f. ; récitation f. ; diction f.

deklamatorisch [-ma'to:riʃ] adj. déclamatoire.

deklamieren [-'mi:rən] v. tr. déclamer ; réciter.

Deklaration [deklara'tsio:n] f. (-, en) déclaration f.

deklarieren [-'ri:rən] v. tr. COMM. [Zoll] déclarer.

deklassieren [dekla'si:rən] v. tr. déclasser.

Deklination [deklina'tsio:n] f. (-, en). GRAMM. déclinaison f. || PHYS. déclinaison f. ; déviation f.

deklinierbar [-ni:rbɑ:r] adj. GRAMM. déclinable.

deklinieren [-'ni:rən] v. tr. GRAMM. décliner.

Dekodier|einrichtung [dekɔ"di:r'ainriçtuŋ] f. (-, en). INF. décodeur m.

dekodieren [dekɔ'di:rən] v. tr. INF. décoder.

Dekodieren n. (s). INF. décodage m.

Dekolleté [de:kɔl(ə)'te:] n. (s) décolleté m.

Dekompression [dekɔmprɛ'sio:n] f. (-). TECHN. décompression f.

Dekompressions|einrichtung [dekɔmprɛ"sio:ns-'ainriçtuŋ] f. (-, en). TECHN. décompresseur m. ||°**-raum** m. (s, ¨e). TECHN. chambre (f.) de décompression. ||°**-stufe** f. (-, n). [Tauchen] palier (m.) de décompression.

Dekorateur [dekɔra'tø:r] m. (s, s) décorateur m.

Dekoration [-ra'tsio:n] f. (-, en). [Kunst, Auszeichnung] décoration f. || THÉÂTRE. décor m.

Dekorations|maler [-ra"tsio:ns'mɑ:lər] m. (s, -) peintre décorateur m. ; peintre (m.) de décors.

dekorativ [-ra'ti:f] adj. décoratif ; ornemental.

dekorieren [-'ri:rən] v. tr. [schmücken] décorer. || [auszeichnen] décorer ; donner une décoration.

Dekret [de'kre:t] n. (s, e). POLIT. décret m. | *ein Dekret erlassen*, prendre un décret ; décréter.

dekretieren [-kre'ti:rən] v. tr. décréter.

Delegation [delega'tsio:n] f. (-, en) délégation f.

delegieren [-'gi:rən] v. tr. [senden] déléguer.

delikat [deli'kɑ:t] adj. CULIN. fin ; délicieux ; délicat. || FIG. [heikel, schwierig] délicat. | *delikate*

Angelegenheit, affaire délicate. || [Personen: zart, feinfühlend] délicat. || [empfindlich] délicat.
Delikatesse [-ka'tɛsə] f. (-, n). CULIN. friandise f.; comestibles (m. pl.) de choix. || FIG. [Zartgefühl; Geschmack] délicatesse f.; tact m.; bon goût.
Delikatessen|handlung [delika"tɛsən'handluŋ] f. (-, en). COMM. épicerie fine; traiteur m.
Delikt [de'likt] n. (s, e). JUR. délit m.; acte délictueux.
Delikthaftung [de"likt'haftuŋ] f. (-, en). JUR. responsabilité délictuelle, « ex delicto ».
Delinquent [deliŋ'kvɛnt] m. (en, en). JUR. délinquant m.
Delirium [de'li:rium] n. (s, rien). MÉD. délire m.
Delkredere [delkre'de:rə] n. (-, -). COMM. ducroire m.
Delkrederekonto [delkre"dere'kɔnto] n. (s, ten). COMM. compte ducroire m.
Delphin [dɛl'fi:n] m. (s, e). ZOOL. dauphin m.
Delta ['dɛlta] n. (s, s). [Buchstabe] delta m. || PAR EXT., GÉOGR. delta m.
Delta|muskel ["dɛlta'muskəl] m. (s, -). ANAT. muscle (m.) deltoïde; deltoïde m.
dem [de:m] art. déf. et pron. dém. et rel. dat. sing. m. et n. au; à la; à ce; à cet; à cette; à celui-ci; à celle-ci; à ceci; à celui-là; à celle-là; à cela; à qui; auquel; à laquelle; à quoi. | *mit dem kann man vorliebnehmen*, on peut se contenter de cela. | *wenn dem so ist*, s'il en est ainsi. | *wie dem auch sei; dem sei, wie ihm wolle,* quoi qu'il en soit.
Demagoge [dema'go:gə] m. (n, n). POLIT. démagogue m.
Demagogie [-go'gi:] f. (-). POLIT. démagogie f.
Demarkations|linie [demarka"tsio:ns'liniə] f. (-, n) ligne (f.) de démarcation.
demaskieren [demas'ki:rən] v. tr. FIG. et MIL. démasquer.
dem|entgegen ["de:mɛnt'ge:gən] adv. contre; à cela; là contre.
Dementi [de'mɛnti] n. (s, s) démenti m. | *ein amtliches Dementi geben*, donner, opposer un démenti officiel.
dementieren [-mɛn'ti:rən] v. tr. démentir.
dem|entsprechend ["de:mɛnt'ʃprɛçənt] adj. conforme à cela.
◇ adv. conformément à, en suite de cela; par conséquent; en conséquence; par suite.
dem|gegenüber ["de:mge:gən'y:bər] adv. V. ANDERSEITS, DEMENTGEGEN.
dem|gemäß ["de:mgə'mɛs] adv. conformément à cela; par conséquent; en conséquence.
Demission [demi'sio:n] f. (-, en) démission f.
Demiurg [demi'urk] m. (en ou s, en) démiurge m.
dem|nach ['de:mna:x - de:m'na:x] adv. d'après, selon cela; en conséquence; par conséquent; donc.
dem|nächst ['de:mnɛkst - de:m'nɛkst] adv. prochainement; bientôt; sous peu; un de ces jours.
demobilisieren [demɔbili'zi:rən] v. tr. MIL. démobiliser.
Demobilisierung [-ruŋ] f. (-, en), **Demobilisation** f. (-, en). MIL. démobilisation f.
Demodulator [demɔdu'la:tor] m. (s, en). ÉLECTR. démodulateur m.
Demograph [demo'gra:f] m. (en, en) démographe m.
Demographie [-gra'fi:] f. (-, en) démographie f.
Demo|krat [demo'kra:t] m. (en, en). POLIT. démocrate m. ||°**-kratie** f. (-, en). POLIT. démocratie f. ||**-kratisch** adj. POLIT. [Dinge] démocratique. || [Personen] démocrate. ||**-kratisieren** v. tr. POLIT. démocratiser. ||°**-skopie** f. étude (f.) de l'opinion publique.
demolieren [demo'li:rən] v. tr. démolir.
Demolierung [-ruŋ] f. (-, en) démolition f.
Demonstrant [demɔn'strant] m. (en, en). POLIT. manifestant m.
Demonstration [-stra'tsio:n] f. (-, en). POLIT. démonstration f.; manifestation f. || MATH. démonstration f.
demonstrativ [-stra'ti:f] adj. démonstratif.
◇ par démonstration.
Demonstrativ|pronomen [demɔnstra"ti:fprɔ'no:-mən] n. (s, mina). GRAMM. pronom démonstratif.
demonstrieren [-'stri:rən] v. tr. démontrer.
Demontage [demɔn'ta:ʒə] f. (-, n). TECHN. démontage m.; désassemblage m.; démantèlement m.
demontieren [-'ti:rən] v. tr. TECHN. démonter.
Demoralisation [demoraliza'tsio:n] f., **Demoralisierung** [-z'i:ruŋ] f. (-) démoralisation f.
demoralisieren [-'zi:rən] v. tr. démoraliser; décourager.
dem|unerachtet ["de:m'unɛraxtət], **dem|ungeachtet** [-'ungeaxtət]. V. DES(SEN)UNGEACHTET.
Demut ['de:mu:t] f. (-) humilité f.; soumission f.; abaissement m.
demütig ['de:my:tiç] adj. humble; soumis; modeste.
demütigen [-my:tigən] v. tr. humilier; abaisser; mortifier.
◇ v. pr. **sich demütigen,** s'humilier.
Demütigung [-my:tiguŋ] f. (-, en) humiliation f.; mortification f.; abaissement m.
dem|zufolge ["de:mtsu'fɔlgə] adv. en conséquence; par conséquent; conséquemment.
den [de:n] art. déf. et pron. dém. et rel., acc. sing. et dat. pl. m., f., n. le; la; aux; celui-ci; celui-là; celle-ci; celle-là; ce(ci); ce(la); à ceux-ci, à ceux-là; à celle-ci, à celle-là; que; lequel; laquelle. | *den sehe ich*, celui-là, je le vois.
denationalisieren [de:natsionali'zi:rən] v. tr. POLIT. dénationaliser.
Denaturierung [denatu'ri:ruŋ] f. (-). TECHN. dénaturation f.
Denazifizierung [denatsifi'tsi:ruŋ] f. (-). POLIT. dénazification f.
denen ['de:nən] pron. dém. et rel., dat. pl., m., f., n. GRAMM. à ceux-ci, à ceux-là, à celles-ci, à celles-là; à qui; auxquels, auxquelles.
dengeln ['dɛŋəln] v. tr. marteler, battre (faux).
Denk|anstoß ["dɛŋk'anʃto:s] m. (es,¨e) impulsion f.; incitation f.; déclic m. ||°**-art** f. (-, en) façon (f.), manière (f.) de penser; mentalité f. ||°**-faulheit** f. (-) paresse (f.) d'esprit. ||°**-freiheit** f. (-) liberté (f.) de pensée. ||°**-mal** n. ([e]s, e et ¨er) monument m. ||°**-schrift** f. (-, en) mémoire m.; mémorandum m.; placet m. ||°**-spruch** m. (s, ¨e) sentence f.; devise f. ||°**-weise** f. (-, n) manière (f.) de penser, de voir. ||**-würdig** adj. mémorable. ||°**-würdigkeit** f. (-, en) importance f.; fait (m.), chose (f.) mémorable. ||°**-zettel** m. (s, -) note f.; mémento m. || FIG., IRON. *jm einen (tüchtigen) Denkzettel geben*, donner une leçon à qn.
denkbar ['dɛŋkba:r] adj. imaginable; concevable.
◇ adv. avec adj. au superl. possible. | *in den denkbar besten Verhältnissen*, dans les meilleures conditions possibles.
denken [-kən] (dachte, gedacht) v. intr. **1.** penser;

songer ; avoir des pensées, des sentiments. | *ich denke, also bin ich*, je pense, donc je suis. | *nur an sich denken*, ne penser qu'à soi. | *woran denken Sie ?*, à quoi songez-vous ? ; y songez-vous ? | *hoch hinaus denken*, avoir de grands projets. || DANS LE DISCOURS INDIRECT : *ich dachte, er sei einer von deinen Schülern*, je pensais qu'il était un de tes élèves.
2. [überlegen] *hin und her denken*, penser et repenser ; se creuser la tête. | *wo denken Sie hin ?*, y songez-vous ? | *wie Sie denken*, comme vous jugez bon.
3. [nicht vergessen] *denken Sie daran, es bald zu tun*, pensez à le faire bientôt. | *nicht daran denken*, oublier. | *ich denke gar nicht d(a)ran*, loin de moi cette pensée.
4. [darüber denken] penser ; raisonner. | *wie denken Sie darüber ?* qu'en pensez-vous ? | *denken Sie mal !*, figurez-vous.
5. [glauben ; meinen] opiner ; croire ; présumer. | *wie denken Sie von ihm ?* quelle opinion avez-vous de lui ? | *sie dachte, wir hätten bald genug davon*, elle pensait que nous en aurions bientôt assez. | *machen Sie, wie Sie denken*, faites à votre idée.
◇ v. tr. **1.** penser ; se représenter ; se figurer ; imaginer ; croire. | *du denkst immer das Schlimmste*, tu vois toujours les choses en noir. | *das habe ich mir gedacht*, c'est bien ce que je pensais ; IRON. c'est bien ça. | *von jm niedrig, gering denken*, penser du mal de qn. | *dabei habe ich mir nichts gedacht*, je l'ai dit sans penser à mal. | *wer hätte das gedacht ?*, qui eût (aurait) cru cela ? | *ich denke mir mein Teil*, je n'en pense pas moins.
2. [sich einbilden] se figurer ; se représenter ; s'imaginer. | *es läßt sich kaum denken, wie schrecklich die Katastrophe war*, on imagine difficilement l'horreur de la catastrophe. | *er denkt wunder was er sei*, il est infatué de sa personne. | *das hätte ich mir nie gedacht*, je n'aurais jamais cru cela. | *denken Sie sich meine Freude !*, imaginez ma joie. | *ich denke mir die Sache so*, voilà comment je vois l'affaire. | *das läßt sich schon denken*, cela se conçoit.
3. [Absicht haben] songer à ; avoir l'intention de ; se proposer de ; compter. | *was denken Sie zu tun ?*, que comptez-vous faire ?

denkend [-kənt] adj. pensant ; penseur. | *denkender Kopf*, penseur m. | *jeder denkende Mensch*, tout homme qui réfléchit.

Denker [-kər] m. (s, -) penseur m.

denn [dɛn] conj. **1.** CAUSE : car ; en effet. | *geh nicht fort, denn wir arbeiten gleich*, ne t'en va pas, nous allons travailler. || CONSÉQUENCE : donc ; ainsi donc.
2. POUR RENFORCER : donc. | *wo ist er denn ?* où est-il donc ? || FAM. *was ist denn los ?*, qu'y a-t-il donc ?
3. [einräumend] *es sei denn, daß*, à moins que. | *ich glaube dir nicht, es sei denn du zeigst mir den Brief*, je ne te crois pas, à moins que tu ne me montres la lettre.
4. [Vergleich] *schöner denn je*, plus beau que jamais.

dennoch ['dɛnnɔx] adv. cependant ; pourtant ; néanmoins ; toutefois ; tout de même.

Denunziant [denuntsi'ant] m. (en, en). JUR. dénonciateur m. ; délateur m.

Denunziation [-tsia'tsio:n] f. (-, en). JUR. dénonciation f. ; délation f.

denunzieren [-'tsi:rən] v. tr. JUR. dénoncer.

Deodorant [deodo'rant] n. (s, s) déodorant m.

Depesche [de'pɛʃə] f. (-, n) dépêche f. (télégraphique) ; télégramme m. ; FAM. câble m. || POLIT. dépêche (f.) diplomatique.

deplaciert [depla'tsi:rt] adj. *deplacierte Worte*, paroles déplacées.

Depolarisation [depolariza'tsio:n] f. (-). ÉLECTR. dépolarisation f.

Deponens [depɔ'nɛns] n. (-, zien). GRAMM. (verbe m.) déponent.

Deponent m. (en, en). JUR., FIN. déposant m.

Deponie [depo:'niə] f. (-, n) décharge publique.

deponierbar [-'ni:rbɑ:r] adj. FIN. déposable.

deponieren [-'ni:rən] v. tr. JUR. déposer ; témoigner. || FIN. déposer ; mettre, donner en dépôt.

Deportation [depɔrta'tsio:n] f. (-, en), **Deportierung** [-'ti:ruŋ] f. (-, en). POLIT. déportation f.

deportieren [-'ti:rən] v. tr. POLIT. déporter.

Deportierte(r) [-'ti:rtə(r)] f. (m.) déporté(e) m. (f.).

Deport|(geschäft) [de'pɔrt(gəʃɛft)] n. (s, e). FIN. déport m.

Depositär [depozi'tɛ:r] m. (s, e). COMM. dépositaire m.

Depositen [de'po:zitən] n. pl. FIN. dépôt(s) m. (pl.).

Depositen|bank [de"po:zitən'baŋk] f. (-, en) banque (f.) de dépôts. | *Depositen- und Girobank*, banque de dépôts et de virements. ||°**-gelder** n. pl. fonds (m. pl.) mis en dépôt. ||°**-geschäft** n. (s, e) opérations (m. pl.) de dépôts. ||°**-kasse** f. (-, n) caisse (f.) des dépôts et consignations.

Depot [de'po:] n. (s, s) dépôt m. ; entrepôt m. ; endroit m. ; magasin m. || FIN. dépôt m.

Depot|buch [de'po:bu:x] n. (s, ¨er). FIN. livre (m.) de dépôts. ||°**-geschäft** n. (s, e). FIN. opérations (f. pl.) sur dépôts. ||°**-konto** n. (s, ten). FIN. compte (m.) de dépôt. ||°**-zwang** m. (s). FIN. dépôt (m.) obligatoire.

Depp [dɛp] m. (s, en). DIAL. (homme [m.]) stupide, sot, lourdaud. | *so ein Depp !*, quel balourd !

Depression [deprɛ'sio:n] f. (-, en). PHYS., GÉOL., MÉTÉOR. dépression f. || MÉD. dépression (nerveuse) ; FAM. déprime f. || COMM. dépression f. ; crise f.

depressiv [deprɛ'sif] adj. déprimé.

deprimieren [depri'mi:rən] v. tr. déprimer ; décourager ; accabler.

Deputat [depu'tɑ:t] n. (s, e). [Naturallohn] prestations (f. pl.) en nature ; part f. || PAR EXT. *Stundendeputat*, heures dues (en supplément).

Deputation [deputa'tsio:n] f. (-, en). POLIT. [Abordnung] députation f. ; délégation f.

deputieren [-'ti:rən] v. tr. POLIT. [senden] députer ; déléguer.

Deputierte(r) [-'ti:rtə(r)] f. (m.). POLIT. député m.

Deputierten|kammer [depu"ti:rtən'kamər] f. (-, n). POLIT. chambre (f.) des députés.

der [de:r] art. déf. ; nom. sing. m. ; gén. dat. sing. f. ; gén. pl. m., f., n. le ; de ; à la ; des. | *der Mann*, l'homme. | *das Kind der Frau*, l'enfant de la femme. | *ich gebe der Frau die Hand*, je donne la main à la, à cette dame. | *die Ranzen der Schüler*, les cartables des écoliers. || PAR EXT. pron. dém. nom. sing. m. celui ; celui-ci ; celui-là ; ce ; cet. | *mein Garten und der meiner Schwester*, mon jardin et celui de ma sœur. | *der und der*, un tel.
◇ pron. rel. ; nom. sing. m. ; dat. sing. f. qui ; lequel ; à qui ; laquelle. | *der Schüler, der kommt*, l'élève qui vient. | *die Schwester, der ich die Tür öffne*, la sœur à qui, à laquelle j'ouvre la porte.
◇ adj. dém. FAM. (employé pour **dieser**) *der Mann da !*, cet homme-là ! ; celui-là !

der|art ['de:rɑ:rt] adv. de telle façon ; de telle manière ; tant ; tellement.

der|artig [″de:r'ɑ:rtiç] adj. semblable ; pareil ; tel ; de cette espèce(-là).

derb [dɛrp] adj. [zusammengepreßt] compact ; ferme ; dense ; épais. | *derbes Brot*, pain compact. || [körnig, rauh, stark] dru ; épais ; touffu ; serré. | *derbes Gras* herbe drue. | *derbes Mädchen*, fille drue ; luronne f. ; FAM. gaillarde f. || PAR ANAL., FIG. [unfein] rude ; lourd ; brutal ; grossier. | *derber Spaß*, plaisanterie grossière ; gauloiserie f. ; propos corsés. | *derber Verweis*, camouflet.
◇ adv. sans fard ; crûment ; vertement. | *derb anfahren*, rabrouer.

Derbheit ['dɛrphait] f. (-, en) solidité f. ; fermeté f. ; vigueur f. || FIG. rudesse f. ; grossièreté f. || expression (f.) vulgaire ; grossièreté.

der|einst [de:r'ainst] adv. [Vergangenheit] une fois ; jadis ; anciennement. || [Zukunft] un jour.

der|einstig [-tiç] adj. futur ; à venir.

deren ['de:rən] pron. dém. et rel. gén. sing. f., gén. pl. m., f., n. dont ; de qui ; de laquelle ; desquels, desquelles ; en.

der|(ent)|halben [″de:r(ənt)'halbən], **-wegen** [-'ve:gen], **-willen** [-'vilən] adv. à cause, pour l'amour d'eux, d'elles, de cela ; pour l'amour de qui (duquel, de laquelle), de quoi. || PAR EXT. c'est pourquoi ; ainsi.

derer ['de:rər] pron. dém. et rel. gén. pl. m., f., n. de ceux ; de celles ; dont, de qui, desquels, desquelles. | *das Haus derer, die,* la maison de ceux, de celles qui.

der|gestalt [″de:rgə'ʃtalt] adv. de telle façon, sorte, manière ; tellement ; si bien que. | *dergestalt, daß,* de sorte que ; à telle(s) enseigne(s) que.

der|gleichen [de:r'glaiçən] adj. invar. tel ; pareil ; semblable. | *dergleichen Schuhe*, des chaussures (f. pl.) semblables. | *nichts dergleichen*, rien de pareil. | *und dergleichen mehr*, et caetera (etc.).

Derivat [de:ri'vɑ:t] n. (s, e). GRAMM. dérivé m.

der|jenige [″de:r'je:nigə] m., **die|jenige** [″di:'je:nigə] f., **das|jenige** [″das'je:nigə] n., **die|jenigen** [″di:'je:nigən] pron. dém. m., f., n. celui ; celle ; ce ; ceux. | *derjenige, der,* celui qui.

der|lei ['de:rlai] adj. invar. V. DERGLEICHEN.

der|maßen [″de:r'mɑ:sən] adv. tellement ; à tel point.

Dermatologe [dɛrmatɔ'lo:gə] m. (en, en), **Dermatologin** [dɛrmatɔ'lo:gin] f. (-, nen). MÉD. dermatologiste s. ; dermatologue s.

dero ['dero] ancien gén. de **die** (ancienne forme de politesse) votre. | *dero Majestät*, votre Majesté.

der|selbe ['de:r″zɛlbə] m., **die|selbe** ['di:″zɛlbə] f., **das|selbe** ['das″zɛlbə] n., **die|selben** ['di:″zɛlbən] pl. pron. dém. le, la même ; les mêmes. | *es ist alles ein und dasselbe*, tout cela revient au même.

derweil [der'vail] adv. (Vx.) cependant ; entretemps.

der|zeit ['de:rtsait] adv. actuellement ; à présent.

der|zeitig [-tiç] adj. actuel ; présent.

des [dɛs] art. déf. et pron. dém. gén. sing. m., n. du ; de ce (cet) ; de celui ; de cela. | *die Tür des Gartens*, la porte du jardin.

Des [dɛs] n. invar. MUS. ré (m.) bémol.

Desaster [de'zastər] n. (s). FAM. désastre m.

desavouieren [deza'vui:rən] v. tr. désavouer. || PAR EXT. laisser en plan ; laisser tomber.

desensibilisieren [dezɛnzibili'zi:rən] v. tr. MÉD. désensibiliser.

Desensibilisierung [dezɛnzibili'zi:ruŋ] f. (-). MÉD. désensibilisation f.

desertieren [dezɛr'ti:rən] v. intr. déserter.

des|gleichen [dɛs'glaiçən] (en abr. : **dsgl.**) adj. invar. telle chose ; chose pareille. | *er sah noch nie desgleichen*, il n'a jamais vu chose pareille.
◇ adv. pareillement ; de même.

des|halb ['dɛshalp] adv. [Grund] pour, à cause de cela ; pour cette raison. | *ich habe das deshalb getan, weil*, j'ai fait cela parce que. || [Folge] à cet effet ; c'est pourquoi ; donc. | *er lügt, deshalb wird er bestraft*, il ment, c'est pourquoi il sera puni.

Desinfektion [desinfɛk'tsio:n] f. (-). MÉD. désinfection f.

Desinfektions|mittel [-″tsio:ns'mitəl] n. (s, -). MÉD. désinfectant m.

desinfizieren [-'tsi:rən] v. tr. MÉD. désinfecter ; aseptiser.

desinteressiert [desinterɛ'si:rt] adj. indifférent ; impartial ; désintéressé.

desolat [dezɔ'lɑ:t] adj. désolé.

despektierlich [despɛk'ti:rliç] adj. irrespectueux ; méprisant.

desperat [dɛspe'rɑ:t] adj. désespéré.
◇ adv. désespérément.

Despot [dɛs'po:t] m. (en, en). POLIT. despote m.

despotisch [-'po:tiʃ] adj. despotique.

Despotismus [-po'tismus] m. (-). POLIT. despotisme m.

des|selben [dɛs'zɛlbən] pron. dém. gén. sing. m. et n. V. DERSELBE.

dessen ['dɛsɛn] pron. rel. et dém. gén. sing. m. et n. dont ; duquel ; de laquelle ; de qui ; de celui ; de celle ; de ce ; en ; son ; sa ; ses. | *der Mann, dessen Name*, l'homme dont le nom. | *du kennst dessen Adresse*, tu connais son adresse.

des(sen)|ungeachtet [″dɛs(sən)ungə'axtət] adv. malgré cela ; néanmoins ; nonobstant.

Dessert [de'sɛ:r] n. (s, s). CULIN. dessert m.

Dessert... (en compos.) de, à dessert. ||°**-teller** m. (s, -) assiette (f.) à dessert.

Destillat [dɛsti'lɑ:t] n. (s, e). CHIM. distillat m.

Destillation [-la'tsio:n] f. (-). CHIM. distillation f.

destillieren ['li:rən] v. tr. CHIM. distiller.

desto ['dɛsto] adv. d'autant. | *desto besser*, d'autant mieux, meilleur. | *desto mehr*, d'autant plus. | *je mehr er hat, desto mehr will er*, plus il a, plus il veut. | *desto weniger*, d'autant moins. || PROV. *je toller, desto besser*, plus on est de fous, plus on rit.

des|wegen ['dɛs″ve:gən] adv. c'est pourquoi ; à cause de cela ; pour cette raison ; pour cela.

Deszendent [dɛstsɛn'dɛnt] m. (en, en) descendant.

Deszendenz [dɛstsɛn'dɛnts] f. (-) descendance f. ||°**-theorie** f. (-, en). BIOL. théorie (f.) de la descendance, de l'hérédité.

Detachement [detaʃ'mɑ̃] n. (s, s). MIL. détachement m.

Detail [de'ta:j] n. (s, s) détail m. || COMM. détail m. | *Verkauf im Detail*, vente (f.) au détail.

Detail|bericht [de″ta:jbə'riçt] m. (s, e) rapport détaillé. ||°**-geschäft** n. (s, e) magasin (m.) de détail. ||°**-handel** m. (s) commerce (m.) de détail. || °**-verkauf** m. (s, ¨e) vente (f.) au détail.

detaillieren [deta'ji:rən] v. tr. diviser en parties. || PAR ANAL. raconter en détail. || COMM. vendre au détail ; détailler.

Detektiv [detɛk'ti:f] m. (s, e) détective m. || °**-roman** m. (s, e) roman policier.

Detektor [de'tɛktor] m. (s, en). RADIO. détecteur m.

Detektor|apparat [de"tɛktorapa'ra:t] m. (s, e), °**-empfänger** m. (s, -). RADIO. poste (m.) à galène.

Determinismus [detɛrmi'nismus] m. (-). PHILOS. déterminisme m.

Detonation [detɔna'tsio:n] f. (-, en). CHIM. détonation f. ; explosion f.

detonieren [-'ni:rən] v. intr. CHIM. détoner ; exploser. || MUS. détonner.

Deut [dɔyt] m. (s, e). POP. liard m. | *um keinen Deut*, pas d'un pouce.

Deutelei [dɔytə'lai] f. (-, en). FAM. interprétation subtile ; ergotage m. ; finesse excessive et outrée ; argutie f.

deuteln ['dɔytəln] v. tr. et v. intr. interpréter subtilement ; ergoter ; chicaner.

deuten ['dɔytən] v. intr. [hinzeigen] montrer, indiquer (du doigt, des yeux). | *auf jn deuten*, montrer qn (du doigt, des yeux). || FIG. annoncer ; présager ; faire allusion à. | *das deutet auf Regen*, cela annonce de la pluie.
◇ v. tr. expliquer ; interpréter. | *Träume deuten*, interpréter les songes. | *das Gesetz deuten*, commenter la loi.

Deuter ['dɔytər] m. (s, -) [celui qui] interprète.

deutlich ['dɔytliç] adj. distinct ; précis ; clair ; net ; défini. | *deutliche Stimme*, voix distincte. | *deutliche Schrift*, écriture claire, lisible. | *deutliche Begriffe*, termes bien définis ; idées précises. | *jm etwas deutlich machen*, faire comprendre qch. à qn. || FIG. *eine deutliche Sprache reden*, parler net.
◇ adv. distinctement ; nettement. | *deutlich schreiben*, écrire lisiblement. | *drücke dich deutlicher aus !*, exprime-toi plus clairement !

Deutlichkeit [-kait] f. (-) netteté f. ; clarté f. ; précision f. ; distinction f.

deutsch [dɔytʃ] adj. allemand ; d'Allemagne ; germanique ; teuton ; teutonique. | *deutsches Reich*, Empire allemand. | *deutsches Volk*, peuple allemand. | *das deutsche Land*, le pays d'Allemagne. | *deutsches Land*, pays allemand. | *die deutschen Länder*, les États (m. pl.) de l'Allemagne fédérale (de l'Ouest). | *deutsche Schweiz*, Suisse (f.) alémanique. | *deutsche Schrift*, écriture (f.) gothique ; TYPOGR. gothique f. | *das Deutsche Reich*, le Reich. | *eine Deutsche Mark*, un mark. | *auf deutsch*, en allemand.
◇ adv. *deutsch reden, sprechen*, parler allemand. || FIG. *mit dem muß man deutsch reden*, il ne faut pas lui mâcher les mots.

Deutsch [dɔytʃ] n. l'allemand m. ; la langue allemande. | *schlechtes Deutsch*, mauvais allemand. | *er lernt, er kann Deutsch*, il apprend, sait l'allemand. | *er spricht Deutsch*, il parle (l')allemand. | *aus dem Deutschen ins Englische übersetzen*, traduire de l'allemand en anglais.

Deutsch|amerikaner ["dɔytʃameri'ka:nər] m. (s, -) Américain d'origine allemande. ||**-deutsch** adj. interallemand. | *eine deutsch-deutsche Auseinandersetzung*, un conflit interallemand, entre les deux Allemagnes. ||**-feindlich** adj. POLIT. antiallemand ; germanophobe. ||**-französisch** adj. POLIT. franco-allemand. | *deutsch-französisches Jugendwerk (DFJW)*, Office franco-allemand pour la jeunesse (O.F.A.J.). ||**-freundlich** adj. POLIT. germanophile. ||°**-freundlichkeit** f. (-). POLIT. germanophilie. ||°**-lehrer** m. (s, -) professeur (m.) d'allemand. ||**-österreichisch** adj. austro-allemand. ||**-sprachig** adj. GRAMM. de langue allemande. ||**-sprachlich** adj. allemand. | *deutschsprachlicher Unterricht*, enseignement (m.) en allemand. ||**-stämmig** adj. de souche allemande.

Deutsche(r) ['dɔytʃə(r)] f. (m.) Allemand(e) m. (f.). | *seine Frau ist eine Deutsche*, sa femme est Allemande. | *wir Deutsche(n)*, nous autres Allemands.

Deutschland ['dɔytʃlant] n. (s). GÉOGR. Allemagne f. | *altes Deutschland*, Germanie f.

Deutschland|lied ["dɔytʃlant'li:t] n. (es) hymne national allemand.

Deutschtum ['dɔytʃtu:m] n. (s). POLIT. nationalité, qualité allemande ; germanisme m. ; coutumes allemandes ; esprit allemand.

Deutschtümelei [dɔytʃtymə'lai] f. (-) teutomanie f.

Deutung ['dɔytuŋ] f. (-, en) interprétation f. ; explication f.

Devise [de'vi:zə] f. (-, n) devise f. ; sentence f. || FIN. devise étrangère ; change m. | *harte, schwache Devise*, devise forte, faible.

Devisen|abkommen [de"vi:zən'apkɔmən] n. (s, -). FIN. convention (f.) sur les changes. ||°**-abschlüsse** m. pl. opérations (f. pl.) de change. ||°**-abteilung** f. (-, en) service (m.) des changes. ||°**-ausgleichsfonds** m. (-) fonds (m. pl.) de compensation, d'égalisation des changes. ||°**-bestand** m. (s, ¨e) portefeuille-devises m. | *verfügbare Devisenbestände*, disponibilités (f. pl.) en devises. ||°**-bewirtschaftungsstelle** f. (-, n) office (m.) des changes. ||°**-guthaben** n. (s, -) avoir (m.) de change, en devises. ||°**-handel** m. (s) commerce (m.) de devises ; bureau (m.) de change. ||°**-kontrolle** f. (-, n) contrôle (m.) des changes. ||°**-kurs** m. (es, e) cours (m.) des devises, des changes ; change m. ||°**-markt** m. (es, ¨e) marché (m.) des changes ; change m. ||°**-notierung** f. (-, en) cotation (f.) des changes ; change m. ||°**-ordnung** f. (-, en) réglementation (f.) des changes. ||°**-polster** n. (s, -) matelas (m.) de devises. ||°**-rücklage** f. (-, n) réserve (f.) en devises. ||°**-sätze** m. pl. taux (m. pl.) des changes. ||°**-schiebung** f. (-, en), °**-vergehen** n. (s, -) infraction (f.) à la réglementation des changes.

devonisch [de'vo:niʃ] adj. GÉOL. dévonien.

devot [de'vo:t] adj. dévot ; humble ; soumis.

Devotion [devo'tsio:n] f. (-, en). RELIG. dévotion f.

Devotionalien [-tsio'na:liən] f. pl. RELIG. articles, objets religieux, sacrés.

Dextrose [-'tro:zə] f. (-) dextrose m. ; glucose m.

Dezember [de'tsɛmbər] m. (s) décembre m.

dezent [de'tsɛnt] adj. [unaufdringlich] doux ; délicat ; convenable ; décent.
◇ adv. décemment. | *dezent gekleidet*, mis décemment ; correctement vêtu.

dezentralisieren [detsɛntrali'zi:rən] v. tr. ADM. décentraliser.

Dezernat [detsɛr'na:t] n. (s). ADM. ressort m. ; service m. ; division f.

Dezernent [-'nɛnt] m. (en, en). ADM. chef (m.) de service.

Dezi|bel ['de:tsibɛl] n. (s, -). PHYS. décibel m.

Dezi|gramm [de:tsi'gram] n. (s, e) décigramme m.

Dezi|liter [-'li:tər] m. et n. (s, -) décilitre m.

Dezimal|bruch [de:tsi"ma:l'brux] m. (s, ¨e) fraction décimale ; décimale f. ||°**-system** n. (s) système décimal.

Dezi|meter [-'me:tər] m. et n. (s, -) décimètre m.

dezimieren [detsi'mi:rən] v. tr. MIL. décimer. || PAR ANAL. faire périr beaucoup de personnes.

Dezimierung [-'mi:ruŋ] f. MIL. décimation f.

d. Gr. [de:ge:'ɛr] abrév. de **der Große,** le Grand.

Dia ['dia] n. (s, s). PHOT. diapositive f.

Diabetes [dia'be:təs] m. (-). MÉD. [Zuckerkrankheit] diabète m.
Diabetiker [-tikər] m. (s, -). MÉD. diabétique m.
diabolisch [dia'bo:liʃ] adj. diabolique.
Diachronie [diakro'ni:] f. (-) diachronie f.
Diadem [dia'de:m] n. (s, e) diadème m.
Diadoche [dia'dɔxə] m. (n, n). HIST. diadoque m.
Diagnose [dia'gno:zə] f. (-, n). MÉD. diagnostic m. ; diagnose f. | *die Diagnose stellen*, diagnostiquer.
diagnostisch [-gnɔstiʃ] adj. diagnostique.
diagnostizieren [-gnɔsti'tsi:rən] v. tr. MÉD. diagnostiquer ; établir un diagnostic.
diagonal [diagɔ'nɑ:l] adj. MATH. diagonal.
Diagonal [-'nɑ:l] n. (s). TEXT. tissu croisé.
Diagonale [-'nɑ:lə] f. (-, n). MATH. diagonale.
Diagramm [dia'gram] n. (s, e) diagramme m.
Diakon [dia'ko:n] m. (s, et en, en). RELIG. diacre. m.
Diakonat [-kɔ'nɑ:t] n. (s, e) diaconat m.
Diakonisse [-kɔ'nisə] f. (-, n). [evangelische (Pflege)schwester] diaconesse f.
Dialekt [dia'lɛkt] m. (s, e). [Mundart] dialecte m. ; patois m. | *Dialektausdruck*, expression dialectale.
dialekt|frei [dia"lɛkt'frai] adj. [Sprache ; Stil] pur. | *dialektfreie Sprache*, langue correcte, pure.
Dialektik [dia'lɛktik] f. (-). PHILOS. dialectique f.
Dialektiker [-tikər] m. (s, -) dialecticien m.
dialektisch [-tiʃ] adj. PHILOS. dialectique. || [mundartlich] dialectal.
Dialog [dia'lo:k] m. (s, e) dialogue m.
Dialog|fenster [dia"lo:k'fɛnstər] n. (s, -). INF. fenêtre (f.) de dialogue. ||°**-gerät** n. (s, e). INF. terminal conversationnel.
dialogisch [-'lo:giʃ] adj. en forme de dialogue ; dialogué.
dialogisieren [-logi'zi:rən] v. tr. mettre en dialogue ; dialoguer.
Dialyse [dia'ly:zə] f. (-, n). MÉD. dialyse f.
Diamant [dia'mant] m. (s, en). MINÉR. diamant m.
diamant|artig [dia"mant'ɑ:rtiç] adamantin. || °**-bohrer** m. (s, -). TECHN. fleuret (m.) à diamants. ||°**-schleifer** m. (s, -), °**-schneider** m. (s, -). TECHN. tailleur (m.) de diamants ; diamantaire m. ; lapidaire m.
diamanten [dia'mantən] adj. de, diamants ; qui ressemble au diamant. || FIG. *diamantene Hochzeit*, noces (f. pl.) de diamant.
Diameter [di'ame:tər] m. (s, -). MATH. [Durchmesser] diamètre m.
diametral [diame'trɑ:l] adj. MATH. diamétral. || FIG. *diametral entgegengesetzt*, diamétralement opposé.
Diaphragma [dia'fragma] (s, nen). MÉD., FAM. diaphragme m.
Diapositiv [diapo:zi'ti:f] n. (s, e). PHOT. diapositive f. (diminutif : Dia).
Diarrhöe [dia'rø:] f. (-, n). MÉD. [Durchfall] diarrhée f.
Diaspora [di'aspora] f. (-). RELIG., HIST. diaspora f. ; dispersion f.
Diastole [dia'sto:lə] f. (-, n). MÉD. diastole f. ; dilatation (f.) des cavités cardiaques.
Diät [di'ɛ:t] f. (-) diète f. || [Kur] régime (m.) alimentaire. || [Abstinenz] abstinence f. ; jeûne m. | *Diät halten*, être au régime.
diät [di'ɛt] adv. | *diät leben*, se (re)mettre au régime ; être au régime ; vivre de régime. | *streng diät leben*, être au grand régime.
Diät|assistent(in) [di"ɛ:tasis'tɛnt(in)], °**-spezialist(in)** [-ʃpetsia'list(in)] m. (en, en), f. (-, nen) diététicien m., diététicienne f.
Diäten [-tən] f. pl. ADM. [Tagegelder] indemnité journalière.
Diätetik [diɛ'tɛ:tik] f. MÉD. diététique f.
dich [diç] pron. pers. acc. sing. V. DU.
dicht [diçt] adj. [enggefügt] dense ; compact ; épais ; concentré ; serré ; touffu ; dru. | *dichter Wald*, forêt touffue. | *dichtes Gefieder*, plumage épais, dru. | *dichter Regen*, *Nebel*, pluie drue, brouillard (m.) dense. | *dicht werden*, s'épaissir. || [undurchlässig] étanche ; hermétique ; imperméable. | *dichter Stoff*, tissu (m.) imperméable. *dicht machen*, imperméabiliser. || FIG., FAM. [verschwiegen] discret. | *dichthalten*, savoir se taire.
◇ adv. *hier stehen die Bäume zu dicht*, ici les arbres sont trop serrés. | *dicht verhängte Fenster*, fenêtres garnies de rideaux épais. | *dem Feind dicht auf den Fersen sein*, talonner l'ennemi.
Dicht|kunst ['diçtkunst] f. (-) poésie f. ; art (m.) des vers.
dicht|behaart [-bəhɑ:rt] adj. velu. ||**-belaubt** adj. touffu. ||**-bewachsen** adj. couvert d'une épaisse végétation. ||**-gedrängt** adj. compact ; serré ; pressé ; en rangs pressés. ||°**-profil** n. (s, e). TECHN. profil (m.) d'étanchéité.
Dichte ['diçtə] f. (-). [Enge] densité f. || [Undurchlässigkeit] étanchéité f. ; imperméabilité f. || PHYS. masse (f.) spécifique. || [Licht] intensité f.
Dichte|messer ["diçtə'mɛsər] m. (s, -). TECHN. densimètre m.
dichten ['diçtən] v. tr. TECHN. [undurchlässig machen] rendre compact, étanche ; condenser ; étancher ; boucher les fentes.
dichten ['diçtən] v. intr. et v. tr. LITTÉR. faire des vers ; écrire ; composer des ouvrages littéraires. | *von früher Jugend an dichtete Goethe*, dès sa prime jeunesse Goethe faisait des vers. | *ein Lied*, *ein Epos dichten*, composer une chanson, une épopée. || PAR EXT. imaginer ; broder. || IRON. *er dichtet*, il invente.
Dichter(in) [-tər(in)] m. (s, -), f. (-, nen) poète m. ; poétesse f. ; auteur m. ; (femme [f.] auteur) ; écrivain m. || PAR EXT. rêveur m. ; rêveuse f.
Dichter|freiheit ["diçtər'fraihait] f. (-, en) licence (f.) poétique. ||°**-wort** n. (s, e) sentence (f.) poétique.
dichterisch ['diçtəriʃ] adj. poétique.
Dichterling [-tərliŋ] m. (s, e). PÉJOR., FAM. rimailleur m.
Dichtheit ['diçthait] f. (-), **Dichtigkeit** ['diçtiçkait] f. compacité f. ; densité f. ; étanchéité f. ; imperméabilité f. || PHYS. densité.
Dichtigkeits|messer ["diçtiçkaits'mɛsər] m. (s, -). TECHN. densimètre m.
Dichtung ['diçtuŋ] f. (-, en). TECHN. joint m. (d'étanchéité) ; garniture f. ; étoupage m. ; étanchage m.
Dichtung ['diçtuŋ] f. (-, en) poésie f. ; art (m.) de composer des ouvrages poétiques ; poème m. ; ouvrage (m.) littéraire [prose ou vers].
Dichtungs|art ["diçtuŋs'ɑ:rt] f. (-, en). LITTÉR. genre (m.) poétique ; versification f.
Dichtungs|fläche ["diçtuŋs'flɛçə] f. (-, n). TECHN. surface (f.) de joint ; contact (m.) d'étanchéité. ||°**-ring** m. (s, e) anneau (m.), bague (f.) d'étanchéité. ||°**-schlauch** m. (s, ¨e) boudin (m.) d'étanchéité.
dick [dik] adj. gros ; gras ; épais ; dense. | *dicke Backen*, des joues pleines. | *dick werden*, grossir ; engraisser. | *dick und fett*, gras comme un moine. | *dicker Baumstamm*, gros tronc d'arbre. | *dicker Brei*, bouillie épaisse. | *dickes Blut*, sang épais, coagulé. || FAM. *zu*

dick auftragen, en faire un peu trop. | *sich dicke tun*, faire l'important. | *ein dickes Fell haben*, avoir la peau dure. | *dicke Freundschaft, Freunde*, amis (m. pl.) intimes. | *mit jm durch dick und dünn gehen*, suivre qn quoi qu'il arrive. | *er hat's faustdick hinter den Ohren*, c'est un malin. | *das dicke Ende kommt noch*, nous n'avons pas vu le plus beau. || POP. *dicke Luft!*, gare ! ; il va y avoir du vilain.

dick|bäuchig ["dik'bɔyçiç] adj. FAM. ventru ; bedonnant. ||°**-darm** m. (s, ¨e). ANAT. gros intestin. ||**-flüssig** adj. filant ; épais ; visqueux. ||°**-häuter** m. (s, -). ZOOL. pachyderme m. ||°**-kopf** m. (s, ¨e). POP. grosse tête. || FIG. esprit obtus ; tête dure, carrée ; POP. caboche f. | *einen Dickkopf aufsetzen*, faire l'entêté. ||**-köpfig** adj. qui a une grosse tête. || FIG. têtu ; entêté ; FAM. cabochard. ||**-leibig** adj. [Personen] corpulent ; replet ; obèse. || [Dinge] FIG. gros ; volumineux ||°**-leibigkeit** f. (-) embonpoint m. ; corpulence f. ; obésité f. ||°**-milch** f. (-). CULIN. [Sauermilch] lait caillé. ||°**-wanst** m. (es, ¨e). FAM. bedaine f. || PAR EXT. gros homme ; FAM. bon gros m.

Dicke ['dikə] f. (-) épaisseur f. ; grosseur f. ; embonpoint m. ; corpulence f. ; volume m. ; calibre m.

dick(e)|tun ['dik(ə)tun] v. intr. FAM. fanfaronner.

Dickicht ['dikiçt] n. (s, e) fourré m. ; hallier m. ; taillis m.

dicklich ['dikliç] adj. potelé ; replet ; dodu.

Didaktik [di'daktik] f. (-) pédagogie f.

didaktisch [-tiʃ] adj. [belehrend] didactique.

die [di:] art. déf., pron. dém. et relat. nom. et acc. sing. f., nom. et acc. plur. m., f. et n. la, les ; celle-ci, celle-là ; ceux-ci, celles-ci ; ceux-là, celles-là ; qui, que.

Dieb [di:p] m. (s, e), **Diebin** ['di:bin] f. (-, nen) voleur m. ; voleuse f. | *haltet den Dieb!*, au voleur !

Dieb(e)s|bande ["di:b(ə)s'bandə] f. (-, n) bande (f.) de voleurs. ||°**-höhle** f. (-, n) repaire (m.) de voleurs ; coupe-gorge m. ||**-sicher** adj. à l'abri des voleurs. | *diebessicheres Schloß*, serrure (f.) incrochetable. || °**-sprache** f. (-, n) argot m. (des voleurs).

Diebin ['di:bin] f. V. DIEB.

diebisch [-biʃ] adj. voleur ; enclin, adonné au vol ; fripon ; coquin. || ZOOL. *diebische Elster*, pie voleuse. || PAR EXT., FAM. [riesig] *eine diebische Freude haben*, se frotter les mains.

Dieb|stahl ['di:pʃtɑ:l] m. (s, ¨e) vol m. ; larcin m. | *schwerer Diebstahl*, vol qualifié. | *gewaltsamer Diebstahl*, vol à main armée. | *Diebstahl mit Einbruch*, vol avec effraction ; cambriolage m. | *einen Diebstahl begehen*, commettre un vol. | *einen Diebstahl verhehlen*, receler un vol. | *wegen Diebstahls verurteilen*, condamner pour vol.

Diebstahl|sicherung ["di:pʃtɑ:l'ziçəruŋ] f. (-, en) dispositif (m.) antivol.

Diedenhofen ["di:dən'ho:fən] n. pr. n. GÉOGR. Thionville f.

die|jenige ["di:'je:nigə] pron. dém. nom., acc. sing. f., celle ; celle-ci ; celle-là.

Diele ['di:lə] f. (-, n). TECHN. planche f. ; ais m. ; madrier m. || PAR ANAL. lame (f.) de parquet ; parquet m. ; plancher m. || PAR EXT. vestibule m. ; entrée f. ; galerie f. ; grenier m.

dielektrisch [die'lektriʃ] adj. ÉLECTR. diélectrique ; non conducteur ; isolant.

dielen ['di:lən] v. tr. planchéier ; parqueter.

dienen ['di:nən] v. intr. (dat.) **1.** servir. | *als Magd dienen*, être bonne. || FAM. *mehreren Herren dienen*, manger à plusieurs râteliers.

2. PAR ANAL. [wirken für] aider ; rendre service ; être utile. | *dem Staat(e) dienen*, servir l'Etat. | *damit ist mir wenig gedient*, cela ne m'arrange guère. || COMM. *womit kann ich Ihnen dienen ?*, qu'y a-t-il pour votre service ?

3. MIL. servir ; faire son service militaire. | *als gemeiner Soldat dienen*, être simple soldat. || FAM. *von der Pike auf dienen*, sortir du rang.

4. PAR EXT. [zu, als etwas] servir de. | *jetzt dient dies Zimmer als Warenablage*, cette pièce sert maintenant de remise. | *zum Schutz dienen*, servir de protection.

dienend [-nənt] adj. *in dienender Stellung sein*, être domestique ; être en condition.

Diener [-nər] m. (s, -) serviteur m. ; domestique m. ; valet m. ; laquais m. || FIG. serviteur (formules de politesse). | *Ihr ergebenster Diener*, votre très dévoué serviteur. || PAR EXT. [Verbeugung] révérence f.

Dienerin [-nərin] f. (-, nen) servante f. ; bonne f.

dienern [-nərn] v. intr. faire la révérence.

Dienerschaft [-nərʃaft] f. domestiques m. pl. ; domesticité f. ; personnel (m.) domestique ; gens (m. pl.) de maison.

dienlich ['di:nliç] adj. utile, propre à ; convenable. | *der Gesundheit dienlich*, bon pour la santé ; salutaire. | *für dienlich erachten*, trouver, juger bon.

Dienst ['di:nst] m. (es, e). **1.** [Stelle, Arbeit] service m. ; emploi m. ; place f. ; fonction f. ; charge f. | *öffentlicher Dienst*, fonction publique. | *einträglicher Dienst*, place lucrative. | *einen Dienst antreten, kündigen*, entrer en service ; donner congé. | *bei jm in (den) Dienst treten*, se faire domestique chez qn. | *jn in Dienst nehmen*, prendre qn à son service. | *aus dem Dienst entlassen*, [Bedienter] congédier ; licencier ; renvoyer ; [Beamter] mettre à la retraite ; MIL. renvoyer dans ses foyers. | *seinen Dienst versehen*, faire son service. | *Dienst haben*, être de service. | *im Dienst*, pendant le service. | *außer Dienst*, (en abr. : a. D.) [pensioniert] en retraite ; [ohne Stellung] sans emploi ; sans place ; chômeur. | *außerhalb des Dienstes*, en dehors du service. | *Dienst nach Vorschrift*, grève (f.) du zèle.

2. MIL. *Offizier vom Dienst*, officier (m.) de service, de jour.

3. [Hilfe] service m. ; bon office. | *jm einen Dienst erweisen*, rendre un service à qn. | *große Dienste leisten, tun*, rendre de grands services. || PROV. *guter Dienst bleibt unverloren*, un bienfait n'est jamais perdu.

4. COMM. *Dienst am Kunden*, service après vente. | *ich stehe zu (Ihren) Diensten*, à votre service.

5. ARCHIT. [Pfeilerdienst] colonnette (f.) d'un pilier (dans le style gothique).

Dienst|alter ["di:nst'altər] n. (s) années (f. pl.) de service ; ancienneté f. | *nach dem Dienstalter*, à l'ancienneté. ||°**-älteste(r)** f. (m.) le plus ancien, la plus ancienne ; doyen m., doyenne f. ||°**-antritt** m. (s, e) entrée (f.) en fonctions. ||°**-anweisung** f. (-, en) instructions (f. pl.), ordres (m. pl.) de service. ||**-beflissen** adj. zélé ; empressé. ||°**-beflissenheit** f. (-) zèle m. ||**-bereit** adj. de garde. | *dienstbereite Apotheke*, pharmacie (f.) de garde. ||°**-bote** m. (n, n) serviteur m. ||°**-eid** m. (es, e) serment professionnel. ||°**-enthebung** f. (-, en) destitution f. ; suspension f. ||°**-entlassung** f. (-, en) mise (f.) en congé ; licenciement m. ; révocation f. ||**-fertig** adj. serviable ; obligeant ; zélé ; empressé. ||**-frei** adj. exempt de service. ||°**-habende(r)** f. (m.) personne (f.) de service. ||°**-herr** m. (n, en) maître m. ; patron m. ||°**-leistung** f. (-, en) service m. ; prestation (f.) de service. ||°**-leistungs|bereich** m. (s, e) secteur (m.) tertiaire ; tertiaire m ||°**-leistungs|beruf** m. (s, e) métier (m.) du secteur tertiaire. || °**-leistungs|-erbringer** m. (s, -) prestataire (m.) de service. ||°**-leute** m. pl. domestiques m. pl. ||°**-mädchen** n. (s, -) bonne f. ; domestique f. ||°**-magd** f. (-, ¨e) servante f. ||°**-mann**

m. (s,¨er) commissionnaire m. ; homme (m.) de peine ; porteur m. ||°-**marke** f. (-, n). POSTES. timbre-poste m. (pour affaire) de service. ||-**mäßig** adj. ADM., MIL. réglementaire. ||°-**personal** n. (s) personnel m. ; gens (m. pl.) de service. ||°-**pflicht** f. (-, en) devoirs (m. pl.) d'une fonction ; obligation (f.) de servir. | *aus Dienstpflicht*, d'office. ||°-**sache** f. (-, n) affaire (f.) de service. ||°-**siegel** n. (s, -) cachet officiel. ||°-**stelle** f. (-, n) bureaux m. pl. ; services m. pl. | *zuständige Dienststelle*, service compétent. ||°-**stellung** f. (-, en) fonction f. ; grade administratif, militaire. ||°-**stunden** f. pl. heures (f. pl.) de bureau, de service. ||-**tauglich** adj. MIL. bon pour le service actif ; apte au service armé. ||-**unfähig** adj. impropre, inapte au service militaire. ||°-**unfähigkeit** f. (-) inaptitude (f.) au service militaire. ||-**untauglich, -untüchtig** adj. MIL. inapte au service militaire. ||°-**vergehen** n. (s, -) malversation f. ; faute professionnelle. ||°-**verhältnis** n. (ses, se) domesticité f. ; rapports (m. pl.) entre maître et domestique. ||°-**vertrag** m. (s,¨e). JUR. contrat m. MIL. engagement m. ||°-**vorschrift** f. (-, en) règlement (m.) de service. || MIL. consigne f. ||°-**weg** m. (s, e) voie (f.) hiérarchique. | *auf dem Dienstwege*, par la voie hiérarchique. ||-**widrig** adj. contraire au règlement. ||°-**wohnung** f. (-, en) appartement (m.), logement (m.) de fonction. ||°-**zeit** f. (-, en). ADM., MIL. [Gesamtdienste] années (f. pl.) de service ; service m. || [Bürostunden] heures (f. pl.) de service. ||°-**zeugnis** n. (ses, se) certificat m. ; états (m. pl.) de service. ||°-**zweig** m. (es, e) service m.

Dienstag ['di:nsta:k] m. (s, e) mardi m. | *am Dienstag, dienstags*, le mardi.

dienstbar ['di:nstba:r] adj. tributaire ; sujet. | *dienstbar machen*, assujettir.

dienstlich [-liç] adj. officiel ; de service ; d'office. ◇ adv. officiellement ; de service ; d'office ; en service.

dies [di:s] pron. dém. neutre sing. ce ; cet ; cette.

dies|bezüglich ["di:sbə'tsy:kliç] adj. relatif ; à ceci, à cela ; à cet effet ; à ce sujet ; y afférent.

diese ['di:zə] adj. et pron. dém. nom et acc. sing. f., nom. et acc. pl. m., f. et n. V. DIESER.

Diesel|aggregat ["dizəlagre:'ga:t] n. (s, e) groupe (m.) Diesel. ||°-**motor** m. (s, en) moteur (m.) Diesel ; moteur (m.) à combustion interne.

dieser ['di:zər], **diese** ['di:zə], **dies(es)** ['di:-z(əs)] (pl. **diese**) ['di:zə] adj. et pron. dém. ce (cet), ce...-ci ; celui-ci ; cette ; cette...-ci ; celle-ci ; ce ; ce...-ci ; ceci ; ces ; ces...-ci. | *dieser und jener*, celui-ci et celui-là. | *dies und das ; dies und jenes*, une chose et l'autre. | *bald dieser, bald jener*, tantôt l'un, tantôt l'autre. || COMM. *am dritten dieses (Monats)*, le trois courant.

dies|jährig ["di:s'jɛ:riç] adj. de cette année.

dies|mal ['di:sma:l] adv. cette fois(-ci) ; pour le coup.

dies|malig ["di:s'ma:liç] adj. qui a lieu cette fois.

dies|seitig [-'zaitiç] adj. de ce côté-ci ; en deçà.

dies|seits ['di:szaits] prép. (gén.) en deçà ; de ce côté-ci. | *diesseits und jenseits*, en deçà et au-delà.

Dies|seits [-zaits] n. (-) ici-bas m. ; monde (m.) terrestre.

Dietrich ['di:triç] m. (s, e). TECHN. fausse clef ; passe-partout m. ; crochet m. ; rossignol m.

die|weil [di:'vail] adj. en attendant. ◇ conj. vu que ; parce que.

Diffamation [difama'tsio:n] f. (-, en), **Diffamierung** [-'mi:ruŋ] f. (-, en). JUR. [Verleumdung] diffamation f.

diffamieren [-'mi:rən] v. tr. diffamer.

differential [diferɛntsi'a:l] adj. différentiel.

Differential [-tsi'a:l] n. (s, e). MATH. différentielle f. || AUTOM. différentiel m.

Differential... [-tsi'a:l] (en compos.). MATH., AUTOM. différentiel.

Differenz [dife'rɛnts] f. (-, en). [Streit] différend m. | *mit jm Differenzen haben*, avoir des différends avec qn. || [Unterschied] MATH., COMM. différence f.

differenzieren [-rɛn'tsi:rən] v. tr. différencier. || MATH. différentier.

differieren [-'ri:rən] v. intr. différer ; être différents.

Diffraktion [difrak'tsio:n] f. (-). PHYS. diffraction f.

diffus [di'fus] adj. PHYS. diffus ; diffusé. | *diffuses Licht*, lumière diffuse. || FIG. diffus ; verbeux.

digital [digi'ta:l] adj. INF. digital. | *digitale Steuerung*, commande numérisée.

Digital|-Analog-Umsetzer [digi"ta:lana'lo:k-'umzɛtsər] m. (s, -). INF. numérisateur m. ||°-**rechner** m. (s, -). INF. calculateur (m.) numérique.

digitalisieren [digitali'zi:rən] v. tr. INF. numériser.

Dikta|phon [dikta'fo:n] n. (s, e). TECHN. dictaphone m. ; machine (f.) à dicter.

Diktat [-'ta:t] n. (s, e) dictée f. | *nach Diktat schreiben*, écrire sous la dictée. || PAR EXT. [harter Befehl] injonction f. || POLIT. traité imposé.

Diktator [dik'ta:tɔr] m. (s, en) dictateur m.

diktatorisch [-ta'to:riʃ] adj. dictatorial.

Diktatur [-ta'tu:r] f. (-, en) dictature f.

diktieren [-'ti:rən] v. tr. dicter. || PAR EXT. imposer. || *Diktiermaschine*, machine (f.) à dicter.

Diktion [dik'tsio:n] f. (-, en) diction f. ; élocution f.

Diktionär [-tsio'nɛ:r] m. et n. (s, e). [Wörterbuch] dictionnaire m.

Dilemma [di'lɛma] n. (s, s et ta) dilemme m.

Dilettant [dilɛ'tant] m. (en, en) dilettante m. (plur. dilettanti) ; amateur m.

Dill [dil] m. (s, e). BOT. aneth m.

Diluvium [di'lu:vium] n. (s, vien) déluge m.

Dimension [dimɛn'zio:n] f. (-, en). MATH. dimension f. || FIG. *die vierte Dimension*, la quatrième dimension.

Diminutiv [diminu'ti:f] n. (s, e). GRAMM. diminutif m.

Dimmer ['dimər] m. (s, -) variateur (m.) de lumière.

Dimorphismus [di'mɔrfismus] m. (-, men). BIOL. dimorphisme m.

Din (Norm) ['din(-nɔrm)] (s, e) abrév. de *Deutsche Industrienorm*, norme industrielle allemande. | *Dinformat*, format normalisé, standardisé.

Dinar [di'na:r] m. (s, e). [Währungseinheit] dinar m.

Diner [di'ne:] n. (s, s). CULIN. repas cérémonieux (déjeuner ou dîner). | *ein Diner geben*, offrir un dîner.

Ding [diŋ] n. (s, e et FAM. er). **1.** chose f. ; objet m. ; affaire f. | *unbedeutendes Ding*, bagatelle f. || PHILOS. *das Ding an sich*, la chose en soi. || LOC. *die Dinge beim rechten Namen nennen*, appeler les choses par leur nom.

2. FIG. chose f. ; affaire f. | *vor allen Dingen*, avant tout ; surtout. | *nach Lage der Dinge*, selon les conditions du moment. | *den Dingen ihren Lauf lassen*, laisser aller les choses. | *das ist ein Ding der Unmöglichkeit*, c'est impossible. | *den Dingen nicht mehr gewachsen sein*, être dépassé par les événements. | *das ist ein and(e)res Ding*, c'est une autre histoire ; c'est tout autre chose. | *es geht (hier) nicht mit rechten Dingen zu*, ce n'est pas naturel. | *guter Dinge sein*, être de bonne humeur. | *er hat große Dinge vor*, il a de grands projets.

3. Loc. fam. *was sind das für Dinge ?*, que se passe-t-il ? | *Herr Dingsda*, Monsieur Chose, Machin.
4. Fam. (pl. Dinger) être m. ; créature f. | *ein naseweises Ding*, une péronnelle.
5. Prov. *jedes Ding hat seine Zeit*, il y a temps pour tout ; chaque chose en son temps.

ding|fest ['diŋfɛst] adj. arrêté. | *dingfest machen*, mettre en état d'arrestation ; arrêter.

Dingelchen ['diŋəlçən] n. (s, -). Fam. petite chose ; petite créature ; bagatelle f.

dingen ['diŋən] (dingte, gedingt ou dang, gedungen) v. tr. engager ; embaucher ; louer. | *einen Mörder dingen*, soudoyer un assassin.

dinglich ['diŋliç] adj. Jur. réel. | *dingliches Recht*, droit réel.

Dings(da) [diŋs(da)] n. invar. Fam. chose f. ; machin m. ; zinzin m. | *Herr Dingsda*, monsieur Chose.

dinieren [di'ni:rən] v. tr. déjeuner ; dîner (en ville).

Dinosaurier [dinɔ'zauriər] m. (s, -) dinosaure m.

Diode [di'odə] f. (-, n). Électr. diode f.

Dionysos [di'onyzɔs] n. pr. m. Myth. Dionysos m.

Diopter [di'ɔptər] m. (s, -). Phys. dioptre m.

Dioptrie [diɔp'tri:] f. (-, en). Phys. dioptrie f.

Diözese [diø'tse:zə] f. (-, n). Relig. diocèse m.

Diphterie [difte'ri:] f. (-). Méd. diphtérie f.

Diphthong [dif'tɔŋ] m. (s ou en, e ou en). Gramm. diphtongue f.

diphthongieren [-tɔŋ'gi:rən] v. tr. Gramm. faire devenir diphtongue ; diphtonguer.

Diplom [di'plo:m] n. (s, e) diplôme m. ; brevet m.

Diplomat [diplo'mɑ:t] m. (en, en) diplomate m. || Fig. diplomate m. ; homme rusé.

Diplomatie [diploma'ti:] f. (-, en) diplomatie f.

diplomatisch [diplo'mɑ:tiʃ] adj. [Personen] diplomate. || [Sachen] diplomatique.

Diplom|ingenieur [dip"lo:minʒeni'ø:r] m. (s, e) ingénieur diplômé, titulaire.

Dipol|antenne [di"po:lan'tɛnə] f. (-, n). Radio. antenne (f.) à dipôle.

Diptychon ['diptyxɔn] n. (s, chen ou cha). Arts, Relig. diptyque m.

dir [di:r] pron. pers. dat. sing. te ; à toi. | *ich glaube es dir*, je te crois.

direkt [di'rɛkt] adj. direct ; immédiat. | *ein direkter Weg*, un chemin direct. || Fin. *direkte Steuern*, impôts directs. || Gramm. *direkte Rede*, discours direct. || Loc. *in direkter Linie von jm abstammen*, descendre en ligne directe de qn.
◇ adv. directement ; en droite ligne ; absolument. | *direkt auf jn zugehen*, aller droit à qn. | *direkt antworten*, répondre immédiatement, du tac au tac.

Direktion [dirɛk'tsio:n] f. (-, en). Adm. [Leitung] direction f.

Direktive [dirɛk'ti:və] f. (-, n). Adm., Mil. [Richtlinie] directive f. ; ensemble (m.) des instructions générales. | *Direktiven geben*, donner des directives.

Direktor [di'rɛktɔr] m. (s, en) [pl. dirœk'to :rən] directeur m. | *stellvertretender Direktor*, sous-directeur m. | *technischer Direktor*, ingénieur (m.) en chef.

Direktorat [dirɛkto'rɑ:t] n. (s, e). Adm., Univ. direction f. ; poste (m.), fonction (f.) de directeur. || Par ext. bureau (m.) du directeur.

Direktorin [dirɛk'to:rin] f. (-, nen) directrice f.

Direktorium [-rium] n. (s) Directoire m.

Direkt|zugriff [di"rɛkt'tsu:grif] m. (s, e). Inf. accès séquentiel.

Dirigent [diri'gɛnt] m. (en, en). Mus. chef (m.) d'orchestre.

dirigieren [-'gi:rən] v. tr. diriger, conduire l'orchestre.

Dirne ['dirnə] f. (-, n). Péjor. prostituée f. ; fille (f.) de joie. || Par ext., pop. jeune fille f.

Dis [dis] n. invar. Mus. ré (m.) dièse.

Dis|agio [dis'ɑ:ʒio] n. (s, s). Fin. différence (f.) en moins du pair ; perte (f.) au change ; disagio m. ; frais (m. pl.) d'escompte.

Dis|harmonie [disharmo'ni:] f. (-, n). Mus. [Mißklang] mauvaise harmonie ; discordance f. ; dissonance f. || Fig. désunion f. ; dissension f.

dis|harmonisch ['mo:niʃ] adj. Mus. discordant ; dissonant.

Dis|kant [dis'kant] m. (s, e). Mus. voix, note haute ; soprano m.

Diskette ['diskɛtə] f. (-, n) disquette f.

Dis|kont [dis'kɔnt] m. (s, e). Comm. escompte m. | *unter Abzug von, abzüglich Diskont*, sous déduction de, moins l'escompte.

Diskont|erhöhung [dis"kɔntɛr'hø:uŋ] f. (-, en) relèvement (m.) du taux de l'escompte. ||°**-erlös** m. (es, e) produit (m.) de l'escompte. ||**-fähig** adj. escomptable. ||°**-fuß** m. (es, ¨e) taux (m.) d'escompte. ||°**-geschäft** n. (s, e) opérations (f. pl.) d'escompte. ||°**-nehmer** m. (s, -) escompteur m. ||°**-satz** m. (es, ¨e) taux (m.) d'escompte.

dis|kontierbar [diskɔn'ti:rbɑ:r] adj. Fin. escomptable.

dis|kontieren [-'ti:rən] v. tr. Fin. escompter. | *einen Wechsel diskontieren*, escompter un effet.

Dis|kontierung [-'tiruŋ] f. (-, en). Fin. opération (f.) d'escompte.

Dis|kordanz [diskɔr'dants] f. (-, en). Mus. discordance f. || Fig. discordance f.

Diskothek [disko'te:k] f. (-, en) discothèque f.

dis|kreditieren [diskredi'ti:rən] v. tr. discréditer ; déprécier.

Dis|krepanz [diskre'pants] f. (-, en) contradiction f. ; hiatus m.

diskret [di'skre:t] adj. discret ; réservé ; secret.
◇ adv. discrètement ; confidentiellement.

Diskretion [-kre'tsio:n] f. (-) discrétion f. | *Diskretion zugesichert*, discrétion garantie, assurée.

dis|kriminieren [diskrimi'ni:rən] v. tr. distinguer, établir une différence entre ; discriminer. | *diskriminierende Maßnahme*, mesure (f.) discriminatoire.

Diskriminierung [-'ni:ruŋ] f. (-, en) discrimination f.

Diskus ['diskus] m. (-, se). Sport. disque m.

Diskus|werfer ["diskus'vɛrfər] m. (s, -). Sport. discobole m.

Dis|kussion [disku'sio:n] f. (-, en) discussion f. ; débats m. pl. ; dispute f. ; controverse f. | *lebhafte Diskussion*, discussion vive. | *eine Diskussion entspinnt sich*, une discussion s'engage. | *eine Diskussion dreht sich um einen Punkt*, une discussion tourne autour d'un point. | *das steht nicht zur Diskussion*, cela n'est pas à l'ordre du jour ; il n'en est pas question.

dis|kutabel [disku'tɑ:bəl], **dis|kutierbar** [-'ti:rbɑ:r] adj. digne qu'on en parle.

diskutieren [-'ti:rən] v. tr. discuter ; débattre. | *ein Gesetz diskutieren*, discuter une loi.
◇ discuter. | *über etwas* (acc.) *diskutieren*, discuter, délibérer de qch.

dis|parat [dispa'rat] adj. disparate.

Dis|pens [dis'pɛns] m. (es, e) dispense f. ; exemption f.
dispensieren [-pɛn'zi:rən] v. tr. dispenser (de) ; exempter (de).
Dispergator [dispɛr'ga:tɔr] m. (s, en). TECHN. dispersant m.
Dispersions|farbe [dispɛr"zjo:ns'farbə] f. (-, n). TECHN. peinture (f.) à dispersion. ||°**-prisma** n. (s, men). PHYS. prisme (m.) de dispersion.
dis|ponibel [-'ni:bəl] adj. [verfügbar] disponible.
dis|ponieren [-'ni:rən] v. tr. [ordnen] disposer ; arranger. || FIG. *gut disponiert*, bien disposé.
◇ v. intr. [verfügen über] disposer (de). | *über seine Zeit disponieren*, disposer de son temps.
Dis|position [dispozi'tsio:n] f. (-, en). **1.** [Plan, Einteilung] disposition f. ; arrangement m. || PAR EXT. [Vorbereitungen] *Dispositionen treffen*, prendre des dispositions (pour).
2. [Verfügung] *jm etwas zur Disposition stellen*, mettre qch. à la disposition de qn. | *zur Disposition stehen*, être à la disposition.
3. FIG. [Anlage] disposition f. ; aptitude f. ; prédisposition f. | *Disposition zu einer Krankheit haben*, être prédisposé à une maladie.
Dis|proportion [disprɔpɔr'tsio:n] f. (-, en) disproportion f.
Dis|put [dis'pu:t] m. (s, e) [Wortstreit] dispute f. ; discussion f.
Dis|putation [-puta'tsio:n] f. (-, en) dispute f. ; soutenance (f.) de thèse ; débat (m.) oratoire.
dis|putieren [-pu'ti:rən] v. intr. [über etwas streiten] disputer ; discuter de, sur qch.
Dis|qualifikation [diskvalifika'tsio:n] f. (-, en). SPORT. [Ausschluß] disqualification f.
dis|qualifizieren [-'tsi:rən] v. tr. SPORT. disqualifier.
Dissenz [dis'ɛns] m. (-). divergence f. ; désaccord m.
Dis|sertation [disɛrta'tsio:n] f. (-, en) dissertation f. || PAR EXT. thèse (f.) de doctorat.
Dis|sident(in) [disi'dɛnt(in)] m. (en, en), f. (-, nen). RELIG. dissident(e) m. (f.) ; non-conformiste s. || POLIT. dissident(e) m. (f.).
Dis|sonanz [disɔ'nants] f. (-, en). MUS. dissonance f. || FIG. dissonance f. ; désaccord m.
dis|sonieren [-'ni:rən] v. impers. être dissonant.
dis|soziieren [-tsi'i:rən] v. tr. CHIM. dissocier ; désagréger les molécules d'un corps.
Dis|tanz [dis'tants] f. (-, en) distance f. ; écartement m. || FIG. distance f. | *Distanz halten*, tenir à distance ; être distant.
Distanz|bolzen [dis"tants'bɔltsən] m. (s, -). TECHN. boulon (m.) d'écartement, d'entretoisement. ||°**-messer** m. (s, -). TECHN. télémètre m.
distanzieren [distan'tsi:rən] v. tr. distancer. || FIG. *sich von jm distanzieren*, prendre ses distances à l'égard de qn.
Distel ['distəl] f. (-, n). BOT. chardon m.
Distel|fink ["distəl'fiŋk] m. (s, e). ZOOL. chardonneret m.
Dis|tichon ['distiçɔn] n. (s, chen). POÉS. [Zweizeiler] distique m.
dis|tinguiert [distiŋ'gi:rt] adj. distingué ; noble.
dis|tributiv [distribu'ti:f] adj. distributif.
Distrikt [dis'trikt] m. (s, e) [Bezirk] district m. ; arrondissement m.
Disziplin [distsi'pli:n] f. (-, en). **1.** [Zucht] discipline f. | *strenge Disziplin*, discipline rigoureuse, sévère. | *sich der Disziplin fügen*, se plier à la discipline.
2. [Unterricht] instruction donnée ou reçue ; doctrine f. ; discipline f. ; matière (f.) d'enseignement.
3. SPORT. discipline f. | *olympische Disziplin*, discipline olympique.
disziplin|los [distsi'pli:nlo:s] adj. sans discipline ; indiscipliné ; déréglé. ||°**-losigkeit** f. (-) indiscipline f.
Disziplinar|maßnahme [distsipli"na:r'ma:sna:-mə] f. (-, n) mesure (f.) disciplinaire. ||°**-strafe** f. (-, en) peine disciplinaire. ||°**-vergehen** n. (s, -) infraction (f.), faute (f.) contre la discipline.
disziplinarisch [distsipli'na:riʃ] adj. disciplinaire.
disziplinieren [-'ni:rən] v. tr. discipliner ; former, rompre à la discipline.
Dithyrambe [dity'rambə] f. (-, n), **Dithyrambus** [-bus] m. (-, ben). LITTÉR. et FIG. dithyrambe m.
dito ['dito] adv. COMM. dito ; idem ; pareillement ; de même.
Diva ['di:va] f. (-, ven). MUS. [Sängerin] célèbre cantatrice f. ; diva f.
divergent [divɛr'gɛnt] adj. [auseinandergehend] divergent ; contraire.
Divergenz [-gɛnts] f. (-, en). PR. et FIG. divergence f.
divergieren [-'gi:rən] v. intr. PR. et FIG. diverger.
divers [di'vɛrs] adj. divers ; varié.
Dividend [divi'dɛnd] m. (en, en). MATH. dividende m.
Dividende [-də] f. (-, n). COMM., FIN. [Gewinnbeteiligung] dividende m. | *fällige Dividende*, dividende échéant, échu. | *eine Dividende ausschütten*, distribuer un dividende.
Dividenden|ausschüttung [divi"dɛndən'ausʃytuŋ] f. (-, en) versement (m.) de dividendes. ||°**-rendite** f. (-, n) rendement m. (d'une action). ||°**-schein** m. (s, e) coupon m.
dividieren [divi'di:rən] v. tr. MATH. diviser (durch, par).
Division [divi'zio:n] f. (-, en). MATH. division f. || ADM. section f. || MIL. division f.
Divisor [di'vi:zor] m. (s, en). MATH. diviseur m.
Diwan [di'va:n] m. (s, e) divan m.
dm abrév. de **Dezimeter.**
Dobermann ['do:bərman] m. (s, ¨er). ZOOL. dobermann m.
doch [dɔx] conj. de coord. **1.** [jedoch] cependant ; pourtant ; néanmoins ; toutefois ; mais ; quand même ; tout de même. | *er ist zwar sehr alt, doch ist er noch rüstig*, il est très vieux et pourtant encore alerte. | *ich möchte doch fort*, pourtant je voudrais partir.
2. [bejahend] si ! ; que, mais si ! ; si fait ! | *ja doch*, mais si !
3. (verstärkend ; n'est pas toujours traduisible) *er ist doch nicht etwa krank ?*, serait-il (donc) malade, par hasard ? | *du kommst doch ?*, ne viens-tu (donc) pas ? || *wenn er doch (erst) käme*, si seulement il venait ! | *denk doch !*, pense donc ! | *nicht doch !*, mais que non !
◇ loc. conj. **da... doch.** *er kann nicht laufen, da er doch im Bette liegt*, il ne peut pas courir puisqu'il est au lit.
Docht [dɔxt] m. (s, e) mèche f.
Dock [dɔk] n. (s, s ou e). MAR. dock m. ; bassin (m.) de construction ; cale f.
Dock|arbeiter ["dɔk'arbaitər] m. (s, -). MAR. docker m.
Docke ['dɔkə] f. (-, n). FAM. poupée f. (de paille). || PAR EXT., TEXT. écheveau m. || ARCHIT. montant m. ; balustre m.

docken ['dɔkən] v. tr. MAR. mettre en cale sèche. || TEXT. mettre en écheveaux.
Doge [do:ʒə] m. (n, n). HIST. doge m.
Dogge ['dɔgə] f. (-, n). ZOOL. dogue m. | *deutsche Dogge*, dogue danois. | *kleine Dogge*, bouledogue m.
Dogma ['dɔgma] n. (s, men ou mata). RELIG. dogme m. ; article (m.) de foi. | *ein Dogma aufstellen*, établir un dogme. || PHILOS. dogme m.
Dogmatik [dɔg'ma:tik] f. (-, en). RELIG. dogmatique f.
Dogmatiker [-tikər] m. (s, -). RELIG., PHILOS. dogmatique m.
dogmatisch [-tiʃ] adj. RELIG. dogmatique.
Dogmatismus [dɔgma'tismus] m. (-) dogmatisme m.
Dohle ['do:lə] f. (-, n). ZOOL. choucas m.
doktern ['dɔktərn] v. intr. FAM. *an sich doktern*, essayer tous les remèdes pour guérir.
Doktor [-tɔr] m. (s, en). UNIV. (grade [m.] de) docteur m. | *Doktor der Philosophie (Dr. phil.)*, docteur ès lettres. | *Doktor der Rechte (Dr. jur.)*, docteur en droit. | *Doktor der Medizin (Dr. med.)*, docteur en médecine. | *er macht im Juni seinen Doktor*, il passe son doctorat en juin. || PAR EXT. docteur (m.) en médecine ; médecin m.
Doktorand(in) [dɔkto'rant, andin] m. (en, en), f. (-, nen) candidat(e) [m. (f.)] au doctorat ; FAM. thésard(e) m. (f.).
Doktorat [-'ra:t] n. (s, e) doctorat m.
Doktor|arbeit ["dɔktɔr'arbait] f. (-, en) thèse (f.) de doctorat. ||°**-vater** m. (s,¨) directeur (m.) de thèse.
Doktrin [dɔk'trin] f. (-, en). PHILOS., RELIG. doctrine f. ; système m.
doktrinär [-tri'nɛ:r] adj. doctrinaire.
Dokument [dɔku'mɛnt] n. (s, e) document m. ; pièce f. ; acte m. || JUR. instrument m.
Dokumentalist(in) [dokumɛnta'list(in)] m. (en, en), f. (-, nen) documentaliste s.
Dokumentar|film [dɔkumɛn"ta:r'film] m. (s, e) film (m.) documentaire ; documentaire m.
dokumentarisch [-'ta:riʃ] adj. documentaire.
Dokumenten|akkreditiv [-tənakredi'ti:f] n. (s, e). FIN. accréditif (m.) bancaire.
dokumentieren [-'ti:rən] v. tr. documenter ; certifier ; attester.
Dolch [dɔlç] m. (s, e) poignard m. | *kleiner Dolch*, stylet m. | *mit einem Dolch erstechen*, poignarder.
Dolch|stich ['dɔlçʃtiç] m. (s, e), °**-stoß** [-ʃto:s] m. (es, ¨e) coup (m.) de poignard.
Dolde ['dɔldə] f. (-, n). BOT. ombelle f.
dolden|artig ["dɔldən'a:rtiç] adj. BOT. ombelliforme. ||°**-blütler** m. pl. BOT. ombellifères f. pl.
Dollar ['dɔla:r] m. (s, -) [Wäkrungseinheit] dollar m. ; FAM. billet vert.
Dollar|klausel ["dɔlar'klauzəl] f. (-, n). JUR. clause (f.) de garantie basée sur le dollar. || °**-währungsgebiet** n. (s, e). FIN. zone (f.) dollar.
Dollbord ['dɔlbɔrt] m. (s, e). MAR. plat-bord m.
Dolle ['dɔlə] f. (-, n) MAR. tolet m. ; dame (f.) de nage.
Dolmen ['dɔlmɛn] m. (s, -) dolmen m.
Dolmetscher(in) ['dɔlmɛtʃər(in)] m. (s, -), f. (-, nen) interprète s. | *als Dolmetscher dienen*, servir d'interprète.
dolmetschen [-ʃən] v. intr. servir d'interprète. ◇ v. tr. interpréter.
Dolomit [dolo'mit] m. (s, e). MINÉRAL. dolomite f. ; dolomie f.
Dolomiten [-'mitən] n. pr. pl. GÉOGR. Dolomites f. pl. ; Alpes (f. pl.) dolomitiques.
Dom [do:m] m. (s, e) [grande] église ; cathédrale f. || [in Italien] dôme m. | *Mailänder Dom*, dôme de Milan. || ARCHIT. dôme m. ; coupole f. || PHYS. dôme m. ; collecteur (m.) de vapeur.
Dom|herr ['do:mhɛr] m. (n, en) chanoine m. ||°**-pfaff(e)** m. (n, n). ZOOL. bouvreuil m. ||°**-propst** m. (es, ¨e). RELIG. prévôt (m.) du chapitre.
Domäne [dɔ'mɛ:nə] f. (-, n) terre domaniale ; domaine (m.) de l'État ; domaine (public ou privé).
Dominante [dɔmi'nantə] f. (-, n). MUS. dominante f.
Dominanz [dɔmi'nants] f. (-, en). MÉD. dominance f.
dominieren ['ni:rən] v. tr. et v. intr. dominer.
Dominikaner(in) [domini'ka:nəqr(in)] m. (s, -), f. (-, nen). RELIG. dominicain(e) m. (f.).
Domino ['do:mino] m. (s, s). [Maske] domino m.
Domino [-no] n. (s, s). [Spiel] domino m.
Domizil [domi'tsi:l] n. (s, s). FIN. domicile m.
domizilieren [dɔmitsi'li:rən] v. tr. COMM. domicilier. | *Wechsel domizilieren*, domicilier un effet.
Donau ['do:nau] n. pr. f. GÉOGR. Danube m.
Donau|raum ["do:nau'raum] m. (s, ¨e) région danubienne. ||°**-staaten** m. pl. États danubiens.
Donner ['dɔnər] m. (s, -) tonnerre m. | *der Donner rollt, grollt*, le tonnerre roule, gronde. || FIG. *der Donner der Geschütze*, le grondement des canons.
Donner|gott ["dɔnər'gɔt] m. (es). MYTH. [Römer] Jupiter m. ; maître (m.) du tonnerre. || [Germanen] Donar m. ||°**-grollen** n. (s) grondements (m. pl.) du tonnerre. ||°**-keil** m. (s, e). PHYS. aérolithe m. ; météorite f. || MINÉRAL. bélemnite f. || MYTH. foudre f. | *Donnerkeil !*, diable ! ; diantre ! ; mille tonnerres. ||°**-schlag** m. (s, ¨e) coup (m.) de tonnerre, de foudre. ||°**-stimme** f. (-, n) voix tonnante, tonitruante. ||°**-wetter** n. (s, -) orage avec tonnerre et éclairs. | *Donnerwetter !*, tonnerre (de Brest) ! ; sapristi !
donnern [-nərn] v. intr. tonner. | *es donnert*, il tonne. || FIG. *der Zug donnert über die Brücke*, le train passe le pont avec un fracas de tonnerre. | *gegen jn donnern*, fulminer, tempêter contre qn.
donnernd [-nərnt] adj. tonnant. || FIG. *donnernder Beifall*, tonnerre (m.) d'applaudissements.
Donners|tag ["dɔnərs'ta:k] m. (s, e) jeudi m.
doof [do:f] adj. FAM. stupide ; bête.
dopen ['do:pən] v. tr. SPORT. doper.
Doping ['do:piŋ] n. (s). SPORT. doping m. ; dopage m.
Doping|kontrolle ["do:piŋkɔn'trɔlə] f. (-, n). SPORT. contrôle (m.) antidopage.
Doppel ['dɔpəl] n. (s, -). [Tennis] double m.
Doppel|adler ["dɔpəl'a:dlər] m. (s, -) aigle impériale ; aigle (f.) à deux têtes. ||°**-agent** m. (en, en) [Spionage] agent (m.) double. ||°**-belichtung** f. (-, en). PHOT. surimpression f. ; double exposition f. ||°**-bett** n. (s, en) lit (m.) à deux personnes. ||°**-bild** n. (s, er) image (f.) avec réflexion. ||**-blind** adj. MÉD. double aveugle. | *doppelblinder Test*, test (m.) en double aveugle. ||°**-boden** m. (s,¨) double fond m. ||°**-bogen** m. (s, -). TECHN. raccord (m.), courbe (f.) double. ||°**-brechung** f. (-, en). PHYS. biréfringence f. ||°**-decker** m. (s, -). AÉRON. biplan m. ||°**-ehe** f. (-, en). JUR. bigamie f. ||°**-flußreaktor** m. (s, en). AÉRON. réacteur (m.) à double flux. ||°**-fuß** m. (es, ¨e). POÉS. dipodie f. ||°**-gänger** m. (s, -) double m. ; sosie m. ||**-geschlechtig** adj. bi(s)sexuel ; hermaphrodite. ||**-gleisig** adj. à deux voies. ||°**-helix** f. (-). BIOL.

double hélice f. ||°-**klemme** f. (-, en). TECHN. serre-fil m. || °-**konsonant** m. (en, en). GRAMM. consonne géminée. ||°-**lauf** m. (s, ¨e) canon (m.) double. ||°-**laut** m. (s, e). GRAMM. diphtongue f. ||-**lebig** adj. ZOOL. amphibie. ||°-**leitwerk** n. (s, e). AÉRON. dérive f. ||-**polig** adj. ÉLECTR., MATH. bipolaire. ||°-**punkt** m. (s, e). GRAMM., TYPOGR. deux-points m. pl. ||°-**räder** n. pl. TECHN. roues (f. pl.) jumelles. ||°-**rahmkäse** m. (s-, -). CULIN. double-crème m. ||°-**reihe** f. (-, n) deux rangs m. pl. ; double haie f. ||-**reihig** adj. à deux rangs. ||°-**reime** m. pl. POÉS. rimes redoublées. ||°-**schluß** m. (es, ¨e). PHILOS. dilemme m. || °-**schluß|motor** m. (s, en). ELECTR. moteur (m.) compound. ||°-**seite** f. (-, n). [Presse] double page f. ||-**seitig** adj. MATH. bilatéral ; à double face. || MÉD. *doppelseitige Lungenentzündung*, pneumonie (f.) double. ||°-**sichtigkeit** f. (-). MÉD. double vue f. ; diplopie f. ||°-**sinn** m. (s, e). GRAMM. double sens m. ; ambiguïté f. ; amphibologie f. ||-**sinnig** adj. GRAMM. à double sens ; ambigu ; amphibologique. ||°-**sitzer** m. (s, -). AÉRON. biplace m. ||°-**spiel** n. (s, e). PR. et FIG. double jeu m. || [Tennis] *gemischtes Doppelspiel*, double (m.) mixte. || MUS. duo m. || FIG. duplicité f. ; double jeu m. ||°-**steuer** n. (s, -), °-**steuerung** f. (-, en). AÉRON. double commande f. ||°-**stück** n. (s, e). COMM. double m. ; duplicata m. ||°-**tür** f. (-, en) porte (f.) à deux battants ; PAR EXT. double porte f. ||°-**verdienst** m. (es, e) cumul m. (des salaires). ||°-**währung** f. (-, en). FIN. double étalon m. ; bimétallisme m. ||-**wertig** adj. bivalent. ||°-**zentner** m. (s, -) quintal (m.) métrique. ||°-**zimmer** n. (s, -) chambre (f.) à deux lits. ||-**züngig** adj. FIG. double ; faux. ||°-**züngigkeit** f. (-) duplicité f.

Doppelheit ['dɔpəlhait] f. dualité, duplicité.

doppelt [-pəlt] adj. double. | *Urkunde in doppelter Ausfertigung*, acte (m.) en double. | *doppelt und dreifach*, deux et trois fois. || COMM. *doppelte Buchführung*, comptabilité (f.) en partie double. || FIG. *doppeltes Spiel treiben*, jouer double jeu.
◇ adv. doublement. | *der Stoff liegt doppelt*, ce tissu est en double. | *doppelt wirkend*, à double effet.

Doppeltes [-pəltəs] n. double m. | *um das Doppelte größer*, deux fois plus grand.

doppelt|gefiedert ["dɔpəltgə'fi:dərt] adj. BOT. bipenné. ||-**hochrund** adj. PHYS. biconvexe. ||-**hohl** adj. PHYS. biconcave. ||-**kohlensauer** adj. CHIM. bicarbonaté. | *doppeltkohlensaures Natrium*, bicarbonate (m.) de soude. ||-**wirkend** adj. à double effet.

Doppelung ['dɔpəluŋ] f. (-, en) doublement m. ; doublage m.

Doppler|effekt ["dɔplərɛ'fɛkt] m. (s, e). PHYS. effet (m.) Doppler.

Dorf [dɔrf] n. (s, ¨er) village m. ; bourg m. ; bourgade f. ; petite commune. | *kleines Dorf*, hameau m. | *in Dorf und Stadt*, partout. || FIG. *das sind mir böhmische Dörfer*, c'est de l'hébreu pour moi.

Dorf|bewohner(in) ["dɔrfbə'vo:nər(in)] m. (s, -), f. (-, nen) villageois(e) m. (f.). ||°-**depp** m. (s, s), °-**trottel** m. (s, -). FAM. idiot (m.) du village. ||°-**geistlicher** m. pasteur (protestant) ; curé (catholique) de village. ||°-**gemeinde** f. (-, n) petite commune ; hameau m. ; commune rurale. ||°-**kirmes** f. (-, en), °-**kirchweih** f. (-, en) fête villageoise ; kermesse f. ||°-**leute** m. pl. villageois m. pl. ; habitants (m. pl.) du village. ||°-**schulze** m. (n, n) maire (m.) du village.

Dörflein ['dø:rflain] n. (s, -) petit village ; hameau m.

Dörfler(in) [-flər(in)] m. (s, -), f. (-, nen) villageois(e) m. (f.) ; paysan(ne) m. (f.).

dörflich ['dørfliç] adj. rustique ; rural.

dorisch ['do:riʃ] adj. ANTIQ. dorien. || ARCHIT. dorique.

Dorn [dɔrn] m. (s, e et en ou ¨er) épine f. ; piquant m. || [Stachel] aiguillon m. ; dard m. | *einen Dorn aus dem Fuß ziehen*, retirer une épine du pied. || PAR EXT. arbuste (m.) à piquants ; arbuste, arbrisseau épineux. || TECHN. mandrin m. ; broche f. ; chevillette f. || FIG. *ich bin ihm ein Dorn im Auge*, il ne peut me sentir.

dorn|artig ["dɔrn'ɑrtiç] adj. BOT. spiniforme. ||°-**busch** m. (s, ¨e). BOT. arbuste épineux. ||°-**röschen** n. (s) Belle (f.) au Bois dormant.

Dornen|hecke ["dɔrnən'hɛkə] f. (-, n). BOT. haie (f.) d'épines. ||-**los** adj. BOT. sans épines. || FIG. exempt de difficultés ; sans soucis. ||-**voll** adj. hérissé, plein d'épines ; épineux.

dornicht, dornig ['dɔrniçt, -niç] adj. BOT. épineux ; plein d'épines. || FIG. hérissé, plein de difficultés ; difficile ; pénible.

dörren ['dørən] v. intr. et v. tr. [Blumen] sécher ; dessécher. || [Obst] sécher au four ; torréfier.

Dörren [-rən] n. (s) [Blumen, Schwämme] dessèchement m. ; dessiccation f. || [Obst, Kaffee] torréfaction f.

Dörr|gemüse ["dørgə'my:zə] n. (s) légumes secs. ||°-**obst** n. (es) fruits secs.

Dorsch [dɔrʃ] m. (es, e). ZOOL. [Schellfisch] dorsch m. ; jeune morue f. ; merluche f. ; merlus m.

dort [dɔrt] adv. là-bas ; par là ; y. | *da und dort*, çà et là. | *hier und dort*, ici et là. | *er kam von dort*, il en vint. | *von dort an, aus*, à partir de là ; depuis là. | *dort oben*, là-haut.

dort|her ['dɔrthe:r - dɔrt'he:r] adv. de par là ; de là ; de là-bas ; de ce côté. ||-**heraus** adv. en sortant de là.

dort|hin ['dɔrthin - dɔrt'hin] adv. y ; dans cette direction ; de ce côté-là ; par là ; là-bas. ||-**hinab** adv. en descendant par là. ||-**hinauf,** en montant par là. ||-**hinaus** adv. en sortant par là. || LOC. *er will dorthinaus*, c'est là qu'il veut en venir. || -**hinunter** ["dɔrthin'untər - 'dɔrthin"untər] adv. en descendant par là.

dortig ['dɔrtiç] adj. situé là-bas, en ce lieu-là. | *mein dortiger Garten*, le jardin que j'ai là-bas.

Dose ['do:zə] f. (-, n) boîte f. | *Konservendose*, boîte de conserves. || PAR EXT. [Menge] dose f.

Dosen|barometer ["do:zənbaro'me:tər] n. (s, -) baromètre (m.) anéroïde. ||°-**libelle** f. (-, n) niveau (m.) sphérique. ||°-**öffner** m. (s, -) ouvre-boîtes m.

dösen ['dø:zən] v. intr. sommeiller ; somnoler. | *Döskopf*, POP. dadais m.

dosieren [do'zi:rən] v. tr. doser.

Dosierung [-ruŋ] f. (-, en) dosage m. || MÉD. posologie f.

Dosimeter [dozi'me:tər] n. (s, -). NUCL. dosimètre m.

Dosimetrie [dozime'tri:] f. (-, -). NUCL. dosimétrie f.

Dosis ['do:zis] f. (-, sen) dose f. ; quantité f. || NUCL. *höchstzulässige Dosis*, dose maximale admissible.

Dosis|leistung ["do:zis'laistuŋ] f. (-, en). ÉLECTR., NUCL. débit (m.) de dose.

Dotation [dota'tsio:n] f. (-, en). JUR. dotation f.

dotieren [-'ti:rən] v. tr. doter ; pourvoir d'une dot ; constituer une dot à. || FIG. payer ; rémunérer. | *gut dotierter Posten*, poste bien rémunéré.

Dotierung [-'ti:ruŋ] f. (-, en). V. DOTATION.

Dotter ['dɔtər] m. et n. (s, -) jaune (m.) d'œuf.

Dotter|blume ["dɔtər'blu:mə] f. (-, n). BOT. renoncule f. ; pissenlit m. ||**-gelb** adj. [Farbe] jaune d'œuf.

Dozent(in) [dɔ'tsɛnt(in)] m. (en, en), f. (-, nen) chargé(e) de cours à la faculté ; maître (m.) de conférences.

Dozentur [-tsɛn'tu:r] f. (-, en) charge (f.) d'enseignement dans une faculté.

dozieren [-'tsi:rən] v. tr. et v. intr. enseigner ; professer.

Drache(n) ['draxə(n)] m. (n, n). MYTH. dragon m. || PAR ANAL. [Spielzeug] cerf-volant m. || FIG., FAM. dragon m. ; mégère f. ; virago f.

Drachen|ballon ["draxənba'lɔŋ] m. (s, s). AÉRON. ballon captif. ||°**-flieger** m. (s, -) delta-plane m.

Drachme ['draxmə] f. (-, n) drachme f.

Dragée [dra'ʒe] n. (s, s). CULIN. dragée f.

Dragoner [dra'go:nər] m. (s, -). MIL. dragon m. || FIG. *ein wahrer Dragoner*, une virago.

Draht [drɑ:t] m. (s,¨e) fil (m.) de fer. | *blanker Draht*, fil nu. | *Draht ziehen*, tréfiler ; étirer. || PAR EXT., TÉLÉPH. câble m. | *der heiße Draht*, le téléphone rouge. || FIG., FAM. *er ist auf Draht*, il a le réflexe prompt.

Draht|anschluß ["drɑ:t'anʃlus] m. (es, ¨e). POSTES. raccordement (m.) par fil. ||°**-anschrift** f. (-, en) adresse (f.) télégraphique. ||°**-arbeit** f. (-, en). TECHN. filigrane m. ||°**-auslöser** m. (s, -). PHOT. déclencheur (m.) à fil. ||°**-bauer** n. (s, -), °**-käfig** m. (s, e) cage (f.) métallique. ||°**-bürste** f. (-, n) brosse (f.) métallique. ||°**-fenster** n. (s, -) fenêtre grillagée. ||°**-geflecht** n. (s, e) grillage (m.), treillis (m.) métallique ; armature f. ||°**-gewebe** n. (s, -) toile (f.) métallique. ||°**-gitter** n. (s, -) treillis (m.) de fils de fer ; grillage m. ||°**-glas** n. (es) verre armé. ||°**-haar** n. (s, e). ZOOL. fox (m.) à poil dur. ||°**-korb** m. (s,¨e). TECHN. panier (m.) métallique ; tamis m. || °**-kugellager** n. (s, -). TECHN. palier (m.) de roulement. ||°**-lehre** f. (-, n). TECHN. jauge (f.) à fils métalliques. ||°**-leitung** f. (-, en) fil m. ; câble m. || POSTES. ligne (f.) télégraphique. ||**-los** adj. sans fil. | *drahtlose Telegraphie*, télégraphie (f.) sans fil (T.S.F.). | *etwas drahtlos übermitteln*, transmettre qch. par radio. || °**-nachricht** f. (-, en). POSTES. télégramme m. ||°**-netz** n. (es, e). TECHN. grillage (m.), treillis (m.) en fil de fer. ||°**-puppe** f. (-, n) marionnette f. ||°**-schere** f. (-, n). TECHN. cisailles f. pl. ||°**-schiene** f. (-, n). MÉD. attelle (f.) métallique. ||°**-seil** n. (s, e) câble (m.) métallique. ||°**-seilbahn** f. (-, en) funiculaire m. ; téléphérique m. ||°**-seilfabrik** f. (-, en). TECHN. tréfilerie f. || °**-seilkünstler(in)** m. (s, -), f. (-, nen) fildeféristе s. ||°**-spule** f. (-, n). ÉLECTR. bobine f. ||°**-verhau** m. (s, e). MIL. réseau (m.) de (fils de fer) barbelés. ||°**-walzwerk** n. (s, e). TECHN. laminoir (m.), train (m.) à fils. ||°**-zaun** m. (s, ¨e) clôture (f.) en fil de fer. ||°**-zieher** m. (s, -). TECHN. tréfileur m. ; FIG. instigateur m. ; meneur m. ||°**-zieherei** f. (-, en). TECHN. tréfilerie f. ; FIG. menées f. pl.

drahten ['drɑ:tən] v. tr. télégraphier ; câbler.

drahtlich [-tliç] adj. télégraphique.
◇ adv. télégraphiquement ; par câble ; par fil.

Drain [drɛ:n] m. V. DRÄN.

Draisine ['drɛzinə] f. (-, n). V. DRÄSINE.

drakonisch [dra'ko:niʃ] adj. draconien.

drall [dral] adj. retors ; tordu ; raide. | *dralle Seide*, soie retorse. || PAR EXT. solide ; plantureux. || FIG. ferme. | *dralles Mädchen*, fille plantureuse.

Drall [dral] m. (es). TECHN. pas (m.) des rainures ; rotation (f.) des projectiles. | *Linksdrall*, pas à gauche. | *zunehmender Drall*, pas progressif.

drall|frei ['dralfrai] adj. TECHN. antigiratoire. || °**-länge** f. (-). TECHN. longueur (f.) de pas. || **-stabilisiert** adj. TECHN. gyroscopé.

Drama ['drɑ:ma] n. (s, men) drame m.

Dramatiker [dra'mɑ:tikər] m. (s, -). LITTÉR. dramaturge m. ; auteur (m.) dramatique.

dramatisch [-'mɑtiʃ] adj. dramatique.

dramatisieren [-mati'zi:rən] v. tr. LITTÉR. adapter à la scène. || FIG. faire un drame ; dramatiser.

Dramaturg [-ma'tu:rk] m. (en, en). LITTÉR. critique (m.) de théâtre dramatique. || PAR EXT. auteur (m.) de drames ; dramaturge m.

Dramaturgie [-matur'gi] f. (-). LITTÉR. théorie (f.) sur le drame ; dramaturgie f.

dran [dran] adv. (FAM. pour **daran**). *an etwas dran sein*, être tout près de. || FIG. *schlecht dran sein*, se trouver dans une mauvaise situation. | *ich bin dran*, c'est à moi (de jouer). | *dran glauben müssen*, FAM. devoir y passer.

Drän [drɛ:n] m. (s, s). MÉD., AGRIC. drain m.

Dränage [drɛ'nɑ:ʒə] f. (-, n). drainage m.

drang [draŋ] prét. de **dringen.**

Drang [draŋ] m. (s) pression f. ; oppression f. | *Drang der Not*, pression de la nécessité. || PAR ANAL. poussée f. ; impulsion f. ; tendance f. ; désir m. ; penchant m. | *Drang nach Freiheit*, désir de liberté. || HIST. *Drang nach Osten*, poussée vers l'Est.

drängeln ['drɛŋəln] v. tr. et v. intr. FAM. pousser ; bousculer ; jouer des coudes.

Drängeln [-ŋəln] n. (s) bousculade f. ; poussée f.

drängen [-ŋən] v. tr. presser ; serrer ; pousser. | *jn auf die Seite drängen*, pousser qn sur le côté. || FIG. presser ; pousser ; faire pression sur ; tourmenter ; opprimer. | *zur Entscheidung drängen*, pousser à prendre une décision.
◇ v. intr. presser. | *dränge nicht so !*, ne pousse pas ! || FIG. *die Zeit drängt*, le temps presse ; FAM. ça urge.
◇ v. impers. *es drängt mich zu*, j'ai grande envie de.
◇ part. pass. et adj. **gedrängt,** pressé ; épais. | *gedrängt voll*, comble. || FIG. *gedrängter Stil*, style serré, concis.
◇ v. pr. **sich drängen,** se presser ; se pousser ; se bousculer. | *sich um jn drängen*, se presser autour de qn. | *sich durch die Menge drängen*, se frayer un passage à travers la foule.

Drängen [-ŋən] n. (s) poussée f. ; insistance f.

Drang|sal ['draŋzɑ:l] f. (-, e) et n. (s, e) tourment m. ; tribulations f. pl. ; épreuves f. pl.

drang|salieren [draŋza'li:rən] v. tr. brimer ; tourmenter ; FAM. tarabuster.

dran|setzen ["dran'zɛtsən] v. tr. FAM. mettre ; placer ; apposer. || FIG. s'efforcer de ; tendre à. | *alles dransetzen, um... zu*, faire tous ses efforts pour.

drapieren [-'pi:rən] v. tr. couvrir de draperie ; draper.

Dräsine [drɛ'zi:nə] f. (-, n) draisine f.

drastisch ['drastiʃ] adj. frappant ; vif ; expressif. || FIG. fort ; vert. | *drastische Schilderung*, description saisissante. | *eine drastische Preissenkung*, une baisse spectaculaire des prix. | *drastische Mittel anwenden*, employer des moyens énergiques. || MÉD. drastique.

drauf [drauf] adv. FAM. *immer fest drauf !*, vas-y carrément ! ; hardi ! V. DARAUF.

Drauf|gabe ["drauf'gɑ:bə] f. (-, n). COMM. arrhes f. pl. ||°**-gänger** m. (s, -). FAM. risque-tout m. ||**-gängerisch** adj. téméraire. ||**-gehen** v. intr. être dépensé, disparaître. | *Dabei ging viel Geld drauf*, cela a coûté beaucoup d'argent. ||°**-los** interj. allez-y ! vas-y !

drauflos|gehen [drauf"los'ge:ən] v. intr. attaquer carrément. ||**-hauen** v. intr. frapper comme un sourd. ||**-reden** v. intr. parler à tort et à travers. ||**-schießen** v. intr. tirer dans le tas.

draus [draus] adv. FAM. V. DARAUS.

draußen ['drausən] adv. (au-)dehors. | *draußen bleiben*, rester dehors. || POLIT. à l'étranger.

Drechsel|bank ["drɛksəl'baŋk] f. (-, ¨e). TECHN. tour m.

drechseln ['drɛksəln] v. tr. TECHN. tourner ; faire au tour. || PAR EXT. façonner avec soin.

Drechsler [-slər] m. (s, -). TECHN. tourneur m.

Drechslerei ['drɛkslə"rai] f. (-, en). TECHN. atelier (m.) de tourneur. || art (m.) du tourneur.

Dreck [drɛk] m. (s). FAM. excréments m. pl. ; déjections f. pl. ; fange f. ; saleté f. ; ordure f. ; vase f. ; crotte f. ; gadoue f. || GROSS. merde f. | *im Dreck herumpatschen, sich wälzen*, patauger, se vautrer dans la boue. || FIG. ich mache mir einen Dreck draus, je m'en fiche. | *jn in den Dreck ziehen*, traîner qn dans la boue.

Dreck|wetter ["drɛk'vɛtər] n. (s). FAM. temps (m.) de chien.

dreckig [drɛkiç] adj. FAM. sale ; crotté.
◇ adv. FIG. *es geht ihm sehr dreckig*, il est dans la mouise.

Dreh [dre:] m. (s, e) tournure f. || PAR EXT. tournant f. || FIG., FAM. truc m. ; système m. | *den (richtigen) Dreh rauskriegen*, trouver, connaître le truc. | *auf den Dreh kommen*, FAM. être à la coule.

Dreh|achse ["dre:'aksə] f. (-, n) axe (m.) de rotation, de révolution. ||°**-bank** f. (-, ¨e). TECHN. tour m. ||°**-bewegung** f. (-, en) rotation f. ; mouvement rotatif. ||°**-bohrer** m. (s, -). TECHN. mèche f. ; tarière f. ||°**-bolzen** m. (s, -) tourillon m. ||°**-brücke** f. (-, n) pont tournant. ||°**-buch** n. (s, ¨e). FILM. scénario m. ; livret m. ||°**-bühne** f. (-, n). THÉÂTRE. scène tournante. ||°**-fläche** f. (-, n). MATH. surface (f.) de révolution. ||°**-flügler** m. (s, -) giravion m. ||°**-funkfeuer** n. (s, -). MAR. radiophare omnidirectionnel. ||°**-geschwindigkeit** f. (-) vitesse (f.) de rotation. ||°**-kondensator** m. (s, en). TECHN. condensateur (m.) variable. ||°**-körper** m. (s, -). MATH. solide (m.) de révolution. ||°**-kraft** f. (-, ¨e). PHYS. force rotative. ||°**-kran** m. (s, ¨e). TECHN. grue pivotante. ||°**-moment** n. (s, e) couple (m.) de rotation. ||°**-moment|wandler** m. (s, -). AUTOM. convertisseur (m.) de couple. ||°**-orgel** f. (-, n). MUS. orgue (m.) de Barbarie. ||°**-prisma** n. (s, men). PHYS. prisme tournant. ||°**-punkt** m. (s, e). TECHN. pivot m. ; centre (m.) de rotation. ||°**-richtung** f. (-, en) sens (m.) de rotation. ||°**-riegel** m. (s, -) espagnolette f. ||°**-schalter** m. (s, -). ÉLECTR. commutateur rotatif. ||°**-scheibe** f. (-, n). TRANSP. plaque tournante. || MIL. cible tournante. || [Lotterie] tourniquet m. || TECHN. tour m. ||°**-schlag** m. (s, ¨e). [Tennis] balle coupée. ||°**-schleuse** f. (-, n) sas (m.) à tourniquet. || ||°**-stift** m. (s, e) arbre m. ||°**-strom** m. (s, ¨e). ÉLECTR. courant triphasé. ||°**-strom|generator** m. (s, en). TECHN. alternateur triphasé. ||°**-stuhl** m. (s, ¨e) chaise tounante. ||°**-tür** f. (-, en) porte tournante. ||°**-zahl** f. (-, en) vitesse (f.) de rotation ; régime m. (d'un moteur). || °**-zahl|anzeiger** m. (s, -), °**-zahlmesser** m. (s, -). TECHN. tachymètre m. ||°**-zahlzähler** m. (s, -) compte-tours m. ||°**-zapfen** m. (s, -) pivot m. ; tourillon m.

drehbar ['dre:bɑ:r] adj. tournant ; réversible.

drehen [-ən] v. tr. **1.** [im Kreise bewegen] tourner. | *die Kurbel drehen*, tourner la manivelle. || FIG. *einen Film drehen*, tourner un film. | *jm eine Nase drehen*, faire un pied de nez à qn.
2. [wenden] tourner. | *den Kopf drehen*, tourner la tête ; se retourner. | *das Schiff drehen*, virer de bord. || FIG. *etwas nach allen Seiten drehen*, ruminer qch. | *wie man das Ding auch dreht*, de quelque côté que l'on envisage la chose. | *einen Satz drehen und deuten*, ergoter sur, torturer une phrase. | *alles dreht sich mir im Kopf*, la tête me tourne.
3. [formen ; drechseln ; zusammendrehen] tordre ; rouler ; tourner. | *Zigaretten drehen*, rouler des cigarettes. | *Tüten drehen*, faire des cornets. | *gedrehte Baumwolle*, coton retors.
◇ v. pr. **sich drehen,** (se) tourner ; pivoter. | *der Wind dreht sich*, le vent tourne, change. || FIG. *alles dreht sich um die Frage*, tout tourne autour de cette question. | *die Unterhaltung drehte sich um das Theater*, la conversation roulait sur le théâtre.

Dreher [-ər] m. (s, -). TECHN. [Person] tourneur m. || [Sache] AUTOM. manivelle f.

Dreherei [dre:ə'rai] f. (-, en). [Ort] atelier (m.) de tourneur. || [Handlung] tournage m.

Drehung ['dre:uŋ] f. (-, en) tour m. ; mouvement (m.) giratoire ; rotation f. ; torsion f. ; révolution f. | *halbe, ganze Drehung*, demi-tour, tour entier.

drei [drai] adj. num. card. trois. | *es waren ihrer drei*, ils étaient trois. | *es hat eben drei geschlagen*, trois heures viennent de sonner. | *die Aussage dreier Zeugen*, les déclarations de trois témoins. || FIG. *ehe man bis drei zählen kann*, FAM. en moins de deux.
◇ f. **die Drei,** le trois. || [Würfeln] *zwei Dreien werfen*, amener deux trois.

Drei|achteltakt [drai"axtəl'takt] m. (s, e). MUS. [mesure à] trois-huit ; trois-huit m. ||°**-akter** m. (s, -). THÉÂTRE. pièce (f.) en trois actes. ||°**-angel** m. (s, -). MATH., MUS. triangle m. V. TRIANGEL. ||°**-eck** n. (s, e). MATH. triangle m. || TECHN. équerre f. ||**-eckig** adj. MATH. triangulaire. | *dreieckiger Hut*, tricorne m. ||**-einhalb** adj. num. card. trois et demi. ||°**-einigkeit** f. V. DREIFALTIGKEIT. ||**-fach** adj. et adv. triple ; triplement. | *dreifache Krone*, tiare f. | *das Dreifache*, le triple. | *um das Dreifache teurer*, trois fois plus cher. ||°**-faltigkeit** f. (-). RELIG. *heilige Dreifaltigkeit*, Sainte Trinité. ||°**-farbendruck** m. (s, e). TECHN. tirage (m.) en trois couleurs ; trichromie f. ||**-farbig** adj. tricolore ||°**-felderwirtschaft** f. (-). AGRIC. culture triennale, à trois assolements. ||°**-fuß** m. (es, ¨e), escabeau (m.) à trois pieds ; trépied m. ||°**-ganggetriebe** m. (s, -). AUTOM. boîte (f.) à trois vitesses. ||**-hundert** adj. num. card. trois cent(s). ||**-jährig** adj. (âgé de) trois ans. ||**-jährlich** adj. tous les trois ans ; triennal. ||°**-kampf** m. (s, ¨e). SPORT. triathlon m. ||°**-kant** m. (s, e). MATH. trièdre m. ||**-kantig** adj. MATH. triangulaire. ||°**-käsehoch** m. nabot m. ; marmouset m. ||°**-königsfest** n. (es). RELIG. Epiphanie f. ; jour (m.), fête (f.) des Rois. ||**-mal** adv. trois fois ; à trois reprises. ||**-malig** adj. triple ; fait, répété trois fois. ||°**-mastbark** f. (-, en), °**-master** m. (s, -). MAR. trois-mâts m. ||**-monatlich** adj. trimestriel. ||**-motorig** adj. AÉRON. trimoteur. ||°**-paß** m. (es, ¨e) trèfle (m.) d'ogive. ||°**-phasenstrom** m. (s, ¨e). ÉLECTR. courant triphasé. ||**-phasig** adj. ÉLECTR. triphasé. ||**-prozentig** adj. FIN. à trois pour cent. ||°**-rad** n. (s, ¨er) véhicule (m.) à trois roues. || PAR EXT. [Fahrrad] tricycle m. ; triporteur m. ||°**-schichtendienst** m. (es, e). [Fabrikarbeit] trois-huit m. pl. ||°**-schlag** m. (s, ¨e), °**-takt** m. (s, e). MUS. mesure (f.) à trois temps. ||**-seitig** adj. MATH. trilatéral. ||°**-spitz** m. (es, e) tricorne m. ||**-stimmig** adj. MUS. à trois voix. ||**-stöckig** adj. [Häuser] à trois étages. ||**-stufig** adj. à trois étages. | *dreistufige Rakete*, fusée (f.) à trois étages. ||**-tägig** adj. de trois jours. ||°**-takt** m. (s, e) cycle (m.) à trois temps. || MÉD. [Herz] bruit (m.) de galop. ||**-teilig** adj. en trois parties ; divisé en trois parties. || MATH. *dreiteiliger Ausdruck*, trinôme m. ||°**-teilung** f. (-) division (f.) en trois parties. || MATH. trisection f. ; tripartition f. ||°**-viertel** n. (s, -) trois quarts m. pl. ||°**-viertelstunde** f. (-, n) trois quarts (m. pl.) d'heure. ||**-wertig** adj. CHIM. trivalent. ||°**-zack** m. (s). TECHN. trident m. ||**-zackig** adj. à trois pointes. || BOT. tridenté. ||°**-zahl** f. (-, en) triade f. ||**-zehn** adj. num. card. treize. || FIG., FAM. *nun schlägts dreizehn*, j'en ai assez ; c'en est trop. ||**-zehnte** adj. num. ord. treizième. ||**-zeilig** adj. GRAMM. de, en trois lignes. || POÉS. *dreizeilige Strophe*, tercet m.

Dreier ['draiər] m. (s, -) chiffre trois. || PAR EXT. pièce (f.) de trois pfennigs ; note (f.) trois.

dreierlei [draiər'lai] adj. inv. de trois sortes.

Dreier|wette ["draiər'vɛtə] f. (-, n). [Pferderennen] pari tiercé ; tiercé m.

Dreiheit ['draihait] f. (-) trinité f. ; triade f.

drein [drain] adv. FAM. V. DAREIN.

drein|hauen ["drain'hauən] v. intr. FAM. battre ; frapper ; taper sur.

dreißig ['draisiç] adj. num. card. trente.
◇ **die Dreißig,** le nombre trente. | *er ist Mitte Dreißig, Mitte der Dreißiger, in den Dreißigern*, il a la trentaine, largement la trentaine. | *in den dreißiger Jahren*, dans les années trente à quarante (1930-1940).

Dreißiger(in) [-sigər(in)] m. (s, -), f. (-, nen) personne (f.) qui a trente ans, la trentaine.

dreißig|jährig ["draisiç'jɛ:riç] adj. de trente ans. || HIST. *dreißigjähriger Krieg*, guerre de Trente Ans.

dreißigste ['draisikstə] adj. num. ord. trentième. | *der (den, am) dreißigste(n) Mai*, le trente mai.

Dreißigstel ['draisikstəl] n. (s, -) trentième ; la trentième partie.

dreißigstens [-sikstəns] adv. trentièmement.

dreist [draist] adj. [zuversichtlich] hardi ; sûr ; assuré. || PÉJOR. [keck] osé ; effronté ; impertinent. | *dreist sein*, avoir du toupet.
◇ adv. hardiment ; avec assurance. || PAR EXT., PÉJOR. effrontément.

Dreistigkeit ['draistiçkait] f. (-) audace f. || PÉJOR. effronterie f. ; toupet m.

Dresch|boden ["drɛʃ'bo:dən] m. (s, ¨), °**-diele** f. (-, n), °**-tenne** f. (-, n) aire (f.) de battage. ||°**-flegel** m. (s, -) fléau (m.) à battre. ||°**-gut** n. (s) blé (m.) à battre. ||°**-maschine** f. (-, n) batteuse f.

Dresche ['drɛʃə] FAM. rossée f.

dreschen [-ʃən] v. tr. (i, o, o). AGRIC. battre (du grain) ; égrener. || FIG. rosser.

Dresden ['dre:sdən] n. pr. n. GÉOGR. Dresde f.

Dreß [drɛs] m. et f. (-) tenue (f.), vêtement (m.) de sport.

dressieren [drɛ'si:rən] v. tr. [bändigen] dresser.

Dressur [-'su:r] f. (-, en) dressage m.

Drift [drift] f. (-, en). MAR. dérive f.

driften ['driftən] v. intr. MAR. dériver.

Drill [dril] m. (s). MIL. entraînement m. ; dressage m. ; instruction f. || ZOOL. [Affe] drill m.

Drill|bohrer ["dril'bo:rər] m. (s, -). TECHN. vilebrequin m. ; drille f. ; vrille f.

drillen ['drilən] v. tr. faire tourner rapidement. || MIL. entraîner ; instruire. || FIG. mener au pas ; mener dur. || TECHN. percer ; forer.

Drillich ['driliç], **Drill** [dril] m. treillis m.

Drillich|zeug ["driliç'tsɔyk] n. (s, e) vêtement (m.) de travail.

Drillinge ['driliŋə] m. pl. triplés m. pl.

drin [drin] adv. FAM. V. DARIN.

dringen ['driŋən] (a, u) v. intr. **1.** pénétrer ; passer ; percer ; traverser ; se frayer un passage. | *das Wasser drang aus der Erde*, l'eau s'échappait de la terre. | *das Gerücht drang schließlich bis zum König*, la rumeur finit par arriver aux oreilles du roi. | *in ein Geheimnis dringen*, percer un mystère ; entrer dans un secret. **2.** presser ; insister sur. | *die Stunde dringt*, l'instant presse. | *in jn dringen*, interroger qn avec insistance. | *auf Bezahlung dringen*, insister pour être payé. | *ich fühle mich gedrungen, zu*, je me vois dans la nécessité de. | *gedrungen*, serré ; compact. | *gedrungener Stil*, style ramassé.

dringend [-ŋənt] adj. pressant ; urgent ; impérieux. | *dringende Gefahr*, danger pressant. | *das Dringendste zuerst machen*, aller, courir au plus pressé. | *dringend sein*, FAM. urger.
◇ adv. instamment ; impérieusement ; fort. | *er bat aufs dringendste*, il priait instamment.

dringlich [-ŋliç] adj. pressant ; urgent ; d'urgence.

Dringlichkeit [-ŋliçkait] f. (-) urgence f. ; insistance f.

Dringlichkeits|antrag ["driŋliçkaits'antra:k] m. (s, ¨e). ADM., POLIT. demande (f.) d'urgence. ||°**-stufe** f. (-, n) degré (m.) d'urgence.

drinnen ['drinən] adv. FAM. (là-)dedans. V. DARIN.

dritt [drit] (er, e, es) adj. num. ord. troisième ; tiers ; tierce. | *der dritte im Bund* (SCHILLER), le troisième associé. | *zu dritt*, à trois. | *der dritte von links*, le troisième de, à gauche. | *der lachende Dritte*, le troisième larron. | *jedes dritte Wort (bei ihm) ist eine Lüge*, il ment comme il respire. | *zum dritten*, troisièmement ; tertio. | *in der dritten Person reden*, parler à la troisième personne. | *es ist noch ein Drittes zu erwägen*, il y a encore un troisième point à considérer. || MATH. *in der dritten Potenz*, à la puissance trois ; au cube. || COMM. *in dritter Hand*, en main tierce. || HIST. *der dritte Stand*, le tiers état.

Drit(t)|teil ['drittail] m. (s, e), **Drittel** ['dritəl] n. (s, -) troisième partie ; tiers m. | *um ein Drittel erhöhen*, augmenter d'un tiers.

dritteln [-təln] v. tr. diviser en trois.

drittens [-təns] adv. troisièmement ; tertio.

dritt|höchst ['dritHø:çst] adj. troisième par rang de taille. ||**-letzt** adj. POÉS. antépénultième.

drob [drɔb] adv. FAM. V. DARÜBER, DESHALB.

droben ['dro:bən] adv. là-haut ; en haut.

Droge ['dro:gə] f. (-, n) drogue f. | *harte, weiche Droge*, drogue dure, douce.

Drogen|dezernat ["dro:gəndetsɛr'na:t] n. (s, e) brigade (f.) des stupéfiants. ||°**-geschäft** n. (s, e), °**-handel** m. (s) trafic (m.) de drogue. ||**-süchtig** adj. drogué. ||°**-süchtige(r)** f. (m.) drogué(e) m. (f.).

Drogerie [drogə'ri:] f. (-, n). COMM. droguerie f.

Drogist [-'gist] m. (en, en) droguiste m.

Droh... [dro:] (en compos.) menaçant.

Droh|brief ['dro:bri:f] m. (s, e) lettre (f.) de menaces.

drohen ['dro:ən] v. intr. (dat.) menacer. | *er drohte mit dem Stock*, il menaçait de son bâton. | *er drohte mit einer Klage*, il menaçait de porter plainte. || PAR EXT. [bevorstehen] *ein Gewitter droht*, l'orage menace.

drohend [-ənt] adj. menaçant. || PAR EXT. imminent. | *drohende Gefahr*, danger imminent.

Drohne ['dro:nə] f. (-, n). ZOOL. abeille (f.) mâle. || FIG. fainéant m.

dröhnen ['drø:nən] v. intr. résonner ; retentir ; bourdonner ; vibrer ; vrombir ; gronder. | *die Flugzeugreaktoren dröhnen*, les réacteurs de l'avion grondent. | *er hat eine dröhnende Stimme*, il a une voix tonitruante.
Dröhnen [-nən] n. (s) retentissement m. ; ébranlement m. ; bourdonnement m. ; grondement m. ; vrombissement m.
Drohung ['dro:uŋ] f. (-, en) menace f. | *Drohungen ausstoßen*, proférer des menaces ; menacer.
drollig ['drɔliç] adj. drôle ; comique ; amusant.
Dromedar [drome'dɑ:r] n. (s, e). ZOOL. dromadaire m.
Droschke ['drɔʃkə] f. (-, n) fiacre m.
Droschken|kutscher ["drɔʃkən'kutʃər] m. (s, -) cocher (m.) de fiacre.
Drosophila [dro'zo:fila] f. (-, lae). ZOOL. drosophile f.
Drossel ['drɔsəl] f. (-, n). ZOOL. grive f.
Drossel|ader ["drɔsəl'ɑ:dər] f. (-, n) veine (f.) jugulaire. ||°-**klappe** f. (-, n) clapet (m.) de réglage, d'étranglement. ||°-**schieber** m. (s, -) vanne (f.) de réglage. ||°-**spule** f. (-, n). ÉLECTR. bobine (f.) d'impédance. ||°-**ventil** n. (s, e) soupape (f.) de réglage.
drosseln ['drɔsəln] v. tr. TECHN. étrangler ; serrer ; réduire ; étouffer ; amortir. | *den Dampf drosseln*, réduire la vapeur. || COMM. *die Devisenausfuhr drosseln*, restreindre la sortie des devises.
Drosselung [-səluŋ] f. (-). ÉCON. limitation f. ; réduction f. || TECHN. étranglement m.
drüben ['dry:bən] adv. FAM. de l'autre côté ; au-delà ; par-delà.
drüber [-bər] adv. FAM. au-delà. | *drüber hinaus gehen*, aller au-delà ; dépasser.
Druck [druk] m. (s, e) **1.** pression f. ; compression f. | *Druck einer Last*, pression d'une charge. | *hydraulischer Druck*, pression hydraulique. | *Druck eines Gewölbes*, poussée (f.) d'une voûte. | *Druck im Magen*, pesanteur (f.) d'estomac. || AÉRON. *Druck ablassen*, dépressuriser. || TECHN. *den Druck mindern*, décomprimer.
2. FIG. pression f. | *dem Druck des Volkes weichen*, céder à la pression populaire. | *einen Druck auf jn ausüben*, exercer une pression sur qn. | *Druck erzeugt Gegendruck*, l'action appelle la réaction. | *Druck der Steuern*, poids (m.) des impôts ; pression fiscale.
3. TYPOGR. impression f. ; tirage m. | *etwas in Druck geben*, faire imprimer qch. | *im Druck sein*, être sous presse. | *im Druck erscheinen*, paraître. || [Buch ; Bild] *erster Druck*, édition (f.) princeps ; incunable m. | *alter Druck*, première impression ; *seltener Druck*, édition (f.) rare.
Druck|abfall ["druk'apfal] m. (s). AÉRON. dépressurisation f. || PHYS. décompression f. || TECHN. baisse (f.) de pression. ||°-**ausgleich** m. (s). PHYS. pressurisation f. ||°-**belastung** f. (-, en). PHYS. charge (f.) de compression. ||°-**berichtigung** f. (-, en). TYPOGR. correction f. ||°-**bewilligung** f. (-, en). TYPOGR. permis (m.) d'imprimer. || RELIG. imprimatur m. ||°-**bogen** m. (s, ¨) feuille f. ; placard m. || °-**buchstabe** m. (n, n) lettre (f.) d'imprimerie. ||-**fähig** adj. TYPOGR. imprimable ; bon à imprimer. ||°-**fahne** f. (-, n) placard m. ||°-**fehler** m. (s, -) faute (f.) d'impression ; coquille f. ||°-**fehler|verzeichnis** n. (ses, se). TYPOGR. errata m. pl. ||-**fertig** adj. TYPOGR. bon à tirer. ||-**fest** adj. PHYS. résistant à la pression, à la compression. ||°-**festigkeit** f. (-). PHYS. résistance (f.) à la pression, à la compression. ||°-**gas** m. (es, e). CHIM. gaz comprimé. ||°-**genehmigung** f. (-, en) permis (m.) d'imprimer. ||°-**höhe** f. (-, n). PHYS. hauteur (f.) manométrique, de charge, de pression. ||°-**kabine** f. (-, n). AÉRON. cabine pressurisée. ||°-**kessel** m. (s, -). TECHN. chaudière (f.) à pression ; autoclave m. ||°-**knopf** m. (s, ¨e). TECHN. [Schaltgerät] bouton-poussoir m. ; bouton (m.) d'appel ; [Kleider] bouton-pression m. ||°-**kraft** f. (-, ¨e). PHYS. pression f. ; force (f.) de pression, de compression. ||°-**lager** n. (s, -). TECHN. palier (m.) de butée. ||°-**legung** f. (-, en). TYPOGR. mise (f.) sous presse. ||°-**leitung** f. (-, en). PHYS. conduite sous pression, forcée. ||°-**linie** f. (-, n). PHYS. courbe (f.) des pressions. ||°-**luft** f. (-). PHYS. air comprimé. ||-**luft|betätigt** adj. PHYS. pneumatique ; actionné par air comprimé. ||°-**luft|bremse** f. (-, n). TECHN. frein (m.) à air comprimé. || °-**luft|hammer** m. (s, -). TECHN. marteau (m.) pneumatique. ||°-**maschine** f. (-, n). TYPOGR. presse f. ||°-**messer** m. (s, -). PHYS. manomètre m. ||°-**minderer** m. (s, -). TECHN. décompresseur m. ||°-**minderung** f. (-, en). TECHN. décompression f. ||°-**mittel** n. (s, -). FIG. moyen (m.) de pression, de coercition. ||°-**platte** f. (-, n) stéréotype m. || °-**plattenguß** m. (es) stéréotypie f. ||°-**probe** f. (-, n). TYPOGR. épreuve f. ||°-**pumpe** f. (-, n). TECHN. pompe foulante. ||°-**punkt** m. (s, e). PHYS. point (m.) de poussée. ||°-**raster** m. (s, -) PHOT. trame f. ; réseau m. ; quadrillage m. ||°-**regler** m. (s, -) régulateur (m.) de pression. ||-**reif** adj. TYPOGR. bon à être imprimé ; bon à tirer. ||°-**rohr** n. (s, e). NUCL. tube (m.) de force. ||°-**sache** f. (-, n). POSTES. imprimé(s) m. (pl.). ||°-**schalter** m. (s, -). TECHN. manocontact m. ||°-**schmierung** f. (-, en). TECHN. graissage (m.) sous pression. ||°-**schraube** f. (-, n). TECHN. vis (f.) de serrage, de pression. || AÉRON. hélice propulsive. ||°-**schreiber** m. (s, -). TECHN. manomètre enregistreur. ||°-**schrift** f. (-, en). POSTES. imprimé m. ; ouvrage imprimé ; livre m. ||°-**sichtbogen** m. (s, ¨) épreuve f. ||°-**seite** f. (-, n). AÉRON. intrados m. ||°-**stock** m. (s, ¨e). TYPOGR. cliché m. ||°-**stoff** m. (s, e) tissu imprimé ; imprimé m. ||°-**ventil** n. (s, e). TECHN. soupape (f.) de refoulement, de compression. ||°-**verbot** n. (s, e) défense (f.) d'imprimer. ||°-**verhältnis** n. (ses, se) conditions (f. pl.) de pression. | *normale Druckverhältnisse*, pression ambiante. ||°-**verminderer** m. (s, -). TECHN. réducteur (m.) de pression. ||°-**versuch** m. (s, e). PHYS. essai (m.) de (com)pression. ||°-**verweigerung** f. (-). V. DRUCKVERBOT. ||°-**vorlage** f. (-, n) manuscrit m. ; copie f. ||°-**walze** f. (-, n). TECHN. cylindre-presseur m. ; rouleau chargeur. ||°-**waren** f. pl. tissus imprimés. ||°-**wasser** n. (s). PHYS. eau (f.) sous pression, pressurisée. ||°-**wasser|anlage** f. (-, n). TECHN. installation (f.) hydraulique. ||°-**wasser|reaktor** m. (s, en). NUCL. réacteur (m.) à eau pressurisée. ||°-**werk** n. (s, e) pompe foulante ; balancier (m.) à imprimer les monnaies ; TYPOGR. ouvrage imprimé.
Drücke|berger ["drykə'bɛrgər] m. (s, -). FAM. lâcheur m. ; tire-au-flanc m. || MIL. embusqué m.
drucken ['drukən] v. tr. TECHN. imprimer.
Drucken [-kən] n. (s). TECHN. impression f. ; tirage m.
drücken ['drykən] v. tr. **1.** presser ; serrer ; comprimer. | *jm die Hand drücken*, serrer la main à qn. | *an sein Herz drücken*, serrer qn sur son cœur. | *jm ein Geldstück in die Hand drücken*, glisser à qn une pièce d'argent dans la main. | *den Hut ins Gesicht drücken*, enfoncer son chapeau sur les yeux. || FIG. *jn an die Wand drücken*, FIG. acculer qn. | *diese Schuhe drücken mich*, ces souliers me serrent, me font mal.
2. FIG. accabler ; oppresser ; opprimer. | *in gedrückten Verhältnissen leben*, vivre dans la gêne. || COMM. *die Preise drücken*, peser sur les prix. || SPORT. *einen Rekord drücken*, abaisser un record.

◇ v. intr. peser, presser, appuyer sur. | *auf den Knopf drücken*, presser, appuyer sur le bouton.
◇ v. pr. **sich drücken,** se blottir ; s'aplatir. | *sich in die Ecke drücken*, se tapir dans un coin. || FIG., FAM. *er drückt sich*, il s'esquive.
drückend [-kənt] adj. pesant ; lourd ; déprimant ; accablant. | *drückende Hitze*, chaleur accablante, étouffante. || FIG. *drückende Schulden*, dettes écrasantes.
Drucker ['drukər] m. (s, -) imprimeur m. ; pressier m. || [informatique] imprimante f.
Drucker|presse ["drukər'prɛsə] f. (-, n) presse (f.) d'imprimerie. ||°-**schwärze** f. (-, n) encre (f.) d'imprimerie.
Drücker ['drykər] m. (s, -). [Klinke] loquet m. ; clenche f. ; poignée f. || [Gewehrabzug] gâchette f. ; détente f. || FAM. *auf den letzten Drücker kommen*, être à la bourre.
Druckerei [drukə'rai] f. (-, en) imprimerie f.
drucksen ['druksən] v. intr. FAM. hésiter ; lambiner.
Druden|fuß ["dru:dən'fus] m. (es, ¨e) pentacle m. ; pentagramme m. ; pentalpha m.
Druide [dru'i:də] m. (n, n) druide m.
Druidin [dru'i:din] f. (-, nen) druidesse f.
drum [drum] adv. (abrév. FAM. de **darum**) *das Drum und Dran*, les tenants et les aboutissants ; tout ce qui s'y rattache ; FAM. et tout le tremblement ; et tout le tralala. || *drumherum reden*, tourner autour du pot.
drunten ['druntən] adv. (abrév. de **dort|unten**). FAM. en bas ; là-bas.
drunter [-tər] adv. (FAM. pour **darunter**). *es geht alles drunter und drüber*, cela va sens dessus dessous.
Drüse ['dry:zə] f. (-, n). ANAT. glande f.
Drüsen|anschwellung ["dry:zən'anʃvɛluŋ] f. (-, n). MÉD. gonflement (m.) des glandes. ||-**artig** adj. glandulaire ; glanduleux. ||°-**entzündung** f. (-, en). MÉD. adénite f. ||°-**erkrankung** f. (-, en). MÉD. adénopathie f.
Dschiu-Dschitsu ['dʒiu-"dʒitsu] n. SPORT. jiu-jitsu m.
Dschungel ['dʒuŋəl] f. (-, n) [aussi m. et n.] jungle f.
Dschunke ['dʒuŋkə] f. (-, n). MAR. jonque f.
d. u., abrév. pour **der Unterzeichnete,** le soussigné.
du [du:] pron. pers. nom. sing. tu ; toi. | *du, der du willst*, toi qui veux. | *auf du und du stehen*, être à tu et à toi. | *du lieber Gott !*, ah ! mon Dieu ! || SUBSTANTIV. *das vertraute Du*, le tutoiement de l'amitié.
— OBSERV. *Du* se décline gén. *deiner* ; dat. *dir* ; acc. *dich*.
Dual [du'ɑ:l] m. (s). GRAMM. duel m.
Dualismus [dua'lismus] m. dualisme m.
dualistisch [-'listiʃ] adj. PHILOS. dualiste.
Dual|zahlen|system [du"ɑ:ltsɑ:lənsys'te:m] n. (s). MATH. numération (f.) binaire.
Dübel ['dy:bəl] m. (s, -), **Döbel** ['dø:bəl] m. (s, -). TECHN. cheville f. ; goujon (m.) en bois ; tampon m.
dubios, dubiös [dubi'o:s, dubi'ø:s] adj. douteux. || COMM. *dubiose Forderung*, provision (f.) pour créance douteuse.
Dublee|schmuck [du"ble'ʃmuk] m. (s). [Gold] doublé or ; [Silber] doublé argent ; plaqué m.
Dublette [du'blɛt] f. (-, n) double m. || [Edelstein] copie f. ; imitation f. || GRAMM. doublet m.
ducken ['dukən] v. tr. baisser ; rabaisser. | *jn ducken*, faire courber la tête à qn.
◇ v. pr. **sich ducken,** baisser la tête ; se baisser. || FIG. courber l'échine ; s'incliner.
Duck|mäuser(in) ["duk'mɔyzər(in)] m. (s, -), f. (-, nen). FAM. placide m. et f. ; PAR ANAL. poltron(ne) m. (f.) ; PAR EXT., PÉJOR. sournois(e) m. (f.). || °-**mäuserei** f. (-) poltronnerie f. ; PAR EXT. sournoiserie f. ||-**mäuserig** adj. poltron ; PAR EXT. sournois. ||-**mäusern** v. intr. faire le sournois.
dudeldumdei [dudəldum'dai] interj. turlututu.
Dudelei [dude'lai] f. (-, en). FAM., MUS. musique (f.) d'orgue de Barbarie ; ritournelle f.
Dud(e)ler ['du:d(ə)lər] m. (s, -). MUS. joueur (m.) de cornemuse. || FIG. méchant musicien.
dudeln [-dəln] v. intr. jouer de la cornemuse ; jouer des ritournelles.
Dudel|sack ["du:dəl'zak] m. (s, ¨e). MUS. cornemuse f. ||°-**sack|pfeifer** m. (s, -). MUS. cornemuseux m.
Duell [du'ɛ:l] n. (s, e) duel m. ; combat singulier. | *Duell auf Säbel*, duel au sabre (à l'épée). | *zum Duell (heraus)fordern*, provoquer en duel. | *ein Duell ausfechten, bestehen*, se battre en duel.
Duellant [duɛ'lant] m. (en, en) personne (f.) qui se bat en duel.
duellieren (sich) [ziçduɛ'li:rən] v. pr. se battre en duel.
Duett [duɛt] n. (s, e). MUS. duo m.
Duft [duft] m. (s, ¨e) faible odeur f. ; parfum m. ; arôme m. | *fauliger Duft*, odeur fétide. || PAR EXT. [Dunst] vapeur f. ; brume légère.
Duft|stoff ["duft'ʃtɔf] m. (s, e) parfum m.
duften ['duftən] v. intr. exhaler un parfum (agréable) ; répandre un parfum, une odeur ; sentir bon. | *es duftet, nach Apfelsinen*, cela sent l'orange. | *diese Rosen duften*, ces roses sentent bon.
◇ v. tr. exhaler, répandre un parfum.
duftend [-tənt] adj. odorant ; parfumé ; embaumé ; odoriférant.
duftig [-tiç] adj. [riechend] parfumé ; odorant ; embaumé. | *duftige Blumen*, des fleurs odorantes. || FIG. [leicht] vaporeux ; léger ; flou ; aérien ; nébuleux. | *duftiges Kleid*, robe aérienne.
Dukaten [du'kɑ:tən] m. (s, -) ducat m.
Duktus ['duktus] m. (-) trait (m.) de plume.
duldbar ['dultbɑ:r] adj. tolérable.
dulden ['duldən] v. tr. [leiden] subir ; souffrir ; endurer. || PAR ANAL. tolérer ; accepter ; admettre ; permettre. | *Unrecht dulden*, souffrir l'injustice. | *die Sache duldet keinen Aufschub*, l'affaire ne souffre point de délai.
— SYN. : *leiden*, souffrir ; *erdulden*, *ertragen*, *sich gefallen lassen*, supporter ; *erleiden*, subir ; *gestatten*, tolérer.
Dulden [-dən] n. (s) souffrance (subie). || PAR ANAL. tolérance f.
Dulder(in) [-dər(in)] m. invar. souffre-douleur m. (s, -), f. (-, nen) martyr(e) m. (f.).
duldsam ['dultzɑ:m] adj. indulgent ; tolérant ; patient ; résigné.
Duldsamkeit [-kait] f. (-) indulgence f. ; patience f. ; tolérance f. ; résignation f.
Duldung ['dulduŋ] f. (-) tolérance f.
dumm [dum] adj. (compar. **dümmer** ; superl. **dümmste**[**r**]). **1.** [unklug] déraisonnable ; inintelligent ; sot ; bête ; stupide. | *ein dummer Kerl*, un sot ; un niais ; un nigaud. | *eine dumme Gans*, une bécasse ; une péronnelle. | *dummes Zeug reden*, dire des inepties. | *dummes Zeug !*, chansons que tout cela ! *dumme Streiche machen*, FAM. faire des siennes. || FAM. *er macht ein dummes Gesicht*, il a l'air bête. | *sich dumm anstellen*, faire la bête. | *den dummen August spielen*, faire le jacques. **2.** [unbegabt] ignorant ; idiot ; imbécile ; simple ;

inepte ; borné. | *dummer Schüler*, élève ignorant. | *so dumm sind wir nicht !*, pas si bête !
3. [betäubt] abasourdi ; hébété ; stupide ; FAM. abruti. || FIG. [unangenehm] fâcheux ; absurde. || FAM. *das ist aber dumm !*, c'est bête ! | *die Sache wird ihm zu dumm*, il commence à en avoir assez. | *das ist aber eine dumme Geschichte*, c'est une sale histoire. | *ein dummer Streich*, un vilain tour.
— SYN. : *einfältig*, sot, simpliste ; *schwachsinnig*, *geistesschwach*, imbécile ; *schwerfällig*, lourd ; *beschränkt*, borné ; *blöde*, stupide ; *läppisch*, *albern*, niais.

Dumm|kopf [ʺdum'kɔpf] m. (s, ¨e) sot m. ; imbécile m. ; nigaud m. ; benêt m.

Dumme (der) ['dumə] (n, n) sot m. ; niais m. || FAM. *der Dumme sein*, être le dindon de la farce.

Dummheit ['dumhait] f. (-, en) sottise f. ; niaiserie f. ; bêtise f. ; stupidité f. ; FAM. gaffe f. | *Dummheiten begehen*, faire des bêtises.

dümmlich ['dymliç] adj. bébête ; bêta.

dumpf [dumpf] adj. [moderig] lourd ; étouffant ; accablant. | *dumpfer Geruch*, odeur (f.) de renfermé. | *dumpfer Geschmack*, relent m. || [beklemmend] FIG. morne ; engourdi ; apathique. | *dumpfes Schweigen*, morne silence m. | PAR ANAL. [hohlklingend] sourd. | *das dumpfe Rollen des Donners*, les roulements sourds du tonnerre. || FIG. mat ; terne. | *dumpfe Stimme*, voix creuse, caverneuse. | *dumpfe Farben*, couleurs mates.

Dumpfheit ['dumpfhait] f. (-) engourdissement m. ; torpeur f. || FIG. insensibilité f. ; apathie f.

dumpfig [-pfiç] adj. qui a de l'odeur, du relent ; lourd ; étouffant ; qui sent le moisi, le renfermé. | *es riecht dumpfig*, cela sent le renfermé.

Dumping ['dampiŋ] n. (s, s). COMM. dumping m.

Düne ['dy:nə] f. (-, n). MAR. dune f.

Dünen|gras [ʺdy:nən'gra:s] n. (es, ¨er). BOT. roseau (m.) maritime.

Dung [duŋ] m. (s, e), **Dünger** m. (s, -). AGRIC. [Stoff] engrais m. ; fumure f. ; fumier m. || [Handlung] fumage m. ; fumure f.

Dung|ablage [ʺduŋ'apla:gə] f. (-, n) fumier m. ; PAR EXT. dépotoir m.

Dünge|mittel [ʺdyŋə'mitəl] n. (s, -). ||°-**stoffe** m. pl. AGRIC. engrais m. pl. (artificiels, chimiques).

düngen ['dyŋən] v. tr. AGRIC. engraisser ; fumer.
◇ v. intr. servir d'engrais, de fumier.

Dünger [-ŋər] m. V. DUNG.

Dünger|erde [ʺdyŋər'ɛ:rdə] f. (-, n) terreau m. ||°-**salz** m. (es, e) engrais (m.) chimique.

Düngung ['dyŋuŋ] f. (-). AGRIC. fumage m. ; fumure f.

dunkel ['duŋkəl] adj. **1.** obscur ; sombre ; sans lumière ; foncé. | *dunkle Wolken*, des nuages (m. pl.) sombres. | *dunkler werden*, s'obscurcir ; s'assombrir. | *im Dunkeln, im Dunklen*, dans l'obscurité. | *im Dunkeln tappen*, être dans l'incertitude, FAM. dans le brouillard. | *jn im Dunklen lassen*, laisser qn dans l'incertitude. | *im Dunklen etwas vorbereiten*, tramer qch. dans l'ombre. || [dunkelfarbig] *dunkle Brillengläser*, verres fumés. | *dunkles Bier*, bière brune. | *dunkles Haar*, cheveux foncés. | *es ist dunkel wie in einem Sack*, il fait noir comme dans un four.
2. FIG. obscur ; vague ; confus ; douteux. | *eine dunkle Vorstellung von etwas haben*, n'avoir qu'une vague idée de qch. | *dunkle Herkunft*, origine obscure. | *eine dunkle Existenz*, une vie secrète. || GRAMM. *dunkle Vokale*, voyelles sourdes.
— SYN. : *trübe*, sombre ; *finster*, ténébreux ; *düster*, obscur. FIG. *undeutlich*, *unklar*, confus ; *verworren*, embrouillé.

Dunkel ['duŋkəl] n. (s) obscurité f. ; ténèbres f. pl. || FIG. incertitude f. | *das Dunkel des Aberglaubens*, les ténèbres de la superstition.

dunkel|blau [ʺduŋkəl'blau] adj. bleu foncé. ||°-**hell** n. clair-obscur m. ||°-**kammer** f. (-, n) chambre noire. ||°-**mann** m. (s, ¨er) obscurantiste m. ||°-**werden** n. tombée (f.) du jour. ||°-**ziffer** f. (-, n) (*etwa*) estimation officieuse.

Dünkel ['dyŋkəl] m. (s) prétention f. ; suffisance f. ; infatuation f. ; outrecuidance f. ; morgue f.
— SYN. : *Hochmut*, superbe ; *Eitelkeit*, vanité ; *Eingebildetheit*, suffisance ; *Überhebung*, outrecuidance.

dünkelhaft ['dynkəlhaft] adj. suffisant ; infatué ; outrecuidant.

Dunkelheit ['duŋkəlhait] f. obscurité f. ; ténèbres f. pl. ; ombre f. | *bei eintretender Dunkelheit*, à la nuit tombante.

dunkeln ['duŋkəln] v. intr. foncer ; devenir plus foncé. | *diese Farbe dunkelt nach*, cette couleur s'assombrit.
◇ v. impers. *es dunkelt*, il fait sombre ; la nuit tombe.

dünken ['dyŋkən] (dünkte, deuchte, gedünkt). (Vx.) v. tr. et v. intr. sembler ; paraître. | *mich, mir dünkt das gut*, cela me paraît bon.
◇ v. impers. *es dünkte mir, daß*, il me semblait que.
◇ v. pr. **sich dünken,** se croire. | *er dünkt sich ein bedeutender Mann*, il se croit un homme important.

Dünkirchen ['dy:nkirçən] n. pr. n. GÉOGR. Dunkerque f.

Dunkle(s) ['duŋklə(s)] n. V. DUNKEL.

dünn [dyn] adj. **1.** [von geringer Dicke] mince ; peu épais. | *dünnes Papier*, papier (m.) mince. | *dünner Draht*, fil (m.) de faible calibre. | *dünne Haut*, peau fine, délicate. | *dünner Strich*, trait fin.
2. [mager] menu ; maigre ; grêle ; fluet.
3. [nicht dicht] rare ; clairsemé. | *dünne Luft*, 1° air léger ; 2° air rare. | *dünn säen*, semer clair.
4. [wässerig, gehaltarm] faible. | *dünner Kaffee*, café léger. | *dünnes Blut*, sang appauvri. | *dünner machen*, couper ; allonger d'eau. || FIG. *eine dünne Stimme*, une voix grêle, fluette. | *er machte sich dünn(e)*, il s'esquiva.
— SYN. : *schmal*, mince ; *schmächtig*, maigre ; *schlank*, svelte ; *zart*, fluet ; *hager*, grêle.

Dünn|bier ['dynbi:r] n. (s, e) petite bière. || POP. bibine f. ||°-**darm** m. (s, e). ANAT. intestin (m.) grêle. ||°-**darm|entzündung** f. (-, en). MÉD. entérite f. ||-**flüssig** adj. fluide. ||-**wandig** adj. à parois minces.

Dünne ['dynə] f. (-), **Dünnheit** ['dynhait] f. (-) minceur f. ; finesse f. ; légèreté f. ; fluidité f.

Dunst [dunst] m. (es, ¨e). [Hauch, Ausdünstung] exhalaison f. ; émanation f. ; effluve m. ; vapeur f. | *der Wasserfall sprühte feinen Dunst*, autour de la cascade s'élevait une légère vapeur. | *schädliche Dünste*, exhalaisons pernicieuses. || PAR EXT. [Trübung der Luft] nébulosité f. ; fumée f. | *die Berge sind in blauen Dunst gehüllt*, les montagnes baignent dans une vapeur bleue. || FIG. [Nichtigkeit] fumée f. ; vent m. | *alles ging in Rauch und Dunst auf*, tout s'évapora en fumée. | *jm blauen Dunst vormachen*, en faire accroire à qn. | *er hatte keinen blassen Dunst davon*, il n'en avait pas la moindre idée. || ARCHIT., TECHN. écume (f.) de plomb ; cendrée f.

dunst|artig [ʺdunst'a:rtiç] adj. vaporeux. ||°-**haube** f. (-, n) hotte (f.) d'aération. ||°-**kreis** m. (es, e). PHYS. atmosphère f. || FIG. *im Dunstkreis einer Partei stehen*, être dans la mouvance d'un parti. ||°-**obst** n. (es) compote f.

dunsten [dunstən] v. intr. exhaler des vapeurs ; s'évaporer. || PÉJOR. sentir mauvais.

dünsten ['dynstən] v. tr. CULIN. étuver ; faire cuire à l'étuvée.

dunstig ['dunstiç] adj. chargé de vapeur ; vaporeux.

Dünung ['dy:nuŋ] f. (-). MAR. houle f. ; ressac m.

Duo ['du:o] n. (s, s). MUS. duo m.

Duodez|fürst [duo"dɛts'fyrst] m. (en, en). FAM. petit prince. ||°**-staat** m. (s, en) État (m.) en miniature.

duo|dezimal [duodɛtsi'ma:l] adj. MATH. duodécimal.

Duplex|betrieb ["du:plɛksbə'tri:p] m. (s, e). TÉLÉCOMM. duplex m.

Duplikat [dupli'ka:t] n. (s, e) duplicata m. ; copie f. ; double m. || ADM. ampliation f.

Duplikation [-'tio:n] f. (-, en). CHIM. duplication f.

Duplikat|rechnung [dupli"ka:t'rɛçnuŋ] f. (-, en). COMM. double (m.) de facture.

Duplizität [duplitsi'tɛ:t] f. (-) duplicité f.

Dur [du:r] n. (-). MUS. mode, ton majeur.

Dur|aluminium ["du:ralu'mi:nium] n. (s) Duralumin m.

durch [durç]

> **I.** prép. (acc.).
> **1.** SENS LOCAL : par ; à travers ; au travers de ;
> **2.** SENS TEMPOREL : pendant ; durant ;
> **3.** SENS INSTRUMENTAL : par ; au moyen de ; moyennant ; grâce à ; à cause de.
> **II.** adv. à travers.

I. prép. (acc.). **1.** SENS LOCAL : par ; à travers ; au travers de. | *er geht durch den Saal*, il traverse la salle. | *durch die Luft fliegen*, fendre l'air. | *durch den Fluß schwimmen*, traverser la rivière à la nage. | *mir geht ein Gedanke durch den Kopf*, une idée me traverse l'esprit.
2. SENS TEMPOREL : pendant ; durant. | *durch das ganze Leben (hindurch)*, durant toute la vie ; toute la vie ; la vie durant.
3. SENS INSTRUMENTAL : par ; au moyen de ; moyennant ; grâce à ; à cause de. | *durch einen Boten*, par coursier. | *durch vieles Arbeiten*, à force de travail. | *durch mich*, grâce à moi.
II. adv. à travers. | *durch und durch*, de part en part ; tout à fait. || FIG. *durch und durch verdorben*, complètement perverti. || FAM. *meine Sohlen sind durch*, mes semelles sont percées. | *fünf Uhr durch*, cinq heures passées. | *wir müssen durch*, nous devons passer. | *er hat das Buch noch nicht durch*, il n'a pas encore fini ce livre.

durch|ackern ["durç'akərn] v. tr. (sépar.) labourer à fond. || FIG. étudier à fond.

durch|arbeiten ["durç'arbaitən] v. tr. (sépar.) travailler sans s'arrêter ; bien travailler. || FIG. étudier à fond.
◇ v. intr. *wir arbeiten mittagsüber durch*, nous travaillons sans interruption à midi.
◇ v. pr. **sich durcharbeiten** (sépar.), se frayer un passage, un chemin.

durch|aus [durç'aus] adv. tout à fait ; complètement ; à fond ; absolument. | *durchaus nicht*, pas le moins du monde.

durch|backen ["durç'bakən] (ä, u, a) v. tr. (sépar.). CULIN. bien cuire. | *gut durchgebackenes Brot*, pain bien cuit.

durch|beben ['durç"be:bən] v. tr. (insépar.) ébranler jusque dans les profondeurs ; faire trembler.

durch|beißen ["durç'baisən] (i, i) v. tr. (sépar.) percer, couper d'un coup de dent. | *die Ratte beißt die Leiste durch*, le rat troue la plinthe en la rongeant.
◇ v. pr. (sépar.) **sich durchbeißen.** FIG., FAM. se tirer d'affaire.

durch|bekommen ["durçbə'kɔmən] (a, o) v. tr. (sépar.). FAM. faire passer. || POLIT. *ein Gesetz durchbekommen*, faire passer, adopter une loi.

durch|betteln ['durç"bɛtəln - "durç'bɛtəln] v. tr. (insépar.) *das Land durchbetteln*, parcourir le pays en mendiant.
◇ v. pr. **sich durchbetteln** (sépar.), vivre de mendicité.

durch|blasen ["durç'bla:zən - 'durç"bla:zən] (ä, ie, a) v. tr. (sépar.) souffler à travers. || CHIM. faire barboter dans. || (insépar.) MAR. pénétrer ; gonfler ; fouetter.

durch|blättern ["durç'blɛtərn - 'durç"blɛtərn] v. tr. (sépar. ou insépar.) feuilleter ; parcourir en feuilletant.

durch|bläuen, -bleuen ["durç'blɔyən] v. tr. FAM. rosser ; étriller.

Durch|blick ['durçblik] m. (s, e) échappée f. ; vue f. || FIG. coup (m.) d'œil.

durch|blicken ["durç'blikən - 'durç"blikən] v. intr. (sépar.) regarder ; voir à travers. | *die Sonne blickt durch die Wolken durch*, le soleil perce les nuages. || FIG. *durchblicken lassen*, laisser entrevoir.
◇ v. tr. (insépar.) percer, pénétrer du regard. || FIG. *er durchblickt mich*, il a deviné mes intentions.

durch|bluten ['durç"blu:tən] v. tr. (insépar.). MÉD. irriguer.

durch|bohren ["durç'bo:rən - 'durç"bo:rən] v. tr. (sépar.) perforer ; percer. | *mit dem Dolch durchbohren*, percer d'un coup de poignard.
◇ insépar. trouer ; transpercer. | *von Kugeln durchbohrt*, criblé de balles. || FIG. *ein durchbohrender Blick*, un regard pénétrant.

durch|braten ["durç'bra:tən] (ä, ie, a) v. tr. (sépar.). CULIN. faire bien rôtir, cuire. | *gut durchgebratenes Steak*, steak bien cuit.
◇ v. intr. bien rôtir.

durch|brausen ["durç'brau:zən - 'durç"brau:zən] v. intr. (sépar.) passer, traverser à grand fracas.
◇ v. tr. (insépar.) traverser en bruissant, en mugissant.

durch|brechen ["durç'brɛçən - 'durç"brɛçən] (i, a, o) v. intr. (sépar.) percer ; se faire jour ; rompre ; éclater ; éclore. | *die Zähne des Kindes brechen durch*, les dents de l'enfant percent. || FIG. *seine wahre Natur bricht durch*, son vrai naturel se montre, se révèle.
◇ v. tr. rompre ; briser ; casser.
◇ part. pass. et adj. **durchbrochen,** ajouré ; à jour. | *durchbrochene Stickerei*, broderie ajourée.
◇ v. tr. (insépar.) percer ; rompre ; enfoncer ; trouer.
◇ v. pr. **sich durchbrechen,** se faire jour à travers.

durch|brennen ["durç'brɛnən - 'durç"brɛnən] (brannte, gebrannt) v. tr. (sépar.). TECHN. percer à l'aide du feu.
◇ v. intr. (sépar.). ÉLECTR. *die Sicherung brennt durch*, le fusible fond. | *die Birne ist durchgebrannt*, l'ampoule est grillée. || FIG., FAM. filer ; lever le pied ; prendre la poudre d'escampette.
◇ v. tr. (insépar.) brûler entièrement ; calciner.

durch|bringen ["durç'briŋən - 'durç"briŋən] (brachte, gebracht) v. tr. (sépar.) faire passer ; conduire à travers. || FIG., FAM. tirer d'affaire.
◇ v. tr. (insépar.) passer. | *sie durchbrachte eine schlaflose Nacht*, elle passa une nuit blanche.
◇ v. pr. (sépar.) **sich durchbringen.** FIG. se tirer d'affaire ; subsister. | *sich recht und schlecht durchbringen*, s'en tirer vaille que vaille.

Durch|bruch ['durçbrux] m. (s, ¨e) percée f. ;

percement m. ; rupture f. ; brèche f. | *zum Durchbruch kommen*, percer ; éclater. || MIL. percée f. || MÉD. éruption f. ; épanchement m. || FIG. percée f. | *der Durchbruch neuer Gedanken*, l'irruption (f.) d'idées nouvelles.

durch|denken ["durç'dɛŋkən - 'durç"dɛŋkən] (dachte, gedacht) v. tr. (sépar. ou insépar.) approfondir ; examiner à fond. | *wir haben die Angelegenheit durchdacht*, nous avons médité l'affaire.

◇ part. pass. et adj. **durchdacht,** bien réfléchi.

durch|drängen (sich) [ziç"durç'drɛŋən] v. pr. (sépar.) passer de force ; fendre la foule ; FAM. jouer des coudes.

durch|drehen ["durç'dre:ən] v. tr. (sépar.) faire passer (en tournant). || FAM. *durchgedreht*, détraqué ; déséquilibré.

durch|dringen ["durç'driŋən - 'durç"driŋən] (a, u) v. intr. (sépar.) pénétrer ; se frayer un passage ; percer. || [Stimme] porter. | *mit seiner Ansicht durchdringen*, faire prévaloir son opinion.

◇ v. tr. (insépar.) percer ; transpercer ; pénétrer ; imprégner. | *und Licht durchdrang die Finsternis*, et la lumière dissipa les ténèbres. | *von Kälte durchdrungen*, transis ; glacé.

durch|dringend ["durç'driŋənt] adj. pénétrant. | *mit durchdringender Stimme*, d'une voix perçante.

Durch|dringung [-ŋuŋ] f. (-) pénétration f. ; infiltration f.

durch|drücken ["durç'drykən] v. tr. (sépar.) faire entrer, passer de force ; enfoncer. | *die Gemüsesuppe durchdrücken*, écraser la soupe aux légumes. || FIG. faire passer ; faire admettre.

◇ v. pr. **sich durchdrücken,** se frayer un passage. || FIG. faire son chemin.

durch|einander ['durçain"andər] adv. pêle-mêle ; sans ordre ; sens dessus dessous.

Durch|einander ["durçain'andər et '-/-"--] n. (s) confusion f. ; fouillis m. ; pêle-mêle m. ; désordre m. ; remue-ménage m. ; imbroglio m. | *ein wüstes Durcheinander*, un tohu-bohu.

durcheinander|gehen [durçain"andər'ge:ən] v. intr. s'embrouiller ; se confondre. || **-reden** v. intr. parler confusément. | *alle redeten durcheinander*, ils parlaient tous à la fois.

durch|fahren ["durç'fɑ:rən - 'durç"fɑ:rən] (ä, u, a) v. intr. (sépar.) passer par ; traverser. | *ich fahre durch Paris durch*, je traverse Paris (en voiture). | *Ich bin die ganze Nacht durchgefahren*, j'ai roulé (en voiture) toute la nuit.

◇ v. intr. (insépar.) traverser vite. || FIG. *es durchfährt mich ein Schauer*, j'ai la chair de poule.

Durch|fahrt ['durçfɑ:rt] f. (-, en) passage m. ; traversée f. | *Durchfahrt verboten !*, défense de traverser. || PAR EXT. [Tor] porte cochère. || MAR. *enge Durchfahrt*, goulet m. || COMM. transit m.

Durch|fall ['durçfal] m. (s, ¨e) MÉD. diarrhée f. || FIG. échec m. ; FAM. fiasco m. || THÉÂTRE. four m.

durch|fallen ["durç'falən - 'durç"falən] (ä, ie, a) v. intr. (sépar.) tomber à travers. || FIG., FAM. échouer, être refusé ; ne pas réussir. | *im Examen durchfallen*, échouer à l'examen. || PHYS. *durchfallendes Licht*, éclairage par transparence. || THÉÂTRE. faire un four.

◇ v. tr. (insépar.) *der Stein hat den Raum durchfallen*, la pierre a traversé l'espace en tombant.

durch|faulen ["durç'faulən - 'durç"faulən] v. intr. (sépar. et insépar.) pourrir entièrement, jusqu'à la moelle.

durch|fechten ["durç'fɛçtən] (i, o, o) v. tr. (sépar.) emporter de haute lutte ; venir à bout de. || JUR. *einen Prozeß durchfechten*, gagner un procès.

◇ v. pr. **sich durchfechten.** FIG. se tirer d'affaire vaille que vaille.

durch|feilen ["durç'failən] v. tr. (sépar.). TECHN. couper, percer à la lime. || FIG. limer ; polir ; fignoler.

durch|feuchten ["durç'fɔyçtən - 'durç"fɔyçtən] v. intr. (sépar.) imprégner d'humidité ; percer.

◇ v. tr. (insépar.) bien humecter ; mouiller ; tremper.

durch|finden (sich) [ziç"durç'finden] (a, u) v. pr. (sépar.) trouver le chemin ; s'y retrouver.

durch|fliegen ['durç"fli:gən] (o, o) v. tr. (insépar.) traverser, franchir au vol. | *das Flugzeug durchfliegt das Gewitter*, l'avion traverse l'orage. || FIG. parcourir rapidement (une lettre, un livre).

◇ v. intr. ["-/'--] (sépar.) passer au vol, en volant.

durch|fließen ['durç"fli:sən] (o, o) v. tr. (insépar.) couler à travers ; arroser. | *die Seine durchfließt Paris*, la Seine traverse Paris.

◇ ["-/'--] v. intr. (sépar.). ÉLECTR. circuler. | *der Strom fließt durch*, le courant passe.

Durch|fluß ['durçflus] m. (es) passage m. ; cours (m.) à travers.

durch|forschen ["durç'fɔrʃən - 'durç"fɔrʃən] v. tr. (sépar. et insépar.) examiner à fond ; approfondir ; sonder ; scruter ; explorer.

durch|fragen (sich) [ziç"durç'frɑ:gən] v. pr. (sépar.) demander son chemin (en route).

durch|fressen ["durç'frɛsən - 'durç"frɛsən] (i, a, e) v. tr. (sépar. et insépar.) ronger ; percer ; corroder.

◇ v. pr. (sépar.) **sich durchfressen,** se faire un passage en rongeant. || FIG., FAM. se faire nourrir. | *er frißt sich überall durch*, il mange à tous les râteliers.

durch|frieren ["durç'fri:rən - 'durç"fri:rən] (o, o) v. intr. (sépar.) geler entièrement ; se glacer.

durch|führbar ["durç'fy:rbɑ:r] adj. exécutable ; applicable ; faisable.

Durchführbarkeit [-kait] f. faisabilité.

Durchführbarkeits|studie [-kaits'ʃtu:diə] f. (-, n) étude (f.) de faisabilité, d'opportunité.

durch|führen [-rən] v. tr. (sépar.) accomplir ; exécuter ; organiser. | *einen Plan durchführen*, exécuter un projet. | *einen Wettkampf durchführen*, organiser une compétition. || JUR. appliquer (une loi).

Durch|führung [-ruŋ] f. (-, en) exécution f. ; réalisation f. ; accomplissement m. ; mise (f.) en vigueur ; application f.

durch|furchen ['durç"fu:rçən] v. tr. (insépar.) sillonner ; fendre. || PAR ANAL. *eine vom Alter durchfurchte Stirn*, un front creusé, sillonné (par l'âge).

durch|füttern ["durç'fytərn] v. tr. (sépar.) nourrir pendant l'hiver (les animaux).

Durch|gang ['durçgaŋ] m. (s, ¨e) passage m. ; issue f. | *den Durchgang öffnen*, ouvrir le passage. | *den Durchgang sperren*, barrer le passage. | *den Durchgang freimachen*, dégager le passage. | *sich einen Durchgang verschaffen*, s'ouvrir un passage. || TRANSP. [Bahnhof] *unterirdischer Durchgang*, passage souterrain. | *Durchgang verboten !*, passage interdit. | *kein Durchgang !*, défense de passer. || FIG. *beim Durchgang Ihrer Rechnung*, en examinant votre facture. || COMM. transit m.

Durch|gänger ["durç'gɛŋər] m. (s, -) cheval (m.) qui s'emballe.

durch|gängig [-ŋiç] adj. courant ; moyen.

◇ adv. en moyenne ; couramment.

Durchgangs|bahnhof ["durçgaŋs'bɑ:nho:f] m. (s, ¨e) gare (f.) de transit, de passage. ||°**-lager** n. (s, -) camp (m.) de passage (pour réfugiés, prisonniers). ||°**-verkehr** m. (s) trafic (m.) de transit. ||°**-zug** m. (s, ¨e) train (m.) express.

durch|geben ["durç'ge:bən] (i, a, e) v. tr. (sépar. et insépar.) transmettre ; faire passer.

durch|gehen ["durç'ge:ən - 'durç"ge:ən] (ging, gegangen) v. intr. (sépar.) [überschreiten] traverser. | *einen Wald durchgehen*, traverser une forêt. || [eindringen] pénétrer ; passer à travers. | *die Kugel ging durch bis ins Herz*, la balle pénétra jusqu'au cœur. || FAM. [fortlaufen] prendre le mors aux dents ; s'emballer ; s'emporter ; filer ; prendre la poudre d'escampette. | *der Kassierer ist durchgegangen*, le caissier a mangé la grenouille. || FIG. *die Phantasie ging mit ihm durch*, son imagination s'emballait. || [angenommen werden] passer ; être adopté. | *der Antrag ging durch*, cette proposition fut adoptée. || [nachsehen] *alle Unarten durchgehen lassen*, (laisser) passer tous les caprices.
◇ v. tr. FIG. (parfois insépar.) parcourir ; examiner ; contrôler ; vérifier ; réviser. | *genau durchgehen*, éplucher.

durch|gehend [-ənt] adj. de bout en bout ; tout le long ; en transitant. | *durchgehende Regel*, règle générale. | *durchgehende Arbeitszeit*, travail ininterrompu. || COMM. *durchgehend geöffneter Laden*, magasin ouvert sans interruption. | *durchgehende Waren*, marchandises (f. pl.) en transit. || TRANSP. *durchgehender Zug (D-Zug)*, train (m.) express.

durch|geistern ['durç"gaistərn] v. tr. (insépar.) *ein Gerücht durchgeistert die Stadt*, une rumeur mystérieuse circule à travers la ville.

durch|geistigen ['durç"gaistigən] v. tr. (insépar.) animer ; transfigurer. | *durchgeistigtes Gesicht*, visage transfiguré.

durch|gießen ["durç'gi:sən] (o, o) v. tr. (sépar.) verser ; filtrer ; (faire) passer.

durch|gliedern ["durç'gli:dərn] v. tr. (sépar.) diviser ; disposer.

durch|glühen ["durç'gly:ən - 'durç"gly:ən] v. tr. (sépar.) faire rougir à blanc.
◇ v. tr. FIG. (insépar.) enflammer ; échauffer. | *Freude durchglühte ihre Wangen*, ses joues s'empourpraient de joie.

durch|graben ["durç'gra:bən - 'durç"gra:bən] (ä, u, a) v. tr. (sépar. et insépar.) bien creuser ; fouiller.

durch|greifen ["durç'graifən] (griff, gegriffen) v. intr. (sépar.) passer la main à travers. || FIG. prendre des mesures énergiques ; trancher net.

durch|greifend [-fənt] adj. FIG. énergique ; décisif ; tranchant ; efficace ; radical. | *durchgreifende Maßnahme*, mesure (f.) énergique. | *durchgreifende Besserung*, nette amélioration.

durch|haben ["durç'ha:bən] (hast, hat, hatte, gehabt) v. tr. (sépar.). FAM. en avoir fini avec qch.

durch|halten ["durç'haltən] (ä, ie, a) v. tr. (sépar.) tenir sans lâcher.
◇ v. intr. (sépar.) tenir bon, ferme ; ne pas céder.

durch|hauen ["durç'hauən] (hieb, gehauen) v. tr. (sépar.) trancher ; couper en deux. | *sich einen Weg durchhauen*, se frayer un passage. || LOC. *den Gordischen Knoten durchhauen*, trancher le nœud gordien. || FAM. administrer une volée de bois vert (à qn).

durch|hecheln ["durç'heçəln] v. tr. (sépar.). TECHN. passer au peigne. | *der Flachs wird durchgehechelt*, on passe le chanvre au peigne. || FIG., FAM. critiquer qn ; déchirer qn à belles dents ; éreinter qn.

durch|heizen ["durç'haitsən] v. tr. (sépar.) bien chauffer.

durch|helfen ["durç'helfən] (i, a, o) v. intr. (sépar.) [dat.] assister, secourir, aider qn.
◇ v. pr. (sépar.) **sich durchhelfen,** s'en tirer. | *sich kümmerlich durchhelfen*, joindre difficilement les deux bouts.

durch|hören ["durç'hø:rən] v. tr. (sépar.) entendre à travers. || PAR EXT. écouter jusqu'au bout.

durch|irren ['durç"irən] v. tr. (insépar.) errer à travers, par ; être perdu.

durch|jagen ["durç'ja:gən] v. intr. (sépar.) passer à travers en chassant. || PAR EXT. passer à toute allure.

durch|kämmen ["durç'kemən - 'durç"kemən] v. tr. (sépar. ou insépar.) démêler avec le peigne ; peigner. || FIG. fouiller. | *ein Waldstück durchkämmen*, ratisser, fouiller un canton de forêt.

durch|kämpfen ["durç'kempfən] v. tr. (sépar.). V. DURCHFECHTEN.
◇ v. pr. (sépar.) **sich durchkämpfen,** se faire jour en combattant. || FIG. faire son chemin ; arriver à la force du poignet.

durch|kauen ["durç'kauən] v. tr. (sépar.) bien mâcher. || FIG. ruminer ; remâcher. || PÉJOR. rabâcher.

durch|klingen ["durç'kliŋən - 'durç"kliŋən] (a, u) v. intr. (sépar. et insépar.) résonner, retenir à travers.

durch|klopfen ["durç'klɔpfən - 'durç"klɔpfən] v. tr. (sépar. et insépar.) bien battre, taper. || PAR EXT. taper sur ; rosser.

durch|kneten ["durç'kne:tən] v. tr. bien pétrir.

durch|kommen ["durç'kɔmən] (a, o) v. intr. (sépar.) passer par, à travers ; parvenir à passer ; traverser ; percer. | *früher kam die Eisenbahn hier durch*, autrefois le chemin de fer passait par ici. || FIG. réussir.

durch|können ["durç'kønən] (kann, kannst, konnte, gekonnt) v. intr. (sépar.). FAM. pouvoir passer ; réussir à traverser.

durch|kosten ["durç'kɔstən] v. tr. (sépar.) bien goûter ; goûter l'un après l'autre. || FIG. épuiser. | *die ganze Bitterkeit durchkosten*, boire la coupe jusqu'à la lie.

durch|kreuzen ['durç"krɔytsən] v. tr. (insépar.) [fahren über] croiser ; traverser. || FIG. [stören] contrecarrer ; contrarier.
◇ ["-/'-] v. tr. (sépar.) faire une croix sur ; barrer ; rayer.

Durch|kreuzung [-tsuŋ] f. (-, en) traversée f. ; barrage m. || FIG. obstacle m.

durch|kriechen ["durç'kri:çən] (o, o) v. intr. (sépar.) se glisser ; ramper à travers.
◇ ['-/"-] v. tr. (insépar.) traverser en rampant.

durch|langen ["durç'laŋən] v. tr. (sépar.) donner, passer à travers.

Durch|laß ['durçlas] m. (es, ¨e). [Handlung] passage m. || PAR EXT. [Ort] endroit (m.) où l'on peut passer ; passage m. || TECHN. [Sieb] passoire f. ; crible m. ; couloire f.

durch|lassen ["durç'lasən] (läßt, ließ, gelassen) v. tr. (sépar.) laisser passer ; passer ; filtrer.
◇ v. intr. (sépar.) fuir ; faire eau.

durch|lässig ["durç'lesiç] adj. perméable.

Durch|lässigkeit [-kait] f. (-) perméabilité f.

Durch|laucht ['durçlauxt - durç'lauxt] f. (-, en). POLIT. Altesse f. || RELIG. Monseigneur m.

durch|lauchtig ['durç"lauxtiç] adj. sérénissime.

Durch|lauf ['durçlauf] m. (s, ¨e) passage m.

durch|laufen ["durç'laufən - 'durç"laufən] (ä, ie, au) v. tr. (insépar.) courir à travers ; passer par ; parcourir. | *er durchläuft 400 Meter in 44,9 Sekunden*, il court le 400 mètres en 44,9 secondes. || FIG. parcourir. | *er durchlief rasch alle Dienstränge*, il a brûlé les étapes de la hiérarchie.
◇ v. intr. (sépar.) passer ; passer en courant ; feuilleter ; parcourir ; faire le tour de. | *wir sind durch das Museum nur durchgelaufen*, nous avons fait

rapidement le tour du musée. || FIG. *sich die Füße durchlaufen*, se blesser les pieds. | *durchgelaufene Schuhe*, chaussures percées, trouées.

durch|laufend [-fənt] adj. continu. || COMM. *durchlaufender Posten*, compte (m.) d'ordre. || TECHN. *durchlaufender Betrieb*, service continu.

durch|leben ['durç"le:bən] v. tr. (insépar.) passer. | *wir haben dort manche Jahre durchlebt*, nous y avons passé bien des années. || FIG. passer par. | *alle Stimmungen durchleben*, passer par, éprouver tous les sentiments.
◇ ["-/'-] v. tr. (sépar.) assister à.

durch|lesen ["durç'le:zən - 'durç"le:zən] (ie, a, e) v. tr. (sépar.) lire d'un bout à l'autre. | *ein Buch durchlesen*, lire un livre entièrement.
◇ v. tr. (insépar.) parcourir. | *ein Buch flüchtig durchlesen*, parcourir, jeter un coup d'œil dans un livre.

durch|leuchten ["durç'lɔyçtən - 'durç"lɔyçtən] v. tr. (insépar.) pénétrer de lumière. || MÉD. radiographier. || FIG. examiner ; tirer au clair.
◇ v. intr. (sépar.) luire à travers ; pénétrer. || FIG. se trahir ; percer.

Durch|leuchtung [-tuŋ] f. (-, en), **°-leuchten** [-tən] n. (s). MÉD. radioscopie f. ; radiographie f.

durch|liegen (sich) [ziç"durç'li:gən] (a, e) v. pr. (sépar.). MÉD. attraper des escarres.

durch|lochen ['durç"lɔxən], **-löchern** [-"løçərn] v. tr. (insépar.) perforer ; trouer. | *Fahrkarten durchlochen*, poinçonner des billets. | *durchlöchert*, criblé.

durch|lüften ['durç"lyftən] v. tr. (insépar.) aérer ; éventer.
◇ ["-/'-] v. tr. (sépar.) aérer à fond.

Durch|lüftung [-tuŋ] f. (-) aération f. ; aérage m.

durch|lügen (sich) [ziç"durç'ly:gən] (o, o) v. pr. (sépar.) se tirer d'affaire par des mensonges.

durch|machen ["durç'maxən] v. tr. (sépar.). FAM. percer ; faire passer à travers ; passer par. | *viel durchmachen*, passer par bien des épreuves. | *das Gymnasium durchmachen*, faire toutes les classes du lycée.

durch|mahlen ["durç'ma:lən] v. tr. (sépar.) moudre complètement.

Durch|marsch ['durçmarʃ] m. (es, ¨e) passage (m.). || FIG., FAM. diarrhée f.

durch|marschieren ["durçmar'ʃi:rən] v. intr. (sépar.). passer par ; traverser.

durch|mengen ["durç'mɛŋən - 'durç"mɛŋən] v. tr. (sépar. et insépar.) mêler ; entremêler ; mélanger.

durch|messen ["durç'mɛsən - 'durç"mɛsən] (i, a, e) v. tr. (insépar.) parcourir. | *die Rakete hat 14 000 Kilometer durchmessen*, la fusée a parcouru 14 000 kilomètres.

Durch|messer ["durç'mɛsər] m. (s, -). MATH. diamètre m.

durch|nässen ['durç"nɛsən] v. tr. (insépar.) [von Feuchtigkeit] percer ; traverser.
◇ ["-/'-] v. tr. (sépar.) tremper.

durch|nehmen ["durç'ne:mən] (nimmt, nahm, genommen) v. tr. (sépar.) traiter ; étudier.

durch|pausen [-zən] v. tr. (sépar.) calquer.

durch|peitschen ["durç'paitʃən] v. tr. (sépar.) fouetter ; fustiger ; cravacher. || FIG., FAM. expédier. | *einen Unterrichtsstoff in der Klasse durchpeitschen*, expédier, bâcler une matière en classe.

durch|pressen ["durç'prɛsən] v. tr. (sépar.) faire passer en pressant.
◇ v. pr. (sépar.) **sich durchpressen,** se frayer un passage à travers.

durch|prügeln ["durç'pry:gəln] v. tr. (sépar.) rouer de coups.

durch|pulsen ['durç"pulzən] v. tr. (insépar.) animer.

durch|queren ['durç"kve:rən] v. tr. (insépar.) traverser ; parcourir.

Durch|querung [-ruŋ] f. (-, en) traversée f.

durch|quetschen ["durç'kvɛtʃən] v. tr. (sépar.) faire passer à travers ; passer au presse-purée.

durch|rasen ["durç'ra:zən - 'durç"ra:zən] v. intr. (sépar. et insépar.) passer en vitesse ; brûler les étapes.

durch|rechnen ["durç'rɛçnən] v. tr. (sépar.) calculer ; faire le compte de.

durch|regnen ["durç're:knən - 'durç"re:knən] v. intr. (sépar.) pleuvoir à travers ; percer.
◇ v. tr. (sépar.) tremper ; percer.

Durch|reise ["durç'rai:zə] f. (-, n) passage m.

Durchreise|vermerk ["durçraizəfɛr'mɛrk] n. (s, e) visa (m.) de transit.

durch|reisen ["durç'rai:zən] v. intr. (sépar.) passer par.
◇ ['/"-] v. tr. insépar. parcourir.

durch|reißen ["durç'raisən - 'durç"raisən] v. tr. (sépar. ou insépar.) déchirer de part en part ; rompre.

durch|reiten ["durç'raitən] (i, i) v. tr. (insépar.) passer, parcourir à cheval.
◇ ['-/"-] v. intr. (sépar.) passer à cheval.

durch|rieseln ["durç'ri:zəln - 'durç"ri:zəln] v. intr. (sépar.) ruisseler ; filtrer à travers ; suinter.
◇ v. tr. (insépar.) ruisseler ; traverser. | *es durchrieselt mich kalt*, je suis transi de peur, d'effroi.

durch|ringen (sich) [ziç"durç'riŋən] (a, u) v. pr. (sépar.). FIG. surmonter tous les obstacles ; passer. | *er hat sich zu der Überzeugung durchgerungen*, il s'est affermi dans cette conviction.

durch|rufen ["durç'ru:fən] (ie, u) v. tr. (sépar.) téléphoner ; faire passer un ordre.

durch|rühren ["durç'ry:rən] v. tr. (sépar.) mélanger ; remuer ; brasser.

durch|rütteln ["durç'rytəln] v. tr. (sépar.) cahoter.

durchs [durçs] prép. contraction de DURCH DAS.

durch|sacken ["durç'zakən] v. intr. tomber.

durch|sagen ["durç'za:gən] v. tr. (sépar.) transmettre oralement.

Durch|sagen ["durç'za:gən] n. (s) transmission verbale.

durch|sägen ["durç'zɛ:gən - 'durç"zɛ:gən] v. tr. (sépar. ou insépar.). TECHN. couper, découper à la scie ; scier.

durch|schalten ["durç'ʃaltən - 'durç"ʃaltən] v. tr. (sépar. ou insépar.). ÉLECTR. mettre sous courant ; connecter.

durch|schau(d)ern ['durç"ʃau(d)ərn] v. tr. (insépar.) traverser d'un frisson ; faire frissonner. | *es durchschau(d)ert mich*, cela me donne le frisson.

durch|schauen ["durç'ʃauən - 'durç"ʃauən] v. intr. (sépar.) voir à travers. | *er schaut durch ein Fernrohr durch*, il regarde à travers une longue-vue.
◇ v. tr. (insépar.) percer à jour ; pénétrer. | *jn durchschauen*, percer à jour les projets de qn.

durch|scheinen ["durç'ʃainən] (ie, ie) v. intr. (sépar.) pénétrer ; transparaître ; luire à travers.

durch|scheinend [-nənt] adj. transparent ; translucide ; diaphane.

durch|schieben ["durç'ʃi:bən] (o, o) v. tr. (sépar.) pousser, faire glisser à travers.

durch|schießen ['durç"ʃi:sən] (o, o) v. tr. (insé-

par.) transpercer ; traverser. | *das Bein wurde ihm durchschossen*, une balle lui a transpercé la jambe. || PAR EXT., TYPOGR. espacer ; interligner. || [heften] interfolier.
◇ ["-/'--] v. intr. (sépar.) tirer à travers, par.
durch|schlafen ["durç'ʃla:fən - 'durç"ʃla:fən] (ä, ie, a) v. intr. (sépar.) dormir sans se réveiller.
◇ v. tr. (insépar.) passer son temps à dormir.
Durch|schlag ['durçʃla:k] m. (s, ¨e) [Werkzeug] poinçon m. || [Abschrift] double m. ; copie f. || CULIN. [Sieb] passoire f. || MIL. pénétration f. (d'un projectile).
Durchschlag|hammer ["durçʃla:k'hamər] m. (s, ¨) chasse-coin m. ||°**-papier** n. (s, e) papier carbone m.
durch|schlagen ["durç'ʃla:gən - 'durç"ʃla:gən] (ä, u, a) v. tr. (insépar.) battre ; percer ; défoncer ; traverser. || CULIN. passer.
◇ v. pr. (sépar.) **sich durchschlagen,** arriver à passer à travers. || FIG. vivoter.
◇ v. intr. (sépar.) percer ; pénétrer ; passer à travers. || ÉLECTR. *die Sicherung schlug durch*, le fusible sauta. || FIG. réussir ; être efficace.
durch|schlagend [-gənt] adj. efficace ; décisif. | *durchschlagende Gründe*, raisons convaincantes. | *durchschlagender Erfolg*, plein succès.
durch|schlängeln ['durç"ʃlɛŋəln] v. tr. (insépar.) serpenter à travers.
◇ ["-/'--] v. pr. (sépar.) **sich durchschlängeln,** se glisser, serpenter à travers. || FIG., FAM. se débrouiller.
durch|schleichen ["durç'ʃlaiçən - 'durç"ʃlaiçən] (i, i) v. intr. et v. pr. (sépar.) s'en aller furtivement.
◇ v. tr. (insépar.) traverser furtivement.
durch|schleppen ["durç'ʃlɛpən] v. tr. (sépar.) traîner à travers. || FIG. secourir ; sustenter.
◇ v. pr. **sich durchschleppen,** se sustenter. || FIG. *sich kümmerlich durchschleppen*, vivoter.
durch|schleusen ["durç'ʃlɔyzən] v. tr. (sépar.). MAR. passer le sas ; sasser.
Durch|schlupf ['durçʃlupf] m. (s, ¨e) passage très étroit ; trou m.
durch|schlüpfen ["durç'ʃlypfən] v. intr. glisser à travers ; se faufiler. || FIG. échapper.
durch|schmuggeln ["durç'ʃmugəln] v. tr. faire passer en contrebande.
durch|schneiden ["durç'ʃnaidən - 'durç"ʃnaidən] (schnitt, geschnitten) v. tr. (sépar.) sectionner ; trancher. | *einen Knoten durchschneiden*, trancher un nœud.
◇ v. tr. (insépar.) couper ; fendre. || [Schiff] *die Wellen durchschneiden*, fendre les vagues.
Durch|schnitt ['durçʃnit] m. (s, e) [Handlung] coupe f. ; section f. || FIG. [Mittelwert] moyenne f. | *im Durchschnitt*, en moyenne. | *er erreicht den Durchschnitt*, il atteint la moyenne. || ARCHIT. coupe f. ; profil m. | *im Durchschnitt zeichnen*, dessiner en coupe ; profiler. || MATH. diamètre m.
Durchschnitt... (en compos.) moyen.
durch|schnittlich ["durç'ʃnitliç] adj. moyen.
◇ adv. en moyenne ; l'un dans l'autre.
Durchschnitts|alter ["durçʃnits'altər] n. (s) âge moyen. ||°**-einkommen** n. (s, -). FIN. revenu moyen. ||°**-geschwindigkeit** f. (-, en) vitesse moyenne. ||°**-mensch** m. (en, en) homme moyen, ordinaire ; (l')homme de la rue. ||°**-rechnung** f. (-, en). MATH. règle de mélange (directe). ||°**-sätze** m. pl. taux moyens. ||°**-ware** f. (-, n). COMM. marchandise (f.) de qualité moyenne. ||°**-wert** m. (s, e) valeur moyenne.

durch|schnüffeln ["durç'ʃnyfəln - 'durç"ʃnyfəln], v. tr. FAM. fureter ; fouiller ; POP. farfouiller.
Durchschreibe|buchführung ["durçʃraibə'bu:x-fy:ruŋ] f. (-, en) comptabilité (f.) par décalque.
durch|schreiben ["durç'ʃraibən - 'durç"ʃraibən] (ie, ie) v. tr. calquer. || PAR EXT. copier.
durch|schreiten ["durç'ʃraitən - 'durç"ʃraitən] (i, i) v. intr. (sépar.) marcher, passer à travers ; traverser ; franchir. | *sie kamen vor das Tor und schritten durch*, ils arrivèrent à la porte et la franchirent.
◇ v. tr. (insépar.) traverser ; arpenter. | *er durchschritt den Park*, il traversa le parc.
Durch|schrift ['durçʃrift] f. (-, en) double m.
Durch|schuß ['durçʃus] m. (es, ¨e). TEXT. [Einschlag] trame f. || MIL. perforation f. || TYPOGR. interlignage m.
Durchschuß|blatt ["durçʃus'blat] n. (s, ¨er), °**-seite** [-'zaitə] f. (-, n). TYPOGR. feuillet (m.) intercalaire.
durch|schütteln ["durç'ʃytəln] v. tr. (sépar.) bien secouer ; agiter ; remuer jusqu'au fond.
durch|schwärmen ["durç'ʃvɛrmən] v. tr. (sépar.) parcourir en bande joyeuse. || PAR EXT. *die Nacht durchschwärmen*, passer la nuit à s'amuser.
durch|schwimmen ["durç'ʃvimən - 'durç"ʃvimən] (a, o) v. intr. (sépar.) passer à la nage.
◇ v. tr. (insépar.) traverser à la nage.
durch|schwindeln (sich) [ziç"durç'ʃvindəln] v. pr. (sépar.) vivre d'expédients.
durch|schwitzen ["durç'ʃvitsən - 'durç"ʃvitsən] v. intr. (sépar.) suinter ; transpirer ; transsuder. | *ich bin ganz durchgeschwitzt*, je suis en nage.
◇ v. tr. (insépar.) mouiller ; tremper de sueur.
durch|sehen ['durç'ze:ən] (ie, a, e) v. intr. (sépar.) voir, regarder, apercevoir à travers. || PAR EXT. paraître, apparaître à travers.
◇ v. tr. (sépar.) 1° percer à jour ; 2° examiner ; revoir. | *er mußte seine Arbeit noch durchsehen*, il lui a fallu revoir son travail. | *Aktenstücke durchsehen*, compulser un dossier.
Durch|sehen [-ən] n. (s) examen n. ; révision f.
durch|seihen ["durç'zaiən] v. tr. (sépar.) filtrer ; passer.
durch|sein ['durçzain] (bin, war, gewesen) v. intr. (sépar.). FAM. avoir passé, réussi. | *er ist durch*, il a été reçu (à l'examen). || TRANSP. *der Zug ist eben durch*, le train vient de passer. || PAR EXT. *die Sohle ist durch*, la semelle est percée.
durch|setzen ["durç'zɛtsən - 'durç"zɛtsen] v. tr. (sépar.) faire exécuter ; mener à bonne fin ; venir à bout de ; faire passer. | *einen Plan durchsetzen*, faire adopter un plan. | *seinen Willen durchsetzen*, imposer sa volonté ; arriver à ses fins. | *es durchsetzen, daß*, obtenir que.
◇ v. pr. **sich durchsetzen.** FIG. percer ; se faire une place au soleil. | *er hat sich durchgesetzt*, il s'est imposé.
◇ v. tr. (insépar.) traverser ; pénétrer ; imprégner.
◇ part. pass. et adj. **durchsezt,** entremêlé ; imprégné. | *ein mit Silbererz durchsetztes Gestein*, une roche entremêlée de minerai d'argent.
Durch|sicht ['durçziçt] f. (-, en) échappée f. ; percée f. || PAR EXT. révision f. ; examen m. | *Durchsicht einer Rechnung*, révision d'un compte.
durch|sichtig ["durç'ziçtiç] adj. transparent ; limpide ; diaphane ; translucide ; clair. || FIG. clair ; manifeste.
Durch|sichtigkeit [-tiçkait] f. (-) transparence f. ; limpidité f. ; clarté f.
durch|sickern ["durç'zikərn - 'durç"zikərn] v. tr.

(insépar.) suinter à travers ; filtrer ; dégoutter. | *das Wasser durchsickert die Mauer*, l'eau passe à travers le mur.
◇ v. intr. (sépar.) *das Wasser sickert durch die Mauer (hin)durch*, l'eau s'est trouvé un chemin à travers le mur. || FIG. (toujours sépar.) *von dem Plan sind Einzelheiten durchgesickert*, des détails de ce plan ont transpiré.

durch|sieben ["durç'zi:bən] v. tr. (sépar.) cribler ; tamiser ; passer au crible, au tamis.

durch|sitzen ["durç'zitsən] (saß, gesessen) v. tr. (sépar.) user (à force d'être assis dessus).

durch|spielen ["durç'ʃpi:lən - 'durç"ʃpi:lən] v. tr. (sépar.). MUS. jouer d'un bout à l'autre. || PAR EXT. (insépar.) passer son temps au jeu. | *sie haben die Nacht durchgespielt*, ils ont passé la nuit au jeu.

durch|sprechen ["durç'ʃprεçən] (i, a, o) v. tr. (sépar.) dire en entier. || PAR EXT. discuter à fond ; débattre.

durch|springen ["durç'ʃpriŋən - 'durç"ʃpriŋən] (a, u) v. intr. (sépar.) sauter à travers.
◇ v. tr. insépar. traverser ; franchir d'un saut.

durch|stechen ["durç'ʃtεçən, 'durç"ʃtεçən] (i, a, o) v. tr. (insépar. et sépar.) percer ; transpercer ; piquer ; perforer. | *die Arbeiter stechen den Damm durch*, les ouvriers percent la digue. | *die Näherin hat sich den Finger durchstochen*, la couturière s'est piqué le doigt (avec une aiguille).

Durch|stich ['durçʃtiç] m. (s, e) percement m. || [Résultat] percée f. ; tranchée f. ; tunnel m.

durch|stöbern ["durç'ʃtø:bərn - 'durç"ʃtø:bərn] v. tr. (sépar. ou insépar.) fureter ; fouiller.

Durch|stoß ['durçʃto:s] m. (es, ¨e). MIL. poussée f. ; percée f. || TECHN. emporte-pièce m. ; matrice f. ; perforatrice f.

durch|stoßen ["durç'ʃto:sən - 'durç"ʃto:sən] (ö, ie, o) v. tr. (sépar. et insépar.) pousser à travers ; enfoncer. | *die Front durchstoßen*, enfoncer le front.

durch|streichen ["durç'ʃtraiçən - 'durç"ʃtraiçən] (i, i) v. tr. (sépar. et insépar.) rayer ; biffer ; raturer. || PAR ANAL. parcourir ; rôder ; passer par. || PAR EXT. souffler à travers.

durch|streifen ["durç'ʃtraifən - 'durç"ʃtraifən] v. tr. (sépar. et insépar.) vagabonder ; parcourir en tous sens ; battre la campagne.

durch|strömen ["durç'ʃtrø:mən] v. tr. (insépar.) traverser en coulant. | *die Donau durchströmt verschiedene Länder*, le Danube parcourt plusieurs pays. || FIG. inonder, remplir, pénétrer de.
◇ ['-/"-] v. intr. (sépar.) couler à travers ; passer à flots à travers.

durch|suchen ["durç'zu:xən - 'durç"zu:xən] v. tr. (sépar. et insépar.) fouiller ; visiter ; explorer. | *die Polizei durchsuchte das Haus*, la police fit une perquisition dans la maison. | *ich suchte das ganze Haus nach meinen Schlüsseln durch*, j'ai retourné toute la maison pour trouver mes clefs. || MIL. explorer un terrain. || [Jagd] faire une battue dans.

Durch|suchung [-xuŋ] f. (-, en) perquisition f. ; visite f. ; fouille f. || MIL. exploration f. || [Jagd] battue f.

durch|tanzen ["durç'tantsən - 'durç"tantsən] v. tr. (sépar. et insépar.) rester au bal jusqu'à la fin. || PAR EXT. *die Nacht durchtanzen*, passer la nuit à danser.

durch|tränken ['durç"trεnkən] v. tr. (insépar.) tremper ; imprégner ; imbiber. | *bis auf die Haut durchtränkt (durchnäßt)*, trempé jusqu'aux os. || FIG. imprégné.

durch|treiben ["durç'traibən] (ie, ie) v. tr. (sépar.) passer ; faire passer à travers.

durch|treten ["durç'tre:tən] (i, a, e) v. tr. (sépar.) user en marchant dessus. | *er hat seine Schuhe durchgetreten*, il a troué ses semelles à force de marcher. || AUTOM. *den Gashebel durchtreten*, appuyer à fond sur l'accélérateur.

durch|trieben ['durç"tri:bən] adj. FIG. rompu ; madré ; roué ; rusé ; retors.

Durch|triebenheit [-"tri:bənhait] f. rouerie f.

durch|wachen ["durç'vaxən - 'durç"vaxən] v. tr. (insépar.) *er durchwacht die halbe Nacht*, il passe la moitié de la nuit à veiller.
◇ v. intr. (sépar.) *er hat bis zum Morgen durchgewacht*, il a veillé jusqu'au matin.

durch|wachsen ["durç'vaksən - 'durç"vaksən] (ä, u, a) v. intr. (sépar.) croître ; pousser à travers.
◇ v. tr. (insépar.) traverser en croissant ; pousser de-ci de-là dans. | *der Baum durchwächst die Mauer*, l'arbre pousse à travers le mur.

durch|wachsen ['durç"vaksən] adj. CULIN. entrelardé. | *durchwachsener Speck*, lard (m.) maigre. || BOT. perfolié. || MINES. *durchwachsene Kohle*, charbon barré. | *durchwachsenes Gestein*, complexe m. ; mixtes m. pl.

durch|walken ["durç'valkən] v. tr. (sépar.). TECHN., TEXT. fouler. | *das Tuch wird durchgewalkt*, on foule le drap. || FIG., FAM. étriller ; rouer de coups.

durch|wandern ["durç'vandərn - 'durç"vandərn] v. intr. (sépar.) passer à pied. | *hier bin ich schon einmal durchgewandert*, je suis déjà passé une fois ici.
◇ v. tr. (insépar.) traverser ; parcourir. | *im Sommer habe ich die Schweiz durchwandert*, en été j'ai parcouru la Suisse.

durch|waten ["durç'vɑ:tən - 'durç"vɑ:tən] v. tr. (insépar.) passer à gué. | *wir haben den Bach durchwatet*, nous avons passé la rivière à gué.
◇ v. intr. (sépar.) passer à gué.

durch|weben ['durç"ve:bən] (o, o) v. tr. (insépar.) entrelacer ; entremêler de. | *eine Rede mit Zitaten durchweben*, émailler un discours de citations. || FIG. *Humor durchwebt Gottfried Kellers Novellen*, on sent l'humour à travers toutes les nouvelles de Gottfried Keller.

durch|weg(s) ['durçve:k(s) - durç've:k(s)] adv. de bout en bout ; d'un bout à l'autre. || en règle générale ; généralement.

durch|wehen ["durç've:ən - 'durç"ve:ən] v. intr. (sépar.) souffler à travers, partout, de tous les côtés.
◇ v. tr. (insépar.) balayer (de son souffle).

durch|weichen ["durç'vaiçən - 'durç"vaiçən] v. tr. (insépar.) amollir ; tremper.
◇ v. intr. (insépar.) tremper ; s'amollir.

durch|winden (sich) [ziç"durç'vindən] (a, u) v. pr. (sépar.) se faufiler. || FIG. se tirer d'affaire.

durch|wirken ['durç"virkən] v. tr. (insépar.). TEXT. brocher. | *mit Gold durchwirkter Stoff*, tissu broché d'or.
◇ ["/'-] v. intr. (sépar.) agir à travers.

durch|wollen ["durç'vɔlən] (will, wollte, gewollt) v. intr. sépar. FAM. vouloir passer, traverser.

durch|wühlen ["durç'vy:lən - 'durç"vy:lən] v. tr. (sépar. et insépar.) fouiller ; bouleverser.

durch|zählen ["durç'tsε:lən - 'durç"tsε:lən] v. tr. (sépar. ou insépar.) compter un à un ; vérifier.

Durch|zeichen|papier ["durç'tsaiçənpapi:r] n. (s, e) papier (m.) à décalquer.

durch|zeichnen ["durç'tsaiçnən] v. tr. (sépar.) calquer.

durch|ziehen ["durç'tsi:ən - 'durç"tsi:ən] (zog,

gezogen) v. tr. (sépar.) faire passer. || MATH. tirer ; tracer.
◇ v. intr. (sépar.) passer par. | *sie sind durch Flandern durchgezogen*, ils ont traversé la Flandre.
◇ v. tr. (insépar.) traverser ; parcourir ; sillonner. | *wir haben Flandern in wenigen Tagen durchzogen*, nous avons traversé la Flandre en quelques jours. || *mit etwas durchziehen*, imprégner de qch.

durch|zittern ['durç"tsitərn] v. tr. (insépar.) traverser d'un frisson. | *Angst durchzittert seine Seele*, l'angoisse emplit son cœur.

durch|zucken ['durç"tsukən] v. tr. (insépar.) traverser comme l'éclair ; sillonner. | *Blitze durchzucken den Himmel*, des éclairs sillonnent le ciel. || FIG. faire tressaillir.

Durch|zug ['durçtsu:k] m. (s, ¨e) passage m. ; courant (m.) d'air. || ARCHIT. architrave f.

durch|zwängen, -zwingen ["durç'tsvɛŋən, -'tsviŋən] (a, u) v. tr. (sépar.) faire passer de force.
◇ v. pr. (sépar.) **sich durchzwängen, -zwingen,** passer en jouant des coudes ; forcer le passage.

dürfen ['dyrfən] (darf, durfte, gedurft) v. auxil. de mode, v. tr. **1.** [die Erlaubnis haben] avoir la permission, le droit de ; pouvoir ; être autorisé à. | *mitreden dürfen*, avoir voix au chapitre. | *darf ich Sie bitten, einzutreten ?*, puis-je vous prier d'entrer ? | *darf ich ?*, oserai-je ? ; m'est-il permis ? | *wenn ich bitten darf*, s'il vous plaît. | *ich darf keinen Wein trinken*, le vin m'est défendu. | *darüber darf man sich nicht wundern*, ce n'est pas étonnant.
2. n'avoir qu'à. | *ich darf nicht daran denken, sonst gerate ich in Wut*, rien que d'y penser, j'entre en fureur.
3. [vermutlich] être possible, probable. | *morgen dürfte schönes Wetter sein*, demain il pourrait faire beau. | *das dürfen Sie mir glauben*, vous pouvez m'en croire. | *es dürfte wohl das Beste sein*, il me semble que ce serait le mieux.

dürftig ['dyrftiç] adj. [Personen] indigent ; nécessiteux. | *dürftiger Greis*, vieillard indigent. || FIG. [Dinge] insuffisant ; mesquin ; médiocre ; maigre.
◇ adv. pauvrement ; misérablement.

Dürftigkeit [-kait] f. (-). [Dinge] pauvreté f. ; médiocrité f. || FIG. insuffisance f. ; mesquinerie f. || [Personen] besoin m. ; indigence f.

dürr [dyr] adj. [trocken] sec ; desséché. | *dürres* Holz, bois sec, mort. || PAR ANAL. [mager] maigre ; décharné ; desséché ; mince ; grêle. | *ein dürres Männlein*, un petit bonhomme sec. || PAR EXT. aride ; stérile.

dürr|beinig ["dyr'bainiç] adj. qui a les jambes maigres, grêles.

Dürre ['dyrə] f. (-) sécheresse f. ; aridité f. ; maigreur f.
— SYN. : *Trockenheit*, sécheresse ; *Unfruchtbarkeit*, aridité ; *Unergiebigkeit*, stérilité.

Durst [durst] m. (es) soif f. | *den Durst stillen, löschen*, étancher (apaiser), calmer (éteindre) la soif ; se désaltérer. | *Durst machen*, donner soif. || FAM. *er hat einen über den Durst getrunken*, il a bu un coup de trop. || FIG. soif f. ; désir m.

dürsten ['dyrstən] v. intr. avoir soif ; être altéré ; avoir envie de boire. || FIG. *nach Rache dürsten*, avoir soif de vengeance.

durstig ['durstiç] adj. altéré ; assoiffé. | *durstig sein*, avoir soif.

durst|löschend, -stillend ["durst'løʃənt, -'ʃtilənt] adj. désaltérant. ||°**-strecke** f. (-, n). FIG. traversée (f.) du désert.

Dur|ton ['du:rto:n] m. (s, ¨e). MUS. ton, mode majeur. ||°**-ton|leiter** f. (-, n). MUS. gamme majeure.

Dusche ['duʃə] f. (-, n) douche f.

duschen [-ʃən] v. tr. doucher.
◇ v. intr. prendre une douche.

Dusch|fußbecken ["duʃ'fu:sbekən] m. (s) bac (m.) à douche. ||°**-kopf** m. (s, ¨e) pomme (f.) de douche. ||°**-vorhang** m. (s,¨e) rideau (m.) de douche.

Düse ['dy:zə] f. (-, n). TECHN. tuyère f. ; ajutage m. ; buse f. || AUTOM. gicleur m.

Dusel [du:zəl] m. (s). POP. vertige m. ; étourdissement m. ; assoupissement m. ; somnolence f. || FAM. veine f. ; chance f.

duselig [-zəliç] adj. POP. somnolent ; assoupi ; abasourdi.

duseln [-zəln] v. intr. POP. somnoler ; rêvasser.

Düsen|antrieb ["dy:zən'antri:p] m. (s, e). TECHN. propulsion (f.) par réaction. | *mit Düsenantrieb*, à réaction. ||°**-flugzeug** n. (s, e). AÉRON. avion (m.) à réaction. ||°**-triebwerk** n. (s, e). AÉRON. réacteur m., moteur (m.) à réaction.

Dussel ['dusəl] m. (s, -). FAM. idiot m.

dusselig, dußlig ['dusəliç, 'dusliç] adj. FAM. stupide ; bête.

Dust [dust] m. (es) poussière f.

düster ['dy:stər] adj. sombre ; obscur ; ténébreux. || FIG. sombre ; morne ; noir ; triste ; lugubre. | *düstere Stimmung*, humeur (f.) sombre.

Düsterheit ['dy:stərhait] f. (-), **Düsterkeit** ['dystərkait] f. (-) obscurité f. || FIG. mélancolie f. ; abattement m.

düstern ['dy:stərn] v. intr. s'assombrir. | *es düstert schon*, le soir descend.

Dutzend ['dutsənt] n. (s, e) douzaine f. | *zwölf Dutzend*, grosse f. || FIG. *davon gehen zwölf auf ein Dutzend*, on en trouve à la douzaine.

Dutzend|gesicht ["dutsəntgə'ziçt] n. (s, er) visage insignifiant. ||°**-mensch** m. (en, en) homme (m.) très ordinaire. ||°**-ware** f. (-, n) marchandise (f.) de pacotille. ||**-weise** adv. à la douzaine ; par douzaines.

Duz|bruder ["duts'bru:dər] m. (s, ¨) ami (m.) de cœur ; ami qu'on tutoie. ||°**-freund** m. (s, e), °**-freundin** f. (-, nen) ami, amie intime. | *sie sind Duzfreunde*, ils sont à tu et à toi. ||°**-fuß** m. (es, ¨e) *mit jm auf dem Duzfuß stehen*, être à tu et à toi avec qn ; se tutoyer.

duzen ['du:tsən] v. tr. tutoyer.
◇ v. pr. **sich duzen,** se tutoyer.

Duzen ['du:tsən] n. (s) tutoiement m.

Dynamik [dy'na:mik] f. (-). PHYS. dynamique f.

dynamisch [-miʃ] adj. PHYS. dynamique.

Dynamismus [dyna'mismus] m. dynamisme m.

Dynamit [dyna'mi:t] n. (s, e). CHIM. dynamite f. ; nitroglycérine f.

Dynamo [dy'na:mo] m. (-, s). ÉLECTR. dynamo f. ; génératrice (f.) électrique.

Dynamo|meter [dynamo'me:tər] m. (s, -) dynamomètre m.

Dynastie [-nas'ti:] f. (-, en). POLIT. dynastie f.

dynastisch [-'nastiʃ] adj. POLIT. dynastique.

Dysenterie [dysɛnte'ri:] f. (-, n). MÉD. dysenterie f.

Dysfunktion ['dysfuŋktio:n] f. (-, en). MÉD. dysfonctionnement m.

E

E, e [e:] n. E. m. | *das große* E, l'*E* majuscule. | *das kleine* e, l'*e* minuscule. || MUS. *E*, mi m. | *E-Dur*, mi majeur.

Ebbe ['ɛbə] f. (-, n). MAR. reflux m. ; marée basse, descendante. | *es ist Ebbe*, la marée descend.

ebben ['ɛbən] v. intr. et v. impers. MAR. *es ebbt*, la marée descend. || FIG. baisser ; diminuer.

Eben ['e:bən] n., plus souvent **Eben|holz** n. (es) ébène m. ; bois (m.) d'ébène.

eben ['e:bən] adj. plan ; uni ; égal ; plat ; de plain-pied ; lisse. | *ebenes Land*, pays(age) plat ; plaine f. ; pays (m.) de plaines. | *ebenes Feld*, rase campagne. | *zu ebener Erde wohnen*, habiter le rez-de-chaussée. | *ebenen Fußes*, de plain-pied. | *eben machen*, aplanir. || MATH. plan.

◇ adv. juste ; à l'instant même ; précisément. || [gerade, genau] *das eben wollte ich sagen*, c'est précisément ce que j'allais dire. | *das ist es eben*, c'est cela même. | *das wäre mir eben recht*, cela m'arrangerait. || [nun einmal] *er ist eben nicht zu gebrauchen*, c'est qu'il n'est bon à rien. || [gerade noch] *er ist nicht eben klug*, il n'est pas précisément sage. | *mit drei Mark komme ich eben aus*, j'y arrive tout juste avec trois marks. || [gerade jetzt] *er ist eben gekommen*, il vient d'arriver. | *er war eben hier*, il était là il y a un instant. | *eben recht kommen*, venir à propos.

Eben|bild ["e:bən'bilt] n. (s, er) portrait m. ; image f. ||**-bürtig** adj. (dat.) l'égal de ; égal ; de pair. ||°**-bürtigkeit** ["-/'--] f. (-) égalité (f.) de naissance, de valeur, de condition. ||**-da** adv. au même endroit ; dans le même passage ; ibid(em). ||**-dahin** adv. au même endroit. ||**-darum** adv. juste pour cette raison. ||**-der, -die, -das, -derselbe, -dieselbe, -dasselbe** pron. dém. le même ; la même. || **-deshalb** ["-/-'-], **-deswegen** [-/-'--] adv. voilà (justement) pourquoi. ||**-falls** adv. également ; aussi ; de même. ||°**-maß** n. (es, e) harmonie f. ; symétrie f. ; régularité f. ; mesure f. ||**-so** ['-/-] adv. de même ; aussi. | *ebenso klein*, juste aussi petit. | *es geht mir ebenso*, c'est aussi mon cas. ||**-solcher, -solche, -solches** pron. dém. un tel.

Ebene ['e:bənə] f. (-, n). GÉOGR. plaine f. || MATH. plan m. ; surface plane. || FIG., POLIT. *Verhandlungen auf höchster Ebene*, conférence (f.) au sommet. || FAM. *auf die schiefe Ebene geraten*, sombrer.

Eber ['e:bər] m. (s, -). ZOOL. sanglier m. ; verrat m.

Eber|esche ["e:bər'ɛʃə] f. (-, n). BOT. sorbier m.

ebnen ['e:bnən] v. tr. aplanir ; niveler ; égaliser. || FIG. *die Wege ebnen*, aplanir les difficultés.

— SYN. : *abflachen, flächen*, aplanir ; *eben-, gleichmachen*, niveler ; *ausgleichen*, égaliser.

Echo ['ɛço] n. (s, s) écho m. || FIG. retentissement m.

echoen [-ən] v. impers. faire écho. | *es echot*, il y a un écho.

Echo|gramm ["ɛço'gram] n. (s, e). MÉD. échogramme m. ||°**-kardiographie** f. (-, n). MÉD. échocardiographie f. ||°**-lot** n. (s, e). MAR. sonde (f.) acoustique ; sonar m. ||°**-ortung** f. (-, en). PHYS. écholocation f. ||°**-signal** n. (s, e). MÉD. signal (m.) échographique. ||°**-tomographie** f. MÉD. échotomographie f.

Echse ['ɛksə] f. (-, n). ZOOL. saurien m.

echt [ɛçt] adj. vrai ; véritable ; authentique ; original. || MATH. *echte und unechte Brüche*, fractions (f. pl.) ordinaires et nombres (m. pl.) fractionnaires.

Echtheit ['ɛçthait] f. (-) authenticité f. ; pureté f.

Echt|zeit ["ɛçt'tsait] f. (-, en). INF. temps réel.

Eck [ɛk] n. (s, e). V. ECKE.

Eck|balken ["ɛk'balkən] m. (s, -). ARCHIT. pied, poteau cornier. ||°**-ball** m. (s, ¨e). SPORT. corner m. ||°**-bank** f. (-, ¨e) cosy corner m. ||°**-daten** n. pl. statistiques (f. pl.) de référence. ||°**-haus** n. (es, ¨er) maison (f.) d'angle. ||°**-lohn** m. (s, ¨e) salaire (m.) de référence. ||°**-pfeiler** m. (s, -) pilier (m.) angulaire ; butée (f.) d'angle ; culée (f.) de pont. ||°**-pfosten** m. (s, -) poteau (m.) d'angle. ||°**-platz** m. (es, ¨e), encoignure f. ||°**-schrank** m. (s, ¨e) encoignure f. ; meuble (m.) d'angle. ||°**-stein** m. (s, e) pierre (f.) angulaire ; chasse-roues m. ||°**-zahn** m. (s, ¨e). ANAT. canine f. ||°**-zimmer** n. (s, -) chambre (f.) d'angle. ||°**-zins** m. (es, en ou e). FIN. taux (m.) de base bancaire.

Ecke ['ɛkə] f. (-, n) coin m. ; encoignure f. | *Straßenecke*, coin (m.), angle (m.) de rue. | *Ecke am Kamin*, coin du feu. | *den Schüler in die Ecke stellen*, mettre l'élève au coin. | *das Auto biegt um die Ecke*, l'automobile tourne au coin de la rue. | *in allen Ecken und Winkeln*, partout. || FIG., FAM. *jn um die Ecke bringen*, assassiner qn. || SPORT. *eine Ecke schießen*, tirer un corner.

Ecken|steher ["ɛkən'ʃte:ər] m. (s, -) homme (m.) de peine.

Ecker ['ɛkər] f. (-, n). BOT. gland m. ; faine f.

eckig ['ɛkiç] adj. anguleux ; angulaire. || FIG. gauche ; maladroit. | *eckiges Auftreten*, gaucherie f.

Ecu [e'ku:] m. (s, s) [Europäische Rechnungseinheit] écu m.

edel ['e:dəl] adj. noble ; élevé ; illustre. | *aus edlem Geschlecht*, de noble lignée. || PAR EXT. généreux ; fin ; pur. | *edle Seele*, belle âme. | *edler Wein*, vin fin. | *edle Metalle*, métaux (m. pl.) précieux.

Edel|dame ["e:dəl'dɑ:mə] f. (-, n), °**-frau** [-frau] f. (-, en) dame (f.) noble. ||°**-fäule** f. (-). BIOL. pourriture (f.) noble. ||°**-gas** n. (es, e). CHIM. gaz (m.) rare. ||°**-holz** n. (es, ¨er). BOT. essence (f.) rare. ||°**-kastanie** f. (-, n). BOT. [Frucht] châtaigne f. ; marron m. || [Baum] châtaignier m. ; marronnier m. ||°**-knabe** m. (n, n) page m. ||°**-koralle** f. (-, n). ZOOL. anthozoaire m. ||°**-mann** m. (s, -leute) gentilhomme m. ; noble m. V. EDLE. ||°**-metall** n. (s, e) métal précieux. ||°**-mut** m. (s) générosité f. ; noblesse (f.)

de cœur. ||**-mütig** adj. généreux ; (au cœur) noble. ||°**-obst** n. (es). CULIN. fruits sélectionnés. ||°**-pflaume** f. (-, n). BOT. reine-claude f. ||°**-raute** f. (-, n). BOT. génépi m. ||°**-reis** n. (es, er). BOT. greffe f. ; greffon m. ||°**-rost** m. (es) patine f. ||°**-sinn** m. (s) générosité f. ; noblesse (f.) de sentiment. ||°**-stahl** m. (s, e) acier spécial. ||°**-stein** m. (s, e). MINÉRAL. pierre précieuse, fine. ||°**-steine** m. pl. pierreries f. pl. ||°**-steingewicht** ["-/-/-'-] n. (s, e) carat m. ||°**-tanne** f. (-, n). BOT. sapin argenté. ||°**-valuta** f. (-, ten). FIN. valeur or. ||°**-weiß** n. BOT. pied-de-lion m. ; edelweiss m. ||°**-wild** n. (s). ZOOL. gros gibier.

Edeling ['e:dəliŋ] m. (s, e) noble (germain).

Eden ['e:dən] n. (s). RELIG. Éden m.

edieren [e'di:rən] v. tr. publier.

Edikt [e'dikt] n. (s, e). POLIT. édit m. ; ordonnance f.

Editor [e'di:tor] m. (s, en). INF. éditeur m.

Edle(r) ['e:dlə(r)] f. (m.) noble s.

E-Dur ['e:du:r] n. MUS. mi majeur.

EDV [e:de:'fau] f. INF. traitement (m.) électronique des données. | *auf EDV umstellen*, informatiser.

Efeu ['e:fɔy] m. et n. (s). BOT. lierre m.

Effekt [ɛ'fɛkt] m. (s, e) effet m. ; résultat m. | *nach Effekt haschen*, viser à l'effet.
◇ pl. **Effekten,** effets m. pl. ; vêtements m. pl. ; bagages m. pl. || COMM., FIN. effets m. pl. ; valeurs f. pl. ; titres m. pl. | *Effekten beleihen*, prêter sur titres.

effekt|voll [ɛ"fɛkt'fɔl] adj. plein d'effet ; efficace ; impressionnant.

Effekten|bestand [ɛ"fɛktənbə'ʃtant] m. (s, ¨e). FIN. portefeuille-titres m. ||°**-börse** f. (-, n). FIN. Bourse (f.) des valeurs mobilières. ||°**-giroverkehr** m. (s) transfert (m.) de titres par compensation. ||°**-handel** m. (s) arbitrage m. ||°**-händler** m. (s, -) [offiziell] agent (m.) de change. || [Kulisse] courtier (m.) en valeurs mobilières. ||°**-inhaber** m. (s, -) porteur (m.) de titres. ||°**-kommission** f. (-, en) courtage (m.) sur titres. ||°**-lombard** m. (s) avance (f.), prêt (m.) sur titres. ||°**-lombardierung** f. (-, en) crédit (m.) lombard sur effets. ||°**-markt** m. (es, ¨e). FIN. marché (m.) des valeurs mobilières.

effektiv [ɛfɛk'ti:f] adj. effectif.

Effektiv|bestand [ɛfɛk"ti:fbə'ʃtant] m. (s, ¨e). COMM., MIL. effectif m. ||°**-verzinsung** f. (-, en). FIN. taux (m.) de rendement actuariel.

effizient [ɛfi'tsiɛnt] adj. [Person] efficace.

egal [e'gɑ:l] adj. FAM. égal ; indifférent. | *mir ist alles egal*, tout me laisse indifférent.

egalisieren [egali'zi:rən] v. tr. égaliser.

Egel ['e:gəl] m. (s, -). ZOOL. sangsue f.

Egge ['ɛgə] f. (-, n). AGRIC. herse f.

eggen ['ɛgən] v. tr. AGRIC. herser.

Egoismus [ego'ismus] m. (-) égoïsme m.

Egoist [-'ist] m. (en, en), **Egoistin** [-'istin] f. (-, nen) égoïste m. et f.

egoistisch [-'istiʃ] adj. égoïste.

egozentrisch [-'tsɛntriʃ] adj. égocentrique.

eh ! [e:] interj. eh ! ; hé !

ehe ['e:ə] adv. (compar. **eher** ; superl. **ehest**). [früher] auparavant ; antérieurement ; plutôt.
◇ conj. [bevor] avant de (infin.) ; avant que (subj.).

Ehe ['e:ə] f. (-, n) mariage m. ; union conjugale. | *eine Ehe schließen, stiften*, contracter mariage. | *in den Stand der Ehe treten*, se marier. | *in glücklicher Ehe leben*, faire bon ménage. | *wilde Ehe*, union (f.) libre ; concubinage m. | *in zweiter Ehe*, en secondes noces. | *Kinder aus erster Ehe*, enfants du premier lit.

Ehe|aufhebung ["e:ə'aufhe:buŋ] f. (-, en). JUR. annulation (f.) de mariage. ||°**-berater(in)** m. (s, -), f. (-, nen) conseiller conjugal ; conseillère conjugale. ||°**-brecher** m. (s, -), °**-brecherin** f. (-, nen) [homme, femme] adultère m. et f. ||**-brecherisch** adj. adultère. ||°**-bruch** m. (s, ¨e) adultère m. ||°**-bund** m. (s, ¨e) union conjugale. ||°**-dispens** ["-/-'-] m. (es, e). JUR. dispense (f.) d'âge. ||°**-frau** f. (-, en) épouse f. ; femme f. ||°**-gatte** m. (n, n) conjoint m. ; époux m. ; mari m. ||°**-gattin** f. (-, nen) épouse f. ; femme f. ||°**-hälfte** f. (-, n). IRON. moitié f. ||°**-hindernis** n. (ses, se) empêchement (m.) au mariage. ||°**-konsens** ["-/-'-] m. (es, e) certificat prénuptial. ||°**-leute** m. pl. époux m. pl. ; conjoints m. pl. ||**-los** adj. célibataire. | *eheloser Stand*, célibat m. ||°**-losigkeit** ["-/'--] f. (-) célibat m. ||°**-mann** m. (s, ¨er) époux m. ; mari m. ||°**-paar** n. (s, e) époux m. pl. ; couple m. ||°**-partner(in)** m. (s, -), f. (-, nen) conjoint m. ||°**-pflicht** f. (-, en) devoir conjugal. ||°**-recht** n. (s, e). JUR. droit matrimonial. ||°**-ring** m. (s, e) alliance f. ||°**-scheidung** f. (-, en) divorce m. | *auf Ehescheidung klagen*, demander le divorce. ||°**-scheidungsklage** f. (-, n) instance (f.) en divorce. ||°**-schließung** f. (-, en) mariage m. ||°**-stand** m. (s) mariage m. ; vie conjugale. | *in den Ehestand treten*, se marier ; convoler. ||°**-vertrag** m. (s, ¨e) contrat (m.) de mariage.

ehedem ["e:ə'de:m] adv. jadis ; autrefois.
— SYN. : *ehemals*, anciennement ; *vormals, vordem*, jadis ; *früher, eher, einst, zuvor*, autrefois.

ehelich ['e:əliç] adj. conjugal ; matrimonial. | *eheliche Treue*, fidélité conjugale. | *ehelicher Wohnsitz*, domicile conjugal. || PAR EXT. légitime. | *für ehelich erklären*, légitimer.
◇ adv. *ehelich verbinden*, lier par les liens du mariage.

Ehelichkeits|erklärung ["e:əliçkaitsɛr'klɛ:ruŋ] f. (-, en). JUR. légitimation f.

ehemalig ["e:ə'mɑ:liç] adj. d'autrefois ; ancien.

ehemals ["e:ə'mals] adv. autrefois.

eher ['e:ər] adv. (compar. de **ehe,** superl. **ehestens**) [früher] plus tôt. | *je eher, je lieber*, le plus tôt sera le mieux. || PAR EXT. [lieber] plutôt. | *eher sterben*, plutôt mourir. | *er wird es um so eher tun, als es ja sein Vorteil ist*, il le fera d'autant plus volontiers que c'est (dans) son intérêt. | *er ist eher klein*, il est plutôt petit. | *das ist eher möglich*, c'est plus probable.

ehern ['e:ərn] adj. d'airain ; en bronze.

ehr|erbietig ["e:rɛr'bi:tiç] adj. respectueux ; déférent. ||°**-erbietigkeit** ["-/-'--], °**erbietung** f. (-, en) témoignage (m.) de respect ; déférence f. ; haute considération ; vénération f. ||°**-furcht** f. (-, ¨e) respect m. ; vénération f. ||**-fürchtig** adj. respectueux. ||°**-gefühl** n. (s, e) sens (m.), sentiment (m.) de l'honneur. ||°**-geiz** m. (es) ambition f. ||**-geizig** adj. ambitieux. ||**-los** adj. sans honneur ; perdu d'honneur ; déshonoré ; déshonnête ; infâme ; malhonnête. ||°**-losigkeit** f. déshonneur m. ; infamie f. ||°**-sucht** f. (-) ambition. ||**-süchtig** adj. avide d'honneurs ; ambitieux. ||**-verletzend** ["-/-'--] adj. outrageant. ||°**-verlust** m. (es) perte (f.) de l'honneur. || JUR. dégradation (f.) civique. ||°**-würden** [Titel] *Euer, eure Ehrwürden*, Votre Révérence. ||**-würdig** adj. vénérable ; respectable. | *ehrwürdiger Pater*, révérend père. ||°**-würdigkeit** f. (-) respectabilité f.

ehrbar ['e:rbɑ:r] adj. [Personen] honorable ; honnête ; respectable. | *ehrbarer Bürger*, honorable citoyen m.

Ehrbarkeit [-kait] f. (-) honorabilité f. ; honnêteté f.

Ehre ['e:rə] f. (-, n). **1.** [Würde] honneur m. | *ein Mann von Ehre*, un homme d'honneur. | *auf seine Ehre*

halten, tenir à son honneur. | *seine Ehre darein setzen*, mettre son honneur à ; se faire un point d'honneur. | *jn bei seiner Ehre packen*, piquer qn d'honneur. | *seine Ehre preisgeben, verlieren*, se perdre d'honneur ; se déshonorer. | *seine Ehre retten, wahren*, sauver l'honneur. || FAM. *mit Ehren eine schwierige Lage bestehen*, se tirer honorablement d'un mauvais pas.
2. [Achtung] réputation f. ; renom m. | *jn um seine Ehre bringen*, perdre qn d'honneur. | *wieder zu Ehren bringen*, remettre en honneur. | *wieder zu Ehren kommen*, se réhabiliter. | *es geht um seine Ehre*, il y va de son honneur. | *der Ehre Abbruch tun*, porter atteinte à l'honneur. | *etwas in allen Ehren sagen, tun*, dire, faire qch. en tout bien tout honneur. | *aller Ehre wert sein*, être digne d'estime, d'éloges. | *die Ehre kommt jm zu*, l'honneur revient à qn. | *hoch in Ehren stehen*, être en honneur, à l'honneur. | *er hat damit Ehre eingelegt*, cela lui a valu des honneurs. | *seinem Vaterlande Ehre machen*, faire honneur à sa patrie. | *er hat die Prüfung mit Ehren bestanden*, il a été reçu à l'examen avec la mention honorable. | *alte Sitten in Ehren halten*, respecter les vieilles coutumes.
3. PAR EXT. [rühmliche Auszeichnung] honneurs m. pl. | *jm kriegerische Ehren erweisen*, rendre à qn les honneurs de la guerre.
4. [Höflichkeitsformel, Schwur] honneur m. ; parole f. ; foi f. | *bei meiner Ehre ! ; auf Ehre !*, sur l'honneur ! ; parole d'honneur ! | *X. und Y. geben sich die Ehre, Sie zum Tee einzuladen*, X. et Y. ont l'honneur de vous inviter à prendre le thé. | *mit wem habe ich die Ehre, zu sprechen ?*, à qui ai-je l'honneur de parler ? | *was verschafft mir die Ehre ?*, que me vaut l'honneur ? | *(ich) habe die Ehre !*, enchanté ! ; charmé ! | *Ihr Wort in Ehren*, sauf votre respect. | *Ehre sei Gott !*, gloire à Dieu !
— SYN. : *Ruhm*, gloire ; *Ruf*, renom ; *Ansehen*, considération.

ehren ['e:rən] v. tr. honorer ; rendre honneur à ; respecter. | *seine Freundschaft ehrt mich*, son amitié m'honore.

Ehren... (en compos.) d'honneur ; honorifique ; qui concerne l'honneur, la dignité, la réputation.

Ehren|amt ["e:rən'amt] n. (s, ¨er) charge (f.) honorifique. ||**-amtlich** adj. (à titre) honorifique. ||°**-bezeigung** ["-/-'-] f. (-, en), °**-bezeugung** f. (-, en) marque (f.) d'estime, de respect ; hommage m. ; honneurs rendus à qn. || MIL. honneurs (m. pl.) militaires. ||°**-doktor** m. (s, en) docteur (m.) honoris causa. ||°**-erklärung** ["-/-'-] f. (-, en) réparation (f.) d'honneur. ||°**-kränkung** f. (-, en) outrage m. ; injure f. ; insulte f. ||°**-legion** ["-/-/'-] f. (-) Légion (f.) d'honneur. ||°**-mal** n. (s, ¨er) monument (m.) aux victimes, aux morts de la guerre. ||°**-mann** m. (s, ¨er) homme (m.) de bien ; homme (m.) d'honneur. ||°**-mitglied** ["-/'-] n. (s, er) membre (m.) d'honneur, honoraire. ||°**-preis** m. (es). BOT. véronique f. (syn. : *Männertreu*). ||°**-rechte** n. pl. droits (m. pl.) civiques. | *Aberkennung, Verlust der bürgerlichen Ehrenrechte*, dégradation (f.) civique ; privation (f.) des droits civiques. ||°**-rettung** f. (-, en) réhabilitation f. ||**-rührig** adj. injurieux ; infamant ; diffamant ; diffamatoire ; outrageant. ||°**-sache** f. (-, n) affaire (f.) d'honneur. | *Ehrensache !*, promis ! ; parole (f.) d'honneur ! ||°**-tafel** f. (-, n) [für Gefallene und Schüler] tableau (m.) d'honneur. ||°**-tag** m. (s, e) anniversaire m. ; solennité f. ||°**-titel** m. (s, -) titre (m.) honorifique. ||°**-trunk** m. (s) toast m. ; vin (m.) d'honneur. ||**-voll** adj. plein d'honneur ; honorable ; qui fait honneur. ||°**-vorsitz** ["-/'-] m. (es, e) présidence (f.) d'honneur. ||**-wert** adj. digne ; honorable. ||°**-wort** n. (s, e) parole (f.) d'honneur. | *Gefangener auf Ehrenwort*, prisonnier (m.) sur parole. ||°**-zeichen** n. (s, -) décoration f. ; marque (f.) d'honneur.

ehrenhaft ['e:rənhaft] adj. honorable ; honnête. | *ehrenhafter Mann*, homme (m.) d'honneur.

Ehrenhaftigkeit [-tiçkait] f. honorabilité f. ; honnêteté f.

ehren|halber ["e:rən'halbər] adv. pour l'honneur ; pour sauver les apparences ; pour la forme.

ehrlich ['e:rliç] adj. honorable ; honnête ; probe ; loyal ; de bonne foi. | *ein ehrlicher Mann*, un homme de bien, d'honneur. | *ehrliche Angestellte*, employés intègres. | *er hat ehrliche Absichten*, ses intentions sont pures. || FIG., FAM. *eine ehrliche Haut*, une bonne pâte (d'homme).
◇ adv. honnêtement ; honorablement ; loyalement ; de bonne foi. | *ehrlich gesagt*, franchement. | *sich ehrlich mühen*, se donner beaucoup de mal.

Ehrlichkeit [-kait] f. (-) honnêteté f. ; honorabilité f. ; probité f. ; loyauté f. ; bonne foi.

Ehrung ['e:ruŋ] f. (-, en) honneur m. ; hommage m.

ei ! [ai] interj. ah ! ; eh ! ; hé ! ; tiens ! | *ei was !*, mais non ! ; allons donc !

Ei [ai] n. (s, er) œuf m. | *weich-, hartgesottenes Ei*, œuf mollet (à la coque), dur. | *Eier legen*, pondre. | *Eier ausbrüten*, couver des œufs. | *Eier aufschlagen, umrühren, einschlagen*, casser, brouiller (battre), pocher des œufs. || FIG. *sie gleichen einander wie ein Ei dem andern*, ils se ressemblent comme deux gouttes d'eau. || FAM. *er ist kaum aus dem Ei gekrochen*, c'est un blanc-bec.

Ei|dotter ["ai'dɔtər] m. et n. (s, -), °**-gelb** n. (s) jaune (m.) d'œuf. ||**-förmig** adj. oviforme ; ovale. ||°**-leiter** m. (s, -). ANAT. trompe utérine. ||°**-pulver** n. (s). CULIN. œufs (m. pl.) en poudre ; poudre (f.) d'œufs. ||**-rund** adj. ovale. ||°**-rund** n. (s) ovale m. ||°**-weiß** n. (es) blanc (m.) d'œuf ; albumine f. || BOT. albumen m. ||**-weißhaltig** adj. albumineux ; albuminé. ||°**-weißharnen** n. (s). MÉD. albuminurie f. ||°**-weißstoff** m. (s, e) albumine f.

Eiapopeia [aiapɔ'paia] n. ENF. heure (f.) du dodo. | *Eiapopeia machen*, faire dodo ; dormir.

Eibe ['aibə] f. (-, n). BOT. if m.

Eibisch ['aibiʃ] m. (s, e). BOT. guimauve f.

Eich|amt ["aiç'amt] n. (s, ¨er) bureau (m.) de vérification des poids et mesures. ||°**-gebühr** f. (-, en) droit (m.) de jaugeage. ||°**-maß** n. (es, e). TECHN. jauge f. ; étalon m. ; matrice f. ||°**-meister** m. (s, -). TECHN. jaugeur m. ; vérificateur (m.) des poids et mesures. ||°**-stab** m. (s, ¨e). TECHN. jauge f. ||°**-waage** f. (-, n) bascule-étalon.

Eich|apfel ["aiç'apfəl] m. (s, ¨). BOT. noix (f.) de galle. ||°**-baum** m. (s, ¨e). BOT. chêne m. ||°**-horn** n. (s, ¨er), °**-hörnchen** n. (s, -). ZOOL. écureuil m. ||°**-schwamm** m. (s, ¨e). BOT. agaric (m.) du chêne.

Eiche ['aiçə] f. (-, n). BOT. chêne m. | *immergrüne Eiche*, chêne vert ; yeuse f.

Eichel ['aiçəl] f. (-, n). BOT., MÉD. gland m. || PAR ANAL. [deutsches Kartenspiel] trèfle m.

Eichel|entzündung ["aiçəlεn'tsynduŋ] f. (-, en). MÉD. balanite f. ||°**-häher** m. (s, -). ZOOL. geai m.

eichen ['aiçən] adj. de, en chêne.

Eichen|hain ["aiçən'hain] m. (s, e) chênaie f. ||°**-holz** n. (es) bois (m.) de chêne.

eichen ['aiçən] v. tr. TECHN. jauger ; étalonner ; vérifier ; poinçonner ; graduer. | *Maße und Gewichte eichen*, étalonner des poids et des mesures.

Eichung ['aiçuŋ] f. (-, en). [Handlung] jaugeage m. ; étalonnage m. || PAR EXT. [Instrument] jauge f. ; étalon m.

Eid [ait] m. (s, e) serment m. | *einen Eid auf die Bibel schwören*, prêter serment sur la Bible. | *einen Eid* *verweigern, brechen*, refuser, violer un serment. | *Beamte in Eid und Pflicht nehmen*, faire prêter serment à des fonctionnaires. | *durch einen Eid gebunden*, lié par le serment. | *der Richter nahm ihm den Eid ab*, le juge lui fit prêter serment. | *hippokratischer Eid*, serment d'Hippocrate. | *etwas an Eides Statt versichern*, affirmer qch. formellement (sans prêter serment).

Eid|ablegung ["ait'aple:guŋ] f. (-, en) prestation (f.) de serment. ||°**-brecher** m. (s, -) parjure m. ||°**-bruch** m. (s, ¨e) violation (f.) de serment ; parjure m. ||**-brüchig** adj. parjure. ||°**-genosse** ["-/-'-] m. (n, n). HIST. confédéré m. ||°**-genossenschaft** f. (-, en). HIST. confédération f. ||**-genössisch** ["-/-'-] adj. POLIT. fédéral.

Eidechse ['aidɛksə] f. (-, n). ZOOL. lézard m. ; lacertidé m.

Eider|daunen ["aidər'daunən] f. pl. duvet (m.) de l'eider. || PAR EXT. duvet m. ; édredon m. ||°**-ente** f. (-, n), °**-gans** f. (-, ¨e), °**-vogel** m. (s, ¨). ZOOL. eider m.

Eides|ablegung ["aidəs'aple:guŋ] f. (-, en) prestation (f.) de serment. ||°**-ablehnung** f. (-, en) refus (m.) de prêter serment. ||°**-leistung** f. (-, en) prestation (f.) de serment. ||**-stattlich** adj. JUR. formel ; solennel. ||°**-versicherung** ["-/-'-] f. (-, en). JUR. affidavit m. ||°**-verweigerer** m. pl. HIST. non-jureurs m. pl.

eidlich ['aitliç] adj. JUR. sous la foi du serment ; par, sous serment. | *eine eidliche Erklärung abgeben*, faire une déclaration, déclarer sous la foi du serment.
◇ adv. *ich habe mich eidlich dazu verpflichtet*, je me suis engagé par serment à.

Eier|apfel ["aiər'apfel] m. (s, ¨) aubergine f. ||°**-auflauf** m. (s, ¨e) omelette soufflée. ||°**-becher** m. (s, -) coquetier m. ||°**-kuchen** m. (s, -) omelette f. ||°**-legen** n. (s) ponte f. ||**-legend** adj. ZOOL. qui pond ; ovipare. ||°**-prüfer** m. (s, -). TECHN. mire-œuf(s) m. ; ovoscope m. ||°**-schale** f. (-, n) coque (f.), coquille (f.) d'œuf. ||°**-schwamm** m. (s, ¨e). BOT. chanterelle f. ; girolle f. ||°**-stock** m. (s, ¨e). ANAT. ovaire m.

Eifer ['aifər] m. (s) zèle m. ; empressement m. ; ardeur f. ; ferveur f., dévouement m. | *Eifer zur Schau tragen*, affecter du zèle pour. | *zu viel Eifer zeigen*, faire du zèle. | *in Eifer geraten*, s'emporter ; FAM. s'emballer. | *im Eifer des Gefechts*, dans le feu de l'opération.

Eiferer [-fərər] m. (s, -) zélateur m. ; apôtre ardent ; partisan (m.) enthousiaste.

eifern [-fərn] v. intr. montrer du zèle. || PAR EXT. s'échauffer ; s'emporter ; FAM. s'emballer. | *für etwas eifern*, montrer du zèle pour qch. | *mit jm eifern*, rivaliser de zèle avec qn.

Eifer|sucht ["aifər'zuxt] f. (-) jalousie f. ; rivalité f. | *die Eifersucht verzehrt sie*, la jalousie la ronge.
— SYN. : *Neid, Scheelsucht*, envie ; *Mißgunst*, jalousie.

eifer|süchtig [-'zyçtiç] adj. jaloux. | *auf jn eifersüchtig sein*, être jaloux de qn ; jalouser qn. | *eifersüchtig werden*, prendre ombrage de.

eifrig ['aifriç] adj. zélé ; empressé ; fervent ; ardent. | *ich bin ein eifriger Zeitungsleser*, je lis régulièrement les journaux.
◇ adv. avec zèle, empressement. | *wir sind eifrig bemüht, ihm zu helfen*, nous ferons l'impossible pour l'aider.

eigen ['aigən] adj. **1.** [besitzend] propre ; à soi ; personnel. | *sein eigenes Haus besitzen*, avoir sa maison à soi. | *er hat es zu eigen, als eigen*, il a cela en propre. | *es ist sein eigen*, c'est à lui ; c'est son bien propre. | *sich etwas zu eigen machen*, s'approprier qch. | *ein Kind als eigen(es) annehmen*, adopter un enfant. | *auf eigene Rechnung*, pour son propre compte. | *auf eigene Gefahr und Kosten*, à mes (tes, ses, etc.) risques et périls. | *auf eigenen Füßen stehen*, ne dépendre de personne. | *aus eigener Tasche bezahlen*, payer de sa poche. | *in eigener Person*, en personne.
2. PAR EXT. [eigentümlich] particulier ; séparé ; privé. | *eigener Eingang*, entrée particulière.
3. [wunderlich] bizarre.
4. [wählerisch] exigeant ; difficile. | *sie ist sehr eigen im Essen*, elle est très difficile, exigeante pour la nourriture. || PAR EXT. pointilleux ; méticuleux ; vétilleux.

Eigen|art ["aigən'ɑ:rt] f. (-, en) particularité f. ; propriété f. ; trait distinctif ; caractéristique f. ||**-artig** adj. particulier ; singulier ; spécial. ||°**-bedarf** m. (s). ÉCON. besoins (m. pl.) internes. ||°**-besitz** m. (es, e) propriété f. ; biens personnels, propres. ||°**-brötelei** f. (-, en). PÉJOR. particularisme m. ; originalité f. ; individualisme exalté. ||°**-brötler** m. (s, -). PÉJOR. original m. ||°**-dünkel** m. (s) suffisance f. ; outrecuidance f. ; infatuation f. ||°**-finanzierung** ["-/-'-] f. (-, en). COMM. autofinancement m. ||°**-gewicht** n. (s, e). PHYS. poids (m.) spécifique. || COMM. tare f. ||**-händig** adj. de sa propre main ; olographe ; autographe. | *eigenhändig übergeben*, remettre en mains propres. ||°**-kapital** n. (s, ien ou e). ÉCON. fonds (m. pl.) propres. ||°**-kontrolle** f. (-, n) autocensure f. ||°**-leben** n. (s) vie indépendante. ||°**-liebe** f. (-) amour-propre m. ; égoïsme m. ||°**-lob** n. (s) éloge (m.) de soi. | *Eigenlob stinkt*, l'éloge de soi est haïssable. ||**-mächtig** adj. autoritaire ; arbitraire ; despotique.
◇ adv. de sa propre autorité ; d'autorité. || °**-mächtigkeit** f. (-). POLIT. et FIG. autoritarisme m. ; despotisme m. ||°**-mittel** n. pl. ÉCON. capitaux (m. pl.), fonds (m. pl.) propres. ||°**-name** m. (ns, n) nom (m.) propre. ||°**-nutz** m. (es) intérêt personnel ; égoïsme m. ||**-nützig** adj. égoïste ; intéressé. ||°**-sinn** m. (s) caractère entier ; opiniâtreté f. ; obstination f. ; entêtement m. ; caprice m. ; bizarrerie f. ||**-sinnig** adj. au caractère entier ; qui n'en fait qu'à sa tête ; volontaire ; têtu ; obstiné ; opiniâtre ; capricieux. ||**-ständig** adj. POLIT. indépendant ; autonome. ||°**-ständigkeit** ["-/'-] f. (-). POLIT. indépendance f. ; autonomie f. ||°**-sucht** f. (-) égoïsme m. ||**-süchtig** adj. égoïste. ||°**-verbrauch** m. (s) usage personnel. ||°**-wille** m. (ns) volontés f. pl. ; entêtement m. ||**-willig** adj. volontaire ; entêté ; obstiné. || °**-willigkeit** f. (-) entêtement m.

Eigenheit ['aigənhait] f. (-, en) propriété f. ; particularité f. | *Eigenheit der Sprache*, idiotisme m. | *Eigenheit der deutschen Sprache*, germanisme m. || PAR EXT. singularité f. ; originalité f. | *er hat seine Eigenheiten*, il a ses marottes.

eigens ['aigəns] adv. exprès ; spécialement ; particulièrement.

Eigenschaft ['aigənʃaft] f. (-, en) qualité f. ; propriété f. ; caractère m. ; caractère (m.) propre ; vertu f. ; attribut m. ; condition f. ; état m. | *körperliche Eigenschaften*, qualités physiques. | *in meiner Eigenschaft als Vormund*, en ma qualité de tuteur. || PHYS. *physikalische Eigenschaften*, propriétés physiques.

Eigenschafts|wort ["aigənʃafts'vɔrt] n. (s, ¨er). GRAMM. adjectif m.

eigentlich ['aigəntliç] adj. propre ; particulier ; caractéristique ; vrai ; véritable. | *im eigentlichen Sinn*, au sens propre.
◇ adv. proprement dit ; à proprement parler ; à vrai dire ; au vrai ; à la vérité ; en réalité. | *Jean-Paul hieß eigentlich Richter*, Jean-Paul s'appelait en réalité Richter. || [ursprünglich] *wir wollten eigentlich nach München*, nous voulions d'abord aller à Munich. || [im Grund]

er hat eigentlich recht, au fond il a raison. || [wirklich] *was willst du denn eigentlich ?*, que veux-tu donc, au juste ?

Eigentum ['aigəntu:m] n. (s, ¨er) propriété f. ; possession f. ; biens m. pl. | *geistiges Eigentum*, propriété littéraire. || JUR. *in der Ehe erworbenes Eigentum*, acquêts m. pl.

Eigentümer(in) ['aigənty:mər(in)] m. (s, -), f. (-, nen) propriétaire s. ; maître m. ; maîtresse f. ; possesseur m.

— SYN. : *Besitzer*, propriétaire ; *Inhaber(in)*, possesseur.

eigentümlich ['aigənty:mliç] adj. propre à ; en propre. | *der ihm eigentümliche Stolz*, cet orgueil qui lui est propre, qui le caractérise. || PAR EXT. singulier ; curieux ; étrange.

Eigentümlichkeit [-kait] f. (-, en) propriété f. ; particularité f. ; caractéristique f. ; trait distinctif ; PAR EXT. étrangeté f.

Eigentums|beraubung ["aigəntu:msbə'raubuŋ] f. (-, en). JUR. expropriation f. ||°**-bildung** f. (-) accession (f.) à la propriété. ||°**-erwerb** m. (s) acquisition (f.) de biens, terrain, propriété. ||°**-förderungs|kredit** m. (s, e) prêt (m.) d'accession à la propriété. ||°**-nachweis** m. (es, e) preuve (f.) de l'origine. ||°**-recht** n. (s, e) droit (m.) de propriété. ||°**-titel** m. (s, -) titre (m.) de propriété. ||°**-wohnung** f. (-, en) appartement (m.) en copropriété.

eignen (sich) [ziç'aignən] v. pr. convenir pour ; se prêter à ; être propre, apte à ; être qualifié pour qch. | *diese Rolle eignet sich nicht für ihn*, ce rôle ne lui convient pas.

Eigner(in) ['aignər(in)] m. (s, -), f. (-, nen) propriétaire s. ; possesseur m.

Eignung ['aignuŋ] f. (-, en) qualification f.

Eignungs|prüfung ["aignuŋs'pry:fuŋ] f. (-, en), °**-test** [-'tɛst] m. (s, s) examen (m.), test (m.) d'aptitude.

Eiland ['ailant] n. (s, e). GÉOGR. (VX.) île f. ; îlot m.

Eil|bote ["ail'bo:tə] m. (n, n). POSTES. exprès m. | *durch Eilboten*, par exprès. ||°**-brief** m. (s, e) lettre f. (par exprès). ||°**-dienst** m. (es, e) service (m.) rapide. ||**-fertig** adj. prompt ; empressé ; diligent. ||°**-fertigkeit** f. (-) hâte f. ; promptitude f. ; empressement m. ||°**-gut** n. (s, ¨er). TRANSP. colis exprès ; grande vitesse. ||°**-marsch** m. (es, ¨e). MIL. marche forcée. ||°**-post** f. (-, en). POSTES., HIST. diligence f. ; malle-poste f. | *mit Eilpost*, par exprès. ||°**-zug** m. (s, ¨e). TRANSP. express m.

Eile ['ailə] f. (-) hâte f. ; vitesse f. ; rapidité f. ; précipitation f. | *fieberhafte Eile*, hâte fébrile. | *ich habe keine Eile*, je ne suis pas pressé. | *es hat keine Eile damit*, cela ne presse pas. | *in aller Eile*, en hâte.

— SYN. : *Schnelligkeit*, vitesse ; *Geschwindigkeit*, rapidité ; *Flinkheit*, célérité ; *Eilfertigkeit*, promptitude ; *Lebhaftigkeit*, vivacité ; *Hast*, hâte ; *Übereilung*, précipitation.

eilen [-lən] v. intr. presser ; être pressant, pressé. | *jm zu Hilfe eilen*, voler au secours de qn. | *eilt denn die Sache ?, eilt es mit der Sache ?*, est-ce pressé ? | *die Zeit eilt*, le temps presse. || POSTES. *eilt !*, urgent. || PROV. *eile mit Weile !*, hâte-toi lentement.

◇ v. pr. **sich eilen,** se hâter ; se dépêcher ; se presser ; faire diligence.

eilends [-lənts] adv. en, à la hâte ; d'urgence ; précipitamment.

eilig [-liç] adj. pressé ; pressant ; urgent. || PAR EXT. prompt ; rapide. | *die Sache ist eilig*, cette affaire presse. | *es eilig haben*, être pressé. | *er hat nichts Eiligeres zu tun, als...*, il n'a rien de plus pressé que de...

◇ adv. vite ; promptement.

Eimer ['aimər] m. (s, -) seau m. | *Eimer voll Wasser*, seau d'eau.

ein [ain] m. et n., **eine** ['ainə] f. **1.** art. indéf. un, une. | *ein Mann, eine Frau, ein Kind*, un homme, une femme, un enfant. | *ein jeder*, chacun. | *was für ein, welch ein Lärm !*, quel vacarme !

◇ pron. indéf. (accentué) un ; une ; l'un, l'une ; l'un(e) , l'autre ; quelqu'un(e) ; on. | *nur einer hat zu bestimmen*, un seul décide. | *einer von beiden*, l'un des deux ; l'un ou l'autre. | *einer für alle, alle für einen*, un pour tous, tous pour un. | *das kann einem alle Tage zustoßen*, cela peut vous arriver tous les jours. | *er ist pfiffig wie selten einer*, c'est un malin comme on en voit rarement. || FIG., FAM. *einen trinken*, boire un coup. || POP. *eins trinken*, boire un coup. | *eins bekommen*, recevoir un coup. || LOC. *eins werden*, tomber d'accord.

◇ adj. num. card. (suivi d'un nom : *ein* ; non suivi d'un nom : *eins*) [accentué] un ; une (pris dans ce sens, il a pour forme négative **nicht ein,** alors que la forme négative de l'indéf. est **kein**). | *das eine, das not tut*, la seule chose nécessaire. | *auf einen Zug*, d'un trait. | *einer Meinung sein*, être d'accord, du même avis. | *es kommt auf ein und dasselbe heraus*, cela revient au même. | *in einem fort*, sans arrêt. | *ein für allemal*, une fois pour toutes. | *eins oder das andere*, de deux choses l'une. | *ihm ist alles eins*, tout lui est égal. | *eins ins andere gerechnet*, l'un dans l'autre.

ein préf. (en compos.) mono... ; uni... ; à un, une.

— OBSERV. 1° Les mots *einfach, Einfalt* et *Einheit* ainsi que leurs composés doivent être cherchés à leur place alphabétique.

2° Cette série de composés exclut naturellement ceux qui sont construits avec *ein*, particule verbale.

— Les composés de cette forme, qui se rattache au latin *in-*, sont traités page 174.

ein|achsig ["ain'aksiç] adj. à un essieu. ||°**-akter** m. (s, -). THÉÂTRE. pièce (f.) en un acte. ||**-ander** adv. l'un(e) l'autre ; les uns les autres ; réciproquement ; mutuellement. | *einander helfen*, s'entraider. ||**-armig** adj. manchot. || TECHN. à bras unique ; à une seule branche. ||**-äugig** adj. borgne. || PHYS. monoculaire. || PROV. *unter den Blinden ist der Einäugige König*, au royaume des aveugles les borgnes sont rois. ||°**-bahn|straße** f. (-, n) rue (f.), voie (f.) à sens unique. ||°**-baum** m. (s, ¨e) pirogue f. ||**-beinig** adj. qui n'a qu'une jambe ; unijambiste. ||**-deutig** adj. clair ; net ; non équivoque. ||°**-ehe** f. (-, n) monogamie f. ||**-eiig** adj. BIOL. univitellin. ||**-eindeutig** adj. MATH. univoque. ||**-einhalb** adj. num. card. un et demi. ||°**-familien|haus** n. (es, ¨er) maison (f.) pour une seule famille. ||**-farbig** adj. d'une seule couleur ; monochrome. ||**-förmig** adj. uniforme. || FIG. monotone. ||°**-förmigkeit** f. (-) uniformité f. ; monotonie f. ||**-geschlechtig** adj. unisexué ; unisexuel. ||°**-glas** n. (es, ¨er) monocle m. ||**-gleisig** adj. *eingleisige Eisenbahn*, chemin de fer à voie unique. ||°**-händer** m. (s, -) manchot m. ||**-händig** adj. manchot. || MUS. à une main. ||**-hellig 1.** adj. unanime. — **2.** adv. à l'unanimité ; à l'unisson. ||°**-helligkeit** f. (-) unanimité f. ||°**-horn** n. (s, ¨er). MYTH. licorne f. || ZOOL. narval m. ||**-hörnig** adj. unicorne. ||°**-hornschnecke** f. (-, n). ZOOL. licorne f. ||**-hufig** adj. solipède. ||**-hundert** adj. num. card. cent. ||**-jährig** adj. d'un an ; annuel. ||°**-kammer|system** n. (s, e). POLIT. système (m.) de la chambre unique ; monocamérisme m. ||°**-klang** m. (s, ¨e) unisson m. ; accord m. ; harmonie f. || FIG. *in Einklang bringen mit*, mettre d'accord, concilier avec. ||**-klassig** adj. d'une seule classe ; à classe unique. ||**-mal** adv. une fois. | *einmal drei ist drei*, une fois trois égale trois. | *einmal über das andere*, coup sur coup. | *ein(mal) für allemal*, une fois pour toutes. || [plötzlich] soudain ; subitement ; tout à coup. | *auf einmal*, tout à coup ; en même temps. || [einst] une fois ; un jour ; jadis. | *es war einmal*, il était une fois. || [sogar] même. | *nicht einmal*, pas même ; même pas. || LOC. *es ist nun einmal so*, c'est comme ça. | *komm einmal her !*, viens un peu ici. | *bin ich einmal wieder gesund, so mache ich mich an die Arbeit*, une fois rétabli, je me mettrai au travail. ||**-mal|eins** n. (-). MATH. table (f.) de multiplication. ||**-malig** adj. qui n'arrive qu'une fois ; unique ; exceptionnel ; irremplaçable. ||°**-maligkeit** f. (-) unicité f. ; caractère (m.) unique. ||°**-markstück** n. (s, e). FIN. pièce (f.) d'un mark. ||°**-master** m. (s, -). MAR. cotre m. ||**-monatig** adj. qui dure un mois. ||**-monatlich** adj. mensuel. ||**-motorig** adj. monomoteur. | *einmotoriges Flugzeug*, monomoteur m. ||**-mütig** adj. unanime. ||°**-mütigkeit** f. (-) unanimité f. ||°**-öde** f. (-, n) désert m. || FIG. solitude f. ||°**-phasen|strom** m. (s, ¨e). ÉLECTR. courant monophasé. ||**-polig** adj. ÉLECTR. unipolaire. ||**-reihig** adj. à un seul rang. | *einreihige Weste*, gilet droit. ||**-samen|lappig** adj. monocotylédone. || **-schalig** adj. *einschalige Muscheln*, mollusques (m. pl.) univalves. ||°**-scheiben|kupplung** f. (-, en). AUTOM. embrayage (m.) monodisque. ||°**-schicht|lack** m. (s, e) peinture (f.) monocouche. ||°**-schienen|bahn** f. (-, en) monorail m. ||**-schienig** adj. monorail. ||**-seitig** — 1. adj. unilatéral. || PAR ANAL. partiel. | *einseitiger Frieden*, paix séparée. || FIG. exclusif ; incomplet ; partial. | *einseitige Beurteilung*, conception étroite. — 2. adv. sur un seul côté. || FIG. avec parti pris, partialité. ||°**-seitigkeit** f. (-) point de vue exclusif ; partialité f. ; caractère unilatéral, incomplet. || °**-siedler** m. (s, -) ermite m. ||°**-siedelei** f. (-, en) ermitage m. ||**-siedlerisch** adj. en, d'ermite ; en solitaire. ||°**-siedlerkrebs** m. (es, e). ZOOL. bernard-l'ermite m. ||°**-silber** m. (s, -) monosyllabe m. ||**-silbig** adj. monosyllabique. || FIG. taciturne. ||°**-silbigkeit** f. (-) laconisme m. ||°**-sitzer** m. (s, -) véhicule (m.) à une place. || AÉRON. monoplace m. ||**-sitzig** adj. à une place. ||°**-spänner** m. (s, -) voiture (f.) à un cheval. || FIG. solitaire m. ||**-spännig** adj. à un cheval. ||°**-spurbahn** f. (-, en) ligne (f.) de chemin de fer à une voie. ||**-stämmig** adj. BOT. à un seul tronc. || GRAMM. monothématique. ||**-stimmig** adj. à une seule voix. || MUS. *einstimmige Arie*, solo. || FIG. unanime(ment) ; à l'unisson ; d'un commun accord. | *einstimmig gewählt*, élu à l'unanimité. ||°**-stimmigkeit** f. (-) unanimité f. ||**-stöckig** adj. d'un seul, à un seul étage. ||**-stufig** adj. à un seul étage, à un seul échelon. ||**-stündig** adj. qui dure une heure. ||**-tägig** adj. qui dure un jour ; éphémère. ||°**-tags|blume** f. (-, n). BOT. éphémère f. ||°**-tagsfliege** f. (-, n). ZOOL. éphémère m. || FIG. création f. ; combinaison (f.) politique sans lendemain. ||°**-tagsliebe** f. (-, n) passade f. ||**-teilig** adj. d'une seule partie ; indivisé. ||**-tönig** adj. monotone. ||°**-tönigkeit** f. (-) monotonie f. ||°**-tracht** f. (-) union f. ; accord m. ; harmonie f. ; concorde f. | *in Eintracht leben*, vivre en bonne intelligence. ||**-trächtig** adj. uni ; d'accord ; en bonne intelligence. ||°**-weg...** *Einwegglas*, verre non repris, non consigné. | *Einwegverpackung*, emballage perdu. ||**-wöchig** adj. d'une semaine. ||°**-zahl** f. (-). GRAMM. singulier m. ||**-zeilig** adj. d'une ligne. ||°**-zeller** m. (s, -). ZOOL. organisme (m.) unicellulaire.

ein|arbeiten ["ain'arbaitən] v. tr. faire entrer. || PAR EXT. mettre au courant. | *der Lehrling mußte eingearbeitet werden*, il fallait mettre l'apprenti au courant.

◇ v. pr. **sich einarbeiten,** *sich in einer Sache einarbeiten*, se familiariser avec une tâche.

Ein|arbeitungs|zeit ["ainarbaituŋs'tsait] f. (-, en) stage m. ; période (f.) d'entraînement, d'apprentissage.

ein|äschern ["ain'ɛʃərn] v. tr. réduire en cendres. || [Begräbnis] incinérer ; crémer.

Ein|äscherung [-ruŋ] f. (-, en) incinération f. || [Begräbnis] incinération f. ; crémation f.

Einäscherungs|ofen ["ainɛʃəruŋs'o:fən] m. (s,¨). TECHN. four (m.) crématoire. ||°**-stätte** f. (-, en) crématorium m.

ein|atmen ["ain'ɑ:tmən] v. tr. aspirer ; inspirer ; inhaler ; respirer.

Ein|atmung [-muŋ] f. (-, en) aspiration f. ; inhalation f. ; respiration f.

ein|ätzen ["ain'ɛtsən] v. tr. TECHN. graver à l'eau-forte.

ein|balsamieren ["ainbalza'mi:rən] v. tr. embaumer. ||°**-balsamierung** f. embaumement m.

Ein|band ['ainbant] m. (s, ¨e) reliure f.

ein|bändig ["ain'bɛndiç] adj. en un volume.

Ein|bau ['ainbau] m. (s, ten). ARCHIT. aménagement (m.) d'une construction.

ein|bauen ["ain'bauən] v. tr. ARCHIT. aménager ; incorporer. || TECHN. incorporer ; monter dans.

Einbau|küche [-'kyçə] f. (-, n) bloc-cuisine m. ||°**-kühlschrank** m. (s, ¨e) réfrigérateur encastré. ||°**-schrank** m. (s, ¨e) placard m.

ein|begreifen ["ainbə'graifən] (i, i) v. tr. comprendre dans ; englober.

ein|behalten ["ainbə'haltən] (ä, ie, a) v. tr. retenir.

ein|berufen ["ainbə'ru:fən] (ie, u) v. tr. convoquer ; assembler. | *den Senat einberufen*, convoquer le Sénat.

Ein|berufung [-fuŋ] f. (-, en) convocation f. ; appel m. | *Einberufung der Hauptversammlung*, convocation de l'assemblée générale.

ein|betonieren ["ainbetɔ'ni:rən] v. tr. TECHN. enrober de, encastrer dans le, dans du béton.

ein|betten ["ain'bɛtən] v. tr. FIG. envelopper ; enrober. || TECHN. encastrer.

◇ part. pass. **eingebettet,** PR. et FIG. entouré, enveloppé.

ein|beziehen ["ainbə'tsi:ən] (bezog, bezogen) v. tr. comprendre, faire entrer dans.

ein|biegen ["ain'bi:gən] (o, o) v. tr. plier ; arquer ; courber en dedans.

◇ v. intr. *in einen Weg einbiegen*, prendre un chemin.

ein|bilden (sich) [ziç"ain'bildən] v. pr. s'imaginer ; se figurer ; croire ; penser. | *sich viel auf seine Schönheit einbilden*, tirer vanité de sa beauté. | *er bildet sich ein, ein Künstler zu sein*, il se pique d'être artiste.

Ein|bildung ["ain'bilduŋ] f. (-, en) imagination f. || PAR ANAL. illusion f. ; fantaisie f. ; chimère f. || PAR EXT. présomption f. ; vanité f.

Einbildungs|kraft ["ainbilduŋs'kraft] f. imagination f. ||°**-vermögen** ["—/-'-] n. (s) faculté (f.), puissance (f.) imaginative.

ein|binden ["ain'bindən] (a, u) v. tr. TECHN. envelopper ; relier. || MAR. *Segel einbinden*, ferler des voiles.

ein|blasen ["ain'blɑ:zən] (ä, ie, a) v. tr. souffler dans. || CHIM. *Gas einblasen*, faire barboter un gaz. || FIG. souffler ; suggérer ; insinuer.

ein|bleuen ["ain'blɔyən] v. tr. FAM. inculquer, apprendre qch. à qn à force de coups.

Ein|blick ['ainblik] m. (s, e) coup (m.) d'œil. || FIG. aperçu m. | *jm Einblick in etwas gewähren, geben*, donner à qn droit de regard dans qch.

ein|brechen ["ain'brɛçən] (i, a, o) v. intr. **1.** s'enfoncer ; s'écrouler. | *das Haus bricht ein*, la maison s'écroule. || FIG. *die Nacht bricht ein*, la nuit tombe.
2. pénétrer de force ; faire irruption ; entrer par effraction ; cambrioler. | *in das Haus ist eingebrochen worden*, on a cambriolé cette maison. || MIL. envahir.
◇ v. tr. faire une brèche dans.
Ein|brecher [-çər] m. (s, -) cambrioleur m.
ein|bringen ["ain'briŋən] (brachte, gebracht) v. tr. amener ; engranger. | *Getreide einbringen*, engranger le blé. || MAR. *ein Schiff einbringen*, ramener un navire. || JUR. *das eingebrachte Gut*, les apports m. pl. ; les biens paraphernaux. || PAR ANAL. rapporter. | *dies Buch bringt ihm Ehre ein*, ce livre lui fera honneur. || PAR EXT., JUR. déposer. | *einen Gesetzentwurf einbringen*, déposer un projet de loi.
ein|brocken ["ain'brɔkən] v. tr. tremper. || FIG., FAM. *er hat sich eine schöne Suppe eingebrockt*, il s'est mis dans de beaux draps.
Ein|bruch ['ainbrux] m. (s, ¨e) effraction f. ; cambriolage m. || FIG. *vor Einbruch der Dunkelheit*, avant la tombée de la nuit. || TECHN. saignée f.
Einbruchs|diebstahl ["ainbruxs'di:pʃtɑ:l] m. (s, ¨e). JUR. vol (m.) avec effraction ; cambriolage m. ||°**-stelle** f. (-, n). MIL. percée f.
Ein|buchtung ["ain'buxtuŋ] f. (-, en). GÉOGR. anse f. ; anfractuosité f. ; baie f.
ein|buddeln ["ain'budəln] v. tr. FAM. enterrer.
◇ v. pr. **sich einbuddeln,** se terrer.
ein|bürgern ["ain'byrgərn] v. tr. JUR. naturaliser ; donner droit de cité (à qn).
◇ v. pr. **sich einbürgern,** acquérir droit de cité ; se faire naturaliser. || FIG. s'acclimater ; s'introduire. | *viele Fremdwörter haben sich in unserer Sprache eingebürgert*, beaucoup de mots étrangers se sont introduits dans notre langue.
Ein|bürgerung [-geruŋ] f. (-, en). JUR. naturalisation f. || FIG. acclimatation f. ; introduction f.
Ein|buße ["ain'bu:sə] f. (-, n) dommage m. ; perte f. | *Einbuße an Ehre, Geld*, perte d'honneur, d'argent.
ein|büßen ["ain'by:sən] v. tr. perdre. | *sein ganzes Vermögen einbüßen*, perdre toute sa fortune.
ein|dämmen ["ain'dɛmən] v. tr. protéger par une digue ; endiguer. || FIG. refréner ; enrayer ; juguler. | *die Inflation eindämmen*, juguler l'inflation.
ein|dampfen ["ain'dampfən] v. tr. CHIM. réduire (par évaporation).
ein|decken ["ain'dɛkən] v. tr. ARCHIT. poser la couverture ; couvrir. || AGRIC. couvrir (les plantes en hiver). || MIL. couvrir ; blinder.
◇ v. pr. **sich eindecken,** *sich mit etwas eindecken*, se prémunir de qch. ; faire provision de qch. ;
ein|deichen ["ain'daiçən] v. tr. endiguer.
ein|deutschen ["ain'dɔytʃən] v. tr. rendre allemand ; germaniser.
ein|dicken ["ain'dikən] v. tr. épaissir ; condenser.
ein|dosen ["ain'do:zən] v. tr. mettre en boîtes.
ein|drängen ["ain'drɛŋən] v. tr. faire entrer ; introduire. || PAR EXT. enfoncer.
◇ v. pr. **sich eindrängen,** entrer de force ; s'introduire en jouant des coudes. || FIG. s'ingérer.
ein|drehen ["ain'dre:ən] v. tr. faire entrer en tournant ; visser.
ein|dringen ["ain'driŋən] (a, u) v. intr. entrer de, par force ; pénétrer ; envahir. | *das Wasser dringt in die Stiefel ein*, l'eau entre dans les bottes. || MIL. envahir. || FIG. aller au fond de. | *in den Geist einer Sprache eindringen*, saisir l'esprit d'une langue.
ein|dringlich [-'driŋliç] adj. pénétrant ; pressant ; émouvant.
◇ adv. avec insistance.
Ein|dringling ['driŋliŋ] m. (s, e) intrus m. ; envahisseur m. || FIG. fâcheux.
Ein|druck ['aindruk] m. (s, ¨e) empreinte f. ; marque f. ; impression f. ; trace f. || FIG. impression f. ; effet m. | *lebhafter Eindruck*, vive impression. | *Eindruck machen*, faire impression, faire sensation. | *den Eindruck erwecken, als ob*, donner l'impression de (infin.). | *den Eindruck haben*, avoir l'impression. | *sich des Eindrucks nicht erwehren können, daß*, ne pouvoir se défendre de l'impression que.
ein|drücken ["ain'drykən] v. tr. faire entrer en pressant ; presser ; enfoncer ; écraser. | *die Fensterscheibe eindrücken*, casser la vitre, le carreau. || MIL. *die Front eindrücken*, enfoncer le front.
◇ v. pr. **sich eindrücken,** s'imprimer ; se graver.
eindrucks|voll ["aindruks'fɔl] adj. impressionnant.
eine ['ainə]. V. EIN.
ein|ebnen ["ain'e:bnən] v. tr. aplanir ; égaliser ; niveler. | *eine Straße einebnen*, cylindrer une rue.
Ein|ebnung [-nuŋ] f. (-, en) aplanissement m. ; nivellement m.
einen ['ainən] v. tr. unir ; unifier.
◇ v. pr. **sich einen,** FIG. se mettre d'accord.
ein|engen ["ain'ɛŋən] v. tr. rétrécir ; resserrer ; mettre à l'étroit ; gêner.
Ein|engung [-ŋuŋ] f. (-, en) rétrécissement m. ; resserrement m. ; étroitesse f. || FIG. gêne f.
einer ['ainər] adj. num. card. un.
Einer ['ainər] m. (s) unité f. || SPORT. un (m.) sans barreur ; skiff m.
einerlei ['ainər"lai] adj. de même espèce ; indifférent. | *das ist ihm einerlei*, cela lui est égal.
einer|seits ["ainər'zaits] adv. d'une part ; d'un côté. | *einerseits..., anderseits*, d'une part..., d'autre part.
einfach ['ainfax] adj. simple ; élémentaire. || CHIM. *einfache Körper*, corps (m. pl.) simples. | *einfache Farben*, couleurs primitives. || MATH. *einfache Zahl*, nombre premier. | *einfache Größe*, monôme m. || COMM. *einfache Buchführung*, comptabilité (f.) en partie simple. || POLIT. *einfache Stimmenmehrheit*, majorité (f.) simple. || TRANSP. *einfache Fahrt*, aller m. || FIG. simple ; uni ; modeste ; naturel ; sans recherche. | *einfache Kleidung*, mise (f.) simple. | *einfache Leute*, gens (m. pl.) du peuple. | *die Sache ist nicht so einfach*, la chose n'est pas si simple.
◇ adv. simplement ; tout bonnement. | *das ist einfach wunderbar*, c'est tout simplement merveilleux. | *ich verstehe Sie einfach nicht*, je ne vous comprends vraiment pas. | *du gehst einfach hin und sagst*, tu n'as qu'à y aller et dire.
Einfach|heit ['ainfaxhait] f. simplicité f. ; modestie f. ; frugalité f. | *der Einfachheit halber*, pour simplifier les choses.
ein|fädeln ["ain'fɛ:dəln] v. tr. enfiler. || FIG. engager ; manigancer. | *eine Sache fein einfädeln*, FAM. bien manigancer une affaire.
ein|fahren ["ain'fɑ:rən] (ä, u, a) v. intr. entrer ; rentrer ; pénétrer. | *der Zug fährt ein*, le train entre en gare.
◇ v. tr. rentrer. | *das Getreide wird eingefahren*, on rentre le blé. || AUTOM. roder. | *wird eingefahren !*, en rodage !
Ein|fahren ["ain'fɑ:rən] n. (s). AGRIC. engrangement m. || TRANSP. entrée (f.) en gare. || AÉRON. entrée (f.) du train. || AUTOM. rodage m.

Ein|fahrt ['ainfa:rt] f. (-, en). **1.** [Einfahren] *der Zug hat Einfahrt auf Gleis vier*, le train entre en gare sur la voie quatre.
2. [Zugang] *Toreinfahrt*, porte cochère. || MAR. *enge Einfahrt*, goulet m. (d'un port).
Einfahrts|signal ["ainfa:rtszig'na:l] n. (s, e). TRANSP. signal (m.) d'entrée. ||°**-tor** n. (s, e). ARCHIT. porte cochère.
Ein|fall ["ain'fal] m. (s, ¨e) chute f. ; écroulement m. || MIL. invasion f. ; irruption f. || PAR ANAL. idée f. ; inspiration f. ; fantaisie f. | *launiger Einfall*, caprice m. ; coup (m.) de tête ; lubie f. | *witziger Einfall*, saillie f. ; pointe f. | *auf den Einfall kommen*, avoir l'idée ; s'aviser. | *der Einfall kam ihm*, il lui vint à l'idée. || PHYS. *Einfall von Strahlen*, incidence (f.) de rayons.
ein|fallen ["ain'falən] (ä, ie, a) v. intr. tomber ; crouler. | *das alte Gemäuer ist eingefallen*, les vieux murs se sont écroulés. || PAR ANAL. tomber sur ; faire irruption ; envahir. || MIL. envahir. || PHYS. se réfracter. || MUS. rentrer ; se faire entendre. || FIG. venir à l'esprit, à l'idée ; passer par la tête. | *der Name fällt mir nicht ein*, je ne retrouve pas ce nom. || FAM. *das fällt mir im Traum nicht ein*, jamais de la vie ! | *was fällt Ihnen denn nur ein ?*, qu'est-ce qui vous prend ? | *in ein Gespräch einfallen*, placer son mot. || *eingefallene Wangen*, joues creus(é)es.
ein|fallend [-lənt] adj. PHYS. incident.
Einfall|winkel ["ainfal'viŋkəl] m. (s, -). || PHYS. angle (m.) d'incidence.
Ein|falt ['ainfalt] f. simplicité (f.) d'esprit ; ingénuité f. ; naïveté f. ; candeur f. ; innocence f.
einfältig ['ainfɛltiç] adj. simple (d'esprit) ; naïf.
Einfältigkeit ["ainfɛltigkait] f. simplicité (f.) d'esprit ; niaiserie f.
Einfalts|pinsel ["ainfalts'pinzəl] m. (s, -) nigaud m. ; nigaude f. ; imbécile s.
ein|fangen ["ain'faŋən] (ä, i, a) v. tr. prendre ; reprendre ; saisir ; attraper. || PHYS. capter.
ein|fassen ["ain'fasən] v. tr. border ; garnir de. | *in einem Rahmen einfassen*, encadrer. || TECHN. sertir ; monter ; enchâsser. | *Edelsteine einfassen*, monter, sertir des pierres précieuses.
Ein|fassung [-suŋ] f. (-, en) montage m. ; bordure f. ; cadre m. ; encadrement m. || TECHN. [Steine] sertissage m. ; montage m. || [Bild] châssis m.
ein|fetten ["ain'fɛtən] v. tr. graisser ; lubrifier ; huiler.
ein|finden (sich) [ziç"ain'findən] (a, u) v. pr. se trouver à un endroit ; se rendre ; être présent ; y être. || FAM. *sich nicht einfinden*, fausser compagnie. || FIG. *sich in eine neue Tätigkeit einfinden*, se faire à un nouvel emploi.
ein|flechten ["ain'flɛçtən] (i, o, o) v. tr. entrelacer ; entremêler ; natter ; tresser. | *die Haare einflechten*, tresser les cheveux. || FIG. entremêler ; insérer.
ein|fliegen ["ain'fli:gən] (o, o) v. intr. entrer en volant. | *aus- und einfliegen*, aller et venir en volant.
ein|fließen ["ain'fli:sən] (o, o) v. intr. couler dans. || FIG. glisser.
ein|flößen ["ain'flø:sən] v. tr. instiller ; faire couler doucement ; ingurgiter. || MÉD. *einem Kranken Arznei einflößen*, faire prendre sa potion à un malade. || FIG. inspirer ; suggérer ; insinuer. | *jm Mitleid, Vertrauen einflößen*, faire pitié, inspirer confiance à qn.
Ein|flug ['ainflu:k] m. (s, ¨e). ZOOL. entrée f. || AÉRON. entrée f. || MIL. raid m.
Ein|fluß ['ainflus] m. (es, ¨e) influence f. ; ascendant m. ; crédit m. | *einen nachteiligen Einfluß ausüben auf*, exercer une influence funeste sur. | *unter dem Einfluß von*, sous l'influence de. | *Einfluß gewinnen*, prendre de l'ascendant. || [Umwelt] impact m. | *ökologischer Einfluß*, impact écologique.
einfluß|los ["ainflus'lo:s] adj. sans influence. || **-reich** adj. influent. ||°**-sphäre** f. (-, n). POLIT. sphère (f.) d'influence.
ein|flüstern ["ain'flystərn] v. tr. FIG. souffler ; chuchoter ; suggérer.
Ein|flüsterung [-ruŋ] f. (-, en). FIG. insinuation f. ; suggestion f.
ein|fordern ["ain'fɔrdərn] v. tr. réclamer ; exiger. || COMM. *Geld einfordern*, réclamer une somme. | *Kapitalien einfordern*, appeler des fonds. || FIN. *Steuern einfordern*, recouvrer les impôts.
ein|fressen (sich) [ziç"ain'frɛsən] (i, a, e) v. pr. CHIM. creuser un trou ; corroder ; ronger.
ein|frieden ["ain'fri:dən] v. tr. clôturer.
Ein|fried(ig)ung [-d(ig)uŋ] f. (-, en) clôture f. ; haie f.
ein|frieren ["ain'fri:rən] (o, o) v. intr. geler. | *eingefrorene Wasserleitung*, conduite gelée.
Ein|frieren n. (s). CULIN. congélation f. || ÉCON. gel m. | *Einfrieren der Löhne*, gel des salaires.
ein|fügen ["ain'fy:gən] v. tr. TECHN. emboîter ; enclaver ; joindre ; enchâsser. || FIG. insérer.
◇ v. pr. **sich einfügen,** FIG. s'adapter ; s'insérer.
Ein|fügung [-guŋ] f. (-) insertion f. ; adaptation f.
ein|fühlen (sich) [ziç"ain'fy:lən] v. pr. s'identifier à ; se mettre au diapason de ; comprendre l'esprit de.
Ein|fühlung ["ain'fy:luŋ] f. PHILOS. capacité de saisir de l'intérieur ; intuition.
Ein|fuhr ["ain'fu:r] f. (-, en). COMM. importation f. ; entrée f. | *Ein- und Ausfuhrausgleich*, balance commerciale.
Einfuhr|bewilligung ["ainfu:rbə'viliguŋ] f. (-, en), °**-erlaubnis** f. (-, se), °**-genehmigung** f. (-, en). COMM. licence (f.) d'importation. ||°**-land** n. (s, ¨er). COMM. pays importateur. ||°**-menge** f. (-, n), °**-volumen** n. (s). COMM. volume (m.) des importations. ||°**-waren** f. pl. COMM. marchandises importées. ||°**-ziffer** f. (-, n) montant (m.) des importations. ||°**-zoll** m. (s, ¨e). COMM. droit (m.) de douane à l'entrée.
ein|führen ["ain'fy:rən] v. tr. introduire. || MÉD. *die Sonde in die Wunde einführen*, introduire la sonde dans la plaie. || COMM. importer. || PAR ANAL. introduire ; présenter ; faire admettre. | *jn in eine Familie einführen*, présenter qn à une famille. || ADM. *in ein Amt einführen*, installer dans une charge. || FIG. initier ; introduire. | *eine Mode einführen*, introduire une mode.
◇ v. pr. **sich einführen,** s'introduire.
Ein|führer [-rər] m. (s, -). COMM. importateur m. || PAR ANAL. introducteur m. ; parrain m.
Ein|führung [-ruŋ] f. (-, en) introduction f. | *Einführung bei einer Familie*, présentation (f.) à une famille. || LITTÉR. introduction f. || [Börse] *amtliche Einführung*, introduction (f.) en Bourse.
Einführungs|feierlichkeit ["ainfy:ruŋs'faiərliçkait] f. (-, en) cérémonie (f.) d'installation. ||°**-kurs** m. (es, e) stage (m.) d'initiation. ||°**-schreiben** n. (s, -) lettre (f.) d'introduction.
ein|füllen ["ain'fylən] v. tr. verser dans ; entonner ; remplir. | *in Flaschen einfüllen*, mettre en bouteilles.
Ein|gabe ["ain'ga:bə] f. (-, n). ADM. présentation (f.), demande (f.) par écrit ; pétition f. || JUR. requête f. | *eine Eingabe richten*, adresser une demande. || INF. entrée f. | *Ein-Ausgabe-Werk*, système (m.) d'entrée-sortie.

Eingabe|einheit [-'ainhait] f. (-, en). INF. organe (m.) d'entrée.

Ein|gang ['aingaŋ] m. (s, ¨e) entrée f. ; accès m. |*Eingang zum Bahnhof*, entrée de la gare. |*beim Eingang*, à l'entrée ; en entrant. || PAR ANAL. *in die höchsten Kreise Eingang finden*, avoir ses entrées dans le (grand) monde. || PAR EXT. arrivée f. || COMM. *den Eingang eines Briefes bestätigen*, confirmer la réception d'une lettre. |*Eingang der Außenstände*, recouvrement (m.) de sommes dues. | *nach Eingang*, après réception.

ein|gangs ['aingaŋs] adv. d'abord ; au début ; au commencement ; plus haut.

◇ loc. prép. *eingangs des Briefes*, en tête, au début de la lettre.

Eingangs|benachrichtigung ["aingaŋsbə'nɑ:x-riçtiguŋ] f. (-, en). COMM. avis (m.) d'arrivage. ||°**-halle** f. (-, n). ARCHIT. halle f. ; hall m. ||°**-tor** n. (s, e) porte (f.) d'entrée ; porte cochère.

ein|gebaut ["aingə'baut] adj. encastré ; incorporé. | *eingebauter Schrank*, placard m.

ein|geben ["ain'ge:bən] (i, a, e) v. tr. administrer ; faire prendre. | *jm Arznei eingeben*, faire prendre un médicament à qn. || FIG. inspirer ; suggérer. | *ein Gedicht eingeben*, inspirer une poésie. || PAR ANAL. présenter ; remettre. | *eine Beschwerde eingeben*, présenter une plainte. || ADM. *zur Beförderung eingeben*, proposer pour l'avancement.

ein|gebildet ["aingə'bildət] adj. [Sachen] imaginaire. || [Personen] suffisant ; vaniteux ; prétentieux. | *auf etwas eingebildet sein*, se piquer de qch.

Ein|gebildetheit ["aingə'bildəthait] f. (-) suffisance f. ; fatuité f. ; prétention f.

ein|geboren ["aingə'bo:rən] adj. né dans le pays ; natif ; indigène. || PAR EXT. de naissance ; inné.

Ein|geborene(r) [-nə(r)] f. (m.) indigène s.

Ein|gebung ["ain'ge:buŋ] f. (-, en). FIG. inspiration f. ; suggestion f. ; illumination f.

ein|gedenk ["aingə'dɛŋk] prép. (gén.) en se souvenant de ; en pensant à. |*einer Sache eingedenk bleiben*, ne pas oublier qch.

ein|gedrückt ["aingə'drykt] adj. écrasé.

ein|gefallen ["aingə'falən] adj. enfoncé ; affaissé ; creux ; maigre. | *eingefallene Wangen*, joues creus(é)es.

ein|gefleischt ["aingə'flaiʃt] adj. incarné. || PAR EXT. incorrigible ; endurci. |*ein eingefleischter Junggeselle*, un célibataire endurci.

ein|gehakt ["aingə'hakt], **ein|gehängt** ["aingə-'hɛŋt] adj. bras dessus, bras dessous.

ein|gehen ["ain'ge:ən] (ging, gegangen) v. intr. entrer. | *auf jede Einzelheit eingehen*, entrer dans les moindres détails. || FAM. *es geht ihm schwer ein*, il comprend difficilement. || PAR ANAL. [ankommen] rentrer ; arriver. | *Außenstände gehen ein*, des dettes rentrent. || [einschrumpfen] se rétrécir ; se raccourcir. | *dieser Stoff geht ein*, ce tissu se rétrécit. || PAR EXT. [sich einlassen] *auf eine Frage eingehen*, aborder une question. |*auf js Ansicht eingehen*, entrer dans les vues de qn. || FIG. [absterben] s'éteindre ; dépérir ; mourir ; cesser. |*der Baum ist eingegangen*, l'arbre a dépéri. |*die Zeitung geht ein*, le journal cesse de paraître.

◇ v. tr. approuver ; conclure. | *Verpflichtungen eingehen*, prendre un engagement. | *einen Vergleich eingehen*, transiger. | *eine Ehe eingehen*, contracter (un) mariage.

ein|gehend [-ənt] adj. détaillé ; minutieux ; poussé.

◇ adv. à fond. | *eingehend prüfen*, examiner à fond, minutieusement.

Ein|gemachtes ["aingə'maxtəs] n. CULIN. conserves f. pl.

ein|gemeinden ["aingə'maindən] v. tr. POLIT. incorporer à, dans une commune, un État.

Ein|gemeindung [-duŋ] f. (-, en). POLIT. incorporation (f.) dans (une ville, un État).

ein|genommen ["aingə'nɔmən] adj. absorbé ; pris. || FIG. prévenu. | *eingenommen für jn*, prévenu en faveur de qn. || PAR EXT. *von sich eingenommen*, suffisant ; épris de soi-même. | *von etwas eingenommen*, entiché de qch.

ein|gesandt ["aingə'zant] adj. communiqué (se dit d'une lettre de lecteur que publie un journal).

ein|geschlossen ["aingə'ʃlɔsən] adj. enfermé ; renfermé ; inclus. | *mit eingeschlossen*, ci-inclus. || GÉOGR. encaissé. (V. EINSCHLIEßEN.)

Ein|geschränktheit ["aingə'ʃrɛŋkthait] f. (-) restriction f. ; étroitesse f. ; limitation f. || FIG. bornes f. pl.

ein|geschrieben ["aingə'ʃri:bən] adj. inscrit. || MATH. *eingeschriebener Kreis*, cercle inscrit. || POSTES. recommandé.

ein|gesessen ["aingə'zɛsən] adj. domicilié ; installé ; établi à.

Ein|geständnis ["aingə'ʃtɛntnis] n. (ses, se) aveu m.

ein|gestehen ["aingə'ʃte:ən] (gestand, gestanden) v. tr. avouer ; faire l'aveu de ; confesser.

Ein|geweide ["aingə'vaidə] n. (s, -). ANAT. entrailles f. pl. ; intestins m. pl. ; viscères m. pl. ; boyaux m. pl. | *tierische Eingeweide*, tripes f. pl.

Ein|geweihte(r) ["aingə'vaitə(r)] f. (m.) initié(e) m. (f.).

ein|gewöhnen ["aingə'vø:nən] v. tr. habituer ; accoutumer ; acclimater.

◇ v. pr. **sich eingewöhnen,** s'acclimater à.

ein|gießen ["ain'gi:sən] (o, o) v. tr. verser ; faire couler dans. || CULIN. infuser.

ein|gipsen ["ain'gipsən] v. tr. TECHN. sceller à l'aide de plâtre. || MÉD. plâtrer.

ein|gliedern ["ain'gli:dərn] v. tr. incorporer ; annexer.

Ein|gliederung [-ruŋ] f. (-, en) incorporation f.

ein|graben ["ain'grɑ:bən] (ä, u, a) v. tr. mettre en terre ; enterrer ; enfouir. | *einen Pfahl in die Erde eingraben*, enfoncer un pieu. || PAR ANAL. graver. | *in Metall eingraben*, graver dans le métal.

◇ v. pr. **sich eingraben,** MIL. se terrer ; se retrancher. || FIG. se graver. | *sich ins Gedächtnis eingraben*, se graver dans la mémoire.

ein|gravieren ["aingra'vi:rən] v. tr. TECHN. graver dans.

ein|greifen ["ain'graifən] (i, i) v. intr. passer, mettre la main dans. || PAR EXT., TECHN. engrener ; être en prise. | *das Rad greift in das Getriebe ein*, le pignon engrène sur la roue. || FIG. intervenir. | *in js Rechte eingreifen*, empiéter sur les droits de qn. | *disziplinarisch eingreifen*, sévir.

Ein|greifen [-fən] n. (s). intervention f.

ein|grenzen ["ain'grɛntsən] v. tr. enclore.

Ein|griff ["ain'grif] m. (s, e). TECHN. engrenage m. ; prise f. | *direkter Eingriff*, prise directe. || MÉD. opération f. ; intervention f. || FIG. empiétement m. | *Eingriff in js Rechte*, empiétement sur les droits de qn.

ein|hacken ["ain'hakən] v. intr. donner des coups de hache, de bec dans. || FIG. *auf jn einhacken*, prendre qn pour cible.

ein|haken ["ain'hɑ:kən] v. tr. agrafer ; accrocher.

◇ v. intr. mordre (sur, dans). || TECHN. enclencher. || FIG., FAM. intervenir.
◇ v. pr. **sich einhaken,** s'accrocher. || se donner le bras.

Ein|halt ['ainhalt] m. (s) arrêt m. ; suspension f. | *einer Sache Einhalt tun*, mettre un terme à qch.

ein|halten ["ain'haltən] (ä, ie, a) v. tr. arrêter ; retenir ; réprimer. || PAR EXT. tenir. | *eine Frist einhalten*, respecter un délai. || AUTOM. *die rechte Seite einhalten*, tenir sa droite.
◇ v. intr. s'arrêter ; cesser de ; s'interrompre ; suspendre. | *mit dem Lesen einhalten*, cesser de lire. || COMM. suspendre.

Ein|haltung [-tuŋ] f. (-, en) arrêt m. ; interruption f. || PAR EXT. observation f. ; respect m. || JUR. observance f.

ein|hämmern ["ain'hɛmərn] v. tr. enfoncer la tête avec un marteau. || FIG. faire entrer dans la tête.

ein|handeln ["ain'handəln] v. tr. [eintauschen] troquer ; échanger.
◇ v. pr. **sich einhandeln,** FAM. *sich etwas einhandeln*, se prendre qch.

ein|händigen ["ain'hɛndigən] v. tr. remettre, délivrer en main propre.

ein|hängen ["ain'hɛŋən] v. tr. pendre ; suspendre ; accrocher. | *den Hörer einhängen*, (r)accrocher le récepteur.
◇ v. pr. **sich einhängen,** prendre le bras de qn.

ein|hauchen ["ain'hauxən] v. tr. aspirer. || PAR EXT. insuffler ; inspirer. || FIG. inspirer.

ein|heften ["ain'hɛftən] v. tr. TECHN. brocher.

ein|hegen ["ain'he:gən] v. tr. clore d'une haie.

ein|heimisch ["ain'haimiʃ] adj. du pays ; indigène ; aborigène ; natif. | *einheimische Sitten*, coutumes locales ; folklore m.

ein|heimsen ["ain'haimzən] v. tr. engranger ; récolter. || FIG. récolter ; ramasser ; cueillir.

ein|heiraten ["ain'haira:tən] v. intr. entrer dans une famille par mariage.

Ein|heit ['ainhait] f. (-, en) unité f. || LITTÉR. *Einheit der Handlung*, unité d'action. || POLIT. union f. | *Einheit eines Volkes*, union nationale. || MIL. unité f. || MATH., PHYS. unité f. || PHILOS. monade f.

ein|heitlich ['ainhaitliç] adj. qui a de l'unité ; unitaire ; homogène.
◇ adv. avec esprit de suite. | *einheitlich vorgehen*, procéder selon un (plan d')ensemble.

Ein|heitlichkeit [-kait] f. (-) unité f. ; homogénéité f. ; ensemble m. ; suite f.

Einheits|partei ["ainhaitspar'tai] f. (-, en). POLIT. *sozialistische Einheitspartei Deutschlands* (en abr. : *SED*), parti socialiste unifié d'Allemagne. ||°**-preis** m. (es, e). COMM. prix (m.) unique.

ein|heizen ["ain'haitsən] v. tr. chauffer.
◇ v. intr. chauffer. | *tüchtig einheizen*, bien chauffer. || FIG., FAM. *einem tüchtig einheizen*, réprimander sévèrement, punir qn.

einher|gehen [ain"he:r'ge:ən] v. intr. *einhergehen mit*, s'accompagner de. || **-stolzieren** v. intr. passer d'un air fier ; parader.

ein|holen ["ain'ho:lən] v. tr. [einkaufen] aller chercher ; aller aux provisions. || MAR. haler. | *ein Tau einholen*, haler un cordage. | *die Flagge einholen*, amener (son pavillon). || [erreichen] atteindre ; rejoindre ; rattraper. || FIG. *die versäumte Zeit wieder einholen*, rattraper le temps perdu. || [erbitten] demander ; aller prendre. | *die Erlaubnis einholen*, demander la permission.

ein|hüllen ["ain'hylən] v. tr. envelopper ; couvrir ; draper. | *in ein Leichentuch einhüllen*, ensevelir.
◇ v. pr. **sich einhüllen,** s'envelopper ; se couvrir. || FIG. envelopper ; cacher ; affubler. | *sich in seine Würde einhüllen*, se draper dans sa dignité.

einig ['ainiç] adj. uni ; d'accord. | *über einen Handel einig werden*, conclure un marché.

einige ['ainigə] pron. indéf. quelques ; quelques-uns ; quelques-unes ; certains ; certaines. || *einige Zahlen*, quelques chiffres m. pl. | *einige dreißig*, quelque trente ; une trentaine. | *einige..., andere...*, les uns..., d'autres... || *einiges Geld*, quelque argent. | *vor einiger Zeit*, il y a quelque temps.
— SYN. : *mehrere*, plusieurs ; *manche*, maint ; d'aucuns ; *gewisse*, certains ; *etliche*, quelques-uns ; certains.

einigen ['ainigən] v. tr. mettre d'accord ; unifier ; concilier.
◇ v. pr. **sich einigen,** tomber d'accord.

einiger|maßen ["ainigər'ma:sən] adv. en quelque sorte ; dans une certaine mesure ; tant soit peu. | *er kann einigermaßen gut Deutsch*, il sait passablement l'allemand.

Einigkeit ['ainiçkait] f. (-) union f.

Einigung ['ainiguŋ] f. (-, en). [Übereinstimmung] accord m. || [Zusammenschluß] unification f. || [Vergleich] arrangement m. ; compromis. | *zu einer Einigung gelangen*, parvenir à un accord.

ein|impfen ["ain'impfən] v. tr. MÉD. inoculer ; vacciner. || FIG. inculquer ; inoculer.

ein|jagen ["ain'ja:gən] v. tr. FIG. inspirer. | *jm Furcht einjagen*, faire peur à qn.

ein|kassieren ["ainka'si:rən] v. tr. COMM. encaisser ; recouvrer. | *einen Scheck einkassieren*, toucher, encaisser un chèque.

Ein|kauf ["ain'kauf] m. (s, ¨e). COMM. achat m. ; acquisition f. || [kleinere Sachen] emplette f.

ein|kaufen ["ain'kaufən] v. tr. COMM. faire des achats, des emplettes ; faire achat, emplette, acquisition ; acheter. | *einkaufen gehen*, aller faire son marché, les courses.
◇ v. pr. **sich einkaufen,** *sich in eine Lebensversicherung einkaufen*, prendre une assurance, s'assurer sur la vie.

Ein|käufer [-'kɔyfər] m. (s, -). COMM. acheteur m.

Einkaufs|passage ["ainkaufspa'sa:ʒə] f. (-, en) galerie marchande. ||°**-preis** m. (es, e). COMM. prix (m.) d'achat. ||°**-tasche** f. (-, n) sac (m.) à provisions. ||°**-wagen** m. (s, -) Caddie m. ||°**-zeit** f. (-, en) heures (f. pl.) d'ouverture des magasins. ||°**-zentrum** n. (s, tren) centre commercial.

Ein|kehr ["ain'ke:r] f. arrivée f. || (Vx.) *im Gasthaus Einkehr halten*, descendre à l'auberge. || FIG. recueillement m. | *in, mit, bei sich Einkehr halten*, se recueillir.

ein|kehren ["ain'ke:rən] v. intr. entrer, descendre chez qn ; descendre à l'hôtel. | *bei jm einkehren*, entrer chez qn en passant. || FIG. entrer. | *die Not kehrte bei ihnen ein*, la misère s'installa chez eux.

ein|keilen ["ain'kailən] v. tr. | *Pflöcke einkeilen*, enfoncer des pieux. || FIG. serrer.

ein|kellern ["ain'kɛlərn] v. tr. mettre en cave.

ein|kerben ["ain'kɛrbən] v. tr. TECHN. entailler ; encocher ; mortaiser ; faire une entaille.

Ein|kerbung [-buŋ] f. (-, en). TECHN. entaille f. ; encoche f. ; mortaise f. ; cran m. ; gorge f.

ein|kerkern ["ain'kɛrkərn] v. tr. incarcérer.

ein|kesseln ["ain'kɛsəln] v. tr. MIL. encercler.

ein|klagen ["ain'kla:gən] v. tr. JUR. poursuivre.

ein|klammern ["ain'klamərn] v. tr. mettre entre

parenthèses, entre crochets. || TECHN. fixer avec des crampons.

Ein|klang ['ainklaŋ] m. (s, ¨e). MUS. unisson m. ; accord m. ; harmonie f. || FIG. accord m. | *in Einklang bringen mit*, mettre d'accord ; accorder, concilier avec.

ein|kleiden ["ain'klaidən] v. tr. vêtir ; habiller. | *jn neu einkleiden*, habiller qn de neuf. || faire prendre l'habit [moine], le voile [nonne]. | *eingekleidet werden*, prendre le voile. || FIG. orner ; décorer ; embellir. | *seine Gedanken einkleiden*, orner, envelopper sa pensée.

ein|klemmen ["ain'klɛmən] v. tr. serrer avec des pinces ; pincer ; coincer ; encastrer.

ein|klinken ["ain'kliŋkən] v. tr. fermer au loquet ; enclencher.

ein|klopfen ["ain'klɔpfən] v. tr. enfoncer.

ein|knicken ["ain'knikən] v. tr. plier ; ployer ; briser ; casser à demi ; corner.
◇ v. intr. se briser ; ne plus tenir debout ; tomber.

ein|kochen ["ain'kɔxən] v. tr. CULIN. réduire ; épaissir ; concentrer ; condenser.
◇ v. intr. se réduire par l'ébullition.

ein|kommen ["ain'kɔmən] (a, o) v. intr. COMM. [kommen] arriver ; rentrer. | *Gelder kommen ein*, des fonds rentrent. || PAR EXT., ADM. [bitten] demander. | *schriftlich einkommen*, adresser une requête. || JUR. *um Kassation einkommen*, se pourvoir en cassation. || FIG. [einfallen] venir à l'esprit.

Ein|kommen [-mən] n. (s) rentrée f. ; revenu m. ; rente f. ; [Lohn] salaire m. ; [Gehalt] appointements m. pl. | *ständiges Einkommen*, revenu stable. | *sein Einkommen beträgt, beläuft sich auf*, ses revenus se montent à. | *ein Einkommen beziehen*, toucher un revenu. || PAR EXT. demande f. ; requête f. || JUR. pourvoi m.

Einkommens|höchstgrenze ["ainkɔmens'høçstgrɛntsə] f. (-, n). FIN. plafond (m.) de revenus. ||°**steuer** f. (-, n). FIN. impôt (m.) sur le revenu. ||°**-steuer|erklärung** f. (-, en). FIN. déclaration (f.) d'impôts sur les revenus. ||°**-verhältnisse** n. pl. niveau (m.) de ressources.

ein|kreisen ["ain'kraizən] v. tr. tracer, décrire un cercle autour ; cerner ; encercler.

Ein|kreisung [-zuŋ] f. encerclement m.

Ein|künfte ["ain'kynftə] f. pl. revenus m. pl. ; rentes f. pl. ; recettes f. pl. | *ungewisse Einkünfte*, casuel m. | *mit Einkünften versehen*, doter.

ein|kuppeln ["ain'kupəln] v. tr. TECHN. embrayer ; accoupler.

ein|laden ["ain'lɑ:dən] (ä, u, a) v. tr. COMM. charger ; embarquer. || FIG. inviter ; prier ; convier. | *zum Tanz einladen*, inviter à une danse.

einladend [-dənt] adj. engageant ; attrayant.

Ein|ladung [-duŋ] f. (-, en). COMM. chargement m. ; embarquement m. || FIG. invitation f.

Ein|lage ["ain'lɑ:gə] f. (-, n). [im Brief] annexe f. || TECHN. [zur Zeitung] encart m. || [Schuh] support (m.) orthopédique. || [Zigarre] intérieur m. ; tripe f. || [Gewebe] couche (f.), insertion (f.) de tissu. || [beim Spiel] enjeu m. || COMM., FIN. apport m. | *Einlage in eine Gesellschaft*, part sociale. || CULIN. *Suppe mit Einlage*, soupe épaisse. || THÉÂTRE. intermède m.

Einlagen|bezugsschein ["ainlɑ:gən'bətsu:ksʃain] m. (s, e). FIN. promesse (f.) d'apport.

ein|lagern ["ain'lɑ:gərn] v. tr. AGRIC. ensiler. || COMM. emmagasiner ; stocker ; déposer.

Ein|lagerung [-gəruŋ] f. (-, en). COMM. emmagasinage m. ; magasinage m. ; stockage m.

Ein|laß ['ainlas] m. (es, ¨e) admission f. ; entrée f. | *Einlaß begehren*, demander à entrer.

ein|lassen ["ain'lasən] (ä, ie, a) v. tr. laisser, faire entrer ; admettre.
◇ v. pr. **sich einlassen,** s'engager. | *sich in ein Gespräch einlassen*, entrer en conversation. | *sich in ein Geschäft einlassen*, s'embarquer dans une affaire. | *sich mit jm einlassen*, frayer, se commettre avec qn.

Ein|lauf ['ainlauf] m. (s, ¨e). MÉD. lavement m.

ein|laufen ["ain'laufən] (ä, ie, a) v. tr. enfoncer.
◇ v. intr. entrer. || MAR. *in den Hafen einlaufen*, entrer dans le port. || POSTES. *Briefe laufen ein*, des lettres arrivent. || FIG. rétrécir. | *beim Waschen einlaufen*, rétrécir au lavage.
◇ v. pr. **sich einlaufen,** AUTOM. se roder.

ein|läuten ["ain'lɔytən] v. tr. annoncer à son de cloche.

ein|leben (sich) [ziç"ain'le:bən] v. pr. s'habituer ; s'acclimater ; s'adapter à.

Einlege|arbeit ["ainle:gə'arbait] f. (-, en). TECHN. [Metall] damasquinage m. || [Holz] marqueterie f. ||°**-holz** n. (es) bois (m.) de marqueterie. ||°**-sohle** f. (-, n) semelle orthopédique ; fausse semelle.

ein|legen ["ain'le:gən] v. tr. mettre ; placer. || CULIN. conserver. | *Eier, Früchte einlegen*, mettre des œufs, des fruits en conserve. || COMM., FIN. déposer. | *Geld in die Kasse einlegen*, verser de l'argent en caisse. || AGRIC. marcotter ; provigner. || TECHN. incruster ; marqueter ; damasquiner. | *Elfenbein, Perlmutter, Holz, Metall einlegen*, incruster de l'ivoire, marqueter de nacre, de bois, damasquiner. || [Brief] joindre. || THÉÂTRE. insérer. | *einen Monolog einlegen*, insérer un monologue. || FIG. intercéder. | *für jn ein gutes Wort einlegen*, intercéder pour qn. || JUR. interjeter. | *Berufung, Verwahrung einlegen*, interjeter appel, protester. | *Veto einlegen*, mettre son veto. || FIG. récolter. | *Ehre mit etwas einlegen*, retirer de la gloire de qch.

Ein|leger ["ain'le:gər] m. (s, -). COMM. déposant m. || AGRIC. marcotte f. ; provin m.

ein|leiten ["ain'laitən] v. tr. introduire ; préparer. | *Verhandlungen einleiten*, entamer des négociations. || JUR. instruire. | *ein Ermittlungsverfahren einleiten*, ouvrir une information judiciaire. | *ein gerichtliches Verfahren einleiten*, ouvrir l'instruction d'un procès. || MIL. *eine Offensive einleiten*, lancer une offensive.

Ein|leitung [-tuŋ] f. (-, en) introduction f. || [Verhandlungen] ouverture f. || MUS. prélude m. ; ouverture f. || LITTÉR. avant-propos m. ; introduction f.
— SYN. : *Einführung*, introduction ; *Vorbereitung*, préparatif ; *Vorspiel*, prélude ; *Vorrede*, préliminaire.

ein|lenken ["ain'lɛŋkən] v. intr. tourner ; entrer (dans). || FIG. revenir à bien ; baisser le ton. | *bei einer Diskussion einlenken*, faire des concessions dans la discussion. | *wieder einlenken*, revenir à ses moutons ; se raviser.

ein|leuchten ["ain'lɔyçtən] v. intr. être évident ; sauter aux yeux. | *das will mir nicht einleuchten*, je ne peux pas me faire à cette idée.

ein|leuchtend [-tənt] adj. clair ; évident.

ein|liefern ["ain'li:fərn] v. tr. livrer ; remettre. | *Waren einliefern*, livrer de la marchandise. | *ins Krankenhaus einliefern*, transporter à l'hôpital.

Ein|lieferung [-ruŋ] f. (-, en) livraison f. ; admission f.

Einlieferungs|schein ["ainli:fəruŋs'ʃain] m. (s, e) bulletin (m.) de dépôt ; reçu m. ; récépissé m.

ein|liegend ["ain'li:gənt] adj. ci-inclus ; ci-joint.

ein|lochen ["ain'lɔxən] v. tr. mortaiser. || FAM. mettre au violon, sous les verrous ; coffrer.

ein|lösbar ["ain'lø:sbɑ:r] adj. FIN. remboursable ; payable ; convertible.

Ein|lösbarkeit [-barkait] f. (-). FIN. remboursabilité f. ; convertibilité f.

ein|lösen ["ain'lø:zən] v. tr. dégager ; racheter. | *ein Pfand einlösen*, retirer un gage. || FIN. *einen Wechsel einlösen*, honorer un effet. || FIG. *sein Versprechen einlösen*, tenir sa promesse.

Ein|lösung [-zuŋ] f. (-, en) rachat m. ; retrait m. ; paiement m. ; remboursement m. || FIN. conversion f.

Einlösungs|frist ["ainlø:zuŋs'frist] f. (-, en). FIN. délai (m.) de paiement. ||°**-kurs** m. (es, e). FIN. cours (m.) de rachat. ||°**-termin** m. (s, e). FIN. terme m.

ein|loten ["ain'lo:tən] v. tr. ARCHIT. prendre l'aplomb.

ein|lullen ["ain'lulən] v. tr. FAM. endormir en chantant une berceuse ; endormir en chantant.

ein|machen ["ain'maxən] v. tr. CULIN. confire ; mettre en conserve.

Einmach|glas ["ainmax'glɑ:s] n. (es, ¨er). TECHN. bocal (m.) à conserves.

Ein|maligkeit ["ain'mɑ:liçkait] f. caractère (m.) unique.

Ein|marsch ['ainmarʃ] m. (es, ¨e). MIL. entrée f. ; invasion f. ; occupation f.

ein|marschieren ["ainmar'ʃi:rən] v. intr. MIL. entrer, faire une entrée dans ; occuper.

ein|mauern ["ain'mauərn] v. tr. ARCHIT. murer ; emmurer ; sceller.

◇ v. pr. **sich einmauern,** se cloîtrer.

ein|meißeln ["ain'maisəln] v. tr. TECHN. ciseler dans.

ein|mieten ["ain'mi:tən] v. tr. 1° louer un logement. | *sich bei jm einmieten*, louer une chambre chez qn. || 2° mettre en location.

ein|mischen ["ain'miʃən] v. tr. mêler à.

◇ v. pr. **sich einmischen,** se mêler à.

Ein|mischung [-ʃuŋ] f. (-, en) mélange m. || FIG. ingérence f. ; intervention f. || POLIT. *Einmischung in die inneren Angelegenheiten*, ingérence (f.) dans les affaires intérieures.

ein|mumme(l)n ["ain'mumə(l)n] v. tr. et v. pr. FAM. (s')emmitoufler.

ein|münden ["ain'myndən] v. intr. se jeter, déboucher dans.

Ein|mündung [-duŋ] f. (-, en) embouchure f. ; orifice m.

ein|nähen ["ain'nɛ:ən] v. tr. coudre dans. || TECHN., TEXT. rétrécir le bord.

Ein|nahme ["ain'nɑ:mə] f. (-, n) prise f. || MIL. conquête f. || COMM. recette f. || FIN. revenu m. ; perception f.

Einnahme|quelle ["ainnɑ:mə'kvɛlə] f. (-, n). COMM., FIN. source (f.) de revenus ; ressource f. ||°**-stelle** f. (-, n) [bureau (m.) de] perception f.

ein|nebeln ["ain'ne:bəln] v. tr. embrumer ; entourer d'un nuage.

ein|nehmen ["ain'ne:mən] (i, a, o). **1.** v. tr. prendre ; absorber. | *eine Mahlzeit einnehmen*, prendre un repas. || COMM., FIN. encaisser ; percevoir. || MIL. *eine Stadt einnehmen*, prendre une ville. || FIG. *von Vorurteilen eingenommen*, plein, imbu de préjugés. | *jn gegen jn einnehmen*, prévenir qn contre qn.

2. [sich setzen] occuper ; prendre place. | *seinen Platz einnehmen*, prendre place. || [füllen] occuper. | *drei Seiten einnehmen*, occuper trois pages.

3. FIG. [gewinnen] captiver ; charmer. | *für sich einnehmen*, captiver ; séduire.

ein|nehmend [-mənt] adj. FIG. prévenant ; captivant ; engageant ; charmant.

Ein|nehmer [-mər] m. (s, -) receveur m. ; percepteur m.

ein|nicken ["ain'nikən] v. intr. FAM. s'assoupir.

ein|nisten (sich) [ziç"ain'nistən] v. pr. se nicher. || FIG. s'incruster (chez qn).

ein|ölen ["ain'ø:lən] v. tr. huiler.

ein|ordnen ["ain'ɔrdnən] v. tr. ranger ; classer.

◇ v. pr. **sich einordnen,** s'adapter.

ein|packen ["ain'pakən] v. tr. emballer ; envelopper ; empaqueter. || PAR EXT. plier bagage.

ein|passen ["ain'pasən] v. tr. ajuster ; adapter. || TECHN. emboîter ; encastrer.

ein|pauken ["ain'paukən] v. tr. FAM. faire répéter ; inculquer ; bachoter.

Ein|pauker [-kər] m. (s, -). FAM. répétiteur m.

ein|pferchen ["ain'pfɛrçən] v. tr. parquer.

ein|pflanzen ["ain'pflantsən] v. tr. BOT. planter dans. || FIG. implanter ; inculquer.

ein|pfropfen ["ain'pfrɔpfən] v. tr. entasser. || PAR EXT., BOT. greffer. || FIG. bourrer ; inculquer.

Ein|pfropfung [-fuŋ] f. (-, en) greffe f. ; ente f.

ein|pökeln ["ain'pøkəln] v. tr. CULIN. saler ; mettre dans la saumure.

ein|prägbar ["ain'prɛ:gbɑ:r] adj. FIG. facile à apprendre, à inculquer.

ein|prägen [-'prɛ:gən] v. tr. empreindre ; imprimer ; graver. || FIG. graver ; inculquer. | *etwas dem Gedächtnis einprägen*, graver qch. dans sa mémoire.

◇ v. pr. **sich einprägen,** mémoriser. | *diese Landschaft hat sich mir tief eingeprägt*, ce paysage reste gravé dans mon âme.

einprägsam [-'prɛ:gzam] adj. facile à comprendre ; impressionnable.

ein|pudern ["ain'pudərn] v. tr. saupoudrer.

ein|puppen (sich) [ziç"ain'pupən] v. pr. ZOOL. et FIG. se changer, se transformer en chrysalide.

ein|quartieren ["ainkvar'ti:rən] v. tr. et v. pr. (se) loger ; (s')installer. | *einquartiert sein*, être logé chez l'habitant.

Ein|quartierung [-ruŋ] f. (-, en). MIL. logement m. ; cantonnement m.

ein|rahmen ["ain'rɑ:mən] v. tr. encadrer.

ein|rammen ["ain'ramən] v. tr. TECHN. pilonner ; enfoncer. | *Pflaster einrammen*, damer des pavés.

ein|räuchern ["ain'rɔyçərn] v. tr. enfumer.

ein|räumen ["ain'rɔymən] v. tr. mettre en place ; ranger. | *eine Wohnung einräumen*, aménager un appartement. || PAR ANAL. céder ; abandonner. | *ich werde dir eines meiner Zimmer einräumen*, je te céderai une de mes pièces. || FIG. accorder ; concéder ; admettre. || COMM. *Kredit einräumen*, accorder un crédit.

Ein|räumung [-muŋ] f. (-) rangement m. ; emmagasinage m. || FIG. concession f.

ein|rechnen ["ain'rɛçnən] v. tr. COMM. comprendre dans un compte. | *Unkosten eingerechnet*, frais (m. pl.) inclus, compris.

ein|reden ["ain're:dən] v. tr. persuader qn de qch. ; faire croire qch. à qn.

◇ v. intr. contredire qn ; faire une objection. | *auf jn einreden*, chercher à persuader qn.

◇ v. pr. **sich einreden,** se persuader.

ein|reiben ["ain'raibən] (ie, ie) râper. || PAR EXT. frotter ; frictionner.

Ein|reibung [-buŋ] f. (-, en). MÉD. friction f.

ein|reichen ["ain'raiçən] v. tr. présenter ; remettre. | *seine Entlassung einreichen*, donner sa démission.

|| JUR. *eine Klage einreichen*, intenter, introduire, engager une action.
Ein|reichung [-çuŋ] f. (-, en) présentation f. ; remise f. || JUR. dépôt m. ; plainte f.
ein|reihen ["ain'rai:ən] v. tr. ranger ; intercaler ; enrôler ; incorporer.
Ein|reise ["ain'raizə] f. (-, n) entrée (f.) dans un pays.
Einreise|bewilligung ["ainraizəbə'viliguŋ] f. (-, en), °**-vermerk** n. (s, e), °**-visum** n. (s, sen) visa (m.) d'entrée ; visa m.
ein|reisen ["ain'rai:zən] v. intr. entrer dans un pays.
einreißen ["ain'raisən] (i, i) v. tr. déchirer, faire une déchirure à ; démolir. | *ein Haus einreißen*, raser une maison.
◇ v. intr. se déchirer. || FIG. faire irruption ; se répandre ; se propager. | *Unsitten reißen ein*, les mœurs se dégradent.
ein|reiten ["ain'raitən] (i, i) v. intr. entrer à cheval.
◇ v. tr. dresser un cheval de selle.
ein|renken ["ain'rɛŋkən] v. tr. MÉD. réduire ; remettre. | *einen Arm einrenken*, remboîter un bras. || FIG. remettre ; réparer. || FAM. arranger.
ein|rennen ["ain'rɛnən] (rannte, gerannt) v. tr. enfoncer en courant. || FIG. *offene Türen einrennen*, enfoncer des portes ouvertes. | *sich den Kopf einrennen*, se briser la tête contre les murs.
ein|richten ["ain'riçtən] v. tr. installer ; organiser ; disposer. | *eine Wohnung einrichten*, installer un appartement. || MÉD., MATH. réduire.
◇ v. pr. **sich einrichten,** s'installer ; s'organiser ; s'arranger. | *sich auf etwas* (acc.) *einrichten*, prendre ses dispositions en vue de qch.
Ein|richten [-tən] n. (s) installation f. ; création f.
Ein|richtung [-tuŋ] f. (-, en) arrangement m. ; disposition f. ; aménagement m. ; institution f. ; organisation f. | *neue Einrichtung*, réorganisation f. | *nützliche Einrichtung*, institution utile. | *öffentliche Einrichtungen*, équipements publics.
ein|riegeln ["ain'ri:gəln] v. tr. verrouiller.
◇ v. pr. **sich einriegeln,** verrouiller sa porte.
ein|ritzen ["ain'ritsən] v. tr. graver ; tracer ; inciser ; égratigner.
ein|rollen ["ain'rɔlən] v. tr. enrouler.
ein|rosten ["ain'rɔstən] v. intr. (se) rouiller. || FIG., FAM. se rouiller ; s'encroûter.
ein|rücken ["ain'rykən] v. intr. entrer. | *zum Militär einrücken*, aller faire son service.
◇ v. tr. faire (r)entrer ; intercaler.
Ein|rückung [-kuŋ] f. (-, en). MIL. entrée f. || TYPOGR. insertion f.
ein|rühren ["ain'ry:rən] v. tr. délayer. | *ein Pulver, Suppe einrühren*, délayer une poudre, tremper la soupe.
Eins ['ains] f. (-, en) un ; une. | *die Eins*, le chiffre un. | *der Schüler hat eine Eins bekommen*, l'écolier a eu vingt sur vingt. || [Spiel] as m.
eins. V. EIN.
ein|säckeln ["ain'zɛkəln], **ein|sacken** [-'zakən] v. tr. ensacher ; empocher.
ein|salben ["ain'zalbən] v. tr. oindre.
ein|salzen ["ain'zaltsən] v. tr. CULIN. saler.
einsam ['ainzɑ:m] adj. [Personen] solitaire ; seul ; retiré. || [Sachen] désert ; isolé.
Einsamkeit [-kait] f. (-) isolement m. ; solitude f. ; retraite f.
ein|sammeln ["ain'zaməln] v. tr. recueillir ; ramasser ; cueillir ; récolter.
ein|sargen ["ain'zargən] v. tr. mettre en bière.
Ein|satz ['ainzats] m. (es, ¨e) mise (f.) en œuvre, en jeu ; intervention f. || FIG. *unter Einsatz seines Lebens*, au péril de sa vie. | *mit vollem Einsatz arbeiten*, travailler à plein. || TECHN. pièce (f.) de rechange ; garniture f. ; jeu m. || TEXT. *Einsatz aus Spitzen*, entredeux (m.) de dentelle. || COMM. consigne f. ; caution f. || [Spiel] enjeu m. || MIL. engagement m. || ZOOL. [Fischteich] vivier m. || MUS. *Einsatz der ersten Stimme*, rentrée (f.) du soprano.
Einsatz|bereich ["ainzatsbə'raiç] m. (s, e). AÉRON. rayon (m.) d'action. ||**-bereit** adj. MIL. prêt à intervenir. ||**-fähig** adj. opérationnel. ||**-freudig** adj. dynamique. ||°**-kommando** n. (s, s) *mobiles Einsatzkommando*, brigade (f.) antigang.
ein|saugen ["ain'zaugən] v. tr. sucer ; humer ; aspirer ; boire ; absorber.
ein|säumen ["ain'zɔymən] v. tr. TECHN. ourler.
ein|schalen ["ain'ʃɑ:lən] v. tr. ARCHIT. coffrer.
ein|schalten ["ain'ʃaltən] v. tr. intercaler ; insérer. || AUTOM. *einen Gang einschalten*, passer une vitesse. || ÉLECTR. *den Strom einschalten*, mettre en circuit. | *die Kupplung, die Maschine einschalten*, embrayer, mettre en marche. || RADIO., TÉLÉV. allumer, mettre. | *das Radio einschalten*, mettre la radio. || PAR EXT. intercaler ; ajouter ; insérer. || GRAMM. *eingeschalteter Satz*, incidente f. ; incise f.
◇ v. pr. **sich einschalten,** s'intercaler ; s'insérer. || FIG. s'ingérer ; s'immiscer.
Einschalt|quote ["ainʃalt'kvo:tə] f. (-, n). RADIO., TÉLÉV. indice (m.), taux (m.) d'écoute.
Ein|schaltung [-tuŋ] f. (-, en) intercalation f. ; interpolation f. ; insertion f. || ÉLECTR. fermeture (f.) du circuit. || TECHN. embrayage m. || TYPOGR. intercalation f.
Ein|schalung ["ain'ʃɑ:luŋ] f. (-, en). ARCHIT. coffrage m. ; revêtement m.
ein|schärfen ["ain'ʃɛrfən] v. tr. [einprägen] inculquer ; enjoindre ; insister sur.
ein|schätzen ["ain'ʃɛtsən] v. tr. estimer ; évaluer.
Ein|schätzung [-tsuŋ] f. (-, en) taxation f. ; estimation f. ; évaluation f.
ein|schenken ["ain'ʃɛŋkən] v. tr. verser à boire. | *ein Glas Bier einschenken*, verser un verre de bière. || FIG., FAM. *jm reinen Wein einschenken*, dire son fait à qn.
ein|scheren ["ain'ʃe:rən] v. intr. AUTOM. se remettre dans sa file. || MAR. reprendre la direction ; se mettre en ligne.
ein|schicken ["ain'ʃikən] v. tr. faire remettre ; envoyer (chez qn).
ein|schieben ["ain'ʃi:bən] (o, o) v. tr. pousser, glisser dans. || CULIN. *in den Ofen einschieben*, enfourner. || PAR EXT. intercaler ; insérer.
◇ v. pr. **sich einschieben,** s'interposer.
Ein|schiebung [-buŋ] f. (-, en) insertion f.
ein|schießen ["ain'ʃi:sən] (o, o) v. tr. MIL. démolir à coups de canon ; battre en brèche ; régler le tir d'une arme. || COMM. *Kapitalien einschießen*, verser des fonds. || TYPOGR. interfolier. || CULIN. *Brot in den Ofen einschießen*, enfourner du pain. || MAR. *Ballast einschießen*, lester un navire.
◇ v. pr. **sich einschießen,** MIL. *sich auf ein Ziel einschießen*, régler son tir.
ein|schiffen ["ain'ʃifən] v. tr. MAR. embarquer.
Ein|schiffung [-fuŋ] f. (-, en). MAR. embarquement m.
ein|schirren ["ain'ʃirən] v. tr. harnacher.
ein|schlafen ["ain'ʃlɑ:fən] (ä, ie, a) v. intr.

s'endormir. || FIG. s'engourdir. | *sanft einschlafen*, s'éteindre doucement.

ein|schläfern ["ain'ʃlɛ:fərn] v. tr. faire dormir ; endormir. | *ein Kind einschläfern*, faire dormir un enfant. || FIG. engourdir.

Ein|schlag ['ainʃlɑ:k] m. (s, ¨e) [action (f.) de] taper dans la main. || PHYS. chute f. || MIL. *Einschlag eines Geschosses*, point (m.) d'impact d'un projectile. || [Packung] emballage m. ; enveloppe f. || [im Walde] bois coupé. || TEXT. trame f. || FIG. succès m. (d'un spectacle).

ein|schlagen ["ain'ʃlɑ:gən] (ä, u, a) v. tr. [hineintreiben] chasser ; enfoncer. | *Nägel, Pfähle einschlagen*, chasser des clous, enfoncer des pieux. || PAR ANAL. [zertrümmern] casser ; briser ; faire un trou. | *eine Fensterscheibe einschlagen*, casser une vitre. || PAR EXT. [einwickeln] envelopper ; emballer. || FIG. [sich richten] *einen falschen Weg einschlagen*, faire fausse route ; se fourvoyer. | *einen Beruf einschlagen*, choisir une carrière.
◇ v. intr. (avec haben) se précipiter sur ; fondre sur. | *auf jn einschlagen*, fondre sur qn. | *der Blitz hat eingeschlagen*, la foudre est tombée. | *eine Granate schlägt ein*, un obus éclate. | *schlag ein !*, tope ! || COMM. (avec sein) remporter du succès ; se vendre bien.

ein|schlägig ["ain'ʃlɛ:giç] adj. se rapportant, relatif à ; respectif ; compétent. | *einschlägige Literatur*, ouvrages (m. pl.) se rapportant au sujet. | *einschlägige Behörde*, autorité compétente.

ein|schleichen (sich) [ziç"ain'ʃlaiçən] (i, i) v. pr. s'introduire ; se glisser ; s'insinuer. || FIG. *ein Fehler hat sich eingeschlichen*, une erreur s'est glissée.

ein|schleifen ["ain'ʃlaifən] (schliff, geschliffen) v. tr. TECHN. [Glas] tailler (sur verre).

ein|schleppen ["ain'ʃlɛpən] v. tr. traîner dans. || MAR. remorquer. || [Krankheit] apporter ; introduire.

ein|schleusen ["ain'ʃlɔyzən] v. tr. faire entrer dans une écluse ; écluser. || BIOL. insérer. | *ein Gen einschleusen*, insérer un gène.

ein|schließen ["ain'ʃli:sən] (o, o) v. tr. entourer ; enserrer ; inclure ; mettre dans ; enfermer ; renfermer. | *jn in sein Zimmer einschließen*, enfermer qn dans sa chambre. || PAR ANAL., MIL. entourer ; enserrer. || FIG. *eine Bemerkung einschließen*, inclure une remarque.
◇ v. pr. **sich einschließen,** s'enfermer.

ein|schließlich [-sliç] adv. et prép. (gén.) [en abr. **einschl.**] y compris ; inclusivement ; inclus.

Ein|schließung [-suŋ] f. (-, en) inclusion f. | *mit Einschließung von*, y compris. || MIL. investissement m. ; encerclement m.

ein|schlummern ["ain'ʃlumərn] v. intr. s'assoupir. || FIG. s'éteindre ; mourir. | *nach langem Leiden ist er sanft eingeschlummert*, il s'est éteint doucement après une longue maladie.

Ein|schluß ['ainʃlus] m. (es, ¨e) pièce incluse ; annexe (f.) de lettre. | *unter, mit Einschluß von*, y compris ; ce qui se trouve inclus entre parenthèses. || MINES. *Einschluß im Gestein*, inclusion f. ; enclave f. || MIL. encerclement m. || NUCL. confinement m.

ein|schmeicheln (sich) [ziç"ain'ʃmaiçəln] v. pr. s'insinuer auprès de. | *sich bei jm einschmeicheln*, s'insinuer dans les bonnes grâces de qn ; enjôler qn.

ein|schmelzen ["ain'ʃmɛltsən] (i ou e, o, o) v. tr. fondre ; refondre.

ein|schmieren ["ain'ʃmi:rən] v. tr. enduire ; FAM. barbouiller. | *mit Öl einschmieren*, huiler. || TECHN. graisser ; lubrifier.

ein|schmuggeln ["ain'ʃmugəln] v. tr. introduire en fraude, en contrebande.

ein|schnappen ["ain'ʃnapən] v. intr. TECHN. enclencher ; encliqueter. || FIG. *eingeschnappt*, vexé ; qui a un air pincé.

ein|schneiden ["ain'ʃnaidən] (schnitt, geschnitten) v. tr. faire une entaille, une incision.
◇ v. intr. couper ; trancher.

ein|schneidend [-dənt] adj. tranchant. || FIG. incisif ; radical. | *einschneidende Änderungen*, des modifications radicales. | *einschneidende Worte*, paroles (f. pl.) qui marquent, mémorables.

ein|schneien ["ain'ʃnaiən] v. tr. enneiger.

Ein|schnitt ['ainʃnit] m. (s, e) entaille f. ; encoche f. ; cran m. ; coupure f. ; tranchée f. || MÉD. incision f. || TECHN. mortaise f. || PAR ANAL., MUS. incise f. || POÉS. césure f. ; coupe f. || FIG. chapitre m. | *wichtiger Einschnitt im Leben*, un moment décisif ; un tournant dans la vie.

ein|schnitzen ["ain'ʃnitsən] v. tr. graver.

ein|schnüren ["ain'ʃny:rən] v. tr. serrer ; lacer ; entourer d'une corde ; comprimer.

ein|schränken ["ain'ʃrɛŋkən] v. tr. borner ; limiter ; réduire.
◇ v. pr. **sich einschränken,** se restreindre.
— SYN. : *beschränken*, restreindre ; *begrenzen*, limiter.

ein|schränkend [-kənt] adj. restrictif ; limitatif.

Ein|schränkung [-kuŋ] f. (-, en) limitation f. ; réduction f. ; réserve f. ; restriction f.

Einschreibe|brief ["ainʃraibə'bri:f] m. (s, e). POSTES. lettre recommandée. ||°**-gebühr** f. (-, en). ADM. droit (m.) d'enregistrement. || POSTES. taxe (f.) de recommandation. || UNIV. droits (m. pl.) d'inscription.

ein|schreiben ["ain'ʃraibən] (ie, ie) v. tr. écrire, inscrire dans ; porter dans ses livres ; enregistrer. | *sich in die Matrikel einschreiben*, s'inscrire à l'université. || POSTES. *einen Brief einschreiben lassen*, recommander une lettre.
◇ v. pr. **sich einschreiben,** s'inscrire.

Ein|schreibung [-buŋ] f. (-, en) inscription f. ; enregistrement m. || MIL. inscription f. ; enrôlement m. || UNIV. immatriculation f. ; inscription f. || POSTES. recommandation f. ; enregistrement m.

ein|schreiten ["ain'ʃraitən] (i, i) v. intr. entrer à pas comptés. || FIG. intervenir. | *gerichtlich einschreiten*, ouvrir une action judiciaire.

ein|schrumpfen ["ain'ʃrumpfən] v. intr. se rétrécir ; diminuer ; se ratatiner.

Ein|schrumpfen [-fən] n. (s) rétrécissement m.

Ein|schub ["ain'ʃup] m. (s, ¨e) supplément m. ; chose intercalée.

ein|schüchtern ["ain'ʃyçtərn] v. tr. intimider ; effaroucher.

Ein|schüchterung [-ruŋ] f. (-, en) intimidation f.

ein|schulen ["ain'ʃu:lən] v. tr. former ; dresser ; endoctriner.

Ein|schulung [-luŋ] f. **1.** entrée (f.) à l'école ; scolarisation f.
2. dressage m. ; endoctrinement m.

Ein|schuß ["ain'ʃus] m. (es, ¨e). MIL., point (m.) d'impact d'un projectile. || COMM. mise (f.) de fonds ; apport m. | *Einschuß fordern*, faire un appel de fonds. || TEXT. trame f.

ein|schütten ["ain'ʃytən] v. tr. verser dans.

ein|schwatzen ["ain'ʃvatsən] v. tr. FAM. *jm etwas einschwatzen*, faire accroire qch. à qn.

ein|schwenken ["ain'ʃvɛŋkən] v. intr. MIL. opérer une conversion. || FIG. changer d'avis.

ein|segnen ["ain'ze:gnən] v. tr. donner la bénédiction à. || RELIG. bénir ; consacrer ; confirmer. | *einen Priester einsegnen*, ordonner un prêtre.

Ein|segnung [-nuŋ] f. (-, en). RELIG. bénédiction f. ; consécration f. ; ordination f.

ein|sehen ["ain'ze:ən] (ie, a, e) v. intr. regarder, jeter un coup d'œil dans, sur.
◇ v. tr. [prüfen] examiner. || FIG. comprendre ; saisir ; reconnaître ; voir. | *seinen Irrtum einsehen*, reconnaître son erreur. || MIL. repérer.

Ein|sehen ["ain'ze:ən] n. (s) regard m. ; examen m. || FIG. discernement m. ; compréhension f. | *er hat ein Einsehen*, il se rend à la raison.

ein|seifen ["ain'zaifən] v. tr. savonner.

ein|senden ["ain'zɛndən] (sandte, gesandt) v. tr. envoyer, expédier. || PAR EXT. communiquer.

Ein|sender [-dər] m. (s, -) expéditeur m. || PAR EXT. correspondant m. ; auteur m.

Einsende|tag ["ainzɛndə'tɑ:k] m. (s, e), **Einsende|termin** m. (s, e) date (f.) limite d'envoi.

Ein|sendung ["ain'zɛnduŋ] f. (-, en) envoi m. ; expédition f. || PAR EXT. communiqué m. ; article m.

ein|senken ["ain'zɛŋkən] v. tr. enfoncer ; descendre dans. || AGRIC. marcotter ; provigner.

ein|setzen ["ain'zɛtsən] v. tr. **1.** mettre, placer, poser dans. | *Scheiben in ein Fenster einsetzen*, poser des vitres dans une fenêtre. || [Edelsteine] enchâsser. || AGRIC. planter ; empoter. || COMM. *eine Summe im Budget einsetzen*, inscrire une somme au budget. || [Reitkunst] *die Sporen einsetzen*, donner de l'éperon. || MAR. *einen Mast einsetzen*, arborer un mât. || TECHN. *Rohre einsetzen*, tuber. | *Stahl einsetzen*, cémenter l'acier. **2.** PAR ANAL. installer ; établir ; investir. || ADM., POLIT. *als Bürgermeister einsetzen*, installer dans les fonctions de maire. || JUR. *jn zu seinem Erben einsetzen*, instituer qn son héritier. || PAR EXT. engager (une force armée). || FIG. *sich für etwas einsetzen*, s'employer pour qch. | *sein Leben für etwas einsetzen*, risquer sa vie pour qch.
◇ v. intr. commencer ; se mettre à. | *der Regen setzt wieder ein*, la pluie reprend.

Ein|setzung [-tsuŋ] f. (-, en) pose f. ; mise f. || COMM. investissement m. || AGRIC. plantation f. || CULIN. conservation f. || TECHN. tubage m. ; cémentation f. || PAR ANAL., ADM. installation f. || JUR. *Einsetzung eines Gerichtshofes*, institution (f.) d'un tribunal. || PAR EXT. engagement m. || MIL. entrée (f.) en ligne. || FIG. intervention f.

Ein|sicht ["ain'ziçt] f. (-, en) inspection f. ; examen m. | *Einsicht in die Akten nehmen*, (action de) prendre connaissance des dossiers. | *zur gefälligen Einsicht*, pour examen. || FIG. discernement m. ; intelligence f. ; compréhension f. | *zur Einsicht gelangen*, devenir raisonnable.

ein|sichtig ["ain'ziçtiç] adj. compréhensif ; judicieux ; entendu.

Einsicht|nahme ["ainziçt'nɑ:mə] f. (-) consultation f. ; communication f. ; fait (m.) de prendre connaissance de qch. | *Recht auf Einsichtnahme*, droit (m.) de regard.

ein|sickern ["ain'zikərn] v. intr. s'infiltrer.

ein|sieden ["ain'zi:dən] (sott, gesotten) v. tr. réduire par ébullition.

ein|singen ["ain'ziŋən] (a, u) v. tr. endormir par des chants.
◇ v. pr. **sich einsingen,** s'exercer à chanter.

ein|sinken ["ain'ziŋkən] (a, u) v. intr. (s')enfoncer. || [Boden] s'affaisser. || [Haus] s'écrouler.

ein|spannen ["ain'ʃpanən] v. tr. atteler. || FIG., FAM. *durch eine dringende Arbeit völlig eingespannt*, accaparé par un travail urgent. || ARCHIT. encastrer. || TECHN. serrer ; fixer.

ein|sparen ["ain'ʃpɑ:rən] v. tr. économiser.

Ein|sparung [-ruŋ] f. (-, en) économie f.

ein|speichern ["ain'ʃpaiçərn] v. tr. emmagasiner.

ein|speisen ["ain'ʃpaizən] v. tr. alimenter.

ein|sperren ["ain'ʃpɛrən] v. tr. enfermer ; mettre en prison. || POP. coffrer.

ein|spielen ["ain'ʃpi:lən] v. tr. et v. pr. (s') exercer ; (s')entraîner à jouer.

ein|spinnen ["ain'ʃpinən] (a, o) v. tr. envelopper d'un réseau, d'une toile. || FIG., FAM. embobiner.
◇ v. pr. **sich einspinnen,** ZOOL. filer son cocon.

Ein|sprache ["ain'ʃprɑ:xə] f. (-, n) objection f.

ein|sprechen ["ain'ʃprɛçən] (i, a, o) v. intr. *auf jn einsprechen*, tâcher d'influencer qn. | *gegen etwas einsprechen*, protester contre qch.

ein|sprengen ["ain'ʃprɛŋən] v. tr. arroser ; asperger.

ein|springen ["ain'ʃpriŋən] (a, u) v. intr. sauter. || FIG. accourir au secours de. || PAR ANAL. *für jn einspringen*, remplacer qn.

Einspritz|düse ["ainʃprits'dy:zə] f. (-, n). AUTOM. gicleur m. || AÉRON. injecteur m. ||°**-motor** m. (s, en) moteur (m.) à injection.

ein|spritzen ["ain'ʃpritsən] v. tr. éclabousser ; asperger ; humecter. || MÉD. injecter ; faire des piqûres. || TECHN. injecter.

Ein|spritzung [-tsuŋ] f. (-, en). TECHN. injection f. | *elektronische Einspritzung*, injection électronique. || MÉD. injection f. ; piqûre f.

Ein|spruch ["ain'ʃpru:x] m. (s, ¨e) protestation f. ; opposition f. ; réclamation f. | *gegen etwas Einspruch erheben, einlegen* faire, mettre opposition à ; réclamer, se pourvoir contre qch. || JUR. pourvoi m. ; grief déclinatoire.

Einspruchs|frist ["ainʃpru:xs'frist] f. (-, en). JUR. délai (m.) d'opposition. ||°**-recht** n. (s, e). JUR. (droit de) veto m. ; droit (m.) d'opposition.

einst ['ainst] adv. [früher] jadis ; autrefois ; un jour. || [später] un jour (dans l'avenir).

ein|stampfen ["ain'ʃtampfən] v. tr. battre ; fouler. || [Bücher] mettre au pilon. || TECHN. pilonner ; damer.

Ein|stand ["ain'ʃtant] m. (s) entrée (f.) en fonctions. || PAR ANAL. *Einstand feiern*, pendre la crémaillère. || PAR EXT. arroser ses galons. || SPORT. égalité f.

Einstands|preis ["ainʃtants'prais] m. (es, e). COMM. prix (m.) d'achat. ||°**-recht** n. (s, e). JUR. droit (m.) de préemption.

ein|stäuben ["ain'ʃtɔybən] v. intr. se couvrir de poussière.
◇ v. tr. poudrer ; couvrir de poussière.

ein|stechen ["ain'ʃtɛçən] v. tr. enfoncer ; piquer. || TECHN. perforer.

ein|stecken ["ain'ʃtɛkən] v. tr. enfoncer ; ficher. || PAR EXT. empocher. | *das Schwert einstecken*, rengainer. || [ertragen] supporter. || FIG., FAM. avaler ; encaisser. | *Beleidigungen einstecken*, avaler des couleuvres. | *etwas einstecken müssen*, prendre une claque.

ein|stehen ["ain'ʃte:ən] (stand, gestanden) v. intr. *für jn einstehen*, prendre le parti de qn ; répondre de qn. | *für seine Ideen einstehen*, avoir le courage de ses opinions. || JUR. se porter caution.

ein|steigen ["ain'ʃtaigən] (ie, ie) v. intr. entrer en montant. | *in den Zug einsteigen*, monter dans le train. | *einsteigen !*, en voiture ! || MAR. s'embarquer. || FIG., FAM. *in ein Geschäft einsteigen*, participer à une affaire.

Einsteige|brücke ["ainʃtaigə'brykə] f. (-, n) passerelle (f.) d'embarquement. ||°**-diebstahl** m. (s, ¨e) vol (m.) à l'escalade. ||°**-loch** n. (s, ¨er) bouche (f.) d'égout. ||°**-schacht** m. (s, ¨e). MINES. entrée f.

ein|stellbar ["ain'ʃtɛlbɑ:r] adj. réglable ; ajustable ; orientable.

ein|stellen ["ain'ʃtɛlən] v. tr. **1.** [unterbringen] placer ; mettre en dépôt ; remiser. | *den Wagen einstellen*, mettre sa voiture au garage.
2. [dingen] prendre ; engager ; embaucher.
3. [aufhören] suspendre ; arrêter. | *die Arbeit einstellen*, cesser le travail ; débrayer. | *die Zahlungen einstellen*, suspendre les paiements. || MIL. *das Feuer einstellen*, cesser le feu.
4. [regeln] mettre au point. || MIL. pointer. || PHOT., PHYS. *richtig, scharf einstellen*, mettre au point.
◇ v. pr. **sich einstellen,** [kommen] arriver ; se présenter ; se trouver. || FIG. prendre position. | *sich gegen etwas einstellen*, prendre position contre qch. | *sich auf etwas einstellen*, se conformer à qch. ; se régler sur.

Einstell|knopf ["ainʃtɛl'knɔpf] m. (s, ¨e) bouton (m.) de réglage. ||°**-marke** f. (-, n) repère m. ||°**-schraube** f. (-, n). PHOT. vis (f.) de réglage.

Ein|stellung ["ain'ʃtɛluŋ] f. (-, en). **1.** [Unterbringung] placement m. ; mise (f.) en dépôt ; logement m. ; garage m. || FIN. *Einstellung in Rücklagen*, incorporation (f.) aux réserves.
2. [Aufnahme eines Arbeitsverhältnisses] engagement m. ; embauchage m. ; embauche f. | *Einstellung auf Probe*, préembauche f. || MIL. incorporation f.
3. [Aufhören] suspension f. ; arrêt m. ; cessation f. ; grève f. || JUR. *Einstellung des Verfahrens*, ordonnance (f.) de non-lieu. || MIL. *Einstellung der Feindseligkeiten*, cessation des hostilités.
4. [Regelung] réglage m. || COMM. *Einstellung auf eine Produktion*, spécialisation (f.) dans une production. || TECHN. réglage m. ; mise (f.) au point. || ANAT. *Einstellung des Auges*, accommodation f.
5. FIG. prise (f.) de position ; position f. ; attitude f. ; point (m.) de vue ; manière (f.) de voir.

Einstellungs|beschluß ["ainʃtɛluŋsbə'ʃlus] m. (es, ¨e). JUR. ordonnance (f.) de non-lieu. ||°**-prämie** f. (-, en) prime (f.) d'embauchage.

Ein|stich ['ainʃtiç] m. (s, e) piqûre.

Ein|stieg ["ain'ʃti:k] m. (s, e) entrée f. ; montée f.

einstig ['ainstiç] adj. [früher] d'autrefois ; ancien. || [später] à venir ; futur.

ein|stimmen ["ain'ʃtimən] v. intr. s'accorder ; se mettre à l'unisson ; joindre sa voix à. | *in einen Gesang einstimmen*, entonner une chanson en chœur. || FIG. faire chorus ; acquiescer.
— SYN. : *übereinstimmen*, concorder ; *zu etwas passen*, cadrer avec ; *übereinkommen*, s'accorder.

einst|mals ['ainstmɑ:ls] adv. V. EINST.

ein|stopfen ["ain'ʃtɔpfən] v. tr. fourrer dans ; bourrer.

ein|stoßen ["ain'ʃto:sən] (ö, ie, o) v. tr. enfoncer ; briser en poussant ; défoncer.

ein|streichen ["ain'ʃtraiçən] (i, i) v. tr. faire entrer en frottant ; enduire. || FIG., FAM. empocher.

ein|streuen ["ain'ʃtrɔyən] v. tr. répandre dans ; semer sur ; entremêler. | *Stroh einstreuen*, répandre de la paille ; faire une litière de paille. || FIG. semer ; insérer. | *Verse in seine Rede einstreuen*, semer des vers dans son discours.

ein|strömen ["ain'ʃtrø:mən] v. intr. affluer ; couler, se jeter dans.

ein|studieren ["ainʃtu'di:rən] v. tr. apprendre par cœur ; étudier.

ein|stufen ["ain'ʃtu:fən] v. tr. classer ; distribuer par classes.

Ein|stufung [-fuŋ] f. (-, en) classement m. ; classification f.

ein|stürmen ["ain'ʃtyrmən] v. intr. entrer comme un ouragan, rapidement. || FIG. *auf jn einstürmen*, fondre sur qn.

Ein|sturz ["ain'ʃturts] m. (es, ¨e) écroulement m. ; effondrement m.

ein|stürzen ["ain'ʃtyrtsən] v. intr. s'effondrer ; crouler ; tomber en ruine ; s'écrouler. || FIG. *auf jn einstürzen*, fondre, s'abattre sur qn.

einst|weilen ["ainst'vailən] adv. en attendant ; entretemps ; dans l'intervalle ; provisoirement.

einst|weilig [-liç] adj. provisoire ; intérimaire.
◇ adv. par intérim.

ein|tauchen ["ain'tauxən] v. tr. plonger, tremper dans ; immerger dans.
◇ v. intr. plonger ; s'immerger.

Ein|tausch ['aintauʃ] m. (es, ¨e) troc m. ; échange m.

ein|tauschen ["ain'tauʃən] v. tr. troquer ; échanger.

ein|tausend ["ain'tauzənt] adj. num. card. mille.

ein|teilen ["ain'tailən] v. tr. diviser. | *in Abschnitte einteilen*, diviser en paragraphes. || PAR ANAL. partager ; distribuer ; répartir. | *seine Zeit gut einteilen*, bien régler l'emploi de son temps. || PAR EXT. ranger ; classer. || PHYS. graduer.

Ein|teilung [-luŋ] f. (-, en) division f. ; partition f. || PAR ANAL. partage m. ; répartition f. ; distribution f. || PAR EXT. classement m. ; classification f. || PHYS. graduation f.

Ein|topf ['aintɔpf] m. (s) (*etwa*) plat (m.) unique.

Ein|trag ['aintrɑ:k] m. (s, ¨e) inscription f. || FIG. préjudice m. ; tort m. V. EINTRAGUNG. || [Wörterbuch] entrée f.

ein|tragen ["ain'trɑ:gən] (ä, u, a) v. tr. **1.** porter dans, sur ; enregistrer ; inscrire ; immatriculer. | *ins Handelsregister eintragen*, inscrire au registre du commerce. | *ein Patent eintragen*, déposer un brevet. | *gerichtlich eintragen*, entériner.
2. PAR EXT. rapporter ; produire ; rendre. | *dieses Geschäft trägt wenig ein*, cette affaire rapporte peu.

ein|träglich ["ain'trɛkliç] adj. lucratif ; qui rapporte.

Ein|träglichkeit [-kait] f. (-) rendement m. ; rapport m. ; rentabilité f. ; fertilité f. (d'un terrain).

Ein|tragung ["ain'trɑ:guŋ] f. (-, en) inscription f. ; enregistrement m. ; immatriculation f. ; transcription f. || JUR. entérinement m.

ein|träufeln ["ain'trɔyfəln] v. tr. MÉD. verser goutte à goutte ; instiller.

ein|treffen ["ain'trɛfən] (i, a, o) v. intr. arriver à destination. | *unvermutet eintreffen*, arriver inopinément ; survenir. || FIG. se produire ; se réaliser ; se confirmer.

ein|treiben ["ain'traibən] (ie, ie) v. tr. enfoncer. || PAR EXT. [Vieh] faire rentrer. || FIG. faire rentrer ; recouvrer. || FIN. *Steuern eintreiben*, faire rentrer des impôts.

Ein|treibung [-buŋ] f. (-, en). COMM. recouvrement m. || FIN. perception f. ; recouvrement m.

ein|treten ["ain'tre:tən] (i, a, e) v. intr. **1.** entrer ; pénétrer. | *wieder eintreten*, rentrer. || FIG. entrer. | *in einen Verein eintreten*, entrer dans une société. || ADM. *in ein Amt eintreten*, entrer dans un service. || RELIG. *in einen Orden eintreten*, entrer dans un ordre.
2. [ankommen] arriver ; se présenter ; se produire. | *Ebbe tritt ein*, la marée descend. | *Dunkelheit tritt ein*, il se fait nuit. | *Kälte tritt ein*, le froid survient. | *einen*

Augenblick lang trat Stille ein, il se fit un moment de silence.
3. arriver ; se produire. | *ein solcher Fall tritt selten ein*, un pareil cas se produit rarement.
4. intervenir ; se mettre en avant (pour qn). | *für js Sache eintreten*, prendre fait et cause pour qn.
◇ v. tr. faire entrer (de force) ; enfoncer. | *die Tür eintreten*, enfoncer la porte.
ein|trichtern ["ain'triçtərn] v. tr. verser à l'aide d'un entonnoir ; entonner. || FIG. inculquer ; seriner.
Ein|tritt ['aintrit] m. (s, e). [Handlung] entrée f. *Eintritt verboten !*, défense d'entrer. || RELIG. *Eintritt ins Kloster*, prise (f.) d'habit. || PAR EXT. (prix [m.] d') entrée f. | *freier Eintritt*, entrée libre. || FIG. arrivée f. ; commencement m. | *bei Eintritt der Dunkelheit*, au crépuscule. || JUR. *Eintritt in die Rechte des Gläubigers*, subrogation personnelle.
Eintritts|geld ["aintrits'gɛlt] n. (s, er). [prix (m.) d']entrée f. ||°**-karte** f. (-, n) billet m. ; ticket m. ||°**-termin** n. (s, e) date (f.) d'entrée dans un emploi.
ein|trocknen ["ain'trɔknən] v. intr. se dessécher ; sécher ; tarir. || se resserrer par la sécheresse.
ein|tunken ["ain'tuŋkən] v. tr. tremper ; saucer.
ein|tüten ["ain'ty:tən] v. tr. ensacher.
ein|üben ["ain'y:bən] v. tr. étudier. || MIL. dresser.
◇ v. pr. **sich einüben,** s'exercer ; se faire la main.
Einung ['ainuŋ] f. V. EINIGUNG.
ein|verleiben ["ainfɛr'laibən] v. tr. incorporer ; englober ; intégrer ; annexer.
Ein|verleibung [-buŋ] f. (-, en) incorporation f. ; annexion f. ; réunion f.
Ein|vernehmen ["ainfɛr'ne:mən] n. (s) accord m. ; entente f. | *in bestem Einvernehmen miteinander leben*, être dans les meilleurs termes. | *in schlechtem Einvernehmen leben*, vivre comme chien et chat. | *im Einvernehmen mit*, agissant de concert avec.
ein|verstanden ["ainfɛr'ʃtandən] adj. d'accord. | *einverstanden sein*, être d'accord avec ; approuver.
Ein|verständnis [-'ʃtɛntnis] n. (ses, se) accord m. ; entente f. ; bonne intelligence ; consentement m. | *im Einverständnis mit jm handeln*, agir d'intelligence avec qn. | *geheimes Einverständnis*, collusion f. ; connivence f. || POLIT. *Einverständnis mit dem Feinde*, intelligences avec l'ennemi.
ein|wachsen ["ain'vaksən] (ä, u, a) v. intr. pénétrer dans ; pousser des racines dans. || FIG. s'enraciner. || MÉD. *die Nägel wachsen ein*, les ongles s'incarnent.
◇ v. tr. (faible) encaustiquer ; cirer.
Ein|wand ['ainvant] m. (s, ¨e) objection f. ; prétexte m. | *nichtiger Einwand*, faux prétexte. | *Einwände erheben*, soulever des objections. || JUR. opposition f.
Ein|wanderer ["ain'vandərər] m. (s, -) immigrant m. ; immigré m.
ein|wandern [-dərn] v. intr. immigrer ; se fixer, s'établir dans un pays.
Ein|wanderung [-dəruŋ] f. (-, en) immigration f.
einwand|frei ["ainvant'frai] adj. irréprochable ; incontestable ; impeccable ; irrécusable.
ein|wärts ['ainvɛrts] adv. en dedans. | *die Füße einwärts setzen*, tourner les pieds en dedans.
ein|wässern ["ain'vɛsərn] v. tr. tremper dans l'eau. || CULIN. dessaler.
ein|weben ["ain've:bən] (o, o) envelopper d'un tissu. || brocher ; damasser.
ein|wechseln ["ain'vɛksəln] v. tr. changer ; échanger ; convertir.
ein|wecken ["ain'vɛkən] (du nom d'un fabricant de verres à conserves) v. tr. CULIN. conserver ; stériliser.
Einweg|feuerzeug ["ainve:k'fɔyərtsɔyk] n. (s, e) briquet (m.) jetable. ||°**-flaschen** pl., °**-glas** n. (es, ¨er) verre perdu. ||°**-rasierer** m. (s, -) rasoir (m.) jetable. ||°**-(ver)packung** f. (-) emballage perdu.
ein|weichen ["ain'vaiçən] v. tr. amollir ; tremper ; macérer.
ein|weihen ["ain'vai:ən] v. tr. inaugurer. | *ein Denkmal einweihen*, inaugurer un monument. || RELIG. bénir ; consacrer. || FIG. *eine Wohnung einweihen*, pendre la crémaillère. | *ein neues Kleid einweihen*, étrenner un costume. | *jn in etwas einweihen*, initier qn à qch.
Ein|weihung [-'vai:uŋ] f. (-, en). [Denkmal] inauguration f. ; [Kirche] consécration f. ; bénédiction f. || FIG. initiation f.
ein|weisen ["ain'vaizən] (ie, ie) v. tr. affecter ; installer. | *in ein Amt einweisen*, installer dans une fonction. || JUR. *in einen Besitz einweisen*, envoyer en possession.
ein|wenden ["ain'vɛndən] (wandte, gewandt) v. tr. objecter ; opposer ; prétexter.
Ein|wendung [-duŋ] f. (-, en) objection f. ; opposition f. | *Einwendungen machen, erheben*, formuler, faire, soulever, élever, réfuter des objections. || JUR. *Einwendung vor Gericht*, exception f.
ein|werfen ["ain'vɛrfən] (i, a, o) v. tr. jeter, mettre dans ; lancer. | *ein Fenster einwerfen*, briser une vitre. | *einen Brief einwerfen*, mettre une lettre à la poste. || SPORT. *den Ball einwerfen*, lancer la balle. || FIG. objecter ; opposer.
ein|wickeln ["ain'vikəln] v. tr. envelopper ; emmailloter. | *in Papier einwickeln*, envelopper dans du papier. || FIG. entortiller.
◇ v. pr. **sich einwickeln,** s'emmitoufler.
ein|wiegen ["ain'vi:gən] v. tr. endormir en berçant ; bercer.
ein|willigen ["ain'viligən] v. intr. (in, acc.) consentir, acquiescer, adhérer, souscrire à ; agréer qch.
Ein|willigung [-guŋ] f. (-, en) consentement m. ; acquiescement m. ; agrément m.
ein|wirken ["ain'virkən] v. intr. (auf, acc.) agir, influer sur ; influencer.
◇ v. tr. TEXT. tisser dans.
Ein|wirkung [-kuŋ] f. (-, en) influence f. ; action f.
Ein|wohner(in) ["ain'vo:nər(in)] m. (s, -), f. (-, nen) habitant(e) m. (f.).
Einwohner|meldeamt ["ainvo:nər'mɛldəamt] n. (s, ¨er) bureau (m.) de déclaration de résidence. ||°**-verzeichnis** ["—/-'-–] n. (ses, se) registre (m.) des habitants ; annuaire m.
Ein|wohnerschaft ["ain'vo:nərʃaft] f. (-) population f.
Ein|wurf ['ainvurf] m. (s, ¨e) ouverture f. | *Briefeinwurf*, ouverture (f.) de la boîte aux lettres. || SPORT. rentrée en touche. || FIG. objection f.
ein|wurzeln ["ain'vurtsəln] v. intr. prendre racine ; (s')enraciner.
◇ v. pr. **sich einwurzeln,** s'enraciner.
ein|zahlen ["ain'tsɑ:lən] v. tr. COMM. verser ; payer ; déposer. | *auf ein Konto einzahlen*, verser à un compte. || FIN. *eine Aktie voll einzahlen*, libérer une action.
Ein|zahler [-lər] m. (s, -). COMM. déposant m.
Ein|zahlung [-luŋ] f. (-, en). COMM. paiement m. ; versement m. | *eine Einzahlung leisten*, faire, opérer, effectuer un versement. || FIN. *eine neue Einzahlung ausschreiben*, faire un appel de fonds.
ein|zäunen ["ain'tsɔynən] v. tr. enclore.

Ein|zäunung [-nuŋ] f. (-, en) clôture f. ; haie f.

ein|zeichnen ["ain'tsaiçnən] v. tr. dessiner dans. || ARCHIT. *Maße in einen Riß einzeichnen*, coter un dessin. || PAR EXT. inscrire.

Einzel... ['aintsəl] en compos., indique le caractère unique d'un objet, d'une personne ou d'une action.

Einzel|angaben ["aintsəl'angɑ:bən] f. pl. COMM. données spéciales ; indications détaillées. ||°**-arrest** m. (s, e). MIL. cellule f. || ADM. détention (f.) cellulaire. ||°**-aufhängung** f. (-, en). AUTOM. suspension indépendante. ||°**-fall** m. (s, ¨e) cas isolé, particulier, individuel, d'espèce. ||°**-gänger** m. (s, -). SPORT. [Jagd] solitaire m. || FIG. solitaire m. ||°**-haft** f. (-) détention (f.) cellulaire. ||°**-handel** m. (s). COMM. commerce (m.) de détail. ||°**-händler** m. (s, -). COMM. détaillant m. ||°**-kampf** m. (s, ¨e) combat singulier. ||°**-person** f. (-, en) individu m. ; particulier m. ||°**-preis** m. (es, e). COMM. prix (m.) unitaire de détail. ||°**-spiel** n. (s, e). SPORT. [Tennis] simple m. ||**-stehend** adj. isolé. ||°**-stück** n. (s, e). MUS. solo m. || pièce (f.) rare. ||°**-teil** m. (s, e). TECHN. élément (m.), pièce (f.) détachée. ||°**-verkauf** m. (s, ¨e). COMM. vente (f.) au détail. ||°**-wesen** n. (s, -) individu m. || °**-zimmer** n. (s, -). chambre (f.) à un lit.

Einzelheit ['aintsəlhait] f. (-, en) fait particulier ; détail m. ; particularité f. | *bis in alle Einzelheiten*, jusqu'au dernier détail.

einzeln ['aintsəln] adj. seul ; isolé ; séparé. | *ein einzelner Mensch*, un homme seul. | *die einzelnen Teile eines Ganzen*, les différentes parties d'un tout. || PAR ANAL. épars ; détaché. | *einzelne Gehöfte*, fermes isolées, éparses. | *einzelnes Blatt*, feuille volante. || PAR EXT. particulier ; individuel ; partiel. | *ins Einzelne gehen*, détailler. | *einzelne Beobachtungen*, quelques observations f. pl.

◇ adv. séparément ; en particulier ; mis à part. | *die Gäste kamen einzeln*, les invités arrivèrent un à un. | *jeder Band ist einzeln zu haben*, chaque volume s'achète séparément. | *jeder einzeln*, chacun en particulier.

einziehbar ['aintsi:bɑ:r] adj. AÉRON. [Fahrgestell] escamotable. || FIN. recouvrable. || ZOOL. rétractile.

ein|ziehen ["ain'tsi:ən] (zog. gezogen). **1.** v. tr. faire entrer ; passer dans ; introduire. | *den Faden ins Nadelöhr einziehen*, enfiler l'aiguille. || [atmen] *Luft einziehen*, aspirer l'air. || [holen] recueillir. | *Erkundigungen einziehen*, recueillir des renseignements. || COMM., FIN. faire rentrer ; recouvrer. || JUR. *durch Urteil einziehen*, confisquer.

2. [aufheben] supprimer. || FIN. *Banknoten einziehen*, retirer des billets de banque.

3. [zurückziehen] retirer ; rentrer. | *der Hund zieht den Schwanz ein*, le chien serre la queue entre les pattes. || MAR. *die Netze, die Segel einziehen*, retirer les filets, amener les voiles. | *eine Fahne einziehen*, amener le pavillon. || AÉRON. *das Fahrgestell einziehen*, rentrer le train d'atterrissage. || LOC. *die Achseln einziehen*, effacer les épaules.

◇ v. intr. pénétrer ; entrer ; s'infiltrer. | *in die Wohnung einziehen*, emménager. || FIG. entrer. | *der Winter zieht ein*, l'hiver fait son apparition.

◇ v. pr. **sich einziehen,** (se) rétrécir. || FIG. se restreindre ; se resserrer.

Ein|ziehung [-'tsi:uŋ] f. (-, en). [Eingang] entrée f. || [Wohnung] emménagement m. ; introduction f. || PAR ANAL. [Einsatz] pose f. ; mise f. || [Atmung] absorption f. ; aspiration f. || COMM. rentrée f. ; encaissement m. | *zur Einziehung*, à l'encaissement. || FIN. recouvrement m. ; retrait (m.) de la circulation. || JUR. confiscation f. || CHIM., TEXT. rétrécissement m.

einzig ['aintsiç] adj. seul ; unique. | *einziges Kind*, enfant unique. || extraordinaire ; singulier. | *einzig in seiner Art*, unique en son genre. | *ein einziges Mal*, une seule fois.

◇ adv. uniquement. | *einzig und allein*, purement et simplement. | *ein einzig schöner Augenblick*, un moment d'une rare beauté.

einzig|artig [-'ɑ:rtiç] adj. singulier.

Ein|zug ["ain'tsu:k] m. (s, ¨e) entrée f. | *seinen Einzug halten*, faire son entrée (solennelle). || PAR EXT. emménagement m. || FIN. *Einzug von Forderungen*, recouvrement (m.) de créances.

ein|zwängen ["ain'tsvɛŋən] v. tr. forcer à entrer ; faire entrer de force ; presser. | *sich einzwängen*, se comprimer le corps.

Eis ['e:is] n. MUS. mi (m.) dièse.

Eis [ais] n. (es). **1.** glace f. | *zu Eis gefrieren*, se congeler ; prendre. | *Eis treiben, führen*, charrier des glaces. | *das Eis bricht*, la glace se rompt. | *das Eis schmilzt*, la glace fond. | *aufs Eis gehen*, aller patiner. || FIG. *das Eis brechen*, rompre la glace. || FIG., FAM. *jn aufs (Glatt)eis führen*, tendre un piège à qn.

2. CULIN. *eine Stange Eis*, un pain de glace. | *Champagner auf Eis legen*, frapper du champagne. | *Vanilleeis*, glace à la vanille.

Eis|bahn ['aisbɑ:n] f. (-, en) patinoire f. ||°**-bank** f. (-, ¨e). MAR. banc (m.) de glace ; banquise f. ||°**-bär** m. (en, en). ZOOL. ours blanc, polaire. ||°**-bein** n. (s, e). CULIN. jambonneau m. ||°**-berg** m. (s, e). MAR. iceberg m. ||°**-bildung** f. (-, en) givrage m. ||°**-brecher** m. (s, -). MAR. brise-glace m. ||°**-decke** f. (-, n) couche (f.) de glace. ||°**-feld** n. (s, er) banquise f. ||**-frei** adj. débarrassé des glaces. ||°**-gang** m. (s) débâcle f. ||**-gekühlt** adj. glacé ; frappé. ||°**-händler** m. (s, -) glacier m. ||°**-heiligen** m. pl. saints (m. pl.) de glace. ||°**-hockey** n. (s). SPORT. hockey (m.) sur glace. ||**-kalt** adj. glacé ; très froid. | *es läuft mir eiskalt über den Rücken*, cela me donne la chair de poule. || FIG. glacial. ||°**-keller** m. (s, -) glacière f. ||°**-klumpen** m. (s, -) glaçon m. ||°**-kunstlauf** m. (s, ¨e) patinage (m.) artistique. ||°**-maschine** f. (-, n) glacière f. ||°**-meer** n. (s, e). MAR. mer (f.) polaire. | *Nördliches Eismeer*, océan Glacial Arctique. | *Südliches Eismeer*, océan Glacial Antarctique. || °**-nadelschleierwolke** f. (-, n) cirro-stratus m. ||°**-nebel** m. (s, -) frimas m. ||°**-picke** f. (-, n), °**-pickel** m. (s, -) piolet m. ||°**-schnell(l)auf(en)** m. (n.). SPORT. patinage (m.) de vitesse. ||°**-scholle** f. (-, n) glaçon m. ||°**-schrank** m. (s, ¨) glacière f. ; réfrigérateur m. ||°**-stadion** n. (s, dien) patinoire f. ||°**-vogel** m. (s, ¨). ZOOL. alcyon m. ; martin-pêcheur m. ||°**-würfel** m. (s, -). CULIN. glaçon m. ||°**-würfel|schale** f. (-, n) bac (m.) à glaçons. ||°**-zapfen** m. (s, -) glaçon m. ; stalactite (f.) de glace. ||°**-zeit** f. (-). GÉOL. époque (f.) glaciaire.

eisen ['aizən] v. impers. *es eist*, il gèle.

Eisen ['aizən] n. (s, -). **1.** fer m. | *schmiedbares, brüchiges Eisen*, fer malléable, cassant (pailleux). | *weiches Eisen*, fer doux. | *altes Eisen*, ferraille f. | *Eisen schmieden, hämmern, strecken (walzen)*, battre (forger), marteler le fer, laminer du fer. || FIG. *heißes Eisen*, sujet brûlant.

2. [Gegenstand] instrument (m.) en fer. | *Bügeleisen*, fer à repasser. | *Löteisen*, fer à souder. | *Hufeisen*, fer à cheval.

3. POÉT. fer m. ; épée f. | *jm das Eisen in die Brust stoßen*, plonger le fer dans la poitrine de qn.

4. LOC. FAM. *zum alten Eisen werfen*, mettre au rancart. | *mehrere Eisen im Feuer haben*, avoir plusieurs cordes à son arc.

Eisen|bahn ["aizən'bɑ:n] f. (-, en) chemin (m.) de fer ; voie ferrée. | *mit der Eisenbahn fahren*, prendre le train. || FIG., FAM. *es ist höchste Eisenbahn*, il est temps, grand temps.

Eisenbahn|anschluß [″aizənba:n'anʃlus] m. (es, ¨e) embranchement (m.) de chemin de fer ; interconnexion (f.) ferroviaire. ||°**-arbeiter** m. (s, -) cheminot m. ||°**-betrieb** m. (s, e) exploitation (f.) ferroviaire. ||°**-damm** m. (s, ¨e) remblai (m.) du chemin de fer. ||°**-fähre** f. (-, n) ferry-boat m. ||°**-fahrplan** m. (s, ¨e) horaire (m.) des chemins de fer. ||°**-freifahrt** f. (-, en) permis (m.) de circulation gratuite. ||°**-gesellschaft** f. (-, en) compagnie (f.) de chemin de fer. ||°**-gleis** n. (es, e) voie ferrée ; rails m. pl. ||°**-knotenpunkt** [″--/-'-] m. (s, e) nœud (m.) ferroviaire. ||°**-netz** n. (es, e) réseau ferré. ||°**-schwelle** f. (-, n) traverse f. ||°**-tarif** m. (s, e) tarif (m.) ferroviaire. ||°**-überführung** f. (-, en) passage supérieur. ||°**-übergang** [″--/-'--] m. (s, ¨e) passage (m.) à niveau. ||°**-unterführung** f. (-, en) passage souterrain. ||°**-vergünstigung** [″--/-'--] f. (-, en) tarif préférentiel. ||°**-verkehr** m. (s) trafic (m.) ferroviaire. ||°**-wagen** m. (s, -) voiture (f.) de chemin de fer. ||°**-wesen** n. (s) voies ferrées ; service (m.) des chemins de fer.

Eisen|bahner [″aizən'ba:nər] m. (s, -) agent (m.) du chemin de fer ; cheminot m.

Eisen|band [″aizən'bant] n. (s, ¨er). TECHN. feuillard m. ; ruban (m.) de fer. ||°**-bau** m. (s, ten). ARCHIT. construction (f.) métallique. ||°**-bauwerkstatt** f. (-, ¨e) atelier (m.) de charpentes métalliques. || °**-bearbeitung** f. (-, en) usinage (m.) de fer. || °**-bergwerk** n. (s, e) mine (f.) de fer. ||°**-beton** m. (s). ARCHIT. béton armé. ||°**-blech** n. (s, e) tôle f. ; fer-blanc m. ||°**-erz** n. (es, e) minerai (m.) de fer. ||°**-erzfelder** n. pl. mines (f. pl.) de fer. ||°**-erzgrube** f. (-, n) mine (f.) de fer. ||°**-fresser** m. (s, -). FIG. fier-à-bras m. ; matamore m. ||°**-gerippe** n. (s) charpente (f.) métallique, en fer. ||°**-gießerei** f. (-, en) fonderie (f.) de fer. ||°**-glanz** m (es). MINÉRAL. galène (f.) de fer. ||°**-guß** (es, ¨e) fonte f. ||°**-gußstück** n. (s, e) pièce (f.) de fonte ; fonte moulée ; fer coulé. ||**-haltig** adj. ferrugineux. ||°**-händler** m. (s, -) marchand (m.) de fer ; quincaillier m. ||°**-handlung** f. (-, en) commerce (m.) de fer ; quincaillerie f. ||°**-hochbau** m. (s, ten) construction (f.), charpente (f.) métallique. ||°**-hut** m. (es). POLIT., HIST. casque (m.) de fer. || BOT. aconit m. ||°**-hütte** f. (-, n) usine (f.) sidérurgique. ||°**-hüttenanlage** f. (-, n) installation (f.) sidérurgique. ||°**-hüttenkunde** f. (-, n) sidérurgie f. ; métallurgie (f.) du fer. ||°**-hüttenwerk** n. (s, e) usine (f.) sidérurgique. ||°**-industrie** [″--/-'-] f. (-, n) industrie (f.) du fer ; sidérurgie f. ; métallurgie f. ||°**-kern** m. (s, e) noyau (m.) de fer ; pointe (f.) de cœur. ||°**-kies** m. (es) pyrite (f.) de fer. ||°**-kraut** n. (s, ¨er). BOT. verveine f. ||°**-oxyd** n. (s). CHIM. oxyde (m.) de fer. ||°**-späne** m. pl. limaille (f.), paille (f.) de fer. ||°**-spat** m. (s) fer (m.) spathique ; sidérite f. ||°**-stab** m. (s, ¨e) barre (f.) de fer. ||°**-träger** m. (s, -) poutrelle (f.) métallique. ||°**-verhüttung** f. (-, en) sidérurgie f. ||°**-vitriol** [″-/-'-] m. ou n. (s, -). CHIM. sulfate (m.) de fer. ||°**-zink** n. (s) zinc (m.) de fer.

eisern ['aizərn] adj. de, en fer. | *eisernes Gitter*, grille (f.) de fer. | *eisernes Kreuz*, croix (f.) de fer. || MÉD. *eiserne Lunge*, poumon (m.) d'acier. || FIG. *eiserne Gesundheit*, santé (f.) de fer. || MIL. *eiserne Ration*, ration (f.) de vivres de réserve. || COMM. *eiserner Bestand*, (stock [m.] de) réserve f.

eisig ['aiziç] adj. couvert de glace ; glacé ; très froid. | *eisige Luft*, air glacé. || FIG. glacé ; glacial. | *eisiger Empfang*, accueil glacé.

eitel ['aitəl] adj. [von Sachen : wertlos] vide ; futile. | *eitles Geschwätz*, verbiage m. || [eingebildet] vain ; vaniteux ; frivole. | *eitler Geck*, fat m.

Eitelkeit [-kait] f. (-, en) vanité f. ; coquetterie f. ; frivolité f. ; futilité f. ; inanité f.

Eiter ['aitər] m. (s). MÉD. pus m.

Eiter|beule [″aitər'bɔylə] f. (-, n). MÉD. abcès m. ; clou m. ; furoncle m. || FIG. *die Eiterbeule öffnen*, crever, percer l'abcès. ||°**-erreger** m. (s, -). MÉD. agent (m.) pyogène. ||°**-geschwulst** [″-/-'-] f. (-, ¨e). MÉD. abcès m.

eiterig ['aitəriç] adj. MÉD. purulent ; suppurant.

eitern [-tərn] v. intr. MÉD. former du pus ; suppurer.

Eiterung [-təruŋ] f. (-, en). MÉD. suppuration f.

Ekel ['e:kəl] m. (s) dégoût m. ; mal (m.) au cœur ; nausée f. || FIG. répugnance f. ; aversion f. ; écœurement m. | *Ekel vor jm empfinden*, éprouver du dégoût devant qn.

Ekel ['e:kəl] n. (s, -). FAM. personne irritante.

ekelhaft ['e:kəlhaft], **ek(e)lig** ['e:k(ə)liç] adj. dégoûtant ; écœurant. || FIG. répugnant.

ekeln (sich) [ziç'e:kəln] v. pr. avoir des nausées. | *ich ek(e)le mich davor*, cela me répugne.
◇ v. impers. *mir, mich ekelt es davor*, j'en ai le dégoût.

Eklektiker [e'klɛktikər] m. (s, -). PHILOS. éclectique m.

eklektisch [-tiʃ] adj. PHILOS. éclectique.

eklig ['e:kliç] adj. V. EKELHAFT.

Eklipse [e'klipsə] f. (-, n). ASTRON. éclipse f.

Ekstase [ɛk'sta:zə] f. (-, n) extase f. ; transport m. ; ravissement m.

ekstatisch [-tiʃ] adj. extatique.

Ekuador [ɛkva'do:r] n. pr. n. GÉOGR. l'Équateur m.

Ekzem [ɛ'ksɛ:m] n. (s, e). MÉD. eczéma m.

Ekzem|kranke(r) [ɛ″ksɛ:m'kraŋkə(r)] f. (m.) MÉD. eczémateux m., eczémateuse f.

Elaborat [elabo'ra:t] n. (s, e). PÉJOR. élaboration f. ; composition f.

Elan [e'la:n] m. (s) élan m. ; enthousiasme m.

elastisch [e'lastiʃ] adj. élastique ; souple.

Elastizität [elastitsi'tɛ:t] f. élasticité f.

Elastizitäts|modul [elastitsi″tɛ:ts'mo:dul] m. (s, n). PHYS. coefficient (m.) d'élasticité.

Elastomere [elasto'me:rə] pl. CHIM. élastomères m. pl.

Elba ['ɛlba] n. pr. n. GÉOGR. île (f.) d'Elbe.

Elb|kahn ['ɛlp'ka:n] m. (s, ¨e) chaland m.

Elbe ['ɛlbə] n. pr. f. GÉOGR. [Fluß] Elbe.

Elch [ɛlç] m. (s, e). ZOOL. élan m. ; orignal m.

Elefant [ele'fant] m. (en, en). ZOOL. éléphant m. || FAM. *aus einer Mücke einen Elefanten machen*, se faire une montagne de qch. ; se noyer dans un verre d'eau.

Elefanten|führer [ele″fantən'fy:rər] m. (s, -) cornac m. ||°**-gras** n. (es, ¨er). BOT. herbe (f.) à éléphants ; pennisetum m. ||°**-krankheit** f. (-). MÉD. éléphantiasis f. ||°**-zahn** m. (s, ¨e). ZOOL. dentale m.

elegant [ele'gant] adj. élégant.

Eleganz [-'gants] f. (-) élégance f.

Elegie [ele'gi:] f. (-, en) élégie f.

Elegiker [e'le:gikər] m. (s, -) poète (m.) élégiaque.

elegisch [-giʃ] adj. élégiaque.

elektrifizieren [elɛktrifi'tsi:rən] v. tr. électrifier.

Elektrifizierung [-ruŋ] f. (-) électrification f.

Elektriker [e'lɛktrikər] m. (s, -) électricien m.

elektrisch [-triʃ] adj. électrique.

elektrisieren [elɛktri'zi:rən] v. tr. électriser. || FIG. enflammer ; électriser ; galvaniser.
◇ v. pr. **sich elektrisieren,** recevoir une décharge électrique.

Elektrizität [-tsi'tɛ:t] f. (-) électricité f.

Elektrizitäts|lehre [elɛktritsi"tɛ:ts'le:rə] f. (-) électrophysique f. ||°**-menge** f. (-, en) quantité (f.) d'électricité. ||°**-messer** m. (s, -) électromètre m. ||°**-versorgung** f. (-, en) distribution (f.) d'énergie électrique. ||°**-werk** n. (s, e) centrale (f.) électrique.

Elektro... (en compos.) électrique ; électro...

Elektro|chemie [e"lɛktroçe'mi:] f. (-) électrochimie f. || °**-enzephalogramm** n. (s, e). MÉD. électroencéphalogramme m. ||**-magnetisch** adj. électromagnétique. | *elektromagnetische Welle,* onde (f.) électromagnétique. ||°**-pumpe** f. (-, n). TECHN. électropompe f. ||°**-schweißung** f. (-, en) électrosoudure f. ||**-statisch** adj. ÉLECTR. électrostatique. ||°**-techniker(in)** m. (s, -), f. (-, nen) électrotechnicien m. ; électrotechnicienne f.

Elektrode [elɛk'tro:də] f. (-, n) électrode f.

Elektrolyse [elɛktro'ly:zə] f. (-, n) électrolyse f.

elektrolytisch [-'ly:tiʃ] adj. électrolytique.

Elektron [elɛk'tro:n] n. (s, en) électron m. | *positives, negatives, schweres Elektron,* électron m. ; négaton m. ; méson m.

Elektronen|austritt [elɛk'tro:nən'austrit] m. (s, e) émission (f.) d'électrons. ||°**-rechner** m. (s, -) calculateur (m.) électronique. ||°**-röhre** f. (-, n) tube (m.) électronique. ||°**-schleuder** f. (-, n) cyclotron m. ||°**-strahl** (s, en) rayon (m.) électronique. ||°**-strom** m. (s, ¨e) flux (m.) d'électrons. ||°**-vervielfacher** m. (s, -) multiplicateur (m.) d'électrons. ||°**-volt** n. (s, s) électronvolt m.

Elektroniker(in) [elɛk'tro:nikər(in)] m. (s, -), f. (-, nen) électronicien m. ; électronicienne f.

elektronisch [elɛk'tro:niʃ] adj. électronique. | *elektronisches Telefonbuch,* annuaire (m.) électronique.

Elektroskop [-tro'skop] n. (s, e) électroscope m.

Element [ele'mɛnt] n. (s, e). **1.** [Grundstoff] élément m. ; corps (m.) simple. | *einen Körper in seine Elemente zerlegen,* décomposer un corps en ses éléments.
2. [Naturgewalt] élément m. | *die entfesselten Elemente,* les éléments déchaînés. | *das nasse Element,* l'élément liquide. || FIG., FAM. *in seinem Element sein,* être dans son élément. | *übles Element,* mauvais sujet.
3. FIG. base f. ; élément m.
4. ÉLECTR. élément producteur d'électricité. | *voltaisches Element,* pile (f.) de Volta.
— SYN. : *Grundstoff,* corps ; *Stoff,* substance.

Element|umwandlung [ele"mɛnt'umvandluŋ] f. (-). CHIM. transmutation f.

elementar [elemɛn'tɑ:r] adj. élémentaire. | *elementare Kräfte, Kenntnisse,* forces (f. pl.), connaissances (f. pl.) élémentaires.

Elementar|analyse [elemɛn"tɑ:rana'ly:zə] f. (-, n). CHIM. analyse (f.) d'une matière, d'un élément. ||°**-schule** f. (-, n) école (f.) primaire. ||°**-teilchen** n. (s, -). NUCL. particule (f.) élémentaire.

Elen ['ɛlən] n. (s, e). ZOOL. élan m.

Elend ['e:lɛnt] n. (s). [Not] misère f. ; dénuement m. ; détresse f. | *ins bittere Elend geraten,* tomber dans la misère noire. || LOC. *da steht er wie ein Häuflein Elend,* il est l'image même du désespoir. | *das Elend schaut aus allen Ecken heraus,* ici tout est misère et désolation.

elend ['e:lɛnt] adj. misérable ; malheureux ; pitoyable ; lamentable. | *eine elende Hütte,* un taudis. | *elend aussehen,* avoir mauvaise mine. | *sich elend fühlen,* se sentir très mal. || FAM. *mir ist elend zumute,* j'ai le cafard. | *mir wird elend zumute,* j'ai mal au cœur. | *(elendes) Nest,* trou m. | *elender Kerl,* misérable m. || PAR EXT. piètre.
◇ adv. fort ; beaucoup. | *ihm geht es elend schlecht,* il tire le diable par la queue.

elendig(lich) ['e:lɛndik(liç)] adv. misérablement.

elf [ɛlf] adj. num. card. onze.
◇ f. **Elf,** SPORT. [Fußball] équipe f.

Elf [ɛlf] m. (en, en), **Elfe** ['ɛlfə] f. (-, n). MYTH. elfe m. ; sylphe m. ou f. ; sylphide f.

Elfen|bein ["ɛlfən'bain] n. (s, e). ZOOL. ivoire m.

elfen|beinern [-'bainərn] adj. en, d'ivoire.

elfenhaft ['ɛlfənhaft] adj. féerique.

Elfen|könig ["ɛlfən'kø:niç] m. (s, e). MYTH. roi (m.) des elfes. ||°**-königin** f. (-, nen). MYTH. reine (f.) des elfes.

elfte [-tə] adj. num. ord. onzième. | *Ludwig der Elfte,* Louis XI.

Elftel ['ɛlftəl] n. (s) la onzième partie ; le onzième.

eliminieren [elimi'ni:rən] v. tr. éliminer.

Elision [eli'zio:n] f. (-, en). GRAMM. élision f.

Elite [e'li:tə] f. (-, n) élite f.

Elixier [eli'ksi:r] n. (s, e). MÉD. élixir m.

Ell|bogen ["ɛl'bo:gən] m. (s, -). ANAT. coude m. | *sich auf die Ellbogen stützen,* s'appuyer sur ses coudes ; s'accouder.

Ellbogen|freiheit ["ɛlbo:gən'fraihait] f. (-, en). FIG. liberté (f.) d'action, de mouvement. ||°**-mensch** m. (en, en) arriviste m.

Elle ['ɛlə] f. (-, n) aune f. | *mit der Elle messen,* auner. || ANAT. cubitus m.

Ellen|bogen ["ɛlən'bo:gən] m. V. ELLBOGEN.

Ellipse [ɛ'lipsə] f. (-, n). MATH., GRAMM. ellipse f.

elliptisch [-'liptiʃ] adj. MATH., GRAMM. elliptique.

eloxieren [elɔk'si:rən] v. tr. TECHN. anodiser.

Elritze [ɛl'ritsə] f. (-, n). ZOOL. vairon m.

Elsaß ['ɛlzas] n. (es) Alsace f. || HIST. *Elsaß-Lothringen,* Alsace-Lorraine f.

Elsässer(in) ['ɛlzɛsər(in)] m. (s, -), f. (-, nen) Alsacien(ne) m. (f.)

elsässer [-sər], **elsässisch** [-siʃ] adj. alsacien.

Elsbeer|baum ["ɛlsbe:r'baum] m. (s, ¨e). BOT. alisier m.

Els|beere [-'be:rə] f. (-, n). BOT. alise f.

Elster ['ɛlstər] f. (-, n). ZOOL. pie f.

elterlich ['ɛltərliç] adj. qui vient des, qui appartient aux parents. || JUR. *elterliche Gewalt,* autorité parentale.

Eltern ['ɛltərn] m. pl. parents m. pl. ; père et mère.

Eltern|beirat ["ɛltərn'bairɑ:t] m. (s, ¨e). JUR. conseil (m.) de tutelle. ||°**-haus** n. (es, ¨er) maison paternelle. ||°**-liebe** f. (-) amour (m.) des parents pour les enfants. ||**-los** adj. orphelin ; sans parents. ||°**-mord** m. (s, e), °**-mörder** m. (s, -) parricide m.

Eltern|schaft ['əltərnʃaft] f. (-) ensemble (m.) des parents (des élèves d'une école).

Elysium [e'ly:zium] n. (s). MYTH. Élysée m.

Email [e'mɑ:j] n. (s, s), **Emaille** f. (-, n) émail m.

Emaille|lack [e"malje'lak] m. (s, e) vernis (m.) à l'émail.

emaillieren [emal'ji:rən] v. tr. TECHN. émailler.

Emaillierung [-ruŋ] f. (-, en). TECHN. émaillage m. ; émaillure f.

Emanation [emana'tsio:n] f. (-, en). PR. et FIG. émanation f.

Emanzipation [emantsipa'tsio:n] f. (-, en) émancipation f.

emanzipieren [-'pi:rən] v. tr. émanciper.

Embargo [ɛm'bargo] n. (s, s). POLIT., MAR. embargo m.
Emblem [ɛm'ble:m] n. (s, e) emblème m.
Embolie [ɛmbo'li:] f. (-, n). MÉD. embolie f.
Embryo ['ɛmbryo:] m. (s, nen). MÉD. embryon m.
Embryo|genese ["ɛmbryoge'ne:sə] f. (-, n). MÉD. embryogenèse f.
embryonal [ɛmbryo'na:l], **embryonisch** [-bry-'o:niʃ] adj. MÉD. embryonnaire.
emeritiert [emeri'ti:rt] adj. en retraite ; honoraire.
Emigrant(in) [emi'grant(in)] m. (en, en), f. (-, nen) émigrant(e) m. (f.) ; émigré(e) m. (f.).
Emigration [-gra'tsio:n] f. (-, en). POLIT. émigration f.
emigrieren [-'gri:rən] v. intr. émigrer.
eminent [emi'nɛnt] adj. éminent.
Eminenz [-'nɛnts] f. (-, en). POLIT., RELIG. éminence f.
Emissär [emi'sɛ:r] m. (s, e) émissaire m.
Emission [emi'sio:n] f. (-, en). FIN. émission f. | *Emission von Aktien*, émission d'actions. || NUCL. émission f.
Emissions|kurs [em"isio:ns'kurs] m. (es, e). ÉCON. taux (m.) d'émission. ||°**-quelle** f. (-, n). NUCL. lieu (m.) d'émission.
Emittent [emi'tɛnt] m. (en, en). [Umwelt] source (f.) de pollution.
emittieren [emi'ti:rən] v. tr. émettre.
Emmentaler ["emɛn'ta:lər] m. (s, -), °**-käse** [-kɛ :zə] m. (s, -) emmenthal m.
emotional [emotsio'na:l] adj. émotif ; sensible.
Empfang [ɛm'pfaŋ] m. (s,¨e). [Erhalt] réception f. ; accueil m. | *jm einen guten Empfang bereiten*, faire bon accueil à qn. | *bei Empfang des Briefes*, à la réception de cette lettre. | *den Empfang bestätigen*, accuser réception. || COMM. *zahlbar bei Empfang*, payable à réception. || réception, réunion mondaine. || PAR EXT., RADIO. réception f. ; écoute f. ; captage m.
empfangen [-ŋən] (ä, i, a) v. tr. [entgegennehmen] recevoir ; accepter. | *eine Belohnung empfangen*, recevoir une récompense. || RADIO., TÉLÉV. capter. | *einen Sender empfangen*, capter un poste. | *Sie empfangen den Bayrischen Rundfunk*, vous êtes à l'écoute de radio Munich. || RELIG. *die Taufe empfangen*, recevoir le baptême. || PAR EXT. [willkommen heißen] accueillir ; recevoir. | *mit offenen Armen empfangen*, recevoir à bras ouverts.
empfangen [-ŋən] adj. reçu. || COMM. *Betrag empfangen*, pour acquit.
Empfänger [ɛm'pfɛŋər] m. (s, -) destinataire m. || COMM. partie prenante. || RADIO. récepteur m.
empfänglich [-ŋliç] adj. réceptif. | *für Lob empfänglich*, sensible aux louanges. || PAR EXT. susceptible.
Empfänglichkeit [-ŋliçkait] f. (-) réceptivité f. ; susceptibilité f. | *Empfänglichkeit für eine Krankheit*, prédisposition (f.) à une maladie.
Empfängnis [-ŋnis] f. (-). PHYSIOL. conception f.
empfängnis|verhütend [ɛm"pfɛŋnisfɛr'hy:tent] adj. anticonceptionnel ; contraceptif. ||°**-verhütung** f. (-) contraception f. ||°**-verhütungs|mittel** n. (s, -) contraceptif m.
Empfangs|antenne [ɛm"pfaŋsan'tɛnə] f. (-, n). RADIO. antenne réceptrice. ||°**-berechtigte(r)** f. (m.) destinataire s. ; ayant droit m. ||°**-bescheinigung** f. (-, en) récépissé m. ; reçu m. ||°**-bestätigung** f. (-, en) accusé (m.) de réception. ||°**-störung** f. (-, en) perturbation (f.) de la réception. ||**-verstärkend** adj. RADIO. hétérodyne. ||°**-zeit** f. (-, en) heures (f. pl.) de réception. ||°**-zimmer** n. (s, -) salon m.
empfehlen [ɛm'pfe:lən] (ie, a, o) v. tr. recommander. | *bitte, empfehlen Sie mich Ihren Eltern*, mes respects à vos parents, je vous prie.
◇ v. pr. **sich empfehlen,** prendre congé. || FAM. *sich auf französisch empfehlen*, filer à l'anglaise.
◇ v. impers. être recommandé, indiqué. | *es empfiehlt sich, zu warten*, il est préférable d'attendre.
empfehlens|wert [ɛm"pfe:ləns've:rt] adj. recommandable.
Empfehlung [ɛmp'fe:luŋ] f. (-, en) recommandation f. ; introduction f. || COMM. *gute Empfehlungen*, bonnes références. || PAR EXT. compliments m. pl. ; respects m. pl. ; hommages m. pl. ; salutations f. pl.
Empfehlungs|brief [ɛm"pfe:luŋs'bri:f] m. (s, e), °**-schreiben** n. (s, -) lettre (f.) de recommandation.
empfinden [ɛm'pfindən] (a, u) v. tr. éprouver ; sentir ; ressentir. | *Schmerz empfinden*, ressentir une douleur. | *einen Verlust empfinden*, éprouver une perte. | *Achtung vor jm, Freundschaft für jn empfinden*, avoir du respect, éprouver de l'amitié pour qn.
empfindlich [-'pfintliç] adj. sensible ; impressionnable. | *empfindliche Stelle*, point (m.) sensible. | *gegen Kälte empfindlich*, sensible au froid. || FIG. sensible ; susceptible ; irritable. | *empfindliche Stelle*, point (m.) faible. | *empfindliche Strafe*, punition (f.) sévère. || PHOT. sensible. || TECHN. *empfindliches Instrument*, instrument (m.) sensible.
◇ adv. vivement ; sensiblement. | *empfindlich treffen*, toucher au point sensible.
Empfindlichkeit [-'pfintliçkait] f. (-, en) sensibilité f. ; susceptibilité f.
empfindsam [-'pfintza:m] adj. sensible ; émotif ; sentimental.
Empfindsamkeit [-'pfintza:mkait] f. (-, en) sensibilité f. ; sentimentalité f. ; émotivité f. ; sensiblerie f.
Empfindung [-'pfinduŋ] f. (-, en) sensation f. ; sentiment m. ; émotion f.
Empfindungs|kraft [ɛm"pfinduŋs'kraft] f. sensibilité f. ||**-los** adj. dépourvu de sensibilité ; insensible. ||°**-losigkeit** f. (-, en) insensibilité f. ||°**-nerv** m. (s, en) nerf sensitif. ||°**-vermögen** n. (s) sensibilité f. ; faculté perceptrice.
empfohlen [ɛm'pfo:lən] adj. recommandé.
Emphase [ɛm'fa:zə] f. (-, n). LITTÉR. emphase f.
emphatisch [-'fa:tiʃ] adj. emphatique.
— SYN. : *schwülstig*, ampoulé ; *aufgeblasen*, enflé.
Empirie [ɛmpi'ri:] f. (-), **Empirik** [ɛm'pirik] f. (-). PHILOS. empirisme m.
Empiriker [ɛm'pirikər] m. (s, -). PHILOS. empiriste m.
empirisch [-riʃ] adj. PHILOS. empirique.
empor [ɛm'po:r] adv. et partic. sépar. ; en haut ; vers le haut ; vers le ciel ; au ciel.
empor|arbeiten (sich) [ziçɛm"po:r'arbaitən] v. pr. parvenir par son travail, son effort. || FAM. arriver à la force du poignet.
empor|blicken [ɛm"po:r'blikən] v. intr. lever les yeux ; regarder en haut, en l'air.
empor|bringen [ɛm"po:r'briŋən] (brachte, gebracht) v. tr. élever ; donner l'essor à ; faire réussir.
◇ v. pr. FIG. **sich emporbringen,** arriver.
Empore [ɛm'po:rə] f. (-, n). ARCHIT. galerie f.
empören [ɛm'pø:rən] v. tr. soulever ; révolter. || FIG. outrer.
◇ v. pr. **sich empören,** se révolter ; se soulever ; s'insurger. || FIG. s'indigner.

empörend [-rənt] adj. FIG. révoltant.
Empörer [-rər] m. (s, -) révolté m. ; rebelle m.
empörerisch [-rəriʃ] adj. séditieux ; insurrectionnel.
empor|kommen [ɛm"po:r'kɔmən] (a, o) v. intr. s'élever. || FIG. parvenir ; arriver ; faire son chemin.
Empor|kömmling [-'kømliŋ] m. (s, e) parvenu m.
empor|ragen [ɛm"po:r'rɑ:gən] v. intr. se dresser au-dessus de ; dominer.
empor|ranken [ɛm"po:r'raŋkən] v. intr. et v. pr. BOT. grimper.
empor|schwingen (sich) [ziçɛm"po:r'ʃviŋən] (a, u) v. pr. prendre son essor, son vol ; s'élancer dans les airs. || FIG. arriver.
empor|sehen [ɛm"po:r'ze:ən] (ie, a, e) v. intr. lever les yeux. | *zu jm mit Bewunderung emporsehen*, admirer qn.
empor|steigen [ɛm"po:r'ʃtaigən] (ie, ie) v. intr. s'élever ; monter ; surgir ; faire une ascension.
empor|streben [ɛm"po:r'ʃtre:bən] v. intr. FIG. avoir de l'ambition ; chercher à s'élever.
empört [ɛm'pø:rt] adj. révolté. || FIG. indigné ; outré.
empor|treiben [ɛm"po:r'traibən] (ie, ie) v. tr. faire monter ; pousser en l'air.
Empörung [ɛm'pø:ruŋ] f. (-, en) soulèvement m. ; rébellion f. ; révolte f. || FIG. indignation f.
— SYN. : *Aufruhr, Auflehnung*, révolte ; *Aufstand*, rébellion ; *Meuterei*, sédition ; *Entrüstung*, indignation.
emsig ['ɛmziç] adj. appliqué ; diligent ; laborieux ; actif ; empressé.
Emsigkeit [-kait] f. (-) activité f. ; zèle m. ; application f. ; diligence f. ; empressement f.
Emu ['e:mu] m. (s, s). ZOOL. émeu m.
Emulation [emula'tsio:n] f. INF. émulation f.
Emulator [emu'lɑ:tɔr] m. (s, en). INF. émulateur m.
Emulgator [emul'ga:tɔr] m. (s, en) émulsifiant m. ; émulsif m.
emulgieren [emul'gi:rən] v. tr. CHIM. émulsionner ; émulsifier.
Emulsion [emul'zio:n] f. (-, en). CHIM. émulsion f.
End... [ɛnt] (en compos.) final ; terminal ; définitif ; total.
End|buchstabe ["ɛnt'bu:xʃtɑ:bə] m. (n, n). GRAMM. finale f. ||°**-darm** m. (s, ¨e). ANAT. rectum m. ||°**-effekt** m. (s, e) résultat final. | *im Endeffekt*, au total. ||°**-ergebnis** n. (ses, se) résultat (définitif). ||**-gültig** adj. définitif. ||°**-haltestelle** f. (-, n) terminus m. ||°**-kampf** m. (s, ¨e). SPORT. finale f. (pour les jeux). ||°**-lager** n. (s, -). NUCL. aire (f.) de stockage définitif. ||°**-lagerung** f. (-, en). NUCL. stockage définitif (des déchets). ||°**-lauf** m. (s, ¨e). SPORT. finale f. (pour les courses). ||**-los** adj. sans fin ; interminable. || °**-losigkeit** f. (-) durée infinie ; infinité f. || PHILOS. éternité f. ||°**-moräne** f. (-, n). GÉOL. moraine terminale. ||°**-produkt** n. (s, e) produit final. ||°**-punkt** m. (s, e) extrémité f. ; terme m. ||°**-reim** m. (s, e). POÉS. rime finale. | *gegebene Endreime*, bouts-rimés m. pl. ||°**-spiel** n. (s, e). SPORT. finale f. ||°**-spurt** m. (s, e). SPORT. rush m. ||°**-station** f. (-, en). TRANSP. terminus m. ; tête (f.) de ligne. ||°**-summe** f. (-, n). FIN. total m. ||°**-termin** m. (s, e) terme (m.) extrême. ||°**-urteil** n. (s, e). JUR. sentence définitive. ||°**-verbraucher** m. (s, -). ÉCON. utilisateur final. ||°**-ziel** n. (s, e) but m. ; terme m. ; objectif m. ||°**-zweck** m. (s, e) but m. ; fin f. || PHILOS. cause finale.
Ende ['ɛndə] n. (s, n) fin f. ; terme m. ; bout m. ; conclusion f. ; dénouement m. | *Schraube ohne Ende*, vis (f.) sans fin. | *die beiden Enden der Schnur*, les deux bouts de la ficelle. | *am Ende seiner Rede sagte er*, à la fin de son discours, il dit. || COMM. *Ende dieses Monats*, fin courant. || PAR EXT. mort f. ; fin f.
LOC. **1.** *der Weg nimmt kein Ende*, ce chemin n'en finit pas. | *es ist noch ein gutes Ende bis zur Stadt*, il y a encore un bon bout de chemin jusqu'à la ville. | *an allen Enden*, partout.
2. *der Tag neigt sich seinem Ende zu*, le jour décline. | *es geht mit ihm zu Ende*, il baisse ; il approche de sa fin. | *ich bin am Ende (meiner Kräfte)*, je n'en peux plus. | *meine Geduld ist zu Ende*, ma patience est à bout. | *mit etwas ein Ende machen*, en finir avec qch. | *etwas zu Ende führen*, mener qch. à bien. || FAM. *das ist das Ende vom Lied*, c'est la fin des haricots. | *das dicke Ende kommt noch*, nous n'avons pas vu le plus beau. | *mit seiner Weisheit rasch zu Ende sein*, être vite au bout de sa science.
3. *einem Übelstand ein Ende bereiten*, mettre fin à un abus. | *mit dem nimmt es noch ein schlimmes Ende*, celui-là finira mal. | *eine Sache am richtigen (verkehrten) Ende anfassen*, prendre une chose par le bon (le mauvais) bout. | *am Ende*, en fin de compte ; après tout. | *letzten Endes*, en fin de compte. | *Winckelmann und kein Ende*, Winckelmann, toujours Winckelmann !
Endemie [ɛnde'mi:] f. (-, n). MÉD. endémie f.
endemisch [-'de:miʃ] adj. MÉD. endémique.
enden ['ɛndən] v. intr. finir ; s'arrêter ; cesser. | *die Frist endet morgen*, le délai expire demain.
◇ v. tr. finir ; terminer ; achever.
Endivie [ɛn'di:viə] f. (-, n) chicorée frisée ; FAM. frisée f.
endlich ['ɛntliç] adj. final ; définitif ; dernier. || PAR EXT. limité ; borné ; fini.
◇ adv. finalement ; en dernier lieu ; au bout du compte ; enfin ; en définitive.
Endlichkeit [-kait] f. (-) ce qui est limité, fini. || PHILOS. *die Endlichkeit der Welt*, le monde fini.
Endoskopie [ɛndosko'pi:] f. (-, n). MÉD. endoscopie f.
Endung ['ɛnduŋ] f. (-, en) terminaison f.
Energie [enɛr'gi:] f. (-, n). PHYS. énergie f. | *Energie der Bewegung, der Lage*, énergie cinétique, potentielle. | *fossile, grüne, sanfte Energie*, énergie fossile, verte, douce. | *freigewordene, aufgenommene Energie*, énergie libérée, absorbée. || FIG. *Energie haben* ; *mit Energie verlangen*, être énergique ; demander avec insistance.
Energie|bedarf [enɛr"gi:'bə'darf] m. (s). PHYS. besoin (m.) d'énergie ; énergie (f.) nécessaire. || ÉCON. besoins (m. pl.) énergétiques. ||°**-einsparung** f. (-, en). économie (f.) d'énergie ||°**-fluß** m. (es, ¨e). PHYS. flux (m.) énergétique. ||°**-freisetzung** f. (-, en). PHYS. libération (f.) d'énergie. ||**-los** adj. PHYS. sans énergie. || FIG. lâche ; faible. ||°**-losigkeit** f. (-). PHYS. manque (m.) d'énergie. || FIG. faiblesse f. ||°**-menge** f. (-, n). PHYS. quantité (f.) d'énergie. ||°**-politik** f. politique (f.) énergétique. ||°**-quelle** f. (-, n). PHYS. source (f.) d'énergie ; ressource (f.) énergétique. ||°**-rückgewinnung** f. (-, en). [Umwelt] récupération (f.) de l'énergie. ||°**-umformung** f. (-, en), °**-umwandlung** f. (-, en). PHYS. transformation (f.) d'énergie. ||°**-verbrauch** m. (s) dépense (f.) énergétique. ||°**-versorgung** f. (-, en). ÉLECTR. approvisionnement (m.), alimentation (f.) en énergie. ||°**-verteilungs|netz** n. (es, e) réseau (m.) de

distribution d'énergie. ||°-**wirtschaft** f. (-, en). ÉLECTR. production (f.) de l'énergie électrique.

energisch [e'nɛrgiʃ] adj. FIG. énergique. | *er geht energisch vor*, FAM. il n'y va pas de main morte.

eng [ɛŋ] adj. étroit ; resserré. | *enges Zimmer*, chambre étroite. || PAR ANAL. serré ; collant. | *enges Sieb*, passoire fine. | *enger machen*, rétrécir. | *enger werden*, se rétrécir. || LOC. *es ist mir so eng ums Herz*, j'ai le cœur si serré. | *die engere Bekanntschaft*, le cercle des intimes. ◇ adv. étroitement ; à l'étroit. | *sie sitzen zu eng*, ils sont assis trop serrés. | *zu eng schreiben*, écrire serré. | *ein eng anliegendes Kleid*, une robe moulante.

Engagement [ɑ̃gaʒ'mɑ̃] n. (s, s). THÉÂTRE. engagement m.

eng|begrenzt ["ɛŋbə'grɛntst] adj. étroitement limité. ||**-brüstig** adj. asthmatique. ||**-halsig** adj. à goulot étroit. ||**-herzig** adj. qui a le cœur sec. ||°-**herzigkeit** f. (-) étroitesse (f.) de cœur. ||**-maschig** adj. TEXT. à mailles serrées. ||°-**paß** m. (es, ¨e) défilé m. ; gorge f. ; col m. ; passage m. ; pas m. ||**-stirnig** adj. borné.

Enge ['ɛŋə] f. (-, n) espace limité ; étroitesse f. || [Berg] défilé m. ; gorge f. || [Meer] détroit m. ; passe f. || FIG. étroitesse f. ; petitesse f. ; mesquinerie f. | *in der Enge sein*, être dans la gêne. | *in die Enge treiben*, pousser à bout.

Engel ['ɛŋəl] m. (s, -) ange m. ; envoyé (m.), messager (m.) du ciel. | *gefallener Engel*, ange déchu. || FIG. *sie ist ein wahrer Engel*, elle est un ange de bonté. | *mein guter Engel*, mon bon génie. || FAM. *die Engel im Himmel pfeifen hören*, voir trente-six chandelles.

Engel|macherin ["ɛŋəlmaxərin] f. (-, nen) faiseuse (f.) d'anges.

Engel(s)|burg ["ɛŋəl(s)'burk] f. (-) château (m.) Saint-Ange (à Rome). ||°-**wurz** f. (-). BOT. angélique f. ||°-**zunge** f. (-, n). *jn mit Engelszungen bereden*, enjôler qn.

Engerling ['ɛŋərliŋ] m. (s, e). ZOOL. ver blanc ; larve (f.) de hanneton.

Engineering [endʒi'ni:riŋ] n. (s) ingénierie f.

England ['ɛŋlant] n. pr. n. GÉOGR. Angleterre f.

Engländer(in) ['ɛŋlɛndər(in)] m. (s, -), f. (-, nen). GÉOGR. Anglais(e) m. (f.).
◇ m. TECHN. clef anglaise.

englisch ['ɛŋliʃ] adj. GÉOGR. anglais. || MÉD. *englische Krankheit*, rachitisme m. || GRAMM. *englische Redensart*, anglicisme m. || FAM. *sich auf englisch empfehlen*, filer à l'anglaise.

Englisch ['ɛŋliʃ] n. [Sprache] anglais m. | *er spricht Englisch*, il parle (l')anglais. | *ins Englische übersetzen*, traduire en anglais.

Englisch|horn [-'hɔrn] n. (s, ¨er) cor anglais.

engros [ɑ̃:gro:] adv. et préf. COMM. en gros ; de gros. | *Engrosgeschäft*, commerce (m.) de gros.

Enkel ['ɛŋkəl] m. (s, -). [Fußknöchel] cheville f.

Enkel(in) ['ɛŋkəl(in)] m. (s, -), f. (-, nen) petit-fils m. ; petite-fille f. || PAR EXT. descendant(e) m. (f.).

Enkel|kind ["ɛŋkəl'kint] n. (s, er) petit-fils m. ; petite-fille f. ; petits-enfants m. pl. ||°-**sohn** m. (s, ¨e) petit-fils m. ||°-**tochter** f. (-, ¨) petite-fille f.

Enklave [ɛŋ'klɑ:və] f. (-, n) enclave f.

enorm [e'nɔrm] adj. énorme ; étonnant.

Ensemble [ɑ̃'sɑ̃:bəl] n. (s, s). THÉÂTRE. ensemble m. ; compagnie f.

ent|arten [ɛnt'ɑ:rtən] v. intr. dégénérer ; s'abâtardir. || FIG. mal tourner ; se dépraver.

Ent|artung [-tuŋ] f. (-, en) action (f.) de dégénérer ; dégénérescence f. ; abâtardissement m.

ent|äußern (sich) [ziçɛnt'ɔysərn] v. pr. (gén.) se défaire ; se dessaisir. || JUR. et PHILOS. aliéner.

ent|behren [ɛnt'be:rən] v. tr. être privé de ; manquer de ; se passer de. | *etwas nicht entbehren können*, ne pouvoir vivre sans qch.
◇ v. intr. manquer de. | *sein Verhalten entbehrt nicht einer gewissen Größe*, sa conduite ne manque pas d'une certaine grandeur.

ent|behrlich [-'be:rliç] adj. dont on peut se passer ; superflu.
— SYN. : *unnütz*, inutile ; *nutzlos*, *überflüssig*, superflu.

Ent|behrung [ɛnt'be:ruŋ] f. (-, en) privation f. ; dénuement m. | *sich Entbehrungen auferlegen*, s'imposer des privations.

ent|bieten [ɛnt'bi:tən] (o, o) v. tr. POÉT. faire savoir à ; porter à la connaissance de ; offrir. | *ich entbiete Euch meinen Gruß*, je vous adresse mes salutations.

ent|binden [ɛnt'bindən] (a, u) v. tr. FIG. détacher ; délier. | *von einem Eid, einem Amt entbinden*, délier d'un serment, relever d'une fonction. || PAR EXT. dégager ; dispenser. || MÉD. *von einem Knaben entbunden werden*, accoucher d'un garçon.

Ent|bindung [-duŋ] f. (-, en) délivrance f. ; dégagement m. || MÉD. accouchement m.

Entbindungs|anstalt [ɛnt"binduŋs'anʃtalt] f. (-, en) clinique (f.) d'accouchement ; maternité f.

ent|blättern [ɛnt'blɛtərn] v. tr. dépouiller de ses feuilles ; effeuiller. || [Rebe] épamprer.
◇ v. pr. **sich entblättern,** perdre ses feuilles.

ent|blöden (sich) [ziçɛnt'blø:dən] v. pr. *sich nicht entblöden, etwas zu tun*, avoir le front, ne pas avoir honte de faire qch.

ent|blößen [ɛnt'blø:sən] v. tr. mettre à nu ; dénuder ; découvrir. | *mit entblößtem Haupt*, tête nue. || PAR EXT. montrer ; exhiber. || FIG. démunir ; dépouiller. | *jn seiner Habe entblößen*, priver qn de ses biens. || MIL. dégarnir.

Ent|blößung [-suŋ] f. (-, en) mise (f.) à nu ; nudité f. ; dépouillement m. || FIG. dénuement m.

ent|brennen [ɛnt'brɛnən] (entbrannte, entbrannt) v. intr. s'enflammer. || FIG. s'allumer ; s'enflammer ; éclater. | *vor Wut entbrennen*, enrager. | *der Krieg entbrennt*, la guerre éclate, se déchaîne.

Entchen ['ɛntçən] n. (s, -) caneton m.

ent|decken [ɛnt'dɛkən] v. tr. découvrir ; trouver ; dévoiler ; révéler. | *den Südpol entdecken*, découvrir le pôle Sud. | *jm ein Geheimnis entdecken*, révéler, confier un secret à qn.

Ent|decker [-kər] m. (s, -) auteur (m.) d'une découverte ; explorateur m. ; inventeur m.

Ent|deckung [-kuŋ] f. (-, en) découverte f. ; exploration f.

Ente ['ɛntə] f. (-, n). ZOOL. canard m. ; [Weibchen] cane f. | *junge Ente*, caneton m. || FIG., FAM. canard m. ; bobard m.

Enten|braten ["ɛntən'brɑ:tən] m. (s, -) canard rôti. ||°-**pfuhl** m. (s, e), °-**teich** m. (s, e) canardière f.

Enterich ['ɛntəriç] m. (s, e) canard (m.) mâle.

ent|ehren [ɛnt'e:rən] v. tr. déshonorer ; flétrir.

ent|ehrend [-'e:rənt] adj. diffamant. || JUR. *entehrende Strafe*, peine infamante.

ent|eignen [ɛnt'aignən] v. tr. déposséder ; exproprier.

Ent|eignung [-nuŋ] f. (-, en) expropriation f.

Enteignungs|verfahren [ɛnt"aignuŋsfɛr'fa:rən] n. (s, -). JUR. procédure (f.) d'expropriation.

ent|eilen [ɛnt'ailən] v. intr. s'enfuir ; s'en aller en vitesse.

ent|eisen [ɛnt'aizən] v. tr. enlever la glace ; dégivrer.

Ent|eiser [-zər] m. (s, -). Aéron. dégivreur m.

Entente [ɑ̃'tɑ̃:tə] f. (-, n). Polit. entente f.

Enter|beil ["ɛntər'bail] n. (s, e). Mar. hache (f.) d'abordage. ||°**-haken** m. (s, -). Mar. grappin (m.) d'abordage.

ent|erben [ɛnt'ɛrbən] v. tr. déshériter.

Ent|erbung [ɛnt'ɛrbuŋ] f. (-, en). Jur. exhérédation f.

entern ['ɛntərn] v. tr. Mar. aborder.

Enterung [-ruŋ] f. (-, en). Mar. abordage m.

ent|fachen [ɛnt'fɑ:xən] v. tr. allumer. || Fig. enflammer. | *Begierde entfachen*, allumer le désir.

ent|fahren [ɛnt'fɑ:rən] (ä, u, a) v. intr. (s') échapper. | *ein unbedachtes Wort entfährt ihm*, un propos irréfléchi lui échappe.

ent|fallen [ɛnt'falən] (ä, ie, a) v. intr. échapper. | *die Vase entfiel ihren Händen*, le vase échappa de ses mains. || Fig. *der Name ist mir entfallen*, ce nom m'a échappé. || Par ext. revenir à qn. | *auf jeden entfallen zwei Brote*, chacun a droit à deux pains.

ent|falten [ɛnt'faltən] v. tr. déplier ; déployer ; dérouler. || Fig. *eine rege Tätigkeit entfalten*, déployer une activité intense.
◇ v. pr. **sich entfalten**, se déplier ; se déployer ; se développer. | *die Blüte entfaltet sich*, cette fleur s'épanouit. || se dérider. || Fig. s'épanouir.

Ent|faltung [-tuŋ] f. (-, en) déploiement m. ; développement m. ; épanouissement m.

ent|färben [ɛnt'fɛrbən] v. tr. décolorer.
◇ v. pr. **sich entfärben**, se décolorer ; perdre sa, ses couleurs. || Fig. changer de couleur ; pâlir.

Ent|färbung [-buŋ] f. (-, en) décoloration f.

ent|fernen [ɛnt'fɛrnən] v. tr. éloigner ; enlever ; écarter. | *Flecken entfernen*, détacher. || Chim. éliminer.
◇ v. pr. **sich entfernen**, s'éloigner ; s'absenter. || Fig. s'écarter, s'éloigner.

ent|fernt [-'fɛrnt] adj. éloigné ; distant. || Par ext. absent. | *eine entfernte Gegend*, une contrée éloignée. || Fig. éloigné ; loin de. | *ich bin weit (davon) entfernt, zu glauben, daß*, je suis loin de croire que.
◇ adv. *wir sind entfernt verwandt*, nous sommes des parents éloignés. | *nicht im entferntesten daran denken*, n'y pas penser le moins du monde.

Ent|fernung [-'fɛrnuŋ] f. (-, en) distance f. ; éloignement m. | *auf weite Entfernung*, à grande distance. || Par anal. éloignement m. ; renvoi m. | *auf js Entfernung dringen*, exiger le renvoi de qn. || Par ext. [Abwesenheit] absence f.

Entfernungs|messer [ɛnt"fɛrnuŋs'mɛsər] m. (s, -). Techn. télémètre m.

ent|fesseln [ɛnt'fɛsəln] v. tr. Fig. déchaîner.

ent|fesselt [-səlt] adj. déchaîné.

Ent|fesselung [-səluŋ] f. (-, en) déchaînement m.

ent|fetten [ɛnt'fɛtən] v. tr. Techn. dégraisser.

Ent|fettung [-tuŋ] f. (-, en). Techn. dégraissage m.

Entfettungs|kur [ɛnt"fɛtuŋs'ku:r] f. (-, en) régime (m.), cure (f.) d'amaigrissement. ||°**-mittel** n. (s, -). Techn. dégraissant m.

ent|flammbar [ɛnt'flammbɑ:r] adj. inflammable.

ent|flammen [-mən] v. tr. allumer ; enflammer ; embraser. | *js Zorn entflammen*, provoquer la colère de qn. || Fig. électriser.
◇ v. intr. et v. pr. prendre feu ; s'enflammer ; s'embraser.

ent|flechten [ɛnt'flɛçtən] v. tr. déconcentrer ; décartelliser. ||°**-flechtung** f. décartellisation f.

ent|fliegen [ɛnt'fli:gən] (o, o) v. intr. s'envoler ; s'échapper. || Fig. s'échapper.

ent|fliehen [ɛnt'fli:ən] (o, o) v. intr. s'enfuir ; se sauver ; s'échapper. | *entflohener Häftling*, détenu (m.) en fuite, fam. en cavale. || Fig. *die Zeit entflieht*, le temps s'envole.

ent|fremden [ɛnt'frɛmdən] v. tr. rendre étranger ; aliéner. || Par ext. détourner ; dérober. || Fig. surprendre ; déconcerter.
◇ v. pr. **sich entfremden**, devenir étranger.

Ent|fremdung [-duŋ] f. (-, en) aliénation f. || Fig. refroidissement m.

ent|frosten [ɛnt'frɔstən] v. tr. Techn. dégivrer.

Ent|froster [ɛnt'frɔstər] m. (s, -). Techn. dégivreur m.

Ent|frostung [ɛnt'frɔstuŋ] f. (-, en). Techn. dégivrage m.

Entfrostungs|anlage [ɛnt"frɔstuŋs'anlagə] f. (-, n). V. Entfroster.

ent|führen [ɛnt'fy:rən] v. tr. enlever ; ravir. || Par ext. entraîner ; détourner.

Ent|führer [-rər] m. (s, -) ravisseur m.

Ent|führung [-ruŋ] f. (-, en) enlèvement m. ; rapt m.

ent|gangen [ɛnt'gaŋən] adj. Fig. *entgangener Gewinn*, manque (m.) à gagner.

ent|gegen [ɛnt'ge:gən] prép. (dat. d'habitude placé après) au-devant, à la rencontre de ; vers. | *dir entgegen*, au-devant de toi ; à ta rencontre. || Par anal. [gegen] contre ; contraire ; opposé à. | *dem Strom entgegen*, contre le fil de l'eau. || Fig. [zuwider] *dem steht nichts entgegen*, il n'y a rien (à dire) là contre. | *entgegen meinem Befehl*, malgré mon ordre. || [zum Unterschied] *dem entgegen muß festgestellt werden*, par contre, il faut constater.

entgegen|arbeiten [ɛnt"ge:gən'arbaitən] v. intr. travailler contre. || Fig. contrarier ; contrecarrer ; s'opposer à.

entgegen|bringen [ɛnt"ge:gən'briŋən] v. tr. apporter. || Fig. présenter. | *Wohlwollen entgegenbringen*, montrer de la bienveillance.

entgegen|eilen [ɛnt"ge:gən'ailən] v. intr. se hâter à la rencontre de.

entgegen|gehen [ɛnt"ge:gən'ge:ən] v. intr. aller au-devant de. | *seinem Untergang entgegengehen*, aller à sa perte. || Fig. braver ; affronter.

entgegen|gesetzt [ɛnt"ge:gəngə'zɛtst] adj. opposé ; contraire ; inverse ; adverse. | *gerade entgegengesetzt*, aux antipodes.

entgegen|halten [ɛnt"ge:gən'haltən] (ä, ie, a) v. tr. tendre vers ; opposer. || Fig. objecter.

entgegen|handeln [ɛnt"ge:gən'handəln] (dat.) v. intr. agir contre ; enfreindre ; contrevenir à.

entgegen|harren [ɛnt"ge:gən'harən] v. intr. attendre avec impatience.

entgegen|jauchzen [ɛnt"ge:gən'jauxtsən], **-jubeln** [-'ju:bəln] v. intr. accueillir par, avec des acclamations, des cris d'allégresse.

entgegen|kommen [ɛnt"ge:gən'kɔmən] (a, o) v. intr. venir à la rencontre, au-devant de. || Fig. *jm freundlich entgegenkommen*, être prévenant pour qn. | *auf halbem Wege entgegenkommen*, faire des concessions.

Entgegen|kommen [ɛnt"ge:gən'kɔmən] n. (s) bienveillance f. ; complaisance f.

entgegen|kommend [-mənt] adj. prévenant ; empressé ; accueillant.

entgegen|laufen [ɛnt"ge:gən'laufən] (ä, ie, a) v. intr. courir au-devant de.

entgegen|nehmen [ɛnt″ge:gən'ne:mən] v. tr. recevoir ; accepter ; agréer.

entgegen|reden [ɛnt″ge:gən're:dən] v. intr. contredire.

entgegen|sehen [ɛnt″ge:gən'ze:ən] (ie, a, e) v. intr. envisager ; attendre. || COMM. *einer günstigen Antwort entgegensehend*, dans l'attente d'une réponse favorable.

entgegen|setzen [ɛnt″ge:gən'zɛtsən] v. tr. opposer à.

◇ v. pr. **sich entgegensetzen,** s'opposer à ; résister à.

entgegen|stellen [ɛnt″ge:gən'ʃtɛlən] v. tr. opposer à ; mettre en parallèle.

◇ v. pr. **sich entgegenstellen,** s'opposer, résister à.

entgegen|strecken [ɛnt″ge:gən'ʃtrɛkən] v. tr. tendre vers. | *jm die Hand entgegenstrecken*, tendre la main à qn.

entgegen|treten [ɛnt″ge:gən'tre:tən] (i, a, e) v. intr. s'opposer à. || FIG. combattre.

entgegen|wirken [ɛnt″ge:gən'virkən] v. intr. agir contre ; contrecarrer ; contrarier.

ent|gegnen [ɛnt'ge:gnən] v. intr. répliquer ; riposter ; répondre.

Ent|gegnung [-nuŋ] f. (-, en) réplique f. ; repartie f.

ent|gehen [ɛnt'ge:ən] (entging, entgangen) v. intr. échapper à ; éviter ; se dérober ; se soustraire. | *dem Tode entgehen*, échapper à la mort. | *es ist mir nicht entgangen, daß*, il ne m'a pas échappé que. | *sich eine Gelegenheit nicht entgehen lassen*, ne pas laisser échapper une occasion.

ent|geistert [ɛnt'gaistərt] adj. hébété ; pétrifié.

Ent|gelt [ɛnt'gɛlt] m. ou n. (s) dédommagement m. ; compensation f. ; récompense f. | *gegen Entgelt*, moyennant rétribution ; à titre onéreux. | *ohne Entgelt*, gratuitement ; gracieusement.

ent|gelten [-tən] (i, a, o) v. tr. porter la peine de ; expier. | *jn etwas entgelten lassen*, faire payer qn. *er soll es mir entgelten*, il me le paiera.

ent|giften [ɛnt'giftən] v. tr. MÉD. désintoxiquer. || [Umwelt] dépolluer.

ent|gleisen [ɛnt'glaizən] v. intr. dérailler.

Ent|gleisung [-zuŋ] f. (-, en) déraillement m. || FIG., FAM. gaffe f.

ent|gleiten [ɛnt'glaitən] (i, i) v. intr. échapper. | *der Hand entgleiten*, glisser, échapper des mains.

ent|gräten [ɛnt'grɛ:tən] v. tr. ôter les arêtes.

ent|haaren [ɛnt'hɑ:rən] v. tr. [Körperhaare] épiler. || TEXT. débourrer.

Ent|haarung [-ruŋ] f. (-, en). [Körperhaare] épilation f. || TEXT. débourrage m.

Enthaarungs|creme [ɛnt″ha:ruŋs'kre:mə] f. (-, s) crème (f.) (d)épilatoire. ||°**-mittel** n. (s, -) dépilatoire m. ; épilatoire m.

ent|halten [ɛnt'haltən] (ä, ie, a) v. tr. contenir ; renfermer ; tenir ; comprendre. | *wie oft ist vier in sechzehn enthalten ?*, combien (y a-t-il) de fois quatre dans seize ?

◇ v. pr. **sich enthalten,** s'abstenir ; se retenir. | *sich der Stimme enthalten*, s'abstenir de voter.

ent|haltsam [ɛnt'haltzɑ:m] adj. abstinent ; continent. || PAR EXT. sobre.

Ent|haltsamkeit [-kait] f. abstinence f. ; tempérance f. || PAR EXT. sobriété f.

Ent|haltung [ɛnt'haltuŋ] f. (-, en). [Wahl] abstention f. ; [Enthaltsamkeit] abstinence f.

ent|härten [ɛnt'hɛrtən] v. tr. adoucir.

Ent|härter [ɛnt'hɛrtər] m. (s, -) adoucisseur m.

ent|haupten [ɛnt'hauptən] v. tr. décapiter.

Ent|hauptung [-tuŋ] f. (-, en). JUR. exécution capitale ; décapitation f.

ent|häuten [ɛnt'hɔytən] v. tr. enlever la peau ; dépouiller ; écorcher.

ent|heben [ɛnt'he:bən] (o, o) v. tr. décharger ; dispenser, débarrasser de. || PAR EXT., ADM. destituer. | *er wurde seines Amtes enthoben*, il fut relevé de ses fonctions, suspendu.

ent|heiligen [ɛnt'hailigən] v. tr. RELIG. profaner.

ent|hüllen [ɛnt'hylən] v. tr. découvrir ; dévoiler. || PAR EXT. inaugurer. || FIG. *ein Geheimnis enthüllen*, révéler un secret.

◇ v. pr. **sich enthüllen,** se démasquer.

Ent|hüllung [-luŋ] f. (-, en). [Denkmal] inauguration f. || FIG. révélation f. ; découverte f.

ent|hülsen [ɛnt'hylzən] v. tr. écosser.

Enthusiasmus [-zi'asmus] m. (-) enthousiasme m.

Enthusiast [-zi'ast] m. (en, en) enthousiaste m. ; exalté m.

Entität [ɛnti'tɛ:t] f. (-, en). PHILOS. entité f.

ent|jungfern [ɛnt'juŋfərn] v. tr. déflorer.

ent|kalken [ɛnt'kalkən] v. tr. MÉD. décalcifier.

ent|keimen [ɛnt'kaimən] v. tr. enlever, supprimer, tuer les germes de ; stériliser. || [Milch] pasteuriser. || MÉD. désinfecter.

ent|kernen [ɛnt'kɛrnən] v. tr. ôter les noyaux, les pépins. || [Steinobst] dénoyauter.

Ent|kerner [-nər] m. (s, -). [Steinobst] dénoyauteur m. || [Kernobst] vide-pommes m.

ent|kleiden [ɛnt'klaidən] v. tr. déshabiller ; dévêtir. || FIG. dépouiller.

◇ v. pr. **sich entkleiden,** se déshabiller ; se dévêtir.

ent|knoten [ɛnt'knotən] v. tr. dénouer.

ent|kolonisieren ['ɛntkɔlɔni″zi:rən] v. tr. décoloniser.

Ent|kolonisierung [-″zi:ruŋ] f. (-) décolonisation f.

ent|kommen [ɛnt'kɔmən] (a, o) v. intr. échapper ; s'échapper ; se sauver ; s'enfuir.

Ent|kommen [-mən] n. (s) évasion f. ; fuite f.

ent|korken [ɛnt'kɔrkən] v. tr. déboucher.

ent|kräften [ɛnt'krɛftən] v. tr. PHYSIOL. priver de forces ; affaiblir ; user. || FIG. infirmer ; atténuer. || JUR. *einen Beweis entkräften*, infirmer une preuve. | *einen Verdacht entkräften*, ôter un soupçon.

Ent|kräft(ig)ung [-t(ig)uŋ] f. (-, en). PHYSIOL. affaiblissement m. ; débilitation f. ; prostration f. || MÉD. inanition f. || JUR. invalidation f. ; infirmation f. ; cassation f. ; annulation f.

ent|krampfen [ɛnt'krampfən] v. tr. POLIT. décrisper.

Ent|krampfung [-fuŋ] f. (-). POLIT. décrispation f.

ent|laden [ɛnt'lɑ:dən] (ä, u, a) v. tr. décharger. || MIL. décharger ; retirer la charge. | *er entlädt seine Pistole auf den Angreifer*, il vide son pistolet sur l'agresseur. || FIG. soulager. | *sein Herz entladen*, soulager son cœur.

◇ v. pr. **sich entladen,** FIG. se décharger. || ÉLECTR. *die Batterie entlädt sich*, la batterie se décharge. | *das Gewitter entlud sich im Gebirge*, l'orage éclata au-dessus de la montagne.

Ent|lader [-dər] m. (s, -). ÉLECTR. excitateur m.

Ent|ladung [-duŋ] f. (-, en). ÉLECTR. décharge f.

ent|lang [ɛnt'laŋ] prép. (acc.) et adv. le long de. | *den, am Weg entlang*, le long du chemin.

entlang|gehen [ɛnt"laŋ'ge:ən] (ging, gegangen) v. intr. longer.

ent|larven [ɛnt'larvən] v. tr. démasquer.

ent|lassen [ɛnt'lasən] (ä, ie, a) v. tr. congédier ; renvoyer ; licencier. | *aus dem Militärdienst entlassen*, libérer du service militaire. | *aus dem Gefängnis, aus der Haft entlassen*, libérer.
— SYN. : *fortschicken*, congédier ; *kündigen, aufkünden*, donner congé ; *verabschieden*, licencier ; *seines Amtes entheben*, relever de ses fonctions.

Ent|lassung [-suŋ] f. (-, en) congé m. | *fristlose Entlassung*, licenciement (m.) sans préavis. || [Offiziere, Angestellte, Dienstpersonal] congé m. *seine Entlassung einreichen*, donner sa démission. | *Entlassung der Soldaten*, libération (f.) des soldats. || ADM. mise (f.) à la retraite. || COMM. renvoi m.

ent|lasten [ɛnt'lastən] v. tr. alléger les charges de ; soulager ; exonérer. || MAR. délester. || FIG. *sein Gewissen entlasten*, décharger sa conscience. | *jn vor Gericht entlasten*, disculper qn devant le tribunal. || FIN. *von Steuern entlasten*, dégrever d'impôts. | *jn für eine Summe entlasten*, porter une somme au crédit de qn.

Ent|lastung [-tuŋ] f. (-, en) décharge f. ; exonération f. ; débarras m. ; soulagement m. || FIG. décharge f. | *zur Entlastung*, pour décharge. | *Entlastung erteilen*, donner quitus, décharge. | *Entlastung eines Angeklagten*, décharge, disculpation (f.) d'un accusé.

Entlastungs|straße [ɛnt"lastuŋs'ʃtra:sə] f. (-, n) voie (f.) de dégagement. ||°**-zeuge** m. (n, n). JUR. témoin (m.) à décharge.

ent|laufen [ɛnt'laufən] (ä, ie, a) v. intr. se sauver ; s'enfuir ; s'évader. || MIL. déserter. | *ein Entlaufener*, un déserteur.

ent|lausen [ɛnt'lauzən] v. tr. épouiller.

ent|ledigen (sich) [ziçɛnt'le:digən] v. pr. (gén.) se défaire, se débarrasser de. || FIG. *sich eines Auftrags entledigen*, s'acquitter d'une mission.

ent|leeren [ɛnt'le:rən] v. tr. vider. || MÉD. évacuer ; désenfler ; éjaculer. || TECHN. décharger.

Ent|leerung [-ruŋ] f. (-, en) vidage m. || POSTES. levée f. || MÉD. évacuation f.

ent|legen [ɛnt'le:gən] adj. éloigné ; lointain ; isolé.

Ent|legenheit [ɛnt'le:gənhait] f. (-) éloignement m. ; isolement m.

ent|lehnen [ɛnt'le:nən] v. tr. emprunter.

Ent|lehnung [-nuŋ] f. (-, en) emprunt m.

ent|leiben (sich) [ziçɛnt'laibən] v. pr. se tuer ; mettre fin à ses jours.

ent|leihen [ɛnt'laiən] (ie, ie) v. tr. emprunter.

Ent|leiher [-ər] m. (s, -) emprunteur m.

Ent|lein ['ɛntlain] n. (s, -). ZOOL. caneton m.

ent|loben (sich) [ziçɛnt'lo:bən] v. pr. rompre ses fiançailles.

Ent|lobung [ɛnt'lo:buŋ] f. (-, en) rupture (f.) des fiançailles.

ent|locken [ɛnt'lɔkən] v. tr. tirer ; arracher. | *jm ein Geheimnis entlocken*, arracher un secret à qn. | *einer Geige zarte Töne entlocken*, tirer d'un violon les sons les plus doux.

ent|lohnen [ɛnt'lo:nən] v. tr. payer ; régler son compte à qn.

Ent|lohnung [-nuŋ] f. (-, en) paie f. ; solde f.

ent|lüften [ɛnt'lyftən] v. tr. aérer ; ventiler.

Ent|lüfter [-tər] m. (s, -). MAR. aérateur m.

Ent|lüftung [-tuŋ] f. (-). TECHN. aération f. ; ventilation f.

ent|magnetisieren [ɛntmagneti'zi:rən] v. tr. PHYS. démagnétiser ; désaimanter.

ent|mannen [ɛnt'manən] v. tr. châtrer ; castrer ; émasculer.

ent|mannt [-mant] adj. châtré ; émasculé ; énervé.

Ent|mannung [-'manuŋ] f. (-, en). MÉD. castration f. ; émasculation f.

ent|materialisieren [ɛntmateriali'zi:rən] v. tr. dématérialiser.

ent|menscht [ɛnt'mɛnʃt] adj. inhumain ; dénaturé ; cruel ; barbare.

ent|militarisieren [ɛntmilitari'zi:rən] v. tr. démilitariser.

Ent|militarisierung [-ruŋ] f. (-, en) démilitarisation f.

ent|minen [ɛnt'mi:nən] v. tr. MIL. déminer.

Ent|minung [-nuŋ] f. (-, en). MIL. déminage m.

ent|modulieren [ɛntmodu'li:rən] v. tr. ÉLECTR. démoduler ; détecter.

ent|mündigen [ɛnt'myndigən] v. tr. JUR. interdire ; mettre sous tutelle.

Ent|mündigung [-guŋ] f. (-, en) interdiction f.

Entmündigungs|klage [ɛnt"myndiguŋs'kla:gə] f. (-, n). JUR. demande (f.) en interdiction.

ent|mutigen [ɛnt'mu:tigən] v. tr. décourager ; démoraliser ; déprimer.

Ent|mutigung [-guŋ] f. (-, en) découragement m. ; démoralisation f.

ent|mythifizieren v. tr. démythifier.

Ent|nahme [ɛnt'na:mə] f. (-, n) prélèvement m. ; retrait m. || FIN. décaissement m. | *Entnahme aus Rücklagen*, incorporation (f.) des réserves.

ent|nationalisieren [ɛntnatsionali'zi:rən] v. tr. dénationaliser.

Ent|nationalisierung [-ruŋ] f. (-, en) dénationalisation f.

ent|nazifizieren [ɛntnatsifi'tsi:rən] v. tr. dénazifier.

Ent|nazifizierung [-ruŋ] f. (-) dénazification f.

ent|nehmen [ɛnt'ne:mən] (nimmt, nahm, genommen) v. tr. prendre ; prélever. | *Geld der Kasse entnehmen*, prendre de l'argent dans sa caisse. || FIG. prendre ; emprunter ; tirer de. | *er hat diese Stelle Goethe entnommen*, il a emprunté ce passage à Goethe. || [schließen] conclure. | *aus Ihrem Schreiben entnehme ich, daß*, de votre lettre je conclus que.

ent|nerven [ɛnt'nɛrvən] v. tr. énerver ; affaiblir. || FIG. vider.

ent|ölen [ɛnt'ø:lən] v. tr. TECHN. déshuiler ; dégraisser.

ent|puppen (sich) [ziçɛnt'pupən] v. pr. ZOOL. devenir papillon. || FIG. jeter le masque ; se révéler ; se dévoiler. | *sich als ein gefährlicher Verbrecher entpuppen*, se révéler comme un criminel dangereux.

ent|rahmen [ɛnt'ra:mən] v. tr. écrémer.

Ent|rahmer [-mər] m. (s, -). TECHN. écrémeuse f.

Ent|rahmung [-muŋ] f. (-, en) écrémage m.

ent|raten [ɛnt'ra:tən] (ä, ie, a) v. intr. (gén.). 1° ne pas avoir ; manquer de ; 2° se passer de.

ent|rätseln [ɛnt'rɛtzəln] v. tr. résoudre ; déchiffrer.

ent|rechten [ɛnt'rɛçtən] v. tr. priver de ses droits.

Ent|rechtung [-tuŋ] f. (-, en). JUR. privation (f.) des droits.

Entrée [ɑ̃'tre:] n. (s, s). ARCHIT. vestibule m. ; antichambre f. || THÉÂTRE. (prix [m.] d')entrée f. || CULIN. entrée f. || MUS. ouverture f. ; prélude m.

ent|reißen [ɛnt'raisən] (i, i) v. tr. arracher ; ravir ; enlever ; dérober. | *jn den Flammen entreißen*, arracher qn aux flammes. || FIG. *jm den Sieg entreißen*, ravir la victoire à qn.

ent|richten [ɛnt'riçtən] v. tr. payer ; verser ; acquitter. | *seinen Tribut entrichten*, payer son tribut.

Ent|richtung [-tuŋ] f. (-, en) paiement m. ; versement m. ; acquittement m.

ent|riegeln [ɛnt'ri:gəln] v. tr. déverrouiller.

Ent|riegelung [ɛnt'ri:gəluŋ] f. (-, en) déverrouillage m.

ent|ringen [ɛnt'riŋən] (a, u) v. tr. arracher. || FIG. *ein tiefer Seufzer entringt sich seiner Brust*, il pousse un profond soupir.

ent|rinnen [ɛnt'rinən] (a, o) v. intr. FIG. s'échapper ; s'enfuir. | *mit knapper Not der Gefahr entrinnen*, l'échapper belle.

ent|rollen [ɛnt'rɔlən] v. tr. dérouler ; déplier.
◇ v. pr. **sich entrollen.** | *eine schöne Landschaft entrollt sich vor mir*, un beau paysage s'étend devant moi.

Entropie [ɛntro'pi:] f. (-, n). PHYS. entropie f.

ent|rosten [ɛnt'rɔstən] v. tr. dérouiller.

ent|rücken [ɛnt'rykən] v. tr. enlever ; éloigner ; soustraire ; dérober. || FIG. enchanter ; enthousiasmer.

ent|rümpeln [ɛnt'rympəln] v. tr. débarrasser des vieilleries, du fatras ; désencombrer.

ent|rüsten [ɛnt'rystən] v. tr. outrer ; indigner ; mettre hors de soi.
◇ v. pr. **sich entrüsten,** s'indigner ; s'irriter.

Ent|rüstung [-tuŋ] f. (-) indignation f. ; exaspération f. ; irritation f. ; horreur f.

ent|sagen [ɛnt'zɑ:gən] v. intr. renoncer à ; se désister de. | *der Welt entsagen*, renoncer au monde.

Ent|sagung [-guŋ] f. (-, en) renoncement m. ; désistement m. || JUR. renonciation f. || FIG. abnégation f.

ent|salzen [ɛnt'zaltsən] v. tr. CULIN. dessaler. || TECHN. dessaler ; déminéraliser.

Ent|salzung [ɛnt'zaltsuŋ] f. (-). CULIN. dessalage m. || TECHN. dessalement m. ; déminéralisation f.

Ent|satz [ɛnt'zats] m. (es). MIL. déblocquement (m.), levée (f.) de, d'un blocus.

Ent|säuerung [ɛnt'zɔyəruŋ] f. (-, en). CHIM. élimination (f.) des acides ; neutralisation f.

ent|schädigen [ɛnt'ʃɛ:digən] v. tr. dédommager ; indemniser.

Ent|schädigung [-guŋ] f. (-, en) indemnité f. ; indemnisation f. ; dédommagement m. ; désintéressement m. ; compensation f. ; récompense f.

Entschädigungs|antrag [ɛnt"ʃɛ:diguŋs'antrɑ:k] m. (s, ¨e). JUR. demande (f.) d'indemnisation. ||°**-leistung** f. (-, en). JUR. dédommagement m.

ent|schärfen [ɛnt'ʃɛrfən] v. tr. MIL. désamorcer ; désarmer. || FIG. dédramatiser. || POLIT. décrisper.

Ent|schärfung [ɛnt'ʃɛrfuŋ] f. (-). MIL. désamorçage m. || FIG. dédramatisation f. || POLIT. décrispation f.

Ent|scheid [ɛnt'ʃait] m. (s, e) décision f. V. ENTSCHEIDUNG.

ent|scheiden [-'ʃaidən] (ie, ie) v. tr. décider ; résoudre ; trancher ; régler ; FAM. faire la pluie et le beau temps. | *diese Schlacht entschied den Krieg*, cette bataille décida de la guerre.
◇ v. pr. **sich entscheiden,** se décider ; se déterminer ; se jouer. | *es wird sich bald entscheiden, ob*, on saura bientôt si.

ent|scheidend [ɛnt'ʃaidənt] adj. décisif ; définitif ; péremptoire. | *entscheidende Stimme*, voix prépondérante. || MÉD. critique.

Ent|scheidung [-duŋ] f. (-, en) décision f. ; résultat m. | *eine Entscheidung treffen, fällen*, prendre une décision. || JUR. jugement m. ; verdict m. ; arbitrage m. ; arrêt m. | *gerichtliche Entscheidung*, décision de justice ; jugement m. ; arrêté m. | *grundsätzliche Entscheidung*, décision (f.) de principe.

Entscheidungs|befugnis [ɛnt"ʃaiduŋsbə'fu:knis] f. (-, se) pouvoir décisionnel. ||°**-instanz** f. (-, en), °**-träger** m. (s, -) décideur m. ||°**-spiel** n. (s, e). SPORT. match décisif. || [Spiel] belle f.

ent|schieden [ɛnt'ʃi:dən] adj. décidé ; déterminé ; résolu. || PAR EXT. incontestable.
◇ adv. décidément. || FIG. nettement ; strictement.

Ent|schiedenheit [ɛnt'ʃi:dənhait] f. (-) décision f. ; détermination f. ; fermeté f.

ent|schlacken [ɛnt'ʃlakən] v. tr. TECHN. débarrasser des scories ; décrasser.

Ent|schlackung [-kuŋ] f. (-, en). TECHN. décrassage m.

ent|schlafen [ɛnt'ʃlɑ:fən] (ä, ie, a) v. intr. mourir ; s'éteindre.

Ent|schlafene(r) [-nə(r)] f. (m.) défunt m., défunte f.

ent|schleiern [ɛnt'ʃlaiərn] v. tr. dévoiler ; soulever le voile de. || FIG. dévoiler ; révéler.

ent|schließen (sich) [ziçɛnt'ʃli:sən] (o, o) v. pr. se décider ; se résoudre à ; prendre un parti.

Ent|schließung [ɛnt'ʃli:suŋ] f. (-, en) résolution f. V. ENTSCHLUß.

ent|schlossen [ɛnt'ʃlɔsən] adj. décidé ; résolu ; déterminé. | *zu etwas entschlossen sein*, être décidé à qch. | *kurz entschlossen*, prompt à se décider.
◇ adv. résolument ; délibérément ; énergiquement.

Ent|schlossenheit [ɛnt'ʃlɔsənhait] f. (-) fermeté f. ; résolution f. ; (esprit [m.] de) décision f.

ent|schlummern [ɛnt'ʃlumərn] v. intr. s'endormir ; s'assoupir. || FIG. s'endormir ; s'éteindre.

ent|schlüpfen [ɛnt'ʃlypfən] v. intr. échapper. | *aus dem Gefängnis entschlüpfen*, s'évader de la prison. || FIG. échapper. | *dieses Wort ist ihm entschlüpft*, ce mot lui a échappé.

Ent|schluß [ɛnt'ʃlus] m. (es, ¨e) décision f. ; détermination f. ; résolution f. | *einen Entschluß fassen*, prendre une résolution. | *zu keinem Entschluß kommen können*, ne savoir se décider.

ent|schlüsseln [ɛnt'ʃlysəln] v. tr. déchiffrer ; décoder.

ent|schuldbar [ɛnt'ʃultbɑ:r] adj. excusable ; pardonnable.

ent|schuldigen [ɛnt'ʃuldigən] v. tr. excuser ; disculper. | *entschuldigen Sie, daß ich störe*, excusez le dérangement.
◇ v. pr. **sich entschuldigen,** s'excuser ; présenter des excuses.

Ent|schuldigung [-guŋ] f. (-, en) excuse f. ; justification f. ; explication f. | *ich bitte um Entschuldigung*, (je vous demande) pardon ! ; mille excuses ! || PAR EXT. prétexte m. ; faux-fuyant m. | *als Entschuldigung vorbringen*, prétexter ; alléguer pour excuse.

ent|schuppen [ɛnt'ʃupən] v. tr. CULIN. écailler.

ent|schweben [ɛnt'ʃve:bən] v. intr. s'envoler.

ent|schwefeln [ɛnt'ʃve:fəln] v. tr. désulfurer.

Ent|schwefelung [-fəluŋ] f. (-) désulfuration f.

ent|schwinden [ɛnt'ʃvindən] (a, u) v. intr. disparaître. | *das ist mir aus dem Gedächtnis entschwunden*, j'en ai perdu le souvenir.

ent|seelt [ɛnt'ze:lt] adj. inanimé ; mort.

ent|senden [ɛnt'zɛndən] (entsandte, entsandt) v. tr. envoyer ; expédier.

ent|setzen [ɛnt'zɛtsən] v. tr. [absetzen] révoquer ; destituer. | *jn seines Amtes entsetzen*, destituer qn de ses

fonctions. || [befreien] *eine Festung entsetzen*, dégager une place forte.
◇ v. pr. FIG. **sich entsetzen,** s'effrayer ; s'épouvanter.
Ent|setzen [-tsən] n. (s) effroi m. ; épouvante f. ; terreur f.
ent|setzlich [-tsliç] adj. épouvantable ; horrible ; atroce.
◇ adv. terriblement.
Ent|setzlichkeit [-tsliçkait] f. (-) horreur f. ; atrocité f.
Ent|setzung [ɛnt'zɛtsuŋ] (-, en) destitution f. ; révocation f. || MIL. dégagement m.
ent|seuchen [ɛnt'zɔyçən] v. tr. désinfecter. || NUCL. décontaminer.
Ent|seuchung [-çuŋ] f. (-, en) désinfection f. || NUCL. décontamination f.
ent|sichern [ɛnt'ziçərn] v. tr. armer.
ent|siegeln [ɛnt'zi:gəln] v. tr. décacheter ; rompre le sceau. || JUR. desceller.
ent|sinnen (sich) [ziçɛnt'zinən] (a, o) v. pr. se souvenir de ; se rappeler.
Ent|sorgung [ɛnt'zɔrguŋ] f. (-, en). NUCL. gestion (f.) des déchets.
ent|spannen [ɛnt'ʃpanən] v. tr. détendre ; débander. || ANAT. décontracter. || FIG. détendre.
◇ v. pr. **sich entspannen,** FIG. se détendre ; se relaxer ; FAM. décompresser.
Ent|spannung [-nuŋ] f. (-) détente f. ; desserrage m. || FIG. détente f. ; délassement m.
ent|spinnen [ɛnt'ʃpinən] (a, o) v. tr. commencer ; engager.
◇ v. pr. **sich entspinnen,** s'engager ; naître ; se préparer. | *eine Idylle entspinnt sich*, une idylle se noue.
ent|sprechen [ɛnt'ʃprɛ:çən] (i, a, o) v. intr. (dat.) être conforme à ; répondre, correspondre à. | *das entspricht nicht den Tatsachen*, cela ne correspond pas à la réalité. || PAR EXT. *einem Wunsch entsprechen*, satisfaire une demande.
ent|sprechend [-çənt] adj. en rapport avec ; conforme à ; proportionné à.
Entsprechung [-çuŋ] f. (-, en) correspondance f. ; analogie f.
ent|sprießen [ɛnt'ʃpri:sən] (o, o) v. intr. naître. || FIG. être issu ; provenir, descendre de.
ent|springen [ɛnt'ʃpriŋən] (a, u) v. intr. s'évader ; s'échapper de. || [Flüsse] prendre sa source.
ent|sprudeln [ɛnt'ʃpru:dəln] v. intr. saillir ; sourdre ; sortir.
ent|staatlichen [ɛnt'ʃta:tliçən] v. tr. dénationaliser ; céder un monopole d'État.
ent|stammen [ɛnt'ʃtamən] v. intr. provenir ; descendre de.
ent|stauben [ɛnt'ʃtaubən] v. tr. dépoussiérer.
ent|stehen [ɛnt'ʃte:ən] (entstand, entstanden) v. intr. naître ; s'engendrer ; devenir. || PAR EXT. se produire ; résulter ; s'élever.
Ent|stehung [-'ʃte:uŋ] f. (-, en) origine f. ; commencement m. ; genèse f. ; naissance f. ; formation f. | *in der Entstehung begriffen*, en voie de formation.
ent|steigen [ɛnt'ʃtaigən] (ie, ie) v. intr. (dat.) sortir, surgir, s'élever de.
ent|steinen [ɛnt'ʃtainən] v. tr. CULIN. dénoyauter.
ent|stellen [ɛnt'ʃtɛlən] v. tr. déformer ; défigurer. | *diese Narbe entstellt ihn*, cette cicatrice le défigure. || FIG. dénaturer ; altérer ; falsifier.
ent|stellt [-ʃtɛlt] adj. déformé ; défiguré ; méconnaissable.
Ent|stellung [-'ʃtɛluŋ] f. (-, en) déformation f. ; défiguration f. ; dénaturation f. ; altération f.
ent|stören [ɛnt'ʃtø:rən] v. tr. antiparasiter.
Ent|störung [ɛnt'ʃtø:ruŋ] f. antiparasitage m. ; [gegen andere Sender] antibrouillage m.
Entstörungs|gerät [ɛnt"ʃtø:ruŋsgə'rɛ:t] n. (s, e). RADIO. dispositif (m.) antiparasite.
Entstrahlungs|maßnahmen [ɛnt"ʃtra:luŋs'ma:sna:mən] f. pl. mesures (f. pl.) de radioprotection.
ent|strömen [ɛnt'ʃtrø:mən] v. intr. (dat.) jaillir, s'écouler de ; se dégager. || PAR EXT. rayonner de.
ent|sumpfen [ɛnt'zumpfən] v. tr. assécher.
ent|täuschen [ɛnt'tɔyʃən] v. tr. décevoir ; désillusionner ; désabuser ; désappointer ; tirer d'erreur.
Ent|täuschung [-ʃuŋ] f. (-, en) désenchantement m. ; déception f. ; désappointement m.
ent|thronen [ɛnt'tro:nən] v. tr. détrôner.
Ent|thronung [-nuŋ] f. (-, en) déposition (f.) d'un roi ; destitution f.
ent|völkern [ɛnt'følkərn] v. tr. dépeupler.
Ent|völkerung [-ruŋ] f. (-, en) dépeuplement m.
ent|wachsen [ɛnt'vaksən] part. pass. et adj. FIG. *er ist seinen Kleidern entwachsen*, ses habits sont devenus trop courts pour lui. | *er ist diesen Spielen entwachsen*, ces jeux ne sont plus de son âge.
ent|waffnen [ɛnt'vafnən] v. tr. PR. et FIG. désarmer.
Ent|waffnung [-nuŋ] f. (-, en) désarmement m.
ent|walden [ɛnt'valdən] v. tr. déboiser.
ent|warnen [ɛnt'varnən] v. tr. signaler la fin de l'alerte.
Ent|warnung [-nuŋ] f. (-, en) signal (m.) de fin d'alerte.
ent|wässern [ɛnt'vɛsərn] v. tr. AGRIC. drainer ; assécher. || CHIM. déshydrater ; rectifier.
Ent|wässerung [-ruŋ] f. (-, en). AGRIC. drainage m. ; assèchement m. || CHIM. déshydratation f. ; [Alkohol] rectification f.
ent|weder... oder [ɛnt"ve:dər'o:dər] conj. de coord. ou... ou ; ou bien... ou bien ; soit... soit ; d'une façon ou de l'autre. || FAM. *entweder dies oder nichts*, c'est à prendre ou à laisser.
ent|weichen [ɛnt'vaiçən] (i, i) v. intr. s'enfuir ; s'évader ; s'échapper. || CHIM. se dégager.
Ent|weichen [-çən] n. (s) fuite f. || CHIM. dégagement m.
ent|weihen [ɛnt'vaiən] v. tr. profaner.
Ent|weihung [-'vaiuŋ] f. (-, en) profanation f.
ent|wenden [ɛnt'vɛndən] (entwandte, entwandt et conjug. faible) v. tr. dérober ; détourner ; soustraire.
Ent|wendung [-duŋ] f. (-, en) détournement m.
ent|werfen [ɛnt'vɛ:rfən] (i, a, o) v. tr. tracer ; tirer. | *einen Plan entwerfen*, tracer un plan. || PAR ANAL. esquisser ; ébaucher. || FIG. projeter ; concevoir ; échafauder.
ent|werten [ɛnt've:rtən] v. tr. [Briefmarken] oblitérer. || TRANSP. composter. || FIN. dévaloriser ; dévaluer.
Ent|wertung [-tuŋ] f. (-, en) [Briefmarken] oblitération f. || TRANSP. compostage m. || FIN. dévalorisation f. ; dévaluation f.
ent|wickeln [ɛnt'vikəln] v. tr. développer ; déployer ; dérouler ; démêler. || MIL. déployer. || PHOT. développer. || CHIM. *Gas entwickeln*, dégager du gaz. || FIG. développer. | *eine Idee entwickeln*, exposer une idée.
◇ v. pr. **sich entwickeln,** se déployer ; devenir ; grandir. | *aus der Puppe entwickelt sich der Falter*, la

chrysalide devient papillon. || MIL. se déployer. || FIG., PHILOS. évoluer.

Ent|wickler [-klər] m. (s, -). ÉLECTR. générateur m. || PHOT. révélateur m.

Ent|wicklung [-kluŋ] f. (-, en) développement m. || MIL. déploiement m. || PHOT. développement m. || FIG. développement m. ; évolution f. | *geistige Entwicklung*, développement intellectuel.

entwicklungs|fähig [ɛnt"vikluŋs'fɛ:iç] adj. susceptible de développement, d'évolution. | *entwicklungsfähige Position* situation (f.) d'avenir. ||°**-gang** m. (es, ¨e) développement m. ||**-gehemmt** adj. retardé. °**-helfer(in)** m. (s, -), f. (-, nen) coopérant(e) m. (f.). ||°**-hilfe** f. POLIT. aide (f.) au développement ; coopération f. ||°**-land** n. (s, ¨er) pays en voie de développement. ||°**-lehre** f. (-, n). BIOL., PHILOS. évolutionnisme m. ||°**-störung** f. (-, en). BIOL. trouble (m.) de croissance. ||°**-wanne** f. (-, n). PHOT. cuve (f.) de développement.

ent|winden [ɛnt'vindən] (a, u) v. tr. et pr. (s') arracher.

ent|wirren [ɛnt'virən] v. tr. débrouiller ; démêler. || FIG. clarifier.

ent|wischen [ɛnt'viʃən] v. intr. (dat.). FAM. échapper à ; se sauver ; s'esquiver.

ent|wöhnen [ɛnt'vø:nən] v. tr. faire perdre l'habitude ; déshabituer ; désaccoutumer. | *ein Kind entwöhnen*, sevrer un enfant.
◇ v. pr. **sich entwöhnen,** perdre l'habitude. | *sich des Rauchens entwöhnen*, se déshabituer de fumer.

Ent|wöhnung [-nuŋ] f. (-, en) perte (f.) d'une habitude. | *Entwöhnungskur*, cure (f.) de désintoxication.

ent|wölken [ɛnt'vølkən] v. tr. dissiper les nuages.
◇ v. pr. **sich entwölken,** se découvrir ; s'éclaircir.

ent|würdigen [ɛnt'vyrdigən] v. tr. et v. pr. (se) dégrader ; (s')abaisser ; (s')avilir.

Ent|würdigung [-guŋ] f. (-, en) dégradation f. ; abaissement m. ; avilissement m.

Ent|wurf [ɛnt'vurf] m. (s, ¨e) projet m. ; plan m. ; ébauche f. ; dessin m. ; minute f. ; brouillon m. | *einfacher Entwurf*, simple projet. | *einen Entwurf ausarbeiten*, élaborer un projet. | *einen Entwurf annehmen, verwerfen*, adopter, rejeter un projet. | *Gesetzesentwurf*, projet de loi. || PAR ANAL., ARTS. ébauche f. ; esquisse f. ; croquis m. ; maquette f.

ent|wurzeln [ɛnt'vurtsəln] v. tr. PR. et FIG. déraciner.

Ent|wurzelung [-luŋ] f. (-, en). PR. et FIG. déracinement m. ; éradication f.

ent|zaubern [ɛnt'tsaubərn] v. tr. désensorceler ; désenchanter ; rompre le charme.

Ent|zauberung f. (-, en) désenchantement m.

ent|zerren [ɛnt'tsɛrən] v. tr. TECHN. équilibrer, corriger la distorsion.

ent|ziehen [ɛnt'tsi:ən] (entzog, entzogen) v. tr. enlever ; ôter ; retirer ; soustraire ; retrancher ; priver. | *jm das Wort entziehen*, retirer la parole à qn. | *den Führerschein entziehen*, retirer le permis de conduire. || CHIM. *Sauerstoff, Wasser entziehen*, désoxyder, déshydrater. | *Salz entziehen*, déminéraliser. | *die Farbe entziehen*, décolorer. || JUR. *den Besitz entziehen*, déposséder. || POLIT. *jm die Staatsangehörigkeit entziehen*, priver qn de sa nationalité. || FIG. dérober ; cacher. | *den Augen entziehen*, dérober à la vue.
◇ v. pr. **sich entziehen,** se retirer ; se retrancher ; se dérober ; se soustraire ; échapper. | *sich den Blicken entziehen*, se dérober à la vue. || FIG. *sich einer Pflicht entziehen*, se dérober à une obligation. | *das entzieht sich meiner Kenntnis*, cela échappe à ma connaissance.

Ent|ziehung [-'tsi:uŋ] f. (-, en) enlèvement m. ; retrait m. ; privation f. || JUR. privation f. ; retrait m. ; dessaisissement m. ; distraction f. | *Entziehung der bürgerlichen Ehrenrechte*, privation des droits civiques ; déchéance f.

Entziehungs|kur [ɛnt"tsi:uŋs'ku:r] f. (-, en). MÉD. cure (f.) de désintoxication.

ent|zifferbar [ɛnt'tsifərba:r] adj. déchiffrable.

ent|ziffern [-fərn] v. tr. déchiffrer ; décrypter.

Ent|zifferung [-fəruŋ] f. (-, en) déchiffrement m.

ent|zücken [ɛnt'tsykən] v. tr. charmer ; ravir ; enchanter.

ent|zückend [-kənt] adj. ravissant ; enchanteur.

Ent|zückung [-kuŋ] f. (-, en) enchantement m. ; ravissement m.

Entzug [ɛnt'tsu:k] m. (s) action de retirer ; privation f. | *Entzug der Ehrenrechte*, privation des droits civiques.

ent|zündbar [ɛnt'tsyntba:r] adj. inflammable.

Ent|zündbarkeit [-barkait] f. inflammabilité f.

ent|zünden [ɛnt'tsyndən] v. tr. mettre le feu à ; allumer. || FIG. *Leidenschaft entzünden*, allumer une passion.
◇ v. pr. **sich entzünden,** s'enflammer ; s'allumer ; prendre feu.

ent|zündlich [-'tsyntliç] adj. inflammable.

Ent|zündung [-tsynduŋ] f. (-, en). PHYS. allumage m. ; mise (f.) en route. | *Selbstentzündung*, inflammation, combustion spontanée. || MÉD. inflammation f. ; irritation f. | *Blinddarmentzündung*, appendicite f. | *Lungenentzündung*, pneumonie f.

entzündungs|hemmend [ɛnt"tsynduŋs'hɛmɛnt] adj. MÉD. anti-inflammatoire. | *entzündungshemmendes Mittel*, anti-inflammatoire m.

ent|zwei [ɛnt'tsvai] adj. invar. en deux ; en morceaux ; brisé ; cassé.

entzwei|brechen [ɛnt"tsvai'brɛçən] (i, a, o) v. tr. et v. intr. (se) casser ; (se) briser ; (se) rompre. ||**-gehen** (ging, gegangen) v. intr. se casser.

ent|zweien [ɛnt'tsvaiən] v. tr. diviser. || FIG. diviser ; brouiller ; désunir.
◇ v. pr. **sich entzweien,** se diviser ; se brouiller.

Ent|zweiung [-'tsvaiuŋ] f. (-, en) division f. ; désunion f. ; brouille f.

En|zian [ɛntsi'a:n] m. (s, e). BOT. gentiane f.

Enzyklika [ɛn'tsy:klika] f. (-, ken). RELIG. encyclique f.

Enzyklopädie [ɛntsyklopɛ'di:] f. (-, n). LITTÉR. encyclopédie f.

enzyklopädisch [-'pɛ:diʃ] adj. encyclopédique.

Enzym [ɛntsy:m] n. (s, e). CHIM. enzyme f.

Epaulette [epo'lɛtə] f. (-, n) épaulette f.

Epidemie [epide'mi:] f. (-, n). MÉD. épidémie f.

epidemisch [-'de:miʃ] adj. MÉD. épidémique.

Epigone [epi'go:nə] m. (n, n) épigone m. ; descendant m. || PAR EXT. mauvais imitateur.

epigonenhaft [-nənhaft] adj. ARTS. académique. || [unschöpferisch] sans génie créateur.

Epigramm [epi'gram] n. (s, e). POÉS. épigramme f.

Epigraph [-'gra:f] n. (s, e) épigraphe f.

Epik ['e:pik] f. (-). POÉS. poésie (f.) épique.

Epiker [-kər] m. (s, -). POÉS. poète (m.) épique.

Epikureer [epiku're:ər] m. (s, -). PHILOS. épicurien m.

epikureisch [-'reːiʃ], **epikurisch** [-'kuːriʃ] adj. PHILOS. épicurien.

Epilepsie [epilɛp'siː] f. (-). MÉD. épilepsie f.

Epileptiker(in) [epi'lɛptikər(in)] m. (s, -), f. (-, nen). MÉD. épileptique s.

epileptisch [-tiʃ] adj. MÉD. épileptique.

Epilog [epi'loːk] m. (s, e) épilogue m.

episch ['eːpiʃ] adj. LITTÉR. épique. ‖ [heldenhaft] héroïque.

Episkopat [-'pɑːt] m. et n. (s, e). RELIG. épiscopat m.

Episode [epi'zoːdə] f. (-, n) épisode m.

episodenhaft [epi'zoːdənhaft], **episodisch** [-diʃ] adj. épisodique.

Epistel [e'pistəl] f. (-, n) épître f. ‖ FIG. *jm die Epistel lesen*, chapitrer qn.

Epitaph [epi'taːf] n. (s, e) épitaphe f.

Epi|zentrum [epi'tsɛntrum] n. (s, tren). GÉOL. épicentre m.

Epoche [e'pɔxə] f. (-, n) époque f. ; siècle m. ; date f. ; moment m. | *Epoche machen*, faire date.

Epos ['eːpɔs] n. (-, pen). LITTÉR. poème (m.) épique ; épopée f.

Epoxy(d)|harz [ɛpɔk"siː(t)'harts] n. (es, e) résine (f.) époxy.

Eppich ['ɛpiç] m. (s, e). BOT. ache f. ‖ POÉT. lierre m.

Equipage [eki'pɑːʒə] f. (-, n) voiture (f.) de maître ; équipage m. ‖ MAR. équipage m.

Equipe [e'kiːpə] f. (-, n) ensemble de cavaliers.

er [eːr] pron. pers. m. sing. (avec verbe) il ; (accentué) lui.

er|achten [ɛr'ɑːxtən] v. tr. estimer ; juger ; croire. | *für gut erachten*, juger opportun, juger à propos (de).

Er|achten [-tən] n. (s) opinion f. ; avis m. | *nach meinem Erachten, meines Erachtens*, à mon avis.

er|arbeiten [ɛr'arbaitən] v. tr. obtenir par son travail.

Erb... (en compos.) héréditaire ; de succession ; d'héritage.

Erb|adel ["ɛrp'ɑːdəl] m. (s) noblesse (f.) héréditaire. ‖°**-anlagen** f. pl., caractères (m. pl.) héréditaires. ‖°**-anspruch** m. (s, ¨e). JUR. prétention (f.) à un héritage. ‖°**-antritt** m. (s, e) acceptation (f.) d'une succession. ‖ **-berechtigt** ["-/-'-] adj. JUR. qui a droit à la succession ; successible. ‖°**-bild** n. (s, er). BIOL. génotype m. ‖**-eigen** adj. JUR. acquis par héritage ; héréditaire ; allodial. ‖°**-einsetzung** ["-/'--] f. (-, en). JUR. institution (f.) d'héritier. ‖**-fähig** adj. JUR. qui a droit à succéder ; successible. ‖°**-fall** m. (s, ¨e) [cas (m.) de] succession f. | *Eintritt des Erbfalls*, ouverture (f.) de la succession. ‖°**-fehler** m. (s, -) tare (f.) héréditaire. ‖°**-feind** m. (s, e) ennemi (m.) héréditaire. ‖°**-folge** f. (-, n). JUR. ordre (m.) de succession. | *Erbfolge in gerader Linie*, succession (f.) [en ligne] directe. ‖**-folgeberechtigt** adj. JUR. qui a droit à la succession ; successible. ‖°**-folge|krieg** m. (s, e). HIST. guerre (f.) de succession. ‖°**-gesetze** n. pl. BIOL. lois (f. pl.) de l'hérédité. ‖°**-gut** n. (s, ¨er) patrimoine m. ‖ BIOL. (ensemble des) caractères (m. pl.) héréditaires. ‖°**-krankheit** f. (-, en). BIOL. maladie (f.) héréditaire. ‖°**-lasser(in)** m. (s, -), f. (-, nen). JUR. testateur m. ; testatrice f. ; « de cujus » m. ; donateur m. ; donatrice f. ‖°**-onkel** m. (s, -) oncle (m.) à héritage. ‖°**-pacht** f. (-, en). JUR. bail m. (pl. baux) emphytéotique ; emphytéose f. ; ac(c)ensement m. ‖°**-pächter** m. (s, -). JUR. emphytéote m. ; ac(c)enseur m. ‖°**-prinz** m. (en, en) prince héritier. ‖°**-recht** n. (s, e). JUR. droits successifs. ‖°**-schein** m. (s, e). V. ERBSCHAFTSSCHEIN. ‖°**-schleicher** m. (s, -) captateur (m.) d'héritage. ‖°**-schleicherei** f. (-, en) captation (f.) d'héritage. ‖°**-schuld** f. (-, en). JUR. dette (f.), charge (f.) héréditaire. ‖°**-stück** n. (s, e). JUR. objet hérité ; héritage m. ‖°**-sünde** f. (-, n) péché originel. ‖°**-teil** m. et n. (s, e). JUR. part (f.) d'héritage, de succession. | *elterlicher Erbteil*, patrimoine m. ‖°**-teilung** f. (-, en). JUR. partage (m.) de succession. ‖°**-teilungs|klage** f. (-, n) action (f.) en partage. ‖°**-zins** m. (es, en). JUR. redevance (f.) emphytéotique.

er|barmen [ɛr'barmən] v. tr. faire pitié ; apitoyer ; attendrir ; émouvoir. | *das könnte einen Stein erbarmen*, c'est à faire pleurer des pierres.

◇ v. pr. **sich erbarmen** (gén.) s'apitoyer ; s'attendrir ; s'émouvoir ; avoir pitié.

Er|barmen [ɛr'barmən] n. (s) pitié f. ; miséricorde f. ; compassion f. | *ich habe Erbarmen mit ihm*, j'ai pitié de lui. ‖ FIG. *es ist zum Erbarmen*, c'est à faire pitié.

erbarmens|wert [ɛr"barməns'veːrt] adj. digne de pitié, de compassion ; pitoyable.

er|bärmlich [ɛr'bɛrmliç] adj. lamentable ; pitoyable ; déplorable ; malheureux. ‖ PAR EXT. misérable ; méprisable.

Er|bärmlichkeit [ɛr'bɛrmliçkait] f. (-, en) misère f. ; état (m.) pitoyable, lamentable. ‖ PAR EXT. lâcheté f. ; pauvreté f.

erbarmungs|los [ɛr"barmuŋs'loːs] adj. impitoyable ; implacable ; sans pitié.

— SYN. : *unbarmherzig*, impitoyable ; *unerbittlich*, inexorable.

er|bauen [ɛr'bauən] v. tr. construire ; bâtir ; édifier ; élever. ‖ FIG. porter à la pitié, à la vertu.

Er|bauer [-ər] m. (s, -) bâtisseur m. ; architecte m. ; fondateur m.

er|baulich [ɛr'bauliç] adj. FIG. édifiant.

Er|bauung [ɛr'bauuŋ] f. (-, en) construction f. ‖ FIG. édification f. ; piété f.

Erbauungs|buch [ɛr"bauuŋs'buːx] n. (s, ¨er). RELIG. livre (m.) de piété ; livre (m.) d'heures.

Erbe ['ɛrbə] m. (n, n). JUR. héritier m. | *als Erbe einsetzen, bezeichnen*, instituer, nommer son héritier.

Erbe [-bə] n. (s) héritage m. ; succession f. ; patrimoine m. | *das Erbe fällt jm zu*, l'héritage échoit à qn. | *das Erbe antreten, ausschlagen*, recueillir, refuser l'héritage.

er|beben [ɛr'beːbən] v. intr. se mettre à trembler ; tressaillir ; frémir. | *vor Zorn erbeben*, frémir de colère.

erben ['ɛrbən] v. tr. JUR. hériter ; être héritier de. | *ein Haus von seinen Eltern erben*, hériter une maison de ses parents. ‖ FIG. hériter.

er|beten [-tən] part. pass. de **erbitten.** | *Antwort erbeten*, répondez s.v.p.

er|betteln [ɛr'bɛtəln] v. tr. mendier ; obtenir en mendiant ; quémander.

er|beuten [ɛr'bɔytən] v. tr. prendre à l'ennemi.

er|bieten (sich) [ziçɛr'biːtən] (o, o) v. pr. s'offrir à ; être prêt à. | *er erbot sich, den Führer zu spielen*, il s'offrit à servir de guide.

Erbin ['ɛrbin] f. (-, nen). JUR. héritière f.

er|bitten [ɛr'bitən] (erbat, erbeten) v. tr. *etwas von jm erbitten*, 1° demander qch. à qn ; 2° obtenir qch. de qn par des prières.

er|bittern [ɛr'bitərn] v. tr. FIG. aigrir ; ulcérer ; exaspérer ; irriter.

er|bittert [-tərt] adj. FIG. aigri ; irrité ; ulcéré. | *erbitterter Feind*, ennemi acharné.

Er|bitterung [-təruŋ] f. (-, en) aigreur f. ; irritation f. ; exaspération f.

er|blassen [ɛr'blasən] v. intr. pâlir ; blêmir. || PAR EXT. s'éteindre ; décéder.

er|bleichen [ɛr'blaiçən] (i, i) v. intr. pâlir ; blêmir.

erblich ['ɛrpliç] adj. héréditaire. | *erbliche Belastung*, hérédité chargée ; tare (f.) héréditaire.
◇ adv. JUR. à titre héréditaire ; par voie d'hérédité. | *erblich besitzen*, posséder par héritage. || BIOL. *erblich belastet*, atteint d'un mal héréditaire.

Erb|lichkeit [-kait] f. hérédité f.

er|blicken [ɛr'blikən] v. tr. apercevoir ; découvrir ; voir. | *das Licht der Welt erblicken*, naître.

er|blinden [ɛr'blindən] v. intr. perdre la vue ; devenir aveugle.

er|blindet [-dət] adj. aveuglé. || FIG. *erblindeter Spiegel*, glace ternie, voilée.

Er|blindung [-duŋ] f. (-, en) perte (f.) de la vue ; cécité f.

er|blühen [ɛr'bly:ən] v. intr. fleurir ; être en fleur ; s'épanouir.

er|bosen [ɛr'bo:zən] v. tr. et v. pr. (se) fâcher ; (s') irriter.

Er|bostheit [ɛr'bo:sthait] f. (-) colère f. ; dépit m.

er|bötig [ɛr'bø:tiç] adj. (zu, dat.) prêt, disposé à.

er|brechen [ɛr'brɛçən] (i, a, o) v. tr. ouvrir en rompant, avec effraction. || MÉD. vomir ; rendre.
◇ v. pr. **sich erbrechen,** MÉD. rendre ; vomir. || FIG., FAM. *zum Erbrechen*, à vomir.

Er|brechen [-çən] n. (s) vomissement m.

er|bringen [ɛr'briŋən] (erbrachte, erbracht) v. tr. apporter ; produire. | *den Beweis erbringen*, produire la preuve. || FIN. *Zinsen erbringen*, rapporter des intérêts.

Erbschaft ['ɛrpʃaft] f. (-, en). JUR. héritage m. ; succession f. || FIG. hérédité f.

Erbschafts|antritt ["ɛrpʃafts'antrit] m. (s). JUR. acceptation (f.) d'un héritage, d'une succession. ||°**-klage** f. (-, n). JUR. action successorale. ||°**-schein** m. (s, e) ou **Erb|schein** m. (s, e). JUR. certificat (m.) d'hérédité ; ordonnance (f.) d'envoi en possession. ||°**-steuer** f. (-, n). FIN. droits (m. pl.) de succession.

Erbse ['ɛrpsə] f. (-, n) pois m. | *grüne Erbsen*, pois verts. || CULIN. *durchgeschlagene Erbsen*, purée (f.) de pois. || FIG., FAM. *Erbsen zählen*, ergoter.

Erd|anziehung ["e:rt'antsi:uŋ] f. (-). PHYS. attraction (f.), gravitation (f.) terrestre. ||°**-anziehungskraft** f. (-, ¨e). PHYS. force (f.) d'attraction terrestre. ||°**-apfel** m. (s, ¨) pomme (f.) de terre. ||°**-arbeiten** f. pl. travaux (m. pl.) de terrassement. ||°**-arbeiter** m. (s, -) terrassier m. ||°**-aufwurf** m. (s,¨e) terre-plein m. ||°**-bahn** f. (-, en). ASTRON. orbite (m.) terrestre. ||°**-ball** m. (s, ¨e) globe (m.) terrestre. ||°**-beben** n. (s, -). GÉOL. tremblement (m.) de terre ; séisme m. ||°**-bebenherd** m. (es, e). GÉOL. épicentre m. ||°**-bebenmesser** m. (s, -). TECHN. sismographe m. || °**-beerbeet** n. (s, e) planche (f.) de fraisiers. ||°**-beere** f. (-, n) fraise f. ||°**-beerpflanze** f. (-, n) fraisier m. ||°**-beerranke** f. (-, n). BOT. stolon m. ||°**-beschleunigung** ["-/-'--] f. (-). PHYS. accélération (f.) de la pesanteur. ||°**-boden** m. (s) surface (f.) de la terre ; sol m. | *dem Erdboden gleich machen*, raser. || PAR EXT. terre f. ||°**-ferne** f. (-). ASTRON. apogée m. ||°**-feuer** n. (s) feu (m.) souterrain. ||°**-floh** m. (s, ¨e) puce (f.) terrestre. ||°**-gas** n. (es, e). CHIM. gaz naturel. ||**-geboren** adj. terrestre ; mortel. ||°**-geist** m. (es, er) gnome m. ||°**-geschichte** f. (-). GÉOL. histoire (f.) de la terre ; géologie f. ||°**-geschoß** n. (es, e). ARCHIT. rez-de-chaussée m. ||°**-grille** f. (-, n). ZOOL. courtilière f. ; taupe-grillon m. ||**-haltig** adj. mêlé de terre ; bourbeux ; terreux. ||°**-hügel** m. (s, -) butte f. ; tertre m. ||°**-kontakt** m. (s, e). ÉLECTR. terre f. ||°**-kugel** f. (-). GÉOGR. globe m. (terrestre). ||°**-kunde** f. (-). GÉOGR. géographie f. ||°**-leitung** f. (-, en). ÉLECTR. prise (f.) de terre ; ligne télégraphique souterraine. ||°**-männchen** n. (s, -) gnome m. ||°**-maus** f. (-, ¨e). ZOOL. mulot m. ||°**-nähe** f. (-). ASTRON. périgée m. ||°**-nuß** f. (-, ¨e). BOT. arachide f. ; cacahuète f. ||°**-öl** n. (s, e) huile minérale ; pétrole m. || MINES. *Erdölbohrung*, sondage pétrolier. | *Erdölfelder*, terrains (m. pl.) pétrolifères. | *Erdöllagerstätte*, gisement (m.) de pétrole. || TECHN. *Erdölchemie*, pétrochimie f. | *Erdölleitung*, pipe-line m. ; oléoduc m. | *Erdölveredelungswerk*, raffinerie (f.) de pétrole. ||°**-rauch** m. (s). BOT. fumeterre m. ||°**-reich** n. (s) la Terre. || PAR EXT. sol m. ||°**-rutsch** m. (es, e) glissement (m.) de terrain. ||°**-spalte** f. (-, n) crevasse f. ||°**-stoß** m. (es,¨e). GÉOL. secousse (f.) tellurique. ||°**-strom** m. (s, ¨e). ÉLECTR. courant (m.) tellurique. ||°**-teil** m. (s, e). GÉOGR. continent m. ||°**-umsegelung** f. (-, en). MAR. circumnavigation f. ; périple m. ||°**-vermessung** f. (-) géodésie f. ||°**-wachs** n. (es) cire (f.) fossile ; paraffine naturelle. ||°**-wall** m. (s, ¨e) levée (f.) de terre. ||°**-wärme** f. (-). PHYS. géothermie f. ||°**-wärmestrom** m. (s, ¨e). TECHN. énergie (f.) géothermique.

Erde ['e:rdə] f. (-, n). [Welt] terre f. ; monde m. ; globe (m.) terrestre ; univers m. | *auf Erden*, sur terre ; ici-bas. || PAR EXT. [Boden] terre f. ; terrain m. ; sol m. | *fruchtbare Erde*, terre, sol fertile. | *rote Erde*, terre, argile (f.) rouge. | *auf die Erde fallen*, tomber à, par terre. | *zu ebener Erde wohnen*, habiter le, au rez-de-chaussée. | *der Erde gleichmachen*, raser. || ÉLECTR. *an Erde legen*, mettre à la terre. || FIG. *Himmel und Erde in Bewegung setzen*, remuer ciel et terre.

erden ['e:rdən] v. tr. mettre à la terre, à la masse.

Erden|bürger ["e:rdən'byrgər] m. (s, -). POÉT. homme m. ; humain m. ; mortel m.

er|denkbar [ɛr'dɛŋkbɑ:r] adj. imaginable ; concevable.

er|denken [-kən] (erdachte, erdacht) v. tr. concevoir ; imaginer ; fabriquer de toutes pièces ; inventer.

er|denklich [-kliç] adj. imaginable ; concevable. | *sich alle erdenkliche Mühe geben*, se donner toutes les peines du monde.

er|dichten [ɛr'diçtən] v. tr. imaginer ; inventer ; fabriquer de toutes pièces.

erdig ['e:rdiç] adj. qui contient de la terre ; terreux. | *erdiger Geruch*, odeur (f.) de terre. || PAR EXT. terrestre.

er|dolchen [ɛr'dɔlçən] v. tr. poignarder.

er|dreisten (sich) [ziçɛr'draistən] v. pr. oser ; avoir le front de. || FAM. avoir le toupet de.

er|dröhnen [ɛr'drø:nən] v. intr. retentir ; résonner.

er|drosseln [ɛr'drɔsəln] v. tr. étrangler.

Er|drosselung [-luŋ] f. (-, en) étranglement m. ; strangulation f.

er|drücken [ɛr'drykən] v. tr. écraser ; étouffer ; opprimer ; accabler.

er|drückend [-kənt] adj. écrasant. || FIG. accablant. | *erdrückende Beweise*, preuves accablantes.

er|dulden [ɛr'duldən] v. tr. endurer ; supporter.

Erdung ['e:rduŋ] f. (-, en). ÉLECTR. mise (f.) à la terre, à la masse ; prise (f.) de terre.

er|eifern (sich) [ziçɛr'aifərn] v. pr. s'échauffer au sujet de ; se passionner pour. || FIG. s'échauffer ; s'emporter ; FAM. s'emballer.

er|eignen (sich) [ziçɛr'aignən] v. pr. se passer ; avoir lieu ; se produire ; arriver. | *ein Unfall ereignete sich*, un accident est arrivé.

Er|eignis [ɛr'aignis] n. (ses, se) événement m. ; incident m.

— SYN. : *Geschehnis*, événement ; *Vorfall*, accident.
ereignis|los [ɛr"aignis'lo:s] adj. calme ; FAM. sans histoire. ||**-reich, -voll** adj. mouvementé.
er|eilen [ɛr'ailən] v. tr. rattraper ; rejoindre ; atteindre en courant. || FIG. *der Tod hat ihn ereilt*, la mort l'a surpris.
Eremit [ere'mi:t] m. (en, en) ermite m.
Eremitage [-mi'tɑ:ʒə] f. (-, n) ermitage m.
er|erben [ɛr'ɛrbən] v. tr. V. ERBEN.
er|fahren [ɛr'fɑ:rən] (ä, u, a) v. tr. [erleiden, erleben] faire l'expérience de ; éprouver ; être l'objet de ; subir. | *eine Demütigung erfahren*, subir une humiliation. || [zu hören bekommen] apprendre. | *ich konnte nichts Näheres erfahren*, c'est tout ce que j'ai pu apprendre, savoir. | *etwas von jm erfahren*, tenir qch. de qn.
er|fahren [-rən] adj. expérimenté ; expert ; éprouvé. | *ein erfahrener Mann*, un homme d'expérience. | *in einer Arbeit erfahren*, rompu à la tâche.
— SYN. : *geübt*, *fertig*, adroit ; *erprobt*, expérimenté.
Er|fahrenheit [-rənhait] f. (-) expérience f.
Er|fahrung [-ruŋ] f. (-, en) expérience f. ; pratique f. ; usage m. | *Erfahrung haben*, avoir de l'expérience. | *etwas aus Erfahrung wissen*, savoir qch. par expérience. | *sich js Erfahrung zunutze machen*, mettre à profit l'expérience de qn. | *Erfahrungen anstellen*, faire des expériences ; expérimenter. | *schlechte Erfahrungen mit jm machen*, avoir des déconvenues avec qn.
erfahrungs|gemäß [ɛr"fɑ:ruŋsgəmɛ:s] adj. empirique ; expérimental. || adv. comme le montre l'expérience.
erfaßbar [ɛr'fasbɑ:r] adj. PHILOS. appréhensible.
er|fassen [ɛr'fasən] v. tr. **1.** saisir ; empoigner. | *die Hand erfassen*, saisir, prendre la main. || PAR EXT. toucher ; atteindre. | *durch Werbung erfassen*, toucher un vaste public par la publicité.
2. recenser ; inventorier.
3. FIG. [begreifen] saisir ; percevoir ; comprendre ; concevoir ; avoir conscience de. || PHILOS. appréhender.
4. concerner ; viser. | *die Versicherung erfaßt das ganze Personal*, cette assurance vaut pour tout le personnel.
Er|fassung [-suŋ] f. (-, en). ADM., recensement m.
er|fechten [ɛr'fɛçtən] (i, o, o) v. tr. acquérir en combattant. | *einen Sieg erfechten*, remporter une victoire.
er|finden [ɛr'findən] (a, u) v. tr. inventer ; découvrir ; créer. | *eine Maschine erfinden*, inventer une machine. | *von A bis Z erfinden*, imaginer de toutes pièces.
Er|finder(in) [-dər(in)] m. (s, -), f. (-, nen) inventeur m. ; inventrice f. ; créateur m. ; créatrice f.
er|finderisch [-dəriʃ] adj. inventif ; ingénieux.
Erfinder|schutz [ɛr"findər'ʃuts] m. (es). JUR. protection (f.) des brevets.
Er|findung [ɛr'finduŋ] f. (-, en) invention f. ; découverte f. ; création f. | *eine Erfindung zum Patent anmelden*, déposer une demande de brevet. | *das ist meine Erfindung*, c'est de mon cru.
Erfindungs|gabe [ɛr"finduŋs'gɑ:bə] f. (-, n) talent inventif ; imagination f. ||°**-geist** m. ([e]s, er) génie inventif.
er|flehen [ɛr'fle:ən] v. tr. implorer.
Er|folg [ɛr'fɔlk] m. (s, e) suite f. ; issue f. ; résultat m. ; succès m. ; réussite f. | *der Erfolg steigt ihm zu Kopfe*, le succès lui monte à la tête. | *schlechten Erfolg haben*, ne pas réussir. | *seine Bemühungen waren von Erfolg gekrönt*, ses efforts furent couronnés de succès. | *guten Erfolg !*, bonne chance !
er|folgen [ɛr'fɔlgən] v. intr. être la suite, la conséquence de ; résulter ; s'ensuivre. || PAR EXT. se faire ; se produire. | *sein Eintritt in die Firma kann sofort erfolgen*, il peut entrer tout de suite dans notre firme.
erfolg|los [ɛr"fɔlk'lo:s] adj. infructueux.
◇ adv. sans succès.
Erfolg|losigkeit [-'lo:ziçkait] f. insuccès m. ; inutilité f. ||**-reich** adj. couronné de succès. — adv. avec succès. ||**-versprechend** [-"-/-'--] adj. prometteur.
Erfolgs|quote [ɛr"fɔlgs'kvo:tə] f. (-, n) taux (m.) de réussite, de succès.
er|forderlich [ɛr'fɔrdərliç] adj. nécessaire ; exigé. | *das erforderliche Alter*, l'âge requis. | *soweit erforderlich*, en tant que de besoin.
erforderlich(enfalls) [-dərliç(ənfals)] adv. en cas de besoin.
er|fordern [-dərn] v. tr. réclamer ; exiger ; demander ; requérir. | *das erfordert Zeit und Geld*, il y faut du temps et de l'argent.
Er|fordernis [-dərnis] n. (ses, se) nécessité f. || PAR EXT. exigence f.
er|forschen [ɛr'fɔrʃən] v. tr. explorer. || PAR EXT. pénétrer ; sonder. | *ein Problem erforschen*, étudier un problème. | *sich selbst erforschen*, interroger sa conscience.
Er|forscher [-ʃər] m. (s, -). V. FORSCHER.
Er|forschung [-ʃuŋ] f. (-, en) exploration f. ; recherche f. | *Erforschung eines Kontinents*, exploration d'un continent. || PAR EXT. étude approfondie.
er|fragen [ɛr'frɑ:gən] v. tr. demander. | *den Weg erfragen*, demander son chemin.
er|frechen (sich) [ziçɛr'frɛçən] v. pr. avoir le front, l'audace, FAM. le toupet de ; oser.
er|freuen [ɛr'frɔyən] v. tr. faire plaisir à ; réjouir ; délecter. | *Ihr Brief hat uns sehr erfreut*, votre lettre nous a fait grand plaisir.
◇ v. pr. **sich erfreuen,** se réjouir de ; jouir de. | *sich eines guten Rufes, einer guten Gesundheit erfreuen*, jouir d'une bonne réputation, d'une bonne santé. | *sich großer Beliebtheit erfreuen*, avoir bonne presse ; être très populaire.
er|freulich [-'frɔyliç] adj. agréable ; réjouissant ; satisfaisant. | *erfreuliche Fortschritte machen*, faire des progrès sensibles. | *wenig erfreulich*, déplaisant.
erfreulicher|weise [ɛr"frɔyliçər'vaizə] adv. heureusement ; par bonheur.
er|freut [ɛr'frɔyt] adj. réjoui ; enchanté. | *über etwas hoch erfreut sein*, se réjouir beaucoup de qch. | *sehr erfreut, Ihre Bekanntschaft zu machen*, enchanté de faire votre connaissance.
er|frieren [ɛr'fri:rən] (o, o) v. intr. geler ; périr, mourir de froid.
◇ v. tr. *ich habe mir zwei Finger erfroren*, j'ai eu deux doigts gelés.
er|frischen [ɛr'friʃən] v. tr. et v. pr. (se) rafraîchir ; (se) désaltérer ; (se) restaurer ; (se) réconforter.
er|frischend [-ʃənt] adj. rafraîchissant.
Erfrischungs|raum [ɛr"friʃuŋs'raum] m. (s, ¨e) buffet m. ; buvette f.
er|froren [ɛr'fro:rən] adj. gelé ; mort de froid.
er|füllen [ɛr'fylən] v. tr. remplir ; exécuter ; réaliser. | *seine Worte haben uns mit Hoffnung erfüllt*, ses paroles nous ont remplis d'espoir. | *eine Bitte erfüllen*, exaucer une prière. | *einen Vertrag erfüllen*, exécuter un contrat. | *ein Versprechen erfüllen*, tenir sa promesse. | *eine Pflicht erfüllen*, s'acquitter d'un devoir. | *seinen Zweck erfüllen*, être utile ; avoir sa raison d'être.
◇ v. pr. **sich erfüllen,** s'accomplir ; se réaliser.

er|füllt [ɛr'fylt] adj. rempli. | *mit Rauch erfüllt*, enfumé. || FIG. accompli ; accordé. || [Bibel] *die Zeiten sind noch nicht erfüllt*, le temps n'est pas encore venu.
Er|füllung [-luŋ] f. (-, en) accomplissement m. ; réalisation f. | *ein Wunsch geht in Erfüllung*, un vœu se réalise. || COMM. exécution f.
er|gänzen [ɛr'gɛntsən] v. tr. compléter ; combler. || FIG. *sie ergänzen einander*, ils se complètent.
er|gänzend [-tsənt] adj. complémentaire.
Er|gänzung [-tsuŋ] f. (-, en) complément m. || JUR. amendement m. || GRAMM. complément m.
Ergänzungs|band [ɛr"gɛntsuŋs'bant] m. (s, ¨e) supplément m. ||°**-wahl** f. (-, en) élection partielle. ||°**-winkel** m. (s, -). MATH. angle (m.) complémentaire.
er|gattern [ɛr'gatərn] v. tr. se procurer habilement. || FAM. s'arranger pour avoir.
er|gaunern [ɛr'gaunərn] v. tr. escroquer.
er|geben [ɛr'ge:bən] (i, a, e) v. tr. donner ; fournir ; rapporter. | *die Sammlung ergab hundert Mark*, la quête rapporta cent marks. || FIG. montrer ; démontrer ; prouver. | *die Untersuchung ergab seine Unschuld*, l'enquête prouva son innocence.
◇ v. pr. **sich ergeben,** capituler ; se rendre. || PAR ANAL. se soumettre. || PAR EXT. s'adonner, se dévouer à. | *sich dem Spiel ergeben*, s'adonner au jeu. || FIG. s'ensuivre ; résulter de. | *daraus ergibt sich, daß*, il s'ensuit que ; il en résulte que.
er|geben [-bən] adj. adonné. || PAR EXT. *jm ergeben sein*, être dévoué à qn. | *Ihr ergebener*, votre dévoué. | *in sein Schicksal ergeben*, résigné à son sort.
Er|gebenheit [ɛr'ge:bənhait] f. dévouement m. ; attachement m. || soumission f.
Er|gebnis [ɛr'ge:pnis] n. (ses, se) conséquence f. ; résultat m. ; produit m. || FIG. produit m. ; fruit m. | *mageres Ergebnis*, faible, maigre résultat.
ergebnis|los [ɛr"ge:pnis'lo:s] adj. sans résultat ; sans effet.
Er|gebung [ɛr'ge:buŋ] f. (-, en). FIG. résignation f. ; soumission f.
er|gehen [ɛr'ge:ən] (erging, ergangen) v. intr. paraître ; être publié. | *ein Befehl ergeht*, un ordre est donné. | *Gnade für Recht ergehen lassen*, user de clémence. | *der Ruf an die Universität Marburg ergeht an Professor X.*, une chaire est offerte au professeur X à l'université de Marbourg. || PAR ANAL. *alles über sich ergehen lassen*, supporter tout patiemment.
◇ v. impers. devenir ; se trouver. | *wie ist es dir ergangen ?*, qu'est-il advenu de toi ?
◇ v. pr. **sich ergehen,** POÉT. [lustwandeln] se promener. || FIG. *sich in Schmähungen gegen jn ergehen*, se répandre en injures contre qn.
Er|gehen [ɛr'ge:ən] n. (s) état (m.) de santé. | *nach seinem Ergehen fragen*, demander de ses nouvelles.
er|giebig [ɛr'gi:biç] adj. productif ; lucratif ; rentable. || PAR EXT. riche ; abondant. || FIG. fertile.
Er|giebigkeit [ɛr'gi:biçkait] f. rendement m. ; rapport m. || PAR EXT. abondance f. ; richesse f.
er|gießen (sich) [ziçɛr'gi:sən] (o, o) v. pr. se déverser ; s'épandre. || [Flüsse] se jeter. || FIG. *sich in Vorwürfen ergießen*, se répandre en reproches.
er|glühen [ɛr'gly:ən] v. intr. rougir ; s'enflammer ; s'embraser ; s'empourprer. || FIG. *in Liebe zu jm erglühen*, s'enflammer d'amour pour qn.
Ergonomie [ɛrgono'mi:], **Ergonomik** [ɛrgo'nomik] f. ergonomie f.
Ergotherapeut(in) ["ɛrgotera'pɔyt(in)] m. (en, en), f. (-, nen). MÉD. ergothérapeute s.
Ergotherapie [-'pi:] f. ergothérapie f.
er|götzen [ɛr'gøtsən] v. tr. amuser ; divertir.
◇ v. pr. **sich ergötzen,** s'amuser ; se réjouir ; se divertir. | *ich ergötzte mich an seinem Anblick*, je m'amusais de son aspect.
er|götzlich [-tsliç] adj. récréatif ; divertissant ; plaisant ; amusant ; réjouissant.
er|grauen [ɛr'grauən] v. intr. devenir gris ; grisonner ; blanchir. | *ergraute Schläfen*, tempes grisonnantes. || FIG. *im Dienst ergraut*, blanchi sous le harnois.
er|greifen [ɛr'graifən] (i, i) v. tr. saisir ; prendre. | *er ergriff mich bei der Hand*, il me prit la main. || FIG. saisir ; prendre. | *eine Gelegenheit ergreifen*, saisir une occasion. | *von etwas Besitz ergreifen*, prendre possession de qch. | *Maßregeln gegen etwas ergreifen*, prendre des mesures contre qch. | *die Flucht ergreifen*, prendre la fuite. | *das Wort ergreifen*, prendre la parole. | *Partei ergreifen*, prendre parti. | *seine Worte haben uns ergriffen*, nous avons été touchés par ses paroles.
er|greifend [-fənt] adj. émouvant ; saisissant.
er|griffen [ɛr'grifən] adj. FIG. ému.
Er|griffenheit [ɛr'grifənhait] f. émotion f.
er|grimmen [ɛr'grimən] v. intr. se mettre en colère, en courroux ; se courroucer ; enrager.
er|gründen [ɛr'gryndən] v. tr. sonder ; mesurer la profondeur de. || FIG. creuser ; approfondir.
Er|guß [ɛr'gu:s] m. (es, ¨e) épanchement (m.), effusion f. (de sang). || FIG. effusion f. ; flot m.
er|haben [ɛr'ha:bən] adj. élevé ; saillant ; proéminent ; en relief. || ARTS. *ganz erhabene Arbeit*, haut-relief m. | *flach erhabene Arbeit*, bas-relief m. || FIG. éminent ; sublime ; PÉJOR. solennel. | *ein erhabener Stil*, un style noble. | *über etwas erhaben sein*, être au-dessus de qch.
Er|habenheit [ɛr'ha:bənhait] f. relief m. ; proéminence f. || FIG. noblesse f. || PÉJOR. solennité f.
Er|halt [ɛr'halt] m. V. EMPFANG.
er|halten [-tən] (ä, ie, a) v. tr. [bekommen] recevoir ; obtenir. | *Nachricht erhalten*, avoir des nouvelles. || PAR EXT. [unterhalten] entretenir. | *eine zahlreiche Familie erhalten*, nourrir une nombreuse famille. | *Gott erhalte ihn*, que Dieu le garde. || COMM. *dankend erhalten*, pour acquit.
◇ v. pr. **sich erhalten,** se conserver ; se maintenir. || FIG. se maintenir. | *sich jung erhalten*, rester jeune.
er|halten [-tən] adj. entretenu ; conservé. | *gut erhalten*, bien conservé ; en bon état.
er|hältlich [ɛr'hɛltliç] adj. qui se trouve ; que l'on peut obtenir ; trouvable.
Er|haltung [ɛr'haltuŋ] f. (-, en) conservation f. ; maintien m. ; entretien m.
Erhaltungs|trieb [ɛr"haltuŋs'tri:p] m. (s) instinct (m.) de conservation.
er|handeln [ɛr'handəln] v. tr. faire l'achat de (après marchandage).
er|hängen [ɛr'hɛŋən] v. tr. et v. pr. (se) pendre.
Er|hängung [-'hɛŋuŋ] f. (-, en) pendaison f.
er|härten [ɛr'hɛrtən] v. tr. rendre dur ; durcir ; endurcir. || FIG. confirmer ; corroborer. || JUR. *eine Aussage eidlich erhärten*, affirmer par serment. | *durch Beweise erhärten*, corroborer par des preuves.
◇ v. pr. **sich erhärten,** (se) durcir ; (s')endurcir ; devenir dur. || ARCHIT. prendre.
er|haschen [ɛr'haʃən] v. tr. attraper ; happer ; saisir au vol.
er|heben [ɛr'he:bən] (o, o) v. tr. lever ; relever. || FIG. élever ; soulever ; exalter ; prélever. | *ein großes Geschrei erheben*, pousser des hauts cris. | *Einwendungen erheben*, soulever des objections. | *auf etwas Anspruch erheben*, émettre une prétention à qch. | *in den Adelstand erheben*, anoblir. | *in den Himmel erheben*, porter au

pinacle. || JUR. *eine Klage erheben*, intenter une action contre qn. || FIN. *Steuern erheben*, lever des impôts. | *im voraus erheben*, prélever. || MATH. *in die dritte Potenz erheben*, élever à la puissance trois.

◇ v. pr. **sich erheben,** se mettre debout ; se lever ; se soulever ; s'élever. | *sich vom Stuhl erheben*, se lever de sa chaise. | *ein Sturm erhebt sich*, une tempête se lève. || AÉRON. décoller. || FIG., POLIT. se soulever. | *eine Frage erhebt sich*, une question se pose. || PAR EXT. surmonter. | *sich über seinen Schmerz erheben*, surmonter sa douleur.

er|hebend [-bənt] adj. FIG. émouvant ; exaltant.

er|heblich [ɛr'he:pliç] adj. important ; considérable.

◇ adv. considérablement ; beaucoup ; lourdement.

Er|hebung [ɛr'he:buŋ] f. (-, en) élévation f. ; éminence f. || FIG. *Erhebung in den Adelstand*, anoblissement m. | *Erhebung in den Generalsrang*, promotion (f.) au grade de général. || FIN. *Erhebung von Steuern*, levée (f.) d'impôts. || ADM. *statistische Erhebungen*, relevés (m. pl.) statistiques. | *Erhebungen über etwas anstellen*, se livrer à des recherches sur qch. || POLIT. soulèvement m. ; révolution f.

er|heischen [ɛr'haiʃən] v. tr. réclamer ; exiger.

er|heitern [ɛr'haitərn] v. tr. et v. pr. (s')égayer ; (se) rasséréner ; (s')éclaircir.

Er|heiterung [-təruŋ] f. (-, en) divertissement m.

er|hellen [ɛr'hɛlən] v. tr. éclairer ; éclaircir.

◇ v. impers. FIG. *daraus erhellt, daß*, on en déduit, on en conclut que ; de ce fait il appert que.

◇ v. pr. **sich erhellen,** s'éclaircir.

er|hitzen [ɛr'hitsən] v. tr. échauffer. | *Wasser auf 80 Grad erhitzen*, échauffer l'eau à 80 degrés. || FIG. échauffer. | *erhitzte Geister*, esprits échauffés.

◇ v. pr. **sich erhitzen,** s'échauffer ; prendre chaud. || FIG. s'échauffer ; s'emporter.

Er|hitzung [-tsuŋ] f. (-, en) échauffement m.

er|hoffen [ɛr'hɔfən] v. tr. espérer.

er|höhen [ɛr'hø:ən] v. tr. hausser ; exhausser ; rehausser ; élever ; relever. | *ein Gebäude um ein Stockwerk erhöhen*, (sur)élever un bâtiment d'un étage. || COMM. *die Preise um 50 % erhöhen*, élever les prix de 50 %. || TECHN. accroître ; augmenter. | *die Geschwindigkeit erhöhen*, accélérer. || CULIN. *den Geschmack erhöhen*, relever le goût.

◇ v. pr. **sich erhöhen,** s'élever ; se hausser. | *die Zahl der Opfer hat sich auf fünfzig erhöht*, le nombre des victimes s'est élevé à cinquante.

er|höht [-'hø:t] adj. élevé ; relevé ; haussé ; accru ; augmenté ; aggravé. | *erhöhte Tätigkeit*, activité accrue. || COMM. *erhöhter Preis*, prix augmenté.

Er|höhung [-'hø:uŋ] f. (-, en). [Handlung] rehaussement m. ; élévation f. ; augmentation f. || PAR EXT. [Ort] élévation f. ; colline f. || FIG. exaltation f. ; aggravation f. || MUS. hausse (f.) d'un demi-ton.

Erhöhungs|zeichen [ɛr"hø:uŋs'tsaiçən] n. (s, -). MUS. dièse m.

er|holen (sich) [ziçɛr'ho:lən] v. pr. reprendre des forces ; se remettre ; se reposer ; se rétablir. | *er konnte sich von seinem Schrecken nicht erholen*, il ne pouvait pas surmonter sa frayeur.

erholsam [-za:m] adj. reposant.

Er|holung [ɛr'ho:luŋ] f. (-, en) repos m. ; détente f. ; rétablissement m. ; divertissement m.

Erholungs|heim [ɛr"ho:luŋs'haim] n. (s, e) maison (f.) de repos. ||°**-pause** f. (-, en) récréation f. ; répit m. ; trêve f.

er|hören [ɛr'hø:rən] v. tr. exaucer.

Erika ['e:rika] f. (-, ken). BOT. bruyère f.

er|innerlich [ɛr'inərliç] adj. présent à la mémoire.

er|innern [-nərn] v. tr. rappeler ; faire songer, penser à. | *jn an etwas erinnern*, rappeler qch. à qn. | *erinnere mich daran*, fais m'y penser.

◇ v. pr. **sich erinnern,** se souvenir de ; se rappeler qch. | *ich kann mich an ihn nicht mehr erinnern*, je ne me souviens plus de lui. | *wenn ich mich recht erinnere*, si j'ai bonne mémoire.

— SYN. : *ins Gedächtnis rufen, in Erinnerung bringen*, rappeler ; *sich entsinnen*, se souvenir.

Er|innerung [-nəruŋ] f. (-, en) souvenir m. | *frische Erinnerung*, souvenir récent. | *wir haben ihn in guter Erinnerung*, nous avons gardé un bon souvenir de lui. | *zur Erinnerung an*, en souvenir de. || PAR EXT. avertissement m. ; rappel m.

Erinnerungs|schreiben [ɛr"inəruŋs'ʃraibən] n. (s, -) lettre (f.) monitoire. ||°**-tafel** f. (-, n) plaque commémorative.

Erinnyen [ɛr'inyən] f. pl. [Furien] Erinnyes f. pl.

er|jagen [ɛr'ja:gən] v. tr. prendre à la chasse ; atteindre à la course.

er|kalten [ɛr'kaltən] v. intr. (se) refroidir. || FIG. *sein Eifer erkaltet*, son ardeur se relâche.

er|kälten (sich) [ziçɛr'kɛltən] v. pr. prendre froid ; s'enrhumer. | *ich bin leicht erkältet*, j'ai pris froid.

Er|kältung [-'kɛltuŋ] f. (-, en) refroidissement m. | *ich habe mir eine Erkältung zugezogen, geholt*, j'ai pris froid.

er|kämpfen [ɛr'kɛmpfən] v. tr. acquérir de haute lutte. || MIL. *den Sieg erkämpfen*, remporter la victoire.

er|kaufen [ɛr'kaufən] v. tr. acheter ; acquérir. || PAR EXT., PÉJOR. soudoyer ; corrompre.

er|kennbar [ɛr'kɛnba:r] adj. perceptible ; connaissable ; reconnaissable.

er|kennen [ɛr'kɛnən] (erkannte, erkannt) v. tr. connaître ; reconnaître. | *jn an seiner Stimme erkennen*, reconnaître qn à sa voix. | *sich zu erkennen geben*, se faire connaître. || PAR ANAL. distinguer ; discerner ; repérer. || PAR EXT. reconnaître ; avouer ; s'apercevoir de.

◇ v. intr. se prononcer sur qch. || JUR. *über etwas (acc.) erkennen*, connaître de qch. | *auf Geldstrafe erkennen*, condamner à l'amende. | *über etwas (acc.) erkennen*, connaître de qch.

er|kenntlich [-'kɛntliç] adj. reconnaissable. || PAR EXT. reconnaissant. | *sich erkenntlich zeigen*, savoir gré ; témoigner de la gratitude.

Er|kenntlichkeit [-'kɛntliçkait] f. (-) reconnaissance f. ; gratitude f.

Er|kenntnis [-'kɛntnis] f. (-, se) connaissance f. ; entendement m. ; science f.

Er|kenntnis n. (ses, se). JUR. décision f. ; arrêt m. | *urteilskräftiges Erkenntnis*, jugement m. | *Erkenntnis in Strafsachen*, sentence f.

Erkenntnis|lehre [ɛr"kɛntnis'le:rə] f. (-). PHILOS. théorie (f.) de la connaissance. ||°**-vermögen** [-"-/-'-] n. (s) entendement m.

Erkennungs|dienst [ɛr"kɛnuŋs'di:nst] m. (s, e) service (m.) anthropométrique. ||°**-marke** f. (-, n). MIL. plaque (f.) d'identité. ||°**-wort** n. (es, e). MIL. mot (m.) de passe. ||°**-zeichen** n. (s, -) signe (m.) de ralliement.

Erker ['ɛrkər] m. (s, -). ARCHIT. pièce (f.) en saillie.

er|klärbar [ɛr'klɛ:rba:r] adj. explicable.

er|klären [ɛr'klɛ:rən] v. tr. expliquer ; définir ; élucider ; éclaircir ; commenter ; interpréter. | *ein Phänomen erklären*, commenter, expliquer un phénomène. | *ich erkläre mir die Sache so*, je m'explique ainsi cette affaire. | *das läßt sich leicht erklären*, cela s'explique facilement. || PAR EXT. [ansagen, verkünden] déclarer ; proclamer. | *seine Liebe erklären*, déclarer son amour. | *den Krieg erklären*, déclarer la guerre. | *man muß das für eine Lüge erklären*, il faut appeler cela un mensonge. || JUR. *jn (für) schuldig, (für) bankrott erklären*, déclarer qn coupable, en faillite. | *jn zu seinem Erben erklären*, instituer qn son héritier.

◇ v. pr. **sich erklären,** s'expliquer ; se déclarer ; se proclamer. | *sich deutlich erklären*, s'expliquer sans ambages. | *sich für jn erklären*, se déclarer pour qn. | *sie erwartet, daß er sich endlich erklärt*, elle espère qu'il finira par se déclarer. || POLIT. *zum König erklären*, proclamer roi.

er|klärend [-rənt] adj. explicatif. || JUR. déclaratif.

er|klärlich [-rliç] adj. explicable.

er|klärt [ɛr'klɛ:rt] adj. déclaré.

Er|klärung [-ruŋ] f. (-, en) explication f. ; interprétation f. ; éclaircissement m. ; commentaire m. ; démonstration f. || INF. déclaration f. || HIST. *Erklärung der Menschenrechte*, déclaration (f.) des droits de l'homme. || LITTÉR. exégèse f. ; commentaire m. ; interprétation f. || POLIT. proclamation f. ; déclaration f. | *öffentliche Erklärung*, manifeste m.

— SYN. : *Darlegung*, explication ; *Deutung*, interprétation ; *Erläuterung*, *Erörterung*, élucidation.

Erklärungs|muster [er"klɛ:ruŋs'mustər] n. (s, -) (*etwa*) mode (m.) d'explication.

er|klecklich [ɛr'klɛkliç] adj. FAM. suffisant. || PAR EXT. *eine erkleckliche Summe*, une somme considérable.

er|klettern [ɛr'klɛtərn], **-klimmen** [-'klimən] (o, o et conjug. faible) v. tr. gravir ; escalader.

er|klingen [ɛr'kliŋən] (a, u) v. intr. retentir ; résonner. | *die Gläser erklingen*, les verres tintent ; on trinque.

er|koren [ɛr'ko:rən] adj. choisi ; élu.

er|kranken [ɛr'kraŋkən] v. intr. MÉD. tomber malade. | *an Typhus erkranken*, être atteint du typhus.

Er|krankung [-kuŋ] f. (-, en). MÉD. maladie f. ; affection f. ; indisposition f. ; malaise m.

er|kühnen (sich) [ziçɛr'ky:nən] v. pr. avoir l'audace, le toupet de ; oser ; s'enhardir à.

er|kunden [ɛr'kundən] v. tr. MIL. reconnaître ; aller à la reconnaissance.

er|kundigen (sich) [ziçɛr'kundigən] v. pr. se renseigner ; s'informer ; s'enquérir. | *sich nach jm erkundigen*, prendre des nouvelles de qn.

Er|kundigung [ɛr'kundiguŋ] f. (-, en) renseignement m. ; information f. ; enquête f. | *Erkundigungen einziehen, einholen*, prendre des renseignements ; se renseigner ; s'informer ; s'enquérir.

Er|kundung [ɛr'kunduŋ] f. (-, en). MIL., MAR. reconnaissance f. ; repérage m.

er|küren [ɛr'ky:rən] (erkor, erkoren) v. tr. POÉT. choisir ; élire.

er|lahmen [ɛr'la:mən] v. intr. être paralysé, perclus, sans force. || FIG. diminuer ; (se) ralentir.

er|langen [ɛr'laŋən] v. tr. atteindre. || FIG. obtenir ; acquérir. | *er hat von mir erlangt, daß*, il a obtenu de moi que.

Er|langung [-ŋuŋ] f. (-, en) obtention f. | *Dissertation zur Erlangung der Doktorwürde*, thèse (f.) pour l'obtention du doctorat.

Er|laß [ɛr'las] m. (es, e). [Anordnung] arrêté m. ; décret m. ; ordonnance f. ; édit m. ; promulgation f. || PAR EXT. [Nachlaß] dispense f. ; exemption f. ; remise f. | *Erlaß einer Strafe, einer Schuld*, remise d'une peine, d'une dette. | *Erlaß einer Steuer*, dégrèvement fiscal. | *Erlaß von Gebühren*, détaxe f. || COMM. *Erlaß im Preise*, remise f. ; rabais m. || JUR. *Erlaß der Pfändung*, mainlevée (f.) de saisie. || RELIG. *Erlaß von Sünden*, rémission f. ; indulgence f. ; absolution f.

— SYN. : *Bestimmung*, *Vorschrift*, règlement ; *Verordnung*, prescription ; *Anordnung*, ordonnance.

er|lassen [ɛr'lasən] (ä, ie, a) v. tr. [verkünden] publier ; adresser. | *ein Gesetz erlassen*, promulguer une loi. | *ein Urteil erlassen*, prononcer un jugement. | *einen Haftbefehl erlassen*, délivrer un mandat d'arrêt. || PAR EXT. [nachlassen] dispenser ; exempter. | *seine Strafe ist ihm erlassen worden*, on lui a fait remise de sa peine.

er|lauben [ɛr'laubən] v. tr. autoriser ; permettre ; accorder. || FIG. *meine Mittel erlauben es mir*, mes moyens me le permettent. | *erlauben Sie ?*, puis-je ? | *erlauben Sie !*, permettez !

◇ v. pr. **sich erlauben,** se permettre. | *ich erlaube mir, Sie darauf hinzuweisen*, je prends la liberté de vous faire remarquer.

— SYN. : *gestatten*, permettre ; *billigen*, *gutheißen*, autoriser ; *einwilligen*, *bewilligen*, consentir.

Er|laubnis [ɛr'laupnis] f. (-, se) permission f. ; autorisation f. ; consentement m. | *die Erlaubnis geben, bewilligen*, donner, accorder la permission. || IRON. *mit Ihrer (gütigen) Erlaubnis !*, ne vous déplaise.

— SYN. : *Genehmigung*, permission ; *Einwilligung*, *Bewilligung*, consentement ; *Befugnis*, autorisation.

Erlaubnis|schein [ɛr"laupnis'ʃain] m. (s, e) permis m. ; dispense f. ; licence f.

er|laucht [ɛr'lauxt] adj. illustre. || [Anrede] *Seine Erlaucht*, Monseigneur.

er|läutern [ɛr'lɔytərn] v. tr. expliquer ; commenter ; élucider ; éclaircir.

Er|läuterung [-ruŋ] f. (-, en) commentaire m. ; éclaircissement m. ; explication f.

Erle ['ɛrlə] f. (-, n). BOT. au(l)ne m.

er|leben [ɛr'le:bən] v. tr. vivre ; faire l'expérience de ; assister à ; être témoin de. | *der Großvater erlebte noch die Geburt seines Enkels*, le grand-père a pu voir naître son petit-fils. || FIG. *das Buch erlebt seine zehnte Auflage*, ce livre en est à sa dixième édition. || FAM. *wir werden es ja erleben*, on verra bien. | *du erlebst was, wenn du das sagst*, gare à toi si tu le dis ! | *hat man je sowas erlebt ?* a-t-on jamais vu ça ?

Er|lebnis [ɛr'le:pnis] n. (ses, se) expérience vécue ; événement vécu. | *ein Erlebnisbericht*, un récit vécu. | *seine Erlebnisse niederschreiben*, faire le récit de sa vie.

er|ledigen [ɛr'le:digən] v. tr. finir ; en finir avec ; régler ; liquider. | *eine Arbeit erledigen*, achever un travail. || FIG. *jn erledigen*, démolir qn.

er|ledigt [-diçt] adj. réglé. || FIG., FAM. fatigué ; crevé. | *Er ist erledigt*, c'est un homme fini.

Er|ledigung [-diguŋ] f. (-, en) action de terminer, de régler. | *Erledigung der laufenden Geschäfte*, expédition (f.) des affaires courantes.

er|legen [ɛr'le:gən] v. tr. [einzahlen] payer. || [töten] tuer ; abattre.

er|leichtern [ɛr'laiçtərn] v. tr. faciliter. || MÉD. soulager. || FIG., FAM. *das Gewissen erleichtern*, décharger sa conscience. | *jn um sein Geld erleichtern*, délester qn de son argent.

◇ v. pr. **sich erleichtern,** s'alléger ; s'adoucir. || FIG. *sich das Herz erleichtern*, s'épancher.

Er|leichterung [-təruŋ] f. (-, en) allégement m. ; dégagement m. || FIG. soulagement m. || COMM. *Erleichterungen gewähren*, accorder des facilités de paiement.

er|leiden [ɛr'laidən] (erlitt, erlitten) v. tr. éprouver ; subir ; essuyer ; supporter ; souffrir ; endurer. | *einen Schaden erleiden*, subir un dommage. | *eine Niederlage erleiden*, essuyer une défaite.

er|lernbar [ɛr'lɛrnba:r] adj. qui peut s'apprendre.

er|lernen [ɛr'lɛrnən] v. tr. apprendre.
er|lesen [-zən] adj. choisi ; de choix ; d'élite ; de haute qualité ; exquis.
er|leuchten [ɛr'lɔyçtən] v. tr. éclairer ; illuminer. || FIG. *ein erleuchteter Geist*, un esprit éclairé.
Er|leuchtung [-tuŋ] f. (-, en). FIG. intuition f. ; illumination f. ; inspiration f.
er|liegen [ɛr'li:gən] (a, e) v. intr. succomber à. | *seinen Verletzungen erliegen*, succomber à ses blessures.
Er|liegen [ɛr'li:gən] n. (s) épuisement m.
Erl|könig ["ɛrl'kø:niç] m. (s). MYTH. roi (m.) des au(l)nes.
er|logen [ɛr'lo:gən] adj. faux ; inventé ; mensonger.
Er|lös [ɛr'lø:s] m. (es, e) produit m. ; recette f.
er|löschen [ɛr'løʃən] (i, o, o) v. intr. s'éteindre. || FIG. s'éteindre ; tomber en désuétude ; pâlir ; s'effacer. | *mit erlöschender Stimme*, d'une voix mourante. | *mit X. erlosch dieses Geschlecht*, avec X, cette famille s'est éteinte.
er|loschen [ɛr'lɔʃən] adj. éteint. || FIG. éteint ; disparu. | *sein Auge ist erloschen*, ses yeux sont éteints. | *mit erloschener Stimme*, d'une voix faible. | *die Frist ist erloschen*, le délai est expiré. | *die Hypothek ist erloschen*, l'hypothèque est éteinte.
er|lösen [ɛr'lø:zən] v. tr. délivrer ; libérer. | *jn aus den Fesseln erlösen*, délivrer qn de ses chaînes. || RELIG. *von der Sünde erlösen*, racheter d'un péché. | *und erlöse uns von dem Übel*, et délivrez-nous du mal.
er|lösend [-'lø:zənt] adj. libérateur ; rédempteur.
Er|löser [-'lø:zər] m. (s, -) libérateur m. || RELIG. Rédempteur m. ; Sauveur m. ; Messie m.
er|löst [-'løst] adj. affranchi ; libéré. || FIG. *er ist erlöst*, il a cessé de souffrir.
Er|lösung [-'løsuŋ] f. (-, en) délivrance f. || RELIG. rédemption f.
er|lügen [ɛr'ly:gən] (o, o) v. intr. inventer (des mensonges). || acquérir par des mensonges.
er|mächtigen [ɛr'mɛçtigən] v. tr. autoriser ; donner pouvoir à ; mandater.
◇ v. pr. **sich ermächtigen,** s'emparer de.
Er|mächtigung [-guŋ] f. (-, en) autorisation f. ; pouvoir m. ; procuration f. ; habilitation f.
Ermächtigungs|gesetz [ɛr"mɛçtiguŋsgə'zɛts] n. (es, e) [loi (f.) des] pleins pouvoirs m. pl.
er|mahnen [ɛr'ma:nən] v. tr. (zu, dat.) exhorter ; sermonner. || JUR. admonester.
er|mangeln [ɛr'maŋəln] v. intr. manquer. | *der nötigen Energie ermangeln*, manquer de l'énergie nécessaire. | *es am gebührenden Respekt gegen jn ermangeln lassen*, manquer au respect dû à qn.
Er|mangelung [-luŋ] f. (-, en) manque m. ; manquement m. | *in Ermangelung eines Besseren*, faute de mieux.
er|mäßigen [ɛr'mɛ:sigən] v. tr. diminuer ; réduire ; baisser ; alléger ; abaisser. | *die Preise ermäßigen*, baisser les prix.
Er|mäßigung [-guŋ] f. (-, en) diminution f. ; réduction f. ; remise f. ; rabais m.
er|matten [ɛr'matən] v. tr. lasser ; fatiguer.
◇ v. intr. se lasser ; s'épuiser ; s'affaiblir. || FIG. *sein Fleiß ermattet*, son zèle se relâche.
er|mattet [-tət] adj. las ; fatigué ; harassé ; exténué.
er|messen [ɛr'mɛsən] (i, a, e) v. tr. mesurer ; calculer. || FIG. mesurer ; apprécier ; évaluer.
Er|messen [ɛr'mɛsən] n. (s) jugement m. || *er überläßt es ganz meinem Ermessen*, il s'en remet entièrement à moi | *nach menschlichem Ermessen*, autant qu'on puisse en juger.
er|mitteln [ɛr'mitəln] v. tr. trouver ; découvrir ; dépister.
Er|mitt(e)lung [-t(ə)luŋ] f. (-, en) découverte f. ; recherche f. ; enquête f. || JUR. instruction f. ; information f.
Ermitt(e)lungs|verfahren [ɛr"mit(ə)luŋsfɛr'fa:rən] n. (s, -). JUR. instruction f. | *ein Ermittlungsverfahren einleiten*, ouvrir une information judiciaire.
er|möglichen [ɛr'mø:gliçən] v. tr. rendre possible ; faciliter ; permettre.
er|morden [ɛr'mɔrdən] v. tr. assassiner ; tuer.
Er|mordung [-duŋ] f. (-, en) assassinat m.
er|müden [ɛr'my:dən] v. tr. fatiguer ; lasser.
◇ v. intr. et v. pr. se fatiguer ; se lasser.
er|müdend [-dənt] adj. fatigant ; lassant.
er|müdet [-dət] adj. fatigué ; épuisé.
Er|müdung [ɛr'my:duŋ] f. fatigue f. | *vor Ermüdung einschlafen*, tomber de sommeil.
Ermüdungs|versuch [ɛr"my:duŋsfɛr'zu:x] m. (s, e). TECHN. essai (m.) de fatigue.
er|muntern [ɛr'muntərn] v. tr. éveiller ; animer ; inciter ; encourager ; exhorter. | *jn zur Arbeit ermuntern*, encourager qn au travail.
Er|munterung [-ruŋ] f. (-, en) encouragement m. ; excitation f. ; exhortation f.
er|mutigen [ɛr'mu:tigən] v. tr. donner du courage ; encourager ; enhardir.
Er|mutigung [-guŋ] f., encouragement m.
er|nähren [ɛr'nɛ:rən] v. tr. nourrir ; alimenter. | *sich durch seiner Hände Fleiß ernähren*, vivre du travail de ses mains.
Er|nährer [-rər] m. (s, -) qui nourrit, entretient ; soutien (m.) de famille.
Er|nährung [-ruŋ] f. (-, en) nourriture f. ; alimentation f. ; || PHYSIOL. nutrition f. | *ausgewogene Ernährung*, alimentation équilibrée.
Ernährungs|bewußtsein [ɛr"nɛ:ruŋsbə'vustzain] n. (s) hygiène (f.) alimentaire. ||°**-lehre** f. (-, n) diététique f. ||°**-wissenschaftler(in)** m. (s, -), f. (-, nen) nutritionniste s. ; diététicien m. ; diététicienne f.
er|nennen [ɛr'nɛnən] (ernannte, ernannt) v. tr. nommer ; désigner ; constituer ; instituer. | *jn zu etwas ernennen*, commettre qn à qch. | *er wurde zum Major ernannt*, il a été nommé commandant. || JUR. instituer.
Er|nennung [-nuŋ] f. (-, en) désignation f. ; nomination f. ; promotion f.
er|neue(r)n [ɛr'nɔyə(r)n] v. tr. renouveler ; rénover ; refaire ; réparer. | *eine Fassade erneuern*, refaire une façade. || COMM. *einen Vertrag erneuern*, renouveler un contrat. | *den Prozeß erneuern*, reprendre le procès. | *sein Versprechen erneuern*, confirmer sa promesse.
Erneuerer(in) [-rər(in)] m. (s, -), f. (-, nen) rénovateur m., rénovatrice f.
Erneuerung [ɛr'nɔyəruŋ] f. (-, en) rénovation f. ; renouvellement m. ; ravalement m. ; reconduction f.
er|neut ['nɔyt] adj. répété ; réitéré ; de, à nouveau. | *erneute Vorladung*, réassignation f.
er|niedrigen [ɛr'ni:drigən] v. tr. MUS. baisser ; bémoliser. || FIG. mater ; dégrader ; humilier ; rabaisser.
◇ v. pr. **sich erniedrigen,** s'abaisser ; s'humilier ; se dégrader ; s'avilir ; se ravaler ; descendre.
Er|niedrigung [-guŋ] f. (-, en) FIG. dégradation f. ; humiliation f. ; avilissement m.
Erniedrigungszeichen [ɛr"ni:driguŋs'tsaiçən] n. (s, -). MUS. bémol m.
Ernst [ɛrnst] m. (es) sérieux m. ; gravité f. | *es wird*

Ernst, c'est sérieux. | *Ernst mit einer Drohung machen*, mettre une menace à exécution. | *ist dies dein Ernst ?*, est-ce sérieux ? | *allen Ernstes*, le plus sérieusement du monde. || PAR EXT. sévérité f. ; rigueur f. ; austérité f. | *Ernst der Strafe*, rigueur de la peine, de la punition.

ernst [ɛrnst] adj. sérieux ; grave. | *ein ernstes Gesicht machen*, avoir un air grave. | *die Lage ist ernst*, la situation est grave. | *es ist seine ernste Absicht*, il y est fermement décidé. | *er nimmt seinen Beruf ernst*, il prend son métier au sérieux. | *jn ernst nehmen*, prendre qn au sérieux. | *ernst bleiben*, garder son sérieux. | *es ist ihm nicht ernst*, il plaisante. | *ein ernstes Wort mit jm reden*, dire son fait à qn.

Ernst|fall [″ɛrnst′fal] m. (s, ¨e) cas (m.) où les choses deviennent graves.

ernsthaft [′ɛrnsthaft] adj. sérieux ; grave.
◇ adv. sérieusement. | *ernsthaft meinen*, croire sérieusement. | *ernsthaft nehmen*, prendre au sérieux.

Ernsthaftigkeit [′ɛrnsthaftiçkait] f. sérieux m. ; gravité f.

ernstlich [′ɛrnstliç] adj. sérieux ; grave. || PAR EXT. bien arrêté ; formel.
◇ adv. gravement ; sérieusement.

Ernte [′ɛrntə] f. (-, n) récolte f. ; moisson f. || FIG. *der Tod hält Ernte*, la mort fauche.

Ernte|arbeiter(in) [″ɛrntə′arbaitər(in)] m. (s, -), f. (-, nen). AGRIC. moissonneur m. ; moissonneuse f. ||°**-dankfest** [″-/′-] n. (es) action (f.) de grâces pour la récolte. ||°**-fest** n. (es, e) fête (f.) de la moisson.

ernten [′ɛrntən] v. tr. faire la moisson ; moissonner ; récolter. || FIG. recueillir ; faire une moisson de. | *Undank ernten*, être payé d'ingratitude. | *die Früchte seines Fleißes ernten*, recueillir le fruit de son travail.

er|nüchtern [ɛr′nyçtərn] v. tr. ramener à la raison ; dégriser ; désenivrer ; FAM. doucher. || FIG. désenchanter.
◇ v. pr. **sich ernüchtern,** se dégriser.

Er|nüchterung [-təruŋ] f. (-, en) retour (m.) à la raison ; désillusion f. ; déception f.

Er|oberer [ɛr′o:bərər] m. (s, -) conquérant m.

er|obern [-bərn] v. tr. conquérir ; prendre. || FIG. conquérir ; séduire ; captiver.

Er|oberung [-bəruŋ] f. (-, en). MIL. conquête f. ; prise f. || FIG. conquête f.

erodieren [ɛro′di:rən] v. tr. GÉOL. éroder.

er|öffnen [ɛr′øfnən] v. tr. ouvrir. || COMM. *einen Kredit eröffnen*, ouvrir un crédit. || MIL. *die Feindseligkeiten, das Feuer eröffnen*, ouvrir les hostilités, le feu. || FIG. faire savoir, connaître ; communiquer. | *jm sein Herz eröffnen*, ouvrir son cœur à qn.
◇ v. pr. **sich eröffnen,** FIG. s'ouvrir ; se présenter. | *neue Möglichkeiten eröffnen sich*, de nouvelles possibilités se présentent. | *sie eröffnete sich mir*, elle s'en ouvrit à moi.

Er|öffnung [-nuŋ] f. (-, en) ouverture f.

Eröffnungs|bilanz [ɛr″øfnuŋsbi′lants] f. (-, en). FIN. bilan (m.) d'ouverture. ||°**-feier(lichkeit)** f. (-, n) inauguration f. ||°**-sitzung** [-″-/′-] f. (-, en) séance inaugurale, de rentrée.

er|örtern [ɛr′ørtərn] v. tr. débattre ; discuter.

Er|örterung [-təruŋ] f. (-, en) discussion f. ; débat m. | *das bedarf näherer Erörterung*, cela demande plus ample examen.

Eros [′e:rɔs] n. pr. m. MYTH. Éros m.

Erosion [ero′zio:n] f. (-, en). GÉOL. érosion f.

Erotik [e′ro:tik] f. (-) érotisme m.

erotisch [-tiʃ] adj. érotique.

Erpel [′ɛrpəl] m. (s, -). ZOOL. canard mâle.

er|picht [ɛr′piçt] adj. FAM. avide de.

er|pressen [ɛr′prɛsən] v. tr. presser. || FIG. extorquer ; arracher.

Er|presser(in) [-sər(in)] m. (s, -), f. (-, nen) maître-chanteur m. ; extorqueur m., extorqueuse f.

Er|pressung [-suŋ] f. (-, en) extorsion f. ; chantage m.

er|proben [ɛr′pro:bən] v. tr. éprouver ; essayer. | *seine Tapferkeit erproben*, mettre sa bravoure à l'épreuve.

er|probt [-′pro:pt] adj. éprouvé. | *erprobtes Mittel*, remède éprouvé.

er|quicken [ɛr′kvikən] v. tr. revigorer ; ranimer. | *ein erquickendes Schauspiel*, un spectacle réconfortant.
◇ v. pr. **sich erquicken,** se rafraîchir ; se désaltérer ; se réconforter.

er|quicklich [-kliç] adj. rafraîchissant ; désaltérant. || FIG. réconfortant.

Er|quickung [-kuŋ] f. (-, en) rafraîchissement m. ; réconfort m. || FIG. réconfort m.

er|raten [ɛr′rɑ:tən] (ä, ie, a) v. tr. deviner ; mettre le doigt sur. | *ein Rätsel erraten*, deviner une énigme.

erratisch [ɛr′rɑ:tiʃ] adj. GÉOL. erratique.

er|rechnen [ɛr′rɛçnən] v. tr. calculer ; fixer, déterminer par calcul.

er|regbar [ɛr′re:kbɑ:r] adj. émotif ; irritable.

Er|regbarkeit [-kait] f. (-) émotivité f. ; irritabilité f. ; susceptibilité f.

er|regen [ɛr′re:gən] v. tr. exciter ; provoquer ; énerver. | *das Blut erregen*, fouetter le sang. || FIG. *Anstoß erregen*, faire scandale. | *den Neid erregen*, éveiller l'envie. | *Heiterkeit erregen*, faire rire. | *Unwillen erregen*, mécontenter. || ÉLECTR. exciter.
◇ v. pr. **sich erregen,** s'émouvoir ; s'irriter.

Er|reger [-gər] m. (s, -). MÉD. agent (m.) pathogène.

Er|regtheit [ɛr′re:kthait] f. (-) excitation f. ; irritation f. ; énervement m.

Er|regung [-′re:guŋ] f. excitation f. ; irritation f. ; agitation f. | *in großer Erregung*, très excité.

er|reichbar [ɛr′raiçbɑ:r] adj. accessible ; abordable. | *ich bin jederzeit erreichbar*, on peut toujours m'atteindre, me toucher, me trouver.

er|reichen [ɛr′raiçən] v. tr. atteindre ; arriver ; parvenir. || PAR ANAL. rattraper. | *ich erreiche den Zug nicht mehr*, je vais manquer mon train. | *wie kann man Sie erreichen ?*, comment peut-on vous joindre ? | *wir sind nur telefonisch zu erreichen*, on ne peut nous toucher que par téléphone. | *sie ist telefonisch schwer zu erreichen*, elle est difficilement joignable au téléphone.

er|retten [ɛr′rɛtən] v. tr. sauver. | *jn vom Tode erretten*, arracher qn à la mort.

er|richten [ɛr′riçtən] v. tr. dresser ; élever ; ériger ; établir. | *ein Denkmal errichten*, ériger un monument. | *ein Gerüst errichten*, dresser un échafaudage. || FIG. instituer ; fonder ; établir. | *eine Schule errichten*, créer une école.

Er|richtung [-tuŋ] f. (-, en) fondation f. ; établissement m. ; érection f. (d'un monument).

er|ringen [ɛr′riŋən] (a, u) v. tr. emporter de haute lutte ; conquérir ; remporter.

er|röten [ɛr′rø:tən] v. intr. rougir.

Er|rungenschaft [ɛr′ruŋənʃaft] f. (-, en) acquisition f. ; conquête f. | *die Errungenschaften der Wissenschaft*, les conquêtes de la science. | *soziale Errungenschaften*, conquêtes sociales. || JUR. acquêts m. pl. | *Errungenschaftengemeinschaft*, communauté réduite aux acquêts.

Er|satz [ɛr′zats] m. (es). **1.** remplacement m. ; compensation f. | *zum Ersatz*, en compensation ; en retour ; à la place de. | *für einen Verlust Ersatz leisten*, dédommager d'une perte. || MIL. *Ersatztruppen*, troupes (f. pl.) de réserve.

2. [Ersatzstoff] équivalent m. ; produit (m.) de remplacement ; succédané m. ; PÉJOR. ersatz m.

Ersatz|dienst [ɛr"zats'di:nst] m. (es, e). [Zivildienst] service civil. ||°**-mann** m. (s, ¨er ou -leute) remplaçant m. ; suppléant m. ||°**-rad** n. (s, ¨er). AUTOM. roue (f.) de secours. ||°**-reifen** m. (s, -) pneu (m.) de rechange. ||°**-stoff** m. (s, e) produit (m.) de remplacement. ||°**-teil** n. (s, e). AUTOM. pièce (f.) de rechange.

er|saufen [ɛr'zaufən] (ä, o, o) v. intr. FAM. se noyer.

er|säufen [ɛr'zɔyfən] v. tr. noyer.

er|schaffen [ɛr'ʃafən] (u, a) v. tr. créer ; faire.

Er|schaffung [-fuŋ] f. (-, en) création f.

er|schallen [ɛr'ʃalən] (conjug. faible et o, o) v. intr. retentir ; résonner ; tinter.

er|schau(d)ern [ɛr'ʃau(d)ərn] v. intr. avoir horreur ; s'effrayer.

er|scheinen [ɛr'ʃainən] (ie, ie) v. intr. paraître ; apparaître ; se montrer ; faire son apparition. | *im Traum erscheinen*, apparaître en songe. || JUR. *als Zeuge vor Gericht erscheinen*, comparaître comme témoin. | *auf Vorladung nicht erscheinen*, faire défaut. | *persönlich erscheinen*, comparaître en personne. | *es erscheint wünschenswert*, il paraît souhaitable. || FIG. [Bücher] paraître.

Er|scheinen [-nən] n. (s) apparition f. ; manifestation f. | *Erscheinen eines Buches*, parution (f.) d'un livre. || JUR. *Erscheinen vor Gericht*, comparution f.

Er|scheinung [-nuŋ] f. (-, en). **1.** apparition f. ; manifestation f. ; phénomène m. | *zur Erscheinung bringen*, *kommen*, manifester, se manifester. || MÉD. symptôme m.

2. [Gesicht] apparition f. ; vision f. ; spectre m.

3. [Schein] apparence f. ; extérieur m. ; air m. | *er ist eine stattliche Erscheinung*, il est de belle prestance.

4. PHILOS. apparence (f.) sensible. | *die Welt der Erscheinung*, le monde sensible.

— SYN. : *Gespenst*, *Phantom*, *Geist*, fantôme ; *Schein-*, *Trugbild*, simulacre ; *Spuk*, revenant ; *Schemen*, ombre ; *Wahnbild*, *Täuschung*, *Trug*, illusion ; *Traumgesicht*, songe.

Erscheinungs|bild [ɛr"ʃainuŋs'bilt] n. (s, er). BIOL. phénotype m.

er|schießen [ɛr'ʃi:sən] (o, o) v. tr. abattre d'un coup de feu ; fusiller ; passer par les armes. || FIG., FAM. *völlig erschossen sein*, être (complètement) crevé.

◇ v. pr. **sich erschießen,** se brûler la cervelle ; se tuer (d'un coup de feu).

Er|schießung [-suŋ] f. (-, en) exécution (f.) par les armes.

er|schlaffen [ɛr'ʃlafən] v. tr. affaiblir.

◇ v. intr. se relâcher ; s'amollir ; s'alanguir.

Er|schlaffung [-fuŋ] f. (-, en) relâchement m. ; affaiblissement m. ; fatigue f. ; efféminement m. || MÉD. relaxation f. ; atonie f.

er|schlagen [ɛr'ʃla:gən] (ä, u, a) v. tr. abattre ; assommer ; tuer.

er|schleichen [ɛr'ʃlaiçən] (i, i) v. tr. *eine Erbschaft erschleichen*, capter un héritage.

er|schließen [ɛr'ʃli:sən] (o, o) v. tr. **1.** ouvrir ; rendre accessible. | *Neuland erschließen*, défricher un terrain ; coloniser une terre. | *neue Absatzmärkte erschließen*, créer de nouveaux débouchés. | *erschlossenes Gelände*, terrain viabilisé.

2. [durch Schlußfolgerung feststellen] inférer ; déduire de.

◇ v. pr. **sich erschließen,** s'ouvrir ; s'épanouir.

Er|schließung [ɛr'ʃli:suŋ] f. (-, en) *Erschließung (eines Grundstücks)*, viabilisation f.

er|schöpfen [ɛr'ʃøpfən] v. tr. épuiser ; exténuer ; harasser. | *die Vorräte erschöpfen*, épuiser les stocks.

◇ v. pr. **sich erschöpfen,** s'épuiser ; s'exténuer.

er|schöpfend [-pfənt] adj. épuisant. || FIG. complet. | *eine erschöpfende Darstellung*, une description exhaustive.

◇ adv. *ein Thema erschöpfend behandeln*, traiter un sujet à fond.

Er|schöpfung [-pfuŋ] f. (-, en) épuisement m.

er|schrecken [ɛr'ʃrɛkən] v. tr. effrayer ; épouvanter ; faire peur à.

er|schrecken [ɛr'ʃrɛkən] (i, a, o) v. intr. s'effrayer ; s'épouvanter ; prendre peur.

Er|schrecken [-'ʃrɛkən] n. (s) frayeur f. ; effroi m. ; épouvante f.

er|schüttern [ɛr'ʃytərn] v. tr. secouer ; ébranler. || FIG. affecter ; bouleverser.

er|schütternd [-tərnt] adj. bouleversant. | *erschütternder Schrei*, cri déchirant.

Er|schütterung [-teruŋ] f. (-, en) ébranlement m. ; secousse f. ; choc m. || FIG. émotion f. ; commotion f. ; bouleversement m.

er|schweren [ɛr'ʃve:rən] v. tr. aggraver ; rendre difficile. | *sie erschwert sich unnötig die Arbeit*, elle se complique inutilement la tâche.

er|schwerend [-rənt] adj. JUR. aggravant.

Er|schwernis [-rnis] f. (-, se) difficulté f.

Er|schwerung [-ruŋ] f. (-, en) surcroît (m.) de difficultés ; aggravation f.

er|schwindeln [ɛr'ʃvindəln] v. tr. FAM. escroquer.

er|schwingbar [ɛr'ʃviŋbar], **-schwinglich** [-'ʃviŋliç] adj. FIG. accessible ; abordable.

er|schwingen [-'ʃviŋən] (a, u) v. tr. FIG. atteindre par des efforts ; arriver à ; obtenir.

er|sehen [ɛr'ze:ən] (ie, a, e) v. tr. voir ; remarquer ; juger ; reconnaître. | *hieraus ersehe ich, daß*, par là je juge que. || PAR ANAL. choisir ; saisir. | *eine Gelegenheit ersehen*, guetter l'occasion.

er|sehnen [ɛr'ze:nən] v. tr. souhaiter vivement ; désirer avec ardeur ; aspirer à.

er|setzbar [ɛr'zɛtsba:r] adj. remplaçable ; réparable.

er|setzen [ɛr'zɛtsən] v. tr. [an die Stelle von etwas setzen] remplacer ; suppléer à ; tenir lieu de. | *jn in seinem Amt ersetzen*, remplacer qn dans ses fonctions. | *Talent durch Fleiß ersetzen*, suppléer au talent par le zèle. || PAR EXT. [erstatten ; wiedergeben] rendre ; restituer ; réparer. || COMM. *Kosten ersetzen*, rembourser les frais. | *Schaden ersetzen*, dédommager ; indemniser.

Er|setzung [-tsuŋ] f. (-, en) remplacement m. ; dédommagement m. ; compensation f.

er|sichtlich [ɛr'ziçtliç] adj. visible ; évident. | *daraus war ersichtlich*, d'où il ressortait.

◇ adv. manifestement.

er|sinnen [ɛr'zinən] (a, o) v. tr. imaginer ; inventer. | *Ausreden ersinnen*, inventer des prétextes.

er|spähen [ɛr'ʃpɛ:ən] v. tr. épier ; guetter.

er|sparen [ɛr'ʃpa:rən] v. tr. épargner ; économiser ; mettre de côté. || FIG. *Sie können sich alle weiteren Bemerkungen ersparen*, faites-nous grâce de vos observations. | *ihnen blieb nichts erspart*, rien ne leur a été épargné.

Er|sparnis [-rnis] f. (-, se) économie f. ; épargne f.

er|sprießlich [-sliç] adj. profitable ; avantageux ; fructueux ; salutaire.

erst [e:rst] adv. [zuerst ; als erste]. **1.** premièrement ; en premier lieu. | *erst das Geschäft*, les affaires avant tout.
2. [fürs erste] en premier lieu ; en attendant.
3. préalablement ; avant tout. | *ich muß erst schlafen*, je dois d'abord dormir ; il faut d'abord que je dorme.
4. au premier moment ; à première vue. | *ich glaubte erst, ein Kind weinen zu hören, dann aber...*, j'ai cru d'abord entendre pleurer un enfant, mais ensuite...
5. [nur ; nicht eher als] (temporel) seulement ; ne... que. | *er ist erst gestern angekommen*, il n'est arrivé qu'hier. | *er ist eben erst angekommen*, il vient tout juste d'arriver.
6. [gar] justement ; raison de plus. | *nun erst recht nicht*, maintenant moins que jamais. | *wäre der Frühling doch erst da !*, si seulement le printemps était là ! | *aber ich erst !*, et moi donc !

erst [e:rst] **(der, die, das erste)** adj. num. ord. premier ; première.
1. *Otto der Erste*, Othon Ier. | *der erste Mai*, le 1er mai. | *der Erste der Klasse*, le premier de la classe. | *er wohnt im ersten Stock*, il habite au premier (étage). | *mein Erstes ; mein erstes Kind*, mon premier (enfant). | *er ist unter den Ersten*, il figure parmi les premiers. | *der (die, das) erste, der letztere*, celui-ci ; celui-là. | *bei erster Gelegenheit*, à la première occasion.
2. *ein Stern erster Größe*, une étoile de première grandeur. | *ein Artikel erster Klasse*, un article de première qualité. | *die erste Geige spielen*, être premier violon. | *die erste Hilfe*, les secours d'urgence ; les premiers soins. | *die Ersten der Stadt*, les notables de la ville. | *der erste beste*, le premier venu.
◇ loc. adv. [zunächst] *fürs erste*, pour le moment ; provisoirement. | *aufs erste*, avant tout. | *zum ersten*, d'abord ; en premier lieu. | *zum, beim ersten Mal, erstenmal*, pour la première fois.

Erst|aufführung [″e:rstauf'fy:ruŋ] f. (-, en). THÉÂTRE. première (représentation). ||°**-ausgabe** f. (-, n) première édition ; édition princeps. ||**-geboren** adj. premier-né ; première-née ; aîné. ||°**-geburt** f. (-, en) première naissance. || JUR. primogéniture f. || *Erstgeburtsrecht*, droit (m.) d'aînesse. ||**-klassig** adj. de première qualité ; de premier ordre. ||**-malig** adj. premier. — adv. pour la première fois. ||**-rangig** adj. de premier ordre. ||°**-täter** m. (s, -). JUR. délinquant (m.) primaire.

er|starken [ɛr'ʃtarkən] v. intr. prendre des forces ; devenir fort ; se fortifier.

er|starren [ɛr'ʃtarən] v. intr. devenir raide ; se raidir ; s'engourdir ; se figer ; se congeler. | *vor Schreck erstarrte ihm das Blut in den Adern*, l'effroi lui glaçait le sang dans les veines. | *ich bin vor Kälte ganz erstarrt*, je suis transi de froid. | *im Tode erstarren die Glieder*, la mort raidit les membres.

Er|starrung [-ruŋ] f. (-, en) engourdissement m. ; raideur f. ; solidification f. ; torpeur f.

er|statten [ɛr'ʃtatən] v. tr. rendre ; remplacer ; restituer. || *über etwas Bericht erstatten*, faire un rapport sur qch. ; faire un reportage. | *Dank erstatten*, remercier.

Er|stattung [-tuŋ] f. (-, en) restitution f. ; remboursement m. | *Erstattung von Auslagen*, remboursement de frais. || *Berichterstattung*, reportage m.

er|staunen [ɛr'ʃtaunən] v. tr. étonner ; frapper ; surprendre.
◇ v. intr. s'étonner ; s'ébahir.

Er|staunen [-nən] n. (s) étonnement m. ; surprise f. ; ébahissement m. | *das setzt mich in Erstaunen*, cela me stupéfie. | *sich von seinem Erstaunen erholen*, revenir, se remettre de son étonnement. | *zu meinem großen Erstaunen*, à ma grande surprise.

er|staunlich [-nliç] adj. étonnant ; surprenant.

er|stechen [ɛr'ʃtɛçən] (i, a, o) v. tr. tuer à coups d'épée, de sabre, de couteau.

er|stehen [ɛr'ʃte:ən] (erstand, erstanden) v. tr. acheter.
◇ v. intr. naître ; s'élever. | *eine neue Stadt ist aus den Ruinen erstanden*, une ville nouvelle a surgi des ruines. || PAR EXT. ressusciter. | *Christ ist erstanden*, le Christ est ressuscité.

er|steigen [ɛr'ʃtaigən] (ie, ie) v. tr. gravir ; monter ; grimper ; faire l'ascension de.

Er|steigung [-guŋ] f. (-, en) ascension f.

er|stellen [ɛr'ʃtɛlən] v. tr. produire ; établir.

erstens ['e:rstəns] adv. premièrement ; d'abord ; en premier lieu.

er|sterben [ɛr'ʃtɛrbən] (i, a, o) v. intr. [Flamme] s'éteindre ; [Lächeln] se figer.

er|sticken [ɛr'ʃtikən] v. tr. étouffer ; suffoquer. | *seine Tränen ersticken*, ravaler ses larmes.
◇ v. intr. étouffer ; suffoquer ; s'étrangler.

Er|stickung [-kuŋ] f. (-, en) suffocation f. ; étouffement m. ; asphyxie f.

Erstickungs|tod [ɛr″ʃtikuŋs'to:t] m. (es) [mort (f.) par] asphyxie f.

Erst|ling [-liŋ] m. (s, e) premier-né m.

Erstlings|arbeit [″e:rstliŋs'arbait] f. (-, en) œuvre (f.), travail (m.) de débutant.

er|strahlen [ɛr'ʃtra:lən] v. intr. briller.

er|streben [ɛr'ʃtre:bən] v. tr. tâcher de, à ; s'efforcer d'atteindre ; obtenir par ses efforts.

erstrebens|wert [ɛr″ʃtre:bəns've:rt] adj. digne d'effort, d'être atteint.

er|strecken (sich) [ziçɛr'ʃtrɛkən] v. pr. s'étendre.

er|streiten [ɛr'ʃtraitən] (erstritt, erstritten) v. tr. conquérir ; emporter de haute lutte.

er|stunken [ɛr'ʃtuŋkən] adj. FIG., FAM. *erstunken und erlogen*, inventé de toutes pièces.

er|stürmen [ɛr'ʃtyrmən] v. tr. MIL. enlever ; prendre d'assaut.

Erstürmung [-muŋ] f. (-, en) prise (f.) d'assaut.

er|suchen [ɛr'zu:xən] v. tr. prier ; inviter ; requérir. | *jn um eine Gefälligkeit ersuchen*, demander un service à qn.

Er|suchen [-xən] n. (s) demande f. ; requête f. | *auf sein Ersuchen hin*, sur sa demande, à sa requête.

er|tappen [ɛr'tapən] v. tr. prendre ; surprendre. | *auf frischer Tat ertappen*, prendre en flagrant délit.

er|teilen [ɛr'tailən] v. tr. donner ; attribuer ; accorder ; conférer ; distribuer. | *Unterricht erteilen*, enseigner. | *ein Visum erteilen*, délivrer un visa. || COMM. *Entlastung erteilen*, donner décharge, quitus. | *Vollmacht erteilen*, donner pleins pouvoirs, carte blanche.

Er|teilung [-luŋ] f. (-, en) attribution f. ; octroi m. ; délivrance f. | *Erteilung eines Auftrags*, ordre m. | *Erteilung einer Befugnis*, habilitation f. ; permission f.

er|tönen [ɛr'tø:nən] v. intr. retentir ; résonner.

Er|trag [ɛr'tra:k] m. (s, ¨e) rapport m. ; revenu m. ; produit m. ; recette f. | *nur einen geringen Ertrag abwerfen*, ne pas être d'un grand rendement.

er|tragen [ɛr'tra:gən] (ä, u, a) v. tr. [dulden] supporter ; subir ; endurer ; souffrir ; supporter les douleurs. | *das ist kaum zu ertragen*, c'est presque insupportable, intolérable.

ertrags|fähig [ɛr″tra:ks'fɛ:iç] adj. productif ; rentable ; lucratif. ||°**-fähigkeit** f. (-) productivité f.

er|träglich [ɛr'trɛ:kliç] adj. tolérable ; supportable.

er|tränken [ɛr'trɛŋkən] v. tr. noyer.
◇ v. pr. **sich ertränken,** se jeter à l'eau ; se noyer.

er|träumen [ɛr'trɔymən] v. tr. rêver ; (s') imaginer.

er|trinken [ɛr'triŋkən] (a, u) v. intr. se noyer.

er|trotzen [ɛr'trɔtsən] v. tr. obtenir par des menaces, en dépit de ; forcer.

er|tüchtigen [ɛr'tyçtigən] v. tr. éduquer ; entraîner.

Er|tüchtigung [-guŋ] f. (-, en) entraînement m.

er|übrigen [ɛr'y:brigən] v. tr. économiser. | *können Sie eine Stunde für mich erübrigen ?*, pouvez-vous me réserver une heure ?

◇ v. pr. **sich erübrigen,** être superflu, inutile.

◇ v. impers. *es erübrigt sich, mit ihm weiterzureden*, il est inutile de continuer à parler avec lui.

eruieren [ɛru'i:rən] v. tr. trouver ; découvrir.

Eruptiv|gestein [erup"ti:fgə'ʃtain] n. (s, e). GÉOL. roches éruptives.

er|wachen [ɛr'vaxən] v. intr. s'éveiller ; se réveiller. | *aus dem Schlaf erwachen*, se réveiller.

— SYN. : *aufwachen, wach werden*, s'éveiller.

Er|wachen [-xən] n. (s) réveil m. | *beim Erwachen*, au réveil. || FIG. éveil m.

er|wachsen [ɛr'vaksən] (ä, u, a) croître ; grandir. || FIG. *viele Sorgen erwuchsen mir daraus*, de nombreux soucis en résultèrent pour moi.

er|wachsen [ɛr'vaksən] adj. adulte.

er|wägen [ɛr'vɛ:gən] (o, o) v. tr. peser ; examiner avec soin ; réfléchir. | *alles wohl erwogen*, tout bien pesé, considéré ; (toute) réflexion faite.

Er|wägung [-guŋ] f. (-, en) réflexion f. ; considération f. ; examen m. | *in Erwägung, daß*, attendu, vu que. | *in Erwägung ziehen*, prendre en considération.

er|wählen [ɛr'vɛ:lən] v. tr. choisir ; élire.

er|wähnen [ɛr'vɛ:nən] v. tr. mentionner ; faire mention de.

— SYN. : *auf-, anführen*, citer ; *nennen*, mentionner.

erwähnens|wert [ɛr"vɛ:nəns've:rt] adj. digne d'être mentionné ; assez important.

Er|wähnung [ɛr'vɛ:nuŋ] f. (-, en) mention f. | *die Sache ist nicht der Erwähnung wert*, l'affaire ne mérite pas d'être mentionnée.

er|wärmen [ɛr'vɛrmən] v. tr. échauffer ; réchauffer.

◇ v. pr. **sich erwärmen,** s'échauffer ; se réchauffer. || FIG. *sich für eine Sache erwärmen*, s'intéresser à.

Er|wärmung [-muŋ] f. (-, en) réchauffement m.

er|warten [ɛr'vartən] v. tr. attendre ; espérer. || PAR ANAL. s'attendre à ; compter que. | *das habe ich nicht von ihm erwartet*, je ne m'attendais pas à cela de sa part.

Er|warten [-tən] n. (s), °**-wartung** [-tuŋ] f. (-, en) attente f. ; expectative f. ; espoir m. | *über (alles) Erwarten*, au-delà de toute attente, de tout espoir. | *voller Erwartung*, plein d'espoir. | *wider alles Erwarten*, contre toute attente.

erwartungs|voll [ɛr"vartuŋs'fɔl] adj. plein d'espoir ; impatient.

er|wecken [ɛr'vɛkən] v. tr. éveiller ; réveiller. | *jn aus dem Schlaf erwecken*, tirer qn de son sommeil. || FIG. éveiller ; exciter ; provoquer. | *Mitleid erwecken* susciter la pitié.

Er|weckung [-kuŋ] f. (-, en) éveil m. ; réveil m. ; résurrection f. ; provocation f. || FIG. excitation f.

er|wehren (sich) [ziçɛr've:rən] v. pr. s'empêcher, se défendre de. | *sich eines Gegners nicht erwehren können*, avoir du mal à se défendre d'un adversaire. | *er konnte sich des Lachens nicht erwehren*, il ne pouvait s'empêcher de rire.

er|weichen [ɛr'vaiçən] v. tr. amollir ; ramollir. || FIG. amollir ; ramollir ; fléchir ; attendrir.

◇ v. pr. **sich erweichen,** FIG. s'attendrir. | *sich erweichen lassen*, se laisser attendrir.

Er|weis [ɛr'vais] m. (es, e) preuve f. ; démonstration f. | *den Erweis erbringen*, faire la preuve.

er|weisen [ɛr'vaizən] (ie, ie) v. tr. témoigner ; manifester ; montrer. | *jm Gutes erweisen*, faire du bien à qn. | *jm einen Gefallen erweisen*, faire plaisir à qn. | *jm einen Dienst erweisen*, rendre (un) service à qn. | *jm die letzte Ehre erweisen*, rendre les derniers honneurs à qn.

◇ v. pr. **sich erweisen,** se montrer ; se révéler.

er|weislich [-'vaisliç] adj. démontrable.

er|weitern [ɛr'vaitərn] v. tr. élargir ; étendre ; augmenter ; dilater ; développer. | *seinen Bekanntenkreis erweitern*, élargir le cercle de ses connaissances. | *einen Betrieb erweitern*, agrandir une entreprise. | *seinen Absatzmarkt erweitern*, multiplier ses débouchés ; trouver de nouveaux débouchés.

Er|weiterung [-təruŋ] f. (-, en) élargissement m. ; agrandissement m. ; extension f. || RADIO. amplification f. || PHYSIOL. dilatation f.

Er|werb [ɛr'vɛrp] m. (s, e) travail m. | *seinem Erwerb nachgehen*, vaquer à ses occupations. || PAR EXT. gain m. ; profit m. ; acquisition f.

er|werben [ɛr'vɛrbən] (i, a, o) v. tr. acquérir ; gagner. | *Kenntnisse erwerben*, acquérir des connaissances. | *sich sein Brot redlich erwerben*, gagner son pain honnêtement.

Er|werber [-bər] m. (s, -) acquéreur m.

erwerbs|fähig [ɛr"vɛrps'fɛ:iç] adj. capable de gagner sa vie. ||°**-fähigkeit** f. (-, en) capacité (f.) de travail. ||°**-leben** n. (s) vie active. ||**-los** adj. chômeur ; sans travail. ||°**-losenfürsorge** [-"-/-'—] f. (-) fonds national de chômage. ||°**-losenunterstützung** [-"-/—'-] f. (-, en) allocation (f.) de chômage. ||°**-mittel** n. (s, -) gagne-pain m. ; moyen(s) m. (pl.) d'existence. ||°**-personen** pl. population active. ||**-tätig** adj. *erwerbstätige Bevölkerung*, population active. ||°**-tätige(r)** f. (m.) travailleur m., travailleuse f. ; salarié(e) m. (f.). | *selbstständiger Erwerbstätiger*, travailleur indépendant. ||°**-tätigkeit** f. (-, en) activité f. ; industrie f. ||**-unfähig** adj. incapable de gagner son pain, sa vie ; inapte au travail. ||°**-unfähigkeit** [-"-/-'—] f. (-, en) incapacité (f.) de travail. ||°**-zweig** m. (s, e) branche (f.) d'industrie.

Er|werbung [ɛr'vɛrbuŋ] f. (-, en) acquisition f.

er|widern [ɛr'vi:dərn] v. tr. répliquer ; répondre (à) ; riposter. | *einen Gruß erwidern*, rendre son salut à qn.

Er|widerung [-ruŋ] f. (-, en) réponse f. ; repartie f. ; réplique f. ; revanche f. | *in Erwiderung auf*, en réponse à.

er|wirken [ɛr'virkən] v. tr. obtenir. || avoir pour conséquence ; provoquer.

er|wischen [ɛr'viʃən] v. tr. FAM. attraper ; prendre ; saisir ; pincer. | *jn auf frischer Tat erwischen*, prendre qn sur le fait, en flagrant délit.

er|wogen [ɛr'vo:gən] part. pass. de **erwägen.**

er|wünschen [ɛr'vynʃən] v. tr. désirer vivement, ardemment.

er|wünscht [-'vynʃt] adj. désiré ; agréable ; souhaitable.

er|würgen [ɛr'vyrgən] v. tr. étrangler ; étouffer.

Erz ['e:rts] n. (es, e) minerai m. | *Erz gewinnen, zutage fördern, aufbereiten*, extraire du minerai.

Erz| grube ["e:rts'grube] f. (-, n). MINES. mine (f.) métallique. ||**-haltig** adj. métallifère. ||°**-hütte** f.

(-, n) fonderie f. ||°**-lager** n. (s, -). MINES. couche (f.), dépôt (m.) de minerai. ||°**-vorkommen** ["-/'--] n. (s, -) gisement (m.) de minerai.

erz... (en compos., marque un degré supérieur d'intensité) archi.

Erz|bischof ["ɛrts'biʃɔf] m. (s, ¨e) archevêque m. ||**-bischöflich** ["-/-'--] adj. archiépiscopal. ||°**-bistum** ["-/'--] n. (s, ¨er) archevêché m. ; archiépiscopat m. ||°**-bösewicht** m. (s, e) franc scélérat. ||°**-engel** m. (s, -) archange m. ||**-faul** adj. FAM. paresseux comme une couleuvre, comme un loir ; fort paresseux. ||°**-feind** m. (es, e) ennemi juré, déclaré, acharné. || POLIT. ennemi (m.) héréditaire. || °**-halunke** ["-/-'--] m. (n, n) fieffé coquin ; maître fripon. (Syn. *Erzgauner*.) ||°**-herzog** m. (s,¨e) archiduc m. ||°**-herzogtum** n. (s, ¨er) archiduché m. || **-katholisch** adj. FAM., RELIG. bigot ; cagot ; calotin. ||°**-lügner** m. (s, -) fieffé menteur. ||°**-vater** m. (s, ¨). RELIG. patriarche m.

er|zählen [ɛr'tsɛ:lən] v. tr. raconter ; conter ; dire. | *ein Märchen erzählen*, raconter un conte. | *ich habe mir erzählen lassen, daß*, je me suis laissé dire que. | *erzählende Dichtung*, poésie narrative. || FAM. *erzähle keine Märchen !*, (ne raconte) pas d'histoires ! | *der kann was darüber erzählen*, là-dessus il peut en dire long ; POP. il en connaît un bout.

erzählens|wert [ɛr"tsɛ:ləns've:rt] adj. qui vaut la peine, qui mérite d'être conté, raconté.

Er|zähler [ɛr'tsɛ:lər] m. (s, -) conteur m.

Er|zählung [-luŋ] f. (-, en) récit m. ; conte m. ; narration f. ; nouvelle f.

er|zeigen [ɛr'tsaigən] v. tr. montrer ; témoigner. | *jm eine Gefälligkeit erzeigen*, faire plaisir à qn ; obliger qn.

◇ v. pr. **sich erzeigen,** donner des marques de. | *sich treu erzeigen*, se montrer fidèle.

erzen ['e:rtsən] adj. de bronze. || POÉT. d'airain.

er|zeugen [ɛr'tsɔygən] v. tr. former ; produire ; fabriquer. || AGRIC. *Korn erzeugen*, produire du blé.

Er|zeugende [-gəndə] f. (-, n). MATH. génératrice f.

Er|zeuger [-gər] m. (s, -) celui qui engendre ; procréateur m. || PAR EXT. producteur m. || PHYS. générateur m. (de vapeur).

Erzeuger|land [ɛr"tsɔygər'land] n. (s, ¨er) pays producteur. ||°**-preis** m. (es, e). COMM. prix (m.) de fabrication.

Er|zeugnis [ɛr'tsɔyknis] n. (ses, se). COMM. produit m. ; objet manufacturé.

Er|zeugung [-guŋ] f. (-, en) procréation f. ; génération f. || PAR EXT. production f. ; fabrication f.

Erzeugungs|kosten [ɛr"tsɔyguŋs'kɔstən] f. pl. frais (m. pl.), coût (m.) de production, de fabrication. ||°**-kraft** f. (-,¨e). 1° puissance génératrice ; 2° capacité (f.) de production. ||°**-vermögen** n. (s). ÉLECTR. productibilité f.

er|ziehen [ɛr'tsi:ən] (erzog, erzogen) v. tr. [großziehen] élever ; faire l'éducation de ; cultiver.

Er|zieher [-ər] m. (s, -) pédagogue m. ; éducateur m. ; précepteur m. ; maître m.

Er|zieherin [-ərin] f. (-, nen) éducatrice f. ; gouvernante f. ; maîtresse f.

er|zieherisch [-əriʃ] adj. éducatif ; pédagogique.

Er|ziehung [-uŋ] f. (-, en) éducation f. ; instruction f. ; enseignement m. | *jm eine gute Erziehung geben, angedeihen lassen*, donner une bonne éducation à qn.

Erziehungs|anstalt [ɛr"tsi:uŋs'anʃtalt] f. (-, en) maison (f.) d'éducation ; institution f. ||°**-wesen** n. (s) éducation f. ; instruction publique.

er|zielen [ɛr'tsi:lən] v. tr. atteindre ; obtenir ; viser, parvenir à. | *Erfolg erzielen*, avoir du succès ; réussir. || COMM. *Gewinn erzielen*, réaliser un bénéfice. || FIG. *einen Preis erzielen*, décrocher un prix.

Er|zielung [-luŋ] f. (-, en) obtention f. ; réalisation f.

er|zittern [ɛr'tsitərn] v. intr. se mettre à trembler, à frémir ; être pris d'un tremblement.

er|zürnen [ɛr'tsyrnən] v. tr. et pr. mettre en colère ; fâcher ; irriter ; courroucer.

er|zwingen [ɛr'tsviŋən] (a, u) v. tr. forcer ; obtenir de force.

erzwungener|maßen [ɛr"tsvuŋənər'ma:sən] adv. forcément ; par force.

es [ɛs] pron. pers. 3ᵉ pers. du sing. neutre. **1.** employé comme sujet ou complément d'objet remplaçant un substantif neutre. | *siehst du das Kind ? es ist hübsch*, vois-tu cet enfant ?, il est beau. | *willst du dieses Buch ? nimm es*, veux-tu ce livre ? prends-le. **2.** remplaçant un attribut ou un objet. | *er ist arm, ich bin es auch*, il est pauvre, je le suis aussi. | *er ist hier, ich weiß es*, il est ici, je le sais. | *ich habe es gut*, je suis bien traité. | *ich habe es satt*, j'en ai assez. | *ich bin es leid*, j'en suis las. | *wir sind's*, c'est nous. | *ich halte es für möglich*, je crois la chose possible. **3.** antécédent de subordonnées. | *ich halte es für unnötig, daß*, je tiens pour superflu que. | *sie ist es nicht wert, daß*, elle ne mérite pas que. **4.** sujet d'un verbe impers. | *es regnet*, il pleut. | *es schneit*, il neige. | *es wird dunkel*, la nuit tombe. **5.** sujet d'un verbe employé impersonnellement ; sens pass. traduit par « on ». | *es pocht an die Tür*, on frappe à la porte. | *es trinkt sich gut aus diesem Glas*, il est agréable de boire dans ce verre. | *es fährt sich angenehm in diesem Auto*, il fait bon rouler dans cette voiture. **6.** dans les formules optatives et impératives avec sujet apparent. | *es lebe der König !*, vive le roi ! **7.** LOC. *es war einmal*, il était une fois. | *da haben wir's !*, FAM. nous voilà bien ! ; nous voilà dans de beaux draps. | *es mit niemandem verderben wollen*, ménager la chèvre et le chou. | *es mit jm zu tun haben*, avoir affaire à qn. | *es auf etwas abgesehen haben*, viser qch. | *es faustdick hinter den Ohren haben*, être roublard ; être un fin matois. | *es zu bunt treiben*, aller trop loin ; passer les bornes ; FAM. (y) aller (un peu) fort. | *es gut meinen*, ne pas avoir de mauvaises intentions. | *er hat es weit gebracht*, il est allé loin. | *es gewohnt sein*, y être habitué. | *es waren ihrer drei*, ils étaient trois.

Es [ɛs] n. MUS. mi (m.) bémol.

Esau ['e:zau] n. pr. m. THÉOL. Esaü m.

Esche ['ɛʃə] f. (-, n). BOT. frêne m.

eschen ['ɛʃən] adj. BOT. en (bois de) frêne.

Eschen|holz ["ɛʃən'hɔlts] n. (es). BOT. bois (m.) de frêne ; frêne m.

Esel ['e:zəl] m. (s, -) âne m. ; FAM. baudet m. ; bourriquet m. | *geduldiger Esel*, âne patient. | *starrköpfiger Esel*, âne rétif. || FAM. *so'n Esel !*, quel âne ! | *du alter Esel !*, vieille bête ! | *störrisch wie ein Esel*, têtu comme une mule. | *er ist bepackt, beladen wie ein Esel*, il est chargé comme un baudet. | *das ist doch ein rechter Esel*, il est bigrement bête. || FIG. ignorant m. || PROV. *wenn man den Esel nennt, kommt er angerennt*, quand on parle du loup, on en voit la queue.

Eselchen [-çən] n. (s, -) ânon m.

Eselei [e:zə'lai] f. (-, en) ânerie f. ; bêtise f.

Eselin ['e:zəlin] f. (-, nen) ânesse f.

Esels|brücke ["e:zəls'brykə] f. (-, n) pont (m.) aux ânes ; guide-âne m. ||°**-ohr** n. (s, en) oreille (f.) d'âne.

|| FIG. corne f. | *Eselsohren machen, knicken*, corner (les pages d')un livre.

Eskapade [ɛska'pɑ:də] f. (-, n) foucade f.

Eskimo ['ɛskimo] m. (s, s). GÉOGR. Esquimau m.

Eskorte [ɛs'kɔrtə] f. (-, n). MIL., MAR. escorte f.

Espe ['ɛspə] f. (-, n). BOT. tremble m. || FIG. *wie Espenlaub zittern*, trembler comme une feuille.

Esperanto [ɛspe'ranto] n. (s) espéranto m.

Essay [es'ɛ] m. et n. (s, s). LITTÉR. étude f.

Essayist [esɛ:'ist] m. (en, en). LITTÉR. essayiste m.

eßbar ['ɛsbɑ:r] adj. comestible ; mangeable ; bon à manger.

Eßbarkeit ['ɛsbarkait] f. (-) comestibilité f.

Eß|besteck ["ɛsbə'ʃtɛk] n. (s, e) couvert m. ||°**-ecke** f. (-, n) coin (m.) repas. ||°**-geschirr** n. (s, e) vaisselle f. ||°**-löffel** m. (s, -) cuiller (f.) à soupe. ||°**-lust** f. (-, ¨e) appétit m. ||°**-saal** m. (s, -säle) réfectoire m. ; salle (f.) à manger. ||°**-waren** f. pl. CULIN. denrées (f. pl.) alimentaires ; comestibles. m. pl. ||°**-zimmer** n. (s, -) salle (f.) à manger.

Esse ['ɛsə] f. (-, n) foyer (m.) de forge.

essen ['ɛsən] (ißt, aß, gegessen) v. intr. prendre un, son repas ; manger. | *gut essen und trinken*, bien manger et bien boire ; faire bonne chère. | *mit Widerstreben essen*, manger du bout des dents. | *roh essen*, manger cru. | *gekocht essen*, manger cuit. | *sich krank essen*, se rendre malade à force de manger. | *sich satt essen*, manger à sa faim. | *nichts essen dürfen*, être à la diète. | *für vier Mann essen*, FAM. manger comme quatre. | *tüchtig essen*, FAM. nettoyer les plats. | *sich voll essen*, s'empiffrer. | *zu Mittag essen*, déjeuner. | *zu Abend essen*, dîner. | *bei jm essen*, déjeuner, dîner chez qn. | *auswärts, daheim essen*, déjeuner, dîner en ville, chez soi. | *in aller Eile, stehend essen*, FAM. manger sur le pouce. ◇ v. tr. *Brot essen*, manger du pain. | *gern Austern essen*, aimer les huîtres. | *die Schüsseln leer essen*, vider les plats. || FAM. *nichts zu essen bekommen*, FAM. dîner par cœur. | *er hat die Weisheit mit Löffeln gegessen*, il a la sagesse infuse.

— SYN. : *speisen*, [von Tieren] *fressen*, manger ; *verzehren*, dévorer ; FAM. *futtern*, POP. bouffer.

Essen ['ɛsən] n. (s). **1.** [action de] manger ; manger m. | *zu vieles Essen ist schädlich*, trop manger nuit. **2.** repas m. ; POP. frichti m. | *zum Essen einladen*, inviter à déjeuner, à dîner. | *vom Essen aufstehen*, se lever de table. || PROV. *der Appetit kommt beim, mit dem Essen*, l'appétit vient en mangeant.

— SYN. : *Mahl, Mahlzeit*, repas ; *Bankett*, banquet.

essentiell [esɛntsi'ɛl] adj. essentiel ; nécessaire.

Essenz [ɛ'sɛnts] f. (-, en). CHIM. essence f. ; huile essentielle. || PHILOS. essence f.

Esser(in) ['ɛsər(in)] m. (s, -), f. (-, nen) mangeur m., mangeuse f. | *tüchtiger Esser sein*, avoir un bon coup de fourchette. | *unnütze Esser*, bouches inutiles.

Esserei ["ɛsə'rai] f. (-, en) festin m. ; gloutonnerie f.

Essig ['ɛsiç] m. (s, e). CULIN. vinaigre m. | *der Wein wird zu Essig*, le vin tourne en vinaigre. | *mit Essig anmachen, Essig beigeben*, assaisonner de vinaigre ; vinaigrer. || FIG., FAM. *damit ist es Essig*, c'est raté ; c'est fichu.

Essig|gurke ["ɛsiç'gurkə] f. (-, n) cornichon (m.), concombre (m.) au vinaigre. ||**-sauer** adj. CULIN. acide. || CHIM. acétique. || PHARM. *essigsaure Tonerde*, acétate (m.) d'alumine. | *essigsaures Salz*, acétate m. ||°**-säure** f. (-, n). CHIM. acide (m.) acétique. ||°**-soße** f. (-, n). CULIN. vinaigrette f.

Este ['ɛstə] n. pr. m. (n, n). GÉOGR. Estonien m.

Ester ['ɛstər] m. (s). CHIM. éther-sel m. ; ester m.

Estin ['ɛstin] n. pr. f. (-, nen). GÉOGR. Estonienne f.

Est|land [e:stlant] n. pr. n. GÉOGR. Estonie f.

est|ländisch ["e:st'lɛndiʃ], **estnisch** [-niʃ] adj. estonien.

Estrade [ɛ'strɑ:də] f. (-, n) estrade f.

Estragon [ɛstra'go:n] m. (s). BOT. estragon m.

Estrich ['ɛstriç] m. (s, e) aire f. (en ciment) ; carrelage m. || TECHN. *schwimmender Estrich*, dalle flottante.

etablieren [eta'bli:rən] v. tr. établir. || COMM. *ein Geschäft etablieren*, fonder, ouvrir une affaire.

Etage [e'tɑ:ʒə] f. (-, n). ARCHIT. étage m. | *Etagenheizung*, chauffage central par étage.

Etagen|bett [e"tɑ:ʒən'bɛt] n. (s, en) lits superposés.

Etagere [eta'ʒe:rə] f. (-, n) étagère f.

Etappe [e'tapə] f. (-, n) étape f. ; halte f.

Etat [e'tɑ:] m. (s, s). POLIT. budget m.

Etat|ansatz [e"tɑ:'anzats] m. (es, ¨e) projet (m.) de budget. ||°**-aufstellung** f. (-, en) établissement (m.) du budget. ||°**-mittel** n. pl. POLIT. ressources (f. pl.) budgétaires.

etepetete ["e:te'petete] adj. FAM. maniéré.

Ethanol [eta'no:l] (s). CHIM. éthanol m.

Ethik ['e:tik] f. (-). PHILOS. éthique f. ; morale f.

Ethiker [-kər] m. (s, -). PHILOS. moraliste m.

ethisch ['e:tiʃ] adj. PHILOS. moral ; éthique.

ethnisch ['ɛtniʃ] adj. ethnique.

Ethnograph(in) [ɛtno'grɑ:f(in)] m. (en, en), f. (-, nen) ethnographe s.

Ethnographie [-gra'fi] f. (-) ethnographie f.

Ethnologe [-'lo:gə] m. (n, n), **Ethnologin** [-'lo:gin] f. (-, nen) ethnologue s.

Ethnologie [-'logi:] f. ethnologie f.

Ethologie [etolo'gi:] f. [Umwelt] éthologie f.

Ethos ['e:tɔs] n. (-). PHILOS. principe moral ; morale f.

Etikett [eti'kɛt] n. (s, e). [Aufkleber] étiquette f. || INF. étiquette f.

Etikette [eti'kɛtə] f. (-) étiquette f. ; cérémonial m. ; protocole m. ; bienséance f. ; convenance f.

etikettieren [etike'ti:rən] v. tr. étiqueter.

etlich ['ɛtliç] pron. indéf. quelque. | *nach etlicher Zeit*, au bout de quelque temps.

Etrurien [ɛ'tru:riən] n. pr. n. HIST. Étrurie f.

Etrusker [ɛ'truskər] n. pr. m. (s, -). HIST. Étrusque m.

etruskisch [-kiʃ] adj. HIST. étrusque.

Etsch ['ɛtʃ] n. pr. f. GÉOGR. Adige m.

Etüde [ɛ'tydə] f. (-, n). MUS. étude f.

Etui [ety'i] n. (s, s) étui m.

etwa ['ɛtva] adv. à peu près ; environ. || PAR EXT. peut-être ; d'aventure ; par hasard. | *das ist doch nicht etwa dein Fall!*, cela ne serait tout de même pas ton cas ! | *meinst du nicht etwa, daß*, ne penses-tu pas que ? | *nicht etwa, daß*, non que (subj.).

etwaig ['ɛtvaik] adj. éventuel.

etwas ['ɛtvas] (FAM. was) pron. indéf. invar. n. quelque chose. | *irgend etwas*, n'importe quoi. | *etwas Schönes*, qch. de beau. | *etwas Geld*, un peu d'argent. | *das ist wenigstens etwas!*, c'est déjà quelque chose. | *so etwas von Nachlässigkeit!*, quelle négligence ! | *er hat etwas von einem Gelehrten*, il a quelque chose du savant. || LOC. *es zu etwas bringen*, faire son chemin. | *aus diesem Burschen wird noch etwas*, ce gaillard-là ira loin.

◇ adv. un peu ; quelque peu. | *das ist etwas stark*, c'est un peu fort. | *das ist mir etwas zu viel*, c'est trop pour moi. | *sie spricht etwas Spanisch*, elle parle un peu (l')espagnol.

Etwas ['ɛtvas] n. (-) *sie hat das gewisse Etwas*, FAM. elle a du chien.

Etymologie [etymolo'gi:] f. (-, n) étymologie f.

etymologisch [-'lo:giʃ] adj. étymologique.

Etzel ['ɛtsɛl] n. pr. m. HIST. Attila m.

euch [ɔyç] pron. pers. dat. et acc. de **ihr** (2e pers. du pl.) vous ; à vous. | *ich danke euch*, je vous remercie. | *ich denke an euch*, je pense à vous.

Eucharistie [ɔyçaris'ti:] f. (-). RELIG. eucharistie f.

euer ['ɔyər] pron. pers. gén. de **ihr** (2e pers. du pl.) de vous. | *er gedachte euer*, il pensait à vous.
◇ adj. et pron. poss. votre ; vôtre ; vos. | *euer Haus*, votre maison. | *mein Haus ist klein, das eure groß*, ma maison est petite, la vôtre est grande.

Eugenik [ɔy'ge:nik] f. (-). BIOL. eugénisme m.

Eukaryont [ɔyka'ryɔnt] m. (en, en). BOT. eucaryote m.

Eule ['ɔylə] f. (-, n). ZOOL. chouette f. ; hibou m. || PROV. *Eulen nach Athen tragen*, porter de l'eau à la rivière.

Eulen|spiegel ["ɔylən'ʃpi:gəl] n. pr. Till l'Espiègle m. || PAR EXT. loustic m. ; farceur m.

Eulen|spiegelei ["ɔylənʃpi:gə'lai] f. (-, en) espièglerie f.

Eunuch [ɔy'nu:x] m. (en, en) eunuque m.

Euphemismus [ɔyfe'mismus] m. (-, men). LITTÉR. euphémisme m.

euphemistisch [-'mistiʃ] adj. euphémique.

Eur|asien [ɔyr'ɑ:ziən] n. pr. n. GÉOGR. Eurasie f.

eurer|seits ["ɔyrər'zaits] adv. de votre côté ; de votre part.

euret|wegen ["ɔyrɛt've:gən], **-willen** [-'vilən] adv. pour l'amour de vous ; à cause de vous.

eurige ['ɔyrigə] pron. poss. le, la vôtre.

Euro|aktie ["ɔyro'aktsiə] f. (-, n). FIN. euroaction f. ||°**-scheck** m. (s, e). FIN. eurochèque m.

Europa [ɔy'ro:pa] n. pr. (s) Europe f.

Europäer [ɔyro'pɛ:ər] n. pr. m. (s, -) Européen m.

Europäerin [-'pɛ:ərin] n. pr. f. (-, nen) Européenne f.

europäisch [ɔyro'pɛ:iʃ] adj. européen. | *Europäische Gemeinschaften (EG)*, Communautés européennes (C. E.). | *Europäische Gemeinschaft für Kohle und Stahl*, Communauté européenne du charbon et de l'acier (C. E. C. A.). | *Europäisches Atomforschungszentrum (Euratom)*, Centre européen de recherches nucléaires.

Europa|parlament [ɔy"ropaparla'mɛnt] n. (s). POLIT. parlement européen de Strasbourg.

Euter ['ɔytər] n. (s, -) pis m. ; mamelle f.

Eutrophierung [ɔytro'fi:ruŋ] f. [Umwelt] eutrophisation f.

Eva ['e:va] n. pr. f. RELIG. Ève f.

evakuieren [evaku'i:rən] v. tr. évacuer.

Evakuierung [-ruŋ] f. (-, en) évacuation f.

evangelisch [evaŋ'ge:liʃ] adj. RELIG. évangélique ; de l'Évangile. || PAR EXT., RELIG. protestant. | *evangelisch-reformiert*, protestant réformé. | *evangelische Kirche*, Église protestante.

Evangelist [-ge'list] m. (en, en) évangéliste m.

Evangelium [-'ge:lium] n. (s, ien) Évangile m.

eventuell [evɛntu'ɛl] adj. éventuel.

evident [evi'dɛnt] adj. évident ; patent.

Evolution [evolu'tsio:n] f. (-, en). PHILOS. évolution f. || MATH. développement m.

Evolutions|theorie [evɔlu"tsio:nsteo'ri] f. (-, en). PHILOS. évolutionnisme m. ; transformisme m.

ewig ['e:viç] adj. éternel ; perpétuel ; continuel. | *der Ewige*, l'Éternel. | *ewige Verdammnis*, feu éternel. | *Rom, die Ewige Stadt*, Rome, la Ville éternelle. | *ewiger Friede*, paix perpétuelle. | *Ewiger Jude*, Juif errant. || FIG. immémorial ; PÉJOR. sempiternel. | *ewiger Schnee*, neiges éternelles. || FAM. *laß doch dein ewiges Geweine*, arrête donc tes pleurnicheries.
◇ adv. éternellement ; à jamais. | *das kann doch nicht ewig dauern*, cela ne peut continuer ainsi. | *immer und ewig*, à jamais ; à perpétuité. | *es ist ewig schade um ihn*, c'est grand dommage que nous l'ayons perdu. | *auf ewig*, pour toujours.
— SYN. : *unvergänglich*, éternel ; *immerwährend*, sempiternel ; *unsterblich*, immortel ; *fortdauernd*, perpétuel.

Ewigkeit [-kait] f. (-, en) éternité f. ; perpétuité f. ; vie éternelle. | *in alle Ewigkeit*, à tout jamais. | *ich habe ihn seit einer Ewigkeit nicht gesehen*, il y a une éternité que je ne l'ai vu. | *von Ewigkeit her*, de toute éternité. | *in aller, für alle Ewigkeit*, pour l'éternité. || FAM. *das ist ja eine Ewigkeit her*, il y a, ça fait un bail.

ewiglich [-liç] adv. éternellement.

exakt [ɛ'ksakt] adj. exact.

Exaktheit [ɛ"ksakt'hait] f. (-) exactitude f.

ex|altiert [ɛksal'ti:rt] adj. exalté ; démesuré.

Ex|altiertheit [ɛksal"ti:rt'hait] f. (-) exagération f.

Examen [ɛ'ksɑ:mən] n. (s, mina) examen m. ; épreuve f. ; concours m. | *schriftliches Examen*, examen écrit ; écrit m. | *mündliches Examen*, examen oral ; oral m. | *ein Examen ablegen*, passer un examen.

Examinand [ɛksami'nant] m. (en, en) candidat m.

Examinator [-mi'nɑ:tɔr] m. (en, en) examinateur m.

examinieren [-mi'ni:rən] v. tr. faire passer un, l'examen.

Exegese [ekse'ge:zə] f. (-, n). RELIG. exégèse f.

Exeget [-'gɛt] m. (en, en). RELIG. exégète m.

ex|ekutieren [ɛkseku'ti:rən] v. tr. exécuter.

Ex|ekution [-'tsio:n] f. (-, en) exécution f. ; saisie f.

Ex|ekutive [-'ti:və] f. (-, n), **Ex|ekutiv|gewalt** [ɛksəku"ti:vgə'valt] f. (-, en). POLIT. (pouvoir) exécutif.

Exempel [ɛ'ksɛmpəl] n. (s, -) exemple m. ; modèle m. | *zum Exempel*, par exemple. | *ein Exempel statuieren*, faire un exemple.

Exemplar [ɛksɛm'plɑ:r] n. (s, e) exemplaire m.

exemplarisch [-'plɑ:riʃ] adj. exemplaire.

exerzieren [ɛksɛr'tsi:rən] v. tr. MIL. exercer.
◇ v. intr. faire l'exercice ; manœuvrer.

Exerzier|platz [ɛksɛr"tsi:r'plats] m. (es, ¨e). MIL. place (f.) d'armes ; champ (m.) de manœuvres.

Exil [ɛ'ksi:l] n. (s, e) exil m. | *ins Exil gehen*, s'exiler.

exilieren [ɛksi'li:rən] v. tr. exiler.

existent [eksis'tɛnt] adj. existant ; réel.

existentiell [ɛksistɛn'tsiɛl] adj. PHILOS. existentiel.

Existentialismus [ɛksistɛntsia'lismus] m. (-). PHILOS. existentialisme m.

Existentialist [-'list] m. (en, en). PHILOS. existentialiste m.

Existential|philosophie [ɛksistɛntsi"ɑ:lfilozo'fi:] f. philosophie (f.) existentialiste.

Existenz [ɛksi'stɛnts] f. (-, en) existence f. ; vie f. | *keine sichere Existenz haben*, mener une vie précaire. | *verfehlte Existenzen*, ratés m. pl.

Existenz|berechtigung [ɛksi"stɛntsbə'rɛçtiguŋ] f. (-, en). PHILOS. raison (f.) d'être ; droit (m.) à l'existence. ||**-fähig** adj. MÉD. viable. || °**-kampf** m.

(s, ¨) lutte (f.) pour la vie. ||°**-minimum** [-–"-/'--] n. (s, ma) minimum vital. ||°**-mittel** n. pl. moyens (m. pl.) d'existence.
existieren [ɛksis'ti:rən] v. intr. exister ; être.
Exitus ['ɛksitus] m. (-). MÉD. mort f.
ex|klusiv [ɛksklu'zi:f] adj. exclusif. || FIG. *exklusive Kreise*, société fermée.
ex|klusive [-'zi:və] adv. non compris ; exclusivement ; sans ; en exceptant ; excepté.
Ex|klusivität [-zivi'tɛt] f. (-) exclusivité f.
Ex|kommunikation [ɛkskɔmunika'tsio:n] f. (-, en). RELIG. excommunication f.
ex|kommunizieren [-'tsi:rən] v. tr. RELIG. excommunier ; jeter l'anathème sur.
Ex|krement [ɛkskre'mɛnt] n. (s, e) excrément m.
Ex|kurs [ɛks'kurs] m. (es, e) digression f.
Ex|matrikulation [ɛksmatrikula'tsio:n] f. (-, en). [Schule] radiation f. ||**-matrikulieren** v. tr. rayer des listes.
Ex|odus ['ɛksodus] m. (-) exode m.
Exorzismus [ɛksɔr'tsismus] m. (-, men). RELIG. exorcisme m.
exo|therm(isch) [ɛksɔ'tɛrm(iʃ)] adj. CHIM. exotherme ; exothermique.
exotisch [ɛ'kso:tiʃ] adj. GÉOGR. exotique.
Ex|pansion [ɛkspan'zio:n] f. (-, en). PHYS. expansion f. ; détente f. || POLIT. expansion f.
ex|pansiv [ɛkspan'zi:f] adj. expansif.
ex|patriieren [ɛkspatri'i:rən] v. tr. POLIT. expulser ; chasser ; renvoyer ; expatrier.
Ex|pedient [ɛkspe'diɛnt] m. (en, en). COMM. expéditionnaire m.
ex|pedieren [-'di:rən] v. tr. envoyer ; expédier.
Ex|pedition [ɛkspedi'tsio:n] f. (-, en) expédition f. ; envoi m. || GÉOGR. expédition f. ; voyage m.
Experiment [ɛksperi'mɛnt] n. (s, e). PHYS. expérience f. ; essai m.
experimental [-mɛn'tɑ:l], **experimentell** [-tɛl] adj. PHYS. expérimental.
experimentieren [-mɛn'ti:rən] v. intr. PHYS., CHIM. expérimenter ; faire des expériences.
Ex|perte [ɛks'pɛrtə] m. (n, n) expert m.
Experten|system [ɛks"pɛrtənzys'te:m] n. (s, e). INF. système expert.
ex|plizieren [ɛkspli'tsi:rən] v. tr. expliquer.
ex|plodieren [ɛksplɔ'di:rən] v. intr. PHYS. exploser ; faire explosion ; éclater. | *zum Explodieren bringen*, faire éclater.
Ex|plosion [ɛksplo'zio:n] f. (-, en). PHYS. explosion f.
Explosions|gefahr [ɛksplo"zio:nsgə'fɑ:r] f. (-, en) danger (m.) d'explosion. ||°**-motor** m. (s, en) moteur (m.) à explosion. ||**-sicher** adj. antidéflagrant.
ex|plosiv [ɛksplo'zi:f] adj. explosif.
Explosiv|stoff [ɛksplo"zi:f'ʃtɔf] m. (s, e) matière explosive.
Ex|ponent [ɛkspɔ'nɛnt] m. (en, en). MATH. exposant m. ; indice m.
Exponential|funktion [ɛkspɔnɛn"tsiɑ:lfunk'tsio:n] f. (-, en) fonction exponentielle. ||°**-gleichung** f. (-, en) équation exponentielle.
ex|ponieren [-'ni:rən] v. tr. exposer.
Ex|port [ɛks'pɔrt] m. (s, e) exportation f.
Export|kaufmann [ɛks"pɔrt'kaufman] m. (s, -leute) exportateur m.
exportieren [ɛkspɔr'ti:rən] v. tr. exporter.
Ex|posé [ɛkspo'ze:] n. (s, s) rapport m. ; mémoire m. ; placet m.
Exposition [ɛksposi'tsio:n] f. (-, en). NUCL. exposition f. || THÉÂTRE. introduction f. ; exposition f.
ex|preß [ɛks'prɛs] adj. exprès.
◇ adv. expressément ; exprès.
Expreß|gut [ɛks"prɛs'gu:t] n. (s, ¨er) envoi (m.) exprès. ||°**-zug** m. (s, ¨e) [train (m.)] express m.
Ex|pressionismus [ɛksprɛsio'nismus] m. (-). ARTS. expressionnisme m.
ex|pressionistisch [-'nistiʃ] adj. expressionniste.
ex|propriieren [ɛksprɔpri'i:rən] v. tr. JUR. exproprier.
exquisit [ɛkskui'sit] adj. choisi.
ex|tensiv [ɛkstɛn'zi:f] adj. extensif.
ex|tern [ɛks'tɛrn] adj. externe ; extérieur.
Ex|territorialität [ɛkstɛritoriali'tɛ:t] f. (-). POLIT. exterritorialité f.
extra ['ɛkstra] adj. en plus ; en sus ; en supplément ; à part. | *das kostet noch etwas extra*, cela coûte un peu plus. || PAR ANAL. extra ; de qualité particulière, supérieure ; FAM. épatant.
◇ adv. extraordinairement ; expressément. | *extra deswegen kommen*, venir tout exprès.
Extra|ausgabe ["ɛkstra'ausgɑ:bə] f. (-, n). TYPOGR. édition spéciale. ||°**-blatt** (s, ¨er) supplément m. ; édition spéciale. ||°**-wurst** (-, ¨e). FIG., FAM. *er will immer eine Extrawurst*, il lui faut toujours qch. à part ; il ne veut jamais faire comme tout le monde. ||°**-zug** m. (s, ¨e) train spécial.
extrahieren [ɛkstra'hi:rən] v. tr. extraire.
Ex|trakt [ɛks'trakt] m. (s, e) extrait m.
Ex|trem [ɛks'tre:m] n. (s, e) extrême m.
◇ adj. **extrem,** extrême.
Ex|tremität [-tremi'tɛ:t] f. (-, en) extrémité f. ; bout m.
Ex|zellenz [ɛkstsɛ'lɛnts] f. (-, en) excellence f.
ex|zentrisch [ɛks'tsɛntriʃ] adj. et adv. TECHN. excentrique ; désaxé ; excentré. | *exzentrisch verstellen*, excentrer. || FIG. excentrique ; bizarre ; singulier.
Ex|zentrizität [-tsɛntritsi'tɛ:t] f. (-, en) excentricité f.
ex|zerpieren [ɛkstsɛr'pi:rən] v. tr. faire des extraits ; extraire.
Ex|zeß [ɛks'tsɛs] m. (es, e) excès m. ; abus m.

F

F, f [ɛf] n. F m. | *das große* F, *F* majuscule. | *das kleine* f., *f* minuscule. || MUS. *F*, fa m.

Fabel ['fɑ:bəl] f. (-, n). LITTÉR. fable f. || PAR ANAL. fiction f. ; invention f. || PAR EXT. sujet m. ; thème m.

Fabel|tier ["fɑ:bəl'ti:r] n. (s, e) animal fabuleux ; chimère f.

Fabelei [fɑ:bə'lai] f. (-, en) sornettes f. pl.

fabel|haft ['fɑ:bəlhaft] adj. merveilleux ; prodigieux ; extraordinaire.
◇ adv. fabuleusement. || FIG. fort.

Fabrik [fa'brik] f. (-, en) usine f.

Fabrik|abwässer [fa"brik'apvɛsər] n. pl. eaux industrielles ; effluents industriels. ||°**-arbeiter(in)** m. (s, -), f. (-, nen) ouvrier (m.), ouvrière (f.) ||°**-besitzer** m. (s, -) propriétaire (m.) d'usine ; fabricant m. ; industriel m. ||°**-marke** f. (-, n) marque (f.) de fabrique. ||**-mäßig** adj. produit en série. ||**-neu** adj. sortant de l'usine. ||°**-preis** m. (es, e) prix (m.) usine.

Fabrikant [fabri'kant] m. (en, en) fabricant m. ; industriel m.

Fabrikat [-'kɑ:t] n. (s, e) produit (manufacturé).

Fabrikation [-ka'tsio:n] f. (-, en) fabrication f.

Fabrikations|fehler [fabrika'tsio:nsfe:lər] m. (s, -) vice (m.), défaut (m.) de fabrication. ||°**-geheimnis** n. (ses, se) secret (m.) de fabrication. ||°**-zweig** m. (s, e) branche, spécialité industrielle.

fabrizieren [fabri'tsi:rən] v. tr. fabriquer ; produire.

Fabulant(in) [fabu'lant(in)] m. (en, en), f. (-, nen) fabulateur m., fabulatrice f.

fabulieren [fabu'li:rən] v. tr. et v. intr. raconter des histoires. || PAR EXT. bavarder.

Facette [fa'sɛtə] f. (-, n) facette f.

Facetten|glas [fa"sɛtən'glɑ:s] n. (es, ¨er) glace biseautée.

Fach [fax] n. (s, ¨er) case f. ; casier m. ; compartiment m. ; rayon m. | *geheimes Fach*, tiroir (m.) à secret. || FIG. partie f. ; spécialité f. ; branche f. ; [Studium] discipline f. ; matière f. (d'enseignement). | *das schlägt nicht in mein Fach* ; *das ist nicht mein Fach*, ce n'est pas de mon ressort, de ma partie, de ma compétence, de mon rayon. | *ein Mann vom Fach*, un spécialiste ; un homme du métier, de la partie.

Fach|arbeiter ["fax'arbaitər] m. (s, -) ouvrier qualifié. ||°**-arbeiterbrief** m. (es, e) certificat (m.) d'aptitude professionnelle (C.A.P.). ||°**-arbeitskräfte** f. pl. main-d'œuvre spécialisée. ||°**-arzt** m. (es, ¨e). MÉD. spécialiste m. ||°**-ausbildung** f. (-, en) formation professionnelle. ||°**-ausdruck** m. (s, ¨e) terme (m.), expression (f.) technique. ||°**-ausschuß** m. (es, ¨e) sous-commission f. ||°**-bereich** m. (s, e). UNIV. unité (f.) d'enseignement et de recherche (U.E.R.). ||°**-gebiet** n. (s, e) spécialité f. ; branche f. ||°**-kenntnisse** f. pl. connaissances professionnelles, spéciales, techniques. ||**-kundig** adj. compétent. ||°**-mann** m. (s, -leute ou -männer) spécialiste m. ; expert m. ; homme (m.) du métier ; professionnel m. ; technicien m. ||**-männisch** adj. spécial ; technique. — adv. [wie ein Fachmann] comme un homme du métier. || [als Fachmann] en homme du métier. ||°**-presse** f. (-, n) presse spécialisée, technique. ||°**-richtung** f. (-, en) branche f. ; spécialité f. ||°**-schule** f. (-, n) école professionnelle, technique. ||**-simpeln** v. intr. FAM. parler métier. ||°**-sprache** f. (-, n) langage (m.) technique. ||°**-studium** n. (s, ien), étude spécialisée ; spécialisation f. ||**-übergreifend** adj. UNIV. pluridisciplinaire. ||°**-welt** f. (-) gens (m. pl.) du métier. ||°**-werk** n. (s, e). || ARCHIT. colombage m. ||°**-wissenschaft** f. (-, en) spécialité f. ; branche f. ||°**-zeitschrift** f. (-, en) périodique spécialisé, technique ; revue spécialisée.

fachlich [faxliç] adj. spécialisé.

Fachschaft [-ʃaft] f. (-, en) association professionnelle ; groupement professionnel.

fächeln ['fɛçəln] v. tr. et v. pr. (s')éventer.

Fächer ['fɛçər] m. (s, -) éventail m.

Fächer|palme ["fɛçər'palme] f. (-, n). BOT. 1° palmiste m. ; palmier (m.) éventail ; 2° latanier m.

Fackel ['fakəl] f. (-, n) torche f. ; flambeau m.

Fackel|träger ["fakel'trɛ:gər] m. (s, -) porte-flambeau m. ||°**-zug** m. (s, ¨e) retraite (f.) aux flambeaux.

fackeln ['fakəln] v. tr. FAM. *ohne zu fackeln*, sans hésiter. | *nicht lange fackeln*, FAM. ne faire ni une ni deux.

fad(e) [fɑ:t, 'fɑ:də] adj. fade ; plat ; insipide. | *fad(e) schmecken*, n'avoir pas de goût ; n'avoir aucun goût.

Faden ['fɑ:dən] m. (s, ¨) fil m. | *sehr dünner Faden*, fil délié. | *gezwirnter Faden*, fil retors. | *den Faden aufnehmen*, reprendre le fil. | *den Faden wickeln*, pelotonner du fil. | *den Faden ausziehen*, étirer du fil. | *nach dem Faden schneiden*, couper une étoffe de droit fil. | *zu Faden schlagen*, faufiler. || FIG. *der rote Faden*, le fil conducteur ; le fil d'Ariane. | *keinen trockenen Faden (mehr) am Leibe haben*, être trempé jusqu'aux os. | *den Faden verlieren*, *wieder aufnehmen*, perdre, reprendre le fil de son discours. | *sein Leben hängt an einem Faden*, sa vie ne tient plus qu'à un fil. || PAR ANAL. [Lampe] filament m. || [Fleisch ; Holz] fibre f. || [Etamin] filet m. || MAR. brasse f. | *sechs Faden tief*, six brasses de profondeur.

faden|förmig ["fɑ:dən'førmiç] adj. filiforme. || PAR EXT. filamenteux. ||°**-kreuz** n. (es, e). PHYS. réticule m. ||°**-kreuzlupe** f. (-, n). OPT. loupe réticulée. ||°**-nudeln** f. pl. CULIN. vermicelle m. ||**-recht** adj. et adv. de droit fil. ||**-scheinig** adj. FIG. *fadenscheiniger Vorwand*, prétexte cousu de fil blanc. ||°**-wurm** m. (s, ¨er). ZOOL. filaire f. ; nématode m. ||°**-zähler** m. (s, -). OPT. compte fils m.

Fadheit ['fɑ:thait] f. (-, en) fadeur f. || FIG. fadaise f.

Fading ['fɛdiŋ] n. (s). RADIO. fading m.
Fagott [fa'gɔt] n. (s, e). MUS. basson m.
Fagottist [-gɔ'tist] m. (en, en). MUS. basson m.
fähig ['fɛ:iç] adj. capable (de) ; apte (à) ; susceptible (de). | *ein fähiger Kopf*, un homme capable. | *zu allem fähig sein*, être capable de tout. || JUR. apte (à).
Fähigkeit [-kait] f. (-, en) aptitude f. ; capacité f. ; faculté f. || JUR. capacité f. ; habilité f.
fahl [fɑ:l] adj. terne ; blême ; blafard ; livide ; pâle.
Fähnchen ['fɛ:nçən] n. (s, -) banderole f. ; oriflamme f. || MIL. fanion m. || MIL., MAR. flamme f. ; guidon m. || FIG., FAM. robe (f.) de quatre sous.
fahnden ['fɑ:ndən] v. intr. rechercher ; être à la recherche de qn.
Fahndungs|dienst ["fɑ:nduŋs'di:nst] m. (s, e) service (m.) des recherches. | *internationaler Fahndungsdienst*, Interpol m. ||°**-skizze** f. (-, n) portrait-robot m.
Fahne ['fɑ:nə] f. (-, n) drapeau m. || [Standarte] étendard m. || [Banner] bannière f. || [Flagge] pavillon m. | *nationale Fahne*, couleurs nationales. | *umflorte Fahne*, drapeau en berne, cravaté de deuil. | *die weiße Fahne*, le drapeau blanc. | *eine Fahne aufziehen, aufstecken*, hisser, arborer un drapeau. | *mit wehenden, flatternden Fahnen marschieren*, avancer bannières déployées. || MIL. *zur Fahne einberufen werden*, être appelé sous les drapeaux. || PAR ANAL. [Wetter] girouette f. || [Feder] barbe f. || TYPOGR. placard m.
Fahnen|abzug ["fɑ:nən'aptsu:k] m. (s, ¨e). TYPOGR. placard m. ||°**-eid** m. (s, e) serment (m.) de fidélité au drapeau. ||°**-flucht** f. (-, en) désertion f. ||**-flüchtig** adj. déserteur. | *fahnenflüchtig werden*, déserter. ||°**-flüchtiger** m. déserteur m. ||°**-korrektur** f. (-, en). TYPOGR. correction (f.) des, sur placards. ||°**-schaft** m. (s, ¨), °**-stange** f. (-, n), °**-stock** m. (s, ¨e) hampe f. ||°**-träger** m. (s, -). MIL. porte-drapeau m.
Fähnlein ['fɛ:nlain] n. (s, -) fanion m. ; flamme f. ; guidon m. || PAR EXT., HIST. escadron m. | *das Fähnlein der sieben Aufrechten* (Gottfried Keller), les Sept Justes.
Fähnrich ['fɛ:nriç] m. (s, e). HIST. porte-drapeau m. ; porte-étendard m. || MAR. *Fähnrich zur See*, enseigne (m.) de vaisseau. || MIL. aspirant m.
Fahr|aufnahme ["fɑ:r'aufnɑ:mə] f. (-, n). FILM. travelling m. || °**-ausweis** m. (es, e). ADM. carte f. ; billet m. ; ticket m. ||°**-bahn** f. (-, en) chaussée f. ; voie f. || SPORT. piste f. || [Autorennen] circuit m. ||**-bereit** adj. prêt à partir. || [Fahrzeug] en état de marche. ||°**-bügel** m. (s, -). ÉLECTR. archet m. ||°**-damm** m. (s, ¨e) chaussée f. ||°**-draht** m. (s, ¨e). [Straßenbahn ; Omnibus] conducteur aérien. || [Eisenbahn] caténaire m. ||°**-gast** m. (s, ¨e) voyageur m. ; passager m. ; client m. ||°**-geld** n. (s, er) prix (m.) du voyage ; frais (m. pl.) de transport. ||°**-gelegenheit** ["-/-'—] f. (-, en) moyen (m.) de transport. ||°**-geräusch** n. (s, e) bruit (m.) de roulement. ||°**-gestell** n. (s, e). AUTOM. châssis m. || AÉRON. train (m.) d'atterrissage m. | *einziehbares, ausfahrbares Fahrgestell*, train (d'atterrissage) escamotable. ||°**-gestell|nummer** f. (-, n). AUTOM. numéro (m.) de châssis. ||°**-karte** f. (-, n) billet m. ; ticket m. | *Fahrkarte zweiter Klasse, hin und zurück*, billet de seconde, aller et retour. | *eine Fahrkarte lösen*, prendre un billet. ||°**-karten|schalter** ["—/'—] m. (s, -). [Eisenbahn] guichet m. ||°**-lehrer** m. (s, -). AUTOM. moniteur (m.) d'auto-école. ||°**-plan** m. (s, ¨e) indicateur m. ; horaire m. | *den Fahrplan studieren*, consulter l'horaire. ||**-plan|mäßig** adj. et adv. suivant l'horaire ; à l'heure. ||°**-preis** m. (es, e) prix (m.) du transport, du voyage, de la course (taxi). ||°**-preis|anzeiger** m. (s, -). AUTOM. compteur m. ; taximètre m.
Fahrrad ['fɑ:rrɑ:t] n. (s, ¨er) bicyclette f. ; cycle m. ; FAM. vélo m. | *einrädriges Fahrrad*, monocycle m. | *dreirädriges Fahrrad*, tricycle m. | *Fahrrad mit zwei Sitzen*, tandem m. | *ein Fahrrad besteigen*, enfourcher une bicyclette. | *Fahrradbereifung*, bandages (m. pl.), pneumatiques (m. pl.) pour cycles. | *Fahrradpumpe*, pompe (f.) à vélo. | *Fahrradrahmen*, cadre (m.) de bicyclette. | *Fahrradrennen*, course (f.) cycliste. | *Fahrradständer*, porte-bicyclettes m. ; support (m.) à bicyclettes. | *Fahrradtasche*, sacoche f.
Fahr|schein ['fɑ:rʃain] m. (s, e) billet m. ; ticket m. ; titre (m.) de transport. | *Fahrscheinheft*, carnet (m.) de tickets. ||°**-schule** f. (-, n). AUTOM. auto-école f. ||°**-schüler(in)** m. (s, -), f. (-, nen) 1° élève forain ; 2° apprenti conducteur. ||°**-strecke** f. (-, n) trajet m. ; parcours m. ||°**-stuhl** m. (s, ¨e) ascenseur m. ; lift m. || °**-vorschrift** f. (-, en) règlement (m.) de la circulation ; code (m.) de la route. ||°**-wasser** n. (s). MAR. eau (f.) navigable ; chenal m. ; passe f. || FIG., FAM. *in js Fahrwasser schwimmen*, être dans le sillage de qn. ||°**-weg** m. (s, e) chemin (m.) carrossable ; chaussée f. ||°**-werk** n. (s, e). AÉRON. train (m.) d'atterrissage. ||°**-werk|schacht** m. (s, ¨e). AÉRON. logement (m.) de train. ||°**-zeit** f. (-, en) durée (f.) du parcours, du trajet. ||°**-zeug** n. (s, e) véhicule m. || MAR. bâtiment m. ; [kleines Fahrzeug] embarcation f. ||°**-zeug|halter** m. (s, -). JUR. détenteur d'un véhicule. ||°**-zeug|schein** m. AUTOM. carte grise.
Fähr|boot ['fɛ:rbo:t] n. (s, e). MAR. bac m. ||°**-mann** m. (s, -leute) passeur m. ; batelier m.
fahrbar ['fɑ:rba:r] adj. praticable ; carrossable. || PAR EXT. mobile ; transportable.
Fähre ['fɛ:rə] f. (-, n). MAR. bac m.
fahren ['fɑ:rən] (ä, u, a) v. intr. **1.** [von einem Fahrzeug] se déplacer ; rouler ; marcher. | *wie lange fährt der Zug ?*, combien de temps le train met-il ? **2.** [ein Fahrzeug benutzen] utiliser ; prendre ; se déplacer en. | *mit der Bahn fahren*, prendre le train. | *mit dem Auto fahren*, aller en voiture. | *mit dem Rad fahren*, aller à bicyclette. | *Schi fahren*, faire du ski. **3.** [weggehen ; wegfahren] partir ; s'en aller. | *wann fährt der nächste Zug ?*, quand part le train suivant ? **4.** [sich schnell bewegen] passer rapidement ; bondir ; sauter ; traverser. | *jm an die Kehle fahren*, se jeter à la gorge de qn ; prendre qn à la gorge. | *aus dem Bett fahren*, sauter en bas du lit. | *ein Geschoß fährt durch die Wand*, un projectile traverse la cloison. | *ein Gedanke fährt mir durch den Kopf*, une idée me traverse l'esprit. | *in die Höhe fahren*, sursauter. | *in die Kleider fahren*, s'habiller en toute hâte. | *mit der Hand über die Stirn fahren*, se passer la main sur le front. || FIG. *aus der Haut fahren*, sortir de ses gonds.
5. MAR. *zur See fahren*, naviguer. | *übers Meer fahren*, traverser la mer. | *auf den Grund fahren*, toucher le fond.
6. FIG. *fahren lassen*, lâcher ; abandonner ; FAM. laisser tomber. | *gut bei einer Sache fahren*, y trouver son compte ; faire une bonne affaire.
◇ v. tr. **1.** transporter. || [schwere Last] charrier. | *täglich fährt er Gemüse in die Stadt*, chaque jour il transporte des légumes à la ville.
2. conduire ; *er hat uns gut gefahren*, il nous a bien conduits ; il nous a menés bon train. | *jn über den Fluß fahren*, faire passer, traverser la rivière à qn.
3. conduire. | *er fährt einen Lastwagen*, il conduit un camion. | *einen Sportwagen fahren*, rouler en, avoir une voiture de sport. | *jn über den Haufen fahren*, culbuter qn.
Fahren [-rən] n. (s.) conduite f. | *er versteht sich aufs*

Fahren, il sait (bien) conduire. | *das Fahren nicht vertragen*, ne pas supporter la voiture (ou autre véhicule). | *Fahren ohne Führerschein*, conduite sans permis.

fahrend [-rənt] adj. ambulant, errant. | *fahrender Schüler*, étudiant qui allait d'université en université. | *fahrendes Volk*, nomades m. pl.

Fahrer [-rər] m. (s, -) conducteur m.

Fahrer|flucht ["fa:rər'flu:xt] f. (-, en). JUR. délit (m.) de fuite.

...fahrer [-rər] suff. voyageur m. ; navigateur m. ; explorateur m.

fahrig ['fa:riç] adj. instable ; agité ; nerveux.

Fahrigkeit [-kait] f. (-) instabilité f. ; agitation f.

fahrlässig ['fa:rlɛsiç] adj. négligent ; imprudent. || JUR. *fahrlässige Tötung*, homicide (m.) par imprudence.

Fahrlässigkeit ['fa:rlɛsiçkait] f. négligence f. ; imprudence f. | *grobe Fahrlässigkeit*, faute lourde.

Fährschiff ['fɛ:rʃif] n. (s, e). MAR. navire (m.) transbordeur.

Fahrt [fa:rt] f. (-, en). **1.** [Reise] parcours m. ; trajet m. ; voyage m. (en voiture ou autre véhicule). || [Taxifahrt] course f. | *glatte, flotte Fahrt*, voyage sans anicroche, sans histoires. | *auf der Fahrt*, durant le trajet, le voyage. | *auf der Fahrt nach*, en route pour. || MAR. *kurze Fahrt*, cabotage m. | *mittlere Fahrt*, grand cabotage. | *lange Fahrt*, voyage au long cours. | *die Fahrt, den Kurs nach Osten richten*, faire route vers l'est. | *von der Fahrt abkommen*, faire fausse route.
2. [Ausflug] promenade f. ; sortie f. | *auf Fahrt gehen*, faire une promenade. | *auf Fahrt sein*, être en promenade. | *Fahrt ins Blaue*, excursion-surprise f.
3. [Geschwindigkeit] vitesse f., allure f. | *in Fahrt bringen*, mettre en mouvement, en branle. | *in Fahrt kommen*, prendre de la vitesse. | *sich in voller Fahrt befinden*, aller, rouler à toute allure. || MAR. *alle Fahrt*, toute vitesse. | *kleine Fahrt*, petite vitesse. | *wenig Fahrt machen*, avancer doucement.
4. [Eisenbahn] *das Signal steht auf freie Fahrt*, la voie est libre ; le signal est au vert. | *freie Fahrt haben*, [Zug] avoir la voie libre, le feu vert ; [Eisenbahnbeamter] avoir le droit de circuler gratuitement. || AUTOM. *freie Fahrt*, fin (f.) de limitation de vitesse.
5. FIG., FAM. *in Fahrt kommen, sein*, se mettre, être en train. | *er ist in Fahrt*, il est en verve.

Fahrt|richtung ["fa:rt'riçtuŋ] f. (-, en) direction f. | *vorgeschriebene Fahrtrichtung*, sens (m.) obligatoire. | *verbotene Fahrtrichtung*, sens interdit. ||°**-richtungsänderung** f. (-, en) changement (m.) de direction. || MAR. changement (m.) de cap. ||°**-richtungsanzeiger** m. (s, -). AUTOM. indicateur (m.) de direction ; clignotant m. ||°**-schreiber** m. TRANSP. tachygraphe m. ; boîte noire. ||°**-wind** m. (s) écoulement (m.) d'air.

Fährte ['fɛ:rtə] f. (-, n) trace f. ; piste f. | *jn auf die richtige Fährte bringen*, mettre qn sur la bonne piste.

Fahrten|buch ["fa:rtən'bu:x] n. (s, ¨er). MAR. carnet (m.), journal (m.) de bord. ||°**-schreiber** m. (s, -). TRANSP. boîte noire ; tachygraphe m.

fair [fɛ:r] adj. franc ; loyal. || SPORT. *faires Spiel*, fair-play m. ; franc jeu ; jeu loyal, correct.

Fäkalien [fɛ'ka:liən] f. pl. déjections f. pl. ; matières fécales.

Fakir ['faki:r] m. (s, e ou s) fakir m.

Faksimile [fak'si:milə] n. (s, s) fac-similé m.

faktisch ['faktiʃ] adj. effectif ; réel. || PHILOS. factuel.
◇ adv. de, en fait, en réalité.

Faktor ['faktor] m. (s, en). TYPOGR. prote m. || TECHN. contremaître m. || MATH. facteur m.

Faktoren|analyse [fak'to:rənana'ly:sə] f. (-, n). MATH. analyse factorielle.

Faktur [fak'tu:r] f. (-, en). COMM. facture f.

fakturieren [faktu'ri:rən] v. tr. COMM. facturer.

Fakultät [fakul'tɛ:t] f. (-, en) faculté f. | *philosophische Fakultät*, faculté des lettres et des sciences humaines. | *juristische Fakultät*, faculté de droit.

falb [falp] adj. [Farbe] fauve ; jaune pâle. || ZOOL. *falbes Pferd*, cheval (m.) aubère, aubert.

Falbe ['falbə] m. (n, n). ZOOL. cheval (m.) aubère.

Falke ['falkə] m. (n, n). ZOOL. faucon m. || FIG. *er hat ein Auge wie ein Falke*, il a des yeux de lynx.

Falken|beize ["falkən'baitsə] f. (-, n) [Jagd] fauconnerie f. ||°**-haube** f. (-, n) chaperon m.

Falkner ['falknər] m. (s, -) fauconnier m.

Fall [fal] m. (s, ¨e). **1.** [Fallen] chute f. ; descente f. | *zu Fall kommen*, tomber. | *zu Fall bringen*, faire tomber ; renverser. || PHYS. *freier Fall*, chute libre. || COMM. *Fall eines Hauses*, faillite f. ; banqueroute f. ; FAM. déconfiture f. || FIN. *Fall der ausländischen Werte*, chute des valeurs étrangères.
2. [Umstand] cas m. ; circonstance f. ; éventualité f. ; occurrence f. | *typischer Fall*, cas typique. | *verzweifelter Fall*, cas désespéré. | *gesetzt den Fall, daß*, supposons que ; supposé que (subj.). | *auf jeden Fall*, en tout cas. | *auf keinen Fall*, en aucun cas ; jamais... ne. | *auf alle Fälle*, en tout cas ; dans tous les cas. | *für diesen Fall*, dans ce cas. | *im schlimmsten, äußersten Fall*, au pis-aller. | *im besten Falle, bestenfalls*, dans le meilleur des cas ; en mettant les choses au mieux. | *für den Fall, daß*, au cas où. | *im entgegengesetzten Falle*, dans le cas inverse ; sinon. | *in einem solchen Falle*, en pareil cas. | *in zweifelhaften Fällen*, dans le doute. | *sich von Fall zu Fall entscheiden*, se décider suivant les circonstances. | *das ist der Fall*, c'est bien le cas. || FAM. *das ist ganz mein Fall*, c'est tout à fait ce qu'il me faut.
3. JUR. [Tatbestand] affaire f. ; cause f. | *der Fall Dreyfus*, l'affaire Dreyfus. || MÉD. [Vorkommen] cas m. || GRAMM. [Biegung] cas m. | *erster, zweiter, dritter, vierter Fall*, nominatif m. ; génitif m. ; datif m. ; accusatif m.
— SYN. : *Sturz*, chute ; *Zustand, Lage*, cas ; *Gelegenheit*, occurrence.

Fall|beil ['falbail] n. (s, e) couperet m. ; guillotine f. ||°**-brücke** f. (-, en) pont-levis m. ||°**-gatter** n. (s, -) herse f. ||°**-gesetz** n. (es, e). PHYS. loi (f.) de la chute des corps. ||°**-grube** f. (-, n) trappe f. ; piège m. ||°**-höhe** f. (-, n). PHYS. hauteur (f.) de chute, de frappe. ||°**-linie** f. (-, n). PHYS. ligne (f.) de plus grande pente. ||°**-obst** n. (es). CULIN. fruits tombés, talés. ||°**-reep** n. (es, e). MAR. coupée f. ||°**-schirm** m. (s, e). AÉRON. parachute m. | *automatischer Fallschirm*, parachute à déclenchement automatique. | *Fallschirm mit Handauslösung*, parachute à déclenchement manuel. | *mit dem Fallschirm abspringen*, sauter en parachute. | *mit dem Fallschirm abwerfen, absetzen*, lancer par parachute ; parachuter. ||°**-schirm|absprung** m. (s, ¨e) descente (f.) en parachute. ||°**-schirm|jäger** m. (s, -) parachutiste m. (militaire). ||°**-schirmspringen** n. (s.) parachutisme m. ||°**-schirmspringer(in)** m. (s, -), f. (-, nen) parachutiste s. ||°**-schirm|truppen** f. pl. troupes aéroportées. ||°**-strick** m. (s, e) chausse-trape f. ; lacs m. || FIG. embûche f. | *Fallstricke legen*, tendre des pièges à. || [Jagd] trappe f. ||°**-treppe** f. (-, n) escalier (m.) à trappe. ||°**-tür** f. (-, en) trappe f. ; volet (m.) mobile.

Falle ['falə] f. (-, n) piège m. ; embûche f. ; traquenard m. | *Fallen stellen*, tendre des pièges. || FIG. *jn in eine Falle locken*, attirer qn dans un guet-apens.

| *er ist in die Falle gegangen*, il est tombé dans le piège, le panneau. | *in eine Falle geraten*, tomber dans un piège. || POP. *die Falle*, le pieu ; le plumard.

fallen ['falən] (ä, ie, a).

> **I.** v. intr.
> **1.** [sich nach unten bewegen] tomber ; faire une chute ; choir ;
> **2.** FIG. ;
> **3.** PAR EXT. [sterben] mourir ;
> **4.** [sinken] baisser ; décroître ;
> **5.** [eine schnelle Bewegung machen] se jeter ;
> **6.** [auf etwas treffen ; mit etwas zusammenstimmen] tomber sur ; frapper ;
> **7.** [in einen Zustand geraten] devenir ;
> **8. fallen lassen.**
> **II.** v. tr. faire qch. en tombant.

I. v. intr. **1.** [sich nach unten bewegen] tomber ; faire une chute. | *gestern fiel Schnee*, il tombait de la neige hier ; hier il neigeait. | *das Laub fällt*, les feuilles tombent. | *zu Boden, auf die Erde fallen*, tomber à terre. | *das Kind ist ins Wasser gefallen*, l'enfant tomba à l'eau. | *vom Pferd fallen*, tomber de cheval. | *frei fallen*, tomber en chute libre. || [abhängig sein] *die Felsen fallen schroff in die Tiefe*, les rochers abrupts se dressent au-dessus de l'abîme.
2. FIG. *jm in die Hände fallen*, tomber dans les griffes de qn. | *dem Feinde in den Rücken fallen*, tomber dans le dos de l'ennemi. | *ein Schuß fällt*, un coup part. | *kein Wort fällt*, pas un mot. | *bei jm nicht schwer ins Gewicht fallen*, ne pas peser lourd aux yeux de qn. | *jm zur Last fallen*, être à charge à, importuner qn. | *das Lernen fällt ihm schwer*, il a de la peine à apprendre. | *das Lügen fällt ihr leicht*, elle ment comme elle respire. | *aus der Rolle fallen*, sortir de son rôle. | *er ist nicht auf den Kopf gefallen*, il n'est pas sot. | *er ist nicht auf den Mund gefallen*, il n'a pas la langue dans sa poche. | *der Minister ist in Ungnade gefallen*, le ministre est tombé en disgrâce. | *mir fällt eine schwere Last, ein Stein vom Herzen*, cela m'enlève un poids de l'estomac. | *es fiel ihm wie Schuppen von den Augen*, ses yeux se dessillèrent. | *mit der Tür ins Haus fallen*, ne pas y aller par quatre chemins ; ne pas prendre de gants.
3. PAR EXT. [sterben] *tot umfallen*, tomber raide mort. | *im Kriege, im Felde fallen*, mourir à la guerre, au combat.
4. [sinken] baisser ; décroître. | *das Hochwasser fällt stündlich*, la crue diminue d'heure en heure. | *das Barometer ist gefallen*, le baromètre a baissé, est descendu. | *die Aktien fallen*, les actions baissent, sont en baisse. || FIG. *sein Einfluß ist gefallen*, son influence a baissé. | *ein gefallener Engel*, un ange déchu.
5. [eine schnelle Bewegung machen] se jeter. | *sie fiel der Freundin um den Hals*, elle se jeta au cou de son amie. | *einem Pferde in die Zügel fallen*, saisir par la bride un cheval (emballé). | *sie fielen einander in die Arme*, ils se jetèrent dans les bras l'un de l'autre. | *jm flehend zu Füßen, vor jm auf die Knie fallen*, se jeter aux pieds, aux genoux de, à genoux devant qn. | *die Tür fällt ins Schloß*, la porte claque. || FIG. *ich bin ihm in den Arm gefallen*, je lui ai arrêté le bras. | *jm ins Wort, in die Rede fallen*, couper la parole à, interrompre qn.
6. [auf etwas treffen ; mit etwas zusammenstimmen] tomber sur ; frapper. | *der Schatten fällt auf, an die Wand*, l'ombre se projette sur le mur. | *das Licht fällt durch das Fenster*, la lumière pénètre par la fenêtre. | *mein Blick fällt auf den Ring*, mon regard se pose sur la bague. | *der Verdacht ist auf ihn gefallen*, le soupçon se porta sur lui. | *der Heilige Abend fällt auf einen Montag*, la veille de Noël tombe un lundi.
7. [in einen Zustand geraten] devenir. | *in Ohnmacht fallen*, s'évanouir. || [zufallen] échoir. | *die Erbschaft fiel an entfernte Verwandte*, l'héritage échut, revint à des parents éloignés. | *das ist ihm in den Schoß gefallen*, cela lui est tombé du ciel. || FIG. *der Vorgang fällt nicht unter diese Bestimmung*, cet acte ne tombe pas sous le coup du décret. | *das fällt in dieselbe Kategorie*, cela rentre dans la même catégorie.
8. fallen lassen, laisser tomber ; laisser échapper ; lâcher. | *darüber ließ er kein Wort fallen*, il n'en souffla mot. || FIG. *jn fallen lassen*, laisser tomber, sacrifier, éviter qn ; se désintéresser de qn. | *die Hoffnung fallen lassen*, abandonner tout espoir. | *Ansprüche fallen lassen*, renoncer à ses prétentions.
II. v. tr. faire qch. en tombant. | *sich wund fallen*, se blesser en tombant.

Fallen ['falən] n. (s) chute f. | *beim Fallen*, en tombant. || FIG. déclin m. || COMM. baisse f. ; diminution f.

fällen ['fɛlən] v. tr. faire tomber. | *Bäume, Holz fällen*, abattre des arbres, couper du bois. || MIL. *das Bajonett fällen*, croiser la baïonnette. || JUR. *ein Urteil fällen*, porter, rendre un jugement, un arrêt. | *eine Entscheidung fällen*, prendre une décision. || MATH. *ein Lot auf eine Gerade fällen*, abaisser une perpendiculaire à une droite. || CHIM. précipiter.

Fällen ['fɛlən] n. (s) [Bäume] abattage m. || [Wald] coupe f. || JUR. [Urteil] prononcé m. || MATH. abaissement m. || CHIM. [Verbindung] précipitation f.

fallend ['falənt] adj. tombant. | *fallendes Gelände*, terrain (m.) en pente.

fällig ['fɛliç] adj. COMM. exigible ; dû. | *die Miete ist fällig*, le terme (du loyer) est échu. | *fällig werden*, venir à échéance.

Fälligkeit [-kait] f. (-, en). COMM. échéance f. ; exigibilité f. | *bei Fälligkeit*, à l'échéance.

Fälligkeits|tag ["fɛliçkaits'tɑ:k] m. (s, e), **°-termin** m. (s, e). COMM. date (f.), terme (m.) d'échéance.

falls [fals] conj. de subord. au cas où ; pour, dans le cas où ; si.

Fall|studie ["fal'ʃtu:diə] f. (-, n) étude (f.) de cas.

falsch [falʃ] adj. faux. || [Dinge] *eine falsche Richtung einschlagen*, s'engager dans une mauvaise direction. | *falsches Geld*, fausse monnaie. | *falsche Zähne*, fausses dents ; dentier m. | *falsche (Spiel)karten*, cartes biseautées. | *falsche Würfel*, dés pipés. | *falscher Schlüssel*, fausse clef. | *falscher Diamant*, diamant faux. | *unter falschem Namen reisen*, voyager sous un nom d'emprunt. | *Vorspielung falscher Tatsachen*, récit mensonger. | *etwas für falsch erklären*, s'inscrire en faux contre qch. | *falscher Eid*, faux serment. || [Personen] *ein falscher Mensch*, un homme faux, peu sincère, perfide. || LOC. *auf jn falsch sein, werden*, en vouloir à qn.
◇ adv. *falsch schreiben*, mal orthographier. | *etwas falsch auslegen*, se méprendre sur qch. | *falsch singen*, chanter faux. | *falschspielen*, tricher au jeu. | *falsch sehen*, avoir la berlue. | *falsch schwören*, faire un faux serment. | *falsch handeln*, mal agir. || TÉLÉPH. *falsch verbunden*, il y a erreur.

Falsch [falʃ] m. ou n. (-) *ohne Falsch*, franc ; loyal. | *es ist kein Falsch an ihm*, il est franc comme l'or.

Falsch|buchung ["falʃ'buxuŋ] f. (-, en). COMM. faux emploi. ||**°-meldung** f. (-, en) fausse nouvelle ; FAM. bobard m. ; canard m. ||**°-münzer** m. (s, -) faux-monnayeur m. ||**°-spieler** m. (s, -) tricheur m.

fälschen ['fɛlʃən] v. tr. fausser ; falsifier ; altérer. | *Würfel fälschen*, piper des dés. | *Karten fälschen*, truquer des cartes. | *Banknoten fälschen*, falsifier, contrefaire des billets de banque. || JUR. commettre un faux.

Fälscher [-ʃər] m. (s, -). COMM. [Bücher] falsificateur m. || [Geld] faussaire m.
Falschheit ['falʃhait] f. (-, en) fausseté f. ; duplicité f. ; perfidie f.
fälschlich ['fɛlʃliç] adj. faux ; erroné.
fälschlicher|weise ["fɛlʃliçər'vaizə] adv. faussement ; par erreur ; à tort.
Fälschung ['fɛlʃuŋ] f. (-, n). [Handlung] falsification f. ; altération f. ; [von Spielkarten] biseautage m. | *Fälschung von Urkunden*, faux en écritures. || [Ergebnis] faux m. ; contrefaçon f.
fälschungs|sicher ["fɛlʃuŋs'ziçər] adj. infalsifiable.
Falsett [fal'zɛt] n. (s, e). MUS. fausset m.
faltbar ['faltbɑ:r] adj. pliable ; pliant.
Falt|boot ['faltbo:t] n. (s, e). MAR. bateau (m.), canot (m.) pliant, démontable. ||°**-maßstab** m. (s, ¨e). TECHN. mètre pliant. ||°**-prospekt** m. (s, e) dépliant m. ||°**-stuhl** m. (s, ¨e) pliant m. || strapontin m.
Falte ['faltə] f. (-, n) **1.** [in einem Stoff] pli m. | *der Vorhang wirft, schlägt Falten*, le rideau fait des plis. | *etwas in Falten legen*, plier qch. | *die Falten verlieren*, se déplisser. | *die Falten glätten*, effacer les plis.
2. [Stirnfalte] *Falten im Gesicht haben*, avoir des rides. | *die Stirn in Falten legen, ziehen*, froncer les sourcils.
3. GÉOL. pli m.
fälteln ['fɛltəln] v. tr. plisser ; froncer.
falten ['faltən] v. tr. (au part. pass. parfois **gefalten**). | *einen Brief falten*, plier une lettre. | *die Stirn falten*, froncer les sourcils. | *die Hände falten*, joindre les mains.
Falten|bildung ["faltən'bilduŋ] f. (-, en) formation (f.) de plis. || ANAT. plissement (m.) de la peau. || GÉOL. plissement m. ||**-los** adj. sans plis ; sans rides. ||°**-magen** m. (s, -). ZOOL. feuillet m. ||°**-rock** m. (s, ¨e) jupe plissée. ||°**-wurf** m. (s, ¨e) drapé m.
Falter ['faltər] m. (s, -). ZOOL. papillon m.
faltig ['faltiç] adj. [Kleid] plissé ; à plis. || PAR ANAL. [Gesicht] ridé.
Falz [falts] m. (es, e) rainure f. || [Binderei] onglet m. || TECHN. agrafure f.
falzen ['faltsən] v. tr. TECHN. [Bücher] plier ; encarter. || [Blech] agrafer ; replier. || [Holz] rainer. || [Leder] drayer. || TYPOGR. assembler.
familiär [famil'jɛr] adj. familier. | *zu familiär*, indiscret ; importun. | *familiär tun*, se permettre des familiarités.
Familiarität [-jari'tɛ:t] f. (-, en) familiarité f.
Familie [fa'mi:liə] f. (-, n) famille f. ; parenté f. | *keine Familie haben*, ne pas avoir d'enfants ; être sans enfants. | *das liegt in der Familie*, cela tient de famille.
Familien|angehörige(r) [fa"mi:liən'angəhø:rigə(r)] f. (m.) membre (m.) de la famille. ||°**-angelegenheit** f. (-, en) affaire (f.) de famille. ||°**-beihilfe** f. (-, n) allocation familiale. ||°**-betrieb** m. (s, e) entreprise familiale. ||°**-buch** n. (s, ¨er) livret (m.) de famille. ||°**-freibetrag** m. (s, ¨e). ÉCON. (*etwa*) quotient familial. ||°**-grab** n. (s, ¨er), °**-gruft** f. (-, ¨e) caveau de famille. ||°**-kreis** m. (es, e) cercle (m.) de famille. ||**-los** adj. sans famille. ||°**-name** m. (n, n) nom (m.) de famille. ||°**-oberhaupt** n. (s, ¨er) chef (m.) de famille. ||°**-planung** f. planning familial. ||°**-stand** m. (s, ¨e) situation (f.) de famille. ||°**-unterstützung** f. (-, en), °**-zulage** f. (-, n). ADM. allocation familiale. ||°**-vater** m. (s, ¨) père (m.) de famille. || °**-zusammenführung** f. (-, en) réunification (f.) des familles.
famos [fa'mo:s] adj. FAM. fameux ; POP. épatant.
Famulus ['fɑ:mulus] m. (-, li ou lusse) famulus m.

Fanal [fa'nɑ:l] n. (s, e) fanal m.
Fanatiker [fa'nɑ:tikər] m. (s, -) fanatique m.
fanatisch [-tiʃ] adj. fanatique.
fanatisieren [fanati'zi:rən] v. tr. fanatiser.
Fanatismus [-'tismus] m. (-) fanatisme m.
Fanfare [fan'fɑ:rə] f. (-, n). MUS. fanfare f.
Fang [faŋ] m. (s, ¨e) [Handlung] prise f. ; capture f. || [Resultat] butin m. ; proie f. ; prise f. ; pêche f. | *einen guten Fang tun*, faire une bonne prise. || PAR EXT. [Krallen, Zähne] (Eber) défense f. ; (Raubvogel) serre f. || [Falle] piège m. ; trappe f. || [Töten] *einem Wild den Fang geben*, donner le coup de grâce à, achever un gibier.
Fang|arme ["faŋ'armə] m. pl. ZOOL. tentacules m. pl. ||°**-ball** m. (s, ¨e) balle f. || PAR EXT. jeu (m.) de balle. | *Fangball spielen*, jouer à la balle. || FIG. *mit jm Fangball spielen*, faire son jouet de qn. ||°**-eisen** n. (s, -) chausse-trape f. ||°**-garn** n. (s, e). [Jagd] filets m. pl. || FIG., LITTÉR. rets m. pl. ||°**-leine** f. (-, n). [Jagd] laisse f. || [Feuerwehr] cordage (m.) d'incendie ; corde (f.) de sauvetage. || AÉRON. suspentes (f. pl.) de parachute. ||°**-schlinge** f. (-, n) lasso m. ||°**-schuß** m. (es, ¨e). [Jagd] coup (m.) de grâce. ||°**-stütze** f. (-, n). [Eisenbahn] taquet (m.) d'arrêt, de sûreté. ||°**-vorrichtung** f. (-, en) dispositif (m.) d'arrêt. ||°**-zähne** m. pl. ZOOL. crocs m. pl. ; défenses f. pl.
fangen ['faŋən] (ä, i, a) v. tr. prendre ; saisir ; attraper. | *Feuer fangen*, prendre feu ; s'allumer. || FAM. *er fängt leicht Feuer*, il s'enflamme facilement.
◇ v. pr. **sich fangen,** se prendre au piège ; être pris, attrapé. | *eine Maus hat sich in der Falle gefangen*, une souris s'est prise dans la souricière. || FIG. *der Wind fängt sich im Kamin*, le vent s'engouffre dans la cheminée. | *sich wieder fangen*, se rattraper.
Fänger ['fɛŋər] m. (s, -). [Jagd] celui qui a capturé l'animal.
Farb|band ['farpbant] n. (s, ¨er) ruban encreur. ||°**-druck** m. (s, e). TYPOGR. impression (f.) en couleurs. ||**-echt** adj. grand teint. ||**-empfindlich** adj. PHYS., PHOT. orthochromatique. ||°**-fehler** m. (s, -). PHYS. aberration (f.) chromatique. ||°**-fernseher** m. (s, -), °**-fernsehgerät** n. (s, e) (appareil [m.] de) télévision (f.) en couleurs. ||°**-film** m. (s, e) film (m.) en couleurs. ||°**-filter** m. (s). PHOT. écran, filtre coloré. ||°**-foto** n. (s, s) photo (f.) en couleurs. ||°**-gebung** f. (-, en). TECHN. teinture f. ; coloration f. || TYPOGR. encrage m. ||°**-kasten** m. (s, -) boîte (f.) de couleurs, de peinture. ||°**-kissen** n. (s, -) boîte (f.) à tampon. ||**-los** adj. incolore ; sans couleur. ||**-spritzen** v. tr. TECHN. peindre au pistolet. ||°**-stich** m. (s, e). PHOT. dominante f. ||°**-stift** m. (s, e) pastel m. ; crayon (m.) de couleur. ||°**-stiftzeichnung** f. (-, en) pastel m. ||°**-stoff** m. (s, e) matière, substance colorante. || PHYSIOL. pigment m. ||°**-stofflaser** m. (s, -). ÉLECTR. laser (m.) à colorant.
Farbe ['farbə] f. (-, n). **1.** couleur f. ; teinte f. ; coloris m. ; ton m. | *abstechende Farbe*, couleur tranchante. | *in allen Farben spielen*, s'iriser ; se diaprer. || [Hautfarbe] *Farbe verlieren*, perdre ses couleurs. | *wieder Farbe bekommen*, retrouver ses couleurs. | *die Farbe wechseln*, changer de couleur. | *Farbe des Pferdes*, robe f.
2. [Anstrichfarbe] peinture f. ; couleur f. | *Farben auftragen*, colorier. | *die Farbe hält*, cette couleur tient. | *die Farbe geht aus, verblaßt*, cette couleur passe.
3. couleur f. [Karten] *eine Farbe ausspielen*, jouer une couleur. | *Farbe bekennen*, fournir la couleur ; FIG. jouer cartes sur table.
◇ f. pl. **Farben,** couleurs f. pl. | *die Landesfarben*, les

couleurs nationales. | *im Ausland die deutschen Farben vertreten*, représenter l'Allemagne à l'étranger.

Färbe|mittel ["fɛrbə'mitəl] n. (s, -). CHIM. colorant m.

farben|blind ["farbən'blint] adj. MÉD. daltonien. ||°**-blindheit** f. (-). MÉD. daltonisme m. ||°**-druck** m. (s, e). TYPOGR. impression (f.) en couleurs. ||°**-fehlsichtigkeit** f. MÉD. amétropie (f.) de couleur. ||**-freudig** adj. de couleurs vives. ||°**-glanz** m. (es, e) éclat (m.), vivacité (f.) de coloris. ||**-kräftig** adj. haut en couleur. ||°**-lehre** f. (-). PHYS. théorie (f.) des couleurs ; chromatique f. ||°**-skala** f. (-) gamme (f.) des couleurs.

färben ['fɛrbən] v. tr. teindre ; colorer. | *Tuch blau färben*, teindre du drap en bleu. || FIG. *humoristisch gefärbt*, teinté d'humour.
◇ v. pr. **sich färben,** se colorer ; prendre un ton.
◇ v. intr. FAM. *diese Bluse färbt nicht*, ce chemisier ne déteint pas.

Färberei [fɛrbə'rai] f. (-, en) teinturerie f.

farbig ['farbiç] adj. de, en couleur ; coloré ; colorié.

Farbige(r) ['farbigə(r)] f. (m.) homme (m.), femme (f.) de couleur.

Färbung ['fɛrbuŋ] f. (-, en) coloration f. ; nuance f. ; ton m. || PAR EXT. teinture f. || PHYS. chromatisme m.

Farce ['farsə] f. (-, n). CULIN. [Füllung] farce f. || THÉÂTRE. farce f.

Farin [fa'rin] m. (s, e), **Farinade** [fari'na:də] f. (-, n). [Mehlzucker] sucre (m.) en poudre.

Farm [farm] f. (-, en) exploitation (f.) agricole.

Farmer ['farmər] m. (s, -) cultivateur m.

Farn [farn] m. (s, e), **Farn|kraut** ['farnkraut] n. (s, ¨er). BOT. fougère f.

Färöer(inseln) [fɛ'rø:ər(inzeln)] n. pr. f. pl. GÉOGR. îles (f. pl.) Féroé.

Färse ['fɛrzə] f. (-, n) génisse f.

Fasan [fa'za:n] m. (s, e[n]). ZOOL. faisan m.

Fasanen|hahn [fa"zanən'ha:n] m. (s, ¨e). ZOOL. faisan m. ||°**-huhn** n. (s, ¨er) poule faisane f.

Fasanerie [fazanə'ri:] f. (-, n) faisanderie f.

Faschine [fa'ʃinə] f. (-, n) fascine f.

Fasching ['faʃiŋ] m. (s, e) carnaval m.

Faschings|treiben ["faʃiŋs'traibən] n. (s) liesse (f.) du carnaval. ||°**-zug** m. (s, ¨e) [aussi **-aufzug**] cortège (m.) de carnaval ; cavalcade (f.) de mi-carême.

Faschismus [fa'ʃismus] m. fascisme m.

Faschist [-'ʃist] m. (en, en) fasciste m.

faschistisch [-'ʃistiʃ] adj. fasciste.

Fase [fa:zə] f. (-, n). [am Beil] fil m. || [am Balken] chanfrein m. || [an einer Glasplatte] biseau m.

Faselei [fazə'lai] f. (-, en) radotage m.

faseln [-zəln] v. tr. divaguer ; bavarder.

Faser ['fa:zər] f. (-, n) fibre f. ; fil m. ; filament m. || BOT. fil m. ; filandre f. ; fibre. || [Fleisch] fibre.

faserig [-zəriç] adj. fibreux ; filamenteux ; filandreux. || ANAT. fibroïde.

Faß [fas] n. (es, ¨er) tonneau m. ; fût m. ; futaille f. ; barrique f. | *kleines Faß*, baril m. ; tonnelet m. | *ein Faß binden*, cercler un tonneau. | *ein Faß einschlagen*, enfoncer, défoncer, éventrer un tonneau. | *Wein vom, im Faß*, vin (m.) en fût. | *frisch vom Faß*, fraîchement tiré. || FIG., FAM. *das schlägt dem Faß den Boden aus*, c'est la goutte qui fait déborder le vase.

Faß|band ['fasbant] n. (s, ¨er). TECHN. cercle m. ||°**-bier** n. (s, e) bière (f.) en tonneau. ||°**-binder** m. (s, -) tonnelier m. ||°**-daube** f. (-, n) douve f.

Fassade [fa'sa:də] f. (-, n). ARCHIT. façade f.

Fassaden|kletterer [fa"sa:dən'klɛtərər] m. (s, -) monte-en-l'air m.

faßbar ['fasba:r] adj. saisissable. || FIG. compréhensible ; intelligible ; concevable.

fassen ['fasən] v. tr. **1.** [etwas ergreifen] saisir ; empoigner ; prendre. | *festen Fuß fassen*, prendre pied. | *Wurzel fassen*, prendre racine. | *eine Quelle fassen*, capter une source. || FIG. *einen Gedanken fassen*, former un projet. | *einen Beschluß fassen*, prendre une résolution. | *Mut fassen*, prendre courage. | *Neigung zu jm fassen*, se prendre d'amitié pour qn.
2. [jn ergreifen] saisir ; empoigner. || JUR. appréhender. | *jn fest ins Auge fassen*, regarder qn dans le blanc des yeux. | *jn beim Kragen fassen*, saisir qn au collet. | *faß ihn !*, attrape-le ! | *den Kerl haben wir gefaßt*, nous le tenons. | *einen Dieb fassen*, appréhender un voleur. || FIG. *ein Grauen faßt ihn*, il est saisi d'horreur.
3. [in sich aufnehmen] contenir. | *einen Liter fassen*, avoir une contenance d'un litre.
4. [in ein Gefäß bringen] mettre en. | *in Säcke fassen*, mettre en sacs ; ensacher.
5. [einfassen] sertir ; enchâsser. | *in einen Rahmen fassen*, encadrer. || FIG. *seine Gedanken in Worte fassen*, trouver les mots qui traduisent sa pensée.
6. [begreifen] comprendre ; saisir. | *das fasse ich nicht*, je ne saisis pas.
◇ v. intr. *der Nagel faßt*, le clou tient.
◇ part. pass. **gefaßt,** *gefaßt sein*, se dominer, se maîtriser. | *auf etwas gefaßt sein*, s'attendre à qch. | *sich auf etwas gefaßt machen*, se faire à l'idée de qch. || PR. *in Gold gefaßt*, serti or.
◇ v. pr. **sich fassen,** *sich ein Herz fassen*, prendre son courage à deux mains. | *sich kurz fassen*, abréger. | *sich in Geduld fassen*, prendre patience. | *sich schnell wieder fassen*, se ressaisir. | *faß dich !*, du calme !

faßlich ['fasliç] adj. intelligible ; concevable.

Faßlichkeit [-kait] f. (-) intelligibilité f.

Fasson [fa'so:n] f. (-, s) forme f. | *keine Fasson mehr haben ; aus der Fasson sein*, n'avoir plus de forme.

Fassung ['fasuŋ] f. (-, en). **1.** [Fassen] capture f. ; captage m. | *Fassung einer Quelle*, captage d'une source.
2. [Umrahmung] monture f. ; sertissure f. | *Fassung eines Edelsteins*, monture d'une pierre.
3. [Gestaltung ; Bearbeitung] version f. | *der Film läuft in deutscher Fassung*, le film passe en version allemande.
4. [Ruhe ; Beherrschung] *jn aus der Fassung bringen*, décontenancer qn. | *aus der Fassung geraten*, perdre contenance. | *nicht so leicht aus der Fassung kommen*, ne pas se démonter facilement. | *die Fassung bewahren*, garder son calme.

Fassungs|gabe ["fasuŋs'ga:bə] f. (-, n), **-kraft** ['kraft] f. (-, ¨e) compréhension f. ; intelligence f. ||**-los** adj. déconcerté ; décontenancé. ||°**-raum** m. (s, ¨e) capacité f. ; volume m. ; contenance f. ||°**-vermögen** n. (s) capacité f. ; volume m. ; contenance f. || PHILOS. intelligence f. ; compréhension f.

fast [fast] adv. presque. | *fast wäre er gekommen*, il a failli venir ; pour un peu il serait venu.

fasten ['fastən] v. intr. jeûner ; faire maigre.

Fasten ['fastən] n. (s). RELIG. jeûne m. ; carême m.

Fasten|kur ["fastən'ku:r] f. (-, en) régime amaigrissant. ||°**-zeit** f. (-, en). RELIG. carême m.

Fast|nacht ['fastna:xt] f. (-) carnaval m.

Fastnachts|dienstag ["fastnaxts'di:nsta:k] m. (s, e) mardi gras. ||°**-narr** m. (en, en) carême-prenant m.

Fast|tag ['fasttak] m. (s, e) jour (m.) maigre.

Faszikel [fas'tsikəl] m. (s, -) fascicule m.

faszinieren [fastsi'ni:rən] v. tr. fasciner.

fatal [fa'tɑ:l] adj. fâcheux ; ennuyeux ; contrariant. | *fatale Geschichte*, FAM. sale histoire. | *fatale Konsequenz*, fâcheuse conséquence.

Fatalismus [-ta'lismus] m. (-) fatalisme m.

Fatalist [-ta'list] m. (en, en) fataliste m.

fatalistisch [-ta'listiʃ] adj. fataliste.

Fatalität [-tali'tɛt] f. (-, en) fatalité f. || PAR EXT. contrariété f. ; désagrément m. ; FAM. tuile f.

Fata Morgana [-mɔr'gana] f. (-, s) mirage m.

Fatum ['fɑ:tum] n. (s, - ou ta) sort m. ; fatalité f.

Fatzke ['fatskə] m. (n, n). FAM. poseur m. ; fat m.

fauchen ['fauxən] v. intr. cracher ; feuler.

Fauchen n. (s) feulement m.

faul [faul] adj. **1.** [verdorben] gâté ; pourri ; corrompu. | *faules Fleisch*, viande avariée. | *faule Luft*, air vicié, fétide. | *faules Wild*, gibier faisandé. | *faules Ei*, œuf pourri. | *fauler Zahn*, dent cariée. || FIG. *faule Geschichte*, affaire douteuse, malsaine. | *fauler Witz*, plaisanterie douteuse. | *fauler Zahler*, mauvais payeur. | *fauler Friede*, paix boiteuse. | *etwas ist faul im Staate Dänemark*, il y a quelque chose de pourri au royaume de Danemark.
2. [träge] paresseux ; fainéant. | *fauler Strick*, grand fainéant. | *nicht faul*, vite ; sans crier gare. | *auf der faulen Haut liegen*, paresser ; FAM. tirer sa flemme.
◇ adv. *faul schmecken*, avoir un goût de pourri. | *faul riechen*, sentir mauvais. | *es steht faul mit dem Geschäft*, FAM. cette affaire est vaseuse.

Faul|pelz ['faulpɛlts] m. (es, e). FAM. paresseux m. ; fainéant m. ; POP. flemmard m. ||°-**tier** n. (s, e). ZOOL. paresseux m.

Fäule ['fɔylə] f. (-) pourriture f. || [Zähne] carie f.

faulen ['faulən] v. intr. se gâter ; pourrir ; se décomposer. | *der Zahn fault*, la dent se carie.

faulenzen [-lɛntsən] v. intr. flâner ; paresser.

Faulenzer [-lɛntsər] m. (s, -) paresseux m. ; fainéant m. ; POP. flemmard. || [Liegestuhl] chaise longue.

Faulenzerei ['faulɛntsə"rai] f. (-). POP. flemme f.

Faulheit ['faulhait] f. (-) paresse f. ; fainéantise f. || POP. flemme f. ; cosse f.

faulig [-liç] adj. putride.

Fäulnis ['fɔylnis] f. (-) pourriture f. ; décomposition f. || BIOL. putréfaction f. || CHIM. décomposition (f.) putride. || FIG. corruption f.

Faun [faun] m. (s, e). MYTH. faune m. ; satyre m.

Fauna ['fauna] f. (-, nen). ZOOL. faune f.

Faust [faust] f. (-, ¨e). ANAT. poing m. | *die Faust ballen*, serrer le poing. | *eine Faust in der Tasche, im Sack machen*, serrer les poings dans ses poches. || FIG., FAM. *das paßt wie die Faust aufs Auge*, cela vient comme des cheveux sur la soupe. | *etwas auf eigene Faust tun*, faire qch, agir de son propre chef, de sa propre initiative. || FAM. *sich ins Fäustchen lachen*, rire sous cape. | *Politik der eisernen Faust*, régime (m.) à poigne.

faust|dick ['faustdik] adj. gros comme le poing. || FIG., FAM. *er hat es faustdick hinter den Ohren*, c'est un roublard. ||°-**größe** f. (-, n) grandeur (f.) du poing. ||°-**handschuh** m. (s, e) moufle f. ; mitaine f. ||°-**kampf** m. (s, ¨e). SPORT. boxe f. || HIST. pugilat m. ||°-**keil** m. (s, e). HIST. biface m. ||°-**pfand** n. (s, ¨er). COMM. gage m. ||°-**recht** n. (s). HIST. droit (m.) du plus fort. ||°-**regel** f. (-, n) formule, règle approximative. ||°-**schlag** m. (s, ¨e) coup (m.) de poing.

Fäustling ['fɔystliŋ] m. (s, e) moufle f.

favorisieren [favori'zi:rən] v. tr. favoriser.

Favorit(in) [favo'rit(in)] m. (en, en), f. (-, nen) favori(te) m. (f.).

Faxe ['faksə] f. (-, n) farce f. ; singerie f.

Faxen|macher ["faksən'maxər] m. (s, -) bouffon m. ; farceur m. ; blagueur m.

Fayence [fa'jansə] f. (-, n) faïence f.

Fazit ['fɑtsit] n. (s, e). FIG. résultat m. ; bilan m. | *das Fazit ziehen*, dresser le bilan.

F-Dur ['ɛfdu:r] n. (-). MUS. fa majeur.

Februar ['februar, febru'ɑ:r] m. (s, e) février m.

Fecht|kunst ['fɛçtkunst] f. (-, ¨e) escrime f. ; tour (m.) d'arme ; feinte f. ||°-**lehrer** m. (s, -), °-**meister** m. (s, -). SPORT. maître (m.) d'armes.

fechten ['fɛçten] (i, o, o) v. intr. faire de l'escrime.

Fechten [-tən] n. (s) escrime f. ; combat m. | *sich im Fechten üben*, s'exercer aux armes, à l'escrime.

Fechter [-tər] m. (s, -) escrimeur m. ; tireur m. | *guter Fechter*, bonne, fine lame. || HIST. gladiateur m.

Feder ['fe:dər] f. (-, n). **1.** ZOOL. plume f. | *die Federn*, le plumage. | *Federn verlieren*, se déplumer. || FIG. *noch in den Federn liegen*, être encore au lit, FAM. dans les plumes. | *sich mit fremden Federn schmücken*, se parer des plumes du paon. | *Federn lassen*, FIG. y laisser des plumes.
2. PAR ANAL. [Schreibfeder] plume f. | *mit der Feder schreiben*, écrire à la plume. | *zur Feder greifen*, mettre la main à la plume. | *in die Feder diktieren*, dicter à qn. | *seiner Feder freien Lauf lassen*, écrire au courant de la plume. | *aus der Feder fließen*, venir sous la plume.
3. PAR EXT., TECHN. ressort m. | *gesprungene Feder*, ressort rompu. | *eine Feder spannen, anziehen*, tendre, bander un ressort.

Feder|ball ["fe:dər'bal] m. (s, ¨e). [Spielzeug] volant m. ; [Sportart] badminton m. ||°-**bein** n. (s, e). AÉRON. jambe (f.) élastique. ||°-**bett** n. (s, en) lit (m.) de plume. ||°-**blatt** n. (s, ¨er). TECHN. lame (f.) de ressort. ||°-**busch** m. (es, ¨e) plumet m. ; huppe f. ; panache m. ||°-**decke** f. (-, n), °-**deckbett** n. (s, en) édredon m. ||°-**fuchser** m. (s, -). FAM. [schlechter Schriftsteller] écrivailleur m. ; écrivassier m. || [Büromensch] gratte-papier m. ; POP. scribouillard m. ||-**führend** adj. FIG., JUR. responsable ; compétent. ||°-**gabel** f. (-, n). AUTOM. fourche (f.) à ressort. ||-**gewandt** adj. qui sait (bien) écrire. ||°-**gewicht** n. (s, e). SPORT. poids (m.) plume. ||°-**halter** m. (s, -) porte-plume m. ||°-**kasten** m. (s, -) plumier m. ||°-**kiel** m. (s, e) tuyau (m.) de plume. ||°-**krieg** m. (s, e) polémique f. ||-**leicht** adj. léger comme une plume. ||°-**lesen** n. (s). | *nicht viel Ferderlesens mit jm machen*, traiter qn cavalièrement ; ne pas y aller par quatre chemins avec qn. ||°-**mappe** f. (-, n), °-**mäppchen** n. (s, -) trousse (f.) d'écolier. ||°-**matratze** f. (-, n) matelas à ressorts. ||°-**messer** n. (s, -) canif m. ||°-**strich** m. (s, e) *durch einen Federstrich*, d'un trait de plume. ||°-**vieh** n. (s) volaille f. || PAR EXT. basse-cour f. ||°-**waage** f. (-, n) peson (m.) à ressort. ||°-**wild** n. (es) gibier (m.) à plumes. ||°-**wolke** f. (-, n) cirrus m. || °-**zeichnung** f. (-, en) dessin (m.) à la plume.

Federchen ['fe:dərçən] n. (s, -). ZOOL. duvet m.

federn ['fe:dərn] v. intr. TECHN. [unter dem Druck nachgeben] faire ressort. || AUTOM. *der Wagen federt gut*, la voiture est bien suspendue.
◇ v. tr. TECHN. garnir, munir de ressorts.

federnd [-dərnt] adj. élastique. || FIG. souple.

Federung [-dəruŋ] f. (-, en). AUTOM. suspension f. ; ressorts m. pl.

Fee [fe:] f. (-, n) fée f.

Fege|feuer ["fe:ge'fɔyər] n. (s) purgatoire m.

fegen ['fe:gən] v. tr. balayer ; nettoyer. | *die Straße fegen*, balayer la rue. | *den Schornstein fegen*, ramoner la cheminée.
◇ v. intr. passer en tourbillon, en trombe. | *der Wind fegt durch die Straßen*, le vent balaie les rues.

Fehde ['fe:də] f. (-, n). HIST. guerre privée ; démêlé m. ; querelle f. | *jm Fehde bieten*, défier qn. | *die Fehde annehmen*, relever le défi. | *mit jm in Fehde liegen*, avoir des démêlés avec qn.

Fehde|brief [″fe:də'bri:f] m. (s, e) défi m. ; cartel m. || HIST. déclaration (f.) de guerre (privée). ||°**-handschuh** m. (s, e). HIST. gant m. ; gantelet m. | *jm den Fehdehandschuh hinwerfen, vor die Füße werfen*, jeter le gant à qn. | *den Fehdehandschuh aufheben, aufnehmen*, relever le gant.

Fehl [fe:l] m. ou n. (s, e). POÉT. défaut m.

fehl [fe:l] adv. mal ; à faux ; de travers. | *fehl am Platze sein*, ne pas être de mise.

Fehl|anzeige [″fe:l'antsaigə] f. (-, n) état (m.) néant. ||°**-betrag** m. (s, ¨e). COMM., FIN. déficit m. ; découvert m. | *einen Fehlbetrag aufweisen*, être en déficit, être déficitaire. ||°**-bitte** f. (-, n) prière (f.) inutile. | *eine Fehlbitte tun*, essuyer un refus. ||°**-diagnose** f. (-, n). MÉD. erreur (f.) de diagnostic. ||°**-geburt** f. (-, en). MÉD. avortement m. ; fausse couche. ||**-gehen** (ging, gegangen) faire fausse route ; se tromper de chemin ; se fourvoyer. | *der Schuß ging fehl*, le coup est passé à côté. ||°**-griff** m. (s, e) impair m. ; méprise f. ; bévue f. ||°**-information** f. (-, en) information erronée. | *gelenkte Fehlinformation*, désinformation f. ||°**-investition** f. (-, en) mauvais investissement. ||°**-leistung** f. (-, en) [Psychologie] acte manqué. ||**-leiten** v. tr. fourvoyer. ||**-schießen** (o, o) v. intr. manquer son but. || FIG., FAM. se tromper. | *fehlgeschossen !*, manqué ! ; vous n'y êtes pas ! ||°**-schlag** m. (s, ¨e) coup manqué, raté. || FIG. déception f. ||**-schlagen** (ä, u, a) v. intr. FAM. manquer son coup ; échouer. ||°**-schluß** m. (es, ¨e). PHILOS. conclusion erronée ; paralogisme m. || °**-schritt** m. (s, e) démarche malheureuse. ||°**-schuß** m. (es, ¨e) coup manqué. ||**-sichtig** adj. MÉD. amétrope. ||°**-sichtigkeit** f. MÉD. amétropie f. ||**-treten** (i, a, e) v. intr. faire un faux pas ; trébucher. || FIG., FAM. fauter. ||°**-tritt** m. (s, e) faux pas. ||°**-urteil** n. (s, e). JUR. erreur (f.) judiciaire ; mal-jugé m. ||°**-zündung** f. (-, en). AUTOM. allumage défectueux ; raté (m.) d'allumage.

fehlbar ['fe:lbɑ:r] adj. faillible.

fehlen ['fe:lən] v. intr. **1.** [mißlingen] échouer ; ne pas réussir ; FAM. manquer son coup. | *daran soll es nicht fehlen !*, qu'à cela ne tienne ! | *an mir soll es nicht fehlen, daß*, ce ne sera pas ma faute si. | *weit gefehlt !*, erreur ! ; vous êtes loin du compte !
2. PAR ANAL. [unrecht handeln] manquer à ; faire, commettre une faute ; pécher. | *er hat in seiner Jugend gefehlt*, il a commis des erreurs de jeunesse. | *gegen seine Pflicht fehlen*, manquer à son devoir.
3. [mangeln] manquer ; être manquant. | *es fehlt uns an Geld*, nous manquons d'argent. | *es fehlt uns Geld*, il nous manque de l'argent. | *du hast mir sehr gefehlt*, tu m'as beaucoup manqué. | *es fehlte nicht viel, so wäre er überfahren worden*, il a failli, manqué (de) se faire écraser. | *es fehlt nicht viel daran*, peu s'en faut ; il s'en faut de peu. | *es fehlt irgend etwas*, il y a qch. qui cloche. | *das fehlte gerade noch !*, il ne manquait que ça ! | *es sich an nichts fehlen lassen*, ne rien se refuser. | *es an nichts fehlen lassen*, ne rien négliger ; faire son possible. | *wo fehlt es ?*, où avez-vous mal ? ; qu'est-ce qui ne va pas ? | *mir fehlt nichts*, je vais bien. || [abwesend sein] manquer. | *in der Schule fehlen*, manquer la classe.

Fehlen [-lən] n. (s) manquement m. ; manque m.

Fehler [-lər] m. (s, -). [Abweichung vom Richtigen] faute f. ; erreur f. | *leichter, leichtsinniger Fehler*, faute vénielle. | *einen Fehler machen, begehen*, commettre une faute. | *seine Fehler nicht einsehen*, ne pas reconnaître ses fautes. | *Fehler gegen die Syntax*, fautes de syntaxe. | *Fehler gegen den Sinn*, solécisme m. ; contresens m. | *Fehler gegen die Reinheit der Sprache*, barbarisme m.

fehler|frei [″fe:lər'frai], **-los** [-los] adj. correct ; parfait ; irréprochable. ||°**-quelle** f. (-, n) source (f.), cause (f.) d'erreurs. ||°**-verzeichnis** [″-/-'-] n. (ses, se). TYPOGR. errata m. pl.

fehlerhaft ['fe:lərhaft] adj. incorrect ; défectueux.

feien ['faiən] v. tr. rendre invulnérable.

Feier ['faiər] f. (-, n) fête f. ; cérémonie f. | *eine Feier begehen, veranstalten*, célébrer, organiser une fête.

Feier|abend [″faiər'ɑ:bənt] m. (s, e) veille (f.) de fête. || [Arbeitsschluß] repos m. | *Feierabend machen*, cesser le travail. | *Feierabend haben*, n'avoir plus rien à faire. ||°**-schicht** f. (-, en). ÉCON. chômage (m.) technique. ||°**-stunde** f. (-, n) heure (f.) de repos, de loisir. || [Schule] récréation f. ||°**-tag** m. (s, e) jour (m.) de fête ; jour (m.) de repos ; jour férié. ||**-tags** adv. les jours fériés.

feierlich ['faiərliç] adj. solennel ; de cérémonie. ◇ adv. solennellement ; cérémonieusement. | *einen Tag feierlich begehen*, fêter, célébrer un jour. | *etwas feierlich geloben*, promettre solennellement.

Feierlichkeit ['faiərliçkait] f. (-, en) cérémonie f. ; fête f. ; solennité f. || PAR EXT. air solennel.

feiern ['faiərn] v. tr. [Feste begehen] fêter ; célébrer. | *ein Fest feiern*, célébrer une fête. || PAR EXT. [ehren, preisen] honorer ; fêter. | *jn stürmisch feiern*, réserver un accueil triomphal à qn.
◇ v. intr. [die Arbeit ruhen lassen] cesser le travail ; chômer ; se reposer. | *feiern müssen*, être réduit au chômage. | *krank feiern*, être en arrêt de maladie.

feig(e) ['faig(ə)] adj. lâche ; peureux ; poltron.

Feigheit ['faikhait] f. (-) lâcheté f.

Feigling [-liŋ] m. (s, e) lâche m. ; poltron m.

Feig|warze [″faik'vɑ:rtsə] f. (-, n). ZOOL. fic m.

Feige ['faigə] f. (-, n). BOT. figue f. || [Feigenbaum] figuier m. | *indische Feige*, oponce m.

Feigen|baum [″faigən'baum] m. (s, ¨e). BOT. figuier m. ||°**-blatt** n. (s, ¨er) feuille (f.) de figuier. || [bei Statuen] feuille (f.) de vigne.

feil [fail] adj. vénal ; à vendre. | *feil sein*, être à vendre. | *feil haben*, avoir à vendre.

feil|bieten [″fail'bi:tən] (o, o) v. tr. COMM. mettre en vente ; offrir. ||**-halten** (ä, ie, a) vendre ; offrir. || FIG., FAM. *Maulaffen feilhalten*, faire le badaud.

Feile ['failə] f. (-, n) lime f. | *mit der Feile glätten*, limer.

feilen [-lən] v. tr. limer.
◇ v. intr. FIG. polir. || FAM. fignoler.

Feilen [-lən] n. (s) limage m.

feilschen ['failʃən] v. intr. marchander ; lésiner.

fein [fain] adj. [zart, dünn] fin ; mince ; menu ; ténu ; délié. | *feiner Faden*, fil fin. | *feine Wäsche*, lingerie fine. | *feine Gesichtszüge*, traits fins. || [klein zerteilt] fin. | *feines Mehl*, fine fleur de farine. | *feiner Kamm*, peigne fin. || PAR ANAL. [von der besten Beschaffenheit] fin ; bon ; soigné ; raffiné. | *feines Gold*, or fin. | *ein feines Geschäft machen*, faire une bonne affaire. | *eine feine Nase haben*, avoir le nez fin ; FAM. avoir du flair. | *feine Weine*, vins fins. | *feines Essen*, bonne chère. | *feine Sorte*, qualité extrafine ; surchoix m. | *das ist aber fein !*, c'est fameux ; FAM. c'est chic. | *das Feinste bis zuletzt aufsparen*, FAM. garder qch. pour la bonne bouche. || FIG. *ein feiner Kopf*, un esprit subtil. | *eine feine Arbeit*, un travail très soigné. | *feines Gehör*, oreille fine. || PAR EXT. [vornehm] bon ; bien élevé ; distingué ; délicat ; exquis. | *feines Benehmen*, bonnes manières. | *feines Wesen*, manières distinguées. | *feiner Geschmack*, bon goût. | *feines Haus*, bonne maison. | *feiner Mann*, homme distingué, bien élevé ; galant homme. | *feine Dame*, femme, dame élégante ; élégante f. | *feiner Kerl*, chic type. | *feine Leute*, gens (pl.) du monde ; (le) beau monde.

◇ adv. *das schmeckt fein*, c'est bon ; cela a bon goût. | *das riecht fein*, cela sent bon. || MUS. *das Instrument ist fein gestimmt*, cet instrument est bien accordé. || FAM. *das hat er fein gemacht*, il s'en est bien tiré. || FIG., FAM. *er ist jetzt fein heraus*, il est arrivé à ses fins.

Fein|arbeit ["fain'arbait] f. (-, en) travail (m.) de précision. ||°**-bäcker** m. (s, -) pâtissier-confiseur m. ||°**-bäckerei** f. (-, en). [Waren] pâtisserie f. ||°**-blech** n. (s, e) tôle fine, mince. ||**-fühlend, -fühlig** adj. délicat ; sensible ; plein de tact. ||°**-fühligkeit** f. (-) délicatesse f. ; tact m. ||°**-gebäck** n. (s) pâtisserie f. ||°**-gefühl** n. (s) délicatesse f. ; tact m. ||**-körnig** adj. à grains fins ; à petits grains. ||°**-kost** f. (-) produit (m.) d'épicerie fine. ||°**-kosthandlung** f. (-, en) épicerie fine. || **-maschig** adj. à mailles fines. ||°**-mechanik** f. (-, en) mécanique (f.) de précision. ||°**-mechaniker** m. (s, -) mécanicien (m.) de précision. ||°**-schmecker** m. (s, -) gourmet m. ; FAM. bec fin. ||°**-silber** n. (s) argent fin. ||**-sinnig** adj. d'un goût exquis. ||°**-stahl** m. (s) acier fin. ||°**-stellschraube** f. (-, n) vis (f.) micrométrique. ||°**-wäsche** f. (-, n) lingerie fine. ||°**-werkzeug** n. (s, e) instrument (m.) de précision.

feind [faint] adj. hostile ; ennemi. | *jm feind sein*, être hostile, en vouloir à qn.

Feind [faint] m. (s, e) ennemi m. ; adversaire m. | *erbitterter Feind*, ennemi acharné, implacable. | *unerbittlicher Feind*, ennemi irréductible. | *ich habe ihn mir zum Feind gemacht*, j'ai fait de lui mon ennemi. | *er ist ein Feind des Kartenspiels*, il a horreur des cartes. || MIL. *in Feindeshand fallen*, tomber entre les, aux mains de l'ennemi ; être fait prisonnier. | *zum Feinde übergehen*, passer à l'ennemi. || POLIT. *der innere Feind*, l'ennemi de l'intérieur.

feindlich ['faintliç] adj. ennemi ; hostile ; opposé ; adverse. | *die feindlichen Brüder*, les frères ennemis. || [angreifend] agressif.

Feindschaft [-ʃaft] f. (-, en) inimitié f. ; hostilité f. ; animosité f. | *alte Feindschaft*, vieille rancune. | *darum keine Feindschaft !*, sans rancune.

feindschaftlich [-ʃaftliç] adj. hostile.

feindselig ["faint'ze:liç] adj. hostile ; haineux.

Feindseligkeit [-kait] f. (-, en) hostilité f. | *geheime Feindseligkeit*, sourde hostilité. | *die Feindseligkeiten eröffnen*, ouvrir les hostilités.

Feinheit ['fainhait] f. (-, en) finesse f. ; délicatesse f. || PAR ANAL. [Münze] titre m. || FIG. gentillesse f. ; élégance f. ; noblesse f.

Feins|liebchen ['fains"li:pçən] n. (s, -). POÉT. jolie fille. || [Anrede] ma mie.

Feinst|bearbeitung ["fainstbə'arbaituŋ] f. (-, en) travail (m.) de précision.

feist [faist] adj. gras ; replet. || FAM. grassouillet.

Feistigkeit ['faistiçkait] f. (-) obésité f.

feixen ['faiksən] v. intr. ricaner.

Felchen ['fɛlçən] m. (s, -). [Renke] féra m.

Feld [fɛlt] n. (s, er). **1.** [Acker] champ m. | *braches Feld*, champ en friche. | *ein Feld bestellen*, cultiver un champ.

2. [Gelände ; Gefilde] champs m. pl. ; campagne f. ; plaine f. | *auf freiem Feld*, en pleins champs. | *offenes, flaches Feld*, pays découvert ; campagne. | *Felder und Wälder*, plaine et forêts. | *das Feld durchstreifen*, battre la campagne. | *ins, aufs Feld gehen*, aller aux champs. || POÉT. nature f. || FIG. *das steht noch in weitem Feld*, c'est une perspective lointaine.

3. FIG. [Gebiet] champ m. | *ein weites Feld für Entdeckungen*, un vaste champ d'exploration. | *das ist ein zu weites Feld*, il y aurait beaucoup à dire. | *auf diesem Feld*, sur ce terrain ; dans ce domaine. | *mein Feld ist die Welt*, je sème à tout vent.

4. [Kriegsschauplatz] champ (m.) de bataille. || [Feldzug] campagne f. | *zu Feld, ins Feld rücken, ziehen*, entrer en campagne. | *im Felde stehen*, être aux armées. | *das Feld behaupten*, rester maître du terrain. | *das Feld räumen*, abandonner le terrain ; battre en retraite. | *aus dem Felde schlagen*, mettre en fuite, en déroute ; FIG. évincer. | *auf dem Feld der Ehre fallen*, tomber au champ d'honneur.

5. ÉLECTR. *elektrisches Feld*, champ électrique. | *magnetisches Feld*, champ magnétique. || [wappen] champ m. | *im roten Feld*, sur champ de gueules. || MINES. *ein Feld abbauen*, exploiter une mine. || TECHN. [Abteilung einer Fläche] champ m. ; panneau m. | *Tür mit farbigem Feld*, porte (f.) à panneau peint. || [Schachbrett] case f.

Feld|arbeiter ["fɛlt'arbaitər] m. (s, -). AGRIC. ouvrier (m.) agricole. ||**-aus** adv. *feldaus feldein*, à travers champs. ||°**-bau** m. (s) agriculture f. ||°**-bett** n. (s, en) lit (m.) de camp. ||°**-blume** f. (-, n). BOT. fleur (f.) des champs. ||°**-dieb** m. (s, e) maraudeur m. ||°**-flasche** f. (-, n). MIL. bidon m. ||°**-forschung** f. (-, en) recherches (f. pl.) sur le terrain. ||°**-frevel** m. (s, -) maraude f. maraudage m. ||°**-früchte** f. pl. AGRIC. céréales f. pl. ||°**-geistlicher** (n, n). RELIG., MIL. aumônier (m.) militaire. ||°**-gendarmerie** f. (-, n). MIL. prévôté f. ; police (f.) militaire. ||°**-geschrei** n. (s). MIL. cri (m.) de ralliement ; mot (m.) d'ordre. ||°**-geschütz** n. (es, e). MIL. canon (m.) de campagne. ||**-grau** adj. MIL. [Uniformfarbe] gris verdâtre ; grisâtre ; gris-vert ; feldgrau. ||°**-hauptmann** m. (s, ¨er). HIST. général m. ||°**-herr** m. (n, n). MIL. général (m.) en chef. ||°**-herrnkunst** f. (s, ¨e). MIL. stratégie f. ||°**-huhn** n. (s, ¨er) perdrix grise. | *junges Feldhuhn*, perdreau m. ||°**-hüter** m. (s, -) garde (m.) champêtre. ||°**-jäger** m. (s, -). MIL. chasseur (m.) à pied ; gendarme m. ||°**-küche** f. (-, n). MIL. cuisine roulante ; FAM. roulante f. ; popote f. ||°**-kümmel** m. (s, -). BOT. serpolet m. ||°**-lager** n. (s, -). MIL. camp m. ; bivouac m. ||°**-linie** f. (-, n) ligne (f.) de force. ||°**-magnet** m. (s, e ou en, en). ÉLECTR. électroaimant (m.) inducteur ; inducteur m. ||°**-marschall** m. (s, ¨e). MIL. maréchal m. ||**-marschmäßig** adj. MIL. en tenue de campagne. ||°**-maus** (-, ¨e). ZOOL. campagnol m. ; rat (m.) des champs. ||°**-messen** n. (s), °**-meßkunst** f. (-) géodésie f. ||°**-messer** m. (s, -) arpenteur m. ; géomètre m. ||°**-messung** f. (-, en) arpentage m. ||°**-post** f. MIL. poste (f.) aux armées. ||°**-rain** m. (s, e) bord (m.) d'un champ. ||°**-regler** m. (s, -). ÉLECTR. rhéostat (m.) d'excitation. ||°**-scher** m. (s, e). HIST. barbier m. ; chirurgien (m.) militaire. ||°**-schlacht** f. (-, en). MIL. bataille rangée. ||°**-schlange** f. (-, n). HIST. couleuvrine f. ||°**-spat** m. (s). MINÉRAL. feldspath m. ||°**-stecher** m. (s, -). OPT. jumelle(s) f. (pl.) de campagne. ||°**-studie** f. (-, n) travail (m.) de terrain. ||°**-stuhl** m. (s, ¨e) pliant m. ||°**-webel** m. (s, -). MIL. adjudant m. ; [Artillerie ; Kavallerie] maréchal-des-logis chef m. ||°**-weg** m. (s, e) chemin vicinal, rural. ||°**-wicklung** f. (-, en). ÉLECTR. enroulement (m.) de champ ; bobine inductrice. ||°**-winde** f. (-, n). BOT. liseron (m.) des champs.

||°-**wirtschaft** f. (-, en) économie rurale ; agronomie f. ||°-**zeichen** n. (s, -). MIL. insigne m. ; marque distinctive. ||°-**zug** m. (s, ¨e). MIL. campagne f. ; expédition f. | *einen Feldzug mitmachen*, faire une campagne.

Felge ['fɛlgə] f. (-, n) jante f. | *aus der Felge springen*, (se) déjanter. || SPORT. soleil m.

Fell [fɛl] n. (s, e). [Haut] peau f. || [Pelz] pelage m. ; fourrure f. || [Pferd] robe f. || FIG., FAM. *jm das Fell über die Ohren ziehen*, duper, tromper, rouler qn. | *sich das Fell über die Ohren ziehen lassen*, se laisser tondre la laine sur le dos ; FAM. se laisser plumer. | *ein dickes Fell haben*, avoir la peau dure ; être coriace ; FIG. être blindé. | *jm das Fell gerben*, rosser qn. | *ihm sind die Felle fortgeschwommen*, il est fort déçu. || FAM. *dich, dir juckt wohl das Fell ?*, est-ce que tu as envie d'une raclée ?

Fellache ['fɛla:xə] m. (n, n) fellah m.

Fellatio [fɛ'la:tsio] f. fellation f.

Fels [fɛls] m. (en, en), **Felsen** ['fɛlzən] m. (s, -) roc m. ; rocher m. ; roche f. ; rocaille f.

Fels|abhang ["fɛls'aphaŋ] m. (s, ¨e) pente rocheuse. ||°-**art** f. (-, en) roche f. ||°-**eiland** n. (s, e) îlot rocheux. ||°-**klettern** n. (s) escalade (f.) en rocher ; varappe f. ||°-**wand** f. (-, ¨e) paroi rocheuse ; falaise f. ||°-**zeichnung** f. (-, n) dessin (m.) rupestre.

Felsen|bein ["fɛlzən'bain] n. (s, e). ANAT. rocher m. ||-**fest** adj. ferme comme un roc ; inébranlable. | *felsenfest glauben*, croire dur comme fer. ||°-**gebirge** n. (s, -) montagne rocheuse. ||°-**grund** m. (s, ¨e) fond rocheux. ||°-**küste** f. (-, n) côte rocheuse ; falaise f. ||°-**riff** n. (s, e) banc (m.) de rochers ; écueil m. ; récif m. ; brisants m. pl. ||°-**zeichnung.** V. FELSZEICHNUNG.

Feme ['fe:mə] f. (-). HIST. (Sainte-)Vehme.

Feme|gericht ["fe:məgə'riçt] n. (s, e). HIST. tribunal (m.) de la (Sainte-)Vehme ; tribunal (m.) des francs-juges. ||°-**mord** m. (s, e) meurtre ordonné par la (Sainte-)Vehme.

feminin [femi'ni:n] adj. féminin.

Femininum [-num] n. (s, na). GRAMM. féminin m.

Fenchel ['fɛnçəl] m. (s). BOT. fenouil m.

Fenster ['fɛnstər] n. (s, -) fenêtre f. | *rundes Fenster*, œil-de-bœuf m. | *blindes Fenster*, fausse fenêtre. | *durchs Fenster steigen*, passer par la fenêtre. | *aus dem Fenster, zum Fenster hinaussehen*, regarder par la fenêtre. | *zum Fenster hinauswerfen*, jeter par la fenêtre.

Fenster|bank ["fɛnstər'bank] f. (-, ¨e), °-**brett** n. (s, er) rebord (m.) de fenêtre. ||°-**brüstung** f. (-, en) appui (m.) de fenêtre. ||°-**dichtung** f. (-) bourrelets (m. pl.) de fenêtre. ||°-**flügel** m. (s, -) battant (m.) de fenêtre. ||°-**glas** n. (es, ¨er) verre (m.) à vitres. ||°-**heber** m. (s, -). AUTOM. lève-glace m. ||°-**kreuz** n. (es, e) croisée f. ; meneau m. ||°-**laden** m. (s, ¨) volet m. ; contrevent m. ; persienne f. ||°-**leder** n. (s, -) peau (f.) de chamois. ||°-**loch** n. (s, ¨er). MAR. hublot m. ||°-**nische** f. (-, n) embrasure f. ||°-**öffnung** f. (-, en) fenêtre f. ; jour m. ; baie f. ||°-**rahmen** m. (s, -) châssis m. ||°-**riegel** m. (s, -) targette f. ; crémone f. || [Drehriegel] espagnolette f. ||°-**rose** f. (-, n) rosace f. ||°-**scheibe** f. (-, n) vitre f. ; carreau m. ||°-**sitz** m. (es, e). [Eisenbahn] coin (m.) fenêtre. ||°-**sturz** m. (es, ¨e) linteau m. || HIST. défenestration f. (de Prague). ||°-**tür** f. (-, en) porte-fenêtre f.

Ferien ['fe:riən] pl. vacances f. pl. ; congé m. | *die großen Ferien*, les grandes vacances. | *in die Ferien gehen*, partir en vacances. || JUR. vacations f. pl.

Ferien|dorf ["fe:riən'dɔrf] n. (s, ¨er) village (m.) de vacances. ||°-**heim** n. (s, e) centre (m.) de vacances. ||°-**kolonie** f. (-, n) colonie (f.) de vacances. ||°-**lager** n. (s, -) camp (m.) de vacances.

Ferkel ['fɛrkəl] n. (s, -) petit cochon ; porcelet m. ; cochon (m.) de lait ; goret m. || FIG. pourceau m.

ferkeln ['fɛrkəln] v. intr. ZOOL. mettre bas. || FIG., FAM. se conduire comme un cochon.

Fermate [fɛr'ma:tə] f. (-, n). MUS. point (m.) d'orgue, d'arrêt.

Ferment [fɛr'mɛnt] n. (s, e). CHIM. ferment m.

fermentieren [-mɛn'ti:rən] v. intr. fermenter.

fern [fɛrn] adj. éloigné ; lointain ; distant ; reculé. | *der Ferne Osten*, l'Extrême-Orient m. | *in nicht zu ferner Zeit*, avant peu ; sous peu. | *die Zeit ist noch nicht fern*, il n'y a pas si longtemps. | *fern von der Straße*, à l'écart de la rue. | *das sei fern von mir !*, Dieu m'en garde, m'en préserve !

◇ adv. loin ; de loin. | *von nah und fern*, de toutes parts. | *von fern betrachtet*, vu de loin.

◇ compar. **ferner,** [außerdem] en outre. || [noch längst] encore.

fern|ab ['fɛrnap] adv. très, bien loin.

◇ prép. (gén.) à l'écart de ; à l'encontre de.

Fern|amt ['fɛrnamt] n. (s, ¨er) [service (m.) téléphonique] interurbain m. ; FAM. inter m. | *Fernamt, bitte !*, l'inter, s'il vous plaît. ||°-**aufnahme** f. (-, n). PHOT. téléphotographie f. ||°-**auslöser** m. (s, -). PHOT. déclencheur (m.) à distance. ||°-**bedienung** f. (-, en) commande (f.) à distance. || TECHN. télémanipulateur m. ||°-**betätigung** f. (-, en). TÉLÉCOMM. télémanipulation f. ||-**bleiben** (ie, ie) v. intr. s'abstenir de ; ne pas se mêler à. | *jm fernbleiben*, ne pas fréquenter qn. ||°-**bleiben** n. (s). [Arbeit, Unterricht] absentéisme m. ||°-**dienst** m. (es). TÉLÉPH. (service) interurbain m. || AÉRON. vol (m.) de long courrier. ||°-**dokumentation** f. (-, en). TÉLÉCOMM. télédocumentation f. ||°-**drucker** m. (s, -) téléscripteur m. ||°-**D.-Zug** m. (s, ¨e) grand express ; rapide m. ||°-**einstellung** f. (-, en). OPT. mise (f.) au point à l'infini. ||°-**erfassung** f. (-, en). TECHN. télédétection f. ||°-**fahrer** m. (s, -). TRANSP. routier m. ||°-**fahrt** f. (-, en) long trajet. ||°-**feld** n. (s, er). PHYS. champ éloigné. ||°-**gas** n. (es, e) distribution (f.) de gaz à longue distance. ||°-**gespräch** n. (s, e). TÉLÉPH. communication interurbaine. ||°-**glas** n. (es, ¨er). OPT. lunette (f.) d'approche ; jumelle(s) f. (pl.). ||-**halten** (ä, ie, a) v. tr. tenir à l'écart, éloigné. | *jn von allen Sorgen fernhalten*, épargner tous soucis à qn. | *sich von jm fernhalten*, éviter qn. ||°-**heizung** f. (-, en) chauffage urbain. ||-**her** adv. *von fernher*, de loin. ||-**hin** adv. au loin. ||°-**kopierer** m. (s, -). TÉLÉCOMM. télécopieur m. ||°-**laden** n. (s). INF. téléchargement m. ||°-**laster** m. (s, -). AUTOM. camion routier. ||-**lenken** v. tr. téléguider. | *ferngelenktes Geschoß*, projectile téléguidé. ||°-**lenkung** f. (-, en). ÉLECTR. télécommande f. ; téléguidage m. ||-**liegen** (a, e) v. intr. être loin. || FIG. *es lag mir fern, ihn zu betrügen*, je n'avais pas l'intention de, je ne voulais pas le tromper. ||°-**meldeanlage** f. (-, n) centre (m.) de télécommunication. ||°-**meldeverkehr** m. (s), °-**meldewesen** n. (s) télécommunications f. pl. ||°-**ost** m. (s). GÉOGR. l'Extrême-Orient. ||-**östlich** adj. GÉOGR. d'Extrême-Orient. ||°-**rohr** n. (s, e) jumelles f. pl. ; lunette f. ; télescope m. | *galileisches, holländisches Fernrohr*, lunette de Galilée. ||°-**ruf** m. (s, e) appel (m.) téléphonique. ||°-**rufnummer** f. (-, n) numéro (m.) de téléphone. ||°-**schreiber** m. (s, -) téléscripteur m. ; télétype m. ||°-**schreibnetz** n. (es, e). TÉLÉCOMM. télex m. ||°-**studium** n. (s) télé-enseignement.

Fernseh... ['fɛrnze:] (en compos.) de télévision ; télévisuel.

Fernseh|abend ["fɛrnze:'a:bənt] m. (s, e). FAM. soirée (f.) télé. ||°-**ansager(in)** m. (s, -), f. (-, nen) speaker(ine) m. (f.). ||°-**ansprache** f. (-, n) allocution télévisée. ||°-**apparat** m. (s, e) poste (m.) de télévision. ||°-**ausstrahlung** f. (-, en) télédiffusion f. ||°-**bild** n. (s, er) image télévisée. ||°-**bildschirm** m. (s, e) écran (m.) de télévision ; petit écran. ||°-**duell** n. (s, e) face-à-face télévisé. ||°-**empfänger** m. (s, -) téléviseur m. ; récepteur (m.) de télévision. ||°-**film** m. (s, e) téléfilm m. ||°-**gerät** n. (s, e) appareil (m.) récepteur (m.), poste (m.) de télévision. ||°-**nachrichten** f. pl. journal télévisé. ||°-**teilnehmer(in)** m. (s, -), f. (-, nen), °-**zuschauer(in)** m.(s, -), f. (-, nen) téléspectateur m. ; téléspectatrice f. ||°-**zeitschrift** f. (-, en) téléjournal m.

Fern|sehen [″fɛrn'ze:ən] n. (s) télévision f.

fern|sehen v. intr. sép. regarder la télévision.

Fern|sicht ['fɛrnziçt] f. (-, en) panorama m. ; perspective f. ||-**sichtig** adj. presbyte. ||°-**sichtigkeit** f. (-, en) presbytie f.

Fern|sprech... (en compos.) téléphonique.

Fernsprech|amt [″fɛrnʃprɛç'amt] n. (s, ¨er) bureau (m.) téléphonique. ||°-**anschluß** m. (es, ¨e) raccordement (m.) au réseau téléphonique. ||°-**automat** m. (en, en) taxiphone m. ||°-**verbindung** f. (-, en) communication (f.) téléphonique. || °-**verzeichnis** n. (ses, se) annuaire (m.) du téléphone, téléphonique. ||°-**wesen** n. (s) service (m.) téléphonique ; téléphone m. ||°-**zelle** f. (-, n) cabine (f.) téléphonique.

Fern|sprecher [″fɛrn'ʃprɛçər] m. (s, -) téléphone m. | *drahtloser Fernsprecher*, radiotéléphone m. ||°-**spruch** m. (s, ¨e) message téléphonique, téléphoné. ||-**stehen** (stand, gestanden) v. intr. *einer Sache fernstehen*, rester étranger à qch. ||-**steuern** v. tr. télécommander ; téléguider. ||°-**steuerung** f. (-) télécommande f. ||°-**übertragung** f. (-, en). TECHN. télétransmission f. ||°-**unterricht** m. (s, e) cours (m.), enseignement (m.) par correspondance ; téléenseignement m. ||°-**verbindung** f. (-, en). [Eisenbahn] grande ligne. ||°-**verkehr** m. (s) service interurbain. || [Eisenbahn] service (m.) des grandes lignes. ||°-**wartung** f. INF. télémaintenance f.

Ferne ['fɛrnə] f. (-, n) distance f. ; éloignement m. ; lointain m. | *Gruß aus der Ferne !*, meilleur souvenir de vacances (formule de carte postale). | *etwas aus der Ferne betrachten*, regarder qch. de loin. || FIG. *das liegt noch in weiter Ferne*, nous en sommes loin.

fernerhin [″fɛrnər'hin] adv. désormais ; à l'avenir. || en outre.

ferro|magnetisch [″fɛromag'ne:tiʃ] adj. ÉLECTR. ferromagnétique. ||°-**mangan** n. (s). CHIM. ferromanganèse m.

Ferse ['fɛrzə] f. (-, n). ANAT. talon m. || [Strumpf] talon m. | *jm auf den Fersen folgen*, être aux trousses de qn. | *jn auf den Fersen haben*, avoir qn à ses trousses.

Fersen|bein [″fɛrzən'bain] n. (s, e). ANAT. calcanéum m. ||°-**geld**. *Fersengeld geben*, FAM. prendre la poudre d'escampette.

fertig ['fɛrtiç] adj. **1.** [vollendet] fini ; achevé ; prêt. | *fertig sein*, être prêt. | *er ist nie rechtzeitig fertig*, il est toujours en retard. | *das Essen ist fertig*, le repas est prêt ; c'est prêt. | *fertige Speisen*, plats préparés. || FIG. *er ist fertig*, [zugrundegerichtet] c'est un homme fini, perdu.

2. fertig zu, prêt à. | *das Schiff ist fertig zur Abfahrt*, le bateau est prêt à partir.

3. fertig in, habile, adroit à, en. | *mit fertiger Zunge reden, im Reden fertig sein*, avoir une bonne langue ; avoir la langue bien pendue.

4. fertig mit. | *mit etwas fertig sein*, avoir terminé qch. | *mit etwas fertig werden*, venir à bout de qch. | *er muß zusehen, wie er damit fertig wird*, à lui de voir comment il s'en tirera. | *mit jm fertig werden*, venir à bout de qn.

◇ adv. SPORT. *Achtung, fertig, los !*, attention, prêts, partez !

fertig|bringen [″fɛrtiç'briŋən] (brachte, gebracht) v. tr. achever ; finir ; venir à bout de. ||°-**gericht** n. (s, e) plat cuisiné. ||°-**haus** n. (es, ¨er) maison préfabriquée. ||-**machen** v. tr. apprêter ; préparer. || venir à bout de. | *eine Arbeit fertigmachen*, terminer, achever un travail. || FAM. *jn fertigmachen*, achever qn. — v. pr. **sich fertigmachen,** se préparer à. ||°-**produkt** n. (s, e) produit fini. ||-**stellen** v. tr. finir ; achever. ||°-**stellung** f. (-, en) achèvement m. ; finissage m. ; finition f. ||°-**waren** f. pl. COMM. produits manufacturés.

fertigen ['fɛrtigən] v. tr. fabriquer ; confectionner.

Fertigkeit [-tiçkait] f. (-, en) habileté f. ; dextérité f. ; facilité f.

— SYN. : *Gewandtheit*, adresse ; *Geschicklichkeit*, habileté.

Fertigung [-tiguŋ] f. (-, en) production f. ; fabrication f.

Fertigungs|ausstoß [″fɛrtiguŋs'ausʃto:s] m. (es,¨e) cadence (f.) de fabrication.

Fes [fes] n. (-). MUS. fa (m.) bémol.

Fes [fɛs] m. ou n. (-) fez m.

fesch [fɛʃ] adj. chic ; fringant.

Fessel ['fɛsəl] f. (-, n) lien m. ; chaîne f. ; fers m. pl. ; entrave f. | *in Fesseln legen*, mettre aux fers. | *die Fesseln sprengen*, briser ses fers. || [Pferd] paturon m.

Fessel|ballon [″fɛsəlba'lɔ̃] m. (s, s). AÉRON. ballon captif ; FAM. saucisse f.

fesseln ['fɛsəln] v. tr. **1.** enchaîner ; ligoter. || FIG. *ans Bett fesseln*, clouer au lit.

2. FIG. captiver. | *der Vortrag fesselte die Zuhörer*, la conférence captiva les auditeurs.

3. MAR. amarrer ; ancrer. || [Pferd] entraver.

fest [fɛst] adj. [solid] solide ; dur. | *fester Körper*, (corps) solide m. | *feste Nahrung*, nourriture (f.), alimentation (f.) solide. | *fester Boden*, terrain (m.) ferme. | *festes Gestein*, roche dure. || [sicher] ferme ; stable ; fixe. | *festen Fuß fassen*, prendre pied. | *festen Fußes*, de pied ferme. || MIL. *feste Stellung*, position fortifiée. | *feste Stadt*, ville fortifiée. || [unerschütterlich] ferme ; inébranlable ; imperturbable. | *feste Überzeugung*, ferme conviction f. || [dauernd gleichbleibend ; unbeweglich] *fester Platz*, emploi (m.) stable. | *festes Gehalt*, appointements (m. pl.) fixes ; fixe m. | *fester Wohnsitz*, domicile (m.) fixe. | *feste Kundschaft*, clientèle (f.) fidèle. | *feste Preise*, prix (m. pl.) fixes. | *feste Börse*, tendance (f.) ferme à la Bourse. | *nicht fest angestellt sein*, ne pas être titulaire. | *sich fest vornehmen*, prendre la ferme résolution de. | *steif und fest behaupten*, prétendre dur comme fer. | *fest versprechen*, promettre solennellement. | *fest schlafen*, dormir à poings fermés.

fest|binden [″fɛst'bindən] (a, u) v. tr. lier ; attacher solidement ; fixer ; serrer. ||-**fahren** (ä, u, a) v. intr. ne plus pouvoir avancer ; être embourbé. | *der Wagen ist festgefahren*, la voiture ne peut plus avancer. || FIG. *die Sache ist festgefahren*, cette affaire est au point mort. — v. pr. **sich festfahren,** être en panne ; s'embourber. || MAR. toucher le fond. || FIG. s'enferrer. ||-**fressen (sich)** (i, a, e) v. pr. TECHN. gripper ; s'enrayer. ||°-**geld** n. (s, er). FIN. fonds immobilisés. ||-**gewurzelt** adj. profondément enraciné. ||-**halten** (ä, ie, a) v. tr. retenir ; fixer. — v. intr. tenir ferme, bon ; bien tenir. — v. pr. **sich festhalten,** s'accrocher ; ne pas lâcher prise. ||°-**halten** n. (s) attachement m. | *Festhalten an der Pflicht*, fidélité (f.) au devoir. ||-**keilen** v. tr. TECHN. caler ; bloquer. ||°-**komma** n. (s, s ou ta). INF. virgule (f.) fixe.

||**-kommen** (a, o) v. intr. MAR. s'échouer. ||°**-land** n. (s, ¨er) terre (f.) ferme ; continent m. ||**-ländisch** adj. GÉOGR. continental. ||°**-landsockel** m. (s, -). GÉOGR. plateau continental. ||**-legen** v. tr. établir ; déterminer. || FIN. placer. — v. pr. **sich festlegen,** s'engager. ||°**-legung** f. (-) stabilisation. || PHILOS. *begriffliche Festlegung*, définition f. ||**-liegen** (a, e) v. intr. être immobilisé. ||**-machen** v. tr. fixer ; affermir ; consolider. ||°**-meter** n. (s, -) mètre (m.) cube ; stère m. ||**-nageln** v. tr. clouer ; river ; cheviller. ||°**-nahme** f. (-, n) arrestation f. ||**-nehmen** (nimmt, nahm, genommen) v. tr. arrêter ; mettre la main sur. ||°**-platte** f. (-, n). INF. disque dur. ||°**-preis** m. (es, e). COMM. prix (m.) fixe. ||°**-punkt** m. (s, e) point (m.) fixe ; repère m. ; point (m.) de repère. ||**-setzen** v. tr. || FIG. fixer ; établir. | *einen Termin festsetzen*, arrêter, fixer une date. — v. pr. **sich festsetzen.** *sich an einem Ort festsetzen*, se fixer dans une localité. ||°**-setzung** f. (-, en) fixation f. ; détermination f. ||**-sitzen** (saß, gesessen) v. intr. ne (pas) pouvoir bouger (de sa place). || MAR. être échoué. || FIG. être arrêté, immobilisé, cloué sur place. || FAM. [nichts mehr sagen können] demeurer court. || AUTOM. *der Wagen sitzt fest*, la voiture est en panne. | *der Motor sitzt fest*, le moteur est grippé. ||°**-speicher** m. (s, -). INF. mémoire morte. ||**-stehen** (stand, gestanden) v. intr. se tenir ferme sur ses pieds ; être bien posé, campé ; ne pas bouger. | *die Tatsache steht fest*, c'est un fait établi. — v. impers. *es steht fest, daß*, il est établi que ; c'est un fait que ; il est de fait que. ||°**-stellbremse** f. (-, n). AUTOM. frein (m.) de stationnement. ||**-stellen** v. tr. constater ; établir ; rechercher. | *feststellen, ob*, rechercher si. | *die Personalien feststellen*, établir l'identité. ||°**-stellung** f. (-, en) [Bestimmung] détermination f. ; constatation f. ; établissement m. | *Festellung einer Rente*, liquidation (f.) d'une rente. | *sachliche Feststellung*, vérification f. | *Feststellung einer Tatsache*, établissement d'un fait. || JUR. *gerichtliche, juristische Feststellung*, acte (m.) déclaratoire. ||**-treten** (i, a, e) v. tr. tasser avec les pieds. ||**-verzinslich** adj. FIN. à revenu fixe. ||°**-wertspeicher** m. (s, -). INF. mémoire morte. ||**-wurzeln** v. intr. prendre racine ; s'enraciner.

Fest [fɛst] n. (es, e) fête f. ; festival m. | *bewegliches Fest*, fête mobile. | *unbewegliches Fest*, fête fixe.

Fest|essen [″fɛst'ɛsən] n. (s, -) banquet m. ||°**-gabe** f. (-, n) cadeau (m.), hommage m. (à un maître). ||°**-kleid** n. (s, er), **-kleidung** f. (-, en) habit(s) [m. (pl.)] de fête, de gala. ||°**-mahl** n. (s, e) festin m. ; banquet m. ||°**-ordnung** f. (-, en) programme (m.) d'une fête. ||°**-rede** f. (-, n) discours solennel. ||°**-schrift** f. (-, en) discours, article rédigé en l'honneur d'un maître. ||°**-spiel** n. (s, e). THÉÂTRE, MUS. festival m. ; gala m. ||°**-tafel** f. (-, n) banquet m. ||°**-tag** m. (s, e) jour (m.) de fête ; jour férié. ||**-täglich** adj. solennel ; des jours de fête. ||**-tags** adv. les jours de fête. ||°**-vorstellung** f. (-, en). THÉÂTRE. représentation (f.) de gala ; gala m. ||°**-zug** m. (s, ¨e) cortège solennel ; procession f.

Feste ['fɛstə] f. (-, n). MIL. forteresse f. ; place forte ; citadelle f. || [Bibel] *Feste des Himmels*, firmament m.

festigen [-tigən] v. tr. affermir ; consolider.

Festigkeit [-tiçkait] f. (-) fermeté f. || [Stärke] solidité f. || [Härte] dureté f. || [Dichtigkeit] densité f. || PAR ANAL. consistance f. ; compacité f. || [Dauerhaftigkeit] stabilité f. || FIN. [Standhaftigkeit] fermeté f. ; aplomb m. ; persévérance f.

Festigkeits|berechnung [″fɛstiçkaitsbə'rɛçnuŋ] f. (-, en). PHYS. calcul (m.) de résistance des matériaux.

Festigung ['fɛstiguŋ] f. (-, en) renforcement m. ; consolidation f.

festlich ['fɛstliç] adj. et adv. solennel ; pompeux. | *festlich begehen*, célébrer.

Festlichkeit [-kait] f. (-, en) pompe f. ; fête f. ; cérémonie f. ; solennité f. ; caractère solennel.

Festung ['fɛstuŋ] f. (-, en). MIL. forteresse f. ; place forte. | *eine Festung schleifen*, démanteler une forteresse.

Festungs|bau [″fɛstuŋs'bau] m. (s, ten). MIL. fortification f. ||°**-haft** f. (-) détention (f.) dans une enceinte fortifiée. ||°**-wall** m. (s, e) rempart m. ||°**-werk** n. (s, e) ouvrage fortifié.

Fetisch ['fe:tiʃ] m. (es, e) fétiche m.

Fetischismus [feti'ʃismus] m. (-) fétichisme m.

fetischistisch [-'ʃistiʃ] adj. fétichiste.

fett [fɛt] adj. [Dinge] gras ; graisseux. || [ölig] huileux. | *fette Haare*, cheveux gras. || PAR ANAL. [Personen ; Tiere] gros ; gras ; obèse ; adipeux. | *fette Gans*, oie grasse. | *dick und fett*, gros et gras. || FIG. gras ; bon. | *fetter Boden*, terre grasse ; sol (m.) fertile. | *fette Weide*, gras pâturage. | *fette Erbschaft*, gros héritage. | *fettes Amt*, fonction lucrative ; FAM. bonne place ; POP. fromage m. | *fettes Jahr*, année (f.) d'abondance, de vaches grasses. | *fetter Bissen*, bon morceau. || TYPOGR. *fette Buchstaben*, caractères (m. pl.) gras ; gras m.

Fett [fɛt] n. (s, e) graisse f. ; gras m. | *ausgelassenes Fett*, graisse fondue. | *Fett ansetzen*, engraisser ; grossir. | *mit Fett bestreichen*, graisser. | *das Fett abschöpfen*, dégraisser ; FIG. se réserver la meilleure part. | *die Fette*, les corps gras. || FIG., FAM. *er hat sein Fett*, il a son compte.

Fett|ablagerung [″fɛt'aplɑ:gəruŋ] f. (-, en). MÉD. dépôt adipeux. ||**-artig** adj. lipoïde. ||°**-augen** n. pl. yeux (m. pl.) du bouillon. ||°**-bauch** m. (s, ¨e) gros ventre ; bedaine f. ||**-bäuchig** adj. bedonnant. ||°**-druck** m. (s, e). TYPOGR. caractères gras ; gras m. ||**-drucken** v. tr. TYPOGR. composer en (caractères) gras. ||°**-drüse** f. (-, n). ANAT. glande sébacée. ||**-durchwachsen** adj. entrelardé. ||°**-fleck(en)** m. ([en]s, -) tache (f.) de graisse. ||°**-gewebe** n. (s, -). MÉD. tissu adipeux. ||°**-leber** f. (-, n). MÉD. cirrhose f. | *alkoholische Fettleber*, cirrhose alcoolique. ||°**-leibigkeit** f. (-). MÉD. embonpoint m. ; obésité f. ||**-lösend** adj. lipolytique. ||**-löslich** adj. liposoluble. ||°**-näpfchen** n. (s, -) *ins Fettnäpfchen treten*, commettre un impair. ||°**-papier** n. (s, e) papier sulfurisé. ||°**-pflanze** f. (-, n). BOT. plante grasse. ||°**-polster** n. (s, -) bourrelet (m.) de graisse. ||°**-säure** f. (-, n). CHIM. acide gras. ||°**-sucht** f. (-). obésité f.

fetten ['fɛtən] v. tr. graisser ; lubrifier.

fettig [-tiç] adj. gras ; graisseux. || PÉJOR. [schmutzig] crasseux. || MÉD. adipeux.

Fetzen ['fɛtsən] m. (s, -) lambeau m. ; chiffon m. ; [zerfetzte Kleider] haillon m. ; guenille f.

feucht [fɔyçt] adj. humide ; mouillé ; moite. | *feuchte Augen*, yeux embués de larmes. | *feucht machen*, humecter. || FIG., FAM. *er ist noch feucht hinter den Ohren*, c'est un blanc-bec, un béjaune.

Feuchtigkeit [-tiçkait] f. (-) humidité f. ; moiteur f. | *die Feuchtigkeit abhaltend*, hydrofuge. || PHYS. degré (m.) d'hygrométrie.

feuchtigkeits|beständig [″fɔyçtiçkaitsbə'ʃtɛndiç] adj. qui ne craint pas l'humidité. ||°**-creme** f. (-, s) crème hydratante. ||°**-grad** m. (s, e) degré (m.) d'humidité. ||°**-messer** m. (s, -). PHYS. hygromètre m.

feudal [fɔy'dɑ:l] adj. POLIT. féodal. || FIG., IRON. somptueux ; fastueux. | *feudale Wohnung*, appartement luxueux.

Feudal|herr [fɔy″dɑ:l'hɛr] m. (n, en). HIST. seigneur féodal. ||°**-herrschaft** f. (-, en). féodalité f. ||°**-recht** n. (s, e) droit féodal. ||°**-staat** m. (s, en) État féodal. ||°**-wesen** n. (s, -) féodalité.

Feudalismus [fɔyda'lismus] m. (-). HIST. féodalisme m.

Feudalität [-li'tɛ:t] f. HIST. féodalité f.

Feuer ['fɔyər] n. (s, -). **1.** feu m. ; flamme f. | *das Feuer lodert auf*, les flammes jaillissent. | *Feuer (an) machen*, faire du feu. | *das Feuer ist ausgegangen*, le feu s'est éteint. | *das Feuer unterhalten*, entretenir le feu. | *etwas bei gelindem Feuer kochen*, cuire qch. à feu doux. | *etwas bei starkem Feuer kochen*, cuire qch. à feu vif, à grand feu. || PAR ANAL. [Brand] feu m. ; incendie m. ; sinistre m. | *Feuer an ein Haus legen, anlegen*, mettre le feu à une maison. | *in der Scheune ist Feuer ausgebrochen*, un incendie s'est déclaré dans la grange. | *dem Feuer wehren*, lutter contre l'incendie. | *Feuer !*, au feu ! || PAR EXT. *Feuer fangen*, prendre feu. || MIL. feu m. ; fusillade f. ; canonnade f. | *unter Feuer nehmen* ; *mit Feuer belegen*, prendre sous son feu. | *im feindlichen Feuer stehen*, être sous le feu de l'ennemi. | *Feuer geben*, faire feu. | *Feuer !*, feu ! || LOC. *wie Feuer und Wasser*, comme le jour et la nuit. | *für jn durchs Feuer gehen*, se mettre en quatre pour qn.
2. [Glut ; Schwung ; Leidenschaft] feu m. | *Feuer und Flamme sein*, être tout feu tout flamme. | *Feuer der Liebe*, flammes, feux de l'amour. | *Feuer und Flamme speien*, jeter feu et flamme. | *leicht Feuer fangen*, s'enflammer facilement ; FAM. s'emballer. | *das Feuer des Diamanten*, les feux du diamant. | *der Wein hat Feuer*, c'est un vin généreux. || PROV. *gebranntes Kind scheut das Feuer*, chat échaudé craint l'eau froide.

Feuer|alarm ["fɔyəra'larm] m. (s) alerte (f.) au feu. ||°**-ball** m. (s, ¨e) globe (m.), boule (f.) de feu. ||°**-bereich** m. (s, e). MIL. zone (f.) de tir. ||**-bereit** adj. MIL. prêt à tirer ; en batterie. ||**-beständig** adj. qui résiste au feu ; réfractaire. ||°**-bestattung** f. (-, en) incinération f. ||°**-eifer** m. (s) zèle ardent ; ferveur f. ||°**-eimer** m. (s, -) seau (m.) à incendie. ||**-fest** adj. PHYS. réfractaire ; incombustible ; ignifugé. ||°**-fresser** m. (s, -) ignivore m. ||°**-gefahr** f. (-, en) danger (m.) d'incendie. || **-gefährlich** adj. facilement inflammable. ||°**-glocke** f. (-, n) tocsin m. ||°**-haken** m. (s, -) tisonnier m. ; pique-feu m. ; croc (m.) à incendie. ||°**-land** n. pr. n. (s). GÉOGR. Terre (f.) de Feu. ||°**-lilie** f. (-, n) lis orangé. ||°**-löschapparat** m. (s, e), ||°**-löscher** m. (s, -) extincteur m. ||°**-melder** m. (s, -) avertisseur (m.) d'incendie. ||°**-probe** f. (-, n) épreuve (f.) du feu. || HIST. jugement (m.) de Dieu. ||**-rot** adj. rouge feu. | *feuerrotes Haar*, cheveux roux. | *feuerrot werden*, devenir cramoisi. ||°**-schaden** m. (s, ¨) dégâts causés par l'incendie ; sinistre m. ||**-sicher** adj. à l'épreuve du feu ; ignifuge ; incombustible. || **-speiend** adj. qui lance des flammes. | *feuerspeiender Berg*, volcan m. ||°**-spritze** f. (-, n) pompe (f.) à incendie. ||°**-stein** m. (s, e). MINÉRAL. pierre (f.) à feu, à fusil ; silex (m.) pyromaque. ||°**-taufe** f. (-, n) baptême (m.) du feu. ||°**-versicherung** f. (-, en) assurance (f.) contre l'incendie. ||°**-versicherungsvertrag** m. (s, ¨e) JUR. police-incendie f. ||°**-wache** f. (-, n) poste (m.) des pompiers. ||°**-waffe** f. (-, n) arme (f.) à feu. ||°**-wehr** f. (-, en) [corps (m.) des] sapeurs-pompiers m. pl. ||°**-wehrmann** m. (s, -leute) sapeur-pompier m. ||°**-werk** n. (s, e) feu (m.) d'artifice. ||°**-werker** m. (s, -) artificier m. ||°**-zange** f. (-, n) pincettes f. pl. (de cheminée) ||°**-zeichen** n. (s, -) fanal m. ; feu m. ; signal (m.) d'incendie ; trace (f.) de brûlure. ||°**-zeug** n. (s, e) briquet m.

feuern ['fɔyərn] v. intr. faire du feu ; chauffer. | *mit Holz feuern*, brûler du bois. || MIL. faire feu ; tirer. | *blind feuern*, tirer à blanc. | *scharf feuern*, tirer à balle. ◇ v. tr. FAM. *etwas in die Ecke feuern*, lancer qch. dans un coin. | *jm eins um die Ohren feuern*, gifler qn. | *jn feuern*, mettre qn à la porte.

Feuers|brunst ["fɔyərs'brunst] f. (-, ¨e) incendie m. ||°**-not** f. (-, ¨e) sinistre m. ; incendie m.

Feuerung ['fɔyəruŋ] f. f. (-) [Handlung] chauffage m. || PAR EXT. [Stoff] combustible m. || TECHN. chauffe f. ; foyer m.

Feuilleton ['fœjətɔ̃] n. (s, s) pages culturelles ; supplément culturel.

feurig ['fɔyriç] adj. de, en feu ; enflammé ; ardent. | *feurige Kohlen*, charbons ardents. || FIG. ardent ; brûlant ; généreux ; fervent ; fougueux. | *feuriger Wein*, vin généreux. | *feuriges Pferd*, cheval fougueux, ardent, fringant. | *feuriger Redner*, orateur fougueux, ardent, pathétique. | *feurige Liebe*, amour ardent, passionné.

Fez [fe:ts] m. (es) facétie f. ; plaisanterie f.

ff [ɛfɛf] n. FAM. *eine Sache aus dem ff verstehen*, savoir qch. sur le bout des doigts.

Fiaker [fi'akər] m. (s, -) fiacre m.

Fiale [fi'ɑ:lə] f. ARCHIT. pinacle m.

Fiasko ['fiasko] n. (s, s) fiasco m. ; four m.

Fibel ['fi:bəl] f. (-, n) 1° abécédaire m. ; alphabet m. ; abc m. ; 2° broche f.

Fiber ['fibər] f. (-, n). BOT., ANAT. fibre f.

Fibrin [fi'bri:n] n. (s, -) fibrine f.

Fibrom [fi'bro:m] n. (s, e). MÉD. fibrome m.

fibrös [-'brø:s] adj. fibreux.

Fichte ['fiçtə] f. (-, n). BOT. épicéa m. ; sapin m.

fichten [-tən] adj. en bois de sapin.

Fichten|holz ["fiçtən'hɔlts] n. (es). BOT. bois (m.) de sapin, de pin, d'épicéa. ||°**-nadel** f. (-, n). BOT. aiguille (f.) de pin, de sapin, d'épicéa.

fidel [fi'de:l] adj. [Studentensprache] gai ; joyeux. | *fideler Bursche*, gai luron.

Fidibus ['fi:dibus] m. (- ou ses, se). POP. allume-pipe m. (en papier).

Fieber ['fi:bər] n. (s, -) fièvre f. ; température f. | *das Fieber bricht aus*, la fièvre se déclare. | *Fieber bekommen*, FAM. *kriegen*, être pris de fièvre. | *Fieber messen*, prendre la température.

fieber|krank ["fi:bər'kraŋk] adj. MÉD. pris de fièvre. ||°**-mittel** n. (s, -). MÉD. fébrifuge m. ; antipyrine f. ||°**-tabelle** f. (-, n). MÉD. feuille (f.) de température. ||°**-thermometer** n. (s, -) thermomètre médical. ||°**-wahn** m. (s). MÉD. délire m. ; hallucinations f. pl.

fieberhaft ['fi:bərhaft], **fieb(e)rig** ['fi:b(ə)riç] adj. fiévreux ; fébrile ; qui a de la température.

fiebern ['fi:bərn] v. intr. avoir de la fièvre, de la température ; être fiévreux ; délirer. | *er fiebert vor Erregung*, il est en proie à une agitation fébrile.

Fiedel ['fi:dəl] f. (-, n). MUS. violon m. || POP. crincrin m.

Fiedel|bogen ["fi:dəl'bo:gən] m. (s, ¨). MUS. archet m. ||°**-bohrer** m. (s, -) drille f.

fiedeln ['fi:dəln] v. intr. FAM. racler du violon.

fiedern ['fi:dərn] v. tr. et v. pr. (s')emplumer. | *die gefiederte Welt*, la gent ailée. || BOT. *gefiedertes Blatt*, feuille pennée.

Fiedler ['fi:tlər] m. (s, -). MUS. ménétrier m. ; racleur (m.) de violon. || POP. violoneux.

fied(e)rig ['fi:d(ə)riç] adj. emplumé ; à plumes.

fieren ['fi:rən] v. tr. MAR. lâcher peu à peu, larguer, filer une amarre.

Figur [fi'gu:r] f. (-, en) [Gestalt] figure f. ; personne f. ; stature f. ; taille f. | *sie hat eine hübsche Figur*, elle est bien faite. | *Figur machen*, être ou paraître un personnage. | *jn in ganzer Figur malen*, peindre qn en pied. || FIG. *er spielte hierbei eine traurige Figur*, il jouait un vilain rôle en l'occurrence. || PAR ANAL. [Bildwerk] figure f. ; pièce f. || FIG. *der Schachspieler zieht die Figuren*, le joueur d'échecs déplace ses pièces. || PAR EXT. [Bewegung ; Wendung] figure f. || AÉRON. acrobaties f. pl.

Figurant [figu'rant] m. (en, en). THÉÂTRE. figurant m. ; comparse m.

Figürchen [fi'gyrçən] n. (s, -) figurine f.

figurieren [figu'ri:rən] v. tr. et v. intr. figurer ; donner figure à.

Figurine [-'rinə] f. (-, n) figurine f.

figürlich [fi'gy:rliç] adj. figuré.
◇ adv. au figuré.

Fiktion [fik'tsio:n] f. (-, en) fiction f.

fiktiv [fik'ti:f] adj. fictif.

Filet [fi'lɛ] n. (s, s). [Netz] filet m. || CULIN. filet m.

Filiale [fili'ɑ:lə] f. (-, n). COMM. succursale f. ; filiale f. ; annexe f. ; dépendance f.

Filigran [fili'grɑ:n] n. (s, e) filigrane m.

Film [film] m. (s, e) film m. ; pellicule f. | *belichteter Film*, pellicule exposée. | *unbelichteter Film*, pellicule vierge. || PAR EXT. *sie will zum Film gehen*, elle veut faire du cinéma. | *kurzer Film*, court métrage.

Film|archiv ["filmar'çi:f] n. (s, e) cinémathèque f. ||°**-atelier** n. (s, s) studio m. ||°**-autor(in)** m. (s, en), f. (-, nen) scénariste s. ||°**-diva** f. (-, ven) vedette (f.) de cinéma ; star f. || °**-empfindlichkeit** f. (-, en) sensibilité (f.) de la pellicule. ||°**-größe** f. (-, n) vedette f. ; étoile (f.) de film ; star f. ||°**-industrie** f. (-, en) industrie (f.) cinématographique. ||°**-prüfstelle** f. (-, n). ADM. office (m.), service (m.) de contrôle, de censure (f.) des films. ||°**-regisseur** m. (s, e). FILM. metteur (m.) en scène. ||°**-streifen** m. (s, -) bande f. (de film). ||°**-theater** n. (s, -) [salle (f.) de] cinéma m. ||°**-transport** m. (s) transport (m.) du film. ||°**-verleih** m. (s) distribution (f.) de films. ||°**-vorführung** f. (-, en) projection f. (de films). ||°**-wissenschaft** f. (-) filmologie f.

filmen ['filmən] v. tr. tourner un film ; filmer.
◇ v. intr. jouer dans un film ; tourner.

Filter ['filtər] m. ou n. (s, -) filtre m.

filtern [-tərn] v. tr. TECHN. filtrer.

Filterung [-təruŋ] f. (-, en). TECHN. filtrage m. ; filtration f.

Filter|zigarette ["filtər'tsigarɛtə] f. (-, n) cigarette (f.) à bout filtre.

Filtrier|beutel [fil"tri:r'bɔytəl] m. (s, -) filtre m. ; passoire f. ||°**-papier** n. (s) papier (m.) filtre.

filtrieren [fil'tri:rən] v. tr. TECHN. filtrer.

Filz [filts] m. (es, e) feutre m.

Filz|dichtung ["filts'diçtuŋ] f. (-, en) joint (m.) de feutre. ||°**-hut** (s, ¨e) feutre m. ||°**-laus** f. (-, ¨e) pou (m.) du pubis ; POP. morpion m. ||°**-schreiber** m. (s, -), °**-stift** m. (s, e) [crayon-]feutre m.

filzen ['filtsən] adj. en, de feutre.

filzen [-tsən] v. tr. feutrer. || FIG. palper.

filzig [-tsiç] adj. feutré.

Fimmel ['fiməl] m. (s, -). BOT. chanvre m. || FIG., FAM. toquade f. ; folie f. ; passion f.

Finale [fi'nɑ:lə] n. (s, s) finale m.

Finanz|abkommen [fi"nants'apkɔmən] n. (s, -). POLIT. accord financier. ||°**-amt** n. (s, ¨er). ADM. finances f. pl. ||°**-analyse** f. (-, n) étude financière. ||°**-analytiker(in)** m. (s, -), f. (-, nen) analyste financier (m.), financière f. ||°**-jahr** n. (s, e). FIN., COMM. exercice (financier) ; année budgétaire, fiscale. ||°**-kreise** m. pl. milieux financiers. ||°**-mann** m. (s, ¨er) financier m. ||°**-platz** m. (es, ¨e) place financière. ||°**-wissenschaft** f. (-, en) sciences économiques et financières.

Finanzen [fi'nantsən] f. pl. finances f. pl. ; capitaux m. pl. ; argent m. ; fonds m. pl. | *öffentliche Finanzen*, finances publiques.

finanziell [finan'tsiɛl] adj. financier.

finanzieren [-'tsi:rən] v. tr. financer.

Finanzierung [-'tsi:ruŋ] f. (-, en) financement m.

findbar ['fintbɑr] adj. trouvable.

Findel|haus ["findəl'haus] n. (es, ¨er) hospice (m.) des enfants trouvés. ||°**-kind** n. (s, er) enfant trouvé.

finden ['findən] (a, u) v. tr. **1.** [durch Suchen oder Zufall] trouver. || [antreffen] rencontrer. || [auffinden] découvrir. | *ich kann das Buch nicht finden*, je n'arrive pas à mettre la main sur ce livre. | *er ist nirgends zu finden*, il est introuvable. | *keinen Ausweg finden*, ne pas trouver d'issue. | *ich fand ihn bei der Arbeit*, je le trouvai en train de travailler. | *seinen Meister finden*, trouver son maître.
2. [erhalten] *Ruhe finden*, trouver la paix. | *Gnade finden*, trouver grâce. | *Glauben finden*, trouver créance. | *Beifall finden*, avoir du succès. | *keinen Widerhall finden*, ne pas trouver d'écho ; [Redner] prêcher dans le désert. | *den Tod finden*, trouver la mort. || PAR EXT. [durch Betrachtung, Überlegung darauf stoßen] trouver ; découvrir ; mettre au jour. | *die Lösung eines Rätsels finden*, trouver le mot d'une énigme. | *die Lösung eines Problems finden*, trouver la solution d'un problème. || *Mittel und Wege finden*, trouver moyen. || FIG. [meinen ; beurteilen] trouver ; juger ; penser ; être d'avis ; estimer. | *ich kann nichts dabei finden*, je ne trouve rien à dire. | *ich finde das nicht nett von dir*, je ne trouve pas ça bien de ta part. | *ich finde es warm hier*, je trouve qu'il fait chaud ici.
◇ v. pr. **sich finden** [sich eingewöhnen] *er findet sich nicht in sein neues Leben*, il ne se fait pas à sa nouvelle vie. | *sich ins Unabänderliche finden*, se résigner à l'irrémédiable. || [zusammenfinden] se rencontrer ; FIG. communier. | *sie fanden sich in einer gemeinsamen Leidenschaft für die Malerei*, une commune passion pour la peinture les unissait, les réunissait. || [vorkommen] *die Gelegenheit wird sich schon finden*, l'occasion se présentera bien. | *es wird sich finden*, on verra bien. || [sich herausstellen] *es fand sich, daß*, il se trouva que.

Finder [-dər] m. (s, -) celui qui trouve, qui a trouvé.

Finder|lohn ["findər'lo:n] m. (s, ¨e) récompense (f.) à qui rapporte un objet perdu.

findig ['findiç] adj. habile ; FAM. débrouillard.

Findigkeit [-diçkait] f. (-) ingéniosité f. ; habileté f.

Findling ['fintliŋ] m. (s, e) enfant trouvé. || GÉOL. bloc (m.) erratique.

Finesse [fi'nɛsə] f. (-, n) finesse f.

Finger ['fiŋər] m. (s, -) doigt m. | *knochiger Finger*, doigt noueux. | *krummer Finger*, doigt crochu. | *kleiner Finger*, auriculaire m. ; petit doigt. | *sich in den Finger schneiden*, se couper le doigt ; FIG. se mettre le doigt dans l'œil. | *mit dem Finger, mit Fingern auf jn weisen, zeigen*, montrer qn du doigt. || FIG. *lange, krumme Finger machen*, avoir les doigts crochus. | *die Finger davon lassen*, ne pas s'en mêler. | *keinen Finger für jn rühren*, ne pas faire le moindre geste en faveur de qn. | *sich lieber einen Finger abbeißen lassen als eingestehen*, se faire tuer plutôt que d'avouer. | *sich die Finger dabei verbrennen*, s'y brûler les doigts. | *man kann seine Anhänger an den fünf Fingern abzählen*, on peut compter ses partisans sur les doigts d'une main. | *jm auf die Finger sehen*, avoir qn à l'œil. | *jm auf die Finger klopfen*, taper sur les doigts de qn. | *eins auf die Finger bekommen*, se faire taper sur les doigts. | *nicht aus den Fingern lassen*, ne pas lâcher. | *etwas mit spitzen Fingern anfassen*, saisir qch. du bout des doigts. | *sich um den Finger wickeln lassen*, être du bois dont on fait les flûtes. | *das Geld zerrinnt ihm unter den Fingern*, l'argent lui file entre les doigts. || [am Handschuh] doigt m. | *drei Finger breit*, large de trois pouces.

Finger|abdruck ["fiŋər'apdruk] m. (s, ¨e) empreintes digitales. ||°**-abdruck|vergleich** m. (s, e) dactyloscopie f. ||**-breit** adj. de la largeur d'un doigt. | *keinen Fingerbreit weichen*, ne pas céder d'un pouce. ||**-dick** adj. de l'épaisseur d'un doigt. ||**-fertig** adj. habile de ses doigts, de ses mains. ||°**-fertigkeit** f. (-, en) habileté manuelle, des mains ; dextérité f. ||°**-geschwür** n. (s, e). MÉD. panaris m. ||°**-glied** n. (s, er). ANAT. phalange f. ||°**-hut** m. (s, ¨e) dé (m.) à coudre. || BOT. digitale f. ||°**-satz** m. (es, ¨e). MUS. doigté m. ||°**-spitze** f. (-, n). ANAT. bout (m.) du doigt. ||°**-spitzengefühl** n. (s). FIG. doigté m. ; tact m. ||°**-sprache** f. (-, n) langage (m.) des sourds-muets. ||°**-übung** f. (-, en). MUS. exercice (m.) de doigté. ||°**-zeig** m. (s, e) indication f. ; avis m. ; avertissement m. | *jm einen Fingerzeig geben*, fournir une indication à qn.

Fingerling ['fiŋərliŋ] m. (s, e). TECHN. doigtier m. ; doigt (m.) de gant ; capuchon m.

fingern [-ŋərn] v. intr. FAM. jouer des doigts ; tapoter. | *an etwas fingern*, tripoter qch.
◇ v. tr. FIG., FAM. *wir werden das Ding schon fingern*, nous goupillerons cette affaire.

fingieren [fiŋ'gi:rən] v. tr. feindre ; simuler.

fingiert [-'gi:rt] adj. feint ; simulé ; imaginaire. || COMM. *fingierte Rechnung*, facture fictive.

Fink(e) ['fiŋk(ə)] m. (en, en). ZOOL. pinson m. | *bengalischer Fink*, bengali m. || FIG. [Studentensprache] étudiant non affilié à une corporation.

Finken|meise ["fiŋkən'maizə] f. (-, n). ZOOL. mésange charbonnière.

Finne ['finə] n. pr. m. (n, n). GÉOGR. Finnois m.

Finne ['finə] f. (-, n). ZOOL. [Rückenflosse] nageoire f. || [Bandwurmanfang] cysticerque m. || MÉD. bouton m. ; point noir. || TECHN. panne f. (de marteau).

finnig ['finiç] adj. couvert de boutons ; pustuleux. || ZOOL. ladre. | *finniges Schweinefleisch*, porc (m.) ladre.

Finnin ['finin] n. pr. f. (-, nen). GÉOGR. Finnoise f.

finnisch [-niʃ] adj. GÉOGR. finnois ; finlandais.

Finn|land ['finlant] n. pr. n. GÉOGR. Finlande f. ||°**-länder(in)** n. pr. m. (s, -), f. (-, nen) Finlandais(e) m. (f.). ||**-ländisch** adj. GÉOGR. finlandais.

finno-ugrisch ["fino'u:griʃ] adj. finno-ougrien. | *finno-ugrische Sprachen*, langues finno-ougriennes.

finster ['finstər] adj. sombre ; noir. | *finstere Nacht*, nuit épaisse, noire. | *es wird finster*, il commence à faire sombre, noir, nuit. || FIG. sombre ; ténébreux. | *finsteres Gesicht*, mine (f.) sombre. | *finstere Gedanken*, idées noires. | *finstere Angelegenheit*, affaire ténébreuse.
◇ adv. *finster ansehen*, regarder d'un air sombre.

Finsternis [-nis] f. (-, se) ténèbres f. pl. ; obscurité f. | *ägyptische Finsternis*, ténèbres profondes, épaisses. || ASTRON. éclipse f. || RELIG. ténèbres f. pl. | *die Macht der Finsternis*, l'esprit (m.) des ténèbres.

Finte ['fintə] f. (-, n). [Scheinstoß] feinte f. || [Täuschung] ruse f. ; détours m. pl.

Fips [fips] m. (es, e). [kleiner Kerl] gringalet m.

Firlefanz ["firlə'fants] m. (es, e) niaiseries f. pl.

firm [firm] adj. *in etwas firm sein*, être versé dans qch. ; connaître bien qch.

Firma ['firma] f. (-, men). COMM. firme f. ; raison sociale ; maison (f.) de commerce.

Firmament [firma'mɛnt] n. (s, e) firmament m.

firmen ['firmən] v. tr. RELIG. confirmer.

Firmen|name ["firmən'na:mə] m. (ns, n). COMM. raison sociale. ||°**-register** n. (s, -) registre (m.) du commerce. ||°**-schild** n. (s, er) enseigne f. ||°**-stempel** m. (s, -) timbre (m.), en-tête (m.) d'une maison de commerce.

firmieren [fir'mi:rən] v. tr. COMM. avoir pour raison sociale ; s'intituler.

Firmung ['firmuŋ] f. (-, en). RELIG. confirmation f.

Firn [firn] m. (s, e) névé m. ; neige glacée.

Firnis ['firnis] m. (ses, se). PR. et FIG. vernis m. *mit Firnis streichen*, vernir.

firnissen ['firnisən] v. tr. vernir ; vernisser.

Firn|schnee ['firnʃne:] m. (s) névé m. ; neige éternelle. ||°**-spalte** f. (-, n) crevasse (f.) de glacier.

First [first] m. (es, e) ou f. (-, en). [Gebirgskamm] crête f. || [Dachkante] faîte m. ; arête f.

First|blech ['firstblɛç] n. (s, e). ARCHIT. faîtage m. ||°**-ziegel** m. (s, -) tuile faîtière.

Fis [fis] n. (-). MUS. fa (m.) dièse.

Fisch [fiʃ] m. (es, e) poisson m. | *stumm wie ein Fisch*, muet comme une carpe. || FIG., FAM. *das ist weder Fisch noch Fleisch*, ce n'est ni chair ni poisson.

Fisch|bein ["fiʃ'bain] n. (es, e) fanon (m.) de baleine. | *weißes Fischbein*, os (m.) de seiche. ||°**-blase** f. (-, n) vessie (f.) natatoire. ||°**-blut** n. (s). FIG., IRON. *Fischblut haben*, ne pas avoir de sang dans les veines ; avoir du sang de navet. ||°**-brühe** f. (-, n) court-bouillon m. ||°**-brut** f. (-) alevin m. ; frai m. ||°**-dampfer** m. (s, -). MAR. chalutier m. ||°**-fang** m. (s, ¨e) pêche f. ||°**-geier** m. (s, -). ZOOL. vautour pêcheur. ||°**-gräte** f. (-, n) arête (f.) de poisson. ||°**-händler** m. (s, -) poissonnier ; marchand (m.) de poisson. ||°**-korb** m. (s, ¨e) nasse f. ||°**-kunde** f. (-) ichtyologie. ||°**-laden** m. (s, -). COMM. poissonnerie f. ||°**-laich** m. (s). ZOOL. frai (m.) de poisson. ||°**-leder** n. (s, -) galuchat m. ||°**-milch** f. (-) laitance f. ||°**-otter** m. (s, -). ZOOL. loutre f. ||**-reich** adj. poissonneux. ||°**-reiher** m. (s, -). ZOOL. héron cendré. ||°**-reuse** f. (-, n) nasse f. ||°**-rogen** m. (s, -) œufs (m. pl.) de poisson ; rogue f. ||°**-saurier** m. (s, -) ichtyosaure m. ||°**-suppe** f. (-, n). CULIN. soupe (f.) de poissons. ||°**-weib** n. (s, er). PÉJOR. poissarde f. || FIG. naïade f. ||°**-zucht** f. (-) pisciculture f. ||°**-zuchtfarm** f. (-, en) ferme (f.) aquatique. ||°**-zug** m. (s, ¨e) coup (m.) de filet.

Fischchen ['fiʃçən] n. (s, -). ZOOL. fretin m.

fischen [-ʃən] v. tr. et v. intr. pêcher. | *mit dem Netz fischen*, pêcher au filet. | *mit der Angel fischen*, pêcher à la ligne. | *mit dem Wurfgang fischen*, pêcher à l'épervier. || FIG., FAM. *im trüben fischen*, pêcher en eau trouble.

Fischer [-ʃər] m. (s, -) pêcheur m.

Fischer|netz ["fiʃər'nɛts] n. (es, e) filet (m.) de pêche.

Fischerei [fiʃə'rai] f. (-, en) pêche f.

Fischerei|aufseher [fiʃə"rai'aufze:ər] m. (s, -) garde-pêche m. ||°**-fahrzeug** n. (s, e) bâtiment (m.) de pêche ; bateau pêcheur. ||°**-frevel** m. (s, -) délit (m.) de pêche.

fiseln ['fizəln] v. impers. pleuvoter ; neiger un peu, légèrement.

Fisematenten [fisema'tɛntən] f. pl. FAM. *Fisematenten machen*, faire des histoires, des chichis.

Fiskus ['fiskus] m. (-). FIN. fisc m. ; Trésor m.

Fistel ['fistəl] f. (-, n). MÉD. fistule f. || MUS. fausset m. ; voix (f.) de tête.

fisteln [-təln] v. intr. MUS. chanter, parler d'une voix de fausset, de tête.

Fittich ['fitiç] m. (s, e). POÉT. aile f.

fix [fiks] adj. [fest] fixe. || [flink] prompt ; leste ; preste. || [bereit] prêt. | *fix und fertig sein*, être fin prêt.
Fix|auftrag ["fiks'auftra:k] m. (s, ¨e). COMM., FIN. ordres (m. pl.) à terme. ||°**-stern** m. (s, e). ASTRON. étoile (f.) fixe.
Fixativ [fiksa'ti:f] n. (es, e) fixatif m.
Fixier|bad [fi"ksi:r'ba:t] n. (s,¨er). PHOT. bain (m.) de fixation. ||°**-natron** n. (s). PHOT. hyposulfite (m.) de soude. ||°**-salz** n. (es, e). PHOT. fixateur m.
fixieren [fi'ksi:rən] v. tr. [anstarren] fixer du regard ; regarder fixement. || [festlegen] fixer ; déterminer. || PHOT. fixer.
Fixierung [-ruŋ] f. (-) fixation f.
Fixum ['fiksum] n. (s, xa). COMM. fixe m.
Fjord [fjɔrt] m. (s, e). GÉOGR. fiord m. ; fjord m.
flach [flax] adj. [eben] plan ; ras. | *flache Brust*, poitrine plate. | *auf dem flachen Land*, dans la plaine ; en rase campagne. | *flache Hand*, plat de la main. | *flacher Teller*, assiette plate. | *flache Dächer*, toits (m. pl.) en terrasse. || [untief] *flaches Wasser*, basses eaux. | *flaches Fahrzeug*, chaland m. || FIG. *ein flacher Kopf*, un esprit plat. | *flaches Urteil*, jugement superficiel.
Flach|dach ['flaxdax] n. (s, ¨er). ARCHIT. toit (m.) en terrasse. ||°**-hang** m. (s, ¨e) pente douce. ||°**-land** n. (s) pays plat ; plaine f. ||°**-meißel** m. (s, -). TECHN. burin m. ||°**-zange** f. (-, n). TECHN. pince plate.
Flachheit ['flaxhait] f. (-, en) planéité f. || FIG. platitude f. ; banalité f.
Fläche ['flɛçə] f. (-, n) surface f. ; superficie f. | *ebene Fläche*, surface unie. | *unebene Fläche*, surface raboteuse. || MATH. surface f. ; face f. ; plan m. | *senkrechte Fläche*, plan vertical. | *geneigte Fläche*, plan incliné.
Flächen|bedarf ["flɛçənbə'darf] m. (s) superficie requise. ||°**-einheit** f. (-, e). MATH. aire f. ||°**-messung** f. (-, en). MATH. planimétrie f. ||°**-nutzungs|plan** m. (s, ¨e). ADM. plan (m.) d'occupation des sols (P.O.S.). ||°**-winkel** m. (s, -). MATH. dièdre m.
flächenhaft ['flɛçənhaft] adj. MATH. à deux dimensions.
Flachs [flaks] m. (es) lin m. ; filasse f.
Flachs|feld ['flaksfɛlt] n. (s, er). AGRIC. linière f. ||°**-haar** n. (s, e) cheveux très blonds ; PÉJOR. cheveux filasse. ||°**-kopf** m. (s, ¨e) blondin m.
flackern ['flakərn] v. intr. [Feuer ; Licht] vaciller ; danser ; lancer des lueurs. | *die Flammen flackern im Kamin*, les flammes dansent dans la cheminée.
Flackern ['flakərn] n. (s). [Licht] vacillement m.
Fladen ['fla:dən] m. (s, -) galette f. PAR ANAL., FAM. [Kuhfladen] bouse f. (de vache).
Flader ['fla:dər] f. (-, n) anneau (m.) du bois.
Flagellant [flagə'lant] m. (en, en). HIST. flagellant m.
Flagge ['flagə] f. (-, n). MAR. pavillon m. | *die Flagge streichen*, amener le pavillon. | *die deutsche Flagge führen*, battre pavillon allemand. | *unter falscher Flagge segeln*, naviguer sous un pavillon d'emprunt.
flaggen [-gən] v. intr. pavoiser.
Flaggen|ehrung ["flagən'e:ruŋ] f. (-, en) salut (m.) au drapeau. ||°**-mast** m. (es, e et en), °**-stange** f. (-, n) hampe f.
Flagg|schiff ['flagʃif] n. (s, e). MAR. vaisseau amiral.
Flamberg ['flambɛrk] m. (s, e) flamberge f.
flambieren [flam'bi:rən] v. tr. CULIN. flamber.
Flame ['fla:mə] m. (n. n), **Flämin** ['flɛ:min] f. (-, nen) n. pr. GÉOGR. Flamand m., Flamande f.
Flamingo [fla'miŋgo] m. (s, s). ZOOL. flamant m.
flämisch ['flɛ:miʃ] adj. GÉOGR. flamand.
Flamme ['flamə] f. (-, n). [Feuer] flamme f. | *die Flamme schlägt heraus*, la flamme jaillit. | *in Flammen ausbrechen*, lancer des flammes. | *in Flammen setzen*, incendier. | *in Flammen stehen*, être en flammes. | *in Flammen aufgehen*, être la proie des flammes. || [Geliebte] *seine Flamme*, l'objet (m.) de sa flamme.
flammen [-mən] v. intr. flamber. || FIG. *flammende Begeisterung*, enthousiasme débordant. | *flammende Augen*, regards flamboyants.
◇ v. tr. exposer à la flamme ; flamber. | *Geflügel flammen*, flamber une volaille.
Flammen|blume ["flamən'blumə] f. (-, n). BOT. phlox m. ||°**-schutzkleidung** f. (-, en) vêtement (m.) ignifuge. ||°**-schwert** n. (s, er). [Bibel] épée flamboyante ; épée (f.) de feu. ||**-sicher** adj. ignifugé. ||°**-werfer** m. (s, -). MIL. lance-flammes m.
Flammeri ['flaməri] m. (s, s) pudding m.
flammig [-miç] adj. embrasé ; flamboyant ; en flammes. || TEXT. moiré.
Flandern ['flandərn] n. pr. n. Flandres f. pl.
flandrisch [-driʃ] adj. flamand.
Flanell [fla'nɛl] m. (s, e). TEXT. flanelle f.
Flanke ['flaŋkə] f. (-, n). ANAT. flanc m. ; côté m. || PAR ANAL. flanc m. || MIL. *den Feind in der Flanke fassen, angreifen* ; *dem Feinde in die Flanke fallen*, prendre l'ennemi en flanc. || SPORT. saut latéral.
Flanken|deckung ["flaŋkən'dɛkuŋ] f. (-, en). MIL. flanquement m. ||°**-feuer** n. (s, -). MIL. tir (m.) en écharpe.
flankieren [flaŋ'ki:rən] v. tr. flanquer. | *flankierende Maßnahmen*, mesures (f. pl.) d'accompagnement, de soutien. || MIL. prendre en écharpe.
Flansche ['flanʃə] f. (-, en). TECHN. bride f. (d'assemblage) ; ailette f. ; flasque m. ; collet m.
flanschen [-ʃən] v. tr. TECHN. brider.
Flappe ['flapə] f. (-, n). FAM. *eine Flappe ziehen*, faire la moue.
Flaps [flaps] m. (es, e). FAM. butor m. ; rustre m.
flapsig ['flapsiç] adj. grossier ; rustre ; lourdaud.
Fläschchen ['flɛʃçən] n. (s, -) flacon m.
Flasche ['flaʃə] f. (-, n) bouteille f. | *eine Flasche Bier*, une bouteille de bière ; une canette. | *einem Kind die Flasche geben*, nourrir un enfant au biberon.
Flaschen|bier ["flaʃən'bi:r] n. (s, e) bière (f.) en bouteilles. ||°**-boden** m. (s, -) cul (m.) de bouteille. ||°**-bürste** f. (-, n) goupillon m. ||°**-füllmaschine** f. (-, n). TECHN. soutireuse f. ||°**-gas** n. (-) gaz comprimé. ||°**-gestell** n. (s, e) porte-bouteilles m. ; casier (m.) à bouteilles. ||°**-hals** m. (es, ¨e) goulot m. (de bouteille). ||°**-kürbis** m. (ses, se). BOT. calebasse f. ||°**-milch** f. (-) lait (m.) en bouteilles. ||°**-öffner** m. (s, -) débouchoir m. ; décapsuleur m. ||°**-post** f. (-) bouteille (f.) à la mer. ||°**-ständer** m. (s, -). V. FLASCHENGESTELL. ||°**-wein** m. (s, e) vin bouché. ||°**-zug** m. (s, ¨e) moufle f. ; poulie mouflée ; palan m.
Flatter|füßler ["flatər'fyslər] m. pl. ZOOL. chiroptères m. pl. ||°**-geist** m. (es). FIG. écervelé m.
flatterhaft ['flatərhaft] adj. FIG. évaporé ; écervelé ; volage.
Flatterhaftigkeit [-haftiçkait] f. humeur (f.) volage ; légèreté f. ; étourderie f.
flattern ['flatərn] v. intr. [unsicher fliegen] voleter. || [umher fliegen] voltiger. || PAR ANAL. [im Winde] flotter. || FIG. folâtrer ; papillonner. || AUTOM. flotter.
flau [flau] adj. FAM. faible ; mou ; fade. | *sich flau fühlen*, se sentir vaseux. | *mir wird flau*, je vais me trouver mal. || COMM., FIN. [Geschäfte, Tendenz]

calme ; peu actif. || MAR. *flaue Brise*, brise molle. || PHOT. *flaues Bild*, image floue.
◇ adv. COMM., FIN. *flau machen*, pousser à la baisse. | *die Geschäfte gehen flau*, c'est le marasme.
Flaum [flaum] m. (s) duvet m.
Flau|macher ["flau'maxər] m. (s, -). FIN. baissier m. || POLIT. pessimiste m. ; défaitiste m.
Flaum|bart ['flaumbart] m. (s, ¨e) barbe naissante ; duvet m. ; poil follet.
flaumig ['flaumiç] adj. duveté ; cotonneux.
Flausch [flauʃ] m. (es, e). TEXT. bure f. ; frise f. || PAR EXT. [Männerüberrock] bure f. || [Büschel] touffe f.
Flause ['flauzə] f. (-, n). FAM. *mach mir doch keine Flausen vor !*, (ne me raconte) pas de boniments ; POP. pas de bobards, de baratin !
Flaute ['flautə] f. (-, n). MAR. calme m. || FIG., COMM., FIN. morte-saison f. ; marasme m.
fläzen ['flɛtsən] v. intr. FAM. se conduire en butor.
◇ v. pr. **sich fläzen,** se vautrer.
Flecht|arbeit ["flɛçt'arbait] f. (-, en) vannerie f. ||°**-werk** n. (s, e). TECHN. treillis m.
Flechte ['flɛçtə] f. (-, n) natte f. ; tresse f. ; claie f. || BOT. lichen m. || MÉD. dartre f. ; impétigo sec.
flechten [-tən] (i, o, o) v. tr. natter ; tresser ; entrelacer ; clisser ; clayonner. | *die Haare in Zöpfe flechten*, natter ses cheveux. | *Körbe flechten*, tresser des paniers. | *Stühle flechten*, faire des sièges en rotin ; canner des sièges. | *einen (Blumen)kranz flechten*, faire une couronne de fleurs. || HIST., JUR. *einen Verbrecher auf das Rad flechten*, attacher un criminel sur la roue. || FIG. *einen Bund flechten*, sceller un pacte, une alliance.
flechten|artig ["flɛçtən'ɑ:rtiç] adj. MÉD. dartreux ; herpétique.
Flechter ['flɛçtər] m. (s, -). TECHN. vannier m.
Flechterei [flɛçtə'rai] f. (-). TECHN. tressage m.
Fleck [flɛk] m. (s, e et en), **Flecken** ['flɛkən] m. (s, -). **1.** [Flicken, Fetzen] pièce f. ; morceau m. ; bout m. || PAR ANAL. [kleine Fläche] pièce f. | *ein Fleck Land(s)*, un lopin de terre.
2. [Beschmutzung] tache f. ; souillure f. | *Flecke bekommen*, se tacher. | *einen Fleck entfernen*, enlever une tache ; détacher. | *blaue Flecken*, meurtrissures f. pl. ; bleus m. pl.
3. PAR EXT. [Punkt, Stelle] endroit m. ; place f. | *den rechten Fleck treffen*, mettre le doigt dessus. | *er hat das Herz auf dem rechten Fleck*, c'est un homme de cœur. | *nicht vom Fleck kommen*, ne pas progresser.
4. [Ortschaft, Dorf] bourg m. ; bourgade f.
Fleck|fieber ["flɛk'fi:bər] n. (s). MÉD. fièvre pourprée ; urticaire f. ||°**-typhus** m. (-). MÉD. typhus (m.) exanthématique.
Flecken|bildung ["flɛkən'bilduŋ] f. (-, en). PHOT. marbrure f. ||°**-entferner** m. (s, -) détachant m. ||**-los** adj. sans tache ; immaculé. ||°**-reiniger** m. (s, -) dégraisseur m. ; teinturier m. ||°**-wasser** n. (s). CHIM. eau (f.) à dégraisser, à détacher.
fleckig ['flɛkiç] adj. tacheté ; tavelé ; moucheté. || PAR ANAL. sale ; souillé ; taché.
fleddern [-dərn] v. tr. ARG. dévaliser. | *Leichen fleddern*, détrousser des cadavres.
Fleder|maus ["fle:dər'maus] f. (-, ¨e). ZOOL. chauve-souris f. ||°**-wisch** m. (es, e) plumeau m.
Flegel ['fle:gəl] m. (s, -). AGRIC. fléau m. || FIG. rustre m. ; butor m. ; mufle m.
Flegelei [flegə'lai] f. (-, en) grossièreté f. ; impertinence f. ; goujaterie f. ; muflerie f.
flegelhaft ['fle:gəlhaft] adj. rustre ; grossier.
Flegel|jahre ["fle:gəl'jɑ:rə] n. pl. âge ingrat.
flegeln (sich) [ziç'kfle:gəln] v. pr. se conduire comme un rustre.
flehen ['fle:ən] v. intr. implorer ; supplier. | *zu jm um etwas* (acc.) *flehen*, implorer qch. de qn.
flehentlich [-əntliç] adj. fervent ; instant.
Fleisch [flaiʃ] n. (es). **1.** [zum Essen] viande f. **2.** [am Körper] chair f. | *ins Fleisch schneiden*, couper dans le vif. | *in Fleisch und Bein*, en chair et en os. **3.** BOT. chair (f.), pulpe (f.) d'un fruit.
4. LOC. FIG. *das ist ihm in Fleisch und Blut übergegangen*, il a cela dans le sang. || FAM. *er wird sich ins eigene Fleisch schneiden*, il se fera tort à lui-même.
Fleisch|abfälle ["flaiʃ'apfɛlə] m. pl. issues. f. pl. ; rognures f. pl. ; déchets m. pl. ||°**-bank** f. (-, ¨e) étal (m.) de boucher. ||°**-beschau** f. (-) inspection (f.) sanitaire de la viande. ||°**-brühe** f. (-, n) bouillon gras ; consommé m. ||°**-farbe** f. (-, n) carnation f. ||**-farben, -farbig** adj. couleur, ton chair. ||°**-fondue** n. (s, s). CULIN. fondue bourguignonne. ||°**-fresser** m. (s, -). ZOOL. carnassier m. ; carnivore m. ||°**-hauer** m. (s, -) boucher m. ||°**-klößchen** n. (s, -). CULIN. boulette f. ||°**-platte** f. (-, n). CULIN. assiette (f.) anglaise. ||°**-topf** m. (s, ¨e) marmite f. ; pot-au-feu m. ||°**-vergiftung** f. (-, en). MÉD. botulisme m. ||°**-waren** f. pl. boucherie f. ; charcuterie f. ||°**-waren|händler** m. (s, -) boucher m. ; charcutier m. ||°**-werdung** f. RELIG. incarnation f. ||°**-wolf** m. hachoir (m.) à viande.
Fleischer ['flaiʃər] m. (s, -) boucher m. ; charcutier m.
Fleischer|geselle ["flaiʃərgə'zɛlə] m. (n, n) garçon (m.) boucher. ||°**-laden** m. (s, ¨) boucherie f. ; charcuterie f. ||°**-stand** m. (s, ¨e) étal m. (de boucher).
Fleischerei [flaiʃə'rai] f. (-, en) boucherie f. ; charcuterie f.
Fleisches|lust ["flaiʃəs'lust] f. (-, ¨e) désirs charnels ; concupiscence f.
fleischig ['flaiʃiç] adj. charnu. || BOT. pulpeux.
fleischlich [-ʃliç] adj. charnel ; de la chair.
Fleischlichkeit ['flaiʃliçkait] f. (-) inclination charnelle ; concupiscence f. ; sensualité f.
fleischlos ['flaiʃlo:s] adj. décharné. || PAR EXT. sans viande ; maigre.
Fleiß [flais] m. (es) application f. ; zèle m. ; assiduité f. ; activité f. ; diligence f. | *unermüdlicher, eiserner Fleiß*, labeur acharné. | *ich werde meinen ganzen Fleiß aufbieten, daran setzen*, je mettrai tous mes soins, tout mon effort à. || PÉJOR. *mit Fleiß tun*, faire exprès, de propos délibéré, à dessein. || LOC. *ohne Fleiß kein Preis*, on n'a rien sans mal.
fleißig ['flaisiç] adj. appliqué ; laborieux ; diligent ; actif ; travailleur ; studieux.
◇ adv. *fleißig arbeiten*, s'appliquer au travail ; abattre de la besogne. | *fleißig spazierengehen*, se promener souvent.
flektieren [flɛk'ti:rən] v. tr. et pr. GRAMM. (se) décliner ; (se) conjuguer.
flennen ['flɛnən] v. intr. FAM. pleurnicher ; geindre.
fletschen ['flɛtʃən] v. tr. *die Zähne fletschen*, grimacer en montrant les dents.
flexibel [flɛ'ksi:bəl] adj. flexible.
Flexion [-'ksio:n] f. (-, en). GRAMM. flexion f.
Flick|arbeit ["flik'arbait] f. (-, en) rapiéçage m. ||°**-schuster** m. (s, -) savetier m. ||°**-werk** n. (s, e) rapiéçage m. ; FAM. rafistolage m. || FIG. compilation f. ||°**-wort** n. (es, ¨er). GRAMM. mot explétif. || POÉS. cheville f. ||°**-zeug** n. (s, e) nécessaire (m.) de réparation.
flicken ['flikən] v. tr. TECHN. rapiécer ; repriser ;

ravauder ; stopper ; FAM. rafistoler. | *Schuhe flicken*, rapetasser des souliers. | *Dächer flicken*, réparer des toits. | *einen Reifenschlauch flicken*, réparer un pneu. || FIG., FAM. *jm etwas am Zeuge flicken*, faire de sévères remontrances à qn ; montrer ses fautes à qn.

Flicken [-kən] n. (s) rapiéçage m. ; reprisage m. ; raccommodage m. ; ravaudage m. ; rapetassage m.

Flieder ['fli:dər] m. (s). BOT. lilas m.

Flieder|tee ["fli:dər'te:] m. (s). CULIN. infusion (f.) de sureau.

Fliege ['fli:gə] f. (-, n). ZOOL. mouche f. | *kleine Fliege*, moucheron m. | *spanische Fliege*, cantharide f. ; mouche d'Espagne. || FIG. *zwei Fliegen mit einer Klappe schlagen*, faire d'une pierre deux coups.

fliegen ['fli:gən] (o, o) v. intr. voler ; s'envoler. || AÉRON. aller en avion. || FIG. s'élancer ; se précipiter ; sauter.

Fliegen|dreck ["fli:gən'drɛk] m. (s) chiures (f. pl.) de mouches. ||°**-falle** f. (-, n) attrape-mouches m. ||°**-fänger** m. (s, -), °**-schnäpper** m. (s, -). ZOOL. gobe-mouches m. ||°**-gewicht** n. (s). SPORT. poids (m.) mouche. ||°**-gitter** n. (s, -) toile (f.) moustiquaire. ||°**-klappe** f. (-, n), °**-klatsche** f. (-, n) tapette f. ||°**-kopf** m. (s, ¨e). TYPOGR. lettre bloquée, renversée. ||°**-netz** n. (es, e). TECHN. émouchette f. ||°**-pilz** m. (es, e). BOT. amanite mouchetée, tue-mouches.

fliegend ['fli:gənt] adj. volant. | *in fliegender Eile, Hast*, à la hâte ; en hâte. || MUS. *der fliegende Holländer*, le vaisseau fantôme. || PAR ANAL. *mit fliegenden Haaren*, les cheveux épars. | *mit fliegendem Atem*, haletant. || MIL. *die Truppen zogen mit fliegenden Fahnen ein*, les troupes firent leur entrée, drapeaux déployés. || AÉRON. *fliegendes Personal*, personnel navigant. | *fliegende Festung*, forteresse volante.

Flieger [-gər] m. (s, -). AÉRON. aviateur m. ; aéronaute m. || PAR EXT. avion m.

Flieger|abwehr ["fli:gər'apve:r] f. (- en) [abrév. FLAK] défense (f.) contre avions (D. C. A.). ||°**-alarm** m. (s, e). MIL. alerte aérienne. ||°**-sicht** f. (-). AÉRON. vue plongeante. | *gegen Fliegersicht gedeckt*, camouflé. ||°**-staffel** f. (-, n) escadrille (f.) d'avions.

Fliegerei [fli:gə'rai] f. (-) aviation f.

fliegerisch ['fli:gəriʃ] adj. qui concerne l'aviation.

fliehen ['fli:ən] (o, o) v. tr. fuir ; éviter. | *die Gefahr fliehen*, fuir le danger. | *js Gegenwart fliehen*, éviter la présence de qn.

◇ v. intr. fuir ; s'enfuir ; prendre la fuite. | *vor der Gefahr fliehen*, éviter le danger. | *zu jm, vor jm fliehen*, se réfugier chez, s'enfuir devant qn.

fliehend [-ənt] adj. fugitif ; en fuite. || FIG. fuyant. | *fliehende Stirn*, front fuyant.

Flieh|kraft ['fli:kraft] f. (-). PHYS. force (f.) centrifuge.

Fliese ['fli:zə] f. (-, n). ARCHIT. dalle f. ; carreau m. | *mit Fliesen belegen*, daller ; carreler.

Fliesen|fußboden ["fli:zən'fusbo:dən] m. (s, ¨). ARCHIT. carrelage m. ||°**-leger** m. (s, -). TECHN. carreleur m.

Fließ [fli:s] n. (es, e) petit ruisseau ; ru m.

Fließ|bandarbeit ["fli:sbant'arbait] f. (-, en). TECHN. travail (m.) à la chaîne. ||°**-papier** n. (s, e) papier (m.) buvard.

fließen ['fli:sən] (o, o) v. intr. couler. | *die Elbe fließt durch Sachsen*, l'Elbe traverse la Saxe. | *der Schweiß fließt ihm von der Stirn*, son front ruisselle de sueur. || FIG. *die Arbeit floß unter ihren Händen munter fort*, le travail, sous leurs mains, avançait sans répit. | *die Verse fließen ihm leicht aus der Feder*, les vers coulent aisément de sa plume. | *aus dieser Erkenntnis fließen weitere*, cette vérité en entraîne d'autres.

fließend [-sənt] adj. coulant ; liquide ; mouvant. | *Zimmer mit fließendem Wasser*, chambre (f.) avec l'eau courante. | *sie spricht fließend Englisch*, elle parle couramment (l')anglais.

Flimmer [-mər] m. (s, -) lueur faible, tremblotante. || PAR ANAL. clinquant m. || MINÉRAL. mica m. || ZOOL. cil (m.) vibratile.

Flimmer|härchen ["flimər'hɛrçən] n. (s, -) cil (m.) vibratile. ||°**-zelle** f. (-, n) cellule (f.) vibratile.

flimmern ['flimərn] v. intr. scintiller ; vibrer. | *es flimmert mir vor den Augen*, j'ai des éblouissements ; ma vue se trouble.

Flimmern [-mərn] n. (s) scintillement m.

flink [flink] adj. agile ; leste ; alerte ; prompt ; preste ; ingambe ; vif.

— SYN. : *behend*, agile ; *lebhaft*, fringant ; *flott*, léger.

Flinkheit ['fliŋkhait] f. (-) agilité f. ; prestesse f. ; promptitude f. ; célérité f.

Flinte ['flintə] f. (-, n) fusil m. ; carabine f. || LOC. *die Flinte ins Korn werfen*, jeter le manche après la cognée.

Flipperspiel ["fliper'ʃpi:l] n. (s, e) flipper m.

flirren ['flirən] v. intr. vibrer ; trembloter ; papilloter ; danser. | *es flirrt ihm vor den Augen*, il a des éblouissements.

Flirt [flørt] m. (s, s) flirt m.

flirten [-tən] v. intr. flirter.

Flitter ['flitər] m. (s, -) paillette f. || PAR ANAL. clinquant m. ; oripeaux m. pl. ; colifichet(s) m. (pl.).

Flitter|kram ["flitər'kra:m] m. (s) fanfreluches f. pl. ; colifichets m.pl. ||°**-wochen** f. pl. lune (f.) de miel.

flitterhaft ['flitərhaft] adj. du clinquant.

flittern ['flitərn] v. intr. scintiller ; papilloter.

Flitz|bogen ["flits'bo:gən] m. (s,¨). [Spielzeug] arc m. ; arbalète f.

flitzen ['flitsən] v. intr. FAM. filer comme une flèche.

floaten ['flɔutən] v. intr. ÉCON. flotter. | *die Währung floaten lassen*, laisser flotter la monnaie.

Floaten n. (s). ÉCON. flottement m. (des monnaies).

Flocke ['flɔkə] f. (-, n) flocon m.

Flocken|blume ["flɔkən'blu:mə] f. (-, n). BOT. centaurée f.

flockig ['flɔkiç] adj. floconneux ; pelucheux.

Floh [flo:] m. (s, ¨e). ZOOL. puce f. || LOC. *die Flöhe husten hören*, entendre pousser l'herbe. || FIG. *jm einen Floh ins Ohr setzen*, mettre la puce à l'oreille à qn.

flöhen ['flø:ən] v. tr. épucer.

Floh| kiste ["flo:'kistə] f. (-, n). [Bett] POP. pucier m. ||°**-markt** m. (es, ¨e) marché (m.) aux puces. ||°**-stich** m. (s, e) piqûre (f.) de puce.

Floppy Disk ['flɔpidisk] f. (-, s). INF. disque (m.) souple.

Flor [flo:r] m. (s, e) floraison f. ; fleuraison f. | *Wiese im Flor*, prairie (f.) en fleurs. || FIG. prospérité f. ; état florissant. || PAR EXT. crêpe m. ; gaze f. ; voile m. | *Flor anlegen*, prendre le crêpe ; se mettre en deuil.

Flora ['flo:ra] n. pr. f. MYTH. Flore f.

Flora ['flo:ra] f. (-, ren) flore f.

Flor|band ['flo:rbant] n. (s, ¨er) brassard (m.) de crêpe ; crêpe m.

Florentiner(in) [florən'ti:nər(in)] m. (s, -), f. (-, nen) Florentin(e) m. (f.).

◇ m. CULIN. florentin m.

florentinisch [-niʃ] adj. florentin.

Florenz [flo'rɛnts] n. pr. n. GÉOGR. Florence f.
Florett [flo'rɛt] n. (s, e) fleuret m.
Florett|fechter [flo"rɛt'fɛçtər] m. (s, -) fleurettiste m.
florieren [flo'ri:rən] v. intr. être florissant.
Floskel ['flɔskəl] f. (-, n). LITTÉR. fleur (f.) de rhétorique ; clausule f.
floskelhaft ['flɔskəlhaft] adj. verbeux.
Floß [flo:s] n. (es, ¨e) radeau m. || PAR ANAL. train (m.) de bois.
floß [flɔs] prét. de **fließen.**
flößbar ['fløsba:r] adj. flottable.
Floß|brücke ["flo:s'brykə] f. (-, n) pont (m.) de radeaux.
Flosse ['flɔsə] f. (-, n). ZOOL. nageoire f. ; aileron m. || AÉRON. plan (m.) fixe ; stabilisateur m. || [Fischerei] flotteur m.
Flöße ['flø:sə] f. (-, n). [Fischerei] flotteur m.
flößen [-sən] v. tr. TECHN. (faire) flotter.
Flossen|füß(l)er ["flɔsən'fys(l)ər] m. (s, -). ZOOL. pinnipède m. ; ptéropode m.
Flößer ['flø:sər] m. (s, -). TECHN. flotteur m. || PAR ANAL. batelier (m.) d'un radeau.
Flößerei [fløsə'rai] f. (-). TECHN. flottage m.
Flöß|holz ['fløshɔlts] n. (es) bois flotté.
Flöte ['flø:tə] f. (-, n). MUS. flûte f. || [Sektglas] flûte (f.) à champagne.
flöten [-tən] v. intr. jouer de la flûte ; parler, chanter d'une voix flûtée.
Flöten|bläser ["flø:tən'blɛ:zər] m. (s, -). MUS. (joueur [m.] de) flûte f. ; flûtiste m. ||**-gehen** (ging, gegangen). FAM. se perdre. | *die Sache geht flöten*, l'affaire est dans le lac. ||°**-register** n. (s, -). MUS. jeu (m.) de flûtes. ||°**-spieler(in)** m. (s, -), f. (-, nen). MUS. flûtiste s.
Flötist(in) [flø'tist(in)] m. (en, en), f. (-, nen) flûtiste s.
flott [flɔt] adj. MAR. à flot. | *das Schiff wurde wieder flott gemacht*, ce bateau a été renfloué. || FIG. [leicht] léger ; dégagé ; [schnell] rapide. | *ein flotter Bursche*, un gaillard. | *flotter Hut*, chapeau élégant, chic.
◇ adv. FAM. *hier geht's flott her*, ici on s'amuse bien. | *ein flottgehender Betrieb*, une affaire qui marche bien.
Flotte ['flɔtə] f. (-, n). MAR. flotte f. ; marine f.
Flotten|abkommen ["flɔtən'apkɔmən] n. (s, -). POLIT. traité naval. ||°**-stützpunkt** m. (s, e). MAR. base navale.
Flottille [-'tilə] f. (-, n). MAR. flottille f. ; escadre f.
flott|weg ["flɔt've:k] adv. sans hésitation ; d'un trait ; en un tour de main. || PAR EXT. sans façon.
Flöz [flø:ts] n. (es, e). GÉOL. couche (f.) sédimentaire ; stratification horizontale. || MINES. veine f.
Fluch [flu:x] m. (s, ¨e) malédiction f. ; imprécation f. ; blasphème m. | *ein Fluch liegt auf diesem Haus*, une malédiction pèse sur cette maison. | *es gereicht ihm zum Fluche*, ce sera pour son malheur. | *ein Fluch trifft ihn*, une malédiction s'abat sur lui. || PAR EXT. juron m.
fluch|beladen ["flu:xbə'la:dən] adj. chargé de malédiction ; maudit.
fluchen ['flu:xən] v. intr. maudire. | *auf jn fluchen*, maudire qn. || PAR ANAL. jurer ; sacrer ; pester ; maugréer.
Flucht [fluxt] f. (-) fuite f. évasion f. ; exode m. | *die Flucht ergreifen*, prendre la fuite, le large. | *auf der Flucht sein*, être en fuite. || MIL. *den Feind in die Flucht schlagen*, mettre l'ennemi en fuite. || FIG. *Flucht nach vorn*, fuite (f.) en avant. || PAR ANAL. [Linie] enfilade f. ; alignement m. | *Flucht halten*, s'aligner. | *eine Häuserflucht*, une rangée de maisons. | *eine Fensterflucht*, un alignement de fenêtres. | *eine Flucht von Zimmern*, une enfilade de pièces. || PAR EXT. saut m. ; bond m. | *das Reh floh in langen Fluchten*, le chevreuil disparut en bondissant.
flucht|artig ["fluxt'artiç] adv. précipitamment.
flüchten ['flyçtən] v. intr. et v. pr. fuir ; s'enfuir ; prendre la fuite ; se sauver.
◇ v. tr. FAM. *seine Habe flüchten*, sauver son bien.
flüchtig [-tiç] adj. fugitif ; fuyard. | *der flüchtige Hirsch*, le cerf en fuite. | *das flüchtige Heer*, l'armée en déroute. || FIG. rapide ; fugitif ; passager ; fugace. | *ein flüchtiger Eindruck*, une vague impression. | *eine flüchtige Arbeit*, un travail superficiel. || CHIM. volatil.
Flüchtigkeit [-tiçkait] f. (-, en) rapidité f. || FIG. négligence f. || CHIM. volatilité f.
Flüchtigkeits|fehler ["flyçtiçkaits'fe:lər] m. (s, -) faute (f.) d'inattention ; négligence f.
Flüchtling ['flyçtliŋ] m. (s, e) fugitif m. ; réfugié m. | *Flüchtlingslager*, camp (m.) de réfugiés.
Flucht|linie ["fluxt'liniə] f. (-, n). ARCHIT. alignement m. || OPT. ligne (f.) de fuite. ||°**-verdacht** m. (s) suspicion (f.) de fuite. ||°**-versuch** m. (s, e) tentative (f.) de fuite. ||°**-wert** m. (s, e). FIN. valeur refuge f.
Flug [flu:k] m. (s, ¨e) vol m. ; volée f. ; essor m. | *der Flug des Geschosses*, le trajet de la balle. | *der Flug der Gedanken*, l'envol (m.) rapide des pensées. || FIG. *die Zeit verging im Fluge*, le temps passa très vite. | *im Flug*, à la hâte. || AÉRON. vol m. ; raid m. ; croisière f. | *Flüge ausführen*, voler ; effectuer des vols. || PAR EXT. [Schwarm] *ein Flug Tauben*, une volée de pigeons.
Flug|abwehr ["flu:k'apve:r] f. (-, en). MIL. défense (f.) contre avions (D.C.A.). ||°**-bahn** f. (-, en). MIL. trajectoire f. || AÉRON. trajet m. ||°**-begleitpersonal** n. (s) équipage commercial. ||°**-bereich** m. (s, e). AÉRON. rayon (m.) d'action. ||°**-blatt** n. (s, ¨er) feuille volante ; tract m. ; pamphlet m. ||°**-boot** n. (s, e). MAR. hydravion (m.) à coque. ||°**-dauer** f. autonomie (f.) de vol. ||°**-deck** n. (s, s) pont (m.) d'atterrissage. ||°**-dienst** m. (es, e) service aérien. ||°**-echse** f. (-, n). GÉOL., ZOOL. ptérosaurien m. ||°**-feld** n. (s, er) champ (m.), terrain (m.) d'aviation ; terrain (m.) d'atterrissage ; aérodrome m. ||°**-gast** m. (es, ¨e) passager m. (à bord d'un avion). ||°**-gesellschaft** f. (-, en) compagnie aérienne. ||°**-hafen** m. (s, ¨) aéroport m. ||°**-höhe** f. (-, n). AÉRON. hauteur (f.) de vol ; plafond m. || MIL. flèche (f.) de trajectoire. ||°**-kapitän** m. (s, e) commandant (m.) de bord. ||°**-körper** m. (s, -) engin m. | *ballistischer Flugkörper*, engin ballistique. ||°**-lageanzeiger** m. (s, -) indicateur (m.) d'assiette. ||°**-lotse** m. (n, n) aiguilleur (m.) du ciel ; contrôleur aérien. ||°**-maschine** f. (-, n) avion m. ||°**-objekt** n. (s, e) *unbekanntes Flugobjekt (UFO)*, objet volant non identifié (OVNI). ||°**-plan** m. (s, ¨e) plan (m.) de vol. ||°**-platz** m. (es, ¨e) champ (m.) d'aviation ; aérodrome m. ||°**-platzbefeuerung** f. (-, en) balisage m. ||°**-post** f. (-) poste aérienne. ||°**-sand** m. (s, e) sable mouvant. ||°**-schein** m. (s, e). 1° billet (m.) d'avion ; 2° certificat (m.) de pilote. ||°**-schreiber** m. (s, -) boîte noire. ||°**-schrift** f. (-, en) tract m. ; brochure (f.) de propagande. ||°**-schule** f. (-, n) école (f.) de pilotage. ||°**-schüler** m. (s, -) élève-pilote m. ||°**-sicherung** f. (-, en) contrôle aérien. ||°**-sicht** f. visibilité (f.) en vol. ||°**-simulator** m. (s, en) simulateur (m.) de vol. ||°**-staub** m. (s) poussières fines (en suspension dans l'air). ||°**-strecke** f. (-, n) parcours m. ; ligne aérienne. ||°**-tauglichkeit** f. (-). [Pilot] aptitude (f.) à voler ; [Apparat] navigabilité f. ||°**-technik** f. (-, en) technique (f.) de vol ; aviation f. ; aérotechnique f. ||°**-verbindung** f. (-, en) correspondance aérienne.

||°-**verkehr** m. (s) trafic aérien. ||°-**wesen** n. (s) aviation f. ; aéronautique f.

Flug|zeug ['flu:ktsɔyk] n. (s, e) avion m. | *viermotoriges Flugzeug*, avion quadrimoteur. | *Wasserflugzeug*, hydravion m. | *Schwimmflugzeug*, hydravion (m.) à flotteurs. | *Landwasserflugzeug* ; *Amphibienflugzeug*, avion amphibie. | *Rückstoßflugzeug* ; *Flugzeug mit Strahlantrieb* ; *Düsenflugzeug*, avion à réaction. | *Raketenflugzeug*, avion fusée. | *Segelflugzeug*, planeur m. || MIL. *Jagdflugzeug*, avion de chasse. | *Bombenflugzeug*, bombardier m. | *Sturzkampfflugzeug (Stuka)*, bombardier (m.) en piqué.

Flugzeug|abwehr ["flu:ktscyk'apve:r] f. (-) défense aérienne ; défense contre avions (D.C.A.). ||°-**abwehrkanone** f. (-, n) (abrév. **Flak**) canon antiaérien (D.C.A.). ||°-**aufnahme** f. (-, n). PHOT. vue prise en avion ; photo(graphie) aérienne. ||°-**bauer** m. (s, -) avionneur m. ||°-**besatzung** f. (-, en) équipage (m.) d'un avion. ||°-**entführer** m. (s, -) pirate (n.) de l'air. ||°-**entführung** f. (-, en) détournement (m.) d'avion. ||°-**führer** m. (s, -) aviateur m. ; pilote m. (d'avions). ||°-**halle** f. (-, n) hangar (m.) d'avions. ||°-**rumpf** m. (s, e) coque (f.) d'avion ; fuselage m. ||°-**schleuder** f. (-, n) catapulte f. ; lance-avions m. ||°-**träger** m. (s, -). MAR. porte-avions m.

flügge ['flygə] adj. dru ; prêt à quitter le nid. || FIG. *flügge werden*, prendre sa volée.

flugs [fluks] adv. prestement ; à la volée.

Flügel ['fly:gəl] m. (s, -). **1.** ANAT. aile f. | *seine Flügel ausspannen*, déployer ses ailes. | *mit den Flügeln schlagen*, battre des ailes. || FIG. *jm die Flügel beschneiden*, rogner les ailes à qn. | *die Angst gibt ihm Flügel*, la peur lui donne des ailes. | *die Flügel wachsen ihm*, il prend de la force, du courage.
2. PAR EXT., ARCHIT. *Flügel des Schlosses*, aile du château. | *Flügel eines Fensters, einer Tür*, battant (m.) d'une fenêtre, d'une porte (vantail). | *Flügel eines Altars*, volets (m. pl.) d'un retable. | *Flügel einer Windmühle*, ailes d'un moulin à vent. || MUS. piano (m.) à queue. || MIL. *Flügel eines Heeres*, aile d'une armée. || AÉRON. aile f. ; pale f. || ANAT. aile f. ; lobe m. | *Flügel der Lunge*, lobe du poumon. | *Flügel der Nase*, aile du nez.

Flügel|adjutant ["fly:gəladju'tant] m. (en, en). MIL. aide (m.) de camp. ||°-**altar** m. (s, e) retable (m.) à volets. ||°-**fenster** n. (s, -). ARCHIT. fenêtre (f.) à battants. ||°-**haube** f. (-, n) cornette f. ||°-**horn** n. (s, ¨er). MUS. cor (m.) de chasse. ||°-**kappe** f. (-, n). AÉRON. aileron m. ||-**lahm** adj. qui bat de l'aile ; qui a du plomb dans l'aile. || ÉCON., FIG. *flügellahme Firma*, canard boiteux. ||°-**mann** m. (s, -männer et -leute). MIL. chef (m.) de file. | *rechter Flügelmann*, homme (m.) de base. ||°-**mutter** f. (-, n). TECHN. écrou (m.) à oreilles. ||°-**pferd** n. (s, e). POÉT. Pégase m. ||°-**rad** n. (s, ¨er). TECHN. roue (f.) à palettes, à aubes. ||°-**schlag** m. (s, ¨e) coup (m.) d'aile ; battement (m.) d'ailes. | *mit raschem Flügelschlag*, à tire-d'aile. ||°-**schraube** f. (-, n). TECHN. vis (f.) à ailettes. ||°-**tür** f. (-, en) porte (f.) à deux battants, à vantaux. ||°-**weite** f. (-, n). AÉRON. envergure f.

Fluidum ['fluidum] n. (s, da) fluide m.

fluktuieren [fluktu'i:rən] v. intr. fluctuer.

Flunder ['flundər] m. (s, -), f. (-, n). ZOOL. flet m.

Flunkerei [fluŋkə'rai] f. (-, en) vantardise f. ; fanfaronnade f.

Flunkerer ['fluŋkərər] m. (s, -) fanfaron m.

flunkern [-kərn] v. intr. jeter de la poudre aux yeux ; fanfaronner. || POP. faire de l'épate, du tape-à-l'œil.

Flunsch [flunʃ] m. (es, e). FAM. moue f. | *einen Flunsch ziehen, machen*, faire la moue ; bouder.

Fluor ['fluo:r] n. (s). CHIM. fluor m.

Fluoreszein [fluo:rεstse'i:n] n. (s). CHIM. fluorescéine f.

Fluoreszenz|beleuchtung [fluo:rεst"sεntsbə-'lɔyçtuŋ] f. (-) éclairage fluorescent.

Fluor|wasserstoff|säure ["fluo:r'vasərʃtɔfzɔyrə] f. (-, n). CHIM. acide (m.) fluorhydrique.

Fluppe ['flupə] f. (-, n). POP. clope f.

Flur [flu:r] m. (s, e). [Hausgang] vestibule m. ; couloir m. ; palier m. | *Treppenflur*, palier m.

Flur [flu:r] f. (-, en). [Feld] champs m. pl. ; terres f. pl. | *durch Feld und Flur schweifen*, aller se promener dans les champs. || POÉT. campagnes f. pl.

Flur|bereinigung ["flu:rbə'rainiguŋ] f. (-). AGRIC. remembrement (m.) des parcelles. ||°-**hüter** m. (s, -) garde (m.) champêtre. ||°-**karte** f. (-, n) plan cadastral. ||°-**namenforschung** f. (-, en) toponymie f. ||°-**vermessung** f. (-, en). AGRIC. arpentage m.

Fluß [flus] m. (es, ¨e). **1.** fleuve m. ; rivière f. | *der Lauf eines Flusses*, le cours d'un fleuve. | *die Ufer eines Flusses*, les rives d'un fleuve. | *der Fluß entspringt*, le fleuve prend sa source. | *der Fluß tritt aus seinen Ufern*, le fleuve sort de son lit. | *der Fluß mündet ins Meer*, le fleuve se jette dans la mer. | *einen Fluß ab-, aufwärts fahren*, descendre, remonter un fleuve. | *einen Fluß entlang gehen*, longer un fleuve. | *ein Nebenfluß*, un affluent. | *der Zusammenfluß*, le confluent. || ÉLECTR. *magnetischer Fluß*, flux (m.) magnétique. || FIG. flot m. ; flux m. | *Redefluß*, débit m. (de la parole). | *ein Gespräch wieder in Fluß bringen*, reprendre une conversation.
2. PAR EXT. fusion f. ; liquéfaction f. | *das Metall gerät in Fluß*, le métal entre en fusion. | *Glasfluß*, strass m.

Fluß|aal ['flusa:l] m. (s, e). ZOOL. anguille f. || -**ab(wärts)** adv. en aval. ||°-**arm** m. (s, e) bras (m.) de rivière. ||-**auf(wärts)** en amont. ||°-**barsch** m. (es, e). ZOOL. perche commune. ||°-**becken** n. (s, -) bassin fluvial. ||°-**bett** n. (s, en) lit (m.) d'un fleuve. ||°-**dampfer** m. (s, -) vapeur fluvial. ||°-**diagramm** n. (s, e). INF. organigramme m. ; ordinogramme m. ||°-**eisen** n. (s, -). TECHN. fer fondu ; fonte f. ; acier doux. ||°-**fisch** m. (es, e). ZOOL. poisson (m.) d'eau douce. ||°-**krümmung** f. (-, en) coude (m.) d'une rivière. ||°-**pferd** n. (s, e). ZOOL. hippopotame m. || °-**regulierung** f. (-, en) rectification (f.), régularisation (f.) d'un fleuve. ||°-**schiffahrt** f. (-, en) navigation fluviale. ||°-**stahl** m. (s) acier doux. ||°-**ufer** n. (s, -) rive f. ; bord m. ; berge f. ||°-**windungen** f. pl. sinuosités (f. pl.) d'un fleuve ; méandres m. pl.

Flüßchen ['flysçən] n. (s, -) petite rivière.

flüssig ['flysiç] adj. liquide ; fluide. | *leicht-, dünnflüssig*, fluide. | *dickflüssig*, visqueux. || MÉTALL. *schwerflüssig*, rebelle à la fusion. | *flüssiges Metall*, métal fondu. | *flüssige Luft*, air (m.) liquide. | *flüssig werden*, fondre ; se liquéfier ; entrer en fusion. || FIG. coulant ; aisé. | *flüssiger Stil*, style coulant, aisé. || FIN. liquide. | *flüssige Gelder*, liquidités f. pl. ; disponibilités f. pl.

Flüssig|gas ["flysiç'ga:s] n. (es, e). CHIM. gaz (m.) liquide. || °-**gastanker** m. (s). MAR. méthanier m. ||°-**kristall** m. (s, e) cristal (m.) liquide. ||°-**kristallanzeige** f. (-, n). ÉLECTR. affichage (m.) à cristaux liquides. ||-**machen** v. tr. CHIM. liquéfier ; rendre liquide. || FIG., FIN. liquider ; réaliser. | *Gelder flüssigmachen*, réaliser des fonds.

Flüssigkeit ['flysiçkait] f. (-, en) fluide m. ; liquide m. || PAR ANAL. fluidité f. ; liquidité f. || FIG. facilité f. ; aisance f.

Flüssigkeits|bremse ["flysiçkaits'brεmzə] f. (-, n) frein (m.) hydraulique. ||°-**messer** m. (s, -) pèse-liquides m. ||°-**waage** f. (-, n) pèse-liqueurs m.

flüstern ['flystərn] v. tr. murmurer ; chuchoter. | *ins Ohr flüstern*, glisser à l'oreille.

Flüster|propaganda ["flystərpropa'ganda] f. (-). FAM. propagande de bouche à oreille, secrète. ||°**-ton** m. (s, ¨e) murmure m. | *im Flüsterton sprechen*, parler tout bas, à voix basse. ||°**-tüte** f. (-, n). FAM. mégaphone m.

Flut [flu:t] f. (-, en) flot m. ; flux m. | *wütende Fluten*, flots courroucés. | *die Flut braust, tost*, les flots mugissent. | *Ebbe und Flut*, flux (m.) et reflux (m.) ; marée haute et basse. || PAR EXT. *eine Menschenflut*, une marée humaine. || FIG. déluge m. ; torrent m. | *Flut von Tränen*, torrent (m.) de larmes. | *eine Flut von Schimpfwörtern*, une bordée d'injures.

Flut|welle ["flu:t'vɛlə] f. (-, n) raz (m.) de marée. ||°**-zeit** f. (-, en) [heure (f.) de la] marée f.

fluten ['flu:tən] v. intr. arriver à flots ; couler à flots ; s'enfler. | *Licht flutet in den Raum*, la pièce est inondée de lumière. | *die Menge flutet in den Zirkus hinein*, la foule s'engouffre dans le cirque.

Fock [fɔk] f. (-, en). MAR. misaine f.

Fock|mast ['fɔkmast] m. (s, e ou en). MAR. mât (m.) de misaine ; [Lateinersegel] trinquet m.

Föderalismus [fødəra'lismus] m. (-). POLIT. fédéralisme m.

Föderalist [-ra'list] m. (en, en) fédéraliste m.

föderalistisch [-ra'listiʃ] adj. fédéraliste.

Föderation [-ra'tsio:n] f. (-, en) fédération f.

föderativ [-ra'ti:f] adj. fédératif.

föderieren [-'ri:rən] v. tr. et v. pr. (se) fédérer.

Fohlen ['fo:lən] n. (s, -). ZOOL. poulain m.

fohlen [-lən] v. intr. faire un poulain ; pouliner.

Föhn [fø:n] m. (s, e) fœhn m. ; lombarde f.

Föhn|wetter ["fø:n'vɛtər] n. (s) brusque dégel m.

Föhre ['fø:rə] f. (-, n). BOT. pin m.

fokal [fo'kɑ:l] adj. PHYS. focal.

Fokus ['fo:kus] m. (-, -). PHYS. foyer m. ; point focal.

Folge ['fɔlgə] f. (-, n). **1.** [Ergebnis] suite(s) f. (pl.) ; effet m. ; résultat m. ; conséquence f. | *an den Folgen eines Unfalls sterben*, mourir des suites d'un accident. | *die Folgen einer Krankheit*, les séquelles d'une maladie. | *die Folgen bedenken*, réfléchir aux conséquences. | *er zieht daraus die Folgen*, il en tire les conséquences. | *zur Folge haben*, entraîner (à sa suite). | *für alle Folgen stehen*, endosser tous les risques (d'une affaire). | *die Sache kann unangenehme Folgen nach sich ziehen*, cette affaire peut entraîner des suites désagréables.

2. [Reihe, Abfolge] suite f. ; succession f. ; continuation f. ; série f. | *eine lange Folge von Königen*, une longue suite de rois. | *Folge der Jahrhunderte*, suite des temps. | *in einer Folge*, sans interruption ; en une suite continue. | *in bunter Folge*, pêle-mêle. || [Spiel] séquence f. | *Folge von vier, fünf Karten*, quatrième f. ; quinte f. || [Zukunft] suite f. ; avenir m. | *in der Folge*, dans, par la suite. | *für die Folge*, pour l'avenir.

3. [Annahme, Gehorsam] acceptation f. ; obéissance f. | *einem Befehl Folge leisten*, obéir à un ordre. | *er hat dem Rufe der Universität Marburg Folge geleistet*, il a répondu à l'appel de l'université de Marburg. | *einer Einladung Folge leisten*, se rendre à une invitation.

Folge|erscheinung ["fɔlgəɛr'ʃainuŋ] f. (-, en) conséquence f. || ÉCON. effets induits. ||**-gemäß** adj. conséquent ; logique. ||°**-leistung** f. (-, en), acte (m.) d'obéissance. ||**-recht, -richtig** adj. conséquent ; logique ; conforme aux prémisses. ||°**-richtigkeit** f. (-) caractère logique ; logique (d'une action). ||°**-satz** m. (es, ¨e). GRAMM. proposition consécutive. || PHILOS. corollaire m. ||**-widrig** adj. illogique ; inconséquent. ||°**-widrigkeit** f. inconséquence f. ; illogisme m. ||°**-zeit** f. (-) suite f. ; avenir m.

folgen ['fɔlgən] v. intr. **1.** [nachgehen] suivre. | *jm blindlings folgen*, suivre qn aveuglément. | *jm auf Schritt und Tritt folgen*, ne pas lâcher qn d'une semelle. || FIG. *jm mit den Augen, mit den Blicken folgen*, suivre qn des yeux. | *seinen Erklärungen nicht folgen können*, être incapable de suivre ses explications. | *nur seinem Herzen folgen*, n'écouter que son cœur.

2. PAR ANAL. [gehorchen] obéir à ; écouter. | *er folgt seinem Rat*, il suit son conseil. | *einem Beispiel folgen*, suivre un exemple. | *dieses Schiff folgt leicht dem Steuer*, ce bateau se manœuvre aisément.

3. PAR EXT. [aufeinander folgen] venir après ; suivre ; succéder à. | *jm im Amte folgen*, succéder à qn dans ses fonctions. | *auf jeden Winter folgt ein Frühling*, à chaque hiver succède un printemps. || [Zeitung, Zeitschrift] *(die) Fortsetzung folgt*, la suite au prochain numéro ; à suivre.

4. [sich ergeben] résulter. | *daraus folgt, daß*, il en résulte que.

folgen|reich ["fɔlgən'raiç] adj. important ; grave. ||**-schwer** adj. lourd de conséquences.

folgend ['fɔlgənt] adj. suivant ; successif ; subséquent. | *am folgenden Tag*, le lendemain. | *in der folgenden Nacht*, la nuit suivante. | *im folgenden Kapitel*, au chapitre suivant. | *auf folgende Weise*, de la manière suivante. | *im folgenden berichtete er*, par la suite, il rapporta. | *Folgendes war darin zu lesen*, on pouvait y lire ce qui suit.

folgender|maßen ["fɔlgəndər'mɑ:sən], **-weise** [-'vaizə] adv. de la façon, de la manière suivante.

folgern ['fɔlgərn] v. tr. PHILOS. conclure de ; inférer. ◇ v. intr. *ich folgere daraus, daß...*, j'en conclus que... — SYN. : *entnehmen aus*, conclure ; *den Schluß ziehen*, arguer ; *ableiten*, déduire.

Folgerung [-ruŋ] f. (-, en). PHILOS. déduction f. ; induction f. ; conclusion f. ; raisonnement m.

folglich ['fɔlkliç] adv. en conséquence ; par conséquent ; ainsi ; donc ; par suite ; partant ; dès lors. | *ich denke, folglich bin ich*, je pense, donc je suis.

folgsam [-zɑ:m] adj. obéissant ; docile ; soumis.

Folgsamkeit ['fɔlkzɑ:mkait] f. (-) obéissance f. ; soumission f. ; docilité f.

Foliant [foli'ant] m. (en, en) in-folio m.

Folie ['foliə] f. (-, n). TECHN. feuille f. ; lamelle f. || [am Spiegel] tain m. || FIG. repoussoir m.

foliieren [foli'i:rən] v. tr. numéroter les feuilles ; folioter ; paginer. || TECHN. [Spiegel] étamer.

Folio ['fo:lio] n. (s, e et ien) feuillet m. (de papier) ; folio m. | *Folienzahl*, folio ; nombre (m.) de feuilles. || PAR EXT. papier (m.) ministre.

Folio|band ["fo:lio'bant] m. (s, ¨e) livre (m.) in-folio ; in-folio m. ||°**-blatt** n. (s, ¨er) feuille (f.) in-folio. ||°**-format** n. (s, e) format (m.) in-folio.

Follikel [fɔ'likəl] m. (s, -). ANAT., BOT. follicule m.

Follikel|hormon [fɔ"likəlhɔr'mo:n] n. (s, e). MÉD. folliculine f.

Folter ['fɔltər] f. (-, n). [Instrument] chevalet m. ; instrument (m.) de torture. | *jn auf die Folter spannen*, mettre qn à la torture, à la question ; donner la question à qn. || FIG., FAM. *er spannt mich auf die Folter*, il met ma curiosité à rude épreuve. || PAR EXT. [Handlung] torture f. ; question f. ; martyre m.

Folter|bank ["fɔltər'baŋk] f. (-, ¨e) chevalet (m.) de torture. ||°**-kammer** f. (-, n) chambre (f.) de torture. ||°**-knecht** m. (s, e) tortionnaire m. ; bourreau m.

foltern [-tərn] v. tr. torturer ; mettre à la torture, à la question, au supplice ; faire subir le martyre.

Folterung [-tәruŋ] f. (-, en) torture f.
Fön [fø:n] m. (s, e). (Wz.) sèche-cheveux m.
Fond [fɔ̃] m. (s, s). [Grundlage] fond m. || THÉÂTRE. fond m.
Fonds [fɔ̃] m. (-). COMM. fonds m. ; capitaux m. pl. || FIN. fonds d'État, publics.
Fonds|börse ["fɔ̃'børʒә] f. (-, n) Bourse (f.) des valeurs mobilières.
Fön|frisur [fø:nfri'zur] f. (-, en) Brushing m. (Wz.).
Fontäne [fɔn'tɛ:nә] f. (-, n) fontaine f. ; jet (m.) d'eau.
Fontanelle [fɔnta'nɛlә] f. (-, n). ANAT. fontanelle f. || MÉD. drain m. ; séton m.
foppen ['fɔpәn] v. tr. berner ; duper ; mystifier ; narguer ; flouer.
Fopperei [fɔpә'rai] f. (-, en) duperie f. ; mystification f. ; mauvaise plaisanterie.
forcieren [fɔr'si:rәn] v. tr. forcer ; exagérer.
Förde ['førdә] f. (-, n). MAR. baie f. ; calanque f.
Förder|anlage ["førdәr'anlɑ:gә] f. (-, n). MINES. installation (f.) de transport mécanique ; installation (f.) d'extraction. || TECHN. appareil (m.) de manutention. ||°**-bahn** f. (-, en) voie (f.) d'exploitation. ||°**-band** n. (s, ¨er) convoyeur m. ; transporteur (m.) à bande ; tapis roulant. ||°**-brücke** f. (-, n) pont roulant transporteur ; pont roulant de manœuvre, de transport. ||°**-eimer** m. (s, -). TECHN. godet (m.) de dragage. ||°**-gerüst** n. (s, e) chevalement m. ; charpente (f.) d'extraction. ||°**-grube** f. (-, n) puits (m.), mine (f.) d'extraction. ||°**-gut** n. (s, ¨er) produit extrait ; matières (f. pl.) de manutention. ||°**-kette** f. (-, n). TECHN. chaîne (f.) de manutention. ||°**-korb** m. (s, ¨e) benne f. ; cage f. ||°**-kübel** m. (s, -) benne f. ; skip m. ||°**-mann** m. (s, ¨er et -leute) hercheur m. ; rouleur m. ||°**-schnecke** f. (-, n) vis (f.) sans fin ; hélice transporteuse. ||°**-seil** n. (s, e) câble (m.) d'extraction. ||°**-technik** f. (-, en). TECHN. manutention f. ||°**-turm** m. (s, ¨e) chevalement (m.) d'extraction. ||°**-wagen** m. (s, -) berline f. ; wagonnet (m.) de mine.
Förderer ['førdәrәr] m. (s, -) bienfaiteur m. ; mécène m. ; promoteur m.
förderlich ['førdәrliç] adj. profitable ; utile.
fordern ['fɔrdәrn] v. tr. demander ; réclamer ; exiger. | *Geld fordern*, réclamer de l'argent. | *ich werde Genugtuung von ihm fordern*, je lui demanderai satisfaction. | *einen hohen Preis für etwas fordern*, demander un prix élevé pour qch. || JUR. *vor Gericht fordern*, citer, assigner en justice. || PAR ANAL. convoquer ; provoquer. | *jn zu sich fordern*, mander qn. | *jn zum Duell fordern*, provoquer qn en duel. | *jn auf Pistolen fordern*, provoquer qn au pistolet. | *der Offizier fordert zuviel von seinen Leuten*, l'officier exige trop de ses hommes.
fördern ['førdәrn] v. tr. activer ; accélérer ; hâter. || PAR ANAL. encourager ; favoriser ; seconder ; faire progresser. | *jn fördern*, encourager, pousser qn. | *die Kunst fördern*, encourager les arts ; être un mécène. | *die Sprachwissenschaft fördern*, faire avancer la linguistique. || PAR EXT., MINES. extraire ; hercher ; transporter.
Forderung ['fɔrdәruŋ] f. (-, en) demande f. ; sommation f. ; réclamation f. ; revendication f. | *eine billige, begründete Forderung*, une réclamation fondée. | *die Forderung erheben*, prétendre ; avoir la prétention. | *Forderungen an jn stellen*, exiger de qn. | *eine Forderung erfüllen*, satisfaire à une demande. || COMM. créance f. | *rückständige Forderung*, créance arriérée. | *eine Forderung einziehen, eintreiben*, encaisser, recouvrer une créance. | *eine Forderung abschreiben*, amortir une créance. || PAR ANAL. provocation f.
Förderung ['førdәruŋ] f. (-, en) accélération f. ; avancement m. ; expédition f. || PAR ANAL. secours m. ; encouragement m. || MINES. extraction f. ; herchage m.
Forelle [fɔ'rɛlә] f. (-, n) truite f.
forensisch [fɔ'rɛnziʃ] adj. JUR. judiciaire.
Forke ['fɔrkә] f. (-, n). AGRIC., POP. fourche f.
Form [fɔrm] f. (-, en). **1.** [äußere Gestalt] forme f. | *Frankreich hat die Form eines Sechsecks*, la France a la forme d'un hexagone. | *dieser Hut kommt aus der Form*, ce chapeau se déforme. || *Form und Inhalt*, la forme et le fond. | *Hauptform*, forme principale. | *Nebenform*, forme secondaire.
2. [Gestalt eines Verhaltens] formes f. pl. ; manière f. | *in aller Form*, en bonne et due forme. | *die Form(en) wahren*, garder les formes ; observer l'étiquette. | *der Form wegen (pro forma)*, pour la forme. | *ein Mann ohne Formen*, un homme sans usages.
3. GRAMM. forme f. ; voix f.
4. TECHN. moule m. | *in eine Form gießen*, mouler.
5. SPORT. forme f.
Form|änderung ["fɔrm'ɛndәruŋ] f. (-, en) transformation. ||°**-blatt** n. (s, ¨er) formulaire m. ||°**-brett** n. (s, er) gabarit m. ||°**-fehler** m. (s, -). JUR. vice (m.) de forme. ||°**-gebung** f. (-, en) façonnage m. ; modelage m. ; action de donner forme. ||**-gerecht** adj. dans les formes ; en bonne (et due) forme. ||**-gewandt** adj. FIG. qui a des usages, du savoir-vivre. ||°**-gießer** m. (s, -) mouleur m. ||°**-guß** m. (es, ¨e) moulage m. ||°**-krise** f. (-, n), °**-tief** n. (s, e). SPORT. méforme f. ||**-los** adj. sans forme ; informe. || PAR EXT. difforme. || FIG. sans façons ; sans gêne. ||°**-losigkeit** f. (-, en) absence (f.) de forme. || PAR EXT. difformité f. || FIG. manque (m.) de formes, de savoir-vivre, d'usages. ||°**-sache** f. (-, n) formalité f. ||**-schön** adj. de belle(s) forme(s) ; harmonieux. ||°**-sinn** m. (s) bon goût. ||°**-veränderung** f. (-, en) changement (m.) de forme ; transformation f. ||**-vollendet** adj. de forme parfaite ; beau à la perfection.
formal [fɔr'mɑ:l] adj. formel.
Formaldehyd [fɔrmalde'i:d] m. ou n. (s, e) formaldéhyde m.
Formalien [-'mɑliәn] f. pl. formalités f. pl.
Formalin [fɔrma'li:n] f. formol m.
Formalismus [fɔrma'lismus] m. (-) formalisme m.
Formalität [-li'tɛ:t] f. (-, en) formalité f.
Format [fɔr'mɑ:t] n. (s, e). TYPOGR., COMM. format m. || PAR EXT. dimension f. | *ein Politiker von Format*, un homme politique d'envergure.
formatieren [fɔrma'ti:rәn] v. tr. INF. formater.
Formatieren [fɔrma'ti:rәn] n., **Formatierung** [-'ti:ruŋ] f. INF. formatage m.
Formation [fɔrma'tsio:n] f. (-, en). MIL. formation f. ; unité f. || MATH., GRAMM. formation f. || GÉOL. terrain m. ; formation f.
formbar ['fɔrmbɑ:r] adj. plastique ; malléable.
Formbarkeit [-barkait] f. (-) malléabilité f. ; plasticité f.
Formel ['fɔrmәl] f. (-, n). PR., CHIM., MATH. formule f.
Formel|kram ["fɔrmәl'kram] m. (s). FAM. formalités f. pl. ; PÉJOR. chinoiseries f. pl.
formell [fɔr'mɛl] adj. formel.
◇ adv. formellement ; selon les formes.
formen ['fɔrmәn] v. tr. former ; modeler ; façonner ; faire ; donner sa forme à une chose, à un être. | *die Sätze sorgsam formen*, bien tourner ses phrases.

◇ v. pr. **sich formen,** se former ; se modeler.
formen|arm ["fɔrmən'arm] adj. GRAMM. défectif. ||°**-lehre** f. (-, n). GRAMM. morphologie f. ||**-reich** adj. riche en formes ; multiforme ; polymorphe. ||°**-reichtum** m. (s) richesse (f.) des formes.
Former ['fɔrmər] m. (s, -) celui qui forme. || TECHN. modeleur m. ; mouleur m.
Formerei [fɔrmə'rai] f. (-). TECHN. modelage m. ; moulage m.
formieren [fɔr'mi:rən] v. tr. former ; ranger. || TYPOGR. *in Seiten formieren*, mettre en pages.
◇ v. pr. **sich formieren,** se former ; se ranger.
Formierung [-'mi:ruŋ] f. (-, en). MIL. formation f. || TYPOGR. mise (f.) en pages.
förmlich ['førmliç] adj. [feierlich] dans les formes ; en bonne et due forme ; cérémonieux. | *er wird förmlich*, il prend un ton guindé. || PAR ANAL. [regelrecht] formel ; vrai. | *da entstand ein förmlicher Aufruhr*, il s'ensuivit un véritable tumulte.
◇ adv. formellement ; en termes formels, exprès.
Förmlichkeit [-kait] f. (-, en) formalité f. ; respect (m.) des formes ; étiquette f. || PAR EXT. cérémonie f. | *ohne Förmlichkeiten*, sans cérémonie.
Formol [fɔr'mo:l] n. (s). CHIM. formol m.
Formular [fɔrmu'lɑ:r] n. (s, e) formulaire m.
formulieren [-'li:rən] v. tr. formuler ; exprimer.
Formung ['fɔrmuŋ] f. (-, en) formation f. ; mise (f.) en forme ; façon f. || TECHN. modelage m. ; moulage m.
forsch [fɔrʃ] adj. plein de vie, d'entrain ; fringant ; pétulant. | *forscher Bursche*, gaillard dynamique. | *ein forsches Auftreten*, un air de bravade.
forschen ['fɔrʃən] v. intr. faire des recherches ; rechercher ; explorer. | *in alten Papieren forschen*, fouiller de vieux papiers. | *ein forschender Blick*, un regard scrutateur.
Forscher [-ʃər] m. (s, -) savant m. ; chercheur m.
Forscher|geist ["fɔrʃər'gaist] m. (s) esprit (m.) d'investigation, de recherche ; esprit observateur.
Forschung ['fɔrʃuŋ] f. (-, en) recherche f. ; investigation f. ; exploration f. | *wissenschaftliche Forschung*, recherche scientifique.
Forschungs|gebiet ["fɔrʃuŋsgə'bi:t] n. (s, e) champ (m.), domaine (m.) de recherche, d'investigation. ||°**-reise** f. (-, n) (voyage [m.] d') exploration f. ||°**-satellit** m. (en, en) satellite (m.) scientifique. ||°**-semester** n. (s, -). UNIV. (*etwa*) année (f.) sabbatique. ||°**-trieb** m. (s) goût (m.) de la recherche.
Forst [fɔrst] m. (s, e) forêt m.
Forst|akademie ["fɔrstakadə'mi:] f. (-, n) école forestière. ||°**-amt** n. (s, ¨er) administration (f.), service (m.) des eaux et forêts. ||°**-haus** n. (es, ¨er) maison forestière. ||°**-recht** n. (s) droit, code forestier. || PAR ANAL. droit (m.) de faire du bois en forêt. ||°**-revier** n. (s, e) district forestier. ||°**-wesen** n. (s) eaux et forêts pl. ||°**-wirtschaft** f. (-, en) sylviculture f. ; exploitation forestière.
forsten ['fɔrstən] v. tr. exploiter les forêts.
Förster ['førstər] m. (s, -) garde forestier.
Försterei [førstə'rai] f. (-, en) charge (f.) de garde forestier. || PAR EXT. maison forestière.
Fort [fɔ:r] n. (s, s). MIL. fort m.
fort [fɔrt] adv. [weg] au loin ; parti ; absent. | *fort !*, allez-vous-en ! ; sortez ! ; partez ! ; FAM. filez ! | *fort mit ihm !*, qu'il s'en aille. | *der Onkel ist fort*, l'oncle est parti. | *wir wollen noch heute fort*, nous voulons partir aujourd'hui même. || PAR EXT. adv. indiquant l'avancement, la progression. | *es will mit ihm nicht recht fort*, il n'avance guère. || LOC. *in einem fort*, sans discontinuer ; d'un trait ; sans relâche. | *nur immer fort !*, continuez, allez toujours ! | *fort und fort*, sans cesse. | *und so fort*, et ainsi de suite.
fort|ab [fɔrt'ap], **fort|an** [fɔrt'an] adv. dès lors ; à l'avenir ; désormais ; dorénavant.
fort|begeben (sich) [ziç"fɔrtbə'ge:bən] (i, a, e) v. pr. s'en aller ; partir ; s'absenter.
Fort|bestand ["fɔrtbə'ʃtant] m. (s, ¨e) maintien m. ; continuation f. ; continuité f. ; pérennité f.
fort|bestehen [-'ʃte:ən] (bestand, bestanden) v. intr. subsister ; continuer d'exister ; se maintenir ; persister ; durer.
fort|bewegen ["fɔrtbə've:gən] v. tr. avancer ; mouvoir ; déplacer ; faire avancer ; faire bouger.
Fort|bewegung [-guŋ] f. (-, en) locomotion f. || PAR EXT. mouvement progressif, continu.
fort|bilden ["fɔrt'bildən] v. tr. et v. pr. (se) perfectionner.
Fort|bildung [-duŋ] f. (-, en) formation continue, permanente.
Fortbildungs|lehrgang ["fɔrtbilduŋs'le:rgaŋ] m. (s, ¨e) cours (m.) de perfectionnement.
fort|bleiben ["fɔrt'blaibən] (ie, ie) v. intr. ne pas (re)venir ; demeurer, rester absent.
fort|bringen ["fɔrt'briŋən] (brachte, gebracht) v. tr. enlever ; déplacer ; emmener ; emporter. || PAR ANAL. faire partir. || FIG. faire vivre ; faire réussir.
Fort|dauer ["fɔrt'dauər] f. (-) durée f. ; continuation f. ; prolongation f. ; persistance f.
fort|dürfen ["fɔrt'dyrfən] (a, u, u) v. intr. FAM. avoir la permission de s'en aller.
fort|fahren ["fɔrt'fɑ:rən] (ä, u, a) v. intr. partir, s'en aller en voiture, en train, en bateau, à bicyclette. || PAR EXT. continuer ; poursuivre. | *in seiner Rede fortfahren*, continuer son discours.
◇ v. tr. emporter ; emmener (sur une voiture).
Fort|fall ['fɔrtfal] m. (s) suppression f. ; abolition f. | *in Fortfall kommen*, être supprimé.
fort|fallen ["fɔrt'falən] (ä, ie, a) v. intr. être supprimé ; ne pas avoir lieu ; FAM. tomber.
fort|fliegen ["fɔrt'fli:gən] (o, o) v. intr. s'envoler. || AÉRON. s'envoler ; partir en avion.
fort|führen ["fɔrt'fy:rən] v. tr. enlever ; emmener ; transporter. || PAR EXT. continuer ; prolonger ; prendre la suite. | *der Schüler führt das Werk seines Lehrers fort*, le disciple continue l'œuvre de son maître.
Fort|führung [-ruŋ] f. continuation f. ; suite f.
Fort|gang ['fɔrtgaŋ] m. (s) départ m. | *sein Fortgang hinterließ eine Lücke*, son départ a laissé un vide. || PAR EXT. marche f. ; suite f. ; avancement m. ; développement m. ; progrès m.
fort|gehen ["fɔrt'ge:ən] (ging, gegangen) v. intr. s'en aller ; partir. || PAR EXT. continuer ; poursuivre. | *wenn das so fortgeht*, pour peu que cela dure.
fort|geschritten ["fɔrtgə'ʃritən] adj. avancé ; développé. | *Fortgeschrittenenkurs*, cours supérieur.
fort|gesetzt ["fɔrtgə'zɛtst] adj. ininterrompu ; sans cesse ; toujours.
fort|helfen ["fɔrt'helfən] (i, a, o) v. intr. (dat.) faciliter le départ, la fuite, l'évasion de qn. || PAR EXT. soutenir ; secourir ; aider à continuer.
fort|hin [fɔrt'hin] adv. dorénavant ; à partir de maintenant ; dès à présent.
fort|jagen ["fɔrt'jɑ:gən] v. tr. chasser ; mettre à la porte.
◇ v. intr. continuer de chasser. || FIG. partir au grand galop, ventre à terre.
fort|kommen ["fɔrt'kɔmən] (a, o) v. intr. s'en

aller ; échapper. | *machen Sie, daß Sie fortkommen !*, filez ! ; décampez ! || PAR EXT. avancer ; faire des progrès. | *der Weg ist so steinig, daß man schlecht fortkommt*, le chemin est si plein de pierres qu'on avance mal. || FIG. *im Leben fortkommen*, faire son chemin ; réussir.

Fort|kommen ["fɔrt'kɔmən] n. (s) progrès m. ; avancement m. ; prospérité f. | *sein gutes Fortkommen haben*, bien gagner sa vie.

fort|lassen ["fɔrt'lasən] (ä, ie, a) v. tr. 1° laisser partir ; rendre la liberté à ; 2° omettre ; retrancher.

fort|laufen ["fɔrt'laufən] (ä, ie, a) v. intr. s'éloigner en courant ; s'échapper ; s'enfuir. | *das Kind ist fortgelaufen*, l'enfant s'est sauvé. || PAR EXT. continuer de courir, de couler ; se prolonger.

fort|laufend [-fənt] adj. suivi ; continu. | *fortlaufende Nummer*, numéro (m.) d'ordre.

fort|leben ["fɔrt'le:bən] v. intr. continuer de vivre ; ne pas cesser d'exister ; survivre. | *in seinen Werken fortleben*, survivre dans ses œuvres.

fort|machen ["fɔrt'maxən] v. intr. continuer ; aller son train.
◇ v. pr. **sich fortmachen,** s'en aller ; se sauver ; s'enfuir ; FAM. déguerpir, décamper.

fort|müssen ["fɔrt'mysən] (muß, mußte, gemußt) v. intr. devoir partir.

fort|nehmen ["fɔrt'ne:mən] (nimmt, nahm, genommen) v. tr. emporter ; emmener ; enlever.

fort|pflanzen ["fɔrt'pflantsən] v. tr. reproduire.
◇ v. pr. **sich fortpflanzen,** se reproduire ; se propager ; se répandre ; se perpétuer.

Fort|pflanzung [-tsuŋ] f. (-, en) reproduction f. ; propagation f. ; multiplication f. || BIOL. *geschlechtliche Fortpflanzung*, génération sexuée.

Fortpflanzungs|trieb ["fɔrtpflantsuŋs'tri:p] m. (s, e) instinct (m.) de reproduction.

Fortran ['fɔrtran] n. INF. fortran m.

fort|räumen ["fɔrt'rɔymən] v. tr. débarrasser ; enlever.

fort|reißen ["fɔrt'raisən] (i, i) v. tr. emporter ; entraîner ; enlever. | *der Strom hat alles mit sich fortgerissen*, le fleuve a tout arraché sur son passage.

fort|rennen ["fɔrt'rɛnən] (rannte, gerannt) v. intr. se sauver à toutes jambes.

Fort|satz ['fɔrtzats] m. (es, ¨e). ANAT. apophyse f. ; appendice m.

fort|schaffen ["fɔrt'ʃafən] v. tr. enlever ; transporter ailleurs ; ôter ; emmener ; faire disparaître. | *schafft ihn fort !*, ôtez-le de ma vue.

fort|scheren (sich) [ziç"fɔrt'ʃe:rən] v. pr. FAM. filer ; POP. déguerpir. ; VULG. foutre le camp.

fort|scheuchen ["fɔrt'ʃɔyçən] v. tr. faire fuir ; effaroucher.

fort|schicken ["fɔrt'ʃikən] v. tr. congédier ; renvoyer ; expédier.

fort|schleppen ["fɔrt'ʃlɛpən] v. tr. emporter ; traîner derrière soi.
◇ v. pr. **sich fortschleppen,** se traîner.

fort|schreiten ["fɔrt'ʃraitən] (i, i) continuer de marcher, d'avancer ; avancer. || FIG. faire des progrès.

Fort|schritt ['fɔrtʃrit] m. (s, e) progrès m. ; avancement m. | *im Fortschritt begriffen sein*, être en progrès. | *gute Fortschritte machen*, faire des progrès.

fort|schrittlich ["fɔrt'ʃritliç] adj. POLIT. progressiste. | *fortschrittliche Ansichten*, idées avancées. || [Dinge] conforme au progrès.

Fortschritts|partei ["fɔrtʃritspar'tai] f. (-). POLIT. parti (m.) progressiste ; libéraux m. pl.

fort|schwemmen ["fɔrt'ʃvɛmən] v. tr. [durch Wasser] emporter ; rouler.

fort|sehnen (sich) [ziç"fɔrt'ze:nən] v. pr. aspirer à partir ; désirer être loin.

fort|setzen ["fɔrt'zɛtsən] v. tr. continuer ; poursuivre.

Fort|setzung [-tsuŋ] f. (-, en) suite f. ; continuation f. || [Zeitung ; Zeitschrift] *Fortsetzung folgt*, à suivre ; la suite au prochain numéro. | *in Fortsetzungen*, en feuilleton.

fort|stehlen (sich) [ziç"fɔrt'ʃte:lən] (ie, a, o) s'en aller furtivement, à la dérobée ; se dérober.

fort|stellen ["fɔrt'ʃtɛlən] v. tr. ôter ; enlever ; mettre ailleurs.

fort|tragen ["fɔrt'trɑ:gən] (ä, u, a) v. tr. enlever ; emporter ; transporter ailleurs.

fort|treiben ["fɔrt'traibən] (ie, ie) v. tr. chasser ; expulser. | *die Feinde haben sein Vieh fortgetrieben*, les ennemis lui ont volé son bétail. | *von der Strömung fortgetrieben werden*, être emporté par le courant. || PAR EXT. continuer de, à faire. | *so darf er's nicht (lange) forttreiben*, il ne doit pas continuer ainsi, de la sorte.

fort|währen ["fɔrt'vɛ:rən] v. intr. durer ; se prolonger ; continuer.

fort|während [-rənt] adj. continuel ; constant.

fort|ziehen ["fɔrt'tsi:ən] (zog, gezogen) v. tr. tirer ; entraîner.
◇ v. intr. déménager ; émigrer.

Fort|ziehen ["fɔrt'tsi:ən] n. (s) départ m. ; déménagement m. ; émigration f.

Forum ['fɔrum] n. (s). forum m.

Fossil [fɔ'si:l] n. (s, ien). GÉOL. fossile m.

fossil [-'si:l] adj. GÉOL. fossile ; préhistorique.

Fossilien|bildung [-"si:lien'bilduŋ] f. fossilisation f.

foto... préf. V. PHOTO...

Foto ['fɔto] n. (s, s). FAM. photo f.

Foto|apparat ["fɔtoapa'rɑ:t] m. (s, e). appareil (m.) photographique. ||°**-labor** n. (s, e) laboratoire (m.) photo. ||°**-roman** m. (s, e) roman-photo m. ||°**-zelle** f. (-, n) cellule (f.) photoélectrique.

fotogen [foto'ge:n] adj. photogénique.

Fotograf(in) [fɔto'grɑ:f(in)] m. (en, en), f. (-, nen) photographe s.

Fotografie [-gra'fi] f. (-, n) photographie f. ; FAM. photo f.

Fötus ['fø:tus] m. (ses, se ou ten). PHYSIOL. fœtus m. ; embryon m.

Fracht [fraxt] f. (-, en). MAR. fret m. ; cargaison f. ; charge f. | *Fracht führen*, transporter une cargaison ; être chargé. || PAR EXT., COMM. port m. | *die Fracht beträgt*, le fret se monte à. || TRANSP. *per Fracht*, par, en petite vitesse.

Fracht|brief ['fraxtbri:f] m. (s, e). TRANSP. lettre (f.) de voiture. || MAR. connaissement m. ||°**-dampfer** m. (s, -). MAR. cargo m. ||°**-flugzeug** n. (s, e) avion-cargo m. ||**-frei** adj. COMM. port, fret payé ; sans frais de port ; franco. ||°**-gebühr** f. (-, en), °**-geld** n. (s, er). COMM. frais (m. pl.) de transport. || MAR. fret m. ; nolisement m. ||°**-gut** n. (s, ¨er). TRANSP. marchandise (f.) en petite vitesse f. ||°**-kahn** m. (s, ¨e). MAR. chaland m. ||°**-raum** m. (s, ¨e). TRANSP. [Eisenbahn] fourgon m. || MAR. cale (f.) à marchandises. ||°**-stückgut** n. (s, ¨er). TRANSP. marchandises (f. pl.) en petite vitesse f.

frachten ['fraxtən] v. tr. COMM. envoyer, expédier par voiture. || MAR. affréter.

Frachter [-tər] m. (s, -). MAR. cargo m.

Frack [frak] m. (s, ¨e) habit m. ; frac m. ; FAM. queue-de-pie f.

Frack|zwang ['fraktsvaŋ] m. (s) tenue (f.) de soirée de rigueur.

Frage ['frɑ:gə] f. (-, n) question f. ; demande f. ; interrogation f. | *eine Frage an jn stellen, richten*, poser, adresser une question à qn. | *etwas steht in Frage*, qch. reste en question. | *etwas in Frage stellen*, mettre en question, en doute. | *das ist eben die Frage*, reste à savoir ; voilà le hic. | *es steht außer Frage*, il n'y a pas, cela ne fait pas de doute. | *die Frage ist, ob*, reste à savoir si. | *das kommt nicht in Frage*, il n'en est pas question. | *ohne Frage*, sans aucun doute. || PAR EXT. [Sache ; Angelegenheit ; Aufgabe] problème m. ; affaire f. ; sujet m. | *die deutsche Frage*, la question allemande. | *um eine Frage nicht herumkommen*, ne pas pouvoir éluder une question. | *die soziale Frage lösen*, résoudre la question sociale.

Frage|bogen ["frɑ:gə'bo:gən] m. (s, ¨) questionnaire m. ||°**-fürwort** n. (es, ¨er) pronom interrogatif. ||°**-satz** m. (es, ¨e) proposition interrogative. ||°**-steller(in)** m. (s, -), f. (-, nen). V. FRAGER(IN). ||°**-stellung** f. (-). GRAMM. forme interrogative. || PHILOS. termes (m. pl.) du problème. ||°**-stunde** f. (-, n). [Parlament] questions orales ; interpellation f. ||°**-zeichen** n. (s, -) point (m.) d'interrogation.

fragen ['frɑ:gən] v. tr. interroger ; questionner ; demander ; s'informer de. | *jn nach dem Wege fragen*, demander son chemin à qn. | *jn um Rat fragen*, demander conseil à qn. | *er fragte sie nach ihrem Wohlergehen*, il lui demanda des nouvelles de sa santé. | *nicht lange fragen*, ne pas faire de façons. | *ich frage mich noch*, je suis encore à me demander. | *was fragen wir danach !*, peu nous importe.

◇ v. pr. **sich fragen,** se demander. | *man fragt sich, ob*, on se demande si.

◇ v. impers. *es fragt sich, ob*, il s'agit de savoir si ; reste à savoir si.

fragend [-gənt] adj. interrogateur ; interrogatif. || GRAMM. interrogatif.

Frager(in) [-gər(in)] m. (s, -), f. (-, nen) questionneur m. ; questionneuse f. ; interrogateur m. ; interrogatrice f.

Fragerei [fragə'rai] f. (-, en) manie (f.) de questionner.

fraglich ['frɑ:kliç] adj. [zweifelhaft] douteux ; discutable ; contestable ; problématique. | *der fragliche Band*, le tome en question. | *die fragliche Äußerung*, le propos qu'on lui prête. | *ein fragliches Unterfangen*, une entreprise douteuse.

fraglos ['frɑ:klo:s] adj. incontestable ; hors de doute.

frag|würdig ["frɑ:k'vyrdiç] adj. douteux, louche.

Fragment [frag'mɛnt] n. (s, e) fragment m.

fragmentarisch [-mɛn'tɑ:riʃ] adj. fragmentaire.

Fraktion [frak'tsio:n] f. (-, en) fraction f. || POLIT. groupe m.

fraktionieren [-tsio'ni:rən] v. tr. fractionner. || CHIM. *fraktionierte Destillation*, distillation fractionnée.

Fraktionier|turm [fraktsio"ni:r'turm] m. (s, ¨e). CHIM. tour (f.) de fractionnement.

fraktions|los [frak"tsio:ns'lo:s] adj. POLIT. non-inscrit. ||°**-lose(r)** f. (m.). POLIT. non-inscrit(e) m. (f.). ||°**-zwang** m. (s). POLIT. discipline (f.) de vote (au Parlement).

Fraktur [frak'tu:r] f. (-, en). MÉD. fracture f. | *offene Fraktur*, fracture ouverte. || TYPOGR. [deutsche Schrift] caractères (m. pl.) gothiques ; gothique f.

Fraktur|buchstaben [frak"tu:r'buxʃtɑ:bən] m. pl., °**-schrift** [-ʃrift] f. (-). TYPOGR. caractères (m. pl.) gothiques ; gothique f.

Franc [frɑ̃] m. (-, s) franc m.

frank [fraŋk] adv. *etwas frank und frei heraussagen*, parler net, sans ambages.

Franke ['fraŋkə] m. (n, n) n. pr. m. HIST. Franc m. || GÉOGR. Franconien m.

Franken m. (s, -). [Münze] franc (m.) suisse.

Franken ['fraŋkən] n. pr. n. GÉOGR. Franconie f.

Franken|gebiet ["fraŋkəngə'bi:t] n. (s). FIN. zone (f.) [du] franc. ||°**-reich** n. (s). HIST. royaume (m.), territoire (m.) des Francs.

Frank|furt ['fraŋkfurt] n. pr. n. *Frankfurt am Main*, Francfort-sur-le-Main. | *Frankfurt an der Oder*, Francfort-sur-l'Oder.

Frank|furter [-tər] (s, -) n. pr. m. Francfortois m. | *Frankfurter Würstchen*, saucisse de Francfort.

frankieren [fraŋ'ki:rən] v. tr. POSTES. affranchir.

Frankierung [-'ki:ruŋ] f. (-, en). POSTES. affranchissement m.

Fränkin ['frɛŋkin] n. pr. f. Franconienne f.

fränkisch [-kiʃ] adj. HIST. franc. | *das Fränkische*, la langue franque. || GÉOGR. franconien. | *fränkischer Jura*, Jura franconien.

franko ['fraŋko] adv. sans frais ; gratuitement ; franc de port ; franco. || COMM. *franko Bestimmungsort*, franco (rendu point de) destination.

frankophon [fraŋko'fo:n] adj. francophone.

Frankophonie [fraŋkofo'ni:] f. (-) francophonie f.

Frank|reich ['fraŋkraiç] n. pr. n. GÉOGR. France f. || FAM. *wie Gott in Frankreich leben*, vivre comme un coq en pâte.

Franse ['franzə] f. (-, n) frange f. ; crépine f.

fransen [-zən] v. tr. franger.

fransig [-ziç] adj. frangé.

Franziskaner [frantsis'kɑ:nər] m. (s, -). RELIG. franciscain m.

Franz|mann ['frantsman] (s, ¨er). PÉJOR. Français m. ; HIST. poilu m.

Franzose [fran'tso:zə] m. (n, n) Français m.

Franzosen|feind [fran"tso:zən'faint] m. (s, e) francophobe m. ; gallophobe m. ||**-freundlich** adj. francophile. ||°**-sucht** f. (-) gallomanie f.

Französin [fran'tsø:zin] f. (-, nen) Française f.

französisch [-ziʃ] adj. français. | *französische Redensart*, gallicisme m. | *französisches Institut für Meinungsforschung*, I.F.O.P. m. || LOC. FAM. *sich auf französisch empfehlen*, filer à l'anglaise.

Französisch [-ziʃ] n. (en). [Sprache] (le) français. | *Französisch lernen*, apprendre le français. | *Französisch sprechen*, parler (le) français. | *ins Französische übersetzen*, traduire en français.

französisch|sprachig [-ʃpraxiç] adj. francophone.

frappant [fra'pant] adj. [erstaunlich] surprenant ; frappant.

frappieren [-'pi:rən] v. tr. [Wein] frapper. || FIG. frapper ; surprendre.

Fräse ['frɛ:zə] f. (-, n). TECHN. machine (f.) à fraiser ; fraise f.

fräsen [-zən] v. tr. TECHN. fraiser ; tailler à la fraise.

Fräser [-zər] m. (s, -). TECHN. [Maschine] fraise f. ; [Person] fraiseur m.

Fraß [frɑ:s] m. (es, e) nourriture f. ; pâture f. ; mangeaille f. ; pitance f.

Frater ['frɑ:tər] m. (s, tres). RELIG. frère m.

fraternisieren [fratərni'zi:rən] v. intr. fraterniser.

Fratz [frats] m. (es, e) petit drôle ; marmouset m. || PAR EXT. godelureau m.

Fratze ['fratsə] f. (-, n). FAM. grimace f. ; moue f. | *Fratzen schneiden*, faire des grimaces. || PAR ANAL. figure (f.) grotesque ; caricature f.

Frau [frau] f. (-, en) femme f. | *die Frau des Hauses*, la maîtresse de maison. | *Unsere Liebe Frau*, Notre Dame f. || PAR ANAL. madame f. ; dame f. | *wie geht es Ihrer Frau Mutter?*, comment va madame votre mère ? || PAR EXT. épouse f. | *sich eine Frau nehmen*, se marier ; prendre femme. | *zur Frau geben*, donner pour femme, en mariage. | *geschiedene Frau*, femme divorcée.

Frauchen ['frauçən] n. (s, -). FAM. petite dame ; [Hundebesitzerin] mémère f.

Frauen|arbeit ["frauən'arbait] f. (-, en) travail (m.) de femme. || PAR EXT. ouvrages (m. pl.) de dames. ||°**-arzt** m. (es, ¨e). MÉD. gynécologue m. ||°**-bewegung** f. (-). POLIT. mouvement (m.) féministe ; féminisme m. ||°**-feind** m. (s, e) misogyne m. ||°**-frage** f. (-). POLIT. féminisme m. ||°**-heilkunde** f. (-). MÉD. gynécologie f. ||°**-kloster** n. (s, ¨). RELIG. couvent m. (de femmes). ||°**-stimmrecht** n. (es). POLIT. (droit [m.] de) vote (m.) des femmes ; suffrage féminin. ||°**-verein** m. (s, e) association féminine. ||°**-zeitschrift** f. (-, en) magazine féminin. ||°**-zimmer** n. (s, -) femme f. ; PÉJOR. fille f. ; donzelle f.

frauenhaft ['frauənhaft] adj. de femme ; féminin.

Fräulein ['frɔylain] n. (s, -) demoiselle f. ; mademoiselle f.

fraulich ['frauliç] adj. qui sied à la femme.

frech [frɛç] adj. hardi ; insolent ; impertinent ; effronté ; FAM. culotté. | *frecher Kerl*, personnage impudent. | *frech sein*, ne pas manquer de toupet.

Frech|dachs ['frɛçdaks] m. (es, e). FAM. type culotté, insolent.

Frechheit [-hait] f. (-, en) hardiesse f. ; insolence f. ; effronterie f. ; impudence f. ; impertinence f. || FAM. culot m. ; toupet m.

Fregatte [fre'gatə] f. (-, n). MAR. frégate f.

frei [frai] adj. **1.** libre ; indépendant. | *ein freies Volk*, un peuple libre. | *er hat seinen freien Willen*, il est son maître. | *freier Schriftsteller*, écrivain indépendant. | *freier Beruf*, profession libérale. | *freies Geleit*, sauf-conduit m. | *das steht zu freier Verfügung*, c'est à la libre disposition de tous. || FIG. *die freien Künste*, les arts libéraux. | *freie Verse*, vers (m. pl.) libres. | *freie Übersetzung*, traduction (f.) libre ; adaptation f. || COMM. *freier Markt*, marché libre. | *freie Reserven*, réserves (f. pl.) disponibles. | *freier Diskont*, escompte privé. || CHIM. *Gas wird frei*, le gaz se dégage. || ÉLECTR. *freie Energie*, énergie libérée. | *freie Neutronen*, neutrons errants. || SPORT. *freier Fall*, chute (f.) libre. || LOC. *jn auf freien Fuß setzen*, mettre qn en liberté ; libérer qn. | *jn auf freiem Fuße lassen*, laisser qn en liberté provisoire. | *jm freie Hand lassen*, laisser, donner à qn toute latitude. | *freie Hand haben*, avoir les coudées franches. | *jm freies Spiel lassen*, laisser le champ libre à qn. | *etwas aus freiem Antrieb, aus freien Stücken tun*, faire qch. de son plein gré, spontanément. | *seiner Phantasie freien Lauf lassen*, donner libre cours à son imagination. | *freie Ansichten haben*, avoir des opinions libérales. | *aus freier Hand kaufen*, acheter à l'amiable, de la main à la main. | *aus freier Hand zeichnen*, dessiner à main levée. | *die Memoiren dieses Dichters sind frei geworden*, les Mémoires de ce poète sont tombés dans le domaine public. || — adv. *frei sprechen*, improviser. | *etwas frei heraussagen*, parler franchement, sans fard. || FAM. *frei von der Leber weg*, sans prendre de gants. | *frei erfunden*, inventé de toutes pièces.

2. [ohne Behinderung] débarrassé ; affranchi ; exempt de. | *frei von Abgaben*, exempt d'impôts. | *frei von Lasten*, libre de charges. | *frei von Verpflichtungen*, libre d'obligations. | *frei von Schuld*, innocent. | *frei von Mängeln*, impeccable. | *freie Fahrt*, voyage gratuit. | *(die Eisenbahn)strecke ist frei*, la voie est libre. | *frei von Vorurteilen*, sans préjugés. || MIL. *vom Feinde frei*, dégagé ; débarrassé ; évacué. | *frei weg!*, rompez (les rangs) ! | *den Rücken frei haben*, être couvert sur l'arrière.

3. découvert ; dégagé ; illimité. | *freie Gegend*, région découverte. | *freies Feld*, rase campagne. | *freier Platz*, endroit ouvert, découvert. | *unter freiem Himmel*, en plein air ; à la belle étoile. | *im Freien nächtigen*, dormir, loger à la belle étoile.

4. libre ; inoccupé ; vacant. | *die Wohnung ist frei*, cet appartement est libre. | *für jn, für etwas Platz frei lassen*, laisser, réserver une place pour qn, pour qch. | *dieser Platz ist noch frei*, cette place n'est pas occupée. | *die Stelle wird bald frei*, ce poste, cet emploi sera bientôt vacant.

5. [ohne Arbeit] libre. | *einen freien Tag bekommen*, avoir un jour de congé. | *er hat keine freie Stunde mehr*, il n'a plus une heure de liberté. | *freie Arbeitskräfte*, main-d'œuvre (f.) disponible. | *(sich) frei nehmen*, se libérer ; se rendre libre.

6. gratuit ; sans frais ; gratis ; franco ; franc de port. | *freier Eintritt*, entrée libre, gratuite. || — adv. COMM. *die Ware wird frei Haus geliefert*, cette marchandise est livrée franco à domicile. || JUR. *frei verfügbarer Teil*, quotité (f.) disponible. || COMM., MAR. *frei Schiff*, franco bateau.

Frei|bad ['fraibɑ:t] n. (s, ¨er) piscine (f.) en plein air. ||**-bekommen** (a, o) v. tr. avoir congé ; avoir des vacances. ||°**-betrag** m. (s, ¨e) tolérance f. ; exemption f. ; exonération f. ||°**-beuter** m. (s, -). MAR. forban m. ; flibustier m. ; pirate m. ||°**-beuterei** f. (-, en). MAR. piraterie f. ; flibuste f. ||**-bleibend** adv. COMM. sans engagement ; sauf variations ; facultatif. ||°**-brief** m. (s, e). HIST. lettre (f.) de franchise ; privilège m. ; sauf-conduit m. ||°**-denker** m. (s, -) libre penseur m. ||°**-denkerei** f. (-) libre pensée f. ||°**-exemplar** n. (s, e) exemplaire gratuit, de presse ; spécimen. ||°**-fahrtschein** m. (s, e). TRANSP. permis (m.) de circulation. ||°**-frau** f. (-, en), °**-fräulein** n. baronne f. ||°**-gabe** f. (-, n). JUR. mise (f.) en liberté ; élargissement m. ; relaxation f. || COMM. déblocage m. ; libération f. | *Freigabe der Preise*, libération des prix. ||°**-gabetaste** f. (-, n). ÉLECTR. touche (f.) de validation. ||°**-gänger** m. (s, -). || JUR. détenu (m.) en liberté conditionnelle, en régime de semi-liberté. ||**-geben** (i, a, e) v. tr. relâcher ; remettre en liberté ; relaxer ; congédier. || PAR ANAL. donner congé, vacances. || *diese Straße ist jetzt für den Verkehr freigegeben*, cette rue est maintenant ouverte à la circulation. | *Landung, Start freigegeben*, autorisé à atterrir, à décoller. ||**-gebig** adj. libéral ; généreux. ||°**-gebigkeit** ["-/'--] f. générosité f. ; munificence f. ; libéralités f. pl. ; largesses f. pl. ||°**-geist** m. ([e]s, er) libre-penseur m. ||**-geistig** adj. libéral ; large d'esprit ; sans préjugés. ||°**-gepäck** n. (s) bagage (m.) en franchise, gratuit. ||°**-grafschaft** n. pr. f. Franche-Comté f. ||°**-grenze** f. (-, n) tolérance f. ||°**-hafen** m. (s, ¨). MAR. port franc. ||**-halten** (ä, ie, a) v. tr. dégager. | *den Garageneingang bitte freihalten*, ne pas stationner devant l'entrée du garage, s.v.p. ||°**-handel** m. (s) libre-échange m. ||°**-handelspolitik** f. (-)

politique (f.) libre-échangiste. ||**-händig** adj. [freiwillig]. COMM. *freihändiger Verkauf*, vente (f.) à l'amiable ; marché (m.) de gré à gré. || [mit, aus freier Hand] *freihändiges Schießen*, tir (m.) sans appui. — adv. *freihändig zeichnen*, dessiner à main levée. ||**-heraus** adv. franchement. ||°**-herr** m. (n, en) baron m. ||°**-karte** f. (-, n). FILM., THÉÂTRE. entrée gratuite ; billet gratuit. || TRANSP. permis gratuit. ||°**-kauf** m. (s, ¨e) rachat m. ; rançon f. ||**-kommen** (a, o) v. intr. se libérer ; trouver la liberté. || FIG. se dégager ; se rendre libre. ||°**-korps** n. (-). MIL. corps franc. ||**-lassen** (ä, ie, a) v. tr. remettre en liberté ; relâcher ; relaxer ; lâcher. || PAR ANAL. émanciper ; affranchir. ||°**-lassung** f. (-, en) mise (f.) en liberté ; libération f. ; élargissement. ||°**-lauf** m. (s, ¨e) roue (f.) libre. ||**-legen** v. tr. dégager ; déblayer ; mettre à nu. | *freigelegte Balken*, poutres apparentes. ||°**-legung** f. (-, en) mise (f.) à nu ; découverte f. ||°**-leitung** f. (-, en) ligne aérienne ; fil aérien. ||°**-licht** n. (es) plein air. ||°**-lichtaufführung** f. (-, en). THÉÂTRE. représentation (f.) en plein air. ||°**-lichtaufnahme** f. (-, n). FILM. tournage (m.) en extérieur. ||**-machen** v. tr. libérer ; délivrer ; affranchir ; dégager ; décharger. ||°**-maurer** m. (s, -). PHILOS. franc-maçon m. ||°**-maurerei** f. (-), franc-maçonnerie f. ||°**-mut** m. (s), °**-mütigkeit** f. naturel, caractère ouvert ; rondeur f. ; franchise f. ; sincérité f. ||**-mütig** adj. franc ; sincère ; ouvert. ||°**-platz** m. (es, ¨e) billet gratuit. ||°**-raum** m. (s, ¨e). FIG. marge (f.) de manœuvre. ||°**-schärler** m. (s, -). MIL. franc-tireur m. ; partisan m. ||°**-setzung** f. (-, en). [Umwelt] *Freisetzung von Gasen*, émanation (f.) de gaz. ||°**-sinn** m. (s) esprit libéral ; largeur (f.) de vues. || POLIT. libéralisme m. ||**-sinnig** adj. libéral ; éclairé. || POLIT. libéral. ||**-sprechen** (i, a, o) v. tr. JUR. déclarer non coupable ; acquitter. || RELIG. absoudre. ||°**-spruch** m. (s, ¨e). JUR. acquittement m. ; décision (f.) absolutoire. ||°**-staat** m. (s, en). État (m.) libre ; république f. ||**-staatlich** adj. républicain. ||°**-statt** f. (-, ¨e), °**-stätte** f. (-, n) [lieu (m.) d']asile m. ||°**-stelle** f. (-, n). UNIV. bourse f. ||**-stellen** v. tr. laisser libre de ; permettre. ||°**-stilschwimmen** n. (s, -) nage (f.) libre (dans les compétitions de natation). ||°**-stoß** m. (es, ¨e). SPORT. coup franc. ||°**-stück** n. ([e]s, e). COMM. exemplaire gratuit ; service m. ||°**-stunde** f. (-, n) loisir m. ; récréation f. ||°**-tod** m. (s) mort (f.) volontaire ; suicide m. ||**-tragend** adj. ARCHIT. en porte à faux. || AÉRON. *freitragender Flügel*, aile (f.) en porte à faux. ||°**-treppe** f. (-, n). ARCHIT. perron m. ||°**-übung** f. (-, en). SPORT. gymnastique f. (sans agrès). ||°**-umschlag** m. (s, ¨e). POSTES. enveloppe timbrée, affranchie. ||°**-verkehr** m. (s). FIN. marché (m.) libre ; coulisse f. ; open market m. | *geregelter, ungeregelter Freiverkehr*, (*etwa*) second marché ; marché hors cote. ||**-weg** adv. franchement ; tout net ; sans fard ; sans ambages. ||°**-werden** n. (s). CHIM. dégagement m. ||°**-wild** n. (es) gibier (m.) sur lequel on a tous les droits. || FIG., JUR. hors-la-loi. ||**-willig** adj. volontaire ; spontané ; facultatif. ||°**-williger** m. MIL. volontaire m. ||°**-willigkeit** f. spontanéité f. ; bon gré. ||°**-zeit** f. (-, en) loisirs m. pl. ; temps (m.) libre. ||°**-zeitgestalter(in)** m. (s, -), f. (-, nen) animateur (m.), animatrice (f.) socioculturel(le). ||°**-zeitgestaltung** f. (-) organisation (f.) des loisirs. ||°**-zeitland** n. (s, ¨er), °**-zeitpark** m. (s, s) parc (m.) de loisirs. ||°**-zügigkeit** f. liberté (f.) de domicile ; libre circulation f.

Freiburg ['fraiburk] n. pr. n. Fribourg m.

Freie ['fraiə] n. (n) espace (m.) libre. | *im Freien*, au grand air ; en pleine, en rase campagne ; en plein air ; dehors.

freien ['fraiən] v. tr. (Vx.) épouser.

◇ v. intr. *um ein Mädchen freien*, rechercher, demander une jeune fille en mariage.

Freier [-ər] m. (s, -) prétendant m. ; galant m. | *auf Freiersfüßen gehen*, chercher à prendre femme.

Freiheit ['fraihait] f. (-, en) liberté f. ; indépendance f. | *Freiheit, Gleichheit, Brüderlichkeit*, liberté, égalité, fraternité. | *religiöse Freiheit*, liberté de conscience. || FIG. *sich die Freiheit nehmen*, prendre la liberté ; se permettre. | *sich Freiheiten gegen jn herausnehmen*, se permettre des familiarités envers qn. || PAR EXT. latitude f. | *volle Freiheit haben*, avoir toute latitude ; avoir carte blanche. | *poetische Freiheit*, licence (f.) poétique. || JUR. *bürgerliche Freiheiten*, libertés individuelles. || POLIT. privilège m. ; immunité f.

freiheitlich [-liç] adj. qui a trait à la liberté ; libéral.

Freiheits|beraubung ["fraihaitsbə'raubuŋ] f. (-). JUR. atteinte (f.) à la liberté ; détention illégale. ||°**-beschränkung** f. restriction (f.) de la liberté. ||°**-drang** m. (s) soif (f.) de liberté. ||°**-entzug** m. (s). JUR. réclusion criminelle. ||°**-kämpfer** m. (s, -) champion (m.) de la liberté. || HIST. combattant (m.) des guerres d'indépendance. ||°**-krieg** m. (s, e) guerre (f.) d'indépendance. ||°**-strafe** f. (-, n). JUR. emprisonnement m. ; réclusion criminelle.

Freiin ['fraiin] f. (-, nen) baronne f.

freilich ['frailiç] adv. [wirklich, sicherlich] à vrai dire ; à dire vrai ; à la vérité ; assurément. | *freilich haben wir wenig dadurch gewonnen*, à vrai dire nous n'y avons pas gagné grand-chose. || PAR EXT. oui ; mais oui, certainement. | *hast du verstanden ?, freilich*, as-tu compris ?, mais oui !

Freitag ['fraitɑ:k] m. (s, e) vendredi m. | *Freitag morgen*, vendredi matin. | *freitags*, le(s) vendredi(s). || RELIG. *Karfreitag, stiller Freitag*, vendredi saint.

fremd [frɛmt] adj. **1.** [anders] étranger ; exotique. | *ein Fremder*, un étranger.

2. [anderen angehörend] d'autrui ; emprunté. | *fremdes Gut*, bien d'autrui.

3. [unbekannt] étranger ; inconnu. | *ich bin hier fremd*, je suis étranger ici ; je ne suis pas d'ici. | *das ist mir ganz fremd*, cela m'est tout à fait étranger ; je n'y entends rien. | *in jener Gesellschaft kam ich mir ganz fremd vor*, je me trouvais dépaysé dans cette société. | *unter fremdem Namen reisen*, voyager sous un nom d'emprunt, incognito.

4. [fremdartig] étrange ; singulier. | *das kam uns fremd vor*, cela nous semblait, nous paraissait bizarre, étrange. || FIG. *fremd tun*, être très réservé, distant.

Fremd|arbeiter ["frɛmt'arbaitər] m. (s, -) travailleur étranger. ||**-artig** adj. de nature différente ; exotique. || PAR EXT. étrange ; bizarre ; insolite. ||°**-artigkeit** f. (-) nature différente ; exotisme m. || PAR EXT. étrangeté f. ; bizarrerie f. ||°**-herrschaft** f. domination étrangère. ||°**-körper** m. (s, -) corps étranger. ||**-ländisch** adj. étranger ; exotique. ||°**-sprache** f. (-, n) langue étrangère. ||**-sprachig** adj. parlant une langue étrangère. ||**-sprachlich** adj. d'une langue étrangère. ||°**-wort** n. (es, ¨er) mot étranger.

Fremde ['frɛmdə] f. pays étranger ; étranger m. | *in die Fremde gehen*, partir pour l'étranger, s'expatrier.

fremden|feindlich ["frɛmdən'faintliç] adj. xénophobe. ||°**-feindlichkeit** f. xénophobie f. || °**-führer** m. (s, -) guide m. ; cicerone m. ||°**-legion** f. MIL. légion étrangère. ||°**-verkehr** m. (s) tourisme m. ||°**-zimmer** n. (s, -) chambre (f.) d'hôte.

Fremdheit ['frɛmthait] f. caractère étranger ; étrangeté f. ; singularité f.

Fremdling ['frɛmtliŋ] m. (s, e) étranger m.

frenetisch [fre'ne:tiʃ] adj. frénétique.

frequentieren [-kvɛn'ti:rən] v. tr. fréquenter.

Frequenz [-'kvɛnts] f. (-, en) fréquentation f. ; affluence f. || RADIO. fréquence f.

Frequenz|bereich [-bə'raiç] m. (s, e). ÉLECTR. gamme (f.) de fréquence. ||°**-modulation** f. (-, en). RADIO. modulation (f.) de fréquence (F.M.).

Freske ['frɛskə] f. (-, n), **Fresko** [-ko] n. (s, ken). ARTS. fresque f.

Fressalien [frɛ'sɑ:liən] f. pl. ARG. boustifaille f. ; bectance f.

Fresse ['frɛsə] f. (-, n). POP. gueule f. | *jm in die Fresse schlagen, jm eins in die Fresse hauen*, casser la gueule à qn.

fressen [-sən] (i, a, e) v. tr. [Tiere] manger ; brouter ; paître. | *der Baum wurde von den Käfern kahl gefressen*, les insectes ont mangé tout le feuillage de cet arbre. | *einem Tier etwas zu fressen geben*, donner la pâture à, donner à manger à, nourrir une bête. || [Menschen] manger gloutonnement, goulûment ; dévorer ; engloutir ; POP. bouffer ; becter. | *sich satt, rund, voll, dick fressen*, se gaver ; s'empiffrer. || FAM. *er frißt wie ein Scheunendrescher*, il mange comme quatre. || FIG., FAM. *jn arm fressen*, ruiner qn en dépenses. | *ich werde dich nicht fressen*, je ne te mangerai pas. | *dies Unternehmen frißt viel Geld*, cette entreprise engloutit, dévore, coûte beaucoup d'argent. | *die Säure hat Löcher ins Tuch gefressen*, l'acide a rongé le tissu. | *ihn frißt der Neid*, l'envie le ronge.

Fressen [-sən] n. (s) pâture f. ; pâtée f. ; POP. boustifaille f. | *hat der Hund schon sein Fressen ?*, a-t-on donné à manger au chien ? || FIG., FAM. *das war ein gefundenes Fressen für ihn*, ce fut une bonne aubaine pour lui. || FAM. *das Kind ist zum Fressen*, cet enfant est à croquer.

Fresser [-sər] m. (s, -). FAM. glouton m. ; goinfre m.

Fresserei [frɛsə'rai] f. (-, en). FAM. voracité f. ; gloutonnerie f. ; goinfrerie f. || PAR EXT. bombance f.

Freß|gier ['frɛsgi:r] f. (-) gloutonnerie f. ||°**-korb** m. (s, ¨e). FAM. panier (m.) aux provisions. | *jm den Freßkorb höher hängen*, tenir la dragée haute, serrer la vis à qn. || °**-napf** m. (s, ¨e) mangeoire f. ; auge f. ||°**-sack** m. (s, ¨e). FAM. goinfre m. ; glouton m. ||°**-sucht** f. MÉD. boulimie f. ||°**-zange** f. (-, n). ZOOL. pince f. (des insectes).

Frett [frɛt] n. (es, e), **Frettchen** ['frɛtçən] n. (s, -). ZOOL. furet m.

Freude ['frɔydə] f. (-, n) joie f. ; bonheur m. ; délice m. | *sinnliche Freuden*, plaisirs (m. pl.) des sens. | *laute Freude*, jubilation f. ; allégresse f. ; liesse f. | *jm Freude machen, bereiten*, faire plaisir à qn. | *wir tun das mit Freuden*, c'est pour nous un plaisir. | *vor Freude außer sich sein*, ne pas se sentir de joie. | *vor Freude weinen*, pleurer de joie. | *er hat an seinen Kindern Freude*, ses enfants lui donnent de la joie, de la satisfaction. | *Freude an etwas haben*, trouver plaisir à qch. | *es herrscht Freude wegen* (gén.), on se réjouit, on éprouve de la joie à cause de. | *der Schmied hämmerte, daß es eine reine Freude war*, c'était un plaisir de voir le forgeron manier le marteau. | *es wird mir eine große Freude sein, zu*, ce sera pour moi un plaisir, une joie de. | *jm eine Freude verderben*, gâcher le plaisir de qn. | *herrlich und in Freuden leben*, se faire la vie belle ; vivre en joie et liesse.

freude|leer ["frɔydə'le:r], **-los** [-'lo:s] adj. sans joie ; morne ; triste. ||**-strahlend** adj. rayonnant de joie ; épanoui. ||**-trunken** adj. ivre, transporté de joie. ||**-voll** adj. joyeux ; plein de joie.

Freuden|botschaft ["frɔydən'bo:tʃaft] f. (-) joyeuse nouvelle. ||°**-fest** n. (es, e) réjouissance f. ; fête f. ||°**-feuer** n. (s, -) feu (m.) de joie. ||°**-haus** n. (es, ¨er) maison (f.) de tolérance ; maison close. ||°**-mädchen** n. (s, -) fille (f.) de joie. ||°**-mahl** n. (s, e et ¨er) festin m. ||°**-tag** m. (s, e) jour (m.) d'allégresse. ||°**-taumel** m. (s) transport (m.) de joie ; joie folle ; vertige (m.) des plaisirs. ||°**-tränen** f. pl. larmes (f. pl.) de joie.

Freudianer(in) [frɔydi'ɑ:nər(in)] m. (s, -), f. (-, nen). PHILOS. freudien m. ; freudienne f.

freudig ['frɔydiç] adj. [Personen] joyeux ; gai ; heureux ; content. || FIG. [Dinge] joyeux. | *ein freudiges Ereignis* [Geburt eines Kindes], un heureux événement.

◇ adv. avec le sourire ; de bon cœur.

freuen ['frɔyən] v. tr. réjouir ; faire plaisir à. | *das freut mich*, j'en suis bien aise. | *es freut mich, daß du endlich da bist*, je suis content de te voir arriver.

◇ v. pr. **sich freuen,** se réjouir ; être bien aise, heureux, charmé. | *ich freue mich über dein Glück*, je me réjouis de ton bonheur. | *er freut sich wie ein Kind*, il a une vraie joie d'enfant.

Freund [frɔynt] m. (s, e) ami m. | *ein echter Freund*, un ami véritable. | *mein bester Freund*, mon meilleur ami. | *sie sind (miteinander) gut Freund geworden*, ils sont devenus bons amis. || FAM. *sie sind dicke Freunde*, ils sont grands amis. | *kein Freund von vielen Worten sein*, ne pas aimer les paroles superflues. | *gegen Freund und Feind*, envers et contre tous. || POÉT. *Freund Hein*, la mort.

Freundes|dienst ["frɔyndəs'di:nst] m. (es, e) complaisance f. ||°**-kreis** m. (es, e) cercle (m.) d'amis ; cercle (m.) des intimes.

Freundin ['frɔyndin] f. (-, nen) amie f. ; camarade f. || FAM. [eines Mannes] petite amie.

freundlich ['frɔyntliç] adj. amical ; aimable ; cordial ; bienveillant ; avenant ; accueillant. | *freundlich gegen jn, zu jm sein*, traiter qn amicalement. | *eine freundliche Miene zeigen*, sourire. || FIG. agréable ; gai. | *eine helle, freundliche Stube*, une chambre claire et accueillante. | *freundliche Gegend*, région riante. | *freundliches Wetter*, temps ensoleillé.

Freundlichkeit [-kait] f. (-, en) amabilité f. ; bienveillance f. ; aménité f. ; obligeance f.

Freundschaft ['frɔyntʃaft] f. (-, en) amitié f. ; attachement m. ; sympathie f. ; affection f. ; tendresse f. | *mit jm Freundschaft schließen*, lier amitié, se lier d'amitié, nouer amitié avec qn. | *jm die Freundschaft kündigen*, rompre avec un ami. || PROV. *Geld kennt keine Freundschaft*, les bons comptes font les bons amis.

freundschaftlich [-ʃaftliç] adj. amical ; d'ami ; aimable ; cordial. | *freundschaftlicher Rat*, conseil (m.) d'ami.

◇ adv. amicalement ; cordialement ; aimablement. | *wir haben die Sache freundschaftlich geregelt*, nous avons réglé l'affaire à l'amiable.

Freundschafts|bande ["frɔyntʃafts'bandə] n. pl. liens (m. pl.) de l'amitié. ||°**-bezeigung** f. (-, en), °**-bezeugung** f. (-, en) démonstration (f.), marque (f.), témoignage (m.), signe (m.) d'amitié. ||°**-preis** m. (es, e) prix (m.) d'ami. ||°**-spiel** n. (s, e). SPORT. match amical. ||°**-vertrag** m. (s, ¨e) traité (m.) d'amitié.

Frevel ['fre:fəl] m. (s, -) méchanceté f. ; vilenie f. ; outrage m. || PAR EXT. méfait m. ; forfait m. ; crime m.

Frevel|tat ["fre:fəl'tɑ:t] f. (-, en) forfait m. ; méfait m. ; crime m. ; attentat m.

frevelhaft ['fre:fəlhaft] adj. JUR. criminel ; attentatoire. || RELIG. impie ; sacrilège.

Frevelhaftigkeit [-'haftiçkait] f. RELIG. impiété f. || JUR. caractère délictueux.

freveln ['fre:fəln] v. intr. JUR. se rendre coupable d'un crime, d'un outrage. | *an jm freveln*, commettre un attentat contre qn. | *gegen das Gesetz freveln*, enfreindre, violer la loi.

freventlich ['frefɛntliç] adj. V. FREVELHAFT.

Frevler [-flər] m. (s, -) délinquant m. ; scélérat m. ; criminel m. || RELIG. impie m. ; sacrilège m.

frevlerisch [-flərιʃ] adj. V. FREVELHAFT.

friderizianisch [fridəritsi'ɑ:niʃ] adj. HIST. de Frédéric II (roi de Prusse).

Friede(n) ['fri:də(n)] m. (ns) paix f. | *Frieden schließen*, conclure la paix. | *Frieden halten*, observer la paix. | *den Frieden stören*, troubler la paix. | *in Frieden leben*, vivre en paix. | *der Westfälische Frieden*, le traité de Westphalie. | *Frieden stiften*, faire régner la paix ; pacifier. | *um Frieden bitten*, demander la paix. || FIG. paix f. ; calme m. ; tranquillité f. ; repos m. | *um des lieben Friedens willen*, pour avoir la paix. | *er gibt nie Frieden*, il ne laisse la paix à personne. | *häuslicher Frieden*, paix du ménage. | *laß mich in Frieden !*, laisse-moi tranquille. | *Friede seiner Asche*, paix à ses cendres.

Friedens|bedingungen ["fri:dənsbə'diŋuŋən] f. pl. conditions (f. pl.) de paix. ||°**-bewegung** f. (-, en) mouvement (m.) pour la paix. ||°**-gericht** n. (s, e). JUR. [in Deutschland] commission (f.) d'arbitrage. || [in Frankreich, England, USA] justice (f.) de paix. ||°**-gerichtsbarkeit** f. JUR. justice (f.) de paix. ||°**-pfeife** f. (-, n) calumet (m.) de la paix. ||°**-politik** f. politique (f.) de paix. ||°**-preis** m. (es, e) prix (m.) Nobel de la paix. || COMM. prix (m.) d'avant-guerre. ||°**-produktion** f. (-) production (f.) d'avant-guerre. ||°**-richter** m. (s, -). JUR. [Deutschland] arbitre m. || [Frankreich, England, USA] juge (m.) de paix. ||°**-schluß** m. (es, ¨e) conclusion (f.) de la paix. ||°**-sicherung** f. (-, en) assurance (f.) du maintien de la paix. ||°**-stifter** m. (s, -) qui travaille pour la paix ; pacificateur m. ||°**-vertrag** m. (s, ¨e) traité (m.) de paix. ||°**-vorschlag** m. (s, ¨e) ouverture (f.), proposition (f.) de paix. ||°**-zeit** f. (-, en) temps (m.), années (f. pl.) de paix. | *in Friedenszeiten*, en temps de paix. ||°**-zustand** m. (s, ¨e) état (m.) de paix.

fried|fertig ["fri:t'fɛrtiç] adj. pacifique ; paisible ; tranquille. ||°**-fertigkeit** f. caractère (m.), humeur (f.) pacifique ; esprit conciliant. ||°**-hof** m. (s, ¨e) cimetière m. ||**-liebend** adj. pacifique. ||**-los** adj. sans repos ; inquiet ; agité.

friedlich ['fri:tliç] adj. pacifique ; paisible ; tranquille. | *friedliche Zeiten*, temps (m. pl.) calmes. || PAR ANAL. *friedlicher Anblick*, vue reposante.

Friedlichkeit [-kait] f. caractère (m.), humeur (f.) pacifique ; tranquillité f.

Friedrich ['fri:triç] n. pr. m. Frédéric m. || HIST. *Friedrich der Große*, Frédéric II (roi de Prusse).

frieren ['fri:rən] (o, o) v. intr. geler ; se congeler ; prendre. | *das Wasser friert*, l'eau prend, se congèle, gèle. | *der Fluß ist gefroren*, le fleuve est gelé ; la rivière est prise.

◇ v. impers. **es friert,** il gèle. | *es friert Stein und Bein*, il gèle à pierre fendre. | *es friert mich ; mich friert*, j'ai froid.

Fries [fri:s] m. (es, e). ARCHIT., TEXT. frise f.

Friese ['fri:zə] m. (n, n) n. pr. m. Frison m.

Friesin ['fri:zin] n. pr. f. (-, nen) Frisonne f.

friesisch [-ziʃ] adj. frison.

Fries|land ['fri:slant] n. (s). GÉOGR. Frise f.

frigid [fri'gid] frigide.

Frigidität [-gidi'tɛ:t] f. frigidité f.

Frikadelle [frika'dɛlə] f. (-, n). CULIN. boulette grillée.

Frikassee [frika'se:] n. (s, s) fricassée f.

frikassieren [-'si:rən] v. tr. fricasser.

Frikativ|laut [frika"ti:f'laut] m. (s, e). GRAMM. fricative f.

Friktion [frik'tsio:n] f. (-, en). PHYS. friction f. ; frottement m. || FIG. friction f. ; froissement m.

frisch [friʃ] adj. **1.** frais. | *frische Eier*, des œufs frais. | *frisches Brot*, du pain frais.
2. [neu, bisher nicht verwendet] frais ; nouveau ; propre. | *frische Truppen*, troupes fraîches. | *frische Wäsche anziehen*, changer de linge.
3. [kühl] frais ; FAM. frisquet. | *frischer Morgen*, matinée fraîche. | *frische Luft schöpfen*, prendre l'air, le frais ; respirer le grand air. | *frische Bergluft*, air (vif) des montagnes. | *das Wetter wird frisch*, le temps fraîchit. | *ein Glas frisches Wasser*, un verre d'eau fraîche.
4. [gesund, munter] frais ; alerte ; vif ; éveillé ; robuste. | *er ist frisch und gesund*, il est frais et dispos ; il se porte comme un charme. | *frischen Mut fassen*, reprendre courage. || FIG. *frische Gesichtsfarbe*, teint frais.
5. récent ; nouveau. | *frische Wunde*, blessure fraîche, récente. | *frisches Gemüse*, légumes verts. | *frische Erbsen*, petits pois. || FIG. *frischer Eindruck*, impression récente. | *auf frischer Tat ertappen*, prendre en flagrant délit, sur le fait ; FAM. la main dans le sac. | *die Erinnerung daran ist noch frisch*, je m'en souviens fort bien. || LOC. [Turnerwahlspruch] *frisch, fromm, fröhlich, frei*, frais, franc, joyeux et libre !

◇ adv. *Achtung, frisch gestrichen !*, attention à la peinture ! | *frisch gefallener Schnee*, neige fraîche, fraîchement tombée. | *ein Bett frisch beziehen*, changer les draps (d'un lit). | *frisch im Gedächtnis haben*, avoir encore présent à la mémoire ; garder un souvenir précis. | *frisch rasiert*, rasé de frais. | *frisch angekommen*, frais, nouvellement arrivé. | *frisch drauflos !*, allons ! ; allons-y gaiement !

Frisch|gemüse ["friʃgə'my:zə] n. (s) légumes verts. ||°**-haltepackung** f. (-, en) emballage (m.) longue conservation. ||°**-luft** f. air frais. ||°**-wasser** n. (s) eau fraîche. ||**-weg** adv. hardiment ; sans hésiter.

Frische ['friʃə] f. (-) fraîcheur f. ; frais m. || FIG. verdeur f. ; vigueur f. | *in alter Frische !*, toujours bon pied, bon œil !

frischen [-ʃən] v. tr. TECHN. affiner ; puddler ; ressuer. || [Tiere] mettre bas.

Frischling ['friʃliŋ] m. (s, e). [Jagd] marcassin m.

Friseur [fri'zø:r] m. (s, e), **Frisör** m. (s, e) coiffeur m.

Friseuse [-'zø:zə] f. (-, n), **Frisörin** [fri'zø:rin] f. (-, nen) coiffeuse f.

Frisier|haube [fri"zi:r'haubə] f. (-, n) casque m. ||°**-kommode** f. (-, n) coiffeuse f. ||°**-mantel** m. (s, ¨e) peignoir m. ||°**-tisch** m. (s, e) table-coiffeuse f.

frisieren [fri'zi:rən] v. tr. friser ; coiffer ; onduler. || FIG., COMM. *eine Bilanz frisieren*, maquiller un bilan.

Frisör(in) [fri'zø:r(in)] V. FRISEUR, FRISEUSE.

Frist [frist] f. (-, en) temps m. ; terme m. ; délai m. | *eine Frist von 15 Tagen*, un délai de quinze jours. || COMM. prolongation f. ; prorogation f. | *eine Frist verlängern*, prolonger une échéance. | *die Frist ist abgelaufen*, le délai a expiré. | *in bestimmter Frist*, à terme. | *auf kurze Frist*, à court terme. | *zu jeder Frist*, de, en tout temps ; à toute heure. || JUR. sursis m.

Frist|ablauf ["frist'aplauf] m. (s). JUR., COMM. expiration (f.) du délai. ||°**-bewilligung** f. (-, en), °**-gewährung** f. (-, en). COMM. moratoire m. || JUR. sursis m.

fristen ['fristən] v. tr. *kümmerlich sein Leben fristen*, vivoter ; tirer le diable par la queue.

fristlos ['fristlo:s] adj. immédiat ; sans délai. | *fristlose Entlassung*, renvoi (m.) sans préavis.

Frisur [fri'zu:r] f. (-, en) frisure f. ; coiffure f.

Fritte ['fritə] f. (-, n). TECHN. fritte f.

Fritter ['fritər] m. (s, -). RADIO. cohéreur m. ; radioconducteur m.

Frittung ['frituŋ] f. ÉLECTR., PHYS. cohésion f.

Fritz [frits] n. pr. m. Frédéric m. | *der alte Fritz*, Frédéric II, roi de Prusse.

frivol [fri'vo:l] adj. frivole.

Frivolität [-vɔli'tɛ:t] f. (-, en) frivolité f.

froh [fro:] adj. [Personen] joyeux ; ravi ; heureux ; bien aise. | *ich bin froh, daß du gekommen bist*, je suis content que tu sois venu ; tant mieux que tu sois là. | *er ist froh darüber, daß*, il se réjouit du fait que. | *er wird seines Lebens nicht mehr froh*, de sa vie il n'aura plus de joie. | *frohen Muts*, de bonne humeur. || [Dinge] joyeux ; gai ; heureux. | *frohes Neujahr !* bonne année ! | *frohes Ereignis*, heureux événement (naissance). | *die frohe Botschaft*, la bonne nouvelle ; RELIG. l'Évangile.

froh|gelaunt ["fro:gə'launt] adj. de bonne humeur ; FAM. bien luné. ||**-gemut** adj. réjoui. ||**-locken** v. intr. être transporté de joie ; exulter. ||°**-sinn** m. (s) gaieté f. ; belle humeur ; enjouement m. ; entrain m. ; jovialité f. ||**-sinnig** adj. gai ; enjoué ; heureux.

fröhlich ['frø:liç] adj. joyeux ; réjoui ; enjoué ; plein d'entrain. | *fröhliches Gesicht*, visage réjoui. | *fröhlich drauflos wirtschaften*, (*etwa*) ne pas regarder à la dépense.

Fröhlichkeit [-kait] f. (-, en) joie f. ; entrain m. ; gaieté f. ; belle humeur ; enjouement m.

fromm [frɔm] adj. [gläubig] pieux ; religieux ; dévot ; pratiquant. | *fromme Lüge*, pieux mensonge. || FIG. [geduldig ; still ; gehorsam] docile ; patient. | *das wird wohl immer ein frommer Wunsch bleiben*, cela restera toujours un vœu pieux.

◇ adv. pieusement. | *fromm leben*, vivre pieusement.

Frömmelei [frømə'lai] f. fausse dévotion, tartuferie f. ; bigoterie f. ; hypocrisie f.

frömmeln ['frøməln] v. intr. faire le dévot.

frommen ['frɔmən] v. intr. et v. tr. (Vx.) profiter ; servir ; être utile à. | *das frommt seinem Interesse*, cela sert son intérêt.

Frommheit ['frɔmhait] f., **Frömmigkeit** ['frømiçkait] f. piété f. ; dévotion f. ; religiosité f.

Frömmler ['frømlər] m. (s, -). PÉJOR. faux dévot ; tartufe m. ; cagot m.

Fron [fro:n] f. (-, en), **Fronde** ['frɔndə] f. (-, n). HIST. corvée f. || FIG. corvée f.

Fron|arbeit ["fro:n'arbait] f. (-, en). HIST. et FIG. corvée f. ||°**-leichnam** m. (s). RELIG. saint sacrement. ||°**-leichnamsfest** n. (es). RELIG. Fête-Dieu f.

frondieren [frɔn'di:rən] v. intr. faire le frondeur.

fronen ['fro:nən] v. intr. HIST. faire, exécuter des corvées.

frönen ['frø:nən] v. intr. payer tribut à ; être l'esclave de ; s'abandonner à. | *der Mode frönen*, être l'esclave de la mode. | *dem Alkohol frönen*, s'adonner à la boisson.

Front [frɔnt] f. (-, en). ARCHIT. [Vorderseite] façade f. ; frontispice m. || MIL. front m. ; première ligne. | *Kampf nach zwei Fronten*, combat (m.) sur deux fronts. | *Front machen gegen*, faire front contre. || FIG. union f. | *eine geschlossene Front bilden*, présenter un front uni.

Front|antrieb ["frɔnt'antri:p] m. (s, e). AUTOM. traction (f.) avant. ||°**-dienst** m. (s, e). MIL. service (m.) au front. ||°**-kämpfer** m. (s, -). MIL. combattant m.

frontal [frɔn'ta:l] adj. frontal. | *Frontalzusammenstoß*, choc (m.) de plein fouet.

Front-End-Rechner ["frɔnt'ɛntrɛçnər] m. (s, -). INF. ordinateur frontal.

Frosch [frɔʃ] m. (es, ¨e). ZOOL. grenouille f. || FIG., FAM. *er bläst sich auf wie ein Frosch*, il crâne. | *er hat einen Frosch im Halse*, il a un chat dans la gorge. || MÉD. [Geschwulst unter der Zunge] grenouillette f. || MUS. hausse f. (d'archet). || MINES. lampe (f.) au feu nu.

Frosch|augen ["frɔʃ'augən] n. pl. FIG. yeux saillants. ||°**-lurch** m. (es, e). ZOOL. anoure m. ||°**-mann** m. (es, ¨er) homme-grenouille m. ||°**-perspektive** f. (-, n). FIG. vue étroite ; horizon borné. ||°**-teich** m. (s, e) mare (f.) aux grenouilles ; grenouillère f.

Frost [frɔst] m. (es, ¨e) froid m. ; gelée f. | *starker, heftiger Frost*, forte gelée ; froid intense. | *vor Frost zittern*, grelotter de froid.

Frost|beule ["frɔst'bɔylə] f. (-, n). MÉD. engelure f. ||°**-brand** m. (s). MÉD. brûlure f. | *Frostbrand in den Füßen*, pieds gelés. ||**-empfindlich** adj. sensible au froid. ||**-frei** adj. à l'abri du froid, de la gelée. ||°**-mittel** n. (s, -). PHARM. pommade (f.), remède (m.) contre les engelures. || AUTOM. antigel m. ||°**-schaden** m. (s, ¨) dommage causé par la gelée, le froid. ||°**-schutzscheibe** f. (-, n). AUTOM. dégivreur m. ||°**-wetter** n. (s) temps de gel.

frösteln ['frøstəln] v. intr. frissonner. | *mich fröstelt, ich fröst(e)le*, j'ai le frisson ; je frissonne.

Frösteln ['frøstəln] n. (s) frissons(s) m. (pl.).

frostig ['frɔstiç] adj. froid ; glacial ; glacé. || FIG. froid ; plein de froideur.

Frostigkeit [-kait] f. FIG. froideur f.

Frottee, Frotté [frɔ'te:] n. ou m. tissu (m.) éponge. | *Frotteehandtuch*, serviette-éponge.

frottieren [frɔ'ti:rən] v. tr. frotter ; frictionner.

Frottieren n. (s) friction f. ; frottement m.

Frottier|handtuch cf. FROTTEE.

frotzeln ['frɔtsəln] v. tr. FAM. taquiner.

Frucht [fruxt] f. (-, ¨e) fruit m. | *die Obstbäume tragen Früchte*, les arbres fruitiers portent des fruits. | *eingemachte Früchte*, fruits confits. | *die Früchte des Feldes*, les fruits de la terre ; les récoltes f. pl. | *Früchte eines Landes*, produits (m. pl.) d'un pays. | *Früchte in Alkohol (eingelegt)*, fruits à l'eau-de-vie. | *die Frucht, das Getreide steht gut*, les céréales, les blés sont beaux, bien venus. || FIG. fruit m. ; produit m. ; résultat m. || LOC. *die verbotene Frucht*, le fruit défendu.

Frucht|blase ["fruxt'bla:zə] f. (-, n). MÉD. cavité (f.) amniotique. ||°**-blüte** f. (-, n) fleur (f.) femelle. ||**-bringend** adj. BOT. fructifère. || FIG. fructueux ; productif ; profitable ; avantageux. ||°**-eis** n. (es). CULIN. glace (f.) aux fruits. || °**-entwicklung** f. fructification f. ||°**-ertrag** m. (s, ¨e) récolte f. ||**-essend** adj. ZOOL. frugivore. ||°**-feld** n. (s, er). AGRIC. champ cultivé. ||°**-fleisch** m. (es) pulpe f. ||°**-folge** f. (-, n). AGRIC. suite (f.), alternance (f.) des cultures ; assolement m. ||°**-knoten** m. (s, -), °**-knötchen** n. (s, -). ANAT., BOT. ovaire m. ||°**-körper** m. (s, -). BOT. carpophore m. ||**-los** adj. BOT., PHYSIOL. stérile ; infécond. || FIG. infructueux ; inefficace ; inutile. ||°**-losigkeit** f. (-) stérilité f. ; FIG. inutilité f. ||°**-presse** f. (-, n) presse-fruits m. ||**-reich** adj. fécond ; fructueux ; productif ; profitable. ||°**-saft** m. (s, ¨e) jus (m.) de fruits ; sirop m. ||°**-salat** m. (s, e) salade (f.) de fruits. ||°**-schale** f. (-, n) coupe (f.) à fruits. || BOT. peau (f.), pelure (f.) de fruit. ||**-tragend** adj. fructifère ; frugifère. ||°**-wasser** n. (s). MÉD. liquide (m.) amniotique. ||°**-wasseruntersuchung** f. (-, en). MÉD. amniocentèse f.

||°-**zucker** m. (s) sucre (m.) de fruits ; fructose m. ; lévulose m.

fruchtbar ['fruxtbɑ:r] adj. fertile ; productif ; prolifique ; fécond. | *fruchtbarer Boden*, terre (f.) fertile. | *fruchtbares Jahr*, année productive, prospère. || FIG. fécond ; productif.

Fruchtbar|keit [-kait] f. fertilité f. ; fécondité f. ; productivité f.

Fruchtbarkeits|ziffer ["fruxtbɑrkaits'tsifər] f. (-, n) taux (m.) de fécondité.

Früchtchen ['fryçtçən] n. (s, -). BOT. petit fruit. || FIG., FAM. *ein nettes, sauberes Früchtchen !*, un joli garnement.

fruchten ['fruxtən] v. intr. FAM. porter des fruits ; fructifier. || FIG. *nichts fruchten*, demeurer sans effet.

frugal [fru'gɑ:l] adj. frugal, sobre.

Frugalität [-gali'tɛ:t] f. frugalité f. ; sobriété f.

früh [fry:] adj. **1.** matinal ; précoce. | *am frühen Morgen*, de bon matin ; de grand matin ; dès l'aube. | *ein früher Winter*, un hiver précoce. | *die Weinlese ist in diesem Jahr sehr früh*, la vendange se fait tôt cette année. | *frühes Obst*, fruits (m. pl.) précoces ; primeurs f. pl. | *eine frühe Erbsensorte*, une variété de pois hâtive. | *in seinen frühen Jahren*, dans ses jeunes années. | *früher Tod*, mort prématurée.

2. früher, antérieur ; premier ; ancien ; primitif. | *in früheren Zeiten*, autrefois ; au temps jadis. | *der frühere Besitzer*, l'ancien propriétaire. | *früherer Fall*, précédent m. | *frühere Bestrafung*, condamnation antérieure. | *die früheren Ausgaben des Buchs*, les éditions antérieures de ce livre.

3. frühest, *die früheste Erscheinung des Spitzbogens sieht man in Burgund*, la première apparition de l'arc brisé se trouve en Bourgogne. | *die frühesten Urkunden*, les documents les plus anciens. | *die frühesten Menschen*, les premiers hommes. | *die frühesten Zeiten*, les premiers temps, âges.

◇ adv. **1.** de bonne heure ; tôt. | *früh und spät*, matin et soir. | *von früh bis spät ; von früh morgens bis spät abends*, du matin au soir. | *Pfingsten fällt dieses Jahr sehr früh*, la Pentecôte tombe très tôt cette année. | *er ist zehn Minuten zu früh gekommen*, il est venu dix minutes trop tôt. | *zu früh geboren*, né avant terme. | *früh am Morgen*, de grand matin. | *heute früh*, ce matin. | *früh aufstehen*, se lever au matin ; être matinal. || PROV. *früh übt sich, wer ein Meister werden will*, il faut commencer tôt son apprentissage.

2. früher, plus tôt ; jadis ; autrefois. | *sich früher auf den Weg machen*, se mettre en route plus tôt. | *früher, als es noch keine Flugzeuge gab*, autrefois, quand il n'y avait pas encore d'avions. | *früher oder später*, tôt ou tard ; un jour ou l'autre. | *je früher, desto besser, lieber*, le plus tôt sera le mieux. | *er war früher Weinhändler*, il était autrefois marchand de vin.

3. frühstens, au plus tôt. | *frühstens in einer Woche*, au plus tôt dans une semaine.

Früh|aufsteher ["fry:'aufʃte:ər] m. (s, -). FAM. (un) lève-tôt. ||°-**beet** n. (s, e). AGRIC. couche f. ||°-**druck** m. (s, e). [Buch] incunable m. ; première impression ; édition (f.) princeps. || °-**erkennung** f. (-, en). MÉD. dépistage (m.) précoce. ||°-**geburt** f. (-, en) naissance (f.) avant terme ; accouchement prématuré. || PAR EXT. [Kind] prématuré m. ||°-**gemüse** n. (s) primeurs f. pl. ||°-**gotik** f. ARCHIT. style ogival primitif ; premier art gothique. ||°-**jahr** n. (s, e) printemps m. ||°-**kartoffel** f. (-, n) pomme de terre nouvelle. ||°-**messe** f. (-, n), °-**mette** f. (-, n). RELIG. messe basse ; matines f. pl. ||-**morgens** adv. de grand, de bon matin ; de bonne heure (le matin). ||°-**obst** n. (es) fruits (m. pl.) précoces ; primeurs f. pl. ||-**reif** adj. PR. et FIG. précoce ; hâtif. ||°-**reif** m. (s) gelée blanche. ||°-**reife** f. PR. et FIG. précocité f. ||°-**saat** f. (-, en). AGRIC. premières semailles. ||°-**schicht** f. (-, en) équipe (f.) du matin (à l'usine). ||°-**schoppen** m. (s, -) chope (f.) du matin ; apéritif m. ||°-**stück** n. (s, e) petit déjeuner. ||-**stücken** v. intr. prendre le petit déjeuner. ||°-**warn|system** n. (s, e). MIL. système (m.) de surveillance électronique. ||°-**zeit** f. (-, en). HIST. haute époque ; époque primitive. ||-**zeitig** adj. précoce ; hâtif. || PAR EXT. prématuré. — adv. de bonne heure ; tôt. || PAR EXT. prématurément ; avant l'heure. ||°-**zug** m. (s, ¨e). TRANSP. train (m.) du matin.

Frühe ['fry:ə] f. matin m. ; aube f. ; point (m.) du jour. | *in der Frühe*, le matin. | *in der ersten, in aller Frühe*, de grand matin.

Frühling ['fry:liŋ] m. (s, e) printemps m. ; saison nouvelle, fleurie ; renouveau m. | *es wird Frühling*, on sent venir le printemps. || FIG. printemps m. | *der Frühling des Lebens*, la jeunesse.

Frühlings... (en compos.) de printemps ; printanier.

Frustration [frustra'tsio:n] f. (-, en) frustration f.

frustrieren [frus'tri:rən] v. tr. frustrer.

frustriert [frus'tri:rt] adj. frustré.

F-Schlüssel ["ɛf'ʃlysəl] m. (s). MUS. clef (f.) de fa.

Fuchs [fuks] m. (es, ¨e). ZOOL. renard m. | *junger Fuchs*, renardeau m. | *Silberfuchs*, renard argenté. || LOC. *wo Fuchs und Hase sich gute Nacht sagen*, au fin fond des bois ; au bout du monde. || FIG. renard m. ; compère m. | *schlauer Fuchs*, fin renard ; rusé compère ; matois m. || LITTÉR. *Reineke Fuchs*, maître (m.) Renart ; Goupil m. || PAR ANAL. [Pferd] alezan m. || UNIV. étudiant (m.) de première année ; FAM. bizuth m.

Fuchs|bau ['fuksbau] m. (s, e). [Jagd] terrier (m.) de renard ; renardière f. || MIL. abri léger. ||°-**eisen** n. (s, -), °-**falle** f. (-, n) piège (m.) à renard ; traquet m. ; traquenard m. ||°-**jagd** f. (-, en) chasse (f.) au renard. ||°-**pelz** m. (es, e) [fourrure (f.) de] renard m. ||-**rot** adj. roux ; roussâtre. ||°-**schwanz** m. (es, ¨e) queue (f.) de renard. || BOT. vulpin m. || TECHN. scie (f.) passe-partout ; scie égoïne. ||-**teufelswild** adj. FAM. *fuchsteufelswild werden*, se mettre en boule ; se fâcher tout rouge ; sortir de ses gonds.

fuchsen ['fuksən] v. tr. FAM. taquiner ; vexer ; irriter.

Fuchsia ['fuksia] f. (-, sien), **Fuchsie** [-siə] f. (-, n). BOT. fuchsia m.

fuchsig ['fuksiç] adj. qui tient du renard. || PAR ANAL. roux. || FIG. fâché tout rouge.

Füchsin ['fyksin] f. (-, nen). ZOOL. femelle (f.) du renard ; renarde f.

Fuchtel ['fuxtəl] f. (-, n) rapière f. ; flamberge f. || PAR EXT. férule f. | *jn unter der Fuchtel halten, unter die Fuchtel nehmen*, discipliner, mener qn durement ; dresser qn. | *unter der Fuchtel stehen*, être sous la férule.

fuchteln ['fuxtəln] v. intr. *mit den Händen hin und her fuchteln*, agiter les bras ; gesticuler.

fuchtig ['fuxtiç] adj. FAM. fâché ; irrité ; enragé.

Fuder ['fu:dər] n. (s, -). *Fuder Heu*, charretée (f.) de foin. | *Fuder Wein*, foudre (m.) de vin.

Fug [fu:k] m. (s) *mit Fug und Recht*, à bon droit ; en bonne justice.

Fuge ['fu:gə] f. (-, n) joint m. ; jointure f. ; mortaise f. ; emboîture f. || ARCHIT. *ruhende Fuge*, joint de lit. | *senkrechte Fuge*, joint montant ; joint d'assise. | *aus den Fugen bringen*, déboîter ; disloquer. | *aus den Fugen gehen*, se disloquer. || ANAT. jointure f. ; commissure f.

|| MUS. fugue f. | *die Kunst der Fuge (Bach)*, l'art (m.) de la fugue.

fugen [-gən] v. tr. TECHN. joindre ; emboîter. || ARCHIT. jointoyer.

fügen ['fy:gən] v. tr. TECHN. joindre ; assembler ; monter ; emboîter. || FIG. régler ; disposer. | *Gott, das Schicksal hat es so gefügt*, Dieu, le sort en a disposé ainsi.

◇ v. pr. **sich fügen.** TECHN. s'emboîter ; s'articuler ; s'engrener. || FIG. s'adapter ; s'accommoder ; se conformer. | *er fügt sich dem Befehl*, il se conforme à l'ordre. | *man muß sich darein fügen*, il faut en prendre son parti. | *sich ins Unabänderliche fügen*, se résigner à l'inévitable. | *es hat sich nicht gefügt*, cela ne s'est pas arrangé.

fugen|dicht ["fu:gən'diçt] adj. bien joint ; jointif. ||°**-werk** n. (s, e) assemblage m.

füglich ['fy:kliç] adj. convenable ; opportun.

◇ adv. convenablement ; opportunément ; avec raison ; en bonne justice ; décemment.

fügsam [-zɑ:m] adj. FIG. souple ; facile ; traitable. || PAR ANAL. docile ; soumis.

Fügsamkeit [-zamkait] f. caractère accommodant, traitable ; souplesse f. ; docilité f.

Fügung ['fy:guŋ] f. (-, en) rencontre f. ; fatalité f. | *Fügung der Worte*, enchaînement (m.), construction (f.) des mots. | *Fügung der Umstände*, enchaînement (m.) des circonstances. || PAR EXT. soumission f. ; résignation f.

fühlbar ['fy:lbɑ:r] adj. sensible ; palpable ; perceptible ; tangible. | *fühlbarer Verlust*, perte (f.) sensible. | *sich fühlbar machen*, se faire sentir. || MÉD. *die Geschwulst ist deutlich fühlbar*, on sent bien la tumeur au toucher.

Fühlbarkeit [-barkait] f. état (m.) de ce qui est sensible, perceptible ; tangibilité f.

fühlen [fy:lən] v. tr. [tasten] sentir ; toucher ; palper ; tâter. | *der Arzt fühlte den Puls*, le médecin tâta le pouls. || [empfinden] sentir ; éprouver ; ressentir. | *Schmerz fühlen*, éprouver de la douleur. | *die Kälte fühlen*, sentir le froid. | *er fühlte sein Herz schlagen*, il sentit battre son cœur.

◇ v. intr. FIG., FAM. *jm auf den Zahn fühlen*, mettre qn sur la sellette.

◇ v. pr. **sich fühlen,** se sentir ; prendre conscience de soi. | *sich krank fühlen*, se sentir malade. | *er fühlt sich als Fachmann*, il se tient pour spécialiste. | *ich fühle mich dafür verantwortlich*, je m'en sens responsable.

Fühlen [-lən] n. (s) [Tasten] attouchement m. ; contact m. || [Empfinden] sentiment m.

Fühler [-lər] m. (s, -). ZOOL. antenne f. || FIG., FAM. *die Fühler ausstrecken*, lancer un ballon d'essai.

fühl|los ['fy:llo:s] adj. insensible ; apathique.

Fühl|losigkeit ["fy:l'loziçkait] f. insensibilité f. ; apathie f.

Fühlung ['fy:luŋ] f. attouchement m. ; toucher m. || PAR ANAL. contact m. | *Fühlung suchen, nehmen*, chercher, prendre contact ; contacter. | *Fühlungnahme*, prise (f.) de contact.

Fuhre ['fu:re] f. (-, n) charroi m. ; charriage m. ; roulage m. || PAR EXT. charretée f. ; charge f.

Fuhr|lohn ['fu:rlo:n] m. (s, ¨e) frais (m. pl.) de transport, de voiture. ||°**-mann** m. (s, -leute) charretier m. ; voiturier m. ; roulier m. ||°**-unternehmer** m. (s, -) entrepreneur (m.) de transports ; commissionnaire-expéditeur m. ; transporteur m. ||°**-werk** n. (s, e) véhicule m. ; voiture f. ; char m. ; chariot m. ; charrette f. ||°**-wesen** n. (s) transports m. pl.

führen ['fy:rən] v. tr. **1.** [geleiten] conduire ; mener ; guider ; donner la main, le bras à. | *ein Kind (an der Hand) führen*, mener un enfant par la main. || [leiten] mener ; conduire ; diriger. | *führe mich den nächsten Weg !*, mène-moi par le chemin le plus court. | *dem Kinde beim Schreiben die Hand führen*, conduire la main à un enfant qui apprend à écrire. | *was führt dich zu uns ?*, qu'est-ce qui, quel bon vent t'amène ? | *Truppen ins Feld führen*, conduire les troupes au combat, à la guerre. | *ein Flugzeug führen*, piloter un avion. || FIG., FAM. *er ist hinters Licht geführt worden*, il a été dupé, berné. || RELIG. *und führe uns nicht in Versuchung*, ne nous laissez pas succomber à la tentation.

2. [anführen] diriger ; mener ; commander. || MIL. *ein Regiment führen*, commander un régiment. || FAM. *sie führt das Regiment im Hause*, FAM. elle porte la culotte.

3. [bei sich haben ; mit sich führen] porter ; transporter. | *er führte eine Waffe mit sich*, il portait une arme sur lui. | *der Fluß führt Eis*, ce fleuve charrie des glaçons. || MAR. *das Schiff führt eine Ladung Holz*, ce bateau transporte un chargement de bois. || COMM. *einen Markenartikel führen*, avoir des marchandises, un article de marque. || FIG. *ein Wort, eine Redensart im Munde führen*, avoir une expression à la bouche. | *etwas im Schilde führen*, avoir un dessein caché, une idée de derrière la tête ; manigancer qch.

4. [anlegen ; ziehen] établir ; élever ; dresser. || LOC. [Umschreibung eines Verbums]. *Krieg führen mit*, faire la guerre à. | *einen Beweis führen*, apporter, fournir, établir, donner la preuve ; prouver. | *einen Prozeß führen*, faire un procès. | *ein Gespräch führen*, avoir, entretenir une conversation. | *den Vorsitz führen*, présider ; diriger. | *Verhandlungen führen*, négocier. | *die Aufsicht führen*, surveiller. | *ein frommes Leben führen*, mener une vie pieuse ; vivre en bon chrétien. | *eine glückliche Ehe führen*, faire bon ménage. || COMM. *die (Rechnungs)-bücher führen, Buch führen*, tenir les livres de comptes, la comptabilité. | *den Bogen (beim Geigenspiel) führen*, manier l'archet (du violon). | *Speisen zum Munde führen*, porter des aliments à la bouche. | *eine angefangene Arbeit zu Ende führen*, achever, terminer un travail. | *ein Werk weiter führen*, continuer une œuvre. || FIG., FAM. *er führt sich ein Glas Wein zu Gemüte*, il s'offre un verre de vin.

◇ v. intr. [an erster Stelle stehen] être en tête ; tenir la tête. || SPORT. *er führt beim Rennen*, il est en tête, il mène dans cette course. | *wir führen mit eins zu null*, nous menons par un (but) à zéro. || [hinführen] mener ; conduire. | *wohin führt dieser Weg ?*, où mène ce chemin ? | *die Brücke führt über den Fluß*, le pont passe sur le fleuve. || FIG. *wohin soll das noch führen ?*, à quoi cela aboutira-t-il ? ; à quoi cela conduira-t-il ?, mènera-t-il ? | *das führt zu nichts Gutem*, cela ne mène à rien de bon. | *es würde zu weit führen, wollte ich*, cela m'entraînerait trop loin si je voulais.

◇ v. pr. **sich führen,** [sich betragen] se conduire. | *sich gut, schlecht führen*, se conduire bien, mal.

führend [-rənt] adj. dirigeant ; directeur ; à la tête (de). | *führende Männer*, chefs m. pl. || COMM. *führendes Haus*, maison de commerce renommée, bien connue. | *führendes Hotel*, hôtel m. (de) première catégorie. || *führende Stellung*, position (f.) en vue.

Führer [-rər] m. (s, -) conducteur m. ; guide m. ; chef m. || [Fahrzeug]. AÉRON., MAR. pilote m. || AUTOM. chauffeur m. || [Eisenbahn] mécanicien m. | *Zugführer*, chef (m.) de train. || [Straßenbahn] conducteur m. || [Kran] grutier m. || PAR ANAL. gérant m. ; directeur m. ; administrateur m. || [Buch] guide m. || TECHN. coulisseau m. ; guide m.

Führer|haus ["fy:rər'haus] n. (es, ¨er) cabine (f.)

de grutier. ||°-**kabine** f. (-, n). AÉRON. cockpit m. ; poste (m.) de pilotage.

führerlos ["fy:rər'lo:s] adj. sans chef ; sans direction ; sans patron.

Führerschaft ['fy:rərʃaft] f. commandement m. ; conduite f. ; direction f. || PAR ANAL. qualité (f.), position (f.) de chef. || PAR EXT. (ensemble [m.] des) dirigeants m. pl. ; chefs m. pl. ; guides m. pl.

Führer|schein ["fy:rər'ʃain] m. (s, e). AÉRON. brevet (m.) de pilote. || AUTOM. permis (m.) de conduire. | *seinen Führerschein machen*, passer son permis de conduire. | *Fahren ohne Führerschein*, conduite (f.) sans permis. ||°-**scheinentzug** m. (s). JUR. retrait (m.) du permis de conduire. ||°-**sitz** m. (es, e) siège (m.) du conducteur. ||°-**stand** m. (s, ¨e). [Eisenbahn] poste (m.) du mécanicien.

Führung ['fy:ruŋ] f. (-, en) [Leitung] conduite f. ; direction f. ; gestion f. | *die Führung übernehmen*, prendre la direction, le commandement. | *Führung eines Geschäftes*, gestion (f.), direction (f.), administration (f.) d'une affaire. || SPORT. *er ging in Führung*, il prit la tête. || PAR EXT. [Besichtigung] visite f. | *eine Führung durch die Stadt veranstalten*, organiser la visite d'une ville. || [Betragen] conduite f. | *er wurde wegen schlechter Führung entlassen*, il fut renvoyé pour inconduite. || TECHN. guide m. ; coulisseau m.

Führungs|gremium ["fy:ruŋs'gre:mium] n. (s, mien). POLIT. comité directeur. ||°-**kräfte** f. pl. cadres supérieurs. ||°-**rolle** f. (-, n). TECHN. galet (m.) de guidage. ||°-**stab** m. (s, ¨e). MIL. état-major m. ||°-**zeugnis** n. (ses, se). ADM. *amtliches Führungszeugnis*, extrait (m.) de casier judiciaire.

Füll|feder ["fyl'fe:dər] f. (-, n), °-**federhalter** [-'haltər] m. (s, -) stylographe m. ; FAM. stylo m. ||°-**horn** n. (s, ¨er). POÉT. corne (f.) d'abondance. ||°-**werk** n. (s) remplissage m. ||°-**wort** n. (es, ¨er). GRAMM. explétif m.

Fülle ['fylə] f. plénitude f. | *körperliche Fülle*, embonpoint m. ; formes pleines. || PAR ANAL. quantité f. ; masse f. ; abondance f. | *Brasilien hat Kaffee in Hülle und Fülle*, le Brésil regorge de café.

füllen [-lən] v. tr. emplir ; remplir ; garnir ; bourrer ; gonfler. | *ein Glas mit Wasser füllen*, remplir un verre d'eau. | *den Wein in, auf Flaschen füllen*, mettre du vin en bouteilles. | *in Fässer füllen*, entonner. | *in Säcke füllen*, ensacher. | *einen Zahn füllen*, plomber une dent. | *diese Abhandlung füllt sieben Seiten*, cet exposé couvre sept pages. || FIG. *das füllt meine Seele mit Mut, Hoffnung*, cela me rend (du) courage, me donne de l'espoir.

Füllen [-lən] n. (s, -). ZOOL. poulain m. | *weibliches Füllen*, pouliche f.

Füller [-lər] m. (s, -) stylographe m. ; FAM. stylo m. || TECHN. chargeur m. ; pelleteur m.

füllig [-liç] adj. rondelet ; replet ; dodu.

Füllsel ['fylzɛl] n. (s, -) remplissage m.

Füllung [-luŋ] f. (-, en) remplissage m. || *Füllung in Flaschen*, mise (f.) en bouteilles. || [Ball] gonflement m. || [Zahn] plombage m. || CULIN. farce f. || TECHN. [Tür] panneau m. [Fenster] carreau m. || MIL. *Füllung eines Geschosses*, charge f. || PHYS. *Füllung eines Motorzylinders*, admission f.

fummeln ['fuməln] v. tr. et v. intr. POP. bricoler ; tripoter.

Fund [funt] m. (s, e) objet trouvé. | *guter Fund*, trouvaille f. || FIG. découverte f. ; invention f.

Fund|büro ["funtby'ro] n. (s, s) bureau (m.) des objets trouvés. ||°-**gegenstand** m. (s, ¨e) objet trouvé. ||°-**geld** n. (s) récompense (f.) pour un objet trouvé. ||°-**grube** f. (-, n). FIG. mine f. | *eine wahre Fundgrube*, une véritable mine. || °-**unterschlagung** f. (-, en). JUR. détournement (m.) d'un objet trouvé.

Fundament [funda'mɛnt] n. (s, e). ARCHIT. fondements m. pl. ; base f. ; socle m. || FIG. *das Fundament einer Wissenschaft*, les fondements d'une science.

fundamental [-mɛn'tɑ:l] adj. fondamental.

Fundamentalismus [fundamɛnta'lismus] m. (-, men). PHIL., RELIG. fondamentalisme m.

Fundamentalist(in) [fundamɛnta'list(in)] m. (en, en), f. (-, nen). PHIL., RELIG. fondamentaliste s.

fundamentalistisch [-listiʃ] adj. PHIL., RELIG. fondamentaliste.

fundieren [fun'di:rən] v. tr. fonder ; créer. || COMM. *gut fundiertes Geschäft*, affaire solide, sérieuse.

Fundierung [-'di:ruŋ] f. (-, en) fondation f. ; établissement m.

fündig ['fyndiç] adj. MINES. riche ; exploitable. | *fündig werden*, trouver un filon.

fünf [fynf] adj. num. card. cinq. | *die fünf Sinne*, les cinq sens. | *alle fünf Jahre*, tous les cinq ans. | *wir kommen zu fünft*, nous venons à cinq. | *es ist fünf (Uhr)*, il est cinq heures. | *Viertel fünf, Viertel nach vier*, quatre heures et quart. | *halb fünf*, quatre heures et demie. | *er kommt gegen fünf*, il arrivera vers cinq heures. || FAM. *das Kind wird fünf*, cet enfant aura bientôt cinq ans. || COMM., FIN. *zu fünf Prozent*, à cinq pour cent. || FIG., FAM. *das kannst du dir doch an den fünf Fingern abzählen*, c'est pourtant facile à comprendre, à saisir. | *Fünf(e) gerade sein lassen*, n'y pas regarder de trop près.
◇ **die Fünf,** le chiffre cinq.

Fünf|eck ['fynfɛk] n. (s, e). MATH. pentagone m. ||-**eckig** adj. MATH. pentagonal. ||-**einhalb** adj. num. card. cinq et demi. ||-**fach, -fältig** adj. quintuple. ||-**hundert** adj. num. card. cinq cent(s). ||°-**jahresplan** m. (s, ¨e). POLIT. plan quinquennal. ||-**jährig** adj. âgé de cinq ans ; qui dure cinq ans ; quinquennal. ||-**jährlich** adj. tous les cinq ans ; quinquennal. ||°-**kampf** m. (s, ¨e). SPORT. pentathlon m. ||-**malig** adj. (répété) cinq fois. ||-**monatlich** adj. (qui se répète) tous les cinq mois. ||°-**pfennigstück** n. (s, e) pièce (f.) de cinq pfennigs. ||-**prozentig** adj. à cinq pour cent. ||-**reihig** adj. sur cinq rangs. ||-**seitig** adj. de cinq pages. || MATH. pentagonal. ||-**sitzig** adj. [Wagen] à cinq places. ||-**stellig** adj. à cinq chiffres. ||-**tägig** adj. vieux de cinq jours. || PAR ANAL. qui dure cinq jours. ||°-**uhrtee** m. (s) thé m. (de cinq heures) ; five o'clock (tea) m. ||°-**zehn** f. le nombre quinze ; adj. num. card. quinze. ||-**zehnte** adj. num. ord. quinzième. ||°-**zehntel** n. (s, -) quinzième m.

Fünfer ['fynfər] m. (s, -) chiffre (m.), nombre (m.) cinq. || [Münze] pièce (f.) de cinq pfennigs.

fünferlei [fynfər'lai] adj. invar. de cinq sortes, espèces.

fünft [fynft] adj. num. card. V. FÜNF.

fünfte ['fynftə] adj. num. ord. cinquième. | *Karl der Fünfte*, Charles Quint. || FIG. *das fünfte Rad am Wagen sein*, être la cinquième roue du carrosse.

Fünftel ['fynftəl] n. (s, -) cinquième m. ; cinquième partie f.

fünftens [-təns] adv. cinquièmement.

fünfzig [-tsiç] adj. num. card. cinquante. | *etwa fünfzig*, une cinquantaine. || LOC. *er ist in den Fünfzig(ern)*, il a atteint la cinquantaine ; il a dans les cinquante ans.

Fünfzig|jahrfeier ["fynftsiçjɑ:r'faiər] f. (-, n) cinquantenaire m. ; jubilé m. ||-**jährig** adj. âgé de cinquante ans ; quinquagénaire. | *das fünfzigjährige Jubiläum feiern*, fêter le cinquantenaire.

Fünfziger ['fynftsigər] m. (s, -) homme (m.) de cinquante ans, qui a la cinquantaine ; quinquagénaire. | *er ist ein Endfünfziger*, il a bien cinquante ans. || PAR EXT. [Geld] billet (m.) de cinquante marks.

fünfzigste [-tsikstə] adj. num. ord. cinquantième.

Fünfzigstel [-tsikstəl] n. (s, -) cinquantième m.

fungieren [fuŋ'gi:rən] v. intr. fonctionner ; être en fonction ; faire fonction de.

fungizid [fuŋgi'tsi:t] adj. fongicide.

Fungizid n. (es, e) fongicide m.

Funk [fuŋk] m. (s, e) radio f. ; T.S.F. f. | *über Funk*, par radio.

Funk|amateur(in) ["fuŋkama'tø:r(in)] m. (s, e), f. (-, nen) cibiste s. ||°**-anlage** f. (-, n) installation (f.) de radio. ||°**-bild** n. (s, er) téléphotographie f. ; bélinogramme m. ||°**-feuer** n. (s, -). AÉRON. radiobalise f. ||°**-gerät** n. (s, e) appareil (m.) radioélectrique. ||°**-nachricht** f. (-, en) nouvelle radiodiffusée ; information f. ||°**-peiler** m. (s, -). AÉRON. goniomètre m. | *automatischer Funkpeiler*, radiocompas (m.) automatique. ||°**-peilung** f. (-, en). AÉRON. radiogoniométrie f. ; repérage (m.), orientation (f.) par T.S.F. ; radiodétection f. ||°**-sendegerät** n. (s, e) appareil émetteur ; poste émetteur de radiotéléphonie. ||°**-sonde** f. (-, n). AÉRON. radiosonde f. ||°**-spruch** m. (s, ¨e) message (m.) par radio ; radio(télé)gramme m. ||°**-station** f. (-, en) poste (m.) de radio ; station (f.) d'émissions, de T.S.F. ||°**-taxi** n. (s, s ou xen) radio-taxi m. ||°**-technik** f. (-, en) technique (f.) radiophonique. ||°**-techniker** m. (s, -) technicien (m.) de T.S.F., de radio. ||°**-telegramm** n. (s, e) radiogramme m. ||°**-telegraphie** f. radiotélégraphie f. ||°**-trupp** m. (s, s) équipe (f.) de radiotéléphonie. ||°**-turm** m. (s, ¨e) pylône de T.S.F. ||°**-verbindung** f. (-, en) liaison (f.) par radio. | *in Funkverbindung mit jm treten*, être, se mettre en liaison par radio avec qn ; prendre contact avec qn par radio. ||°**-verkehr** m. (s) communication (f.), trafic (m.) radioélectrique. ||°**-wagen** m. (s, -) voiture (f.) radio.

Fünkchen ['fyŋkçən] n. (s, -) petite étincelle. || FIG. *kein Fünkchen Verstand*, pas un grain de bon sens.

Funke ['fuŋkə] m. (n, n), **Funken** [-kən] m. (s, -) étincelle f. | *Funken sprühen*, jeter, lancer des étincelles. | *fliegende Funken*, flammèches f. pl. || FIG. brin m. ; parcelle f. ; grain m. | *keinen Funken (von) Ehrgefühl (im Leibe) haben*, n'avoir pas le moindre sens de l'honneur ; n'avoir pas un brin d'amour-propre. | *ein Funken Hoffnung*, une lueur d'espoir.

funkeln [-kəln] v. intr. étinceler ; scintiller ; briller ; resplendir ; pétiller. | *seine Augen funkelten vor Freude*, la joie brillait dans ses yeux.

Funkeln [-kəln] n. (s) étincellement m. ; scintillement m. ; pétillement m.

funkel|nagelneu ["fuŋkəl'nɑ:gəlnɔy] adj. FAM. flambant neuf.

funken ['fuŋkən] v. tr. RADIO. envoyer un (message) sans fil, un sans-fil. || MAR. *das Schiff hat SOS gefunkt*, le bateau a lancé un S.O.S. (par fil). || MIL. tirer ; faire feu.

Funken [-kən] n. (s) transmission (f.) par radio.

Funker [-kər] m. (s, -) radiotélégraphiste m. ; radiotéléphoniste m. ; radio m.

Funktion [fuŋk'tsio:n] f. (-, en) fonction f. ; activité f. || PAR EXT. [Amt] fonction f. ; charge f. || CHIM., MATH. fonction f.

Funktionär [-tsio'nɛ:r] m. (s, e) fonctionnaire m. | *Gewerkschaftsfunktionär*, permanent syndical.

funktionieren [-tsio'ni:rən] v. intr. fonctionner.

funktions|gerecht [fuŋktsio:nsgərɛçt] adj. fonctionnel. ||°**-störung** f. (-, en). MÉD. dysfonctionnement m. ||°**-taste** f. (-, n). INF. touche (f.) de fonction.

Funzel ['funtsəl] f. (-, n). FAM., PÉJOR. lumignon m.

für [fy:r] prép. (acc.) pour.

> **I.** SENS LOCAL (VX.) et IDÉE DE SÉPARATION : devant.
> **II.** SENS TEMPOREL ; IDÉE DE SUCCESSION : pour, après.
> **III.** SENS ABSTRAITS.
> **1.** pour ; en faveur de ;
> **2.** [betreffend] pour ; quant à ;
> **3.** [im Verhältnis zu] pour ; vu ;
> **4.** [gegen] en vue ; contre ;
> **5.** [anstelle] au lieu de ; pour ;
> **6.** comme ; pour ;
> **7.** en échange de ; pour.
> **8.** LOC.

I. SENS LOCAL : *nur Schritt für Schritt vorwärtskommen*, n'avancer que pas à pas. | *das Landhaus liegt für sich*, la maison de campagne est isolée, à l'écart. | *jeder für sich*, chacun pour soi. | *das ist eine Sache für sich*, c'est une affaire à part. | *für sich allein*, pour lui tout seul.

II. SENS TEMPOREL ; IDÉE DE SUCCESSION : pour ; après. | *genug für heute, jetzt*, assez pour aujourd'hui, pour le moment. | *für morgen*, pour demain. | *für immer* ; *für ewig* ; *für und für*, pour toujours ; à jamais. | *für drei Stunden*, pour une durée de trois heures. | *für fünf Uhr*, pour cinq heures. | *fürs erste*, premièrement. | *ein für allemal*, une fois pour toutes. | *Tag für Tag besuchte sie ihn*, jour après jour elle venait le voir. | *Tag für Tag traf er wieder bei uns ein*, jour pour jour, il se présenta de nouveau chez nous. | *Mann für Mann wurden sie verhört*, ils furent interrogés tous, l'un après l'autre. | *Punkt für Punkt*, point par point. | *er hat den Text Wort für Wort abgeschrieben*, il a copié le texte mot pour mot.

III. SENS ABSTRAITS. **1.** pour ; en faveur de. | *für eine gerechte Sache kämpfen*, lutter pour une juste cause. | *sich für etwas einsetzen, eintreten*, prendre fait et cause pour ; prendre le parti de. | *bürgen für*, se porter garant de. | *für die Freiheit sterben*, mourir pour la liberté. | *sich begeistern für*, s'enthousiasmer pour. | *für etwas danken*, remercier pour qch. | *Sinn für Kunst haben*, avoir des goûts artistiques. | *Platz für alle*, de la place pour tous. | *diese Sache hat viel für sich*, cette affaire ne manque pas d'intérêt. | *das Für und Wider bedenken*, peser le pour et le contre.

2. [betreffend] pour ; quant à. | *das ist keine Arbeit für Kinder*, ce n'est pas un travail pour les enfants, d'enfants. | *ich für mein Teil (meine Person)*, en ce qui me concerne ; pour ma part. | *es ist das beste, klügste für ihn*, c'est la meilleure, la plus sage solution pour lui. | *an und für sich ist der Film nicht schlecht, aber*, en lui-même, en soi-même, ce film n'est pas mauvais, mais. || FIG., FAM. *die ganze Mühe ist für die Katz*, c'est du travail pour rien ; cela ne vaut pas tripette.

3. [im Verhältnis zu] pour ; vu. | *für sein hohes Alter ist er noch rüstig*, il est encore vaillant pour son âge. | *zu teuer für mich*, trop cher pour moi. | *für einen Ausländer spricht er gut Französisch*, pour un étranger, il parle bien le français.

4. [gegen] en vue ; contre. | *ein Mittel für Kopfschmerzen*, un remède contre la migraine.

5. [anstelle] pour ; en échange ; à la place ; au lieu de ; contre. | *Salz für Zucker nehmen*, prendre du sel pour du sucre. | *für jn zahlen*, payer à la place de qn. | *er ißt für zwei*, il mange comme quatre.

6. comme ; pour. | *man hält seinen Vater für reich*, son père passe pour un homme riche. | *er hält es nicht für möglich*, il ne croit pas la chose possible. | *er hat es für gut befunden*, il a jugé cela bon.

7. en échange de. | *einen Mantel für zweihundert Mark*

kaufen, acheter un manteau pour deux cents marks. **8.** Loc. *was für einen Wein trinkst du ?*, quel vin bois-tu ? | *was für Ansichten hat er ?*, quelles sont ses idées ? | *was für eine herrliche Landschaft !*, quel magnifique paysage ! | *er ißt für sein Leben gern Marzipan*, il aime par-dessus tout la pâte d'amandes. | *ich bin dafür !*, je partage cet avis. | *wofür ?*, pour quoi ?

Für|bitte ["fy:r'bitə] f. (-, n) intercession f. ; prière f. ; médiation f. | *Fürbitte einlegen*, intercéder.

Furche ['furçə] f. (-, n). Agric. sillon m. ; rayon m. | *eine Furche ziehen*, tracer un sillon. || Fig. *ein von Furchen durchzogenes Gesicht*, un visage sillonné de rides.

furchen [-çən] v. tr. sillonner ; tracer des sillons. || Fig. rider.

furchig ['furçiç] adj. en sillons. || Fig. ridé.

Furcht [furçt] f. crainte f. ; peur f. ; appréhension f. | *Furcht empfinden*, avoir peur. | *Furcht erwecken*, faire peur. | *Furcht vor der Strafe*, crainte du châtiment. | *Ritter ohne Furcht und Tadel*, chevalier (m.) sans peur et sans reproche.

furcht|los ['furçtlo:s] adj. sans crainte ; intrépide. ||°**-losigkeit** f. intrépidité f. ; hardiesse f.

furchtbar ['furçtba:r] adj. terrible ; effroyable ; effrayant ; formidable ; atroce. | *ein furchtbares Gewitter*, un orage épouvantable. | *furchtbare Kälte*, froid (m.) horrible. | *furchtbare Angst*, peur (f.) terrible. | *furchtbare Macht*, pouvoir (m.) redoutable.

◇ adv. Fig. terriblement ; excessivement. | *furchtbar häßlich*, laid à faire peur. | *eine furchtbar lange Wartezeit*, une attente terriblement longue. || Fam. *das ist furchtbar einfach*, cette affaire est fort simple. | *das ist furchtbar nett von Ihnen*, c'est très gentil à vous. | *furchtbar lachen*, être pris d'un fou rire.

fürchten ['fyrçtən] v. tr. craindre ; appréhender ; redouter ; avoir peur. | *ich fürchte, er ist schon fort*, je crains qu'il ne soit (déjà) parti. | *er wird allgemein gefürchtet*, tout le monde le craint, a peur de lui. | *ich fürchte für sein Leben*, je tremble pour sa vie.

◇ v. pr. *sich fürchten (vor)*, avoir peur (de).

fürchterlich ['fyrçtərliç] adj. effrayant ; effroyable ; épouvantable ; horrible ; affreux. | *ein fürchterlicher Ort*, un endroit effrayant. | *fürchterliche Drohungen*, horribles menaces f. pl.

furchtsam ['furçtza:m] adj. peureux ; timide ; craintif. || Fam. *ein Furchtsamer*, un poltron.

Furchtsamkeit [-zamkait] f. (-) caractère craintif, peureux ; timidité f. ; poltronnerie f. ; crainte f.

fürder ['fyrdə:r], **fürderhin** ["fyrdər'hin] adv. (Vx.) dorénavant ; à l'avenir.

für|einander [fyrain'andər] adv. l'un pour l'autre ; les uns pour les autres.

Furie ['fu:riə] f. (-, n). Myth. Furie f. || Fig. furie f. ; mégère f.

Furnier [fur'ni:r] n. (s, e). Techn. placage m.

furnieren [-rən] v. tr. Techn. plaquer.

Furnier|holz [fur"ni:r'hɔlts] n. (es, ¨er). Techn. bois (m.) de placage ; contre-plaqué m.

Furor(e) [fu'ro:r] m. (s) *Furore machen*, faire fureur ; être en vogue.

fürs [fy:rs] contraction de **für das.** | *fürs erste*, premièrement ; d'abord.

Für|sorge ["fy:r'zɔrgə] f. soins m. pl. ; sollicitude f. | *unermüdliche Fürsorge*, sollicitude de tous les instants. || Par ext. *staatliche Fürsorge*, prévoyance, assistance sociale. | *er lebte von der Fürsorge*, il bénéficiait de l'assistance sociale.

Fürsorge|amt ["fy:rzɔrgə'amt] n. (s, ¨er) bureau (m.) d'assistance publique. ||°**-arzt** m. (er, ¨e) médecin (m.) de l'Assistance publique. || °**-wesen** n. (s) assistance sociale ; [Frankreich] Direction des affaires sanitaires et sociales (D.A.S.S.).

Für|sorgerin ["fy:r'zɔrgərin] f. (-, nen) assistante sociale.

für|sorglich [-'zɔrkliç] adj. affectueux ; prévoyant.

Für|sprache ["fy:r'ʃpra:xə] f. intervention f. ; intercession f. | *Fürsprache für jn einlegen*, intercéder, intervenir en faveur de qn.

Für|sprecher [-'ʃprɛçər] m. (s, -) intercesseur m.

Fürst [fyrst] m. (en, en) prince m. ; souverain m. | *er lebt wie ein Fürst*, il vit en prince. | *der Fürst dieser Welt*, le prince des ténèbres, des enfers.

Fürst|bischof ["fyrst'biʃɔf] m. (s, ¨e). Relig., Hist. prince-évêque m.

Fürsten|bund ["fyrstən'bunt] m. (s, ¨e). Polit. ligue (f.) des princes. ||°**-haus** n. (es, ¨er) maison princière ; souveraine ; dynastie f. ||°**-stand** m. (s) dignité (f.) de prince ; principauté f. ; principat m. ||°**-tag** m. (s, e). Polit. diète (f.) de princes.

Fürstentum ['fyrstəntu:m] n. (s, ¨er) principauté f.

Fürstin ['fyrstin] f. (-, nen) princesse f.

fürstlich ['fyrstliç] adj. princier ; de, en prince.

Furt [furt] f. (-, en) gué m. | *eine Furt durchwaten*, passer une rivière à gué.

Furunkel [fu'ruŋkəl] m. ou n. (s, -). Méd. clou m. ; furoncle m.

Furunkulose [furuŋku'lo:zə] f. Méd. furonculose f.

für|wahr [fyr'va:r] adv. en vérité ; certes.

Für|wort ['fy:rvɔrt] n. (es, ¨er). Gramm. pronom m.

Fusel ['fu:zəl] m. (s) [Fuselöl] Chim. huile (f.) empyreumatique. || Par ext., péjor. mauvais alcool ; tord-boyaux m.

fuseln [-zəln] v. intr. s'effilocher.

Füsilier [fyzi'li:r] m. (s, e). Mil. fusilier m.

Fusion [fu'zio:n] f. (-, en) fusion f. ; mise (f.) en commun.

fusionieren [-ziɔ'ni:rən] v. tr. fusionner.

Fuß [fu:s] m. (es, ¨e). **1.** [Menschen, Tiere] pied m. || [Vögel, Insekten] patte f. ; jambe f. ; extrémités f. pl. | *zu Fuß gehen*, aller à pied. | *ich bin gut, schlecht zu Fuß*, je suis bon, mauvais marcheur. | *von Kopf bis Fuß*, de pied en cap ; des pieds à la tête. | *den Fuß ans Land setzen*, mettre le pied sur la terre ferme. | *beschwingten Fußes*, d'un pas ailé. | *sich den rechten Fuß brechen*, se casser le pied droit. | *jm auf die Füße treten*, marcher sur les pieds de qn. | *jm auf dem Fuße folgen*, emboîter le pas à qn ; suivre qn de près. | *jm zu Füßen fallen*, se jeter aux pieds de qn. || Fig. *die Firma konnte in Frankreich Fuß fassen*, cette firme a pu s'établir en France. || Par ext. pied m. | *ein gedrechselter Tischfuß*, un pied de table tourné. | *am Fuße des Berges*, au pied de la montagne. || Phot. support m. || [Mast, Stange] talon m. || Archit. [Säule] pied m. ; base f. || [Denkmal] piédestal m.

2. [Maß] pied m. | *zehn Fuß messen ungefähr drei Meter*, dix pieds mesurent environ trois mètres.

3. Poés. pied m. | *der Hexameter hat sechs Füße*, l'hexamètre a six pieds.

4. Loc. *Gewehr bei Fuß stehen*, être l'arme au pied. | *stehenden Fußes*, de ce pas ; sur-le-champ. | *festen Fußes*, de pied ferme. | *auf eigenen Füßen stehen*, être indépendant ; voler de ses propres ailes. | *auf großem Fuß leben*, vivre sur un grand pied. | *diese Ansicht steht auf schwachen Füßen*, cette hypothèse repose sur des bases fragiles. | *mit jm auf gutem Fuß leben*, être en bons termes avec qn. | *der Boden brannte ihm unter den Füßen*, il avait hâte, il brûlait de partir. | *das Recht mit Füßen treten*, fouler le droit aux pieds. | *sich die Füße in den Leib stehen*, FAM. faire le pied de grue ; POP. poireauter. | *mit einem Fuße schon im Grabe stehen*, avoir un pied dans la tombe. | *mit einem Fuß im Gefängnis stehen*, être au bord de l'illégalité. || JUR. *auf freiem Fuß sein*, être (laissé) en liberté. | *auf freien Fuß setzen*, mettre en liberté.

Fuß|abkratzer ["fu:s'apkratsər] m. (s, -), °-**abstreicher** m. (s, -) décrottoir m. ||°-**angel** f. (-, n). MIL. chausse-trape f. ||°-**bad** n. (s, ¨er) bain (m.) de pieds ; pédiluve m. ||°-**ball** m. (s, ¨e). SPORT. ballon m. ; football m. ||°-**ballmannschaft** f. (-, en) équipe (f.) de football. ||°-**ballspiel** n. (s, e) match (m.) de football. ||°-**ballspieler(in)** m. (s, -), f. (-, nen) footballeur m. ; footballeuse f. ||°-**bank** f. (-, ¨e) petit banc ; tabouret m. ||°-**bekleidung** f. (-, en) chaussure f. ||°-**boden** m. (s, ¨) plancher m. ; sol m. ; parquet m. || °-**bodenbelag** m. (s, ¨e). ARCHIT. revêtement (m.) du sol, du plancher. ||°-**bodenheizung** f. (-, en) chauffage (m.) par le sol. ||°-**breit** m. *keinen Fußbreit weichen*, ne pas reculer d'une semelle. | *keinen Fußbreit Land (Boden) abreten*, ne pas céder un pouce de terrain. ||°-**bremse** f. (-, n). AUTOM. frein (m.) à pédale. ||°-**ende** n. (s) pied m. (du lit). ||°-**fall** m. (s, ¨e) génuflexion f. ; agenouillement m. ; prosternation f. | *einen Fußfall vor jm tun*, se jeter aux pieds de qn. ||-**fällig** adj. prosterné ; à genoux. ||°-**gänger** m. (s, -) piéton m. ; marcheur m. ||°-**gängerbrücke** f. (-, n) passerelle f. ||°-**gängerüberquerung** f. (-, en), °-**übergang** m. (s, ¨e) passage clouté. ||°-**gängerweg** m. (s, e) voie piétonne. ||°-**gängerzone** f. (-, n) zone piétonne, piétonnière. ||°-**gelenk** n. (s, e). ANAT. cou-de-pied m. ||°-**gewölbe** n. (s). ANAT. voûte (f.) plantaire. ||°-**hebel** m. (s, -). AUTOM. pédale f. || AÉRON. palonnier m. ||-**hoch** adj. haut d'un pied. ||°-**knöchel** m. (s, -). ANAT. cheville f. ||-**lahm** adj. perclus ; FAM. éclopé. ||°-**leiste** f. (-, n). ARCHIT. plinthe f. ||°-**matte** f. (-, n) paillasson m. ; tapis-brosse m. ||°-**note** f. (-, n). [Buch] note explicative au bas des pages ; annotation f. ||°-**pilz** m. (es, e) mycose (f.) aux pieds. ||°-**pfad** m. (s, e) sentier m. ||°-**pflege** f. podologie f. ||°-**pfleger(in)** m. (s, -), f. (-, nen) pédicure s. ||°-**punkt** m. (s, e). ASTRON. nadir m. || MATH. pied (m.) d'une perpendiculaire. ||°-**raste** f. (-, n), °-**raster** m. (s, -). AUTOM. appuie-pied(s) m. ; support (m.) de pied(s) ; repose-pied(s) m. ||°-**sack** m. (s, ¨e) chancelière f. ; chauffe-pieds m. ||°-**schaltung** f. (-, en). AUTOM. commande (f.) à pied, au pied, à, par pédale. ||°-**schemel** m. (s, -) petit banc ; tabouret m. ; escabeau m. ||°-**sohle** f. (-, n). ANAT. plante (f.) du pied. ||°-**spezialist(in)** m. (en, en), f. (-, nen) podologue s. ||°-**spitze** f. (-, n). ANAT. pointe (f.) du pied. ||°-**spur** f. (-, en) trace f. ; empreinte f. ||°-**stapfen** m. (s, -) trace f. ; empreinte f. ; vestige m. || FIG. *in js Fußstapfen treten*, marcher sur les traces de qn. ||°-**steig** m. (s, e) sentier m. || PAR ANAL. trottoir m. ||°-**tritt** m. (s, e) [Stoß] coup (m.) de pied. || TECHN. [Stufe] marchepied m. ||°-**truppen** f. pl. infanterie f. ; fantassins m. pl. ||°-**volk** n. (s). MIL. infanterie f. ; PÉJOR. piétaille f. ||°-**wärmer** m. (s, -) chaufferette f. ; bouillotte f. ||°-**weg** m. (s, e) sentier m. ||°-**wurzel** f. (-, n). ANAT. tarse m.

füßeln ['fy:səln] v. intr. aller à petits pas ; trottiner. || PAR EXT., FAM. faire du pied.

fußen ['fu:sən] v. intr. prendre pied. || FIG. se fonder ; s'appuyer ; se fier à ; reposer sur.

Füßling ['fy:sliŋ] m. (s, e) pied (m.) de bas.

futsch [futʃ] adv. perdu. || FAM. détraqué ; esquinté. || POP. fichu ; foutu.

Futter ['futər] n. (s) nourriture (f.) des animaux ; pâture f. ; fourrage m. ; pâtée f. ; mangeaille f.

Futter ['futər] n. (s) étui m. ; gaine f. ; doublure f.

Futteral [futə'rɑ:l] n. (s, e) étui m. ; gaine f. ; fourreau m.

Futter|beutel ["futər'bɔytəl] m. (s, -) musette f. ||°-**krippe** f. (-, n) mangeoire f. ; FIG. assiette (f.) au beurre. ||°-**napf** m. (es, ¨e) gamelle f., écuelle f. ||°-**pflanze** f. (-, n) plante fourragère. ||°-**raufe** f. (-, n) râtelier m. ||°-**sack** m. (s, ¨e) sac (m.) à avoine (des chevaux). ||°-**trog** m. (s, ¨e) mangeoire f. ||°-**wagen** m. (s, -) fourragère f.

Futter|holz ["futər'hɔlts] n. (es, ¨er) bois (m.) de revêtement. ||°-**zeug** n. (s) étoffe (f.) pour doublure.

futtern ['futərn] v. intr. POP. bouffer ; becqueter.

füttern ['fytərn] v. tr. donner à manger ; faire manger ; donner la becquée à. || TECHN. garnir ; revêtir. || TEXT. doubler. | *mit Watte füttern*, doubler de ouate ; ouater. | *mit Pelz füttern*, doubler de fourrure ; fourrer.

Fütterung [-ruŋ] f. (-, en). [Handlung] alimentation f. || TEXT. doublure f. || ARCHIT. revêtement m.

Futur [fu'tu:r] (s, a), **Futurum** [fu'turum] n. (s, ra). GRAMM. futur m.

Futurologe [futuro'lo:gə] m. (n, n), **Futurologin** [-'lo:gin] f. (-, nen) futurologue s.

Futurologie [-logi:] f. futurologie f.

G

G, g [ge:] n. G m. | *großes* G, *G* majuscule. | *kleines* g, *g* minuscule. || Mus. *G*, sol m. | *G-Dur*, sol majeur. | *G-Moll*, sol mineur. | *G-Saite*, grosse corde.
Gabe ['gɑ:bə] f. (-, n) cadeau m. ; présent m. ; don m. ; offrande f. | *milde Gabe*, aumône f. ; don charitable. || Fig. don m. (de la nature) ; faculté f. ; talent m. || Par ext. [Arznei] dose f.
gäbe [g'ɛ:bə] imparf. du subj. de **geben.** | *das ist gang und gäbe*, c'est courant ; cela se voit couramment.
Gabel ['gɑ:bəl] f. (-, n) fourche f. || [Tisch] fourchette f. || Par anal. [Wagen] brancards m. pl. || Bot. vrille f. || [Fahrrad] fourche f.
Gabel|achse ["gɑ:bəl'aksə] f. (-, n) axe bifurqué. ||°**-deichsel** f. (-, n) brancard(s) m. (pl.) ; limonière f. ||**-förmig** adj. fourchu. || °**-frühstück** n. (s, e) déjeuner (m.) à la fourchette. ||°**-schlüssel** m. (s, -), °**-schraubenschlüssel** m. (s, -). Techn. clef (f.) à fourche. ||°**-stapler** m. (s, -) transpalette m. ; gerbeur (m.) à fourche ; chariot élévateur. ||°**-wagen** m. (s, -) voiture (f.) à limon ; limonière f. ||°**-weihe** f. (-, n). Zool. grand milan. ||°**-zacke** f., °**-zinke** f. (-, n) dent (f.) de fourche, de fourchette ; fourchon m.
gabeln [-bəln] v. tr. prendre avec la fourche ; piquer à la fourchette ; enfourcher.
◇ v. pr. **sich gabeln,** faire la fourche ; bifurquer.
Gabeln [-bəln] n. (s) bifurcation f. ; fourche f.
Gabelung [-bəluŋ] f. (-, en) bifurcation f.
gackeln ['gakəln], **gackern** [-kərn], **gacksen** [-ksən] v. intr. caqueter. || Fig. bavarder.
Gackerei [gakə'rai] f. Fig. caquet m.
Gaffel ['gafəl] f. (-, n). Mar. fourche f. ; gaffe f.
Gaffel|schoner ["gafəl'ʃo:nər] m. (s, -). Mar. goélette f. ||°**-segel** n. (s, -). Mar. voile (f.) à corne ; brigantine f.
gaffen ['gafən] v. intr. Fam. bayer aux corneilles ; regarder bouche bée ; badauder.
Gaffer [-fər] m. (s, -). Fam. badaud m.
Gafferei [gafə'rai] f. Fam. badauderie f.
Gage ['gɑ:ʒə] f. (-, n). Jur. gage m. || Par ext. gages m. pl. ; salaire m. ; paie f.
gähnen ['gɛ:nən] v. intr. bâiller. | *er gähnt vor Langeweile*, il bâille d'ennui. || Fig. s'ouvrir ; être béant. | *tief gähnt der Abgrund vor ihnen*, un précipice béant s'ouvre devant eux.
Gähnen [-nən] n. (s) bâillement m.
gähnend [-nənt] adj. Fam. béant.
Gala ['gala] f. (-) gala m. || Par ext. toilette (f.), habit (m.) de gala. || Fam. *sich in Gala werfen*, *in Gala sein*, se mettre, être en grande tenue.
Gala|anzug ["gala'antsu:k] m. (s, ¨e) toilette (f.), habit (m.) de gala. ||°**-uniform** f. (-, en) grande tenue. ||°**-vorstellung** f. (-, en) représentation (f.) de gala.
Galaktose [galak'to:zə] f. (-, n) galactose m.
Galan [ga'lɑ:n] m. (s, e) galant m. ; amoureux m.
galant [ga'lant] adj. galant ; courtois ; gaillard. | *galantes Abenteuer*, aventure galante.
Galanterie [galantə'ri] f. galanterie f.
Galanterie|waren [galantə"ri:'wɑ:rən] f. pl. Comm. articles (m. pl.) de luxe, de mode, de fantaisie.
Gäle ['gɛ:lə] n. pr. m. (n, n). Géogr. Gallois m.
Galeasse [gale'asə] f. (-, n). Mar., Hist. galéasse f. ; galéace f.
Galeere [ga'le:rə] f. (-, n). Mar., Hist. galère f.
Galeeren|sklave [ga"le:rən'sklɑ:və] m. (n, n) galérien m. ; forçat m. ||°**-strafe** f. (-, n). Hist. travaux forcés ; galères f. pl. ; bagne m. ||°**-sträfling** m. (s, e). Hist. galérien m. ; forçat m.
Galenit [ga'le:nit] m. (s). Minéral. galène f.
Galeone [gale'o:nə] f. (-, n). Mar., Hist. galion m. ; grande galère.
Galerie [galə'ri:] f. (-, n). Archit., Mines. galerie f. || Par ext. galerie (f.) de tableaux. || Théâtre. galerie f. ; foyer m. | *oberste Galerie*, fam. paradis m. ; poulailler m. || Fam. *für die Galerie spielen*, poser pour la galerie.
Galgen ['galgən] m. (s, -) gibet m. ; potence f. | *an den Galgen kommen*, être envoyé à la potence. || Pr. et fig. *jn an den Galgen bringen*, faire pendre qn. | *er ist reif für den Galgen*, il est bon, mûr pour la potence ; il mérite la potence.
Galgen|frist ["galgən'frist] f. (-) quart (m.) d'heure de grâce. ||°**-humor** m. (s) humour (m.) macabre ; humour noir ; rire (m.) jaune. ||**-mäßig** adj. patibulaire. ||°**-strick** m. (s, e). Fig. gibier (m.) de potence. ||°**-vogel** m. (s, ¨) pendard m. ; homme (m.) de sac et de corde.
Galiläa [gali'le:a] n. pr. n. Géogr. Galilée f.
Galiläer [-'le:ər] n. pr. m. Galiléen m.
galiläisch [-'le:iʃ] adj. galiléen.
Galimathias [galima'tias] m. galimatias m.
Galion [gali'o:n] n. (s, en). Mar. éperon m. | *Galionsfigur*, figure (f.) de proue.
gälisch ['gɛ:liʃ] adj. gaélique.
Galizien [ga'litsiən] n. pr. n. Géogr. Galicie f.
Galizier(in) [-tsiər(in)] m. (s, -), f. (-, nen) Galicien m. ; Galicienne f.
galizisch [-tsiʃ] adj. galicien.
Gall|apfel ["gal'apfəl] m. (s, ¨). Bot. (noix [f.] de) galle f. ||°**-wespe** f. (-, n). Zool. mouche (f.) de galle ; cynips m.
Galle ['galə] f. (-, n). Physiol. bile f. ; fiel m. || Zool. amer m. | *bitter wie Galle*, amer comme le fiel. || Fig., fam. fiel m. ; bile f. ; amertume f. | *die Galle lief mir über*, cela m'échauffa la bile.
gallen|bitter ["galən'bitər] adj. amer comme le fiel. ||°**-blase** f. (-, n). Anat. vésicule (f.) biliaire. ||°**-blasenentzündung** f. (-, en). Méd. cholécystite f. ||°**-gang** m. (s, ¨e). Anat. canal (m.) cholédoque. ||°**-stein** m. (s, e). Méd. calcul (m.) biliaire.
Gallert ['galərt] n. (s, e), **Gallerte** [ga'lɛrtə] f.

(-, n). CHIM. gélatine f. || CULIN. gelée f. || ANAT. pulpe f.

gallert|artig ["galərt'ɑ:rtiç] adj. gélatineux ; colloïde.

Gallien ['galiən] n. pr. n. HIST. Gaule f.

Gallier [-liər] n. pr. m. HIST. Gaulois m.

gallig ['galiç] adj. chargé de bile ; biliaire. || FIG. bilieux ; fielleux ; atrabilaire ; hargneux.

gallikanisch [gali'kɑ:niʃ] adj. RELIG. gallican.

gallisch ['galiʃ] adj. HIST. gaulois.

gallisieren [gali'zi:rən] v. tr. POLIT. franciser.

Gallium ['galium] n. (s). CHIM. gallium m.

Gallizismus [gali'tsismus] m. (-, men). GRAMM. gallicisme m.

Gallone [ga'lo:nə] f. (-, n). [Hohlmaß] gallon m.

Gallo|romanen ["galorɔ'mɑ:nən] m. pl. GÉOGR., HIST. Gallo-Romains m. pl.

Galmei [gal'mai] m. (s). MINÉRAL. calamine f.

Galon [ga'lɔ̃] m. (s, s), **Galone** ['lo:nə] f. (-, n) galon m.

Galopp [ga'lɔp] m. (s, e). [Reitkunst] galop m. | *Galopp reiten*, aller au galop. | *in gestrecktem Galopp*, au grand galop.

galoppieren [galɔ'pi:rən] v. intr. aller au galop ; galoper. || FIG. galoper. || MÉD. *galoppierende Schwindsucht*, phtisie galopante.

Galosche [ga'lɔʃə] f. (-, n) galoche f.

galvanisch [gal'vɑ:niʃ] adj. PHYS. galvanique.

galvanisieren [-vani'zi:rən] v. tr. PHYS. galvaniser. || FIG. galvaniser ; enflammer.

Galvanisierung [-vani'zi:ruŋ] f. galvanisation f.

Galvano [gal'vɑ:no] n. (s, s). TYPOGR. galvanotype m. ; galvano m. ; cliché m.

Galvano|meter [galvano'me:tər] n. (s, -). PHYS. galvanomètre m. ||°**-plastik** f. (-). TECHN. galvanoplastie f. ||**-plastisch** adj. galvanoplastique.

Gamasche [ga'maʃə] f. (-, n) guêtre f.

Gambe ['gambə] f. (-, n). MUS. viole (f.) de gambe.

Gamet [ga'me:t] m. (en, en). BIOL. gamète m.

Gamma|globulin ["gamaglɔbu'li:n] n. (s). MÉD. gammaglobuline f. ||°**-graphie** f. (-, en). MÉD. gammagraphie f. ||°**-strahlen** m. pl. PHYS. rayons (m. pl.) gamma.

Gammler ['gamlər] m. (s, -). FAM. hippie m.

Gang [gaŋ] m. (s, ¨e). **1.** [Bewegung] fonctionnement m. ; mouvement m. ; marche f. ; activité f. | *die Maschine in Gang bringen*, mettre la machine en marche, en mouvement, en train. || FAM. *ich glaube, da ist etwas im Gange*, je crois qu'il y a qch. en route, en train. || AUTOM. *erster Gang*, première vitesse ; première f.

2. [Ablauf ; Verlauf] cours m. | *Gang der Zeit*, cours du temps. | *der Gang der Geschäfte*, le train des affaires. | *man muß der Sache ihren Gang lassen*, il faut laisser cette chose aller son train. | *das Fest ist in vollem Gange*, la fête bat son plein. || FIN. cours m.

3. [Art und Weise des Gehens] façon (f.) d'aller, de marcher ; allure f. ; train m. ; démarche f. ; marche f. | *man erkennt ihn an seinem Gang*, on le reconnaît à sa démarche.

4. [Einzelhandlung der Bewegung] course f. ; démarche f. ; visite f. ; promenade f. ; tour m. | *mein erster Gang war zu ihm*, ma première visite fut pour lui. | *Gänge in der Stadt erledigen*, faire des courses en ville. || FIG. *der letzte Gang*, le dernier voyage. | *ein schwerer Gang*, une partie difficile ; une démarche pénible.

5. [Fechtkunst] *einen Gang mit jm ausfechten*, livrer assaut à qn. || [Boxen] *er wurde beim, im zweiten Gang kampfunfähig*, il fut mis hors (de) combat à la deuxième reprise.

6. [Raum ; Weg] passage m. ; corridor m. ; couloir m. ; chemin m. || FIG., MINES. *Gesteingang*, filon m. ; veine f. || ANAT. conduit m.

Gang [gaŋ] m. (s, s). [Verbrecherbande] gang m.

gang [gaŋ] adj. invar. *das ist gang und gäbe*, cela se voit tous les jours ; cela se fait ; c'est courant.

Gang|art ["gaŋ'ɑ:rt] f. (-, en) façon (f.) de marcher ; démarche f. ; train m. ; allure f. || MINES. gangue f. ||°**-gestein** n. (s, e). MINES. roche filonienne. ||°**-hebel** m. (s, -). AUTOM. levier (m.) de changement de vitesse. ||°**-schaltung** f. (-, en). AUTOM. changement (m.) de vitesse. ||°**-wechsel** m. (s). AUTOM. changement (m.) de vitesse.

gangbar [-bɑ:r] adj. praticable. || PAR EXT. fréquenté ; passant.

Gangbarkeit [-barkait] f. viabilité f. ; état (m.) praticable.

Gängel|band ["gɛŋəl'bant] n. (s, ¨er) laisse f. ; lisière f. || FIG. *jn am Gängelband führen*, tenir qn en lisière, en tutelle ; mener qn.

gängeln ['gɛŋəln] v. tr. PÉJOR. tenir en laisse, en lisière ; mener.

Ganges ['gaŋgəs] n. pr. m. GÉOGR. Gange m.

gängig ['gɛŋiç] adj. qui a de l'allant. || COMM. de bon débit ; qui se vend bien.

Ganglion ['gaŋgliɔn] n. (s, lien). ANAT. ganglion m.

Gangster ['gɛŋstər] m. (s, -) gangster m. ; bandit m.

Gans [gans] f. (-, ¨e). ZOOL. oie f. | *wilde Gans*, oie sauvage. | *junge Gans*, oison m. || FIG., FAM. *dumme Gans*, oie f. ; dinde f. ; sotte f. ; pécore f.

Gänschen ['gɛnsçən] n. (s, -). ZOOL. petite oie ; oison m. || FIG. *dummes Gänschen*, oie blanche ; sotte f.

Gänse|blümchen ["gɛnzə'bly:mçən] n. (s, -). BOT. pâquerette f. ||°**-braten** m. (s, -). CULIN. rôti (m.) d'oie ; oie rôtie. ||°**-brust** f. (-, ¨e). CULIN. poitrine (f.) d'oie. ||°**-fett** n. (s) graisse (f.) d'oie. ||°**-füßchen** n. pr. TYPOGR. guillemets m. pl. | *ein Wort in Gänsefüßchen setzen*, mettre un mot entre guillemets. ||°**-haut** f. (-, ¨e). FIG., FAM. *mich überläuft eine Gänsehaut* ; *ich bekomme die Gänsehaut*, cela me donne la chair de poule. ||°**-kiel** m. (s, e). [tube (m.) de] plume (f.) d'oie. ||°**-klein** n. (s). CULIN. abats (m. pl.), capilotade (f.) d'oie. ||°**-leber** f. (-). CULIN. foie (m.) d'oie ; foie gras. ||°**-leberpastete** f. (-, n) pâté (m.) de foie gras. ||°**-marsch** m. (es). FIG. file indienne. | *im Gänsemarsch gehen*, marcher à la queue leu leu. ||°**-spiel** n. (s, e) jeu (m.) de l'oie. ||°**-wein** m. (s). FAM., IRON. eau f.

Gänserich ['gɛnzəriç] m. (s, e). ZOOL. jars m.

ganz [gants] adj. [heil ; unversehrt] entier ; total ; complet ; intact ; intégral ; non entamé. | *die Brille fiel zu Boden und blieb doch ganz*, les lunettes sont tombées sans se briser. | *ein ganzer Monat*, tout un mois ; un mois entier. | *den ganzen Tag über arbeitet er daran*, il y travaille toute la journée. | *vier ganze Stunden*, quatre grandes heures. | *am ganzen Leibe zittern*, trembler comme une feuille ; trembler de tous ses membres. | *ganz Deutschland*, toute l'Allemagne. | *die ganze Stadt spricht davon*, toute la ville en parle. || [gesamt ; vollkommen] entier ; tout ; parfait ; complet ; plein ; accompli. | *von ganzem Herzen*, de tout (mon) cœur. | *seine ganze Kraft einsetzen*, employer toutes ses forces. | *ganze vierzehn Tage mußte er das Bett hüten*, il a dû garder le lit quinze jours pleins. | *eine ganze Menge Geld in der Lotterie gewinnen*, gagner un tas d'argent à la loterie. | *ein ganzer Mann*, (c'est) un homme ; (c'est) quelqu'un. || LOC. *im großen und ganzen* ; *im ganzen*

genommen, dans l'ensemble ; somme toute. ‖ MATH. *ganze Zahlen*, des nombres entiers. ‖ PHOT. *in ganzer Figur*, en pied.
◇ adv. [völlig ; durchaus] tout à fait ; complètement ; entièrement ; totalement ; absolument. | *er ist ganz der Vater*, c'est tout à fait son père. | *die Flasche wurde ganz ausgetrunken*, on vida la bouteille. | *ganz und gar*, complètement. | *ganz und gar nicht*, nullement ; pas du tout. | *ganz Ohr sein*, être tout oreilles. | *ganz Auge sein*, être tout yeux. | *er ist ganz der Mann dazu*, c'est bien l'homme qu'il faut. | *eine ganz andere Sache*, une tout autre affaire. | *ganz leise sprechen*, parler à voix basse. | *ganz in der Nähe*, à deux pas d'ici, de là. ‖ [leidlich ; ziemlich gut] passablement ; assez bien. | *der Wein hat ganz gut geschmeckt*, ce vin n'était pas mauvais. | *dieses Mädchen ist ganz hübsch*, cette jeune fille est assez jolie, n'est pas mal.
— SYN. : *gänzlich*, parfaitement ; *voll und ganz, in vollem Maße*, pleinement ; *durchweg*, totalement ; *durch und durch, vollends*, tout à fait.

Ganz|körper|bestrahlung ["gantskørpərbə'ʃtrɑ:-luŋ] f. (-, en). NUCL. irradiation globale. ‖°**-lederband** ["-/'-/-] m. (s, ¨e) reliure (f.) pleine peau. ‖°**-leinenband** m. (s, ¨e) reliure (f.) pleine toile. ‖**-tägig** adj. pendant toute la journée. | *ganztägige Kost, Pension*, pension complète.

Ganze ['gantsə] n. (n) [le] tout ; intégralité f. ; totalité f. ; ensemble m. | *ein Ganzes*, un tout. | *aufs Ganze gehen*, viser, vouloir (le) tout. | *es geht ums Ganze*, tout est en jeu.

Gänze ['gɛntsə] f. total m. ; somme f. ; tout m. | *in Gänze*, entièrement ; totalement.

Ganzheit ['gantshait] f. tout m. ; totalité f., ensemble m. ; intégralité f. ‖ FIG. intégrité f.

Ganzheits|methode ["gantshaitsmeto:də] f. (-, n). [Lehrmethode] méthode globale.

gänzlich ['gɛntsliç] adj. entier ; complet ; total.
◇ adv. tout à fait ; entièrement ; complètement ; totalement ; intégralement ; de fond en comble.

gar [gɑ:r] adj. CULIN. prêt ; assez, bien cuit ; à point. | *der Braten ist noch nicht gar*, la viande n'est pas encore cuite, prête (à manger). ‖ AGRIC. *garer Boden*, terre (f.) meuble.
◇ adv. FAM. [völlig] complètement ; entièrement. | *er ist ganz und gar verrückt*, il est complètement fou. ‖ [sehr] bien ; fort ; très. | *gar zu viele Leute*, trop de monde, de gens. | *gar zu wenig*, trop peu. | *gar nichts*, rien du tout ; absolument rien. | *er hat damit gar nichts zu tun*, il est complètement étranger à cette affaire. | *gar zu große Ansprüche*, des prétentions trop grandes, démesurées. | *gar keiner*, personne du tout. | *sich gar nicht um die Meinung der Leute kümmern*, se moquer du tiers et du quart. ‖ [etwa] donc. | *warum nicht gar !*, allons donc ! ; par exemple.

Gar|küche ["gɑ:r'ky:çə] f. (-, n) rôtisserie f. ; petit restaurant. ‖ PÉJOR. gargote f. ‖°**-leder** n. (s) peau mégie. ‖°**-machen** n. (s). TECHN. affinage m.

Garage [ga'rɑ:ʒə] f. (-, n). AUTOM. garage m.

Garant [ga'rant] m. (en, en) garant m.

Garantie [garan'ti:] f. (-, n) garantie f. ; caution f. ; gage m. | *ein Jahr Garantie für den Trockenrasierer*, un an de garantie pour le rasoir électrique. | *die Garantie für etwas übernehmen*, garantir qch.

Garantie|schein [garan"ti:'ʃain] m. (s, e) bulletin (m.), certificat (m.) de garantie. ‖°**-zeit** f. (-, en) délai (m.) de garantie.

garantieren [-'ti:rən] v. tr. donner une garantie, une caution ; garantir ; répondre de. | *das garantiere ich dir*, je te donne ma parole ; FAM., POP. je te fiche mon billet.

Garaus [gɑ:'raus] m. FAM. *jm den Garaus machen*, occire, achever qn.

Garbe ['garbə] f. (-, n) gerbe f. | *Garben, in Garben binden*, mettre en gerbes. ‖ MIL. gerbe f. | *Geschoßgarbe*, gerbe de balles. | *Feuergarbe*, gerbe de feu.

Garben|bindemaschine ["garbən'bindəma-'ʃi:nə] f. (-, n), °**-binder** [-'bindər] m. (s, -). AGRIC. lieuse f. ‖**-förmig** adj. en gerbes.

gärben ['gɛrbən] v. tr. [gerben] tanner ; corroyer. ‖ MÉTALL. *Stahl gärben*, affiner l'acier.

Garda|see ["garda'ze:] n. pr. m. (s) lac (m.) de Garde.

Garde ['gardə] f. (-, n). MIL. garde f. ‖ FIG., FAM. *einer von der (alten) Garde*, un vieux de la vieille.

Garde|robe ['gardərobə] f. (-, n). [Kleiderablage] garde-robe f. ‖ THÉÂTRE. vestiaire m. ‖ PAR EXT. [Kleider] garde-robe f.

Gardine [gar'di:nə] f. (-, n) rideau m. ; courtine f. ‖ FIG., POP. *schwedische Gardinen*, prison f. ; POP. violon m.

Gardinen|leiste [gar"di:nən'laistə] f. (-, n) baguette (f.) de rideau. ‖°**-predigt** f. (-, en). FIG., FAM. semonce f. | *eine Gardinenpredigt halten*, semoncer ; sermonner.

gären ['gɛ:rən] (conjug. faible et gor, gegoren) v. intr. fermenter ; lever. | *den Teig gären lassen*, faire lever la pâte. | *Bier gärt*, la bière roche. ‖ FIG. *es gärt im Volke*, le peuple bouge, s'agite.

Gär|mittel ["gɛ:r'mitəl] n. (s, -). TECHN. ferment m. ‖°**-prozeß** m. (es, e) action (f.) fermentaire. ‖°**-stoff** m. (s, e). CHIM. ferment m. ; levain m.

Garn [garn] n. (s, e) fil m. | *Garn wickeln*, pelotonner du fil. | *Garn aufspulen*, bobiner du fil. | *Garn abspulen* dévider du fil. | *Garn heften*, faufiler. ‖ PAR EXT. [Jagd ; Fischerei] filet m. ; rets m. pl. ; lacets m. pl. ; panneau m. | *das Garn aufstellen, auswerfen*, tendre, jeter le filet. ‖ FAM. *jn ins Garn locken*, faire tomber qn dans ses filets. | *jm ins Garn gehen, laufen*, donner, tomber dans le panneau.

Garn|knäuel ["garn'knɔyəl] n. (s, -) peloton (m.) de fil. ‖°**-rolle** f. (-, n) écheveau m. ‖°**-spule** f. (-, n) bobine f. ; fusée f. ; broche f.

Garnele [gar'ne:lə] f. (-, n). ZOOL. crevette f.

garnieren [gar'ni:rən] v. tr. mettre une garniture ; garnir ; monter ; orner.

Garnison [garni'zo:n] f. (-, en) garnison f. | *in Garnison liegen*, être en, tenir garnison à.

Garnitur [garni'tu:r] f. (-, en) garniture f. ; parement m. ; parure f. ; assortiment m. ‖ PAR EXT. 1° jeu m. ; 2° uniforme m. ‖ LOC. FAM. *die erste Garnitur*, le dessus du panier ; l'élite f. ‖ THÉÂTRE., FAM. *die zweite Garnitur*, les doublures f. pl.

garstig ['garstiç] adj. repoussant, répugnant. ‖ PAR EXT. vilain ; laid ; affreux ; sale ; infâme.

Garstigkeit [-kait] f. (-, en) laideur f. ; saleté f. ‖ PAR EXT. vilaine conduite ; vilenie f.

Gärtchen ['gɛrtçən] n. (s, -), **Gärtlein** ['gɛrtlain] n. (s, -) petit jardin ; jardinet m.

Garten ['gartən] m. (s, ¨) jardin m. | *im Garten arbeiten*, jardiner ; travailler au jardin. | *Lust-, Ziergarten*, jardin d'agrément, de plaisance. | *französischer Garten*, jardin français, à la française. | *englischer Garten*, jardin anglais.

Garten|anlage ["gartən'anlɑ:gə] f. (-, n). [Handlung] création (f.) de jardins. ‖ PAR EXT. [Garten] jardin m. ; jardin d'ornement, public ; square m. ‖°**-arbeit** f. (-, en) jardinage m. ‖°**-architekt** m. (en, en) architecte (m.) paysagiste. ‖°**-bau** m. (s) jardinage m. ; horticulture f. ‖°**-beet** n. (s, e) planche f. ; plate-bande

f. ; carré m. ||°-**blume** f. (-, n) fleur cultivée. ||°-**erde** f. (-, n) terre végétale ; terreau m. ||°-**fest** n. (es, e) fête (f.) champêtre. ||°-**gerät** n. (s, e) outil (m.) de jardin. ||°-**haus** n. (es, ¨er) pavillon m. ||°-**laube** f. (-, n) tonnelle f. ; berceau m. ||°-**lokal** n. (s, e) restaurant (m.), café (m.) en plein air. ||°-**schere** f. (-, n) sécateur m. ||°-**schlauch** m. (s, ¨e), °-**spritze** f. (-, n) tuyau (m.) d'arrosage. ||°-**stadt** f. (-, ¨e) cité-jardin f. ||°-**zaun** m. (s, ¨e) clôture (f.) de jardin.

Gärtner ['gɛrtnər] m. (s, -) jardinier m. ; maraîcher m. ; horticulteur m. || FIG. *den Bock zum Gärtner machen*, enfermer le loup dans la bergerie.

Gärtnerei [gɛrtnə'rai] f. (-, en) [Handlung] jardinage m. ; horticulture f. | *Gärtnerei betreiben*, jardiner ; faire du jardinage, de l'horticulture. || [Gartenanlage] établissement (m.) horticole.

gärtnern ['gɛrtnərn] v. intr. jardiner.

Gärung ['gɛ:ruŋ] f. (-, en). PHYS. fermentation f. ; effervescence f. || FIG. ébullition f. ; effervescence f.

Gärungs|verfahren ["gɛ:ruŋsfɛr'fa:rən] n. (s, -). PHYS. zymotechnie f.

Gas [ga:s] n. (es, e). CHIM. gaz m. ; fluide m. | *schädliches Gas*, gaz délétère. | *Gas flüssig machen*, liquéfier du gaz. | *Gas strömt aus*, le gaz se dégage. | *Gas auffangen*, recueillir du gaz. | *giftiges Gas*, gaz toxique. || AUTOM. *Gas geben*, donner les gaz ; accélérer. | *mit Gas beleuchten*, éclairer au gaz.

Gas|abzugskanal ["ga:s'aptsu:kskana:l] n. (s,¨e). TECHN. carneau (m.) à gaz. ||°-**angriff** m. (s, e). MIL. attaque (f.) par les gaz. ||-**artig** adj. gazeux. ||°-**ausströmung** f. émission (f.) de gaz. ||°-**behälter** m. (s, -) gazomètre m. ; réservoir (m.) à gaz. ||°-**beleuchtung** f. éclairage (m.) au gaz. ||°-**bildung** f. CHIM. formation (f.) de gaz ; gazéification f. ||°-**blase** f. (-, n) soufflure f. ||°-**bombe** f. (-, n) récipient (m.) à gaz comprimé. || MIL. bombe (f.) à gaz. ||°-**brenner** m. (s, -) bec (m.) de gaz. ||-**dicht** adj. hermétique. ||°-**dichte** f. densité (f.) du gaz. ||°-**druck** m. (s). PHYS. pression (f.) du gaz. ||°-**druckmesser** m. (s, -) manomètre m. ||°-**entwickler** m. (s, -). PHYS. générateur (m.) de gaz. ||°-**entwicklung** f. dégagement (m.) de gaz. || -**erzeugend** adj. gazogène. ||°-**erzeuger** m. (s, -) gazogène m. ||°-**fernleitung** f. (-, en) gazoduc m. ||°-**fernversorgung** f. (-, en) distribution (f.) de gaz à longue distance. || °-**feuerung** f. chauffage (m.) au gaz. ||°-**flasche** f. (-, n) bouteille (f.) à gaz. ||°-**förmig** adj. gazéiforme. ||°-**Graphit Linie** f. (-). NUCL. filière (f.) graphite-gaz. ||°-**hahn** m. (s, ¨e) robinet (m.) à gaz. ||-**haltig** adj. gazeux. ||°-**hebel** m. (s, -) manette (f.) des gaz. || AUTOM. (pédale [f.] d') accélérateur m. ||°-**heizung** f. chauffage (m.) au gaz. ||°-**herd** m. (s, e), °-**kocher** m. (s, -) réchaud (m.), cuisinière (f.) à gaz. ||°-**lampe** f. (-, n) lampe (f.) à gaz ; bec (m.) de gaz. ||°-**laterne** f. (-, n) bec (m.) de gaz ; réverbère (m.) à gaz. ||°-**leitung** f. (-, en) conduite (f.) de gaz. ||°-**maske** f. (-, en) masque (m.) à gaz. ||°-**motor** m. (s, en) moteur (m.) à gaz. ||°-**schutz** m. (es) protection (f.) contre les gaz. ||-**sicher** adj. à l'abri des gaz. ||°-**spürer** m. (s, -). TECHN. détecteur (m.) des gaz. ||°-**strahl** m. (s, en) jet gazeux. ||°-**strumpf** m. (s, ¨e) bec Auer. ||°-**uhr** f. (-, en) compteur (m.) à gaz. ||°-**vergiftung** f. (-, en) intoxication (f.) par les gaz. ||°-**wäscher** m. (s, -). CHIM. laveur m. ; scrubber m. ||°-**wasser** n. (s) eau ammoniacale. ||°-**werk** n. (s, e) usine (f.) à gaz. ||°-**wolke** f. (-, n) nappe (f.) de gaz. ||°-**zähler** m. (s, -) compteur (m.) à gaz. ||°-**zelle** f. (-, n). AÉRON. compartiment (m.) de ballon ; ballonnet m. ||°-**zufuhr** f. AUTOM. arrivée (f.), admission (f.) des gaz. ||°-**zünder** m. (s, -) allume-gaz m.

Gaskogner [gas'kɔnjər] m. (s, -). Gascon m.

gaskognisch [-njiʃ] adj. gascon.

Gasolin [gazɔ'li:n] n. (s) gazoline f. ; éther (m.) de pétrole.

Gasometer [gazɔ'metər] m. (s, -) gazomètre m.

Gasse ['gasə] f. (-, n) rue f. | *eine winkelige Gasse*, une ruelle tortueuse. || FIG. *man hört es in allen Gassen*, cela court les rues.

Gassen|hauer ["gasən'hauər] m. (s, -). MUS. scie f. ; refrain (m.) populaire ; rengaine f. ||°-**junge** m. (n, n) gamin m. ; gosse m. ; polisson m.

Gäßchen ['gɛsçən] n. (s, -) ruelle f. ; venelle f.

Gast [gast] m. (s, ¨e) [Besucher] visiteur m. ; hôte m. || PAR ANAL. [Beiwohner] hôte m. ; convive m. | *ungebetener Gast*, personne non invitée ; intrus m. | *bei jm zu Gaste sein*, être l'hôte, l'invité de qn. | *Gäste haben, zu sich laden*, avoir des invités ; recevoir (chez soi). || THÉÂTRE. *als Gast auftreten*, jouer sur une scène étrangère, en tournée. || [Gasthof] client m. ; voyageur m. ; consommateur m. ; habitué m.

Gast|arbeiter ["gast'arbaitər] m. (s, -) travailleur immigré. ||°-**bett** n. (s, en) lit m. (pour l'hôte, l'ami). ||-**frei** adj. hospitalier. ||-**freundlich** adj. hospitalier. ||°-**freundlichkeit** f. hospitalité f. ; bon accueil. ||°-**freundschaft** f. hospitalité f. | *js Gastfreundschaft genießen*, jouir de l'hospitalité de qn. ||°-**geber(in)** m. (s, -) f. (-, nen) celui, celle qui donne l'hospitalité, qui reçoit, invite ; hôte m. ; hôtesse f. ||°-**haus** n. (es, ¨er), °-**hof** m. (s, ¨e) petit hôtel ; hôtellerie f. ; auberge f. ||°-**hörer** m. (s, -). UNIV. auditeur libre. ||°-**land** n. (es, ¨er) pays (m.) d'asile. ||°-**mahl** n. (s, ¨er) festin m. ; banquet m. || °-**professor** (s, en). UNIV. professeur associé. || °-**recht** n. (s) lois (f. pl.) de l'hospitalité ; droit (m.) d'hospitalité. | *Gastrecht genießen*, recevoir l'hospitalité. ||°-**rolle** f. (-, n). THÉÂTRE. rôle (m.) d'un acteur de passage, en représentation. ||°-**spiel** n. (s, e). THÉÂTRE. représentation (f.) d'acteurs de passage ; tournée f. ||°-**stätte** f. (-, n) restaurant m. ; auberge f. ; café m. ; hôtel m. ||°-**stube** f. (-, n) salle (f.) de restaurant. ||°-**wirt(in)** m. (s, e), f. (-, nen) hôte m. ; hôtesse f. ; hôtelier m. ; restaurateur m. ||°-**wirtschaft** f. (-, en) auberge f. ; petit hôtel. ||°-**zimmer** n. (s, -) 1° salle (f.) d'auberge ; 2° [Gästezimmer] chambre (f.) d'amis.

gastieren [gas'ti:rən] v. intr. THÉÂTRE. jouer sur une scène étrangère, en tournée.

gastlich ['gastliç] adj. hospitalier.

Gastlichkeit [-kait] f. hospitalité f.

gastrisch ['gastriʃ] adj. gastrique.

Gastro|enterologie ["gastroɛnterolo'gi:] f. (-). MÉD. gastro-entérologie f.

Gastronom [gastrɔ'no:m] m. (en, en) restaurateur m.

Gastronomie [-no'mi] f. restauration f.

Gat(t) [gat] n. (s, s). MAR. 1° arrière (m.) de navire ; poupe f. ; 2° chenal m. ; 3° trou m.

Gatte ['gatə] m. (n, n) époux m. ; mari m. | *die Gatten*, les époux.

Gatten|liebe ["gatən'li:bə] f. amour conjugal.

Gatter ['gatər] n. (s, -) grille f. ; grillage m. ; treillage m. || PAR ANAL. châssis (m.) de scie.

Gatter|säge ["gatər'zɛ:gə] f. (-, n). TECHN. scie (f.) à cadre, alternative, multiple, verticale, à plusieurs lames. ||°-**stäbe** m. pl. barreaux (m. pl.) de grille. ||°-**tor** n. (s, e), °-**tür** f. (-, n) porte (f.) à claire-voie ; grille f. ; grillage m. ; treillage m.

Gattin ['gatin] f. (-, nen) épouse f. ; femme f.

Gattung ['gatuŋ] f. (-, en) espèce f. ; sorte f. || BOT.,

ZOOL. genre m. | *die Gattung betreffend*, générique. || LITTÉR. genre m.

Gattungs|begriff ["gatuŋsbə'grif] m. (s, e) catégorie f. ||°**-name** m. (ns, n). GRAMM. nom commun, générique. ||°**-waren** f. pl. JUR. choses (f. pl.) fongibles.

Gau [gau] m. (s, e) district m. ; canton m. ; région f.

GAU [gau] m. (abrév. de **größter anzunehmender Unfall**) (s, -). NUCL. accident maximal prévisible.

Gaudi ['gaudi] f., **Gaudium** ['gaudium] n. (s). FAM. ébaudissement m. ; hilarité f.

Gaukelei [gaukə'lai] f. (-, en) jonglerie f. ; tours (m. pl.) de prestidigitation, de passe-passe, de bateleur ; escamotage m. || FIG. momeries f. pl. ; bouffonneries f. pl. ; fantasmagorie f.

gaukelhaft ['gaukəlhaft], **gauklerisch** ['gauklәriʃ] adj. trompeur ; fantasmagorique.

gaukeln ['gaukəln] v. intr. voltiger ; folâtrer. || PAR ANAL. faire des tours de passe-passe, de prestidigitation ; jongler.

Gaukler [-klər] m. (s, -) prestidigitateur m. ; jongleur m. ; illusionniste m. ; bateleur m. ; charlatan m. ; bouffon m.

gauklerisch [-kləriʃ] adj. V. GAUKELHAFT.

Gaul [gaul] m. (s, ¨e) vieux, mauvais cheval ; FAM. cheval (bon ou mauvais). || POP. carcan m. || PROV. *einem geschenkten Gaul sieht man nicht ins Maul*, à cheval donné on ne regarde pas la bride.

Gaumen ['gaumən] m. (s, -). ANAT. palais m. | *einen feinen Gaumen haben*, avoir le palais fin ; être gourmet, un fin bec. | *den Gaumen netzen*, mouiller son palais.

Gaumen|bein ["gaumən'bain] n. (s, e). ANAT. os palatin. ||°**-laut** m. (s, e). GRAMM. palatale f. ||°**-segel** n. (s, -) voile (m.) du palais.

Gauner ['gaunər] m. (s, -) filou m. ; escroc m.

Gauner|bande ["gaunər'bandə] f. (-, n) bande (f.) de fripouilles ; gang m. ||°**-sprache** f. (-, n) argot m. ; langue verte.

gaunerhaft ['gaunərhaft], **gaunerisch** [-nəriʃ] adj. d'escroc, de filou.

Gauß [gaus] n. (es). ÉLECTR. gauss m.

Gaußsch [gausʃ] adj. MATH. de Gauss ; gaussien. | *Gaußsche Verteilung*, répartition gaussienne.

Gaze [gɑ:z] f. (-, n). TEXT. gaze f.

Gazelle [ga'tsɛlə] f. (-, n). ZOOL. gazelle f.

Gazette [ga'tsɛtə] f. (-, n) journal m. ; gazette f.

G-Dur ['ge:du:r] n. MUS. sol majeur.

Geächtete(r) [gə'ɛçtətə(r)] f. (m.) proscrit(e) m. (f.) ; hors-la-loi m.

Geächze [gə'ɛçtsə] n. (s) gémissements m. pl.

geädert [-dərt] adj. veiné ; marbré.

geartet [gə'artət] adj. fait de telle manière ; qui est de telle nature.

Geäst(e) [gə'ɛst(ə)] n. (s) branchage m. ; ramure f.

Gebäck [gə'bɛk] n. (s, e) pâtisserie f. ; gâteaux m. pl.

Gebälk [gə'bɛlk] n. (s). TECHN. charpente f. ; solives f. pl. || ARCHIT. entablement m.

Gebälk|träger [gə"bɛlk'trɛ:gər] m. (-, s). ARCHIT. télamon m. ; atlante m.

geballt [gə'balt] adj. [Faust] fermé ; serré. || ANAT., BOT. *geballte Drüsen*, glandes englobées ; ganglions (m. pl.) lymphatiques. || MIL. *geballte Ladung*, charge concentrée.

Gebär|mutter [gə"bɛr'mutər] f. (-, ¨). ANAT. matrice f. ; utérus m. ||°**-mutterhals** m. (es, ¨e). ANAT. col (m.) de l'utérus. ||°**-zeit** f. durée (f.) de l'accouchement. || PAR EXT. terme m. (de la grossesse). | *vor der Gebärzeit*, avant terme.

Gebärde [gə'bɛ:rdə] f. (-, n). [Aussehen] air m. ; extérieur m. ; mine f. || PAR EXT. geste m. ; mouvement m. | *Gebärden machen*, gesticuler. | *drohende Gebärden*, gestes menaçants. | *eine verneinende Gebärde*, un geste de dénégation.

gebärden (sich) [ziçgə'bɛrdən] v. pr. se conduire (comme). | *sich wie ein Wilder gebärden*, se démener comme un sauvage.

Gebärden|sprache [gə"bɛrdən'ʃprɑ:xə] f. (-, n) langage (m.) par gestes ; mimique f. ; pantomime f.

Gebaren [gə'bɑ:rən] n. (s) faits et gestes m. pl. ; conduite f. ; façon (f.) de se conduire.

gebären [gə'bɛ:rən] (gebiert, a, o) v. tr. mettre au monde ; enfanter ; accoucher de. | *vor der Zeit gebären*, accoucher avant terme ; faire une fausse couche. || FIG. engendrer ; donner naissance à ; créer. | *für einen Beruf geboren sein*, être fait, avoir une vocation pour un métier.

Gebäude [gə'bɔydə] n. (s, -) bâtiment m. ; bâtisse f. ; édifice m. ; construction f. ; immeuble m. | *öffentliches Gebäude*, bâtiment public. || FIG. structure f. ; système m.

Gebäude|schaden [gə"bɔydə"ʃɑ:dən] m. (s, ¨) dommage immobilier. ||°**-steuer** f. (-, n). FIN. impôt (m.) foncier. ||°**-versicherung** f. (-, en) assurance immobilière.

gebe|freudig ["ge:bə'frɔydiç] adj. qui donne volontiers ; généreux.

Gebein [gə'bain] n. (s, e). POÉT. os m. pl. ; ossements m. pl. ; squelette m.

Gebell(e) [gə'bɛl] n. (s) aboiement m.

geben ['ge:bən] (gibt, gab, gegeben).

I. v. tr.
1. [schenken] donner ; faire présent ;
2. [reichen ; anbieten] donner ; offrir ; présenter ;
3. [erteilen] accorder ; octroyer ;
4. [zuerkennen] donner ; accorder ; imputer ;
5. LOC. VERBALES ;
6. [hervorbringen] produire ; donner ; rapporter ;
7. [ergeben] faire ; donner ;
8. [veranstalten] donner ; organiser.

II. v. pr. **sich geben.**
1. [sich verhalten] se comporter ;
2. [sich ergeben] se résigner ; s'accommoder de ;
3. [sich bieten] se présenter ; s'offrir ;
4. [nachlassen ; aufhören] s'apaiser.

III. v. impers. **es gibt** [vorhanden sein] il y a ; il est.

I. v. tr. **1.** [schenken] donner ; faire présent de ; gratifier de. | *einem Gedanken Form geben*, prêter forme à une pensée. | *dem Bettler ein Almosen geben*, faire l'aumône au mendiant. | *mit offenen Händen geben*, donner à pleines mains. | *jm seine Tochter zur Frau geben*, donner sa fille en mariage à qn ; marier sa fille à qn. | *zur Mitgift geben*, donner en dot. | *seinen Segen geben*, donner sa bénédiction ; bénir. | *ich gäbe viel darum, wenn ich das wüßte*, je donnerais gros pour le savoir. | *ich gebe nichts auf sein Urteil*, je ne fais aucun cas de son jugement. | *er gibt viel auf ihn*, il fait grand cas de lui. | *es ist ihm nicht gegeben, glücklich zu werden*, il ne lui a pas été accordé d'être heureux. || COMM. *auf Borg geben*, donner à crédit ; prêter. | *ein Pfand geben*, nantir. | *in Zahlung geben*, donner en paiement. || PROV. *ein Schelm gibt mehr als er hat*, la plus belle fille du monde ne peut donner que ce qu'elle a.

2. [reichen ; anbieten] donner ; offrir ; présenter. | *jm etwas zu essen und trinken geben*, donner à manger et à boire à qn. | *dem Kinde die Brust geben*, donner le sein au nourrisson. | *jm die Hand geben*, donner la main à qn. | *einer Dame den Arm geben*, donner le bras à une dame. | *Feuer geben*, offrir du feu. | *etwas wieder von sich geben*, [sich erbrechen] rendre ; vomir. | *keinen Laut von sich geben*, rester muet comme une carpe.
3. [erteilen] accorder ; octroyer ; procurer ; fournir ; donner. | *eine Frist geben*, accorder un délai. | *Kredit geben*, faire crédit. | *Rabatt geben*, accorder un rabais. | *seine Einwilligung geben*, donner son accord. | *jm einen Auftrag geben*, confier une mission à qn. | *jm einen Wink geben*, donner à qn une indication. | *Genugtuung geben*, donner satisfaction. | *die Gelegenheit wurde uns nie gegeben*, l'occasion ne nous en a jamais été offerte. | *jm zu verstehen geben*, donner à entendre à qn. | *seinen Worten Nachdruck geben*, donner du poids à ses paroles. | *sein Verhalten gibt zu denken*, sa manière de se comporter donne à réfléchir. || JUR. *gegeben zu Berlin, den*, fait à Berlin, le.
4. [zuerkennen] donner ; accorder ; imputer. | *jm die Schuld geben*, imputer la faute à qn. | *jm Recht geben*, donner raison à qn ; approuver qn.
5. LOC. VERBALES : *acht geben*, faire attention. | *Unterricht geben*, enseigner. | *Gas geben*, accélérer. | *Nachricht von sich geben*, donner de ses nouvelles. | *einen Rat geben*, donner un conseil. | *in Druck geben*, donner à l'impression ; faire imprimer. | *einen Jungen in die Lehre geben*, mettre un jeune homme en apprentissage. | *etwas in Auftrag geben*, passer commande d'un travail. | *Beispiel geben*, donner l'exemple ; prêcher d'exemple. | *in Verwahrung geben*, mettre en dépôt. | *jm etwas in Obhut geben*, confier qch. à la garde de qn. | *einen Witz zum besten geben*, raconter une bonne histoire. || FAM. *seinen Senf dazu geben*, y mettre son grain de sel. | *jm eins auf die Finger geben*, donner sur les doigts à qn.
6. [hervorbringen] produire ; donner ; rapporter. | *ein Bienenstock gibt jährlich zwanzig Pfund Honig*, une ruche donne vingt livres de miel par an. | *dieser Acker gibt sechzig Zentner Korn pro Hektar*, ce champ rapporte trente quintaux de blé à l'hectare.
7. [ergeben] faire ; donner. | *eins und zwei gibt drei*, un et deux font trois. | *Eichenholz gibt gute Balken*, le (bois de) chêne donne de bonnes poutres. || FIG. *ein Wort gab das andere*, un propos en amena un autre ; de fil en aiguille.
8. [veranstalten] donner ; organiser. | *ein Essen geben*, donner un dîner. | *der Bürgermeister gab einen Empfang*, le maire donna une réception. | *die Technische Hochschule gibt einen Ball*, l'école d'ingénieurs organise un bal. | *man gibt « Wallenstein » im Stadttheater*, on donne *Wallenstein* au Théâtre municipal.
II. v. pr. **sich geben. 1.** [sich verhalten] se comporter. | *er gibt sich wie er ist*, il a un comportement naturel ; il se donne pour ce qu'il est. | *er gab sich unbeholfen*, il jouait la maladresse.
2. [sich ergeben] se résigner ; s'accommoder de. | *sich in js Macht (be)geben*, se remettre au pouvoir de qn. | *er hat sich dreingegeben*, il s'est résigné. | *sich zufrieden geben*, se contenter.
3. [sich bieten] se présenter ; s'offrir. | *wenn sich die Gelegenheit gibt*, si l'occasion se présente. | *sich zu erkennen geben*, se faire connaître.
4. [nachlassen ; aufhören] s'apaiser. | *der Schmerz wird sich bald geben*, la douleur s'apaisera bientôt.
III. v. impers. **es gibt** [vorhanden sein] il y a ; il est. | *es hat Krach gegeben*, il y a eu du grabuge. | *morgen wird es Linsen geben*, demain il y aura des lentilles. | *gibt es etwas Besseres ?*, peut-on trouver mieux ?

Geber [-bər] m. (s, -) celui qui donne ; donneur m. ; donateur m. || RADIO. émetteur m.

Geberin [-bərin] f. (-, nen) donatrice f.

Gebet [gə'be:t] n. (s, e). RELIG. prière f. ; oraison f. | *sein Gebet verrichten*, faire, dire sa (ses) prière(s). || FIG. *jn ins Gebet nehmen*, mettre qn sur la sellette.

Gebet|buch [gə"be:t'bu:x] n. (s, ¨er) livre (m.) de prières ; livre (m.) d'heures.

gebierst [gə'bi:rst], **gebiert** [-bi:rt] indic. prés. de **gebären.**

Gebiet [gə'bi:t] n. (s, e) domaine m. ; territoire m. ; région f. ; zone f. | *Staatsgebiet*, territoire national. || FIG. champ m. ; ressort m. ; spécialité f. | *auf dem Gebiet der Sprachwissenschaft hat er gute Kenntnisse*, dans le domaine de la linguistique, il possède de solides connaissances. | *auf finanziellem Gebiet*, dans le domaine financier. | *auf juristischem Gebiet*, dans le, du ressort juridique.

gebieten [gə'bi:tən] (o, o) v. tr. ordonner ; commander ; enjoindre. | *Ruhe gebieten*, imposer silence. | *die Not gebietet Sparsamkeit*, la détresse impose des restrictions. | *hier ist Vorsicht geboten*, ici la prudence est de rigueur.
◇ v. intr. *über etwas* (acc.) *gebieten*, être le maître de qch. ; disposer de qch. | *jm gebieten*, commander à qn. | *Achtung gebieten*, commander l'estime, le respect.

Gebieter [-tər] m. (s, -) maître m. || POLIT. seigneur m. ; souverain m.

Gebieterin [-tərin] f. (-, nen) maîtresse. || POLIT. souveraine f.

gebieterisch [-təriʃ] adj. impérieux ; impératif.

Gebiets|abtretung [ge"bi:ts'aptre:tuŋ] f. (-, en) cession (f.) de territoire. ||°**-anspruch** m. (s, ¨e) revendication territoriale. ||°**-erweiterung** f. (-, en) agrandissement (m.) de territoire. ||°**-körperschaft** f. (-, en) collectivité territoriale.

Gebilde [gə'bildə] n. (s, -) image f. ; dessin m. ; figure f. || [Aufbau] structure f. || PAR EXT. œuvre f. ; produit m. ; création f. || TEXT. dessin m. || GÉOL. formation f.

gebildet [-dət] adj. cultivé. | *ein gebildeter Mensch*, homme cultivé, instruit.

Gebimmel [gə'biməl] n. (s). FAM. tintement m.

Gebinde [gə'bində] n. (s, -) faisceau m. || AGRIC. [Garbe] gerbe f. || TEXT. écheveau m.

Gebirge [gə'birgə] n. (s, -) monts m. pl. ; montagne f. | *Hochgebirge*, haute montagne. | *Vorgebirge*, promontoire m. | *ins Gebirge gehen*, aller en montagne. || GÉOL. roche f.
— SYN. : *Berg, Höhe*, mont ; *Gebirgsmasse*, montagne ; *Spitze, Bergspitze*, pic ; *Bergkuppe*, puy ; *Gipfel*, cime ; *Hügel*, colline.

gebirgig [-giç] adj. montagneux.

Gebirgs|bach [gə"birks'bax] m. (s, ¨e) torrent m. ||°**-bahn** f. (-, en) chemin (m.) de fer à crémaillère. ||°**-bewegung** f. (-, en). GÉOL. mouvement (m.) des terrains ; mouvement (m.) orogénique. ||°**-bewohner** m. (s, -) montagnard m. ||°**-bildung** f. (-, en) orogenèse f. ||°**-grat** m. (s, e), °**-kamm** m. (s, ¨e) crête (f.) de montagne. ||°**-kessel** m. (s, -). GÉOL. cirque m. ||°**-kunde** f. GÉOGR. orographie f. ||°**-massiv** n. (s, e) massif montagneux. ||°**-rücken** m. (s, -) crête (f.), arête (f.) de montagne. ||°**-schicht** f. (-, en) strate f. ; couche f. ; assise f. ||°**-schlucht** f. (-, en) gorge f. ; ravin m. ||°**-see** m. (s, n) lac (m.) de montagne. ||°**-stock** m. (s, ¨e) 1° bâton ferré ; piolet m. ; 2° massif (m.) de montagne. ||°**-wand** f. (-, ¨e) paroi (f.) de rocher ; muraille f. ||°**-zug** m. (s, ¨e) chaîne (f.) de montagnes.

Gebiß [gə'bis] n. (es, e) denture f. ; dents f. pl. |

künstliches, falsches Gebiß, dentier m. ; appareil (m.), prothèse (f.) dentaire ; fausses dents ; FAM. râtelier m. || PAR EXT. [Pferd] mors m. ; frein m.

Gebläse [gə'blɛ:zə] n. (s, -). TECHN. soufflets m. pl. ; (machine) soufflante f. || MUS. [Orgel] soufflerie f.

Geblöke [gə'blø:kə] n. (s) bêlement m. ; beuglement m.

geblümt [gə'bly:mt] adj. à fleurs ; parsemé de fleurs. || FIG., TEXT. ouvré ; (tissu) à ramages.

Geblüt [gə'bly:t] n. (s) sang m. || PAR EXT. sang m. ; race f. ; lignée f. | *von königlichem Geblüt*, de sang royal.

gebogen [gə'bo:gən] adj. recourbé ; courbé ; courbe ; arqué.

geboren [gə'bo:rən] part. pass. de **gebären,** né. | *sie ist eine geborene Schulze*, elle est née Schulze. || FIG. *geborener Kaufmann*, véritable commerçant m. | *er ist ein geborener Künstler*, c'est un artiste-né.

geborgen [gə'bɔrgən] adj. en sûreté ; dans une retraite ; caché.

Geborgenheit [gə'bɔrgənhait] f. retraite f. ; abri m.

Gebot [gə'bo:t] n. (s, e) commandement m. ; ordre m. ; injonction f. || RELIG. *die zehn Gebote*, les dix commandements de Dieu ; le décalogue. || PAR ANAL. loi f. ; décret m. ; précepte m. || FIG. *das Gebot der Stunde*, la nécessité de l'heure. | *zu Gebote stehen*, être à la disposition ; être disponible. || PAR EXT., COMM. [Angebot] offre f. ; mise f. ; enchère f. ; soumission f. | *ein Gebot machen*, faire une offre.

gebraten [gə'bra:tən] adj. rôti. | *gebratenes Huhn*, poulet rôti.

Gebratenes [-nəs] n. CULIN. rôti m. ; friture f.

Gebräu [gə'brɔy] n. (s, e). PÉJOR. mélange m. (de boissons) ; breuvage m. ; bibine f.

Gebrauch [gə'braux] m. (s, ¨e) usage m. ; emploi m. ; utilisation f. | *häufiger Gebrauch derselben Redensart*, emploi fréquent de la même tournure. | *in Gebrauch nehmen*, mettre en usage. | *von den Waffen Gebrauch machen*, faire usage des armes. || FIG. usage m. ; habitude f. ; coutume f. | *Sitten und Gebräuche*, us (m. pl.) et coutumes. | *der Wagen ist außer Gebrauch*, cette voiture est hors d'usage.

gebrauchen [-xen] v. tr. se servir ; faire usage de ; utiliser ; employer. | *das kann ich gut gebrauchen*, cela me rend bien service. | *Kraftausdrücke gebrauchen*, parler crûment.

gebräuchlich [gə'brɔyçliç] adj. en usage ; d'usage ; usité ; usuel ; courant. | *gebräuchlich werden*, passer dans l'usage. | *gebräuchliche Ausdrücke*, locutions courantes ; expressions usuelles.

Gebrauchs|anweisung [gə"brauxs'anvaizuŋ] f. (-, en) mode (m.) d'emploi ; instruction f. ; notice (f.) d'utilisation. ||**-fähig** adj. employable. ||**-fertig** adj. prêt à l'usage, à servir ; en état de service. ||°**-gegenstand** m. (s, ¨e) objet (m.) usuel ; objet (m.) utilitaire. ||°**-graphik** f. ARTS. art (m.), dessin (m.) publicitaire. ||°**-graphiker** m. (s, -) dessinateur (m.) publicitaire. ||°**-muster** n. (s, -). COMM. modèle déposé ; marque déposée. ||°**-vorschrift** f. (-, en) mode (m.) d'emploi ; instruction f. ; manière (f.) de s'en servir. ||°**-wert** m. (s, e) valeur (f.) utilitaire.

gebraucht [gə'brauxt] adj. usé. | *gebrauchter Anzug*, complet usagé.

Gebraucht|wagen [gə"brauxt'va:gən] m. (s, -). FAM. voiture (f.) d'occasion.

Gebrechen [gə'brɛçən] n. (s, -) défaut m. ; infirmité f. ; imperfection f. ; défaut (m.) physique. | *Gebrechen des Alters*, infirmités de la vieillesse.

gebrechen [gə'brɛçən] (a, o) v. impers. *mir gebricht es an Geld*, je manque d'argent.

gebrechlich [-'brɛçliç] adj. fragile ; infirme ; impotent. || FIG. fragile ; frêle ; faible ; délicat.

Gebrechlichkeit [-'brɛçliçkait] f. (-, en) fragilité f. ; faiblesse f. ; infirmité f. ; décrépitude f.

gebrochen [-'brɔxən] adj. brisé. | *gebrochene Linie*, ligne brisée.

◇ adv. *gebrochen Französisch sprechen*, baragouiner le français. || FIG. *gebrochenes Herz*, cœur brisé. | *gebrochene Stimme*, voix cassée, mourante.

Gebrodel [gə'bro:dəl] n. (s) bouillonnement m.

Gebrüder [gə'bry:dər] m. pl. frères m. pl. || COMM. *Gebrüder Schulz und C°* (en abr. GEBR. SCHULZ *u. C°*), Schulz frères et Cie.

Gebrüll [gə'bryl] n. (s) mugissement(s) m. (pl.) ; rugissement(s) m. (pl.) ; hurlement(s) m. (pl.). || FIG. [Kanone] grondement m.

Gebühr [gə'by:r] f. (-, en). [Zahlung] taxe f. ; droit m. ; frais m. pl. | *hohe Gebühr*, taxe élevée. | *Gebühren bezahlen*, payer des taxes. | *Gebühren herabsetzen, nachlassen*, détaxer. || FIG. convenance f. ; devoir m. ; obligation f. | *er wurde nach Gebühr belohnt*, il fut récompensé comme il convient, selon ses mérites. | *über Gebühr beansprucht*, occupé à l'excès ; débordé ; surmené.

gebühren [-rən] v. intr. appartenir, être dû à ; revenir de droit à. | *Ehrfurcht gebührt ihm*, il a droit au respect. | *es gebührt dir nicht*, tu n'y as pas droit ; tu ne le mérites pas.

◇ v. impers. et pr. *es gebührt sich*, il convient.

Gebühren|berechnung [gə"by:rənbə'rɛçnuŋ] f. (-, en) taxation f. ||°**-erlaß** m. (es, e) remise (f.) des droits. ||**-frei** adj. exempt de taxes, de droits ; exonéré de frais ; sans frais ; en franchise. ||°**-freiheit** f. (-, en) franchise f. ; exonération f. ; gratuité f. || °**-konto** n. (s, ten) compte (m.) des redevances. || °**-nachlaß** m. (es, ¨e) détaxe f. ||°**-ordnung** f. (-, en) tarif m. ; taxes f. pl. | *ärztliche Gebührenordnung*, nomenclature f. ||**-pflichtig** adj. passible d'un droit, de droits ; soumis aux droits ; taxable. | *gebührenpflichtige Autobahn*, autoroute (f.) à péage. | *gebührenpflichtiger Parkplatz*, stationnement payant. | *gebührenpflichtige Verwarnung*, sommation (f.) avec frais. ||°**-rückerstattung** f. (-, en) détaxe f. ; remboursement (m.) des droits. ||°**-rückstand** m. (s, ¨e) arriéré m. (des taxes). ||°**-streichung** f. (-, en) dégrèvement (m.), exonération (f.) des droits, des taxes.

gebührend [gəby:rənt] adj. afférent ; revenant à ; convenable ; bienséant ; juste. | *jm die gebührende Achtung erweisen*, recevoir qn avec les honneurs dus à son rang.

◇ adv. dûment.

gebündelt [gə'byndəlt] adj. PHYS. [Strahlen] en faisceau ; en grappe.

ge|bunden [gə'bundən] adj. lié ; attaché. || FIG. *an niemanden gebunden sein*, être indépendant ; ne dépendre de personne. || COMM. *gebundenes Konto ; gebundener Preis*, compte (m.) à échéance fixe ; prix (m.) fixe. || CHIM. *chemisch gebunden*, combiné. || MUS. lié. || LITTÉR. *in gebundener Rede*, en vers. || *gebundenes Buch*, livre relié.

Gebundenheit [gə'bundənhait] f. assujettissement m. ; sujétion f. ; contrainte f. ; règle f.

Geburt [gə'burt] f. (-, en) naissance f. ; accouchement m. ; enfantement m. ; venue (f.) au monde. | *sie ist von Geburt blind*, elle est aveugle de naissance. | *von Geburt an*, depuis la naissance. | *nach Christi Geburt*, après Jésus-Christ. || FIG. naissance f. ; origine f. ; extraction f.

Geburten|abnahme [gə"burtən'apna:mə] f. régression (f.) de la natalité ; dénatalité f. ||°**-be-**

schränkung f. limitation (f.) des naissances ; malthusianisme m. ||-**fördernd** adj. nataliste. | *geburtenfördernde Politik*, politique (f.) nataliste. ||°-**kontrolle** f. (-) contrôle (m.) des naissances. ||°-**regelung** f. contrôle (m.) des naissances. || °-**rückgang** m. (s). V. GEBURTENABNAHME. || °-**überschuß** m. (es, ¨e) excédent (m.) des naissances. ||°-**ziffer** f. (-, n) natalité f. ||°-**zuwachs** m. (es) accroissement (m.) des naissances, de la natalité.

gebürtig [gə'byrtiç] adj. natif. | *aus Berlin gebürtig*, natif de, né à Berlin.

Geburts|adel [gə"burts'ɑ:dəl] m. (s) noblesse (f.) héréditaire. ||°-**anzeige** f. (-, n) faire-part (m.) de naissance. || [Standesamt] déclaration (f.) de naissance. ||°-**fehler** m. (s, -) défaut naturel, inné, de naissance ; vice (m.), tare (f.) héréditaire. ||°-**haus** n. (es, ¨er) maison natale. ||°-**helfer** m. (s, -) [médecin (m.)] accoucheur m. ||°-**helferin** f. (-, nen) accoucheuse f. ; sage-femme f. ||°-**hilfe** f. obstétrique f. ; aide (f.) à l'accouchée. ||°-**jahr** n. (s, e) année (f.) de naissance. ||°-**land** n. (s) pays natal. ||°-**liste** f. (-, n) registre (m.) des naissances de l'état civil. ||°-**ort** m. (s, e) lieu (m.) de naissance. ||°-**register** n. (s, -). V. GEBURTSLISTE. ||°-**schein** m. (s, e) acte (m.), extrait (m.) de naissance. ||°-**stadt** f. (-, ¨e) ville natale. ||°-**tag** m. (s, e) anniversaire m. ; ADM. date (f.) de naissance. ||°-**wehen** f. pl. douleurs (f. pl.) de l'enfantement. ||°-**zange** f. (-, n). MÉD. forceps m. ||°-**zeit** f. terme m.

Gebüsch [gə'byʃ] n. (es, e) broussailles f. pl. ; buissons m. pl. ; hallier m. | *das Gebüsch abschlagen*, battre les buissons.

Geck [gɛk] m. (en, en) fat m. ; freluquet m. ; poseur m. ; dandy m. ; (Vx.) gandin m.

geckenhaft ['gɛkənhaft] adj. ; fat ; sot. | *geckenhaftes Benehmen*, sotte conduite.

◇ adv. *geckenhaft gekleidet*, habillé en dandy.

Geckenhaftigkeit [-tiçkait] f. sottise f. ; fatuité f. ; pose f. ; manières (f. pl.) de poseur.

Gecko ['gɛ:ko] m. (s, s). ZOOL. gecko m.

ge|dacht [gə'dɑ:xt] part. pass. de **denken** et **gedenken.**

Gedächtnis [gə'dɛçtnis] n. (ses, se) mémoire f. | *ein gutes Gedächtnis haben*, avoir une mémoire excellente. | *wenn mich mein Gedächtnis nicht täuscht, trügt*, si j'ai bonne mémoire. | *etwas im Gedächtnis haben, behalten*, avoir qch. présent à la mémoire ; garder qch. en mémoire. | *etwas aus dem Gedächtnis verlieren*, perdre le souvenir, la mémoire de qch. | *sich etwas ins Gedächtnis zurückrufen*, se remettre qch. en mémoire ; se remémorer qch. || FAM. *jm das Gedächtnis auffrischen*, rafraîchir la mémoire à qn. | *er hat kein Gedächtnis für Gesichter*, il n'est pas physionomiste. | *er hat kein Gedächtnis für Daten*, il ne retient pas les dates ; il n'a pas la mémoire des dates. || PAR EXT. [Andenken] souvenir m. | *der Toten Gedächtnis bewahren*, garder le souvenir des morts.

Gedächtnis|feier [gə"dɛçtnis'faiər] f. (-, n) fête commémorative ; commémoration f. ||°-**kirche** f. (-, n) église commémorative. ||°-**kunst** f. (-, ¨e), °-**lehre** f. mnémotechnique f. ; mnémotechnie f. ||°-**münze** f. (-, n) médaille commémorative. ||°-**rede** f. (-, n) discours (m.) à la mémoire de. ||°-**sache** f. (-, n) affaire (f.) de pure mémoire. ||°-**schwäche** f. amnésie f. ||°-**stütze** f. (-, n) moyen (m.) mnémotechnique. ||°-**tafel** f. (-, n) plaque commémorative.

Gedämpftes [gə'dɛmpftəs] n. CULIN. daube f.

Gedanke [gə'daŋkə] m. (ns, n) pensée f. ; idée f. ; réflexion f. ; esprit m. ; souvenir m. | *mir kam der Gedanke*, l'idée m'est venue ; j'ai eu l'idée. || FAM. *der Gedanke schoß mir durch den Kopf*, l'idée me passa par la tête, me traversa l'esprit. | *sich etwas aus den Gedanken schlagen*, bannir qch. de sa mémoire. | *auf einen Gedanken kommen*, avoir une idée. | *sich mit dem Gedanken herumtragen, ein Haus zu kaufen*, nourrir le projet d'acheter une maison. | *sich Gedanken über etwas machen*, s'inquiéter au sujet de qch. ; se préoccuper de qch. | *seine Gedanken sammeln*, se concentrer. | *in Gedanken vertieft, versunken sein*, être absorbé dans ses réflexions, perdu dans ses pensées. | *auf andere Gedanken kommen*, se changer les idées. || FIG. *der Kaffee ist (um) einen Gedanken zu süß*, le café est une idée, un rien trop sucré.

gedanken|arm [gə"daŋkən'arm] adj. dépourvu d'idées ; pauvre d'esprit ; vide. ||°-**armut** f. absence (f.) d'idées ; pauvreté (f.) d'esprit ; platitude f. ||°-**austausch** m. (es, e) échange (m.) d'idées. ||°-**blitz** m. (es, e) saillie f. ; mot (m.) d'esprit. ||°-**folge** f. (-) fil (m.), suite (f.) des idées. ||°-**freiheit** f. liberté (f.) de la pensée. ||°-**fülle** f. abondance (f.) de pensées, d'idées ; richesse (f.) de pensées. ||°-**gang** m. (s) cours (m.), suite (f.) des idées. ||-**reich** adj. riche en idées ; qui a une foule d'idées. ||-**schwer** adj. riche d'idées. ||°-**sprung** m. (s, ¨e) coq-à-l'âne m. ||°-**strich** m. (s, e). GRAMM. tiret m. ; points (m. pl.) de suspension. ||°-**übertragung** f. (-, en) transmission (f.) de pensée. ||°-**verbindung** f. (-, en) association (f.) d'idées. ||-**voll** adj. riche en idées ; riche de pensées. || PAR EXT. pensif. || °-**vorbehalt** m. (s, e). PHILOS. restriction mentale.

gedanken|los [gə"daŋkən'lo:s] adj. sans pensées. || PAR EXT. irréfléchi ; distrait ; étourdi ; machinal. ◇ adv. machinalement ; sans y penser.

Gedanken|losigkeit [-'loziçkait] f. absence (f.), manque (m.) d'idées ; irréflexion f. || PAR EXT. étourderie f. ; légèreté (f.) d'esprit.

Gedärm [gə'dɛrm] n. (s, e) intestins m. pl. ; VULG. boyaux m. pl. || CULIN. tripes f. pl.

Gedeck [gə'dɛk] n. (s, e) ce qui sert à couvrir ; couverture f. || [Bett] couverture f. || [Pferd] housse f. || ARCHIT. couverture f. || PAR ANAL. [Tischwäsche] linge (m.) de table. || PAR EXT. couvert m. (couteau, fourchette, cuiller, assiette). | *ein zusätzliches Gedeck auflegen*, mettre un couvert de plus.

Gedeih [gə'dai] m. (s). LOC. *auf Gedeih und Verderb*, pour le meilleur et pour le pire.

gedeihen [-'dai:ən] (ie, ie) v. intr. prospérer ; bien venir ; bien pousser ; croître ; grandir ; réussir.

Gedeihen n. (s) prospérité f. ; développement m. ; croissance f. ; réussite f. ; succès m.

gedeihlich [-'dailiç] adj. prospère. || PAR EXT. profitable ; utile.

Gedenk|feier [gə"dɛŋk'faiər] f. (-, n) fête commémorative. ||°-**stätte** f. (-, n) lieu commémoratif. ||°-**stein** m. (s, e) monument (commémoratif). ||°-**tafel** f. (-, n) plaque commémorative.

gedenken [gə'dɛnkən] (gedachte, gedacht) v. intr. se souvenir, garder le souvenir de ; ne pas oublier. | *gedenke meiner !*, pense à moi ; ne m'oublie pas. | *der verstorbenen Eltern gedenken*, rester fidèle au souvenir de ses parents. | *js in seinem Gebet gedenken*, ne pas oublier qn dans ses prières. || se proposer. | *ich gedenke, heute nicht zu arbeiten*, je n'ai pas l'intention de travailler aujourd'hui.

Gedenken [-kən] n. (s) pensée f. ; mémoire f. ; souvenir m.

Gedicht [gə'diçt] n. (s, e) poème m. ; (pièce [f.] de) vers m. pl. ; poésie f. | *episches Gedicht*, poème épique ; épopée f. | *lyrisches Gedicht*, poème lyrique ; ode f.

Gedicht|form [gə"diçt'fɔrm] f. (-, en) [forme (f.) du] vers m. | *in Gedichtform*, en vers. ||°-**sammlung**

f. (-, en) recueil (m.) de poésies, de poèmes ; anthologie f.

gediegen [gə'di:gən] adj. solide ; ferme ; massif ; fin. | *gediegenes Gold*, or pur. || FIG. bien fait ; vrai ; droit ; sûr. | *gediegener Charakter*, caractère (m.) ferme. | *gediegenes Wissen ; gediegene Kenntnisse*, connaissances (f. pl.) solides. | *ein gediegener Mensch*, un homme de caractère. | *gediegene Ware*, marchandise (f.) de bonne qualité.

Gediegenheit [gə'di:gənhait] f. solidité f. ; fermeté f. ; pureté f.

gedieh [gə'di:] prét. de **gedeihen.**

gedient [gə'di:nt] adj. MIL. *ein gedienter Soldat*, un soldat libéré.

Gedinge [gə'diŋə] n. (s) prix convenu ; accord m. ; forfait m. | *im Gedinge*, à la tâche ; à forfait.

gedoppelt [gə'dɔpəlt] adj. doublé.

Gedränge [gə'drɛŋə] n. (s) presse f. ; foule f. ; cohue f. ; encombrement m. ; bagarre f. | *vor dem Kino herrschte großes Gedränge*, devant la salle de cinéma, il y avait foule, on se bousculait. || FIG. embarras m. || FAM. *ins Gedränge kommen*, se trouver dans l'embarras ; être coincé.

gedrängt [-'drɛŋt] adj. serré ; pressé ; compact. || FIG. concis.

Gedrängtheit [gə'drɛŋthait] f. entassement m. ; encombrement m. ; compacité f. || FIG. concision f.

gedruckt [gə'drukt] adj. imprimé. || FAM. *wie gedruckt lügen*, mentir comme un arracheur de dents.

Gedrücktheit [gə'drykthait] f. FIG. situation (f.), état (m.) pénible ; dépression f. ; abattement m.

gedrungen [gə'druŋən] adj. serré ; compact ; trapu. || FIG. concis.

Gedrungenheit [gə'druŋənhait] f. [Körper] stature trapue. || FIG. [Stil] concision f.

Geduld [gə'dult] f. patience f. ; persévérance f. ; longanimité f. | *Geduld mit jm haben*, faire preuve de patience envers qn. | *er hat viel Geduld*, il a beaucoup de patience. | *die Geduld verlieren*, perdre patience ; s'impatienter. | *einen Augenblick Geduld, bitte !*, patientez un peu, s'il vous plaît ! | *mir reißt die Geduld*, FAM. je suis à bout (de patience), las d'attendre ; ma patience est à bout. | *mit Geduld ertragen*, supporter patiemment. | *Engelsgeduld*, patience d'ange.

Geduld|faden [gə"dult'fa:dən] m. (s, ¨e) *der Geduldfaden reißt mir*, j'en ai assez. ||°**-losigkeit** f. (-) manque (m.) de patience. ||°**-probe** f. (-, n) épreuves f. pl. ; ouvrage (m.) de patience. ||°**-spiel** n. (s, e) jeu (m.) de patience ; puzzle m.

gedulden (sich) [ziçgə'duldən] v. pr. prendre patience ; patienter.

geduldig [gə'duldiç] adj. patient ; endurant. | *geduldig wie ein Lamm*, doux comme un agneau.

geeicht [gə'aiçt] adj. étalonné ; jaugé ; contrôlé.

geeignet [gə'aiknət] adj. (dat.) propre à ; convenable ; désigné pour. || PAR EXT. capable de. | *nicht geeignet*, inapte (à). | *diese Übersetzung scheint mir am geeignetsten*, cette traduction me semble la meilleure.

geerdet [gə'e:rdət] adj. ÉLECTR. (mis) à la terre.

Geest [ge:st] f. terrain élevé et stérile.

Gefahr [gə'fɑ:r] f. (-, en) danger m. ; péril m. ; risque m. ; détresse f. | *es droht Gefahr*, un danger menace. | *sich einer Gefahr aussetzen*, s'exposer à un danger. | *in Gefahr kommen, Gefahr laufen*, courir un danger. | *jn in Gefahr bringen*, mettre les jours de qn en danger. | *es ist Gefahr im Verzuge*, il y a péril en la demeure. | *eine Gefahr abwenden*, détourner, conjurer le danger. | *auf eigene Gefahr*, à ses risques et périls. | *sich in Gefahr begeben*, s'exposer au danger. | *auf die Gefahr hin, daß er alles verliert*, au risque de tout perdre. | *der Verletzte ist außer Gefahr*, le blessé est hors de danger. | *unter Gefahr seines Lebens*, au péril de sa vie. | *Lebensgefahr ; Todesgefahr*, danger de mort.

gefahr|bringend [gə"fɑ:r'briŋənt] adj. dangereux ; menaçant. ||°**-deich** m. (s, e). MAR. première digue de protection. ||**-drohend** adj. menaçant ; dangereux. ||**-los** adj. sans danger ; sûr ; sans risque. ||°**-losigkeit** f. absence (f.) de danger, de risque ; sûreté f. ; sécurité f.

gefährden [gə'fɛ:rdən] v. tr. mettre en danger, en péril ; faire courir le risque ; exposer ; compromettre. || MIL. *gefährdete Zone*, zone dangereuse.

gefährlich [gə'fɛ:rliç] adj. dangereux ; périlleux ; menaçant ; critique ; hasardeux. | *eine gefährliche Krankheit*, une maladie grave. | *ein gefährliches Leben führen*, mener une vie aventureuse. | *in gefährlichen Zeiten leben*, vivre des temps dangereux. | *ein gefährlicher Verbrecher*, un criminel dangereux. | *ein gefährliches Unternehmen*, une entreprise risquée. || FIG. *das gefährliche Alter*, l'âge (m.) critique ; le retour d'âge.

Gefährlichkeit [-kait] f. gravité f. ; danger m.

Gefährt [gə'fɛ:rt] n. (es, e) véhicule m. ; voiture f.

Gefährte [-tə] m. (n, n) compagnon m. ; camarade m.

Gefährtin [-tin] f. (-, nen) compagne f. ; camarade f.

gefahr|voll [gə'fɑ:rfɔl] adj. dangereux ; périlleux ; critique.

Gefälle [gə'fɛlə] n. (s, e) inclinaison f. ; déclivité f. ; pente f. ; chute f. | *das Gelände hat ein starkes Gefälle*, le terrain est en forte pente. || ÉLECTR. chute (f.) de tension, de potentiel. || GÉOGR. *Gefällskurve*, profil (m.) d'un fleuve.

gefallen [gə'falən] (ä, ie, a) v. intr. plaire ; convenir ; être agréable ; faire plaisir. | *dieser Roman gefällt mir*, ce roman me plaît. | *sein blasses Gesicht will mir nicht gefallen*, sa pâleur ne laisse pas de m'inquiéter. | *so gefällst du mir*, à la bonne heure ; c'est ainsi que j'aime te voir. | *das lasse ich mir nicht gefallen*, je n'admettrai, je ne tolérerai pas cela.

Gefallen [-lən] m. (s) plaisir m. ; bon plaisir ; gré m. ; volonté f. | *an etwas Gefallen finden*, prendre plaisir à qch. || PAR EXT. complaisance f. ; service m. | *jm einen Gefallen tun, erweisen*, rendre un service à qn. | *ganz nach Ihrem Gefallen*, tout à votre guise.

gefallen [-lən] adj. tombé ; déchu.

gefällig [gə'fɛliç] adj. agréable ; convenable ; plaisant. | *ein gefälliges Aussehen*, un air agréable, avenant. || PAR EXT. *ein gefälliger Mensch*, un homme serviable, complaisant. | *was ist gefällig ?*, que désirez-vous ?

Gefälligkeit [-kait] f. (-, en) complaisance f. ; obligeance f. ; service m. | *jm eine Gefälligkeit erweisen*, obliger qn. | *jn um eine Gefälligkeit bitten*, demander un service à qn.

gefälligst [gə'fɛliçst] adv. s'il vous plaît.

Gefall|sucht [gə"fal'zu:xt] f. coquetterie f.

gefall|süchtig [-'zy:çtiç] adj. empressé à plaire ; coquet.

gefangen [gə'faŋən] adj. pris ; captif ; prisonnier ; détenu.

Gefangenen|aufseher [gə"faŋənən'aufze:ər] m. (s, -) gardien (m.) de prison ; geôlier m. ||°**-lager** n. (s, -). MIL. camp (m.) de prisonniers.

gefangen|geben (sich) [ziçgə"faŋən'ge:bən] (i, a, e) v. pr. se rendre.

gefangen|halten [gə"faŋən'haltən] (ä, ie, a) v. tr. JUR. détenir. ||°**-nahme** f. (-, n). JUR., MIL. arrestation f. ; capture f. ; prise f. ||**-nehmen** (i, a, o) v. tr. MIL.

prendre ; arrêter ; faire prisonnier. ||**-setzen** v. tr. arrêter ; mettre en prison.

Gefangenschaft [gə'faŋənʃaft] f. captivité f. ; détention f. || MIL. *in Gefangenschaft geraten*, être fait prisonnier.

Gefängnis [gə'fɛŋnis] n. (ses, se) prison f. ; maison (f.) d'arrêt ; cachot m. ; geôle f. | *zu drei Jahren Gefängnis verurteilen*, condamner à trois ans de prison.

Gefängnis|haft [gə'fɛŋnishaft] f. emprisonnement m. || °**-strafe** f. (-, en) peine (f.) de prison. ||°**-wärter** m. (s, -) geôlier m. ||°**-zelle** f. (-, n) cellule f. ; FAM. cabanon m.

Gefasel [gə'fɑ:zəl] n. (s) radotage m.

Gefäß [gə'fɛ:s] n. (es, e) récipient m. ; vase m. ; cuve f. ; réservoir m. || ANAT., BOT. vaisseau m. | *ausführende Gefäße*, canaux efférents. || PHYS. *verbundene Gefäße*, vases communicants.

Gefäß|erkrankung [gə"fɛ:sɛr'kraŋkuŋ] f. (-, en) maladie (f.) vasculaire. ||°**-system** n. (s). ANAT. système (m.) vasculaire. ||°**-verkalkung** f. MÉD. artériosclérose f. ; endartérite oblitérante. ||°**-verstopfung** f. (-, en). MÉD. embolie f.

gefaßt [gə'fast] (-, en) adj. prêt ; préparé à ; calme ; impassible ; tranquille.

Gefaßtheit [gə'fasthait] f. calme m. ; tranquillité f. ; sang-froid m.

Gefecht [gə'fɛçt] n. (s, e). MIL. combat m. ; rencontre f. ; engagement m. ; escarmouche f. | *eine Batterie außer Gefecht setzen*, mettre une batterie hors de combat. || FIG., FAM. *in der Hitze des Gefechtes*, dans l'ardeur du combat. | *triftige Gründe ins Gefecht führen*, avancer des arguments solides.

gefechts|bereit [gə"fɛçtsbə'rait] adj. en garde ; prêt au combat. ||**-klar** adj. MAR. paré. ||°**-stand** m. (s, ¨e) poste (m.) de commandement (P.C.).

gefedert [gə'fə:dərt] adj. ZOOL. emplumé ; garni de plumes. || TECHN. garni de ressorts ; suspendu (sur ressorts).

gefeit [gə'fait] adj. immunisé ; invulnérable ; protégé.

Gefiedel [gə'fi:dəl] m. (s). FAM. raclement m. (du violon).

Gefieder [gə'fi:dər] n. (s) plumage m. ; plumes f. pl.

gefiedert [-dərt] adj. emplumé. || FIG. empenné. || BOT. *gefiederte Blätter*, feuilles pennées.

Gefilde [gə'fildə] n. (s, -). POÉT. champs m. pl.

gefingert [gə'fiŋərt] adj. BOT., ZOOL. digité ; dactylé.

Geflecht [gə'flɛçt] n. (s, e). TECHN. entrelacement m. ; entrelacs m. || PAR EXT. claie f. ; clayonnage m. ; treillis m. ; clisse f.

gefleckt [gə'flɛkt] adj. tacheté ; tigré ; moucheté ; tavelé ; marqueté.

Geflissenheit [gə'flisənhait] f. soin m. ; assiduité f.

geflissentlich [-səntliç] adv. intentionnellement ; avec zèle, application.

Geflügel [gə'flygəl] n. (s). ZOOL. volaille f. ; volatile(s) m. (pl.).

Geflügel|farm [gə"fly:gəl'farm] f. (-, en) exploitation (f.) avicole. ||°**-haltung** f. (-) aviculture f. ||°**-schere** f. (-, n) ciseaux (m. pl.) à volaille. ||°**-zucht** f. élevage (m.) de volailles ; aviculture f.

geflügelt [gə'fly:gəlt] adj. qui a des ailes ; ailé. || FIG. *geflügelte Worte*, sentence(s) f. (pl.) ; adage(s) m. (pl.) ; citation(s) f. (pl.).

Geflunker [gə'fluŋkər] n. (s). FAM. craque f. ; blagues f. pl. ; gasconnade f.

Geflüster [gə'flystər] n. (s) chuchotement m. ; murmures m. pl.

Gefolge [gə'fɔlgə] n. (s) suite f. ; suivants m. pl. ; escorte f.

Gefolgschaft [gə'fɔlkʃaft] f. (-, en) suite f. ; partisans m. pl. || HIST. tenants m. pl.

Gefrage [gə'frɑ:gə] n. (s). PÉJOR. questions continuelles, importunes ; interrogatoire m.

gefragt [-'frɑ:kt] adj. COMM., FIN. demandé, recherché.

gefräßig [-siç] adj. vorace ; glouton ; goulu.

Gefräßigkeit [-siçkait] f. voracité f. ; gloutonnerie f.

Gefreiter [gə'fraitər] m. caporal m.

Gefrier|anlage [gə"fri:r'anlɑ:gə] f. (-, n). TECHN. congélateur m. ; installation (f.) frigorifique. || °**-fleisch** n. (s) viande congelée, frigorifiée ; FAM. frigo m. ||°**-kammer** f. (-, n) chambre (f.) de réfrigération ; frigorifique m. ||°**-punkt** m. (s). PHYS. point (m.) de congélation ; zéro m. ||°**-schutzmittel** n. (s, -). AUTOM. antigel m. ||°**-trockenverfahren** n. (s, -), °**-trocknung** f. (-) lyophilisation f. ||**-trocknen** v. tr. lyophiliser. ||°**-truhe** f. (-, n) congélateur m. ||°**-ware** f. (-, n) denrées congelées, frigorifiées, réfrigérées.

gefrieren [-'fri:rən] (o, o) v. intr. PHYS. (se) geler, (se) congeler ; prendre. || FIG., FIN. *gefrorener Kredit*, crédit gelé.

Gefrieren (s) n. PHYS. congélation f.

Gefrorenes [gə'fro:rənəs] n. CULIN. glace f.

Gefüge [gə'fy:gə] n. (s) joints m. pl. ; assemblage m. || PAR EXT. structure f. ; texture f. ; constitution f. | *das industrielle Gefüge*, le tissu industriel.

gefügig [-giç] adj. souple ; maniable ; accommodant ; docile.

Gefügigkeit [-giçkait] f. souplesse f. ; docilité f. ; caractère accommodant.

Gefühl [gə'fy:l] n. (s, e). **1.** [Tastempfindung] toucher m. ; tact m. ; sentiment m. ; sensibilité (f.) physique. | *vor Kälte hat er kein Gefühl mehr in den Fingern*, il ne sent plus ses doigts tant il a froid. | *ein prickelndes Gefühl am ganzen Körper haben*, avoir une sensation de picotement sur tout le corps.

2. PAR ANAL. [Empfindung] sensation f. ; impression f. ; sentiment m. | *ein feines, zartes Gefühl haben*, avoir des sentiments délicats. | *Gefühl der Unsicherheit*, sentiment d'insécurité. | *Lustgefühl*, (sensation de) plaisir m. || [seelische Regung ; Stimmung] sentiment m. | *sittliches Gefühl*, sentiment moral. | *ein edles Gefühl*, un sentiment noble. | *Gefühl der Reue*, sentiment de repentir.

3. PAR EXT. [Empfindsamkeit] faculté (f.) de sentir ; sensibilité f. | *Gefühl für Anstand*, sens (m.) des convenances. | *musikalisches Gefühl haben*, avoir le sens de la musique. | *etwas mit Gefühl vortragen*, réciter, jouer qch. avec âme. | *an js Gefühl appellieren*, prendre qn par les sentiments. | *ein Mensch ohne Gefühl*, un homme sans cœur.

4. [Ahnung] (simple) impression f. ; sentiment m. | *ich habe das Gefühl, daß etwas geschehen wird*, j'ai le sentiment, le pressentiment qu'il arrivera, qu'il se passera qch. | *ein dunkles Gefühl*, un vague pressentiment.

gefühl|los [gə"fy'lo:s] adj. insensible ; dépourvu de sensibilité, de cœur. || PAR EXT. dur ; sec ; impassible. ||°**-losigkeit** f. insensibilité f. ; absence (f.) de sensibilité. || MÉD. anesthésie f. || PAR EXT. froideur f. ; impassibilité f. ; apathie f. ||**-voll** adj. sensible ; sentimental ; affectueux ; chaleureux.

gefühls|betont [gə"fy:lsbə'to:nt] adj. sensible ; sentimental. || **°-duselei** f. sensiblerie f. ||**°-mensch** m. (en, en) homme sentimental ; (un) sentimental. ||**°-sache** f. (-, n) affaire (f.) de sentiment. ||**°-sinn** m. (s) [sens (m.) du] toucher m. ; tact m.

gefüllt [gə'fylt] adj. empli ; rempli. || CULIN. *gefülltes Huhn*, poulet farci.

gegebenen|falls [gə'ge:bənənfals] adv. le cas échéant.

Gegebenheit [gə'ge:bənhait] f. (-, en). PHILOS. donnée f.

gegen ['ge:gən] prép. (acc.). **1.** SENS LOCAL : contre ; à l'encontre ; vers ; du côté de. | *gegen den Himmel*, en direction du, vers le ciel. | *er stemmt sich gegen die Tür*, il s'arc-boute contre la porte. | *das Auto raste gegen den Baum*, la voiture se jeta contre un arbre. **2.** SENS TEMPOREL : vers. | *gegen Mittag wird der Verkehr reger*, vers midi la circulation devient plus intense. | *er kommt gegen drei Uhr*, il viendra vers trois heures. | *gegen Ende des Jahrhunderts*, vers la fin du siècle. **3.** SENS ABSTRAIT : **a)** à l'encontre de ; contre. | *gegen den Wind ankämpfen*, lutter contre le vent. | *gegen Wind und Wetter*, contre vents et marées. | *das geht gegen die Vernunft*, cela va à l'encontre de la raison. | *gegen den Strom (an)schwimmen*, nager à contre-courant. | *Mann gegen Mann kämpfen*, lutter d'homme à homme. | *gegen meinen Willen*, contre mon gré ; à mon corps défendant. | *taub gegen meine Bitten*, sourd à mes prières. | *Pillen gegen das Alter*, pilules (f. pl.) contre le vieillissement. — **b)** à l'égard de ; vis-à-vis de ; pour. | *er erweist sich dankbar gegen mich*, il se montre reconnaissant à mon égard. | *Ehrfurcht gegen das Alter*, respect (m.) de l'âge. — **c)** en échange de. | *Lieferung gegen Barbezahlung*, livraison (f.) contre paiement comptant. | *gegen Quittung*, en échange d'un, contre reçu. — **d)** à peu près ; environ ; approximativement. | *es waren gegen (an die) zweitausend Personen bei der Erstaufführung*, environ deux mille personnes ont assisté à la première. | *er geht schon gegen die fünfzig*, il approche déjà de la cinquantaine. — **e)** en comparaison de ; auprès de. | *was ist dein Schmerz gegen den meinen ?*, qu'est ta douleur à côté de la mienne ? | *gegen früher reisen wir bequemer*, nous voyageons plus confortablement qu'autrefois. | *gegen die Sonne ist die Erde ein kleiner Ball*, comparée au Soleil la Terre est petite.

Gegen|angriff ["ge:gən'angrif] m. (s, e). MIL. contre-attaque f. | *zum Gegenangriff antreten, übergehen*, passer à la contre-offensive ; passer à la contre-attaque. ||**°-antrag** m. (s, ¨e) contre-proposition f. ||**°-befehl** m. (s, e) contrordre m. ||**°-behauptung** f. (-, en) affirmation (f.) contraire. ||**°-beschuldigung** f. (-, en). JUR. contre-accusation f. ; récrimination f. | *Gegenbeschuldigungen vorbringen*, récriminer. ||**°-besuch** m. (s, e) *jm einen Gegenbesuch machen*, rendre sa visite à qn. ||**°-bewegung** f. (-, en) mouvement opposé. ||**°-beweis** m. (es, e) preuve (f.) du contraire. ||**°-buchung** f. (-, en). COMM. contre-passation f. ; ristourne f. ||**°-darstellung** f. (-, en) point (m.) de vue contradictoire. | *Recht auf Gegendarstellung*, droit (m.) de réponse. ||**°-dienst** m. (s, e) service rendu en retour d'un autre. | *zu Gegendiensten (gern) bereit*, à charge de revanche. ||**°-druck** m. (s) réaction f.

gegen|einander ['ge:gənain"andər] adv. l'un contre l'autre ; mutuellement ; réciproquement.

gegeneinander|halten [-'haltən] (ä, ie, a) v. tr. mettre en regard l'un de l'autre ; comparer ; rapprocher. ||**-prallen** v. intr. se heurter. ||**-stehen** (stand, gestanden) v. intr. être en face, vis-à-vis l'un de l'autre. || FIG. être dressés l'un contre l'autre. ||**-stellen** v. tr. mettre en face, en regard l'un de l'autre ; confronter ; opposer ; comparer. ||**-stoßen** (ö, ie, o) v. intr. s'entrechoquer.

Gegen|entwurf ["ge:gənɛnt'vu:rf] (s, ¨e) contre-projet m. ||**°-erklärung** f. (-, en) contre-déclaration f. ; démenti m. ; désaveu m. ||**°-fahrbahn** f. (-, en) voie (f.) à double circulation. ||**°-fall** m. (s, ¨e) *im Gegenfalle*, au cas contraire. ||**°-forderung** f. (-, en). JUR. créance (f.) en contrepartie ; contre-créance f. ; demande reconventionnelle. ||**°-gabe** f. (-, n), **°-geschenk** n. (s, e) cadeau offert en retour d'un autre. ||**°-gewicht** n. (s, e). PHYS. contrepoids m. | *das Gegengewicht halten*, contrebalancer ; faire équilibre à. ||**°-gift** n. (s, e). MÉD. contrepoison m. ; antidote m. ||**°-grund** m. (s, ¨e) argument opposé, inverse ; raison (f.) contraire. ||**°-gutachten** n. (s, -) contre-expertise f. ||**°-klage** f. (-, n). JUR. contre-accusation f. ; action, demande reconventionnelle ; reconvention f. ||**°-kultur** f. (-) contre-culture f. ||**°-läufigkeit** f. mouvement (m.) contraire, inverse. ||**°-leistung** f. (-, en) service rendu en échange. ||**-lenken** v. intr. AUTOM. contre-braquer. ||**°-licht** n. (es) contre-jour m. ||**°-lichtaufnahme** f. (-, n) photographie (f.) à contre-jour. ||**°-liebe** f. amour partagé, réciproque ; amour payé de retour. | *nicht auf Gegenliebe stoßen*, ne pas recevoir un accueil favorable. ||**°-macht** f. (-, ¨e) puissance opposée. ||**°-maßnahme** f. (-, n), **°-maßregel** f. (-, n) mesure (f.) de rétorsion, de représailles ; représailles f. pl. ||**°-mittel** n. (s, -). MÉD. et FIG. antidote m. ; contrepoison m. ||**°-mutter** f. (-, ¨). TECHN. contre-écrou m. ||**°-papst** m. (es, ¨e). HIST. antipape m. ||**°-part** m. (s, e) adversaire m. ; antagoniste m. ||**°-partei** f. (-, en). POLIT. parti opposé, d'opposition ; opposition f. || JUR. partie (f.) adverse. ||**°-pol** m. (s, e). ÉLECTR. pôle opposé. ||**°-probe** f. (-, n) contre-épreuve f. ||**°-rechnung** f. (-, en). COMM. vérification f. ; décompte m. ; contrepartie f. ||**°-rede** f. (-, n) réplique f. ; objection f. ||**°-reformation** f. HIST. Contre-Réforme f. ||**°-revolution** f. (-, en) contre-révolution f. ||**°-richtung** f. (-, en) direction opposée.

Gegen|satz ["ge:gən'zats] m. (es, ¨e) opposition f. ; contraste m. ; contradiction f. | *im Gegensatz zu*, contrairement à ; par opposition à. | *die Gegensätze heben sich auf*, les contraires s'annulent. | *die Gegensätze verschärfen sich*, les contrastes s'accentuent, vont (en) s'accentuant. || PAR EXT. contraire m. ; opposé m. || LITTÉR. antithèse f.

gegen|sätzlich [-zɛtsliç] adj. opposé ; en contraste avec. || LITTÉR. antithétique.

Gegen|schlag ["ge:gən'ʃlɑ:g] m. (s, ¨e) riposte f. ||**°-seite** f. (-, n) côté opposé ; revers m. ||**-seitig** adj. mutuel ; réciproque ; respectif. | *gegenseitige Übereinkunft* ; *gegenseitiges Einverständnis*, consentement mutuel. || PAR EXT. opposé ; adverse. ||**°-seitigkeit** f. mutualité f. ; réciprocité. ||**-sinnig** adj. de sens contraire. ||**°-spieler(in)** m. (s, -), f. (-, nen) antagoniste s. ; adversaire s. ||**°-spionage** f. (-, n) contre-espionnage m. ||**°-sprechanlage** f. (-, n) interphone m.

Gegen|stand ["gegən'ʃtant] m. (s, ¨e) objet m. ; chose f. | *im Museum sind viele kostbare (Kunst)-gegenstände*, au musée il y a beaucoup d'objets (d'art) précieux. || FIG. objet m. ; cause f. ; motif m. ; sujet m. ; matière f. | *der Gegenstand einer Verhandlung*, l'objet de pourparlers. | *Gegenstand einer Darstellung*, sujet d'un exposé. | *wir werden auf diesen Gegenstand zurückkommen*, nous reviendrons sur ce point, cette matière, ce chapitre.

— SYN. : *Ding*, chose ; *Objekt*, objet ; *Stoff, Inhalt, Frage*, sujet ; *Zweck, Vorhaben*, intention.

gegen|ständlich [ʺge:gən'ʃtɛntliç] adj. objectif. || Par ext. explicatif ; clair.

gegenstand(s)|los [ʺge:gənʃtants'lo:s] adj. sans objet ; sans raison d'être ; superflu ; inutile.

Gegen|stoß [ʺge:gən'ʃto:s] m. (es, ¨e) contre-coup m. || Mil. contre-attaque f. ||°**-strom** m. (s, ¨e), °**-strömung** f. (-, en) contre-courant m. || Électr. courant (m.) inverse. ||°**-stück** n. (s, e) contraire m. ; opposé m. || Arts. réplique f. ; pendant m. ||°**-teil** n. (s, e) contraire m. ; opposé m. ; inverse m. ; contre-pied m. | *ich behaupte das Gegenteil*, je prétends, j'affirme le contraire. | *er ist ganz das Gegenteil seines Vaters*, il est tout le contraire de son père. | *gerade, genau das Gegenteil machen*, faire tout juste le contraire. | *(ganz) im Gegenteil*, (bien) au contraire. | *im Gegenteil zu*, contrairement à ; au contraire de. ||**-teilig** adj. contraire ; opposé.

gegen|über ['ge:gənʺy:bər] prép. (dat.) en face de ; vis-à-vis de. | *dem Postamt gegenüber*, vis-à-vis de la poste. || Fig. en regard de ; envers.
◇ adv. en face. | *der Garten gegenüber*, le jardin d'en face.

Gegen|über n. (s) [Gegenstand] pendant m. || [Person] Fam. vis-à-vis m.

gegenüber|liegen [ge:gənʺy:bər'li:gən] (a, e) v. intr. être en face de ; faire face à. ||**-setzen** v. tr. et v. pr. (se) mettre en face de. ||**-stehen** (stand, gestanden) v. intr. être en face. | *sich feindlich gegenüberstehen*, se dresser en face l'un de l'autre. ||**-stehend** adj. en regard. | *gegenüberstehende Übersetzung*, traduction (f.) en regard. ||**-stellen** v. tr. mettre en face, en regard. || Jur. confronter. ||°**-stellung** f. (-, en) opposition f. || Fig. comparaison f. ; parallèle m. || Jur. confrontation f. || Littér. antithèse f.

Gegen|verkehr [ʺge:gənfɛr'ke:r] m. (s) circulation (f.) venant en sens inverse. ||°**-versprechen** n. (s, -) promesse (f.) réciproque. || Jur. contre-promesse f. ||°**-vorschlag** m. (s, ¨e) contre-proposition f.

Gegen|wart ['ge:gənva:rt] f. [Zeit] temps présent ; présent m. ; époque actuelle. | *die Probleme der Gegenwart*, les problèmes du présent, de l'actualité. || Gramm. présent m. || [Anwesenheit] présence f. | *in meiner Gegenwart*, en ma présence.

gegen|wärtig [-vɛrtiç] adj. présent ; actuel. | *die gegenwärtigen Zustände*, les circonstances actuelles. | *er war bei der Versammlung gegenwärtig*, il était présent, il assistait à la réunion. || Fig. présent à l'esprit, à la mémoire. | *ich habe die Sache noch ganz gegenwärtig*, je me souviens encore fort bien de cette affaire.
◇ adv. à présent ; présentement ; actuellement ; maintenant ; de notre temps. || Fam. *er ist gegenwärtig in Afrika*, il est en ce moment en Afrique.

Gegen|wechsel [ʺge:gən'vɛksəl] m. (s, -). Comm. retraite f. ||°**-wehr** f. action défensive ; résistance f. ||°**-wert** m. (s, e) équivalent m. ; contre-partie f. ||°**-wind** m. (es, e) vent (m.) contraire ; vent (m.) debout. ||°**-winkel** m. (s, -). Math. angle opposé. ||°**-wirkung** f. (-, en) réaction f. || Phys. obstacle m. ||**-zeichnen** v. tr. contresigner ; contremarquer. ||°**-zeichnung** f. (-, en) contreseing m. ||°**-zeuge** m. (n, n) témoin (m.) adverse ; témoin (m.) à décharge. ||°**-zug** m. (s, ¨e). [Schachspiel] riposte f. || [Eisenbahn] train (m.) venant en sens inverse.

Gegend ['ge:gənt] f. (-, en) [Landschaft] région f. ; contrée f. ; pays m. | *öde Gegend*, région déserte. || Par anal. [Nähe] côté m. ; zone f. | *in der vornehmsten Gegend der Stadt wohnen*, habiter le quartier le plus chic de la ville. | *aus welcher Gegend kommt das Gewitter ?*, de quel côté vient l'orage ? || Par ext. [Umgebung] alentours m. pl. ; environs m. pl. ; parages m. pl. | *in der ganzen Gegend war kein Brot mehr zu finden*, on ne trouvait plus de pain nulle part. || Anat. région f. | *er fühlt Schmerzen in der Gegend des Herzens*, il a mal dans la région du cœur.

Gegner ['ge:gnər] m. (s, -) adversaire m. ; antagoniste m. ; rival m. | *er ist ein erklärter Gegner dieser Politik*, c'est un ennemi déclaré de cette politique. | *einen Gegner nicht ernst nehmen*, ne pas prendre au sérieux un adversaire.

gegnerisch [-riʃ] adj. du parti opposé ; de la partie adverse. || Par ext. opposant.

Gegnerschaft ['ge:gnərʃaft] f. (-, en) rivalité f. ; antagonisme m. ; inimitié f. ; hostilité f. || Par anal. adversaires m. pl. ; ennemis m. pl.

Gehabe(n) [gə'ha:bə(n)] n. (s). Fam. manières f. pl. ; afféteries f. pl.

gehaben (sich) [ziçgə'ha:bən] v. pr. se conduire ; se comporter. || Par ext. *gehabt Euch wohl !*, portez-vous bien ; adieu !

Gehacktes [gə'haktəs] n. Culin. viande hachée ; hachis m.

Gehalt [gə'halt] m. (s, e). **1.** [Inhalt] contenu m. ; teneur f. ; titre m. | *der Gehalt an Erz ist gering*, la teneur en minerai est faible. | *die Münze hat einen großen Goldgehalt*, cette pièce a une forte teneur en or ; le titre de cette pièce d'or est élevé. | *Gehalt an Säuren, Säuregehalt*, teneur en acides.
2. [Wert] valeur f. | *dieses Werk ist nicht von großem Gehalt*, cette œuvre n'a pas beaucoup de valeur, de substance.

gehalt|los [gəʺhalt'lo:s] adj. creux ; vide ; pauvre. || Fig. futile ; nul. ||°**-losigkeit** f. vide m. || Fig. insignifiance f. ; nullité f. ; futilité f. ||**-reich** adj. qui a du fond ; plein. || Fig. substantiel ; nourri ; solide.

Gehalt [gə'halt] n. (s, ¨er). [Arbeitsentgelt] traitement m. ; salaire m. || Mil. solde f. | *stehendes Gehalt*, traitement fixe. | *die Gehälter wurden erhöht*, les traitements furent augmentés.

Gehalts|abbau [gəʺhalts'apbau] m. (s) diminution (f.) des traitements. ||°**-abrechnung** f. (-, en) fiche (f.) de paie. ||°**-abzug** m. (s, ¨e) retenue (f.) sur le traitement. ||°**-aufbesserung** f. (-, en) relèvement (m.) des traitements. ||°**-bescheinigung** f. (-, en) bulletin (m.) de salaire. ||°**-empfänger** m. (s, -) salarié m. ; fonctionnaire m. ; employé m. ||°**-erhöhung** f. (-, en) augmentation (f.), relèvement (m.) de traitement. ||°**-kürzung** f. (-, en), °**-senkung** f. (-, en) diminution (f.), réduction (f.) de traitement. ||°**-streifen** m. (s, -) fiche (f.) de paie. ||°**-stufe** f. (-, n) échelon (m.) de traitement. ||°**-wunsch** m. (es, ¨e) prétentions f. pl.

Gehänge [gə'hɛŋə] n. (s, -). [Behang] pendants (m. pl.) d'oreilles. || [Uhr] breloque f. ; pendeloque f. || [Blumen] guirlande f. || Mil. [Koppel] ceinture f. ; ceinturon m. ; baudrier m. || Mines. pente f. ; déclivité f. || Techn. suspension f.

geharnischt [gə'harniʃt] adj. revêtu d'une cuirasse ; cuirassé. || Fig. *geharnischter Protest*, protestation (f.) énergique.

gehässig [gə'hɛsiç] adj. haineux ; hostile. | *gehässiger Mensch*, homme, individu haineux, plein de fiel, de haine. | *gehässige Reden*, paroles (f. pl.) de haine.

Gehässigkeit [-kait] f. (-, en) sentiment mauvais, odieux ; hargne f. ; haine f. ; fiel m.

Gehäuse [gə'hɔyzə] n. (s, -) boîte f. ; capsule f. ; étui m. || Bot. [Kapsel] coque f. || Zool. [Schnecke ; Auster] coquille f. || [Uhr] boîtier m. || [Kompaß] habitacle m. || [Fahrrad] carter m.

Gehege [gə'he:ge] n. (s, -) enclos m. ; défend(s) m. ;

réserve (f.) de chasse ; varenne f. || FIG. *jm ins Gehege kommen*, aller sur les brisées de qn.

geheim [gə'haim] adj. secret ; caché ; clandestin ; occulte. | *in geheimer Beratung*, en délibération secrète ; à huis clos. | *geheime Abstimmung*, vote (m.) à bulletins secrets. | *geheimes Einverständnis*, collusion f. ; connivence f. | *geheimer Vorbehalt*, restriction mentale. | *geheimer Sinn*, sens caché. | *geheime Sitzung*, huis clos m. | *geheime Tür*, porte dérobée.
◇ adv. *im geheimen*, en secret, en cachette ; secrètement. | *insgeheim*, à l'insu de ; en secret.

Geheim|bund [gə"haim'bunt] m. (s, ¨e) société secrète. ||°**-fonds** m. (-). POLIT. fonds secrets. ||**-halten** (ä, ie, a) v. tr. tenir secret ; cacher. ||°**-lehre** f. (-, n). PHILOS. doctrine (f.) ésotérique ; ésotérisme m. ; mystère m. ||°**-mittel** n. (s, -) arcane m. ||°**-polizei** f. (-). POLIT. police secrète. ||°**-polizist** m. (en, en) agent (m.) de la police secrète ; détective m. ||°**-rat** m. (s, ¨e) conseiller privé. ||°**-schloß** n. (es, ¨er). TECHN. serrure (f.), cadenas (m.) à secret. ||°**-schrift** f. (-, en) écriture chiffrée ; cryptogramme m. ||°**-tip** m. (s, s). FAM. tuyau m. ||°**-tinte** f. (-, n) encre (f.) sympathique.

Geheimnis [gə'haimnis] n. (ses, se) secret m. ; mystère m. | *ein Geheimnis bewahren*, garder un secret. | *ein Geheimnis ausplaudern*, trahir, divulguer un secret. | *jm ein Geheimnis anvertrauen*, confier un secret à qn. | *jn in das Geheimnis einweihen*, mettre qn dans le secret. | *kein Geheimnis daraus machen*, ne pas faire mystère de ; ne pas se cacher de. | *Staatsgeheimnis*, secret d'État.

Geheimnis| krämer [gə"haimnis'krɛ:mər] m. (s, -). FAM. cachottier m. ||°**-krämerei** f. (-, en). FAM. cachotterie f. ||**-voll** adj. mystérieux ; secret ; discret. | *geheimnisvolle Ferne*, lointain mystérieux.
◇ adv. mystérieusement. || FAM. *tu' nicht so geheimnisvoll*, ne fais pas le mystérieux !

Geheiß [gə'hais] n. (es). *auf js Geheiß etwas tun*, faire qch. sur l'ordre, l'injonction de qn.

gehen ['ge:ən] (ging, gegangen) v. intr.

> **I.** [allgemeine Bewegung].
> **1.** [zu Fuß gehen] aller.
> **2.** [sich fortbewegen] aller ; se déplacer.
> **II.** [Bewegung von leblosen Dingen] marcher ; fonctionner.
> **III.** [Bewegung in Richtung auf ein Ziel] se diriger ; aller à.
> **IV.** [Aufbruch (weggehen ; abfahren)] partir ; s'en aller.
> **V.** [Abwicklung einer Handlung] aller ; marcher.
> **VI.** [Verstoß gegen etwas] aller contre.
> **VII.** [Zustand und Maß] aller ; passer.
> **VIII.** LOC. et PROV.
> **IX.** v. pr. **sich gehen.**
> **X.** v. tr.

I. [allgemeine Bewegung] **1.** [zu Fuß gehen] aller ; aller à pied ; marcher. | *schnell gehen*, marcher vite. | *über die Brücke gehen*, traverser le pont. | *durch die Stadt gehen*, traverser la ville. | *vor dem Rathaus auf- und abgehen*, faire les cent pas devant l'hôtel de ville. | *im Park hin- und hergehen*, aller et venir dans le parc. | *auf den Zehen gehen*, marcher sur la pointe des pieds ; marcher à pas de loup. | *ich bin falsch gegangen*, je me suis trompé de chemin.
2. [sich fortbewegen] se déplacer ; se mouvoir ; avancer. | *seines Weges gehen*, suivre, passer son chemin. | *nicht von der Stelle gehen*, ne pas bouger. | *in die Hocke gehen*, prendre la position accroupie.
II. [Bewegung von leblosen Dingen] marcher ; fonctionner ; tourner. | *die Uhr geht (richtig)*, la montre marche (juste). | *die Maschine geht*, la machine fonctionne. | *der Wind geht*, le vent souffle. | *der Teig geht*, la pâte lève. | *die See geht hoch*, la mer est agitée. | *die Tür geht*, on ouvre la porte. | *dieser Gegenstand geht durch verschiedene Hände*, cet objet passe par différentes mains. | *es gehen allerlei Gerüchte*, toutes sortes de bruits circulent. | *es geht die Rede, daß*, il paraît que ; il est question de.
III. [Bewegung in Richtung auf ein Ziel] se diriger ; aller à ; se rendre. | *zur Schule gehen*, aller à l'école. | *auf die Universität gehen*, aller à l'Université. | *auf das Standesamt gehen*, se rendre à l'état civil. | *zur Kirche gehen*, aller à l'église. | *auf Reisen gehen*, partir en voyage. | *auf die Jagd gehen*, aller à la chasse. | *er geht nach Amerika*, il part pour l'Amérique. | *an Bord gehen*, s'embarquer. | *an Land gehen*, aller, descendre à terre. | *ins Kloster gehen*, entrer au couvent. | *zu Tisch gehen*, passer à table. | *zu Bett gehen ; schlafengehen*, aller au lit. | *auf die andere Seite gehen*, changer de côté. | *an die Arbeit gehen*, se mettre au travail. | *jm zu Leibe gehen*, s'en prendre à qn ; attaquer qn. | *diese Worte gingen ihm zu Herzen*, ces paroles lui allèrent droit au cœur, le touchèrent. | *in Erfüllung gehen*, se réaliser. | *der Krug geht in Stücke*, la cruche se brise. | *die Gemeinschaft ging in die Brüche*, la communauté se disloqua. | *der Winter geht zu Ende*, l'hiver touche à sa fin. | *der Schuß ging daneben*, la balle a manqué son but. | *das Fenster geht auf den Garten*, la fenêtre donne sur le jardin. | *es geht auf Mitternacht*, minuit approche. | *in sich gehen*, méditer sur ses propres torts ; faire un retour sur soi-même. | *mein Rat geht dahin*, je te conseille de. | *dieser Farbton geht ins Rotbraune*, cette nuance tire sur le brun-rouge. | *in die Falle gehen*, tomber dans le piège. | *jm auf den Leim gehen*, donner dans le panneau ; être dupe. || FAM. *er geht vor die Hunde*, il déchoit ; il tourne mal. | *das geht über seine Kräfte*, cela dépasse ses forces ; c'est au-dessus de ses forces. | *die Leichtathletik geht ihm über alles*, l'athlétisme a toutes ses préférences. | *geh' zum Teufel !, geh' zum Kuckuck !*, va-t'en au diable !
IV. [Aufbruch (weggehen ; abfahren)] partir ; s'en aller. | *der letzte Zug geht kurz vor Mitternacht*, le dernier train part peu avant minuit. || PAR EXT. *er ist von uns gegangen*, il nous a quittés ; il est décédé. | *er geht am Ende dieses Jahres*, il quitte ses fonctions, son emploi à la fin de cette année. | *der Finanzminister ist gegangen worden*, FAM., IRON. le ministre des Finances a été remercié, congédié.
V. [Abwicklung einer Handlung] aller ; marcher. | *alles ging nach Wunsch*, tout alla à souhait. | *die Sache geht schief*, l'affaire tourne mal. | *in diesem Haus geht alles drunter und drüber*, le désordre règne dans cette maison. | *die Arbeit geht gut vonstatten*, le travail avance (beaucoup). | *diese Ware geht gut*, cette marchandise se vend bien. | *wir wissen, worum es geht*, nous connaissons l'enjeu de cette affaire. | *hier geht es nicht mit rechten Dingen zu*, cela n'est pas naturel ; il y a qch. là-dessous. | *was geht hier vor sich ?*, que se passe-t-il ici ?
VI. [Verstoß gegen etwas] aller contre ; être à l'encontre de. | *das geht gegen mein Gewissen*, cela heurte ma conscience. | *das geht gegen die Natur*, c'est contraire à la nature. | *das geht mir gegen die Gesinnung*, c'est contraire à mes opinions. | *das geht gegen die Ehre*, c'est contre l'honneur. | *das geht ihm gegen den Strich*, cela contrarie ses projets.
VII. [Zustand und Maß] aller ; se porter ; entrer dans ; être contenu dans ; passer. — **1.** [Zustand] *wie geht es Ihnen ?*, comment allez-vous ? | *es geht mir gut*, je vais bien. | *ihm geht es gut*, il va bien. | *er läßt es sich gut gehen*, il mène une vie agréable ; POP. il se la coule douce. | *es ist ihm schlecht gegangen*, il a connu des jours difficiles.

2. [Maß] *die Zahl seiner Romane geht in die Dutzende*, ses romans se comptent par douzaines. | *es gehen fünfzig Pfund in diesen Sack*, ce sac peut contenir 50 livres. | *der Schrank geht nicht durch die Tür*, l'armoire ne passe par cette porte. | *sie geht ihm kaum bis zur Schulter*, elle lui arrive à peine à l'épaule.

VIII. LOC. et PROV. *sicher gehen*, ne pas courir de risque. | *verloren gehen*, se perdre ; être égaré. | *jm an die Hand gehen*, seconder qn. | *das geht zu weit*, cela passe les bornes. | *das geht mir auf die Nerven*, cela m'énerve, m'agace. | *sich gehen lassen*, se laisser aller. | *es geht ihm an den Kragen*, il risque gros. | *das will mir nicht in den Kopf gehen*, je ne puis m'y faire ; je ne puis me faire à cette idée. | *die Arbeit geht ihm flott von der Hand*, il abat de la besogne. | *jm aus dem Weg gehen*, éviter qn. | *geh' mir aus den Augen*, disparais ! | *wir wissen, wie man dabei zu Werke geht*, nous savons comment il faut s'y prendre. | *es geht hoch her*, il y a de la joie. | *er geht schnell hoch*, il prend la mouche. | *sie geht mit ihm seit mehreren Monaten*, elle est son amie depuis plusieurs mois. | *das geht nicht an*, cela ne se fait pas. | *das geht gerade noch an*, c'est tout juste convenable. | *nichts geht über die Freundschaft*, rien ne vaut l'amitié. | *es gehe, wie es wolle !*, advienne que pourra !

IX. v. pr. **sich gehen.** | *es geht sich schlecht*, on marche difficilement. | *es geht sich gut (auf diesem Grund)*, on marche bien. | *sich die Füße wund gehen*, avoir les pieds blessés par la marche.

X. v. tr. *das Pferd geht einen ruhigen Gang*, ce cheval a l'allure douce. | *er geht still seinen Weg*, il va son petit bonhomme de chemin.

Gehen ['ge:ən] n. (s) marche f. | *im Gehen*, en marchant. | *das Gehen fiel ihr schwer*, elle avait de la peine à marcher.

Geher ['ge:ər] m. (s, -). SPORT. marcheur m.

geheuer [gə'hɔyər] adj. *in jener Ruine ist es nicht geheuer*, on ne se sent pas en sûreté dans ces ruines. | *das kommt mir nicht geheuer vor*, cela ne me dit rien qui vaille.

Geheul [gə'hɔyl] n. (s). FAM. hurlements m. pl. || FIG. mugissement m. ; lamentations f. pl.

Gehilfe [gə'hilfə] m. (n, n), **Gehilfin** f. (-, nen) aide s. ; assistant(e) m. (f.) ; commis m.

Gehirn [gə'hirn] n. (s, e). ANAT. cerveau m. ; cervelle f. ; encéphale m.

Gehirn|blutung [gə"hirn'blutuŋ] f. (-, en) hémorragie cérébrale. ||°**-entzündung** f. (-, en) fièvre cérébrale ; encéphalite f. ||°**-erschütterung** f. (-, en) commotion cérébrale. ||°**-erweichung** f. (-, en) ramollissement du cerveau. ||°**-hälfte** f. (-, n). ANAT. hémisphère cérébral. ||°**-haut** f. (-, ¨e) méninge f. ||°**-hautentzündung** f. (-, en) méningite f. ||°**-mark** n. (s). ANAT. matière grise. ||°**-schale** f. (-, n) crâne m. ||°**-schlag** m. (s, ¨e). MÉD. apoplexie f. ||°**-tumor** m. (s, en) tumeur cérébrale, encéphaloïde. ||°**-windung** f. (-, en) circonvolution cérébrale.

gehoben [gə'ho:bən] adj. FIG. *gehobene Sprache*, style soutenu. | *in gehobener Stimmung*, fort animé ; exalté ; excité.

Gehöft [gə'hø:ft] n. (s, e) ferme f. ; métairie f.

Gehölz [gə'hølts] n. (es, e) bocage m. ; bosquet m. ; bois m.

Gehör [gə'hø:r] n. (s) ouïe f. | *ein feines, scharfes Gehör haben*, avoir l'ouïe, l'oreille fine, subtile. | *das Gehör verlieren*, devenir sourd. | *einer Bitte kein Gehör schenken*, rester sourd à une demande ; faire la sourde oreille. | *nach dem Gehör spielen*, jouer d'oreille. || PAR EXT. audience f. | *um Gehör bitten*, demander audience. | *sich Gehör verschaffen*, se faire entendre. | *Gehör finden*, être écouté.

Gehör|fehler [gə"hø:r'fe:lər] m. (s, -) défaut (m.) d'oreille ; surdité f. ||°**-gang** m. (s, ¨e). ANAT. conduit auditif. ||°**-knöchelchen** n. (s, -). ANAT. osselet m. ||°**-losigkeit** f. surdité f. ||°**-nerv** m. (s, en) nerf auditif. ||°**-organ** n. (s, e) organe (m.) de l'ouïe. ||°**-schnecke** f. (-, n). ANAT. limaçon m. ||°**-sinn** m. (s). ANAT. (sens [m.] de l') ouïe f. ||°**-trichter** m. (s, -). TECHN. cornet (m.) acoustique. ||°**-trommel** f. (-, n). ANAT. tympan m.

gehorchen [gə'hɔrçən] v. intr. obéir ; obtempérer ; se soumettre. | *seinen Vorgesetzten gehorchen*, obéir à ses supérieurs. | *aufs Wort gehorchen*, obéir au doigt et à l'œil. | *nicht gehorchen*, désobéir.

gehören [gə'hø:rən] v. intr. **1.** [Eigentum] appartenir à ; être à. | *dieses Grundstück gehört mir*, ce terrain m'appartient.

2. [angehören] compter ; faire partie de ; être au nombre de. | *er gehört zu meinen Freunden*, il compte au nombre de mes amis. | *das gehört noch dazu*, cela fait encore partie de. | *das gehört zur Sache*, c'est un élément de l'affaire. | *es gehört zur Sitte*, cela relève de l'usage, des convenances.

3. [zukommen ; gebühren] être dû. | *diese Summe gehört ihm noch*, cette somme lui revient aussi. | *diese Ehre gehört ihm*, cet honneur lui est dû.

4. [passen] être à sa place ; aller ensemble. | *wohin gehört dieses Buch ?*, où se range ce livre ? | *dieser Redner gehört ins Parlament*, cet orateur a sa place au Parlement ; la place de cet orateur est au Parlement. | *dieser Stuhl gehört ins Eßzimmer*, la place de cette chaise est dans la salle à manger. | *das gehört vor die Strafkammer*, c'est du ressort de la chambre pénale.

5. [nötig sein] être nécessaire ; falloir. | *dazu gehört Mut*, il y faut du courage. | *es gehört schon etwas dazu*, il faut avoir du cœur pour le faire.

◇ v. pr. **sich gehören,** convenir ; être convenable. | *das gehört sich nicht*, ce n'est pas convenable ; cela ne se fait pas. | *wie es sich gehört*, comme il sied ; comme il se doit.

gehörig [-riç] adj. appartenant à. || JUR. *die ihm gehörigen Grundstücke*, les terrains lui appartenant, qui lui appartiennent. || PAR ANAL. [gebührend] dû ; nécessaire ; convenable. | *in gehöriger Form*, en bonne et due forme. || [notwendig] nécessaire ; requis ; compétent. | *die gehörigen Mittel anwenden*, employer les moyens adéquats. || FIG. [gründlich ; ziemlich hoch] bon ; fameux. | *er hat die gehörige Strafe erhalten*, il a reçu la peine qu'il méritait. | *ein gehöriger Lügner*, un fameux menteur.

◇ adv. FAM. comme il se doit ; dûment ; bien ; convenablement. | *wir haben ihm gehörig die Wahrheit gesagt*, nous lui avons dit ses (quatre) vérités.

Gehörn [gə'hørn] n. (s, e). ZOOL. [Haustiere] cornes f. pl. || [Hörner des Hochwildes] bois m. pl.

gehörnt [gə'hørnt] adj. encorné ; cornu. | *gehörntes Wild*, gibier cornu. || FIG. cornard ; cocu.

Gehorsam [gə'ho:rza:m] m. (s) obéissance f. ; docilité f. ; soumission f. | *den Gehorsam verweigern*, refuser l'obéissance ; refuser d'obéir. | *Gehorsam leisten*, obéir. | *blinder Gehorsam*, obéissance aveugle. | *geistlicher Gehorsam*, obédience monacale. | *Gehorsamsverweigerung*, refus (m.) d'obéissance.

gehorsam adj. obéissant ; docile ; soumis.

Geh|rock ['gə:rɔk] m. (s, ¨e) redingote f. ||°**-steig** m. (s, e) trottoir m. ; chemin (m.) pour piétons. ||°**-werk** n. (s, e). TECHN. mouvement m.

Gehrung [-ruŋ] f. (-, en). TECHN. coin m. ; biais m. ;

onglet m. | *auf Gehrung schneiden*, couper de, en biais, à, en onglet.

Geier ['gaiər] m. (s, -). ZOOL. vautour m. || FAM. *weiß der Geier!*, qui diable peut le savoir !

Geifer ['gaifər] m. (s) bave f. ; écume f.

geifern ['gaifərn] v. intr. baver ; jeter sa bave. || FIG. écumer de rage.

Geige ['gaigə] f. (-, n) violon m. | *Geige spielen*, jouer du violon. | *die erste Geige spielen*, jouer le premier violon. | *der Himmel hängt ihm voller Geigen*, il voit tout en rose ; il est aux anges, au septième ciel.

geigen [-gən] v. intr. MUS. jouer du violon. ◇ v. tr. *ein Stück geigen*, jouer un morceau de violon.

Geigen|bauer ["gaigən'bauər] m. (s, -) luthier m. ||°**-bogen** m. (s, -) archet m. ||°**-hals** m. (es, ¨e) manche (m.) de violon. ||°**-stunde** f. (-, n) leçon (f.) de violon.

Geiger ['gaigər] m. (s, -). MUS. violoniste m.

Geiger|zähler ["gaigər'tsɛ:lər] m. (s, -). TECHN. compteur m. (de) Geiger.

geil [gail] adj. AGRIC., BOT. [üppig ; wuchernd] luxuriant ; exubérant. | *geiler Boden*, sol trop gras. || PAR ANAL. [gierig ; geschlechtserregt] luxurieux ; concupiscent ; lascif ; lubrique.

Geilheit ['gailhait] f. AGRIC., BOT. exubérance f. || PAR ANAL. luxure f. ; lasciveté f. ; lubricité f. || [Tiere] chaleur f. ; rut m.

Geisel ['gaizəl] f. (-, n), m. (s, -) otage m.

Geisel|nahme [-nɑ:mə] f. (-) prise (f.) d'otages. ||°**-nehmer(in)** m. (s, -), f. (-, nen) preneur (m.), preneuse (f.) d'otages.

Geiser ['gaizər] m. (s, -) geyser m.

Geiß [gais] f. (-, en). ZOOL. femelle (f.) du chamois, du bouquetin, du chevreuil ; chèvre f.

Geiß|bart ['gaisbart] m. (s,¨e) barbe (f.) de chèvre. || BOT. reine-des-prés f. ; herbe aux abeilles f. ; ulmaire f. ||°**-blatt** n. (s,¨er). BOT. chèvrefeuille m. ||°**-bock** m. (s,¨e) bouc m. ||°**-fuß** m. (es,¨e). ZOOL. pied (m.) de chèvre. || BOT. ægopode f. ; herbe aux goutteux f. || TECHN. pied-de-biche m.

Geißel ['gaisəl] f. (-, n) fouet m. ; verge f. || FIG. *die Geißel Gottes*, le fléau de Dieu. || RELIG. discipline f.

geißeln ['gaisəln] v. tr. fouetter ; fustiger. || RELIG. flageller. || FIG. flageller ; stigmatiser.

Geißelung [-səluŋ] f. (-, en) fustigation f. ; peine (f.) du fouet. || RELIG. flagellation f.

Geist [gaist] m. (s, er). **1.** [antreibende Kraft] *Geist und Materie*, esprit et matière. | *der menschliche Geist*, l'esprit humain.

2. [das Leben erhaltende Kraft] *den Geist aufgeben*, rendre l'âme ; mourir. || [Bibel] *er befahl seinen Geist in Gottes Hände*, il remit, recommanda son âme à Dieu.

3. [überirdisches, unkörperliches Wesen] esprit m. ; génie m. ; démon m. | *der Heilige Geist*, le Saint-Esprit. | *der Geist Gottes*, l'esprit de Dieu. | *der Geist der Finsternis*, l'esprit, le prince des ténèbres. | *von allen guten Geistern verlassen sein*, perdre la tête ; ne plus savoir ce qu'on fait.

4. [geistige Haltung] *ein großer Geist*, un esprit supérieur. | *ein edler Geist*, un esprit noble. | *ein freier Geist*, un esprit libre. | *ein Mann von Geist*, un homme d'esprit. | *ein Mann von beschränktem Geist*, un esprit borné ; un petit esprit. | *wir sind im Geiste mit Euch*, nous sommes par la pensée, en esprit avec vous. | *in diesem Unternehmen herrscht ein guter Geist*, dans cette entreprise règne un excellent esprit. | *der Sohn handelt im Geiste seines Vaters*, le fils agit selon l'esprit du père. | *der Geist der Klassik*, l'esprit du classicisme.

5. [Träger eines solchen Geistes] *Schöngeist*, bel esprit. | *Freigeist*, esprit fort ; libre penseur. | *Zeitgeist*, esprit du temps, du siècle.

6. [Chemie : Extrakt ; Essenz] *Weingeist*, esprit-de-vin m.

7. [Spuk] esprit m. ; génie (aérien) ; spectre m. ; fantôme m. ; revenant m. | *ein dienstbarer Geist* [auch humoristisch], génie domestique ; serviteur m. ; servante f.

geist|bildend ["gaist'bildənt] adj. qui cultive l'esprit. ||**-los** adj. dépourvu d'esprit ; vide ; insipide ; insignifiant ; fade ; vulgaire. ||°**-losigkeit** f. manque (m.) d'esprit ; insipidité f. ; fadeur f. ; platitude f. ||**-reich** adj. spirituel ; plein d'esprit. | *sehr geistreich sein*, avoir de l'esprit jusqu'au bout des ongles. | *geistreich sein wollen*, vouloir faire de l'esprit. ◇ adv. avec esprit ; spirituellement.

Geister|beschwörer ["gaistərbə'ʃvø:rər] m. (s, -). RELIG. nécromancien m. ; exorciste m. ||°**-beschwörung** f. RELIG. conjuration des esprits ; nécromancie f. ; exorcisme m. ||°**-bild** n. (s, er) fantôme m. ||°**-erscheinung** f. (-, en) apparition f. ; vision f. ||°**-fahrer** m. (s, -). FAM. conducteur fou. ||°**-seher(in)** m. (s, -), f. (-, nen) visionnaire s. ||°**-welt** f. (-) monde (m.) des esprits ; monde surnaturel.

geisterhaft ['gaistərhaft] adj. fantomatique ; surnaturel ; spectral ; mystérieux.

geistern ['gaistərn] v. intr. rôder en fantôme.

geistes|abwesend ["gaistəs'apve:zənt] adj. absent ; distrait, inattentif. ||°**-abwesenheit** f. absence (f.) d'esprit ; distraction f. ||°**-armut** f. pauvreté (f.), sécheresse (f.) d'esprit. ||°**-bildung** f. culture intellectuelle. ||°**-blitz** m. (es, e) éclair (m.) de génie. ||°**-gabe** f. (-, n) don (m.) de l'esprit ; talent m. ; faculté intellectuelle. || °**-gegenwart** f. présence (f.) d'esprit. ||**-gestört** adj. MÉD. atteint de troubles cérébraux ; dont l'esprit est dérangé ; aliéné. ||°**-größe** f. élévation (f.) d'esprit ; grandeur (f.) d'âme ; magnanimité f. ||°**-kraft** f. (-,¨e) force (f.) de l'esprit ; faculté intellectuelle. || **-krank** adj. MÉD. atteint d'aliénation mentale ; aliéné. ||°**-krankheit** f. (-, en) maladie mentale ; aliénation f. ; psychose f. ||°**-richtung** f. (-, en) tendance (f.) d'esprit. ||**-schwach** adj. faible d'esprit ; imbécile ; idiot. ||°**-schwäche** f. faiblesse (f.) d'esprit ; imbécillité f. ; idiotie f. ||°**-störung** f. (-, en) trouble mental ; aliénation mentale. ||°**-strömung** f. (-, en) courant intellectuel. || °**-verfassung** f. état (m.), disposition (f.) d'esprit ; mentalité f. ||**-verwandt** adj. qui a des affinités intellectuelles ; qui est en communion d'esprit avec. ||°**-verwandtschaft** f. (-, en) affinité (f.), parenté (f.) d'esprit ; sympathie intellectuelle. ||**-verwirrt** adj. FIG. égaré. ||°**-verwirrung** f. (-, en) égarement m. ; dérangement (m.) de l'esprit ; trouble mental. ||°**-welt** f. monde intellectuel ; monde (m.) des idées. ||°**-wissenschaften** f. pl. sciences humaines. || PAR EXT. lettres f. pl. ||°**-zustand** m. (es) état mental.

geistig ['gaistiç] adj. spirituel ; immatériel. | *geistige Nahrung*, nourriture spirituelle. || PAR ANAL. intellectuel ; moral. | *eine geistige Anstrengung*, un effort d'intelligence. || FIG. spiritueux. | *geistige Getränke*, spiritueux m. pl.

Geistigkeit ['gaistiçkait] f. nature intellectuelle, morale ; spiritualité f. ; immatérialité f.

geistlich ['gaistliç] adj. RELIG. spirituel. | *geistliches Konzert*, concert spirituel, religieux. | *geistliches Lied*, cantique m. | *geistliche Güter*, biens spirituels. | *geistlicher Berater*, conseiller, guide spirituel. | *das Geistliche und das Weltliche*, le spirituel et le temporel. || PAR EXT. religieux ; clérical ; ecclésiastique. | *geistliche Behörde*, autorité ecclésiastique. | *geistlicher Stand*, clergé m.

Geistlicher [-liçər] m. RELIG. ecclésiastique m. ; prêtre m. ; clerc m. || [katholisch] curé m. || [protestantisch] pasteur m. || [jüdisch] rabbin m.

Geistlichkeit [-liçkait] f. RELIG. clergé m. ; ecclésiastiques m. pl. ; (Vx.) cléricature f.

Geiz [gaits] m. (es) avarice f. ; ladrerie f. ; lésine f. | *schmutziger Geiz*, avarice sordide. || FIG., BOT. [Geiztrieb] gourmand m. ; rejeton m. ; tendron m.

geizen [-tsən] v. intr. être avare ; lésiner. | *mit der Zeit geizen*, être avare de son temps.

Geiz|hals ['gaitshals] m. (es, ¨e) avare m. ; ladre m. || FIG., POP. grippe-sou m. ; fesse-mathieu m. | *alter Geizhals*, harpagon m.

geizig ['gaitsiç] adj. avare ; avaricieux ; ladre.

Gejammer [gə'jamər] n. (s). FAM. plaintes f. pl. ; lamentations f. pl. ; jérémiades f. pl.

Gejubel [gə'ju:bəl] n. (s). cris (m. pl.) d'allégresse ; exultation f.

Gekicher [gə'kiçər] n. (s) rires étouffés.

Gekläffe [ge'klɛfə] n. (s) aboiements m. pl.

Geklapper [gə'klapər] n. (s). FAM. claquement m. ; clic-clac m. || [Storch] craquètement m.

Geklimper [gə'klimpər] n. (s). FAM. (action [f.] de) tapoter, pianoter.

Geklirr(e) [gə'klir(ə)] n. (s) cliquetis m. ; choc m. | *Waffengeklirr*, cliquetis des armes.

Geknatter [gə'knatər] n. (s) crépitement m. ; détonations f. pl. || [Storch] craquètement m.

Gekreisch(e) [gə'kraiʃ(ə)] n. (s). FAM. criailleries f. pl. ; cris aigus, perçants ; piaillerie f.

Gekritzel [gə'kritsəl] n. (s). FAM. griffonnage m.

gekröpft [gə'krøpft] adj. TECHN. coudé ; rompu. | *gekröpfte Welle*, arbre coudé. || TECHN. *gekröpftes Bett*, banc rompu.

Gekröse [gəkrø:zə] n. (s). [Halskrause] fraise f. || CULIN. tripes f. pl. ; fraise f. || ANAT. mésentère m. ; intestin (m.) grêle ; gros intestin.

gekünstelt [gə'kynstəlt] adj. factice ; artificiel ; affecté ; recherché ; guindé ; maniéré.

Gel [ge:l] n. (s, e) [Substanz] gel m.

Gelächter [gə'lɛçtər] n. (s) rires m. pl. ; explosion (f.) de rires. | *lautes Gelächter*, éclats (m. pl.) de rire. | *in Gelächter ausbrechen*, éclater de rire ; rire à gorge déployée. | *zum Gelächter werden*, devenir la risée de tout le monde ; être un objet de dérision (pour tous). | *jn zum Gelächter machen*, tourner qn en dérision.

geladen [gə'lɑ:dən] adj. [aufgefordert ; eingeladen] invité. | *vor geladenen Gästen*, devant les invités. || [schußbereit] chargé. | *geladenes Gewehr*, fusil chargé. || FIG., FAM. [gereizt] *auf jn geladen sein*, être monté contre qn.

Gelage [gə'lɑ:gə] n. (s) festin m. ; banquet m. || PAR EXT. orgie f. | *Trinkgelage*, beuverie f.

gelähmt [gə'lɛ:mt] adj. paralysé ; perclus ; estropié.

Gelände [gə'lɛndə] n. (s, -) étendue (f.) de terrain ; terrain m. ; contrée f. ; région f. | *bebaubares, erschlossenes Gelände*, terrain viabilisé. | *fruchtbares Gelände*, terrain, terre (f.) fertile. | *ebenes Gelände*, terrain plat. | *hügeliges Gelände*, terrain accidenté. | *Gelände gewinnen*, gagner du terrain.

Gelände|abschnitt [gə"lɛndə'apʃnit] m. (s, e) secteur m. ||°**-aufnahme** f. (-, n). MIL. lever (m.) topographique. ||°**-fahrzeug** n. (s, e). AUTOM., MIL. véhicule (m.) tout terrain. ||**-gängig** adj. AUTOM. [nicht an die Straßen gebunden] tout terrain. || °**-kunde** f. topographie f. ||°**-lauf** m. (s, ¨e). SPORT. cross (country) m. ||°**-wagen** m. (s, -) voiture (f.) tout terrain.

Geländer [gə'lɛndər] n. (s, -). ARCHIT. balustrade f. ; parapet m. ; garde-fou m. ; rampe f. | *Brückengeländer*, garde-corps m. | *Treppengeländer*, rampe d'escalier. | *Geländerstab*, barreau (m.) d'une balustrade.

gelangen [gə'laŋən] v. intr. arriver ; parvenir ; atteindre ; accéder à. | *ans, zum Ziel gelangen*, arriver au but. | *der Plan ist nicht zur Ausführung gelangt*, le plan ne fut pas mis à exécution. | *die Verhandlungen gelangten zum Abschluß*, les négociations furent menées à bonne fin. | *zu Ansehen gelangen*, acquérir du crédit ; se faire estimer.

gelassen [gə'lasən] adj. laissé. || PAR EXT. calme ; placide ; impassible ; tranquille ; résigné. | *gelassener Mann*, homme (m.) placide ; tête froide.
◇ adv. calmement ; avec sang-froid, flegme. | *er nahm die schlimme Nachricht gelassen auf*, il reçut avec calme, sang-froid la triste nouvelle.

Gelassenheit [gə'lasənhait] f. calme m. ; placidité f. ; tranquillité f. ; sang-froid m. ; résignation f. ; sagesse f. | *sein Leid mit Gelassenheit ertragen*, prendre son mal en patience. || PHILOS. ataraxie f.

geläufig [gə'lɔyfiç] adj. courant ; coulant ; exercé. || FIG. familier ; bien connu. | *geläufiger Ausdruck*, expression courante. | *das Französische ist ihm geläufig*, le français lui est familier ; il sait (bien) le français.
◇ adv. avec facilité ; couramment. | *er spricht geläufig Französisch*, il parle couramment (le) français.

Geläufigkeit [-kait] f. aisance f. ; facilité f. | *Geläufigkeit der Zunge*, volubilité f. || MUS. vélocité f.

gelaunt [gə'launt] adj. *schlecht gelaunt sein*, être de mauvaise humeur, mal disposé, mal luné ; FAM. de mauvais poil. | *wenn er gut gelaunt ist*, à ses heures ; dans ses bons moments.

Geläute [gə'lɔytə] n. (s). [Glockenläuten] son (m.) de cloches. || [Läutwerk] sonnerie f. ; carillon m. ; grelots m. pl.

gelb [gɛlp] adj. jaune. | *gelbe Rüben*, carottes f. pl. || SPORT. *gelbes Trikot*, maillot (m.) jaune. || FIG. *gelber Neid*, envie f. ; jalousie f. | *vor Neid gelb (und grün) werden*, pâlir, verdir d'envie.

Gelb [gɛlp] n. (s) jaune m. ; couleur (f.) jaune. | *das Gelb vom Ei, das Eigelb*, le jaune d'œuf.

gelb|braun ['gɛlpbraun] adj. jaune-brun. ||°**-filter** m. (s, -). PHOT. filtre (m.), écran (m.) jaune. ||**-grün** adj. jaune verdâtre.

gelblich ['gɛlpliç] adj. jaunâtre.

gelb|rot ['gɛlpro:t] adj. rouge jaunâtre. ||°**-scheibe** f. (-, n). PHOT. filtre (m.), écran (m.) jaune. ||°**-sucht** f. MÉD. jaunisse f. ; ictère m. ||°**-süchtig** adj. MÉD. atteint de jaunisse ; ictérique.

Geld [gɛlt] n. (s) argent m. ; espèces f. pl. ; numéraire m. | *bares Geld*, argent comptant. | *falsches Geld*, fausse monnaie. | *ein Stück Geld*, une belle somme. | *Geld auf die hohe Kante legen*, FAM. mettre de l'argent à gauche. | *Geld schlagen, prägen*, battre monnaie. | *Geld verdienen*, gagner de l'argent. | *bei Gelde sein*, être en fonds. | *im Gelde wühlen*, brasser de l'argent ; rouler sur l'or. | *Geld wie Heu haben*, être riche comme Crésus. | *das kostet viel Geld*, c'est cher. | *Geld ausgeben*, dépenser de l'argent. | *jm Geld vorstrecken*, avancer de l'argent à qn. | *das Geld zum Fenster hinauswerfen*, jeter l'argent par les fenêtres. | *mit dem Geld um sich schmeißen, werfen*, FAM. avoir de l'argent à foison. | *sein Geld anlegen*, placer son argent. | *von seinem Gelde leben*, vivre de ses rentes. | *um Geld spielen*, jouer de l'argent. | *um sein Geld kommen*, en être pour son argent. || PROV. *Zeit ist Geld*, le temps, c'est de l'argent.

◇ n. pl. **Gelder,** deniers m. pl. ; fonds m. pl. | *öffentliche Gelder*, fonds publics. | *private Gelder*, fonds privés. | *flüssige Gelder*, capitaux (m. pl.) liquides.
Geld|abfindung ["gɛlt'apfinduŋ] f. (-, en) somme (f.), indemnité (f.) forfaitaire. ||°**-abwertung** f. (-, en) dévaluation (f.) monétaire. ||°**-adel** m. (s) titre de noblesse acheté. || PAR EXT. aristocratie (f.) d'argent ; haute finance ; ploutocratie f. ||°**-anweisung** f. (-, en). POSTES. mandat m. | *telegraphische Geldanweisung*, mandat télégraphique. || FIN. chèque m. ; envoi (m.) de fonds. || ADM. allocation f. ||°**-aufnahme** f. (-, n) prêt m. ; emprunt m. ||°**-ausfuhr** f. FIN. exportation (f.) de capitaux. ||°**-ausgabe** f. (-, n) dépenses f. pl. ||°**-automat** m. (en, en) distributeur (m.) de billets de banque ; billetterie f. ||°**-beutel** m. (s, -) bourse f. ; escarcelle f. ||°**-bewegung** f. (-, en) mouvement de fonds, monétaire et financier. || °**-börse** f. (-, n) bourse f. ; porte-monnaie m. ||°**-brief** m. (s, e). POSTES. lettre chargée ; valeur déclarée. ||°**-buße** f. (-, n) amende f. ||°**-einlage** f. (-, n). FIN. apport (m.) en numéraire. ||°**-entwertung** f. (-, en). FIN. dépréciation (f.) monétaire ; dévalorisation f. ||°**-erwerb** m. (s) gain m. ; lucre m. ||°**-fälscher** m. (s, -) faux-monnayeur m. ||°**-geber** m. (s, -). COMM. bailleur (m.) de fonds. ||°**-geschäft** n. (s, e) affaire (f.), opération (f.) monétaire ; affaire (f.) d'argent. ||°**-geschenk** n. (s, e) don (m.) en argent. ||°**-gier** f. cupidité f. ; amour (m.) de l'argent. ||**-gierig** adj. qui aime l'argent ; cupide. ||°**-herrschaft** f. ploutocratie f. ||°**-knappheit** f. pénurie (f.), rareté (f.) d'argent. ||°**-kurs** m. (es, e). (cours [m.] du) change m. ; [Börse] cours demandé. ||°**-kurszettel** m. (s, -). FIN. cote (f.) des changes. ||°**-mangel** m. (s) manque (m.) d'argent ; impécuniosité f. ||°**-markt** m. (es, ¨e) marché (m.) monétaire. ||°**-marktpapier** n. (s, e) effet (m.) négociable (sur le marché monétaire). ||°**-menge** f. (-, n), °**-volumen** n. (s, -) masse (f.) monétaire. ||°**-mengensteuerung** f. (-) contrôle (m.) de la masse monétaire. ||°**-mittel** n. pl. ressources financières, monétaires ; moyens financiers. ||°**-not** f. pénurie (f.) d'argent. ||°**-politik** f. politique (f.) monétaire. ||°**-sache** f. (-, n) affaire (f.), question (f.) d'argent. ||°**-sammlung** f. (-, en) collecte f. ; quête f. ||°**-satz** m. (es, ¨e). FIN. taux (m.) de l'argent. ||°**-schein** m. (s, e) billet (m.) de banque ; banknote f. ||°**-schöpfung** f. (-) création (f.) monétaire. ||°**-schrank** m. (s, ¨e) coffre-fort m. ||°**-sorten** f. pl. FIN. espèces f. pl. ||°**-spende** f. (-, n) don (m.) d'argent. ||°**-spritze** f. (-, n). FIN., FAM. bouffée (f.) d'oxygène. ||°**-strafe** f. (-, n) amende f. | *mit einer Geldstrafe belegen*, frapper d'une amende. | *eine Geldstrafe entrichten*, acquitter une amende. ||°**-stück** n. (s, e) pièce (f.) d'argent. ||°**-summe** f. (-, n) somme (f.) d'argent. ||°**-tasche** f. (-, n) gousset m. || PAR EXT. porte-monnaie m. ; portefeuille m. ; sacoche f. ||°**-telegramm** n. (s, e). POSTES. mandat (m.) télégraphique. ||°**-überfluß** m. (es) pléthore (f.), surabondance (f.) de capitaux. ||°**-überweisung** f. (-, en) virement m. ; transfert (m.) d'argent, de fonds. | *telegraphische Geldüberweisung*, mandat (m.) télégraphique ; dépêche-mandat f. ||°**-umlauf** m. (s.). FIN. circulation (f.) fiduciaire. ||°**-umlaufgeschwindigkeit** f. (-, en) vitesse (f.) de circulation de la monnaie. ||°**-umstellung** f. (-, en) réforme monétaire. ||°**-umtausch** (es, e). FIN. (opération [f.] de) conversion (f.) monétaire. ||°**-waage** f. (-, n) trébuchet m. ||°**-wert** m. (s, e) valeur (f.) monétaire ; valeur en argent. ||°**-wertbeständigkeit** f. stabilité monétaire, financière. ||°**-wertschwund** m. (s, -) érosion (f.) monétaire. ||°**-wesen** n. (s) affaires financières ; finances f. pl. ; régime (m.), système (m.) monétaire. ||°**-zins** m. (es, en) taux (m.) de l'argent ; rente f.

Geldes|wert ["gɛldəs'vert] m. (s, e) valeur (f.) en argent ; valeur marchande. | *Geld und Geldeswert*, argent (m.) et valeurs f. pl.
ge|legen [gə'le:gən] adj. situé ; sis. | *einsam gelegener Bauernhof*, ferme isolée. | *schön gelegen*, bien situé ; bien exposé. | *nach Osten gelegen*, exposé à, donnant à l'est. || FIG. opportun ; à propos ; convenable ; commode. | *ich werde zu gelegener Zeit wiederkommen*, je reviendrai au bon moment, au moment propice, favorable. | *das kam ihm sehr gelegen*, cela lui arriva fort à propos, au moment voulu.
Gelegenheit [gə'le:gənhait] f. (-, en) occasion f. | *die Gelegenheit nutzen*, profiter de l'occasion. | *er nimmt die Gelegenheit wahr ; er ergreift die Gelegenheit*, il saisit l'occasion. | *er versäumt, verpaßt die Gelegenheit*, il manque, FAM. rate l'occasion. | *jm Gelegenheit geben zu*, fournir, donner à qn l'occasion de. | *es bietet sich ihm eine günstige Gelegenheit*, une (bonne) occasion se présente, s'offre à lui. | *bei Gelegenheit*, à l'occasion. | *bei jeder Gelegenheit*, FAM. à tous (les) coups.
Gelegenheits|arbeit [gə"le:gənhaits'arbait] f. (-, en) travail occasionnel. ||°**-arbeiter** m. (s, -) travailleur occasionnel. ||°**-gedicht** n. (s, e) poésie (f.) de circonstance. ||°**-kauf** m. (s, ¨e). COMM. occasion f.
gelegentlich [gə'le:gəntliç] adj. occasionnel ; accidentel.
◇ adv. à l'occasion ; par hasard ; incidemment ; accidentellement. | *gelegentlich seines Aufenthaltes in Paris machte er einige Besuche*, à l'occasion de son séjour à Paris il fit quelques visites.
gelehrig [gə'lə:riç], **gelehrsam** [-'le:rzam] adj. docile ; disciplinable ; intelligent. | *Hunde sind sehr gelehrig*, les chiens se dressent facilement.
Gelehrsamkeit [gə'le:rzamkait] f. savoir m. ; science f. ; érudition f. ; instruction f.
gelehrt [gə'le:rt] adj. [Personen] érudit ; savant ; instruit ; lettré ; docte. || PÉJOR. pédant. || [Dinge] scientifique ; savant.
◇ adv. savamment. | *er spricht sehr gelehrt davon*, il en parle comme un livre.
Gelehrtheit [gə'le:rthait] f. science f. ; savoir m. ; érudition f. ; instruction f.
Geleier [gə'laiər] n. (s). PÉJOR. antienne f. ; ritournelle f. ; FAM. scie f. | *immer das alte Geleier*, toujours la même chanson, le même refrain.
Geleise [gə'laizə] n. (s, -), **Gleis** [glais] n. (es, e) [Wagenspur] ornière f. || PAR EXT. voie ferrée ; rails m. pl. | *einspuriges Geleise*, voie unique. | *der (Eisenbahn)wagen sprang aus dem Gleise*, le wagon dérailla. | *totes Geleise*, voie de garage. || FIG. *aus dem Gleise kommen*, FAM. dérailler. | *etwas wieder ins rechte Geleise bringen*, remettre qch. dans la bonne voie.
Geleit [gə'lait] n. (s) accompagnement m. ; conduite f. | *jm das Geleit geben*, accompagner, reconduire qn. | *jm das letzte Geleit geben*, accompagner qn à sa dernière demeure. | *freies Geleit gewähren*, accorder, délivrer un sauf-conduit. || PAR ANAL. suite f. ; escorte f. || MIL. escorte f. || MAR. convoi m.
Geleit|brief [gə"lait'bri:f] m. (s, e). POLIT. sauf-conduit m. || COMM. lettre (f.) d'envoi ; acquit m. ||°**-schiff** n. (s, e). MAR. convoyeur m. ||°**-schutz** m. (es). MIL. escorte f. ||°**-wort** n. (es, e) préface f. ; avant-propos m. ||°**-zug** m. (s, ¨e). MAR. convoi m.
geleiten [-tən] v. tr. accompagner ; reconduire ; escorter. || MIL. escorter. || MAR. convoyer.
Geleiter [-tər] m. (s, -) conducteur m. ; homme (m.) appartenant à une escorte. || MAR. escorteur m.
Gelenk [gə'lɛŋk] n. (s, e). ANAT. articulation f. ; jointure f. || TECHN. jointure f. ; charnière f.

Gelenk|band [gə"lɛŋk'bant] n. (s, ¨er). ANAT. ligament (m.) articulaire. || TECHN. charnière f. ||°**-bruch** m. (s, ¨e) fracture (f.) articulaire. || °**-entzündung** f. (-, en). MÉD. arthrite f. ||°**-hebel** m. (s, -). TECHN. levier articulé. ||°**-pfanne** f. (-, n). ANAT. cavité (f.) articulaire ; coussinet (m.) de rotule ; glène f. ||°**-rheumatismus** m. (-, men). MÉD. rhumatisme (m.) articulaire. ||**-steif** adj. MÉD. ankylosé. ||°**-stück** n. (s, e). TECHN. joint articulé ; pièce articulée. ||°**-wasser** n. (s). ANAT. synovie f. ||°**-wassersucht** f. MÉD. synovite f. ; hydarthrose f. ||°**-welle** f. (-, n). AUTOM. transmission articulée ; arbre articulé.

gelenkig [gə'lɛŋkiç] adj. articulé. || PAR EXT. souple. | *gelenkige Glieder*, des membres (m. pl.) souples.

Gelenkigkeit [-kait] f. souplesse f. ; agilité f.

Gelichter [gə'liçtər] n. (s) espèce f. ; engeance f. ; clique f. ; coterie f.

Geliebte(r) [gə'li:ptə(r)] f. (m.) aimé(e) m. (f.) ; bien-aimé(e) m. (f.) ; amant m. ; maîtresse f.

Gelier|mittel [ʒe"li:r'mitəl] n. (s, -). CHIM. agent gélifiant.

gelind(e) [gə'lint, -'lind(ə)] adj. doux ; tempéré ; modéré ; bénin ; amène. | *gelinde Kälte*, froid modéré. | *mit einer gelinden Strafe davonkommen*, s'en tirer avec une peine légère. || FIG., FAM. *gelindere Saiten aufziehen*, baisser le ton ; filer doux.

◇ adv. doucement ; modérément. || FAM. *gelinde gesagt*, pour ne rien dire de plus ; au bas mot.

gelingen [gə'liŋən] (a, u) v. intr. réussir ; avoir du succès. | *das Vorhaben gelang nicht*, le projet échoua.

◇ v. impers. *es ist ihm gelungen, den Rekord zu verbessern*, il a réussi à améliorer le record. | *alles gelingt ihm, was er in die Hand nimmt*, il réussit tout ce qu'il entreprend. | *endlich gelingt es ihm*, enfin il y arrive, il y parvient.

Gelingen n. (s) réussite f. ; succès m.

gellen ['gɛlən] v. intr. résonner ; retentir. | *der Schrei gellt mir noch in den Ohren*, j'entends encore ce cri perçant. || PAR EXT. rendre un son perçant, aigu, strident.

gellend [-lənt] adj. perçant ; strident ; aigu. | *gellendes Lachen*, éclats (m. pl.) de rire. | *gellender Pfiff*, coup de sifflet strident.

geloben [gə'lo:bən] v. tr. faire vœu ; promettre solennellement. | *jm Treue geloben*, promettre solennellement fidélité à qn.

Gelöbnis [gə'lø:pnis] n. (ses, se) vœu m. ; promesse solennelle. | *ein Gelöbnis ablegen*, faire un vœu.

gelobt [-'lo:pt] adj. promis. || THÉOL. *das Gelobte Land*, la Terre promise.

gelocht [gə'lɔxt] adj. perforé.

gelockt [-'lɔkt] adj. bouclé.

gelogen [gə'lo:gən] part. pass. de **lügen.**

gelt [gɛlt] (de **gelten**) adv. DIAL. interrogatif (après une question) n'est-ce-pas ? || (au début d'une phrase) pour sûr ; certes. | *gelt, das hast du vergessen*, je gage que tu as oublié.

gelten ['gɛltən] (i, a, o) v. tr. [wert sein] valoir ; coûter. | *diese Münze gilt nicht viel*, cette pièce (de monnaie) ne vaut pas grand-chose. | *was gilt die Wette ?* combien pariez-vous ? || FIG. *sein Wort gilt etwas im Lande*, sa parole a du poids.

◇ v. intr. **1.** [gültig, in Kraft sein] être valable ; avoir cours ; compter. | *diese Briefmarke gilt noch*, ce timbre est toujours bon, a encore cours. | *das Visum gilt nicht für Israel*, ce visa n'est pas valable pour Israël. | *das laß' ich gelten*, à la bonne heure ! ; d'accord ! | *das Gesetz gilt*, cette loi est (toujours) en vigueur. | *das gilt nicht* [beim Spiel], ce n'est pas de jeu. || FIG. *einen Vorwand gelten lassen*, admettre comme plausible un prétexte. | *die dort geltenden Ansichten*, les idées en cours dans ce pays. | *eine Bitte gelten lassen*, recevoir une demande. **2.** [angesehen werden] être estimé, réputé ; avoir du crédit, de l'autorité. | *er gilt als der beste Spieler der Mannschaft*, il passe pour le meilleur joueur de l'équipe.

3. [bestimmt sein für] concerner ; s'appliquer à. | *die Frage hat nicht ihm, sondern dir gegolten*, la question ne s'adressait pas à lui, mais à toi.

◇ v. impers. **es gilt.** [es kommt darauf an] il s'agit de. | *jetzt gilts* ; *es gilt*, c'est le moment ; allons-y !

geltend [-tənt] adj. en cours ; valable. | *geltendes Recht*, jurisprudence (f.) en vigueur. | *geltende Ansicht*, opinion (f.) en cours. | *geltend machen*, faire valoir, prévaloir ; représenter. | *er weiß seine Ansprüche geltend zu machen*, il sait faire valoir ses droits.

Geltung [-tuŋ] f. valeur f. ; cours m. ; importance f. ; crédit m. ; autorité f. | *sich Geltung verschaffen*, s'imposer. | *zur Geltung bringen*, mettre en valeur.

Geltungs|bedürfnis ["gɛltuŋsbə'dyrfnis] n. (ses, se) besoin (m.) de se faire valoir ; ambition f. ||°**-bereich** m. (s, e) domaine (m.), champ (m.) d'application ; JUR. domaine (m.) d'application. || °**-dauer** f. durée (f.) de validité. ||°**-trieb** m. (s) besoin (m.) de se faire valoir ; ambition f.

Gelübde [gə'lypdə] n. (s, -). RELIG. vœu m. ; promesse solennelle. | *ein Gelübde erfüllen*, s'acquitter d'une promesse.

Gelumpe [gə'lumpə] n. (s). FAM. chiffons m. pl., déchets (m. pl.) de tissu. || FAM. hardes f. pl.

gelungen [gə'luŋən] adj. réussi. | *gelungener Streich*, coup réussi. || PAR EXT. [drollig] comique ; fameux.

Gelüst(e) [gə'lyst(ə)] n. (s) désir m. ; envie f. ; convoitise f. ; appétit m. ; concupiscence f.

gelüsten [-tən] v. tr. et v. impers. désirer ; convoiter ; avoir envie de. | *es gelüstet mich nach etwas*, j'ai envie de qch. | *es gelüstet mich, etwas zu tun*, j'ai envie de faire quelque chose.

Gemach [gə'ma:x] n. (s, ¨er). ARCHIT. chambre f. ; salle f. ; appartement m.

gemach [gə'ma:x] adj. lentement ; peu à peu ; doucement. | *nur gemach !*, tout doux !

gemächlich [-'mɛ:çliç] adj. commode. || PAR EXT. nonchalant ; qui aime ses aises. | *ein gemächliches Leben führen*, vivre à l'aise, à son aise.

Gemächlichkeit [-'mɛçliçkait] f. commodité f. ; aisance f.

gemacht [gə'maxt] adj. fait. || PAR EXT. artificiel. || FIG., FAM. *er ist ein gemachter Mann*, c'est un homme arrivé ; cet homme a sa fortune faite.

Gemahl [gə'ma:l] m. (s, e) époux m.

Gemahlin [gə'ma:lin] f. (-, nen) épouse f.

gemahnen [gə'ma:nən] v. tr. faire souvenir ; rappeler. | *jn an etwas* (acc.) *gemahnen*, faire souvenir qn de qch. ; rappeler qch. à qn.

Gemälde [gə'mɛldə] n. (s, -) tableau m. ; peinture f. ; toile f.

Gemälde|ausstellung [gə"mɛldə'ausʃtɛluŋ] f. (-, en) exposition (f.) de tableaux, de peinture ; salon m. || °**-galerie** f. (-, en) galerie (f.) de peinture, de tableaux. ||°**-sammlung** f. (-, en) collection (f.) de tableaux.

Gemarkung [gə'markuŋ] f. (-, en). AGRIC. ban m. ; finage m. ; district m. ; canton m.

gemäß [gə'mɛ:s] prép. (dat.) selon ; d'après ; conformément à. | *gemäß einer städtischen Verfügung darf* *man nicht*, en vertu d'un arrêté municipal, on n'a pas le droit de. | *die Reise verlief seinem Wunsche gemäß, wunschgemäß*, le voyage s'est déroulé à souhait.

gemäßigt [gə'mɛ:siçt] adj. modéré ; tempéré ; atténué. | *gemäßigtes Klima*, climat tempéré. | *gemäßigte Ansichten*, opinions modérées.

Gemäuer [gə'mɔyər] n. (s, -) murailles f. pl. | *verfallenes Gemäuer*, masures f. pl. ; murs (m. pl.) en ruine. || [Mauerwerk] maçonnerie f.

Gemecker [gə'mɛkər] n. (s) bêlements m. pl. || FIG. critique f. ; POP. rouspétance f.

gemein [gə'main] adj. **1.** [allgemein] commun ; public. | *das gemeine Recht*, le droit commun.
2. [gemeinsam] *das ist ihnen gemein* ; *das haben sie miteinander gemein*, ils ont ceci de commun. | *das Gut war den Brüdern gemein*, le domaine était propriété commune des deux frères. || FAM. *sich mit jm gemein machen*, s'acoquiner avec qn.
3. [gewöhnlich] commun ; ordinaire ; vulgaire. | *das gemeine Volk*, le peuple ; le vulgaire ; le commun. | *der gemeine Mann*, l'homme (m.) du peuple. | *gemeiner Soldat*, simple soldat m. ; soldat (m.) de deuxième classe.
4. PÉJOR. [niedrig gesinnt] commun ; vulgaire ; populacier ; vil ; ignoble. | *gemeine Gesinnung*, petitesse (f.) d'esprit ; bassesse (f.) de cœur.

Gemeiner [-nər] m. MIL. simple soldat m. ; soldat (m.) de deuxième classe.

gemein|faßlich [gə"main'fasliç] adj. à la portée de tous (les esprits) ; populaire. ||**-gefährlich** adj. JUR. qui constitue un danger public. ||°**-geist** m. (es) esprit (m.) de corps ; esprit public. ||°**-gut** n. (s, ¨er) bien commun ; domaine public ; communauté f. | *Gemeingut werden*, tomber dans le domaine public. ||°**-kosten** f. pl. frais généraux. ||°**-nutz** m. (es) intérêt général. | *Gemeinnutz geht vor Eigennutz*, le bien commun prime. ||**-nützig** adj. d'utilité publique ; d'intérêt général. | *gemeinnützige Gesellschaft*, société (f.), association (f.) d'utilité publique. | *gemeinnützige Arbeiten*, travaux (m. pl.) d'utilité collective (T.U.C.). ||°**-nützigkeit** f. intérêt général. ||°**-nützigkeitsfeststellung** f. (-). ADM. enquête (f.) d'utilité publique. ||°**-platz** m. (es, ¨e) lieu commun ; banalité f. ||**-rechtlich** adj. de droit commun. ||°**-schuld** f. (-, en). JUR. masse (f.) de faillite. ||°**-schuldner** m. (s, -). JUR. failli m. ||°**-sinn** m. (s). V. GEMEINSCHAFTSSINN. ||**-verständlich** adj. à la portée de tous ; populaire. | *gemeinverständlich machen*, vulgariser. || °**-wert** m. (s, e). COMM. valeur courante. ||°**-wesen** n. (s) chose publique. ||°**-wirtschaft** f. FIN. étatisme m. ; économie (f.) communautaire. ||°**-wohl** n. (s) bien, salut public ; intérêt commun.

gemeinhin [gə"main'hin] adv. ordinairement ; communément ; d'ordinaire.

Gemeinde [gə'maində] f. (-, n) commune f. ; municipalité f. | *zur Gemeinde gehörig*, communal ; municipal. || RELIG. communauté f. ; paroisse f.

Gemeinde|abgaben [gə"maində'apga:bən] f. pl. impôt communal. ||°**-behörde** f. (-, n) autorité municipale ; municipalité f. ||°**-bezirk** m. (s, e) circonscription municipale. ||°**-diener** m. (s, -) appariteur m. ||°**-haus** n. (es, ¨er) mairie f. ; maison commune. ||°**-rat** m. (s, ¨e) conseil municipal ; municipalité f. || PAR EXT. conseiller municipal. ||°**-recht** n. (s, e) droit municipal. ||°**-schule** f. (-, n) école communale. ||°**-vorstand** m. (s, ¨e), °**-vorsteher** m. (s, -) maire m.

Gemeinheit [gə'mainhait] f. (-, en) vulgarité f. ; bassesse f. ; platitude f. ; vilenie f.

gemeinsam [gə'mainza:m] adj. commun ; en commun. | *mit jm gemeinsame Sache machen*, faire cause commune avec qn. || [EWG] *der gemeinsame Markt*, le Marché commun.
◇ adv. en commun ; ensemble. | *gemeinsam handeln*, agir en commun. || JUR. *gemeinsam haften*, être solidairement responsables.

Gemeinsamkeit [-kait] f. communauté f.

Gemeinschaft [gə'mainʃaft] f. (-, en) communauté f. ; collectivité f. || POLIT. *Europäische Gemeinschaften (EG)*, Communautés européennes (C.E.). | *in Gemeinschaft mit*, de compagnie, en commun avec. | *in Gemeinschaft leben*, vivre en commun. || RELIG. communauté f. ; communion f. | *Gemeinschaft der Heiligen*, communion des saints. || JUR. communauté f. ; indivision f.

Gemeinschafts|erziehung [gə"mainʃaftsɛr'tsi:uŋ] f., coéducation f. ||°**-gefühl** n. (s, e) [sentiment (m.) de] solidarité f. ||°**-geist** m. (s) [esprit (m.) de] solidarité f. ||°**-haftung** f. (-, en). JUR. responsabilité, garantie collective. ||°**-produktion** f. (-, en). ÉCON., FILM. coproduction f. ||°**-raum** m. (s, ¨e) salle (f.) de réunion. ||°**-schule** f. (-, n) école interconfessionnelle, laïque. ||°**-sinn** (s) m. sens (m.) civique ; civisme m. ||°**-unternehmen** n. (s, -). FIN. association (f.) à risques communs.

gemeinschaftlich [gə'mainʃaftliç] adj. commun ; collectif. | *gemeinschaftliches Eigentum, Vermögen*, copropriété f. ; biens indivis.
◇ adv. ensemble ; en commun, conjointement ; de concert.

Gemenge [gə'mɛŋə] n. (s) [Mischung] mélange m. ; alliage m. || PAR ANAL. [Kampfgewühl] mêlée f.

Gemengsel [-ŋzəl] n. (s). FAM. mélange (m.) informe ; amalgame m. || FIG., FAM. salade f.

gemessen [gə'mɛsən] adj. mesuré. | *gemessenen Schrittes*, à pas mesurés, comptés. || FIG. mesuré ; formel ; réservé ; grave.

Gemessenheit [gə'mɛsənhait] f. mesure f. ; réserve f. ; gravité f.

Gemetzel [gə'mɛtsəl] n. (s, -). FIG. massacre m. ; carnage m. ; tuerie f. ; boucherie f.

Gemisch [gə'miʃ] n. (es, e) mélange m. || AUTOM. *armes, fettes Gemisch*, mélange pauvre, riche. || CHIM. alliage m. || PÉJOR. méli-mélo m.

Gemischtwaren|handlung [gə"miʃtva:rən'handluŋ] f. (-, en). COMM. épicerie f.

Gemme ['gɛmə] f. (-, n) pierre gravée ; [erhaben] camée m. ; [vertieft] intaille f.

gemocht [gə'mɔxt] part. pass. de **mögen.**

Gems|bart ['gɛmsbart] m. (s, ¨e) barbe (f.) de chamois ; touffe (f.) de poils de chamois. ||°**-bock** m. (s, ¨e) chamois (m.) mâle.

Gemse ['gɛmzə] f. (-, n). ZOOL. chamois m. ; isard m.

Gemunkel [gə'muŋkəl] n. (s). FAM. chuchotements m. pl. ; murmures m. pl. cancans m. pl.

gemünzt [gə'myntst] adj. monnayé. | *gemünztes Geld*, espèces f. pl. ; argent monnayé. || FIG. *das ist auf mich gemünzt*, c'est moi qui suis visé ; c'est une pierre dans mon jardin.

Gemurmel [gə'murməl] n. (s) murmure m.

Gemurre [gə'murə] n. (s) grondement m.

Gemüse [gə'my:zə] n. (s, -) légume(s) m. (pl.). | *Frühgemüse*, primeurs f. pl. || CULIN. *gemischtes Gemüse*, macédoine f. ; jardinière f.

Gemüse|anbau [gə"my:zə'anbau] m. (s) culture maraîchère. ||°**-garten** m. (s, ¨) potager m. || °**-gärtner** m. (s, -) maraîcher m. ||°**-händler** m. (s, -) marchand (m.) des quatre-saisons. ||°**-markt** m.

(es, ¨e) marché (m.) aux légumes. ||°-**steige** f. (-, n) cageot (m.) de légumes. ||°-**suppe** f. (-, n) bouillon (m.) de légumes ; julienne f.

Gemüt [gə'my:t] n. (s, er) âme f. ; cœur m. | *ein weiches Gemüt*, une âme sensible. | *kindliches Gemüt*, naïveté f. | *ein sonniges Gemüt*, un naturel gai. || FIG. *sich etwas zu Gemüte führen*, prendre qch. à cœur ; FIG. se régaler de qch.

gemütlich [-liç] adj. [Personen] qui a du cœur ; cordial ; débonnaire ; bonhomme. | *gemütlicher Kerl*, bon garçon. || [Dinge] intime ; qui met à l'aise ; agréable ; gai ; confortable. | *gemütliches Heim*, foyer (m.) agréable, confortable. | *hier ist's gemütlich*, c'est très sympathique ici ; on est bien ici.

Gemütlichkeit [-liçkait] f. cordialité f. ; bonhomie f. ; bonté f. || PAR ANAL. douceur f. ; agrément m. ; confort m. ; aise(s) f. (pl.). | *die Wiener Gemütlichkeit*, la bonhomie viennoise.

gemüt|los [gə"my:t'lo:s] adj. sans cœur ; sec ; froid ; insensible.

Gemüts|art [gə"my:ts'ɑ:rt] f. (-, en) caractère m. ; naturel m. ; tempérament m. ; goûts m. pl. ||°-**erschütterung** f. (-, en) bouleversement m. ; secousse morale ; altération (f.) de l'âme. ||-**krank** adj. mélancolique ; neurasthénique ; hypocondriaque. ||°-**krankheit** f. (-, en) mélancolie f. ; neurasthénie f. ; humeur noire ; hypocondrie f. ||°-**regung** f. (-, en) émotion f. ; trouble m. ; émoi m. ||°-**ruhe** f. égalité (f.), tranquillité (f.) d'âme ; quiétude f. ; calme m. ||°-**verfassung** f., °-**zustand** m. (s) humeur f. ; moral m. ; état (m.) d'âme ; disposition (f.) d'esprit.

gen [gən] (abrév. de **gegen**) prép. *gen Himmel*, vers le ciel ; au ciel.

Gen [ge:n] n. (s, e). BIOL. gène m. | *springendes Gen*, gène sauteur, mobile.

Gen|manipulation ["ge:nmanipula'tsio:n] f. (- ,en). BIOL. manipulation (f.) génétique. ||°-**mutation** f. (-, en) mutation (f.) génétique. ||°-**technologie** f. génie (m.) génétique.

genau [gə'nau] adj. [abweichungsfrei] qui a de la justesse ; qui s'adapte ; juste. | *genaue Waage*, balance (f.) juste. | *in allem genau sein*, être très exact ; mettre les points sur les *i*. || [sorgfältig, pünktlich] exact ; précis ; rigoureux ; minutieux. | *genaue Angaben*, indications précises. | *peinlich genau im Ausdruck*, méticuleux dans le choix de ses mots. || FIG. [sparsam] strict ; rigide. | *Mutter ist sehr genau*, ma mère est très stricte. | *alles aufs genaueste berechnen*, calculer tout au plus juste.

◇ adv. juste ; strictement ; exactement ; précisément. | *das Kind wiegt genau acht Pfund*, l'enfant pèse juste huit livres. | *der Schlüssel paßt genau*, la clef va juste. | *die Uhr geht auf die Minute genau*, cette montre va juste, à une minute près. | *das ist genau dasselbe*, c'est exactement pareil, la même chose. | *er nimmt es mit dem Korrigieren sehr genau*, il corrige avec beaucoup de soin. | *sich genau an die Verkehrsregeln halten*, observer exactement le code de la route. | *es nicht so genau nehmen*, ne pas y regarder de (trop) près. | *genau genommen*, rigoureusement, strictement parlant ; à bien prendre. | *etwas genauer betrachten*, regarder qch. de plus près. | *das stimmt genau*, c'est exact. || MATH. *auf drei Dezimalen genau*, à trois décimales près.

Genauigkeit [-içkait] f. justesse f. ; exactitude f. ; précision f. ; régularité f. ; ponctualité f. ; minutie f. ; rigueur f. | *Genauigkeit eines Meßgeräts*, précision, sensibilité (f.) d'un appareil de mesure. || PAR EXT. [Sparsamkeit] parcimonie f.

Gendarm [ʒan'darm] m. (en, en) gendarme m.

Genealoge [genea'lo:gə] m. (n, n) généalogiste m.

genealogisch [-giʃ] adj. généalogique.

genehm [gə'ne:m] adj. agréable ; plaisant. | *es ist mir genehm*, cela me plaît, me va.

genehmigen [-migən] v. tr. permettre ; consentir à ; autoriser. | *ein Gesuch genehmigen*, donner une suite favorable à une requête. || COMM. accepter ; agréer. | *eine Bilanz genehmigen*, sanctionner un bilan.

◇ v. pr. **sich genehmigen,** FAM. *sich etwas genehmigen*, se payer qch. ; *sich einen genehmigen*, s'en jeter un (derrière la cravate).

Genehmigung [-miguŋ] f. (-, en) agrément m. ; autorisation f. ; consentement m. ; acceptation f. || PAR ANAL. ratification f. ; sanction f. ; approbation f. | *nach vorheriger Genehmigung*, sur autorisation préalable.

Genehmigungs|verfahren [gə"ne:miguŋsfɛr'fɑ:-rən] n. (s, -). NUCL. procédure (f.) d'autorisation.

geneigt [gə'naikt] adj. penché ; incliné. | *geneigte Ebene*, plan incliné. || FIG. favorable ; bienveillant. | *er ist mir geneigt*, il m'est favorable. | *der geneigte Leser*, le lecteur indulgent. | *er ist geneigt, diese Arbeit zu nehmen*, il est disposé à prendre ce travail.

Geneigtheit [gə'naikthait] f. inclinaison f. ; pente f. ; déclivité f. || FIG. penchant m. ; bienveillance f. ; inclination (f.) pour ; propension (f.) à.

General [gene'rɑ:l] m. (s, e). MIL. général m.

General|agent [gene"rɑ:la'gɛnt] m. (en, en). COMM. agent général. ||°-**agentur** f. (-, en). COMM. agence générale. ||°-**bevollmächtigte (der)** [n n]. COMM., POLIT. mandataire général ; fondé (m.) de pouvoir. ||°-**direktor** [--"/-'--] m. (s, en) directeur général. ||°-**feldmarschall** [-'-/"--] m. (s, ¨e). MIL. feld-maréchal m. || [Frankreich] maréchal (m.) de France. ||°-**intendant** m. (en, en). MIL. intendant (m.) en chef. || THÉÂTRE. directeur général. ||°-**konsul** m. (s, e). POLIT. consul général. ||°-**leutnant** m. (s, s et e). MIL. général (m.) de division. ||°-**major** m. (s, e). MIL. général (m.) de brigade. ||°-**oberst** m. (en, en). MIL. général m. (de corps) d'armée. ||°-**probe** f. (-, n). THÉÂTRE. répétition générale ; FAM. générale f. ||°-**stab** m. (s, ¨e). MIL. grand quartier général. ||°-**stabskarte** f. (-, n). MIL. carte (f.) d'état-major. ||°-**stabsoffizier** m. (s, e). MIL. officier (m.) d'état-major. ||°-**stände** m. pl. HIST. états généraux. ||°-**streik** m. (s, e) grève générale. || °-**untersuchung** f. (-, en). MÉD. bilan (m.) de santé. ||°-**vollmacht** f. (-, en) procuration générale.

generalisieren [generali'zi:rən] v. tr. généraliser.

Generalität [generali'tɛ:t] f. MIL., POP. les généraux ; l'état-major.

generativ [genera'ti:f] adj. génératif. | *generative Grammatik*, grammaire générative.

Generator [gene'rɑ:tɔr] m. (s, en). ÉLECTR. générateur m. (dynamo ou alternateur).

generell [gene'rɛl] adj. général ; générique.

genesen [gə'ne:zən] (a, e) v. intr. guérir ; se rétablir ; retrouver, recouvrer la santé. | *er genas von schwerer Krankheit*, il a guéri d'une grave maladie.

genesend [-zənt] adj. convalescent.

Genesis ['ge:nezis] f. (-). RELIG. Genèse f.

Genesung [gə'ne:zuŋ] f. (-, en) guérison f. ; convalescence f. ; rétablissement m.

Genesungs|heim [gə"ne:zuŋs'haim] n. (s, e) maison (f.) de convalescence.

Genetik [ge'ne:tik] f. BIOL. génétique f.

genetisch [-tiʃ] adj. génétique. | *genetischer Code*, code (m.) génétique. | *genetisches Merkmal*, marqueur (m.) génétique.

Genf [gɛnf] n. pr. n. GÉOGR. Genève f.

Genfer ['gɛnfər] n. pr. m. GÉOGR. Genevois m.

Genfer [-fər], **genferisch** [-fəriʃ] adj. GÉOGR. de Genève. | *Genfer See*, lac (m.) de Genève ; lac Léman.
genial [geni'ɑ:l] adj. qui a du génie ; génial. | *ein genialer Einfall*, un trait de génie.
Genialität [-ali'tɛt] f. génialité f. ; génie m.
Genick [gə'nik] n. (s, e). ANAT. nuque f. ; cou m. | *jn am Genick packen*, prendre qn au collet. | *sich das Genick brechen*, se rompre le cou. || FIG., FAM. *jm das Genick brechen*, casser les reins à qn.
Genick|starre [gə"nik'ʃtarə] f. (-, n). MÉD. méningite cérébro-spinale. ||°**-stütze** f. (-, n). MÉD. minerve f.
Genie [ʒe'ni:] n. (s, s) génie m. ; esprit m. | *ein verkanntes Genie*, un génie méconnu. || PAR EXT. homme (m.) de génie. | *er ist kein Genie*, ce n'est pas un aigle.
genieren [ʒe'ni:rən] v. tr. (Vx.) gêner. | *das geniert mich nicht*, cela ne me gêne pas.
◇ v. pr. **sich genieren,** se gêner ; être gêné. | *bitte genieren Sie sich nicht*, ne vous gênez pas.
genießbar [gə'ni:sbɑ:r] adj. [Essen] mangeable ; [Trinken] potable. || FIG. *er ist heute nicht genießbar*, aujourd'hui il n'est pas à prendre avec des pincettes.
genießen [gə'ni:sən] (o, o) v. tr. jouir, profiter de. | *das Leben genießen*, jouir de la vie. | *er hat eine gute Erziehung genossen*, il a reçu une bonne éducation. | *Luther genoß fürstlichen Schutz*, Luther a joui de la protection de son prince. || PAR EXT. *Speise und Trank genießen*, manger et boire. | *diese versalzene Suppe ist nicht zu genießen*, cette soupe trop salée est immangeable.
Genießer [-sər] m. (s, -) jouisseur m.
genießerisch [-səriʃ] adj. de, en jouisseur.
Genitalien [geni'tɑ:liən] pl. ANAT. organes génitaux ; parties génitales.
Genitiv ['ge:nitif] m. (s, e). GRAMM. génitif m.
Genius ['ge:nius] m. (-, Genien). MYTH. génie m.
Genom [ge'no:m] n. (s, -). BIOL. génome m.
genormt [gə'nɔrmt] adj. standardisé ; normalisé. || TECHN. *genormte Maschinenteile*, pièces (f. pl.) standards.
Genosse [gə'nɔse] m. (n, n) camarade m. ; compagnon m. ; collègue m. || POLIT. camarade m. || COMM. associé m.
Genossenschaft [gə'nɔsənʃaft] f. (-, en) société f. ; confrérie f. ; association f. || PAR EXT. syndicat m. ; coopérative f. ; confédération f.
genossenschaftlich [-liç] adj. coopératif.
Genossin [gə'nɔsin] f. (-, nen) compagne f. ; collègue f. ; camarade f. || COMM. associée f.
Genozid [geno'tsi:t] m. (s, e) génocide m.
Genre [ʒɑ̃:r] n. (s, s) genre m. ; espèce f.
Genre|malerei ["ʒɑ̃:rmalə'rai] f. (-, en). ARTS. peinture (f.) de genre.
Gent [gɛnt] n. pr. n. GÉOGR. Gand f.
Genua ['ge:nua] n. pr. n. Gênes f.
Genueser [genu'e:zər] n. pr. m. Génois m.
genuesisch [-ziʃ] adj. génois.
genug [gə'nu:k] adv. [ausreichend] assez ; suffisamment. | *noch Zeit genug haben, um*, avoir encore le temps de. || [die Grenze erreichend] *es ist (nun) genug !*, assez ! ; c'est bon ! ; cela suffit. | *nicht genug, daß er log*, non content de mentir. | *du hast genug getrunken*, tu as assez bu. | *mehr als genug*, plus qu'assez. | *wir können es gar nicht genug beklagen, daß*, nous ne pourrons jamais assez regretter que. | *ich habe genug davon*, j'en ai assez ; en voilà assez. | *laß es genug sein*, que cela te suffise ; arrête ! | *genug der Tränen !*, assez de larmes ! | *er ist Manns genug, Ihnen Rede zu stehen*, il est homme à vous répondre. | *ich bin nicht Kenner genug, um*, je ne suis pas assez connaisseur pour.
Genüge [gə'ny:gə] f. suffisance f. | *ich kenne ihn zur Genüge*, je le connais assez, suffisamment. || PAR EXT. contentement m. ; satisfaction f. | *jm Genüge leisten, tun*, satisfaire, contenter qn.
genügen [-gən] v. intr. suffire ; être suffisant. | *deine Entschuldigung genügt mir nicht*, tes excuses ne me donnent pas satisfaction. | *das genügt*, cela suffit. | *es genügt nicht, schöne Reden zu halten*, il ne suffit pas de faire de beaux discours.
ge|nügend [-gənt] adj. suffisant ; satisfaisant. | *er hat genügend Land*, il a assez de terres.
genügsam [gə'ny:kzɑ:m] adj. content de peu ; facile à satisfaire ; sobre ; frugal ; tempérant.
Genügsamkeit [-kait] f. modération (f.) des désirs ; sobriété f. ; frugalité f. ; contentement m.
genug|tun [gə"nu:k'tu:n] (tat, getan) v. intr. (dat.) contenter ; satisfaire, donner satisfaction à.
Genug|tuung [-'tu:uŋ] f. (-, en). **1.** satisfaction f. ; réparation f. | *sich Genugtuung verschaffen*, se faire rendre raison.
2. satisfaction f. ; contentement m. | *er erlebt mit Genugtuung die Erfolge seiner Schüler*, il est content du succès de ses élèves. | *mit Genugtuung etwas vernehmen*, apprendre qch. avec satisfaction.
Genuß [gə'nus] m. (es, ¨e). [Gebrauch] jouissance f. ; usage m. | *übermäßiger Alkoholgenuß ist ungesund*, un excès d'alcool est nuisible à la santé. || JUR. usufruit m. | *ungestörter Genuß*, possession (f.) paisible. || PAR EXT. jouissance f. ; plaisir m. | *es ist ein Genuß, ihm zuzuhören*, c'est un plaisir de l'entendre parler.
Genuß|mensch [gə"nus'mɛnʃ] m. (en, en) jouisseur m. ||°**-mittel** n. (s, -) stimulant m. ; produit stimulant. ||**-reich** adj. délicieux. ||°**-sucht** f. recherche (f.), goût (m.) du plaisir. ||**-süchtig** adj. adonné aux plaisirs ; avide de jouissance, de plaisirs.
Geochemie [geoçe'mi:] f. géochimie f.
Geodäsie [geodɛ'zi:] f. géodésie f.
geodätisch [geo'dɛ:tiʃ] adj. géodésique.
Geode [ge'o:də] f. (-, n). MINÉRAL. géode f.
Geograph [geo'grɑ:f] m. (en, en) géographe m.
geographisch [-fiʃ] adj. géographique.
Geologe [geo'lo:gə] m. (en, en) géologue m.
Geologie [-lo'gi:] f. géologie f.
geologisch [-'lo:giʃ] adj. géologique.
Geometer [geo'me:tər] m. (s, -) géomètre m.
Geometrie [-me'tri:] f. géométrie f. | *analytische, darstellende Geometrie*, géométrie analytique, descriptive.
geometrisch [-'me:triʃ] adj. géométrique. | *geometrische Reihe*, progression (f.) géométrique.
Geophysik [geofy'zik] f. géophysique f.
Geopolitik [geopoli'tik] f. POLIT. géopolitique f.
Georgien [ge'ɔrgiən] n. pr. n. GÉOGR. Géorgie f.
geostationär [geoʃtatsio'nɛ:r] adj. ASTRON. géostationnaire. | *geostationäre Bahn*, orbite (f.) géostationnaire.
geothermisch [geo'tɛ:rmiʃ] adj. géothermique. | *geothermisches Kraftwerk*, centrale (f.) géothermique.
geozentrisch [geo'tsɛntriʃ] adj. géocentrique.
gepaart [gə'pɑ:rt] adj. par couples ; deux par deux ; appariés ; par paires ; géminés.
Gepäck [gə'pɛk] n. (s, e) bagage(s) m. (pl.). | *sein Gepäck aufgeben*, faire enregistrer ses bagages. || FAM. attirail m. || MIL. paquetage m. ; équipement.
Gepäck|abfertigung [gə"pɛk'apfɛrtiguŋ] f. (-, en)

[Eisenbahn] enregistrement (m.) des bagages. || °-**annahmestelle** f. (-, n) guichet (m.) des bagages. ||°-**aufbewahrungsstelle** f. (-, n) consigne f. ||°-**aufgabe** f. V. GEPÄCKABFERTIGUNG. ||°-**ausgabe** f., °-**auslieferung** f. (-, en) livraison (f.) des bagages. ||°-**netz** m. (es, e) filet (m.) à bagages. ||°-**stück** n. (s, e) colis m. ||°-**träger** m. (s, -) [im Bahnhof] porteur m. ; [am Fahrrad] porte-bagages m. ||°-**wagen** m. (s, -) fourgon m.

gepanzert [gə'pantsərt] adj. blindé.

Gepard [gə'part] m. (s, e). ZOOL. guépard m.

gepfeffert [gə'pfɛfərt] adj. poivré. || FIG. grivois.

Gepflegtheit [gə'pfle:kthait] f. extérieur soigné.

Gepflogenheit [gə'pflo:gənhait] f. (-, en) coutume f. ; usage m.

Geplänkel [gə'plɛŋkəl] n. (s). MIL. escarmouches f. pl. || FIG. tiraillerie f.

Geplapper [gə'plapər] n. (s). FAM. babil m. ; caquet m.

Geplärr(e) [gə'plɛr(ə)] n. (s). FAM. criailleries f. pl.

Geplätscher [gə'plɛtʃər] n. (s) gazouillement m. ; murmure m. ; clapotis m. ; clapotage m.

Geplauder [gə'plaudər] n. (s) bavardage m. ; causerie f.

Gepolter [gə'pɔltər] n. (s) tapage m. ; vacarme m. ; fracas m.

Gepräge [gə'prɛ:gə] n. (s) empreinte f. || [Münze] frappe f. ; coin m. || FIG. caractère m. ; marque f. ; physionomie f. ; cachet m. | *die Weimarer Klassik erhielt von der Antike ihr Gepräge*, le classicisme de Weimar porte l'empreinte de l'Antiquité.

Gepränge [gə'prɛŋə] n. (s) faste m. ; pompe f. ; grand apparat.

Geprassel [gə'prasəl] n. (s) pétillement m. ; crépitement m. ; craquement m.

Gequake [gə'kva:kə] n. (s) coassement m.

Gequassel [gə'kvasəl] n. (s). FAM. bavardage (m.) stupide ; radotage m.

Ger [gɛ:r] m. (s, e). HIST. javelot m.

g(e)rade [g(e)ra:də] adj. [krümmungsfrei] droit ; aligné ; direct. | *der gerade Weg*, le chemin direct. | *in gerader Linie*, en droite ligne ; en ligne droite, directe. || [genau] juste ; exact. | *das gerade Gegenteil*, exactement, juste le contraire. || MATH. droit ; perpendiculaire. | *gerade Linie*, ligne droite ; droite f. | *gerade Zahl*, nombre pair. || PAR EXT. *in gerader Linie von jm abstammen*, descendre directement, en ligne directe de qn. || FIG. [aufrichtig] droit ; loyal ; franc ; sincère. | *eine gerade Antwort*, une réponse sincère, franche.

◇ adv. [krümmungsfrei] droit ; en ligne droite ; perpendiculairement ; d'aplomb. | *er steht gerade*, il se tient droit, se dresse debout, droit. | *der Baum ist gerade gewachsen*, cet arbre pousse bien droit. | *gerade richten*, redresser ; aligner. || FIG. [offen] franchement ; sans détours ; sincèrement. || [genau] exactement ; tout juste, précisément. | *gerade das Gegenteil*, juste le, tout le contraire ; exactement l'inverse. | *das ist gerade der Mann, den wir brauchen*, voilà l'homme qu'il nous faut. | *gerade ein Monat*, juste un mois ; un mois jour pour jour. | *er wollte gerade sprechen*, il allait parler. | *ich bin gerade dabei, den Brief fertig zu schreiben*, je suis justement en train de finir ma lettre. | *sie war gerade angekommen*, elle venait d'arriver. | *du kommst gerade recht*, tu viens, tu arrives à point. | *er ist nicht gerade mein Freund*, il n'est pas précisément mon ami. | *gerade deshalb, darum, weil*, par cela même que. | *gerade als ob (wenn)*, (tout) comme si. | *gerade so viel*, tout autant. | *gerade so groß*, tout aussi grand.

Gerade [gə'ra:də] f. (n, n) [ligne] droite f. || MATH. droite f. || SPORT. ligne, piste droite.

gerade|aus [gə"ra:də'aus] adv. tout droit ; droit devant soi. | *geradeaus gehen*, aller tout droit.

gerade|halten [gə"ra:də'haltən] (ä, ie, a) v. tr. et v. pr. (se) tenir droit. ||-**heraus** adv. FIG. franchement ; sans détours ; sans ambages. ||-**richten** v. tr. redresser. || TECHN. dégauchir. ||-**sitzen** (saß, gesessen) v. intr. être assis tout droit. ||-**so** adv. de la même manière. ||-**stellen** v. tr. poser droit ; dresser. ||-**wegs** adv. tout droit ; sans détours. ||-**zu** adv. tout droit ; directement. || FIG. carrément ; simplement ; rondement ; vraiment. | *das ist ja geradezu entsetzlich*, c'est vraiment terrible.

Geradheit [gə'ra:thait] f. rectitude f. | *Geradheit des Körpers*, attitude droite. || FIG. franchise f. ; droiture f. ; rectitude f. ; sincérité f.

Geranie [gə'ra:niə] f. (-, n), **Geranium** [-nium] n. (s, nien). BOT. géranium m.

Gerassel [gə'rasəl] n. (s) roulement m. ; bruit (m.) de ferraille.

Gerät [gə'rɛ:t] n. (s, e) ustensile m. ; outil m. ; instrument m. ; attirail m. ; appareil m. ; matériel m.

Geräte|kammer [gə"rɛ:tə'kamər] f. (-, n) débarras m. ; cagibi m. ||°-**schuppen** m. (s, -) cabane (f.) à outils. ||°-**turnen** n. (s). SPORT. gymnastique (f.) aux agrès.

geraten [gə'ra:tən] (ä, ie, a). [in, über etwas kommen] arriver par hasard ; entrer, se mettre, tomber dans un lieu, dans un état. | *in Vergessenheit geraten*, tomber dans l'oubli. | *in Schulden geraten*, s'endetter. | *in Schweiß geraten*, entrer en transpiration ; FAM. s'échauffer. | *er geriet in Zorn*, il se mit en colère. | *das Haus geriet in Brand*, la maison prit feu. | *in Gefangenschaft geraten*, être fait prisonnier. | *die Verhandlungen sind ins Stocken geraten*, les pourparlers se sont arrêtés. | *in js Hände geraten*, tomber entre les, aux mains de qn. || FIG. *einander in die Haare geraten*, se prendre aux cheveux. | *er geriet auf den Einfall, den Gedanken*, il eut l'idée ; l'idée lui vint. | *außer sich geraten*, sortir de ses gonds ; être exaspéré. | *vor Freude außer sich geraten*, ne pas se sentir de joie. || PAR EXT. avoir tel résultat ; réussir ; tourner (bien ou mal). | *diese Arbeit ist ihm gut geraten*, il a bien réussi ce travail. | *die Tochter ist nach dem Vater geraten*, cette fille tient de son père.

Gerate|wohl [gə"ra:tə'vo:l] n. (s) *etwas aufs Geratewohl versuchen*, essayer qch. au hasard, au petit bonheur.

Gerätschaft [gə'rɛtʃaft] f. (-, en). V. GERÄT.

Geratter [gə'ratər] n. (s). FAM. crépitement m. ; pétarade f.

geraum [gə'raum] adj. *seit geraumer Zeit*, depuis longtemps.

geräumig [-'rɔymiç] adj. spacieux ; grand.

Geräumigkeit [-'rɔymiçkait] f. espace m. ; étendue f. ; grandeur f.

Geräusch [gə'rɔyʃ] n. (es, e) bruit m. ; rumeur f. ; bourdonnement m.

Geräusch|dämpfer [gə"rɔyʃ'dɛmpfər] m. (s, -). TECHN. amortisseur (m.) de bruit ; silencieux m. ||°-**filter** m. (s, -). RADIO. filtre (m.) acoustique. ||°-**kulisse** f. (-, n) bruits (m. pl.) de fond. || RADIO., THÉÂTRE. bruitage m. ||-**los** adj. silencieux ; calme ; tranquille. | *geräuschloser Gang*, marche silencieuse. ||-**voll** adj. bruyant ; tumultueux.

Geräusper [gə'rɔyspər] n. (s) toux f. ; expectoration f. ; toussotement m.

gerben ['gɛrbən] v. tr. TECHN. corroyer ; tanner. |

das Leder gerben, tanner, corroyer du cuir. | *Stahl gerben*, corroyer, polir, brunir de l'acier. || FIG., FAM. *jm das Fell gerben*, donner une raclée à qn ; rosser qn.

Gerb|säure [″gɛrp'zɔyrə] f. CHIM. tannin m. ; acide (m.) tannique, digallique, gallotannique. ||°**-stoff** m. (s, e). CHIM. tannin m.

Gerber ['gɛrbər] m. (s, -). TECHN. tanneur m. ; corroyeur m. ; mégissier m.

Gerber|lohe [″gɛrbər'lo:ə] f. (-, n) tan m.

Gerberei [gɛrbə'rai] f. (-, en) tannerie f. ; corroierie f. ; mégisserie f.

gerecht [gə'rɛçt] adj. **1.** [passend ; gewachsen] conforme à ; convenable. | *eine gerechte Verteilung*, une répartition convenable, équitable.
2. [recht, rechtschaffen] juste ; légitime ; équitable. | *gerechter Richter*, juge impartial, juste, équitable. | *gerechte Strafe*, juste punition f. | *gerechte Ansprüche*, prétentions (f. pl.) légitimes. | *jm gerecht werden*, rendre justice à qn. | *er bemüht sich, seinem Amt gerecht zu werden*, il s'efforce de satisfaire aux devoirs de sa charge. || LOC. *den Schlaf des Gerechten schlafen*, dormir du sommeil du juste. | *gerechter Himmel!*, juste ciel !

Gerechtigkeit [-tiçkait] f. [gerechtes Verhalten] justice f. ; équité f. | *jm Gerechtigkeit widerfahren lassen*, rendre justice à qn. || [rechtlich begründeter Anspruch] légitimité f. | *Gerechtigkeit der Strafe*, légalité (f.) de la peine. || PAR EXT. [Gericht] justice f. ; tribunaux m. pl. | *der Gerechtigkeit ihren Lauf lassen*, laisser la justice suivre son cours.

Gerede [gə're:də] n. (s) bavardage m. ; verbiage m. || PAR EXT. racontars m. pl. ; commérages m. pl. | *jn ins Gerede bringen*, répandre des bruits, des médisances sur qn ; compromettre qn. | *sie kam ins Gerede*, elle devint la fable de la ville. | *sich nicht ums Gerede der Leute kümmern*, ne pas se soucier du qu'en-dira-t-on.

gereichen [gə'raiçən] v. intr. *es gereicht ihm zur Ehre*, cela lui fait honneur. | *es gereicht ihm zur Schande*, cela tourne à sa honte.

Gereiztheit [gə'raitshait] f. (-, en) irritation f. || PAR EXT. irritabilité f.

Geriater [geriɑ:'tər] m. (s.) gériatre s. ; gérontologue s.

Geriatrie [geriɑ:'tri:] f. (-). MÉD. gériatrie f. ; gérontologie f.

Gericht [gə'riçt] n. (s, e) mets m. ; plat m. ; service m. | *ein erlesenes Gericht*, un plat de roi. | *Hauptgericht*, plat de résistance.

Gericht [gə'riçt] n. (s, e) tribunal (pl. tribunaux). | *Gericht erster Instanz*, tribunal de première instance. | *Landgericht*, justice (f.) de paix. | *vor Gericht gehen*, comparaître en justice. | *vor Gericht erscheinen*, paraître à la barre. | *die Sache kommt vor Gericht*, cette affaire sera traduite en justice. | *vor Gericht auftreten*, ester en justice. | *vor Gericht laden, fordern*, assigner, citer en justice. | *sich dem Gericht stellen*, se présenter (de son propre chef) à la justice. | *jn beim Gericht verklagen*, poursuivre en justice. | *über jn Gericht halten*, juger qn. | *mit jm scharf ins Gericht gehen*, critiquer sévèrement qn ; faire le procès de qn. || RELIG. *das jüngste Gericht*, le Jugement dernier.

Gerichts|akten [gə″riçts'aktən] f. pl. JUR. dossier (m.) judiciaire ; pièces f. pl. ||°**-arzt** m. (es, ¨e) médecin (m.) légiste. ||°**-beamter** (m.) officier (m.) de police judiciaire ; magistrat m. ||°**-befehl** m. (s, e) mandat (m.) du tribunal. ||°**-behörde** f. (-, n) autorité (f.) judiciaire ; tribunal m. ||°**-bescheid** m. (s, e), **-beschluß** m. (es, ¨e) décision (f.) du tribunal. ||°**-bezirk** m. (s, e) juridiction f. ; ressort m. ; compétence territoriale du tribunal. ||°**-diener** m. (s, -) auxiliaire (m.) de justice. ||°**-entscheid** m. (s, e), °**-entscheidung** f. (-, en) décision (f.) de justice, du tribunal. ||°**-ferien** pl. vacation (f.) des tribunaux. ||°**-gebäude** n. (s, -) tribunal m. ; palais (m.) de justice. ||°**-herr** m. (n, en). HIST. seigneur justicier. ||°**-hof** m. (s, ¨e) tribunal m. ; cour f. | *höherer, oberster Gerichtshof*, cour (f.) de justice ; cour (f.) suprême. ||°**-kanzlei** f. (-, en) greffe m. ||°**-kosten** pl. frais (m. pl.) de justice, judiciaires, de poursuite. ||°**-medizin** f. médecine légale. || °**-ordnung** f. (-, en) code (m.) de procédure. ||°**-protokoll** n. (s, e). JUR. procès-verbal m. ||°**-rat** m. (s, ¨e) conseiller (m.) à la cour. ||°**-referendar** m. (s, e) juge suppléant. ||°**-saal** m. (s, säle) salle (f.) d'audience, du tribunal ; auditoire m. ; prétoire m. ||°**-sache** f. (-, n) affaire (f.), cause (f.) judiciaire. ||°**-schranke** f. (-, n) barre f. ||°**-schreiber** m. (s, -) greffier m. ||°**-sitzung** f. (-, en) audience f. ; session (f.) du tribunal. ||°**-sprache** f. langage (m.) du palais ; langage (m.) juridique. ||°**-stand** m. (s, ¨e) tribunal compétent ; compétence f. (judiciaire). | *Gerichtsstand des Erfüllungsortes*, tribunal compétent. ||°**-tag** m. (s, e) jour (m.) d'audience ; jour (m.) plaidable. ||°**-termin** m. (s, e) assignation f. ; audience f. ; jour (m.) de comparution. ||°**-verfahren** n. (s, -) action (f.) judiciaire ; procédure f. ; procès m. ; poursuite f. ||°**-verfassung** f. (-, en) organisation (f.) judiciaire. ||°**-verhandlung** f. (-, en) débat(s) m. (pl.) judiciaire(s). | *öffentliche Gerichtsverhandlung*, débats publics. ||°**-vollzieher** m. (s, -) huissier m. ||°**-wesen** n. (s) justice f.

gerichtlich [gə'riçtliç] adj. juridique ; judiciaire. | *gerichtliches Verfahren*, procédure (f.) judiciaire. | *gerichtliche Untersuchung*, enquête (f.) judiciaire.
◇ adv. juridiquement ; judiciairement. | *er wurde gerichtlich belangt*, il fut poursuivi, appelé, attaqué, déféré en justice. | *gerichtlich vorgehen*, actionner en justice.

Gerichtsbarkeit [gə'riçtsbarkait] f. (-, en). JUR. juridiction f. ; compétence juridictionnelle. | *zu einer Gerichtsbarkeit gehören*, ressortir à un tribunal.

gerieben [gə'ri:bən] adj. frotté. || FIG., FAM. roublard ; madré ; retors. | *ein geriebener Bursche*, un rusé compère.

Geriesel [gə'rizəl] n. (s) murmure (m.) de l'eau ; écoulement lent.

gerillt [gə'rilt] adj. cannelé ; rainé.

gering [gə'riŋ] adj. **1.** petit ; peu important ; infime ; insignifiant ; minime. | *von geringem Wert*, de peu de valeur. | *wir hatten nicht die geringste Schwierigkeit*, il n'y a pas eu la moindre difficulté. | *seine Verlegenheit war nicht gering*, il n'était pas dans un mince embarras. | *sein Wissen ist gering*, son savoir est modeste. | *der geringste Unterschied*, la moindre différence. | *geringes Einkommen*, revenu (m.) modique. | *das macht keinen geringen Eindruck*, cela ne fait pas peu d'impression.
2. FIG. mince ; ordinaire ; médiocre ; de peu de valeur. | *das soll meine geringste Sorge sein*, c'est le dernier de mes soucis. | *Vornehme und Geringe*, les grands et les petits. | *kein Geringerer als Goethe hat das gesagt*, c'est un mot de Goethe lui-même.
◇ adv. peu ; de peu de valeur. || [niedrig] *gering schätzen*, faire peu de cas de ; tenir en piètre estime. || [wenig] *gering gerechnet hat er eine halbe Stunde Weg*, il a, au bas mot, une demi-heure de chemin. | *nicht im geringsten*, pas le moins du monde.

gering|achten [gə″riŋ'axtən] v. tr. faire peu de cas de ; mépriser. ||°**-achtung** f. manque (m.) d'estime ; dédain m. ||**-fügig** adj. petit ; de peu d'importance ; insignifiant. || POLIT. mineur. | *geringfügige Änderung*, amendement mineur. ||°**-fügigkeit** f. (-, en) insignifiance f. ; futilité f. ; bagatelle f. ; médiocrité f. ||**-schätzen** v. tr. estimer peu ; dédaigner ; mépriser.

||°-**schätzung** f. dédain m. ; mépris m. ||**-schätzig** adj. dédaigneux ; méprisant. |*geringschätziger Ausdruck*, expression (f.) péjorative. ||**-wertig** adj. de peu de valeur.

geringsten|falls [gə"riŋstən'fals] adv. au moins.

gerinnen [gə'rinən] (a, o) v. intr. se coaguler ; cailler ; (se) figer ; tourner ; prendre. |*geronnenes Blut*, sang coagulé. | *geronnene Milch*, lait caillé.

Gerinnung [gə'rinuŋ] f. (-) coagulation f.

Gerinnsel [gə'rinzəl] n. (s) filet m. (de liquide). || PAR EXT. masse coagulée ; caillot m.

Gerippe [gə'ripə] n. (s, -). ANAT. squelette m. ; ossature f. ; carcasse f. | *Gerippe eines Tieres*, squelette d'animal. || FIG. carcasse f. ; membrure f. |*das Gerippe des Schiffes*, la membrure du bateau.

gerippt [-'ript] adj. à côtes ; à nervures. || TEXT. *gerippter Samt*, velours côtelé. || BOT. nervé.

gerissen [gə'risən] adj. déchiré. || FIG. futé ; madré ; roué. | *ein gerissener Bursche*, un fin matois.

Germane [gɛr'mɑ:nə] n. pr. m. (n, n). HIST. Germain m.

Germanentum [gɛr'mɑ:nəntu:m] n. (s) le monde des anciens Germains.

Germanien [-'mɑ:niən] n. pr. n. Germanie f.

Germanin [gɛr'mɑ:nin] n. pr. f. (-, nen). HIST. femme (f.) germanique.

germanisch [-'mɑ:niʃ] adj. GÉOGR. germanique ; germain. || PÉJOR. tudesque.

germanisieren [-mani'zi:rən] v. tr. germaniser.

Germanismus [-ma'nismus] m. (-, men). GRAMM. germanisme m.

Germanist(in) [-ma'nist(in)] m. (en, en), f. (-, nen) germaniste s.

Germanistik [-ma'nistik] f. étude (f.) de la langue, de l'histoire et de la culture germaniques.

Germanium [gɛr'mɑ:nium] n. (s, -). CHIM. germanium m.

gern(e) ['gɛrn(ə)] adv. (compar. **lieber** ; superl. **am liebsten**). [mit Vorliebe] volontiers ; avec plaisir ; de bon cœur ; de bon gré. |*er spielt gern Tennis*, il aime le tennis. | *ich möchte gern ins Ausland reisen*, j'aimerais voyager à l'étranger. |*sie mag Schokolade gern*, elle aime le chocolat. | *er sieht gern, daß*, il aime à voir que. | *das glaube ich gern*, je veux bien le croire. || FAM., IRON. *der kann mich (aber) gern haben*, je me fiche de lui. || LOC. *gern geschehen !* de bon cœur ; à votre service !

Gerne|groß ["gɛrnə'grɔs] m. (-, e) *er ist ein kleiner Gernegroß*, c'est un petit ambitieux.

gern|gesehen ["gɛrngə'ze:ən] adj. bien vu ; bienvenu. ||**-klug** adj. [Personen] suffisant.

Geröchel [gə'rœçəl] n. (s) râles m. pl.

Geröll(e) [gə'rœl(ə)] n. ([e]s) éboulis m.

Geröll|halde [gə"rœl'haldə] f. (-, n) éboulis m. ; pierrier m.

geronnen [gə'rɔnən] part. pass. de **gerinnen.**

Geronto|loge [gerɔnto'lo:gə] m. (n, n), °**-login** [-'lo :gin] f. (-, nen). MÉD. gérontologue s.

Gerste ['gɛrstə] f. (-, n). BOT. orge f.

Gersten|korn ["gɛrstən'kɔrn] n. (s, ¨er). BOT. grain (m.) d'orge. || MÉD. orgelet m. ||°**-saft** m. (s, ¨e). IRON. bière f.

Gerte ['gɛrtə] f. (-, n) verge f. ; baguette f. ; badine f.

Geruch [gə'rux] m. (s, ¨e). [Geruchssinn] odorat m. ; flair m. || [Ausdünstung] odeur f. ; senteur f. | *muffiger Geruch*, odeur de renfermé ; remugle m. | *brandiger Geruch*, odeur de roussi. | *Geruch von Blumen*, parfum (m.) des fleurs. || LOC., FIG. *in gutem Geruch stehen*, jouir d'une bonne réputation.

geruch|los [gə"rux'lo:s] adj. privé de l'odorat. || PAR EXT. sans odeur ; inodore. |*diese Blume ist geruchlos*, cette fleur est inodore, ne sent pas.

Geruch|losigkeit [-'lo:ziçkait] f. défaut (m.) d'odorat. || PAR EXT. absence (f.), manque (m.) d'odeur.

Geruchs|nerv [gə"ruxs'nɛrf] m. (s, en). ANAT. nerf olfactif. ||°**-sinn** m. (s) [sens de l'] odorat m.

Gerücht [gə'ryçt] n. (s, e) bruit m. ; rumeur f. |*das Gerücht geht um, daß*, le bruit court que.

geruhen [gə'ru:ən] v. tr. vouloir bien ; daigner. *Ihre Majestät haben geruht, mich hierher zu beordern*, votre Majesté a daigné me faire venir.

geruhsam [gə"ru:'zam] adj. tranquille ; confortable.

Gerümpel [gə'rympəl] n. (s) vieilleries f. pl. ; bric-à-brac m.

Gerüst [gə'ryst] n. (s, e) échafaudage m. ; tribune f. ; échafaud m.

Ges [gɛs] n. MUS. sol bémol.

gesamt [gə'zamt] adj. total ; tout ; entier. | *die gesamte Einwohnerschaft der Stadt*, tous les habitants de la ville. | JUR. *Eigentum zur gesamten Hand*, patrimoine commun.

Gesamt|ansicht [gə"zamt'anziçt] f. (-, en). [vue (f.) d'] ensemble m. ; vue générale, panoramique. ||°**-auflage** f. (-, n). [Buch] tirage global. ||°**-ausgabe** f. (-, n) dépense totale. || LITTÉR. œuvres complètes. ||°**-bestrahlung** f. (-, en). NUCL. irradiation totale. ||°**-betrag** m. (s, ¨e) montant m. ; total m. ; somme totale. ||°**-bild** n. (s, er) tableau (m.) d'ensemble ; aperçu général. ||**-deutsch** adj. interallemand. ||°**-eindruck** m. (s, ¨e) impression générale, d'ensemble. ||°**-emissionsvermögen** n. (s, -). NUCL. émittance f. ||°**-erbe** m. (n, n) légataire universel. ||°**-ergebnis** n. (ses, se). SPORT. classement final. ||°**-ertrag** m. (s, ¨e). FIN. revenu total. ||°**-gewicht** n. (s, e) poids total. ||°**-gewinn** m. (s, e). COMM. bénéfice total. ||°**-gläubiger** m. pl. créanciers (m. pl.) solidaires. || °**-haftung** f. (-, en) garantie (f.) solidaire. ||°**-last** f. (-, en) charge totale. || °**-leistung** f. (-, en). MINES. rendement (m.) au fond et jour. || TECHN. *Gesamtleistung einer Maschine*, puissance totale. || °**-regelung** f. (-, en) règlement général. || °**-schuldner** m. pl. FIN. débiteurs (m. pl.) solidaires. ||°**-schule** f. (-, n). UNIV. école intégrée. ||°**-werk** n. (s) œuvres complètes (d'un écrivain). ||°**-wert** m. (s, e) valeur totale. ||°**-zahl** f. (-, en) nombre total ; totalité f.

Gesamtheit [gə'zamthait] f. tout m. ; totalité f. ; masse f. ; ensemble m. || PAR ANAL. collectivité f.

Gesandter [gə'zantər] m. envoyé m. || POLIT. ministre (m.) plénipotentiaire ; ambassadeur m. || RELIG. nonce m.

Gesandtschaft [gə'zantʃaft] f. (-, en). POLIT. légation f. ; ambassade f. || RELIG. *päpstliche Gesandtschaft*, nonciature f.

Gesang [gə'zaŋ] m. (s, ¨e) chant m. ; air m. ; chanson f. |*geistlicher Gesang*, cantique m. | *Gesang der Vögel*, chant des oiseaux ; ramage m. ; gazouillement m. ; gazouillis m. || LITTÉR. chant m.

Gesang|buch [gə"zaŋ'bu:x] n. (s, ¨er). RELIG. livre (m.) de cantiques ; psautier m. ||°**-verein** m. (s, e) chorale f.

Gesäß [gə'zɛs] n. (es, e) séant m. ; postérieur m. ; derrière m. ; fesses f. pl. | *Gesäßtasche*, poche (f.) revolver.

Gesäusel [-'zɔyzəl] n. (s) murmure m. ; bruissement m.

Geschäft [gəˈʃɛft] n. (s, e). **1.** [Tätigkeit] affaire f. ; occupation f. ; besogne f. | *wie gehen die Geschäfte ?*, comment vont les affaires ? | *er hat dringende Geschäfte zu besorgen*, il a des affaires urgentes à régler. | *welches Geschäft betreiben Sie ?*, quelle profession exercez-vous ?
2. marché m. ; affaire f. | *ein Geschäft anfangen*, engager une affaire. | *ein Geschäft abschließen*, conclure un marché. | *Geschäft ist Geschäft*, les affaires sont les affaires. | *ein Geschäftsfreund*, une relation d'affaires.
3. commerce m. ; fonds (m.) de commerce ; entreprise f. ; établissement m. ; magasin m. ; boutique f. | *ein Geschäft eröffnen*, ouvrir un magasin. | *ein eigenes Geschäft haben*, avoir son propre magasin. | *in ein Geschäft als Teilhaber eintreten*, entrer dans un commerce comme associé.

Geschäfts|abschluß [gəʺʃɛftsˈapʃlus] m. (es, ¨e). COMM. comptes (m. pl.) de l'exercice ; bilan m. ||°**-abteilung** f. (-, en) service m. ; rayon m. ; compartiment m. ||°**-adresse** f. (-, n) adresse commerciale. ||°**-angelegenheit** f. (-, en) affaire f. | *in Geschäftsangelegenheiten*, pour affaires. ||°**-anteil** m. (s, e) participation (f.) à une affaire ; apport m. ; mise (f.) de fonds ; [G.m.b.H.] part sociale. ||°**-aufgabe** f. (-, n) cessation (f.) de commerce. ||°**-aufsicht** f. surveillance (f.) judiciaire. ||°**-bereich** m. (s, e) champ (m.) d'activité ; département m. ; ressort m. ; compétence f. ||°**-bericht** m. (s, e) rapport (m.) de gestion. ||°**-beziehungen** f. pl. relations (f. pl.) d'affaires. ||°**-bilanz** f. (-, en) balance (f.) des écritures ; bilan commercial. ||°**-brief** m. (s, e) lettre (f.) d'affaires. ||°**-buch** n. (s, ¨er) livre (m.) de commerce, de compte. ||°**-erfahrung** f. expérience (f.) des affaires. ||**-fähig** adj. solvable ; capable de contracter. ||°**-fähigkeit** f. (-). JUR. capacité (f.) de contracter. ||°**-flaute** f. (-, n) morte-saison f. ; ralentissement (m.) des affaires. ||°**-führer** m. (s, -) gérant m. ; directeur commercial. ||°**-führung** f. gérance f. ; direction commerciale. ||°**-gang** m. (s) 1° marche (f.) des affaires ; 2° course (f.) pour affaires. ||°**-gebrauch** m. (s, ¨e) coutume commerciale. ||°**-geist** m. (es) sens (m.) des affaires. ||°**-inhaber** m. (s, -) chef (m.), patron (m.), propriétaire (m.) d'une maison de commerce. ||°**-inventar** n. (s, e) inventaire annuel. ||°**-jahr** n. (s, e) exercice m. ||°**-kapital** n. (s, lien) capital commercial, social. ||°**-kosten** pl. frais généraux. ||**-kundig** adj. versé dans les affaires. ||°**-lage** f. situation commerciale ; conjoncture f. ||°**-leben** n. (s) [vie (f.) des] affaires f. pl. ||°**-leiter** m. (s, -) gérant m. ||°**-leitung** f. (-, en) gérance f. ||°**-leute** pl., commerçants m. pl. ; marchands m. pl. ; négociants m. pl. ; gens (pl.) d'affaires. ||°**-lokal** n. (s, e) magasin m. ; comptoir m. ; établissement m. ||°**-makler** m. (s, -) agent commercial. ||°**-mann** m. (s, -leute) homme (m.) d'affaires ; commerçant m. ||**-mäßig** adj. et adv. selon l'usage des affaires. ||°**-ordnung** f. (-, en). COMM. règlement (m.), statut (m.) d'une entreprise. || POLIT. règlement (m.) de la Chambre. ||°**-raum** m. (s, ¨e) local commercial. ||°**-reisende(r)** f. (m.) représentant(e) [m. (f.)] de commerce ; commis-voyageur m. ||°**-sache** f. (-, n) [question (f.) d']affaire(s) f. (pl.). ||°**-schluß** m. (es, ¨e) fermeture f. ||°**-sprache** f. langage commercial, des affaires. ||°**-stelle** f. (-, n) agence f. ; office m. ; bureau m. || JUR. greffe m. ||°**-straße** f. (-, n) rue commerçante. ||°**-stunden** f. pl. heures (f. pl.) de bureau. ||°**-tätigkeit** f. activité commerciale. ||°**-teilhaber** m. (s, -) associé m. | *stiller Geschäftsteilhaber*, bailleur (m.) de fonds ; commanditaire m. ||°**-träger** m. (s, -). POLIT. chargé d'affaires. ||°**-übernahme** f. (action de) prendre une affaire. ||**-unfähig** adj. JUR. incapable de contracter. ||°**-verbindung** f. (-, en) relations (f. pl.) d'affaires. ||°**-verkehr** m. (s) rapports (m. pl.), relations (f. pl.) d'affaires ; relations commerciales. ||°**-verlauf** m. (s) cours (m.), marche (f.) des affaires. ||°**-verlust** m. (es, e) perte (commerciale). ||°**-verwalter** m. (s, -) administrateur commercial. ||°**-viertel** n. (s, -) quartier (m.) des affaires ; quartier commerçant. ||°**-welt** f. monde (m.) des affaires ; milieu commercial. ||°**-wert** m. (s) valeur (f.) de l'entreprise. ||°**-zeichen** n. (s, -) marque f. ||°**-zeit** f. (-, en) heures (f. pl.) d'ouverture. ||°**-zimmer** n. (s, -) bureau m. ; comptoir m. ||°**-zweig** m. (s, e) branche commerciale.

geschäftig [gəˈʃɛrftiç] adj. affairé ; occupé.

Geschäftigkeit [-tiçkait] f. activité f. ; empressement m. ; affairement m.

geschäftlich [-tliç] adj. commercial. | *geschäftliche Verbindungen*, relations commerciales.
◇ adv. commercialement. | *geschäftlich verhindert*, empêché par les affaires.

geschah [gəˈʃa] prét. de **geschehen.**

gescheckt [gəˈʃɛkt] adj. tacheté ; pie.

geschehen [gəˈʃe:ən] (ie, a, e) v. intr. arriver ; advenir ; avoir lieu ; se produire ; se passer ; se faire. | *es geschah ein großes Erdbeben*, un grand tremblement de terre se produisit. | *es ist ein Unglück geschehen*, il est arrivé un accident. | *dabei geschah ein Versehen*, un oubli, une méprise se produisit. | *er ließ es geschehen, daß*, il permit que. | *es geschieht dir nichts*, on ne te fera rien. | *das geschieht ihm (ganz) recht*, c'est bien fait pour lui ; il l'a voulu ; il n'a que ce qu'il mérite. | *es kann dir dabei nichts geschehen*, tu ne risques rien ; tu n'as rien à craindre. | *es ist ihm Unrecht geschehen*, il a subi un tort. | *es muß etwas geschehen*, il faut faire qch ; on ne peut en rester là. | *es war um ihn geschehen*, c'en était fait de lui. | *dein Wille geschehe !*, que ta volonté soit faite ! || HIST. *so geschehen am*, fait le ; donné le.

Geschehen n. (s) événement m. | *Tagesgeschehen*, événement du jour.

Geschehnis [gəˈʃe:nis] n. (ses, se) événement m. ; fait m.

gescheit [gəˈʃait] adj. sensé ; intelligent ; raisonnable ; avisé. | *ein gescheiter Kopf*, un homme d'une réelle intelligence. | *ich werde aus ihm nicht gescheit*, il me déroute. || FAM. *du bist wohl nicht recht gescheit !*, tu as donc perdu la tête !
◇ adv. avec bon sens ; de façon sensée.

Gescheitheit [gəˈʃaithait] f. bon sens ; intelligence f. ; esprit judicieux.

Geschenk [gəˈʃɛŋk] n. (s, e) don m. ; cadeau m. ; présent m. | *jm ein Geschenk machen*, faire un cadeau à qn. | *ich machte ihm die Uhr zum Geschenk*, je lui ai fait cadeau de cette montre.

Geschichtchen [gəˈʃiçtçən] n. (s, -) historiette f. ; anecdote f.

Geschichte [gəˈʃiçtə] f. (-, n). **1.** [Geschehenes ; Ereignis] affaire f. ; histoire f. || FAM. *lauter alte Geschichten !*, ce sont de vieilles lunes. | *mach keine Geschichten !* (ne fais) pas d'histoires !
2. FAM. chose f. ; affaire f. | *das ist eine dumme Geschichte*, c'est une affaire ennuyeuse. | *das ist eine schöne Geschichte !*, en voilà de belles !
3. [Bericht] histoire f. ; conte m. | *die Geschichte von der schönen Magelone*, l'histoire de la belle Magelone. | *alberne Geschichten*, contes à dormir debout.
4. *Geschichte der Malerei*, histoire de la peinture. || [Geschichtswissenschaft] histoire f. | *er studiert Geschichte*, il étudie l'histoire ; il fait des études d'histoire.

Geschichten|buch [gə"ʃiçtən'bu:x] n. (s,¨er) livre (m.) de contes, d'histoires.

Geschichts|kenntnis [gə"ʃiçts'kɛntnis] f. (-, se) connaissance (f.), science (f.) de l'histoire. ||°**-quelle** f. (-, n) source (f.) historique. ||°**-stunde** f. (-, n) classe (f.), cours (m.) d'histoire.

geschichtlich [gə'ʃiçtliç] adj. historique.

Geschick [gə'ʃik] n. (s, e). **1.** sort m. ; destin m. ; destinée f. ; fatalité f. | *ein günstiges Geschick*, un destin favorable. | *ein ungünstiges Geschick*, un destin contraire.
2. [Geschicklichkeit] adresse f. ; habileté f. ; dextérité f. ; savoir-faire m. | *er hat dazu, dafür ein besonderes Geschick*, il a pour cela un talent particulier ; il est particulièrement doué pour cela.

Geschicklichkeit [-liçkait] f. (-, en) adresse f. ; dextérité f. ; habileté f. ; talent m. ; aptitude f.

geschickt [gə'ʃikt] adj. 1° envoyé ; expédié ; 2° adroit ; vite ; habile ; propre, apte à.

geschieden [gə'ʃi:dən] adj. séparé ; divorcé.

Geschirr [gə'ʃir] n. (s, e). **1.** ustensiles m. pl. ; batterie (f.) de cuisine ; vaisselle f. | *Geschirr abwaschen, spülen*, faire la vaisselle.
2. harnais m. | *dem Pferd das Geschirr anlegen*, harnacher le cheval.

Geschirr|schrank [gə"ʃir'ʃraŋk] m. (s, ¨e) buffet m. ||°**-spülmaschine** f. (-, n) lave-vaisselle m.

Geschlecht [gə'ʃlɛçt] n. (s, er). **1.** genre m. ; sexe m. | *männliches Geschlecht*, sexe masculin. | *weibliches Geschlecht*, sexe féminin.
2. espèce f. ; genre m. | *menschliches Geschlecht*, genre humain ; espèce humaine.
3. famille f. ; race f. ; lignée f. ; descendance f. | *das Geschlecht der Hohenstaufen ist ausgestorben*, la lignée des Hohenstaufen est éteinte.
4. génération f. | *die kommenden Geschlechter*, les générations à venir ; la postérité.
5. GRAMM. genre m.

Geschlechts|akt [gə"ʃlɛçts'akt] m. (es, e) acte sexuel ; coït m. ||°**-krankheit** f. (-, en) maladie vénérienne. ||°**-leben** n. (s) vie sexuelle. ||**-los** adj. sans sexe, asexué. ||°**-organ** n. (s, e). ANAT. organe génital. ||°**-reife** f. puberté f. ||°**-teile** m. pl. ANAT. organes génitaux. ||°**-trieb** m. (s, e) instinct sexuel. ||°**-verkehr** m. (s) relations sexuelles. || °**-wort** n. (s, ¨er). GRAMM. article m. ||°**-zelle** f. (-, n). PHYSIOL. cellule germinale.

geschlechtlich [gə'ʃlɛçtliç] adj. sexuel.

geschliffen [gə'ʃlifən] adj. poli. || FIG. poli ; qui a de bonnes manières. || [Stil] ciselé.

Geschliffenheit [gə'ʃlifənhait] f. FIG. politesse f.

Geschlinge [gə'ʃliŋə] n. (s). FAM. entrelacs m. ; fouillis m. || ZOOL., CULIN. fressure f.

Geschlossenheit [gə'ʃlɔsənhait] f. unité f.

Geschluchze [gə'ʃluxtsə] n. (s) sanglots m. pl.

Geschmack [gə'ʃmak] m. (s, ¨e). **1.** goût m. ; sens (m.) du goût.
2. PAR ANAL. goût m. ; saveur f. | *ein herber Geschmack*, une saveur âpre. | *ein fader Geschmack*, un goût fade.
3. FIG. [Schönheitssinn] goût m. | *seinen Geschmack verfeinern*, affiner son goût. | *ein feiner Geschmack*, un goût délicat. | *dieses Theaterstück war nicht nach meinem Geschmack*, cette pièce n'était pas à mon goût. | *die Geschmäcke, Geschmäcker sind verschieden*, il en faut pour tous les goûts. | *Geschmack an einer Sache finden*, prendre goût à qch. | *einer Sache Geschmack abgewinnen*, prendre intérêt à qch.
4. mode f. ; style m. | *nach klassizistischem Geschmack gebaut*, conçu dans le goût classique.

geschmack|los [gə"ʃmak'lo:s] adj. [Personen] qui manque, est dépourvu de goût. || [Dinge] fade ; sans saveur ; insipide ; FIG. de mauvais goût. ||°**-losigkeit** f. [Personen] mauvais goût ; faute (f.) de goût, de tact. || [Dinge] absence (f.) de goût ; fadeur f. ; platitude f. ||°**-sache** f. *das ist Geschmacksache*, c'est affaire de goût ; cela dépend (des goûts). ||**-voll** adj. plein de goût ; de bon goût ; de bon ton ; exquis ; élégant.

Geschmacks|organ [gə"ʃmaksɔr'gɑ:n] n. (s, e). ANAT. organe (m.) du goût. ||°**-sinn** m. (s) sens (m.) du goût. ||°**-verirrung** f. (-, en) aberration (f.) du goût ; manque (m.) de goût ; mauvais goût.

Geschmeide [gə'ʃmaidə] n. (s) joyaux m. pl.

geschmeidig [gə'ʃmaidiç] adj. souple ; flexible ; pliant ; maniable. | *geschmeidiges Leder*, cuir (m.) souple. || FIG. docile ; malléable. | *ein geschmeidiger Politiker*, un politicien souple.

Geschmeidigkeit [-kait] f. souplesse f. ; flexibilité f. || FIG. docilité f. ; malléabilité f.

Geschmeiß [gə'ʃmais] n. (es, e). FAM. vermine f. ; racaille f.

Geschmetter [gə'ʃmɛtər] n. (s) *Trompetengeschmetter*, sonnerie (f.) de trompettes. || PAR EXT. fracas m.

Geschmiere [gə'ʃmi:rə] n. (s). FIG., FAM. barbouillage m. ; griffonnage m. ; travail bâclé.

Geschnatter [gə'ʃnatər] n. (s). FAM. caquetage m.

Geschnaufe [gə'ʃnaufə] n. (s). FAM. respiration saccadée, haletante ; halètement m.

geschniegelt [gə'ʃni:gəlt] adj. FAM. attifé ; pommadé ; calamistré. | *geschniegelt und gebügelt*, tiré à quatre épingles.

Geschnüffel [gə'ʃnyfəl] n. (s). 1° FAM. reniflement(s) m. (pl.) ; 2° trop grande curiosité ; espionnage m.

Geschöpf [gə'ʃøpf] n. (s, e). **1.** créature f. ; être m. | *ein reizendes Geschöpf*, une charmante créature.
2. création f. | *ein Geschöpf seiner Phantasie*, une création de son imagination.

Geschoß [gə'ʃɔs] n. (es, e) projectile m. ; obus m. ; balle f. || ARCHIT. étage m.

Geschoß|bahn [gə"ʃɔs'bɑ:n] f. (-, en). MIL. trajectoire f. ||°**-garbe** f. (-, n). MIL. gerbe (f.) d'éclatement.

geschraubt [gə'ʃraupt] adj. FIG. guindé ; maniéré. | *geschraubter Stil*, style entortillé ; ampoulé.

Geschraubtheit [gə'ʃraupthait] f. (-, en) affectation f. ; caractère guindé.

Geschrei [gə'ʃrai] n. (s) cri(s) m. (pl.) ; clameur(s) f. (pl.) ; criailleries f. pl. ; vociférations f. pl. ; hurlements m. pl. | *jämmerliches Geschrei*, lamentations f. pl. | *es erhob sich ein fürchterliches Geschrei*, une clameur épouvantable retentit. || PROV. *viel Geschrei und wenig Wolle*, faire plus de bruit que de besogne.

Geschreibe [gə'ʃraibə] n. (s), **Geschreibsel** [gə'ʃraipsəl] n. (s). FAM. griffonnage m. ; gribouillis m.

geschuppt [gə'ʃupt] adj. garni d'écailles.

Geschütz [gə'ʃyts] n. (es, e). MIL. bouche (f.) à feu ; canon m. ; pièce (f.) d'artillerie. | *schweres Geschütz*, canon lourd. | *ein Geschütz auffahren lassen*, mettre un canon en batterie.

Geschwader [gə'ʃvɑ:dər] n. (s, -). MAR. escadre f. || AÉRON. escadrille f. ; flottille f. || ZOOL. *ein Geschwader von Wildenten*, un vol de canards sauvages.

Geschwafel [gə'ʃvɑ:fəl] n. (s). FAM. balivernes f. pl.

geschwänzt [gə'ʃvɛntst] adj. à queue ; caudé.

Geschwätz [gə'ʃvɛts] n. (es, e) bavardage m. ; babillage m. ; verbiage m. | *fades Geschwätz*, fadaises f. pl.

geschwätzig [-tsiç] adj. bavard ; loquace ; verbeux ; babillard.

Geschwätzigkeit [-tsiçkait] f. bavardage m. ; loquacité f. ; verbosité f.

geschweift [gə'ʃvaift] adj. échancré ; arqué ; bombé ; cambré ; évasé.

geschweige [gə'ʃvaigə] adv. encore moins ; sans parler de. | *er kann kaum reden, geschweige denn singen*, il peut à peine parler, encore moins chanter.

geschwind [gə'ʃvint] adj. prompt ; rapide ; preste ; leste ; accéléré.
◇ adv. vite ; vivement.

Geschwindigkeit [gə'ʃvindiçkait] f. (-, en) vitesse f. ; rapidité f. ; célérité f. ; promptitude f.

Geschwindigkeits|abnahme [gə"ʃvindiçkaitsapnɑ:mə] f. diminution (f.), perte (f.) de vitesse ; ralentissement m. ||°**-anzeiger** m. (s, -). TECHN. indicateur (m.) de vitesse ; tachymètre m. || °**-begrenzung** f. (-, en). AUTOM. limitation (f.) de vitesse. ||°**-messer** m. (s, -). TECHN. tachymètre m. ; compteur (m.) de vitesse. ||°**-übertretung** f. (-, en). AUTOM. excès (m.) de vitesse.

Geschwirr [gə'ʃvir] n. (s) bruit (m.) d'ailes ; bourdonnement m.

Geschwister [gə'ʃvistər] pl. *mein Bruder, meine Schwester und ich sind Geschwister*, nous sommes frères et sœurs.

Geschwister|kind [gə"ʃvistər'kint] n. (s, er) cousin germain ; cousine germaine. ||°**-liebe** f. amour fraternel. ||°**-paar** n. (s, e) frère (m.) et sœur f.

geschwisterlich [gə'ʃvistərliç] adj. fraternel.

geschwollen [gə'ʃvɔlən] adj. enflé ; gonflé ; tuméfié. || FIG. *rede nicht so geschwollen*, ne fais pas le prétentieux.

geschworen [gə'ʃvo:rən] adj. juré ; assermenté. | *geschworener Feind*, ennemi juré.

Geschworene(r) [-nə(r)] f. (m.). JUR. juré m. | *jn vor die Geschworenen stellen*, renvoyer qn aux assises.

Geschwulst [gə'ʃvulst] f. (-, ¨e). MÉD. enflure f. ; grosseur f. ; tumeur f. ; gonflement m.

Geschwür [gə'ʃvy:r] n. (s, e). MÉD. abcès m. ; tumeur f. ; ulcère m.

Geschwür|bildung [gə"ʃvy:r'bilduŋ] f. MÉD. ulcération f.

geschwürig [gə'ʃvy:riç] adj. MÉD. ulcéreux.

gesegnet [gə'ze:knət] adj. béni. || PAR EXT. prospère ; fertile. | *gesegnete Mahlzeit !*, bon appétit ! | *sie ist gesegneten Leibes*, elle est enceinte.

Geselle [gə'zɛlə] m. (n, n) compagnon m. ; ouvrier m. ; garçon m. | *er ist Bäckergeselle*, il est compagnon boulanger. || FIG. compagnon m. ; camarade m. ; compère m. ; FAM. copain m. | *lustiger Geselle*, bon vivant.

gesellen (sich) [ziçgə'zɛlən] v. pr. se joindre ; s'associer. | *ein Fremder gesellte sich zu unser Tischgemeinschaft*, un étranger se joignit à notre tablée.

Gesellen|jahre [gə"zɛlən'jɑ:rə] n. pl. années (f. pl.) de compagnonnage. ||°**-stück** n. (s, e) chef-d'œuvre (m.) d'un compagnon. ||°**-zeit.** V. GESELLENJAHRE.

Gesellenschaft [gə'zɛlənʃaft] f. (-, en) compagnonnage m. || PAR EXT. compagnons m. pl.

gesellig [gə'zɛliç] adj. sociable. | *er ist von geselliger Natur*, il a une nature sociable ; il est facile à vivre. | *einen geselligen Abend verbringen*, passer une agréable soirée en société.

Geselligkeit [-kait] f. (-, en) sociabilité f. ; mondanité f.

Gesellschaft [gə'zɛlʃaft] f. (-, en). **1.** [Begleitung ; Umgang] société f. ; compagnie f. | *er reist in Gesellschaft von drei Kollegen*, il voyage en compagnie de trois collègues. | *ich meide seine Gesellschaft*, j'évite sa compagnie. | *jm Gesellschaft leisten*, tenir compagnie à qn. | *er ist in schlechte Gesellschaft geraten*, il a de mauvaises fréquentations.
2. [Gemeinschaft der Menschen] société f. | *bürgerliche Gesellschaft*, société civile. | *Gesellschaftsformen*, formes (f. pl.) de la vie en société.
3. [Kreis von Menschen] société f. ; cercle m. ; réunion f. ; monde m. ; soirée f. | *geschlossene Gesellschaft*, société fermée ; cercle m. ; club m. | *eine Gesellschaft einladen, geben*, donner une soirée ; recevoir. | *die Gesellschaft unterhalten*, FAM. amuser le tapis. | *sie gehört zur besten Gesellschaft*, elle appartient à la meilleure société, au meilleur monde. || [Vereinigung] société f. ; association f. ; troupe f. | *wissenschaftliche Gesellschaft*, société scientifique. | *Gesellschaft Jesu*, Compagnie (f.) de Jésus. || COMM. *Gesellschaft mit beschränkter Haftung, Haftpflicht* (G. m. b. H.), société à responsabilité limitée (S. A. R. L.).

Gesellschafts|abend [gə"zɛlʃafts'ɑ:bənt] m. (s, e) soirée f. ||°**-anteil** n. (s, e). FIN. part sociale. ||°**-anzug** m. (s, ¨e) tenue (f.) de soirée ; habit f. ||°**-gründung** f. (-, en) formation (f.) d'une société. ||°**-kapital** n. (s, lien) capital, fonds social. ||°**-kleid** n. (s, er) robe (f.) de soirée. ||°**-kreis** m. (es, e) société f. ; relations f. pl. ||°**-lehre** f. sociologie f. ||°**-raum** m. (s, ¨e). ARCHIT. salon m. ||°**-recht** n. (s, e) droit social ; droit (m.) de société. ||°**-reise** f. (-, n) voyage organisé. ||°**-steuer** f. (-, n) impôt (m.) sur les sociétés. ||°**-vertrag** m. (s, ¨e) contrat social ; [Unternehmen] acte constitutif de société ; contrat (m.) de société.

Gesellschafter [gə'zɛlʃaftər] m. (s, -) compagnon m. || COMM. associé m. | *stiller Gesellschafter*, bailleur (m.) de fonds ; commanditaire m.

Gesellschafterin [-ʃaftərin] f. (-, nen) dame (f.), demoiselle (f.) de compagnie. || COMM. associée f.

gesellschaftlich [-ʃaftliç] adj. de la, en société ; mondain. | *gesellschaftlicher Außenseiter*, marginal(e) m. (f.). | *gesellschaftlicher Zwang*, usage mondain ; étiquette f. | *gesellschaftlicher Schliff*, savoir-vivre m. || COMM. social ; collectif.

Gesenk(e) [gə'zɛŋk(ə)] n. (s, e). MINES. puits m. || TECHN. matrice f. ; étampe f. ; estampe f.

Gesetz [gə'zɛts] n. (es, e). **1.** loi f. ; ordonnance f. ; édit m. ; décret m. | *im Namen des Gesetzes !*, au nom de la loi ! | *ein Gesetz einbringen*, proposer une loi. | *ein Gesetz beraten*, discuter une loi. | *ein Gesetz annehmen*, voter une loi. | *ein Gesetz bestätigen*, sanctionner une loi. | *ein Gesetz in Kraft setzen*, appliquer une loi. | *ein Gesetz befolgen*, observer une loi. | *ein Gesetz umgehen*, tourner une loi.
2. loi f. | *ein Gesetz der Natur, ein Naturgesetz*, une loi de la nature ; une loi naturelle. | *Gesetz des freien Falls*, loi de la chute libre.
3. règle f. ; prescription f. | *Gesetze des Dramas*, lois de la dramaturgie.

Gesetz|artikel [gə"zɛtsar'tikəl] n. (s, -) article (m.) de loi. ||°**-blatt** n. (s, ¨er) bulletin (m.) des lois ; journal officiel. ||°**-buch** n. (s, ¨er) code m. | *bürgerliches Gesetzbuch*, Code civil. ||°**-entwurf** m. (s, ¨e) projet (m.) de loi. | *einen Gesetzentwurf einbringen*, déposer un projet de loi. ||**-gebend** adj. législatif. | *gesetzgebende Gewalt*, pouvoir législatif. ||°**-geber** m. (s, -) législateur m. ||°**-gebung** f. législation f. ||°**-gebungsgewalt** f. pouvoir législatif. ||**-los** adj. sans loi ; sans règle ; anarchique. ||°**-losigkeit** f. absence (f.) de lois ; anarchie. ||**-mäßig** adj. légal ; conforme aux lois. ||°**-mäßigkeit** f. légalité f. ; légitimité f. ; bienjugé m.

|| PHILOS. norme f. ||°-**umgehung** f. (-, en) fraude f. ||°-**verletzung** f. (-, en) violation (f.) de la loi. ||°-**vorlage** f. (-, n) projet (m.) de loi. ||-**widrig** adj. illégal ; contraire à la loi. ||°-**widrigkeit** f. (-, en) infraction (f.) à la loi ; illégalité f.

Gesetzes|kraft [gəʺzɛtsəs'kraft] f. *Gesetzeskraft haben*, avoir force de loi. ||-**kundig** adj. *gesetzeskundig sein*, bien connaître les lois.

gesetzlich [gə'zɛtsliç] adj. légal ; conforme à, fixé par la loi. | *gesetzliche Anordnung*, disposition légale. | *gesetzliche Vorschriften*, dispositions légales. | *gesetzlicher Wohnsitz*, domicile légal. | *gesetzlicher Erbe*, héritier (m.) de droit.
◇ adv. légalement ; par la loi. | *gesetzlich anerkennen*, légaliser ; légitimer. | *gesetzlich geschützt*, breveté ; déposé.

Gesetzlichkeit [-kait] f. légalité f.

gesetzt [gə'zɛtst] adj. posé ; assis. | *gesetzt (den Fall), daß*, supposé que. || FIG. rassis ; pondéré ; grave ; mûr.

Gesetztheit [gə'zɛtsthait] f. caractère posé ; pondération f.

Gesicht [gə'ziçt] n. (s, er). **1.** visage m. ; face f. ; figure f. ; physionomie f. | *ein rundes Gesicht*, un visage rond. | *ein blasses Gesicht*, un visage pâle. | *ein verschmitztes, spitzbübisches Gesicht*, un air futé. | *ein Gesicht wie sieben Tage Regenwetter machen*, FAM. faire un visage long comme un jour sans pain. | *ein schiefes Gesicht ziehen*, faire grise mine. | *dazu macht er ein saueres Gesicht*, cela lui fait faire la grimace. | *ein langes Gesicht ziehen*, faire grise mine. | *ein verdutztes Gesicht machen*, être ébahi, ébaubi. | *jm ins Gesicht lachen*, rire au nez de qn.
2. grimace f. | *Gesichter machen, schneiden*, faire des grimaces. | *das Gesicht verziehen, verzerren*, faire la grimace ; grimacer.
3. [Aussehen] figure f. ; physionomie f. ; mine f. ; pose f. | *ein anderes Gesicht aufsetzen, aufstecken*, changer de visage. | *er ist seinem Vater wie aus dem Gesicht geschnitten*, il ressemble beaucoup à son père ; FAM. c'est son père tout craché. || FIG. visage m. | *das wahre Gesicht eines Landes*, le vrai visage d'un pays. | *einer Gefahr ins Gesicht blicken*, faire face à un danger. | *diese Behauptung schlägt den Tatsachen ins Gesicht*, cette affirmation est contraire aux faits. | *dadurch bekommt die Sache freilich ein anderes Gesicht*, de ce fait la chose prend un autre aspect.
4. [Sehvermögen] (Vx.) vue f. ; vision f. | *zu Gesicht bekommen*, voir. | *ich habe ihn aus dem Gesicht verloren*, je l'ai perdu de vue. || FIG. *das zweite, das doppelte Gesicht*, la seconde, la double vue.
5. (pl. **Gesichte**) vision f. ; apparition f. | *Gesichte haben, sehen*, avoir des visions, des apparitions.

Gesichtchen [gə'ziçtçən] n. (s, -) petite figure ; frimousse f. ; minois m.

Gesichts|abguß [gəʺziçts'apgus] m. (es, ¨e) masque m. ; moulage m. ||°-**ausdruck** m. (s, ¨e) physionomie f. ; mine f. ; expression (f.) du visage. ||°-**farbe** f. (-, n) teint m. ||°-**feld** n. (s) champ visuel. ||°-**form** f. (-, en) forme (f.) du visage. ||°-**kreis** m. (es) [ligne (f.) d'] horizon m. || FIG. *seinen Gesichtskreis erweitern*, élargir son horizon. ||°-**massage** f. (-, n) massage facial. ||°-**muskel** m. (s, n) muscle facial. ||°-**nerv** m. (s, en) nerf facial, optique. ||°-**punkt** m. (s, e). OPT. point visuel ; point (m.) de vue. || FIG. point (m.) de vue. ||°-**winkel** m. (s, -) angle facial. || OPT. angle visuel. || FIG. point (m.) de vue. ||°-**zug** m. (s, ¨e) trait m. (du visage).

Gesims [gə'zims] n. (es, e). ARCHIT. cimaise f. ; corniche f. ; entablement m.

Gesinde [gə'zində] n. (s). [Vx.] gens (m. pl.) de maison ; domesticité f. ; domestique m. || PAR EXT. valets (m. pl.), garçons (m. pl.) de ferme.

Gesinde|stube [gəʺzində'ʃtu:bə] f. (-, n) office m.

Gesindel [gə'zindəl] n. (s). PÉJOR. canaille f. ; racaille f.

gesinnt [gə'zint] adj. disposé ; intentionné. | *er ist mir gut gesinnt*, il est bien disposé envers moi. | *er ist republikanisch gesinnt*, il a des sentiments républicains.

Gesinnung [gə'zinuŋ] f. (-, en) manière (f.) de penser ; sentiments m. pl. ; disposition (f.) d'esprit ; opinion f. | *seine Gesinnung ändern*, changer d'opinions ; faire volte-face. | *treue Gesinnung*, fidélité f.

Gesinnungs|genosse [gəʺzinuŋsgə'nɔsə] m. (n, n) qui partage une manière de voir. || POLIT. ami (m.) politique. || RELIG. coreligionnaire m. ||-**los** adj. sans caractère ; sans conviction ; veule. ||°-**losigkeit** f. manque (m.) de caractère ; veulerie f. ||-**treu** adj. loyal ; sûr. ||°-**treue** f. loyalisme m. ||°-**wechsel** m. (s) changement subit d'opinion ; volte-face f.

gesittet [gə'zitət] adj. civilisé ; civil ; bien élevé.

Gesittung [-tuŋ] f. politesse f. ; civilité f. ; caractère policé ; civilisation f.

Gesöff [gə'zøf] n. (es). POP. piquette f. ; bibine f.

gesonnen [gə'zonən] adj. disposé. | *ich bin nicht gesonnen, zu kommen*, je ne suis pas disposé, je n'ai pas l'intention de venir.

gesotten [gə'zɔtən] adj. bouilli.

Gespann [gə'ʃpan] n. (s, e) attelage m. || PAR EXT. couple m. ; paire f. || FIG. couple m.

gespannt [gə'ʃpant] adj. tendu. FIG. curieux. || POLIT. *gespannte Lage*, situation (f.) critique. | *auf gespanntem Fuße mit jm stehen*, être en froid, à couteaux tirés avec qn. | *ich bin gespannt darauf*, je suis curieux de le savoir.

Gespanntheit [gə'ʃpanthait] f. tension f. || FIG. tension (f.) d'esprit ; attention f. ; curiosité f. ; impatience f. || PAR EXT. froideur (f.) des relations ; brouille f.

Gespenst [gə'ʃpɛnst] n. (es, er). [spukhafte Erscheinung] fantôme m. ; spectre m. ; apparition f. ; revenant m. ; esprit m. ; vision f. | *er sieht überall Gespenster*, il voit partout des fantômes. || FIG. *das Gespenst der Inflation*, le spectre de l'inflation.

Gespenster|furcht [gəʺʃpɛnstɛr'furçt] f. peur (f.) des revenants. ||°-**geschichte** f. (-, n) histoire (f.) de revenants ; conte (m.) fantastique ; FAM. conte (m.) de bonne femme. ||°-**stunde** f. (-, n) heure (f.) des revenants.

gespensterhaft [gə'ʃpɛnstərhaft] adj. spectral ; fantomal ; fantomatique.

gespenstig [gə'ʃpɛnstiç], **gespenstisch** [-tiʃ] adj. V. GESPENSTERHAFT.

gesperrt [-'ʃpɛrt] adj. barré ; bloqué ; clos. | *gesperrte Straße*, route, rue barrée. || COMM. *gesperrtes Guthaben*, compte frappé d'opposition. | *gesperrtes Konto*, compte bloqué. || TYPOGR. *gesperrter Druck*, caractères espacés.

gespickt [gə'ʃpikt] adj. lardé ; piqué. || FIG. farci ; rempli.

Gespiele [-le] m. (n, n), **Gespielin** [-lin] f. (-, nen). [Vx.] compagnon (m.), compagne (f.), camarade (s.) de jeu.

Gespinst [gə'ʃpinst] n. (es, e) fils m. pl. ; filure f. ; filage m. | *feines, haltbares Gespinst*, fil fin, résistant. || PAR EXT. trame f. ; tissu m. || FIG. tissu m. | *Lügengespinst*, tissu de mensonges. || ZOOL. cocon m.

Gespons [gə'ʃpɔns] m. ou n. (es, e). POÉT. fiancé m. ; époux m. ; épouse f.

Gespött [gə'ʃpøt] n. (s) raillerie f. ; moquerie f. ; dérision f. ; persiflage m. ; gouaille f. | *sein Gespött mit* *jm treiben*, tourner qn en dérision. || PAR EXT. objet (m.) de raillerie ; risée f. | *zum Gespött werden, dienen*, être la risée de qn. | *er ist das Gespött der ganzen Stadt*, il est la risée de la ville.

Gespräch [gə'ʃprɛ:ç] n. (s, e) conversation f. ; entretien m. ; causerie f. ; dialogue m. | *ein lehrreiches Gespräch*, une conversation instructive. | *mit jm ein Gespräch anknüpfen*, engager une conversation avec qn. | *ein Gespräch mit jm über etwas haben, halten, führen*, avoir une conversation avec qn sur qch. | *sich in ein Gespräch einlassen*, lier conversation avec qn. | *sich in ein Gespräch mischen*, se mêler à une conversation. | *das Gespräch auf etwas bringen*, amener la conversation sur qch. | *mit jm ein Gespräch unter vier Augen haben*, avoir une conversation en tête-à-tête avec qn. | *er ist das Gespräch der ganzen Stadt*, il est, devient la fable de (toute) la ville. | *Tagesgespräch*, sujet (m.) du moment.

Gesprächs|einheit [gə"ʃprɛ:çs'ainhait] f. (-, en). TÉLÉCOMM. taxe (f.) de base. ||°**-form** f. (-, en) forme dialoguée. | *in Gesprächsform*, sous forme de dialogue. ||°**-gegenstand** m. (s, ¨e), °**-stoff** m. (s) sujet (m.) de conversation. || °**-grundlage** f. (-, n) base (f.) de discussion. ||**-weise** adv. en causant ; dans la conversation.

gesprächig [gə'ʃprɛ:çiç] adj. loquace ; communicatif ; bavard.

Gesprächigkeit [-kait] f. loquacité f.

gespreizt [gə'ʃpraitst] adj. FIG. artificiel ; maniéré ; affecté.

Gespreiztheit [gə'ʃpraitsthait] f. (-, en). FIG. affectation f. ; bouffissure f.

Gestade [gə'ʃtɑ:də] n. (s, -). POÉT. rive f. ; rivage m. ; plage f. ; bord m.

gestaffelt [gə'ʃtafəlt] adj. échelonné.

Gestalt [gə'ʃtalt] f. (-, en) forme f. ; aspect m. ; façon f. ; configuration f. | *Gestalt gewinnen*, prendre forme. || [Körperbeschaffenheit] corps m. | *von kleiner Gestalt*, de petite taille. | *eine liebliche Gestalt*, une charmante figure. | *von anmutiger Gestalt*, gracieux. | *menschliche Gestalt*, forme humaine.

gestalten [-tən] v. tr. former ; donner forme à ; façonner. | *sein Schicksal selbst gestalten*, faire soi-même sa destinée. | *sein Leben neu gestalten*, se refaire une vie. || TECHN. modeler.

Gestalter [-tər] m. (s, -). ARTS. créateur m.

Gestalt|lehre [gə"ʃtalt'le:rə] f. morphologie f. ||**-los** adj. sans forme ; informe ; amorphe. || °**-losigkeit** f. absence (f.) de forme ; amorphisme m. ||°**-theorie** f. PHILOS. théorie de la forme, de la structure ; gestaltisme m.

Gestaltung [gə'ʃtaltuŋ] f. (-, en) [action de] former, façonner. || PAR EXT. forme f. ; réalisation f. ; aspect m. || ARTS. modelage m.

gestaltungs|fähig [gə"ʃtaltuŋs'fɛ:iç] adj. plastique. ||°**-fähigkeit** f. plasticité f.

Gestammel [gə'ʃtaməl] n. (s) bégaiement m. ; balbutiement m. ; bredouillement m.

Gestampfe [gə'ʃtampfə] n. (s) piétinement m. ; trépignement m.

geständig [gə'ʃtɛndiç] adj. qui avoue. | *geständig sein*, avouer ; faire l'aveu de.

Geständnis [-'ʃtɛntnis] n. (ses, se) aveu m. | *ein Geständnis ablegen*, faire un aveu. | *jn zum Geständnis bringen*, obliger qn à avouer.

Gestänge [gə'ʃtɛŋə] n. (s). TECHN. tiges f. pl. ; tringles f. pl. ; tringlerie f.

Gestank [gə'ʃtaŋk] m. (s) mauvaise odeur ; puanteur f.

Gestapo [ges'tɑ:po] f. (abrév. de **Geheime Staatspolizei**). HIST. police secrète (hitlérienne).

gestatten [gə'ʃtatən] v. tr. permettre ; consentir à ; souffrir ; tolérer. || [Höflichkeitsformel] *gestatten Sie, daß*, permettez que.

Geste ['gɛstə] f. (-, n) geste m. ; mouvement m.

gestehen [gə'ʃte:ən] (gestand, gestanden), v. tr. avouer ; confesser ; convenir de. | *seine Schuld gestehen*, avouer, confesser sa faute ; dire son mea culpa. | *ich muß gestehen, daß*, je dois avouer, dire que.

Gestehungs|kosten [gə"ʃte:uŋs'kɔstən] f. pl. COMM. prix coûtant ; prix de revient.

gesteigert [gə'ʃtaigərt] adj. intensifié. || GRAMM. au comparatif.

Gestein [gə'ʃtain] n. (s, e). GÉOL. pierres f. pl. ; pierraille f. ; roches f. pl. ; rocaille f. ; minerai m.

Gesteins|kunde [gə"ʃtains'kundə] f. minéralogie f. ; pétrographie f. ||°**-masse** f. (-, n). GÉOL. masse rocheuse. ||°**-schicht** f. (-, en). GÉOL. strate f.

Gestell [gə'ʃtɛl] n. (s, e). ARCHIT. socle m. ; piédestal m. || PAR ANAL. chevalet m. ; tréteau m. || AUTOM. châssis m. ; bâti m. || [Wagen] train m. || AÉRON. carcasse f. || [Brille] monture f.

Gestellung [gə'ʃtɛluŋ] f. (-, en) mise (f.) à disposition ; fourniture f. || MIL. appel (m.) sous les drapeaux. | *Gestellungsbefehl*, convocation f.

gestern ['gɛstərn] adv. hier. | *gestern morgen*, hier matin. || FIG., FAM. *er ist nicht von gestern*, il n'est pas né d'hier.

Gestichel [gə'ʃtiçəl] n. (s). FAM. pointes f. pl. || FIG. coups (m. pl.) d'épingle ; persiflage m.

gestiefelt [gə'ʃti:fəlt] adj. botté. | *das Märchen vom gestiefelten Kater*, le conte du « Chat botté ».

gestielt [gə'ʃti:lt] adj. emmanché. || BOT. pétiolé. || BOT., ZOOL. pédiculé ; pédonculé.

gestikulieren [-'li:rən] v. intr. faire des gestes ; gesticuler.

Gestirn [gə'ʃtirn] n. (s, e). ASTRON. constellation f. ; astre(s) m. (pl.) ; étoile(s) f. pl.

gestirnt [-'ʃtirnt] adj. étoilé ; semé d'étoiles ; constellé. | *gestirnter Himmel*, ciel étoilé.

Gestöber [gə'ʃtø:bər] n. (s) tourbillon m. ; rafale f.

Gestöhne [gə'ʃtø:nə] n. (s) gémissements m. pl.

Gestotter [gə'ʃtɔtər] n. (s) bégaiements m. pl. ; balbutiements m. pl.

Gesträuch [gə'ʃtrɔyç] n. (s, e) buissons m. pl. ; fourré m. ; hallier m. ; broussaille(s) f. (pl.).

gestreckt [gə'ʃtrɛkt] adj. tendu ; étiré ; allongé. || [Reitkunst] *in gestrecktem Galopp*, ventre à terre.

gestreift [gə'ʃtraift] adj. rayé ; strié ; zébré ; à rayures ; à raies.

gestrig ['gɛstriç] adj. d'hier ; de la veille.

Gestrüpp [gə'ʃtryp] n. (s, e) fourré m. ; hallier m. ; broussaille(s) f. (pl.).

Gestühl [gə'ʃty:l] n. (s, e) chaises f. pl. ; sièges m. pl. | *Chorgestühl*, stalles f. pl.

Gestümper [gə'ʃtympər] n. (s). FAM. mauvais travail ; travail bâclé.

Gestüt [gə'ʃty:t] n. (s, e) haras m.

Gesuch [gə'zu:x] n. (s, e) demande f. ; requête f. ; pétition f. ; supplique f. | *ein Gesuch abfassen, einreichen*, formuler, présenter une demande.

Gesuch|steller [gə"zu:x'ʃtɛlər] m. (s, -) requérant, m. ; pétitionnaire m.

gesucht [gə'zu:xt] adj. [begehrt] recherché ; FAM. couru. | *gesuchte Ware*, article recherché, demandé. || FIG. [unnatürlich] recherché ; maniéré ; affecté. | *gesuchte Redeweise*, style maniéré, précieux.

Gesuchtheit [gə'zu:xthait] f. FIG. recherche f. ; affectation f. ; préciosité f. ; afféterie f. ; maniérisme m.

Gesumme [gə'zumə] n. (s) bourdonnement m.

gesund [gə'zunt] adj. [Personen] sain ; bien portant ; en bonne santé ; valide. | *gesunder Mensch*, homme sain. | *gesunde Glieder*, des membres valides. | *einen Kranken gesund machen*, guérir un malade. | *sich gesund erhalten*, se maintenir en bonne santé. | *gesund und munter*, frais et dispos. || MÉD. *gesunder Virusträger*, porteur sain. || FAM. *er ist gesund wie ein Fisch*, il se porte comme un charme ; il est frais comme un gardon. || [Dinge] sain ; salubre. | *gesunde Zähne*, dents saines. | *gesunde Nahrung*, nourriture saine. | *gesundes Aussehen* ; *gesunde Gesichtsfarbe*, teint frais. | *gesunder Schlaf*, bon sommeil. || FAM. sain ; bon ; commun. | *gesunder Menschenverstand*, bon sens ; sens commun.

Gesund|brunnen [gə"zunt'brunən] m. (s, -) source (f.) de bienfaits.

gesunden [gə'zundən] v. intr. guérir ; recouvrer la santé.

Gesundheit [gə'zunthait] f. (-, en) santé f. ; état (m.) de santé. | *er hat eine eiserne Gesundheit*, il resplendit de santé. | *bei guter Gesundheit sein*, jouir d'une bonne santé ; être bien portant. | *wie steht's mit der Gesundheit ?*, comment va la santé ? || [Zuruf beim Trinken] *Gesundheit !*, à votre santé ; [Niesen] à vos souhaits. | *auf js Gesundheit trinken*, porter un toast à qn ; boire à la santé de qn.

Gesundheits|amt [gə"zunthaits'amt] n. (s, ¨er) office (m.) de santé, d'hygiène ; dispensaire m. ||°**-dienst** m. (s) service (m.) de santé. ||**-halber** adv. pour raison(s) de santé. ||°**-pflege** f. soins (m. pl.) d'hygiène ; hygiène f. || **-schädlich** adj. malsain ; insalubre. ||°**-schutz** m. (es) protection (f.) sanitaire. ||°**-wesen** n. (s) hygiène (publique). ||**-widrig** adj. antihygiénique. ||°**-zustand** m. (s, ¨e) état (m.) de santé.

gesundheitlich [gə'zunthaitliç] adj. qui a rapport à la santé ; sanitaire ; hygiénique.

Gesundung [gə'zunduŋ] f. guérison f.

Gesurre [gə'zurə] n. (s) bourdonnement m.

getarnt [gə'tarnt] adj. MIL. camouflé. | *Getarntes Polizeiauto*, voiture de police banalisée.

Getier [gə'ti:r] n. (s). FAM. animaux m. pl.

getigert [gə'ti:gərt] adj. tigré.

Getön(e) [gə'tø:n(ə)] n. ([e]s). FAM. retentissement m. ; sons m. pl. ; bruits m. pl.

Getöse [gə'tø:zə] n. (s) fracas m. ; tumulte m. ; tapage m. ; vacarme m.

Getrampel [gə'trampəl] n. (s). FAM. trépignements m. pl. ; piétinements m. pl.

Getränk [gə'trɛŋk] n. (s, e) boisson f. ; breuvage m. | *alkoholische, geistige Getränke*, spiritueux m. pl. ; boissons alcoolisées.

Getratsch(e) [gə'tratʃ(ə)] n. ([e]s). FAM. commérages m. pl.

getrauen (sich) [ziçgə'trauən] v. pr. oser ; avoir le courage de.

Getreide [gə'traidə] n. (s, -) céréales f. pl. ; grains m. pl. | *allerlei Getreide : Weizen, Roggen, Gerste, Hafer, Hirse, Reis*, toutes sortes de céréales : du blé, du seigle, de l'orge, de l'avoine, du mil, du riz.

Getreide|anbau [gə"traidə'anbau] m. (s) culture (f.) de blé. ||°**-art** f. (-, en) espèce (f.) de céréales, de blé. ||°**-börse** f. (-, n) Bourse (f.) aux grains. ||°**-händler** m. (s, -) marchand (m.) de grains. ||°**-korn** n. (s, ¨er) grain (m.) de blé. ||°**-mäher** m. (s, -). AGRIC. moissonneuse m. ||°**-markt** m. (es, ¨e) marché (m.), bourse (f.) aux grains. ||°**-maß** n. (es, e) mesure (f.) de grains. ||°**-rost** m. (es). BOT. rouille f. || °**-silo** m. (s, s), °**-speicher** m. (s, -) silo (m.) à blé.

getrennt [gə'trɛnt] adj. séparé ; distinct. || TECHN. discret. | *getrennter Transistor*, transistor discret.

getreu [gə'trɔy] adj. fidèle ; loyal. | *eine getreue Erzählung*, un récit fidèle. | *meinem Versprechen getreu*, fidèle à ma promesse.

getreulich [-liç] adv. V. GETREU.

Getriebe [gə'tri:bə] n. (s). TECHN. mouvement m. ; mécanisme m. ; engrenage m. ; mouvement m. (d'une montre). || AUTOM. *Getriebe eines Autos*, boîte (f.) de vitesses d'une auto. || FIG. mouvement m. ; agitation f. | *Getriebe einer Großstadt*, animation (f.), circulation (f.) dans, d'une grande ville.

Getriebe|block [gə"tri:bə'blɔk] m. (s, ¨e). TECHN. bloc (m.) de commande, d'engrenages. ||°**-gehäuse** n. (s, -). TECHN. boîte (f.) de vitesses ; carter (m.) d'engrenages. ||°**-rad** n. (s, ¨er). TECHN. roue (f.) d'engrenage ; pignon m. ||°**-welle** f. (-, n). TECHN. arbre (m.) moteur.

getrieben [gə'tri:bən] adj. poussé. || TECHN. repoussé.

Getrippel [gə'tripəl] n. (s). FAM. trottinement m. ; marche (f.) à petits pas, à pas menus.

Getrommel [gə'trɔməl] n. (s) roulements (m. pl.) de tambour.

getrost [gə'tro:st] adj. plein de confiance ; assuré ; tranquille.

Getto, Ghetto ['gɛto] n. (s, s) ghetto m.

Getue [gə'tu:ə] n. (s). FAM. agissements m. pl. || PAR ANAL., FAM. chichis m. pl.

Getümmel [gə'tyməl] n. (s) mêlée f. ; cohue f. ; presse f.

Getute [gə'tu:tə] n. (s) [action de] corner.

geübt [gə'y:pt] adj. exercé ; entraîné ; expert ; adroit.

Gevatter [gə'fatər] m. (s, n). [Vx.] parrain m. ; compère m.

Gevatterin [-rin] f. (-, nen). [Vx.] marraine f. ; commère f.

Geviert [-'fi:rt] n. (s, e). MATH. carré m. || MINES. équarrissage m.

Gewächs [gə'vɛks] n. (es, e) végétation f. ; végétal m. ; plante f. | *einheimisches Gewächs*, plante indigène. || PAR ANAL. cru m. | *dieser Wein ist eigenes Gewächs*, ce vin est de mes vignes. || MÉD. excroissance f. || FIG. rejeton m. ; descendant m.

gewachsen [gə'vaksən] adj. crû. || FIG. *einer Lage gewachsen sein*, être à la hauteur d'une situation.

Gewächs|haus [gə"vɛks'haus] n. (es, ¨er) serre f.

Gewackel [gə'vakəl] n. (s). FAM. démarche vacillante.

gewagt [gə'vɑ:kt] adj. osé ; aventuré. | *ein gewagtes Unternehmen*, une entreprise osée. | *er treibt ein gewagtes Spiel*, il joue gros jeu.

gewahr [gə'vɑ:r] adj. | *eines Irrtums gewahr werden*, s'apercevoir d'une erreur.

Gewähr [gə'vɛ:r] f. (-) garantie f. ; caution f. ; sûreté f. ; assurance(s) f. (pl.). | *für etwas die Gewähr übernehmen*, répondre de qch.

gewahren [gə'vɑ:rən] v. tr. apercevoir.

gewähren [gə'vɛ:rən] v. tr. accorder ; exaucer. | *Schutz gewähren*, accorder protection. | *Obdach gewähren*, donner asile. | *eine Frist, einen Aufschub gewähren*, accorder un délai.
◇ v. intr. se porter garant. | *jn gewähren lassen*, laisser faire, ne pas contrarier, ne pas empêcher qn.

gewähr|leisten [gə"vɛ:r'laistən] v. tr. garantir, se porter garant de. ||°**-leistung** f. (-, en) garantie f. ; caution f. || JUR. fidéjussion f.

Gewahrsam [gə'vɑ:rzɑ:m] m. (s, e) garde f. ; sûreté f. ; surveillance f. ; protection f. | *etwas in Gewahrsam nehmen*, se charger de la garde de qn. || PAR EXT., FAM. *jn in Gewahrsam bringen*, mettre qn en lieu sûr.

Gewährs|mann [gə"vɛ:rs'man] m. (s, -männer et -leute) répondant m. ; garant m.

Gewährung [gə'vɛ:ruŋ] f. autorisation f. || COMM. *Gewährung eines Kredits*, octroi (m.) d'un crédit.

Gewalt [gə'valt] f. (-, en). **1.** force f. ; violence f. | *die Gewalt des Stromes*, la violence du courant. | *Naturgewalten*, forces de la nature.

2. pouvoir m. ; puissance f. | *göttliche Gewalt*, puissance divine. | *im Falle höherer Gewalt*, en cas de force majeure. | *Gewalt über Leben und Tod haben*, avoir droit de vie et de mort. | *sich in der Gewalt haben*, être maître de soi. | *er tat sich Gewalt an, um nicht*, il dut se faire violence pour ne pas. | *Gewalt über jn haben*, tenir qn en son pouvoir. | *in js Gewalt sein, stehen*, être à la merci, au pouvoir de qn. | *jn in seiner Gewalt haben*, avoir qn en son pouvoir.

3. violence f. | *Gewalt ausüben*, exercer une violence. | *eine Tür mit Gewalt öffnen*, enfoncer une porte. | *der Wahrheit, der Geschichte Gewalt antun*, faire violence à la vérité, à l'histoire ; violer, défigurer la vérité, l'histoire. | *ich weiche nur der Gewalt*, je ne cède qu'à la force. || FIG. *mit aller Gewalt lachen*, se forcer à rire.

Gewalt|anmaßung [gə"valt'anmɑ:suŋ] f. (-, en) usurpation (f.) de pouvoir. ||°**-handlung** f. (-, en). JUR. acte (m.) de violence ; voies (f. pl.) de fait. ||°**-herrschaft** f. (-, en). POLIT. despotisme m. ; tyrannie f. ||°**-herrscher** m. (s, -) despote m. ||**-los** adj. non-violent. ||°**-lose(r)** f. (m.) non-violent(e) m. (f.). ||°**-losigkeit** f. (-) non-violence f. ||°**-marsch** m. (es, ¨e). SPORT., MIL. marche forcée. ||°**-maßregel** f. (-, n) mesure arbitraire, illégale ; mesure violente ; acte (m.) de despotisme. ||°**-mißbrauch** m. (s, ¨e). JUR. abus (m.) de pouvoir. ||°**-streich** m. (s, e) coup (m.) de force. || POLIT. coup (m.) d'État. || MIL. coup (m.) de main. ||°**-tat** f. (-, en) violence f. ; brutalité f. ; voies (f. pl.) de fait. ||**-tätig** adj. violent ; brutal. || °**-tätigkeit** f. (-, en) violence f. ; brutalité f. || PAR EXT., POLIT. despotisme m.

Gewalten|teilung [gə"valtən'tailuŋ] f. POLIT. séparation (f.) des pouvoirs.

gewaltig [gə'valtiç] adj. puissant ; fort. | *eine gewaltige Anstrengung*, un puissant effort. || FIG. grand ; énorme ; vaste. | *gewaltige Felsen*, d'énormes rochers m. pl. || FAM. *das war ein gewaltiger Irrtum*, ce fut une grosse, grande erreur.

◇ adv. grandement ; puissamment ; énormément ; considérablement ; extrêmement. | *sich in etwas gewaltig täuschen*, se tromper lourdement sur qch. | *sich gewaltig langweilen*, s'ennuyer ferme.

gewaltsam [ge'valtzɑ:m] adj. violent. | *gewaltsamer Tod*, mort violente.

Gewaltsamkeit [-zamkait] f. (-, en) violence f.

gewalzt [gə'valtst] adj. TECHN. laminé.

Gewand [gə'vant] n. (s, ¨er) vêtement m.

gewandt [gə'vant] adj. tourné ; retourné. || PAR EXT. habile ; adroit ; agile ; souple. | *gewandt in der Rede*, bon orateur. || FIG. coulant ; aisé ; habile. | *gewandtes Benehmen*, bonnes manières ; savoir-vivre m.

Gewandtheit [gə'vanthait] f. adresse f. ; habileté f. ; souplesse f. || FIG. aisance f. ; savoir-vivre m.

gewärtig [gə'vɛrtiç] adj. (gén.) qui s'attend à. | *dessen war er nicht gewärtig*, il ne s'attendait pas à cela.

gewärtigen [gə'vɛrtigən] v. tr. s'attendre à. | *du kannst dich dessen gewärtigen*, tu peux t'y attendre.

Gewäsch [gə'vɛʃ] n. (s). FAM. verbiage m.

Gewässer [gə'vɛsər] n. (s, -) eaux f. pl. || MAR. parages m. pl.

Gewebe [gə've:bə] n. (s, -). TEXT. [Weber] texture f. ; tissage m. ; [Stoff] tissu m. ; toile f. ; étoffe f. || PAR ANAL., MÉD. tissu m. || FIG. tissu m.

Gewebe|lehre [ge"ve:bə'le:rə] f. ANAT., BOT. histologie f. ||°**-probenentnahme** f. (-, n). MÉD. biopsie f. ||°**-verpflanzung** f. (-, en). MÉD. greffe animale. ||°**-verträglichkeit** f. (-). MÉD. histocompatibilité f.

Gewehr [gə've:r] n. (s, e) fusil m. ; arme portative. | *das Gewehr anlegen*, mettre en joue. | *das Gewehr schultern*, épauler. || MIL. *präsentiert das Gewehr!*, présentez arme ! | *Gewehr bei Fuß stehen*, être l'arme au pied.

Gewehr|feuer [gə"ve:r'fɔyər] n. (s) feu (m.) de mousqueterie, d'infanterie. ||°**-kolben** m. (s, -) crosse (f.) de fusil. ||°**-lauf** m. (s, ¨e) canon (m.) de fusil. ||°**-riemen** m. (s, -) bretelle (f.) de fusil. ||°**-ständer** m. (s, -) ratelier m.

Geweih [gə'vai] n. (es, e). ZOOL. bois m. ; ramure f. (du cerf) ; tête f. | *das Geweih abwerfen*, jeter, quitter ses bois. | *das Geweih fegen*, frayer sa tête.

geweiht [gə'vait] adj. sacré ; consacré.

Gewerbe [gə'vɛrbə] n. (s, -) activité f. ; occupation f. ; industrie f. ; métier m. ; profession f. | *kaufmännisches Gewerbe*, profession commerciale. | *ein ehrliches Gewerbe*, un métier honorable.

Gewerbe|aufsicht [gə"vɛrbə'aufziçt] f. ADM. inspection (f.) du travail. ||°**-ausstellung** f. (-, en) exposition industrielle. ||°**-freiheit** f. liberté (f.) d'entreprise. ||°**-gericht** n. (s, e). JUR. conseil (m.) des prud'hommes. ||°**-inspektor** m. (s, en). ADM. inspecteur (m.) du travail. ||°**-kammer** f. (-, n). ADM. chambre (f.) des métiers. ||°**-schein** m. (s, e) licence f. ; patente f. ||°**-schule** f. (-, n) école professionnelle, technique, industrielle. ||°**-steuer** f. (-, n). FIN. taxe professionnelle. ||°**-treibender** m. industriel m. ; commerçant m. ; artisan m.

gewerbs|mäßig [gə"vɛrps'mɛ:siç] adj. JUR. professionnel. | *gewerbsmäßige Bettelei*, mendicité professionnelle. ||°**-zweig** m. (s, e) branche (f.) d'industrie, d'activité.

gewerb|tätig [gə"vɛrp'tɛ:tiç] adj. industriel. || PAR EXT. industrieux. ||°**-tätigkeit** f. (-, en) activité industrielle ; industrie f.

gewerblich [gə'vɛrpliç] adj. professionnel ; industriel.

◇ adv. *gewerblich tätig sein*, exercer une profession.

Gewerkschaft [gə'vɛrkʃaft] f. (-, n) syndicat ouvrier. | *sich einer Gewerkschaft anschließen* ; *einer Gewerkschaft beitreten*, adhérer à, devenir membre d'un syndicat ; se syndiquer.

Gewerkschaftler [-lər] m. (s, -) syndicaliste m.

Gewerkschafts|bewegung [gə"vɛrkʃaftsbə've:guŋ] f. (-, en) syndicalisme m. ; mouvement syndical. ||°**-bund** m. (s) fédération syndicale ouvrière. | *Deutscher Gewerkschaftsbund (DGB)*, fédération (f.) des syndicats allemands. | *Weltgewerkschaftsbund*, Fédération syndicale mondiale. ||°**-recht** n. (s). JUR. droit syndical. ||°**-verband** m. (s, ¨e) organisme syndical. ||°**-vertreter(in)** m. (s, -), f. (-, nen) délégué(e) syndical(e) ; représentant(e) [m. (f.)] d'une organisation syndicale.

Gewicht [gə'viçt] n. (s, e) poids m. | *falsches Gewicht*, poids faussé. | *spezifisches Gewicht*, poids spécifique. | *nach Gewicht kaufen*, acheter au poids. || FIG. poids m. ; importance f. | *Gewicht auf etwas legen*, attacher de l'importance à qch. | *diese Tat fällt schwer ins Gewicht*, cet acte compte pour beaucoup. | *das ist von keinem Gewicht*, cela ne tire pas à conséquence.

Gewicht|heben [gə"viçt'he:bən] n. (s). SPORT. haltérophilie f. ; poids et haltères. ||°**-heber** m. (s, -) haltérophile m. ||**-los** adj. sans poids ; FIG. insignifiant.

gewichtet [gə"viçtət] adj. ÉCON., MATH. pondéré. | *gewichteter Index*, indice pondéré.

Gewichts|analyse [gə"viçtsana'ly:sə] f. (-, n). CHIM. analyse pondérale, gravimétrique ; gravimétrie f. ||°**-anzeiger** m. (s, -). TECHN. indicateur (m.) du poids. ||°**-einheit** f. unité (f.) de poids ; gramme m. ||°**-menge** f. (-, n) tonnage m. ||°**-satz** m. (es,¨e) série (f.) de poids. ||°**-schwund** m. (s) perte (f.) de poids. ||°**-tabelle** f. (-, n) spécification (f.) de(s) poids.

gewichtig [gə'viçtiç] adj. qui a du poids ; pesant ; lourd. || FIG. de grand poids ; grave ; important.

Gewichtigkeit [-kait] f. poids m. || FIG. gravité f. ; importance f.

Gewichtung [gə'viçtuŋ] f. (-) ÉCON., MATH. pondération f.

gewieft [gə'vi:ft] adj. adroit ; rusé.

gewiegt [gɛ'vi:kt] adj. versé dans ; exercé ; expérimenté ; malin.

Gewieher [gə'vi:ər] n. (s) hennissements m. pl.

gewillt [gə'vilt] adj. qui consent, est disposé à ; qui a la volonté, l'intention de.

Gewimmel [gə'viməl] n. (s) fourmillement m. ; grouillement m. ; cohue f.

Gewimmer [gə'vimər] n. (s). FAM. gémissements m. pl. ; lamentations f. pl.

Gewinde [gə'vində] n. (s, -). [Geflecht ; Blumenkranz] guirlande f. ; couronne (f.) de fleurs. || TECHN. [Schraubengänge] pas (m.) de vis ; filet m. ; gonds m. pl. | *ausgeleiertes Gewinde*, filet foiré. | *Gewinde schneiden*, tailler des filets ; fileter.

Gewinde|arbeit [gə"vində'arbait] f. (-). TECHN. (travail de) filetage m. ||°**-bohren** n. (s) taraudage m. ||°**-bohrer** m. (s, -) taraud m. ||°**-bohrmaschine** f. (-, n) machine (f.) à tarauder ; taraudeuse f. ||°**-gang** m. (s,¨e) filet m. ; spire f. ; pas m. ||°**-ring** m. (s, e) bague filetée. ||°**-schraube** f. (-, n) vis filetée.

Gewinn [gə'vin] m. (s, e) gain m. ; bénéfice m. ; profit m. ; avantage m. ; FIG. fruit m. | *eine Ware mit Gewinn verkaufen*, vendre une denrée avec bénéfice. | *Gewinn im Spiele*, gain au jeu. | *Gewinn aus einer Sache schlagen*, tirer bénéfice de qch. | *das Geschäft wirft Gewinn ab*, l'affaire fait des profits. | *Gewinn aus einer Lektüre ziehen*, tirer profit d'une lecture.

Gewinn|abführung [gə"vin'apfy:ruŋ] f. (-, en), °**-abhebung** f. (-, en) prélèvement (m.) sur les bénéfices. ||°**-anteil** m. (s, e) part (f.) de bénéfice ; dividende m. ; tantième m. ||°**-anteilschein** m. (s, e). FIN. part (f.) bénéficiaire ; (coupon de) dividende m. ||°**-ausfall** m. (s, ¨e) manque (m.) à gagner. ||°**-ausschüttung** f. (-, en) répartition (f.), distribution (f.) des bénéfices. | *an der Gewinnausschüttung teilnehmen*, toucher des dividendes. ||°**-beteiligung** f. (-, en) participation (f.) aux bénéfices. ||**-bringend** adj. avantageux ; lucratif. ||°**-schuldverschreibung** f. (-, en). FIN. titre participatif. ||°**-spanne** f. (-, n) marge (f.) de bénéfice ; marge (f.) bénéficiaire. ||°**-sucht** f. âpreté (f.) au gain ; esprit (m.) de lucre ; cupidité f. ; intérêt m. ||**-süchtig** adj. âpre au gain ; cupide ; intéressé.

Gewinn- und Verlust|rechnung [gə"vinuntfɛr-'lust'rɛçnuŋ] f. (-, en). COMM. compte (m.) de profits et pertes ; compte (m.) de résultats.

gewinnen [gə'vinən] (a, o) v. tr. **1.** gagner ; acquérir ; conquérir. | *eine Wette gewinnen*, gagner un pari. | *einen Vorsprung gewinnen*, prendre de l'avance. | *Zeit gewinnen*, gagner du temps. | *Einblick in etwas gewinnen*, se faire une idée de qch. | *js Gunst gewinnen*, gagner la faveur de qn. | *er gewann mich für seine Sache*, il m'a gagné à sa cause. | *jn zum Freunde gewinnen*, se faire un ami de qn. | *die Überzeugung gewinnen, daß*, acquérir la conviction que. | *Einfluß gewinnen*, devenir influent. || LOC. *Geschmack an etwas gewinnen*, prendre goût à qch. || PROV. *wie gewonnen, so zerronnen*, argent vite gagné sera vite envolé.

2. tirer ; extraire. | *Zucker aus Rüben gewinnen*, extraire du sucre des betteraves. | *Radium wird aus der Pechblende gewonnen*, le radium est extrait de la pechblende. **3.** [räumlich] *das Weite gewinnen*, prendre le large. | *das Schiff gewinnt die hohe See*, le navire gagne la haute mer.

◇ v. intr. l'emporter ; gagner ; faire du bénéfice ; profiter. | *das Los Nr 16 gewinnt*, le billet n° 16 gagne. | *er gewinnt bei näherer Bekanntschaft*, il gagne à être connu. | *die Sache gewinnt bei näherer Betrachtung*, l'affaire gagne à être regardée de près. | *an Klarheit gewinnen*, gagner en clarté.

◇ part. prés. **gewinnend.** *ein gewinnendes Äußeres*, un extérieur engageant.

◇ part. pass. **gewonnen.** *er hat gewonnenes Spiel*, il a partie gagnée.

Gewinner [-nər] m. (s, -) gagnant m. ; vainqueur m. || [Rennen] cheval gagnant. || [Lotterie] numéro gagnant.

Gewinnung [-nuŋ] f. (-, en) acquisition f. ; obtention f. ; production f. ; exploitation f. || MINES. extraction f.

Gewirr [gə'vir] n. (s) enchevêtrement m. ; embrouillement m. ; FIG. pêle-mêle m. ; chaos m. | *das Gewirr des Straßennetzes*, le labyrinthe des rues. | *Stimmengewirr*, bruit de voix confus.

gewiß [gə'vis] adj. **1.** certain ; sûr. | *er ist sich seiner Sache gewiß*, il est sûr de son affaire. | *soviel ist gewiß, daß er heute ankommt*, ce qui est certain, c'est qu'il arrive aujourd'hui. | *seine Hilfe ist mir gewiß*, je suis sûr de son soutien. | *für gewiß halten*, tenir pour certain. **2.** [unbenannt] un certain ; une certaine ; vague ; indéfinissable. | *ein gewisser Müller*, un certain Muller. | *bis zu einem gewissen Punkte*, jusqu'à un certain point. | *in einem gewissen Maße*, dans une certaine mesure.

◇ adv. sûrement ; certainement ; certes ; sans doute. | *das glaube ich gewiß*, je le crois ; à coup sûr. | *haben Sie das Buch gelesen ? — Gewiß*, avez-vous lu ce livre ? — Mais oui ! | *gewiß wollen Sie auf Reisen gehen*, on dirait que vous allez faire un voyage.

◇ **das Gewisse,** ce qui est certain. | *das Gewisse gegen das Ungewisse eintauschen*, lâcher la proie pour l'ombre.

Gewissen [-sən] n. (s, -) conscience (morale) ; voix intérieure. | *ein gutes Gewissen haben*, n'avoir rien à se reprocher ; avoir bonne conscience. | *sein Gewissen beruhigen*, apaiser sa conscience. | *mit gutem Gewissen*, en conscience. | *nach bestem Gewissen*, en toute conscience. | *etwas auf dem Gewissen haben*, avoir qch. sur la conscience. | *jm ins Gewissen reden*, en appeler à la conscience de qn. | *das stelle ich Ihrem Gewissen anheim*, je vous laisse décider en toute conscience. || LOC. *nach bestem Wissen und Gewissen*, pour le mieux.

gewissen|los [gə"visən'lo:s] adj. sans conscience ; sans scrupule ; sans foi ; déloyal.

Gewissen|losigkeit [-'lo:ziçkait] f. manque (m.) de conscience ; déloyauté f. ; indélicatesse f.

Gewissens|bisse [gə"visəns'bisə] m. pl. remords m. pl. ||°**-fall** m. (s, ¨e), °**-frage** f. (-, n) cas (m.) de conscience. ||°**-freiheit** f. liberté (f.) de conscience ;

liberté (f.) des cultes. ||°-**zwang** m. (s) contrainte morale ; violation (f.) des consciences. ||°-**zweifel** m. (s, -) scrupule m.

gewissenhaft [gə'visənhaft] adj. consciencieux ; scrupuleux.

Gewissenhaftigkeit [-tiçkait] f. conscience f. ; probité f.

gewisser|maßen [gə"visər'ma:sən] adv. pour ainsi dire ; en quelque sorte.

Gewißheit [gə'vishait] f. (-, en) assurance f. ; certitude f.

Gewitter [gə'vitər] n. (s, -) orage m. ; tempête f. | *ein Gewitter droht, zieht auf*, un orage menace, s'élève. | *ein Gewitter zieht sich zusammen, geht nieder*, un orage se forme, éclate. | *das Gewitter zieht vorüber*, l'orage s'éloigne. | *Gewitterwolke*, nuée chargée d'orage.

gewittrig [gə'vitriç] adj. orageux.

gewitzigt [gə'vitsiçt] adj. rendu prudent, méfiant par. | *die Notjahre haben ihn gewitzigt*, les années de misère l'ont rendu prudent.

gewitzt [gə'vitst] adj. rusé, malin.

gewogen [gə'vo:gən] adj. bienveillant ; favorable. | *er ist mir sehr gewogen*, je suis dans ses bonnes grâces ; il a un faible pour moi.

Gewogenheit [gə'vo:gənhait] f. bienveillance f. ; inclination f. ; bonnes grâces.

gewöhnen [gə'vø:nən] v. tr. accoutumer ; habituer ; familiariser. | *wir sind's gewöhnt*, nous y sommes habitués.

◇ v. pr. **sich gewöhnen,** s'accoutumer ; s'habituer ; se familiariser ; se faire. | *ich gewöhne mich nur schwer ans tropische Klima*, je me fais difficilement au climat tropical.

Gewohnheit [gə'vo:nhait] f. (-, en) habitude f. ; accoutumance f. ; coutume f. ; usage m. | *eine schlechte, üble Gewohnheit*, une mauvaise, détestable habitude. | *eine Gewohnheit ablegen*, se défaire d'une habitude. | *das ist gegen meine Gewohnheit*, cela est contraire à mes habitudes. | *nach hergebrachter Gewohnheit*, selon l'usage. | *etwas aus Gewohnheit tun*, faire qch. par (la force de l') habitude. | *es ist ihm zur Gewohnheit geworden*, chez lui c'est devenu une habitude. | *er hat es sich zur Gewohnheit gemacht*, il en a pris l'habitude. | *die Macht der Gewohnheit*, la force de l'habitude.

gewohnheits|mäßig [gə"vo:nheits'mɛ:siç] adj. habituel. ||°-**mensch** m. (en, en) routinier m. ; homme (m.) d'habitude ; qui aime ses habitudes. ||°-**recht** n. (s, e). JUR. droit coutumier. ||°-**trinker** m. (s, -) buveur invétéré. ||°-**verbrecher** m. (s, -) récidiviste m. ; repris de justice.

gewöhnlich [gə'vø:nliç] adj. [üblich] ordinaire ; habituel. | *zur gewöhnlichen Zeit*, à l'heure habituelle. | *die gewöhnliche Bedeutung eines Wortes*, le sens habituel d'un mot. || FIG. [unfein, gemein] ordinaire ; vulgaire ; médiocre ; banal. | *er ist ein ganz gewöhnlicher Mensch*, c'est un individu tout à fait banal. | *gewöhnlich werden*, devenir vulgaire.

◇ adv. habituellement ; à l'ordinaire ; ordinairement. | *er kommt wie gewöhnlich*, il arrive comme d'habitude, comme toujours. | *er sieht recht gewöhnlich aus*, il a l'air vulgaire, commun.

Gewöhnlichkeit [-kait] f. (-, en) état habituel ; caractère ordinaire, banal, commun. || FIG. médiocrité f. ; trivialité f.

gewohnt [gə'vo:nt] adj. accoutumé ; fait à ; habitué. | *eine Sache gewohnt sein*, être habitué à qch. | *er ist es gewohnt, daß*, il a coutume de. | *auf gewohnte, in gewohnter Weise*, selon l'habitude, la coutume. | *eine ungewohnte Arbeit*, un travail inhabituel. || PROV. *jung gewohnt, alt getan*, on garde dans la vieillesse les habitudes de la jeunesse.

Gewölbe [gə'vølbə] n. (s, -). ARCHIT. voûte f. | *Klostergewölbe*, voûte cloisonnée (en arc de cloître). || FIG. *Himmelsgewölbe*, voûte des cieux. || PAR EXT. souterrain m. ; caveau m.

Gewölbe|bogen [gə"vølbə'bo:gən] m. (s, ¨). ARCHIT. arc m. ; arceau m. ; voussure f. ; berceau m. ||°-**kreuzung** f. (-, en) voûte (f.) en croix ; voûte (f.) à double courbure. ||°-**leibung** f. douelles intérieures. ||°-**stein** m. (s, e) voussoir m.

gewölbt [gə'vølpt] adj. voûté ; bombé. | *gewölbte Brücke*, pont (m.) en dos d'âne. | *gewölbte Stirn*, front bombé.

Gewölk [gə'vølk] n. (s) nuages m. pl. ; nuées f. pl.

Gewühl [gə'vy:l] n. (s) fouillis m. ; mêlée f. ; cohue f. ; tumulte m.

gewunden [gə'vundən] adj. tordu ; tortueux ; sinueux ; contourné. || FIG. *gewundene Sätze*, phrases obscures, embrouillées.

gewürfelt [gə'vyrfəlt] adj. quadrillé ; en damier. || TEXT. *gewürfelter Stoff*, tissu (m.), étoffe (f.) à carreaux.

Gewürz [gə'vyrts] n. (es, e) épice f. ; aromate m. ; condiment m. ; assaisonnement m.

Gewürz|gurke [gə"vyrts'gurkə] f. (-, n) cornichon m. ||°-**nelken** f. pl. clous (m. pl.) de girofle.

gewürzt [ge'vyrtst] adj. épicé ; relevé.

Geysir ['gaizir] m. (s, -). GÉOL. geyser m.

gezähnt [gə'tsɛ:nt], **gezähnelt** [-'tsɛ:nəlt] adj. denté ; dentelé.

Gezänk [gə'tsɛnk] n. (s, e), **Gezanke** [gə'tsaŋkə] n. (s, -) disputes f. pl. ; querelles f. pl.

Gezappel [gə'tsapəl] n. (s). [action de] se débattre, POP. (de) gigoter ; frétillements m. pl.

Gezeiten [gə'tzaitən] f. pl. MAR. marées f. pl.

Gezeiten|energie [gə"tzaitənenɛr'gi:] f. (-) énergie marémotrice. ||°-**hub** m. (s, -) hauteur (f.) de marée. ||°-**kraftwerk** n. (s, e) usine marémotrice.

Gezeter [gə'tse:tər] n. (s) hauts cris ; clameurs f. pl. ; vociférations f. pl.

geziemen (sich) [ziçgə'tsi:mən] v. pr. convenir ; être convenable, décent. | *es geziemt sich*, il convient. | *wie es sich geziemt*, comme il faut.

geziemend [gə'tsi:mənt] adj. convenable ; décent.

geziert [gə'tsi:rt] adj. affecté ; maniéré.

Geziertheit [gə'tsi:rthait] f. (-, en) manières affectées ; affectation f. ; mièvrerie f.

gezogen [gə'tso:gən] adj. tiré. || [Lotterie] *gezogenes Los*, lot sorti. || TECHN. *gezogener Stahl*, acier tréfilé. || COMM. *gezogener Wechsel*, effet tiré.

Gezwitscher [gə'tsvitʃər] n. (s) gazouillement m. ; gazouillis m. ; ramage m.

gezwungen [gə'tsvuŋən] adj. forcé ; contraint ; gêné. | *sie lacht gezwungen*, son rire est forcé ; elle rit jaune. || PAR ANAL. affecté.

Gezwungenheit [gə'tsvuŋənhait] f. état, air contraint, gêné ; contrainte f.

gezwungener|maßen [gə"tsvuŋənər'ma:sən] adv. forcément.

Gicht [giçt] f. MÉD. goutte f. ; arthrite f. | *Gicht an den Händen, in den Füßen*, chiragre m. ; podagre m. || TECHN. [Hochofenöffnung] gueulard m. || [Ladung] charge f. ; chargement m.

Gicht|anfall ["giçt'anfal] m. (s, ¨e) attaque (f.), accès (m.) de goutte. ||°-**gas** n. (es) gaz (m.) de gueulard, de haut fourneau. ||°-**knoten** m. (s, -). MÉD. nœud (m.) articulaire ; tophus m.

gichtig ['giçtiç], **gichtisch** [-tiʃ] adj. MÉD. goutteux ; arthritique. || FIG. irascible ; coléreux.

gicksen ['giksən] v. intr. 1° [Stimme] faire couac ; 2° [Billard] faire fausse queue ; 3° [Gans, Ente] cacarder ; caqueter.

Giebel ['gi:bəl] m. (s, -). ARCHIT. pignon m. ; faîte m. ; comble m. ; fronton m. | *Türgiebel*, linteau (m.) d'une porte.

Giebel|dach ["gi:bəl'dɑ:x] n. (s, ¨er) toit (m.) à pignon. ||°**-seite** f. (-, n) frontispice m. ||°**-stube** f. (-, n) mansarde f.

Gier [gi:r] f. avidité f. ; désir m. ; voracité f. ; concupiscence f.

gieren ['gi:rən] v. intr. convoiter ; désirer vivement. | *er giert nach Geld*, il convoite l'argent. || MAR. louvoyer ; faire une embardée.

gierig ['gi:riç] adj. avide. | *auf Neuigkeiten gierig sein*, être avide de nouvelles. || PAR EXT. glouton ; vorace ; concupiscent. | *gierige Blicke*, regards concupiscents.

Gieß|bach ['gi:sbɑx] m. (s, ¨e) torrent m. ; ravine f. ||°**-erz** n. (es, e) bronze m. ||°**-form** f. (-, en) moule m. ; lingotière f. ||°**-kanne** f. (-, n) arrosoir m. ||°**-kannenprinzip** n. (s, ien). IRON. saupoudrage m. (des subventions). ||°**-ofen** m. (s, ¨). MÉTALL. fourneau m. (de fonderie).

gießen ['gi:sən] (o, o) v. tr. arroser. | *die Blumen, den Garten gießen*, arroser les fleurs, le jardin. || PAR ANAL. répandre ; verser ; fondre. | *flüssiges Metall in eine Form gießen*, couler du métal liquide dans un, en moule. | *Blei gießen*, fondre du plomb. | *eine Statue in Erz gießen*, fondre une statue en bronze. || FIG. *Öl ins Feuer gießen*, jeter de l'huile sur le feu. || POP. *eins hinter die Binde gießen*, boire un coup ; s'en jeter un derrière la cravate.

◇ v. impers. **es gießt**, il pleut à verse. | *es gießt in Strömen, wie aus Eimern*, il pleut à torrents, à seaux.

Gießen [-sən] n. (s) fonte f. ; coulage m. ; moulage m.

Gießer [-sər] m. (s, -) fondeur m. ; mouleur m.

Gießerei [gi:sə'rai] f. (-, en) coulage m. ; moulage m. || PAR EXT. fonderie f.

Gift [gift] n. (s, e) poison m. ; venin m. ; virus m. ; toxique m. | *ein tödliches Gift*, un poison mortel. | *ein schleichendes Gift*, un poison lent. || FIG., FAM. *darauf kannst du Gift nehmen*, j'en mettrais ma main au feu. | *Gift und Galle speien*, cracher son venin ; être dans une grande fureur.

Gift|becher ["gift'bɛçər] m. (s, -) coupe empoisonnée ; HIST. ciguë f. ||**-frei** adj. non toxique. ||°**-gas** n. (es, e) gaz (m.) toxique. ||**-haltig** adj. vénéneux ; toxique. ||°**-kunde** f., °**-lehre** f. toxicologie f. ||°**-mischer** m. (s, -) empoisonneur m. ||°**-mord** m. (s, e) empoisonnement m. ||°**-mörder** m. (s, -) empoisonneur m. ||°**-müll** m. (s, -) déchets (m. pl.) toxiques. ||°**-pfeil** m. (s, e) flèche empoisonnée. ||°**-pflanze** f. (-, n) plante vénéneuse. ||°**-pilz** m. (es, e) champignon vénéneux. ||°**-schlange** f. (-, n) serpent venimeux. ||°**-stoff** m. (s, e) toxine f. ; virus m. ||°**-zahn** m. (s, ¨e) [Schlange] crochet (m.) à venin.

giften (sich) [ziç'giftən] v. pr. et v. tr. FAM. se fâcher. | *er giftet sich mächtig*, il s'irrite fort. | *das giftet ihn*, FAM. cela le met en rogne.

giftig ['giftiç] adj. vénéneux ; toxique ; venimeux. | *ein giftiger Pilz*, un champignon vénéneux. | *giftige Gase*, gaz (m. pl.) toxiques. || FIG. *giftige Reden*, discours venimeux. | *giftige Zunge*, langue (f.) de vipère.

Giftigkeit f. (-) caractère vénéneux ; toxicité f.

Gigant [gi'gant] m. (en, en). MYTH. géant m.

gigantisch [-tiʃ] adj. gigantesque ; énorme. | *gigantische Arbeit*, travail de Titan.

Gigolo ['ʒi:golo] m. (s, s). FAM. gigolo m.

Gilde ['gildə] f. (-, n) corporation f. ; association. || HIST. g(u)ilde f. ; ghilde f.

Gimpel ['gimpəl] m. (s, -). ZOOL. bouvreuil m. || FIG., FAM. serin m. ; nigaud m. ; niais m.

Ginster ['ginstər] m. (s, -). BOT. genêt m.

Gipfel ['gipfəl] m. (s, -) sommet m. ; point culminant ; cime f. ; crête f. ; faîte m. | *Gipfel eines Berges*, cime d'une montagne. || FIG. comble m. ; pinacle m. | *auf dem Gipfel seines Ruhmes*, à l'apogée de sa gloire. | *das ist der Gipfel der Frechheit*, c'est le comble de l'insolence.

Gipfel|konferenz ["gipfəlkɔnfə'rɛnts] f. (-, en). POLIT. conférence (f.) au sommet. ||°**-punkt** m. (s, e) point culminant. ||°**-treffen** n. (s, -). POLIT. rencontre (f.) au sommet.

gipfeln ['gipfəln] v. intr. atteindre son point culminant ; parvenir à son apogée.

Gips [gips] m. (es, e) plâtre m. ; gypse m.

Gips|abdruck ["gips'apdruk] m. (s, ¨e), **-abguß** [-'apgus] m. (es, ¨e) [ouvrage moulé en] plâtre m. ; moulage m. ||°**-arbeit** f. (-, en) plâtrage m. ; plâtres m. pl. ||°**-binde** f. (-, n). MÉD. bande plâtrée ; plâtre m. ||°**-brennerei** f. (-, en). TECHN. plâtrière f. ||°**-figur** f. (-, en) moulage m. ; plâtre m. ||°**-ofen** m. (s, ¨) four (m.) à plâtre. ||°**-verband** m. (s, ¨e). MÉD. plâtre m. | *den Gips(verband) abnehmen*, déplâtrer.

gipsen ['gipsən] v. tr. plâtrer ; enduire de plâtre.

Gipser [-sər] m. (s, -) plâtrier m.

Giraffe [gi'rafə] f. (-, n). ZOOL. girafe f.

Giralgeld [ʒi'rɑ:lgɛlt] n. (es). FIN. monnaie scripturale.

girieren [ʒi'ri:rən] v. tr. COMM. endosser ; virer ; opérer un virement. | *blanko girieren*, endosser en blanc. | *einen Wechsel girieren*, passer une lettre de change, une traite à l'ordre d'un tiers.

Girlande [gir'landə] f. (-, n) feston m. ; guirlande f.

Giro ['ʒi:ro] n. (s, s). COMM. virement m. ; endossement m. | *einen Wechsel mit Giro versehen*, endosser un effet.

Giro|geschäft ["ʒi:rogə'ʃɛft] n. (s, e) opération (f.), transaction (f.) de virement. ||°**-konto** n. (s, ten) compte courant en banque ; compte (m.) de virement. ||°**-überweisung** f. (-, en) virement (m.) bancaire par voie de clearing.

girren ['girən] v. intr. roucouler.

Gis [gis] n. MUS. sol (m.) dièse.

Gischt [giʃt] m. (es, e) et f. écume f. || MAR. embrun m.

Gitarre [gi'tarə] f. (-, n). MUS. guitare f. | *elektrische, klassische Gitarre*, guitare électrique, sèche.

Gitter ['gitər] n. (s, -) grille f. ; grillage m. ; treillis m. ; treillage m. ; claire-voie f. ; barreaux m. pl. || RADIO. grille f.

gitter|artig ["gitər'ɑ:rtiç] adj. grillé ; treillissé. ||°**-draht** m. (s, ¨e). TECHN. grillage m. ; maillage m. ||°**-fenster** n. (s, -) fenêtre (f.) à barreaux ; fenêtre grillagée. ||°**-mast** m. (es, en) pylône m. ||°**-tor** n. (s, e) grille f. ; porte (f.) de grille ; portillon m. ||°**-tür** f. (-, en). V. GITTERTOR. ||°**-zaun** m. (s, ¨e) treillis m. ; treillage m. ; clôture (f.) à claire-voie.

gittern ['gitərn] v. tr. grillager.

Glacé|handschuh [gla"se:'hantʃu:] m. (s, e) gant (de chevreau) glacé. || FIG., FAM. *jn mit Glacéhandschuhen anfassen*, mettre, prendre des gants avec qn.

glacieren [gla'si:rən] v. tr. [gefrieren lassen] mettre à la glace. || CULIN. [mit Zucker überziehen] glacer.
Gladiator [gladi'ɑ:tɔr] m. (s, en). HIST. gladiateur m.
Glanz [glants] m. (es) éclat m. ; brillant m. | *Glanz des Metalls*, éclat du métal. | *Glanz der Edelsteine*, brillant des pierres précieuses. | *heller Glanz*, vif éclat. | *matter Glanz*, éclat doux. || FIG. éclat m. ; splendeur f. ; lustre m. | *die Schauspielerin zeigt sich in ihrem vollen Glanze*, l'actrice brille de tous ses feux. | *einer Sache falschen Glanz geben*, donner un faux brillant à qch.
glänzen ['glɛntsən] v. intr. briller ; luire ; reluire ; rayonner ; resplendir. | *vor Fieber glänzende Augen*, des yeux brillants de fièvre. | *er glänzt mit seinen Fähigkeiten*, il fait briller ses capacités. || IRON. *er glänzt durch Abwesenheit*, il brille par son absence.
glänzend [-tsənt] adj. brillant ; éclatant. | *ein glänzender Erfolg*, un succès éclatant. | *eine glänzende Rede*, un discours brillant.
Glanz|bürste ["glants'byrstə] f. (-, n) brosse (f.) à lustrer, à reluire. ||°**-farbe** f. (-, n) couleur brillante ; vernis m. ||°**-lack** m. (s, e) vernis m. ; laque m. ||°**-leistung** f. (-, en). FIG. (brillante) performance f. ||**-los** adj. sans éclat ; terne ; mat. | *glanzlos machen*, dépolir ; ternir. || FIG. obscur ; modeste. ||°**-papier** n. (s) papier satiné, glacé. ||**-voll** adj. éclatant ; brillant ; splendide.
Glas [glɑ:s] n. (es, ¨er). **1.** verre m. | *geschliffenes Glas*, verre taillé. | *milchiges Glas*, verre laiteux, dépoli. | *trübes Glas*, verre louche. | *Glas blasen*, souffler le verre. | *Glasfaser* f., fibre (f.) de verre. || FIG., FAM. *du bist doch nicht aus Glas*, tu n'es (tout de même) pas transparent.
2. [Trinkgefäß und Inhalt] verre. | *Weinglas*, verre à vin. | *ein Glas Wein*, un verre de vin. | *aus einem Glas trinken*, boire dans un verre. | *ein Glas ums andere leeren*, vider un verre après l'autre. | FAM. *zu tief ins Glas gucken*, boire plus que de raison.
3. OPT. *eine Brille mit starken Gläsern*, des lunettes à verres épais.
4. (Pl. en) MAR. demi-heure f.
Glas|arbeit ["glɑ:s'arbait] f. (-, en) verrerie f. ; vitrage m. ||°**-arbeiter** m. (s, -) verrier m. ||**-artig** adj. vitreux. ||°**-auge** n. (s, n) œil (m.) de verre ; œil artificiel ; FIG. œil vitreux. ||°**-bläser** m. (s, -). TECHN. souffleur (m.) de verre. ||°**-dach** n. (s, ¨er) toit vitré. ||°**-fabrik** f. (-, en). TECHN. verrerie f. ; cristallerie f. ||°**-faser** f. (-, n) fibre (f.) optique. ||°**-fenster** n. (s, -) fenêtre vitrée ; vitrage m. ; glace f. ||°**-geschirr** n. (s, e) verrerie f. ; verres m. pl. ; cristaux m. pl. ||°**-glocke** f. (-, n). [Uhr ; Licht] globe m. ; [Pflanzen] cloche f. ||°**-haus** n. (es, ¨er) maison de, en verre. || AGRIC. serre f. ||°**-hütte** f. (-, n). TECHN. verrerie f. ||°**-kasten** m. (s, ¨) vitrine f. ||°**-maler** m. (s, -). ARTS. peintre (m.) sur verre. ||°**-malerei** f. peinture (f.) sur verre. ||°**-papier** n. (s) papier (m.) de verre. ||°**-perle** f. (-, n) perle (f.) de verre ; perle fausse. ||°**-röhre** f. (-, n) tube (m.) de verre. || [Barometer] verrine f. || °**-scheibe** f. (-, n) carreau m. ; vitre f. ||°**-scherbe** f. (-, n) débris (m.) de verre ; verre cassé ; tesson m. ||°**-schleifer** m. (s, -) tailleur (m.) de verre. ||°**-schneider** m. (s, -). TECHN. 1° tailleur (m.) de verre ; 2° diamant (m.) de vitrier. ||°**-schrank** m. (s, ¨e). 1° armoire (f.) à glace ; 2° vitrine f. ||°**-splitter** m. (s, -) éclat (m.) de verre. ||°**-tür** f. (-, en) porte vitrée ; porte-fenêtre f. ||°**-wand** f. (-, ¨e) paroi (f.) de verre. ||°**-waren** f. pl. COMM. verrerie f. ; verroterie f. ; cristaux m. pl. ||°**-wolle** f. laine (f.) de verre.
Glaser ['glɑ:zər] m. (s, -) vitrier m.
Glaser|kitt ["glɑ:zər'kit] m. (s, e) mastic (m.) de vitrier.
Glaserei [glɑ:zə'rai] f. (-, en) vitrerie f.
gläsern ['glɛ:zərn] adj. en verre. | *gläserne Geräte*, outils (m. pl.) en verre. || FIG. *ein gläserner Blick*, un regard vitreux, éteint.
glasieren [gla'zi:rən] v. tr. TECHN. glacer ; émailler ; vernir ; vernisser.
glasig ['glɑ:ziç] adj. vitreux.
Glasur [gla'zu:r] f. (-, en) vernis m. ; glaçure f. ; émail m. || [Leder] glacé m. || ARTS. glacis m. || CULIN. glaçage m.
glatt [glat] adj. (compar. **glatter,** rarement **glätter**). **1.** poli ; lisse ; uni ; net. | *ein glatter Baumstamm*, un tronc lisse. | *glatter Fußboden*, plancher uni. | *glattes Haar*, cheveux plats. | *glatter Stoff*, tissu uni.
2. FIG. aisé ; facile. | *glatter Verlauf*, déroulement sans heurts. | *eine glatte Landung*, un atterrissage facile, sans anicroche, sans difficultés.
3. FIG. doucereux ; mielleux. | *glatte Reden*, belles paroles. | *glatte Manieren*, belles manières. | *er hat eine glatte Zunge*, il est beau parleur. | *aalglatt*, trop habile ; insaisissable.
4. COMM. *glatte Rechnung*, compte rond.
5. (adverbialement) *ein Brett glatt hobeln*, polir une planche au rabot. | *glatt geschoren*, tondu à ras.
◇ adv. FAM. sans encombre ; sans difficultés ; aisément ; facilement. | *der Antrag wurde glatt abgelehnt*, cette proposition fut nettement repoussée. | *jm etwas glatt ins Gesicht sagen*, dire qch. à qn carrément. | *ich sagte es ihm glatt heraus*, je le lui ai dit sans ambages. | *er hat alles glatt geleugnet*, il a tout nié carrément. | *glatt abgehen, ablaufen*, se dérouler, se passer sans incidents ; aller comme sur des roulettes.
Glätte ['glɛtə] f. (-, n) poli m. ; lissé m.
Glatt|eis ['glatais] n. (es) verglas m. || FIG., FAM. *jn aufs Glatteis führen*, induire qn en erreur. ||**-haarig** adj. à poil lisse ; à cheveux plats. ||**-stellen** v. tr. FIN. liquider. ||**-weg** adv. FAM. net ; nettement ; tout net ; tout uniment ; sans façon. V. GLATT adv. ||**-züngig** adj. FIG. doucereux ; mielleux ; patelin.
Glätt|eisen ["glɛt'aizən] n. (s, -) fer (m.) à polir ; polissoir m. ||°**-walze** f. (-, n). TECHN. calandre f.
glätten ['glɛtən] v. tr. polir ; lisser ; dérider.
Glätten [-tən] n. (s) planage m. ; polissage m.
Glätter [-tər] m. (s, -) planeur m. ; lisseur m. ; polisseur m.
Glättung [-tuŋ] f. (-). [Statistik] lissage m. (d'une courbe).
Glatze ['glatsə] f. (-, n) calvitie f. ; tête (f.) chauve.
Glatz|kopf ['glatskɔpf] m. (s, ¨e). V. GLATZE. ||**-köpfig** adj. chauve.
Glaube ['glaubə] m. (ns), **Glauben** [-bən] m. (s). RELIG. foi f. ; croyance f. ; religion f. ; confession f. ; culte m. | *der Glaube an Gott*, la croyance, la foi en Dieu. | *fester, unerschütterlicher Glaube*, foi solide, inébranlable. | *seinen Glauben bekennen*, faire profession de sa foi. | *er ist katholischen Glaubens*, il est de religion catholique. || [innere Gewißheit] foi f. ; croyance f. ; créance f. ; crédit m. | *Glauben finden*, trouver créance, crédit. | *auf Treu und Glauben*, de bonne foi. | *einer Sache Glauben beimessen*, ajouter foi à qch. | *einem Gerücht Glauben schenken*, accorder créance à un bruit. | *in gutem Glauben versichern*, assurer de bonne foi.
glauben [-bən] v. intr. croire ; accorder crédit. || RELIG. *an Gott, an die Unsterblichkeit glauben*, croire en Dieu, à l'immortalité. || FIG., FAM. *er hat daran glauben müssen*, il lui a fallu y passer, en passer par là. || [abkratzen] il a cassé sa pipe.
◇ v. tr. **1.** croire ; avoir confiance. | *jm etwas glauben*, ajouter foi, croire aux paroles de qn. | *das glaube ich*

dir nicht, je ne te crois pas. | *das ist kaum zu glauben*, c'est à peine croyable. | *das will ich gerne glauben*, je veux bien le croire. | *das soll einer glauben !*, et il faudrait le croire ! | *jm aufs Wort glauben*, croire qn sur parole. **2.** [meinen] penser ; supposer ; s'imaginer. | *wir glaubten dich in Berlin*, nous te croyions à Berlin.

Glaubens|artikel [″glaubənsar'tikel] m. (s, -). RELIG. article (m.) de foi. ||°**-bekenntnis** n. (ses, se). RELIG. acte (m.), profession (f.) de foi. | *das Apostolische Glaubensbekenntnis*, le Symbole des Apôtres. ||°**-eifer** m. (s) zèle religieux ; prosélytisme m. ; fanatisme m. ||°**-freiheit** f. liberté religieuse ; liberté (f.) du culte, de conscience. ||°**-genosse** m. (n, n) coreligionnaire m. ||°**-krieg** m. (s, e). HIST., RELIG. guerre (f.) de religion. ||°**-lehre** f. RELIG. dogme m. ; catéchisme m. ||°**-sache** f. (-, n) matière (f.) de foi. ||°**-satz** m. (es, ¨e). RELIG. article (m.) de foi ; dogme m. ||°**-streit** m. (s) querelle, controverse religieuse. ||°**-zweifel** m. (s, -) doute religieux ; scrupule religieux.

Glauber|salz [″glaubər'zalts] n. (es, e). PHARM. sel (m.) de Glauber. || CHIM. sulfate (m.) de soude.

glaubhaft ['glauphaft] adj. digne de foi ; croyable.

Glaubhaftigkeit [-haftiçkait] f. crédibilité f. ; authenticité (f.) d'une nouvelle.

gläubig ['glɔybiç] adj. crédule. || RELIG. croyant ; fidèle ; orthodoxe.

Gläubige(r) ['glɔybigə(r)] f. (m.). RELIG. croyant m., croyante f. ; fidèle s.

Gläubiger [-bigər] m. (s, -). COMM., JUR. créancier m.

Gläubiger|verzug [″glɔybigərfεr'tsu:k] m. (s) refus (m.) du créancier d'accepter le paiement.

glaublich ['glaupliç] adj. *das ist kaum glaublich*, c'est à peine croyable.

glaub|würdig [″glaup'vyrdiç] adj. digne de foi ; croyable. | *diese Quelle ist glaubwürdig*, cette source est digne de foi, de créance.

Glaub|würdigkeit [-kait] f. véracité f. ; crédibilité f. || JUR. *Glaubwürdigkeit eines Zeugen*, authenticité (f.) d'un témoin.

Glaukom [glau'ko:m] n. (s, e). MÉD. glaucome m.

Glaziologe [glatsio'lo:gə] m. (n, n), **Glaziologin** f. (-, nen) glaciologue s.

gleich [glaiç] adj. [übereinstimmend] égal ; pareil ; semblable ; équivalent ; analogue ; identique. | *ganz gleiche Fälle*, des cas (m. pl.) tout à fait semblables. | *er hat das gleiche Alter wie ich*, il est du même âge que moi. || MATH. *drei mal drei ist (gleich) neun* ($3 \times 3 = 9$), trois fois trois font neuf. | *Gleiches mit Gleichem vergelten*, rendre la pareille. | *gleiches Recht für alle*, même droit pour tous. | *etwas auf gleiche Weise tun*, faire qch. de la même façon, de la même manière. | *es kommt aufs gleiche hinaus*, cela revient au même ; FAM. c'est kif-kif. | *sie bleibt sich gleich*, 1° elle reste (toujours) la même ; 2° elle ne se dément pas. | *zur gleichen Zeit*, en même temps, à la même heure. || FIG. *mit gleicher Münze vergelten*, rendre la monnaie de la pièce ; rendre la pareille. | *das ist mir ganz gleich*, ça m'est tout à fait égal.

◇ adv. également ; de manière égale ; équitablement ; juste(ment) ; de même. | *Deutsch und Französisch gleich gut sprechen*, parler l'allemand et le français également bien. | *gleich groß*, de même taille. | *gleich alt*, du même âge. || FIG. [sofort] aussitôt ; sur-le-champ ; à l'instant ; tout de suite. | *gleich nach dem Abendbrot gehen wir ins Theater*, sitôt dîné, nous irons au théâtre. | *gleich anfangs*, dès le début.

◇ conj. *gleich wie... so...*, de même que... ainsi...

gleich|altrig [″glaiç'altriç] adj. du même âge. ||**-artig** adj. de même nature ; de même espèce ; identique ; analogue ; similaire. ||°**-artigkeit** f. analogie f. ; similitude f. ; identité f. ||**-bedeutend** adj. synonyme ; identique ; équivalent. ||**-berechtigt** adj. JUR. égal en droit. ||°**-berechtigung** f. JUR. égalité (f.) de droits. || POLIT. *politische Gleichberechtigung*, égalité (f.) politique. ||**-bleiben** (ie, ie) rester le même ; ne pas changer. ||**-falls** adv. de même ; pareillement ; aussi. ||**-farbig** adj. de la même couleur. ||**-förmig** adj. uniforme ; symétrique ; semblable. ||°**-förmigkeit** f. ressemblance f. ; symétrie f. ; similitude f. ; uniformité f. ||**-geschlechtlich** adj. du même sexe. ||**-gesinnt** adj. sympathisant. ||**-gestellt** adj. mis au même rang ; assimilé. ||**-gestimmt** adj. MUS. à l'unisson. || FIG. d'accord ; accordé. ||°**-gewicht** n. (s). PHYS. équilibre m. ; balance f. | *stabiles, labiles Gleichgewicht*, équilibre stable, instable. | *das Gleichgewicht verlieren*, perdre l'équilibre. || PR. et FIG. *aus dem Gleichgewicht kommen*, perdre l'équilibre. | *jn aus dem Gleichgewicht bringen*, désarçonner qn ; faire perdre l'équilibre à qn. || POLIT. *das europäische Gleichgewicht*, l'équilibre européen. | *Gleichgewicht des Schreckens*, équilibre (m.) de la terreur. ||**-gültig** adj. indifférent ; insensible ; impassible ; apathique. | *das ist mir gleichgültig*, cela m'est indifférent ; cela m'est égal. | *von gleichgültigen Dingen sprechen*, parler de la pluie et du beau temps. | *er ist gegen vieles gleichgültig geworden*, bien des choses lui sont devenues indifférentes. | *ein gleichgültiger Mensch*, un homme indifférent, insensible. ||°**-gültigkeit** f. indifférence f. ; insensibilité f. ; apathie f. ; impassibilité f. ||°**-klang** m. (s). MUS. unisson m. ; accord m. ; harmonie f. ; consonance f. || GRAMM. consonance f. ; homophonie f. ||**-kommen** (a, o) v. intr. égaler. | *das kommt einem Verrat gleich*, cela équivaut à une trahison. ||**-laufend** adj. MATH. parallèle. ||°**-laufsschwankung** f. (-, en). [Tonband, usw.] pleurage m. ||**-lautend** adj. conforme. | *für gleichlautende Abschrift*, pour copie conforme. || GRAMM. homonyme. ||**-machen** v. tr. rendre uni, égal ; égaler ; égaliser ; niveler ; aplanir. | *dem Erdboden gleichmachen*, raser. ||°**-maß** n. (es) proportion f. ; symétrie f. ||**-mäßig** adj. égal ; régulier ; uni ; uniforme ; proportionné ; symétrique. | *gleichmäßiger Schritt*, pas régulier. — adv. également ; uniformément ; dans la même proportion. | *die Güter gleichmäßig verteilen*, répartir les biens équitablement. ||°**-mäßigkeit** f. symétrie f. ; égalité f. ; régularité f. ; uniformité f. ||°**-mut** m. (s) égalité (f.) d'âme, d'humeur ; impassibilité f. ||**-mütig** adj. d'humeur égale ; impassible ; flegmatique ; stoïque. ||**-namig** adj. qui porte le même nom ; homonyme. || PHYS. *gleichnamige Pole*, pôles (m. pl.) semblables. || GRAMM. homonyme. || MATH. correspondant. | *gleichnamig machen*, réduire au même dénominateur. ||**-richten** v. tr. ÉLECTR. redresser. ||°**-richter** m. (s, -). ÉLECTR. redresseur m. ||°**-richtung** f. (-). ÉLECTR. redressement m. | *optische Gleichrichtung*, redressement optique. ||**-schalten** v. tr. unifier ; synchroniser ; harmoniser ; coordonner. || °**-schaltung** f. synchronisation f. ; harmonisation f. || POLIT. mise (f.) au pas. ||**-schenk(e)lig** adj. MATH. isocèle. ||°**-schritt** m. (s). MIL. pas cadencé. ||**-sehen** (ie, a, e) v. intr. (dat.) ressembler à. || FIG. *das sieht ihm gleich*, je le reconnais bien là. ||**-seitig** adj. MATH. équilatéral. ||**-setzen** v. tr. mettre au même rang, au même niveau ; égaler. ||**-silbig** adj. GRAMM. parisyllabique. ||**-stellen** v. tr. égaler ; mettre sur le même pied, au même rang, au même niveau. ||°**-stellung** f. assimilation f. ; rapprochement m. ; parité f. ||°**-strom** m. (s). ÉLECTR. courant continu. ||**-viel** adv. tout autant ; n'importe. | *gleichviel ob*, peu importe que. ||°**-wert** m. (s) pair m. ||**-wertig** adj. équivalent. ||°**-wertigkeit** f. équivalence f. ||**-wie** adv. de même que ; ainsi que ;

comme. ||**-wink(e)lig** adj. MATH. équiangle ; isogone ; régulier. ||**-wohl** adv. néanmoins ; cependant ; pourtant ; toutefois. — conj. de subord. bien que ; encore que ; quoique (subj.) [V. OBGLEICH.] ||**-zeitig** adj. simultané ; concomitant ; contemporain. || [Bewegung] isochrone ; synchronique. — adv. en même temps. ||°**-zeitigkeit** f. simultanéité f. ; synchronisme m. ; coïncidence f.

gleichen [-çən] (i, i) v. intr. ressembler ; être semblable, analogue à. | *sie gleichen einander wie ein Ei dem anderen*, ils se ressemblent comme deux gouttes d'eau. | *das Kind gleicht ganz dem Vater*, cet enfant est tout le portrait de son père.

gleicher|gestalt ["glaiçərgə'ʃtalt], **-maßen** [-mɑ:-sən], **-weise** [-vaizə] adv. de la même façon, manière ; pareillement.

Gleichheit ['glaiçhait] f. (-, en) égalité f. ; parité f. ; identité f. ; similitude f. ; conformité f. || POLIT. *Freiheit, Gleichheit, Brüderlichkeit*, liberté, égalité, fraternité. || MATH. égalité f.

Gleichheits|zeichen ["glaiçhaits'tsaiçən] n. (s, -). MATH. signe (m.) d'égalité (=).

Gleichnis ['glaiçnis] n. (ses, se) allégorie f. ; parabole f. ; apologue m. | *das Gleichnis vom guten Hirten*, la parabole du Bon Pasteur. || FIG., FAM. *in Gleichnissen reden*, parler par allégories.

gleichsam ['glaiçzɑ:m] adv. comme ; pour ainsi dire ; en quelque sorte ; quasi.

Gleichung [-çuŋ] f. (-, en) égalisation f. || MATH. égalité f. ; équation f.

Gleis [glais] n. (es, e). V. GELEISE.

Gleis|anlage ["glais'anlɑ:gə] f. (-, n) voie ferrée. ||°**-anschluß** m. (es, ¨e) raccordement (m.) de voie ferrée ; voie (f.) de raccordement. ||°**-kette** f. (-, n). AUTOM. chenille f. ||°**-kettenfahrzeug** n. (s, e). AUTOM. véhicule (m.) sur chenilles. ||°**-sperre** f. (-, n) blocage (m.) de voie.

gleisnerisch ['glaisnəriʃ] adj. hypocrite.

gleißen ['glaisən] v. intr. briller ; luire.

gleißend [-sənt] adj. brillant ; luisant.

Gleit|boot ["glait'bo:t] n. (s, e). AÉRON. hydroglisseur m. ||°**-flug** m. (s, ¨e) vol plané. ||°**-hang** m. (s, ¨e). GÉOGR. rive (f.) convexe d'un méandre. ||°**-komma** n. (s, ata). INF. virgule flottante. ||°**-schiene** f. (-, n) glissière f. ||°**-schutz** m. (es) antidérapant m.

gleiten ['glaitən] (i, i) v. intr. glisser. | *der Schlittschuhläufer gleitet über die Eisfläche*, le patineur glisse sur la glace. | *das Schiff gleitet durch die Wogen*, le navire fend les vagues. | *die Möwe gleitet über die Wellen*, la mouette rase les vagues. | *das Buch glitt ihm aus der Hand*, le livre lui échappa des mains. || AUTOM. déraper ; patiner.

Gleiten [-tən] n. (s) glissement m. || PAR ANAL., AUTOM. dérapage m.

gleitend [-tənt] adj. glissant. || FIG., ÉCON. *gleitende Arbeitszeit*, horaire variable. | *gleitende Lohnskala*, échelle (f.) mobile des salaires. | *gleitende Preise*, prix indexés. || POÉS. *gleitende Reime* [dreisilbige Reime] rimes riches, léonines.

Gleiter [-tər] m. (s, -). AÉRON. planeur m.

Glenscheck ['glɛnʃɛk] m. (s). TEXT. prince de galles m.

Gletscher ['glɛtʃər] m. (s, -). GÉOL. glacier m.

Gletscher|brand ["glɛtʃər'brant] m. (s, ¨e) brûlure f. ; coup (m.) de soleil. ||°**-kunde** f. (-) glaciologie f. ||°**-schnee** m. (s) névé m. ||°**-spalte** f. (-, n) crevasse f. ||°**-zunge** f. (-, n). GÉOL. langue (f.) glaciaire.

Glied [gli:t] n. (s, er). **1.** membre m. | *ein Mensch von gesunden, geraden Gliedern*, un homme normalement constitué, bien membré. | *der Kopf, der Rumpf und die Glieder*, la tête, le tronc et les membres. | *vor Kälte steife Glieder haben*, avoir les membres engourdis par le froid. | *männliches Glied*, membre viril. | *an allen Gliedern zittern*, trembler de tous ses membres. | *der Schreck fuhr mir durch alle Glieder*, l'effroi me glaça jusqu'aux moelles.
2. PAR EXT. membre m. ; chaînon m. ; maillon m. | *bis ins siebente Glied*, jusqu'à la septième génération. | *ein Glied in einer Beweiskette*, un chaînon dans un raisonnement. | *das schwächste Glied*, le maillon le plus faible. | *Mitglied eines Vereins*, membre d'une association. || MIL. rang m. ; file f. | *in Reih und Glied stehen, marschieren*, être, marcher en rangs. | *ins Glied treten*, rentrer dans le rang.

Glied|maßen ["gli:t'mɑsən] f. pl. ANAT. membres m. pl. ||**-weise** adv. [Glied für Glied] élément par élément. || MIL. par rangs.

Glieder|bau ["gli:dər'bau] m. (s) membrure f. ; structure f. ||°**-füß(l)er** m. (s, -). ZOOL. arthropode m. ||°**-kette** f. (-, n) chaîne (f.) à maillons. ||°**-puppe** f. (-, n) poupée articulée ; marionnette f. ; mannequin m. ||°**-reißen** n. (s) douleurs (f. pl.) arthritiques.

gliedern [-dərn] v. tr. diviser ; échelonner. || FIG. articuler ; enchaîner ; organiser. | *seine Gedanken übersichtlich gliedern*, mettre de l'ordre dans ses idées. | *einen Vortrag, einen Beweis gliedern*, articuler un exposé, une démonstration. | *Schillers Wallenstein ist in drei Teile gegliedert*, le « Wallenstein » de Schiller est divisé en trois parties.
◇ v. pr. **sich gliedern in,** se diviser en.
— SYN. : *teilen*, partager ; *zerlegen, zerteilen, spalten*, diviser ; *zerstückeln, zersplittern*, fragmenter, démembrer.

Gliederung [-dəruŋ] f. (-, en). ANAT. articulation f. ; membrure f. || FIG. division f. ; plan m. ; composition f. || MIL. dispositif m. ; échelonnement m.

glimmen ['glimən] (o, o) v. intr. brûler sans flamme ; répandre une faible lueur. | *das Feuer glimmt noch unter der Asche*, le feu couve sous la cendre. | *die Augen der Katze glimmen in der Nacht*, les yeux du chat luisent dans la nuit. || FIG. *noch glimmt ein Funken Hoffnung*, il y a encore une lueur d'espoir.

Glimmen [-mən] n. (s) combustion lente ; luminescence f. ; lueur (f.) faible.

Glimmer [-mər] m. (s). MINÉRAL. mica m.

glimmern ['glimərn] v. intr. briller ; scintiller.

Glimm|stengel ["glim'ʃtɛŋəl] m. (s, -). POP. clope f.

glimpflich ['glimpfliç] adj. convenable. | *eine glimpfliche Strafe*, une peine modérée, légère.
◇ adv. *jn glimpflich behandeln*, traiter qn avec ménagement. | *glimpflich davonkommen*, s'en tirer sans trop de mal.

glitschen [-ʃən] v. intr. FAM. glisser ; déraper.

glitschig [-ʃiç] adj. glissant. || PAR EXT. gluant.

glitzern ['glitsərn] v. intr. étinceler ; scintiller.

global [glo'bɑ:l] adj. mondial ; universel.

Global|steuer [glo"bɑ:l'ʃtɔyər] f. (-, n). FIN. impôt général sur le revenu. ||°**-summe** f. (-, n) montant total.

Globus ['glo:bus] m. (-, ben). GÉOGR. globe m.

Glöckchen ['gløkçən] n. (s, -) clochette f.

Glocke ['glɔkə] f. (-, n) cloche f. ; sonnette f. | *große Glocke*, bourdon m. | *eine gesprungene Glocke*, une cloche fêlée. | *Glocken gießen*, fondre des cloches. | *die Glocke schlägt elf (Uhr)*, onze heures sonnent. || FAM. *etwas an die große Glocke hängen*, crier qch. sur les toits, à tous les échos ; publier à son de trompe.

Glocken|blume ["glɔkən'blu:mə] f. (-, n). BOT. ancolie f. ; campanule f. ||**-förmig** adj. en forme de cloche. ||°**-geläut(e)** n. (s) sonnerie f. ; tintement (m.) de cloches, de clochettes ; carillons m. | *unter Glockengeläute*, au son des cloches. ||°**-gießer** m. (s, -) fondeur (m.) de cloches. ||°**-gießerei** f. (-, en) fonderie (f.) de cloches. ||**-hell** adj. argentin. ||°**-klang** m. (s, ¨e) son (m.) de cloches. ||°**-klöppel** m. (s, -) battant (m.) de cloche. ||°**-kurve** f. (-, n). MATH. courbe (f.) en cloche. ||°**-schlag** m. (s, ¨e) coup (m.) de cloche. ||°**-speise** f. TECHN. bronze (m.) de cloche. ||°**-spiel** n. (s, e) carillon m. || MUS. métallophone m. ||°**-strang** m. (s, ¨e) corde (f.) de cloche. ||°**-stuhl** m. (s, ¨e). TECHN. charpente (f.) de clocher. ||°**-ton** m. (s, ¨e) son (m.), timbre (m.) d'une cloche. ||°**-turm** m. (s, ¨e). ARCHIT. clocher m. ; campanile m. ||°**-zug** m. (s, ¨e) corde (f.) de cloche ; cordon (m.) de sonnette.

Glöckner [-nər] m. (s, -) sonneur (m.) de cloches.

Glorie ['glo:riə] f. (-, n) gloire f. || ARTS. gloire f. || PAR EXT. nimbe f. ; auréole f.

glorifizieren [glorifi'tsi:rən] v. tr. glorifier ; rendre gloire à.

glor|reich ['glo:rraiç] adj. glorieux.

Glossar [glo'sɑ:r] n. (s, e et ien) glossaire m.

Glosse ['glo:sə] f. (-, n). LITTÉR. glose f.

glossieren [glo'si:rən] v. tr. commenter.

Glottis ['glɔtis] f. (-). ANAT. glotte f.

Glotz|auge ["glɔts'augə] n. (s, n) œil (m.) à fleur de tête ; œil (m.) de bœuf. ||**-äugig** adj. MÉD. qui a les yeux à fleur de tête ; exophtalmique.

glotzen ['glɔtsən] v. intr. FAM. ouvrir de grands yeux ; écarquiller les yeux.

Glück [glyk] n. (s) fortune f. ; chance f. ; bonheur m. | *das Glück ist ihm hold, lacht ihm*, la fortune lui sourit. | *sein Glück machen*, faire fortune ; faire son chemin. | *ein bloßes Glück !*, un pur effet du hasard. | *er hat immer Glück*, il est chanceux. | *er kann von Glück reden*, il peut dire qu'il a de la chance. | *sein Glück versuchen*, tenter sa chance. | *damit wirst du kein Glück haben*, tu ne réussiras pas ; cela ne te portera pas bonheur. | *sein Glück verscherzen*, gaspiller sa chance. | *Glück bringen*, porter bonheur. | *Glück zum neuen Jahr wünschen*, faire des vœux de bonne année. | *ein Glück, daß er kam !*, heureusement, il est venu. | *js Glück machen*, faire le bonheur de qn. | *wir halten im Glück und Unglück zusammen*, nous sommes unis pour le meilleur et pour le pire. | *auf gut Glück*, au petit bonheur. | *zum Glück !*, par bonheur. | *Glück auf !*, bonne chance ; (salut des mineurs). || PROV. *wer das Glück hat, führt die Braut heim*, le plus heureux l'emporte. | *der Dumme hat's Glück*, aux innocents les mains pleines.
— SYN. : *Glückseligkeit*, béatitude ; *Erfolg*, succès ; POP. *Schwein*, veine ; *Glücksfall*, aubaine.

glück|selig ["glyk'ze:liç] adj. bienheureux ; radieux. ||°**-seligkeit** f. félicité f. ; bonheur (m.) suprême. | *himmlische Glückseligkeit*, béatitude f. ||**-strahlend** adj. rayonnant de joie, de bonheur ; radieux. ||°**-wunsch** m. (es, ¨e) bons vœux ; compliments m. pl. ; souhaits m. pl. | *meinen herzlichsten Glückwunsch*, mes meilleurs vœux ! | *Glückwunschschreiben*, lettre (f.) de félicitations.

Glücks|botschaft ["glyks'bo:tʃaft] f. (-, en) heureuse nouvelle. ||°**-fall** m. (s, ¨e) coup (m.) de chance ; aubaine f. ||°**-göttin** f. MYTH. Fortune f. ; déesse (f.) de la fortune. ||°**-kind** n. (s, er) veinard m. ||°**-pilz** m. (es, e). FIG. *ein Glückspilz sein*, être né sous une bonne étoile. ||°**-rad** n. (s, ¨er) roue (f.) de la fortune. || [Glückspiel] roulette f. ||°**-ritter** m. (s, -) aventurier m. ; chevalier (m.) d'industrie. ||°**-sache** f. (-, n) affaire (f.) de chance. ||°**-schwein** n. (s, e). FIG. mascotte f. ||°**-spiel** n. (s, e) jeu (m.) de hasard ; loterie f. ||°**-stern** m. (s, e) bonne étoile. ||°**-tag** m. (s, e) jour (m.) de chance.

glucken ['glukən] v. intr. glousser.

Gluck|henne ["gluk'hɛnə] f. (-, n) [*Glucke*]. ZOOL. (poule) couveuse f.

glücken ['glukən] v. intr. réussir. | *dieses Unternehmen wird glücken*, cette entreprise réussira. | *es ist mir geglückt*, j'ai réussi.

glückhaft ['glykhaft] adj. heureux ; chanceux.

glücklich [-liç] adj. [Personen] heureux ; content. | *glücklicher Mensch*, homme heureux. || [Dinge] heureux ; bon ; favorable. | *glückliche Natur*, nature heureuse. | *glückliche Zeiten*, temps heureux. || FIG. heureux ; avantageux ; bon ; prospère. | *glücklicher Einfall*, bonne idée. | *er hat eine glückliche Hand*, il a la main heureuse. | *sich glücklich preisen*, se féliciter.
◇ adv. heureusement ; bien ; avec bonheur. | *glücklich davonkommen*, l'échapper belle. | *die Sache läuft glücklich ab*, l'affaire se passe bien.
— SYN. : *beglückt*, heureux ; *glückselig*, fortuné ; *zufrieden*, content ; *entzückt*, ravi ; *selig*, béat.

glücklicher|weise ["glykliçər'vaizə] adv. heureusement ; par bonheur.

glucksen ['gluksən] v. intr. glousser.

Glüh|birne ["gly:'birnə] f. (-, n). ÉLECTR. ampoule f. ||°**-faden** m. (s, ¨). ÉLECTR. filament (m.) à incandescence. ||°**-hitze** f. fournaise f. ; brasier m. ; chaleur (f.) torride. || TECHN. chauffe f. ||°**-kathodenröhre** f. (-, n) diode f. ||°**-körper** m. (s, -). ÉLECTR. corps incandescent. ||°**-lampe** f. (-, n) lampe (f.) à incandescence ; lampe (f.) électrique ; ampoule f. ||°**-ofen** m. (s, ¨). TECHN. four m. ; chaufferie f. ||°**-strumpf** m. (s, ¨e). TECHN. manchon (m.) à incandescence. ||°**-wein** m. (s) vin chaud. || °**-würmchen** n. (s, -). ZOOL. ver luisant.

glühen [-ən] v. intr. être rouge, ardent, embrasé, en feu. | *der Ofen glüht*, le poêle est rouge. | *die Sonne glüht am Abendhimmel*, le soleil rougeoie dans le ciel du soir. || FIG. être enflammé. | *er glüht vor Eifer, vor Zorn*, l'ardeur, la colère empourpre son visage. | *glühende Begeisterung*, enthousiasme ardent.
◇ v. tr. faire rougir au feu ; chauffer à blanc. || CHIM. calciner. || TECHN. [Eisen] porter au rouge ; recuire. || [Stahl] cémenter.

Glühen [-ən] n. (s) ignition f. ; incandescence f. || TECHN. [Eisen] recuit m. || [Stahl] cémentation f.

glühend [-ənt] adj. ardent ; en feu ; brûlant ; embrasé. | *glühende Sonne, Hitze*, soleil brillant ; fournaise f. | *glühende Kohlen*, charbons ardents ; braise (f.) rouge ; brasier m. || FIG. ardent ; fervent. | *glühender Blick*, regard ardent. | *glühende Wangen*, joues brûlantes. | *glühender Haß*, haine violente.

Glukose [glu'ko:zə] f. (-, n). CHIM. glucose m.

Glut [glu:t] f. (-, en) ardeur f. ; feu m. ; brasier m. ; chaleur torride, ardente. | *Glut der Sonne*, soleil ardent. || FIG. ardeur f. ; flamme f. ; feu m. ; ferveur f. | *Glut der Leidenschaften, der Begierde, des Hasses*, véhémence (f.) des passions ; violence (f.) du désir, de la haine.

Glutamat [gluta'mɑ:t] n. (s, e). CHIM. glutamate m.

glut|rot ["glu:t'ro:t] adj. rouge feu ; cramoisi.

Glykol [gly'ko:l] n. (s, e). CHIM. glycol m.

Glykose [gly'ko:zə]. V. GLUKOSE.

Glyptothek [glypto'te:k] f. (-, n). ARTS. musée (m.) de sculpture.

Glyzerin [glytsə'ri:n] n. (s, e) glycérine f.

G-Moll ['ge:mɔl] n. MUS. sol mineur.

Gnade ['gnɑ:də] f. (-, n) [herablassendes Wohlwollen] inclination f. ; grâce f. | *bei jm in Gnaden sein, stehen*, être dans les bonnes grâces de qn. | *von js Gnade leben*, manger le pain de qn. | *wieder zu Gnade kommen*, rentrer en grâce. || [unverdiente Gunst] grâce f. ; faveur f. | *jm Gnade widerfahren lassen*, faire grâce à qn. | *jm eine Gnade gewähren, erweisen*, accorder une faveur à qn. | *sich eine Gnade ausbitten*, demander une grâce. | *König von Gottes Gnaden*, roi par la grâce de Dieu. || RELIG. grâce f. | *im Zustand der Gnade leben*, vivre, être en état de grâce ; avoir la grâce. || [Verzeihung] clémence f. ; pardon m. ; merci f. ; miséricorde f. | *Gnade vor jm finden*, trouver grâce auprès de qn ; obtenir les bonnes grâces de qn. | *sich auf Gnade oder Ungnade ergeben*, se rendre à discrétion, à merci, sans conditions. | *Gnade vor, für Recht ergehen lassen*, faire grâce ; user de clémence, d'indulgence. || [Anrede] (Vx.) *Euer Gnaden ! (Ew. Gnaden)*, Votre Grâce.

gnaden [-dən] v. intr. (Vx.) *gnade uns Gott !*, que Dieu nous soit propice, nous soit en aide !

Gnaden|beweis ["gnɑ:dənbə'vais] m. (es, e) témoignage (m.) de bienveillance ; marque (f.) de faveur ; grâce f. ||°-**brot** n. (s) *jm das Gnadenbrot gewähren*, entretenir qn par charité. ||°-**frist** f. (-, en) délai (m.) de grâce. ||°-**gesuch** n. (s, e). JUR. recours (m.) en grâce. | *ein Gnadengesuch einreichen*, se pourvoir en grâce. ||-**reich, -voll** adj. plein de grâce ; charitable ; secourable. ||°-**stoß** m. (es, ¨e) coup (m.) de grâce.

gnädig ['gnɛ:diç] adj. favorable ; propice ; gracieux ; indulgent ; clément. | *Gott sei mir gnädig !*, que Dieu me soit en aide. | *gnädiger Herr*, Monseigneur. | *gnädige Frau*, Madame. | *Gnädigste*, Madame. ◇ adv. avec indulgence, bonté. || FIG. *er ist noch gnädig davongekommen*, il s'en est assez bien tiré ; il l'a échappé belle.

Gneis [gnais] m. (es, e). MINÉRAL. gneiss m.

Gnom [gno:m] m. (en, en). MYTH. gnome m. | *gnomenhaft*, nain, gnomique.

Gnosis ['gno:zis] f. PHILOS. gnose f.

Gnostiker ['gnostikər] m. PHILOS. gnostique m. || *Gnostizismus*, gnosticisme.

Gobelin [gɔbəlɛ̃] m. (s, s). ARTS. gobelin m. ; tapisserie f.

Gockel ['gɔkəl] m. (s, -), **Gockel|hahn** ["gɔkəl'hɑ:n] m. (s, ¨e). FAM. coq.

Gold [gɔlt] n. (s) or m. | *gemünztes, geprägtes Gold*, or monnayé. | *massives Gold*, or massif. | *nachgeahmtes Gold*, faux or ; simili-or. | *treu wie Gold*, franc comme l'or. | *in Gold bezahlen*, payer en or. | *das ist nicht mit Gold aufzuwiegen*, cela vaut son pesant d'or.

Gold|ader ["gɔlt'ɑ:dər] f. (-, n). MINES. filon (m.) d'or. ||°-**ammer** f. (-, n). ZOOL. bruant m. ||°-**anleihe** f. (-, n). FIN. emprunt-or m. ||°-**arbeit** f. (-, en) orfèvrerie f. ||°-**barren** m. (s, -) lingot (m.) d'or. ||°-**basis** f. (-, sen). FIN. étalon-or m. ||°-**bestand** m. (s, ¨e). FIN. encaisse-or f. ||°-**bronze** f. bronze doré. ||°-**deckung** f. FIN. couverture-or. ||-**durchwirkt** adj. lamé d'or. ||°-**erz** n. (es) minerai (m.) aurifère. ||-**farbig** adj. doré ; couleur (f.) d'or. ||°-**fasan** m. (s, e). ZOOL. faisan doré. ||°-**feld** n. (s, er) mine (f.) d'or ; placer m. ||°-**fisch** m. (s, e). ZOOL. poisson (m.) rouge. || FIG., FAM. beau parti. ||°-**flimmer** m. (s, -), °-**flitter** m. (s, -) paillette (f.) d'or ; clinquant m. ||°-**frank** m. (s, en). FIN. franc-or m. ||°-**fuchs** m. (es, ¨e). ZOOL. alezan doré. || FIG., FAM. pièce (f.) d'or ; jaunet m. ||°-**gehalt** m. (s). FIN. titre (m.), teneur (f.) en or. ||-**gelb** adj. jaune d'or ; jaune doré. ||°-**gräber** m. (s, -) chercheur (m.) d'or. ||°-**grube** f. (-, n). PR. et FIG. mine (f.) d'or. ||-**grün** adj. vert doré. ||-**haltig** adj. MINES. aurifère. ||-**hell** adj. clair, jaune comme de l'or. || FIG. *goldhelle Stimme*, voix (f.) d'or. ||°-**kies** m. (es). MINES. sable (m.), pyrite (m.) aurifère. ||°-**klausel** f. (-, n). FIN., JUR. clause (f.), garantie (f.) or. ||°-**klumpen** m. (s, -). MINES. pépite f. ||°-**küste** n. pr. f. GÉOGR. Côte-de-l'Or (Ghana). ||°-**lack** m. (s). CHIM. vernis (m.) d'or ; dorure f. ; cire (f.) à cacheter d'or. || BOT. giroflée (f.) jaune. ||°-**lager** n. (s, -). MINES. gisement (m.) aurifère. ||°-**legierung** f. (-, en). TECHN. alliage (m.) d'or. ||°-**macher** m. (s, -) alchimiste m. ||°-**macherei** f. alchimie f. ||°-**mark** f. (-). FIN. mark-or m. ||°-**markt** m. (es, ¨e). FIN. marché (m.) de l'or. ||°-**münze** f. (-, n). FIN. pièce (f.), monnaie (f.) or. ||°-**parität** f. (-). FIN. parité-or f. ||°-**plombe** f. (-, n). MÉD. inlay m. ||°-**punkt** m. (s, e). FIN. gold-point m. ; parité-or f. ||°-**rausch** m. (es). FIG. ruée (f.) vers l'or. ||°-**regen** m. (s). MYTH. pluie (f.) d'or. || BOT. cytise m. ||°-**reif** m. (s, e), °-**ring** m. (s, e) anneau (m.) d'or. ||°-**sand** m. (s). MINES. sable (m.) aurifère. ||°-**schmied** m. (s, e) orfèvre m. ; joaillier m. ||°-**schmiedearbeit** f. (-, en) orfèvrerie f. ; joaillerie f. ||°-**schnitt** m. (s, e). TYPOGR. tranche dorée. ||°-**silber** n. (s) vermeil m. ||°-**standard** m. (s, s). FIN. étalon-or m. ||°-**stoff** m. (s, e) étoffe lamée d'or. ||°-**vorrat** m. (s, ¨e). COMM., FIN. encaisse-or f. ; réserve (f.) d'or. ||°-**waage** f. (-, n). TECHN. trébuchet m. ||°-**währung** f. FIN. étalon-or m. ||°-**wäscher** m. (s, -) laveur (m.) d'or ; orpailleur m. ||°-**wert** m. (s, e) valeur (f.) or. ||°-**zahn** m. (s, ¨e) dent (f.) en or.

golden ['gɔldən] adj. d'or ; en or. | *goldene Kette, Uhr*, chaîne (f.), montre (f.) en or. || HIST. *die Goldene Bulle*, la Bulle d'or (1356). || MYTH. *das Goldene Vlies*, la Toison d'or. || RELIG. *das Goldene Kalb*, le veau d'or. || FIG. *ein goldenes Herz*, un cœur d'or. | *goldene Worte sprechen*, parler d'or. | *goldene Hochzeit*, noces (f. pl.) d'or. | *goldenes Zeitalter*, âge (m.) d'or. | *der goldene Mittelweg*, le juste milieu. | *jm goldene Berge versprechen*, promettre à qn monts et merveilles. | *dem Gegner goldene Brücken bauen*, tendre la perche à qn. || MATH. *der goldene Schnitt*, la section d'or. || GÉOGR. *das Goldene Horn*, la Corne d'or. || ASTRON. *goldene Zahl*, nombre (m.) d'or.

goldig ['gɔldiç] adj. (tout) en or. || FIG., FAM. *das ist doch goldig !*, c'est délicieux, merveilleux.

Golf [gɔlf] m. (s, e). GÉOGR. golfe m.

Golf [gɔlf] n. (s). SPORT. golf m.

Golf|platz ["gɔlf'plats] m. (es, ¨e). SPORT. terrain (m.) de golf. ||°-**schläger** m. (s, -). SPORT. club m.

Golf|strom ["gɔlf'ʃtro:m] m. (s). GÉOGR. Gulf Stream m.

Gondel ['gɔndəl] f. (-, n) gondole f. ; canot (m.) de plaisance. || AÉRON. nacelle f. || SPORT. [Seilbahn] cabine f. ; FAM. œuf m.

gondeln ['gɔndəln] v. intr. aller en gondole.

Gong [gɔŋ] m. (s, s) gong m. | *beim Gongschlag*, au coup de gong.

Gonio|meter [gɔnio'me:tər] n. (s, -). MATH. goniomètre m. ||°-**metrie** f. goniométrie f.

gönnen ['gønən] v. tr. accorder ; permettre ; octroyer. | *ich gönne ihm gern, daß er vorwärts kommt*, je me réjouis de le voir avancer. | *ich gönne es ihm*, grand bien lui fasse ! | *sich etwas gönnen*, FAM. s'offrir un (petit) plaisir. | *jm das Wort gönnen*, donner la parole à qn.

Gönner [-nər] m. (s, -) bienfaiteur m. ; mécène m. ; protecteur m.

Gönner|miene ["gønər'mi:nə] f. (-, n) air protecteur. ||°-**wirtschaft** f. PÉJOR. népotisme m.

gönnerhaft ['gønərhaft] adj. condescendant ; complaisant.

Gönnerschaft [-ʃaft] f. protection f. ; patronage m. ; mécénat m. ‖ PAR EXT. protecteurs m. pl.

Gonokokkus [gono'kɔkus] m. (-, ken). MÉD. gonocoque m.

Gonorrhöe [-'røə] f. (-, n). MÉD. blennorragie f.

Gör [gø:r] n. (s, en). FAM. petit enfant. ‖ PAR EXT. blanc-bec m.

gordisch ['gɔrdiʃ] adj. HIST. gordien. | *gordischer Knoten*, nœud gordien.

Göre ['gø:rə] f. (-, n). FAM. gosse f. ; gamine f.

Gorgonen|haupt [gɔr"go:nən'haupt] n. (s) tête (f.) de Méduse.

Gorilla [gɔ'rila] m. (s, s). ZOOL. gorille m.

Gosse ['gɔsə] f. (-, n) évier m. ‖ PAR EXT. caniveau m. ; rigole f. ‖ FIG. égout m. ; ruisseau m. | *jn aus der Gosse ziehen*, tirer qn du ruisseau.

Gote ['go:tə] n. pr. m. (n, n). GÉOGR. Goth m.

Gotik ['go:tik] f. (-). ARCHIT. (style) gothique m. ; architecture (f.) gothique.

gotisch [-tiʃ] adj. HIST. gothique ; moyenâgeux. ‖ TYPOGR. *gotische Schrift*, caractères (m. pl.) gothiques ; écriture (f.) gothique ; gothique f.

Gott [gɔt] m. (s,¨er) **1.** Dieu m. ; [Heiden] dieu m. | *die Götter Griechenlands*, les dieux de la Grèce. | *Gott der Gerechte*, Dieu de justice. | *an Gott glauben*, croire en Dieu. | *auf Gott bauen, vertrauen*, se remettre entre les mains de Dieu. | *bei Gott schwören*, jurer (par) Dieu. | *zu Gott beten*, prier Dieu. | *Gottes Sohn*, fils (m.) de Dieu. | *das Reich Gottes*, le royaume de Dieu. | *hier ruht in Gott*, ici repose en Dieu.
2. [Grüße ; Wünsche] *grüß (dich) Gott !*, bonjour ; bonsoir ; adieu ! | *(ach) Gott*, Dieu ! ; ah ! mon Dieu ! | *leider Gottes*, malheureusement ; hélas. | *Gott sei (Lob und) Dank*, Dieu merci ; le ciel soit béni ; grâce à Dieu. | *um Gottes willen*, pour l'amour de Dieu ! | *Gott bewahre (uns davor) !*, Dieu nous en garde, nous en préserve ! ; à Dieu ne plaise. | *in Gottes Namen !*, au nom de Dieu ! ; par Dieu ! | *bei Gott !*, par Dieu ! ; FAM. pardi ! ; dame !
3. LOC. *ich bin, weiß Gott, nicht furchtsam*, je ne suis pas timide, Dieu sait ! | *wann er kommt, das weiß der liebe Gott*, Dieu (seul) sait quand il viendra. ‖ FAM. *den lieben Gott einen guten Mann sein lassen*, ne pas s'en faire. ‖ LOC. *wie Gott in Frankreich leben*, vivre comme un coq en pâte.
4. PROV. *Gott gibt's den Seinen im Schlaf*, la fortune vient en dormant. | *dem Mutigen hilft Gott*, la fortune sourit aux audacieux. | *eine feste Burg ist unser Gott* (LUTHER), Dieu est notre rempart.
— SYN. : *Gottheit*, divinité, déité ; *Ewige*, Éternel ; *Herr*, Seigneur ; *Schöpfer*, Créateur ; *Allmächtiger*, Tout-Puissant.

gott|ähnlich ["gɔt'ɛ:nliç] adj. qui ressemble à Dieu ; fait à l'image de Dieu ; semblable à Dieu. ‖**-begnadet** adj. qui a reçu la grâce divine ; béni des dieux ; génial. | *er ist ein gottbegnadeter Dichter*, c'est un poète divin. ‖**-ergeben** adj. soumis à la volonté de Dieu. ‖°**-ergebenheit** f. soumission (f.) à Dieu. ‖**-gefällig** adj. agréable à Dieu. | *gottgefällige Tat*, œuvre (f.) pie. ‖**-geweiht** adj. consacré à Dieu. ‖**-jämmerlich** adj. FAM. misérable. ‖**-lob** interj. Dieu soit loué ! ‖**-los** adj. RELIG. sans Dieu ; impie ; mécréant ; scélérat. | *ein gottloser Bursche*, un sacripant. — adv. sans Dieu ; méchamment. ‖°**-losigkeit** f. impiété f. ; irréligiosité f. ; méchanceté f. ; scélératesse f. ‖°**-seibeiuns** m. FAM. diable m. ; malin m. ‖°**-vater** m. (s) Dieu le Père. ‖**-verlassen** adj. abandonné de Dieu ; réprouvé ; maudit. | *gottverlassene Gegend*, région désolée ; FAM. trou perdu.

Götter|bild ["gøtər'bilt] n. (s, er) idole f. ; faux dieu ; simulacre m. ‖°**-bote** m. (n). MYTH. Mercure m. ‖°**-dämmerung** f. MYTH. crépuscule (m.) des dieux. ‖**-gleich** adj. semblable aux dieux ; divin. ‖°**-mahl** n. (s) ambroisie f. ‖ FIG. régal m. ‖°**-sage** f. mythologie f. ‖°**-speise** f. MYTH. ambroisie f. ‖ CULIN. gelée f. ‖°**-trank** m. (s). MYTH. nectar m. ‖°**-welt** f. MYTH. monde (m.) des dieux ; mythologie f.

Gottes|acker ["gɔtəs'akər] m. (s, ¨) cimetière m. ‖°**-anbeterin** f. (-, nen). ZOOL. mante religieuse. ‖°**-dienst** m. (es, e) service divin, religieux ; culte m. ; office divin. | *Gottesdienst abhalten*, officier ; célébrer l'office. ‖°**-friede** m. (ns). HIST. trêve (f.) de Dieu. ‖°**-furcht** f. (-) crainte (f.) de Dieu ; piété f. ‖**-fürchtig** adj. pieux ; craignant Dieu. ‖°**-gabe** f. (-, n) don (m.) du ciel. ‖°**-haus** n. (es, ¨er) église f. ; temple m. ‖°**-lästerer** m. (s, -) blasphémateur m. ; sacrilège m. ‖**-lästerlich** adj. blasphématoire ; sacrilège. ‖ °**-lästerung** f. (-, en) blasphème m. ; sacrilège m. ‖°**-leugner** m. (s, -) athée m. ‖°**-sohn** m. (s) fils (m.) de Dieu ; Jésus-Christ m. ‖°**-urteil** n. (s, e). JUR., HIST. jugement (m.) de Dieu ; ordalie f.

Gottheit ['gɔthait] f. (-, en) divinité f.

Göttin ['gøtin] f. (-, nen) déesse f.

göttlich ['gøtliç] adj. divin ; de Dieu. ‖ FIG. sublime. | *göttlicher Gedanke*, idée sublime, géniale. ‖ IRON. impayable.

Göttlichkeit [-kait] f. RELIG. divinité f. ; essence, nature divine.

Götze ['gøtsə] m. (n, n). RELIG. faux dieu ; idole f. | *Götze aus Holz*, idole de bois. ‖ FAM. *er sitzt da wie ein Ölgötze*, il reste là comme une souche ; il est de glace.

Götzen|anbeter ["gøtsən'anbe:tər] m. (s, -) idolâtre m. ; adorateur (m.) de faux dieux ; païen m. ‖°**-bild** n. (s, er) idole f. ; simulacre m. ‖°**-diener** m. (s, -). V. GÖTZENANBETER. ‖°**-dienst** m. (es, e) m. idolâtrie f. ; culte (m.) des idoles.

Gouvernante [guvɛr'nantə] f. (-, n) gouvernante f.

Grab [grɑ:p] n. (s,¨er) fosse f. ; tombe f. ; tombeau m. ; sépulture f. | *ein Grab ausheben*, creuser une tombe. | *das Grab zuschütten, zuschaufeln*, refermer une tombe. | *einen Toten in das Grab legen*, ensevelir un mort. | *einen Toten zu Grabe tragen, geleiten*, porter un mort en terre. | *das Heilige Grab*, le Saint-Sépulcre. | *das Grab des unbekannten Soldaten*, le tombeau du Soldat inconnu. ‖ LOC. *sein Grab in den Wellen, ein feuchtes Grab finden*, périr dans les flots. | *schweigsam, verschwiegen wie das Grab sein*, être muet comme la tombe. | *Treue bis über das Grab hinaus*, rester fidèle jusqu'à la tombe. ‖ FAM. *er würde sich im Grab umkehren, wenn er das wüßte*, il se retournerait dans sa tombe s'il savait cela. ‖ FIG. *mit einem Fuß im Grabe stehen*, être au bord de la tombe ; avoir (déjà) un pied dans la tombe. | *jn ins Grab bringen*, rendre à qn la vie impossible.

Grab|denkmal ["grɑ:p'dɛnkmɑ:l] n. (s,¨er) pierre tombale ; monument (m.) funéraire. ‖°**-geläute** n. (s) glas m. ‖°**-hügel** m. (s, -) tertre m. ‖°**-inschrift,** °**-schrift** f. (-, en) inscription f. ; épitaphe f. ‖°**-legung** f. (-, en) mise (f.) au tombeau ; sépulture f. ; inhumation f. ‖°**-mal** n. (s, ¨er) tombeau m. ; monument (m.) funéraire ; mausolée m. ; stèle f. ‖°**-säule** f. (-, n) colonne (f.) funéraire. ‖ °**-schändung** f. (-, en). JUR. profanation (f.), violation (f.) de sépulture. ‖°**-stätte** f. (-, n) sépulture f. ; tombe f. | *unterirdische Grabstätten*, catacombes f. pl. ‖°**-stein** m. (s, e) pierre tombale ; tombe f. ‖°**-tuch** n. (s,¨er) drap (m.) mortuaire ; suaire m. ‖ PAR EXT. poêle m.

Grabes|ruhe ["grɑ:bəs'ru:ə] f., °**-stille** ['ʃtilə] f. silence (m.) du tombeau. ‖°**-stimme** f. (-, n) voix sépulcrale.

grabbeln ['grabəln] v. intr. FAM. grouiller ; gratter.

graben ['grɑ:bən] (ä, u, a) v. tr. creuser ; bêcher. | *einen Brunnen graben*, creuser un puits. | *nach Gold, nach Schätzen graben*, chercher de l'or, des trésors. | *in Stein graben*, graver dans la pierre. || FIG. *js Bild in sein Herz graben*, graver l'image de qn dans son cœur.

Graben ['grɑ:bən] m. (s, ¨) fossé m. ; tranchée f. ; canal m. || MIL. *den Graben nehmen, aufrollen*, prendre d'assaut, nettoyer une tranchée.

Graben|krieg [″grɑ:bən'kri:k] m. (s, e) guerre (f.) de tranchées. ||°**-senkung** f. (-, en). GÉOL. fossé (m.) d'effondrement.

Gräber|fund [″grɛ:bər'funt] m. (s, e). ARCHÉOL. mise (f.) au jour par les fouilles ; fouille f.

Grad [grɑ:t] m. (s, e) degré m. | *das Thermometer steht auf 10 Grad*, le thermomètre marque 10 degrés. | *in Grade einteilen*, graduer. || MATH. [Winkel ; Gleichung] degré m. || GRAMM. *Grad der Steigerung*, degré de comparaison. || GÉOGR. *Breitengrad*, degré de latitude. | *Längengrad*, degré de longitude. || [Verwandtschaftsgrad] degré de parenté. | *sie sind Vettern vierten Grades*, ils sont cousins au quatrième degré. || FIG. [Rang ; Rangstufe] grade m. ; rang m. | *akademischer Grad*, grade universitaire. || [Freimaurerei] degré m. || MIL. grade m. || LOC. *das ist mir im höchsten Grad peinlich*, cela m'est pénible au suprême degré, au plus haut point. | *in unerlaubtem Grade*, au-delà des limites permises. | *bis zu einem gewissen Grade zustimmen*, approuver jusqu'à un certain point.

Grad|bogen [″grɑ:t'bo:gən] m. (s, ¨). MATH., TECHN. cercle gradué ; limbe m. ; rapporteur m. ||°**-einteilung** f. (-, en). PHYS. échelle f. ; graduation f. ||**-linig** adj. rectiligne. ||°**-messer** m. (s, -). PHYS. échelle graduée ; graduation f. ||**-weise** adj. graduel ; successif.

grade ['grɑ:də] V. GERADE.

Gradient [gra'di:nt] m. (en, en) gradient m. | *geothermischer Gradient*, gradient géothermique.

gradieren [gra'di:rən] v. tr. graduer.

gradual [gradu'ɑ:l], **graduell** [-du'ɛl] adj. graduel.

graduieren [-du'i:rən] v. tr. graduer.

Graf [grɑ:f] m. (en, en) comte m. | *Deichgraf*, intendant (m.) des digues.

Gräfin ['grɛ:fin] f. (-, nen) comtesse f.

gräflich ['grɛ:fliç] adj. de comte ; comtal.

Grafschaft ['grɑ:fʃaft] f. (-, en). [Land] comté m. || [Titel] dignité (f.) de comte.

grajisch ['grɑ:jiʃ] adj. GÉOGR. *grajische Alpen*, Alpes grées, graies.

Gral [grɑ:l] m. (s) le (Saint-)Graal.

gram [gra:m] adj. *jm gram sein wegen*, en vouloir à, détester qn de. | *jm gram werden*, prendre qn en aversion.

Gram [gra:m] m. (s) chagrin m. ; affliction f. ; peine f. | *vom Gram gebeugt*, accablé de chagrin. | *sie starb aus Gram über*, elle mourut de chagrin.

gram|gebeugt [″gra:mgə'bɔykt] adj. accablé de chagrin.

grämen (sich) [ziç'grɛ:mən] v. pr. se chagriner ; FAM. broyer du noir. | *sich über etwas zu Tode grämen*, s'affliger de qch. ; mourir de chagrin à cause de qch. ◇ v. tr. *das soll mich wenig grämen*, c'est le cadet de mes soucis.

grämlich ['grɛ:mliç] adj. chagrin ; morose ; hargneux ; renfrogné ; grincheux.

Gramm [gram] n. (s, e) gramme m.

Grammatik [gra'matik] f. (-, en) grammaire f. | *vergleichende Grammatik*, grammaire comparée.

grammatikalisch [-mati'kɑ:liʃ] adj. grammatical. | *grammatikalischer Fehler*, faute (f.) de grammaire ; solécisme m. ; incorrection f.

Grammatiker [-'mɑ:tikər] m. (s, -) grammairien m.

grammatisch [-'mɑ:tiʃ] adj. V. GRAMMATIKALISCH.

Grammophon [gramɔ'fo:n] n. (s, e) phonographe m.

Granat [gra'nɑ:t] m. (s, e) grenat m.

Granat|apfel [gra″nɑ:t'apfəl] m. (s, ¨). BOT. grenade f. ||°**-apfelsirup** m. (s) grenadine f.

Granate [gra'nɑ:tə] f. (-, n). MIL. obus m. | *die Granate schlägt ein*, l'obus éclate. | *Handgranate*, grenade f.

Granat|feuer [gra″nɑ:t'fɔyər] n. (s) tir (m.) d'artillerie ; tir (m.) à obus. ||°**-splitter** m. (s, -) éclat (m.) d'obus. ||°**-werfer** m. (s, -). MIL. lance-grenades m. | *schwerer Granatwerfer*, mortier m.

Grande ['grandə] m. (n, n). [Titel] grand m. (d'Espagne).

Granit [gra'ni:t] m. (s, e) granit(e) m.

Granne ['granə] f. (-, n). BOT. barbe f. ; arête f.

grantig ['grantiç] adj. hérissé ; FAM. rébarbatif ; de mauvaise humeur ; POP. de mauvais poil.

granulieren [granu'li:rən] v. tr. TECHN. granuler. ◇ v. intr. MÉD. se couvrir de granulations.

Grape|fruit ['greipfru:t] f. pamplemousse m.

Graph [grɑ:f] m. (en, en). MATH. graphe m. | *Graphentheorie*, théorie (f.) des graphes.

Graphik ['grɑ:fik] f. (-, en) art (m.) graphique.

Graphik|terminal [″grɑ:fik'tørminal] m. ou n. (s, s). INF. terminal (m.) graphique.

Graphiker(in) [-fikər(in)] m. (s, -), f. (-, nen) dessinateur m., -trice f. ; graphiste s.

graphisch [-fiʃ] adj. graphique. | *graphische Künste*, arts (m. pl.) graphiques. | *graphische Sammlung*, cabinet (m.) d'estampes.

Graphit [gra'fi:t] m. (s, e). MINÉRAL. plombagine f. ; graphite m. ; mine (f.) de plomb.

Graphologe [grafo'lo:gə] m. (n, n), **Graphologin** [-'lo:gin] f. (-, nen) graphologue s.

Graphologie [-lo'gi:] f. graphologie f.

graphologisch [-'lo:giʃ] adj. graphologique.

grapsen ['grapzən], **grapp(sch)en** [-(ʃ)ən] v. intr. FAM. agripper ; saisir avidement.

Gras [grɑ:s] n. (es, ¨er). BOT. herbe f. ; gazon m. | *Gras mähen*, couper, faucher l'herbe. | *mit Gras bewachsen*, couvert d'herbe. || FIG., FAM. *ins Gras beißen*, mordre la poussière ; mourir ; passer l'arme à gauche. | *das Gras wachsen hören*, se croire le plus fin. | *Gras über etwas wachsen lassen*, passer l'éponge. ◇ n. pl. **Gräser,** graminées f. pl.

Gras|art ['grɑ:sɑ:rt] f. (-, en) plante herbacée ; graminée f. ||°**-boden** m. (s,¨) terrain herbeux ; gazon m. ||**-fressend** adj. herbivore. ||**-grün** adj. vert comme l'herbe. ||°**-halm** m. (s, e) brin (m.) d'herbe ; tige (f.), fétu (m.) de graminée. ||°**-hüpfer** m. (s, -). ZOOL. sauterelle f. || °**-mähmaschine** f. (-, n) faucheuse f. ||°**-mücke** f. (-, n). ZOOL. fauvette f. ||°**-platz** m. (es, ¨e) gazon m. ; pelouse f. ||°**-steppe** f. (-, n) steppe f. ; savane f.

grasen ['grɑ:zən] v. intr. brouter l'herbe ; paître. || AGRIC. faucher l'herbe.

grasig [-ziç] adj. herbeux ; couvert d'herbe.

grassieren [gra'si:rən] v. intr. sévir ; régner ; faire fureur. | *eine Krankheit grassiert*, une maladie fait rage.

gräßlich ['grɛsliç] adj. affreux ; horrible ; atroce ; hideux ; monstrueux. | *gräßliches Verbrechen*, crime (m.)

atroce. | *hier ist es gräßlich schmutzig*, ici règne une saleté épouvantable. | *eine gräßliche Kälte*, un froid terrible.

Gräßlichkeit [-kait] f. (-, en) horreur f. ; atrocité f. ; monstruosité f.

Grat [grɑ:t] m. (s, e) [scharfe Kante] arête f. ; crête f. || [Kammlinie] arête f. || [Fase] morfil m. ; barbe f. || TECHN. [Grätleiste] languette f.

Gräte ['grɛ:tə] f. (-, n). ANAT., ZOOL. arête f.

Gratias ['grɑ:tsias] n. *das Gratias sprechen*, dire les grâces.

Gratifikation [gratifika'tsio:n] f. (-, en) gratification f.

gratis ['grɑ:tis] adv. gratis ; gratuitement. | *Gratisaktie*, FIN. action gratuite.

grätsch|beinig ["grɛtʃ'bainiç] adj. [Turnkunst] les jambes écartées.

Grätsche ['grɛ:tʃə] f. (-, n). SPORT. écart m.

grätschen [-ʃən] v. intr. sauter en écartant les jambes.

Gratulation [gratula'tsio:n] f. (-, en) félicitations f. pl. ; compliment m.

gratulieren [-'li:rən] v. intr. féliciter. | *jm zum Namenstag gratulieren*, souhaiter une bonne fête à qn.

grau [grau] adj. gris. | *graues Haar*, cheveux (m. pl.) gris. | *der graue Star*, la cataracte. | *er wird grau*, il grisonne. | *im Dienste grau werden*, blanchir sous le harnais. || FIG. pâle ; sans couleur ; nébuleux. | *graue Ferne*, lointain m. | *graue Vorzeit*, nuit des temps. | *grauer Alltag*, grisaille quotidienne ; monotonie f. | *graues Elend*, misère noire. | *grau in grau malen*, peindre en grisaille. | *graue Eminenz*, éminence grise. || ÉCON. *grauer Markt*, marché gris. || FAM. *deswegen läßt er sich keine grauen Haare wachsen*, il ne se fait pas de soucis à ce sujet ; POP. il ne s'en fait pas pour ça.

grau|äugig ["grau'ɔygiç] adj. qui a les yeux gris. ||°**-bart** m. (s, ¨e) barbe grise ; grison m. ; PÉJOR. barbon m. ||°**-bünden** n. pr. n. GÉOGR. (canton [m.] des) Grisons m. pl. ||°**-bündner** m. (s, -) n. pr. m. Grison m. ; Rhétien m. ||**-farbig** adj. grisâtre. ||**-grün** adj. glauque. ||**-haarig** adj. aux cheveux gris. ||°**-kopf** m. ¨(s, e) tête grise, chenue ; grison m. ; PÉJOR. barbon m. ||**-meliert** adj. grisonnant. ||°**-schimmel** m. (s, -) cheval pommelé. || IRON. grison m. ||°**-wert** m. (es, e). [Radiologie] niveau (m.) de gris.

grauen [-ən] v. intr. [grau werden] grisonner. || FIG. commencer à poindre. | *es graut (schon)*, voici l'aube.

Grauen [-ən] n. (s) aube f. | *beim Grauen des Tages*, à la pointe du jour.

grauen ['grauən] v. impers. [Angst haben] frémir d'horreur. | *es graut ihm vor dem Tod*, la mort le remplit d'effroi.

Grauen ['grauən] n. (s) [frisson d'] horreur f. ; peur f. ; frémissement m.

grauen|erregend ["grauənɛr're:gənt] adj. affreux ; atroce.

grauenhaft ['grauənhaft] adj. affreux ; atroce. | *grauenhafter Anblick*, spectacle horrible.

grauen|voll ["grauən'fɔl] V. GRAUENHAFT.

graulen (sich) [ziç'graulən] v. pr. FAM. avoir la chair de poule.

graulich ['grauliç] adj. affreux ; horrible. | *grauliche Geschichten*, histoires effrayantes. || PAR EXT. qui a peur ; peureux.

gräulich ['grɔyliç] adj. grisâtre.

Graupe ['graupə] f. (-, n). CULIN. orge mondé, perlé. || MINES. grenaille f.

Graupel ['graupəl] f. (-, n) grêlon m. | *Graupeln* grésil m. ; giboulée f.

graupeln [-pəln] v. impers. grésiller. | *es graupelt*, il tombe une giboulée.

grausam ['grauzɑ:m] adj. cruel ; inhumain ; féroce ; barbare. | *ein grausamer Tyrann*, un tyran cruel, despotique. | *grausame Kälte*, froid horrible. | *grausamer Winter*, hiver rude, rigoureux.

Grausamkeit ['grauzɑ:mkait] f. (-, en) cruauté f. ; barbarie f. ; férocité f. ; atrocité f. | *Grausamkeiten verüben*, commettre des atrocités.

grausen ['grauzən] v. intr., v. imp., v. pr. avoir horreur, peur. | *es grauste ihm, ihn*, il avait peur.

Grausen [-zən] n. (s) effroi m. ; peur f. ; épouvante f. ; horreur f.

grausig [-ziç] adj. horrible ; lugubre ; sinistre. | *grausige Entdeckung*, découverte (f.) macabre.

Gravier|maschine [gra"vi:rma'ʃi:nə] f. (-, n) machine (f.) à graver. ||°**-nadel** f. (-, n) burin m. ; pointe (sèche).

gravieren [gra'vi:rən] v. tr. [belasten] charger. || [erschwerend]. JUR. *gravierende Umstände*, circonstances aggravantes. || TECHN. [eingraben] graver.

Gravierung [-ruŋ] f. (-, n) gravure f.

Gravi|meter [gravi'me:tər] n. (s, -). PHYS. gravimètre.

Gravis ['grɑ:vis] m. (-). GRAMM. accent (m.) grave (`).

Gravität [gravi'tɛ:t] f. PHYS. gravité f. ; pesanteur. || FIG. (air [m.] de) gravité f. ; dignité f.

Gravitation [-ta'tsio:n] f. gravitation f.

Gravitations|feld [gravita"tsio:ns'fɛlt] n. (s). PHYS. champ (m.) de gravitation. ||°**-gesetz** n. (es) loi (f.) de la gravitation. ||°**-kraft** f. (-) gravitation f.

gravitätisch [gravi'tɛ:tiʃ] adj. et adv. pesant ; pesamment ; grave ; gravement. || FIG. avec gravité ; dignement.

gravitieren [-'ti:rən] v. intr. graviter.

Grazie ['grɑ:tsiə] f. (-, n). MYTH. Grâce f. | *die drei Grazien*, les (trois) Grâces f. pl. || FIG. grâce f. ; charme m. | *ein Mädchen voller Grazie*, une jeune fille pleine de grâce.

grazil [gra'tsi:l] adj. svelte ; mince ; gracile.

graziös [gratsi'ø:s] adj. gracieux ; charmant.

Gräzismus [grɛ'tsismus] m. (-, men). GRAMM. hellénisme m.

gregorianisch [gregori'ɑ:niʃ] adj. grégorien.

Greif [graif] m. (s, e). MYTH. griffon m.

Greif|bagger ["graif'bagər] m. (s, -). TECHN. excavateur (m.) à grappin. ||°**-vögel** m. pl. ZOOL. rapaces (m. pl.) diurnes. ||°**-zange** f. (-, n). TECHN. pince f.

greifbar ['graifbɑ:r] adj. saisissable ; palpable. | *eine greifbare Gestalt*, une forme concrète, saisissable. | *ein greifbarer Vorteil*, un avantage réel. || [erfaßbar] *eine leicht greifbare Schlußfolgerung*, une conclusion facile à saisir, évidente.

greifen ['graifən] (griff, gegriffen) v. intr. **1.** saisir ; étendre la main (en direction de). | *mit den Fingern greifen*, prendre, saisir avec les doigts. | *nach der Zeitung greifen*, prendre le journal. | *sie erwachte und griff suchend um sich*, elle se réveilla et chercha autour d'elle à tâtons. | *in die Tasche greifen*, mettre la main à la poche ; FAM., IRON. casquer.

2. FIG. *zur Feder greifen*, prendre la plume. | *zur Flasche greifen*, boire un coup ; POP. picoler. | *zum Wörterbuch greifen*, consulter le dictionnaire. | *zum letzten Mittel greifen*, employer les grands moyens. | *nach seinem Hut greifen*, PR. et FIG. prendre son chapeau (pour partir). | *der Harfenspieler griff in die Saiten*, le harpiste toucha les cordes. || LOC. FIG. *dem Pferd in die Zügel greifen*,

ralentir un cheval en le bridant. | *jm unter die Arme greifen*, tirer qn d'affaire. | *das Feuer griff rasch um sich*, le feu se propagea rapidement.
3. saisir ; émouvoir. | *seine Worte griffen mir ans Herz*, ses paroles m'allèrent (tout) droit au cœur.
4. TECHN. *der Bagger greift gut*, la pelle mécanique prend bien. | *die Säge greift gut*, la scie mord bien. | *die Zahnräder greifen gut ineinander*, ces roues dentées s'engrènent bien.
◇ v. tr. *einen Dieb greifen*, arrêter un voleur. | *jn beim Kragen greifen*, saisir qn au collet. | *etwas aus der Luft greifen*, inventer qch. de toutes pièces. | *die Wahrheit ist mit Händen zu greifen*, cette vérité est évidente. || [Jagd] *der Hund greift den Hasen*, le chien saisit le lièvre.
◇ v. pr. **sich greifen.** *sich vor Verwunderung, vor Staunen an den Kopf greifen*, se frapper la tête d'étonnement. || [sich haschen] *sich gegenseitig greifen*, jouer à la sauvette.
Greifen [-fən] n. (s) prise f. | *der Gipfel scheint zum Greifen nahe*, cette cime semble à portée de la main.
Greifer [-fər] m. (s, -). TECHN. grappin m. ; griffe f. ; benne preneuse. | *zweischaliger Greifer*, grappin à deux coquilles.
greinen ['grainən] v. intr. 1° pleurnicher ; larmoyer ; 2° (Vx.) ricaner.
Greis [grais] m. (es, e) vieillard m.
greis [grais] adj. POÉT. vieux. | *im greisen Alter*, dans la vieillesse. || PAR EXT. gris.
Greisen|alter [″graizən'altər] n. (s) âge avancé ; vieillesse f.
greisenhaft ['graizənhaft] adj. sénile.
Greisin ['graizin] f. (-, nen) vieille femme.
grell [grɛl] adj. [Licht] éblouissant. || *grelle Töne*, sons perçants, aigus. | *grelle Farben*, couleurs criardes. | *grellfarbig*, de couleur crue. | *grelle Stimme*, voix aiguë, perçante, stridente.
◇ adv. *grell vom Hintergrunde abstechen*, contraster violemment avec le fond.
Grellheit ['grɛlhait] f. éclat excessif. || PAR EXT. vivacité f. || [Ton] ton cru ; crudité f. ; dureté f.
Gremium ['gre:mium] n. (s, ien) commission f. ; groupe m. ; collège m. ; assemblée f.
Grenadier [grena'di:r] m. (s, e). MIL. grenadier m.
Grenz|abkommen [″grɛnts'apkɔmən] n. (s, -). POLIT. accord frontalier. ||°**-bahnhof** m. (s, ¨e) gare (f.) frontière. ||°**-baum** m. (s, ¨e). [Schlagbaum] barrière f. ; barrage m. ||°**-berichtigung** f. (-, en). POLIT. rectification (f.) de frontière. ||°**-fall** m. (s, ¨e) cas (m.) limite, extrême. ||°**-gänger** m. (s, -) [travailleur] frontalier m. ||°**-gebiet** n. (s, e). POLIT. région (f.) frontière. ||°**-land** n. (s, ¨er) pays (m.) limitrophe ; marche f. ||°**-linie** f. (-, n) ligne (f.) de démarcation. ||°**-mark** f. (-, en). POLIT. pays frontalier ; marche f. ||°**-mauer** f. (-, n) mur mitoyen. ||°**-pfahl** m. (s, ¨e) poteau (m), borne (f.) frontière. ||°**-posten** m. (s, -) poste (m.) frontière. ||°**-punkt** m. (s, e) extrême limite f. ; point (m.) extrême. ||°**-regulierung** f. (-, en). POLIT. rectification (f.) de frontière. ||°**-schutz** m. (es). MIL. (unité de) garde-frontière m., couverture f. ||°**-sperre** f. (-, n) fermeture (f.) de la frontière. ||°**-stadt** f. (-, ¨e) ville (f.) frontière. ||°**-station** f. (-, en) gare (f.) frontière. ||°**-stein** m. (s, e) borne f. ||**-überschreitend** adj. transfrontalier. ||°**-übertritt** m. (s, e) passage (m.) de la frontière. ||°**-verkehr** m. (s) trafic frontalier. ||°**-wert** m. (s, e). MATH. valeur (f.) limite. ||°**-zeichen** n. (s, -) marque (f.) de frontière ; borne f. ||°**-ziehung** f. tracé (m.) des frontières. ||°**-zwischenfall** m. (s, ¨e). POLIT. incident (m.) de frontière.
Grenze ['grɛntsə] f. (-, n) frontière f. ; limite f. ; lisière f. ; confins m. pl. ; bornes f. pl. | *natürliche Grenze*, frontière naturelle. | *eine Grenze ziehen, stecken, verrücken*, fixer, marquer, déplacer une frontière. | *die Grenze überschreiten*, passer la frontière. | *der Hochstapler ist schon über die Grenze*, l'escroc a déjà gagné l'étranger. || ÉCON., FAM. barre f. | *die Zwei-Millionen-Grenze überschreiten*, passer la barre des deux millions. || MATH. limite f. || FIG. frontière f. ; limite f. ; extrémité f. ; bornes f. pl. | *das überschreitet die Grenze des Erlaubten*, cela dépasse les limites autorisées. | *alles hat eine Grenze*, il y a des limites à tout. | *sich in Grenzen halten*, avoir des limites. | *Landesgrenze*, frontière nationale.
grenzen [-tsən] v. intr. confiner, toucher, tenir, être attenant à ; être voisin de. | *Deutschland grenzt an Frankreich*, l'Allemagne confine à la France. || FIG. friser ; tenir de ; être voisin de. | *das grenzt an Unverschämtheit*, cela frise l'insolence.
grenzen|los [″grɛntsən'lo:s] adj. sans bornes ; sans limites ; infini ; illimité ; excessif ; effréné. ||°**-losigkeit** f. infinité f. ; immensité f.
Grete ['gre:tə] n. pr. f. (dimin. **Gretchen**) Marguerite. || LOC. *Die Gretchenfrage stellen*, mettre qn au pied du mur ; ne pas tourner autour du pot.
Greuel ['grɔyəl] m. (s, -). [Abscheu] horreur f. ; abomination f. ; exécration f. || [Schrecklichkeit] atrocité f. ; horreur f. ; abomination f. | *Greuel begehen, verüben*, commettre des atrocités. || PAR EXT. [etwas Widerliches] *das ist mir ein Greuel*, j'ai cela en horreur.
Greuel|märchen [″grɔyəl'mɛrçən] n. (s, -), °**-nachricht** f. (-, en) atrocités inventées. ||°**-tat** f. (-, en) action (f.) abominable ; atrocité f.
greulich ['grɔyliç] adj. horrible ; atroce ; abominable ; exécrable. | *greuliche Fratzen*, grimaces hideuses.
Grieben ['gri:bən] f. pl. CULIN. cretons m. pl. | *Grieben auslassen*, fondre des cretons.
Griebs [gri:ps] m. (es, e) trognon (m.) de pomme.
Grieche ['gri:çə] n. pr. m. (n, n) Grec m. ; Hellène m.
Griechen|land [″gri:çən'lant] n. (s) Grèce f.
Griechentum [-'tu:m] n. (s) hellénisme m.
Griechin ['gri:çin] n. pr. f. (-, nen) Grecque f.
griechisch [-çiʃ] adj. grec. | *das Griechische ; die griechische Sprache*, le grec ; la langue grecque. | *griechisch-katholische Kirche*, église grecque unie. | *griechisches Feuer*, feu grégeois. | *griechischrömisch*, gréco-romain.
Gries|gram ['gri:sgram] m. (s, e) grognard m. ||**-grämig** adj. grincheux ; grognon ; bougon.
Grieß [gri:s] m. (es, e). CULIN. gruau m. ; semoule f.
Grieß|kohle [″gri:s'ko:lə] f. (-, n). MINÉR. charbon fin ; houille menue. ||°**-mehl** n. (s) (farine [f.] de) semoule f.
Griff [grif] m. (s, e) [Tür] poignée f. ; bouton m. || [Messer] manche m. || [Kurbel] manivelle f. || [Degen] poignée f. || [Tasse ; Korb] anse f. || [Handlung ; Zupacken] (action de) saisir, empoigner, prendre ; manière (f.) de prendre ; tour (m.) de main. | *einen Griff nach etwas tun*, saisir, empoigner qch. || FIG. *einen guten Griff tun*, avoir la main heureuse ; toucher juste ; bien tomber. | *etwas im Griff haben*, [geschickt sein] avoir le tour de main, l'habitude de qch. ; [kontrollieren] contrôler ; dominer.
Griff|brett ['grifbrɛt] n. (s, er). MUS. touches f. pl. ; [Violine] manche m. ; [Klavier] clavier m.
Griffel ['grifəl] m. (s, -) crayon (m.) d'ardoise. || PAR ANAL. style m. ; burin m. ; pointe sèche.
griffig ['grifiç] adj. [umspannbar ; handlich] maniable. || PAR EXT. [geschickt] habile.

Grill [gril] m. (s, s) gril m.

Grille ['grilə] f. (-, n). ZOOL. grillon m. ; cigale f. || FIG., FAM. caprice m. ; lubie f. ; fantaisie f. ; marotte f. | *jm die Grillen vertreiben*, faire passer les lubies à qn. | *Grillen fangen*, se faire des idées noires ; broyer du noir ; FAM. avoir le cafard. | *Grillen im Kopf haben*, avoir des lubies, des idées bizarres.

grillen ['grilən] v. tr. griller.

grillenhaft ['grilənhaft] adj. chimérique ; fantasque ; plein de lubies ; capricieux ; lunatique.

Grimasse [gri'masə] f. (-, n) grimace f. | *Grimassen schneiden*, faire des grimaces.

Grimm [grim] m. (s). (Vx.) fureur f. ; rage f. ; furie f. ; courroux m. | *in Grimm geraten*, se mettre en colère.

Grimm|darm ['grimdarm] m. (s, ¨e). ANAT. côlon m.

grimmig ['grimiç] adj. [Personen] furieux ; en fureur ; en courroux ; courroucé ; furibond ; FAM. furibard ; en rogne ; en boule. || [Dinge] terrible ; horrible. | *ein grimmiger Hunger*, une faim terrible ; une faim de loup. | *ein grimmiger Frost*, un froid rigoureux ; FAM. un froid de canard. | *grimmiger Kampf*, combat acharné.

Grind [grint] m. (s, e). MÉD. teigne f. ; croûte f. ; eschare f. ; escarre f.

grindig ['grindiç] adj. MÉD. teigneux ; couvert de croûtes ; galeux.

grinsen ['grinzən] v. intr. ricaner ; grimacer.

Grinsen [-zən] n. (s). FAM. ricanement m. ; rictus m.

Grippe ['gripə] f. (-, n) grippe f.

grippe|krank ["gripə'kraŋk] adj. malade de la grippe ; grippé.

Grips [grips] m. (es). FAM. jugeote f. | *er hat nicht viel Grips im Kopf*, il a une cervelle d'oiseau.

grob [gro:p] adj. [massig ; unfein] gros ; qui n'est pas fin ; grossier. | *grobe Hände*, grosses mains. | *grobe Züge*, des traits (m. pl.) épais. | *grobes Sieb*, passoire (f.) à grands trous. | *grobe Feile*, grosse lime. || [dick] *grober Draht*, gros fil. || TEXT. [rauh ; derb] *grobes Zeug, Tuch*, tissu (m.) de grosse laine. || [schwer ; kunstlos] grossier ; grossièrement fait. | *grobe Arbeit verrichten*, faire un gros ouvrage, du travail grossier. || FIG. *er ist aus dem gröbsten heraus*, il a passé le plus dur. || [groß ; schlimm] gros ; grossier ; impudent. | *grobe Lüge*, mensonge grossier. | *ein grober Fehler*, une faute grave. || PAR ANAL. [unhöflich ; unfein] grossier ; vulgaire ; rude. | *grober Mensch*, rustre m. ; lourdaud m. ; rustaud m. | *grobes Benehmen*, manières grossières. | *grobe Worte*, gros mots.
◇ adv. *grob mahlen*, moudre gros. | *grob schreiben*, écrire gros. | *jn grob anfahren*, tancer vertement qn.

Grob|bearbeitung ["gro:pbe'arbaituŋ] f. TECHN. dégrossissage m. ; usinage (m.) préalable. ||**-faserig** adj. à grosses fibres. ||**-körnig** adj. à gros grains. ||**-schlächtig** adj. rustre ; grossier. ||°**-schliff** m. (s, e) dégrossissage (m.) à la meule. ||°**-schmied** m. (s, e) forgeron m.

Grobheit ['gro:phait] f. (-, en) grossièreté f. ; brutalité f. ; rudesse f. ; vulgarité f. || PAR EXT. impertinence f. ; impudence f. ; malhonnêteté f. | *eine Grobheit sagen*, dire une grossièreté. | *Grobheiten begehen*, être, se montrer grossier.

Grobian ['gro:bia:n] m. (s, e) brutal m. ; rustre m. ; lourdaud m. ; goujat m. ; mufle m.

gröblich ['grø:pliç] adj. gros ; grossier. || FIG. *gröbliche Beleidigung*, insulte, offense grossière.
◇ adv. *(sich) gröblich irren*, se tromper grossièrement.

Grog [grɔk] m. (s, s). CULIN. grog m.

grölen ['grø:lən] v. intr. POP. brailler ; beugler.

Gröler [-lər] m. (s, -). POP. braillard m.

Groll [grɔl] m. (s) ressentiment m. ; rancœur f. ; aigreur f. ; amertume f. | *einen Groll auf jn haben*, avoir, ressentir de l'animosité contre qn. | *Groll gegen jn hegen*, FAM.avoir une dent contre qn.

grollen ['grɔlən] v. intr. gronder. | *der Donner grollt*, le tonnerre gronde, roule. || FIG. *sie grollt ihm*, elle lui en veut ; elle boude.

Grollen [-lən] n. (s) grondement m.

Grön|land ['grø:nlant] n. pr. n. GÉOGR. Groenland m. ||°**-länder(in)** m. (s, -), f. (-, nen). GÉOGR. Groenlandais(e) m. (f.). || **-ländisch** adj. groenlandais.

Gros [gro:] n. MIL. gros m. | *das Gros der Armee*, le gros de l'armée.

Gros [grɔs] n. (ses, se). COMM. grosse f. ; douze douzaines f. pl. | *sechs Gros*, six grosses.

Groschen ['grɔʃən] m. (s, -) pièce (f.) de dix pfennigs ; gros sou. | *sich ein paar Groschen verdienen*, gagner quelques sous. | *er hat keinen Groschen*, il n'a pas le sou ; il n'a pas un liard.

groß [gro:s] adj. **1.** [ausgedehnt ; umfangreich] grand ; vaste ; haut ; long ; gros. | *großer Buchstabe*, lettre (f.) majuscule ; grande capitale. | *Dresden ist eine große Stadt*, Dresde est une grande ville. | *große Bäume*, de grands arbres. | *ein großes Buch*, un livre de grand format. | *große Augen machen*, faire de grands yeux. | *groß und klein*, grands et petits. | *in großen Abständen gehen*, marcher séparés par de grands intervalles. | *das große Los*, le gros lot. | *Groß-Berlin*, le grand Berlin. || MAR. *eine große Fahrt*, un long voyage en mer.
2. [zahlreich ; in Menge] grand. | *ein große Anzahl Zuschauer*, un grand nombre de spectateurs. | *die große Armee*, la grande armée. | *zu einem großen Teil*, en grande partie. | *zum größten Teil*, en majeure partie. | *im großen und ganzen*, en gros ; grossièrement ; à grands traits ; en résumé.
3. [stark] *große Hitze*, grande chaleur. | *große Kälte*, grand froid. | *große Freude*, grande joie. | *großen Hunger haben*, avoir grand faim. | *großen Durst haben*, avoir grand soif. | *die beiden Brüder haben eine große Ähnlichkeit*, ces deux frères offrent une grande ressemblance. | *große Stücke auf jn halten*, faire grand cas de qn. || FAM. *große Töne reden, spucken*, fanfaronner.
4. [bedeutend] *große Männer*, de grands hommes. | *große Gedanken*, de grandes pensées. | *große Namen*, de grands noms. | *Karl der Große*, Charlemagne. | *ein großer Gelehrter*, un grand savant. | *ein großer Jäger vor dem Herrn*, un grand chasseur devant l'Éternel. || PROV. *kleine Diebe hängt man, große läßt man laufen*, les petits payent pour les grands.
5. [vornehm ; edel] *ein großes Herz*, un cœur généreux. | *eine große Seele*, une grande âme. | *aus großem Geschlecht*, d'ascendance illustre. || LOC. *den großen Herrn spielen*, vivre sur un grand pied.
6. [erwachsen] *er ist jetzt groß*, il est adulte. | *groß werden*, grandir. | *mein großer Bruder*, mon grand frère.
◇ adv. *ein Wort groß schreiben*, mettre une majuscule à un mot. | *jn groß anschauen*, regarder qn avec de grands yeux. | *es liegt ihm nicht groß daran*, il y attache peu de prix ; il s'en soucie peu. | *auf Ermahnungen hält er nicht groß*, il ne fait pas grand cas des conseils.

groß|artig ["gro:s'a:rtiç] adj. magnifique ; grandiose ; majestueux ; sublime. ||°**-artigkeit** f. magnificence f. ; majesté f. ; sublime m. ||°**-betrieb** m. (s, e). COMM. exploitation (f.) en grand ; grande entreprise. ||°**-britannien** n. pr. n. GÉOGR. Grande-Bretagne f. ||**-britannisch** adj. britannique.

‖**-deutsch** adj. pangermaniste. ‖°**-eltern** m. pl. grands-parents m. pl. ‖°**-enkel** m. (s, -) arrière-petit-fils m. ‖°**-enkelin** f. (-, nen) arrière-petite-fille f. ‖°**-fürst** m. (en, en) grand-duc m. ‖°**-fürstentum** n. (s, ¨er) grand-duché m. ‖°**-grundbesitz** m. (es) grande propriété. ‖°**-grundbesitzer** m. (s, -) grand propriétaire ; propriétaire foncier, terrien. ‖°**-handel** m. (s) commerce (m.) en, de gros. ‖°**-handelsindex** m. (es, e ou dizes, e). COMM. indice (m.) des prix de gros. ‖°**-handelspreis** m. (es, e). COMM. prix (m.) de gros. ‖°**-händler** m. (s, -) marchand (m.) de gros ; grossiste m. ‖°**-handlung** f. (-, en) magasin (m.) de gros. ‖**-herzig** adj. magnanime ; généreux. ‖°**-herzigkeit** f. magnanimité f. ; générosité f. ; noblesse (f.) de cœur. ‖°**-herzog** m. (s, ¨e) grand-duc m. ‖°**-herzogin** f. (-, nen) grande-duchesse f. ‖°**-herzogtum** n. (s, ¨er) grand-duché m. ‖°**-hirn** n. (s, e) cerveau m. ‖**-jährig** adj. majeur. ‖°**-jahrigkeit** f. majorité f. ‖**-kalibrig** adj. de gros calibre. ‖°**-kaufmann** m. (s, -leute) négociant (m.), commerçant (m.) en gros. ‖°**-knecht** m. (s, e) maître valet m. ‖°**-kreuz** n. (es, e) grand-croix f. ‖°**-macht** f. (-, ¨e). POLIT. grande puissance. ‖°**-machtpolitik** f. impérialisme m. ‖°**-mama** f. (-, s). FAM. grand-maman ; mémère f. ‖°**-markt** m. (s, ¨e) hypermarché m. ‖**-maschig** adj. à grandes mailles. ‖°**-mast** m. (es, e[n]). MAR. grand mât. ‖°**-maul** n. (s, ¨er). FAM. braillard m. ; vantard m. ‖**-mäulig** adj. FIG., FAM. vantard ; braillard. ‖°**-mut** f. magnanimité f. ; grandeur (f.) d'âme ; générosité f. ; noblesse (f.) de cœur. ‖**-mütig** adj. magnanime ; généreux ; qui a des sentiments nobles, élevés. ‖°**-mütigkeit** f. V. GROẞMUT. ‖°**-mutter** f. (-, ¨) grand-mère f. ‖°**-neffe** m. (n, n) petit-neveu m. ‖°**-nichte** f. (-, n) petite-nièce f. °**-onkel** m. (s, -) grand-oncle m. ‖°**-papa** m. (s, s). FAM. grand-papa m. ‖°**-raumbüro** n. (s, s) bureau paysagé. ‖°**-raumflugzeug** n. (s, e). AÉRON. gros-porteur m. ‖°**-raumwagen** m. (s, -). [Eisenbahn] wagon (m.) avec couloir central. ‖°**-reinemachen** n. (s). FAM. nettoyage général, à fond. ‖°**-schnauze** f. (-, n). FAM. hâbleur m. ‖**-schnäuzig** adj. vantard ; braillard. ‖°**-segel** n. (s, -). MAR. grande-voile f. ; cape f. ‖°**-sender** m. (s, -). RADIO. poste émetteur à grande puissance. ‖°**-speicher** m. (s, -). INF. mémoire (f.) de masse. ‖°**-sprecher** m. (s, -) hâbleur m. ; fanfaron m. ‖°**-sprecherei** f. (-, en) hâblerie f. ; fanfaronnade f. ‖**-sprecherisch** adj. vantard ; fanfaron. ‖**-spurig** adj. FIG. fanfaron ; vantard. ‖°**-stadt** f. (-, ¨e) grande ville. ‖°**-städter** m. (s, -) habitant (m.) d'une grande ville. ‖°**-tante** f. (-, n) grand-tante f. ‖°**-tat** f. (-, en) haut fait ; prouesse f. ; exploit m. ‖°**-tuer** m. (s,-) vaniteux m. ; vantard m. ; fanfaron m. ‖°**-tuerei** f. (-, en) vantardise f. ; fanfaronnade f. ; rodomontade f. ‖**-tuerisch** adj. fanfaron ; vantard. ‖**-tun** (tat, getan) v. intr. se donner de grands airs ; faire l'important. ‖°**-vater** m. (s, ¨) grand-père m. ‖**-ziehen** (zog, gezogen) v. tr. élever. ‖**-zügig** adj. FIG. à larges vues ; qui voit grand ; de grand style. | *großzügiger Mensch*, l'homme large, généreux, libéral. ‖°**-zügigkeit** f. largeur (f.) de vue ; grand style.

Größe ['grø:sə] f. (-, n) grandeur f. ; taille f. ; stature f. ; volume m. ; ampleur f. ; célébrité f. | *Größe eines Landes*, étendue (f.) d'un pays. | *seelische Größe*, grandeur d'âme ; magnanimité f. ; générosité f. ‖ COMM. [Höhe] *Größe des Betrages*, montant (m.) de la somme. | *Mäntel in allen Größen*, des manteaux (m. pl.) en toutes tailles. ‖ MATH. *eine bekannte, unbekannte, gegebene Größe*, une grandeur connue, inconnue, donnée.

Größen|ordnung ["grø:sən'ordnuŋ] f. ordre (m.) de grandeur. ‖ °**-verhältnis** n. (ses, se) proportion f. ‖°**-wahn** m. (s) folie (f.) des grandeurs ; mégalomanie f.

großen|teils ["gro:sən'tails] adv. en grande, en majeure partie ; pour la plupart.

Grossist [grɔ'sist] m. (en, en) commerçant (m.), marchand (m.) en gros ; grossiste m.

größten|teils ["grø:stən'tails] adv. en majeure partie ; pour la plupart.

grotesk [grɔ'tɛsk] adj. bizarre ; extravagant ; ridicule ; grotesque.

Groteske [-kə] f. (-, n). ARTS. grotesque m. ; arabesques f. pl. ; dessins bizarrement entrelacés.

Grotte ['grɔtə] f. (-, n) grotte f. ; caverne f.

Grubber ['grubər] m. (s, -). AGRIC. extirpateur m. ; déchaumeur m. ; scarificateur m.

Grübchen ['grypçən] n. (s, -). ANAT. fossette f.

Grube ['gru:bə] f. (-, n) fosse f. ; excavation f. ; trou m. ‖ PROV. *wer andern eine Grube gräbt, fällt selbst hinein*, tel est pris qui croyait prendre.

Grübelei [gry:bə'lai] f. (-, en) profonde réflexion ; rêverie f. ; songerie f. ; cogitation f. ; rumination f. ‖ PAR ANAL. méditation (f.) pénible ; pensées (f. pl.) moroses.

grübeln ['gry:bəln] v. intr. ruminer ; se creuser l'esprit, la tête, la cervelle ; FAM. gamberger.

Gruben|anlage ["gru:bən'anla:gə] f. (-, n). siège (m.) d'extraction ; exploitation minière. ‖°**-arbeit** f. (-, en) travail (m.) dans les mines ; travail minier. ‖°**-arbeiter** m. (s, -) mineur m. ; carrier m. ‖°**-ausbau** m. (es, ten) cuvelage m. ‖°**-bahn** f. (-, en) voie (f.) de mine. ‖°**-bau** m. (s, ten) exploitation minière. ‖°**-betrieb** m. (s, e) exploitation minière. ‖°**-feld** n. (s, er) district (m.), concession (f.) des mines ; champ (m.) d'exploitation. ‖°**-förderwagen** m. (s, -) wagonnet (m.), berline (f.) de mine. ‖°**-gas** n. (es, e) grisou m. ; gaz (m.) de mine ; [England] mo(u)fette f. ‖°**-gasanzeiger** m. (s, -) grisoumètre m. ‖°**-lampe** f. (-, en) lampe (f.) de mine, de mineur, de sûreté. ‖°**-steiger** m. (s, -) porion m. ‖°**-stempel** m. (s, -) support m. ; étançon m. ‖°**-wasser** n. (s) eau (f.) d'infiltration. ‖°**-wehr** f. (-, en) brigade (f.) de sauvetage. ‖°**-wetter** n. air (m.) fixe, méphitique.

Grübler ['gry:plər] m. (s, -) rêveur m. ; songe-creux m.

grüblerisch [-riʃ] adj. songe-creux ; songeur ; rêveur.

Gruft [gruft] f. (-, ¨e). POÉT. caveau m. ; tombe f. ; crypte f.

Grum(me)t ['grum(mə)t] n. (s, e). AGRIC. regain m. ; deuxième coupe.

grün [gry:n] adj. vert. **1.** *das grüne Laub*, le feuillage vert. ‖ [Verkehr] *grüne Welle*, système coordonné de feux.

2. *grünes Gemüse*, des légumes verts ; des légumes frais. | *grüne Heringe*, harengs frais. | *ein grüner Junge*, un blanc-bec. | *hellgrün*, vert clair. | *dunkelgrün*, vert foncé.

3. LOC. *er kommt auf keinen grünen Zweig*, il n'avance pas ; il piétine. | *die grüne Seite (eines Menschen)*, le bon côté ; le côté du cœur. | *sie sind ihm nicht grün*, ils ne lui sont pas favorables. | *grün und gelb vor Neid werden*, pâlir d'envie. | *etwas über den grünen Klee loben*, louer qch. au-delà de toute mesure. ‖ [Kartenspiel] *Grün ausspielen*, jouer pique.

Grün [gry:n] n. (s) vert m. | *das frische Grün der Wiesen und Felder*, le vert tendre des prairies et des champs. | *giftiges Grün*, vert criard. | *ins Grüne fahren*, aller se promener dans la campagne.

◇ pl. **die Grünen**, POLIT. les verts m. pl.

Grün|anlage ["gry:n'anlagə] f. (-, n) espace vert. ||°-**donnerstag** m. (s, e). RELIG. jeudi saint. ||°-**düngung** f. engrais vert. ||°-**fink** m. (en, en). ZOOL. verdier m. ||°-**fläche** f. (-, n) terrain gazonné ; espace vert. ||°-**futter** n. (s) fourrage vert. ||-**gelb** adj. jaune verdâtre. ||°-**kohl** m. (s, e). BOT. chou vert. ||°-**kram** m. (s) légumes verts. ||°-**schnabel** m. (s, ¨). FAM. blanc-bec m. ||°-**span** m. (s) vert-de-gris m. ||°-**specht** m. (s, e). ZOOL. pivert m.

Grund [grunt] m. (s, ¨e).

> **I.** [Erdboden] sol m. ; terre f. ; terrain m.
> **II.** [Bodenvertiefung] dépression f. ; vallon m.
> **III.** [Grundfläche] fond m.
> **IV.** [Unterbau] fondation f. ; fondement m.
> **V.** [Kunst] fond m.
> **VI.** GÉOL. [Satz] dépôt m. ; sédiment m.
> **VII.** [Ursache ; Anlaß] cause f. ; motif m.
> **VIII.** LOC.

I. [Erdboden ; Feld ; Acker] sol m. ; terre f. ; terrain m. | *dieses Haus steht auf felsigem Grund*, cette maison est bâtie sur un terrain rocheux. | *Grund und Boden erwerben*, acquérir de la terre.
II. [Bodenvertiefung] dépression f. ; creux m. ; vallon m. | *ein kühler Grund*, un frais vallon.
III. [Grundfläche] fond m. | [im Wasser] *den Grund unter den Füßen verlieren*, perdre pied (dans l'eau). | *er half ihr auf festen Grund*, il l'aida à reprendre pied. | *das Schiff läuft auf Grund*, le navire touche le fond. | *ein Faß bis auf den Grund leeren*, vider complètement un tonneau. || FIG. *im Grunde seines Herzens*, au fond du cœur.
IV. [Unterbau] fondation f. ; fondement m. | *ein Gebäude vom Grund aus aufmauern*, élever un édifice depuis les fondations. || FIG. *den Grund zu einer Wissenschaft legen*, établir les fondements d'une science.
V. [Kunst] fond m. | *rote Blumen auf grünem Grund*, des fleurs rouges sur fond vert. || MUS. *Grundton*, note fondamentale. || FIG. *der Grundton dieses Romans ist pessimistisch*, ce roman est foncièrement pessimiste. || TECHN. *Grundfarbe*, couche (f.) d'impression.
VI. GÉOL. [Satz ; Niederschlag] dépôt m. ; sédiment m.
VII. [Ursache ; Anlaß] cause f. ; raison f. ; motif m. | *der Grund meines Handelns*, la raison de mon action. | *er hat allen Grund zu glauben, daß*, il a toutes raisons de croire que. | *ohne Grund etwas tun*, faire qch. sans raisons, sans motif. | *er tut das aus dem einfachen Grunde, weil*, il fait cela simplement parce que. | *keinen Grund zum Klagen haben*, n'avoir aucune raison de se plaindre. | *triftige, stichhaltige, zwingende Gründe*, des arguments valables, solides, contraignants. | *aus Gründen der Hygiene*, pour des raisons d'hygiène.
VIII. LOC. *etwas in den Grund hinein, bis auf den Grund zerstören*, détruire qch. de fond en comble. | *einer Sache auf den Grund gehen*, examiner une chose à fond. | *im Grunde hast du recht*, au fond tu as raison. | *im Grunde genommen*, à la vérité. | *von Grund aus gut sein*, être foncièrement bon. | *sich von Grund auf bessern*, faire un complet retour sur soi. | *etwas von Grund auf ändern*, changer qch. de fond en comble, radicalement.

Grund|anstrich ["grunt'anstriç] m. (s, e). TECHN. première couche ; couche (f.) de fond. ||°-**ausbildung** f. (-, en) formation initiale. ||°-**ausführung** f. (-, en). INF. configuration (f.) de base. ||°-**ausstattung** f. (-, en). INF. équipement standard. ||°-**bau** m. (s, ten). ARCHIT. fondement m. ; fondations f. pl. ; substruction f. ||°-**bedeutung** f. sens premier. ||°-**bedingung** f. (-, en) condition fondamentale. ||°-**begriff** m. (s, e) principe fondamental ; idée, notion fondamentale. ||°-**besitz** m. (es, e) propriété foncière ; bien-fonds m. | *unterirdischer Grundbesitz*, tréfonds m. ||°-**besitzer** m. (s, -) propriétaire terrien, foncier. ||°-**buch** n. (s, ¨er) livre foncier ; cadastre m. || PAR EXT. registre (m.) des hypothèques. ||-**ehrlich** adj. foncièrement honnête. ||°-**eigentum** n. (s, ¨er) propriété foncière. ||°-**eigentümer** m. (s, -) propriétaire foncier, terrien. ||°-**element** n. (s, e) élément m. ; base f. ; début m. || MATH. *Grundelemente der Mathematik*, mathématiques (f. pl.) de base. ||-**falsch** adj. absolument, entièrement faux. ||°-**fehler** m. (s, -) défaut, vice principal, fondamental ; faute fondamentale, capitale. ||°-**feste** f. (-, n). FIG. fondement m. ; base (f.) solide. | *an den Grundfesten des Staates rütteln*, ébranler les fondements de l'État. ||°-**fläche** f. (-, n). MATH. base f. ; plan inférieur. ||°-**form** f. (-, en) forme primitive, fondamentale ; type m. || GRAMM. infinitif m. ||°-**gebühr** f. (-, en). ADM. taxe (f.) de base ; taxe (f.) fixe. ||°-**gedanke** m. (n, n) idée dominante, fondamentale. ||°-**gehalt** n. (s, ¨er). ADM. traitement (m.) de base. ||°-**gesetz** n. (es, e). JUR. loi fondamentale. || POLIT. constitution f. ||°-**herr** m. (n, en) seigneur m. ; propriétaire foncier. ||°-**herrschaft** f. HIST. seigneurie f. ||°-**kapital** n. (s, ien). COMM., FIN. fonds social ; capital (m.) d'apport ; [Aktiengesellschaft] capital social. ||°-**lage** f. (-, n) fondement m. ; base f. ; assises f. pl. || FIG. élément m. ; fondement m. ; base f. ; soutien m. ||°-**lagenforscher(in)** m. (s, -), f. (-, nen) fondamentaliste s. ||°-**lagenforschung** f. (-, en) recherche (f.) fondamentale. ||-**legend** adj. fondamental ; capital. ||°-**legung** f. (-, en) fondation f. || FIG. institution f. ||°-**linie** f. (-, en) base f. ; grandes lignes. || MATH. base f. ||°-**lohn** m. (s, ¨e) salaire (m.) de base. ||-**los** adj. sans fond ; insondable. || PAR ANAL. défoncé. | *grundlose Wege*, chemins défoncés. || FIG. mal fondé ; dénué de fondement. — adv. sans raison ; sans motif. | *er wurde grundlos entlassen*, il fut renvoyé sans motif. ||°-**losigkeit** f. profondeur f. ; FIG. absence (f.) de fondement. ||°-**mauer** f. (-, n). ARCHIT. soubassement m. ||°-**nahrungsmittel** n. (s, -) aliment (m.) de base. ||°-**norm** f. (-, en). NUCL. norme (f.) de base. ||°-**pfeiler** m. (s, -). ARCHIT. pilier m. ; base f. || FIG. soutien m. ||°-**rechnungsarten** f. pl. MATH. *die vier Grundrechnungsarten*, les quatre règles fondamentales de l'arithmétique ; FAM. les quatre opérations f. pl. ||°-**recht** n. (s, e). JUR. droit fondamental. | *die Grundrechte*, les libertés publiques. || AGRIC. droit foncier. || HIST. droit seigneurial. ||°-**regel** f. (-, n) règle fondamentale. ||°-**rente** f. (-, n) rente foncière. ||°-**riß** m. (es, e) esquisse f. ; grandes lignes. || ARCHIT. *Grundriß eines Gebäudes*, plan horizontal, tracé (m.) d'un bâtiment ; plan (m.) de construction. || FIG. abrégé m. ; précis m. ||°-**satz** m. (es, ¨e) principe m. ; maxime f. ; axiome m. ; sentence f. ; aphorisme m. ; règle (f.) de conduite. | *gute Grundsätze*, de bons principes. | *keine Grundsätze haben*, manquer de principes. | *an seinen Grundsätzen festhalten*, rester fidèle à ses principes. ||-**sätzlich** adv. par principe ; délibérément. ||°-**satzurteil** n. (s, e). JUR. jugement (m.) au fond. ||-**schlecht** adj. foncièrement mauvais ; détestable. ||°-**schuld** f. (-, en). JUR. hypothèque f. ||°-**schule** f. (-, n) école (f.) primaire. ||°-**stein** m. (s, e). ARCHIT. pierre (f.) angulaire ; pierre (f.) de base. | *den Grundstein legen*, poser la première pierre. ||°-**stellung** f. (-, en). MIL. position normale ; garde-à-vous m. ||°-**steuer** f. (-, n). FIN. impôt foncier ; contribution foncière. ||°-**stoff** m. (s, e). CHIM. corps (m.) simple ; élément m. ; matière première. ||°-**stück** n. (s, e). [Erde] fonds m. ; pièce (f.) de terre. || PAR EXT. [Bauplatz] terrain (m.) à bâtir. | [bebauter Platz] propriété bâtie ; immeuble m. ||°-**ton** m. (s, ¨e). MUS. note fondamentale ; son fondamental ; tonique f. ;

dominante f. || FIG. note dominante. ||°-**übel** n. (s, -) vice originel, foncier ; mal foncier. ||°-**ursache** f. (-, n) cause première, fondamentale. ||°-**vermögen** n. (s) fonds m. pl. ; capital m. ; fortune immobilière. ||-**verschieden** adj. radicalement, complètement différent. ||°-**wahrheit** f. (-, en) vérité fondamentale. || °-**wasser** n. (s) eaux souterraines ; nappe (f.) phréatique, aquifère. ||°-**wort** n. (es, ¨er). GRAMM. racine f. ; radical m. ||°-**zahl** f. (-, en). MATH. nombre cardinal. ||°-**zug** m. (s, ¨e) trait principal, fondamental ; caractéristique f. | *Grundzüge der Wissenschaften*, éléments (m. pl.) des sciences. ||°-**zustand** m. (s, ¨e). PHYS. état fondamental.

gründen ['gryndən] v. tr. [den Grund legen] fonder ; jeter les fondements de ; instituer ; établir ; ériger ; créer. || FIG. fonder ; bâtir ; créer ; établir. | *eine Stadt gründen*, fonder une ville. | *sein Urteil auf Tatsachen gründen*, fonder son jugement sur des faits.
◇ v. pr. **sich gründen**, se fonder ; se baser, s'appuyer, reposer sur. | *sich auf die Erfahrung gründen*, se fonder sur l'expérience.
◇ v. intr. trouver, avoir son fond.

Gründer [-dər] m. (s, -) fondateur m. ; créateur m.

Gründer|aktie ["gryndər'aktsiə] f. (-, n), °-**anteil** [-'antail] m. (s, e). FIN. part (f.) de fondateur ; part bénéficiaire. ||°-**jahre** n. pl., °-**zeit** f. années (f. pl.) de fondation (de l'Empire).

grundieren [grun'di:rən] v. tr. 1° fonder ; préparer ; apprêter ; 2° donner la première couche (de peinture).

Grundier|farbe [grun"di:r'farbə] f. (-, n) première couche (de peinture).

gründlich ['gryntliç] adj. qui approfondit ; qui va au fond des choses ; profond. | *eine gründliche Arbeit leisten*, exécuter un travail, une besogne consciencieusement, à fond. | *gründliche Kenntnisse in etwas haben*, être versé, être expert dans qch.
◇ adv. soigneusement ; à fond. | *gründlich lernen*, étudier à fond. | *eine Frage gründlich behandeln*, traiter une question à fond, de manière exhaustive. | *gründlich vorgehen*, procéder méthodiquement. || FIG. radicalement. | *sich gründlich täuschen*, se tromper totalement. | *jm gründlich die Meinung sagen*, dire son fait à qn.

Gründlichkeit [-kait] f. profondeur f. ; solidité f.

Gründling ['gryntliŋ] m. (s, e). ZOOL. goujon m.

Gründung ['grynduŋ] f. (-, en) fondation f. ; (action de) fonder ; création f. | *Gründung einer Stadt*, fondation d'une ville. || COMM., FIN. constitution f. ; fondation f. | *Gründung durch Einlagen, in bar*, fondation par apports, en espèces.

Gründungs|akt ["gryndųŋs'akt] m. (es, e) fondation f. ; acte constitutif. ||°-**aktie** f. (-, n). FIN. action (f.) de fondation, d'apport. ||°-**kapital** n. (s, ien). COMM. capital initial ; capital (m.) de fondation.

grünen ['gry:nən] v. intr. devenir vert ; se couvrir de verdure ; verdir ; verdoyer.

grünlich ['gry:nliç] adj. verdâtre.

grunzen ['gruntsən] v. intr. grogner.

Grunzen [-tsən] n. (s) grognement m.

Gruppe ['grupə] f. (-, n) groupe m. ; rassemblement m. | *in Gruppen zusammenstehen*, former des groupes ; être disposés en groupes. | *eine Gruppe von Bäumen*, un bouquet d'arbres.

Gruppen|aufnahme ["grupən'aufnɑ:mə] f. (-, n), °-**bild** n. (s, er) photographie (f.) de groupe. ||°-**dynamik** f. (-) dynamique (f.) de groupe. ||°-**therapie** f. (-, n). MÉD. thérapie (f.) de groupe. ||-**weise** adv. en groupe, par groupes.

gruppieren [gru'pi:rən] v. tr. grouper ; masser.

Gruppierung [-ruŋ] f. (-, en) groupement m.

gruselig ['gru:zəliç] adj. FAM. qui donne le frisson, la chair de poule. | *eine gruselige Geschichte*, une histoire à faire dresser les cheveux (sur la tête).

gruseln [-zəln] v. intr. FAM. avoir le frisson ; frissonner. | *mich gruselt(s) ; es gruselt mir*, j'ai le frisson, la chair de poule.

Grusel|roman ["gru:zəlro'ma:n] m. (s, e) roman noir.

Gruß [gru:s] m. (es, ¨e) salut m. ; salutation(s) f. (pl.) ; civilités f. pl. ; compliments m. pl. ; respects m. pl. ; hommages m. pl. | *mit freundlichem, herzlichem Gruß !*, avec toutes mes, nos amitiés. | *jm die Hand zum Gruß(e) reichen*, tendre la main à qn pour le saluer. | *Grüße sagen, bringen*, dire, transmettre des compliments.
— SYN. : *Begrüßung*, salut ; *Begrüßen*, salutation.

grüßen ['gry:sən] v. tr. saluer. | *jn grüßen*, saluer qn. | *grüß deine Mutter !*, mes hommages, mes respects à ta mère. | *grüß Gott !*, salut !

Gruß|formel ["gru:s'fɔrməl] f. (-, n) formule (f.) de politesse.

Grütze ['grytsə] f. (-, n). CULIN. gruau m. ; bouillie f. || FIG., FAM. cervelle f. ; intelligence f. | *wenig Grütze im Kopfe haben*, manquer de cervelle.

G-Schlüssel ["ge:ʃlysəl] m. (s, -). MUS. clef (f.) de sol.

Guanako [gua'nako] n. (s, s). ZOOL. guanaco m.

gucken ['gukən] v. intr. FAM. jeter un coup d'œil ; regarder ; lorgner. || POP. reluquer. | *aus dem Fenster gucken*, regarder par la fenêtre. | *das Hemd guckt aus der Hose*, la chemise sort de la culotte. | *der Schelm guckt ihm aus den Augen*, il a le regard, l'œil fripon. || FIG. *zu tief ins Glas gucken*, boire un coup de trop. | *in den Mond gucken*, rentrer bredouille.

Gucker [-kər] m. (s, -). FAM. [Augen] œil m. || [neugieriger Betrachter] voyeur m. || [Fernglas] lorgnette f.

Guck|fenster ["guk'fɛnstər] n. (s, -) vasistas m. ; guichet m. ; regard m. ; judas m. ||°-**loch** n. (s, ¨er) œilleton m. ; judas (m.) optique.

Guerilla [ge'rilja] f. (-, s) guérilla f. ; guerre (f.) de partisans. || PAR EXT. troupe (f.) de partisans.

Guillotine [gijɔ'ti:nə] f. (-, n) guillotine f.

guillotinieren [-ti'ni:rən] v. tr. guillotiner.

Gulasch [gu'laʃ] n. (es). CULIN. goulache f. || MIL., ARG. *Gulaschkanone,* roulante f.

Gulden ['guldən] m. (s, -) florin m.

gülden ['gyldən] adj. POÉT. d'or ; en or ; doré.

Gülle ['gylə] f. (-, n). AGRIC. purin m.

Gully ['guli] m. ou n. (s, s) bouche (f.) d'égout.

gültig ['gyltiç] adj. valable. | *diese Fahrkarte ist noch gültig*, ce billet est encore valable. || JUR. valide. | *gültig werden*, prendre effet.

Gültigkeit [-kait] f., validité f. ; admissibilité f. ; vigueur f.

Gummi ['gumi] n. (s). [Saft] gomme f. ; caoutchouc m.

Gummi ['gumi] m. (s, s) gomme (f.) à effacer.

gummi|artig ["gumi'a:rtiç] adj. gommeux. ||°-**ball** m. (s, ¨e). balle f. ; ballon m. ||°-**band** n. (s, ¨er) élastique m. ; caoutchouc m. ||°-**baum** m. (s, ¨e). BOT. caoutchouc m. ; caoutchoutier m. ; hévéa m. ||°-**dichtung** f. (-, en). TECHN. joint (m.) de caoutchouc. ||°-**knüppel** m. (s, -) matraque (f.) de caoutchouc. ||°-**lösung** f. TECHN. dissolution f. ||°-**mantel** m. (s, ¨) imperméable m. ||°-**reifen** m. (s, -) pneu m. ||°-**schlauch** m. (s, ¨e). AUTOM. chambre (f.) à air. || TECHN. tuyau (m.) de caoutchouc.

||°-**schuhe** m. pl. caoutchoucs m. pl. ; snow-boots m. pl. ||°-**strumpf** m. (s, ¨e) bas (m.) élastique, à varices.
gummieren [gu'mi:rən] v. tr. TECHN. gommer ; caoutchouter.
Gummierung [-ruŋ] f. (-, en) gommage m.
Günsel ['gynzəl] m. (s). BOT. bugle f.
Gunst [gunst] f. faveur f. ; grâce f. ; bonnes grâces ; protection f. ; bienveillance f. | *bei jm in Gunst stehen*, être en grande, en haute faveur auprès de qn ; être dans les bonnes grâces de qn. | *js Gunst erlangen*, obtenir, gagner la faveur de qn. | *sich um js Gunst bemühen, bewerben*, briguer, demander la faveur de qn. | *eine Gunst gewähren*, accorder une faveur. | *zu js Gunsten*, en faveur, au profit de qn.
Gunst|bezeigung ["gunstbə'tsaiguŋ] f. (-, en) (marque de) faveur f.
günstig ['gynstiç] adj. propice ; favorable ; opportun ; heureux. | *günstiges Urteil*, jugement (m.) favorable. | *günstige Bedingungen*, conditions (f. pl.) favorables. || FIG. *sich in günstigem Licht zeigen*, se montrer sous un jour favorable.
◇ adv. favorablement. | *günstig beurteilen*, juger favorablement ; donner un avis favorable.
Günstling [-tliŋ] m. (s, e) favori m.
Günstlings|wirtschaft ["gynstliŋs'virtʃaft] f. favoritisme m. ; népotisme m. ; FAM. piston m.
Gurgel ['gurgəl] f. (-, n). ANAT. gosier m. || PAR EXT. gorge f. ; cou m. | *jm an die Gurgel fahren*, prendre qn à la gorge. | *jm an die Gurgel springen*, sauter à la gorge de qn. | *jm die Gurgel abschneiden*, couper la gorge à qn. || FIG. *die Angst schnürt ihm die Gurgel zusammen*, l'angoisse l'étreint.
Gurgel|mittel ["gurgəl'mitəl] n. (s, -), °-**wasser** n. (s). MÉD. gargarisme m.
gurgeln ['gurgəln] v. intr. [gluckern] gargouiller ; faire entendre un gargouillement, un gargouillis. || [spülen] se gargariser.
Gurgeln [-gəln] n. (s). [Gluckern] gargouillement m. ; gargouillis m. || [Spülung] gargarisme m.
Gurke ['gurkə] f. (-, n). BOT. concombre m. | *saure, eingelegte Gurken*, cornichons (m. pl.) au vinaigre. | *ein Gesicht machen wie saure Gurken*, avoir l'air morose.
Gurkenkraut [-kraut] n. (s). BOT. bourrache f.
gurren ['gurən] v. intr. roucouler.
Gurt [gurt] m. (s, e) sangle f. ; courroie f. ; bretelle f. || PAR EXT. ceinture f. ; ceinturon m. ; écharpe f.
Gurt|bandförderer ["gurtbant'førdərər] m. (s, -). TECHN. convoyeur (m.) à bande. ||°-**bett** n. (s, en) lit (m.) de sangles. ||°-**förderer** m. (s, -). TECHN. transporteur (m.) à bande.
Gürtel ['gyrtəl] m. (s, -) ceinture f. || [Koppel ; Leibriemen] ceinturon m. || [Schärpe] écharpe f. | *den Gürtel weiter, enger schnallen*, desserrer, serrer sa ceinture. | *den Gürtel umbinden*, mettre sa ceinture. || GÉOGR. zone f.
Gürtel|ausschlag ["gyrtəl'ausʃla:k] m. (s). MÉD. zona m. ||°-**reifen** m. (s, -) pneu (m.) à carcasse radiale. ||°-**tier** n. (s, e). ZOOL. tatou m. ||°-**weite** f. tour (m.) de taille.
gürten ['gyrtən] v. tr. ceindre. | *das Schwert um den Leib gürten*, ceindre son épée.
◇ v. pr. **sich gürten,** se ceindre ; se sangler. || MIL. s'armer ; s'équiper.
Guß [gu:s] m. (es, ¨e). [Flüssigkeitsmenge] jet m. ; douche f. || [Gießen] fonte f. ; coulée f. | *fertiger Guß*, fonte moulée ; moulage m. ; pièce coulée. || FIG. *ein Werk aus einem Guß*, une œuvre d'un seul bloc. || [Regen] averse f.
Guß|beton ["gu:sbe'tɔ̃] m. (s). ARCHIT. béton coulé. ||°-**block** m. (s, ¨e) lingot m. ||°-**eisen** n. (s) fonte f. ||-**eisern** adj. en fonte. ||°-**form** f. (-, en). TECHN. moule m. ; lingotière f. ||°-**material** n. (s, ien). TECHN. matériaux (m. pl.) en fonte. ||°-**regen** m. (s, -) averse f. ; ondée f. ||°-**stahl** m. (s) acier fondu. ||°-**stück** n. (s, e). TECHN. pièce coulée.
gut [gu:t] adj. bon ; bonne (compar. **besser ;** superl. **der beste**). **1.** [passend ; tauglich ; wirksam ; nützlich] *ein guter Schuster*, un bon cordonnier. | *gute Augen haben*, avoir de bons yeux. | *eine gute Lunge haben*, avoir du souffle. | *einen guten Magen haben*, avoir (un) bon estomac. | *gute Arbeit leisten*, faire du bon travail. | *gutes Wetter*, beau temps. | *gute Ratschläge*, de bons conseils. | *guter Dinge sein*, être de bonne humeur. | *des Guten zuviel*, trop de bien. | *wer weiß, wozu das gut ist ?*, qui sait à quoi cela servira ? | *ein gutes Mittel gegen Rheuma*, un remède efficace contre les rhumatismes. | *guter Wind*, vent propice. | *guter Vertrag*, contrat avantageux. || LOC. *auf gut Glück*, au petit bonheur. || FIG. *eine gute Nase haben*, avoir du flair.
2. [angenehm] *eine gute Nacht wünschen*, souhaiter bonne nuit. | *guten Morgen ! ; guten Tag !*, bonjour ! | *guten Abend !*, bonsoir ! | *gute Reise !*, bon voyage ! | *jm gute Besserung wünschen*, souhaiter un prompt rétablissement à qn. || LOC. *sie ist guter Hoffnung*, elle attend un enfant.
3. [sittlich ; wohlwollend] *ein guter Mensch*, un homme bon. | *gute Nachbarn*, de bons voisins. | *jm gut sein*, être bien disposé envers qn. | *jm Gutes erweisen*, faire du bien à qn. | *im guten Glauben sein*, être de bonne foi. | *sei so gut und gib mir das*, sois gentil de me le donner. | *gute Sitten*, de bonnes mœurs. | *die gute Sache*, la bonne cause. | *ein gutes Gewissen*, une bonne conscience. | *er hat guten Willen*, il a de la bonne volonté. | *im Guten (friedlich) miteinander verhandeln*, négocier à l'amiable. | *jm etwas im Guten sagen*, dire son fait à qn, de façon encore amicale. | *ein Mädchen aus gutem Hause*, une demoiselle de bonne famille. | *der gute Ton*, le bon ton. || IRON. *der gute Mann*, le cher homme. | *etwas wiedergutmachen*, réparer, compenser un dommage. | *alles wird schon wieder gut werden*, tout s'arrangera. || PROV. *Gutes mit Bösem vergelten*, rendre le mal pour le bien. | *den lieben Gott einen guten Mann sein lassen*, vivre insouciant.
4. [nicht alltäglich] *der gute Anzug*, le costume du dimanche. | *die gute Stube*, la pièce de réception.
5. [beträchtlich ; reichlich] *ein gutes Teil*, une bonne partie (de qch.). | *eine gute Stunde*, une bonne heure ; une heure bien sonnée. | *das hat noch gute Weile*, rien ne presse. | *das kostet mich ein gutes Stück Geld*, cela me coûtera une belle somme. | *zu guter Letzt*, à la fin du compte.
◇ adv. *hier ist gut leben*, il fait bon vivre ici. | *die Saat steht gut*, le blé est beau. | *diese Farbe steht ihm gut*, cette couleur lui va bien. | *ihr habt gut reden !*, parlez toujours ! | *die Partie ist so gut wie gewonnen*, la partie est pratiquement gagnée. | *schon gut !* (abrév. de *so ist schon alles gut*), c'est bien ! | *schon gut, aber*, certes, mais. | *laß es gut sein !*, n'en parlons plus ! | *es bei jm gut haben*, avoir une vie, un poste agréable chez qn. | *er ist gut dran mit ihm*, avec lui il est bien tombé. | *die Suppe schmeckt gut*, voilà une bonne soupe. | *das ging noch gut aus*, cela s'est tout de même bien terminé. | *gut und gern*, bel et bien. | *kurz und gut*, en bref. | *diese Geige spielt sich gut*, il est agréable de jouer de ce violon. || LOC. *er tut sich darauf viel zugute*, il en tire vanité ; il s'en vante.
Gut [gu:t] n. (s, ¨er). **1.** [Besitz ; Wert] bien m. ; avoir m. ; fortune f. | *das höchste Gut*, le souverain bien. | *nicht um alle Güter der Welt*, pour rien au monde. | *Geld und Gut*, fortune f. ; richesses f. pl. | *Hab und*

Gut verlieren, perdre tout son avoir. | *bewegliche, fahrende Güter*, biens meubles. || ÉCON. *Güter und Dienstleistungen*, les biens et les services.
2. [Bodenbesitz ; landwirtschaftlicher Betrieb] bien m. ; bien-fonds m. ; terre f. ; propriété f. ; domaine m. | *unbewegliche, liegende Güter haben*, avoir des biens-fonds. | *ein Gut pachten*, affermer, louer une terre.
3. [versandfertige Ware] marchandise f. | *Güter aufgeben, abfertigen*, expédier des marchandises. | *Güter verladen*, charger des marchandises.
4. [Tongeschirr] *irdenes Gut*, poterie f.

Gut|achten ["gu:t'axtən] n. (s, -) avis m. ; attestation f. ; rapport m. || JUR. expertise f. || MÉD. certificat m. ||°**-achter(in)** m. (s, -), f. (-, nen) expert m. ||**-artig** adj. d'un bon naturel. || MÉD. bénin. ||°**-dünken** n. (s) bon plaisir ; fantaisie f. ; volonté f. | *nach Gutdünken*, à volonté. | *nach Ihrem Gutdünken*, comme bon vous semblera ; à votre guise ; à votre gré. ||**-gelaunt** adj. de bonne humeur. ||**-gemeint** adj. dans une bonne intention. ||**-gläubig** adj. JUR. de bonne foi. ||**-haben** v. tr. COMM., FIN. avoir à son crédit, à son compte. ||°**-haben** n. (s). COMM. avoir m. ; crédit m. ; dépôt m. ; actif m. ; solde créditeur. ||**-heißen** (ie, ei) v. tr. approuver ; autoriser ; sanctionner. ||**-herzig** adj. doux ; débonnaire ; bénin ; bon. ||**-machen** v. tr. arranger ; réparer. | *den Fehler wieder gutmachen*, réparer sa faute. ||**-mütig** adj. débonnaire ; bonhomme. ||°**-mütigkeit** f. bonhomie f. ||**-nachbarlich** adj. *gutnachbarliche Beziehungen*, rapports (m. pl.) de bon voisinage. ||°**-sagen** n. (s). JUR. garantie f. ; cautionnement m. ||°**-schein** m. (s, e) bon m. ||**-schreiben** (ie, ie) v. tr. porter, passer au crédit de ; créditer. | *einen Betrag gutschreiben*, reporter un montant au crédit ; créditer une somme. | *einem Konto gutschreiben*, porter au crédit d'un compte. ||°**-schreiben** n. (s), °**-schrift** f. (-, en). COMM. créance f. ; dette active ; crédit m. ||**-tun** (tat, getan) v. intr. faire du bien. ||**-willig** adj. plein de bonne volonté ; complaisant. — adv. de bon gré ; de bonne grâce. ||°**-willigkeit** f. bonne volonté ; serviabilité f. ; complaisance f.

Güte ['gy:tə] f. (-) bonté f. ; bonne qualité. || [Verwunderung] *(ach, o) du meine Güte !*, mon Dieu ! | *es ist ein Vorschlag zur Güte*, c'est une tentative de conciliation. | *in Güte*, à l'amiable. || COMM. *diese Ware ist von erster Güte*, cette marchandise est de première qualité.

Güte|marke ["gy:tə'markə] f. (-, n). COMM. label (m.) de qualité. ||°**-prüfschein** m. (s, e) certificat (m.) de conformité. ||°**-prüfung** f. (-, en) essai (m.) de qualité.

Güter|abfertigung ["gy:tər'apfɛrtiguŋ] f. (-, en). [Eisenbahn] expédition (f.) de marchandises. || °**-ausgabestelle** f. (-, n) livraison (f.) de marchandises. ||°**-bahnhof** m. (s, ¨e) gare (f.) des marchandises. ||°**-fernverkehr** m. (s) transport international. ||°**-gemeinschaft** f. JUR. communauté (f.) de biens. ||°**-halle** f. (-, n), °**-schuppen** m. (s, -) entrepôt m. ||°**-stand** m. (s). JUR. régime (m.) de biens. | *ehelicher Güterstand*, régime matrimonial. ||°**-tarif** m. (s, e) tarif (m.) des marchandises. ||°**-trennung** f. JUR. séparation (f.) de biens. ||°**-verkehr** m. (s) trafic (m.) des marchandises. ||°**-wagen** m. (s, -) wagon (m.) de marchandises ; fourgon m. ||°**-zug** m. (s, ¨e) train (m.) de marchandises.

gütig ['gy:tiç] adj. bon ; bienveillant ; affable ; aimable ; complaisant ; clément ; bénin ; bénévole. | *gütiger Mensch*, brave homme. | *sich gegen jn gütig erweisen*, se montrer bienveillant envers, pour qn.

gütlich [-tliç] adj. amiable. | *auf dem Wege gütlicher Verständigung*, par (la) voie de (la) conciliation ; à l'amiable.
◇ adv. amicalement ; à l'amiable. | *sich an etwas gütlich tun*, se régaler de qch.

Guts|besitzer ["gu:tsbə'zitsər] m. (s, -) propriétaire foncier, terrien. ||°**-herr** m. (n, en) seigneur m. || PAR EXT. châtelain m. ; propriétaire (m.) d'un domaine. ||°**-hof** m. (s, ¨e) ferme f.

guttural [gutu'rɑ:l] adj. guttural.

Gymnasial|direktor [gymnazi"ɑ:ldi'rɛktor] m. (s, en) proviseur m. ||°**-lehrer** m. (s, -) professeur (m.) de lycée. ||°**-schüler** m. (s, -) élève (m.) de lycée ; lycéen m. ; FAM. potache m. ||°**-unterricht** m. (s) enseignement (m.) secondaire.

Gymnasiast [gymnazi'ast] m. (en, en). V. GYMNASIALSCHÜLER.

Gymnasium [-'nɑ:zium] n. (s, sien) collège m. ; lycée m.

Gymnastik [gym'nastik] f. gymnastique f.

Gymnastik|anzug [gym"nastik'antsu:k] m. (s, ¨e) justaucorps m.

Gymnastiker [-kər] m. (s, -) gymnaste m.

Gynäkologe [gynɛko'lo:gə] m. (n, n), **Gynäkologin** [-'lo:gin] f. (-, nen) gynécologue s.

Gynäkologie [-lo'gi:] f. (-) gynécologie f.

gynäkologisch [-'lo:giʃ] adj. gynécologique.

Gyro|kompaß ["gy:ro'kɔmpas] m. (es, e). AÉRON. gyrocompas m. ||°**-skop** n. (s, e) gyroscope m.

H

H, h [hɑ:] n. H m. | *das gesprochene* h, l'*h* aspiré. | *das stumme* h, l'*h* muet. || MUS. *H*, si m.

ha ! [ha:] interj. ah ! ; ha !

Haag [hɑ:k] n. pr. m. GÉOGR. La Haye.

Haar [hɑ:r] n. (s, e). [einzelnes Haar ; Kopfhaar] cheveu m. || [übrige Körperteile ; Tiere] poil m. || [Roßhaar] crin m. || [Borste] soie f. || BOT. poil m. ; barbe f. || PAR EXT. [Kopfhaare] cheveux m. pl. ; chevelure f. || [Fell] pelage m. || [Flaum] duvet m. | *sich die Haare schneiden lassen*, se faire couper les cheveux. | *die Haare fallen ihm aus*, il perd ses cheveux. || FIG. *ihm stehen die Haare zu Berge*, cela lui fait dresser les cheveux sur la tête. | *sich die Haare ausreißen, ausraufen*, s'arracher les cheveux. | *Haare lassen*, y laisser des plumes ; se faire étriller. | *Haare auf den Zähnen haben*, ne pas avoir froid aux yeux. | *mehr Schulden haben als Haare auf dem Kopf*, être criblé de dettes. | *kein gutes Haar an jm lassen*, dire pis que pendre de qn. | *ihm wurde kein Haar gekrümmt*, on ne toucha pas un cheveu de sa tête. | *an einem Haar hängen*, ne tenir qu'à un fil. | *aufs Haar*, exactement. | *einander aufs Haar gleichen*, se ressembler comme deux gouttes d'eau. | *an den Haaren herbeigezogen*, tiré par les cheveux. | *einander in die Haare geraten*, se prendre aux cheveux ; se crêper le chignon. | *einander in den Haaren liegen*, être aux prises ; se crêper le chignon. | *mit Haut und Haar*, totalement ; complètement ; corps et âme. | *um ein Haar wäre er abgestürzt*, il s'en est fallu d'un cheveu qu'il ne tombe.

Haar|ausfall ["hɑ:r'ausfal] m. (s) chute (f.) des cheveux. ||°**-bürste** f. (-, n) brosse (f.) à cheveux. ||°**-büschel** n. (s, -) touffe (f.) de cheveux ; toupet m. ||°**-entferner** m. (s, -) dépilatoire m. ||°**-farbe** f. (-, n) couleur (f.) des cheveux. ||°**-färbemittel** n. (s, -) teinture (f.) pour les cheveux. ||°**-färben** n. (s) teinture (f.) capillaire. ||**-fein** adj. fin comme un cheveu ; capillaire ; FIG. subtil. ||°**-filz** m. (es) feutre m. ||°**-flechte** f. (-). MÉD. dartre (f.) du cuir chevelu. ||**-förmig** adj. capillaire. ||°**-gefäß** n. (es, e). ANAT. vaisseau (m.) capillaire. ||°**-klammer** f. (-, n) barrette f. ||**-klein** adj. fin comme un cheveu. — adv. *haarklein erzählen*, raconter par le menu, dans les moindres détails. ||°**-knoten** m. (s, -) chignon m. ||°**-locke** f. (-, n) boucle (f.) de cheveux. ||**-los** adj. sans cheveux ; chauve. || [bartlos] glabre ; imberbe. ||°**-losigkeit** f. absence (f.) de poils. || [Kahlköpfigkeit] calvitie f. ||°**-nadel** f. (-, n) épingle (f.) à cheveux. ||°**-nadelkurve** f. (-, n) virage (m.) en épingle à cheveux. ||°**-netz** n. (es, e). [Haarbeutel] résille f. ; filet m. ||°**-pinsel** m. (s, -) pinceau fin. ||°**-röhre** f. (-, n), °**-röhrchen** n. (s, -). PHYS. tube (m.) capillaire. ||**-scharf** adj. rigoureux ; exact. — adv. [genau] rigoureusement ; exactement. ; [sehr nah] tout près. | *haarscharf an jm vorbeifahren*, éviter qn de justesse. ||°**-schneidemaschine** f. (-, n) tondeuse f. ||°**-schneiden** n. (s) coupe (f.), taille (f.) de cheveux. ||°**-schnitt** m. (s) coupe (f.) de cheveux ; coiffure f. ||°**-schopf** m. (s, ¨e) touffe (f.) de cheveux ; toupet m. ||°**-seil** n. (s, e). MÉD. séton m. ||°**-sieb** n. (s, e) tamis fin ; tamis (m.) de crin. ||**-spalten** v. tr. FAM. couper les cheveux en quatre. ||°**-spalterei** f. (-, en). FIG., FAM. byzantinisme m. ; critique mesquine ; mesquinerie f. ||°**-spange** f. (-, n) épingle (f.) à cheveux. ||**-sträubend** adj. horrible ; monstrueux ; à vous faire dresser les cheveux sur la tête. ||°**-tracht** f. (-, en) coiffure f. ||°**-trockner** m. (s, -) sèche-cheveux m. ||°**-wasser** n. (s) lotion (f.) capillaire. ||°**-wild** n. (es) gibier (m.) à poil. ||°**-wuchs** m. (es) pousse (f.) des cheveux, des poils. ||°**-wuchsmittel** n. (s, -) produit (m.) capillaire. ||°**-zopf** m. (s, ¨e) natte f. ; tresse f.

haaren ['hɑ:rən] v. tr. épiler.
◇ v. intr. perdre ses cheveux. || [Tiere] perdre son poil ; peler. || [Geflügel] muer.

Haares|breite ["hɑ:rəs'braitə] f. épaisseur (f.) d'un cheveu. || FIG. *nicht um Haaresbreite von den Richtlinien abweichen*, ne pas s'écarter d'un pouce des directives.

haarig ['hɑ:riç] adj. poilu ; velu. || FIG. intense ; violent ; roide. | *das war eine haarige Geschichte*, c'était une affaire désagréable, pénible.

Habe ['hɑ:bə] f. avoir m. ; bien m. | *liegende Habe* [Grundbesitz], bien-fonds m. ; immeubles m. pl. | *fahrende Habe* [beweglicher Besitz], biens mobiliers.

Habe|nichts ["hɑ:bə'niçts] m. (-, e) gueux m. ; pauvre diable m.

haben [hɑ:bən] (hast, hat, hatte, gehabt) avoir ; posséder.

> **I.** v. tr.
> **1.** avec un compl. dir.
> **2.** avec une prép.
> **3.** avec un adj. ou un adv.
> **4. haben... zu** (infin.).
> **II.** v. impers.
> **III.** v. pr. **sich haben.**
> **IV.** v. auxil. des temps composés du passé.

I. v. tr. **1.** (avec un compl. dir.) *die Stadt hat tausend Einwohner*, la ville a, compte mille habitants. | *Zeit haben*, avoir le temps. | *Eile haben*, être pressé. | *Durst haben*, avoir soif. | *Angst haben*, avoir peur. | *die Röteln haben*, avoir la rougeole. | *gutes Wetter haben*, avoir du beau temps. | *Mitleid haben*, avoir pitié. | *Glück haben*, avoir de la chance. | *Erfolg haben*, avoir du succès. | *hab' Dank*, merci. | *die Zeitschrift ist hier nicht zu haben*, cette revue est introuvable ici. | *bei Müller zu haben*, en vente chez Muller. | *heute haben wir den 11. Januar*, nous sommes aujourd'hui le 11 janvier. | *Ferien haben*, être en vacances. || FAM. *wir haben es ja*, nous avons de quoi. | *er hat etwas*, il n'est pas dans son assiette. | *da haben wir es !* ; *da haben wir die Bescherung*, nous voilà dans de beaux draps ! || PROV. *ein Hab'ich ist*

besser als zwei Hätt'ich, un tiens vaut mieux que deux tu l'auras. | *je mehr man hat, je mehr man will*, l'appétit vient en mangeant.
2. (avec une prép.) *das hat nichts auf sich*, cela ne tire pas à conséquence. | *etwas bei der Hand, zur Hand haben*, avoir qch. sous la main. | *etwas gegen jn haben*, avoir qch. à reprocher à qn. | *etwas in der Hand haben*, avoir qch. à la main. | *es am Magen haben*, avoir des problèmes d'estomac. | *die haben es miteinander*, il y a qch. entre eux. | *jn über sich haben*, être sous les ordres de qn. | *jn unter sich haben*, avoir qn sous ses ordres. | *etwas vor sich haben*, avoir qch. en perspective, en vue.
3. (avec un adj. ou un adv.) *auf jn acht haben*, faire attention à qn ; veiller sur qn. | *es eilig haben*, être pressé. | *genug haben*, en avoir assez ; en avoir par-dessus la tête. | *es gut haben*, avoir la vie belle. | *jn, etwas gern haben*, (bien) aimer qn, qch. | *jn lieb haben*, avoir de l'affection pour qn. | *jn, etwas lieber haben*, préférer qn, qch. | *jn, etwas am liebsten haben*, aimer qn, qch. par-dessus tout. | *etwas los haben ; es weg haben*, savoir comment il faut faire qch. ; savoir s'y prendre pour faire qch. | *etwas nötig haben*, avoir besoin de qch. | *etwas satt haben*, en avoir assez de qch.
4. haben... zu (infin.) avoir à ; devoir. | *viel zu tun haben*, avoir beaucoup à faire. | *etwas zu essen haben*, avoir de quoi manger. | *ich habe Geld von ihm zu bekommen*, il me doit de l'argent.
II. v. impers. *es hat den Anschein, als ob*, il semble que. | *es hat Eile*, c'est urgent. | *es hat keine Not*, rien ne presse. | *es hat seine Richtigkeit*, il y a du vrai là-dedans.
III. v. pr. **sich haben.** | *hab dich nicht so !*, ne fais pas tant de manières !
IV. v. auxil. servant à former les temps composés du passé :
a) de certains verbes intr. : *ich habe im Restaurant gegessen*, j'ai mangé au restaurant. | *ich habe den ganzen Nachmittag geschwommen*, j'ai nagé tout l'après-midi.
b) des v. tr. : *ich habe den Film noch nicht gesehen*, je n'ai pas encore vu ce film.
c) des v. pr. : *ich habe mich verirrt*, je me suis égaré.

Haben ['ha:bən] n. (s). Comm. avoir m. ; crédit m. | *ins Haben buchen*, porter au crédit. | *Soll und Haben*, doit et avoir.

Haben|saldo ["ha:bən'zaldo] m. (s, s ou den). Comm. solde créditeur. ||°**-zinsen** m. pl. Comm. intérêts créditeurs.

Hab|gier ['ha:pgi:r] f. cupidité f. ; rapacité f. ; avidité f. ||**-gierig** adj. avide ; cupide ; intéressé. ||°**-sucht** f. cupidité f. ; avidité f. ; convoitise f. ||**-süchtig** adj. cupide ; avide ; âpre au gain.

habhaft ['ha:phaft] adj. *einer Sache habhaft werden*, s'emparer de, mettre la main sur qch.

Hab|seligkeiten ["ha:p'ze:liçkaitən] f. pl. biens (m. pl.) de peu de valeur ; babioles f. pl.

Habicht ['ha:biçt] m. (es, e). Zool. autour m.

Habichts|nase ["ha:biçts'na:zə] f. (-, n) nez aquilin.

Habilitation [habilita'tsio:n] f. (*etwa*) doctorat (m.) d'État. | *Habilitationsschrift*, thèse (f.) de doctorat.

habilitieren [-'ti:rən] v. pr. *sich habilitieren*, passer sa thèse de doctorat.

Habitus ['habitus] m. Biol. habitus m.

Hachse ['haksə] f. (-, n). Zool. jarret m.

Hack|bank ['hakbaŋk] f. (-, ¨e) hachoir m. ; tranchoir m. ||°**-beil** n. (s, e) couperet m. ||°**-block** m. (s, ¨e) billot m. ||°**-brett** n. (s, er). Techn. planche (f.) à hacher ; hachoir m. ; tranchoir m. || Mus. tympanon m. ||°**-fleisch** n. (es) viande hachée ; hachis m. ||°**-messer** n. (s, -) hachoir m. (à viande) ; couperet m.

Hacke ['hakə] f. (-, n). 1° [Picke] pioche f. ; pic m. || [Breithacke] houe f. || 2° [Ferse]. V. Hacken.

Hacken ['hakən] m. (s, -) talon m. | *jm dicht auf den Hacken sitzen*, être sur les talons de qn. || Mil. *die Hacken zusammenschlagen*, claquer les talons.

hacken ['hakən] v. tr. [spalten] fendre. || [klein hacken] hacher (fin). | *Holz hacken*, fendre du bois. | *Eis hacken*, casser la glace. | *den Boden hacken*, piocher (le sol). || [mit dem Schnabel hacken] donner des coups de bec.

Hackepeter ["hakə'pe:tər] m. (s) hachis (m.) de viande.

Häcksel ['hɛksəl] m. ou n. Agric. paille hachée.

Häcksel|maschine ["hɛksəlma'ʃi:nə] f. (-, n). Techn. hache-paille m. ; coupe-paille m.

Hader ['ha:dər] m. (s). [Zwist ; Streit] discorde f. ; brouille f. ; zizanie f.

hadern [-dərn] v. intr. se quereller. | *mit Gott hadern*, s'en prendre à Dieu.

Hades ['ha:dəs] m. (-). Myth. Hadès m. ; dieu (m.) des enfers. || Par ext. enfers m. pl.

Hafen ['ha:fən] m. (s, ¨). **1.** Mar. port m. || Aéron. aéroport m. | *einen Hafen anlaufen*, toucher un port. | *aus dem Hafen auslaufen*, sortir du port. | *in den Hafen einlaufen*, entrer dans le port.

Hafen|arbeiter ["ha:fən'arbaitər] m. (s, -) docker m. ||°**-blockade** f. (-, n) blocus (m.) portuaire. ||°**-einfahrt** f. (-, en). Mar. entrée (f.) du port ; chenal m. ; goulet m. || °**-gebühren** f. pl. Mar. droits (m. pl.) de port ; péage m. ||°**-schiff** n. (s, e). Mar. stationnaire m. ||°**-sperre** f. (-, n) embargo m. ||°**-wächter** m. (s, -), °**-wärter** m. (s, -). Mar. garde-port m. ||°**-zoll** m. (s, ¨e). Mar. droits (m. pl.) de port.

Hafer ['ha:fər] m. (s). Bot. avoine f. | *tauber Hafer*, folle avoine. || Fig., fam. *ihn sticht der Hafer*, la fortune lui monte à la tête.

Hafer|brei ["ha:fər'brai] m. (s, e) bouillie (f.) d'avoine. ||°**-flocken** f. pl. flocons (m. pl.) d'avoine.

Haff [haf] n. (s, e) lagune f. ; haff m.

Hafnium ['ha:fnium] n. (s). Chim. hafnium m.

...haft [haft] suffixe marquant la possession d'une qualité, d'un défaut. Ex. : *fehlerhaft*, incorrect ; défectueux.

Haft [haft] f. Jur. emprisonnement m. ; incarcération f. || [Untersuchungshaft] détention f. ; prévention f. | *jn in Haft nehmen*, emprisonner, incarcérer, écrouer qn ; mettre qn en prison. | *jn aus der Haft entlassen*, relâcher, élargir qn ; remettre qn en liberté. | *zu zehn Tagen Haft verurteilen*, condamner à dix jours de prison. || [Haftung] responsabilité f.

Haft|befehl ["haftbə'fe:l] m. (s, e). Jur. mandat (m.) d'arrêt. | *einen Haftbefehl erlassen*, lancer un mandat d'arrêt. ||°**-entlassung** f. (-, en). Jur. levée (f.) d'écrou. ||°**-genosse** m. (n, n). Jur. codétenu m. ||°**-pflicht** f. Jur. responsabilité f. || Comm. *Gesellschaft mit beschränkter Haftpflicht (G. m. b. H.)*, société (f.) à responsabilité limitée (S.A.R.L.). ||**-pflichtig** adj. Jur. responsable. ||°**-pflichtversicherung** f. (-, en). Jur. assurance (f.) de responsabilité civile.

haftbar ['haftba:r] adj. Jur. responsable. || Comm. *jn haftbar machen für*, rendre qn responsable de. | *haftbar werden*, encourir une responsabilité.

Haftbarkeit [-kait] f. Jur. responsabilité f.

haften [haftən] v. intr. **1.** [nicht loskommen] bien tenir. || [kleben] adhérer ; coller. | *der Teig haftet an den Fingern*, la pâte colle aux doigts. || Fig. *an etwas haften*, s'arrêter à qch. ; ne pouvoir se détacher de qch. | *nichts haftet bei ihm*, tout glisse sur lui.

2. JUR. [bürgen] *für jn, für etwas haften*, répondre de qn, de qch. ; se porter garant de qn, de qch. | *die Versicherung haftet für diesen Schaden*, l'assurance couvre ce dommage, ce risque.

haften|bleiben ["haftən'blaibən] v. intr. rester fixé, collé ; adhérer. || FIG. [im Gedächtnis] se fixer ; se graver (dans la mémoire).

Häftling ['hɛftliŋ] m. (s, e). JUR. détenu m. ; prisonnier m.

Häftlings|meuterei ["hɛftliŋsmɔytə'rai] (-, en) mutinerie (f.) de détenus.

Haftung ['haftuŋ] f. adhésion f. ; adhérence f. || JUR. responsabilité f. | *zivilrechtliche Haftung*, responsabilité civile. | *die Haftung übernehmen*, assumer la responsabilité. || COMM. *Gesellschaft mit beschränkter Haftung (G. m. b. H.)*, société (f.) à responsabilité limitée (S.A.R.L.).

Hag [ha:k] m. (s, e) buisson m. ; haie f. ; bosquet m. ; clôture f. || PAR EXT. clos m. ; enclos m. || BOT. *Hagapfel*, pomme (f.) sauvage.

Hage|butte ["ha:gə'butə] f. (-, n). BOT. fruit (m.) de l'églantier ; FAM. gratte-cul m. ||°-**dorn** m. (s, ¨er). BOT. aubépine f. ||°-**stolz** m. (es, e et en, en) vieux garçon.

Hagel ['ha:gəl] m. (s). [Eiskorn] grêlon m. || PAR EXT. [Niederschlag von Eiskörnern] grêle f. || FIG. grêle f. ; pluie f. | *Hagel von Geschossen*, grêle de projectiles. | *Hagel von Vorwürfen*, torrent (m.) de reproches. | *wie Hagel*, en très grand nombre ; en masse. || MIL., HIST. mitraille f. || [Jagd] plombs m. pl.

hagel|dicht ["ha:gəl'diçt] adj. dru comme grêle. ||°-**korn** n. (s, ¨er) grêlon m. || MÉD. orgelet m. ||°-**schauer** m. (s, -) giboulée f. ||°-**wetter** n. (s) orage accompagné de grêle.

hageln ['ha:gəln] v. impers. grêler. | *es hagelt*, il grêle ; il tombe des grêlons. || FIG. tomber dru comme grêle ; pleuvoir. | *es hagelt Schläge auf ihn*, les coups pleuvent sur lui.

hager ['ha:gər] adj. maigre ; sec ; grêle.

Häher ['hɛ:ər] m. (s, -). ZOOL. geai m.

Hahn [ha:n] m. (s,¨e). [Männchen des Huhns] coq m. || FIG. *der gallische Hahn*, le coq gaulois. | *Hahn im Korb sein*, être la coqueluche des dames. | *es kräht kein Hahn danach*, nul ne s'en soucie. | *jm den roten Hahn aufs Dach setzen*, mettre le feu à la maison de qn. || PAR EXT. [Vogelmännchen] mâle m. || [Gewehrteil] chien m. | *den Hahn spannen*, armer son fusil. || [Absperrvorrichtung] robinet m. | *einen Hahn aufdrehen*, ouvrir un robinet.

Hähnchen ['hɛ:nçən] n. (s, -). ZOOL. petit coq. || CULIN. poulet m. ; coquelet m.

Hahnen|fuß ["ha:nən'fu:s] m. (es, ¨e). BOT. renoncule f. ||°-**kamm** m. (s, ¨e) crête (f.) de coq. ||°-**kampf** m. (s,¨e) combat (m.) de coqs. ||°-**schrei** m. (s, e) chant (m.) du coq.

Hahnrei ['ha:nrai] m. (s, e) mari trompé ; FAM. cocu m. ; cornard m.

Hai [hai] m. (s, e), **Hai|fisch** ['haifiʃ] m. (s, e). ZOOL. requin m. ; squale m.

Hain [hain] m. (s, e). POÉT. bosquet m. ; bois sacré.

Hain|buche ["hain'bu:xə] f. (-, n). BOT. charme m.

Häkchen ['hɛkçən] n. (s, -) petit crochet ; agrafe f. || PROV. *was ein Häkchen werden will, krümmt sich beizeiten*, les dispositions naturelles se montrent de bonne heure. || GRAMM. apostrophe f.

Häkel|arbeit ["hɛkəl'arbait] f. (-, en) ouvrage (m.) au crochet. ||°-**nadel** f. (-, n) crochet m.

Häkelei [hɛkə'lai] f. V. HÄKELARBEIT. || FIG. railleries f. pl. ; piques f. pl.

häkeln [-kəln] v. intr. et v. tr. faire du crochet. | *Spitzen häkeln*, faire de la dentelle au crochet.

Haken ['ha:kən] m. (s, -). [zum Ziehen, Aufhängen] crochet m. || [Kleiderhaken] portemanteau m. ; patère f. || [Angelhaken] hameçon m. || PAR ANAL. [Wendung] crochet m. | *einen Haken schlagen*, faire un crochet. | *Haken schlagen*, zigzaguer. || [Boxhieb] crochet m. | *rechter Haken*, crochet du droit. || [Auslassungszeichen] apostrophe f. || FIG. *das hat einen Haken*, il y a qch. qui cloche.

haken ['ha:kən] v. tr. accrocher.

◇ v. pr. **sich haken,** s'accrocher. || FAM. *sich mit jm haken*, avoir un accrochage avec qn.

haken|förmig ["ha:kən'førmiç] adj. crochu. ||°-**kreuz** n. (es, e). POLIT. croix gammée. || RELIG. svastika m. ||°-**nase** f. (-, n) nez aquilin, crochu.

hakig ['ha:kiç] adj. crochu.

Halali [ha'lali, hala'li] n. (s, s). [Jagd] hallali m. | *das Halali blasen*, sonner l'hallali.

halb [halp] adj. **1.** demi ; mi ; la moitié de. | *ein halbes Dutzend*, une demi-douzaine. | *eine halbe Stunde*, une demi-heure. | *auf halber Höhe*, à mi-pente. | *auf halbem Weg*, à mi-chemin. | *jm auf halbem Weg entgegenkommen*, faire la moitié du chemin. | *zum halben Preis*, à moitié prix. || COMM. *halbe Rechnung*, compte (m.) à demi. || POÉS. *halber Vers*, hémistiche m. || MAR. *halber Wind*, vent (m.) largue. || MUS. *halber Ton*, demi-ton. || POP. *eine Halbe*, une demi-bouteille.

2. FIG. *halbe Maßnahme*, demi-mesure f. | *die halbe Welt weiß es*, tout le monde le sait. | *es ist nichts Halbes und nichts Ganzes*, ce n'est ni fait ni à faire. | *nur noch ein halber Mensch sein*, n'être plus que l'ombre de soi-même. | *halbe Arbeit machen*, faire les choses à moitié. | *eine halbe Ewigkeit warten*, attendre cent sept ans. | *jn auf halbe Kost setzen*, mettre qn à la portion congrue. | *mit halber Stimme*, à mi-voix. | *mit halbem Ohr zuhören*, écouter d'une oreille distraite.

3. [Uhr] *halb zehn*, neuf heures et demie. | *fünf vor halb zehn*, neuf heures vingt-cinq. | *fünf nach halb zehn*, dix heures moins vingt-cinq. | *es schlägt halb*, la demie sonne.

◇ adv. à demi ; à moitié. | *halb gar*, à moitié cuit. | *halb angezogen*, à demi vêtu. | *alles nur halb tun*, ne faire les choses qu'à moitié. | *halb und halb*, pas tout à fait ; moitié moitié ; à moitié. | *nur halb bei der Sache sein*, manquer de cœur, n'avoir pas le cœur à l'ouvrage. | *halb kniend und halb sitzend*, assis sur ses talons. | *der Weg ist halb so breit wie die Straße*, la route est deux fois plus large que le chemin. || MIL. *halb rechts, Marsch !*, demi-tour, droite !

Halb|affe ["halp'afə] m. (n, n). ZOOL. maki m. ||-**amtlich** adj. officieux. ||°-**bildung** f. (-) demi-savoir m. ||°-**blut** n. (s) demi-sang m. ||°-**bruder** m. (s, ¨) demi-frère m. ||°-**dunkel** n. (s) pénombre f. ; demi-obscurité f. ; clair-obscur m. ||-**durchlässig** adj. PHYS. *halbdurchlässiger Spiegel*, miroir semi-transparent. ||°-**dutzend** n. (s, e) demi-douzaine f. ||°-**edelstein** m. (s, e) améthyste f. ||°-**esel** m. (s, -) hémione m. ||°-**fabrikat** n. (s, e). TECHN. produit demi-fini, semi-manufacturé. ||-**fertig** adj. TECHN. semi-fini. ||°-**fertigprodukt** n. (s, e) produit semi-fini. ||-**flach** adj. méplat. ||-**gar** adj. CULIN. à moitié cuit. ||°-**gefrorenes** n. entremets glacé. ||°-**geschoß** (es, e). ARCHIT. entresol m. ||°-**geschwister** pl., enfants (m. pl.) de deux lits. ||°-**gott** m. (s,¨er). MYTH. demi-dieu m. ; héros m. ||°-**insel** f. (-, n) presqu'île f. ; péninsule f. ||°-**jahr** n. (s, e) semestre m. ||-**jährig** adj. âgé de six mois ; qui dure six mois. ||-**jährlich** adj. semestriel. — adv. tous les six mois ; deux fois par an ; semestriellement. ||°-**kreis** m. (es, e). MATH. demi-cercle m. || [halbkreisförmiger Raum] hémicycle

m. ||**-kreisförmig** adj. semi-circulaire. ||°**-kugel** f. (-, n). MATH., GÉOGR. hémisphère m. || PHYS. *Magdeburger Halbkugeln*, hémisphères de Magdebourg. ||**-kugelförmig** adj. MATH., GÉOGR. hémisphérique. ||**-lang** adj. demi-long ; mi-long. ||**-laut** adj. et adv. à mi-voix. || MUS. mezza voce. ||°**-laut** m. (s, e). GRAMM. semi-voyelle f. || °**-lederband** m. (s, ¨e) volume relié demi-plein. ||°**-leinen** n. (s). TEXT. fil et coton ; toile métisse ; mi-fil m. ||°**-licht** n. (s) demi-jour m. ||°**-links** m. (-, -). SPORT. inter (m.) gauche. ||°**-liter** m. (s, -) demi-litre m. ||**-mast** adv. MAR. à mi-mât. | *die Flagge auf halbmast setzen*, mettre le pavillon en berne. ||°**-messer** m. (s, -). MATH. rayon m. ||**-monatlich** adj. bimensuel. ||°**-mond** m. (s, e) demi-lune f. ||**-offen** adj. entrouvert. ||**-part** adv. *mit jm halbpart machen*, partager moitié moitié avec qn. ||°**-produkt** n. (s, e) produit semi-fini. ||°**-rechts** m. SPORT. inter (m.) droit. ||**-reif** adj. à moitié, pas encore mûr. ||**-rund** adj. semi-circulaire. ||°**-säule** f. (-, n). ARCHIT. cippe m. ||°**-schatten** m. (s) pénombre f. ||°**-schlaf** m. demi-sommeil m. ||°**-schuhe** m. pl. chaussures basses. ||°**-schwergewicht** n. (s, -). SPORT. poids (m.) mi-lourd. ||°**-schwester** f. (-, n) demi-sœur f. ||**-seitig** adj. d'une demi-page. ||**-staatlich** adj. POLIT. officieux ; semi-étatique. ||°**-starker** m. *ein Halbstarker*, un jeune voyou ; un blouson noir. || °**-stiefel** m. (s, -) bottine f. ||°**-strumpf** m. (s, ¨e) chaussette f. ||**-stündig** adj. d'une demi-heure. ||**-stündlich** adj. toutes les demi-heures. ||°**-tagesarbeiter** m. (s, -) ouvrier (m.) à mi-temps. ||**-tägig** adj. d'une demi-journée. ||°**-ton** m. (s, ¨e). MUS. demi-ton m. || PHOT. demi-teinte f. ||°**-vers** m. (es, e). POÉS. hémistiche m. ||°**-vokal** m. (s, e). GRAMM. semi-voyelle f. ||**-wach** adj. somnolent. ||°**-waise** f. (-, n) orphelin (m.) de père ou de mère. ||**-wegs** adv. passablement ; médiocrement ; FAM. couci-couça. | *jm halbwegs entgegenkommen*, faire la moitié du chemin. ||°**-welt** f. FAM. demi-monde m. ||°**-weltdame** f. (-, n) demi-mondaine f. ||°**-wertzeit** f. (-, en). NUCL. période f. | *radioaktive Halbwertzeit*, période radioactive. || PHYS. demi-vie f. ||°**-wissen** n. (s) demi-savoir m. ; savoir superficiel. ||**-wöchentlich** adj. bihebdomadaire. ||**-wüchsig** adj. adolescent. | *halbwüchsiger Junge*, adolescent m. ||°**-zeit** f. (-, en). SPORT. mi-temps m. ||°**-zeug** (s, e) demi-produits m.

halben ['halbən], **halber** ['halbər] suff. à cause de ; en considération de. | *vorsichtshalber*, par prudence. ◇ prép. (gén.) à cause de ; pour des raisons de. | *seiner Gesundheit halber*, pour raisons de santé.

Halbheit ['halphait] f. (-, en) imperfection f. | *Halbheit des Charakters*, faiblesse (f.) de caractère ; irrésolution f. ; demi-mesure f.

halbieren [hal'bi:rən] v. tr. partager en deux parties égales.

halbierend [-rənt] adj. MATH. bissecteur.

Halde ['haldə] f. (-, n). MINES. halde f. || POÉT. pente (f.), versant (m.) de la montagne.

Hälfte ['hɛlftə] f. (-, n) moitié f. | *die Hälfte des Weges*, la moitié du chemin. | *mehr als die Hälfte ; über die Hälfte*, plus de la moitié. | *um die Hälfte teurer*, cinquante pour cent plus cher. | *um die Hälfte mehr verdienen*, gagner moitié plus. | *zur Hälfte*, pour moitié. | *zur Hälfte beteiligt sein*, être de moitié dans l'affaire. || FIG., FAM. *meine bessere Hälfte*, ma moitié.

Halfter ['halftər] f. (-, n), m. ou n. (s, -). [Zaum] licou m. ; longe f. || [Satteltasche] fonte f.

Hall [hal] m. (s, e) son m. ; résonance f.

Halle ['halə] f. (-, n) grande salle ; hall m. ; galerie f. || AÉRON. hangar m. || [Eisenbahn] hall m. || SPORT. gymnase m. ; [Tennis] court couvert.

Hallelujah [hale'lu:ja] n. RELIG. alléluia m.

hallen ['halən] v. intr. résonner ; retentir.

Hallen|bad ["halən'ba:t] n. (s, ¨er) piscine couverte. ||°**-kirche** f. (-, n) église (f.) gothique. ||°**-sportfest** n. (s, e) réunion (f.) athlétique en salle.

Hallig ['haliç] f. (-, en). GÉOGR. hallig m.
— OBSERV. îlot inondable sur la côte de Frise.

Hallo [ha'lo] n. (s, s). FAM. tumulte m. ; cris m. pl.

hallo ['halo] interj. [Telefon] allô ! || [Gruß] salut ! || [Zuruf] hé ! ; hep !

Halluzination [halutsina'tsio:n] f. (-, en) hallucination f.

Halm [halm] m. (s, e) tige f. | *das Feld steht im Halm*, les blés sont en herbe. | *die Ernte auf dem Halm verkaufen*, vendre la récolte sur pied.

Halo ['ha:lo] m. (s, s) halo m.

Halogen [halo'ge:n] n. (s, e). CHIM. halogène m. | *Halogenlampe*, lampe (f.) à halogène.

Hals [hals] m. (es, ¨e). ANAT. cou m. ; POÉT. col m. | [eines Tieres] encolure f. || [Rachen] gorge f. || FAM. gosier m. | *einen langen Hals machen*, tendre le cou. | *der Hals tut mir weh*, j'ai mal à la gorge. | *einen steifen Hals haben*, avoir le torticolis. | *einem Huhn den Hals umdrehen*, tordre le cou à un poulet. || FIG. *jm den Hals abschneiden*, couper la gorge à qn ; FAM. étrangler qn. | *sich Feinde auf den Hals laden*, se mettre des gens à dos. | *viel auf dem Hals haben*, avoir du travail par-dessus la tête. | *jm die Polizei auf den Hals schicken*, mettre la police aux trousses de qn. | *aus vollem Hals schreien*, crier à tue-tête. | *aus vollem Hals lachen*, rire à gorge déployée. | *sich die Lungen aus dem Hals schreien*, s'époumonner. | *etwas im Halse haben*, avoir la voix voilée ; FAM. avoir un chat dans la gorge. | *Hals über Kopf fliehen*, prendre ses jambes à son cou. | *einander um den Hals fallen*, se jeter au cou l'un de l'autre. | *bleibe mir (damit) vom Halse*, laissez-moi tranquille (avec cela). | *sich etwas vom Halse schaffen*, se débarrasser de qch. | *es hängt mir zum Halse heraus*, j'en ai assez ; FAM. j'en ai plein le dos.

Hals|abschneider ["hals'apʃnaidər] m. (s, -). [Betrüger] écorcheur m. ; FAM. arnaqueur. ||°**-ader** f. (-, n). ANAT. veine (f.) jugulaire. ||°**-band** n. (s, ¨er) collier m. ||°**-binde** f. (-, n) cravate f. ||**-brechend, -brecherisch** adj. [gefährlich] périlleux ; dangereux ; risqué. || [tollkühn] téméraire. ||°**-entzündung** f. (-, en). MÉD. mal (m.) de gorge. ||°**-kette** f. (-, n) collier m. ||°**-kragen** m. (s, -) [faux] col m. ||°**-krause** f. (-, n) collerette f. ; fraise f. ||°**-(puls)-ader** f. (-, n). ANAT. artère (f.) carotide ; carotide f. ||°**-schmerzen** m. pl. MÉD. mal (m.) de gorge. ||°**-schmuck** m. (s) collier m. ||**-starrig** adj. entêté ; obstiné ; têtu ; buté ; opiniâtre. ||°**-starrigkeit** f. entêtement m. ; obstination f. ; opiniâtreté f. ||°**-tuch** n. (s, ¨er) cache-col m. ; foulard m. ; écharpe f. ||°**-weh** n. (s). MÉD. mal (m.) de gorge. ||°**-weite** f. (-) encolure f. ; tour (m.) de cou. ||°**-wirbel** m. (s, -). ANAT. vertèbre cervicale.

halsen ['halzən] v. tr. [umarmen] embrasser. ◇ v. intr. MAR. [wenden] virer vent arrière ; empanner.

Halsen n. (s). MAR. empannage m.

Hals-Nasen-Ohren|arzt [halsnazən"o:rən'artst], **HNO-Arzt** m. (es, ¨e). MÉD. oto-rhino-laryngologiste m. ||°**-ärztin** f. (-, nen). MÉD. oto-rhino-laryngologiste f. ||°**-heilkunde** f. MÉD. oto-rhino-laryngologie f.

Halt [halt] m. (s, e). [Stillstand ; Einhalt] arrêt m. ; pause f. ; temps (m.) d'arrêt. | *dem Fortschreiten einer Seuche Halt gebieten*, arrêter, enrayer, stopper une épidémie. || [Rückhalt ; Stütze] appui m. ; soutien m. || FIG. *an jm einen Halt haben*, pouvoir compter sur qn ; trouver un ferme appui en qn. || [Unerschütterlichkeit] caractère m. ; force (f.) d'âme ; moral m. | *keinen inneren Halt haben*, manquer de caractère. — SYN. : *Stillstand, Unterbrechung*, arrêt ; *Stütze, Rückhalt*, appui ; *Festigkeit*, fermeté, force d'âme.

halt [halt] adv. FAM. [nun, eben] justement. | *das ist halt so und nicht anders*, ma foi, il en est ainsi ; c'est ainsi et pas autrement.
◇ interj. halte ! || MIL. *halt, wer da ?*, halte !, qui vive ?

halt|los ['haltlos] adj. [innerlich schwach] faible ; [unbegründet] inconsistant ; sans fondement. | *haltloses Gerücht*, bruit inconsistant. ||°**-losigkeit** f. [Schwachheit] fragilité f. ; inconsistance f. || FIG. [innerliche Schwachheit] faiblesse f. | *Haltlosigkeit des Charakters*, fragilité de caractère. ||**-machen** v. intr. faire halte ; s'arrêter. || AUTOM. stopper.

haltbar ['haltbɑ:r] adj. [fest] résistant ; solide. || [beständig] durable ; qui se conserve ; non périssable. || FIG. [begründet] soutenable ; défendable. | *diese Meinung ist nicht haltbar*, cette opinion est insoutenable, indéfendable.

Haltbarkeit [-kait] f. [Festigkeit] solidité f. || [Beständigkeit] résistance f.

Halte|platz ["haltə'plats] m. (es, ¨e) halte f. ; [für Taxis] station f. ||°**-ring** m. (s, e) anneau (m.) d'attache. ||°**-seil** n. (s, e). MAR. hauban m. ||°**-signal** n. (s, e). [Eisenbahn] signal (m.) d'arrêt. ||°**-stelle** f. (-, n). [Eisen-, Straßenbahn] arrêt m. ; station f. ||°**-verbot** n. (s, e) interdiction (f.) de stationner.

halten ['haltən] (ä, ie, a).

> **I.** v. tr.
> **1.** [nicht loslassen] tenir.
> **2.** [etwas unternehmen ; etwas abwickeln] tenir ; faire ; organiser.
> **3.** [feste Richtung nehmen ; von etwas nicht abweichen] prendre une direction ; ne pas dévier ; observer ; respecter.
> **4.** [wahren ; bewahren] maintenir ; respecter ; observer.
> **5.** [hemmen ; anhalten ; zurückhalten] retenir ; arrêter.
> **6.** [halten ; züchten] élever ; cultiver ; subvenir aux besoins de.
> **7.** [meinen ; schätzen ; halten für] estimer ; considérer comme.
> **II.** v. intr.
> **1.** [halt machen] s'arrêter.
> **2.** [fest sein ; aushalten] durer ; tenir.
> **3.** LOC.
> **III.** v. pr. **sich halten.**
> **1.** se maintenir.
> **2.** se tenir ; se comporter.
> **3.** LOC.

I. v. tr. **1.** [nicht loslassen] tenir. | *etwas in der Hand halten*, tenir qch. à la main. | *einen Korb am Henkel halten*, tenir un panier par l'anse. | *jn bei, an der Hand halten*, tenir qn par la main. | *etwas vorrätig halten*, garder, tenir qch. en réserve. || [Spiel] *die Bank halten*, tenir la banque. | *den Einsatz halten*, accepter l'enjeu. || FIG. *für die Prüfung halte ich dir den Daumen*, bonne chance (pour ton examen) ! ; je ferai une petite prière pour toi ! | *jm die Stange halten*, prendre le parti de qn.
2. [etwas unternehmen, veranstalten, abhalten] tenir ; faire, organiser. | *Gericht halten*, rendre la justice ; JUR. tenir audience. | *ein Mittagsschläfchen halten*, faire la sieste. | *Rast halten*, se reposer. || *Sitzung halten*, tenir séance ; délibérer. | *einen Vortrag halten*, faire, donner une conférence. | *eine Ansprache, eine Rede halten*, prononcer une allocution, un discours. | *eine Vorlesung halten*, faire un cours. | *Wache halten*, monter la garde. || RELIG. *das Hochamt halten*, célébrer la grand-messe. | *Andacht halten*, célébrer l'office.
3. [feste Richtung nehmen ; von etwas nicht abweichen] prendre une direction ; ne pas dévier ; observer ; respecter. | *Gottes Gebote halten*, observer les commandements de Dieu. | *Umschau halten*, scruter l'horizon ; regarder autour de soi. | *nach jm Ausschau halten*, chercher qn des yeux. | *Einkehr halten*, faire retour sur soi. | *es mit jm halten*, avoir partie liée avec qn. | *es so halten*, procéder, agir ainsi, de la sorte. | *mit jm Schritt halten*, régler son pas sur qn ; FIG. ne pas se laisser distancer par qn. || MUS. *den Takt halten*, jouer, chanter en mesure. | *den Ton halten*, garder le ton.
4. [wahren, bewahren] maintenir ; respecter ; observer. | *die Wärme halten*, garder, conserver la chaleur. | *die Eltern in Ehren halten*, respecter, honorer ses parents. | *er hält seine Rechnungsbücher in Ordnung*, il a de l'ordre dans sa comptabilité. | *er hält die Maschine instand*, il entretient sa machine ; il tient sa machine en état de marche. | *(strenge) Diät halten*, suivre un régime (sévère) ; être au régime. | *mit jm Freundschaft halten*, être l'ami de qn. | *im Trinken Maß halten*, boire avec modération. | *etwas frisch halten*, tenir qch. au frais. | *ein Versprechen halten*, tenir une promesse. | *Wort halten*, tenir parole. | *mit der Meinung hinter dem Berge halten*, ne pas dévoiler ses opinions.
5. [hemmen ; anhalten ; zurückhalten] retenir ; arrêter ; maintenir. | *ich will Sie nicht länger halten*, je ne vous retiendrai pas plus longtemps. | *jn in Schach halten*, tenir qn en échec. | *jn, etwas in Schranken halten*, contenir qn, qch. | *ein Pferd im Zaum halten*, tenir un cheval en bride. | *den Mund, seinen Mund halten*, tenir sa langue ; garder bouche cousue.
6. [halten ; züchten] élever ; cultiver ; subvenir aux besoins de. | *Hühner halten*, faire l'élevage de poules ; faire de l'aviculture. | *jn knapp halten*, réduire qn à la portion congrue ; traiter qn chichement. | *jn gut halten*, bien traiter qn. | *jn schadlos halten*, dédommager qn.
7. [meinen ; schätzen ; halten für] estimer ; considérer comme. | *jn zum Narren halten*, se moquer de qn. | *jn zum besten halten*, se jouer de qn. | *jm etwas zugute halten*, porter qch. au crédit de qn. | *jn für einen Freund halten*, considérer qn comme un ami. | *jn für tot halten*, croire qn mort. | *ich halte das für sicher*, je considère cela comme assuré, comme certain. | *er wird für einen Millionär gehalten*, il passe pour millionnaire. | *nichts von jm halten*, faire peu de cas de qn. | *viel von jm halten*, faire grand cas de qn. | *für wen halten Sie mich ?*, pour qui me prenez-vous ? | *was halten Sie davon ?*, qu'en pensez-vous ?
II. v. intr. **1.** [halt machen] s'arrêter ; faire halte. | *der Zug hält an jeder Station*, le train s'arrête à toutes les gares. || [nicht fahren] stationner. | *ein Wagen hält vor der Tür*, une voiture est arrêtée, stationne devant la porte. || MIL. faire halte.
2. [fest sein ; aushalten] tenir ; durer ; être résistant ; être solide. | *der Stoff hält nicht*, cette étoffe n'est pas solide. | *dieses Gebäude hat Jahrhunderte gehalten*, cette construction a duré des siècles. || FIG., FAM. *er schuftet, was das Zeug hält*, il travaille comme un nègre.
3. LOC. (caractérisées par une préposition). — **an :** *an sich halten*, se maîtriser ; se dominer ; se contenir. | *nicht an sich halten können*, ne pas se contenir ; exploser ; sortir de ses gonds. — **auf :** *auf etwas halten*, tenir à qch. ; être attaché à qch. | *auf sich halten*, [gepflegt sein] prendre soin de sa personne ; [eingebildet sein] être imbu de soi-même ; FAM. ne pas se moucher du pied.
III. v. pr. **sich halten. 1.** [bestehen bleiben] se maintenir. | *das Wetter hält sich*, le temps se maintient (au beau). | *er wird sich nicht halten können*, il ne fera

pas long feu. || FIN. *die Kurse halten sich*, les cours sont fermes
2. [eine bestimmte Haltung haben] se tenir. | *sich gut halten*, se tenir bien. | *sich schlecht halten*, se tenir mal. || [sich verhalten] se tenir ; se comporter. | *sich abseits, für sich halten*, se tenir à l'écart. | *sich still halten*, se tenir tranquille. | *er hielt sich nicht mehr vor Freude*, il ne se sentait plus de joie.
3. LOC. *einander die Waage halten*, s'équilibrer ; se contrebalancer. | *sich am Geländer halten*, se tenir à la rampe. | *sich an die Vorschrift halten*, s'en tenir au règlement. | *sich an jn halten*, s'en rapporter à qn. | *sich nach Westen halten*, aller vers l'ouest ; faire route vers l'ouest. | *sich zu jm halten*, être du parti de qn. | *sich im Gleichgewicht halten*, garder l'équilibre.

Halten ['haltən] n. (s) *zum Halten bringen*, arrêter. || [Verkehr] *Halten verboten !*, défense de s'arrêter. || [Zeitung] abonnement m.

Halter [-tər] m. (s, -) support m. ; soutien m. ; appui m.
◇ En compos. : porte-. | *Federhalter*, porte-plume m. inv.
— SYN. : *Stütze*, soutien ; *Träger*, *Ständer*, support.

Halterung ['haltəruŋ] f. (-, en). TECHN. peigne m.

Haltung ['haltuŋ] f. (-, en). [Körperhaltung] attitude f. ; pose f. ; posture f. || [Benehmen] attitude f. ; contenance f. ; maintien m. | *herausfordernde Haltung*, attitude provocante. | *feste Haltung*, attitude ferme. | *bescheidene Haltung*, humble contenance. | *zweideutige Haltung*, attitude équivoque. || [Würde] contenance f. | *Haltung bewahren*, ne pas perdre contenance. || FIN. *Haltung der Börse*, tendance (f.) de la Bourse.
— SYN. : *Auftreten*, attitude ; *Stellung*, posture.

Halunke [ha'luŋkə] m. (n, n) coquin m. ; vaurien m. ; fripouille f. ; chenapan m.

Hämatit [hɛma'tit] m. (s, e). MINÉRAL. hématite f.

Hämatologe [hɛmato'lo:gə] m. (n, n), **Hämatologin** [-'lo:gin] f. (-, nen). MÉD. hématologue s.

Hamburg ['hamburk] n. pr. n. Hambourg.

Hamburger ['hamburgər] m. (s, -) n. pr. m. GÉOGR. Hambourgeois m.

hämisch ['hɛ:miʃ] adj. [tückisch] sournois ; faux. || [schadenfroh] méchant ; mauvais. | *hämisches Grinsen*, rire (m.) sardonique.

Hammel ['haməl] m. (s, -) mouton m. || FIG. [Einfaltspinsel] simple m. ; FAM. simplet m.

Hammel|fleisch ["haməl'flaiʃ] n. (s) viande (f.) de mouton ; mouton m. ||°**-keule** f. (-, n) gigot (m). de mouton. ||°**-sprung** m. (s, ¨e). [Spiel ; Reitkunst] saut (m.) de mouton.

Hammer ['hamər] m. (s, ¨) marteau m. | *mit dem Hammer schlagen, klopfen*, donner des coups de marteau. || FIG. *zwischen Hammer und Amboß sein*, être entre le marteau et l'enclume. || FAM. *etwas unter den Hammer bringen*, faire vendre qch. aux enchères. | *unter den Hammer kommen*, être mis à l'encan ; être vendu aux enchères. || ANAT. [Ohr] marteau m. || SPORT. marteau m.

hämmern ['hɛmərn] v. intr. battre à grands coups. | *das Blut hämmert in den Adern*, le sang bat à grands coups dans les veines.
◇ v. tr. marteler.

Hämmern ['hɛmərn] n. (s) martelage m. ; martèlement m.

Hamming Code ["hæmiŋ'ko:d] m. (s, s). INF. code (m.) de Hamming.

Hämo|globin [hɛmoglo'bi:n] n. (s). CHIM., BIOL. hémoglobine f. ||°**-lyse** f. (-, n). MÉD. hémolyse f. ||°**-philie** f. MÉD. hémophilie f. ||°**-rrhagie** f. MÉD. hémorragie f. ||°**-rrhoiden** f. pl. hémorroïdes f. pl.

Hampel|mann ["hampəl'man] m. (s, ¨er) pantin m. || FIG. pantin m. ; guignol m.

hampeln ['hampəln] v. intr. faire des gestes de pantin ; gigoter.

Hamster ['hamstər] m. (s, -). ZOOL. hamster m. ; ascomys m.

Hamsterer ['hamstərər] m. (s, -) accapareur m.

Hamster|kauf ["hamstər'kauf] m. (s, ¨e). ÉCON. achat (m.) de précaution.

hamstern [-tərn] v. tr. accaparer des denrées ; faire des réserves.

Hamstern [-tərn] n. (s). V. HAMSTERKAUF.

Hand [hant] f. (-, ¨e) main f. || [Handschrift] écriture f.

> **I.** avec un adj.
> **II.** avec **haben.**
> **III.** avec d'autres verbes.
> **IV.** locutions exclamatives.
> **V.** avec une prép. et un adj.

I. avec un adj. : *die flache Hand*, la paume. | *die hohle Hand*, le creux de la main. | *linker Hand*, à (main) gauche. | *rechter Hand*, à (main) droite. || FIG. *js rechte Hand*, le bras droit de qn. | *die starke Hand*, la poigne ; la manière forte. || JUR. *die tote Hand*, la mainmorte.
II. avec **haben** : *Hand und Fuß haben*, se tenir. | *weder Hand noch Fuß haben*, n'avoir ni queue ni tête. | *da haben Sie meine Hand darauf*, tope là ! ; vous avez ma parole. | *seine Hand im Spiele haben*, [Ursache sein] y être pour quelque chose ; [Mittäter sein] tremper dans l'affaire. | *freie Hand haben*, avoir les mains libres. | *eine glückliche Hand haben*, avoir la main heureuse. | *eine lockere Hand haben*, avoir la main leste. || FIG. *eine milde Hand haben* ; *eine offene Hand haben*, être généreux ; avoir le cœur sur la main. || PR. et FIG. *schmutzige Hände haben*, avoir les mains sales ; FIG. ne pas avoir les mains propres. | *alle Hände voll zu tun haben*, avoir du travail par-dessus la tête ; ne plus savoir où donner de la tête. | *eine ungeschickte Hand haben*, avoir la main malheureuse.
III. avec d'autres verbes : *Hand anlegen*, mettre la main à la pâte. | *die Hand ausstrecken*, tendre la main. | *jm die Hand drücken*, donner une poignée de main à qn. | *die Hände falten*, joindre les mains. | *jm die Hand geben*, donner la main à qn. || FIG. *ihm sind Hände und Füße gebunden*, il a les mains liées ; il n'est pas libre de ses mouvements. | *die Hand auf der Tasche halten*, refuser de payer. | *die Hand von etwas lassen*, ne pas toucher à qch. | *jm freie Hand lassen*, donner carte blanche à qn. | *letzte Hand an ein Werk legen*, mettre la dernière main à un ouvrage. | *Hand an sich legen*, attenter à ses jours. | *die Hände in den Schoß legen*, FIG. cesser le travail ; se croiser les bras. || *seine Hand für etwas, für jn ins Feuer legen*, se porter garant de qch., de qn. | *ich lege dafür meine Hand ins Feuer*, j'en mettrais ma main au feu. | *jm die Hand reichen*, tendre la main à qn. | *jm die Hand fürs Leben reichen*, FIG. épouser qn. | *die Hände ringen*, se tordre les mains. | *die Hände vors Gesicht schlagen*, se couvrir le visage de ses mains. | *jm die Hand schütteln*, donner une poignée de main à qn. | *man kann die Hand vor den Augen nicht sehen*, on n'y voit goutte. || LOC. *seine Hände in Unschuld waschen*, s'en laver les mains. || PROV. *eine Hand wäscht die andere*, les loups ne se mangent pas entre eux. || *die Hände über dem Kopf zusammenschlagen*, lever les bras au ciel.
IV. locutions exclamatives : *Hände hoch !*, haut les mains ! || FAM. *Hände weg !*, bas les pattes ! | *Hände weg von... !*, touchez pas à... ! | *Hand aufs Herz !*, parole !

V. avec une prép. et un adj. — **an :** *an Hand dieser Urkunde*, en s'appuyant sur ce document. | *etwas an der Hand haben*, disposer de qch. | *an der Hand*, par la main. | *an Händen und Füßen gebunden*, pieds et poings liés. || COMM. *etwas an Hand geben*, vendre qch. à condition. — **auf :** *es liegt auf der Hand*, c'est clair comme le jour ; c'est l'évidence même. | *jn auf Händen tragen*, choyer qn. — **aus :** *aus erster Hand*, de première main ; directement. | *aus zweiter Hand*, de seconde main ; indirectement. | *aus vollen Händen*, à pleines mains. | *aus freier Hand zeichnen*, dessiner à main levée. | *aus freier Hand verkaufen*, vendre volontairement. | *etwas aus der Hand geben*, se dessaisir de qch. | *jm aus der Hand fressen*, manger dans la main de qn. | *von der Hand in den Mund leben*, vivre au jour le jour. — **bei :** *bei der Hand*, par la main. — **in :** *Hand in Hand*, la main dans la main. || JUR. *in festen Händen*, inaliénable. || *in guten Händen*, en bonnes mains. | *in die Hände klatschen*, applaudir. || PR. et FIG. *etwas in die Hand nehmen*, prendre qch. en main. || *dem Feind in die Hände fallen*, tomber aux mains de l'ennemi. | *die Beine in die Hand nehmen*, prendre ses jambes à son cou. | *in der Hand lesen*, lire dans les lignes de la main. | *jm in die Hand arbeiten*, faire le jeu de qn. — **mit :** *mit leeren Händen*, les mains vides. | *mit Händen und Füßen*, de toutes ses forces ; avec bec et ongles. | *mit der Hand fassen*, empoigner. || FIG. *mit Händen greifen*, toucher du doigt. — **unter :** *unter der Hand [sagen]*, (dire) en confidence. | *unter der Hand [handeln]*, (agir) en sous-main. — **von :** *etwas von langer Hand vorbereiten*, préparer qch. de longue main. | *etwas von der Hand weisen*, repousser qch. | *die Arbeit geht ihm flott von der Hand*, il travaille facilement ; il abat de la besogne. — **zu :** *etwas zur Hand haben*, disposer de qch ; avoir qch. sous la main. | *jm zur Hand gehen*, prêter main forte à qn. | *zu (eigenen) Händen*, en main propre.

Hand|arbeit ["hant'arbait] f. (-, en) travail manuel ; travail fait à la main ; [Nadelarbeit] travail à l'aiguille. ||°**-arbeiter** m. (s, -) travailleur manuel. ||°**-aufheben** n. (s) vote (m.) à main levée. ||°**-ball** m. (s,¨e). SPORT. hand-ball m. ||°**-beil** n. (s, e) hachette f. ||°**-betrieb** m. (s, e) manœuvre (f.) à bras. ||**-breit** adj. de la largeur de la main ; large comme la main. ||°**-bremse** f. (-, n). AUTOM. frein (m.) à main. ||°**-buch** n. (s, ¨er) manuel m. ||°**-feger** m. (s, -) balayette f. ||**-fertig** adj. adroit ; habile. ||°**-fertigkeit** f. dextérité f. ||**-fest** adj. qui a la poigne solide ; solide. | *handfester Kerl*, solide gaillard m. || FIG. *handfeste Lüge*, grossier mensonge ; mensonge éhonté. ||°**-feuerwaffe** f. (-, n) arme portative, de poing. ||°**-fläche** f. (-, n). ANAT. paume (f.) de la main. ||**-förmig** adj. BOT. palmé. ||°**-geld** n. (s) [Anzahlung] arrhes f. pl. ; acompte m. || [Spende] prime f. ||°**-gelenk** n. (s, e). ANAT. poignet m. | *etwas aus dem Handgelenk schütteln*, improviser qch. || **-gemacht** adj. fait à la main. ||**-gemein** adj. *handgemein werden*, en venir aux mains ; se colleter. ||°**-gemenge** n. (s) mêlée f. ; corps-à-corps m. ||**-genäht** adj. cousu (à la) main. ||°**-gepäck** n. (s, e) bagages (m. pl.) à main. ||°**-granate** f. (-, n). MIL. grenade f. (à main). ||**-greiflich** adj. palpable. || FIG. évident ; manifeste. | *handgreiflich werden*, en venir aux mains, aux voies de fait. ||°**-griff** m. (s, e). [Fertigkeit] dextérité f. ; habileté f. || tour (m.), coup (m.) de main ; procédé m. ; FAM. truc m. ; astuce f. || [Messer] manche m. || [Degen ; Rad] poignée f. || TECHN. [Kurbel] manivelle f. || [Hebel] manette f. ||°**-habe** f. prise f. | *Handhabe bieten*, donner prise. ||**-haben** (insépar.) v. tr. manœuvrer ; manipuler ; manier. | *eine Waffe handhaben*, manier une arme. || FIG. *das Recht handhaben*, rendre la justice. ||°**-habung** f. manœuvre f. ; manipulation f. ; maniement m. ||°**-hebel** m. (s, -) levier m. ||°**-koffer** m. (s, -) valise f. ; mallette f. ||°**-kuß** m. (es,¨e) baise-main m. || FAM. *mit Handkuß*, volontiers. ||°**-langer** m. (s, -) manœuvre m. ; homme (m.) de peine. ||°**-lauf** m. (s, ¨e). ARCHIT. main courante. ||°**-lenkung** f. (-, en). AÉRON. pilotage manuel. ||°**-linie** f. (-, n) ligne (f.) de la main. ||°**-liniendeutung** f. chiromancie f. ||°**-pflegerin** f. (-, nen) manucure f. ||°**-rücken** m. (s, -) dos (m.) de la main. ||°**-satz** m. (es,¨e). TYPOGR. composition (f.) à la main. ||°**-schellen** f. pl. menottes f. pl. | *jm Handschellen anlegen*, passer les menottes à qn. ||°**-schlag** m. (s, ¨e) *mit Handschlag*, en topant. ||°**-schreiben** n. (s, -) lettre (f.) autographe. ||°**-schrift** f. (-, en) écriture f. || PAR EXT. manuscrit m. ||°**-schriftendeutung** f. graphologie f. ||°**-schriftenkunde** f. paléographie f. || **-schriftlich** adj. manuscrit ; écrit à la main. || JUR. chirographaire. — adv. par écrit. ||°**-schuh** m. (s, e) gant m. | *den Handschuh ausziehen*, se déganter. || FIG. *jm den Handschuh hinwerfen*, jeter le gant à qn. | *den Handschuh aufnehmen*, relever, ramasser le gant. ||°**-stand** m. SPORT. [Gymnastik] arbre tendu renversé ; arbre droit. ||°**-staubsauger** m. (s, -) aspirateur-balai m. ||°**-streich** m. (s, e). MIL. coup (m.) de main. ||°**-tasche** f. (-, n), °**-täschchen** n. (s, -). [Damenhandtasche] sac (m.) à main. || [Aktentasche] serviette f. ||°**-teller** m. (s, -). ANAT. paume (f.) de la main. ||°**-tuch** n. (s, ¨er) serviette (f.) de toilette ; essuie-mains m. || FIG. *das Handtuch werfen*, jeter l'éponge. ||°**-umdrehen** n. FAM. *im Handumdrehen*, en un tour de main. ||°**-voll** f. poignée f. ||°**-waffe** f. (-, n) arme portative ; arme individuelle. ||°**-wagen** m. (s, -) charrette (f.) à bras ; poussette f. ||°**-werk** n. (s, e). [gewerbliche Tätigkeit] métier manuel ; profession f. | *ein Handwerk erlernen*, apprendre un métier. | *ein Handwerk verstehen*, connaître un métier. | *jm ins Handwerk pfuschen*, compliquer la tâche à qn. | *jm das Handwerk legen*, mettre un terme à l'activité de qn. | *einem Verbrecher das Handwerk legen*, mettre un malfaiteur hors d'état de nuire. || PAR ANAL. [Berufsstand im Gegensatz zu Fabrik] artisanat m. ||°**-werker** m. (s, -) artisan m. | *der Handwerkerstand*, l'artisanat m. ||**-werklich** adj. artisanal. ||°**-werksbursche** m., °**-werksgeselle** m. (n, n) compagnon m. ||°**-werkskammer** f. (-, n) chambre (f.) des métiers. ||°**-wurzel** f. (-, n). ANAT. poignet m. ; carpe m. ||°**-zeichen** n. (s, -) paraphe m. || [Hausmarke] griffe f. || POLIT. *Abstimmung durch Handzeichen*, vote (m.) à mains levées. ||°**-zeichnung** f. (-, en) dessin (m.) à main levée.

Händchen ['hɛntçən] n. (s, -) petite main ; menotte f. ; FAM. patte f.

Hände|druck ["hɛndə'druk] m. (s, e), **-drücken** [-'drykən] n. (s) poignée (f.) de main. ||°**-trockner** m. (s, -) sèche-mains m.

Handel ['handəl] m. (s). [Austausch] commerce m. ; négoce m. | *Handel treiben*, faire du commerce ; commercer. | *lebhafter Handel*, commerce actif. || [Geschäft ; Vertrag] marché m. ; affaire f. | *einen Handel abschließen*, conclure un marché. | *guter Handel*, bonne affaire. || [Laden] (fonds [m.] de) commerce m. | *einen Handel betreiben*, exploiter un (fonds de) commerce. || [Geschäftsverkehr] *Handel und Wandel*, activité f. ; trafic m.

◇ m. pl. **Händel,** querelle f. ; dispute f. | *Händel mit jm suchen*, chercher querelle à qn.

handeln ['handəln] v. intr. **1.** [etwas tun] agir. | *nicht reden, handeln !*, des actes ! | *unter Druck handeln*, agir sous la contrainte.

2. [verfahren] procéder ; agir. | *an jm wie ein Freund* *handeln*, se comporter en ami envers qn ; agir en ami envers qn.

3. FIG. *von etwas handeln*, traiter de. | *der Roman handelt vom Landleben im 19. Jahrhundert*, le roman traite de la vie à la campagne au XIXe siècle.

4. COMM. *mit etwas handeln*, faire le commerce de qch. | *mit Obst handeln*, faire le commerce des fruits. | *mit jm handeln*, faire du commerce avec qn. | *um etwas handeln*, marchander qch. ; discuter le prix de qch. ◇ v. impers. et pr. **sich handeln,** s'agir. | *worum*, FAM. *um was handelt es sich ?*, de quoi s'agit-il ? | *es handelt sich darum*, voici de quoi il s'agit ; voici ce dont il s'agit. | *darum handelt es sich nicht*, ce n'est pas de cela qu'il s'agit.

Handeln [-dəln] n. (s) action f. ; actes m. pl. ; agissements m. pl. || COMM. marchandage m. || PAR EXT. négociation f.

Handels|abkommen ["handəls'apkɔmən] n. (s, -) accord commercial. ||°**-betrieb** m. (s, e) entreprise, exploitation commerciale. ||°**-bezeichnung** f. (-, en) dénomination commerciale. || °**-beziehungen** f. pl. relations commerciales, d'affaires. ||°**-bilanz** f. (-, en) balance commerciale. ||**-einig** adj., **-eins** adv. d'accord. | *handelseinig werden*, tomber d'accord sur le prix ; convenir du prix, des conditions. ||°**-firma** f. (-, men). COMM. raison sociale ; maison f. ; firme f. ||°**-flagge** f. (-, n). MAR. pavillon m. ||°**-flotte** f. (-, n). COMM., MAR. flotte, marine marchande. ||°**-gericht** n. (s, e). JUR. tribunal (m.) de commerce. ||**-gerichtlich** adj. consulaire. | *handelsgerichtlich eingetragen*, inscrit au registre du commerce. || °**-gesellschaft** f. (-, en) société commerciale. | *offene Handelsgesellschaft (OHG)*, société (f.) en nom collectif. ||°**-gesetzbuch** n. (s,¨er), **HGB,** Code (m.) de commerce. ||°**-gesetzgebung** f. législation commerciale. ||°**-gewicht** n. (s). COMM. poids marchand. ||°**-hafen** m. (s, ¨). COMM., MAR. port (m.) de commerce ; port marchand. ||°**-haus** n. (es, ¨er) maison (f.) de commerce ; comptoir m. ||°**-hochschule** f. (-, n) école supérieure de commerce ; institut (m.) des hautes études commerciales. ||°**-kammer** f. (-, n) chambre (f.) de commerce. ||°**-luftfahrt** f. aviation civile. ||°**-mann** m. (s, -leute) marchand m. ; commerçant m. ; négociant m. ; PÉJOR. boutiquier m. ||°**-marine** f. (-, n) marine marchande. ||°**-marke** f. (-, n) marque déposée. ||°**-preis** m. (es, e). COMM. prix marchand. ||°**-recht** n. (s). JUR. droit commercial. ||°**-register** m. (s, -) [HR] registre (m.) du commerce. ||°**-reisender** m. commis voyageur ; représentant m. (de commerce). ||°**-schiff** n. (s, e) navire de commerce, marchand. ||°**-spanne** f. (-, n) marge commerciale. ||°**-sperre** f. (-, n). POLIT. blocus commercial. ||°**-stadt** f. (-, ¨e) ville commerçante. ||**-üblich** adj. conforme aux usages du commerce. ||°**-unternehmen** n. (s, -) entreprise commerciale. ||°**-verkehr** m. (s) mouvement commercial ; échanges m. pl. ||°**-vertrag** m. (s, ¨e) traité (m.) de commerce. ||°**-ware** f. (-, n) article (m.) du commerce. ||°**-weg** m. (s, e) voie commerciale, marchande. ||°**-wert** m. (s, e) valeur commerciale. ||°**-zeichen** n. (s, -). COMM. marque f. ||°**-zweig** m. (s, e) spécialité, branche commerciale.

Handikap ['handikap] n. (s, s). SPORT. handicap m. || FIG. handicap m. ; désavantage m.

handikapen [-pən] v. tr. SPORT. handicaper. || FIG. désavantager.

Händler(in) ['hɛntlər(in)] m. (s, -), f. (-, nen) marchand(e) m. (f.) ; commerçant(e) m. (f.).

handlich ['hantliç] adj. [Dinge] maniable ; pratique ; commode.

Handlichkeit ['hantliçkait] f. maniabilité f.

Handlung ['hantluŋ] f. (-, en). [Tun ; Tat] acte m. ; action f. | *bewußte Handlung*, acte délibéré. | *unsittliche Handlung*, acte immoral. || LITTÉR. action f. ; intrigue f. || COMM. [Geschäft] magasin m. ; boutique f.

Handlungs|bevollmächtigter ["hantluŋsbə'fɔlmɛçtigtər] m. JUR., COMM. fondé (m.) de pouvoir. ||°**-fähigkeit** f. JUR. capacité (f.) juridique. ||°**-reisender** m. commis-voyageur m. ; voyageur (m.) de commerce ; représentant m. (de commerce). ||°**-spielraum** m. (s). FIG. marge (f.) de manœuvre. ||°**-weise** f. manière (f.) d'agir ; façon (f.) de procéder.

hanebüchen ["hɑ:nə'by:çən] adj. FAM. grossier. | *eine hanebüchene Lüge*, un grossier mensonge ; un mensonge impudent.

Hanf [hanf] m. (s). AGRIC. chanvre m. ; filasse f. | *Hanf brechen*, broyer du chanvre.

Hanf|korn ["hanf'kɔrn] n. (s, ¨er) graine (f.) de chanvre ; chènevis m. ||°**-schnur** f. (-, ¨e), °**-seil** n. (s, e) corde (f.) de chanvre.

Hänfling ['hɛnfliŋ] m. (s, e). ZOOL. [Männchen] linot m. ; [Weibchen] linotte f.

Hang [haŋ] m. (s,¨e) pente f. ; versant m. | *der Hang eines Berges*, la pente d'une montagne. || FIG. penchant m. ; propension f. ; inclination f. ; disposition f. ; tendance f. | *Hang zum Trinken*, penchant à la boisson. — SYN. : *Abhang*, penchant ; *Böschung*, pente ; *Neige, Senkung*, inclinaison ; *Neigung*, inclination.

Hänge|backe ["hɛŋə'bakə] f. (-, n) bajoue f. ||°**-boden** m. (s, ¨) soupente f. ||°**-brücke** f. (-, n) pont suspendu. ||°**-dach** n. (s, ¨er) toit (m.) en appentis. ||°**-lampe** f. (-, n) suspension f. ; lustre m. ||°**-matte** f. (-, n) hamac m.

hangeln ['haŋəln] v. intr. SPORT. progresser en suspension.

hängen ['hɛŋən] (i, a) v. intr. **1.** [an etwas befestigt sein] être suspendu, pendu ; être accroché ; pendre. | *der Hut hängt am Nagel*, le chapeau est suspendu au clou. | *am Galgen hängen*, être pendu au gibet. | *sie hängt ihm am Halse*, elle est pendue à son cou. || FIG. *sein Leben hing an einem seidenen Faden*, sa vie ne tenait qu'à un fil. | *jm an den Lippen hängen*, être suspendu aux lèvres de qn. || [lieben] *an jm hängen*, tenir à qn ; être attaché, fidèle à qn. | *am Geld hängen*, aimer l'argent. || [abhängen von] *alles, was drum und dran hängt*, tout ce qui s'y rapporte, s'y rattache. | *woran hängt es denn ?*, à quoi cela tient-il donc ?

2. [nicht weiter kommen] *der Prozeß hängt*, le procès est pendant.

3. [schief stehen] *die Decke hängt nach einer Seite*, le plafond penche d'un côté.

4. [Schulden haben] *er hängt bei seinem Krämer*, il a des dettes, une ardoise chez son épicier.

5. [beladen sein] *die Bäume hängen voller Früchte*, les arbres sont chargés de fruits.

◇ part. prés. et adj. **hängend,** *eine hängende Felswand*, une paroi surplombante, en surplomb. | *hängende Gärten*, jardins suspendus.

◇ v. tr. **hängen** (conjug. faible) suspendre ; pendre ; accrocher. | *etwas an den Nagel hängen*, pendre qch. au clou ; FIG. abandonner qch. ; renoncer à qch. || FIG. *den Mantel nach dem Winde hängen*, hurler avec les loups ; savoir retourner sa veste. | *sein Herz an etwas hängen*, s'attacher à qch. || FAM. *jm den Brotkorb höher hängen*, tenir la dragée haute, serrer la vis à qn. | *etwas an die große Glocke hängen*, crier qch. sur les toits. || PROV. *die kleinen Diebe hängt man, die großen läßt man laufen*, (*etwa*) les grands escrocs s'en tirent mieux que les petits.

Hängen ['hɛŋən] n. (s) [action de] (sus)pendre. | *mit Hängen und Würgen*, à grand-peine.

hängen|bleiben ["hɛŋən'blaibən] (ie, ie) v. intr. rester accroché, suspendu. | *an einem Ast hängenbleiben*, rester accroché à une branche. || [Schüler] redoubler. ||**-lassen** (ä, ie, a) v. tr. laisser suspendu. | *den Mantel hängenlassen*, oublier son manteau. || FIG. *den Kopf hängenlassen*, baisser la tête. | *die Ohren hängenlassen*, baisser les bras. | *jn hängenlassen*, laisser qn en plan.

Hans [hans] n. pr. m. Jean m. || FIG. *ein dummer Hans*, un sot ; un nigaud. | *Hansdampf in allen Gassen*, qui fourre son nez partout ; fanfaron ; écervelé. | *Hans im Glück*, niais m. ; qui est content de tout.

Hans|wurst ['hansvurst] m. (es) polichinelle m. ; pantin m. ; bouffon m. ; pitre m. ; paillasse m.

Hanse ['hanzə] f. HIST. Hanse f.

Hanseat ['hanzɛa:t] m. (en, en) membre de la Hanse. | *hanseatisch*, qui a trait à la Hanse.

hänseln ['hɛnzəln] v. tr. taquiner ; berner.

Hanse|stadt ["hanze'ʃtat] f. (-, ¨e) ville (f.) hanséatique.

Hantel ['hantəl] f. (-, n). SPORT. haltère m.

hantieren [han'ti:rən] v. intr. s'occuper.

hapern ['hapərn] v. impers. FAM. ne pas aller. | *im Deutschen hapert es bei ihm*, il n'est pas fort en allemand. | *woran hapert es ?*, où est la difficulté ?

haploid [haplo'i:t] adj. BIOL. haploïde.

Häppchen ['hɛpçən] n. (s, -). CULIN. (*etwa*) canapé m.

Happen ['hapən] m. (s, -). FAM. bouchée f. | *guter, fetter Happen*, bon morceau. || FIG. *keinen Happen Brot von jm nehmen*, repousser les offres de qn ; ne rien accepter de qn.

happig [-piç] adj. FAM. gros ; grossier. | *der Preis ist ein bißchen happig*, ce prix est un peu exagéré ; FAM. c'est salé.

Härchen ['hɛ:rçən] n. (s, -) petit cheveu ; poil follet. | *man hat ihm kein Härchen gekrümmt*, on ne lui a pas touché un cheveu.

Hardware ['ha:dwɛə] f. (-, s). INF. hardware m. ; matériel m.

Harem ['ha:rɛm] m. (s, s) harem m.

hären ['hɛ:rən] adj. RELIG. *härenes Hemd*, haire f. ; cilice m.

Häresie [hɛre'zi:] f. (-, n). RELIG. hérésie f.

Häretiker [-'re:tikər] m. (s, -) hérétique m.

Harfe ['harfə] f. (-, n) harpe f.

Harfenist [harfə'nist] m. (en, en), **Harfen|spieler** ["harfən'ʃpi:lər] m. (s, -), **Harfner** ['harfnər] m. (s, -) joueur (m.) de harpe ; harpiste m.

Harke ['harkə] f. (-, n) râteau m. || FIG. *jm zeigen, was eine Harke ist*, remettre qn à sa place.

harken [-kən] v. tr. ratisser.

Harlekin [harlə'ki:n] m. (s, e) arlequin m.

harm|los ['harmlo:s] adj. innocent ; inoffensif ; simple ; candide ; ingénu ; naïf.
— SYN. : *ungefährlich*, inoffensif ; *unverfänglich*, anodin.

Harm|losigkeit ["harm'lo:ziçkait] f. innocence f. ; caractère inoffensif.

härmen (sich) [ziç'hɛrmən] v. pr. s'affliger ; se chagriner ; se tourmenter.

Harmonie [harmo'ni:] f. (-, n). MUS. et FIG. harmonie f.

harmonieren [-'ni:rən] v. intr. MUS. et FIG. s'accorder ; s'harmoniser ; s'entendre. || ARTS. *die Farben harmonieren nicht*, ces couleurs ne s'accordent pas. | *die beiden Brüder harmonieren gut (miteinander)*, ces deux frères s'entendent bien.

Harmonika [har'mo:nika:] f. (-, s). MUS. harmonica m. ; accordéon m.

harmonisch [-niʃ] adj. MUS. harmonieux. || PAR ANAL. MUS. [leitereigen] harmonique. | *harmonische Tonleiter*, gamme (f.) harmonique.

Harmonium [-nium] n. (s, nien) harmonium m.

Harn [harn] m. (s) urine f. ; FAM. pipi m. | *Harn lassen*, uriner.

Harn|beschwerden ["harnbə'ʃve:rdən] f. pl. MÉD. dysurie f. ||°**-blase** f. (-, n). ANAT. vessie f. ||°**-blutung** f. (-, en). MÉD. hématurie f. ||°**-röhre** f. (-, n). ANAT. urètre m. ||°**-säure** f. CHIM. acide (m.) urique. ||°**-sonde** f. (-, n). MÉD. sonde f. ||°**-stein** m. (s, e). MÉD. calcul (m.) urinaire. ||°**-stoff** m. (s). CHIM., MÉD. urée f. ||**-treibend** adj. MÉD. diurétique. ||°**-untersuchung** f. (-, en). MÉD. analyse (f.) d'urine. ||°**-vergiftung** f. MÉD. urémie f. ||°**-wege** m. pl. ANAT. voies (f. pl.) urinaires.

harnen ['harnən] v. intr. uriner ; POP. pisser ; FAM. faire pipi.

Harnisch ['harniʃ] m. (es, e) harnais m. ; armure f. ; cuirasse f. | *den Harnisch anlegen, anschnallen*, mettre son armure. || FIG., FAM. *jn in Harnisch bringen*, exaspérer qn ; échauffer les oreilles à qn. | *über etwas in Harnisch geraten, kommen*, s'emporter à propos de qch.

Harpune [har'pu:nə] f. (-, n). TECHN. harpon m.

harpunieren [-pu'ni:rən] v. tr. harponner.

Harpy(i)e [har'py(i)ə] n. pr. f. (-, n). MYTH. Harpie f. || FIG. harpie f.

harren ['harən] v. intr. attendre (avec impatience, avec espoir, avec nostalgie). | *des Friedens, auf den Frieden harren*, attendre impatiemment la paix ; espérer la paix.

Harren [-rən] n. (s) attente f. || PROV. *Hoffen und Harren macht manchen zum Narren*, l'espoir est souvent une chimère ; on désespère alors qu'on espère toujours.

harsch [harʃ] adj. [Schnee] dur ; gelé. || PAR EXT. rude ; rugueux ; âpre.

Harsch|schnee ["harʃ'ʃne:] m. (s) neige gelée.

hart ['hart] adj. **1.** dur ; ferme ; solide ; consistant. | *harter Stein*, roche dure. | *auf hartem Lager schlafen*, coucher sur la dure. | *hartes Brot*, pain rassis. | *hartes Wasser*, eau calcaire, dure. | *einen harten Kopf haben*, [schwer begreifen] avoir l'esprit lent ; [hartnäckig sein] avoir la tête dure. || PAR EXT. *harte Tonart*, ton majeur. | *harte Verse*, vers raboteux. || *hart werden*, s'endurcir ; s'aguerrir. | *hart im Nehmen sein*, bien encaisser (les coups).

2. FIG. [Dinge] pénible ; difficile ; sévère. || [Personen] sévère ; cruel. | *es ist zu hart*, c'est trop dur (à supporter). | *hartes Urteil*, jugement (m.) sévère. | *harte Strafe*, lourde peine. | *harte Zeit*, temps (m. pl.) difficiles. | *harter Schlag*, coup (m.) sévère. | *jm eine harte Nuß zu knacken geben*, donner du fil à retordre à qn. | *harte Prüfungen*, rudes épreuves. | *hartes Wort*, expression brutale. | *im härtesten Winter*, au plus fort de l'hiver. | *ein hartes Herz*, un cœur de pierre. | *hart gegen jn sein*, être dur envers qn. | *harte Worte*, des paroles dures, sévères.

◇ adv. *es friert hart*, il gèle à pierre fendre. || FIG. *hart anlassen*, rabrouer. | *hart bestrafen*, punir sévèrement. || FAM. *hart am Unglück vorbeikommen*, friser l'accident. || MAR. *hart Steuerbord !*, tribord toute !
— SYN. : *schwierig*, ardu ; *mühsam*, difficultueux ; *heikel*, épineux, délicat ; *peinlich*, pénible, laborieux.

Hart|faser ["hart'fa:zər] f. (-, n) fibre dure. ||**-gekocht** adj. cuit dur. || CULIN. *hartgekochtes Ei*, œuf dur. ||°**-geld** n. (s) argent sonnant ; monnaie f. ; espèces sonnantes. ||**-gesotten** adj. cuit dur. || FIG. *hartgesottener Trinker*, buveur invétéré. ||°**-gummi** n.

et m. ébonite f. ; caoutchouc durci. ||**-herzig** adj. FIG. qui a le cœur dur, sec. ||°**-herzigkeit** f. FIG. dureté (f.), sécheresse (f.) de cœur. ||**-hörig** adj. dur d'oreille. ||**-leibig** adj. FIG. dur à la détente ; ladre. ||**-löten** v. tr. TECHN. braser. ||**-näckig** adj. opiniâtre ; tenace ; obstiné ; têtu ; entêté. | *hartnäckiger Widerstand*, résistance (f.) opiniâtre. || °**-näckigkeit** f. opiniâtreté f. ; acharnement m. ; obstination f. ; ténacité f. ; entêtement m. || °**-packung** f. (-, en) emballage (m.) rigide. ||°**-stahl** m. (s) acier dur.

Härte ['hɛrtə] f. (-, n) dureté f. ; trempe f. ; résistance f. | *Härte des Stahls*, dureté (f.), trempe (f.) de l'acier. || FIG. dureté f. ; sévérité f. ; rigueur f. | *im Härtefall*, en cas de nécessité impérieuse.

Härte|grad ["hɛrtə'grɑ:t] m. (s, e). TECHN. degré (m.) de trempe ; dureté f.

härten ['hɛrtən] v. tr. MÉTALL. tremper.

Härter ['hɛrtər] m. (s, -). TECHN. durcisseur m.

Härtung [-tuŋ] f. (-, en). TECHN. trempe f. ; durcissement m.

Harz [harts] n. pr. m. GÉOGR. Harz m.

Harz [harts] n. (es, e) résine f. | *flüssiges Harz*, térébenthine f.

harz(art)ig ["harts('ɑ:rt)iç] adj. 1° résineux ; 2° épais ; collant.

harzen ['hartsən] v. intr. dégoutter de résine ; se résinifier.

◇ v. tr. recueillir, extraire la résine. | *eine Pinie harzen*, résiner un pin.

Hasard [ha'zart] n. (s). [Spiel] hasard m.

Hasch [haʃ] n. (s). FAM. hasch m.

Haschee [ha'ʃe:] n. (s). CULIN. hachis m.

haschen ['haʃən] v. tr. happer ; attraper au vol. | *Fliegen haschen*, attraper des mouches.

◇ v. intr. chercher à ; faire la chasse à. | *nach Ruhm haschen*, rechercher la gloire.

◇ v. pr. **sich haschen,** jouer à chat.

Häschen ['hɛ:zçən] n. (s, -). ZOOL. levraut m.

Häscher ['hɛʃər] m. (s, -). POÉT., PÉJOR. sbire m.

Haschisch ['haʃiʃ] n. hachisch m. ; haschisch m.

Hase ['hɑ:zə] m. (n, n). ZOOL. lièvre m. | *einen Hasen schießen*, tuer un lièvre. || FAM. *wissen, sehen, wie der Hase läuft*, savoir, voir quelle tournure va prendre une affaire, de quel côté le vent va tourner. | *da liegt der Hase im Pfeffer !*, c'est là que réside la difficulté ; voilà le hic. | *mein Name ist Hase, ich weiß von nichts*, je ne sais rien de tout cela. || PROV. *viele Hunde sind des Hasen Tod*, à la fin on est accablé par le nombre.

Hasel ['hɑ:zəl] f. (-, n), **Hasel|busch** ["hɑ:zəl'buʃ] m. (es, ¨e). BOT. coudrier m. ; noisetier m.

Hasel|huhn ["hɑ:zəl'hu:n] n. (s, ¨er). ZOOL. gélinotte f. ||°**-kätzchen** n. (s, -). BOT. chaton (m.) de noisetier. ||°**-maus** f. (-, ¨e). ZOOL. muscardin m. ||°**-nuß** f. (-, ¨e). BOT. noisette f. ||°**-nuß|strauch** m. (s, ¨er). BOT. coudrier m. ; noisetier m.

Hasen|fuß ["hɑ:zən'fu:s] m. (es, ¨e) patte (f.) de lièvre. || FIG. poltron m. ; pleutre m. ; poule mouillée. ||°**-scharte** f. (-, n). MÉD. bec-de-lièvre m.

Häsin ['hɛ:zin] f. (-, nen). ZOOL. femelle (f.) du lièvre ; hase f.

Haspel ['haspəl] f. (-, n). TECHN. [Garnwinde] dévidoir m. || [Förderwelle] treuil m. ; cabestan m. ; tourniquet m.

haspeln [-pəln] v. tr. TECHN. dévider. || [hochwinden] guinder.

Haß [has] m. (es) haine f. | *Haß auf, gegen jn schüren*, attiser les haines contre qn. | *sich js Haß zuziehen*, s'attirer la haine de qn. | *Haß auf jn haben*, avoir, prendre qn en haine.

haß|erfüllt ["hasɛr'fylt] adj. plein de haine ; haineux.

hassen ['hasən] v. tr. haïr ; détester. | *jn bis auf den Tod hassen*, haïr qn à mort.

hassens|wert ["hasəns've:rt] adj. haïssable ; odieux.

Hasser ['hasər] m. (s, -) esprit haineux ; ennemi acharné.

häßlich ['hɛsliç] adj. laid ; vilain ; affreux ; hideux. | *ein häßliches Ungeheuer*, un monstre hideux. | *häßliches Wetter*, vilain temps. | *häßliche Ausdrücke*, vilaines paroles, expressions. | *eine häßliche Sache*, une vilaine affaire. || PAR EXT. détestable ; odieux.

Häßlichkeit [-kait] f. laideur f.

Hast [hast] f. hâte f. ; précipitation f. | *in größter, aller Hast*, en hâte ; en grande hâte ; en toute hâte ; à la hâte.

hasten ['hastən] v. intr. se presser ; se hâter ; se dépêcher ; se bousculer ; se précipiter.

hastig [-tiç] adj. précipité. | *hastige Bewegungen*, mouvements désordonnés, fébriles, saccadés.

◇ adv. précipitamment. | *hastig essen*, manger en toute hâte ; expédier son repas ; FAM. manger sur le pouce. | *hastig sprechen*, parler nerveusement, vite.

hätscheln ['hɛ:tʃəln] v. tr. [schmeicheln ; streicheln] caresser ; cajoler. || [verwöhnen] dorloter ; gâter ; choyer.

Hatz [hats] f. (-, en) chasse (f.) à courre. || PAR EXT. meute f. || FIG., FAM. traque f.

Häubchen ['hɔypçən] n. (s, -) petit bonnet ; béguin m.

Haube ['haubə] f. (-, n) bonnet m. ; coiffe f. ; cape f. || FIG., FAM. *ein Mädchen unter die Haube bringen*, marier une jeune fille. || AÉRON. calotte f. || AUTOM. capot m. || ARCHIT. chaperon (m.) de mur ; sommet arrondi ; dôme m. ; lanterne f. || [Jagd] chaperon m. (du faucon). || [Vogel] huppe f. || [Wiederkäuer] bonnet m.

Hauben|lerche ["haubən'lərçə] f. (-, n). ZOOL. alouette huppée ; cochevis (huppé). ||°**-meise** f. (-, n). ZOOL. mésange huppée. ||°**-taucher** m. (s, -). ZOOL. grèbe huppé.

Haubitze [hau'bitsə] f. (-, n). MIL. obusier m.

Hauch [haux] m. (s, e) souffle m. | *der letzte Hauch*, le dernier soupir. || PAR ANAL. haleine f. ; trace légère ; parfum m. | *ein Hauch romantischen Geistes*, un parfum d'esprit romantique.

— SYN. : *Atem*, haleine ; *Atemzug*, souffle.

hauch|dünn ['hauxdyn] adj. léger, mince comme un souffle. ||°**-laut** m. (s, e) lettre, consonne aspirée.

hauchen ['hauxən] v. intr. souffler ; répandre son souffle. | *er haucht in die Finger*, il souffle dans ses doigts.

◇ v. tr. GRAMM. [mit dem Hauchlaut aussprechen] aspirer. || FIG. murmurer.

Hau|degen ["hau'de:gən] m. (s, -). [Fechtkunst] sabre m. || FIG. sabreur m. ; bretteur m. ; soudard m. ||°**-klotz** m. (es, ¨e) billot m.

Haue ['hauə] f. (-, n). AGRIC. [Hacke] hoyau m. || FAM. [Schläge] *tüchtige Haue kriegen*, recevoir une bonne fessée.

hauen ['hauən] (hieb, gehauen) v. tr. FAM. frapper de taille ; donner des coups ; taper ; cogner. | *Holz hauen*, abattre du bois, des arbres. | *Steine hauen*, tailler des pierres. | *jn krumm und lahm hauen*, rouer qn de coups. || FIG., VULG. *in die Pfanne hauen*, battre à plate couture. | *übers Ohr hauen*, voler ; estamper. || MINES. *Erz hauen*, abattre, extraire du minerai.

◇ v. intr. FAM. *jm ins Gesicht hauen*, frapper qn au

visage. || FIG. *hauen und stechen*, frapper d'estoc et de taille.
◇ v. pr. **sich hauen,** se battre.
Hauen [-ən] n. (s) abattage m. || [Steine ; Feilen] taille f. || MINES. abattage m. ; extraction f. || CULIN. dépeçage m.
Hauer ['hauər] m. (s, -). [Eckzahn des Ebers] défense f. || PAR EXT. [Eber] sanglier m.
Häuer ['hɔyər] m. (s, -) mineur m. ; haveur m.
Häufchen ['hɔyfçən] n. (s, -) petit tas ; poignée f.
häufeln ['hɔyfəln] v. tr. mettre en tas. || AGRIC. butter. | *Kartoffeln häufeln*, butter des pommes de terre.
Haufen ['haufən] m. (s, -) tas m. ; monceau m. ; amas m. | *ein Haufen Kohle*, un tas de charbon. || FIG. *über den Haufen werfen, schießen, fahren*, détruire ; abattre. | *jn über den Haufen rennen*, culbuter qn. | *ein Haufen Geld kosten*, coûter beaucoup d'argent, les yeux de la tête. | *ein Haufen Menschen*, une foule, une masse de gens. | *in hellen Haufen*, en grand nombre. || [Landsknechte] détachement m.
Haufen|dorf ["haufən'dɔrf] n. (s, ¨er) village (m.) sans aucun alignement. ||**-weise** adv. en, par tas ; en grand nombre ; en masse ; par bandes ; en foule. ||°**-wolke** f. (-, n) cumulus m.
häufen ['hɔyfən] v. tr. entasser ; mettre en tas ; amonceler ; amasser ; accumuler.
◇ v. pr. **sich häufen,** s'accumuler ; s'amonceler. | *die Schulden häufen sich*, les dettes s'accumulent, augmentent, grossissent.
— SYN. : *an-, aufhäufen*, entasser ; *(an)sammeln*, amasser ; *aufschichten, aufstapeln*, amonceler ; *stauen*, empiler.
häufig ['hɔyfiç] adj. fréquent.
◇ adv. en quantité ; souvent ; fréquemment.
Häufigkeit [-kait] f. fréquence f.
Häufung ['hɔyfuŋ] f. amoncellement m. ; accumulation f. ; entassement m. || JUR. *Häufung der Strafen*, cumul (m.) des peines.
Haupt [haupt] n. (s, ¨er). **1.** [Kopf] tête f. ; chef m. | *erhobenen Hauptes vor jm stehen*, se tenir la tête haute devant qn. | *das Haupt neigen*, incliner, pencher la tête. | *gesenkten Hauptes vor jm stehen*, se tenir tête basse devant qn. | *jm aufs Haupt schlagen*, porter un coup décisif à qn. | *sich Asche aufs Haupt streuen*, se couvrir la tête de cendres.
2. [Führer] tête f. ; chef m. | *ein gekröntes Haupt*, une tête couronnée. | *das Haupt der Familie*, le chef de famille. || RELIG. *das Haupt der Christenheit*, le chef de la chrétienté. | *Reform an Haupt und Gliedern*, réforme totale.
Haupt|ader ["haupt'ɑːdər] f. (-, n). MINES. veine principale. ||°**-aktionär** m. (s, e). FIN. actionnaire principal. ||°**-altar** m. (s, e). RELIG. maître-autel m. ||°**-bahnhof** m. (s, ¨e) gare centrale. ||°**-balken** m. (s, -). ARCHIT. maîtresse poutre ; architrave f. ||°**-begriff** m. (s, e) notion fondamentale. ||°**-buch** n. (s, ¨er). COMM. grand-livre m. ||°**-buchhalter** m. (s, -). COMM. chef (m.) comptable. ||°**-darsteller(in)** m. (s, -), f. (-, nen). THÉÂTRE. tête (f.) d'affiche ; vedette f. ; protagoniste s. ||°**-erbe** m. (n, n). JUR. héritier principal. ||°**-fach** n. (s, ¨er). UNIV. discipline, matière principale. ||°**-farbe** f. (-, n) couleur dominante. || PAR EXT. couleur fondamentale, élémentaire, simple. ||°**-fehler** m. (s, -) principale faute ; défaut capital. ||°**-figur** f. (-, en) figure principale ; personnage principal. ||°**-film** m. (s, e) grand film. ||°**-forderung** f. (-, en). JUR. créance principale. ||°**-gebäude** n. (s, -). ARCHIT. édifice principal ; corps (m.) de logis. ||°**-gebirge** n. (s, -). GÉOGR. chaîne principale. ||°**-geschäft** n. (s, e). COMM. maison mère. ||°**-gewinn** m. (s, e). [Lotterie] gros lot. ||°**-kommissar** m. (s, e) commissaire principal. ||°**-lehrer** m. (s, -). (Vx.) [Volksschule] directeur (m.) d'école primaire ; [höhere Schule] professeur principal. ||°**-leitung** f. (-, en). TECHN. conduite, tuyauterie principale ; grosse tuyauterie. || ÉLECTR. conducteur maître. ||°**-mann** m. (s, -leute) capitaine m. ||°**-mast** m. (es, e[n]). MAR. grand mât. ||°**-messe** f. (-, n). RELIG. grand-messe f. ||°**-motiv** n. (s, e). MUS. thème dominant. ||°**-nenner** m. (s, -). MATH. dénominateur commun. ||°**-person** f. (-, en) personnage principal. || PAR EXT. *die Hauptpersonen der Stadt*, les notabilités f. pl. ; FAM. les gros bonnets ; les grosses légumes. ||°**-pfeiler** m. (s, -). ARCHIT. maître pilier. ||°**-postamt** n. (s, ¨er) poste centrale ; grande poste. ||°**-probe** f. (-, n). THÉÂTRE. répétition générale ; FAM. générale f. || °**-punkt** m. (s, e) point capital, cardinal. ||°**-quartier** n. (s, e). MIL. grand quartier général. ||°**-register** n. (s, -) table générale des matières. || MUS. [Orgel] grand jeu. ||°**-rolle** f. (-, n). THÉÂTRE. grand rôle ; grand premier rôle. ||°**-sache** f. (-, n) chose capitale, importante ; principal m. ; essentiel m. | *zur Hauptsache kommen*, en venir au fait. ||**-sächlich** adj. capital ; principal. — adv. principalement. ||°**-satz** m. (es, ¨e). GRAMM., PHILOS. proposition principale. || MUS. motif m. ; thème m. || MATH. axiome m. ||°**-schiff** n. (s, e). ARCHIT. grande nef ; nef principale. || MAR. vaisseau amiral. ||°**-schlagader** f. (-, n). ANAT. aorte f. ||°**-schlüssel** m. (s, -). TECHN. passe-partout m. ||°**-schriftleiter** m. (s, -) rédacteur (m.) en chef. ||°**-schuldner** m. (s, -). JUR. débiteur principal. ||°**-seite** f. (-, n) côté principal. || ARCHIT. façade f. || [Münze] face f. ||°**-speicher** m. (s, -). INF. mémoire centrale. ||°**-stadt** f. (-, ¨e) capitale f. ||°**-stärke** f. (-, n) force principale. || FIG. *das ist seine Hauptstärke*, c'est son fort. ||°**-straße** f. (-, n) grand-route ; grand-rue f. ||°**-strecke** f. (-, n). [Eisenbahn] grande ligne. ||°**-summe** f. (-, n) total m. || FIN. capital et intérêts. ||°**-sünde** f. (-, n). RELIG. péché capital. || °**-treffer** m. (s, -). [Lotterie] gros lot. ||°**-unterschied** m. (s, e) différence essentielle, capitale ; principale différence. ||°**-verhandlung** f. (-, en). JUR. débat (m.), audience (f.) au fond ; débats (m. pl.) judiciaires. ||°**-verkehrsstraße** f. (-, en) artère principale. ||°**-verkehrszeiten** f. pl. heures (f. pl.) de pointe. || °**-versammlung** f. (-, en) assemblée générale. | *(außer)ordentliche Hauptversammlung*, assemblée générale (extra)ordinaire. ||°**-verwaltung** f. (-, en) siège social (d'une entreprise). ||°**-wache** f. (-, n). MIL. corps (m.) de garde. ||°**-welle** f. (-, n). TECHN. arbre (m.) primaire. ||°**-werk** n. (s, e) ouvrage principal. ||°**-wohnsitz** m. (es, e) résidence principale. ||°**-wort** n. (es, ¨er). GRAMM. nom m. ||°**-zug** m. (s, ¨e). FIG. trait dominant ; caractère essentiel ; caractéristique f. ||°**-zweck** m. (s, e) principal but.
Hauptes|länge ["hauptəs'lɛŋə] f. (-, n). SPORT. longueur (f.) de tête. | *um Haupteslänge*, d'une longueur de tête ; d'une tête.
Häuptling ['hɔyptliŋ] m. (s, e) chef (m.) de tribu. || PAR EXT., PÉJOR. chef (m.) de bande.
Haus [haus] n. (es, ¨er). **1.** [Wohnbau] maison f. ; habitation f. | *ein gut gelegenes Haus*, une maison bien située. | *ein baufälliges Haus*, une maison délabrée. | *ein herrschaftliches Haus*, une maison de maître. | *ein abgelegenes Haus bewohnen*, habiter une maison à l'écart. | *ein Haus abbrechen*, démolir une maison. | *von Haus zu Haus gehen*, aller de porte en porte. | *auf ihn kann man Häuser bauen*, on peut faire fond sur lui. **2.** [Wohnung ; Heim ; Inneres] demeure f. ; intérieur m. ; foyer m. ; chez-soi m. | *nicht zu Hause sein ; außer Hause sein*, ne pas être chez soi. | *außer Hause essen*, manger en ville. | *nach Hause gehen*, rentrer chez soi.

| *nach Hause begleiten*, raccompagner. | *das Haus hüten*, garder la chambre. | *das Haus bewachen*, garder la maison. | *jn aus dem Hause jagen*, mettre qn à la porte. | *jm das Haus verbieten*, refuser de recevoir qn. | *tun Sie, als ob Sie zu Hause wären*, faites comme chez vous. | *für Besuch nicht zu Hause sein*, ne pas recevoir de visites ; n'y être pour personne. | *nicht mehr Herr im eigenen Hause sein*, n'être plus maître chez soi. | *ein gastfreies Haus haben*, tenir table ouverte. | *mit der Tür ins Haus fallen*, mettre les pieds dans le plat. || PAR EXT. [Heimat] *in der Pfalz zu Hause sein*, être du Palatinat. | *wo sind Sie zu Hause ?*, d'où êtes-vous ? | *nach Hause gehen*, rentrer dans son pays.

3. [Wirtschaft ; Haushalt] ménage m. ; train (m.) de maison. | *ein großes Haus führen*, mener grand train. | *jn um Haus und Hof bringen*, dépouiller qn de ses biens. | *sein Haus bestellen*, faire son testament ; mettre ses affaires en ordre.

4. [Familie ; Sippe ; Geschlecht] famille f. ; lignée f. ; dynastie f. | *das Haus Habsburg*, les Habsbourg ; la maison d'Autriche. | *aus gutem Hause sein*, être de bonne famille. | *von Hause aus*, de naissance.

5. [Handelshaus] *ein solides Haus*, une maison sérieuse.

6. THÉÂTRE. *vor ausverkauftem Haus spielen*, jouer à bureaux fermés ; faire salle comble.

7. [Verschiedenes] *öffentliches Haus*, maison (f.) de tolérance. | *die Häuser der Sonne*, les signes (m. pl.) du Zodiaque ; les maisons. || ZOOL. [Schnecke] coquille f.

Haus|abnahme ["hausap'nɑːmə] f. (-, n) état (m.) des lieux. ||°**-altar** m. (s, e) autel (m.) domestique. ||°**-angestellte(r)** f. (m.) employé(e) [m. (f.)] de maison. ||°**-apotheke** f. (-, n) pharmacie portative. ||°**-arbeit** f. (-, en) travaux (m. pl.) domestiques, d'intérieur, du ménage. || [Schule] devoir m. ||°**-arrest** m. (es, e) arrêts m. pl. ||°**-arzt** m. (es, ¨e) médecin (m.) de (la) famille. ||**-backen** adj. prosaïque ; terre à terre ; pot-au-feu. ||°**-bedarf** m. (s) besoins (m. pl.) du ménage ; nécessaire m. ||°**-besetzer(in)** m. (s, -), f. (-, nen) squatter s. ||°**-bewohner** m. (s, -) habitant (m.) d'une maison ; locataire m. ||°**-brand** m. (s, ¨e) 1° incendie m. ; 2° charbon (m.), combustible (m.) pour usage domestique. ||°**-bursche** m. (n, n) garçon m. ; groom m. ||°**-dame** f. (-, n) gouvernante f. ; intendante f. ; dame f., demoiselle (f.) de compagnie. ||°**-diele** f. (-, n). ARCHIT. vestibule m. ||°**-diener** m. (s, -) domestique m. ||°**-drache** m. (n, n) mégère f. ; furie f. ||°**-eigentümer** m. (s, -) propriétaire m. ||°**-flur** m. (s, e). ARCHIT. vestibule m. ; antichambre f. ||°**-frau** f. (-, en) maîtresse (f.) de maison ; ménagère f. ; FAM. patronne f. || ADM. femme (f.) au foyer. ||°**-freund** m. (s, e) ami (m.) de la maison ; familier m. ||°**-friedensbruch** m. (s, ¨e). JUR. violation (f.) de domicile. ||°**-geist** m. (s, er) génie (m.) du foyer ; génie domestique, familier ; revenant m. ; kobold m. ||°**-gerät** n. (s, e) ustensiles (m. pl.) de ménage. || PAR EXT. mobilier m. ; meubles m. pl. ||°**-götter** m. pl. RELIG. dieux lares ; pénates m. pl. ||°**-halt** m. V. HAUSHALT. ||°**-herr** m. (n, en) maître (m.) de maison ; hôte m. ||°**-herrin** f. (-, nen) maîtresse (f.) de maison ; hôtesse f. ||**-hoch** adj. de la hauteur d'une maison. || FIG. énorme ; colossal. ||°**-kleid** n. (s, er) robe (f.) de chambre ; négligé m. ; déshabillé m. ; peignoir m. ||°**-knecht** m. (s, e) domestique m. ; laquais m. ; [Hotel] garçon m. ; frotteur m. ||°**-lehrer** m. (s, -) précepteur m. ||°**-lehrerin** f. (-, nen) gouvernante f. ||°**-mädchen** n. (s, -) fille (f.) de service ; bonne f. ; femme (f.) de chambre. ||°**-mannskost** f. cuisine bourgeoise ; cuisine (f.) maison. ||°**-meister** m. (s, -) concierge m. ; [Hotel] portier m. ||°**-mittel** n. (s, -) remède (m.) de bonne femme. ||°**-müll** m. (s) ordures ménagères. ||°**-mutter** f. (-, ¨) mère (f.) de famille ; directrice (f.) d'une pension. ||**-mütterlich** adj. maternel. — adv. en bonne mère de famille ; maternellement. ||°**-ordnung** f. (-, en) règlement (intérieur). ||°**-pflege** f. (-, n). MÉD. hospitalisation (f.) à domicile. ||°**-rat** m. (s) mobilier (m.), ustensiles (m. pl.) de ménage. ||°**-recht** n. (s, e). JUR. droit (m.) du maître de maison, du chef, du père de famille. ||°**-schuhe** m. pl. pantoufles f. pl. ||°**-stand** m. (s) ménage m. ; train (m.) de maison. | *einen eigenen Hausstand gründen*, fonder une famille, un foyer. ||°**-steuer** f. (-, n). FIN. impôt foncier ; impôt (m.) sur la propriété bâtie. ||°**-suchung** f. (-, en). JUR. visite (f.) domiciliaire ; perquisition f. (à domicile). | *eine Haussuchung vornehmen*, perquisitionner. ||°**-tier** n. (s, e) animal (m.) domestique. ||°**-tochter** f. (-, ¨) aide ménagère. ||°**-tor** n. (s, e) porte cochère. ||°**-vater** m. (s, ¨) père (m.), chef (m.) de famille. ||°**-verwalter** m. (s) gérant m. ; syndic m. ||°**-verwaltung** f. (-, en) syndic m. ||°**-wart** m. (s, e) concierge m. ; gardien m. ; portier m. ||°**-wirt** m. (s, e) propriétaire (m.) d'un immeuble d'habitation. ||°**-wirtschaft** f. économie (f.) domestique.

Häuschen ['hɔysçən] n. (s, -) maisonnette f. ; pavillon m. | *ein schönes Häuschen*, un coquet pavillon. || FIG., FAM. *aus dem Häuschen geraten, sein*, perdre la tête, FAM. les pédales ; être dans tous ses états. | *er ist leicht aus dem Häuschen zu bringen*, il perd facilement la tête. || FAM. *aufs Häuschen gehen*, aller au petit endroit.

hausen ['hauzən] v. intr. [wohnen] demeurer ; habiter ; loger ; résider ; être installé. || PAR EXT. [wirtschaften] tenir son ménage ; mener ses affaires ; administrer. || FIG. faire des ravages ; causer des dégâts. | *schlimm hausen*, faire de grands ravages.

Häuser|block ["hɔyzər'blɔk] m. (s, ¨e) îlot (m.), pâté (m.) de maisons, d'immeubles.

Haus|halt ['haushalt] m. (s, e) ménage m. ; maison f. ; train (m.) de maison. | *seinen eigenen Haushalt haben, besitzen*, avoir son intérieur ; être, vivre dans ses meubles. | *den Haushalt führen*, tenir le ménage. || PAR ANAL., FIN. [Staat] budget m. ||**-halten** (ä, ie, a) v. intr. tenir le ménage. | *mit etwas haushalten*, être économe, ménager de qch. ||°**-hälter** m. (s, -) gérant (m.), administrateur (m.) d'une maison, d'(un) immeuble. || FIG. personne (f.) économe. ||°**-hälterin** f. (-, nen) gouvernante f. ; gérante f. || PAR ANAL. ménagère f. ||**-hälterisch** adj. ménager ; économe. — adv. de façon économique.

Haushalts|arbeiten ["haushalts'arbaitən] f. pl. tâches ménagères. ||°**-defizit** n. (s, e), °**-fehlbetrag** m. (s, ¨e), °**-loch** n. (s, ¨er), °**-lücke** f. (-, n). FIN. déficit (m.), impasse (f.) budgétaire. ||°**-einnahmen** f. pl. FIN. recettes (f. pl.) budgétaires. ||°**-führung** f. FIN. gestion (f.) budgétaire. ||°**-gerät** n. (s, e) appareil ménager. ||°**-gesetz** n. (es, e). FIN. loi (f.) de finances. ||°**-gleichgewicht** n. (s). FIN. équilibre (m.) budgétaire. ||°**-hilfe** f. (-, n) aide (f.) à domicile. ||°**-jahr** n. (s, e). FIN. exercice (m.), année (f.) budgétaire. ||°**-mittel** n. pl. FIN. crédits m. pl. ||°**-plan** m. (s, ¨e). FIN. budget m. | *über den Haushaltsplan hinausgehend*, extra-budgétaire. ||°**-voranschlag** m. (s, ¨e). FIN. prévisions (f. pl.) budgétaires. ||°**-waren** f. pl. articles ménagers. | *Haushaltswarenmesse*, salon (m.) des arts ménagers.

Haus|haltung ["haus'haltuŋ] f. (-, en). [action de] tenir le ménage ; économie (f.) domestique.

Haushaltungs|schule ["haushaltuŋs'ʃuːlə] f. (-, n) école ménagère. ||°**-vorstand** m. (s, ¨e) chef (m.) de famille.

hausieren [hau'zi:rən] v. intr. COMM. colporter. | *mit Waren hausieren gehen*, colporter des marchandises.

Hausieren n. (s) porte-à-porte m.

Hausierer [-rər] m. (s, -). COMM. colporteur m. ; marchand ambulant.

häuslich [-liç] adj. domestique ; de la famille ; du foyer. | *häusliche Angelegenheiten, Arbeiten*, affaires privées ; travaux (m. pl.) domestiques. | *häusliches Leben, Glück*, vie familiale ; bonheur conjugal. || FIG. économe ; ménager. | *sie ist ein häusliches Mädchen*, elle aime son foyer.
◇ adv. *sich bei jm häuslich niederlassen*, s'installer chez qn (pour y rester un certain temps).

Häuslichkeit [-liçkait] f. (-, en) intérieur m. || PAR EXT. vie (f.) de famille ; habitudes (f. pl.) d'économie.

Hausse [ho:s] f. (-, n). FIN. hausse f. | *Kauf auf Hausse*, achat (m.) à découvert, à la hausse.

Haut [haut] f. (-, ¨e). ANAT. peau f. | *eine braune Haut*, une peau brune, basanée. | *eine sonnenverbrannte Haut*, une peau bronzée, hâlée. | *naß bis auf die Haut sein*, être trempé, mouillé jusqu'aux os. | *er ist bloß noch Haut und Knochen*, il n'a plus que la peau sur les os. | *mit Haut und Haar*, tout entier. | *mit heiler Haut davonkommen*, s'en tirer ; sauver sa peau. | *sich seiner Haut wehren*, défendre sa peau. | *seine Haut zu Markte tragen*, tirer les marrons du feu ; risquer sa peau pour un autre. || FAM. *sich auf die faule Haut legen*, fainéanter ; faire le paresseux. || FIG. *aus der Haut fahren*, sortir de ses gonds. | *ihm ist nicht recht wohl in seiner Haut*, il est dans une vilaine situation ; il est dans ses petits souliers. || [Obst ; Milch] peau f. ; pelure f. ; robe f. || [Mensch] *eine alte ehrliche Haut*, une bonne pâte. || MAR. revêtement (m.) d'un navire. || TECHN. [Pelzfell] dépouille f.

Haut|arzt ['hautartst] m. (es, ¨e), °**-ärztin** [-ɛ:rtstin] f. (-, nen). MÉD. dermatologue s. ||°**-ausschlag** m. (s, ¨e). MÉD. éruption f. ; eczéma m. ; exanthème m. ||°**-creme** f. (-, n) crème (f.) pour la peau. ||°**-entzündung** f. (-, en). MÉD. inflammation (f.) de la peau ; dermatite f. ; dermite f. ||°**-farbe** f. (-, n) teint m. ; carnation f. ||°**-krankheit** f. (-, en). MÉD. maladie (f.) de la peau ; dermatose f. ; affection cutanée. ||°**-pflege** f. hygiène (f.) de la peau. ||°**-transplantation** f. (-, en). MÉD. transplantation (f.), greffe (f.) de la peau.

Häutchen ['hɔytçən] n. (s) pellicule f. ; membrane f.

häuten ['hɔytən] v. tr. écorcher ; enlever la peau ; dépouiller.
◇ v. pr. **sich häuten,** changer de peau, peler. || ZOOL. muer ; se dépouiller.

Häutung ['hɔytuŋ] f. (-, en) mue f.

Havanna [ha'vana] n. pr. f. GÉOGR. La Havane f. || PAR EXT. [Zigarre] havane m.

Havarie [hava'ri:] f. (-, n). MAR. avarie f.

havariert [-'ri:rt] adj. MAR. avarié ; endommagé.

Haxe ['haksə] f. ZOOL. jarret m.

he ! [he:] interj. FAM. hé ! ; ohé ! | *he ! komm her !*, holà ! par ici !

Hebamme ['he:bamə] f. (-, n) sage-femme f.

Hebe|arm ["he:bə'arm] m. (s, e). TECHN. bras (m.) de levier ; came f. ||°**-bühne** f. (-, n) plate-forme (f.) de levage. ||°**-kraft** f. (-) pouvoir ascensionnel. || TECHN. moment (m.) d'une force. ||°**-maschine** f. (-, n). TECHN. élévateur m. ||°**-muskel** m. (s, n). ANAT. muscle élévateur. ||°**-stange** f. (-, n). TECHN. levier (m.) de manœuvre.

Hebe|- und Druckwerk ["he:bəunt'drukvɛrk] n. (s, e). TECHN. pompe aspirante et foulante. ||°**-winde** f. (-, n). TECHN. cric m. ; treuil (m.) de relevage. ||°**-zeug** n. (s, e). TECHN. appareil (m.), engin (m.) de levage.

Hebel ['he:bəl] m. (s, -) levier m. || TECHN. biellette f. || FIG. *hier muß der Hebel angesetzt werden*, c'est ici le joint ; voilà le hic. | *alle Hebel in Bewegung setzen*, mettre tout en œuvre ; faire l'impossible ; remuer ciel et terre.

Hebel|arm ["he:bəl'arm] m. (s, e). TECHN. bras (m.) de levier. ||°**-bremse** f. (-, n). TECHN. frein (m.) à levier. ||°**-griff** m. (s, e). SPORT. [Judo] clé f. ||°**-schalter** m. (s, -). ÉLECTR. interrupteur (m.) à levier. ||°**-waage** f. (-, n). TECHN. pont (m.) à bascule. ||°**-wirkung** f. (-). ÉCON. effet (m.) de levier.

heben ['he:bən] (o, o) v. tr. **1.** [in die Höhe bringen, tragen] soulever ; lever ; porter. | *eine Last heben*, soulever, lever une charge. | *die Hand heben*, lever la main. | *das Glas heben*, lever son verre. || FIG. *auf den Thron heben*, élever au trône. | *jn in den Himmel heben*, porter qn aux nues. | *jn aus dem Sattel heben*, désarçonner, vaincre qn. | *etwas aus der Taufe heben*, fonder qch. | *einen Schatz heben*, déterrer un trésor. || MAR. *den Anker heben*, lever l'ancre. | *ein Schiff, ein Wrack heben*, renflouer un bateau, une épave.
2. [fördern] développer ; augmenter ; relever. || COMM. *den Umsatz heben*, augmenter son chiffre d'affaires. || FIG. *js Mut heben*, relever le courage de qn.
3. [abstechen lassen] faire ressortir ; mettre en valeur. | *der helle Grund hebt die dunklen Farben*, le fond clair fait ressortir les couleurs foncées.
◇ v. pr. **sich heben, 1.** [sich aufraffen ; sich aufrichten] se relever.
2. [steigen] croître ; augmenter.

Hebräer [he'brɛ:ər] n. pr. m. pl. HIST. Hébreux m. pl. || PAR EXT. Israélites m. pl. ; Juifs m. pl.

hebräisch [-'brɛ:iʃ] adj. hébreu ; hébraïque
◇ **das Hebräische,** l'hébreu m. ; la langue hébraïque.

Hebung ['he:buŋ] f. (-, en). **1.** action de lever. | *Hebung eines Schatzes*, découverte (f.) d'un trésor.
2. amélioration f. ; amendement m.
3. GÉOL. élévation (f.) de terrain.
4. POÉS. temps fort (contraire : *Senkung*).

Hechel ['hɛçəl] f. (-, n). TECHN. carde f. ; peigne m. ; séran m. ; sérançoir m. | *durch die Hechel ziehen*, carder ; peigner. || FIG. passer au crible.

Hechelei [hɛçə'lai] f. (-, en). TECHN. cardage m. || FIG. persiflage m. ; satire malveillante.

hecheln ['hɛçəln] v. tr. TECHN. carder ; sérancer. || FIG. passer au crible ; retourner sur le gril ; critiquer ; médire de.

Hecht [hɛçt] m. (s, e). ZOOL. brochet m.

Hecht|sprung ['hɛçtʃpruŋ] m. (s, ¨e) plongeon m.

Heck [hɛk] n. (s, e). MAR. arrière (m.) de vaisseau ; poupe f.

Heck|flosse ["hɛk'flɔsə] f. (-, n). AUTOM. aileron m. ||°**-laterne** f. (-, n). MAR. feu (m.) de poupe. ||°**-motor** m. (s, en). AUTOM. moteur arrière. ||°**-scheibe** f. (-, n) lunette (f.), vitre (f.) arrière. ||°**-scheibenwischer** m. (s, -) essuie-glace (m.) arrière. ||°**-scheinwerfer** m. (s, -) phare (m.) arrière. ||°**-sporn** m. (s, ren). AÉRON. béquille (f.) arrière. ||°**-starter** m. (s, -). AÉRON. avion (m.) à décollage vertical. ||°**-tür** f. (en) hayon arrière m.

Hecke ['hɛkə] f. (-, n). [Zaun] haie f. ; buisson m. ; broussailles f. pl. || [Brutzeit] ponte f. || PAR EXT. couvée f. ; nichée f.

Hecken|rose ["hɛkən'ro:zə] f. (-, n). BOT. églantine f. ||°-**schere** f. (-, n). TECHN. sécateur m. ; taille-haie m. ||°-**schütze** m. (n, n). MIL. partisan m. ; franc-tireur m. ||°-**zaun** m. (s, ¨e) haie vive.

heda ! ['he:dɑ:] interj. holà ! ; allô !

Hedschra ['hedʃra] f. (-). HIST. hégire f.

Heer [he:r] n. (s, e). MIL. armée f. | *das stehende Heer*, l'armée permanente. || FIG. *ein Heer von Ameisen*, une armée de fourmis.

Heer|bann ['he:rban] m. (s). HIST. ban (m.) et arrière-ban m. ||°-**führer** m. (s, -). MIL. chef (m.) d'(une) armée. || PAR EXT. capitaine m. ||°-**lager** n. (s, -). MIL. camp m. ; campement m. ||°-**schar** f. (-, en). MIL. armée f. ; troupe f. || RELIG. *die himmlischen Heerscharen*, les légions (f. pl.) célestes. ||°-**schau** f. MIL. revue f. ||°-**straße** f. (-, n). MIL. route (f.) stratégique. ||°-**verpflegungsamt** n. (s, ¨er). MIL. intendance (f.) militaire.

Heeres|bericht ["he:rəsbə'riçt] m. (s, e). MIL. communiqué m. ||°-**leitung** f. (-, en). MIL. haut commandement. | *Chef der Heeresleitung*, chef (m.) d'état-major.

Hefe ['he:fə] f. (-, n). [Gärungsmittel] levain m. ; levure f. | *die Hefe treibt*, le levain fait monter, lever.

Hefe|brot ["he:fə'bro:t] n. (s). CULIN. pain (m.) à la levure. ||°-**teig** m. (s, e). CULIN. pâte faite avec de la levure. || PAR EXT. levain m.

Heft [hɛft] n. (s, e) cahier m. ; fascicule m. ; brochure f. | *in mehreren Heften erscheinen*, paraître en plusieurs fascicules, livraisons. | *ein Heft Gedichte*, un recueil de poésies, de poèmes. || PAR EXT. [Handgriff] manche m. ; poignée f. || FIG. *das Heft in der Hand haben*, tenir les commandes, le gouvernail, les rênes ; FAM. la queue de la poêle.

Heft|faden ["hɛft'fɑ:dən] m. (s, ¨) faufil m. ||°-**klammer** f. (-, n) agrafe f. ; attache (f.) de bureau. ||°-**maschine** f. (-, n). TECHN. brocheuse f. ||°-**pflaster** n. (s, -). MÉD. emplâtre m. ; taffetas gommé ; sparadrap m. || °-**zwecke** f. (-, n). TECHN. punaise f.

heften [-tən] v. tr. fixer ; attacher. | *einen Saum heften*, faufiler un ourlet. | *jm einen Orden an die Brust heften*, attacher une décoration sur la poitrine de qn ; décorer qn. | *ein Buch heften*, brocher un livre. || FIG. fixer. | *den Blick, die Augen auf etwas heften*, regarder (fixement), attacher ses regards à qch. ; [abusivement] fixer qch.

◇ v. pr. **sich heften,** s'attacher ; se fixer.

Hefter [-tər] m. (s, -). TECHN. classeur m.

heftig ['hɛftiç] adj. violent ; fort ; vif ; brusque ; impétueux ; véhément ; emporté. | *heftige Liebe*, amour ardent. | *heftige Leidenschaft*, passion impétueuse. | *heftige Schmerzen*, violentes douleurs. | *heftiger Sturm*, bourrasque f. ; violente tempête. | *heftiger Regen*, pluie drue ; forte pluie. | *leicht heftig werden*, s'emporter facilement ; être soupe au lait.

◇ adv. vivement ; violemment. | *heftig schmerzen*, faire violemment souffrir ; faire très mal. | *heftig weinen*, pleurer à chaudes larmes.

Heftigkeit [-kait] f. (-, en) violence f. ; vivacité f. ; intensité f. ; véhémence f. ; impétuosité f.

Hege ['he:gə] f. [Wald] conservation f. ; défends m. || FIG. *jn in Hege und Pflege nehmen*, prendre soin de qn.

Hegelianer [he:gəli'ɑ:nər] m. (s, -). PHILOS. hégélien m.

Hegemonie [he:gəmo'ni:] f. (-, n). HIST. hégémonie f. || POLIT. hégémonie f. ; prépondérance (f.) politique.

hegen ['he:gən] v. tr. POÉT. [umfassen] clore ; enclore ; entourer. | *einen Garten hegen*, entourer un jardin d'une clôture ; clôturer un jardin. || PAR EXT. [bewahren ; schützen ; pflegen] conserver ; protéger ; soigner. || [Jagd] *das Wild hegen*, protéger le, prendre soin du gibier. | *jn hegen und pflegen*, choyer qn. || PAR EXT. [Gedanken, Plan haben] avoir ; nourrir. | *eine Hoffnung hegen*, nourrir un espoir.

Heger [-gər] m. (s, -) conservateur m. ; garde m. || PAR EXT. garde forestier.

Hehl [he:l] n. (s) dissimulation f. ; mystère m. ; secret m. | *kein Hehl aus etwas machen*, ne pas faire mystère de qch. | *ohne Hehl*, franchement.

hehlen ['he:lən] v. tr. cacher ; dissimuler ; celer. || JUR. receler.

Hehlen [-lən] n. (s) dissimulation f. || JUR. recel m.

Hehler [-lər] m. (s, -). JUR. receleur m.

Hehlerei [he:lə'rai] f. (-, en). JUR. recel m.

hehr [he:r] adj. POÉT. sublime ; auguste ; vénérable ; majestueux.

hei ! [hai], **heida !** ['haida] interj. gué !, ô gué ! ; allons ! ; eh ! ; oh !

Heide ['haidə] m. (n, n) païen m. ; incroyant m. ; mécréant m.

Heide ['haidə] f. (-, n) lande f. ; terres (f. pl.) incultes ; garenne f. ; bruyère f. || BOT. bruyère f.

Heide|kraut ["haidə'kraut] n. (s, ¨er). BOT. bruyère f. ||°-**krautgewächs** n. (es, e). BOT. éricacée f. ||°-**schnucke** f. (-, n) [aussi **Heidschnucke**]. ZOOL. mouton (m.), brebis (f.) de la lande de Lüneburg.

Heidel|beere ["haidəl'be:rə] f. (-, n). BOT. myrtille f.

Heiden|angst ["haidən'aŋst] f. FAM. peur terrible, bleue. ||°-**geld** n. (s). FIG., FAM. argent fou. ||°-**lärm** m. (s). FAM. vacarme infernal, épouvantable. ||°-**mäßig** adj. FIG., FAM. énorme ; épouvantable. — adv. énormément. ||°-**spektakel** m. (s, -) tintamarre m. ; vacarme (m.) du diable ; FAM. boucan m.

Heiden|röschen ["haidən'rø:sçən] n. (s, -), °-**röslein** [-'rø :slain] n. (s, -). BOT. églantine f.

Heidentum ['haidəntu:m] n. (s) paganisme m.

heidi ! ['haidi] interj. *heidi !, heida !*, landerirette, landerira ; gué !, ô gué !

Heidin ['haidin] f. (-, nen) païenne f.

heidnisch ['haitniʃ] adj. païen ; impie.

heikel ['haikəl] adj. difficile ; épineux ; scabreux. | *eine heikle Angelegenheit*, une affaire épineuse. || [Personen] *heikel sein*, être difficile, délicat, exigeant.

heil [hail] adj. sain ; sauf ; sain et sauf ; intact ; indemne ; sans blessure ; sans accroc. | *heile Glieder haben*, être sans blessures. | *mit heiler Haut davonkommen*, s'en tirer sain et sauf, indemne. | *die Vase ist noch heil*, le vase est encore entier, intact.

Heil [hail] n. (s). [Rettung ; Hilfe ; Nutzen ; Besserung] salut m. ; bien m. | *das war zu seinem Heil*, c'était pour son bien ; c'est ce qui l'a sauvé. || RELIG. [Erlösung] *sein Heil von Gott erwarten*, attendre son salut de Dieu. || [Glück] prospérité f. ; chance f. ; bonheur m. | *für sein Heil sorgen*, travailler pour son bien-être ; se soucier de son bien-être. | *sein Heil versuchen*, tenter sa chance. | *im Jahre des Heils 1990*, en l'an(née) de grâce 1990. || PAR EXT. [Grüße] salut ! | *Heil dem Kaiser !*, vive l'empereur !

Heil|anstalt ["hail'anʃtalt] f. (-, en) maison (f.) de santé ; asile (m.) d'aliénés ; clinique (f.), hôpital (m.) psychiatrique. ||-**bringend** adj. salutaire. ||°-**butt** m. (s, e). ZOOL. flétan m. ||°-**gymnastik** f. kinésithérapie f. ||°-**kraft** f. (-, ¨e) vertu curative, médicinale. ||-**kräftig** adj. salutaire ; qui a des vertus curatives. ||°-**kraut** n. (s, ¨er). BOT. simples m. pl. ; herbe médicinale. ||°-**kunde** f. science médicale ; thérapeutique f. ; médecine f. ||°-**kunst** f. (art [m.] de la) médecine f. ||-**los** adj. sans remède ; désespéré. ||°-**mittel** n. (s, -). MÉD. remède m. || -**pädagogisch** adj. médico-éducatif. ||°-**pflanze** f. (-, n). BOT. simples m. pl. ; plante médicinale. ||°-**praktiker** m. (s, -) guérisseur m. ||°-**quelle** f. (-, n) source médicinale, minérale. ||°-**quellwasser** n. (s) eau minérale. ||°-**salbe** f. (-, n) baume m. ; onguent m. ||°-**stätte** f. (-, n) station (f.) thérapeutique. ||°-**verfahren** n. (s, -) cure f. ; traitement m. ; procédé (m.) thérapeutique.

Heils|armee ["hailsar'me:] f. (-) armée (f.) du Salut. ||°-**lehre** f. RELIG. doctrine (f.) de la grâce.

Heiland ['hailant] m. (s, e) sauveur m. ; libérateur m. || RELIG. *der Heiland*, le Sauveur.

heilbar ['hailbɑ:r] adj. guérissable ; curable.

heilen ['hailən] v. tr. MÉD. guérir. | *eine Wunde heilen*, guérir une blessure. | *jn von seiner Angst heilen*, guérir qn de sa peur.

◇ v. intr. se guérir ; se cicatriser.

— SYN. : *kurieren*, guérir ; *genesen*, se guérir.

Heiler [-lər] m. (s, -). PÉJOR. guérisseur m. ; rebouteur m. ; rebouteux m.

heil|los ["hail'lo:s] adj. incurable ; inguérissable. || FIG. désespérant ; désastreux ; déplorable. | *heillose Unordnung*, désordre (m.) déplorable.

heilig ['hailiç] adj. **1.** [göttlich ; gottbegnadet ; geweiht] sacré ; saint ; consacré. | *der Heilige Geist*, le Saint-Esprit. | *die Heilige Jungfrau*, la sainte Vierge. | *die heilige Genoveva*, sainte Geneviève. | *die Heiligen Drei Könige*, les Rois mages. | *das Heilige Abendmahl*, la sainte Cène ; la sainte communion. | *die Heilige Schrift*, l'Écriture sainte | *das Heilige Land*, la Terre sainte. | *das Heilige Grab*, le Saint-Sépulcre. | *der Heilige Abend*, la veille de Noël. | *der Heilige Vater* [der Papst], le saint-père. || HIST. *das Heilige Römische Reich Deutscher Nation*, le Saint Empire romain germanique. || IRON. *heilige Einfalt*, sancta simplicitas !

2. [in tiefster Seele lieb ; kostbar ; ehrwürdig] sacré ; très cher ; vénérable. | *ich verspreche und schwöre bei meiner heiligen Ehre*, je promets et je jure sur mon honneur (sacré). | *etwas heilig halten*, vénérer qch. | *den Sonntag heilighalten*, sanctifier le dimanche.

◇ adv. pieusement ; saintement ; solennellement. | *etwas hoch und heilig versprechen,* promettre solennellement qch.

Heilig|abend ["hailiç'ɑ:bənt] m. (s) veille (f.) de Noël. ||-**halten** (ä, ie, a). RELIG. vénérer ; sanctifier. ||°-**sprechung** f. (-, en). RELIG. canonisation f.

heiligen ['hailigən] v. tr. RELIG. sanctifier ; consacrer. || LOC. *der Zweck heiligt die Mittel*, la fin justifie les moyens.

Heiligen|geschichte ["hailigəngə'ʃiçtə] f. (-, n) vie (f.) des saints ; hagiographie f. ||°-**schein** m. (s) auréole f. ; nimbe m.

Heilige(r) ['hɑiligə(r)] f. (m.) saint(e) m. (f.).

Heiligkeit ['hailiçkait] f. sainteté f. | *Seine Heiligkeit*, Sa Sainteté ; le pape.

Heiligtum [-tu:m] n. (s, ¨er) chose sainte, sacrée ; sanctuaire m. ; lieu saint.

Heiligtums|schänder ["hailiçtu:m'ʃɛndər] m. (s, -). RELIG. sacrilège m. ||°-**schändung** f. (-, en) sacrilège m.

heilsam ['hailzɑ:m] adj. salubre ; salutaire. || FIG. salutaire. | *heilsame Lektüre*, lecture salutaire.

Heilung ['hailuŋ] f. guérison f. ; cicatrisation f. ; cure f. ; traitement m.

Heim [haim] n. (s, e) domicile m. ; foyer m. ; intérieur m. ; chez-soi m. ; home m. | *ein schönes Heim haben*, avoir un bel intérieur. | *ein trautes Heim haben*, avoir un intérieur intime. | *ein eigenes Heim haben*, avoir son propre intérieur. | *ein Heim gründen*, fonder un foyer ; se marier.

heim [haim] adv. chez soi ; à la maison ; dans son pays. | *ich gehe heim*, je rentre.

Heim|arbeit ["haim'arbait] f. (-, en) travail (m.) à domicile. ||°-**arbeiter(in)** m. (s, -), f. (-, nen) travailleur (m.), travailleuse (f.) à domicile. || -**begeben (sich)** (i, a, e) v. pr. rentrer ; se rendre chez soi. ||-**begleiten** v. tr. accompagner, reconduire, ramener (qn). ||-**bringen** (brachte, gebracht) v. tr. apporter, amener chez soi ; rapporter ; ramener. ||-**eilen** v. intr. se hâter de rentrer ; rentrer vite. ||-**fahren** (ä, u, a) v. intr. rentrer chez soi en train, en bateau, etc. ||°-**fahrt** f. (-, en) voyage (m.) de retour. ||°-**fall** m. (s). JUR. retour m. ; réversion f. ||-**fallen** (ä, ie, a) v. intr. JUR. faire retour ; retourner. ||-**finden** (a, u) v. intr. trouver le chemin du retour. ||-**führen** v. tr. reconduire ; ramener (chez soi). || PAR EXT. épouser. | *eine Braut heimführen*, prendre femme. ||°-**gang** m. (s). FIG., EUPHÉM. trépas m. ; décès m. ||-**gehen** (ging, gegangen) v. intr. rentrer ; retourner, aller chez soi. || FIG. *er ist heimgegangen*, il a trépassé ; il est décédé. ||-**holen** v. tr. aller chercher ; aller prendre. || °-**informatik** f. (-) privatique f. ||°-**kehr** f. (-) retour (m.), rentrée (f.) au pays. ||-**kehren, -kommen** (a, o) v. intr. retourner, rentrer chez soi. ||-**leuchten** v. intr. FIG., FAM. envoyer promener ; POP. envoyer paître. ||°-**reise** f. (-, n) retour (m.) au pays. ||-**schicken** v. tr. renvoyer chez soi. ||-**sehnen (sich)** v. pr. avoir la nostalgie, le mal du pays. ||°-**spiel** n. (s, e) match (m.) à domicile. ||°-**stätte** f. (-, n) asile m. ; abri m. ; foyer m. ||-**suchen** v. tr. infester ; frapper ; affliger. | *die Stadt wurde von der Pest heimgesucht*, la ville fut frappée par la peste. || [besuchen] rendre visite inopinément. ||°-**suchung** f. (-, en) affliction f. || FIG. épreuve f. || RELIG. *Heimsuchung Mariä*, Visitation (f.) de la Vierge. ||°-**tücke** f. fausseté f. ; perfidie f. ; sournoiserie f. ||-**tückisch** adj. perfide ; faux ; sournois. ||-**wärts** adv. sur le chemin du retour ; en retournant ; vers chez soi. ||°-**weg** m. (s) chemin (m.) du retour. ||°-**weh** n. (s) nostalgie f. ; mal (m.) du pays. ||°-**werker** m. (s, -) bricoleur m. ||-**zahlen** v. tr. FIG., *das werde ich ihm aber (mit gleicher Münze) heimzahlen*, je lui rendrai la monnaie de sa pièce ; je lui garde un chien de ma chienne.

Heimat ['haimɑ:t] f. (-, en) pays (natal) ; endroit (m.) d'où l'on est ; lieu (m.) de naissance. | *Heimat einer Pflanze*, habitat (m.) d'une plante.

Heimat|dorf ["haimɑ:t'dɔrf] n. (s, ¨er) village natal. ||°-**hafen** m. (s, ¨). MAR. port (m.) d'attache. ||°-**kunst** f. (-, ¨e) art régional. ||°-**land** n. (s, ¨er). V. HEIMAT. ||-**los** adj. sans domicile ; sans foyer ; vagabond. || POLIT. sans nationalité ; apatride. ||°-**recht** n. (s), °-**berechtigung** f. JUR. droit (m.) de domicile. ||°-**schein** m. (s, e). POLIT. certificat (m.) de nationalité. || COMM. certificat (m.) d'origine. ||°-**urlaub** m. (s, e). MIL. permission (f.) de détente. ||-**vertrieben** adj. *die Heimat(s)vertriebenen*, les réfugiés.

heimatlich ['haimɑ:tliç] adj. du pays.

Heimchen ['haimçən] n. (s, -). ZOOL. grillon m.

heimelig ['haiməliç] adj. douillet, intime.

heimisch [-miʃ] adj. du pays ; indigène ; natal. | *heimischer Markt*, marché national, intérieur. | *heimische Tiere, Pflanzen*, animaux (m. pl.), plantes (f. pl.) indigènes. || LOC. *sich heimisch fühlen*, se sentir chez soi. | *sich heimisch machen*, s'acclimater. | *heimisch werden*, s'acclimater ; se familiariser.

heimlich ['haimliç] adj. [versteckt] intime ; secret ; caché ; dérobé. | *heimliche Zusammenkünfte*, réunions secrètes. | *etwas heimlich halten*, tenir qch. secret. || JUR. *das heimliche Gericht*, la Sainte Vehme.

◇ adv. secrètement, à la dérobée ; en tapinois ; en cachette. | *etwas heimlich sagen, tun*, dire, faire qch. en cachette, à la dérobée, FAM. en tapinois.

Heimlichkeit [-kait] f. (-, en) secret m. ; clandestinité f. ; cachotteries f. pl.

Heimlich|tuerei ["haimliçtuə'rai] f. cachotterie f.

Heinzel|männchen ["haintsəl'mɛnçən] n. (s, -) lutin m. ; gnome m.

Heirat ['hairɑ:t] f. (-, en) mariage m. ; union matrimoniale ; alliance f. || POÉT. hymen m. ; hyménée f. | *eine passende Heirat*, un mariage réussi. | *eine mißglückte Heirat*, un mariage malheureux.

heiraten [-tən] v. tr. épouser. | *jn aus Liebe heiraten*, faire un mariage d'amour.

◇ v. intr. prendre femme ; se marier. | *jung heiraten*, se marier jeune. | *in die Stadt heiraten*, devenir citadin par alliance. | *unter seinem Stande heiraten*, se mésallier.

Heirats|antrag ["hairɑ:ts'antrɑ:k] m. (s, ¨e) demande (f.) en mariage. ||°**-anzeige** f. (-, n) faire-part (m.) de mariage. ||**-fähig** adj. bon à marier ; mariable ; pubère ; nubile. ||°**-institut** n. (s, e) agence matrimoniale. ||**-lustig** adj. qui a envie de se marier. ||°**-urkunde** f. (-, n). JUR. acte (m.) de mariage. ||°**-vermittlung** f. (-, en) agence matrimoniale. ||°**-vertrag** m. (s, ¨e). JUR. contrat (m.) de mariage.

heisa ! ['haiza] interj. ohé ! oh gué !

heischen ['haiʃən] v. tr. demander ; réclamer ; exiger.

heiser ['haizər] adj. enroué ; éraillé ; rauque. | *heisere Stimme*, voix (f.) rauque. | *heiser werden*, s'enrouer. | *sich heiser schreien*, s'égosiller. | *stockheiser*, très enroué ; aphone.

Heiserkeit [-kait] f. voix (f.) rauque ; enrouement m. ; extinction (f.) de voix.

heiß [hais] adj. très chaud ; brûlant ; ardent. | *heiße Sonne*, soleil ardent. | *heiße Zone*, zone torride, tropicale. | *mir ist heiß*, j'ai chaud. || FIG. ardent ; passionné. | *heißen Dank*, mille fois merci. | *heißes Eisen*, sujet brûlant. | *heißes Gebet*, prière fervente. | *heißer Kampf*, lutte acharnée. | *sie vergießt heiße Tränen*, elle pleure à chaudes larmes. | *heißer Wunsch*, désir ardent. | *er macht ihm die Hölle heiß*, il lui en fait voir. || ÉCON. *heißes Geld*, capitaux flottants. || POLIT. *der heiße Draht*, le téléphone rouge. || *sie geht darum wie die Katze um den heißen Brei*, FAM. elle tourne autour du pot.

heiß|blütig ["hais'bly:tiç] adj. ardent ; chaud ; fougueux ; emporté ; qui a du tempérament. || **-erfleht** adj. désiré ardemment. ||**-geliebt** adj. aimé passionnément. ||°**-hunger** m. (s) appétit dévorant ; fringale f. ; avidité f. || MÉD. boulimie f. || **-hungrig** qui a un appétit dévorant ; goulu ; vorace. ||**-laufen** (ä, ie, a) v. intr. et v. pr. chauffer. || AUTOM. *der Motor ist heißgelaufen, hat sich heißgelaufen*, ce moteur chauffe. ||°**-laufen** n. (s). AUTOM. échauffement m. ; grippage m. ||°**-luft** f. air chaud. ||°**-sporn** m. (s, e). FIG. tête chaude ; risque-tout m. ||°**-wasserspeicher** m. (s, -) chauffe-eau (m.) à accumulation.

heißa ['haisa] interj. gué !, ô gué ! ; tralala !

heißen ['haisən] (ie, ei) v. tr. **1.** [auffordern] ordonner ; commander ; enjoindre ; dire de (faire, etc.). | *wer hieß dich das tun ?*, qui t'a dit de faire cela ? | *wer hat Sie denn spielen heißen ?*, qu'aviez-vous besoin de jouer ?

2. [nennen] appeler ; nommer ; traiter de. | *jn willkommen heißen*, souhaiter la bienvenue à qn. | *das heiße ich einen festen Schlaf haben*, voilà ce qui s'appelle dormir. | *etwas gutheißen*, approuver qch.

◇ v. intr. **1.** [einen Namen führen] s'appeler ; porter tel nom ; se nommer. | *wie heißt du ?*, comment t'appelles-tu ? ; quel est ton nom ? | *ich heiße Karl*, je m'appelle Charles ; mon nom est Charles. | *ich will ein Schuft heißen, wenn das nicht wahr ist*, je veux être pendu si ce n'est (pas) vrai.

2. [bedeuten] signifier ; vouloir dire ; se dire. | *das will schon etwas heißen*, voilà qui n'est pas peu dire ; FAM. ce n'est pas rien. | *das hieße den Plan aufgeben*, cela reviendrait à abandonner ce projet. | *da sieht man, was es heißt, einen guten Ruf zu besitzen*, voilà ce que c'est que d'avoir bonne réputation. || FAM. *was soll das heißen ?*, qu'est-ce que cela veut dire ? ; qu'est-ce à dire ? | *was heißt das ?*, qu'est-ce ? | *hier heißt es aufpassen*, (c'est ici qu')il s'agit de faire attention. || [erläuternd] *das heißt (d. h.)*, c'est-à-dire.

◇ v. impers. **es heißt,** on dit ; le bruit court que...

heiter ['haitər] adj. clair ; découvert ; serein. | *heiteres Wetter*, temps clair. | *heiterer Tag*, belle journée. | *heiterer Himmel*, ciel dégagé. || gai ; enjoué ; serein ; riant. | *heiteres Gemüt*, âme sereine. | *heitere Laune*, bonne humeur. || FIG., IRON. *das wird ja heiter*, ça promet ! | *das kann ja heiter werden*, voilà un début qui promet.

Heiterkeit [-kait] f. clarté f. ; pureté f. | *Heiterkeit des Himmels*, pureté (f), sérénité (f.) du ciel. || FIG. sérénité f. ; enjouement m. ; gaieté f. | *Heiterkeit des Gemütes*, sérénité (de l'âme, intérieure). | *ungetrübte Heiterkeit*, excellent moral.

Heiz|anlage ["haits'anlɑ:gə] f. (-, n) installation (f.) de chauffage. ||°**-apparat** m. (s, e) appareil (m.) de chauffage ; calorifère m. ; chaudière f. ||°**-faden** m. (s,¨). ÉLECTR. filament m. ||°**-fläche** f. (-, n) surface (f.) de chauffe. ||°**-gas** n. (es, e) gaz m. (de chauffage). ||°**-kessel** m. (s, -) chaudière (f.) de chauffage. ||°**-kissen** n. (s, -) coussin électrique, chauffant. ||°**-körper** m. (s, -) radiateur m. ||°**-körperverkleidung** f. (-, en) cache-radiateur m. ||°**-kraft** f. PHYS. pouvoir (m.) calorifique. ||°**-luft** f. (-, ¨e). AÉRON. air (m.) de réchauffage. ||°**-material** n. (s) combustible(s) m. (pl.). ||°**-öl** n. (s) gas-oil m. ; gazole m. ||°**-raum** m. (s, ¨e) chambre (f.) de chauffe ; chaufferie f. ||°**-röhre** f. (-, n) tuyau (m.) de chauffage. ||°**-schlange** f. (-, n). TECHN. serpentin réchauffeur. ||°**-sonne** f. (-, n). TECHN. radiateur (m.) parabolique. ||°**-stoff** m. (s, e) combustible m. ||°**-wert** m. (s) pouvoir (m.) calorifique. ||°**-wertmesser** m. (s, -) calorimètre m.

heizbar ['haitsbɑ:r] adj. qui peut être chauffé.

heizen [-tsən] v. intr. chauffer ; faire du feu. | *elektrisch heizen*, se chauffer à l'électricité.

◇ v. tr. *eine Wohnung heizen*, chauffer un appartement.

Heizen [-tsən] n. (s) chauffage m.

Heizer [-tsər] m. (s, -). TECHN. chauffeur m.

Heizung [-tsuŋ] f. (-, en) chauffage m. ; chauffe f.

Hekatombe [hɛka'tɔmbə] f. (-, n) hécatombe f.

Hektar [hɛk'tɑ:r] n. (s, e) hectare m.

hektisch ['hɛktiʃ] adj. MÉD. hectique ; phtisique ; étique. || FIG. fiévreux, fébrile.

Hekto|gramm ["hɛkto'gram] n. (s, e) hectogramme m. ; hecto m. ||°**-graph** m. (en, en) hectographe m. ||°**-liter** n. (s, -) hectolitre m. ||°**-meter** m. ou n. (s, -) hectomètre m. ||°**-watt** n. (s, -). ÉLECTR. hectowatt m.

Held [hɛlt] m. (en, en) héros m. ; preux m. || LITTÉR. héros. || THÉÂTRE. personnage m. | *jugendlicher Held*, jeune premier. || PAR EXT. *der Held des Tages*, le héros du jour. || FIG., FAM. *er ist kein Held im Turnen*, il n'est pas fort en gymnastique.

Helden|dichtung ["hɛldən'diçtuŋ] f. (-, en), °**-gedicht** n. (s, e) poésie (f.) épique ; épopée f. ||°**-geist** m. (es) esprit (m.) héroïque ; héroïsme m. ||°**-lied** n. (s, er) poème (m.) épique ; épopée f. ; chanson (f.) de geste. ||**-mäßig** adj. héroïque. ||°**-mut** m. (s) héroïsme m. ||**-mütig** adj. héroïque. ||°**-sage** f. (-, n) légende f. ; épopée f. ||°**-tat** f. (-, en) haut fait ; exploit m. ; prouesse f. ; action (f.) héroïque. ||°**-tod** m. (s) mort (f.) héroïque. | *er starb den Heldentod*, il mourut au champ d'honneur.

heldenhaft ['hɛldənhaft] adj. héroïque.

Heldentum ['hɛldəntu:m] n. (s) héroïsme m.

Heldin ['hɛldin] f. (-, nen) héroïne f.

helfen ['hɛlfən] (i, a, o) v. intr. aider ; assister ; secourir ; seconder. | *jm helfen*, aider qn. | *jm auf die Beine helfen*, aider qn à se relever. | *jm aus dem Wagen helfen*, aider qn à descendre de voiture. | *jm aus der Verlegenheit helfen*, FAM. *jm aus der Patsche helfen*, tirer qn d'embarras. | *jm aus der Not helfen*, tirer qn de la misère. || FIG. *jm über den Berg helfen*, aider qn à surmonter un obstacle. | *helf er sich*, qu'il se débrouille. | *ich weiß mir nicht zu helfen*, je ne sais comment en sortir. | *was hilft mir das ?*, à quoi cela me sert-il ? | *da hilft kein Schreien*, rien ne sert de crier. | *diese neue Arznei hilft gegen Rheuma*, ce nouveau remède agit contre le rhumatisme. | *hier ist nicht mehr zu helfen*, il n'y a plus rien à faire ici. | *helfe mir Gott !*, que Dieu me soit en aide ! || PROV. *hilf dir selbst, so hilft dir Gott*, aide-toi, le ciel t'aidera.

Helfer [-fər] m. (s, -) aide m. ; assistant m. ; auxiliaire m. ; PÉJOR. complice m. ; compère m.

Helfers|helfer ["hɛlfərs'hɛlfər] m. (s, -) complice m. ; acolyte m.

Helikopter ['hɛlikɔptər] m. (s, -). AÉRON. [Hubschrauber] hélicoptère m.

Helio|graphie [hɛliogra'fi:] f. ASTRON. héliographie f. || TECHN. télégraphie (f.) optique. ||°**-gravüre** f. (-, n) héliogravure f. ||°**-sphäre** f. (-, n). ASTRON. héliosphère f. ||°**-stat** m. (s, e) héliostat m. || °**-therapie** f. héliothérapie f. ||**-thermisch** adj. *heliothermische Wärmeerzeugung*, héliothermie f. || °**-trop** n. (s, e). BOT. héliotrope m. ; tournesol m. || PHYS. héliotrope m.

Helios ['he:liɔs] n. pr. m. MYTH. Phébus m.

Helium ['he:lium] n. (s). CHIM. hélium m.

Helix ['he:liks] f. (-). BIOL. hélice f.

hell [hɛl] adj. **1.** [Licht ; Farbe] clair ; vif ; lumineux ; éclatant ; brillant ; éclairé ; limpide. | *helle Sonne*, grand soleil. | *eine helle Straße*, une rue bien éclairée. | *am hellen Tag*, en plein jour ; au grand jour. | *es ist schon hell*, il fait déjà jour. | *es wird hell*, le jour se lève. | *der Mond scheint hell*, il fait un beau clair de lune. | *bis in den hellen Tag hineinschlafen*, faire la grasse matinée. | *helle Augen*, des yeux clairs, vifs. | *helles Rot*, rouge vif. | *helles Haar*, des cheveux blonds. | *helles Bier*, de la bière blonde.

2. [Klang] clair ; retentissant ; sonore ; perçant ; aigu. | *helles Gelächter*, éclats (m. pl.) de rire. | *bei hellem Trompetenklang*, au son clair des trompettes.

3. FIG. [deutlich ; klar] clair ; net ; lucide ; clairvoyant ; pénétrant. | *er ist ein heller Kopf*, il est intelligent ; il a l'esprit clair, lucide. | *seine helle Freude an etwas haben*, prendre plaisir à qch. | *mit heller Begeisterung*, avec grand enthousiasme. | *in hellen Haufen, Scharen*, en foule ; en masse.

Hell|dunkel ["hɛl'duŋkəl] n. (s) pénombre f. ; demi-jour m. ; clair-obscur m. ||**-farbig** adj. de couleur claire ; de ton clair. ||**-gelb** adj. jaune clair ; (couleur) paille. ||**-glänzend** adj. brillant d'un vif éclat. ||**-grau** adj. gris clair ; gris perle. ||**-grün** adj. vert clair. ||**-haarig** adj. blond. ||**-hörig** adj. 1° qui a l'ouïe fine ; 2° où l'on entend bien. | *eine hellhörige Wohnung*, un appartement sonore. ||**-klingend** adj. sonore. ||**-rot** adj. rouge clair ; blond roux ; vermeil. ||**-sehen** v. intr. inf. FIG. *du kannst wohl hellsehen ?*, saurais-tu deviner les pensées ? ||°**-sehen** n. (s) seconde vue ; voyance f.||°**-seher** m. (s, -) voyant m. ||**-seherisch, -sichtig** adj. clairvoyant ; lucide ; doué de seconde vue. ||°**-sichtigkeit** f. clairvoyance f. ; lucidité f. ||**-tönend** adj. sonore ; retentissant. ||**-wach** adj. bien réveillé.

Hellas ['hɛlas] n. pr. n. HIST. Hellade f.

Helle ['hɛlə] f. clarté f. ; jour m. ; lumière f. ; éclat m. ; luminosité f. ; transparence f. ; FIG. lucidité f.

Hellebarde [hɛlə'bardə] f. (-, n) hallebarde f.

Hellene [hɛ'le:nə] n. pr. m. (n, n). GÉOGR. Hellène m. ; Grec m.

hellenisch [hɛ'le:niʃ] adj. hellène ; hellénique.

Hellenismus [hɛle'nismus] m. hellénisme m.

Hellenist [-'nist] m. (en, en) helléniste m.

hellenistisch [-'nistiʃ] adj. hellénistique.

Heller ['hɛlər] m. (s, -) denier m. ; liard m. ; sou m. | *keinen roten, lumpigen Heller haben*, n'avoir pas un sou vaillant. | *alles bis auf den letzten Heller bezahlen* ; *auf (bei) Heller und Pfennig bezahlen*, payer rubis sur l'ongle, jusqu'au dernier centime. | *das ist keinen Heller wert*, cela ne vaut pas un sou.

hellicht ['hɛliçt] adj. *Am hellichten Tag*, au grand jour ; en plein jour.

Helligkeit ['hɛliçkait] f. clarté f. ; luminosité f.

Helling ['hɛliŋ] f. (-, en). MAR. installation (f.) de cale sèche ; cale (f.) de construction ; chantier naval.

Helm [hɛlm] m. (s, e). HIST. heaume m. || MIL. casque m. || ARCHIT. coupole f. ; dôme m. ||°**-busch** m. (es, ¨e) panache m. ; plumet m. ; crinière f. ||°**-dach** n. (s, ¨er), °**-gewölbe** n. (s, -). ARCHIT. coupole f. ; dôme m. ||°**-feder** f. (-, n) plumet m. ; casoar m. (des Saint-Cyriens). ||°**-gitter** n. (s, -) visière f. ||°**-kraut** n. (s). BOT. scutellaire.

Helminthe [hɛl'mintə] f. (-, n). ZOOL. ver plat ; helminthe m.

Helot [he'lo:t] m. (en, en) HIST. ilote m.

Helvetier [-tsiər] n. pr. m. HIST. Helvète m.

helvetisch [-tiʃ] adj. HIST. helvète ; helvétique.

hem ! [həm] interj. hem !

Hemd [hɛmt] n. (s, en) chemise f. | *härenes Hemd*, cilice m. ; haire f. | *das Hemd wechseln*, changer de chemise. | *in bloßem Hemd dastehen*, être en pan de chemise. | *jn bis aufs Hemd ausziehen*, dépouiller qn complètement.

Hemdchen ['hɛmtçən] n. (s, -) chemisette f.

Hemden|fabrikant ["hɛmdənfabri'kant] m. (en, en) chemisier m. ||°**-geschäft** n. (s, e) chemiserie f. ||°**-kragen** m. (s, -) col (m.) de chemise ; faux col. ||°**-matz** m. (es, ¨e). FAM. marmot m.

Hemds|ärmel ["hɛmts'ɛrməl] m. (s, -) manche (f.) de chemise. | *in Hemdärmeln*, en manches de chemise. ||°**-bluse** f. (-, n) chemisier m. ||°**-brust** f. plastron m. ||°**-hose** f. (-, n) combinaison f. ||°**-kragen** m. (s, -) col (m.) de chemise. ||°**-krause** f. (-, n) jabot m.

Hemi|plegie [hemiple'gi:] f. MÉD. hémiplégie f. ||°**-sphäre** f. (-, n) hémisphère m.

hemmbar ['hɛmbɑ:r] adj. qu'on peut entraver, arrêter.

hemmen ['hɛmən] v. tr. freiner ; enrayer ; entra-

ver ; empêcher ; embarrasser ; paralyser ; gêner. | *seinen Schritt hemmen*, ralentir le pas. || FIG. réprimer ; contenir ; réfréner. || [Psychologie] inhiber. | *ein gehemmtes Kind*, un enfant complexé.
— SYN. : *mäßigen*, modérer ; *bremsen*, *zügeln*, freiner.
Hemm|feder ["həm'fe:dər] f. (-, n) ressort (m.) d'arrêt. ||°**-gabel** f. (-, n) [Wagen] fourchette f. ||°**-keil** m. (s, e). TECHN. coin (m.), cale (f.) d'arrêt. ||°**-kette** f. (-, n). TECHN. chaîne (f.) d'enrayage. ||°**-klotz** m. (es, ¨e). TECHN. sabot (m.) d'arrêt ; cale (f.) de freinage. ||°**-schraube** f. (-, n) vis (f.) arrêtoir. ||°**-schuh** m. (s, e). TECHN. frein m. ; sabot (m.) d'arrêt, d'enrayage. ||°**-stoff** m. (es, e). CHIM. inhibiteur m.
Hemmnis ['hɛmnis] n. (ses, se) entrave f. ; obstacle m. ; embarras m.
Hemmung ['hɛmuŋ] f. (-, en). TECHN. enrayement m. ; enrayage m. ; arrêt m. | *die Hemmung (in der Uhr) ist abgebrochen*, l'échappement (de la montre) s'est cassé. || FIG. obstacle m. ; gêne f. ; empêchement m. || [Psychologie] inhibition f. ; refoulement m. ; blocage m. | *Hemmungen haben*, avoir des complexes.
— SYN. : *Schwierigkeit*, difficulté ; *Störung*, gêne. *Verhinderung*, empêchement ; *Fessel*, entrave.
hemmungs|los ["hɛmuŋs'lo:s] adj. FIG. sans frein ; emporté.
Hengst [hɛŋst] m. (es, e). ZOOL. étalon m.
Henkel ['hɛŋkəl] m. (s, -) anse f. ; oreille f. ||°**-korb** m. (s, ¨e) panier (m.) à anse. ||°**-krug** m. (s, ¨e) cruche (f.) à anse.
henken ['hɛŋkən] v. tr. pendre.
Henken [-kən] n. (s) pendaison f.
Henker ['hɛŋkər] m. (s, -) bourreau m. | *zum Henker !*, au diable ! | *ich schere mich den Henker drum*, FAM. je m'en fiche ; POP. je m'en fous. | *der Henker soll es holen*, que le diable l'emporte !
Henker|beil ["hɛŋkər'bail] n. (s, e) hache (f.) du bourreau. ||°**-block** m. (s, ¨e) billot m.
Henkers|knecht ["hɛŋkərs'knɛçt] m. (s, e) valet (m.) de bourreau. ||°**-mahlzeit** f. (-, en) dernier repas du condamné. || FIG. dîner (m.) d'adieu.
Henna ['hɛna] f. BOT. henné m.
Henne ['hɛnə] f. (-, n.) ZOOL. poule f. ; femelle (f.) d'oiseau. | *junge Henne*, poulette f.
Hennegau ['hɛnəgau] n. pr. m. Hainaut m.
Heparin [hepa'ri:n] n. (s). BIOL. héparine f.
hepatisch [he'pɑ:tiʃ] adj. MÉD. hépatique.
Hepatitis [hepa'ti:tis] f. (-, itiden). MÉD. hépatite f.
Hephaistos [he'faistos] n. pr. m. MYTH. Vulcain m.
her [he:r] adv. ici ; de ce côté(-ci) [idée de rapprochement]. | *her zu mir !*, ici ! ; approchez ! | *Bier her !*, (que l'on apporte) de la bière ! | *her damit !*, donne-le-moi ; rends-le-moi ! | *nur her*, donne toujours. | *vom Himmel her*, venant du ciel. | *von hinten her*, par-derrière. | *wo ist sie her ?*, d'où vient-elle ; d'où est-elle ? | *wo hast du das her ?*, où as-tu pris cela ? | *neben jm her gehen*, marcher à côté de qn. | *hinter jm her gehen*, suivre qn. | *vor jm her gehen*, précéder qn. | *über etwas her sein*, être en train de faire qch. | *um etwas her*, autour de qch. | *um jn her sein*, témoigner de l'empressement à qn. | *hinter jm her sein*, être aux trousses de qn. | *mit seinem Wissen ist es nicht weit her*, ses connaissances ne vont pas loin. | *hin und her*, de ci, de là. | *das Hin und Her*, le va-et-vient. | *Freund hin, Freund her*, ami ou non, peu m'importe. | *von früher her*, d'autrefois. | *das ist ja schon eine Ewigkeit her*, il y a une éternité.
her|bekommen ["he:rbə'kɔmən] (a, o) v. tr. se procurer. | *wo soll ich die Angaben herbekommen ?*, où voulez-vous que je me procure ces données ? || **-bemühen** v. tr. demander (à qn) de (vouloir bien) venir. — v. pr. **sich herbemühen,** prendre la peine de venir. ||**-bestellen** v. tr. faire venir. ||**-bitten** (bat, gebeten) v. tr. prier de venir. ||**-blicken** v. intr. tourner les yeux vers ; regarder de ce côté-ci. ||**-bringen** (brachte, gebracht) v. tr. apporter. ||**-dürfen** (a, u, u) v. intr. avoir la permission de venir. ||**-fahren** (ä, u, a) v. intr. arriver, venir en voiture, à bicyclette. | *hinter jm herfahren,* suivre qn en voiture. || FIG. assaillir, accabler. | *sie fuhren über ihn her*, ils l'accablèrent de reproches. — v. tr. amener en voiture. | *Holz herfahren*, amener du bois. ||°**-fahrt** f. (-, en) *auf der Herfahrt*, en venant ici. ||**-fallen** (ä, ie, a) v. intr. tomber, être jeté sur. || fondre, se jeter, se ruer sur ; assaillir ; FIG. accabler. ||**-finden (sich)** [a, u] v. pr. trouver le chemin. ||**-fliegen** (o, o) v. intr. arriver à tire-d'aile, en volant. ||°**-gang** m. (s) marche f. ; cours m. ; succession (f.) des événements. | *den ganzen Hergang des Unfalls erzählen*, raconter comment l'accident s'est produit. ||**-geben** (i, a, e) v. tr. donner ; céder ; remettre ; se dessaisir. | *das mußt du wieder hergeben*, tu dois rendre cela. — v. pr. **sich zu etwas hergeben,** se prêter à qch. ||**-gebracht** adj. coutumier ; traditionnel ; établi ; d'usage. ||**-gehen** (ging, gegangen) v. intr. marcher. | *hinter jm hergehen*, suivre qn. — v. impers. FAM. *es ging über ihn her*, on cassait du sucre sur son dos. | *es ging munter her*, on s'en donnait à cœur joie. | *so geht es in der Welt her*, ainsi va le monde. | *es geht knapp bei ihm her*, il vit dans la gêne. | *es geht scharf her*, la lutte est chaude. ||**-gehören** v. intr. être à sa place, à propos. ||**-gelaufen** adj. quelconque ; venu on ne sait d'où. | *hergelaufener Bursche*, vagabond m. ||**-geraten** (ä, ie, a) v. intr. arriver par hasard. ||**-haben** (hatte, gehabt) v. tr. FAM. *wo hast du das her ?*, d'où tiens-tu cela ?, qui te l'a dit ? ||**-halten** (ä, ie, a) v. tr. tendre ; présenter. | *halte den Teller her !*, passe-moi ton assiette. — v. intr. FIG. faire les frais de ; être mis à contribution. ||**-holen** v. tr. aller chercher ; amener. || FIG. *weit hergeholt*, tiré par les cheveux. ||**-kommen** (a, o) v. intr. venir ; arriver ; approcher. | *komm einmal her !*, viens ici ! ; approche ! || PAR ANAL. résulter de ; dériver ; provenir. | *das kommt von etwas ganz anderem her*, cela vient d'ailleurs ; cela provient d'une tout autre cause. ||**-kömmlich** adj. traditionnel ; coutumier. — adv. de coutume ; en usage. ||**-können** v. intr. pouvoir venir. ||**-laufen** (ä, ie, a) v. intr. courir, accourir. | *hinter jm herlaufen*, courir après qn ; suivre qn. ||**-leiern** v. tr. psalmodier ; débiter. ||**-leiten** v. tr. amener ; (faire) dériver. || **-lesen** (ie, a, e) v. tr. lire d'une voix monocorde ; ânonner. ||**-locken** v. tr. attirer ; allécher. ||**-machen (sich)** v. pr. FAM. tomber sur ; se jeter sur. ||**-murmeln** v. intr. marmotter. ||**-müssen** (u, u, u) v. intr. FAM. être forcé de venir. | *das muß wieder her*, il faut que cela se retrouve. ||**-nehmen (nimmt, nahm, genommen)** v. tr. prendre ; tirer de. || FIG. *jn hernehmen*, maltraiter, (mal) arranger qn. ||**-nötigen** v. tr. forcer à venir ; presser (qn) de venir. ||**-plappern** v. tr. FAM. débiter machinalement. ||**-rechnen** v. tr. énumérer ; compter. ||**-reichen** v. tr. présenter, tendre ; faire passer. — v. intr. atteindre, s'étendre jusqu'ici. ||°**-reise** f. *auf der Herreise*, en venant ici. ||**-richten** v. tr. apprêter ; ajuster ; arranger ; monter ; réparer. ||**-rücken** v. tr. et v. intr. (s')approcher. ||**-rufen** (ie, u) v. tr. appeler près de soi ; faire venir. ||**-rühren** v. intr. provenir de ; dériver de. ||**-sagen** v. tr. réciter ; dire. ||**-schaffen** (u, a) v. tr. amener ; faire venir. ||**-scheren (sich)** v. pr. FAM. venir tout de suite ; POP. s'amener de suite. ||**-schicken** v. tr. envoyer ;

adresser. ||**-sehen** (ie, a, e) v. intr. regarder par ici. ||**-sehnen (sich)** v. pr. désirer ardemment venir ici. ||**-senden** (sandte, gesandt) v. tr. envoyer ; adresser. ||**-sollen** v. intr. devoir venir. ||**-stammen** v. intr. provenir ; dériver de. || **-stammend** adj. originaire. ||**-stehlen (sich)** [a, o] v. pr. s'introduire, venir furtivement. ||**-stellbar** adj. qui peut être fait, produit. ||**-stellen** v. tr. placer, poser ici. || FIG. fabriquer ; confectionner ; produire ; faire. || PAR EXT. réparer ; restaurer. ||°**-steller** m. (s, -) fabricant m. ; producteur m. ||°**-stellung** f. (-, en) fabrication f. ; confection f. ; production f. ; établissement m. || PAR EXT. restauration f. ; réparation f. ; rétablissement m. | *Herstellungskosten*, frais (m. pl.) de fabrication ; prix (m.) de revient. | *Herstellungspreis*, prix (m.) à la production. ||**-strömen** v. intr. affluer. ||**-stürzen** v. intr. approcher précipitamment ; se précipiter vers. ||**-tragen** (ä, u, a) v. tr. apporter. ||**-treiben** (ie, ie) v. tr. pousser vers. ||**-treten** (i, a, e) v. intr. (s')approcher ; (s')avancer. ||°**-weg** m. (s, e) *auf dem Herweg*, en venant.

herab [hɛ'rap] adv. vers le bas ; en bas. | *von oben herab*, d'en haut ; de haut en bas. | *den Fluß herab*, en descendant la rivière. | *vom Dach herab*, du haut du toit. || FIG., FAM. *er sieht auf uns von oben herab*, il nous regarde de haut, du haut de sa grandeur.

herab|begeben (sich) [ziçhɛ"rapbə'ge:bən] (i, a, e) v. pr. descendre. ||**-bemühen** v. tr. prier (qn) de descendre. — v. pr. **sich herabbemühen,** se donner la peine de descendre. ||**-blicken** v. intr. regarder en bas ; plonger ses regards, jeter un regard sur. || FIG. regarder de haut. ||**-fallen** (ä, ie, a) v. intr. tomber à terre ; FAM. dégringoler. ||**-fliegen** (o, o) v. intr. descendre en volant. ||**-fließen** (o, o) v. intr. descendre en coulant ; dégoutter ; ruisseler ; découler. ||**-gehen** (ging, gegangen) v. intr. descendre. ||**-gesetzt** adj. abaissé ; FIG. diminué. || COMM. *zu herabgesetzten Preisen*, à prix réduits. ||**-gleiten** (i, i) v. intr. glisser en bas ; glisser le long de la pente. ||**-helfen** (i, a, o) v. tr. aider (qn) à descendre. ||**-holen** v. tr. descendre ; faire descendre ; aller chercher en haut. ||**-kollern** v. intr. FAM. dégringoler. ||**-kommen** (a, o) v. intr. descendre. ||**-lassen** (ä, ie, a) v. tr. laisser descendre, tomber, retomber ; abaisser ; rabattre. | *den. Vorhang herablassen*, baisser le rideau. — v. pr. **sich herablassen,** descendre ; se laisser glisser. || FIG. s'abaisser ; condescendre ; prendre un air protecteur. | *sich herablassen, etwas zu tun*, condescendre à faire qch. ||**-lassend** adj. condescendant ; protecteur ; dédaigneux. ||°**-lassung** f. air protecteur ; condescendance f. ||**-laufen** (ä, ie, a) v. intr. descendre en courant ; couler. ||**-reißen** (i, i) v. tr. arracher, enlever de. ||**-schrauben** v. tr. baisser. || FIG. *seine Ansprüche herabschrauben*, en rabattre. || **-schütteln** v. tr. faire tomber en secouant. ||**-sehen** (ie, a, e) v. intr. regarder d'en haut. | *auf das Tal herabsehen*, avoir une vue plongeante sur la vallée. || FIG. regarder de haut. ||**-senden** (sandte, gesandt) v. tr. envoyer en bas. || [Strahlen] darder. ||**-setzen** v. tr. mettre plus bas ; abaisser. | *die Preise herabsetzen*, abaisser les prix. || FIG. ravaler ; rabaisser ; dénigrer. ||°**-setzung** f. FIG. abaissement m. ; dépréciation f. ; discrédit m. || COMM. rabais m. ; réduction f. ; diminution f. || ADM. *Herabsetzung des Rentenalters*, abaissement (m.) de l'âge de la retraite. ||**-sinken** (a, u) v. intr. glisser de haut en bas ; descendre ; FIG. déchoir. ||**-steigen** (ie, ie) v. intr. descendre. ||**-stimmen** v. tr. baisser (un instrument) ; abaisser le ton de. ||**-strömen** v. intr. tomber à verse, à flots. ||**-stürzen** v. intr. se précipiter du haut de ; tomber ; s'enfoncer. || [Preis] diminuer. ||**-tragen** (ä, u, a) v. tr. descendre (d'en haut). ||**-tröpfeln** v. intr. tomber goutte à goutte ; FAM. dégouliner. ||**-wollen** v. intr. vouloir descendre. ||**-würdigen** v. tr. et v. pr. (s')abaisser ; (s')avilir ; (se) dégrader. ||°**-würdigung** f. abaissement m. ; dégradation f. ||**-ziehen** (zog, gezogen) v. tr. tirer en bas.

Herakles ['he:raklɛs] n. pr. m. Hercule m.

Heraldik [he'raldik] f. héraldique f. ; blason m.

Heraldiker [-kər] m. (s, -) héraldiste m.

heran [hɛ'ran] adv. à ; près de ; auprès de. || PAR EXT. par ici ; de ce côté (-ci).

heran|bilden [hɛ"ran'bildən] v. tr. et v. pr. (se) former ; (s')élever. ||°**-bildung** f. formation f. ||**-blühen** v. intr. s'épanouir ; se développer ; prospérer. ||**-bringen** (brachte, gebracht) v. tr. approcher ; appliquer. ||**-drängen (sich)** v. pr. se presser autour de ; approcher de (en poussant). ||**-eilen** v. intr. accourir, arriver en toute hâte. ||**-fliegen** (o, o) v. intr. approcher en volant. ||**-gehen** (ging, gegangen) v. intr. s'approcher. | *vorsichtig an eine politische Frage herangehen*, aborder une question politique avec précaution. ||**-holen** v. tr. amener. || RADIO. capter. ||**-kommen** (a, o) v. intr. approcher ; avancer. ||**-machen (sich)** v. pr. FAM. s'approcher. | *sich an eine Sache heranmachen*, commencer, entreprendre qch. | *sich an jn heranmachen*, s'insinuer auprès de qn. ||**-nahen** v. intr. s'approcher ; être imminent. ||**-reifen** v. intr. approcher de la maturité ; FIG. se développer. ||**-rücken** v. tr. approcher (qch.) en le poussant. — v. intr. avancer ; approcher. ||**-schleichen** (i, i) v. intr. s'approcher tout doucement, à pas de loup. ||**-schreiten** (i, i) v. intr. s'avancer, s'approcher à pas comptés. ||**-sprengen** v. intr. arriver au galop, à bride abattue. ||**-treten** (i, a, e) v. intr. s'approcher ; avancer. ||**-wachsen** (ä, u, a) v. intr. grandir ; croître ; avancer en âge. ||**-wagen (sich)** v. pr. oser approcher. || PAR ANAL. oser entreprendre. ||**-ziehen** (zog, gezogen) v. tr. amener ; tirer à soi. || MIL. *zum Militärdienst heranziehen*, enrôler. || PAR ANAL. recourir à ; appeler en consultation.

herauf [hɛ'rauf] adv. vers le haut ; de bas en haut ; en montant. | *da herauf*, par là. | *nur herauf*, montez toujours. || MIL. *von unten herauf dienen*, sortir du rang.

herauf|arbeiten (sich) [ziçhɛ'rauf'arbaitən] v. pr. s'élever à la force du poignet ; se faire une situation. ||**-beschwören** v. tr. [Erinnerung] évoquer ; [Krise] provoquer. | *ein Unheil heraufbeschwören*, provoquer, causer un malheur. ||**-bitten** v. tr. prier (qn) de monter. ||**-bringen** (brachte, gebracht) v. tr. monter ; transporter en haut. ||**-dürfen** v. intr. avoir la permission de monter. ||**-eilen** v. intr. monter quatre à quatre ; monter précipitamment. ||**-fahren** (ä, u, a) v. intr. monter une pente en voiture. | *den Fluß herauffahren*, remonter le fleuve. — v. tr. conduire, amener en haut. ||**-führen** v. tr. conduire jusqu'en haut. ||**-gehen** (ging, gegangen) v. intr. monter. ||**-helfen** (i, a, o) v. intr. (dat.) aider (qn) à monter ; faire monter. ||**-holen** v. tr. aller prendre et monter. ||**-klettern, -klimmen** (o, o) v. intr. grimper ; escalader. ||**-kommen** (a, o) v. intr. monter, arriver, parvenir en haut. ||**-können** (a, o, o) v. intr. FAM. pouvoir monter. ||**-laufen** (ä, ie, a) v. intr. monter en courant. ||**-rücken** v. intr. monter ; FIG. avancer ; avoir de l'avancement. — v. tr. mettre, pousser plus haut. ||**-schleppen** v. tr. traîner en haut. ||**-sehen** (ie, a, e) v. intr. regarder en haut ; lever les yeux. ||**-setzen** v. tr. COMM. augmenter. ||**-steigen** (ie, ie) v. intr. monter. ||**-tragen** (ä, u, a) v. tr. monter ; transporter jusqu'en haut. ||**-wagen (sich)** v. pr. oser monter ; risquer l'ascension. ||**-ziehen**

(zog, gezogen) v. tr. tirer vers le haut ; attirer. || MAR. haler. — v. intr. monter. | *ein Unwetter zieht herauf*, un orage se prépare.

her|aus [hɛ'raus] (FAM. **raus**) adv. hors ; hors de ; (en) dehors. | *zum Fenster heraus*, par la fenêtre. | *heraus !*, sortez ! ; dehors ! ; à la porte ! | *frei heraus*, franchement ; sans détours. | *offen heraus*, à parler franchement. | *von innen heraus*, de dedans ; de l'intérieur. | *es muß heraus*, il faut qu'on le sache. | *nun ist's heraus*, le mot est lâché ; maintenant c'est dit. || FAM. *'raus mit ihm !*, à la porte ! ; POP. qu'on le sorte ! | *heraus aus den Federn !*, lève-toi ! ; levez-vous ! | *heraus mit der Sprache !*, parlez ; expliquez-vous. | *das Gesetz ist heraus*, la loi est publiée.

heraus|arbeiten [hɛ"raus'arbaitən] v. tr. faire sortir ; dégager ; retirer. — v. pr. *sich herausarbeiten*, se tirer d'affaire ; se tirer d'embarras ; se dépêtrer de. ||**-bekommen** (a, o) v. tr. parvenir à faire sortir. || COMM. avoir à recevoir, à toucher. || FIG. obtenir ; découvrir ; arracher. | *ein Geheimnis herausbekommen*, arracher un secret. ||**-bemühen (sich)** v. pr. se donner la peine de sortir ; prendre la peine de sortir. ||**-bitten** (a, e) v. tr. prier de sortir. ||**-blicken** v. intr. regarder (au) dehors ; se montrer. ||**-brechen** (i, a, o) v. intr. sortir avec violence ; éclater ; extraire ; enlever ; détacher. — v. tr. faire éclater. ||**-bringen** (brachte, gebracht) v. tr. porter ; apporter ; faire sortir ; faire partir. | *seine Worte nur mit Mühe herausbringen*, avoir bien du mal à s'exprimer. | *aus dem Angeklagten war nichts herauszubringen*, on ne put rien tirer de cet accusé. | *einen neuen Film herausbringen*, sortir, produire un nouveau film. ||**-drängen** v. tr. faire sortir en poussant, en pressant. — v. pr. **sich herausdrängen**, se frayer un passage ; jouer des coudes. ||**-dringen** (a, u) v. intr. s'élancer dehors ; sortir impétueusement ; jaillir ; gicler. ||**-drücken** v. tr. exprimer. | *den Saft aus der Apfelsine herausdrücken*, exprimer le jus d'une orange. ||**-dürfen** (a, u, u) v. intr. FAM. avoir la permission de sortir. ||**-fahren** (ä, u, a) v. intr. sortir en voiture. || FIG. échapper ; éclater. | *das Wort ist ihm herausgefahren*, ce mot lui a échappé. — v. tr. transporter dehors. | *er hat den Wagen herausgefahren*, il a sorti la voiture. || AÉRON. abaisser. | *die Klappen herausfahren*, abaisser les volets. ||**-fallen** (ä, ie, a) v. intr. tomber dehors. ||**-finden** (a, u) v. tr. trouver ; retrouver ; démêler ; reconnaître. | *die Lösung eines Rätsels herausfinden*, trouver la clef d'une énigme. | *die Wahrheit herausfinden*, arriver à déceler la vérité. — v. pr. **sich herausfinden,** se reconnaître ; s'y retrouver. | *ich werde mich schon herausfinden*, je me débrouillerai bien. ||**-fischen** v. tr. pêcher ; repêcher. ||**-fliegen** (o, o) v. intr. sortir en volant ; s'envoler. || FAM. *er flog aus der Klasse heraus*, il a été mis à la porte de la classe. ||**-fließen** (o, o) v. intr. s'écouler. ||**-fordern** v. tr. provoquer. | *jn zum Zweikampf herausfordern*, provoquer qn en duel. || réclamer, exiger, demander le surplus. ||**-fordernd** adj. provocant. ||°**-forderung** f. (-, en) provocation f. ; défi m. ||**-fühlen** v. tr. FIG. sentir ; deviner. ||**-führen** v. tr. faire sortir ; conduire dehors ; emmener. ||°**-gabe** f. remise f. ; restitution f. | *Herausgabe von Geld, eines Gefangenen*, remise d'argent ; libération (f.) d'un prisonnier. || PAR ANAL. publication f. ; édition f. ; parution f. ||**-geben** (i, a, e) v. tr. tendre ; faire passer par ; rendre ; restituer. | *er konnte beim Bezahlen nicht herausgeben*, il ne pouvait (pas) rendre la monnaie. | *ein Buch herausgeben*, éditer, publier un livre. ||°**-geber(in)** m. (s, -), f. (-, nen) éditeur m., éditrice f. (d'un livre) ; gérant(e) m. (f.) (d'un journal). ||**-gehen** (ging, gegangen) v. intr. sortir. | *aus diesem Stoff gehen die Flecke schlecht heraus*, les taches partent difficilement sur ce tissu. || FIG. *sie geht nicht aus sich heraus*, elle est réservée, renfermée ; elle se replie sur elle-même. ||°**-gehen** n. (s) *beim Herausgehen*, en sortant ; à la sortie de. ||**-graben** (ä, u, a) v. tr. déterrer ; extraire. ||**-greifen** (i, i) v. tr. prendre, retirer de ; choisir au hasard. ||**-gucken** v. intr. FAM. regarder par (la fenêtre, le trou, etc.) ; mettre le nez à. | *die ersten Veilchen gucken (aus dem Gras) heraus*, les premières violettes percent. ||**-haben** (hast, hatte, gehabt) v. tr. FAM. être parvenu à faire sortir. | *die hat's heraus*, elle s'y entend ; elle sait s'y prendre. || FIG. avoir découvert. | *ich hab's heraus*, j'y suis. ||**-hängen** (i, a) v. intr. pendre dehors. | *dem Hunde hing die Zunge heraus*, le chien tirait la langue. || FIG. *das hängt mir zum Halse heraus*, j'en ai par-dessus la tête ; FAM. j'en ai plein le dos ; POP. j'en ai marre. ||**-hauen** (hieb, gehauen) v. tr. enlever, détacher en frappant. || MIL. dégager. ||**-heben** (o, o) v. tr. faire sortir en soulevant. || FIG. mettre en relief ; souligner ; monter en épingle ; faire ressortir. — v. pr. **sich herausheben,** se détacher ; ressortir. ||**-helfen** (i, a, o) v. tr. aider à sortir ; tirer d'embarras. ||**-holen** v. tr. sortir ; retirer. || FIG. *aus einem Motor das Letzte, das Äußerste herausholen*, faire rendre le maximum à un moteur. ||**-kehren** v. tr. balayer. || montrer, faire montre de. | *die rauhe Seite herauskehren*, FIG. montrer les dents ; user de rigueur. ||**-klauben** v. tr. PR. et FIG. éplucher ; découvrir à force de recherches subtiles. ||**-klopfen** v. tr. faire sortir en tapant, en frappant, en battant. ||**-kommen** (a, o) v. intr. sortir ; se tirer de. | *seine Worte kommen schwer heraus*, il a de la difficulté à parler. | *wenn es nur nicht herauskommt*, pourvu que la chose ne transpire pas. || FIG. *sie kam aus dem Staunen nicht heraus*, elle ne revenait pas de son étonnement. | *er kommt nicht mit der Sprache heraus*, il refuse de parler. | *dabei kommt nichts heraus*, il n'y a rien à en tirer. | *es kommt immer dasselbe heraus*, on obtient toujours le même résultat. | *das kommt alles auf eins heraus*, cela revient au même ; FAM. c'est bonnet blanc et blanc bonnet. | *ein neuer Wagentyp ist eben herausgekommen*, un nouveau modèle de voiture vient de sortir. ||**-können** (a, o, o) v. intr. FAM. pouvoir sortir. ||**-lassen** (ä, ie, a) v. tr. faire sortir ; laisser sortir ; relâcher. | *Wein herauslassen*, tirer du vin. ||**-laufen** (ä, ie, a) v. intr. sortir en courant ; courir dehors ; s'échapper ; couler ; s'écouler. ||**-legen** v. tr. étaler ; exposer. ||**-lesen** (ie, a, e) v. tr. trier ; extraire ; choisir. || deviner (en lisant). ||**-locken** v. tr. attirer dehors. | *ein Geheimnis aus jm herauslocken*, arracher un secret à qn. ||**-lügen (sich)** [o, o] v. pr. s'en tirer par un mensonge. ||**-machen** v. tr. FAM. faire sortir ; faire disparaître ; ôter. ||**-nehmen** (i, a, o) v. tr. retirer ; enlever ; ôter ; extraire. || FIG., FAM. *sich viel herausnehmen*, se permettre qch., beaucoup. | *sich Freiheiten herausnehmen*, prendre des libertés ; s'arroger des droits. ||**-nötigen** v. tr. obliger à sortir. ||**-platzen** v. intr. FIG., FAM. laisser échapper. | *mit einem Fluch herausplatzen*, laisser échapper un juron. | *mit Lachen herausplatzen*, éclater de rire. ||**-pressen** v. tr. exprimer ; extorquer. **-pumpen** v. tr. *Wasser aus dem Keller herauspumpen*, pomper l'eau de la cave. ||**-putzen** v. tr. et v. pr. (se) parer ; (s')attifer ; (s')accoutrer ; se mettre sur son trente-et-un. ||**-quellen** v. intr. jaillir ; sourdre. ||**-ragen** v. intr. dominer ; être proéminent ; faire saillie ; surplomber. ||**-reden** v. intr. *frei herausreden*, parler ouvertement, franchement. — v. pr. **sich herausreden,** se tirer d'affaire par sa faconde ; se disculper. ||**-reißen** (i, i) v. tr. arracher ; enlever ; extirper ; extraire. || FAM. *er hat ihn noch einmal herausgerissen*, il l'a une fois de plus tiré d'affaire. ||**-rücken** v. tr. FAM. *Geld herausrücken*, donner de l'argent ; délier les cordons de sa bourse ;

FAM. casquer. — v. intr. *mit der Sprache herausrücken*, s'expliquer ; se décider à parler. | *mit der Wahrheit herausrücken*, avouer. ||**-rufen** (ie, u) v. tr. appeler au dehors. || THÉÂTRE. rappeler. — v. intr. crier par la fenêtre. ||**-sagen** v. tr. déclarer net. | *offen und frei heraussagen*, parler net, sans ambages. ||**-schaffen** v. tr. transporter dehors ; enlever ; faire sortir. ||**-schallen** v. intr. retentir au loin, revenir en écho. ||**-schauen** v. intr. regarder au dehors ; se pencher au dehors. || FIG., FAM. *es schaut nichts dabei heraus*, c'est peine perdue ; cela ne mène à rien. ||**-scheren (sich)** v. pr. déguerpir. ||**-schicken** v. tr. faire sortir, envoyer dehors. ||**-schlagen** (ä, u, a) v. tr. faire sortir en frappant ; faire tomber. | *Funken aus dem Stein herausschlagen*, faire jaillir des étincelles d'une pierre. || FIG. *Gewinn aus etwas herausschlagen*, tirer un bénéfice de qch. — v. intr. jaillir ; sortir. | *die Flammen schlugen zum Dach heraus*, les flammes jaillirent du toit. ||**-schleichen** (i, i) v. intr. se glisser dehors ; sortir furtivement. ||**-schleudern** v. tr. projeter ; éjecter. ||**-schmeißen** (i, i) v. tr. FAM. mettre à la porte ; flanquer dehors. ||**-schneiden** (i, i) v. tr. découper ; retrancher ; extirper. || MÉD. exciser ; opérer de. ||**-schöpfen** v. tr. puiser dans. ||**-sehen** (ie, a, e) v. intr. regarder (dehors). || FAM. *dein Taschentuch sieht aus der Tasche heraus*, ton mouchoir dépasse de ta poche. ||**-sollen** v. intr. FAM. devoir sortir. ||**-sprengen** v. tr. faire sauter. — v. intr. sortir au galop. ||**-springen** (a, u) v. intr. jaillir ; s'échapper. | *aus dem Fenster herausspringen*, sauter par la fenêtre. || FIG., FAM. *es springt nichts dabei heraus*, c'est peine perdue ; cela ne mène à rien. ||**-stehen** (stand, gestanden) v. intr. avancer ; sortir ; faire saillie ; être saillant. ||**-stehlen (sich)** [ie, a, o] v. pr. s'en aller furtivement ; s'esquiver. ||**-steigen** (ie, ie) v. intr. descendre de. ||**-stellen** v. tr. placer, mettre dehors. || FIG. mettre en évidence. | *Ergebnisse klar herausstellen*, mettre des résultats en évidence ; souligner des des résultats. — v. pr. **sich herausstellen,** apparaître. || JUR. *bei der Untersuchung hat sich seine Unschuld herausgestellt*, l'enquête a établi son innocence. | *es stellt sich heraus, daß*, il apparaît que. ||**-strecken** v. tr. tendre ; faire passer par ; présenter. | *die Zunge herausstrecken*, tirer la langue. ||**-streichen** (i, i) v. tr. effacer ; faire disparaître. || FIG. faire valoir ; faire l'éloge de ; vanter ; souligner ; FAM. monter en épingle. ||**-strömen** v. intr. sortir, jaillir à flots ; se répandre au dehors. ||**-stürmen** v. intr. sortir avec impétuosité ; s'élancer (hors de). ||**-stürzen** v. intr. se précipiter dehors ; tomber dehors. ||**-suchen** v. tr. choisir ; trier. ||**-treten** (i, a, e) v. intr. sortir. || FIG. *aus der Reserve heraustreten*, sortir de sa réserve ; laisser de côté toute réserve. || [vorstehen] faire saillie ; être proéminent. ||**-wachsen** (ä, u, a) v. intr. sortir de terre ; pousser. | *er wächst aus seinen Kleidern heraus*, ses vêtements sont devenus trop petits. ||**-wagen (sich)** v. pr. oser sortir ; se risquer ; FIG. oser parler. ||**-waschen** (ä, u, a) v. tr. enlever en lavant. ||**-werfen** (i, a, o) v. tr. jeter dehors. ||**-wollen** (i, o, o) v. intr. FAM. vouloir sortir. | *mit der Sprache nicht herauswollen*, hésiter à s'expliquer ; tourner autour du pot. ||**-würgen** v. tr. vomir ; rendre avec effort. ||**-ziehen** (zog, gezogen) v. tr. tirer ; retirer ; arracher ; extraire.

herb [hɛrp] adj. âcre ; âpre ; rêche ; revêche. | *herber Geschmack*, âpre au goût. || FIG. *herbe Worte*, propos (m. pl.) rudes ; paroles (f. pl.) désagréables, acerbes. | *herbes Schicksal*, sort amer.

Herbarium [hɛr'bɑ:rium] n. (s, rien). BOT. herbier m.

Herbe ['hɛrbə] f., **Herbheit** ['hɛrbhait] f. âcreté f. ; verdeur f. ; rudesse f.

herbei [hɛr'bai] adv. par ici ; vers ici ; de ce côté-ci. | *herbei, ihr Kinder !*, approchez, les enfants !

herbei|bringen [hɛr"bai'briŋən] (brachte, gebracht) v. tr. apporter ; amener. ||**-drängen (sich)** v. pr. s'approcher en écartant la foule ; accourir vers. ||**-eilen** v. intr. accourir. ||**-fahren** (ä, u, a) v. tr. amener (en voiture, etc.). — v. intr. arriver en voiture. ||**-führen** v. tr. amener. || FIG. causer ; provoquer ; entraîner ; occasionner. | *ein Unglück herbeiführen*, causer un malheur. ||**-kommen** (a, o) v. intr. (s')approcher. ||**-lassen** (ä, ie, a) v. tr. laisser approcher. — v. pr. **sich herbeilassen,** consentir. | *sich zu etwas herbeilassen*, condescendre à qch. ||**-laufen** (ä, ie, a) v. intr. accourir. ||**-locken** v. tr. attirer ; allécher ; affriander. ||**-rufen** (ie, u) v. tr. appeler ; mander ; faire venir. ||**-schaffen** v. tr. procurer ; faire venir ; fournir. ||**-schleichen** (i, i) v. intr. s'avancer tout doucement, à pas de loup. ||**-schleppen** v. tr. amener en traînant. ||**-strömen** v. intr. affluer. || FIG. arriver en foule, en masse. | *die Leute strömten in Scharen herbei*, les gens arrivèrent en masse. ||**-stürzen** v. intr. accourir précipitamment ; se précipiter vers. ||**-tragen** (ä, u, a) v. tr. amener, apporter auprès de. ||**-treiben** (ie, ie) v. tr. faire venir ; amener. ||**-winken** v. tr. faire signe à qn d'approcher. ||**-wünschen** v. tr. désirer voir venir ; appeler de ses vœux. ||**-ziehen** (zog, gezogen) v. tr. attirer ; tirer à soi. || FIG., FAM. *dieser Vergleich ist an den Haaren herbeigezogen*, cette comparaison est tirée par les cheveux. — v. intr. approcher ; venir, avancer (en groupe).

Herberge ['hɛrbɛrgə] f. (-, n) abri m. ; gîte m. ; logis m. ; asile m. ; hôtellerie f.

Herbergs|vater ["hɛrbɛrks'fɑ:tər] m. (s, ¨), °**-mutter** f. (-, ¨) gérant(e) [m. (f.)] d'une auberge de la jeunesse.

Herbheit ['hɛrphait] f. V. HERBE.

Herbst [hɛrpst] m. (es, e) automne m.

Herbst|aster ["hɛrpst'astər] f. (-, n). BOT. aster m. ||°**-laub** (s) feuilles (f. pl.) d'automne ; fanes f. pl. ||°**-rose** f. (-, n). BOT. rose trémière. ||°**-saat** f. AGRIC. semailles (f. pl.) d'automne. ||°**-zeit** f. arrière-saison f. ||°**-zeitlose** f. (-, n). BOT. colchique m.

Herd [he:rt] m. (s, e) âtre m. ; foyer m. | *am häuslichen Herd*, au coin du feu. | *elektrischer Herd*, cuisinière (f.) électrique. || FIG. *einen eigenen Herd gründen*, fonder un foyer. | *der Herd der Krankheit*, le foyer de la maladie. || GÉOL. *Herd des Erdbebens*, épicentre (m.) du tremblement de terre.

Herd|platte ["he:rt'platə] f. (-, n) plaque (f.) de cheminée ; âtre m.

Herde ['he:rdə] f. (-, n) troupeau m. || FIG. *der Herde folgen*, suivre la masse, la foule.

Herden|mensch ["he:rdən'mɛnʃ] m. (en, en) mouton (m.) de Panurge ; personne (f.) aux instincts grégaires. ||°**-tier** n. (s, e). ZOOL. animal (m.) grégaire. ||°**-trieb** m. (s) instinct (m.) grégaire. ||**-weise** adv. par troupeaux ; par bandes ; par hordes ; en masse.

her|ein [hɛ'rain] adv. à l'intérieur ; (en) dedans. | *herein !*, entrez ! | *nur herein !*, entrez donc ! ; entrez toujours ! | *zum Fenster herein*, par la fenêtre. || *den Bauch herein !*, rentrez le ventre !

herein|begeben (sich) [ziçhɛ"rainbə'ge:bən] (i, a, e) v. pr. entrer ; se rendre à l'intérieur. || **-bekommen** (a, o) v. tr. parvenir à faire (r)entrer. || AGRIC. *wir haben das Heu noch trocken hereinbekommen*, nous avons pu rentrer notre foin sec. || COMM. *Waren hereinbekommen*, recevoir des marchandises. ||**-bemühen (sich)** v. pr. se donner la peine d'entrer. ||**-bitten** (bat, gebeten) v. tr. prier d'entrer. ||

-brechen (i, a, o) v. intr. faire irruption ; entrer de vive force ; pénétrer par effraction. || FIG. *der Abend bricht herein*, le soir vient. | *die Nacht bricht herein*, la nuit tombe. ||°**-brechen** n. (s) irruption f. ; chute f. || FIG. *Hereinbrechen der Nacht*, tombée (f.), arrivée (f.) de la nuit. ||**-bringen** (brachte, gebracht) v. tr. apporter dans ; (r) entrer. ||**-drängen** v. tr. et v. pr. (se) frayer une entrée, un passage ; faire entrer de force ; s'introduire. ||**-dürfen** (a, u, u) v. intr. FAM. avoir la permission d'entrer ; pouvoir entrer. ||**-fallen** (ä, ie, a) v. intr. entrer brusquement ; tomber (dans) ; FIG. donner dans le panneau ; être roulé, dupé. ||**-fliegen** (o, o) v. intr. entrer en volant. ||**-führen** v. tr. introduire ; faire entrer. ||**-gehen** (ging, gegangen) v. intr. entrer ; pénétrer. ||**-gucken** v. intr. regarder par, dans. ||**-holen** v. tr. faire entrer ; amener à l'intérieur. || COMM. *Aufträge hereinholen*, prendre des commandes. ||**-kommen** (a, o) v. intr. entrer ; pénétrer. ||**-können** (a, o, o) v. intr. FAM. pouvoir entrer. ||**-lassen** (ä, ie, a) v. tr. laisser entrer ; faire entrer. ||**-legen** v. tr. mettre dans. || FIG., FAM. *man hat ihn gründlich hereingelegt*, il a été bien roulé. ||**-locken** v. tr. allécher ; attirer. ||**-müssen** (u, u, u). FAM. devoir entrer ; être obligé d'entrer. ||**-nehmen** (i, a, o) v. tr. faire entrer ; rentrer. ||**-nötigen** v. tr. forcer à entrer ; inviter à entrer. ||**-reichen** v. tr. passer dans ; faire passer ; passer la main, le bras par ; être assez long pour entrer ; aller jusque dans. ||**-reiten** (i, i) v. intr. entrer à cheval. ||**-rennen** (rannte, gerannt) v. intr. se précipiter (dans) ; entrer précipitamment. || **-rücken** v. intr. entrer dans un pays. ||**-rufen** (ie, u) v. tr. appeler à l'intérieur ; inviter à entrer. ||**-schaffen** v. tr. FAM. transporter à l'intérieur. ||**-schießen** (o, o) v. intr. tirer dans ; entrer en coup de vent. ||**-schleichen** (i, i) v. intr. et v. pr. entrer furtivement. ||**-schneien** v. intr. neiger dans. | *es schneit zum Fenster herein*, il neige par la fenêtre. || FIG. tomber du ciel ; arriver à l'improviste. ||**-stehlen (sich)** [ie, a, o] v. pr. entrer furtivement. ||**-steigen** (ie, ie) v. intr. entrer (en montant). ||**-stellen** v. tr. placer dedans. ||**-stoßen** (ö, ie, o) v. tr. pousser dans ; faire entrer en poussant ; enfoncer. ||**-strömen** v. intr. entrer à flots, en masse. ||**-stürmen** v. intr. faire irruption ; entrer avec impétuosité. ||**-stürzen** v. intr. se précipiter, tomber dans. ||**-tragen** (ä, u, a) v. tr. porter à l'intérieur ; rentrer. ||**-treten** (i, a, e) v. intr. entrer ; pénétrer. ||**-winken** v. tr. faire signe d'entrer. ||**-wollen** (i, o, o) v. intr. FAM. vouloir entrer. ||**-ziehen** (zog, gezogen) v. tr. tirer dans. | *sie zog das Kind zur Tür herein*, elle fit entrer l'enfant. — v. intr. entrer (en groupe) ; faire son entrée.

Hering ['he:riŋ] m. (s, e). ZOOL. hareng m. | *grüner Hering*, hareng frais. | *geräucherter Hering*, hareng saur. | *gesalzener Hering*, hareng salé. || FAM. *sie lagen wie die Heringe*, ils étaient serrés comme des sardines, comme harengs en caque. || FIG., FAM. *so ein Hering !*, il est maigre comme un hareng ! || SPORT. piquet (m.) de tente.

Herkules ['hɛrkulɛs] n. pr. m. MYTH. Hercule m.

Her|kunft ['he:rkunft] f. venue f. ; arrivée f. || PAR ANAL. origine f. ; provenance f. ; naissance f.

Herkunfts|bezeichnung ["he:rkunftsbə'tsaiçnuŋ] f. (-, en). COMM. appellation (f.), indication (f.), certificat (m.), label (m.) d'origine. ||°**-land** n. (s, ¨er). COMM. pays (m.) d'origine.

Hermaphrodit [hɛrmafro'di:t] m. (en, en). PHYSIOL. hermaphrodite m.

Hermelin [hɛrmə'li:n] n. (s, e). ZOOL. hermine f.

Hermeneutik [hɛrmə'nɔytik] f. [Auslegungskunst] herméneutique f.

hermeneutisch [-'nɔytiʃ] adj. herméneutique.

Hermes ['hɛrməs] n. pr. m. MYTH. Hermès m.

hermetisch [hɛr'me:tiʃ] adj. hermétique.

her|nach [hɛr'nɑ:x] adv. après ; ensuite ; puis ; après cela ; plus tard.

her|nieder [hɛr'ni:dər] adv. POÉT. vers le bas.

Herodes [he'ro:dɛs] n. pr. m. Hérode f.

Herodias [he'ro:dias] n. pr. f. Hérodiade f.

Herodot [herɔ'dɔt] n. pr. m. Hérodote m.

Heroen|alter [he"ro:ən'altər] n. (s, -) l'âge héroïque. ||°**-kult** m. (s) culte (m.) des héros.

heroenhaft [he'ro:ənhaft] adj. héroïque.

Heroin [hero'i:n] n. (s). [Rauschgift] héroïne f.

heroisch [-'ro:iʃ] adj. héroïque.

Herold ['he:rɔlt] m. (s, e) héraut m.

Herolds|kunst ["he:rɔlts'kunst] f. art (m.) héraldique ; blason m. ||°**-stab** m. (s) caducée m.

Herpes ['hɛrpəs] m. (-, etes). MÉD. herpès m.

Herr [hɛr] m. (n, en). **1.** [männlicher Erwachsene] monsieur m. | *ein älterer Herr*, un monsieur d'un certain âge. | *ein alter Herr*, membre honoraire d'une corporation d'étudiants. | *ein besserer Herr*, un monsieur très bien. | *ein freundlicher Herr*, un galant homme. | *ein junger Herr*, un jeune homme. | *ein sauberer Herr*, IRON. un drôle de coco. | *Herr Schneider*, monsieur Schneider. | *Herr Doktor*, docteur. | *Herr Hauptmann*, mon capitaine. | *Ihr Herr Vater*, monsieur votre père. | *meine Damen und Herren*, mesdames, messieurs. | *ist Herr Schneider zu Hause ?*, Monsieur Schneider est-il là ? | *jeder Herr führt seine Dame zu Tisch*, chaque cavalier offre le bras à sa dame (pour la conduire à table). | *aus aller Herren Ländern*, de tous les coins du monde. || [Brief] *Sehr geehrte Herren*, Messieurs.

2. [Herrscher] seigneur m. ; souverain m. ; maître m. | *Herr Ritter*, sire chevalier. | *er spielt den großen Herrn*, il fait le grand seigneur. | *er ist Herr über Leben und Tod*, il a droit de vie et de mort.

3. [Meister] maître m. ; patron m. ; chef m. ; propriétaire m. | *der Herr des Hauses*, le maître de la maison. | *Herr auf Urnekloster*, maître, châtelain de Urnekloster. | *der geistliche Herr*, le curé. | *sein eigener Herr sein*, être son propre maître. | *über sich Herr sein*, être maître de soi ; se dominer. | *er ist Herr der Lage*, il domine la situation. | *einer Sache Herr werden*, se rendre maître de qch. ; maîtriser qch. | *seinen Herrn finden*, trouver plus fort que soi. || PROV. *man kann nicht zwei Herren dienen*, nul ne peut servir deux maîtres.

4. RELIG. Seigneur m. ; Maître m. | *der Herr der Schöpfung*, le maître de la création. | *das Haus des Herrn*, la maison de Dieu | *der Tag des Herrn*, le jour du Seigneur | *Herr Jesus*, Seigneur Jésus. | *Herr des Himmels*, mon Dieu ! ; Seigneur !

Herr|gott ['hɛrgɔt] m. (s). RELIG. Dieu m. ; Seigneur m. || [Fluch] *Himmel Herrgott (noch einmal !)*, bon Dieu ! ; sacrebleu ! ; sacredieu ! | *den Herrgott einen guten Mann sein lassen*, ne s'inquiéter de rien. | *in aller Herrgottsfrühe*, aux aurores ; de grand matin.

herr|je [hɛr'je:], **-jemine** [-'je:minə], **-jeses** ['je:səs] interj. bonté divine ! ; doux Jésus ! ; mon Dieu !

Herrchen ['hɛrçən] n. (s, -). [Hundebesitzer] maître m.

Herren|abend ["hɛrən'ɑbənt] m. (s, e) dîner (m.) de messieurs, de garçons. ||°**-anzug** m. (s, ¨e) complet m. ||°**-artikel** m. (s, -). COMM. article (m.) pour hommes. ||°**-doppel** n. (s, -). SPORT. [Tennis] double (m.) messieurs. ||°**-einzel** n. (s, -). SPORT. [Tennis] simple (m.) messieurs. ||°**-gesellschaft** f. (-, en) société masculine, de messieurs. ||°-**haus** n. (es, ¨er) maison (f.) de maître ; manoir m. || POLIT., HIST. [Preußen ; Österreich] chambre (f.) des seigneurs. ||°-**hof** m. (s, ¨e) domaine seigneurial ; manoir m. ||-**los** adj. sans maître, abandonné. ||°-**mode** f. (-, n) mode masculine. ||°-**rad** n. (s, ¨er) bicyclette (f.) d'homme. ||°-**reiter** m. (s, -). SPORT. gentleman-rider m. ||°-**schneider** m. (s, -) tailleur (m.) pour hommes. ||°-**sitz** m. (es, e). 1° V. HERRENHOF ; 2° *im Herrensitz*, à l'écuyère. ||°-**stand** m. (s) condition seigneuriale ; noblesse f. ; seigneurs m. pl. ; qualité (f.) de seigneur. ||°-**toilette** f. (-, n) toilettes (f. pl.) messieurs. ||°-**zimmer** n. (s, -) fumoir m.

Herrin ['hɛrin] f. (-, nen) femme (f.) d'un seigneur ; souveraine f. ; noble dame f. || PAR ANAL. [Hausherrin] maîtresse (f.) de maison ; POP. patronne f.

herrisch ['hɛriʃ] adj. de maître ; FIG. impérieux ; tranchant ; altier ; arrogant.

◇ adv. *herrisch auftreten*, se conduire en maître, avec hauteur.

herrlich ['hɛrliç] adj. magnifique ; splendide ; superbe. | *ein herrliches Gericht*, un mets excellent. | *herrliches Gewand*, vêtement somptueux, magnifique. | *eine herrliche Vase*, un vase superbe.

Herrlichkeit [-kait] f. (-, en) splendeur f. ; magnificence f. ; éclat m. ; somptuosité f. ; grandeur f. ; pompe f. ; majesté f. | *Eure Herrlichkeit*, Votre Grâce ; Votre Seigneurie.

Herrschaft ['hɛrʃaft] f. (-, en). règne m. ; domination f. ; autorité f. ; souveraineté f. | *unter Neros Herrschaft*, sous le règne de Néron. || FIG. *die Herrschaft über etwas verlieren*, perdre la maîtrise, le contrôle de qch. || PAR EXT. [Dienstherrschaft] maîtres m. pl. ; patrons m. pl. | *die Herrschaften sind ausgegangen*, Monsieur et Madame sont sortis. || [Ausruf] *Herrschaft (nochmal) !*, sapristi !

Herrschafts|bereich ["hɛrʃaftsbə'raiç] m. (s, e) domaine m. || POLIT. territoire m.

herrschaftlich [-liç] adj. de maître ; des maîtres.

Herrsch|sucht ["hɛrʃ'suxt] f. despotisme m. ; tyrannie f. ; besoin (m.) de domination ; ambition effrénée. ||-**süchtig** adj. despotique ; impérieux ; autoritaire.

herrschen ['hɛrʃən] v. intr. régner ; commander ; dominer. | *herrschen über* (acc.), régner sur. || FIG. être maître de ; dominer. | *es herrscht Frieden*, la paix règne.

herrschend [-ʃənt] adj. régnant ; dominant.

Herrscher [-ʃər] m. (s, -). POLIT. souverain m. ; maître m. ; dominateur m. ; gouvernant m.

Herrscher|haus ["hɛrʃər'haus] n. (es, ¨er). POLIT. maison, dynastie régnante.

Herrscherin ['hɛrʃərin] f. (-, nen) souveraine f.

her|über [hɛ'ry:bər] adv. de ce côté-ci ; par ici. | *herüber und hinüber*, par-ci, par-là ; de-ci, de-là.

herüber|bemühen (sich) [ziçhɛ"ry:bərbə'my:en] v. pr. se donner la peine de venir de ce côté-ci. ||-**bringen** (brachte, gebracht) v. tr. apporter de ce côté-ci ; faire passer sur cette rive-ci. ||-**geben** (i, a, e) v. tr. passer. ||-**helfen** (i, a, o) v. intr. aider à passer de ce côté. ||-**kommen** (a, o) v. intr. venir, passer de ce côté-ci. ||-**reichen** v. tr. passer, tendre de ce côté ; aller jusqu'à. ||-**sehen** (ie, a, e) v. intr. regarder de ce côté-ci. | *über den Gartenzaun herübersehen*, regarder par-dessus la palissade. ||-**ziehen** (zog, gezogen) v. tr. tirer à soi, de ce côté.

herum [hɛ'rum] adv. [rundum ; umher] autour ; tout autour ; à l'entour. | *es ist das erste Geschäft um die Ecke herum*, c'est le premier magasin après le coin. | *die Kinder sind immer um die Mutter herum*, les enfants sont toujours autour de leur mère. | *die Hotels liegen um den Bahnhof herum*, les hôtels sont autour de la gare. | *er ist weit herumgekommen*, il a vu du pays ; il a beaucoup voyagé. | *in der ganzen Welt herum*, par toute la terre ; de par le monde entier. | *hier und da herum*, çà et là ; un peu partout. | *rechts herum*, demi-tour à droite ; tournez à droite. || FAM. [ungefähr] autour de ; environ ; vers. | *so um hundert Kilometer herum*, environ cent kilomètres. | *um Ostern herum*, vers Pâques.

herum|balgen (sich) [ziçhɛ"rum'balgən] v. pr. se chamailler. ||-**bekommen** (a, o) v. tr. parvenir à mettre autour ; FIG. faire changer d'opinion. ||-**biegen** (o, o) v. intr. *um die Ecke herumbiegen*, tourner le coin de la rue. ||-**bieten** (o, o) v. tr. faire passer ; offrir à la ronde. ||-**blättern** v. intr. feuilleter. ||-**blicken** v. intr. promener ses regards de tous côtés, autour de soi. ||-**bringen** (brachte, gebracht) v. tr. faire tourner. || FAM. colporter ; répandre. || FIG., FAM. retourner ; faire changer d'avis, d'idée. ||-**doktern** v. intr. FAM. essayer beaucoup de remèdes. ||-**drehen** v. tr. tourner ; retourner. | *den Hahn herumdrehen*, fermer le robinet. | *dreh den Schlüssel herum*, ferme à double tour. || FIG., FAM. dénaturer (les paroles) ; fausser le sens de (propos). — v. pr. **sich herumdrehen,** tournoyer. ||-**drücken (sich)** v. pr. FAM. tirer au flanc. ||-**fahren** (ä, u, a) v. intr. circuler ; aller çà et là en voiture (ou autre véhicule). | *um die Ecke herumfahren*, tourner le coin en voiture. || MAR. *um ein Kap herumfahren*, doubler un cap. || se retourner rapidement, d'un geste brusque. || FIG., FAM. *mit den Händen in der Luft herumfahren*, gesticuler. — v. tr. faire faire un tour (à qn) ; faire faire (à qn) le tour (de qch.) ; promener. ||-**fliegen** (o, o) v. intr. voler autour ; voler çà et là ; faire le tour de. | *seine Blicke flogen herum*, ses regards erraient de tous côtés. ||-**fragen** v. intr. interroger à la ronde. | *überall herumfragen*, s'informer de tous côtés, partout. || -**führen** v. tr. mener, conduire autour de. | *die Hausherrin führte den Gast im Haus herum*, la maîtresse de maison fit faire le tour du logis à son hôte. || FIG., FAM. *jn an der Nase herumführen*, mener qn par le bout du nez. ||-**geben** (i, a, e) v. tr. donner à la ronde ; offrir ; faire circuler ; faire passer. ||-**gehen** (ging, gegangen) v. intr. circuler ; courir de-ci de-là ; rôder. | *die Bilder gingen herum*, les photos circulaient, passaient de main en main. || FIG., FAM. *um den heißen Brei herumgehen*, tourner autour du pot. ||-**hängen** (i, a) v. intr. | *die Kleider hängen im Zimmer herum*, les vêtements pendent un peu partout dans la pièce. ||-**irren** v. intr. errer çà et là. ||-**jagen** v. tr. pourchasser. ||-**kommen** (a, o) v. intr. tourner le coin. | *um diese Ausgaben werden wir nicht herumkommen*, nous ne pourrons pas éviter ces dépenses. | *sie kommt weit herum*, elle voyage beaucoup ; elle parcourt le monde ; FAM. elle roule sa bosse. ||-**kramen** v. intr. FAM. fouiller ; fureter ; farfouiller. ||-**kriegen** v. tr. FAM. [überzeugen] retourner (qn) ; faire changer qn d'avis ; [herumbringen] expédier. ||-**laufen** (ä, ie, a) v. intr. courir ; tourner autour. || FIG. *müßig herumlaufen*, flâner ; vagabonder. ||-**legen** v. tr. mettre autour de. — v. pr. **sich herumlegen,** se coucher autour de. ||-**liegen** (a, e) v. intr. être posé, couché, allongé autour de ; être aux environs. || PAR EXT., PÉJOR. être épars, éparpillé. | *er läßt seine Bücher herumliegen*, il laisse traîner ses livres. ||-**patschen** v. intr. patauger dans. ||-**plagen (sich)** v. pr. se tourmenter ; se donner beaucoup de peine. ||-**prügeln (sich)** v. pr. se battre ; se chamailler. ||-**raten** (ä, ie, a) v. intr. deviner ; conjecturer. ||-**reichen** v. tr. faire circuler ; faire passer. ||-**reisen** v. intr. voyager partout, beaucoup ; courir le monde ; parcourir. ||-**reißen** (i, i) v. tr. tourner brusquement. || AUTOM. *das Steuer herumreißen*, donner un brusque coup de volant. ||**-reiten** (i, i) v. intr. parcourir à cheval ; se promener à cheval. || FIG., FAM. *auf etwas herumreiten*, ressasser qch. ||**-scharwenzeln** v. intr. *um den Chef herumscharwenzeln*, faire des ronds de jambe au patron. ||**-schauen** v. intr. regarder de tous côtés ; regarder derrière soi. ||**-schicken** v. tr. envoyer (qn) faire le tour ; envoyer (qch.) à tout le monde. ||**-schlagen** (ä, u, a) v. tr. mettre autour ; entourer ; envelopper. — v. pr. **sich herumschlagen,** batailler ; FAM. se chamailler. ||**-schleichen** (i, i) v. intr. rôder autour ; se traîner. ||**-schlendern,** flâner ; FAM. se balader. ||**-schleppen** v. tr. traîner ; FAM. trimbaler. ||**-schlingen** (a, u) v. tr. passer autour de ; enlacer. — v. pr. **sich herumschlingen,** s'enrouler autour de. ||**-schnüffeln** v. intr. fureter ; mettre son nez partout. ||**-schweifen** v. intr. vagabonder ; errer ; rôder. ||**-schwirren** v. intr. voltiger de-ci de-là. ||**-setzen** v. tr. placer autour de. — v. pr. **sich herumsetzen,** s'asseoir, se placer autour de. ||**-sitzen** (saß, gesessen) v. intr. être assis ; faire le cercle autour de. || FIG., PÉJOR. être désœuvré. ||**-spazieren** v. intr. se promener ; flâner. || **-springen** (a, u) v. intr. sauter autour de ; bondir de tous côtés. ||**-spritzen** v. tr. faire jaillir de tous côtés ; asperger ; arroser. — v. intr. jaillir de tous côtés. ||**-stehen** (stand, gestanden) v. intr. être placé autour de. | *müßig herumstehen*, muser ; badauder. ||**-stöbern** v. intr. fouiller ; fureter partout ; farfouiller. ||**-stochern** v. intr. farfouiller. | *in den Zähnen herumstochern*, se curer les dents. ||**-streichen** (i, i) v. intr. rôder ; vagabonder ; flâner. — v. tr. frotter ; enduire de. ||**-streifen** v. intr. V. HERUMSTREICHEN intr. ||**-streiten (sich)** (i, i) v. pr. batailler ; se disputer ; FAM. se chamailler. ||**-tanzen** v. intr. danser en rond ; faire un tour de danse. || FIG., FAM. *jm auf der Nase herumtanzen*, faire tourner qn en bourrique. ||**-tappen** v. intr. tâtonner. ||**-tasten** v. intr. tâter partout ; palper. ||**-tragen** (ä, u, a) v. tr. porter autour de ; colporter. ||**-treiben (sich)** (ie, ie) v. pr. courir çà et là. — v. intr. flotter de tous côtés. ||**-treten** (i, a, e) v. intr. *auf etwas herumtreten*, piétiner qch. ||**-tummeln (sich)** v. pr. folâtrer ; prendre ses ébats ; caracoler. ||**-werfen** (i, a, o) v. tr. jeter autour de, çà et là. || FIG. *das Steuer herumwerfen*, changer de cap. ||**-wickeln** v. tr. enrouler ; envelopper. || **-winden** (a, u) v. tr. entortiller (autour de). || **-wühlen** v. intr. fouiller. ||**-zerren** v. tr. tirailler ; chiffonner. ||**-ziehen** (zog, gezogen) v. tr. tirer autour de ; tracer autour de. — v. intr. déambuler ; flâner ; errer ; vagabonder. ||**-zigeunern** v. intr. FAM. rôder dans la région.

her|unter [hɛ'runtər] adv. en bas ; par terre ; vers le bas ; à terre ; du haut de ; de haut en bas. | *gerade herunter*, verticalement. | *von oben herunter*, de haut en bas. | *herunter vom Pferde !*, descends, descendez de cheval ! | *vom Turm herunter*, du haut de la tour. | *eine Ansicht von oben herunter*, une vue plongeante. | *herunter mit ihm !*, à bas (un tel) ! || FIG., FAM. *herunter sein*, être bien bas ; être mal en point.

herunter|bringen [hɛ"runtər'briŋən] (brachte, gebracht) v. tr. descendre ; apporter en bas. | *bring das Buch herunter !*, descends-moi ce livre ! || FIG. affaiblir. || COMM. *ein Geschäft herunterbringen*, ruiner, couler une entreprise. ||**-fallen** (ä, ie, a) v. intr. tomber. ||**-gehen** (ging, gegangen) v. intr. descendre. || FIG. baisser ; être en baisse. ||**-gekommen** adj. FIG. tombé bien bas ; dégradé ; dévoyé ; déchu. ||**-gießen** (o, o) v. tr. verser de haut en bas ; FAM. boire d'un trait. ||**-handeln** v. tr. FAM., COMM. marchander. ||**-hauen** v. tr. FAM. *jm eine (Ohrfeige) herunterhauen*, gifler qn. ||**-holen** v. tr. descendre. || AÉRON. descendre ; abattre. ||**-klappen** v. tr. rabattre. ||**-kommen** (a, o) v. intr. descendre ; FIG. tomber bien bas ; déchoir. ||**-können** (a, o, o) v. intr. FAM. pouvoir descendre. ||**-lassen** (ä, ie, a) v. tr. (laisser) descendre ; baisser. | *ein Fenster herunterlassen*, baisser une glace. || MAR. *ein Boot herunterlassen*, mettre un canot à l'eau. ||**-leiern** v. tr. FAM. débiter ; ânonner. ||**-machen** v. tr. (faire) descendre ; baisser ; ôter ; décrocher ; rabattre. || FIG. *jn heruntermachen*, houspiller, réprimander qn. | *jn, etwas heruntermachen*, dénigrer, rabaisser qn, qch. ||**-müssen** (u, u, u) v. intr. FAM. être forcé de descendre. ||**-nehmen** (i, a, o) v. tr. enlever ; décrocher ; dépendre ; descendre. ||**-purzeln** v. intr. FAM. dégringoler. ||**-putzen** v. tr. FIG., FAM. houspiller. ||**-raspeln** v. tr. FAM. réciter machinalement. ||**-reißen** (i, i) v. tr. arracher ; démolir. | *eine Mauer herunterreißen*, raser un mur. ||**-rutschen** v. intr. glisser de haut en bas. || FAM. *der kann mir den Buckel herunterrutschen !*, qu'il aille se faire foutre ! ; zut ! ||**-schießen** (o, o) v. intr. AÉRON. piquer. — v. tr. abattre. ||**-schlagen** (ä, u, a) v. tr. faire tomber ; abattre. || AUTOM. *das Verdeck herunterschlagen*, baisser la capote. ||**-schlucken** v. tr. avaler. || FIG., FAM. *er mußte vieles herunterschlucken*, il a dû avaler des couleuvres. ||**-schrauben** v. tr. baisser. ||**-sein** (bist, war, gewesen) v. intr. FAM. être sans force, affaibli. | *sie ist mit ihren Nerven ganz herunter*, elle est à bout de nerfs. ||**-setzen** v. tr. (a)baisser. ||**-stürzen** v. tr. jeter bas. — v. intr. tomber ; FAM. dégringoler. ||**-werfen** v. tr. jeter (en) bas. ||**-wirtschaften** v. tr. ruiner. ||**-ziehen** (zog, gezogen) v. tr. tirer en bas ; (a)baisser ; FIG. dénigrer.

her|vor [hɛr'fo:r] adv. au-dehors ; en avant. | *hervor mit ihm !*, qu'on le sorte ! ; qu'on le montre !

hervor|blicken [hɛr"fo:r'blikən] v. intr. (ap)paraître ; percer ; se montrer, sortir de. || FIG. se faire jour à travers ; se trahir. ||**-brechen** (i, a, o) v. intr. sortir impétueusement ; s'élancer ; jaillir ; déboucher ; percer. | *aller Haß bricht aus ihm hervor*, il laisse éclater toute sa haine. ||**-bringen** (brachte, gebracht) v. tr. faire sortir ; faire voir ; produire ; proférer ; articuler. ||**-drängen** v. tr. pousser en avant ; faire sortir avec effort ; expulser. — v. pr. **sich hervordrängen,** avancer en fendant la foule ; se faire jour ; FIG. se mettre en évidence ; se faire remarquer. ||**-dringen** (a, u) v. intr. jaillir ; sortir ; percer. ||**-gehen** (ging, gegangen) v. intr. sortir ; provenir ; surgir ; naître. | *aus etwas hervorgehen*, ressortir, résulter de qch. ; s'ensuivre. || JUR. *daraus geht hervor, daß*, il appert que. ||**-heben** (o, o) v. tr. faire sortir ; relever ; faire ressortir ; accentuer ; souligner. — v. pr. **sich hervorheben,** s'élever ; se détacher ; se dessiner. ||**-holen** v. tr. sortir (qch.) ; tirer (qch. de). ||**-kehren** v. tr. montrer ; faire paraître ; étaler. || **-kommen** (a, o) v. intr. sortir ; se montrer ; avancer ; apparaître ; poindre ; percer ; éclore. || AGRIC. *die Saat kommt hervor*, les semences lèvent. ||**-kriechen** (o, o) v. intr. sortir en rampant. ||**-leuchten** v. intr. briller (à travers) ; paraître avec éclat. | *es leuchtet hervor*, il résulte ; il appert. ||**-machen (sich)** v. pr. sortir de ; se montrer ; FIG. se mettre en avant ; se mettre en évidence. ||**-quellen** (i, o, o) v. intr. jaillir ; sourdre ; sortir (de terre) ; surgir. ||**-ragen** v. intr. s'élever au-dessus de ; être proéminent ; dépasser ; dominer ; FIG. exceller ; être supérieur ; surpasser ; dépasser. ||**-ragend** adj. saillant ; proéminent ; FIG. éminent ; excellent ; hors ligne ; remarquable ; supérieur. || **-rufen** (ie, u) v. tr. appeler au dehors ; dire de sortir. || THÉÂTRE. *der Schauspieler wurde oft hervorgerufen*, cet acteur a eu de nombreux rappels. || FIG. faire naître ; susciter ; exciter. | *Schwierigkeiten hervorrufen*, faire naître des difficultés. ||**-sprießen** (o, o) v. intr.

germer ; pousser ; sortir de terre ; poindre. ||**-springen** (a, u) v. intr. sortir en sautant ; s'élancer de derrière ; jaillir. || PAR ANAL. faire saillie. ||**-sprudeln** v. intr. jaillir à flots. ||**-stechen** (i, a, o) v. intr. darder sa pointe ; dépasser ; être saillant ; FIG. se distinguer ; briller ; se faire remarquer ; se détacher. ||**-stechend** adj. saillant ; éminent ; FIG. brillant. ||**-stehen** (stand, gestanden) v. intr. s'avancer ; être saillant ; être en saillie ; faire saillie. ||**-stürzen** v. intr. s'élancer ; se précipiter dehors. ||**-suchen** v. tr. tirer de dessous ; chercher au milieu de ; déterrer ; exhumer. ||**-tauchen** v. intr. émerger ; sortir de l'eau. ||**-treten** (i, a, e) v. intr. (s')avancer ; sortir ; saillir ; être en saillie. || FIG. ressortir ; sortir du rang ; apparaître ; être marqué, accusé. | *dieser Arzt ist auch als Historiker hervorgetreten*, ce médecin s'est aussi distingué par son œuvre d'historien. | *hervortreten lassen*, mettre en évidence, en valeur ; marquer nettement. ||**-tun (sich)** [tat, getan] v. pr. se montrer ; se mettre en évidence ; se signaler ; se distinguer ; s'illustrer. ||**-wachsen** (ä, u, a) v. intr. sortir de terre ; croître ; pousser ; se former (excroissance). ||**-wagen (sich)** v. pr. oser sortir ; se risquer dehors. ||**-zaubern** v. tr. créer d'un rien ; faire apparaître comme par enchantement. ||**-ziehen** (zog, gezogen) v. tr. tirer dehors ; sortir.

Herz [hɛrts] n. (ens, en).

> **I.** ORGAN DES BLUTKREISLAUFS : cœur m.
> **II.** SITZ DER EMPFINDUNGEN :
> **1.** cœur m.
> **2.** [Mitgefühl].
> **3.** [Mut].
> **4.** [Sorge].
> **5.** [Liebe].
> **III.** VON GEGENSTÄNDEN : cœur m. ; centre m.

I. ORGAN DES BLUTKREISLAUFS : cœur m. | *solange mir das Herz im Leibe schlägt*, tant que je vivrai. | *mitten ins Herz treffen*, frapper en plein cœur. | *Hand aufs Herz*, la main sur le cœur. | *ans Herz drücken*, serrer sur son cœur.

II. SITZ DER EMPFINDUNGEN : **1.** cœur m. | *ein gutes Herz haben*, avoir bon cœur. | *ein kaltes Herz*, un cœur insensible. | *ein stolzes Herz*, un cœur dédaigneux. | *ein warmes Herz*, un cœur compatissant. | *ein großes Herz*, un cœur généreux. | *leichten Herzens*, de gaieté de cœur ; de grand cœur. | *aus tiefstem Herzen*, de tout cœur ; du fond du cœur. | *mit Hand und Herz*, de tout cœur. | *von ganzem Herzen*, de tout cœur. | *es wird mir leicht ums Herz*, je me sens soulagé. | *das Herz lacht mir im Leibe*, j'ai le cœur en liesse. | *das Herz geht mir auf*, je me sens ému. | *sich etwas zu Herzen nehmen*, prendre qch. à cœur. | *diese Nachricht gab ihm einen Stich ins Herz*, cette nouvelle lui porta un coup au cœur. | *mir ist so weh ums Herz*, j'ai le cœur gros. | *seinem Herzen Luft machen*, soulager son cœur. | *sein Herz ausschütten ; sein Herz ergießen*, épancher son cœur. | *sein Erscheinen ließ alle Herzen höher schlagen*, son apparition fit battre tous les cœurs (d'enthousiasme, d'émotion).

2. [Mitgefühl] cœur m. ; compassion f. ; pitié f. | *ein verhärtetes Herz*, un cœur insensible. | *mit blutendem Herzen*, le cœur déchiré. | *er hat kein Herz*, il n'a pas de cœur. | *es wird mir eng ums Herz*, mon cœur se serre. | *das Herz dreht sich mir im Leibe*, la pitié me broie le cœur. | *die Not der Flüchtlinge schnitt mir ins Herz*, la misère des réfugiés me fendit le cœur.

3. [Mut] cœur m. ; courage m. | *etwas nicht übers Herz bringen*, ne pas avoir le courage de ; ne pouvoir se résoudre à. | *sich ein Herz fassen*, prendre courage. | *gib deinem Herzen einen Stoß*, prends sur toi ; décide-toi ; fais-toi violence.

4. [Sorge] cœur m. ; conscience f. | *schweren Herzens*, le cœur lourd. | *jm das Herz schwer machen*, peiner, chagriner qn. | *machen sie mir das Herz nicht schwerer*, n'ajoutez pas à ma peine ; n'aggravez pas ma peine. | *mir fällt ein Stein vom Herzen*, je me sens soulagé d'un grand poids. | *etwas auf dem Herzen haben*, avoir qch. sur le cœur ; être préoccupé par qch.

5. [Liebe] *von Herzen gern*, du fond du cœur. | *das Kind gewinnt aller Herzen*, cet enfant se fait aimer par tous. | *jn ins Herz schließen*, porter qn dans son cœur. | *mein Heimatdorf ist mir ans Herz gewachsen*, je suis attaché de tout cœur à mon village natal.

III. VON GEGENSTÄNDEN : cœur m. ; centre m. | *im Herzen des Landes*, au cœur du pays. | *im Herzen der Stadt*, en plein centre de la ville.

herz|allerliebst [″hɛrtsalər'li:bst] adj. FAM. très cher ; bien-aimé ; chéri ; adorable. ||°**-anfall** m. (s, ¨e). MÉD. crise (f.) cardiaque. ||°**-beklemmung** f. (-, en). MÉD. serrement (m.) de cœur. ||°**-beschwerden** f. pl. MÉD. troubles (m. pl.) cardiaques. ||°**-beutel** m. (s). ANAT. péricarde m. ||°**-beutelentzündung** f. MÉD. péricardite f. ||**-bewegend** adj. émouvant. ||°**-blatt** n. (s, ¨er). BOT. petite feuille centrale ; feuille séminale. || FIG. chéri ; FAM. chou. ||°**-blut** n. (s) sang (m.) du cœur. || POÉT. nature (f.) intime ; vie f. | *sein Herzblut (da)hin geben*, donner sa vie. ||°**-bube** m. (n, n). [Kartenspiel] valet (m.) de cœur. ||°**-dame** f. (-, n). [Kartenspiel] dame (f.) de cœur. ||°**-entzündung** f. MÉD. inflammation (f.) du cœur ; cardite f. ||**-erfreuend** adj. qui réjouit le cœur ; divertissant. ||**-ergreifend** adj. touchant ; saisissant ; émouvant ; navrant. ||**-erhebend** adj. sublime. || **-erquickend** adj. délectable. ||**-erschütternd** adj. bouleversant. ||**-erwärmend** adj. qui réchauffe le cœur. ||**-erweichend** adj. pitoyable ; à fendre le cœur. ||°**-erweiterung** f. MÉD. hypertrophie (f.), dilatation (f.) du cœur ; anévrisme (m.) du cœur. ||°**-fehlbildung** f. (-, en). MÉD. malformation (f.) cardiaque. ||°**-fehler** m. (s, -). MÉD. affection (f.) cardiaque. ||°**-fell** n. (s). ANAT. péricarde m. ||°**-fieber** n. (s). MÉD. fièvre (f.) cardiaque. ||°**-flattern** n. (s). MÉD. tachycardie f. ; FAM. palpitations f. pl. ||**-förmig** adj. en forme de cœur ; en cœur. ||°**-geräusch** n. (es, e). MÉD. souffle (m.) du cœur ; souffle (m.) cardiaque. ||**-gewinnend** adj. sympathique. ||°**-haut** f. ANAT. endocarde m. ||°**-infarkt** m. (s). MÉD. infarctus (m.) du myocarde. ||°**-kammer** f. (-, n) ventricule (m.) du cœur. ||°**-kirsche** f. (-, n). BOT. bigarreau m. ||°**-klappe** f. (-, n). ANAT. valvule (f.) du cœur. ||°**-klopfen** n. (s). MÉD. battements (m. pl.) du cœur ; palpitations f. pl. ||°**-krampf** m. (es, ¨e). MÉD. angine (f.) de poitrine. ||**-krank** adj. MÉD. cardiaque. ||°**-krankheit** f. (-, en). MÉD. maladie (f.) de cœur ; affection (f.) cardiaque. ||°**-lähmung** f. MÉD. syncope f. ; arrêt (m.) du cœur. ||°**-leiden** n. (s). MÉD. affection (f.) cardiaque. ||**-leidend** adj. MÉD. cardiaque. ||°**-liebste(r)** f. (m.) bien-aimé(e) m. (f.) ; chéri(e) m. (f). ||**-los** adj. sans cœur ; sec ; insensible ; FIG. lâche. ||°**-losigkeit** f. sécheresse (f.) de cœur ; insensibilité f. ; manque (m.) de cœur. ||°**-massage** f. (-, n). MÉD. massage (m.) cardiaque. ||°**-monitor** m. (s, en). MÉD. moniteur (m.) cardiaque. ||°**-muskel** m. (s, n) myocarde m. ||°**-muskelentzündung** f. MÉD. myocardite f. ||°**-schlag** m. (s, ¨e). PHYSIOL. battement (m.) du cœur ; palpitation f. || MÉD. *an Herzschlag sterben*, mourir d'une attaque, d'une crise cardiaque. ||°**-schrittmacher** m. (s., -). MÉD. stimulateur (m.) cardiaque. ||°**-schwäche** f. MÉD. insuffisance (f.) cardiaque. ||**-stärkend** adj. cordial ; FIG. réconfortant. ||°**-stärkungsmittel** n. (s, -) cordial m. ||°**-stück** n.

(s, e). [Eisenbahn] croisement m. ||°-**tätigkeit** f. ANAT. fonctionnement (m.) du cœur. ||°-**töne** m. pl. MÉD. bruits (m. pl.) d'auscultation. ||°-**verfettung** f. MÉD. dégénérescence (graisseuse) du cœur. ||°-**vergrößerung** f. MÉD. hypertrophie (f.) du cœur. ||°-**verpflanzung** f. (-, en). MÉD. transplantation (f.) cardiaque ; greffe (f.) du cœur. ||°-**vorhof** m. (s), °-**vorkammer** f. ANAT. oreillette (f.) du cœur. ||°-**weh** n. (s). MÉD. douleur précordiale. || FIG. peines (f. pl.) de cœur ; chagrin m. ||-**zerreißend** adj. navrant ; poignant.

Herzchen ['hɛrtsçən] n. (s, -). FAM. mignon m. ; mon ange m. ; mon petit cœur.

Herze|leid ["hɛrtsə'lait] n. (s) crève-cœur m.

herzen ['hɛrtsən] v. tr. presser sur son cœur ; cajoler ; caresser ; embrasser.

Herzens|angelegenheit ["hɛrtsəns'angəle:genhait] f. (-, en). [Liebensdinge] affaire (f.) de cœur. || FIG. *das ist ihm eine Herzensangelegenheit*, c'est un sujet qui lui tient à cœur. ||°-**angst** f. (-, ¨e) angoisse f. ; détresse f. ||°-**freude** f. (-, n) plaisir (m.) extrême ; grande joie. ||°-**freund** m. (s, e) ami (m.) de cœur ; ami (m.) intime ; véritable ami m. ||-**froh** adj. très content ; vraiment heureux. ||°-**grund** m. (s) *aus Herzensgrund*, du fond du cœur. ||-**gut** adj. qui a un cœur d'or. ||°-**güte** f. bonté (f.) de cœur. ||°-**lust** f. grande joie ; plaisir (m.) extrême. | *nach Herzenslust*, à cœur joie ; FAM. tout son soûl. ||°-**wunsch** m. (es, ¨e) désir profond ; désir ardent. | *nach Herzenswunsch*, à souhait.

herzhaft ['hɛrtshaft] adj. courageux ; brave ; hardi ; intrépide ; déterminé ; résolu. || savoureux. | *herzhafte Kost*, nourriture savoureuse.

◇ adv. courageusement. || FAM. *greifen Sie nur herzhaft zu*, servez-vous copieusement. | *er hat herzhaft zugepackt*, il a donné un bon coup de main.

Herzhaftigkeit ['hɛrtshaftiçkait] f. courage m. ; cœur m. ; hardiesse f. ; intrépidité f.

herzig ['hɛrtsiç] adj. charmant ; ravissant ; gentil.

herzlich ['hɛrtsliç] adj. cordial ; sincère ; vrai ; aimant ; affectueux. | *in herzlichen Worten*, en termes chaleureux. || [Briefe] *herzliche Grüße*, cordialement ; affectueusement.

◇ adv. cordialement ; de tout cœur ; amicalement. || FIG. *(herzlich) gern*, très volontiers ; de grand cœur. | *diese Schauspielerin spielt herzlich schlecht*, le jeu de cette actrice est bien mauvais.

Herzlichkeit [-kait] f. cordialité f. ; affection f.

Herzog ['hɛrtso:k] m. (s, ¨e) duc m.

Herzogen|busch ["hɛrtso:gən'buʃ] n. pr. GÉOGR. Bois-le-Duc m.

Herzogin ['hɛrtso:gin] f. (-, nen) duchesse f.

herzoglich [-tso:kliç] adj. ducal.

Herzogtum [-tsoktu:m] n. (s, ¨er) duché m.

her|zu [hɛ:rtsu:] adv. par ici ; de ce côté-ci ; ici.

Hesiod [hezi'o:d] n. pr. m. Hésiode m.

Hesperiden [hɛspe'ri:dən] n. pr. f. pl. MYTH. Hespérides f. pl.

Hesse ['hɛsə] n. pr. m. GÉOGR. Hessois m.

Hessen [-sən] n. pr. n. GÉOGR. Hesse f.

Hessin ['hɛsin] n. pr. f. GÉOGR. Hessoise f.

Hetäre [he'tɛ:rə] f. (-, n) hétaïre f.

heterodox [hetero'dɔks] adj. RELIG. hétérodoxe.

heterogen [-'ge:n] adj. de nature différente ; hétérogène.

hetero|sexuell ["he:terozɛksu'ɛl] adj. hétérosexuel. ||°-**sexuelle(r)** f. (m.) hétérosexuel(le) m. (f.).

heterozygot ["he:terotsygo:t] adj. BIOL. hétérozygote.

Hetz|blatt ['hɛtsblat] (s, ¨er) feuille (f.), journal (m.) incendiaire, à scandale. ||°-**jagd** f. (-, en) chasse (f.) à courre. | *Hetzjagd mit Polizeihunden*, battue avec des chiens policiers. || FIG., FAM. *war das eine Hetzjagd !*, quelle corrida ! ||°-**rede** f. (-, n) discours incendiaire, provocateur ; excitations f. pl.

Hetze ['hɛtsə] f. (-, n). [Verfolgung] poursuite acharnée ; menées f. pl. (contre qn). || [Jagd] chasse (f.) à courre. || FIG. [heftiges Treiben] bousculade f.

hetzen [-tsən] v. tr. [Jagd] lâcher les chiens. | *den Hirsch hetzen*, courir le cerf. | *Hunde auf jn hetzen*, lâcher les chiens sur qn. || FIG. traquer ; talonner ; poursuivre ; persécuter. | *Leute gegeneinander hetzen*, exciter des gens les uns contre les autres. | *wie gehetzt*, affolé.

◇ v. pr. **sich hetzen.** *sich tot hetzen*, s'éreinter.

Hetzer [-tsər] m. (s, -). [Jagd] piqueur m. ; traqueur m. || FIG. meneur m. ; provocateur m. ; instigateur m.

Hetzerei [hɛtsə'rai] f. (-, en) excitations f. pl. ; persécutions f. pl. || FIG. bousculade f.

hetzerisch ['hɛtsəriʃ] adj. provocateur.

Heu [hɔy] n. (s). AGRIC. foin m. | *Heu machen*, faire les foins ; faner. || LOC., FAM. *er hat Geld wie Heu*, il a du foin dans ses bottes ; il remue l'argent à la pelle ; il est cousu d'or.

Heu|boden ["hɔy'bo:dən] m. (s, ¨). AGRIC. grenier (m.) à foin ; fenil m. ||°-**bündel** n. (s, -) botte (f.) de foin. ||°-**ernte** f. (-, n). AGRIC. fenaison f. ||°-**fieber** n. (s). MÉD. rhume (m.) des foins. ||°-**gabel** f. (-, n) fourche (f.) à faner. ||°-**haufen** m. (s, -). AGRIC. meule (f.) de foin. ||°-**maschine** f. (-, n). AGRIC. faneuse f. ||°-**monat** m. (s), °-**mond** m. (s) juillet m. ||°-**schnupfen** m. (s). MÉD. rhume (m.) des foins. ||°-**schober** m. (s, -). AGRIC. meule (f.) de foin. ||°-**schrecke** f. (-, n). ZOOL. sauterelle f. ||°-**schreckenschwarm** m. (s, ¨e) nuée (f.) de sauterelles. ||°-**speicher** m. (s, -). AGRIC. grenier (m.) à foin ; fenil m. ||°-**wagen** m. (s, -). AGRIC. chariot (m.) à foin. ||°-**wender** m. (s, -), °-**wendemaschine** f. (-, n). AGRIC. faneuse f.

Heuchelei [hɔyçə'lai] f. (-, n) hypocrisie f.

heucheln ['hɔyçəln] v. intr. feindre ; (dis)simuler.

Heucheln [-çəln] n. (s.). V. HEUCHELEI.

Heuchler [-çlər] m. (s, -) hypocrite m. ; personne fausse. || RELIG. tartufe m. ; cafard m. ; faux dévot.

heuchlerisch [-çləriʃ] adj. hypocrite ; faux ; cafard.

◇ adv. en hypocrite ; hypocritement.

heuen ['hɔyən] v. intr. AGRIC. faner.

Heuer [-ər] m. (s, -). AGRIC. faneur m.

Heuer [-ər] f. (-, n). MAR. solde f.

heuern ['hɔyərn] v. tr. MAR. engager (des matelots) ; affréter.

Heul|boje ["hɔyl'bo:jə] f. (-, n) bouée (f.) sonore. ||°-**sirene** f. (-, n) sirène (f.) d'alarme.

heulen ['hɔylən] v. intr. hurler ; crier ; pousser des hurlements ; mugir. | *eine Sirene heult*, une sirène mugit. | *der Wind heult im Kamin*, le vent gémit dans la cheminée. || PAR EXT. pleurer ; pleurnicher ; FAM. brailler. || PROV. *mit den Wölfen heulen*, hurler avec les loups.

Heulen [-lən] n. (s) hurlement(s) m. (pl.) ; mugissement(s) m. (pl.) ; pleurs m. pl. ; gémissements m. pl. | *Heulen und Zähneklappern*, des pleurs et des grincements de dents.

heurig ['hɔyriç] adj. de l'année ; nouveau. | *der Heurige*, le vin nouveau ; le vin de l'année.

heuristisch [hɔy'ristiʃ] adj. heuristique.

heute ['hɔytə] adv. aujourd'hui. | *heute früh ; heute morgen*, ce matin. | *heute vor acht Tagen*, il y a huit jours.

| *von heute an; von heute ab*, à partir, à dater d'aujourd'hui. | *von heute auf morgen hat er seine Ansicht geändert*, il a changé d'opinion du jour au lendemain. | *heute in acht Tagen*, dans huit jours. | *die Frau von heute*, la femme moderne. || COMM. *ab heute*, à partir, à dater de ce jour. || PROV. *heute rot, morgen tot*, aujourd'hui en chair, demain en bière.

◇ **das Heute,** le (temps) présent ; l'époque actuelle.
— SYN. : *gegenwärtig*, actuellement ; *heutzutage*, aujourd'hui, de nos jours, de notre temps.

heutig [-tiç] adj. d'aujourd'hui ; de ce jour. | *bis auf den heutigen Tag*, jusqu'à ce jour ; jusqu'aujourd'hui. | *die heutige Erziehung*, l'éducation (f.) moderne.

heut|zutage ["hɔyttsu'tɑ:gə] adv. de nos jours.

hexa|dezimal [hɛksadetsimɑ:l] adj. INF. hexadécimal.

Hexa|dezimalsystem [hɛksadetsi"mɑ:lzys'te:m] n. (s, e). INF. hexadécimal m.

Hexa|eder [hɛksa'e:dər] n. (s, -). MATH. hexaèdre m. ||°**-fluor** n. (s). CHIM. hexafluor m. ||°**-gon** n. (s, e). MATH. hexagone m. ||°**-meter** [-'—] m. (s, -). POÉS. hexamètre m.

Hexe ['hɛksə] f. (-, n) sorcière f. || FIG., FAM. mégère f. | *kleine Hexe*, friponne f. ; coquine f.

hexen [-ksən] v. intr. être sorcier ; user de sorcellerie, de sortilèges, de maléfices. || FIG., FAM. *ich kann nicht hexen*, je ne suis pas sorcier. | *wie gehext*, comme par enchantement.

Hexen|brut ["hɛksən'bru:t] f. engeance (f.) de sorcières. ||°**-fest** n. (es, e) sabbat m. ||°**-kessel** m. (s, -) chaudron (m.) de sorcières. || FIG. pétrin m. ; FAM. enfer m. ||°**-kunst** f. sorcellerie f. ; magie f. || PAR EXT. sortilège m. ; maléfice m. ||°**-meister** m. (s, -) sorcier m. ||°**-ring** m. (s, e) cercle formé par des champignons. ||°**-sabbat** m. (s, e) sabbat m. ||°**-schuß** m. (es, ¨e). MÉD. lumbago m. ||°**-tanz** m. (es) sabbat m.

Hexerei [hɛksə'rai] f. (-, en) sorcellerie f. ; magie f. || FIG. *das ist keine Hexerei*, FAM. ce n'est pas sorcier. | *das muß mit Hexerei zugehen*, il y a de la sorcellerie là-dessous, là-dedans.

Hexogen [hɛkso'ge:n] n. (s). CHIM. hexogène m.

Hiatus [hi'ɑ:tus] m. GRAMM. hiatus m.

hie ['hi:] adv. (Vx.). V. HIER. | *hie und da*, par-ci, par-là ; parfois ; quelquefois.

Hieb [hi:p] m. (s, e) coup m. | *Hieb mit der Peitsche*, coup de fouet. | *jm einen Hieb versetzen*, porter un coup à qn. | *Hiebe bekommen*, recevoir des coups. | *einen Hieb abwehren, auffangen*, parer un coup. || FIG. *auf den ersten Hieb*, du premier coup ; d'un coup. || PAR EXT. [Einschnitt] entaille f. ; sillon m. || [Abholzung] coupe f. || FIG. [Stichelei] trait m. ; pique f. ; coup (m.) de patte ; botte f. | *der Hieb gilt mir*, c'est une pierre dans mon jardin.

hieb|fest ['hi:pfɛst], **hieb- und stichfest** ["hi:punt'ʃtiçfɛst] adj. invulnérable.

Hieb|waffe ["hi:p'vafə] f. (-, n) sabre m. ; rapière f. ||°**-wunde** f. (-, n). MÉD. entaille f. ; balafre f.

hier [hi:r] adv. **1.** [an diesem Ort] ici ; à cet endroit ; en ce lieu. | *hier und dort*, çà et là. | *hier ruht*, ci-gît. | *hier bin ich und hier bleibe ich*, j'y suis, j'y reste. | *hier bei uns*, chez nous. || FIG., FAM. *es steht mir bis hier(her)*, j'en ai jusque-là ; j'en ai assez.
2. [zu diesem Zeitpunkt] alors ; à ce moment. | *hie(r) und da*, par ci par là ; de temps en temps ; parfois. | *von hier an*, dorénavant ; dès lors.
3. [hinweisend] ce... ci ; celui-ci ; celle-ci. | *der hier*, celui-ci. | *hier, nimm !*, prends ça.

hier [hi:r] en compos. avec une prép., équivaut à **da (dar)** : *hieran sehen wir, daß*, ceci nous montre que | *hieraus folgt, daß*, il en résulte que. | *hierdurch wurde eine höhere Leistung erzielt*, par ce moyen on obtient un rendement supérieur.

Hierarchie [hierar'çi:] f. (-, n) hiérarchie f.

hier|her [hi:r'he:r] adv. par ici ; de ce côté-ci. | *bis hierher*, jusqu'ici ; jusqu'à présent. ||**-herum** adv. dans ces parages ; dans cette région.

hier|hin [-hin] adv. par ici. | *hierhin und dorthin*, de-ci de-là ; par-ci par-là.

hier|in(nen) ["hi:r'in(ən)] adv. dans cet endroit-ci ; ici ; y.

hier|mit [hi:rmit] adv. avec cela.

hier|orts ['hi:rɔrts] adv. en ce pays-ci ; par ici. ||**-sein** (bist, war, gewesen) v. intr. être présent, sur place. ||°**-sein** n. (s) présence f. ; séjour m. ||**-selbst** adv. ici même ; par ici ; chez nous. ||**-zu** adv. [Ort] à cela, à ceci ; en outre ; outre cela. || [Zweck] y ; à cet effet. ||**-zulande** adv. ici ; dans ce pays ; dans notre pays ; chez nous.

Hieroglyphe [hiero'gly:fə] f. (-, n) hiéroglyphe m.

hiesig ['hi:ziç] adj. d'ici ; de cet endroit ; de cette ville ; de ce pays. | *der Hiesige*, l'autochtone m.

hieß prétérit de **heißen.**

Hifi|anlage [haifi'anlɑ:gə] f. (-, n) chaîne (f.) hifi.

hilf|los ['hilflo:s] adj. abandonné ; délaissé ; en détresse ; incapable de se tirer d'affaire. | *hilfloser Kranker*, (malade) impotent m. || PAR EXT. [ratlos ; ungeschickt] maladroit ; gauche.

Hilf|losigkeit ["hilf'lo:ziçkait] f. détresse f. ; impotence f. ; infirmité f. || [Ungeschicktheit] maladresse f. ; gaucherie f.

hilf|reich ['hilfraiç] adj. secourable ; charitable ; serviable. | *jm eine hilfreiche Hand reichen*, tendre à qn une main secourable.

Hilfe ['hilfə] f. (-, n) aide f. || [Rettung] secours m. ; assistance f. || [Förderung] appui m. ; soutien m. | *gegenseitige Hilfe*, entraide f. || *Hilfe !*, au secours ! ; à moi ! | *um Hilfe bitten*, demander de l'aide, du secours. | *um Hilfe rufen*, appeler à l'aide, au secours. | *jn zu Hilfe rufen*, appeler qn à l'aide. | *etwas zu Hilfe nehmen*, s'aider de qch. | *jm Hilfe leisten* ; *jm zu Hilfe kommen*, venir en aide à qn. | *jm Hilfe gewähren*, accorder son appui à qn. | *Truppen zu Hilfe schicken*, envoyer des troupes en renfort. | *mit Hilfe von*, [Sache] à l'aide de ; [Mensch] avec l'aide de. | *ohne Hilfe*, tout seul. | *es war Hilfe in der Not*, il était grand temps. || MÉD. *erste Hilfe*, premiers soins. || [helfende Person] aide m. et f. | *jm eine gute Hilfe sein*, être d'un grand secours, d'une aide précieuse à qn.

Hilfe|leistung ["hilfə'laistuŋ] f. (-, en) assistance f. ; aide f. | *unterlassene Hilfeleistung*, non-assistance à personne en danger. || MÉD. soins m. pl. ||°**-ruf** m. (s, e) appel (m.) au secours ; cri (m.) de détresse.

Hilfs|aktion ["hilfsak'tsio:n] f. (-, en) action (f.) humanitaire. ||°**-arbeiter** m. (s, -) ouvrier spécialisé (O.S.). ||**-bedürftig** adj. indigent ; nécessiteux ; dans la gêne ; dans le besoin. ||°**-bedürftigkeit** f. indigence f. ; besoin m. ; gêne f. ; dénuement m. ||**-bereit** adj. serviable ; secourable. ||°**-bereitschaft** f. serviabilité f. ||°**-dienst** m. (s, e) service (m.) d'assistance. | *sozialer Hilfsdienst*, assistance sociale. || MIL. service (m.) auxiliaire. ||°**-gerät** n. (s, e) accessoire m. ||°**-kasse** f. (-, n). [Unterstützung] caisse (f.) de secours. || [Nebenkasse] caisse (f.) auxiliaire. ||°**-kraft** f. (-, ¨e) aide m. ; manœuvre m. ; main-d'œuvre d'appoint, non qualifiée. ||°**-mittel** n. (s, -) moyen m. ; ressource f. ; remède m. || MÉD. adjuvant m. ||°**-motor** m. (s, en) moteur (m.) auxiliaire. | *Fahrrad mit Hilfsmotor*, cyclomoteur m. ||°**-polizist** m.

(en, en) contractuel(le) m. (f.). ||°-**quelle** f. (-, n) ressource f. ||°-**schule** f. (-, n) classe (f.) de perfectionnement. ||°-**truppen** f. pl. MIL. troupes (f. pl.) auxiliaires ; secours m. pl. ; renfort(s) m. (pl.). ||°-**verb** n. (s, en). V. HILFSZEITWORT. ||°-**werk** n. (s, e) œuvre (f.), service (m.) d'assistance, de secours. ||°-**wissenschaft** f. (-, en) science (f.) auxiliaire. ||°-**wort** n. (es, ¨er). GRAMM. mot explétif. || POÉT. cheville f. ||°-**zeitwort** n. (es, ¨er). GRAMM. (verbe) auxiliaire m.

Hilum ['hi:lum] n. (s). BOT. hile m.

Hilus ['hi:lus] m. (-, li). ANAT. hile m.

Himbeere ['himbe:rə] f. (-, n). BOT. framboise f.

Himbeer|saft ["himbe:r'zaft] m. jus (m.) de framboise. ||°-**strauch** m. (s, ¨er). BOT. framboisier m.

Himmel ['himəl] m. (s, -). **1.** [Himmelsgewölbe] ciel m. (pl. cieux) ; voûte (f.) céleste ; POÉT. firmament m. | *bedeckter Himmel*, ciel couvert. | *heiterer Himmel*, ciel serein ; ciel sans nuages. | *bleierner Himmel*, ciel lourd, bas. | *am Himmel*, au ciel. | *unter freiem Himmel*, à la belle étoile. || FIG. *zwischen Himmel und Erde*, entre ciel et terre. | *ein Blitz aus heiterem Himmel*, un coup de tonnerre dans un ciel sans nuages. | *aus allen Himmeln fallen*, tomber des nues. | *vom Himmel fallen*, tomber du ciel. | *der Himmel hängt ihm voller Geigen*, il est aux anges ; il voit la vie en rose. | *in den Himmel erheben*, porter aux nues. | *die Sterne vom Himmel holen wollen*, vouloir décrocher la lune. | *Himmel und Hölle in Bewegung setzen*, remuer ciel et terre. | *im siebenten Himmel*, au septième ciel. | *Himmel und Hölle spielen*, jouer à la marelle.

2. climat m. ; cieux m. pl. | *unter einem rauhen Himmel leben*, vivre sous un climat rude. | *unter einem anderen Himmel geboren*, né sous d'autres cieux.

3. [Sitz des Glückes ; Aufenthalt der Gottheit] ciel m. ; paradis m. | *gen Himmel fahren*, monter aux cieux. | *in den Himmel kommen*, aller au ciel, au paradis. | *der Vater im Himmel*, notre Père des cieux. | *Himmel und Erde als Zeugen anrufen*, prendre le ciel à témoin. | *gütiger Himmel !*, juste ciel ! | *der Himmel behüte uns davor !*, à Dieu ne plaise ! | *dem Himmel sei Dank !*, Dieu merci.

4. ARTS. ciel m. (pl. ciels).

5. [Baldachin] baldaquin m. ; dais m.

himmel|an ["himəl'an] adv. vers le ciel. ||-**angst** adj. *mir ist himmelangst*, j'ai terriblement peur. ||°-**bett** n. (s, en) lit (m.) à baldaquin. ||-**blau** adj. bleu ciel ; azur. ||°-**fahrt** f. RELIG. *Christi Himmelfahrt*, Ascension f. | *Mariä Himmelfahrt*, Assomption f. ||-**hoch** adj. très haut ; très élevé. — adv. FIG. *himmelhoch jauchzend*, transporté d'allégresse. ||°-**reich** n. (s) royaume (m.) des cieux. ||-**schreiend** adj. atroce ; révoltant ; inique. | *himmelschreiendes Unrecht*, injustice criante. ||-**weit** adj. très loin. || FIG. *ein himmelweiter Unterschied*, une différence énorme.

Himmels|äquator ["himəlsɛ'kva:tor] m. (s) équateur (m.) céleste. ||°-**bläue** f. azur m. ||°-**erscheinung** f. (-, en). PHYS. phénomène (m.) céleste. ||°-**feste** f. firmament m. ||°-**gabe** f. (-, n) don (m.) du ciel. ||°-**gewölbe** n. (s) voûte (f.) céleste ; firmament m. ||°-**karte** f. (-, n) carte (f.) astronomique. ||°-**körper** m. (s, -). PHYS. corps (m.) céleste. ||°-**kugel** f. PHYS. globe (m.) céleste. ||°-**kunde** f. astronomie f. ||°-**leiter** f. RELIG. échelle (f.) de Jacob. ||°-**richtung** f. (-, en) point cardinal. ||°-**schlüssel** m. (s, -). BOT. primevère f. ||°-**speise** f. MYTH. ambroisie f. ||°-**strich** m. (s, e). ASTRON. zone f. ; région f. ; climat m. ||°-**stürmer** m. (s). MYTH. Titan m. ; FIG. révolté. ||°-**trank** m. (s). MYTH. nectar m. ||°-**wagen** m. (s, -). MYTH. char (m.) céleste. || ASTRON. Ourse f. ||°-**zelt** n. (s). POÉT. voûte (f.) céleste.

himmlisch ['himliʃ] adj. céleste. | *der himmlische Vater*, le Père céleste ; Dieu. | *die himmlischen Heerscharen*, les cohortes (f. pl.) célestes ; les anges m. pl. | *das Himmlische Reich*, le royaume des cieux. | *die Himmlischen*, les dieux. || FIG. divin ; sublime ; admirable.

hin [hin] adv. et partic. sépar. **1.** SENS SPATIAL : **a)** [Gegensatz : her] indique un mouvement s'éloignant de la personne qui parle : *wo gehst du hin ?*, où vas-tu ? | *gehst du hin ?*, y vas-tu ? | *ich muß hin*, il faut que j'y aille. | *nach etwas hin*, vers qch. ; en direction de qch. | *er ging nach der Stadt hin*, il s'éloigna en direction de la ville. | *nach unten hin*, vers le bas. — **b)** [immer weiter] indique un mouvement prolongé : *an der Küste hin*, en suivant la côte. | *durch den Raum hin*, à travers l'espace. | *über das ganze Land hin*, sur toute l'étendue du territoire.

2. SENS TEMPOREL : **a)** indique que l'instant considéré se place dans l'avenir : *das ist noch lange hin*, ce n'est pas pour demain. — **b)** indique une durée prolongée : *vom Morgen bis zum Abend hin*, toute la journée.

3. auf etwas hin, en se fondant sur qch. | *auf diese Hoffnung hin*, en se fondant sur cette espérance. | *auf die Gefahr hin*, au risque de.

4. vor sich hin, à part soi ; pour soi-même. | *vor sich hin reden*, parler tout seul. | *vor sich hin singen*, chantonner.

5. [verdorben ; verloren] perdu. | *die Uhr ist hin*, cette montre n'est pas réparable, FAM. est fichue. | *er ist hin*, il est perdu ; c'en est fait de lui ; on ne peut rien pour lui. | *alles ist hin*, tout est perdu.

6. hin und... *hin und her*, de-ci, de-là. | *hin und her gehen*, aller et venir. | *hin und wieder*, de temps à autre. | *hin und zurück*, aller et retour. || [Eisenbahn] *einmal Mainz, hin und zurück !*, un aller et retour Mayence.

hin|arbeiten ["hin'arbaitən] v. intr. *auf etwas hinarbeiten*, travailler en vue de qch. ||°-**blick** m. (s, e) *im Hinblick auf*, en tenant compte de ; eu égard à. ||-**blicken** v. intr. *auf etwas hinblicken*, regarder qch. ; jeter un coup d'œil sur qch. ||-**bringen** (brachte, gebracht) v. tr. 1° *etwas zu jm hinbringen*, apporter qch. à qn. || 2° *die Zeit hinbringen*, passer le temps. | *sein Leben kümmerlich hinbringen*, vivre petitement ; vivoter. ||-**dehnen (sich)** v. pr. s'étendre au loin, à perte de vue. ||-**denken** (dachte, gedacht) v. intr. *wo denkst du hin ?*, où as-tu la tête ? ; tu n'y penses pas ! ||-**deuten** v. intr. *auf etwas hindeuten*, montrer qch. du doigt. || FIG. faire allusion à qch. | *darauf hindeuten, daß*, donner à penser que. ||-**drängen (sich)** v. pr. *die Menge drängt sich hin*, les gens s'y pressent, s'y bousculent. ||-**dürfen** v. intr. (a, u, u) *ich darf nicht hin*, je n'ai pas le droit d'y aller. ||-**fahren** (ä, u, a) v. intr. *er fährt zu ihr hin*, il se rend chez elle (en voiture, en train). | *mit der Hand über etwas hinfahren*, passer la main sur qch. — v. tr. *ich will Sie hinfahren*, je vais vous y conduire (en voiture). ||°-**fahrt** f. (-, en) aller m. | *auf der Hinfahrt*, à l'aller. || [Eisenbahn] *Hin- und Rückfahrt*, aller (m.) et retour (m.). ||-**fallen** (ä, ie, a) v. intr. tomber ; faire une chute. | *der Länge nach, längelang hinfallen*, tomber de tout son long. ||-**fällig** adj. [Personen] débile ; faible. || [Dinge] délabré ; menaçant ruine. || [ungültig] nul ; caduc. | *hinfällig werden*, s'annuler. ||°-**fälligkeit** f. [Gebrechlichkeit] débilité f. ; faiblesse f. ; délabrement m. || [Ungültigkeit] nullité f. || JUR. caducité f. || °-**fälligkeitsklausel** f. (-, n). JUR. clause (f.) résolutoire. ||-**finden (sich)** [a, u] v. pr. trouver son chemin. ||-**fliegen** (o, o) v. intr. s'envoler. || [fallen] FAM. se casser la figure. ||-**führen** v. tr. FAM. *wo soll* *das hinführen ?*, où cela nous mènera-t-il ? ||°**-gabe** f. (-, n). [Opfermut] abnégation f. ; dévouement m. || [Leidenschaft] attachement passionné. | *mit Hingabe*, avec passion ; sans réserve. ||**-geben** (i, a, e) v. tr. livrer ; abandonner. || FIG. *sein Herz hingeben*, donner son cœur. — v. pr. **sich hingeben,** [sich widmen] se donner, se consacrer, se vouer (à). || [sich ergeben] *sich der Verzweiflung hingeben*, se livrer, s'abandonner au désespoir ; céder au désespoir. || [geschlechtlich verkehren] se donner (à). ||°**-gebung** f. dévouement m. ; abnégation f. ||**-gegen** adv. au contraire ; en revanche ; par contre. ||**-gegossen** adj. *wie hingegossen liegen*, être allongé dans une pose pleine d'abandon. ||**-gehen** (ging, gegangen) v. intr. aller ; se rendre. | *zu jm hingehen*, se rendre chez qn ; aller trouver qn. || FIG. passer. | *die Zeit ging rasch hin*, le temps passa vite. | *etwas hingehen lassen*, tolérer qch. ; passer sur qch. ||**-gehören** v. intr. être à sa place. | *wo es hingehört*, à sa place. ||**-geraten** (ä, ie, a) v. intr. *wo ist er hingeraten ?*, qu'est-il devenu ? || **-gerichtet** adj. exécuté. ||**-gerissen** adj. FIG. ravi ; enchanté ; transporté ; enthousiasmé. || **-geschieden** adj. défunt ; décédé. ||**-gleiten** (i, i) v. intr. glisser. || FIG. *über etwas hingleiten*, glisser, ne pas insister sur qch. ||**-halten** (ä, ie, a) v. tr. [reichen] tendre ; présenter. || [aufhalten] arrêter ; retenir ; retarder. || FIG. [zaudern] lanterner. || [vertrösten] leurrer ; payer de promesses. ||°**-haltung** f. [Aufhalten] retardement m. || [Zaudern] atermoiement m. || [Vertrösten] manœuvre (f.) dilatoire. ||**-hauen** v. intr. FAM. [sich eilen] se hâter ; abattre de la besogne. || [stürzen] tomber ; FAM. s'étaler de tout son long. || FIG., FAM. *das haut hin*, ça colle. — v. tr. bâcler. | *eine Arbeit hinhauen*, bâcler un travail. | *das haut einen hin !*, c'est renversant ! ; POP. ça vous la coupe ! ||**-horchen** v. intr. écouter ; dresser l'oreille. ||**-knien** v. intr. se mettre à genoux ; s'agenouiller. ||**-kommen** (a, o) v. intr. aller. || FIG. *wo ist das Buch hingekommen ?*, qu'est devenu, où est passé le livre ? ||**-können** (a, o, o) v. intr. *ich kann nicht hin*, je ne peux pas y aller. ||**-langen** v. tr. [reichen] tendre ; présenter. — v. intr. [ausreichen] suffire. | *das Geld langt nicht hin*, je n'ai, il n'y a pas assez d'argent. ||**-länglich** adj. suffisant. — adv. suffisamment ; assez. ||**-lassen** (ä, ie, a) v. tr. laisser aller à. ||**-laufen** (ä, ie, a) v. intr. *er läuft hin*, il y court. ||**-legen** v. tr. poser ; placer ; mettre. || FIG., FAM., THÉÂTRE. *eine Rolle hinlegen*, jouer un rôle à la perfection. — v. pr. **sich hinlegen,** s'étendre ; se coucher ; s'allonger. || MIL. *hinlegen !*, à terre ! ||**-lenken** v. tr. *das Gespräch auf etwas hinlenken*, mettre (dans la conversation) qch. sur le tapis. ||**-machen** v. intr. *der Hund macht überall hin*, le chien fait (ses besoins) partout. ||**-nehmen** (i, a, o) v. tr. accepter ; tolérer ; supporter ; souffrir ; FAM. avaler. ||**-neigen** v. intr. FIG. *zu etwas hinneigen*, incliner vers, pencher à, incliner à qch. ||**-raffen** v. tr. enlever ; emporter ; ravir. ||**-reichen** v. intr. être suffisant ; suffire. — v. tr. tendre ; offrir. ||**-reichend** adj. suffisant. || MATH. *hinreichende Bedingung*, condition suffisante. ||°**-reise** f. (-, n) aller m. | *auf der Hinreise*, à l'aller. ||**-reisen** v. intr. *wir reisen heute hin*, nous y allons aujourd'hui. ||**-reißen** (i, i) v. tr. [wegnehmen] emporter ; entraîner. || FIG. [zu etwas bringen] entraîner à. || [bezaubern] ravir ; transporter ; FAM. emballer. | *zur Begeisterung hinreißen*, transporter d'enthousiasme. ||**-reißend** adj. entraînant ; FIG. enthousiasmant ; exaltant ; persuasif. ||**-richten** v. tr. diriger sur. || JUR. [töten] exécuter. | *mit dem Fallbeil hinrichten*, décapiter, guillotiner. ||°**-richtung** f. (-, en). JUR. exécution capitale. ||°**-richtungskommando** n. (s, s). MIL. peloton (m.) d'exécution. ||**-schaffen** v. tr. emporter ; transporter. ||**-schauen** v. intr. regarder. ||**-scheiden** (ie, ie) v. intr. passer de vie à trépas ; décéder. ||**-schicken** v. tr. envoyer. ||**-schlachten** v. tr. massacrer. ||**-schlagen** (ä, u, a) v. tr. frapper. — v. intr. frapper. | *lang hinschlagen*, tomber de tout son long. ||**-schleichen (sich)** [i, i] v. pr. se glisser lentement, prudemment. ||**-schreiben** (ie, ie) v. tr. *flüchtig etwas hinschreiben*, jeter qch. sur le papier. ||**-schwinden** (a, u) v. intr. disparaître ; s'évanouir. ||**-sehen** (ie, a, e) v. intr. regarder. | *ohne hinzusehen*, les yeux fermés. ||**-senden** (sandte, gesandt) v. tr. envoyer. ||**-setzen** v. tr. placer ; poser. || FAM. *etwas hinsetzen*, faire qch. ; arriver à qch. — v. pr. **sich hinsetzen,** s'installer ; s'asseoir ; prendre place. ||°**-sicht** f. *in jeder Hinsicht*, à tout point de vue. | *in Hinsicht auf*, [was das betrifft] quant à ; au point de vue de ; en ce qui concerne ; pour ce qui est de ; [mit Rücksicht auf] compte tenu de ; eu égard à. | *in dieser Hinsicht*, à cet égard ; de ce point de vue. | *in gewisser Hinsicht*, d'un certain point de vue. ||**-sichtlich** adv. quant à ; au point de vue de ; en ce qui concerne ; eu égard à ; pour ce qui est de. ||**-siechen** v. intr. languir ; dépérir. ||**-sinken** (a, u) v. intr. s'affaisser. ||**-stellen** v. tr. mettre ; placer. || FIG. *als etwas hinstellen*, qualifier de. | *als Muster hinstellen*, donner, proposer en exemple ; donner en modèle. ||**-streben** v. intr. *nach etwas hinstreben*, tendre à qch. ; viser à qch. ||**-strecken** v. tr. tendre. | *jm die Hand hinstrecken*, tendre la main à qn. || FIG. renverser ; étendre ; abattre. — v. pr. **sich hinstrecken,** s'étendre ; s'étaler. ||**-strömen** v. intr. affluer. ||**-stürzen** v. intr. faire une chute ; s'effondrer. | *zu einem Ort hinstürzen*, se précipiter vers un endroit. ||**-tragen** (ä, u, a) v. tr. *etwas nach einem Ort hintragen*, porter qch. à un endroit. ||**-treten** (i, a, e) v. intr. s'avancer ; se présenter. ||**-tun** (tat, getan) v. tr. *wo soll ich das hintun ?*, où dois-je mettre cela ? ||**-wagen (sich)** v. pr. *er wagt sich nicht hin*, il n'ose pas y aller ; il ne s'y risque pas. ||°**-weg** m. (s) aller m. | *auf dem Hinweg*, à l'aller. ||°**-weis** m. (es, e) remarque f. | *Hinweis auf*, renvoi (m.), référence (f.) à. ||**-weisen** (ie, ie) v. intr. *auf etwas hinweisen*, montrer qch. ; attirer l'attention sur qch. ; faire remarquer qch. | *er wies darauf hin, daß*, il fit remarquer que. ||**-weisend** adj. démonstratif. || GRAMM. *hinweisendes Fürwort*, pronom démonstratif. ||**-werfen** (i, a, o) v. tr. jeter. | *dem Hund einen Knochen hinwerfen*, jeter un os au chien. | *den Fehdehandschuh hinwerfen*, jeter le gant. || FIG. [sagen] *eine Bemerkung hinwerfen*, lancer une remarque ; jeter un mot. | *seine Arbeit hinwerfen*, laisser tomber son travail. — v. pr. **sich hinwerfen,** se jeter. | *sich vor jm hinwerfen*, se jeter aux pieds de qn ; se prosterner devant qn. ||**-wieder** adv. par contre ; en revanche. ||**-ziehen** (zog, gezogen) v. tr. [verzögern] retarder ; faire traîner en longueur. — v. pr. **sich hinziehen,** traîner en longueur ; se prolonger. | *es zieht sich hin*, cela n'en finit pas. ||**-zielen** v. intr. *auf etwas hinzielen*, tendre à ; viser à.

hin|ab [hin'ap] adv. et partic. sépar. de haut en bas ; vers le bas ; en descendant. | *weiter hinab*, plus bas. | *den Fluß hinab*, vers l'aval ; dans le sens du courant. | *hinab mit euch !*, descendez de là !

hinab|blicken [hin"ap'blikən] v. intr. regarder vers le bas, en bas. ||**-bringen** (brachte, gebracht) v. tr. descendre (qch.). ||**-fahren** (ä, u, a) v. intr. descendre. ||**-fallen** (ä, ie, a) v. intr. tomber à la verticale, comme une pierre. ||**-fliegen** (o, o) v. intr. AÉRON. plonger ; piquer. ||**-gehen** (ging, gegangen) v. intr. descendre. ||**-helfen** (i, a, o) v. intr. *jm hinabhelfen*, aider qn à descendre. ||**-kommen** (a, o) v. intr. descendre. ||**-laufen** (ä, ie, a) v. intr. descendre en courant ; dévaler. ||**-springen** (a, u) v. intr.

descendre d'un bond. ||**-steigen** (ie, ie) v. intr. descendre. ||**-stürzen** v. tr. faire tomber ; précipiter dans le vide. — v. intr. [hinabeilen] descendre précipitamment. || [hinabfallen] tomber comme une pierre. — v. pr. **sich hinabstürzen,** descendre précipitamment. ||**-tragen** (ä, u, a) v. tr. descendre (qch.).

hin|an [hin'an] adv. et partic. sépar. vers le haut ; en montant. | *den Hügel hinan*, en gravissant la colline.

hinan|gehen [hin"an'ge:ən] (ging, gegangen) v. intr. monter ; gravir. ||**-steigen** (ie, ie) v. intr. gravir ; monter ; escalader.

hin|auf [hin'auf] adv. et partic. sépar. vers le haut ; en montant. | *den Strom hinauf*, en (re)montant le fleuve. | *weiter hinauf*, plus haut. | *von unten hinauf*, de bas en haut.

hinauf|arbeiten (sich) [ziçhin"auf'arbaitən] v. pr. monter avec peine. || FIG. parvenir ; réussir par le travail. ||**-bringen** (brachte, gebracht) v. tr. monter. ||**-fahren** (ä, u, a) v. tr. monter. | *den Strom hinauffahren*, (re)monter le fleuve ; naviguer à contre-courant. — v. tr. monter. ||**-gehen** (ging, gegangen) v. intr. monter. ||**-helfen** (i, a, o) v. intr. aider à monter. ||**-klettern** v. intr. grimper. ||**-kommen** (a, o) v. intr. arriver en haut. ||**-lassen** (ä, ie, a) v. tr. laisser, faire monter. ||**-schicken** v. tr. envoyer en, vers le haut. || **-schwingen (sich)** [a, u] v. pr. s'élancer ; s'élever. ||**-setzen** v. tr. faire monter, avancer. || COMM. *die Preise hinaufsetzen*, hausser, augmenter les prix. ||**-steigen** (ie, ie) v. intr. monter ; s'élever. || **-treiben** (ie, ie) v. tr. faire monter. || COMM. *die Preise hinauftreiben*, faire monter les prix.

hin|aus [hin'aus] adv. et partic. sépar. vers le dehors ; vers l'extérieur. | *hinaus mit euch !*, sortez ! ; à la porte ! | *nach vorn hinaus*, sur la façade ; sur la rue ; sur le devant. | *nach hinten hinaus*, sur la cour ; sur le derrière. | *auf Jahre hinaus*, pour des années. | *über etwas hinaus sein*, avoir dépassé qch. ; FIG. être au-dessus de qch. ; avoir pris son parti de qch. | *und darüber hinaus*, (et) en outre.

hinaus|begleiten [hin"ausbə'glaitən] v. tr. reconduire. ||**-beugen (sich)** v. pr. se pencher en dehors. ||**-bringen** (brachte, gebracht) v. tr. sortir ; transporter à l'extérieur. ||**-eilen** v. intr. se précipiter au-dehors. ||**-ekeln** v. tr. FAM. se débarrasser (de qn) en lui faisant grise mine ; écœurer. ||**-fahren** (ä, u, a) v. tr. sortir ; transporter à l'extérieur. — v. intr. sortir en voiture (ou autre véhicule). || MAR. quitter le port. ||**-gehen** (ging, gegangen) v. intr. aller dehors ; sortir. || FIG. *das Fenster geht auf die Straße hinaus*, la fenêtre donne sur la rue. | *über die Möglichkeiten hinausgehen*, dépasser les possibilités, les limites. | *es geht darauf hinaus*, cela tend, vise à. ||**-jagen** v. tr. chasser ; mettre dehors ; FAM. flanquer à la porte. ||**-kommen** (a, o) v. intr. sortir. || FIG. *es kommt auf eins hinaus*, cela revient au même. ||**-laufen** (ä, ie, a) v. intr. sortir en courant. || FIG. revenir à ; aboutir à. | *es läuft aufs gleiche hinaus*, cela revient au même. ||**-legen** v. tr. mettre au-dehors. || COMM. mettre à l'étalage, en montre. ||**-lehnen (sich)** se pencher au-dehors. ||**-machen (sich)** v. pr. FAM. filer ; décamper. ||**-müssen** (u, u, u) v. intr. FAM. être obligé de sortir. ||**-packen (sich)** v. pr. FAM. filer ; décamper. ||**-ragen** v. intr. *über etwas hinausragen*, s'élever au-dessus de qch. ; dominer, dépasser qch. ||**-schieben** (o, o) v. tr. pousser dehors ; FIG. remettre à plus tard ; reporter ; ajourner. ||**-schießen** (o, o) v. intr. MIL. *über das Ziel hinausschießen*, tirer trop long. || FIG. aller trop loin ; dépasser son objectif ; exagérer. || **-schmeißen** (i, i) v. tr. FAM. flanquer dehors, à la porte. ||**-sehen** (ie, a, e) v. intr. *nicht über seine Nase hinaussehen*, ne pas voir plus loin que le bout de son nez. ||**-setzen** v. tr. mettre, exposer au-dehors. | *jn hinaussetzen*, mettre qn à la porte. — v. pr. **sich hinaussetzen,** s'asseoir dehors. ||**-stürzen** v. intr. se précipiter dehors. ||**-treiben** (ie, ie) v. tr. chasser ; expulser. ||**-weisen** (ie, ie) v. tr. éconduire ; mettre à la porte. ||**-werfen** (i, a, o) v. tr. jeter dehors ; mettre à la porte. | *sein Geld zum Fenster hinauswerfen*, jeter son argent par les fenêtres. ||**-wollen** v. intr. FAM. vouloir sortir. || FIG. *worauf will er hinaus ?*, où veut-il en venir ? | *zu hoch hinauswollen*, viser trop haut. ||**-ziehen** (zog, gezogen) v. tr. traîner dehors. || PAR EXT. prolonger ; faire traîner en longueur ; se prolonger. — v. intr. sortir.

hinderlich ['hindərliç] adj. contraire ; gênant ; contrariant. | *einer Sache hinderlich sein*, être un obstacle à qch.

hindern ['hindərn] v. tr. [erschweren] gêner ; contrarier ; déranger. || [verhindern] empêcher ; arrêter ; retenir. | *bei etwas hindern*, gêner pour. | *an etwas hindern*, empêcher de.

Hindernis [-dərnis] n. (ses, se) obstacle m. ; entrave f. ; empêchement m. ; contretemps m. ; traverse f. | *jm ein Hindernis bereiten*, contrecarrer les projets de qn. | *ein Hindernis nehmen ; über ein Hindernis setzen*, franchir, passer un obstacle.

— SYN. : *Sperre*, obstacle ; *Widerstand*, résistance ; *Schwierigkeit*, difficulté.

Hindernis|lauf ["hindərnis'lauf] m. (s), **-rennen** n. (s) course (f.) d'obstacles ; [Leichtathletik] steeple-chase m. || [Pferderennen] steeple-chase m.

Hinderung ['hindəruŋ] f. (-, en) empêchement m. ; obstacle m.

Hinderungs|grund ["hindəruŋs'grunt] m. (s, ¨e). JUR. empêchement dirimant. || *das ist kein Hinderungsgrund*, ce n'est pas rédhibitoire.

Hindu ['hindu] n. pr. m. (s, s). GÉOGR. Hindou m.

hin|durch [hin'durç] adv. et partic. sépar. [Ort] à travers ; au travers de ; en passant par. || [Zeit] pendant ; durant. | *das ganze Jahr hindurch*, pendant toute l'année. | *Jahre hindurch*, des années durant ; des années entières ; pendant des années.

hin|ein [hin'ain] adv. et partic. sépar. vers le dedans ; vers l'intérieur. | *bis in etwas hinein*, jusqu'au cœur de ; jusqu'au plus profond de. | *bis tief in die Nacht hinein*, jusqu'à une heure avancée de la nuit. | *sich bis in seine Seele hinein schämen*, être pénétré de honte.

hinein|arbeiten [hin"ain'arbaitən] v. tr. faire entrer (qch.). — v. pr. **sich hineinarbeiten,** *sich in eine Sache hineinarbeiten*, se mettre à, s'habituer à un travail. ||**-bringen** (brachte, gebracht) v. tr. introduire ; faire entrer. ||**-denken (sich)** [dachte, gedacht] v. pr. se mettre à la place de ; se mettre dans la peau de. ||**-drücken** v. tr. faire entrer en pressant, en poussant. ||**-fallen** (ä, ie, a) v. intr. tomber dans. || FIG., FAM. tomber dans le panneau. ||**-finden (sich)** [a, u] v. pr. se faire à ; s'habituer à ; s'accoutumer à. ||**-fressen** (i, a, e) v. tr. FIG., FAM. *die Wut in sich hineinfressen*, ravaler sa colère. ||**-gehen** (ging, gegangen) v. intr. entrer dans ; pénétrer dans. ||**-geraten** (ä, ie, a) v. intr. se retrouver dans ; être mêlé à. ||**-leben** v. intr. *in den Tag hineinleben*, se laisser vivre. — v. pr. **sich hineinleben,** se faire à ; s'habituer à ; s'accoutumer à. ||**-legen** v. tr. FAM. tromper ; duper ; rouler ; mettre dedans. || [deuten] *einen Sinn hineinlegen*, donner une interprétation. ||**-mischen (sich)** v. pr. se mêler (de qch.). ||**-reden** v. intr. intervenir dans la conversation ; FAM. mettre son grain de sel. ||**-reißen** v. tr. *jn in eine Sache hineinreißen*, entraîner qn. dans une affaire. ||**-reiten** v. intr. entrer à cheval. — v. tr. *jn ins Unglück hineinreiten*, couler qn. ||**-schlüpfen** v. intr. se glisser dans. | *in den Mantel hineinschlüpfen*, enfiler rapidement son manteau. ||**-schwatzen** v. intr. FAM. *ins Blaue hineinschwatzen*, dire des paroles en l'air. ||**-stecken** v. tr. enfoncer ; faire entrer dans ; engager. | *Geld hineinstecken*, engager des fonds. || FAM. *seine Nase in etwas hineinstecken*, fourrer son nez dans. ||**-treten** (i, a, e) v. intr. entrer dans. ||**-tun** (tat, getan) v. tr. mettre dans ; introduire dans. ||**-wagen (sich)** v. pr. se risquer à l'intérieur de. ||**-werfen** (i, a, o) v. tr. jeter dans. || FIG. *einen Blick hineinwerfen*, jeter un regard dans. ||**-ziehen** (zog, gezogen) v. tr. faire entrer ; traîner dans ; entraîner dans. || FIG. *in eine Sache hineingezogen werden*, être impliqué dans une affaire. ||**-zwängen** v. tr. faire entrer de force.

hinken ['hiŋkən] v. intr. boiter. | *auf, mit einem Fuß hinken*, traîner la jambe. || FIG. clocher ; être boiteux. | *der Vergleich hinkt*, cette comparaison cloche.

Hinken ['hiŋkən] n. (s) claudication f.

hinkend [-kənt] adj. boiteux ; claudicant ; éclopé.

hint|an [hint'an] adv. en arrière ; derrière. || FIG. de côté ; à l'écart.

hintan|setzen [hint"an'zɛtsən] v. tr. faire passer après le reste, en dernier lieu. | *den eigenen Vorteil hintansetzen*, ne pas considérer son intérêt. ||°**-setzung** f. | *unter Hintansetzung seines Vorteils*, au mépris de ses intérêts. ||**-stehen** (stand, gestanden) v. intr. passer après le reste ; être négligé. ||**-stellen** v. tr. placer au dernier rang (de ses soucis).

hinten ['hintən] adv. derrière ; à l'arrière ; au fond ; à la fin ; à la queue. | *hinten aufs Pferd nehmen*, prendre en croupe. | *hinten antreten*, se mettre à la queue. | *hinten herum*, par une voie détournée. | *nach hinten*, vers l'arrière. | *sich hinten anstellen*, prendre la queue. | *von hinten*, de l'arrière. | *von hinten anfangen*, commencer par la fin. | *von hinten überfallen*, attaquer par derrière.

hinten|drein ["hintən'drain] adv. derrière ; après ; ensuite. ||**-(her)um** adv. indirectement. || PAR EXT. à l'inverse. ||**-nach** adv. après ; après coup ; ensuite ; ultérieurement. ||**-über** adv. à la renverse.

hinter ['hintər] prép. (mouvement vers : acc. ; sans mouvement vers : dat.) derrière ; après ; à la suite de. | *jn hinter sich lassen*, distancer qn. | *hinter jm herlaufen*, suivre qn ; être sur les talons de qn. || FIG. *hinter js Rücken*, dans le dos de, à l'insu de qn. | *hinter den Kulissen*, en coulisse ; dans la coulisse. | *hinter verschlossenen Türen*, à l'abri des oreilles indiscrètes. | *mit etwas hinter dem Berge halten*, tenir qch. secret ; faire mystère de qch. | *jn hinters Licht führen*, tromper qn ; induire qn en erreur. | *hinter die Wahrheit kommen*, découvrir la vérité. | *hinter js Schliche kommen*, percer à jour les intrigues de qn.
◇ adj. de derrière ; arrière ; postérieur. | *die hinteren Bänke*, les derniers bancs ; les bancs (m. pl.) du fond.

Hinter|achse ["hintər'aksə] f. (-, n) essieu (m.) arrière. ||°**-ansicht** f. (-, en) vue (f.) de dos, de derrière, de l'arrière. ||°**-backe** f. (-, n). ANAT. fesse f. ||°**-bein** n. (s, e). ANAT. patte (f.) de derrière. || *sich auf die Hinterbeine stellen*, se cabrer ; se rebiffer. ||°**-bliebene(r)** f. (m.) conjoint survivant. | *die Hinterbliebenen*, ceux qui restent ; les survivants. ||°**-bliebenenrente** f. (-, n) pension (f.) de réversion. ||**-bringen** (brachte, gebracht) v. tr. FIG. partic. insépar. *jm etwas hinterbringen*, rapporter qch. à qn ; informer qn secrètement de qch. ||°**-bringer** m. (s, -) informateur secret ; PÉJOR. dénonciateur m. ; délateur m. ; indicateur m. ||°**-deck** n. (s) arrière-pont m. ||**-drein** adv. ensuite ; après coup. ||**-einander** adv. [räumlich] l'un derrière l'autre. | *hintereinander gehen*, marcher en file indienne, à la queue leu leu. || [zeitlich] l'un après l'autre ; successivement. | *drei Tage hintereinander*, trois jours de suite, consécutifs, d'affilée. ||°**-einanderschaltung** f. (-, en). ÉLECTR. montage en série. ||°**-front** f. (-, en). MIL. arrière m. || ARCHIT. façade (f.) arrière. ||°**-gedanke** m. (ns, n) arrière-pensée f. ||**-gehen** (hintergangen) v. tr. partic. insépar. tromper, duper, abuser qn ; circonvenir. | *jn hintergehen*, abuser de la bonne foi de qn. ||°**-gehung** f. (-, en) tromperie f. ; duperie f. ||°**-grund** m. (s, ¨e) arrière-plan m. ; fond m. | *sich im Hintergrund halten* ; *im Hintergrund bleiben*, rester dans l'ombre. | *in den Hintergrund treten*, passer au second plan. | *in den Hintergrund drängen*, reléguer au second plan. || FIG. dessous m. | *die Hintergründe der Sache*, les dessous (m. pl.) de l'affaire. | *im Hintergrund*, en filigrane. ||°**-grundgeräusch** n. (es, e) bruit (m.) de fond. ||**-gründig** adj. compliqué ; complexe. ||°**-halt** m. (s, e) embuscade f. ; guet-apens m. ; traquenard m. | *jm einen Hinterhalt legen*, tendre, préparer une embuscade à qn. | *im Hinterhalt liegen*, se tenir en embuscade. || [Hintergedanke] arrière-pensée f. ; réticence f. ||**-hältig** adj. faux ; sournois ; dissimulé. ||°**-hand** f. (-, ¨e). [Handteil] métacarpe m. || [Pferd] arrière-main f. || [Spiel] *in der Hinterhand sein*, jouer le dernier. ||°**-haupt** n. (s, ¨er). ANAT. occiput m. ||°**-hauptsbein** n. (s, e) os occipital. ||°**-haus** n. (es, ¨er). ARCHIT. arrière-corps m. ||**-her** adv. après (les autres). || [räumlich] en suivant ; à la suite ; à la file ; à la queue. || [zeitlich] plus tard ; ensuite. || FIG. *du bist sehr dahinter her*, tu t'y intéresses beaucoup. ||**-herlaufen** (ä, ie, a) v. intr. poursuivre ; courir après. ||°**-hof** m. (s, e) arrière-cour f. ||°**-kappe** f. (-, n). [im Schuh] contrefort m. ||°**-kopf** m. (s, ¨e). ANAT. occiput m. ||°**-lader** m. (s, -). MIL. arme (f.) à chargement par la culasse. ||°**-lage** f. (-, n). FIN., JUR. dépôt m. ||°**-land** n. (s, ¨er) arrière-pays m. ||**-lassen** (ä, ie, a) v. tr. partic. insépar. laisser (derrière soi). | *seine Karte hinterlassen*, laisser sa carte (de visite). || [vererben] léguer ; laisser. ||°**-lassenschaft** f. (-, en). JUR. succession f. ; héritage m. ||**-legen** v. tr. partic. sépar. poser derrière, au fond. — v. tr. partic. insépar. déposer ; mettre en dépôt. || COMM., FIN. *Wertpapiere hinterlegen*, déposer des titres ; donner, mettre des titres en dépôt. | *als Pfand hinterlegen*, laisser en gage. ||°**-leger** m. (s, -) déposant m. ||°**-legung** f. (-, en) dépôt m. ; consignation f. || JUR. nantissement m. ||°**-legungskasse** f. (-, n) caisse (f.) des dépôts et consignations. ||°**-legungskonto** n. (s, ten). FIN. compte (m.) de dépôts. ||°**-leib** m. (s). ANAT. partie postérieure du corps ; arrière-train m. ||°**-list** f. ruse f. ; fourberie f. ; perfidie f. || JUR. dol m. ||°**-listig** adj. rusé ; fourbe ; perfide. ||°**-mann** m. (s, ¨er) suivant m. || MIL. voisin (m.) de derrière. ||°**-mast** m. (es, e). MAR. mât (m.) d'arrière, d'artimon. ||°**-pforte** f. (-, n) porte (f.) de derrière. ||°**-pfote** f. (-, n). ZOOL. patte (f.) de derrière. ||°**-rad** n. (s, ¨er) roue (f.) arrière. ||**-rücks** adv. FIG. [heimlich] par derrière ; en traître. ||°**-schiff** n. (s, e). MAR. arrière m. ; poupe f. ||°**-seite** f. (-, n) face postérieure. || [Blatt] verso m. ||°**-sitz** m. (es, e) siège (m.) arrière ; fond (m.) de la voiture. ||°**-stube** f. (-, n). ARCHIT. pièce (f.), sur le derrière. ||°**-stück** n. (s, e) partie postérieure. ||°**-teil** m. (s, e) partie postérieure. || [Pferd] croupe f. || [Gesäß] postérieur m. ; fesses f. pl. || MAR. arrière m. ; poupe f. ||°**-treffen** n. (s). MIL. arrières m. pl. || FIG. *ins Hintertreffen geraten, kommen*, être distancé. ||**-treiben** (ie, ie) v. tr. FIG. partic. insépar. contrecarrer ; faire échouer. ||°**-treppe** f. (-, n). ARCHIT. escalier (m.) de service ; [versteckte Treppe] escalier dérobé. || °**-treppengeschichte** f. (-, n) potin m. ; ragot m. ; cancans m. pl. ||°**-treppenroman** m. (s, e) roman (m.) à quatre sous. ||°**-tür** f. (-, en) porte (f.)

de derrière ; porte dérobée. || FIG., FAM. *noch eine Hintertür offenlassen*, ménager une porte de sortie. | *etwas durch eine Hintertür wieder einführen*, réintroduire qch. par un biais. ||°-**wäldler** m. (s, -) rustaud m. ; rustre m. ||°-**wand** f. (-, ¨e). ARCHIT. mur (m.) de derrière. || THÉÂTRE. fond m. ||-**ziehen** (zog, gezogen) v. tr. partic. insépar. [unterschlagen] soustraire ; détourner. | *Steuern hinterziehen*, frauder le fisc. ||°-**ziehung** f. (-, en) détournement m. ; fraude f. ||°-**zimmer** n. (s, -). ARCHIT. chambre (f.) de derrière.

Hintern ['hintərn] m. (s, -). ANAT. derrière m. ; postérieur m.

hintern [-tərn] adv. pour **hinter den.**

hinters [-tərs] adv. pour **hinter das.** | *hinters Licht führen*, duper ; tromper.

hinterste [-tərstə] adj. superl. de *hinter*, dernier.

hin|über [hin'y:bər] adv. et partic. sépar. de l'autre côté ; par-dessus. | *hinüber sein*, être mort.

hinüber|blicken [hin"y:bər'blikən] v. intr. regarder. | *über etwas hinüberblicken*, regarder au-delà de qch. ||-**bringen** (brachte, gebracht) v. tr. porter, transporter de l'autre côté. ||-**fahren** (ä, u, a) v. intr. passer de l'autre côté ; traverser. — v. tr. transporter sur l'autre rive, de l'autre côté. ||-**gehen** (ging, gegangen) v. intr. aller, passer de l'autre côté ; traverser. || FIG., FAM. s'éteindre ; trépasser ; passer de vie à trépas. ||-**greifen** (i, i) v. intr. empiéter. | *in etwas hinübergreifen*, empiéter sur. ||-**helfen** (i, a, o) v. intr. aider (qn) à traverser, à passer. ||-**kommen** (a, o) v. intr. passer de l'autre côté ; traverser. ||-**lassen** (ä, ie, a) v. tr. laisser, faire passer (qn) de l'autre côté. ||-**ragen** v. intr. dépasser. ||-**reichen** v. intr. s'étendre au-delà. — v. tr. présenter ; passer ; tendre. ||-**schaffen** v. tr. emmener ; transporter de l'autre côté. ||-**schauen.** V. HINÜBERBLICKEN. ||-**schwimmen** (a, o) v. intr. nager vers l'autre rive. | *über den See hinüberschwimmen*, traverser le lac à la nage. ||-**setzen** v. tr. faire passer de l'autre côté. | *ich setze meinen Freund über den Fluß hinüber*, je fais passer le fleuve à mon ami. ||-**spielen** v. intr. *diese Farbe spielt ins Violett hinüber*, cette teinte tire sur le violet. ||-**springen** (a, u) v. intr. sauter de l'autre côté, par-dessus. ||-**steigen** (ie, ie) v. intr. enjamber ; franchir ; passer de l'autre côté. ||-**tragen** (ä, u, a) v. tr. porter, transporter de l'autre côté. ||-**wechseln** v. intr. changer de côté, passer de l'autre côté. || MIL. *ins Lager der Feinde hinüberwechseln*, passer à l'ennemi. ||-**werfen** (i, a, o) v. tr. jeter de l'autre côté. ||-**ziehen** (zog, gezogen) v. tr. tirer de l'autre côté. || GRAMM. faire la liaison. — v. intr. passer de l'autre côté.

Hin und Her ["hinunt'he:r] n. va-et-vient m.

Hin- und Her|bewegung ["hinunt'he:rbə've:guŋ] f. (-, en) va-et-vient m. ; mouvement (m.) de va-et-vient. ||°-**fahrt** f. (-, en) aller (m.) et retour m.

hin|unter [hin'untər] adv. et partic. sépar. vers le bas ; en descendant. | *hinunter mit euch !*, descendez de là !

hinunter|bringen [hin"untər'briŋən] (brachte, gebracht) v. tr. descendre ; porter en bas. || FIG. *etwas nicht hinunterbringen können*, ne pas pouvoir avaler qch. ||-**gehen** (ging, gegangen) v. intr. descendre. || -**gießen** (o, o) v. tr. avaler, boire vite. ||-**schlingen** (a, u) v. tr. avaler ; ingurgiter. ||-**schlucken** v. tr. avaler ; boire. || FIG. *seinen Ärger hinunterschlucken*, ravaler sa colère. ||-**stürzen** v. tr. jeter en bas. — v. intr. *die Treppe hinunterstürzen*, dégringoler l'escalier. ||-**werfen** (i, a, o) v. tr. jeter en bas.

hin|weg [hin'vɛk] adv. et partic. sépar. au loin. | *über seinen Kummer hinweg sein*, avoir surmonté son chagrin.

hinweg|gehen [hin"vɛk'ge:ən] (ging, gegangen) v. intr. s'en aller. || FIG. *über einen Vorfall hinweggehen*, passer sur, ne pas s'arrêter à un incident. ||-**raffen** v. tr. emporter ; enlever. ||-**schreiten** (i, i) v. intr. *über etwas hinwegschreiten*, passer par-dessus qch. ||-**sehen** (ie, a, e) v. tr. *etwas über etwas hinwegsehen*, voir qch. par-dessus qch. — v. intr. *über etwas hinwegsehen*, passer, fermer les yeux sur qch. ||-**setzen** v. pr. *sich über etwas hinwegsetzen*, se placer au-dessus de qch. ; passer outre à qch. ||-**täuschen** v. tr. faire perdre de vue ; faire oublier ; abuser.

Hinz [hints] m. FAM. *Hinz und Kunz*, Pierre et Paul.

hin|zu [hin'tsu:] adv. et partic. sépar. de plus ; en plus ; en outre ; en sus.

hinzu|fügen [hin"tsu:'fy:gən] v. tr. ajouter. | *ich habe nichts mehr hinzuzufügen*, je n'ai plus rien à ajouter. ||-**fügung** f. (-, en) addition f. ; adjonction f. ||-**gesellen (sich)** v. pr. se joindre ; s'associer. ||-**kommen** (a, o) v. intr. s'ajouter à ; venir en plus. | *hinzu kommt noch, daß*, à cela s'ajoute encore que. ||-**legen** v. tr. joindre ; ajouter. ||-**rechnen** v. tr. ajouter au compte ; compter aussi. ||-**schreiben** (ie, ie) v. tr. ajouter. ||-**setzen** v. tr. ajouter ; joindre. ||-**tun** (tat, getan) v. tr. ajouter ; joindre. | *ohne das mindeste von dem Meinen hinzuzutun*, sans rien y ajouter de mon cru. ||-**zählen** v. tr. ajouter au compte ; compter aussi. ||-**ziehen** (zog, gezogen) v. tr. faire appel à. ||°-**ziehung** f. (-, en) *unter Hinzuziehung aller Unkosten*, en ajoutant tous les faux frais. | *Hinzuziehung eines Fachmanns*, consultation (f.) d'un spécialiste.

Hiob ['hi:ɔp] n. pr. m. RELIG. Job m.

Hiobs|botschaft ["hi:ɔps'bo:tʃaft] f. (-, en), nouvelle fatale.

Hippe ['hipə] f. (-, n). AGRIC. [Sense] faux f. || [Messer] serpe f. ; serpette f.

Hippodrom [hipɔ'dro:m] m. et n. (s, e) hippodrome m.

hippokratisch [hipo'kra:tiʃ] adj. *hippokratischer Eid*, serment (m.) d'Hippocrate.

Hirn [hirn] n. (s, e). ANAT. cerveau m. ; cervelle f. | *sich das Hirn zermartern*, se torturer les méninges. | *sein Hirn anstrengen*, se creuser la cervelle. || CULIN. *gebackenes Hirn*, cervelle au beurre noir.

Hirn|anhang ["hirn'anhaŋ] m. (s, ¨e) hypophyse f. ||°-**blutung** f. (-, en). MÉD. hémorragie cérébrale. ||°-**gespinst** n. (es, e). FIG. illusion f. ; chimère f. ; faribole f. ; fantasmagorie f. ||°-**haut** f. ANAT. méninge f. ||°-**hautentzündung** f. (-, en). MÉD. méningite f. ||-**los** adj. FIG. sans cervelle ; écervelé ; étourdi. ||°-**masse** f. (-, n) matière (f.) cérébrale. ||°-**rinde** f. ANAT. matière grise ; cortex m. ||-**rissig** adj. *hirnrissig sein*, être insensé. ||°-**schale** f. (-, n). ANAT. boîte crânienne. ||°-**schlag** m. (s, ¨e). MÉD. hémorragie cérébrale. ||°-**schwund** m. (s). MÉD. atrophie cérébrale. ||°-**tod** m. (s, e). MÉD. mort cérébrale. ||-**verbrannt** adj. tête brûlée. ||°-**windungen** f. pl. circonvolutions cérébrales.

Hirsch [hirʃ] m. (es, e). ZOOL. [Geweihträger] cervidé m. || [Edelhirsch] cerf m. | *der Hirsch röhrt*, le cerf brame. | *der Hirsch fegt sich*, le cerf se décroûte.

Hirsch|bock ['hirʃbɔk] m. (s, ¨e). ZOOL. cerf mâle. ||°-**fänger** m. (s, -) couteau (m.) de chasse. ||°-**geweih** n. (s, e) bois (m.), ramure (f.) du cerf. ||°-**horn** n. (s, ¨er) bois (m.) de cerf. ||°-**hornsalz** n. (es, e) sel volatil ; sels m. pl. ||°-**jagd** f. (-, en) chasse (f.) au cerf. ||°-**käfer** m. (s, -). ZOOL. lucane m. ; cerf-volant. ||°-**kalb** n. (s, ¨er). ZOOL. faon m. ||°-**keule** f. (-, n). CULIN. cuissot (m.) de chevreuil. ||°-**kuh** f. (-, ¨e). ZOOL. biche f. ||°-**leder** n. (s) peau (f.) de chamois ; daim m. ||**-ledern** adj. en daim. ||°**-zunge** f. (-, n). BOT. scolopendre f.

Hirse ['hirzə] f. (-, n). BOT. mil m. ; millet m.

Hirt [hirt] m. (en, en), **Hirte** [-tə] m. (n, n) berger m. ; pâtre m. || POÉT. pasteur m. || RELIG. *der Gute Hirte*, le Bon Pasteur.

Hirten|brief ["hirtən'bri:f] m. (s, e). RELIG. lettre pastorale. ||°**-flöte** f. (-, n). MUS. chalumeau m. ; pipeau m. ; galoubet m. ||°**-gedicht** n. (s, e). POÉS. pastorale f. ; bergère f. ||°**-knabe** m. (n, n) petit pâtre ; pastoureau m. ||°**-leben** n. (s) vie pastorale. ||°**-pfeife** f. (-, n). MUS. chalumeau m. ; pipeau m. ; galoubet m. ||°**-spiel** n. (s, e). LITTÉR. pastorale f. ||°**-stab** n. (s, ¨e) houlette f. || RELIG. [Bischof] crosse f. ||°**-täschchen** (s, -), °**-täschelkraut** n. (s). BOT. bourse-à-pasteur f.

Hirtin ['hirtin] f. (-, nen) bergère f. || POÉT. pastourelle f.

His [his] n. MUS. si (m.) dièse.

hiß ! [his] interj. ô hisse !

Hiß|tau ['histau] n. (s, e). MAR. drisse f.

hissen [-sən] v. tr. MAR. hisser ; lever. | *die Flagge hissen*, arborer le pavillon.

Histo|logie [histolo'gi:] f. (-). MÉD. histologie f.

Historie [his'to:riə] f. (-, n) histoire f.

Historien|maler [his"to:riən'mɑ:lər] m. (s, -) peintre (m.) d'histoire. ||°**-malerei** f. (-, en) peinture (f.) historique.

Historiker(in) [his'to:rikər(in)] m. (s, -), f. (-, nen) historien m., historienne f.

historisch [-riʃ] adj. historique.

Historismus [histo'rismus] m. historicisme m.

Hitler|anhänger ["hitlər'anhɛŋər] m. (s, -). POLIT. hitlérien m. ; nazi m. ||°**-bewegung** f. POLIT. hitlérisme m. ; nazisme m. ||°**-jugend** f. POLIT. jeunesse hitlérienne.

Hitz|kopf ['hitskɔpf] m. (s, ¨e). FIG. mauvaise tête. | *er ist ein Hitzkopf*, il monte comme une soupe au lait ; il a la tête près du bonnet. ||**-köpfig** adj. emporté. | *hitzköpfig sein*, avoir la tête près du bonnet ; être soupe au lait. ||°**-schlag** m. (s, ¨e). MÉD. insolation f. ; coup (m.) de soleil.

Hitze ['hitsə] f. chaleur f. | *große, starke Hitze*, forte chaleur. | *erdrückende, lähmende Hitze*, chaleur accablante. || FIG. [Leidenschaft] fougue f. ; ardeur f. ; feu m. | *in der Hitze des Gefechts*, dans le feu de l'action. || [Zorn] emportement m. ; colère f. | *in Hitze geraten*, s'emporter ; se mettre en colère. | *jn in Hitze bringen*, mettre qn en colère ; faire enrager. || ZOOL. [Laufzeit] chaleur f.

hitze|beständig ["hitsəbə'ʃtɛndiç] adj. réfractaire ; résistant à la chaleur. ||°**-gradmesser** m. (s, -), °**-messer.** PHYS. pyromètre m. ||°**-messung** f. PHYS. pyrométrie f. ||°**-schild** m. (s, e). AÉRON. écran (m.) thermique. ||°**-welle** f. (-, n) vague (f.) de chaleur.

hitzig [-tsiç] adj. FIG. [übereilt ; leidenschaftlich] fougueux ; ardent ; prompt. || [jähzornig] emporté ; irascible. | *hitzige Worte*, mots vifs. || MÉD. fiévreux, aigu. || ZOOL. en chaleur ; en rut.

H-Milch ['hɑ:milç] f. lait (m.) longue conservation.

Hobel ['ho:bəl] m. (s, -). TECHN. rabot m.

Hobel|bank ["ho:bəl'baŋk] f. (-, ¨e). TECHN. établi m. ||°**-eisen** n. (s, -). TECHN. fer (m.) de rabot. ||°**-maschine** f. (-, n). TECHN. machine (f.) à raboter ; raboteuse f. ||°**-span** m. (s, ¨e) copeau m.

hobeln ['ho:bəln] v. tr. raboter ; FIG. polir.

Hobeln [-bəln] n. (s) rabotage m.

hoch [ho:x] adj. (se réduit à **hoh** quand il prend une terminaison). **1.** [Raum] haut ; grand ; élevé. | *ein hoher Berg*, une haute montagne ; un sommet élevé. | *der Turm ist vierzig Meter hoch*, la tour a quarante mètres de haut. | *ein vierzig Meter hoher Turm*, une tour de quarante mètres (de haut, de hauteur). | *ein Mann von hoher Gestalt, von hohem Wuchs*, un homme de haute taille, de grande taille, de haute stature. || GÉOGR. *der hohe Norden*, le Grand Nord. || MAR. *die hohe See*, la haute mer. | *auf hoher See*, en mer. || FIG. *sich aufs hohe Roß setzen*, se donner de grands airs.

2. [Zeit] *ein hohes Alter erreichen* ; *zu hohen Jahren kommen*, parvenir à un âge avancé.

3. [Töne] haut ; élevé ; aigu. || MUS. *die hohen Töne*, les aigus. | *eine hohe Stimme haben*, avoir un registre élevé. | *das hohe C*, l'ut de poitrine.

4. [meßbare Größe] haut ; élevé. | *hohe Temperatur*, température élevée. | *hohe Zahl*, nombre élevé. | *hoher Preis*, prix élevé. || JUR. *hohe Strafe*, lourde peine. || MÉD. *hohes Fieber*, forte fièvre. | *hoher Blutdruck*, hypertension artérielle. || TECHN. *hohe Drehzahl*, régime élevé.

5. [Hierarchie] haut ; éminent. | *der hohe Adel*, la haute noblesse. | *von hohem Rang*, de haut rang. | *hoher Beamter*, haut fonctionnaire. | *hohes Verdienst*, mérite éminent. | *ein Mann von hohem Geist*, un esprit éminent. | *einen hohen Begriff von jm haben*, avoir une haute opinion de qn. | *einen zu hohen Begriff von etwas haben*, surestimer qch. || POLIT., HIST. *die Hohe Pforte*, la Sublime Porte. || SPORT. [Reitkunst] *die Hohe Schule*, la haute école.

◇ adv. **1.** [Raum] en haut ; en altitude ; en l'air. | *Hände hoch !*, haut les mains ! ; les mains en l'air ! | *die Stadt liegt hoch*, la ville est située en altitude. | *drei Treppen hoch wohnen*, habiter au troisième étage, au troisième. | *hoch oben*, tout en haut. | *hoch oben auf dem Berg*, tout en haut, au sommet de la montagne. | *hoch über dem Tal*, loin au-dessus de la vallée. | *hoch am Himmel*, haut dans ciel ; au zénith. || RELIG. *vom Himmel hoch*, du ciel, du haut des cieux. || FIG. *hoch hinaufwollen*, avoir de grandes ambitions ; viser haut. | *die Nase hoch tragen*, être prétentieux ; s'en croire.

2. [meßbare Größe] *hoch im Preise stehen*, se vendre cher ; valoir cher. | *die Zahl ist zu hoch gegriffen*, le chiffre est exagéré. || MATH. *zwei hoch zwei*, deux au carré. | *zwei hoch drei*, deux puissance trois.

3. [Wertschätzung] très ; hautement. | *hoch willkommen*, IRON. très bienvenu. | *hoch erfreut sein*, être enchanté. | *jm etwas hoch anrechnen*, savoir gré à qn de qch. | *hier geht es hoch her*, il y a de l'animation, de l'entrain ici.

4. LOC. *hoch und heilig, hoch und teuer versprechen*, promettre solennellement.

◇ **höher** compar. de **hoch,** plus haut ; plus élevé, supérieur. | *höheres Wesen*, être supérieur. | *auf höherer Ebene*, à un niveau supérieur. | *höherer Offizier*, officier supérieur. | *höherer Beamter*, haut fonctionnaire. | *höhere Mathematik*, mathématiques supérieures. | *höhere Gewalt*, force majeure. || COMM. *höheres Gebot*, surenchère f. | *ein höheres Gebot tun*, surenchérir. || INF. *höhere Programmsprache*, langage évolué.

◇ adv. *höher hinaus wollen*, vouloir s'élever ; FAM. vouloir arriver. | *höher geht es nicht !*, c'est le comble. || COMM. *die Preise höher treiben*, faire monter les prix. || MUS. *höher stimmen*, hausser.

◇ **höchst** superl. de **hoch.** [Raum] le plus haut ; le plus élevé ; culminant. | *der höchste Gipfel*, le point culminant. || [Zeit] dernier ; ultime. | *in höchster Not*, à la dernière extrémité. | *es ist höchste Zeit*, il n'est que temps. || [Töne] suraigu. || *das Höchste*, le maximum. || FIG. le plus élevé ; suprême. | *das höchste Wesen*, l'Être suprême. | *in höchstem Grade*, au plus haut point ; suprêmement. | *auf höchsten Touren*, à plein régime, FAM. à pleins gaz. | *die höchsten Stufen erklimmen*, accéder aux honneurs suprêmes.

◇ adv. extrêmement ; suprêmement ; au plus haut point. | *höchst erstaunt*, extrêmement surpris ; au comble de la surprise. | *höchst wichtig*, d'importance capitale. | *aufs höchste steigen*, atteindre son paroxysme.

Hoch [ho:x] n. (s). [Hochruf] ovation f. ; vivat m. | *ein Hoch auf jn ausbringen*, pousser des vivats en l'honneur de qn. || [Wetterkunde] zone (f.) de haute pression ; anticyclone m.

hoch|achten ['"ho:x'axtən] v. tr. faire grand cas de ; tenir en haute estime. ||°**-achtung** f. grande, haute estime ; haute considération. | *mit vorzüglicher Hochachtung*, veuillez agréer, Monsieur (Madame), l'expression de mes sentiments distingués. | *jm Hochachtung erweisen*, témoigner de l'estime à qn. ||**-achtungsvoll** adj. et adv. avec l'expression de ma haute considération. ||°**-adel** m. (s) haute noblesse. ||**-aktuell** adj. d'une actualité brûlante. ||°**-alpen** f. pl. GÉOGR. hautes Alpes. ||°**-altar** m. (s, ¨e). RELIG. maître-autel m. ||°**-amt** n. (s, ¨er). RELIG. grand-messe f. ||°**-bahn** f. (-, en) métro aérien. ||°**-bau** m. (s, ten). ARCHIT. construction (f.) au-dessus du sol. ||**-begabt** adj. très doué. ||**-beglückt** adj. comblé de bonheur. ||**-beinig** adj. haut sur jambes. || [Tier] haut sur pattes. ||°**-betrieb** m. (s) activité (f.) intense. ||**-bringen** (brachte, gebracht) v. tr. exhausser ; rehausser ; (sur)élever. || FIG. remettre à flot ; renflouer. ||°**-burg** f. (-, en). FIG. fief m. ||°**-burgund** n. pr. n. GÉOGR. Franche-Comté f. ||**-deutsch** adj. haut allemand ; bon allemand. ||°**-deutsch** n. haut allemand. || °**-druck** m. (s). TYPOGR. impression (f.) en relief. || [Meteorologie] haute pression. || FIG. *mit Hochdruck arbeiten*, travailler d'arrache-pied ; déployer une activité fébrile. ||°**-druckdampfmaschine** f. (-, n) machine (f.) à vapeur à haute pression. ||°**-druckgebiet** n. (s, e). [Meteorologie] anticyclone m. ||°**-ebene** f. (-, n). GÉOGR. plateau m. ||**-empfindlich** adj. hypersensible. || TECHN. à haute sensibilité. ||**-entzückt, -erfreut** adj. enchanté ; ravi. ||**-fahren** (ä, u, a) v. intr. sursauter. | *aus dem Schlafe hochfahren*, se réveiller en sursaut. || FIG. prendre la mouche. ||**-fahrend** adj. FIG. dédaigneux ; arrogant. | *hochfahrendes Wesen*, arrogance f. ; morgue f. ||**-fliegend** adj. qui vole haut ; FIG. ambitieux. ||°**-frequenz** f. ÉLECTR. haute fréquence. ||°**-gebirge** n. (s, -) haute montagne. ||**-geboren** adj. de bonne, de haute naissance. ||°**-gefühl** n. (s) enthousiasme m. ; transports m. pl. ||**-gehen** (ging, gegangen) v. intr. monter. | *die Preise gehen hoch*, les prix montent, sont en hausse. || MAR. *die See geht hoch*, la mer est agitée. || [wütend werden] s'emporter. ||**-gelehrt** adj. érudit ; docte. ||**-gemut** adj. plein de confiance ; sûr de soi. ||°**-genuß** m. (es) délice m. ||°**-gericht** n. (s, e). JUR. justice criminelle ; [politische Gerichtsbarkeit] haute cour ; [Schwurgericht] cour (f.) d'assises ; assises f. pl. || [Richtplatz] gibet m. ; potence f. ; échafaud m. ||°**-gesang** m. (s, ¨e). MUS. hymne m. ; ode f. ||**-geschlossen** adj. [Kleid] montant. ||**-geschossen** adj. élancé. || FAM. *hochgeschossener Kerl*, asperge f. ; échalas m. ||°**-geschwindigkeitszug** m. (s, ¨e) train (m.) à grande vitesse (T.G.V.). ||**-gesinnt** adj. aux sentiments élevés ; noble ; généreux. || **-gestellt** adj. haut placé. ||**-gewachsen** adj. de haute taille. ||**-gradig** adj. fort ; intense. ||**-halten** (ä, ie, a) v. tr. lever ; tenir levé ; FIG. tenir en haute estime ; faire grand cas de. ||°**-haus** n. (es, ¨er). ARCHIT. tour f. ; gratte-ciel m. ||**-heben** (o, o) v. tr. relever. ||**-herzig** adj. généreux ; magnanime ; noble. ||°**-herzigkeit** f. générosité f. ; magnanimité f. ||**-kant** adj. et adv. de chant ; debout. ||°**-kirche** f. (-, n) église anglicane. ||**-klappen** v. tr. relever. ||**-klingend** adj. FIG. ronflant ; qui sonne bien. ||**-komisch** adj. du plus haut comique. ||**-kommen** (a, o) v. intr. monter ; arriver en haut. ||°**-kommissar** m. (s, e). ADM. haut-commissaire m. ||°**-land** n. (s). GÉOGR. hautes terres f. pl. ||**-leben** v. tr. *jn hochleben lassen*. [Trinkspruch] porter un toast à la santé de qn ; boire à la santé de qn ; [Hochruf] pousser des vivats. | *er lebe hoch !*, vive ! ||°**-leistung** f. (-, en) grande capacité ; grand débit. ||°**-leitung** f. (-, en). ÉLECTR. ligne aérienne. ||**-modern** adj. ultramoderne. ||°**-moor** n. (s). GÉOGR. fagne f. ||°**-mut** m. (s) morgue f. ; suffisance f. ; arrogance f. ||**-mütig** adj. hautain ; arrogant. ||**-näsig** adj. FIG., FAM. prétentieux ; qui se donne de grands airs. || [Frau] *sie ist hochnäsig*, c'est une pimbêche, une précieuse. ||**-nehmen** (i, a, o) v. tr. relever ; soulever. || FIG., FAM. [ausbeuten] exploiter ; plumer. || [necken] taquiner. ||°**-ofen** m. (s, ¨). TECHN. haut fourneau. ||°**-parterre** n. (s, s). ARCHIT. rez-de-chaussée surélevé. || **-prozentig** adj. d'un pourcentage élevé. | *hochprozentiges Getränk*, boisson fortement alcoolisée. || **-radioaktiv** adj. fortement radioactif. | *hochradioaktiver Abfall*, déchets hautement radioactifs. ||°**-rechnung** f. (-, en). STAT. estimation f. ||°**-relief** n. (s, s) haut-relief m. ||°**-risiko...** (en compos.). MÉD. *Hochrisikogruppe*, groupe (m.) à haut risque. || POLIT. *Hochrisikogebiet*, région (f.) à haut risque. ||**-rot** adj. rouge vif ; cramoisi. | *hochrotes Gesicht*, visage rubicond. ||°**-rufe** m. pl. vivats m. pl. ; acclamations f. pl. ; ovation f. ||**-schätzen** v. tr. tenir en haute estime ; estimer beaucoup. ||°**-schulabsolvent(in)** m. (en, en), f. (-, nen). UNIV. diplômé(e) m. (f.). ||°**-schule** f. (-, n) établissement (m.) d'enseignement supérieur ; institut m. ||°**-schüler** m. (s, -) étudiant m. ||°**-schülerin** f. (-, nen) étudiante f. ||°**-schullehrer(in)** m. (s, -), f. (-, nen) professeur (m.) de faculté, de l'enseignement supérieur. ||**-schwanger** adj. prête à accoucher. ||°**-see** f. haute mer ; large m. | *Hochseeregatta*, course-croisière f. ||°**-sicherheitstrakt** m. (s, e) quartier (m.) de haute sécurité (Q.H.S.). ||°**-sommer** m. (s, -) plein été ; cœur (m.) de l'été. ||°**-spannung** f. (-, en). ÉLECTR. haute tension ; FIG. grande tension. ||°**-spannungsgenerator** m. (s, en). ÉLECTR. générateur (m.) à haute tension. ||°**-spannungsleitung** f. (-, en). ÉLECTR. ligne (f.) à haute tension. ||°**-spannungsmast** m. (es, en). TECHN. pylône (m.) à haute tension. ||°**-sprache** f. (-, n) langue académique ; langage cultivé. || °**-springer(in)** m. (s, -), f. (-, nen). SPORT. sauteur (m.), sauteuse (f.) en hauteur. ||°**-sprung** m. (s, ¨e). SPORT. saut (m.) en hauteur. ||°**-stapelei** f. (-, en) escroquerie f. ; filouterie f. ||°**-stapler** m. (s, -) escroc m. ; imposteur m. ||**-stehend** adj. FIG. haut placé ; dans une situation élevée. | *hochstehende Person*, personne haut placée. ||°**-stimmung** f. (-, en) exaltation f. ; enthousiasme m. ||**-tönend** adj. sonore ; FIG. ronflant. ||°**-tour** f. (-, en) excursion (f.) en montagne. || TECHN. *auf Hochtouren*, à plein régime. ||**-trabend** adj. FIG. vaniteux. || [Rede] emphatique ; pompeux. ||°**-- und Tiefbau** m. (s) bâtiment (m.) et travaux publics. ||**-verdient** adj. de grand mérite. ||**-verehrt** adj. très honoré. ||°**-verrat** m. (s). JUR., POLIT. (crime [m.] de) haute trahison. ||°**-verräter** m. (s, -). JUR., POLIT. coupable (m.) de haute trahison. ||°**-wald** m. (s, ¨er) futaie f. ||°**-wasser** n. (s) crue f. ; inondation f. || MAR. hautes eaux. ||**-wertig** adj. de haute teneur, valeur. || MINÉRAL. riche. ||**-wichtig** adj. très important. ||°**-wild** n. (s) gros gibier. ||**-winden** (a, u) v. tr. monter ; hisser. || MAR. guinder. ||°**-würden.** *Euer Hochwürden (Ew. Hochwürden)*, Monseigneur. || **-würdig** adj. révérend ; révérendissime.

Hoch|zeit ['hɔxtsait] f. (-, en) noce(s) f. (pl.) ;

mariage m. | *silberne, goldene, diamantene Hochzeit*, noces d'argent, d'or, de diamant. | *Hochzeit feiern, halten*, célébrer les noces. ||°**-zeiter** m. (s, -). POP. marié m. ||**-zeitlich** adj. nuptial.

Hochzeits|feier ["hɔ:xtsaits'faiər] f. (-, n) noce(s) f. (pl.), mariage m. ||°**-marsch** m. (es, ¨e) marche nuptiale. ||°**-reise** f. (-, n) voyage (m.) de noce.

höchst ['hø:çst] superlatif de **hoch.**

Höchst|belastung ["hø:çstbə'lastuŋ] f. (-, en) charge maximale. ||°**-betrag** m. (s, ¨e) montant maximal. | *bis zum Höchstbetrag von*, jusqu'à concurrence de. ||°**-bietender** m. le plus offrant m. ||°**-fall** m. (s, ¨e). *im Höchstfalle*, à la limite. ||°**-form** f. (-, en). SPORT. *in Höchstform*, en pleine forme. ||°**-gebot** n. (s, e) offre maximale. ||°**-geschwindigkeit** f. (-, en) vitesse maximale, de pointe. || [Begrenzung] vitesse limite. ||°**-grenze** f. (-, n) plafond m. ; limite supérieure. | *eine Höchstgrenze erreichen*, plafonner. ||°**-lastzeit** f. (-, en). ÉLECTR. période (f.) de pointe. ||°**-leistung** f. (-, en). SPORT. record m. ; meilleure performance. || ÉLECTR. puissance maximale produite. ||**-möglich** adj. et adv. le plus possible. ||°**-preis** m. (es, e). COMM. prix maximal ; prix plafond. ||°**-stand** m. (s, ¨e) niveau maximal. ||°**-strafe** f. (-, n) peine maximale. || **-wahrscheinlich** adj. très probable ; très vraisemblable. ||**-zulässig** adj. NUCL. *höchstzulässige Dosis, Konzentration*, dose, concentration maximale admissible.

höchstens [-təns] adv. au maximum ; tout au plus.

Hocke ['hɔkə] f. (-, n) position accroupie. | *in die Hocke gehen*, s'accroupir.

hocken [-kən] v. intr. et v. pr. [Gymnastik] se tenir accroupi. || FIG., FAM. rester longtemps assis. | *hocken bleiben*, redoubler une classe. | *immer zu Hause hocken*, être casanier. | *sich in einen Winkel hocken*, se blottir dans un coin.

Hocker [-kər] m. (s, -). [Schemel] escabeau m ; tabouret m.

Höcker ['høkər] m. (s, -). GÉOGR. [Hügel] saillie f. ; éminence f. || ANAT. [Fettpolster] bosse f. ; gibbosité f. ; protubérance f.

Hockey ['hɔke] n. (s). SPORT. hockey m.

Hockey|schläger ["hɔke'ʃlɛ:gər] m. (s, -). SPORT. crosse f. ||°**-spiel** n. (s). SPORT. hockey m.

Hock|stellung ["hɔk'ʃtɛluŋ] f. (-, en) [Gymnastik] position accroupie.

Hoden ['ho:dən] m. (s, -). ANAT. testicule m.

Hoden|bruch ["ho:dən'bru:x] m. (s, ¨e). MÉD. hernie scrotale ; scrotocèle f. ||°**-entzündung** f. (-, en). MÉD. orchite f. ||°**-sack** m. (s, ¨e). ANAT. scrotum m. ; bourses f. pl.

Hof [ho:f] m. (s, ¨e) cour f. ; préau m. | *im Hof, auf dem Hof spielen*, jouer dans la cour. || PAR EXT. [Gut, Bauerngut] propriété f. ; ferme f. ; métairie f. | *von Haus und Hof gejagt, vertrieben werden*, être dépossédé de ses biens (par les créanciers). || [fürstlicher Haushalt] cour f. | *der königliche Hof*, la cour royale. | *zu Hofe gehen*, fréquenter la cour ; aller à la cour. || FIG. *einer Dame den Hof machen*, faire la cour à une dame. || [Lichtschein] halo m.

Hof|dame ["ho:f'da:mə] f. (-, n) dame (f.) d'honneur. ||**-fähig** adj. admis à la cour. ||**-halten** (ä, ie, a) v. intr. tenir sa cour ; résider. ||°**-herr** m. (n, en) seigneur m. (d'une terre). ||°**-hund** m. (s, e). ZOOL. chien (m.) de garde ; mâtin m. ||°**-lager** n. (s, -) résidence (f.) d'un prince. ||°**-leben** n. (s) vie (f.) de cour, de courtisan. ||°**-lieferant** m. (en, en). COMM. fournisseur (m.) de la cour. ||°**-marschall** m. (s, ¨e) maréchal (m.) du palais. ||°**-narr** m. (en, en) bouffon (m.) de la cour ; fou (m.) du roi. ||°**-rat** m. (s, ¨e). POLIT. conseil (m.) aulique. || PAR EXT. conseiller (m.) aulique. ||°**-seite** f. (-, n) derrière (m.) de la maison (donnant sur la cour). ||°**-staat** m. (s). POLIT. cour f. | *königlicher Hofstaat*, maison (f.) du roi. ||°**-tor** n. (s, e) porte cochère.

Hoffart ['hɔfart] f. (-) ostentation f. || PAR EXT. orgueil m.

hoffärtig ['hɔfɛrtiç] adj. orgueilleux ; altier.

hofieren [ho'fi:rən] v. intr. flatter ; faire sa cour.

höfisch ['hø:fiʃ] adj. courtois.

höflich ['hø:fliç] adj. poli ; courtois ; civil.

Höflichkeit [-kait] f. (-, en) politesse f. ; courtoisie f. ; civilité f. ; galanterie f. | *jm eine Höflichkeit erweisen, bezeigen*, être poli avec qn.

Höfling ['hø:fliŋ] m. (s, e) courtisan m.

hoffen ['hɔfən] v. intr. espérer ; attendre. | *wir hoffen auf seinen Besuch*, nous attendons sa visite.
◇ v. tr. *das will ich nicht hoffen*, j'espère que non. | *etwas von jm hoffen*, attendre qch. de qn. | *wir hoffen das Beste von seiner Mitwirkung*, nous fondons le plus grand espoir sur sa collaboration. | *das Beste hoffen*, avoir bon espoir.
— SYN. : *erhoffen*, espérer ; *erwarten*, attendre.

Hoffen ['hɔfən] n. (s). V. HOFFNUNG.

hoffentlich [-fəntliç] adv. il faut espérer ; espérons ; j'espère que.

Hoffnung ['hɔfnuŋ] f. (-, en) espoir m. ; espérance f. ; attente f. | *Hoffnung auf etwas*, espoir de, en qch. | *Hoffnung haben, schöpfen*, avoir, nourrir un espoir. | *eine Hoffnung vernichten, zerstören*, décevoir ; désillusionner. | *die Hoffnung aufgeben, sinken lassen*, perdre l'espoir, tout espoir. || FAM. *eine Hoffnung zu Grabe tragen*, ne plus conserver d'espoir. | *jm Hoffnung auf etwas machen*, faire espérer qch. à qn. | *sich Hoffnungen machen*, se nourrir, se bercer de l'espoir (que). | *jn mit leeren Hoffnungen abspeisen*, renvoyer qn avec de belles paroles. || GÉOGR. *das Kap der Guten Hoffnung*, le cap de Bonne-Espérance. || LOC. *guter Hoffnung sein*, être enceinte.

hoffnungs|los ["hɔfnuŋs'lo:s] adj. sans espoir ; désespéré. ||°**-losigkeit** f. désespoir m. ; désespérance f. ||°**-schimmer** m. (s, -) lueur (f.) d'espoir. ||**-selig** adj. bercé d'un doux espoir. ||**-voll** adj. plein d'espoir ; riche d'espoir ; qui promet.

hohe ['ho:ə] adj. V. HOCH.

Höhe ['hø:ə] (-, n). **1.** (Ausdehnung nach oben) hauteur f. ; altitude f. | *Höhe des Kirchturmes*, hauteur du clocher. | *Höhe des Berges*, altitude de la montagne. | *ein Berg von 4 000 Meter Höhe*, une montagne de 4 000 mètres d'altitude. | *in der Höhe schweben*, planer dans les airs. | *in die Höhe kommen, steigen*, s'élever ; monter. | *in die Höhe bringen*, élever. | *in die Höhe ziehen*, hisser. | *in die Höhe wachsen*, pousser en hauteur ; grandir. | *in die Höhe schießen*, grandir vite ; monter en graine. || FIG. *sich in die Höhe arbeiten*, faire son chemin. | *in die Höhe bringen*, remettre à flot. | *in die Höhe fahren*, sursauter. || COMM. *in die Höhe gehen*, être en hausse.
2. (oberste Fläche) hauteur f. ; niveau m. | *auf gleicher Höhe*, au même niveau. | *auf der Höhe des Meeres*, au niveau de la mer. || PAR EXT. *auf der Höhe einer Insel*, à la latitude d'une île. | *auf der Höhe von Köln*, à la hauteur de Cologne. || [Farben] intensité f. || [Töne] acuité f. || FIG. *mit jm auf gleicher Höhe stehen*, être au même niveau, au même rang que qn. || FAM. *auf der Höhe sein*, être à la hauteur.
3. haut m. ; crête f. ; point culminant ; sommet m. ; hauteur f. ; éminence f. ; élévation f. ; butte f. ; mont m. || MIL. *Höhe 203*, cote (f.) 203. || FIG. *auf der Höhe des Ruhms*, au faîte de la gloire. | *die Höhe der Krisis*,

le point culminant de la crise. | *die Höhen und die Tiefen*, les hauts et les bas.
4. [Ausmaß, Anzahl] somme f. ; élévation f. ; importance f. ; degré m. | *ein Beitrag in Höhe von 500 Mark*, une contribution de 500 marks. | *die Höhe des Zinsfußes*, le taux de l'intérêt.

Hoheit ['ho:hait] f. (-, en). POLIT. souveraineté f. || [Titel] Altesse f. | *Eure Hoheit*, Votre Altesse.

Hoheits|gewässer ["ho:haitsgə'vɛsər] n. pl. POLIT., MAR. eaux territoriales. ||°**-rechte** n. pl. POLIT. droits, pouvoirs souverains ; droits régaliens. ||**-voll** adj. plein de dignité ; PÉJOR. hautain. ||°**-zeichen** n. (s, -) emblème m. ; insigne (m.) de souveraineté.

Hohe|lied ["ho:ə'li:t] n. **(des Hohenlieds)** Cantique (m.) des Cantiques. ||°**-priester** m. (s, -) grand prêtre. ||°**-priesteramt** n. (s, ¨er) pontificat m. ||**-priesterlich** adj. pontifical.

Höhen|einstellung ["hø:ən'ainʃtɛluŋ] f. (-, en) réglage vertical ; réglage (m.) en hauteur. ||°**-flug** m. (s, ¨e). AÉRON. vol (m.) à haute altitude. ||°**-krankheit** f. MÉD. mal (m.) des montagnes. ||°**-kreise** m. pl. ASTRON. parallèles (m. pl.) de hauteur. ||°**-kur** f. (-, en). MÉD. cure (f.) d'altitude. ||°**-kurort** m. (s, e). MÉD. station (f.) d'altitude. ||°**-linie** f. (-, n) courbe (f.) de niveau. ||°**-messer** m. (s, -) altimètre m. || MAR. sextant m. ||°**-messung** f. altimétrie f. ||°**-sonne** f. (-, n). MÉD. lampe (f.) à rayons ultraviolets. ||°**-steuer** n. (s, -), °**-ruder** n. (s, -). AÉRON. gouvernail (m.) de profondeur, d'altitude. ||°**-strahlung** f. rayons (m. pl.) cosmiques. ||°**-unterschied** m. (s, e) dénivellation f. ||**-verstellbar** adj. réglable en hauteur. ||°**-zahl** f. (-, en) cote (f.) d'altitude. ||°**-zeiger** m. (s, -) altimètre m. ||°**-zug** m. (s, ¨e) chaîne (f.) de collines.

Höhe|punkt ["hø:ə'puŋkt] m. (s, e) point culminant ; faîte m. || ASTRON. apogée m. ; zénith m. || FIG. apogée m. ; zénith m. ; comble m.
— SYN. : *Gipfel, Gipfelpunkt*, comble ; *Spitze*, sommet.

höher ['hø:ər]. V. HOCH.

Höher|bewertung ["hø:ərbə'vertuŋ] f. (-, en) revalorisation f. ||°**-bieten** n. (s). COMM. surenchère f. ||°**-gebot** n. (s, e) surenchère f.

hohl [ho:l] adj. [leer] creux ; creusé ; vide. | *hohler Weg*, chemin creux. | *hohler Magen*, ventre creux. || FIG. *hohler Kopf*, tête creuse. | *hohles Gerede*, paroles creuses. || [konkav] cave ; concave ; creux ; évidé. | *hohle Augen*, des yeux enfoncés. | *hohle Wangen*, joues creuses. | *die hohle Hand*, le creux de la main. | *die hohle Hand hinhalten*, tendre la main. | *die hohle See*, la mer houleuse. || [dumpfschallend] caverneux. | *hohle Stimme*, voix caverneuse. || MÉD. *hohler Husten*, toux creuse, caverneuse.
◇ adv. *hohl ausarbeiten*, évider. | *hohl geschliffen*, concave. | *hohl klingen*, sonner le creux.

hohl|geschliffen ["ho:lgə'ʃlifən] adj. concave. ||°**-gewinde** n. (s, -). TECHN. filet (m.) femelle. ||°**-kopf** m. (s, ¨e). FIG. tête (f.) sans cervelle ; esprit creux. ||°**-kreuz** n. (es). MÉD. lordose f. ||°**-linse** f. (-, n) lentille (f.) concave. ||°**-maß** n. (es, e) mesure (f.) de capacité. ||°**-raum** m. (s, ¨e) cavité f. ||°**-saum** m. (s, ¨e) ourlet (m.) à jour. ||°**-spiegel** m. (s, -) miroir (m.) concave. ||°**-tier** n. (s, e) cœlentéré m. ||**-wangig** adj. qui a les joues creuses. ||°**-weg** m. (s, e) chemin creux ; défilé m. ; ravin m. ||°**-ziegel** m. (s, -) tuile ronde ; brique creuse. ||°**-zirkel** m. (s, -). TECHN. compas (m.) sphérique.

Hohlheit ['ho:lhait] f. PHYS. cavité f. ; concavité f. || FIG. vide m. ; nullité f.

Höhle ['hø:lə] f. (-, n) cavité f. ; excavation f. || PAR ANAL. caverne f. ; grotte f. || PAR EXT. tanière f. ; terrier m. ; repaire m. ; antre m. | *sich in die Höhle des Löwen begeben*, se jeter dans la gueule du loup. || FIG. habitation (f.) misérable ; bouge m.

Höhlen|bär ["hø:lən'bɛ:r] m. (en, en). ZOOL. ours (m.) des cavernes. ||°**-bewohner** m. (s, -) troglodyte m. ||°**-forscher(in)** m. (s, -), f. (-, nen) spéléologue s. ||°**-malerei** f. (-) peinture (f.) rupestre.

Höhlung ['hø:luŋ] f. (-, en) concavité f. ; excavation f. || MÉD. caverne (f.) des poumons.

Hohn [ho:n] m. (s) raillerie f. ; dérision f. ; persiflage m. | *beißender Hohn*, sarcasme m. | *jn mit Hohn überschütten*, couvrir qn de sarcasmes. | *zu Hohn und Spott*, au mépris ; par dérision. || FAM. *das ist der reine, reinste Hohn*, c'est une dérision.

Hohn|gelächter ["ho:ngə'lɛçtər] n. (s) rire moqueur ; ricanements m. pl. ; risée f. | *zum allgemeinen Hohngelächter werden*, être la risée de tout le monde. ||°**-geschrei** n. (s) risée(s) f. (pl.) ; huées f. pl. ||**-lächeln, -lachen** v. intr. sourire dédaigneusement ; avoir un sourire moqueur. ||°**-rede** f. (-, n) propos sarcastique, railleur ; persiflage m. ||**-sprechen** (i, a, o) v. intr. persifler ; railler. | *jm, etwas* (dat.) *hohnsprechen*, braver (narguer) qn ; se moquer de qch. | *jeder Vernunft hohnsprechen*, être une insulte à la raison, au bon sens.

höhnen ['hø:nən] v. tr. railler ; narguer ; persifler ; tourner en dérision ; berner ; bafouer.

höhnisch [-niʃ] adj. railleur ; persifleur ; sarcastique. | *höhnisch lachen*, ricaner.

Höker ['hø:kər] m. (s, -) marchand forain ; marchand (m.) des quatre-saisons.

Hokus|pokus ['ho:kus"po:kus] m. tour (m.) de passe-passe ; jonglerie f. | *Hokuspokus treiben*, faire le charlatan.

hold [hɔlt] adj. gracieux ; doux ; charmant ; aimable. | *eine holde Stimme*, une voix mélodieuse. || [günstig ; gewogen] favorable ; propice. | *das Glück ist ihm hold*, la fortune lui sourit.

Holder ['hɔldər] m. (s, -), **Holder|strauch** ["hɔldər'ʃtraux] m. (s, ¨er). BOT. sureau m.

Holding ['hɔldiŋ] f. (-, s), **Holdinggesellschaft** ["hɔldiŋgə'zɛlʃaft] f. (-, en). FIN., COMM. holding m. ; trust m. ; omnium m.

holen ['ho:lən] v. tr. chercher ; prendre ; venir prendre, aller chercher. | *Wein aus dem Keller holen*, aller chercher du vin à la cave. | *den Arzt holen lassen*, envoyer chercher le médecin. | *Atem holen*, reprendre haleine. | *sich bei jm, von jm Rat holen*, prendre conseil de qn ; aller consulter qn. | *hol dich der Teufel!*, que le diable t'emporte ! || [bekommen ; erwischen] FAM. *sich eine Krankheit holen*, choper une maladie. | *bei ihm ist nicht viel zu holen*, il n'y a pas grand-chose à tirer de lui. || MAR. haler.

Holland ['hɔlant] n. pr. n. GÉOGR. Hollande f.

Holländer [-lɛndər] n. pr. m. (s, -). GÉOGR. Hollandais m. | *der fliegende Holländer*, le Vaisseau fantôme.

Holländerin [-lɛndərin] n. pr. f. (-, nen). GÉOGR. Hollandaise f.

holländisch [-lɛndiʃ] adj. hollandais ; néerlandais. | *holländisches Fernrohr*, lunette de Galilée.

Holle ['hɔlə] f. ZOOL. huppe f. ; aigrette f.

Holle ['hɔlə] f. MYTH. *Frau Holle*, la fée Holle. | *Frau Holle schüttelt ihr Bett*, la fée Holle secoue son édredon (c'est-à-dire : il neige).

Hölle ['hølə] f. (-, n) enfer m. || MYTH. enfers m. pl. || FIG. fournaise f. | *Qualen der Hölle*, supplices (m. pl.) de l'enfer. | *zur Hölle fahren*, descendre aux enfers. | *in die Hölle kommen*, aller en enfer. || FIG. *jm das Leben zur Hölle machen*, rendre la vie impossible à qn. || FAM.

hier ist die Hölle los, c'est un chahut de tous les diables, ici ! | *jm die Hölle heiß machen*, faire prendre une suée à qn. || FIG. *Himmel und Hölle aufbieten*, remuer ciel et terre.

Höllen|angst [ˈhœlənˈaŋst] f. (-, ¨e) angoisse (f.) terrible ; transes f. pl. ; peur bleue. ||°**-brut** f. engeance infernale. ||°**-fahrt** f. descente (f.) aux enfers. ||°**-hund** m. (s). MYTH. Cerbère m. ||°**-lärm** m. (s) vacarme, tapage infernal. ||°**-maschine** f. (-, n). TECHN. machine infernale. ||°**-pein** f., °**-qual** f. (-, en) supplice m. ; tourment m. ; martyre infernal. || °**-spektakel** m. (s). FAM. tapage infernal ; boucan m. ; ramdam m. ||°**-stein** m. (s). CHIM. nitrate (m.) d'argent.

höllisch [ˈhœliʃ] adj. infernal, diabolique. | *eine höllische Angst vor jm haben*, avoir une peur bleue de qn. | *ein höllisches Geld verwenden*, dépenser un argent fou.

◇ adv. FAM. diablement. | *höllisch grob*, très grossier. | *höllisch schimpfen, fluchen, wettern*, jurer comme un charretier ; pester.

Holm [hɔlm] m. (s, e). TECHN. montant (m.) d'échelle ; longeron m. ; traverse f. || AÉRON. longeron m. || [Gymnastik] barre f. || MAR. chantier naval.

Holographie [hɔlɔgraˈfiː] f. holographie f.

holp(e)rig [ˈhɔlp(ə)riç] adj. inégal ; raboteux. | *holperiger Weg*, chemin raboteux. || FIG. *eine holperige Rede*, un discours laborieux.

◇ adv. *holperig lesen*, lire avec difficulté.

— SYN. : *uneben*, rugueux ; *rauh, roh*, rude.

holpern [-pərn] v. intr. cahoter ; clocher.

Holunder [hɔˈlundər] m. (s, -), °**-baum** m., °**-strauch** m. (s, ¨er). BOT. sureau m.

Holz [hɔlts] n. (es, ¨er) bois m. | *das Holz ist frisch (naß), weich*, ce bois est vert, tendre (blanc). | *lebendiges Holz*, bois vif. | *ungeschältes Holz*, bois en grume. | *Holz fällen, schlagen*, abattre du bois. | *Holz für Bretter, Balken*, bois d'industrie. | *der Baum schießt ins Holz*, cet arbre pousse à bois. || FIG. *aus gutem Holze sein*, être de bonne qualité. | *nicht aus demselben Holze sein*, être d'une autre trempe. || FAM. *wie ein Stück Holz*, comme une bûche. | *Holz auf sich hacken lassen*, se laisser faire. | *Holz sägen*, ronfler. | *von gleichem Holze sein*, être tout pareil. | *Holz in den Wald tragen*, porter de l'eau à la rivière. || PAR EXT. [Wäldchen ; Wald] bois m. ; taillis m. ; forêt f. | *zu Holze fahren*, aller au bois. || [Kegel] *Holz werfen, schieben*, renverser des quilles.

Holz|apfel [ˈhɔltsˈapfəl] m. (s, ¨). BOT. pomme (f.) sauvage. ||°**-arbeiter** m. (s, -) bûcheron m. ||°**-art** f. (-, en) espèce (f.), essence (f.) de bois. ||**-artig** adj. ligneux. ||°**-bau** m. (s, ten). ARCHIT. boisement m. || PAR EXT. construction (f.) en bois. ||°**-bestand** m. (s, ¨e) terrain boisé ; plantation (f.) de bois. ||°**-biene** f. (-, n). ZOOL. abeille (f.) perce-bois ; abeille charpentière. ||°**-bock** m. (s, ¨e). TECHN. chevalet m. || ZOOL. tique f. ; capricorne m. ||°**-bohrer** m. (s, -) tarière f. ; foret m. || ZOOL. perce-bois m. ; xylophage m. ||°**-brandmalerei** f. pyrogravure f. ||°**-bündel** n. (s, -) fagot m. ||°**-druck** m. (s) gravure (f.) sur bois. ||°**-fäller** m. (s, -) bûcheron m. ||°**-faserstoff** m. (s, e). CHIM. cellulose f. ||°**-feuerung** f. chauffage (m.) au bois. ||°**-floß** n. (es, ¨e) radeau (m.), train (m.) de bois. ||**-frei** adj. sans bois. | *holzfreies Papier*, (papier [m.]) pur chiffon. ||°**-frevel** m. (s, -) délit forestier. ||°**-hacker** m. (s, -) bûcheron m. ||°**-häher** m. (s, -) ZOOL. geai m. ||°**-haus** n. (es, ¨er). ARCHIT. chalet m. ; maison (f.) de bois ; blockhaus m. ||°**-käfer** m. (s, -). ZOOL. xylophage m. ; perce-bois m. ||°**-kirschbaum** m. (s, ¨e) merisier m. ||°**-kirsche** f. (-, n). BOT. merise f. ; cerise (f.) sauvage. ||°**-klotz** m. (es, ¨e) billot (m.) de bois ; grosse bûche ; FIG. lourdaud m. ||°**-kohle** f. (-, n) charbon (m.) de bois. ||°**-kopf** m. (s, ¨e). FIG., POP. *ist das ein Holzkopf !*, quel lourdaud ! ||°**-lack** m. (s, e). CHIM. laque (f.) de Venise ; vernis (m.) pour meubles. ||°**-laus** f. (-, ¨e). ZOOL. termite m. ||°**-masse** f. (-, n) pâte (f.) de bois. ||°**-mehl** n. (s) poudre (f.) de bois ; vermoulure f. ||°**-ofenbrot** n. (s, e) pain cuit au bois. ||°**-pantinen** f. pl. ; galoches f. pl. ; sabots (m. pl.) de bois. ||°**-puppe** f. (-, n) marionnette f. ||**-reich** adj. boisé. ||°**-säge** f. (-, n) scie (f.) à bois. ||°**-säure** f. (-, n). CHIM. acide ligneux, pyroligneux. ||°**-scheit** n. (s, e) bûche f. ||°**-schlag** m. (s, ¨e) coupe (f.) de bois. ||°**-schnitt** m. (s, e) gravure (f.) sur bois. ||°**-schnitzerei** f. (-, en) sculpture (f.) sur bois. ||°**-schraube** f. (-, n). TECHN. vis (f.) à, en bois. ||°**-schuh** m. (s, e) sabot m. ||°**-schwamm** (s, ¨e). BOT. mérule f. ||°**-splitter** m. (s, -) éclat (m.) de bois ; écharde f. ||°**-täfelung** f. (-, en). ARCHIT. boiserie f. ; lambris m. ||°**-taube** f. (-, n). ZOOL. ramier m. ||°**-weg** m. (s, e) chemin forestier pour le transport du bois. || FIG., FAM. chemin qui ne mène nulle part. | *auf dem Holzweg sein*, faire fausse route ; faire erreur. ||°**-wespe** f. (-, n). ZOOL. sirex m. ; bouvillon m. ||°**-wolle** f. (-, n) fibre (f.) d'emballage. ||°**-wurm** m. (s, ¨er). ZOOL. ver (m.) du bois ; artison m. ; artoison m. ||°**-zucker** m. (s). CHIM. xylose m.

Hölzchen [ˈhœltsçən] n. (s, -) petit morceau, petit bout de bois. || PAR EXT. [Streichholz] allumette f.

holzen [ˈhɔltsən] v. tr. SPORT. [Fußball] jouer brutalement ; distribuer des coups.

◇ v. intr. couper du bois ; abattre des arbres.

Holzerei [hɔltsəˈrai] f. FAM. pugilat m. ; rixe f. || SPORT. jeu dur ; jeu (m.) de massacre.

hölzern [ˈhœltsərn] adj. de, en bois. || FIG. raide ; sec. | *ein hölzernes Gesicht*, un visage inexpressif.

holzig [ˈhɔltsiç] adj. [behölzt] boisé. || BOT. ligneux.

Homer [hoˈmeːr] n. pr. m. LITTÉR. Homère m.

homerisch [-riʃ] adj. LITTÉR. homérique.

homogen [homoˈgeːn] adj. homogène.

Homogen(e)ität [homogen(e)iˈtɛːt] f. homogénéité f.

Homologie [homoloˈgiː] f. (-, n). BIOL., MATH. homologie f.

homologieren [homologiːrən] v. tr. AUTOM. homologuer.

Homologierung [-ˈgiːruŋ] f. (-, en). AUTOM. homologation f.

Homomorphismus [homomɔrˈfismus] m. (-, men). MATH. homomorphisme m.

Homonym [homoˈnyːm] n. (s, e) homonyme m.

homonymisch [-ˈnyːmiʃ] adj. homonyme.

Homöo|path [homøoˈpaːt] m. (en, en). MÉD. homéopathe m. ||°**-pathie** f. homéopathie f. || **-pathisch** adj. MÉD. homéopathique.

Homo|sexualität [homosɛksualiˈtɛːt] f. homosexualité f. ||**-sexuell** adj. homosexuel ; inverti. ||°**-sexuelle(r)** f. (m.) homosexuel(le) m. (f.).

homozygot [homotsyˈgoːt] adj. BIOL. homozygote.

Honig [ˈhoːniç] m. (s) miel m. | *die Bienen sammeln fleißig Honig*, les abeilles amassent le miel. | *den Honig ausnehmen*, châtrer les ruches. || FIG., FAM. *jm Honig um den Mund schmieren*, flagorner qn.

Honig|biene [ˈhoːniçˈbiːnə] f. (-, n) mouche (f.) à miel. ||°**-brot** n. (s, e) tartine (f.) de miel. ||°**-klee** m. (s). BOT. mélilot m. ||°**-kuchen** m. (s) pain (m.) d'épice. ||°**-schleuder** f. (-, n). TECHN. extracteur m. ||**-süß** adj. doux comme le miel ; FIG., PÉJOR. mielleux. ||°**-tau** m. (s). BOT. miellée f. ||°**-wabe** f. (-, n) rayon (m.) de miel. ||°**-zelle** f. (-, n) alvéole f.

Honorar [hono'ra:r] n. (s, e) honoraires m. pl.
Honorar|schwindel [hono"ra:r'ʃvindəl] m. (s, -) dépassement illégal d'honoraires.
Honoratioren [honora'tsio:rən] pl. notables m. pl. ; notabilités f. pl.
honorieren [-'ri:rən] v. tr. honorer ; rétribuer. || PAR EXT., COMM. faire honneur à ; honorer. |*eine Tratte honorieren*, honorer une traite. |*nicht honorieren*, laisser en souffrance.
Honorierung [-'ri:ruŋ] f. (-, en). COMM. acceptation f.
Hopfen ['hɔpfən] m. (s). BOT. houblon m. || FIG. *bei ihm ist Hopfen und Malz verloren*, on ne peut rien tirer de lui.
hopp ! [hɔp] interj. hop !
hoppla ! ['hɔpla] interj. hop là !
hops ! [hɔps] interj. hop là ! ; saute ! || PAR EXT. parti. || POP. *er ist hops*, 1° il est arrêté ; 2° il est clamsé.
Hops [hɔps] m. (es, e) saut m. ; gambade f.
hopsen ['hɔpsən] v. intr. gambader.
Hopser [-sər] m. (s, -) gambade f. || PAR EXT. valse (f.) rapide ; écossaise f. ; galop m.
Horaz [ho'ra:ts] n. pr. m. LITTÉR. Horace m.
Hör|apparat ["hø:rapa'ra:t] m. (s, e) appareil (m.) de correction auditive. ||°**-folge** f. (-, n) programme (m.) de radio. ||°**-geschädigte(r)** f. (m.) malentendant(e) m. (f.). ||°**-muschel** f. (-, n). TÉLÉPH. écouteur m. ||°**-nerv** m. (s, en) nerf auditif. ||°**-organ** n. (s) organe (m.) de l'ouïe. ||°**-rohr** n. (s, e). TECHN. cornet (m.) acoustique. ||°**-saal** m. (s, säle) amphithéâtre m. ||°**-spiel** n. (s, e) pièce (f.) radiophonique. ||°**-stärke** f. (-, n). RADIO. puissance (f.) d'audition. ||°**-weite** f. (-, n) portée (f.) de la voix.
hörbar ['hø:rba:r] adj. perceptible ; audible.
Horch|apparat ["hɔrçapa'ra:t] m. (s, e), °**-gerät** n. (s, e) appareil (m.) d'écoute, de repérage par le son. ||°**-posten** m. (s, -) poste (m.) d'écoute.
horchen ['hɔrçən] v. intr. écouter ; écouter avec attention ; chercher à entendre ; prêter l'oreille ; espionner. | *an der Tür horchen*, écouter à la porte.
Horcher [-çər] m. (s, -) celui qui écoute aux portes ; espion m.
Horde ['hɔrdə] f. (-, n) horde f. ; troupe f. ; bande f. || TECHN. claie f.
horden|weise ["hɔrdən'vai:zə] adv. en bandes.
hören ['hø:rən].

> **I.** v. intr.
> **1.** [Gehör haben] entendre ; ouïr.
> **2.** [horchen ; beachten] écouter ; obéir.
> **II.** v. tr.
> **1.** [vernehmen] entendre ; écouter.
> **2.** [erfahren] entendre dire ; apprendre.

I. v. intr. **1.** [Gehör haben] entendre ; ouïr. |*gut hören*, avoir l'oreille, l'ouïe bonne. | *schlecht hören*, mal entendre ; avoir l'oreille dure. | *nicht hören*, mal entendre ; être sourd. || FIG. *das läßt sich hören*, voilà qui s'appelle parler ! | *laß hören !*, allons, parle ! | *hört, hört !*, tiens, tiens !
2. [horchen ; beachten] écouter ; prêter attention à ; obéir. | *hören Sie mal !*, dites donc ! écoutez donc ! | *der Junge hört aber auch gar nicht*, ce garçon n'obéit pas du tout. | *auf jn hören*, écouter qn ; obéir à qn. | *auf einen Rat hören*, suivre un conseil.
II. v. tr. **1.** [vernehmen] entendre ; écouter. *Lärm hören*, entendre du bruit. |*Radio hören*, écouter la radio. | *eine Schallplatte hören*, écouter un disque. | *eine Vorlesung hören*, suivre un cours. |*Gott hörte mein Flehen*, Dieu exauça ma prière. || FIG. *er hört das Gras wachsen*, il est trop subtil ; il est plus malin que les autres.
2. [erfahren] entendre dire ; apprendre. |*soviel ich höre*, d'après ce que j'entends dire. | *etwas von jm, durch jn hören*, apprendre une nouvelle de qn, de la bouche de qn. | *etwas über jn hören*, apprendre qch. au sujet de qn. | *ich habe nie davon gehört*, je n'en ai jamais entendu parler. | *von dir hört man ja schöne Dinge !*, on en raconte de belles sur ton compte. | *nichts mehr von sich hören lassen*, ne plus donner de ses nouvelles.
Hören ['hø:rən] n. (s) audition f. | *beim Hören der Musik*, à l'audition de, en écoutant la musique. | *mir vergeht Hören und Sehen*, je suis tout étourdi.
Hören|sagen ["hø:rən'za:gən] n. (s) ouï-dire m. | *vom Hörensagen*, par ouï-dire.
Hörer ['hø:rər] m. (s, -) auditeur m. ; assistant m. || RADIO. auditeur m. || TÉLÉCOMM. combiné m., récepteur m. |*den Hörer abnehmen, auflegen*, décrocher, raccrocher.
Hörerschaft [-ʃaft] f. auditoire m.
hörig ['hø:riç] adj. HIST. serf ; corvéable. || FIG. dépendant de ; esclave de.
Hörigkeit [-kait] f. servage m. ; condition (f.) de serf ; servitude f. || PAR EXT. dépendance f .
Horizont [hɔri'tsɔnt] m. (s, e) horizon m. || AÉRON. *künstlicher Horizont*, horizon artificiel. || FIG., FAM. *einen beschränkten Horizont haben*, être étroit d'esprit, borné. || FAM. *das geht über meinen Horizont*, cela me dépasse.
horizontal [-tsɔn'ta:l] adj. horizontal.
Horizontale [-tsɔn'ta:lə] f. (-, n). MATH. horizontale f.
Hormon [hɔr'mo:n] n. (s, e). BIOL. hormone f.
Hormon|drüse [hɔr"mo:n'dryzə] f. (-, n). BIOL. glande (f.) endocrine.
Horn [hɔrn] n. (s, ¨er) corne f. || FAM. *sich die Hörner abstoßen*, jeter sa gourme ; se calmer. |*den Stier bei den Hörnern packen*, prendre le taureau par les cornes. |*jm Hörner aufsetzen*, faire porter des cornes à qn ; faire qn cocu. || PAR ANAL. cap m. | *das Goldene Horn*, la Corne d'or. || MUS. cor m. | *das Horn blasen* ; *in das Horn stoßen*, jouer, sonner, donner du cor. || FIG., FAM. *in dasselbe, das gleiche Horn blasen, stoßen*, être de connivence avec qn. || MIL. clairon m. |*Jagdhorn*, cor (m.) de chasse. || *Füllhorn*, corne d'abondance.
Horn|bläser ["hɔrn'blɛ:zər] m. (s, -) joueur (m.), sonneur (m.) de cor, de trompe. ||°**-blende** f. (-, n). MINÉRAL. hornblende f. ; amphibole f. ; trémolite f. ||°**-brille** f. (-, n) lunettes (f. pl.) à monture d'écaille. ||°**-fassung** f. (-, en) châsse (f.), monture (f.) de corne. ||°**-fisch** m. (es, e). ZOOL. baliste m. ; orphie f. ||°**-haut** f. peau dure comme de la corne ; durillon m. ; callosité f. || ANAT. cornée f. ||°**-hautentzündung** f. (-, en). MÉD. kératite f. ; cornéite f. ||°**-ochs(e)** m. (en, en). FIG., POP. imbécile m. ; idiot m. ||°**-schnecke** f. (-, n). ZOOL. cérithe m. ; buccin m. ||°**-signal** n. (s, e). MIL. sonnerie (f.) de clairons ; fanfare f. ||°**-silber** n. (s). CHIM. chlorure (m.) d'argent. ||°**-strauch** m. (s, ¨er). BOT. cornouiller m. ||°**-vieh** n. (s). ZOOL., FAM. bêtes (f. pl.) à cornes ; FIG. imbécile m.
Hornberg ['hornberk] (ville du pays de Bade). LOC. *Es geht aus wie das Hornberger Schießen*, tout cela n'a abouti à aucun résultat.
Hörnchen ['hørnçən] n. (s, -) petite corne. || MUS. cornet m. || CULIN. croissant m.
hörnen [-nən] adj. de corne ; en corne.
Hörner|klang ["hørnər'klaŋ] m. (s, ¨e), °**-schall** m. (s). MUS. son (m.) du cor. ||**-tragend** adj. portant des cornes ; cornu ; FAM. cornard.

Hornisse [hɔr'nisə] f. (-, n). ZOOL. frelon m.
Hornist [hɔr'nist] m. (en, en). MIL., MUS. [Hornbläser] clairon m. ; cor m.
Horoskop [horo'sko:p] n. (s, e) horoscope m. | *jm das Horoskop stellen*, dresser l'horoscope de qn.
horrend [hɔ'rɛnt] adj. horrible ; horrifique. || FIG., FAM. énorme ; considérable ; formidable.
Horst [hɔrst] m. (es, e). [Nest] aire f. ; nid m. || [Gebüsch] buisson m. ; hallier m. ; bosquet m.
Hort [hɔrt] m. (s, e). POÉT. trésor m. | *der Hort der Nibelungen*, le trésor des Nibelungen. || FIG. asile m. ; abri m. | *im sichern Hort geborgen sein*, être bien abrité, en lieu sûr. || [enfants] crèche f. ; garderie f.
horten ['hɔrtən] v. tr. thésauriser.
Hortensie [hɔr'tɛnziə] f. (-, n). BOT. hortensia m.
Hortnerin ['hɔrtnərin] f. (-, nen) jardinière (f.) d'enfants.
Hortung ['hɔrtuŋ] f. thésaurisation f.
Hose ['ho:zə] f. (-, n) pantalon m. ; culotte f. | *lange Hosen*, pantalons. | *kurze Hosen*, culottes. | *die Hosen anziehen*, mettre, enfiler son pantalon. | *die Hosen durchsitzen*, user ses fonds de culottes. || FIG. *sich auf die Hosen setzen*, travailler dur ; FAM. UNIV. bûcher. | *die Hosen anhaben*, porter la culotte. | *das ist Jacke wie Hose*, c'est bonnet blanc et blanc bonnet. || FAM. *jm die Hosen straff ziehen*, corriger, châtier qn. | *das Herz fiel ihm in die Hosen*, il fit dans sa culotte.
Hosen|anzug ["ho:zən'antsu:k] m. (s, ¨e) ensemble (m.) pantalon. ||°**-band** n. (s, ¨er) jarretière f. ||°**-bandorden** m. (s) ordre (m.) de la Jarretière. ||°**-bein** n. (s, e) jambe (f.) de culotte. ||°**-boden** m. (s) fond (m.) de culotte. ||°**-bund** m. (s) ceinture (f.) de pantalon. ||°**-latz** m. (es, e) pont (m.) de pantalon. ||°**-matz** m. (es, e) bambin m. ||°**-rock** m. (s, ¨e) jupe-culotte f. ||°**-schlitz** m. (es, e) braguette f. ||°**-steg** m. (s, e) sous-pied m. ||°**-träger** m. (s, -) bretelles f. pl.
hos(i)anna [hoz(i)'ana] interj. hosanna !
◇ n. chant (m.) de triomphe.
Hospital [hɔspi'tɑ:l] n. (s, e) hôpital m. ; hôtel-Dieu m.
Hospitant [hɔspi'tant] m. (en, en). UNIV. auditeur (m.) libre.
hospitieren [-'ti:rən] v. intr. UNIV. suivre des cours comme auditeur libre.
Hospiz [hos'pits] n. (es, e) hospice m. ; hôtel m.
Hostie ['hostiə] f. (-, n). RELIG. hostie f.
Hostien|gefäß ["hɔstiəngə'fɛs] n. (es, e). RELIG. ciboire m. ; ostensoir m. ||° **-schrein** m. (s, e). RELIG. tabernacle m. ||°**-teller** m. (s, -) [Hostienschüssel] patène f.
Hotel [ho'tɛl] n. (s, s) hôtel m. | *Hotel garni*, hôtel sans restaurant.
Hotel|besitzer [hɔ"tɛlbə'zitsər] m. (s, -) hôtelier m. ; propriétaire (m.) d'hôtel. ||°**-betrieb** m. (s, e) hôtellerie f. ||°**-fachschule** f. (-, n) école hôtelière. ||°**-gewerbe** n. (s) industrie hôtelière. ||°**-kette** f. (-, n) chaîne (f.) d'hôtels. ||°**-verzeichnis** n. (ses, se) liste (f.) des hôtels.
hott ! [hɔt] interj. hue !
hü ! [hy] interj. hue !
Hub [hu:p] m. (s, ¨e). [Heben] élévation f. || PAR EXT., TECHN. [Hin- und Hergang des Kolbens] course (f.) du piston ; course f.
Hub|insel ["hu:p'inzəl] f. (-, n). TECHN. plate-forme autoélévatrice. ||°**-raum** m. (s, ¨e). AUTOM. cylindrée f. ||°**-schrauber** m. (s, -) hélicoptère m. | *Hubschrauberlandeplatz*, héliport m. ||°**-vermögen** n. (s). AÉRON. force portante ; capacité (f.) de levage.
||°**-werk** n. (s, e) dispositif (m.), mécanisme (m.) de levage.
hüben ['hy:bən] adv. en deçà ; de ce côté-ci. | *hüben wie drüben*, d'un côté comme de l'autre.
hübsch [hypʃ] adj. joli ; charmant ; gentil. | *ein recht hübsches Mädchen*, une bien jolie fille. | *das war hübsch von ihm*, c'était bien de sa part. | *eine hübsche Summe*, une somme coquette. || IRON. *das ist ja eine hübsche Geschichte !*, c'est du propre, du joli !
◇ adv. joliment ; gentiment ; bien. | *sitze hübsch ruhig, artig !*, sois bien sage. | *das wollen wir hübsch bleiben lassen !*, gardons-nous-en bien !
Hucke ['hukə] f. (-, n) hotte f.
hucke|pack ["hukə'pak] adv. FAM. à califourchon.
Huckepack|verkehr ["hukəpakfɛr'ke:r] m. (s). TRANSP. ferroutage m.
Hudel ['hu:dəl] m. (s, -) chiffon m. ; torchon m.
Hudelei [hu:də'lai] f. (-, en) mauvais travail ; barbouillage m.
Hudeler ['hu:dələr] m. (s, -) bousilleur m. ; barbouilleur m.
hudeln ['hu:dəln] v. intr. et v. tr. FAM. bousiller ; barbouiller.
Huf [hu:f] m. (s, e) sabot m. ; ongle m. ; corne f.
Huf|beschlag ["hu:fbə'ʃlɑ:k] m. (s, ¨e). [Pferd] ferrure f. ||°**-eisen** n. (s, -). TECHN. fer (m.) à cheval. | *ein Hufeisen finden*, avoir de la chance. | *hufeisenförmig*, en forme de fer à cheval. ||°**-gänger** m. pl. ZOOL. ongulés m. pl. ||°**-lattich** m. (s). BOT. tussilage m. ||°**-nagel** m. (s, ¨) clou (m.) à ferrer. ||°**-schlag** m. (s, ¨e) coup (m.) de pied de cheval. || PAR EXT. pas (m.) de cheval. ||°**-schmied** m. (s, e) maréchal-ferrant m. ||°**-tiere** n. pl. ZOOL. ongulés m. pl.
Hüfte ['hyftə] f. (-, n). ANAT. hanche f.
Hüft|bein ["hyft'bain] n. (s, e). ANAT. os (m.) iliaque. ||°**-gelenkentzündung** f. (-, en). MÉD. coxalgie f. ||°**-gürtel** m. (s, -) gaine f. ||°**-nerv** m. (s, en) nerf (m.) sciatique. ||°**-weite** f. (-) tour (m.) de hanches.
Hügel ['hy:gəl] m. (s, -) colline f. ; coteau m. ; côte f. ; butte f. || *Hügelgrab*, tumulus m.
Hügel|kette ["hy:gəl'kɛtə] f. (-, n) chaîne (f.) de collines ; hauteurs f. pl. ; coteaux m. pl. ; hauts m. pl. ||°**-land** n. (s) pays accidenté ; pays (m.) de côtes. ||°**-zug** m. (s, ¨e) chaîne (f.) de collines.
hügelig ['hy:gəliç] adj. montueux ; accidenté.
Hugenotte [hugə'nɔtə] m. (n, n). RELIG. huguenot m.
Huhn [hu:n] n. (s, ¨er). ZOOL. poule f. | *gemästetes Huhn*, poularde f. | *das Huhn gackert, gluckt*, la poule caquette, glousse. | *Hühner halten*, entretenir une basse-cour. | *ein gebratenes, gekochtes Huhn*, un poulet rôti ; une poule au pot. || FAM. *Es kräht kein Huhn danach*, tout le monde s'en fiche.
Hühnchen ['hy:nçən] n. (s, -). ZOOL. poulet m. ; poulette f. || FIG., FAM. *ich habe ein Hühnchen mit ihm zu rupfen*, nous avons un compte à régler.
Hühner|auge ["hy:nər'augə] n. (s, n) œil (m.) de poule. || MÉD. cor m. ; œil-de-perdrix m. ||°**-braten** m. (s, -) poulet rôti. ||°**-farm** f. (-, en) ferme (f.) avicole. ||°**-haus** n. (es, ¨er) poulailler m. ||°**-hof** m. (s, ¨e) basse-cour f. ||°**-hund** m. (s, e). ZOOL. chien (m.) d'arrêt ; braque m. ||°**-stall** m. (s, ¨e) poulailler m. ||°**-stange** f. (-, n) perchoir m. ; juchoir m. ||°**-vögel** m. pl. ZOOL. gallinacés m. pl. ||°**-zucht** f. élevage (m.) de volailles ; aviculture f.
hui ! [huj] interj. FAM. crac ! ; ha ! ; ouf !
Hui [huj] n. *in einem Hui*, subitement ; tout d'un coup ; sans dire ouf ; en un clin d'œil.

Huld [hult] f. (-, en) bonne grâce ; grâces f. pl. ; faveur f. ; clémence f. | *die Huld des Landesherrn*, la faveur du prince. | *Gottes Huld*, clémence divine.

huld|reich ['hultraiç] adj. [huldvoll] plein de grâce ; gracieux ; clément.

huldigen ['huldigən] v. intr. rendre hommage ; présenter ses hommages. | *dem König huldigen*, rendre hommage au roi. || FIG. *einer Dame huldigen*, présenter ses hommages à une dame.

Huldigung [-guŋ] f. (-, en) serment (m.) de fidélité. || FIG. hommage m. ; respects m. pl.

Hülle ['hylə] f. (-, n) voile m. ; draperie f. || BOT. gaine f. || ANAT. tégument m. ; coquille f. ; peau f. | *die sterbliche Hülle*, la dépouille mortelle. || FIG. *in Hülle und Fülle*, en abondance ; à foison.

hüllen [-lən] v. tr. et v. pr. (s')envelopper ; (se) draper. | *sich in eine Decke hüllen*, s'envelopper dans une couverture. || FIG. voiler. | *sich in Schweigen hüllen*, s'enfermer dans le silence.

Hülse ['hylzə] f. (-, n). [Obst] peau f. ; [Gemüse] cosse f. ; gousse f. ; [Getreide] balle f. || MIL. douille f. ; cartouche f.

hülsen|artig ["hylzən'ɑ:rtiç] adj. BOT. légumineux. ||°**-frucht** f. (-, ¨e). BOT. légume sec. ||°**-früchte** f. pl. légumineuses f. pl.

human [hu'mɑ:n] adj. humain ; plein d'humanité.

humanisieren [humani'zi:rən] v. tr. et v. pr. (s')humaniser.

Humanismus [-'nismus] m. humanisme m.

humanistisch [-'nistiʃ] adj. classique. | *humanistisches Gymnasium*, lycée (m.) classique.

humanitär [-ni'tɛ:r] adj. humanitaire ; philanthropique. | *humanitäre Hilfe*, aide (f.) humanitaire.

Humanität [-ni'tɛ:t] f. humanité f. ; humanisme m.

Humbug ['humbuk] m. (s). FAM. charlatanerie f. ; tape-à-l'œil m. ; blague f. ; fumisterie f.

Hummel ['huməl] f. (-, n). ZOOL. bourdon m. || FAM. *eine wilde Hummel*, une petite étourdie.

Hummer ['humər] m. (s, n). ZOOL. homard m.

Hummer|schere ["humər'ʃe:rə] f. (-, n) pince (f.) de homard.

Humor [hu'mo:r] m. (s) humeur f. ; gaieté f. ; humour m. | *Humor haben*, avoir (le sens) de l'humour. | *humorvoll*, plein d'humour ; humoristique.

Humoreske [humɔ'rɛskə] f. (-, n) farce f. ; pièce (f.) humoristique.

humoristisch [-'ristiʃ] adj. humoristique ; facétieux.

humpeln ['humpəln] v. intr. boiter ; clopiner ; aller clopin-clopant.

Humpen ['humpən] m. (s, -) hanap m. ; coupe f.

Humus ['hu:mus] m., **Humus|boden** ["hu:mus'bodən] m. (s) humus m. ; terre végétale.

Hund [hunt] m. ([e]s, e) chien m. | *wie Hund und Katze sein*, être comme chien et chat. | *Hunde pflegen*, toiletter des chiens. || FIG. *bekannt wie der bunte Hund*, connu comme le loup blanc. | *da liegt der Hund begraben*, c'est là que gît le lièvre ; c'est là le nœud de la difficulté. | *mit allen Hunden gehetzt sein*, avoir plus d'un tour dans son sac. | *damit lockt man keinen Hund hinter dem Ofen hervor*, FAM. on ne se bouscule pas au portillon. | *etwas vor die Hunde werfen*, jeter qch. aux chiens. | *es nimmt kein Hund einen Bissen Brot von ihm*, tout le monde le méprise. | *es ist ein Wetter, daß man keinen Hund hinausjagen möchte*, il fait un temps à ne pas mettre un chien dehors. || FIG., FAM. *auf dem Hund sein* ; *auf den Hund kommen*, être aux abois ; être à bout de forces ; POP. être dans la dèche. | *vor die Hunde gehen*, être un homme perdu, fini. || PROV. *den letzten beißen die Hunde*, au dernier les os ; malheur au dernier.

Hunde|arbeit ["hundə'arbait] f. (-, en). FIG., FAM. travail (m.) de chien ; chien (m.) de métier. ||°**-art** f. (-, en). ZOOL. espèce, race canine. || PAR EXT. manière (f.) des chiens. | *nach Hundeart*, comme les chiens. ||°**-gebell** n. (s), °**-gekläff** n. (s) aboiements m. pl. ; clabaudage m. ||°**-haus** n. (es, ¨er), °**-hütte** f. (-, n) niche (f.) à chiens ; chenil m. ||°**-kälte** f. froid (m.) de loup. ||°**-kosmetik** f., °**-pflege** f. toilettage (m.) de chiens. ||°**-leben** n. (s). FIG., FAM. vie (f.) de chien. ||°**-leine** f. (-, n) laisse f. ||**-müde** adj. FIG. harassé ; à bout de forces. ||°**-rasse** f. (-, n) race canine ; race (f.) des chiens. ||°**-salon** m. (s, s) salon (m.) de toilettage. ||°**-stall** m. (s, ¨e) chenil m. ||°**-wetter** n. (s). FAM. temps (m.) de chien. ||°**-zwinger** m. (s, -) chenil m.

hundert ['hundərt] adj. num. card. cent. | *hundert Säcke*, cent sacs.

Hundert [-dərt] n. (s, e) cent m. | *ein paar Hundert Menschen*, quelques centaines de personnes. | *Hunderte von Menschen*, des centaines de personnes. || SPORT. *Hundertmeterlauf*, cent mètres.

hundert|fach ["hundərt'fax], **-fältig** [-'fɛltiç] adj. et adv. centuple ; au centuple. ||°**-jahrfeier** f. (-, n) fête (f.) du centenaire. ||**-jährig** adj. centenaire ; séculaire. ||**-jährlich** adj. qui revient tous les cent ans. ||**-mal** adv. cent fois. ||**-malig** adj. cent fois répété. ||**-prozentig** adj. cent pour cent. ||°**-satz** m. (es) pourcentage m. ||**-tausend** adj. num. card. cent mille. ||**-weise** adv. par centaines.

Hunderter ['hundərtər] m. (s, -). MATH. centaine f. ; chiffre (m.) cent.

hunderterlei [hundərtər'lai] adj. de cent espèces. || FIG. trente-six choses.

Hundertschaft ['hundərtʃaft] f. (-, en). HIST. centurie f. || groupe (m.) de cent.

hundertst [-dərtst] adj. num. ord. centième. || LOC. *vom Hundertsten ins Tausendste*, de fil en aiguille.

Hundertstel [-dərtstəl] n. (s, -) centième m. ; la centième partie.

Hündin ['hyndin] f. (-, nen). ZOOL. chienne f.

hündisch [-diʃ] adj. servile, rampant ; [schamlos] cynique ; éhonté.

Hunds|fott ["hunts'fɔt] m. (s, ¨er). FAM. canaille f. ; VULG. jean-foutre m. ||**-föttisch** adj. POP. misérable ; infâme. ||**-gemein** adj. FAM. ignoble ; infâme ; abject. ||°**-gemeinheit** f. (-, en). FAM. vilenie f. ||°**-rose** f. (-, n). BOT. églantier m. ; cynorrhodon m. ||°**-stern** m. (s). ASTRON. Sirius m. ||°**-tage** m. pl. canicule f.

Hüne ['hy:nə] m. (n, n) géant m. ; colosse m.

Hünen|grab ["hy:nən'grɑ:p] n. (s, ¨er) tumulus m.

hünenhaft ['hy:nənhaft] adj. gigantesque.

Hunger ['huŋər] m. (s) faim f. ; appétit m. ; fringale f. | *Hunger haben*, avoir faim. | *den Hunger stillen*, rassasier, apaiser sa faim. | *vor Hunger sterben*, mourir de faim. || PR. et FIG. *Hunger nach etwas*, faim, soif de qch.

Hunger|blockade ["huŋərblo'kɑ:də] f. (-, n) blocus (m.) économique. ||°**-gestalt** f. (-, en) figure (f.) famélique. ||°**-künstler** m. (s, -) professionnel (m.) du jeûne. ||°**-kur** f. (-, en) diète absolue. ||°**-leider** m. (s, -) meurt-de-faim m. ||°**-lohn** m. (s, ¨e) salaire (m.) dérisoire, de famine. ||°**-streik** m. (s, e et s) grève (f.) de la faim. ||°**-tod** m. (s) inanition f. ||°**-tuch** n. (s). FIG. *am Hungertuch nagen*, tirer le diable par la queue ; FAM. claquer du bec.

hungern ['huŋərn] v. intr. souffrir de la faim ;

endurer la faim. || FIG. *ich hungere nach*, j'ai faim, soif de. || PAR ANAL. [fasten] jeûner.
◇ v. imp. **es hungert mich,** j'ai faim. || [Bibel] *Selig sind, die da hungert und dürstet nach der Gerechtigkeit*, bienheureux ceux qui ont faim et soif de justice.
Hungers|not ["huŋərs'no:t] f. famine f. ; disette f.
hungrig ['huŋriç] adj. affamé ; famélique. | *hungrig sein*, avoir faim. || FIG. *nach etwas hungrig sein*, être avide de qch. ; avoir faim, soif de qch.
Hunne ['hunə] n. pr. m. (n, n). GÉOGR. Hun m.
Hupe ['hu:pə] f. (-, n). AUTOM. avertisseur m. ; Klaxon m. (Wz.).
hupen [-pən] v. intr. AUTOM. avertir ; klaxonner.
hüpfen ['hypfən] v. intr. bondir ; tressaillir ; sautiller ; frétiller. | *hier heißts hüpfen oder springen*, de deux choses l'une.
Hüpfen [-pfən] n. (s) sautillement m. | *Hüpfen spielen*, jouer à la marelle.
Hürde ['hyrdə] f. (-, n). SPORT. [Hindernis] haie f. ; obstacle m. || [Viehzaun] parc m.
Hürden|lauf ["hyrdən'lauf] m. (s), °**-rennen** [-'rɛnən] n. (s). SPORT. course (f.) de haies, d'obstacles.
Hure ['hu:rə] f. (-, n) prostituée f. ; POP. putain f.
huren [-rən] v. intr. POP. forniquer. || [Frau] se prostituer.
Hurerei [hurə'rai] f. (-, en) prostitution f. ; fornication f.
Hurone [hu'ro:nə] n. pr. m. (n, n). Huron m.
hurra ! [hu'rɑ:] interj. hourra !
Hurra|patriot [hu"rɑ:patri'o:t] m. (en, en) chauvin m. ||°**-patriotismus** m. chauvinisme m.
Hurrikan ['hurikan] m. (s, e) ouragan m.
hurtig ['hurtiç] adj. preste ; alerte ; leste ; diligent.
◇ adv. en vitesse ; lestement.
Hurtigkeit [-kait] f. diligence f. ; prestesse f.
Husar [hu'zɑ:r] m. (en, en). MIL. hussard m.
Husaren|stück [hu"zɑ:rən'ʃtyk] n. (s, e). FIG. coup audacieux ; coup (m.) de main.
husch ! [huʃ] interj. hop ! ; vite !
huschen ['huʃən] v. intr. glisser ; passer vite et sans bruit.
hüsteln ['hy:stəln] v. intr. toussoter.
husten ['hu:stən] v. intr. [Handlung] tousser. || [Zustand] avoir un rhume ; être enrhumé.
◇ v. tr. *Blut husten*, cracher du sang.
Husten [-tən] m. (s). MÉD. toux m. ; rhume m.
Husten|anfall ["hu:stən'anfal] m. (s, ¨e). MÉD. quinte (f.) de toux. ||°**-mittel** n. (s, -) antitussif m. ||**-stillend** adj. pectoral.
Hut [hu:t] f. (-, en) garde f. ; surveillance f. | *vor jm auf der Hut sein*, se tenir sur ses gardes à l'égard de qn. | *in, unter js Hut sein, stehen*, être à, sous la garde de qn.
Hut [hu:t] m. (s, ¨e) chapeau m. | *den Hut lüften*, soulever son chapeau. | *den Hut ziehen*, ôter, tirer son chapeau (PR. et FIG.). | *den Hut abnehmen*, enlever son chapeau. | *den Hut aufsetzen*, mettre son chapeau. | *den Hut ins Gesicht, in die Augen ziehen*, enfoncer son chapeau. || FIG. *viele Menschen unter einen Hut bringen*, mettre tout le monde d'accord. || BOT. chapeau m. (d'un champignon).
hüten ['hy:tən] v. tr. garder ; surveiller ; veiller sur. | *Schafe hüten*, garder des moutons. || MÉD. *das Bett hüten*, garder le lit.
◇ v. pr. **sich hüten,** être sur ses gardes ; se garder de. | *ich werde mich hüten, das zu tun !*, je me garderai bien de faire cela ! | *sich vor jm hüten*, se tenir sur ses gardes en face de qn. | *sich vor etwas hüten*, se garder de qch.
Hüter [-tər] m. (s, -) gardien m. ; garde m. ; surveillant m.
Hütte ['hytə] f. (-, n) hutte f. ; chaumière f. ; baraque f. ; abri m. (de montagne). || MAR. dunette f. || PAR EXT. forge f. ; usine f. ; fonderie f.
Hütten|kunde ["hytən'kundə] f. métallurgie f. ||°**-werk** n. (s, e) usine (f.) métallurgique.
Hutzel ['hutsəl] f. (-, n). FAM. pomme ratatinée. || [Hutzelweibchen] petite vieille. | *Hutzelmännchen*, lutin m.
hutz(e)lig ['huts(ə)liç] adj. racorni ; ratatiné.
Hyäne [hy'ɛ:nə] f. (-, n). ZOOL. hyène f.
Hyazinthe [hya'tsintə] f. (-, n). BOT. jacinthe f.
Hybride [hy'bri:də] f. (-, n). BOT., ZOOL. hybride m.
Hybridisation [hybridisa'tsio:n] f. BIOL. hybridation f.
Hybridität [-bridi'tɛ:t] f. BOT., ZOOL. hybridité f.
Hybris ['hy:bris] f. démesure f.
Hyder ['hy:dər] f. (-, n), **Hydra** ['hy:dra] f. (-, dren). MYTH. hydre m. || ZOOL. hydre f.
Hydrant [hy'drant] m. (en, en) bouche (f.) à eau ; bouche (f.) d'incendie.
Hydrat [hy'drɑ:t] n. (s, e). CHIM. hydrate m.
Hydratation [hydrata'tsio:n] f. hydratation f.
Hydraulik [hy'draulik] f. hydraulique f.
hydraulisch [-liʃ] adj. hydraulique.
hydrieren [hy'dri:rən] v. tr. CHIM. hydrater.
Hydrierung [-ruŋ] f. CHIM. hydratation f.
Hydrogen [hydro'ge:n] n. (s) hydrogène m.
Hydro|dynamik ['hydrody"nɑ:mik] f. TECHN. hydrodynamique f. ||°**-plan** m. (s, e). MAR. hydravion m. ||°**-therapie** f. MÉD. hydrothérapie f.
Hydroxyd [hydrɔ'ksy:d] n. (s, e) hydrate m.
Hydroxyl [hydrɔ'ksy:l] n. (s) oxhydryle m. ; hydroxyle m.
Hygiene [hygi'e:nə] f. hygiène f. | *aus Gründen der Hygiene*, par mesure d'hygiène.
Hygieniker [-nikər] m. (s, -). MÉD. hygiéniste m.
hygienisch [-niʃ] adj. MÉD. hygiénique.
Hygro|meter [hygro'me:tər] n. (s, -). PHYS. hygromètre m. ||°**-skop** n. (s, e) hygroscope m.
Hymen ['hy:mən] m. (s). MYTH. Hymen m. || LITTÉR. hymen m. ; hyménée m.
Hymen ['hy:mən] n. (s). ANAT. hymen m.
Hymne ['hymnə] m. (-, n), **Hymnus** ['hymnus] m. (-, nen) hymne m. ; cantique m.
Hyperbel [hy'pɛrbəl] f. (-, n). MATH., LITTÉR. hyperbole f.
hyperbelhaft [hy'pɛrbəlhaft], **hyperbolisch** [hypɛr'bo:liʃ] adj. hyperbolique.
Hyper|schall... ['hypɛrʃal] (en compos.). AÉRON. hypersonique.
Hypnose [hyp'no:zə] f. (-, n) hypnose f.
Hypnotikum [-'no:tikum] n. (s, ka). PHARM. hypnotique m. ; narcotique m.
hypnotisch [-'no:tiʃ] adj. hypnotique. | *hypnotisches Mittel*, hypnotique m. ; narcotique m.
hypnotisieren [-nɔti'zi:rən] v. tr. hypnotiser.
Hypochonder [hypo'kɔndər] m. (s, -). MÉD. hypocondre m. ; hypocondriaque m.
Hypochondrie [-kɔn'dri:] f. MÉD. hypocondrie f.
hypochondrisch [-'kɔndriʃ] adj. MÉD. hypocondre ; hypocondriaque.

Hypo|sulfit [hyposul'fit] n. (s). CHIM. hyposulfite m.
Hypo|taxe [hypo'taksə] f. (-, n). GRAMM. hypotaxe f.
Hypotenuse [hypote'nu:zə] f. (-, n). MATH. hypoténuse f.
Hypothalamus [hypo'ta:lamus] m. (-, mi). ANAT. hypothalamus m.
Hypothek [hypo'te:k] f. (-, en). JUR. hypothèque f. | *mit einer Hypothek belasten*, grever d'une hypothèque ; hypothéquer. | *eine Hypothek aufnehmen, löschen*, prendre une hypothèque ; purger une hypothèque.
Hypothekar|anleihe [hypote"ka:r'anlaiə] f. (-, n). FIN. prêt (m.) hypothécaire. ||**-isch** adj. FIN. hypothécaire. | *hypothekarisch sicherstellen*, garantir par hypothèque. ||°**-kredit** m. (s, e). FIN. crédit (m.) hypothécaire.
Hypotheken|bank [hypo"te:kən'baŋk] f. (-, en). FIN. crédit foncier. ||°**-bewahrer** m. (s, -). conservateur (m.) des hypothèques. ||°**-brief** m. (s, e). [Akte] hypothèque f. ; [Anleihe] obligation (f.) hypothécaire. ||°**-buch** n. (s, ¨er) registre (m.) des hypothèques. ||°**-eintragung** f. (-, en) inscription (f.) hypothécaire. ||**-frei** adj. libre, franc d'hypothèques. ||°**-urkunde** f. (-, n) hypothèque f.
Hypothese [hypo'te:zə] f. (-, n) hypothèse f. ; supposition f.
— SYN. : *Vermutung*, supposition ; *Mutmaßung*, présomption.
hypothetisch [-'te:tiʃ] adj. hypothétique.
Hysterie [hyste'ri:] f. (-, n). MÉD. hystérie f.
hysterisch [-'te:riʃ] adj. MÉD. hystérique.

I

I, i [i:] n. I m. | *der I-Punkt*, le point sur l'*i*. || *das Tüpfelchen aufs i setzen*, peaufiner ; fignoler.
i ! [i:] interj. FAM. eh ! ; hé ! | *i wo !*, allons donc !
iahen ['ja:ən] v. intr. braire.
Iambe ['jambə] m. (n, n) ïambe m.
Iambus [-bus] m. (-, ben). POÉS. ïambe m.
Iberer [i'be:rər] n. pr. m. (s, -). GÉOGR. Ibère m.
Iberien [i'be:riən] n. pr. n. GÉOGR. Ibérie f.
iberisch [-riʃ] adj. [Sprache] ibérique ; ibère.
Ibis ['ibis] m. (ses, se). ZOOL. ibis m.
ich [iç] pron. pers. je ; moi. | *ich bin's*, c'est moi. | *sind Sie nicht müde ? Doch ich bin es*, n'êtes-vous pas fatigué ? Si, je le suis. | *hier bin ich*, me voici. | *ich nicht*, pas moi. | *das habe ich getan*, c'est moi qui l'ai fait. | *ich unterzeichneter*, je, soussigné. | *ich armer Tor !* (GOETHE), insensé que je suis ! || *ich sollte dich verraten*, moi, te trahir ! | *ich, der ich Sie warnte*, moi qui vous avais averti.
— OBSERV. Déclinaison de *ich* : nomin., *ich* ; gén., *meiner* ; dat., *mir* ; acc., mich.
Ich [iç] n. (s) le moi. | *das andere Ich*, cet autre moi-même. | *sein liebes Ich*, sa petite personne. | *ein Teil meines Ichs*, une partie de mon être.
Ich|bezogenheit ["içbə'tso:gənhait] f. égocentrisme m. || FAM. *(übertriebene) Ichbezogenheit*, nombrilisme m. ||°**-form** f. (-, en) *dieser Roman ist in der Ichform geschrieben*, ce roman est écrit à la première personne. ||°**-sucht** f. égoïsme m. ||**-süchtig** adj. égoïste.
ideal [ide'a:l] adj. idéal.
Ideal [ide'a:l] n. (s, e) idéal m. ; modèle m. | *sie ist das Ideal einer Hausfrau*, c'est une maîtresse de maison parfaite. | *ein Ideal an Selbstlosigkeit*, un modèle d'abnégation. | *Ideal von Schönheit*, beauté idéale.
idealisieren [ideali'zi:rən] v. tr. idéaliser ; poétiser.
Idealisierung [idealizi:ruŋ] f. (-, en) idéalisation f.
Idealismus [-'lismus] m. idéalisme m.
Idealist [-'list] m. (en, en) idéaliste m.
Idealität [-li'tɛ:t] f. (-, en) idéalité f.
Idee [i'de:] f. (-, n). [Begriff] idée f. ; conception f. ; notion f. | *keine Idee*, pas la moindre idée. | *nach meiner Idee*, à mon sens ; à mon avis. | *fixe Idee*, idée fixe. || PAR EXT. [Einfall] *er verfiel auf die Idee, von nun an Vegetarier zu sein*, il se mit en tête d'être végétarien dorénavant. || FIG., FAM. *eine Idee*, un soupçon (quelques gouttes) ; un rien.
— SYN. : *Begriff*, concept ; *Gedanke*, idée.
ideell [ide'ɛl] adj. PHILOS. idéal ; virtuel.
ideen|los [i"de:ən'lo:s] adj. dépourvu d'idées. ||°**-losigkeit** f. manque (m.) d'idées. ||**-reich** adj. riche en idées. ||°**-welt** f. (-, en) monde (m.) des idées.
Iden ['i:dən] f. pl. HIST. ides f. pl.
identifizieren [idɛntifi'tsi:rən] v. tr. identifier.
Identifizierung [-ruŋ] f. (-, en) identification f.
identisch [i'dentiʃ] adj. identique.
Identität [idɛnti'tɛ:t] f. identité f.
Ideo|gramm [ideo'gram] n. (s, e) idéogramme m. ||°**-loge** m. (n, n) idéologue m. ; rêveur m. ||°**-logie** f. (-, n) idéologie f.
Idiolekt [idio'lɛkt] m. (s, e) idiolecte m.
Idiom [idi'o:m] n. (s, e) idiome m.
idiomatisch [idio'ma:tiʃ] adj. idiomatique.
Idiot [idi'o:t] m. (en, en). MÉD. idiot m. || PAR EXT., FAM. sot m. ; imbécile m.
Idiotie [idio'ti:] f. MÉD. idiotie f.
idiotisch [-'o:tiʃ] adj. idiot.
Idiotismus [-o'tismus] m. (-, men). GRAMM. idiotisme m.
Idol [i'do:l] n. (s, e). RELIG. idole f.
Idyll [i'dyl] n. (s, e), **Idylle** [-lə] f. (-, n) idylle f.
idyllisch [-liʃ] adj. idyllique.
Igel ['i:gəl] m. (s, -). ZOOL. hérisson m.
ignorant [ignɔ'rant] adj. ignorant.

Ignoranz [-'rants] f. ignorance f.
ignorieren [-'ri:rən] v. tr. ignorer. || PAR EXT. faire semblant de ne pas connaître.
ihm [i:m] pron. pers. dat sing. m. et n. (à) lui. | *sie gibt es ihm*, elle le lui donne. | *sie warf sich ihm zu Füßen*, elle se jeta à ses pieds.
ihn [i:n] pron. pers. acc. sing. m. le ; lui. | *er sieht ihn*, il le voit.
ihnen ['i:nən] pron. pers. dat. pl. à eux ; à elles ; leur. | *er schreibt ihnen*, il leur écrit.
◇ **Ihnen,** forme de politesse pron. pers. dat. pl. de **Sie,** (à) vous. | *ich schreibe Ihnen*, je vous écris.
ihr [i:r]. **1.** pron. pers. dat. sing. de **sie,** à elle ; lui. | *geben Sie ihr ein Buch*, donnez-lui un livre.
2. pron. pers. nom. pl. de **du.** vous. | *ihr kommt spät*, vous venez tard.
ihr [i:r], **ihre** ['i:rə], **ihr** [i:r] (plur. ihre) adj. poss. [mehrere Besitzer] leur. | *ihr Haus ; ihre Häuser*, leur maison f. ; leurs maisons f. pl. [eine einzige Besitzerin] son, sa, ses. | *ihre Freundin*, son amie f. | *ihr Heft*, son cahier m. | *das Bild ihrer Tante*, le portrait de sa, de leur tante.
◇ **Ihr, Ihre, Ihr,** forme de politesse adj. poss. pour **euer,** votre. | *Ihr Bruder kommt*, votre frère arrive.
◇ **ihrer, ihre, ihres** pron. poss. [einzelne Besitzerin] le sien ; la sienne ; les siens ; les siennes. | *unser Haus ist frei, ihres ist besetzt*, notre maison est libre, la sienne est occupée. || [mehrere Besitzer] le leur ; la leur ; les leurs. | *mein Buch ist zerrissen, ihre sind gebunden*, mon livre est déchiré, les leurs sont reliés.
ihre ['i:rə] pron. poss. (der, die, das) [einzelne Besitzerin] le sien ; la sienne. | *das ist mein Buch, das ihre ist versteckt*, c'est mon livre, le sien est caché.
◇ **Ihre,** forme de politesse pour **eure,** le, la vôtre. | *mein Haus ist klein, das Ihre ist größer*, ma maison est petite, la vôtre est plus grande.
ihrer ['i:rər] pron. pers. gén. sing. de **sie.** | *wir gedenken ihrer*, nous nous souvenons d'elle. || gén. de **sie.** pron. pers. 3e pers. pl. d'eux ; d'elles. | *es sind ihrer nur zuviel*, il n'y en a que trop. | *es waren ihrer zehn*, ils étaient dix, au nombre de dix.
◇ **Ihrer,** forme de politesse pour **eurer,** de vous.
ihrer|seits [''i:rər'zaits] adv. de sa part, de leur part, de votre part ; de son côté, de leur côté, de votre côté.
ihres|gleichen [''i:rəs'glaiçən] adv. son pareil, leur pareil, votre pareil.
ihret|halben [''i:rət'halbən], **-wegen** [-'ve:gən], **-willen** [-'vilən] à cause d'elle, de vous ; pour elle, pour eux, pour vous.
ihrig ['i:riç] pron. poss. V. IHRER.
Ikone [i'ko:nə] f. (-, n). RELIG. icône f.
Iliade [ili'ɑ:də] f., **Ilias** ['i:lias] f. LITTÉR. Iliade f.
illegal [ille'gɑ:l] adj. illégal.
Illegalität [-gali'tɛ:t] f. (-, en) illégalité f.
illegitim [illegi'ti:m] adj. illégitime.
Illegitimität [-mi'tɛ:t] f. illégitimité f.
illoyal [iloa'jɑ:l] adj. déloyal.
Illumination [-na'tsio:n] f. (-, en) illumination f.
Illuminator [-'nɑ:tɔr] m. (s, en) enlumineur m.
illuminieren [-'ni:rən] v. tr. illuminer. || PAR EXT. [Malerei] colorier ; enluminer.
Illusion [ilu'zio:n] f. (-, en) illusion f. ; mirage m.
illusorisch [-'zo:riʃ] adj. illusoire.
Illustration [ilustra'tsio:n] f. (-, en) illustration f. ; gravure f. | *zur Illustration*, pour démontrer.
illustrieren [-'tri:rən] v. tr. illustrer.
Illustrierte [-'tri:rtə] f. (-, n). [journal (m.)] illustré m.
Iltis ['iltis] m. (ses, se). ZOOL. putois m.
im [im] contraction de IN DEM.
I. M. [i:'ɛm]. *Ihre Majestät*, Sa Majesté.
Image ['imitz] n. (s, s) image (f.) de marque. | *sein Image aufbessern*, FAM. *aufpolieren*, redorer son blason.
imaginär [imagi'nɛ:r] adj. imaginaire ; chimérique ; utopique.
Imbiß ['imbis] m. (es, e). CULIN. petit repas ; collation f. ; FAM. casse-croûte m.
imitieren [imi'ti:rən] v. tr. imiter.
Imker ['imkər] m. (s, -) apiculteur f.
immanent [ima'nɛnt] adj. immanent.
Immanenz [-'nɛnts] f. immanence f.
immateriell [imateri'ɛl] adj. immatériel.
Immatrikulation [imatrikula'tsio:n] f. (-, en) immatriculation f. ; inscription (f.) à l'université.
immatrikulieren [-'li:rən] v. tr. immatriculer ; inscrire à l'Université. | *sich immatrikulieren (lassen)*, se faire inscrire ; prendre ses inscriptions.
Imme ['imə] f. (-, n). POÉT. abeille f.
immens [i'mɛns] adj. colossal ; énorme ; immense. | *ein immenses Vermögen*, une fortune colossale.
immer ['imər] adv. **1.** [für alle Zeit ; dauernd], toujours ; sans cesse ; à tout jamais ; continuellement ; constamment. | *es hat immer geregnet*, il n'a pas cessé de pleuvoir. | *sie kommt immer noch nicht*, elle ne vient toujours pas. | *er ist nicht immer guter Laune*, il n'est pas toujours de bonne humeur. | *er ist immer noch nicht guter Laune*, il n'a pas encore retrouvé sa bonne humeur.
2. [Steigerung] de plus en plus. | *er wird immer reicher*, sa fortune augmente de jour en jour. | *immer besser*, de mieux en mieux.
3. [einräumend] *was immer geschehen mag*, quoi qu'il arrive. | *wo ich auch immer bin*, où que je sois. | *aus welchen Gründen auch immer*, quelles que soient les raisons.
immer|dar ['imər''dɑ:r] adv. toujours ; à jamais. ||**-fort** adv. sans cesse ; sans arrêt ; toujours ; constamment ; continuellement. ||**-grün** adj. BOT. à feuilles persistantes. ||°**-grün** n. (s). BOT. pervenche f. ||**-hin** adv. toujours est-il ; quoi qu'il en soit ; toutefois. | *immerhin !*, tout de même ! ||**-während** adj. et adv. perpétuel ; continuel. ||**-zu** adv. sans arrêter. || PAR EXT. allez-y ! ; allez toujours !
Immigrant [imi'grant] m. (en, en) immigrant m.
immigrieren [-'gri:rən] v. intr. immigrer.
Immission [imi'sio:n] f. (-, en). [Umwelt] immission f. ; nuisance f.
Immissions|grenzwert [imi''sio:ns'grɛntsvɛ:rt] m. (s, e). [Umwelt] limite (f.) de nuisance. ||°**-schutz** m. (es). [Umwelt] protection (f.) contre les nuisances. ||°**-wert** m. (s, e) niveau (m.) de pollution. | *natürlicher Immissionswert*, niveau de pollution naturelle.
Immobiliar|vermögen [imobi''liɑ:rfɛr'mø:gən] n. (s) fortune immobilière.
Immobilien [imo'bi:liən] pl. immeubles m. pl. ; biens immobiliers.
Immortelle [imɔr'tɛlə] f. (-, n). BOT. immortelle f.
immun [i'mu:n] adj. MÉD. immunisé. || POLIT. qui jouit de l'immunité parlementaire.
Immun|abwehr [i''mu:n'apve:r] f. (-, en). MÉD. défense (f.) immunitaire ; immunodéfense f. ||°**-defekt** m. (s, e), °**-defizienz** f. (-, en). MÉD. déficience (f.) immunitaire. ||°**-reaktion** f. (-, en). MÉD. réaction (f.) immunitaire, immune. ||°**-schwäche** f.

(-, n). Méd. immunodépression f. || **-suppressiv** adj. Méd. immunosuppresseur. ||°**-suppressivum** n. (s, va). Méd. immunosuppresseur m.
immunisieren [imuni'zi:rən] v. tr. immuniser.
Immunisierung [-'zi:ruŋ] f. (-, en). Méd. immunisation f.
Immunität [imuni'tɛ:t] f. (-, en). Méd., Polit. immunité f.
Immuno|depression ['imunodeprɛ"sio:n] f. Méd. immunodépression f. ||°**-globulin** n. (s, e). Biol. immunoglobuline f. ||°**-logie** f. Méd. immunologie f.
Imperativ [imperɑ:'ti:f] m. (s, e). Gramm. impératif m. || Philos. impératif m.
Imperator [-'rɑ:tor] m. (s, en) impérator m.; empereur m. || Antiq. général m.
Imperfekt [impɛr'fɛkt et 'impɛrfɛkt] n. (s, e). Gramm. imparfait m.; prétérit m.
imperial [imperi'ɑ:l] adj. impérial.
Imperialismus [imperia'lismus] m. Polit. impérialisme m.
imperialistisch [-'listiʃ] adj. impérialiste.
Imperium [im'pe:rium] m. (s, rien) empire m.
impertinent [impɛrti'nɛnt] adj. impertinent.
Impertinenz [-'nɛnts] f. (-, en) impertinence f.
Impetus ['impetus] m. (-) élan m.
Impf|arzt ["impf'artst] m. (es, ¨e). Méd. vaccinateur m. ||°**-gesetz** n. (es, e) loi (f.) sur la vaccination. ||°**-stoff** m. (s, e). Méd. vaccin m.
impfen [impfən] v. tr. Pr. et fig. vacciner; inoculer.
Impfling [-pfliŋ] m. (s, e). Méd. sujet (m.) à vacciner.
Impfung [-fuŋ] f. (-, en). Méd. vaccination f.; inoculation f.
Implantat [implan'tɑ:t] m. (s, e). Méd. implant m.
implizieren [impli'tsi:rən] v. tr. impliquer.
implizite [-'tsi:tə] adv. implicitement.
implodieren [implo'di:rən] v. intr. imploser.
Implosion [implo'zio:n] f. (-, en) implosion f.
Imponderabilien [impɔndəra'bi:liən] n. pl. Phys. impondérables m. pl.
imponieren [impɔ'ni:rən] v. intr. Fig. *jm imponieren*, en imposer à qn.
imponierend [-rənt] adj. imposant.
Import [im'pɔrt] m. (s, e). Comm. importation f.
Import|handel [im"pɔrt'handəl] m. (s). Comm. importation f. ||°**-quote** f. (-, n). Comm. quota (m.) d'importation. ||°**-überschuß** m. (es, ¨e). Comm. excédent (m.) des importations.
Importe [im'pɔrtə] f. (-, n). Comm. marchandise importée. || Par ext. cigare (m.) de la Havane.
Importeur [-pɔr'tø:r] m. (s, e). Comm. importateur m.
importieren [-pɔr'ti:rən] v. tr. importer.
imposant [impo'zant] adj. imposant.
impotent [impo'tɛnt] adj. Méd. impuissant, ante.
Impotenz [-'tɛnts] f. Méd. impuissance f.
imprägnieren [imprɛg'ni:rən] v. tr. imprégner.
impraktikabel [imprakti'kɑ:bəl] adj. impraticable; infaisable.
Impresario [imprɛ'zɑ:rio] m. (s, s) imprésario m.
Impressionismus [imprɛsjo'nismus] m. impressionnisme m.
Impressionist(in) [-'nist(in)] m. (en, en), f. (-, nen). Arts. impressionniste s.
impressionistisch adj. Arts. impressionniste.
Impressum [im'prɛsum] n. (s, en). Typogr. Achevé (m.) d'imprimer.
improvisieren [improvi'zi:rən] v. tr. improviser.
Impuls [im'puls] m. (es, e) impulsion f.; branle m.
impuls|gesteuert [im"pulsgə'stɔyərt] adj. Techn. *impulsgesteuerte Auslösung*, topage m.
impulsiv [-pul'zi:f] adj. impulsif.
Impulsivität [-zivi'tɛ:t] f. impulsivité f.; spontanéité f.
imstande [im'ʃtandə] adj. en état de. | *er ist imstande das zu tun*, il est à même de faire cela.
Im- und Export ["imunt'ɛkspɔrt] m. (s) import-export m.
in prép. gouvernant le dat. quand il n'y a pas déplacement; l'acc. quand il y a passage d'un endroit à un autre.
1. [Ort] à; dans; en. | *in Deutschland*, en Allemagne. | *in der Ferne*, au loin. | *im Norden*, au nord. | *in der Mitte*, au milieu. | *in der Schule*, à l'école. | *in der Stadt wohnen*, habiter la ville; habiter en ville. | *in den ersten Stock umziehen*, déménager au premier étage. | *das Buch, in dem ich lese*, le livre que je lis. | *der Reichste in der Gegend*, l'homme le plus riche de la contrée.
2. [Zeit] *in dieser Zeit*, en ce temps-là. | *in kurzer Zeit*, sous peu. | *in diesen Tagen*, ces jours-ci. | *in zwei Monaten*, dans deux mois. | *im Frühling*, au printemps. | *im März*, au mois de mars. | *im Jahre...*, en l'an...; en l'année... | *in der Nacht*, la nuit.
3. [Art] *in Sorge sein*, être inquiet. | *in Zorn geraten*, se mettre en colère. | *im Gange sein*, être en train. | *im Schweiß seines Angesichts*, à la sueur de son front. | *in Gleichnissen reden*, parler par paraboles. | *im Ernst*, sérieusement. | *in Wirklichkeit*, en réalité. | *in eigener Person*, en personne. | *in dieser Farbe*, dans cette teinte. | *in bar zahlen*, payant comptant. | *in Freud und Leid*, en toutes circonstances.
4. [Änderung] *sich in einen Frosch verwandeln*, se métamorphoser en grenouille.
5. Loc. *in Bausch und Bogen*; *im großen und ganzen*, dans l'ensemble; en bloc. | *er ist gut in Mathematik*, il est bon en math. | *in Holz schneiden*, tailler dans le bois. | *das hat es in sich*, c'est difficile.
in|aktiv [inak'ti:f] adj. inactif; péjor. paresseux. || Mil. de réserve.
Inangriff|nahme [in"angrif'nɑ:mə] f. mise (f.) en œuvre.
Inanspruch|nahme [in"anʃpru:x'nɑ:mə] f. mise (f.) à contribution; occupation f. || Mil. réquisition f.
Inbegriff ["inbə'grif] m. (s). [Wesenskern] substance f.; [Verkörperung] incarnation f.; symbole m. | *er ist der Inbegriff des Gelehrten*, c'est la science incarnée.
inbegriffen [-fən] adv. y compris; y inclus.
Inbetracht|nahme [inbə"traxt'nɑ:mə] f., **Inbetracht|ziehung** [-'tsi:uŋ] f. prise (f.) en considération.
Inbetrieb|nahme [inbə"tri:p'nɑ:mə] f., **Inbetrieb|setzung** [-'zɛtzuŋ] f. mise (f.) en marche; mise (f.) en exploitation.
Inbrunst ['inbrunst] f. ardeur f.; ferveur f.
inbrünstig ["in'brynstiç] adj. ardent; fervent. ◇ adv. ardemment; avec ferveur.
indem [in'de:m] adv. pendant ce temps; cependant; entre-temps.
◇ conj. [während] tandis; pendant que. | *indem er dies sagte, lachte er*, en disant cela, il riait. || [weil] comme; attendu que.

Inder(in) ['indər(in)] m. (s, -), f. (-, nen) Hindou(e) m. (f.).

indes [in'de:s], **indessen** [in'dɛsən] adv. [unterdessen] cependant ; pendant ce temps ; sur ces entrefaites. || [aber ; dennoch] pourtant ; néanmoins ; toutefois ; cependant.

Index ['indɛks] m. (es, e ou Indizes). RELIG. index m. | *auf dem Index stehen*, être à l'index. || MATH. indice m. || ADM., FIN. indice m. | *gewichteter Index*, indice pondéré.

indexieren [indɛ'ksi:rən] v. tr. ÉCON. indexer.

Indexierung [indɛ'ksi:ruŋ] f. (-, en). ÉCON. indexation f.

Index|klausel ["indɛks'klausəl] f. (-, n). ÉCON. clause (f.) d'indexation.

Indianer [indi'ɑ:nər] n. pr. m. (s, -). GÉOGR. Indien m.

indianisch [-niʃ] adj. GÉOGR. indien.

Indien ['indiən] n. pr. n. GÉOGR. les Indes f. pl.

Indienst|stellung [in"di:nst'ʃtɛluŋ] f. mise (f.) en service. || MAR. armement m.

Indier ['indiər] n. pr. m. (s, -) Hindou m.

in|different [indife'rɛnt] adj. PHYS. indifférent. || FIG. indifférent ; insensible.

In|differenz [-'rɛnts] f. (-, en). PHYS., CHIM. indifférence f. || FIG. indifférence f.

Indigo ['indigo] m. (s) indigotier m.

Indigo|blau ["indigo'blau] n. (s), **Indigo** ['indigo] m. (s). [Farbe] indigo m. ; bleu (m.) indigo.

Indikation [indika'tsio:n] f. (-, en) signe m. ; indication f.

Indikativ [indika'ti:f] m. (s). GRAMM. indicatif m.

Indikator [-'kɑ:tɔr] m. (s, en). [Melder] indicateur m. || CHIM. indicateur m.

in|direkt ['indirɛkt] adj. indirect.

indisch ['indiʃ] adj. GÉOGR. hindou ; des Indes. | *der Indische Ozean*, l'océan Indien.

in|diskret ['indiskre:t] adj. indiscret.

In|diskretion [indiskre'tsio:n] f. (-, en) indiscrétion f.

in|diskutabel [indisku'tɑ:bəl] adj. [keiner Besprechung wert] inadmissible ; hors de question.

In|disposition [indispozi'tsio:n] f. (-, en) indisposition f.

individualisieren [individuali'zi:rən] v. tr. individualiser.

individualistisch [-dua'listiʃ] adj. PHILOS. individualiste.

Individualität [-duali'tɛ:t] f. (-, en) individualité f.

individuell [-du'ɛl] adj. individuel.

Individuum [indi'vi:duum] n. (s, duen) individu m.

Indiz [in'di:ts] n. (es, ien). JUR. indice m.

Indizien|beweis [in"di:tsiənbə'vais] m. (es, e). JUR. présomption f. ; preuve (f.) par indices.

indiziert [indi'tsi:rt] adj. indiqué.

Indizierung [indi'zi:ruŋ] f. (-, en). INF. indexation f.

indo|europäisch ['indoɔyro"pɛ:iʃ] adj. HIST. indo-européen. ||°**-germane** m. (n, n) Indo-Européen m.

Indossament [-sa'mɛnt] n. (s, e) endos m. ; endossement m. ; ordre m.

Indossant [-'sant] m. (en, en) endosseur m.

Indossat [-'sɑ:t] m. (en, en) endossé m.

indossieren [-'si:rən] v. tr. FIN. endosser. | *blanko indossieren*, endosser en blanc.

Induktion [induk'tsio:n] f. (-, en) induction f.

Induktions|heizung [induk"tsio:ns'haitsuŋ] f. (-, en) chauffage (m.) par induction. ||°**-spule** f. (-, n). ÉLECTR. bobine (f.) d'induction. ||°**-strom** m. (s). ÉLECTR. courant induit, inducteur, d'induction.

induktiv [induk'ti:f] adj. PHYS. inductif.

Induktivität [-tivi'tɛ:t] f. (-, en). ÉLECTR. coefficient (m.) de self-induction.

Induktor [in'duktor] m. (s, en). ÉLECTR. inducteur m. ; magnéto (f.) d'appel.

industrialisieren [industriali'zi:rən] v. tr. industrialiser.

Industrie [-'tri:] f. (-, n) industrie f.

Industrie|abwässer [indus"tri:'apvɛsər] n. pl. effluents industriels. ||°**-anlagen** f. pl. installations industrielles. ||°**-arbeiter** m. (s, -) travailleur (m.) du secteur industriel. ||°**-ausrüstung** f. (-, en) équipement industriel. ||°**-betrieb** m. (s, e) entreprise, exploitation industrielle. ||°**-erzeugnis** n. (ses, se) produit manufacturé ; produit industriel. ||°**-gesellschaft** f. (-, en) société industrielle. || °**-konzern** m. (s, e) trust m. ||°**-ritter** m. (s, -) chevalier (m.) d'industrie ; aigrefin m.

industriell [industri'ɛl] adj. industriel. | *industrielles Gefüge*, tissu industriel.

Industrieller [-lər] m. industriel m.

induzieren [indu'tsi:rən] v. tr. ÉLECTR. induire ; aimanter par induction. || PHILOS. induire.

in|einander ['inain"andər] adv. l'un dans l'autre.

ineinander|bringen [inain"andər'briŋən] (brachte, gebracht) v. tr. insérer l'un dans l'autre ; faire engrener. ||**-fassen** v. intr. (s')engrener. ||**-flechten** (i, o, o) v. tr. enlacer. ||**-fließen** (o, o) v. intr. confluer ; se confondre ; se réunir. ||**-fügen** v. tr. emboîter ; assembler. ||**-gehen** (ging, gegangen) v. intr. (s')engrener ; s'emboîter. ||**-greifen** (i, i) v. intr. engrener ; FIG. s'engrener ; s'enchaîner. ||**-passen** v. intr. s'adapter ; s'emboîter. ||**-schieben** (o, o) v. tr. emboîter. || **-stecken** v. tr. emboîter.

Inempfang|nahme [inɛmp"faŋ'nɑ:mə] f. réception f.

infam [in'fɑ:m] adj. infâme ; horrible.

Infamie [-fa'mi:] f. (-, n) infamie f. ; déshonneur m.

Infant [in'fant] m. (en, en) infant m.

Infanterie [infantə'ri:] f. (-, n). MIL. infanterie f.

Infanterist [infantə'rist] m. (en, en). MIL. fantassin m.

infantil [infan'ti:l] adj. infantile.

Infantilismus [-ti'lismus] m. infantilisme m.

Infarkt [in'farkt] m. (es). MÉD. infarctus (m.) du myocarde.

Infektion [infɛk'tsio:n] f. (-, en). MÉD. infection f.

Infektions|krankheit [infɛk"tsio:ns'kraŋkhait] f. (-, n). MÉD. maladie infectieuse, contagieuse.

infektiös [infɛk'tsiø:s] adj. MÉD. infectieux ; contagieux.

infernal(isch) [infɛr'nɑ:l(iʃ)] adj. infernal.

Infinitesimal|rechnung [infinitəzi"mɑ:l'rɛçnuŋ] f. MATH. calcul infinitésimal.

Infinitiv [infini'ti:f] m. (s, e). GRAMM. infinitif m.

Infinitiv|satz [infini"ti:f'zats] m. (es, ¨e). GRAMM. proposition infinitive.

infizieren [-'tsi:rən] v. tr. infecter ; contaminer.

Infizierung [-'tsi:ruŋ] f. (-, en). MÉD. infection f.

Inflation [infla'tsio:n] f. (-, en). FIN. inflation f. | *die Inflation eindämmen*, juguler l'inflation. | *galoppierende Inflation*, inflation galopante. | *kostenbedingte, nachfragebedingte Inflation*, inflation par les coûts, par la demande. | *schleichende Inflation*, inflation latente.

Inflations|rate [infla"tsio:ns'rɑ:tə] f. (-, n) taux (m.) d'inflation. | *differentielle Inflationsrate*, différentiel (m.) d'inflation.

in|folge [in'fɔlgə] prép. (gén.) à la suite de ; par suite de.

infolge|dessen [in"fɔlgə'dɛsən] adv. à la suite de cela ; par suite ; par conséquent ; en conséquence.

Informant [infɔr'mant(in)] m. (en, en) informateur m.

Informatiker(in) [infɔr'mɑ:tikər(in)] m. (s, -) f. (-, en) informaticien(ne) m. (f.)

Information [infɔrma'tsio:n] f. (-, en) information f. ; renseignement m. | *zwecks Information*, à titre d'information.

informations|reich [infɔrma"tsi:ons'raiç] adj. informatif.

informieren [-'mi:rən] v. tr. informer ; renseigner.

infra|rot ["infra'ro:t] adj. infrarouge.

Infrarot|fernglas [infra"ro:t'fɛrnglɑ:s] n. (es, ¨er) jumelles (f. pl.) à infrarouges. ||°**-heizung** f. (-, en) chauffage (m.) infrarouge. ||°**-sensor** m. (s, en) capteur (m.) infrarouge.

Infra|struktur ["infraʃtruk'tu:r] f. (-, en) infrastructure f.

Infusions|tierchen [infu"zio:ns'ti:rçən] pl. **Infusorien** [infu'zo:riən] pl. infusoires m. pl.

Ingang|setzung [in"gaŋ'zɛtsuŋ] f. (-, en). TECHN. démarrage m. ; mise (f.) en marche.

Ingenieur ['inʒeni'ø:r] m. (s, e) ingénieur m. | *beratender Ingenieur*, ingénieur-conseil.

Ingrediens [in'gre:diɛns] n. (-, dienzien), **Ingredienz** [-gredi'ɛnts] f. (-, en) ingrédient m.

Ingwer ['iŋvər] m. (s). BOT. gingembre m.

Inhaber ["in'hɑbər] m. (s, -) propriétaire m. ; détenteur m. ; titulaire m. || COMM. *Inhaber eines Geschäfts*, chef m. ; patron m. ; propriétaire (m.) d'une affaire, d'un magasin. || FIN. porteur m. | *auf den Inhaber lautend*, au porteur. || ADM., JUR. *Inhaber einer Vollmacht*, détenteur d'une procuration.

Inhaber... (en compos.). FIN. au porteur. | *Inhaberpapier*, titre (m.) au porteur.

inhaftieren [inhaf'ti:rən] v. tr. emprisonner.

Inhaft|nahme [in"haft'nɑ:m'] f. JUR. arrestation f. ; emprisonnement m. ; écrou m.

Inhalation [inhala'tsio:n] f. (-, en) inhalation f.

Inhalations|gerät [inhala"tsio:nsgə'rɛ:t] n. (s, e). MÉD. inhalateur m.

inhalieren [inha'li:rən] v. intr. MÉD. faire des inhalations.
◇ v. tr. [einatmen] inhaler ; respirer par le nez.

Inhalt ['inhalt] m. (s, e) contenu m. ; teneur f. ; fond m. ; substance f. ; matière f. ; sujet m. | *Inhalt eines Fasses*, contenu d'un tonneau. | *wörtlicher Inhalt*, teneur littérale. | *kurz gefaßter Inhalt*, résumé m. ; abrégé m. ; précis m. | *wertvoller Inhalt*, contenu précieux. || MATH. [einer Fläche] aire f. ; [eines Körpers] capacité f. ; volume m.

inhalt|leer ["inhalt'le:r], **-los** [-'lo:s] adj. creux ; vide ; sans fond ; sans valeur ; superficiel.

inhaltlich ['inhaltliç] adj. qui concerne le fond, le contenu.

Inhalts|angabe ["inhalts'angɑ:bə] f. (-, n) sommaire m. ; table (f.) des matières ; résumé m. ||**-reich, -schwer** adj. substantiel ; profond. ||°**-übersicht** f. (-, en), °**-verzeichnis** (ses, se) table (f.) des matières ; sommaire m. ; index m.

inhärent [inhɛ'rɛnt] adj. inhérent.

in|human ["inhu'mɑ:n] adj. inhumain.

Initiale [initsi'ɑ:lə] f. (-, n) (lettre [f.]) initiale f.

Initialisierung [initsiali'zi:ruŋ] f. (-). INF. initialisation f.

Initiations|ritus [initsia"tsio:ns'ri:tus] m. (-, ten) rite (m.) initiatique.

Initiative [initsia'ti:və] f. (-, n) initiative f. | *die Initiative ergreifen*, prendre l'initiative.

Injektion [injɛk'tsio:n] f. (-, en). MÉD. injection f.

Injektions|spritze [injɛk"tsio:ns'ʃpritsə] f. (-, n). MÉD. seringue (f.) à injections. || TECHN. injecteur m.

injizieren [-ji'tsi:rən] v. tr. injecter.

Inkarnation [-na'tsio:n] f. (-, en). RELIG. [Menschwerdung] incarnation f.

Inkasso [in'kaso] n. (s, s) encaissement m. ; recouvrement m.

inklusive [inklu'zi:və] adv. inclusivement ; y compris.

inkognito [in'kɔgnito] adv. incognito.

Inkognito [-to] n. (s) incognito m. | *das Inkognito wahren*, garder l'incognito. | *das Inkognito lüften*, lever l'incognito.

Inkohärenz [inkohɛ'rɛnts] f. incohérence f.

in|kompetent ['inkɔmpətɛnt] adj. incompétent.

In|kompetenz [inkɔmpə'tɛnts] f. (-, en) incompétence f.

Inkongruenz [inkɔŋgru'ɛnts] f. disparité f.

in|konsequent ['inkɔnzəkvɛnt] adj. inconséquent ; illogique.

In|konsequenz [inkɔnsə'kvɛnts] f. (-, en) inconséquence f.

in|korrekt ['inkɔrɛkt] adj. incorrect.

Inkraft|setzung [in"kraft'zɛtsuŋ] f. JUR. mise (f.) en vigueur. ||°**-treten** n. (s) entrée (f.) en vigueur.

Inkrement [inkre'mɛnt] n. (s, s). INF. incrément m.

inkrementieren [inkremɛn'ti:rən] v. tr. INF. incrémenter.

Inkubation [inkuba'tsio:n] f. MÉD. incubation f.

Inkunabel [inku'nɑ:bəl] f. (-, n). TYPOGR. incunable m.

Inland ['inlant] n. (s) territoire national. || intérieur (m.) du pays. || ÉCON. marché intérieur.

Inland|eis ["inlant'ais] n. (es). GÉOGR. inlandsis m. ||°**-flug** m. (s, ¨e) vol intérieur. ||°**-markt** m. (s, e). COMM. marché intérieur.

Inländer(in) ["in'lɛndər(in)] m. (s, -), f. (-, nen) habitant (m.), habitante (f.) du pays ; indigène s.

inländisch [-diʃ] adj. du pays ; indigène ; national.

Inlaut ['inlaut] m. (s, e). GRAMM. lettre médiane ; médiane f. | *im Inlaute*, à l'intervocalique.

Inlett ['inlɛt] n. (s, e). TEXT. futaine f.

in|liegend ["in'li:gənt] adj. ci-inclus ; ci-joint.

in|mitten ['in"mitən] prép. (gén.) au milieu de.

inne|haben ["inə'hɑ:bən] v. tr. posséder ; détenir ; occuper. | *eine Stellung innehaben*, détenir, occuper un poste. | *einen Rekord innehaben*, détenir un record. ||**-halten** (ä, ie, a) v. intr. s'arrêter ; s'interrompre. ||**-werden** (i, u, o) v. intr. s'apercevoir ; apprendre. | *einer Sache innewerden*, s'apercevoir d'une chose. ||**-wohnen** v. intr. (dat.) être inhérent à. | *auch alten Sitten kann Gutes innewohnen*, les coutumes anciennes peuvent avoir du bon.

innen ['inən] adv. dedans ; au dedans. | *der Becher ist innen vergoldet*, ce gobelet est doré à l'intérieur. | *ich kenne ihn (von) innen und außen*, je le connais à fond. | *nach innen aufgehen*, s'ouvrir vers l'intérieur.

Innen|architekt ["inənarki'tɛkt] m. (en, en) décorateur m. ; ensemblier m. ||°**-architektur** f. (-, en) décoration (f.) d'intérieur. ||°-**aufnahme** f. (-, n). PHOT. (prise [f.] d') intérieur m. ||°-**hof** m. (s, ¨e) cour intérieure. ||°-**leben** n. (s) vie intérieure. ||°-**minister** m. (s, -). POLIT. ministre (m.) de l'Intérieur. ||°-**politik** f. POLIT. politique intérieure. ||°-**raum** m. (s, ¨e) intérieur m. ||°-**reim** m. (s, e). POÉT. rime intérieure. ||°-**welt** f. monde intérieur ; for intérieur. ||°-**winkel** m. (s, -). MATH. angle (m.) interne.

inner ['inər] adj. intérieur ; interne. | *das innere Tor*, la porte intérieure. | *ein inneres Leiden*, une maladie interne. | *der innere Mensch*, le fond, le for intérieur de l'homme. | *innerer Wert*, valeur intrinsèque. | *meiner innersten Überzeugung nach*, selon ma conviction intime. ◇ n. **Innere,** intérieur m. ; dedans m. | *im Inneren des Landes*, à l'intérieur du pays. | *im Inneren der Erde*, dans les entrailles de la terre. || POLIT. *Minister des Inneren*, ministère (m.) de l'Intérieur. || FIG. *unser Inneres*, notre for intérieur.

inner|deutsch ['inərdɔytʃ] adj. interallemand.

Innerei [inə'rai] f. (-, en) tripe f.
◇ f. pl. **Innereien,** entrailles f. pl. ; tripes f. pl.

inner|halb ['inərhalp] prép. (gén.) dans l'espace, à l'intérieur, au-dedans de ; en. | *innerhalb zwei Stunden kommt er*, il viendra dans deux heures.
◇ adv. au-dedans ; à l'intérieur.

innerlich [-liç] adj. intérieur ; intime ; mental.
◇ adv. dans son for intérieur.

Innerlichkeit [-liçkait] f. qualité (f.) de ce qui est intérieur, profond.

innig ['iniç] adj. intime ; fervent ; ardent. | *innige Freundschaft*, amitié sincère. | *meine innigsten Glückwünsche*, mes plus sincères félicitations.

Innigkeit [-kait] f. profondeur (f.) du sentiment ; sentiment vif, profond ; ardeur f. ; ferveur f.

inniglich [-liç] adj. V. INNIG.

Innovation [inova'tsio:n] f. (-, en) innovation f.

Innovations|kosten [inova"tsio:ns'kɔstən] f. pl. ÉCON. coûts (m. pl.) d'innovation.

Innung ['inuŋ] f. (-, en) corps (m.) de métier ; corporation f. ; jurande f.

in|offiziell [inɔfitsi'ɛl] adj. non officiel.

Inquisition [inkvizi'tsio:n] f. (-, en). RELIG., HIST. Inquisition f.

Inquisitions|gericht [inkvizi"tsio:nsgə'riçt] n. (s). RELIG., HIST. Inquisition f. ; Saint-Office m.

Inquisitor [inkvi'zi:tor] m. (s, en). RELIG., HIST. inquisiteur m.

inquisitorisch [-zi'to:riʃ] adj. RELIG., HIST. inquisitorial.

ins [ins] contraction de IN DAS.

Insasse ['inzasə] m. (n, n) habitant m. ; occupant m. | *Insasse eines Flugzeugs*, passager (m.) d'un avion.

ins|besondere [insbə'zɔndərə] adv. en particulier ; spécialement ; surtout.

In|schrift ['inʃrift] f. (-, en) inscription f.

Insekt [in'zɛkt] n. (s, en). ZOOL. insecte m.

insekten|fressend [in"zɛktən'frɛsənt] adj. insectivore. ||°-**kunde** f. (-) entomologie f. ||°-**pulver** n. (s) (poudre [f.]) insecticide m. ||°-**vertilgungsmittel** n. (s, -) insecticide m.

Insel ['inzəl] f. (-, n) île f. | *auf einer Insel*, dans une île. || FIG. [Verkehrs-, Schutzinsel] îlot m. ; refuge m.

Insel|bewohner ["inzəlbə'vo:nər] m. (s, -). GÉOGR. insulaire m. ||°-**gruppe** f. (-, n) groupe (m.) d'îles. ||°-**volk** n. (s, ¨er) peuple (m.) insulaire. ||°-**welt** f. (-, en) archipel m.

Inselchen ['inzəlçən] n. (s, -) petite île ; îlot m.

Inserat [inze'rɑ:t] n. (s, e) annonce f.

Inseraten|teil [inze"rɑ:tən'tail] n. (s, e) rubrique (f.) des (petites) annonces.

inserieren [-'ri:rən] v. tr. mettre une annonce.

Inserierung [-'ri:ruŋ] f. (-, en), **Insertion** [inzer'tsio:n] f. (-, en) insertion f.

ins|geheim [insgə'haim] adv. en secret ; secrètement ; en cachette.

ins|gesamt [-gə'zamt] adv. en corps ; en bloc ; tous, toutes ensemble.

Insich|gehen [in"ziç'ge:ən] n. (s). FIG. retour (m.) sur soi.

Insignien [in'ziknìən] f. pl. insignes m. pl.

in|sofern [in'zofɛrn, inzo'fɛrn] adv. jusqu'à ce point ; dans cette mesure.
◇ conj. en tant que ; pour autant que.

in|solvent [inzɔl'vɛnt] adj. insolvable.

In|solvenz [-'vɛnts] f. insolvabilité f.

in|soweit [inzo'vait] adv. V. INSOFERN.

Inspektion [inspɛk'tsio:n] f. (-, en) inspection f.

Inspektor [ins'pɛktor] m. (s, en) inspecteur m.

In|spiration [inspira'tsio:n] f. (-, en) inspiration f.

inspirieren [-'ri:rən] v. tr. inspirer.

Inspizient [inspitsi'ɛnt] m. (en, en) inspecteur m. || THÉÂTRE. chef (m.) du plateau.

inspizieren [-'tsi:rən] v. tr. inspecter.

Installateur [instala'tø:r] m. (s, e). TECHN. installateur m. ; [Klempner] plombier m.

Installation [-'tsio:n] f. (-, en) installation f.

Installations|geschäft [instala'tsio:nsgə'ʃɛft] n. (s, e) plomberie f.

installieren [-'li:rən] v. tr. établir ; installer.

in|stand [in'ʃtant] adv. en état. | *instand halten, setzen*, tenir en état, entretenir ; mettre en état.

Instand|haltung [in"ʃtant'haltuŋ] f. (-, en) entretien m. ||-**setzen** v. tr. [Städtebau] réhabiliter. ||°-**setzung** f. (-, en). [Städtebau] réhabilitation f.

inständig ["in'ʃtɛndiç] adj. instant.
◇ adv. instamment.

Instanz [in'stants] f. (-, en). JUR. instance f. | *Gericht erster Instanz*, tribunal (m.) de première instance. | *in letzter Instanz*, en dernier ressort. | *die zuständige Instanz*, l'instance compétente ; le service qualifié.

Instanzen|gang [in"stantsən'gaŋ] m. (s) instances f. pl. ; filière f. ||-**mäßig** adv. suivant le règlement. ||°-**weg** m. (s) voie hiérarchique. | *auf dem Instanzenweg*, par voie hiérarchique.

Instinkt [in'stiŋkt] m. (s, e) instinct m. ; voix (f.) de la nature. | *aus Instinkt*, instinctivement.

instinkt|artig [in"stiŋkt'ɑ:rtiç], -**mäßig** [-'mɛ:siç] adj. instinctif.

instinktiv [instiŋk'ti:f] adj. instinctif.

Institut [insti'tu:t] n. (s, e) institution f. ; établissement m. ; institut m. ; pensionnat m.

Institution [-tu'tsio:n] f. (-, en) institution f.

institutionell [institutsio'nɛl] adj. FIN. institutionnel. | *institutionelle Anleger*, investisseurs institutionnels ; FAM. zinzins m. pl.

instruieren [instru'i:rən] v. tr. instruire ; donner des instructions, des directives à.

Instruktion [instruk'tsio:n] f. (-, en) instruction f. ; directive f. || INF. instruction f. || MIL. consigne f.

instruktiv [-struk'ti:f] adj. instructif.

Instrument [instru'mɛnt] n. (s, e) instrument m. ; outil m. || MUS. instrument m. || PHYS. appareil m.

instrumental [-mɛn'tɑ:l] adj. MUS. instrumental.

Instrumentalist [-mɛnta'list] m. (en, en). MUS. instrumentiste m.

Instrumentation [instrumɛnta'tsio:n] f. (-, en). Mus. orchestration f.

Instrumenten|bauer [instru"mɛntən'bauər] m. (s, -), °**-macher** [-'maxər] m. (s, -). Techn. luthier m. ||°**-brett** n. (s, er). Autom. tableau (m.) de bord. ||°**-landung** f. (-, en). Aéron. atterrissage (m.) aux instruments.

instrumentieren [instrumɛn'ti:rən] v. tr. Mus. orchestrer.

Instrumentierung [-mɛn'ti:ruŋ] f. (-, en). Mus. orchestration f.

Insulaner(in) [inzu'lɑ:nər(in)] m. (s, -), f. (-, nen) insulaire s.

insular [inzu'lɑ:r] adj. insulaire.

Insulin [inzu'li:n] n. (s). Chim. insuline f.

Inswerk|setzen [ins"vɛrk'zɛtsən] n. (s) mise (f.) en œuvre.

in|szenieren [instse'ni:rən] v. tr. mettre en scène ; monter (pièce de théâtre).

In|szenierung [-ruŋ] f. (-, en) mise (f.) en scène.

intakt [in'takt] adj. intact. || Fig. intègre.

Intarsia [in'tarzia] f. (-, sien) marqueterie f.

Integral [inte'grɑ:l] n. (s, e). Math. intégrale f.

Integral|größe [inte"grɑ:l'grø:sə] f. (-, n). Math. intégrale f. ||°**-rechnung** f. Math. calcul intégral. ||°**-zähler** m. (s, -) totalisateur m.

Integration [integra'tsio:n] f. (-, en). Math. intégration f.

integrieren [-'gri:rən] v. tr. Math. intégrer. || Inf. *integriertes Programm*, programme intégré.

Integrität [-gri'tɛ:t] f. [Vollständigkeit] intégrité f. | *Integrität eines Staatsgebietes*, intégrité territoriale. || Fig. [Unbescholtenheit] intégrité f.

Intellekt [intɛ'lɛkt] m. (s) intellect m.

intellektuell [-lɛktu'ɛl] adj. intellectuel.

intelligent [-li'gɛnt] adj. intelligent.

Intelligenz [-li'gɛnts] f. (-, en) intelligence f. | *künstliche Intelligenz (KI)*, intelligence artificielle. || classe intellectuelle ; les intellectuels m. pl.

Intelligenz|prüfung [intɛli"gɛnts'pry:fuŋ] f. (-, en) test m. ||°**-quotient** m. (en, en), **IQ** m. (s, s) quotient intellectuel (Q.I.).

Intendant [intɛn'dant] m. (en, en) intendant m. || Théâtre. directeur m.

Intendanz [-'dants] f. (-, en) intendance f.

Intensität [intɛnzi'tɛ:t] f. (-, en) intensité f.

intensiv [-'zi:f] adj. intensif ; intense.

intensivieren [-zi'vi:rən] v. tr. intensifier.

Intensivierung [-zi'vi:ruŋ] f. (-, en) intensification f. || [Verstärkung] renforcement m.

Intensiv|pflege [intɛn"zi:f'pfle:gə] f. (-, n). Méd. soins intensifs. ||°**-station** f. (-, en). Méd. salle (f.), service (m.) de réanimation.

Inter|aktion [interak'tsio:n] f. (-, en). Inf. interaction f. ||**-aktiv** adj. Inf. interactif ; transactionnel.

interessant [interɛ'sant] adj. intéressant.

Interesse [-'rɛsə] n. (s, n) **1.** [Teilnahme] intérêt pris à qch. | *Interesse an, für etwas haben*, s'intéresser à qch. | *ein Buch mit großem Interesse lesen*, lire un livre avec un grand intérêt. || Par ext. ce qui fait naître l'intérêt ; ce qui est intéressant.

2. [Nutzen] intérêt m. ; avantage m. ; profit m. | *im Interesse der Allgemeinheit*, dans l'intérêt général. | *Wahrung der Interessen*, sauvegarde (f.) des intérêts. || Par ext. [Eigennutz] intérêt m. ; égoïsme m. | *nur aus Interesse handeln*, n'agir que par intérêt.

— Syn. : *Aufmerksamkeit*, attention ; *Neugierde*, curiosité.

Interessen|gemeinschaft [inte"rɛsəngə'mainʃaft] f. (-, en) communauté (f.) des intérêts ; groupement (m.) d'intérêt économique (G. I. E.). | *Interessengemeinschaft der Farbenindustrie (I. G. Farbenindustrie)*, union d'intérêts de l'industrie des colorants. ||°**-gruppe** f. (-, n) groupe (m.) de pression ; lobby m. ||°**-losigkeit** f. manque (m.) d'intérêt. ||°**-sphäre** f. (-, n). Polit. sphère (f.) d'influence.

Interessent [interɛ'sɛnt] m. (en, en) amateur m. ; intéressé m. || Fin. ayant droit m.

interessieren [-'si:rən] v. tr. et v. pr. intéresser ; engager. | *das Buch interessiert mich*, ce livre m'intéresse. | *jn für etwas interessieren*, intéresser qn à qch. | *er interessiert sich für nichts*, rien ne l'intéresse.

interessiert [-'si:rt] adj. qui montre de l'intérêt ; qui s'intéresse vivement à qch. | *an etwas interessiert sein,* montrer de l'intérêt pour qch.

Inter|ferenz [intərfe'rɛnts] f. (-, en). Opt., Radio. interférence f.

Interferon [intərfe'ro:n] n. (s, e). Biol. interféron m.

Interims... (en compos.) provisoire ; par intérim.

Interims|regierung ["intərimsre'gi:ruŋ] f. (-, en) gouvernement (m.) par intérim ; régence f.

Interjektion [intərjɛk'tsio:n] f. (-, en). Gramm. interjection f.

interkontinental [intərkɔntinɛn'tɑ:l] adj. intercontinental.

Interkontinental|rakete [intərkɔntinɛn"tɑ:lra'ke:tə] f. (-, n) fusée (f.), missile (m.) intercontinental(e).

Intermezzo [intər'mɛtso] n. (s, s) intermède m.

intermittierend [intərmi'ti:rənt] adj. intermittent.

intern [in'tɛrn] adj. interne.

Internat [-tɛr'nɑ:t] n. (s, e) internat m.

Internats|schüler(in) [intɛr"nɑ:ts'ʃy:lər(in)] m. (s, -), f. (-, nen) interne s.

international [intərnatsiɔ'nɑ:l] adj. international. || Jur. *ständiger internationaler Gerichtshof*, cour permanente internationale de justice. || Fin. *Bank für internationalen Zahlungsausgleich (B. I. Z.)*, Banque (f.) des règlements internationaux (B. R. I.).

Inter|nationale ['nɑ:lə] f. Polit., Mus. Internationale f.

internieren [-'ni:rən] v. tr. Méd. interner. || Polit. reléguer.

Internierung [-ni:ruŋ] f. (-, en). Polit., Méd. internement m.

Interpellant [intərpɛ'lant] m. (en, en) interpellateur m.

interpellieren [-'li:rən] v. tr. interpeller.

Interpolation [intərpɔla'tsio:n] f. (-, en). Math. interpolation f.

interpolieren [intərpɔ'li:rən] v. tr. interpoler ; intercaler.

Interpret [intər'pre:t] m. (en, en) exégète m. ; commentateur m. ; interprète m.

Interpretation [-preta'tsio:n] f. (-, en) interprétation f. ; exégèse f.

interpretations|bedürftig [-preta"tsio:nsbe'dyrftiç] adj. qui demande à être expliqué.

interpretieren [-pre'ti:rən] v. tr. expliquer ; interpréter.

interpunktieren [intərpuŋk'ti:rən] v. tr. Gramm. ponctuer.

Interpunktions|zeichen [intərpuŋk"tsio:ns'tsaiçən] n. (s, -). Gramm. signe (m.) de ponctuation.

Interrogativ|pronomen [intərɔga"ti:fprɔ'no:mən] n. (s, mina). Gramm. pronom interrogatif.

inter|stellar [intərʃtɛ'lɑ:r] adj. interstellaire.

Intervall [intər'val] n. (s, e) intervalle m.
intervenieren [intərve'ni:rən] v. intr. intervenir.
Intervention [intərvɛn'tsio:n] f. (-, en) intervention f.
Interview [intər'vju:] n. (s, s) interview f.
interviewen [intər'vjuvən] v. tr. interviewer.
intim [in'ti:m] adj. intime. | *mit jm intim sein*, être ami intime avec, de qn.
Intim|bereich [in"ti:mbə'raiç] m. (s, e) intimité f. ; sphère privée.
Intimität [intimi'tɛ:t] f. (-, en) intimité f. ; familiarité f.
in|tolerant [intole'rant] adj. intolérant.
— SYN. : *fanatisch*, fanatique ; *unduldsam*, intolérant.
In|toleranz [-'rants] f. intolérance f.
Intonation [intona'tsio:n] f. (-, en) intonation f.
intonieren [into'ni:rən] v. tr. MUS. entonner.
intra|muskulär [intramusku'lɛ:r] adj. intramusculaire. ||**-venös** adj. MÉD. intraveineux.
in|transitiv [intranzi'ti:f] adj. GRAMM. intransitif.
Intrigant [intri'gant] m. (en, en) intrigant m. ; aventurier m.
Intrige [-'tri:gə] f. (-, n) intrigue f.
intrigieren [-tri'gi:rən] v. intr. intriguer.
introvertiert [intrɔvɛr'ti:rt] adj. introverti.
intubieren [intu'bi:rən] v. tr. MÉD. intuber.
Intuition [intui'tsio:n] f. (-, en). PHILOS. intuition f.
intuitiv [-'ti:f] adj. PHILOS. intuitif.
Inumlauf|setzen [in"umlauf'zɛtsən] n. (s). FIN. émission f. ; mise (f.) en circulation.
in|valid(e) [inva'li:d(ə)] adj. invalide ; mutilé.
Invaliden|rente [inva"li:dən'rɛntə] f. (-, n) pension (f.) d'invalidité.
Invalidität [invalidi'tɛ:t] f. MÉD. invalidité f. ; incapacité (f.) physique.
in|variabel [invari'ɑ:bəl] adj. invariable ; constant.
Invasion [inva'zio:n] f. (-, en) invasion f.
Invektive [invɛk'ti:və] f. (-, en) invective f.
Inventar [invɛn'tɑ:r] n. (s, e). FIN. inventaire m. | *lebendes und totes Inventar (Landwirtschaft)*, cheptel vif et mort d'une exploitation agricole. | *das Inventar aufnehmen*, dresser l'inventaire.
inventarisieren [invɛntari'zi:rən] v. tr. faire l'inventaire ; inventorier.
Inventur [-'tu:r] f. (-, en) inventaire m. | *Jahresinventur*, inventaire annuel.
Inversion [invɛr'zio:n] f. (-, en). GRAMM. inversion f. ; construction (f.) inverse. || [Umwelt] *meteorologische Inversion*, inversion (f.) météorologique.
invertieren [-vɛr'ti:rən] v. tr. invertir ; intervertir.
investieren [invɛs'ti:rən] v. tr. FIN. investir ; engager ; placer. || ADM. investir ; installer.
Investierung [-'ti:ruŋ] f. (-, en), **Investition** [invɛsti'tsio:n] f. (-, en). FIN. placement m. ; investissement m.
Investitions|güter [invɛsti"tsio:ns'gy:tər] n. pl. ÉCON. biens (m. pl.) d'équipement. ||°**-lust** f., °**-neigung** f. (-, en). ÉCON. propension (f.) à investir.
Investitur [-ti'tu:r] f. (-, en). ADM., HIST. investiture f.
Investment [in'vɛstmənt] n. (s, s). FIN. investissement m.
Investment|fonds [in"vɛstmənt'fɔ̃] m. (-). FIN. fonds commun de placement. ||°**-gesellschaft** f. (-, en). FIN. société (f.) d'investissement.
Investor [-'tɔr] m. (s, en) investisseur m.
in|wendig ["in'vɛndiç] adj. intérieur.
◇ adv. intérieurement ; à l'intérieur ; au dedans ; en dedans. | *etwas in- und auswendig kennen*, connaître qch. à fond.
in|wiefern [invi:'fɛrn], **in|wieweit** [invi:'vait] adv. dans quelle mesure ; jusqu'à quel point.
Inzest [in'tsɛst] m. (es, e) inceste m.
Inzucht ['intsuxt] f. croisement (m.) d'animaux apparentés ; union consanguine.
in|zwischen [in'tsviʃən] adv. entre-temps ; dans l'intervalle ; depuis.
Ion [jo:n] n. (s, en). PHYS., ÉLECTR. ion m.
Ionen|dosis ["jo:nən'do:zis] f. (-, sen). NUCL. exposition f. ||°**-triebwerk** n. (s, e). NUCL. moteur (m.) ionique.
Ionien ['jo:niən] n. pr. n. GÉOGR. Ionie f.
Ionisation [joniza'tsio:n] f. PHYS. ionisation f.
ionisch ['jo:niʃ] adj. GÉOGR. ionien. || ARCHIT. *ionische Säulenordnung*, ordre (m.) ionique. || NUCL. ionique.
ionisieren [joni'zi:rən] v. tr. PHYS., ÉLECTR. ioniser.
Ionisierung [joni'zi:ruŋ] f. (-, en). NUCL. ionisation f.
IQ [i'ku:] m. (s, s) Q.I. m.
Iraner(in) [i'rɑ:nər(in)] n. pr. m. (s, -), f. (-, nen). GÉOGR. Iranien m., Iranienne f.
iranisch [-niʃ] adj. GÉOGR. iranien.
irden ['irdən] adj. de, en terre. | *irdenes Geschirr*, poterie f.
irdisch [-diʃ] adj. terrestre ; de ce, du monde ; d'ici-bas ; temporel ; séculier. | *das irdische Dasein*, l'existence, la vie terrestre. | *die irdische Hülle des Verstorbenen*, la dépouille mortelle du défunt. | *das Irdische*, les choses (f. pl.) terrestres. | *den Weg alles Irdischen gehen*, payer son tribut à la nature ; mourir.
Ire ['i:rə] n. pr. m. GÉOGR. Irlandais m.
irgend ['irgənt] adv. **1.** EMPLOYÉ EN PREMIÈRE POSITION. Ajoute un sens indéfini au mot qu'il précède ; sens de : quelque ... que ; un quelconque ; n'importe qui ; n'importe quoi ; d'une manière quelconque. — **a)** [séparément] *irgend etwas*, n'importe quoi ; quoi que ce soit. | *gibt es irgend etwas Schöneres ?*, y a-t-il rien de plus beau ? | *irgend jemand*, n'importe qui. | *wenn mir irgend jemand sagen könnte*, si quelqu'un pouvait me dire. — **b)** [réuni à un autre mot] *irgendein*, un quelconque ; quelque ... que ce soit. | *unter irgendeinem Vorwand*, sous un prétexte quelconque. | *irgendein anderer*, quelque autre. || plur. *irgendwelche*. | *irgendwelche Leute*, des gens quelconques ; on ne sait qui ; n'importe qui. | *ohne irgendwelche Kosten*, sans aucuns frais. | *irgendeiner*, *irgendwer*, quelqu'un ; quelque personne ; n'importe qui ; qui que ce soit ; une personne quelconque. | *irgendwas*, quoi que ce soit ; quelque chose que ce soit ; n'importe quoi. | *irgendwelcher, e, es*, plur. *e*, n'importe lequel, laquelle. | *irgendwann*, n'importe quand ; en quelque temps que ce soit. | *irgendwie*, n'importe comment ; d'une manière quelconque ; de quelque manière que ce soit. | *irgendwo*, n'importe où ; en quelque lieu que ce soit. || LOC. *wenn irgendeinmal*, si jamais.
2. EMPLOYÉ EN SECONDE POSITION. *wer irgend...*, qui que ce soit qui. | *wo irgend*, où que ce soit. | *wenn es irgend möglich ist*, s'il existe quelque possibilité. | *wenn er irgend verständig ist*, pour peu qu'il soit compréhensif.
Iridium [i'ri:dium] n. (s). CHIM. iridium m.
Irin ['i:rin] n. pr. f. (-, nen). GÉOGR. Irlandaise f.
Iris ['i:ris] f. MYTH. Iris f. || BOT. iris m. || ANAT. iris m.
Iris|blende ["i:ris'blɛndə] f. (-, n). PHOT. iris m. ;

diaphragme m. ||°-**farbe** f. (-, n) couleur irisée ; irisation f.

irisch ['i:riʃ] adj. GÉOGR. irlandais.

irisieren [iri'zi:rən] v. tr. iriser.
◇ v. intr. iriser ; chatoyer.

Irland ['irlant] n. pr. n. GÉOGR. Irlande f.

Irländer ["ir'lɛndər] n. pr. m. (s, -) Irlandais.

Ironie [iro'ni:] f. (-, n) ironie f. | *beißende Ironie*, ironie mordante. | *bittere Ironie*, sarcasme m.

ironisch [i'ro:niʃ] adj. ironique. | *ironisch sprechen*, ironiser.

ironisieren [ironi'zi:rən] v. tr. ironiser.

irrational [iratsio'na:l] adj. PHILOS. irrationnel, contraire à la raison. || MATH. irrationnel.

Irr|fahrt ['irfa:rt] f. (-, en) course vagabonde ; aventure f. ; équipée f. ; odyssée f. ||°-**gang** m. (s, ¨e), °-**garten** m. (s, ¨) dédale m. ; labyrinthe m. ||°-**glaube** m. (ns). RELIG. croyance erronée ; hétérodoxie f. ; hérésie f. ||-**gläubig** adj. RELIG. hétérodoxe ; hérétique. || °-**läufer** m. (s, -) envoi (m.) en souffrance. ||°-**lehre** f. (-, en). RELIG. doctrine erronée ; hérésie f. ||°-**licht** n. (s, er) feu follet ; farfadet m. || MAR. feu (m.) Saint-Elme, Saint-Nicolas. ||°-**rede** f. (-, n) propos (m. pl.) sans suite ; divagations f.pl. ||°-**sinn** m. (s) égarement m. ; aliénation mentale ; démence f. ; folie f. ||-**sinnig** adj. à l'esprit égaré ; aliéné ; dément. ||°-**weg** m. (s, e). FIG. *einen Irrweg einschlagen*, se tromper ; faire fausse route. ||°-**wisch** m. (es, e) feu follet ; farfadet m.

irre ['irə] adj. aliéné ; fou ; dément. | *im Kopfe irre sein*, déraisonner ; divaguer. | *er hat einen irren Blick*, il a un regard de fou. || [seltsam] étonnant ; déconcertant. || FAM. [sehr groß] affolant ; énorme. | *eine irre Summe*, une somme astronomique.

Irre ['irə] f. *in die Irre gehen*, s'égarer ; se tromper ; faire erreur ; se fourvoyer. | *jn in die Irre führen*, égarer, fourvoyer qn.

irre|führen ["irə'fy:rən] v. tr. égarer ; induire en erreur. | *sich durch etwas irreführen lassen*, se laisser prendre à qch. | *irreführende Werbung*, publicité mensongère. ||-**gehen** (ging, gegangen) v. intr. faire fausse route ; s'égarer ; se fourvoyer. ||-**leiten** v. tr. égarer ; induire en erreur ; tromper. ||-**machen** v. tr. troubler ; dérouter ; désorienter ; déconcerter. || -**reden** v. intr. tenir des propos incohérents ; délirer ; divaguer.

irreal [ire'a:l] adj. irréel.

irregulär [iregu'lɛ:r] adj. irrégulier ; anormal.

Irregularität [-lari'tɛ:t] f. (-, en) irrégularité f.

irrelevant ["irələ'vant] adj. sans importance.

irreligiös [ireligi'ø:s] adj. irréligieux ; impie.

irren ['irən] v. intr. errer ; vaguer ; vagabonder ; s'égarer. | *von einem Ort zum andern irren*, errer d'un endroit à l'autre. || PAR EXT. se tromper ; être dans l'erreur ; s'abuser. | *du irrst*, tu fais erreur. || PROV. *Irren ist menschlich*, l'erreur est humaine ; chacun peut se tromper.
◇ v. pr. **sich irren,** faire erreur ; se tromper. | *sich in etwas, an jm irren*, avoir une fausse opinion de qch., de qn. | *wenn ich mich nicht irre*, si je ne me trompe.
— SYN. : *sich verirren*, s'égarer.

Irren|anstalt ["irən'anʃtalt] f. (-, en), °-**haus** n. (es, ¨er) asile (m.) d'aliénés. ||°-**arzt** m. (es, ¨e) médecin (m.) aliéniste ; psychiatre m. ||°-**häusler** m. (s, -) aliéné m.

irrig ['iriç] adj. erroné ; inexact ; faux. | *er ist irriger Auffassung*, il fait erreur ; il se trompe. || JUR. *irriges Urteil*, erreur (f.) judiciaire.

irriger|weise ["irigər'vaizə] adv. par erreur ; par méprise.

irritieren [-'ti:rən] v. tr. irriter.

Irrtum ['irtu:m] m. (s, ¨er) erreur f. ; méprise f. ; faute f. ; quiproquo m. ; bévue f. | *Irrtümer richtigstellen*, corriger, redresser, dissiper des erreurs. | *zum Irrtum verleiten*, induire en erreur. || COMM. *Irrtum vorbehalten*, sauf erreur.

irrtümlich ["irty:mliç] adj. par erreur ; erroné.

irrtümlicher|weise ["irty:mliçər'vaizə] adv. par erreur.

Irrung ['iruŋ] f. (-, en) errement m.

Ischias ['iʃias] f. MÉD. sciatique f.

Isegrim ['i:zəgrim] n. pr. m. Isengrin m. || FIG. grognon m.

Islam ['isla:m et -'-] m. (s). RELIG. Islam m.

islamisch [-iʃ] adj. RELIG. islamique.

Island ['islant] n. pr. n. GÉOGR. Islande f.

Isländer(in) ['islɛndər(in)] n. pr. m. (s, -), f. (-, nen). GÉOGR. Islandais m., Islandaise f.

isländisch [-lɛndiʃ] adj. GÉOGR. islandais.

Iso|bare [izo'ba:rə] f. (-, n). PHYS. isobare f. ||-**chromatisch** adj. PHYS. isochromatique. ||°-**dosis** f. (-, sen). MÉD. isodose f. ||°-**mer** n. (s, e). CHIM. isomère m. ||-**morph** adj. isomorphe. ||°-**pren** n. (s). CHIM. isoprène m. ||°-**top** n. (s, en). CHIM. isotope m.

Isolation [izɔla'tsio:n] f. ÉLECTR. isolation f.

Isolator [-'la:tɔr] m. (s, en). ÉLECTR., TECHN. isolateur m. ; isolant m.

Isolier|band [izo"li:r'bant] n. (s, ¨er). ÉLECTR. ruban isolant ; chatterton m. ||°-**haft** f. emprisonnement (m.) cellulaire. ||°-**hülle** f. (-, n). ÉLECTR. gaine isolante. ||°-**stoff** m. (s, e) isolant m.

isolierbar [-'li:rba:r] adj. isolable ; séparable.

isolieren [-'li:rən] v. tr. isoler. || ÉLECTR. isoler.

Isoliertheit [-'li:rthait] f. isolement m.

Isolierung [-'li:ruŋ] f. (-, en) isolement m. || ÉLECTR. isolation f.

Isolierungs|mittel [izɔ"li:ruŋs'mitəl] n. (s, -). ÉLECTR. isolant m. ||°-**politik** f. isolationnisme m.

Isotop [izɔ'to:p] n. (s, e). NUCL. isotope m.

Israel ['israe:l] n. pr. n. Israël m.

Israeli [isra'e:li] s. (s, s) Israélien m., Israélienne f.

Israelit [israe:'li:t] n. pr. m. (en, en). HIST. Israélite m. || RELIG. israélite m. ; juif m.

israelisch [-ra'e:liʃ] adj. israélien.

israelitisch [-rae'li:tiʃ] adj. israélite.

Ist|bestand ["istbə'ʃtant] m. (s) effectif m. ; quantité réelle. ||°-**einnahme** f. (-, n). COMM. recette effective, réelle. ||°-**stärke** f. (-, n). MIL. effectif réel.

Isthmus ['istmus] m. (-, men). GÉOGR. isthme m.

Istrien ['istriən] n. pr. n. Istrie f.

Italien [i'ta:liən] n. pr. n. Italie f.

Italiener(in) [itali'e:nər(in)] n. pr. m. (s, -), f. (-, nen). GÉOGR. Italien m., Italienne f.

italienisch [-niʃ] adj. italien.

Iteration [itera'tsio:n] f. (-, en). INF. itération f.

Iterations|schleife [itera"tsio:n'sʃlaifə] f. (-, n). INF. boucle (f.) d'itération.

Iterativ(um) [itera'ti:f, -'ti:vum] n. (s, va). GRAMM. (verbe m.) itératif m.

Ithaka ['itaka] n. pr. n. GÉOGR. Ithaque f.

I-Tüpfelchen ["i:'typfəlçən] n. (s, -) point (m.) sur l'*i*.

J

J, j [jɔt] n. j m.
ja [ja:] adv. **1.** [Zustimmung] *ach, o, ei ja !*, oh oui ! | *ja gewiß, natürlich, freilich*, oui, sans doute ; bien sûr. | *zu allem ja und amen sagen*, consentir à tout ; dire amen à tout. | *mit Ja antworten*, dire que, répondre que oui. **2.** [verstärkend] bien ; surtout ; au moins ; même ; voire. | *sage es ja niemand !*, surtout ne dis cela à personne, je te prie ! | *kommen Sie ja wieder*, ne manquez pas de revenir ! | *da soll er nur ja ruhigbleiben*, qu'il garde son calme, en tout cas. | *er hörte ihn, ja, er sah ihn*, il l'entendit, il le vit même.
3. [doch] mais ; à propos. | *du siehst es ja*, mais tu le vois bien. | *da kommt er ja*, mais tiens !, le voilà qui vient. | *ja so, das ist was anderes*, alors, dans ce cas, c'est différent.
4. [einleitend] eh bien ! | *ja, nun wollen wir anfangen*, eh bien, nous allons commencer.
Ja|sager [″ja:'za:gər] m. (s, -). Fam. homme (m.) sans opinion, sans caractère ; béni-oui-oui m. ||**-wohl** adv. oui ; certes ; entendu. ||°**-wort** n. (s, e) consentement m. | *sein Jawort geben,* consentir à épouser qn.
Jacht [jaxt] f. (-, en). Mar. yacht m.
Jacht|hafen [″jaxt'ha:fən] m. (s, ¨). Mar. port (m.) de plaisance.
Jäckchen ['jɛkçən] n. (s, -) veste f. ; cardigan m.
Jacke ['jakə] f. (-, n) veste f. || Fam. *jm die Jacke vollhauen*, rosser qn. | *es ist Jacke wie Hose*, c'est bonnet blanc et blanc bonnet.
Jackett [ja'kɛt] n. (s, e et s) veste f. (de costume).
Jade ['ja:də] f. jade m.
Jagd [jakt] f. (-, en) chasse f. | *hohe Jagd*, chasse du gros gibier ; grande chasse. | *niedere Jagd*, chasse du menu gibier. | *Jagd auf Wildschweine*, chasse au sanglier. | *auf die Jagd gehen*, aller à la chasse. | *die Jagd geht auf*, c'est l'ouverture de la chasse. | *die wilde Jagd*, la chasse infernale. || Fig. *die Jagd auf den Dieb*, la poursuite du voleur. | *die Jagd nach Glück*, la poursuite du bonheur.
Jagd|aufseher [″jakt'aufse:ər] m. (s, -) garde-chasse m. ||°**-berechtigung** f. (-, en) droit (m.) de chasse. ||°**-bezirk** m. (s, e) terrain (m.) de chasse. ||°**-bomber** m. (s, -). Mil., Aéron. chasseur-bombardier m. ||°**-eröffnung** f. (-, en) ouverture (f.) de la chasse. ||°**-flieger** m. (s, -). Mil., Aéron. [Flieger] pilote m., aviateur (m.) de chasse. || [Flugzeug] avion (m.) de chasse ; chasseur m. ||°**-flinte** f. (-, n) fusil (m.) de chasse. ||°**-flugzeug** n. (s, e). Mil., Aéron. avion (m.) de chasse ; chasseur m. ||°**-frevel** m. (s, -) délit (m.) de chasse ; braconnage m. ||°**-frevler** m. (s, -) braconnier m. ||°**-geschwader** n. (s, -). Aéron. escadre (f.) de chasse. ||°**-gewehr** n. (s, e). V. Jagdflinte. ||°**-haus** n. (es, ¨er) pavillon (m.), rendez-vous (m.) de chasse. ||°**-horn** n. (s, ¨er) cor (m.) de chasse ; trompe f. ||°**-hund** m. (s, e) chien (m.) de chasse. ||°**-kappe** f. (-, n) bombe f. ||°**-pacht** f. (-, en) location (f.) d'une chasse. ||°**-recht** n. (s, e) droit (m.) de chasse. || Par ext. réglementation (f.) de la chasse. ||**-rennen** n. (s, -). Sport. course (f.) d'obstacles. ||°**-revier** n. (s, e) chasse gardée. ||°**-schein** m. (s, e) permis (m.) de chasse. ||°**-schloß** n. (es, ¨e) pavillon (m.), rendez-vous (m.) de chasse. ||°**-staffel** f. (-, n). Mil., Aéron. escadrille (f.) de chasse. ||°**-tasche** f. (-, n) gibecière f. ; carnassière f. ; carnier m. ||°**-zeit** f. (-, en) saison (f.) de la chasse.
jagen ['ja:gən] v. tr. [verfolgen] chasser ; poursuivre ; pourchasser. | *Hasen jagen*, chasser le lièvre. | *jn jagen*, poursuivre qn. || [abhetzen ; ermüden] crever. | *ein Pferd zu Tode jagen*, crever un cheval. | *sich müde jagen*, s'éreinter. || [verjagen ; vertreiben] chasser. | *der Wind jagt die Wolken*, le vent chasse les nuages. | *jn aus einem Ort jagen*, chasser qn d'un endroit. | *in die Flucht jagen*, mettre en fuite. || Fig., fam. *damit kannst du mich jagen*, ne me parle plus de cette horreur. | *sich eine Kugel durch den Kopf jagen*, se brûler la cervelle. ◇ v. intr. chasser ; être à la chasse ; faire, donner la chasse à. | *nach einem Wild, auf ein Wild jagen*, chasser, poursuivre un gibier. || Fig. courir après. | *nach dem Glück jagen*, courir après le bonheur. || [eilen] courir ; galoper ; aller à toute vitesse, à fond de train. | *die Wolken jagen am Himmel*, les nuages courent dans le ciel.
Jäger ['jɛ:gər] m. (s, -) chasseur m. | *ein gewaltiger Jäger vor dem Herrn*, un grand chasseur devant l'Éternel. || Par ext., Mil. chasseur (m.) à pied. | *reitender Jäger*, chasseur à cheval. || Aéron. avion (m.) de chasse ; chasseur m.
Jäger|latein [″jɛ:gərla'tain] n. (s) histoire (f.) de chasseurs.
Jaguar ['ja:gua:r] m. (s, e). Zool. jaguar m.
jäh [jɛ:] adj. [plötzlich] soudain ; subit. | *ein jäher Tod*, une mort subite. || [senkrecht] abrupt ; raide ; escarpé ; à pic. || [schnell] prompt ; vif ; rapide ; brusque ; irréfléchi. | *jähe Handlung*, action précipitée. ◇ adv. [plötzlich] subitement ; soudain. || [schnell] vite ; rapidement ; brusquement.
— Syn. : *plötzlich, rasch*, soudain ; *unvermittelt*, subit ; *unvorhergesehen, ungeahnt*, imprévu.
jählings ['jɛ:liŋs] adv. soudain ; soudainement.
Jahr [ja:r] n. (s, e). **1.** an m. ; année f. | *ein glückliches Jahr*, une année heureuse. | *ein ergiebiges Jahr*, une année abondante. | *jm ein gutes, frohes, segensreiches Jahr wünschen*, souhaiter à qn une bonne et heureuse année. | *das bürgerliche Jahr*, l'année civile. || [Bibel] *die fetten, mageren Jahre*, les années d'abondance, de disette. || *die neunziger Jahre*, les années quatre-vingt-dix. | *sieben Jahre Pech*, sept ans de malheur. | *ein ganzes, volles Jahr*, une année entière. | *ein halbes Jahr*, un semestre. | *das neue Jahr*, la nouvelle année. | *dieses Jahr* ; *das jetzige, das laufende Jahr*, cette année ; l'année en cours. | *das alte, vergangene, vorige Jahr*, l'année passée. | *das*

kommende, nächste Jahr, l'année prochaine. | *die früheren Jahre*, le temps passé ; le temps jadis.
2. (complém. de temps, sans prép.) *alle Jahre*, tous les ans. | *alle zwei Jahre*, tous les deux ans. | *jedes Jahr*, chaque année ; tous les ans. | *jedes zweite Jahr*, tous les deux ans. | *Jahr für Jahr*, tous les ans ; annuellement. | *Jahr um Jahr*, une année après l'autre. | *viele Jahre lang*, bien des années durant. | *zehn Jahre vorher*, dix ans auparavant ; dix ans plus tôt. | *zehn Jahre später*, dix ans après ; dix ans plus tard. | *hundert Jahre zu früh*, cent ans trop tôt.
3. (avec prép.) *im Jahre 1992 (nach Christi Geburt)*, l'an 1992 (après Jésus-Christ). | *in zwei Jahren*, dans deux ans. | *nach Jahren*, après des années. | *nach Jahr und Tag*, après bien des années. | *seit Jahren*, depuis des années. | *seit Jahr und Tag*, depuis fort longtemps. | *über Jahr und Tag*, plus tard ; un jour. | *(heute) über ein Jahr, übers Jahr*, d'ici un an. | *von Jahr zu Jahr*, d'une année à l'autre. | *(heute) vor einem Jahr, vorm Jahr*, il y a un an aujourd'hui. | *vor Jahr und Tag*, autrefois ; jadis. | *vor Jahren*, il y a bien des années.
4. [im Sinne von Alter] *er ist zehn Jahre (alt)*, il a dix ans | *er hat fünfzig Jahre auf dem Rücken*, il a bien cinquante ans. | *seine Jahre fühlen, spüren*, ressentir son âge. | *jünger als seine Jahre sein*, ne pas paraître son âge. | *schon bei Jahren sein*, ne plus être très jeune. | *in den besten Jahren sein*, être dans la force de l'âge. | *in der Blüte der Jahre sein*, être dans la fleur de l'âge. | *in die Jahre kommen*, prendre de l'âge.

jahr|aus [jɑ:r'aus], **jahr|ein** [jɑ:r'ain] adv. bon an, mal an ; d'un bout de l'année à l'autre.

Jahr|buch [″jɑ:r'bu:x] n. (s, ¨er) annuaire m. || PAR EXT. chronique f. | *Jahrbücher*, annales f. pl. ||°**-gang** m. (s, ¨e) [z. B. einer Zeitschrift] année f. || [Demographie] classe (f.) d'âge. | *geburtenschwacher Jahrgang*, classe creuse. || AGRIC. *der Jahrgang 1984*, l'année 1984. || [Wein] *ein guter Jahrgang*, un bon millésime ; une bonne année. ||°**-hundert** n. (s, e) siècle m. | *das Jahrhundert der Aufklärung*, le siècle des Lumières. | *das zwanzigste Jahrhundert*, le vingtième siècle. ||**-hundertelang** adv. pendant, durant des siècles. — adj. séculaire. ||°**-markt** m. (es, ¨e) foire f. ; fête foraine. ||°**-tausend** n. (s, e) période (f.) de mille ans ; millénaire m. ||°**-zehnt** n. (es, e) période (f.) de dix ans ; décennie f.

jahre|lang [″jɑ:rə'laŋ] adj. et adv. durant, pendant des années ; des années durant.

jähren (sich) [ziç'jɛ:rən] v. pr. impers. *es jährt sich heute*, il y a un an aujourd'hui.

Jahres|abschluß [″jɑ:rəs'apʃlus] m. (es, ¨e) bilan annuel ; clôture (f.) de l'exercice ; bilan (m.) de clôture. ||°**-beitrag** m. (s, ¨e) cotisation annuelle ; annuité f. ||°**-bericht** m. (s, e) compte rendu annuel. ||°**-bilanz** f. (-, en) bilan annuel ; bilan (m.) de l'exercice. ||°**-durchschnitt** m. (s, e) moyenne annuelle. ||°**-einkommen** n. (s) revenu annuel. ||°**-ertrag** m. (s, ¨e) rendement annuel. ||°**-feier** f. (-, n), anniversaire m. ||°**-frist** f. (-, en) espace (m.), délai (m.) d'un an. ||°**-gehalt** n. (es, ¨er) traitement annuel. ||°**-ring** m. (s, e). BOT. couche annuelle ; cerne m. ||°**-tag** m. (s, e) anniversaire m. ||°**-wechsel** m. (s) nouvel an. ||°**-zahl** f. (-, en) année f. ; date f. ; millésime m. ||°**-zeit** f. (-, en) saison f.

...jährig (en compos.) de tant d'années. | *zehnjährig*, âgé de dix ans.

jährlich ['jɛ:rliç] adj. annuel.
◇ adv. annuellement ; par an ; tous les ans.

Jährling [-liŋ] m. (s, e) animal (m.) d'un an. || [Jagd] daguet m. ; broquart m.

Jahve, Jahwe ['jɑ:ve] n. pr. m. Jéhovah m.

Jäh|zorn ['jɛ:tsɔrn] m. (s) colère subite ; accès (m.) de colère. || PAR EXT. irascibilité f. ; emportement m. ||**-zornig** adj. irascible ; emporté ; vif ; colère ; rageur.

Jak [jak] m. (s, s). ZOOL. ya(c)k m.

Jakobiner [jakɔ'bi:nər] m. (s, -). RELIG., HIST. jacobin m.

Jakobiner|mütze [jakɔ″bi:nər'mystsə] f. (-, n) bonnet rouge, phrygien.

Jakobs|muschel [″jɑ:kɔps'muʃəl] f. (-, en) coquille (f.) Saint-Jacques.

Jalousie [ʒalu'zi:] f. (-, n). ARCHIT. jalousie f. ; persienne f.

Jamaika [ja'maika] n. pr. n. GÉOGR. Jamaïque f.

jambisch ['jambiʃ] adj. POÉS. ïambique.

Jambus ['jambus] m. (-, ben). POÉS. ïambe m.

Jammer ['jamər] m. (s) détresse f. ; calamité f. ; misère f. | *in Jammer und Not*, dans une misère noire. | *es ist ein Jammer um das zerstörte Schloß*, c'est une pitié de voir ce château détruit ; quel dommage d'avoir détruit ce château. || PAR EXT. [Klagen] lamentations f. pl. ; gémissements m. pl. ; plaintes f. pl.

Jammer|bild [″jamər'bilt] n. (s, er) tableau, spectacle navrant, de désolation. ||°**-geschrei** n. (s) lamentations f. pl. ||°**-gestalt** f. (-, en) figure (f.) pitoyable. ||°**-lappen** m. (s, -). FAM. pleurnicheur m. ; pleurard m. ||°**-leben** n. (s) vie (f.), existence (f.) misérable. ||**-schade** adj. *es ist jammerschade*, c'est dommage ; c'est regrettable. ||°**-tal** n. (s) vallée (f.) de larmes. ||**-voll** adj. lamentable ; affligeant ; piteux ; misérable.

jämmerlich ['jɛmərliç] adj. lamentable ; piteux ; pitoyable ; misérable. | *jämmerliches Geschrei*, des cris (m. pl.) de lamentation. | *eine jämmerliche Stimme*, une voix pitoyable. | *in jämmerlichem Zustand*, dans un piteux état. | *eine jämmerliche Bezahlung*, un salaire de famine.

jammern ['jamərn] v. intr. gémir ; se lamenter. | *um das verlorene Glück jammern*, se lamenter sur son bonheur perdu.
◇ v. tr. impers. exciter la pitié, la compassion. | *mich jammert, es jammert mich das Kind*, cet enfant me fait pitié.

Jamswurzel ['jamsvurtsəl] f. (-, n). BOT. igname f. ou m.

Jänner ['jɛnər] m. (s). [österreichisch] janvier m.

Jansenismus [janze'nismus] m. jansénisme m.

Jansenist [-'nist] m. (en, en). RELIG. janséniste m.

Januar ['janua:r] m. (s) janvier m.

Japan ['jɑ:pan] n. pr. n. GÉOGR. Japon m.

Japaner(in) [ja'pɑ:nər(in)] m. (s, -), f. (-, nen) Japonais m., Japonaise f.

japanisch [-niʃ] adj. GÉOGR. japonais ; nippon.

jappen ['japən], **japsen** ['japzən] v. intr. FAM. être à bout de souffle ; pâmer. | *nach Luft japsen*, haleter.

Jargon [ʒar'gɔ̃] m. (s, s) jargon m. ; argot m.

Jasmin [jas'mi:n] m. (s, e). BOT. jasmin m. | *wilder Jasmin*, seringa(t) odorant.

jäten ['jɛ:tən] v. tr. et v. intr. AGRIC. sarcler ; extirper ; arracher les mauvaises herbes.

Jät|hacke [″jɛ:t'akə] f. (-, n). AGRIC. sarcloir m.

Jauche ['jauxə] f. (-, n). AGRIC. purin m.

Jauche|grube [″jauxə'gru:bə] f. (-, n). AGRIC. fosse (f.) à purin.

jauchzen ['jauxtsən] v. intr. exulter ; jubiler. | *er jauchzte vor Freude*, il poussait des cris de joie.
— SYN. : *jubeln*, jubiler ; *frohlocken*, exulter.

Jauchzen [-tsən] n. (s) cris (m. pl.) de joie, d'allégresse.

Jauchzer [-tsər] m. (s, -) cri (m.) d'allégresse.

jaulen ['jaulən] v. intr. glapir.

Java ['jɑ:va] n. pr. n. Java f.

javanisch [ja'vɑ:niʃ] adj. javanais.

Jazz [jats] m. (-, e). MUS. jazz m. | *Jazz spielen*, faire de la musique de jazz.

je [je:] adv. [jedesmal] toujours ; (de) tout temps. | *von je*, de tout temps ; de toute éternité. | *seit eh und je*, depuis toujours. || [jemals einmal] jamais ; une fois. | *wer hätte das je geglaubt ?*, qui l'eût (jamais) cru ? | *je im dritten Jahr*, tous les trois ans. | *je zur Hälfte*, moitié moitié. | *je höher der Berg, desto reiner die Luft*, plus la montagne est haute, plus l'air est pur. | *je mehr, je besser*, plus il y en a, mieux cela vaut. | *je eher, je (desto) lieber*, le plus tôt sera le mieux. | *je nachdem*, selon ; dans la mesure de, où. | *je nach seinem Vermögen*, selon ses possibilités. | *je nach Laune*, selon son humeur. | *je nach den Umständen, den Verhältnissen*, selon les circonstances. | *das ist je nachdem*, c'est selon.
◇ interj. *oh je !, ach je !*, mon Dieu !

je|her [je'he:r] adv. *von jeher*, de tout temps ; depuis toujours. ||°**-längerjelieber** n. (s). BOT. [Geißblatt] chèvrefeuille m. ||**-weilig** adj. respectif. ||**-weils** adv. selon le cas. || PAR EXT. de temps en temps ; par intervalles.

Jeans [dʒi:nz] m. pl. jeans m. (pl.).

jeden|falls ["je:dən'fals] adv. en tout cas ; dans tous les cas ; quoi qu'il en soit ; certainement.

jeder ['je:dər], **jede** ['je:də], **jedes** ['je:dəs] adj. indéf. chaque ; tout ; toute ; tous ; toutes. | *zu jeder Stunde*, à chaque heure. | *auf jeden Fall*, en tout cas. | *jeden Tag*, chaque jour ; tous les jours. | *jedes zweite Jahr*, tous les deux ans. | *am ersten Mai jedes Jahres*, chaque année, au premier mai. | *jeden Ersten*, tous les premiers du mois. | *man konnte jedes Geräusch vernehmen*, on pouvait saisir le moindre bruit. | *die Uhr schlägt jede Viertelstunde*, l'horloge sonne tous les quarts d'heure. | *jeder einzelne*, chacun pris à part ; chaque individu. | *auf jede Art und Weise*, de toutes les façons. | *in jeder Hinsicht*, à tous égards.
◇ pron. indéf. chacun ; chacune ; quiconque. | *jeder beliebige*, quiconque ; n'importe qui. | *jeder von uns*, chacun de nous ; nous tous. | *ein jeder*, chacun ; tous. | *alles und jedes*, tout sans exception.

jeder|lei ["je:dər'lai] adj. de toute sorte.

jeder|mann [-'man] pron. indéf. chacun, chacune ; quiconque ; tout le monde. | *es ist nicht jedermanns Sache*, ce n'est pas l'affaire de tous. | *Herr Jedermann*, monsieur Tout le Monde.

jeder|zeit [-'tsait] adv. en tout temps ; à toute heure. | *auf Verlangen jederzeit vorzuzeigen*, à présenter à toute requête.

jedes|mal ["je:dəs'mɑ:l] adv. chaque fois ; toutes les fois ; FAM. à tous les coups.

jedoch [je:'dɔx] adv. pourtant ; cependant ; mais.

jeglich ['je:gliç] adj. et pron. indéf. V. JEDER.

Jehovah [je'ho:va] n. pr. m. RELIG. Jéhovah m.

jemals ['je:mɑ:ls] adv. jamais ; à un moment quelconque. | *hat man jemals so etwas gesehen ?*, a-t-on jamais vu pareille chose ?

jemand ['je:mant] pron. indéf. (es). [irgend] quelqu'un. | *jemand hat mich gerufen*, quelqu'un m'a appelé. | *hast du jemanden gesehen ?*, as-tu vu quelqu'un ? | *jemand anders*, quelqu'un d'autre. | *jemand Unbekanntes*, un inconnu. | *ein gewisser Jemand*, un certain ; une certaine personne. | *jemandem eine Freude bereiten*, faire plaisir à qn. | *ohne jemanden zu sehen*, sans voir personne.

jener ['je:nər], **jene** ['je:nə], **jenes** ['je:nəs] adj. démonstr. ce, cet...-là ; cette...-là ; ces...-là. | *zu jener Zeit*, en ce temps-là.
◇ pron. démonstr. celui-là ; celle-là ; cela ; ceux-là ; celles-là. | *dieses und jenes*, ceci et cela.

jen|seitig ["je:n'zaitiç] adj. qui est au-delà, de l'autre côté, du côté opposé, adverse. | *das jenseitige Ufer*, la rive adverse, opposée.

jen|seits ['je:nzaits] prép. (gén.) de l'autre côté ; au-delà de. | *jenseits des Ärmelkanals, des Atlantiks, des Rheins*, outre-Manche, outre-Atlantique, outre-Rhin. | *jenseits des Mittelmeers*, au-delà de la Méditerranée. | *jenseits der Alpen gelegen*, transalpin. | *jenseits von Raum und Zeit*, au-delà du temps et de l'espace ; dans l'éternité. || FAM. *jenseits des großen Teiches*, outre-Atlantique.

Jenseits [-zaits] n. l'au-delà m. | *ins Jenseits abberufen werden*, décéder. | *ins Jenseits befördern*, expédier dans l'autre monde.

Jerusalem [je'ru:zalɛm] n. pr. n. GÉOGR. Jérusalem f. ; Sion f.

Jesuit [jezu'i:t] m. (en, en). RELIG. jésuite m.

Jesuiten|orden [jezu"i:tən'ordən] m. (s). RELIG. ordre (m.) des Jésuites ; Compagnie (f.) de Jésus.

jesuitisch [jezu'i:tiʃ] adj. RELIG. jésuitique. || FAM., PÉJOR. astucieux ; hypocrite.

Jesus ['je:zus] n. pr. m. RELIG. Jésus m. | *Jesus Christus*, Jésus-Christ m.

Jesus|kind ["je:zus'kint] n. (s), °**-kindlein** n. (s). RELIG. enfant (m.) Jésus.

jetzig ['jɛtsiç] adj. actuel ; présent ; d'aujourd'hui ; de nos jours. | *jetzige Lage*, situation actuelle, présente. | *im jetzigen Augenblick*, pour le moment. || FAM. *in der jetzigen Zeit*, par le temps qui court.

jetzt [jɛtst] adv. maintenant ; à présent ; présentement ; de notre temps ; de nos jours. | *jetzt ist es Zeit*, il est temps. | *und jetzt sagt er*, et voilà qu'il dit. | *jetzt gleich*, tout de suite. | *jetzt oder nie*, maintenant ou jamais. | *bis jetzt*, jusqu'à présent ; jusqu'ici.

Jetzt|zeit ['jɛtsttsait] f. (-) temps (m.) présent.

Jiddisch ['jidiʃ] n. yiddish m. ; yidich m.

Job [dʒɔp] m. (s, s). FAM. petit boulot.

jobben [dʒɔbn] v. intr. FAM. faire des petits boulots.

Jobber ['dʒɔbər] m. (s, -). [Börse] agioteur m. ; spéculateur m. || FAM., PÉJOR. habitué (m.) des petits boulots.

Joch [jɔx] n. (s, e) joug m. || PR. et FIG. *das Joch tragen*, porter le joug. || FIG. *das Joch abwerfen, abschütteln*, secouer le joug. | *das Joch auferlegen*, imposer le joug, une servitude, une corvée. | *jn unter das Joch beugen*, plier qn sous le joug. | *sich unter das Joch beugen*, ployer sous le joug. | *jn unter das Joch bringen*, soumettre qn. | *durchs Joch gehen*, s'humilier ; passer sous le joug. || [der Wasserträger] palanche f. || ARCHIT. [Querholz an Brücken, Bogen] travée f. ; arche f. (d'un pont). || [Feldmaß] arpent m. || [Bergrücken] col m.

Joch|bein ['jɔxbain] n. (s, e). ANAT. os (m.) de la pommette ; os (m.) malaire ; arcade (f.) zygomatique. ||°**-bogen** m. (s, ¨). ANAT. arcade (f.) zygomatique. ||°**-brücke** f. (-, n) pont (m.) sur pilotis. ||°**-spannung** f. (-, en) travée (f.) de pont. ||°**-weite** f. (-, n) portée (f.) de travée.

Jockei ['djɔke] m. (s, s) jockey m.

Jod [jod] n. (s) iode m.

Jod|dämpfe ["jod'dɛmpfə] m. pl. vapeurs (f. pl.) iodiques. ||**-haltig** adj. iodé ; iodique. ||°**-silber** n. (s) iodure (m.) d'argent. ||°**-tinktur** f. teinture (f.) d'iode.

jodeln ['jɔdəln] v. intr. iouler ; iodler ; yodler.

Jodler [-dlər] m. (s, -). [Person] iouleur m. ; iodleur m. ; yodleur m. || [Gesang] tyrolienne f..

Jodoform [jodo'fɔrm] n. (s). CHIM. iodoforme m.

Joghurt ['jogu:rt] n. (s). CULIN. yoghourt m. ; yaourt m.

Johann(es) ['jo:han, jɔ'hanəs] n. pr. m. Jean m. || RELIG. *Johannes der Täufer*, Jean-Baptiste m. | *die Johannesbriefe*, les épîtres (f. pl.) de saint Jean.

Johannis|beere [jɔ"hanis'be:rə] f. (-, n). BOT. groseille f. | *schwarze Johannisbeere*, cassis m. || °**-beerstrauch** m. (s, ¨er). BOT. groseillier m. ||°**-brot** n. (s). BOT. caroube f. ||°**-brotbaum** m. (s, ¨e). BOT. caroubier m. ||°**-feuer** n. (s, -) feu (m.) de la Saint-Jean. ||°**-käfer** m. (s, -). ZOOL. 1° ver luisant ; 2° hanneton (m.) de juin. ||°**-kraut** n. (s). BOT. herbe (f.) de la Saint-Jean ; millepertuis m. ; armoise f. ||°**-tag** m. (s, e). [fête (f.) de] la Saint-Jean. ||°**-trieb** m. (s, e). BOT. rejet tardif. || FIG. regain (m.) de jeunesse ; amour tardif. ||°**-würmchen** n. (s, -). ZOOL. ver luisant.

Johanniter|kreuz [jɔha"ni:tər'krɔyts] n. (es) croix (f.) de Malte. ||°**-orden** m. (s) ordre (m.) des chevaliers de Saint-Jean.

johlen ['jo:lən] v. intr. FAM. pousser des cris de jubilation ; crier à tue-tête.

Joker ['jo:kər] m. (s, -) joker m.

Jokus ['jo:kus] m. (ses, se). FAM. plaisanterie f. ; blague f. ; facétie f.

Jolle ['jɔlə] f. (-, n). MAR. yole f.

Jongleur [ʒɔ̃'glø:r] m. (s, e) jongleur m.

Joppe ['jɔpə] f. (-, n) veste f. ; vareuse f. ; veston m.

Jordan ['jɔrdan] n. pr. m. GÉOGR. Jourdain m.

Jot [jɔt] n. (-, s). [nom de la lettre] J.

Jota ['jo:ta] n. (s, s) iota m. || FIG., FAM. la moindre des choses. | *er will (um) kein Jota nachgeben*, il ne démordra pas d'un iota ; il ne veut pas céder d'un pouce.

Joule [dʒu:l] n. (s, s). ÉLECTR. joule m.

Joulesch [dʒu:lʃ] adj. *Joulesches Gesetz*, loi (f.) de Joule.

Journal [ʒur'nɑ:l] n. (s, e). [Tagebuch] journal m. (intime). || PAR EXT. [Zeitung] revue f. journal m. || INF. journal (m.) de bord.

Journalismus [-na'lismus] m. journalisme m.

Journalist [-na'list] m. (en, en) journaliste m.

Journalistik [-na'listik] f. journalisme m.

journalistisch [-na'listiʃ] adj. journalistique.

jovial [jɔvi'ɑ:l] adj. jovial.

Jovialität [-viali'tɛ:t] f. jovialité f.

Jubel ['ju:bəl] m. (s) allégresse f. ; exultation f. ; jubilation f.

Jubel|feier ["ju:bəl'faiər] f. (-, n), °**-fest** n. (es, e) jubilé m. ||°**-geschrei** n. (s) cris (m. pl.), clameurs (f. pl.) d'allégresse. ||°**-jahr** n. (s, e) jubilé m. ; année (f.) du jubilé. || FAM. *alle Jubeljahre*, très rarement.

jubeln ['ju:bəln] v. intr. exulter ; jubiler. | *hell, laut jubeln*, pousser des cris d'allégresse. | *das Volk jubelt über den Sieg*, la victoire met le peuple en liesse. | *jm Beifall jubeln*, acclamer qn.

Jubilar(in) [jubi'lɑ:r(in)] m. (s, e) f. (nen) celui (celle) dont on fête un jubilé.

Jubiläum [-'lɛ:um] n. (s, läen) jubilé m.

jubilieren [-'li:rən]. V. JUBELN.

juch(z)en ['juxən, 'juxtsən] v. intr. exulter ; pousser des cris de joie.

juch|he ! ['juxhe:] interj. ô gué !

Juchten ['juxtən] n. (s, -) cuir (m.) de Russie.

juchten ['juxtən] adj. en cuir de Russie.

jucken ['jukən] v. tr., v. pr., v. impers. (se) gratter. | *es juckt mich in den Fingern*, les doigts me démangent. || FIG., FAM. *es juckt mich in den Beinen*, les jambes me démangent.

◇ v. intr., v. impers. causer des démangeaisons ; démanger. | *es juckt mir*, ça me démange. || FIG., FAM. *es juckt mir in den Fingern*, la main me démange ; je voudrais le gifler.

Jucken ['jukən] n. (s) picotements m. pl. ; démangeaisons f. pl. ; fourmillements m. pl.

Juck|reiz ["juk'raits] m. (es, e). MÉD. démangeaison f. ; prurit m.

Judaismus [juda'ismus] m. judaïsme m.

Judas|baum ["ju:das'baum] m. (s, ¨e). BOT. arbre (m.) de Judée. ||°**-kuß** m. (es, ¨e) baiser (m.) de Judas. || FIG. trahison f.

Jude ['ju:də] m. (n, n) juif m. ; israélite m. | *ewiger Jude m.*, Juif errant m. ; Ahasvérus m.

juden|feindlich ["ju:dən'faintliç] adj. antisémite. ||°**-kirsche** f. (-, n). BOT. cornouille f. ||°**-viertel** n. (s, -) quartier juif ; ghetto m.

Judentum [-tu:m] n. (s) judaïsme m.

Jüdin ['jy:din] f. (-, nen) juive f. ; israélite f.

jüdisch [-diʃ] adj. juif ; israélite ; judaïque. | *jüdischer Tempel*, synagogue f.

Judoka [ju'do:ka] m. (s, s). SPORT. judoka s.

Jugend ['ju:gənt] f. jeunesse f. | *von Jugend auf*, depuis son jeune âge ; depuis son enfance. | *schon über die erste Jugend hinaus sein*, ne plus être de la première jeunesse. || PROV. *Jugend hat keine Tugend, Jugend muß sich austoben*, il faut bien que jeunesse se passe.

Jugend|alter ["ju:gənt'altər] n. (s) jeunesse f. ; jeune âge m. ; âge (m.) tendre. ||°**-bewegung** f. (-, en) mouvement (m.) de jeunesse. ||°**-buch** n. (s, ¨er) livre (m.) pour la jeunesse. ||°**-freund** m. (s, e) ami (m.) d'enfance, de jeunesse. ||°**-gericht** n. (s, e) tribunal (m.) pour enfants (mineurs). ||°**-herberge** f. (-, n) auberge (f.) de jeunesse. ||°**-klasse** f. (-, n). SPORT. minimes m. pl. ||°**-kriminalität** f. JUR. délinquance (f.) juvénile. ||°**-schutz** m. (es) protection (f.) de la jeunesse. ||°**-stil** m. (s) Art nouveau. ||°**-streich** m. (s, e) folie (f.) de jeunesse ; fredaine f. ||°**-sünde** f. (-, n) péché (m.) de jeunesse. ||°**-werk** n. (es, e) *Deutsch-französisches Jugendwerk (DFJW)*, Office franco-allemand pour la jeunesse (O.F.A.J.). ||°**-wohnheim** n. (s, e) foyer (m.) de jeunes.

jugendlich ['ju:gəntliç] adj. jeune ; juvénile. | *sich zu jugendlich kleiden*, s'habiller trop jeune. || THÉÂTRE. *jugendlicher Liebhaber*, jeune premier.

◇ m. pl. **Jugendliche,** mineurs m. pl. | *Jugendliche haben keinen Eintritt*, interdit aux moins de seize ans.

Jugendlichkeit [-kait] f. juvénilité f. ; jeunesse f.

Jugo|slawe [jugo'slɑ:və] n. pr. m. GÉOGR. Yougoslave m. ||°**-slawien** n. pr. n. Yougoslavie f.

Jul|fest ['ju:lfɛst] n. (es, e) fête (f.) nordique du solstice d'hiver. ||°**-klapp** f. (-) cadeau (m.) de Noël.

Juli ['ju:li] m. (s) juillet m.

Jumbo Jet ['jumbodʒɛt] m. (s, s). [Flugzeug] gros-porteur m.

jung [juŋ] adj. (comp. **jünger ;** superl. **jüngst**). **1.** jeune. | *junges Mädchen*, jeune fille f. | *junger Mann*, jeune homme m. | *junge Leute*, jeunes gens m. pl. ; jeunes m. pl. ; jeunesse f. | *junges Ehepaar ; junge Eheleute*, nouveaux, jeunes mariés. | *von jung auf*, depuis la plus tendre enfance. | *er hat noch junge Beine*, il a encore de bonnes jambes. | *wieder jung werden*, rajeunir. **2.** frais ; nouveau ; récent. | *junger Tag*, jour naissant. | *junges Laub*, feuilles vertes. | *junge Erbsen*, petits pois. | *junges Gemüse*, primeurs f. pl. | *junges Bier ; junger Wein*, bière nouvelle ; vin nouveau, jeune, vert. | *Holbein der Jüngere*, Holbein le Jeune. | *der Jüngste Tag* ; *das Jüngste Gericht*, le Jugement dernier. | *mein Jüngster*, mon dernier-né. || LITTÉR. *das Junge Deutschland*, la Jeune Allemagne. || FIG. *sein jüngstes Werk*, sa dernière œuvre. | *die jüngste Vergangenheit*, les événements récents.

Jung|brunnen ["juŋ'brunən] m. (s, -) fontaine (f.) de Jouvence. ||°**-frau** f. (-, en) vierge f. | *keusche Jungfrau*, vierge chaste. | *die Heilige Jungfrau*, la Sainte Vierge. | *die Jungfrau von Orleans*, la Pucelle d'Orléans. ||**-fräulich** adj. virginal ; vierge. ||°**-fräulichkeit** f. virginité f. ||°**-geselle** m. (n, n), °**-gesellin** f. (-, nen) célibataire s. ||°**-gesellenstand** m. (s) célibat m. ||°**-gesellenwohnung** f. (-, en) garçonnière f. ||°**-holz** n. (es) taillis m. ||°**-lehrer(in)** m. (s, -), f. (-, nen) instituteur, institutrice débutant(e). ||°**-vieh** n. (s). ZOOL. génisses f. pl. ; taurillons m. pl.

Junge ['juŋə] m. (n, n) garçon m. ; garçonnet m. ; adolescent m. | *ein hübscher Junge*, un beau garçon. | *ein dummer Junge*, un nigaud. | *grüner Junge*, blanc-bec m. | *viele Jungen*, FAM. *Jung(en)s*, beaucoup de garçons, de jeunes. || FAM. *ein schwerer Junge*, un mauvais garçon ; un gars du milieu. | *schwieriger Junge*, enfant (s.) difficile | *Junge !, Junge !*, mon garçon ! ; mon ami ! || MAR. *die blauen Jungs*, les matelots m. pl. ; les cols-bleus m. pl.

Jüngelchen ['jyŋəlçən] n. (s, -). FAM. petit m. ; petit garçon ; gamin m. ; bambin m. ; moutard m.

jungen ['juŋən] v. intr. faire des petits ; mettre bas.

jungenhaft ['juŋənhaft] adj. puéril.

Jungen|jahre ["juŋən'ja:rə] n. pl. apprentissage m. ||°**-streich** m. (s, e) gaminerie f.

Jünger ['jyŋər] m. (s, -) disciple m. ; adepte m. ; partisan m. | *ein Jünger Nietzsches*, un adepte, un disciple de Nietzsche. || RELIG. disciple m. | *die zwölf Jünger*, les douze apôtres m. pl. ; les disciples m. pl.

Junges [-ŋəs] n. petit (m.) des animaux. | *unsere Katze hat Junge geworfen*, notre chatte a mis bas, a eu des petits.

Jungfer ['juŋfər] f. (-, n) [jeune, vieille] fille ; pucelle f. ; vierge f. | *eine alte Jungfer*, une vieille fille.

jüngferlich ['jyŋfərliç] adj. de fille ; prude ; virginal. || FIG. *jüngferlich tun*, minauder ; faire l'ingénue.

Jungfern|häutchen ["juŋfərn'hɔytçən] n. (s, -). ANAT. hymen m. ||°**-kranz** m. (es, ¨e) couronne virginale. ||°**-rede** f. (-, n) premier discours ; première allocution, conférence. ||°**-reise** f. (-, n). MAR. première traversée d'un bateau.

Jüngling ['jyŋliŋ] m. (s, e) jeune homme m. ; adolescent m.

Jünglings|alter ["jyŋliŋs'altər] n. (s) adolescence f.

jüngst [jyŋst] adv. [jünsgstens] dernièrement ; récemment ; il y a peu de temps.

Juni ['ju:ni] m. (s) juin m.

Junior ['ju:nior] adj. jeune ; cadet ; junior. | *Dupont jun.*, Dupont fils.

Junioren|rennen [juni"o:rən'rɛnən] n. (s, -). SPORT. course (f.) de juniors.

Junker ['juŋkər] m. (s, -) gentilhomme campagnard ; hobereau m. || POLIT. junker m.

Junkertum [-tu:m] n. (s). AGRIC. noblesse campagnarde ; aristocratie terrienne ; hobereaux m. pl.

Junktim ["juŋk'ti:m] n. invar. POLIT. groupement (m.) de projets de loi, ou de décrets ; FAM. corbeille f.

Juno ['ju:no] n. pr. f. MYTH. Junon f. || FIG. *eine wahre Juno*, une femme opulente.

Jupiter ['ju:pitər] n. pr. m. MYTH. Jupiter m.

Jura ['ju:ra] n. pl. JUR. droit m. | *Jura studieren*, faire son droit, des études de droit.

Jura ['ju:ra] n. pr. m. GÉOGR. Jura m. | *französischer Jura*, Jura français. | *fränkischer Jura*, Jura franconien.

Jura|bewohner ["ju:rabə'vo:nər] m. (s, -). GÉOGR. Jurassien m. ||°**-bildung** f. (-, en). GÉOL. formation (f.) de terrains jurassiques. ||°**-gebirge** n. (s). GÉOGR. Jura m. ||°**-schicht** f. (-, en). GÉOL. couche (f.) jurassique.

jurassisch [ju'rasiʃ] adj. GÉOGR., GÉOL. jurassique.

Juris|diktion [ju:risdik'tsio:n] f. (-, en). JUR. [Rechtsprechung] juridiction f. ||°**-prudenz** f. jurisprudence f.

Jurist(in) [ju'rist(in)] m. (en, en), f. (-, nen) juriste s. ; homme (m.) de loi ; jurisconsulte m. ; légiste m.

juristisch [-'ristiʃ] adj. juridique. | *juristische Fakultät*, faculté (f.) de droit. | *juristische Befähigung*, qualité (f.), formation (f.) juridique. | *juristischer Besitz*, possession (f.) de droit. | *juristische Person*, personne morale.

Jury ['jury] f. (-, s ou ries) jury m.

just [just] adv. FAM. justement ; précisément.

justieren [jus'ti:rən] v. tr. TECHN. ajuster ; régler.

Justierer [jus'ti:rər] m. (s, -) ajusteur m.

Justierung [jus'ti:ruŋ] f. (-, en). TECHN. cadrage m.

Justiz [jus'ti:ts] f. justice f.

Justiz|beamter [jus"ti:tsbə'amtər] m. magistrat m. (judiciaire). ||°**-behörde** f. (-, n) autorité (f.) judiciaire. ||°**-irrtum** m. (s, ¨er) erreur (f.) judiciaire. ||°**-minister** m. (s, -) ministre (m.) de la Justice ; garde (m.) des Sceaux. ||°**-mord** m. (s, e) assassinat (m.) juridique. ||°**-palast** m. (es, ¨e) palais (m.) de justice. ||°**-sache** f. (-, n) affaire (f.) juridique. | *in Justizsachen*, en matière de justice.

Jute ['ju:tə] f. (-, n). BOT. jute m.

Jüte ['jy:tə] n. pr. m. GÉOGR. Jute m. ; habitant du Jutland.

Jüt|land ['jy:tlant] n. pr. n. GÉOGR. Jylland m. ; Jutland m.

juvenil [juvə'ni:l] adj. juvénile.

Juwel [ju've:l] n. (s, en) joyau m. ; bijou m.

Juwelen|handel [ju"ve:lən'handəl] m. (s) joaillerie f. ; commerce (m.) de pierres précieuses. ||°**-händler** m. (s, -) bijoutier m. ; joaillier m.

Juwelier [juvə'li:r] m. (s, e). [Geschmeidehändler] joaillier m. ; bijoutier m.

Juwelier|kunst [juvə"li:r'kunst] f. joaillerie f. ||°**-waren** f. pl. joaillerie f. ; bijouterie f.

Jux [juks] m. (es, e). FAM. plaisanterie f. ; blague f. ; farce f.

juxen ['juksən] v. intr. [spaßen] plaisanter ; faire des farces.

K

K, k [ka] n. K m. || CHIM. *K.* [Kalium] n. potassium m.

Kabale [ka'bɑ:lə] f. (-, n) cabale f. ; intrigue f.

Kabarett [kaba'rɛt] n. (s, e). [Kleinkunstbühne] cabaret (m.) artistique.

kabbalistisch [kaba'listiʃ] adj. cabalistique.

Kabbelei [kabə'lai] f. (-, en). FAM. querelle f.

kabbeln ['kabəln] v. intr. MAR. moutonner.

Kabel ['kɑ:bəl] n. (s, -). ÉLECTR., MAR. câble m. | *ein Kabel in Rohr verlegen*, mettre un câble sous tube.

Kabel|ader ["kɑ:bəl'ɑ:dər] f. (-, n). TECHN. conducteur (m.) de câble. ||°-**auftrag** m. (s, ¨e) ordre (m.) télégraphique. ||°-**fernsehen** n. (s, -) télévision (f.) par câbles. ||°-**hülle** f. (-, n). TECHN. armature (f.) de câble. ||°-**länge** f. (-, n). MAR. encablure f. ||°-**legung** f. (-, en). TECHN. pose (f.), immersion (f.) d'un câble. ||°-**leitung** f. (-, en) canalisation (f.) électrique souterraine. ||°-**netz** n. (es, e).TÉLÉCOMM. réseau câblé. ||°-**tau** n. (s, e) câble m.

Kabeljau ['kɑ:bəljau] m. (s, s). ZOOL. morue fraîche ; cabillaud m.

kabeln ['kɑ:bəln] v. tr. câbler. | *eine Meldung kabeln*, câbler une nouvelle.

Kabine [ka'bi:nə] f. (-, n). MAR. cabine f. || AÉRON. carlingue f.

Kabinett [kabi'nɛt] n. (s, e). ARCHIT. [kleines Nebenzimmer] cabinet m. || PAR EXT. [Kunstsammlung] cabinet m. | *Kupferstichkabinett*, cabinet (m.) des estampes. || [Sammlungsschrank] bahut m. ; cabinet m. || POLIT. conseil (m.) des ministres ; cabinet m. | *das Kabinett bilden, stürzen*, former, renverser le gouvernement.

Kabinetts|krise [kabi"nɛts'kri:zə] f. (-, n) crise ministérielle. ||°-**sitzung** f. (-, en) [séance (f.) du] Conseil (m.) des ministres. ||°-**stück** n. (s, e) pièce (f.) de choix.

Kabriolett [kabriɔ'lɛt] n. (s, e). AUTOM. cabriolet m.

Kabuff [ka'buf] (s, s) cagibi m.

Kabuki [ka'buki] n. (s). THÉÂTRE. kabuki m.

Kachel ['kaxəl] f. (-, n) carreau (m.) de faïence.

kacheln ['kaxəln] v. tr. carreler.

Kachel|ofen ["kaçəl'o:fən] m. (s, ¨) poêle (m.) de faïence.

kacken ['kakən] v. intr. [Kindersprache] faire caca.

Kadaver [ka'dɑ:vər] m. (s, -). [Tiere] cadavre m.

Kadaver|gehorsam [ka"dɑ:vərgə'ho:rzam] m. (s) obéissance passive, aveugle.

Kadenz [ka'dɛnts] f. (-, en). MUS. cadence f. ; rythme m.

Kader ['kɑ:dər] m. (s, -). ADM., POLIT., MIL. cadre m.

Kadett [ka'dɛt] m. (en, en) cadet m.

Kadetten|anstalt [ka"dɛtən'anʃtalt] f. (-, en). MIL. école f. (militaire) des cadets ; prytanée m. || °-**schulschiff** n. (s, e). MAR. navire-école m.

Kadi ['kadi] m. (s, s) cadi m. ; juge m.

Käfer ['kɛ:fər] m. (s, -). ZOOL. coléoptère m.

Kaff [kaf] n. (s, e). FAM. patelin m. ; trou m. ; bled m.

Kaffee [ka'fe:,'kafe:] m. (s, s) café m. | *Kaffee rösten*, griller, torréfier du café. | *Kaffee mahlen*, moudre du café. | *Kaffee kochen*, faire du café.

Kaffee [ka'fe:] n. (s, s). [Kaffeehaus] café m.

Kaffee|bohne ["kafe'bo:nə] f. (-, n) grain (m.) de café. ||-**braun** adj. couleur café. ||°-**eis** n. (es) glace (f.) au café. ||°-**haus** n. (es, ¨er) café m. ||°-**kanne** f. (-, n) cafetière f. ||°-**klatsch** m. (es) bavardage m. (autour d'une tasse de café) ; commérage m. ||°-**löffel** m. (s, -) cuiller (f.) à café. ||°-**maschine** f. (-, n) cafetière (f.) électrique ; machine (f.) à café. ||°-**mühle** f. (-, n) moulin (m.) à café. ||°-**pause** f. (-, n) pause-café f. ||°-**rösterei** f. (-, en) torréfaction f. ; brûlerie f. ||°-**satz** m. (es) marc (m.) de café. ||°-**service** n. (s, -) service (m.) à café. ||°-**stube** f. (-, n) petit café.

Kaffein [kafe'i:n] n. (s). CHIM. caféine f.

Kaffer ['kafər] m. (n, n). GÉOGR. Cafre m.

Käfig ['kɛ:fiç] m. (s, e) cage f. || FIG. *im goldenen Käfig sitzen*, vivre dans une cage dorée.

Kaftan ['kaftan] m. (s, e) caf(e)tan m.

kahl [kɑ:l] adj. nu ; dénudé ; dégarni ; chauve. | *kahl werden, sein*, devenir chauve ; se dégarnir. | *kahler Baum*, arbre dénudé. | *die Raupen fressen die Bäume kahl*, les chenilles dévorent tout le feuillage des arbres. | *ein kahler Berggipfel*, un sommet dénudé. || FIG. nu ; aride ; désolé ; misérable. | *kahle Wände*, murs nus. | *kahle Gegend*, paysage désolé.

kahl|geschoren ["kɑ:lgə'ʃo:rən] adj. tondu ras. ||°-**kopf** m. (s, ¨e) tête (f.) chauve. ||-**köpfig** adj. chauve ; pelé. ||°-**köpfigkeit** f. calvitie f. ||°-**schlag** m. (s, ¨e) déboisement m. ; coupe (f.) à blanc.

Kahlheit ['kɑ:lhait] f. calvitie f. ; nudité f. || FIG. aridité f. ; pauvreté f.

Kahm [kɑ:m] m. (s) fleurs (f. pl.) de vin ; voile (m.) mycodermique.

Kahn [kɑ:n] m. (s, ¨e). MAR. bateau m. ; barque f. ; canot m. | *Kahn fahren*, aller en canot ; canoter.

Kahn|fahrt ['kɑ:nfɑ:rt] f. (-, en) promenade (f.) en bateau ; canotage m.

Kai [kai] m. (s, s) quai m.

Kaiman ['kaiman] m. (s, e). ZOOL. caïman m.

Kain [kain] n. pr. m. Caïn m.

Kairo ['kairo] n. pr. n. GÉOGR. le Caire m.

Kaiser ['kaizər] m. (s, -). POLIT. empereur m. | *der deutsche Kaiser*, l'empereur d'Allemagne. || FIG., FAM. *sich um des Kaiser Bart streiten*, disputer de la chape de l'évêque. | *gebt dem Kaiser, was des Kaisers ist*, rendez à César ce qui est à César.

Kaiser|adler ["kaizər'ɑ:dlər] m. (s, -) aigle impérial. ||°-**gruft** f. (-, ¨e) caveau impérial. ||°-**krone** f.

(-, n) couronne impériale. ||°-**reich** n. (s, e) empire m. ||°-**schnitt** m. (s, er). MÉD. césarienne f.

Kaiserin ['kaizərin] f. (-, nen) impératrice f.

kaiserlich [-liç] adj. impérial. || HIST. *die Kaiserlichen*, les Impériaux m. pl. | *die K. und K.-Armee (Kaiserlich-Königliche Armee)*, l'armée austro-hongroise.

Kaisertum ['kaizərtum] n. (s, ¨er). [Reich] empire m. || [Würde] dignité impériale.

Kajak ['kajak] m. et n. (s, s). MAR. kayak m.

Kajüte [ka'jy:tə] f. (-, n). MAR. cabine f.

Kakadu ['kakadu] m. (s, s). ZOOL. cacatois m. ; kakatoès m.

Kakao [ka'ka:o] m. (s). BOT. cacao m. || FIG., FAM. *jn durch den Kakao ziehen*, casser du sucre sur la tête, sur le dos de qn ; dénigrer qn.

Kakao|bohne [ka"kau'bo:nə] f. (-, n). BOT. fève (f.) de cacao. ||°-**butter** f. BOT. beurre (m.) de cacao.

kakeln ['kakəln] v. intr. caqueter.

Kakerlak ['kakərlak] m. (s, s ou en, en). ZOOL. cancrelat m. ; blatte f. ; cafard m. || PAR EXT. albinos (m.) d'Asie.

Kaktus ['kaktus] m. (-, teen). BOT. cactus m.

Kalander [ka'landər] m. (s, -). TECHN. calandre f.

Kalauer [ka'lauər] m. (s, -) calembour m.

kalauern [-ərn] v. intr. faire des calembours.

Kalb [kalp] n. (s, ¨er) veau m. | *das Goldene Kalb anbeten*, adorer le veau d'or. || [Hirschkalb] faon m.

Kalb|fleisch ['kalpflaiʃ] n. (es). CULIN. veau m.

kalben [-bən] v. intr. vêler. || PAR ANAL., GÉOL. *der Gletscher kalbt*, le glacier vêle.

Kälber|lab ["kɛlbər'lap] n. (s) présure f. || °-**magen** m. (s, -). ZOOL. caillette (f.) de veau.

kalbern ['kalbərn] v. intr. FAM. folâtrer.

Kalbs|braten ["kalps'bra:tən] m. (s) rôti (m.) de veau. ||°-**keule** f. (-, n) cuisseau (m.) de veau ; rouelle (f.) de veau. ||°-**kopf** m. (s, ¨e) tête (f.) de veau. ||°-**leber** f. (-, n) foie (m.) de veau. ||°-**lunge** f. (-, n) mou (m.) de veau. ||°-**milch** f. ris (m.) de veau. ||°-**nuß** f. noix (f.) de veau. ||°-**schnitzel** n. (s, -) escalope (f.) de veau.

Kaldaunen [kal'daunən] f. pl. boyaux m. pl. || CULIN. tripes f. pl.

Kaledonien [kale'do:niən] n. pr. n. GÉOGR. Calédonie f.

Kaleidoskop [kaleidɔ'sko:p] n. (s, e) kaléidoscope m.

Kalender [-dər] m. (s, -) calendrier m. | *gregorianischer Kalender*, calendrier grégorien. | *diesen Tag muß man im Kalender (rot) anstreichen*, il faut marquer cette journée d'une pierre blanche.

Kalender|jahr [ka"lɛndər'ja:r] n. (s, e) année civile.

Kalesche [ka'lɛʃə] f. (-, n) calèche f.

Kalfaktor [kal'faktor] m. (s, en), **Kalfakter** [-tər] m. (s, -) garçon (m.) à tout faire. || [in Gefängnissen] homme (m.) de corvée.

kalfatern [kal'fa:tərn] v. tr. MAR. calfater.

Kali ['ka:li] n. (s). CHIM. potasse f.

Kali|bergwerk ["ka:li'bɛrkvɛrk] n. (s, e) mines (f. pl.) de potasse. ||°-**dünger** m. (s) chaux azotée. ||-**haltig** adj. CHIM. potassique. ||°-**lauge** f. (-, en). CHIM. solution (f.) de potasse caustique. ||°-**salpeter** m. (s). CHIM. nitrate (m.) de potasse. ||°-**salz** n. (es, e). CHIM. sel (m.) de potasse.

Kaliber [ka'li:bər] n. (s, -) calibre m. || FIG., FAM. *von gleichem Kaliber sein*, être du même acabit.

kalibrieren [-li'bri:rən] v. tr. calibrer.

Kalif [ka'li:f] m. (en, en). POLIT. calife m.

Kalifat [-li'fa:t] n. (s), **Kalifen|amt** [ka"li-fən'amt] n. (s) califat m.

Kalifornien [kali'fɔrniən] n. Californie.

Kaliko ['ka:liko] m. (s). TEXT. calicot m.

Kalium ['ka:lium] n. (s). CHIM. potassium m.

Kalium|permanganat ["ka:liumpɛrmanga'na:t] n. (s). CHIM. permanganate (m.) de potassium.

Kalk [kalk] m. (s, e). CHIM. chaux f. | *Kalk brennen*, cuire de la chaux. | *ungelöschter Kalk*, chaux vive. | *gelöschter Kalk*, chaux éteinte. | *kohlensaurer Kalk*, chaux hydratée. | *fetter Kalk*, chaux grasse, cuite. | *die Wände mit Kalk bewerfen*, crépir les murs. || MÉD. *Kalk entziehen*, décalcifier.

Kalk|anstrich ["kalk'anʃtriç] m. (s) enduit (m.) de chaux. ||-**artig** adj. CHIM. calcaire m. ||°-**grube** f. (-, n) fosse (f.) à chaux. ||°-**mangel** m. (s). MÉD. décalcification f. ||°-**ofen** m. (s, ¨) four (m.) à chaux ; chaufour m. ||°-**putz** m. (es). ARCHIT. crépi m. ||°-**sandstein** m. (s, e) grès (m.) calcaire. ||°-**stein** m. (s, e) pierre (f.) à chaux ; castine f. ||°-**wasser** n. (s) eau (f.) de chaux, calcaire.

kalken ['kalkən] v. tr. enduire de chaux ; blanchir à la chaux. || AGRIC. chauler.

kalkig [-kiç] adj. calcaire.

Kalkül [kal'ky:l] m. (s, e) calcul m.

kalkulierbar [kalku'li:rbar] adj. calculable, chiffrable.

kalkulieren [-ku'li:rən] v. tr. calculer.

Kalligraph [kali'gra:f] m. (en, en) calligraphe m.

Kalme ['kalmə] f. (-, n). MAR. calme m.

Kalmück(e) [kal'myk(ə)] m. (s, en), m. (n, n) Kalmouk m.

Kalorie [kalo'ri:] f. (-, n). PHYS. calorie f.

kalorien|arm [kalɔ'ri:ənarm] adj. hypocalorique.

kalt [kalt] adj. (compar. **kälter**) froid. | *kalte Füße haben*, avoir froid aux pieds. | *die Suppe wird kalt*, le potage (se) refroidit. | *mir ist kalt*, j'ai froid. || PAR EXT., FIG. *ein kalter Mensch*, un homme froid. | *dein Zorn läßt mich kalt*, ta colère me laisse froid, ne me fait ni chaud ni froid. || [gleichgültig] *er ist kalt gegen sie*, il est froid envers elle. | *ein kaltes Gebaren*, un air glacial. || CULIN. *Getränke kalt stellen*, mettre les boissons au frais. | *kaltes Büfett*, buffet froid. | *kalte Küche*, repas froid. | *kalte Platte*, assiette anglaise. || FIG. *kalte Farben*, couleurs froides. | *kaltes Blut bewahren*, garder son sang-froid. | *kalter Schweiß*, sueur froide. | *kalter Schauer*, frisson m. ◇ adv. à froid. | *es überlief ihn kalt*, il en avait des frissons. | *es läuft mir kalt über den Rücken*, cela me donne froid dans le dos.

Kalt|bearbeitung ["kaltbə'arbaituŋ] f. (-, en). TECHN. travail (m.), traitement (m.), usinage (m.) à froid. ||-**biegen** (o, o) v. tr. TECHN. plier, cintrer, courber à froid. ||°-**blüter** m. (s, -). ZOOL. animal (m.) à sang froid. ||-**blütig** adj. qui a du sang-froid. | *kaltblütige Tiere*, animaux (m. pl.) à sang froid. — adv. froidement ; de sang-froid. ||°-**blütigkeit** f. sang-froid m. ; flegme m. ||°-**haus** n. (es, ¨er). AGRIC. serre froide. ||-**herzig** adj. FIG. froid ; insensible. ||°-**schale** f. (-, n). CULIN. soupe froide aux fruits, à la bière. ||-**stellen** v. tr. POLIT. *der Minister wurde kaltgestellt*, ce ministre a été limogé. ||°-**wasserbehandlung** f. MÉD. hydrothérapie f.

Kälte ['kɛltə] f. froid m. ; froidure f. | *grimmige, schneidende Kälte*, froid glacial, cuisant. | *wir haben 15 Grad Kälte*, il fait moins 15.

kälte|beständig ["kɛltəbə'ʃtɛndiç] adj. résistant au froid. ||°-**gemisch** n. (es) mélange réfrigérant. ||°-**grad** m. (s, e) degré (m.) de froid. ||°-**welle** f. (-, n) vague (f.) de froid.

Kalvarien|berg [kal"va:riən'bɛrk] m. (s). RELIG. Calvaire m.

kalvinisch [kal'vi:niʃ], **kalvinistisch** [-vi'nistiʃ] adj. de Calvin ; calviniste.

Kalvinist [-vi'nist] m. (en, en) calviniste m.

Kalzium ['kaltsium] n. (s). CHIM. calcium m.

kalzium|haltig ["kaltsium'haltiç] adj. CHIM. calcique. ||°-**hydroxyd** n. (s) chaux hydratée. ||°-**karbid** n. (s). CHIM. carbure (m.) de calcium. ||°-**oxyd** n. (s) chaux (f.) anhydre. ||°-**verlust** m. (es, e). MÉD. décalcification f.

Kambüse [kam'by:zə] f. (-, n). MAR. cambuse f.

Kamel [ka'me:l] n. (s, e). ZOOL. chameau m. || FIG., FAM. *so ein Kamel!*, quel abruti !

Kamel|führer [ka"me:l'fy:rər] m. (s, -), °-**treiber** [-'traibər] m. (s, -) chamelier m.

Kamelie [ka'me:liə] f. (-, n). BOT. camélia m.

Kamera ['ka:məra] f. (-, s). PHOT. appareil (m.) photographique. || PHYS. caméra f. (électronique).

Kamera|fahrt ["kaməra'fa:rt] f. (-, en). FILM. travelling m. ||°-**mann** m. (s, ¨er). FILM. opérateur m. ; cameraman m. ; cadreur m.

Kamerad [kamə'ra:t] m. (en, en) camarade m. ; compagnon m.

Kameradin [-'ra:din] f. (-, nen) camarade f. ; compagne f.

Kameradschaft [-'ra:tʃaft] f. (-, en). [Eigenschaft] camaraderie f. || PAR EXT. [Kameraden] camarades m. pl. || [Gruppe] section f.

kameradschaftlich [-'ra:tʃaftliç] adj. en camarade. | *kameradschaftlich miteinander verkehren*, avoir des relations de camaraderie.

Kamerun [kame'ru:n] n. pr. n. Cameroun m.

Kamille [ka'milə] f. (-, n). BOT. camomille f. | *Kamillentee*, infusion (f.) de camomille.

Kamin [ka'mi:n] m. (s, e). ARCHIT. cheminée f. ; foyer m. | *den Kamin kehren*, ramoner la cheminée. | *um den Kamin sitzen*, être assis au coin du feu.

Kamin|aufsatz [ka"mi:n'aufzats] m. (es, ¨e) chapiteau (m.) de cheminée. ||°-**feger** m. (s, -), °-**kehrer** m. (s, -) ramoneur m. ||°-**feuer** n. (s, -) flambée f. ; feu (m.) dans la cheminée. ||°-**gesims** n. (es) manteau (m.) de cheminée ; chambranle m. ||°-**gitter** n. (s, -) garde-feu m.

Kamm [kam] m. (s, ¨e) peigne m. | *enger Kamm*, peigne fin. | *weiter Kamm*, démêloir m. || TECHN. *der Kamm am Webstuhl*, le peigne du métier. || PAR EXT. *Hahnenkamm*, crête (f.) de coq. | *Kamm eines Pferdes*, haut (m.) de l'encolure d'un cheval. | *der Kamm eines Gebirges*, la crête d'une montagne. | *der Kamm einer Welle*, la crête d'une vague. || FIG. *ihm schwillt der Kamm*, il se dresse sur ses ergots ; il dresse la crête. | *alles über einen Kamm scheren*, traiter tout le monde de la même manière ; mettre tout dans le même sac. || TECHN. [Schlüssel] panneton m. || [Zahnrad] dentelure f. ; came f.

Kamm|garn ["kam'garn] n. (s). TEXT. laine peignée ; peigné m. ||°-**muschel** f. (-, n). ZOOL. peigne m. ; pecten m.

kämmen ['kɛmən] v. tr. peigner.
◇ v. pr. **sich kämmen,** se peigner.

Kammer ['kamər] f. (-, n) chambre f. (d'une habitation). || PAR EXT., JUR. chambre f. (d'un tribunal). || POLIT. chambre f. (d'un parlement).

Kammer|diener ["kamər'di:nər] m. (s, -) valet (m.) de chambre. ||°-**gericht** n. (s, e). JUR. cour (f.) d'appel. ||°-**herr** m. (n, en) chambellan m. ||°-**musik** f. musique (f.) de chambre. ||°-**sänger** m. (s, -) chanteur (m.) de la Chambre, d'opéra (royal, impérial). ||°-**zofe** f. (-, n) femme (f.) de chambre ; soubrette f.

Kämmerei [kɛmə'rai] f. (-, en). TEXT. peignage m. ; cardage m. || FIN. recette municipale.

Kämmerer ['kɛmərər] m. (s, -). FIN. receveur municipal ; camérier m.

Kämpe ['kɛmpə] m. (n, n). POÉS. combattant m.

Kampf [kampf] m. (s, ¨e) combat m. ; lutte f. ; bataille f. ; mêlée f. | *zum Kampfe (heraus)fordern*, provoquer au combat. | *im Kampf siegen*, vaincre dans le combat. | *einen Kampf bestehen, ausfechten*, soutenir un combat ; livrer un combat. | *den Kampf verlorengeben*, désespérer de la victoire. | *Kampf auf Leben und Tod*, combat à outrance, sans merci. || PR. et FIG. *im Kampf ansagen*, ouvrir les hostilités contre qn. | *es kam zum Kampf*, un combat s'engagea. | *der Kampf ums Dasein*, la lutte pour l'existence.
— SYN. : *Gefecht*, *Streit*, combat ; *Schlacht*, bataille.

Kampf|bahn ['kampfba:n] f. (-, en). SPORT. stade m. ; piste f. ||-**begierig** adj. belliqueux ; combatif. ||°-**bereitschaft** f. état (m.) d'alerte. ||-**erprobt** adj. aguerri. ||°-**flugzeug** n. (s, e) avion (m.) de combat. ||°-**gas** n. (es, e). CHIM., MIL. gaz (m.) de combat. ||°-**geist** m. (es) esprit combatif. ||°-**hahn** m. (s, ¨e) coq (m.) de combat ; FIG. querelleur m. ; bretteur m. ||°-**handlung** f. (-, en). MIL. opération f. ||°-**hubschrauber** m. (s, -) hélicoptère (m.) d'assaut. ||°-**lust** f. ardeur belliqueuse ; combativité f. ||-**lustig** adj. ardent au combat ; combatif. ||-**müde** adj. démoralisé. ||°-**platz** m. (es, ¨e) lieu (m.) de combat ; champ (m.) de bataille ; lice f. ; arène f. | *den Kampfplatz betreten*, entrer en lice. ||°-**richter** m. (s, -) arbitre m. ||°-**sport** m. (s) sport (m.) de combat. ||°-**stoff** m. (s, e) gaz (m.) de combat ; gaz toxique. ||-**unfähig** adj. hors de combat ; impropre à se battre. | *jn kampfunfähig machen*, mettre qn hors de combat. ||°-**wagen** m. (s, -) char (m.) de combat.

kämpfen ['kɛmpfən] v. intr. lutter ; se battre ; combattre ; batailler. | *um etwas kämpfen*, combattre pour une cause. | *auf Leben und Tod kämpfen*, se battre à la vie et à la mort. | *mit dem Tode kämpfen*, être à l'agonie.

Kampfer ['kampfər] m. (s). CHIM. camphre m.

Kämpfer ['kɛmpfər] m. (s, -) combattant m. ; lutteur m. ; jouteur m. ; champion m || ARCHIT. imposte f. ; coussinet m.

kämpferisch [-riʃ] adj. combatif ; batailleur.

kampieren [kam'pi:rən] v. intr. camper.

Kanada ['kanada] n. pr. n. GÉOGR. Canada m.

Kanadier(in) [ka'na:diər(in)] n. pr. m. (s, -), f. (-, nen) Canadien m., Canadienne f.

kanadisch [-diʃ] adj. canadien.

Kanal [ka'na:l] m. (s, ¨e) canal m. | *der Ärmelkanal*, la Manche.

Kanal|abwässer [ka"na:l'apvɛsər] n. pl. eaux (f. pl.) d'égout.

Kanalisation [kanaliza'tsio:n] f. (-, en) canalisation f. ; tout-à-l'égout m.

kanalisieren [-'zi:rən] v. tr. canaliser.

Kanapee [kana'pe:] n. (s, s) canapé m.

Kanarien|vogel [ka"na:riən'fo:gəl] m. (s, ¨). ZOOL. canari m. ; serin m.

kanarisch [ka'na:riʃ] adj. GÉOGR. canarien. | *Kanarische Inseln*, îles (f. pl.) Canaries.

Kandare [kan'da:rə] f. (-, n) mors (m.) de bride. | *er ritt auf Kandare*, il poussait son cheval. || FIG. *sich an die Kandare nehmen*, se maîtriser.

Kandelaber [kandə'la:bər] m. (s, -) candélabre m.

Kandidat [kandi'da:t] m. (en, en) candidat m.

Kandidatur [-da'tu:r] f. (-, en) candidature f.

kandidieren [-'di:rən] v. intr. faire acte de candidature ; poser sa candidature.

kandieren [kan'di:rən] v. tr. CULIN. confire. | *kandierte Früchte*, fruits confits. | *kandierte Kastanie*, marron glacé.

Kandis|zucker ["kandis'tsukər] m. (s) sucre candi.

Känguruh ['kɛnguru:] n. (s, s) kangourou m.

Kaninchen [-'ni:nçən] n. (s, -). ZOOL. lapin m. | *junges Kaninchen*, lapereau m. | *zahmes Kaninchen*, lapin domestique, de clapier. | *wildes Kaninchen*, lapin de garenne.

Kaninchen|stall [ka"ni:nçən'ʃtal] m. (s, ¨e) clapier m.

Kanister [ka'nistər] m. (s, -) bidon m.

kann [kan] prés. de l'indic. de **können.**

Kann-Bestimmung ["kanbə'stimuŋ] f. (-, en). JUR. disposition facultative.

Kännchen ['kɛnçən] n. (s, -) canette f. ; burette f.

Kanne ['kanə] f. (-, n) pot m. ; bidon m. ; broc m. ; pinte f. || FAM. *es gießt wie mit Kannen*, il pleut à verse.

kannelieren [kanə'li:rən] v. tr. TECHN. évider ; canneler.

Kannibale [kani'bɑ:lə] m. (n, n) cannibale m.

kannibalisch [-'bɑ:liʃ] adj. de cannibale. ◇ adv. de cannibale ; prodigieusement. | *ihm ist kannibalisch wohl*, il se sent diablement à l'aise.

Kannibalismus [-ba'lismus] m. cannibalisme m. ; anthropophagie f.

Kanon ['kɑ:non] m. (s, s). MUS., RELIG. canon m.

Kanonade [kano'nɑ:də] f. (-, n) canonnade f.

Kanone [-'nonə] f. (-, n) canon m. ; pièce f. | *Kanonen auffahren*, braquer des canons. || FIG., FAM. *er ist eine große Kanone*, c'est un as, un crack.

Kanonen|boot [ka"no:nən'bo:t] n. (s, e). MAR. canonnière f. ||°**-donner** m. (s) bruit (m.), grondement (m.) du canon. ||°**-futter** n. (s) chair (f.) à canon. ||°**-kugel** f. (-, n) boulet (m.) de canon. ||°**-ofen** m. (s,¨) poêle (m.) cylindrique. ||°**-rohr** n. (s, e) canon m.

Kanonier [kano'ni:r] m. (s, e). MIL. artilleur m. ; canonnier m.

Kanoniker [ka'nonikər] m. (s, -) chanoine m.

kanonisch [-niʃ] adj. RELIG. canonique ; canonial.

kanonisieren [kanoni'zi:rən] v. tr. canoniser.

Kanonisierung [-ni'zi:ruŋ] f. (-, en) canonisation f.

Kantabrien [kan'tɑ:briən] n. pr. n. GÉOGR. Cantabrie f.

Kantate [kan'tɑ:tə] f. (-, n). MUS. cantate f.

Kante ['kantə] f. (-, n) arête f. ; angle m. ; bord m. | *scharfe Kante*, arête aiguë. | *stumpfe Kante*, arête obtuse. || TECHN. *Kanten brechen*, chanfreiner ; biseauter. || FIG. *etwas auf die hohe Kante legen*, mettre qch. de côté ; économiser. || SPORT. *Stahlkanten der Schier*, carres (f. pl.) des skis.

kanten ['kantən] v. tr. TECHN. [Holz] équarrir ; [Stein] tailler. || [umkanten] tourner ; culbuter.

Kanter|sieg ["kantər'zi:k] m. (es, e) *einen Kantersieg davontragen*, gagner dans un fauteuil.

Kant|haken ["kant'hɑ:kən] m. (s, -). TECHN. grappin m. ||°**-holz** n. (es, ¨er) bois (m.) d'équarrissage.

kantig ['kantiç] adj. à arête ; équarri ; anguleux.

Kantine [kan'ti:nə] f. (-, n). [Raum] cantine f. | *Kantinenwirt*, cantinier m.

Kanton [kan'to:n] m. (s, e) canton m.

Kantonist [kantɔ'nist] m. (en, en). FAM. *ein unsicherer Kantonist*, un gaillard peu sûr.

Kantor ['kantɔr] m. (s, en). RELIG. chantre m.

Kanu [ka'nu:] n. (s, s) canoë m. ; pirogue f.

Kanüle [ka'ny:lə] f. (-, n). MÉD. canule f. ; seringue f.

Kanzel ['kantsəl] f. (-, n) chaire f. | *die Kanzel besteigen*, monter en chaire. | *von der Kanzel herab*, du haut de la chaire.

Kanzel|redner ["kantsəl're:tnər] m. (s, -) prédicateur m.

Kanzlei [kants'lai] f. (-, en). [Verwaltung] bureau m. ; secrétariat m. || [Gericht] greffe m. || [Anwalt ; Notar] étude f. || [Ministerium] chancellerie f.

Kanzlei|papier [kants"laipa'pi:r] n. (s) papier (m.) ministre. ||°**-schreiber** m. (s, -) greffier m. ; secrétaire m. ; rédacteur m. ||°**-stil** m. (s) style (m.) de chancellerie. ||°**-vorsteher** m. (s, -) chef (m.) de bureau.

Kanzler ['kantslər] m. (s, -). POLIT. chancelier m. | *der Bundeskanzler*, le chancelier fédéral.

Kanzler|amt ["kantslər'amt] n. (s) fonctions (f. pl.) de chancelier. || PAR EXT. chancellerie f. ||°**-kandidat** m. (en, en) candidat (m.) à la chancellerie.

Kaolin [kao'li:n] n. (s). MINÉRAL. kaolin m.

Kap [kap] n. (s, s). GÉOGR. cap m. ; promontoire m. | *Kap der Guten Hoffnung*, cap de Bonne-Espérance. — SYN. : *Vorgebirge*, promontoire ; *Landzunge*, pointe.

Kapaun [ka'paun] m. (s, e). ZOOL. chapon m.

Kapazität [kapatsi'tɛ:t] f. (-, en). [Eigenschaft] capacité f. || PAR EXT. [Person] capacité f.

Kapee [ka'pe:] n. FAM. *schwer von Kapee sein*, avoir la comprenette lente, l'esprit d'escalier.

Kapelle [ka'pɛlə] f. (-, n) chapelle f. || PAR EXT., MUS. orchestre m. || TECHN. coupelle f.

Kapell|meister [ka"pɛl'maistər] m. (s, -). MUS. chef (m.) d'orchestre. || RELIG. maître (m.) de chapelle.

Kaper ['kɑ:pər] m. (s, -). MAR., HIST. corsaire m. ; flibustier m.

Kaper ['kɑ:pər] f. (-, n). BOT. câpre f.

Kaperei [kapə'rai] f. (-, en). MAR., HIST. course f. | *zur Kaperei ausrüsten*, armer en course.

kapern ['kɑ:pərn] v. tr. MAR. arraisonner.

Kapetinger ['kapətiŋər] n. pr. m. pl. HIST. Capétiens m. pl.

kapieren [ka'pi:rən] v. tr. saisir ; comprendre. || FAM. piger.

kapillar [kapi'lɑ:r] adj. capillaire.

Kapillare [-rə] f. (-, n). ANAT. vaisseau (m.) capillaire.

Kapillarität [kapilari'tɛ:t] f. capillarité f.

Kapital [kapi'tɑ:l] n. (s, ien ou e) capital m. ; fonds m. pl. ; principal m. | *totes Kapital*, capital improductif. | *sein Kapital anlegen*, placer son capital. | *vom Kapital zehren*, vivre de son capital. | *die Zinsen zum Kapital schlagen*, joindre les intérêts au capital. | *eingefrorenes Kapital*, crédits gelés. || FIG. *er schlägt aus allem Kapital*, il fait feu de tout bois.

kapital [kapi'tɑ:l] adj. capital ; essentiel ; fondamental.

Kapital|abfindung [kapi"tɑ:l'apfinduŋ] f. (-, en) indemnité f. ; forfait m. ||°**-abgabe** f. (-, n) impôt (m.) sur le capital. ||°**-abwanderung** f. (-, en) fuite (f.) des capitaux. ||°**-anlage** f. (-, n) placement (m.), investissement (m.) de fonds. ||°**-anlage|gesellschaft** f. (-, en) société (f.) d'investissement. || °**-aufnahme** f. (-, n) emprunt m. ||°**-aufstockung** f. (-, en), °**-erhöhung** f. (-, en) augmentation (f.) de capital. ||°-**einlage** f. (-, n) mise (f.) de fonds. ||°-**flucht** f. FIN. évasion (f.), fuite (f.) des capitaux. ||°-**geber** m. (s, -) bailleur (m.) de fonds. || °-**gesellschaft** f. (-, en) société (f.) de capitaux. ||°-**markt** m. (es, ¨e) marché financier. ||°-**steuer** f. (-, n) impôt (m.) sur le capital. ||°-**überfluß** m. (es, ¨e) abondance (f.), pléthore (f.) de capitaux. ||°-**verbrechen** n. (s, -) crime capital ; cas (m.) pendable. ||°-**verknappung** f. raréfaction (f.) des capitaux. ||°-**verlust** m. (es, e) perte (f.) en capital. ||°-**wert** m. (s, e) valeur (f.) en capital. ||°-**zufluß** m. (es, ¨e) afflux (m.) de capitaux. ||°-**zusammenlegung** f. (-, en) fusion (f.) de capital.

kapitalisieren [kapitali'zi:rən] v. tr. capitaliser.

Kapitalismus [-'lismus] m. capitalisme m.

Kapitalist [-'list] m. (en, en) capitaliste m.

Kapitän [kapi'tɛ:n] m. (s, e). MAR. capitaine m. ; patron m. | *erster Kapitän*, commandant m. | *zweiter Kapitän*, second m. || MIL. *Kapitän zur See*, capitaine de vaisseau.

Kapitän|leutnant [kapi"tɛ:n'lɔytnant] m. (s, e) lieutenant (m.) de vaisseau.

Kapitel [ka'pitəl] n. (s, -) chapitre m. | *ein Kapitel auslassen*, faire une impasse sur un chapitre. || FIG., FAM. *das ist ein Kapitel für sich*, on pourrait en dire long. || PAR EXT., RELIG. chapitre m. | *Domkapitel*, chapitre de la cathédrale.

Kapitell [kapi'tɛl] n. (s, e). ARCHIT. chapiteau m.

Kapitol [kapi'to:l] n. (s). HIST. Capitole m.

Kapitulation [kapitula'tsio:n] f. (-, en) capitulation f. ; reddition f. || PAR EXT. rengagement m.

kapitulieren [-'li:rən] v. intr. MIL. capituler ; se rendre. || PAR EXT. se rengager.

Kaplan [kap'lɑ:n] m. (s, ¨e). RELIG. chapelain m. ; vicaire m.

Kap|land ["kap'lant] n. pr. n. GÉOGR. province (f.) du Cap.

Kapok ['kapɔk] m. (s) kapok m.

Kapok|baum ["kapɔk'baum] m. (s, ¨e). BOT. kapokier m. ; fromager m.

Kaposi|sarkom [ka"pɔzizar'ko:m] n. (s, e). MÉD. sarcome (m.) de Kaposi.

Kappe ['kapə] f. (-, n) capuchon m. ; coiffe f. ; bonnet m. ; calotte f. ; casquette f. || FIG., FAM. *etwas auf seine (eigene) Kappe nehmen*, répondre de qch. || PAR ANAL. *die Kappe am Schuh*, le bout d'une chaussure. || PROV. *jedem Narren gefällt seine Kappe*, à chaque fou sa marotte. || ARCHIT. *Gewölbekappe*, calotte d'une voûte. || TECHN. bonnette f.

kappen ['kapən] v. tr. MAR. couper. | *den Anker, das Tau, den Mast kappen*, couper l'ancre, le câble, le mât. || AGRIC. *den Baum, den Wipfel, die Krone kappen*, étêter l'arbre. || ZOOL. 1° châtrer. | *Hähne kappen*, châtrer, chaponner des coqs ; 2° cocher. | *der Hahn kappt die Henne*, le coq coche la poule.

Käppi ['kɛpi] n. (s, s). MIL. képi m.

Kapriole [kapri'o:lə] f. (-, n) cabriole f.

Kapsel ['kapsəl] f. (-, n) capsule f. ; boîte f. ; étui m. || MÉD. gélule f.

kaputt [ka'put] adj. FAM. cassé ; abîmé ; fichu. | *kaputt gehen*, se casser ; s'abîmer.

Kapuze [ka'putsə] f. (-, n) capuchon m. ; capeline f.

Kapuzen|mantel [ka"putsən'mantəl] m. (s, ¨) manteau (m.) à capuchon ; pèlerine f.

Kapuziner [-pu'tsi:nər] m. (s, -), °-**mönch** m. (s, e). RELIG. capucin m.

Karabiner [kara'bi:nər] m. (s, -). MIL. carabine f.

Karaffe [ka'rafə] f. (-, n) carafe f.

karambolieren [karambo'li:rən] v. intr. [Billard] caramboler ; faire un carambolage.

Karamel [kara'mɛl] m. (s) caramel m.

Karat [ka'rɑ:t] n. (s, e) carat m.

Karate [ka'rɑ:tə] n. (s). SPORT. karaté m.

Karawane [kara'vɑ:nə] f. (-, n) caravane f.

Karawanserei [karavanze'rai] f. (-, en) caravansérail m.

Karbid [kar'bi:t] n. (s, e). CHIM. carbure m.

Karbid|lampe [kar"bi:t'lampə] f. (-, n) lampe (f.) à acétylène.

Karbol [kar'bo:l] n. (s). CHIM. phénol m.

Karbol|säure [kar"bo:l'zɔyrə] f. (-, n). CHIM. acide (m.) phénique, carbolique. ||°-**wasser** n. (s). CHIM. eau (f.) phéniquée.

Karbonat [karbɔ'nɑ:t] n. (s, e) carbonate m.

Karbunkel [kar'buŋkəl] m. (s, -). MÉD. clou m. ; furoncle m. ; anthrax m.

Kardan|gelenk [kar"dɑ:ngə'lɛŋk] n. (s, e). TECHN. joint (m.) de cardan ; articulation (f.) à cardan. ||°-**übertragung** f. (-, en). TECHN. transmission (f.) à cardan. ||°-**welle** f. (-, n). TECHN. arbre (m.) à cardan.

Karde ['kardə] f. (-, n), **Karden|distel** ["kardən'distəl] f. (-, n). BOT. cardère f. ; chardon m.

Kardinal [kardi'nɑ:l] m. (s, ¨e). ZOOL. cardinal m. || RELIG. cardinal m.

Kardinal|punkt [kardi"nɑ:l'puŋkt] m. (s, e) point cardinal, principal. ||°-**zahl** f. (-, en). MATH. nombre cardinal.

Kardinals|hut [kardi"nɑ:ls'hu:t] m. (s, ¨e) chapeau (m.), barrette (f.) de cardinal. ||°-**würde** f. dignité (f.) de cardinal ; cardinalat m.

Kardio|gramm [kardio'gram] n. (s, e). MÉD. cardiogramme m.

Kar|freitag ['kɑ:r"fraita:k] m. (s, e). RELIG. Vendredi saint.

Karfunkel [kar'fuŋkəl] m. (s, -). MINÉRAL. escarboucle f. ; grenat m.

karg [kark] adj. [Personen] avare ; chiche ; parcimonieux ; ladre. || [Dinge] maigre ; chiche ; mesquin. | *karge Kost*, maigre chère. | *wortkarg*, avare de paroles.

kargen ['kargən] v. intr. être chiche, parcimonieux ; lésiner.

Kargheit ['karkhait] f. lésinerie f. ; ladrerie f. ; parcimonie f. ; mesquinerie f.

kärglich ['kɛrkliç] adj. chiche ; mesquin ; maigre. | *kärgliches Mahl*, maigre repas m. | *in kärglichen Verhältnissen leben*, vivre dans la gêne.

kariert [ka'ri:rt] adj. à carreaux ; quadrillé. || FIG., FAM. *kleinkariert*, mesquin.

Karies ['kariəs] f. MÉD. carie f.

Karikatur [karika'tu:r] f. (-, en) caricature f.

Karikaturen|maler [karika"tu:rən'mɑ:lər] m. (s, -), °-**zeichner** m. (s, -) caricaturiste m.

karikieren [kari'ki:rən] v. tr. caricaturer.

kariös [kari'ø:s] adj. MÉD. carié.

karitativ [karita'ti:f] adj. à but humanitaire ; caritatif.

Karl [karl] n. pr. m. Charles m. | *Karl der Große*, Charlemagne. | *Karl der Fünfte*, Charles Quint.

Karmel ['karməl] n. pr. m. GÉOGR. Carmel m.

Karmeliter [karmə'li:tər] m. (s, -). RELIG. carme m.

Karmeliterin [-rin] f. (-, nen). RELIG. carmélite f.

Karmesin|rot [karmə"zi:n'ro:t] n. (s) cramoisi m.

karmin|rot [kar"mi:n'rot:t] adj. carmin.

Karneval ['karnəval] m. (s, e) carnaval m.

Karnickel [kar'nikəl] n. (s, -). FAM. lapin m.
Kärnten ['kɛrntən] n. pr. n. GÉOGR. Carinthie f.
Karo ['ka:ro] n. (s, s). [Kartenspiel] carreau m.
Karolinger [ka:rɔ'liŋər] m. HIST. Carolingien m.
Karosse [ka'rɔsə] f. (-, n) carrosse m.
Karosserie [karɔsə'ri:] f. (-, n) carrosserie f.
Karotte [ka'rɔtə] f. (-, n). BOT. carotte f.
Karpat(h)en [kar'pa:tən] n. pr. pl. GÉOGR. Carpates f. pl.
Karpfen ['karpfən] m. (s, -). ZOOL. carpe f. || FIG. *der Hecht im Karpfenteich*, le loup dans la bergerie.
Karre ['karə] f. (-, n) charrette f. ; brouette f. ; voiture (f.) à bras ; FAM. bagnole f.
Karree [ka're:] n. (s, s) pâté (m.) de maisons.
Karren ['karən] m. (s, -) brouette f. ; carriole f., charrette f. ; voiture (f.) à bras. | *Kippkarren*, tombereau m.
karren [-rən] v. tr. brouetter ; charrier.
Karren|gabel ["karən'ga:bəl] f. (-, n) brancards m. pl. ; limons m. pl. ||°-**gaul** m. (s, ¨e). ZOOL. haridelle f. ; rosse f. ||°-**ladung** f. (-, en) charretée f. ||°-**schieber** m. (s, -) brouetteur m.
Karriere [kari'ɛ:rə] f. (-, n) carrière f. || FIG. *Karriere machen*, faire carrière. | *Karrieremacher*, carriériste s.
Karst [karst] m. (es, e). AGRIC. houe f. ; hoyau m. ; pioche f. || GÉOL. Karst m.
Kartätsche [kar'tɛ:tʃe] f. (-, n). MIL. cartouche f. ; boîte (f.) à mitraille.
Kartause [kar'tauzə] f. (-, n) chartreuse f.
Kartäuser(in) [-'tɔy:zər(in)] m. (s, -), f. (-, nen) chartreux m., chartreuse f.
Karte ['kartə] f. (-, n) **1.** [Spielkarte] carte f. | *ein Spiel Karten*, un jeu de cartes. | *Karten spielen*, jouer aux cartes. | *die Karten mischen*, battre les cartes. | *eine Karte ausspielen*, jouer une carte. | *Karten abwerfen*, se défausser. | *sich nicht in die Karten sehen lassen*, ne pas montrer, ne pas laisser voir son jeu. | *alles auf eine Karte setzen*, jouer son va-tout ; risquer le tout pour le tout. | *mit offenen Karten spielen*, jouer cartes sur table. | *die Karten (auf)schlagen, legen*, tirer les cartes.
2. [Postkarte] carte postale. | *eine Ansichtskarte*, une carte postale illustrée.
3. [Besuchskarte] carte (f.) de visite.
4. [Anzeige] faire-part m.
5. [Berechtigungskarte] carte f. (d'entrée). | *eine (Fahr)-karte lösen*, prendre un billet. | *eine (Fahr)karte vorzeigen*, présenter un billet.
6. [Speisekarte] menu m. | *wir essen nach der Karte*, nous déjeunons, nous dînons à la carte.
7. [Landkarte] *eine Karte der Umgebung von Paris*, une carte des environs de Paris.
8. SPORT. *gelbe, rote Karte*, carton (m.) jaune, rouge.
9. TEXT. carton m. (d'une tapisserie).
Kartei [kar'tai] f. (-, en) fichier m. ; classeur m.
Kartei|karte [kar"tai'kartə] f. (-, n) fiche f. | *Karteikarte mit Reiter*, fiche à onglet. ||°-**führer(in)** m. (s, -), f. (-, nen) fichiste s. ||°-**kasten** m. (s, ¨) fichier m. ; casier m. ||°-**leiche** f. (-, n) fiche (f.) périmée ou sans objet (dans un fichier). || FIG. adhérent passif.
Kartell [kar'tɛl] n. (s, e). POLIT., FIN. cartel m. ; syndicat m. ; pool m.
Kartell|amt [kar'tɛlamt] n. (es, ¨er) Office (m.) des cartels.
Karten|automat ["kartənauto'ma:t] m. (en, en) distributeur (m.) automatique de tickets, de billets. ||°-**haus** n. (es, ¨er) château (m.) de cartes. | *seine Pläne stürzten ein wie ein Kartenhaus*, ses projets s'effondrèrent, s'écroulèrent comme un château de cartes.
||°-**legerin** f. (-, nen) tireuse (f.) de cartes ; cartomancienne f. ||°-**spiel** n. (s, e). [Spielkarten] jeu (m.) de cartes. ||°-**spieler** m. (s, -) joueur (m.) de cartes. ||°-**zeichnen** n. (s). cartographie f.
Kartesianer [karte:'zia:nər] m. (s, -). PHILOS. cartésien m.
Karthager [kar'ta:gər] m. (s, -). HIST. Carthaginois m.
karthagisch [-giʃ] adj. HIST. carthaginois ; punique.
Karthago [-go] n. pr. n. HIST. Carthage f.
Karting ['kartiŋ] n. (s). SPORT. karting m.
Kartoffel [kar'tɔfəl] f. (-, n) pomme (f.) de terre ; POP. patate f. | *gebratene Kartoffeln*, pommes de terre sautées. | *Pellkartoffeln*, pommes de terre en robe de chambre.
Kartoffel|brei [kar"tɔfəl'brai] m. (s, e), °-**püree** n. (s, s) purée (f.) de pommes de terre. ||°-**ernte** f. (-, n) arrachage (m.) des pommes de terre. ||°-**käfer** m. (s, -). ZOOL. doryphore m. ||°-**kraut** n. fanes (f. pl.) de pommes de terre. ||°-**mehl** n. (s) fécule (f.) de pommes de terre. ||°-**nase** f. (-, n). FIG. FAM. nez (m.) en patate. ||°-**puffer** m. (s, -) galette (f.) de pommes de terre.
Kartograph(in) [karto'gra:f(in)] m. (en, en), f. (-, nen) cartographe s.
Kartographie [-gra'fi:] f. cartographie f.
Karton [kartɔ̃] m. (s, e ou s) carton m. || carton d'emballage. || carton (pour une tapisserie).
Kartonage [kartɔ'na:ʒə] f. (-, n) cartonnage m.
kartonieren [kartɔ'ni:rən] v. tr. cartonner.
Kartothek [kartɔ'te:k] f. (-, en) fichier f. ; classeur m.
Kartusche [kar'tuʃə] f. (-, n). MIL. cartouche f. || ARCHIT., ARTS. cartouche m.
Karussell [karu'sɛl] n. (s, s) carrousel m. || PAR EXT. manège (m.) de chevaux de bois.
Kar|woche ["ka:r'vɔxə] f. (-, n) Semaine sainte.
Karyatide [karya'ti:də] f. (-, n) cariatide f.
Karzer ['kartsər] m. (s, -) cachot m.
Karzinom [kartsi'no:m] n. (s, e).. MÉD. carcinome m. ; cancer m.
Kaschemme [ka'ʃɛmə] f. (-, n) boui-boui m.
Kaschmir ['kaʃmi:r] n. pr. n. GÉOGR. Cachemire m. || PAR EXT., TEXT. cachemire m.
Käse ['kɛ:zə] m. (s, -) fromage m. | *der Käse ist durch*, ce fromage est fait.
Käse|bereitung ["kɛ:zəbə'raituŋ] f. CHIM. caséation f. ; caséification f. ||°-**blatt** n. (s, ¨er). FAM. [Zeitung] feuille (f.) de chou. ||°-**brot** n. (s, e) tartine (f.) au fromage. ||°-**fabrik** f. (-, en) fromagerie f. ||°-**fabrikant** m. (en, en) fromager m. ||°-**fondue** n. (-) fondue savoyarde. ||°-**glocke** f. (-, n) cloche (f.) à fromage. ||°-**kuchen** m. (s, -) gâteau (m.) au fromage (blanc). ||°-**made** f. (-, n), °-**milbe** f. (-, n). ZOOL. ver (m.) de fromage. ||°-**stoff** m. (s) caséine f.
Kasein [kaze:'in] n. (s). CHIM. caséine f.
Kasel ['ka:zəl] f. (-, n). RELIG. chasuble f.
Kasematte [kazə'matə] f. (-, n) casemate f.
käsen ['kɛ:zən] v. tr. faire du fromage.
Käserei [kɛzə'rai] f. (-, en) fromagerie f.
Kaserne [ka'zɛrnə] f. (-,). MIL. caserne f. ; quartier m. | *Kasernenarrest*, consigne f.
kasernieren [-zɛr'ni:rən] v. tr. caserner.
käsig ['kɛ:ziç] adj. caséeux. | *die Milch wird käsig*, ce lait (se) caille, se coagule. || FIG. *eine käsige Gesichtsfarbe*, un teint cireux.
Kasino [ka'zi:no] n. (s, s) casino m. ; cercle m.

Kaskade [kas'kɑ:də] f. (-, n) cascade f.
Kasko|versicherung ["kaskɔfɛr'ziçəruŋ] f. (-, en) assurance (f.) multirisques.
Kasper ['kaspər], **Kasperle** [-pərlə] m. polichinelle m. ; pantin m. ; guignol m. ; marionnette f.
Kasperl|theater ["kaspərlte'ɑ:tər] n. (s, -) théâtre (m.) de marionnettes ; guignol m.
kaspisch ['kaspiʃ] adj. GÉOGR. caspien. | *Kaspisches Meer*, mer Caspienne.
Kassa|geschäft ["kasagə'ʃɛft] n. (es, e). FIN. opération (f.) au comptant. ||°**-markt** m. (es, ¨e). FIN. marché (m.) au comptant.
Kassandra [ka'sandra] n. pr. f. Cassandre f.
Kassation [kasa'tsio:n] f. (-, en). ADM. destitution f. || JUR. cassation (f.) d'un jugement.
Kassations|gericht [kasa"tio:nsgə'riçt] n. (s, e). JUR. cour (f.) de cassation. ||°**-gesuch** n. (s, e). JUR. pourvoi (m.), recours (m.) en cassation.
Kasse ['kasə] f. (-, n). [Geldkasse] caisse f. |*die Kasse führen*, tenir la caisse. | *Kasse machen*, faire sa caisse. | *getrennte Kasse führen*, payer chacun sa part. || FAM. *gut bei Kasse sein*, être en fonds. || COMM. *gegen Kasse*, comptant. || PAR EXT. [Krankenkasse] caisse (f.) de maladie. || [Sparkasse] caisse (f.) d'épargne.
Kassen|abschluß ["kasən'apʃlus] m. (es, ¨e) bilan (m.) de caisse ; balance (f.) de la caisse. || °**-anweisung** f. (-, en) bon (m.) de caisse. ||°**-arzt** m. (es, ¨e) médecin conventionné. ||°**-beleg** m. (s, e) pièce (f.) de caisse. ||°**-bericht** m. (s, e) compte rendu (journalier) de la caisse. ||°**-bestand** m. (s, ¨e) encaisse f. ; caisse (f.) disponible. ||°**-bon** m. (s, s). FIN. bon (m.) de caisse. ||°**-eingang** m. (s, ¨e), °**-einnahme** f. (-, n) recette f. ||°**-schlager** m. (s, -). FIG., THÉÂTRE. pièce (f.) à succès. ||°**-schrank** m. (s, ¨e) coffre-fort m. || °**-stunden** f. pl. heures (f. pl.) d'ouverture de la caisse. ||°**-sturz** m. (es, ¨e) contrôle (m.), vérification (f.) de la caisse. ||°**-zettel** m. (s, -). COMM. bon m. ; avoir m.
Kassette [ka'sɛtə] f. (-, n) cassette f. | *Kassettenrecorder*, lecteur (m.) de cassettes. || PHOT. châssis m.
Kassetten|ständer [ka"sɛtən'ʃtɛndər] m. (s, -) range-cassettes m.
Kassiber [kas'i:bər] m. (s, -). ARG. message clandestin (d'un prisonnier).
Kassier [ka'si:r] m. (s, e). V. KASSIERER.
kassieren [-rən] v. tr. encaisser. | *Gelder (ein)-kassieren*, encaisser les sommes d'argent, l'argent.
Kassierer [-rər] m. (s, -) caissier m.
Kastagnette [kasta'ɲɛtə] f. (-, n) castagnette f.
Kastanie [kas'tɑ:niə] f. (-, n). BOT. châtaigne f. | *wilde Kastanien*, marrons (m. pl.) d'Inde. | *edle Kastanien*, marrons m. pl. (comestibles). | *kandierte Kastanie*, marron glacé. || FIG. *für jn die Kastanien aus dem Feuer holen*, tirer les marrons du feu pour qn.
Kastanien|baum [kas"tɑ:niən'baum] m. (s, ¨e). BOT. châtaignier m. ; marronnier m. ||**-braun** adj. (couleur) marron ; châtain. ||°**-wald** m. (s, ¨er). BOT. châtaigneraie f.
Kästchen ['kɛstçən] n. (s, -) petite boîte, caisse ; caissette f. ; cassette f. ; coffret m.
Kaste ['kastə] f. (-, n) caste f. | *Kastengeist*, esprit (m.) de caste. | *Kastenordnung*, *Kastenwesen*, système (m.) des castes.
kasteien [kas'tai:ən] v. tr. et v. pr. (se) mortifier ; (se) flageller.
Kasteiung [kas'tai:uŋ] f. (-, en). RELIG. mortification f. ; flagellation f.
Kastell [kas'tɛl] n. (s, e) castel m. ; château fort. || MAR. château m.
Kastellan [-tɛ'lɑ:n] m. (s, e) châtelain m. || PAR EXT. conservateur m.
Kasten ['kastən] m. (s, ¨) caisse f. ; coffre m. ; caisson m. ; boîte f. || [Österreich] armoire f. |*den Brief in den (Brief)kasten stecken, werfen*, mettre sa lettre dans la boîte aux lettres. || MAR. *dieses Schiff ist ein alter Kasten*, ce bateau est un vieux rafiot.
Kastilien [kas'ti:liən] n. pr. n. GÉOGR. Castille f.
Kastilier(in) [kas'ti:liər(in)] n. pr. m. (s, -), f. (-, nen) Castillan m., Castillane f.
kastilisch [-liʃ] adj. castillan.
Kastrat [kas'trɑ:t] m. (en, en) castrat m.
Kastration [-tra'tsio:n] f. (-, en) castration f. ; émasculation f.
kastrieren [-'tri:rən] v. tr. châtrer ; émasculer.
Kastrierung [-'tri:ruŋ] f. (-, en) castration f. ; émasculation f.
Kasuar [kazu'ɑ:r] m. (s, e). ZOOL. casoar m.
Kasuist [kazui'ist] m. (en, en). PHILOS. casuiste m.
Kasuistik [-tik] f. PHILOS. casuistique f.
Kasus ['kɑ:zus] m. (-, -). GRAMM. cas m.
Katafalk [kata'falk] m. (s, e) catafalque m.
Katakombe [kata'kɔmbə] f. (-, n) catacombe f.
katalanisch [kata'lɑ:niʃ] adj. catalan.
Katalog [kata'lo:k] m. (s, e) catalogue m.
— SYN. : *Verzeichnis* ; *Sachregister*, répertoire.
Katalonien [kata'lo:niən] n. pr. n. Catalogne f.
katalonisch [-niʃ] adj. catalan.
Katalysator [kataly'zɑ:tɔr] m. (s, en). CHIM. catalyseur m. || AUTOM. pot (m.) catalytique.
Katapult [kata'pult] m. (s, e) catapulte f.
Katarakt [kata'rakt] m. (s, e). [Wasserfall] cataracte f. || MÉD. cataracte f.
Katarrh [ka'tar] m. (s, e) rhume m. ; catarrhe m.
Kataster [ka'tastər] m. ou n. (s, -) cadastre m. | *in den Kataster eintragen*, cadastrer.
Kataster|amt [ka"tastər'amt] n. (s, ¨er) bureau (m.) du cadastre. ||°**-auszug** m. (s, ¨e) extrait (m.) du cadastre.
katastrophal [katastrɔ'fɑ:l] adj. catastrophique.
Katastrophe [-'stro:fə] f. (-, n) catastrophe f. ; désastre m. ; calamité f.
— SYN. : *Unglück*, *Unglücksfall*, catastrophe ; *Unheil*, calamité ; *Umwälzung*, *Umsturz*, cataclysme.
Kate ['kɑ:tə] f. (-, n) chaumière f.
Katechese [kate'çe:zə] f. (-, n). RELIG. catéchisme m.
Katechet [-'çe:t] m. (en, en) professeur (m.) de religion catholique ; catéchiste m.
katechisieren [-çi'zi:rən] v. tr. catéchiser.
Katechismus [-'çismus] m. (-, men) catéchisme m.
Kategorie [kategɔ'ri:] f. (-, n) catégorie f.
kategorisch [-'go:riʃ] adj. catégorique ; clair ; précis. | *ein kategorisches Nein*, un refus catégorique. || PHILOS. *der kategorische Imperativ*, l'impératif (m.) catégorique.
Kater ['kɑ:tər] m. (s, -). ZOOL. chat (m.) mâle ; matou m. | *der gestiefelte Kater*, le Chat botté. || FIG., FAM. *einen Kater haben*, avoir mal aux cheveux, la gueule de bois.
Katheder [ka'te:dər] n. et m. (s, -) chaire f.
Kathedrale [kate'drɑ:lə] f. (-, n). RELIG. cathédrale f.
Kathete [ka'te:tə] f. (-, n). ARCHIT. cathète f.
Katheter [ka'te:tər] m. (s, -). MÉD. cathéter m. ; sonde f. ; bougie f.
Kathode [ka'to:də] f. (-, n). ÉLECTR. cathode f.
Kathoden|feld [ka"to:dən'fɛlt] n. (s, er) champ (m.) cathodique. ||°**-röhre** f. (-, n) lampe-valve f.

||°-**schirm** m. (s, e) écran (m.) cathodique. ||°-**strahl** m. (s, en) rayon (m.) cathodique. ||°-**strahl|-oszillograph** m. (en, en) oscillographe (m.) cathodique.

Katholik [katɔ'lik] m. (en, en) catholique m.

Katholikin [-li:kin] f. (-, nen) catholique f.

katholisch [ka'to:liʃ] adj. catholique.

Katholizismus [-toli'tsismus] m. catholicisme m.

Kato ['kɑ:to] n. pr. m. HIST. Caton m.

Kattun [ka'tu:n] m. (s, e). TEXT. toile (f.) de coton ; calicot m. ; cotonnade f. | *gedruckter Kattun*, toile imprimée ; indienne f.

Katz|balgerei ["katsbalgə'rai] f. (-, en). FAM. échange (m.) de horions. ||-**buckeln** v. intr. FAM. flatter ; faire des courbettes.

Kätzchen ['kɛtsçən] n. (s, -). ZOOL. petit chat ; chaton m. || BOT. chaton m.

Katze ['katsə] f. (-, n). ZOOL. chat m. ; FAM. minet m. | *weibliche Katze*, chatte f. | *die Katze schnurrt*, le chat ronronne, fait ronron. | *die Katze faucht*, le chat souffle. | *die Katze miaut*, le chat miaule. | *die Katze macht einen Buckel*, le chat fait le gros dos. | *falsch wie eine Katze*, faux comme un jeton. | *wie die Katze mit der Maus spielen*, jouer comme le chat avec la souris. | *sich wie Hund und Katze vertragen*, s'accorder comme chien et chat. || FIG. *das ist für die Katz*, c'est en pure perte ; c'est (travailler) pour le roi de Prusse. || FAM. *die Katze im Sack kaufen*, acheter chat en poche. | *die Katze aus dem Sack lassen*, vendre la mèche. | *er geht d(a)rum herum wie die Katze um den heißen Brei*, il tourne autour du pot.

Katzen|art ["katsən'ɑ:rt] f. (-, en). ZOOL. espèce féline. ||-**artig** adj. PR. et FIG. félin. || FIG. traître ; perfide. ||°-**auge** n. (s, n). MINÉRAL. œil-de-chat m. || [Fahrrad] feu (m.) arrière ; réflecteur (m.) rouge ; cataphote m. ||°-**buckel** m. (s). *einen Katzenbuckel machen*, faire le dos rond, le gros dos ; FIG. courber l'échine ; faire des courbettes. ||-**freundlich** adj. mielleux. ||°-**gold** n. (s). MINÉRAL. mica (m.) jaune. ||°-**jammer** m. (s). FAM. mal (m.) aux cheveux. || PAR EXT., POP. cafard m. ||°-**musik** f. charivari m. ||°-**pfote** f. (-, n), °-**pfötchen** n. (s, -) patte (f.) de chat. || FIG. *Katzenpfötchen machen*, faire patte de velours. || °-**schwanz** m. (es, ¨e). BOT. prèle (f.) des champs. ||°-**silber** n. (s). MINÉRAL. mica blanc. ||°-**sprung** m. (s, ¨e). FAM. *bis dorthin ist es nur ein Katzensprung*, c'est à deux pas. ||°-**wäsche** f. FIG. *Katzenwäsche machen*, se laver le bout du nez.

Kauder|welsch ["kaudər'vɛlʃ] n. (es) jargon m. ; baragouin m. ; charabia m. ; sabir m.

kauen ['kauən] v. tr. mâcher ; remâcher ; mastiquer ; ronger. | *an den Nägeln kauen*, ronger ses ongles. | *Tabak kauen*, chiquer.

Kau|gummi ["kau'gumi] m. (s) chewing-gum m. ||°-**muskel** m. (s) muscle masticateur ; masséter m. ||°-**tabak** m. (s, e) tabac (m.) à chiquer.

kauern (sich) [ziç'kauərn] v. intr. et pr. s'accroupir ; se tapir ; se blottir.

Kauf [kauf] m. (s, ¨e) achat m. ; acquisition f. ; emplette f. ; marché m. | *Kauf auf Probe*, achat à l'essai. || FIN. *Kauf auf feste Lieferung*, marché ferme. | *Kauf auf Raten*, achat à tempérament, à crédit. || FIG. *das muß man (mit) in Kauf nehmen*, il faut s'en accommoder.

Kauf|brief ["kauf'bri:f] m. (s, e) contrat (m.) de vente ; titre (m.) de propriété. ||°-**fahrer** m. (s, -). MAR., COMM. navire marchand. ||°-**halle** f. (-, n). COMM. bazar m. ; galeries f. pl. ||°-**haus** n. (es, ¨er) grand magasin. ||°-**kraft** f. pouvoir (m.) d'achat. ||-**kräftig** adj. qui a de l'argent pour acheter ; solvable. ||°-**kraft|schwund** m. (es), °-**kraft|-verlust** m. (s, e) baisse (f.), diminution (f.) du pouvoir d'achat. ||°-**laden** m. (s, ¨) boutique f. ||°-**mann** m. (s, leute) commerçant m. ; marchand m. ; négociant m. || -**männisch** adj. COMM. marchand ; commercial. | *kaufmännischer Angestellter*, employé (m.) de commerce. ||°-**preis** m. (es, e), °-**summe** f. (-, n). COMM. prix (m.) d'achat. ||°-**vertrag** m. (s, ¨e). JUR. contrat (m.) de vente. ||°-**wert** m. (s, e). COMM. valeur d'achat, vénale, marchande. ||°-**zwang** m. (s) *kein (ohne) Kaufzwang*, entrée (f.) libre.

kaufen ['kaufən] v. tr. acheter ; acquérir. | *bar kaufen*, acheter contre paiement comptant. | *auf Borg kaufen* ; FAM. *auf Pump kaufen*, acheter à crédit. | *etwas aus erster Hand kaufen*, acheter qch. de première main. | *etwas aus zweiter Hand kaufen*, acheter qch. d'occasion. | *jn kaufen* [durch Bestechung], acheter, suborner qn. || FAM. *dafür kann man sich nichts kaufen*, cela ne paie pas. || [Kartenspiel] *Karten kaufen*, prendre des cartes (du talon). || *jn loskaufen*, libérer qn contre rançon, contre une caution. | *sich in einem Dorf ankaufen*, acquérir des terrains dans un village.

Käufer ['kɔyfər] m. (s, -). COMM. acheteur m. ; acquéreur m. ; client m. | *diese Ware findet schnell ihren Käufer*, cette marchandise trouve vite amateur. | *diese Ware bleibt ohne Käufer*, cet article n'est pas demandé. — SYN. : *Abnehmer*, acquéreur ; *Kunde*, client.

Käufer|fang ["kɔyfər'faŋ] m. (s) clientélisme m. (électoral).

käuflich ['kɔyfliç] adj. COMM. à vendre ; PÉJOR. vénal. | *käufliches Amt*, charge vénale. | *etwas käuflich erwerben*, acquérir qch. par achat. | *etwas käuflich überlassen*, vendre. || FIG. *der käufliche Beamte wurde entlassen*, le fonctionnaire corruptible fut destitué.

Käuflichkeit [-kait] f. vénalité f.

Kaukasien [kau'kɑ:ziən] n. pr. n. Caucase m.

Kaukasier [-ziər] m. Caucasien m.

kaukasisch [-ziʃ] adj. caucasien.

Kaul|barsch ['kaulbarʃ] m. (es, e). ZOOL. perche f. ||°-**quappe** f. (-, n). ZOOL. têtard m.

kaum [kaum] adv. [beinahe nicht] à peine. | *das ist kaum glaublich*, c'est à peine croyable ; on a peine à le croire. | *ich kann mich kaum an ihn erinnern*, je me souviens à peine de lui. || [eben erst] *er war kaum fort, da fing es an zu regnen*, il était à peine sorti que la pluie se mit à tomber. || [schwerlich] *er wird kaum mehr kommen*, il ne viendra sûrement plus. || [nur mit Mühe] *die Ferien kaum erwarten können*, attendre les vacances avec impatience.

kausal [kau'zɑ:l] adj. causal. | *kausaler Zusammenhang*, rapport causal ; relation (f.) de cause à effet. || GRAMM. causal ; causatif.

Kausalität [-zali'tɛ:t] f. causalité f.

kaustisch ['kaustiʃ] adj. caustique.

Kautel [kau'təl] f. (-, en) précaution f. ; réserve f.

Kaution [kau'tsio:n] f. (-, en). JUR. caution f. ; cautionnement m. | *Kaution hinterlegen, stellen*, déposer, fournir (une) caution, une garantie.

Kautions|effekten [kau"tsio:nse'fɛktən] m. pl. JUR. titres déposés en garantie. ||-**fähig** adj. capable de fournir caution. ||°-**summe** f. (-, n). JUR. cautionnement m.

Kautschuk ['kautʃuk] m. (s) caoutchouc m. ; gomme (f.) élastique. | *künstlicher, synthetischer Kautschuk*, caoutchouc synthétique.

Kautschuk|milch ["kautʃuk'milç] f. latex m.

Kauz [kauts] m. (es, ¨e). ZOOL. hibou m. ; chouette

f. ; effraie f. ; chat-huant m. || FIG., FAM. *ein komischer, ein wunderlicher Kauz*, un drôle de pistolet.

Kavalier [kava'li:r] m. (s, e) cavalier m. || FIG. *er ist ein Kavalier*, c'est un galant homme.

Kavalkade [kaval'kɑ:də] f. (-, n) cavalcade f.

Kavallerie [kavalə'ri:] f. (-, n). MIL. cavalerie f.

Kavallerist [-'rist] m. (en, en) cavalier m.

Kaviar ['kɑ:viar] m. (s) caviar m.

keck [kɛk] adj. [kühn] audacieux ; hardi ; courageux ; osé. | *ein keckes Wort*, une impertinence. || [unverschämt] désinvolte ; effronté ; impertinent ; impudent. | *mit kecker Stirn*, effrontément.

Keckheit ['kɛkhait] f. (-, en) hardiesse f. ; désinvolture f. ; audace f. ; témérité f. ; impudence f.

Kegel ['ke:gəl] m. (s, -) quille f. | *Kegel schieben, spielen*, jouer aux quilles. || MATH. cône m. | *gerader Kegel*, cône droit. | *schiefer Kegel*, cône oblique. | *stumpfer Kegel*, cône tronqué. || GÉOL. montagne (f.) conique ; pic m. || TYPOGR. corps (m.) de la lettre. || FIG., FAM. *mit Kind und Kegel*, avec armes et bagages ; avec toute la smala.

Kegel|achse ["ke:gəl'aksə] f. (-, n) axe (m.) du cône. ||°**-bahn** f. (-, en) jeu (m.) de quilles. ||°**-fläche** f. (-, n) surface (f.) conique. ||**-förmig** adj. conique. | *kegelförmige Fläche*, surface (f.) conoïde. ||°**-mantel** m. (s, ¨) surface (f.) du cône ; conoïde m. ||°**-rad** n. (s, ¨er) pignon (m.) conique. ||°**-schnitt** m. (s, e) section (f.) conique. ||°**-stumpf** m. (s, e) cône tronqué.

kegeln ['ke:gəln] v. intr. jouer aux quilles.

Kehl|kopf ["ke:l'kɔpf] m. (s) larynx m. ; pomme (f.) d'Adam. | *Kehlkopfentzündung*, laryngite f. | *Kehlkopfmikrofon*, laryngophone m. | *Kehlkopfspiegel*, laryngoscope m. ||°**-laut** m. (s, e). GRAMM. son guttural ; gutturale f.

Kehle ['ke:lə] f. (-, n). ANAT. gorge f. ; gosier m. ; larynx m. | *aus voller Kehle*, à gorge déployée ; à plein gosier. | *die Kehle abschneiden*, trancher la gorge. | *die Angst schnürt ihm die Kehle zu*, la peur le prend à la gorge. || FIG., FAM. *jm das Messer an die Kehle setzen*, mettre le couteau sur la gorge de qn ; menacer qn. | *mir ist etwas in die falsche Kehle geraten*, j'ai avalé de travers. | *das Wort blieb mir in der Kehle stecken*, je demeurai court. || PAR ANAL., ARCHIT. cannelure f. ; gorge f.

Kehr|aus ['ke:raus] m. dernier tour de danse ; branle m. ||°**-besen** m. (s, -) balai m. ||°**-blech** n. (s, e) pelle f. ||°**-bürste** f. (-, n) balai-brosse m. ||°**-maschine** f. (-, n). TECHN. balayeuse (f.) mécanique. ||°**-reim** m. (s, e). POÉS. refrain m. ||°**-seite** f. (-, n) envers m. ; revers m. || [Geld] pile f. || FIG. mauvais côté ; envers m. ; revers (m.) de la médaille.

Kehre ['ke:rə] f. (-, n) virage m. ; tournant m. | *Wegkehren im Gebirge*, lacets (m. pl.) d'une route de montagne. | *die Kehre nehmen*, prendre un virage. || [Turnen] équerre forcée.

kehren [-rən] v. tr. et v. pr. **1.** [wenden] (se) tourner ; (se) retourner. | *jm den Rücken kehren*, tourner le dos à qn. | *den Blick zum Himmel kehren*, tourner le regard vers le ciel. | *ein Kleid kehren*, retourner un habit. || FIG. *sich nicht ans Gerede der Leute kehren*, ne pas se soucier des racontars. | *seine rauhe Seite nach außen kehren*, montrer les dents. | *alles zum besten kehren*, prendre les choses du bon côté. | *in sich kehren*, faire retour sur soi.
2. [fegen] balayer ; ramoner. || LOC. *ein jeder kehre vor seiner eigenen Tür*, que chacun s'occupe de ses affaires.

Kehricht [-riçt] m. (s) ordures f. pl. ; balayures f. pl. ; immondices f. pl.

Kehricht|eimer ["ke:riçt'aimər] m. (s, -) poubelle f. ; boîte (f.) à ordures.

kehrt|machen ["ke:rt'maxən] v. intr. faire demi-tour ; retourner ; revenir sur ses pas.

keifen ['kaifən] v. intr. criailler ; brailler ; glapir ; clabauder. | *auf jn keifen*, déblatérer contre qn.

Keifer [-fər] m. (s, -) braillard m.

Keil [kail] m. (s, e). TECHN. coin m. ; clavette f. ; goupille f. | *einen Keil in das Holz treiben*, enfoncer un coin dans le bois. || FIG. *auf einen groben Klotz gehört ein grober Keil*, à vilain vilain et demi. || FAM. *Keile bekommen*, recevoir une bonne raclée.

Keil|absatz ["kail'apzats] m. (es, ¨e) semelle compensée. ||**-förmig** adj. en forme de coin, de clavette. || GRAMM., ANAT. cunéiforme. ||°**-hose** f. (-, n). SPORT. pantalon-fuseau m. ; fuseau m. ||°**-kissen** n. (s, -) traversin m. (en plan incliné). ||°**-schrift** f. (-, en). HIST. caractères (m. pl.) cunéiformes.

keilen ['kailən] v. tr. TECHN. enfoncer un coin dans ; coincer ; caler ; claveter. || FIG., POP. racoler. ◇ v. pr. **sich keilen.** FAM. se colleter ; se chamailler.

Keiler [-lər] m. (s, -). ZOOL. sanglier (m.) mâle.

Keilerei [kailə'rai] f. (-, en) rixe f. ; échange (m.) de horions ; grabuge m. ; pugilat m.

Keim [kaim] m. (s, e) germe m. | *die Tulpenzwiebel treibt Keime*, l'oignon de la tulipe germe. | *schädliche Keime durch Kochen abtöten*, tuer des microbes par ébullition. | *den Keim einer Krankheit in sich tragen*, couver une maladie. | *das Übel im Keime ersticken*, étouffer le mal dans l'œuf.

Keim|(ab)tötung ["kaim'(ap)tø:tuŋ] f. stérilisation f. ; pasteurisation f. ||°**-blase** f. (-, n). BOT. blastule f. ||°**-blatt** n. (s, ¨er), °**-blättchen** n. (s, -). BOT. cotylédon m. ||°**-drüse** f. (-, n) glande génitale ; gonade f. ||**-frei** adj. stérilisé ; aseptique. ||°**-hülle** f. (-, n). BOT. périsperme m. ||°**-ling** m. (s, e). BOT. plantule f. ; bouture f. ||°**-plasma** n. (s). BIOL. plasma germinatif. ||**-tötend** adj. stérilisant ; pasteurisant. ||°**-träger** m. (s, -) porteur (m.) de bacilles. ||°**-zeit** f. (-, en) époque (f.) de la germination. ||°**-zelle** f. (-, n). BOT. spore f. ; cellule reproductrice.

keimen ['kaimən] v. intr. germer ; pousser. || FIG. pousser ; naître. | *Hoffnung keimt in seinem Herzen*, l'espoir naît dans son cœur.

keimend [-mənt] adj. naissant ; en germe.

kein, keine, kein [kain, 'kainə, kain] adj. indéf. ; **keiner, keine, kein(e)s** ['kainər, 'kainə, 'kain(ə)s] pron. indéf. aucun, aucune ; pas de ; pas un, pas une ; nul, nulle. | *er hat keinen Groschen mehr*, il n'a plus un sou. | *auf keinen Fall*, en aucun cas ; à aucun prix. | *unter keiner Bedingung*, à aucun prix. | *um keine Güter der Welt*, pour rien au monde. | *kein Mensch*, personne ne... ; nul. | *kein andrer als du*, nul autre que toi. || FAM. *das ist keine kleine Summe Geld*, ce n'est pas rien ; c'est une belle somme. | *es ist noch keine fünf Uhr*, il n'est pas encore cinq heures.

keinerlei ["kainər'lai] adj. d'aucune espèce ; d'aucune sorte.

keiner|seits ["kainər'zaits] adv. de nulle part ; d'aucun côté ; de personne.

keines|falls ["kainəs'fals] adv. en aucun cas ; à aucun prix ; nullement ; pas du tout. ||**-wegs** adv. aucunement ; nullement ; pas, point du tout ; en aucune façon.

kein|mal ['kainmɑ:l] adv. pas une seule fois. | *einmal ist keinmal*, une fois n'est pas coutume.

Keks [ke:ks] m. ou n. biscuit m. ; gâteaux secs.

Kelch [kɛlç] m. (s, e) calice m. ; coupe f. |

Blumenkelch, calice m. ; corolle f. || RELIG. *Kirchenkelch*, calice consacré. || FIG. *den (bitteren) Kelch bis zur Neige leeren*, boire le calice jusqu'à la lie.

Kelch|blatt ['kɛlçblat] n. (s, ¨er). BOT. sépale m. ; foliole (f.) du calice. ||°**-blume** f. (-, n) fleur (f.) à pétales. ||°**-blüter** m. pl. plantes (f. pl.) caliciflores. ||°**-glas** n. (es, ¨er) coupe f.

Kelle ['kɛlə] f. (-, n) cuiller (f.) à pot ; louche f. || TECHN. truelle f.

Keller ['kɛlər] m. (s, -) cave f. ; caveau m. ; cellier m. | *Weinkeller*, cellier. | *Vorratskeller*, cave à provisions. | *Ratskeller*, brasserie (f.), café (m.), caveau de l'hôtel de ville.

Keller|assel ["kɛlər'asəl] f. (-, n). ZOOL. cloporte m. ||°**-fenster** n. (s, -). ARCHIT. soupirail m. ||°**-geschoß** n. (es, e) sous-sol m. ||°**-gewölbe** n. (s, -). ARCHIT. voûte (f.) de cave. || PAR EXT. cave voûtée. ||°**-meister** m. (s, -) sommelier m. || °**-wohnung** f. (-, en) [habitation (f.) au] sous-sol m.

Kellerei [kɛlə'rai] f. (-, en) caves f. pl. || PAR EXT. sommellerie f.

Kellner ['kɛlnər] m. (s, -) garçon (m.) de café ; serveur m.

Kellnerin [-rin] f. (-, nen) serveuse f.

Kelte ['kɛltə] n. pr. m. HIST. Celte m.

Kelter ['kɛltər] f. (-, n). [Weinbau] pressoir m.

keltern ['kɛltərn] v. tr. presser ; pressurer.

Keltern n. (s). [Weinzubereitung] pressurage m.

keltisch ['kɛltiʃ] adj. HIST. celtique.

Kemenate [keme'nɑ:tə] f. (-, n). [Vx.] salle chauffée d'un château fort. || appartement (m.) des femmes.

Kendo ['kɛndo] n. (s). SPORT. kendo m.

Kenn|karte ["kɛn'kartə] f. (-, n) carte (f.) d'identité. ||°**-marke** f. (-, n) plaque (f.) d'identité. ||°**-nummer** f. (-, n) numéro (m.) d'identification. ||°**-strich** m. (s, e) repère m. ||°**-wort** n. (s, e) mot (m.) de passe. ||°**-zeichen** n. (s, -) marque f. ; signe distinctif ; indice m. ; caractéristique f. | *amtliches Kennzeichen*, plaque (f.) minéralogique, d'immatriculation. ||**-zeichnen** v. tr. et v. pr. (se) distinguer ; (se) caractériser. || COMM. *jeden Warenartikel genau kennzeichnen*, marquer exactement chaque article. || FIG. *diese Tat kennzeichnet ihn*, cette action le caractérise. | *die Lage als kritisch kennzeichnen*, qualifier la situation de critique. ||**-zeichnend** adj. caractéristique. | *eine kennzeichnende Gebärde*, un geste significatif. ||°**-ziffer** f. (-, n) numéro (m.) d'identification. || COMM. code m. ; référence f. || MATH. caractéristique f.

kennbar ['kɛnbɑ:r] adj. connaissable ; distinct.

kennen ['kɛnən] (kannte, gekannt) v. tr. connaître ; savoir ; entendre. | *jn gründlich kennen*, bien connaître qn. | *etwas vom Hörensagen kennen*, savoir qch. par ouï-dire. | *jn dem Sehen nach kennen*, connaître qn de vue. | *keine Rücksicht kennen*, n'avoir aucun égard. || savoir (faire). | *sein Handwerk (gut) kennen*, posséder son métier. || LOC. *ich kenne meine Pappenheimer*, je sais à qui j'ai affaire.

kennen|lernen ["kɛnən'lɛrnən] v. tr. faire la connaissance de. || PAR EXT. apprendre à connaître. || FAM. *du wirst mich noch kennenlernen*, tu ne me connais pas (encore).

Kenner ['kɛnər] m. (s, -) connaisseur m. ; expert m. | *Kennermiene*, air entendu. | *mit Kennerblick* en connaisseur ; avec l'œil du connaisseur.

kenntlich ['kɛntliç] adj. facile à reconnaître ; (re) connaissable. | *kenntlich machen*, désigner.

Kenntnis ['kɛntnis] f. (-, se) connaissance f. ; savoir m. ; conscience f. | *gute Kenntnisse in Kunstgeschichte haben*, avoir de solides connaissances en histoire de l'art. | *jm etwas zur Kenntnis bringen*, informer qn de qch. | *Kenntnis von etwas nehmen*, prendre connaissance, prendre note de qch. | *Geschäftskenntnisse*, expérience commerciale. | *Sachkenntnisse*, connaissances techniques. | *Kenntnisnahme*, fait de prendre connaissance (de qch.).

kenntnis|reich ["kɛntnis'raiç] adj. fort instruit.

Kennung ['kɛnuŋ] f. (-, en) signe distinctif. || marque f.

Kenotaph [keno'tɑ:f] n. (s, e) cénotaphe m.

Kentaur [kɛn'taur] m. (en, en) centaure m.

kentern ['kɛntərn] v. intr. MAR. chavirer ; FAM. dessaler. || FIG. sombrer.

Keramik [ke'rɑ:mik] f. (-, en) céramique f.

Keratin [kera'tin] n. (s). ANAT. cornée f. ; kératine f.

Kerbe ['kɛrbə] f. (-, n) coche f. ; encoche f. ; cran m. ; entaille f. | *eine Kerbe ins Holz schneiden*, tailler, faire une coche dans le bois. || FAM. *er schlägt (haut) immer in die gleiche Kerbe*, il ramène toujours la même histoire.

Kerbel ['kɛrbəl] m. (s). BOT. cerfeuil m.

kerben ['kɛrbən] v. tr. faire une coche, une entaille, un cran. || TECHN. denteler ; créneler.

Kerb|holz ["kɛrp'hɔlts] n. (es). FIG., FAM. *er hat viel auf dem Kerbholz*, il en a gros sur la conscience.

Kerb|tier ["kɛrp'ti:r] n. (s, e). ZOOL. insecte m.

Kerker ['kɛrkər] m. (s, -). HIST. cachot m. ; geôle f. | *jn in den Kerker werfen*, mettre qn en prison.

Kerker|meister ["kɛrkər'maistər] m. (s, -). HIST. geôlier m. ||°**-strafe** (-, n). HIST. (peine [f.] de) réclusion f., prison f.

Kerl [kɛrl] m. (s, e). FAM. gaillard m. ; bonhomme m. ; individu m. ; drôle m. ; lascar m. ; coquin m. | *er ist kein schlechter Kerl*, ce n'est pas un mauvais bougre. | *ein elender Kerl*, un misérable ; un sale individu. | *ein langer Kerl*, un grand gaillard. | *das ist ein Kerl !*, c'est un homme ! | *ein dummer Kerl*, un sot ; un nigaud.

Kerlchen ['kɛrlçən] n. (s, -). FAM. petit bonhomme ; bout (m.) d'homme ; nabot m.

Kern [kɛrn] m. (s, e) **1.** BOT. noyau m. ; pépin m. ; graine f.
2. cœur m. [salade, artichaut]. | *der Kern der Nuß*, les quartiers de la noix. || CHIM. *Kern eines Atoms*, noyau atomique.
3. FIG. substance f. ; moelle f. ; cœur m. | *der Kern einer Frage*, le fin fond d'une chose. | *das war des Pudels Kern !*, c'était donc cela ! | *in dem Jungen steckt ein guter Kern*, ce garçon a un bon fond. || PROV. *je bitterer die Schale, desto süßer der Kern*, il faut casser le noyau pour manger l'amande.

kern... (en compos.) foncièrement ; vrai(ment). || PHYS. nucléaire.

Kern|beißer ["kɛrn'baisər] m. (s, -). ZOOL. gros-bec m. ||°**-chemie** f. chimie (f.) nucléaire. ||°**-energie** f. énergie (f.) nucléaire ; nucléaire m. | *auf die Kernenergie setzen*, miser sur le nucléaire. ||°**-energieanlage** f. (-, n) installation (f.) nucléaire. ||°**-früchte** f. pl. BOT. fruits (m. pl.) à pépins. ||°**-fusion** f. (-, en) fusion (f.) nucléaire. ||°**-fusionsenergie** f. énergie (f.) de fusion. || °**-gehäuse** n. (s, -). BOT. cœur (m.) d'un fruit ; [Apfel] trognon m. ||**-gesund** adj. tout à fait sain ; plein de santé. ||°**-holz** n. (es, ¨er) cœur (m.) du bois ; bois de première qualité. ||°**-kraftwerk** n. (s, e) centrale (f.) atomique. ||°**-ladung** f. (-, en) charge (f.) atomique ; charge (f.) du noyau. ||°**-leder** n. (s, -) cuir (m.) de choix, de première qualité. ||**-los** adj. sans noyaux ; sans pépins ; apyrène. ||°**-mehl** n. (s) fleur (f.) de farine. ||°-**physik** f. physique (f.) nucléaire. ||°-**punkt** m. (s, e) point principal, essentiel. ||°-**reaktor** m. (s, en) réacteur (m.) nucléaire ; pile (f.) atomique. ||°-**schatten** m. (s, -) ombre absolue. ||°-**seife** f. (-, n) savon (m.) de Marseille. ||°-**spaltung** f. (-, en). PHYS. fission (f.) nucléaire, de l'atome ; désagrégation (f.) du noyau. ||°-**spintomographie** f. (-, n). MÉD. imagerie (f.) par résonance magnétique (I.R.M.). ||°-**spruch** m. (s, ¨e) sentence f. ||°-**stück** m. (s, e) pièce essentielle. ||°-**teilung** f. (-, en) mitose f. (du noyau) ; caryokinèse f. ||°-**waffen** f. pl. MIL. armes (f. pl.) atomiques ; armement (m.) nucléaire. || °-**waffenversuch** m. (s, e). MIL. essai (m.) nucléaire. ||°-**waffenversuchsstopp** m. (s) arrêt (m.) des essais nucléaires. ||°-**zertrümmerung** f. PHYS. désintégration (f.) atomique.

kernig ['kɛrniç] adj. BOT. qui renferme des pépins. || FIG. robuste ; solide ; vigoureux. | *kerniger Witz*, plaisanterie corsée. | *kernige Rede*, quelques paroles bien senties. || PAR EXT. *kernige Nahrung*, nourriture substantielle.

Kerosin [kero'zi:n] n. (s) kérosène m.

Kerze ['kɛrtsə] f. (-, n) cierge m. ; bougie f. ; chandelle f. | *die Kerze flackert*, la bougie vacille. || AUTOM. [Zündkerze] bougie f. || FIG., SPORT. chandelle f.

kerzen|gerade ["kɛrtsəngə'rɑ:də] adj. droit comme un I. ||°-**leuchter** m. (s, -) chandelier m. ||°-**stummel** m. (s, -), °-**stumpf** m. (s, ¨e) bout (m.) de chandelle. ||°-**weihe** f. (-, n). RELIG. bénédiction (f.) des cierges ; Chandeleur f.

Kescher ['kɛʃər] m. (s, -) truble f. ; épuisette f.

keß [kɛs] adj. FAM. [schneidig ; flott] aguichant ; déluré. || ARG. [durchtrieben] roué ; futé.

Kessel ['kɛsəl] m. (s, -) marmite f. ; chaudron m. ; bouilloire f. ; bassine f. | *Kochkessel*, chaudron m. | *Teekessel*, bouilloire f. || [Jagd] *Kesseltreiben ; Kesseljagd*, chasse (f.) où l'on encercle le gibier ; battue f. || GÉOL. vallée encaissée, en entonnoir. | *Gebirgskessel*, cirque de montagne. | *Kessel eines Vulkans*, cratère (m.) d'un volcan. || ZOOL. bauge (f.) du sanglier.

Kessel|flicker ["kɛsəl'flikər] m. (s, -) chaudronnier m. ; rétameur m. ||°-**haken** m. (s, -) crémaillère f. ||°-**haus** n. (es, ¨er) chaufferie f. ||°-**pauke** f. (-, n). MUS. timbale f. ; grosse caisse. ||°-**schlacht** f. (-, en). MIL. bataille (f.) d'encerclement. ||°-**schmied** m. (s, e) chaudronnier m. ||°-**schmiede** f. (-, n) chaudronnerie f. ||°-**stein** m. (s). TECHN. (dépôt [m.] de) tartre m. ; entartrage m. ; incrustations f. pl. ||°-**stein|entfernung** f. TECHN. détartrage m. ||°-**treiben** n. (s) battue f. ||°-**wagen** m. (s, -) wagon-citerne m.

Ketsch [kɛtʃ] f. (es, e). MAR. ketch m.

Kettchen ['kɛtçən] n. (s, -) chaînette f.

Kette ['kɛtə] f. (-, n). **1.** chaîne f. | *einen Hund an die Kette legen*, attacher un chien. | *einen Gefangenen in Ketten legen, schlagen*, mettre un prisonnier aux fers. || FIG. *ein Volk in Ketten halten*, maintenir un peuple dans les chaînes. || TECHN. *Raupenkette*, chenille f. **2.** FIG. fil m. ; enchaînement m. | *Kette von Ursachen und Wirkungen*, enchaînement des causes et des effets. **3.** TEXT. chaîne f. | *die Kette und der Schuß eines Gewebes*, la chaîne et la trame d'un tissu. **4.** [Jagd] troupe f. ; compagnie f.

ketten [-tən] v. tr. et v. pr. (s')attacher ; (s')enchaîner ; (se) lier.

Ketten|anker ["kɛtən'aŋkər] m. (s, -). MAR. ancre (f.) fixe ; corps mort. ||°-**antrieb** m. (s, e). TECHN. commande (f.), transmission (f.) par chaîne. ||°-**blitz** m. (es, e). PHYS. éclair (m.) en chapelet. ||°-**bruch** m. (s, ¨e). MATH. fraction continue. ||°-**brücke** f. (-, n) pont suspendu. ||°-**gehäuse** n. (s, -). [Fahrrad] carter m. ||°-**gelenk** n. (s, e), °-**glied** n. (s, er). TECHN. maille (f.) de chaîne ; maillon m. ; chaînon m. ||°-**hund** m. (s, e). ZOOL. chien (m.) d'attache, de garde. ||°-**panzer** m. (s, -). HIST. cotte (f.) de mailles. ||°-**reaktion** f. (-, en) réaction (f.) en chaîne. ||°-**spanner** m. (s, -) tendeur (m.) de chaîne. ||°-**stich** m. (s, e) point (m.) de chaînette.

Ketzer ['kɛtsər] m. (s, -). RELIG. hérétique m.

Ketzer|gericht ["kɛtsərgə'riçt] n. (s, e) Saint-Office m. ; Inquisition f. ||°-**verbrennung** f. (-, en) autodafé m.

Ketzerei [kɛtsə'rai] f. (-, en). RELIG. hérésie f. — SYN. : *Glaubensabfall*, apostasie ; *Häresie, Irrglaube, -lehre*, hérésie ; *Heterodoxie*, hétérodoxie.

ketzerisch ['kɛtsəriʃ] adj. hérétique. | *ketzerische Reden führen*, tenir des propos hérétiques.

keuchen ['kɔyçən] v. intr. haleter ; être hors d'haleine ; respirer bruyamment ; ahaner.

keuchend [-çənt] adj. essoufflé ; haletant. | *keuchender Atem*, respiration sifflante.

Keuch|husten ["kɔyç'hu:stən] m. (s). MÉD. coqueluche f.

Keule ['kɔylə] f. (-, n) massue f. ; masse f. || TECHN. pilon m. || CULIN. [Hammel] gigot m. ; [Ochs] culotte f. ; [Reh ; Wildschwein] cuissot m.

keusch [kɔyʃ] adj. pudique ; chaste ; pur ; continent.

Keuschheit ['kɔyʃhait] f. chasteté f. ; continence f. ; pureté f. ; pudicité f.

Keuschheits|gelübde ["kɔyʃhaitsgə'lybdə] n. (s) vœu (m.) de chasteté. ||°-**gürtel** m. (s, -). HIST. ceinture (f.) de chasteté.

Kfz-Steuermarke [kaɛf"tsɛt'stɔyərmɑ:rkə] f. (-, n) vignette (f.) auto.

khaki ['kɑ:ki] adj. [Farbe] kaki.

Kicher ['kiçər] f. (-, n), -**erbse** [-ɛrpsə] f. (-, n). BOT. pois (m.) chiche.

kichern ['kiçərn] v. intr. [unterdrückt lachen] rire sous cape ; glousser de rire.

Kiebitz ['ki:bits] m. (es, e). ZOOL. vanneau m.

kiebitzen [-sən] v. intr. FIG., FAM. faire galerie (au jeu de cartes).

Kiefer ['ki:fər] m. (s, -). ANAT. mâchoire f. ; os (m.) maxillaire. | *Oberkiefer*, mâchoire supérieure. | *Unterkiefer*, mâchoire inférieure.

Kiefer ['ki:fər] f. (-, n). BOT. pin m.

Kiefer|knochen ["ki:fər'knɔxən] m. (s, -) os (m.) maxillaire. ||°-**muskel** m. (s, n) muscle (m.) maxillaire. ||°-**orthopäde** m. (n, n), °-**orthopädin** f. (-, nen). MÉD. orthodontiste s. ||°-**orthopädie** f. MÉD. orthodontie f.

Kiefern|gehölz ["ki:fərngə'hølts] n. (es, e) pinède f. ; plantation (f.) de pins. ||°-**harz** n. (es, e) résine (f.) de pin. ||°-**wald** m. (s, ¨er) pinède f. ; forêt (f.) de pins. ||°-**zapfen** m. (s, -). BOT. pomme (f.) de pin.

Kiel [ki:l] m. (s, e). **1.** MAR. quille f. ; carène f. | *den Kiel eines Schiffes legen*, mettre un bateau en chantier. || PAR EXT., POÉT. bateau m. ; navire m. **2.** tuyau (m.) de plume ; PAR EXT. *(Feder)kiel*, plume (f.) d'oie.

Kiel|flosse ["ki:l'flɔsə] f. (-, n). AÉRON. dérive f. ; plan (m.) de dérive. ||°-**gang** m. (s, ¨e). MAR. gabords m. pl. ||-**holen** v. tr. caréner. ||°-**legung** f. (-, en). MAR. mise (f.) en chantier, sur cale. ||°-**linie** f. (-, n) ligne (f.) de file. ||-**oben** adv. la quille en l'air. | *das Schiff treibt kieloben*, ce bateau va à la dérive, quille en l'air. ||°-**platz** m. (es, ¨e) carénage m. ||°-**raum** m. (s, ¨e) fond (m.) de cale. ||°-**schwein** n. (s, e).

MAR. carlingue f. ; contrequille f. ||°-**wasser** n. (s). MAR. sillage m. ; eaux f. pl. || FIG. *in js Kielwasser schwimmen*, être, naviguer dans le sillage de qn ; être dans la mouvance de qn.

Kieme ['ki:mə] f. (-, n) branchies f. pl. ; ouïes f. pl. | *Kiemenatmung*, respiration branchiale.

Kien [ki:n] m. (s, e). BOT. [Holz] bois (m.) de pin ; bois résineux.

Kien|apfel ["ki:n'apfəl] m. (s, ¨) pomme (f.) de pin. ||°-**fackel** f. (-, n) torche (f.) de pin, de sapin. ||°-**holz** n. (es) bois résineux. ||°-**span** m. (s, ¨e) copeau résineux.

Kiepe ['ki:pə] f. (-, n) hotte f.

Kies [ki:s] m. (es, e) gravier m. ; galet m. || MINÉRAL. pyrite f. || POP. fric m.

Kies|erde ["ki:s'e:rdə] f. (-) grès m. ||°-**grube** f. (-, n) sablière f. ; gravière f. ||°-**sand** m. (s) sable (m.) de rivière ; gravillon m. ; gravier m.

Kiesel ['ki:zəl] m. (s, -) caillou m. ; galet m. ; gravier m. || MINÉRAL. silex m. ; quartz m.

Kiesel|erde ["ki:zəl'e:rdə] f. (-, n) terre (f.) siliceuse. || CHIM. silice f. ||°-**säure** f. (-, n). CHIM. acide (m.) silicique. ||°-**stein** m. (s, e) caillou m. ; gravier m.

kikeriki ! [kikəri'ki:] interj. cocorico !

Kilo ['ki:lo] n. (s, s), **Kilo|gramm** [kilo'gram] n. (s, e). MATH. kilogramme m. ; kilo m.

Kilo|liter [kilo'li:tər] m. et n. (s, -) kilolitre m. ||°-**meter** m. et n. (s, -) kilomètre m. ||°-**metermesser** m. (s, -) compteur (m.) kilométrique. ||°-**meterstein** m. (s, e) borne (f.) kilométrique. ||°-**watt** n. (s, e). ÉLECTR. kilowatt m. ||°-**wattstunde** f. (-, n). ÉLECTR. kilowatt-heure m.

Kimm [kim] f. (-, e). MAR. horizon m.

Kimme ['kimə] f. (-, n) entaille f. ; creux m. ; saillie f. || MIL. cran (m.) de mire.

Kind [kint] n. (s, er) enfant m. et f. | *ein neugeborenes Kind*, un nouveau-né. | *ein Kind gebären, bekommen*, donner naissance à un enfant. | *Kinder erziehen, aufziehen*, élever, éduquer des enfants. | *jn an Kindes Statt annehmen*, adopter qn. | *von Kind auf*, depuis l'enfance. | *er ist noch ein richtiges Kind*, c'est encore un grand enfant. | *er ist ein Kind seiner Zeit*, il est de son époque. || FAM. *ein schönes Kind*, un bel enfant ; une belle fille. || LOC. *das Kind mit dem Bade ausschütten*, jeter le bébé avec l'eau du bain. | *man sieht sehr wohl, wes Geistes Kind er ist*, on voit bien de quel bois il est fait. | *das Kind bei seinem Namen nennen* ; *das Kind beim rechten Namen nennen*, appeler un chat un chat.

Kind|bett ['kintbɛt] n. (s) couches f. pl. || °-**bettfieber** n. (s). MÉD. fièvre puerpérale.

Kindchen [-çən] n. (s, -) petit enfant ; bébé m. ; baby m. ; FAM. marmot m.

Kinderei [kində'rai] f. (-, en) enfantillage m.

Kinder|arzt ["kinder'ɑ:rtst] m. [es, ¨e], °-**ärztin** [-'ɛ:rtstin] f. (-, nen) pédiatre s. ||°-**buch** (s, ¨er) livre (m.) pour enfants. ||°-**frau** f. (-, en) nourrice f. ; bonne (f.) d'enfants. ||°-**fräulein** n. (s, -) gouvernante f. ; nurse f. ||°-**fresser** m. (s, -) ogre m. ||°-**garten** m. (s, ¨) école maternelle ; jardin (m.) d'enfants. ||°-**gärtnerin** f. (-, nen) jardinière (f.) d'enfants ; puéricultrice f. ||°-**geld** n. (s, er) allocations familiales. ||°-**heilkunde** f. MÉD. pédiatrie f. ||°-**heim** n. (s, e), °-**hort** m. (s, e) garderie f. ; crèche f. ; pouponnière f. ||°-**jahre** n. pl. (années [f. pl.] d')enfance f. ||°-**krankheiten** f. pl. maladies (f. pl.) infantiles. ||°-**lähmung** f. (-, en). MÉD. poliomyélite f. ||-**leicht** adj. FAM. enfantin ; simple comme bonjour. ||-**lieb** adj. *sie ist sehr kinderlieb*, elle adore les enfants. ||°-**liebe** f. amour (m.) pour les enfants. ||°-**lieder** n. pl. chansons enfantines. ||-**los** adj. sans enfants. ||°-**mädchen** n. (s, -) bonne (f.) d'enfants. ||°-**mord** m. (s, e), °-**mörder** m. (s, -) infanticide m. ||°-**mörderin** f. (-, nen) infanticide f. ||°-**narr** m. (en, en) ami passionné des enfants. ||°-**pflege** f. puériculture f. ||°-**pflegerin** f. (-, nen) bonne (f.) d'enfants ; nurse f. ||-**reich** adj. qui a beaucoup d'enfants. | *kinderreiche Familie*, famille nombreuse. ||°-**schreck** m. (en) croque-mitaine m. ||°-**schuh** m. (s, e) soulier (m.) d'enfant. | *die Sache steckt noch in den Kinderschuhen*, ce n'est que le tout début. | *er ist den Kinderschuhen entwachsen*, il a jeté sa gourme. ||°-**schutz** m. (es) protection (f.) de l'enfance. ||°-**spiel** n. (s, e) jeu (m.) d'enfant. || FIG., FAM. *das ist für dich doch nur ein Kinderspiel*, c'est un jeu d'enfant pour toi. ||°-**sterblichkeit** f. mortalité (f.) infantile. ||°-**streich** m. (s, e) enfantillage m. ; gaminerie f. ||°-**stube** f. (-, n) chambre (f.) des enfants. || PAR EXT. éducation f. | *er hat eine gute Kinderstube gehabt*, il a été bien élevé. ||°-**wagen** m. (s, -) voiture (f.) d'enfant ; poussette f. ||°-**welt** f. petit monde ; enfants m. pl. ||°-**zeit** f. enfance f. ||°-**zimmer** n. (s, -) chambre (f.) des enfants. ||°-**zulage** f. (-, n) allocation familiale ; allocation (f.) pour enfants.

Kindes|alter ["kindəs'altər] n. (s) premier âge ; bas âge ; enfance f. ||°-**beine** n. pl. *jn von Kindesbeinen an kennen*, connaître qn depuis sa tendre enfance. ||°-**entführung** f. (-, en) enlèvement (m.), rapt (m.) d'enfant. ||°-**kind** n. (s, er) petit-fils m. ; petite-fille f. | *Kindeskinder*, arrière-neveux m. pl. ||°-**liebe** f. amour filial. ||°-**pflicht** f. (-, en) devoir filial. ||°-**raub** m. (s, e). JUR. enlèvement m. ; rapt (m.) d'enfant. ||°-**unterschiebung** f. (-, en). JUR. substitution (f.) d'enfant.

kindhaft ['kinthaft] adj. enfantin ; naïf ; ingénu.

Kindheit [-hait] f. enfance f. ; bas, premier, jeune âge.

kindisch ['kindiʃ] adj. PÉJOR. enfantin ; puéril. | *kindisch werden*, retomber en enfance.

kindlich ['kintliç] adj. d'enfant ; d'un enfant ; filial. | *kindliche Liebe*, amour filial. | *kindlicher Gehorsam*, obéissance (f.) de l'enfant, des enfants. || PAR EXT. naïf ; ingénu ; innocent. | *kindliches Gemüt*, naïveté f. ; ingénuité f.

Kindlichkeit [-kait] f. ingénuité f. ; candeur f.

Kinds|kopf ['kintskɔpf] m. (s, ¨e). FIG., FAM. grand enfant ; être puéril.

kinetisch [ki'ne:tiʃ] adj. PHYS. cinétique.

Kinkerlitzchen ["kiŋkər'litsçən] pl. FAM. bêtises f. pl. ; niaiseries f. pl. ; futilités f. pl.

Kinn [kin] n. (s, e). ANAT. menton m. ; mâchoire inférieure. | *ein Grübchen im Kinn haben*, avoir une fossette au menton. | *ein bartloses Kinn*, un menton imberbe, glabre. | *ein vorstehendes Kinn*, un menton proéminent. | *aufwärts gekrümmtes Kinn*, FAM. menton en galoche.

Kinn|backe ["kin'bakə] f. (-, n), °-**backen** [-'bakən] m. (s, -) mâchoire f. ; mandibule f. ||°-**backenknochen** m. (s, -). ANAT. (os m.) maxillaire m. ||°-**band** n. (s, ¨er) jugulaire f. ; mentonnière f. ||°-**bart** m. (s) barbe f. ; barbiche f. ; FAM. bouc m. ||°-**haken** m. (s, -). [Boxen] crochet m. (à la mâchoire) ; uppercut m. ||°-**kette** f. (-, n). [Pferd] gourmette f. ||°-**lade** f. (-, n) *untere Kinnlade des Pferdes*, ganache f. ||°-**riemen** m. (s, -) jugulaire f. ||°-**schlag** m. (s, ¨e). [Boxen] coup (m.) à la mâchoire ; crochet m.

Kino ['ki:no] n. (s, s) cinéma m.

Kino|fachmann ["ki:no'faxman] m. (s, leute)

cinéaste m. ||°-**gänger(in)** m. (s, -), f. (-, nen) cinéphile s. | *begeisterter Kinogänger*, passionné (m.) de cinéma. ||°-**star** m. (s, s) vedette (f.) de cinéma ; star f. ||°-**vorstellung** f. (-, en) représentation (f.) cinématographique.

Kiosk [kiɔsk] m. (s, e). ARCHIT. kiosque m.

kippbar ['kipbɑ:r] adj. à bascule ; basculant.

Kippe ['kipə] f. (-, n) verse f. ; décharge f. || FAM. *der Teller steht auf der Kippe*, cette assiette est près de basculer, de tomber. || FIG., FAM. *auf der Kippe stehen*, ne tenir qu'à un fil. || [Turnen] *eine Kippe am Reck*, un rétablissement à la barre fixe. || POP. mégot m.

kippen [-pən] v. intr. basculer ; faire la bascule ; trébucher ; se renverser. | *das Boot kippt (um)*, la barque chavire.

◇ v. tr. faire basculer. | *eine Kiste kippen*, faire basculer une caisse.

Kipper [-pər] m. (s, -). TECHN. camion-benne m.

Kipp|fenster ["kip'fɛnstər] n. (s, -). ARCHIT. fenêtre basculante. ||°-**karren** m. (s, -) wagonnet, tombereau basculant. ||°-**schalter** m. (s, -) interrupteur (m.) à bascule.

Kirche ['kirçə] f. (-, n) **1.** [Gebäude] église f. | *katholische Kirche*, église catholique. | *evangelische Kirche*, temple m. | *Pfarrkirche*, église paroissiale. | *eine Kirche einweihen*, consacrer une église. | *die Kirche besuchen*, aller à l'église. || FIG., FAM. *die Kirche ums Dorf tragen*, faire des détours inutiles. | *die Kirche im Dorf lassen*, garder tout son bon sens.

2. PAR EXT. [Gottesdienst] office religieux ; service divin. | *zur Kirche läuten*, sonner l'office, la messe. | *Kirche halten*, célébrer l'office divin.

3. [Glaubensgemeinschaft] Église f. | *katholische Kirche*, Église catholique. | *evangelische Kirche*, Église protestante. | *orthodoxe Kirche*, église orthodoxe. | *Trennung von Kirche und Staat*, séparation de l'Église et de l'État.

Kirch|hof ["kirç'ho:f] m. (s, ¨e) cimetière m. ||°-**spiel** n. (s, e), °-**sprengel** m. (s, -). [katholisch] cure f. ; diocèse m. ; paroisse f. || [protestantisch] inspection (f.) ecclésiastique ; paroisse f. ||°-**turm** m. (s, ¨e). ARCHIT. clocher m. || °-**turmpolitik** f. FIG. esprit (m.) de clocher. ||°-**turmspitze** f. (-, n) flèche (f.) de clocher. ||°-**weih** f. (-, en) kermesse f.

Kirchen|amt ["kirçən'amt] n. (s, ¨er) fonction (f.) ecclésiastique. ||°-**bann** m. (s) excommunication f. ; interdit m. | *über jn den Kirchenbann verhängen*, excommunier qn. ||°-**behörde** f. (-, n) autorité (f.) ecclésiastique. ||°-**buch** n. (s, ¨er) registre (m.) de la paroisse. ||°-**chor** m. (s, ¨e) chorale f. ; maîtrise f. ||°-**diener** m. (s, -) sacristain m. ; bedeau m. ||-**feindlich** adj. anticlérical. ||°-**fenster** n. (s, -) vitrail m. ||°-**fest** n. (es, e) fête religieuse. ||°-**fürst** m. (en, en) prince (m.) de l'Église. ||°-**gemeinde** f. (-, n) paroisse f. ; communauté religieuse. ||°-**gut** n. (s, ¨er) biens (m. pl.) de l'Église. ||°-**licht** n. (s, er) cierge (m.) d'Église. || FIG., FAM. *er ist kein Kirchenlicht*, ce n'est pas une lumière. ||°-**lied** n. (s, er) cantique m. ||°-**maus** f. (-, ¨e). FAM. *arm wie eine Kirchenmaus*, pauvre comme un rat (d'église). ||°-**musik** f. musique religieuse ; concert spirituel. ||°-**rat** m. (s, ¨e). [katholisch] conseil (m.) de fabrique ; consistoire m. || [protestantisch] consistoire m. || PAR EXT. [katholisch] conseiller (m.) de fabrique ; fabricien m. ; [protestantisch] membre (m.) du consistoire. ||°-**recht** n. (s) droit canon. || -**rechtlich** adj. canonique. ||°-**schändung** f. (-, n) profanation f. ; sacrilège m. ||°-**schiff** n. (s, e). ARCHIT. nef f. ||°-**spaltung** f. (-, en) schisme m. ||°-**staat** m. (s). POLIT. États (m. pl.) de l'Église. ||°-**steuer** (-, n) impôt (m.) ecclésiastique ; denier (m.) du culte. ||°-**vater** m. (s, ¨) Père (m.) de l'Église.

kirchlich [-liç] adj. ecclésiastique ; religieux.

Kirmes ['kirmɛs] f. (-) fête foraine, de village.

kirre ['kirə] adj. FAM. apprivoisé ; soumis. | *kirre werden*, s'apprivoiser.

Kirsch|baum ['kirʃbaum] m. (s, ¨e). BOT. cerisier m. | *wilder Kirschbaum*, merisier m. ||°-**kuchen** m. (s, -). CULIN. tarte (f.) aux cerises. ||°-**lorbeer** m. (s, en). BOT. laurier-cerise m. ||°-**wasser** n. (s) eau-de-vie (f.) de cerises ; kirsch m.

Kirsche ['kirʃə] f. (-, n). BOT. cerise f. | *saure Kirschen*, cerises aigres. || LOC. FIG. *mit ihm ist nicht gut Kirschen essen*, il est mauvais coucheur.

Kissen ['kisən] n. (s, -) coussin m. ; oreiller m.

Kissen|bezug ["kisənbə'tsu:k] m. (s, ¨e), °-**überzug** m. (s, ¨e) taie (f.) d'oreiller.

Kiste ['kistə] f. (-, n) caisse f. ; boîte f. | *in Kisten verpacken*, mettre dans des caisses. | *Wein in Kisten*, du vin en caisses. || AÉRON., FIG., FAM. clou m. ; coucou m. ; zinc m. || AUTOM. bagnole f. | *eine alte Kiste*, une vieille bagnole.

Kitsch [kitʃ] m. (es) toc m. ; camelote f. ; chiqué m. ; croûte f. ; navet m. | *dieser Film ist Kitsch*, c'est un film de mauvais goût. || [Stilrichtung] kitsch m.

Kitsch|roman ["kitʃro'mɑ:n] m. (s, e) roman (m.) de quatre sous, à l'eau de rose.

kitschig ['kitʃiç] adj. de mauvais goût. | *kitschiges Bild*, croûte f. | *kitschiger Film*, navet m. || kitsch.

Kitt [kit] m. (s, e) mastic m. ; lut m. ; ciment m. | *Fensterkitt*, mastic m.

Kittchen ['kitçən] n. (s). FAM. prison f. ; POP. taule f. ; violon m.

Kittel ['kitəl] m. (s, -) sarrau m. ; blouse f.

kitten ['kitən] v. tr. TECHN. mastiquer ; cimenter ; luter. || FIG. *eine Ehe kitten*, replâtrer un mariage.

Kitz [kits] n. (es, e) ZOOL. faon m. ; chevrette f.

Kitzel ['kitsəl] m. (s) chatouillement m. ; démangeaison f. || FIG. envie f.

kitz(e)lig ['kits(ə)liç] adj. chatouilleux. | *kitz(e)lig sein*, être chatouilleux ; FIG. être sensible, susceptible. || FIG., FAM. scabreux ; graveleux. | *ein kitzliger Fall*, une affaire scabreuse.

kitzeln [-səln] v. tr. chatouiller ; exciter. | *jn kitzeln*, chatouiller qn. | *die Fußsohle kitzeln*, chatouiller la plante du pied. | *die Nase kitzelt mich*, le nez me chatouille. || FIG. flatter. | *diese Worte kitzeln seine Eitelkeit*, ces paroles flattent sa vanité. | *den Gaumen kitzeln*, flatter le palais.

Kitzler [-slər] m. (s, -). ANAT. clitoris m.

Kiwi ['ki:vi] m. (s, s). ZOOL. kiwi m.

Kiwi ['ki:vi] f. (-, s). BOT. kiwi m.

Klabautermann [kla'bautərman] m. (s) lutin marin (qui porte malheur).

klack ! [klak], **klacks !** [klaks] interj. vlan !

Kladde ['kladə] f. (-, n) brouillon m. ; minute f.

Kladderadatsch [kladəra'dɑ:tʃ] m. (es). FAM. pétard m. ; charivari m. ; chambard m.

klaffen ['klafən] v. intr. bâiller ; s'entrouvrir. | *ein Spalt klafft in der Erde*, une crevasse s'ouvre béante dans la terre. | *eine klaffende Wunde*, une blessure ouverte.

kläffen ['klɛfən] v. intr. [Hund] glapir ; japper. || FIG., FAM. jaser ; clabauder ; déblatérer ; criailler.

Kläffen [-fən] n. (s) jappements m. pl. ; glapissements m. pl. ; FIG. criailleries f. pl.

Kläffer [-fər] m. (s, -). PR. et FIG. roquet m.

Klafter ['klaftər] f. (-, n) toise f. ; brasse f. | *nach Klaftern messen*, mesurer à la toise ; toiser.

klaftern ['klaftərn] v. tr. toiser ; corder. | *das Holz wurde geklaftert*, le bois fut cordé.

Klage ['klɑ:gə] f. (-, n) plainte f. ; gémissement m. ; lamentation f. ; complainte f. ; doléance f. | *bittere Klagen*, plaintes amères. | *in Klagen ausbrechen*, se plaindre ; pousser des plaintes. || PAR EXT. [Beschwerde] mécontentement m. ; doléance f. ; grief m. ; réclamation f. | *eine unbegründete Klage*, une plainte mal fondée. | *jm Grund zur Klage geben*, donner à qn sujet de plainte. || JUR. plainte f. | *eine Klage gegen jn erheben*, porter plainte contre qn. | *die Klage zurücknehmen*, retirer sa plainte ; se désister de sa plainte. | *eine Klage anhängig machen*, intenter une action (en justice) contre qn.

Klage|erhebung ["klɑ:gəɛr'he:buŋ] f. (-, en). JUR. acte introductif d'instance. ||°**-frist** f. (-, en). JUR. délai (m.) de la demande. ||°**-gedicht** n. (s, e). LITTÉR. élégie f. ||°**-geschrei** n. (s) lamentations f. pl. ||°**-lied** n. (s, er) plainte f. ; complainte f. ; lamentation f. ||°**-mauer** f. (-, n) Mur (m.) des lamentations. ||°**-punkt** m. (s, e). JUR. chef (m.) d'accusation. ||°**-ruf** m. (s, e) cri plaintif ; plainte f. ||°**-sache** f. (-, n). JUR. procès m. ; cause f. ||°**-schrift** f. (-, en) plainte f. ||°**-ton** m. (s, ¨e) ton plaintif. ||°**-weib** n. (s, er) pleureuse f.

klagen ['klɑ:gən] v. intr. se plaindre ; se lamenter ; gémir. | *über Schmerzen klagen*, se plaindre d'avoir mal. || PAR EXT., JUR. porter plainte en justice. | *auf Schadenersatz klagen*, actionner en dommages et intérêts.

◇ v. tr. *jm sein Leid klagen*, confier sa peine à qn.

Kläger ['klɛ:gər] m. (s, -). JUR. demandeur m. ; assignant m. ; plaignant m. | *Kläger sein* ; *als Kläger auftreten*, se constituer demandeur.

Klägerin [-rin] f. (-, nen). JUR. demanderesse f. ; plaignante f.

kläglich ['klɛ:kliç] adj. [jammernd] plaintif ; dolent. | *ein klägliches Geschrei*, des lamentations f. pl. | *kläglich weinen*, pleurer à fendre l'âme. || PAR EXT. [erbärmlich ; gering] déplorable ; lamentable ; misérable ; pitoyable ; piteux. | *der Sportplatz befand sich in einem kläglichen Zustand*, le terrain de sport était en piteux état, IRON. dans un bel état. | *ein klägliches Ergebnis*, un maigre résultat. | *eine klägliche Rolle*, un rôle déplorable.

klamm [klam] adj. [steif] engourdi ; gourd. | *ich habe klamme Finger*, j'ai les doigts engourdis. || FIG. être gêné, à court d'argent.

Klamm [klam] f. (-, en) gorge f. ; défilé m. ; ravin m.

Klammer ['klamər] f. (-, n) crampon m. ; pince f. | *mit Klammern befestigen*, fixer à l'aide de crochets. | *eiserne Klammer*, bride (f.), patte (f.) de fer. | *Wäscheklammer*, pince à linge. | *Büroklammer*, trombone m. ; agrafe f. || PAR ANAL. parenthèse f. | *runde Klammer*, parenthèse. | *eckige Klammer*, crochet m. | *eine Bemerkung in Klammern setzen*, mettre une remarque entre parenthèses.

klammern [-mərn] v. tr. et v. pr. (se) fixer ; (se) cramponner. || MÉD. *der Arzt hat die Wunde geklammert*, le médecin a agrafé la plaie. | *sich an einen Balken klammern*, se cramponner à une poutre. || FIG. *sich an eine Hoffnung klammern*, se cramponner à un espoir.

Klamotten [kla'mɔtən] pl. FAM., POP. nippes f. pl. ; frusques f. pl. ; hardes f. pl. | *pack deine Klamotten !*, ramasse tes affaires.

Klang [klaŋ] m. (s, ¨e) son m. ; bruit m. | *Klang der Stimme*, son de la voix. | *der Klang der Flöte*, le timbre de la flûte. | *Gläserklang*, tintement (m.) des verres. | *Glockenklang*, son des cloches. | *dieses Wort hat einen guten Klang*, ce mot sonne bien. | *das Glas gibt einen vollen Klang*, ce verre a une belle résonance. | *heller Klang*, son clair, argentin. | *tiefer Klang*, son grave, bas. || FIG. *sein Name hat einen guten Klang*, il jouit d'une bonne renommée.

Klang|farbe ["klaŋ'farbə] f. (-, n) son m. ; ton m. ; timbre m. ; sonorité f. ; tonalité f. ||°**-farben|-regelung** f. (-) réglage (m.) de tonalité. ||°**-fülle** f. sonorité f. ; puissance (f.) du son. ||**-los** adj. sourd ; insonore ; aphone. | *klanglose Stimme*, voix blanche. — adv. FAM. *er ist sang- und klanglos verschwunden*, il a disparu sans bruit. ||**-reich** adj. sonore. ||**-rein** adj. net ; pur. || RADIO. *klangreiner Empfang*, réception pure, nette. ||°**-reinheit** f. RADIO. netteté (f.), pureté (f.) de la réception. ||°**-stufe** f. (-, n). MUS. intervalle m. ||°**-tiefe** f. relief (m.) sonore. ||**-voll** adj. sonore. ||°**-welle** f. (-, n). PHYS. onde (f.) sonore.

klanglich ['klaŋliç] adj. qui concerne le son.

klapp ! [klap] interj. clac !

Klapp|bett ["klap'bɛt] n. (s, en) lit pliant ; lit (m.) escamotable ; lit (m.) de camp. ||°**-brücke** f. (-, n) pont-levis m. ||°**-deckel** m. (s, -) boîtier m. ; couvercle à charnière. ||°**-fahrrad** n. (s, ¨er) vélo pliant. ||°**-fenster** n. (s, -) vasistas m. ||°**-messer** n. (s, -) couteau de poche, pliant. ||°**-sessel** m. (s, -) pliant m. ||°**-sitz** m. (es, e) strapontin m. ||°**-sofa** n. (s, s) canapé (m.) convertible. ||°**-stuhl** m. (s, ¨e) pliant m. ; strapontin m. ||°**-tisch** m. (es, e) table pliante. ||°**-tür** f. (-, en) trappe f. ||°**-ventil** n. (s, e). TECHN. clapet m. ||°**-verdeck** n. (s, e) capote (f.) de voiture.

Klappe ['klapə] f. (-, n). TECHN. clapet m. ; trappe f. ; abattant m. | *Ofenklappe*, clapet m. | *(Fliegen)klappe*, tapette f. || FIG., FAM. *zwei Fliegen mit einer Klappe schlagen*, faire d'une pierre deux coups.

klappen [-pən] v. intr. claquer ; taper ; frapper contre ; se fermer avec bruit. || FIG., FAM. réussir ; aller bien. | *es klappt alles tadellos*, tout va très bien. | *es hat geklappt*, FAM. ça a marché !

◇ v. tr. rabattre.

Klappen|text ["klapən'tɛkst] m. (es, e) résumé (m.) figurant sur la jaquette d'un livre ; prière (m. ou f.) d'insérer.

Klapper ['klapər] f. (-, n) claquette f. ; cliquette f. ; castagnette f. ; hochet m. ; crécelle f.

klapper|dürr ["klapər'dyr] adj. maigre comme un clou ; qui n'a que les os et la peau. ||°**-kasten** m. (s, ¨). FAM. vieux piano ; FAM. casserole f. ||°**-maul** n. (s, ¨er). FIG., FAM. moulin (m.) à paroles. ||°**-mühle** f. (-, n). FAM. guimbarde f. ||°**-schlange** f. (-, n). ZOOL. serpent (m.) à sonnettes ; crotale m. ||°**-storch** m. (es, ¨e). FAM. (mère) cigogne f.

klapp(e)rig [-p(ə)riç] adj. branlant ; brinquebalant ; fragile ; vieux. | *klapperiges Auto*, vieux clou. || FIG., FAM. vieux ; rabougri.

klappern ['klapərn] v. intr. claquer ; cliqueter. | *die Hufe klappern auf dem Pfaster*, les sabots (du cheval) claquent sur le pavé. | *die Störche klappern*, les cigognes craquettent (avec leur bec). | *mit den Zähnen klappern*, claquer des dents.

Klappern [-pərn] n. (s) cliquetis m. ; bruit m. | *Klappern der Schreibmaschine*, cliquetis de la machine à écrire.

Klaps [klaps] m. (es, e) tape f. ; claque f. ; taloche f. || FIG., FAM. *er hat einen Klaps*, il est un peu fêlé.

klar [klɑ:r] adj. **1.** [hell ; ungetrübt] clair ; limpide ; pur ; transparent ; serein. | *klare Luft*, air pur, limpide. | *klares Wasser*, eau pure. | *bei klarem Wetter*, par temps clair. | *mit klarer Stimme*, d'une voix claire.

2. [scharf umrissen ; deutlich] clair ; net ; précis ; distinct ; intelligible ; évident ; lucide. | *einen klaren*

Begriff von etwas haben, avoir une idée précise de qch. | *über etwas im klaren sein*, y voir clair dans une affaire. | *er ist nicht bei klarem Verstand*, il n'a pas la tête nette ; il n'est pas de sang-froid (car il a bu). | *er ist ein klarer Kopf ; er hat einen klaren Kopf*, il a l'esprit clair. || FAM. *das ist doch klar !*, c'est évident. | *jm klaren Wein einschenken*, parler net à qn.
3. PAR EXT. [bereit] dégagé ; paré. || MAR. *klar Schiff !*, paré ! ; branle-bas de combat !
◇ adv. [deutlich] clairement ; nettement. | *etwas klar heraussagen*, parler sans ambages. | *klar und deutlich*, avec toute la précision souhaitable. | *klipp und klar*, sans ambages. || FAM. *klar !*, mais oui !

klar|blickend ["klɑ:r'blikənt] adj. perspicace. || **-legen** v. tr. FIG. éclaircir ; tirer au clair. ||**-machen** v. tr. éclaircir, tirer au clair ; expliquer. | *jm etwas klarmachen*, expliquer qch. à qn. || MAR. appareiller. ||°**-schiff !** MAR. branle-bas (m.) de combat ! || °**-schriftleser** m. (s, -) lecteur (m.) optique. || °**-sichttuch** n. (s, ¨er) chiffon (m.) antibuée. || °**-stellung** f. (-, en) éclaircissement m. ; explication f. ; mise (f.) au point. ||°**-text** m. (es, e) code déchiffré. || FIG., FAM. *Klartext sprechen*, ne pas mâcher ses mots. || INF. texte (m.) en (langage) clair.

klären ['klɛ:rən] v. tr. et v. pr. (s')éclaircir ; (se) clarifier ; décanter. | *das Gewitter klärt die Luft*, l'orage purifie l'air. | *der Himmel klärt sich*, le ciel s'éclaircit. || FIG. *eine Sache klären*, tirer une affaire au clair.

Klär|anlage ["klɛ:r'anlɑ:gə] f. (-, n). TECHN. station (f.) d'épuration ; bassin (m.) de décantation. ||°**-becken** n. (s, -). CHIM. bassin (m.) de décantation. ||°**-grube** f. (-, n) fosse (f.) septique. ||°**-schlamm** m. (es) boues (f. pl.) de curage, d'épuration.

Klarheit ['klɑ:rhait] f. (-, en) clarté f. ; limpidité f. ; pureté f. ; transparence f. || PAR EXT. lucidité f. ; évidence f. ; précision f. ; netteté f. | *Klarheit schaffen über*, faire la lumière sur.

Klarinette [klari'nɛtə] f. (-, n). MUS. clarinette f.

Klärung ['klɛ:ruŋ] f. (-, en). TECHN. clarification f. ; décantation f. ; collage m. | *Klärung einer Flüssigkeit*, décantation d'un liquide. || FIG. [Begriffe] clarification ; mise (f.) au point.

klasse ['klasə] adj. FAM. super.

Klasse ['klasə] f. (-, n). **1.** [Schule] classe f. | *höhere Klassen*, classes supérieures. | *der Lehrer betritt die Klasse*, le maître entre en classe.
2. [Gesellschaftsklasse] catégorie f. ; division f. ; classe f. | *die besitzenden Klassen*, les possédants m. pl. | *die arbeitenden, die werktätigen Klassen*, les classes laborieuses.
3. [Abteilung] classe f. | *eine Fahrkarte erster Klasse*, un billet de première (classe).
4. ZOOL. classe f. ; famille f. | *Pflanzen-, Tierklassen*, catégories (f. pl.) de plantes, d'animaux.

Klassen|arbeit ["klasən'arbait] f. (-, en). [Schule] composition (écrite). ||°**-einteilung** f. (-, en) classement m. ; classification f. ||°**-geist** m. (es) esprit (m.) de classe, de caste. ||°**-kampf** m. (s, ¨e) lutte (f.) des classes. ||°**-lehrer** m. (s, -) professeur principal. ||°**-lotterie** f. (-, n) loterie (f.) en plusieurs tirages. ||°**-zimmer** n. (s, -). [Schule] (salle de) classe f. ||°**-wahlsystem** m. (s) suffrage (m.) censitaire.

Klassifikation [klasifika'tsio:n] f. (-, en) [Klassifizierung] classification f.

klassifizieren [-fi'tsi:rən] v. tr. classifier.

Klassik ['klasik] f. classicisme m. | *französische Klassik*, époque (f.) classique en France. | *die deutsche Klassik*, le classicisme allemand.

Klassiker [-sikər] m. (s, -) classique m. | *französischer Klassiker*, classique français.

klassisch [-siʃ] adj. classique. | *das klassische Altertum*, l'Antiquité f. (classique). || PAR EXT. klassischer Stil, style (m.) classique. | *klassisches Zeitalter*, époque (f.) classique ; classicisme m. | *ein klassisches Beispiel*, un exemple classique.

Klassizismus [-si'tsismus] m. classicisme m.

klassizistisch [-si'tsistiʃ] adj. néoclassique.

Klassizität [-sitsi'tɛ:t] f. pureté (f.) classique ; pureté (f.) de style.

klatsch ! [klatʃ] interj. flac !

Klatsch [klatʃ] m. (es, e) claquement m. ; POP. claque f. || PAR EXT., FAM. commérages m. pl. ; racontars m. pl. ; potins m. pl. ; cancans m. pl. ; ragots m. pl. | *Klatsch verbreiten*, colporter, répandre des potins. | *das ist Klatsch*, ce ne sont que des commérages.

Klatsch|base ["klatʃ'bɑ:zə] f. (-, n). FAM. commère f. ; pipelette f. | *sie ist eine alte Klatschbase*, c'est une vraie pipelette. ||°**-blatt** n. (s, ¨er) journal (m.) d'échos. ||°**-blätter** n. pl. [Zeitschrift] presse (f.) du cœur. ||°**-maul** n. (s, ¨er) bavard m. ; rapporteur m. ||°**-mohn** m. (s, e). BOT. coquelicot m. ||**-naß** adj. FAM. trempé jusqu'aux os. ||°**-nelke** f. (-, n). BOT. silène m. ||°**-nest** n. (es, er). FAM. potinière f. ||°**-sucht** f. manie (f.) de faire des commérages. ||°**-weib** n. (s, er). V. KLATSCHBASE.

Klatsche ['klatʃə] f. (-, n) tapette f. ; claquette f. || PAR EXT. traduction non autorisée.

klatschen [-ʃən] v. intr. claquer ; fouetter. | *der Regen klatscht herab*, il tombe une pluie battante. | *in die Hände klatschen*, battre des mains. || FIG., FAM. *über jn klatschen*, jaser sur, médire de qn.
◇ v. tr. *Beifall klatschen*, applaudir.

Klatschen [-ʃən] n. (s) claquement m. ; POP. claque f. || FIG., FAM. bavardage m. ; commérage m.

Klatscherei [klatʃə'rai] f. (-, en). FAM. commérage m. ; bavardage m. ; potins m. pl.

klauben ['klaubən] v. tr. trier ; éplucher. | *zusammenklauben*, ramasser, réunir (avec peine). || FIG. ergoter. | *Worte klauben*, ergoter sur les mots.

Klauberei [klaubə'rai] f. (-, en) action (f.) d'éplucher ; tri m. ; triage m. || FIG., PÉJOR. ergotage m. ; subtilités f. pl.

Klaue ['klauə] f. (-, n). [Huf] sabot fendu ; pied fourchu. || [Kralle] griffe f. ; serre f. ; ongle m. | *Klaue des Löwen*, griffe du lion. | *Klaue des Adlers*, serre de l'aigle. | *mit gespaltenen Klauen*, à pieds fourchés ; fourchu. || FIG. *in js Klauen geraten*, tomber sous les griffes de qn.

klauen ['klauən] v. tr. voler ; FAM. chiper ; faucher.

Klauen|seuche ["klauən'zɔyçə] f. [Rind] *Maul- und Klauenseuche*, fièvre aphteuse. || [Schaf ; Ziege] piétin m.

Klause ['klauzə] f. (-, n). [Zelle] cellule f. | *die Klause des Mönches*, la cellule du moine. || FIG. *er sitzt gern in seiner Klause*, il a l'esprit casanier. || PAR EXT. [Talenge] défilé m. ; cluse f.

Klausel ['klauzəl] f. (-, n) clause f. ; réserve f.

Klausner ['klausnər] m. (s, -) ermite m.

Klausur [klau'zu:r] f. (-, en). [Klosterräume] clôture f. || [Schulen] composition faite sous surveillance.

Klaviatur [klavia'tu:r] f. (-, en). MUS. clavier m.

Klavier [kla'vi:r] n. (s, e). MUS. piano m. ; clavecin m. | *Klavier spielen*, jouer du piano.

Klavier|auszug [kla"vi:r'austsu:k] m. (s, ¨e). MUS. partition (f.) pour piano. ||°**-begleitung** f. (-, en). MUS. accompagnement (m.) de piano. ||°**-konzert** n. (s, e) concert (m.), récital (m.) de piano. || °**-lehrer(in)** m. (s, -), f. (-, nen) professeur (m.) de piano. ||°**-schlüssel** m. (s, -) clef (f.) d'ut. ||°**-spiel**

n. (s, e) jeu (m.) du piano. ||°-**spieler(in)** m. (s, -), f. (-, nen) pianiste m. et f. ||°-**stimmer** m. (s, -) accordeur (m.) de piano.

Klebe|band ["kle:bə'bant] n. (s, ¨er) bande adhésive ; ruban adhésif. ||°-**folie** f. (-, n) papier adhésif. ||°-**kraft** f. (-) pouvoir adhésif. ||°-**mittel** n. (s, -) colle f. ; liant m. ||°-**streifen** m. (s, -) ruban adhésif.

kleben ['kle:bən] v. intr. (se) coller ; attacher ; être collant ; adhérer ; s'attacher ; tenir. | *das klebt wie Pech*, cela tient comme teigne. | *die Zunge klebt mir am Gaumen*, j'ai la gorge sèche. || FIG. *es klebt Blut an seinen Fingern*, il y a du sang sur ses mains. | *zu sehr am Äußerlichen kleben*, accorder trop d'importance à la façade. || FAM. *er klebt an mir*, il est collant.
◇ v. tr. coller. | *eine Briefmarke auf den Brief(umschlag) kleben*, coller un timbre sur la lettre ; affranchir une lettre.

Kleber ['kle:bər] m. (s, -). [Mann] colleur m. || CHIM. colle végétale ; gluten m.

kleb(e)rig [-b(ə)riç] adj. collant ; gluant ; poisseux ; visqueux.

Kleb|stoff ['kle:pʃtɔf] m. (s, e) colle f. ||°-**streifen** m. (s, -) papier collant ; ruban adhésif. ||°-**zettel** m. (s, -) étiquette gommée.

kleckern ['klɛkərn] v. intr. FAM. faire des taches ; souiller ; barbouiller ; mâchurer.

Klecks [klɛks] m. (es, e) tache f.

klecksen ['klɛksən] v. tr. et v. intr. faire des taches ; (se) salir. | *die Feder kleckst*, la plume crache. || [Malerei] barbouiller.

Kleckser [-sər] m. (s, -). FAM. barbouilleur m.

Kleckserei [klɛksə'rai] f. (-, en). FAM. barbouillage m. ; croûte f.

Klee [kle:] m. (s). BOT. trèfle m. || FIG., FAM. *jn über den grünen Klee loben*, louer qn outre mesure, à l'excès.

Klee|blatt ['kle:blat] n. (s, ¨er). BOT. feuille (f.) de trèfle. || FIG., FAM. *diese drei bilden ein treues Kleeblatt*, ces trois-là sont inséparables. | *das ist ja ein sauberes Kleeblatt*, c'est un joli trio.

Kleiber ['klaibər] m. (s, -). ZOOL. grimpereau m. ; sittelle f.

Kleid [klait] n. (s, er). [Männer] vêtement m. ; costume m. ; habit m. || [Frauen] robe f. ; toilette f. | *ein Kleid anhaben, tragen*, porter une robe. | *ein Kleid anziehen, anlegen*, mettre une robe. | *ein Kleid ausziehen, ablegen*, enlever une robe. | *sich ein Kleid machen lassen*, se faire faire un vêtement, un complet. | *abgetragene Kleider*, habits usés. || FAM. *ich bin drei Tage nicht aus den Kleidern gekommen*, je ne me suis pas déshabillé depuis trois jours.

Kleider|ablage ["klaidər'aplɑ:gə] f. (-, n) vestiaire m. ||°-**bügel** m. (s, -) cintre m. ||°-**bürste** f. (-, n) brosse (f.) à habits. ||°-**haken** m. (s, -) patère f. ||°-**schrank** m. (s, ¨e) armoire (f.) à vêtements ; garde-robe f. ||°-**ständer** m. (s, -) portemanteau m. ; perroquet m.

kleiden ['klaidən] v. tr. et v. pr. (s')habiller ; (se) vêtir. | *weißgekleidet*, habillé de blanc. | *schwarzgekleidet*, habillé de noir. | *sich nach der neuesten Mode kleiden*, s'habiller à la dernière mode ; être à la mode. || FIG. *sich in Strenge kleiden*, afficher de la sévérité ; prendre un air sévère. | *einen Gedanken in Worte kleiden*, mettre en forme, exprimer une pensée.
— SYN. : *bekleiden, anziehen*, vêtir ; *anlegen, antun*, revêtir ; *ankleiden*, habiller ; *kostümieren*, costumer.

kleidsam ['klaitza:m] adj. seyant ; qui habille bien.

Kleidung ['klaiduŋ] f. (-, en). [Handlung] habillement m. || PAR EXT. [Kleider] habits m. pl. ; vêtements m. pl. ; toilette f. ; costume m.

Kleidungs|stück ["klaiduŋs'ʃtyk] n. (s, e). [pièce (f.), partie (f.) du] vêtement m.

Kleie ['klaiə] f. son m.

klein [klain] adj. **1.** petit. | *ein kleines Kind*, un petit enfant. | *ein kleines Haus*, une maisonnette. | *der kleine Finger*, le petit doigt ; l'auriculaire m. | *klein von Gestalt*, de petite taille. | *kleine Weile*, petit moment ; court instant. | *er ist um einen Kopf kleiner als sein Vater*, il a la tête de moins que son père. | *über ein kleines*, bientôt. | *bis ins kleinste*, jusqu'au moindre détail. | *im kleinen treu sein*, être précis (dans le détail). | *das kleinere Übel*, le moindre mal. || COMM. *im kleinen verkaufen*, vendre au détail ; détailler. | *kleines Geld ; Kleingeld*, (petite, menue) monnaie. | *sich klein machen*, se faire tout petit.
2. [gering] faible ; insignifiant ; médiocre. | *kleiner Geist, kleine Seele*, esprit mesquin, étroit. | *der kleine Mann*, l'homme du peuple. || PROV. *mit Kleinem fängt man an, mit Großem hört man auf*, qui vole un œuf vole un bœuf.
3. [jung] jeune. | *groß und klein*, grands et petits ; tout le monde. | *die Kleinen*, les petits m. pl. ; les enfants m. pl. | *die Kleine*, la petite fille ; la fillette. | *der Kleine*, le garçon ; le garçonnet. | *das Kleine*, le bébé. || FAM. *die Frau bekommt bald ein Kleines*, cette femme accouchera bientôt.
◇ adv. *ein Wort klein schreiben*, écrire un mot avec une minuscule. | *ein klein wenig*, un tout petit peu ; un rien. || FIG., FAM. *klein anfangen*, partir de rien. || FAM. *von jm klein denken*, n'avoir pas une très haute idée de qn. | *alles kurz und klein schlagen*, mettre tout en pièces. | *von klein auf*, depuis la plus tendre enfance.

Klein|aktionär ["klainaktsio'nɛ:r] m. (s, e), °-**anleger** [-'anle:gər] m. (s, -). FIN. petit porteur. ||°-**anzeige** f. (-, n) petite annonce. ||°-**asien** n. pr. n. Asie Mineure. ||°-**bahn** f. (-, en) chemin (m.) de fer à voie étroite. ||°-**betrieb** m. (s, e) petite exploitation. ||°-**bildkamera** f. (-, s) appareil (m.) pour photos de format réduit. ||°-**bürger** m. (s, -) petit bourgeois. || -**bürgerlich** adj. de la petite bourgeoisie. ||°-**bus** m. (ses, se) minibus m. ||°-**format** n. (s, e) petit format. ||°-**garten** m. (s, ¨) jardin ouvrier. ||°-**geist** m. (es) esprit mesquin, étroit. ||°-**geld** n. (s) [petite, menue] monnaie. ||°-**gewerbe** n. (s, -) entreprise artisanale ; petite entreprise. ||-**gläubig** adj. de peu de foi. ||°-**gläubigkeit** f. manque (m.) de foi. ||°-**handel** m. (s) petit commerce ; commerce (m.) de détail. ||°-**händler** m. (s, -) détaillant m. ; débitant m. ||-**herzig** adj. FIG. pusillanime ; timoré. ||°-**hirn** n. (s, e). ANAT. cervelet m. ||°-**holz** n. (es) petit, menu bois. || FIG., AÉRON., ARG. *Kleinholz machen*, casser du bois. ||-**kalibrig** adj. de petit calibre. ||°-**kinderbewahranstalt** f. (-, en) crèche f. ; garderie f. ||-**körnig** adj. à petits grains. ||°-**kram** m. (s). [Ware] PÉJOR. pacotille f. || FIG. *der tägliche Kleinkram*, le train-train quotidien. ||°-**krieg** m. (s, e). MIL. guerre (f.) de partisans ; guérilla f. || FIG. chamailleries f. pl. ; FAM. guéguerre f. || °-**kunstbühne** f. (-, n) cabaret m. ||-**laut** adj. FIG. décontenancé ; interloqué ; penaud ; interdit. | *kleinlaut machen*, décontenancer ; FAM. rabattre le caquet à ; remettre à sa place. | *kleinlaut werden*, perdre son aplomb ; baisser le ton. ||°-**mut** m. (s) pusillanimité f. ; manque (m.) de cœur, de courage. ||-**mütig** adj. pusillanime ; découragé ; timoré. ||°-**staat** m. (s, en) petit État. ||°-**staaterei** f. PÉJOR. particularisme m. ||°-**städter** m. (s, -) provincial m. ||-**städtisch** adj. PÉJOR. de petite ville ; provincial. ||°-**vieh** n. (s) menu, petit bétail. ||°-**wagen** m. (s, -) petite voiture.

Kleinheit ['klainhait] f. petitesse f. ; exiguïté f. ; médiocrité f.

Kleinigkeit [-niçkait] f. (-, en) chose insignifiante ; bagatelle f. | *das ist eine Kleinigkeit für ihn*, c'est une petite affaire pour lui. | *Kleinigkeitskrämer*, esprit mesquin, vétilleux, tatillon.

kleinlich ['klainliç] adj. FIG. petit ; étroit ; borné ; mesquin ; minutieux ; tatillon ; vétilleux.

Kleinlichkeit [-kait] f. (-, en) petitesse (f.) de cœur, d'esprit ; minutie f.

Kleinod ['klaino:t] n. (s, Kleinodien) bijou m. ; joyau m.

Kleister ['klaistər] m. (s) colle (f.) d'amidon.

kleistern [-tərn] v. tr. enduire de colle ; coller.

Klematis [kle'ma:tis] f. BOT. clématite f.

Klemm... [klɛm] (en compos.) de serrage.

Klemme ['klɛmə] f. (-, n). [Werkzeug] pince f. ; borne f. ; serre-fils m. | *mit der Klemme arbeiten*, se servir du serre-fils. || ÉLECTR. borne f. || TECHN. barrette (f.) de raccordement. || PAR EXT. [Lage] passage resserré. || FIG., FAM. embarras m. ; gêne f. | *in der Klemme sitzen*, être dans l'embarras ; FAM. être dans le pétrin.

klemmen [-mən] v. tr. et v. pr. (se) presser ; (se) pincer ; (se) serrer. | *er hat sich den Daumen in der Türe geklemmt*, il s'est pincé le pouce dans la porte. || FIG., FAM. *sich hinter seine Arbeit klemmen*, s'acharner au travail.

◇ v. intr. se coincer. | *die Tür klemmt*, cette porte se coince.

Klemmen|deckel ["klɛmən'dɛkəl] m. (s, -). ÉLECTR. cache-borne m.

Klemmer [-mər] m. (s, -) pince-nez m.

Klempner ["klɛmpnər] m. (s, -) plombier m.

Klepper ['klɛpər] m. (s, -). PÉJOR. rosse f. ; haridelle f. ; POP. canasson m.

klerikal [kleri'ka:l] adj. clérical.

Klerikalismus [-ka'lismus] m. cléricalisme m.

Kleriker ['kle:rikər] m. (s, -). RELIG. clerc m. ; ecclésiastique m.

Klerus ['kle:rus] m. clergé m.

Klette ['klɛtə] f. (-, n). BOT. bardane f.

Kletter|eisen ["klɛtər'aizən] n. (s, -) crampon m. ||°-**gerüst** n. (s, e). [Turnen] portique m. ||°-**gürtel** m. (s, -). SPORT. baudrier m. ||°-**mast** m. (es, e) mât (m.) de cocagne. ||°-**pflanze** f. (-, n) plante grimpante. ||°-**rose** f. (-, n). BOT. rosier grimpant. ||°-**stange** f. (-, n). [Turnen] mât m. ||°-**tau** n. (s, e). [Turnen] corde (f.) lisse. ||°-**vögel** m. pl. ZOOL. grimpeurs m. pl.

Kletterei [klɛtə'rai] f. varappe f.

Kletterer ['klɛtərər] m. (s, -) grimpeur m. || SPORT. varappeur m.

klettern [-tərn] v. intr. grimper.

Klettern [-tərn] n. (s). SPORT. varappe f.

Klient [kli'ɛnt] m. (en, en) client m.

Klientel [kliɛn'te:l] f. (-, n) clientèle f.

Kliff [klif] n. (s, e). MAR. falaise f.

Klima ['kli:ma] n. (s, te) climat m. | *mildes Klima*, climat tempéré. || PAR EXT. ambiance f. | *gutes Betriebsklima*, bonne ambiance de travail.

Klima|anlage ["kli:ma'anla:gə] f. (-, n) climatisation f. ||°-**technik** f. (-, en) technique (f.) de la climatisation.

Klimakterium [klimak'te:rium] n. (s). MÉD. ménopause f.

klimatisch [kli'ma:tiʃ] adj. climatique.

Klimax ['kli:maks] f. (-, n) point culminant.

Klimbim [klim'bim] m. (s). FAM. tralala m.

klimmen ['klimən] (o, o) v. intr. gravir ; grimper. | *auf den Gipfel klimmen*, escalader le sommet.

Klimm|zug ['klimtsu:k] m. (s, ¨e). [Turnen] montée (f.) par traction des bras.

Klimperei [klimpe'rai] f. (-, en) pianotage m.

Klimper|kasten ["klimpər'kastən] m. (s, -). FAM. mauvais piano ; casserole f.

klimpern ['klimpərn] v. intr. FAM. faire tinter, sonner. || PAR ANAL. jouer distraitement d'un instrument. | *auf dem Klavier klimpern*, pianoter.

kling ! [kliŋ] interj. drelin ! drelin !

Klinge ['kliŋə] f. (-, n) lame f. | *die Klinge des Messers*, la lame du couteau. || PAR EXT. épée f. | *eine gute Klinge schlagen*, être une fine lame. | *die Klingen kreuzen*, croiser le fer. || MIL. *jn über die Klinge springen lassen*, tuer ; FIG. évincer.

Klingel ['kliŋəl] f. (-, n) sonnette f. ; clochette f.

klingeln [-ŋəln] v. intr. sonner ; tirer la sonnette. | *dem Diener klingeln*, sonner son domestique.

Klingeln [-ŋəln] n. (s) tintement m. ; sonnerie f.

Klingel|zug ["kliŋəl'tsu:k] m. (s, ¨e). TECHN. fils (m. pl.), cordon (m.) d'une sonnerie.

klingen ['kliŋən] (a, u) v. intr. sonner ; résonner ; rendre un son ; retentir. | *die Glocken klingen*, les cloches sonnent. | *hell klingen*, sonner clair. | *hohl klingen*, sonner creux. || FIG. *dieser Vers klingt schlecht*, ce vers sonne mal. | *das klang zauberhaft*, cela paraissait merveilleux. | *die Ohren klingen mir*, les oreilles me tintent. | *das klingt unwahrscheinlich*, cela paraît invraisemblable.

klingend [-ŋənt] adj. retentissant ; sonore. | *mit klingendem Spiel*, en musique ; musique (f.) en tête. | *mit klingender Münze zahlen*, payer en espèces sonnantes et trébuchantes. | *klingender Reim (weiblicher Reim)*, rime féminine.

Kling|klang ['kliŋklaŋ] m. (s) tintement m. ; cliquetis m. ; flonflon m. || PÉJOR. verbiage m.

Klinik ['kli:nik] f. (-, en) clinique médicale. | *geburtshilfliche Klinik*, maternité f.

Kliniker(in) [-nikər(in)] m. (s, -), f. (-, nen) clinicien m., clinicienne f.

klinisch [-niʃ] adj. clinique.

Klinke ['kliŋkə] f. (-, n) loquet m. ; clenche f. ; poignée f. || FIG., FAM. *die Klinken putzen*, tirer les sonnettes ; faire du porte-à-porte.

klinken [-kən] v. intr. presser le loquet.

Klinker ['kliŋkər] m. (s, -) brique vernissée.

klipp [klip] adv. FAM. *die Sache ist klipp und klar*, cette affaire est parfaitement claire.

Klipp [klip] m. et n. (s, s) attache f. ; agrafe f. ; broche f. ; clip m.

Klippe ['klipə] f. (-, n) écueil m. | *blinde Klippe*, brisant(s) m. (pl.). | *das Schiff zerschellte an der Klippe*, le bateau se brisa sur un écueil.

klippen|reich ["klipən'raiç] adj. semé d'écueils.

Klipper ['klipər] m. (s, -). MAR. voilier (m.) rapide ; clipper m. || AÉRON. clipper m.

Klipp|fisch ['klipfiʃ] m. (s, e). ZOOL. morue salée.

klirren ['klirən] v. intr. vibrer ; résonner ; cliqueter ; claquer. | *Ketten klirren*, des chaînes grincent. | *Waffen klirren*, des armes s'entrechoquent. | *die Fenster klirrten vom Donnerschlag*, le tonnerre faisait trembler les fenêtres.

Klirren [-rən] n. (s) résonance f. ; bruit m. | *das Klirren der Waffen, der Gläser, der Ketten*, le cliquetis des armes ; le choc des verres ; le bruit des chaînes.

Klischee [kli'ʃe:] n. (s, s). TYPOGR. cliché m. || FIG. cliché. | *das ist bloß Klischee*, cela manque d'originalité.

klischieren [-'ʃirən] v. tr. clicher.

Klistier [klis'ti:r] n. (s, e). MÉD. lavement m.

Klistier|spritze [klis"ti:r'ʃpritsə] f. (-, n). MÉD. seringue (f.) à lavements ; clysopompe m.
klistieren [klis'ti:rən] v. tr. administrer un lavement.
Klitoris ['kli:toris] f. (-, -). ANAT. clitoris m.
Klo [klo] n. (s, s). FAM. cabinets m. pl. ; waters m. pl.
Kloake [klo'ɑ:kə] f. (-, n) cloaque m. ; égout m. || ZOOL. cloaque m.
Kloben ['klo:bən] m. (s, -) bûche f. ; billot (m.) de bois ; bille f. ; billon m. || [Zapfen] pivot m. ; coin m.
klobig [-biç] adj. massif ; grossier. | *klobiger Tisch*, table (f.) informe. | *klobige Quader*, pierres non taillées. || FIG., FAM. pataud ; lourdaud. | *klobige Gestalt*, forme massive.
Klo|frau ['klo:frau] f. (-, en). FAM. dame (f.) pipi.
Klon [klo:n] m. (s, e) clone m.
klonieren [klo'ni:rən] v. tr. cloner.
Klonierung [klo'ni:ruŋ] f. (-, en) clonage m.
Klöpfel ['kløpfəl] m. (s, -) marteau (m.) de bois ; maillet m. || HIST. massette f.
klöpfeln ['kløpfəln] v. intr. FAM. frapper doucement ; tapoter.
klopfen ['klɔpfən] v. intr. frapper ; battre. | *es klopft*, on frappe. | *der Specht klopft im Wald*, le pivert frappe du bec dans la forêt. | *auf die Schulter klopfen*, donner une tape sur l'épaule. | *auf den Tisch klopfen*, frapper sur la table ; FIG. se montrer énergique. | *jm auf die Finger klopfen*, donner sur les doigts à qn. || FAM. *bei jm auf den Busch klopfen*, sonder (le terrain auprès de, chez) qn. || PAR ANAL. battre ; palpiter. | *das Herz klopft mir*, mon cœur bat. | *der Motor klopft*, ce moteur cogne. ◇ v. tr. battre ; taper ; frapper. | *den Staub von den Schuhen klopfen*, faire tomber la poussière des chaussures. | *Teppiche klopfen*, battre les tapis. || FAM. [Karten] *Skat klopfen*, FAM. *kloppen*, faire une partie de skat.
Klopfen [-pfən] n. (s). [Herz] battement m. ; [Motor] cognement m.
Klopfer [-pfər] m. (s, -). [Tür] heurtoir m. ; marteau m. || *Teppichklopfer*, tapette f. || [Steine] casseur (m.) de pierres.
Klöppel ['kløpəl] m. (s, -) baguette f. ; batte f. ; maillet m. | *Klöppel der Glocke*, battant (m.) de cloche. || TECHN. [Spitzen] fuseau (m.) à dentelle.
Klöppel|arbeit ["kløpəl'arbait] f. (-, en), °**-spitze** f. (-, n) dentelle (f.) au fuseau.
klöppeln ['kløpəln] v. tr. faire de la dentelle.
Klops [klɔps] m. (es, e). CULIN. boulette f.
Klosett [klo'zɛt] n. (s, e) cabinets m. pl. ; water-closet m. (W.-C.), lieux (m. pl.) d'aisance.
Klosett|papier [klo"zɛtpa'pi:r] n. (s, e) papier (m.) hygiénique. ||°**-sitz** m. (es, e) lunette (f.) de W.-C. ||°**-spülung** f. (-, en) chasse (f.) d'eau.
Kloß [klo:s] m. (es, ¨e) motte f. ; glèbe f. ; boule f. | *Erdkloß*, motte de terre. || CULIN. croquette f. ; quenelle f. | *Fleischklöße*, croquettes de viande.
Kloster ['klo:stər] n. (s, ¨). RELIG. couvent m. ; cloître m. ; monastère m. | *ins Kloster gehen*, entrer au couvent, dans les ordres, en religion. | *Frauenkloster*, couvent de religieuses.
Kloster|bruder ["klo:stər'bru:dər] m. (s, ¨) religieux m., frère m. ; moine m. ||°**-frau** f. (-, en) religieuse f. ; sœur f. ; nonne f. ||°**-leben** n. (s) vie monastique, monacale. || °**-ordnung** f. (-, en) règle monacale. ||°**-pförtner** (s, -), °**-pförtnerin** f. (-, nen) frère tourier, sœur tourière. ||°**-schule** f. (-, n) école conventuelle, monastique. ||°**-zelle** f. (-, n) cellule (f.) de moine. ||°**-zucht** f. discipline monacale.
klösterlich ['klø:stərliç] adj. monastique ; monacal. | *klösterliche Gelübde*, vœux (m. pl.) monastiques.
Klotz [klɔts] m. (es, ¨e) bloc m. ; billot m. | *einen Holzklotz spalten*, fendre une bûche. || FIG. brute f. ; butor m. ; rustre m. | *ein grober Klotz*, un rustre ; une brute.
klotzig ['klɔtsiç] adj. massif ; FIG., FAM. grossier ; balourd.
Klub [klup] m. (s, s) club m. ; cercle m.
Kluft [kluft] f. (s, ¨e) crevasse f. ; fente f. ; faille f. || FIG. abîme m. ; gouffre m.
Kluft [kluft] f. (-, en). POP. frusques f. pl.
klug [klu:k] adj. intelligent ; sensé ; avisé ; qui a du discernement ; FAM. malin. | *kluger Mensch*, homme intelligent. || [Bibel] *die fünf klugen (und die fünf törichten) Jungfrauen*, les cinq vierges sages (et les cinq vierges folles). || FAM. *aus dieser Sache werde ich nicht klug*, je ne comprends rien à cette affaire ; j'y perds mon latin. | *aus ihm wird man nicht klug*, cet homme est indéchiffrable, est une énigme.
Klugheit ['klu:khait] f. (-, en) intelligence f. ; esprit m. ; bon sens ; perspicacité f. || PAR EXT. ingéniosité f. ; finesse f. ; habileté f.
— SYN. : *Vorsorge*, prévoyance ; *Besonnenheit*, réflexion ; *Mutterwitz*, bon sens.
Klügler ['kly:glər] m. (s, -) raisonneur m. ; ergoteur m.
klüglich [-liç] adv. sagement ; prudemment.
Klumpen ['klumpən] m. (s, -) masse compacte ; grumeau m. ; caillot m. ; motte f. | *ein Klumpen Blei*, un bloc de plomb. | *ein Klumpen Erde*, une motte de terre. || PAR EXT. [Haufen] tas m.
klumpen [-pən] v. tr. et v. pr. (s')agglomérer.
Klump|fuß ["klump'fu:s] m. (es, ¨e). ANAT. pied bot.
Klüngel ['klyŋəl] m. (s, -) clique f. ; clan m.
Klunker ['kluŋkər] m. (s, -), f. (-, n) houpette f. ; gland m. ; breloque f. || FIG., FAM. crotte f.
Kluppe ['klupə] f. (-, n). TECHN. pince f. ; mâchoire f. ; mordache f.
knabbern ['knabərn] v. intr. croquer ; grignoter. | *das Eichhörnchen knabbert an der Nuß*, l'écureuil grignote une noix.
Knabe ['knɑ:bə] m. (n, n) garçon m. ; garçonnet m. ; enfant m. ; gamin m. ; enfant m. ; gamin m. ; adolescent m. || POÉT. page m. || FIG., POP. *alter Knabe !*, mon vieux !
Knaben|alter ["knɑ:bən'altər] n. (s) jeune âge m. ; âge enfantin ; enfance f. ; adolescence f. ||°**-kraut** n. (s). BOT. orchis m. ||°**-schule** f. (-, n) école (f.) de garçons. ||°**-streich** m. (s, e) gaminerie f. ; polissonnerie f.
knabenhaft ['kna:bənhaft] adj. enfantin ; puéril.
Knäcke|brot ["knɛkə'bro:t] n. (s) galette suédoise.
knacken ['knakən] v. tr. et v. intr. craquer. | *das Brett knackt*, la planche craque. | *mit den Fingern knacken*, faire craquer ses doigts. || LOC. *wir haben da eine harte Nuß zu knacken*, nous avons là une affaire difficile.
Knacken [-kən] n. (s) craquement m. || RADIO. crépitement m.
Knacker [-kər] m. (s, -). FAM. vieux m. | *ein alter Knacker*, un vieux barbon ; POP. un vieux schnock.
Knack|mandel ["knak'mandəl] f. (-, n) amande (f.) en coque. ||°**-wurst** f. (-, ¨e) saucisse.
Knacks [knaks] m. (es, e) craquement m. ; fêlure f. || FIG. *er hat einen Knacks bekommen*, c'est une tête fêlée.
◇ interj. **knacks**, crac !

Knäk|ente ["knɛk'ɛntə] f. (-, n). ZOOL. sarcelle f.

Knall [knal] m. (s, e et ¨e) bruit (m.) de pétard, d'éclatement ; éclat m. ; fracas m. ; détonation f. ; explosion f. | *Knall des Schusses*, explosion f. ; détonation f. || FIG., FAM. *Knall und Fall entlassen werden*, être renvoyé sans autre forme de procès.

Knall|bonbon ["knal'bɔŋbɔŋ] n. (s, s) bonbon fulminant. ||°**-effekt** m. (s, e) coup (m.) de théâtre. || FAM. *einen Knalleffekt erzielen*, faire un tabac. ||°**-erbse** f. (-, n), °**-frosch** m. (s, ¨e) pétard m. ||°**-gas** n. (es) gaz détonant ; gaz oxhydrique. ||°**-rot** adj. [Farbe] rouge vif ; écarlate. | *knallrot werden*, POP. piquer un fard.

knallen ['knalən] v. intr. faire explosion ; détoner ; éclater. | *Flinten knallen*, des coups de fusil retentissent. | *Peitschen knallen*, des fouets claquent. || FIG. *ein knallendes Rot*, un rouge criard.

knapp [knap] adj. [eng] étroit ; serré ; juste. | *die Schuhe sind mir zu knapp geworden*, mes chaussures sont devenues trop justes. || [gering] modique ; mesuré ; maigre ; chiche. | *eine knappe Mehrheit*, une faible majorité. | *knappes Einkommen*, maigre(s) revenu(s) m. (pl.). | *meine Zeit ist knapp*, j'ai à peine le temps ; j'ai peu de temps ; le temps m'est mesuré. | *mit knapper Not*, à grand-peine. | *knappe drei Wochen unterwegs sein*, être en voyage un peu moins de trois semaines. || FIG. *knapper Stil*, style concis.
◇ adv. à peine ; (tout) juste. | *einem Unfall knapp entgehen*, l'échapper belle ; échapper de justesse à un accident.

Knappe ['knapə] m. (n, n) valet m. (d'armes) ; écuyer m. ; page m.

knappen ['knapən] v. intr. rogner sur la dépense ; lésiner.

Knappheit ['knaphait] f. [Enge] étroitesse f. || PAR ANAL. [Mangel] rareté f. ; pénurie f. || [Mäßigkeit] modicité f. || FIG. parcimonie f. ; mesquinerie f.

knaps ! [knaps] interj. crac !

knapsen ['knapsən] v. intr. [knappen] lésiner.

Knarre ['knarə] f. (-, n) crécelle f. || FIG. fusil m.

knarren [-rən] v. intr. grincer ; craquer. | *die Tür knarrt*, la porte grince.

Knast [knast] m. (es). FAM. taule f.

Knast|bruder ["knast'brudər] m. (s, ¨). FAM. taulard m. ; tôlard m.

Knaster ['knastər] m. (s, -). [Tabak] tabac (m.) ordinaire. || FAM. [brummiger Alter] grognon m.

knastern ['knastərn] v. intr. pétiller ; crépiter. || sentir le tabac de pipe.

Knastologe [knasto'lo:gə] m. (n, n), **Knastologin** [knasto'lo:gin] f. (-, nen). FAM. taulard(e) m. (f.) ; tôlard(e) m. (f.).

Knatsch [knɑ:tʃ] m. (es) dispute f. ; explication f.

knattern ['knatərn] v. intr. pétiller ; crépiter ; claquer ; craquer ; péter. | *das Gewehrfeuer knattert*, la fusillade crépite. | *die Fahne knattert im Winde*, le drapeau claque dans le vent.

Knattern [-tərn] n. (s) pétillement m. | *Knattern der Maschinengewehre*, claquement (m.) des mitrailleuses. | *Knattern der Motorräder*, pétarade (f.) des motocyclettes. | *Knattern des Radios*, friture (f.) du poste de radio.

Knäuel ['knɔyəl] m. ou n. (s, -) pelote f. ; peloton m. | *Knäuel Seide*, pelote de soie. | *Knäuel Wolle*, pelote de laine. | *ein(en) Knäuel wickeln*, mettre en pelote, en peloton. | *ein(en) Knäuel aufwickeln*, démêler une pelote. || FIG. [Durcheinander] mêlée f.

Knauf [knauf] m. (s, ¨e) boule f. ; bouton m. | *Knauf des Degens*, pommeau (m.) de l'épée. | *Knauf der Tür*, bouton de la porte. || ARCHIT. chapiteau m.

Knauser ['knauzər] m. (s, -) avare m. ; grippe-sou m.

Knauserei [knauzə'rai] f. (-, en) avarice f. ; ladrerie f. ; économies (f. pl.) de bouts de chandelles.

knauserig ['knauzəriç] adj. avare ; ladre ; pingre.

knausern [-zərn] v. intr. lésiner.

knautschig ['knautʃiç] adj. froissé ; chiffonné.

Knebel ['kne:bəl] m. (s, -). [Stoffballen] bâillon m. || PAR ANAL., TECHN. [Spanner] garrot m.

Knebel|bart ["kne:bəl'bɑ:rt] m. (s, ¨e) moustaches f. pl. ; barbiche f.

knebeln ['kne:bəln] v. tr. bâillonner. || PAR ANAL. garrotter.

Knecht [knɛçt] m. (s, e) valet m. ; domestique m. ; serviteur m. | *die Knechte des Gutes*, les valets du domaine. || PAR EXT. *der Knecht Ruprecht*, croque-mitaine m.

knechten ['knɛçtən] v. tr. réduire en servitude ; asservir ; subjuguer.

knechtisch [-tiʃ] adj. servile ; rampant.

Knechtschaft [-tʃaft] f. servitude f. ; esclavage m. | *in die Knechtschaft stürzen, führen*, traîner, réduire en esclavage. | *aus der Knechtschaft befreien*, tirer de l'esclavage.

Knechtung [-tuŋ] f. asservissement m. ; tyrannie f. ; esclavage m.

Kneif [knaif] m. (s, e) couteau-poignard m.

Kneif|zange ["knaif'tsaŋə] f. (-, n). TECHN. pince coupante ; tenaille(s) f. (pl.).

kneifen ['knaifən] (i, i) v. tr. pincer. | *jn in den Arm kneifen*, pincer le bras de, à qn.
◇ v. intr. pincer. || FIG. se dérober ; FAM. flancher ; s'éclipser.

Kneifer [-fər] m. (s, -) pince-nez m. ; lorgnon m. ; binocle m.

Kneipe ['knaipə] f. (-, n) guinguette f. ; taverne f. (d'étudiants) ; FAM. bistrot m. ; troquet m.

Kneip|lied ['knaipli:t] n. (s, er) chanson (f.) à boire. ||°**-wirt** m. (s, e) cabaretier m.

kneten [-tən] v. tr. pétrir ; malaxer. || MÉD. masser.

Kneten [-tən] n. (s) pétrissage m. ; malaxage m. || MÉD. massage m.

Knet|maschine ["kne:tma'ʃi:nə] f. (-, n). TECHN. malaxeur m. ; pétrin (m.) mécanique. ||°**-trog** m. (s, ¨e) pétrin m.

Knick [knik] m. (s, e). [Biegung] courbure f. ; coude m. || [Kniff] froissure f. ; pliure f. || [Riß] cassure f. ; fêlure f. || PAR EXT. [Einfriedigung] haie vive.

knicken ['knikən] v. intr. craquer ; se fêler.
◇ v. tr. briser ; casser. | *einen Papierbogen zweimal knicken*, plier une feuille de papier en quatre. | *die Zweige wurden vom Winde geknickt*, le vent a cassé les branches.

Knicker [-kər] m. (s, -). [Geizhals] ladre m. ; avare m. || [Klappmesser] couteau pliant.

knick(e)rig ['knik(ə)riç] adj. avare ; ladre.

Knicker|bocker ["nikər'bɔkər] f. pl. culottes (f. pl.) de golf ; knicker(bockers) m. pl.

knickern ['knikərn] v. intr. lésiner.

Knicks [kniks] m. (es, e) révérence f. | *einen Knicks machen*, faire une révérence.

knicksen ['kniksən] v. intr. faire une révérence ; fléchir les genoux.

Knie [kni:] n. (s, -) genou m. | *die Knie beugen*, fléchir les genoux. | *die Knie schlottern ihm*, ses jambes flageolent ; il vacille. | *in, auf die Knie sinken*, tomber sur les genoux. | *sie fielen (vor ihm) auf die Knie*, ils se jetèrent à ses genoux. | *auf den Knien liegen (und beten)*, être agenouillé (pour la prière). || FIG. *in auf die (in die) Knie zwingen*, l'emporter sur, triompher de qn. || FAM. *etwas übers Knie brechen*, précipiter, brusquer qch. || [Biegung] coude m. (d'une rivière ; d'un tuyau).

Knie|beuge ["kni:'bɔygə] f. (-, n). [Turnen] flexion (f.) des genoux. ||°**-fall** m. (s) agenouillement m. ; génuflexion f. | *einen Kniefall tun*, s'agenouiller. ||**-fällig** adj. à genoux. | *in kniefällig (um Verzeihung) bitten*, embrasser les genoux de qn ; supplier qn. ||**-frei** adj. [Rock] qui découvre, laisse voir les genoux. ||°**-gelenk** n. (s, e). ANAT. articulation (f.) du genou. ||**-hoch** adj. jusqu'aux genoux ; de la hauteur du genou. ||°**-hose** f. (-, n) culotte f. ||°**-kehle** f. (-, n) creux (m.) du jarret. ||°**-leder** n. (s, -) genouillère f. ||°**-rohr** n. (s, e) tube coudé. ||°**-scheibe** f. (-, n). ANAT. rotule f. ||°**-schützer** m. (s, -) protège-genou m. ||°**-strumpf** m. (s, ¨e) mi-bas m. ||°**-stück** n. (s, e). [Malerei] portrait (m.) en demi-grandeur. ||°**-wärmer** m. (s, -) genouillère f.

knien ['kni:ən] v. intr. et v. pr. s'agenouiller ; se mettre, être à genoux.

Kniff [knif] m. (s, e). [Falte] pli m. ; corne f. | *Kniff an einer Besuchskarte*, corne d'une carte de visite. || FIG., FAM. ruse f. ; artifice m. ; ficelle f. ; truc m. | *hinter js Kniffe kommen*, découvrir les ruses, les artifices de qn. | *Kniffe und Pfiffe*, trucs (m. pl.) et ficelles f. pl.

kniff(e)lig ['knif(ə)liç] adj. épineux ; difficultueux. || PAR EXT. finaud ; finassier.

kniffen ['knifən] v. tr. plisser ; plier ; faire un pli, une fronce, une corne.

knipsen ['knipsən] v. tr. FAM. **1.** poinçonner. **2.** photographier ; prendre en instantané. **3.** [wegschnellen] lancer d'une chiquenaude.
◇ v. intr. tourner le bouton, l'interrupteur ; allumer. | *das Licht anknipsen*, allumer l'électricité.

Knirps [knirps] m. (es, e). FAM. nabot m. ; bout (m.) d'homme ; marmouset m. || PAR ANAL. [zusammenlegbarer Damenschirm] tom-pouce m.

knirschen ['knirʃən] v. intr. craquer ; crier ; crisser. | *der Schnee knirscht*, la neige crisse, craque. | *mit den Zähnen knirschen*, grincer des dents.

Knirschen [-ʃən] n. (s) craquement m. ; grincement m. ; crissement m.

knistern ['knistərn] v. intr. craqueter ; crépiter ; pétiller. | *das Feuer knistert im Kamin*, le feu pétille dans la cheminée.
◇ v. impers. *es knistert im Gebälk*, la charpente craque.

Knistern [-tərn] n. (s) pétillement m. ; crépitation f. ; crépitement m.

Knittel|verse ["knitəl'vɛrzə] m. pl. POÉS. vers (m. pl.) raboteux, boiteux ; improvisation (f.) en vers ; vers (m. pl.) de Hans Sachs.

knitter|frei ["knitər'frai] adj. TEXT. infroissable. | *knitterfreie Stoffe*, tissus (m. pl.) infroissables.

knittern [-tərn] v. intr. se froisser ; faire des plis, de faux plis ; chiffonner.

knobeln [-bəln] v. intr. jouer aux dés. || FIG. [überlegen] cogiter.

Knob|lauch ['kno:plaux] m. (s). BOT. ail m. | *eine Knoblauchzehe*, une gousse d'ail.

Knöchel ['knøçəl] m. (s, -). ANAT. [Finger] nœud m. ; [Fuß] cheville f. ; [Ellenbogen] épine f. ; malléole f.

Knöchelchen [-çən] n. (s, -). ANAT. petit os ; osselet m.

Knochen ['knɔxən] m. (s, -). ANAT. os m. | *starke Knochen*, des os durs. | *zarte Knochen*, des os fragiles. | *der Hund nagt an einem Knochen*, le chien ronge un os. || PAR EXT., FAM. *ihm tun alle Knochen weh*, il est brisé de fatigue. || FIG., FAM. *naß bis auf die Knochen*, trempé, mouillé jusqu'aux os. | *die Nachricht steckt ihm in den Knochen*, cette nouvelle lui a coupé bras et jambes. | *er ist nur (noch) Haut und Knochen*, il n'a plus que la peau et les os.

Knochen|bau ["knɔxən'bau] m. (s). ANAT. ossature f. ; charpente osseuse. ||°**-bildung** f. (-, en) ossification f. ; [Embryo] ostéogenèse f. ||°**-bruch** m. (s, ¨e). MÉD. fracture f. | *einfacher Knochenbruch*, fracture simple. | *komplizierter Knochenbruch*, fracture multiple. ||°**-entzündung** f. (-, en). MÉD. inflammation (f.) des os ; ostéite f. ||°**-erweichung** f. (-, en) ramollissement (m.) des os ; ostéomalacie f. ||°**-gerippe** n. (s, -), °**-gerüst** n. (s, e) squelette m. ; ossature f. ; charpente osseuse. ||**-hart** adj. sec comme un os. ||°**-haut** f. (-, ¨e) périoste m. ||°**-hautentzündung** f. (-, en). MÉD. périostite f. ||°**-leim** m. (s) gélatine f. (d'os). ||°**-mark** n. (s). ANAT. moelle f. ||°**-markentzündung** f. (-, en). MÉD. ostéomyélite f. ||°**-marktransplantation** f. (-, en). MÉD. greffe (f.) de moelle osseuse. ||°**-mehl** n. (s) poudre (f.) d'os. ||°**-schinken** m. (s, -). CULIN. jambon (m.) à l'os. ||°**-splitter** m. (s, -) éclat (m.) d'os ; esquille f.

knöchern ['knøçərn] adj. osseux ; d'os ; en os. || FIG. sec.

knochig ['knɔxiç] adj. plein d'os ; osseux.

Knockout [nɔk'aut] m. (s, s), (**K.o.**). SPORT. mise (f.) hors de combat ; knock-out m. (K.-O.).

Knödel ['knø:dəl] m. (s, -). CULIN. quenelle f. ; boulette f.

Knolle ['knɔlə] f. (-, n), **Knollen** [-lən] m. (s, -). BOT. tubérosité f. ; tubercule m. ; bulbe m. ; bosse f.

Knollen|blätterpilz ["knɔlən'blɛtərpilts] (es, e). BOT. amanite (f.) phalloïde. ||°**-gewächs** n. (es, e) plante bulbeuse, à tubercule. ||°**-sellerie** f. céleri-rave m.

knollig ['knɔliç] adj. bulbeux ; tubéreux. || FIG., FAM. lourdaud ; pataud.

Knopf [knɔpf] m. (s, ¨e) bouton m. | *beinerner Knopf*, bouton en os. | *Knöpfe aus Metall*, boutons de métal. | *Knöpfe aus Perlmutter*, boutons de nacre. | *übersponnener Knopf*, bouton drapé. | *einen Knopf annähen*, coudre un bouton. || FAM. *ein Knopf ist abgesprungen*, un bouton s'est détaché, a sauté. || [Stock ; Degen ; Sattel] pommeau m.

Knopf|loch ["knɔpf'lɔx] n. (s, ¨er) boutonnière f.

knöpfen ['knøpfən] v. tr. boutonner.

knorke ['knɔrkə] adj. FAM. excellent ; épatant. | *das ist knorke*, c'est épatant ; POP. c'est bath.

Knorpel ['knɔrpəl] m. (s, -). ANAT. cartilage m. || CULIN. tendron m.

knorpel|artig ["knɔrpəl'ɑ:rtiç], **knorpelhaft** [-haft], **knorpelig** [-liç] adj. cartilagineux.

Knorpel|kirsche ["knɔrpəl'kirʃə] f. (-, n). BOT. bigarreau m.

Knorren ['knɔrən] m. (s, -). [Baum] billot m. ; loupe f. ; souche f. || [Finger] nœud m.

knorrig ['knɔriç] adj. grossier ; brut.

Knospe ['knɔspə] f. (-, n). BOT. bourgeon m. ; bouton m. | *Knospen sprießen (hervor)*, des bourgeons poussent. | *der Baum setzt Knospen an, treibt Knospen*, l'arbre bourgeonne, boutonne.

knospen [-pən] v. intr. BOT. se couvrir de, faire des bourgeons. || PAR EXT. être en fleur.

Knospen [-pən] n. (s) bourgeonnement m.

Knötchen ['knø:tçən] n. (s, -). BOT. petit nœud ; nodosité f. || MÉD. nodule m. ; nodosité f.

Knoten ['kno:tən] m. (s, -). **1.** [Schlinge] nœud m. | *fester Knoten*, nœud serré. | *loser, lockerer Knoten*, nœud lâche. | *einen Knoten schlingen*, faire un nœud. | *einen Knoten lösen*, défaire un nœud. | *einen Knoten ins Taschentuch knüpfen*, faire un nœud à son mouchoir. || FIG. *den (gordischen) Knoten durchhauen*, trancher le nœud (gordien). || THÉÂTRE. *der Knoten der Handlung*, le nœud de l'action. | *den Knoten schürzen*, nouer l'action, l'intrigue. | *den Knoten lösen*, dénouer l'intrigue. || FAM. *die Sache hat einen Knoten*, il y a une difficulté, FAM. un hic dans cette affaire.
2. [Verdickung] bosse f. || BOT. *Knoten am Baum*, loupe f. (de l'arbre). || ANAT. ganglion m. || MÉD. *Gichtknoten*, nodosités provoquées par la goutte.
3. MAR. [Maß für die Schiffahrt] nœud m.

knoten [-tən] v. tr. nouer ; faire un nœud.

Knoten|punkt ["kno:tən'puŋkt] m. (s, e). [Eisenbahn] (em)branchement m. ; point (m.) de jonction ; nœud (m.) ferroviaire. ||°**-stock** m. (s, ¨e) gourdin m. ; bâton noueux. ||°**-tau** n. (s, e). [Turnen] corde (f.) à nœuds.

knotig ['kno:tiç] adj. noueux ; plein de nœuds. || BOT. *knotige Äste*, branches noueuses. || MÉD. *knotige (Gicht)finger*, doigts noueux, noués (de goutte).

Know-how [nou'hau] n. (s) savoir-faire m.

knuffen ['knufən] v. tr. donner des coups de poing, des bourrades.

Knüller ['knylər] m. (s, -). FAM. nouvelle, nouveauté sensationnelle.

Knüpf|arbeit ["knypf'arbait] f. (-, en). [Handarbeit] macramé m.

knüpfen ['knypfən] v. tr. nouer ; lier ; attacher. | *Netze, Teppiche knüpfen*, faire, nouer des filets, des tapis. || FIG. nouer ; former. | *Freundschaftsbande enger knüpfen*, resserrer les liens de l'amitié.

Knüppel ['knypəl] m. (s, -) gros bâton ; gourdin m. ; rondin m ; [Polizei] matraque f. | *mit einem Knüppel bewaffnet*, armé d'un gourdin. || FIG., FAM. *jm einen Knüppel zwischen die Beine werfen*, mettre à qn des bâtons dans les roues.

Knüppel|damm ["knypəl'dam] m. (s, ¨e) barrage m. ; chemin (m.) de rondins. ||**-dick** adj. FAM. *ich hab's knüppeldick*, j'en ai assez ; POP. j'en ai marre.

knurren ['knurən] v. intr. ronronner ; grogner. | *Hunde knurren*, des chiens grondent, grognent. | *ihm knurrt der Magen (vor Hunger)*, il entend grouiller son estomac (de faim). || FIG. grogner ; gronder. || POP. ronchonner.

Knurren [-rən] n. (s) gargouillement m. ; grouillement m. ; borborygme m. || FIG. grognement m. ; grondement m.

knurrig [-riç] adj. grondeur ; grognon.

knuspern ['knuspərn] v. tr. et v. intr. grignoter.

knusprig [-priç] adj. croquant ; croustillant. || FIG. croustillant.

Knust [knust] m. (es, e) croûton (m.) de pain.

Knute ['knu:tə] f. (-, n) knout m.

knuten [-tən] v. tr. donner le knout.

knutschen ['knu:tʃən] v. tr. froisser ; chiffonner.

Knutschfleck ["knu:tʃ'flɛk] m. (s, e). FAM. suçon m.

Knüttel ['knytəl] m. (s, -) gourdin m. ; rondin m.

Koala [ko'ɑ:la] m. (s, s). ZOOL. koala m.

koalieren [koa'li:rən], **koalisieren** [koali'zi:rən] v. intr. se coaliser ; se réunir.

Koalition [koali'tsio:n] f. (-, en) coalition f.

Koalitions|freiheit [koali"tsio:ns'fraihait] f., °**-recht** [-'rɛçt] n. (s, e) droit (m.) de coalition. ||°**-wechsel** m. (s, -) changement (m.) de coalition.

koaxial [koak'siɑ:l] adj. coaxial. | *koaxiale Verbindung*, liaison coaxiale.

Koaxial|stecker [koak"siɑ:l'ʃtɛkər] m. (s, -). ÉLECTR. prise coaxiale.

Kobalt ['ko:balt] n. (s, e). CHIM. cobalt m. | *mit Kobalt überziehen*, cobaltiser.

kobalt|haltig ["ko:balt'haltiç] adj. cobaltifère.

Koben ['ko:bən] m. (s, -). DIAL. 1° étable (f.) à porcs ; porcherie f. ; 2° baraque f.

Kobold ['ko:bɔlt] m. (s, e). MYTH. kobold m. ; lutin m. ; gnome m.

Kobolz [ko'bɔlts] m. FAM. *Kobolz schießen*, faire la culbute ; culbuter.

Koch [kɔx] m. (s, ¨e) cuisinier m. ; chef m. (de cuisine) ; maître queux m.

Koch|buch ['kɔxbu:x] n. (s, ¨er) livre (m.) de cuisine. ||°**-butter** f. beurre (m.) de cuisine. ||°**-geschirr** n. (s, e) batterie (f.) de cuisine. || MIL. gamelle f. ||°**-herd** m. (s, e) cuisinière f. ; fourneau (m.) de cuisine. ||°**-kunst** f. art (m.) culinaire ; cuisine f. ; gastronomie f. ||°**-löffel** m. (s, -) cuiller (f.) à pot. ||°**-nische** f. (-, n) kitchenette f ; coin (m.) cuisine. ||°**-platte** f. (-, n) plaque f. ; [Kochgerät] plaque chauffante. ||°**-salz** n. (es). CHIM. sel (m.) de cuisine. ||°**-schule** f. (-, n) cours (m.) de cuisine ; école ménagère. ||°**-topf** m. (s, ¨e) pot m. ; marmite f. ; casserole. ||°**-zeit** f. (-, en) temps (m.) de cuisson.

kochen ['kɔxən] v. intr. cuire ; bouillir. | *das Wasser kocht*, l'eau bout. || faire la cuisine ; cuisiner. | *kochen können*, savoir faire la cuisine. | *kochen lernen*, apprendre à faire la cuisine. || FIG. *das Blut kocht mir in den Adern*, le sang me bout ; mon sang bout.
◇ v. tr. *Fleisch kochen*, cuire de la viande. | *Kaffee kochen*, faire le café. | *gar kochen*, cuire à point. || *kochfest*, [Gewebe] irrétrécissable.

Kochen [-xən] n. (s). cuisson f. ; ébullition f. | *zum Kochen bringen*, porter à ébullition. || PAR EXT. cuisine f.

Kocher [-xər] m. (s, -) réchaud m.

Köcher ['kœçər] m. (s, -) carquois m.

Köchin ['kœçin] f. (-, nen) cuisinière f.

Kockpit ['kɔkpit] n. (s, s). AÉRON. cockpit m.

Kode [ko:d] m. (s, s) code m.

Kodein [kode'i:n] n. (s) codéine f.

Köder ['kø:dər] m. (s, -) appât m. ; amorce f. ; leurre m. | *Köder auslegen, auswerfen*, appâter. | *mit einem Köder versehen*, amorcer. || PR. et FIG. *an den Köder beißen*, mordre à l'hameçon.

ködern [-dərn] v. tr. appâter ; leurrer. || FIG. attirer (dans ses filets) ; allécher.

Kodex ['ko:dɛks] m. (es, e et dizes) 1° vieux manuscrit ; 2° code m.

kodieren [kɔ'di:rən] v. tr. INF. (en)coder.

Kodierer [kɔ'di:rər] m. (s, -). INF. (en)codeur m.

Kodifikation [kɔdifika'tsio:n] f. (-, en). JUR. codification f.

kodifizieren [-fi'tsi:rən] v. tr. JUR. codifier.

Koedukation [koedukat'sio:n] f. [Schule] mixité f.

Koeffizient [koɛfitsi'ɛnt] m. (en, en). MATH. coefficient m.

Koffein [kɔfe'i:n] n. (s). CHIM. caféine f.

koffein|frei [kɔfe"i:n'frai] adj. décaféiné.

Koffer ['kɔfər] m. (s, -) valise f. ; malle f.

Koffer|radio ["kɔfər'rɑ:dio] n. (s, s). RADIO. poste de radio portatif ; radio portative. ||°**-raum** m. (s, ¨e). AUTOM. coffre m.

Kognak ['kɔɲak] m. (s, s) cognac m.

kohärent [kohɛ'rɛnt] adj. PHYS. cohérent. | *kohärentes Licht*, lumière cohérente.

Kohärenz [kohɛ'rɛnts] f. PHYS. cohérence f.

Kohäsion [-hɛ'zio:n] f. (-, en). PHYS. cohésion f.

Kohl [ko:l] m. (s, e). BOT. chou m. || FIG., FAM. *Kohl reden*, dire des sottises. | *das ist ja alles Kohl*, c'est du verbiage. || POP. *Kohldampf schieben*, avoir la dent.

Kohl|kopf ['ko:lkɔpf] m. (s, ¨e). BOT. tête (f.) de chou. ||°**-pflanze** f. (-, n). BOT. plant (m.) de chou. ||°**-rabi** m. (s, s). BOT. chou-rave m. ||°**-raupe** f. (-, n). ZOOL. chenille (f.) du chou. ||°**-rübe** f. (-, n). BOT. chou-navet m. ||°**-weißling** m. (s, e). ZOOL. papillon (m.) du chou ; brassicaire m.

Kohle ['ko:lə] f. (-, n) charbon m. ; houille f. | *Kohle fördern*, extraire du charbon. | *mit Kohlen heizen*, chauffer au charbon. | *glühende Kohlen*, charbons ardents. | *zerstoßene Kohle*, charbon pulvérisé, pilé. | *tierische Kohle*, noir animal ; charbon animal. | *Steinkohle*, houille f. | *Braunkohle*, lignite m. | *weiße Kohle*, houille blanche. || MAR. *Kohlen trimmen*, faire du charbon. || FIG. *wie auf glühenden Kohlen sitzen, stehen*, être sur des charbons ardents.

Kohl|meise ["ko:l'maizə] f. (-, n). ZOOL. mésange charbonnière. ||**-rabenschwarz** adj. noir comme (du) jais, comme de la suie, comme de l'encre.

Kohle|papier ["ko:ləpa'pi:r] n. (s, e) papier (m.) carbone. ||°**-verflüssigung** f. distillation de la houille. ||°**-zeichnung** f. (-, n) dessin (m.) au fusain.

kohlen ['ko:lən] v. tr. carboniser. | *Holz kohlen*, carboniser du bois.

◇ v. intr. charbonner. | *der Docht kohlt, schwelt*, la mèche charbonne. || MAR. faire du charbon.

Kohlen|abbau ["ko:lən'apbau] m. (s) exploitation (f.) de la houille. ||°**-becken** n. (s, -) 1° réchaud m. ; brasero m. ; chaufferette f. ; 2° bassin houiller. ||°**-bergwerk** n. (s, e) houillère f. ; mine (f.) de charbon. ||°**-bunker** m. (s, -). MAR. soute (f.) à charbon. ||°**-dioxyd** n. (s). CHIM. gaz (m.) carbonique. ||°**-dioxyd|laser** m. (s, -). TECHN. laser (m.) à gaz carbonique. ||°**-feld** n. (s, er). MINES. terrain (m.) carbonifère. ||°**-feuerung** f. chauffage (m.) au charbon ; foyer (m.) à charbon. ||°**-flöz** n. (es, e). MINES., GÉOL. couche (f.), veine (f.) de charbon. ||°**-grube** f. (-, n) mine (f.) de charbon ; houillère f. ||°**-grus** m. (es, e) fines (f. pl.) de charbon ; charbon fin ; menu charbon. ||°**-halde** f. (-, n). MINES. stock (m.) de charbon ; charbonnerie f. ||**-haltig** adj. GÉOL. carbonifère ; houiller. ||°**-hydrat** n. (s). CHIM. hydrate (m.) de carbone. || BIOL. glucide m. ||°**-industrie** f. (-, n) industrie houillère, charbonnière. ||°**-meiler** m. (s, -). TECHN. meule (f.) de charbonnier, de carbonisation ; charbonnière f. ||°**-oxyd** n. (s). CHIM. oxyde (m.) de carbone. ||**-sauer** adj. CHIM. carbonique ; carbonaté. | *kohlensaurer Kalk*, carbonate (m.) de chaux, de calcium. ||°**-säure** f. CHIM. acide (m.) carbonique ; gaz (m.) carbonique. ||°**-säureschnee** m. (s). CHIM. neige (f.) carbonique. ||°**-schicht** f. (-, en). GÉOL. couche (f.) de houille. ||°**-schiff** n. (s, e). MAR. charbonnier m. ||°**-schlacke** f. (-, n) scorie (f.) de charbon ; mâchefer m. ||°**-staub** m. (s) poussier m. ||°**-stift** m. (es, e). ÉLECTR. crayon (m.) de lampe à arc. || ARTS. fusain m. ||°**-stoff** m. (s, e). CHIM. carbone m. ||°**-wagen** m. (s, -). MINES. berline f. ; wagonnet (m.) à houille ; banne f. ; benne f. || [Eisenbahn] tender m. ||°**-wasserstoff** m. (s). CHIM. hydrogène carburé.

Köhler ['kø:lər] m. (s, -). TECHN. charbonnier m. || ZOOL. colin m.

Kohorte [ko'hɔrtə] f. (-, n). HIST. cohorte f.

Koitus ['ko:itus] m. coït m.

Koje ['ko:je] f. (-, n). MAR. cabine f. ; couchette f.

Koka ['kɔka] f. BOT. coca f.

Kokain [kɔka'i:n] n. (s). CHIM. cocaïne f.

Kokarde [kɔ'kardə] f. (-, n) cocarde f.

Kokarden|blume [kɔ"kardən'blu:mə] f. (-, n). BOT. gaillarde f.

Kokerei [kɔkə'rai] f. (-, en) cokerie f.

kokett [kɔ'kɛt] adj. coquet. | *kokettes Benehmen*, coquetterie f.

◇ adv. coquettement ; avec coquetterie.

Koketterie [kɔkɛtə'ri:] f. (-, n) coquetterie f.

kokettieren [-'ti:rən] v. intr. faire la coquette.

Kokon ['ko:kɔ̃] m. (s, s). ZOOL. cocon m.

Kokos|butter ["ko:kɔs'butər] f. CULIN. beurre (m.) de coco ; cocose f. ||°**-matte** f. (-, n). CULIN. natte (f.) en fibres de coco. ||°**-nuß** f. (-, ¨e). BOT. noix (f.) de coco. ||°**-palme** f. (-, n). BOT. cocotier m.

Kokotte [kɔ'kɔtə] f. (-, n) cocotte f. ; POP. poule f.

Koks [kɔks] m. (es, e) coke m. | *fester Koks*, coke solide. | *stückiger Koks*, coke en morceaux. | *Koks (ver)feuern*, chauffer au, brûler du coke.

Koks [kɔks] m. (es). FAM. came f.

Kokser ['kɔksər] m. (s, -). FAM. camé m.

Koks|feuerung ["kɔks'fɔyəruŋ] f. (-, en). TECHN. chauffage (m.) au coke. ||°**-ofen** m. (s, ¨). TECHN. four (m.) à coke.

Kola ['ko:la] f. BOT. [Baum] cola m. ; kola m. || [Nuß] cola f. ; kola f.

Kolben ['kɔlbən] m. (s, -). **1.** [dickes Ende am Stiel] gros bout. || BOT. *Maiskolben*, épi (m.) de maïs. | *Kolben des Schilfrohrs*, panicule (m.) du roseau. || TECHN. *die Kolben der Pumpe*, les pistons (m. pl.) de la pompe. || *(Gewehr)kolben*, crosse f. (d'un fusil).

2. [Gefäß] alambic m. ; ballon m. ; cornue f.

Kolben|dampfmaschine ["kɔlbəndampfma'ʃi:nə] f. (-, n). TECHN. machine (f.) à vapeur, à piston. ||°**-hub** m. (s) course (f.) du piston. ||°**-lager** n. (s, -) coussinet (m.) de piston. ||°**-pumpe** f. (-, n) pompe (f.) à piston. ||°**-ring** m. (s, e). AUTOM. segment (m.) de piston. ||°**-stange** f. (-, n). AUTOM. bielle (f.).

Kolchis ['kɔlçis] n. pr. n. GÉOGR. Colchide f.

Kolchos [kɔl'ço:s] n. (-, en), **Kolchose** [kɔl'ço:zə] f. (-, n). [UdSSR] kolkhoz m.

Kolibri ['kɔlibri] m. (s, s). ZOOL. colibri m.

Kolik ['ko:lik, kɔ'li:k] f. (-, en). MÉD. colique f.

Kollaps [kɔ'laps] m. (es, e). MÉD. effondrement nerveux ; collapsus m. ; prostration f.

kollationieren [-tsiɔ'ni:rən] v. tr. [vergleichen] collationner ; comparer.

Kolleg [kɔ'le:k] n. (s, s ou ien). [Schule] cours m. | *ein Kolleg lesen, abhalten*, faire un cours. | *ein Kolleg hören*, suivre un cours. | *Kollegheft*, cahier de cours. | *Kollegiengelder*, droits d'inscription. || RELIG. *Jesuitenkolleg*, institution (f.) jésuite.

Kollege [-'le:gə] m. (n, n) collègue m. || [Arzt ; Advokat] confrère m. ; pair m.

kollegial [kɔlegi'ɑ:l] adj. de, en collègue ; en confrère ; confraternel.

Kollegialität [-ali'tɛ:t] f. confraternité f.

Kollegin [kɔ'le:gin] f. (-, nen) collègue f.

Kollegium [-'le:gium] n. (s, gien) assemblée f. ; conseil m. || RELIG. collège m.

Kollekte [kɔ'lɛktə] f. (-, n) collecte f.

kollektiv [kɔlɛk'ti:f] adj. collectif. | *kollektives Bewußtsein*, conscience collective. | *kollektive Vorstellungswelt*, imaginaire collectif.

Kollektiv [-'ti:f] n. (s, e) groupe m. ; corporation f. ; collectif m.

Kollektiv|bewußtsein [kɔlɛk"ti:fbə'vustzain] n. (s). PHILOS. conscience collective. ||°**-gesellschaft** f. (-, en). COMM. société (f.) en nom collectif. || °**-haftung** f. JUR. responsabilité collective. || °**-versicherung** f. (-, en) assurance collective. || °**-vertrag** m. (s, ¨e). JUR. contrat, accord collectif. ||°**-wirtschaft** f. économie collectiviste.

Kollektivismus [kɔlɛkti'vismus] m. collectivisme m.

Koller ['kɔlər] m. (s). MÉD. [Tiere] vertigo m. || FIG., FAM. rage f. | *seinen Koller bekommen*, voir rouge.

kollern ['kɔlərn] v. intr. [herunterrollen] rouler du haut d'une montagne. || [balzen] glousser ; roucouler. ◇ v. impers. *es kollert (im Bauch)*, avoir des borborygmes.

kollidieren [kɔli'di:rən] v. intr. entrer en collision. || JUR. entrer en conflit. || PAR EXT. [temporel] coïncider, tomber en même temps que.

Kollision [kɔli'zio:n] f. (-, en) collision f. || FIG. conflit m.

Kollisions|schutzradar [kɔli"zio:nsʃutsra'dɑ:r] m. ou n. (s, e). AÉRON. radar (m.) anticollision.

Kolloid [-lo'i:t] n. (s, e). CHIM. colloïde m.

kolloidal [-loidɑ:l] adj. colloïde ; colloïdal.

Kolloquium [kɔ'lo:kvium] n. (s, ien) colloque m.

Köln [køln] n. pr. n. Cologne f.

Kölner(in) ['kølnər(in)] m. (s, -), f. (-, nen) habitant(e) m. (f.) de Cologne.

kölnisch [-niʃ] adj. de Cologne. | *Kölnischwasser*, eau (f.) de Cologne.

Kolon ['ko:lɔ̃] n. (s, s). GRAMM. deux points m. pl. || ANAT. côlon m.

kolonial [kɔlɔni'ɑ:l] adj. colonial.

Kolonial|frage [kɔlɔni"ɑ:l'frɑ:gə] f. (-, n) problème colonial. ||°**-gebiet** n. (s, e) territoire colonial. ||°**-politik** f. politique coloniale. ||°**-waren** f. pl. denrées coloniales ; épices f. pl. ||°**-warenhandlung** (-, en) épicerie f.

Kolonie [kɔlɔ'ni:] f. (-, n) colonie f. ; possession coloniale ; comptoir m. ; établissement m.

kolonisieren [-ni'zi:rən] v. tr. coloniser.

Kolonisierung [-ni'zi:ruŋ] f. (-, en) colonisation f.

Kolonnade [kɔlɔ'nɑ:də] f. (-, n) colonnade f.

Kolonne [kɔ'lɔnə] f. (-, n) colonne f. || MIL. *in geschlossener Kolonne marschieren*, marcher, s'avancer en colonne(s) serrée(s).

Kolophonium [kɔlɔ'fo:nium] n. (s) colophane f.

Kolorado|käfer [kɔlɔ"rɑ:dɔ'kɛ:fər] m. (s, -). ZOOL. doryphore m.

Koloratur [kɔlɔra'tu:r] f. (-, en). MUS. fioritures f. pl. | *Koloraturen*, roulades f. pl.

Koloratur|sopran [kɔlɔra"tu:rsɔ'prɑ:n] m. (s, e). MUS. soprano (m.) à vocalises.

kolorieren [kɔlɔ'ri:rən] v. tr. colorer ; colorier. || MUS. orner de fioritures ; fioriturer.

Kolorit [-'rit] n. (s) coloris m. ; couleur f. ; teinte f.

Koloß [kɔ'lɔs] m. (es, e) colosse m. | *ein Koloß auf tönernen Füßen*, un colosse aux pieds d'argile.

kolossal [-lɔ'sɑ:l] adj. FAM. colossal ; formidable. ◇ adv. *er hatte kolossal viel zu tun*, il avait beaucoup à faire. | *er war kolossal liebenswürdig*, il était très aimable.

Kolosseum [kɔlɔ'se:um] n. pr. n. Colisée m.

Kolportage [kɔlpɔr'tɑ:ʒə] f. (-, n) colportage m. || LITTÉR. roman-feuilleton m.

kolportieren ['ti:rən] v. tr. colporter. || PAR EXT. répandre.

Kolumbien [kɔ'lumbiən] n. pr. n. Colombie f.

Kolumbus [kɔ'lumbus] n. pr. m. HIST. Colomb m. | *das Ei des Kolumbus*, l'œuf de Colomb.

Kolumne [kɔ'lumnə] f. (-, n). ARCHIT. colonne f. || FIG., TYPOGR. colonne f. ; page f.

Kolumnist [kɔlum'nist] m. (en, en) échotier m.

Koma ['ko:ma] n. (s). MÉD. coma m.

Kombinat [kɔmbi'nɑ:t] n. (s, e) combinat m.

Kombination [-na'tsio:n] f. (-, en). [Gedankenfügung] combinaison f. | *verfehlte Kombination*, affaire manquée. | *alles dies beruht nur auf Kombinationen*, tout cela ne repose que sur des suppositions. || [Kleidungsstück] combinaison f. || SPORT. *alpine, nordische Kombination*, combiné alpin, nordique.

kombinieren [-'ni:rən] v. intr. combiner. | *richtig kombinieren*, combiner juste.

Kombüse [kɔm'by:zə] f. (-, n). MAR. cambuse f.

Komet [kɔ'mɛ:t] m. (en, en). ASTRON. comète f. | *der Kometenschweif*, la queue de la comète.

Komfort [kɔm'fɔ:r] m. (s) confort m.

komfortabel [-fɔr'tɑ:bəl] adj. confortable.

Komik ['ko:mik] f. (côté) comique m.

Komiker [-mikər] m. (s, -). LITTÉR. auteur comique. || FAM. plaisantin m.

komisch [-miʃ] adj. comique ; bouffon ; drôle. | *komische Rolle*, rôle (m.) de comique. | *er machte eine komische Figur*, il était grotesque. || FIG., FAM. bizarre. | *er ist ein komischer Kerl*, il est bizarre. | *das kommt mir komisch vor*, je trouve cela bizarre, drôle.

Komitee [kɔmi'te:] n. (s, s) comité m.

Komma ['kɔma] n. (s, s et ta) virgule f.

Kommandant [kɔman'dant] m. (en, en) commandant m.

Kommandantur [-dan'tu:r] f. (-, en). MIL. état-major (m.) de la place.

Kommandeur [-'dø:r] m. (s, e). MIL. commandant m. ; chef (m.) d'unité. || [Orden] commandeur m.

kommandieren [-'di:rən] v. tr. commander ; donner l'ordre de.
◇ v. intr. avoir, exercer le commandement.

kommandierend [-'di:rənt] adj. MIL. *kommandierender General*, général (m.) en chef.

Kommandit|gesellschaft [kɔman"ditgə'zɛlʃaft] f. (-, en). COMM. société (f.) en commandite simple. ||°**-ist** m. (en, en) commanditaire m.

Kommando [kɔ'mando] n. (s, s). MIL. [Befehl] commandement m. | *auf Kommando*, au commandement. | *das Kommando führen*, commander. || PAR EXT. quartier général. || [Abteilung] détachement m. ; équipe f. ; corvée f.

Kommando|brücke [kɔ"mando'brykə] f. (-, n). MAR. passerelle f. (de commandement).

kommen ['kɔmən] (kam, gekommen) v. intr.

I. [ankommen] venir ; arriver ; aller.
II. 1. [an einen Ort gelangen] arriver.
2. [in eine Lage, einen Zustand geraten] se trouver, être mis (dans une situation).
III. [sich nähern] approcher.
IV. 1. [zu etwas kommen] obtenir ; arriver à.
2. [um etwas kommen] perdre.
V. 1. [aus etwas kerauskommen] sortir ; s'éloigner de.
2. [von etwas herstammen, herrühren] provenir de.
VI. 1. [zum Vorschein kommen] se montrer ; apparaître.
2. [auf etwas stoßen] trouver.
VII. [sich ereignen ; geschehen] survenir.
VIII. [Wert] revenir à.
IX. Loc.

I. [ankommen ; an ein Ziel gelangen] venir ; arriver ; aller. | *sie kommen zu uns*, ils viennent nous voir. | *er kommt gerade recht, zu rechter Zeit*, il arrive au bon moment ; FAM. il tombe à pic. | *er kommt gelegen*, il vient à point. | *er kommt wie gerufen*, FAM. il tombe pile. | *den Arzt kommen lassen*, faire venir le médecin. | *gelaufen kommen*, arriver en courant. | *geritten kommen*, arriver à cheval. | *mit der Eisenbahn kommen*, arriver par le train. | *dieses Buch kam mir gestern zu Gesicht*, ce livre m'est tombé hier sous les yeux. | *ein Gerücht kam mir zu Ohren*, il me revint un bruit. | *kein Wort kam über seine Lippen*, il ne put (pas) articuler un (seul) mot. | *ein schweres Unglück kam über diese Familie*, un grand malheur s'est abattu sur cette famille. | *zu Hilfe kommen*, venir en aide. | *jetzt komme ich an die Reihe*, mon tour est venu. | *heute kommt er dran*, aujourd'hui c'est son tour. || (indiquant un ordre de succession) *wenn Sie diese Straße entlang gehen, kommt zuerst die Kirche, dann das Rathaus*, si vous suivez cette rue, vous trouverez d'abord l'église, puis l'hôtel de ville. || Loc. *an den rechten Mann kommen*, frapper à la bonne porte. | *nichts auf jn, auf etwas kommen lassen*, ne pas tolérer qu'on touche à qn, à qch. || PROV. *kommt Zeit, kommt Rat*, la nuit porte conseil.

II. — 1. [an einen Ort gelangen] arriver. | *ans Ziel kommen*, toucher au but. | *auf die Welt kommen*, venir au monde. | *auf, in die Schule kommen*, entrer à l'école. | *zum Militär kommen*, être appelé au service militaire. | *nach Hause kommen*, rentrer chez soi. | *ins Krankenhaus kommen*, entrer à l'hôpital. | *ins Gefängnis kommen*, être mis en prison. | *vor den Richter kommen*, comparaître devant le tribunal. | *in den Himmel kommen*, aller au ciel. | *komm mir ja nicht vor die Augen !*, ne reparais plus devant mes yeux. | *unter die Leute kommen*, sortir ; aller dans le monde ; FIG. s'ébruiter. | *unter die Räder kommen*, tomber sous les roues ; être écrasé ; FIG. faire faillite. || (avec une nuance d'obligation) *der Punkt kommt auf das* i, il faut un point sur le *i*. | *die Gläser kommen in den Schrank*, les verres se rangent dans le placard.
2. [in eine Lage, einen Zustand geraten] se trouver ; être mis (dans une situation). | *er kam in eine schwierige Lage*, il se trouva dans une situation difficile. | *in Gefahr kommen*, être exposé à un danger. | *in Verlegenheit kommen*, être embarrassé. | *in Gang, in Schwung kommen*, se mettre en train. | *alles kam wieder in Ordnung*, tout rentra dans l'ordre. | *wieder in Gunst kommen*, rentrer en grâce. | *wieder ins Gleichgewicht kommen*, retrouver son équilibre. | *mit jm ins Reine kommen*, régler ses affaires avec qn. | *er kam mit ihm hierüber ins Klare*, tout malentendu a été dissipé entre eux à ce sujet. | *bei einer Teilung zu kurz kommen*, ne pas recevoir la part qui vous revient. | *ins Gerede kommen*, faire parler de soi. | *mit seinen Studien kommt er auf keinen grünen Zweig*, il traîne dans ses études. | *mit seiner Arbeit nicht weit kommen*, ne pas réussir dans son travail. | *auf seine Kosten kommen*, rentrer dans ses frais ; FAM. en avoir pour son argent. | *jm in den Weg, in die Quere kommen*, se mettre en travers (du chemin) de qn.

III. [sich nähern] approcher. | *der Tag kommt*, le jour point. | *die Nacht kommt*, la nuit tombe. | *ein Gewitter kommt*, un orage se prépare. | *der Schlaf kam nicht*, j'avais de la peine à m'endormir. | *die Stunde des Abschieds ist gekommen*, l'heure du départ est arrivée. | *kommt es zum Krieg ?*, est-ce qu'il y aura la guerre ?

IV. — 1. [zu etwas kommen] obtenir ; arriver à. | *mit Trägheit kommt man zu nichts*, le paresseux n'arrive à rien. | *zur Sache kommen*, en venir à son sujet. | *zum Schluß kommen*, arriver à conclusion. | *zum Ende kommen*, finir. | *wieder zu sich kommen*, reprendre connaissance. | *wieder zu Atem kommen*, reprendre haleine. | *zu Worte kommen*, avoir la parole. | *zu der Überzeugung, zu der Ansicht kommen, daß*, se convaincre, être d'avis que. | *zu Fall kommen*, tomber ; s'écrouler. | *zu Schaden kommen*, subir un dommage. | *es nicht (bis) zum Äußersten kommen lassen*, éviter le pire. | *wie komme ich zu dieser Ehre ?*, qu'est-ce qui me vaut l'honneur ? | *zu dem Verdacht kommen*, en venir à soupçonner. | *es kam dazu, daß*, on en vint au point que. | *dazu kommt, daß*, ajoutez à cela que.
2. [um etwas kommen] perdre. | *er kam um sein Vermögen*, il perdit sa fortune. | *er ist ums Leben gekommen*, il a perdu la vie.

V. — 1. [aus etwas herauskommen ; von etwas wegkommen] sortir, s'éloigner de. | *er kommt selten aus dem Haus*, il sort peu. | *das kommt mir nicht aus dem Sinn* (HEINE), je ne peux pas m'empêcher d'y songer. | *er ist mir aus den Augen gekommen*, je l'ai perdu de vue. | *dieses Buch kam nicht aus meinen Händen*, ce livre ne m'a pas quitté. | *aus der Fassung kommen*, perdre contenance. | *von Sinnen kommen*, perdre la raison. | *aus der Mode kommen*, passer de mode. | *er kam ganz von Kräften*, il perdit toutes ses forces. | *außer Atem kommen*, perdre haleine. || PR. et FIG. *nicht von der Stelle kommen*, piétiner. | *die Arbeit kam nicht vom Fleck*, le travail n'avançait pas.
2. [von etwas herstammen, herrühren] provenir de. | *woher kommt das viele Geld ?*, d'où vient tout cet argent ? | *woher kommen eure Zweifel ?*, d'où viennent vos doutes ? | *wie kommt es, daß ?*, comment se fait-il que ? | *das kommt davon (daher), daß...*, cela vient de ce que ; la cause en est que.

VI. — 1. [zum Vorschein kommen ; auftauchen] se montrer ; apparaître ; se faire jour. | *am Apfelbaum kommen die ersten Blüten*, le pommier commence à fleurir. | *ihm kamen Bedenken*, il eut des hésitations. | *der Gedanke kam mir*, il me vint l'idée. | *wieder zum Vorschein kommen*, réapparaître. | *an den Tag, ans Licht kommen*, venir au jour ; percer.
2. [auf etwas stoßen ; etwas finden] trouver. | *einem Verbrecher auf die Spur kommen*, être sur la piste d'un criminel. | *auf einen Gedanken kommen*, avoir une idée. | *auf diesen Gedanken wäre er nie gekommen*, cette idée ne lui serait jamais venue. | *ich konnte nicht auf den Namen kommen*, je n'arrivais pas à retrouver son nom. | *auf ein Thema zu sprechen kommen*, en venir à parler d'un sujet. | *die Rede kam darauf*, on en a parlé. | *wie kamst du darauf ?*, comment as-tu pu trouver cela ? | *hinter js Schliche kommen*, éventer les ruses de qn.

VII. [sich ereignen ; geschehen] survenir ; se produire. | *das sehe ich schon lange kommen*, je vois venir cela depuis longtemps. | *so mußte es kommen*, cela devait arriver. | *es konnte nicht anders kommen*, il ne pouvait (pas) en être autrement. | *es mag kommen, wie es will*, quoi qu'il advienne. | *wie es grade kommt*, au gré des circonstances. || Loc. *es kommt meist anders, als man denkt*, l'homme propose, Dieu dispose.

VIII. [Wert] revenir (à). | *das ist mir (mich) teuer zu stehen gekommen*, cela m'a coûté, m'est revenu cher.

IX. Loc. FAM. *das kommt nicht in Frage*, il n'en est pas question. | *kommen Sie mir nicht damit*, laissez-moi tranquille avec cela. | *mir soll noch einer kommen und sagen !*, que l'on ne vienne pas me dire. | *er kam mir frech*, il a été insolent avec moi. | *so lasse ich mir nicht kommen*, on ne me parle pas sur ce ton-là.

Kommen [-mən] n. (s) venue f. | *das Kommen und Gehen*, les allées et venues ; le va-et-vient.

kommend [-mənt] adj. futur ; prochain. | *kommenden Dienstag*, mardi prochain. | *die kommenden Geschlechter*, les générations futures. | *die kommenden Zeiten*, l'avenir m. || FIG. *er ist der kommende Mann*, c'est l'homme qui monte.

Komment [kɔ'mɑ̃:] m. (s, s) coutumes (f. pl.) des étudiants.

Kommentar [kɔmɛn'tɑ:r] m. (s, e) commentaire m.

kommentieren [-'ti:rən] v. tr. commenter.

Kommers [kɔ'mɛrs] m. (es, e) réunion (f.), beuverie (f.) d'étudiants.

Kommers|buch [kɔ"mɛrs'bu:x] n. (s, ¨er) recueil (m.) de chansons d'étudiants.

kommerziell [kɔmɛrtsi'ɛl] adj. commercial.

Kommilitone [kɔmili'to:nə] m. (n, n) camarade (m.) d'études ; condisciple m.

Kommiß [kɔ'mis] m. (es). FAM. service (m.) militaire.

Kommiß|brot [kɔ"mis'bro:t] n. (s, e). MIL. pain (m.) de munition ; boule f. ||°**-stiefel** m. pl. MIL. brodequins (m. pl.) réglementaires.

Kommissar [kɔmi'sɑ:r] m. (s, e) commissaire m. || [UNO] *hoher Kommissar*, haut-commissaire m.

Kommissariat [-sari'ɑ:t] n. (s, e) commissariat m.

kommissarisch [-'sɑ:riʃ] adj. provisoire. || *kommissarischer Verwalter*, administrateur (m.) séquestre. || ADM. stagiaire.

◇ adv. provisoirement.

Kommission [kɔmi'sio:n] f. (-, en). COMM. commission f. | *eine Ware in Kommission nehmen*, prendre une marchandise en commission, en dépôt. || ADM., POLIT. commission f. ; comité m. | *eine Kommission einsetzen*, instituer une commission.

Kommissions|gebühr [kɔmi"sio:nsgə'by:r] f. (-, en). COMM. provision f. ; commission f. || °**-geschäft** n. (s, e), °**-handel** m. (s) commerce (m.) à la commission.

Kommissionär [-siɔ'nɛ:r] m. (s, e). COMM. commissionnaire m. ; courtier m. ; mandataire m.

Kommode [kɔ'mo:də] f. (-, n) commode f.

Kommodore [kɔmo'do:rə] m. (s, n). AÉRON. chef (m.) d'escadrille. || MAR. commodore m.

kommun [kɔ'mu:n] adj. commun. || PAR EXT. vulgaire ; ordinaire.

kommunal [kɔmu'nɑ:l] adj. communal.

Kommunal|steuern [kɔmu"nɑ:l'ʃtɔyərn] f. pl. impôts municipaux, communaux.

Kommunion [kɔmu'nio:n] f. (-, en). RELIG. communion f.

Kommunismus [kɔmu'nismus] m. POLIT. communisme m.

Kommunist [-'nist] m. (en, en) communiste m.

kommunistisch [-'nistiʃ] adj. communiste. | *kommunistische Partei*, parti (m.) communiste.

kommunizieren [kɔmuni'tsi:rən] v. intr. RELIG. communier. || PHYS. communiquer. | *kommunizierende Röhren*, vases communicants.

Kommutator [kɔmu'tɑ:tor] m. (s, en). ÉLECTR. commutateur m. ; commutatrice f.

Komödiant [kɔmødi'ant] m. (en, en) comédien m.

Komödie [kɔ'mø:diə] f. (-, n) comédie f. || FIG. *Komödie spielen*, jouer la comédie ; simuler. || IRON. *das war die reinste Komödie*, c'était pure comédie.

Kompagnon [kɔ̃paŋɔ̃] m. (s, s). COMM. associé m.

kompakt [kɔm'pakt] adj. compact.

Kompanie [kɔmpa'ni:] f. (-, n). MIL. compagnie f. || COMM. compagnie f. | *die Firma Meyer und Kompanie*, la maison Meyer et Compagnie (Cie).

Kompanie|chef [kɔmpa"ni:'ʃɛf] m. (s, s). MIL. commandant (m.) de compagnie ; capitaine m.

Komparativ [kɔmpara'ti:f] m. (s, e). GRAMM. comparatif m.

Komparse [kɔm'parzə] m. (n, n). THÉÂTRE. figurant m.

Kompaß ['kɔmpas] m. (es, e). TECHN. boussole f. || MAR., AÉRON. compas m.

kompatibel [kɔmpa'ti:bəl] adj. INF. compatible.

Kompatibilität [kɔmpatibili'tɛ:t] f. INF. compatibilité f.

Kompendium [-'pɛndium] n. (s, dien) compendium m. ; abrégé m.

Kompensation [kɔmpɛnza'tsio:n] f. (-, en) compensation f. || PHYS. *Kompensationspendel*, pendule compensateur.

kompensieren [kɔmpɛn'zi:rən] v. tr. et v. pr. (se) compenser.

Kompensierung [-'zi:ruŋ] f. (-, en) compensation f.

kompetent [kɔmpe'tɛnt] adj. compétent.

Kompetenz [-'tɛnts] f. (-, en). JUR. compétence f. ; juridiction f.

Kompilierer [kɔmpi'li:rər] m. (s, -). INF. compilateur m.

Komplement [kɔmple'mɛnt] n. (s, e). GRAMM., MATH. complément m. ; régime m. | *Komplementwinkel*, angle (m.) complémentaire.

Komplementär|farben [kɔmplemɛn"tɛ:r'farbən] f. pl. PHYS. couleurs (f. pl.) complémentaires.

Komplet [kɔ̃'plɛ:] n. (s, s). [Kleidung] ensemble m.

komplett [kɔm'plɛt] adj. complet.

komplettieren [-plɛ'ti:rən] v. tr. compléter.

Komplex [kɔm'plɛks] m. (es, e). MÉD., PHILOS. complexe m. || ARCHIT. ensemble m. | *Häuserkomplex*, pâté (m.) de maisons.

komplex [-'plɛks] adj. complexe ; compliqué.

Komplikation [kɔmplika'tsio:n] f. (-, en) complication f.

Kompliment [kɔmpli'mɛnt] n. (s, e) compliment m. | *Komplimente machen*, faire des compliments. || FAM. *mein Kompliment !*, mes compliments !

komplimentieren [-mɛn'ti:rən] v. tr. faire des civilités, des compliments ; complimenter.

Komplize [kɔm'pli:tsə] m. (n, n). JUR. complice m. ; FAM. compère m. ; acolyte m.

komplizieren [kɔmpli'tsi:rən] v. tr. compliquer. | *eine komplizierte Angelegenheit*, une affaire compliquée. || MÉD. *ein komplizierter Armbruch*, une fracture multiple du bras.

Komplott [kɔm'plɔt] n. (s, e). POLIT. complot m.

komplottieren [-plɔ'ti:rən] v. intr. comploter.

Komponente [kɔmpo'nɛntə] f. (-, n) composante f.

komponieren [kɔmpo'ni:rən] v. tr. MUS. composer.

Komponist [-'nist] m. (en, en). MUS. compositeur m.
Komposition [kɔmpozi'tsio:n] f. (-, en). MUS. composition f. || TECHN. composition f. ; alliage m. ; mélange m.
Kompositum [-'po:zitum] n. (s, ta). GRAMM. (mot) composé m.
Kompost [kɔm'pɔst] m. (es, e). AGRIC. compost m.
Kompott [kɔm'pɔt] n. (s, e). CULIN. compote f.
Kompresse [kɔm'prɛsə] f. (-, n) compresse f.
komprimieren [-pri'mi:rən] v. tr. comprimer.
Kompromiß [kɔmpro'mis] n. ou m. (es, e) compromis m. | *ein(en) Kompromiß eingehen*, accepter un compromis.
kompromittieren [-mi'ti:rən] v. tr. et v. pr. (se) compromettre.
Komtesse [kɔm'tɛsə] f. (-, n) comtesse f.
Komtur [kɔm'tu:r] m. (s, e) commandeur (m.) d'un ordre.
Konchylien [kɔn'çy:liən] f. pl. ZOOL. coquillages m. pl.
Kondensat [kɔndɛn'zɑ:t] n. (es, e). CHIM. produit (m.) de condensation ; condensé m.
Kondensation [-za'tsio:n] f. PHYS. condensation f.
Kondensator [-'zɑ:tor] m. (s, en). PHYS. condenseur m. || ÉLECTR. condensateur m.
kondensierbar [-'zi:rbɑ:r] adj. PHYS. condensable.
kondensieren [-'zi:rən] v. tr. PHYS. condenser.
Kondens|milch [kɔn"dɛns'milç] f. CULIN. lait concentré (sucré).
Kondition [kɔndi'tsio:n] f. (-, en) condition f.
konditional [-tsiɔ'nɑ:l], **konditionell** [-tsiɔ'nɛl] adj. conditionnel.
Konditor [kɔn'di:tɔr] m. (s, en) confiseur m. || PAR EXT. pâtissier m.
Konditorei [-ditɔ'rai] f. (-, en) confiserie f. || PAR EXT. pâtisserie f.
Kondolenz [kɔndɔ'lɛnts] f. (-, en) condoléances f. pl.
kondolieren [-'li:rən] v. intr. adresser, présenter ses condoléances.
Kondom [kɔn'do:m] n. (s, s) condom m.
Kondor ['kɔndɔr] m. (s, e). ZOOL. condor m.
Konfekt [kɔn'fɛkt] n. (s, e) sucreries f. pl. ; confiserie f. ; bonbons m. pl. ; dragées f. pl.
Konfektion [kɔnfɛk'tsio:n] f. (-, en). [Kleidung] confection f. ; prêt-à-porter m.
Konfektions|kleidung [kɔnfɛk"tsio:ns'klaiduŋ] f. (-, en) prêt-à-porter m.
Konferenz [kɔnfe'rɛnts] f. (-, en) conférence f.
konferieren [-'ri:rən] v. intr. tenir conférence ; conférer.
Konfession [kɔnfɛ'sio:n] f. (-, en). RELIG. confession f. ; culte m.
konfessionell [-siɔ'nɛl] adj. confessionnel.
konfessions|los [-"sio:ns'lo:s] adj. RELIG. sans confession.
Konfetti [kɔn'fɛti] pl. confetti m. invar.
Konfirmand [kɔnfir'mant] m. (en, en), **Konfirmandin** [-'mandin] f. (-, nen). RELIG. confirmand m. ; confirmande f.
Konfirmanden|unterricht [kɔnfir"mandən'untərriçt] m. (s). RELIG. instruction religieuse.
Konfirmation [kɔnfirma'tsio:n] f. (-, en). [Bestätigung] confirmation f. || RELIG. confirmation f.
konfirmieren [-'mi:rən] v. tr. [bestätigen] confirmer. || RELIG. confirmer.
Konfiskation [kɔnfiska'tsio:n] f. (-, nen). JUR. confiscation f. ; saisie f.
konfiszieren [-fis'tsi:rən] v. tr. JUR. confisquer.
Konflikt [kɔn'flikt] m. (s, e) conflit m. ; antagonisme m. | *in Konflikt geraten*, entrer en conflit.
Konflikt|situation [kɔn"fliktzitua'tsio:n] f. (-, en) situation conflictuelle.
Konföderation [kɔnfødera'tsio:n] f. (-, en). POLIT. confédération f.
konföderieren [-'ri:rən] v. tr. et v. pr. (se) confédérer ; (s')allier.
konform [kɔn'fɔrm] adj. conforme à.
Konformismus [-fɔr'mismus] m. conformisme m.
Konformität [-fɔrmi'tɛ:t] f. conformité f.
konfrontieren [kɔnfrɔn'ti:rən] v. tr. confronter.
konfus [kɔn'fu:s] adj. confus ; troublé.
Konfusion [-fu'zio:n] f. confusion f.
Konglomerat [kɔnglome'rɑ:t] n. (s, e). GÉOL. conglomérat m.
Kongo ['kɔŋgo] n. pr. n. GÉOGR. Congo m.
Kongregation [kɔngrega'tsio:n] f. (-, en) congrégation f.
Kongreß [kɔn'grɛs] m. (es, e) congrès m. || HIST. *Wiener Kongreß*, congrès de Vienne.
kongruent [kɔngru'ɛnt] adj. MATH. congruent.
Kongruenz [kɔngru'ɛnts] f. (-, en). MATH. congruence f. || GRAMM. concordance f.
kongruieren [-'i:rən] v. intr. coïncider.
Konifere [koni'fɛ:rə] f. (-, n). BOT. conifère m.
König ['kø:niç] m. (s, e) roi m. | *der Löwe ist der König aller Tiere*, le lion est le roi des animaux. || PAR ANAL. [Karten] *mit einem König stechen*, couper avec un roi. || [Schach] *Schach dem König !*, échec au roi.
König|reich ["kø:nik'raiç] n. (s, e) royaume m.
Königs|adler ["kø:niks'ɑ:dlər] m. (s, -). ZOOL. aigle royal. ||**-blau** adj. bleu roi. ||°**-krone** f. (-, n) couronne royale. ||°**-mord** m. (s, e) régicide m. ||°**-mörder** m. (s, -) régicide m. ||°**-schlange** f. (-, n) boa constricteur. ||°**-tiger** m. ZOOL. tigre royal. ||°**-weihe** f. (-, n). ZOOL. milan royal.
Königin ['kø:nigin] f. (-, nen) reine f. | *Königin von England*, reine d'Angleterre. || ZOOL. *die Königin im Bienenstock*, la reine des abeilles. || PAR ANAL. [Damespiel] dame f. || [Karten] *er spielt die Herzkönigin aus*, il joue la dame de cœur. || [Schach] reine f.
Königin|mutter ["kø:nigin'mutər] f. (-, ¨) reine (f.) mère. ||°**-witwe** f. (-, n) reine douairière.
königlich ['kø:nikliç] adj. royal. | *königliches Schloß*, palais royal. || FIG. *ein königliches Geschenk*, un cadeau royal, somptueux.
Königtum ['kø:niçtu:m] n. (s, ¨er). [Stand] dignité royale ; royauté f. || [Land] royaume m.
konisch ['ko:niʃ] adj. MATH. conique.
Konjektur [kɔnjɛk'tu:r] f. (-, en) conjecture f. ; hypothèse f. ; supposition f. ; présomption f.
Konjugation [kɔnjuga'tsio:n] f. (-, en). GRAMM. conjugaison f.
konjugierbar ['gi:rbɑ:r] adj. conjugable.
konjugieren [-'gi:rən] v. tr. conjuguer.
Konjunktion [kɔnjuŋk'tsio:n] f. (-, en). GRAMM. ASTRON. conjonction f.
Konjunktiv [-juŋk'ti:f] m. (s, e). GRAMM. subjonctif m.
Konjunktur [-juŋk'tu:r] f. (-, en) conjoncture f. || POLIT. *politische Konjunktur*, situation politique.
konkav [kɔn'kɑ:f] adj. OPT. concave.

Konkordanz [kɔnkɔr'dants] f. (-, en) concordance f.

konkret [kɔn'kre:t] adj. concret. | *im konkreten Falle*, le cas échéant.

Konkubinat [kɔnkubi'nɑ:t] n. (s, e) concubinat m.

Konkubine [-'bi:nə] f. (-, n) concubine f.

Konkurrent [kɔnku'rɛnt] m. (en, en) compétiteur m. ; concurrent m.

Konkurrenz [-'rɛnts] f. (-, en) compétition f. ; concurrence f. ; rivalité f. | *einander Konkurrenz machen*, se faire concurrence. || COMM. concurrence f. | *er kauft bei der Konkurrenz*, il achète, fait ses achats chez le concurrent.

konkurrenz|fähig [kɔnku"rɛnts'fɛ:iç] adj. COMM. compétitif. ||°**-geschäft** n. (s, e). COMM. maison concurrente. ||**-los** adj. COMM. sans concurrence ; défiant toute concurrence. ||°**-mechanismus** m. (-, en) jeu (m.) de la concurrence. ||°**-unternehmen** n. (s, -) entreprise concurrente, rivale.

konkurrieren [kɔnku'ri:rən] v. tr. concourir ; rivaliser. || COMM. faire concurrence ; concurrencer.

Konkurs [kɔn'kurs] m. (es, e). COMM. faillite f. ; banqueroute f. | *in Konkurs geraten, gehen* ; *Konkurs machen*, faire faillite. | *Konkurs anmelden, beantragen*, se déclarer en faillite.

Konkurs|anmeldung [kɔn"kurs'anmɛlduŋ] f. dépôt (m.) de bilan. ||°**-erklärung** f. (-, en) déclaration (f.) de faillite. ||°**-eröffnung** f. (-, en) ouverture (f.) de la faillite. ||°**-forderung** f. (-, en) créance (f.) contre le failli. ||°**-gläubiger** m. (s, -) créancier (m.) du failli. ||°**-masse** f. (-, n) masse (f.) de la faillite ; actif m. ||°**-verfahren** n. (s, -) faillite f. ; procédure (f.) de faillite.

können ['kønən] (kann, konnte, gekonnt) v. intr. et v. tr. **1.** [vermögen ; imstande sein] *dieses Kind kann schon gehen*, cet enfant marche déjà. | *ohne Sauerstoff kann das Feuer nicht brennen*, sans oxygène le feu ne peut pas brûler. | *hier stehe ich, ich kann nicht anders* (LUTHER), me voici, je ne puis dire autrement. | *ich habe nicht kommen können*, je n'ai pas pu venir. | *können Sie mir helfen ?*, pouvez-vous m'aider ? | *er kann nichts dafür*, il n'y peut rien. | *er kann nicht hinein*, il ne peut pas entrer. | *nicht umhin können, etwas zu tun*, ne (pas) pouvoir s'empêcher de faire qch.
2. [etwas wissen] savoir (faire). | *er kann seine Lektion*, il sait sa leçon. | *er kann gut Englisch*, il sait bien l'anglais. | *er kann schwimmen*, il sait nager. | *er kann gut schießen*, il est bon tireur. | *ein Gedicht auswendig können*, savoir un poème par cœur. || FAM. *das ist gekonnt*, voilà qui est bien fait.
3. [dürfen] pouvoir ; avoir la permission. | *das kannst du (meinetwegen) tun !*, libre à toi de le faire. | *diese Beleidigung kann nicht geduldet werden*, cet affront ne peut (pas) être toléré. | *es kann nicht sein*, cela ne se peut pas.
4. [möglich sein] être possible. | *es kann sein, daß er heute noch kommt* ; FAM. *kann sein, er kommt noch heute*, il se peut qu'il vienne encore aujourd'hui. | *er kann jeden Augenblick da sein*, il peut arriver d'un instant à l'autre. | *der Brief könnte verlorengehen*, la lettre pourrait se perdre.

Können ['kønən] n. (s) pouvoir m. ; capacité f. || [Wissen] savoir m. || [Möglichkeit] possibilité f.

Könner [-nər] m. (s, -) homme (m.) capable.

Konrektor ['kɔnrɛktor] m. (s, en) principal (m.) de collège.

Konsekration [kɔnzekra'tsio:n] f. (-, en). RELIG. consécration f.

konsekrieren [-'kri:rən] v. tr. RELIG. consacrer.

konsekutiv ['kɔnzekuti:f] adj. consécutif. || GRAMM. *Konsekutivsatz*, proposition consécutive.

Konsens [kɔn'zɛns] m. (es, e). JUR. consentement m. || PAR EXT. consensus m. ; accord m.

konsequent [kɔnze'kvɛnt] adj. conséquent.

Konsequenz [-'kvɛnts] f. (-, en) conséquence f. | *die Konsequenz(en) ziehen*, tirer les conséquences. || PAR EXT. esprit (m.) de suite.

konservativ [kɔnzɛrva'ti:f] adj. conservateur.

Konservatorium [-'to:rium] n. (s, rien). MUS. conservatoire m.

Konserve [kɔn'zɛrvə] f. (-, n) conserve f.

konservieren [-zɛr'vi:rən] v. tr. et v. pr. (se) conserver. || CULIN. mettre en conserve.

Konservierung [-zer'vi:ruŋ] f. (-, en) conservation f. ; traitement m.

konsistent [kɔnzis'tɛnt] adj. consistant.

Konsistenz [-'tɛnts] f. consistance f.

Konsole [kɔn'zo:lə] f. (-, n). ARCHIT. console f. ; support m.

konsolidieren [-zoli'di:ruŋ] v. tr. et v. pr. (se) consolider ; (se) raffermir. || FIN. *konsolidierte Bilanz*, bilan consolidé. | *konsolidierte Staatsschuld*, dette consolidée.

Konsolidierung [-zoli'di:ruŋ] f. (-, en). FIN. consolidation f.

Konsonant [kɔnzɔ'nant] m. (en, en). GRAMM. consonne f.

Konsonanz [kɔnzɔ'nants] f. (-, en) consonance f.

Konsorten [kɔn'zɔrtən] m. pl. JUR., COMM. consorts m. pl.

Konsortium [kɔn'zɔrtsium] n. (s, tien) consortium m. ; syndicat m. ; société f.

konspirieren [kɔnspi'ri:rən] v. intr. conspirer.

konstant [kɔns'tant] adj. constant ; fixe ; invariable. || MATH. *konstante Größe*, constante f.

Konstanz [-'stants] f. constance f. ; continuité f.

Konstanz [-'stants] n. pr. n. GÉOGR. Constance f.

konstatieren [kɔnsta'ti:rən] v. tr. constater ; établir.

konstituieren [kɔnstitu'i:rən] v. tr. et v. pr. (se) constituer.

Konstitution [-tu'tsio:n] f. (-, en). PHYSIOL. constitution f. || POLIT. constitution f.

konstitutionell [-tutsiɔ'nɛl] adj. POLIT. constitutionnel.

konstruieren [kɔnstru'i:rən] v. tr. construire. || TECHN. *ein Flugzeug, ein Auto konstruieren*, dessiner, concevoir un avion, une auto.

Konstruktion [-struk'tsio:n] f. (-, en). GRAMM. construction f. || TECHN. étude f. ; projet m.

Konstruktions|büro [kɔnstruk"tsio:nsby'ro:] n. (s, s) bureau (m.) d'études. ||°**-fehler** m. (s, -) vice (m.) de construction.

Konsul ['kɔnzul] m. (s, n) consul m.

konsular(isch) [kɔnzu'lɑ:r(iʃ)] adj. consulaire.

Konsulat [-zu'lɑ:t] n. (s, e) consulat m.

konsultieren [-zul'ti:rən] v. tr. consulter.

Konsum [kɔn'zu:m] m. (s) consommation f. || PAR EXT., FAM. [Konsumverein] coopérative f. (d'achats).

Konsum|gesellschaft [kɔn"zu:mgə'zɛlʃaft] f. (-, en) société (f.) de consommation. ||°**-güter** n. pl. biens (m. pl.) de consommation. ||°**-verein** m. (s, e) coopérative f. (d'achats). ||°**-ware** f. (-, n) marchandise (f.) de consommation courante.

Konsument [-zu'mɛnt] m. (en, en) consommateur m.

konsumieren [-zu'mi:rən] v. tr. consommer.
Kontakt [kɔn'takt] m. (es, e) contact m. | *mit jm Kontakt haben*, *in Kontakt stehen*, être en contact avec qn. | *Kontakt aufnehmen*, contacter. || COMM. relation personnelle. || ÉLECTR. contact m.
Kontakt|linse [kɔn"takt'linzə] f. (-, n) lentille (f.), verre (m.) de contact.
Konten|sperrung ["kɔntən'ʃpɛruŋ] f. (-, en). COMM., FIN. blocage (m.) des comptes.
Konter|admiral ["kɔntəradmi'ra:l] m. (s, e). MAR. contre-amiral m. ||°**-bande** f. contrebande f.
Kontext ['kɔntɛkst] m. (es, e) contexte m.
Kontinent [kɔnti'nɛnt] m. (s, e) continent m.
kontinental [-nɛn'ta:l] adj. continental.
Kontinental|drift [kɔntinɛn"ta:l'drift] f. (-, en), °**-verschiebung** [-fɛr'ʃi:buŋ] f. (-, en) dérive (f.) des continents. ||°**-rakete** f. (-, n) fusée intercontinentale. ||°**-sperre** f. HIST. Blocus continental.
Kontingent [kɔntiŋ'gɛnt] n. (s, e) contingent m.
kontingentieren [kɔntiŋgɛn'ti:rən] v. tr. contingenter ; fixer le contingent de.
Kontingenz [kɔntiŋ'gɛnts] f. (-, en) contingence f.
Kontingenz|tafel [kɔntiŋ"gɛnts'ta:fəl] f. (-, n). STAT. table (f.) de contingence.
kontinuierlich [kɔntinu'i:rliç] adj. continu ; continuel ; suivi.
Konto ['kɔnto] n. (s, ten). COMM. compte m. || FIN. *Bankkonto*, compte en banque. | *ein Konto eröffnen*, ouvrir un compte. | *einen Betrag auf ein Konto überweisen*, virer une somme à un compte. | *einem Konto gutschreiben*, porter au crédit d'un compte ; créditer un compte. | *auf Konto von*, au compte de. | *ein Konto überziehen*, dépasser son crédit. | *ein Konto berichtigen*, rectifier un compte. | *ein Konto abschließen*, solder.
Konto|auszug ["kɔnto'austsu:k] m. (s, ¨e) relevé (m.), extrait (m.) de compte. ||°**-inhaber** m. (s, -) titulaire (m.) d'un compte. || °**-überziehung** f. (-, en). FIN. découvert m.
Kontor [kɔn'to:r] n. (s, e). COMM. bureau m.
kontra ['kɔntra] adv. contre. || [Spiel] *jm kontra sagen*, contrer qn.
Kontra|alt ["kɔntra'alt] m. (s, e). MUS. contralto m. ||°**-baß** m. (es, ¨e). MUS. contrebasse f. ||°**-fuge** f. (-, n). MUS. contre-fugue f. ||°**-post** m. (es) eurythmie f. ; équilibre (m.) des formes. ||°**-punkt** m. (s). MUS. contrepoint m. ||°**-tempo** n. (s). MUS. contretemps m.
kontradiktorisch [kɔntradik'to:riʃ] adj. contradictoire.
Kontrahent [kɔntra'hɛnt] m. (en, en) contractant m. ; partie contractante.
kontrahieren [-'hi:rən] v. intr. faire un contrat. ◇ v. tr. contracter.
Kontrakt [kɔn'trakt] m. (s, e). JUR. contrat m.
Kontrakt|bruch [kɔn"trakt'bru:x] m. (s, ¨e) rupture (f.), violation (f.) de contrat. ||**-mäßig** adj. et adv. par, d'après le contrat ; conforme, conformément au contrat.
kontraktlich [-'traktliç] adj. JUR. contractuel. | *sich kontraktlich festlegen*, *verpflichten*, s'engager par contrat.
konträr [kɔn'trɛ:r] adj. contraire.
Kontrast [kɔn'trast] m. (es, e) contraste m.
kontrastieren [-tras'ti:rən] v. intr. être en opposition frappante, en contraste ; contraster.
Kontrast|mittel [kɔn"trast'mitəl] n. (s, -). MÉD. produit (m.) de contraste.
Kontrazeption [kɔntratsɛp'tsio:n] f. MÉD. contraception f.
Kontrazeptivum [kɔntratsɛp'ti:vum] n. (s, va-).MÉD. contraceptif m.
Kontrolle [kɔn'trɔlə] f. (-, n) contrôle m. ; surveillance f. ; vérification f. | *unter Kontrolle stehen*, être soumis à contrôle. | *die Kontrolle über den Wagen verlieren*, perdre le contrôle de sa voiture. | *scharfe Kontrolle*, contrôle serré.
Kontrol(l)|lampe [kɔn"trɔl'lampə] f. (-, n), °**-licht** [-'liçt] n. (s, er) lampe (f.) témoin ; voyant m. ||°**-uhr** f. (-, en). TECHN. horloge (f.) de pointage.
Kontrolleur [kɔntrɔ'lø:r] m. (s, e) contrôleur m.
kontrollierbar [kɔntrɔ'li:rba:r] adj. contrôlable.
kontrollieren [-trɔ'li:rən] v. tr. contrôler ; observer ; vérifier. || [Polizei] *den Zugang kontrollieren*, filtrer l'accès. || PAR EXT. *diese Bank kontrolliert die gesamte Erzeugung von*, cette banque contrôle toute la production de.
Kontroverse [kɔntro'vɛrsə] f. (-, n) controverse f.
Kontumaz [kɔntu'ma:ts] f. JUR. contumace f.
Kontumaz|urteil [kɔntu"ma:ts'u:rtail] n. (s, e). JUR. jugement (m.) par contumace, par défaut.
Kontur [kɔn'tu:r] f. (-, en) contour m.
Kontur|echo [kɔn"tu:r'ɛço] n. (s, s). MÉD. écho (m.) de contour. ||°**-zeichnung** f. (-, en). ARTS. dessin (m.) au trait.
Konturen|schärfe [kɔn"tu:rən'ʃɛ:rfə] f. PHOT. acutance f.
Konvektor [kɔn'vɛktɔr] m. (s, en) convecteur m.
Konvent [kɔn'vɛnt] m. (s, e) assemblée f. || HIST. Convention. | *Konventsmitglied*, conventionnel m.
Konvention [kɔnvɛn'tsio:n] f. (-, en). JUR. convention f. ; accord m. ; traité m. | *eine Konvention abschließen*, conclure une convention. || POLIT. *die Genfer Konvention*, la convention de Genève.
Konventional|strafe [kɔnvɛntsiɔ"na:l'ʃtra:fə] f. (-, n). JUR. dédit m. ; peine contractuelle.
konventionell [kɔnvɛntsio'nɛl] adj. conforme à la convention ; habituel ; conventionnel. | *ein konventioneller Autor*, un écrivain qui suit les sentiers battus. || MIL. *konventionelle Waffe*, arme classique, conventionnelle.
konvergent [kɔnvɛr'gɛnt] adj. MATH. convergent.
Konvergenz [-'gɛnts] f. (-, en) convergence f.
konvergieren [-'gi:rən] v. intr. converger.
Konversation [kɔnvɛrza'tsio:n] f. (-, en) conversation f. ; entretien m. ; colloque m. | *eine Konversation führen*, tenir une conversation.
Konversations|lexikon [kɔnvɛrza"tsio:ns'lɛksikɔn] n. (s, ken) encyclopédie f. | *ins Konversationslexikon kommen*, figurer, être dans l'encyclopédie.
konversieren [kɔnvɛr'zi:rən] v. intr. s'entretenir avec.
Konversion [kɔnvɛr'zio:n] f. (-, en). RELIG. conversion f.
Konversions|verhältnis [kɔnvɛr"zio:nsfɛr'hɛltnis] n. (ses, se). NUCL. rapport (m.) de conversion.
konvertierbar [kɔnvɛr'ti:rba:r] adj. FIN. convertible. | *konvertierbare Währung*, monnaie (f.) convertible.
konvertieren [-'ti:rən] v. tr. FIN., RELIG. convertir.
Konvertit [-'ti:t] m. (en, en). RELIG. converti m.
konvex [kɔn'vɛks] adj. OPT. convexe ; bombé.
Konvikt [kɔn'vikt] n. (s, e). RELIG. foyer (m.) de séminaristes (catholiques). || UNIV. réfectoire (m.) de boursiers.
Konvoi [kɔ̃'vɔy] m. (s, s). TRANSP. convoi m.
Konvulsion [kɔnvul'zio:n] f. (-, en). MÉD. convulsion f. ; spasme m.
konvulsivisch [-'zi:viʃ] adj. convulsif.

konzedieren [kɔntse'di:rən] v. tr. concéder ; accorder ; octroyer.
Konzentration [kɔntsɛntra'tsio:n] f. (-, en) concentration f.
Konzentrations|lager [kɔntsɛntra"tsio:ns'lɑ:gər] n. (s, -) camp (m.) de concentration.
konzentrieren [kɔntsɛn'tri:rən] v. tr. et v. pr. (se) concentrer ; (se) réunir.
konzentriert [-'tri:rt] adj. concentré.
Konzentrierung [-'tri:ruŋ] f. (-, en) concentration f. || TECHN. compactage m.
konzentrisch [kɔn'tsɛntriʃ] adj. MATH. concentrique.
Konzept [kɔn'tsɛpt] n. (es, e) minute f. ; brouillon m. || FIG., FAM. *der Redner kam aus dem Konzept*, l'orateur perdit le fil de son discours, perdit contenance. | *jn aus dem Konzept bringen*, faire perdre le fil à, troubler qn.
Konzept|papier [kɔn"tsɛptpa'pi:r] n. (s, e) papier (m.) brouillon.
Konzeption [-tsɛp'tsio:n] f. (-, en). PHILOS. conception f. ; idée f. ; notion f. || PHYSIOL. [Empfängnis] conception f.
Konzern [kɔn'tsɛrn] m. (s, e). COMM. consortium m. ; cartel (m.) d'industrie ; trust m. ; groupement m.
Konzert [kɔn'tsɛrt] n. (es, e). [Musikaufführung] séance musicale ; concert m. | *ins Konzert gehen*, aller au concert. || [Musikstück] concerto m. | *ein Konzert für Geige*, un concerto pour violon et orchestre. | *Konzerthaus*, salle (f.) de concert. | *Konzertmeister*, chef (m.) d'orchestre. || PAR EXT. *Konzert der Mächte*, concert (m.) des nations.
konzertieren [kɔntsɛr'ti:rən] v. intr. MUS. donner un concert.
Konzession [kɔntsɛ'sio:n] f. (-, en). COMM. [Gewerbeberechtigung] licence f. ; patente f. || PAR EXT. [zugeteiltes Gebiet] concession f. || FIG. [Zugeständnis] concession f. | *Konzessionen machen*, faire des concessions.
Konzil [kɔn'tsi:l] n. (s, ien). RELIG. concile m.
konzipieren [kɔntsi'pi:rən] v. intr. faire un brouillon. || PHYSIOL. [Frau] concevoir.
konzis [kɔn'tsi:s] adj. concis.
Koordinate [koɔrdi'nɑ:tə] f. (-, n) coordonnée f.
Koordination [-na'tsio:n] f. coordination f.
Koordinator [-'nɑ:tor] m. (s, en) coordinateur m.
koordinieren [-'ni:rən] v. tr. coordonner.
Kopenhagen [kopən'hɑ:gən] n. pr. n. GÉOGR. Copenhague f.
Köpenickiade [køpaniki'ɑ:də] f. (-, n) filouterie, escroquerie adroite ; canular m.
Köper ['kø:pər] m. (s, -). TECHN. grain m. || COMM., TEXT. croisé m. ; sergé m.
Kopf [kɔpf] m. (s, ¨e).

> **I.** [Körperteil des Menschen] tête f.
> **II.** FIG.
> **III.** [Intelligenz ; Gescheitheit] tête f. ; esprit m.
> **IV.** [Person] personne f. ; individu m.
> **V.** [Tiere ; Pflanzen ; Gegenstände] tête f.

I. [Körperteil des Menschen] tête f. | *einen dumpfen, schweren, benommenen Kopf haben*, avoir la tête lourde. | *mit bloßem Kopf*, nu-tête ; tête nue. | *den Kopf drehen*, tourner la tête. | *den Kopf heben*, lever la tête. | *den Kopf senken*, baisser la tête. | *den Kopf (verneinend) schütteln*, faire non de la tête. | *den Kopf (vor Verwunderung) schütteln*, hocher la tête. | *ihm brummte der Kopf von dem Lärm*, le bruit lui emplissait la tête. | *mein Bruder ist (um) einen Kopf größer als ich*, mon frère a une tête de plus que moi. | *von Kopf bis Fuß*, des pieds à la tête. || LOC. *er steckt bis über den Kopf in Schulden*, il est endetté jusqu'au cou. | *er geht mit dem Kopf durch die Wand*, il s'obstine malgré tout.
II. FIG. *sich den Kopf zerbrechen*, se creuser la tête. | *er wußte nicht, wo ihm der Kopf stand*, il ne savait (pas) où donner de la tête. | *die Hände über dem Kopf zusammenschlagen*, lever les bras au ciel. | *den Kopf verlieren*, perdre la tête ; s'affoler. | *ich bin wie vor den Kopf geschlagen*, les bras m'en tombent. | *er stand da wie vor den Kopf geschlagen*, il était hébété. | *den Kopf hängen lassen*, perdre courage. | *den Kopf oben behalten*, ne pas perdre courage. | *Kopf hoch !*, du courage ! | *er hat dem Mädchen den Kopf verdreht*, il a tourné la tête à la jeune fille. | *jm den Kopf waschen*, FAM. laver la tête à qn. | *jm mit seinen Reden den Kopf warm machen*, échauffer la tête de qn par ses discours. | *jn vor den Kopf stoßen*, brusquer, heurter qn. | *jm Beleidigungen an den Kopf werfen*, jeter des injures au visage de qn. | *er sagte ihm auf den Kopf zu, daß er der Verräter sei*, il lui dit sans détours qu'on savait qu'il était le traître. | *sich etwas in den Kopf setzen*, se mettre qch. en tête. | *er setzt seinen Kopf durch*, il n'en fait qu'à sa tête. | *er ist seinen Eltern über den Kopf gewachsen*, ses parents ne viennent plus à bout de lui. | *die Schwierigkeiten wachsen der Regierung über den Kopf*, le gouvernement est noyé dans les difficultés. | *die Köpfe zusammenstecken*, chuchoter ; médire. | *den Kopf zur rechten Zeit aus der Schlinge ziehen*, se tirer d'affaire au bon moment. | *seinen Kopf aufs Spiel setzen*, risquer sa tête, sa vie. | *das hat ihm den Kopf gekostet*, il l'a payé de sa vie.
III. [Intelligenz ; Gescheitheit] tête f. ; esprit m. | *ein heller Kopf*, un esprit éveillé. | *einen klaren Kopf haben*, avoir l'esprit clair. | *ein beschränkter Kopf*, une intelligence bornée. | *er ist nicht auf den Kopf gefallen*, il n'est pas bête. | *die besten Köpfe des Landes*, les meilleurs esprits de la nation. | *er hat viel Grütze im Kopfe*, POP. il a de la cervelle. | *ein Gedicht aus dem Kopf (her)sagen*, réciter un poème de mémoire. | *er konnte den Namen nicht im Kopf behalten*, il ne pouvait pas retenir le nom. | *Grillen im Kopf haben*, être capricieux, lunatique. | *die Melodie geht ihm ohne Unterlaß im Kopfe herum*, cet air le hante. | *das will ihm nicht in den Kopf hinein*, on ne peut pas le lui faire entrer dans la tête. | *der Ruhm ist ihm zu Kopf gestiegen*, la célébrité lui est montée à la tête. | *schlagen Sie sich das aus dem Kopf !*, ne comptez pas là-dessus ! | *der Gedanke will mir nicht aus dem Kopf*, cette idée ne me sort pas de la tête. | *das stammt nicht aus seinem Kopf*, cela n'est pas de son cru. | *der Gedanke schießt mir durch den Kopf*, l'idée me traverse l'esprit.
IV. [Person] personne f. ; individu m. | *Kopf an Kopf gedrängt*, serrés les uns contre les autres. | *auf die Bevölkerung entfallen pro Kopf zwei Pfund Butter*, on compte deux livres de beurre par personne. | *auf den Kopf des Verbrechers waren tausend Mark gesetzt*, la tête du criminel était mise à prix mille marks.
V. [Tiere ; Pflanzen ; Gegenstände] tête f. | *Kopf des Wildschweins*, hure f. | *ein Kopf Salat*, une salade. | *ein Kopf Kraut*, une tête de chou. | *Nagelkopf*, tête de clou. || ARCHIT. *Balkenkopf*, modillon m. | *Zeitungskopf*, manchette (f.) d'un journal. | *Briefkopf*, en-tête (m.) d'une lettre. | *Kopf oder Zahl*, pile ou face. || FIG. *die Gäste stellten das ganze Haus auf den Kopf*, les invités mirent toute la maison sens dessus dessous. | *eine Tatsache auf den Kopf stellen*, dénaturer un fait. || LOC. *den Kopf in den Sand stecken*, adopter la politique de l'autruche. | *den Nagel auf den Kopf treffen*, toucher juste.

Kopf|arbeiter ["kɔpf'arbaitər] m. (s, -) travailleur intellectuel. ||°**-bahnhof** m. (s, ¨e). [Eisenbahn] tête (f.) de ligne. ||°**-bedeckung** f. (-, en) coiffure f. ; couvre-chef m. ||°**-binde** f. (-, n) bandeau m. ; serre-tête m. ||°**-ende** n. (s) chevet m. (du lit). ||°**-geld** n. (s, er). HIST. capitation f. ||°**-haube** f. (-, n) coiffe f. || ZOOL. huppe f. ||°**-hörer** m. (s, -). RADIO. casque m. ||°**-jäger** m. (s, -). FIG., FAM. chasseur (m.) de têtes. ||°**-kissen** n. (s, -) oreiller m. ||°**-kissenüberzug** m. (s, ¨e) taie f. (d'oreiller). ||°**-länge** f. (-, n). SPORT. tête f. | *das Pferd gewann um eine Kopflänge*, ce cheval gagna d'une tête. ||°**-laus** f. (-, ¨e) pou (m.) de tête. ||°**-leiste** f. (-, n). TYPOGR. en-tête m. ||**-los** adj. sans tête ; FIG. sans cervelle ; écervelé. — adv. *die Leute flohen kopflos*, les gens furent pris de panique. | *kopflos handeln*, agir sans réflexion. ||°**-losigkeit** f. FIG. étourderie f. ||°**-rechnen** n. (s) calcul mental. ||°**-rolle** f. (-, n) traversin m. ||°**-salat** m. (s) laitue pommée. ||**-scheu** adj. *kopfscheu machen*, effaroucher. ||°**-schlagader** f. (-, n). ANAT. carotide f. ||°**-schmerzen** m. pl. maux (m. pl.) de tête ; migraine f. || FIG., FAM. *mach dir darüber keine Kopfschmerzen !*, ne te casse pas la tête. ||°**-schmuck** m. (s) parure f. ||°**-schuß** m. (es, ¨e) blessure f. (par balle) à la tête. ||°**-schütteln** n. (s) hochement (m.) de tête. | *seine Haltung erregte allgemeines Kopfschütteln*, tout le monde s'étonnait de son attitude. ||°**-schützer** m. (s, -) passe-montagne m. ||°**-seite** f. (-, n). [Münze] côté (m.) face. ||°**-sprung** m. (s, ¨). SPORT. plongeon m. | *einen Kopfsprung machen*, faire un plongeon ; piquer une tête. ||**-stehen** (stand, gestanden). [Turnen] faire l'arbre fourchu. || PAR EXT. être à l'envers. ||°**-steuer** f. (-, n). HIST. capitation f. ; cote personnelle. ||°**-stimme** f. (-, n) voix (f.) de tête ; fausset m. | *mit Kopfstimme singen*, chanter en fausset. ||°**-stück** n. (s, e). MUS. embouchure f. || TECHN. tête f. ||°**-stütze** f. (-, n) repose-tête m. ||°**-tuch** n. (s, ¨er) fichu m. ; foulard m. ||**-über** adv. la tête la première. | *kopfüber ins Wasser fallen*, piquer une tête. || FIG. *sich kopfüber in ein Abenteuer stürzen*, se lancer à corps perdu dans une aventure. ||°**-waschen** n. (s) shampooing m. ; FIG. savon m. ; semonce f. ||°**-weh** n. (s) mal (m.) de tête ; migraine f. ||°**-zerbrechen** n. (s). FIG. casse-tête m.

köpfen ['kœpfən] v. tr. trancher la tête ; guillotiner ; décapiter. || AGRIC. étêter. || SPORT. [Fußball] *den Ball köpfen*, frapper la balle de la tête ; FAM. faire une tête.

köpflings ['kœpfliŋs] adv. la tête la première.

Kopie [ko'pi:] f. (-, n) copie f. | *eine Kopie anfertigen*, faire une copie.

Kopier|apparat [ko"pi:rapa'rɑ:t] m. (s, e). PHOT. tireuse f. ||°**-tinte** f. (-, n) encre (f.) à copier.

kopieren [-rən] v. tr. copier ; transcrire.
— SYN. : *abschreiben*, copier ; *von neuem schreiben*, récrire ; *übertragen*, transcrire.

Kopierer [ko'pi:rər] m. (s, -) photocopieur m. ; photocopieuse f.

Kopist [kɔ'pist] m. (en, en) copiste m.

Koppel ['kɔpəl] f. (-, n). AGRIC. [eingezäuntes Weideland] enclos m. || [Tierpaar] *eine Koppel Jagdhunde*, un couple de chiens de chasse.

Koppel ['kɔpəl] n. (s, -) ceinture f. || MIL. *das Koppel umschnallen*, boucler son ceinturon.

Koppel|hund ["kɔpəl'hunt] m. (s, e). [Jagd] chien couplé. ||°**-riemen** m. (s, -) laisse f.

koppeln ['kɔpəln] v. tr. coupler. | *die Hunde werden gekoppelt*, on couple les chiens. || FIG., ÉLECTR. coupler ; accoupler. | *elektrische Schwingungskreise koppeln*, connecter, coupler des circuits oscillants.

Kopplung ['kɔpluŋ] f. (-, en). ÉLECTR. couplage m. ; accouplement m. ; couplement m.

Kopra ['ko:pra] f. BOT. copra(h) m.

Koproduktion ['koproduktsio:n] f. (-, en). FILM. coproduction f.

Kopte ['kɔptə] n. pr. m. Copte m.

Kopula ['ko:pula] f. (-, s) copule f.

kopulieren [kɔpu'li:rən] v. intr. s'accoupler.
◇ v. tr. BOT. greffer.

Koralle [ko'ralə] f. (-, n). ZOOL. corail m.

Korallen|insel [kɔ"ralən'inzəl] f. (-, n). GÉOGR. atoll m. ||°**-kette** f. (-, n) collier (m.) de corail. ||°**-pilz** m. (es, e). BOT. clavaire f. ||°**-tiere** n. pl. ZOOL. lithozoaires m. pl. ; polypes (m. pl.) coralligènes.

Koran [ko'rɑ:n] n. pr. m. RELIG. Coran m.

Korb [kɔrp] m. (s, ¨e) corbeille f. ; panier m. ; cabas m. ; bourriche f. | *ein Korb Äpfel*, un panier de pommes. | *ein Korb Feigen*, un couffin de figues. | *ein Korb voll Früchte*, une corbeille (pleine) de fruits. || FIG. *jm einen Korb geben*, éconduire qn. | *sich einen Korb holen*, essuyer un refus. | *er ist Hahn im Korb*, c'est le coq du village. || [Basketball] panier m.

Korb|ball ["kɔrp'bal] m. (s). SPORT. basket-ball m. ||°**-blütler** m. (s, -). BOT. composée f. ||°**-flasche** f. (-, n) bouteille clissée. | *große Korbflasche*, bonbonne f. ||°**-flechter** m. (s, -), °**-macher** m. (s, -) vannier m. ||°**-möbel** n. (s, -) meuble (m.) en rotin. ||°**-weide** f. (-, n). BOT. osier m.

Kord [kɔrt] m. (s, s). TEXT. velours (m.) à côtes.

Kordel ['kɔrdəl] f. cordon m. ; ficelle f.

Kordon [kɔr'dɔ̃] m. (s, s). ADM. [Posten-, Sperrkette] cordon m. || [Ordensband] cordon m. || PAR ANAL. [Obstbaumform] cordon m.

Korea [ko're:a] n. pr. n. GÉOGR. Corée f.

Koreaner(in) [kore'ɑ:nər(in)] n. pr. m. (s, -), f. (-, nen). GÉOGR. Coréen m., Coréenne f.

Kör|hengst ['kø:r'hɛŋst] m. (es, e) étalon approuvé, autorisé.

Koriander [kori'andər] m. (s). BOT. coriandre f.

Korinth [ko'rint] n. pr. n. GÉOGR. Corinthe f.

Korinthe [-tə] f. (-, n). BOT. raisin (m.) de Corinthe.

Korinther [-tər] n. pr. m. Corinthien m.

korinthisch [-tiʃ] adj. GÉOGR. corinthien.

Kork [kɔrk] m. (s, e). BOT. liège m.

Kork|eiche ["kɔrk'aiçə] f. (-, n). BOT. chêne-liège m. ||°**-pfropfen** m. (s, -) bouchon (m.) de liège.

Korken ['kɔrkən] m. (s, -) bouchon m.

korken ['kɔrkən], **korkig** [-kiç] adj. de, en liège.

Korken|zieher ["kɔrkən'tsi:ər] m. (s, -) tire-bouchon m.

Kormoran [kɔrmo'rɑ:n] m. (s, e). ZOOL. cormoran m.

Korn [kɔrn] n. (s, ¨er). **1.** [Samenkorn] grain m. | *Reiskorn*, grain de riz. | *Mohnkörner*, graine (f.) de pavot. | *die Hühner picken die Körner auf*, les poules picorent les grains. | *ein Hafer-, Gersten-, Mais-, Weizenkorn*, un grain d'avoine, d'orge, de maïs, de blé. | *die Körner fallen aus den Ähren*, les grains tombent des épis. **2.** (Kornarten) [Getreide] céréale f. ; blé m. | *Korn wächst auf meinem Acker* (IMMERMANN), il pousse du blé dans mon champ. | *Korn anbauen*, cultiver du blé. | *Korn säen*, semer du blé. | *Korn mahlen*, moudre du blé. | *Korn verbacken*, panifier du blé. || FIG. *die Flinte ins Korn werfen*, jeter le manche après la cognée. **3.** PAR ANAL. *Sandkorn*, grain de sable. | *Staubkorn*, grain de poussière. | *Hagelkorn*, grêlon m. | *Marmor von feinem Korn*, du marbre à grain fin. || [Leder] grain (m.) du cuir. || MÉD. orgelet m.
4. [Schußwaffen] guidon m. (du fusil) ; point (m.) de

mire. | *ein Wildschwein aufs Korn nehmen*, viser un sanglier. || FIG. *jn aufs Korn nehmen*, viser qn ; jeter son dévolu sur qn. || LOC. *Männer von altem Schrot und Korn* (LESSING), des hommes de bon aloi. || TECHN. [Uhr] trou (m.) de pivot.
◇ m. (s) **Korn,** alcool (m.) de grain.

Korn|blume ["kɔrn'blu:mə] f. (-, n). BOT. bl(e)uet m. ; barbeau m. ||°**-brand** m. (s) bruine f. ||°**-ernte** f. (-, n) moisson f. ||°**-feld** n. (s, er) champ (m.) de blé. || °**-größen|verteilung** f. (-, en). PHYS. granulométrie f. ||°**-handel** m. (s) commerce (m.) de grains. ||°**-haus** n. (es,¨er) halle (f.) aux blés. || AGRIC. silo m. ||°**-kammer** f. (-, n) grenier m. ||°**-markt** m. (es, ¨e) marché (m.) aux grains ; halle (f.) au blé. ||°**-nelke** f. (-, n), °**-rade** f. (-, n). BOT. nielle f. ||°**-speicher** m. (s, -) grenier (m.) à blé ; silo m. ||°**-tank** m. (s, s ou e). AGRIC. trémie f. ||°**-wicke** f. (-, n). BOT. vesce (f.) sauvage. ||°**-wurm** m. (s,¨er). ZOOL. charançon m.

Körnchen ['kørnçən] n. (s, -) petit grain ; granule m. || FIG. *kein Körnchen Wahrheit war daran*, il n'y avait pas le plus petit grain de vrai là-dedans. | *er hat auch nicht ein Körnchen Verstand*, il n'a pas un brin d'esprit.

Kornel|kirsche [kɔr"ne:l'kirʃə] f. (-, n). BOT. cornouille f.

körner|fressend ["kørnər'frεsənt] adj. ZOOL. granivore. ||**-tragend** adj. BOT. granifère.

Kornett [kɔr'nεt] m. (s, e). MIL., HIST. cornette m.

Kornett [kɔr'nεt] n. (s, e). MUS. cornet m.

körnig ['kørniç] adj. GÉOL., TECHN. granuleux ; granulé.

Koronar|thrombose [koro"nɑ:rtrɔm'bo:zə] f. (-, n). MÉD. thrombose coronarienne.

Körper ['kørpər] m. (s, -). ANAT. corps m. ; tronc m. | *ein gesunder, kräftiger Körper*, un corps sain, vigoureux. | *der menschliche, tierische Körper*, le corps de l'homme, de l'animal. || PAR ANAL., PHYS. corps m. | *fester Körper*, corps solide. | *Himmelskörper*, corps céleste ; planète f. || POLIT., JUR. corps m. ; corporation f. | *der gesetzgebende Körper*, le corps législatif.

Körper|bau ["kørpər'bau] m. (s). ANAT. conformation f. (du corps) ; stature f. ||°**-behinderte(r)** f. (m.). MÉD. handicapé(e) [m. (f.)] moteur. ||°**-beschaffenheit** f. (-, en) physique m. ; complexion f. ; tempérament m. ||°**-fülle** f. embonpoint m. ; corpulence f. ||°**-größe** f. (-, n) taille f. ; stature f. ||°**-haltung** f. (-, en) maintien m. ; port m. ; tenue f. ; démarche f. ||**-los** adj. sans corps ; incorporel ; éthéré. ||°**-strafe** f. (-, n) peine corporelle ; châtiment corporel. ||°**-verletzung** f. (-, en). JUR. coups (m. pl.) et blessures (f. pl.). | *fahrlässige, schwere Körperverletzung*, coups et blessures involontaires ; coups et blessures corporels aggravés. ||°**-wuchs** m. (es) taille f. ; stature f.

körperlich [-pərliç] adj. corporel ; physique ; matériel. | *körperliche Schönheit*, beauté physique. | *körperliche Gebrechen*, défauts (m. pl.), infirmités (f. pl.) physiques. | *körperliche Ertüchtigung*, entraînement m. (physique). || JUR. *körperlicher Eid*, serment prêté en personne.

Körperschaft ['kørpərʃaft] f. (-, en) corps m. ; corporation f. || FIN. *Körperschaftssteuer*, impôt sur les sociétés.

körperschaftlich [-liç] adj. corporatif.

Korporal [kɔrpo'rɑ:l] m. (s, e). MIL. caporal m. || [Kavallerie ; Artillerie] brigadier m.

Korporatismus [kɔrpora'tismus] m. (-, men) corporatisme m.

korporativ [kɔrpora'ti:f] adj. corporatif.

Korps [ko:r] n. (-, -). MIL. corps m. || UNIV. corporation (f.) d'étudiants.

Korps|geist ['ko:rgaist] m. (es) esprit (m.) de corps. ||°**-student** m. (en, en). [Deutschland] étudiant (m.) membre d'une corporation.

korpulent [kɔrpu'lεnt] adj. corpulent ; qui a de l'embonpoint.

Korpulenz [-'lεnts] f. corpulence f. ; embonpoint m.

Korpus|schrift ["kɔrpus'ʃrift] f. (-, en). TYPOGR. corps (m.) de dix points ; (corps) dix m.

korrekt [kɔ'rεkt] adj. correct ; convenable.

Korrektheit [kɔ'rεkthait] f. correction f. ; savoir-vivre m.

Korrektor [kɔ'rεktɔr] m. (s, en) correcteur m. (d'imprimerie).

Korrektur [kɔrεk'tu:r] f. (-, en) corrigé m. || TYPOGR. épreuve f. (de correction).

Korrektur|abzug [kɔrεk"tu:r'aptsu:k] m. (s, ¨e), °**-bogen** m. (s, -). TYPOGR. épreuve f. ||°**-fahne** f. (-, n). TYPOGR. placard m. ||°**-taste** f. (-, n). ÉLECTR. touche (f.) de correction.

Korrelation [korela'tsio:n] f. (-, en) corrélation.

Korrelations|tabelle [korela"tsio:nsta'bεlə] f. (-, n). STAT. table (f.) de corrélation.

korrelativ [korela'ti:f] adj. corrélatif.

Korrespondent [kɔrεspɔn'dεnt] m. (en, en). COMM. employé (m.) de bureau ; correspondancier m. || [Geschäftsfreund] correspondant m. || [Berichterstatter] correspondant m. ; reporter m.

Korrespondenz [-'dεnts] f. (-, en) rapport m. ; relation f. || PAR EXT. [Briefwechsel] correspondance f. ; courrier m. || TRANSP. [Anschluß] correspondance f.

korrespondieren [-'di:rən] v. intr. [entsprechen] correspondre. || PAR EXT. être en correspondance ; correspondre avec.

Korridor [kɔri'do:r] m. (s, e) couloir m. ; corridor m.

korrigieren [kɔri'gi:rən] v. tr. PR. et TYPOGR. corriger.

korrodieren [kɔro'di:rən] v. tr. corroder.

Korrosion [kɔro'zio:n] f. (-, en) corrosion f.

Korrosions|beständigkeit [kɔro"zio:nsbə'ʃtεndiçkait] f. résistance (f.) à la corrosion. ||**-hemmend, -schützend** adj. anticorrosion.

korrumpiert [kɔrum'pi:rt], **korrupt** [kɔ'rupt] adj. corrompu ; gâté. || FIG. corrompu ; corruptible ; vénal.

Korruption [-rup'tsio:n] f. (-, en). PR. et FIG. corruption f.

Korsar [kɔr'zɑ:r] m. (en, en). MAR. [Person] corsaire m. || [Schiff] corsaire m.

Korse ['kɔrzə] n. pr. m. Corse m.

Korsett [kɔr'zεt] n. (s, e) corset m.

Korsika ['kɔrzika] n. pr. n. GÉOGR. Corse f.

korsisch [-ziʃ] adj. corse.

Korso ['kɔrzo] m. et n. (s, s). [Straße] avenue f. ; cours m. || PAR EXT. [Festzug] corso m.

Kortex ['kɔrtεks] m. (-, e). ANAT. cortex m.

Kortison [kɔrti'zo:n] n. (s, e). BIOL. cortisone f.

Korvetten|kapitän [kɔr"vεtənkapi'tε:n] m. (s, e). MAR. capitaine (m.) de corvette.

Koryphäe [kory'fε:ə] m. (n, n). HIST. coryphée m. ◇ f. (-, n). FIG. sommité f. ; grand patron.

Kosak [kɔ'zak] m. (en, en) n. pr. m. Cosaque m.

koscher ['kɔʃər] adj. [hebräisch] kasher ; casher. ||

FIG., FAM. *das ist nicht ganz koscher*, ça n'est pas très catholique.

Ko|sekante ["ko:ze'kantə] f. (-, n). MATH. cosécante f.

kosen ['ko:zən] v. tr. caresser ; câliner.

Kose|name ["ko:zə'na:mə] m. (ns, n) petit nom (de tendresse, d'amour).

Ko|sinus ['ko:zinus] m. (-, -). MATH. cosinus m.

Kosmetik [kɔs'me:tik] f. (-, en). [Schönheitspflege] soins (m. pl.) de beauté. || [Schönheitsmittel] cosmétique m.

kosmetisch [-tiʃ] adj. cosmétique. | *kosmetisches Mittel*, cosmétique m. | *kosmetische Operation*, opération (f.) de chirurgie esthétique.

kosmisch ['kɔsmiʃ] adj. cosmique.

kosmographisch [kɔsmo'gra:fiʃ] adj. cosmographique.

Kosmopolit [kɔsmopoli:t] m. (en, en) cosmopolite m.

Kosmos ['kɔsmɔs] m. univers m.

Kost [kɔst] f. nourriture f. ; (bonne) chère ; table f. ; manger m. | *diese Kost ist einfach*, cette nourriture est simple, frugale. | *fleischlose Kost*, nourriture végétarienne. | *Kost und Logis*, pension complète. | *eine magere Kost*, une maigre pitance. | *jn in Kost nehmen*, prendre qn en pension. | *bei jm in Kost sein*, être en pension chez qn. | *freie Kost haben*, être nourri (en plus de son salaire). | *man hat ihn auf schmale Kost gesetzt*, on l'a mis à la diète.

Kost|gänger ["kɔst'gɛŋər] m. (s, -) pensionnaire m. ||°**-geld** n. (s, er). [prix (m.) de la] pension f. ||°**-probe** f. (-, n). [Tätigkeit] dégustation f. || [Warenmuster] échantillon m.

kostbar ['kɔstba:r] adj. précieux ; cher ; de prix. | *kostbarer Schmuck*, bijoux (m. pl.) d'un grand prix. || FIG. délicieux ; exquis. | *ein kostbares Schauspiel*, un spectacle, une scène impayable.

Kostbarkeit [-kait] f. (-, en) grand prix, grande valeur (d'une chose). || (pl. *Kostbarkeiten*) objet précieux ; bijou m.

kosten ['kɔstən] v. intr. et v. tr. coûter. | *was kostet dieser Ring ?*, que coûte, combien coûte cette bague ? || FIG. *das kostet mich viel Zeit*, cela me prend beaucoup de temps. | *die Arbeit hat viel Mühe, viel Schweiß gekostet*, ce travail a coûté beaucoup de peine, a été très pénible. | *es kostet mich viel Überwindung*, il m'en coûte beaucoup. | *es wird ihm den Hals (den Kopf) kosten*, il lui en coûtera la vie. || FAM. *den Kopf wirds nicht kosten*, ce n'est pas la mort d'un homme. | *koste es, was es wolle*, coûte que coûte.

◇ v. tr. déguster ; goûter ; essayer. | *die Gerichte vor dem Auftragen kosten*, tâter aux sauces. || FIG. jouir de.

Kosten [-tən] pl. coût m. ; frais m. pl. ; dépenses f. pl. ; dépens m. pl. ; débours m. pl. | *die Kosten waren erheblich*, les frais étaient considérables. | *die Kosten des Krieges*, le coût de la guerre. | *die Kosten der Reise*, les frais de voyage. | *auf gemeinschaftliche Kosten leben*, faire bourse commune. | *jm Kosten machen*, occasionner des frais à qn. | *er ist auf seine Kosten gekommen*, il est rentré dans ses frais ; FAM. il s'y est retrouvé. | *keine Kosten scheuen*, ne pas regarder à la dépense. | *für die Kosten aufkommen*, subvenir aux dépens ; dédommager des frais. | *diese Flasche geht auf meine Kosten*, cette bouteille, c'est moi qui l'offre. | *auf andrer Leute Kosten leben*, vivre aux dépens d'autrui. | *er wurde auf Staatskosten beerdigt*, on lui fit des obsèques nationales. | *sich auf js Kosten lustig machen*, se divertir aux dépens de qn.

Kosten|anschlag ["kɔstənanʃla:k] m. (s, ¨e) devis m. ; évaluation (f.) des frais. ||°**-aufgliederung** f. (-, en), °**aufschlüsselung** f. (-, en) ventilation (f.) des coûts. ||°**-aufwand** m. (s) dépenses f. pl. ; frais m. pl. ||**-bedingt** adj. *kostenbedingte Inflation*, inflation (f.) par les coûts. ||°**-ersatz** m. (es), °**-erstattung** f. (-, en) indemnité f. ; dédommagement m. ||**-frei** adj. sans frais ; gratuit. | *jn kostenfrei halten*, défrayer qn. ||**-los** adj. sans frais ; gratuit. ||**-pflichtig** adj. JUR. condamné aux dépens. ||°**-preis** m. (es, e). COMM. prix coûtant ; prix (m.) de revient. | *zum Kostenpreis verkaufen*, vendre au prix coûtant. ||°**-übernahme** f. (-, n). [Krankenkasse] prise (f.) en charge. ||°**-voranschlag** m. (s, ¨e) devis m.

köstlich ['køstliç] adj. précieux. || PAR EXT. délicieux ; savoureux ; délicat ; exquis. | *köstliche Erzählung*, histoire savoureuse. | *köstlicher Einfall*, idée charmante. || CULIN. *ein köstlicher Bissen*, un bon morceau.

Köstlichkeit [-kait] f. (-, en) excellence f. ; goût exquis ; délicatesse f. (d'un plat).

kost|spielig ["kɔst'ʃpi:liç] adj. coûteux ; onéreux.

Kostüm [kɔs'ty:m] n. (s, e) costume m. ; toilette f. ; habillement m.

Kostüm|ball [kɔs"ty:m'bal] m. (s, ¨e), °**-fest** n. (es, e) bal costumé, travesti.

kostümieren [kosty'mi:rən] v. tr. et v. pr. (se) costumer ; (se) travestir.

Kot [ko:t] m. (s) excréments m. pl. ; [Tiere] crotte f. ; [Straßenschmutz] boue f.

Ko|tangente ["ko:taŋ'gɛntə] f. (-, n). MATH. cotangente f.

Kotau [ko'tau] m. (s, e). [Bückling] révérence f. ; FIG. salamalecs m. pl.

Kote ['ko:tə] f. (-, n). GÉOGR. cote f.

Kotelett [kɔt(ə)'lɛt] n. (s, en) côtelette f.

◇ n. pl. **Koteletten,** favoris m. pl.

Köter ['kø:tər] m. (s, -). FAM. roquet m. ; POP. clebs m.

Kot|flügel ["ko:t'fly:gəl] m. (s, -). AUTOM. aile f.

Kothurn [kɔ'turn] m. (s, e). HIST. cothurne m.

kotig ['ko:tiç] adj. [Personen] crotté ; sale. || [Dinge] boueux ; bourbeux ; fangeux.

Kotze ['kɔtsə] f. POP. vomi m.

kotzen ['kɔtsən] v. intr. POP. vomir ; dégobiller.

Ko|valenz [kovalɛnts] f. (-, en). CHIM. covalence f. | *Kovalenzbindung*, liaison covalente.

Krabbe ['krabə] f. (-, n). ZOOL. crabe m. ; crevette f.

krabbeln [-bəln] v. intr. grimper. || PAR EXT. ramper. | *die Ameisen krabbeln*, les fourmis grouillent.

◇ v. impers. FIG., FAM. chatouiller.

Krach [krax] m. (s, e). FAM. bruit m. ; vacarme m. ; craquement m. ; fracas m. | *das Haus stürzte mit großem Krach ein*, la maison s'écroulait avec fracas. | *Krach machen*, faire du chahut, du potin. || FIN. krach m. ; débâcle financière. || PAR EXT. [Zank ; Streit] rupture f. ; brouille f. ; dispute f. ; grabuge m. | *Krach schlagen*, se fâcher. | *es kam zum Krach*, il y a eu un esclandre.

◇ interj. **krach !,** crac ! ; boum !

krachen [-xən] v. intr. craquer ; claquer ; crépiter ; éclater. | *der Kanonenschuß kracht*, le coup de canon éclate, tonne. | *Gewehrschüsse krachen*, la fusillade crépite.

Krachen [-xən] n. (s) craquement m. ; fracas m.

krächzen ['krɛçtsən] v. intr. criailler ; croasser. | *die Raben krächzen*, les corbeaux croassent.

Kracken ['krakən] n. (s). TECHN. craquage m.

Kraft [kraft] f. (-, ¨e) force f. ; vigueur f. ; énergie f. ; puissance f. **1.** [von Lebewesen] *ein Athlet von großer Kraft*, un athlète d'une grande force. | *wieder zu Kräften kommen*, recouvrer ses forces. | *bei Kräften sein*, être vigoureux. | *seine Kräfte noch beisammen haben*, être

encore en possession de ses moyens. | *das geht über seine Kräfte*, cela surpasse ses forces. | *alle Kräfte anspannen, sammeln*, rassembler toutes ses forces. | *seine Kräfte überschätzen*, présumer de ses forces. | *aus eigener Kraft*, à la force du poignet. | *nach Kräften*, de son mieux.
2. [von Gegenständen] *die Kraft des Wassers treibt die Mühle*, la force de l'eau actionne le moulin. | *die Kraft der Elemente*, la puissance des éléments. | *die Kraft einer Arznei*, l'efficacité (f.) d'un remède. | *Kraft der Rede*, puissance (f.) oratoire. | *die Kraft der Hoffnung*, la force de l'espérance. || PHYS. *Kraft der Trägheit*, force (f.) d'inertie. | *treibende Kraft*, force motrice. | *das Parallelogramm der Kräfte*, le parallélogramme des forces. | *resultierende Kraft*, résultante f.
3. [von Verträgen] *die Kraft eines Vertrags*, la validité d'un contrat. | *diese Bestimmung erlangt (gewinnt) Kraft*, cette disposition entre en vigueur. | *diese Verordnung tritt in Kraft*, cette ordonnance entre en vigueur. | *ein Gesetz außer Kraft setzen*, abroger une loi.
4. PAR EXT. aide s. ; employé(e) m. (f.). | *nebenamtliche Kraft*, vacataire s. | *Schreibkraft*, dactylographe s. | *eine Hilfskraft einstellen*, engager un aide. | *Lehrkräfte*, enseignants m. pl.

kraft [kraft] prép. (gén.) en vertu de. | *kraft dessen*, en vertu de quoi. || JUR. *kraft des Gesetzes*, en vertu de la loi.

Kraft|anstrengung ["kraft'anʃtrɛŋuŋ] f. (-, en) effort m. ||°**-aufwand** m. (s) déploiement (m.) d'énergie. ||°**-ausdruck** m. (s, ¨e) gros mot. ||°**-brühe** f. (-, n). CULIN. consommé m. ||°**-einheit** f. (-, en). PHYS. unité (f.) dynamique. ||°**-fahrer(in)** m. (s, -), f. (-, nen) chauffeur m. ; automobiliste s. ||°**-fahrzeug** n. (s, e) automobile f. ||°**-lehre** f. MATH., PHYS. dynamique f. ||**-los** adj. sans force ; faible ; affaibli ; débile ; inerte. || sans effet ; invalide. || JUR. *für kraftlos erklären*, déclarer nul ; invalider. | *Kraftloserklärung*, invalidation f. ||°**-losigkeit** f. (-) faiblesse f. ; manque (m.) de vigueur, de force. || JUR. invalidité f. ; nullité f. || MÉD. langueur f. ; asthénie f. ||°**-meier** m. (s, -). FAM. fanfaron m. ; vantard m. ; rodomont m. ||°**-messer (Kräftemesser)** m. (s, -) dynamomètre m. ||°**-probe** f. (-, n) épreuve (f.) de force ; bras (m.) de fer. ||°**-rad** n. (s, ¨er) motocyclette f. ; FAM. moto f. ||°**-radfahrer** m. (s, -) motocycliste m. ||°**-sport** m. (s) culturisme m. ||°**-stoff** m. (s). AUTOM. essence f. ; carburant m. || °**-stoffmangel** m. (s) panne sèche. ||**-voll** adj. vigoureux ; plein de force ; énergique. ||°**-wagen** m. (s, -) automobile f. ; FAM. auto f. ||°**-wagenfahrer** m. (s, -) conducteur m. ; chauffeur m. ||°**-werk** n. (s, e). ÉLECTR. centrale f. ||°**-wort** n. (es, e) parole (f.), expression (f.) énergique.

kräftig ['krɛftiç] adj. robuste ; vigoureux ; fort ; solide ; puissant. | *kräftiger Junge*, garçon vigoureux. | *kräftiger Schlag*, coup (m.) rude. | *kräftige Sprache*, langage énergique, vigoureux. || CULIN. *kräftige Nahrung*, aliments fortifiants. | *kräftiger Trank*, boisson (f.) qui revigore.
◇ adv. vigoureusement ; puissamment.

kräftigen [-tigən] v. tr. et v. pr. (se) fortifier ; (se) donner des forces ; (se) restaurer ; (s')affermir. | *kräftigende Arznei*, (médicament) fortifiant m.

Kräftigung [-tiguŋ] f. (-, en) renforcement m. ; affermissement m.

Kräftigungs|mittel ["krɛftiguŋs'mitəl] n. (s, -). PHARM., MÉD. fortifiant m. ; cordial m.

Kragen ['krɑ:gən] m. (s, -) col m. ; collerette f. ; [Hemd] faux col. || PAR EXT. [Hals] cou m. | *er packte ihn am Kragen*, il le saisit au collet. | *es geht ihm an den Kragen*, c'en est fait de lui. | *jn beim Kragen nehmen*, demander raison à qn.

Kragen|nummer ["krɑ:gən'numər] f. (-, n). **-weite** f. (-, n). COMM. (numéro [m.] d')encolure f. ; tour (m.) de cou.

Krag|stein ["krɑ:k'ʃtain] m. (s, e). ARCHIT. console f. ; corbeau m.

Krähe ['krɛ:ə] f. (-, n). ZOOL. corneille f. | *die Krähe krächzt*, la corneille craille.

krähen [-ən] v. intr. chanter ; piailler. | *der Hahn kräht in aller Frühe*, le coq chante de bon matin. || FIG., FAM. *danach kräht kein Hahn*, nul, personne ne s'en soucie.

Krähen|füße ["krɛ:ən'fy:sə] m. pl. [Runzeln] pattes d'oie (f.). || [schlechte Schrift] pattes (f. pl.) de mouche.

krähend ['krɛ:ənt] adj. piaillant. | *eine krähende Stimme*, une voix éraillée, criarde.

Kräh|winkel ["krɛ:'viŋkəl] n. (s). FAM. bled m.

Krain [krain] n. pr. n. GÉOGR. Carniole f.

Krakau ['krɑ:kau] n. pr. n. GÉOGR. Cracovie f.

Krake ['krɑ:kə] m. (n, n), **Kraken** [-kən] m. (s, -). ZOOL. pieuvre f. ; polype m. || PAR EXT., POÉT. monstre marin.

Krakeel [kra'ke:l] m. (s, e). FAM. querelle f. ; grabuge m.

krakeelen [-lən] v. intr. FAM. faire du grabuge, du tapage ; chercher noise ; se chamailler.

Krakeeler [-lər] m. (s, -). FAM. querelleur m. ; tapageur m. ; mauvais coucheur.

krakeln ['krɑ:kəln] v. tr. griffonner.

Kralle ['kralə] f. (-, n) griffe f. ; serre f. ; ongle m. | *die Katze zeigt ihre Krallen*, le chat sort ses griffes.

krallen [-lən] v. tr. montrer les griffes ; griffer ; saisir avec les griffes ; égratigner.

Kram [krɑ:m] m. (s, ¨e). *seinen Kram ausbreiten*, étaler sa marchandise. || FIG. *es paßt mir nicht in den Kram*, cela ne me convient pas ; cela m'embarrasse.

Krambambuli [kram'bambuli] m. (s). FAM. eau-de-vie (f.) de genièvre, de Dantzig.

kramen ['krɑ:mən] v. intr. fouiller ; farfouiller.

Krämer ['krɛ:mər] m. (s, -) épicier m. ; mercier m.

Krämer|seele ["krɛ:mər'ze:lə] f. (-, n) âme mesquine ; esprit (m.) mercantile.

Kram|laden ["krɑ:m'lɑ:dən] m. (s, ¨) bazar m.

Krampe ['krampə] f. (-, n), **Krampen** m. (s, -). ARCHIT. crampon m. ; crochet m. ; happe f.

Krampf [krampf] m. (s, ¨e). MÉD. crampe f. ; spasme m. ; convulsion f. | *den Krampf bekommen*, être saisi de crampes. | *von Krämpfen befallen werden*, être saisi de convulsions. || FIG., POP. *so ein Krampf!*, c'est crispant !

Krampf|ader ["krampf'ɑ:dər] f. (-, n). MÉD. varice f. ||**-artig** adj. MÉD. spasmodique ; convulsif. ||°**-husten** n. (s) toux convulsive.

krampfhaft ['krampfhaft] adj. MÉD. convulsif ; spasmodique. | *krampfhafte Zuckungen*, convulsions f. pl. ; spasmes m. pl. | *krampfhaftes Lachen*, rire convulsif. || FIG. violent. | *krampfhafte Bemühungen*, des efforts désespérés.

Kran [krɑ:n] m. (s, ¨e ou e). TECHN. grue f. | *fahrbarer Kran*, grue mobile.

Kran|arm [-arm] m. (s, e) flèche (f.) de grue. ||°**-führer** m. (s, -) grutier m. ; conducteur (m.) de grue. ||°**-wagen** m. (s, -) wagon-grue m. ; camion-grue m.

krängen ['krɛŋən] v. intr. MAR. se pencher d'un côté ; donner de la bande.

Kranich ['krɑ:niç] m. (s, e). ZOOL. grue f.

krank [kraŋk] adj. malade. | *er ist schwerkrank*, il est

très malade. | *krank werden*, tomber malade. | *auf den Tod krank sein*, être à la mort. | *sterbenskrank sein*, être à l'article de la mort. | *krank vor Neid*, malade de jalousie. | *sich krank melden*, se faire porter malade. | *er stellt sich krank*, il fait le malade. | *krank zu Bett liegen*, être alité. | *sich krank lachen*, se pâmer de rire.
— SYN. : *unwohl*, malade ; *leidend*, souffrant ; *unpäßlich*, indisposé.

kränkeln ['krɛŋkəln] v. intr. être de santé délicate.

kranken ['kraŋkən] v. intr. souffrir. | *sie krankt an Blutarmut*, elle souffre d'anémie ; elle est anémique. || FIG. pécher par. | *dieser Betrieb krankt an fehlerhafter Organisation*, cette entreprise pèche par manque d'organisation.

kränken ['krɛŋkən] v. tr. blesser ; froisser ; vexer ; mortifier. | *jn tief kränken*, offenser gravement qn. ◇ v. pr. **sich kränken,** se froisser ; s'affecter. | *sie kränkt sich über sein Gebaren*, son comportement la chagrine.

Kranken|anstalt ["kraŋkən'anʃtalt] f. (-, en) maison (f.) de santé. ||°**-auto** n. (s, s) ambulance (f.) automobile. ||°**-besuch** m. (s, e) visite (f.) à un malade. ||°**-bett** n. (s, en) lit (m.) de malade. | *auf dem Krankenbett liegen*, être alité ; garder le lit. ||°**-geld** n. (s, er) allocation (f.) de maladie. ||°**-haus** n. (es,¨er) hôpital m. ; clinique f. ||°**-haus|pauschale** f. (-, n) forfait hospitalier. ||°**-kasse** f. (-, n) caisse (f.) de maladie. ||°**-kost** f. régime m. ; diète f. ||°**-lager** n. (s, -). V. KRANKENBETT. ||°**-pflege** f. soins m. pl. ||°**-pflege|helfer(in)** m. (s, -), f. (-, nen) aide soignant(e) m. (f.). ||°**-pfleger(in)** m. (s, -), f. (-, nen) infirmier m. ; infirmière f. ; garde-malade s. ; garde f. ||°**-schein** m. (s, e) feuille (f.) de maladie. ||°**-schwester** f. (-, n) garde-malade f. ; infirmière f. ||°**-vorgeschichte** f. antécédents médicaux. ||°**-wagen** m. (s, -) voiture (f.) sanitaire ; ambulance f.

krankhaft ['kraŋkhaft] adj. maladif ; malsain ; morbide ; pathologique. | *krankhafter Ehrgeiz*, ambition maladive. | *krankhafte Eifersucht*, jalousie (f.) morbide.

Krankheit [-hait] f. (-, en) maladie f. ; mal m. ; affection f. | *eine schwere Krankheit*, une maladie grave, sérieuse. | *an einer Krankheit leiden*, souffrir d'une maladie. | *an einer Krankheit daniederliegen*, être alité (à cause d'une maladie). | *an einer Krankheit sterben*, mourir d'une maladie. | *eine Krankheit greift um sich*, une maladie se propage. | *von einer Krankheit genesen*, relever, sortir de maladie. | *sexuell übertragbare Krankheit*, maladie sexuellement transmissible. | *Herzkrankheit*, affection cardiaque.

Krankheits|erreger ["kraŋkhaitsɛr're:gər] m. (s, -). MÉD. agent (m.) pathogène. ||**-halber** adv. pour raisons de santé ; pour cause de maladie. ||°**-keim** m. (s, e) germe (m.) pathogène ; bactérie f. | *Untersuchung auf Krankheitskeime*, examen (m.) bactériologique. ||°**-zeichen** n. (s, -) symptôme m.

kränklich ['krɛŋkliç] adj. maladif ; chétif ; malingre ; souffreteux.

Kränklichkeit [-kait] f. santé délicate ; état maladif.

Krank|schreibung ["krank'ʃraibuŋ] f. (-, en) arrêt (m.) de travail ; arrêt (de) maladie.

Kränkung ['krɛŋkuŋ] f. (-, en) offense f. ; blessure f. ; humiliation f. ; mortification f.

Kranz [krants] m. (es, ¨e) couronne f. ; guirlande f. | *einen Kranz (am Grabe) niederlegen*, déposer une couronne (sur une tombe). | *jm den Kranz aufsetzen*, mettre une couronne sur la tête de qn ; couronner qn. || FIG. *Kranz blühender Gärten (um eine Stadt)*, ceinture (f.) de jardins fleuris (autour d'une ville).

Kränzchen ['krɛntsçən] n. (s, -) petite couronne. || FIG. cercle (de conversation).

kränzen [-tsən] v. tr. POÉT. couronner.

Krapfen ['krapfən] m. (s, -). CULIN. beignet m.

kraß [kras] adj. crasse ; grossier. | *das steht in krassem Gegensatz zu*, cela contraste vivement avec. | *krasse Unwissenheit*, ignorance (f.) crasse, inexcusable.

Krater ['kra:tər] m. (s, -). GÉOL. cratère m.

Kratz|bürste ["krats'byrstə] f. (-, n) brosse dure. ||**-bürstig** adj. FIG. hérissé ; rébarbatif. ||°**-eisen** n. (s, -) grattoir m. ; racloir m. ; raclette f. ; décrottoir m. ; curette f. ||°**-fuß** m. (es,¨e). FIG., FAM. révérence f.

Krätze ['krɛtsə] f. MÉD. gale f.

kratzen ['kratsən] v. tr., v. intr. et v. pr. (se) gratter ; griffer ; racler. | *Katzen kratzen*, les chats griffent. | *sich wund kratzen*, se gratter jusqu'au sang. | *sich hinter dem Ohr kratzen*, se gratter l'oreille. | *der Hund kratzt an der Tür*, le chien gratte à la porte. || PAR EXT. [ritzen] érafler ; égratigner ; racler. | *etwas auf ein Papier kratzen*, griffonner qch. sur le papier. | *auf der Geige kratzen*, racler du violon. | *die Feder kratzt*, cette plume crache, crisse.

Kratzer [-tsər] m. (s, -). [Kratzspur ; Schramme] égratignure f. ; écorchure f. ; éraflure f. || TECHN. raclette f. ; racloir m. ; grattoir m.

Krätzer ['krɛtsər] m. (s, -) vin (m.) âpre ; verjus m. ; piquette f. || grattoir m.

krätzig ['krɛtsiç] adj. MÉD. galeux.

krauen ['krauən] v. tr. gratter doucement ; caresser.

Kraul [kro:l] n. (s). SPORT. crawl m.

kraulen [-lən] v. intr. SPORT. nager le crawl.

kraus [kraus] adj. crépu ; crépé. | *krause Haare*, cheveux bouclés. | *krause Falten*, plis froncés. | *er zog die Stirne kraus*, il fronça le(s) sourcil(s) ; il plissa le front. || FIG. *krause Gedanken*, pensées confuses.

Krause ['krauzə] f. (-, n) fraise f. ; jabot m.

Kräusel|eisen ["krɔyzəl'aizən] n. (s, -) fer (m.) à friser.

kräuseln ['krɔyzəln] v. tr. et v. pr. (se) friser ; (s')onduler ; (se) plisser. | *sich das Haar kräuseln lassen*, se faire faire une ondulation. | *auf dem See kräuseln sich die Wellen*, les vagues du lac moutonnent. | *der Wind kräuselt die Wasseroberfläche*, le vent ride la surface de l'eau.
◇ v. intr. se plisser ; onduler.

krausen ['krauzən] v. tr. et intr. froncer ; plisser. | *die Stirn krausen*, plisser le front.

kraus|haarig ["kraus'ha:riç] adj. aux cheveux crépus, frisés. ||°**-kopf** m. (s,¨e) tête bouclée, frisée, crépue.

Kraut [kraut] n. (s,¨er). **1.** BOT. plante herbacée ; tige feuillue. | *die Rüben wachsen (schießen) ins Kraut*, les navets poussent tout en feuilles. || LOC., FAM. *er wirft alles wie Kraut und Rüben durcheinander*, il mélange tout.
2. chou m. | *Kraut einlegen, einschneiden*, conserver de la choucroute.
◇ n. pl. **Kräuter** [Heilkräuter] plantes médicinales. || LOC. *Dagegen ist kein Kraut gewachsen*, là-contre, il n'y a pas de remède.
3. FAM. tabac. | *ein feines Kraut*, un bon tabac.

kraut|artig ["kraut'a:rtiç] adj. BOT. herbacé. ||°**-kopf** m. (s,¨e) tête (f.) de chou. ||°**-strunk** m. (s,¨e) tige (f.), trognon (m.) de chou.

Kräuter|buch ["krɔytər'bu:x] n. (s,¨er) traité (m.) de botanique. || PAR EXT. herbier m. ||**-fressend** adj. ZOOL. herbivore. ||°**-garten** m. (s,¨). [jardin] potager m. ||°**-handlung** f. (-, en) herboristerie f. ||°**-kunde**

f. botanique f. ||°-**sammlung** f. (-, en) herbier m. ||°-**suppe** f. (-, n) potage (m.) aux herbes. ||°-**tee** m. (s) tisane f. ; infusion f.

Krawall [kra'val] m. (s, e). FAM. tapage m. ; chahut m. ; tumulte m. ; boucan m. | *Krawall machen, schlagen*, faire du chambard. || PAR EXT. [Auflauf] bagarre f.

Krawatte [kra'vatə] f. (-, n) cravate f.

kraxeln ['kraksəln] v. intr. DIAL. grimper.

Kreativität [kreativi'tɛ:t] f. créativité f.

Kreatur [krea'tu:r] f. (-, en) créature f. ; être m. || PÉJOR. personne déchue.

Krebs [kre:ps] m. (es, e). ZOOL. écrevisse f. || MÉD. cancer m. ; ulcère cancéreux ; tumeur maligne. || ASTRON. Cancer m.

krebs|artig ["kre:ps'ɑ:rtiç] adj. MÉD. cancéreux. ||-**erregend**, -**erzeugend** adj. MÉD. cancérigène. ||°-**forscher(in)** m. (s, -), f. (-, nen) cancérologue s. ||°-**forschung** f. cancérologie f. ||°-**gang** m. (s) marche (f.) en écrevisse, à reculons. || FIG. *den Krebsgang gehen*, aller à reculons. ||°-**geschwulst** f. (-, ¨e). MÉD. tumeur cancéreuse. ||-**krank** adj. MÉD. cancéreux. ||-**rot** adj. rouge comme une écrevisse. ||°-**vorsorge|untersuchung** f. (-, en). MÉD. dépistage (m.) du cancer.

krebsen ['kre:psən] v. intr. FIG. *das Geschäft hat zu krebsen*, le commerce périclite.

kredenzen [-tsən] v. tr. verser, offrir à boire.

Kredit ['kre:dit ou kre'di:t] m. (s, e). COMM. crédit m. | *kurzfristiger Kredit*, crédit à court terme. | *langfristiger Kredit*, crédit à longue échéance. | *eingefrorener Kredit*, crédit gelé. | *auf Kredit*, à crédit. | *einen Kredit gewähren*, consentir un crédit. || PAR EXT. [Vertrauenswürdigkeit]. *Kredit haben, genießen*, jouir d'un (grand) crédit. || FIG. [Ruf ; Ansehen] crédit m. ; influence f. | *das hat ihn seinen Kredit gekostet*, cela a ruiné son crédit.

Kredit n. (s). [Guthaben] avoir m. ; crédit m.

Kredit|brief [kre"di:t'bri:f] m. (s, e) lettre (f.) de crédit ; accréditif m. ||°-**eröffnung** f. (-, en), °-**gewährung** f. (-, en) ouverture (f.) de crédit. ||-**fähig** adj. solide ; solvable. ||°-**karte** f. (n) carte (f.) de crédit. ||°-**kontingentierung** f. (-, en) encadrement (m.) du crédit. ||°-**nehmer** m. (s, -) emprunteur m. ||°-**überziehung** f. (-, en) dépassement (m.) de crédit. ||°-**verknappung** f. (-, en) resserrement (m.) du crédit. ||-**würdig** adj. à qui l'on peut faire crédit ; solvable.

kreditieren [kredi'ti:rən] v. intr. créditer ; porter au crédit de.

Kredo ['kre:do] n. (s, s). RELIG. credo m. ; profession (f.) de foi.

Kreide ['kraidə] f. (-, n). GÉOL. craie f. | *bunte Kreide*, de la craie de couleur. | *mit Kreide schreiben*, écrire à la craie. || FIG., FAM. *bei jm in der Kreide stehen*, être débiteur de qn ; FAM. avoir une ardoise chez qn.

kreide|artig ["kraidə'ɑ:rtiç] adj. GÉOL. crayeux ; crétacé. ||-**blaß** adj. blanc comme un linge. ||°-**fels** m. (en, en) roche crétacée. ||-**haltig** adj. GÉOL. crayeux. ||°-**zeichnung** f. (-, en) dessin (m.) à la craie.

kreidig ['kraidiç] adj. crayeux ; crétacé.

kreieren [kre:'i:rən] v. tr. créer ; mettre en vogue, à la mode. || THÉÂTRE. *eine Rolle kreieren*, créer un rôle.

Kreis [krais] m. (es, e). **1.** MATH. cercle m. ; rond m. ; circonférence f. | *einen Kreis schlagen, ziehen*, tracer un cercle. | *im Kreise*, en rond ; en cercle. | *Quadratur des Kreises*, quadrature (f.) du cercle.

2. FIG. cercle m. ; sphère f. ; étendue f. ; limites f. pl. | *sein Schaffenskreis war groß*, il avait une sphère d'activité étendue.

3. PAR EXT. réunion f. ; association f. ; cercle m. | *der Kreis der Jünger*, le cercle des disciples. | *ein großer Freundeskreis*, des amis nombreux. | *im Kreise der Familie*, au sein de la famille. | *diplomatische Kreise*, milieux (m. pl.) diplomatiques. | *in gut unterrichteten Kreisen*, dans les milieux bien informés. | *ein in weiten Kreisen bekannter Dichter*, un poète connu dans tous les milieux.

4. ADM. (*etwa*) canton m. ; arrondissement m.

Kreis|abschnitt ["krais'apʃnit] m. (s, e). MATH. segment m. (de cercle). ||°-**amt** n. (s, ¨er) administration (f.) d'un arrondissement ; sous-préfecture f. ||°-**ausschnitt** m. (s, e). MATH. secteur m. ||°-**bahn** f. circuit m. || ASTRON. orbite f. ||°-**bewegung** f. (-, en) mouvement (m.) circulaire ; tour m. ; révolution f. ||°-**bogen** m. (s, ¨). MATH. arc (m.) de cercle. ||°-**fläche** f. (-, n). MATH. cercle m. ||°-**form** f. (-, en). MATH. forme (f.) circulaire. ||-**förmig** adj. circulaire ; en cercle. || °-**gericht** n. (s, e). JUR. tribunal (m.) de première instance. ||°-**lauf** m. (s) mouvement (m.) circulaire ; tour m. ; circuit m. || PHYSIOL. *Blutkreislauf*, circulation (f.) du sang. || ASTRON. *Kreislauf der Planeten*, révolution (f.) des planètes. || TECHN. *geschlossener, offener Kreislauf*, combustion (f.) externe, interne. ||°-**linie** f. (-, n). MATH. ligne (f.) circulaire ; circonférence f. ||°-**richter** m. (s, -). JUR. juge (m.) au tribunal de première instance. ||-**rund** adj. rond ; circulaire. ||°-**säge** f. (-, n) scie (f.) circulaire. ||°-**stadt** f. (-, ¨e) chef-lieu (m.) d'arrondissement. ||°-**umfang** m. (s). MATH. circonférence (f.) du cercle. ||°-**verkehr** m. (s). AUTOM. sens (m.) giratoire.

kreischen ['kraiʃən] v. intr. pousser des cris perçants ; brailler. | *das zänkische Weib kreischt*, la mégère criaille. | *der Papagei kreischt*, le perroquet crie. || FIG. *die Tür kreischt in den Angeln*, la porte crie (en tournant) sur ses gonds.

Kreischen [-ʃən] n. (s) cris perçants, stridents ; braillement m. || FIG. *das Kreischen einer rostigen Säge*, le grincement d'une scie rouillée.

kreischend [-ʃənt] adj. criard ; qui écorche les oreilles.

Kreisel ['kraizəl] m. (s, -) toupie f. | *kleiner Kreisel*, sabot m. | *der Kreisel geht aus*, la toupie tombe. || FIG. *er drehte sich wie ein Kreisel*, il tournait comme une toupie. || TECHN. gyroscope m.

Kreisel|kompaß ["kraizəl'kɔmpas] m. (es, e). AÉRON., MAR. compas (m.) gyroscopique. ||°-**pumpe** f. (-, n). TECHN. pompe rotative.

kreisen ['kraizən] v. intr. tournoyer ; tourner en rond. | *der Wolf kreist um die Herde*, le loup tourne autour du troupeau. | *das Flugzeug kreiste über der Stadt*, l'avion tournoyait au-dessus de la ville. | *die Planeten kreisen um die Sonne*, les planètes tournent autour du Soleil. | *der Becher kreiste in der Runde*, la coupe circulait à la ronde. | *das Blut kreist in den Adern*, le sang circule dans les veines.

Kreisen [-zən] n. (s) mouvement rotatif, circulaire ; rotation f. || ASTRON. révolution f.

Kreiß|saal ["krais'zɑ:l] m. (s, -säle). MÉD. salle (f.) de travail.

Krem [kre:m] f. (-, s), m. (s, e) [Süßspeise] crème f. || PHARM. crème f. | *Hautkrem*, crème pour la peau. || *Schuhkrem*, cirage m.

Krematorium [krema'to:rium] n. (s, rien) [four (m.)] crématoire m. ; crématorium m.

Krempe ['krɛmpə] f. (-, n) bord (m.) d'un chapeau ; rebord m.

Krempel ['krɛmpəl] m. (s, -). FAM. fatras m. ; bric-à-brac m. || TECHN. machine (f.) à carder.

krempeln [-pəln] v. tr. TECHN. carder.

Kreole [kre'o:lə] m. (n, n), **Kreolin** [-lin] f. (-, nen) créole s.

krepieren [kre'pi:rən] v. intr. crever. | *es sind ihm zwei Kühe krepiert*, deux de ses vaches ont crevé. || MIL. faire explosion ; éclater.

Krepp [krɛp] m. (s, s ou e). TEXT. crêpe m. | *Kreppsohle*, semelle (f.) de crêpe.

kreppen ['krɛpən] v. tr. TECHN. crêper ; friser.

Krescendo [kre'ʃɛndo] n. (s, s). MUS. crescendo m.

Kresse ['krɛsə] f. (-, n). BOT. cresson m.

Kreta ['kre:ta] n. pr. n. GÉOGR. Crète f.

Kreter [-tər] n. pr. m. Crétois m.

Krethi und Plethi ["kre:tiunt'ple:ti]. FAM. toutes sortes de gens. | *mit Krethi und Plethi zusammensitzen*, se commettre avec des gens douteux.

Kretin [kre'tɛ̃] m. (s, s), **Kretine** [kre'ti:nə] m. (n, n). MÉD. crétin m. || FIG., PÉJOR. crétin m. ; idiot m.

Kretinismus [kreti'nismus] m. MÉD. crétinisme m.

kretisch ['kre:tiʃ] adj. GÉOGR. crétois.

kreucht [krɔyçt]. (Vx.) prés. de **kriechen.**

Kreuz [krɔyts] n. (es, e). **1.** croix m. | *das Kreuz Christi*, la croix du Christ. | *im Zeichen des Kreuzes*, sous le signe de la croix. | *Christus wurde ans Kreuz geschlagen*, le Christ a été mis en croix. | *das Kreuz machen*, faire le signe de la croix. | *das Kreuz vor dem Bösen schlagen*, faire le signe de la croix devant le Malin. | *sie nahmen das Kreuz gegen die Türken*, ils se croisèrent contre les Turcs. | *das Kreuz predigen*, prêcher la croisade. | *griechisches Kreuz*, croix grecque. | *Gabelkreuz*, croix anglée. | *geschobenes, schräges Kreuz*, croix de Saint-André. | *das Rote Kreuz*, la Croix-Rouge. | *das Blaue Kreuz*, la Croix bleue. || [Orden] *das Eiserne Kreuz (E. K.)*, la croix de fer. || *Hakenkreuz*, croix gammée. **2.** FIG. souffrance f. ; chagrin m. ; tourment m. | *er trägt geduldig sein Kreuz*, il porte patiemment sa croix. | *es ist ein Kreuz mit ihm*, c'est la croix et la bannière avec lui. | *zu Kreuze kriechen*, courber l'échine.
3. croisement m. | *Fensterkreuz*, croisée f. | *Kreuzweg*, bifurcation f. ; carrefour m. | *Namenskreuz*, croix servant de signature. | *ein Kreuz darüber machen*, mettre un point final, le point final ; FAM. en faire son deuil. | *übers Kreuz stellen*, mettre en croix ; croiser.
4. ANAT. sacrum m. | *ihn schmerzt das Kreuz*, il a mal aux reins. || ASTRON. *das Kreuz des Südens*, la Croix du Sud. || [Kartenspiel] trèfle m. || MUS. dièse m. | *mit einem Kreuz bezeichnen*, diéser.

Kreuz|abnahme ["krɔyts'apnɑ:mə] f., °**-abnehmung** f. descente (f.) de croix. ||°**-band** n. (s, ¨er). POSTES. bande f. ||°**-bein** n. (s, e). ANAT. sacrum m. ||°**-berg** m. (s). RELIG. calvaire m. ||°**-blütler** m. (s, -). BOT. crucifère f. ||**-brav** adj. FAM. bien brave, gentil. ||°**-fahrer** m. (s, -). HIST. croisé m. ||°**-fahrt** f. (-, en). HIST. croisade f. || MAR. croisière f. ||°**-fahrt|teilnehmer(in)** m. (s, -), f. (-, nen) croisiériste s. ||°**-feuer** n. (s, -). MIL. feu croisé. ||**-fidel** adj. FAM. gai comme un pinson. ||**-förmig** adj. en (forme de) croix ; croisé. || BOT., MATH. crucial ; cruciforme. ||°**-gang** m. (s, ¨e). ARCHIT. cloître m. ||**-lahm** adj. MÉD. malade, paralysé des reins ; éreinté. | *jn kreuzlahm schlagen*, éreinter qn ; casser les reins à qn. ||°**-mast** m. (es, e). MAR. mât (m.) d'artimon. ||°**-otter** f. (-, n). ZOOL. vipère commune. ||°**-punkt** m. (s, e) croisement m. || MATH. point (m.) d'intersection. ||°**-ritter** m. (s, -). HIST. croisé m. ; chevalier (m.) teutonique. ||°**-schlitz|schraubenzieher** m. (s, -) tournevis (m.) cruciforme. || **-schwerenot !** interj. sapristi ! ||°**-spinne** f. (-, n). ZOOL. épeire f. ||°**-sprung** m. (s, ¨e) entrechat m. ||°**-stich** m. (s, e) point (m.) de croix. ||**-unglücklich** adj. FAM. malheureux comme les pierres. ||°**-verhör** n. (s, e). JUR. interrogatoire (m.) contradictoire ; confrontation f. ||°**-weg** m. (s, e) carrefour m. || RELIG. chemin (m.) de croix. ||**-weise** adv. en (forme de) croix ; en se croisant ; en s'entrecroisant. | *kreuzweise setzen, stellen, legen*, croiser. ||°**-worträtsel** n. (s, -) mots croisés. ||°**-wort-rätsel|freund** m. (s, e) cruciverbiste s. ||°**-zeichen** n. (s, -) signe (m.) de (la) croix. ||°**-zug** m. (s, ¨e). HIST. croisade f. ; guerre sainte. || FIG. campagne f. (contre).

kreuzen ['krɔytsən] v. tr. et v. pr. (se) croiser. | *unsere Briefe haben sich gekreuzt*, nos lettres se sont croisées. | *einen Scheck kreuzen*, barrer un chèque. | *js Weg kreuzen*, croiser le chemin de qn. || BIOL. *Rassen kreuzen*, croiser diverses espèces.
◇ v. intr. MAR. croiser ; louvoyer ; courir la mer. | *die Flotte kreuzt im Mittelmeer*, la flotte croise en Méditerranée.

Kreuzer [-tsər] m. (s, -). HIST. [Geld] kreutzer m. || FIG. *keinen Kreuzer in der Tasche*, pas un sou en poche. || MAR. croiseur m.

kreuzigen [-tsigən] v. tr. crucifier.

Kreuzigung [-tsiguŋ] f. (-, en) crucifixion f. ; mise (f.) en croix.

Kreuzung [-tsuŋ] f. (-, en). [Kreuzpunkt] croisement m. || BIOL. croisement m.

kribbelig ['kribəliç] adj. chatouilleux ; irritable.

kribbeln ['kribəln] v. intr. et v. impers. fourmiller ; FAM. grouiller. | *es kribbelt und krabbelt im Ameisenhaufen*, la fourmilière grouille. || PAR ANAL., FAM. *mich kribbelt es in den Fingern*, j'ai des fourmillements, des fourmis dans les doigts ; FIG. la main me démange.

Krick|ente ["krik'ɛntə] f. (-, n). ZOOL. sarcelle (f.) d'hiver.

Kricket ['krikət] n. (s). SPORT. cricket m.

kriechen ['kri:çən] (o, o) v. intr. ramper ; se traîner ; se glisser ; se mettre à plat ventre. | *die Schlange kriecht*, le serpent rampe. | *die Maus kriecht in ihr Loch*, la souris rentre dans son trou. | *der Vogel ist aus dem Ei gekrochen*, l'oiseau est sorti de l'œuf, vient d'éclore. | *auf allen Vieren kriechen*, aller, marcher à quatre pattes. | *er kriecht vor seinen Vorgesetzten*, il rampe, il est à plat ventre devant ses chefs. | *kriechende Unterwürfigkeit*, basse obséquiosité. | *zu Kreuze kriechen*, baisser pavillon ; faire amende honorable. | *jm auf den Leim kriechen (gehen)*, donner dans le panneau. | *was da fleucht und kreucht* (SCHILLER), tout ce qui vole et tout ce qui rampe.

Kriecher [-çər] m. (s, -). ZOOL. être rampant. || FIG. personne servile ; flagorneur m.

Kriecherei [kri:çə'rai] f. (-, en). FIG. servilité f. ; manières rampantes ; bassesse f. ; flagornerie f.

kriecherisch ['kri:çəriʃ] adj. FIG. rampant ; servile.

Kriech|spur ["kri:ç'ʃpu:r] f. (-, en). AUTOM. voie (f.) de décélération. ||°**-tier** n. (s, e). ZOOL. reptile m.

Krieg [kri:k] m. (s, e) guerre f. ; hostilités f. pl. | *der Krieg bricht aus*, la guerre éclate. | *zum (für den) Krieg rüsten*, préparer la guerre. | *den Krieg erklären*, déclarer la guerre. | *in den Krieg ziehen*, aller en, à la guerre ; partir pour la guerre. | *Krieg führen mit*, faire la guerre à. | *ein Land mit Krieg überziehen*, envahir un pays. | *der Siebenjährige Krieg*, la guerre de Sept Ans. | *der Dreißigjährige Krieg*, la guerre de Trente Ans. | *der Weltkrieg*, la Guerre mondiale. | *der Heilige Krieg*, la guerre sainte. | *Krieg bis aufs Messer*, guerre à outrance. | *Krieg zu Lande*, guerre sur terre. | *Krieg zur See*, guerre sur mer, maritime. | *Krieg der Sterne*, guerre des étoiles. | *in Krieg und Frieden*, à la guerre et en temps de paix. | *Krieg ist Krieg*, c'est la guerre. || *Wortkrieg*, dispute

f. | *Federkrieg*, polémique f. | *Freiheitskrieg*, guerre d'indépendance.

krieg|führend ["kri:k'fy:rənt] adj. belligérant. | *kriegführende Mächte*, belligérants m. pl. ||°**-führung** f. (-, en). [Art] conduite (f.) de la guerre ; manière (f.) de faire la guerre ; tactique f. || [Leitung] direction (f.) de la guerre.

Kriegs|akademie ["kri:ksakade'mi:] f. (-, n). MIL. école supérieure de guerre. ||°**-ausbruch** m. (s) entrée (f.) en guerre. | *bei Kriegsausbruch*, au début des hostilités. ||°**-beil** n. (s). FAM. *das Kriegsbeil begraben*, enterrer la hache de la guerre. ||**-bereit** adj. sur le pied de guerre ; armé ; mobilisable. ||°**-bericht|-erstatter** m. (s, -) correspondant (m.) de guerre. ||°**-beschädigter** m. mutilé (m.), invalide (m.) de guerre. ||°**-dienst** m. (s, e) service (m.) militaire. ||°**-dienst|verweigerer** m. (s, -) objecteur (m.) de conscience. ||°**-erklärung** f. déclaration (f.) de guerre. ||°**-eröffnung** f. ouverture (f.) des hostilités. || °**-flotte** f. (-, n) marine (f.) de guerre ; forces navales. ||°**-fuß** m. (es). *eine Armee auf den Kriegsfuß setzen*, mettre une armée sur le pied de guerre. || FIG. *mit jm auf Kriegsfuß stehen*, être en guerre, être brouillé avec qn. ||°**-gefahr** f. (-, en) danger (m.) de guerre. ||°**-gefangener** m. prisonnier (m.) de guerre. ||°**-gericht** n. (s, e) conseil (m.) de guerre ; cour martiale. | *vor ein Kriegsgericht stellen*, traduire en conseil de guerre. ||°**-geschrei** n. (s, e) cri (m.) de guerre. ||°**-gewinnler** m. (s, -) profiteur (m.) de guerre. ||°**-glück** n. (s) fortune (f.) des armes. ||°**-gott** m. (s) dieu (m.) des combats. || MYTH. Mars m. ||°**-göttin** f. déesse (f.) de la guerre. || MYTH. Bellone f. ||°**-hafen** m. (s, ¨) port (m.) de guerre, militaire. ||°**-handwerk** n. (s) métier (m.) des armes. ||°**-herr** m. (n, en). *oberster Kriegsherr*, chef (m.) suprême ; généralissime m. ||°**-hetzer** m. (s, -) belliciste m. ||°**-kamerad** m. (en, en) compagnon (m.) d'armes. ||°**-kunst** f. art (m.) de la guerre. ||°**-list** f. (-, en) ruse (f.) de guerre ; stratagème m. ||**-lustig** adj. belliqueux ; guerrier. ||°**-marine** f. (-, n) marine (f.) de guerre. ||°**-minister** m. (s, -) ministre (m.) des Forces armées. ||°**-rat** m. (s, ¨e) conseil (m.) de guerre. ||°**-recht** n. (s) droit (m.), loi (f.) de la guerre. || PAR EXT. lois martiales ; justice (f.) militaire. ||°**-schaden** m. (s, ¨) dommage (m.) de guerre. ||°**-schauplatz** m. (es, ¨e) théâtre (m.) des opérations, de la guerre. ||°**-schiff** n. (s, e) bâtiment (m.), navire (m.) de guerre. ||°**-spiel** n. (s, e). MIL. jeu (m.) de la guerre. ||°**-stärke** f. (-, n) effectif (m.) de guerre. ||°**-tat** f. (-, en) exploit (m.) militaire ; fait (m.) d'armes. ||°**-versehrter** m. invalide (m.) de guerre. ||°**-zustand** m. (s) état (m.) de guerre.

kriegen ['kri:gən] v. intr. faire la guerre ; guerroyer. | *miteinander kriegen*, *sich bekriegen*, se faire la guerre ; se quereller.

◇ v. tr. FAM. [erhalten ; bekommen] recevoir ; obtenir ; prendre ; attraper. | *Hunger kriegen*, avoir faim. | *die Katze hat Junge gekriegt*, le chat a eu des petits. | *Prügel kriegen*, recevoir une correction. | *etwas geschenkt kriegen*, recevoir qch. en cadeau. || FIG., FAM. *jn in seine Gewalt kriegen*, avoir qn sous sa coupe. | *jn zu Gesicht kriegen*, voir qn (après une longue absence). | *etwas satt kriegen*, se lasser de qch. | *es mit der Angst zu tun kriegen*, se laisser gagner par la peur. | *er kriegt es mit mir zu tun*, il aura affaire à moi. | *er kann das nicht klar kriegen*, il ne réussit pas à débrouiller cette affaire. | *jn klein kriegen*, mater qn. | *er ist nicht tot zu kriegen*, il est infatigable, FAM. increvable. | *wir kriegen ihn schon !*, nous l'aurons bien ; nous le retrouverons bien. || [heiraten] épouser. | *sie haben sich gekriegt*, les voilà (enfin) mariés.

Krieger [-gər] m. (s, -) guerrier m. ; combattant m. | *alter Krieger*, vétéran m.

Krieger|denkmal ["kri:gər'dɛŋkma:l] n. (s, ¨er) monument (m.) aux morts (de la guerre).

kriegerisch ['kri:gəriʃ] adj. guerrier ; belliqueux ; combatif ; martial.

Krieke ['kri:kə] f. (-, n). ZOOL. sarcelle f.

Krill [kril] m. (s). ZOOL. krill m.

Krim (die) [krim] n. pr. GÉOGR. la Crimée.

kriminal [krimi'nɑ:l] adj. JUR. criminel.

Kriminal|beamter [krimi"nɑ:lbə'amtər] m. JUR. officier (m.) de police judiciaire. ||°**-polizei** f. police (f.) judiciaire. ||°**-roman** m. (s, e) roman policier.

Kriminalität [-i'tɛ:t] f. délinquance f.

Krims|krams ['krimskrams] m. FIG. fatras m. ; broutilles f. pl.

Kringel ['kriŋəl] m. (s, -). CULIN. craquelin m.

Krinoline [krinɔ'li:nə] f. (-, n) crinoline f.

Krippe ['kripə] f. (-, n) crèche f. ; mangeoire f. | *das Pferd frißt seinen Hafer aus der Krippe*, le cheval mange son avoine dans la mangeoire. | *die Weihnachtskrippe*, la crèche de Noël. || PAR EXT., FIG. [Anstalt] crèche f. (pour enfants). || FAM. *an der Krippe sitzen*, tenir l'assiette au beurre.

Krippen|figur ["kripənfi'gu:r] f. (-, en) santon m.

Krise ['kri:zə] f. (-, n) crise f. | *diplomatische Krise*, crise diplomatique. | *Finanzkrise*, crise financière. | *Regierungskrise*, crise gouvernementale. | *eine Krise überwinden*, surmonter une crise ; venir à bout d'une crise. || MÉD. crise f.

Krisen|management ["kri:zən'mænidʒmənt] n. (s) gestion (f.) d'une crise. ||°**-stab** m. (s, ¨e) cellule (f.), état-major (m.) de crise.

Kristall [kris'tal] m. (s, e). CHIM. cristal m.

Kristall [kris'tal] n. (s, e). [Glas] cristal m.

Kristall|bildung [kris"tal'bilduŋ] f. (-, en). MINÉRAL. cristallisation f. ||°**-form** (-, en) forme cristalline. ||°**-glas** n. (es, ¨er) [verre (m.) de] cristal m. ||**-klar** adj. clair, transparent comme le, comme du cristal. ||°**-waren** f. pl. COMM. cristaux m. pl.

kristallen [kris'talən] adj. cristallin ; de cristal.

kristallin(isch) [-ta'li:n(iʃ)] adj. cristallin.

kristallisierbar [-tali'zi:rbɑ:r] adj. cristallisable.

kristallisieren [-tali'zi:rən] v. tr., v. intr. et v. pr. (se) cristalliser.

Kristallisierung [-tali'zi:ruŋ] f. (-, en) cristallisation f.

Kristallo|graphie [kristalogra'fi:] f. (-, n) cristallographie f.

Kriterium [kri'te:rium] n. (s, rien). PHILOS. critérium m. ; critère m.

Kritik [kri'ti:k] f. (-, en) critique f. ; examen m. ; censure f. | *Kritik (an etwas) üben*, critiquer (qch.). | *sachliche Kritik*, critique impartiale, objective. | *abfällige Kritik*, dénigrement m. | *dieses Konzert ist unter aller Kritik*, ce concert est au-dessous de tout.

— SYN. : *Besprechung*, critique ; *Prüfung*, examen ; *Rezension*, compte rendu.

Kritikaster [-ti'kastər] m. (s, -). FAM., PÉJOR. criticailleur m. ; plumitif m.

Kritiker ['kri:tikər] m. (s, -) critique m. ; censeur m.

Kritik|losigkeit [kri"ti:k'lo:ziçkait] f. absence (f.) d'esprit critique.

kritisch ['kri:tiʃ] adj. critique. | *kritischer Kopf*, esprit (m.) critique. | *kritisches Alter*, âge (m.) critique. || FIG. critique. || LITTÉR. *kritische Ausgabe der Werke Lessings*, édition (f.) critique des œuvres de Lessing. || PHYS. *kritische Masse*, masse (f.) critique.

◇ adv. *ein Buch kritisch besprechen*, faire la critique, le compte rendu d'un livre.

kritisieren [kriti'zi:rən] v. tr. critiquer.
— SYN. : *tadeln*, censurer ; *nörgeln*, trouver à redire.

Kritizismus [-ti'tsismus] m. criticisme m.

Krittelei [kritə'lai] f. (-, en). FAM. critique malveillante, vétilleuse ; chicanes f. pl. ; ergotage m.

kritteln ['kritəln] v. intr. FAM. critiquer ; chicaner ; ergoter.

Kritzelei [kritsə'lai] f. (-, en). FAM. griffonnage m. ; pattes (f. pl.) de mouche.

kritzeln ['kritsəln] v. intr. griffonner ; faire des pattes de mouche. || PAR EXT. gribouiller.

Kroate [kro'ɑ:tə] n. pr. m. (n, n). GÉOGR. Croate m.

Kroatien [kro'ɑ:tsiən] n. pr. n. Croatie f.

Kroatin [kro'ɑ:tin] n. pr. f. (-, nen). GÉOGR. Croate f.

Krocket ['krɔkɛt] n. (s). SPORT. croquet m.

Krokodil [krɔkɔ'di:l] n. (s, e). ZOOL. crocodile m.

Krokodils|tränen [krɔkɔ"di:ls'trɛ:nən] f. pl. FIG., FAM. larmes (f. pl.) de crocodile.

Krokus ['kro:kus] m. (-, se). BOT. crocus m.

Kron|anwärter ["kro:n'anvɛrtər] m. (s, -) prétendant (m.) au trône. ||°**-blatt** n. (s, ¨er). BOT. pétale m. ||°**-erbe** m. (n, n) héritier (m.) de la couronne. ||°**-gut** n. (s, ¨er) bien (m.) de la couronne. ||°**-juwelen** n. pl. joyaux (m. pl.) de la couronne. ||°**-leuchter** m. (s, -) lustre m. ||°**-prinz** m. (en, en) prince héritier, royal. || HIST. dauphin m. ||°**-zeuge** m. (n, n). JUR. témoin principal.

Krone ['kro:nə] f. (-, n) couronne f. ; diadème m. | *sich die Krone aufsetzen*, prendre la couronne ; se couronner. || FAM. *das setzt allem die Krone auf !*, c'est le comble ! | *es wird dir keine Perle (Zacke) aus der Krone fallen*, tu ne perdras rien de ta dignité. || PAR ANAL. [oberster Teil ; Spitze] couronne f. ; couronnement m. | *Baumkrone*, couronne des arbres. | *Zahnkrone*, couronne dentaire. || [Münze] couronne f.

krönen ['krø:nən] v. tr. couronner. | *zum Kaiser, König krönen*, sacrer empereur, roi. || PAR ANAL. *von Erfolg gekrönt*, couronné de succès.

Krönung ['krø:nuŋ] f. (-, en) couronnement m. ; sacre m. | *die Krönung des Königs*, le couronnement, le sacre du roi. || FIG. couronnement m. ; point culminant.

Kropf [krɔpf] m. (es, ¨e). MÉD. goitre m. || ZOOL. jabot m. ; gésier m. || BOT. excroissance f.

kröpfen ['krøpfən] v. intr. se repaître.
◇ v. tr. TECHN. couder.

Krösus ['krø:zus] n. pr. m. HIST. Crésus m.

Kröte ['krø:tə] f. (-, n). ZOOL. crapaud m. || FIG., FAM. [Weib] *eine giftige Kröte*, une chipie ; une vipère. || PAR EXT., FAM. [Goldstück] *ein Paar Kröten springen lassen*, lâcher des sous.

Krücke ['krykə] f. (-, n) béquille f. | *an, auf Krücken gehen*, marcher avec des béquilles ; se servir de béquilles.

Krück|stock ["kryk'ʃtɔk] m. (s, ¨e) canne (f.) à bec.

Krug [kru:k] m. (s, ¨e) cruche f. ; pot m. ; broc m. ; jarre f. | *ein Krug Wasser, Bier*, une cruche d'eau, de bière. || PAR EXT. [Wirtshaus] auberge f.

Kruke ['kru:kə] f. (-, n) cruchon m.

Krümchen ['kry:mçən] n. (s, -) miette f. ; FIG. brin m. ; petit grain.

Krume ['kru:mə] f. (-, n) mie f. ; miette f. || PAR EXT. mie f. | *Brotkrume*, mie de pain. || AGRIC. terre (f.) arable.

Krümel ['kry:məl] m. (s, -) miette f. | *Brotkrümel auflesen*, ramasser les miettes.

krüm(e)lig ['kry:m(e)liç] adj. qui s'émiette ; friable. || PAR EXT. grumeleux.

krümeln [-məln] v. intr. s'émietter.

krumm [krum] adj. courbé ; courbe ; tordu ; crochu ; tors. | *eine krumme Linie*, une ligne courbe. | *krumme Nase*, nez crochu, aquilin. || FIG. *jn krumm ansehen*, regarder qn de travers. | *krumme Finger haben*, avoir les doigts crochus. | *jn auf krummen Wegen ertappen*, prendre qn en faute. | *ein krummer Betrag*, somme (f.) avec décimales.
◇ adv. *krumm schreiben*, ne pas écrire droit. | *krumm gewachsener Baum*, arbre (m.) qui a poussé de travers. | *krumm biegen*, tordre ; courber.

krumm|beinig ["krum'bainiç] adj. cagneux ; bancal ; tordu ; aux jambes torses. ||°**-holz** n. (es) bois tortu. ||°**-horn** n. (s, ¨er). MUS. cromorne m. ||**-linig** adj. MATH. curviligne. ||**-nehmen** (i, a, o) v. tr. FIG., FAM. en vouloir à. | *etwas krumm nehmen*, prendre qch. en mauvaise part. ||°**-stab** m. (s, ¨e). RELIG. crosse f. (d'évêque).

krümmen [-mən] v. tr. et v. pr. (se) courber ; (se) recourber ; (se) plier ; (se) replier ; (se) tordre. | *sich vor Schmerzen krümmen*, se tordre de douleur. | *sich vor Lachen krümmen*, rire à se tordre (les côtes). | *kein Härchen wurde ihm gekrümmt*, on n'a pas touché un cheveu de sa tête. | *er krümmt keinen Finger für ihn*, il ne remue pas le petit doigt pour lui. || PROV., FAM. *früh krümmt sich, was ein Häkchen werden will*, les dispositions naturelles se montrent de bonne heure.

Krümmung [-muŋ] f. (-, en) courbe f. ; courbure f. ; boucle f. ; coude m. || [Straße] virage m. ; tournant m. || MÉD. *Krümmung des Rückgrates*, déviation (f.) de la colonne vertébrale ; scoliose f.

Krupp [krup] m. (s). MÉD. croup m. ; laryngite (f.) diphtérique.

Kruppe ['krupə] f. (s, n). ANAT. croupe f.

Krüppel ['krypəl] m. (s, -) estropié m. ; éclopé m. ; infirme m. ; invalide m. ; avorton m.

krüppelhaft ['krypəlhaft] adj. estropié ; infirme. || MÉD. rachitique.

Krustazee [krusta'tse:ə] f. (-, n). ZOOL. crustacé m.

Kruste ['krustə] f. (-, n) croûte f. | *Brotkruste*, croûte de pain. || PAR ANAL., MÉD. croûte f. ; escarre f.

Krusten|tier ["krustən'ti:r] n. (s, e). V. KRUSTAZEE.

krustig ['krustiç] adj. qui a beaucoup de croûte ; croustillant. | *krustiges Brot*, pain croustillant. || MÉD. couvert de croûte(s) ; croûteux.

Kruzifix [krutsi'fiks] n. (es, e) crucifix m.

Krypta ['krypta] f. (-, ten) crypte f.

Krypto|game ["kryptɔ'gɑ:mə] f. (-, n). BOT. cryptogame(s) f. (pl.). ||°**-gramm** n. (s, e) cryptogramme m.

Krypton ['kryptɔn] n. (s). CHIM. krypton m.

Kubaner(in) [ku'bɑ:nər(in)] n. pr. m. (s, -), f. (-, nen). GÉOGR. Cubain m., Cubaine f.

Kübel ['ky:bəl] m. (s, -) baquet m. ; cuveau m. ; benne f. ; tinette f. | *ein Kübel Wasser*, un baquet, un seau d'eau. || FAM. *es gießt wie mit Kübeln*, il pleut à verse, à seaux.

Kubik|maße [ku"bi:k'mɑ:sə] n. pl. mesures (f. pl.) de volume. ||°**-meter** n. ou m. (s, -) mètre (m.) cube. ||°**-wurzel** f. (-, n). MATH. racine (f.) cubique. ||°**-zahl** f. (-, en). MATH. cube m.

kubisch ['ku:biʃ] adj. MATH. cubique.

Kubismus [ku'bismus] m. cubisme m.

Kubus ['ku:bus] m. (-, ben). [Würfel] cube m. ||

MATH. [dritte Potenz] puissance (f.) trois ; cube (m.) d'un nombre.

Küche ['ky:çə] f. (-, n) cuisine f. || PAR EXT. bonne, mauvaise chère. | *bürgerliche Küche*, cuisine bourgeoise. | *französische Küche*, cuisine française. | *kalte Küche*, repas froid.

Küchen|gerät ["ky:çəngə'rɛ:t] n. (s, e), **°-geschirr** [-gə'ʃir] n. (s) batterie (f.), ustensiles (m. pl.) de cuisine. ||**°-herd** m. (s, e) foyer m. ; fourneau (m.) de cuisine ; cuisinière f. ||**°-junge** m. (n, n) marmiton m. ||**°-latein** n. (s) latin (m.) de cuisine. ||**°-mädchen** n. (s, -), **°-magd** f. (-, ¨e) fille (f.) de cuisine. ||**°-meister** m. (s, -) maître queux m. ; chef m. (de cuisine). | *bei ihm ist Schmalhans Küchenmeister*, on fait maigre chère chez lui. ||**°-messer** n. (s, -) couteau (m.) de cuisine. ||**°-schrank** m. (s, ¨e) buffet (m.) de cuisine ; garde-manger m. ||**°-zettel** m. (s, -) menu m.

Kuchen ['ku:xən] m. (s, -) gâteau m. ; pâtisserie f. | *Kuchen backen*, faire des gâteaux ; pâtisser. || FIG., FAM. des clous ! ; [ablehnend] compte là-dessus !

Kuchen|bäcker ["ku:xən'bɛkər] m. (s, -) pâtissier m. ||**°-bäckerei** f. (-, en) pâtisserie f. ||**°-blech** n. (es, e), **°-form** f. (-, en) moule m.

Kü(c)ken ['ky:kən] n. (s, -). ZOOL. poussin m.

Kuckuck ['kukuk] m. (s, e). ZOOL. coucou m. | *der Kuckuck ruft aus dem Wald*, le coucou appelle, chante dans le bois. || LOC. FAM. [Teufel] *scher dich zum Kuckuck !*, que le diable t'emporte ! | *das weiß der Kuckuck !*, qui diable peut le savoir ! | *zum Kuckuck (nochmal)*, morbleu ! ; peste !

Kuckucks|ei ["kukuks'ai] n. (s, er) œuf (m.) de coucou. || FIG. cadeau douteux. ||**°-uhr** f. (-, en) coucou m.

Kufe ['ku:fə] f. (-, n) cuve f. ; cuveau m. || [Schlittschuh] lame f. || AÉRON. patin (m.) d'atterrissage.

Küfer ['ky:fər] m. (s, -) tonnelier m.

Kugel ['ku:gəl] f. (-, n) boule f. ; sphère f. ; globe m. | *eine eiserne Kugel*, une boule de fer. | *die Erde ist eine Kugel*, la terre est une sphère, un globe. | *Glaskugel*, boule de verre. || FIG. *die Kugel kommt ins Rollen*, les événements se précipitent. || PAR EXT. [Geschoß] balle f. ; projectile m. ; boulet m. | *sich eine Kugel durch den Kopf jagen, schießen*, se loger une balle dans la tête ; se brûler la cervelle.

Kugel|abschnitt ["ku:gəl'apʃnit] m. (s, e). MATH. segment (m.) de sphère. ||**°-blitz** m. (es, e) éclair (m.) en (forme de) boule. ||**°-dicke** f., **°-durchmesser** m. (s, -) calibre m. ||**°-fang** m. (s, ¨e) butte f. (de tir) ; pare-balles m. ||**°-fläche** f. (-, n). MATH. surface (f.) sphérique. ||**-förmig** adj. sphérique ; globulaire. ||**°-gelenk** n. (s, e). ANAT. énarthrose f. || TECHN. joint articulé ; articulation (f.), joint (m.) à rotule. ||**°-kopf** m. (s, ¨e). [Schreibmaschine] boule f. ; tête (f.) d'impression. ||**°-lager** n. (s, -). TECHN. palier (m.), roulement (m.) à billes. ||**°-regen** m. (s, -). FIG. grêle (f.) de balles. ||**-rund** adj. sphérique ; rond comme une boule. ||**°-schnitt** m. (s, e), **°-segment** n. (s, e). MATH. segment (m.) de sphère ; fuseau m. || **°-schreiber** m. (s, -) stylo (m.) à bille. ||**-sicher** adj. à l'épreuve des balles. ||**°-stoßen** n. (s). SPORT. lancement (m.) du poids.

Kügelchen ['ky:gəlçən] n. (s, -) boulette f. ; globule m. || MÉD. granule m. ; granulé m. ; pilule f.

kugelig ['ku:gəliç] adj. sphérique ; en boule ; rond ; globuleux.

kugeln [-gəln] v. intr. et v. pr. (se) rouler comme une boule. | *die Kinder kugelten (sich) den Abhang hinunter*, les enfants dévalaient la pente en se roulant. || FIG., FAM. *sich vor Lachen kugeln*, se tordre de rire.

Kuh [ku:] f. (-, ¨e). ZOOL. vache f. | *eine Kuh melken*, traire une vache. || FIG. *wie die Kuh vorm neuen Tor dastehen*, rester sans réaction (devant qch.). || [Kinderspiel] *blinde Kuh, Blindekuh spielen*, jouer à colin-maillard.

Kuh|euter ["ku:'ɔytər] n. (s, -) pis (m.) de vache ; tétine f. ||**°-fladen** m. (s, -) bouse (f.) de vache. ||**°-handel** m. (s). FIG., FAM. maquignonnage m. ||**°-haut** f. (-, ¨e) peau (f.) de vache. || FIG., FAM. *das geht auf keine Kuhhaut*, c'est incroyable, inouï. ||**°-milch** f. lait (m.) de vache. ||**°-stall** m. (s, ¨e) étable f.

kühl [ky:l] adj. frais. | *kühler Abend*, soirée fraîche. | *kühler Wind*, vent frais ; brise f. || FIG. frais ; froid. | *kühle Begrüßung* ; *kühler Empfang*, accueil froid, glacial. | *kühler Rechner*, calculateur m.
◇ adv. fraîchement ; froidement. | *jn kühl aufnehmen*, battre froid à qn. | *jn kühl empfangen*, recevoir qn sans chaleur.

Kühl|anlage ["ky:l'anla:gə] f. (-, n). TECHN. installation (f.) frigorifique, de réfrigération. ||**°-haus** n. (es, ¨er) entrepôt (m.) frigorifique. ||**°-kreis** m. (es, e). NUCL. circuit (m.) de refroidissement. ||**°-luft** f. (-, ¨e). AÉRON. air (m.) de refroidissement. ||**°-mittel** n. (s, -). MÉD. réfrigérant m. ||**°-raum** m. (s, ¨e) chambre froide ; réfrigérateur m. ; frigorifique m. ||**°-rohr** n. (s, ¨e), **°-schlange** f. (-, n). TECHN. serpentin m. ||**°-schrank** m. (s, ¨e) glacière f. ; réfrigérateur m. | *Tiefkühlschrank*, congélateur m. ||**°-tasche** f. (-, n) glacière portative. ||**°-turm** m. (s, ¨e). NUCL. tour (f.) de réfrigération. ||**°-wagen** m. (s, -). [Eisenbahn] wagon (m.) frigorifique, isothermique. ||**°-wasser** n. (s) eau (f.) de refroidissement.

Kühle ['ky:lə] f. fraîcheur f. ; frais m. | *Abendkühle*, fraîcheur du soir. || FIG. fraîcheur f. ; froideur f.

kühlen [-lən] v. tr. rafraîchir. | *Bier kühlen*, mettre la bière à la glace. | *Sekt kühlen*, frapper du champagne. || FIG. *seinen Mut an jm kühlen*, faire passer sa colère sur qn.

kühlend [-lənt] adj. rafraîchissant ; réfrigérant. || MÉD. *kühlende Umschläge*, compresses glacées.

Kühler [-lər] m. (s, -). TECHN. réfrigérateur m. || AUTOM. radiateur m.

Kühler|grill ["ky:lər'gril] m. (s, s). AUTOM. calandre f.

Kühlung [-luŋ] f. (-, en) rafraîchissement m. ; réfrigération f. ; refroidissement m.

kühn [ky:n] adj. hardi ; audacieux ; téméraire ; intrépide ; déterminé. | *eine kühne Tat*, un acte courageux. | *kühne Behauptung*, affirmation osée. | *kühnes Unterfangen*, entreprise (f.) téméraire. || HIST. *Karl der Kühne*, Charles le Téméraire.

Kühnheit ['ky:nhait] f. (-, en) hardiesse f. ; audace f. ; témérité f. ; intrépidité f. ; résolution f.

kujonieren [kujo'ni:rən] v. tr. POP. malmener ; rudoyer ; embêter ; tracasser ; vexer.

Küken ['ky:kən] n. (s, -). ZOOL. poussin m.

kulant [ku'lant] adj. arrangeant. || COMM. *kulante Bedingungen*, facilités (f. pl.) de paiement.

Kulanz [-'lants] f. souplesse (f.) en affaires.

Kuli ['ku:li] m. (s, s) coolie m.

kulinarisch [kuli'na:riʃ] adj. culinaire.

Kulisse [ku'lisə] f. (-, n). THÉÂTRE. coulisse f. ; décor m. | *hinter den Kulissen*, PR. et FIG. dans la coulisse. || FIG., FAM. arrière-plans m. pl. | *einen Blick hinter die Kulissen werfen*, jeter un coup d'œil en coulisse. || FIN. [Börse] coulisse f.

Kulminations|punkt [kulmina"tsio:ns'puŋkt] m. (s). ASTRON. point culminant ; apogée m. || FIG. point culminant.

kulminieren [kulmi'ni:rən] v. intr. ASTRON. et FIG. culminer.

Kult [kult] m. (s, e), **Kultus** ['kultus] m. (-, te) culte m. || POLIT. *Personenkult*, culte de la personnalité.

kultisch ['kultiʃ] adj. RELIG. du culte ; cultuel.

kultivierbar [-'vi:rbɑ:r] adj. AGRIC. cultivable.

kultivieren [-'vi:rən] v. tr. AGRIC. cultiver. | *Land kultivieren*, cultiver un terrain. || FIG. *ein kultivierter Mensch*, un homme cultivé.

Kultur [kul'tu:r] f. (-, en). AGRIC. culture f. | *Kultur von Bazillen*, bouillon (m.) de culture de microbes, de bacilles. || FIG. [eines Volkes] culture f. ; civilisation f. | *abendländische Kultur*, civilisation occidentale. | *ein Mensch ohne Kultur*, un homme inculte.

Kultur|arbeit [kul"tu:r'arbait] f. (-, en) œuvre (f.) d'éducation ; œuvre civilisatrice. ||°**-besitz** m. (es), °**-gut** n. (s, ¨er) patrimoine culturel. | *französischer Kulturbesitz*, patrimoine culturel de la France. ||°**-film** m. (s, e) [film (m.)] documentaire m. ||°**-geschichte** f. (-, n) histoire (f.) de la civilisation. ||**-geschichtlich** adj. qui se rapporte à l'histoire de la civilisation. ||°**-kampf** m. (s). HIST. lutte (f.) contre l'ultramontanisme (sous Bismarck). ||°**-politik** f. politique (f.) de propagande intellectuelle. ||°**-träger** m. (s, -) facteur (m.), élément (m.) de civilisation. ||°**-volk** n. (s, ¨er) peuple civilisé.

kulturell [kultu'rɛl] adj. culturel ; qui a trait à la civilisation, à l'éducation.

Kultus ['kultus] m. (-, te). [Kult] culte m. | *Kultusminister*, ministre (m.) de l'Instruction publique et des Cultes.

Kümmel ['kyməl] m. (s). BOT. cumin m. || PAR EXT. [Branntwein] kummel m.

Kummer ['kumər] m. (s) peine f. ; souci m. ; chagrin m. ; affliction f. ; tourment m. | *Kummer haben*, avoir du chagrin. | *sich um etwas Kummer machen*, se faire du mauvais sang à propos de qch. | *jm Kummer bereiten*, faire, causer, donner du chagrin à qn.

kummer|voll ["kumər'fɔl] adj. chagrin ; soucieux.

kümmerlich ['kymərliç] adj. chétif ; rabougri. || PAR EXT. misérable ; pauvre ; indigent ; piteux ; chiche. | *kümmerlicher Lohn*, faible, misérable salaire m. ◇ adv. péniblement ; misérablement ; chichement ; avec peine ; à l'étroit. | *kümmerlich leben*, mener une existence misérable ; FAM. tirer le diable par la queue.

Kümmerling [-liŋ] m. (s, e) être chétif ; avorton m.

kümmern ['kymərn] v. tr. et v. pr. (s')affliger ; (se) chagriner ; (se) mettre en peine. | *das kümmert mich nicht*, je ne m'en soucie guère ; je n'en ai cure. | *er kümmert sich um gar nichts*, il ne se soucie, ne s'occupe de rien.

Kümmernis [-nis] f. (-, se) chagrin m. ; affliction f. ; contrariété f. ; souci m.

Kum(me)t ['kum(ə)t] n. (s, e) collier (m.) de cheval.

Kumpan [kum'pɑ:n] m. (s, e) compagnon m. ; compère m. ; FAM. copain m.

Kumpel ['kumpəl] m. (s, -) camarade (m.) de travail. || MINES. mineur m.

kumulieren [kumu'li:rən] v. tr. cumuler ; réunir ; amasser.

Kumulierung [-ruŋ] f. (-, en) cumul m.

Kumulus ['ku:mulus] m. (-, li) cumulus m.

kund|geben ["kunt'ge:bən] (i, a, e), **-machen** [-'maxən] v. tr. faire savoir ; publier ; manifester ; annoncer ; révéler. | *seine Meinung kundgeben*, faire connaître son opinion. ||°**-gebung** f. (-, en) manifestation f. ; démonstration f. ||**-tun** (tat, getan) v. tr. annoncer ; publier ; faire savoir.

kündbar ['kyntbɑ:r] adj. résiliable. || FIN. *kündbare Anleihe*, emprunt (m.) remboursable.

Kunde ['kundə] m. (n, n). COMM. client m. ; pratique f. | *ein treuer Kunde*, un client fidèle. | *ein alter Kunde*, un client de longue date ; un vieux client. || FIG., FAM. [Bruder ; Kerl] compère m.

Kunde ['kundə] f. (-, n) nouvelle f. ; connaissance f. | *schlimme Kunde bekommen*, recevoir de mauvaises nouvelles.

Kunden|dienst ["kundən'di:nst] m. (s, e) service (m.) après-vente. ||°**-information** f. (-, en). [Kaufhaus] stand (m.) d'information.

kundig ['kundiç] adj. (gén.) informé, instruit de ; entendu à ; expérimenté, versé dans. | *einer Sprache kundig*, qui sait une langue. | *von kundiger Seite*, de source sûre, bien informée.

kündigen ['kyndigən] v. tr. FIN., JUR. dénoncer. || POLIT. *einen Vertrag kündigen*, dénoncer un pacte. || FIG. *jm die Freundschaft kündigen*, retirer son amitié à qn. ◇ v. intr. *einem Angestellten kündigen*, donner congé à un employé.

Kündigung [-guŋ] f. (-, en). JUR. dénonciation f. ; résiliation f. ; congé m. | *eine Kündigung aussprechen*, donner (son) congé à ; dénoncer ; résilier. | *Kündigung aus wirtschaftlichen Gründen*, licenciement (m.) économique.

Kündigungs|frist ["kyndiguŋs'frist] f. (-, en), °**-termin** [-tɛr'mi :n] m. (s, e). JUR. délai (m.) de préavis ; délai (m.) de résiliation.

Kundin ['kundin] f. (-, nen). COMM. cliente f.

Kundschaft ['kuntʃaft] f. (-, en). [Erkundung] informations f. pl. ; renseignements m. pl. ; nouvelles f. pl. | *jn auf Kundschaft ausschicken*, envoyer qn aux nouvelles, aux informations, MIL. en reconnaissance. || COMM. clientèle f. ; pratique f. ; clients m. pl.

kundschaften ['kuntʃaftən] v. intr. aller en reconnaissance ; explorer. || MIL. patrouiller.

Kundschafter [-tər] m. (s, -) émissaire m. ; observateur m. ; espion m. ; agent (m.) d'information. || MIL. éclaireur m. ; patrouilleur m.

künftig ['kynftiç] adj. à venir ; futur ; prochain. | *künftige Geschlechter*, générations futures. ◇ adv. désormais ; dorénavant ; à l'avenir.

Kunst [kunst] f. (-, ¨e). **1.** [Wissen] savoir m. || [Wissenschaft] science f. ; art m. | *die sieben freien Künste*, les sept arts libéraux.

2. [Können ; Fertigkeit] art m. ; habileté f. ; adresse f. | *Kunst des Spinnens*, art de la filature. | *nach allen Regeln der Kunst*, selon toutes les règles de l'art. | *das ist keine Kunst*, ce n'est pas sorcier. || FAM. *jetzt bin ich mit meiner Kunst zu Ende*, maintenant je suis au bout de mon latin.

3. [künstlerische Schöpfung] art. m. ; beaux-arts m. pl. | *ein Förderer von Kunst und Wissenschaft*, un protecteur, un mécène des arts et des sciences. | *die bildenden Künste*, les beaux-arts. | *darstellende Kunst*, art plastique.

Kunst|akademie ["kunstakade'mi:] f. (-, n) école (f.) des beaux-arts. ||°**-ausstellung** f. (-, en) exposition (f.) artistique. ||°**-denkmal** n. (s, ¨er) monument (classé). ||°**-dünger** m. (s, -). AGRIC. engrais (m.) chimique. ||°**-eislauf** m. (s, ¨e). SPORT. patinage (m.) artistique. ||°**-erzeugnis** n. (ses, se) produit de l'art. || PHYS. produit synthétique. ||°**-faser** f. (-, n) fibre (f.) synthétique. ||°**-fehler** m. (s, -) faute professionnelle. ||**-fertig** adj. habile ; ingénieux ; industrieux. || °**-fertigkeit** f. habileté f. ; adresse f. ; savoir-faire m. ; ingéniosité f. ||°**-flug** m. (s, ¨e). AÉRON. acrobatie aérienne. ||°**-freund** m. (s, e) ami (m.), protecteur (m.) des arts ; mécène m. ||°**-gegenstand** m. (s, ¨e) objet (m.) d'art. ||°-**geschichte** f. histoire (f.) de l'art. ||°-**gewerbe** n. (s) art décoratif, appliqué, industriel. ||°-**griff** m. (s, e) tour (m.) de main ; procédé m. ; truc m. || FAM. ficelle f. ; astuce f. ; stratagème m. ||°-**handel** m. (s) commerce (m.) d'objets d'art ; galerie (f.) d'art. ||°-**handwerk** n. (s) artisanat m. ||°-**harz** n. (es, e) résine (f.) synthétique. ||°-**herz** n. (ens, en) cœur artificiel. ||°-**honig** m. (s) miel artificiel. ||°-**kenner** m. (s, -) connaisseur (m.) en matière d'art. ||°-**kritik** f. critique (f.) d'art. ||°-**kritiker** m. (s, -) critique (m.) d'art. ||°-**leder** n. (s) simili-cuir m. ||°-**liebhaber** m. (s, -) amateur (m.) d'art. ||°-**maler** m. (s, -) artiste (m.) peintre. ||°-**pause** f. (-, n). FAM. pause intentionnelle. | *Kunstpausen in seiner Rede machen*, s'arrêter, s'interrompre souvent dans son discours. ||°-**reich** adj. plein d'art ; artistement fait ; ingénieux. ||°-**reiter** m. (s, -) écuyer m. ||°-**sammlung** f. (-, en) collection (f.) d'(objets [m. pl.] d')art. ||°-**schmied** m. (s, e) forgeron (m.), serrurier (m.) d'art. ||°-**schule** f. (-, n) école (f.) des beaux-arts. ||°-**seide** f. (-, n) soie artificielle ; rayonne f. ||°-**sinn** m. (s) goût (m.), sentiment (m.) artistique. ||-**sinnig** adj. qui a du goût ; qui s'entend en matière d'art, à l'art. ||°-**stoff** m. (s, e) matière (f.) plastique ; produit (m.) synthétique. ||°-**stück** n. (s, e) tour m. (d'adresse, de force). | *das ist kein Kunststück*, c'est simple comme bonjour. ||°-**tischler** m. (s, -) ébéniste m. ||°-**tischlerei** f. (-, en) ébénisterie f. ||-**voll** adj. ingénieux ; plein d'art ; fait avec beaucoup d'art. ||°-**werk** n. (s, e) œuvre (f.) d'art ; chef-d'œuvre m. ; monument m. (artistique). ||°-**wort** n. (s, ¨er) terme (m.) technique.

Künstelei [kynstə'lai] f. (-, en) affectation f. ; maniérisme m.

Künstler ['kynstlər] m. (s, -) artiste m.

künstlerisch [-ləriʃ] adj. [Dinge] artistique. || [Person] artiste. | *die Italiener sind ein künstlerisches Volk*, les Italiens sont un peuple artiste.
◇ adv. artistement ; en artiste.

künstlich [-liç] adj. artificiel ; faux ; postiche. | *künstlicher Nebel*, brouillard artificiel. | *künstliche Haare*, cheveux (m. pl.) postiches ; postiche (m.) en cheveux. | *künstliche Zähne*, fausses dents. | *künstliche Intelligenz*, intelligence artificielle. || FIG. *künstliches Lachen*, rire forcé. || AÉRON. *künstlicher Horizont*, horizon artificiel.

kunter|bunt ["kuntər'bunt] adv. FAM. pêle-mêle.

Kupfer ['kupfər] n. (s) cuivre m. | *Kessel aus Kupfer*, chaudron (m.) de cuivre. | *in Kupfer stechen*, graver sur cuivre.

Kupfer|draht ["kupfər'drɑ:t] m. (s, ¨e). TECHN. fil (m.) de cuivre. ||°-**druck** (s, e) gravure (f.), impression (f.) en taille-douce. ||°-**druck|ätzung** f. (-, en) photogravure f. ||-**farben, -farbig** adj. cuivré. ||°-**geld** n. (s) [monnaie (f.) de] cuivre m., (de) bronze m. ; billon m. ||°-**gerät** n. (s, e), °-**geschirr** n. (s, e) batterie (f.) de cuisine en cuivre ; cuivres m. pl. ||-**haltig** adj. MINES. cuprifère. ||°-**legierung** f. (-, en) alliage (m.) de cuivre. ||°-**münze** f. (-, n) [monnaie (f.) de] billon m. (de) bronze. ||°-**platte** f. (-, n) plaque (f.) de cuivre. | [Gravierkunst] cuivre m. ; planche (gravée). ||-**rot** adj. (rouge) cuivre. ||°-**schmied** m. (s, e). TECHN. chaudronnier m. ; dinandier m. ||°-**stecher** m. (s, -). [Gravierkunst] graveur (m.) en taille-douce, au burin. ||°-**stich** m. (s, e) gravure f. ; estampe f. ; taille-douce f. ||°-**stich|kabinett** n. (s, e) cabinet (m.) d'estampes. ||°-**vitriol** m. et n. (s, e). CHIM. sulfate (m.) de cuivre ; vitriol bleu.

kupfern ['kupfərn] adj. de, en cuivre ; cuivreux.

kupieren [ku'pi:rən] v. tr. couper. || ZOOL. *ein kupierter Hund*, un chien à queue coupée. || CULIN. [verschneiden] *Wein kupieren*, couper du vin (avec de l'eau, avec un autre vin).

Kupon [ku'pɔ̃] m. (s, s). FIN. coupon m.

Kuppe ['kupə] f. (-, n). [rundliches Ende] *Kuppe des Fingers*, bout (m.) du doigt. | *Bergkuppe*, dôme (m.) de montagne.

Kuppel ['kupəl] f. (-, n). ARCHIT. coupole f. ; dôme m.

Kuppel|dach ["kupəl'dax] n. (s, ¨er). ARCHIT. dôme m. ||°-**gewölbe** n. (s, -). ARCHIT. voûte (f.) en forme de dôme ; dôme m.

Kuppelei [kupə'lai] f. (-, en). PÉJOR. (action [f.] de) faire l'entremetteuse ; proxénétisme m.

kuppeln ['kupəln] v. tr. [Eisenbahn] *zwei Wagen kuppeln*, accoupler deux voitures ; réunir un wagon à un autre. || AUTOM. embrayer. || PÉJOR. accoupler ; faire l'entremetteur, l'entremetteuse.

kuppen ['kupən] v. tr. DIAL. étêter ; écimer. | *Bäume kuppen*, étêter des arbres.

Kuppler ['kuplər] m. (s, -). ÉLECTR. coupleur m.

Kuppler(in) ['kuplər(in)] m. (s, -), f. (-, nen). PÉJOR. entremetteur m. ; entremetteuse f. ; proxénète s. || POP. maquereau m. ; maquerelle f.

Kupplung ['kupluŋ] f. (-, en). TECHN. couplage m. ; embrayage m. ; attelage m. | *die Kupplung einrücken*, embrayer. | *die Kupplung lösen*, débrayer.

Kur [ku:r] f. (-, en). MÉD. cure f. ; traitement m. | *eine Kur machen*, faire une cure ; suivre un traitement. | *ich gehe zur Kur nach Vichy*, je vais faire une cure, je vais prendre les eaux à Vichy. || FIG., FAM. *wir werden ihn in die Kur nehmen*, nous allons le soigner aux petits oignons.

Kur|gast ['ku:rgast] m. (es, ¨e). MÉD. curiste m. || [Badeort] baigneur m. ||°-**ort** m. (s, e) station thermale ; ville (f.) d'eaux. ||°-**packung** f. (-, en). [Haar] baume (m.) embellisseur ; crème (f.) de soins. ||°-**pfuscher** m. (s, -) charlatan m. ; guérisseur m. ; médicastre m. ||°-**pfuscherei** f. charlatanerie f. ||°-**saal** m. (s, säle) casino m. ; kursaal m. ||°-**taxe** f. (-, en) taxe (f.) de séjour.

Kür [ky:r] f. SPORT. exercices (m. pl.), figures (f. pl.) libres ; programme (m.) libre.

küren ['ky:rən] (o, o). [Vx.] v. tr. élire ; choisir.

Kur|fürst ["kur'fyrst] m. (en, en) prince-électeur m. | *der Große Kurfürst*, le Grand Électeur. || °-**fürstentum** n. (s, ¨er) électorat m. ||°-**land** n. pr. n. Courlande f. ||°-**pfalz** n. pr. f. Palatinat m.

Kürassier [kyra'si:r] m. (s, e). MIL. cuirassier m.

Kuratel [kura'te:l] f. (-, en). JUR. curatelle f. ; tutelle f. | *unter Kuratel stellen*, donner un conseil judiciaire à. | *unter Kuratel stehen*, être en tutelle.

Kurator [ku'rɑ:tor] m. (s, en). JUR. curateur m. || COMM. syndic (m.) de faillite.

Kurbel ['kurbəl] f. (-, n) manivelle f.

Kurbel|gehäuse ["kurbəlgə'hɔyzə] n. (s, -). AUTOM. boîtier (m.) de moteur ; carter m. ||°-**rad** n. (s, ¨er) volant m. ||°-**stange** f. (-, n) bielle f. ||°-**trieb** m. (s, e) embiellage m. ||°-**welle** f. (-, n) vilebrequin m. ; arbre (m.) du moteur ; arbre coudé.

kurbeln ['kurbəln] v. tr. tourner la manivelle.

Kürbis ['kyrbis] m. (ses, se). BOT. courge f. ; citrouille f. ; potiron m.

Kürbis|flasche ["kyrbis'flaʃə] f. (-, n) calebasse f. ; gourde f. ||°-**gewächse** n. pl. BOT. cucurbitacées f. pl.

Kurde ['kurdə] n. pr. m. Kurde m.

kurdisch [-diʃ] adj. kurde.

Kurdistan [kurdis'tɑ:n] n. pr. m. GÉOGR. Kurdistan m.

Kurie ['ku:riə] f. (-, n). HIST. curie f. | *römische Kurie*, curie romaine. || PAR EXT. Sénat m.

Kurier [ku'ri:r] m. (s, e) courrier m. ; messager m.

kurieren [-rən] v. tr. traiter ; soigner ; guérir. | *einen Kranken kurieren*, guérir un malade. || FIG. *jn von seinen Vorurteilen kurieren*, guérir, débarrasser qn de ses préjugés.

kurios [kuri'o:s] adj. FAM. curieux ; bizarre.

Kuriosität [-riozi'tɛ:t] f. (-, en) chose curieuse ; curiosité f. ; bizarrerie f.

kurisch ['kuriʃ] adj. GÉOGR. de Courlande ; courlandais. | *das Kurische Haff*, lagune (f.) de Courlande.

Kurrent|schrift [ku"rɛnt'ʃrift] f. (-, en) écriture courante.

Kurs [kurs] m. (es, e). **1.** MAR. route f. | *Kurs nach Süden nehmen*, faire route vers le sud ; mettre le cap sur le sud. | *vom Kurs abweichen*, dévier.

2. FIN. [Marktpreise der Wertpapiere] cours m. | *die Kurse steigen und fallen an der Börse*, les cours, les valeurs montent et baissent à la Bourse.

3. [Umlauf einer Münzsorte] cours m. ; crédit m. ; valeur f. ; vogue f. | *außer Kurs setzen*, retirer de la circulation ; démonétiser. || FIG., FAM. *bei jm in hohem Kurs stehen*, avoir du crédit auprès de qn.

4. [Lehrgang] cours m. | *Anfängerkurs*, cours pour débutants.

Kurs|abweichung ["kurs'apvaiçuŋ] f. (-, en). AÉRON. déviation (f.), écart (m.) de cap. ||°**-änderung** f. déroutement m. ||°**-anstieg** m. (s) *der starke Kursanstieg des Dollars*, la flambée du dollar. ||°**-bericht** m. (s, e), °**-blatt** n. (s, ¨er). FIN. cote officielle. ||°**-buch** n. (s, ¨er). [Eisenbahn] indicateur m. ||°**-makler** m. (s, -). FIN. agent (m.) de change ; courtier m. ||°**-schwankung** f. (-, en). FIN. fluctuation (f.) des cours. ||°**-stand** m. (s, ¨e) cours m. ||°**-steigerung** f. (-, en) hausse f. ||°**-sturz** m. (es, ¨e) baisse f. ||°**-treiber** m. (s, -). FIN. haussier m. ||°**-zuschlag** m. (s, ¨e) report m. ||°**-wagen** m. (s, -) [Eisenbahn] voiture directe. ||°**-wechsel** m. (s, -) changement (m.) de cap.

Kürschner ['kyrʃnər] m. (s, -). TECHN. fourreur m. ; pelletier m.

Kürschnerei [kyrʃnə'rai] f. (-, en) pelleterie f. ; commerce (m.) de fourrures.

kursieren [kur'zi:rən] v. intr. COMM. circuler. || FIG. *falsche Gerüchte kursieren im Land*, de faux bruits circulent dans le pays.

Kursive [kur'zi:və] f. (-, n), **Kursiv|schrift** [kur"zi:f'ʃrift] f. (-, en) cursive f. || TYPOGR. italique f. ; caractères (m. pl.) italiques.

kursorisch [kur'zo:riʃ] adj. [ununterbrochen] continu ; ininterrompu. || [oberflächlich ; rasch] cursif ; rapide.

Kursus ['kurzus] m. (-, se). [Lehrgang] cours m.

Kurve ['kurvə] f. (-, n). MATH. courbe f. ; ligne (f.) courbe. || [Straße] virage. | *scharfe Kurve*, virage brusque. | *eine Kurve innen nehmen*, prendre un virage à la corde. | *überhöhte Kurve*, virage relevé. || FIG., FAM. *die Kurve kratzen*, prendre la tangente.

Kurven|lineal ["kurvənline'ɑ:l] n. (s, e), °**-schiene** [-'ʃi:nə] f. (-, n). [Zeichnung] pistolet m. ||**-reich** adj. qui a des courbes. | *kurvenreiche Straße*, route sinueuse. ||°**-schreiber** m. (s, -) traçeur (m.) de courbes. ||°**-verlauf** m. (s). MATH. allure (f.) de la courbe. ||°**-zeichengerät** n. (es, e), °**-zeichner** m. (s, -) variplotter m.

kurz [kurts] adj. **1.** [räumlich] court ; petit. | *kurzer Ärmel*, manche courte. | *kurzer Weg*, court chemin. | *kurzer Brief*, lettre courte, brève. | *alles kurz und klein schlagen*, faire tout voler en éclats ; briser tout en mille morceaux. || FIG. *jn kurz halten*, tenir qn en bride ; ne pas donner beaucoup d'argent à qn. | *den kürzeren ziehen*, avoir le dessous. | *mit kurzen Worten*, en peu de mots. || FAM. *mit jm kurzen Prozeß machen*, expédier qn, exécuter qn sans autre forme de procès. | *jn einen Kopf kürzer machen*, couper la tête à qn.

2. [zeitlich] court ; bref ; de peu de durée ; qui passe vite. | *kurze Zeit*, peu de temps. | *kurze Frist*, bref délai. | *eine kurze Weile*, un petit moment. | *die Freude war kurz*, la joie fut de courte durée. | *binnen kurzem*, sous peu. | *vor kurzem*, il n'y a pas longtemps. | *über kurz oder lang*, un jour ou l'autre ; tôt ou tard. || COMM. *Wechsel auf kurze Sicht*, effet (m.) à court terme, à courte échéance.

◇ adv. **1.** [räumlich] court. | *sein Haar ist kurz geschnitten*, ses cheveux sont coupés court, ras. || MIL. *zu kurz schießen*, tirer trop court.

2. [zeitlich] brièvement ; promptement ; vivement. | *kurz vorher*, peu (de temps) avant. | *kurz nachher (darauf)*, peu de temps après. | *kurz absagen*, décliner une offre brusquement. | *mach es kurz*, fais vite ! ; sois bref ! | *jn kurz abfertigen*, expédier qn. | *kurz und klar ; kurz und bündig*, clairement ; avec concision. | *um es kurz zu sagen*, en un mot ; bref. | *kurz und gut*, en un mot ; bref. | *sich kurz fassen*, être bref.

3. FIG. *kurz angebunden sein*, être peu aimable, être avare de paroles. | *zu kurz kommen*, être désavantagé ; ne pas trouver son compte à.

Kurz|arbeit ["kurts'arbait] f. (-, en) chômage (m.) technique. ||°**-arbeiter** m. (s, -) chômeur partiel. ||**-atmig** adj. MÉD. qui a le souffle court ; asthmatique. ||°**-atmigkeit** f. MÉD. manque (m.) de souffle ; asthme m. ||**-beinig** adj. ANAT. qui a les jambes courtes. ||°**-fassung** f. (-, en) version abrégée. ||**-fristig** adj. COMM. à court terme. ||**-gefaßt** adj. bref ; concis ; succinct ; sommaire. ||**-geschoren** adj. tondu ras, court. ||**-lebig** adj. de courte durée ; qui vit peu de temps ; éphémère. ||°**-nachrichten** f. pl. flash (m.) d'information. ||°**-schluß** m. (es, ¨e). ÉLECTR. court-circuit m. ||°**-schrift** f. sténographie f. ||**-sichtig** adj. myope ; qui a la vue basse, courte ; FIG. borné ; imprévoyant ; à courte vue. ||°**-sichtigkeit** f. (-, en) myopie f. ; vue courte, basse ; FIG. étroitesse (f.) de vues. ||°**-strecken|flugzeug** n. (s, e) court-courrier m. ||°**-strecken|lauf** m. (s, ¨e) course (f.) de vitesse ; sprint m. ||**-um** adv. bref ; en un mot. ||°**-urlaub** m. (s, e) petites vacances. ||°**-ware** f. (-, n) mercerie f. ||°**-waren|händler(in)** m. (s, -), f. (-, nen) mercier m., mercière f. ||°**-waren|-handlung** f. (-, en) mercerie f. ||**-weg** adv. tout court ; sans détour ; de but en blanc. ||°**-weil** f. passe-temps m. ; amusement m. ; divertissement m. ||**-weilig** adj. divertissant ; amusant. ||°**-welle** f. (-, n). RADIO. onde courte. ||°**-wellen|sender** m. (s, -) émetteur (m.) à ondes courtes.

Kürze ['kyrtsə] f. (-, n) brièveté f. | *Kürze der Zeit*, brièveté du temps. | *er kommt in Kürze*, il arrive sous peu. || concision f. | *in aller Kürze*, en peu de mots, succinctement.

Kürzel ['kyrtsəl] n. (s, -) signe abréviatif.

kürzen [-tsən] v. tr. raccourcir ; rogner. | *die Hosen kürzen*, raccourcir le(s) pantalon(s). | *eine Rede kürzen*, abréger un discours. || MATH. *einen Bruch kürzen*, réduire, simplifier une fraction.

kurzer|hand ["kurtsər'hant] adv. sans autre forme de procès ; droit au fait ; sans hésiter.

kürzlich ['kyrtsliç] adv. récemment ; dernièrement ; depuis peu.

Kürzung ['kyrtsuŋ] f. (-, en) réduction f. ; diminution f. | *Lohnkürzung*, réduction (f.) de salaire. || MATH. simplification f. || THÉÂTRE. coupure f.
kusch ! [kuʃ] interj. [Hunde] coucher ! ; couche-toi ! || POP. tais-toi !
kuschelig ['kuʃəliç] adj. douillet ; moelleux.
kuscheln (sich) [ziç'kuʃəln] v. pr. se blottir (contre qn).
kuschen ['kuʃən] v. intr. et v. pr. (se) coucher. || POP. se tenir coi ; ne pas souffler mot.
Kusine [ku'zi:nə] f. (-, n) cousine f.
Kuß [kus] m. (es, ¨e) baiser m. | *die Mutter drückt dem Kind einen Kuß auf die Stirn*, la mère baise son enfant sur le front.
küssen [-sən] v. tr. baiser ; embrasser. | *er küßte ihr die Hand*, il lui baisa la main.
Kuß|hand ["kus'hant] f. (-, ¨e) baise-main m.
Küste ['kystə] f. (-, n) côte f. ; littoral m. ; rivage m.
Küsten|bewohner ["kystənbə'vo:nər] m. (s, -) riverain m. ; habitant (m.) du littoral. ||°**-fahrzeug** n. (s, e), °**-schiff** n. (s, e). MAR. caboteur m. ||°**-land** n. (s, ¨er) région côtière ; côte f. ; littoral m. ||°**-schiffahrt** f. cabotage m. ||°**-schutz** m. (es) défense côtière.
Küster ['kystər] m. (s, -). RELIG. sacristain m. ; bedeau m. ; marguillier m.
Kustos ['kustos] m. (-, oden) conservateur (m.) d'archives, de bibliothèque, de musée.
Kutsche ['kutʃə] f. (-, n) calèche f. ; carrosse m. ; diligence f. | *Kutsche und Pferd*, équipage m.
Kutscher ['kutʃər] m. (s, -) cocher m.
Kutsch(er)|bock ["kutʃ(ər)'bɔk] m. (s, ¨e), °**-sitz** [-'zits] m. (es, e) siège (m.) du cocher.
kutschieren v. intr. conduire un équipage.
Kutte ['kutə] f. (-, n) cotte f. ; sarrau m. ; froc m.
Kutter ['kutər] m. (s, -). MAR. cutter m. ; cotre m.
Kuvert [ku'vɛrt] n. (s, e). [Gedeck] couvert m. || [Briefumschlag] enveloppe f.
Kybernetik [kybər'nɛtik] f. cybernétique f.
Kybernetiker(in) [kybər'ne:tikər(in)] m. (s, -), f. (-, nen) cybernéticien m., cybernéticienne f.
kybernetisch [-iʃ] adj. cybernétique.
kyrillisch [ky'riliʃ] adj. cyrillique.
KZ. Abréviation de **Konzentrationslager.**

L

L, l [ɛl] n. L m. | *großes* L, *L* majuscule.
Lab [lɑ:p] n. (s, e) présure f. || BOT. *Labkraut*, caille-lait m. ; gaillet m. || ANAT. *Labmagen*, caillette f.
Laban ['lɑ:ban] n. pr. m. [Bibel] Laban m. || FAM. *ein langer Laban*, un grand flandrin.
labberig ['labəriç] adj. mou ; flasque ; comme de la bouillie. || PAR EXT. sans énergie ; mollasse.
laben [-bən] v. tr. et v. pr. (se) délecter ; (se) rafraîchir ; (se) réconforter. || FIG. *die Augen labten sich an dem herrlichen Anblick*, les yeux se repaissaient de ce magnifique spectacle.
labern ['lɑ:bərn] v. intr. bavasser.
Labial|laut [labi"ɑ:l'laut] m. (s, e). GRAMM. consonne labiale.
labil [la'bi:l] adj. PHYS., FIN. instable. | *labiles Gleichgewicht*, équilibre instable. | *labile Währung*, monnaie (f.) instable. || FIG. instable. | *labiler Mensch*, personne (f.) instable.
Labilität [-bili'tɛ:t] f. PHYS. et FIG. instabilité f. ; précarité f.
Labor [la'bo:r] n. (s, e) laboratoire m.
Laborant [labo'rant] m. (en, en), **Laborantin** [-'rantin] f. (-, nen). CHIM. préparateur m., préparatrice f. ; laborantin(e) m. (f.).
Laboratorium [-ra'to:rium] n. (s, rien) laboratoire m.
laborieren [-'ri:rən] v. intr. [leiden] souffrir ; peiner. | *er laboriert noch an seiner alten Wunde*, il est encore travaillé par sa vieille blessure. || FIG. [sich abmühen] opérer ; faire des efforts.
Labsal ['lɑ:pzɑ:l] n. (s, e), **Labung** ['lɑ:buŋ] f. (-, en) rafraîchissement m. ; réconfort m. || FIG. délectation f. ; réconfort m. ; baume m.
Labyrinth [laby'rint] n. (s, e) labyrinthe m. ; dédale m. || ANAT. labyrinthe m.
labyrinthisch [-tiʃ] adj. FIG. enchevêtré ; indéchiffrable.
Lache ['lɑ:xə] f. (-, n). [Pfütze] flaque f. ; mare f. | *er lag in einer (Blut)lache*, il baignait dans une mare de sang.
Lache ['laxə] f. (-, n). FAM. [Gelächter] rire m. | *eine gellende Lache*, un rire strident.
lächeln ['lɛçəln] v. intr. avoir un sourire ; sourire.
Lächeln [-çəln] n. (s) sourire m. | *rätselhaftes Lächeln*, sourire énigmatique.
lachen ['laxən] v. intr. rire ; sourire. | *laut lachen*, rire aux éclats. | *gezwungen lachen*, avoir un rire forcé ; rire jaune. | *spöttisch lachen*, avoir un rire moqueur ; ricaner. | *übers ganze Gesicht lachen*, rayonner de plaisir. | *in sich hinein lachen*, rire dans sa barbe. | *aus vollem Halse lachen*, rire à gorge déployée, aux éclats. | *sich krank lachen*, être malade de rire ; se pâmer de rire. | *sich tot lachen*, mourir de rire. | *sich krumm lachen*, se tordre de rire. | *er lachte ihm ins Gesicht*, il lui rit au nez. | *das wäre ja gelacht, wenn er nicht gehorchte*, il ferait beau voir qu'il n'obéisse pas ! | *daß ich nicht lache*, tu me fais rire ; vous me faites rire. || FIG. *das Herz lachte ihm im Leibe*, il se sentait le cœur en fête. | *die Sonne, der Himmel lacht*, le soleil, le ciel est radieux. | *sich ins Fäustchen lachen*, rire sous cape.

◇ v. tr. *wir haben Tränen gelacht*, nous avons ri aux larmes. || FAM. *da ist nichts zu lachen*, il n'y a pas là de quoi rire !
— SYN. : *lächeln*, sourire ; *laut auflachen*, s'esclaffer ; *kichern*, glousser ; *feixen*, *grinsen*, ricaner.

Lachen [-xən] n. (s) rire m. ; ris m. pl. ; hilarité f. | *das ist zum Lachen*, c'est risible. | *wir kamen aus dem Lachen nicht heraus*, nous avons ri sans arrêt. | *das Weinen steht ihm näher als das Lachen*, il est plus près des larmes que du rire. | *sich vor Lachen nicht halten können*, être pris d'un fou rire. | *sich den Bauch vor Lachen halten*, se tenir les côtes de rire. || FAM. *sich vor Lachen kringeln*, se tordre de rire.

Lach|anfall ["lax'anfal] m. (s,¨e) accès (m.) de rire. ||°**-gas** n. (es). CHIM. gaz hilarant. ||°**-krampf** m. (s,¨e) rire convulsif, nerveux. ||**-lustig** adj. rieur ; qui aime à rire. ||°**-muskel** m. (s, n). ANAT. diaphragme m. ||°**-salve** f. (-, n) éclat (m.) de rire.

Lacher [laxər] m. (s, -) rieur m. | *er hat die Lacher auf seiner Seite*, il a les rieurs de son côté.

lächerlich [-çərliç] adj. ridicule ; risible. | *das ist ja lächerlich !*, mais c'est ridicule ! | *ich finde das einfach lächerlich*, je trouve cela proprement ridicule. | *lächerliche Kleinigkeit*, bagatelle f. | *sich lächerlich machen*, se couvrir de, se rendre ridicule ; prêter à rire. | *ins Lächerliche ziehen*, tourner en ridicule ; ridiculiser.

Lächerlichkeit [-çərliçkait] f. (-, en) caractère (m.) ridicule ; bouffonnerie f. | *in der Lächerlichkeit preisgeben*, rendre qn ridicule ; tourner qn en ridicule.

lachhaft ['laxhaft] adj. FAM. risible.

Lachs [laks] m. (es, e). ZOOL. saumon m.

Lachs|fang ['laksfaŋ] m. (s) pêche (f.) au saumon. ||**-farben** adj. (couleur) saumon. ||°**-forelle** f. (-, n). ZOOL. truite saumonée.

Lack [lak] m. (s, e) laque f. ; vernis m. | *Lack streichen*, passer, étendre de la laque. || TECHN. *Lack (auf)spritzen*, peindre au pistolet.

Lack|affe ["lak'afə] m. (n, n). FAM. gommeux m. ||°**-farbe** f. (-, n) laque f. ||°**-leder** n. (s) cuir verni. ||°**-schuhe** m. pl. chaussures vernies.

lackieren [la'ki:rən] v. tr. TECHN. laquer ; vernir ; vernisser. || FIG., FAM. *jn lackieren*, rouler qn.

Lackieren [-rən] n. (s). TECHN. vernissage m.

Lackierer [-rər] m. (s, -). TECHN. vernisseur m.

Lackmus ['lakmus] n. (es). CHIM. tournesol m.

Lackmus|papier ["lakmuspa'pi:r] n. (s, e). CHIM. papier (m.) de tournesol.

Lade ['lɑ:də] f. (-, n). [Truhe] caisse f. ; coffre m. ; bahut m.

Lade|baum ["lɑ:də'baum] m. (s, ¨e). TECHN. chèvre ; mât (m.) de charge ; potence (f.) de levage. ||°**-bühne** f. (-, n) quai (m.) de chargement. ||°**-fähigkeit** f. (-, en), °**-kapazität** f. (-, en) capacité (f.) de chargement. ||°**-hemmung** f. (-, en) enrayage m. ||°**-platz** m. (es, ¨e). MAR. embarcadère m. ||°**-rampe** f. (-, n) rampe (f.) de chargement ; quai m. ||°**-raum** m. (s,¨e) cale (f.) d'un navire. ||°**-stock** m. (s, ¨e). HIST. baguette (f.) de fusil ; refouloir m.

laden ['lɑ:dən] (ä, u, a) v. tr. **1.** charger. | *das Schiff hat Salz geladen*, le bateau a chargé du sel. | *ein Gewehr laden*, charger un fusil. || ÉLECTR. *eine Batterie laden*, charger une batterie.

2. FIG. *eine Schuld auf sich laden*, se rendre coupable d'une faute. | *eine Verantwortung auf sich laden*, assumer une responsabilité. | *die Atmosphäre war mit Feindseligkeit geladen*, l'atmosphère était chargée d'hostilité. || FAM. *er hat schwer geladen*, il est ivre.

3. [einladen] prier ; convier ; inviter. | *jn zu Tisch laden*, inviter qn à déjeuner, à dîner.

4. JUR. *vor Gericht laden*, citer en justice.

Laden [-dən] m. (s,¨). ARCHIT. volet m. ; contrevent m. || COMM. magasin m. ; boutique f. | *einen Laden eröffnen*, ouvrir un magasin. | *den Laden öffnen, aufmachen*, ouvrir son magasin. | *Laden an der Ecke*, commerce (m.) de proximité.

Laden|hüter ["lɑ:dən'hy:tər] m. (s, -). FIG., POP. rossignol m. | *das ist ein (alter) Ladenhüter*, c'est un (vieux) rossignol. ||°**-kasse** f. (-, n) tiroir-caisse m. ||°**-preis** m. (es, e). COMM. prix (m.) de vente ; [Bücher] prix fort ; prix (m.) de librairie. ||°**-schluß** m. (es, ¨e). COMM. fermeture (f.) des magasins. ||°**-schluß|zeit** f. (-, en) heure (f.) de fermeture des magasins. ||°**-schwengel** m. (s, -). PÉJOR. calicot m. ||°**-tisch** m. (es, e). COMM. comptoir m.

lädieren [lɛ'di:rən] v. tr. blesser ; léser ; endommager ; abîmer.

Ladung ['lɑ:duŋ] f. (-, en). [Handlung] action (f.) de charger ; chargement m. || PAR EXT. [Last] charge f. ; chargement m. ; cargaison f. || MAR. *die Ladung des Schiffes löschen, bergen*, débarquer, décharger la cargaison. || [Wagen ; Fuhre] charretée f. || ÉLECTR. charge f. || [Pulver] charge (f.) de poudre. || JUR. *eine gerichtliche Ladung erhalten*, être cité en justice.

Ladungs|fähigkeit ["lɑ:duŋs'fɛ:içkait] f. charge (f.) utile. || MAR. tonnage m. ; jauge f.

Lafette [la'fɛtə] f. (-, n). TECHN. affût m.

Laffe ['lafə] m. (n, n). [Vx.] freluquet m. ; gommeux m.

Lage ['lɑ:gə] f. (-, n). **1.** situation f. ; position f. ; site m. ; posture f. | *etwas aus seiner Lage bringen*, changer qch. de position ; déplacer qch. | *waagerechte, schiefe Lage*, position horizontale, oblique. | *die Stadt hat eine schöne Lage*, cette ville est bien située. || FIG. *du bringst mich in eine mißliche Lage*, tu me mets en mauvaise posture.

2. circonstances f. pl. ; conditions f. pl. ; conjonctures f. pl. ; état (m.) de choses. | *die Lage der Frauen*, la condition féminine. | *die politische Lage*, la situation politique. | *ich bin in der Lage*, je suis en mesure de. | *du kannst dich nicht in meine Lage versetzen*, tu ne peux pas te mettre à ma place.

3. [Schicht] couche f. ; lit m. || TECHN. *über eine Lage Koks, eine Lage Erz*, une couche de coke, une couche de minerai. || [Reifen] nappe f. || *Lage Papier*, cahier (m.) de papier.

4. MUS. [Tonhöhe] position f.

5. FAM. [Runde] tournée f. | *eine Lage Bier bezahlen*, payer une tournée de bière.

6. MAR. [Breitseite] bordée f.

7. ÉLECTR. *Lageenergie*, énergie potentielle.

lagen|weise ["lɑ:gən'vaizə] adv. par couches ; en stratification.

Lager ['lɑ:gər] n. (s, -). **1.** couche f. ; lit m. ; gîte m. | *an das Lager gefesselt*, cloué au lit.

2. MIL. camp m. ; campement m. | *das Lager aufschlagen*, établir son camp. | *das Lager abbrechen*, lever le camp. || FIG. *ins feindliche Lager übergehen*, passer à l'ennemi ; déserter. || POLIT. camp m. | *die Partei spaltete sich in zwei Lager*, le parti se divisa en deux camps.

3. COMM. dépôt m. ; entrepôt m. ; magasin m. | *Waren auf Lager haben*, avoir de la marchandise en magasin.

4. MINES. gisement m. ; banc m. ; couche f.

5. TECHN. [Kugellager] coussinet m. ; palier m.

Lager|bestand ["lɑ:gərbə'ʃtant] m. (s,¨e). COMM. marchandises (f. pl.) en magasin ; stock m. | *den Lagerbestand aufnehmen*, inventorier (les marchandises). || °**-bier** n. (s, e) bière (f.) de fermentation basse.

||°-**gebühr** f. (-, en), °-**geld** n. (s, er) frais (m. pl.) de magasinage. ||°-**haus** n. (es, ¨er) magasin m. ; entrepôt m. ; silo m. ||°-**obst** n. (es). Bot. fruits (m. pl.) de garde. ||°-**ort** m. (s, e), °-**platz** m. (es, ¨e) gîte m. ; emplacement m. ; (lieu [m.] de) campement m. ; couche f. ||°-**raum** m. (s, ¨e) entrepôt m. ||°-**schein** m. (s, e). Comm. bulletin (m.) de dépôt ; warrant m. ||°-**statt** f. gîte m. ; couche f. || Mil. campement m. ||°-**stätte** f. (-, n) gîte m. ; couche f. || Mines. couche f. ; gisement m. || °-**umschlag** m. (s, ¨e). Comm. rotation (f.) des stocks. ||°-**verwalter** m. (s, -). Comm. magasinier m. ; entrepositaire m. ||°-**verzeichnis** n. (ses, se) inventaire m.

Lagerist [lagə'rist] m. (en, en). Comm. magasinier m. ; manutentionnaire m.

lagern ['lɑ:gərn] v. tr. et v. pr. (s')étendre ; (s')allonger ; (s')installer par terre. | *die Truppen lagern sich am Waldrand*, les troupes installent leur camp à la lisière de la forêt. || Comm. emmagasiner ; stocker.
◇ v. intr. camper ; reposer. || Mil. *Wallensteins Heer lagerte in Böhmen*, l'armée de Wallenstein campait en Bohême. || Agric. reposer. | *der Wein lagert*, le vin repose. || Comm. être en stock.

Lagerung ['lɑ:gəruŋ] f. (-, en) stockage m. ; magasinage m. | *Lagerung radioaktiven Abfalls*, stockage des déchets radioactifs. || Géol. stratification f. || Mines. gisement m.

Lagune [la'gu:nə] f. (-, n). Géogr. lagune f.

lahm [lɑ:m] adj. paralysé ; perclus. | *lahmer Arm*, bras paralysé. || Par ext. estropié ; boiteux. | *lahmer Flügel*, aile brisée. || Fig., fam. boiteux. | *lahme Ausrede, Entschuldigung*, prétexte insuffisant ; excuse cousue de fil blanc. || Comm. *lahmer Geschäftsgang*, affaires languissantes.

lahm|legen ["lɑ:m'le:gən] v. tr. Fig. paralyser ; arrêter. || Mil. neutraliser. ||°-**legung** f. Fig. paralysie f. ; arrêt m. ||-**schlagen** (ä, u, a) v. tr. rouer de coups.

lahmen ['lɑ:mən] v. intr. boiter ; être boiteux ; traîner la jambe ; clopiner. | *an einem Bein lahmen*, boiter d'une jambe. || Fig. languir.

lähmen ['lɛ:mən] v. tr. paralyser ; estropier. || Fig. *soziale Unruhen lähmten die Entwicklung der Wirtschaft*, des troubles sociaux paralysèrent le développement de l'économie.
◇ adj. **gelähmt,** paralysé ; figé. | *vor Entsetzen gelähmt*, figé d'épouvante.

Lahmheit ['lɑ:mhait] f. (état de ce qui est) paralysé, perclus, usé, boiteux. || Fig. manque (m.) de force, d'énergie.

Lähmung ['lɛ:muŋ] f. (-, en). Méd. paralysie f. ; perclusion f. ; engourdissement m. | *Lähmung der unteren Körperhälfte*, paraplégie f. | *halbseitige Lähmung*, hémiplégie f. || Fig. paralysie f. ; affaiblissement m.

Laib [laip] m. (s, e). [Brotlaib] miche f. ; pain m. || *Laib Käse*, meule (f.) de fromage.

Laich [laiç] m. (s). Zool. frai m.

Laiche ['laiçə] f., **Laichzeit** ["laiç'tsait] f. (-, en) saison (f.) du frai.

laichen ['laiçən] v. intr. Zool. frayer.

Laie ['laiə] m. (n, n) laïque m. || Relig. (frère) lai m. ; novice m. || Fig. profane m. ; novice m. | *ein blutiger Laie*, un parfait profane. | *er ist ein Laie auf diesem Gebiet*, il n'est pas expert en la matière.

Laien|bruder ["laiən'bru:dər] m. (s, ¨). Relig. frère convers. ||°-**priester** m. (s, -). Relig. prêtre séculier. ||°-**schwester** f. (-, n) sœur converse. ||°-**spiel|gruppe** f. (-, n) troupe d'amateurs.

laienhaft ['laiənhaft] adj. et adv. de, en profane ; de, en novice.

Lakai [la'kai] m. (en, en) laquais m. ; valet (m.) de pied.

Lake ['lɑ:kə] f. (-, n) saumure f.

Laken ['lɑ:kən] n. (s, -) drap (m.) de lit. || Par ext. toile f.

lakonisch [la'ko:niʃ] adj. laconique ; concis. | *lakonische Kürze*, concision f.

Lakonismus [-ko'nismus] m. laconisme m.

Lakritze [la'kritsə] f. (-, n). Bot. réglisse f. | *Lakritzenstange*, bâton (m.) de réglisse.

lala [la'la] adv. Fam. *es ging ihm so lala*, il allait couci-couça, passablement bien.

lallen ['lalən] v. intr. balbutier ; bégayer ; bredouiller.
◇ v. tr. balbutier ; bredouiller.

Lallen [-lən] n. (s) bégaiements m. pl. ; balbutiements m. pl.

Lama ['lɑ:ma] n. (s, s). Zool. lama m.

Lamelle [la'mɛlə] f. (-, n) lamelle f. || Électr. plomb m. ; coupe-circuit m.

Lametta [la'mɛta] f. [Weihnachtsbaumschmuck] lamelles argentées ; lamelles dorées ; [Orden] iron. quincaillerie f.

lamentieren [lamɛn'ti:rən] v. intr. se lamenter.

Lamento [-'mɛnto] n. (s, s). Fam. lamentation f.

Lamm [lam] n. (s, ¨er). Zool. agneau m. ; agnelle f. | *fromm, geduldig wie ein Lamm*, doux comme un agneau.

Lamm|fell ['lamfɛl] n. (s, e) toison (f.) d'agneau.

Lämmchen ['lɛmçən] n. (s, -). Zool. petit agneau ; agnelet m.

lammen ['lamən] v. intr. agneler.

Lämpchen ['lɛmpçən] n. (s, -) petite lampe ; lampion m.

Lampe ['lampə] f. (-, n) lampe f. ; phare m. || Fam. *er gießt gern einen auf die Lampe*, il aime boire un coup.

Lampen|fassung ["lampən'fasuŋ] f. (-, en) douille f. ||°-**fieber** n. (s). Théâtre. trac. m. ||°-**schirm** m. (s, e) abat-jour m.

lancieren [lɑ̃'si:rən] v. tr. lancer. | *eine Falschmeldung lancieren*, lancer une fausse nouvelle. || Fig. *jn lancieren*, lancer qn.

Land [lant] n. (s, ¨er, poét. Lande). **1.** [festes Land, im Gegensatz zum Wasser] terre (f.) ferme. | *an Land gehen*, aller à terre ; débarquer. | *zu Wasser und zu Lande*, par terre et par eau. | *flaches Land*, pays plat.
2. [im Gegensatz zur Stadt] campagne f. | *auf dem Land wohnen*, habiter la campagne. | *über Land gehen, reisen*, aller, voyager par la campagne. | *aufs Land ziehen*, aller s'établir à la campagne. | *in Stadt und Land*, à la ville et à la campagne. | *das Leben auf dem Land*, la vie aux champs.
3. terre f. ; champs m. pl. | *er besitzt Land*, il a du bien ; il possède de la terre. | *das Land bebauen, bestellen*, cultiver la terre.
4. Polit. pays m. ; province f. | *die europäischen Länder*, les pays d'Europe. | *die Bundesrepublik zerfällt in Länder*, la République fédérale se subdivise en pays (Länder). | *Land und Leute kennenlernen*, apprendre à connaître le pays et ses habitants. | *die Familie ging außer Landes*, la famille quitta le pays, s'expatria. | *jn des Landes verweisen*, expulser, bannir, exiler qn. | *ins Land einfallen*, envahir le pays. | *aus aller Herren Ländern*, de tous les pays du monde. || Relig. *das Heilige Land*, la Terre sainte. | *das gelobte Land*, la Terre promise.
5. Loc. *seither sind Jahre ins Land gegangen*, beaucoup d'eau a coulé sous les ponts depuis.

land|ab, land|auf [lant'aplant'auf] adv. en parcourant le pays, en long et en large. | *einen solchen Herrn gibt es landauf, landab nicht*, dans tout le pays il n'y a pas un maître pareil. ||°-**adel** m. (s) aristocratie terrienne ; noblesse campagnarde. ||°-**arbeit** f. (-, en) travail (m.) des champs ; agriculture f. ||°-**arbeiter** m. (s, -) ouvrier (m.) agricole. ||°-**arzt** m. (es, ¨e) médecin (m.) de campagne. ||-**aus, -ein** adv. dans tous les sens. | *er wanderte landaus, landein*, il parcourut le pays dans tous les sens. ||°-**bau** m. (s) agriculture f. ||°-**besitzer** m. (s, -) propriétaire terrien. || °-**bewohner** m. (s, -) campagnard m. ||°-**brot** n. (s) pain (m.) de campagne. ||-**einwärts** adv. vers l'intérieur du pays. ||°-**enge** f. (-, n). GÉOGR. isthme m. ||°-**flucht** f. exode rural ; désertion (f.) des campagnes. ||-**flüchtig** adj. POLIT. fugitif ; réfugié. | *landflüchtig werden*, fuir son pays ; s'expatrier ; s'exiler. || JUR. s'évader (de prison). ||°-**frau** f. (-, en) campagnarde f. ; villageoise f. ; paysanne f. ||-**fremd** adj. étranger au pays. ||°-**friede** m. (ns) paix f. ; sûreté publique. ||°-**gang** m. (s, ¨e). MAR. permission (f.) de descendre à terre. ||°-**gemeinde** f. (-, n) commune rurale. ||°-**gericht** n. (s, e) tribunal (m.) de première instance. ||°-**graf** m. (en, en). HIST. landgrave m. ||°-**gut** n. (s, ¨er) propriété f. ; domaine m. ||°-**haus** n. (es, ¨er) maison (f.) de campagne ; pavillon m. ||°-**häuschen** n. (s, -) chalet m. ; bungalow m. ; cottage m. ||°-**jäger** m. (s, -) gendarme (m.) à pied. ||°-**junker** m. (s, -) gentilhomme campagnard ; hobereau m. ||°-**karte** f. (-, n) carte (f.) géographique. ||°-**kreis** m. (es, e). POLIT. arrondissement m. ||-**läufig** adj. d'usage dans le pays ; communément admis. | *landläufige Ansicht*, opinion commune, répandue. | *landläufiger Ausdruck*, terme courant ; expression consacrée. ||°-**leben** n. (s) vie (f.) à la campagne, au grand air ; vie (f.) champêtre, rustique. ||°-**leute** pl. gens (m. pl.) de la campagne ; campagnards m. pl. ||°-**macht** f. (-, ¨e). POLIT. puissance continentale. || MIL. armée (f.) de terre. ||°-**mann** m. (s, leute) paysan m. ; campagnard m. ||°-**messer** m. (s, -) arpenteur m. ; géomètre m. ||°-**partie** f. (-, en) partie (f.) de campagne ; excursion f. ||°-**pfarrer** m. (s, -) curé (m.), pasteur (m.) de campagne. ||°-**plage** f. (-, n) calamité (publique). ||°-**rat** m. (s, ¨e). POLIT. sous-préfet m. ||°-**ratte** f. (-, n). ZOOL. rat (m.) domestique. || FIG., MAR. terrien m. ||°-**regen** m. (s, -) pluie continue. ||°-**rücken** m. (s, -). GÉOGR. hauteurs f. pl. ; hauts m. pl. ||°-**sitz** m. (es, e) domaine m. ; terre f. || PAR EXT. maison (f.) de campagne. ||°-**spitze** f. (-, n). GÉOGR. pointe (f.) de terre ; cap m. ||°-**stände** m. pl. HIST., POLIT. états provinciaux. ||°-**straße** f. (-, n) grande route ; grand chemin. || voie (f.) de terre. ||°-**streicher** m. (s, -) vagabond m. ; chemineau m. ||°-**strich** m. (s, e) étendue (f.) de pays ; région f. ; contrée f. ||°-**sturm** m. (s, ¨e). MIL. réserve (f.) de l'armée territoriale. || °-**tag** m. (s, e). POLIT. diète f. ; landtag m. ||°-**tags|wahl** f. (-, en) élection régionale. ||°-**vogt** m. (s, ¨e). HIST. bailli m. ||°-**volk** n. (s) gens (pl.) de village ; campagnards m. pl. ||-**wärts** adv. vers la terre. ||°-**weg** m. (s, e) voie (f.) de terre. || chemin de terre, vicinal. ||°-**wehr** f. MIL. armée territoriale ; landwehr f. ||°-**wein** m. (s, e) vin (m.) de pays ; vin (m.) du cru. ||°-**wind** m. (s, e) vent (m.) de terre. ||°-**wirt** m. (s, e) agriculteur m. ; paysan m. ||°-**wirtschaft** f. agriculture f. ; agronomie f. ; économie rurale. ||-**wirtschaftlich** adj. agricole ; agronomique. ||°-**wirtschafts|kunde** f. agronomie f. ||°-**zunge** f. (-, n). GÉOGR. langue (f.) de terre.

Landauer ['landauər] m. (s, -) landau m.

Ländchen ['lɛntçən] n. (s, -) petit pays.

Lande|anflug ["lande'anflu:k] m. (s, ¨e). AÉRON. approche f. ||°-**brücke** f. (-, n). MAR. débarcadère m. ||°-**feld** n. ([e]s, er). AÉRON. aire (f.) d'atterrissage. ||°-**klappe** f. (-, n). AÉRON. volet (m.) d'atterrissage. ||°-**platz** m. (es, ¨e) aérodrome m.

landen ['landən] v. intr. MAR. prendre terre ; toucher terre. || MAR. accoster ; aborder. || AÉRON. atterrir. || FIG., FAM. *bei ihr kannst du nicht landen*, elle ne veut pas de toi.

◇ v. tr. débarquer. | *Truppen landen*, débarquer des troupes. || FIG. [Faustkampf] *einen großen Schlag landen*, toucher d'un grand coup de poing.

Landen [-dən] n. (s). MAR. descente (f.) à terre ; débarquement m. || AÉRON. atterrissage m.

Länderei [lɛndə'rai] f. (-, en). AGRIC. propriété rurale ; domaine m.

Länder|kunde ["lɛndər'kundə] f. géographie f. ||°-**spiel** n. (s, e). SPORT. rencontre internationale.

Landes|aufnahme ["landəs'aufnɑ:mə] f. (-, n). AGRIC. levé (m.), lever (m.) du terrain ; géodésie f. ; topographie f. ||°-**beschreibung** f. topographie f. ||°-**brauch** m. (s, ¨e) usage (m.), coutume (f.), mœurs (f. pl.) du pays. ||°-**farben** f. pl. POLIT. couleurs nationales. ||°-**fürst** m. (en, en). POLIT. souverain m. ; prince régnant. ||°-**hauptstadt** f. (-, ¨e) capitale (f.) [d'un Land]. ||°-**herrschaft** f. (-, en). POLIT. [Verwaltung] domination f. || PAR EXT. [Personen] famille régnante ; souverain(s) m. (pl.). ||°-**hoheit** f. souveraineté f. ||°-**kirche** f. (-, n). RELIG. Église nationale. ||-**kundig** adj. qui connaît bien le pays. ||°-**sprache** f. (-, n) langue (f.) du pays ; langue nationale. ||°-**tracht** f. (-, en) costume national, local. ||°-**trauer** f. deuil national. ||-**üblich** adj. qui est d'usage dans le pays ; usuel. ||°-**vater** m. (s) souverain m. ||°-**vermessung** f. topographie f. ||°-**verrat** m. (s). JUR. atteinte (f.) à la sûreté de l'État. ||°-**verräter** m. (s, -) traître (m.) à son pays ; coupable de haute trahison. ||°-**verteidigung** f. défense nationale. ||°-**verwaltung** f. (-, en). POLIT. administration (publique).

Ländler ['lɛntlər] m. (s, -). [Tanz] (danse) tyrolienne f. ; valse lente.

ländlich [-liç] adj. rustique ; agreste ; rural ; campagnard ; paysan ; villageois.

Landschaft ['lantʃaft] f. (-, en) paysage m. ; site m. || PAR EXT. contrée f. ; région f. ; province f.

landschaftlich [-tliç] adj. qui a trait au paysage. || POLIT. provincial.

Landschafts|architekt ["lantʃaftsarçi'tɛkt] m. (en, en) architecte (m.) paysagiste. ||°-**bild** n. (s, er) panorama m. ||°-**gärtner** m. (s, -) jardinier (m.) paysagiste. ||°-**maler** m. (s, -) peintre (m.) de paysages ; paysagiste m. ||°-**pflege** f. (-, n), °-**schutz** m. (es). [Umwelt] protection (f.) des sites.

Landser ['lantzər] m. (s, -). FAM., MIL. territorial ; soldat m. ; camarade m.

Lands|knecht ["lants'knɛçt] m. (es, e). HIST. lansquenet m. | *er fluchte wie ein Landsknecht*, il jura comme un païen, un charretier. ||°-**mann** m. (s, leute) compatriote m. ; FAM. pays m. ||°-**männin** f. (-, nen) compatriote f. ; FAM. payse f. ||-**männisch** adj. de, en compatriote. ||°-**mannschaft** f. (-, en) qualité (f.) de compatriote. || PAR EXT. association (f.) de compatriotes, de réfugiés.

Landung ['landuŋ] f. (-, en). MAR. action (f.) de débarquer ; débarquement m. || AÉRON. atterrissage m. ; amerrissage m. | *glatte Landung*, atterrissage sans encombre, parfait.

Landungs|brücke ["landuŋs'brykə] f. (-, n). MAR. appontement m. ; débarcadère m. ||°-**gestell** n. (s, e). AÉRON. train (m.) d'atterrissage. ||°-**platz** m. (es, ¨e), °-**stelle** f. (-, n). MAR. débarcadère m. ;

ponton m. || AÉRON. terrain (m.) d'atterrissage ; héliport (m.) ||°**-seil** n. (s, e). AÉRON. guiderope m.

lang [laŋ] adj. **1.** [räumlich] long ; grand ; d'une longueur de. | *langer Weg*, long chemin. | *lange Beine*, de longues jambes, pattes. | *das Haus ist zwölf Meter lang*, la maison a douze mètres de long, de longueur. || RADIO. *lange Welle*, grandes ondes. || FIG. *etwas auf die lange Bank schieben*, faire traîner une chose en longueur. | *von langer Hand*, de longue main. | *lange Finger haben*, avoir les doigts crochus. | *er zog ein langes Gesicht*, il fut tout penaud ; sa mine s'allongea. || FAM. *ein langer Laban*, un grand flandrin. | *jm eine lange Nase machen*, faire un pied de nez à qn. || POP. *einen langen Hals machen*, regarder qch. avec curiosité, avec envie. **2.** [zeitlich] long ; prolongé. | *lange Zeit*, un long temps. | *langes Leben*, longue vie. | *längere Zeit*, un assez long temps. | *vor langen Zeiten*, il y a bien longtemps. | *vor nicht zu langer Zeit*, il n'y a guère longtemps. | *die Zeit wurde ihm zu lang*, le temps lui dura trop ; il perdit patience. | *nach langen Jahren*, après de longues années. || *seit langem*, depuis longtemps. | *länger werden*, augmenter ; allonger. || COMM. *auf lange Sicht*, à longue échéance ; à long terme. || FAM. *er ist die längste Zeit in mein Haus gekommen*, il est venu chez moi plus longtemps qu'il n'y viendra. || FIG. *lange Reden führen*, faire de longs discours.

◇ adv. **lang, lange,** longtemps, longuement ; pendant longtemps ; depuis longtemps. — **1.** *lange vorher*, longtemps auparavant. | *lange nachher*, longtemps après. | *wie lange brauchen Sie dazu ?*, combien de temps vous faut-il pour cela ? | *das dauert aber lange !*, que cela dure longtemps ! ; mais tu n'en finis pas ! | *lang anhaltender Beifall*, applaudissements prolongés. | *es dauerte nicht lange, so trat er herein*, il entra peu après. | *noch lange nicht*, pas de sitôt. | *schon lange*, depuis longtemps. | *über kurz oder lang*, tôt ou tard. | *eine Frage lang und breit auseinandersetzen*, donner force explications sur une question ; FAM. expliquer en long et en large. | *je länger, je lieber*, le plus longtemps sera le mieux. || FAM. *er wird nicht mehr lange machen*, il ne vivra plus longtemps. | *er hat lange nicht sein Teil erhalten*, il s'en faut de beaucoup qu'il ait reçu sa part. **2.** *die Zeit ist längst vorbei*, ce temps est passé depuis bien longtemps. | *er ist längst fort*, il y a beau temps qu'il est parti ; FAM. il y a belle lurette qu'il est parti. | *das hatte ich längst vorausgesehen*, j'avais prévu cela depuis fort longtemps. | *in längstens drei Tagen*, dans trois jours au plus tard. | *das ist längst nicht erwiesen*, ce n'est pas prouvé, il s'en faut. | *das ist lange, längst genug für ihn*, c'est amplement suffisant pour lui. **3.** [der Länge nach] de son long ; de tout son long. | *er fiel lang hin*, il tomba de tout son long.

lang|armig ["laŋ'armiç] adj. qui a de longs bras. ||**-atmig** adj. *langatmige Reden führen*, faire de longs discours ; être prolixe. ||**-beinig** adj. qui a les jambes longues. ||°**-finger** m. (s, -). FAM. personne qui a les mains crochues ; voleur m. ; chapardeur m. ||**-fristig** adj. COMM. à longue échéance ; à long terme. ||**-gestreckt** adj. allongé ; étendu de tout son long. ||**-haarig** adj. chevelu ; à poil long. ||°**-haus** n. (es, ¨er), °**-schiff** n. (s, e). ARCHIT. longue nef. ||°**-holz** n. (es, ¨er) bois (m.) en grumes. ||**-jährig** adj. qui dure, a duré des années ; de longue durée. | *langjährige Erfahrung haben*, avoir une longue expérience. | *langjähriger Freund*, ami de longue date. ||°**-lauf** m. (s, ¨e) course (f.) de fond. ||**-lebig** adj. PHYSIOL. qui vit longtemps. || NUCL. *langlebiger Abfall*, déchets (m. pl.) à longue durée de vie. ||°**-lebigkeit** f. longévité f. ||°**-mut** f. (-) longanimité f. ; indulgence f. ||**-mütig** adj. indulgent. ||**-nasig** adj. qui a un long nez. ||°**-ohr** n. (s, en). IRON. à longues oreilles ; bourrique f. || PROV. *ein Esel schilt den andern Langohr*, la pelle se moque du fourgon ; c'est l'hôpital qui se moque de la charité. ||°**-schläfer** m. (s, -) grand dormeur. ||°**-schnäbler** m. (s, -). ZOOL. longirostre m. ||**-sichtig** adj. COMM. à long terme. ||**-silbig** adj. GRAMM. à syllabe longue. ||°**-spielplatte** f. (-, n). MUS. disque (m.) microsillon. ||**-stielig** adj. BOT. à longue tige ; longicaule. ||°**-streckenflug** m. (s, ¨e). AÉRON. vol (m.) long-courrier. ||°**-streckenflugzeug** n. (s, e). AÉRON. long-courrier m. ||°**-streckenlauf** m. (s, ¨e). SPORT. course (f.) de fond. ||°**-streckenrekord** m. (s, e). SPORT. record (m.) de distance. ||°**-weile** f. ennui m. ||**-weilen** v. tr. et v. pr. (s')ennuyer. ||**-weilig** adj. ennuyeux ; fastidieux. | *ein langweiliger Geselle*, un fâcheux, FAM. un raseur. ||**-wierig** adj. de longue durée ; de longue haleine ; [Krankheit] chronique.

lange ['laŋə] adv. V. LANG.

Länge ['lɛŋə] f. (-, n). [Raum] longueur f. | *ein Schiff von sechzig Metern Länge*, un navire de soixante mètres de long, de longueur. | *der Länge nach*, dans le sens de la longueur. | *er fiel der Länge nach hin*, il tomba de tout son long, tout de son long. | *eine Angelegenheit in die Länge ziehen*, faire traîner une affaire. | *die Sitzung zog sich in die Länge*, la séance traînait en longueur, n'en finissait plus. || SPORT. *Oxford siegte mit zwei Längen*, Oxford gagna, l'emporta par deux longueurs. || LITTÉR. *eine Länge*, une longue. | *der Roman hat zu viele Längen*, ce roman comporte trop de longueurs. || GÉOGR. longitude f. | *unter sechs Grad östlicher Länge*, à six degrés de longitude est.

länge|lang ["lɛŋə'laŋ] adv. FAM. *längelang hinschlagen, hinfallen*, tomber tout de son long, de tout son long.

langen ['laŋən] v. intr. **1.** FAM. [genügen] suffire. | *dieser Betrag langt nicht weit*, on ne va pas loin avec cette somme. || POP. *jetzt langt's aber !*, cela suffit maintenant ! ; assez ! **2.** [mit der Hand erreichen, ergreifen] atteindre ; saisir. | *in die Tasche langen*, mettre la main à la poche. || PAR EXT. *die Leiter langt nicht bis zum ersten Ast*, l'échelle n'atteint pas, ne monte pas jusqu'à la première branche.

◇ v. tr. tendre ; passer. | *lang mir mal meinen Hammer !*, passe-moi mon marteau. || FAM. *er langte ihm eine (Ohrfeige)*, il lui donna, lui allongea une gifle.

längen ['lɛŋən] v. tr. allonger ; délayer.

Längen|grad ["lɛŋən'gra:t] m. (s, e). GÉOGR. degré (m.) de longitude. ||°**-maß** n. (es, e). MATH. mesure (f.) de longueur. ||°**-messung** f. MATH. mesure (f.) des longueurs ; longimétrie f.

länglich ['lɛŋliç] adj. de forme allongée ; long ; oblong.

Langobarde [laŋgo'bardə] n. pr. m. (n, n). HIST. Lombard m.

längs [lɛŋs] prép. (gén.). [entlang] le long de. | *längs des Flusses*, le long du fleuve.

◇ adv. [der Länge nach] dans le sens de la longueur ; longitudinalement. | *längs durchschneiden*, couper longitudinalement, en longueur.

längs|gestreift ["lɛŋsgə'ʃtraift] adj. rayé. ||°**-richtung** f. (-, en) sens (m.) de la longueur. ||°**-schnitt** m. (s, e) coupe longitudinale. ||**-seits** adv. MAR. le long du bord.

langsam ['laŋza:m] adj. lent ; traînant ; tardif. | *er ist langsam in der Arbeit*, il travaille lentement. | *er ist langsam von Begriff*, c'est un esprit lent.

◇ adv. lentement ; doucement ; posément. | *das läßt sich nur langsam machen*, cela ne peut se faire que petit à petit. | *langsam gehen*, aller lentement. | *langsamer fahren*, ralentir. | *immer langsam voran !*, tout doux ! || PROV. *langsam, aber sicher*, lentement, mais sûrement. | *langsam kommt auch ans Ziel*, qui veut voyager loin ménage sa monture.

Langsamkeit [-kait] f. lenteur f.

längst [lɛŋst], **längstens** ['lɛŋstəns] adv. V. LANG(E).

Languste [laŋ'gu:stə] f. (-, n). ZOOL. langouste f.

Langzeit|arbeitslose(r) ["laŋtsait'arbaitslo:zə(r)] f. (m.) chômeur (m.), chômeuse (f.) de longue durée.

Lanze ['lantsə] f. (-, n) lance f. || FIG. *für jn eine Lanze einlegen, brechen*, rompre une lance pour qn.

lanzen|förmig ["lantsən'førmiç] adj. en forme de lance. || BOT. lancéolé. ||°**-stechen** n. (s). SPORT. tournoi m. ; joute f. ||°**-stich** m. (s, e) coup (m.) de lance.

Lanzette [lan'tsɛtə] f. (-, n). MÉD. lancette f.

Lanzett|fischchen [lan"tsɛt'fiʃçən] n. (s, -). ZOOL. lançon m.

lanzieren [lan'tsi:rən] v. tr. V. LANCIEREN.

lapidar [lapi'dɑ:r] adj. PR. et FIG. lapidaire.

Lappalie [la'pɑ:liə] f. (-, n). FAM. bagatelle f. ; vétille f. ; futilité f. ; niaiserie f. | *komme mir nicht mit solchen Lappalien !*, ne viens pas m'ennuyer avec ces vétilles.

Läppchen ['lɛpçən] n. (s, -) chiffon m. ; petit lambeau. || ANAT., BOT. lobule m.

Lappe ['lapə] m. (n, n). GÉOGR. Lapon m.

Lappen ['lapən] m. (s, -) lambeau m. ; morceau m. || PAR EXT. chiffon m. ; torchon m. || ANAT., BOT. lobe m. ; appendice m. || FIG. *er geht ihm durch die Lappen*, il lui brûle la politesse ; il lui file entre les doigts.

Lappen|taucher ["lapən'tauxər] m. (s, -). ZOOL. podicipédidé m.

läppern ['lɛpərn] v. tr. FAM. siroter ; laper.
◇ v. impers. et v. pr. **sich läppern.** FAM. s'amasser. | *es läppert sich (so zusammen)*, les petits ruisseaux font les grandes rivières.

lappig ['lapiç] adj. [Kleidung] flottant ; [Haut] flasque. || BOT., ZOOL. lobé. || FIG. sans valeur ; insignifiant.

Lappin ['lapin] n. pr. f. (-, nen). GÉOGR. Lapone f.

läppisch ['lɛpiʃ] adj. FAM. inepte ; niais ; sot ; futile ; fade ; puéril. | *läppisches Zeug*, fadaises f. pl. ; niaiseries f. pl.

Lapp|land ['laplant] n. pr. n. GÉOGR. Laponie f. ||°**-länder** n. pr. m. [Lappe] GÉOGR. Lapon m. ||**-ländisch** adj. GÉOGR. lapon.

Lapsus ['lapsus] m. (-, si) bévue f. ; inadvertance f. ; lapsus m. ; erreur f.

Lärche ['lɛrcə] f. (-, n), **Lärchen|baum** ["lɛrçən'baum] m. (s, ¨e). BOT. mélèze m. ; larix m.

Larifari [lari'fɑ:ri] n. (s). FAM. niaiserie f.

Lärm [lɛrm] m. (s) bruit m. ; vacarme m. ; fracas m. ; tapage m. ; tumulte m. ; tintamarre m. | *ohrenbetäubender Lärm*, vacarme assourdissant. | *Lärm machen*, faire du tapage. | *Lärm schlagen*, donner, sonner l'alerte. | *viel Lärm um nichts*, beaucoup de bruit pour rien.

Lärm|bekämpfung ["lɛrmbə'kɛmpfuŋ] f. (-) lutte (f.) antibruit. ||°**-belästigung** f. (-, en), °**-immission** f. (-, en) nuisances (f. pl.) sonores ; pollution (f.) acoustique. ||°**-schutz** m. (es) écran (m.) acoustique, antibruit. ||°**-schutzwall** m. (s, ¨e) remblai (m.) antibruit.

lärmen ['lɛrmən] v. intr. faire du bruit, du tapage.
◇ part. prés. **lärmend,** bruyant ; turbulent.
◇ adv. **lärmend,** à grand bruit.

Lärmer ['lɛrmər] m. (s, -) personnage tapageur, bruyant, turbulent.

Larve ['larvə] f. (-, n). ZOOL. larve f. || PAR EXT. [Gesichtsmaske] masque m.

lasch [laʃ] adj. mou ; flasque ; lâche ; relâché.

Lasche ['laʃə] f. (-, n) languette f. || [Kleid] patte f. || [Schuh] tirant m. || TECHN. éclisse f.

Laschheit ['laʃhait] f. (-, en) défaut (m.) de rigidité ; mollesse f. || FIG. caractère flasque.

Laser ['leizər] m. (s, -). PHYS. laser m.

Laser|drucker ["leizər'drukər] m. (s, -) imprimante (f.) à laser. ||°**-kopierer** m. (s, -) photocopieur (m.), photocopieuse (f.) à laser. ||°**-meßtechnik** f. (-, en) métrologie (f.) à laser. ||°**-pumpe** f. (-, n) pompe (f.) à laser. ||°**-schreiber** m. (s, -) pinceau (m.) de laser. ||°**-sonde** f. (-, n) sonde (f.) à laser. ||°**-spektrometer** m. (s, -) spectromètre (m.) à laser. ||°**-strahl** m. (s, en) rayon (m.) laser.

lasieren [la'zi:rən] v. tr. TECHN. glacer.

lassen ['lasən] (ä, ie, a).

> **I.** v. tr. ou pr.
> **1.** [sich trennen ; gewollt oder ungewollt verzichten] laisser.
> **2.** [zulassen ; belassen] laisser.
> **3.** [nicht tun ; unterlassen] ne pas faire.
> **II.** v. intr.
> [entsagen ; verzichten] renoncer à.
> **III.** verbe semi-auxiliaire (avec un infin.)
> **1.** [geschehen lassen] laisser faire ; permettre.
> **2.** [eine Handlung bewirken] faire.
> **3.** auxiliaire de l'impér.

I. v. tr. ou v. pr. **1.** [sich trennen ; gewollt oder ungewollt verzichten] se séparer ; renoncer avec ou sans intention. | *lassen Sie mich*, laissez-moi. | *laß ihn doch in Ruhe*, laisse-le donc tranquille ; laisse-le donc en paix. | *er hat Haare dabei gelassen*, il y a laissé des plumes. | *im Stich lassen*, abandonner ; FAM. laisser tomber. | *sein Leben lassen*, laisser la vie. | *laß die Finger davon*, n'y touche pas ; ne t'en mêle pas. | *Wasser lassen*, uriner. | *jn zur Ader lassen*, saigner qn. | *jm den Vorrang lassen*, céder le pas à qn ; laisser la première place à qn.

2. [zulassen ; belassen] laisser. | *laß alles an seinem Platz*, laisse tout à sa place. | *eine Zeile leer lassen*, laisser une ligne en blanc. | *er läßt ihn bei seiner Meinung*, il le laisse dans son opinion. | *er ließ kein gutes Haar an mir*, il a dit de moi pis que pendre. | *ich lasse das Kind nicht aus den Augen*, je ne quitte pas cet enfant des yeux. | *wir wollen es dabei lassen*, nous nous en tiendrons là. | *wir wollen die Dinge beim alten lassen*, laissons les choses telles qu'elles sont. | *er ist ehrlich, das muß man ihm lassen*, il est honnête, il faut lui rendre cette justice. | *lassen Sie mich aus dem Spiel*, laissez-moi hors de cause ; ne me mêlez pas à cette affaire. | *jm freie Hand lassen*, laisser à qn les mains libres. | *jm die Wahl lassen* ; *jm freie Wahl lassen*, laisser le choix à qn. || FAM. *das läßt mich kalt*, cela me laisse froid.

3. [nicht tun ; unterlassen] ne pas faire qch. ; s'abstenir. | *laß das !*, laisse cela ; n'en fais rien ; ne fais pas cela. | *lassen wir das !*, changeons de sujet ; passons ; n'en parlons plus. | *er kann das Kritisieren nicht lassen*, il ne peut s'abstenir de critiquer. || FAM. *ich kann es nicht lassen*, c'est plus fort que moi.

II. v. intr. [entsagen ; verzichten] renoncer à. | *er kann von seiner Gewohnheit nicht lassen*, il ne peut pas renoncer à son habitude. | *ich kann nicht von ihr lassen*, je ne puis la quitter ; je ne puis me séparer d'elle. || PROV. *Art läßt nicht von Art*, bon sang ne peut mentir ; bon chien chasse de race ; tel père, tel fils.

III. v. semi-auxiliaire (avec un infin.). **1.** [geschehen lassen] laisser faire ; permettre. | *ich lasse dich nicht (gehen)*, je ne te laisserai pas partir. | *laß das liegen*, ne prends pas cela ; n'y touche pas. | *er ließ alles stehen und liegen*, il abandonna tout ; il laissa tout en plan. | *laß das sein*, laisse cela ; ne fais pas cela ; n'en fais rien. | *wir wollen es gut sein lassen*, n'en parlons plus ; oublions le passé. | *jn ins Haus treten lassen*, laisser entrer qn chez soi. | *er läßt keinen Menschen zu sich*, il ne veut recevoir personne ; il a consigné sa porte. | *das läßt sich hören*, voilà un langage que j'aime entendre ; voilà qui est bien parlé. | *er läßt mit sich handeln*, on peut discuter avec lui. | *dieser Wein läßt sich trinken*, voilà du vin qui se laisse boire. | *es läßt sich nicht leugnen*, on ne peut pas le nier ; on est forcé d'en convenir. | *darüber ließe sich viel sagen*, il y aurait beaucoup à dire là-dessus. | *ich hätte mir das von Ihnen nie träumen lassen*, je n'aurais jamais pensé cela de vous. | *ein solches Glück hätte ich mir nicht träumen lassen*, un tel bonheur passe mes espérances. | *hier läßt sich gut leben*, on est bien ici ; on vit bien ici. | *das lasse ich mir nicht gefallen*, je ne le permettrai pas, ne l'admettrai pas, ne le tolérerai pas. | *wir wollen die Sache auf sich beruhen lassen*, ne poussons pas plus loin cette affaire. | *wir müssen es dabei bewenden lassen*, nous devons accepter les choses telles qu'elles sont ; nous devons nous en tenir là. || LOC., FAM. *er hat sie sitzen lassen*, il l'a abandonnée ; il a rompu avec elle ; POP. il l'a plaquée. | *fünf gerade sein lassen*, ne pas y regarder de trop près ; ne pas chercher midi à quatorze heures. **2.** [eine Handlung bewirken] faire. | *lassen Sie sich doch diesen Bart abnehmen*, faites-vous donc couper la barbe. | *jn eine Arbeit verrichten lassen*, faire faire un travail à qn. | *jn grüßen lassen*, faire transmettre ses salutations à qn. | *das läßt vermuten, daß*, cela fait supposer que. | *laß mal sehen*, fais voir ; montre-moi cela ; voyons. | *lassen Sie sich das gesagt sein*, tenez-vous le pour dit ; à bon entendeur salut. | *er ließ sich das Essen wohl schmecken*, il fit honneur aux plats.
3. (auxiliaire de l'impér., dans le style noble) *lasset uns beten, meine Brüder*, prions, mes frères.

Lassen ['lasən] n. (s) *sein Tun und Lassen*, ses faits et gestes.

lässig ['lɛsiç] adj. nonchalant ; négligent ; indolent ; mou ; indifférent.
◇ adv. nonchalamment ; négligemment ; mollement. | *lässig im Lehnstuhl sitzend*, renversé dans son fauteuil.

Lässigkeit [-kait] f. (-, en) indolence f. ; nonchalance f. ; laisser-aller m. ; négligence f. ; manque (m.) de soin.

läßlich ['lɛsliç] adj. qui mérite l'indulgence, l'absolution.

Lasso ['laso] m. et n. (s, s) lasso m.

Last [last] f. (-, en) charge f. ; fardeau m. ; faix m. | *schwere Last*, lourde charge ; charge pesante. | *(er)drückende Last*, charge écrasante. | *eine Last heben*, soulever une charge. | *eine Last abwerfen*, se débarrasser d'un fardeau ; rejeter un fardeau. || FIG. poids m. ; fardeau m. ; faix m. | *Sie haben mir eine unerträgliche Last auferlegt*, vous m'avez imposé une charge insupportable. | *ich möchte Ihnen nicht zur Last fallen*, je ne voudrais pas être une charge pour vous. | *eine Last abwälzen*, se débarrasser d'un fardeau. || JUR. *jm ein Vergehen zur Last legen*, accuser, charger qn d'un délit. || COMM., FIN. *zu Lasten des Empfängers*, à la charge du destinataire. | *zu Lasten Ihres Kontos*, au débit de votre compte.

Last|auto ["last'auto] n. (s, s) camion m. ; poids lourd. ||°**-kahn** m. (s, ¨e). MAR. chaland m. ; péniche f. ||°**-kraftfahrzeug** n. (s, e), °**-kraftwagen** m. (s, -), (**LKW**) camion m. ; poids lourd. ||°**-schiff** n. (s, e). MAR. cargo m. ; chaland m. ; péniche f. ||°**-schrift** f. (-, n). COMM. note (f.) de débit. || INF. débit m. ||°**-tier** n. (s, e) bête (f.) de somme. ||°**-träger** m. (s, -) portefaix m. ||°**-wagen** m. (s, -) camion m. ; poids lourd ; fardier m. ||°**-zug** m. (s, ¨e) train (m.) de marchandises. || AUTOM. camion (m.) avec remorque ; train routier.

lasten ['lastən] v. intr. peser. | *auf dem Grundstück lastet eine Hypothek*, cet immeuble est grevé d'une hypothèque. || FIG. *auf seinen Schultern lastet alle Verantwortung*, toute la responsabilité repose sur ses épaules. | *eine lastende Stille*, un silence pesant.

Lasten|aufzug ["lastən'auftsu:k] m. (s, ¨e). TECHN. élévateur m. ; monte-charge m. ||°**-ausgleich** m. (s, e). 1° répartition (f.), compensation (f.), péréquation (f.) des charges ; 2° indemnité (f.) pour dommages de guerre. ||**-frei** adj. JUR. exempt de charges. ||°**-heft** n. (s, e). ÉCON. cahier (m.) des charges. ||°**-segler** m. (s, -). AÉRON. cargo (m.) planeur.

Laster ['lastər] m. (s, -). FAM. camion m.

Laster ['lastər] n. (s, -) vice m. ; défaut m. | *einem Laster verfallen sein*, être adonné à un vice. | *dem Laster frönen*, être l'esclave du vice.

Lästerer ['lɛstərər] m. (s, -). RELIG. blasphémateur m. || PAR EXT. calomniateur m.

lasterhaft ['lastərhaft] adj. vicieux ; immoral ; de mœurs dissolues ; dépravé ; débauché ; libertin.

Lasterhaftigkeit [-haftiçkait] f. immoralité f. ; dérèglement m. ; mœurs dissolues ; corruption (f.) des mœurs ; dépravation f.

Laster|leben ["lastər'le:bən] n. (s) vie dissolue, dépravée.

lästerlich ['lɛstərliç] adj. impie ; blasphématoire.
◇ adv. *lästerlich fluchen*, jurer comme un païen.

Läster|maul ["lɛstər'maul] n. (s). FAM. méchante langue. ||°**-rede** f. (-, n). RELIG. blasphème m. || PAR EXT. propos outrageants, diffamatoires. ||°**-zunge** f. (-, n) méchante langue ; langue (f.) de vipère.

lästern ['lɛstərn] v. tr. RELIG. blasphémer. | *Gott lästern*, blasphémer (le nom de) Dieu.
◇ v. intr. faire injure à ; être injurieux pour. | *auf, über, wider, gegen jn lästern*, calomnier, diffamer qn ; médire de qn.

Lästerung [-ruŋ] f. (-, en). RELIG. blasphème m. || PAR EXT. calomnie f. ; médisance f. ; diffamation f.

lästig ['lɛstiç] adj. gênant ; agaçant ; incommodant ; importun ; fâcheux ; indésirable ; encombrant ; ennuyeux. | *lästiger Mensch*, fâcheux m. ; importun m. | *lästiges Übel*, mal agaçant. | *jm lästig fallen, werden, sein*, importuner qn.

Lästigkeit [-kait] f. importunité f. ; incommodité f. ; gêne f.

Lasur [la'zu:r] f. (-, en). MINÉRAL. [Kupferlasur] azur m. || ARTS. [Lasurlack] glacis m.

lasziv [las'tsi:f] adj. lascif ; voluptueux.

Laszivität [-tsivi'tɛ:t] f. (-, en) lascivité f. ; volupté f.

Latein [la'tain] n. (s) latin m. ; langue latine. | *Latein können*, savoir le latin. || FIG., FAM. *ich bin mit meinem Latein am Ende*, j'y perds mon latin.

Lateiner [-nər] m. latiniste m.

lateinisch [-niʃ] adj. latin. | *lateinische Sprache*, latin m. ; langue latine. || TYPOGR. *lateinische Schrift*, caractère romain ; romain m.

latent [la'tɛnt] adj. latent ; caché.

Latenz [la'tɛnts] f. (-, en). MÉD. latence f.

Latenz|periode [la"tɛntsperi'o:də] f. (-, n). MÉD.

temps (m.) de latence. ||°**-phase** f. (-, n). MÉD. état latent.

lateral [latera:l] adj. latéral.

Laterne [la'tɛrnə] f. (-, n) lanterne f. || [Straßenlaterne] réverbère m. || [Gas] bec (m.) de gaz. || [Schiff] fanal m.

Laternen|pfahl [la"tɛrnən'pfa:l] m. (s, ¨e) réverbère m.

Latex ['la:tɛks] m. (-) latex m.

latinisieren [latini'zi:rən] v. tr. latiniser.

Latinismus [-'nismus] m. (-, men). GRAMM. latinisme m.

Latrine [la'tri:nə] f. (-, n) latrines f. pl.

Latsche ['la:tʃə] f. (-, n). BOT. pin nain ; pin (m.) de montagne.

latschen ['la:tʃən] v. intr. FAM. traîner la jambe, la patte.

Latschen ['la:tʃən] m. (s, -) savate f.

latschig [-ʃiç] adj. qui traîne ; qui traîne la savate ; mou ; négligent.

Latte ['latə] f. (-, n). TECHN. latte f. || SPORT. barre f. (de saut). || FIG., FAM. *lange Latte*, perche f. ; grand flandrin. | *dumm wie eine Latte*, bête comme ses pieds.

latten [-tən] v. tr. TECHN. latter.

Latten|kiste ["latən'kistə] f. (-, n) caisse (f.) à claire-voie ; cageot m. ||°**-rost** m. (es, e). TECHN. caillebotis m. ||°**-verschlag** m. (s, ¨e), °**-werk** n. (s, e). TECHN. lattis m. ||°**-zaun** m. (s, ¨e) treillage m. ; palissade f.

Lattich ['latiç] m. (s, e). BOT. laitue f.

Latwerge [lat'vɛrgə] f. (-, n) électuaire m. ; opiat m.

Latz [lats] m. (es, ¨e). [Schürze] bavette f. || [Hose] pont m. || [Tasche] patte f. || [Mütze] rabat m.

Latz|hose ["lats'ho:zə] f. (-, n) salopette f.

Lätzchen ['lɛtsçən] n. (s, -) bavette f.

lau [lau] adj. PR. et FIG. tiède ; attiédi.

lau|warm ['lauvarm] adj. tiède.

Laub [laup] n. (s, e). BOT. feuillage m. ; feuilles f. pl. | *dürres Laub*, feuilles mortes. | *laubabwerfender Baum*, arbre à feuilles caduques. || PAR EXT. [Blätterwerk] frondaison f. ; ombrages m. pl. || [Kartenspiel] pique m. || ARCHIT. rinceau m.

Laub|baum ["laup'baum] m. (s, ¨e), °**-holz** n. (es, ¨er). BOT. arbre (m.) à feuilles caduques ; essence feuillue. ||°**-dach** n. (s, ¨er) dôme (m.) de verdure ; ramée f. ||°**-frosch** m. (s, ¨e). ZOOL. grenouille verte ; rainette f. ||°**-hütte** f. ramée f. ; cabane f. | *Laubhüttenfest*, fête (f.) des Tabernacles (Israël). ||°**-säge** f. (-, n). TECHN. scie (f.) à découper, à chantourner. ||°**-sänger** m. (s, -). ZOOL. pouillot m. ||**-tragend** adj. BOT. frondifère ; feuillu. ||°**-wald** m. (s, ¨er). BOT. bois (m.) d'arbres à feuilles caduques. ||°**-werk** n. (s, e) feuillage m. || ARCHIT. rinceau m.

Laube ['laubə] f. (-, n) tonnelle f. ; berceau m. || ARCHIT. arcade f. ; portique m. ; porche m.

Lauben|gang ["laubən'gaŋ] m. (s, ¨e) charmille f. ; allée couverte. ||°**-kolonie** f. (-, n) jardins ouvriers.

Lauch [laux] m. (s, e). BOT. plante alliacée. || CULIN. poireau m.

Lauer ['lauər] f. (action de) guetter ; guet m. | *auf der Lauer liegen, sein*, être aux aguets ; épier.

lauern ['lauərn] v. intr. guetter ; épier ; être à l'écoute, aux aguets. | *auf eine Gelegenheit lauern*, attendre, guetter une occasion.

Lauf [lauf] m. (s, ¨e). **1.** course f. ; marche f. || SPORT. course f.

2. [Geschwindigkeit ; Gang ; Fahrt] courant m. ; fil m. | *der Lauf des Wassers*, le courant, le fil de l'eau. || [Blut] circulation f. || [Gestirn] cours m. ; course f. || MUS. trait m. ; roulade f.

3. FIG. cours m. ; marche f. | *das ist der Lauf der Dinge*, ainsi vont les choses. | *im Laufe der Zeit*, petit à petit ; avec le temps. | *im Laufe des Gesprächs*, au cours de la conversation. | *seinem Ehrgeiz freien Lauf lassen*, donner libre cours à son ambition.

4. [Bahn ; Weg ; Strecke] parcours m. | *der Lauf des Rheins*, le (par)cours du Rhin. || [Rohr von Schußwaffen] tube (m.) de canon. || MINES. [Sohlstrecke] galerie f.

5. ZOOL. [Fuß] pied m. ; patte f. ; jambe f. || [Brunst] rut m. ; chaleur f.

Lauf|achse ["lauf'aksə] f. (-, n). TECHN. essieu (m.) de support (d'une locomotive). ||°**-bahn** f. (-, en) [Beruf] carrière f. ||°**-brett** n. (s, er) marchepied m. ; passerelle f. ||°**-bursche** m. (n, n) garçon (m.) de courses. ||°**-feuer** n. (s) traînée (f.) de poudre. || MIL. feu roulant. ||°**-fläche** f. (-, n). [Schi] semelle f. ||°**-gewichtswaage** f. (-, n) balance romaine. ||°**-gitter** n. (s, -). [Baby] parc m. ||°**-graben** m. (s, ¨). MIL. tranchée f. ; boyau (m.) de communication. ||°**-käfer** m. (s, -). ZOOL. carabe m. ; carabus m. ||°**-katze** f. (-, n). TECHN. treuil, chariot roulant. ||°**-knoten** m. (s, -) nœud coulant. ||°**-kran** m. (s, ¨e). TECHN. grue roulante. ||°**-masche** f. (-, n). TEXT. maille filée (à un bas). ||**-maschensicher** adj. indémaillable. ||°**-paß** m. (es, ¨e). FIG., FAM. *jm den Laufpaß geben*, renvoyer, éconduire qn. ||°**-rost** m. (es, ¨e) caillebotis m. ||°**-schiene** f. (-, n). TECHN. glissière f. ; rail (m.) de roulement ; monorail m. ||°**-schritt** m. (s, e) pas (m.) de course. || MIL. pas (de) gymnastique. ||°**-ställchen** n. (s, -) parc (m.) pour bébés. ||°**-steg** m. (s, e) passerelle f. ; [Modeschau] estrade f. ||°**-vögel** m. pl. ZOOL. coureurs m. pl. ||°**-werk** n. (s, e) [informatique] lecteur (m.) de disquettes. ||°**-zeit** f. (-, en). COMM. [Umlaufzeit] délai m. (de remboursement) ; [Anleihe] durée f. || TECHN. *Laufzeit einer Uhr*, durée (f.) de marche d'une montre. || SPORT. temps réalisé sur un parcours ; FAM. chronomètre m. || [Film] période (f.) d'exploitation. ||°**-zettel** m. (s, -) circulaire f. ; feuille (f.) d'émargement.

laufen ['laufən] (ä, ie, a) v. intr. **1.** [sich schnell bewegen] courir. | *lauf schnell!*, cours vite ! | *gelaufen kommen*, arriver en courant. | *Hals über Kopf laufen*, prendre ses jambes à son cou. | *mit jm um die Wette laufen*, faire une course avec qn. | *mit dem Kopf gegen die Wand laufen*, se cogner la tête au mur. | *auf dem Eis laufen*, patiner. || FIG., TECHN. *der Motor läuft*, le moteur tourne. || COMM. *die Geschäfte laufen gut*, les affaires vont bien. || MAR. *das Schiff läuft aus dem Hafen*, le bateau quitte le port, prend la mer. | *auf Grund laufen*, s'échouer. || FAM. *wir wollen sehen, wie der Hase läuft*, attendons pour voir comment l'affaire tournera.

2. marcher ; aller. | *wir laufen lieber zu Fuß*, nous préférons marcher. | *er ließ ihn ungeschoren laufen*, il le laissa partir sans lui faire de mal, sans le punir. | *die Dinge laufen lassen*, laisser aller les choses. | *das läuft am Ende aufs gleiche hinaus*, en fin de compte cela revient au même.

3. [rinnen ; fließen] couler. | *das Blut läuft durch die Adern*, le sang coule dans les veines. | *Tränen liefen ihr über die Wangen*, les larmes roulaient sur ses joues. || PAR EXT. fuir ; avoir une fuite. | *das Faß läuft*, le tonneau fuit.

4. [in Umlauf sein] courir ; être en cours. | *der Mietsvertrag läuft noch drei Jahre*, le bail court encore trois ans. | *der Prozeß läuft*, le procès suit son cours, continue. || COMM. *der Wechsel läuft noch zwei Monate*, la traite n'arrive à échéance que dans deux mois. || THÉÂTRE. tenir l'affiche.

◇ v. tr. et v. pr. *Schi, Schlittschuh laufen*, skier, patiner. | *Gefahr laufen zu*, courir le risque de. | *einen Weg laufen*, parcourir un chemin. | *sich die Füße wund laufen*, s'écorcher les pieds en marchant. || MAR. *das Schiff läuft zwanzig Knoten*, ce navire file vingt nœuds. || SPORT. *er läuft hundert Meter*, il court le cent mètres.
◇ v. impers. *hier läuft es sich schlecht*, la route est mauvaise ici. || FIG. *das läuft ins Geld*, cela entraîne de gros frais. | *es lief mir kalt über den Rücken*, j'avais des frissons.

laufend [-fənt] adj. courant. | *das laufende Jahr*, l'année (f.) en cours. | *auf dem Laufenden sein*, être au courant ; être à jour. | *jn auf dem Laufenden halten*, tenir qn au courant. || COMM. *laufende Rechnung*, compte courant. | *laufende Nummer*, numéro (m.) d'ordre. || FIG. *am laufenden Band*, sans cesse ; sans interruption.

Läufer ['lɔyfər] m. (s, -) coureur m. || MIL. estafette f. ; courrier m. || [Schachspiel] fou m. || SPORT. [Rugby] trois-quarts m. || [Fußball] demi m. || BOT. coulant m. || MUS. roulade f. || TECHN. curseur m. || TEXT. chemin (m.) de table ; tapis (m.) d'escalier. || ÉLECTR. rotor m. ; induit m.

Lauferei [laufə'rai] f. (-, en) courses f. pl. | *er hatte viel Lauferei(en) damit*, cela l'obligeait à bien des démarches.

läufig ['lɔyfiç] adj. ZOOL. chaude ; en chaleur.

Lauge ['laugə] f. (-, n) lessive. || CHIM. solution alcaline ; base f. | *Salzlauge*, saumure f.

laugen [-gən] v. tr. lessiver ; mettre à la lessive ; laver.

laugen|artig ["laugən'ɑ:rtiç] adj. CHIM. alcalin. ||°**-bad** n. (s, ¨er). MÉD. bain alcalin. ||°**-salz** n. (es). CHIM. sel alcalin ; alcali m.

Lauheit ['lauhait] f. (-, en) tiédeur f. || FIG. indifférence f. ; tiédeur f.

Laune ['launə] f. (-, n) humeur f. ; tempérament m. ; caprice m. ; toquade f. | *er ist guter, schlechter Laune*, il est de bonne, mauvaise humeur. | *bei, in Laune sein*, être en verve. || FAM. *sie hat Launen*, elle a des caprices ; elle est lunatique. | *sich in js Laune fügen*, se plier aux caprices (de qn). || FIG. *die Launen des Schicksals*, les caprices (m. pl.) du sort.

launenhaft ['launənhaft] adj. capricieux ; fantasque ; changeant ; inconstant ; lunatique ; versatile.

Launenhaftigkeit [-haftiçkait] f. (-, en) caractère capricieux, fantasque, bizarre, changeant.

launig ['launiç] adj. enjoué ; plein de gaieté ; divertissant ; amusant ; comique ; drôle. | *launiger Einfall*, saillie f. ; pointe f. ; boutade f.
◇ adv. *er schreibt launig*, il écrit d'une façon amusante.

Launigkeit [-niçkait] f. enjouement m. ; gaieté (f.) de caractère.

launisch [-niʃ] adj. d'humeur changeante, instable ; inconstant ; fantasque. || PAR EXT. de mauvaise humeur ; mal luné.

Laus [laus] f. (-, ¨e). ZOOL. pou m. || FIG., FAM. *jm Läuse in den Pelz setzen*, donner du fil à retordre à qn. | *ihm ist eine Laus über die Leber gelaufen, gekrochen*, il est de mauvaise humeur.

Laus|bub ["laus'bu:b] m. (n, n) vaurien m. ; gamin m. ||°**-buben|streich** m. (s, e) tour (m.) pendable.

lauschen ['lauʃən] v. intr. tendre, prêter l'oreille ; écouter attentivement ; épier. | *er lauscht an den Türen*, il écoute aux portes.

Lauscher [-ʃər] m. (s, -) qui est aux écoutes, aux aguets ; espion m. ; mouchard m. || ZOOL. [Ohr] oreille f.

lauschig ['lauʃiç] adj. retiré ; discret ; intime. | *lauschige Ecke*, coin (m.) intime.

Lause|junge ["lauzə'juŋə] m. (n, n) pouilleux m. ; gueux m. ; vaurien.

lausen ['lauzən] v. tr. chercher les poux ; épouiller.

lausig ['lauziç] adj. FAM. pouilleux ; misérable. | *die paar lausigen Pfennige, die du verloren hast*, les quelques misérables pfennigs que tu as perdus.
◇ adv. POP. *es ist lausig kalt hier*, il fait un froid de canard ici. | *er hat lausig viel Geld*, il est plein aux as.

Lausitz ['lauzits] n. pr. f. GÉOGR. Lusace f.

laut [laut] adj. [hörbar] haut ; sonore ; fort ; distinct ; bruyant ; perceptible. | *lauter Mensch*, homme bruyant. | *ein lautes Geschrei erheben*, jeter les hauts cris. || PAR EXT. [bekannt] connu. | *der Vorfall wurde laut*, l'incident s'ébruita. | *Wünsche laut werden lassen*, manifester des désirs.
◇ adv. à voix haute ; à haute voix ; bruyamment ; hautement. | *laut singen*, chanter haut, fort. || PAR EXT. [öffentlich] *das darf nicht laut gesagt werden*, il ne faut pas en parler publiquement.

laut [laut] prép. (gén., parfois dat.) d'après ; suivant ; selon ; en vertu de ; aux termes de. | *laut Befehl*, conformément à l'ordre. | *laut ärztlichen Gutachtens*, sur avis médical. | *laut Quittung*, suivant quittance. | *laut Gesetz*, conformément à, en vertu, aux termes de la loi. | *laut Vollmacht*, en vertu des pleins pouvoirs.

Laut [laut] m. (es, e) son m. ; bruit m. | *kein Laut kam ihm über die Lippen*, il ne souffla mot. || GRAMM. son articulé ; phonème m. || [Jagd] voix f. | *der Hund gibt Laut*, le chien donne de la voix.

Laut|angleichung ["laut'anglaiçuŋ] f. (-, en) assimilation (f.) des sons. ||°**-bildung** f. formation (f.) des sons. ||**-hals** adv. à pleine gorge ; à tue-tête. ||°**-lehre** f. phonétique f. ||**-los** adj. sans bruit ; silencieux. | *lautlose Stille*, calme, silence profond. || PAR EXT. [stumm] sans voix ; muet ; aphone ; interdit. ||°**-losigkeit** f. silence profond. ||°**-malerei** f. (-, en) harmonie imitative. ||°**-nachbildung** f. (-, en) onomatopée f. ||°**-schrift** f. (-, en) écriture (f.) phonétique. ||°**-sprecher** m. (s, -). RADIO. haut-parleur m. ||°**-sprecherbox** f. (-, en) enceinte (f.) acoustique ; FAM. baffle m. ||°**-stärke** f. (-, n). RADIO. volume (m.), puissance (f.) du son. ||°**-verschiebung** f. (-, en). GRAMM. mutation (f.) consonantique. ||°**-verstärker** m. (s, -). RADIO. amplificateur m. ||°**-wandel** m. (s) mutation (f.) phonétique. ||°**-wechsel** m. (s, -) intervention (f.) dans un mot ; métathèse f. ||°**-zeichen** n. (s, -) signe (m.) phonétique.

lautbar ['lautbɑ:r] adj. connu ; public. | *lautbar werden*, s'ébruiter.

Laute ['lautə] f. (-, n). MUS. luth m. ; guitare f. | *die Laute schlagen*, jouer du luth.

Lautenist [lautə'nist] m. (en, en) luthiste m. ; joueur (m.) de luth.

lauten ['lautən] v. intr. FIG. avoir telle teneur ; dire que. | *wie lautet das Gesetz ?*, que dit la loi ? | *so lautet der Titel dieser Novelle*, tel est le titre de cette nouvelle. || JUR. *das Urteil lautete auf Freispruch*, ce fut une sentence d'acquittement ; le prévenu fut acquitté. || FIN. *auf den Namen des Inhabers lautend*, au porteur ; nominatif.

läuten ['lɔytən] v. intr. et impers. sonner. | *die Glocke läutet*, la cloche sonne. | *es läutet Mittag*, midi sonne. | *mit allen Glocken läuten*, carillonner. | *es läutet*, on sonne. || [klingeln] sonner (qn) ; faire venir au moyen d'une sonnette. | *dem Dienstmädchen läuten*, sonner la domestique.

Läuten [-tən] n. (s) sonnerie f.

lauter ['lautər] adj. clair ; net ; limpide ; pur ; sans

mélange. | *aus lauterem Gold*, en or pur, massif. | *er sprach die lautere Wahrheit*, il dit la pure vérité. | *lautere Absichten*, intentions pures, honnêtes.
◇ adv. seulement ; exclusivement ; ne... que ; rien que. | *das sind ja lauter Lügen*, pur mensonge. || PROV. *er sieht den Wald vor lauter Bäumen nicht*, les arbres lui cachent la forêt.

Lauterkeit ['lautərkait] f. pureté f. ; netteté f. ; clarté f. ; limpidité f. || FIG. pureté f. ; sincérité f.

läutern ['lɔytərn] v. tr. épurer ; corriger ; réformer ; transfigurer. | *aus diesen Prüfungen ging sein Wesen geläutert hervor*, son caractère sortit régénéré de ces épreuves ; ces épreuves l'ont rendu meilleur.

Läuterung [-ruŋ] f. (-, en) réforme f. ; purification f. ; transfiguration f. ; épuration f. || RELIG. *der Berg der Läuterung*, le mont de la Transfiguration.

Läuterungs|prozeß ["lɔytəruŋspro'tsɛs] m. (es, e) purification f.

lautieren [lau'ti:rən] v. tr. GRAMM. syllaber.

lautlich ['lautliç] adj. phonétique.

Lava ['la:va] f. (-, ven). GÉOL. lave f. || GÉOGR. éboulis (m.) d'un torrent.

Lavendel [la'vɛndəl] m. (s). BOT. lavande f.

lavieren [la'vi:rən] v. intr. MAR. louvoyer ; courir des bordées. || FIG., FAM. louvoyer ; biaiser ; ruser. || [Malerei] faire du lavis.

Lawine [la'vi:nə] f. (-, n) avalanche f. || FIG. *eine Lawine von Aufträgen*, une avalanche de commandes.

lawinen|artig [la"vi:nən'a:rtiç] adj. et adv. comme une avalanche. ||°**-brecher** m. (s, -), °**-schutz** m. (es) pare-avalanches m.

lax [laks] adj. lâche ; tiède. || FIG. lâche ; relâché. | *laxe Moral*, morale relâchée, facile. | *ein laxer Mensch*, un homme veule.

Laxheit [-hait] f. (-, en) laxité f. || FIG. relâchement m.

Layout [le:'aut] n. (s, s). TYPOGR. mise (f.) en pages ; maquette (f.).

Lazarett [latsa'rɛt] n. (s, e) hôpital m. ; hôpital (m.) militaire.

Lazarett|schiff [latsa"rɛt'ʃif] n. (s, e) navire-hôpital m.

Lazarus ['la:tsarus] n. pr. m. [Bibel] Lazare m. || FIG. *ein armer Lazarus*, un pauvre diable.

Leasen ['li:zən], **Leasing** ['li:ziŋ] n. (s, s). FIN. location-vente f. ; crédit-bail m.

Lebe|dame ["le:bə'da:mə] f. (-, n) femme (f.) de mœurs faciles. ||°**-hoch** n. (s, s) vivat m. | *auf jn ein Lebehoch ausbringen*, porter un toast à qn. ||°**-mann** m. (s, ¨er) viveur m. ||°**-wesen** n. (s, -) être vivant ; organisme m. ||°**-wohl** n. (s) adieu m.

leben ['le:bən] v. intr. [am Leben sein] vivre ; être en vie ; être vivant ; exister. | *Goethe hat dreiundachtzig Jahre gelebt*, Goethe a vécu quatre-vingt-trois ans. | *gut leben*, bien vivre. | *flott leben*, mener grande, joyeuse vie. | *in Saus und Braus leben*, mener une vie dissolue ; FAM. faire la fête. | *sie lebt von der Hand in den Mund, in den Tag hinein*, elle vit au jour le jour. | *auf großem Fuß leben*, vivre sur un grand pied ; mener grand train. | *hier ist gut leben ; hier lebt sichs gut*, il fait bon vivre ici. | *er weiß zu leben*, il sait prendre la vie du bon côté ; il a du savoir-vivre. | *mit jm in Frieden leben*, vivre en paix avec qn. | *er lebt noch*, il est encore en vie. | *so leben heißt nicht leben*, ce n'est pas une vie. | *er lebt nur für seine Kunst*, il ne vit que pour son art. || FIG. *das ist sein Onkel, wie er leibt und lebt*, c'est le vivant portrait de son oncle ; FAM. c'est son oncle tout craché. | *es lebe die Freiheit !*, vive la liberté ! | *leben Sie wohl !*, adieu ! | *er lebt in seinem Werk weiter*, il continue de vivre dans son œuvre.

Leben [-bən] n. (s). **1.** [Lebendigsein] vie f. ; existence f. | *Goethes Leben*, vie, biographie de Goethe. | *er suchte den Ursprung des Lebens zu erforschen*, il cherchait à découvrir l'origine de la vie. | *er ist noch am Leben*, il est encore en vie. | *sein Leben lang ; sein ganzes Leben hindurch ; zeit seines Lebens*, pendant toute sa vie, sa vie durant, tout le long de sa vie. | *aus dem Leben scheiden*, quitter la vie. | *jn am Leben erhalten*, maintenir qn en vie. | *sie schenkte fünf Söhnen das Leben*, elle mit au monde cinq fils, donna le jour à cinq fils. | *sein Leben verlieren ; ums Leben kommen*, perdre la vie ; mourir ; périr. | *mit dem Leben davonkommen*, s'en tirer vivant ; FAM. en réchapper. | *jm das Leben retten*, sauver la vie à qn. | *die Passagiere konnten nur ihr nacktes Leben retten*, les voyageurs ne purent sauver que leur vie. | *sich das Leben nehmen*, se suicider. | *sein Leben einsetzen, aufs Spiel setzen, in die Schanze schlagen*, risquer, exposer sa vie. | *auf Leben oder Tod kämpfen*, lutter à la vie et à la mort. | *jm nach dem Leben trachten*, en vouloir à la vie de qn. | *das Leben genießen ; sich des Lebens freuen*, jouir de l'existence. | *am Leben hängen*, tenir à la vie. | *nach dem Leben gemalt*, peint d'après nature. | *ein lustiges Leben führen*, mener joyeuse vie. | *sein Leben fristen*, gagner sa vie péniblement ; FAM. vivoter. | *er macht sich das Leben nicht schwer*, il ne se fait pas beaucoup de soucis.
2. [Regsamkeit ; geschäftiges oder lustiges Treiben] vie f. ; animation f. ; entrain m. | *dies Kind hat viel Leben*, cet enfant a beaucoup de vie, est très vivant. | *das gesellschaftliche Leben*, la vie mondaine. | *das soziale Leben*, la vie sociale. | *auf dem Jahrmarkt herrscht fröhliches Leben und Treiben*, une joyeuse animation règne à la foire. || FAM. *der weiß Leben in die Bude zu bringen*, c'est un boute-en-train. || FIG. *in dieser Schilderung ist viel Leben*, ce récit est très vivant.

lebend [-bənt] adj. vivant. | *lebendes Wesen*, être vivant, animé. || AGRIC. *lebendes Inventar*, cheptel vif. || BOT. *lebende Blumen*, fleurs naturelles. || FIG. *lebende Sprache*, langue vivante.

lebend|gebährend ["le:bəntgə'bɛ:rənt] adj. vivipare. ||°**-gewicht** n. (es). COMM. poids vif.

lebendig [le'bɛndiç] adj. vivant ; vif ; en vie. | *lebendiges Wesen*, être vivant ; être animé. | *mehr tot als lebendig*, plus mort que vif. | *die Gefangenen verbrannten bei lebendigem Leibe*, les prisonniers furent brûlés vifs. | *wieder lebendig werden*, ressusciter. || FIG. vif ; animé. | *lebendiger Geist*, vivacité d'esprit. | *eine lebendige Klasse*, une classe active, pleine de vie.
◇ adv. *lebendig begraben*, enterré vif.

Lebendigkeit [le'bɛndiçkait] f. vie f. ; vivacité f.

Lebens|abend ["le:bəns'a:bənt] m. (s, e). POÉT. soir (m.) de la vie. ||°**-alter** n. (s, -) âge m. ||°**-anschauung** f. (-, en). PHILOS. conception (f.) de la vie, de l'existence. ||°**-art** f. (-, en) manière (f.) de vivre ; savoir-vivre m. | *er hat keine Lebensart*, il n'a pas de savoir-vivre. ||°**-auffassung** f. (-, en) conception (f.) de la vie, manière (f.) d'envisager l'existence. ||°**-aufgabe** f. (-, n) but (m.) suprême. ||°**-baum** m. (s, ¨e). BOT. thuya m. || POÉT. arbre (m.) de vie. ||°**-beschreibung** f. (-, en) biographie f. ||°**-bild** n. (s, er) portrait (m.) biographique. ||°**-dauer** f. durée f. (de la vie). | *lange Lebensdauer*, longévité f. | *auf Lebensdauer*, la vie durant ; à vie. || NUCL. durée (f.) de vie. ||°**-erwartung** f. (-, en) espérance (f.) de vie. ||**-fähig** adj. BIOL. viable. ||°**-fähigkeit** f. (-, en). BIOL. vitalité f. ; viabilité f. ||°**-frage** f. question vitale ; question de vie ou de mort. ||**-fremd** adj. qui ne connaît rien de la vie. || PAR EXT. qui a du mal à s'adapter ; inadapté. ||°**-freude** f. (-, n), °**-freudig-**

keit f. joie (f.) de vivre. ||**-froh** adj. heureux de vivre. ||°**-führung** f. (-, en) manière (f.) de vivre ; conduite f. ; vie f. ||°**-gefahr** f. (-, en) danger (m.) de mort. ||**-gefährlich** adj. qui met la vie en péril. ||°**-gefährte** m. (n, n), °**-gefährtin** f. (-, nen) compagnon m. ; compagne f. ; époux m. ; épouse f. ||°**-geist** m. (es, er). PHYSIOL. principe vital. | *so ein Trank weckt die Lebensgeister*, un tel breuvage (vous) redonne la vie, vous revigore. ||°**-geschichte** f. (-, n) biographie. ||**-groß** adj. grandeur nature. ||°**-haltung** f. (-, en) 1° coût (m.) de la vie ; 2° standard (m.) de vie. | *Lebenshaltungsindex*, indice (m.) du coût de la vie. ||°**-jahr** n. (s, e) année (f.) de la vie. | *er starb im dreißigsten Lebensjahr*, il mourut dans sa trentième année. ||°**-klugheit** f. (-) expérience (f.) du monde, de la vie ; sagesse mondaine. ||°**-kraft** f. (-, ¨e) force vitale ; vigueur f. ||**-kräftig** adj. vivace ; vigoureux. ||°**-lage** f. (-, n) situation f. ; conditions (f. pl.) d'existence. ||**-länglich** adj. viager ; perpétuel. || JUR. *er wurde zu lebenslänglichem Zuchthaus verurteilt*, il fut condamné aux travaux forcés à perpétuité. — adv. *er ist lebenslänglich angestellt*, il est engagé à vie. ||°**-lauf** m. (s, ¨e) curriculum vitæ m. ; biographie f. ||°**-licht** n. (es). POÉT. flambeau (m.) de la vie. || FIG., FAM. *jm das Lebenslicht ausblasen*, tuer qn. ||°**-linie** f. (-, n) ligne (f.) de vie. ||°**-lust** f. joie (f.) de vivre ; gaieté f. ||**-lustig** adj. heureux de vivre ; attaché à la vie. ||°**-mittel** n. pl. aliments m. pl. ; vivres m. pl. ; comestibles m. pl. ; nourriture f. ; denrée f. || MIL. subsistances f. pl. ||°**-mittel|preise** pl. prix (m. pl.) des denrées alimentaires. ||°**-mittel|zusätze** pl. additifs (m. pl.) alimentaires. ||**-müde** adj. las de vivre. ||°**-qualität** f. (-) qualité (f.) de la vie. ||°**-raum** m. (s) espace vital. ||°**-standard** m. (s) niveau (m.) de vie. ||°**-stellung** f. (-, en) poste (m.), emploi (m.) à vie. ||°**-überdruß** m. (es) dégoût (m.) de la vie. ||**-überdrüssig** adj. dégoûté de la vie. ||°**-unterhalt** m. (s) subsistance f. ; entretien m. | *sie hatte nicht das Nötigste für ihren Lebensunterhalt*, elle manquait du strict nécessaire. ||°**-versicherung** f. (-, en) assurance-vie f. ||**-wahr** adj. pris sur le vif. ||°**-wandel** m. (s) conduite f. ; vie f. ; mœurs f. pl. ||°**-weg** m. (s) chemin (m.) de la vie ; carrière f. ||°**-weise** f. (-, n). MÉD. régime m. || PAR EXT. genre (m.), train (m.) de vie ; habitudes f. pl. ; mœurs f. pl. ||°**-weisheit** f. philosophie f. ||**-wichtig** adj. d'intérêt vital. ||°**-zeichen** n. (s) signe (m.) de vie. | *kein Lebenszeichen von sich geben*, ne pas donner signe de vie. ||°**-zeit** f. durée (f.) de la vie. | *eine Rente auf Lebenszeit beziehen*, toucher une rente viagère. ||°**-ziel** n. (s). [Zweck] but (m.) de la vie. || [Ende] terme (m.) de la vie, de l'existence. ||°**-zweck** m. (s, e) but (m.), sens (m.) de la vie.

Leber ['le:bər] f. (-, n). ANAT. foie m. || FIG., FAM. *frei von der Leber weg reden*, parler à cœur ouvert ; ne pas mâcher ses mots.

Leber|entzündung ["le:bərɛnt'tsynduŋ] f. (-, en). MÉD. hépatite f. ||°**-fleck** m. (s, e) grain (m.) de beauté ; nævus m. ||**-krank** adj. MÉD. malade du foie ; hépatique. ||°**-krankheit** f. (-, en). MÉD. maladie (f.) de foie ; hépastisme m. ||°**-leiden** n. (s). V. LEBERKRANKHEIT. ||°**-schrumpfung** f. (-, en), °**-zirrhose** f. (-, en). MÉD. cirrhose (f.) du foie. ||°**-tran** m. (s) huile (f.) de foie de morue. ||°**-wurst** f. (-, ¨e) saucisson (m.) de pâté de foie.

lebhaft ['le:phaft] adj. vif ; vivant ; plein de vie, de vivacité ; animé ; actif ; éveillé. | *lebhaftes Kind*, enfant éveillé. | *lebhafter Geist*, esprit vif, éveillé. | *lebhafte Tätigkeit*, activité (f.) fébrile. | *es ist noch in lebhafter Erinnerung*, on s'en souvient encore très bien.
◇ adv. vivement ; de façon vivante ; avec vivacité ; avec feu. | *er schilderte uns alles sehr lebhaft*, il nous fit de tout un récit très animé. | *ich bedauere lebhaft, daß*, je regrette vivement que.

Lebhaftigkeit [-haftiçkait] f. vivacité f. ; activité f. ; animation f. ; feu m. ; chaleur f.

Leb|kuchen ["le:p'ku:xən] m. (s, -) pain (m.) d'épices. ||**-los** adj. [unbeseelt] sans vie ; inanimé ; mort. || PAR EXT. [gefühllos] insensible. ||°**-losigkeit** f. [Unbeseeltheit] absence (f.) de vie ; mort f. ; léthargie f. || PAR EXT. [Gefühllosigkeit] froideur f. ||°**-tag** m. FAM. *ich habe ihn mein Lebtag nicht gesehen*, je ne l'ai jamais vu de ma vie. ||°**-zeiten** f. pl. *zu meines Vaters Lebzeiten*, du vivant de mon père.

lechzen ['lɛçtsən] v. intr. être altéré ; mourir de soif ; languir. || FIG. *nach etwas lechzen*, convoiter ardemment qch. | *er lechzt nach Rache*, il a soif de vengeance.

Lecithin [letsi'ti:n]. V. LEZITHIN.

Leck [lɛk] n. (s, e). MAR. trou m. ; voie (f.) d'eau. | *ein Leck bekommen*, faire eau.

leck [lɛk] adj. qui fuit ; qui a une fuite ; troué ; percé. || MAR. *das Schiff ist leck*, le navire fait eau.

Leckage [le'kɑ:ʒə] f. (-, n) coulage m. ; fuite f.

lecken ['lɛkən] v. intr. [undicht sein] fuir ; goutter. || MAR. faire eau.

lecken ['lɛkən] v. tr. lécher. || FIG. *wie geleckt*, tiré à quatre épingles. || FAM. *(sich) die Lippen nach etwas lecken*, s'en lécher les babines.

lecker adj. friand ; délicat ; délicieux. || PAR EXT. [verwöhnt ; wählerisch] gourmand ; difficile.

Lecker|bissen ["lɛkər'bisən] m. (s, -). PR. et FIG. friandise f. ; gourmandise f. ; bon morceau. ||°**-maul** n. (s). FAM. gourmand m.

Leckerei [lɛkə'rai] f. (-, en) friandise f. ; gâterie f.

Leder ['le:dər] n. (s, -) cuir m. ; peau f. | *das Buch ist in Leder gebunden*, ce livre est relié en cuir. | *vom Leder ziehen*, dégainer ; engager le combat. || FIG., FAM. *jm das Leder gerben*, tanner le cuir à qn ; rosser qn. || SPORT. [Fußball] *immer am Leder bleiben*, ne pas lâcher le ballon.

Leder|band ["le:dər'bant] m. (s,¨e), °**-einband** m. (s,¨e) reliure (f.) en peau, en cuir. ||°**-handel** m. (s). COMM. peausserie f. ||°**-händler** m. (s, -). COMM. peaussier m. ||°**-handschuh** m. (s, e) gant (m.) de peau. ||°**-haut** f. (-,¨e). ANAT. chorion m. ; derme m. ||°**-hose** f. (-, n) culotte (f.) de cuir, de peau. ||°**-jacke** f. (-, n) blouson (m.) de cuir. ||°**-mantel** m. (s,¨) manteau (m.) de cuir. ||°**-nacken** m. (s, -). [U.S. Armee] soldat (m.) d'élite. ||°**-riemen** m. (s, -) courroie f. ; ceinturon m. ||°**-rücken** m. (s, -). [Buchbinderei] dos (m.) en basane ; basane f. ||°**-waren** f. pl. COMM. cuirs m. pl. ; peausserie f. ||°**-waren|geschäft** n. (s, e) maroquinerie f. ||°**-zeug** n. (s) objets (m. pl.) en cuir ; buffleterie f.

ledern ['le:dərn] adj. de cuir ; de peau ; en cuir ; en peau. | *lederne Schuhe*, chaussures (f. pl.) de cuir. || PAR EXT., FAM. coriace. || FIG. sec ; ennuyeux ; fastidieux.

ledern [-dərn] v. tr. TECHN. garnir de cuir. || FIG., FAM. [verprügeln] rosser.

ledig ['le:diç] adj. **1.** [unverheiratet] célibataire ; non marié. | *ledig bleiben*, rester vieux garçon, vieille fille. | *der ledige Stand*, le célibat.
2. [unbesetzt] libre ; vacant ; inoccupé. | *ledige Stelle*, poste vacant.

lediglich [-liç] adv. uniquement ; purement ; exclusivement. | *ich berichte lediglich Tatsachen*, je ne rapporte que des faits.

Lee [le:] f. MAR. côté (m.) sous le vent.

leer [le:r] adj. vide ; dégarni ; creux ; inoccupé ;

vacant. | *mein Glas ist leer*, mon verre est vide. | *leere Wohnung*, appartement vide, inoccupé. | *ein leeres Blatt abgeben*, remettre une copie blanche. | *die Straße war leer*, la rue était déserte. | *mit leeren Händen heimkommen*, rentrer les mains vides. || FIG. *ein leerer Kopf*, une tête vide, creuse. | *das ist leeres Geschwätz*, ce sont des bavardages vides de sens. | *leerer Vorwand*, prétexte fallacieux. | *das sind leere Ausreden*, ce sont là des excuses sans valeur. | *leere Worte*, paroles (f. pl.) en l'air ; vaines paroles ; paroles creuses. | *leeres Stroh dreschen*, parler inutilement.
◇ adv. à vide. || TECHN. *leer laufen*, marcher, tourner à vide.

Leer|bild ['le:rbilt] n. (s, er). INF. masque m. ||°**-gewicht** n. (s) tare f. ; poids mort. ||°**-gut** n. (s,¨er). COMM. emballage (m.) vide ; [Pfandglas] verre consigné. ||°**-lauf** m. (s). TECHN. marche (f.) à vide. || AUTOM. point mort. ||**-stehend** adj. vide ; libre. | *leerstehende Wohnung*, appartement libre, inoccupé. ||°**-taste** f. (-, n). [Schreibmaschine] barre (f.) d'espacement. ||°**-verkauf** m. (s,¨e). FIN. vente (f.) à découvert. ||**-verkaufen** v. intr. FIN. vendre à découvert.

Leere ['le:rə] f.(-, n) vide m. | *die Leere der Gedanken*, le manque d'idées. || FIG. vanité f. ; vide m. ; inanité f.

leeren ['le:rən] v. tr. et v. pr. évacuer ; vider ; désemplir ; vidanger. | *sein Glas auf das Gedeihen eines Unternehmens leeren*, vider son verre à la prospérité d'une entreprise. | *der Saal leert sich langsam*, la salle se vide lentement. | *den Kelch bis auf den Grund, bis zur Neige leeren*, boire le calice jusqu'à la lie. | *jm die Taschen leeren*, vider les poches de qn ; dépouiller qn.

Leerung [-ruŋ] f. (-, en). [action de] vider, évacuer ; vidage m. || [Ausräumung] évacuation f. || [Grube] vidange f. || POSTES. levée f.

Lee|segel ["le:'ze:gəl] n. (s, -). MAR. bonnette f. ||**-wärts** adv. sous le vent.

Lefze ['lɛftsə] f. (-, n) babine f. ; grosse lèvre.

legal [le'gɑ:l] adj. JUR. légal.

legalisieren [legali'zi:rən] v. tr. JUR. légaliser. | *die Unterschrift legalisieren*, légaliser la signature.

Legalisierung [-'zi:ruŋ] f. (-, en). JUR. légalisation f.

Legalität [-'tɛ:t] f. JUR. légalité f.

Legat [le'gɑ:t] m. (en, en). HIST., POLIT. légat m.

Legat [le'gɑt] n. (s, e). JUR. legs m.

Legation [lega'tsio:n] f. (-, en). POLIT. légation f.

Lege|batterie ["le:gəbatə'ri:] f. (-, n). [Geflügelzucht] batterie f. ||°**-henne** f. (-, n), °**-huhn** n. (s,¨er). ZOOL. (poule) pondeuse f. ||°**-zeit** f. (-, en) saison (f.) de la ponte.

legen ['le:gən] v. tr. **1.** [hinlegen] coucher ; étendre ; mettre ; poser ; placer. | *ein Kind ins Bett legen*, coucher un enfant ; mettre un enfant au lit. | *den Grundstein legen*, poser la première pierre. | *zu etwas den Grund legen*, poser les fondations de qch.
2. FIG. *eine Schlinge legen*, tendre un collet ; FIG. tendre un piège (à qn). | *jm die Karten legen*, tirer les cartes à qn.
3. LOC. FIG. *letzte Hand an eine Arbeit legen*, mettre la dernière main à un travail. | *Hand an jn legen*, porter la main sur qn ; s'attaquer à qn. | *Hand an sich legen*, attenter à ses jours ; se suicider. | *seine Worte auf die Waagschale legen*, peser ses mots. | *großen Wert auf etwas legen*, attacher une grande importance, attacher du prix à qch. | *jn in Fesseln, in Ketten legen*, mettre qn sous les verrous, aux fers ; emprisonner qn. | *jm das Handwerk legen*, mettre fin aux agissements de qn. | *jm Hindernisse in den Weg legen*, créer des difficultés à qn. | *jm etwas in den Mund legen*, prêter des paroles à qn. | *in Falten legen*, mettre en plis ; plisser. | *die Hände in den Schoß legen*, se tenir les bras croisés ; rester inactif. | *in Schutt und Asche legen*, réduire en cendres. | *ich lege mein Schicksal in Ihre Hand*, je remets mon sort entre vos mains. | *man legte ihm mehrere Vergehen zur Last*, on lui imputa plusieurs délits. | *er legte keinen besonderen Eifer an den Tag*, il ne se signala point par un zèle particulier.
4. AGRIC. *Kartoffeln legen*, planter des pommes de terre. | *Eier legen*, pondre des œufs.
5. JUR. *zu den Akten legen*, joindre au dossier.
6. MAR. *ein Schiff vor Anker legen*, mettre un navire à l'ancre ; mouiller. | *Minen legen*, mouiller des mines.
7. MIL. *Einquartierung in die Häuser legen*, cantonner des troupes chez l'habitant. | *Minen legen*, poser des mines. || PR. et FIG. *Bresche legen*, battre en brèche.
◇ v. intr. pondre des œufs. | *das Huhn legt*, la poule pond (pour couver).
◇ v. pr. **sich legen,** s'allonger ; se coucher. | *sich schlafen legen*, se coucher ; aller dormir. | *sich ins Bett legen*, se mettre au lit. | *sich auf die Politik legen*, s'adonner à la politique. | *die Polizei legte sich ins Mittel*, la police intervint. | *sich auf die Lauer legen ; sich in den Hinterhalt legen*, se mettre à l'affût, en embuscade. | *der Sturm legte sich*, la tempête s'apaisa. || FIG., FAM. *sich ins Zeug legen*, s'atteler vigoureusement à la besogne ; se mettre en quatre.

Legen n. (s) action (f.) de coucher. | *Legen von Kacheln, von Röhren*, pose (f.) d'un carrelage, de tuyaux. || ZOOL. ponte f.

legendär [legen'dɛ:r] adj. légendaire.

Legende [le'gɛndə] f. (-, n) légende f. ; mythe m. ; fable f.

legieren [le'gi:rən] v. tr. [zusammenschmelzen] allier ; fondre. || JUR. léguer.

Legierung [-ruŋ] f. (-, en). TECHN. alliage m.

Legion [legi'o:n] f. (-, en) légion f. || FIG. *die Zahl der Besucher ist Legion*, les visiteurs sont légion ; l'affluence est énorme.

Legionär [-ɔ'nɛ:r] m. (s, e). MIL. légionnaire m.

legislativ [legisla'ti:f], **legislatorisch** [-'to:riʃ] adj. législatif. | *legislative Gewalt*, pouvoir législatif.

Legislatur [-'tu:r] f. (-, en), **Legislatur|periode** [legisla"tu:rperi'o:də] f. (-, n) législature f.

legitim [legi'ti:m] adj. légitime. || JUR. *auf legitimem Wege*, par la voie légale. | *legitime Nachkommen*, descendants (m. pl.) légitimes.

Legitimation [legitima'tsio:n] f. (-, n). JUR. légitimation f. ; identité f.

Legitimations|karte [legitima"tsio:ns'kartə] f. (-, n), °**-papier** [-pa'pi :r] n. (s, e). JUR. carte (f.), pièce (f.) d'identité.

legitimieren [legiti'mi:rən] v. tr. légitimer.
◇ v. pr. **sich legitimieren,** prouver son identité ; produire des pièces d'identité.

Legitimität [-mi'tɛ:t] f. légitimité f.

Leguan [lɛgu'ɑ:n] m. (s, e). ZOOL. iguane m.

Lehm [le:m] m. (s, e).GÉOL. limon m. ; glaise f. ; terre (f.) glaise ; argile f.

Lehm|boden ["le:m'bo:dən] m. (s) sol argileux. | *gestampfter Lehmboden*, terre battue. ||°**-wand** f. (-,¨e). ARCHIT. torchis m.

Leh(e)n [le:n, 'le:ən] n. (s, -). HIST. fief m. | *als Lehen besitzen*, tenir en fief. | *zu Lehen geben*, inféoder.

Lehns|bauer ["le:ns'bauər] m. (s, n) tenancier m. ||°**-dienst** m. (s, e). HIST. service (m.) de vassal, d'homme lige. ||°**-gut** n. (s,¨er). HIST. fief m. ||°**-herr** m. (n, en). HIST. suzerain m. ||°**-mann** m. (s,¨er et leute). HIST. vassal m. ; homme lige m. ; feudataire m. ||°**-pflicht** f. vasselage m. ; vassalité f. ; hommage

m. ||°-**wesen** n. (s) régime féodal ; féodalité f. ||°-**zins** m. (es, e) redevance f. ; cens m.

Lehne ['le:nə] f. (-, n) appui m. ; dos m. ; dossier m. || [Treppe] rampe f. ; garde-fou m. || PAR EXT. pente f. ; versant m. ; talus m.

lehnen [-nən] v. intr. s'appuyer. | *das Brett lehnt an der Wand*, cette planche s'appuie contre le mur, est posée contre le mur.

◇ v. tr. appuyer ; adosser. | *er hat die Leiter an die Mauer gelehnt*, il a appuyé l'échelle contre le mur.

◇ v. pr. **sich lehnen,** s'appuyer ; s'adosser. | *sich aus dem Fenster lehnen*, se pencher à la fenêtre.

Lehn|sessel ["le:n'zɛsəl] m. (s, -), °-**stuhl** [-'ʃtu:l] m. (s, ¨e) siège (m.) à dossier ; fauteuil m. ||°-**wort** n. (s, ¨er). GRAMM. mot (m.) d'emprunt.

Lehr|amt ['le:ramt] n. (es, ¨er) professorat m. ; fonctions (f. pl.) de professeur ou d'instituteur. | *sein Lehramt aufgeben*, quitter l'enseignement. ||°-**anstalt** f. (-, en) établissement (m.) d'enseignement. || °-**beauftragte(r)** f. (m.). UNIV. chargé(e) [m. (f.)] de cours, d'enseignement. ||°-**begriff** m. (s, e). PHILOS. doctrine f. ; système m. ||°-**brief** m. (s, e) certificat (m.) d'apprentissage. ||°-**buch** n. (s, ¨er) manuel m. ; traité m. ||°-**fabel** f. (-, n). PHILOS. apologue m. ; fable f. ||°-**fach** n. (s, ¨er) discipline f. ; branche (f.) d'enseignement. ||°-**film** m. (s, e) film documentaire, éducatif. ||°-**gang** m. (s, ¨e) cours m. ||°-**gebäude** n. (s, -). PHILOS. système m. ||°-**gedicht** n. (s, e) poème (m.) didactique. ||°-**gegenstand** m. (s, e) matière (f.) d'enseignement. ||°-**geld** n. (es, er) frais (m. pl.) d'apprentissage. || FIG. *Lehrgeld geben, (be)zahlen*, apprendre à ses dépens. ||°-**jahr** n. (s, e) année (f.) d'apprentissage. ||°-**junge** m. (n, n) apprenti m. ||°-**körper** m. (s, -) corps enseignant. ||°-**kraft** f. (-, ¨e) enseignant m. ; membre (m.) de l'enseignement. ||°-**krankenhaus** n. (es, ¨er) centre (m.) hospitalo-universitaire (C.H.U.). ||°-**mädchen** n. (s, -) apprentie f. ||°-**meinung** f. (-, en). RELIG. dogme m. ||°-**meister** m. (s, -) patron m. ; maître m. ||°-**plan** m. (s, ¨e) programme m. (des études) ; plan (m.) d'études. ||-**reich** adj. instructif. ||°-**satz** m. (es, ¨e) thèse f. || RELIG. dogme m. || MATH. théorème m. ||°-**spruch** m. (s, ¨e) sentence f. ; précepte m. ||°-**stoff** m. (s, e) matière (f.) d'enseignement. ||°-**stuhl** m. (s, ¨e) chaire f. (d'université). ||°-**verhältnis** n. (ses) apprentissage m. ||°-**zeit** f. apprentissage m.

lehrbar ['le:rbɑ:r] adj. qui peut être appris ; qui peut être enseigné.

Lehre ['le:rə] f. (-, n). **1.** leçon f. ; enseignement m. ; instruction f. ; précepte m. | *eine heilsame Lehre*, une leçon salutaire.

2. doctrine f. | *die christliche Lehre*, la doctrine chrétienne. || RELIG. dogme m. | *die Lehre von der Dreieinigkeit*, le dogme de la Sainte Trinité.

3. système m. ; science f. ; théorie f. || PHYS. *die Lehre von der Schwerkraft*, la théorie de la pesanteur.

4. PAR EXT. avertissement m. ; remontrance f. ; leçon f. ; morale f. | *das soll dir eine Lehre sein*, cela te servira de leçon. | *aus etwas eine Lehre ziehen*, tirer une leçon de qch.

5. [Berufsausbildung] apprentissage m. | *in der Lehre sein, stehen*, être en apprentissage. | *in die Lehre gegeben werden*, être mis en apprentissage. || FIG., FAM. *jn in die Lehre nehmen*, instruire qn.

6. TECHN. calibre m. ; mesure f.

lehren [-rən] v. tr. enseigner ; apprendre (qch. à qn) ; instruire (qn dans qch.). | *jn die Mathematik lehren*, enseigner les mathématiques à qn. | *die Erfahrung lehrt uns, daß*, l'expérience nous enseigne que. | *jn gehorchen lehren*, apprendre à qn l'obéissance. | *er lehrt in den Oberklassen*, il est professeur de grandes classes. | *das muß die Zukunft lehren*, l'avenir le dira. || FAM. *jn Mores lehren*, apprendre à vivre à qn.

Lehrer(in) ['le:rər(in)] m. (s, -), f. (-, nen). [Volksschule] maître m. ; maîtresse f. ; instituteur m. ; institutrice f. || [höhere Schule] professeur m.

Lehrer|austausch ["le:rər'austauʃ] m. (es, e) échange (m.) d'enseignants. ||°-**konferenz** f. (-, en) conseil (m.) de classe. ||°-**prüfung** f. (-, en) brevet (m.) d'enseignement. ||°-**seminar** n. (s, e) école normale. ||°-**stand** m. (s). [Personen] corps enseignant. || [Amt] fonction (f.) d'enseignant ; professorat.

lehrerhaft ['le:rərhaft] adj. PÉJOR. pédant ; pédantesque.

Lehrerschaft ['le:rərʃaft] f. [Personen] corps enseignant ; professeurs m. pl. ; instituteurs m. pl.

lehrhaft ['le:rhaft] adj. instructif. || PAR EXT. sentencieux ; pédant.

Lehrling [-liŋ] m. (s, e) apprenti m. ; élève m. ; novice m.

Leib [laip] m. (s, er). **1.** [Körper] corps m. | *er zitterte am ganzen Leib*, il tremblait de tous ses membres. | *bleiben Sie mir vom Leib*, ne me touchez pas ; ne m'approchez pas. | *sich jn vom Leibe halten*, tenir qn à distance. || FIG. *das erfuhr ich am eigenen Leib*, je l'ai appris à mes dépens ; je suis payé pour le savoir. | *diese Tätigkeit ist ihm auf den Leib zugeschnitten*, ce genre d'activité est fait pour lui. | *bei lebendigem Leibe verbrennen*, être brûlé vif. | *das Übel steckt ihm schon lange im Leibe*, il couve ce mal depuis longtemps. | *er ist mit Leib und Seele bei der Sache*, il s'y donne corps et âme. | *sie ist gesegneten Leibes*, elle est enceinte. | *einer Sache zu Leibe rücken*, être à pied d'œuvre. || FAM. *er hat kein Hemd auf dem Leib*, il n'a rien à se mettre. || RELIG. *der Leib des Herrn*, le corps du Christ ; l'hostie.

2. LOC. *Leib und Leben einsetzen, opfern*, risquer, sacrifier sa vie.

3. [Bauch] ventre m. ; FAM. panse f. | *nichts Ordentliches im Leibe haben*, avoir le ventre vide. | *sich den Leib vollschlagen*, se remplir la panse. || FIG. *er hat kein Herz im Leib*, il n'a pas de cœur au ventre. | *sich die Lunge aus dem Leib schreien*, s'époumoner. || PROV. *der Leib ist einem näher als das Hemd*, charité bien ordonnée commence par soi-même.

Leib|arzt ["laip'artst] m. (es, ¨e) médecin attitré, personnel. ||°-**binde** f. (-, n). MÉD. ceinture f. ; sous-ventrière f. ; bandage m. ||°-**eigener** m. HIST. serf m. ||°-**eigenschaft** f. HIST. servage m. ||°-**garde** f. (-, n). MIL. garde (f.) du corps. ||°-**gardist** m. (en, en). MIL. garde (m.) du corps. ||°-**gericht** n. (s, e) plat favori. ||°-**pacht** f. (-, en). JUR. bail (m.) à vie. ||°-**rente** f. (-, n). JUR. pension, rente viagère. ||°-**riemen** m. (s, -) ceinturon m. ||°-**rock** m. (s, ¨e) habit (m.) de cérémonie ; frac m. ||°-**schmerzen** m. pl., °-**weh** n. (s) mal (m.) au ventre ; coliques f. pl. ||°-**und-Magenspeise** f. (-, n) plat, mets favori. ||°-**wache** f. (-, n). MIL. garde (f.) du corps. ||°-**wäsche** f. (-, n) linge (m.) de corps.

Leibchen ['laipçən] n. (s, -). DIAL. corsage m. ; corset m.

leiben ['laibən] loc. verbale. *wie er leibt und lebt*, juste comme il est ; tel qu'il est en réalité.

Leibes|beschaffenheit ["laibəsbə'ʃafənhait] f. PHYSIOL. constitution f. ; complexion f. ; tempérament m. ||°-**frucht** f. (-, ¨e) fruit m. (des entrailles) ; fœtus m. ||°-**kraft** f. (-, ¨e) force (f.) physique ; vigueur f. || FAM. *er schrie aus Leibeskräften*, il cria de toutes ses forces, à tue-tête. ||°-**strafe** f. (-, n) châtiment corporel. ||°-**übung** f. (-, en) exercice (m.) physique. ||

°-**umfang** m. (s, ¨e) corpulence f. ||°-**visitation** f. (-, en). fouille (f.) à corps.

leibhaftig ['laiphaftiç] adj. corporel ; en chair et en os ; en personne ; personnifié ; incarné. | *ich sehe ihn leibhaftig vor mir*, je le vois en chair et en os. | *er ist ein leibhaftiger Teufel*, c'est le diable incarné, en personne. || FIG., FAM. *er läuft, als ob der Leibhaftige hinter ihm wäre*, il court comme si le diable était à ses trousses.

leiblich ['laipliç] adj. corporel ; physique ; naturel ; matériel. | *leibliche Bedürfnisse*, besoins matériels. | *sein leiblicher Bruder*, son propre frère.

Leich [laiç] m. (s, e). (Vx.) LITTÉR. lai m.

Leiche ['laiçə] f. (-, n) cadavre m. ; corps (m.) d'un mort ; mort m. || FAM. *er gleicht einer wandelnden Leiche*, il a l'air d'un cadavre ambulant. || FIG., FAM. *er geht über Leichen*, il est sans scrupule. || PAR EXT., FAM. [Leichenfeier] enterrement m.

Leichen|begängnis ["laiçənbə'gɛŋnis] n. (ses, se) enterrement m. ; convoi m. ; obsèques f. pl. ; funérailles f. pl. ||°-**(be)schauer** m. (s, -) médecin (m.) légiste. ||°-**bestatter** m. (s, -) entrepreneur (m.) des pompes funèbres. ||°-**bestattung** f. inhumation f. ||°-**bittermiene** f. (-, n). FAM. mine (f.), figure (f.) d'enterrement. ||-**blaß** adj. pâle comme un mort ; blanc comme un linceul ; blême ; livide. ||°-**feier** f. (-, n) funérailles f. pl. ; obsèques f. pl. ||°-**fledderer** m. (s, -) détrousseur de cadavres. ||°-**gefolge** n. (s), °-**geleit** n. (s), °-**zug** m. (s, ¨e) cortège (m.) funèbre ; convoi (m.) mortuaire. ||°-**gift** n. (es). MÉD. virus (m.) cadavérique. ||°-**halle** f. (-, n) chapelle ardente. ||°-**haus** n. (es, ¨er). [Sterbehaus] maison (f.) mortuaire ; [Spital] morgue f. ||°-**hemd** n. (es, en) suaire m. ; linceul m. ||°-**predigt** f. (-, en), °-**rede** f. (-, n) oraison (f.) funèbre. ||°-**räuber** m. (s, -) détrousseur (m.) de cadavres. ||°-**schändung** f. (-, en) violation (f.) de sépulture. ||°-**schau** f. (-) constatation (f.) de décès ||°-**schauhaus** n. (es, ¨er) morgue f. ||°-**schmaus** m. (es) repas (m.) d'enterrement. ||°-**starre** f. rigidité (f.), raideur (f.) cadavérique. ||°-**tuch** n. (s, ¨er) suaire m. ; linceul m. || PAR EXT. drap (m.) mortuaire ; poêle m. ||°-**untersuchung** f. (-, en). MÉD. autopsie f. ||°-**verbrennung** f. (-, en) incinération f. ; crémation f. ||°-**wagen** m. (s, -) corbillard m.

leichenhaft ['laiçənhaft] adj. cadavéreux.

Leichnam ['laiçna:m] m. (s, e) corps m. (d'un mort) ; cadavre m. ; POP. macchabée m.

leicht [laiçt] adj. **1.** [von geringem Gewicht] de peu de poids ; léger. | *leichte Last*, léger fardeau. | *ein leichtes Kleid*, un vêtement léger. | *eine leichte Waffe*, une arme légère.

2. [flink ; behend ; beweglich] *sie kam leichten Fußes daher*, elle arrivait d'un pas agile.

3. [bekömmlich] *ein leichtes Essen*, un repas léger. | *leichter Wein*, du vin léger.

4. facile ; aisé. | *das ist eine leichte Sache*, c'est chose facile. | *das ist kein Leichtes*, ce n'est pas chose facile. | *leichtes Spiel haben*, avoir beau jeu. | *alles wird ihm leicht*, il réussit tout sans effort. | *einem etwas leicht machen*, rendre une chose facile à qn. | *das hast du dir aber leicht gemacht*, tu ne t'es pas trop fatigué ; FAM. tu as fait ton travail par-dessus la jambe.

5. FIG. *eine leichte Erkältung*, un léger rhume ; un petit rhume. | *ein leichtes Wesen*, un caractère frivole. | *etwas auf die leichte Schulter nehmen*, prendre qch. à la légère. | *es wurde mir leicht ums Herz*, je me sentis le cœur soulagé. | *leichter Fehler ; leichte Sünde*, petite faute ; faute légère ; péché véniel ; peccadille f. | *leichter Schlaf*, sommeil léger. | *leichte Musik*, musique légère. | *leichten Herzens*, d'un cœur léger.

◇ adv. légèrement ; facilement ; aisément ; à la légère. | *leicht gekleidet*, vêtu légèrement. | *er arbeitet leicht*, il travaille sans effort. | *das Werk ging leicht vonstatten*, l'ouvrage avançait sans peine, facilement. | *etwas leicht behandeln*, traiter qch. à la légère. | *es könnte ihm leicht einfallen*, l'idée pourrait lui venir facilement. | *das kann ich mir leicht vorstellen*, j'imagine ! | *das ist leicht gesagt*, c'est facile à dire ; c'est vite dit. | *das kommt so leicht nicht wieder vor*, il n'y a guère de chances que cela se reproduise.

Leicht|athletik ["laiçtat'le:tik] f. SPORT. athlétisme m. ||-**faßlich** adj. facile, aisé à comprendre. ||-**fertig** adj. [leichtsinnig] léger ; étourdi ; frivole ; écervelé. | *leichtfertiger Mensch*, esprit léger, étourdi ; FAM. tête (f.) de linotte. || PAR ANAL. irréfléchi ; inconsidéré. | *leichtfertiges Wesen*, frivolité f. ; légèreté f. — adv. étourdiment ; à la légère. ||°-**fertigkeit** f. légèreté f. ; étourderie f. ; frivolité f. ||-**flüssig** adj. CHIM. fusible ; liquéfiable. ||°-**fuß** m. (es). FIG. libertin m. ||-**füßig** adj. aux pieds légers ; agile ; léger à la course. ||-**geschürzt** adj. court-vêtu. ||°-**gewicht** n. (es). SPORT. poids léger. ||-**gläubig** adj. crédule ; naïf. ||-**hin** adv. à la légère. ||-**lebig** adj. 1° qui prend la vie du bon côté ; insouciant ; philosophe ; 2° facile à vivre ; accommodant. ||°-**lebigkeit** f. 1° insouciance f. ; 2° bon caractère. ||°-**matrose** m. (n, n). MAR. matelot (m.) novice. ||°-**sinn** m. (s) caractère léger ; légèreté f. ; insouciance f. ; étourderie f. ; frivolité f. ||-**sinnig** adj. léger ; étourdi ; frivole ; futile ; écervelé ; volage. ||-**sinnigerweise** adv. à la légère. ||-**verdaulich** adj. digeste ; léger. ||°-**verletzte(r)** f. (m.) blessé léger. ||°-**wasser** n. (s, -). NUCL. eau légère. ||°-**wasser|reaktor** m. (s, en). NUCL. réacteur (m.) à eau légère.

Leichter ['laiçtər] m. (s, -). MAR. allège f.

Leichtheit ['laiçthait] f. V. LEICHTIGKEIT.

Leichtigkeit [-tiçkait] f. légèreté f. || PAR EXT. agilité f. ; souplesse f. ; aisance f. || FIG. légèreté f. ; étourderie f.

leid [lait] adv. *es tut mir leid*, je le regrette ; j'en suis désolé, navré, fâché. | *er tut mir leid*, il me fait pitié, de la peine ; je le plains. | *es tut mir leid um ihn*, je le plains.

Leid [lait] n. (s) mal m. ; peine f. ; chagrin m. ; misère f. ; souffrance f. ; douleur f. ; tribulations f. pl. ; tort m. | *er hielt zu uns in Freud und Leid*, il nous a été fidèle dans la joie et dans la peine. | *sich ein Leid(s) antun*, attenter à ses jours. | *jm sein Leid klagen*, conter ses peines à qn.

leiden ['laidən] (litt, gelitten) v. tr. [aushalten ; ertragen] subir ; essuyer ; endurer ; éprouver. | *Hunger leiden*, endurer la faim ; souffrir de la faim. | *die Reben haben Schaden gelitten*, les vignes ont souffert. | *an etwas Mangel leiden*, manquer de qch. || PAR EXT. [dulden ; erlauben ; gestatten ; zulassen] tolérer ; supporter ; permettre. | *ich leide nicht, daß er mir so antwortet*, je ne permettrai pas qu'il me réponde ainsi. | *er kann, mag sie nicht leiden*, il ne la supporte pas ; FAM. il ne peut pas la voir.

◇ v. intr. souffrir ; avoir mal ; être souffrant. | *an einer Krankheit leiden*, souffrir, être atteint d'une maladie. | *unter js Bosheit leiden*, endurer les méchancetés de qn. | *unter der Kälte leiden*, souffrir du froid.

Leiden [-dən] n. (s, -) souffrance f. ; douleur f. ; peine(s) f. (pl.) ; épreuves f. pl. | *das Leiden Christi*, la Passion de Jésus-Christ. || PAR EXT. maladie f. | *Leiden ausstehen*, souffrir d'une maladie ; être souffrant. | *chronisches Leiden*, mal (m.) chronique. | *er starb nach langem Leiden*, il mourut après une longue maladie.

Leiden [-dən] n. pr. n. GÉOGR. Leyde f. || PHYS. *Leidener Flasche*, bouteille (f.) de Leyde.

leidend [-dənt] adj. souffrant ; souffreteux ; passif.

Leidens|gefährte ["laidənsgə'fɛ:rtə] m. (n, n), °**-genosse** m. (n, n) compagnon (m.) d'infortune. ||°**-weg** m. (s). RELIG. chemin (m.) de croix.

Leidenschaft ['laidənʃaft] f. (-, en) passion f. ; emportement m. ; FAM. emballement m. ; feu m. ; fureur f. ; rage f. ; soif f. ; frénésie f. | *seinen Leidenschaften frönen*, se livrer, s'abandonner à ses passions. || PAR ANAL. [Liebe] passion f. ; amour m.

leidenschaftlich [-ʃaftliç] adj. passionné ; ardent ; fougueux ; emporté ; brûlant ; FAM. emballé. | *leidenschaftlicher Haß*, haine passionnée. | *leidenschaftliche Liebe*, amour passionné, violent, ardent, impétueux.
◇ adv. *Schokolade ißt sie leidenschaftlich gern*, elle adore le chocolat.

Leidenschaftlichkeit [-ʃaftliçkait] f. passion f. fougue f. ; violence f. ; emportement m.

leidenschafts|los [-ʃafts'lo:s] adj. sans passion ; indolent ; flegmatique. ||°**-losigkeit** f. apathie f. ; indolence f. ; flegme m. ; placidité f. ; impassibilité f.

leider ! ['laidər] interj. hélas ! ; malheureusement. || FAM. *leider Gottes !*, à mon grand regret.

leidig [-diç] adj. triste ; désagréable ; déplaisant ; fâcheux ; malheureux ; vilain ; désolant ; détestable ; funeste. | *ein leidiger Zwischenfall*, un incident fâcheux.

leidlich ['laitliç] adj. tolérable ; supportable ; passable. | *er hat ein leidliches Einkommen*, il a des revenus passables, convenables.
◇ adv. passablement ; pas trop mal. | *mir geht es leidlich*, je ne vais pas trop mal.

Leid|tragende(r) ["lait'tra:gəndə(r)] f. (m.) personne (f.) qui porte le deuil ; FIG. dindon (m.) de la farce. ||**-voll** adj. douloureux. ||°**-wesen** n. (s) *zu meinem großen Leidwesen*, à mon grand regret.

Leier ['laiər] f. (-, n). MUS. lyre f. || PAR EXT. vielle f. || FIG., FAM. *es ist (immer) die alte Leier*, c'est toujours le même refrain, la même rengaine.

Leier|kasten ["laiər'kastən] m. (s,¨) orgue (m.) de Barbarie. | *ein Leierkastenmann*, un joueur d'orgue de Barbarie.

leiern ['laiərn] v. tr. guinder ; hisser.
◇ v. intr. FAM. rabâcher ; réciter d'un ton monocorde.

Leih|amt ["lai'amt] n. (s,¨er), °**-anstalt** f. (-, en), °**-haus** n. (es,¨er) mont-de-piété m. ; [in Frankreich] Crédit municipal. ||°**-bibliothek** f. (-, en), °**-bücherei** f. (-, en) bibliothèque (f.) de prêt. ||°**-mutter** f. (-,¨) mère porteuse. ||°**-wagen** m. (s, -) voiture (f.) de location. ||**-weise** adv. à titre de prêt ; en location.

leihen ['laiən] (ie, ie) v. tr. **1.** [überlassen] prêter ; louer. | *er lieh sein Geld auf Zinsen*, il prêtait son argent à intérêts. || FIG. *Beistand leihen*, prêter assistance. | *einer Bitte ein geneigtes Ohr leihen*, écouter une demande avec bienveillance.
2. [erbitten ; erhalten] emprunter. | *das ist nicht mein eigener Wagen, sondern ein geliehener*, ce n'est pas ma voiture, mais une que j'ai empruntée.

Leihen ['laiən] n. (s). [Überlassung]. (action de) prêter ; prêt m. ; location f. || [Anleihe] (action d') emprunter ; emprunt m.

Leim [laim] m. (s, e) colle forte ; glu f. || *aus dem Leim gehen*, se décoller ; se disjoindre ; FIG., FAM. se rompre. | *er ging auf den Leim*, il tomba dans le piège, dans le panneau. | *jn auf den Leim führen*, tromper, berner qn ; POP. rouler qn.

Leim|farbe ["laim'farbə] f. (-, n). TECHN. détrempe f. ||°**-stoff** m. (s). CHIM. gluten m. ||°**-topf** m. (s,¨e) pot (m.) de colle.

leimen ['laimən] v. tr. TECHN. coller ; recoller. || FIG., POP. duper ; berner ; rouler.

Leimen [-mən] n. (s). TECHN. collage m.

leimig [-miç] adj. gluant ; collant.

Lein [lain] m. (s, e). BOT. [Pflanze ; Samen ; Faser] lin m. || TEXT. lin m. ; toile (f.) de lin.

Lein|acker ["lain'akər] m. (s,¨), °**-feld** n, (s, er). AGRIC. linière f. ||°**-kraut** n. (s). BOT. linaire f. ||°**-öl** n. (s) huile (f.) de lin. ||°**-pfad** m. (s, e), °**-straße** f. (-, n) chemin (m.) de halage. ||°**-tuch** n. (s,¨er). TEXT. toile f. || PAR EXT., DIAL. drap (m.) de lit. ||°**-wand** f. (-,¨e). TEXT. toile f. ; linge m. | *echte Leinwand*, (toile f.) pur fil. || PAR EXT., FILM. écran m. | *auf die Leinwand bringen*, porter à l'écran. ||°**-weber** m. (s, -) tisserand m. ; toilier m. ||°**-weberei** f. (-, en) tissage m. ; industrie toilière.

Leine ['lainə] f. (-, n) corde f. ; cordeau m. ; laisse f. | *Leinen ziehen*, tirer des cordes. | *einen Hund an der Leine, führen*, tenir un chien en laisse. || FIG., FAM. *jn an der Leine haben*, mener qn en laisse ; mener qn par la lisière. || PAR EXT. longe f. ; guide f.

Leinen [-nən] n. (s) toile f. ; toile (f.) de lin. | *rein Leinen*, pur fil. || [Bücher] *Leinen (Ln)*, relié toile.

leinen [-nən] adj. de lin ; de fil ; de toile.

Leinen|band ["lainən'bant] m. (s,¨e) reliure f. (en) toile. ||°**-garn** n. (s, e) fil (m.) de lin. ||°**-gewebe** n. (s) linge m. ||°**-industrie** f. (-, n) industrie linière.

leise ['laizə] adj. **1.** [kaum hörbar] bas ; léger. | *leise Stimme*, voix basse, faible. | *leises Murmeln*, léger murmure. || FIG. *auf leisen Sohlen*, à pas feutrés.
2. [wenig ; gering ; leicht ; schwach] faible ; doux ; délicat. | *leiser Verdacht*, léger soupçon. | *leiser Regen*, pluie fine ; bruine f. | *sie hat einen leisen Schlaf*, elle a le sommeil léger. | *ohne den leisesten Grund*, sans la moindre raison.
◇ adv. sans bruit ; tout bas ; à voix basse ; doucement ; sourdement ; discrètement. | *er flüsterte leise*, il chuchotait tout bas ; il baissait la voix.

Leise|treter ["laizə'tre:tər] m. (s, -). FAM. personne dissimulée, sournoise.

Leiste ['laistə] f. (-, n). TECHN. liteau m. ; tringle f. ; bande f. ; côte f. || ANAT. aine f.

leisten ['laistən] v. tr. **1.** [fertigbringen ; schaffen] faire ; accomplir ; produire ; rendre. | *er leistet viel ; er leistet Tüchtiges*, il fait du bon travail.
2. [tun ; ausführen] exécuter ; prêter. | *Widerstand leisten*, résister. | *Hilfe leisten*, aider ; apporter son aide. | *einen Eid leisten*, prêter serment.
3. [erlauben ; gönnen] permettre ; offrir. | *das kann ich mir leisten*, je peux me le permettre, me l'offrir, me le payer.

Leisten [-tən] m. (s, -). TECHN. forme f. | *Schuhe über den Leisten schlagen*, mettre des souliers sur la forme. || FIG., FAM. *alles über einen Leisten schlagen*, mesurer les autres à son aune.

Leisten|bruch ["laistən'bru:x] m. (es,¨e) MÉD. hernie inguinale. ||°**-gegend** f. (-, en). ANAT. région inguinale ; aine f. ||°**-werk** n. (s) moulures f. pl.

Leistung ['laistuŋ] f. (-, en) travail accompli ; résultat m. ; rendement m. ; performance f. ; tour (m.) de force. | *erstaunliche Leistungen*, beaux résultats ; grands exploits ; prouesses f. pl. || PHYS. travail m. ; puissance f. ; rendement m. || JUR. exécution f. ; prestation f. (en nature) ; paiement m.

Leistungs|berechtigter ["laistuŋsbə'rɛçtiktər], °**-empfänger** [-ɛm'pfɛŋər] m. (s, -) bénéficiaire (m.) de prestations. ||°**-bilanz** f. (-, en). FIN. balance (f.) des paiements courants. ||**-fähig** adj. capable ; efficace ; de haut rendement. ||°**-fähigkeit** f. (-, en) capacité (f.) de rendement. ||°-**gesellschaft** f. (-, en) méritocratie f. ||°-**hebel** m. (s, -) manette (f.) de débit. ||°-**träger** m. (s, -). ÉCON. prestataire m. ||°-**verzeichnis** n. (ses, se). ÉCON. cahier (m.) des charges. ||°-**zulage** f. (-, n). ÉCON. prime (f.) de rendement.

Leit|achse ["lait'aksə] f. (-, n). TECHN. essieu (m.) avant. ||°-**artikel** m. (s, -), °-**aufsatz** m. (es, ¨e) [Zeitung] article (m.) de fond ; éditorial m. ; leader m. ||°-**faden** m. (s, ¨) fil conducteur ; fil (m.) d'ariane. || [Schulbuch] guide m. ; manuel m. ||°-**feuer** n. (s, -). MINES. étoupille f. ; mèche f. ; cordeau (m.) Bickford. ||°-**gedanke** m. (n, n) idée générale, directrice ; idée-force f. ||°-**hammel** m. (s, ¨). ZOOL. bélier m. || FIG. meneur m. ; chef (m.) de bande. ||°-**linie** f. (-, n). MATH. directrice f. ||°-**motiv** n. (s, e). MUS. motif conducteur, caractéristique ; thème dominant ; leitmotiv m. ||°-**planke** f. (-, n) glissière (f.), rail (m.) de sécurité. ||°-**satz** m. (es, ¨e) principe directeur ; directive f. ||°-**schiene** f. (-, n) contrerail m. ||°-**stange** f. (-, n). TECHN. [Tram ; Trolley] perche f. ||°-**stern** m. (s). ASTRON. étoile (f.) polaire. || FIG. guide m. || °-**währung** f. (-, en). FIN. monnaie (f.) étalon ; monnaie (f.) de référence. ||°-**werk** n. (s, e). AÉRON. gouvernail m. ; empennage m. ||°-**zinssatz** m. (es, ¨e). FIN. taux (m.) directeur, de base bancaire.

leiten ['laitən] v. tr. conduire ; guider ; mener ; diriger. | *der Verkehr wurde durch Seitenstraßen geleitet*, la circulation fut détournée par des voies latérales. | *einen Antrag (auf dem Dienstweg) an die Regierung leiten*, transmettre une demande au gouvernement (par la voie hiérarchique). | *ein Unternehmen leiten*, diriger une entreprise. | *der leitende Grundsatz*, le principe directeur. | *von persönlichen Rücksichten läßt er sich nicht leiten*, il n'est pas guidé par des considérations personnelles. || PHYS. *den elektrischen Strom gut leiten*, être bon conducteur de l'électricité.

Leiter [-tər] m. (s, -) guide m. ; conducteur m. ; directeur m. ; administrateur m. ; gérant m. ; PÉJOR. meneur m. | *Leiter einer Fabrik*, directeur d'une usine. || PHYS. conducteur m.

Leiter [-tər] f. (-, n) échelle f. || FIG. gradation f. ; échelle f.

Leiter|baum ["laitər'baum] m. (s, ¨e) montant (m.) d'échelle. ||°-**sprosse** f. (-, n) échelon m. ||°-**wagen** m. (s, -) chariot (m.) à ridelles.

Leitung ['laituŋ] f. (-, en). [Führung ; Verwaltung] conduite f. ; gestion f. ; administration f. ; direction f. ; gouvernement m. | *die Leitung eines Geschäfts übernehmen*, prendre la direction d'une affaire. || TECHN. conduite f. ; canalisation f. || ÉLECTR. *eine Leitung legen*, poser une ligne électrique. | *js Leitung anzapfen*, mettre qn sur table d'écoute. || [Gas ; Wasser] canalisation (f.), conduite (f.) de gaz, d'eau. || FIG., FAM. *er hat eine lange Leitung*, il a l'esprit lent.

Leitungs|draht ["laituŋs'dra:t] m. (s, ¨e). ÉLECTR. conducteur (m.), fil (m.) de ligne. ||-**fähig** adj. PHYS. conductible. ||°-**fähigkeit** f., °-**kraft** f., °-**vermögen** n. (s). PHYS. conductibilité f. ||°-**mast** m. (es, e). ÉLECTR. pylône m. ||°-**netz** n. (es, e). ÉLECTR. réseau (m.) électrique ; secteur m. || INF. réseau m. || TECHN. [Rohre] canalisation f. ; tuyautage m. ; tuyauterie f. ||°-**rohr** n. (s, e). TECHN. conducteur m. ; tuyau (m.) de conduite. ||°-**röhre** f. (-, n). TECHN. conduit m. ||°-**vermerk** m. (s, e). POSTES. acheminement m. ||°-**wasser** n. (s) eau (f.) provenant d'une conduite ; eau potable. ||°-**widerstand** m. (s). ÉLECTR. résistance f.

Lektion [lɛk'tsio:n] f. (-, en) leçon f. || FIG. *das soll eine Lektion für dich sein*, que cela te serve de leçon.

Lektor ['lɛkto:r] m. (s, en). UNIV. lecteur m.

Lektüre [lɛk'ty:rə] f. (-, n) lecture f.

Lemming ['lemiŋ] m. (s, e). ZOOL. lemming m.

Lemure [le'mu:rə] m. (n, n). HIST. lémure m. || ZOOL. maki m. ; lémurien m.

Lende ['lɛndə] f. (-, n). ANAT. région (f.) des reins ; lombes m. pl. || PAR EXT. hanche f. ; cuisse f.

Lenden|braten ["lɛndən'bra:tən] m. (s, -). CULIN. filet m. || [Ochs] aloyau m. || [Kalb] longe f. ||°-**gegend** f. (-, en). ANAT. (région des) reins m. pl. ; région (f.) lombaire. ||-**lahm** adj. éreinté ; épuisé. | *jn lendenlahm schlagen*, rosser qn d'importance. || FIG., FAM. qui manque d'énergie, de nerf. ||°-**stück** n. (es, e) CULIN. faux filet.

Lenk|achse ["lɛŋk'aksə] f. (-, n). TECHN. essieu (m.) mobile ; essieu (m.) avant. ||°-**anschlag** m. (s, ¨e). AUTOM. butée (f.) de direction. ||°-**flugzeug** n. (s, e) avion (m.) de guidage. ||°-**rad** n. (s, ¨er). AUTOM. volant m. ||°-**rolle** f. (-, n). TECHN. galet m. ||°-**säule** f. (-, n). AUTOM. colonne (f.) de direction. ||°-**schlitten** m. (s, -). SPORT. bobsleigh m. ||°-**schloß** m. (es, ¨er). AUTOM. antivol (m.) de direction. ||°-**seil** n. (s, e) laisse f. ; longe f. ; rênes f. pl. ||°-**stange** f. (-, n). AUTOM. bielle (f.) de direction. || [Rad] guidon m.

lenkbar ['lɛŋkba:r] adj. dirigeable ; gouvernable ; traitable ; docile. | *leicht lenkbarer Wagen*, voiture facile à conduire. | *lenkbares Kind*, enfant docile.

Lenkbarkeit [-kait] f. qualité (f.) de ce qui est gouvernable, traitable. || AÉRON. dirigeabilité f. || AUTOM. maniabilité f. || FIG. docilité f.

lenken ['lɛnkən] v. tr. conduire ; guider ; mener ; diriger ; gouverner ; régir. | *die Pferde lenken*, diriger ses chevaux. || FIG. *die Blicke auf sich lenken*, attirer les regards. | *den Verdacht auf jn lenken*, faire porter le soupçon sur qn. | *js Aufmerksamkeit von etwas weg lenken*, détourner l'attention de qn. | *er ist schwer zu lenken*, il est peu traitable. || MAR. *das Schiff lenken*, gouverner le vaisseau. || AUTOM. *seinen Wagen lenken*, conduire sa voiture. || AÉRON. *ein Flugzeug lenken*, piloter un avion. || MIL. *eine Schlacht lenken*, diriger (les opérations d')une bataille.

Lenken [-kən] n. (s), **Lenkung** [-kuŋ] f. (-, en) [action de] conduire ; conduite f. ; direction f. ; maniement m. ; gouvernement m.

Lenker ['lɛŋkər] m. (s, -) conducteur m. || AUTOM. chauffeur m.

Lenti|virus ["lɛnti'vi:rus] n. (-, ren). MÉD. virus lent.

Lenz [lɛnts] m. (es, e). POÉT. printemps m. ; renouveau m. || FIG. *der Lenz des Lebens*, le printemps de la vie.

Leopard [leo'part] m. (en, en). ZOOL. léopard m.

Lepra ['le:pra], **Leprose** [le'pro:zə] f. MÉD. lèpre f.

Lepra|kranke(r) ["le:pra'kraŋkə(r)] f. (m.) lépreux m. ; lépreuse f.

Lerche ['lɛrçə] f. (-, n). ZOOL. alouette f. | *fette Lerche*, mauviette. | *die Lerche trillert*, l'alouette grisolle, lance ses trilles.

lernbar ['lɛrnba:r] adj. qui s'apprend ; que l'on peut apprendre.

Lern|begier ["lɛrnbə'gi:r] f., °-**begierde** f. (-, n) envie (f.), désir (m.) d'apprendre. ||-**begierig** adj. studieux. ||°-**gegenstand** m. (s, ¨e), °-**stoff** m. (s, e) matière (f.) d'enseignement. ||°-**prozeß** m. (es, e) processus (m.) d'apprentissage. ||°-**zeit** f. (-, en) temps (m.) d'apprentissage.

lernen ['lɛrnən] v. tr. apprendre ; étudier. | *Deutsch lernen*, apprendre l'allemand. | *rechnen lernen*, apprendre

à compter. || FAM. *er lernt noch*, il n'a pas encore terminé ses études, son apprentissage.
◇ part. prés. et adj. **lernend,** qui apprend. | *Lernende(r)*, apprenant(e) m. (f.).

Lernen n. (s). [action d'] apprendre ; étude f. ; apprentissage m.

Les|art ['le:zɑ:rt] f. (-, en) leçon f. ; version f. ; variante f.

lesbar ['le:sbɑ:r] adj. lisible ; déchiffrable.

Lesbarkeit ['le:sbarkait] f. (-) lisibilité f.

Lesbier(in) ['lɛsbiər(in)] m. (s, -), f. (-, nen). HIST. Lesbien(ne) m. (f.).
◇ f. **Lesbierin**, lesbienne f.

lesbisch [-biʃ] adj. lesbien.

Lese ['le:zə] f. (-, n). AGRIC. cueillette f. ; récolte f. || [Weinlese] vendange f. || [Kartenspiel] levée f.

Lese|abend ["le:zə'a:bənt] m. (s, e) soirée (f.) littéraire. ||°**-buch** n. (s, ¨er) abécédaire m. ; livre (m.) de lecture. || PAR EXT. recueil (m.) de morceaux choisis ; anthologie f. ; chrestomathie f. ||°**-gesellschaft** f. (-, n), °**-zirkel** m. (s, -) cercle (m.) de lecture ; cercle (m.) littéraire. ||°**-kopf** m. (s, ¨e). INF. tête (f.) de lecture. ||°**-leuchte** f. (-, n) veilleuse f. ||°**-probe** f. (-, n). THÉÂTRE. lecture f. ||°**-pult** n. (es, e) pupitre m. || [Kirche] lutrin m. ||°**-ratte** f. (-, n). FAM. rat (m.) de bibliothèque. ||°**-saal** m. (s, säle) salle (f.), salon (m.) de lecture. ||°**-stoff** m. (s, e) lecture f. ||°**-stück** n. (s, e) lecture f. ; morceau (m.) de lecture. | *ausgewählte Lesestücke*, morceaux choisis. ||°**-zeichen** n. (s, -) signet m. ||°**-zeit** f. (-, en). [Sammeln] saison (f.) de la récolte, des vendanges ; époque (f.) de la cueillette. || PAR EXT. temps consacré à la lecture.

lesen ['le:zən] (ie, a, e) v. tr. et v. pr. **1.** [sammeln ; aufheben] ramasser ; cueillir ; recueillir ; récolter ; glaner. | *Ähren lesen*, glaner. | *Kartoffeln lesen*, ramasser des pommes de terre.
2. [aussuchen] trier. | *Linsen lesen*, trier des lentilles.
3. [Hand- oder Druckschrift deuten] lire ; déchiffrer. | *einen Roman lesen*, lire un roman. | *flüchtig lesen*, parcourir. | *die Messe lesen*, dire la messe. || TYPOGR. *Korrekturen lesen*, corriger des épreuves. || FIG. *man konnte ihm den Haß aus den Augen lesen*, la haine se lisait dans ses yeux.
◇ v. intr. | *laut lesen*, lire tout haut, à haute voix. | *zwischen den Zeilen lesen*, lire entre les lignes. | *der Professor liest über das klassische Schauspiel*, le professeur fait un cours sur le théâtre classique.

Lesen [-zən] n. (s). **1.** [Sammeln] (action [f.] de) cueillir ; ramassage m. ; cueillette f. ; récolte f. ; vendange f. ; glanage m.
2. [Aussuchen] (action [f.] de) trier ; triage m. ; épluchage m.
3. lecture f. ; déchiffrement m. | *beim Lesen des Briefes*, en lisant la lettre, à la lecture de la lettre.
4. RELIG. célébration f.

lesens|wert ["le:zəns've:rt] adj. qui mérite d'être lu ; digne d'être lu.

Leser(in) ['le:zər(in)] m. (s, -), f. (-, nen) lecteur m. ; lectrice f. ; liseur m. ; liseuse f.

Leser|briefecke ["le:zər'bri:fɛkə] f. (-, n), °**-briefkasten** [-'bri:fkastən] m. (s, ¨). [Presse] courrier (m) du cœur. ||°**-kreis** m. (es, e) cercle (m.), nombre (m.) de lecteurs ; public m. ||**-lich** adj. lisible. ||°**-schaft** f. lecteurs m. pl. ; public m.

Leserei [le:zə'rai] f. manie (f.) de la lecture ; rage (f.) de lire.

Lesung ['le:zuŋ] f. (-, en) lecture f. || POLIT. *die erste, zweite Lesung*, la première, la seconde lecture.

letal [le'tɑ:l] adj. mortel ; délétère.

lethargisch [le'targiʃ] adj. léthargique.

Lette ['lɛtə] n. pr. m. (n, n), **Lettin** ['lɛtin] n. pr. f. (-, nen). GÉOGR. Letton m. ; Lettonne f.

Letter ['lɛtər] f. (-, n). TYPOGR. lettre (f.), caractère (m.) d'imprimerie ; type m.

Lettern|druck [-ndruk] m. (s, e) typographie f. ||°**-schiene** f. (-, n) composteur m.

lettisch ['lɛtiʃ] adj. GÉOGR. letton ; lette.

Lett|land ['lɛtlant] n. pr. n. GÉOGR. Lettonie f.

Lettner ['lɛtnər] m. (s, -). ARCHIT. jubé m.

letzt [lɛtst] (er, e, es) adj. **1.** dernier ; ultime. | *der letzte Tag im Monat*, le dernier jour du mois. | *das letzte Wort haben*, avoir le dernier mot. | *die letzte Hand an eine Arbeit legen*, mettre la dernière main à un travail. | *ein letzter Versuch*, une ultime tentative. | *bis zum letzten Mann kämpfen*, combattre jusqu'au dernier. | *letzte Anstrengung*, suprême effort m. | *zum letzten Mittel greifen*, recourir aux moyens extrêmes.
2. suprême ; ultime. | *ein letztes Lebewohl*, un dernier adieu. | *sein letzter Wille*, ses dernières volontés. | *in den letzten Zügen liegen*, être à l'agonie. | *die letzte Ehre erweisen*, rendre les derniers honneurs. || FAM. *auf/aus dem letzten Loch pfeifen*, être près de la fin ; battre de l'aile. || RELIG. *die letzte Ölung*, l'extrême onction. | *die letzten Dinge*, les fins dernières.
3. dernier ; suprême ; meilleur. | *die letzten Gründe alles Seins*, les fondements de l'être. | *er gab sein Letztes*, il fit tout ce qui était en son pouvoir.
4. le dernier (passé) ; le plus récent. | *letzten Sonntag*, dimanche dernier. | *wissen Sie die letzte Neuigkeit ?*, savez-vous la dernière nouvelle ?
5. Letzte (der, die, das), le dernier ; le moins bon. | *der Letzte in der Klasse*, le dernier de la classe. | *er ist der Letzte, der so sprechen darf*, il est le dernier qui ait le droit de parler ainsi.

Letzt [lɛtst] f. *zu guter Letzt*, en fin de compte.

Letzt|bietender ["lɛtst'bi:təndər] m. JUR. dernier enchérisseur. ||**-erwähnt, -genannt** adj. qui vient d'être cité ; mentionné en dernier (lieu). ||**-hin** adv. finalement ; en fin de compte. ||**-jährig** adj. de l'année dernière, passée. ||°**-lebende (der)** [n, n]. JUR. (dernier) survivant. ||**-willig** adj. JUR. *letztwillige Verfügung*, dernières volontés. — adv. *letztwillig über etwas verfügen*, prendre des dispositions testamentaires au sujet de qch. ; tester.

letzten|mal ["lɛtstən'mɑ:l] adv. *zum letztenmal*, pour la dernière fois.

letztens ['lɛtstəns] adv. en dernier lieu ; enfin ; au bout du compte.

letzterer [tərər] (e, s) [compar. de **letzt**] adj. ce dernier, cette dernière ; le dernier, la dernière.

letztlich [-tliç] adv. dernièrement ; récemment ; en fin de compte ; finalement.

leucht... [lɔyçt] (en compos.) lumineux.

Leucht|apparat ["lɔyçtapa'rɑ:t] m. (s, e) appareil (m.) d'éclairage. ||°**-artikel** m. (s, -) luminaire m. ||°**-dichte** f. (-). ÉLECTR. luminance f. ||°**-dichte|modulation** f. (-, en). PHYS. modulation (f.) de brillance. ||°**-dioden|anzeige** f. (-, n). ÉLECTR. affichage (m.) à diodes. ||°**-feuer** n. (s, -). MAR. phare m. ; fanal m. ||°**-gas** n. (es) gaz (m.) d'éclairage. ||°**-käfer** m. (s, -). ZOOL. ver luisant ; luciole f. ; lampyre m. ||°**-kraft** f. (-, ¨e) intensité lumineuse. ||°**-rakete** f. (-, n). MIL. fusée éclairante. ||°**-rohr** n. (s, e), °**-röhre** f. (-, n). ÉLECTR. tube fluorescent ; tube (m.) néon. ||°**-schild** n. (s, er) enseigne lumineuse. ||°**-schirm** m. (s, e). ÉLECTR. écran fluorescent. ||°**-tafel** f. (-, n). PHOT. table lumineuse. ||°**-turm** m.

(s, ¨e). MAR. phare m. ||°**-wurm** m. (s, ¨er). ZOOL. ver luisant. ||°**-zifferblatt** n. (s, ¨er) cadran lumineux.

Leuchte ['lɔyçtə] f. (-, n) lumière f. ; lanterne f. ; luminaire m. | *eine Leuchte auf den Tisch stellen*, placer une lumière sur la table. | *Wandleuchte*, applique murale. || MAR. fanal m. || FIG., FAM. *er ist keine Leuchte*, ce n'est pas une lumière, un aigle.

leuchten [-tən] v. intr. luire ; donner de la lumière ; être lumineux ; briller ; resplendir. | *die Lampen leuchten*, les lampes, les lumières éclairent, brûlent. | *die Sterne leuchten*, les étoiles brillent. | *seine Augen leuchten vor Freude, Freude leuchtet aus seinen Augen*, il est rayonnant. | *jm leuchten*, éclairer qn. || FIG., IRON. *er konnte seine Weisheit nicht leuchten lassen*, il n'a pas pu faire étalage de son savoir.

Leuchten [-tən] n. (s) [action (f.) de] luire, briller ; éclat m. ; rayonnement m.

leuchtend [-tənt] adj. lumineux ; éclatant. || FIG. *leuchtendes Beispiel*, exemple éclatant, frappant.

Leuchter [-tər] m. (s, -) chandelier m. ; bougeoir m. ; candélabre m.

leugnen ['lɔygnən] v. tr. nier ; dénier ; démentir ; contester. | *eine Schuld leugnen*, nier une faute ; nier une dette. | *Gott leugnen*, nier (l'existence de) Dieu.

Leugner [-nər] m. (s, -) celui qui nie, qui conteste.

Leugnung [-nuŋ] f. (-, en) [action (f.) de] nier ; désaveu m. ; dénégations f. pl.

Leukämie [lɔykɛ'mi:] f. MÉD. leucémie f.

Leukozyt [lɔykɔ'tsy:t] m. (en, en). PHYSIOL. leucocyte m. ; globule blanc.

Leumund ['lɔymunt] m. (s, e). [Ruf] renom m. ; réputation f. ; renommée f.

Leumunds|zeugnis ["lɔymunts'tsɔyknis] n. (ses, se) certificat (m.) de bonne vie et mœurs.

Leutchen ['lɔytçən] pl. FAM. bonnes, braves gens.

Leute ['lɔytə] pl. **1.** [Menschen ; Personen ; Einwohner] gens pl. ; personnes f. pl. ; monde m. ; habitants m. pl. | *rechtschaffene Leute*, de braves gens. | *kleine Leute*, de petites gens. | *Land und Leute kennenlernen*, apprendre à connaître le pays et ses habitants. | *mit den Leuten umzugehen wissen*, savoir parler aux gens ; avoir de l'entregent. | *unsere Leute*, nos gens.
2. [Angestellte] employés m. pl.
3. MIL. hommes m. pl. ; troupes f. pl.
4. PROV. *hinter dem Berg wohnen auch Leute*, nous ne sommes pas les seuls sur cette terre.

Leute|schinder ["lɔytə'ʃindər] m. (s, -). FAM. exploiteur m. ; requin m.

Leutnant ['lɔytnant] m. (s, e). MIL. (sous-)lieutenant m. || MAR. *Leutnant zur See*, enseigne (m.) de 2ᵉ classe.

leut|selig ["lɔyt'ze:liç] adj. affable ; bienveillant. ||°**-seligkeit** f. caractère bienveillant ; affabilité f. ; gentillesse f.

Levante [le'vantə] n. pr. f. GÉOGR. Levant m. || COMM. les Échelles (f. pl.) du Levant.

levantinisch [levan'ti:niʃ] adj. GÉOGR. levantin.

Levit [le'vi:t] m. (en, en). [Bibel] lévite m. || PAR EXT., RELIG. ecclésiastique m. ; lévite m. || FIG., FAM. *jm die Leviten lesen*, chapitrer qn.

Levkoie [lɛf'kɔjə] f. (-, n), **Levkoje** f. (-, n). BOT. giroflée f. ; violier m.

Lexem [lɛ'kse:m] n. (s, e). GRAMM. lexème m.

lexikalisch [lɛksi'kɑ:liʃ] adj. lexicographique.

Lexikograph(in) [lɛksiko'grɑ:f(in)] m. (en, en), f. (-, nen) lexicographe s.

Lexikographie [lɛksikogra'fi:] f. (-) lexicographie f.

Lexikon ['lɛksikɔn] n. (s, ka ou ken). [Sprachwörterbuch] lexique m. ; dictionnaire m. || [Sachwörterbuch] encyclopédie f.

Lezithin [letsi'ti:n] n. (s, e). CHIM. lécithine f.

Liane [li'ɑ:nə] f. (-, n). BOT. liane f.

Libanese [liba'ne:zə] m. (n, n), **Libanesin** [-'ne:zin] f. (-, nen) libanais(e), m. (f.).

libanesisch [-'ne:ziʃ] adj. libanais.

Libanon ['li:banɔn] n. pr. m. GÉOGR. Liban m.

Libelle [li'bɛ̃lə] f. (-, n). ZOOL. libellule f. ; demoiselle f. || TECHN. [Wasserwaage] niveau (m.) d'eau à bulle d'air.

liberal [libe'rɑ:l] adj. [freisinnig] libéral. || PAR EXT. [freigebig] libéral ; large ; généreux.

Liberalismus [-ra'lismus] m. libéralisme m.

Liberalität [-rali'tɛ:t] f. (-, en). [Freisinn] libéralité f. ; générosité f. ; largeur (f.) d'esprit. || [Freigebigkeit] munificence f. ; largesse f. ; libéralité f.

Librettist [librɛ'tist] m. (en, en). THÉÂTRE. auteur (m.) d'un livret ; librettiste m.

Libretto [-'brɛto] n. (s, i). THÉÂTRE. livret m.

Libyen ['li:byən] n. pr. n. GÉOGR. Libye f.

Libyer [-byər] n. pr. m. GÉOGR. Libyen m.

libysch [-byʃ] adj. libyen. || HIST. libyque.

Licht [liçt] n. (s, er). **1.** lumière f. ; clarté f. ; lueur f. ; éclat m. | *helles Licht*, vive lumière. | *Licht machen* ; *das Licht andrehen*, faire de la lumière. | *das Licht löschen, ausdrehen, ausmachen*, éteindre la lumière. | *etwas ans Licht halten*, approcher qch. de la lumière ; examiner qch. à la lumière. | *ans Licht treten*, se mettre en pleine lumière ; se révéler. || FIG. *ans Licht bringen*, révéler ; dévoiler. | *etwas ins rechte Licht stellen, im rechten Licht zeigen*, faire voir qch. sous son vrai jour. | *etwas in ein vorteilhaftes Licht rücken*, faire voir, présenter qch. sous un jour favorable. | *das Licht der Welt erblicken*, voir le jour ; naître. | *alles kommt endlich ans Licht*, tout finit par se découvrir. || FIG., FAM. *jn hinters Licht führen*, duper, tromper qn. | *geht dir endlich ein Licht auf ?*, vois-tu clair enfin ?
2. [Kerze ; Lampe] bougie f. ; cierge m. ; chandelle f. ; lampe f. || RELIG. *das Ewige Licht*, la lampe perpétuelle.
3. [Malerei] tache claire ; lumière f.
4. ZOOL. œil m. (du cerf, du chevreuil).
5. PROV. *wo viel Licht ist, fällt viel Schatten*, toute médaille a son revers.

licht [liçt] adj. **1.** lumineux ; bien éclairé ; clair ; éclatant. | *der lichte Tag*, la clarté du jour ; le grand jour. | *am hellichten Tage*, au grand, en plein jour. || FIG. *lichte Augenblicke haben*, avoir des moments de lucidité.
2. PAR EXT. clair ; clairsemé ; éclairci. || TECHN. *ein Rohr von 30 cm lichter Weite*, un tuyau de 30 cm de section. | *die lichte Höhe der Brücke*, la hauteur libre du pont. | *lichte Haare*, cheveux clairsemés, rares.

Licht|anlage ["liçt'anlɑ:gə] f. (-, en). ÉLECTR. (installation d')éclairage m. ||°**-bad** n. (s, ¨er). MÉD. bain (m.) de lumière, de soleil. | *Behandlung durch Lichtbäder*, héliothérapie f. ||°**-bild** n. (s, er) photographie f. || PAR EXT. projection lumineuse. | *Lichtbildabzug*, copie (f.) photographique ; photogravure f. | *Lichtbildvermessung*, photogrammétrie f. ||°**-blick** m. (s, e) trait (m.) de lumière ; lueur (f.) rapide. || FIG. lueur (f.), rayon (m.) d'espoir. ||°**-bogen** m. (s, ¨) arc (m.) électrique. ||**-brechend** adj. PHYS. dioptrique ; réfringent. || °**-brechung** f. PHYS. réfraction (f.) des rayons lumineux. ||°**-brechungs|lehre** f. PHYS. dioptrique f. ||°**-bündel** n. (s, -). PHYS. faisceau lumineux. ||°**-druck** m. (s, e), °**-druck|bild** n. (s, er) héliogravure f. ||**-durch-**

lässig adj. diaphane ; translucide. ||**-echt** adj. PHYS. à l'épreuve de la lumière. | *diese Farben sind lichtecht*, ces couleurs ne passent pas. ||**-elektrisch** adj. photoélectrique. | *lichtelektrische Zelle*, cellule (f.) photoélectrique. ||**-empfindlich** adj. sensible à la lumière ; photosensible. ||°**-filter** m. (s, -). PHOT. filtre m. ; écran coloré. ||°**-geschwindigkeit** f. (-). PHYS. vitesse (f.) de la lumière. ||°**-gestalt** f. (-, en). PHYS. image lumineuse. || PAR EXT. apparition lumineuse. ||**-hell** adj. lumineux ; brillant ; éclatant. ||°**-hof** m. (s, ¨e). ARCHIT. cour vitrée. || PHOT. halo m. ||°**-jahr** n. (s, e). ASTRON. année (f.) de lumière ; année-lumière f. ||°**-kegel** m. (s, -) cône lumineux. ||°**-lehre** f. PHYS. optique f. ||°**-leitfaser** f. (-, n) fibre (f.) optique. ||°**-leitung** f. (-, en) ligne (f.) électrique. ||°**-loch** n. (s, ¨er). ARCHIT. jour m. ; lumière f. ; regard m. ; lunette f. ||**-los** adj. sans lumière ; sombre. ||°**-marke** f. (-, n), °**-punkt** m. (s, e). ÉLECTR. spot m. ||°**-maschine** f. (-, n). AUTOM. dynamo f. ||°**-maß** n. (es, e). TECHN. calibre m. ||°**-meß** f., °**-messe** f., °**-weihe** f. Chandeleur f. ||°**-messer** m. (s, -). PHYS. photomètre m. ||°**-messung** f. PHYS. photométrie f. ||°**-pause** f. (-, n) calque m. ; copie (f.) héliographique. ||°**-pauspapier** n. (s, e) papier (m.) photocalque. ||°**-quant** n. (s, en). PHYS. photon lumineux. ||°**-quelle** f. (-, n) source lumineuse. ||°**-raumprofil** n. (s, e) gabarit m. ||°**-reklame** f. (-, n) réclame lumineuse. ||°**-satz** m. (es, ¨e). TYPOGR. photocomposition f. ||°**-schacht** m. (s, ¨e). ARCHIT. cour intérieure. || MINES. puits (m.) à jour, d'éclairage. ||°**-schalter** m. (s, -). ÉLECTR. commutateur m. ; interrupteur m. ||°**-schein** m. (s) reflet (m.) de lumière ; lueur f. ||**-scheu** adj. qui fuit la lumière, le jour. || FIG. ténébreux. | *lichtscheues Gesindel*, canaille (f.) interlope. ||°**-schirm** m. (s, e) abat-jour m. ; écran m. ||°**-schutzfaktor** m. (s, en) coefficient (m.) de protection. ||°**-seite** f. (-, n) côté éclairé ; FIG. beau côté. ||**-spendend** adj. luminescent. ||°**-spiel** n. (s, e), °**-spielhaus** n. (es, ¨er), °**-spieltheater** n. (s, -) cinéma m. ||°**-stärke** f. OPT. intensité lumineuse ; luminosité f. ||°**-stift** m. (s, e). ÉLECTR. photostyle m. ||°**-strahl** m. (s, en) rayon lumineux. ||°**-strom** m. (s, ¨e) flux lumineux. ||°**-telegraphie** f. télégraphie (f.) optique. ||°**-therapie** f. MÉD. photothérapie f. ||°**-träger** m. (s, -) corps phosphorescent ; photophore m. ||**-undurchlässig** adj. opaque. ||°**-undurchlässigkeit** f. opacité f. ||°**-weite** f. (-, n). TECHN. ouverture f. ; diamètre intérieur ; calibre m. ; alésage m. ||°**-wellen|leiter** m. (s, -) fibre (f.) optique. ||°**-werbung** f. réclame (f.) lumineuse.

lichten ['liçtən] v. tr. et v. pr. éclaircir ; élaguer. | *sein Haar hat sich gelichtet*, ses cheveux commencent à se faire rares, s'éclaircissent. || MAR. *den Anker lichten*, lever l'ancre.

lichter|loh ["liçtər'lo:] adv. *lichterloh brennen*, être tout en flammes ; flamber.

Lichtung ['liçtuŋ] f. (-, en). [Wald] clairière f. ; éclaircie f. || MAR. [Anker] levée (f.) de l'ancre.

Lid [li:t] n. (s, er). ANAT. paupière f.

Lid|schatten ["li:t'ʃatən] m. (s, -) ombre (f.) à paupières.

lieb [li:p] adj. **1.** cher ; chéri ; aimé ; bien-aimé. | *lieber Freund*, cher ami. | *eine liebe Erinnerung*, un cher souvenir. | *mein liebster Aufenthalt*, mon séjour préféré. | *ich hatte mit dem Kind wohl meine liebe Not* (GOETHE), j'avais bien des soucis avec cet enfant. || RELIG. *unsere Liebe Frau*, Notre-Dame. | *der liebe Gott*, le bon Dieu. | *du lieber Gott !, du lieber Himmel ! du liebe Zeit !*, mon Dieu ! bonté divine ! bonté du ciel ! || FAM. *den lieben langen Tag*, toute la sainte journée.
2. *mein Liebster*, mon amoureux. | *seine Liebste*, sa petite amie. | *er hat sie lieb*, il l'aime. | *wenn dir das Leben lieb ist*, si tu tiens à la vie.
3. agréable. | *es wäre mir lieb, wenn*, j'aimerais que.
4. gentil ; obéissant. | *seid lieb, Kinder !*, soyez gentils, mes enfants. | *bei jm lieb Kind sein wollen*, rechercher les bonnes grâces de qn.
5. amical. | *seien Sie so lieb, mir zu helfen ! ; seien Sie so lieb und helfen mir*, ayez la bonté de m'aider.
◇ adv. **lieber, am liebsten,** compar. et superl. de gern. | *laß lieber die Finger davon*, il vaut mieux que tu ne t'en mêles pas. | *wir wollen am liebsten, lieber nicht hingehen*, le mieux sera de ne pas y aller. | *lieber haben*, préférer. | *lieber den Tod als eine solche Schande !*, plutôt la mort que la honte !

Lieb|äugelei ["li:pɔygə'lai] f. œillades f. pl. ||**-äugeln** v. intr. lancer des œillades ; faire les yeux doux à. || FIG. caresser le désir de ; désirer. ||**-behalten** (ä, ie, a) v. tr. garder de l'amitié pour ; conserver son affection à. ||°**-frauenkirche** f. (-, n) église (f.) Notre-Dame. ||**-gewinnen** (a, o) v. tr. prendre en affection. ||**-haben** v. tr. aimer ; avoir en affection. ||°**-haber** m. (s, -) amoureux m. ; soupirant m. || THÉÂTRE. *der jugendliche Liebhaber*, le jeune premier. || PAR EXT. amateur m. | *Liebhaberbühne*, théâtre (m.) d'amateurs. ||°**-haberei** f. (-, en) prédilection f. ; passion f. (pour qch.). ||**-kosen** v. tr. caresser ; cajoler ; câliner ; FAM. faire des mamours à. ||°**-kosung** f. (-, en) caresse f. ; cajoleries f. pl. ||**-los** adj. sans amour ; sec ; froid ; dur ; peu charitable. | *ein liebloser Charakter*, un caractère égoïste. — adv. *das ist lieblos gehandelt*, c'est agir méchamment. || °**-losigkeit** f. dureté (f.), sécheresse (f.) de cœur ; insensibilité f. ||**-reich** adj. aimant ; affectueux ; doux ; affable ; caressant. ||°**-reiz** m. (es, e) charme m. ; agrément m. ; attraits m. pl. ||**-reizend** adj. charmant ; attrayant.

Liebe ['li:bə] f. amour m. ; inclination f. ; affection f. ; tendresse f. ; amitié f. | *vor Liebe vergehen*, se consumer d'amour. | *ihm zu Liebe, zuliebe*, pour l'amour de lui. | *tu mir die Liebe und versöhn dich mit ihm*, fais-moi l'amitié de te réconcilier avec lui.

Liebe|dienerei ["li:bədi:nə'rai] f. flatterie f. ; obséquiosité f. ; flagornerie f. ; empressement (m.) servile. ||**-voll** adj. aimant ; affectueux.

Liebelei [li:bə'lai] f. (-, en) intrigue amoureuse ; aventure galante ; amourette f. ; flirt m.

lieben [-bən] v. tr. aimer ; chérir ; affectionner. | *ein Jüngling liebt ein Mädchen* (HEINE), un jeune homme aime une jeune fille. | *sich lieben* ; *einander lieben*, s'aimer. | *Kinder lieben Süßigkeiten*, les enfants aiment les sucreries.
◇ part. prés. substantivé. **die Liebenden,** les amants m. pl.
◇ part. pass. substantivé. **die Geliebte,** la bien-aimée. | *der Geliebte*, le bien-aimé.

liebens|wert ["li:bəns've:rt] adj. digne d'être aimé ; aimable. ||**-würdig** adj. aimable ; gentil ; agréable. | *würden Sie so liebenswürdig sein, zu ?*, voudriez-vous avoir la gentillesse de ? ||°**-würdigkeit** f. (-, en) amabilité f. ; gentillesse f.

Liebes|abenteuer ["li:bəs'a:bəntɔyər] n. (s, -) aventure galante. ||°**-angelegenheit** f. (-, en) affaire (f.) de cœur. ||°**-briefchen** n. (s, -) billet doux. ||°**-dichtung** f. (-, en) poésie amoureuse, érotique. ||°**-dienst** m. (s, e) bons offices ; complaisance f. ; obligeance f. ||°**-gaben** f. pl. dons (m. pl.) charitables. ||°**-gedicht** n. (s, e) poème (m.) d'amour. ||°**-kummer** m. (s, -) chagrin (m.) d'amour. ||°**-paar** n. (s, e) couple (m.) d'amoureux. ||°**-trank** m. (s, ¨e) philtre (m.) d'amour. || °**-verhältnis** n. (ses, se) liaison f.

lieblich ['li:pliç] adj. agréable ; amène ; charmant ; aimable ; délicieux ; riant.

Lieblichkeit [-liçkait] f. agrément m. ; charme m. ; grâce f. ; aménité f. ; douceur f.

Liebling [-liŋ] m. (s, e) préféré m. ; favori m. ; enfant gâté. || FIG., FAM. *Liebling der Damen*, coqueluche (f.) des dames.

Lieblings... ['li:pliŋs] (en compos.) favori ; préféré. | *Lieblingsgericht*, plat préféré.

liebsam [-za:m] adj. agréable ; charmant. || PAR EXT. aimant ; affectueux ; caressant.

Liebschaft [-ʃaft] f. (-, en) amourette f. ; liaison f. ; flirt m. | *flüchtige Liebschaft*, passade f.

Lied [li:t] n. (s, er) chanson f. ; chant m. ; romance f. ; hymne m. | *das Lied von der Glocke* (SCHILLER), le Chant de la cloche. || RELIG. cantique m. ; psaume m. || LOC. *das Lied ist aus* (HEINE), c'est la fin ; finie la chanson ! | *du kommst mir immer mit dem alten Lied*, c'est toujours la même antienne. | *ich weiß ein Lied davon zu singen*, je suis payé pour le savoir. | *das ist das Ende vom Lied*, cela devait arriver ; cela devait finir ainsi ; FAM. c'est la fin des haricots.

Liedchen ['li:tçən] n. (s, -) chansonnette f. ; couplet m.

Lieder|abend ["li:dər'ɑ:bənt] m. (s, e). MUS. récital (m.) de chant. ||°**-buch** n. (s, ¨er). MUS. recueil (m.) de chansons. ||°**-dichter** m. (s, -) poète (m.) lyrique. || PAR EXT. chansonnier m. ||°**-strophe** f. (-, n) couplet m. ||°**-zyklus** m. cycle (m.) de romances.

liederlich ['li:dərliç] adj. débauché ; déréglé ; licencieux ; libertin ; dévergondé ; dissolu : || FAM. *ein liederliches Leben führen*, mener une vie dissolue, FAM. une vie de bâton de chaise. || PAR EXT. *eine liederliche Arbeit*, un travail négligé, bâclé.
◇ adv. *liederlich leben*, mener une vie de débauche. | *er hat das Solo liederlich gespielt*, il a joué le solo d'une façon détestable ; il a massacré le solo.

Liederlichkeit [-kait] f. (-, en) légèreté (f.) de mœurs ; inconduite f. || PAR EXT. désordre m. ; manque (m.) de soin ; laisser-aller m.

liedhaft ['li:thaft] adj. à la manière d'une chanson.

Lieferant(in) [li:fə'rant(in)] m. (en, en), f. (-, nen) fournisseur m. ; fournisseuse f.

lieferbar ['li:fərba:r] adj. livrable ; disponible.

liefer|bereit ["li:fərbə'rait] adj. prêt à être livré. ||°**-wagen** m. (s, -) voiture (f.) de livraison. ||°**-zeit** f. (-, en), °**-frist** f. (-, en) délai (m.) de livraison.

liefern [-fərn] v. tr. et v. pr. fournir ; livrer. | *ins Haus liefern*, livrer à domicile. | *können Sie für Ihre Behauptungen den Beweis liefern ?*, pouvez-vous prouver ce que vous avancez ? | *jn an den Strang liefern*, livrer qn au gibet ; dénoncer, trahir qn. || MIL. *eine Schlacht liefern*, livrer (une) bataille.

Lieferung [-fəruŋ] f. (-, en). COMM. livraison f. ; fourniture f. ; prestation f. ; remise f. || FIN. *auf Lieferung verkaufen*, vendre à terme. || PAR ANAL. [Buchhandlung] livraison f. ; fascicule m.

Lieferungs|bedingung ["li:fəruŋsbə'diŋuŋ] f. (-, en). COMM. condition (f.) de livraison. || ADM. *Lieferungsbedingungen*, cahier (m.) des charges.

Liege|geld ["li:gə'gɛlt] n. (s, er). COMM. droit (m.) de magasinage, de stationnement. || MAR. surestaries f. pl. ||°**-kur** f. (-, en). MÉD. cure (f.) de repos. ||°**-platz** m. (es, ¨e). MAR. mouillage m. ||°**-stuhl** m. (s, ¨e) chaise longue ; fauteuil (m.) transatlantique. ||°**-stütz** m. (es, e). SPORT. appui tendu ; FAM. pompe f. | *Liegestütze machen*, faire des pompes. ||°**-wagen** m. (s, -) voiture-couchettes f. ||°**-zeit** f., °**-tage** m. pl. MAR. quarantaine f. ; starie f. ; estarie f.

liegen ['li:gən] (a, e) v. intr.

I. SENS LOCAL STRICT : être couché ; être étendu.
II. SENS GÉNÉRAL : être ; être placé ; être situé ; se trouver.
1. [räumlich] ;
2. [zeitlich] ;
3. FIG.
III. SENS CAUSAL :
1. provenir de ; tenir à.
2. importer ; être important.
IV. [zusagen ; passen] convenir.

I. SENS LOCAL STRICT : être couché ; être étendu. *am Boden liegen*, être par terre. | *er liegt im Bett*, il est au lit. | *lang hingestreckt liegen*, être étendu de tout son long. | *schlecht liegen*, être mal couché. | *der Schnee lag hoch*, la neige était haute, épaisse. | *wir haben noch Kartoffeln liegen*, nous avons encore des pommes de terre en réserve. | *liegende Güter*, biens (m. pl.) immeubles.

II. SENS GÉNÉRAL : être ; être placé ; être situé ; se trouver. **1.** [räumlich] *Köln liegt am Rhein*, Cologne est situé sur le Rhin. | *mein Zimmer liegt dem Garten zu, nach dem Garten*, ma chambre donne sur le jardin. | *der Sack liegt mir im Wege*, ce sac m'embarrasse, me gêne. | *brach liegen*, être en friche. | *im Felde liegen*, être en campagne.

2. [zeitlich] *das liegt weit zurück*, cela s'est passé il y a longtemps ; cela remonte loin. | *das liegt noch in weiter Ferne*, ce n'est pas encore pour demain.

3. FIG. *der Gedanke liegt nahe, daß...*, on est tenté de supposer que. | *die Erklärung liegt darin, daß*, l'explication réside dans le fait que. | *es lag mir fern, Ihnen nahetreten zu wollen*, j'étais loin de vouloir vous blesser. | *das liegt ihm schwer auf dem Herzen*, cela lui pèse ; il en a gros sur le cœur. | *alle Verantwortung liegt auf mir*, toute la responsabilité repose sur moi. | *was liegst du mir damit in den Ohren ?*, pourquoi me rebattre les oreilles avec cette affaire ? | *sein Name liegt mir auf der Zunge*, j'ai son nom sur la langue. | *das liegt doch auf der Hand*, mais c'est évident !

III. SENS CAUSAL. **1.** provenir de ; tenir à ; dépendre de. | *woran liegt es ?*, à quoi cela tient-il ? | *die Schuld liegt an mir*, c'est moi le fautif ; c'est ma faute. | *die Entscheidung liegt bei ihm, liegt in seiner Hand*, la décision dépend de lui, est entre ses mains. | *die Teuerung liegt am schlechten Wetter*, la montée des prix est due au mauvais temps.

2. importer ; être important. | *es liegt viel daran*, cela a une grande importance. | *daran ist viel gelegen*, c'est très important ; beaucoup de choses en dépendent. | *daran soll es nicht liegen !*, qu'à cela ne tienne !

IV. [zusagen, passen] convenir. | *das Thema lag mir nicht*, le sujet ne me convenait pas. | *Schumann liegt ihm besser als Mozart*, il est plus à l'aise pour Schumann que pour Mozart. | *diese Stunde ist mir nicht gelegen*, cette heure ne me convient pas, ne m'arrange pas. | *Ihr Brief kam mir sehr gelegen*, votre lettre est arrivée à point.

liegen|bleiben ["li:gən'blaibən] (ie, ie) v. intr. rester couché par terre, au lit ; ne pas se relever ; garder le lit. || COMM. *die Ware bleibt liegen*, cette marchandise ne se vend pas. ||°**-lassen** (ä, ie, a) v. tr. laisser ; abandonner. | *laß deine Sachen nicht auf dem Tisch liegen*, ne laisse pas tes affaires traîner sur la table. || FIG., FAM. *jn links liegen lassen*, dédaigner, ignorer qn.

Liegenschaft ['li:gənʃaft] f. (-, en) immeuble m. ; bien immobilier ; bien-fonds m.

Lift [lift] m. (es, e) ascenseur m.

Lift|boy ["lift'bɔy] m. (s, s), °**-junge** [-'juŋə] m. (n, n) garçon (m.) d'ascenseur.

Liga ['li:ga] f. (-, gen) ligue f. | *Liga für Menschenrechte*, ligue des Droits de l'homme. || SPORT. [Fußball] division f.

Liga|spiel ["li:ga'ʃpi:l] n. (s, e). [Fußball] match (m.) de championnat.

Ligatur [liga'tu:r] f. (-, en). TYPOGR. ligature f. || MUS. liaison f.

Ligurien [li'gu:riən] n. pr. n. GÉOGR. Ligurie f.

Liguster [li'gustər] m. (s, -). BOT. troène m.

liieren (sich) [ziçli'i:rən] v. pr. se lier ; s'associer.

Likör [li'kø:r] m. (s, e) liqueur f.

Likör|glas [li"kø:r'glɑ:s] n. (es, ¨er) verre (m.) à liqueur.

lila ['lila] adj. lilas ; mauve.

Lilie ['li:liə] f. (-, en). BOT. lis m. | *weiße Lilie*, lis (blanc). || FIG., HIST. *bourbonische Lilien*, fleurs (f. pl.) de lis des Bourbons.

lilien|ähnlich ["li:liən'ɛ:nliç], **-artig** [-'artiç] adj. BOT. liliacé. ||**-weiß** adj. blanc comme le lis.

Liliput ['liliput] n. pr. m. LITTÉR. Lilliput m.

Liliputaner [lilipu'tɑ:nər] m. (s, -). LITTÉR. Lilliputien m. || PAR EXT. [Zwerg] lilliputien m. ; nain m.

Limbus ['limbus] m. (-, ben). MATH. limbe m.

Limit [li'mi:t] n. (s, s). COMM. limite f.

limitieren [-mi'ti:rən] v. tr. limiter.

Limonade [limɔ'nɑ:də] f. (-, n) limonade f.

Limone [li'mo:nə] f. (-, n). BOT. lime f. ; limette f. ; citron m.

Limousine [li'muzi:nə] f. [auto] limousine f.

lind [lint] adj. doux ; mou. | *linde Lüfte*, brise f. ; zéphyr m.

Linde ['lində] f. (-, n). BOT. tilleul m.

Lindenblüten|tee ["lindən'bly:tən'te:] m. (s) [infusion (f.) de] tilleul m.

lindern ['lindərn] v. tr. adoucir ; alléger ; soulager ; apaiser ; calmer. || MÉD. lénifier.

lindernd [-dərnt] adj. calmant ; soulageant ; lénifiant. || MÉD. *lindernde Arznei*, sédatif m. ; calmant m.

Linderung [-dəruŋ] f. (-, en) adoucissement m. ; apaisement m. ; soulagement m. ; allègement m. || MÉD. *jm Linderung verschaffen*, soulager qn.

Lind|wurm ["lint'vurm] m. (s, ¨er), °**-drache** ["lint'dra :ə] m. (n, n). MYTH. dragon m.

Lineal [line'ɑ:l] n. (s, e) règle f.

linear [line'ɑ:r] adj. linéaire.

lingual [liŋgu'ɑ:l] adj. ANAT. lingual. || GRAMM. *linguale Lautbildung*, articulation linguale.

Lingual [liŋgu'ɑ:l] m. (s, e), °**-laut** [-laut] m. (s, e). GRAMM. linguale f.

Linguist(in) [-gu'ist(in)] m. (en, en), f. (-, nen) linguiste s.

Linguistik [-gu'istik] f. linguistique f.

linguistisch [-gu'istiʃ] adj. linguistique. || INF. *linguistische Datenverarbeitung*, traitement (m.) automatique du langage.

Linie ['li:niə] f. (-, n).**1.** [Strich] ligne f. | *in gerader Linie*, en ligne droite. | *in erster Linie*, en première ligne ; en premier lieu. || FAM. *ein Erfolg auf der ganzen Linie*, un succès sur toute la ligne. | *schlanke Linie*, ligne (f.) svelte.

2. MIL. *in der Linie dienen*, servir dans un régiment de ligne. | *Linie halten*, rester dans l'alignement.

3. [Geschlechterkunde] ligne f. ; branche. | *er entsproß der jüngeren Linie*, il était issu de la branche cadette.

4. MAR., AÉRON., TRANSP. ligne f.

5. MAR. équateur m.

6. NUCL. filière f.

Linien|blatt ["li:niən'blat] n. (s, ¨er), °**-papier** n. (s, e) papier réglé. ||°**-flug** m. (s, ¨e) vol régulier. ||°**-flugzeug** n. (s, e) avion (m.) de ligne. ||**-förmig** adj. linéaire. ||°**-führung** f. (-, en) ARTS. tracé m. | *Dürers Linienführung*, le graphisme de Dürer. ||°**-richter** m. (s, -). SPORT. juge (m.) de ligne. ||°**-schiff** n. (s, e). MAR. bâtiment (m.), vaisseau (m.) de ligne ; cuirassé m. ||°**-spektrum** n. (s, tren). PHYS. spectre (m.) de raies. ||°**-system** n. (s). MUS. (lignes de) portée f. ||**-treu** adj. POLIT. fidèle à la ligne politique d'un parti.

linieren [li'ni:rən], **liniieren** [lin'ji:rən] v. tr. régler (du papier).

Lini(i)erung [-ruŋ] f. (-, en) réglage m. ; réglure f.

link [liŋk] adj. gauche. | *linke Hand*, main (f.) gauche. | *(zu) linker Hand* ; *zur linken Hand* ; *zur Linken*, à gauche. | *eine Trauung zur linken Hand*, un mariage de la main gauche. || [Stoffe] *linke Seite*, envers m. || POLIT. *linker Politiker*, homme (m.) de gauche. | *die Linke*, la gauche. || MAR. *die linke Seite*, bâbord m.

Linke(r) [liŋkə(r)] f. (m.) femme (f.) de gauche. ; homme (m.) de gauche.

linker|hand ["liŋkər'hant] adv. à gauche.

linkisch ['liŋkiʃ] adj. gauche ; maladroit ; emprunté. | *linkisches Betragen, Benehmen, Wesen*, gaucherie f. ; maladresse f.

links [liŋks] adv. à gauche ; du côté gauche ; du mauvais côté ; à l'envers. | *nach links gehen*, aller à gauche. | *wir lassen die Stadt links liegen*, nous laissons la ville à notre gauche. || FIG., FAM. *jn links liegen lassen*, laisser tomber qn. || POLIT. *er ist links eingestellt*, il est orienté à gauche.

Links|außen(stürmer) ["liŋks'ausən(ʃtyrmər)] m. (s, -). SPORT. ailier (m.) gauche. ||**-bündig** adv. TYPOGR. *linksbündig ausrichten*, justifier à gauche. ||**-herum** adv. à gauche. || [Kleidung] à l'envers. ||°**-innen(stürmer)** m. (s, -) gaucher m. ||**-händig** adj. gaucher. ||°**-kurve** f. (-, n) virage (m.) à gauche. ||**-rheinisch** adj. GÉOGR. situé sur la rive gauche du Rhin. ||°**-steuerung** f. (-, en). AUTOM. conduite (f.) à gauche.

Linkser ['liŋksər] m. (s, -) gaucher m.

Linnen ['linən] n. (s). POÉT., DIAL. toile (f.) de lin.

Linoleum [li'no:leum] n. (s, s) linoléum m.

Lino|type [linɔ'ty:pə] f. (-, n). TYPOGR. Linotype f. ||°**-typist(in)** m. (en, en), f. (-, nen), °**-typsetzer(in)** m. (s, -), f. (-, nen) linotypiste s.

Linse ['linzə] f. (-, n). BOT. lentille f. || ANAT. [Kristallinse] cristallin m. || OPT. lentille f. ; loupe f. | *konkave, konvexe Linse*, lentille concave, convexe.

linsen|ähnlich ["linzən'ɛ:nliç], **-artig** [-ɑ:rtiç], **-förmig** [-førmiç] adj. lenticulaire. ||°**-fehler** m. (s, -). OPT. aberration f. ||°**-gericht** n. (s, e) plat (m.) de lentilles. || FIG. *etwas für ein Linsengericht verkaufen*, faire un marché de dupe. ||°**-glas** n. (es, ¨er). OPT. verre (m.) lenticulaire ; lentille f. ; loupe f. ||°**-kapsel** f. (-, n), °**-körper** m. (s). ANAT. cristallin m. ||°**-satz** m. (es, ¨e). OPT. objectif m.

Lippe ['lipə] f. (-, n). ANAT. lèvre f. || [Tiere] babine f. || BOT. pétale labié. | *sie kneift die Lippen zusammen*, elle pince les lèvres ; elle prend un air pincé. | *kein Wort kam ihm über die Lippen*, il ne put dire une parole ; il resta coi. | *die Lippe hängen lassen*, faire la moue ; faire la lippe. | *die Zuhörer hingen ihm an den Lippen*, l'auditoire était suspendu à ses lèvres.

Lippen|bekenntnis ["lipənbə'kɛntnis] n. (ses, se) aveu (m.) du bout des lèvres. ||°**-blütler** m. (s, -).

BOT. labiée f. ; labiacée f. ||°-**buchstabe** m. (n, n), °-**laut** m. (s, e). GRAMM. labiale f. ||°-**stift** m. (s, e) bâton (m.) de rouge à lèvres.

liquid [li'kvi:t] adj. COMM. liquide. | *liquide Gelder*, capitaux (m. pl.) liquides ; liquidités f. pl.

Liquida [-da] f. (-, ae). GRAMM. liquide f.

Liquidation [likvida'tsio:n] f. (-, en) note (f.) de frais. || PAR EXT. [Abwicklung] liquidation f. || JUR. [Auflösung] liquidation f.

liquidieren [-'di:rən] v. tr. [berechnen] compter. || PAR EXT. [auflösen] liquider. || COMM. *das Geschäft liquidieren*, liquider son commerce.
◇ v. intr. COMM. liquider.

Liquidierung [-'di:ruŋ] f. (-, en) liquidation f.

Liquidität [-di'tɛ:t] f. liquidité f. ; aisance (f.) de la trésorerie.

Liquiditäts|koeffizient [likvidi"tɛ:tskɔɛfi'tsiɛnt] m. (en, en). FIN. coefficient (m.) de trésorerie. ||°-**schöpfung** f. (-, en). FIN. création (f.) monétaire.

Liquid|laut [li"kvi:t'laut] m. (s, e). GRAMM. liquide f.

Lira ['li:ra] f. (-, re) lire f.

Lispel|laut ["lispəl'laut] m. (s, e) chuchotement m. ; susurrement m.

lispeln ['lispəln] v. intr. zézayer. || PAR EXT. chuchoter ; murmurer ; susurrer ; bruire ; frémir.

Lispeln [-pəln] n. (s) zézaiement m. || PAR EXT. chuchotement m. ; susurrement m.

Lissabon ['lisabɔn] n. pr. n. GÉOGR. Lisbonne f.

List [list] f. (-, en) ruse f. ; astuce f. ; finesse(s) f. (pl.) ; subtilité f. ; artifice m. ; stratagème m. | *zur List greifen*, recourir à la ruse.

Liste ['listə] f. (-, n) liste f. ; relevé m. ; rôle m. || COMM. catalogue m.

Listen|preis ["listən'prais] m. (es, e). COMM. prix affiché. ||°-**wahl** f. (-, en). POLIT. scrutin (m.) de liste.

listig ['listiç] adj. rusé ; astucieux ; finaud. || FAM. *ein listiger Fuchs*, un fin renard ; un rusé compère ; un madré. | *listige Äuglein*, des yeux malins, pétillants de malice, pleins de ruse.
◇ adv. *listig lächeln*, avoir un sourire rusé.

Listing [lis'tiŋ] n. (s, s) listing m.

Litanei [lita'nai] f. (-, en). RELIG. litanies f. pl. || FIG., FAM. antienne f. ; kyrielle f. ; litanie f.

Litauen ['li:tauən] n. pr. n. GÉOGR. Lituanie f.

Litauer(in) ['li:tauər(in)] m. (s, -), f. (-, nen). GÉOGR. Lituanien(ne) m. (f.).

Liter ['li:tər] m. ou n. (s, -) litre m. | *eine Literflasche*, un litre. | *literweise*, au litre ; par litre.

Literar|historiker [lite"ra:rhis'to:rikər] m. (s, -) historien (m.) de la littérature.

literarisch [lite'ra:riʃ] adj. littéraire. | *literarischer Diebstahl*, plagiat m.
◇ adv. *er ist literarisch gebildet*, il a des lettres.

Literat [-'ra:t] m. (en, en) littérateur m. ; homme (m.) de lettres ; PÉJOR., FAM. écrivassier m.

Literatentum [-'ra:təntu:m] n. (s) qualité (f.) d'homme de lettres, de littérateur. || PAR EXT. gens (m. pl.) de lettres ; PÉJOR. écrivassiers m. pl.

Literatur [-ra'tu:r] f. (-, en) littérature f. ; lettres f. pl. ; belles-lettres f. pl. || PAR ANAL. [Büchernachweis] bibliographie f. ; littérature f. | *Literatur über ein Thema*, publications relatives à un sujet.

Litfaß|säule ["litfas'zɔylə] f. (-, n) colonne (f.) d'affiches ; colonne (f.) Morris.

Lithium ['li:tium] n. (s). CHIM. lithium m.

Lithograph [lito'gra:f] m. (en, en) lithographe m.

Lithographie [-gra'fi:] f. (-, n) lithographie f.

lithographieren [-gra'fi:rən] v. tr. lithographier.

lithographisch [-'gra:fiʃ] adj. lithographique.

Lithosphäre [li:to'sfɛ:rə] f. (-, n). GÉOGR. lithosphère f.

litoral [lito'ra:l] adj. littoral.

Litotes [li'to:təs] f. GRAMM. litote f.

Liturgie [litur'gi:] f. (-, n). RELIG. liturgie f.

Liturgiker [-'turgikər] m. (s, -). RELIG. liturgiste m.

liturgisch [-'turgiʃ] adj. RELIG. liturgique.

Litze ['litsə] f. (-, n) cordon m. ; galon m. ; passement m. ; tresse f. ; passepoil m. ; soutache f. | *mit Litzen besetzen*, soutacher.

Live|sendung ["laif'zɛnduŋ] f. (-, en). RADIO., TÉLÉV. émission (f.) en direct.

Livland ['li:flant] n. pr. n. GÉOGR. Livonie f.

Livländer(in) ['li:flɛndər(in)] m. (s, -), f. (-, nen). GÉOGR. Livonien(ne) m. (f.)

Livree [li'vre:] f. (-, n) livrée f.

Lizenziat [litsɛntsi'a:t] m. (en, en) licencié m.

Lizenz [-'tsɛnts] f. (-, en). COMM. licence f. ; concession f.

Lizenz|inhaber [li"tsɛnts'inha:bər] m. (s, -). COMM. titulaire (m.) d'une licence ; concessionnaire m.

LKW ['ɛlka:vɛ:] n. (s, s) poids (m.) lourd ; camion m. | *LKW mit Anhänger*, camion à remorque.

Lob [lo:p] n. (s, e) louange f. ; éloge m. ; flatterie f. ; compliment m. | *einstimmiges Lob ernten*, recueillir des suffrages unanimes. | *jm Lob spenden*, louer qn. | *Gott (sei) Lob und Dank!*, louanges et grâces au Seigneur ! || *Lobeserhebung*, louanges ; grands éloges ; concert (m.) d'éloges.

Lobby ['lɔbi] f. (-, s) groupe (m.) de pression ; lobby m.

Lobelie [lo'beliə] f. (-, n). BOT. lobélie f.

Lob|gedicht ["lo:pgə'diçt] n. (s, e) dithyrambe m. ||°-**hudelei** f. (-, en). FAM. flagornerie f. ; adulation f. ||-**hudeln** v. intr. FAM. flatter ; aduler ; flagorner ; encenser. ||°-**hudler** m. (s, -). FAM. flatteur m. ; flagorneur m. ||°-**lied** n. (s, er) hymne m. ; FIG. louange f. ||-**preisen** (ie, ie) v. tr. chanter les louanges de ; célébrer ; glorifier. ||°-**preisung** f. (-, en) glorification f. ||°-**rede** f. (-, n) éloge m. ; panégyrique m. ||°-**redner** m. (s, -) panégyriste m.

loben ['lo:bən] v. tr. louer ; faire l'éloge de ; approuver ; glorifier ; célébrer ; exalter. | *eine solche Antwort kann ich nur loben*, je ne puis que louer une telle réponse. | *das lob' ich mir!*, à la bonne heure ! || PROV. *man soll den Tag nicht vor dem Abend loben*, attendons la fin !

lobens|wert ["lo:bəns've:rt] adj. -**würdig** adj. louable ; méritoire ; digne d'éloges.

löblich ['lø:pliç] adj. louable.

Loch [lɔx] n. (s, ¨er) trou m. || [Öffnung] ouverture f. || [Käse] œil m. | *sich ein Loch in den Mantel reißen*, faire un trou, un accroc à son manteau. || PR. et FIG. *ein Loch (zu) stopfen*, boucher un trou. || FIG. *der Streik hat ein Loch in meinen Beutel gerissen*, la grève a fait un trou dans mon budget. | *auf dem letzten Loch pfeifen*, être à bout de ressources ; être à la veille de la ruine, de sa perte. || FAM. *jm ein Loch in den Bauch reden*, soûler qn de paroles. | *wie ein Loch saufen*, boire comme un trou. | *diese Wohnung ist nur ein Loch*, cet appartement n'est qu'un trou. | *Ihre Beweisführung hat ein Loch*, votre argumentation est boiteuse. || POP. *er steckt im Loch*, il est en tôle. || ZOOL. gîte m. ; terrier m. || ASTRON. *schwarzes Loch*, trou noir.

Loch|bohrer ["lɔx'bo:rər] m. (s, -) taraud m. ; perçoir m. ||°-**eisen** n. (s, -) emporte-pièce m. ;

mandrin m. ; poinçon m. ||°**-karte** f. (-, n) carte perforée. ||°**-kartenmaschine** f. (-, n) machine (f.) à cartes perforées. ||°**-maschine** f. (-, n) machine (f.) à percer ; perforatrice f. ; foreuse f. ; poinçonneuse f. ||°**-säge** f. (-, n) scie (f.) à guichet. ||°**-stempel** m. (s, -) poinçon m. ||°**-streifen** m. (s, -) bande (f.), ruban (m.) perforé(e). ||°**-weite** f. (-, n) diamètre (m.) d'un trou. ||°**-zange** f. (-, n) poinçonneuse f.

lochen ['lɔxən] v. tr. trouer ; perforer ; percer ; poinçonner.

Locher [-xər] m. (s, -). TECHN. perforateur m. ; perforatrice f. ; foreuse f.

löch(e)rig ['løç(ə)riç] adj. troué ; plein de trous ; percé ; poreux.

Lochung ['lɔxuŋ] f. (-, en) perforation f. ; poinçonnage m.

Lock|flöte ["lɔk'flø:tə] f. (-, n), °**-pfeife** [-'pfaifə] f. (-, n) [Jagd] appeau m. ; pipeau m. ||°**-mittel** n. (s, -), °**-speise** f. (-, n) appât m. ; amorce f. ||°**-vogel** m. (s, ¨). [Jagd] appeau m. ; appelant m. ||°**-vogel|preis** m. (es, e) prix (m.) d'appel.

Locke ['lɔkə] f. (-, n) boucle f. ; mèche f. || FIG. *sich in die Locken fahren*, se crêper le chignon.

locken [-kən] v. tr. **1.** [kräuseln] boucler ; friser. | *sie lockt sich die Haare*, elle se frise les cheveux.
2. [reizen ; anziehen] allécher ; attirer ; appâter ; leurrer ; amorcer. | *die Henne lockt ihre Küken*, la poule appelle ses poussins. | *in eine Falle locken*, entraîner dans un piège. || FIG., FAM. *damit lockst du keinen Hund vom Ofen*, ça ne prend pas ; ça ne prend plus.

Locken|kopf ["lɔkən'kɔpf] m. (s, ¨e) tête frisée, bouclée. ||°**-pracht** f. (-) belle chevelure ; masse abondante de cheveux. ||°**-wickel** m. (s, -), °**-wickler** m. (s, -) bigoudi m.

locker ['lɔkər] adj. **1.** peu serré ; lâche ; léger ; poreux ; spongieux. | *lockerer Zahn*, dent branlante. || AGRIC. *lockerer Boden*, terre (f.), terrain (m.) meuble. || TEXT. *lockeres Gewebe*, tissu (m.) lâche. || CULIN. *der Kuchen ist nicht locker genug*, ce gâteau n'a pas assez monté. || FIG., FAM. *er läßt nicht locker*, il s'obstine, s'entête.
2. FIG. léger ; dissolu ; relâché ; licencieux ; déréglé. | *ein lockeres Leben führen*, mener une vie dissolue. || FAM. *lockerer Vogel, Zeisig*, homme peu sérieux.
◇ adv. *locker stricken*, tricoter peu serré.

Lockerheit ['lɔkərhait] f. manque (m.) de cohérence, de cohésion ; légèreté f. || FIG. relâchement m. ; dérèglement m. ; libertinage m.

lockern ['lɔkərn] v. tr. AGRIC. ameublir. || PAR EXT. desserrer. || PR. et FIG. relâcher ; défendre.

Lockerung [-ruŋ] f. (-, en). AGRIC. (action [f.] d') ameublir. || PAR EXT. (action [f.] de) desserrer, relâcher ; relâchement m. || FIG. relâchement m. ; dérèglement m.

lockig ['lɔkiç] adj. bouclé ; ondulé.

Lockung ['lɔkuŋ] f. (-, en) séduction f. ; leurre m. ; attrait m. ; appât m. || [Jagd] appât m. ; amorce f.

lodderig ['lɔdəriç] adj. V. LOTTERIG.

Loden ['lo:dən] m. (s, -). TEXT. drap (m.) de laine brute, non peignée ; loden m.

lodern ['lo:dərn] v. intr. flamber ; flamboyer.

lodernd [-dərnt] adj. FIG. ardent ; exalté. | *lodernde Begeisterung*, enthousiasme délirant.

Löffel ['løfəl] m. (s, -) cuiller f. || [Eßlöffel] cuiller de table. | *ein Löffel voll*, une cuillerée. || FIG., FAM. *jn über den Löffel barbieren, balbieren*, duper qn. | *du hast die Weisheit auch nicht mit dem Löffel gefressen*, tu n'es pas plus malin que les autres. || ZOOL. [Ohren] oreilles f. pl. (du lièvre). || MÉD. curette f.

Löffel|bagger ["løfəl'bagər] m. (s, -). TECHN. pelle (f.) mécanique ; drague (f.) à godets. ||°**-bohrer** m. (s, -) mèche (f.) à cuiller ; tarière (f.) à cuiller. ||°**-ente** f. (-, n). ZOOL. souchet m. ||**-weise** adv. par cuillerées.

löffeln ['løfəln] v. tr. manger, puiser à la cuiller.

log [lo:k] prét. de **lügen.**

Log [lɔk] n. (s, e). MAR. loch m.

Log|buch ['lɔkbu:x] n. (s, ¨er). MAR. livre (m.) de loch ; livre (m.) de bord.

Logarithmen|tafel [loga"ritmən'tɑ:fəl] f. (-, n). MATH. table (f.) de logarithmes.

logarithmisch [-'ritmiʃ] adj. MATH. logarithmique.

Logarithmus [-'ritmus] m. (-, men). MATH. logarithme m. | *natürlicher Logarithmus*, logarithme népérien.

Loge ['lo:ʒə] f. (-, n). THÉÂTRE., FILM. loge f. ; baignoire f. || [Freimaurerei] loge f.

Logen|bruder ["lo:ʒən'bru:dər] m. (s, ¨). [Freimaurerei] frère m. ||°**-meister** m. (s, -). [Freimaurerei] vénérable m. ||°**-schließerin** f. (-, nen). THÉÂTRE. ouvreuse f.

logieren [lo'ʒi:rən] v. intr. loger ; habiter ; demeurer.

Logier|besuch [lo"ʒi:rbə'zu:x] m. (s, e), °**-gast** [-'gast] (s, ¨e) invité qui loge.

Logik ['lo:gik] f. PHILOS., ÉLECTR. logique f.

Logiker [-gikər] m. (s, -). PHILOS. logicien m.

logisch [-giʃ] adj. logique.

Logistik [lo'gistik] f. PHILOS., MIL. logistique f.

Logo|päde [logo'pɛ:də] m. (n, n), **Logo|pädin** [logo'pɛ:din] f. (-, nen) orthophoniste s.

Logo|pädie [logopɛ'di:] f. orthophonie f.

Lohe ['lo:ə] f. (-, n). [Flamme] *hellichte Lohe*, des jets de flammes. | *Lohfeuer*, feu flambant.

Lohe ['lo :e] f. (-) [gemahlene Rinde ; zum Gerben] tan m.

Loh|gerber ["lo:'gɛrbər] m. (s, -). TECHN. tanneur m. ||°**-gerberei** f. (-, en). TECHN. tannerie f.

lohen ['lo:ən] v. impers. [flammen] flamber ; flamboyer. | *es loht*, le feu flambe.
◇ v. tr. TECHN. [gerben] tanner.

Lohn [lo:n] m. (s, ¨e) salaire m. ; paye f. ; solde f. ; gages m. pl. || PAR EXT. rétribution f. ; récompense f. | *um Lohn und Brot kommen*, perdre son gagne-pain. | *er wird schon seinen Lohn bekommen*, il ne perdra rien pour attendre.

Lohn|abbau ["lo:n'apbau] m. (s, e) réduction (f.), diminution (f.) des salaires. ||°**-abzug** m. (s, ¨e) retenue (f.) sur les salaires. ||°**-angleichung** f. rajustement (m.) des salaires. ||°**-arbeit** f. (-, en) travail (m.) à façon. ||°**-arbeiter** m. (s, -) salarié m. ; journalier m. ||°**-aufkommen** n. (s) masse salariale. ||°**-ausfall** m. (s, ¨e) perte (f.) de salaire. || °**-auszahlung** f. (-, en) paye f. ||°**-empfänger(in)** m. (s, -), f. (-, nen) salarié(e) m. (f.). ||°**-forderung** f. (-, en) revendication (f.) de salaire. ||°**-gruppe** f. (-, n) tranche (f.) de salaires. ||°**-herr** m. (n, en) patron m. ; employeur m. ||°**-satz** m. (es, ¨e) taux (m.) de salaire. ||°**-skala** f. (-, s ou len) échelle (f.), grille (f.) des salaires. ||°**-stand** m. (s) niveau (m.) des salaires. ||°**-steuer** f. (-, n) impôt (m.) sur les salaires. ||°**-steuerjahres|ausgleich** m. (s, e) (*etwa*) ajustement (m.) du montant imposable. ||°**-stopp** m. (s) blocage (m.) des salaires. | *Lohn- und Preisstopp*, blocage des salaires et des prix. ||°**-streifen** m. (s, -) feuille (f.) de paie. ||°**-stufe** f. (-, n) échelle (f.) de salaires. ||°**-tabelle** f. (-, n) barème (m.) des salaires. ||°**-tag** m. (s, e), °**-termin** m. (s, e) [jour (m.) de] paye f.

||°**-zettel** m. (s, -) feuille (f.) de paye ; fiche (f.) de salaire.

lohnen ['lo:nən] v. tr. payer ; récompenser. | *jm etwas lohnen*, récompenser les services de qn ; dédommager qn de qch.
◇ v. impers. payer. | *es lohnt die Mühe, die Arbeit*, cela vaut la peine.
◇ v. pr. **sich lohnen,** rapporter ; rendre (beaucoup) ; être profitable. | *die Arbeit lohnt sich*, ce travail vaut la peine qu'on le fasse.

löhnen ['lø:nən] v. tr. payer ; faire la paye. || MIL. distribuer la solde.

lohnend ['lo:nənt] adj. lucratif ; avantageux ; profitable. | *lohnender Ertrag*, rendement rémunérateur.

Löhnung ['lø:nuŋ] f. (-, en) paye f. ; salaire m. ; gages m. pl. || MIL. solde f. ; prêt m.

Loipe ['lɔypə] f. (-, n). [Skisport] trace f.

lokal [lo'kɑ:l] adj. local. | *Lokales*, chronique locale ; faits divers m. pl.

Lokal [lo'kɑ:l] n. (s, e) local m. ; établissement m. | *öffentliches Lokal*, salle publique ; FAM. café m. ; cabaret m.

Lokal|bahn [lo"kɑ:l'bɑ:n] f. (-, en) chemin de fer départemental, d'intérêt local. ||°**-behörde** f. (-, n) autorités locales. ||°**-betäubung** f. (-, en). MÉD. anesthésie locale. ||°**-blatt** n. (s, ¨er) journal local. ||°**-kenntnis** f. (-, se) connaissance (f.) des lieux. ||°**-patriotismus** m. esprit (m.) de clocher ; particularisme m. ||°**-sender** m. (s, -) radio locale. ||°**-termin** m. (s, e). JUR. descente (f.) sur les lieux ; descente (f.) de justice. || NUCL. enquête locale.

lokalisieren [lokali'zi:rən] v. tr. localiser.

Lokalisierung ['-zi:ruŋ] f. (-, en) localisation f.

Lokalität [-'tɛ:t] f. (-, en) localité f. | *die Lokalitäten eines Hauses*, les êtres m. pl.

Lokativ [loka'ti:f] m. (s). GRAMM. locatif m.

Lokomotion [lokomo'tsio:n] f. locomotion f.

Lokomotive [-mo'ti:və] f. (-, n) locomotive f.

Lokomotiv|führer [lokomo"ti:f'fy:rər] (en abr. **Lokführer**) m. (s, -) mécanicien m. (d'une locomotive). ||°**-schuppen** m. (s, -) dépôt (m.) de locomotives ; rotonde f.

Loko|preis ["lo:ko'prais] m. (es, e). COMM. prix (m.) sur place. ||°**-ware** f. (-, n). COMM. marchandise (f.) disponible.

Lolita [lo'lita] f. (-, s) nymphette f.

Lombard ['lɔmbart] m. (s, e). [Beleihung] avance (f.) sur gages, sur titres ; avance (f.) contre garantie.

Lombard|darlehen [lɔm"bart'dɑ:rle:ən] n. (s, -). FIN. prêt (m.) sur nantissement.

Lombarde [lɔm'bardə] n. pr. m. GÉOGR. Lombard m.

Lombardei [-bar'dai] n. pr. f. GÉOGR. Lombardie f.

lombardisch [lɔm'bardiʃ] adj. GÉOGR. lombard.

London ['lɔndɔn] n. pr. n. GÉOGR. Londres f.

Londoner(in) ['lɔndɔnər(in)] m. (s, -), f. (-, nen). GÉOGR. Londonien(ne) m. (f.).

Longe ['lɔŋə] f. (-, n). [Reitkunst] longe f.

Lorbeer ['lɔrbe:r] m. (s, en). BOT. laurier m. || FIG. laurier m. ; gloire f. | *der Siegeslorbeer*, les lauriers de la victoire. | *auf seinen Lorbeeren ausruhen*, s'endormir sur ses lauriers.

Lorbeer|baum ["lɔrbe:r'baum] m. (s, ¨e). BOT. laurier m. ||°**-kirsche** f. (-, n). BOT. laurier-cerise m. ||°**-kranz** m. (es, ¨e) couronne (f.) de laurier.

Lore ['lo:rə] f. (-, n) wagon (m.) à plate-forme ; truc(k) ; lorry m. ; lori m.

Lorgnette [lɔrn'jɛtə] f. (-, n). OPT. binocle m. ; face-à-main m. ; lorgnette f.

Lorgnon [-jɔ̃] n. (s, s) lorgnon m.

Los [lo:s] n. (es, e). **1.** sort m. ; destin m. ; destinée f. | *ein trauriges Los*, un triste sort.
2. sort m. ; fortune f. | *das Los ziehen*, tirer au sort.
3. — **a)** billet (m.) de loterie. | *mein Los war eine Niete*, mon billet n'a rien gagné. — **b)** lot m. (à la loterie). | *das große Los ziehen*, gagner le gros lot.
4. lot m. ; groupe m. | *in Losen verkaufen*, vendre par lots, [Erdboden] par parcelles.

Los|anleihe ["lo:s'anlaiə] f. (-, n). FIN. obligation (f.), emprunt (m.) à lots.

los [lo:s] adj. **1.** détaché ; dénoué ; délié ; dégagé. | *der Hund ist von der Kette los*, le chien est détaché. | *ein Knopf ist los*, un bouton est parti. | *lose Ware*, marchandise (f.) en vrac.
2. [aussi **lose**] qui a pris du jeu. | *eine lose Schraube wieder anziehen*, resserrer une vis. | *los(e) werden*, prendre du jeu.
3. débarrassé de ; délivré de. | *nun bin ich ihn los !*, me voilà débarrassé de lui. | *unsere Sorgen sind wir endlich los !*, nous sommes enfin délivrés de nos soucis.
4. LOC. VERB. *was ist hier los ?*, qu'est-ce qui se passe ici ? | *was ist denn los ?* qu'y a-t-il donc ? | *dort ist gar nichts los*, la vie est monotone là-bas. | *da ist der Teufel los*, tout est sens dessus dessous. | *mit ihm ist nicht viel los*, on ne peut pas attendre grand-chose de lui.
5. suffixe (marquant la privation) *heimatlos*, sans patrie. | *sorglos*, sans souci.
◇ adv. et interj. (indique le commencement d'une action) *er geht los*, il prend le départ ; il s'y met ; il attaque. | *sie schießen los*, ils se mettent à tirer. | *los !*, en avant. | *los ! los !*, allez ! partez !

los|arbeiten (sich) [ziç"lo:s'arbaitən] v. pr. se libérer par le travail ; se détacher avec effort. ||**-bekommen** (a, o) v. tr. FAM. parvenir à détacher, à dégager ; lâcher. ||**-binden** (a, u) v. tr. détacher ; délier ; dénouer ; défaire. ||**-brechen** (i, a, o) v. tr. détacher en rompant ; faire sauter ; rompre. — v. intr. se déchaîner ; éclater ; partir. ||**-brüllen** v. intr. se mettre à hurler. ||**-donnern** v. intr. FIG. éclater ; tonner contre qn. ||**-drehen** v. tr. détacher en tordant, en tournant. ||**-drücken** v. tr. faire partir en appuyant ; décocher ; presser sur la détente. ||**-fahren** (ä, u, a) v. intr. partir ; démarrer ; FIG. éclater. ||**-feuern** v. tr. décharger. — v. intr. faire feu. ||**-gehen** (ging, gegangen) v. intr. FAM. se détacher ; se défaire ; se dénouer. || PAR EXT. commencer ; partir ; se déclencher. | *das Spiel geht los*, le jeu, le spectacle commence. || MIL. *das Gewehr geht los*, le fusil, le coup part. || [sich stürzen] avancer sur ; aller droit, se jeter, foncer, fondre sur. | *aufeinander losgehen*, se battre ; en venir aux mains. ||**-haben** v. tr. FAM. *er hat etwas los*, il n'est pas bête ; c'est un as ! ||**-hauen** (hieb, gehauen) v. tr. couper ; détacher en coupant. — v. intr. FAM. cogner, tomber à bras raccourcis sur. ||°**-kauf** m. (s, ¨e) rachat m. ; paiement (m.) d'une rançon. ||**-kaufen** v. tr. racheter. ||**-knüpfen** v. tr. dénouer ; défaire le nœud ; délier. ||**-kommen** (a, o) v. intr. parvenir à se dégager, à se débarrasser, à se libérer. || FIG. *von einem Gedanken loskommen*, se défaire d'une idée. ||**-kriegen** v. tr. FAM. parvenir à détacher, à débarrasser. ||**-lassen** (ä, ie, a) v. tr. lâcher ; libérer. || FIG., FAM. *eine Rede loslassen*, se lancer dans un discours. — v. intr. lâcher prise ; ne pas tenir. ||**-leben** v. intr. FAM. *drauf losleben*, vivre au jour le jour. ||**-legen** v. intr. FAM. *nun, legen Sie mal los !*, allez, commencez à parler ! ||**-lösen** v. tr. et v. pr. (se) détacher ; (se) séparer ; (se) désintégrer. ||°**-lösung** f.

séparation f. ; détachement m. || MIL. décrochage m. ||**-machen** v. tr. détacher ; dégager ; défaire ; desserrer ; délivrer. || FIG. affranchir ; dégager. || MAR. larguer. ||**-marschieren** v. intr. se mettre en marche, en route. ||**-platzen** v. intr. éclater. ||**-reißen** (i, i) v. tr. et v. pr. (s')arracher ; se rompre ; (se) détacher. ||**-rennen** (rannte, gerannt) v. intr. partir à vive allure. | *auf etwas losrennen*, se précipiter sur qch. ||**-sagen (sich)** v. pr. se dégager ; se désister ; répudier ; renier. ||**-schlagen** (ä, u, a) v. intr. frapper ; tomber, se jeter, taper, cogner sur. — v. tr. FAM. vendre (à vil prix). ||**-schnallen** v. tr. déboucler ; détacher. ||**-schrauben** v. tr. dévisser. ||**-sprechen** (i, a, o) v. tr. JUR. acquitter. || RELIG. absoudre ; délier ; relever. | *jn von seinen Sünden lossprechen*, absoudre qn de ses péchés. ||°**-sprechung** f. (-, en). JUR. acquittement m. ; affranchissement m. ; libération f. ; émancipation f. || RELIG. absolution f. ||**-stürzen** v. intr. se précipiter sur. ||**-wickeln** v. tr. et v. pr. (se) dévider. || **-ziehen** (zog, gezogen) v. intr. *auf jn losziehen*, marcher sur qn ; FIG., FAM. partir en guerre contre qn ; se déchaîner contre qn.

lösbar ['lø:sbɑ:r] adj. CHIM. soluble. || JUR. résiliable. || MATH. résoluble.

Lösch|apparat ["løʃapa'rɑ:t] m. (s, e), °**-gerät** n. (s, e). TECHN. extincteur m. ||°**-arbeit** f. extinction (f.) du feu. ||°**-blatt** n. (s, ¨er). [papier] buvard m. ||°**-eimer** m. (s, -) seau (m.) à incendie. ||°**-einrichtung** f. (-, en) installation (f.) d'extinction. ||°**-hafen** m. (s, ¨). MAR. port (m.) de débarquement. ||°**-kalk** m. (s) chaux éteinte. ||°**-kopf** m. (s, ¨e). INF. tête (f.) d'effacement. ||°**-papier** n. (s, e) (papier) buvard m. ||°**-taste** f. (-, n). ÉLECTR. touche (f.) d'annulation. ||°**-trupp** m. (s, s), °**-zug** m. (s, ¨e) piquet (m.) d'incendie.

löschen ['løʃən] v. tr. **1.** éteindre ; étouffer. | *ein Feuer, ein Licht löschen*, éteindre un feu, une lumière. | *Kalk löschen*, éteindre de la chaux.
2. FIG. étancher ; apaiser. | *den Durst löschen*, étancher sa soif ; se désaltérer.
3. COMM. *eine Firma löschen*, (faire) rayer une firme du registre du commerce. | *eine Schuld löschen*, payer une dette. | *eine Hypothek löschen*, radier une hypothèque.
4. INF. effacer ; supprimer.
5. MAR. *eine Schiffsladung löschen*, décharger une cargaison.
◇ v. intr. (i, o, o) s'éteindre.

Löscher [-ʃər] m. (s, -). [Gerät] extincteur m. || [Tinte] papier (m.) buvard ; buvard m.

Löschung [-ʃuŋ] f. (-, en) [action (f.) d']éteindre ; extinction f. ; étanchement m. || COMM. *Löschung einer Schuld*, règlement (m.) d'une dette. || MAR. déchargement m. || JUR. [Hypothek] radiation f. ; mainlevée f. || [Strafregister] radiation f.

lose ['lo:zə] adj. détaché ; dénoué ; desserré ; lâche. | *loses Haar*, cheveux flottants. || FIG., FAM. libre ; licencieux ; frivole. | *loser Vogel*, homme peu sérieux. | *loser Spötter*, railleur (m.) frivole. | *laß die losen Zungen reden*, laisse dire les mauvaises langues. | *lose Hand*, main (f.) leste.

Löse|geld ["lø:zə'gɛlt] n. (s, er) rançon f. || °**-mittel** n. (s, -). CHIM. solvant m.

losen ['lo:zən] v. intr. tirer au sort.

lösen ['lø:zən] v. tr. et v. pr. **1.** [entfernen] séparer ; délivrer ; détacher ; rompre. | *ein Dachziegel hat sich gelöst*, une tuile s'est détachée, est tombée.
2. [los-, aufmachen] | *einen Riemen lösen*, desserrer une sangle. || FIG. *die Verlobung lösen*, rompre les fiançailles.
3. [die richtige Antwort finden] résoudre. | *eine Rechenaufgabe lösen*, résoudre un problème de mathématiques. | *eine Frage lösen*, résoudre une question, un problème.
4. CHIM. dissoudre. | *Salz in Wasser lösen*, (faire) dissoudre du sel dans l'eau.
5. [kaufen] *eine Karte lösen*, prendre un billet.

löslich ['lø:sliç] adj. soluble. | *löslicher Kaffee*, café (m.) soluble. | *leicht, schwer löslich*, lyophile ; lyophobe.

Löslichkeit [-kait] f. solubilité f.

Löß [lø:s] m. (es). GÉOL. lœss m.

Losung ['lo:zuŋ] f. (-, en). **1.** tirage (m.) au sort.
2. MIL. [Erkennungswort] mot (m.) de passe. | *die Losung ausgeben*, donner le mot d'ordre, le mot de passe.
3. [Jagd] fiente f. ; fumées f. pl.

Losungs|wort ["lo:zuŋs'vɔrt] n. (s, e). MIL. mot (m.) d'ordre, de ralliement ; mot (m.) de passe.

Lösung ['lø:zuŋ] f. (-, en). **1.** (action [f.] de) délier ; séparation f. | *Lösung eines Vertrags*, annulation (f.), résiliation (f.) d'un contrat, d'un traité.
2. solution f. ; éclaircissement m. | *des Rätsels Lösung finden*, trouver la clef de l'énigme. || MATH. solution f. | *Lösung einer Gleichung*, résolution (f.) d'une équation.
3. CHIM. dissolution f. ; solution f.

Lösungs|mittel ["lø:zuŋs'mitəl] n. (s, -). CHIM. solvant m.

Lot [lo:t] n. (s, e). **1.** [Senkblei] fil (m.) à plomb. | *die Mauer steht nicht im Lot*, ce mur n'est pas d'aplomb. || FIG., FAM. *etwas ins Lot bringen*, mettre qch. en ordre.
2. MATH. verticale f. ; perpendiculaire f. | *ein Lot fällen*, abaisser une perpendiculaire.
3. MAR. sonde f.
4. TECHN. [Lötmittel] soudure f.

Lot|blei ['lo:tblai] n. (s) fil (m.) à plomb. ||°**-leine** f. (-, n) ligne (f.) de sonde. ||°**-punkt** m. (s, e). MATH. pied (m.) de la perpendiculaire. ||**-recht** adj. d'aplomb ; vertical. ||°**-waage** f. (-, n) niveau (m.) de maçon.

Löt|brenner ["lø:t'brɛnər] m. (s, -), °**-rohr** n. (s, e) chalumeau (m.) à souder, à braser. ||°**-draht** m. (s, ¨e) âme (f.) de soudure. ||°**-eisen** n. (s, -), °**-hammer** m. (s, ¨), °**-kolben** m. (s, -) fer (m.) à souder. ||°**-fett** n. (s) composition (f.) à souder. ||°**-lampe** f. (-, n) lampe (f.) à souder. ||°**-mittel** n. (s, -) soudure f. ||°**-nippel** m. (s, -) raccord (m.) à souder. ||°**-salz** n. (es, e) sel ammoniac. ||°**-stelle** f. (-, n) soudure f. ; brasure f. ; point (m.) de soudure. ||°**-stift** m. (s, e) crayon (m.) à souder. ||°**-zange** f. (-, n) pince (f.) à souder. ||°**-zinn** n. (s) étain (m.) à souder.

loten ['lo:tən] v. tr. passer au fil à plomb ; prendre l'aplomb. || MAR. sonder.

löten ['lø:tən] v. tr. TECHN. [weich] souder ; [hart] braser.

Löten [-tən] n. (s). TECHN. soudure f. ; brasure f.

Lothringen ['lɔtriŋən] n. pr. n. Lorraine f.

Lothringer(in) ['lɔtriŋər(in)] m. (s, -), f. (-, nen). Lorrain(e) m. (f.).

lothringisch ['lɔtriŋiʃ] adj. lorrain. | *lothringischer Speckkuchen*, quiche lorraine.

Lotos ['lo:tos] m. (-, -). BOT. lotus m.

Lotse ['lo:tsə] m. (n, n). MAR. pilote m. (à l'entrée d'un port).

lotsen [-sən] v. tr. MAR. piloter.

Lotsen|boot ["lo:tsən'bo:t] n. (s, e). MAR. bateau-pilote m. ||°**-fisch** m. (s, e). ZOOL. (poisson m.) pilote m.

Lotte ['lɔtə] f. (-, n). BOT. sarment m. || MINES. conduit m.

Lotter|leben ["lɔtər'le:bən] n. (s). FAM. vie (f.) de bohème ; vie crapuleuse.
Lotterie [lɔtə'ri:] f. (-, en) loterie f.
lotterig ['lɔtəriç] adj. FAM. relâché ; négligent ; dissolu ; bohème.
Lotto ['lɔto] n. (s, s) (jeu [m.] de) loto m.
Lötung ['lø:tuŋ] f. (-, en). TECHN. [weiche] soudure f. || [harte] brasure f. ; brasement m. | *autogene Lötung*, soudure autogène.
Lotus|blume ["lo:tus'blu:mə] f. (-, n). BOT. lotus m. ; nénuphar m.
Löwe ['lø:və] m. (n, n). ZOOL. lion m. | *junger Löwe*, lionceau m.
Löwen|anteil ["lø:vən'antail] m. (s, e) part (f.) du lion. ||°**-maul** n. (s, ¨er). ZOOL. mufle (m.) de lion. || BOT. muflier m. ||°**-zahn** m. (s). BOT. dent-de-lion f. ; pissenlit m.
Löwin ['lø:vin] f. (-, nen). ZOOL. lionne f.
loyal [loa'jɑ:l] adj. loyal ; droit ; vrai.
Loyalität [-jali'tɛ:t] f. POLIT. loyalisme m. || PAR EXT. loyauté f.
Luchs [luks] m. (es, e). ZOOL. lynx m. ; loup-cervier m.
luchsen ['luksən] v. intr. **1.** FAM. être très attentif. || PAR ANAL. guetter ; épier.
2. FAM. chaparder ; filouter.
Lücke ['lykə] f. (-, n) lacune f. ; trou m. ; vide m. ; brèche f. ; trouée f. ; FIG. omission f. ; manque m. || COMM. déficit m.
Lücken|büßer ["lykən'by:sər] m. (s, -). FAM. bouche-trou m. || LITTÉR. remplissage m. ; cheville f. || THÉÂTRE. doublure f. ||**-los** adj. sans lacune ; complet.
lückenhaft ['lykənhaft] adj. incomplet ; défectueux ; lacuneux ; qui a des vides, des lacunes.
Lückenhaftigkeit [-haftiçkait] f. défectuosité f. ; lacunes f. pl. ; caractère incomplet.
lud [lu:t] prét. de **laden.**
Lude ['lu:də] m. (n, n). ARG. maquereau m.
Luder ['lu:dər] n. (s, -). [Jagd] charogne f. ; appât m. || FIG., VULG. [bösartiges Weib] chameau m. ; garce f. || [bedauernswertes Wesen] *armes Luder !*, pauvre bougre !
Lues ['lu:ɛs] f. MÉD. syphilis f.
Luft [luft] f. (-, ¨e) air m. | *frische Luft schöpfen ; an die Luft gehen*, prendre l'air. | *in freier Luft arbeiten*, travailler en plein air. | *in der Luft fliegen*, voler. | *in die Luft fliegen*, sauter (par explosion). | *jn an die Luft setzen*, mettre qn à la porte. || LOC., FIG. *seinem Unmut Luft machen*, épancher sa bile ; donner libre cours à sa mauvaise humeur. | *hier ist dicke Luft*, il y a du grabuge dans l'air ; FAM. ça va barder. | *die Luft ist wieder rein*, il n'y a plus de danger. | *für mich ist er fortan Luft*, je le traiterai désormais comme s'il n'existait pas. | *aus der Luft gegriffen*, inventé de toutes pièces ; pure invention. | *von Luft und Liebe leben*, vivre de l'air du temps. | *der Gedanke liegt in der Luft*, l'idée, le projet est dans l'air.
Luft|abschluß ["luft'apʃlus] m. (es). *unter Luftabschluß*, à l'abri de l'air. ||°**-abwehr** f. MIL. défense aérienne. ||°**-abzug** m. (s, ¨e). TECHN. évent m. ||°**-angriff** m. (s, e) attaque aérienne ; bombardement aérien. ||°**-aufnahme** f. (-, n) prise de vues aérienne ; photo aérienne. ||°**-austauscher** m. (s, -). TECHN. échangeur (m.) d'air. ||°**-ballon** m. (s, s). [für Kinder] ballon m. || AÉRON. aérostat m. ; ballon m. | *lenkbarer Luftballon*, dirigeable m. ||°**-befeuchter** m. (s, -) humidificateur m. ; saturateur m. ||**-befördert** adj. aéroporté. ||°**-belastung** f. (-, en) pollution (f.) atmosphérique. | *Überwachung der Luftbelastung*, contrôle (m.) de la pollution atmosphérique. ||°**-betankung** f. (-, en) ravitaillement (m.) en vol. ||°**-bild** n. (s, er) fantôme m. ; mirage m. ; chimère f. || MIL. photo aérienne. ||°**-bläschen** n. (s, -). °**-blase** f. (-, n) bulle (f.) d'air. || [Gußblase] soufflure f. || ZOOL. vessie (f.) natatoire. ||°**-bremse** f. (-, n). TECHN. aérofrein m. ||°**-brems|klappe** f. (-, n). TECHN. volet (m.) d'aérofrein. ||°**-brücke** f. (-, n) pont aérien. ||**-dicht** adj. hermétique ; étanche à l'air. ||°**-dienst** m. (s, e). MIL. (service de l')aéronautique f. ; aérostation f. ||°**-druck** m. (s). PHYS. pression (f.) atmosphérique. ||°**-druck|bremse** f. (-, n). TECHN. frein (m.) à air comprimé. ||°**-druck|messer** m. (s, -). PHYS. baromètre m. ||°**-druck|zeiger** m. (s, -). PHYS. manomètre m. ||°**-düse** f. (-, n). AUTOM. buse (f.) d'air. ||°**-dynamik** f. PHYS. aérodynamique f. ||°**-einlaß** m. (es) admission (f.) d'air. ||°**-elektrizität** f. électricité (f.) atmosphérique. ||°**-fahrer** m. (s, -) aéronaute m. ||°**-fahrt** f. (-, en) voyage aérien. ||°**-fahrt|industrie** f. (-, n) industrie (f.) aéronautique. ||°**-fahrt|schau** f. (-, en) salon (m.) aéronautique. ||°**-fahrt|wesen** n. (s) aéronautique f. ; aviation f. ||°**-fahrzeug** n. (s, e) aéronef m. ; aéroplane m. ; avion m. ||°**-feuchtigkeit** f. humidité (f.) atmosphérique. ||°**-feuchtigkeits|-grad** m. (s, e) degré (m.) hygrométrique de l'air. ||°**-feuchtigkeits|messer** m. (s, -) hygromètre m. ||°**-flotte** f. (-, n) flotte aérienne. ||°**-fracht** f. (-, en) fret aérien. | *per Luftfracht befördern*, acheminer par air. ||°**-gewehr** n. (s, e) fusil (m.) à air comprimé. ||°**-hafen** m. (s, ¨) aéroport m. ||°**-hauch** m. (s, e) souffle m. ||°**-heizung** f. (-, en). TECHN. chauffage (m.) à air chaud. ||°**-hoheit** f. POLIT. souveraineté aérienne. ||**-hydraulisch** adj. PHYS. hydropneumatique. || °**-kissen** n. (s, -) coussin (m.) pneumatique. || °**-kissen|boot** n. (s, e) hydroglisseur m. ||°**-klappe** f. (-, n). TECHN. soupape (f.), volet (m.) d'aération ; régulateur (m.) d'air. ||°**-korridor** m. (s, e) couloir aérien. ||°**-krankheit** f. MÉD. mal (m.) de l'air. ||°**-krieg** m. (s, e) guerre aérienne. ||°**-kühlung** f. refroidissement (m.) par air. ||°**-kurort** m. (s, e) station (f.) climatique. ||°**-landetruppe** f. (-, n) troupe aéroportée. ||**-leer** adj. vide (d'air). | *luftleeres Gefäß*, vase clos. ||°**-linie** f. (-, n) ligne droite. | *in der Luftlinie*, en ligne droite ; à vol d'oiseau. ||°**-loch** n. (s, ¨er). ARCHIT. soupirail m. || AÉRON. trou (m.) d'air. || TECHN. évent m. ||°**-messer** m. (s, -). PHYS. aéromètre m. ||°**-piraterie** f. (-, n) piraterie aérienne. ||°**-post** f., °**-post|dienst** m. (s) poste aérienne ; service aéropostal. | *mit Luftpost*, par avion. ||°**-pumpe** f. (-, n). TECHN. machine (f.) pneumatique ; pompe (f.) à air. ||°**-raum** m. (s). AÉRON. espace aérien. ||°**-reinigung** f. MINES. renouvellement (m.) de l'air ; ventilation f. ||°**-rohr** n. (s, e) tube (m.) à air. ||°**-röhre** f. (-, n). ANAT. trachée f. ; trachée-artère f. || °**-röhren|ast** m. (es, ¨e). ANAT. bronche f. || °**-röhren|entzündung** f. (-, en). MÉD. trachéite f. ||°**-schacht** m. (s, ¨e). MINES. puits (m.) d'aération. ||°**-schiff** n. (s, e) ballon m. ; aérostat m. ; aéronef m. | *lenkbares Luftschiff*, dirigeable m. ||°**-schiffahrt** f. navigation aérienne ; aviation f. ||°**-schlauch** m. (s, ¨). AUTOM. chambre (f.) à air. || [Fahrrad] boyau m. ||°**-schloß** n. (es, ¨er) château (m.) en Espagne. | *Luftschlösser bauen*, bâtir des châteaux en Espagne. ||°**-schlucken** n. (s). MÉD. aérophagie f. ||°**-schraube** f. (-, n) hélice f. ; propulseur aérien. | *vierteilige Luftschraube*, hélice à quatre pales. || °**-schrauben|blatt** n. (s, ¨er) pale (f.) d'hélice. ||°**-schutz** m. (es). MIL. défense (anti)aérienne, passive. ||°**-schutz|bunker** m. (s, -), °**-schutz|-keller** m. (s, -). MIL. abri m. ||°**-spalt** m. (s, e). ÉLECTR. entrefer m. ||°**-spiegelung** f. (-, en). PHYS. mirage m. ||°**-sprung** m. (s, ¨e) saut (m.) en l'air ; bond m. ; cabriole f. ; [Ballett] entrechat m. |

Luftsprünge machen, faire des entrechats. ||°-**stoß** m. (es, ¨e) coup (m.) de vent. ||°-**streitkräfte** f. pl. MIL. forces aériennes. ||°-**strömung** f. (-, en) écoulement (m.) aérodynamique. ||°-**stützpunkt** m. (s, e) base aérienne. ||-**technisch** adj. aérotechnique. ||°-**ventil** n. (s, e). TECHN. soupape (f.) à air. || AUTOM. valve f. ||°-**verdichter** m. (s, -). TECHN. compresseur (m.) d'air. ||°-**verdrängung** f. PHYS. déplacement (m.) d'air. ||°-**verdünnung** f. raréfaction (f.) de l'air. ||°-**verflüssigung** f. TECHN. liquéfaction (f.) de l'air. ||°-**verkehr** m. (s) trafic, service aérien ; circulation aérienne. ||°-**verkehrs|linie** f. (-, n) ligne aérienne. ||-**verunreinigend** adj. *luftverunreinigende Stoffe*, polluants (m. pl.) atmosphériques. ||°-**waage** f. (-, n). PHYS. aéromètre m. ||°-**waffe** f. armée (f.) de l'air. ||°-**weg** m. (s, e) *auf dem Luftweg*, par la voie des airs ; par avion. || MÉD. *Luftwege*, organes (m. pl.) respiratoires. ||°-**wurzel** f. (-, n). BOT. racine aérienne. ||°-**zufuhr** f. ventilation f. ||°-**zug** m. (s, ¨e) courant (m.) d'air ; appel (m.) d'air ; tirage m. | *schwacher Luftzug*, filet (m.) d'air. || [Fische] évent m.

Lüftchen ['lyftçən] n. (s, -) léger souffle ; brise f.

lüften [-tən] v. tr. aérer ; donner de l'air ; renouveler l'air ; mettre à l'air ; éventer. | *ein Zimmer lüften*, aérer une chambre. || FIG. *den Schleier lüften*, lever le voile. | *die Maske lüften*, lever le masque.

Lüfter [-tər] m. (s, -), **Luft|erneuerer** ["luft-ɛr'nɔyərər] m. (s, -) trou (m.) d'aération. || TECHN. ventilateur m.

luftig ['luftiç] adj. **1.** [in freier Luft] exposé à l'air ; aéré.
2. PAR EXT. [leicht] aérien ; vaporeux ; léger ; transparent. | *luftige Gewänder*, vêtements légers, vaporeux. || ARCHIT. *luftiger Bau*, construction légère.
3. FIG. évaporé ; léger ; volage ; étourdi ; écervelé.

Luftikus ['luftikus] m. FAM. écervelé ; étourdi.

Lüftung ['lyftuŋ] f. (-, en) aération f. ; ventilation f.

Lüftungs|anlage ["lyftuŋs'anlɑ:gə] f. (-, n) installation (f.) d'aérage. ||°-**apparat** m. (s, e) appareil (m.) de ventilation ; ventilateur m.

Lug [lu:k] m. (s). *Lug und Trug*, tromperie f. ; mensonge m. ; imposture f.

Lüge ['ly:gə] f. (-, n) mensonge m. | *fromme Lüge*, pieux mensonge. | *jn der Lüge bezichtigen, beschuldigen*, accuser qn de mensonge. | *jn Lügen strafen*, infliger un démenti à qn ; convaincre qn de mensonge.

lügen [-gən] (o, o) v. intr. mentir ; controuver ; inventer. | *er lügt wie gedruckt*, il ment comme un arracheur de dents. | *ich müßte lügen, wenn ich anders sagte*, ce serait mentir que de soutenir le contraire. || PROV. *wer einmal lügt, dem glaubt man nicht, und wenn er auch die Wahrheit spricht*, a beau dire vrai qui a menti. ◇ v. tr. mentir ; inventer. || FAM. *er lügt das Blaue vom Himmel (herunter)*, il ment effrontément, impudemment.

lügenhaft ['ly:gənhaft] adj. [Personen] faux ; menteur. || [Dinge] faux ; mensonger ; controuvé.

Lügenhaftigkeit [-haftiçkait] f. goût (m.) du mensonge ; caractère mensonger.

Lügen|netz ["ly:gən'nɛts] n. (es, e) tissu (m.) de mensonges.

Lügner ['ly:gnər] m. (s, -) menteur m.

lügnerisch [-riʃ] adj. V. LÜGENHAFT.

Luke ['lu:kə] f. (-, n). ARCHIT. lucarne f. || MAR. hublot m. ; écoutille f.

lukrativ [lukra'ti:f] adj. lucratif.

lukullisch [lu'kuliʃ] adj. *lukullisches Mahl*, repas plantureux ; festin (m.) pantagruélique.

Lulatsch ['lu:latʃ] m. FAM. grand flandrin ; grand échalas.

lullen ['lulən] v. tr. FAM. *ein Kind in den Schlaf lullen*, fredonner une berceuse à un enfant.

Lumbago [lum'bɑ:go] f. (-, s). MÉD. lumbago m.

Lumineszenz [luminɛs'tsɛnts] f. luminescence f.

Lumme ['lumə] f. (-, n). ZOOL. guillemot m.

Lümmel ['lyməl] m. (s, -). FAM. butor m. ; lourdaud m. ; rustre m. ; goujat m. ; mufle m.

Lümmelei [lymə'lai] f. (-, en) grossièreté f. ; goujaterie f. ; muflerie f.

lümmelhaft ['lyməlhaft] adj. grossier ; malpoli.

lümmeln (sich) [ziç'lyməln] v. pr. se vautrer ; avoir une tenue incorrecte.

Lump [lump] m. (en, en). FAM. gueux m. ; gredin m. ; va-nu-pieds m. ; maraud m.

Lumpen ['lumpən] m. (s, -) chiffon m. ; haillon m. ; guenille f. ; loque f.

lumpen [-pən] v. intr. fainéanter ; vagabonder. || FAM. *sich nicht lumpen lassen*, n'être pas chiche ; bien faire les choses.

Lumpen|gesindel ["lumpəngə'sindəl] n. (s) gueux m. pl. ; racaille f. ; canaille f. ||°-**pack** n. (s). FAM. gueux m. pl. ; va-nu-pieds m. pl. ; racaille f. ; crapule f. ||°-**proletariat** n. (s). POLIT. sous-prolétariat m. ||°-**sammler** m. (s, -) chiffonnier m.

Lumperei [lumpə'rai] f. (-, en). FAM. [Gesinnung] gueuserie f. || PAR EXT. [Kleinigkeit] vétille f. ; affaire (f.) de rien ; misère f.

lumpig ['lumpiç]. (Vx.) **lumpicht** ['lumpiçt] adj. FAM. déguenillé ; en guenilles ; en haillons. || FIG. [dürftig ; ehrlos] misérable ; vil ; sordide.

Lumpigkeit [-kait] f. gueuserie f. mesquinerie f. ; chose (f.) misérable.

Lunch|paket ["lantʃpa'ke:t] n. (s, e) panier-repas m.

Lunge ['luŋə] f. (-, n). ANAT. poumon m. || MÉD. *eiserne Lunge*, poumon d'acier. | *er hat es auf den Lungen*, il est poitrinaire. || FAM. *sich die Lunge aus dem Leibe reden*, s'époumoner.

Lungen|bläschen ["luŋən'blɛ:sçən] n. (s, -) alvéole (f.) pulmonaire. ||°-**blutung** f. (-, en). MÉD. hémorragie (f.) pulmonaire. ||°-**braten** m. (s, -). [Rind] filet m. ; aloyau m. || [Kalb] longe f. ||°-**entzündung** f. (-, en). MÉD. pneumonie f. ||-**krank** adj. MÉD. tuberculeux ; poitrinaire. ||°-**krankheit** f. (-, en). MÉD. affection (f.) pulmonaire ; tuberculose f. ||°-**spitze** f. (-, n). ANAT. sommet (m.) du poumon. ||°-**tuberkulose** f. MÉD. tuberculose f. (pulmonaire) ; phtisie f. ||°-**verhärtung** f. MÉD. sclérose (f.) pulmonaire.

Lungerer ['luŋərər] m. (s, -) fainéant m. ; paresseux m.

lungern ['luŋərn] v. intr. paresser. | *herumlungern*, traîner ; fainéanter.

Lunte ['luntə] f. (-, n). MINES., MIL. mèche f. || FIG., FAM. *Lunte riechen*, éventer la mèche.

Lupe ['lu:pə] f. (-, n). OPT. loupe f.

lüpfen ['lypfən] v. tr. DIAL. soulever.

Lupine [lu'pi:nə] f. (-, n). BOT. lupin m.

Lurch [lurç] m. (es, e). ZOOL. batracien m. ; amphibien m.

Lust [lust] f. (-, ¨e). **1.** [Freude] plaisir m. ; joie f. ; agrément m. ; jouissance f. ; réjouissance f. | *seine Lust an etwas haben*, aimer (faire) qch. | *das Kind war meine ganze Lust*, cet enfant était tout mon bonheur. | *sie spielt Klavier, daß es eine Lust ist*, l'entendre au piano est un régal, un ravissement.

2. [Wunsch ; Begierde] désir m. ; envie f. ; goût m. | *er bekam Lust, durch die Welt zu ziehen*, l'envie le saisit d'errer à travers le monde. | *ich hatte große Lust, ihn stehen zu lassen*, j'eus grande envie de le planter là. | *wenn Sie Lust dazu haben*, si le cœur vous en dit. | *er hat zu nichts mehr Lust*, rien ne l'intéresse plus. | *jm die Lust an etwas nehmen*, passer à qn l'envie de qch. | *mit Lust und Liebe*, avec grand plaisir. || [Lüsternheit] *die Lüste des Fleisches*, les convoitises de la chair.

Lust|garten ["lust'gartən] m. (s, ¨) jardin (m.) d'agrément. ||°**-haus** n. (es, ¨er) maison (f.) de plaisance. ||°**-häuschen** n. (s, -) gloriette f. ||**-los** adj. languissant ; sans entrain. ||°**-mord** m. (s, e) crime (m.) sadique. ||°**-schloß** n. (es, ¨er) château (m.) de plaisance. ||°**-seuche** f. (-, n). [Vx.] syphilis f. ||°**-spiel** n. (s, e). THÉÂTRE. comédie f. ||°**-spieldichter** m. (s, -) auteur (m.) de comédies ; comique m. ||**-wandeln** v. intr. se promener.

Lustbarkeit ['lustbɑ:rkait] f. (-, en). [Vx.] réjouissance(s) f. (pl.) ; fête(s) f. (pl.).

Lüster ['lystər] m. (s, -). [Glanz] éclat m. || PAR EXT. [Kronleuchter] lustre m.

lüstern [-tərn] adj. lascif ; concupiscent ; lubrique. *lüsterne Blicke*, des regards concupiscents.

Lüsternheit [-hait] f. (-, en) convoitise f. ; concupiscence f. ; lascivité f. ; lubricité f.

lustig ['lustiç] adj. [fröhlich ; vergnügt] joyeux ; gai ; de bonne, de joyeuse humeur ; enjoué ; jovial. || [spaßmachend] gai ; plaisant ; amusant ; drôle. | *lustige Anekdote*, anecdote amusante. | *lustige Person*, personnage (m.) comique ; bouffon m. | *Bruder Lustig*, joyeux compère ; loustic m. | *sich über jn lustig machen*, se moquer de qn ; se divertir aux dépens de qn. ◇ adv. gaiement ; joyeusement. | *da geht es lustig zu*, on s'y amuse bien.

Lustigkeit [-kait] f. gaieté f. ; joie f. ; enjouement m. ; jovialité f.

Lüstling ['lystliŋ] m. (s, e). PÉJOR. débauché m. ; sadique m. ; FIG. satyre m.

Lutheraner(in) [lutə'rɑ:nər(in)] m. (s, -), f. (-, nen). RELIG. luthérien m. ; luthérienne f.

lutherisch [lu'te:riʃ] adj. HIST. concernant la personne de Luther. || PAR EXT., RELIG. luthérien.

Luthertum ['lutərtu:m] n. (s). RELIG. luthéranisme m. ; protestantisme m. ; doctrine luthérienne.

lutschen ['lutʃən] v. tr. et v. intr. sucer ; suçoter.

Lutscher [-ʃər] m. (s, -) sucette f. ; tétine f.

Lüttich ['lytiç] n. pr. n. GÉOGR. Liège f.

Luv [lu:f] f. MAR. côté (m.) du vent ; lof m.

Luv|seite ["lu:f'zaitə] f. MAR. côté (m.) du vent ; lof m.

luven ['lu:vən] v. intr. MAR. lofer ; aller au lof.

Lux [luks] n. (-, -). PHYS. lux m.

Luxemburg ['luksɛmburk] n. pr. n. GÉOGR. Luxembourg m.

Luxemburger [-burgər] m. (s, -). GÉOGR. Luxembourgeois m.

luxemburgisch [-burgiʃ] adj. luxembourgeois.

luxuriös [luksuri'ø:s] adj. luxueux ; somptueux ; fastueux.

Luxus ['luksus] m. luxe m. ; somptuosité f.

Luxus|steuer ["luksus'ʃtɔyər] f. (-, n). FIN. taxe (f.) de luxe.

Luzern [lu'tsɛrn] n. pr. n. GÉOGR. Lucerne f.

Luzerne [lu'tsɛrnə] f. (-, n). BOT. luzerne f.

Luzifer ['lu:tsifɛr] n. pr. m. [Bibel]. Lucifer m. ; diable m. ; Satan m. || ASTRON. étoile (f.) du matin.

Lydien ['ly:diən] n. pr. n. GÉOGR. Lydie f.

lymphatisch [lym'fɑ:tiʃ] adj. MÉD. lymphatique.

Lymph|drüse ["lymf'dry:zə] f. (-, n). ANAT. ganglion (m.) lymphatique. ||°**-gefäße** n. pl. ANAT. vaisseaux (m. pl.) lymphatiques. ||°**-knoten** m. (s, -) ganglion (m.) lymphatique.

Lymphe ['lymfə] f. (-, n). PHYSIOL. lymphe f. ; [Rind] vaccin m. || MÉD. sérosité f. ; sérum m.

Lympho|zyt [lymfo'tsy:t] m. (en, en). PHYSIOL. lymphocyte m.

lynchen ['lynçən] v. tr. lyncher.

Lynch|justiz ["lynçjus'ti:ts] f. lynchage m. ; justice (f.) sommaire.

Lyoner [ly'o:nər] m. (s, -). GÉOGR. Lyonnais m.

lyophil [lyo'fi:l] adj. CHIM. lyophile.

lyophob [lyo'fo:p] adj. CHIM. lyophobe.

Lyra ['ly:ra] f. (-, ren). MUS. lyre f.

Lyrik ['ly:rik] f. poésie (f.) lyrique ; lyrisme m.

Lyriker [-rikər] m. (s, -) poète (m.) lyrique.

lyrisch [-riʃ] adj. LITTÉR. lyrique.

Lyzeum [ly'tse:um] n. (s, zeen) lycée m. (de jeunes filles).

M

M, m [ɛm] n. M m. | *großes* M, *M* majuscule. | *kleines* m, *m* minuscule. || *M* abrév. de *Meter*, mètre m. ; abrév. de *Mark*, mark m. | *m*, abrév. de *männlich* ; ou de *mit* ; de *Minute*. || COMM., HIST. [römisches Zahlzeichen] mille.

Mäander [mɛ'andər] n. pr. m. GÉOGR. Méandre m. || PAR EXT. méandre m.

mäandrisch [-driʃ] adj. tordu ; sinueux ; méandrique.

Maar [ma:r] n. (s, e). GÉOL. cratère éteint.

Maas [ma:s] n. pr. f. GÉOGR. Meuse f.

Maat [ma:t] m. (s, e). MAR. camarade m. ; premier, second maître ; maître m.

Mach [max] n. (s). PHYS. mach. | *Mach 2 fliegen*, voler à mach 2.

Mach|meter ["max'me:tər] n. (s, -). AÉRON. machmètre m. ||°**-zahl** f. (-, en) nombre (m.) de Mach.

Mach|werk ['maxvɛrk] n. (s, e) œuvre factice ; chose fabriquée de toutes pièces.

Mache ['maxə] f. apparence f. ; illusion f. ; FAM. frime f. | *das ist nur Mache*, ce n'est que de la frime. || PAR EXT., FAM. façon f. ; confection f.

machen ['maxən] v. tr., intr. et pr. faire.

I. [herstellen ; schaffen] faire ; produire ; fabriquer ; façonner ; construire ; créer.
II. [bereiten] préparer.
III. [veranstalten] préparer ; organiser.
IV. [bewirken] :
  1. causer ; faire ; être cause de ;
  2. donner ; rendre.
V. [erdenken, schaffen, mit Ziel oder Bestimmung] imaginer ; former ; faire ; effectuer ; accomplir.
VI. [ergeben ; betragen] faire ; se monter à.
VII. [erlangen] obtenir ; gagner.
VIII. [vollbringen] achever.
IX. [menschliches Tun im Allgemeinen] faire ; agir ; opérer.
X. [sich gebärden] agir ; s'y prendre ; opérer.
XI. [eine Rolle haben] tenir, jouer un rôle.
XII. Loc.
XIII. v. pr. **sich machen.**

I. [herstellen ; schaffen] produire ; faire ; fabriquer ; façonner ; construire ; créer ; engendrer. | *Feuer machen*, faire du feu. | *Licht machen*, faire, donner de la lumière. | *Verse machen*, écrire, composer des vers. | *Schulden machen*, faire, contracter des dettes. || FIG. *Wind machen*, se vanter.

II. [bereiten] préparer. | *das Bett machen*, faire le lit. | *Kaffee machen*, faire du café. | *Kleinholz machen*, faire du petit bois.

III. [veranstalten] préparer ; organiser. | *ein Fest machen*, organiser une fête. | *Hochzeit machen*, célébrer un mariage.

IV. [bewirken] **1.** causer ; faire ; être cause de. | *mit einer Sache Ernst machen*, prendre une affaire au sérieux. | *Spaß machen*, plaisanter. | *jm Mut machen*, donner courage à qn. | *Eindruck machen*, faire impression. | *jm Sorgen machen*, créer, donner du souci à qn. | *jm Schande machen*, faire honte à qn. | *jm Lust machen*, donner envie à qn. | *aus der Not eine Tugend machen*, faire de nécessité vertu. | *es macht mir viel Mühe*, cela me donne beaucoup de mal. | *kein Geheimnis daraus machen*, ne pas faire mystère d'une chose. || FAM. *jm Beine machen*, presser qn ; faire courir qn.

2. donner ; rendre. | *etwas rückgängig machen*, annuler qch. ; revenir sur qch. | *jn verantwortlich machen für*, rendre qn responsable de. | *etwas zunichte machen*, anéantir, ruiner qch. | *jn gesund machen*, guérir qn. | *jn wieder jung machen*, rendre jeunesse à qn. | *jn verrückt machen*, faire perdre la tête à qn ; rendre qn fou. || FIG. *jn schlecht machen*, noircir qn. | *niemand kann es ihm recht machen*, il n'est jamais content ; personne ne trouve grâce devant lui. | *geltend machen*, faire valoir.

V. [erdenken, schaffen, mit Ziel oder Bestimmung] imaginer ; former ; faire ; effectuer, accomplir. | *dieser Beruf ist wie für ihn gemacht*, cette profession était faite pour lui. | *er ist für, zu etwas gemacht*, il est fait pour, apte à. | *Gelegenheit macht Diebe*, l'occasion fait le larron. | *ein Examem machen*, passer un examen. | *das macht nichts*, cela ne fait rien. | *etwas nur halb machen*, ne faire une chose qu'à moitié. | *er wird es nicht mehr lange machen*, il n'ira pas loin. | *jm etwas begreiflich machen*, faire comprendre qch. à qn. | *jm klar machen, daß*, faire comprendre à qn que. | *etwas zu Geld machen*, faire argent de qch. ; réaliser qch. | *jn zum Spott, zum Gelächter machen*, exposer qn à la risée de tous. | *etwas zur Bedingung machen*, fixer qch. comme condition.

VI. [ergeben ; betragen] faire ; se monter à. | *das macht zwanzig Mark*, cela fait vingt marks. | *dreimal drei macht neun*, trois fois trois neuf. | *die Rechnung macht so und soviel*, la facture se monte à.

VII. [erlangen] obtenir ; gagner. | *Beute machen*, faire du butin. | *Geld machen*, faire de l'argent.

VIII. [vollbringen ; vollenden] achever. | *ein gemachter Mann*, un homme arrivé. | *wieder gut machen*, réparer. | *mit etwas Schluß machen*, en finir avec qch. | *reinen Tisch machen*, faire table rase. | *ein Ende machen*, mettre fin à. | *kurzen Prozeß machen*, ne pas y aller par quatre chemins.

IX. [menschliches Tun im Allgemeinen] faire ; agir ; opérer. | *eine Reise machen*, faire un voyage. | *einen Gang machen*, faire une course, une démarche. | *Geschäfte machen*, faire des affaires. | *einen Anschlag auf jn machen*, attenter à la vie de qn. | *mit jm Bekanntschaft machen*, faire la connaissance de qn. | *einen Bericht machen*, faire un rapport. | *eine Erfahrung machen*, faire une expérience ; faire l'expérience. | *Pause machen*, faire une pause. | *er macht Anstalten, fortzugehen*, il se prépare à partir. | *viel Aufsehen(s) von etwas machen*, faire grand cas de qch. | *jm den Garaus machen*, achever qn. | *Witze machen*, plaisanter.

|| FAM. *mach doch keine Geschichten!*, ne fais pas d'histoires ! | *nicht viel Federlesens machen*, ne pas prendre de gants.

X. [sich gebärden] agir ; s'y prendre ; opérer. | *große Augen machen*, faire de grands yeux ; écarquiller les yeux d'étonnement. | *eine lange Nase machen*, être déçu ; être marri. | *gute Miene zum bösen Spiel machen*, faire contre mauvaise fortune bon cœur. | *schnell machen*, se hâter ; se presser.

XI. [eine Rolle haben] tenir ; jouer un rôle. | *den Weihnachtsmann machen*, tenir le rôle du Père Noël. | *den Hanswurst, den Narren machen*, faire le fou, le guignol. | *den Dummen machen*, faire l'idiot, l'imbécile.

XII. LOC. *mach schnell!*, hâte-toi ; presse-toi. | *machen Sie, daß Sie fortkommen!*, filez ! ; tâchez de déguerpir ! | *das macht, daß*, cela fait que. | *in Patriotismus machen*, afficher un patriotisme gratuit ; faire le patriote. | *in Lederwaren machen*, tenir un magasin de maroquinerie. | *das macht mir Spaß*, cela me fait plaisir. | *von sich reden machen*, faire parler de soi.

XIII. v. pr. **sich machen.** *diese Sache macht sich*, cette affaire s'arrange. | *diese Person macht sich*, cette personne s'adapte, progresse. | *der Junge macht sich gut in der Schule*, ce garçon progresse à l'école. | *sich unkenntlich machen*, se rendre méconnaissable. | *sich nützlich machen*, se rendre utile. | *sich beliebt machen*, se faire aimer ; se rendre populaire. | *sich fertig machen*, se préparer. | *sich einen Namen machen*, devenir célèbre. | *sich Gedanken machen*, s'inquiéter de ; se faire des soucis au sujet de. | *sich davonmachen*, s'en aller ; décamper. | *sich auf die Beine machen, sich auf den Weg machen*, se mettre en route ; partir. | *sich aus dem Staube machen*, décamper ; déguerpir. | *sich an eine Arbeit machen*, entreprendre, attaquer un travail. | *sich daran machen*, s'y mettre. | *sich keinen Begriff davon machen*, ne pas se faire une idée de. | *sich das Leben leicht machen*, prendre la vie du bon côté. | *mach' dich fort!*, va-t'en au diable ! | *sich ein Vergnügen aus etwas machen*, se faire un plaisir, une joie de. | *ich mache mir nicht viel daraus!*, peu m'en chaut ! ; je m'en moque !

Machenschaft ['maxənʃaft] f. (-, en) machination f. ; intrigue f. ; cabale f. | *politische Machenschaften*, magouilles politiciennes.

Macher ['maxər] m. (s, -) faiseur f. ; fabricant m. || PÉJOR. faiseur m. ; meneur m.

Machismo [ma'tʃismo] m. (s) machisme m.

Macht [maxt] f. (-, ¨e). [Können ; Kraft ; Einfluß] puissance f. ; pouvoir m. ; force f. ; ascendant m. ; autorité f. | *die Macht der Vorurteile*, la force des préjugés. | *die Macht der Gewohnheit*, la force de l'habitude. | *weltliche Macht*, pouvoir, bras séculier. | *geistliche Macht*, pouvoir spirituel. | *es steht nicht in meiner Macht, zu*, il n'est pas en mon pouvoir de. | *aus eigener Macht*, de son propre chef. | *die Macht des Stärkeren*, la loi du plus fort. | *Macht ausüben*, exercer un pouvoir. || PAR ANAL., POLIT. [Herrschaft ; Gewalt ; Staat] pouvoir m. ; puissance f. | *an die Macht gelangen*, arriver, parvenir au pouvoir. | *die Macht ergreifen*, s'emparer du pouvoir. || PAR EXT. [Kräfte] *die himmlischen Mächte*, les puissances célestes. | *hier sind dunkle Mächte am Werk*, ici agissent les puissances occultes. || *Vollmacht*, pleins pouvoirs. | *Streitmacht*, forces armées.

Macht|befugnis ["maxtbə'fu:knis] f. (-, se) plein pouvoir ; autorité f. ||°**-bereich** m. (s, e) pouvoir m. ; ressort m. ; compétence f. ||°**-ergreifung** f. prise (f.) du pouvoir. ||°**-haber** m. (s, -). POLIT. maître m. ; souverain m. ; monarque m. ; potentat m. ; despote m. ; tyran m. ||°**-kampf** m. (s, ¨e) lutte (f.) pour le pouvoir. ||**-los** adj. faible ; impuissant ; sans force. ||°**-losigkeit** f. faiblesse f. ; impuissance f. ||°**-stellung** f. puissance f. ; position (f.) de force. ||°**-übernahme** f. POLIT. prise (f.) du pouvoir. ||**-voll** adj. puissant. ||°**-vollkommenheit** f. autorité f. || JUR. *richterliche Machtvollkommenheit*, autorité de justice ; autorité, pouvoir (m.) discrétionnaire. | *aus eigener Machtvollkommenheit*, de son propre chef. ||°**-wort** n. (s, e) parole (f.) énergique. | *ein Machtwort sprechen*, faire acte d'autorité ; trancher péremptoirement.

mächtig ['mɛçtiç] adj. POLIT. puissant ; fort ; imposant. || PAR ANAL. [fähig] capable ; maître. | *einer Sprache mächtig sein*, posséder une langue. | *seiner selbst nicht mehr mächtig sein*, ne plus être maître de soi ; ne plus se posséder ; être hors de soi. || PAR EXT. [bedeutend] considérable ; intense ; vaste ; grand ; gros. | *ein mächtiges Faß*, un tonneau gigantesque. | *von mächtigem Wuchs*, de stature impressionnante.
◇ adv. puissamment ; énormément. || FAM. *mächtig viel*, énormément.

Mächtigkeit [-kait] f. MINES. puissance (f.), richesse (f.) d'un gisement.

Macker ['makər] m. (s, -). POP. mec m.

Madame [ma'dam] f. (FAM. **Madam**) madame f.

Mädchen ['mɛ:tçən] n. (s, -) jeune fille ; petite fille ; demoiselle f. ; fillette f. || FAM. *sein Mädchen*, sa bien-aimée f. || PAR EXT. [Dienstmädchen] bonne f. ; servante f. | *Mädchen für alles*, bonne à tout faire.

Mädchen|handel ["mɛ:tçən'handəl] m. (s) traite (f.) des Blanches. ||°**-heim** n. (s, e) foyer (m.) de jeunes filles. ||°**-name** m. (ns, n) nom (m.) de jeune fille. ||°**-pensionat** n. (s, e) pensionnat (m.) de jeunes filles. ||°**-schule** f. (-, n) école (f.) de filles.

mädchenhaft ['mɛ:tçənhaft] adj. virginal. || PAR EXT. naïf ; ingénu.

Made ['mɑ:də] f. (-, n). ZOOL. larve f. ; asticot m. ; ver m. || LOC. *Wie die Made im Speck leben*, vivre comme un rat dans un fromage.

Mädel ['mɛ:dəl] n. (s, -). FAM. petite fille ; jeune fille f. | *ein fesches Mädel*, un beau brin de fille.

Madera [ma'de:ra] n. pr. n. GÉOGR. Madère f. || PAR EXT. vin (m.) de Madère ; madère m.

madig ['mɑ:diç] adj. plein de vers ; véreux.

Madonna [ma'dɔna] f. (-, nnen) madone f.

Madras [ma'dras] m. TEXT. madras m.

mag [mɑ:k] prés. de l'indic. de **mögen.**

Magazin [maga'tsi:n] n. (s, e). [Lagerhaus] magasin m. ; dépôt m. || PAR ANAL. [Laden] magasin m. ; boutique f. || [Patronenkammer] magasin m. || PAR EXT. [Zeitschrift] magazine m.

Magazin|arbeiter [maga"tsin'arbaitər] m. (s, -) magasinier m. ; garde-magasin m. ; manutentionnaire m. ||°**-verwalter** m. (s, -) chef (m.) de dépôt.

Magd [mɑ:kt] f. (-, ¨e) servante f. ; bonne f. || POÉT. vierge f. | *die reine Magd ; die Magd Gottes*, la Vierge.

Magen ['mɑ:gən] m. (s, -). ANAT. estomac m. | *voller Magen*, estomac plein. | *sich den Magen verderben*, attraper une indigestion. | *einen verdorbenen Magen haben*, avoir l'estomac dérangé. | *der Magen knurrt*, l'estomac crie famine. | *den Magen ausspülen, auspumpen*, laver, siphonner l'estomac. | *mit knurrendem, leerem Magen zu Bett gehen*, se coucher l'estomac vide. || FIG., FAM. *das dreht mir den Magen um*, cela me retourne. | *der liegt mir im Magen*, je ne l'encaisse pas.

Magen|beschwerden ["mɑ:gənbə'ʃve:rdən] f. (-, n) embarras (m.) gastrique ; crise (f.) de foie. ||°**-bitter** m. (s). CULIN. amer m. ; digestif m. ; bitter m. ||°**-blutung** f. (-, en). MÉD. hémorragie (f.) de l'estomac ; gastrorragie f. ||°**-Darm-Beschwerden** f.

pl. troubles gastro-intestinaux. ||°-**Darm-Entzündung** f. (-, en) gastro-entérite f. ||°-**drücken** n. (s). MÉD. pesanteur (f.) d'estomac. ||°-**eingang** m. (s). ANAT. cardia m. ||°-**entzündung** f. (-, en). MÉD. gastrite f. ||°-**erweiterung** f. (-, en). MÉD. dilatation (f.) gastrique. ||°-**gegend** f. ANAT. creux (m.) de l'estomac. ||°-**geschwür** n. (s, e). MÉD. ulcère (m.) de l'estomac. ||°-**krampf** m. (s, ¨e) crampe (f.) d'estomac ; gastralgie f. ||°-**krebs** m. (es) cancer (m.) de l'estomac. ||°-**leiden** n. (s). MÉD. maux (m. pl.) d'estomac ; gastrite f. ||°-**saft** m. (s, ¨e). PHYSIOL. suc (m.) gastrique. ||°-**säure** f. MÉD. aigreurs f. pl. ||°-**schmerzen** m. pl. MÉD. douleurs (f. pl.), maux (m. pl.) d'estomac. ||°-**spülung** f. (-, en). MÉD. lavage (m.) d'estomac, gastrique. ||°-**tropfen** m. pl. digestif m. ; élixir (m.) stomachique. ||°-**verstimmung** f. (-, en). MÉD. embarras (m.) gastrique.

mager ['mɑ:gər] adj. maigre ; décharné ; fluet. || FIG. *magerer Boden*, sol (m.) maigre, aride. | *magere Kost, Küche*, pauvre, maigre pitance f.

Mager|milch ["mɑ:gər'milç] f. CULIN. lait écrémé.

Magerkeit ['mɑ:gərkait] f. maigreur f. ; FIG. aridité f.

Magie [ma'gi:] f. magie f. ; sortilège m.

Magier ['mɑ:giər] m. (s, -) magicien m. || HIST. mage m. || RELIG. mage m.

magisch [-giʃ] adj. magique.

Magistrat [magis'trɑ:t] m. (s, e) autorités f. pl. ; municipalité f. ; conseil m.

Magma ['magma] n. (s, s). GÉOL. magma m.

Magnat [mag'nɑ:t] m. (en, en) magnat m.

Magnesia [mag'ne:zia] f. CHIM. magnésie f. ; oxyde (m.) de magnésium.

Magnesium [-zium] n. (s). CHIM. magnésium m.

Magnet [mag'ne:t] m. (s et en, e) aimant m.

Magnet|band [mag"ne:t'bant] n. (s, ¨er). TECHN. bande (f.), ruban (m.) magnétique. ||°-**band|-abwickler** m. (s, -) dérouleur (m.) de bande magnétique. ||-**elektrisch** adj. PHYS. magnétoélectrique. ||°-**feld** n. (s, er). PHYS. champ (m.) magnétique. || TECHN. *tragendes Magnetfeld*, coussin (m.) magnétique. ||°-**feld|sonde** f. (-, n). ÉLECTR. vanne (f.) de flux. ||°-**kern** m. (s, e). PHYS. noyau (m.) d'électroaimant. || INF. tore (m.) magnétique. ||°-**kompaß** m. (es, e) compas (m.) magnétique. ||°-**nadel** f. (-, n). PHYS. aiguille aimantée. ||°-**platte** f. (-, n). INF. disque (m.) magnétique. ||°-**pol** m. (s) pôle (m.) d'aimant. | *Magnetpol der Erde*, pôle magnétique. ||°-**speicher** m. (s, -). INF. mémoire (f.) magnétique. ||°-**ton|band** n. (s, ¨er) bande (f.) magnétique. ||°-**ton|gerät** n. (s, e) magnétophone m. ||°-**trommel** f. (-, n). INF. tambour (m.) magnétique. ||°-**zünder** m. (s, -) magnéto f. (d'allumage). ||°-**zündung** f. (-, en) allumage (m.) par magnéto.

magnetisch [mag'ne:tiʃ] adj. PHYS. magnétique ; aimanté ; aimantin. | *magnetisch machen, werden*, aimanter ; s'aimanter. | *magnetischer Fluß*, flux (m.) magnétique. | *magnetische Störung*, interférence (f.) magnétique.

Magnetiseur [magneti'zø:r] m. (s, e) magnétiseur m. ; hypnotiseur m. ; charmeur m.

magnetisieren [-ti'zi:rən] v. tr. PHYS. magnétiser ; aimanter.

Magnetismus [-'tismus] m. PHYS. magnétisme m.

Magneto|meter ['magneto"me:tər] m. (s, -). PHYS. magnétomètre m. ||°-**sphäre** f. (-, n). ASTRON. magnétosphère f.

Magnetron ['magnetrɔn] n. (s, s). PHYS. magnétron m.

Magnolie [mag'no:liə] f. (-, n). BOT. magnolia m. || [Baum] magnolier m.

mäh! [mɛ:] interj. bê ! | *mäh machen*, bêler.

Mahagoni [maha'go:ni] n. (s). BOT. (bois [m.] d') acajou m.

Mahd [mɑ:t] f. (-, en). AGRIC. fauchage m. ; fauchaison f.

Mäh|drescher ["mɛ:'drɛʃər] m. (s, -). AGRIC. moissonneuse-batteuse f. ||°-**maschine** f. (-, n). AGRIC. faucheuse f. ; moissonneuse f.

mähen ['mɛ:ən] v. tr. AGRIC. faucher.

Mähen ['mɛ:ən] n. (s). AGRIC. fauchage m. ; fauchaison f. || [Zitterstimme] chevrotement m.

Mäher [-ər] m. (s, -). AGRIC. [Person] faucheur m. ; moissonneur m. || [Maschine] faucheuse f.

Mahl [mɑ:l] n. (s, e et ¨er) repas m. ; [Fest] banquet m. ; festin m. | *ein Mahl (zu)bereiten*, préparer, apprêter un repas. | *ein üppiges Mahl*, un repas copieux.

Mahl|zeit ["mɑ:l'tsait] f. (-, en) repas m. | *eine Mahlzeit halten, einnehmen*, déjeuner ; dîner. | *eine gesegnete Mahlzeit wünschen*, souhaiter bon appétit. || FAM. [Gruß] *Mahlzeit !*, bon appétit ! ; bonjour ! (à l'heure de midi). || FAM., IRON. *prost Mahlzeit !*, ça y est ! ; nous voilà dans de jolis draps !

Mahl|gut ["mɑ:l'gu:t] n. (s) matière (f.) à broyer ; matière broyée. ||°-**stein** m. (s, e) meule f. ||°-**strom** m. (s). MAR. Ma(e)lstrom m. ; courant (m.) des marées. || °-**trichter** m. (s, -). TECHN. trémie f. ||°-**trommel** f. (-, n) tambour (m.) de broyage. ||°-**zahn** m. (s, ¨e). ANAT. molaire f.

mahlen ['mɑ:lən] v. tr. moudre ; écraser ; broyer ; concasser. | *Korn mahlen*, moudre du blé. | *grob, fein mahlen*, moudre gros, fin ; triturer ; pulvériser. || PROV. *wer zuerst kommt, mahlt zuerst*, les premiers venus sont les premiers servis.

◇ v. intr. AUTOM. *die (Auto)räder mahlen im Sande*, les roues (de l'auto) patinent dans le sable.

— OBSERV. Le part. pass. est *gemahlen*.

Mahlen [-lən] n. (s) action (f.) de broyer ; broyage m. ; concassage m. ; mouture f.

Mahn|brief ["mɑ:n'bri:f] m. (s, e). COMM., FIN. avertissement m. ; sommation f. ; réclamation f. ||°-**ruf** m. (s, e), °-**wort** n. (s, e) exhortation f. ; avertissement m. ||°-**schreiben** n. (s, -). ADM. avertissement m. ; sommation f. ||°-**verfahren** n. (s, -). JUR. mise (f.) en demeure ; procédure (f.) d'avertissement. ||°-**zettel** m. (s, -) sommation f. ; avertissement m.

Mähne ['mɛ:nə] f. (-, n). PR. et FIG. crinière f.

mahnen ['mɑ:nən] v. tr. exhorter ; avertir ; rappeler. | *einen Schuldner mahnen*, mettre un débiteur en demeure (de payer). | *jn zum Fleiß mahnen*, exhorter qn à l'application.

Mahnung [-nuŋ] f. (-, en) avertissement m. || sommation f. ; mise (f.) en demeure. || ADM. *gütliche Mahnung*, sommation sans frais.

Mähre ['mɛ:rə] f. (-, n). ZOOL. haridelle f. ; rosse f. ; vieille jument. || PAR EXT., FAM. bidet m.

Mähren ['mɛ:rən] n. pr. n. GÉOGR. Moravie f.

mährisch [-riʃ] adj. GÉOGR. morave.

Mai [mai] m. (s, e, POÉT. en, en) mai m. | *der erste Mai (1. Mai)*, le premier mai. || PROV. *Mai kühl und naß, füllt dem Bauer Scheuer und Faß*, mai frais et venteux fait l'an plantureux. || FIG., POÉT. *des Lebens Mai*, le printemps de la vie.

Mai|baum ['maibaum] m. (s, ¨e) mai m. ||°-**blume** f. (-, n), °-**blümchen** n. (s, -). BOT. muguet m. ||°-**bowle** f. (-, n). CULIN. vin aromatisé avec l'aspérule odorante. ||°-**feier** f. (-, n) fête (f.) du

1er mai. ||°-**glöckchen** n. (s, -). BOT. muguet m. ||°-**käfer** m. (s, -). ZOOL. hanneton m. ||°-**trieb** m. (es, e). BOT. pousse f.

Maid [mait] f. (-, e). POÉT. jouvencelle.

Mailand ['mailant] n. pr. n. GÉOGR. Milan m.

Mailänder(in) ['mailɛndər(in)] m. (s, -), f. (-, nen) Milanais m. ; Milanaise f.

mailändisch [-diʃ] adj. GÉOGR. milanais.

Main [main] n. pr. m. GÉOGR. Main m. ; Mein m. | *Frankfurt am Main*, Francfort-sur-le-Main.

Mainz [maints] n. pr. n. GÉOGR. Mayence f.

Mais [mais] m. (es). BOT. maïs m.

Mais|kolben ["mais'kɔlbən] m. (s, -). BOT. épi (m.) de maïs.

Maische [-ʃə] f. (-, n). [Wein] moût ; [Bier] moût m. ; trempe f.

maischen ['maiʃən] v. tr. mettre en trempe.

Maisonette(n)|wohnung [mɛzo"nɛtə(n)'vo:nuŋ] f. (-, en) duplex m.

Majestät [majɛs'tɛ:t] f. (-, en). POLIT. majesté f. | *Seine Majestät der König*, Sa Majesté le roi. || [Anrede] *Majestät !*, Sire ! || PAR EXT. majesté f. ; dignité f. ; gravité f.

Majestäts|beleidigung [majɛs"tɛtsbə'laidiguŋ] f. (-, en) crime (m.) de lèse-majesté.

majestätisch [majɛs'tɛ:tiʃ] adj. majestueux.

Majolika [ma'jo:lika] f. (-, ken) majolique f. ; faïence f. || BOT. majolique f.

Major [ma'jo:r] m. (s, e). MIL. commandant m. ; chef (m.) de bataillon, d'escadron.

Majoran [majo'ra:n] m. (s). BOT. marjolaine f.

Majordomus [major'do:mus] m. HIST. maire (m.) du palais. || PAR EXT. majordome m.

Majorität [majori'tɛ:t] f. (-, en) majorité f. (des voix).

Majuskel [ma'juskəl] f. (-, n). [Buchstabe] majuscule f. ; capitale f.

Makel ['ma:kəl] m. (s, -) tache f. ; tare f. ; souillure f. ; macule f. | *mit einem Makel behaftet*, taré ; vicié ; corrompu.

makel|los ["ma:kəl'lo:s] adj. immaculé ; pur ; sans tache ; sans tare. ||°-**losigkeit** f. pureté absolue ; perfection f.

Mäkelei [mɛkə'lai] f. (-, en) manie (f.) de critiquer, de dénigrer ; critique mesquine ; dénigrement m.

mäk(e)lig ['mɛ:k(ə)liç] adj. difficile ; peu accommodant ; qui aime dénigrer.

makeln ['ma:kəln] v. intr. COMM. faire le courtage ; être courtier.

mäkeln ['mɛ:kəln] v. tr. et v. intr. trouver à redire, à dénigrer, à critiquer.

Make-up [me:k'ap] n. (s, s) fond (m.) de teint.

Maki ['ma:ki] m. (s, s). ZOOL. maki m.

Makkabäer [maka'bɛ:ər] n. pr. m. HIST. Mac(c)habée m.

Makkaroni [maka'ro:ni] m. pl. CULIN. macaroni m. invar.

Makler ['ma:klər] m. (s, -). COMM., FIN. courtier m. ; coulissier m.

Makler|gebühr ["ma:klərgə'by:r] f. (-, en). FIN. droit (m.) de courtage. ||°-**geschäft** n. (s, e), °-**lohn** m. (s, ¨e). FIN. courtage m.

Mäkler ['mɛ:klər] m. (s, -) dénigreur m. || FAM. rouspéteur m.

Maklerei [maklə'rai] f. (-, en). FIN. courtage m.

Makramee [makra'me:] n. (s, s) macramé m.

Makrele [ma'kre:lə] f. (-, n). ZOOL. maquereau m.

Makro|biotik [makrobi'o:tik] f. (-) macrobiotique f. ||-**biotisch** adj. macrobiotique. ||°-**kosmos** m. macrocosme m. ; univers m. ||°-**molekül** n. (s, e). BIOL. macromolécule f. ||°-**ökonomie** f. macroéconomie f. ||°-**phage** m. (n, n). MÉD. macrophage m. ||°-**photographie** f. (-, n) macrophotographie f. ||°-**struktur** f. (-, en). BIOL. macrostructure f. ||-**zephal** adj. MÉD. macrocéphale. ||°-**zephalie** f. (-, n). MÉD. macrocéphalie f. ||°-**zyt** m. (en, en). MÉD. macrocyte m.

Makrone [ma'kro:ne] f. (-, n) macaron m.

Makulatur [makula'tu:r] f. (-, en). TYPOGR. maculature f. ; papier (m.) de rebut.

Mal [ma:l] n. (s, e et ¨er). [Fleck] tache f. ; marque f. ; signe m. || PAR EXT. borne f. ; lisière f. || MÉD. *blaues Mal*, ecchymose f. ; FAM. bleu m. | *ein Mal am Oberarm*, un signe particulier sur le bras.

Mal|zeichen ["ma:l'tsaiçən] n. (s, -). MATH. signe (m.) de multiplication (×).

Mal [ma:l] n. (s, e). [Zeitpunkt] fois f. | *das erste Mal*, la première fois. | *beim zweiten Mal schon*, dès la seconde fois. | *das nächste Mal*, la prochaine fois. | *das vorige Mal*, la dernière fois. | *ein anderes Mal*, une autre fois. | *zum letzten Mal*, pour la dernière fois. | *mit einem Male*, tout d'un coup. | *mehrere Male*, plusieurs fois. | *alle Male*, toutes les fois. | *einmal*, une fois ; un jour. | *manchmal*, parfois ; maintes fois. | *auf einmal*, soudain ; tout à coup. | *ein paarmal*, plusieurs fois. | *zu wiederholten Malen*, à plusieurs reprises. | *diesmal*, cette fois-ci. || PROV. *einmal ist keinmal*, une fois n'est pas coutume ; une hirondelle ne fait pas le printemps. || MATH. [Zeichen der Multiplikation ; in Zusammensetzungen : *mal*] *zweimal zwei ist vier*, deux fois deux font quatre.

mal [ma:l] adv. FAM. une fois ; un jour. || PAR EXT. (explétif) *es ist nun mal so*, il en est ainsi. | *komm mal her !*, viens ici ! ; approche !

Malaga ['malaga] n. pr. n. GÉOGR. Malaga m. ◇ m. [Wein] malaga m.

Malaie [ma'laiə] n. pr. m. GÉOGR. Malais m.

malaiisch [-'laiiʃ] adj. GÉOGR. malais.

Malaria [ma'la:ria] f. MÉD. malaria f. ; paludisme m. ; fièvre paludéenne.

malen ['ma:lən] v. tr. [färben ; anstreichen] peindre. | *die Eingangstür malen*, peindre, donner une couche de peinture à la porte d'entrée. || ARTS. peindre. | *oberflächlich, rasch malen*, brosser. | *ein Stilleben malen*, peindre, faire une nature morte. | *wie gemalt*, beau comme une image. || FIG. dépeindre ; représenter.

◇ v. intr. peindre. | *in Öl malen*, peindre à l'huile. | *in Wasserfarben malen*, peindre à l'aquarelle. | *in Pastell malen*, peindre au pastel. | *nach einem Vorbild (Modell), nach der Natur, nach dem Gedächtnis malen*, peindre d'après un modèle, d'après nature, de mémoire.

◇ v. pr. **sich malen,** se peindre.

Maler [-lər] m. (s, -) peintre m. || [Kunstmaler] artiste (m.) peintre.

Malerei [ma:lə'rai] f. (-, en). [Kunst] peinture f. ; art (m.) de peindre, du peintre. || PAR EXT. [Werk] peinture f. ; toile f. ; tableau m.

Mal(er)|gerät ["ma:l(ər)gə'rɛ:t] n. (s, e ou -gerätschaften), °-**kasten** m. (s, -) attirail (m.) de peintre. ||°-**kreide** f. blanc (m.) de peintre. ||°-**kunst** f. (art [m.] de la) peinture f. ||°-**lehrling** m. (s, e) apprenti (m.) peintre. ||°-**leinwand** f. toile (f.) à peindre.

Malerin ['ma:lərin] f. (-, nen) femme (f.) peintre.

malerisch [-riʃ] adj. pittoresque.

Malheur [ma'lø:r] n. (s, e). FAM. accident m.

malig ['ma:liç] suff. exprimant le nombre de fois. | *dreimalig*, triple. | *viermalig*, quadruple.
maliziös [malitsi'ø:s] adj. malicieux ; méchant ; hargneux.
Malta ['malta] n. pr. n. GÉOGR. Malte f.
Maltase [mal'ta:zə] f. BIOL. maltase f.
Malteser(in) [mal'te:zər(in)] m. (s, -), f. (-, nen). GÉOGR. Maltais m. ; Maltaise f. | *Malteser Ritterorden*, ordre (m.) de Malte. | *Malteser Kreuz*, croix (f.) de Malte.
maltesisch [-ziʃ] adj. GÉOGR. maltais.
Malthusianismus [maltuzia'nismus] m. malthusianisme m.
Malve ['malvə] f. (-, n). BOT. mauve f.
malven|farbig ["malvən'farbiç] adj. mauve.
Malz [malts] n. (es) malt m. | *Malz rösten*, torréfier du malt. || FIG., FAM. *an dem ist Hopfen und Malz verloren*, on ne fera rien de bon de lui.
Malz|bier ['maltsbi:r] n. (s) bière (f.) de malt. ||°**-kaffee** m. (s) café (m.) de malt.
mälzen ['mɛltsən] v. tr. et v. intr. malter.
Mälzer [-tsər] m. (s, -) malteur m.
Mälzerei f. (-, en) maltage m. ; malterie f.
Mama [ma'ma:] f. (-, s) maman f.
Mameluck [mamə'luk] m. (en, en) mamelouk m.
Mammo|graphie [mamogra'fi:] f. (-, n). MÉD. mammographie f.
Mammon ['mamon] n. pr. m. (s). RELIG. Mammon m. | *Mammonsdiener*, adorateur (m.) du veau d'or.
Mammut ['mamut] n. (s, e) mammouth m.
Mammut... (en compos.) énorme ; gigantesque. | *Mammutbaum*, séquoia m.
Mamsell [mam'zel] f. (-, en). FAM. mademoiselle f. || ménagère f.
man [man] pron. indéf. on. | *wenn man will*, si (l') on veut. | *man könnte glauben*, on croirait.
1. *man* est seulement nomin. ; acc. *einen*, dat. *einem*. | *man weiß nicht, was einem bevorsteht*, on ne sait pas ce qui vous attend. | *er sieht einen offen an*, il vous regarde d'un air franc.
2. *man* représente aussi une collectivité définie. | *man hatte sich so oft in Karlsbad gesehen* (GOETHE), nous nous étions vus si souvent à Carlsbad.
3. Tournures impératives : *man schweige !*, qu'on fasse silence ! || POP. *man nur zu*, allons-y !
Mänade [mɛ'na:də] f. (-, n). MYTH. ménade f.
Management [mɛ'nɛdʒmɛnt] n. (s) management m.
managen [mɛ'nɛdʒən] v. tr. entreprendre ; diriger.
Manager [-ʒər] m. (s, -) manager m.
manch [manç] **(mancher, manche, manches ;** aussi **manch, manch einer)** adj. et pron. indéf. maint ; plus d'un. | *mancher ist boshaft*, il y a des gens méchants. | *manche sind geizig*, il y a des gens avares. | *gar manches kommt unerwartet*, bien des choses inattendues arrivent. | *mancher gute Mann ; manch guter Mann ; manch ein guter Mann*, plus d'un. | *so verging manches Jahr*, plus d'une année se passa ainsi. | *er hat manch Bitteres, manches Bittere erleiden müssen*, il a enduré plus d'une amertume. | *manch ein Leben geht rasch dahin*, la vie de plus d'un homme est vite finie. || LOC. et exercice de prononciation (sans traduction) *wenn mancher Mann wüßte, wer mancher Mann wär', gäb' mancher Mann manchem Mann manchmal mehr Ehr' !*
mancherlei ['mançər"lai] adj. divers ; différent ; différentes sortes de. | *er führte mancherlei Argumente ins Feld*, il se servit de toutes sortes d'arguments.
manchen|orts ["mançən'ɔrts], **mancher|orts** ["mançər'ɔrts] adv. çà et là ; en maints endroits.
manch|mal ['mançma:l], **manches Mal** adv. maintes fois ; parfois. | *er kommt manchmal zu uns*, il vient nous voir de temps à autre.
Manchestertum [man'çɛstɛrtu:m] n. (s) libre-échangisme m. ; libre-échange m.
Mandant [man'dant] m. (en, en). COMM. commettant m. ; mandant m.
Mandarin [manda'ri:n] m. (s, e) mandarin m.
Mandarine [manda'ri:nə] f. (-, n) mandarine f.
Mandarinen|baum [manda"ri:nən'baum] m. (s, ¨e) mandarinier m.
Mandat [man'da:t] n. (s, e) mandat m. ; pleins pouvoirs m. pl. || COMM. ordre m.
Mandats|gebiet [man"da:tsgə'bi:t] n. (s, e) territoire (m.) sous mandat. ||°**-zeit** f. (-, en) mandature f.
Mandatar [manda'ta:r] m. (s, e) mandataire m.
Mandel ['mandəl] f. (-, n). BOT. amande f.
◇ f. pl. **Mandeln,** amygdales f. pl.
Mandel|baum ["mandəl'baum] m. (s, ¨e) amandier m. ||°**-entzündung** f. amygdalite f. ||**-förmig** adj. amygdalaire.
Mandibel [man'di:bəl] f. (-, n) mandibule f.
Mandoline [mandɔ'li:nə] f. (-, n) mandoline f.
Mandschu ['mandʃu] m. (s, -) Mandchou m.
Mandschukuo [mand'ʃu:kuo] n. pr. n. GÉOGR. Mandchoukouo m.
Mandschurei [mantʃu'rai] n. pr. f. GÉOGR. Mandchourie f.
mandschurisch [-'ʃu:riʃ] adj. mandchou.
Manege [ma'nɛʒə] f. (-, n) manège m.
Mangan [man'ga:n] n. (s) manganèse m.
Mangan|erz [man"ga:n'ɛrts] n. (es, e) minerai (m.) de manganèse. ||**-haltig** adj. manganésifère.
Mangel ['maŋəl] m. (s, ¨). **1.** absence f. ; insuffisance f. ; pénurie f. ; faute f. ; manque m. | *aus Mangel an etwas* (dat.), faute de qch. | *Mangel an etwas* (dat.) *haben*, manquer de qch.
2. défaut m. ; imperfection f. | *die Mängel seiner Bildung*, les lacunes (f. pl.) de son instruction. | *der Motor hat einen Mangel*, ce moteur a un défaut. | *verborgener Mangel*, vice caché. | *Mängelrüge*, réclamation (f.) pour défaut, vice de fabrication.
Mangel|ernährung ["maŋəlɛr'nɛ:ruŋ] f. malnutrition f. || °**-krankheit** f. (-, en) maladie (f.) de carence. ||°**-ware** f. (-, n) marchandise (f.) rare.
mangelhaft ['maŋəlhaft] adj. insuffisant ; défectueux ; incomplet ; déficient.
Mangelhaftigkeit [-haftiçkait] f. (-, en) insuffisance f. ; défectuosité f. ; imperfection f.
Mangel ['maŋəl] f. (-, n) calandre f.
mangeln ['maŋəln] v. intr. [der Mangel] manquer ; faire défaut. | *es mangelt an Kohlen*, le charbon manque ; on manque de charbon. | *es mangelt mir an etwas* (dat.) ; *mir mangelt an etwas* (dat.), je manque de qch. ; il me manque qch. | *der Mut mangelt ihm*, il manque de courage. | *mangelnde Einsicht*, manque de jugement.
mangeln [maŋəln] v. tr. calandrer (repasser) le linge.
mangels [-ŋəls] prép. (gén.) à défaut de ; faute de. | *mangels Zahlung*, faute de paiement.
Mango ['maŋgo] m. (s, s). BOT. mangue f.
Mangold ['maŋgɔlt] m. (s, e). BOT. bette f. || [männlicher Vorname] Mangold m.
Mangrove [maŋ'gro:və] f. (-, n). GÉOGR. mangrove f.

Mangroven|baum [maŋ"gro:fən'baum] m. (s,¨e) palétuvier m.

Manichäer [mani'çɛ:ər] m. (s, -). HIST. manichéen m. || FIG. créancier exigeant.

Manie [ma'ni:] f. (-, n) folie f. || MÉD. psychose (f.) maniaque ; manie f.

Manier [ma'ni:r] f. (-, en) manière f. | *gute, artige Manieren*, bonnes manières. | *schlechte Manieren*, mauvaises manières. | *grobe, plumpe Manieren*, manières grossières. | *mit guter Manier davonkommen*, s'en tirer avec élégance. || FAM. *Manier eines Künstlers*, manière, genre (m.) d'un artiste.

manieriert [mani'ri:rt] adj. affecté ; maniéré.

Manieriertheit [-hait] f. (-, en) affectation f. ; maniérisme m.

manierlich [ma'ni:rliç] adj. poli ; civil ; bien élevé ; qui a de bonnes manières.

Manierlichkeit [-kait] f. manières polies ; bonnes manières ; politesse f.

manifest [mani'fɛst] adj. manifeste. | *manifestes AIDS*, SIDA avéré.

Manifest [mani'fɛst] n. (es, e) manifeste m. | *das kommunistische Manifest*, le manifeste communiste.

Manifestant [manifes'tant] m. (en, en) manifestant m.

Manifestation [-ta'tsio:n] f. (-, en) manifestation f.

manifestieren [-'ti:rən] v. tr. manifester ; déclarer.

Maniküre [mani'ky:rə] f. (-, n) manucure f.

maniküren [-rən] v. tr. manucurer ; faire les mains à.

Manila [ma'ni:la] n. pr. f. Manille f.

Maniok [mani'ɔk] m. (s, s). BOT. manioc m.

Manipulation [manipula'tsio:n] f. (-, en) manipulation f. || machination f.

manisch ['mɑ:niʃ] adj. MÉD. maniaque.

Manko ['maŋko] n. (s, s) manque m. ; déficit m.

Mann [man] (s, ¨er) **1.** homme m. | *ein rüstiger, kräftiger Mann*, un homme robuste, vigoureux. | *ein Mann in den besten Jahren*, un homme dans la force de l'âge. | *ein Mann von Format*, un homme d'envergure. | *ein Mann von Geschmack*, un homme de goût. | *ein Mann der Tat*, un homme d'action. | *ein Mann aus dem Volk*, un homme du peuple.

2. PAR EXT. mari m. ; époux m. | *sie nimmt ihn zum Mann*, elle le prend pour mari. | *sie hat einen Mann gefunden*, elle a trouvé un mari. | *wie Mann und Frau leben*, vivre maritalement.

3. MIL. (pl. Mann ou Leute dans une expression non chiffrée) homme m. | *ein Offizier mit seinen Leuten*, un officier et ses hommes. | *bis zum letzten Mann kämpfen*, combattre jusqu'au dernier (homme). | *die Kompanie ist 150 Mann stark*, la compagnie compte cent cinquante hommes. || MAR. *Mann über Bord*, un homme à la mer ! | *alle Mann an Deck !*, tout le monde sur le pont ! | *mit Mann und Maus untergegangen*, sombré corps et biens.

4. LOC. *Mann für Mann*, un par un. | *der schwarze Mann*, croque-mitaine m. | *ein Mann, ein Wort*, un homme d'honneur n'a qu'une parole. | *der Mann auf der Straße*, l'homme de la rue. | *der Mann des Tages*, l'homme du jour. | *etwas an den Mann bringen*, vendre, placer qch. | *wenn Not am Manne ist*, en cas d'urgence. | *er ist Manns genug, um*, il est capable de ; il est assez fort pour. | *sie sind Manns genug, um Sie zu besiegen*, ils sont de taille à vous vaincre. | *den starken Mann markieren*, jouer à l'homme fort. | *du bist nicht der Mann dazu*, tu n'es pas homme à cela. | *seinen Mann stehen*, être à la hauteur. | *das Volk erhob sich wie ein Mann*, le peuple se souleva comme un seul homme. | *den lieben Gott einen guten Mann sein lassen*, vivre dans l'insouciance.

Mann|weib ['manvaip] n. (s, er) hermaphrodite m. ; androgyne m. || FIG. virago f.

Manna ['mana] n. (s) manne f.

mannbar ['manbɑ:r] adj. nubile ; pubère.

Mannbarkeit [-kait] f. nubilité f. || puberté f.

Männchen ['mɛnçən] n. (s, -) petit homme ; bonhomme m. | *der Hase macht Männchen*, le lapin fait le beau. || ZOOL. mâle m.

Mannes|alter ["manəs'altər] n. (s) âge (m.) d'homme ; âge (m.) adulte. | *im besten Mannesalter stehen*, être dans la force de l'âge.

Manns|höhe ["mans'hø:ə] f. hauteur (f.) d'homme. | *in Mannshöhe*, à hauteur d'homme. ||**-toll** adj. nymphomane ; andromane.

Männer|treu ["mɛnər'trɔy] f. BOT. véronique f.

mannhaft ['manhaft] adj. viril ; mâle ; courageux.

Mannhaftigkeit [-tiçkait] f. virilité f. ; courage m. ; qualités viriles.

mannig|fach ["maniç'fax], **-faltig** [-'faltiç] adj. et adv. multiple ; varié ; divers ; différent. || °**-faltigkeit** f. (-, en) diversité f. ; variété f.

Männlein ['mɛnlain] n. (s, -) petit homme ; bonhomme m.

männlich [-liç] adj. masculin ; mâle ; viril. || FIG. courageux.

Männlichkeit [-liçkait] f. virilité f. ; masculinité f.

Mannschaft ['manʃaft] f. (-, en). MIL. hommes (m. pl.) de troupe ; troupe f. || MAR. équipage m. || SPORT. équipe f. || PAR EXT. personnel m.

Mannschafts|geist ["manʃafts'gaist] m. (es) esprit (m.) de corps, d'équipe. ||°**-rennen** n. (s) course (f.) par équipes, par pelotons. ||°**-stube** f. (-, n) chambrée f.

Manometer [mano'me:tər] n. (s, -) manomètre m.

Manöver [ma'nø:vər] n. (s, -) manœuvre(s) f. (pl.).

manövrieren [manø'vri:rən] v. intr. manœuvrer.

Mansarde [man'zardə] f. (-, n) mansarde f.

manschen ['manʃən] v. tr. et v. intr. écrabouiller. || patauger. || manger salement.

Manschette [man'ʃɛtə] f. (-, n) manchette (f.) de chemise. || POP. *Manschetten haben*, avoir la frousse (POP.).

Mantel ['mantəl] m. (s, ¨). **1.** manteau m. | *einen Mantel umwerfen*, jeter un manteau sur ses épaules. || FIG. *unter dem Mantel*, sous le manteau. | *den Mantel nach dem Winde hängen*, voir d'où vient le vent ; changer son fusil d'épaule.

2. AUTOM. pneu m. ; enveloppe f. || TECHN. [Kamin] manteau m. ; [Maschine] chemise f. ; gaine f. || MIL. capote f. ; manchon m. (d'arme à répétition) ; chemise f. (de projectile).

Mantel|blech ["mantəl'blɛç] n. (s, e) tôle (f.) d'enveloppe. ||°**-geschoß** n. (es, e) projectile chemisé. ||°**-gesetz** n. (es, e) loi-cadre f. ||°**-vertrag** m. (s, ¨e). V. RAHMENABKOMMEN.

Mäntelchen ['mɛntəlçən] n. (s, -) mantelet m. ; petit manteau. || FIG. *etwas* (dat.) *ein Mäntelchen umhängen*, arranger, enjoliver qqch. || LOC. *er hängt sein Mäntelchen nach dem Wind*, c'est une (vraie) girouette.

Mantille [man'tiljə] f. (-, n) mantille f.

Mantisse [man'tisə] f. (-, n). MATH. mantisse f.

Mantua ['mantua] n. pr. n. GÉOGR. Mantoue f.

Manual [manu'ɑ:l] n. (s, e) manuel m. || MUS. [Orgel] clavier m.

Manufaktur [manufak'tu:r] f. (-, en) manufacture f. | *Manufakturwaren*, articles manufacturés.

Manuskript [manu'skript] n. (s, e) manuscrit m.

Mappe ['mapə] f. (-, n) cartable m. ; serviette f. | *Aktenmappe*, porte-documents m.

Mär [mɛ:r] f. (-, en). [Vx.] nouvelle f.

Marabu ['ma:rabu] m. (s, s). ZOOL. marabout m.

Marathon ['maratɔn] (s, s). SPORT. marathon m.

Marathon|läufer(in) ["maratɔn'lɔyfər(in)] m. (s, -), f. (-, nen). SPORT. marathonien m. ; marathonienne f.

Märchen ['mɛ:rçən] n. (s, -). PR. et FIG. conte m. ; histoire f.

Märchen|buch ["mɛrçən'bu:x] n. (s, ¨er) livre (m.) de contes. ||°**-film** m. (s, e) film (m.) féerique. ||°**-prinz** m. (en, en) le Prince Charmant. ||°**-welt** f. (-, en) monde fabuleux ; monde des fées.

märchenhaft ['mɛ:rçənhaft] adj. fabuleux ; féerique ; merveilleux. | *märchenhaft schön*, merveilleusement beau.

Marder ['mardər] m. (s, -). ZOOL. martre f.

Marder|fell ["mardər'fɛl] n. (s, e). [Pelz] martre f. ; marte f.

Margarine [marga'ri:nə] f. (-, n) margarine f.

Margerite [margə'ri:tə] f. (-, n). BOT. marguerite f.

Marginalien [margi'nɑ:liən] f. pl. notes marginales, en marge.

Maria [ma'ri:a] (gén. Mariä), **Marie** [-'ri:] (gén. Mariens) n. pr. f. Marie f. || RELIG. *die Jungfrau Maria*, la Vierge Marie ; la (Sainte) Vierge. | *Maria Himmelfahrt*, Assomption f.

Marien|bild [ma"ri:ən'bilt] n. (s, er) image (m.) de la Vierge. ||°**-käfer** m. (s, -) coccinelle f. ||°**-kirche** f. (-, n) église (f.) Notre-Dame.

Marinade [mari'nɑ:də] f. (-, n) marinade f.

Marine [ma'ri:nə] f. (-). [Seewesen ; Malerei] marine f.

Marine|artillerie [ma"ri:nəartilə'ri:] f. artillerie navale, de marine. ||°**-bild** n. (s, er). [Malerei] marine f. ||°**-blau** n. bleu (m.) marine. ||°**-luftstreitkräfte** f. pl. forces aéronavales.

marinieren [mari'ni:rən] v. tr. CULIN. mariner.

Marionette [mariɔ'nɛtə] f. (-, n) marionnette f.

Marionetten|theater [mariɔ"nɛtənte'ɑ:tər] n. (s, -) théâtre (m.) de marionnettes.

Mark [mark] f. (-, -). [Münze] mark m.

Mark|stück ["mark'ʃtyk] n. (s, e) pièce (f.) d'un mark. | *zwei Markstücke*, deux pièces d'un mark. | *ein Zweimarkstück*, une pièce de deux marks.

Mark [mark] f. (-, en). [Grenze] limite f. || [Grenzgebiet] marche f. || HIST. *die Mark Brandenburg*, la marche de Brandebourg. || SPORT. [Rugby] touche f.

Mark|graf ["mark'grɑ:f] m. (en, en) marquis m. ; (Vx.) margrave m. ||°**-grafschaft** f. (-, en) marquisat m. ; margraviat m. ||°**-stein** m. (s, e) borne f. || FIG. *ein Markstein in der Geschichte*, un événement qui a fait date.

Märker [mɛrkər] m. (s, -). Brandebourgeois m.

märkisch ['mɛrkiʃ] adj. brandebourgeois ; de la Marche.

Mark [mark] n. (s). ANAT. moelle f. ; pulpe f. | *der Schrei ging mir durch Mark und Bein*, ce cri m'a transpercé jusqu'aux moelles. | *ins Mark getroffen*, touché au vif ; blessé à mort. | *er hat kein Mark in den Knochen*, il n'a pas de sang dans les veines. || BOT. moelle.

mark|erschütternd ["markɛr'ʃytərnt] adj. qui va jusqu'aux moelles ; déchirant. ||°**-höhle** f. (-, n) canal (m.) médullaire. ||°**-knochen** m. (s, -) os (m.) à moelle.

markant [mar'kant] adj. marquant. || [Gesichtszüge] accusé.

Marke ['markə] f. (-, n) marque f. ; repère m. ; marque (f.) de fabrique. | *eine Marke nachmachen*, contrefaire une marque. || contremarque f. ; jeton m. || timbre m. ; ticket m. | *Briefmarke*, timbre-poste m. || COMM. *er raucht eine feine Marke (Zigarren)*, il fume des cigares de bonne marque.

Marken|artikel ["markənar'tikəl] m. (s, -) article (m.), produit (m.) de marque. ||°**-ware** f. (-, n) marchandise (f.) de marque. ||°**-zeichen** n. (s, -) label m. || AUTOM. écusson m.

Marketender(in) [markə'tɛndər(in)] m. (s, -), f. (-, nen) cantinier m. ; cantinière f. ; vivandier m. ; vivandière f.

markieren [mar'ki:rən] v. tr. marquer ; repérer. || PAR EXT. accentuer. || FIG. simuler.

markig ['markiç] adj. vigoureux ; fort ; énergique.

Markise [mar'ki:zə] f. (-, n). [Sonnenschutz] store m. ; marquise f. || [Adelstitel]. V. MARQUISE.

Markt [markt] m. (es, ¨e). [Geschäft] marché m. || [Marktplatz] marché m. | *Waren zum Markt bringen*, porter des denrées au marché. | *Wochenmarkt*, marché hebdomadaire. || FIG. *seine Haut zu Markte tragen*, risquer sa vie ; jouer gros. || FIN. *grauer Markt*, marché gris. || POLIT. *gemeinsamer Markt*, marché commun.

Markt|analyse ["marktana'ly:sə] f. (-, n), °**-forschung** [-'fɔrʃuŋ] f. (-, en) analyse (f.) du marché. ||°**-bericht** m. (s, e) mercuriale f. ; cote f. ||°**-flecken** m. (s, -) bourg m. ; bourgade f. ||°**-frau** f. (-, en) vendeuse (f.) au marché ; PÉJOR. poissarde f. ||**-gängig** adj. négociable. ||°**-gesetz** n. (es, e) loi (f.) du marché. ||°**-halle** f. (-, n) halle f. ; marché couvert. ||°**-platz** m. (es, ¨e) place (m.) du marché. ||°**-preis** m. (es, e) prix (m.), cours (m.) du marché. ||°**-schreier** m. (s, -) charlatan m. ; camelot m. ||**-schreierisch** adj. charlatanesque. ||°**-signal** n. (s, e) clignotant m. (économique). ||°**-studie** f. (-, n) étude (f.) de marché. ||°**-wirtschaft** f. économie (f.) de marché. ||°**-zettel** m. (s, -) mercuriale f. ||°**-zins** n. (es) droit (m.) de place.

Markus ['markus] n. pr. Marc. || *Markusplatz*, place (f.) Saint-Marc.

Marmelade [marmə'lɑ:də] f. (-, n) marmelade f. ; confiture f.

Marmor ['marmɔr] m. (s, e) marbre m.

Marmor|arbeiter ["marmɔr'arbaitər] m. (s, -) marbrier m. ||**-artig** adj. marmoréen. ||°**-bild** n. (s, er) statue (f.) de marbre.

marmorieren [marmɔ'ri:rən] v. tr. marbrer.

Marmorierung [-ruŋ] f. (-, en) marbrure f.

marmorn ['marmɔrn] adj. de, en marbre.

marode [ma'ro:də] adj. éclopé ; épuisé.

Marodeur [marɔ'dø:r] m. (s, e) maraudeur m. ; traînard m.

marodieren [-'di:rən] v. intr. marauder ; piller.

Marokkaner(in) [marɔ'kɑ:nər(in)] m. (s, -), f. (-, nen) Marocain(e) m. (f.).

marokkanisch [-niʃ] adj. marocain.

Marokko [ma'rɔko] n. pr. n. GÉOGR. Maroc m.

Marone [ma'ro:nə] f. (-, n) marron m.

Maronit [marɔ'nit] m. (en, en) maronite m.

Marotte [ma'rɔtə] f. (-, n) caprice m. ; marotte f.

Marquis [mar'ki:] m. marquis m.

Marquise [-'ki:zə] f. (-, n) marquise f.

Mars [mars] n. pr. m. ASTRON., MYTH. Mars m. || *Marsbewohner*, Martien m.

Mars [mars] m. (es, e). MAR. hune f.

Marsch [marʃ] f. (-, en) région côtière basse (sur la mer du Nord) ; prés salés.

Marsch [marʃ] m. (es, ¨e). [Gangart] marche f. | *ein langer, beschwerlicher Marsch*, une marche longue et pénible. || MUS. marche f. | *Trauermarsch*, marche funèbre. || MIL. *vorwärts Marsch !*, en avant, marche ! | *(sich) in Marsch setzen*, (se) mettre en marche, en route. || FIG. *jm den Marsch blasen*, FAM. sonner les cloches à qn.

Marsch|anzug [″marʃ'antsu:k] m. (s, ¨e) tenue (f.) de route. ||°**-befehl** m. (s, e) ordre (m.) de marche ; feuille (f.) de route. ||**-bereit** adj. prêt à partir, à entrer en campagne. ||**-fertig** adj. prêt à partir, à se mettre en marche. ||°**-flugkörper** m. (s, -) missile (m.) de croisière. ||°**-gepäck** n. (s, e) équipement (m.) de campagne. ||°**-kolonne** f. (-, n) colonne (f.) en marche ; [Wagen ; Schiffe] convoi m. ||**-mäßig** adj. en ordre, en tenue de route. ||°**-ordnung** f. (-, en) formation (f.) en colonne par trois. ||°**-route** f. (-, n) itinéraire prescrit, imposé. ||°**-strecke** f. (-, n) itinéraire m. ; étape f. ||°**-tempo** n. (s) rythme (m.) de marche ; cadence f. || °**-verpflegung** f. vivres (m. pl.) de route. ||°**-weg** m. (s, e) itinéraire m.

marschieren [mar'ʃi:rən] v. intr. marcher. | *die Truppen marschieren durch die Stadt*, les troupes traversent la ville au pas cadencé. | *gegen den Feind marschieren*, marcher à l'ennemi.

Marschall ['marʃal] m. (s, ¨e). MIL. (Vx.) [hoher Hofbeamter] maréchal m.

Marstall ['marʃtal] m. (s, ¨e) écurie royale.

Marter ['martər] f. (-, n) martyre m. ; torture f.

Marter|pfahl [″martər'pfɑ:l] m. (s, ¨e) poteau (m.) de torture. ||°**-tod** m. (s) martyre m.

martern [-tərn] v. tr. martyriser ; mettre au supplice, à la torture ; torturer.

martialisch [martsi'ɑ:liʃ] adj. martial.

Martins|tag [″martins'tag] m. la Saint-Martin.

Märtyrer(in) ['mɛrtyrər(in)] m. (s, -), f. (-, nen) martyr(e) m. (f.).

Märtyrer|tod [″mɛrtyrər'to:t] m. (s) martyre m.

Martyrium [mar'ty:rium] n. (s) martyre m.

Marxismus [mar'ksismus] m. marxisme m.

Marxist(in) [-'ksist(in)] m. (en, en), f. (-, nen) marxiste s.

marxistisch [-'ksistiʃ] adj. marxiste.

März [mɛrts] m. (es, e) mars m.

Marzipan [martsi'pɑ:n] m. (s, e) massepain m. ; pâte (f.) d'amandes.

Masche ['maʃə] f. (-, n) maille f. | *eine Masche fallen lassen*, laisser filer une maille. || FIG., POP. *die Masche raushaben*, avoir trouvé le bon truc.

maschen|fest [″maʃən'fɛst] adj. indémaillable. || °**-weite** f. (-, n). TECHN. maillage m.

Maschine [ma'ʃi:nə] f. (-, n) machine f.

Maschinen|anlage [ma″ʃi:nən'anlɑ:gə] f. (-, n) installation (f.) mécanique. ||°**-arbeit** f. (-, en) travail (m.) mécanique. ||°**-bau** m. (s) construction (f.) de machines ; construction (f.) mécanique. ||°**-fabrik** f. (-, en) fabrique (f.) de machines ; atelier (m.) de constructions mécaniques. ||**-gestützt** adj. *maschinengestützte Übersetzung*, traduction assistée par ordinateur (T.A.O.). ||°**-gewehr** n. (s, e) mitrailleuse f. | *leichtes Maschinengewehr*, fusil-mitrailleur m. ||°**-halle** f. (-, n) salle (f.) des machines. ||°**-ingenieur** m. (s, e) ingénieur mécanicien. ||°**-meister** m. (s, -) [contremaître] mécanicien m. || THÉÂTRE. machiniste m. ||°**-pistole** f. (-, n) mitraillette f. ; pistolet mitrailleur. ||°**-säge** f. (-, n) scie (f.) mécanique. ||°**-schlosser** m. (s, -) ajusteur mécanicien. ||°**-schreiben** n. (s) dactylographie f. ||°**-schrift** f. (-, en) texte dactylographié ; dactylographie f. ||°**-sprache** f. (-, n). INF. langage (m.) machine. ||°**-werkmeister** m. (s, -) chef mécanicien.

maschinell [maʃi'nɛl] adj. et adv. machinal ; machinalement ; à la machine. | *maschinelle Übersetzung*, traduction (f.) automatique.

Maschinerie [-nə'ri:] f. (-, n) machinerie f.

Maschinist [-'nist] m. (en, en) mécanicien m. ; machiniste m.

Maser ['meizər] m. (s, -). ÉLECTR. maser m.

Maser ['mɑ:zər] f. (-, n) marbrure f. ; loupe f.

Maser|holz [″mɑ:zər'hɔlts] n. (es, ¨er) bois veiné.

masern [-zərn] v. tr. veiner ; madrer.

Masern [-zərn] pl. MÉD. rougeole f.

Maserung [-zəruŋ] f. (-, en) veinure f.

Maske ['maskə] f. (-, n) masque m. ; loup m. | *die Maske aufsetzen*, se masquer. | *die Maske abnehmen, lüften*, se démasquer. | *Totenmaske*, masque mortuaire. || FIG. *jm die Maske herunterreißen*, arracher le masque à qn. || INF. masque m.

Masken|ball [″maskən'bal] m. (s, ¨e) bal masqué. ||°**-zug** m. (s, ¨e) mascarade f.

Maskerade [maskə'rɑ:də] f. (-, n) mascarade f.

maskieren [-'ki:rən] v. tr. masquer ; déguiser.

Maskottchen [mas'kɔtçən] n. (s, -) mascotte f. ; talisman m.

Maskulinum [masku'linum] n. (s). GRAMM. masculin m.

Masochismus [mazɔ'xismus] m. masochisme m.

masochistisch [-'xistiʃ] adj. masochiste.

Maß [mɑ:s] n. (es, e). **1.** mesure f. ; unité f. | *ein gerütteltes Maß*, une mesure bien tassée (de grains, farine, etc.) ; FIG. une bonne dose (de). | *in verkleinertem Maße*, en réduction. | *nach Maß*, sur mesure. | *Maß nehmen*, prendre les mesures.

2. degré m. | *in dem Maße wie, als*, à mesure que. | *in hohem Maße*, à un haut degré. | *in reichem, vollem Maße*, abondamment ; à profusion. | *in einem gewissen Maße*, dans une certaine mesure.

3. FIG. mesure f. ; modération f. | *Maß halten*, garder la mesure. | *das Maß überschreiten*, passer la mesure. | *über die Maßen ; über alle Maßen*, outre mesure ; à l'excès. | *das Maß ist voll*, la mesure est pleine.

Maß|anzug [″mɑ:s'antsu:k] m. (s, ¨e) complet (m.) sur mesure. ||°**-arbeit** f. (-, en) travail (m.) sur mesure. ||°**-einheit** f. (-, en) unité (f.) de mesure. ||°**-gabe** f. (-, n) mesure f. ; proportion f. | *nach Maßgabe von...*, selon ; si on s'en tient à... ||**-gebend** adj. compétent. | *maßgebend sein*, faire autorité ; faire foi ; prévaloir. ||**-geblich** adj. qui fait autorité. ||**-halten** (ä, ie, a) v. intr. garder la mesure ; être modéré ; se modérer. ||**-los** adj. sans mesure ; démesuré ; immodéré ; excessif. ||°**-losigkeit** f. démesure f. ; excès m. ; immensité f. ||°**-nahme** f. (-, en) mesure f. ; action f. ; opération f. | *alle notwendigen Maßnahmen treffen*, prendre toutes les mesures nécessaires. | *soziale Maßnahmen*, action sociale. || FIN. *flankierende Maßnahmen*, mesures de soutien, d'accompagnement. | *vertrauensbildende Maßnahmen*, mesures de confiance. ||°**-regel** f. (-, n) mesure f. | *Maßregeln treffen, ergreifen*, prendre des mesures. ||**-regeln** v. tr. punir ; prendre des mesures disciplinaires contre. ||°**-regelung** f. (-, en) mesure (f.) disciplinaire ; sanction f. ||°**-stab** m. (s, ¨e) 1° échelle, règle graduée ; 2° rapport m. ; proportion f.

| *in großem Maßstab*, sur une grande échelle. ||**-voll** adj. modéré ; plein de mesure. ||°**-werk** n. (s). ARCHIT. meneaux (m. pl.) gothiques. ||°**-zahl** f. (-, en) cote f.

Maß [mɑ:s] f. ancienne mesure de capacité. | *eine Maß Bier*, une cruche de bière.

Massage [ma'sa:ʒə] f. (-, n) massage m.

Masse ['masə] f. (-, n). **1.** masse f. | *eine zähflüssige Masse*, une masse visqueuse. || FAM. *eine Masse Geld verdienen*, gagner beaucoup d'argent.
2. foule f. ; masse f. | *die Masse der Bevölkerung*, la masse de la population. | *die breite Masse*, la foule.
3. PHYS. masse f. | *kritische Masse*, masse critique.

Massen|absatz ["masən'apzats] m. (es, ¨e) vente (f.) en grandes quantités, en série. ||°**-arbeitslosigkeit** f. chômage massif. ||°**-artikel** m. (s, -) article (m.) de série. ||°**-aufgebot** n. (s, e) levée (f.) en masse. ||°**-bewegung** f. (-, en). POLIT. mouvement (m.) de masses. ||°**-erzeugung** f. (-, en), °**-fabrikation** f. (-, en) fabrication (f.) en série. ||°**-flucht** f. (-, en) exode m. ||°**-grab** (s, ¨er) charnier m. ; fosse commune. ||°**-instinkt** m. (s, e) instinct (m.) grégaire. ||°**-medien** n. pl. « mass media ». ||°**-mord** m. (s, e) massacre m. ||°**-speicher** m. (s, -). INF. mémoire (f.) de masse. ||**-weise** adv. en masse(s). ||°**-wurfsendung** f. (-, en) envoi (m.) en masse.

massenhaft adj. de masse ; en masse.

Masse|stecker ["masə'ʃtɛkər] m. (s, -). ÉLECTR. prise (f.) de terre.

Masseur [ma'sø:r] m. (s, e) masseur m.

Masseuse [ma'sø:zə] f. (-, n) masseuse f.

massieren [ma'si:rən] v. tr. MÉD. masser. || MIL. concentrer.

Massierung [-ruŋ] f. (-, en) concentration f.

massig ['masiç] adj. massif.

mäßig ['mɛ:siç] adj. modéré ; tempéré ; frugal. | *ein mäßiger Schüler*, un élève moyen. | *mäßige Preise*, prix modérés.

mäßigen [-sigən] v. tr. modérer ; tempérer ; adoucir. | *sich mäßigen*, se modérer.

Mäßigkeit [-siçkait] f. modération f. ; tempérance f. ; sobriété f. ; frugalité f.

Mäßigung [-siguŋ] f. mesure f. ; modération f. ; réserve f. ; retenue f.

massiv [ma'si:f] adj. massif.

Mast [mast] f. engraissement m.

Mast|darm ["mast'darm] m. (s). ANAT. rectum m. ||°**-hühnchen** n. (s, -) poularde f. ||°**-kalb** n. (s, ¨er) veau gras. ||°**-vieh** n. (s) bétail (m.) à l'engrais.

Mast [mast] m. (es, en) mât m.

Mast|baum ["mast'baum] m. (s, ¨e). MAR. mât m. ||°**-korb** m. (s, ¨e) hune f. ; vigie f.

mästen ['mɛstən] v. tr. engraisser.

Masturbation [masturba'tsio:n] f. masturbation f.

Masuren [ma'zu:rən] n. pr. n. GÉOGR. Mazurie f.

masurisch [ma'zu:riʃ] adj. de Mazurie ; mazovien.

Mater ['mɑ:tər] f. (-, n). TYPOGR. matrice f. ; flan m. || *matern*, matricer.

Material [-ri'ɑ:l] n. (s, ien) matériel m. ; matière f. ; matériaux m. pl. | *rollendes Material*, matériel roulant. | *statistisches Material*, données statistiques. | *Materialienankauf*, achat (m.) de matériaux.

Material|ausgabe [materi"ɑ:l'ausgɑ:bə] f. (-, n) distribution (f.) du matériel. ||°**-buchführung** f. (-, en), °**-haltung** f. (-, en) comptabilité (f.) matières. ||°**-fehler** m. (s, -) défaut (m.), vice (m.) de matériel. ||°**-prüfung** f. (-, en) essai (m.), épreuve (f.) des matériaux. ||°**-schäden** m. pl. dégâts matériels. ||°**-verzeichnis** n. (ses, se) inventaire (m.), nomenclature (f.) du matériel. || °**-wiederverwertung** f. [Unwelt] recyclage m.

Materie [ma'te:riə] f. (-, n) matière f. ; substance f.

materiell [materi'ɛl] adj. matériel. | *materieller Wert*, valeur (f.) intrinsèque.

Mathematik [matema'ti:k] f. mathématiques f. pl.

Mathematiker(in) [-'mɑ:tikər(in)] m. (s, -), f. (-, nen) mathématicien m. ; mathématicienne f.

mathematisch [-'mɑ:tiʃ] adj. mathématique.

Matinee [mati'ne:] f. (-, n). THÉÂTRE. matinée f.

Matjes|hering ["matjəs'he:riŋ] m. (s, e) hareng (m.) vierge.

Matratze [ma'tratse] f. (-, n) matelas m.

Mätresse [mɛ'trɛsə] f. (-, n) maîtresse f.

Matriarchat [matriar'çat] n. (s) matriarcat m.

Matrikel [ma'trikəl] f. (-, n) matricule f.

Matrix ['mɑ:triks] f. (-, trizen). ANAT., MATH. matrice f.

Matrix|drucker ["mɑ:triks'drukər] m. (s, -) imprimante (f.) à matrice.

Matrize [ma'tri:tsə] f. (-, n). TECHN. matrice f.

Matrone [ma'tro:nə] f. (-, n) matrone f.

Matrose [ma'tro:zə] m. (n, n) matelot m. ; marin m.

Matsch [matʃ] m. (es) gâchis m. ; bouillie f.

matschig ['matʃiç] adj. boueux ; en bouillie. | *matschige Früchte*, fruits blets.

matt [mat] adj. las ; fatigué ; épuisé. | *matte Glieder*, membres rompus de fatigue. || PAR EXT. sans force ; faible. | *mit matter Stimme*, d'une voix mourante. | *matte Farben*, couleurs (f. pl.) ternes. | *mattes Licht*, lumière (f.) faible. | *mattes Glas*, verre dépoli. || [Spiel] *Schach matt*, échec et mat. | *jn matt setzen*, mettre mat.

Matt|glas ["mat'glɑ:s] n. (es) verre dépoli. || °**-gold** n. (s) or mat. ||°**-scheibe** f. (-, n) vitre dépolie ; verre dépoli.

Mattheit ['mathait] f. faiblesse f. ; langueur f. || ton mat.

Mattigkeit ['matiçkait] f. lassitude f. ; épuisement m.

Matte ['matə] f. (-, n). [Gebirgswiese] pâturage m. ; alpage m. || [Flechtwerk] natte f.

Matterhorn ["matər'hɔrn] n. pr. n. (s). GÉOGR. mont (m.) Cervin.

Matthäus [ma'tɛ:us] n. pr. m. Matthieu [saint] ; Mathieu m.

Maturität [maturi'tɛ:t] f., **Maturitäts|examen** [maturi"tɛ:tsɛ'ksɑ:mən] n. (s.) baccalauréat m.

Matz [mats] m. (es, ¨e). [Piepmatz ; Starmatz] petit oiseau. || FIG. niais m. ; nigaud m.

Mätzchen ['mɛtsçən] n. (s, -) nigaud m. | *Mätzchen machen*, faire des minauderies ; minauder.

Matze ['matsə] f. (-, n), **Matzen** ['matsən] m. (s, -) pain (m.) azyme.

Mauer ['mauər] f. (-, n) mur m. ; muraille f.

Mauer|blümchen ["mauər'bly:mçən] n. (s, -) personne (f.) qui fait tapisserie. ||°**-fuge** f. (-, n) joint (m.) de mur. ||°**-putz** m. (es, e) crépi m. ||°**-schwalbe** f. (-, n), °**-segler** m. (s, -). ZOOL. martinet m. ||°**-strecke** f. (-, n) pan (m.) de mur. ||°**-werk** n. (s, e) maçonnerie f. ; murs m. pl. ||°**-ziegel** m. (s, -) brique f.

mauern ['mauərn] v. tr. maçonner.

Maul [maul] (s, ¨er) n. [Tiere ; PÉJOR. Menschen] gueule f. || LOC. *vor Staunen das Maul aufsperren, aufreißen*, être bouche bée d'étonnement. | *ein schiefes Maul ziehen*, faire la grimace. | *er hat ein großes Maul*, il est fort en gueule ; c'est une grande gueule. | *das Maul nicht auftun*, ne pas ouvrir le bec. | *das Maul halten*, ne pas vendre la mèche. | *ein übles Maul haben*, avoir une méchante langue. || PROV. *einem geschenkten Gaul sieht man nicht ins Maul*, à cheval donné on ne regarde pas les dents.

Maul|affe ["maul'afə] m. (n, n). FAM. badaud m. | *Maulaffen feilhalten*, regarder bouche bée ; badauder. ||°**-beerbaum** m. (s, ¨e). BOT. mûrier m. ||°**-beere** f. (-, n) mûre f. ||°**-esel** m. (s, -) mulet m. ||°**-held** m. (en, en) braillard m. ; fanfaron m. ||°**-heldentum** n. (s) jactance f. ; fanfaronnades f. pl. ||°**-korb** m. (s, ¨e) muselière f. ||°**-schelle** f. (-, n) soufflet m. ||°**-tier** n. (s, e) mulet m. ||°**-werk** n. (s). FAM. grande gueule. | *er hat ein großes Maulwerk*, il fanfaronne. ||°**-wurf** m. (s, ¨e). ZOOL. taupe f. || FIG. espion m. ; FAM. taupe f. ||°**-wurfsgrille** f. (-, n). ZOOL. courtilière f. ||°**-wurfs|haufen** m. (s, -) taupinière f.

Maul- und Klauenseuche ["maulunt'klauənzɔyçe] f. fièvre aphteuse.

maulen ['maulən] v. intr. faire la moue ; bouder.

maunzen ['mauntsən] v. intr. se lamenter.

Maure ['maurə] m. (n, n), **Maurin** ['maurin] f. (-, nen) Maure m. ; Mauresque f.

Maurer ['maurər] m. (s, -) maçon m.

Maurer|kelle ["maurər'kɛlə] f. (-, n) truelle (f.) de maçon. ||°**-meister** m. (s, -), °**-polier** m. (s, e) maître (m.) maçon.

Mauretanien [maure'tɑ:niən] n. pr. n. GÉOGR. Mauritanie f.

maurisch ['mauriʃ] adj. maure ; mauresque.

Mauritius [mau'ri:tsius] n. pr. m. Maurice m.

Maus [maus] f. (-, ¨e) souris f. || LOC. *mit Mann und Maus untergehen*, sombrer corps et biens. | *Katz und Maus spielen*, jouer au chat et à la souris. | *mit Speck fängt man Mäuse*, on n'attrape pas les mouches avec du vinaigre. | *arm wie eine Kirchenmaus*, pauvre comme un rat d'église. | *mausgrau*, gris souris. || INF. souris f.

mauscheln ['mauʃəln] v. intr. marmonner.

Mäuschen ['mɔysçən] n. (s, -) souriceau m. || FIG., FAM. chérie f.

mäuschen|still ["mɔysçən'ʃtil] adj. parfaitement tranquille ; coi (coite). | *es ist mäuschenstill*, on entendrait voler une mouche.

Mause|falle ["mauzə'falə] f. (-, n) souricière f. ||°**-loch** n. (s, ¨er) trou (m.) de souris. ||**-tot** adj. IRON. raide mort.

mausen ['mauzən] v. intr. attraper des souris. ◇ v. tr. FAM. chiper ; chaparder.

Mauser [-zər] f. mue f.

mausern ['mauzərn] v. intr. et v. pr. muer.

Mausoleum [mauzo'le:um] n. (s, leen) mausolée m.

Maut [maut] f. (-, en). HIST. douane f. ; péage m.

Maut|stelle ["maut'ʃtɛlə] f. (-, n) poste (m.) de péage.

mauzen ['mautsən] v. intr. miauler ; gémir.

maximal [maksi'mɑ:l] adj. maximal. ◇ adv. au maximum.

Maximal|preis [maksi"mɑ:l'prais] m. (es, e) prix maximal. ||°**-thermometer** n. (s, -) thermomètre (m.) à maxima.

Maxime [ma'ksi:mə] f. (-, n) maxime f.

maximieren [maksi'mi:rən] v. tr. . ÉCON. maximiser.

Maximum ['maksimum] n. (s, ma) maximum m. | *Maximumthermometer*, thermomètre à maxima.

Mazedonien [matse'do:niən] n. pr. n. GÉOGR. Macédoine f.

Mazedonier(in) [-niər(in)] m. (s, -), f. (-, nen) Macédonien m., Macédonienne f.

mazedonisch [-niʃ] adj. macédonien.

Mäzen [mɛ'tse:n] m. (s, e) mécène m.

Mäzenatentum [mɛtse'nɑ:təntu:m] n. (s) mécénat m.

Mechanik [me'çɑ:nik] f. (-, en) mécanique f.

Mechaniker [-nikər] m. (s, -) mécanicien m.

mechanisch [-niʃ] adj. PR. et FIG. mécanique ; machinal.

mechanisieren [-ni'zi:rən] v. tr. mécaniser.

Mechanisierung [-ni'zi:ruŋ] f. mécanisation f.

Mechanismus [-'nismus] m. (-, men) mécanisme m.

Mecheln ['mɛçəln] n. pr. n. GÉOGR. Malines f.

Meckerer ['mɛkərər] m. (s, -) ronchonneur m. || FAM. rouspéteur m.

meckern [-kərn] v. intr. [Ziege] bêler. || PAR EXT. chevroter. || FIG., POP. rouspéter ; râler.

Medaille [me'dalje] f. (-, n) médaille f.

median [medi'ɑ:n] adj. médian ; au milieu. ◇ n. **Median,** [Papier] grand raisin.

Mediane [medi'ɑ:nə] f. (-, n) médiane f.

Medien ['me:diən] n. pl. *Die Medien*, les médias.

Medien|konzern ["mediən'kɔntsɛrn] m. (s, e) géant (m.) médiatique. ||°**-landschaft** f. (-, en) paysage audiovisuel, médiatique.

Medikament [medika'mɛnt] n. (s, e) médicament m.

Mediothek ['medio"te:k] f. (-, en) médiathèque f.

Meditation [-ta'tsio:n] f. (-, en) méditation f.

meditieren [-'ti:rən] v. intr. méditer.

Medium ['me:dium] n. (s, dien). [Spiritismus] médium m. || [Wissenschaft] milieu m. || CHIM., PHYS. milieu m. | *aktives Medium*, milieu actif.

Medizin [medi'tsi:n] f. (-, en). [Heilkunst] médecine f. | *Medizin studieren*, faire des études de médecine. | *ambulante Medizin*, médecine de ville. || [Arznei] remède m.

Mediziner(in) [-nər(in)] m. (s, -), f. (-, nen) personne (f.) qui a fait des études de médecine.

medizinisch [-niʃ] adj. médical ; médicinal. | *medizinische Bilderfassung*, imagerie médicale.

Meduse [me'du:zə] f. (-, n). ZOOL. méduse f.

Meer [me:r] n. (s, e) mer f. ; océan m.

Meer|busen ["me:r'bu:zən] m. (s, -) golfe m. ||°**-enge** f. (-, n) détroit m. ||°**-frau** f. (-, en) sirène f. ; néréide f. ||**-grün** adj. glauque. ||°**-katze** f. (-, n) guenon f. ; macaque m. ||°**-leuchten** n. (s) phosphorescence f. ||°**-rettich** m. (s, e). BOT. raifort m. ||°**-salz** n. (es, e) sel marin. ||°**-schaum** m. (s, ¨e) écume (f.) de mer. ||°**-schwein** n. (s, e) marsouin m. ||°**-schweinchen** n. (s, -) cobaye m. ||°**-wasser** n. (s, -) eau (f.) de mer.

Meeres|energie ["me:rəsenɛr'gi:] f. énergie (f.) des océans. ||°**-grund** m. (s) fond (m.) de la mer. ||°**-kunde** f. océanographie f. ||°**-spiegel** m. (s) surface (f.) de la mer. ||°**-strömung** f. (-, en) courant marin. ||°**-verschmutzung** f. (-, en) pollution (f.) maritime.

mega ['me:ga] préf. méga.

Megalith [mega'li:t] m. (s, e) mégalithe m.

Megaphon [mega'fo:n] n. (s, e) mégaphone m. ; porte-voix m. || MAR. gueulard m.

Megäre [me'gɛ:rə] f. (-, n) mégère f.

Mehl [me:l] n. (s) farine f. | *helles Mehl*, farine blanche ; fleur (f.) de farine.

Mehl|fabrik ["me:lfa'brik] f. (-, en) minoterie f. ||°-**händler** m. (s, -) minotier m. ||°-**sieb** n. (s, e) blutoir m. ||°-**speise** f. (-, n) entremets m. ||°-**tau** m. (s, e) blanc m. ; maladie (f.) du blanc. | *echter Mehltau*, oïdium m.

mehlig ['me:liç] adj. farineux.

mehr [me:r] adv. **1.** [eine größere Menge] plus ; davantage. | *er hat mehr als ich*, il est plus riche que moi. | *mehr als zwanzig*, plus de vingt. | *mehr als nötig*, plus qu'il ne faut. | *was wollen Sie noch mehr ?*, que voulez-vous de plus ? | *mehr als genug*, plus qu'assez. | *mehr gelten als*, être plus considéré que. | *um die Hälfte mehr*, la moitié en plus.
2. loc. adv. et conj. *je mehr Geld, desto mehr Sorge*, plus on a d'argent, plus on a de soucis. | *mehr oder weniger*, plus ou moins. | *mehr und mehr ; immer mehr*, de plus en plus. | *umso mehr als*, d'autant plus que. | *nicht mehr und nicht weniger*, ni plus ni moins. | *er ist mehr groß als klein*, il est plutôt grand (que petit).
3. [negativ] *niemand mehr ; keiner mehr*, plus personne. | *nie mehr*, jamais plus. | *er konnte kaum mehr sehen*, il ne voyait presque plus. | *nichts mehr*, plus rien. | *mehr nicht*, rien de plus.

Mehr [me:r] n. (sur)plus m. ; excédent m. ; gain m.

Mehr|bedarf ["me:rbə'darf] m. (s) besoins (m. pl.) supplémentaires. ||°-**belastung** f. (-, en) surcharge f. ||°-**benutzer|zeit** f. (-, en). INF. partage (m.) de temps ; temps partagé. ||°-**bestand** m. (s, ¨e) surplus m. ||°-**betrag** m. (s, ¨e) excédent m. ||-**deutig** adj. polysémique. ||°-**deutigkeit** f. (-, en) polysémie f. ||°-**fach|stecker** m. (s, -) prise (f.) multifiche, multiple. ||°-**fach|versicherung** f. (-, en) assurance (f.) multirisque. ||°-**farben|druck** m. (s, e) impression (f.) en polychromie. ||°-**gebot** n. (s, e) surenchère f. ||°-**gepäck** n. (s) excédent de bagage. ||°-**gewicht** n. (s, e) excédent (m.) de poids. ||°-**gewinn** m. (s, e) superbénéfice m. ||°-**kosten** pl. surcoût m. ||°-**leistung** f. (-, en) rendement (m.), puissance (f.) supplémentaire. ||-**malig** adj. répété ; réitéré. ||°-**phasen|strom** m. (s, e) courant polyphasé. ||°-**porto** n. (s, s et ti) surtaxe f. ||°-**programm|-betrieb** m. (s, e). INF. multiprogrammation f. ||-**sitzig** adj. à plusieurs places. ||-**sprachig** adj. polyglotte. ||-**stellig** adj. *mehrstellige Zahl*, nombre (m.) à plusieurs chiffres. ||°-**verbrauch** m. (s, ¨e) dépassement (m.) de consommation. ||°-**wert** m. (s, e) plus-value f. ||°-**wert|steuer** f. (-, n) taxe (f.) à la valeur ajoutée (T.V.A.). ||°-**zahl** f. (-, en) majorité f. ; majeure partie. || GRAMM. pluriel m. ||°-**zweck|halle** f. (-, n) salle polyvalente.

mehren ['me:rən] v. tr. augmenter ; accroître ; agrandir ; multiplier.

mehrere [-rəre] adj. et pron. indéf. plusieurs ; divers. | *mehreres*, diverses choses.

mehrerlei ['me:rər"lai] adv. de plusieurs, de diverses sortes.

mehrfach ['me:rfax] adj. multiple ; répété.
◇ adv. plusieurs fois.

Mehrheit ['me:rhait] f. (-, en) majorité f. ; pluralité f. | *schweigende Mehrheit*, majorité silencieuse. | *zur Mehrheit gehörend*, majoritaire.

mehrheitlich ['me:rhaitliç] adv. en majorité.

Mehrheits... ['me:rhaits] (en compos.) majoritaire.

Mehrjahres... ["me:r'ja:rəs] (en compos.) pluriannuel.

mehr|mals ['me:rma:ls] adv. plusieurs fois ; à plusieurs reprises ; fréquemment.

Mehrung ['me:ruŋ] f. (-, en) augmentation f. ; accroissement m.

meiden ['maidən] (ie, ie) v. tr. éviter ; fuir ; s'abstenir de.

Meierei [maiə'rai] f. (-, en) métairie f. ; laiterie f.

Meier|hof ["maiər'ho:f] m. (s, ¨e) métairie f.

Meile ['mailə] f. (-, n) mille m. ; lieue f.

Meilen|stein ["mailən'ʃtain] m. (s, e) pierre (f.), colonne (f.) milliaire. ||-**weit** adj. à cent lieues de.

Meiler ['mailər] m. (s, -) meule f. (à charbon de bois.) | *Meilerkohle*, charbon (m.) de bois.

mein [main] **(meine, mein)** adj. poss. mon, ma, mes. | *meine Mutter*, ma mère. | *dies Haus ist mein*, cette maison est à moi, est mienne. | *der meine, die meine, das meine*, le mien, la mienne. || LOC. *mein Gott !*, mon Dieu !
◇ pron. poss. **meiner, meine, mein(e)s,** le mien ; la mienne ; les miens ; les miennes. | *dein Haus ist weiß, meines ist gelb*, ta maison est blanche, la mienne est jaune.
◇ n. **Mein,** *die Meinen*, les miens ; ma famille. | *das Meine*, mon bien. || LOC., IRON. *Mein und Dein nicht unterscheiden können*, (*etwa*) être un peu kleptomane.

Mein|eid ['mainait] m. (s, e) faux serment ; parjure m. | *einen Meineid schwören, leisten*, se parjurer.

mein|eidig ["main'aidiç] adj. parjure. | *meineidig werden*, se parjurer ; faire un parjure.

meinen ['mainən] v. tr. avoir dans l'esprit ; entendre ; penser. | *wen meinen Sie ?*, de qui parlez-vous ? | *damit sind Sie gemeint*, voilà qui s'adresse à vous. | *wie meinen Sie das ?*, comment l'entendez-vous ? | *was meint er dazu ?*, quel est son avis ? | *das will ich meinen*, je pense bien ! | *er meint es gut mit ihm*, il lui veut du bien. | *er meinte es nicht böse*, il n'avait pas de mauvaises intentions. | *ein gut gemeinter Rat*, un conseil d'ami ; un bon conseil. | *man sollte meinen*, on dirait.

meiner ['mainər] pron. pers. (gén. de **ich**) de moi.

meiner|seits ["mainər'zaits] adv. de mon côté.

meines|gleichen [-nəs'glaiçən] pron. invar. mon égal ; mes égaux ; mes semblables ; mes pareils.

meinet|wegen ["mainət've:gən], **-halben** adv. quant à moi. | *er tat es meinetwegen*, il l'a fait pour moi. || soit ; d'accord ; je veux bien ; bon. | *meinetwegen kann er das tun*, qu'il le fasse, cela m'est égal. ||-**willen** adv. pour moi.

meinige [mainigə] pron. poss. *der, die, das meinige*, le mien ; la mienne. | *ich werde das Meinige dazu tun*, je ferai mon possible.

Meinung ['mainuŋ] f. (-, en) opinion f. ; avis m. | *eine Meinung vertreten*, défendre une opinion. | *seine Meinung gründen auf*, fonder son opinion sur. | *sich eine Meinung bilden*, se faire une opinion. | *eine gute, vorteilhafte Meinung von jm haben, hegen*, avoir une bonne opinion de qn. | *öffentliche Meinung*, opinion publique. | *meiner Meinung nach*, à mon avis. | *er ist der Meinung, daß*, il est d'avis que. | *anderer Meinung sein*, être d'un autre avis. | *sie waren einer Meinung*, ils étaient du même avis. | *jm seine Meinung sagen*, dire à qn ce qu'on a sur le cœur. | *in der Meinung gesiegt zu haben, legte er sich zur Rast*, croyant avoir vaincu, il prit un répit.

Meinungs|austausch ["mainuŋs'austauʃ] m. (es, e) échange (m.) d'opinions. ||°-**forschung** f. (-, n) étude de l'opinion publique. | *französisches Institut für Meinungsforschung*, Institut français d'opinion publique (I.F.O.P.). || °-**umfrage** f. (-, n) sondage d'opinion. ||°-**verschiedenheit** f. (-, en) différend m. ; divergence (f.) d'opinions.

Meiose [mai'o:zə] f. (-, n). BIOL. méiose f.

Meise ['maizə] f. (-, n). ZOOL. mésange f.

Meißel ['maisəl] m. (s, -) burin m. ; ciseau m.
meißeln [-səln] v. tr. ciseler ; buriner.
Meißen(er) ['meisən(ər)] adj. (de *Meißen*). *Meißener Porzellan*, porcelaine (f.) de Saxe.
meist [maist] adj. (superl. de **mehr**). | *die meisten Schüler*, la plupart des élèves. | *das meiste Geld*, la plus grosse part de l'argent. | *die Meisten*, le plus grand nombre ; la plupart. | *das Meiste*, la plus grande partie. ◇ adv. *am meisten*, le plus. | *meist*, généralement. | *er sitzt meist hier*, d'habitude il est assis là. | *die meistgelesene Zeitung*, le journal le plus lu.
Meist|begünstigungsklausel ["maistbəgynstiguŋs'klausəl] (-, n). ÉCON. clause (f.) de la nation la plus favorisée. ||**-bietend** adj. le plus offrant. | *meistbietend verkaufen*, mettre à l'enchère ; vendre au plus offrant. ||°**-gebot** n. (s, e) dernière enchère.
meistens ['maistəns], **meisten|teils** ["maistən-'tails] adv. le plus souvent ; la plupart du temps ; pour la plupart.
Meister ['maistər] m. (s, -) maître m. ; patron m. | *der Meister und sein Lehrling*, le maître et son apprenti. | *ein Meister der Tonkunst*, un grand musicien ; un maître de la musique. || LOC. *seiner nicht mehr Meister sein*, n'être plus maître de soi. | *Meister über etwas werden*, se rendre maître de qch. | *seinen Meister finden*, trouver son maître. || SPORT. champion m. | *Europameister*, champion d'Europe.
Meister|grad ["maistər'gra:t] m. (s, e) grade (m.) de maître ; maîtrise f. ||°**-sänger** m. pl., °**-singer** m. pl. MUS. maîtres chanteurs. ||°**-stück** n. (s, e), °**-werk** n. (s, e) chef-d'œuvre m.
meisterhaft ['maistərhaft], **meisterlich** ['maistərliç] adj. de, en maître ; magistral ; parfait. ◇ adv. de main de maître.
Meisterin ['maistərin] f. (-, nen) maîtresse f. ; patronne f.
meistern [-tərn] v. tr. maîtriser ; dominer.
Meisterschaft ['maistərʃaft] f. (-, en) maîtrise f. || SPORT. championnat m. | *Landesmeisterschaften*, championnats nationaux.
Mekka ['mɛka] n. pr. n. GÉOGR. La Mecque.
Melancholie [melaŋkɔ'li:] f. (-, n) mélancolie f.
Melancholiker(in) [-'ko:likər(in)] m. (s, -), f. (-, nen) mélancolique s.
melancholisch [-'ko:liʃ] adj. mélancolique.
Melanom [mela'no:m] n. (s, e). MÉD. mélanome m.
Melasse [me'lasə] f. (-, n) mélasse f.
Melde|amt ["mɛldə'amt] n. (es, ¨er). MIL. bureau (m.) de recrutement. || [Polizei] bureau (m.) des déclarations. || TÉLÉPH. service (m.) des annotatrices. ||°**-dienst** m. (s, e) service (m.) de liaison. ||°**-pflicht** f. déclaration (f.) obligatoire. ||°**-posten** m. (s, -). [Straßenverkehr] postes régulateurs routiers. ||°**-schein** m. (s, e) déclaration (f.) de résidence. ||°**-signal** n. (s, e). *elektrisches Meldesignal*, (rail) crocodile m. ||°**-stelle** f. (-, n) bureau (m.) de réception. || [Radar] centre (m.) de détection lointaine.
melden ['mɛldən] v. tr. annoncer ; informer de ; avertir de ; faire savoir ; rapporter ; informer ; signaler ; rendre compte. | *Nachrichten melden*, transmettre des informations.
◇ v. pr. **sich melden,** se présenter ; se faire inscrire ; se proposer. | *sich melden lassen*, se faire annoncer. | *sich zu einem Examen melden*, se faire inscrire pour un examen. | *sich krank melden*, se faire porter malade. | *sich bei der Polizei melden*, faire sa déclaration de séjour.
Meldung [-duŋ] f. (-, en) annonce f. ; avis m. ; notification f. ; rapport m. ; compte rendu. | *Meldung erstatten über* (acc.), faire rapport sur.
Melisse [me'lisə] f. (-, n). BOT. mélisse f.
Melk|eimer ["mɛlk'aimər] m. (s, -), °**-kübel** ['ky:bəl m. (s, -) seau (m.) à traire. ||°**-maschine** f. (-, n) trayeuse f.
melken ['mɛlkən] (o, o, ou faible) v. tr. traire.
Melken [-kən] n. (s) traite f.
Melker [-kər] m. (s, -) trayeur m.
Melodie [melo'di:] f. (-, n) mélodie f.
melodiös [-lodi'ø:s] adj. mélodieux.
melodisch [-'lo:diʃ] adj. mélodique.
Melodrama [melo'dra:ma] n. (s, men) mélodrame m.
Melone [me'lo:nə] f. (-, n). PR. et FIG. melon m.
Meltau ['me:ltau] m. (s). BOT. blanc m. ; nielle f.
Membran(e) [mɛm'bra:n(ə)] f. (-, [e]n) membrane f. ; diaphragme m.
Memel ['me:məl] n. pr. m. ou f. GÉOGR. [Fluß] Niémen m.
◇ n. pr. n. [Stadt] Memel m. ; [litauisch] Klaïpeda m.
Memme ['mɛmə] f. (-, n) poltron m. ; couard m.
Memoiren [memo'a:rən] n. pl. LITTÉR. Mémoires m. pl.
Memorandum [-'randum] n. (s, den) mémorandum m. ; mémoire m.
memorieren [-'ri:rən] v. tr. apprendre par cœur ; mémoriser.
Menage [me'na:ʒə] f. (-, n) huilier m.
Menagerie [menaʒə'ri:] f. (-, en) ménagerie f.
Menetekel [mene'te:kəl] n. (s, -). FIG. avertissement m. ; mauvais présage.
Menge ['mɛŋə] f. (-, n) grand nombre ; quantité f. ; multitude f. ; foule f. ; masse f. | *eine große Menge Vieh*, une grande quantité de bestiaux. | *es waren eine Menge Menschen da*, il y avait beaucoup de monde. | *eine Menge Geld*, un tas d'argent. | *Vorräte in Mengen*, des masses de provisions. || FAM. *er hat Häuser die Menge*, il a un tas de maisons. || MÉD. [Arznei] *vorgeschriebene Menge*, dose prescrite. || MATH. ensemble m.
mengen ['mɛŋən] v. tr. mêler ; mélanger.
◇ v. pr. **sich mengen,** *sich in etwas* (acc.) *mengen*, se mêler de, s'immiscer dans qch.
Mengen|einheit ["mɛŋən'ainhait] f. (-, en) unité (f.) de quantité. ||°**-lehre** f. (-, n), °**-theorie** f. (-, n). MATH. théorie (f.) des ensembles. ||**-mäßig** adj. quantitatif.
Meniskus [me'niskus] m. (-, ken). ANAT. ménisque m.
Mennig ['mɛniç] m. (s), **Mennige** ['mɛnigə] f. minium m.
Mennonit [mɛnɔ'ni:t] m. (en, en). RELIG. mennonite m.
Mensa ['mɛnza] f. (-, sen) restaurant (m.) universitaire.
Mensch [mɛnʃ] m. (en, en) homme m. ; être humain. | *ein guter Mensch*, un homme de bien. | *ein kluger Mensch*, une personne avisée. | *jeder Mensch*, tout le monde ; (tout un) chacun. | *kein Mensch*, personne ; pas une âme. | *unter Menschen kommen*, voir du monde. ◇ interj. bigre ! ; diantre !
Mensch|werdung ["mɛnʃ've:rduŋ] f. hominisation f. || RELIG. incarnation f.
Menschen|affe ["mɛnʃən'afə] m. (en, en) anthropoïde m. ||**-ähnlich** adj. anthropomorphe. ||°**-alter** n. (s, -) âge (m.) d'homme ; génération f. ||°**-auflauf** (s, ¨e) foule f. ; rassemblement m. ||

°-feind m. (s, e) misanthrope m. ||**-feindlich** adj. misanthrope. ||°**-feindlichkeit** f. (-) misanthropie f. ||°**-fresser** m. (s, -) anthropophage m. ||°**-fresserei** f. (-) anthropophagie f. ||°**-freund** m. (s, e) philanthrope s. ||**-freundlich** adj. philanthropique ; bienveillant. ||°**-freundlich-keit** f. (-) philanthropie f. ; humanité f. ||°**-gedenken** n. (s) *seit Menschengedenken*, de temps immémorial. ||°**-gewühl** n. (s) cohue f. ; presse f. ||°**-kenner** m. (s, -) qui connaît les hommes ; psychologue m. ||°**-kenntnis** f. connaissance (f.) des hommes. ||°**-kind** n. (s, er). POÉT. homme m. ||°**-leben** n. (s) vie humaine ; vie d'homme, de l'homme. ||**-leer** adj. dépeuplé ; désert. ||°**-liebe** f. amour (m.) des hommes, de l'humanité ; philanthropie f. ; charité f. ||°**-menge** f. (-, n) foule f. ; multitude f. ||**-möglich** adj. humainement possible. |*das Menschenmögliche versuchen, tun*, faire tout son possible. ||°**-opfer** n. (s, -). RELIG. sacrifice humain. || PAR EXT. *vier Menschenopfer waren zu beklagen*, on déplorait quatre morts, quatre victimes. ||°**-rechte** n. pl. droits (m. pl.) de l'homme. ||**-scheu** adj. timide ; sauvage. ||°**-scheu** f. timidité f. ; sauvagerie f. ||°**-schinder** m. (s, -) exploiteur m. ||°**-schlag** m. (s, ¨e) race f. (d'hommes). ||°**-seele** f. (-, n) âme humaine. | *es war keine Menschenseele da*, il n'y avait âme qui vive. ||°**-sohn** m. (s). RELIG. le Fils de l'homme. ||°**-verstand** m. (s) *der gesunde Menschenverstand*, le sens commun ; le bon sens. ||°**-würde** f. (-) dignité humaine.

Menschens|kind ! [″mɛnʃəns'kint] interj. mais dis donc ! ; ça alors !

Menschheit ['mɛnʃhait] f. genre humain ; humanité f. | *die ganze Menschheit strebt nach Frieden*, l'humanité entière aspire à la paix.

menschlich ['mɛnʃliç] adj. humain. |*die menschliche Gesellschaft*, la société des hommes. | *die menschliche Natur*, la nature humaine.

Menschlichkeit [-kait] f. humanité f. ; dignité humaine ; sentiment humain.

Menstruation [mɛnstrua'tsio:n] f. (-, en). MÉD. menstruation f. ; règles f. pl.

menstruieren [-stru'i:rən] v. intr. avoir ses règles.

mental [mɛn'tɑ:l] adj. mental.

Mentalität [-tali'tɛ:t] f. (-, en) mentalité f.

Menthol [mɛn'to:l] n. (s) menthol m.

Mentor ['mentɔr] m. (s, en) mentor m. ; conseiller m.

Menü [me'ny:] n. (s, s). [Restaurant] menu m. || INF. menu m.

Menuett [menu'ɛt] n. (s, e) menuet m.

Mephisto [me'fisto] n. pr. m. Méphisto.

Mergel ['mɛrgəl] m. (s, -). GÉOL. marne f.

Meridian [meridi'ɑ:n] m. (s, e) méridien m.

Merino [me'ri:no] m. (s, s) mérinos m.

merkantil [mɛrkan'ti:l] adj. mercantile.

Merkantilismus [-ti'lismus] m. mercantilisme m.

merkbar ['mɛrkbɑ:r] adj. sensible ; perceptible.

Merk|buch ['mɛrkbu:x] n. (s, ¨er) agenda m. ; carnet m. ||°**-mal** n. (s, e) marque distinctive ; signe (m.) caractéristique. || BIOL. *genetisches Merkmal*, marqueur (m.) génétique. ||**-würdig** adj. étrange ; curieux ; remarquable. ||**-würdigerweise** adv. curieusement ; chose curieuse. ||°**-würdigkeit** f. (-, en) curiosité f. ; chose curieuse, étrange, remarquable. ||°**-zeichen** n. (s, -), °**-zettel** m. (s, -) repère m. ; FAM. pense-bête m.

merken ['mɛrkən] v. tr. **1.** marquer ; prendre note de. |*ich habe mir seine Adresse gemerkt*, je n'ai pas oublié son adresse. | *merk dir das !*, retiens bien cela ! **2.** remarquer ; s'apercevoir de. | *er ließ mich seinen Verdruß nicht merken*, il ne m'a pas laissé voir son dépit. | *er hat nichts gemerkt*, il ne s'est aperçu de rien.

merklich [-kliç] adj. sensible ; visible.

Merkur [mɛr'ku:r] n. pr. m. (s) Mercure m. ◇ n. (s). [Metall] mercure m.

Merowinger [merɔ'viŋər] m. (s, -). HIST. Mérovingien m.

merowingisch [-ŋiʃ] adj. mérovingien.

meschugge [mɛ'ʃugə] adj. FAM. fou ; cinglé.

Meskalin [mɛska'li:n] n. (s). CHIM. mescaline f.

Mesolithikum [mezo'li:tikum] n. (s) mésolithique m.

Mesopotamien [mezopo'tɑ:miən] n. pr. n. GÉOGR. Mésopotamie f.

Mesosphäre [mezo'sfɛ:rə] f. (-). ASTRON. mésosphère f.

Mesozoikum [mezo'tso:ikum] n. (s). GÉOL. ère (f.) secondaire.

Meß|apparat [″mɛsapa'rɑ:t] m. (s, e) appareil (m.) de mesure. ||°**-band** n. (s, e) mètre (m.) à ruban. ||°**-bereich** m. (s, e) domaine (m.) de mesure. ||°**-gerät** n. (s, e) n., °**-instrument** n. (s, e) appareil (m.), instrument (m.) de mesure. ||°**-glas** n. (es, ¨er) éprouvette graduée. ||°**-stab** m. (s, ¨e) jauge f. ||°**-technik** f. métrologie f. ; technique (f.) de mesure. ||°**-tisch** m. (s, e) planchette (f.) topographique. ||°**-tisch|blatt** n. (s, ¨er) plan directeur ; carte levée à la planchette ; feuille (f.) topographique. ||°**– und Regeltechnik** f. (-, en) technique (f.) de mesure et de réglage. ||°**-winkel** m. (s, -) équerre f.

meßbar ['mɛsbɑ:r] adj. mesurable.

Messe ['mɛsə] f. (-, n). RELIG., MUS. messe f. | *die Messe lesen*, dire la messe.

Meß|buch ['mɛsbu:x] n. (s, ¨er) livre (m.) de messe ; missel m. ||°**-diener** m. (s, -) servant m. (de messe). ||°**-gewand** n. (s, ¨er) chasuble f. ||°**-opfer** n. (s, -) sacrifice (m.) de la messe.

Messe ['mɛsə] f. (-, n) foire f.

Messe|besucher [″mɛsəbə'zu:xər] m. (s, -) exposant m. (à une foire) ; visiteur m. ||°**-gelände** n. (s, -) parc (m.) des expositions. ||°**-halle** f. (-, n) palais (m.), hall (m.) de la foire ; hall (m.) d'exposition. ||°**-stand** m. (s, ¨e) stand (m.) d'exposition.

Messe ['mɛsə] f. (-, n). MAR. mess m.

messen ['mɛsən] (i, a, e) v. tr. mesurer ; arpenter. |*Zeit, Kraft, Wärme messen*, mesurer le temps, l'énergie, la chaleur. || FIG. *an ihm gemessen bin ich wenig*, comparé à lui je suis peu de chose. | *jn vom Scheitel bis zur Sohle messen*, toiser qn de la tête aux pieds. ◇ v. intr. mesurer. || [Inhalt] contenir. | *er mißt 1,85 m*, il mesure 1,85 m.
◇ v. pr. **sich messen,** *sich mit jm messen*, se mesurer avec qn.
◇ part. pass. et adj. **gemessen,** FIG. mesuré ; compté. | *gemessenen Schrittes*, à pas comptés.

Messen [-sən] n. (s) mesure f. ; mensuration f. ; arpentage m. || MIL. repérage m.

Messer [-sər] m. (s, -). [Mann] métreur m. ; arpenteur m. || [Werkzeug] compteur m.

Messer ['mɛsər] n. (s, -) couteau m. | *das Messer sitzt ihm an der Kehle*, il a le couteau sur, sous la gorge. | *Krieg bis aufs Messer*, guerre (f.) à outrance. || *Taschenmesser*, canif m. || FIG., FAM. *unters Messer kommen*, passer sur le billard.

Messer|bänkchen [″mɛsər'bɛŋkçən] n. (s, -) porte-couteau m. ||°**-fabrik** f. (-, en) coutellerie f. ||°**-griff** m. (s, e) manche (m.) de couteau. ||°**-held** m. (en, en) bandit m. ; qui joue du couteau. ||°**-klinge** f.

(-, en) lame (f.) de couteau. ||°-**schmied** m. (s, e) coutelier m. || °-**schneide** f. (-, n) tranchant m. ||°-**stich** m. (s, e) coup (m.) de couteau.
Messias [-'si:as] n. pr. m. RELIG. Messie m.
Messing ['mɛsiŋ] n. (s) laiton m. ; cuivre (m.) jaune.
Mestize [mɛs'ti:tsə] m. (n, n) métis m.
Met [me:t] m. (s, e) hydromel m.
Metall [me'tal] n. (s, e) métal m.
Metall|arbeiter [me"tal'arbaitər] m. (s, -) métallurgiste m. ; FAM. métallo m. ||°-**faden** m. (s, ¨) filament (m.) métallique. ||°-**gehalt** m. (s, e) teneur (f.) en métal. ||°-**gießerei** f. (-, en) fonderie (f.) de métaux. ||°-**industrie** f. métallurgie f. ||°-**legierung** f. (-, en) alliage (m.) de métaux ; alliage métallique. ||°-**säge** f. (-, n) scie (f.) à métaux. ||°-**überzug** m. (s, ¨e) galvanoplastie f. ; revêtement (m.) métallique.
metallisch [me'taliʃ] adj. métallique ; de métal.
metallisieren [-li'zi:rən] v. tr. métalliser.
Metallurge [-'lurgə] m. (n, n) métallurgiste m.
Metallurgie [-lur'gi:] f. métallurgie f.
metallurgisch [-'lurgiʃ] adj. métallurgique.
Metamorphose [metamɔr'fo:zə] f. (-, n) métamorphose f.
Metapher [me'tɑ:fər] f. (-, n) métaphore f.
metaphorisch [meta'fo:riʃ] adj. métaphorique.
Metaphysik [metafy'zi:k] f. métaphysique f.
metaphysisch [-fy:ziʃ] adj. métaphysique.
Metasprache ["meta'ʃprɑ:xə] f. (-, n) métalangue f.
metasprachlich ["meta'ʃprɑ:xliç] adj. métalinguistique.
metastabil [metaʃta'bi:l] adj. PHYS. métastable.
Metastase [meta'stɑ:zə] f. (-, n). GRAMM., MÉD. métastase f.
Metazoon [meta'tso:ɔn] n. (s, zoen). ZOOL. métazoaire m.
Meteor [mete'o:r] m. ou n. (s, e) météore m.
Meteorit [meteo'ri:t] m. (s, e) météorite m.
Meteorologe [-ro'lo:gə] m. (n, n), **Meteorologin** [-ro'lo:gin] météorologiste s. ; météorologue s.
meteorologisch [-ro'lo:giʃ] adj. météorologique. | *meteorologische Inversion*, inversion (f.) météorologique.
Meter ['me:tər] m. et n. (s, -) mètre m.
Meter|kilogramm ["me:tər'kilɔgram] n. (s, e) kilogrammètre m. ||°-**maß** n. (es, e) mesure (f.) métrique.
Methan [me'tɑ:n] n. (s) méthane m. ; gaz (m.) des marais.
Methanol [meta'no:l] n. (s). CHIM. méthanol m.
Methanol|alkohol [meta"no:l'alkoho:l] m. (s). CHIM. alcool (m.) méthylique.
Methode [me'to:də] f. (-, n) méthode f.
Methodik [-dik] f. méthodologie f.
methodisch [-diʃ] adj. méthodique.
Methodist [-'dist] m. (en, en) méthodiste m.
Methyl [me'ty:l] n. (s). CHIM. méthyle m.
Methylen|blau [mety"le:n'blau] n. bleu (m.) de méthylène.
Metrik ['me:trik] f. (-, en). POÉS. métrique f.
metrisch [-triʃ] adj. métrique. | *metrisches System*, système (m.) métrique.
Metronom [metrɔ'no:m] n. (s, e) métronome m.
Metropole [-'po:lə] f. (-, n) métropole f.
Metropolit [metrɔpo'li:t] m. (en, en). RELIG. métropolite m.
Metrum ['me:trum] n. (s, tren ou tra). POÉS. mètre m.
Mette ['mɛtə] f. (-, n). RELIG. matines f. pl.
Mett|wurst ['mɛtvurst] f. (-, ¨e) andouille ; saucisse f. (à tartiner).
Metzelei [mɛtsə'lai] f. (-, en) massacre m. ; tuerie f. ; carnage m.
metzeln ['mɛtsəln] v. tr. massacrer ; égorger.
Metzger [-gər] m. (s, -) boucher m.
Metzgerei [mɛtsgə'rai] f. (-, en) boucherie f.
Meuchel|mord ["mɔyçəl'mort] m. (s, e) meurtre m. ; assassinat m. ||°-**mörder** m. (s, -) meurtrier m. ; assassin m.
meucheln ['mɔyçəln] v. tr. assassiner.
Meuchler ['mɔyçlər] m. (s, -) meurtrier m.
meuchlerisch [-ləriʃ] adj. meurtrier ; assassin.
meuchlings [-liŋs] adv. en assassin ; perfidement.
Meute ['mɔytə] f. (-, n). [Jagd] meute f.
Meuterei [mɔytə'rai] f. (-, en) mutinerie f. ; émeute f.
Meuterer ['mɔytərər] m. (s, -) mutin m.
meutern [-tərn] v. intr. se révolter ; se mutiner.
Mexikaner(in) [mɛksi'kɑ:nər(in)] m. (s, -). f. (-, nen) Mexicain m., Mexicaine f.
mexikanisch [-niʃ] adj. mexicain.
Mexiko ['mɛksiko] n. pr. n. GÉOGR. [Land] Mexique m. || [Stadt] Mexico m.
Miasma [mi'asma] n. (s, men). MÉD. miasme m.
miauen [mi'auən] v. intr. miauler.
mich [miç] pron. pers. (acc. de **ich**) me ; moi.
Michaeli(s) [miça'e:li(s)], °-**tag** [miça"e:lis'tɑ :k] m. (s) la Saint-Michel.
Michelangelo ['mikəl"andʒelo] m. Michel-Ange m.
Mieder ['mi:dər] n. (s, -) corsage m. ; corset m. ; corselet m.
Miene ['mi:nə] f. (-, n). [Gesichtsausdruck] mine f. ; air m. | *gute Miene zum bösen Spiel machen*, faire contre mauvaise fortune bon cœur. | *keine Miene verziehen*, sans sourciller. | *Miene machen zu*, faire mine de.
Mienen|spiel ["mi:nən'ʃpi:l] n. (s, e) jeu (m.) de physionomie ; mimique f.
mies [mi:s] adj. POP. moche ; mauvais.
mies|machen ["mi:s'maxən] v. tr. *jn miesmachen*, dénigrer qn. ||°-**macher** m. (s, -), **Miese|peter** ["mi:zə'pe:tər] m. POP. rabat-joie s. ; pessimiste s. ; défaitiste s.
miesepetrig ["mi:zə'pe:triç] adj. [kränklich] souffreteux ; [übelgelaunt] bougon ; renfrogné.
Mies|muschel ["mi:s'muʃəl] f. (-, n). ZOOL. moule f.
Miete ['mi:tə] f. (-, n). **1.** louage m. ; location f. ; bail m. ; loyer m. | *zur Miete wohnen*, être locataire. | *seine Miete bezahlen*, payer son terme, son loyer. **2.** AGRIC. silo m. ; meule f. (de foin).
Miet|auto ["mi:t'auto] n. (s, s) voiture (f.) de location ; voiture (f.) de place. ||°-**preis** m. (es, e) prix (m.) de location ; loyer m. ; terme m. ||°-**steuer** f. (-, n) impôt (m.) sur les loyers ; contribution mobilière. ||°-**vertrag** m. (s, ¨e) bail m. ; contrat (m.) de location, de louage. ||-**weise** adv. à titre de bail. ||°-**wohnung** f. (-, en) appartement loué, en location. ||°-**zeit** f. (-, en) durée (f.) du bail. ||°-**zins** m. (es, e) location f. ; loyer m. ; terme m.
mieten ['mi:tən] v. tr. louer ; prendre à bail, en location.

Mieter(in) ['mi:tər(in)] m. (s, -), f. (-, nen) locataire s.

Miets|haus ['mi:tshaus] n. (es, ¨er) maison (f.) de rapport. ||°**-kaserne** f. (-, n) grand immeuble de rapport (dans un quartier pauvre).

Mieze ['mi:tsə] f. (-, n). FAM. [Katze] minet m. ; minette f.

Migräne [mi'grɛ:nə] f. (-, n). MÉD. migraine f.

Mikado [mi'kɑ:do] jeu (m.) de jonchets ; mikado m.

Mikro|assistent ["mikroasis'tɛnt] m. (en, en) perchiste m. ||°**-chirurgie** f. (-) microchirurgie f. ||°**-elektronik** f. (-) microélectronique f. ||°**-fiche** m. ou n. (s, s) microfiche f. ||°**-informatik** f. (-) informatique (f.) grand public. ||°**-klima** n. (s, s) microclimat m. ||°**-kosmos** m. microcosme m. ||°**-meter** n. (s, -) micromètre m. ; palmer m. ||°**-ökonomie** f. (-) microéconomie f. ||°**-organismus** m. (-, en) micro-organisme m. ||°**-phon** n. (s, e) microphone m. ||°**-physik** f. microphysique f. ||°**-programm** n. (s, e) microprogramme m. ||°**-rille** f. (-, n) microsillon m. ||°**-skop** n. (s, e) microscope m. ||**-skopisch** adj. microscopique. ||°**-spore** f. (-, n) microspore f. ||°**-welle** f. (-, n) hyperfréquence f. ||°**-wellen|heizung** f. (-, en) chauffage (m.) par hyperfréquences. ||°**-wellen|herd** m. (s, e) four (m.) à micro-ondes.

Mikrobe [mi'kro:bə] f. (-, n) microbe m.

Milan [mi'lɑ:n] m. (s, e). ZOOL. milan m.

Milbe ['milbə] f. (-, n). ZOOL. ciron m. ; gale f.

Milch [milç] f. lait m. | *dicke, saure, geronnene Milch*, lait caillé. | *die Milch (auf)kochen*, faire bouillir le lait. | *die Milch läuft über*, le lait se sauve. | *er hat das mit der Muttermilch eingesogen*, il connaît cela depuis le berceau.

Milch|bart ['milçbɑ:rt] m. (s, ¨e) poil follet ; FIG. blanc-bec m. ||°**-brötchen** n. (s, -) petit pain au lait. ||°**-bruder** m. (s, ¨) frère (m.) de lait. ||°**-drüse** f. (-, n) glande (f.) mammaire. ||°**-flasche** f. (-, n) bouteille (f.) à lait. || [Säugling] biberon m. ||°**-frau** f. (-, en) laitière f. ||°**-gärung** f. fermentation (f.) lactique. ||°**-gebiß** n. (es, e) dents (f. pl.) de lait. ||°**-gesicht** n. (s, er) teint (m.) pâle. ||°**-glas** n. (es, ¨er) verre dépoli, opalin. ||°**-handel** m. (s) laiterie f. ; crémerie f. ||°**-händler** m. (s, -) laitier m. ; crémier m. ||°**-kaffee** m. (s) café (m.) au lait ; FAM. café (m.) crème. ||°**-kanne** f. (-, n) boîte (f.), bidon (m.) à lait. ||°**-kuh** f. (-, ¨e) vache (f.) à lait ; vache laitière. ||°**-mädchen** n. (s, -) laitière f. ||°**-mann** m. (s, ¨er) laitier m. ||°**-pulver** n. (s, -) lait (m.) en poudre. ||°**-quote** f. (-, n) quota laitier. ||°**-säure** f. (-, n). CHIM. acide (m.) lactique. ||°**-speise** f. (-, n) laitage m. ||°**-straße** f. ASTRON. Voie lactée. ||°**-suppe** f. (-, n) soupe (f.) au lait. ||°**-topf** m. (s, ¨e) pot (m.) à lait. ||°**-wirtschaft** f. production (f.) de lait ; laiterie f. ||°**-zahn** m. (s, ¨e) dent (f.) de lait. ||°**-zucker** m. (s) lactose m.

milchig [-çiç] adj. laiteux.

Milchling ['milçliŋ] m. (s, e). BOT. lactaire délicieux.

mild [milt] adj. clément ; doux ; indulgent. | *milde Gabe*, aumône f. | *mildes Wetter*, temps doux. | *eine milde Strafe*, une peine légère ; un verdict indulgent.

mild|tätig ["milt'tɛ:tiç] adj. charitable ; secourable. ||°**-tätigkeit** f. charité f. ; bienfaisance f.

Milde ['mildə] f. clémence f. ; douceur f.

mildern [-dərn] v. tr. adoucir ; modérer ; calmer ; atténuer. | *Schmerzen mildern*, atténuer des douleurs. | *eine Strafe mildern*, commuer une peine. | *mildernde Umstände geltend machen*, plaider les circonstances atténuantes.

Milderung [-dəruŋ] f. (-, en) adoucissement m. | *Milderung einer Strafe*, atténuation (f.) d'une peine.

Milieu [mi'liø:] n. (s, s) milieu m.

militant [mili'tant] adj. POLIT. militant ; activiste.

Militär [mili'tɛ:r] m. (s, s) militaire m. ; soldat m. ◇ n. (s) militaires m. pl. ; troupes f. pl.

militär|ähnlich [mili"tɛ:r'ɛ:nliç] adj. paramilitaire. ||°**-attaché** m. (s, s) attaché (m.) militaire. ||**-feindlich** adj. antimilitariste. ||°**-geistlicher** m. aumônier (m.) militaire. ||°**-gericht** n. (s, e) tribunal (m.) militaire. ||°**-gerichtsbarkeit** f. juridiction (f.), justice (f.) militaire. ||°**-haushalt** m. (s, e) budget (m.) militaire. ||°**-polizei** f. (-, en) police (f.) militaire ; prévôté f. ||°**-verwaltung** f. (-, en) intendance (f.) militaire. ||°**-zeit** f. service (m.) militaire.

Militaria [mili'tɑ:ria] pl. affaires (f. pl.) militaires.

militärisch [-'tɛ:riʃ] adj. militaire.

Militarismus [-ta'rismus] m. militarisme m.

Militarist [-ta'rist] m. (en, en) militariste m.

militaristisch [milita'ristiʃ] adj. militariste.

Miliz [mi'li:ts] f. (-, en) milice f.

Miliz|soldat [mi"li:tszɔl'dɑ:t] m. (en, en) milicien m.

Milliardär [miliar'dɛ:r] m. (s, e) milliardaire m.

Milliarde [-'ardə] f. (-, n) milliard m.

Milli|gramm ['miligram] n. (s, e) milligramme m. ||°**-meter** n. (s, -) millimètre m. | *Millimeterpapier*, papier millimétré.

Million [mili'o:n] f. (-, en) million m.

Millionär [-o'nɛ:r] m. (s, e) millionnaire m.

Millionstel [-'o:nstəl] n. (s, -) millionième m.

Milz [milts] f. (-, en). ANAT. rate f.

Milz|brand ['miltsbrant] m. (s, ¨e) charbon m.

Mime ['mi:mə] m. (n, n) mime m. ; acteur m.

mimen [-mən] v. tr. mimer ; imiter.

Mimik [-mik] f. mimique f.

Mimikry [-mikry] f. mimétisme m.

mimisch [-miʃ] adj. mimique.

Mimose [mi'mo:zə] f. (-, n). BOT. mimosa m.

mimosenhaft [-'mo:zənhaft] adj. (très) sensible.

Minarett [mina'rɛt] n. (s, e) minaret m.

minder ['mindər] adj. moindre ; inférieur. | *eine mindere Anzahl*, un nombre moindre.
◇ adv. moins. | *diese Tour ist nicht minder gefährlich*, cette promenade n'est pas moins dangereuse. | *mehr oder minder*, plus ou moins. || PROV. *je mehr Wort, je minder Werk*, plus on parle, moins on travaille.
— OBSERV. *minder* est une forme comparative dont le positif n'existe plus. Il équivaut à *kleiner* ou *weniger*, compar. de *klein* et *wenig*. La forme superlative est *mindest*.

minder|jährig ["mindər'jɛ:riç] adj. mineur. ||°**-jährigkeit** f. minorité f. ||°**-wert** m. (s, e) moins-value f. ||**-wertig** adj. de valeur inférieure ; déprécié ; médiocre. ||°**-wertigkeit** f. (-) médiocrité f. ||°**-wertigkeitsgefühl** n. (s, e), °**-wertigkeitskomplex** m. (es, e) complexe (m) d'infériorité. ||°**-zahl** f. (-, en) minorité f.

Minderheit ['mindərhait] f. (-, en) minorité f.

mindern ['mindərn] v. tr. diminuer ; amoindrir ; réduire ; rétrécir ; atténuer.

Minderung [-dəruŋ] f. (-, en) réduction f.

mindest [-dəst] adj. et adv. (superl. de **minder**) le moins. | *es ist das mindeste*, c'est le moins. | *nicht im mindesten*, pas le moins du monde. | *zu mindest, zum mindesten*, au moins ; pour le moins.

Mindest|besteuerung ["mindəstbə'ʃtɔyəruŋ] f. (-, en) imposition (f.) minimum. ||°**-betrag** m. (s, ¨e) minimum m. ; somme (f.) minimum. ||°**-ertrag** m.

(s, ¨e) rendement minimum. ||°**-gebot** n. (s, e) plus faible enchère f. ||°**-lohn** m. (s, ¨e) salaire minimum. ||°**-preis** m. (es, e) prix (m.) plancher. ||°**-reserve** f. (-, n). FIN. réserves (f. pl.) obligatoires. ||°**-zahl** f. (-, en) minimum m.

mindestens ['mindəstɛns] adv. au moins ; pour le moins. | *mindestens war er so ehrlich, es zuzugestehen*, au moins a-t-il eu la loyauté de le reconnaître.

Mine ['mi:nə] f. (-, n). [Sprengladung] mine f. | *auf eine Mine laufen*, toucher une mine ; MAR. couler sur une mine. | *Minen legen*, poser, MAR. mouiller des mines. | *Minen räumen*, déminer ; enlever des mines ; MAR. draguer des mines. || FIG. *alle Minen springen lassen*, employer les grands moyens ; mettre tout en œuvre.

Minen|feld ["mi:nən'fɛlt] n. (s, er) champ (m.) de mines. ||°**-leger** m. (s, -). MAR. mouilleur (m.) de mines ; MIL. poseur m. ||°**-räumer** m. (s, -) démineur m. ||°**-such|boot** n. (s, e). MAR. dragueur (m.) de mines. ||°**-such|gerät** n. (s, e) détecteur (m.) de mines.

Mine ['mi:nə] f. (-, n). [Bergwerk] mine f. || [Bleistift] mine (f.) de crayon ; [Kugelschreiber] cartouche f.

Mineral [mine'rɑ:l] n. (s, e et ien) minéral m.

Mineral|bad [mine"rɑ:l'bɑ:t] n. (s, ¨er) bain d'eaux salines. ||°**-öl|produkte** n. pl. produits pétroliers. ||°**-quelle** f. (-, n) source minérale. ||°**-wasser** n. (s, -) eau minérale.

Mineralien|sammlung [mine"rɑ:liən'zamluŋ] f. (-, en) collection (f.) de minéraux.

mineralisch [mine'rɑ:liʃ] adj. minéral.

Mineralog(e) [-ra'lo:g(ə)] m. (en, en) minéralogiste m.

Mineralogie [-ralo'gi:] f. minéralogie f.

mineralogisch [-ra'lo:giʃ] adj. minéralogique.

Miniatur [minia'tu:r] f. (-, en) miniature f.

Mini|computer ["minikɔm'pju:tər] m. (s, -) mini-ordinateur m. ||°**-rock** m. (s, ¨e) minijupe f.

Minigolf ['minigɔlf] n. (s,). SPORT. minigolf m.

minimal [mini'mɑ:l] adj. minime. | *Minimalbetrag*, montant minimal.

Minimum ['mi:nimum] n. (s, ma) minimum m. | *Minimumthermometer*, thermomètre (m.) à minima.

Minister [mi'nistər] m. (s, -) ministre m. | *Minister des Auswärtigen ; Außenminister*, ministre des Relations extérieures. | *zuständiger Minister*, ministre de tutelle.

Minister|amt [mi"nistər'amt] n. (s, ¨er) ministère m. ||°**-krise** f. (-, n) crise ministérielle. ||°**-präsident** m. (en, en) Premier ministre ; président (m.) du Conseil. ||°**-rat** m. (s, ¨e) conseil (m.) des ministres.

Ministerial|beamter [ministeri"ɑ:lbə'amter] m. fonctionnaire (m.) du ministère. ||°**-befehl** m. (s, e) arrêté ministériel. ||°**-erlaß** m. (es, e) décret ministériel. ||°**-rat** m. (s, ¨e) administrateur civil.

ministeriell [ministeri'ɛl] adj. ministériel.

Ministerium [-'te:rium] n. (s, rien) ministère m. || [Schweiz] département m.

Ministrant [-'trant] m. (en, en). RELIG. servant m. ; enfant (m.) de chœur.

ministrieren [-'tri:rən] v. intr. servir la messe.

Minna ['mina] f. (-). POP. *die grüne Minna*, le panier à salade.

Minne ['minə] f. POÉS. amour courtois.

Minne|sang ["minə'zaŋ] m. poésie (f.) des troubadours. ||°**-sänger** m. (s, -) troubadour m.

Minorität [-ri'tɛ:t] f. (-, en) minorité f.

Minus ['mi:nus] n. déficit m.

◇ adv. **minus** [weniger] moins. | *6 minus 2 ist 4*, 6 moins 2 égale 4.

Minuskel [mi'nuskəl] f. (-, n) minuscule f.

Minus|pol ["mi:nus'po:l] m. (s, e) pôle négatif. ||°**-zeichen** n. (s, -) signe (m.) moins.

Minute [mi'nu:tə] f. (-, n) minute f.

Minuten|schalter [mi"nu:tən'ʃaltər] m. (s, -). ÉLECTR. minuterie f. ||°**-zeiger** m. (s, -) aiguille (f.) des minutes.

minutiös, minuziös [minutsi'ø:s] adj. minutieux.

Minze ['mintsə] f. (-, n). BOT. menthe f.

mir [mir] pron. pers. (dat. de **ich**) me ; à moi ; moi. | *mir ist froh zumute*, je suis gai. || LOC. *wie du mir, so ich dir*, œil pour œil, dent pour dent. | *mir nichts, dir nichts*, sans plus de façons ; soudain.

Mirabelle [mira'bɛlə] f. (-, n). BOT. mirabelle f.

Mirakel [mi'rɑ:kəl] n. (s, -) miracle m.

Misanthrop [mizan'tro:p] m. (en, en) misanthrope m.

misanthropisch [-piʃ] adj. misanthropique.

mischbar ['miʃbɑ:r] adj. miscible.

Misch|ehe ["miʃ'e:ə] f. (-, n) mariage (m.) mixte. ||°**-element** n. (s, e). PHYS. mélange (m.) d'isotopes. ||**-erbig** adj. BIOL. hybride. ||°**-masch** m. (es, e). POP. micmac m. ; pêle-mêle m. ||°**-maschine** f. (-, n) mélangeuse f. ; malaxeur m. ||°**-poche** f. (-, n), °**-poke** f. (-, n). FAM. smala(h) f. ||**-rassig** adj. BIOL. hybride. ||°**-sendung** f. (-, en). TRANSP. envoi groupé. ||°**-trommel** f. (-, n) tambour mélangeur.

mischen ['miʃə:n] v. tr. mêler ; mélanger. | *den Wein mit Wasser mischen*, couper le vin avec de l'eau. | *Karten mischen*, battre les cartes. || PÉJOR. *eine gemischte Gesellschaft*, une compagnie peu choisie.

◇ v. pr. **sich mischen,** *sich in einen Streit mischen*, s'immiscer dans une querelle. | *sich unter das Volk mischen*, se mêler au peuple.

Mischen ['miʃən] n. (s). PHYS. mélangeage m. | *optisches Mischen*, mélangeage optique.

Mischling ['miʃliŋ] m. (s, e) métis m. ; hybride m.

Mischung [-ʃuŋ] f. (-, en) mélange m. ; alliage m. ; mixture f.

miserabel [mize'rɑ:bəl] adj. misérable.

Misere [-'ze:rə] f. (-, n) misère f.

Mispel ['mispəl] f. (-, n). BOT. nèfle f.

miß|achten ["mis'axtən - mis'axtən] v. tr. mépriser ; mésestimer ; dédaigner. ||°**-achtung** f. mépris m. ; mésestime f. ||°**-behagen** n. (s) malaise m. ; gêne f. | *ein lebhaftes Mißbehagen empfinden*, ressentir un réel malaise. ||**-bilden** v. tr. déformer ; défigurer. | *mißgebildet*, dégénéré ; monstrueux ; difforme. || °**-bildung** f. (-, en) difformité f. ; anomalie f. ||**-billigen** v. tr. désapprouver. ||°**-billigung** f. (-, en) désapprobation f. ||°**-brauch** m. (s, ¨e) abus m. | *mit etwas Mißbrauch treiben*, abuser de qch. || JUR. *Mißbrauch der Amtsgewalt*, abus (m.) de pouvoir. ||**-brauchen** v. tr. abuser de ; mal user de. || RELIG. profaner. ||**-bräuchlich** adj. abusif. ||**-deuten** v. tr. mal interpréter ; se méprendre sur. ||°**-deutung** f. (-, en) interprétation fausse ; méprise f. ||°**-erfolg** m. (s, e) échec m. ; insuccès m. ||°**-ernte** f. (-, n) mauvaise récolte. ||**-fallen** (ä, ie, a) v. intr. déplaire ; mécontenter ; choquer. | *seine Haltung mißfiel ihr sehr*, son attitude lui a beaucoup déplu. ||°**-fallen** n. (s) mécontentement m. ; déplaisir m. ||°**-geburt** f. (-, en) avorton m. ; monstre m. ||**-gelaunt** adj. mal disposé ; de mauvaise humeur. ||°**-geschick** n. (s, e) infortune f. ; malchance f. ||**-gestaltet** adj. difforme. ||**-gestimmt** adj. mal disposé ; de mauvaise humeur. ||**-glücken** v. intr. mal tourner ; ne pas réussir ;

échouer. ||**-gönnen** v. tr. être jaloux de (qch.) ; envier. ||°**-griff** m. (s, e) erreur f. ; faute f. ; faux pas ; erreur f. ; FAM. gaffe f. ||°**-gunst** f. malveillance f. ; envie f. ; jalousie f. ||**-handeln** v. tr. maltraiter ; brutaliser. ||°**-handlung** f. (-, en) mauvais traitements m. pl. ; brutalités f. pl. ||°**-helligkeit** f. (-, en) désaccord m. ; brouille f. ; mésintelligence f. ; discorde f. ||°**-klang** m. (s, ¨e). PR. et FIG. dissonance f. ; fausse note. ||°**-kredit** m. (s) discrédit m. | *jn in Mißkredit bringen*, discréditer, déconsidérer qn. ||**-launig** adj. de mauvaise humeur. ||°**-laut** m. (s, e). FIG. fausse note ; dissonance f. ||**-liebig** adj. mal vu. | *sich bei jm mißliebig machen*, perdre les bonnes grâces de qn. ||**-lingen** (a, u) v. intr. échouer. ||°**-lingen** n. (s) échec m. ||°**-mut** m. (s) mauvaise humeur ; humeur chagrine. ||**-mutig** adj. morose ; de mauvaise humeur. ||**-raten** (ie, a) v. intr. ne pas réussir ; mal tourner. | *ein mißratener Sohn*, un fils dénaturé. ||°**-stand** m. (s, ¨e) abus m. ; défaut m. ; inconvénient m. | *Mißstände abstellen*, remédier à des abus. ||°**-stimmung** f. (-, en) mauvaise humeur ; discorde f. ||°**-ton** m. (s, ¨e). MUS. fausse note ; couac m. ; PR. et FIG. dissonance f. ||**-tönend** adj. discordant. ||**-trauen** v. intr. se méfier de ; se défier de. ||°**-trauen** n. (s) méfiance f. ||**-trauisch** adj. méfiant ; défiant. ||°**-vergnügen** n. (s) déplaisir m. ; mécontentement m. ||**-vergnügt** adj. mécontent. ||°**-verhältnis** n. (ses, se) disproportion f. ; désaccord m. ||**-verständlich** adj. confus ; ambigu ; qui prête à confusion. ||°**-verständnis** n. (ses, se) malentendu m. ; méprise f. ; mésentente f. ; désaccord m. ||**-verstehen** (mißverstand, mißverstanden) v. tr. mal comprendre ; se méprendre sur. ||°**-weisung** f. (-, en) déclinaison f. (magnétique). ||°**-wirtschaft** f. mauvaise administration ; gabegie f. ||°**-wuchs** m. (es, ¨e) malformation f.

mißlich ['misliç] adj. scabreux ; fâcheux ; hasardeux ; douteux. | *mit der Bezahlung der Angestellten stand es oft mißlich*, le paiement des employés provoquait souvent des difficultés.

missen ['misən] v. tr. être privé de qch. | *meinen Mikrowellenherd möchte ich nicht mehr missen*, je ne pourrais plus me passer de mon four à micro-ondes.

Misse|tat [''misə'ta:t] f. (-, en) méfait m. ||°**-täter** m. (s, -) malfaiteur m.

Mission [mi'sio:n] f. (-, en). RELIG. mission f.

Missionar [-sio'na:r] m. (s, e). RELIG. missionnaire m.

Mist [mist] m. (es, e). AGRIC. fumier m. | *Mist auf das Feld fahren*, mener du fumier au champ. || FIG., FAM. ramassis m. ; fatras m. || POP. *Mist reden, schwatzen*, dire des sottises ; raconter des balivernes. | *das ist nicht auf seinem Mist gewachsen*, cela n'est pas de son cru.

Mist|beet ['mistbe:t] n. (s, e). AGRIC. couche f. ||°**-fink** m. (en, en) individu répugnant ; POP. salaud m. ||°**-haufen** m. (s, -) tas (m.) de fumier ; fumier m. ||°**-käfer** m. (s, -) bousier m. ||°**-vieh** n. (s, -viecher). VULG. salaud m.

Mistel ['mistəl] f. (-, n). BOT. gui m.

Miszellaneen [mistsela'ne:ən], **Miszellen** [mis-'tsɛlən] pl. LITTÉR. mélanges m. pl.

mit [mit] prép. (avec dat.) **1.** [Begleitung ; Gemeinschaft] *er kommt mit uns*, il vient avec nous. | *er verbrachte die Ferien mit uns*, il a passé les vacances avec nous. **2.** [instrumental] *mit dem Finger zeigen*, montrer du doigt. | *mit der Feder schreiben*, écrire à la plume. | *er fährt mit der Eisenbahn*, il voyage par le train. | *ein Paket mit der Post schicken*, envoyer un paquet par la poste. **3.** [Besitz] *ein Schubkarren mit einem Gummireifen*, une brouette à pneu. | *ein Mädchen mit blondem Haar*, une jeune fille aux cheveux blonds. **4.** [Art und Weise] *mit gutem Appetit*, de bon appétit. | *mit lauter Stimme*, à haute voix ; d'une voix forte. | *mit stolzer Miene*, l'air fier. | *mit Gewalt*, de force. | *mit offenen Armen*, à bras ouverts. | *mit offenem Mund*, bouche bée. | *mit einem Schlag*, d'un seul coup. | *mit vielen Worten*, avec un flot de paroles. | *mit einem Wort*, en un mot. | *mit anderen Worten*, autrement dit ; en d'autres termes. | *mit Absicht*, à dessein. | *mit Recht*, à juste titre. | *mit gutem Gewissen*, en toute bonne conscience.

5. [zeitlich ; gleichzeitig] *mit der Sonne aufstehen*, se lever avec le soleil. | *mit den Hühnern schlafen gehen*, aller se coucher avec les poules. | *mit dem Abend*, sur le soir. | *mit diesen Worten*, à ces mots. | *mit achtzehn Jahren*, à dix-huit ans. | *dieser Wein (im Keller) wird mit jedem Jahr besser*, ce vin se bonifie d'année en année. | *mit den Jahren wird man klug*, avec le temps on s'assagit.

6. [Umgang mit jm, mit etwas] *hast du oft mit ihm zu tun ?*, as-tu souvent affaire à lui ? | *wie steht es mit dieser Angelegenheit ?*, qu'en est-il de cette affaire ? | *es ist ein Jammer mit ihm*, il n'y a rien à faire de lui.

7. LOC. *Gutes mit Bösem vergelten*, rendre le mal pour le bien. | *mit Worten spielen*, jouer sur les mots. | *es mit etwas eilig haben*, être pressé de faire qch. | *mit jm Freund sein*, être l'ami de qn. | *mit Stillschweigen übergehen*, passer sous silence. || *es ist aus mit ihm*, c'en est fait de lui. | *nieder mit dem Tyrannen !*, à bas le tyran ! ◇ adv. aussi. | *er sitzt mit im Stadtrat*, il est du conseil municipal. | *mit dabei sein*, en être. | *er konnte es nicht mit ansehen*, il n'a pas pu soutenir ce spectacle. | *er ist mit (daran) schuld*, il a sa part de faute. | *er war mit der beste Schüler in der Klasse*, lui aussi était à la tête de la classe. | *er weiß mit Bescheid in dieser Sache*, il est aussi au courant de l'affaire. | *ich komme mit vorbei bei Ihnen*, en faisant mes courses je passerai chez vous.

Mit|angeklagte(r) [''mit'angəkla:ktə(r)] f. (m.) coaccusé(e) m. (f.). ||°**-arbeit** f. collaboration f. ||**-arbeiten** v. intr. collaborer (durablement). ||°**-arbeiter(in)** m. (s, -), f. (-, nen) collaborateur m., collaboratrice f. || ADM. *freier Mitarbeiter, freie Mitarbeiterin*, vacataire s. ||**-bekommen, -kriegen** v. tr. FAM. comprendre ; saisir. ||°**-benutzung** f. usage commun ; emploi (m.) en commun. ||**-besitzen** v. pr. posséder en commun. ||°**-besitzer** m. (s, -) copropriétaire m. ||°**-bestimmung** f. (-) cogestion f. ||°**-bestimmungs|recht** n. (s) droit (m.) de cogestion (dans les entreprises). ||°**-bewerber** m. (s, -) concurrent m. ; compétiteur m. ||**-bezahlen** v. tr. payer sa part. ||**-bringen** (brachte, gebracht) v. tr. (r)apporter ; (r)amener. ||°**-bürger(in)** m. (s, -), f. (-, nen) concitoyen m., concitoyenne f. ||°**-eigentümer(in)** m. (s, -), f. (-, nen) copropriétaire s. ||**-einander** adv. ensemble ; l'un avec l'autre. ||**-erleben** v. tr. assister à un événement ; partager (une expérience vécue). | *er hat die Unabhängigkeit seines Landes noch miterlebt*, avant de mourir il a vu son pays devenir indépendant. ||°**-esser** m. (s, -) compagnon (m.) de table. || MÉD. comédon m. ||**-fahren** (ä, u, a) v. intr. accompagner, aller avec qn (en véhicule). ||**-fühlen** v. tr. partager les sentiments ; sympathiser. ||**-geben** (i, a, e) v. tr. donner (à emporter) ; FIG. donner en dot. ||°**-gefühl** n. (s) pitié f. ; compassion f. ||**-gehen** (ging, gegangen) v. intr. accompagner. || IRON. *etwas mitgehen heißen*, détourner, subtiliser qch. ||°**-gift** f. (-, en). JUR. dot f. ||°**-glied** n. (s, er) membre m. ; associé m. ; affilié m. ||°**-gliedschaft** f. qualité (f.) de membre. ||°**-glieds|staat** m. (s, en) État (m.) membre. ||**-halten** (ä, ie, a) v. tr. tenir avec qn ; être de la partie. ||**-helfen** (i, a, o) v. intr. prêter son concours ; coopérer à. ||°**-hilfe** f. assistance f. ;

coopération f. ||**-hin** adv. donc ; par conséquent ||**-hören** v. tr. TÉLÉPH. être à l'écoute ; capter ; intercepter. ||°**-inhaber** m. (s, -) copropriétaire m. ; codétenteur m. ||°**-kämpfer** m. (s, -) compagnon (m.) de lutte ; camarade (m.) de combat ; combattant m. ||**-kommen** (a, o) v. intr. accompagner ; suivre (une conversation, un cours). | *da kommt er nicht mehr mit*, il ne suit plus. ||**-können** (a, o, o) v. intr. pouvoir accompagner ; pouvoir suivre. ||°**-läufer** m. (s, -) suiveur m. ||°**-laut** m. (s, e) consonne f. ||°**-leid** n. (s) pitié f. ; compassion f. | *Mitleid mit jm haben*, avoir pitié de qn. ||°**-leidenschaft** f. communauté f. (involontaire) de souffrance. | *in Mitleidenschaft gezogen werden*, subir les conséquences de. ||**-leidig** adj. compatissant. ||**-leidslos** adj. sans pitié ; brutal. ||**-machen** v. tr. prendre part ; en être ; aider. ||°**-mensch** m. (en, en) prochain m. ||°**-mieter** m. (s, -) colocataire m. ||**-nehmen** ['ne:mən] (i, a, o) v. tr. **1.** emmener ; emporter. | *jn im Wagen mitnehmen*, emmener qn en voiture. — **2.** fatiguer ; malmener. | *er sah sehr mitgenommen aus*, il avait l'air très fatigué. | *die Krankheit hat ihn mitgenommen*, la maladie l'a affaibli. — **3.** TECHN. [mitziehen] entraîner. ||**-nichten** adv. nullement ; pas du tout ; en aucune façon. ||**-rechnen** v. tr. calculer avec ; comprendre dans le compte, dans le prix. | *mitgerechnet*, y compris. ||**-reden** v. intr. prendre part à la conversation ; dire son mot ; avoir voix au chapitre. ||**-reisen** v. intr. faire un voyage avec ; accompagner. ||°**-reisende(r)** f. (m.) compagne (f.), compagnon (m.) de voyage. ||**-reißen** (i, i) v. tr. entraîner ; FIG. enthousiasmer. ||**-samt** prép. (dat.) avec. || °**-schuld** f. complicité f. ||**-schuldig** adj. complice. ||°**-schüler(in)** m. (s, -) f. (-, nen) condisciple s. ; camarade (s.), compagne (f.) d'étude, de classe. ||**-spielen** v. intr. prendre part au jeu. || FIG. contribuer. || *jm übel, arg mitspielen*, jouer un mauvais tour à qn. ||°**-spieler** m. (s, -) partenaire m. ; compagnon (m.) de jeu. ||**-sprechen** (a, o) v. intr. dire son mot ; intervenir. ||°**-täter** m. (s, -). JUR. coauteur m. ; complice m. ||°**-täterschaft** f. complicité f. ||**-teilen** v. tr. [Personen] *jm etwas mitteilen*, faire part de qch. à qn ; aviser qn de qch. ; communiquer qch. à qn ; informer qn de qch. ; porter qch. à la connaissance de qn. || [Nachrichten] communiquer ; propager. — v. pr. **sich mitteilen.** *sich jm mitteilen*, se confier, s'ouvrir à qn. ||**-teilsam** adj. communicatif. ||°**-teilung** f. (-, en) communication f. ; information f. | *amtliche Mitteilung*, communiqué officiel. ||°**-teilungsblatt** n. (s, ¨er) journal (m.) d'annonces légales. ||**-tun** (tat, getan) v. intr. participer. ||**-unter** adv. de temps à autre. || °**-unterzeichner** m. (s, -) cosignataire m. ||**-verantwortlich** adj. coresponsable. ||°**-verantwortlichkeit** f. coresponsabilité. ||°**-welt** f. contemporains m. pl. ; entourage m. ; milieu m. ||**-wirken** v. intr. coopérer ; collaborer. | *an einem Werke mitwirken*, apporter son concours à un travail. ||°**-wirkung** f. coopération f. ; participation f. ||°**-wissen** n. (s) connaissance f. | *ohne mein Mitwissen*, à mon insu. ||°**-wisser** m. (s, -) confident m. ; complice m. ||°**-wisserschaft** f. complicité f. || **-zählen** v. tr. comprendre dans le compte ; être dans le compte ; entrer en ligne de compte ; compter. | *das zählt nicht mit*, cela ne compte pas. ||**-ziehen** (zog, gezogen) v. tr. entraîner avec soi. — v. intr. partir avec les autres.

Mitose [mi'to:zə] f. (-). BIOL. mitose f.

Mitra ['mi:tra] f. (-, tren). RELIG. mitre f.

Mitral... [mi'tra:l] (en compos.) mitral.

Mittag [mita:k] m. (s, e) midi m. | *gegen Mittag*, vers midi. | *heute Mittag*, ce midi. | *zu Mittag essen*, déjeuner ; prendre le repas de midi. | *jn zu Mittag einladen*, inviter qn à déjeuner.

Mittag|essen [″mita:k'ɛsən] n. (s, -) déjeuner m. ; repas (m.) de midi.

mittäglich ['mitɛ:kliç] adj. tous les midis ; à midi.

mittags ['mita:ks] adv. à midi.

Mittags|pause [″mita:ks'pauzə] f. (-, n) pause (f.) de midi. ||°**-schlaf** m. (s, e), °**-schläfchen** n. (s, -) sieste f. ||°**-zeit** f. midi m. ; heure (f.) de midi.

Mitte ['mitə] f. (-). **1.** milieu m. ; centre m. | *die Mitte eines Kreises*, le centre d'un cercle. | *der Tisch steht in der Mitte des Zimmers*, la table est au centre de la pièce. | *die Stadtmitte*, le centre-ville. | *Mitte Juli*, à la mi-juillet. | *die goldene Mitte*, le juste milieu. | *die Wahrheit liegt in der Mitte*, la vérité est entre les deux. | *jn in die Mitte nehmen*, encadrer qn. | *in unserer Mitte*, parmi nous.

2. FIG. milieu m. | *einer aus unserer Mitte*, un des nôtres ; quelqu'un de notre monde.

3. POLIT. centre m.

mittel ['mitəl] adj. (surtout employé au compar.). V. MITTLER.

Mittel ['mitəl] n. (s, -). **1.** moyen m. ; procédé m. | *ein Mittel zum Zweck*, un moyen pour parvenir à ses fins. | *kein Mittel unversucht lassen* ; *alle Mittel in Bewegung setzen*, tout essayer ; remuer ciel et terre. | *Mittel und Wege finden*, *etwas zu erreichen*, trouver les voies et moyens d'atteindre à qch.

2. MATH. moyenne f. | *geometrisches Mittel*, moyenne géométrique. | *im Mittel*, en moyenne.

3. MÉD. moyen m. ; remède m. | *Mittel gegen Fieber*, remède contre la fièvre.

◇ n. pl. **Mittel,** moyens m. pl. ; fonds m. pl. | *keine Mittel mehr haben*, ne plus avoir d'argent, de ressources.

Mittel|alter [″mitəl'altər] n. (s). HIST. Moyen Âge. ||**-alterlich** adj. moyenâgeux ; médiéval. || °**-amerika** n. pr. n. (s). GÉOGR. Amérique centrale. ||°**-deutschland** n. pr. n. (s). GÉOGR. Allemagne moyenne. ||°**-ding** n. (s, e) [chose] intermédiaire f. ; moyen terme. ||°**-europa** n. pr. n. (s). GÉOGR. Europe centrale. ||**-europäisch** adj. de l'Europe centrale. | *mitteleuropäische Zeit*, heure (f.) de l'Europe centrale. ||°**-feld** n. (s, er) centre (m.) d'un terrain de sport. ||°**-finger** m. (s, -) majeur m. ||**-fristig** adj. COMM. à moyen terme. ||°**-fuß** m. (es, ¨e). ANAT. métatarse m. ||°**-gebirge** n. (s, -) montagnes (f. pl.) de hauteur moyenne. ||°**-gewicht** n. (s, e). SPORT. poids moyen. ||°**-glied** n. (s, er). [Finger] phalange moyenne. ||**-groß** adj. de taille moyenne. ||°**-hand** f. (-, ¨e). ANAT. métacarpe m. ||**-hoch|deutsch** adj. moyen haut allemand. ||°**-läufer** m. (s, -). SPORT. demi-centre m. ||°**-linie** f. (-, n) ligne médiane ; médiane f. ; axe m. ||**-los** adj. sans ressources ; sans moyens ; pauvre. ||°**-losigkeit** f. dénuement m. ; pauvreté f. ||°**-mächte** f. pl. HIST. puissances (f. pl.) de l'Europe centrale ; Empires centraux. ||°**-maß** n. (es) taille moyenne ; PAR EXT. modération f. ||**-mäßig** adj. médiocre ; moyen. ||°**-mäßigkeit** f. médiocrité f. ||°**-meer** n. (s) la Méditerranée. ||°**-ohr** n. (s, en) oreille moyenne. ||°**-punkt** m. (s, e). PR. et FIG. centre m. ||°**-schule** f. (-, n) école secondaire ; collège (m.) d'enseignement général. ||°**-stand** m. (s) classe(s) moyenne(s). ||°**-stimme** f. (-, n) contralto m. | *hohe Mittelstimme*, alto m. | *tiefe Mittelstimme*, baryton m. ||°**-strecken|flugzeug** n. (s, e) avion (m.) moyen-courrier ; moyen-courrier m. ||°**-strecken|system** n. (s, e) *nukleare Mittelstreckensysteme*, forces (f. pl.) nucléaires à portée intermédiaire. ||°**-strecken|-waffe** f. (-, n) *atomare Mittelstreckenwaffe*, arme (f.) nucléaire à portée intermédiaire. ||°**-streifen** m. (s, -).

[Autobahn] terre-plein central. ||°-**stufe** f. (-, n) degré (m.) intermédiaire ; cours moyen. ||°-**stürmer** m. (s, -). SPORT. (avant-)centre m. ||°-**weg** m. (s) juste milieu m. ; moyen terme. ||°-**welle** f. (-, n) ondes moyennes.

mittelbar ['mitəlba:r] adj. indirect.

mittels ['mitəls] prép. (gén.) au moyen de ; par (l'intermédiaire de).

Mittels|mann ["mitəls'man] m. (s, leute), °-**person** f. (-, en) intermédiaire m. ; tiers m. ; tierce personne.

mitten ['mitən] adv. au milieu. | *die Linde steht mitten im Garten*, le tilleul est au milieu du jardin. | *mitten in der Rede hielt er inne*, au milieu de son discours il s'arrêta. | *es geschah mitten am Tage*, cela s'est passé en plein jour. | *mitten ins Herz*, en plein cœur. | *mitten durch den Wald*, à travers la forêt. | *er platzte mitten (in die Gesellschaft) hinein*, il fit irruption au milieu de la compagnie.

mitten|drein ["mitən'drain], **-drin** [-'drin] adv. en plein milieu ; au beau milieu ; POP. dans le tas. ||**-drunter** adv. au beau milieu (de la foule). ||**-(hin)-durch** adv. à travers ; en plein milieu (de).

Mitter|nacht ["mitər'naxt] f. minuit m. | *es schlägt Mitternacht*, minuit sonne. ||**-nächtlich** adj. de, à minuit. ||**-nachts** adv. à minuit.

mitt|schiffs ['mitʃifs] adv. MAR. au milieu du bateau. ||°-**sommer** m. (s) [la] Saint-Jean (d'été).

Mittler [mitlər] m. (s, -) intermédiaire m. ; tiers m. ; médiateur m. || RELIG. médiateur m. (Christus).

mittler ['mitlər] adj. (superl. **mittelst**) situé au milieu ; moyen. | *die mittlere Säule*, la colonne du milieu. | *der mittlere Teil*, la partie moyenne. | *mittlere Ortszeit (MOZ)*, heure moyenne.

mittler|weile ["mitlər'vailə] adv. dans l'intervalle ; cependant ; pendant ce temps.

Mitt|woch ["mit'vɔx] m. (s, e) mercredi m. | *mittwochs*, chaque mercredi.

Mixtur [miks'tu:r] f. (-, en) mixture f. ; potion f. ; mélange m.

Mizell [mi'tsɛl] n. (s, e), **Mizelle** [mi'tsɛlə] f. (-, n). BIOL. micelle f.

Mnemonik [mne'mo:nik], **Mnemotechnik** [mnemo:'tɛknik] f. mnémotechnique f.

Mob [mɔp] m. (s) populace f. ; canaille f.

Möbel ['mø:bəl] n. (s, -) meuble m.

Möbel|stück ["mø:bəl'ʃtyk] n. (s, e) meuble m. ||°-**tischler** m. (s, -) ébéniste m. ||°-**tischlerei** f. (-, en) ébénisterie f. ||°-**wagen** m. (s, -) voiture (f.) de déménagement.

mobil [mo'bi:l] adj. mobile ; vif ; dispos. | *mobil machen*, mobiliser.

Mobil|machung [mo"bi:l'maxuŋ] f. mobilisation f.

Mobiliar [mobili'a:r] n. (s, e) mobilier m. ; ameublement m.

Mobiliar|kredit [mobili"a:rkre'dit] m. (s, e) crédit mobilier. || °-**vermögen** n. (s, -) fortune mobilière ; effets mobiliers ; biens mobiliers.

Mobilien [mo'bi:liən] pl. biens meubles m. pl. ; effets mobiliers.

mobilisierbar [mobili'zi:rba:r] adj. mobilisable.

mobilisieren [-'zi:rən] v. tr. mobiliser.

Mobilisierung [-'zi:ruŋ] f. mobilisation f.

Mobilität [mobili'tɛ:t] f. (-) mobilité f. | *berufliche Mobilität*, mobilité professionnelle.

möblieren [mø'bli:rən] v. tr. meubler. | *möbliertes Zimmer*, chambre meublée ; meublé m.

mochte ['mɔxtə] prét. de **mögen.**

Möchte|gern ["mœçtə'gɛrn] m. (s, e). FAM. la grenouille de la fable ; hâbleur m.

modal [mo'da:l] adj. modal.

Modalität [modali'tɛ:t] f. (-, en) modalité f.

Modder ['mɔdər] m. (s) boue f. ; vase f.

Mode ['mo:də] f. (-, n) mode f. ; vogue f. | *die neueste Mode*, le dernier cri. | *aus der Mode kommen*, passer de mode. | *in Mode kommen*, devenir à la mode. | *in Mode sein*, être en vogue ; être à la mode. | *sich nach der Mode kleiden*, s'habiller suivant la mode.

Mode|artikel ["mo:dəar'tikəl] m. (s, -) article (m.) de mode. ||°-**farbe** f. (-, n) couleur (f.) à la mode. ||°-**geschäft** n. (s, e) boutique (f.) de prêt-à-porter. ||°-**haus** n. (es, ¨er) maison (f.) de haute couture. ||°-**schau** f. présentation (f.) de mode. ||°-**schmuck** m. (s, e) bijou (m.) fantaisie. ||°-**zeitung** f. (-, en) journal (m.) de mode.

Model ['mo:dəl] m. (s, -). [Modul] module m.

Modell [mo'dɛl] n. (s, e) modèle m. ; maquette f. || PAR EXT. moule m. || ARTS. modèle m. | *Modell stehen*, poser.

Modell|bauer [mo"dɛl'bauər] m. (s, -) modéliste m. ||°-**flug** m. (s, ¨e) aéromodélisme m. ||°-**flugzeug** n. (s, e). AÉRON. prototype m. (d'avion). ||°-**versuch** m. (s, e). TECHN. simulation f.

modellieren [modɛ'li:rən] v. tr. modeler.

Modellier|holz [modɛ"li:r'hɔlts] n. (es) ébauchoir m.

Modellierung [modɛ'li:ruŋ] f. modelage m.

modeln ['mo:dəln] v. tr. former ; façonner ; mouler.

Modem ['mo:dɛm] n. (s, s). TÉLÉCOMM. modem m.

Moder ['mo:dər] m. (s) pourriture f. ; pourri m.

Moderator(in) [mode'ra:tɔr, modera'to:rin] m. (s, en), f. (-, nen). [Fernsehen] animateur m., animatrice f.

◇ m. **Moderator.** NUCL. modérateur m.

moderig [-dəriç] adj. pourri ; moisi.

modern [-dərn] v. intr. pourrir ; croupir.

modern [mo'dɛrn] adj. moderne ; à la mode.

Moderne [-'dɛrnə] f., **Modernität** [-dɛrni'tɛt] f. art (m.) moderne ; style (m.) moderne.

modernisieren [-dɛrni'zi:rən] v. tr. moderniser.

Modifikation [modifika'tsio:n] f. (-, en) changement m. ; modification f.

modifizieren [-fi'tsi:rən] v. tr. modifier ; changer.

modisch ['mo:diʃ] adj. à la mode.

Modist(in) [mo'dist(in)] m. (en, en), f. (-, nen), modiste f.

Modul ['mo:dul] m. (s, n). MATH. module m.

modulieren [modu'li:rən] v. tr. MUS. moduler.

Modus ['mo:dus] m. (-, di) mode m. ; manière f. || GRAMM. mode m.

Mofa ['mo:fa] n. (s, s) cyclomoteur m. ; FAM. mob f.

Mogelei [mo:gə'lai] f. (-, en) tricherie f.

mogeln ['mo:gəln] v. intr. tricher ; frauder.

Mogel|packung ["mo:gəl'pakuŋ] f. (-, en) emballage trompeur.

mögen ['mø:gən] (ich mag, mochte, gemocht) v. tr. et auxiliaire de mode. **1.** désirer ; aimer bien (souvent : la nourriture). | *ich möchte*, je voudrais ; je désirerais ; j'aimerais bien. | *er mag Schokolade nicht*, il n'aime pas le chocolat. | *jn gern mögen*, aimer bien qn. | *ich hätte nicht an seiner Stelle sein mögen*, je n'aurais pas voulu être à sa place. | *das hätte ich sehen mögen !*, j'aurais aimé voir cela !

2. [Wahrscheinlichkeit ; Vermutung]. | *mag schon sein*, possible ! | *er mag fünfzig Jahre alt sein*, il peut avoir cinquante ans. | *es mag jetzt zwölf sein*, il peut être midi. | *wo mag er wohl sein ?*, où peut-il bien être ?
3. [Einräumung] *man mag wollen oder nicht*, qu'on le veuille ou non ; bon gré mal gré. | *wie dem auch sein mag*, quoi qu'il en soit. | *was auch kommen mag*, quoi qu'il arrive. | *er mag sagen, was er will*, il a beau dire.
4. [Befehls-, Höflichkeitsformen ; indirekte Rede]. *er möge kommen*, qu'il veuille bien venir. | *er fürchtete, er möchte nicht rechtzeitig ankommen*, il craignait de ne pas arriver à temps. || [Höflichkeitsformel] *möchten Sie die Güte haben*, auriez-vous l'obligeance (de).
5. [Möglichkeit] *bei diesem Lärm möchte man verrückt werden*, un bruit à vous rendre fou.

Mogler ['mo:glər] m. (s, -). POP. tricheur m.

möglich ['mø:kliç] adj. possible. | *das ist nicht möglich*, ce n'est pas possible. | *so bald wie möglich*, dès que possible. | *ist das möglich ?*, est-ce possible ? | *etwas möglich machen*, rendre qch. possible. | *etwas für möglich halten*, tenir qch. pour possible. | *er tat alles nur mögliche, um...*, il a fait l'impossible pour... | *alles mögliche*, toutes sortes d'objets.

möglicher|weise ["mø:kliçər'vaizə] adv. peut-être.

Möglichkeit ['mø:kliçkait] f. (-, en) possibilité f. | *es gibt zwei Möglichkeiten*, il y a deux possibilités. | *nach Möglichkeit*, autant que possible.

Möglichkeits|form ["mø:kliçkaits'fɔrm] f. (-, en). GRAMM. subjonctif m.

möglichst ['mø:kliçst] adj. et adv. le plus possible. | *möglichst viel*, le plus possible. | *möglichst bald*, le plus tôt possible. | *er tut sein möglichstes*, il fait tout son possible.

Mohammed ['mo:hamɛt] n. pr. m. Mahomet m.

Mohammedaner(in) [mohamɛ'da:nər(in)] m. (s, -), f. (-, nen) musulman(e) m. (f.).

mohammedanisch [-'da:niʃ] adj. mahométan.

Mohär ou **Mohair** [mo'hɛ:r] m. (s, e) mohair m.

Mohikaner [mohi'ka:nər] m. (s, -) Mohican m. || LOC. *der letzte der Mohikaner*, le dernier des Mohicans.

Mohn [mo:n] m. (s, e) pavot m. ; coquelicot m. | *die Mohngewächse*, les papavéracées.

Mohr [mo:r] m. (en, en) Maure m. ; More m.

Mohren|kopf ["mo:rən'kɔpf] m. (s, ¨e). CULIN. nègre (m.) en chemise.

Möhre ['mø:rə] f. (-, n), **Mohr|rübe** ["mo:r'ry:bə] f. (-, n) carotte f.

Moiré [moa're] m. ou n. (s, s) moire f.

mokant [mɔ'kant] adj. moqueur.

Mokka ['mɔka] m. (s, s) moka m.

Molch [mɔlç] m. (s, e). ZOOL. salamandre f. || TECHN. racleur m.

Moldau ['mɔldau] n. pr. f. GÉOGR. [Land] Moldavie f. || [Fluß] Moldava f.

Mole ['mo:lə] f. (-, n) môle m. ; jetée f.

Molekül [mɔle'ky:l] n. (s, e) molécule f.

molekular [mɔleku'la:r] adj. moléculaire. | *molekulare Hybridisation*, hybridation (f.) moléculaire.

Molekular|gewicht [moleku'la:rgəviçt] n. (s, e) poids (m.) moléculaire.

Molkerei [mɔlkə'rai] f. (-, en) laiterie f.

Moll [mɔl] n. invar. MUS. mode mineur. | *Moll-akkord*, accord mineur.

mollig ['mɔlig] adj. moelleux ; doux.

Molluske [mɔ'luskə] f. (-, n) mollusque m.

Moment [mo'mɛnt] n. (s, e) facteur m. ; circonstance décisive. || PHYS. moment m. (d'une force).

Moment [mo'mɛnt] m. (s, e) instant m. ; moment m. | *der rechte Moment*, le moment opportun. || PHOT. *Momentaufnahme*, instantané m.

momentan [-'ta:n] adj. momentané.

Monaco ['mo:nako, mo'nako] n. pr. n. Monaco m.

Monade [mo'na:də] f. (-, n). PHILOS. monade f.

Monarch [mo'narç] m. (en, en) monarque m.

Monarchie [-nar'çi:] f. (-, n) monarchie f.

monarchisch [-'narçiʃ] adj. monarchique.

Monarchist [-nar'çist] m. (en, en) monarchiste m.

Monat ['mo:nat] m. (s, e) mois m.

monate|lang ["mo:natə'laŋ] adj. et adv. durant des mois.

monatig ['mo:natiç] adj. pendant un mois ; qui dure un mois. | *eine dreimonatige Reise*, un voyage de trois mois.

monatlich [-tliç] adj. qui se répète chaque mois ; mensuel. | *monatliche Zahlung*, mensualité f.

Monats|geld ["mo:nats'gɛlt] n. (s, er), °**-rate** [-'ra:tə] f. (-, n) mensualité f. ||°**-karte** f. (-, n) (*etwa*) carte (f.) orange. ||°**-schrift** f. (-, en) revue mensuelle.

Mönch [mønç] m. (s, e) moine m. ; religieux m.

Mönchs|kloster ["mønçs'klo:stər] n. (s, ¨) monastère m. ||°**-kutte** f. (-, n) froc m. ||°**-leben** n. (s, -) vie monacale.

Mönch(s)tum ['mønç(s)tu:m] n. (s) monachisme m. ; qualité monacale.

Mond [mo:nt] m. (s, e) lune f. | *der Mond scheint*, il fait clair de lune. || FIG. *er lebt auf dem Monde*, il est dans la lune. || ASTRON. satellite m. | *die Monde des Jupiter*, les satellites de Jupiter. || POÉT. mois m.

Mond|fähre ["mo:nt'fɛ:rə] f. (-, n) module (m.) lunaire. ||°**-finsternis** f. (-, se) éclipse (f.) de lune. ||°**-hof** m. (s) halo m. ||°**-kalb** n. (s, ¨er) faux germe ; FIG. imbécile m. ||°**-landung** f. (-, en) alunissage m. ||°**-schein** m. (s) clair (m.) de lune. | *beim Mond(en)-schein*, au clair de la lune. ||°**-sichel** f. (-, n) croissant m. ||**-süchtig** adj. somnambule.

Monegasse [monə'gasə] m. (n, n), **Monegassin** [-sin] f. (-, nen) Monégasque s.

monetär [mone'tɛ:r] adj. monétaire.

Moneten [mo'ne:tən] pl. POP. sous m. pl.

Mongole [mɔn'go:lə] m. (n, n) Mongol m.

Mongolei [-go'lai] n. pr. f. Mongolie f.

Mongolin [-'go:lin] f. (-, nen) Mongole f.

mongolisch [-'go:liʃ] adj. mongol.

Mongolismus [mɔngo'lismus] m. (-). MÉD. mongolisme m.

monieren [mo'ni:rən] v. tr. admonester ; avertir.

Monismus [mo'nismus] m. PHILOS. monisme m.

Monitor ['mo:nitor] m. (s, en) moniteur m. || MAR. monitor m. || ÉLECTR., INF. écran (m.) de contrôle ; moniteur m.

Monitum ['mo:nitum] n. (s, ta) avertissement m.

monochromatisch ['monokro"ma:tiʃ] adj. monochromatique.

Monogamie [monoga'mi:] f. monogamie f.

monogam [-'ga:m] adj. monogame.

Monogramm [-'gram] n. (s, e) monogramme m.

Monographie [-gra'fi:] f. (-, n) monographie f.

Monokel [mo'nɔkəl] n. (s, -) monocle m.

Monolith [mono'li:t] m. (s, e) monolithe m.

Monolog [mono'lo:k] m. (s, e) monologue m.

Monomode... ['mono"mo:də] (en compos.) monomode.

Monopol [mono'po:l] n. (s, e) monopole m.

monopolisieren [-poli'zi:rən] v. tr. monopoliser.

Monopolisierung [-poli'zi:ruŋ] f. (-, en) monopolisation f.
Monotheismus [-te'ismus] m. monothéisme m.
monoton [-'to:n] adj. monotone. | *monotone Arbeit*, tâche répétitive.
Monotonie [-to'ni:] f. monotonie f.
Monstranz [mɔn'strants] f. (-, en) ostensoir m.
monströs [mɔn'strø:s] adj. monstrueux.
Monstrosität [-strozi'tɛ:t] f. monstruosité f.
Monstrum ['mɔnstrum] n. (s, ra et ren) monstre m.
Monsun [mɔn'su:n] m. (s, e) mousson f.
Montag ['mo:ntɑ:k] m. (s, e) lundi m. | *am nächsten Montag*, lundi prochain. | *blauen Montag machen*, fêter la Saint-Lundi.
montags [-tɑ:ks] adv. le lundi.
Montage [mɔ̃'tɑ:ʒə] f. (-, n) montage m. ; assemblage m. ||°**-band** n. (s, ¨er) chaîne (f.) d'assemblage. ||**-fertig** adj. *montagefertige Elemente*, éléments prémontés. ||°**-halle** f. (-, n) atelier (m.) d'assemblage, de montage.
Montan|industrie [mɔn"tɑ:nindus'tri:] f. industrie minière et sidérurgique. ||°**-union** f. pool (m.) charbon-acier.
Monteur [mɔn'tø:r] m. (s, e) monteur m. ; ajusteur m.
montieren [mɔn'ti:rən] v. tr. monter ; ajuster ; assembler. || Autom. *Montiereisen*, démonte-pneu m.
Montur [mɔn'tu:r] f. (-, en). Mil. uniforme m. ; équipement m.
Monument [mɔnu'mɛnt] n. (s, e) monument m.
monumental [-mɛn'tɑ:l] adj. monumental.
Moor [mo:r] n. (s, e) marais m. ; marécage m.
Moor|bad ['mo:rbɑ:t] n. (s,¨er) bain (m.) de boue. ||°**-boden** m. (s, - ou ¨) sol marécageux.
moorig ['mo:riç] adj. marécageux.
Moos [mo:s] n. (es, e). Bot. mousse f. || Fam. galette f. ; fric m.
moos|artig ["mo:s'artiç] adj. mousseux.
moosig ['mo:ziç] adj. moussu.
Mop [mɔp] m. (s, s) balai (m.) à frange.
Moped ['mo:pet] n. (s, s) cyclomoteur m.
Mops [mɔps] m. (es, ¨e) roquet m. ; carlin m.
mopsen ['mɔpsən] v. tr. Fam. chiper.
mopsig ['mɔpsiç] adj. Fam. embêtant, barbant.
Moral [mɔ'rɑ:l] f. morale f. ; moralité f.
moralisch [-liʃ] adj. et adv. moral ; moralement.
moralisieren [mɔrali'zi:rən] v. intr. prêcher la morale ; faire (de) la morale.
Moralist [-ra'list] m. (en, en) moraliste m.
Moralität [-li'tɛ:t] f. moralité f. ; caractère moral.
Moral|philosophie [mɔ"rɑ:lfilozo'fi:] f. éthique f. ||°**-prediger** m. (s, -). Péjor. sermonneur m.
Moräne [mɔ'rɛ:nə] f. (-, n) moraine f.
Morast [mɔ'rast] m. (es, e) marais m. ; bourbe f. | *im Morast steckenbleiben*, s'embourber.
morastig [-'rastiç] adj. marécageux ; bourbeux.
Moratorium [mɔra'to:rium] n. (s, rien) moratoire m.
morbid [mɔr'bi:t] adj. morbide.
Morbidität [-bidi'tɛ:t] f. morbidité f.
Morchel ['mɔrçəl] f. (-, n). Bot. morille f.
Mord [mɔrt] m. (s, e) meurtre m. ; assassinat m.
Mord|anschlag ["mɔrt'anʃlɑ:k] m. (s,¨e) attentat m. ||°**-versuch** m. (s, e) tentative (f.) d'assassinat. ||°**-waffe** f. (-, n) arme (f.) du crime.
morden ['mɔrdən] v. tr. assassiner ; commettre un meurtre.
Mörder(in) ['mørdər(in)] m. (s, -), f. (-, nen) meurtrier m. ; meurtrière f. ; assassin m.
Mörder|grube ["mørdər'gru:bə] f. *er macht aus seinem Herzen keine Mördergrube*, il dit tout ce qu'il sait, tout ce qu'il pense.
mörderisch ['mørdəriʃ] adj. meurtrier. | *ein mörderischer Kampf*, un combat meurtrier, sanglant.
mords... [mɔrts] en compos. (forme fam. de compar.) extrême ; énorme ; fantastique.
Mords|durst ["mɔrts'durst] m. (es, -) grande soif ; Fam. pépie f. ||°**-hunger** m. (s) faim (m.) de loup. ||°**-kerl** m. (s, e) rude gaillard m. ; chic type m. ||°**-krach** m. (s), °**-lärm** m. (s) vacarme infernal. ||**-mäßig** adj. effroyable ; énorme.
Morelle [mɔ'rɛlə] f. (-, n). Bot. cerise (f.) aigre ; griotte f.
Mores ['mo:rəs] pl. savoir-vivre m. | *jn Mores lehren*, apprendre la politesse à qn.
morganatisch [mɔrga'nɑ:tiʃ] adj. morganatique.
Morgen ['mɔrgən] m. (s, -) matin m. ; matinée f. | *am Morgen*, le matin. | *heute morgen*, ce matin. | *am anderen, folgenden Morgen*, le lendemain matin. | *guten Morgen !*, bonjour (le matin). | *gegen Morgen*, vers le matin. | *bis in den Morgen*, jusqu'à l'aube. || [altes Feldmaß] arpent m. | *ein Morgen Land*, un arpent de terre.
Morgen [-gən] n. (s) lendemain m. || Par ext. avenir m. || *Morgengabe* f., cadeau traditionnel, après les noces, de l'époux à l'épousée.
morgen [-gən] adv. demain. | *morgen früh*, demain matin. || Prov. *morgen, morgen nur nicht heute, sagen alle faulen Leute*, les paresseux remettent toujours au lendemain.
Morgen|andacht ["mɔrgən'andaxt] f. prière (f.), office (m.) du matin. ||°**-blatt** n. (s, ¨er) journal (m.) du matin. ||°**-dämmerung** f. (-, en), °**-grauen** n. (s) aube f. ||°**-land** n. (s) Orient m. ; Levant m. ||**-ländisch** adj. oriental. ||°**-luft** f. Fig. *Morgenluft wittern*, flairer une bonne occasion. ||°**-rock** m. (s, ¨e) peignoir m. ; négligé m. ||°**-rot** n. (s), °**-röte** f. aurore f. ||°**-sonne** f. soleil levant. ||°**-stern** m. (s). Astron. Vénus f. || Hist. masse (f.) d'armes. ||°**-stunde** f. (-, n) heure matinale. | *Morgenstunde hat Gold im Munde*, le monde appartient à ceux qui se lèvent tôt. ||°**-tau** m. (s) rosée matinale. ||°**-zeit** f. matinée f.
morgendlich ['mɔrgəntliç] adj. matinal.
morgens ['mɔrgəns] adv. le matin. | *früh morgens*, de grand matin.
morgig [-giç] adj. de demain.
Moritat [mori'tɑ:t] f. (-, en) complainte f.
Mormone [mɔr'mo:nə] m. (n, n). Relig. mormon m.
Morphem [mɔr'fe:m] n. (s, e). Gramm. morphème m.
Morpheus ['mɔrfe:us] n. pr. m. Myth. Morphée m. || Iron. *in Morpheus' Armen liegen, ruhen*, être dans les bras de Morphée.
Morphinist(in) [-fi'nist(in)] m. (en, en), f. (-, nen) morphinomane s.
Morphium ['mɔrfium] n. (s) morphine f.
Morphologie [mɔrfɔlɔ'gi:] f. (-, n) morphologie f.
morsch [mɔrʃ] adj. Pr. et fig. pourri ; vermoulu.
Morse|alphabet ["mɔrzəalfa'be:t] n. (s, e) alphabet (m.) morse.
morsen ['mɔrzən] v. intr. envoyer un message en morse.

Mörser ['mørzər] m. (s, -). TECHN., MIL. mortier m.
Mörser|keule ["mørzər'kɔylə] f. (-, n), °**-stößel** [-'ʃtø:səl] m. (s, -) pilon m.
Mortalität [mɔrtali'tɛ:t] f. mortalité f.
Mörtel ['mørtəl] m. (s, -). TECHN. mortier m. | *Mörtel mischen*, gâcher du mortier. | *mit Mörtel bewerfen, verstreichen*, crépir.
Mosaik [mɔza'i:k] n. (s, e). PR. et FIG. mosaïque f.
mosaisch [mo'zɑ:iʃ] adj. RELIG. de Moïse ; mosaïque.
Moschee [mo'ʃe:] f. (-, n) mosquée f.
Moschus ['mɔʃus] m. musc m.
Mosel ['mo:zəl] f. GÉOGR. Moselle f.
Moses ['mo:zəs] n. pr. m. Moïse m. | *die fünf Bücher Mosis*, le Pentateuque.
Moskau ['mɔskau] n. pr. m. Moscou m.
Moskauer(in) [-ər(in)] m. (s, -), f. (-, nen) Moscovite s.
moskauisch [-iʃ] adj. de Moscou ; moscovite.
Moskito [mɔs'ki:to] m. (s, s) moustique m.
Moskito|netz [mɔs"ki:to'nɛts] n. (es, e) moustiquaire m.
Moslem ['mɔslɛm] m. (s, in) musulman m.
Most [mɔst] m. (s, e) moût (m.) de raisin ; vin doux. || [Apfelmost] cidre m.
Mostert ['mɔstərt], **Mostrich** ['mɔstriç] m. (s, e) moutarde f.
Motette [mɔ'tɛtə] f. (-, n). MUS. motet m.
Motion [mo'tsio:n] f. (-, en) mouvement m. || POLIT. motion f. (parlementaire).
Motiv [mo'ti:f] n. (s, e) motif m. ; mobile m. || ARTS. thème m. || MUS. motif m.
Motivation [motiva'tsio:n] f. (-, en) motivation f.
motivieren [mɔti'vi:rən] v. tr. motiver ; fonder.
Motivierung [-ruŋ] f. motivation f. ; argumentation f.
Motor ['mo:tɔr] m. (s, en) moteur m.
motor|betrieben ["mo:tɔrbə'tri:bən] adj. à moteur. ||°**-boot** n. (s, e) canot (m.) automobile. ||°**-gehäuse** n. (s, -) carter m. ||°**-haube** f. (-, n) capot (m.) de moteur. ||°**-pumpe** f. (-, n) motopompe f. ||°**-rad** n. (s, ¨er) moto f. | *verkleidetes Motorrad*, moto à carénage intégral. ||°**-rad|fahrer(in)** m. (s, -), f. (-, nen) motocycliste s. ||°**-rad|kommando** n. (s, s) motards (m. pl.) voltigeurs. ||°**-roller** m. (s, -) scooter m. ||°**-säge** f. (-, n) tronçonneuse f. ||°**-schiff** n. (s, e) bateau (m.) à moteur. ||°**-segler** m. (s, -) motoplaneur m. ||°**-störung** f. (-, en) panne (f.) de moteur. | *eine Motorstörung beheben*, dépanner. ||°**--und Segel|schiffahrt** f. (-) navigation (f.) de plaisance. ||°**-welle** f. (-, n) arbre moteur.
motorisch [mɔ'to:riʃ] adj. moteur. | *motorische Nerven*, nerfs moteurs.
motorisieren [-tori'zi:rən] v. tr. motoriser.
Motorisierung [-tori'zi:ruŋ] f. motorisation f.
Motte ['mɔtə] f. (-, n) teigne f. ; mite f.
motten|fest ["mɔtən'fɛst] adj. protégé contre les mites. ||°**-pulver** m. (s, -) antimite m.
Motto ['mɔto] n. (s, s) épigraphe f. ; devise f.
moussieren [mu'si:rən] v. intr. mousser.
◇ part. prés. et adj. **moussierend,** mousseux.
Möwe ['mø:və] f. (-, n), mouette f.
Mucke ['mukə] f. (-, n) fantaisie f. ; caprice m. | *das Ding hat seine Mucken*, cela ne tourne pas rond. | *er hat so seine Mucken*, il a ses lubies.
Mücke ['mykə] f. (-, n) mouche f. ; moucheron m. | *von Mücken geplagt*, importuné par les moustiques. || LOC., FAM. *aus einer Mücke einen Elefanten machen*, exagérer ; en faire une montagne. | *eine Mücke machen*, prendre la poudre d'escampette.
mucken ['mukən] v. intr. faire un léger mouvement. || parler à voix basse. || FAM. rouspéter ; râler.
Mucker [-kər] m. (s, -) grognon m. ; râleur m. || tartufe m. ; bigot m. ; hypocrite m.
Mucks [muks] m. *mit keinem Mucks*, sans souffler mot.
mucksen ['mukzən] v. intr. V. MUCKEN.
müde ['my:də] adj. fatigué ; las. | *ich bin müde*, je suis fatigué. | *ich bin es müde*, j'en suis las. | *sich müde rennen*, se fatiguer à courir.
Müdigkeit [-diçkait] f. fatigue f.
Muff [muf] m. (s, e) odeur (f.) de moisi, de renfermé. || [Kleidungsstück] manchon m.
Muffe ['mufə] f. (-, n). TECHN. manchon m. ; raccord m. || POP. *Muffen haben*, avoir les jetons.
Muffel ['mufəl] m. (s, -). ZOOL. mufle m. || FIG. grognon m. ; grincheux m.
muff(e)lig ['muf(ə)liç] adj. grognon ; grincheux.
muffeln [-fəln] v. tr. mâchonner. || ronchonner.
Muffel ['mufəl] f. (-, n). PHYS., CHIM. moufle m.
muffig [-fiç] adj. qui sent le moisi.
Mühe ['my:ə] f. (-, n) peine f. | *Sorge und Mühe haben*, avoir des soucis et une vie dure. | *sich Mühe geben*, se donner de la peine. | *sich die Mühe geben*, consentir (à faire). | *keine Mühe scheuen*, ne reculer devant aucun effort. | *es lohnt die Mühe nicht*, cela ne vaut pas la peine. | *das ist wohl der Mühe wert*, cela vaut bien la peine. | *sparen Sie sich die Mühe*, ne vous donnez pas la peine. | *mit großer Mühe*, à grand-peine. | *nur mit Mühe*, non sans peine.
mühe|los ["my:ə'lo:s] adj. sans peine. ||°**-losigkeit** f. facilité f. ||**-selig** adj. pénible ; laborieux ; difficile. ||°**-seligkeit** f. (-, en) difficulté f. ||**-voll** adj. pénible ; laborieux.
Mühsal ['my:zɑ:l] f. (-, e) peines f. pl. ; fatigue f. ; rude labeur m.
mühsam [-zɑ:m] adj. pénible ; difficile.
muhen ['mu:ən] v. intr. [Kuh] beugler ; mugir.
mühen (sich) [ziç'my:ən] v. pr. se donner de la peine.
Mühle ['my:lə] f. (-, n) moulin m. | *das Wasser treibt die Mühle*, l'eau fait marcher le moulin. || FIG. *das ist Wasser auf seine Mühle*, c'est apporter de l'eau à son moulin ; cela fait son affaire.
Mühl|graben ["my:l'grɑ:bən] m. (s, ¨) bief m. ||°**-rad** n. (aussi : **Mühlenrad**) [s, ¨er] roue (f.) de moulin. ||°**-stein** m. (s, e) meule f. ||°**-wehr** n. (s, e) bâtardeau m. ||°**-werk** n. (s, e) rouages (m. pl.) de moulin.
Mulatte [mu'latə] m. (n, n) mulâtre m.
Mulattin [-tin] f. (-, nen) mulâtresse f.
Mulde ['muldə] f. (-, n). [Gefäß] auge f. ; cuvette f. ; jatte f. || CULIN. fontaine f. || GÉOL. bassin synclinal.
mulden|förmig ["muldən'førmiç] adj. en auge ; en forme d'auge.
Mülhausen ["my:l'hauzən] n. pr. n. GÉOGR. Mulhouse m.
Mull [mul] m. (es) mousseline f.
Mull|binde ["mul'bində] f. (-, n) gaze f.
Müll [myl] m. (s) ordures f. pl. ; gravats m. pl.
Müll|abfuhr ["myl'apfu:r] f. enlèvement (m.), ramassage (m.) des ordures. || PAR EXT. éboueurs m. pl. ||°**-eimer** m. (s, -) poubelle f. ||°**-kasten** m. (s, -) boîte (f.) à ordures. ||°**-kippe** f. (-, n). *wilde Müllkippe*, décharge (f.) sauvage. ||°**-kutscher** m. (s, -), °**-mann**

m. (s) éboueur m. ||°-**sack** m. (s, ¨e) sac (m.) poubelle. ||°-**schlucker** m. (s, -) vide-ordures m. ||°-**verbrennungs|anlage** f. (-, n) usine (f.) d'incinération des déchets. ||°-**wagen** m. (s, -) camion (m.) d'enlèvement des ordures. ||°-**zerkleinerer** m. (s, -) broyeur (m.) à ordures.

Müller(in) ['mylər(in)] m. (s, -), f. (-, nen) meunier m. ; meunière f.

Müllerei [mylə'rai] f. meunerie f.

mulmig ['mulmiç] adj. vermoulu. || FIG., FAM. véreux ; douteux.

Multi ['multi] m. (s, s) multinationale f.

Multi|mode ["multi'mo:də] (en compos.) multimode. ||-**national** adj. multinational. | *multinationaler Konzern*, multinationale f. ||°-**plex|betrieb** m. (s, e). TÉLÉCOMM. multiplexage m. ||°-**plex|schaltung** f. (-, en). TÉLÉCOMM. multiplex m. ||°-**programmverarbeitung** f. INF. multiprogrammation f.

multipel [mul'ti:pəl] adj. multiple.

Multiplikand [multipli'kant] m. (en, en) multiplicande m.

Multiplikation [-ka'tsio:n] f. (-, en) multiplication f.

Multiplikator [-'kɑ:tɔr] m. (s, en) multiplicateur m.

multiplizieren [-'tsi:rən] v. tr. multiplier.

Multiplizierung [-'tsi:ruŋ] f. multiplication f.

Mumie ['mu:miə] f. (-, n) momie f.

mumifizieren [mumifi'tsi:rən] v. tr. momifier.

Mumm [mum] m. (s). FAM., POP. courage m. ; énergie f. | *Mumm haben*, avoir du cran.

Mummen|schanz ["mumən'ʃants] m. (es) mascarade f.

Mummel|greis ["muməl'grais] m. (es, e) vieux bonhomme.

mummeln ['muməln] v. intr. mâchonner ; marmotter.
◇ v. tr. [einmummeln] envelopper.

Mumpitz ['mumpits] m. (es) farce f. ; blagues f. pl.

Mumps [mumps] m. (es). MÉD. oreillons m. pl.

München ['mynçən] n. pr. n. GÉOGR. Munich m.

Münchner(in) ['mynçnər(in)] m. (s, -), f. (-, nen) Minichois m. ; Munichoise f. | *Münch(e)ner Bier*, bière (f.) de Munich.

Mund [munt] m. (s, ¨er ou ¨e) **1.** bouche f. | *mit vollem Munde sprechen*, parler la bouche pleine. | *den Mund verziehen*, faire la grimace.
2. FIG. *den Mund auftun*, ouvrir la bouche (pour parler). | *mit offenem Munde dastehen*, rester bouche bée. | *jm über den Mund fahren*, couper la parole à qn. | *er ist nicht auf den Mund gefallen*, il n'a pas sa langue dans sa poche. | *kein Blatt vor den Mund nehmen*, ne pas mâcher ses mots. | *sich den Mund verbrennen*, avoir un mot malheureux. | *den Mund vollnehmen*, fanfaronner. | *halt den Mund !*, tais-toi ! | *von der Hand in den Mund leben*, vivre au jour le jour. | *jm den Mund wässerig machen*, faire venir l'eau à la bouche de qn. | *du nimmst mir das Wort aus dem Munde*, j'allais (te) le dire. | *jm nach dem Munde reden*, flatter qn. | *das ist in aller Munde*, tout le monde en parle.
3. PAR EXT., TECHN. [Lüftung ; Brunnen] bouche f. || [Ofen ; Geschütz] gueule f.

Mund|art ["munt'ɑ:rt] f. (-, en) dialecte m. ; patois m. ||-**artlich** adj. dialectal. ||°-**atmung** f. (-). MÉD. respiration (f.) par la bouche. ||°-**dusche** f. (-, n) hydropulseur m. ||-**faul** adj. qui parle peu ; avare de ses paroles. ||°-**fäule** f. MÉD. aphte m. ||-**gerecht** adj. agréable au goût. || FIG. *jm etwas mundgerecht machen*, bien préparer qch. pour qn ; faciliter qch. à qn. ||°-**harmonika** f. (-, s). MUS. harmonica m. ||°-**höhle** f. (-, n). ANAT. cavité buccale. ||°-**raub** m. (s). JUR. larcin m. ||°-**spülung** f. (-, en) bain (m.) de bouche. ||°-**stück** n. (s, e). [Zigarette] bout m. ; [Pfeife] embout m. || MUS. embouchure f. ||-**tot** adj. *jn mundtot machen*, interdire la parole à qn. || JUR. interdit. | *mundtot erklären*, interdire. ||°-**tuch** n. (s, ¨er) serviette f. (de table). ||°-**voll** m. (s) bouchée f. ; gorgée f. ||°-**vorrat** m. (s, ¨e) provisions f. pl. (de bouche) ; vivres m. pl. ||°-**wasser** n. (s, -) gargarisme m. ; eau (f.) dentifrice. ||°-**werk** n. (s) *er hat ein lockeres Mundwerk*, il a la langue bien pendue ; il parle beaucoup. ||°-**winkel** m. (s, -) coin (m.) de la bouche ; commissure (f.) des lèvres.

munden ['mundən] v. intr. plaire au goût.

münden ['myndən] v. intr. (in, acc.) se jeter dans ; déboucher. | *die Weser mündet in die Nordsee*, la Weser se jette dans la mer du Nord.

mündlich ['myntliç] adj. oral ; verbal. | *mündliche Prüfung*, examen oral.
◇ adv. oralement ; de vive voix.

Mündung ['mynduŋ] f. (-, en). [Fluß ; Kanalisation ; Schußwaffe] bouche f. ; embouchure f.

Mündel ['myndəl] m. et n. (s, -), f. (-, n) pupille s.

mündel|sicher [-'ziçər] adj. de tout repos. | *mündelsichere Anlage*, placement (m.) de père de famille.

mündig ['myndiç] adj. JUR. majeur. | *mündig werden*, arriver à sa majorité. | *mündig sprechen*, émanciper.

Mündigkeit [-kait] f. majorité f.

Munition [muni'tsio:n] f. (-, en) munition f.

Munitions|bunker [muni"tsio:ns'buŋkər] m. (s, -) soute (f.) à munitions. ||°-**wagen** m. (s, -) caisson m.

munkeln ['muŋkəln] v. intr. murmurer ; chuchoter. | *man munkelt davon in der Stadt*, on en parle dans la ville.

Münster ['mynstər] n. (s, -) cathédrale f. | *das Freiburger Münster*, la cathédrale de Fribourg.

munter ['muntər] adj. éveillé. | *munter werden*, s'éveiller. || PAR EXT. vif ; gai ; allègre ; alerte. | *frisch und munter*, plein d'entrain.

Munterkeit [-kait] f. entrain m. ; vivacité f. ; gaieté f. ; enjouement m. ; bonne humeur.

Münz|amt ["mynts'amt] n. (s, ¨er). [Hôtel (m.) de la] Monnaie f. ||°-**einheit** f. (-, en) unité (f.) monétaire. ||°-**en|sammler** m. (s, -) numismate m. ||°-**fälscher** m. (s, -) faux-monnayeur m. || °-**fälschung** f. fabrication (f.) de fausse monnaie. ||°-**fernsprecher** m. (s, -) taxiphone m. ||°-**fuß** m. (es), °-**gehalt** m. (s) titre m. (de la monnaie). ||°-**geld** n. (s) numéraire m. ||°-**kabinett** n. (s, e) cabinet (m.) des médailles. ||°-**kunde** f. numismatique f. ||°-**prägung** f. frappe (f.) de la monnaie. ||°-**recht** n. (s) droit (m.) de battre monnaie. ||°-**sammlung**, °-**(en)sammlung** f. (-, en) collection (f.) de monnaies, de médailles ; numismatique f. ||°-**stempel** m. (s, -) coin m. ||°-**system** n. (s, e) système (m.) monétaire. ||°-**wesen** n. (s) 1° système (m.) monétaire ; 2° administration (f.) des monnaies.

Münze ['myntsə] f. (-, n) monnaie f. ; espèces monnayées. | *Münzen prägen*, battre monnaie. | *in klingender Münze bezahlen*, payer comptant, en espèces sonnantes. || FIG. *für bare Münze nehmen*, prendre pour argent comptant. | *jn mit gleicher Münze (heim)zahlen*, rendre à qn la pareille, la monnaie de sa pièce. || médaille f.

münzen [-tsən] v. tr. battre, frapper monnaie. ||

FIG. *das ist auf mich gemünzt*, c'est à moi que cela s'adresse ; c'est pour moi.

Muräne [mu'rɛ:nə] f. (-, n). ZOOL. murène f.

mürbe ['myrbə] adj. **1.** tendre ; friable ; fondant. | *mürbes Obst*, fruits blets. | *mürbes Holz*, bois (m.) friable. **2.** brisé ; maté. | *den Gegner mürbe machen*, briser, mater son adversaire.

Mürbe|teig ["myrbə'taik] m. (s, e) pâte sablée.

Murks [murks] m. (es). POP. objet raté.

murksen ['murksən] v. intr. mal travailler.

Murmel ['murməl] f. (-, n). [Marbel] bille f.

murmeln ['murməln] v. tr. murmurer ; chuchoter. | *etwas in seinen Bart murmeln*, marmotter qch. entre ses dents.

Murmeln [-məln] n. (s) murmure m.

Murmel|tier ["murməl'ti:r] n. (s, e). ZOOL. marmotte f.

murren ['murən] v. intr. [Lärm] gronder. ◇ v. tr. grommeler ; grogner ; bougonner.

Murren ['murən] n. (s) grondement m. ; murmures m. pl. ; grognement m. ; mécontentement m.

mürrisch ['myriʃ] adj. grognon ; grincheux.

Mus [mu:s] n. (es, e) marmelade f. ; bouillie f. | *Apfelmus*, compote (f.) de pommes.

Muschel ['muʃəl] f. (-, n). ZOOL. coquillage m. ; coquille f. || ANAT. [Ohr] pavillon m. || ARCHIT. coquille f. || TÉLÉPH. micro m. ; écouteur m.

Muse ['mu:zə] f. (-, n). MYTH. Muse f.

Muselman ['mu:zəlman] m. (en, en), **Muselmann** m. (s, ¨er) musulman m.

Muselmanin [-"mɑ:nin] f. (-, nen) musulmane f.

muselmanisch [-"mɑ:niʃ] adj. musulman.

Museum [mu'ze:um] n. (s, Museen) musée m.

Musik [mu'zi:k] f. [Tonkunst] musique f. | *klassische, geistliche Musik*, musique classique, d'église.

Musik|aufführung [mu"zi:k'auffy:ruŋ] f. (-, en) séance musicale. ||°-**drama** n. (s, men) drame musical. ||°-**instrument** n. (s, e) instrument (m.) de musique. ||°-**kapelle** f. (-, n) orchestre m. ||°-**korps** n. orchestre (m.) militaire. ||°-**liebhaber(in)** m. (s, -), f. (-, nen) amateur (m.) de musique ; mélomane s. ||°-**schule** f. (-, n) conservatoire m. ||°-**verein** m. (s, e) philharmonique f. ; société (f.) de musique. ||°-**wissenschaft** f. musicologie f.

Musikalien [muzi'kɑ:liən] f. pl. partitions f. pl.

musikalisch [-zi'kɑ:liʃ] adj. musical ; musicien ; doué pour la musique.

Musikalität [muzikali'tɛ:t] f. musicalité f.

Musikant [-zi'kant] m. (en, en) musicien ambulant.

Musikanten|knochen [muzi"kantən'knɔxən] m. (s, -). ANAT., FAM. petit juif.

Musiker(in) ['mu:zikər(in)] m. (s, -), f. (-, nen) musicien m., musicienne f.

musisch ['mu:ziʃ] adj. artistique ; littéraire.

musizieren [muzi'tsi:rən] v. intr. faire de la musique.

Muskat [mus'kɑ:t] m. (s, e). BOT. muscade f.

Muskateller [muska'tɛlər] m. (s, -) raisin, vin muscat.

Muskat|nuß [mus"kɑ:t'nus] f. (-, ¨e) noix (f.) muscade ; muscade f.

Muskel ['muskəl] m. (s, n) muscle m.

Muskel|faser ["muskəl'fɑ:zər] f. (-, n) fibre (f.) musculaire. ||°-**kater** m. (s). FAM. courbature f. ||°-**kraft** f. force (f.) musculaire. ||°-**protz** m. (es, e). FIG., FAM. armoire (f.) à glace. ||°-**riß** m. (es, e) déchirement (m.) musculaire. ||°-**zerrung** f. (-, en) claquage m.

Muskete [mus'ke:tə] f. (-, n). HIST. mousquet m.

Musketier [-kə'ti:r] m. (s, e) mousquetaire m.

muskulär [musku'lɛ:r] adj. musculaire.

Muskulatur [muskula'tu:r] f. (-, en) musculature f.

muskulös [-'lø:s] adj. musclé ; musculeux ; vigoureux.

Muß [mus] n. nécessité f. ; devoir m.

Muße ['mu:sə] f. loisir m. ; détente f. | *mit Muße*, à loisir.

Muße|stunde ["musə'ʃtundə] f. (-, n) moment (m.) de liberté. ||°-**zeit** f. (-, en) loisir m.

Musselin [musə'li:n] m. (s, e) mousseline f.

müssen ['mysən] (u, u) auxil. de mode. **1.** [gezwungen sein] *ich muß abreisen*, il faut que je parte ; il me faut partir ; je dois partir ; je suis obligé de partir. | *er müßte hier sein*, il devrait être là. | *da muß ich lachen !*, laissez-moi rire ! | *man mußte die Klarheit seiner Analyse bewundern*, on ne pouvait pas ne pas admirer la clarté de son analyse. | *es hat so sein müssen*, c'était fatal. | *kein Mensch muß müssen* (LESSING), nul n'est tenu de plier l'échine.
2. [Wahrscheinlichkeit] *er muß hier sein*, il est sûrement ici. | *er muß gleich kommen*, il va venir tout de suite. | *es müßte mit dem Teufel zugehen, wenn*, il faudrait que le diable s'en mêle pour que.

müßig ['my:siç] adj. **1.** oisif ; inoccupé. | *ein müßiges Leben führen*, vivre dans l'oisiveté.
2. oiseux ; inutile. | *müßige Frage*, question oiseuse.

Müßig|gang ["my:siç'gaŋ] m. (s) oisiveté f. ; inaction f.

Müßig|gänger [-'gɛŋər] m. (s, -) oisif m.

Muster ['mustər] n. (s, -). **1.** modèle m. ; exemplaire m. ; échantillon m. | *Muster ohne Wert*, échantillon sans valeur.
2. exemple m. | *das ist ein Muster von einem Lehrer*, c'est le modèle du bon maître.
3. [Stoff, Tapete] dessin m. ; motif m. (de tissu).

Muster|betrieb ["mustərbə'tri:p] m. (s, e) exploitation (f.) modèle. ||°-**bild** n. (s, er) exemple m. ||-**gültig** adj. exemplaire. ||°-**karte** f. (-, n) carte (f.) d'échantillons. ||°-**knabe** m. (n, n) enfant (s.) modèle. ||°-**kollektion** f. (-, n) collection f. (de couture). ||°-**messe** f. (-, en) foire (f.) aux échantillons. ||°-**schutz** m. (es) protection (f.) des modèles.

musterhaft ['mustərhaft] adj. qui peut servir de modèle ; exemplaire.

Musterhaftigkeit [-haftiçkait] f. perfection f. ; valeur (f.) de modèle.

mustern ['mustərn] v. tr. passer en revue ; inspecter ; examiner. | *jn mit den Augen mustern*, toiser qn du regard. || MIL. 1° faire passer devant le conseil de révision ; 2° passer en revue. || TEXT. *gemusterter Stoff*, étoffe (f.) à motifs, à dessins.

Musterung [-təruŋ] f. examen m. ; inspection f. ; révision f. | *eine Musterung abhalten, vornehmen*, passer en revue.

Musterungs|ausschuß ["mustəruŋs'ausʃus] m. (es, ¨e). MIL. conseil (m.) de révision. ||°-**kommission** f. (-, en) commission (f.) de recensement.

Mut [mu:t] m. (s). **1.** état (m.) d'âme ; humeur f. ; cœur m. | *frohen Mutes sein*, avoir le cœur joyeux. | *wie ist dir zumute ?*, comment te sens-tu ?
2. courage m. ; vaillance f. ; bravoure f. | *Mut fassen*, prendre courage. | *jm Mut machen*, encourager qn ; donner du courage à qn. | *den Mut sinken lassen*, perdre courage ; se décourager.

mut|los ['mu:tlo:s] adj. sans courage ; découragé.
Mut|losigkeit [″mut'lo:ziçkait] f. découragement m.
mut|maßen [″mu:t'ma:sən] (mutmaßte, gemutmaßt) v. tr. supposer ; présumer. ||**-maßlich** adj. et adv. probable ; probablement. ||°**-maßung** f. (-, en) supposition f. ; conjecture f. ||°**-wille** m. (ns) espièglerie f. ; enjouement m. ; caprice m. | *aus Mutwillen*, par caprice. ||**-willig** adj. de propos délibéré.
Muta|gen [muta'ge:n] n. (s, e). BIOL. mutagène m. ||°**-genese** f. (-, n). BIOL. mutagenèse f. ||°**-tion** f. (-, en) mutation f.
Mutant(e) [mu'tant(ə)] m. (en, en), f. (-, n). BIOL. mutant(e) m. (f.).
Mütchen ['my:tçən] n. (s) rancune f. | *sein Mütchen an jm kühlen*, passer sa colère sur qn.
mutieren [mu'ti:rən] v. intr. [Stimme] muer.
mutig ['mu:tiç] adj. brave ; courageux.
Mutter ['mutər] f. (-, ¨) mère f. | *unverheiratete Mutter*, mère célibataire. || FIG. mère f. | *Mutter Natur*, notre mère la nature. | *Vorsicht ist die Mutter der Weisheit ;* POP. *Vorsicht ist die Mutter der Porzellankiste*, prudence est mère de sûreté.
◇ f. (pl. **Muttern**). TECHN. [Schraubenmutter] écrou m.
Mutter|boden [″mutər'bo:dən] m. (s, ¨), °**-erde** f. terre végétale. ||°**-gottes** f. Mère de Dieu. ||°**-gottes|bild** n. (s, er) [image de la] madone f. ||°**-haus** n. (es, ¨er) maison (f.) mère. ||°**-kind** n. (s, er) enfant gâté. ||°**-kirche** f. (-, n) église mère f. ||°**-korn** n. (s, ¨er). BOT. ergot (m.) du seigle. ||°**-kuchen** m. (s, -). MÉD. placenta m. ||°**-land** n. (s, ¨er) mère (f.) patrie. | *das französische Mutterland*, la France métropolitaine. ||**-los** adj. orphelin de mère. ||°**-mal** n. (s, e) envie f. ; tache (f.) de naissance. ||°**-mord** m. (s, e) matricide m. ||°**-pause** f. (-, n) contre-calque m. ||°**-recht** n. (s) matriarcat m. ||°**-schaf** n. (s, e) brebis f. ||°**-schaft** f. maternité f. || °**-schafts|urlaub** m. (s, e) congé (m.) de maternité. ||°**-schiff** n. (s, e). MAR. navire, bâtiment ravitailleur. ||°**-schoß** m. (es) sein maternel. ||**-seelenallein** adj. tout seul. ||°**-söhnchen** n. (s, -) enfant gâté. ||°**-sprache** f. (-, n) langue maternelle. ||°**-stadt** f. (-, ¨e) ville natale. ||°**-stelle** f. *bei jm Mutterstelle vertreten*, tenir lieu de mère à qn. ||°**-tag** m. (s) fête (f.) des mères. ||°**-witz** m. (es) bon sens (héréditaire).
Muttern|schlüssel [″mutərn'ʃlysəl] m. (s, -). TECHN. clef (f.) à écrous.
Mütterchen ['mytərçən], **Mütterlein** [-lain] n. (s, -) maman f. ; petite mère ; bonne vieille.
mütterlich [-tərliç] adj. maternel. | *Vettern mütterlicherseits*, cousins du côté maternel.
Mütterlichkeit [-tərliçkait] f. maternité f. ; sentiment maternel.
Mutterschaft ['mutərʃaft] f. maternité f.
Mütze ['mytsə] f. (-, n) casquette f. | *schirmlose Mütze*, bonnet m.
Mützen|schirm [″mytsən'ʃirm] m. (s, e) visière (f.) de casquette.
Mykose [my'ko:zə] f. (-, n). MÉD. mycose f.
Myriade [myri'ɑ:də] f. (-, n) myriade f.
Myrrhe ['myrə] f. (-, n) myrrhe f.
Myrte ['myrtə] f. (-, n). BOT. myrte m.
Myrten|kranz [″myrtən'krants] m. (es, ¨e) couronne nuptiale, de fleurs d'oranger.
Mysterien|spiel [mys″te:riən'ʃpi:l] n. (s, e). LITTÉR., RELIG. mystère, drame religieux.
mysteriös [mysteri'ø:s] adj. mystérieux.
Mysterium [-'te:rium] n. (s, rien) mystère m.
Mystifikation [mystifika'tsio:n] f. (-, en) mystification f.
mystifizieren [-tifi'tsi:rən] v. tr. mystifier.
Mystik ['mystik] f. mystique f.
Mystiker [-tikər] m. (s, -) mystique m.
mystisch [-tiʃ] adj. mystique.
Mystizismus [-ti'tsismus] m. mysticisme m.
mythisch [-tiʃ] adj. mythique.
Mythologie [mytolo'gi:] f. mythologie f.
mythologisch [-'lo:giʃ] adj. mythologique.
Mythos ['my:tos], **Mythus** [-tus] m. (-, then) mythe m.

N

N, n [ɛn] n. **n** m. | *das große* N, le *N* majuscule. | *das kleine* n, le *n* minuscule.

na [na] interj. eh bien ! ; alors ; allons ! | *na endlich !*, enfin ! | *na und ?*, et puis après ? | *na, und ob !*, et comment ! ; je pense bien !

Nabe ['na:bə] f. (-, n) moyeu m.

Nabel ['na:bəl] m. (s, -). ANAT. nombril m. | *Nabelschnur*, cordon ombilical. | *Nabelbruch*, hernie ombilicale.

nach [na:x] prép. (dat.). **1.** [räumlich] vers ; en direction de ; sur. | *nach Hause gehen*, rentrer à la maison. | *nach oben*, vers le haut. | *nach jeder Richtung*, dans, pour toutes les directions. | *nach der linken Seite*, du côté gauche ; vers la gauche. | *nach rechts fahren*, tourner à droite. | *nach Paris fahren*, aller, se rendre à Paris. | *nach Deutschland fahren*, aller en Allemagne. | *das Fenster liegt nach dem Garten*, la fenêtre donne sur le jardin. || FIG. *jn nach dem Weg fragen*, demander son chemin à qn. | *nach dem Arzt schicken*, envoyer chercher le médecin. | *sich nach etwas sehnen*, aspirer à qch. ; désirer (ardemment) qch.

2. [zeitlich] après ; à la suite de ; au bout de. | *nach getaner Arbeit*, (une fois) le travail fini. | *nach zehn Minuten*, au bout de dix minutes. | *nach Abzug von*, après déduction de. | *nach Christi Geburt (n. Chr.)*, après Jésus-Christ (apr. J.-C.). | *einer nach dem anderen*, l'un après l'autre.

3. FIG. [begrifflich] selon ; suivant ; d'après. | *allem Anschein nach*, selon toute apparence. | *nach seiner Aussage*, selon ses dires. | *nach Belieben*, à volonté ; à discrétion. | *jeder nach seinem Geschmack*, chacun selon son goût. | *je nach Größe*, selon la taille. | *nach Maß (gearbeitet)*, [fait] sur mesure. *meiner Meinung nach*, à mon avis ; selon moi. | *nach Möglichkeit* ; *nach Kräften*, selon ses possibilités. | *nach Seife duften*, sentir (bon) le savon. | *jn nur dem Namen nach kennen*, ne connaître qn que de nom. | *nach der Natur malen*, peindre d'après nature. | *das ist nach meinem Herzen*, cela me plaît. ◇ adv. *nach wie vor*, tout comme (aupar)avant. | *nach und nach*, peu à peu ; progressivement.

nach|äffen ["na:x'ɛfən] v. tr. singer ; imiter servilement.

nach|ahmen ["na:x'a:mən] v. tr. imiter. | *jn nachahmen*, imiter, copier qn. ||°**-ahmer** m. (s, -) imitateur m. ||°**-ahmung** f. (-, en) imitation f. ; copie f. ; contrefaçon f.

Nachbar(in) ['naxba:r(in)] m. (s, ou n, n), f. (-, nen) voisin(e) m. (f.).

nachbarlich [-ba:rliç] adj. voisin. | *gute nachbarliche Beziehungen*, rapports (m. pl.) de bon voisinage.

Nachbarschaft [-barʃaft] f. voisinage m.

Nachbars|leute [-bars'lɔytə] pl. voisins m. pl.

nach|bestellen ["na:xbə'ʃtɛlən] v. tr. COMM. faire une commande complémentaire ; [Restaurant] demander un supplément.

Nach|beter ["na:x'be:tər] m. (s, -). FIG. perroquet m. ; FAM. béni-oui-oui m.

Nach|bild ["na:x'bild] n. (s, er) imitation f. || PHYSIOL. persistance (f.) de l'image. ||**-bilden** v. tr. copier ; imiter. ||°**-bildung** f. (-, en) reproduction f. ; copie f. ; fac-similé m.

nach|bleiben ["na:x'blaibən] (ie, ie) v. intr. rester en arrière ; survivre.

nach|blicken ["na:x'blikən] v. intr. *jm nachblicken*, suivre qn des yeux.

nach|datieren ["na:xda'ti:rən] v. tr. postdater.

nach|dem [na:x'de:m] conj. [zeitlich] après que. || PAR EXT. selon que.
◇ adv. [abusivement] ensuite. | *je nachdem*, selon les circonstances ; cela dépend.

nach|denken ["na:x'dɛŋkən] (dachte, gedacht) v. intr. *über etwas* (acc.) *nachdenken*, réfléchir à qch. méditer sur qch. ; FAM. gamberger. ||**-denklich** adj. pensif ; songeur ; qui porte à réfléchir. | *das stimmt nachdenklich*, cela donne à réfléchir. ||°**-denklichkeit** f. état d'esprit songeur ; méditation f.

Nach|dichtung ["na:x'diçtuŋ] f. (-, en) adaptation (f.) libre.

Nach|druck ["na:x'druk] m. (s, ¨e) insistance f. ; fermeté f. | *mit allem Nachdruck*, avec la plus grande insistance. || TYPOGR. m. (s, e) reproduction f. ; contrefaçon f. ||**-drucken** v. tr. reproduire. || **-drücklich, -drucksvoll** adj. énergique ; insistant. ◇ adv. avec fermeté ; expressément.

Nach|eiferer ["na:x'aifərər] m. (s, -) émule m. ||**-eifern** v. intr. *jm nacheifern*, être l'émule de qn.

nach|eilen ["na:x'ailən] v. intr. *jm nacheilen*, courir à la suite de qn.

nach|einander ["na:xain'andər] adv. l'un après l'autre ; à la file. | *vierzehn Tage nacheinander*, quinze jours de suite.

nach|empfinden ["na:xɛmp'findən] (a, u) v. tr. *jm eine Freude nachempfinden*, partager la joie de qn.

Nachen ['naxən] m. (s, -) nacelle f. ; barque f.

nach|erzählen ["na:xɛr'tsɛ:lən] v. tr. répéter un récit ; répéter ce qu'on a dit.

Nach|fahr ["na:x'fa:r] m. (s et en, en) descendant m.

Nach|folge ["na:x'fɔlgə] f. (-, n) succession f. ; suite f. || RELIG. *Nachfolge Christi*, Imitation (f.) de Jésus-Christ. ||**-folgen** v. intr. *jm nachfolgen*, succéder à qn ; suivre qn. | *im Nachfolgenden*, dans ce qui suit. ||°**-folger** m. (s, -) successeur m.

nach|fordern ["na:x'fɔrdərn] v. tr. réclamer en supplément ; demander en plus.

nach|forschen ["na:x'fɔrʃən] v. intr. s'informer de. ||°**-forschung** f. (-, en) enquête f. ; recherche f. ; investigation f. | *Nachforschungen anstellen*, faire des recherches.

Nach|frage ["na:x'fra:gə] f. (-, n) demande f. ;

recherche (f.) d'informations. || ÉCON. demande f. | *die Nachfrage übersteigt das Angebot*, la demande excède l'offre. ||**-frage|bedingt** adj. ÉCON. *nachfragebedingte Inflation*, inflation (f.) par la demande. ||**-fragen** v. intr. demander des nouvelles, des renseignements.

Nach|frist ["na:x'frist] f. (-, en) délai (m.) supplémentaire ; sursis m.

nach|fühlen ["na:x'fy:lən] v. tr. *jm etwas nachfühlen*, partager les sentiments de qn.

nach|füllen ["na:x'fylən] v. tr. ajouter du liquide ; remplir. || AUTOM. faire le plein.

nach|geben ["na:x'ge:bən] (i, a, e) v. intr. céder ; fléchir. | *der Boden gibt nach*, le sol se dérobe (sous les pieds). || FIG. céder ; capituler. | *der Klügere gibt nach*, il est plus habile de se montrer accommodant. | *js Bitten nachgeben*, céder aux prières de qn.

nach|geboren ["na:xgə'bo:rən] adj. cadet. || (enfant) posthume.

Nach|gebühr ["na:xgə'by:r] f. surtaxe f.

Nach|geburt ["na:xgə'burt] f. MÉD. placenta m.

Nach|gefühl ["na:xgə'fy:l] n. (s) sentiment persistant ; impression laissée par qch.

nach|gehen ["na:x'ge:ən] (ging, gegangen) v. intr. *jm nachgehen*, suivre qn. | *einer Sache nachgehen*, éclaircir une affaire. | *seiner Arbeit nachgehen*, vaquer à ses occupations. | *die Uhr geht nach*, la montre retarde.

nach|gelassen ["na:xgə'lasən] adj. posthume.

nach|gemacht [-'maxt] adj. imité ; copié ; factice.

nach|geordnet ["na:xgə'ɔrdnət] adj. subordonné ; inférieur.

nach|gerade ["na:xgə'ra:də] adv. enfin. || LOC. *das müßtest du nachgerade wissen*, cela, tu devais tout de même le savoir.

Nach|geschmack ["na:xgə'ʃmak] m. (s) arrière-goût.

nach|giebig ["na:x'gi:biç] adj. souple ; accommodant ; conciliant ; qui cède ; flexible. ||°**-giebigkeit** f. souplesse f. ; facilité f.

nach|grübeln ["na:x'grybəln] v. intr. (dat.) se creuser la tête, la cervelle (à propos de).

Nach|hall ["na:x'hal] m. (s). PR. et FIG. écho m. ; retentissement m. || PHYS. résonance f. ||**-hallen** v. intr. résonner ; retentir ; se répercuter ; FIG. avoir du retentissement, des répercussions.

nach|haltig [-haltiç] adj. persistant ; durable.

nach|hängen ["na:x'hɛŋən] v. intr. *seinen Gedanken nachhängen*, suivre le cours de ses pensées ; s'abandonner à ses pensées. || rester attaché (à qn). | *diese Geschichte hängt ihm nach*, cette histoire le poursuit.

nach|helfen ["na:x'hɛlfən] (i, a, o) v. intr. (dat.) aider à avancer ; donner des leçons. | *bei ihm muß man ab und zu nachhelfen*, il faut lui donner un coup de main de temps en temps. ||°**-hilfe** f. aide f. ||°**-hilfestunde** f. (-, n) leçon (f.) de rattrapage.

nach|her ['na:x"he:r, "na:x'he:r] adv. après ; ensuite.

nach|hinein ['na:xhin"ain] adv. *im nachhinein*, à posteriori, après coup.

nach|holen ["na:x'ho:lən] v. tr. rattraper (un retard).

Nach|hut ["na:x'hut] f. (-, en) arrière-garde f.

nach|jagen ["na:x'ja:gən] v. intr. poursuivre à toute vitesse. | *dem Ruhm nachjagen*, courir après la gloire.

Nach|klang ["na:x'klaŋ] m. (s, ¨e) écho m. || réminiscence f. ; souvenir m.

Nach|komme ["na:x'kɔmə] m. (n, n) descendant m. | *die Nachkommen*, la postérité. ||**-kommen** (a, o) v. intr. suivre (venir derrière) qn. || suivre ; rejoindre (dans peu de temps). || suivre (loi) ; exécuter ; se conformer à. | *seinen Verpflichtungen nachkommen*, faire honneur à ses obligations. | *js Wünschen nachkommen*, exaucer les désirs de qn. ||°**-kommenschaft** f. descendance f. ; postérité f. ||°**-kömmling** m. (s, e) descendant m. || retardataire.

Nachkriegs|zeit ["na:xkri:ks'tsait] f. (-, en) [époque de l']après-guerre f.

Nach|kur ["na:x'ku:r] f. MÉD. postcure f.

Nach|laß ["na:x'las] m. (es, ¨e). **1.** JUR. succession f. ; héritage m. || œuvres (f. pl.) posthumes. **2.** COMM. rabais m. ; remise f. ; réduction f.

nach|lassen ["na:x'lasən] (ä, ie, a) v. tr. laisser (derrière soi) ; léguer. || COMM. [Preise] réduire ; rabattre ; baisser. || TECHN. *die Schraube nachlassen*, desserrer la vis. | *das Seil nachlassen*, laisser filer la corde. ◇ v. intr. PR. et FIG. s'affaiblir ; se relâcher. | *der Sturm läßt nach*, la tempête s'apaise. | *der Schmerz läßt nach*, la douleur se calme. | *der Widerstand läßt nach*, la résistance faiblit. | *die Spannung hat nachgelassen*, la tension a diminué. ||**-lässig** adj. négligent ; nonchalant ; indolent ; mou. ||°**-lässigkeit** f. (-, en) négligence f. ; nonchalance f. ; indolence f.

nach|laufen ["na:x'laufən] (ä, ie, a) v. intr. (dat.) courir après, derrière. || PR. et FIG. poursuivre.

nach|legen ["na:x'le:gən] v. tr. *Holz ins Feuer nachlegen*, remettre du bois dans le feu.

Nach|lese ["na:x'le:zə] f. glanage m. || FIG. recueil (m.) complémentaire. ||**-lesen** (ie, a, e) v. tr. relire ; lire (après coup). || FIG. glaner ; recueillir.

nach|liefern ["na:x'li:fərn] v. tr. fournir, livrer en surplus, plus tard. ||°**-lieferung** f. (-, en) livraison (f.) supplémentaire, complémentaire.

nach|lösen ["na:x'lø:zən] v. tr. TRANSP. payer (un supplément) ; payer après le voyage.

nach|machen ["na:x'maxən] v. tr. imiter ; copier ; contrefaire. || *er macht ihm alles nach*, il l'imite en toute chose, en tous points.

nach|malig ["na:x'ma:liç] adj. ultérieur ; postérieur. ||**-mals** adv. plus tard ; par la suite.

nach|messen ["na:x'mɛsən] (i, a, e) v. tr. mesurer de nouveau ; vérifier les dimensions.

Nach|mittag ["na:x'mita:k] m. (s, e) après-midi m. ||**-mittags** adv. l'après-midi.

Nach|nahme ["na:x'na:mə] f. (-, n) remboursement m. | *gegen Nachnahme*, contre remboursement. ||°**-nahme|sendung** f. (-, en) envoi (m.) contre remboursement.

Nach|name ["na:x'na:mə] m. (ns, n) nom (m.) de famille.

nach|prüfen ["na:x'pry:fən] v. tr. vérifier ; contrôler. ||°**-prüfung** f. (-, en) contrôle m. ; vérification f. ; révision f.

nach|rechnen ["na:x'rɛçnən] v. tr. recalculer. | *eine Rechnung nachrechnen*, vérifier un compte.

Nach|rede ["na:x're:də] f. (-, n) épilogue m. médisance f. | *üble Nachrede über jn verbreiten*, médire de qn. ||**-reden** v. tr. *sie redet es ihm nach*, elle répète ce qu'il (a) dit. || *jm (etwas) Übles nachreden*, médire de qn. ||°**-redner** m. (s, -) (l')orateur suivant.

nach|reisen ["na:x'raizən] v. intr. *ich werde dir bald nachreisen*, je te rejoindrai bientôt.

nach|reiten ["na:x'raitən] (i, i) v. intr. *er ist ihm nachgeritten*, il l'a poursuivi à cheval.

Nachricht ['na:xriçt] f. (-, en) nouvelle f. ; information f. ; avis m. ; renseignement m.

Nachrichten|agentur ["nɑ:xriçtənagɛn'tu:r] f. (-, en) agence (f.) de presse. ||°**-dienst** m. (s, e) service (m.) de renseignements. || RADIO. bulletin (m.) d'informations. ||°**-satellit** m. (en, en) satellite (m.) de télécommunications. ||°**-sperre** f. (-, n) embargo (m.) sur l'information.

nachrichtlich ['nɑ:xriçtliç] adj. et adv. pour information ; à titre d'information.

nach|rücken ["nɑ:x'rykən] v. intr. avancer, venir à la suite de. || MIL. poursuivre.

Nach|ruf ["nɑ:x'ru:f] m. (s, e) article (m.) nécrologique ; discours (m.) d'adieu à un mort. ||**-rufen** (ie, u) v. tr. *jm etwas nachrufen*, crier qch. à l'adresse de qn (qui s'en va).

Nach|ruhm ["nɑ:x'ru:m] m. (s) renommée f. (posthume). ||**-rühmen** v. tr. *jm ein Verdienst nachrühmen*, mettre un mérite à l'actif de qn.

Nach|rüstung ["nɑ:x'rystuŋ] f. rééquilibrage (m.) des armements.

nach|sagen ["nɑ:x'zɑ:gən] v. tr. répéter (après qn). | *jm Gutes nachsagen*, dire du bien de qn.

Nach|satz ["nɑ:x'zats] m. (es, ¨e) supplément m.

nach|schauen [-ʃauən] v. intr. vérifier.

nach|schicken ["nɑ:x'ʃikən] v. tr. faire suivre (le courrier). || réexpédier.

Nach|schlag ["nɑ:x'ʃlɑ:k] m. (s, ¨e) second coup. || MUS. note (f.) de complément ; trille m.

nach|schlagen ["nɑ:x'ʃlɑ:gən] (ä, u, a) v. tr. consulter (un ouvrage). | *ein Wort im Wörterbuch nachschlagen*, chercher un mot dans le dictionnaire. ◇ v. intr. (dat.) tenir (d'un ascendant).

Nachschlage|werk ["nɑ:xʃlɑ:gə'vɛrk] n. (s, e) encyclopédie f. ; ouvrage (m.) de référence.

nach|schleichen ["nɑ:x'ʃlaiçən] (i, i) v. intr. (dat.) suivre en se cachant ; filer ; se faufiler derrière.

nach|schleppen ["nɑ:x'ʃlɛpən] v. tr. remorquer ; traîner après soi.

Nach|schlüssel ["nɑ:x'ʃlysəl] m. (s, -) seconde clef ; double clef f.

nach|schreiben ["nɑ:x'ʃraibən] (ie, ie) v. tr. copier ; recopier. || écrire après coup.

Nach|schrift ["nɑ:x'ʃrift] f. (-, en) copie f. | notes prises. || post-scriptum m.

Nach|schub ["nɑ:x'ʃu:p] m. (s, ¨e). MIL. renforts m. pl. ; ravitaillement m.

Nach|schuß ["nɑ:x'ʃus] m. (es, ¨e). COMM. nouveau versement. || BOT. rejet m.

nach|sehen ["nɑ:x'ze:ən] (ie, a, e) v. intr. (dat.) suivre des yeux.
◇ v. tr. vérifier ; regarder. | *die Maschine nachsehen*, vérifier la machine. | *die Schulaufgaben nachsehen*, contrôler les devoirs. || passer ; fermer l'œil sur. | *jm einen Fehler nachsehen*, passer une faute à qn. ||°**-sehen** n. *das Nachsehen haben*, arriver trop tard.

nach|senden ["nɑ:x'zɛndən] (sandte, gesandt) v. tr. faire suivre ; réexpédier. | *bitte nachsenden !*, prière de faire suivre. ||°**-sendung** f. (-, en) réexpédition f. ; envoi (m.) supplémentaire.

nach|setzen ["nɑ:x'zɛtsən] v. tr. placer après ; ajouter.
◇ v. intr. (dat.) s'élancer à la poursuite de qn.

Nach|sicht ["nɑ:x'ziçt] f. indulgence f. | *gegen jn Nachsicht üben*, user d'indulgence envers qn.

nach|sichtig [-'ziçtiç] adj. indulgent.

Nach|silbe ["nɑ:x'zilbə] f. (-, n) suffixe m.

nach|sinnen ["nɑ:x'zinən] (a, o) v. intr. *über einen Zwischenfall nachsinnen*, réfléchir sur un incident.

nach|sitzen ["nɑ:x'zitsən] (saß, gesessen) v. intr. [Schüler] être en retenue.

Nach|sommer ["nɑ:x'zɔmər] m. (s, -) fin (f.) de l'été. || FIG. été (m.) de la Saint-Martin.

Nach|spann ["nɑ:x'ʃpan] m. (s, e) générique (m.) de fin.

Nach|spiel ["nɑ:x'ʃpi:l] n. (s, e). THÉÂTRE, MUS. épilogue m. || FIG. suite f. | *die Angelegenheit wird ein gerichtliches Nachspiel haben*, cette affaire aura des suites judiciaires.

nächst [nɛ:kst] adj. (superl. de **nah**) proche ; prochain ; suivant. | *nächstes Jahr*, l'année prochaine. | *die nächste Straße rechts*, la première rue à droite. | *die nächsten Verwandten*, les parents les plus proches. | *der nächste bitte !*, au suivant, s'il vous plaît.
◇ adv. *das liegt mir am nächsten*, c'est ce qui m'importe le plus. | *er steht mir am nächsten*, c'est de lui que je me sens le plus proche.
◇ prép. (dat.) juste après. | *nächst meinem Vater danke ich es ihr*, après mon père, c'est à elle que je le dois.
◇ m. **der Nächste** (n, n) le prochain ; autrui m.
◇ n. **das Nächste,** la première chose ; le plus urgent.

nächst|best ["nɛ:kst'bɛst] adj. *das Nächstbeste*, la première chose venue.

nächst|dem ["nɛ:kst'de:m] adv. après cela ; en outre. ||**-folgend** adj. suivant. ||**-liegend** adj. situé le plus près ; évident. | *das Nächstliegende*, la première idée qui vous vient.

Nächsten|liebe ["nɛ:kstən'li:bə] f. amour (m.) du prochain ; altruisme m. ; charité f.

nächstens ['nɛ:kstəns] adv. prochainement.

nach|stehen ["nɑ:x'ʃte:ən] (stand, gestanden) v. intr. être placé après. || être inférieur. | *er steht ihm nicht nach*, il ne lui est pas inférieur.

nach|stehend [-ənt] adj. et adv. ci-après ; ci-dessous. | *die nachstehenden Worte*, les paroles suivantes.

nach|steigen ["nɑ:x'ʃtaigən] (ie, ie) v. intr. (dat.) monter (après qn.).

nach|stellen ["nɑ:x'ʃtɛlən] v. tr. placer après. || TECHN. régler. | *die Uhr nachstellen*, retarder la montre. — v. intr. *einem Dieb nachstellen*, poursuivre, traquer, prendre en chasse un voleur. ||°**-stellung** f. (-, en) [surtout au pl. **Nachstellungen**] poursuite f. ; assiduités f. pl.

Nach|steuer ["nɑ:x'ʃtɔyər] f. (-, n) surtaxe f.

nach|streben ["nɑ:x'ʃtre:bən] v. intr. (dat.) s'efforcer d'atteindre. || FIG. *jm nachstreben*, marcher sur les traces de qn.

nach|stürzen ["nɑ:x'ʃtyrtsən] v. intr. (dat.) se précipiter derrière (qn).

nach|suchen ["nɑ:x'zu:xən] v. intr. faire des recherches. — v. tr. et intr. *etwas, um etwas nachsuchen*, solliciter qch.

Nach|synchronisation ["nɑ:xzynkroniza'tsio:n] f., °**-synchronisierung** [-zynkroni'zi:ruŋ] f. (-, en) postsynchronisation f. ||**-synchronisieren** v. tr. postsynchroniser.

Nacht et les mots composés sur cette racine se trouvent après Nachzündung.

nach|tanken ["nɑ:x'taŋkən] v. tr. AUTOM. (re)-faire le plein.

Nach|teil ["nɑ:x'tail] m. (s, e). **1.** inconvénient m. ; désavantage m. | *die Vor- und Nachteile*, les avantages et les inconvénients. | *Nachteil(e) bringen*, porter préjudice. | *jm zum Nachteil ausschlagen*, tourner au détriment de qn.

nach|teilig ["nɑ:x'tailiç] adj. désavantageux, préjudiciable ; défavorable.

Nach|tisch ["na:x'tiʃ] m. (es, e) dessert m. | *beim Nachtisch*, au dessert.

nach|tönen ["na:x'tø:nən] v. intr. continuer de retentir.

Nach|trag ["na:x'tra:k] m. (s, ¨e) appendice m. ; post-scriptum m. ; supplément m. ; annexe f. | *Nachtrag zu einem Versicherungsvertrag*, avenant m.

nach|tragen ["na:x'tra:gən] (ä, u, a) v. tr. porter après ; ajouter. | *jm etwas nachtragen*, porter qch. derrière qn ; FIG. garder rancune à qn de qch. | *eine Summe nachtragen*, ajouter une somme.
◇ part. prés. et adj. **nachtragend,** rancunier.

nach|träglich [-'trɛ:kliç] adj. ultérieur ; subséquent ; supplémentaire ; subsidiaire ; additionnel.
◇ adv. plus tard ; ultérieurement ; a posteriori.

Nachtrags|haushalt ["na:xtra:ks'haushalt] m. (s, e) collectif (m.) budgétaire. ||°**-zahlung** f. (-, en) versement additionnel.

nach|trauern ["na:x'trauərn] v. intr. (dat.) regretter qch./qn qu'on a perdu.

nach|tun ["na:x'tu:n] (tat, getan) v. tr. *jm etwas nachtun*, imiter qn en qch.

Nach|untersuchung ["na:xuntər'zu:xuŋ] f. (-, en) contre-visite médicale. || TECHN. examen (m.) de contrôle, de vérification.

nach|versichern ["na:xfɛr'ziçərn] v. tr. compléter l'assurance ; augmenter la valeur assurée.

Nach|versicherung [-ruŋ] f. (-, en) assurance (f.) supplémentaire.

Nach|wahl ["na:x'va:l] f. (-, en) élection partielle.

Nach|wärme ["na:x'vɛrmə] f. NUCL. chaleur, puissance résiduelle.

Nach|wehen ["na:x've:ən] f. pl. MÉD. conséquences f. pl. ; séquelles f. pl. ; douleurs (f. pl.) après l'accouchement. || FIG. suites fâcheuses.

nach|weinen ["na:x'vainən] v. intr. *jm nachweinen*, déplorer la mort, le départ de qn ; pleurer qn. | *jm keine Träne nachweinen*, ne pas déplorer le départ de qn.

Nach|weis ["na:x'vais] m. (es, e) preuve f. ; justification f. ; index m. | *den Nachweis erbringen, liefern*, fournir, apporter, administrer la preuve. | *zum Nachweis von*, à l'appui de. | *als Nachweis gelten*, avoir valeur de preuve ; faire foi. ||**-weisbar, -weislich** [-çliç] adj. démontrable ; justifiable ; vérifiable ; contrôlable. — adv. comme on peut en faire la preuve. ||**-weisen** (ie, ie) v. tr. prouver ; démontrer ; mettre en évidence. | *jm einen Fehler nachweisen*, montrer à qn une faute qu'il a commise. | *eine Wirkung nachweisen*, faire apparaître une influence, une action.

Nach|welt ["na:x'vɛlt] f. postérité. | *auf die Nachwelt kommen*, passer à la postérité.

nach|wirken ["na:x'virkən] v. intr. agir plus tard ; avoir des répercussions. ||°**-wirkung** f. (-, en) effet ultérieur ; suites f. pl. ; répercussions f. pl. ; retentissement m.

Nach|wort ["na:x'vɔrt] n. (s, e) épilogue m. ; postface f.

Nach|wuchs ["na:x'vuks] m. (es). BOT. rejet m. ; recrû m. || FIG. nouvelle génération ; génération montante. | *wissenschaftlicher Nachwuchs*, relève (f.) scientifique.

nach|zahlen ["na:x'tsa:lən] v. tr. payer le restant ; payer un supplément. | *eine Summe nachzahlen*, verser un supplément.

nach|zählen [-'tsɛ:lən] v. tr. recompter.

Nach|zahlung [-'tsa:luŋ] f. (-, en) paiement (m.) supplémentaire ; rappel m.

nach|zeichnen ["na:x'tsaiçnən] v. tr. dessiner d'après un modèle ; copier ; calquer ; retoucher.

nach|ziehen ["na:x'tsi:ən] (zog, gezogen) v. tr. **1.** traîner après soi. || FIG. *nach sich ziehen*, avoir pour conséquence.
2. TECHN. *eine Schraube nachziehen*, resserrer une vis. | *eine Zeichnung nachziehen*, retracer un dessin.
◇ v. intr. suivre. | *der Haupttrupp zieht nach*, le gros de l'armée suit.

Nach|zügler ["na:x'tsyklər] m. (s, -) traînard m. ; retardataire m. ; attardé m.

Nach|zündung ["na:x'tsynduŋ] f. AUTOM. retard (m.) à l'allumage.

Nacht [naxt] f. (-, ¨e). **1.** nuit f. | *gute Nacht !*, bonne nuit ! | *heute nacht* ; *diese Nacht*, cette nuit. | *es ist Nacht*, il fait nuit. | *es wird Nacht*, la nuit vient, tombe. | *nachts* ; *bei Nacht* ; *in der Nacht* ; *des Nachts*, la nuit (compl. de temps). | *bei Nacht und Nebel*, à la faveur de la nuit ; clandestinement. | *über Nacht fortbleiben*, passer la nuit ailleurs. | *über Nacht reich werden*, devenir riche subitement, du jour au lendemain. | *sie sind wie Tag und Nacht*, ils sont comme le jour et la nuit ; ils sont très différents. | « *Tausendundeine Nacht* », « les Mille et Une Nuits ».
2. FIG. *die Nacht des Kerkers*, l'obscurité (f.) des cachots.

Nacht|arbeit ["naxt'arbait] f. (-, en) travail (m.) de nuit. ||**-blind** adj. MÉD. héméralope. ||°**-blindheit** f. (-). MÉD. héméralopie f. ||°**-creme** f. (-, s) crème (f.) de nuit. ||°**-dienst** m. (s, e) garde (f.), service (m.) de nuit. ||°**-essen** n. (s, -) souper m. ||°**-falter** m. (s, -) papillon (m.) de nuit. ||°**-flug** m. (s, ¨e) vol (m.) de nuit. ||°**-frost** m. (es, ¨e) gelée (f.) nocturne. ||°**-gespenst** n. (s, er) vision (f.) nocturne ; fantôme (m.) nocturne. ||°**-gleiche** f. équinoxe f. ||°**-hemd** n. (s, en) chemise (f.) de nuit. ||°**-lager** n. (s, -) couche f. ; gîte m. ||°**-licht** n. (s, er) veilleuse f. ||°**-lokal** n. (s, e) boîte (f.) de nuit. ||°**-musik** f. sérénade f. ||°**-portier** m. (s, s) veilleur (m.) de nuit. ||°**-quartier** n. (s, e) gîte (m.), abri (m.) pour la nuit. ||°**-schattengewächs** n. (es, e). BOT. solanacée f. ||°**-schicht** f. (-, en) équipe (f.) de nuit. ||°**-schmetterling** m. (s, e) papillon (m.) de nuit ; phalène f. ||°**-schwärmer** m. (s, -) noctambule m. || ZOOL. phalène f. ||°**-sichtigkeit** f. MÉD. nyctalopie f. ||°**-stuhl** m. (s, ¨e) chaise percée. ||°**-tisch** m. (es, e) table (f.) de nuit. ||°**-tischlampe** f. (-, n) lampe (f.) de chevet. ||°**-topf** m. (s, ¨e) vase (m.) de nuit. ||°**-vogel** m. (s, ¨). PR. et FIG. oiseau (m.) de nuit. ||°**-wache** f. (-, n) veillée f. ; guet (m.) de nuit ; garde (m.), gardien (m.) de nuit. ||°**-wächter** m. (s, -) gardien (m.), veilleur (m.) de nuit. ||**-wandeln** v. intr. être somnambule. ||°**-wandler** m. (s, -) somnambule m. ||**-wandlerisch** adj. de somnambule. ||°**-zeug** n. (s, e) chemise (f.) de nuit ; pyjama m. ||°**-zug** m. (s, ¨e) train (m.) de nuit.

nächte|lang ["nɛçtə'laŋ] adv. des nuits entières.

Nachtigall ['naxtigal] f. (-, en) rossignol m.

nächtigen ['nɛçtigən] v. intr. passer la nuit.

nächtlich [-tliç] adj. nocturne.
◇ adv. de nuit ; la nuit.

nachts [naxts] adv. de nuit ; la nuit ; pendant la nuit ; nuitamment.

nachts|über ["naxts'y:bər] adv. pendant la nuit.

Nackedei ['na:kedai] m. (s, e). FAM. enfant nu.

Nacken ['nakən] m. (s, -) nuque f. || PR. et FIG. *den Nacken beugen*, plier, courber la nuque. || FIG. *jn im Nacken haben*, être poursuivi ; avoir qn à ses trousses. | *jm im Nacken liegen, sitzen*, être à charge à qn ; importuner qn. | *ihm sitzt der Schelm im Nacken*, il est plein de malice ; c'est un espiègle né.

Nacken|kissen ["nakən'kisən] n. (s, -) traversin m. ; oreiller m. ||°**-knoten** m. (s, -), °**-zopf** m. (s, ¨e) chignon m. ||°**-schlag** m. (s, ¨e) coup (m.) sur la nuque ; FIG. humiliation f. ; revers m. ||°**-schutz** m. (es, e) couvre-nuque m. ; protège-nuque m. ||°**-wirbel** m. (s, -) vertèbre cervicale.

nackt [nakt], **nackend** ['nakənt] adj. nu ; dénudé. | *mit dem nackten Leben davonkommen*, ne sauver que sa peau ; n'avoir que la vie sauve. | *die nackte Wahrheit*, la vérité toute nue, toute crue. | *auf der nackten Erde schlafen*, dormir à même le sol. | *mit nacktem Auge*, à l'œil nu. | *mit nackten Worten*, sans ambages ; sans prendre de gants.

Nackt|badestrand ["nakt'badəʃtrant] m. (s, ¨e) plage (f.) de nudistes. ||**-beinig** adj. jambes nues. ||°**-foto** n. (s, s) nu (m.) photographique. ||°**-schnecke** f. (-, n) limace f.

Nacktheit ['nakthait] f. (-, en) nudité f.

Nadel ['nɑ:dəl] f. (-, n) aiguille f. ; épingle f. || FIG. *mit einer heißen Nadel genäht*, cousu à la va-vite.

Nadel|arbeit ["nɑ:dəl'arbait] f. (-, en) ouvrage (m.) à l'aiguille. ||°**-baum** m. (s, ¨e) conifère m. ||°**-büchse** f. (-, n) étui (m.) à aiguilles ; épinglier m. ||°**-drucker** m. (s, -) imprimante (f.) à aiguilles. ||**-fertig** adj. prêt à être cousu ; irrétrécissable. ||**-förmig** adj. en forme d'aiguille ; aciculaire. ||°**-geld** n. (s, er) argent (m.) de poche ; pourboire m. ||°**-holz** n. (es, ¨er) conifères m. pl. ; bois (m.) de sapin ; bois résineux. ||°**-kissen** n. (s, -) pelote (f.) à épingles. ||°**-kopf** m. (s, ¨e) tête (f.) d'épingle. ||°**-loch** n. (s, ¨er), °**-öhr** n. (s, e) trou (m.) d'aiguille ; chas m. ||°**-spitze** f. (-, n) pointe (f.) d'aiguille ; dentelle (f.) au point d'aiguille. ||°**-stich** m. (s, e) point (m.) d'aiguille ; point m. (de couture) ; PR. et FIG. coup (m.) d'épingle. ||°**-wald** m. (s, ¨er) forêt (f.) de conifères.

Nadir [na'di:r] m. (s). ASTRON. nadir m.

Nagel ['nɑ:gəl] m. (s, ¨) clou m. ; pointe f. || FIG. *etwas an den Nagel hängen*, abandonner qch. ; renoncer à qch. ; mettre la clef sous le paillasson. | *den Nagel auf den Kopf treffen*, toucher, deviner juste ; mettre le doigt dessus. | *er ist der Nagel zu meinem Sarg*, il me fera mourir.

Nagel|bohrer ["nɑ:gəl'bo:rər] m. (s, -) vrille f. ||°**-eisen** n. (s, -) fer (m.) en barres pour clous ; cloutière f. ; tire-clous (m.) de couvreur. ||°**-kasten** m. (s, -) cloutière f. ||°**-kopf** m. (s, ¨e) tête (f.) de clou. ||**-neu** adj. tout neuf ; flambant neuf. ||°**-schmied** m. (s, e) cloutier m. ||°**-schmiede** f. (-, n) clouterie f. ||°**-schuh** m. (s, e) soulier (m.) à clous ; brodequin m.

nageln ['nɑ:gəln] v. tr. clouer ; clouter.

Nagel ['nɑ:gəl] m. (s, ¨). ANAT. ongle m. | *an den Nägeln kauen*, se ronger les ongles ; FIG. réprimer son impatience. | *es brennt mir auf den Nägeln*, il n'y a pas un instant à perdre.

Nagel|bürste ["nɑ:gəl'byrstə] f. (-, n) brosse (f.) à ongles. ||°**-feile** f. (-, n) lime (f.) à ongles. ||°**-knipser** m. (s, -) coupe-ongles m. ||°**-lack** m. (s, e) vernis (m.) à ongles. ||°**-lack|entferner** m. (s, -) dissolvant m. ||°**-pfleger(in)** m. (s, -), f. (-, nen) manucure s. ||°**-polierer** m. (s, -) polissoir m. (à ongles). ||°**-probe** f. (-, n) *eine Nagelprobe machen*, faire rubis sur l'ongle ; boire son verre jusqu'au fond. ||°**-schere** f. (-, n) ciseaux (m. pl.) à ongles.

nagen ['nɑ:gən] v. tr. et v. intr. ronger ; corroder. | *der Hund nagt an einem Knochen*, le chien ronge un os. | *die Brandung nagt an der Uferklippe*, la mer ronge la falaise. || FAM. *nichts zu beißen und zu nagen haben*, n'avoir rien à se mettre sous la dent. || FIG. miner ; consumer. | *der Gram nagt an ihm*, le chagrin le mine. | *am Hungertuche nagen*, manger de la vache enragée.

nagend [-gənt] adj. rongeur ; corrosif. || FIG. *ein nagender Kummer*, un chagrin déchirant.

Nage|tier ["nɑ:gə'ti:r] n. (s, e) animal rongeur ; rongeur m.

nah(e) ['nɑ:(ə)] adj. et adv. (compar. **näher** ; superl. **nächst**). **1.** [räumlich] près ; auprès ; proche ; voisin ; attenant ; approchant ; contigu. | *ganz nahe*, tout près. | *nahe beieinander*, l'un près de l'autre. | *von, aus nah und fern*, de près et de loin. | *nahe bei der Kirche*, tout près de l'église. | *im Nahen Osten*, au Proche-Orient. | *das Ziel ist nah*, le but est en vue.

2. [zeitlich] *eine nahe Gefahr*, un danger imminent. | *nahe bevorstehen*, être imminent. | *er ist nah an fünfzig*, il approche de la cinquantaine ; il a près de cinquante ans. | *der Sommer ist nah*, l'été approche. | *er ist dem Tod nah*, sa fin approche. | *die Zeit ist nah, da*, le temps est proche où. | *er war nahe daran, alles zu verkaufen*, il était sur le point de tout vendre. | *es war nahe daran, daß*, il s'en est fallu de peu que.

3. FIG. *ein naher Freund*, un ami intime. | *ein naher Verwandter*, un proche parent. | *jm nahe stehen*, être intimement lié avec qn. | *er steht mir am nächsten*, c'est de lui que je me sens le plus proche. | *diese Sache geht mir nahe*, cette affaire me touche de près, me touche vivement. | *jm zu nahe treten, kommen*, froisser, offusquer qn ; manquer de respect, d'égards à qn.

Nah|aufnahme ["nɑ:'aufnɑ:mə] f. (-, n). PHOT., FILM. photo(graphie) prise de près ; gros plan. ||°**-einstellung** f. (-, en). PHOT. mise (f.) au point sur des sujets rapprochés. ||°**-kampf** m. (s, ¨e) corps à corps m. || MAR. abordage m. ||°**-verkehr** m. (s). TRANSP. trafic local, régional ; service suburbain. || TÉLÉPH. service (m.) téléphonique à courte distance.

Nähe ['nɛ:ə] f. (-, n) proximité f. ; voisinage m. ; environs m. pl. | *er wohnt hier in der Nähe*, il habite tout près d'ici. | *in unmittelbarer Nähe*, à proximité immédiate. | *sich etwas aus nächster Nähe ansehen*, regarder qch. de très près. | *aus (aller) nächster Nähe auf jn schießen*, tirer, faire feu sur qn à bout portant.

nahe|bei ["nɑ:ə'bai] adv. tout près ; à peu près. || [nahezu] presque. ||**-bringen** (brachte, gebracht), **-legen** v. tr. *jm etwas nahebringen, nahelegen*, donner à entendre qch. à qn ; faire comprendre qch. à qn ; faire toucher du doigt qch. à qn. ||**-gehen** (ging, gegangen) v. intr. *diese Sache geht mir nahe*, cette affaire me touche de près. ||**-hin** adv. V. NAHEZU. ||**-legen** v. tr. V. NAHEBRINGEN. ||**-liegen** (a, e) v. intr. *es liegt nahe*, cela se conçoit aisément. | *die Vermutung lag nahe, daß*, on était tenté de croire que. ||**-liegend** adj. *aus naheliegenden Gründen*, pour des raisons qu'il est facile d'imaginer. ||**-stehen** (stand, gestanden) v. intr. être proche de. || FIG. être lié, être intime (avec qn). ||**-zu** adv. à peu près ; presque.

nahen ['nɑ:ən] v. intr. (dat.) approcher ; s'approcher. | *der Abend nahte*, le soir approchait.

nähen ['nɛ:ən] v. tr. coudre. || MÉD. faire une suture, des points de suture ; suturer.

Näh|arbeit ["nɛ:'arbait] f. (-, en) ouvrage (m.) de couture. ||°**-faden** m. (s, ¨), °**-garn** n. (s, e) fil (m.) à coudre. ||°**-kasten** m. (s, -) travailleuse f. ||°**-kissen** n. (s, -) pelote (f.) à épingles. ||°**-korb** m. (s, ¨e), °**-körbchen** n. (s, -) corbeille (f.) à ouvrage. ||°**-maschine** f. (-, n) machine (f.) à coudre. ||°**-tisch** m. (s, e) table (f.) à ouvrage. ||°**-zeug** n. (s, e) trousse (f.) de couture ; nécessaire m. (à coudre).

näher ['nɛ:ər] (compar. de **nah**) plus proche ; plus près. | *dieser Weg ist näher*, ce chemin est plus court.

| *treten Sie nur näher*, approchez donc ; entrez donc. | *jn näher kennenlernen ; mit jm näher bekannt werden*, faire plus ample connaissance avec qn. | *einer Frage näher treten*, serrer une question de plus près. | *nähere Umstände sind mir nicht bekannt*, je ne possède pas de plus amples détails ; je n'en sais pas plus long. | *bei näherer Betrachtung*, en y regardant de plus près. | *Näheres erfahren Sie bei ihm*, pour de plus amples renseignements, adressez-vous à lui.

näher|bringen [″nɛ:ər'briŋən] (brachte, gebracht) v. tr. rapprocher. || PAR EXT. *jm etwas näherbringen*, éveiller l'intérêt de qn pour qch. ||**-kommen** (a, o) v. intr. s'approcher de. | *sie kamen sich näher*, ils se rapprochèrent l'un de l'autre.

Näherei [nɛ:ə'rai] f. (-, en) couture f.

Näherin ['nɛ:ərin] f. (-, nen) couturière f.

nähern (sich) [ziç'nɛ:ərn] v. pr. s'approcher. | *er näherte sich mir*, il s'approcha de moi. | *der Krieg näherte sich seinem Ende*, la guerre touchait à sa fin.

Näherung [-ruŋ] f. (-, en) approche f. || MATH. approximation f.

nähren ['nɛ:rən] v. tr. nourrir ; alimenter ; sustenter ; entretenir ; allaiter. || FIG. *er nährt eine Schlange am Busen*, il nourrit un serpent dans son sein. | *er nährt diese Hoffnung*, il nourrit cet espoir.

◇ v. intr. *Milch nährt*, le lait est nourrissant.

◇ v. pr. **sich nähren,** se nourrir ; s'alimenter ; vivre de. | *dieses Tier nährt sich nur von Pflanzen*, cet animal se nourrit uniquement de plantes. | *sich redlich nähren*, gagner sa vie honnêtement.

Nähr|boden [″nɛ:r'bo:dən] m. (s) sol nourricier. ||°**-mittel** n. (s, -) produit (m.) alimentaire. ||°**-mutter** f. (-, ¨). PR. et FIG. mère nourricière ; nourrice f. ||°**-salz** n. (es, e) sel (m.) alimentaire ; sel (m.) de cuisine. ||°**-stoff** m. (s, e). BIOL. substance nutritive. ||°**-wert** m. (s, e) valeur alimentaire, nutritionnelle, nutritive.

nahrhaft ['nɑ:rhaft] adj. nourrissant ; nutritif ; substantiel.

Nahrung ['nɑ:ruŋ] f. (-, en) nourriture f. ; aliments m. pl. ; vivres m. pl. ; moyens (m. pl.) de vivre ; gagne-pain m. | *etwas Nahrung zu sich nehmen*, prendre un peu de nourriture. | *jm Nahrung und Kleidung geben*, nourrir et habiller qn. || FIG. *eine geistige Nahrung*, une nourriture spirituelle.

Nahrungs|kette [″nɑ:ruŋs'kɛtə] f. (-, n) chaîne (f.) alimentaire. ||°**-mangel** m. (s, ¨) disette f. ||°**-mittel** n. (s, -) denrée (f.), produit (m.) alimentaire ; aliment m. ||°**-mittelchemie** f. chimie (f.) alimentaire. ||°**-mittelversorgung** f. (-, en) alimentation f. ; ravitaillement m. ||°**-saft** m. (s, ¨e) suc nourricier ; sève f. ; chyle m. ||°**-trieb** m. (s, e) besoin (m.) de manger.

Naht [nɑ:t] f. (-, ¨e) couture f. || MÉD. suture f. || TECHN. soudure f. | *eine Naht auftrennen*, découdre ; défaire une couture. | *die Naht geht auf*, la couture se défait. || FIG. *aus den Nähten gehen, platzen*, prendre de l'embonpoint ; [Gebäude] craquer aux entournures. || FAM. *er hat eine Naht Kinder*, il a une ribambelle d'enfants.

naht|los [″nɑ:t'lo:s] adj. sans couture ; sans soudure. || FIG. harmonieux ; sans problèmes. ||°**-schweißung** f. (-, en) soudure (f.) par couture, en filet. ||°**-stelle** f. (-, n) couture f. ; ligne (f.) de soudure.

naiv [na'i:f] adj. naïf ; ingénu.

Naivität [naivi'tɛ:t] f. naïveté f. ; ingénuité f.

Name(n) ['nɑ:mə(n)] m. (ns, n). **1.** nom m. ; appellation f. ; dénomination f. | *sein Name ist*, son nom est ; il s'appelle. | *der Lehrer hat die Namen verlesen*, le maître a fait l'appel (nominal). | *unter falschem, fremdem Namen in einem Hotel absteigen*, descendre sous un nom d'emprunt, incognito dans un hôtel. | *einen falschen Namen annehmen*, prendre un faux nom. | *er ist mir nur dem Namen nach bekannt*, je ne le connais que de nom. || FIG. *das Kind muß einen Namen haben*, il faut trouver un nom pour cette affaire ; il faut expliquer cette affaire d'une façon ou d'une autre. | *das Kind, die Dinge beim Namen nennen*, appeler les choses par leur nom ; appeler un chat un chat. || FIG. *auf den Namen lautendes Papier*, titre nominatif. | *seinen Namen für etwas hergeben*, servir de prête-nom.

2. PAR EXT. renommée f. ; réputation f. ; renom m. | *sich einen Namen machen*, se faire un nom ; devenir célèbre. | *jn um seinen guten Namen bringen*, perdre qn de réputation.

3. LOC. *im Namen Gottes*, au nom de Dieu. | *im Namen des Gesetzes*, au nom de la loi. | *in meinem Namen*, de ma part. | *unter dem Namen der Freundschaft*, sous le voile, le couvert de l'amitié.

Namen|buch [″nɑ:mən'bu:x] n. (s, ¨er) état nominatif ; nomenclature f. ||°**-forschung** f. (-, en) onomastique f. ; science (f.) des noms. ||**-gebend** adj. éponyme. ||°**-gebung** f. (-, en) dénomination f. ||°**-liste** f. (-, n) liste (f.) de présence. ||**-los** adj. sans nom ; anonyme. || PAR EXT. inconnu ; obscur ; FIG. inexprimable ; indicible ; inqualifiable. | *ein namenloses Elend*, une misère noire, indicible. ||°**-losigkeit** f. anonymat m. ||°**-verzeichnis** n. (ses, se) liste (f.) des noms ; nomenclature f. ; rôle m. ; état nominatif. | *am Ende des Buches steht ein Namenverzeichnis*, à la fin du livre figure un index. ||°**-wechsel** m. (s, -) changement (m.) de nom.

namens ['nɑ:məns] adv. du nom de ; nommé. | *ein Mann namens*, un nommé ; un homme du nom de.

Namens|aktie [″nɑ:məns'aktsiə] f. (-, n) action nominative. ||°**-aufruf** m. (s, e) appel nominal. ||°**-bruder** m. (s, ¨), °**-vetter** m. (s, n) homonyme m. ||°**-fest** n. (es, e), °**-tag** m. (s, e) fête f. (d'une personne). ||°**-papier** n. (s, e). FIN. papier, titre nominatif. ||°**-register** n. (s, -) état nominatif ; rôle m. ||°**-stempel** m. (s, -) griffe f. ||°**-zug** m. (s, ¨e) chiffre m. ; monogramme m. ; griffe f. ; parafe m.

namentlich ['nɑ:məntliç] adj. nominal ; nominatif. | *namentliche Abstimmung*, scrutin nominal. | *namentlicher Aufruf*, appel nominal.

◇ adv. nommément ; notamment ; spécialement. | *namentlich aufführen*, mentionner nommément. | *alles..., namentlich die Bauern*, tout le monde..., notamment les paysans.

namhaft ['nɑ:mhaft] adj. nommé ; dénommé. | *jn namhaft machen*, nommer qn ; dire le nom de qn. || PAR EXT. important ; considérable ; notable ; de taille ; connu ; renommé. | *eine namhafte Summe*, une somme considérable. | *ein namhafter Arzt*, un médecin renommé.

nämlich ['nɛ:mliç] adj. *der nämliche*, le même. || *das Nämliche*, la même chose.

◇ adv. en effet. | *er war nicht da, er ist nämlich krank*, il n'était pas là, en effet il était malade. (Dans ce sens explicatif, *nämlich* se place après le verbe.) || à savoir. | *er hat vier Kinder, nämlich drei Söhne und eine Tochter*, il a quatre enfants, à savoir trois garçons et une fille. (Dans ce sens énumératif, *nämlich* se place en tête de la liste énumérative.)

Nano|sekunde [″nanoze'kundə] f. (-, n) nanoseconde f.

nanu ! [na'nu:] interj. eh bien ! ; pas possible !

Napf [napf] m. (s, ¨e) jatte f. ; écuelle f. ; bol m.

Näpfchen ['nɛpfçən] n. (s, -) godet m. ; petite jatte.

Napf|kuchen [″napf'ku:xən] m. (s, -) baba m. ; brioche f.

Naphta ['nafta] n. (s, s) et f. (-, s) naphte m.

Naphthalin [nafta'li:n] n. (s) naphtaline f.

napoleonisch [napole'o:niʃ] adj. de Napoléon ; napoléonien.

Narbe ['narbə] f. (-, n) cicatrice f. ; balafre f. ; couture f. | *eine Narbe bekommen, bilden*, se cicatriser. || AGRIC. couche végétale. || BOT. stigmate m. || [Leder] grain m.

narben [-bən] v. tr. [Leder] greneler ; chagriner.

Narben|bildung ["narbən'bilduŋ] f. (-, en) cicatrisation f. ||°**-seite** f. fleur (f.) du cuir.

narbig ['narbiç] adj. cicatrisé ; grêlé ; balafré. | *narbiges Leder*, cuir à grain, grenu.

Narkose [nar'ko:zə] f. (-, n) narcose f. || MÉD. anesthésie générale.

Narkotikum [-'ko:tikum] n. (s, ka) narcotique m.

narkotisch [-'ko:tiʃ] adj. narcotique.

narkotisieren [-koti'zi:rən] v. tr. narcotiser ; anesthésier.

Narr [nar] m. (en, en) fou m. ; sot m. ; bouffon m. ; extravagant m. | *ich bin doch kein Narr*, je ne suis pas assez fou (pour faire cela). || FIG. *er hat einen Narren daran gefressen*, c'est sa marotte. | *einen Narren an jm gefressen haben*, aimer qn à la folie ; raffoler de qn. | *jn zum Narren haben, halten*, se moquer de qn ; FAM. faire tourner qn en bourrique.

narren ['narən] v. tr. se moquer de ; berner.

Narren|fest ["narən'fɛst] n. (es, e) carnaval m. ||°**-freiheit** f. liberté (f.) d'agir et de parler (d'un fou à la cour) ; liberté (f.) de mœurs du carnaval. ||°**-haus** n. (es, ¨er) maison (f.) de fous ; asile (m.) d'aliénés. ||°**-kappe** f. (-, n) bonnet (m.) de fou ; marotte f. ||°**-possen** f. pl. bouffonneries f. pl. ; pitreries f. pl. ||°**-schiff** n. (s, e) nef (f.) des fous. ||**-sicher** adj. FAM. simple comme bonjour. || °**-streich** m. (s, e) sottise f. ; folie f. ; facétie f.

Narrheit ['narhait] f. (-, nen) folie f. ; niaiserie f. ; extravagance f.

Närrin ['nɛrin] f. (-, nen) folle f. ; sotte f.

närrisch [-riʃ] adj. fou ; extravagant ; drôle ; comique ; niais ; nigaud ; loufoque. | *ich bin ganz närrisch darauf*, j'en suis toqué.

Narzißmus [nar'tsismus] m. narcissisme m.

Narzisse [nar'tsisə] f. (-, n). BOT. narcisse m. | *gelbe Narzisse*, jonquille f. | *weiße Narzisse*, jeannette blanche.

narzißtisch [nar'tsistiʃ] adj. narcissique.

nasal [na'zɑ:l] adj. nasal.

nasalieren [-za'li:rən] v. tr. parler du nez.

Nasal|laut [na"zɑ:l'laut] m. (s, e) son nasal ; nasale f.

naschen ['naʃən] v. tr. et v. intr. grignoter ; manger par gourmandise. | *er nascht gern*, il aime les friandises.

Nascher(in) ['naʃər(in)] m. (s, -), f. (-, nen) gourmand(e) m. (f.).

Nascherei [naʃə'rai] f. (-, en) friandise f. ; gourmandise f.

naschhaft ['naʃhaft] adj. gourmand ; friand.

Naschhaftigkeit [-tiçkait] f. (-, en) gourmandise f. ; aspect friand.

Nasch|katze ["naʃ'katsə] f. (-, n) (petite) gourmande. ||°**-werk** n. (s) friandises f. pl.

Nase ['nɑ:zə] f. (-, n). **1.** nez m. | *er spricht, redet durch die Nase*, il parle du nez. || FIG. *der Nase nach gehen*, aller tout droit. | *die Nase rümpfen*, faire la moue, le dégoûté ; rechigner. | *die Nase hoch tragen*, être fier, orgueilleux, hautain. | *seine Nase in alles stecken*, fourrer son nez partout. | *jn an, bei der Nase herumführen*, mener qn par le bout du nez. | *jm die Würmer aus der Nase ziehen*, *tirer à qn les vers du nez.* | *jm eine lange Nase machen*, faire un pied de nez à qn. | *die Nase voll haben*, en avoir assez ; FAM. en avoir plein le dos. | *sich nicht auf der Nase herumtanzen lassen*, ne pas se laisser faire ; ne pas se laisser marcher sur les pieds. | *du brauchst es ihm ja nicht auf die Nase zu binden*, tu n'es pas obligé de tout lui raconter. | *jm etwas unter die Nase reiben*, dire son fait à qn. | *jm etwas vor der Nase wegnehmen*, enlever qch. au nez, à la barbe de qn. | *das liegt vor Ihrer Nase !*, mais cela vous crève les yeux ! | *das habe ich ihm an der Nase angesehen*, je l'ai deviné à son air. | *eins auf die Nase bekommen*, recevoir un coup, une humiliation. | *er hat sich den Wind um die Nase wehen lassen*, il a roulé sa bosse ; il a beaucoup voyagé. **2.** flair m. ; odorat m. | *er hat eine gute, feine Nase*, il a le nez fin ; il a du flair. | *dieser Hund hat eine gute Nase*, ce chien a du flair. || FAM. *er hat mal wieder die richtige Nase gehabt*, il a eu le nez creux ; il a eu du flair.
3. PAR ANAL. bec m. ; pointe f. ; AÉRON. bec m. | *die Nase eines Schiffes*, l'avant, la proue d'un navire.
4. LOC. *Mund und Nase aufsperren*, rester bouche bée. | *alle Nasen lang*, à tout instant ; à tout bout de champ. || FAM. *pro Nase*, par tête de pipe.

näseln ['nɛ:zəln] v. tr. nasiller ; parler du nez.

Näseln [-zəln] n. (s) nasillement m.

Nasen|affe ["nɑ:zən'afə] m. (n, n). ZOOL. nasique m. ||°**-bär** m. (en, en). ZOOL. coati roux. ||°**-bein** n. (s, e). ANAT. os nasal. ||°**-bluten** n. (s) saignement (m.) de nez. ||°**-flügel** m. (s, -). ANAT. aile (f.) du nez. ||°**-höhle** f. (-, n). ANAT. cavité, fosse nasale. ||°**-knorpel** m. (s, -). ANAT. cartilage (m.) du nez. ||°**-länge** f. (-, n). SPORT. longueur f. (d'une tête). | *das Pferd gewann das Rennen mit einer Nasenlänge*, le cheval gagna la course d'une tête. ||°**-laut** m. (s, e) son nasal. ||°**-loch** n. (s, ¨er), °**-öffnung** f. (-, en) narine f. ; naseau m. ||°**-rippe** f. (-, n). AÉRON. nervure (f.) de bord d'attaque. ||°**-rümpfen** n. (s) moue f. ; rechignement m. ||°**-scheidewand** f. (-, ¨e). ANAT. cloison nasale. ||°**-schleim** m. (s, e) mucus nasal ; POP. morve f. ||°**-spitze** f. (-, n) bout (m.) du nez. | *jm etwas an der Nasenspitze ansehen*, voir au nez de qn ce qu'il pense. ||°**-stüber** m. (s, -) nasarde f. ; chiquenaude f. ; FIG. réprimande f. ||°**-tropfen** m. (s, -) goutte (f.) au nez ; roupie f. ||°**-wucherungen** f. pl. MÉD. végétations (f. pl.) adénoïdes.

nase|weis ["nɑ:zə'vais] adj. suffisant ; impertinent ; fat ; indiscret. ||°**-weisheit** f. suffisance f. ; curiosité impertinente.

nas|führen ["nɑ:s'fy:rən] v. tr. mener par le bout du nez. ||°**-horn** n. (s, ¨er). ZOOL. rhinocéros m.

naß [nas] adj. humide ; mouillé ; trempé. | *bis auf die Haut naß ; durch und durch naß*, trempé jusqu'aux os. | *er fand einen nassen Tod*, il se noya.

Naß [nas] n. (e) humidité f. ; liquide m.

Naß|abschneider ["nas'apʃnaidər] m. (s, -). TECHN. séparateur (m.) humide. ||°**-aufbereitung** f. (-, en). TECHN. préparation (f.), traitement (m.) humide. ||**-drehen** v. tr. TECHN. tourner à l'eau, à arrosage. ||**-fest** adj. résistant à l'humidité. ||°**-filter** m. (s, -) filtre (m.) d'air humide. ||**-kalt** adj. froid et humide ; brumeux. ||°**-löscher** m. (s, -) extincteur (m.) d'incendie à anhydride carbonique. ||°**-reiniger** m. (s, -) épurateur (m.) humide ; scrubber m. ||**-schleifen** (i, i) v. tr. TECHN. rectifier à l'eau ; affûter à arrosage. ||°**-wäsche** f. (-, n) linge lavé et non séché.

Nassauer ['nasauər] m. (s, -) habitant (m.) de la Hesse-Nassau. || POP. parasite m. ; tapeur m. ; pique-assiette m. || FAM. averse f. ; saucée f.

nassauern [-ərn] v. intr. vivre en parasite ; écornifler ; resquiller.

Nässe ['nɛsə] f. humidité f. ; moiteur f. | *vor Nässe schützen !*, craint l'humidité.

nässen [-sən] v. tr. humecter ; mouiller ; tremper. || PAR EXT. uriner.

Nation [na'tsio:n] f. (-, en) nation f.

national [-tsio'nɑ:l] adj. national.

National|charakter [natsio"nɑ:lka'raktər] m. (s, e) caractère national ; empreinte nationale. ||°**-elf** f. SPORT. équipe nationale de football ; onze national. ||°**-farben** f. pl. couleurs nationales. ||°**-fest** n. (s, e) fête nationale. ||°**-flagge** f. (-, n) drapeau national. || MAR. pavillon m. ||°**-gefühl** n. (s, e) sentiment national. ||°**-hymne** f. (-, n) hymne national. ||**-liberal** adj. [Partei] national-libéral. ||°**-mannschaft** f. (-, en). SPORT. équipe nationale. ||°**-ökonom** m. (en, en) économiste m. ||°**-ökonomie** f. (-, n). [Volkswirtschaftslehre] économie (f.) politique. ||°**-sozialismus** m. national-socialisme m. (abrév. *Nazismus*). ||°**-sozialist** m. (en, en) national-socialiste m. ||°**-tracht** f. (-, en) costume national. ||°**-versammlung** f. Assemblée nationale.

nationalisieren [-nali'zi:rən] v. tr. [verstaatlichen] nationaliser.

Nationalisierung [-nali'zi:ruŋ] f. (-, en). [Verstaatlichung] nationalisation f.

Nationalismus [-na'lismus] m. nationalisme m.

nationalistisch [-na'listiʃ] adj. nationaliste.

Nationalität [-nali'tɛ:t] f. (-, en) [Staatsangehörigkeit] nationalité f.

Natrium ['nɑ:trium] n. (s). CHIM. sodium m. ; natrium m.

Natrium|chlorid ["na:triumklo'rit] n. (s) chlorure (m.) de sodium ; sel marin. ||°**-karbonat** n. (s, e) carbonate (m.) neutre de sodium.

Natron ['nɑ:trɔn] n. (s). CHIM. soude f. ; carbonate (m.) de sodium. | *doppelkohlensaures Natron*, bicarbonate (m.) de soude.

Natron|kalk ["nɑ:trɔn'kalk] m. (s, e) chaux sodée. ||°**-lauge** f. (-, n) lessive (f.) de soude ; solution (f.) d'hydrate de sodium.

Natter ['natər] f. (-, n). ZOOL. couleuvre f. ; vipère f.

Natur [na'tu:r] f. (-, en). **1.** [natürliche Schöpferkraft] nature f. | *Mutter Natur*, la nature, notre mère. | *die Kräfte der Natur*, les forces de la nature.
2. [Selbstgewachsenes ; Unverfälschtes] *nach der Natur zeichnen*, dessiner d'après nature. | *nach der Natur leben*, vivre de façon naturelle.
3. [das freie Land] nature f. ; campagne f. | *in die freie Natur fliehen*, fuir en pleine nature ; se réfugier à la campagne. | *zurück zur Natur !*, revenons à la nature !
4. [Wesen ; Beschaffenheit] nature f. ; naturel m. | *eine glückliche Natur haben*, avoir bon caractère ; avoir une heureuse nature. | *er ist von Natur schüchtern*, il est d'un naturel timide. | *seiner Natur nach*, de son naturel. | *Gewohnheit wird zur zweiten Natur*, l'habitude est une seconde nature. || PROV. *die Natur verlangt ihr Recht*, chassez le naturel, il revient au galop. || tempérament m. | *er ist hitziger Natur*, il est d'un tempérament sanguin. | *er ist sanfter Natur*, il est naturellement doux. || constitution f. ; complexion f. | *er hat eine kräftige, schwache Natur*, il a une constitution robuste, délicate.

Natur|begabung [na"tu:rbə'ga:buŋ] f. (-, en) don naturel. ||°**-bursche** m. (n, n) rude gars m. ; paysan (m.) du Danube. ||°**-denkmal** n. (s, ¨er) curiosité naturelle. ||°**-ereignis** n. (ses, se), °**-erscheinung** f. (-, en) phénomène naturel. || °**-erzeugnis** n. (ses, se) produit naturel. ||°**-farbe** f. (-, n) couleur naturelle. ||°**-forschung** f. (-, en) sciences naturelles ; étude (f.), science (f.) de la nature. ||°**-freund** m. (s, e) ami (m.) de la nature. ||**-gemäß** adj. suivant les lois naturelles ; conforme à la nature. ||**-gegeben** adj. naturel ; prescrit par la nature. ||°**-geschichte** f. histoire naturelle. ||**-getreu** adj. d'après nature. ||°**-haushalt** m. (s) équilibre naturel. ||°**-heilkunde** f. thérapeutique naturelle. ||°**-heilverfahren** n. (s, -) thérapeutique naturelle. ||°**-katastrophe** f. (-, n) catastrophe naturelle ; sinistre m. ||°**-kind** n. (s, er) qui a beaucoup de naturel ; ingénu. ||°**-kost** f. (-) produits (m. pl.) biologiques ; produits naturels. ||°**-kraft** f. (-, ¨e) force (f.) de la nature. ||°**-kunde** f. sciences naturelles. ||°**-landschaft** f. (-, en) région non cultivée ; paysage vierge. ||°**-mensch** m. (en, en) homme (m.) à l'état de nature ; enfant (m.) de la nature ; primitif m. ||°**-philosophie** f. philosophie (f.) de la nature. ||°**-produkt** n. (s, e) produit naturel. ||°**-recht** n. (s, e) droit naturel. ||°**-religion** f. (-, en) religion naturelle. ||°**-reservat** m. (s, e) réserve naturelle. ||°**-schätze** m. pl. richesses naturelles. ||°**-schutz** m. (es) protection (f.) de la nature, des sites. | *unter Naturschutz stehen*, être classé site naturel protégé. ||°**-schutzpark** m. (s, e) parc (m.) de protection des sites naturels ; parc national. ||°**-schwärmer(in)** m. (s, -), f. (-, nen) amoureux (m.) de la nature. ||°**-seltenheit** f. (-, en) curiosité naturelle. ||°**-theater** n. (s, -) théâtre (m.) de verdure ; théâtre (m.) en plein air. ||°**-trieb** m. (s, e) instinct naturel. ||°**-uran** n. (s). NUCL. uranium naturel. ||°**-volk** n. (s, ¨er) peuple primitif. ||**-widrig** adj. contre nature. ||°**-wissenschaft** f. (-, en) sciences physiques et naturelles. ||°**-wissenschaftler(in)** m. (s, -), f. (-, nen) scientifique s. ||**-wüchsig** adj. plein de naturel ; cru ; original. || [Stil] savoureux. ||°**-wüchsigkeit** f. naturel m. ; absence (f.) d'apprêt ; crudité f. ; originalité f. ||°**-zustand** m. (s, ¨e) état naturel.

Natural|bezüge [natu"rɑ:lbə'tsy:gə] m. pl. rémunérations (f. pl.) en nature. ||°**-lasten** f. pl. redevances (f. pl.) en nature. ||°**-lohn** m. (s, ¨e) salaire (m.) en nature. ||°**-wirtschaft** f. (-, en) économie (f.) des transactions d'échange en produits naturels.

Naturalien [natu'rɑ:liən] pl. denrées f. pl. ; produits (m. pl.) du sol ; paiement (m.) en nature ; objets (m. pl.) d'histoire naturelle.

Naturalien|sammlung [natu"rɑ:liən'zamluŋ] f. (-, en) cabinet (m.) d'histoire naturelle.

Naturalisation [naturaliza'tsio:n] f. (-, en) naturalisation f.

naturalisieren [-li'zi:rən] v. tr. naturaliser.

Naturalisierung [-li'zi:ruŋ] f. (-, en) naturalisation f.

Naturalismus [-'lismus] m. naturalisme m.

Naturalist [-'list] m. (en, en) naturaliste m.

naturalistisch [-'listiʃ] adj. naturaliste.

naturell [natu'rɛl] adj. naturel ; non travaillé.

Naturell [-'rɛl] n. (s, e) naturel m. ; caractère m.

natürlich [na'ty:rliç] adj. naturel ; authentique ; simple ; normal. | *er ist eines natürlichen Todes gestorben*, il est mort de mort naturelle. | *es geht nicht mit natürlichen Dingen zu*, cela tient de la sorcellerie ; ce n'est pas normal. || MATH. *natürlicher Logarithmus*, logarithme népérien. || JUR. *natürliche Person*, personne (f.) physique.
◇ adv. bien sûr ; naturellement ; évidemment.

Natürlichkeit [-kait] f. naturel m. ; ingénuité f. ; simplicité f.

Nautik ['nautik] f. art (m.) nautique ; navigation f.

nautisch [-tiʃ] adj. nautique.

Navarra [na'vara] n. pr. n. GÉOGR. Navarre f.

Navigation [naviga'tsio:n] f. (-, en) art (m.) nautique ; navigation f.

Navigations|gerät [naviga"tsio:nsgə'rɛ:t] n. (s, e) instruments (m. pl.) de navigation. ||°**-offizier** m. (s, e) officier (m.) de route.

Navigator [navi'gɑ:tɔr] m. (s, en). AÉRON. navigateur m.

Nazarener [natsa're:nər] m. (s, -). RELIG. Nazaréen m. ; Jésus-Christ m. || ARTS. nazaréen.

Nazi ['nɑ:tsi] m. (s, s) nazi m. ; national-socialiste m. | *Nazizeit*, époque nationale-socialiste.

Nazismus [na'tsismus] m. nazisme m.

Neandertaler [ne"andər'tɑ:lər] m. (s, -). HIST. homme (m.) de Neandertal.

Neapel [ne'ɑ:pəl] n. pr. n. GÉOGR. Naples f.

neapolitanisch [neapoli'tɑ:niʃ] adj. napolitain.

Nebel ['ne:bəl] m. (s, -) brume f. ; brouillard m. ; voile m. ; fumée f.

Nebel|bank ["ne:bəl'baŋk] f. (-, ¨e), °**-decke** [-'dɛkə] f. (-, n) couche (f.), banc (m.) de brume ; nappe (f.) de brouillard. ||°**-bombe** f. (-, n) bombe (f.) fumigène. ||°**-entwicklung** f. (-, en) formation (f.) de brouillard. ||°**-filter** m. (s, -) filtre (m.) antibrouillard. ||°**-horn** n. (s, ¨er) sirène (f.) de brouillard. ||°**-kammer** f. (-, n). PHYS. chambre (f.) de Wilson. ||°**-krähe** f. (-, n). ZOOL. corneille emmantelée. ||°**-scheinwerfer** m. (s, -) phare (m.), projecteur (m.) antibrouillard. ||°**-schleier** m. (s, -) rideau (m.) de brouillard ; rideau (m.) de fumée. ||°**-wand** f. (-, ¨e) écran (m.) de fumée. ||°**-wetter** n. (s, -) temps brumeux, nébuleux ; nébulosité f.

nebelhaft ['ne:bəlhaft] adj. PR. et FIG. nébuleux ; FIG. vague.

nebelig ['ne:bəliç] adj. brumeux ; nébuleux.

nebeln [-bəln] v. intr. et impers. *es nebelt*, il fait de la brume, du brouillard ; il bruine.

neben ['ne:bən] prép. (dat. et acc.). [dicht bei] à côté de ; près de ; auprès de. | *er saß neben mir*, il était assis à côté de moi. | *er legte sein Messer neben seinen Teller*, il posa son couteau près de son assiette. || FIG. en plus de ; en outre. | *neben der Kirche ist auch das Rathaus sehenswert*, outre l'église, l'hôtel de ville aussi est intéressant.

neben... (en compos.) accessoire ; secondaire ; latéral.

Neben|absicht ["ne:bən'apziçt] f. (-, en) but (m.) secondaire ; arrière-pensée f. ||°**-altar** m. (s, e et ¨e) autel latéral. ||°**-amt** n. (s, ¨er) fonction (f.) secondaire ; emploi (m.) secondaire. ||**-an** adv. tout à côté ; tout près d'ici. ||°**-anschluß** m. (es, ¨e) dérivation f. ; ligne (f.) supplémentaire ; branchement m. ||°**-ausgaben** f. pl. dépenses (f. pl.) accessoires ; faux frais m. pl. ||°**-ausgang** m. (s, ¨e) sortie (f.) de secours ; sortie latérale. ||°**-bahn** f. (-, en). TRANSP. ligne (f.) secondaire. ||**-bei** adv. accessoirement ; à côté ; en passant ; en outre. | *nebenbei gesagt*, soit dit en passant. | *so ganz nebenbei*, sans avoir l'air d'y toucher. ||°**-beweis** m. (es, e) preuve (f.) accessoire. ||°**-buhler** m. (s, -) rival m. ; émule m. ; concurrent m. ||°**-effekt** m. (s, e) effet (m.) secondaire. ||**-einander** adv. l'un à côté de l'autre ; ensemble ; de front. | *sie gingen nebeneinander*, ils marchaient l'un à côté de l'autre. | *man kann nicht zwei Tätigkeiten nebeneinander treiben*, on ne peut mener deux activités de front. || en compos. avec **setzen, stehen, stellen** et les substantifs dérivés : être à côté ; mettre à côté ; confronter ; comparer. || °**-einander** n. (s, -) voisinage m. ; simultanéité f. ||°**-eingang** m. (s, ¨e) entrée latérale, secondaire. ||°**-einkommen** n. (s) revenu (m.) secondaire ; recettes (f. pl.) accessoires. ||°**-einnahmen** f. pl., °**-einkünfte** f. pl. émoluments m. pl. ; casuel m. ||°**-erzeugnis** n. (ses, se) sous-produit m. ||°**-fach** n. (s, ¨er). UNIV. matière (f.) secondaire. ||°**-figuren** f. pl. THÉÂTRE. personnages (m. pl.) secondaires ; comparses m. pl. ||°**-fluß** m. (es, ¨e) affluent m. ||°**-gasse** f. (-, n) rue adjacente, voisine. ||°**-gebäude** n. (s, -) bâtiment (m.) secondaire ; annexe f. ; dépendance f. ||°**-gedanke** m. (ns, n) arrière-pensée f. ||°**-geräusch** n. (es, e) bruit étranger. || RADIO. parasite m. || INF. bruit (m.) de fond. || TÉLÉPH. friture f. ; crépitements m. pl. ||°**-geschmack** m. (s) arrière-goût m. ||°**-gleis** n. (es, e) voie f. secondaire. ||**-her** adv. en outre ; à côté ; en même temps ; (soit dit) en passant. ||**-hin** adv. en passant ; à côté. ||°**-klage** f. (-, n). JUR. demande (f.) accessoire. ||°**-kläger** m. (s, -). JUR. codemandeur m. ; partie civile. | *als Nebenkläger auftreten*, se constituer partie civile. ||°**-kosten** pl. frais (m. pl.), dépenses (f. pl.) accessoires ; faux frais m. pl. || [Miete] charges locatives. ||°**-kriegsschauplatz** (es, ¨e). MIL. théâtre (m.) d'opérations secondaire. ||°**-leistung** f. (-, en) prestation (f.) accessoire. ||°**-linie** f. (-, n). TRANSP. ligne (f.) secondaire. || JUR. branche cadette ; ligne collatérale. ||°**-mann** m. (s, ¨er). MIL. *rechter, linker Nebenmann*, voisin (m.) de droite, de gauche. ||°**-mensch** m. (en, en). [Mitmensch] prochain m. ||°**-niere** f. (-, n). ANAT. capsule surrénale. ||**-ordnen** v. tr. coordonner. ||°**-person** f. (-, en). THÉÂTRE. personnage (m.) secondaire ; figurant m. ; comparse m. ||°**-produkt** n. (s, e) sous-produit m. ||°**-rolle** f. (-, n). THÉÂTRE. rôle (m.) secondaire ; rôle (m.) de figurant ; figuration f. ||°**-sache** f. (-, n) chose (f.) secondaire, accessoire ; détail m. ; à-côté m. ; bagatelle f. | *das ist völlig Nebensache*, c'est sans aucune importance ; c'est absolument secondaire. ||**-sächlich** adj. accessoire ; secondaire. ||°**-satz** m. (es, ¨e). GRAMM. proposition subordonnée. ||**-schalten** v. tr. ÉLECTR. monter, coupler en parallèle, en quantité. ||°**-schaltung** f. (-, en) montage m. ; couplage (m.) en dérivation. ||**-setzen, -stellen** v. tr. juxtaposer ; placer côte à côte ; comparer ; mettre en parallèle. ||°**-setzung,** °**-stellung** f. juxtaposition f. ||°**-sinn** m. (s, e) sens (m.) secondaire ; deuxième sens m. ||**-stehend** adj. ci-contre. ||°**-stelle** f. (-, n) annexe f. ; poste additionnel, supplémentaire. ||°**-straße** f. (-, n) route, rue secondaire, voisine, latérale, adjacente ; voie affluente. ||°**-strecke** f. (-, n) voie (f.) secondaire. ||°**-stück** n. (s, e) pendant m. ; accessoire m. ||°**-ton** m. (s, ¨e). PHYS. harmonique m. || MUS. seconde f. ||°**-umstand** m. (s, ¨e) circonstance (f.) accessoire ; détail m. ||°**-verdienst** m. (es, e) gain (m.) supplémentaire ; avantage (m.) accessoire ; petits profits. ||°**-weg** m. (s, e) chemin latéral. || FIG. détour m. ; biais m. ; voie détournée. || °**-winkel** m. (s, -). MATH. angle supplémentaire. ||°**-wirkung** f. (-, en). MÉD. effet (m.) secondaire. ||°**-wohnsitz** m. (es, e) résidence (f.) secondaire. ||°**-zweck** m. (s, e) but (m.) secondaire. ||°**-zweig** m. (s, e) branche collatérale.

neblig ['ne:bliç] adj. V. NEBELIG.

nebst [ne:pst] prép. (dat.) avec ; outre.

Necessaire [nɛsɛ'sɛ:r] n. (s, s) trousse f.

necken ['nɛkən] v. tr. taquiner ; agacer ; brocarder.

Neckerei [nɛkə'rai] f. (-, en) taquinerie f. ; moquerie f.

neckisch ['nɛkiʃ] adj. taquin ; malicieux.

Neffe ['nɛfə] m. (n, n) neveu m.

Negation [nega'tsio:n] f. (-, en) négation f.

negativ [nega'ti:f] adj. et adv. négatif ; négativement. || ÉLECTR. *negativer Pol*, pôle négatif. ◇ n. (s, e). **Negativ.** PHOT. [Negativbild] négatif m.

Negativismus [-ti'vismus] m. négativisme m.

Negatron [nega'tro:n] n. (s, en). PHYS. négaton m.

Neger(in) ['ne:gər(in)] m. (s, -), f. (-, nen) nègre m. ; négresse f.

Negerlein ['ne:gərlain] n. (s, -) négrillon m.

negieren [ne'gi:rən] v. tr. nier.

Negierung [-ruŋ] f. (-, en) négation f. ; dénégation f.

negroid [negro'i:t] adj. négroïde.

nehmen ['ne:mən] (nimmst, nahm, genommen) v. tr. **1.** prendre ; saisir ; emporter. | *nehmen Sie mein Buch !*, prenez mon livre. | *nehmen Sie Platz !*, prenez place. | *etwas in Besitz nehmen*, prendre possession de qch. || FIG. *die Sache in die Hand nehmen*, prendre la chose en main.
2. ôter ; refuser. | *das hat ihm den Mut genommen*, cela lui a ôté son courage. | *er hat sich das Leben genommen*, il a mis fin à ses jours. | *das kann man ihm nicht nehmen*, on ne peut lui refuser, lui contester cela.
3. absorber. | *er hat noch nichts zu sich genommen*, il n'a encore rien mangé. || FAM. *wir wollen einen nehmen*, allons boire un coup.
4. accepter ; assumer. | *jn in seinen Dienst nehmen*, prendre qn à son service. | *zur Frau nehmen*, prendre pour femme ; épouser. | *ich nehme es auf mich*, je le prends sur moi ; je le prends sous mon bonnet.
5. considérer. | *nehmen Sie es nicht so ernst !*, ne prenez pas cela trop au sérieux. | *ist das interessant ? — wie man's nimmt !*, est-ce intéressant — c'est selon. | *etwas aufs Korn nehmen*, regarder de près à qch. ; critiquer qch.
6. LOC. *Abschied nehmen von*, prendre congé de ; faire ses adieux à. | *ein Ende nehmen*, prendre fin. | *jn auf den Arm nehmen*, tourner qn en ridicule ; se moquer de qn. | *er versteht (es), ihn zu nehmen*, il sait le prendre.
◇ v. pr. **sich nehmen. 1.** (réfl. au dat.) *nehmen Sie sich einen Stuhl !*, prenez donc une chaise ! | *ich habe mir die Zeit dazu genommen*, j'ai pris le temps pour cela. | *das dürfen Sie sich nicht so zu Herzen nehmen*, ne prenez pas cela trop à cœur. | *du solltest dir ein Beispiel an ihm nehmen*, tu ferais bien de prendre exemple sur lui.
2. (réfl. à l'acc.) *er nimmt sich sehr ernst*, il se prend très au sérieux. | *nehmen Sie sich in acht !*, prenez garde (à vous).
◇ part. pass. **genommen.** *alles in allem genommen ; im ganzen genommen*, à tout prendre ; tout compte fait. | *streng genommen*, au sens strict du mot ; à y regarder de près.

Nehmer [-mər] m. (s, -). COMM. preneur m.

Nehrung ['ne:ruŋ] f. (-, n). GÉOGR. langue (f.) de terre ; cordon littoral.

Neid [nait] m. (s) envie f. ; jalousie f. ; dépit m. | *aus Neid*, par jalousie. | *er vergeht, er platzt vor Neid*, il crève de jalousie. | *Neid erwecken ; Neid erregen*, exciter l'envie ; faire envie. | *das muß ihm der Neid lassen*, on est obligé de le lui reconnaître.

neiden ['naidən] v. tr. et v. intr. envier. | *jm etwas neiden*, envier qch. à qn.

Neider [-dər] m. (s, -), **Neid|hammel** ["nait-'hamel] (s, ¨). FAM. envieux m. ; jaloux m.

neid|los ["nait'lo:s] adj. sans envie.

neidisch ['naidiʃ] adj. envieux ; jaloux ; avec envie. | *auf jn neidisch sein*, être jaloux de qn.

neigbar ['naikbɑ:r] adj. TECHN. inclinable.

Neige ['naigə] f. (-, n) déclin m. ; fin f. | *der Tag geht zur Neige, auf die Neige*, le jour baisse, touche à sa fin. || PAR EXT. reste m. ; fond (m.) de la bouteille. | *eine Flasche bis zur Neige austrinken*, vider entièrement une bouteille. || FIG. *etwas bis zur Neige trinken*, boire qch. jusqu'à la lie. || PHYS. inclinaison f.

neigen [-gən] v. tr. pencher ; incliner ; baisser. | *das Haupt zum Gruß neigen*, incliner la tête pour saluer.
◇ v. intr. incliner (à) ; avoir un penchant (pour). | *er neigt zum Trinken*, il a tendance à boire ; il a un penchant pour la boisson. | *ich neige zu dieser Meinung*, j'incline à croire cela.
◇ v. pr. **sich neigen,** s'incliner ; se pencher ; décliner. | *das Haus neigt sich*, la maison penche. | *sich vor jm neigen*, s'incliner devant qn. | *das Schiff neigt sich zur Seite*, le navire donne de la bande.
◇ part. pass. et adj. **geneigt,** incliné ; penché ; favorable. | *zur Kritik geneigt sein*, avoir tendance à la critique, à critiquer. | *jm geneigt sein*, être favorable à qn. | *der geneigte Leser*, le lecteur indulgent, bienveillant.

Neigung [-guŋ] f. (-, en) déclivité f. ; pente f. ; inclinaison f. | *die Neigung eines Hügels*, la déclivité d'une colline. | *das Schiff hat Neigung*, le bateau donne de la bande. || FIG. inclination f. ; penchant m. ; tendance f. ; goût m. ; sympathie f. | *Neigung zu jm haben*, avoir de la sympathie pour qn. | *Neigung zu etwas haben*, avoir tendance à qch. | *er hat eine starke Neigung zum Spiel*, il a un fort penchant pour le jeu.

Neigungs|winkel ["naiguŋs'viŋkəl] m. (s, -). MATH. angle (m.) d'inclinaison. || PHYS. angle d'incidence.

nein [nain] adv. non ; pardon. | *nein und abermals nein !*, non et non !, mille fois non ! | *ach nein !*, mais non ! | *er sagt nein*, il dit que non. | *etwas mit Nein beantworten*, répondre par la négative à qch.

Nein [nain] n. le non ; la réponse négative.

Nein|sagen ["nain'zɑ:gən] n. (s) refus m.

Nekrolog [nɛkro'lo:k] m. (s, e) nécrologe m.

Nektar ['nɛktar] m. (s, e). MYTH. nectar m. || BOT. nectar m. || FIG. boisson délicieuse.

Nelke ['nɛlkə] f. (-, n). BOT. œillet m. || COMM. clou (m.) de girofle.

Nematode [nema'to:də] f. (-, n). ZOOL. nématode m.

nennbar ['nɛnbɑ:r] adj. exprimable.

Nenn|betrag ["nɛnbə'trɑ:k] m. (s, ¨e) montant nominal. ||°**-form** f. (-, en). GRAMM. infinitif m. ||°**-kapital** n. (s, ien). COMM. capital nominal. ||°**-leistung** f. (-, en) débit nominal, homologué. ||°**-wert** m. (s, e). COMM. valeur nominale ; pair m. | *zum Nennwert ausgeben*, émettre au pair. | *über dem Nennwert stehen*, être au-dessus du pair.

nennen ['nɛnən] (nannte, genannt) v. tr. nommer ; donner un nom, le nom de ; mentionner ; citer ; appeler ; qualifier de ; s'appeler. | *wie werden wir dieses Kind nennen ?*, comment appellerons-nous cet enfant ? | *er wurde nach seinem Paten genannt*, on lui donna le nom de son parrain. | *das nenne ich großartig !*, je trouve cela grandiose. | *das Kind beim rechten Namen nennen*, appeler un chat un chat ; appeler les choses par leur nom.
◇ v. pr. **sich nennen.** | *er nennt sich Heinrich*, il s'appelle Henri. | *das will sich einen Freund nennen*, cela prétend s'appeler un ami.
◇ part. pass. et adj. **genannt,** nommé ; mentionné.

nennens|wert ["nɛnəns've:rt] adj. notable ; remarquable ; qui vaut la peine qu'on en parle.

Nenner ['nɛnər] m. (s, -). MATH. dénominateur m. || PR. et FIG. *alles auf einen Nenner bringen*, réduire tout au même dénominateur.

Nennung [-nuŋ] f. (-, en) dénomination f. || SPORT. inscription (f.) pour une compétition.

Neo|lithikum [neo'li:tikum] n. (s) néolithique m. ||**-lithisch** adj. néolithique. ||°**-logismus** m. (-, men) néologisme m.

Neon ['neo:n] n. (s). PHYS. néon m.

Neon|röhre [ne"o:n'rø:rə] f. (-, n) tube (m.) au néon.

Neopren [neo'pre:n] n. (s). CHIM. néoprène m.

Nepotismus [nepo'tismus] m. népotisme m.

Nepp [nɛp] m. (s). FAM. attrape-nigaud m.

neppen ['nɛpən] v. tr. FAM. prendre des prix exagérés ; estamper.

Nepperei [nɛpə'rai] f. (-, en) duperie f.

Neptun [nɛp'tu:n] n. pr. m. Neptune m.

Nero ['ne:ro] n. pr. m. ANTIQ. Néron m.

Nerv [nɛrf] m. (s, en). **1.** PR. et FIG. nerf m. | *starke Nerven haben*, avoir les nerfs solides. | *keine Nerven haben*, ne pas être nerveux. | *jm auf die Nerven fallen, gehen*, taper sur les nerfs de qn. | *die Nerven verlieren*, s'affoler ; FAM. perdre la boussole.
2. BOT. nervure f.

Nerven|anfall ["nɛrvən'anfal] (s, ¨e) crise (f.) de nerfs. ||°**-arzt** m. (es, ¨e) neurologue m. ||°**-bündel** n. (s, -). ANAT. faisceau (m.) de nerfs. || FIG. paquet (m.) de nerfs ; caractère (m.) irritable. ||°**-entzündung** f. (-, en) névrite f. ||°**-faser** f. (-, n). ANAT. axone m. ; fibre nerveuse. ||°**-fieber** n. (s, -) fièvre nerveuse, typhoïde. ||°**-geflecht** n. (s, e). ANAT. plexus nerveux. ||°**-gewebe** n. (s, -) nervure f. ||°**-gift** n. (s, e) neurotoxine f. || °**-heilanstalt** f. (-, en) maison (f.) de santé. ||°**-knoten** m. (s, -) ganglion m. ||**-krank** adj. névropathe ; névrosé. ||°**-kranke(r)** f. (m.) névropathe s. ; névrosé(e) m. (f.). ||°**-krankheit** f. (-, en) névropathie f. ; névrose f. ||°**-krieg** m. (s, e). POLIT. guerre (f.) des nerfs. ||°**-kunde** f., °**-lehre** f. neurologie f. ||**-leidend** adj. névropathe. ||°**-schmerzen** m. pl. névralgie f. ||°**-schock** m. (s, e) choc nerveux ; secousse nerveuse. ||**-stärkend** adj. qui fortifie les nerfs. || °**-system** m. (s) système nerveux. | *autonomes Nervensystem*, (grand) sympathique. ||°**-überreizung** f. hypernervosité f. ||°**-zelle** f. (-, n) cellule nerveuse. ||°**-zucken** n. (s), °**-zuckungen** f. pl. tressaillements, tics nerveux. ||°**-zusammenbruch** m. (s, ¨e) dépression nerveuse.

nervig ['nɛrviç] adj. nerveux. || FIG. *ein nerviger Stil*, un style vigoureux. || BOT. nervé.

nervös [nɛr'vø:s] adj. nerveux ; aux nerfs irritables. | *nervös machen*, agacer.

Nervosität [-vozi'tɛ:t] f. nervosité f.

Nervus ['nɛrvus] m. MÉD. nerf m. || FIG. [Geld] *Nervus rerum*, le nerf de la guerre.

Nerz [nɛrts] m. (es, e). ZOOL. vison m.

Nessel ['nɛsəl] f. (-, n). BOT. ortie f. || FIG. *sich in die Nesseln setzen*, se mettre dans une situation pénible.

Nessel|ausschlag ["nɛsəl'ausʃla:k] m. (s) urticaire f. ||°**-fieber** n. (s) fièvre (f.) urticaire ; urticaire f. ||°**-tuch** n. (s, ¨er) mousseline f.

Nest [nɛst] n. (es, er) **1.** nid m. | *ein Nest ausnehmen*, dénicher des oiseaux. | *sein Nest bauen*, nidifier. || FIG. nid m. | *das eigene Nest beschmutzen*, dénigrer, décrier les siens, sa famille, son pays.
2. FAM. [Bett] plumard m.
3. [Dorf] trou m. | *ein elendes Nest*, un bled perdu.
4. [Schlupfwinkel] repaire (de brigands) ; taverne (f.) de voleurs ; tapis-franc m. | *man fand das Nest leer*, les voleurs s'étaient envolés.

Nest|bau ["nɛst'bau] m. (s, e) nidification f. ||°**-feder** f. (n) duvet m. ||°**-häkchen** n. (s, -) dernier-né m. ; favori m.

nesteln ['nɛstəln] v. tr. nouer ; attacher.

nett [nɛt] adj. agréable ; joli ; gentil ; propret. | *es ist sehr nett hier*, c'est gentil ici. | *sehr nett von Ihnen !*, c'est très aimable à vous. | *er ist ein netter Mensch*, c'est un chic type. || FAM. *ein nettes Früchtchen*, un jeune vaurien ; une jolie fripouille.

Nettigkeit ['nɛtiçkait] f. (-, en) gentillesse f. | *jm ein paar Nettigkeiten sagen*, faire des compliments à qn.

netto ['nɛto] adv. COMM. net.

Netto|betrag ["nɛtobə'tra:k] m. (s, ¨e) somme nette ; montant net. ||°**-ertrag** m. (s, ¨e) revenu, produit net. ||°**-gewicht** n. (s, e) poids net. ||°**-preis** m. (es, e) prix net. ||°**-vermögen** n. (s). FIN. actif net.

Netz [nɛts] n. (es, e). **1.** PR. et FIG. filet m. ; rets m. pl. ; résille f. || FIG. piège m. | *Netze auswerfen*, jeter les filets. | *jm ins Netz gehen*, tomber dans les rets de qn. | *jn in sein Netz locken*, attirer qn dans ses filets. || SPORT. filet m.
2. TRANSP. réseau m. || ÉLECTR. secteur m.

Netz|anschluß ["nɛts'anʃlus] m. (es, ¨e) branchement (m.) sur le secteur ; branchement (m.) au réseau. ||°**-augen** n. pl. ZOOL. yeux (m. pl.) à facettes. ||°**-einteilung** f. quadrillage m. ||°**-flügler** m. pl. ZOOL. névroptères m. pl. ||**-förmig** adj. réticulaire. ||°**-haut** f. (-, ¨e). ANAT. rétine f. ||°**-karte** f. (-, n). TRANSP. carte (f.) d'abonnement. ||°**-kupplung** f. (-, en). ÉLECTR. interconnexion f. ||°**-leger** m. (s, -). MAR. mouilleur (m.) de filets. ||°**-magen** m. (s). ZOOL. bonnet m. ||°**-prozessor** m. (s, en). INF. processeur (m.) de réseau. ||°**-schere** f. (-, n). MAR. coupe-filets m. ||°**-strom** m. (s, ¨e) courant (m.) de secteur. ||°**-teil** m. (s, e). ÉLECTR. bloc (m.) d'alimentation. ||°**-werk** n. (s, e). ARCHIT. entrelacs m. || ÉLECTR. réseau m. ||°**-werk|architektur** f. (-, en). INF. architecture (f.) de réseau ; configuration (f.) en réseau.

netzen ['nɛtsən] v. tr. humecter ; mouiller ; arroser ; baigner ; irriguer.

neu [nɔy] adj. nouveau ; moderne ; neuf ; frais ; récent ; novice. **1.** (avec un nom ou un pron.) *neuer Ausdruck*, néologisme m. | *das Neue Testament*, le Nouveau Testament. | *das neue Jahr*, la nouvelle année. | *die neu(e)sten Nachrichten*, les dernières nouvelles. | *nichts Neues*, rien de nouveau, de neuf. | *die neueren Sprachen*, les langues (f. pl.) modernes. | *ich bin neu darin*, je suis nouveau en cette matière.
2. (avec un verbe) *neu auflegen*, rééditer. | *neu ausrüsten, ausstatten*, réapprovisionner ; rééquiper ; équiper à neuf. | *neu einkleiden*, habiller de neuf. | *das ist mir neu*, je ne le savais pas.
3. LOC. *aufs neue* ; *von neuem*, de, à nouveau. | *wieder von neuem anfangen*, tout recommencer.
◇ **das Neue,** la nouveauté ; ce qu'il y a de neuf, de moderne.

neu|angekommen ["nɔy'angəkɔmən] adj. nouveau venu. ||**-artig** adj. nouveau ; inédit ; moderne. | *ein neuartiger Kredit*, une nouvelle formule de crédit. ||°**-artigkeit** f. nouveauté f. ; modernisme m. ; caractère inédit. ||°**-auflage** f. (-, n) réimpression f. ||°**-bau** m. (s, ten) nouvelle construction ; bâtiment neuf. ||°**-baugebiet** n. (s, e) ville nouvelle. ||°**-bearbeitung** f. (-, en) modernisation f. ; refonte f. (d'une œuvre écrite). ||°**-bildung** f. (-, en) formation nouvelle. || GRAMM. néologisme m. ||**-entdeckt** adj. récemment découvert. ||°**-erscheinung** f. (-, en) nouveauté f. [livre]. ||°**-fundland** n. pr. n. Terre-Neuve f. ||°**-fundländer** n. pr. m. (s, -). 1° habitant de Terre-Neuve ; 2° chien (m.) de Terre-Neuve ; terre-neuve m. ||**-geboren** adj. nouveau-né. || FIG. tout frais ; tout rajeuni. || °**-geborenen...** (en compos.) néonatal. ||°**-geburt** f. (-, en) renaissance f. ||°**-gestaltung** f. (-, en) remaniement m. ; réorganisation f. ; refonte f. || °**-gewichtung** f. (-),

°**-orientierung** f. (-). POLIT. recentrage m. ||°**-gier(de)** f. curiosité f. ; indiscrétion f. ||**-gierig** adj. curieux ; indiscret. ||**-gliedern** v. tr. réorganiser ; regrouper ; reformer. ||°**-gliederung** f. (-, en) réorganisation f. ||°**-griechisch** n. grec (m.) moderne. ||°**-guinea** n. pr. n. GÉOGR. Nouvelle-Guinée f. ||°**-hochdeutsch** n. haut allemand moderne. ||°**-jahr** n. (s, e) nouvel an ; jour (m.) de l'an. | *zu Neujahr gratulieren*, souhaiter la bonne année. | *die Neujahrsgeschenke*, les étrennes f. pl. ||°**-kaledonien** n. pr. n. GÉOGR. Nouvelle-Calédonie f. ||°**-kaledonier(in)** m. (s, -), f. (-, nen) Néo-Calédonien m., Néo-Calédonienne f. ||**-kaledonisch** adj. néo-calédonien. ||°**-land** n. (s, ¨er). 1° terre nouvelle, inconnue ; 2° terre nouvellement défrichée. || °**-mexiko** n. pr. n. GÉOGR. Nouveau-Mexique m. ||**-modisch** adj. à la nouvelle mode. ||°**-mond** m. (s, e) nouvelle lune. ||°**-philologe** m. (n, n), °**-philologin** f. (-, en) professeur (m.) de langues vivantes. ||°**-regelung** f. (-, en) réorganisation f. ; nouveau règlement. ||°**-reiche (der)** [n, n] nouveau riche. ||°**-schnee** m. (s) neige fraîche. ||°**-seeland** n. pr. n. GÉOGR. Nouvelle-Zélande f. ||°**-seeländer(in)** m. (s, -), f. (-, nen) Néo-Zélandais m. ; Néo-Zélandaise f. ||°**-silber** n. (s) maillechort m. ||°**-sprachler** m. (s, -) qui étudie, sait des langues vivantes. ||°**-stadt** f. (-, ¨e) ville nouvelle (par opposition à *Altstadt*, vieille ville). ||**-vermählt** adj. nouveau marié ; nouvelle mariée. ||°**-wert** m. (s, e) valeur nouvelle ; valeur (f.) d'un objet à l'état neuf. ||°**-zeit** f. temps modernes m. pl. ||**-zeitlich** adj. moderne. | *neuzeitlich herrichten*, moderniser.

neuer|dings [ʺnɔyər'diŋs] adv. récemment ; depuis peu.

Neuerer [-rər] m. (s, -) novateur m.

neuerlich [-liç] adj. et adv. récent ; de, à nouveau.

neuern ['nɔyərn] v. tr. changer ; essayer de réformer ; innover.

Neuerung [-ruŋ] f. (-, en) innovation f.

neuestens ['nɔystəns] adv. tout récemment.

Neuheit ['nɔyhait] f. (-, en) nouveauté f. ; originalité f. || [Mode] nouveauté f.

Neuigkeit ['nɔyiçkait] f. (-, en) nouveauté f. ; nouvelle fraîche.

neulich ['nɔyliç] adj. récent ; dernier.
◇ adv. récemment ; dernièrement.

Neuling [-liŋ] m. (s, e) novice m. et f. ; débutant(e) m. (f.) ; apprenti(e) m. (f.).

neun [nɔyn] adj. num. card. neuf. | *alle neune werfen*, renverser les neuf quilles.
◇ **die Neun,** le neuf.

Neun|auge [ʺnɔyn'augə] n. (s, n). ZOOL. lamproie f. ||**-fach, -fältig** adj. en neuf fois. ||**-hundert** adj. num. card. neuf cent(s). ||**-jährig** adj. âgé de neuf ans. ||**-jährlich** adj. qui revient tous les neuf ans. ||°**-malklug** m. (s). *Herr Neunmalklug*, Monsieur Je-sais-tout. ||**-zehn** adj. num. card. dix-neuf.

Neuner ['nɔynər] m. (s, -) neuf m.

neunerlei [ʺnɔynər'lai] adj. de neuf espèces.

Neuntel ['nɔyntəl] n. (s, -) neuvième m.

neuntens [-təns] adv. neuvièmement.

neunzig ['nɔyntsiç] adj. num. card. quatre-vingt-dix.

neunzig|jährig [ʺnɔyntsiç'jɛ:riç] adj. nonagénaire.

Neuralgie [nɔyral'gi:] f. (-, n) névralgie f.

neuralgisch [-'ralgiʃ] adj. névralgique. || FIG. sensible. | *neuralgischer Punkt*, point (m.) sensible.

Neurasthenie [-raste'ni:] f. neurasthénie f.

Neurastheniker(in) [-ras'te:nikər(in)] m. (s, -), f. (-, nen) neurasthénique m. et f.

neurasthenisch [-ras'te:niʃ] adj. neurasthénique.

Neurochirurg(in) [nɔyroçi'rurk(in)] m. (en, en), f. (-, nen) neurochirurgien m., neurochirurgienne f.

Neurochirurgie ['gi:] f. (-) neurochirurgie f.

Neuroleptikum ['nɔyroʺlɛptikum] n. (s, a) neuroleptique m.

Neurologe [-ro'lo:gə] m. (n, n), **Neurologin** [-ro'lo:gin] f. (-, nen) neurologue s.

Neurologie [-rolo'gi:] f. neurologie f.

Neuron [nɔy'ro:n] n. (s, Neuronen ou Neuren). ANAT. neurone m.

Neurose [nɔy'ro:zə] f. (-, n). MÉD. névrose f.

neurotisch [-'ro:tiʃ] adj. névrotique.

Neurotransmitter [ʺnɔyrotrans'mitər] m. (s, -). BIOL. neurotransmetteur m.

neutral [nɔy'tra:l] adj. [unparteiisch ; unbeteiligt] neutre.

Neutralen [-lən] m. pl. puissances neutres f. pl.

Neutralisation [nɔytraliza'tsio:n] f. (-, en) neutralisation f.

neutralisieren [-'zi:rən] v. tr. neutraliser.

Neutralität [-'tɛ:t] f. (-, en) neutralité f.

Neutron [nɔy'tro:n] n. (s, en). PHYS. neutron m. | *schnelle Neutronen*, neutrons rapides.

Neutronen|beschuß [nɔyʺtro:nənbə'ʃus] m. (ses, ¨e) bombardement (m.) neutronique. ||°**-bombe** f. (-, n) bombe (f.) à neutrons. ||°**-falle** f. (-, n). NUCL. piège (m.) à neutrons. ||°**-waffe** f. (-, n) arme (f.) neutronique.

Neutrum ['nɔytrum] n. (s, ra). GRAMM. neutre m.

nicht [niçt] adv. ne... pas. ; ne... point. | *ich sah ihn nicht*, je ne l'ai pas vu. | *nicht ihn sah ich*, ce n'est pas lui que j'ai vu. | *(ich) auch nicht*, (moi) non plus. | *durchaus nicht* ; *ganz und gar nicht*, pas du tout ; nullement. | *warum nicht ?*, pourquoi pas ? | *nicht, daß*, ce n'est pas que... | *nicht doch !*, mais non ; non pas ! | *er sprach nicht mehr*, il ne parla plus. | *mehr sprach er nicht*, il n'en dit pas plus. | *nicht nur*, non seulement. | *nicht so*, pas ainsi ; mais non ! | *nicht (wahr) ?*, n'est-ce pas ? ; pas vrai ? || [im Gegensinn] *was weiß er nicht alles !*, que ne sait-il pas !

Nicht|achtung [ʺniçt'axtuŋ] f. (-, en) irrévérence f. ; manque (m.) d'égards. ||**-amtlich** adj. officieux ; non officiel. ||°**-anerkennung** f. (-, en) non-reconnaissance f. | *Nichtanerkennung der Vaterschaft*, désaveu (m.) de paternité. ||°**-angriffspakt** m. (s, e[n]) pacte (m.) de non-agression. ||°**-beachtung** f. (-, en) inobservation f. | *Nichtbeachtung der Vorfahrt*, refus (m.) de priorité. ||°**-beitreibbarkeit** f. (-, en) inexigibilité f. | *im Falle der Nichtbeitreibbarkeit*, en cas d'insolvabilité. ||°**-diskriminierung** f. (-, en) non-discrimination f. ||°**-einhaltung** f. (-, en) [eines Termins] inobservance f. (d'un délai) ; inobservation f. ; non-accomplissement m. ||°**-einmischung** f. (-, en) non-intervention f. || POLIT. non-ingérence f. | *Nichteinmischung in die inneren Angelegenheiten eines Staates*, non-ingérence dans les affaires intérieures d'un État. ||°**-eisenmetall** n. (s, e) métal non ferreux. ||°**-erfüllung** f. (-, en) inaccomplissement m. ; inexécution f. ; non-exécution f. | *Nichterfüllung einer Vertragsabrede*, inaccomplissement d'une clause de traité. | *Nichterfüllung einer Verpflichtung*, manquement (m.) à une obligation. ||°**-erscheinen** n. (s, -) [vor Gericht] non-comparution f. ; absence f. ; défaut m. ; contumace f. ||°**-erwerbspersonen** f. pl. ÉCON. les inactifs (m. pl.) ||**-erwerbstätig** adj. ÉCON. inactif. ||°**-kämpfer** m. (s, -) non-combattant m.

||**-kriegführend** adj. non-belligérant. ||**-leitend** adj. ÉLECTR. non conducteur. ||°**-leiter** m. (s, -). ÉLECTR. non-conducteur m. ; isolant m. ||°**-metall** n. (s, e). CHIM. métalloïde m. ||°**-raucher** m. (s, -) non-fumeur m. ||°**-raucherabteil** n. (s, e). TRANSP. compartiment (m.) non-fumeurs. ||**-rostend** adj. inoxydable. ||°**-sein** n. (s) non-être m. ||°**-übereinstimmung** f. (-, en) non-conformité f. ||°**-verbreitung** f. NUCL. non-prolifération f. ||°**-vollstreckung** f. (-, en) [eines Urteils] inexécution f. (d'une sentence) ; non-exécution f. ||°**-vorhandensein** n. (s) non-existence f. ; carence f. ||°**-zahlung** f. (-, en) non-paiement m. ; défaut (m.) de paiement. ||°**-zulassung** f. (-, en) non-admission f. ||°**-zuständigkeit** f. (-, en) incompétence f. ||**-zutreffend** adj. *Nichtzutreffendes streichen*, rayer les mentions inutiles.

Nichte ['niçtə] f. (-, n) nièce f.

nichtig ['niçtiç] adj. non avenu ; nul ; sans effet ; caduc. | *nichtiges Rechtsgeschäft*, acte nul. | *für (null und) nichtig erklären*, déclarer nul et non avenu ; annuler ; casser ; invalider.

Nichtigkeit [-kait] f. (-, en). **1.** JUR. nullité f. ; caducité f. ; invalidité f.
2. vanité f. ; futilité f. | *Nichtigkeit des Daseins*, vanité de l'existence.

Nichtigkeits|beschwerde ["niçtiçkaitsbə'ʃve:rde] f. (-, n). JUR. recours (m.), pourvoi (m.) en nullité. | *die Nichtigkeitsbeschwerde einreichen, erheben*, se pourvoir, recourir en cassation. ||°**-erklärung** f. (-, en) déclaration (f.) de nullité ; annulation f. ; cassation f.

nichts [niçts] pron. indéf. rien. | *er wollte mir nichts geben*, il n'a rien voulu me donner. | *von unserem Hause bleibt nichts mehr*, il ne reste plus rien de notre maison. | *(ganz und) gar nichts* ; *überhaupt nichts*, rien du tout ; absolument rien. | *um nichts und wieder nichts*, pour rien du tout ; pour trois fois rien. | *weiter nichts*, rien de plus. | *nichts anderes*, rien d'autre. | *nichts Neues*, rien de nouveau. | *nichts weniger als*, rien moins que. | *mir nichts dir nichts*, sans façon ; sans se gêner ; sans crier gare. | *viel Lärm um nichts*, beaucoup de bruit pour rien. | *da gibt's nichts zu lachen*, il n'y a pas de quoi rire. | *ich mache mir nichts daraus*, je m'en moque ; ça m'est égal. | *das taugt nichts*, cela ne vaut rien. | *das macht nichts ; es tut nichts*, cela ne fait rien. | *daraus wird nichts*, il n'en sortira rien.
◇ n. **Nichts. 1.** néant m. ; chaos m.
2. ruine f. ; perte f. | *vor dem Nichts stehen*, être dans une situation désespérée.
3. rien m. ; bagatelle f. ; babiole f.

nichts|destoweniger ["niçtsdɛsto'we:nigər] adv. néanmoins. ||°**-könner** m. (s, -) bon à rien m. ||°**-nutz** m. (es, e) vaurien m. ||**-nutzig** adj. inutile. ||°**-nutzigkeit** f. (-, en) incapacité f. ; inutilité f. ||**-sagend** adj. insignifiant ; falot. ||°**-tuer** m. (s, -) fainéant m. ||°**-tuerei** f. fainéantise f. ||°**-tun** n. (s, -) inaction f. ; farniente m. ; oisiveté f. ||**-würdig** adj. vil ; bas ; indigne ; infâme. ||°**-würdige(r)** f. (m.) misérable s.

Nickel ['nikəl] n. (s). MINÉRAL. nickel m.

Nickel|legierung ["nikəlle'gi:ruŋ] f. (-, en) alliage (m.) de nickel. ||**-stahl** m. (s, e et ¨e) acier m. (au) nickel.

nicken ['nikən] v. intr. incliner la tête ; faire un signe de tête. | *er nickte (mit dem Kopf)*, il fit oui de la tête. | *er nickte mir zu*, il me fit un signe de tête. || [einschlummern] s'assoupir.

Nickerchen ['nikərçən] n. (s, -) petit somme.

nie [ni:] adv. [niemals] jamais ; ne... jamais. | *nie und nimmer*, au grand jamais ; en aucun cas. | *noch nie dagewesen*, sans précédent.

nieder ['ni:dər] adv. en bas ; à bas. | *auf und nieder gehen*, monter et descendre ; faire les cent pas. | *nieder mit dem Tyrannen !*, à bas le tyran !
◇ adj. bas ; inférieur ; peu élevé. | *der niedere Adel*, la petite noblesse. | *von niederer Herkunft*, de basse extraction. | *die niederen Klassen*, les classes inférieures. || FIG. vil ; bas.

nieder|beugen ["ni:dər'bɔygən] v. tr. abattre ; accabler. ||**-blicken** v. intr. baisser les yeux (sur). ||**-brechen** (i, a, o) v. tr. abattre ; démolir. — v. intr. s'écrouler. ||**-brennen** (brannte, gebrannt) v. tr. réduire en cendres. — v. intr. être réduit en cendres. ||**-bücken (sich)** v. pr. se baisser. ||**-deutsch** adj. bas-allemand. ||°**-deutsch** n. [Sprache] bas-allemand m. ||°**-deutsche(r)** f. (m.) Allemand(e) [m. (f.)] du Nord. ||°**-druck** m. (s) basse pression. | *Niederdruckdampf*, vapeur (f.) à basse pression. ||**-drücken** v. tr. déprimer ; accabler. ||**-fahren** v. intr. descendre. ||°**-fahrt** f. (-, en) descente f. ||**-fallen** (ä, ie, a) v. intr. tomber. | *auf die Knie niederfallen*, tomber à genoux. ||°**-frequenz** f. (-, en). ÉLECTR. basse fréquence. ||°**-gang** m. (s, ¨e) descente f. ; coucher m. ; occident m. ||**-gehen** (ging, gegangen) v. intr. descendre. | *das Flugzeug geht nieder*, l'avion atterrit. | *der Regen geht nieder*, la pluie tombe. ||**-geschlagen** adj. découragé ; abattu. ||°**-geschlagenheit** f. découragement m. ; abattement m. ||**-halten** (ä, ie, a) v. tr. tenir en bas ; réprimer. || MIL. neutraliser. ||**-hauen** (hieb, gehauen) v. tr. abattre ; sabrer. ||**-hocken** v. intr. être accroupi ; s'accroupir. ||**-holen** v. tr. *die Fahne niederholen*, amener le drapeau. ||**-kämpfen** v. tr. maîtriser ; détruire ; écraser. ||**-kauern** v. intr. être accroupi. ||**-knallen** v. tr. abattre (d'un coup de feu). ||**-knien** v. intr. s'agenouiller. || °**-knüppeln** n. (s) matraquage m. ||**-kommen** (a, o) v. intr. (Vx.) accoucher ; être délivrée. ||°**-kunft** f. (-, ¨e) accouchement m. ||°**-lage** f. (-, n) défaite f. ; échec m. || COMM. dépôt m. ; entrepôt m. ; filiale f. ||°**-lande** n. pr. pl. GÉOGR. Pays-Bas m. pl. ||°**-länder(in)** m. (s, -), f. (-, nen) Néerlandais m. ; Néerlandaise f. ||**-ländisch** adj. néerlandais ; des Pays-Bas ; hollandais. ||**-lassen** (ä, ie, a) v. tr. abaisser ; baisser. — v. pr. **sich niederlassen,** s'établir ; se fixer ; s'installer. || [Vögel] se poser. ||°**-lassung** f. (-, en) habitation f. ; colonie f. ; établissement m. || COMM. succursale f. ||°**-lausitz** n. pr. n. GÉOGR. Basse-Lusace f. ||**-legen** v. tr. 1° déposer ; poser ; renoncer à. | *sein Amt niederlegen*, résigner ses fonctions ; démissionner. | *die Arbeit niederlegen*, cesser le travail. | *die Waffen niederlegen*, déposer, mettre bas les armes. | *seine Bilanz gerichtlich niederlegen*, déposer son bilan ; 2° mettre par écrit ; consigner. — v. pr. **sich niederlegen,** se coucher. ||°**-legung** f. (-, en) démission f. ; abdication f. ||**-machen, -mähen, -metzeln** v. tr. abattre ; faucher ; massacrer. || °**-österreich** n. pr. n. GÉOGR. Basse-Autriche f. ||**-reißen** (i, i) v. tr. démolir ; renverser ; jeter bas ; raser. || **-rennen** (rannte, gerannt) v. tr. renverser en courant. ||°**-rhein** n. pr. m. cours inférieur du Rhin ; Rhin inférieur. ||**-rheinisch** adj. du Rhin inférieur. ||°**-sachsen** n. pr. n. GÉOGR. Basse-Saxe f. ; Allemagne (f.) du Nord-Ouest. ||**-schießen** (o, o) v. tr. fusiller ; abattre. ||°**-schlag** m. (s, ¨e) précipitations f. pl. ; pluie f. ; condensation f. | *saurer Niederschlag*, pluie (f.), précipitation (f.) acide. || CHIM. précipité m. ; dépôt m. || SPORT. knock-out m. ||**-schlagen** (ä, u, a) v. tr. renverser (d'un coup) ; assommer ; (r)abattre. || [Gegner] défaire. || FIG. accabler ; abattre. | *niederschlagende Nachricht*, nouvelle accablante. || JUR. *das Verfahren niederschlagen*, classer une affaire. || CHIM. précipiter. ||°**-schlagung** f. (-, en) *Niederschlagung eines Aufstandes*, répression (f.) d'une sédition. || JUR.

Niederschlagung eines Prozesses, ordonnance (f.) de non-lieu. || CHIM. précipitation f. ||°**-schlesien** n. pr. n. GÉOGR. Basse-Silésie f. ||**-schmettern** v. tr. foudroyer ; terrasser ; écraser. ||**-schmetternd** adj. accablant ; catastrophique. ||**-schreiben** (ie, ie) v. tr. écrire ; mettre par écrit. ||°**-schrift** f. (-, en) mise par écrit ; procès-verbal m. ; rédaction f. ||**-senken** v. tr. enfoncer ; descendre. | *die Nacht senkt sich nieder*, la nuit tombe. ||**-setzen** v. tr. poser ; déposer. — v. pr. **sich niedersetzen,** s'asseoir. ||**-sinken** (a, u) v. intr. s'affaisser ; tomber ; aller au fond ; descendre. ||**-sitzen** (saß, gesessen) v. intr. prendre place ; s'asseoir. ||°**-spannung** f. (-, en). ÉLECTR. basse tension. ||**-stechen** (a, o) v. tr. poignarder ; tuer à coups de couteau. ||**-steigen** (ie, ie) v. intr. descendre. ||**-stimmen** v. tr. mettre en minorité. ||**-stoßen** (ö, ie, o) renverser ; tuer. ||**-strecken** v. tr. étendre par terre ; abattre. ||**-stürzen** v. intr. se renverser ; tomber ; s'écrouler ; s'abattre. — v. tr. renverser ; abattre. ||**-tourig** adj. TECHN. à bas régime. ||°**-tracht** f. (-, en) bassesse f. ; abjection f. ||**-trächtig** adj. ignoble ; infâme ; vil. ||°**-trächtigkeit** f. (-, en) infamie f. ; vilenie f. ||**-treten** (i, a, e) v. tr. fouler aux pieds ; écraser. | *seine Absätze niedertreten*, éculer ses souliers. ||°**-wald** m. (s, ¨er) taillis m. ||**-wärts** adv. vers le bas. ||**-werfen** (i, a, o) v. tr. jeter à bas ; écraser ; défaire (un ennemi). | *einen Aufstand niederwerfen*, réprimer une sédition. — v. pr. **sich niederwerfen,** se jeter à terre ; se plaquer au sol. | *sich vor jm niederwerfen*, se prosterner devant qn. ||°**-werfung** f. *Niederwerfung des Feindes*, écrasement (m.) de l'ennemi. | *Niederwerfung des Aufstandes*, répression (f.) de la révolte, de l'émeute. ||°**-wild** n. (s) menu gibier. ||**-ziehen** (zog, gezogen) v. tr. abaisser ; tirer vers le bas.

Niederung ['ni:dəruŋ] f. (-, en) creux m. ; terrain bas ; bas-fond m. ; dépression f.

niedlich ['ni:tliç] adj. coquet ; gentil ; mignon.

Niedlichkeit [-kait] f. (-, en) gentillesse f. ; grâce f.

niedrig ['ni:driç] adj. bas ; peu élevé. | *niedriger Blutdruck*, hypotension f. | *niedriges Fenster*, fenêtre basse. | *niedriger Preis*, bas prix. || d'un rang inférieur. | *hoch und niedrig*, les grands et les petits ; tout le monde. || FIG. vil ; bas ; vulgaire. | *niedriger Charakter*, bassesse (f.) de caractère.

◇ adv. PR. et FIG. bas. | *das Bild müssen Sie niedriger hängen*, il faut que vous accrochiez le tableau plus bas. | *Sie sollen nicht so niedrig von mir denken*, vous devriez avoir une meilleure opinion de moi.

niedrig|gesinnt ["ni:driçgə'zint] adj. vil ; bas (dans ses pensées). ||**-stehend** adj. inférieur ; peu développé. ||°**-wasser** n. (s, -) marée basse.

Niedrigkeit ['ni:driçkait] f. (-, en) manque d'élévation, de profondeur. || FIG. bassesse f.

niemals ['ni:mɑ:ls] adv. jamais ; ne... jamais.

niemand ['ni:mant] pron. indéf. (ne...) personne. | *ich habe niemanden gesehen*, je n'ai vu personne. | *niemand mehr*, plus personne. | *niemand anders ; niemand sonst*, nul autre ; personne d'autre. | *ich habe es niemandem außer dir gesagt*, je ne l'ai dit à personne d'autre qu'à toi.

Niemands|land ["ni:mants'lant] n. (s) zone (f.) neutre ; no man's land m.

Niere ['ni:rə] f. (-, n). PR. et FIG. rein m. | *das geht mir an die Nieren*, cela me touche au vif. || CULIN. rognon(s) m. (pl.). || MINÉRAL. rognon m.

Nieren|becken ["ni:rən'bɛkən] n. (s, -). ANAT. bassinet m. ||°**-beckenentzündung** f. MÉD. pyélite f. ||°**-braten** m. (s, -) longe (f.) de veau. ||°**-entzündung** f. MÉD. néphrite f. ||°**-kolik** f. (-, en). MÉD. colique (f.) néphrétique. ||**-krank** adj. néphrétique. ||°**-leiden** n. (s, -) maladie (f.) des reins ; néphrite f. ||°**-schmerzen** m. pl. douleurs (f. pl.), coliques (f. pl.) néphrétiques. ||°**-stein** m. (s, e). MÉD. calcul rénal.

nieseln ['ni:zəln] v. intr. bruiner.

niesen ['ni:zən] v. intr. éternuer.

Nies|wurz ["ni:s'vurts] f. (-, ¨e). BOT. ellébore f.

Nieß|brauch ["ni:s'braux] m. (s). JUR. usufruit m. ||°**-braucher** m. (s, -), °**-nutzer** m. (s, -) usufruitier m.

Niet [ni:t] m. ou n. (s, e) rivet m.

◇ adj. *niet- und nagelfest*, solidement fixé.

Niet|eisen ["ni:t'aizən] n. (s, -). TECHN. fer (m.) à river. ||°**-hammer** m. (s, ¨) marteau riveur. ||°**-zange** f. (-, n) pince (f.) à rivets, à réchauffer.

Niete ['ni:tə] f. (-, n). FAM. [Lotterie] billet perdant. || PAR EXT. incapable s. ; zéro m. ; nullité f.

nieten ['ni:tən] v. tr. river.

Niet(en)|hose ["ni:t(ən)'ho:zə] f. (-, n) blue-jean m.

Nihilismus [nihi'lismus] m. nihilisme m.

Nihilist [-'list] m. (en, en) nihiliste m.

nihilistisch [-'listiʃ] adj. nihiliste.

Nikolaus ['nikolaus] n. pr. m. Nicolas m.

Nikotin [niko'ti:n] n. (s) nicotine f.

nikotin|frei [niko"ti:n'frai] adj. dénicotinisé. || °**-sucht** f. (-) tabagisme m. ||°**-vergiftung** f. nicotinisme m. ; tabagisme m.

Nil [ni:l] n. pr. m. GÉOGR. Nil m.

Nil|pferd ["ni:l'pfe:rt] n. (s, e) hippopotame m.

Nimbus ['nimbus] m. (-, se). PR. et FIG. nimbe m. ; auréole f. ; prestige m.

nimmer ['nimər] adv. jamais. | *nie und nimmer*, au grand jamais.

Nimmer|leinstag ["nimərlains'tɑ:k] m. (s) la Saint-Glinglin. ||**-mehr** adv. jamais plus. ||**-müde** adj. inlassable ; FAM. increvable. ||**-satt** adj. insatiable ; glouton. ||°**-wiedersehen** n. (s) adieu (m.) à jamais. | *er hat seine Heimat auf Nimmerwiedersehen verlassen*, il a quitté son pays sans espoir de retour, pour toujours.

Nippel ['nipəl] m. (s, -) raccord (m.) ; douille f.

nippen ['nipən] v. intr. boire à petits coups ; siroter. | *an einem Glase nippen*, tremper ses lèvres dans un verre.

Nipp|flut ["nip'flu:t] f. (-, en) marée basse, de morte-eau.

Nipp|sache ["nip'zaxə] f. (-, n) [surtout au pl. **Nippsachen**], **Nippes** [nipəs] f. pl. bibelot(s) m. (pl.) ; colifichet(s) m. (pl.).

nirgend(s) ['nirgənt(s)],

nirgendwo ["nirgənt'vo:] adv. nulle part ; en aucun lieu. | *sonst nirgends*, nulle part ailleurs.

Nische ['niʃə] f. (-, n). ARCHIT. niche f.

Nisse ['nisə] f. (-, n) lente f.

nisten ['nistən] v. intr. nicher ; faire son nid.

Nitrat [ni'trɑ:t] n. (s, e). CHIM. nitrate m.

Nitrid [ni'tri:t] n. (s, e). CHIM. nitrure m.

nitrieren [ni'tri:rən] v. tr. nitrer ; nitrurer.

Nitrierung [-ruŋ] f. (-, en) nitrification f.

Nitrit [ni'tri:t] (s, e), **Nitrum** ['ni:trum] n. (s) nitrite m. ; nitre m.

Nitro|glyzerin [nitroglytsə'ri:n] n. (s, e) nitroglycérine f. ||°**-samine** n. pl. MÉD. nitrosamine f.

Nitrogen [nitro'ge:n] n. (s) azote m.

Niveau [ni'vo:] n. (s, s) niveau m. | *das Niveau halten*, rester sur le même niveau.

Niveau|kanal [ni"vo:ka'nɑ:l] m. (s, ¨e) canal (m.) sans écluses. ||°**-linie** f. (-, n) courbe (f.) de niveau. ||**-voll** adj. FIG., FAM. de haut niveau.
nivellieren [nivɛ'li:rən] v. tr. niveler.
Nivellierung [-ruŋ] f. (-, en) nivellement m.
nix [niks] pron. indéf. POP. V. NICHTS.
Nixe ['niksə] f. (-, n) ondine f. ; nixe f.
Nizza ['nitsa] n. pr. n. GÉOGR. Nice f.
Noah ['no:a] n. pr. m. RELIG. Noé m. | *die Arche Noah*, l'arche (f.) de Noé.
nobel ['no:bəl] adj. généreux ; fastueux.
Nobelpreis|träger(in) [nɔ"bɛlprais'trɛ:gər(in)] m. (s, -), f. (-, nen) titulaire (s.) du prix Nobel.
noch [nɔx] adv. **1.** [Zeit] encore ; jusqu'ici ; pas plus tard. | *das Schiff kann man noch sehen*, on peut encore voir le bateau. | *es ist noch Zeit*, il est encore temps. | *noch nicht*, pas encore. | *noch ehe*, avant même que. | *noch heute ; heute noch*, aujourd'hui même. | *immer noch*, encore. | *noch lange nicht*, pas avant longtemps. | *noch nie*, jamais encore.
2. PAR EXT. pour finir ; à la fin ; avant la fin. | *er kommt noch*, il finira par venir. || POP. *du wirst mir noch krank*, tu finiras par te rendre malade.
3. [verstärkend] encore ; en plus. | *noch einmal*, encore une fois. | *noch dazu*, en outre ; de plus. | *noch einmal so viel*, le double. | *wäre er auch noch so stark*, si fort qu'il soit. | *das fehlte gerade noch*, il ne manquait plus que cela. || POP. *er hat Geld noch und noch*, il est très riche.
◇ conj. **weder... noch...,** ni..., ni... | *er ist weder gut noch klug*, il n'est ni bon ni intelligent.
noch|malig ["nɔx'mɑ:liç] adj. répété ; réitéré. ||**-mals** adv. encore une fois.
Nocken ['nɔkən] m. (s, -). TECHN. came f. ; ergot m.
Nocken|welle ["nɔkən'vɛlə] f. (-, n) arbre (m.) à cames.
Nockerl ['nɔkərl] n. (s, -). CULIN. quenelle f.
nölen ['nø:lən] v. intr. POP. lambiner ; traîner.
Nomade [no'mɑ:də] m. (n, n) nomade m.
nomadenhaft [-'mɑ:dənhaft] adj. nomade.
nomadisieren [-madi'zi:rən] v. intr. mener une vie nomade, de bohémien.
Nomen ['no:mən] n. (s, mina). GRAMM. nom m.
nominal [nomi'nɑl:] adj. nominal.
Nominal|betrag [nomi"nɑ:lbə'trɑ:k] m. (s, ¨e) valeur nominale. ||°**-lohn** m. (s, ¨e) salaire nominal. ||°**-wert** m. (s, e) valeur nominale.
Nominativ [nomina'ti:f] m. (s, e). GRAMM. nominatif m. ; cas (m.) sujet.
None ['no:nə] f. RELIG. none f. || MUS. neuvième f.
Nonne ['nɔnə] f. (-, n). RELIG. religieuse f. | *Nonne werden*, se faire religieuse ; prendre le voile.
Nonnen|kloster ["nɔnən'klo:stər] n. (s, ¨) couvent (m.) de femmes.
Nonstop|flug [nɔn"stɔp'flu:k] m. (s, ¨e). AÉRON. vol (m.) sans escale. ||°**-kino** n. (s, s) cinéma permanent. ||°**-zug** m. (s, ¨e) train direct.
Noppe ['nɔpe] f. (-, n). TEXT. noppe f. ; nœud (m.) du drap. || TECHN. nodule m.
Nord [nɔrt] m. (s) vent (m.) du nord.
Nord(en) [nɔrt, 'nɔrdən] m. (s) nord m. ; septentrion m. | *nach Norden*, vers le nord. | *aus Norden, von Norden*, du nord.
Nord|afrika ["nɔrt'ɑ:frika] n. Afrique (f.) du Nord. ||**-afrikanisch** adj. nord-africain. ||°**-amerika** n. pr. n. Amérique (f.) du Nord. || [U.S.A.] États-Unis m. pl. ||°**-atlantikpakt** m. (s) pacte (m.) de l'Atlantique (Nord). ||°**-bahnhof** m. (s, ¨e) gare (f.) du Nord. ||**-deutsch** adj. de l'Allemagne du Nord. ||°**-deutsche(r)** f. (m.) Allemand(e) [m. (f.)] du Nord. ||°**-deutschland** n. Allemagne (f.) du Nord. ||°**-europa** n. Europe (f.) du Nord ; Scandinavie f. ||°**-kap** n. (s) cap (m.) Nord. ||°**-küste** f. (-, n) côte septentrionale. ||°**-länder** m. (s, -) habitant (m.) du Nord ; septentrional m. ; nordique m. ||°**-licht** n. (s, er) aurore boréale. ||°**-ost(en)** m. nord-est m. ||**-östlich** adj. au, du nord-est. ||°**-ostseekanal** m. (s) canal (m.) de Kiel. ||°**-pol** m. (s) pôle (m.) nord. ||°**-see** f. mer (f.) du Nord. ||°**-stern** m. (s) étoile (f.) polaire. ||**-wärts** adv. vers le nord. ||°**-west(en)** m. nord-ouest m. || **-westlich** adj. au nord-ouest. ||°**-wind** m. (s, e) vent (m.) du nord. || POÉT. aquilon m. ; Borée m.
Norden ['nɔrdən] m. V. NORD.
nordisch [-diʃ] adj. nordique ; du nord ; septentrional ; boréal ; hyperboréen.
nördlich ['nørtliç] adj. du nord ; septentrional ; boréal ; au nord. | *nördliche Breite*, latitude nord. | *nördlich von Paris*, au nord de Paris. | *im nördlichen Teil des Landes*, dans la partie septentrionale du pays.
Nörgelei [nørgə'lai] f. (-, en) dénigrement m. ; critique f.
nörgeln ['nørgəln] v. intr. (an, dat.) critiquer ; dénigrer.
Nörgler ['nørglər] m. (s, -) dénigreur m. ; grincheux m.
nörglig [-kliç] adj. grincheux.
Norm [nɔrm] f. (-, en) norme f. ; règle f. ; standard m.
normal [nɔr'mɑ:l] adj. normal. || PHYS. *im Normalzustand*, aux conditions normales de température et de pression.
normal [nɔr'mɑ:l] adj. normal.
Normale [-lə] f. (-, n). MATH. *die Normale*, la normale ; la perpendiculaire.
Normal|bedingungen [nɔr"mɑ:lbə'diŋuŋən] f. pl. conditions types f. pl. ||°**-format** n. (s, e) format (m.) standard. ||°**-größe** f. (-, n) taille normale. ||°**-maß** n. (es, e) étalon m. ||°**-spur** f. (-, en). [Eisenbahn] voie normale. ||**-spurig** adj. à voie normale. ||°**-uhr** f. (-, en) horloge régulatrice. ||°**-zeit** f. (-, en) heure légale.
normalisieren [nɔrmali'zi:rən] v. tr. normaliser ; standardiser.
Normanne [nɔr'manə] m. (n, n), **Normannin** [-nin] f. (-, nen) Normand m. ; Normande f.
normannisch [-niʃ] adj. normand.
Normen|ausschuß ["nɔrmən'ausʃus] m. (es, ¨e) comité (m.) de normalisation. ||**-gemäß** adj. et adv. conformément aux normes, à la standardisation.
normieren [nɔr'mi:rən], **normen** ['nɔrmən] v. tr. standardiser ; régler ; normaliser.
Normung ['nɔrmuŋ] f. (-, en) normalisation f. ; standardisation f.
Normungs|vorschrift ["nɔrmuŋs'fo:rʃrift] f. (-, en) règle (f.) de standardisation.
Norwegen ['nɔrve:gən] n. pr. n. GÉOGR. Norvège f.
Norweger(in) [-gər(in)] m. (s, -), f. (-, nen) Norvégien m. ; Norvégienne f.
norwegisch [-giʃ] adj. norvégien.
Not [no:t] f. (-, ¨e). **1.** misère f. ; détresse f. ; difficulté f. ; puéril m. | *finanzielle Not*, difficultés financières. | *wirtschaftliche Not*, malaise (m.) économique. | *Wechsel in Not*, lettre de change qui ne peut être payée. | *jm aus der Not helfen*, tirer qn d'affaire. | *Not leiden*, être dans le besoin.

2. [Mühe] peine f. ; mal m. | *mit knapper Not ; mit Müh' und Not*, à grand-peine. || FAM., DIAL. *ich habe Not, es zu tun*, j'ai de la peine, j'ai du mal à le faire.
3. [Notwendigkeit] nécessité f. ; urgence f. ; besoin m. | *zur Not*, à la rigueur. | *es ist Not am Mann*, c'est très urgent. | *Not kennt kein Gebot*, nécessité fait loi. | *aus der Not eine Tugend machen*, faire de nécessité vertu. | *es tut not*, il le faut ; c'est nécessaire.

Not|adresse ["no:ta'drɛsə] f. (-, n). COMM. adresse secondaire. ||°**-anker** m. (s, -). MAR. ancre (f.) de miséricorde, de salut. ||°**-ausgang** (s, ¨e), °**ausstieg** m. (s, e) sortie (f.), issue (f.) de secours. || °**-behelf** m. (s, e) expédient m. ; pis-aller m. ; dispositif (m.) de circonstance ; moyen (m.) de fortune. | *als Notbehelf*, à titre de secours. ||°**-beleuchtung** f. (-, en) éclairage (m.) de secours. ||°**-bremse** f. (-, n) frein (m.) de secours. ||°**-dienstapotheke** f. (-, n) pharmacie (f.) de garde. ||°**-durft** f. nécessité f. ; besoin m. | *seine Notdurft verrichten*, faire ses besoins. ||**-dürftig** adj. et adv. à peine suffisant ; précaire ; à peine ; avec peine ; nécessiteux. ||°**-dürftigkeit** f. insuffisance f. ; caractère (m.) précaire. ||°**-erbe** m. (n, n) héritier (m.) légitimaire. ||°**-fall** m. (s, ¨e) cas (m.) de besoin. | *im äußersten Notfall*, à la dernière extrémité ; au pis-aller. ||°**-flagge** f. (-, n) pavillon (m.) de détresse. ||**-gedrungen** adj. contraint et forcé. ||°**-gesetz** n. (es, e) loi (f.) d'urgence. ||°**-groschen** m. (s, -) petites économies ; POP. poire (f.) pour la soif. ||°**-helfer** m. (s, -) sauveur m. ||°**-hilfe** f. premiers secours. ||°**-jahr** n. (s, e) année (f.) de disette. ||°**-lage** f. (-, n) détresse f. ||**-landen** v. intr. AÉRON. faire un atterrissage forcé ; FAM. atterrir en catastrophe. ||**-leidend** adj. qui est dans le besoin ; indigent ; nécessiteux. | *notleidender Wechsel*, lettre de change non honorée, non payée. ||°**-leine** f. (-, n) cordon (m.), signal (m.) d'alarme. ||°**-lüge** f. (-, n) pieux mensonge. ||°**-nagel** m. (s, ¨). FIG. expédient m. ; pis-aller m. ||°**-opfer** n. (s, -) sacrifice m. ; obole f. ||°**-reparatur** f. (-, en) réparation (f.) d'urgence. ||°**-ruf** m. (s, e) appel (m.) de détresse ; appel (m.) au secours. ||°**-signal** n. (s, e) signal (m.) de détresse, d'alarme. ||°**-sitz** m. (es, e) strapontin m. ||°**-stand** m. (s, ¨e) cas (m.), état (m.) de nécessité ; détresse f. ; état (m.) d'urgence. | *das Notstandsgesetz*, la loi sur l'état d'urgence. ||°**-taufe** f. RELIG. ondoiement m. ||°**-unterkunft** f. (-, ¨e) logement (m.) provisoire. ||°**-verband** m. (s, ¨e) bandage (m.), pansement (m.) provisoire. ||°**-verordnung** f. (-, en) décret-loi m. ||°**-vorrat** m. (s, ¨e) réserves individuelles. ||**-wassern** v. intr. faire un amerrissage forcé. ||°**-wehr** f. légitime défense f. | *in berechtigter Notwehr handeln*, agir en état de légitime défense. ||**-wendig** adj. nécessaire ; indispensable. ||**-wendigerweise** adv. nécessairement ; obligatoirement. ||°**-wendigkeit** f. (-, en) nécessité f. ||°**-zeit** f. (-, en) temps (m.) de crise. ||°**-zucht** f. viol m.

Nota ['no:ta] f. (-, s) note f. || COMM. court mémoire ; note f.

Notabeln [no'tɑ:bəln] m. pl. notables m. pl.

Notar [no'tɑ:r] m. (s, e) notaire m.

Notariat [notari'ɑ:t] n. (s, e) notariat m.

notariell [notari'ɛl] adj. notarié. | *notarielle Vollmacht*, pouvoir (m.) par-devant notaire.

Note ['no:tə] f. (-, n). **1.** MUS. note f. | *ganze Note*, ronde f. | *halbe Note*, blanche f. | *Viertelnote*, noire f. | *Achtelnote*, croche f. | *in Noten setzen*, noter. | *nach Noten singen*, déchiffrer en chantant. || FIG. *nach Noten*, comme il faut.
2. [Banknote] billet (m.) de banque.
3. [schriftliche Mitteilung] note f.
4. [Zensur] note f. (scolaire).
5. PAR EXT. note ; accent m. | *eine traurige Note*, un accent de tristesse.

Noten|blatt ["no:tən'blat] n. (s, ¨er). MUS. partition f. ||°**-heft** n. (s, e) cahier (m.) de musique. ||°**-linien** f. pl. portée f. ||°**-mappe** f. (-, n) porte-musique m. ||°**-papier** n. (s, e) papier (m.) à musique. ||°**-schlüssel** m. (s, -) clef f. ||°**-ständer** m. (s, -) pupitre (m.) à musique.

Noten|aufruf ["no:tən'aufru:f] m. (s, e) retrait (m.) de billets de banque. ||°**-ausgabe** f. (-, n) émission (f.) de billets. ||°**-bank** f. (-, en) banque (f.) d'émission. ||°**-deckung** f. (-, en) couverture (f.) métallique des billets. ||°**-inhaber** m. (s, -) porteur m. ||°**-presse** f. (-, n) presse (f.) à billets. ||°**-umlauf** m. (s) circulation (f.) fiduciaire.

notieren [no'ti:rən] v. tr. noter ; inscrire ; prendre note de. | *an der Börse notieren*, coter en bourse.

Notierung [-ruŋ] f. (-, en). FIN. notation f. ; cote f.

nötig ['nø:tiç] adj. nécessaire. | *ich habe es nötig*, j'en ai besoin. | *dazu ist es nötig, daß er selbst kommt*, pour cela il est nécessaire, il faut qu'il vienne lui-même. | *das Nötige veranlassen*, donner les ordres nécessaires.

nötigen ['nø:tigən] v. tr. **1.** engager ; prier. | *sich nicht nötigen lassen*, ne pas se faire prier.
2. [zwingen] obliger ; forcer ; contraindre. | *ich sah mich genötigt, zu*, je me vis obligé de.

nötigen|falls ["nø:tigən'fals] adv. éventuellement ; si besoin est.

Nötigung ['nø:tiguŋ] f. contrainte f. ; pression f. ; instances f. pl. || JUR. extorsion f. | *Nötigung zur Unterschrift*, extorsion (f.) de signature.

Notiz [nɔ'ti:ts] f. (-, en) notice f. ; note f. | *er nahm keine Notiz davon*, il n'y a pas fait attention.

Notiz|block [nɔ"ti:ts'blɔk] m. (es, ¨e) bloc-notes m. ||°**-buch** n. (s, ¨er) calepin m. ; carnet m. ; agenda m.

notorisch [no'to:riʃ] adj. notoire.

Notturno [nɔ'turno] n. (s, s). MUS. nocturne m.

Novelle [nɔ'vɛlə] f. (-, n). LITTÉR. nouvelle f. || JUR. loi (f.) dérogatoire ; amendement m.

Novellist(in) [nɔvɛ'list(in)] m. (en, en), f. (-, nen) nouvelliste s. ; auteur (m.) de nouvelles.

November [no'vɛmbər] m. (s, -) novembre m.

Novität [novi'tɛ:t] f. (-, en). [Theaterstücke ; Bücher] nouveauté f.

Novize [novi:tsə] m. (n, n) et f. (-, n). RELIG. novice m. et f.

Novum ['no:vum] n. (s, va) nouveauté f. ; facteur nouveau. || JUR. fait nouveau.

nu [nu :] interj. FAM. [pour *nun*] eh bien !
◇ m. **Nu.** *im Nu ; in einem Nu*, en un clin d'œil ; en moins de rien.

Nuance [nu'ɑ̃sə] f. (-, n) nuance f.

nuancieren [nuan'si:rən] v. tr. nuancer.

Nubien ['nu:biən] n. pr. n. GÉOGR. Nubie f.

nüchtern ['nyçtərn] adj. **1.** à jeun. | *nüchterner Magen*, estomac vide. | *er ist wieder nüchtern*, il est dégrisé. | *nüchtern machen*, dégriser.
2. PR. et FIG. sobre ; froid ; calme ; objectif. | *nüchterner Bericht*, rapport serein, objectif. | *eine nüchterne Rede*, un discours sobre.

Nüchternheit [-hait] f. état d'une personne à jeun ou dégrisée. || lucidité f. ; sobriété f. ; sang-froid m. ; calme m. || fadeur f. ; caractère peu exaltant (de qch.).

Nudel ['nu:dəl] f. (-, n). CULIN. nouilles f. pl., vermicelle m.

Nudel|suppe ["nu:dəl'zupə] f. (-, n) potage (m.) au vermicelle.
nudeln ['nu:dəln] v. tr. empâter ; bourrer. | *Gänse nudeln*, gaver des oies.
Nugat [nu'ga:t] m. (s) praliné m.
nuklear [nukle'a:r] adj. nucléaire. | *nuklearer Unfall*, accident (m.) nucléaire.
Nuklear|waffe [nukle"a:r'vafe] f. (-, n) arme (f.) nucléaire.
Nuklease [nykle'a:zə] f. (-, n). BIOL. nucléase f.
Nuklein [nukle'i:n] n. BIOL. nucléine f.
Nuklein|säure [nukle"i:n'zɔyrə] f. (-, n). BIOL., CHIM. acide (m.) nucléique.
Nukleon [nukle'o:n] n. (s, -). PHYS. nucléon m.
Nukleotid [nukleo'ti:t] n. (s, e). BIOL., CHIM. nucléotide m.
Nukleus [nu'kleus] m. BIOL. noyau m. (cellulaire).
null [nul] adj. num. zéro. | *null zu eins*, zéro à un.
◇ adj. nul. | *null und nichtig*, nul et non avenu. | *das ist gleich null*, c'est autant dire rien.
◇ **die Null,** le zéro. | *das Thermometer steht auf Null*, le thermomètre est à zéro. | *auf Null stellen*, amener au zéro. || FIG. *er ist eine Null*, c'est une nullité.
Nul(l)|leiter ["nul'laitər] m. (s, -). ÉLECTR. conducteur (m.), fil (m.), ligne (f.) neutre. ||°**-linie** f. (-, n) ligne (f.) de zéro, de foi ; axe (m.) neutre. ||°**-lösung** f. (-, en). POLIT. option (f.) zéro. ||°**-meridian** m. (s, e) méridien (m.) zéro, de Greenwich. ||°**-punkt** m. (s, e) zéro m. ; origine (f.), point (m.) zéro, neutre. || PHYS. *absoluter Nullpunkt*, zéro absolu. ||°**-serie** f. (-, n). TECHN. présérie f. ||°**-stelle** f. (-, n) point (m.) d'extinction acoustique. ||°**-stellung** f. (-, en) position (f.) zéro, neutre, de repos. ||°**-wachstum** n. (s). ÉCON. croissance (f.) zéro.
Nulpe ['nulpə] f. (-, n). POP. abruti(e) m. (f.).
Numerale [nume'ra:lə] n. (s, lia ou lien) adjectif numéral.
numerieren [-'ri:rən] v. tr. numéroter.
Numerierung ['ri:ruŋ] f. numération f. ; numérotation f.
Numerier|stempel [nume"ri:r'ʃtεmpəl] m. (s, -) numérateur m.
numerisch [nu'me:riʃ] adj. numérique. | *numerisch gesteuerte Werkzeugmaschine*, machine-outil (f.) à commande numérique (M.O.C.N.).
Numerus clausus ["numərus'klauzus] m. (-) numerus clausus m.
Numismatik [numis'ma:tik] f. numismatique f.
Nummer ['numər] f. (-, n). **1.** numéro m. ; pointure f. | *welche Nummer ?*, quel numéro ? | *er wohnt Bahnhofstraße Nr (Nummer) 6*, il habite au numéro six, au 6, rue de la Gare. || TÉLÉPH. *eine Nummer wählen*, composer, former un numéro.
2. FIG. numéro m. | *eine gute Nummer bei jm haben*, avoir la cote auprès de qn. | *er ist eine komische Nummer*, c'est un drôle de bonhomme.
3. THÉÂTRE. numéro m. | *eine Nummer einstudieren*, préparer un numéro.
nummern [-mərn] v. tr. numéroter.
Nummern|konto ["numərn'konto] n. (s, ten). FIN. compte (m.) à numéro. ||°**-scheibe** f. (-, n). TÉLÉPH. cadran (m.), disque (m.) d'appel. ||°**-schild** n. (s, e). AUTOM. plaque (f.) d'immatriculation ; numéro m. ||°**-schlüssel** m. (s, -). INF. code (m.) numérique.
nun [nu:n] adv. **1.** [jetzt] maintenant ; à présent ; à l'heure qu'il est. | *nun ist er da*, maintenant il est là. | *von nun an*, à partir de maintenant ; désormais ; dorénavant ; dès lors. | *was nun ?*, et maintenant ? ; et après ? || [da] alors. | *er sagte mir nun*, il me dit alors.
2. [also] donc ; ainsi ; or. | *das ist nun mal so*, c'est comme ça. | *da er nun kam*, puisqu'il venait.
◇ conj. puisque ; maintenant que. | *nun er mächtig ist*, maintenant qu'il a du pouvoir.
◇ interj. eh bien ! ; voyons ! ; allons ! | *nun gut !*, eh bien, soit. | *nun ja !*, c'est bon ! | *nun ?*, quoi donc ? ; eh bien ?
nun|mehr [nu:n'me:r] adv. [von nun an] à présent ; désormais. ||**-mehrig** adj. actuel.
Nuntius, Nunzius ['nuntsius] m. (-, ien). RELIG. nonce m.
nur [nu:r] adv. **1.** [Einschränkung] ne... que ; seulement. | *nur ich*, moi seul. | *nur sie nicht*, sauf elle. | *ich habe nur zehn Mark*, je n'ai que dix marks. | *er trinkt nur immerzu*, il ne fait que boire. | *nicht nur..., sondern auch*, non seulement..., mais encore. | *nur noch*, ne plus... que ; ne... que plus. | *ich habe nur noch eine Mark*, je n'ai plus qu'un mark. | *das machte ihn nur noch wütender*, cela ne le rendit que plus furieux. | *nur daß*, sauf que, à ceci près que ; avec cette réserve que. | *ich käme gern, nur habe ich keinen Wagen*, j'aimerais bien venir, mais je n'ai pas de voiture.
2. [Wunsch] pourvu ; si seulement. | *wenn es nur nicht regnet*, pourvu qu'il ne pleuve pas ! | *nur fort von hier !*, partons donc d'ici ! | *wäre ich nur dort*, que ne suis-je là-bas ! | *nur nicht stehenbleiben*, surtout ne pas s'arrêter !
3. [Aufforderung] *sprich nur !*, parle donc ! | *nur zu !*, allez-y ! | *warte nur !*, attends un peu !
Nürnberg ['nyrnbεrk] n. pr. n. GÉOGR. Nuremberg.
Nürnberger(in) [-bεrgər(in)] m. (s, -), f. (-, nen) Nurembergeois m. ; Nurembergeoise f.
nuscheln ['nuʃəln] v. intr. 1° parler indistinctement ; 2° lambiner ; lanterner.
Nuß [nus] f. (-, ¨e) noix f. ; noisette f. || FIG. *das ist eine harte Nuß zu knacken*, cela donne du fil à retordre. || [Kohle] noix f.
Nuß|baum ["nus'baum] m. (s, ¨e) noyer m. ||**-braun** adj. couleur (f.) de bois de noyer ; (couleur) noisette. ||°**-knacker** m. (s, -) casse-noix m. ; casse-noisettes m. ||°**-kohle** f. (-, n) noix f. ; menu m. ; criblé m. ||°**-schale** f. (-, n) coquille (f.) de noix. | *grüne Nußschale*, brou de noix. || FIG. petit bateau. ||°**-strauch** m. (s, ¨e) coudrier m. ; noisetier m.
Nüster ['ny:stər] f. (-, n) ou n. (s, n) narine f. ; naseau m.
Nut(e) ['nu:t(ə)] f. (-, [e]n) rainure f. ; rayure f.
nuten [-tən] v. tr. rainer ; rainurer ; faire des rainures dans.
Nutte ['nutə] f. (-, n). POP. putain f. ; poule f.
Nutz [nuts] V. NUTZEN. *zu Nutz und Frommen der Gemeinschaft*, pour le bien de la collectivité.
Nutz|anwendung ["nuts'anvεnduŋ] f. (-, en) utilisation f. ||**-bringend** adj. profitable. | *nutzbringende Verwendung*, utilisation (f.) efficace. ||°**-effekt** m. (s). TECHN. rendement m. ; travail (m.) utile ; efficience f. ||°**-fahrzeug** n. (s, e) véhicule (m.) utilitaire. ||°**-fläche** f. (-, n) surface (f.) utile. ||°**-garten** m. (s, ¨) jardin (m.) de rapport. ||°**-kraft** f. (-, ¨e) force, puissance effective. ||°**-last** f. (-, en) charge utile, marchande. ||°**-leistung** f. (-, en) puissance utile, effective ; rendement m. ; travail (m.) utile. ||**-los** adj. [vergeblich] inutile ; infructueux ; vain. ||°**-losigkeit** f. inutilité f. ; stérilité f. ; vanité f. ||**-nießen** v. tr. jouir du profit de ; avoir l'usufruit de. ||°**-nießer(in)** m. (s, -), f. (-, nen) usufruitier m. ; usufruitière f. ||°**-nießung** f. jouissance f. ; usufruit m. | *gemeinschaftliche Nutznießung*, cojouissance f.

||°**-nießungsrecht** n. (s) droit (m.) de jouissance. ||°**-pflanze** f. (-, n) plante (f.) économique, utile. ||°**-tier** m. (s, e) animal (m.) domestique.

nutzbar ['nutsbɑ:r] adj. utile ; productif ; lucratif.

Nutzbarkeit [-kait] f. utilité f.

Nutzbar|machung ["nutsbɑ:r'maxuŋ] f. utilisation f.

nütz(e) ['nyts(ə)], **nutz** [nuts] adj. utile. | *das ist zu etwas nütze*, c'est utile à qch.

Nutzen ['nutsən] m. (s) utilité f. ; profit m. ; intérêt m. ; fruit m. ; avantage m. ; bénéfice m. ; parti (tiré de). | *aus etwas Nutzen ziehen*, profiter de qch. ; tirer profit de qch. ; tirer parti, bénéficier de qch. | *jm Nutzen bringen*, profiter à qn ; être profitable à qn.

nutzen [-tsən], **nützen** ['nytsən] v. intr. être utile, profiter à. | *das nützt nichts*, cela ne sert à rien. | *wozu nützt es, was nützt es, daß...*, à quoi sert de... ?
◇ v. tr. utiliser ; tirer parti de ; profiter de. | *den Augenblick nützen*, profiter du moment.

nützlich ['nytsliç] adj. utile ; profitable.

Nützlichkeit [-kait] f. utilité f.

Nutzung ['nutsuŋ] f. utilisation f. ; jouissance f. ; exploitation f.

nutzungs|berechtigt ["nutsuŋsbə'rɛçtiçt] adj. autorisé à se servir de qch., à utiliser un bien. ||°**-dauer** f. durée (f.) d'utilisation. ||°**-recht** n. (s, e). JUR. jouissance f. ; droit (m.) usufructuaire, de jouissance, d'usage. ||°**-wert** m. (s, e) valeur (f.) de jouissance, de rapport.

Nylon ['nailɔn] n. (s) Nylon m.

Nymphe ['nymfə] f. (-, n) nymphe f.

O

O, o [o:] n. O m. | *grosses O*, O majuscule. | *das A und (das) O*, l'alpha et l'oméga. | *von A bis O*, de A jusqu'à Z. || GÉOGR. abrév. de **Oder.** | *Frankfurt/O*, Francfort-sur-l'Oder.
◇ interj. **o !,** ô ! ; oh ! | *o doch !*, mais si ! ; si fait ! | *o nein !*, que non ! ; eh non ! | *o weh !*, misère ! ; aïe !

O-Beine ["o:'bainə] n. pl. jambes arquées. || **-beinig** adj. qui a les jambes arquées.

Oase [o'ɑ:zə] f. (-, n) oasis f.

ob [ɔp] prép. [Vx.] (gén.) à cause de. || (dat.) sur ; au-dessus de. | *Rothenburg ob der Tauber*, Rothembourg sur la Tauber.
◇ adv. *(na) und ob !*, et comment ! ; tu peux le croire ! ; ma foi oui !
◇ conj. interr. si. | *er fragte mich, ob ich ihn besuchen wolle*, il m'a demandé si je voulais bien lui rendre visite. | *ich weiß nicht, ob du es kannst*, je ne sais pas si tu le peux. || *ob er auch kommt ?*, mais est-il sûr qu'il vienne ? — **ob... oder...,** que. | *ob er will oder nicht*, qu'il le veuille ou non ; bon gré mal gré. — **als ob,** comme si. | *es ist als ob*, on dirait que ; on a l'impression que. — **ob auch (immer),** quoique ; même si. | *ob er es auch immer sagt*, même s'il le dit.

Obacht ['o:baxt] f. attention f. ; soin m. | *auf etwas* (acc.) *Obacht geben*, faire attention à qch.

Ob|dach ['ɔpdax] n. (s) abri m. ; asile m.

obdach|los ["ɔpdax'lo:s] adj. sans abri ; sans logis. ||°**-lose(r)** f. (m.) personne (f.) sans abri. | *die Obdachlosen*, les sans-abri. || °**-losigkeit** f. manque (m.) de logement ; détresse f.

Obduktion [ɔpduk'tsio:n] f. (-, en) autopsie f.

obduzieren [-du'tsi:rən] v. tr. faire l'autopsie de.

ob|gleich [ɔp'glaiç] conj. quoique ; bien que. (indic. en allemand, subj. en français).

Ob|hut ["ɔp'hu:t] f. garde f. ; protection f. ; soins m. pl. | *in Obhut nehmen*, prendre en charge, sous sa garde. ||**-liegen** (a, e) v. intr. être à la charge de ; incomber à. | *es obliegt mir, zu...*, il m'appartient de... | *diese Pflicht oblag mir lange*, ce devoir m'a longtemps incombé. || vaquer à ; s'adonner à. ||°**-liegenheit** f. (-, en) obligation f. ; charge f. ||°**-mann** m. (s, ¨er et -leute) chef m. ; arbitre m. ||**-schon** conj. V. OBGLEICH. ||**-walten** v. intr. régner ; prédominer. | *unter den obwaltenden Umständen*, dans les circonstances présentes. ||**-wohl.** V. OBGLEICH.

Obelisk [ɔbe'lisk] m. (en, en) obélisque m.

oben ['o:bən] adv. PR. et FIG. en haut. | *oben auf dem Schrank*, en haut de l'armoire. | *weiter oben*, plus haut. | *da oben*, là-haut. | *nach oben*, vers le haut. | *von oben herab*, de haut en bas. || PAR EXT. orgueilleusement.

oben|an ["o:bən'an] adv. tout en haut ; au premier rang ; au haut bout (de la table). ||**-auf** adv. à la surface ; en-dessus de. || FIG. *er ist obenauf*, il est en pleine forme. | *er ist wieder obenauf*, il a repris le dessus. ||**-drauf** adv. *eins obendrauf geben*, chapitrer ; blâmer. ||**-drein** adv. par-dessus le marché ; de plus ; en outre. ||**-erwähnt, -genannt, -stehend** adj. susmentionné ; ci-dessus (mentionné). ||**-hin** adv. en passant superficiellement.

ober ['o:bər] adj. supérieur. | *die oberen Klassen*, les grandes classes. | *die oberen Stockwerke*, les étages supérieurs. | *die oberen Zehntausend*, la haute société. || (au superl.) suprême. | *die oberste Gerichtsbarkeit*, la juridiction suprême.
◇ m. (s, -) **Ober** (abrév. de **Oberkellner**) garçon m. (de café). || [Kartenspiel] (équivalent de la) dame.
◇ **das Obere,** le haut ; le dessus.

Ober|arm ["o:bər'arm] m. (s, e). [partie supérieure du] bras m. ||°**-armknochen** m. (s, -) humérus m. ||°**-arzt** m. (es, ¨e) médecin (m.) chef. ||°**-aufseher** m. (s, -) surveillant général ; surintendant m. ||°**-bau** m. (s, e). ARCHIT. superstructure f. || AUTOM. (s, ten) carrosserie f. || TRANSP. établissement (m.) de la voie ferrée. ||°**-bayern** n. pr. n. haute Bavière. ||°**-befehl**

m. (s, e) commandement supérieur, en chef. ||°-**befehlshaber** m. (s, -) généralissime m. ||°-**begriff** m. (s, e), terme (m.) générique. ||°-**bürgermeister** m. (s, -) maire m. ; premier bourgmestre. ||°-**deck** n. (s). MAR. pont m. ; tillac m. ||-**deutsch** adj. allemand du Sud. ||°-**deutsch** n. haut allemand du Sud. ||-**faul** adj. POP. très paresseux ; FIG. douteux ; très problématique. ||°-**feldwebel** m. (s, -) adjudant-chef m. ||°-**fläche** f. (-, n) superficie f. ; surface f. | *auf der Oberfläche ; an der Oberfläche*, à la surface. ||-**flächenaktiv** adj. PHYS. tensioactif. ||°-**flächenhärtung** f. (-, en). TECHN. trempe (f.) de surface. ||°-**flächenspannung** f. (-, en). PHYS. tension superficielle. ||-**flächlich** adj. PR. et FIG. superficiel. ||°-**flächlichkeit** f. caractère superficiel ; légèreté f. ; manque (m.) de profondeur. ||°-**förster** m. (s, -) garde général des forêts. ||°-**forstrat** m. (s, ¨e) inspecteur général des eaux et forêts. ||°-**franken** n. pr. n. haute Franconie. ||°-**gefreiter** m. caporal-chef m. ; brigadier-chef m. ||°-**geschoß** n. (es, e) premier étage ; étage supérieur. ||°-**grenze** f. (-, n) limite supérieure ; plafond m. ||-**halb** prép. (gén.) au-dessus de ; en amont de. ||°-**hand** f. suprématie f. ; dessus m. | *die Oberhand gewinnen*, prendre le dessus. | *die Oberhand behalten*, rester le plus fort. ||°-**haupt** n. (s, ¨er) chef m. ||°-**haus** n. (es, ¨er). POLIT. Chambre Haute. ||°-**haut** f. (-, ¨e). ANAT. épiderme m. || TECHN. croûte f. ||°-**hoheit** f. (-, en) pouvoir (m.) suprême ; souveraineté f. ||°-**inspektor** m. (s, en) inspecteur principal. ||°-**italien** n. pr. n. haute Italie. ||°-**kellner** m. (s, -) [abrév. **Ober**] maître (m.) d'hôtel. ||°-**kiefer** m. (s, -). ANAT. mâchoire supérieure. ||°-**klassen** f. pl. classes supérieures ; classes dirigeantes. ||°-**kommando** n. (s, s) haut commandement ; grand quartier général. ||°-**körper** m. (s, -) buste m. | *den Oberkörper aufrichten*, redresser le buste. ||°-**land** n. (s, ¨er) haut pays. | *Berner Oberland*, Oberland bernois. ||°-**länder** m. (s, -) habitant (m.) du haut pays. ||°-**landesgericht** n. (s, e) cour (f.) d'appel. ||°-**lauf** m. (s, ¨e) cours supérieur (d'un fleuve). ||°-**leder** n. (s, -) empeigne f. ||°-**lehrer** m. (s, -) professeur m. ||°-**leib** m. (s, er) buste m. ||°-**leitung** f. (-, en). ÉLECTR. caténaire f. ; ligne aérienne. ||°-**leitungs(omni)bus** m. (-, se) [abrév. **Obus**] trolley(bus) m. ||°-**leutnant** m. (s, e) lieutenant m. ||°-**licht** n. (s, er) jour (m.), lumière (f.) venant d'en haut. || ARCHIT. éclairage (m.) au plafond ; fenêtre (f.) sur imposte. ||°-**lichtfenster** n. (s, -) vasistas m. ||°-**lippe** f. (-, n) lèvre supérieure. ||°-**österreich** n. Haute-Autriche f. ||°-**pfalz** f. Haut-Palatinat m. ||°-**prima** f. (-, men) dernière année du lycée ; classe terminale. ||°-**primaner(in)** m. (s, -), f. (-, nen) élève (m. et f.) de la classe terminale. ||°-**regierungsrat** m. (s, ¨e) conseiller supérieur du gouvernement. ||°-**rhein** m. cours supérieur du Rhin. ||°-**schenkel** m. (s, -) cuisse f. ||°-**schicht** f. (-, en) classe supérieure ; haute société. ||°-**schlesien** n. Haute-Silésie f. ||°-**schule** f. (-, n) établissement (m.) secondaire. ||°-**schulrat** m. (s, ¨e) inspecteur général. ||°-**schwester** f. (-, n) infirmière (f.) en chef. ||°-**staatsanwalt** m. (s, ¨e) procureur général. ||°-**stadt** f. ville haute (par opposition à *Unterstadt*). ||°-**stimme** f. soprano m. ||°-**stübchen** n. (s, -). POP. tête f. ; cerveau m. | *er ist nicht richtig im Oberstübchen*, il a le cerveau fêlé. ||°-**teil** m. (s, e) partie supérieure. ||°-**ton** m. (s, ¨e). MUS. (note) harmonique f. ||°-**wasser** n. (s, -) bief supérieur. || ÉLECTR. eau (f.) d'amont. || FIG. *Oberwasser haben*, avoir l'avantage ; se sentir plus fort que les autres. ||°-**weite** f. (-, n) (tour [m.] de) poitrine f.

Oberin ['o:bərin] f. (-, nen). RELIG. supérieure f.

oberst ['o:bərst] adj. superl. de **ober.**

◇ m. **Oberst** (en, en). MIL. colonel m.

Oberst|leutnant ["o:bərst'lɔytnant] m. (s, e) lieutenant-colonel m.

obig ['o:biç] adj. susdit ; ci-dessus (mentionné).

Obiges ['o:bigəs] n. ce qui a été dit plus haut.

Objekt [ɔp'jɛkt] n. (s, e) objet m. || GRAMM. complément (m.) d'objet.

objektiv [ɔpjɛk'ti:f] adj. objectif.

Objektiv [ɔpjɛk'ti:f] n. (s, e). OPT. objectif m.

objektivieren [ɔpjɛkti'vi:rən] v. tr. PHILOS. objectiver.

Objektivität [-vi'tɛ:t] f. objectivité f.

Oblate [ɔb'la:tə] f. (-, n). RELIG. hostie f. || [Backwerk] oublie f.

obligat [obli'ga:t] adj. obligé ; inévitable.

Obligation [-ga'tsio:n] f. (-, en) obligation f. | *Obligation mit festem Ertrag*, obligation à revenu fixe.

obligatorisch [obliga'to:riʃ] adj. obligatoire.

Obligo ['obligo] n. (s, s). COMM. engagement m. ; obligation f. ; garantie f. ; responsabilité f.

Oboe [o'bo:ə] f. (-, n). MUS. hautbois m.

Oboist [obo'ist] m. (en, en) hautboïste m.

Obolus ['o:bolus] m. (-, Oboli) obole f.

Obrigkeit ['o:briçkait] f. (-, en) autorité f. ; pouvoir (public) ; autorités f. pl.

obrigkeitlich [-liç] adj. de l'autorité publique.

Obrist [o'brist] m. (en, en) colonel m.

Observanz [opzɛr'vants] f. (-, en). RELIG. observance f. || PAR EXT. tradition f. ; droit coutumier.

Observation [-va'tsio:n] f. observation f. (astronomique).

Observatorium [-va'to:rium] n. (s, rien). ASTRON. observatoire m.

obskur [ɔps'ku:r] adj. [undeutlich] obscur.

obsolet [ɔpzɔ'le:t] adj. vieux ; vieilli ; désuet.

Obst [o:pst] n. (es) fruits m. pl.

Obst|bau ["o:pst'bau] m. (s) arboriculture fruitière. ||°-**baum** m. (s, ¨e) arbre fruitier. ||°-**ernte** f. (-, n) cueillette f. ||°-**garten** m. (s, ¨) verger m. ||°-**gärtner** m. (s, -) arboriculteur m. ||°-**händler** m. (s, -) fruitier m. ||°-**handlung** f. (-, en) fruiterie f. ||°-**kern** m. (s, e) pépin m. ||°-**konserven** f. pl. conserves (f. pl.) de fruits. ||°-**laden** m. (s, ¨) fruiterie f. ; boutique (f.) de fruits. ||-**reich** adj. abondant en fruits. ||°-**schale** f. (-, n) coupe (f.) à fruits ; compotier m. ||°-**wein** m. (s, e) jus de fruits fermenté.

obstinat [ɔpsti'na:t] adj. obstiné.

obstruieren [ɔpstru'i:rən] v. tr. obstruer.

Obstruktion [-struk'tsio:n] f. (-, en) obstruction f.

obszön [ɔps'tsø:n] adj. obscène.

Ochs(e) ['ɔks(ə)] m. ([e]n, [e]n) bœuf m. || FIG., PÉJOR. homme (m.) stupide ; âne m. ; butor m. | *er steht wie der Ochs am Berge*, il ne sait que faire.

ochsen ['ɔksən] v. intr. travailler comme un bœuf ; piocher ; bûcher.

Ochsen|auge ["ɔksən'augə] n. (s, n) œil (m.) de bœuf. || FIG. œil-de-bœuf m. ; hublot m. ||°-**schwanzsuppe** f. (-, n) potage (m.) à la queue de bœuf. ||°-**ziemer** m. (s, -) nerf (m.) de bœuf. ||°-**zunge** f. (-, n) langue (f.) de bœuf. || BOT. bourrache f. ; buglosse f.

ocker ['ɔkər] adj. (couleur) ocre.

Ocker m. (s, -) ocre f.

ocker|gelb ["ɔkər'gɛlp] n. (s) ocre jaune.

Ode ['o:də] f. (-, n). POÉS. ode f.

öde ['ø:də] adj. inhabité ; désert ; inculte. || FIG. triste ; fade ; insipide ; monotone.

Öde ['øːdə] f. (-, n) désert m. solitude f. ; FIG. monotonie f.

Odem ['oːdəm] m. (s). POÉT. haleine f. ; souffle m. ; inspiration f.

Ödem [ø'dɛːm] n. (s, e). MÉD. œdème m.

oder ['oːdər] conj. ou ; ou bien. | *Sie müssen mit Ja oder Nein antworten*, vous devez répondre par oui ou par non. | *entweder... oder*, ou... ou.

Oder ['oːdər] n. pr. f. GÉOGR. Oder m.

Odin ['oːdin] n. pr. m. MYTH. Odin m.

ödipal [ødi'pɑːl] adj. œdipien.

Ödipus ['øːdipus] n. pr. m. MYTH. Œdipe m.

Odium ['oːdium] n. (s) honte f. ; ignominie f.

Odyssee [ody'seː] n. pr. f. MYTH. Odyssée f.

Odysseus [o'dysɔys] n. pr. m. MYTH. Ulysse m.

Ofen ['oːfən] m. (s,¨) poêle m. ; fourneau m. ; four m. | *elektrischer (Heiz)ofen*, four électrique. || FIG. *dauernd hinterm Ofen sitzen*, être casanier.

Ofen|bank ["oːfən'baŋk] f. (-,¨e) banquette (f.) du poêle. ||°**-bau** m. (s) construction (f.) de fours. ||°**-ecke** f. (-, n) coin (m.) du feu. ||**-frisch** adj. sorti du four. ||°**-klappe** f. (-, n) clef (f.) du poêle. ||°**-loch** n. (s,¨er) bouche (f.) du fourneau. ||°**-röhre** f. (-, n), °**-rohr** n. (s, e) tuyau (m.) de poêle. ||°**-rost** m. (es, e) grille (f.) de four. ||°**-schirm** m. (s, e) garde-feu m. || °**-schwärze** f. (-, n) crayon (m.) en poudre. ||°**-setzer** m. (s, -) fumiste m.

offen ['ɔfən] adj. **1.** ouvert. | *bei offenen Fenstern schlafen*, dormir les fenêtres ouvertes. | *die Tür steht (halb) offen*, la porte est (entr)ouverte. | *die Wunde ist noch offen*, la plaie n'est pas encore (re)fermée. || FIG. *offene Augen haben*, avoir de bons yeux ; être très attentif. | *mit offenen Armen*, à bras ouverts. | *offener Brief*, lettre ouverte. | *eine offene Hand haben*, être généreux. | *Tag der offenen Tür*, journée (f.) « portes ouvertes ». | *offener Wein*, vin en carafe, tiré au tonneau. | *offene Herzoperation*, opération à cœur ouvert.

2. découvert ; accessible. | MIL. *offene Feldschlacht*, bataille (f.) en rase campagne. | *offene Stadt*, ville ouverte. || *offenes Gelände*, terrain découvert, sans obstacles. | *auf offenem Meer, auf offener See*, au large ; en pleine mer. | *auf offener Straße*, en pleine rue. || PR. et FIG. *mit offenem Visier*, à visage découvert. || FIG. *es ist ein offenes Geheimnis*, c'est le secret de Polichinelle.

3. franc ; clair ; ouvert. | *offener Charakter*, caractère franc, ouvert. | *offenes Geständnis*, aveu sans réserve. | *ein offenes Spiel spielen, treiben*, jouer franc jeu ; être fair-play. | *offener Ungehorsam*, insubordination manifeste.

4. libre ; vacant ; réservé. | *eine Stelle bleibt noch offen*, il reste encore un emploi libre. | *eine Frage offen lassen*, laisser une question sans réponse, en suspens. || COMM. *offene Handelsgesellschaft*, société (f.) en nom collectif. | *offene Reserve*, réserve visible, déclarée.

◇ adv. ouvertement ; franchement. | *offen gesagt*, à vrai dire. | *offen sprechen*, parler franchement, sans ambages.

offenbar ['ɔfən'bɑːr] adj. évident ; manifeste.

offenbaren [ɔfən'bɑːrən] v. tr. manifester ; dévoiler ; révéler.

◇ v. pr. **sich offenbaren,** (dat.) s'ouvrir à ; ouvrir son cœur à ; se manifester à.

Offenbarung [-ruŋ] f. (-, en) manifestation f. ; révélation f. || JUR. *Offenbarungseid*, serment (m.) déclaratoire. || RELIG. *die Offenbarung*, la Révélation. | *Offenbarung Johannis*, Apocalypse f.

offen|bleiben ["ɔfən'blaibən] (ie, ie) v. intr. rester ouvert ; rester en suspens. ||**-halten** (ä, ie, a) v. tr. réserver. | *eine Frage offenhalten*, laisser une question en suspens. ||**-herzig** adj. franc ; sincère ; communicatif. || °**-herzigkeit** f. franchise f. ; sincérité f. ; candeur f. ||**-kundig** adj. notoire ; public ; patent. ||**-lassen** (ä, ie, a) ne pas trancher ; laisser en suspens. ||**-sichtlich** adj. évident ; manifeste. ||**-stehend** adj. (qui reste) ouvert. | *offenstehende Rechnung*, facture non payée, non réglée.

Offenheit ['ɔfənhait] f. franchise f. ; sincérité f.

offensiv [ɔfən'ziːf] adj. offensif.

Offensive [-'ziːvə] f. (-, n) offensive f. | *die Offensive ergreifen*, prendre l'offensive ; passer à l'offensive.

Offensiv|kraft [ɔfən"ziːf'kraft] f. puissance offensive. ||°**-krieg** m. (s, e) guerre offensive.

öffentlich ['øfəntliç] adj. **1.** public ; patent. | *öffentliches Ärgernis erregen*, provoquer un scandale. | *öffentliche Beleidigung*, affront public. | *öffentliches Geheimnis*, secret (m.) de Polichinelle. | *öffentlicher Verkehrsweg*, voie publique.

2. public ; officiel. | *öffentliches Amt*, fonction publique, officielle. | *der öffentliche Dienst*, la fonction publique. | *öffentliche Betriebe, Dienste*, services publics. | *öffentliche Finanzen*, finances publiques. | *öffentliche Gelder, Mittel*, fonds, deniers publics. | *öffentliche Gewalt*, puissance, force publique. | *die öffentliche Hand*, [Fiskus] fisc m. ; Trésor public ; [Gewalt] autorité publique ; [Sektor] le secteur public. || JUR. *öffentliches Recht*, droit public. | *öffentlichrechtlich*, de droit public. | *öffentliche Verkehrsmittel*, transports (m. pl.) en commun.

◇ adv. publiquement ; en public. | *öffentlich bekanntmachen*, rendre public ; publier. | *jn öffentlich beleidigen*, faire un affront public à qn.

Öffentlichkeit [-kait] f. public m. ; caractère public (de qch.). | *vor die Öffentlichkeit treten*, paraître en public. | *der Öffentlichkeit zugänglich*, accessible au public. || JUR. *den Ausschluß der Öffentlichkeit anordnen*, ordonner le huis clos.

Öffentlichkeits|arbeit ["øfəntliçkaits'arbait] f. (-, en). [Unternehmen] relations publiques.

offerieren [ɔfə'riːrən] v. tr. offrir.

Offerte [ɔ'fɛrtə] f. (-, n). COMM. offre f.

Offizial|klage [ɔfitsi"ɑːl'klɑːgə] f. (-, n). JUR. action publique. ||°**-verteidiger** m. (s, -) défenseur commis d'office ; avocat (m.) d'office.

offiziell [ɔfitsi'ɛl] adj. officiel.

Offizier [ɔfi'tsiːr] m. (s, e) officier m. | *zum Offizier ernannt werden*, être nommé officier ; passer officier. | *der diensttuende Offizier*, l'officier de jour (de semaine).

Offizier(s)|anwärter [ɔfi"tsiːrs'anvɛrtər] m. (s, -) aspirant m. ||°**-kasino** n. (s, s) mess (m.), cercle (m.) des officiers. ||°**-koffer** m. (s, -) cantine (f.) d'officier. ||°**-korps** n. corps (m.) des officiers. ||°**-messe** f. (-, n). MAR. carré (m.) des officiers. ||°**-patent** n. (s, e) brevet (m.) d'officier.

offiziös [ɔfitsi'øːs] adj. officieux.

öffnen ['øfnən] v. tr. ouvrir. | *einen Brief öffnen*, ouvrir, décacheter une lettre. | *eine Flasche öffnen*, déboucher, décapsuler une bouteille.

◇ v. pr. **sich öffnen,** s'ouvrir ; s'épanouir.

Öffner [-nər] m. (s, -) celui qui ouvre. || TECHN. *Dosenöffner*, ouvre-boîtes m.

Öffnung [-nuŋ] f. (-, en) [Handlung] ouverture f. | *Öffnungszeit*, heures (f. pl.) d'ouverture. || [Ort] orifice m.

Offset|druck ["ɔfsɛt'druk] m. (s, e). TYPOGR. (procédé, impression) offset m. ||°**-drucker(in)** m. (s, -), f. (-, nen) offsettiste s.

Offshore-|Bohrung ["ɔfʃɔr'boːruŋ] f. (-, en).

TECHN. forage marin. ||°-**Plattform** f. (-, en). plate-forme (f.) de forage.

oft [ɔft] adv. souvent ; fréquemment. || *wie oft ?*, combien de fois ? | *wie oft fahren die Züge ?*, à quel intervalle passent les trains ? | *wie oft hab' ich es dir schon gesagt !*, combien de fois, que de fois ne te l'ai-je pas dit ! | *schreiben Sie so oft wie möglich !*, écrivez-moi aussi souvent que possible.

öfter ['øftər] adv. 1° plus souvent ; 2° souvent ; maintes fois. | *je öfter, desto besser*, le plus souvent sera le mieux. | *er kam des öfteren zu mir*, il venait assez souvent chez moi. | *ich habe ihn in den letzten Tagen öfter(s) gesehen*, je l'ai vu souvent ces derniers jours.

öfters [-tərs] adv. souvent.

oft|malig ["ɔft'mɑ:liç] adj. et adv. fréquent ; réitéré ; à plusieurs reprises. ||-**mals** adv. souvent ; fréquemment.

oh ! [o:] interj. oh !

Oheim ['o:haim] m. (s, e). POÉT., **Ohm** [o:m] m. (s, e) oncle m.

Ohm [o:m] m. (s, e). ÉLECTR. ohm m.

ohne ['o:nə] prép. (acc.) sans. | *ohne jeden Zweifel*, sans aucun doute. | *ohne mein Wissen*, à mon insu. | *ohne weiteres*, tout de suite ; sans façon ; sans aucune difficulté. | *das ist nicht so ganz ohne*, il y a du vrai là-dedans ; ce n'est pas si mal ; FAM. il y a une idée. | *er ist nicht so ganz ohne*, il n'est pas sans esprit. ◇ **ohne... zu** (infin.). *ohne ein Wort zu sagen*, sans dire (un) mot ; sans souffler mot.
◇ conj. **ohne daß,** sans que. | *ohne daß er dich sieht*, sans qu'il te voie.

ohne|dem ['o:nə"de:m], **hin** [-"hin], **-dies** [-"di:s] adv. de toute façon ; sans cela ; en outre ; au surplus. ||-**gleichen** adj. sans pareil ; sans égal. ||-**maßen** adv. sans mesure.

Ohn|macht ['o:nmaxt] f. (-, en) impuissance f. ; faiblesse f. ; syncope f. ; évanouissement m. | *in Ohnmacht fallen*, s'évanouir ; perdre connaissance. | *einen Ohnmachtsanfall erleiden*, avoir une syncope. ||-**mächtig** adj. 1° impuissant ; 2° sans connaissance. | *ohnmächtig werden*, s'évanouir.

oho ! [o'ho:] interj. oh ! oh ! ; halte-là ! holà !

Ohr [o:r] n. (s, en) **1.** [Ohrmuschel] oreille f. | *spitze Ohren*, oreilles pointues. | *die Ohren hängenlassen*, avoir l'oreille basse. | *jm eins hinter die Ohren geben*, frotter les oreilles à qn. | *jn übers Ohr hauen*, calotter, corriger qn ; FIG. se payer la tête de qn ; duper qn. | *er hat es (faustdick) hinter den Ohren*, c'est un malin sans en avoir l'air ; il a de l'astuce à revendre. | *jm das Fell über die Ohren ziehen*, dépouiller qn ; plumer qn. | *jm einen Floh ins Ohr setzen*, mettre la puce à l'oreille de qn. | *bis über die Ohren*, par-dessus les oreilles ; complètement. | *bis über die Ohren verliebt sein*, être éperdument amoureux. | *bis über die Ohren in Schulden stecken*, être dans les dettes jusqu'au cou. | *schreibe es dir hinter die Ohren !*, fais-y bien attention ; tiens-le toi pour dit. | *er ist noch nicht trocken hinter den Ohren*, ce n'est qu'un blanc-bec.
2. [Sitz des Gehörs] oreille f. | *ein feines Ohr haben*, avoir l'oreille fine. | *mach deine Ohren weit auf !*, ouvre grand tes oreilles. | *die Ohren spitzen*, dresser les oreilles. | *ganz Ohr sein*, être tout ouïe. | *nur mit halbem Ohr (hin) hören*, n'écouter que d'une oreille. | *tauben Ohren predigen*, prêcher dans le désert. | *taub auf einem Ohr sein*, être sourd d'une oreille. | *ein offenes Ohr bei jm finden*, avoir l'oreille de qn. | *jm die Ohren vollschreien*, casser les oreilles à qn. | *jm dauernd in den Ohren liegen*, rebattre les oreilles à qn. | *er liegt mir in den Ohren, ich soll...*, il ne cesse de me corner aux oreilles que je dois... | *jm sein Ohr leihen, schenken*, prêter l'oreille aux propos de qn. | *mir klingen die Ohren*, les oreilles me tintent ; on parle de moi. | *es ist mir zu Ohren gekommen, daß*, il m'est revenu que.

Öhr [ø:r] n. (s, e) trou (m.) de l'aiguille ; chas m.

Öhrchen ['ø:rçən] n. (s, -) petite oreille.

Ohr|drüse ["o:r'dry:zə] f. (-, n). ANAT. parotide f. ||°-**feige** f. (-, n) soufflet m. ; gifle f. ; calotte f. ||-**feigen** v. tr. souffleter ; gifler. ||°-**feigengesicht** n. (s, er) tête (f.) à gifles. ||°-**gehänge** n. (s, -) pendants m. pl., boucles (f. pl.) d'oreilles. ||°-**läppchen** n. (s, -) lobe (m.), bout (m.) de l'oreille. ||°-**löffel** m. (s, -) cure-oreilles m. ||°-**muschel** f. (-, n) pavillon m. (de l'oreille). ||°-**ringe** m. pl. boucles (f. pl.) d'oreilles. ||°-**speicheldrüsenentzündung** f. (-, en). MÉD. oreillons m. pl. ||°-**trompete** f. (-, n) trompe (f.) d'Eustache. ||°-**wurm** m. (s, ¨er). ZOOL. perce-oreille m. ||-**zerreißend** adj. à casser les oreilles.

Ohren|arzt ["o:rən'artst] m. (es, ¨e). MÉD. spécialiste (m.) de l'oreille. ||°-**beichte** f. (-, n). RELIG. confession (f.) auriculaire. ||-**betäubend** adj. assourdissant. ||°-**entzündung** f. (-, en) otite f. ||°-**kitzel** m. (s) chatouillement (m.) d'oreilles. || FIG. musique (f.) agréable aux oreilles. ||°-**klappe** f. (-, n) couvre-oreilles m. ; oreillette f. ||°-**klingen** n. MÉD. tintement (m.) d'oreilles ; bourdonnements m. pl. (d'oreilles). ||°-**reißen** n. (s). MÉD. otalgie f. ; mal (m.), douleur (f.) d'oreille. ||°-**sausen** n. (s) tintement (m.) d'oreilles. || °-**schmalz** n. (es) cérumen m. ||°-**schmerz** (es). V. OHRENREIßEN. ||°-**schützer** m. (s, -) protège-oreilles m. ; couvre-oreilles m. ||°-**stuhl** m. (s, ¨e) fauteuil (m.) à oreilles. ||°-**zeuge** m. (n, n) témoin (m.) auriculaire.

oje ! [o'je:] interj. hélas ! ; miséricorde !

Okapi [o'kɑ:pi] n. (s, s). ZOOL. okapi m.

okkult [ɔ'kult] adj. occulte.

Okkultismus [ɔkul'tismus] m. occultisme m.

Okkultist [-'tist] m. (en, en) occultiste m.

Okkupation [ɔkupa'tsio:n] f. (-, en) occupation f. ; (action de) s'occuper. || MIL. occupation f.

Ökologie [økɔlɔ'gi:] f. (-). BIOL. écologie f.

ökologisch [økɔ'lo:giʃ] adj. écologique. | *ökologischer Einfluß*, impact (m.) écologique.

Ökonom(in) [økɔ'no:m(in)] m. (en, en), f. (-, nen) 1° économe s. ; 2° intendant m., intendante f. ; 3° économiste s.

Ökonometrie [økɔnome'tri:] f. ÉCON. économétrie f.

Ökonomie [-nɔ'mi:] f. (-, n). 1° [Wirtschaftslehre ; Sparsamkeit] économie f. ; 2° agronomie f.

ökonomisch [-'no:miʃ] adj. économique.

Ökosphäre ["ø:kɔ'sfɛ:rə] f. (-, n) écosphère f.

Ökosystem ["ø:kɔzys'te:m] n. (s, e) écosystème.

Oktan|zahl [ɔk"tɑ:n'tsɑ:l] f. (-, en). CHIM. indice (m.) d'octane.

Oktav [ɔk'tɑ:f] n. (s, e) in-octavo m.

Oktave [ɔk'tɑ:və] f. (-, n). MUS., RELIG. octave f.

Oktober [ɔk'to:bər] m. (s) octobre m.

Oktober|fest [ɔk"to:bər'fɛst] n. (es, e) foire (f.) de Munich.

Oktogon [ɔktɔ'go:n] n. (s, e). MATH. octogone m.

Oktopode [ɔkto'po:də] m. (n, n). ZOOL. octopode m.

oktroyieren [ɔktroa'ji:rən] v. tr. 1° octroyer ; 2° imposer.

Okular [oku'lɑ:r] n. (s, e) oculaire m.

okular [-'lɑ:r] adj. oculaire.

okulieren [-'li:rən] v. tr. AGRIC. greffer.

ökumenisch [-niʃ] adj. œcuménique. | *ökumenisches Konzil*, concile (m.) œcuménique.

Okzident [ɔktsi'dɛnt] m. (s) occident m.

okzidental [-dɛn'tɑ:l], **okzidentalisch** [-dɛn'tɑ:liʃ] adj. occidental.

Öl [ø:l] n. (s, e) huile f. | *ätherisches Öl*, huile essentielle. | *wie Öl*, souple ; insaisissable. | *Öl ins Feuer gießen*, jeter de l'huile sur le feu. | *Öl auf die Wogen gießen*, adoucir ; calmer ; apaiser. | *in Öl malen*, peindre à l'huile. | *in Öl backen*, faire la cuisine à l'huile. || RELIG. *geweihtes Öl*, saint chrème ; saintes huiles.

Öl|anstrich ["ø:l'anʃtriç] m. (s) enduit (m.) à l'huile. || °**-auffangschiff** n. (es, e) navire dépollueur. ||°**-barrel** n. (s, s) baril (m.) de pétrole. ||°**-baum** m. (s, ¨e). BOT. olivier m. ||°**-behälter** m. (s, -) réservoir (m.) à huile. ||°**-berg** m. (s) mont (m.) des Oliviers. ||°**-bild** n. (s, er) peinture (f.) à l'huile. ||°**-brenner** m. (s, -) brûleur (m.) à huile. ||°**-druck** m. TECHN. pression (f.) d'huile. || TYPOGR. chromolithographie f. ||°**-fangschale** f. (-, n) bac collecteur d'huile. ||°**-farbe** f. (-, n) couleur (f.) à huile. ||°**-farbendruck** m. (s, e) chromolithographie f. || FAM., PÉJOR. chromo m. ||°**-feld** n. (s, er) champ (m.) pétrolifère. ||°**-feuerung** f. chauffage (m.) au mazout. ||°**-film** m. (s, e) pellicule (f.) d'huile. ||°**-filter** n. (s, -) filtre épurateur d'huile. ||°**-fleck** m. (s, e) tache (f.) d'huile. ||°**-früchte** f. pl. fruits oléagineux. ||**-gekühlt** adj. refroidi par huile. ||°**-gemälde** n. (s, -) tableau (m.), peinture (f.) à l'huile. ||°**-gesellschaft** f. (-, en) compagnie pétrolière. ||°**-götze** m. (n, n). PÉJOR. homme ennuyeux ; benêt m. ||**-haltig** adj. huileux ; oléagineux. ||°**-kanister** m. (s, -) bidon (m.) d'huile. ||° **-kännchen** n. (s, -) burette (f.) à huile. ||°**-kühler** m. (s, -). AUTOM. radiateur (m.) d'huile. ||°**-kühlung** f. réfrigération (f.) à huile. ||°**-lache** f. (-, n). [Rennbahn] nappe (f.) d'huile. ||°**-leitung** f. (-, en) oléoduc m. ||°**-magnat** m. (en, en) magnat (m.) du pétrole. ||°**-malerei** f. (-, en) peinture (f.) à l'huile. ||°**-manometer** m. et n. (s, -) manomètre (m.) à huile ; indicateur (m.) de pression d'huile. ||°**-papier** n. (s, e) papier huilé. ||°**-pest** f. (-, en) marée noire. ||°**-pflanzen** f. pl. plantes oléagineuses. ||**-pneumatisch** adj. oléopneumatique. ||°**-presse** f. (-, n) pressoir (m.) à huile. ||°**-pumpe** f. (-, n) pompe (f.) à huile. ||°**-reinigung** f. épuration (f.) d'huile. ||°**-rückstand** m. (s, ¨e) résidu (m.) d'huile. ||°**-samen** m. pl. graines oléagineuses. ||°**-sardine** f. (-, n) sardine (f.) à l'huile. ||°**-säure** f. (-, n) acide (m.) oléique. ||°**-schicht** f. (-, en) nappe (f.) de pétrole. ||°**-schiefer** m. (s) schiste bitumineux. ||°**-schmiere** f. (-, n) cambouis m. ||°**-schmierung** f. (-, en) graissage m. ; lubrification (f.) par huile. ||°**-stand** m. (s, ¨e) niveau (m.) d'huile. ||°**-standanzeiger** m. (s, -) indicateur (m.) de niveau d'huile. ||°**-tanker** m. (s, -). MAR. pétrolier m. ||°**-teppich** m. (s, e) nappe (f.) de pétrole. ||°**-terminal** m. (s, s) terminal pétrolier. ||°**-wanne** f. (-, n) réservoir (m.), carter (m.) d'huile. ||°**-wechsel** m. (s) vidange (f.), changement (m.), renouvellement (m.) d'huile. || °**-zeug** n. [Kleidung] ciré m. ||°**-zweig** m. (s, e) rameau (m.) d'olivier.

Oleander [ɔle'andər] m. (s, -). BOT. laurier-rose m.

ölen ['ø:lən] v. tr. huiler ; lubrifier.

Ölen ['ø:lən] n. (s) huilage m. ; lubrification f.

ölig ['ø:liç] adj. huileux ; gras ; onctueux. || FIG. *eine ölige Stimme*, une voix onctueuse.

Oligarchie [oligar'çi:] f. (-, n) oligarchie f.

Oligopol [ɔligo'po:l] n. (s, e). ÉCON. oligopole m.

Olive [o'li:və] f. (-, n) olive f.

Oliven|baum [o"li:vən'baum] m. (s, ¨e) olivier m. ||**-braun** adj. olive ; olivâtre. ||**-grün** adj. vert olive. ||°**-öl** n. (s) huile (f.) d'olive.

Ölung ['ø:luŋ] f. (-, en). TECHN. huilage m. ; lubrification f. || RELIG. *letzte Ölung*, extrême-onction f.

Olymp [o'lymp] m. (s). MYTH. Olympe m. || THÉÂTRE., POP. paradis m. ; poulailler m.

Olympiade [olympi'ɑ:də] f. (-, n) olympiade f. ; jeux Olympiques.

Olympier [o'lympiər] m. (Jupiter) Olympien.

Olympionike [olympi'o:nikə] m. (n, n) champion (m.) olympique.

olympisch [o'lympiʃ] adj. olympique.

Oma ['o:ma] f. (-, s). FAM. grand-mère f. || IRON. vieille f.

Omelett [ɔmə'lɛt] n. (s, e) omelette f.

Omen ['o:mən] n. (s, mina) augure m. ; présage m.

ominös [omi'nø:s] adj. de mauvais augure.

Omnibus ['ɔmnibus] m. (- et ses, se) autobus m. ; autocar m. ; omnibus m. | *mit dem Omnibus fahren*, prendre l'autobus ; voyager en (auto)car.

Omnium ['ɔmnium] n. (s). SPORT. omnium m.

Onanie [ona'ni:] f. onanisme m. ; masturbation f.

onanieren [-'ni:rən] v. intr. se masturber.

Onanist [-'nist] m. (en, en) onaniste m.

ondulieren [ɔndu'li:rən] v. tr. onduler.

Ondulierung [-ruŋ] f. (-, en) ondulation f.

Onkel ['ɔŋkəl] m. (s, -) oncle m.

Onkel|ehe ["ɔŋkəl'e:ə] f. (-, n) concubinage m.

Onkologie [ɔŋkolo'gi:] f. (-) oncologie f.

Önologe [øno'lo:ge] m. (n, n), **Önologin** [-'lo:gin] f. (-, nen) œnologue s.

Önologie [ønolo'gi:] f. œnologie f.

Ontogenese [ɔntɔge'ne:zə] f. (-, n). BIOL. ontogenèse f. ; ontogénie f.

Ontologie [ɔntolo'gi:] f. PHILOS. ontologie f.

Onyx ['o:nyks] m. (es, e) onyx m.

Opa ['o:pa] m. (s, s). FAM. grand-papa m. || IRON. vieux bonhomme.

Opal [o'pɑ:l] m. (s, e). MINÉRAL. opale f.

opal|artig [o"pɑ:l'ɑ:rtiç] adj. opalin ; opalescent.

opaleszieren [opalɛs'tsi:rən], **opalisieren** [opali-'zi:rən] v. intr. être opalescent.

Oper ['o:pər] f. (-, n). [Bühnenstück] opéra m. || [Gebäude] Opéra m. | *die Berliner Oper*, l'Opéra de Berlin.

Operand [opə'rant] m. (en, en). INF. opérande m.

Opern|buch ["o:pərn'bu:x] n. (s, ¨er), °**-text** m. (es, e) livret (m.) d'opéra. ||°**-dichter** m. (s, -) librettiste m. ||°**-glas** n. (es, ¨er), °**-gucker** m. (s, -) jumelles (f. pl.) de théâtre. ||°**-haus** n. (es, ¨er) salle (f.) de l'Opéra. ||°**-sänger(in)** m. (s, -), f. (-, nen) chanteur (m.), cantatrice (f.) d'opéra ; artiste (m. et f.) lyrique.

opernhaft ['o:pərnhaft] adj. comme dans un opéra ; d'opéra.

Operateur [opera'tø:r] m. (s, e). MÉD. chirurgien m. || FILM. opérateur m.

Operation [-'tsio:n] f. (-, en) opération f. | *sich einer Operation unterziehen*, se faire opérer.

Operations|feld [opera"tsio:ns'fɛlt] n. (s, er), °**-gebiet** n. (s, e) théâtre (m.) d'opérations ; zone opérationnelle. || MAR. zone (f.) de croisière. ||°**-raum** m. (s, ¨e) bloc (m.) opératoire. ||°**-saal** m. (s, säle). MÉD. salle (f.) d'opération. ||°**-tisch** m. (es, e) table (f.) d'opération. ||°**-trakt** m. (s, e) bloc (m.) opératoire.

operativ [opera'ti:f] adj. MÉD. opératoire. | *opera-*

tiver Eingriff, intervention chirurgicale. || MIL. opérationnel ; stratégique.

Operator(in) [opəˈrɑ:tɔr, opəraˈto:rin] m. (s, en), f. (-, nen). INF. opérateur m. ; opératrice f. ; pupitreur m. ; pupitreuse f.

◇ m. **Operator,** INF. *logischer Operator*, opérateur (m.) logique.

Operette [opeˈrɛtə] f. (-, n) opérette f.

operierbar [opeˈri:rbɑ:r] adj. MÉD. opérable.

operieren [ˈri:rən] v. tr. MÉD. opérer ; faire une opération. | *sich operieren lassen*, se faire opérer. || MIL. opérer ; manœuvrer.

Operierte(r) [opəˈri:rtə(r)] f. (m.) opéré(e) m. (f.).

Opfer [ˈɔpfər] n. (s, -). **1.** offrande f. ; sacrifice m. | *den Göttern ein Opfer (dar) bringen*, faire un sacrifice aux dieux. | *jm etwas zum Opfer bringen*, sacrifier qch. | *große Opfer (an Geld) bringen*, faire de grands sacrifices (d'argent). | *kein(e) Opfer scheuen*, ne reculer devant aucun sacrifice.

2. victime. | *einer Sache zum Opfer fallen*, être victime de qch. | *das Eisenbahnunglück hat viele Opfer gefordert*, la catastrophe ferroviaire a fait beaucoup de victimes. | *Opfer einer Täuschung*, victime d'une illusion.

Opfer|bereitschaft [ˈˈɔpfərbəˈrait∫aft] f. disposition (f.) au sacrifice ; abnégation f. ||°**-freudigkeit** f., °**-geist** m. (s) esprit (m.) de sacrifice ; abnégation f. ||°**-geld** n. (s, er), °**-gabe** f. (-, n). RELIG. offrande f. ||°**-lamm** n. (s, ¨er) agneau offert en sacrifice. || PAR EXT. victime innocente. ||°**-mut** m. (s) courage (m.) à se sacrifier ; abnégation (f.) héroïque. ||°**-sinn** m. V. OPFERGEIST. ||°**-stock** m. (s, ¨e) [Kirche] tronc (m.) des pauvres. ||°**-tier** n. (s, e) victime f. ||°**-tod** m. (s) sacrifice m. (de sa vie). | *den Opfertod erleiden*, s'immoler. ||**-willig** adj. prêt au sacrifice. ||°**-willigkeit** f. (esprit [m.] de) dévouement m., (de) sacrifice m.

opfern [-fərn] v. tr. et v. intr. offrir sur l'autel ; sacrifier ; immoler.

◇ v. pr. **sich opfern,** se sacrifier.

Opferung [-fəruŋ] f. (-, en) immolation f. ; sacrifice m. ; offrande f.

Ophthalmie [ɔftalˈmi:] f. MÉD. ophtalmie f.

Opiat [opiˈɑ:t] n. (s, e) opiat m.

Opium [ˈo:pium] n. (s) opium m.

Opium|extrakt [ˈˈo:piumɛksˈtrakt] m. (s) laudanum m. ||**-haltig** adj. opiacé. ||°**-raucher** m. (s, -) fumeur (m.) d'opium. ||°**-sucht** f. opiomanie f. ||**-süchtig** adj. opiomane.

Opossum [oˈpɔsum] n. (s, s). ZOOL. opossum m.

Opponent [ɔpoˈnɛnt] m. (en, en). [Gegner] opposant m.

opponieren [-ˈni:rən] v. intr. faire de l'opposition ; s'opposer à.

opportun [opɔrˈtu:n] adj. favorable ; opportun.

Opportunismus [-tuˈnismus] m. opportunisme m.

Opportunist [-tuˈnist] m. (en, en) opportuniste m.

opportunistisch [-tuˈnisti∫] adj. opportuniste. || MÉD. *opportunistische Infektion*, infection (f.) opportuniste.

Opportunität [-tuniˈtɛ:t] f. (-, en) opportunité f.

Opportunitäts|kosten [opɔrtuniˈˈtɛ:tsˈkɔstən] f. pl. ÉCON. coût (m.) d'opportunité.

Opposition [ɔpoziˈtsio:n] f. (-, en). POLIT., MATH. opposition f.

oppositionell [-tsioˈnɛl] adj. de l'opposition.

Oppositions|blatt [ɔpoziˈˈtsio:nsˈblat] n. (s, ¨er) journal (m.) de l'opposition, d'opposition. ||°**-partei** f. (-, en) parti (m.) d'opposition.

Optativ [ɔptaˈti:f] m. (s, e). GRAMM. optatif m.

optieren [ɔpˈti:rən] v. intr. opter.

Optik [ˈɔptik] f. optique f.

Optiker(in) [-kər(in)] m. (s, -), f. (-, nen) opticien m. ; opticienne f.

optimal [ɔptiˈmɑ:l] adj. le meilleur possible. | *unter den optimalen Bedingungen*, dans les conditions les plus favorables.

optimieren [ɔptiˈmi:rən] v. tr. ÉCON. optimiser.

Optimierung [ɔptiˈmi:ruŋ] f. (-). ÉCON. optimisation f. | *Optimierungsmodell*, modèle (m.) d'optimisation.

Optimismus [ɔptiˈmismus] m. optimisme m.

Optimist(in) [-ˈmist(in)] m. (en, en), f. (-, nen) optimiste s.

optimistisch [-ˈmisti∫] adj. optimiste.

Optimum [ˈɔptimum] n. (s, ma) le cas le plus favorable ; optimum m.

Option [ɔpˈtsio:n] f. (-, en). JUR. option f.

Options|markt [ɔpˈˈtsio:nsˈmarkt] m. ([e]s, ¨e). FIN. marché (m.) à options.

optisch [ˈɔpti∫] adj. optique. | *optisches Signal*, signal (m.) optique. | *optische Täuschung*, illusion (f.) d'optique.

Opto|elektronik [ˈɔptoɛlɛkˈˈtro:nik] f. (-) optoélectronique f. ||°**-elektronisch** adj. optoélectronique.

Opuntie [oˈpuntsiə] f. (-, n). BOT. opuntia f.

Opus [ˈo:pus] n. (-, Opera). MUS. œuvre f. ; opus m.

Orakel [ɔˈrɑ:kəl] n. (s, -) oracle m.

orakel|mäßig [ɔˈˈrɑ:kəlˈmɛ:siç] adj. et adv. *orakelmäßig sprechen*, parler sur un ton d'oracle, en pontifiant.

orakeln [ɔˈrɑ:kəln] v. intr. rendre un oracle. || IRON. faire l'oracle ; jouer les pythies.

oral [ɔˈrɑ:l] adj. et adv. MÉD. *oral einzunehmen*, à prendre par la bouche.

Oral|phase [ɔˈˈrɑ:lˈfɑ:zə] f. (-, n). MÉD. phase orale.

orange [oˈrɑ̃ʒə] adj., **Orange** n. orangé adj. et m.

Orange f. (-, n). BOT. orange.

Orangeade [ɔrɑ̃ˈʒɑ:də] f. (-, n) orangeade f.

orange|farben [ɔˈˈrɑ̃ʒəˈfarbən], **-farbig** [-ˈfarbiç] adj. couleur (f.) d'orange ; orangé.

Orangen|baum [-ʒənˈbaum] m. (s, ¨e) oranger m. ||°**-blüte** f. (-, n) fleur (f.) d'oranger. ||°**-saft** m. (s) jus (m.) d'orange. ||°**-schale** f. (-, n) écorce (f.) d'orange.

Orangerie [ɔrɑ̃ʒəˈri:] f. (-, n) orangerie f.

Orang-Utan [ˈˈo:raŋˈu:tan] m. (s, e). ZOOL. orang-outan(g) m.

Oranien [oˈrɑ:niən] n. pr. n. HIST. *Prinz von Oranien*, prince (m.) d'Orange.

Oratorianer [oratoriˈɑ:nər] m. (s, -). RELIG. oratorien m.

Oratorium [-ˈto:rium] n. (s, rien). RELIG. oratoire m. || [Kapelle ; Orden] l'Oratoire. || MUS. oratorio m.

Orbital [ɔrbiˈtɑ:l] n. (s). PHYS. orbitale f.

Orchester [ɔrˈkɛstər] n. (s, -). [Kapelle] orchestre m. || [Orchesterraum] orchestre m. ; fosse (f.) d'orchestre.

Orchester|begleitung [ɔrˈˈkɛstərbəˈglaituŋ] f. (-, en) accompagnement (m.) d'orchestre ; orchestration f. ||°**-graben** m. (s, ¨) fosse (f.) d'orchestre. ||°**-loge** f. (-, n). THÉÂTRE. loge (f.) d'orchestre ;

avant-scène f. ||°-**raum** m. (s, ¨e) [fosse (f.) de l'] orchestre m. ||°-**stimme** f. (-, n) partie (f.) d'orchestre.

orchestrieren [ɔrkɛs'tri:rən] v. tr. orchestrer.

Orchidee [ɔrçi'de:ə] f. (-, n). BOT. orchidée f.

Orden ['ɔrdən] m. (s, -). RELIG. ordre m. ; règle f. | *Deutscher (Ritter) orden*, ordre teutonique. || [Auszeichnungen] ordre m.

Ordens|bruder ["ɔrdəns'bru:dər] m. (s, ¨) religieux m. ; frère m. ||°-**geistlicher** m. membre (m.) du clergé régulier ; moine m. ||°-**gelübde** n. (s, n) vœu (m.) monastique. ||°-**gesellschaft** f. (-, en) congrégation f. ||°-**gewand** n. (s, ¨er) habit religieux. ||°-**meister** m. (s, -) maître (m.) d'un ordre. ||°-**regel** f. (-, n) règle f. (d'un ordre). ||°-**schwester** f. (-, n) religieuse f. ; sœur f. ||°-**tracht** f. (-, en) habit (religieux).

Orden ['ɔrdən] m. (s, -). [Verdienstauszeichnung] ordre m. ; décoration f. | *jm einen Orden verleihen*, conférer une décoration à qn ; décorer qn. | *Orden und Ehrenzeichen*, ordres et décorations.

Ordens|band ["ɔrdəns'bant] n. (s, ¨er) ruban m. (d'un ordre). ||°-**kreuz** n. (es, e) croix f. (d'un ordre). ||°-**ritter** m. (s, -) chevalier (m.) de l'ordre. || °-**schleife** f. (-, n) rosette f. ||°-**spange** f. (-, n) barrette (f.) d'un ordre. ||°-**stern** m. (s, e) étoile f. ; plaque f. ||°-**zeichen** n. pl. décorations f. pl.

ordentlich ['ɔrdəntliç] adj. **1.** JUR., UNIV., FIN., POLIT. conforme à l'ordre normal ; conforme aux institutions ; régulier ; ordinaire. | *ordentliche Gerichte*, tribunaux (m. pl.) de droit commun ; tribunaux (m. pl.) ordinaires. | *ordentlicher Professor*, professeur (m.) titulaire. | *ordentliches Mitglied*, membre (m.) ordinaire, de plein droit. | *ordentliche Sitzung*, session (f.) ordinaire.
2. [Personen] ordonné ; qui aime l'ordre ; rangé. | *ein ordentlicher Mensch*, une personne comme il faut, rangée.
3. [Dinge] ordonné ; en ordre ; (bien) rangé ; à sa place ; comme il faut ; convenable. | *ordentliche Arbeit*, travail bien fait. | *auf (eine) ordentliche Weise*, correctement ; comme il faut.
◇ adv. comme il faut ; sérieusement ; tout simplement ; bel et bien. | *er hat sich ganz ordentlich benommen*, il s'est très bien conduit. | *sein Vater hat ihn ordentlich geprügelt*, son père l'a corrigé de la belle manière. — SYN. : *regelmäßig*, régulier ; *anständig*, comme il faut ; *solid*, sérieux ; *nett*, chic, agréable.

Ordentlichkeit [-kait] f. caractère ordonné ; régularité f.

Order ['ɔrdər] f. (-, n) consigne f. ; ordre m. || FIN. *Wechsel an Order*, billet (m.) à ordre.

Order|buch ["ɔrdər'bu:x] n. (s, ¨er) carnet (m.) de commandes. ||°-**scheck** m. (s, e) chèque (m.) à ordre.

Ordinal|zahl [ɔrdi"na:l'tsa:l] f. (-, en) adjectif numéral ordinal.

ordinär [ɔrdi'nɛ:r] adj. vulgaire ; commun.

Ordinariat [ɔrdinari'a:t] n. (s, e) chaire (f.), fonction (f.) de professeur titulaire. || RELIG. ordinaire m. (de l'évêque).

Ordinarius [-'na:rius] m. (-, rien) professeur (m.) titulaire ; professeur principal. || RELIG. ordinaire m.

Ordinate [ɔrdi'na:tə] f. (-, n). MATH. ordonnée f.

Ordinaten|achse [ɔrdi"na:tən'aksə] f. (-, n). MATH. axe (m.) des coordonnées.

Ordination [ɔrdina'tsio:n] f. (-, en). RELIG. ordination f. || MÉD. consultation f. ; ordonnance f.

ordinieren [-'ni:rən] v. tr. RELIG. ordonner. || MÉD. ordonner.

Ordinierung [-'ni:ruŋ] f. (-, en) ordination f.

ordnen ['ɔrdnən] v. tr. ordonner ; ranger ; régler ; mettre en ordre ; classer. | *seine Verhältnisse ordnen*, mettre ses affaires en ordre, en règle. | *nach der Größe ordnen*, mettre par rang de taille ; ranger selon la taille. | *sich in Reihen ordnen*, se mettre en rangs.

Ordner [-nər] m. (s, -) ordonnateur m. ; organisateur m. || [für Schriftstücke] classeur m.

Ordnung [-nuŋ] f. (-, en). **1.** (bon) état ; règlement m. ; statut m. ; disposition f. ; ordre m. | *bestehende Ordnung*, ordre établi. | *aus der Ordnung bringen*, déranger. | *etwas in Ordnung bringen*, mettre qch. en ordre. | *Ordnung in etwas bringen*, mettre de l'ordre dans qch. | *Ordnung schaffen*, faire de l'ordre ; mettre de l'ordre. | *die Sache ist in Ordnung*, l'affaire est en règle. | *die öffentliche Ordnung stören*, troubler l'ordre public. | *jn zur Ordnung rufen*, rappeler qn à l'ordre.
2. mise (f.) en ordre.
3. BOT., ZOOL. ordre m.

Ordnungs|dienst ["ɔrdnuŋs'di:nst] m. (s, e) service (m.) d'ordre. ||-**gemäß** adj. en bonne (et due) forme. ||°-**kräfte** f. pl. [Polizei] forces (f. pl.) de l'ordre. ||°-**liebe** f. amour (m.), goût (m.) de l'ordre. ||-**mäßig** adj. régulier ; réglementaire ; fait en bonne et due forme. || °-**mäßigkeit** f. régularité f. ||°-**ruf** m. (s) rappel (m.) à l'ordre. ||°-**sinn** m. (s, e) esprit (m.) d'ordre. ||°-**strafe** f. (-, n). JUR. peine (f.), amende (f.) disciplinaire. ||-**widrig** adj. contraire à l'ordre ; irrégulier. ||°-**widrigkeit** f. (-, en) irrégularité f. ; illégalité f. ||°-**zahl** f. (-, en). MATH. nombre ordinal. || PHYS. numéro (m.), nombre (m.) atomique.

Ordonnanz [ɔrdɔ'nants] f. (-, en). MIL. ordonnance f. et m. ; planton m. || JUR., POLIT. ordonnance f. ; ordre m.

Ordonnanz|offizier [ɔrdɔ"nantsɔfi'tsi:r] m. (s, e) officier (m.) d'ordonnance.

Organ [ɔr'ga:n] n. (s, e) organe m. ; voix f. ; organe sensoriel ; instrument m. || [Stimme] *ein lautes Organ haben*, parler très haut ; avoir une voix perçante. || [Sinnesorgan] *für etwas kein Organ haben*, ne pas comprendre qch. | *Organe der Rechtsprechung*, juridictions f. pl.

Organ|bank [ɔr"ga:n'baŋk] f. (-, en) banque (f.) d'organes. ||°-**empfänger** m. (s, -) receveur (m.) d'organes. ||°-**spende** f. (-, n) don (m.) d'organes.

Organdin [ɔr'gandin] m. (s). TEXT. organdi m.

Organik [ɔrga'nik] f. chimie (f.) organique.

Organisation [ɔrganiza'tsio :n] f. (-, en) organisation f.

Organisations|berater [ɔrganiza'tsio:nsbə'ra:tər] m. (s, -). TECHN., COMM. conseil(ler) [m.] en organisation. ||°-**plan** m. (s, ¨e), -**schema** n. (s, ta) organigramme m.

Organisator [ɔrgani'za:tɔr] m. (s, en) organisateur m.

organisatorisch [-za'to:riʃ] adj. organisateur ; organisationnel.

organisch [ɔr'ga:niʃ] adj. organique. | *organisch eingliedern*, intégrer organiquement. | *organischer Bestandteil*, élément (m.) organique. || BIOL. organique.

organisieren [ɔrgani'zi:rən] v. tr. organiser. || ARG., MIL. chiper.

Organismus [ɔrga'nismus] m. (-, men) organisme m.

Organist(in) [ɔrga'nist] m. (en, en), f. (-, nen) MUS. organiste s.

Orgasmus [ɔr'gasmus] m. orgasme m.

Orgel ['ɔrgəl] f. (-, n). MUS. orgue m. (f. au pl.).

Orgel|balg ["ɔrgəl'balk] m. (s, ¨e) soufflet (m.) d'orgue. ||°-**bauer** m. (s, -) facteur (m.) d'orgues.

||°-**empore** f. (-, n) tribune (f.) d'orgue. ||°-**gehäuse** n. (s, -), °-**kasten** m. (s, -) buffet (m.) d'orgue. ||°-**mann** m. (s, ¨er) joueur (m.) d'orgue de Barbarie. ||°-**pfeife** f. (-, n) tuyau (m.) d'orgue. ||°-**punkt** m. (s, e) [note] pédale f. ||°-**register** n. (s, -) registre (m.) d'orgues. ||°-**spieler** m. (s, -) organiste m. ||°-**werk** n. (s, e) [instrument] orgues f. pl. | [musique] œuvre (f.) pour orgue.

orgeln ['ɔrgəln] v. intr. jouer de l'orgue. || [Hirsch] bramer.

Orgie ['ɔrgiə] f. (-, n) orgie f.

Orient [ori'ɛnt et 'o:riɛnt] m. (s). GÉOGR. orient m. || [Freimaurerei] Orient m.

Orientale [ɔriɛn'tɑ:lə] m. (n, n), **Orientalin** [-lin] f. (-, nen) Oriental m. ; Orientale f.

orientalisch [-'tɑ:liʃ] adj. oriental.

Orientalist(in) [-ta'list(in)] m. (en, en), f. (-, nen) orientaliste m. et f.

orientieren (sich) [ziçoriɛn'ti:rən] v. tr. et v. pr. (s')orienter. || PAR EXT. se mettre au courant. | *sich flüchtig orientieren*, effectuer un tour d'horizon sommaire.

Orientierung [ɔriɛn'ti:ruŋ] f. (-, en) orientation f. ; tour (m.) d'horizon.

Orientierungs|punkt [ɔriɛn"ti:ruŋs'puŋkt] m. (s, e) repère m. ||°-**tafel** f. (-, n) table (f.) d'orientation.

original [origi'nɑ:l] adj. original.

Original [origi'nɑ:l] n. (s, e). [Urbild ; Urfassung] original m. ; manuscrit m. | *im Original lesen*, lire dans le texte. || FIG. homme original ; original m.

Original|ausgabe [origi"nɑ:l'ausgɑ:bə] f. (-, n) édition originale. ||°-**fassung** f. (-, en) version (f.) originale. ||°-**gemälde** n. (s, -) tableau original. ||°-**handschrift** f. (-, en) manuscrit (m.) d'auteur. ||°-**verpackung** f. (-, en) emballage (m.) d'origine.

Originalität [ɔriginali'tɛ:t] f. originalité f.

originell [-'nɛl] adj. original ; curieux ; drôle.

Orkan [ɔr'kɑ:n] m. (s, e) ouragan m.

Orkus ['ɔrkus] m. (s, e). MYTH. Orcus ; enfer m.

Orlon ['orlo:n] n. (s). TEXT. Orlon m.

Ornament [ɔrna'mɛnt] n. (s, e) ornement m.

ornamental [-mɛn'tɑ:l] adj. ornemental.

Ornat [ɔr'nɑ:t] m. (s, e) ornements m. pl. || UNIV., JUR. costume (m.), robe (f.) de cérémonie. | *in vollem Ornat*, en robe ; en grande tenue. || RELIG. habits sacerdotaux.

Ornithologe [ɔrnito'lo:gə] m. (n, n) ornithologue m.

Ornithologie [-lo'gi:] f. ornithologie f.

Ornithologin [-'lo:gin] f. (-, nen) ornithologue f.

Orogenese [oroge'ne:zə] f. (-). GÉOL. orogenèse f.

Orpheus ['ɔrfɔys] n. pr. m. MYTH. Orphée m.

Ort [ɔrt] m. (s, e ou ¨er). **1.** [Stelle ; Platz] lieu m. ; endroit m. ; place f. | *geometrischer Ort*, lieu géométrique. | *höheren Ortes*, en haut lieu. | *am angegebenen Ort, am angeführten Ort*, à l'endroit cité, indiqué ; loc. cit. | *aller Orten*, partout. | *am anderen Ort*, ailleurs. | *am dritten Ort*, chez un tiers. | *am rechten Ort*, à sa place ; où il faut. | *am falschen Ort*, pas à sa place ; déplacé. | *am Ort des Verbrechens*, sur les lieux du crime. | *an Ort und Stelle*, sur place. || FAM. *vor Ort*, sur le tas. **2.** [Ortschaft] endroit m. ; localité f. ; lieu m. | *hier am Ort*, ici, dans notre commune.

Orthodrome [ɔrto'dro:mə] f. (-, n). AÉRON. orthodromie f.

Orthoptere [ɔrtɔp'te:rə] f. (-, n). ZOOL. orthoptère m.

Orthozentrum [ɔrto'tsɛntrum] n. (s, en). MATH. orthocentre m.

Orts|angabe ["ɔrts'angɑ:bə] f. (-, n) indication (f.) du lieu. ||-**ansässig** adj. résident ; établi dans la localité. ||°-**auflösung** f. (-, en). PHYS. pouvoir séparateur. ||°-**befund** m. (s) état (m.) des lieux. ||°-**behörde** f. (-, n) autorité locale. ||°-**beschaffenheit** f. nature (f.) des lieux. ||°-**beschreibung** f. topographie f. ; description (f.) des lieux. ||°-**bestimmung** f. (-, en) orientation f. ; localisation f. || MAR. relèvement m. || GRAMM. complément (m.) de lieu. ||-**fest** adj. fixe ; stationnaire. || °-**gedächtnis** n. (ses) mémoire géographique. ||°-**gespräch** n. (s, e). TÉLÉPH. communication urbaine, locale. ||°-**kenntnis** f. (-, se) connaissance (f.) des lieux. ||°-**kommandant** m. (en, en) commandant (m.) de la place. ||-**kundig** adj. connaissant les lieux. ||°-**leihe** f. (-, n). [Bibliothek] prêt (m.) à domicile. ||°-**linie** f. (-, n). MATH. lieu (m.) géométrique. ||°-**netz** n. (es, e) réseau local. ||°-**schild** n. (s, e) plaque indicatrice. || °-**sender** m. (s, -) poste émetteur local. ||°-**sinn** m. (s) sens (m.) de l'orientation. ||°-**tafel** f. (-, n) panneau m. (indiquant le nom de la localité). ||°-**teil** m. (s, e) quartier m. ; arrondissement m. ||-**üblich** adj. conforme à l'usage local. ||°-**veränderung** f. (-, en) déplacement m. ||°-**verkehr** m. (s) trafic local. || TRANSP. service urbain. ||°-**zeit** f. (-, en) heure locale. ||°-**zulage** f. (-, n), °-**zuschlag** m. (s, ¨e) indemnité (f.) de résidence.

Örtchen ['ørtçən] n. (s, -). FAM., EUPHÉM. [Abort] petit coin ; petit endroit.

orten ['ɔrtən] v. tr. AÉRON. repérer ; faire le point ; faire, prendre des relèvements.

Orter [-tər] m. (s, -). AÉRON. navigateur m.

orthodox [ɔrto'dɔks] adj. orthodoxe.

Orthodoxie [-dɔk'si:] f. orthodoxie f.

Orthographie [ɔrtogra'fi:] f. (-, n) orthographe f.

orthographisch [-'grɑ:fiʃ] adj. orthographique.

Orthopäde [ɔrto'pɛ:də] m. (n, n) orthopédiste m.

Orthopädie [-pɛ'di:] f. orthopédie f.

orthopädisch [-'pɛ:diʃ] adj. orthopédique.

örtlich ['ørtliç] adj. local. | *örtlicher Bedarf*, besoins locaux. | *örtliche Verhältnisse*, situation locale. || MÉD. topique.

Örtlichkeit [-kait] f. (-, en) localité f.

Ortschaft ['ɔrtʃaft] f. (-, en) localité f. | *geschlossene Ortschaft*, agglomération f.

Ortung ['ɔrtuŋ] f. (-, en). AÉRON. orientation f. ; repérage m. ; détermination (f.) du point.

Ortungs|anlage ["ɔrtuŋs'anlɑ:gə] f. (-, n). TECHN. localisateur m.

Öse ['ø:zə] f. (-, n) œillet m. ; trou m. (à lacet) ; bride (f.) de bouton ; anneau (m.) de métal.

Osmane [ɔs'mɑ:nə] m. (n, n). HIST. Ottoman m.

osmanisch [-niʃ] adj. ottoman ; turc.

Osmium ['ɔsmium] n. (s). CHIM. osmium m.

Osmose [ɔs'mo:zə] f. (-, n) osmose f.

Ost [ɔst] m. (es). [Osten] est m. ; Est m. || [Wind] vent (m.) d'est.

Ost|afrika ["ɔst'ɑ:frika] n. pr. n. Afrique orientale. ||°-**asien** n. Asie orientale. ||°-**deutsche(r)** f. (m.) Allemand (m.), Allemande (f.) de l'Est. ||°-**deutschland** n. pr. n. GÉOGR. Allemagne orientale. || POLIT. Allemagne (f.) de l'Est. ||°-**europa** n. pr. n. Europe orientale. ||°-**gote** m. (n, n). HIST. Ostrogoth m. ||°-**grenze** f. frontière orientale. ||°-**indien** n. pr. n. Indes orientales. ||°-**küste** f. (-, n) côte orientale. ||°-**mark** f. GÉOGR., HIST. marche (f.) de l'Est

(Autriche). || [Münze] mark (m.) de l'Est. ||°**-preußen** n. pr. n. Prusse-Orientale. ||°**-see** f. mer (f.) Baltique. ||°**-sektor** m. (s, en) secteur (m.) est de Berlin. ||**-wärts** adv. vers l'est. ||°**-wind** m. (s, e) vent (m.) d'est. ||°**-zone** f. zone orientale, russe.

Osten ['ɔstən] m. (s). GÉOGR., POLIT. Est m. | *der Nahe Osten*, le Proche-Orient. | *der Mittlere Osten*, le Moyen-Orient. | *der Ferne Osten*, l'Extrême-Orient.

ostentativ [ɔstɛnta'ti:f] adj. ostentatoire.

Osteoporose ['ɔsteopo"ro:zə] f. MÉD. ostéoporose f.

Oster|ei ["o:stər'ai] n. (s, er) œuf (m.) de Pâques. ||°**-ferien** f. pl. vacances (f. pl.) de Pâques. ||°**-fest** n. (s, e) fête (f.) de Pâques. ||°**-glocke** f. (-, n) jonquille f. ||°**-hase** m. (n, n) lièvre (m.) de Pâques. ||°**-lamm** n. (s, ¨er) agneau pascal. ||°**-luzei** f. (-, en). BOT. aristoloche f. ||°**-messe** f. (-, n). RELIG. messe pascale. || COMM. foire (f.) de Pâques. ||°**-sonntag** m. (s, e) dimanche (m.) de Pâques. ||°**-woche** f. (-, n) semaine sainte. ||°**-zeit** f. (-, en) temps pascal.

österlich ['ø:stərliç] adj. pascal.

Ostern ['o:stərn] n. sing. ou f. pl. Pâques m. | *Ostern fällt diesmal spät*, Pâques tombe tard cette année. | *zu Ostern*, à Pâques.

Österreich ["ø:stər'raiç] n. pr. n. Autriche f.

Österreicher(in) [-çər(in)] m. (s, -), f. (-, nen) Autrichien m. ; Autrichienne f.

österreichisch [-çiʃ] adj. autrichien.

östlich ['østliç] adj. d'est ; à, vers, de l'est ; oriental. | *östlich von*, à l'est de.

Ostrazismus [ɔstra'tsismus] m. ostracisme m.

Östrogen [østro'ge:n] n. (s, e). BIOL. œstrogène m.

Oszillator [ɔstsi'la:tɔr] m. (s, en) oscillateur m.

oszillieren [-'li:rən] v. intr. osciller.

Oszillograph [-lo'gra:f] m. (en, en) oscillographe m.

Oszillogramm [-lo'gram] n. (s, e) oscillogramme m.

Otter ['ɔtər] m. (s, -) loutre f.

Otter ['ɔtər] f. (-, n) vipère f. ; aspic m.

Ottern|gezücht ["ɔtərngə'tsy:çt] n. (s, e) engeance (f.), nœud (m.) de vipères.

Otto ['ɔto] n. pr. m. Othon m. ; Otto m. | *die Ottonen*, les empereurs (du nom d') Othon.

Ottomane [ɔto'ma:nə] m. (n, n) Ottoman m. ◇ f. (-, n) divan m. ; ottomane f.

ottomanisch [-niʃ] adj. ottoman ; turc.

Otto|motor ["ɔto'motor] m. (s, en) moteur (m.) Otto, à quatre temps.

Ouvertüre [uvɛr'ty:re] f. (-, n). MUS. ouverture f.

oval [o'va:l] adj. ovale.

Oval [o'va:l] n. (s, e) ovale m.

Ovation [ova'tsio:n] f. (-, en) ovation f.

Overall ['ɔvər"al] m. (s, s) salopette f. ; surtout m.

Oxal|säure [ɔ"ksa:l'zɔyrə] f. (-, n) acide (m.) oxalique.

Oxyd [ɔ'ksy:t] n. (s, e). CHIM. oxyde m.

Oxydation [ɔksyda'tsio:n] f. (-, en) oxydation f.

oxydierbar [ɔksy'di:rba:r] adj. oxydable.

oxydieren [-'di:rən] v. tr. oxyder.

Oxy|säure [ɔ'ksy"zɔyrə] f. (-, n). CHIM. oxyacide m.

Ozean ['otsea:n] m. (s, e) océan m. | *Atlantischer Ozean*, océan Atlantique ; Atlantique m. | *Stiller Ozean*, océan Pacifique ; Pacifique m.

Ozean|dampfer ["otsea:n'dampfer] m. (s, -) transatlantique m. ; paquebot m.

Ozeanien [otse'a:niən] n. pr. n. Océanie f.

ozeanisch [-'aniʃ] adj. océanique.

Ozeanographie [-anogra'fi:] f. océanographie f.

Ozelle [o'tsɛlə] f. (-, e). BOT. ocelle f.

Ozon [o'tso:n] n. (s, e). CHIM. ozone m.

ozonisieren [otsoni'zi:rən] v. tr. ozoniser.

P

P, p [pe:] n. P m. | *ein großes* P, un *P* majuscule. | *ein kleines* p, un *p* minuscule.

Paar [pɑ:r] n. (s, e) paire f. ; couple m. | *ein Paar*, un couple de ; deux. | *ein Paar Schuhe*, une paire de chaussures. | *ein Liebespaar*, un couple d'amoureux. | *in, zu Paaren*, par couple ; deux par deux.
◇ adj. num. indéf. (indéclinable) **paar,** *ein paar*, quelques ; un petit nombre de. | *mit ein paar Worten*, en peu de mots. | *vor ein paar Tagen*, il y a quelques jours. | *die paar Groschen, die er verdient hat*, les quelques sous qu'il a gagnés.

Paar|bildung [″pɑ:r'bilduŋ] f. (-, en) appariement m.

paaren ['pɑ:rən] v. tr. accoupler ; apparier ; joindre.
◇ v. pr. **sich paaren,** s'apparier ; s'accoupler ; s'unir.

paar|mal ['pɑ:rmɑ:l] adv. à plusieurs reprises.

Paarung [-ruŋ] f. (-, en) accouplement m. ; appariement m.

paar|weise [″pɑ:r'vaizə] adv. par paires ; par couples ; deux à deux.

Pacht [paxt] f. (-, en) bail m. ; fermage m. | *in Pacht geben*, donner à bail, à ferme ; affermer. | *in Pacht nehmen*, prendre à bail, à ferme.

Pacht|brief [″paxt'bri:f] m. (s, e), °**-vertrag** m. (s, ¨e) contrat (m.) de fermage ; bail (m.) à ferme. ||°**-geld** n. (s, er), °**-zins** m. (es, en) fermage m. ; loyer m. ||°**-gut** n. (s, ¨er), °**-hof** m. (s, ¨e) ferme f. ||°**-vieh** n. (s) cheptel m. ||°**-wert** m. (s, e) valeur locative.

pachten ['paxtən] v. tr. prendre à ferme, à bail.

Pächter(in) ['pɛçtər(in)] m. (s, -), f. (-, nen) preneur m. ; preneuse f. ; fermier m. ; fermière f.

Pachtung ['paxtuŋ] f. (-, en). 1° bail m. ; 2° ferme f. ; bien loué.

Pack [pak] n. (s) canaille f. | *Pack schlägt sich, Pack verträgt sich*, jeux de mains, jeux de vilains. | *das ist mir ein Pack !*, quelle racaille !

Pack [pak] n. (s, ¨e), **Packen** ['pakən] m. (s, -) paquet m. ; ballot m. | *ein Pack Papier*, une liasse de papier. | *mit Sack und Pack*, avec armes et bagages.

Päckchen ['pɛkçən] n. (s, -) petit paquet. | *ein Päckchen Tabak*, un paquet de tabac.

Pack|eis ['pak″ais] n. (es) banquise f. ||°**-esel** m. (s, -) bête (f.) de somme. ||°**-hof** m. (s, ¨e). [Zollamt] entrepôt m. ||°**-papier** n. (s, e) papier (m.) d'emballage. ||°**-pferd** n. (s, e) cheval (m.) de bât. ||°**-sattel** m. (s, ¨) bât m. ||°**-tier** n. (s, e) bête (f.) de somme. ||°**-träger** m. (s, -) porteur m.

packen ['pakən] v. tr. **1.** emballer ; empaqueter. | *seinen Koffer packen*, faire sa malle. | *in Kisten packen*, mettre en caisse.
2. [fassen] saisir ; attraper. | *er packte ihn beim Kragen*, il l'empoigna au collet. || FIG. *bei der Ehre packen*, piquer d'honneur.
3. FIG. saisir ; émouvoir. | *die Rede hat die Zuhörer gepackt*, les auditeurs ont été touchés par ce discours. | *Schrecken packt den Räuber*, la frayeur s'empare du brigand.
◇ v. pr. **sich packen,** décamper ; filer ; prendre le large. || FAM. *pack dich zum Teufel*, va-t-en au diable.
◇ part. prés. et adj. **packend.** | *eine packende Erzählung*, une histoire captivante.

Packen V. PACK.

Packer(in) [-kər(in)] m. (s, -), f. (-, nen) emballeur m. ; emballeuse f.

Packung ['pakuŋ] f. (-, en). **1.** emballage m. ; empaquetage m. || MÉD. enveloppement m. | *kalte Packung*, enveloppement humide (glacé). || TECHN. bourrage m. ; garniture f.

Pädagoge [pɛda'go:gə] m. (n, n) pédagogue m.

Pädagogik [-gik] f. pédagogie f.

Pädagogin [-gin] f. (-, nen) pédagogue f.

pädagogisch [-giʃ] adj. pédagogique.

Paddel ['padəl] n. (s, -), f. (-, n) pagaie f.

Paddel|boot [″padəl'bo:t] n. (s, e) pirogue f. ; canot m. ; kayak m.

paddeln ['padəln] v. intr. pagayer. || PAR EXT. nager maladroitement ; patauger.

Paddler ['padlər] m. (s, -) pagayeur m.

Päderast [pɛde'rast] m. (en, en) pédéraste m.

Päderastie [-ras'ti:] f. pédérastie f.

Pädologie [pɛdolo'gi:] f. (-). MÉD. pédologie f.

pädophil [pɛdo'fi:l] adj. pédophile.

Pädophiler [-'fi:lər] m. pédophile m.

Pädophilie [-fi'li:] f. (-) pédophilie f.

Padua ['pɑ:dua] n. pr. n. GÉOGR. Padoue f.

paff ! [paf] interj. paf ! || FAM. *ganz paff sein*, être tout ébahi, épaté.

paffen ['pafən] v. intr. [Schuß] claquer. || FAM. [Tabak] fumer à grosses bouffées.

Page ['pɑ:ʒə] m. (n, n). HIST. page m. || chasseur (m.) d'hôtel.

Pagen|kopf [″pɑ:ʒən'kɔpf] m. (s, ¨e) cheveux (coupés) à la Jeanne d'Arc.

paginieren [pagi'ni:rən] v. tr. paginer.

Pagode [pa'go:də] f. (-, n) pagode f.

pah ! [pɑ:] interj. bah !

Pak [pak] f. abrév. de **Panzerabwehrkanone** f., canon (m.) antichar.

Paket [pa'ke:t] n. (s, e) paquet m. ; colis m.

Paket|annahme [pa″ke:t'annɑmə] f. (-, n) réception (f.) des colis postaux. ||°**-ausgabe** f. (-, n) livraison (f.) des colis postaux. ||°**-karte** f. (-, n), bulletin (m.) d'expédition ; lettre (f.) d'avis. ||°**-post** f. (service [m.] des) colis postaux. ||°**-sendung** f. (-, en) envoi (m.) par colis postal. ||°**-zusteller** m. (s, -) facteur (m.) qui apporte les paquets.

Pakistan [pakis'tɑ:n] n. pr. n. Pakistan m.

Pakt [pakt] m. (s, e) pacte m.
paktieren [-'ti:rən] v. intr. pactiser.
Paläobotanik [palεobo'tanik] f. paléobotanique f.
Paläographie [gra'fi:] f. paléographie f.
Paläolithikum [-'li:tikum] n. paléolithique m.
paläolithisch [-'li:tiʃ] adj. poléolithique.
Paläontologie [palεɔntolo'gi:] f. paléontologie f.
Palast [pa'last] m. (es, ¨e) palais m.
Palästina [palεs'tina] n. pr. n. Palestine f.
Palatalisierung [palatali'si:ruŋ] f. (-, en). GRAMM. palatalisation f.
Palaver [pa'la:vər] n. (s, s) palabre m. ou f.
Palette [pa'lεtə] f. (-, n) palette f. ‖ TECHN. palette. | *auf Paletten stapeln*, palettiser. ‖ FIG. choix m.
Paletten|heber [pa"lεtən'he:bər] m. (s, -), °**-hubwagen** [-'hu:pva:gən] m. (s, -). TECHN. palettiseur m.
Palettierung [palε'ti:ruŋ] f. (-, en). TECHN. palettisation f.
Palisade [pali'za:də] f. (-, n) palissade f.
Palisander [pali'zandər] m. (s, -). [Palisanderholz] palissandre m.
Palm|öl ["palm'ø:l] n. (s, e) huile (f.) de palme. ‖°**-sonntag** m. (s, e) dimanche (m.) des Rameaux. ‖°**-woche** f. (-, n) semaine sainte. ‖°**-zweig** m. (s, e) rameau (m.) de palmier ; palmette f.
Palme ['palmə] f. (-, n) palmier m. ; feuille (f.) de palmier. ‖ FIG. palme f. ‖ POP. *auf die Palme gehen*, se fâcher.
Palmitat [palmi'ta:t] n. (s, e). CHIM. palmitate m.
Pampa ['pampa] f. (-, s) pampa f.
Pampelmuse ["pampəl'mu:zə] f. (-, n) pamplemousse m.
Pamphlet [pam'fle:t] n. (s, e) pamphlet m.
Pamphletist [-fle'tist] m. (en, en) pamphlétaire m.
Pan [pa:n] n. pr. m. MYTH. Pan m.
Pan|flöte ["pa:n'flø:tə] f. (-, n) flûte (f.) de Pan.
Panama ['panama] n. pr. n. GÉOGR. Panama m.
Panama|hut ["panama'hu:t] m. (s, ¨e) panama m.
Panazee [pana'tse:] f. (-, n) panacée f.
Pandemie [pande'mi:] f. (-, n). MÉD. pandémie f.
Pandora [pan'dora] n. pr. f. MYTH. Pandore f.
Paneel [pa'ne:l] n. (s, e) lambris m. ; panneau m.
paneelieren [-ne'li:rən] v. tr. lambrisser.
Pan|germanismus ["pangεrma'nismus] m. HIST. pangermanisme m.
Panier [pa'ni:r] n. (s, e) bannière f.
panieren [pa'ni:rən] v. tr. CULIN. paner.
Panier|mehl [pa"ni:r'me:l] n. (s) chapelure f.
Panik ['pa:nik] f. (-, en) panique f. | *Panikstimmung*, affolement m. ; panique f.
panisch [-niʃ] adj. panique. | *panische Angst* ; *panischer Schrecken*, terreur (f.), peur (f.) panique.
Pankreas ['pankrea:s] n. pancréas m.
Panne ['panə] f. (-, n). TECHN. panne f. | *eine Panne beheben*, dépanner.
Panoptikum [pan'optikum] n. (s, ken) musée (m.) de figures de cire.
Panorama [pano'ra:ma] n. (s, men) panorama m.
Panorama|breitwand [pano"ra:ma'braitvant] f. (-, ¨e) écran (m.) panoramique. ‖°**-tafel** f. (-, n) table (f.) d'orientation.
pan(t)schen ['pan(t)ʃən] v. tr. et v. intr. patauger. | *Milch panschen*, mouiller, frelater le lait. | *Wein panschen*, couper le vin.
Panscher [-ʃər] m. (s, -) fraudeur m.
Pansen ['panzən] m. (s, -) panse f.
Pantheismus [pante'ismus] m. panthéisme m.
Pantheist [-'ist] m. (en, en) panthéiste m.
Pantheon ['panteɔn] n. (s, s) panthéon m.
Panther ['pantər] m. (s, -) panthère f.
Pantine [pan'ti:nə] f. (-, n) sabot m. ; galoche f.
Pantoffel [pan'tɔfəl] m. (s, n) pantoufle f. ; PÉJOR. savate f. | *Pantoffel des Papstes*, mule (f.) du pape. | *unter dem Pantoffel stehen*, être mené par sa femme.
Pantoffel|blume [pan"tɔfəl'blu:mə] f. (-, n). BOT. calcéolaire f. ‖°**-held** m. (en, en). FAM. pantouflard m. ; mari mené par sa femme. ‖°**-tierchen** n. (s, -). ZOOL. paramécie f.
Pantomime [pantɔ'mi:mə] f. (-, n) pantomime f.
pantomimisch [-'mimiʃ] adj. pantomimique.
Panzer ['pantsər] m. (s, -) cuirasse f. ; plastron m. ; armure f. ‖ MIL. char (m.) de combat, d'assaut ; engin blindé.
Panzer|abwehr ["pantsər'apve:r] f. défense (f.) antichar. ‖°**-abwehrgeschütz** n. (es, e), °**-kanone** f. (-, n) canon (m.) antichar. ‖°**-abwehrwaffe** f. (-, n) arme (f.) antichar. ‖°**-deck** n. (s, e) pont blindé. ‖°**-division** f. (-, en) division blindée. ‖°**-faust** f. (-, ¨e) lance-fusée (léger) antichar. ‖°**-glas** n. (es) glace (f.), verre (m.) blindé(e). ‖°**-graben** m. (s, ¨) fossé (m.), tranchée (f.) antichar. ‖°**-grenadier** m. (s, e) fantassin porté. ‖°**-hemd** n. (s, en) cotte (f.) de mailles. ‖°**-kabel** n. (s, -) câble armé, blindé. ‖°**-kette** f. (-, n) chenille f. ‖°**-kreuzer** m. (s, -). MAR. croiseur cuirassé. ‖°**-schrank** m. (s, ¨e) coffre-fort m. ‖°**-schreck** m. (s, e) bazooka m. ‖°**-zug** m. (s, ¨e) train blindé.
panzern ['pantsərn] v. tr. blinder ; cuirasser.
Panzerung [-ruŋ] f. (-, en) blindage m.
Päonie [pε'o:niə] f. (-, n). BOT. pivoine f.
Papa [pa'pa:] m. (s, s) papa m.
Papagei [papa'gai] m. (en, en) perroquet m.
Papageien|krankheit [-"gaiən'kraŋkhait] f. psittacose f.
Papier [pa'pi:r] n. (s, e) papier m. | *ein Blatt Papier*, une feuille de papier. ‖ PAR EXT. [Zeitungen] article m. ; FAM. papier.
◇ n. pl. **Papiere.** [Ausweis] papiers m. pl. d'identité). | *seine Papiere sind in Ordnung*, ses papiers sont en règle. | *seine Papiere vorzeigen*, présenter ses papiers. ‖ COMM. papier m. ; valeur f. ; titre m. | *an der Börse notierte Papiere*, valeurs cotées en Bourse.
Papier|beutel [pa"pi:r'bɔytəl] m. (s, -) sac (m.) en papier. ‖°**-bogen** m. (s, ¨) feuille (f.) de papier. ‖°**-drachen** m. (s, -) cerf-volant m. ‖°**-fabrik** f. (-, en), °**-mühle** f. (-, n) fabrique (f.) de papier ; papeterie f. ‖°**-geld** n. (s, er) papier-monnaie m. ‖°**-korb** (s, ¨e) corbeille (f.) à papier. ‖°**-kram** m. (s). POP. paperasse f. ‖°**-krieg** m. (s, e) paperasserie f. ‖°**-laterne** f. (-, n) lanterne vénitienne. ‖°**-maché** n., °**-masse** f. (-, n) pâte (f.) à papier. ‖°**-messer** n. (s, -) coupe-papier m. ‖°**-schlange** f. (-, n) serpentin m. ‖°**-streifen** m. (s, -) bande (f.) de papier. ‖°**-tüte** f. (-, n) sac (m.), cornet (m.) de papier. ‖°**-währung** f. (-, en) papier-monnaie m. ; monnaie scripturale. ‖°**-warenhandel** m., °**-laden** (s, -) papeterie f. ‖°**-warenhändler** m. (s, -) papetier m. ‖°**-wickel** m. (s, -) papillote f.
papieren [pa'pi:rən] adj. 1° de, en papier ; 2° n'existant que sur le papier ; fictif.
Papismus [pa'pismus] m. PÉJOR. papisme m.
papistisch [-'pistiʃ] adj. papiste.
Papp|band ["pap'bant] m. (s, ¨e) reliure (f.) en carton ; volume cartonné. ‖°**-becher** m. (s, -) gobelet (m.) en carton. ‖°**-deckel** m. (s, -) carton m.

||°-**einband** m. (s, ¨e) reliure (f.) en carton. ||°-**schachtel** f. (-, n), °-**karton** m. (s, e) boîte (f.) en carton.

Pappe ['papə] f. (-, n) carton m. | *das ist nicht von Pappe*, c'est sérieux, assez important.

Pappen|stiel ["papən'ʃti:l] m. (s, e) bagatelle f. | *für einen Pappenstiel kaufen*, acheter pour rien, pour une bouchée de pain.

Pappel ['papəl] f. (-, n) peuplier m.

päppeln ['pɛpəln] v. tr. donner de la bouillie ; élever (au biberon). || PAR EXT. dorloter.

pappen ['papən] v. tr. coller.

Pappenheimer ["papən'haimər] m. (s, -) *ich kenne meine Pappenheimer*, je connais mes gens ; je sais à qui j'ai affaire.

papperlapapp [papərla'pap] interj. et patati et patata.

pappig ['papiç] adj. pâteux.

Paprika ['paprika] m. (s). BOT. paprika m.

Papst [pɑ:pst] m. (es, ¨e) pape m. | *päpstlicher als der Papst sein*, être plus royaliste que le roi.

Papst|krone ["pɑ:pst'kro:nə] f. (-, n) tiare f. ||°-**würde** f. papauté f. ; pontificat m.

päpstlich ['pɛ:pstliç] adj. papal ; pontifical. | *der päpstliche Nuntius*, le nonce apostolique. | *päpstlicher Stuhl*, Saint-Siège.

Papsttum ['pɑ:psttu:m] n. (s) papauté f.

Papua [pa'pu:a] m. (s, s) Papou m.

papuanisch [papu'ɑ:niʃ] adj. papou.

Papyrus [pa'py:rus] m. (-, ri) papyrus m.

Parabel [pa'rɑ:bəl] f. (-, n). LITTÉR. parabole f. || MATH. parabole f.

Parabol|antenne [para"bo:l'antɛnə] f. (-, n) antenne (f.) parabolique. ||°-**spiegel** m. (s, -) miroir (m.) parabolique.

parabolisch [para'bo:liʃ] adj. parabolique.

Parade [pa'rɑ:də] f. (-, n). MIL. parade f. ; revue f. ; défilé m. ; prise (f.) d'armes. | *die Parade abnehmen*, passer les troupes en revue. || [Fechtkunst ; Reitkunst] parade f. | *Parade schlagen*, parer un coup.

Parade|anzug [pa"rɑ:də'antsu:k] m. (s, ¨e) grande tenue. ||°-**marsch** m. (es, ¨e) pas (m.) de parade ; pas (m.) de l'oie. ||°-**platz** m. (es, ¨e) place (f.) d'armes.

Paradentose [paradɛn'to:zə] f. (-, n). MÉD. paradontose f.

paradieren [para'di:rən] v. intr. parader.

Paradies [para'di:s] n. (es, e) paradis m.

Paradies|vogel [para"di:s'fo:gəl] m. (s, ¨) oiseau (m.) de paradis ; paradisier m.

paradiesisch [para'di:ziʃ] adj. paradisiaque.

paradigmatisch [paradi'gmɑ:tiʃ] adj. GRAMM. paradigmatique.

paradox [para'dɔks] adj. paradoxal.

Paradox [-'dɔks] n. (es, e) paradoxe m.

Paraffin [para'fi:n] n. (s, e) paraffine f.

paraffin|basisch [para"fi:n'bɑ:siʃ] adj. TECHN. paraffinique. | *paraffinbasisches Erdöl*, pétrole (m.) paraffinique.

Parafiskalität [parafiskali'tɛ:t] f. parafiscalité f.

Paragraph [para'grɑ:f] m. (en, en) article m. ; paragraphe m.

Parallaxe [para'laksə] f. (-, n) parallaxe f.

Parallaxen|ausgleich [para"laksən'ausglaiç] m. (s). PHOT. correction (f.) de parallaxe.

parallel [para'le:l] adj. (mit, zu) parallèle (à).

parallel|geschaltet [para"le:lgə'ʃaltət] adj. ÉLECTR. en shunt ; monté en parallèle. ||°-**kreis** m. (es, e). GÉOGR. parallèle m. ||-**laufend** adj. MATH. parallèle. ||°-**schaltung** f. (-, en). ÉLECTR. mise (f.) en parallèle.

Parallelismus [parale'lismus] m. (-, men), **Parallelität** [-li'tɛ:t] f. (-, en) parallélisme m.

Parallelogramm [-lo'gram] n. (s, e) parallélogramme m.

paralysieren [-ly'zi:rən] v. tr. paralyser.

Paralytiker(in) [-'ly:tikər(in)] m. (s, -), f. (-, nen) paralytique s.

paralytisch [-'ly:tiʃ] adj. paralytique.

Parameter [para'me:tər] m. et n. (s, -). MATH. paramètre m.

Paranoia [para'nɔja] f. MÉD. paranoïa f.

paranoisch [-'nɔjiʃ] adj. paranoïaque.

Paraphe [pa'rafə] f. (-, n) parafe m. ; paraphe m.

paraphieren [-ra'fi:rən] v. tr. parapher ; parafer.

Parapsychologie [parapsyçolo'gi:] f. parapsychologie f.

Parasit [para'zit] m. (en, en) parasite m.

parasiten|tötend [para"zi:tən'tø:tənt] adj. parasiticide. | *parasitentötendes Mittel*, parasiticide m.

Parasitologe [parazito'lo:gə] m. (n, n). MÉD. parasitologue m.

Parasitologie [-lo'gi:] f. MÉD. parasitologie f.

Parasitologin [-'lo:gin] f. (-, nen). MÉD. parasitologue f.

Parasympathikus [parasym'pɑ:tikus] m. (-). MÉD. parasympathique m.

parasympathisch [parasym'pɑ:tiʃ] adj. MÉD. parasympathique.

parat [pa'rɑ:t] adj. [bereit] prêt.

Parataxe [para'taksə] f. (-, n). GRAMM. parataxe f.

Pärchen ['pɛ:rçən] n. (s, -) couple m. (d'amoureux).

pardauz ! [par'dauts] interj. patatras ! ; plouf !

Pardon [par'dɔ̃] m. (s) pardon m. ; grâce f. | *um Pardon bitten*, demander pardon.

Parenthese [paran'te:zə] f. (-, n) parenthèse f.

Parforce|jagd [par"fɔrsə'jɑ:kt] f. (-, en) chasse (f.) à courre.

Parfüm [par'fy:m] n. (s, e) parfum m.

Parfümerie [-fymə'ri:] f. (-, n) parfumerie f.

parfümieren [-fy'mi:rən] v. tr. parfumer.

pari ['pɑ:ri] adj., **Pari** ['pɑ:ri] n. (s). FIN. pair m. | *al pari*, au pair. | *über pari*, au-dessus du pair.

parieren [pa'ri:rən] v. tr. *einen Schlag parieren*, parer un coup. || *ein Pferd parieren*, arrêter court un cheval. ◇ v. intr. *jm parieren*, obéir à qn.

parietal [parie'tɑ:l] adj. ANAT. pariétal.

Pariser(in) [pa'ri:zər(in)] m. (s, -), f. (-, nen) Parisien m. ; Parisienne f.

Pariser [-zər], **pariserisch** [-zəriʃ] adj. parisien.

Parität [pari'tɛ:t] f. parité f.

paritätisch [pari'tɛ:tiʃ] adj. paritaire.

Park [park] m. (s, e et s). [Garten] parc m.

Parka ['parka] m. (s, s) parka f.

Park|anlage ["park'anlɑ:gə] f. (-, n) parc m. ; jardin m. ||°-**bahn** f. (-, en). AÉRON. orbite (f.) d'attente. ||°-**licht** n. (s, er) feu (m.) de stationnement. ||°-**platz** m. (es, ¨e) parc (m.) de stationnement ; parking m. ||°-**scheibe** f. (-, n), disque (m.) de stationnement. ||°-**uhr** f. (-, en) parcmètre m. ||°-**verbot** n. (s, e) défense (f.) de stationner.

parken ['parkən] v. tr. et intr. parquer ; stationner ; garer. | *Parken verboten !*, stationnement interdit.

Parkett [par'kɛt] n. (s, e) parquet m. | *das Parkett abziehen*, poncer le parquet. || THÉÂTRE. orchestre m.

Parkett|boden [par"kɛt'bo:dən] m. (s, ¨) parquet

(m.) à lames. ||°**-loge** f. (-, n). THÉÂTRE. baignoire f. ||°**-platz** m. (es, ¨e), °**-sitz** m. (es, e) fauteuil (m.) d'orchestre.

parkettieren [-kɛ'ti:rən] v. tr. parqueter.

Parkinson-Krankheit ["parkinzɔn'krankhait] f. (-), **Parkinsonsche Krankheit** ["parkinzɔnʃə'--] f. MÉD. maladie (f.) de Parkinson.

Parlament [parla'mɛnt] n. (s, e) parlement m.

Parlaments|debatten [parla"mɛntsdə'batən] f. pl. débats (m. pl.) parlementaires. ||°**-mitglied** n. (s, er) membre (m.) du Parlement ; député m.

Parlamentär [parlamɛn'tɛ:r] m. (s, e). MIL. parlementaire m. | *Parlamentärflagge*, pavillon (m.) des parlementaires ; drapeau blanc.

Parlamentarier [-'tɑ:riər] m. (s, -) membre (m.) du Parlement ; député m. ; parlementaire m.

parlamentarisch [-'tɑ:riʃ] adj. parlementaire.

Parlamentarismus [-ta'rismus] m. parlementarisme m.

Parmesan(käse) [parmə"zɑ:n'(kɛ:zə)] m. (s) parmesan m.

Parodie [paro'di:] f. (-, n) parodie f.

parodieren [-'di:rən] v. tr. parodier ; travestir.

Parole [pa'ro:lə] f. (-, n) mot (m.) de passe ; mot (m.) d'ordre, de ralliement.

Paroxysmus [parɔ'ksysmus] m. (-, men). MÉD. paroxysme m.

Part [part] m. (s, e) part f. ; portion f. | *halbpart machen*, faire part à deux. || MUS. partie f.

Partei [par'tai] f. (-, en). **1.** POLIT. parti m. | *für jn Partei ergreifen*, prendre parti pour qn. | *js Partei ergreifen*, prendre le parti de qn.

2. JUR. partie f. | *die streitenden Parteien*, les parties plaidantes. | *die vertragschließenden Parteien*, les parties contractantes.

3. [Mieter] locataire m. ; occupant m.

Partei|buch [par"tai'bu:x] n. (s, ¨er). POLIT. carte (f.) d'adhérent. ||°**-enlandschaft** f. (-, en) paysage (m.) politique. ||°**-führer** m. (s, -) chef (m.) de parti. ||°**-funktionär** m. (s, e). POLIT. responsable permanent (d'un parti). ||°**-gänger** m. (s, -), °**-genosse** m. (n, n) membre (m.) d'un parti. ||°**-geist** m. (es) esprit (m.) de parti ; esprit partisan. ||°**-jargon** m. (s, s) langue (f.) de bois. ||**-los** adj. neutre ; impartial. || POLIT. non-inscrit. ||°**-lose(r)** f. (m.). POLIT. non-inscrit(e) m. (f.). ||°**-losigkeit** f. impartialité f. || °**-nahme** f. (-, n) [fait (m.) de] prendre parti. ||°**-vorsitzende(r)** f. (m.). POLIT. président(e) [m. (f.)] d'un parti.

parteiisch [par'taiiʃ], **parteilich** [-'tailiç] adj. partial.

Parteilichkeit [-'tailiçkait] f. partialité f.

Parterre [par'tɛr] n. (s, s) rez-de-chaussée f.

Parterre|wohnung [par"tɛr'vo:nuŋ] f. (-, en) logement (m.) au rez-de-chaussée ; rez-de-chaussée m.

Partie [par'ti:] f. (-, n). **1.** [Spiel] partie f. | *eine Billardpartie*, une partie de billard. | *Jagdpartie*, partie de chasse.

2. [Teil] partie f. ; portion f. | *die untere Partie seines Gesichtes*, la partie inférieure de son visage.

3. [Ausflug] partie f. ; promenade f. | *mit von der Partie sein*, être de la partie.

4. MUS. partition f. ; partie. | *Flötenpartie*, partition pour flûte.

5. [Heirat] parti m. ; mariage m. | *er hat eine gute, reiche Partie gemacht*, il a fait un bon parti.

6. COMM. lot m.

partiell [partsi'ɛl] adj. partiel.

Partikel [-'ti:kəl] f. (-, n) petite partie ; parcelle f. || GRAMM. particule f.

Partikularismus [partikula'rismus] m. particularisme m.

Partikularist [-'rist] m. (en, en) particulariste m.

partikularistisch [-'ristiʃ] adj. particulariste.

Partisan [parti'zɑ:n] m. (s, e), **Partisane** [-nə] m. (n, n). POLIT., MIL. partisan m.

Partitur [parti'tu:r] f. (-, en). MUS. partition f.

Partizip [parti'tsi:p] n. (s, ien). GRAMM. participe m. | *Partizip des Präsens*, participe présent. | *Partizip des Perfekts*, participe passé.

partizipieren [-tsi'pi:rən] v. intr. (an, dat.) participer (à) ; prendre part (à).

Partner ['partnər] m. (s, -) partenaire m. ; associé m.

Partnerschaft [-ʃaft] f. (-, en) participation f. ; association f. ; jumelage m. (de villes).

Partner|städte ["partnər'ʃtɛtə] pl. villes jumelées.

partout [par'tu:] adv. à toute force ; à tout prix.

Parvenü [parvə'ny:] m. (s, s) nouveau riche.

Parze ['partsə] f. (-, n). MYTH. Parque f.

Parzelle [par'tsɛlə] f. (-, n) parcelle f. ; lot m.

parzellieren [-tsɛ'li:rən] v. tr. lotir ; diviser en parcelles ; parcelliser.

Parzellierung [-tsɛ'li:ruŋ] f. (-, en) parcellement m. ; lotissement m.

Parzival ['partsifal] n. pr. m. MYTH., MUS. Parsifal m. ; Perceval m.

Pasch [paʃ] m. (es, e). [Würfelspiel] doublet m.

Pascha ['paʃa] m. (s, s) pacha m.

paschen ['paʃən] v. intr. [würfeln] jouer aux dés. ◇ v. tr. [schmuggeln] passer en fraude.

Paspel ['paspəl] m. (s, -) ou f. (-, n) passepoil m.

paspelieren [paspə'li:rən] v. tr. passepoiler.

Paß [pas] m. (es, ¨e). [Ausweis] passeport m. | *einen Paß ausstellen*, délivrer un passeport.

Paß|amt ["pas'amt] n. (s, ¨er), °**-stelle** f. (-, n) bureau (m.) des passeports. ||°**-wort** n. (s, e). MIL. mot (m.) de passe.

Paß [pas] m. (es, ¨e) [Durchgang] pas m. ; passage m. ; défilé m. | *Gebirgspaß*, col m.

Paß|höhe ["pas'hø:ə] f. (-, n) col m.

Paß|gang ["pas'gaŋ] m. (s) amble m. ||°**-gänger** m. (s, -) haquenée f. ; cheval (m.) qui va l'amble.

passabel [pa'sɑ:bəl] adj. passable ; tolérable.

Passacaglia [pasa'kalja] (-, ien). MUS. passacaille f.

Passage [pa'sɑ:ʒə] f. (-, en) passage m. || MUS. roulade f.

Passagier [pasa'ʒi:r] m. (s, e) passager m. | *blinder Passagier*, passager clandestin.

Passagier|dampfer [pasa"ʒi:r'dampfər] m. (s, -) paquebot m.

Passah|fest [pa"sɑ:fɛst] n. (es, e). RELIG. pâque juive.

Passant [pa'sant] m. (en, en) passant m.

Passante [-'santə] f. (-, n). MATH. droite extérieure à un cercle.

Passat [pa'sɑ:t] m. (s, e), **Passat|wind** [pa"sɑ:t'vint] m. (s, e) vent alizé ; alizé m.

passen ['pasən] v. intr. **1.** être à la mesure ; convenir ; aller ; seoir. | *das paßt*, ça va ; ça y est ; c'est juste. | *der Anzug paßt mir*, ce costume me va bien, est à ma taille. | *die Vorhänge passen zu den Möbeln*, les rideaux vont bien avec les meubles. | *die beiden passen zusammen*, ces deux personnes vont bien ensemble. || FIG. *diese Beschreibung paßt auf ihn*, cette

description cadre avec le personnage. | *das paßt wie die Faust aufs Auge*, cela vient comme un cheveu sur la soupe. | *das paßt mir nicht*, cela ne me convient pas. | *das paßt hier nicht*, c'est déplacé ; ce n'est pas la question.
2. [auf ein Spiel verzichten] passer.
◇ v. tr. *etwas an* (acc.) *passen*, adapter qch. à.
◇ part. prés. et adj. **passend.** | *die passenden Worte finden*, trouver les mots appropriés, bien sentis ; dire ce qu'il fallait dire. || PAR EXT. *passend zahlen*, faire l'appoint.
◇ v. pr. **sich passen,** être convenable, séant. | *es paßt sich nicht*, cela ne se fait pas.

Passepartout [paspar'tu:] m. (s, s) passe-partout m. ; coupe-file m. ; carte permanente.

passierbar [pa'si:rba:r] adj. praticable.

Passier|schein [pa"si:r'ʃain] m. (s, e) laissez-passer m. ; passavant m. ; permis m. ; coupe-file m.

passieren [pa'sirən] v. tr. passer par. | *(durch) einen Ort passieren*, traverser une localité. || CULIN. passer. | *die Suppe passieren*, passer la soupe.
◇ v. intr. passer ; se produire. | *ein Unglück ist passiert*, un malheur est arrivé. | *was ist dir denn passiert ?*, que t'est-il donc arrivé ? || arriver (événement fâcheux). | *das soll mir nicht wieder passieren*, cela ne m'arrivera plus.

Passion [pa'sio:n] f. (-, en) passion f. || RELIG. Passion f.

Passions|blume [pa"sio:ns'blu:mə] f. (-, n). BOT. grenadille f. ; passiflore f. ; fleur (f.) de la Passion. ||°**-frucht** f. (-, ¨e). BOT. fruit (m.) de la Passion. ||°**-spiel** n. (s, e) mystère (m.) de la Passion. ||°**-woche** f. (-, n) semaine (f.) de la Passion.

passioniert [-sio'ni:rt] adj. passionné.

passiv [pa'si:f] adj. passif. | *er ist ein passiver Mensch*, c'est un homme peu actif. | *eine passive Bilanz*, un bilan négatif.

Passiv [pa'si:f] n. (s, e). GRAMM. passif m.

Passiv|bilanz [pa"si:fbi'lants] f. (-, en) bilan déficitaire. ||°**-geschäft** n. (s, e) transaction (f.) déficitaire. ||°**-saldo** m. (s, den) solde débiteur. ||°**-seite** f. (-, n) côté passif.

Passiva [pa'si:va] n. pl., **Passiven** [-'si:vən] n. pl. COMM. passif m.

passivieren [pasi'vi:rən] v. tr. FIN. inscrire au passif.

Passivität [pasivi'tɛ:t] f. passivité f.

Passus ['pasus] m. (-, -) passage m. ; chapitre m.

Paste ['pastə] f. (-, n), **Pasta** ['pasta] f. (-, ten) pâte f.

Pastell [pas'tɛl] n. (s, e) pastel m.

Pastell|malerei [pas"tɛlma:lə'rai] f. (-, en) peinture (f.) au pastel. ||°**-stift** m. (s, e) pastel m.

Pastete [pas'te:tə] f. (-, n) [Leber] pâté m. || [Blätterteig] feuilleté m.

pasteurisieren [-'zi:rən] v. tr. pasteuriser.

Pasteurisierung [-ruŋ] f. (-, en) pasteurisation f.

Pastor ['pastɔr] m. (s, en). RELIG. pasteur m.

Pastoral|brief [pasto"ra:l'bri:f] m. (s, e). RELIG. lettre pastorale.

Patagonien [pata'go:niən] n. pr. n. Patagonie f.

Patagonier [-niər] m. (s, -) Patagon m.

patagonisch [-niʃ] adj. patagon.

Pate ['pa:tə] m. (n, n) parrain m.

Paten|geschenk ["pa:tangə'ʃɛŋk] n. (s, e) cadeau (m.) de baptême. ||°**-kind** n. (s, er) filleul m. ; filleule f. ||°**-onkel** m. (s, -) parrain m. ||°**-stelle** f. (-, n). *Patenstelle bei jm vertreten*, servir de parrain, de marraine. ||°**-tante** f. (-, n) marraine f.

Patenschaft [-tənʃaft] f. (-, en) parrainage m. ; jumelage m. (de villes, d'universités).

Patene [pa'te:nə] f. (-, n). RELIG. patène f.

Patent [pa'tɛnt] n. (s, e). **1.** patente f. ; licence f. ; brevet m. | *Patent für eine Erfindung*, brevet d'invention.
2. MIL. *das Offizierspatent erhalten*, recevoir le brevet d'officier.

patent [pa'tɛnt] adj. FAM. chic ; formidable ; épatant. | *er ist ein patenter Kerl*, c'est un chic type.

Patent|amt [pa"tɛnt'amt] n. (s, ¨er) n. office (m.) des brevets d'invention. ||**-fähig** adj. brevetable ; patentable. || °**-gesetz** n. (es, e) loi (f.) sur les brevets d'invention. ||°**-ingenieur** m. (s, e) ingénieur-conseil m. ||°**-inhaber** (s, -), °**-träger** m. (s, -) titulaire (m.), détenteur (m.) d'un brevet ; breveté m. ||°**-schutz** m. (es) protection (f.) des inventions, des brevets. ||°**-steuer** f. (-, n) [contribution de la] patente f. ||°**-verschluß** m. (es, ¨e) fermeture brevetée. ||°**-verwertung** f. (-, en) exploitation (f.) de brevet.

patentieren [patɛn'ti:rən] v. tr. breveter ; patenter.

Pater ['pa:tər] m. (s, Patres). RELIG. père m.

Paternoster ["pa:tər'nɔstər] n. (s, -). RELIG. [Vaterunser] (le) Notre-Père.
◇ m. (s, -) noria f. ; dispositif (m.) sans fin.

pathetisch [pa'te:tiʃ] adj. pathétique.

Pathologie [patolo'gi:] f. pathologie f.

pathologisch [-'lo:giʃ] adj. pathologique.

Pathos ['pa:tɔs] n. pathos m. ; emphase f.

Patience [pa'siɑ̃:s] f. (-, n). [Kartenspiel] patience f. ; réussite f.

Patient(in) [pa'tsiɛnt(in)] m. (en, en), f. (-, nen) malade s. ; patient(e) m. (f.).

Patin ['pa:tin] f. (-, nen) marraine f.

Patina ['pa:tina] f. patine f.

patinieren [pati'ni:rən] v. tr. patiner.

Patriarch [patri'arç] m. (en, en) patriarche m.

patriarchalisch [-ar'ça:liʃ] adj. patriarcal.

Patriarchat [-ar'ça:t] n. (s, e) patriarcat m.

Patriot(in) [patri'o:t(in)] m. (en, en), f. (-, nen) patriote s.

patriotisch [-'o:tiʃ] adj. patriotique.

Patriotismus [-o'tismus] m. patriotisme m.

Patrize [pa'tri:tsə] f. (-, n) [Prägestock] poinçon m. ; matrice f.

Patriziat [patritsi'a:t] n. (s, e) patriciat m.

Patrizier(in) [-'tri:tsiər(in)] m. (s, -), f. (-, nen) patricien(ne) m. (f.).

patrizisch [-'tri:tsiʃ] adj. patricien.

Patron [pa'tro:n] m. (s, e). RELIG. patron m. || FAM. gars m. ; type m.

Patronat [-tro'na:t] n. (s, e) patronage m. ; patronat m.

Patrone [pa'tro:nə] f. (-, n) cartouche f. || MIL. gargousse f. || *Patronenfüller*, stylo (m.) à cartouche.

Patronen|gurt [pa"tro:nən'gurt] m. (s, e) bande-chargeur f. ||°**-gürtel** m. (s, -) cartouchière f. ||°**-rahmen** m. (s, -) chargeur m. ||°**-streifen** m. (s, -) bande (f.) à cartouches. ||°**-tasche** f. (-, n) cartouchière f. ; giberne f. ||°**-trommel** f. (-, n) chargeur (m.) à tambour.

Patronin [pa'tro:nin] f. (-, nen) patronne f.

Patronymikon [patrɔ'ny:mikɔn] n. (s, ka) patronyme m.

Patrouille [pa'trulje] f. (-, n). MIL. patrouille f.

Patrouillen|boot [pa"truljən'bo:t] n. (s, e) patrouilleur m.
patrouillieren [patrul'ji:rən] v. intr. patrouiller.
patsch! [patʃ] interj. flac ! ; floc !
Patsch [patʃ] m. (es, e) tape f. ; claque f. ; gifle f.
Patsch|händchen ["patʃ'hɛntçən] n. (s, -) menotte f. ||**-naß** adj. trempé jusqu'aux os.
Patsche ['patʃə] f. (-, n). FAM. [Hand] patte f. | [Matsch] bourbier m. ; boue f. || FIG. *in der Patsche sitzen, stecken*, être dans le pétrin. | *jm aus der Patsche helfen*, tirer qn d'embarras.
patschen [-ʃən] v. intr. 1° donner des claques ; taper ; 2° patauger ; barboter.
patt [pat] adj. [Schach] pat.
Patt [pat] n. (s). [Schach] pat m.
Patzer ['patsər] m. (s, -). FAM. bousilleur m. || [Fehler] bourde f. ; boulette f.
patzig ['patsiç] adj. insolent ; arrogant ; impertinent ; brusque.
Patzigkeit [-kait] f. (-, en) arrogance f. ; insolence f. ; dédain m.
Pauke ['paukə] f. (-, n). MUS. timbale f. | *türkische Pauke*, grosse caisse. | *mit Pauken und Trompeten*, en grande pompe ; en grande cérémonie.
pauken [-kən] v. intr. MUS. battre les timbales, la grosse caisse. || [Studentensprache] faire de l'escrime. || [Schülersprache] bûcher ; bachoter ; faire du bachotage.
Pauken n. (s). [Schülersprache] bachotage m.
Pauken|schläger ["paukən'ʃlɛ:gər] m. (s, -). MUS. timbalier m.
Pauker ['paukər] m. (s, -). MUS. timbalier m. || [Einpauker] répétiteur m.
Paukerei [paukə'rai] f. (-, en) bachotage m.
Paus|backe ["paus'bakə] f. (-, n) joue rebondie.
paus|bäckig [-'bɛkiç] adj. joufflu.
pauschal [pau'ʃɑ:l] adv. au forfait. | *pauschal bezahlen*, globaliser.
Pausch... ['pauʃ], **Pauschal...** [pau'ʃɑ:l] (en compos.) forfaitaire. | *Pauschbetrag*, montant global. | *Pauschbesteuerung*, imposition forfaitaire. | *Pauschalpreis*, prix global, forfaitaire.
Pauschale [pau'ʃɑ:lə] n. (s, lien) somme (f.) forfaitaire.
pauschalieren [pauʃɑ'li:rən] v. tr. globaliser.
Pause ['pauzə] f. (-, n). **1.** interruption f. ; pause f. | *Pause machen*, faire une pause. || [Schule] pause f. ; récréation f. || MUS. pause f. ; silence m. ; temps m. | *halbe Pause*, demi-pause f. | *Viertelpause*, soupir m. | *Achtelpause*, demi-soupir m.
2. [Zeichnung] calque m.
pausen [-zən] v. tr. [Zeichnung] calquer.
Pausen|brot ["pausən'bro:t] n. (s, e). (*etwa*) en-cas m. ||**-los** adj. et adv. sans interruption ; sans arrêt.
pausieren [pau'zi:rən] v. intr. faire une pause ; se reposer.
Paus|papier ["pauspa'pi:r] n. (s, e) papier (m.) calque.
Pavian ['pɑ:vian] m. (s, e). ZOOL. babouin m.
Pazifik [pa'tsi:fik] n. pr. m. (s). GÉOGR. océan (m.) Pacifique ; Pacifique m.
Pazifismus [-tsi'fismus] m. pacifisme m.
Pazifist [-tsi'fist] m. (en, en) pacifiste m.
pazifizieren [-tsifi'tsi:rən] v. tr. pacifier.
P. CHR. abrév. de *post Christum natum*, après Jésus-Christ.
Pech [pɛç] n. (s, e) poix f. ; brai m. | *Erdpech*, bitume m. || FIG. malheur m. ; malchance f. ; FAM. guigne f. ; guignon m. ; poisse f. | *Pech haben*, ne pas avoir de veine. | *an jm wie Pech kleben*, se cramponner à qn. | *wie Pech und Schwefel*, inséparables.
Pech|blende ["pɛç'blɛndə] f. GÉOL., CHIM. pechblende f. ||°**-draht** m. (s, ¨e) fil poissé ; ligneul m. ||°**-erde** f. terre bitumineuse. ||°**-fackel** f. (-, n) torche f. (de résine). ||°**-kohle** f. jais m. ||°**-nase** f. (-, n). ARCHIT. mâchicoulis m. ||°**-nelke** f. (-, n). BOT. lychnide visqueuse. || **-(raben)schwarz** adj. noir comme du jais, comme dans un four. ||°**-strähne** f. (-, n) suite (f.) de malheurs ; série noire. ||°**-vogel** m. (s, ¨). [Unglücksmensch ; Pechmarie] qui n'a pas de chance ; qui est poursuivi par la guigne.
Pedal [pe'dɑ:l] n. (s, e) pédale f.
Pedant [pe'dant] m. (en, en) pédant m.
Pedanterie [-dantə'ri:] f. pédanterie f.
pedantisch [-'dantiʃ] adj. pédant.
Peddig|rohr ["pɛdiç'ro:r] n. (s, e) rotin m.
Pedell [pe'dɛl] m. (s, e) [Schule ; Gericht] garçon (m.) de service.
Pediküre [pedi'ky:rə] m. (n, n) et f. (-, n) pédicure s.
Pegasus ['pe:gasus] m. MYTH. Pégase m.
Pegel ['pe:gəl] m. (s, -) échelle fluviale ; marque (f.) d'eau ; étiage m.
Pegel|stand ["pe:gəl'ʃtand] m. (s, ¨e) niveau (m.) d'un cours d'eau ; hauteur (f.) des eaux.
Peil|anlage ["pail'anlɑ:gə] f. (-, n) installation (f.) radiogoniométrique. ||°**-empfänger** m. (s, -) récepteur (m.) gonio. ||°**-fehler** m. (s, -) erreur (f.) de relèvement. ||°**-funk** m. (s) radiogoniométrie f. ||°**-netz** n. (es, e) réseau (m.) de triangulation. ||°**-ort** m. (s, e) station relevée fixe. ||°**-strahl** m. (s, en) axe balisé ; faisceau (m.) de repérage.
peilen ['pailən] v. tr. sonder ; prendre le relèvement ; relever. | *die Lage peilen*, sonder le terrain.
Peiler [-lər] m. (s, -) radiogoniomètre m.
Peilung [-luŋ] f. (-, en) relèvement m. ; sondage m.
Pein [pain] f. peine f. ; tourment m. ; souffrance f.
peinigen ['painigən] v. tr. tourmenter ; faire souffrir ; torturer ; martyriser.
Peiniger [-igər] m. (s, -) tortionnaire m.
Peinigung [-iguŋ] f. (-, en) torture f.
peinlich [-liç] adj. pénible. | *peinlich genau befragen*, torturer ; donner la question. | *peinliche Frage*, question embarrassante. || [kleinlich] scrupuleux ; tâtillon. | *peinliche Sauberkeit*, propreté méticuleuse.
Peinlichkeit [-liçkait] f. (-, en) caractère (m.) pénible ; gêne f. || [Kleinlichkeit] minutie f.
Peitsche ['paitʃə] f. (-, n) fouet m. | *mit der Peitsche knallen*, faire claquer son fouet. | *Reitpeitsche*, cravache f.
Peitschen|hieb ["paitʃən'hi:b] m. (s, e) coup (m.) de fouet. ||°**-knall** m. (s) claquement (m.) de fouet. ||°**-schnur** f. (-, en et ¨e) mèche (f.) de fouet.
peitschen ['paitʃən] v. tr. fouetter ; fustiger. ◇ v. intr. [Elemente] battre violemment.
Pekinese [peki'ne:zə] m. (n, n). ZOOL. pékinois m.
Peking ['pe:kiŋ] n. pr. n. GÉOGR. Pékin m.
Pektin [pɛk'ti:n] n. (s, e). CHIM. pectine f.
Pelerine [pele'ri:nə] f. (-, n) pèlerine f.
Pelikan ['pe:likɑ:n] m. (s, e) pélican m.
Pelle ['pɛlə] f. (-, n) pelure f.
pellen [-lən] v. tr. peler.
Pell|kartoffeln ["pɛlkar'tɔfəln] f. pl. pommes (f. pl.) de terre en robe de chambre.
Peloponnes [pelopo'nɛ:s] n. pr. m. Péloponnèse m.

Pelz [pɛlts] m. (es, e) [Tiere] peau f. ; fourrure f. || [Kleid] manteau (m.) de fourrure. || FAM. [Mensch] peau f. || FIG. *jm den Pelz waschen*, FAM. passer un savon à qn. | *jm auf den Pelz rücken*, tomber sur qn à bras raccourcis. | *jm eins auf den Pelz brennen*, tirer sur qn.

Pelz|besatz [ʺpɛltsbə'zats] m. (es,¨e) garniture (f.) de fourrure. ||°**-futter** n. (s) doublure (f.) de pelisse. ||**-gefüttert** adj. doublé de fourrure. || °**-handel** m. (s) pelleterie f. ||°**-händler** m. (s, -) marchand pelletier ; fourreur m. ||°**-mütze** f. (-, n) bonnet (m.) de fourrure. ||°**-robbe** f. (-, n). ZOOL. otarie (f.) à fourrure. ||°**-stiefel** m. (s, -) botte fourrée. ||°**-waren** f. pl., °**-werk** n. (s) fourrures f. pl. ; pelleterie f.

pelzig [-tsiç] adj. velu ; velouté.

Penaten [pe'nɑ:tən] pl. MYTH. pénates m. pl.

Pendel ['pɛndəl] m. et n. (s, -) pendule m. ; balancier m. || PHYS. *ballistisches Pendel*, pendule balistique. | *mathematisches Pendel*, pendule simple.

Pendel|ausschlag [ʺpɛndəl'ausʃlɑ:k] m. (s, ¨e) amplitude f. (de pendule). ||°**-bewegung** f. (-, en) mouvement (m.) pendulaire. ||°**-hammer** m. (s, ¨) marteau (m.), mouton (m.) pendulaire. ||°**-schalter** m. (s, -) commutateur (m.) à pendule. ||°**-schwingung** f. (-, en) oscillation (f.) de pendule ; oscillation (f.) pendulaire. ||°**-tür** f. (-, en) porte battante. ||°**-uhr** f. (-, en) pendule f. ||°**-verkehr** m. (s) navette f.

pendeln ['pɛndəln] v. intr. osciller ; balancer ; avoir un mouvement de pendule ; faire la navette.

Pendler(in) ['pɛndlər(in)] m. (s, -), f. (-, nen) personne (f.) qui fait la navette entre son domicile et son lieu de travail. | *Pendlerverkehr*, trajets réguliers (entre le domicile et le lieu de travail) ; migrations journalières.

penibel [pe'ni:bəl] adj. minutieux ; méticuleux ; pénible ; difficile.

Penizillin [penitsi'li:n] n. (s). MÉD. pénicilline f.

Pennal [pɛ'nɑ:l] n. (s, e) plumier m. || FAM. [Schülersprache] boîte f. ; bahut m.

Pennäler [pɛ'nɛ:lər] m. (s, -). FAM. potache m.

Penn|bruder [ʺpɛn'bru:dər] m. (s, ¨) vagabond m. ; clochard m.

Penne ['pɛnə] f. (-, n). [Studentensprache] boîte f. ; bahut m.

pennen ['pɛnən] v. intr. FAM. dormir ; roupiller.

Pension [pɑ̃'sjɔ̃] f. (-, en). **1.** [Ruhegehalt] retraite f. ; pension f.
2. [Ruhestand] retraite f.
3. [Preis] (prix de) pension f.
4. [Anstalt] pension f.

Pensions|beitrag [pɑ̃ʺsio:ns'baitrɑ:k] m. (s, ¨e) retenue (f.) pour la retraite. ||°**-berechtigung** f. (-, en) droit (m.) à la retraite.

Pensionär [-sio'nɛ:r] m. (s, e) retraité m. || [Schule] interne m. ; pensionnaire m. || [Kostgänger] pensionnaire m. (qui paye pension).

Pensionat [-sio'nɑ:t] n. (s, e) pensionnat m.

pensionieren [-sio'ni:rən] v. tr. mettre à la retraite ; retraiter. | *sich pensionieren lassen*, prendre sa retraite. | *pensioniert werden*, être mis à la retraite.

Pensionierung [-sio'ni:ruŋ] f. (-, en) mise (f.) à la retraite.

Pensum ['pɛnzum] n. (s, sen ou sa) tâche f. ; pensum m. ; leçon f. ; thème m.

Pentagon [pɛnta'gon] n. (s, e) pentagone m.

Pentagramm [-'gram] n. (s, e) pentacle m.

Pentathlon ['pɛntatlɔn] n. (s). SPORT. pentathlon m.

Pepsin [pɛp'si:n] n. (s, e) pepsine f. ; protéase f.

Peptid [pɛp'ti:t] n. (s, e). CHIM. peptide m.

per [pɛr] prép. (acc.) *per Adresse von*, aux soins de. | *per Kassa*, au comptant. | *per sofort*, tout de suite ; immédiatement. | *per Stück*, la pièce. | *wir sind per du*, nous nous tutoyons.

perennierend [perɛ'ni:rənt] adj. BOT. vivace.

perfekt [pɛr'fɛkt] adj. parfait ; accompli ; achevé.

Perfekt [-'fekt] n. (s, e). GRAMM. passé composé.

perforieren [perfo'ri:rən] perforer. || *Perforiermaschine*, perforeuse f.

Pergament [pɛrga'mɛnt] n. (s, e) parchemin m. ; vélin m.

Pergament|band [pɛrgaʺmɛnt'bant] m. (s, ¨e) reliure (f.) en parchemin. ||°**-papier** n. (s, e) papier parcheminé.

Pergamon [pɛrga'mɔn] n. pr. n. Pergame f.

Pergola ['pɛrgɔla] f. (-, s) pergola f. ; tonnelle f.

Peridural... [peridu'rɑ:l] (en compos.). MÉD. péridural. | *Periduralanästhesie*, péridurale f.

peri|natal [perina'tɑ:l] adj. MÉD. périnatal.

Periode [peri'o:də] f. (-, n) période f.

Perioden|system [periʺo:dənsys'te:m] n. (s, e). CHIM. système (m.) périodique.

periodisch [-diʃ] adj. périodique.

Periodizität [-ditsi'tɛ:t] f. périodicité f.

Peripetie [peripe'ti:] f. (-, n) péripétie f.

Peripherie [perife'ri:] f. (-, n) circonférence f. ; périphérie f.

Peripherie|gerät [perifeʺri:gə'rɛ:t] n. (s, e). INF. périphérique m.

Periphrase [peri'frɑ:zə] f. (-, n) périphrase f.

Periskop [peri'sko:p] n. (s, e) périscope m.

Peristaltik [peri'staltik] f. MÉD. mouvement (m.) péristaltique.

peristaltisch [-'staltiʃ] adj. MÉD. péristaltique.

Perkussions|instrumente [pɛrkuʺsio:ns'instrumɛntə] n. pl. MUS. percussions f. pl.

perl|farben [ʺpɛrl'farbən], **-grau** [-'grau] adj. gris perle. ||°**-huhn** n. (s, ¨er) pintade f. ||°**-muschel** f. (-, n) huître perlière. ||°**-mutter** f. nacre f.

Perle ['pɛrlə] f. (-, n). PR. et FIG. perle f. | *echte Perlen*, perles véritables. || FIG. *Perlen vor die Säue werfen*, jeter des perles aux pourceaux.

perlen [-lən] v. intr. perler ; pétiller. | *Schweiß perlt auf seiner Stirn*, la sueur lui perle au front. | *der Sekt perlt in den Gläsern*, le champagne pétille dans les coupes.

Perlon ['pɛrlon] n. (s). [Art Nylon] perlon m.

Perm [pɛrm] n. (s). GÉOL. permien m.

permanent [pɛrma'nɛnt] adj. permanent ; durable.

Permanenz [-'nɛnts] f. permanence f.

Permanganat [pɛrmaŋga'nɑ:t] n. (s, e). CHIM. permanganate m.

Peroxyd [pɛrɔ'ksy:t] n. (s, e) peroxyde m.

Perpendikel [pɛrpɛn'di:kəl] m. et n. (s, -). MATH. perpendiculaire f. || [Uhr] pendule m. ; balancier m.

perplex [pɛr'plɛks] adj. perplexe ; troublé.

Perron [pɛrɔ̃] m. (s, s). TRANSP. quai m. ; plateforme (f.) d'autobus.

Persenning [pɛr'zɛniŋ] f. (-, en). MAR. prélart m.

Perser ['pɛrzər] m. (s, -) Perse m. ; Persan m.

Perser|kriege [ʺpɛrzə'kri:gə] m. pl. guerres (f. pl.) médiques. ||°**-teppich** m. (s, e) tapis persan.

Perseus ['pɛrzɔys] n. pr. m. MYTH. Persée m.

Persianer [pɛrzi'ɑ:nər] m. (s, -) astrakan m.

Persien ['pɛrziən] n. pr. n. GÉOGR. Perse f.

persisch [-ziʃ] adj. persan. | *Persischer Meerbusen*, golfe (m.) Persique.

Person [pɛr'zo:n] f. (-, en) personne f. | *juristische Person*, personne juridique, morale, civile. | *natürliche Person*, personne physique. | *ich für meine Person*, quant à moi. | *ohne Ansehen der Person*, sans considération de personne. | *in (höchst)- eigener Person*, en personne. | *er ist die Pünktlichkeit in Person*, c'est la ponctualité en personne. | *eine wichtige Person*, une personnalité ; un personnage (important). || THÉÂTRE. *(handelnde) Personen*, personnages m. pl. || GRAMM. *die erste Person der Einzahl*, la première personne du singulier.

Personen|gesellschaft [pɛr"zo:nəngə'zɛlʃaft] f. (-, en). FIN. société (f.) de personnes. ||°**-kraftwagen (PKW)** m. (s, -) voiture (f.) de tourisme. ||°**-kult** m. (s) culte (m.) de la personnalité. ||°**-nachweis** m. (es, e) fichier (m.) de recensement. ||°**-name** m. (ns, n) nom (m.) propre. ||°**-schaden** m. (s, -) dommage causé à la personne. ||°**-schleuse** f. (-, n) sas (m.) à personnes. ||°**-stand** m. (s, ¨e) état civil. ||°**-stands|urkunde** f. (-, n) fiche (f.) d'état civil. ||°**-verkehr** m. (s) trafic [m.] (des) voyageurs. ||°**-waage** f. (-, n) pèse-personne m. ||°**-zug** (s, ¨e) train (m.) omnibus.

Personal [pɛrzo'nɑ:l] n. (s, e) personnel m. | *fliegendes Personal*, personnel navigant. | *tatsächliches Personal*, effectif réel.

Personal|abbau [pɛrzo"nɑ:l'apbau] m. (s, e) licenciement (m.), réduction (f.) du personnel. || °**-abteilung** f. (-, en) service (m.) du personnel. ||°**-akte** f. (-, n) dossier individuel. ||°**-ausbildung** f. (-, en), °**-weiterbildung** f. (-, en) formation (f.) du personnel. ||°**-ausweis** m. (es, e) pièce (f.), titre (m.), carte (f.) d'identité. ||°**-berater(in)** m. (s, -), f. (-, nen) psychotechnicien m., psychotechnicienne f. ; conseil (m.) en recrutement. ||°**-bestand** m. (s, ¨e) *zu hoher Personalbestand*, personnel (m.) en sureffectif. ||°**-chef** m. (s, s), °**-leiter** m. (s, -) chef (m.) du personnel. ||°**-computer (PC)** m. (s, -) ordinateur individuel ; micro-ordinateur m. ||°**-kosten** pl. frais (m. pl.) de personnel. ||°**-planung** f. (-, en) planning (m.) du personnel. ||°**-pronomen** n. (s, - et mina). GRAMM. pronom personnel. ||°**-stand** m. (s, ¨e), °**-stärke** f. (-, n) effectifs m. pl. ||°**-vertreter(in)** m. (s, -), f. (-, nen) délégué(e) [m. (f.)] du personnel. ||°**-wesen** n. (s) questions (f. pl.) concernant le personnel.

Personalien [pɛrzo'nɑ:liən] f. pl. renseignements personnels ; signalement individuel.

Personalität [-nali'tɛ:t] f. (-, en) personnalité f.

personell [-'nɛl] adj. personnel.

Personifikation [-nifika'tsio:n] f. (-, en) personnification f. ; incarnation f.

personifizieren [-nifi'tsi:rən] v. tr. personnifier.

persönlich [pɛr'zø:nliç] adj. **1.** personnel. | *persönlich erscheinen*, comparaître, venir en personne. | *ich persönlich*, quant à moi, je. | *persönliche Freiheit*, liberté individuelle.
2. qui s'en prend aux personnes. | *persönlich werden*, faire des remarques personnelles.
3. GRAMM. *das persönliche Fürwort*, le pronom personnel.

Persönlichkeit [-kait] f. (-, en) personnalité f. | *eine prominente Persönlichkeit*, un personnage important. | *eine ausgeprägte Persönlichkeit besitzen*, avoir une personnalité marquée.

Persönlichkeits|forschung [pɛr"zø:nliçkaits-'fɔrʃuŋ] f. (-, en) caractérologie f. ||°**-wahl** f. (-, en) scrutin uninominal.

Perspektiv [pɛrspɛk'ti:f] n. (s, e). [kleines Fernrohr] lunette (f.) d'approche ; longue-vue f.

Perspektive [-'ti:və] f. (-, n). PR. et FIG. perspective f.

perspektivisch [-'ti:viʃ] adj. (vu) en perspective.

Peru [pe'ru:] n. pr. n. GÉOGR. Pérou m.

Peruaner(in) [peru'ɑ:nər(in)] m. (s, -), f. (-, nen) Péruvien m. ; Péruvienne f.

Perücke [pe'rykə] f. (-, n) perruque f.

Perversität [pɛrvɛrzi'tɛ:t] f. (-, en) perversité f.

Pessimismus [pɛsi'mismus] m. pessimisme m.

Pessimist(in) [-'mist(in)] m. (en, en), f. (-, nen) pessimiste m. et f.

pessimistisch [-'mistiʃ] adj. pessimiste.

Pest [pɛst] f. (-, en) peste f.

Pest|beule ["pɛst'bɔylə] f. (-, n) bubon pestilentiel. ||°**-hauch** m. (s, e) souffle pestilentiel.

Pestilenz [pɛsti'lɛnts] f. (-, en) pestilence f. ; peste f.

Peter ['pe:tər] n. pr. m. Pierre m. || POP. *langweiliger Peter*, raseur m. ; FAM. casse-pieds m. || [Spiel] *schwarzer Peter*, nain (m.) jaune. || LOC. *der schwarze Peter liegt bei ihm*, la balle est dans son camp.

Petersilie [petər'zi:liə] f. (-, n) persil m.

Petition [peti'tsio:n] f. (-, en) pétition f.

Petro|chemie [pe'troçe"mi:] f. pétrochimie f. ||°**-dollar** m. (s, s) pétrodollar m.

Petroleum [pe'tro:leum] n. (s) pétrole m.

Petroleum|kocher [pe"tro:leum'kɔxər] m. (s, -) réchaud (m.) à pétrole.

Petunie [pe'tu:niə] f. (-, n). BOT. pétunia m.

Petz [pɛts] m. (es, e). *Meister Petz*, l'ours (m.) Martin.

petzen ['pɛtsən] v. tr. et v. intr. [verraten ; verklagen ; angeben] dénoncer ; moucharder.

Petzer [-tsər] m. (s, -) mouchard m.

Pf. abrév. de **Pfennig.**

Pfad [pfɑ:t] m. (s, e) sentier m.

Pfad|finder ["pfɑ:t'findər] m. (s, -) scout m. ; éclaireur m. ||°**-finderin** f. (-, nen) guide f.

Pfaffe ['pfafə] m. (n, n). PÉJOR. cureton m.

Pfaffen|hütchen ["pfafən'hy:tçən] n. BOT. bonnet-d'évêque. ||°**-kraut** n. (s, ¨er). BOT. mélisse f.

Pfaffentum ['pfafəntu:m] n. (s), **Pfaffen|wesen** [-'ve:zən] n. (s). PÉJOR. prêtraille f. ; cléricalisme m.

Pfahl [pfɑ:l] m. (s, ¨e) pieu m. ; poteau m. ; piquet m. ; pilotis m. | *einen Pfahl einrammen*, planter, enfoncer un pieu.

Pfahl|bau ['pfɑ:lbau] m. (s, e). HIST. *Pfahlbauten*, cités (f. pl.) lacustres. ||°**-brücke** f. (-, n) pont (m.) sur pilotis. ||°**-werk** n. (s, e) pilotis m. ; palissade f. ||°**-wurzel** f. (-, n) racine pivotante.

pfählen ['pfɛlən] v. tr. empaler.

Pfählung [-luŋ] f. (-, en). HIST. empalement m.

Pfalz [pfalts] f. (-, en) château impérial.
◇ n. pr. f. Palatinat m.

Pfalz|burg ['pfaltsburk] n. pr. n. Phalsbourg m. ||°**-graf** m. (en, en) comte palatin.

Pfälzer(in) ['pfɛltsər(in)] m. (s, -), f. (-, nen) habitant(e) m. (f.) du Palatinat.

pfälzisch [-tsiʃ] adj. palatin ; du Palatinat.

Pfand [pfant] n. (s, ¨er) gage m. ; nantissement m. ; garantie f. | *unbewegliches Pfand*, hypothèque f. | *auf Pfand leihen*, prêter sur gages. | *ein Pfand einlösen*, libérer un gage. | *sein Wort zum Pfande geben*, donner sa parole. | *Pfänder spielen*, jouer aux gages.

Pfand|brief ["pfant'bri:f] m. (s, e) lettre (f.) de gage ; cédule (f.) hypothécaire ; obligation foncière.

||°-**haus** n. (es,¨er) mont-de-piété m. ||°-**leihe** f. (-, n) prêt (m.) sur gages. ||°-**leiher** (s, -) prêteur (m.) sur gages. ||°-**recht** n. (s, e) droit (m.) de gage. ||°-**schein** m. (s, e) reconnaissance (f.) de mont-de-piété.

pfändbar ['pfɛntbɑ:r] adj. JUR. saisissable.

pfänden ['pfɛndən] v. tr. JUR. saisir. | *jn pfänden*, saisir les effets de qn. | *durch Gerichtsvollzieher pfänden*, opérer une saisie. | *das Eigentum pfänden*, saisir les biens.

Pfänder [-dər] m. (s, -) huissier exploitant.

Pfänder|spiel ["pfɛndər'ʃpi:l] n. (s, e) jeu (m.) des gages.

Pfändung ['pfɛnduŋ] f. (-, en) saisie f.

Pfann|kuchen ["pfan'ku:xən] m. (s, -) omelette (f.) à l'allemande ; crêpe f. ; beignet m.

Pfanne ['pfanə] f. (-, n). **1.** [flaches Kochgeschirr] poêle f. | *Bratpfanne*, poêle à frire. | *Schmorpfanne*, braisière f. ; daubière f. || FIG. *den Feind in die Pfanne hauen*, battre l'ennemi à plate couture.

2. [am Gewehr] *Zündpfanne*, bassinet m.

3. [Vertiefung] *Gelenk-, Knochenpfanne*, cavité (f.) articulaire. | *Dachpfanne*, tuile creuse.

Pfarr|amt ["pfar'amt] n. (s, ¨er) cure f. ||°-**gemeinde** f. (-, n) paroisse f. ||°-**haus** n. (es,¨er) presbytère m. ; cure f. ||°-**helfer** (s, -) vicaire m. ||°-**kind** n. (s, er) paroissien m. ||°-**kirche** f. (-, n) église paroissiale.

Pfarre ['pfarə] f. (-, n), **Pfarrei** [pfa'rai] f. (-, en). 1° cure f. ; presbytère m. ; 2° paroisse f.

Pfarrer [-rər] m. (s, -) curé m. ; pasteur m.

Pfau [pfau] m. (es, en) paon m. || FIG. *sich wie ein Pfau brüsten*, se pavaner ; faire la roue.

Pfauen|auge ["pfauən'augə] n. (s, n). [Schmetterling] paon (m.) de jour (de nuit). ||°-**henne** f. (-, n) paonne f.

Pfeffer ['pfɛfər] m. (s) poivre m. | *roter, spanischer Pfeffer*, piment m. | *ganzer Pfeffer*, poivre en grains. | *Hasenpfeffer*, civet (m.) de lièvre. || FIG. *da liegt der Hase im Pfeffer*, c'est là la difficulté ; voilà le hic. | *geh hin, wo der Pfeffer wächst !*, va-t'en à tous les diables !

Pfeffer|kuchen ["pfɛfər'ku:xən] m. (s, -) pain (m.) d'épice. ||°-**land** n. (s). *im Pfefferland*, très loin ; au diable. ||°-**minz** m. (es, e). [Likör] menthe f. ||°-**minze** f. (-, n) menthe poivrée. ||°-**minzlikör** m. (s, e) menthe verte. ||°-**nuß** f. (-,¨e) petit pain d'épice. ||°-**strauch** m. (s, ¨er) poivrier m. ||°-**soße** f. (-, n) sauce (f.) au poivre.

pfeffern ['pfɛfərn] v. tr. poivrer. || FIG. *gepfefferte Preise*, prix salés. | *gepfefferter Witz*, gauloiserie f.

Pfeife ['pfaifə] f. (-, n). **1.** sifflet m. || MUS. flûte f. ; fifre m. | *Orgelpfeifen*, tuyaux (m. pl.) d'orgue. || FIG. *nach der Pfeife js tanzen*, se laisser mener par qn.

2. [Tabakspfeife] pipe f.

pfeifen [-fən] (i, i) v. intr. siffler. | *seinem Hund pfeifen*, siffler son chien. || FIG. *auf etwas* (acc.) *pfeifen*, se moquer de qch. ; faire fi de qch. | *(ich) pfeif' drauf*, VULG. je m'en fous. || FAM. *auf dem letzten Loch pfeifen*, être au bout du rouleau.

◇ v. tr. siffler ; jouer (d'un instrument à vent). | *ein Liedchen pfeifen*, siffler un air.

Pfeifen|kopf ["pfaifən'kɔpf] m. (s,¨e) tête (f.) de pipe. ||°-**reiniger** m. (s, -) cure-pipe m. ||°-**rohr** n. (s, e) tuyau (m.) de pipe. ||°-**stopfer** m. (s, -) bourre-pipe m. ||°-**werk** n. (s) tuyaux (m. pl.) d'orgue.

Pfeifer ['pfaifər] m. (s, -) siffleur m. || MUS. flûtiste m. ; joueur (m.) de flûte. || MIL. fifre m.

Pfeil [pfail] m. (s, e) flèche f. ; trait m. | *einen Pfeil abschießen*, décocher une flèche. || FIG. *er schoß davon wie ein Pfeil*, il fila, partit comme une flèche.

pfeil|förmig ["pfail'førmiç] adj. en forme de flèche. || BOT. lancéolé ; sagitté. || -**schnell** adj. rapide comme une flèche, comme un trait. ||°-**gift** n. (s, e) curare m. ||°-**kraut** n. (s, ¨er). BOT. sagittaire f. ||°-**markierung** f. (-, en) fléchage m. ||°-**schütze** m. (n, n) archer m.

Pfeiler ['pfailər] m. (s, -) pilier m. | *Wandpfeiler*, pilastre m. ; colonne f. | *Brückenpfeiler*, pile f. (de pont). | *Strebepfeiler*, contrefort m.

Pfennig ['pfɛniç] m. (s, e) pfennig m. | *keinen (roten) Pfennig haben*, n'avoir pas le sou ; n'avoir pas un radis. | *(viel) Pfennige haben*, avoir de l'argent. | *das ist keinen Pfennig wert*, cela ne vaut rien. | *auf den Pfennig achten*, FAM. être près de ses sous.

Pfennig|absatz ["pfɛniç'apzats] m. (s, ¨e). [Damenschuhe] talon (m.) aiguille. ||°-**fuchser** m. (s, -) grippe-sou m. ||°-**kraut** n. (s, ¨er). BOT. salicaire f. ||-**weise** adv. sou par sou ; peu à peu.

Pferch [pfɛrç] m. (s, e) enclos m. ; parc m.

pferchen ['pfɛrçən] v. tr. parquer ; entasser.

Pferd [pfe:rt] n. (s, e). **1.** cheval m. | *zu Pferd(e)*, à cheval. | *aufs Pferd steigen*, monter à cheval. | *ein Pferd reiten*, monter un cheval. || FIG. *sich auf das hohe Pferd setzen*, monter sur ses grands chevaux. | *er arbeitet wie ein Pferd*, c'est un vrai cheval à la besogne ; c'est un grand travailleur. | *das Pferd beim Schwanze aufzäumen*, brider son cheval par la queue. | *keine zehn Pferde bringen mich dazu*, pour rien au monde je ne veux en entendre parler ; je ne ferais pas cela pour un empire. | *Ackerpferd*, cheval de labour. | *Rennpferd*, cheval de course. | *Reitpferd*, cheval de selle. | *Zugpferd*, cheval de trait.

2. [Bock] cheval (m.) d'arçons.

Pferde|apfel ["pfe:rdə'apfəl] m. (s,¨) crottin (m.) de cheval. ||°-**bohne** f. (-, n) grosse fève. ||°-**bremse** f. (-, n) taon m. ||°-**decke** f. (-, n) housse f. ; caparaçon m. ||°-**fleischerei** f. (-, en) boucherie chevaline. ||°-**fuß** m. (es,¨e) pied bot. ||°-**haar** n. (s, e) crin m. ||°-**händler** m. (s, -) maquignon m. ||°-**huf** m. (s, e) sabot (m.) de cheval. ||°-**knecht** m. (s, e) palefrenier m. ||°-**mähne** f. (-, n) crinière f. ||°-**rennbahn** f. (-, en) hippodrome m. ||°-**rennen** n. (s, -) course (f.) de chevaux. ||°-**schwanz** m. (es, ¨e). [Frisur] queue (f.) de cheval. ||°-**stall** m. (s, ¨e) écurie f. ||°-**stärke** f. (-) [abrév. **P.S.**] cheval-vapeur m. (abrév. : ch). ||°-**wechsel** m. (s, -) relais (m.) [des chevaux.] ||°-**zucht** f. élevage (m.) des chevaux.

Pfiff [pfif] m. (s, e) coup (m.) de sifflet ; sifflement m. || FAM. ruse f. | *er hat den Pfiff heraus*, il connaît le truc.

Pfifferling ['pfifərliŋ] m. (s, e). BOT. chanterelle f. ; girolle f. | *falscher Pfifferling*, hygrophore orangé. || FIG., FAM. *das ist keinen Pfifferling wert*, cela ne vaut pas tripette.

pfiffig ['pfifiç] adj. rusé ; finaud ; malin ; futé.

Pfiffigkeit [-fiçkait] f. (-, en) ruse f. ; finesse f.

Pfiffikus [-fikus] m. (-, se) malin m. ; finaud m.

Pfingst|fest ["pfiŋst'fɛst] n. (es, e) [fête (f.) de la] Pentecôte f. ||°-**montag** m. (s) lundi (m.) de la Pentecôte. ||°-**rose** f. (-, n) pivoine f.

Pfingsten ['pfiŋstən] n. (-, -) Pentecôte f.

Pfirsich ['pfirziç] m. (es, e) pêche f.

Pfirsich|baum ["pfirziç'baum] m. (s, ¨e) pêcher m.

Pflanz|schule ["pflants'ʃu:lə] f. (-, n) pépinière f.

Pflanze ['pflantsə] f. (-, n) plante f. ; végétal m.

pflanzen [-tsən] v. tr. PR. et FIG. planter. | *etwas in js Herz pflanzen*, semer les germes de qch. dans le cœur de qn.

Pflanzen|faser ["pflantsən'fa:zər] f. (-, n) fibre végétale. ||**-fressend** adj. herbivore ; frugivore. ||°**-kost** f. régime végétarien. ||°**-kunde** f. botanique f. ||°**-leben** n. (s, -) vie végétale. ||°**-öl** n. (s, e) huile végétale. ||°**-reich** n. (s, e) règne végétal. ||°**-saft** m. (s, ¨e) sève f. ; suc végétal. ||°**-sammlung** f. (-, en) herbier m. ||°**-schutz** m. (es). BOT. protection (f.) des plantes. || [Umwelt] *integrierter Pflanzenschutz*, lutte intégrée. ||°**-welt** f. univers végétal. ||°**-wuchs** m. (es) végétation f.

Pflanzer ['pflantsər] m. (s, -) planteur m. || [Ansiedler] colon m. ; planteur m.

pflanzlich [pflantsliç] adj. végétal.

Pflänzling ['pflɛntsliŋ] m. (s, e) plant m.

Pflanzung ['pflantsuŋ] f. (-, en) plantation f.

Pflaster ['pflastər] n. (s, -) pavé m. | *das Pflaster treten*, flâner. | *diese Stadt ist ein teures Pflaster*, la vie est chère dans cette ville. || MÉD. emplâtre m. ; pansement m. ; sparadrap m.

Pflaster|stein ["pflastər'ʃtain] m. (s, e) pavé m. ||°**-weg** m. (s, e) route pavée.

pflastern [-tərn] v. tr. paver ; carreler. | *der Weg zur Hölle ist mit guten Vorsätzen gepflastert*, l'enfer est pavé de bonnes intentions.

Pflaume ['pflaumə] f. (-, n). BOT. prune f. | *gedörrte Pflaume*, pruneau m. || FIG. moquerie f.

Pflaumen|baum ["pflaumən'baum] m. (s, ¨e) prunier m. ||°**-mus** n. (es, e) compote (f.) de prunes.

Pflege ['pfle:gə] f. (-, n) soins m. pl. ; surveillance f. ; administration f. ; tutelle f. | *gute Pflege haben*, être bien soigné. | *ein Kind in (seine) Pflege nehmen*, se charger de l'éducation d'un enfant. | *Pflege und Wartung*, entretien préventif. | *Denkmalpflege*, entretien (m.) des monuments.

Pflege|eltern ["pfle:gə'ɛltərn] pl. parents adoptifs. ||°**-kind** n. (s, er) enfant adoptif. ||**-leicht** adj. facile à laver ; facile d'entretien. ||°**-mutter** f. (-, ¨) mère adoptive. ||°**-vater** m. (s, ¨) père adoptif.

pflegen ['pfle:gən] v. tr. soigner ; prendre soin de qch. | *einen Patienten pflegen*, soigner un malade. | *seinen Bart pflegen*, prendre soin de sa barbe.
◇ v. intr. avoir l'habitude de ; avoir coutume de. | *der Herbst pflegt regnerisch zu sein*, l'automne est presque toujours pluvieux. | *wie es zu geschehen pflegt*, comme à l'accoutumée. | *der Ruhe pflegen*, s'adonner au repos. | *Umgang mit jm pflegen*, entretenir des relations avec qn.
◇ part. pass. et adj. **gepflegt,** soigné ; cultivé.

Pfleger(in) [-gər(in)] m. (s, -), f. (-, nen). MÉD. garde-malade s. ; infirmier m. ; infirmière f. || JUR. curateur m. ; curatrice f.

pfleglich ['pfle:gliç] adj. soigneux.
◇ adv. soigneusement ; avec précaution.

Pflegling [-liŋ] m. (s, e). JUR. pupille s.

Pflegschaft ['pfle:gʃaft] f. (-, en) curatelle f. ; tutelle f.

Pflicht [pfliçt] f. (-, en) devoir m. | *seine Pflicht erfüllen ; seine Pflicht (und Schuldigkeit) tun*, remplir, faire son devoir. | *seine Pflicht versäumen*, manquer à son devoir. | *auf Pflicht und Gewissen*, en mon âme et conscience. | *es sich zur Pflicht machen*, s'en faire un devoir. || [bestimmte Leistungen] *eheliche Pflicht*, devoir conjugal.

pflicht|bewußt ["pfliçtbə'vust] adj. conscient de son devoir. ||°**-eifer** m. (s, -) zèle m. ||**-eifrig** adj. zélé. ||°**-erfüllung** f. (-, en) accomplissement (m.) du devoir. ||°**-exemplar** n. (s, e) exemplaire (m.) à fournir gratuitement. ||°**-fach** n. (s, ¨er). [Schule] matière (f.) obligatoire. ||°**-gefühl** (s) sentiment (m.) du devoir. ||**-gemäß** adj. conforme au devoir. ||**-getreu** adj. fidèle à, suivant son devoir. || °**-landung** f. (-, en) atterrissage prescrit, obligatoire. ||°**-lauf** m. (s, ¨e). [Eiskunstlauf] figures imposées ; programme imposé. ||**-schuldig** adj. fidèle à son devoir. ||°**-teil** n. (s, e). JUR. part légale, obligatoire (d'un héritage). ||°**-übung** f. (-, en). MIL. période (f.) obligatoire. || SPORT. exercices imposés. ||**-vergessen** adj. oublieux de son devoir ; infidèle ; déloyal. ||°**-vergessenheit** f. oubli (m.) de son devoir ; déloyauté f. ||°**-versicherung** f. (-, en) assurance (f.) obligatoire. ||°**-verteidiger** m. (s, -). JUR. défenseur (désigné) d'office ; avocat (m.) d'office. ||**-widrig** adj. contraire au devoir ; déloyal.

...pflichtig ['pfliçtiç] adj. (en compos.) astreint à. | *wehrdienstpflichtig*, astreint au service militaire. | *beitragspflichtig*, assujetti à des cotisations.

Pflock [pflɔk] m. (s, ¨e) cheville f. ; piquet m. ; goupille f. ; taquet m. | *Zeltpflock*, piquet de tente.

pflöcken ['pfløkən] v. tr. cheviller ; fixer au moyen de piquets.

pflücken ['pflykən] v. tr. cueillir.

Pflücker [-kər] m. (s, -). [Person] cueilleur m. || [Werkzeug] cueilloir m.

Pflug [pflu:k] m. (s,¨e) charrue f. | *hinter dem Pflug(e) gehen*, conduire la charrue.

Pflug|schar ["pflu:k'ʃa:r] f. (-, en) soc (m.) de charrue. ||°**-sterz** m. (es, e) mancheron (m.) de charrue.

pflügen ['pfly:gən] v. tr. labourer. | *die Saat in den Boden pflügen*, enfouir la semence par le labour. || FIG. *das Meer (durch)pflügen*, sillonner, fendre la mer.

Pflügen [-gən] n. (s) labourage m.

Pflüger [-gər] m. (s, -) laboureur m.

Pfort|ader ["pfɔrt'a:dər] f. (-, n). ANAT. veine (f.) porte.

Pforte ['pfɔrtə] f. (-, n) porte f. | *Burgundische Pforte*, trouée de Belfort. | *Hohe Pforte*, la Sublime Porte.

Pförtner(in) ['pførtnər(in)] m. (s, -), f. (-, nen) portier m. ; portière f. ; concierge m. et f.

Pfosten ['pfɔstən] m. (s, -) poteau m. ; montant m.

Pfötchen ['pfø:tçən] n. (s, -) petite patte.

Pfote ['pfo:tə] f. (-, n). [Tier] patte f. || FAM. [Finger ; Hand ; Fuß] doigt m. ; patte f. || FIG., FAM. *sich die Pfoten verbrennen*, se trouver échaudé. || [schlechte Handschrift] mauvaise écriture ; pattes de mouche.

Pfropf(en) ['pfrɔpf(ən)] m. (s, -) bouchon m. ; tampon m. ; bonde f. || AGRIC. greffe f.

Pfropf|messer ["pfrɔpf'mɛsər] n. (s, -) entoir m. ; greffoir m. ||°**-reis** n. (es, er) greffe f. ; greffon m. ||°**-wachs** n. (-) mastic (m.) à greffer.

pfropfen ['pfrɔpfən] v. tr. bourrer ; remplir ; boucher. || FIG. *gepfropft voll*, bourré ; bondé ; comble. || AGRIC. greffer ; enter.

Pfründe ['pfryndə] f. (-, n). 1° prébende f. ; bénéfice m. ; 2° place (f.) dans un asile, un hôpital.

Pfründ|haus n. (es, ¨er) hospice m.

Pfuhl [pfu:l] m. (s, e) mare f. ; bourbier m. ; cloaque m. | *Höllenpfuhl*, enfer m.

Pfühl [pfy:l] m. et n. (s, e) coussin m. ; traversin m. || PAR EXT. couche f. ; lit m. ; siège m.

pfui ! [pfui] interj. pouah ! ; fi !

Pfund [pfunt] n. (s, e) livre f. || FIN. livre sterling f. || FIG. *mit seinem Pfunde wuchern*, faire valoir ses talents.

pfundig ['pfundiç] adj. POP. chic ; épatant.

Pfunds|kerl ['pfuntskɛrl] m. (s, e). FAM. gaillard m. ; chic type m.

pfuschen ['pfuʃən] v. intr. FAM. bousiller ; gâcher ; bâcler. | *jm ins Handwerk pfuschen*, gâcher le métier ; se mêler de ce que l'on ne connaît pas.

Pfuscher [-ʃər] m. (s, -) bousilleur m. ; gâcheur m. | *Kurpfuscher*, charlatan.

Pfuscherei [pfuʃə'rai] f. (-, en). [Pfuscharbeit] bousillage m. ; travail gâché.

Pfütze ['pfytsə] f. (-, n) flaque f. ; mare f.

Phäake [fɛ'ɑ:kə] m. (n, n), **Phäakin** [-kin] f. (-, nen). MYTH. Phéacien m. ; Phéacienne f.

Phädra ['fɛ:dra] f. MYTH. Phèdre f.

Phage ['fɑ:gə] m. (n, n). BIOL. phage m.

Phalanx ['fɑ:laŋks] f. (-, langen). HIST., ANAT. phalange f.

phallisch ['faliʃ] adj. phallique.

Phallus ['falus] m. (-, llen). ANAT. phallus m.

Phänomen [fɛno'me:n] n. (s, e). PR. et FIG. phénomène m.

phänomenal [fɛnɔme'nɑ:l] adj. PHILOS. phénoménal. || FIG. étonnant ; magnifique.

Phänotyp [fɛnɔ'typ] m. (s, en). BIOL. phénotype m.

Phantasie [fanta'zi:] f. (-, n) imagination f. ; fantaisie f. || [Traumbild] vision(s) f. (pl.) ; rêveries f. pl. ; hallucinations f. pl. || MUS. fantaisie f.

Phantasie|gebilde [fanta"zi:gə'bildə] n. (s, -) fantasmagorie f. ||°**-stück** n. (s, e). MUS. caprice m.

phantasieren [fanta'zi:rən] v. intr. rêvasser ; s'abandonner à son imagination. || MÉD. délirer.

Phantast [fan'tast] m. (en, en). [Träumer] rêveur m. ; esprit extravagant. || [Geisteskranke(r)] mythomane s.

Phantasterei [-tastə'rai] f. (-, en) chimères f. pl. ; idées (f. pl.) fantastiques ; produit (m.) d'une imagination échauffée.

phantastisch [-'tastiʃ] adj. fantastique ; romanesque. || (de manière) fantaisiste. || [grillenhaft] fantasque.

Phantom [fan'to:m] n. (s, e) fantôme m. || PAR EXT. image trompeuse ; chimère f. || MÉD. fantôme m.

Phantom|bild [fan"to:m'bilt] n. (s, er) portrait-robot m.

Pharao ['fɑ:rao] m. (s, s et -nen). Pharaon m.

Pharisäer(in) [fari'zɛ:ər(in)] m. (s, -), f. (-, nen). HIST. pharisien m. ; pharisienne f.

Pharisäertum [-'zɛ:ərtu:m] n. (s) pharisaïsme m.

Pharma|industrie ["farmaindus'tri:] f. (-, n) industrie (f.) pharmaceutique. ||°**-kologe** m. (n, n), °**-kologin** f. (-, nen) pharmacologue s. ||°**-referent(in)** m. (en, en), f. (-, nen) visiteur (m.), visiteuse (f.) médical(e).

Pharmazeut(in) [farma'tsɔyt(in)] m. (en, en), f. (-, nen) pharmacien m. ; pharmacienne f.

pharmazeutisch [-tiʃ] adj. pharmaceutique.

Phase ['fɑ:zə] f. (-, n) phase f.

Phasen|differenz ["fɑ:zəndife'rɛnts] f. (-, en). MATH., ÉLECTR. différence (f.) de phase. ||°**-einstellung** f. (-, en) phasage m. ||°**-gleichheit** f. (-, en) coïncidence (f.) des phases. ||°**-modulation** f. (-, en). TÉLÉCOMM. modulation (f.) en phase. ||°**-umkehr** f. inversion (f.) de phase. ||°**-verschiebung** f. (-, en) décalage (m.) de phase. ||**-verschoben** adj. PHYS. déphasé. ||°**-winkel** m. (s, -). ÉLECTR. angle (m.) de phase.

Philanthrop(in) [filan'tro:p(in)] m. (en, en), f. (-, nen) philanthrope s.

philanthropisch [-'tro:piʃ] adj. philanthropique.

Philatelie [filatɛ'li:] f. philatélie f.

Philatelist(in) [-'list(in)] m. (en, en), f. (-, nen) philatéliste s.

Philippinen [fili'pi:nən] n. pr. f. pl. GÉOGR. Philippines f. pl.

Philister [fi'listər] m. (s, -). [Bibel] Philistin m. || LITTÉR. cuistre m., (petit-)bourgeois, ignorant m.

philister|haft [fi'listerhaft] adj. PÉJOR. bourgeois, béotien. ||°**-tum** n. (s) cuistrerie f.

Philologe [filo'lo:gə] m. (en, en) philologue m.

Philologie [-lo'gi:] f. philologie f.

Philologin [-'lo:gin] f. (-, nen) philologue f.

Philosoph(in) [-'zo:f(in)] m. (en, en), f. (-, nen) philosophe s.

Philosophie [-zo'fi:] f. (-, n) philosophie f.

philosophieren [-zo'fi:rən] v. intr. philosopher ; argumenter ; faire de la philosophie.

philosophisch [-'zofiʃ] adj. philosophique.

Phiole [fi'o:lə] f. (-, n) fiole f.

Phlebitis [fle'bi:tis] f. MÉD. phlébite f.

Phlegma ['flegma] n. (s) flegme m.

Phlegmatiker [fleg'mɑ:tikər] m. (s, -) flegmatique m.

phlegmatisch [-tiʃ] adj. flegmatique.

Phöbus ['fø:bus] n. pr. m. MYTH. Phébus m.

Phonetik [fo'ne:tik] f. phonétique f.

phonetisch [-tiʃ] adj. phonétique.

Phönix ['fø:niks] m. (es, e). MYTH. phénix m.

Phönizien [fø'ni:tsiən] n. pr. n. HIST. Phénicie f.

Phonologie [fonolo'gi:] f. GRAMM. phonologie f.

phonologisch [-'lo:giʃ] adj. GRAMM. phonologique.

Phonon [fo'no:n] n. (s, e). PHYS. phonon m.

Phonothek [fono'te:k] f. (-, en) phonothèque f.

Phosphat [fɔs'fɑ:t] n. (s, e) phosphate m.

Phosphatieren [fɔsfa'ti:rən] n. (s). TECHN. phosphatation f.

Phosphor ['fɔsfɔr] m. (s) phosphore m.

phosphor|arm ["fɔsfɔr'arm] adj. pauvre en phosphore. ||°**-bombe** f. (-, n) bombe (f.) au phosphore. ||°**-düngemittel** n. (s, -) engrais phosphaté ; phosphates m. pl. ||**-haltig** adj. riche en phosphore ; phosphoré. ||°**-säure** f. (-, n) acide (m.) phosphorique. ||°**-wasserstoff** m. (s, e) hydrogène phosphoré.

Phosphoreszenz [fɔsforɛs'tsɛnts] f. phosphorescence f.

phosphoreszierend [-rɛs'tsi:rənt] adj. phosphorescent.

Photo ['foto] n. (s, s) photo f. | *ein Photo aufnehmen, machen*, prendre une photo. | *Photoapparat*, appareil (m.) photographique.

photo|chemisch [foto'çe:miʃ] adj. photochimique. ||°**-effekt** m. (s, e). PHYS. effet (m.) photoélectrique. ||°**-element** n. (s, e) photopile f. ||°**-kopie** f. (-, n) photocopie f. ||**-kopieren** v. tr. photocopier. ||°**-montage** f. (-, n) photomontage m. ; truquage m. ||°**-neutron** n. (s, en). NUCL. photoneutron m. ||°**-papier** n. (s, e) papier (m.) photographique. ||°**-synthese** f. (-, n) photosynthèse f. ||°**-tropismus** m. (-, men) phototropisme m. ||°**-vermerk** m. (s, e) crédit (m.) photographique. ||**-voltaisch** adj. *photovoltaische Zelle*, cellule (f.) photovoltaïque. ||°**-zelle** f. (-, n) photopile f.

Photograph(in) [foto'grɑ:f(in)] m. (en, en), f. (-, nen) photographe s.

Photographie [-gra'fi:] f. (-, n) photographie f.

photographieren [-gra'fi:rən] v. tr. photographier.

photographisch [-'grɑ:fiʃ] adj. photographique.
Photon [fo'to:n] n. (s, en). PHYS. photon m.
Phrase ['frɑ:zə] f. (-, n) phrase f. | *Phrasen machen, dreschen*, radoter ; faire du verbiage.
phrasenhaft ['frɑ:zənhaft] adj. emphatique.
Phrasen|drescher ["frɑ:zən'drɛʃər] m. (s, -) phraseur m.
phrastisch ['frastiʃ] adj. GRAMM. phrastique.
Phrenesie [frene:'zi:] f. (-, n). MÉD. frénésie f.
phrenetisch [fre'ne:tiʃ] adj. frénétique.
Phrenologie [frenolo'gi:] f. phrénologie f.
Phrygien ['fry:giən] n. pr. n. HIST. Phrygie f.
Phrygier [-giər] m. (s, -) Phrygien m.
phrygisch [-giʃ] adj. phrygien. | *phrygische Mütze*, bonnet phrygien.
Phylogenese [fyloge'ne:sə] f. (-, n). BIOL. phylogenèse f.
Physik [fy'zi:k] f. physique f.
physikalisch [fyzi'kɑ:liʃ] adj. physique.
Physiker(in) ['fy:zikər(in)] m. (s, -), f. (-, nen) physicien m., physicienne f.
Physikum [-kum] n. (s). UNIV. examen (m.) de physique, chimie et biologie.
Physiognom [fyzio'gno:m] m. (en, en) physionomiste m.
Physiognomie [-gno'mi:] f. (-, n) physionomie f.
Physiognomik [-'gno:mik] f. physiognomonie f.
Physiologe [-'lo:gə] m. (n, n) physiologiste m.
Physiologie [-lo'gi:] f. (-, n) physiologie f.
Physiologin [-'lo:gin] f. (-, nen) physiologiste f.
physiologisch [-'lo:giʃ] adj. physiologique. || BIOL. *physiologische Kochsalzlösung*, sérum (m.) physiologique.
Physiotherapie [fyziotera'pi:] f. (-, n). MÉD. physiothérapie f.
physisch ['fy:ziʃ] adj. physique.
Phytotherapie [fytotera'pi:] f. (-, n). MÉD. phytothérapie f.
Pianino [pia'ni:no] n. (s, s) piano droit.
Pianist(in) [-'nist(in)] m. (en, en), f. (-, nen) pianiste s.
Piaster ['piastər] m. (s, -) piastre f.
Pichelei [piçə'lai] f. (-, en). POP. beuverie f.
picheln ['piçəln] v. intr. POP. chopiner.
Picke ['pikə] f. (-, n) pioche f. ; pic m.
Pickel ['pikəl] m. (s, -) pioche f. ; pic m. || MÉD. petit bouton.
Pickel|haube ["pikəl'haubə] f. (-, n) casque (m.) à pointe. ||°**-hering** m. (s, e). [Lustspiel] bouffon m. ; arlequin m. ; paillasse m.
pickelig ['pikəliç] adj. plein de pustules.
picken ['pikən] v. tr. donner des coups de bec ; becqueter ; picorer.
Picknick ['piknik] n. (s, s) pique-nique m.
Pieper ['pi:pər] m. (s, -). ZOOL. pipit m.
Piep|matz ["pi:p'mats]. [Kindersprache] oiseau m. || FAM. [Verrücktheit] grain m. ; folie f. ||°**-ton** m. (s, ¨e) bip (m.) sonore.
Piep(s) [pi:p(s)] m. (s, e) pépiement m. | *nicht Piep sagen*, ne piper mot. || FAM. *einen Pieps haben*, être timbré.
piep(s)en ['pi:p(s)ən] v. intr. piailler ; pépier. || FIG., POP. *bei dir piepts wohl*, tu es fou ?
piepsig ['pi:psiç] adj. *piepsige Stimme*, petite voix grêle.
Pier [pi:r] m. (s, e). MAR. jetée f. ; môle m.
piesacken ['pi:zakən] v. tr. FAM. tourmenter ; tracasser ; embêter.
Pietät [pie'tɛ:t] f. piété f. ; respect m.
pietät|los [-lo:s] adj. sans respect ; impie.
Pietismus [pie'tismus] m. RELIG. piétisme m.
Pietist [-'tist] m. (en, en) piétiste m.
piezoelektrisch [pi'etsoe"lɛktriʃ] adj. ÉLECTR. piézoélectrique.
piff paff (puff) ['pifpaf(puf)] interj. clic clac ! ; pif paf !
Pigment [pig'mɛnt] n. (s, e) pigment m.
Pignole [pin'jo:lə] f. (-, n). BOT. pignon m.
Pik [pik] n. (s). [Kartenspiel] pique m. | *das Pik-As*, l'as (m.) de pique. || FAM. *er steht da wie Pik-Sieben*, le voilà pantois, tout ahuri ; POP. il reste baba.
pikant [pi'kant] adj. PR. et CULIN. piquant. || FIG. leste.
Pike ['pi:kə] f. (-, n) pique f. | *von der Pike auf dienen*, sortir du rang. | *von der Pike auf lernen*, apprendre sur le tas. || FIG., FAM. *eine Pike auf jn haben*, avoir une dent contre qn.
Pikee [pi'ke:] n. (s, s). TEXT. piqué m.
pikieren [pi'ki:rən] v. tr. [Pflanzen] piquer ; repiquer. || FIG. *über etwas pikiert sein*, se piquer, s'offusquer de qch. ; être vexé.
Pikkolo ['pikɔlo] m. (s, s) groom m. ; petit serveur.
Pikkolo|flöte ["pikɔlo'flø:tə] f. (-, n) piccolo m.
Piktogramm [pikto'gram] n. (s, e) pictogramme m.
Pilaster [pi'lastər] m. (s, -) pilastre m.
Pilatus [pi'lɑ:tus] n. pr. m. HIST., RELIG. Pilate m. | *jn von Pontius zu Pilatus schicken*, renvoyer qn de Ponce à Pilate. || GÉOGR. [Schweiz] *der Pilatus*, le mont Pilate.
Pilger ['pilgər] m. (s, -) pèlerin m.
Pilger|fahrt ["pilgər'fɑ:rt] f. (-, en) pèlerinage m. ||°**-stab** m. (s, ¨e) bâton (m.) de pèlerin.
pilgern ['pilgərn] v. intr. aller en pèlerinage.
Pilgrim [-grim] m. (s, e). POÉT. pèlerin m.
Pille ['pilə] f. (-, n) pilule f. || FIG. *eine bittere Pille schlucken*, FAM. encaisser ; avaler la pilule. | *jm die Pille versüßen*, dorer la pilule à qn.
Pillen|dreher ["pilən'dre:ər] m. (s, -). IRON. pharmacien m. ; POP. potard m. ||**-förmig** adj. pilulaire.
Pilot [pi'lo:t] m. (en, en) pilote m. | *zweiter Pilot*, copilote m.
Pilot|ballon [pi"lo:tba'lɔ̃] m. (s, s) ballon-pilote m. ; ballon-sonde m. ||°**-projekt** n. (s, e) projet (m.) pilote.
Pilotwal [pi"lo:t'vɑ:l] m. (s, e). ZOOL. globicéphale m.
Pilsener ['pilzənər] n. (s, -) bière (f.) de Pilsen.
Pilz [pilts] m. (es, e) champignon m. || FIG. *in die Pilze gehen*, s'en aller à vau-l'eau ; se perdre.
Pilz|erkrankung ["piltsɛr'kraŋkuŋ] f. (-, en). MÉD. mycose f. ||**-tötend** adj. fongicide. | *pilztötendes Mittel*, fongicide m.
Piment [pi'mɛnt] m. et n. (s, e) piment m.
Pimmel ['pim(ə)l] m. (s, -). FAM. zizi m.
pimpelig ['pimpəliç] adj. douillet ; dolent.
pimpeln [-pəln] v. intr. geindre ; être douillet.
Pimpernell [pimpər'nɛl] m. (s, e). BOT. pimprenelle f.
Pimpf [pimpf] m. (s, e). FAM. môme m. ; petit garçon.
Pinakothek [pinakɔ'te:k] f. (-, en) galerie (f.) de tableaux ; pinacothèque f.
Pingpong ['piŋpɔŋ] n. (s) ping-pong m.
Pinguin [piŋgu'i:n] m. (s, e) pingouin m.

Pinie ['pi:niə] f. (-, n). BOT. pin m.
Pinke ['piŋkə] f. (-, n). FAM. argent m. ; POP. fric m. ; pèze m.
Pinkel ['piŋkəl] m. (s, -) fat m. ; freluquet m. | *feiner Pinkel*, qui fait l'élégant ; damoiseau m.
pinkeln ['piŋkəln] v. intr. FAM. pisser ; faire pipi.
Pinne ['pinə] f. (-, n) broquette f. ; cheville f. ; pointe f. ; penne f. || MAR. barre f.
pinnen [-nən] v. tr. cheviller.
Pinscher ['pinʃər] m. (s, -). ZOOL. griffon m.
Pinsel ['pinzəl] m. (s, -) pinceau m. ; brosse (f.) à peindre. || FIG. *einen groben Pinsel führen*, exagérer. | *einen kühnen Pinsel haben*, avoir la touche hardie. || [Einfaltspinsel] niais m. ; serin m.
Pinsel|strich ["pinzəl'ʃtriç] m. (s, e), °**-führung** [-'fy:ruŋ] f. coup (m.) de pinceau ; touche f.
Pinselei [pinzə'lai] f. (-, en) peinturlurage m. ; barbouillage m. || FIG. sottise f. ; niaiserie f.
pinseln ['pinzəln] v. tr. peindre ; badigeonner ; PÉJOR. barbouiller.
Pinsler ['pinslər] m. (s, -). PÉJOR. barbouilleur m.
Pinte ['pintə] f. (-, n) pinte f. || POP. [Kneipe] troquet m.
Pinzette [pin'tsɛtə] f. (-, n) pince f. ; pincette f. ; TECHN. brucelles f. pl.
Pionier [pio'ni:r] m. (s, e) pionnier m. || MIL. soldat (m.) du génie ; sapeur m.
Pionier|bataillon [pio"ni:rbata'lio:n] n. (s, e) bataillon (m.) du génie. ||°**-waffe** f. génie m.
Pip(p)in [pi'pi:n] n. pr. m. Pépin m. | *Pipin der Kurze*, Pépin le Bref.
Pip(p)s [pips] m. (es, e). ZOOL. pépie f. || FIG., FAM. *einen Pips kriegen*, devenir fou.
Piranha [pi'ranja] m. (s, s). ZOOL. piranha ou piranya m.
Pirat [pi'rɑ:t] m. (en, en) pirate m.
Piraten|sender [pi"rɑ:tən'zɛndər] m. (s, -) radio (f.) pirate.
Piraterie [piratə'ri:] f. (-, n) piraterie f.
Piräus [pi'rɛ:us] n. pr. m. GÉOGR. Le Pirée.
Piroge [pi'ro:gə] f. (-, n) pirogue f.
Pirol [pi'ro:l] m. (s, e) merle doré ; loriot m.
Pirsch [pirʃ] f. (-, en). [Einzel-, Spürjagd] chasse f. | *auf die Pirsch gehen*, s'en aller à la chasse.
pirschen ['pirʃən] v. intr. chasser.
Pisa ['pi:za] n. pr. n. GÉOGR. Pise f.
pissen ['pisən] v. intr. VULG. pisser.
Pissoir [pi'swa:r] n. (s, e) urinoir m.
Pistazie [pis'tɑ:tsiə] f. (-, n). BOT. pistache f.
Piste ['pistə] f. (-, n) piste f. || [Wintersport] *gewalzte Piste*, piste damée.
Pistill [pis'til] n. (s, e). BOT. pistil m.
Pistole [pis'to:lə] f. (-, n). **1.** pistolet m. | *mit vorgehaltener Pistole*, le pistolet braqué. || FIG. *jm die Pistole auf die Brust setzen*, mettre le couteau sous la gorge à qn. | *wie aus der Pistole geschossen*, immédiatement ; sur-le-champ.
2. [ältere Goldmünze] pistole f.
Pistolen|duell [pis"to:ləndu'ɛl] n. (s, e) duel (m.) au pistolet. ||°**-schießen** n. (s) tir (m.) au pistolet. ||°**-schuß** m. (es, ¨e) coup (m.) de pistolet. ||°**-tasche** f. (-, n) étui (m.), gaine (f.) pour pistolet.
Pithekanthropus [pite'kantropus] m. (-, pi) pithécanthrope m.
pitsch(e)naß ["pitʃ(ə)'nas] adj. trempé ; mouillé.
Placebo [pla'tse:bo] n. (s, s). MÉD. placebo m.
placken ['plakən] v. tr., **placken (sich)** [ziç-'plakən] v. pr. (se) tourmenter ; (se) tracasser.
Plackerei [plakə'rai] f. (-, en) tracasserie(s) f. (pl.) ; dur travail.
plädieren [plɛ'di:rən] v. tr. plaider.
Plädoyer [plɛdwa'je:] n. (s, s) plaidoyer m.
plafonieren [plafo'ni:rən] v. tr. ÉCON. plafonner.
Plafonierung [-'ni:ruŋ] f. (-, en). ÉCON. plafonnement m.
Plage ['plɑ:ge] f. (-, n) tourment m. ; peine f. ; fléau m. || RELIG. *Ägyptische Plagen*, les plaies (f. pl.) d'Égypte. | *Landplage*, calamité publique. | *Rattenplage*, invasion (f.) de rats.
— SYN. : *Heimsuchung*, *Kreuz*, fléau, épreuves ; *Leid*, affliction ; *Übel*, *Böses*, mal ; *Unglück*, *Unheil*, malheur ; *Qual*, tourment ; *Verdruß*, dépit.
Plage|geist ["plɑ:gə'gaist] m. (s, er) plaie f. ; esprit malfaisant, tracassier.
plagen ['plɑ:gən] v. tr. tourmenter ; tracasser ; importuner. | *ihn plagt der Teufel*, il a le diable au corps. ◇ v. pr. **sich plagen,** se tourmenter ; travailler comme une bête.
Plagiat [plagi'ɑ:t] n. (s, e) plagiat m. ; larcin m.
Plagiator [-tɔr] m. (s, en) plagiaire m.
plagiieren [plagi'i:rən] v. tr. plagier.
Plaid [plɛd] m. (s, s) plaid m. ; couverture (f.) de voyage.
Plakat [pla'kɑ:t] n. (s, e) affiche f. ; placard m.
Plakat|anschlag [pla"kɑ:t'anʃlɑ:k] m. (s, ¨e) affichage m. ||°**-kleber** m. (s, -). POLIT. colleur (m.) d'affiches. ||°**-maler** m. (s, -) affichiste m. ||°**-säule** f. (-, n) colonne (f.) d'affichage ; colonne (f.) Morris. ||°**-träger** m. (s, -) homme-sandwich m.
plakatieren [plaka'ti:rən] v. tr. afficher.
Plakette [pla'kɛtə] f. (-, n) médaille f. ; plaquette f.
plan [plɑ:n] adj. plan, uni. || FIG. net, clair.
Plan [plɑ:n] m. (s, ¨e). **1.** [Zeichnung] plan m. ; carte f. ; dessin m. ; tracé m. | *einen Plan entwerfen*, dresser, tracer un plan. | *Plan zu einem Haus*, plan d'une maison. | *Stadtplan*, plan de la ville.
2. [Programm] programme m. | *Fünfjahresplan*, plan quinquennal. | *Reiseplan*, projet (m.) de voyage. | *Lehrplan*, programme scolaire. | *Stundenplan*, emploi (m.) du temps. || TRANSP. *Fahrplan*, horaire m. | *Sommer(fahr)*
plan, horaire (m.) d'été. | *Winter(fahr)plan*, horaire (m.) d'hiver. || THÉÂTRE. *Spielplan*, programme des spectacles ; répertoire m.
3. [Vorsatz] plan m. ; projet m. ; intention f. | *Pläne schmieden*, faire des projets ; projeter. | *den Plan zur Flucht fassen*, arrêter le plan pour l'évasion.
plan|gemäß ["plɑ:ngə'mɛ:s] adj. selon les plans ; conformément aux plans. ||**-los** adj. sans méthode ; au hasard. ||**-mäßig** adj. 1° méthodique ; systématique ; 2° prévu dans les plans. | *planmäßig beflogene Strecke*, ligne aérienne régulière. ||°**-stelle** f. (-, n) poste prévu dans le tableau des effectifs. ||°**-wirtschaft** f. (-, en) économie dirigée, planifiée. ||°**-wirtschaftler** m. (s, -) planificateur m.
Plane ['plɑ:nə] f. (-, n) bâche f.
Plan|wagen ["plɑ:n'vɑ:gən] m. (s, -) wagon bâché ; voiture (f.) à bâche.
planen ['plɑ:nən] v. tr. faire des projets ; projeter. || planifier.
Planet [pla'ne:t] m. (en, en) planète f.
planetarisch [-ne'tɑ:riʃ] adj. planétaire.
Planetarium [-ne'tɑ:rium] n. (s, rien) planétarium m.

Planeten|bahn [pla"ne:tən'ba:n] f. (-, en) orbite (f.) planétaire. ||°**-getriebe** n. (s, -) engrenage (m.), train (m.) planétaire ; différentiel (m.) à engrenages planétaires. ||°**-rad** n. (s, ¨er) pignon (m.) satellite ; satellite m. ||°**-system** n. (s, e) système (m.) planétaire. ||°**-umlauf|rad** n. (s, ¨er) roue (f.) satellite.

Planier|bagger [pla"ni:r'bagər] m. (s, -) niveleuse f. ||°**-raupe** f. (-, n) tracteur niveleur ; bulldozer m.

planieren [pla'ni:rən] v. tr. aplanir ; égaliser ; niveler.

Plani|glob [pla:ni'glo:p] m. (en, en) planisphère m. ; mappemonde f. ||°**-meter** n. (s, -) planimètre m. ||°**-metrie** f. planimétrie f.

Planke ['plaŋkə] f. (-, n) planche f.

Plänkelei [plɛŋkə'lai] f. (-, en) escarmouche f.

plänkeln ['plɛŋkəln] v. intr. escarmoucher.

Plansch|becken ["planʃ'bɛkən] n. (s, -). [für Kinderspiel] bassin (m.) à barboter ; pataugeoir m.

planschen ['planʃən] v. intr. barboter.

Plantage [plan'ta:ʒə] f. (-, n) plantation f. | *Plantagenbesitzer*, planteur m.

Planung ['pla:nuŋ] f. (-, en) établissement (m.), préparation (f.) des plans ; planification f.

Plapperei [plapə'rai] f. (-, en) babillage m. ; bavardage m.

plapperhaft ['plapərhaft] adj. babillard.

Plapper|hans ["plapər'hans] m., °**-liese** [-li:zə] f. (-, n) bavard m. ; bavarde f. ||°**-maul** n. (s, ¨er) commère f. ; concierge f. ; pipelette f.

plappern ['plapərn] v. intr. babiller ; jacasser.

plärren ['plɛrən] v. intr. pleurnicher. || FAM. beugler.

Pläsier [plɛ'zi:r] n. (s, e). [Vergnügen] plaisir m.

pläsierlich [plɛ'zi:rliç] adj. FAM. amusant.

Plasma ['plasma] n. (s, men) plasma m.

Plasma|heizung ["plasma'haitsuŋ] f. (-, en). TECHN. chauffage (m.) par plasma. ||°**-physik** f. PHYS. physique (f.) des plasmas.

Plastik ['plastik] f. (-, en) sculpture f. ; plastique f.

Plastik|bombe ["plastik'bɔmbə] f. (-, n) *ein Haus mit einer Plastikbombe in die Luft sprengen*, plastiquer une maison. ||°**-tüte** f. (-, n) sac (m.) en plastique.

Plastiker ['plastikər] m. (s, -) sculpteur m.

Plastilin [plasti'li:n] n. (s) pâte (f.) à modeler.

plastisch ['plastiʃ] adj. plastique. | *plastischer Film*, film (m.) en relief ; Cinémascope m.

Plastizität [plastitsi'tɛ:t] f. plasticité f. ; caractère (m.) plastique.

Platane [pla'ta:nə] f. (-, n) platane m.

Plateau [pla'to:] n. (s, s). [Hochebene] plateau m.

Platin ['pla:tin, pla'ti:n] n. (s) platine m.

platin|haltig [pla"ti:n'haltiç, "pla:tin'haltiç] adj. platinifère.

Plato ['pla:to] n. pr. m. Platon m.

Platoniker [pla'to:nikər] m. (s, -) platonicien m.

platonisch [pla'to:niʃ] adj. PR. et FIG. platonique.

platsch ! [platʃ] interj. flac ! ; patatras !

platschen ['platʃən] v. intr. faire flac ; patauger.

plätschern ['plɛtʃərn] v. intr. clapoter ; gargouiller ; murmurer. | *im Wasser plätschern*, barboter dans l'eau.

Plätschern ['plɛtʃərn] n. (s). *Plätschern des Brunnens*, clapotis (m.), gargouillis (m.) de la fontaine.

platt [plat] adj. **1.** plat ; aplati. | *plattes Land*, pays, terrain plat ; rase campagne. | *platt auf dem Bauche, auf der platten Erde liegen*, être couché à plat ventre. | *etwas platt drücken*, aplatir qch. || FAM. *einen platten Reifen, Platten haben*, avoir un pneu crevé, dégonflé.

2. FIG. plat ; quelconque ; banal. | *platter Ausdruck*, expression plate.

3. FAM. ébahi ; épaté. || POP. *er ist ganz platt*, il en est tout ahuri, renversé.

4. *das platte Gegenteil*, tout le contraire ; juste le contraire.

Platt [plat] n. (s) [abrév. de **Plattdeutsch**]. [Mundart] bas allemand m.

platt|deutsch ['platdɔytʃ] adj. bas-allemand. || °**-fisch** m. (es, e). ZOOL. plie f. ; carrelet m. ||°**-form** f. (-, en) plate-forme f. ; tribune f. ||°**-fuß** m. (es, ¨e) pied plat. ||°**-nase** f. (-, n) nez camus. ||°**-wurm** m. (s, ¨er). ZOOL. ver plat.

Plätt|brett ['plɛtbrɛt] n. (s, er) planche (f.) à repasser. ||°**-eisen** n. (s, -) fer (m.) à repasser. ||°**-wäsche** f. (-, n) linge (m.) à repasser.

Platte ['platə] f. (-, n). **1.** plaque f. ; lame f. ; planche f. ; plateau m.

2. CULIN. [Schüssel ; Gang] plat m. | *kalte Platte*, assiette anglaise.

3. ARCHIT. carreau m. ; dalle f. | *mit Platten belegen*, carreler.

4. [Schallplatte] disque m. | *eine Platte auflegen*, mettre un disque. || FIG. *immer die alte Platte*, toujours la même rengaine, la même chanson.

5. PHOT. plaque f.

plätten ['plɛtən] v. tr. [Wäsche] repasser. || [platt machen] aplanir.

Platten|abzug ["platən'aptsu:k] m. (s, ¨e) épreuve (f.) stéréotypique. ||°**-belag** m. (s, e) dallage m. ||°**-druck** m. (s, e) stéréotypie f. ||°**-see** m. lac (m.) Balaton. ||°**-spieler** m. (s, -) électrophone m. ; platine f. ||°**-tektonik** f. GÉOL. tectonique (f.) des plaques. ||°**-teller** m. (s, -) plateau (m.) de phonographe. ||°**-walzwerk** n. (s, e) laminoir (m.) à plaques. ||°**-wechsler** m. (s, -) changeur m. (automatique) de disques.

platter|dings ["platər'diŋs] adv. absolument ; directement ; simplement.

Plattheit ['plathait] f. (-, en) relief plat. || FIG. platitude f. ; banalité f.

plattieren [pla'ti:rən] v. tr. [Metall] plaquer.

Plattierung [-ruŋ] f. (-, en) placage m.

Platz [plats] m. (es, ¨e) place f. **1.** [freier Raum] place publique. | *Dorfplatz*, place du village. | *Marktplatz* place du marché. | *Vorplatz*, parvis m. | *Sportplatz*, terrain (m.) de sport. | *Spielplatz*, terrain (m.) de jeux. | *Tummelplatz*, carrière f. ; arène f. | *Exerzierplatz*, champ (m.) de manœuvres ; place d'armes. | *auf offenem Platz*, à ciel ouvert ; en place publique.

2. [Stelle] lieu m. ; endroit m. | *Bauplatz*, terrain (m.) à bâtir. || FIG. *Scherzen ist hier nicht am Platze*, ce n'est pas le moment de plaisanter ; ici, la plaisanterie n'est pas de mise.

3. [Ortschaft] localité f. | *die größte Buchhandlung am Platze*, la plus importante librairie de, sur la place.

4. [verfügbarer Raum für eine Person ; Rang] place f. ; siège m. ; rang m. | *Platz einräumen ; Platz machen*, faire de la place ; dégager. | *dieser Platz ist frei*, cette place est libre. | *dieser Platz ist belegt, besetzt*, cette place est occupée. | *nehmen Sie bitte Platz*, asseyez-vous, je vous prie. | *Stehplatz*, place debout. | *Sitzplatz*, place assise. | *Fensterplatz*, place près de la fenêtre. | *vom Platze aus sprechen*, parler de sa place. || FIG. *den ersten Platz einnehmen*, prendre la première place.

5. [Amt ; Posten ; Stelle] place f. ; emploi m. ; fonction f. | *einen Platz suchen*, chercher un emploi.

| *er ist der rechte Mann am rechten Platz*, c'est l'homme qu'il faut (pour). | *jn um seinen Platz bringen*, faire perdre sa place à qn.
6. [Schlachtfeld] champ (m.) de bataille. | *den Platz behaupten*, rester maître de la place. | *auf dem Platze bleiben*, rester sur le carreau.
7. Loc. *Platz da! Platz gemacht!*, place ! ; dégagez ! || Sport. *auf die Plätze!*, à vos marques !

Platz|angst ["plats'aŋst] f. claustrophobie f. || Méd. agoraphobie f. ||°**-anweiserin** f. (-, nen) ouvreuse f. ||°**-karte** f. (-, n). [Eisenbahn] ticket (m.) de location. ||°**-kommandant** m. (en, en) commandant (m.) de place. ||°**-konzert** n. (s, e) concert (m.) en plein air. ||**-raubend** adj. encombrant. ||°**-wechsel** m. (s, -) changement (m.) de place. || Comm. effet (m.) sur place.

Platz|patrone ["platspa'tro:nə] f. (-, n) cartouche (f.) à blanc. ||°**-regen** m. (s, -) pluie battante ; ondée f. ; averse f.

Plätzchen ['plɛtsçən] n. (s, -) petite place. || Culin. petit gâteau.

Platze ['platzə] f. (-, n). Pop. *die Platze kriegen*, crever de rage.

platzen [-tsən] v. intr. **1.** éclater ; crever. | *die Bombe platzt*, la bombe éclate. | *der Reifen ist geplatzt*, le pneu est crevé. || Fam. *ins Zimmer platzen*, faire irruption dans la chambre.
2. Fig. *vor Lachen platzen*, éclater de rire. | *vor Wut platzen*, éclater de rage, de fureur.
3. Fam. échouer ; se réduire à rien.

Platzen [-tsən] n. crevaison f. ; éclatement m.

Plauderei [plaudə'rai] f. (-, en) causerie f.

Plauderer ['plaudərər] m. (s, -) bavard m. ; causeur m.

plauderhaft ['plaudərhaft] adj. bavard ; causeur.

Plauderhaftigkeit [-tiçkait] f. caractère bavard.

plaudern ['plaudərn] v. intr. causer ; bavarder ; papoter. | *aus der Schule plaudern*, rapporter.

Plauder|stündchen ["plaudər'ʃtyntçən] n. (s, -) causette f. ||°**-tasche** f. (-, n) pipelette f.

Plausch [plauʃ] m. (es, e) *einen kleinen Plausch halten*, faire un brin de causette ; fam. tailler une bavette.

plauschen ['plauʃən] v. intr. bavarder ; papoter.

plausibel [plau'zi:bəl] adj. compréhensible.

plauz! [plauts] interj. patatras ! ; pouf !

Plazenta [pla'tsɛnta] f. (-, en). Anat. placenta m.

Plazet ['plɑ:tset] n. (s, s) approbation f.

plazieren [pla'tsi:rən] v. tr. placer.

Plebejer [ple'be:jər] m. (s, -). Pr. et fig. plébéien m.

Plebejertum [-tu:m] n. (s) plèbe f.

plebejisch [ple'be:jiʃ] adj. plébéien.

Plebiszit [plebis'tsit] n. (s, e) plébiscite m.

Plebs [plɛps] f. plèbe f.

pleite ['plaitə] adj. en faillite. | *pleite gehen*, faire faillite.

Pleite f. (-, n) banqueroute f. ; faillite f. | *Pleite machen*, faire faillite ; échouer.

Pleite|geier ["plaitə'gaiər] m. (s, -). Écon. spectre (m.) de la faillite.

plempern ['plɛmpərn] v. intr. Fam. patauger. || Fig., fam. lambiner.

Plenar|sitzung [ple"nɑ:r'zitsuŋ] f. (-, en) séance plénière. ||°**-versammlung** f. (-, en) assemblée plénière.

Plenum ['ple:num] n. (s, na) séance plénière.

Pleuel|kopf ["plɔyəl'kɔpf] m. (s, ¨e) tête (f.) de bielle. ||°**-lager** n. (s, -) palier (m.) de bielle. ||°**-stange** f. (-, n) bielle (f.) de piston, de moteur.

Pleuritis [plɔy'ri:tis] f. Méd. pleurésie f.

plieren ['pli:rən] v. intr. cligner des yeux.

Plinius ['pli:nius] n. pr. m. Antiq. Pline m.

Plissee|rock [pli"se:'rɔk] m. (s, ¨e) jupe plissée.

plissieren [pli'si:rən] v. tr. [fälteln] plisser.

Plombe ['plɔmbə] f. (-, n). Jur. sceau (m.) de plomb. || [Zähne] plombage m.

plombieren [plɔm'bi:rən] v. tr. plomber.

Plombierung [-ruŋ] f. (-, en) plombage m.

Plötze ['pløtsə] f. (-, n). Zool. gardon m. ; rousse f.

plötzlich ['pløtsliç] adj. et adv. soudain ; subit ; brusque.

Plötzlichkeit [-kait] f. soudaineté f.

Pluder|hose ["plu:dər'ho:zə] f. (-, n) pantalon bouffant.

pluderig ['plu:dəriç] adj. bouffant.

Plumeau [ply'mo:] n. (s, s) édredon m.

plump [plump] adj. lourd ; épais ; grossier. | *plumper Mensch*, lourdaud m.

Plumpheit ['plumphait] f. (-, en) lourdeur f. ; grossièreté f. ; balourdise f.

plumps! [plumps] interj. pouf ! ; patatras !

Plumps [plumps] m. (es, e), **Plumpser** ['plumpsər] m. (s, -) chute pesante, lourde ; coup sourd.

plumpsen ['plumpsən] v. intr. tomber lourdement.

Plunder ['plundər] m. (s) fatras m. ; bric-à-brac m.

Plunder|kammer ["plundər'kamər] f. (-, n) cabinet (m.) de débarras.

Plünderei [plyndə'rai] f. (-, en) pillage m.

Plünderer ['plyndərər] m. (s, -) pillard m. ; maraudeur m.

plündern [-dərn] v. tr. et v. intr. piller ; marauder ; dévaliser ; détrousser.

Plünderung [-dəruŋ] f. (-, en) pillage m. ; maraude f.

Plural [plu'rɑ:l] m. (s, e). Gramm. pluriel m.

plus [plus] adv. plus. | *plus drei*, plus trois.

Plus [plus] n. (-, -) plus m. ; surplus m.

Plus|betrag ["plusbə'trɑ:k] m. (s, ¨e) surplus m. ||°**-pol** m. (s, e) pôle positif. ||°**-zeichen** n. (s, -) signe (m.) de l'addition ; signe plus.

Plüsch [plyʃ:] m. (es, e). Text. peluche f.

Plüsch|tier ["ply:ʃ'ti:r] n. (s, e) animal (m.) en peluche ; fam. peluche f.

Plusquamperfekt ["pluskvampɛr'fɛkt] n. (s, e). Gramm. plus-que-parfait m.

Pluster|backen ["plustər'bakən] f. pl. joues gonflées.

plusterig ['plustəriç] adj. [Gefieder] gonflé ; hérissé.

Plutarch [plu'tarç] n. pr. m. Antiq. Plutarque m.

Pluto ['plu:to] n. pr. m. Myth. Pluton m.

Plutokratie [plutokra'ti:] f. ploutocratie f.

Plutonium [plu'to:nium] n. (s). Chim. plutonium m.

Plutonium|bombe [plu"to:nium'bɔmbə] f. (-, n) bombe (f.) au plutonium. ||°**-rückführung** f. (-, en). Nucl. recyclage (m.) du plutonium.

Pneu [pnɔy] m. (s, s). [Luftreifen] pneu m.

Pneumatik [pnɔy'mɑ:tik] f. pneumatique f.

pneumatisch [-tiʃ] adj. pneumatique.

Pneumokokkus [pnɔymo'kɔkus] m. MÉD. pneumocoque m.
Pneumonie [pnɔymo'ni:] f. (-, n). MÉD. [Lungenentzündung] pneumonie f.
Pöbel ['pø:bəl] m. (s, -) populace f. ; plèbe f.
pöbelhaft ['pø:bəlhaft] adj. grossier ; vulgaire.
pochen ['pɔxən] v. intr. frapper ; heurter ; cogner. | *das Herz pocht*, le cœur bat (fort). || FIG. *auf etwas* (acc.) *pochen*, se targuer de qch.
Pocken ['pɔkən] f. pl. MÉD. petite vérole ; variole f.
Pocken|narbe ["pɔkən'narbə] f. (-, n) marque (f.) de la petite vérole. ||**-narbig** adj. grêlé. ||°**-schutzimpfung** f. (-, en) vaccination (f.) antivariolique.
Podest [pɔ'dɛst] m. et n. (es, e) podium m. ; palier m. (d'escalier).
Podex ['po:dɛks] m. (es, e). IRON. postérieur m.
Podium ['po:dium] n. (s, dien) estrade f. ; tribune f. ; podium m.
Poesie [poe'zi:] f. (-, n) poésie f.
Poet [po'e:t] m. (en, en) poète m.
Poetik [-tik] f. (-, en) art (m.) poétique.
poetisch [po'e:tiʃ] adj. poétique.
Pogrom [po'gro:m] m. (s, e) pogrom(e) m.
Pointe [pwɛ̃:t] f. (-, n). FIG. pointe f.
pointieren [pwɛ̃'ti:rən] v. tr. FIG. souligner (un effet).
Pokal [pɔ'kɑ:l] m. (s, e) coupe f. ; grand verre à pied. || SPORT. *Pokalspiel*, match (m.) de coupe.
Pökel ['pø:kəl] m. (s) saumure f.
Pökel|faß ["pø:kəl'fas] n. (es, ¨er) saloir m. ||°**-fleisch** n. (es) viande salée ; salaison f.
pökeln ['pø:kəln] v. tr. saler ; mettre dans la saumure.
Poker ['po:kər] m. (s). [Kartenspiel] poker m.
pokern [-kərn] v. intr. jouer au poker.
Pol [po:l] m. (s, e). MATH., GÉOGR., ASTRON., ÉLECTR. pôle m. | *negativer Pol*, pôle négatif. | *positiver Pol*, pôle positif. | *Polklemme*, borne (f.) polaire.
polar [po'lɑ:r] adj. polaire.
Polar|fuchs [po"lɑ:r'fuks] m. (es, ¨e) renard bleu. ||°**-kreis** m. (es, e) cercle (m.) polaire. ||°**-licht** (s, er) aurore boréale. ||°**-nacht** f. (-, ¨e) nuit (f.) polaire. ||°**-stern** m. (s) étoile (f.) polaire.
Polarisation [polariza'tsio:n] f. (-, en). ÉLECTR., OPT. polarisation f.
Polarisations|mikroskop [polariza"tsio:nsmikros'ko:p] n. (s, e) microscope polarisant. ||°**-welle** f. (-, n). PHYS. onde (f.) de polarisation.
Polarisator [polari'zɑ:tɔr] m. (s, en). ÉLECTR. polarisateur m.
polarisieren [polari'zi:rən] v. tr. et v. pr. polariser.
Polarität [-ri'tɛ:t] f. polarité f.
Polder ['pɔldər] m. (s, -) polder m.
Pole ['po:lə] m. (n, n) Polonais m.
Polemik [po'le:mik] f. (-, en) polémique f.
Polemiker [-mikər] m. (s, -) polémiste m.
polemisch [-miʃ] adj. polémique.
polemisieren [-lemi'zi:rən] v. intr. polémiquer.
Polen ['po:lən] n. pr. n. Pologne f.
Polente [po'lɛntə] f. ARG. police f.
Police [po'li:sə] f. (-, n) police (f.) d'assurances.
Polier [po'li:r] m. (s, e) contremaître m. (maçon ou charpentier).
Polier|maschine [po"li:rma'ʃi:nə] f. (-, n) polisseuse f. ; lustreuse f. ||°**-scheibe** f. (-, n) meule (f.) de polissage ; disque (m.) à polir.
polieren [po'li:rən] v. tr. polir ; vernir.
Polierer [-rər] m. (s, -) polisseur m.
Poliklinik [po:li'kli:nik] f. (-, en). MÉD. dispensaire m. ; policlinique f.
Polin ['po:lin] f. (-, nen) Polonaise f.
Politesse [poli'tɛsə] f. (-, n). [Polizei] contractuelle f. ; FAM. pervenche f.
Politik [poli'ti:k] f. politique f.
Politik|wissenschaft [pɔli"ti:k'visənʃaft] f. (-) politologie f.
Politiker [po'li:tikər] m. (s, -) politicien m. | *linker Politiker*, homme (m.) de gauche.
politisch [-tiʃ] adj. politique. | *politischer Flüchtling*, réfugié (m.) politique.
politisieren [-ti'zi:rən] v. intr. parler politique. ◇ v. tr. politiser.
Politologe [polito'lo:gə] m. (n, n), **Politologin** [-'lo:gin] f. (-, nen) politologue s.
Politologie [-lo'gi:] f. politologie f.
Politur [poli'tu:r] f. (-, en) poli m. ; vernis m.
Polizei [poli'tsai] f. (-, en) police f.
Polizei|aufsicht [poli"tsai'aufziçt] f. surveillance policière. ||°**-beamter** m. agent (m.) de police. ||°**-behörde** f. (-, n) police f. || °**-bereitschafts|-dienst** m. (s) police secours. || °**-direktion** f. (-, en) service central de (la) police. ||°**-gebäude** n. (s, -) préfecture (f.) de police. ||°**-gefängnis** n. (ses, se) dépôt m. (de police) ; poste (m.) de police ; FAM. violon m. ||°**-gewahrsam** m. (s, e). JUR. garde (f.) à vue. ||°**-hund** m. (s, e) chien policier. ||°**-kommissar** m. (s, e) commissaire (m.) de police. ||°**-präsident** m. (en, en) préfet (m.) de police. ||°**-präsidium** n. (s, dien) préfecture (f.) de police. ||°**-revier** n. (s, e) commissariat (m.), district (m.) de police. ||°**-spitzel** m. (s, -) mouchard m. ||°**-staat** m. (s, en) dictature policière. ||°**-streife** f. (-, n) patrouille (f.) de police. ||°**-stunde** f. (-, n) heure (f.) de fermeture. ||°**-verordnung** f. (-, en) règlement (m.), ordonnance (f.) de police. ||°**-wache** f. (-, n) poste (m.) de police ; FAM. poste m. ||°**-wagen** m. (s, -) voiture (f.) cellulaire. ||**-widrig** adj. contraire aux règlements de police.
polizeilich [poli'tsailiç] adj. de, par la police ; policier. || *polizeilich überwachen*, POP. fliquer. | *polizeiliche Überwachung*, POP. flicage m.
Polizist [-'tsist] m. (en, en) agent (m.) de police ; gardien (m.) de la paix ; policier m.
Polka ['pɔlka] f. (-, s) polka f.
Pollen ['pɔlən] m. (s, -). BOT. pollen m.
Poller ['pɔlər] m. (s, -). MAR. bitte (f.) d'amarrage.
polnisch ['pɔlniʃ] adj. polonais. | *polnische Wirtschaft*, gâchis m. ; pétaudière f.
Polo ['po:lo] n. (s). [Ballspiel] polo m.
Polo|hemd ["po:lo'hɛmt] n. (s, en) polo m.
Polster ['pɔlstər] n. (s, -) rembourrage m.
Polster|sessel ["pɔlstər'zɛsəl] m. (s, -), °**-stuhl** [-'ʃtu:l] m. (s, ¨e) siège rembourré.
Polsterer ['pɔlstərər] m. (s, -) rembourreur m.
Polsterung [-ruŋ] f. (-, en) rembourrage m. ; capitonnage m.
Polter|abend ["pɔltər'ɑ:bənt] m. (s, e) veille (f.) des noces ; charivari m. ||°**-geist** m. (es, er) esprit frappeur ||°**-kammer** f. (-, n) [chambre, cabinet de] débarras m.
poltern [-tərn] v. intr. faire du bruit, du vacarme ; chahuter. || FIG. gronder (sans rudesse) ; bougonner.
Polyamid [polia'mi:t] n. (s, e). CHIM. polyamide m.

Poly|arthritis [-ar'tri:tis] f. (-, itiden). MÉD. polyarthrite f.
Polyäthylen [-ɛty'le:n] n. (s, e). CHIM. polyéthylène m.
Polychromie [-kro'mi:] f. polychromie f.
Polyeder [-'e:dər] n. (s, -) polyèdre m.
Polyen... [pɔlye:n] (en compos.) polyinsaturé. | *Polyenfettsäure*, acide gras polyinsaturé.
Polyester [-'ɛstər] m. (s, -). CHIM. polyester m.
polygam [-'gɑ:m] adj. polygame.
Polygamie [-ga'mi:] f. polygamie f.
Polygon [-'go:n] n. (s, e) polygone m.
Polymer [-'me:r] m. (s, e). CHIM. polymère m.
Polymerase [-me'rɑ:zə] f. (-, n). BIOL. polymérase f.
Polymerisation [-meriza'tsio:n] f. (-, en). CHIM. polymérisation f.
Polymorphie [-mɔr'fi:] f., **Polymorphismus** [-mɔr'fismus] m. polymorphisme m.
Polynesien [poly'ne:ziən] n. pr. n. GÉOGR. Polynésie f.
Polynesier(in) [-ziər(in)] m. (s, -), f. (-, nen) Polynésien m., Polynésienne f.
polynesisch [-ziʃ] adj. polynésien.
Polynom [-'no:m] n. (s, e) polynôme m.
Polyp [po'ly:p] m. (en, en). [Kopffüßer] polype m. || POP., IRON. flic m.
Polyphonie [polifo'ni:] f. MUS. polyphonie f.
polysemantisch [polyse'mantiʃ] adj. GRAMM. polysémique.
Polysemie [-se'mi:] f. (-, n). GRAMM. polysémie f.
Polystyrol [-sty'ro:l] n. (s, e). CHIM. polystyrène m.
Polytechnikum [poly'tɛknikum] n. (s, ken) école technique supérieure ; école (f.) d'ingénieurs.
Polytheismus [-te'ismus] m. polythéisme m.
Polyurethan [-ure'tɑ:n] n. (s). CHIM. polyuréthanne m.
Polyvinyl [-vi'ny:l] n. (s, e). CHIM. polyvinyle m. | *Polyvinylazetat*, acétate (m.) de polyvinyle.
Pomade [po'mɑ:də] f. (-, n) pommade f.
pomadig [-diç] adj. FAM. endormi ; lambin.
Pomeranze [pomə'rantsə] f. (-, n) orange f.
Pommer ['pɔmər] m. (n, n) Poméranien m.
pommerisch [-riʃ] adj. poméranien.
Pommern ['pɔmərn] n. pr. n. Poméranie f.
Pomp [pɔmp] m. (s) pompe f. ; faste m.
Pompejus [pom'pɛjus] n. pr. m. HIST. Pompée m.
pompös [pɔm'pø:s] adj. pompeux ; fastueux.
Pontius Pilatus ["pɔntsius pi'lɑ:tus] n. pr. m. HIST. Ponce Pilate m.
Ponton|brücke [pɔ̃tɔ̃'brykə] f. (-, n) pont (m.) de bateaux.
Pony ['pɔni] n. (s, s) poney m.
Pool [po:l] m. (s, s), **Pool-Gesellschaft** ["po:lgə'zɛlʃaft] f. (-, en) pool m.
Popanz ['po:pants] m. (es, e) épouvantail m.
Pope ['po:pə] m. (n, n). RELIG. pope m.
Popel ['po:pəl] m. (s) [Nasenschleim] mucosité nasale ; morve f. || FAM. petit sale.
popeln [-pəln] v. intr. se mettre les doigts dans le nez.
poplig ['po:pliç] adj. PÉJOR. pauvre ; modeste.
Popo [po'po:] m. (s). FAM. derrière m.
populär [popu'lɛ:r] adj. FIG. populaire.
Popularität [-lari'tɛ:t] f. popularité f.
Pore ['po:rə] f. (-, n) pore m.
porig [-riç], **porös** [po'rø:s] adj. poreux.
Porosität [porozi'tɛ:t] f. (-, en) porosité f.
Porphyr ['pɔrfy:r] m. (s, e) porphyre m.
Porree ['pɔre] m. (s). BOT. poireau m.
Portal [pɔr'tɑ:l] n. (s, e) portail m.
Portal|kran [pɔr"tɑ:l'krɑ:n] m. (s, ¨e). TECHN. grue (f.) à portique ; portique roulant.
Portier [pɔr'tje] m. (s, s) portier m. ; concierge m.
Portiers|frau [pɔr"tje:rs'frau] f. (-, en) concierge f. ; portière f.
Portion [pɔr'tsio:n] f. (-, en) portion f. ; ration f.
Porto ['pɔrto] n. (s, s) port m. (de lettre). | *zuzüglich Porto*, port en sus.
Porto|auslagen ["pɔrto'auslɑ:gən] f. pl. frais (m. pl.) de port. ||**-frei** adj. port payé ; franco (de port). | *portofreie Sendung*, envoi (m.) en franchise (de port). ||°**-freiheit** f. (-, en) franchise postale. ||°**-kosten** pl. frais (m. pl.) de port. ||**-pflichtig** adj. soumis à la taxe ; port dû.
Porträt [pɔr'trɛ:] n. (s, e) portrait m.
porträtieren [-trɛ'ti:rən] v. tr. faire le portrait de.
Porträtist [-trɛ'tist] m. (en, en), **Porträt|maler** [por"trɛ:t'mɑ:lər] m. (s, -) portraitiste m.
Portugal ['pɔrtugal] n. pr. n. Portugal m.
Portugiese [pɔrtu'gi:zə] m. (n, n), **Portugiesin** ['gi:zin] f. (-, nen) Portugais m. ; Portugaise f.
Portulak ['pɔrtulak] m. (s, e). BOT. pourpier m.
Port|wein ['pɔrtvain] m. (s) porto m.
Porzellan [pɔrtsə'lɑ:n] n. (s, e) porcelaine f.
Porzellan|erde [pɔrtsə"lɑ:n'e:rdə] f. (-, n) kaolin m. ||°**-geschirr** n. (s, e) vaisselle (f.) en porcelaine. ||°**-laden** m. (s, ¨) magasin (m.) de porcelaines. || FIG. *wie der Elefant im Porzellanladen*, très maladroit.
Posaune [po'zaunə] f. (-, n). MUS. trombone m. || FIG. *in die Posaune stoßen*, faire grand bruit.
posaunen [-nən] v. tr. et v. intr. sonner de la trompe. || FIG. [ausposaunen] publier à son de trompe.
Pose ['po:zə] f. (-, n). PÉJOR. pose f. | *das ist nur Pose*, FAM. c'est du chiqué.
posieren [po'zi:rən] v. intr. [Malerei] poser. || FIG. prendre une pose ; se donner grand air.
Position [pozi'tsio:n] f. (-, en) position f. || *Position im Haushalt*, chapitre (m.) du budget.
Positions|leuchten [pozi"tsio:ns'lɔyçtən] f. pl. AUTOM. feux (m. pl.) de position.
positiv [pozi'ti:f, 'positi:f] adj. positif.
Positiv [pozi'ti:f] n. (s, e). PHOT. positif m. ◇ m. (s, e). GRAMM. positif m.
Positivismus [poziti'vismus] m. PHILOS. positivisme m.
Positron [pozi'tro:n] n. (s, e). PHYS. positon m. ; positron m.
Positur [pozi'tu:r] f. (-, en) posture f. ; pose f.
Posse ['pɔsə] f. (-, n) farce f. ; bouffonnerie f. | *Possen reißen*, faire des farces. | *Possen treiben*, faire le pitre. || THÉÂTRE. farce f. ; pièce (f.) burlesque.
possenhaft [-sənhaft] adj. bouffon ; grotesque.
Possen|reißer ["pɔsən'raisər] m. (s, -) bouffon m. ; farceur m. ||°**-spiel** n. (s, e). THÉÂTRE. farce f.
possessiv [pɔsɛ'si:f] adj. possessif.
Possessiv|pronomen [pɔsɛ"si:fpro'no:mən] n. (s, mina) pronom possessif.
possierlich [pɔ'si:rliç] adj. burlesque ; bouffon.
Possierlichkeit [-kait] f. (-, en) drôlerie f. ; bouffonnerie f.
Post [pɔst] f. (-, en). **1.** poste f. ; bureau (m.) de

poste. | *durch die Post ; per Post*, par voie postale ; par la poste. | *mit umgehender Post*, par retour du courrier. **2.** courrier m. | *seine Post aufgeben*, expédier son courrier. | *seine Post erledigen*, faire son courrier.

Post|abschnitt ["pɔst'apʃnit] m. (s, e) talon (m.) de mandat-poste. ||°**-amt** n. (s, ¨er) bureau (m.) de poste. ||°**-anweisung** f. (-, en) mandat-poste m. ; mandat postal. | *telegraphische Postanweisung*, mandat télégraphique. ||°**-barscheck** m. (s, e ou s) chèque (m.) d'assignation. ||°**-beamter** m. employé (m.) des postes ; postier m. ||°**-beamtin** f. (-, nen) employée (f.) des postes ; postière f. ||°**-bote** m. (n, n) facteur m. ||°**-einlieferungs|schein** m. (s, e) récépissé postal. ||°**-einzahlung** f. (-, en) mandat-poste m. ; mandat postal. ||°**-fach** n. (s, ¨er) boîte postale ; numéro (m.) de poste restante. ||°**-gebühr** f. (-, en) taxe postale. ||°**-geheimnis** n. (ses, se) secret postal. ||°**-gut** n. (s, ¨er) objets transportés par la poste. ||°**-halter** m. (s, -). 1° HIST. maître (m.) de poste ; 2° agent postal auxiliaire. ||°**-karte** f. (-, n) carte postale. ||°**-kasten** m. (s, -) boîte (f.) aux lettres. ||°**-kutsche** f. (-, n). HIST. diligence f. ; courrier m. ||**-lagernd** adj. poste restante. ||°**-leit|stelle** f. (-, n) centre (m.) d'acheminement postal. ||°**-leit|zahl** f. (-, en) code postal. ||°**-meister** m. (s, -). MIL. vaguemestre m. || °**-moderne** f. ARCHIT. postmodernisme m. || °**-nachnahme** f. (-, n) remboursement postal. ||°**-paket** n. (s, e) colis postal. ||°**-rat** m. (s, ¨e) inspecteur (m.) des postes. ||°**-sack** m. (s, ¨e) sac postal ; sac (m.) à lettres. ||°**-schaffner** m. (s, -) employé (m.) des postes ; postier m. ||°**-scheck** m. (s, e ou s) chèque postal. ||°**-schließ|fach** n. (s, ¨er) boîte postale. ||°**-sendung** f. (-, en) envoi postal. ||°**-sparbuch** n. (s, ¨er) livret (m.) de caisse d'épargne. ||°**-spar|kasse** f. (-, n) caisse d'épargne postale. ||°**-stempel** (s, -) timbre, cachet postal, de la poste. ||°**-überweisung** f. (-, en) virement postal. ||°**-verkehr** m. (s) trafic postal. ||°**-wagen** m. (s, -). [Lastwagen] fourgon postal. ||°**-waggon** m. (s, s). [Zug] fourgon postal. ||**-wendend** adj. par retour du courrier. ||°**-wert|zeichen** n. (s, -) timbre-poste m. ; figurine postale. ||°**-wurf|sendung** f. (-, en) envoi (m.) en nombre. ||°**-zug** m. (s, ¨e) train-poste m. ; train (m.) de messagerie.

Postament [pɔsta'mɛnt] n. (s, e) socle m. ; piédestal m.

Posten ['pɔstən] m. (s, -). **1.** MIL. poste m. ; sentinelle f. | *(auf) Posten stehen*, être de garde. | *auf Posten ziehen*, prendre la garde. | *den Posten ablösen*, relever la sentinelle.

2. [Stelle ; Amt] poste m. ; position f. ; charge f. ; place f.

3. COMM. lot (m.) de marchandises. || [Buchführung] poste m. ; article m.

posthum [pɔst'hu:m] adj. posthume.
◇ adv. après la mort.

postieren [pɔs'ti:rən] v. tr. poster (sentinelles) ; placer.

Postillion [pɔsti'ljo:n] m. (s, e) postillon m.

postoperativ ['pɔstoperati:v] adj. MÉD. postopératoire.

Postulat [pɔstu'la:t] n. (s, e) postulat m.

Potemkinsche Dörfer [pɔ"tɛmkinʃə'dørfər] n. pl. illusions f. pl. ; tromperies f. pl.

Potentat [pɔtɛn'ta:t] m. (en, en) potentat m.

potential [pɔtɛntsi'a:l] adj. potentiel ; en puissance.

Potential [-tsi'a:l] n. (s, e) potentiel m.

potentiell [-tsi'ɛl] adj. potentiel.

Potentio|metrie [potɛntsiome'tri:] f. (-, n). TECHN. potentiométrie f.

Potenz [po'tɛnts] f. (-, en). PHYS., PHYSIOL., MATH. puissance f. || PHILOS. virtualité f.

potenzieren [-tɛn'tsi:rən] v. tr. MATH. élever à une puissance. || FIG. rendre plus puissant.

Pott [pɔt] m. (s, ¨e). FAM. [Topf] pot m. || MAR. rafiot m.

Pott|asche ["pɔt'aʃə] f. (-, n) potasse carbonatée ; carbonate (m.) de potassium. ||°**-fisch** m. (es, e), °**-wal** m. (s, e) cachalot m.

Potz Blitz ! ['pɔtsblits], **potztausend !** ["pɔts-'tauzənt] interj. morbleu ! ; peste ! ; tonnerre !

poussieren [pu'si:rən] V. PUSSIEREN.

Präambel [prɛ'ambəl] f. (-, n) préambule m.

Pracht [praxt] f. faste m. ; pompe f. ; somptuosité f.

Pracht|ausgabe ["praxtaus'ga:bə] f. (-, n) édition (f.) de luxe. ||°**-exemplar** m. (s, e) belle pièce. || FIG., IRON. camarade (m.) très agréable. ||°**-kerl** m. (s, e) beau gars ; gaillard (m.) superbe. ||°**-mensch** m. (en, en) beau type d'homme ; bel homme.

prächtig ['prɛçtiç], **prachtvoll** ['praxtfɔl] adj. superbe ; magnifique ; splendide ; somptueux.

Prädestination [prɛdɛstina'tsio:n] f. (-, en). RELIG. [Vorherbestimmung] prédestination f.

prädestiniert [-ti'ni:rt] adj. prédestiné (à).

Prädikat [prɛdi'ka:t] n. (s, e). GRAMM. et PHILOS. attribut m. || [Schule] note f. || [Titel] titre m.

Präfekt [prɛ'fɛkt] m. (en, en) préfet m.

Präfektur [-fɛk'tu:r] f. (-, en) préfecture f.

Präfix [prɛ'fiks] n. (es, e). GRAMM. préfixe m.

Prag [pra:k] n. pr. n. GÉOGR. Prague m.

Präge|anstalt ["prɛ:gə'anʃtalt] f. (-, en) hôtel (m.) des monnaies. ||°**-stempel** m. (s, -) coin m. ||°**-stock** m. (s, ¨e) matrice f.

prägen ['prɛ:gən] v. tr. empreindre ; marquer d'une empreinte. | *Geld prägen*, battre monnaie. || PAR EXT. *einen Ausdruck prägen*, forger une expression. | *einen Charakter prägen*, former un caractère. | *sich etwas ins Gedächtnis (ein)prägen*, (se) graver qch. dans la mémoire. || FIG. graver ; imprimer.

Pragmatik [prag'ma:tik] f. (-, en) expérience (f.) empirique, pragmatique.

pragmatisch [-'ma:tiʃ] adj. pragmatique.

Pragmatismus [-ma'tismus] m. pragmatisme m.

prägnant [prɛg'nant] adj. expressif ; lourd de sens ; ramassé ; dense ; concentré.

Prägnanz [-'nants] f. densité f. ; richesse f. ; force (f.) d'expression.

Prägung ['prɛ:guŋ] f. (-, en) frappe f. ; monnayage m. || TECHN. estampage m.

Prähistorie [prɛhis'to:riə] f. préhistoire f.

prahlen ['pra:lən] v. intr. se vanter ; fanfaronner. | *mit etwas prahlen*, faire étalage de qch.

Prahler [-lər] m. (s, -), **Prahl|hans** ["pra:l'hans] m. (en) vantard m. ; fanfaron m. ; hâbleur m.

Prahlerei [pra:lə'rai] f. (-, en) ostentation f. ; jactance f. ; vantardise f. ; fanfaronnade f.

prahlerisch ['pra:ləriʃ] adj. vantard ; glorieux ; fanfaron.

Prahm [pra:m] m. (s, e). MAR. bac m.

präjudizieren [-'tsi:rən] v. tr. préjuger.

Praktik ['praktik] f. (-, en) pratique f. ; expérience f.

praktikabel [prakti'ka:bəl] adj. praticable ; faisable.

Praktikant(in) [-'kant(in)] m. (en, en), f. (-, nen) volontaire s. ; stagiaire s.

Praktiker(in) ['praktikər(in)] m. (s, -), f. (-, nen) praticien(ne) m. (f.) | *alter Praktiker*, vieux routier.
Praktikum [-tikum] n. (s, ka) stage m.
praktisch [-tiʃ] adj. pratique. || qui pratique ; consultant. | *praktischer Arzt*, *praktische Ärztin*, médecin (m.) généraliste, généraliste s. ; [omni]praticien m. || commode ; facile. || concret ; courant. | *praktisches Leben*, vie courante.
praktizieren [prakti'tsi:rən] v. tr. pratiquer ; exercer. || faire disparaître subitement.
Prälat [prɛ'lɑ:t] m. (en, en). RELIG. prélat m.
Präliminarien [prɛlimi'nɑ:riən] f. pl. préliminaires m. pl.
Praline [pra'li:nə] f. (-, n) chocolat fourré.
prall [pral] adj. dru ; ferme ; rebondi. | *pralle Arme*, bras fermes, potelés. | *in der prallen Sonne*, en plein soleil.
Prall [pral] m. (s, e) choc m. ; rebondissement m. | *Abprall* ; *Rückprall*, rebondissement (m.), choc (m.) en retour. | *Aufprall*, choc m. ; collision f.
prallen ['pralən] v. intr. (se) heurter ; subir un choc ; rebondir ; ricocher. | *aufprallen*, rebondir.
Prämie ['prɛ:miə] f. (-, n) prime f. ; prix m.
Prämien|anleihe ["prɛ:miən'anlaiə] f. (-, n) emprunt (m.) à lots. ||°-**erhöhung** f. (-, en) majoration (f.), augmentation (f.) de prime. ||°-**geschäft** n. (s, e) marché (m.) à prime. ||°-**zuschlag** m. (s, ¨e) surprime f.
prämiieren [prɛmi'i:rən] v. tr. primer ; accorder un prix à.
Prämisse [prɛ'misə] f. (-, n) prémisse f.
pränatal [prɛna'tɑ:l] adj. anténatal.
prangen ['praŋən] v. intr. briller ; resplendir.
Pranger [-ŋər] m. (s, -) pilori m. ; carcan m. | *an den Pranger stellen*, mettre au pilori.
Pranke ['praŋkə] f. (-, n) griffe f. ; ARG. patte f. ; pince f.
Präparand [prɛpa'rant] m. (en, en) [élève] candidat m. || PAR EXT. préparateur m.
Präparat [-'rɑ:t] n. (s, e) produit (m.) chimique ; préparation f. || [Arznei] produit pharmaceutique.
Präparator [-'rɑ:tɔr] m. (s, en) taxidermiste m.
präparieren [-'ri:rən] v. tr. préparer.
Präposition [prɛpozi'tsio:n] f. (-, en). GRAMM. [Verhältniswort] préposition f.
Präsens ['prɛ:zɛns] n. (-, Präsentia). GRAMM. présent m.
Präsent [prɛ'zɛnt] n. (s, e) présent m. ; cadeau m.
präsentieren [-zɛn'ti:rən] v. tr. présenter. | *präsentiert das Gewehr !*, présentez, armes !
Präsentier|teller [prɛzɛn"ti:r'tɛlər] m. (s, -) plateau m.
Präsenz [prɛ'zɛnts] f. (-, en) présence f.
Präsenz|liste [prɛ"zɛnts'listə] f. (-, n) liste de présence. ||°-**stärke** f. effectif présent.
Präses ['prɛ:zəs] m. (-, siden) président m.
Präsident [prɛzi'dɛnt] m. (en, en) président m.
Präsidentschaft [-'dɛntʃaft] f. présidence f.
präsidieren [-'di:rən] v. intr. présider. | *einer Versammlung präsidieren*, présider une assemblée.
Präsidium [prɛ'zi:dium] n. (s, dien) présidence f. | *Polizeipräsidium*, préfecture (f.) de police.
prasseln ['prasəln] v. intr. pétiller ; crépiter.
Prasseln [-səln] n. (s) pétillement m. ; crépitement m.
prassen ['prasən] v. intr. faire bombance ; mener joyeuse vie ; FAM. faire la noce, la bombe.
Prasser [-sər] m. (s, -) débauché m.
Prasserei [prasə'rai] f. (-, en) débauche f.
Prätendent [prɛtɛn'dɛnt] m. (en, en) prétendant m.
Präteritum [prɛ'te:ritum] n. (s, ta). GRAMM. prétérit m.
Präventiv|krieg [prɛvɛn"ti:f'kri:k] m. (s, e) guerre préventive.
Praxis ['praksis] f. pratique f. || [Arzt ; Anwalt] clientèle f.
Präzedenz|fall [prɛtse"dɛnts'fal] m. (s, ¨e) précédent m. | *einen Präzedenzfall schaffen*, établir, créer un précédent.
präzis [prɛ'tsi:s] adj. précis ; exact.
präzisieren [-tsi'zi:rən] v. tr. préciser.
Präzision [-'zio:n] f. précision f. || *Präzisionsarbeit*, travail (m.) de précision.
predigen ['pre:digən] v. tr. et v. intr. prêcher ; PÉJOR. sermonner. | *tauben Ohren predigen*, prêcher dans le désert.
Prediger [-gər] m. (s, -) prédicateur m.
Predigt ['pre:diçt] f. (-, en) sermon m. ; prédication f. ; prêche m.
Preis [prais] m. (es, e). **1.** prix m. | *abgemachter Preis*, prix convenu. | *erhöhter Preis*, prix majoré. | *die Preise steigen, fallen*, les prix montent, baissent. | *fester Preis*, prix fixe. | *herabgesetzter Preis*, prix réduit. | *laufender Preis*, prix courant. | *unerschwinglicher Preis*, prix inabordable. | *vorgeschriebener Preis*, prix imposé. | *Preis nach Vereinbarung*, prix à débattre. | *mit dem Preis heruntergehen*, rabattre le prix. | *den Preis hinauftreiben*, renchérir ; pousser, augmenter le prix. | *nicht auf den Preis sehen*, ne pas regarder au prix. || LOC. *um jeden Preis*, à tout prix. | *um keinen Preis*, à aucun prix. **2.** [Siegergewinn] prix m. ; récompense f. | *den Preis davontragen*, remporter le prix. | *einen Preis auf den Kopf des Verbrechers setzen*, mettre à prix la tête du criminel. **3.** [Lob ; Ruhm] louange f. ; gloire f. | *Preis sei Gott !*, gloire à Dieu !
Preis|abbau ["prais'apbau] m. (s) réduction (f.) des prix. ||°-**abschlag** m. (s, ¨e) remise f. ; rabais m. ||°-**angabe** f. (-, n) indication (f.) de prix. ||°-**angebot** n. (s, e) offre f. ||°-**angleichung** f. (-, en), °-**anpassung** f. (-, en) rajustement (m.) des prix. ||°-**ansatz** m. (es, ¨e) mise (f.) à prix. ||°-**anstieg** m. (s, e) montée (f.) des prix. | *starker Preisanstieg*, flambée (f.) des prix. ||°-**aufschlag** m. (s, ¨e) majoration f. ||°-**aufsichts|stelle** f. (-, n) office (m.) de surveillance des prix. ||°-**auftrieb** m. (s, e) hausse (f.) des prix. ||°-**aushang** m. (s, ¨e) affichage (m.) des prix. ||°-**ausschreiben** n. (s, -) mise (f.) au concours. ||°-**behörde** f. (-, n) service (m.) des prix. ||°-**beständigkeit** f. stabilité (f.) des prix. ||°-**bestimmung** f. (-, en) tarification f. ; cotation f. ||°-**bildung** f. formation (f.) des prix. ||°-**bindung** f. (-, en) prix imposé. ||°-**elastizität** f. *Preiselastizität (der Nachfrage)*, élasticité (f.) de la demande par rapport aux prix. ||°-**erhöhung** f. (-, en) hausse (f.), relèvement (m.) des prix. ||°-**ermäßigung** f. (-, en) réduction (f.) de prix ; rabais m. ; détaxe f. ||°-**freigabe** f. (-, n) déblocage (m.) des prix. ||°-**gabe** f. (-, n) abandon m. ||-**geben** (i, a, e) v. tr. abandonner. | *jm preisgegeben sein*, être à la merci de qn. ||-**gekrönt** adj. primé. ||°-**gericht** n. (s, e) jury m. ||°-**herabsetzung** f. (-, en) réduction (f.), diminution (f.) des prix ; démarque f. ||°-**index** m. (es, izes) indice (m.) des prix. ||°-**karussell** n. (s, s). FAM. valse (f.) des étiquettes. ||°-**lage** f. (-, n) niveau m. (dans les prix). | *in jeder Preislage*, à tous les prix. ||°-**liste** f. (-, n) tarif m. ; barème m. ||°-**nachlaß** m.

(es, ¨e) remise f. (de prix) ; rabais m. ; démarque f. ||°-**notierung** f. (-, en) cotation (f.) des prix. ||°-**regelung** f. (-, en) réglementation (f.) des prix. ||°-**richter** m. (s, -) juge m. (qui décerne un prix). ||°-**rutsch** m. (es, e) dérapage (m.) des prix. ||°-**schere** f. (-, n) marge f. ; fourchette f. || °-**schießen** n. (s) concours (m.) de tir. ||°-**schleuderei** f. (-, en) vente (f.) à vil prix ; braderie f. ||°-**senkung** f. (-, en) baisse (f.) des prix. ||°-**spanne** f. (-, n) marge (f.) bénéficiaire. ||°-**stand** m. (s, ¨e) niveau (m.) du prix. ||°-**steigerung** f. (-, en) augmentation (f.) des prix ; hausse f. ||°-**stop** m. (s) blocage (m.) des prix. ||°-**sturz** m. (es, ¨e) chute f. (des cours) ; effondrement (m.) des prix. ||°-**treiber** m. (s, -) renchérisseur m. ; haussier m. ||°-**treiberei** f. (-, en) hausse (f.) illicite. ||°-**überwachung** f. (-, en) surveillance (f.), contrôle (m.) des prix. ||°-**ungleichheit** f. (-, en) disparité (f.) des prix. || °-**unterbietung** f. (-, en) vente (f.) au-dessous des prix ; baisse (f.) publicitaire. ||°-**vereinbarung** f. (-, en) accord (m.), convention (f.) sur les prix. || °-**verständigung** f. (-, en) entente (f.) sur les prix. ||°-**verteilung** f. (-, en) distribution (f.) des prix. ||°-**verzeichnis** (ses, se) liste (f.) des prix. ||-**wert** adj. bon marché ; qui vaut son prix. ||-**würdig** digne d'éloges ; louable.

Preisel|beere ["praizəl'be:rə] f. (-, n). BOT. airelle f. ; brimbelle f.

preisen ['praizən] (ie, ie) v. tr. vanter ; célébrer ; glorifier ; prôner. | *Gott preisen*, louer Dieu. | *jn glücklich preisen*, estimer qn heureux. | *ich preise mich glücklich, daß*, je me félicite que.

prekär [pre'kɛ:r] adj. précaire.

Prell|bock ['prɛlbɔk] m. (s, ¨e). [Eisenbahn] heurtoir m. ; butoir m. ||°-**schuß** m. (es, ¨e) ricochet m.

prellen ['prɛlən] v. tr. faire rebondir. || FIG. berner ; escroquer. | *jn um etwas prellen*, frustrer qn de qch. | *der Geprellte*, la dupe ; le dindon de la farce.

Prellerei [prɛlə'rai] f. (-, en) filouterie f. ; escroquerie f. ; duperie f.

Prellung ['prɛluŋ] f. (-, en). MÉD. contusion f.

Premier [prəm'ie:] m. (s, s), **Premier|minister** [prəm"ie:mi'nistər] m. (s, -). POLIT. Premier ministre.

Premiere [prəm'iɛ:rə] f. (-, n). THÉÂTRE. [Uraufführung] première f.

preschen ['prɛʃən] v. intr. se porter en avant. || SPORT. *Harbig prescht vor, nach vorn*, Harbig se porte en tête.

Preß|form ['prɛsfɔrm] f. (-, en) moule (m.) à presse. ||°-**kohle** f. (-, n) briquette f. ||°-**luft** f. air comprimé. ||°-**luft(bohr)hammer** m. (s, -) marteau perforateur à air comprimé ; marteau-piqueur m. ||°-**luft|meißel** m. (s, -) burin (m.) pneumatique. ||°-**pumpe** f. (-, n) pompe foulante. ||°-**stroh** m. (s) paille pressée.

preßbar ['prɛsbɑ:r] adj. compressible.

Preßbarkeit [-kait] f. compressibilité f.

Preßburg ['prɛsburk] n. pr. n. GÉOGR. Presbourg m. (Bratislava).

Presse ['prɛsə] f. (-, n). **1.** [Maschine] presse f. ; pressoir m. | *unter der Presse*, sous presse. | *hydraulische Presse*, presse hydraulique.
2. [Zeitungen] presse f. ; journaux m. pl. | *Tagespresse*, presse quotidienne ; quotidiens m. pl. || FIG. *er hat eine gute Presse*, il a bonne presse, bonne réputation.
3. FAM. boîte (f.) à bachot.

Presse|amt ["prɛsə'amt] n. (s, ¨er) bureau (m.) de presse. ||°-**ausweis** m. (es, e) carte (f.) de presse ; coupe-file m. ||°-**bericht|erstatter** m. (s, -) journaliste m. ; reporter m. ||°-**freiheit** f. liberté (f.) de la presse. ||°-**konferenz** f. (-, en) conférence (f.) de presse. ||°-**notiz** f. (-, en) entrefilet m. ||°-**referat** n. (s, e) compte rendu de presse. ||°-**referent(in)** m. (en, en), f. (-, nen) attaché(e) [m. (f.)] de presse. ||°-**reise** f. (-, n) voyage (m.) de presse. ||°-**spiegel** m. (s, -) revue (f.) de presse. ||°-**stelle** f. (-, n) bureau (m.) de la presse. ||°-**stimme** f. (-, n), °-**urteil** n. (s, e) commentaire (m.) de presse. ||°-**vergehen** n. (s, -) délit (m.) de presse. ||°-**wesen** n. (s) presse f. ||°-**zeichner** m. (s, -) dessinateur (m.) de presse.

pressen ['prɛsən] v. tr. et intr. **1.** [mit einer Presse] presser ; comprimer ; pressurer. | *den Saft aus einer Zitrone pressen*, presser un citron. | *Öl pressen*, extraire de l'huile.
2. [stark drücken] serrer. | *jn ans Herz pressen*, serrer qn contre son cœur, dans ses bras. | *ein gepreßt voller Raum*, une salle comble, pleine à craquer.

pressieren [prɛ'si:rən] v. tr. et v. intr. presser ; être urgent. | *pressiert sein*, être pressé ; avoir hâte.

Prestige [prɛs'ti:ʒə] n. (s) prestige m.

Pretiosen [pretsi'o:zən] f. pl. objets précieux.

Preuße ['prɔysə] m. (n, n) Prussien m.

Preußen ['prɔysən] n. pr. n. GÉOGR. Prusse f.

Preußentum [-tu:m] n. (s) prussianisme m. ; esprit prussien.

preußisch ['prɔysiʃ] adj. prussien.

Preußisch|blau [-'blau] n. (s) bleu (m.) de Prusse.

Prickelei [prikə'lai] f. (-, en) picotements m. pl.

prickeln ['prikəln] v. intr. picoter ; piquer ; pétiller. | *der prickelnde Reiz des Neuen*, le charme piquant de la nouveauté.

priemen ['pri:mən] v. intr. chiquer.

Priem|tabak ['pri:mtabak] m. (s, e) tabac (m.) à chiquer.

Priester(in) ['pri:stər(in)] m. (s, -), f. (-, nen) prêtre(sse) m. (f.).

Priester|amt ["pri:stər'amt] n. (s, ¨er) sacerdoce m. ||°-**herrschaft** f. théocratie f. ; PÉJOR. cléricalisme m. ||°-**rock** m. (s, ¨e) soutane f. ||°-**stand** m. (s) clergé m. ; prêtrise f. ; sacerdoce m. ||°-**weihe** f. (-, n) ordination f.

priesterlich ['pri:stərliç] adj. sacerdotal.

Priesterschaft [-ʃaft] f. clergé m.

Priestertum [-tu:m] n. (s) fonction, dignité sacerdotale ; sacerdoce m. ; prêtrise f.

Prima ['pri:ma] f. (-, men). [Schule] première f.

prima ['pri:ma] adj. FAM. de première qualité ; fameux ; extra ; épatant. | *das ist ja prima*, c'est formidable. | *wir verstehen uns prima*, nous nous entendons à merveille.

Prima|ballerina ["pri:mabalə'ri:na] f. (-, inen) première danseuse ; danseuse étoile. ||°-**donna** f. (-, nen) première cantatrice.

Primaner(in) [pri'mɑ:nər(in)] m. (s, -), f. (-, nen) élève (s.) de première.

primär [pri'mɛ:r] adj. primaire ; au début.

Primär|energie [pri"mɛ:renɛr'gi:] f. (-, n). NUCL. énergie (f.) primaire. ||°-**kreis** m. (es, e). NUCL. circuit (m.) primaire. ||°-**kühl|kreislauf** m. (s, ¨e). NUCL. circuit (m.) primaire de refroidissement. ||°-**schaltung** f. (-, en), °-**spule** f. (-, n) self (f.), bobine (f.), enroulement (m.) primaire. ||°-**strom** m. (s, ¨e) courant (m.) primaire. ||°-**zeit** f. GÉOL. ère (f.) primaire.

Primas ['pri:mas] m. (-, se). RELIG. primat m. || MUS. premier violon.

Primat [pri'mɑ:t] m. (s, e) primauté f. || RELIG. primatie f.

Primaten [-tən] m. pl. ZOOL. primates m. pl.
Prime ['pri:mə] f. (-, n). MUS. [Grundton einer Oktave] tonique f. ‖ [erste Stimme] première partie.
Prim|zahl ['pri:mtsɑ:l] f. (-, en) nombre premier.
Primel ['pri:məl] f. (-, n). BOT. primevère f.
primitiv [primi'ti:f] adj. primitif.
Primitivität [-tivi'tɛ:t] f. primitivité f.
Primo|infektion ["primoinfɛk'tsio:n] f. (-, en). MÉD. primo-infection f.
Primus ['pri:mus] m. (-, mi ou se). [Schule] premier m. ; major m.
Printe ['printə] f. (-, n) pain (m.) d'épice.
Prinz [prints] m. (en, en) prince m.
Prinzessin [prin'tsɛsin] f. (-, nen) princesse f.
Prinz|gemahl ["printsgə'mɑ:l] m. (s, e) prince (m.) consort. ‖°**-regent** m. (en, en) prince régent.
Prinzip [prin'tsi:p] n. (s, ien) principe m. | *aus Prinzip*, par principe. | *im Prinzip*, en principe.
Prinzipal [printsi'pɑ:l] m. (s, e) patron m. ‖ [Orgelwerk] prestant m.
prinzipiell [-pi'ɛl] adj. par principe.
Prinzipien|frage [prin"tsi:piən'frɑ:gə] f. (-, n) question (f.) de principe. ‖°**-reiter** m. (s, -). PÉJOR. doctrinaire m.
prinzlich ['printsliç] adj. princier.
Prior ['pri:or] m. (s, en). RELIG. prieur m.
Priorin [pri'o:rin] f. (-, nen) prieure f.
Priorität [priori'tɛ:t] f. (-, en) priorité f. ; préférence f.
Prise ['pri:zə] f. (-, n) prise (f.) de tabac ; pincée f. ‖ MAR. vaisseau capturé ; prise f.
Prisma ['prisma] n. (s, men) prisme m.
prismatisch [pris'mɑ:tiʃ] adj. prismatique.
Prismen|fernrohr ["prismən'fɛrnro:r] n. (s, e) lunette (f.) à prismes. ‖°**-glas** n. (es, ¨er) jumelles (f. pl.) à prismes.
Pritsche ['pritʃə] f. (-, n) châlit m. ‖ batte f. ; battoir m. | *Narrenpritsche*, batte d'arlequin. | *Schießpritsche*, civière f.
Pritschen|anhänger ["pritʃən'anhɛŋər] m. (s, -) remorque (f.) à plate-forme.
privat [pri'vɑ:t] adj. privé ; particulier. | *auf privatem Wege*, par voie privée.
Privat|abmachung [pri"vɑ:t'apmaxuŋ] f. (-, en) *als Privatabmachung*, sous seing privé. ‖°**-angelegenheit** f. (-, en) affaire privée. ‖°**-dozent** m. (en, en) maître (m.) de conférences. ‖°**-eigentum** n. (s, ¨er) propriété privée. ‖°**-gelehrter** m. savant (m.) qui s'adonne à des recherches personnelles. ‖°**-kundschaft** f. (-, en) clientèle privée. ‖°**-lehrer** m. (s, -) professeur particulier. ‖°**-mann** m. (s, ¨er ou leute) particulier m. ‖°**-recht** n. (s, en) droit privé. ‖°**-sache** f. (-, n) affaire privée ; affaire personnelle. ‖°**-schule** f. (-, n) école (f.) libre ; cours privé. ‖°**-stunde** f. (-, n) cours particulier ; leçon particulière. ‖°**-unternehmen** n. (s, -), °**-unternehmung** f. (-, en) entreprise privée. ‖°**-urkunde** f. (-, n) acte (m.) sous seing privé. ‖°**-weg** m. (s, e) chemin particulier ; chemin rural. ‖°**-wirtschaft** f. (-, en) secteur privé. ‖°**-zweck** m. (s, e). *zu Privatzwecken*, pour usage personnel.
Privatier [privati'e:] m. (s, -) rentier m.
privatim [pri'vɑ:tim] adv. à titre privé.
privatisieren [privati'zi:rən] v. tr. privatiser.
Privatisierung [-'zi:ruŋ] f. (-, en) privatisation f.
Privileg [privi'le:k] n. (s, ien) privilège m.
privilegieren [-le'gi:rən] v. tr. privilégier.
pro [pro:] prép. (acc.) pour ; par. | *pro Stück*, la pièce. | *pro Kopf*, par tête.
◇ n. **Pro.** *das Pro und Kontra*, le pour et le contre.
Probe ['pro:bə] f. (-, n). **1.** épreuve f. ; essai m. | *auf die Probe stellen*, mettre à l'épreuve. | *auf, zur Probe nehmen*, prendre à l'essai. | *die Probe bestehen*, supporter, soutenir l'épreuve. | *Kraftprobe*, épreuve de force. | *Feuerprobe*, PR. et FIG. épreuve, baptême (m.) du feu. | *er hat die Feuerprobe bestanden*, il a fait ses preuves. **2.** preuve f. ; témoignage m. | *Proben von Mut geben*, faire preuve de courage. | *die Probe ablegen*, donner, fournir la preuve. | *auf eine Rechnung die Probe machen*, faire la preuve d'une opération.
3. COMM. échantillon m. ; spécimen m. ‖ MÉTALL. preuve f. ; essai m. ‖ [Feinmetalle] estampille f. ‖ *Leseprobe*, extrait (m.) de lecture [souvent fait par l'écrivain lui-même]. | *Stichprobe*, sondage m.
4. THÉÂTRE. répétition f.
Probe|abdruck ["pro:bə'apdruk] m. (s, e), °**-abzug** (s, ¨e). TYPOGR. épreuve f. ‖°**-abitur** n. (s) baccalauréat, FAM. bac blanc. ‖°**-arbeit** f. (-, en) travail (m.), ouvrage (m.) d'essai. ‖°**-bilanz** f. (-, en) bilan (m.) de vérification, préparatoire. ‖°**-bogen** m. (s, ¨) épreuve f. ; spécimen m. ‖°**-dienst** m. (s) service (m.) d'essai ; stage m. ‖°**-fahrt** f. (-, en) voyage (m.) d'essai. ‖**-fest** adj. à l'épreuve ; éprouvé. ‖°**-flug** m. (s, ¨e) vol (m.) d'essai. ‖°**-galopp** m. (s, s). FIG. galop (m.) d'essai. ‖°**-heft** n. (s, e). [Zeitschrift] numéro (m.) spécimen ; spécimen m. ‖°**-jahr** n. (s, e) année (f.) d'épreuve. ‖ RELIG. noviciat m. ‖°**-lauf** m. (s, ¨e) essai (m.) au banc ; essai (m.) de fonctionnement. ‖°**-lieferung** f. (-, en) envoi (m.) à titre d'essai. ‖°**-serie** f. (-, n) présérie f. ‖°**-stück** n. (s, e) échantillon m. ; spécimen m. ; essai m. ‖**-weise** adv. à l'essai ; à titre d'essai. ‖°**-zeit** f. (-, en) période (f.) d'essai. ‖ RELIG. noviciat m.
proben ['pro:bən] v. tr. mettre à l'épreuve. | *ein Theaterstück proben*, répéter une pièce.
probieren [pro'bi:rən] v. tr. essayer ; goûter ; éprouver. | *ein Gericht probieren*, déguster un plat. ‖ PROV. *Probieren geht über Studieren*, expérience passe science.
Probier|glas [pro"bi:r'glɑ:s] n. (es, ¨er) éprouvette f. ; tube (m.) à essai.
Problem [pro'ble:m] n. (s, e) problème m.
problematisch [proble'mɑ:tiʃ] adj. problématique. ‖ PSYCHOL. déchiré ; ambigu.
Problematik [-tik] f. aspect (m.) problématique ; ensemble (m.) de problèmes.
Produkt [pro'dukt] n. (s, e) produit m.
Produktion [produk'tsio:n] f. (-, en) production f.
Produktions|apparat [produk"tsio:nsapa'rɑ:t] m. (s, e) appareil productif. ‖°**-bedingungen** f. pl. conditions (f. pl.) de production. ‖°**-genossenschaft** f. (-, en) société coopérative de production. ‖°**-kraft** (-, ¨e) force productive. ‖°**-land** n. (s, ¨er) pays producteur. ‖°**-menge** f. (-, n) quantité (f.) de production. ‖°**-rückgang** m. (s, ¨e) baisse (f.) de production. ‖°**-stand** m. (s, ¨e) niveau (m.) de la production. ‖°**-steuer** f. (-, n) taxe (f.) à la production. ‖°**-überschuß** m. (es, ¨e) excédent (m.) de production. ‖°**-verfahren** n. (s, -), °**-vorgang** m. (s, ¨e) procédé (m.) de production. ‖°**-ziel** n. (s, e) objectif (m.) de production.
produktiv [produk'ti:f] adj. productif.
Produktivität [produktivi'tɛ:t] f. productivité f.
Produkt|manager [pro"dukt'mɛnidʒər] m. (s, -) chef (m.) de produit. ‖°**-terminal** m. ou n. (s, s) terminal pétrolier.
Produzent [produ'tsɛnt] m. (en, en) producteur m.

produzieren [-'tsi:rən] v. tr. produire.
profan [pro'fɑ:n] adj. profane.
profanieren [-fa'ni:rən] v. tr. profaner.
Profanierung [-fa'ni:ruŋ] f. (-, en) profanation f.
Professional [-sio'nɑ:l] m. (s, e). SPORT. professionnel m.
Professor [pro'fɛsor] m. (s, en) professeur m. | *ordentlicher Professor*, professeur titulaire d'une chaire. | *außerordentlicher Professor*, professeur associé.
Professorat [-fɛso'rɑ:t] n. (s), **Professur** [-fɛ-'su:r] f. (-, en) chaire (f.) de professeur ; professorat m.
Profi ['profi] m. (s, s). SPORT. professionnel m.
Profil [pro'fi:l] n. (s, e) profil m.
Profil|riß [prɔ"fi:l'ris] m. (es, e) plan pris de profil. ||°-**stahl** m. (s) acier profilé. ||°-**walzwerk** n. (s, e) laminoir (m.) à profilés.
profilieren [prɔfi'li:rən] v. tr. profiler.
Profilierung [-ruŋ] f. (-, en) profilage m.
Profit [pro'fi:t] m. (s, e). FAM. (souvent PÉJOR.) profit m. | *aus etwas Profit ziehen*, tirer profit de qch. | *(nur) auf seinen Profit bedacht sein*, ne voir que son intérêt.
profit|gierig [pro"fi:t'gi:riç] adj. avide (de profits). ||°-**jäger** m. (s, -) profiteur m.
profitieren [profi'ti:rən] v. intr. profiter.
profitierlich [-'ti:rliç] adj. profitable.
Proforma|rechnung [pro"fɔrma'rɛçnuŋ] f. (-, en) facture (f.) pro forma. ||°-**verkauf** m. (s, ¨e) vente fictive. ||°-**wechsel** m. (s, -) billet (m.) de complaisance.
Prognose [pro'gno:zə] f. (-, n) prévision f. || MÉD. pronostic m.
Prognose|modell [pro"gno:zəmo'dɛl] n. (s, e). ÉCON. modèle (m.) de prévision. ||°-**zeitraum** m. (s, ¨e). ÉCON. horizon (m.) de référence.
Programm [pro'gram] n. (s, e) programme m. | *nicht im Programm vorgesehen*, hors programme ; non prévu au programme. | *auf das Programm setzen*, mettre au programme.
Programm|ablaufplan [pro"gram'aplaufplan] m. (s, ¨e) organigramme m. ||°-**abruf** m. (s, e). INF. appel (m.) de programme. ||°-**aufstellung** f. (-, en) programmation f. ||°-**fehler** m. (s, -). INF. erreur (f.) de programmation, de programme. ||-**gemäß, mäßig** adj. suivant le programme ; comme (il était) prévu. ||°-**gestalter(in)** m. (s, -), f. (-, nen), °-**planer(in)** m. (s, -), f. (-, nen). RADIO., TÉLÉV. programmateur m. ; programmatrice f. ||°-**kino** n. (s, s) cinéma (m.) d'art et d'essai. ||°-**paket** n. (s, e). INF. paquet m. ||°-**schleife** f. (-, n). INF. boucle (f.) de programme. ||°-**steuerung** f. (-, en). INF. programmateur m.
programmierbar [progra'mi:rbɑ:r] adj. INF. programmable.
Programmierer(in) [progra'mi:rər(in)] m. (s, -), f. (-, nen). INF. programmeur m. ; programmeuse f.
Programmier|gerät [progra"mi:rgə'rɛ:t] n. (s, e). INF. programmateur m. ||°-**sprache** f. (-, n). INF. langage (m.) de programmation. | *höhere Programmiersprache*, langage évolué. | *problemorientierte Programmiersprache*, langage synthétique. | *prozedurorientierte, verfahrensorientierte Programmiersprache*, langage procédural.
Programmierung [progra'mi:ruŋ] f. (-, en) programmation f.
Progression [progrɛ'sio:n] f. (-, en) progression f.
Progressist [-'sist] m. (en, en) progressiste m.
progressiv [-'si:f] adj. progressif.

Progymnasium ["progym'nɑ:zium] n. (s, sien) école (f.) secondaire du premier cycle ; petit lycée.
prohibitiv [-bi'ti:f] adj. prohibitif.
Projekt [pro'jɛkt] n. (s, e) projet m.
projektieren [-jɛk'ti:rən] v. tr. projeter ; étudier.
Projektion [-jɛk'tsio:n] f. (-, en). MATH., GÉOGR., FILM. projection f. | *kotierte, senkrechte Projektion*, projection cotée, orthogonale.
Projektions|apparat [projɛk"tsio:nsapa'rɑ:t] m. (s, e) lampe (f.), appareil (m.) de projection. ||°-**ebene** f. (-, n) plan (m.) de projection. ||°-**schirm** m. (s, e) écran m.
Projekt|leiter [pro"jɛkt'laitər] m. (s, -) chef (m.) de projet.
projizieren [proji'tsi:rən] v. tr. projeter.
Proklamation [proklama'tsio:n] f. (-, en) proclamation f.
proklamieren [-'mi:rən] v. tr. proclamer.
Pro-Kopf-Einkommen [pro"kɔpf'ainkɔmən] n. (s). ÉCON. revenu (m.) par habitant, per capita.
Prokura [pro'ku:ra] f. COMM. procuration f. | *Prokura erteilen*, donner procuration. | *per Prokura zeichnen*, signer par procuration.
Prokurist [-ku'rist] m. (en, en) fondé (m.) de pouvoir ; mandataire m.
Prolet [pro'le:t] m. (en, en). PÉJOR. prolétaire m.
Proletariat [-letari'ɑ:t] n. (s) prolétariat m.
Proletarier [-le'tɑ:riər] m. (s, -) prolétaire m.
proletarisch [-letɑ:riʃ] adj. prolétarien.
Prolog [pro'lo:k] m. (s, e) prologue m.
Prolongation [prolɔŋga'tsio:n] f. (-, en) prolongation f. ; prorogation f. ; renouvellement m.
Prolongations|gebühr [prolɔŋga"tsio:nsge'by:r] f. (-, en) prix (m.) du report. ||°-**wechsel** m. (s, -) effet (m.) renouvelable ; effet renouvelé.
prolongieren [prolɔŋ'gi:rən] v. tr. prolonger ; proroger.
Promenade [prome'nɑ:də] f. (-, n). [Spaziergang] promenade f.
Promenaden|deck [prome"nɑ:dən'dɛk] n. (s, e) MAR. pont supérieur ; promenoir m.
promenieren [prome'ni:rən] v. intr. se promener.
Prometheus [pro'me:teus] n. pr. m. MYTH. Prométhée m.
Promethium [pro'me:tium] n. (s). CHIM. prométhéum m.
prominent [promi'nɛnt] adj. marquant ; éminent.
Prominenz [-'nɛnts] f. notabilités f. pl. ; personnalités (f. pl.) de premier plan.
Promiskuität [promiskui'tɛ:t] f. promiscuité f.
Promotion [promo'tsio:n] f. promotion f. ; réception f.
Promotor [pro'mo:tor] m. (s, en) promoteur m.
promovieren [promo'vi:rən] v. intr. UNIV. soutenir sa thèse ; être reçu docteur.
◇ v. tr. *jn promovieren*, décerner à qn le doctorat.
prompt [prɔmpt] adj. prompt ; immédiat ; diligent.
Promptheit [-hait] f. promptitude f.
promulgieren [promul'gi:rən] v. tr. promulguer.
Pronomen [pro'no:mən] n. (s, mina). GRAMM. [Fürwort] pronom m.
Propaganda [propa'ganda] f. (-, den) propagande f. ; publicité f.
Propagandist [-gan'dist] m. (en, en) propagandiste m.
propagieren [-'gi:rən] v. tr. propager.
Propan [pro'pɑ:n] n. (s) propane m.

Propeller [pro'pɛlər] m. (s, -) hélice f.
Propeller|blatt [pro"pɛlər'blat] n. (s, ¨er) pale f. ||°-**flügel** m. (s, -) pale (f.) d'hélice. ||°-**turbine** f. (-, n) turbopropulseur m.
Prophet(in) [pro'fe:t(in)] m. (en, en), f. (-, nen) prophète m. ; prophétesse f.
prophetisch [-'fe:tiʃ] adj. prophétique.
prophezeien [-fe'tsaiən] v. tr. prédire.
Prophezeiung [-fe'tsaiuŋ] f. (-, en) prophétie f. ; prédiction f.
prophylaktisch [profy'laktiʃ] adj. prophylactique ; préventif.
Prophylaxe [-'laksə] f., **Prophylaxis** [-'laksis] f. prophylaxie f.
Proportion [propɔr'tsio:n] f. (-, en) proportion f.
proportional [-tsio'nɑ:l] adj. proportionnel. | *umgekehrt proportional*, inversement proportionnel.
Proportional|zirkel [propɔrtsio"nɑ:l'tsirkəl] m. (s, -) compas (m.) de réduction.
Proportionale [propɔrtsio'nɑ:lə] f. (-, n) proportionnelle f. || MATH. *mittlere Proportionale*, moyenne proportionnelle.
Proportionalität [-tsionali'tɛ:t] f. (-, en) proportionnalité f.
proportionieren [-tsio'ni:rən] v. tr. proportionner.
Proporz|wahl [pro"ports'vɑ:l] f. (-, en). [Verhältniswahl] représentation proportionnelle.
Propst [pro:pst] m. (es, ¨e). RELIG. prieur m.
Propstei [props'tai] f. (-, en) prieuré m.
Propyläen [propy'lɛ:ən] n. pr. pl. ANTIQ. Propylées m. pl.
Propylen [propy'le:n] n. (s). CHIM. propylène m.
Prorektor [pro:'rɛktor] m. (s, en) vice-recteur m.
Prosa ['pro:za] f. (-, Prosen) prose f. | *Prosa schreiben*, écrire en prose. || aspect prosaïque.
Prosaiker [pro'zɑ:iker] m. (s, -), **Prosaist** [-za-'ist] m. (en, en) prosateur m. || FIG. homme (m.) prosaïque.
prosaisch ['zɑ:iʃ] adj. en prose ; prosaïque. || FIG. plat ; monotone.
Proselyt [prozə'ly:t] m. (en, en) prosélyte m.
Proselyten|macherei [proze"ly:tənmaxə'rai] f. prosélytisme m.
prosit ! ['pro:zit] interj. à votre santé ! | *Prosit Neujahr !*, bonne année !
◇ abrév. pop. **prost !,** bonne santé ! || FAM. *Prost Mahlzeit !*, penses-tu ! ; des nèfles !
Prospekt [pros'pɛkt] m. (s, e) prospectus m. ; perspective f. || THÉÂTRE. toile (f.) de fond.
Prospektion [prospɛk'tsio:n] f. (-, en) prospection.
Prostaglandine [prostaglan'di:nə] n. BIOL. prostaglandine f.
Prostata ['prɔstata] f. (-, s). MÉD. prostate f.
prostituieren [prostitu'i:rən] v. tr. prostituer.
Prostituierte [-'i:rtə] f. (-, n) prostituée f.
Proszenium [pros'tse:nium] n. (s, nien) avant-scène f.
Protektion [protɛk'tsio:n] f. (-, en) protection f. ; FAM. piston m.
Protektionismus [-'nismus] m. (-) protectionnisme m.
Protektorat [protɛkto'rɑ:t] n. (s, e) protectorat m.
Protest [pro'tɛst] m. (es, e) protestation f. | *Protest erheben, einlegen*, protester ; réclamer. || COMM. *Protest mangels Annahme, wegen Nichtannahme*, protêt faute d'acceptation.
Protest|frist [pro"tɛst'frist] f. (-, en). COMM. délai (m.) de protêt. ||°-**kundgebung** f. (-, en) manifestation (f.) de protestation. ||°-**song** m. (s, s) chanson (f.) contestataire. ||°-**spesen** pl. frais (m. pl.) de protêt. ||°-**urkunde** f. (-, n) acte (m.) de protêt.
protestierbar [protɛs'ti:rbɑ:r] adj. COMM. protestable.
protestieren [-'ti:rən] v. intr. protester ; réclamer. ◇ v. tr. COMM. protester (un effet).
Protestler [pro'tɛstlər] m. (s, -) protestataire m.
Protestant(in) [-tɛs'tant(in)] m. (e, en), f. (-, nen) protestant(e) m. (f.).
Proteus ['pro:tɔys] n. pr. m. MYTH. Protée m.
Prothese [pro'te:zə] f. (-, n). MÉD. prothèse f.
Protokoll [protɔ'kɔl] n. (s, e). **1.** procès-verbal m. | *diplomatisches Protokoll*, protocole m. | *amtliches Protokoll*, procès-verbal de constat. | *das Protokoll führen*, tenir les registres. | *ein Protokoll aufnehmen, aufstellen*, dresser procès-verbal ; verbaliser. || FIG. *zu Protokoll nehmen*, prendre acte de qch. ; donner acte de qch. **2.** INF. journal (m.) de bord.
Protokoll|buch [protɔ'kɔlbu:x] n. (s, ¨er) registre m. | *ins Protokollbuch eintragen*, enregistrer au procès-verbal. ||°-**führer** m. (s, -) greffier m. ; secrétaire m.
protokollarisch [protɔkɔ'lɑ:riʃ] adj. protocolaire.
protokollieren [-'li:rən] v. tr. consigner au procès-verbal ; enregistrer ; verbaliser.
Protokollierung [-'li:ruŋ] f. (-, en) enregistrement (m.) au procès-verbal.
Proton ['pro:tɔn] n. (s, en) proton m.
Protoplasma [proto'plasma] n. (s) protoplasme m.
Protozoon [proto'tso:ɔn] n. (s, zoen). ZOOL. protozoaire m.
Protz [prɔts] m. (en, en) nouveau riche ; richard m.
protzen [-tsən] v. intr. se donner des airs. | *mit etwas protzen*, faire étalage de qch.
protzig ['prɔtsiç] adj. bouffi d'orgueil ; ostentatoire.
Provenienz [provɛni'ɛnts] f. (-, en) provenance f.
Proviant [provi'ant] m. (s, e) vivres m. pl. ; provisions f. pl. ; subsistances f. pl. ; ravitaillement m.
Proviant|ausgabe [provi"ant'ausgɑ:bə] f. (-, n) distribution (f.) de vivres. ||°-**schiff** n. (s, e) vaisseau ravitailleur.
Provinz [pro'vints] f. (-, en) province f. ; département m.
Provinz|bewohner [pro"vintsbə'vo:nər] m. (s, -) provincial m. ||°-**bühne** f. (-, n) théâtre (m.) de province.
Provinzial|ausschuß [provintsi"ɑ:l'ausʃus] m. (es, ¨e) commission provinciale. ||°-**schul|rat** m. (s, ¨e) inspecteur (m.) d'académie.
Provinzialismus [provintsia'lismus] m. (-, men). PÉJOR. provincialisme m.
provinziell [-tsi'ɛl] adj. provincial ; de province.
Provinzler [pro'vintslər] m. (s, -). PÉJOR. provincial m.
Provision [provi'zio:n] f. (-, en) provision f. ; commission f.
Provisions|berechnung [provi"zio:nsbə'rɛçnuŋ] f. (-, en) bordereau (m.) de commission. ||-**frei** adj. franco de commission. ||°-**satz** m. (es, ¨e) taux (m.) de commission.
provisorisch [provi'zo:riʃ] adj. provisoire.
Provisorium [-rium] n. (s, rien) solution (f.), installation (f.) provisoire.
Provokateur [provoka'tø:r] m. (s, e) provocateur m.
Provokation [-ka'tsio:n] f. (-, en) provocation f.

provokatorisch [-ka'to:riʃ] adj. provocateur.

provozieren [-'tsi:rən] v. tr. provoquer.

Prozent [pro'tsɛnt] n. (s, e) pourcentage m. | *zu fünf Prozent*, à, au taux de cinq pour cent. | *Prozente abwerfen, bringen*, rapporter des intérêts.

Prozent|rechnung [pro"tsɛnt'rɛçnuŋ] f. (-, en) calcul (m.) des intérêts. ||°**-satz** m. (es, ¨e) pourcentage m. ; taux m. (de l'intérêt).

prozentual [protsɛntu'ɑ:l] adj. proportionnel.

Prozeß [pro'tsɛs] m. (es, e). **1.** JUR. procès m. ; litige m. | *den Prozeß gewinnen*, gagner son procès ; obtenir gain de cause. | *einen Prozeß anstrengen, einleiten*, intenter, faire un procès. || FIG. *mit etwas kurzen Prozeß machen*, trancher la question ; en finir avec qch. sans autre forme de procès.

2. TECHN. processus m. ; procédé m. | *chemischer Prozeß*, processus chimique. | *technischer Prozeß*, procédé technique.

Prozeß|akten [pro"tsɛs'aktən] f. pl. dossier (m.) judiciaire ; pièces (f. pl.) d'un procès. ||**-fähig** adj. capable d'ester en justice. ||**-führend** adj. plaidant. ||°**-führung** (-, en) procédure f. ||°**-handlung** f. (-, en) acte (m.) de procédure f. ||°**-ordnung** f. (-, en) code (m.) de procédure. ||°**-schrift** f. (-, en) factum m. ; acte (m.) de procédure. | *Prozeßschriften*, écritures f. pl. ||°**-verfahren** n. (s, -) procédure f. ||°**-verhandlung** f. (-, en) débats (m. pl.) judiciaires. ||°**-vollmacht** f. (-, en) autorisation (f.) de plaider.

prozessieren [protsɛ'si:rən] v. intr. aller en justice ; garder une action en cours.

Prozession [protsɛ'sio:n] f. (-, en) procession f.

Prozessions|spinnerraupe [protsɛ"sio:nsʃpinər-'raupə] f. (-, n). ZOOL. chenille (f.) processionnaire.

Prozessor [pro'tsɛsɔr] m. (s, en). INF. processeur m.

prüde ['pry:də] adj. prude ; FAM. bégueule.

Prüderie [pryde'ri:] f. (-, n) pruderie f.

prüfen ['pry:fən] v. tr. examiner ; éprouver ; mettre à l'épreuve ; essayer. | *einen Kandidaten prüfen*, examiner un candidat. | *in Sprachen prüfen*, faire passer un examen de langues. | *ein Konto prüfen*, vérifier un compte. | *einen Wein prüfen*, déguster un vin. | *js Treue prüfen*, sonder la fidélité de qn.
◇ part. pass. et adj. **geprüft,** PARTICUL. *ein geprüfter Techniker*, un technicien diplômé. || FIG. *ein schwer geprüfter Mensch*, un homme très éprouvé.

Prüfer [-fər] m. (s, -) examinateur m.

Prüf|gerät ["pry:fgə'rɛ:t] n. (s, e) appareil (m.) de vérification, de contrôle. ||°**-stand** m. (s, ¨e) banc (m.) d'essai. ||°**-stein** m. (s, e) pierre (f.) de touche. ||°**-stempel** m. (s, -) cachet (m.) de contrôle. ||°**-stoff** m. (s, e). CHIM. réactif m.

Prüfling ['pry:fliŋ] m. (s, e) candidat m. ; candidate f.

Prüfung [-fuŋ] f. (-, en) examen m. ; épreuve f. ; contrôle m. ; vérification f. | *die Prüfung bestehen*, réussir à l'examen ; être reçu. | *bei der Prüfung durchfallen*, échouer à l'examen.

Prüfungs|amt ["pry:fuŋs'amt] n. (s, ¨er) service (m.) d'examen, de vérification. ||°**-fach** n. (s, ¨er) matière (f.) d'examen. ||°**-frage** f. (-, n) question (f.) d'examen. ||°**-gebühren** f. pl. droits (m. pl.) d'examen. ||°**-kommission** f. (-, en) jury m. (d'examen). ||°**-schein** m. (s, e) certificat (m.) de contrôle. ||°**-termin** m. (s, e) date (f.) de l'examen. ||°**-vorgang** m. (s, ¨e) procédé (m.) d'essai. || °**-vorschrift** f. (-, en) ordre (m.) d'examen. || TECHN. instructions (f. pl.) pour l'épreuve. ||°**-zeit** f. (-, en) temps (m.) d'épreuve ; stage m. ||°**-zeugnis** n. (ses, se) brevet (m.), certificat (m.) de capacité ; diplôme m.

Prügel ['pry:gəl] m. (s, -) gourdin m. ; bâton m. ◇ m. pl. **Prügel,** rossée f. ; coups (m. pl.) [de bâton]. | *eine Tracht Prügel bekommen*, recevoir une volée, une raclée.

Prügelei [pry:gə'lai] f. (-, en) rixe f.

Prügel|knabe [-'knɑ:bə] m. (n, n) bouc (m.) émissaire ; souffre-douleur m. ||°**-strafe** f. (-, n) correction f. ; bastonnade f.

prügeln ['pry:gəln] v. tr. rosser ; donner une correction ; rouer de coups.

Prunk [pruŋk] m. (s) faste m. ; éclat m. ; magnificence f.

Prunk|bett ['pruŋkbɛt] n. (s, en) lit (m.) de parade. ||°**-gemach** n. (s, ¨er) chambre (f.) d'apparat. ||**-liebend** adj. aimant le luxe. ||**-los** adj. dépourvu de pompe ; simple. ||°**-saal** m.. (s, -säle) salle (f.) d'apparat. ||°**-sucht** f. amour (m.) du faste. ||**-voll** adj. fastueux ; pompeux.

prunken ['pruŋkən] v. intr. étaler un grand faste ; paraître ; briller. | *mit etwas prunken*, faire montre, faire étalage de qch. ; se targuer de qch.

Prunken [-kən] n. (s) parade f. ; étalage m.

prusten ['prustən] v. intr. souffler avec bruit ; éclater de rire. | *das Pferd prustet*, le cheval s'ébroue.

Psalm [psalm] m. (s, en). RELIG. psaume m.

Psalmist [psal'mist] m. (en, en) psalmiste m.

Psalmodie [-mo'di:] f. (-, n) psalmodie f.

psalmodieren [-mo'di:rən] v. tr. psalmodier.

Psalter ['psaltər] m. (s, -) psautier m.

Pseudonym [psɔydɔ'ny:m] n. (s, e) pseudonyme m.

pst ! [pst] interj. psitt ! ; pst ! ; chut !

Psyche ['psy:çə] f. (-, n) âme f. ; psychisme m.

Psychiater [psyçi'ɑ:tər] m. (s, -) psychiatre s.

Psychiatrie [-çia'tri:] f. psychiatrie f.

psychisch ['psy:çiʃ] adj. psychique.

Psychoanalyse [psyçoana'ly:zə] f. psychanalyse f.

Psycho|analytiker(in) [psyçoana'ly:tikər(in)] m. (s, -), f. (-, nen) psychanalyste s.

Psychodrama [psyço'drɑ:ma] n. (s, men) psychodrame m.

Psychologe [psyço'lo:gə] m. (n, n), **Psychologin** [-'lo:gin] f. (-, nen) psychologue s.

Psychologie [-lo'gi:] f. (-, n) psychologie f.

psychologisch [-'lo:giʃ] adj. psychologique.

Psychopath(in) [psyço'pɑ:t(in)] m. (en, en), f. (-, nen) psychopathe s.

Psychose [psy'ço:zə] f. (-, n) psychose f.

Psychotechnik [psyço'tɛçnik] f. psychotechnique f.

Ptolemäus [ptole'mɛ:us] n. pr. m. Ptolémée m.

Pubertät [pubɛr'tɛ:t] f. MÉD. puberté f.

Public Relations ['pablik ri'leiʃəns] pl. relations publiques.

Publikum ['pu:blikum] n. (s) public m. | *das breite Publikum*, le grand public. || UNIV. cours public.

publizieren [publi'tsi:rən] v. tr. publier ; faire paraître.

Publizist [-'tsist] m. (en, en). 1° journaliste m. ; 2° publiciste m.

Publizistik [-'tsistik] f. journalisme m.

Publizität [-tsi'tɛ:t] f. publicité f.

Pudding ['pudiŋ] m. (s, e) pudding m. ; flan m.

Pudel ['pu:dəl] m. (s, -) caniche m. ; barbet m. ||

LOC. *das (also) ist des Pudels Kern*, c'était donc ça ! ; voilà l'explication !

Pudel|mütze ["pu:dəl'mytsə] f. (-, n) bonnet m. ||**-naß** adj. mouillé, trempé comme un barbet.

Puder ['pu:dər] m. (s). [Hautpflege] poudre f.

Puder|dose ["pu:dər'do:zə] f. (-, n) poudrier m. ||°**-quaste** f. (-, n) houppe f. ; houppette f. ||°**-zucker** m. (s) sucre (m.) en poudre.

pudern ['pu:dərn] v. tr. poudrer ; mettre de la poudre.

puff ! [puf] interj. pan ! ; crac ! ; pouf !

Puff [puf] m. (s, ¨e) bruit sourd ; coup (m.) de feu. || [Hieb] coup m. ; bourrade f. || [Sitzgelegenheit] pouf m. || [Wäschekorb] panier (m.) à linge. || n. (s). POP. bordel m.

Puff|ärmel ["puf'ɛrməl] m. (s, -) manche bouffante.

puffen ['pufən] v. tr. faire pouf. || [schießen] tirer des coups de fusil. || [schlagen] donner des bourrades à qn ; gourmer qn. || [Kleider] bouffer.

Puffer [-fər] m. (s, -). [Eisenbahn] tampon m. ; amortisseur m. || CULIN. [Kartoffelpuffer] omelette (f.) de pommes de terre. || INF. tampon m.

Puffer|speicher ["pufər'ʃpaiçər] m. (s, -). INF. mémoire (f.) tampon. ||°**-staat** m. (s, en) État (m.) tampon. ||°**-stoff** m. (s, e). BIOL. régulateur m.

puh ! [pu:] interj. bouh ! ; pouah !

Pulle ['pulə] f. (-, n). POP. bouteille f.

Pullover ['pulovər] m. (s, -) pull-over m.

Pullunder [-undər] m. (s, -). TEXT. débardeur m.

pulpös [pul'pø:s] adj. charnu.

Puls [puls] m. (es, e) pouls m. | *langsamer Puls*, pouls rare. | *schneller Puls*, pouls rapide. | *jm den Puls fühlen*, prendre le pouls de qn. || FIG. *jn auf den Puls fühlen*, mettre qn sur la sellette.

Puls|ader ["puls'ɑ:dər] f. (-, n) artère f. | *die große (Haupt)pulsader*, l'aorte f. ||°**-laser** m. (s, -) laser impulsionnel. ||°**-laser|holographie** f. holographie (f.) à laser impulsionnel. ||°**-schlag** m. (s, ¨e) pouls m. ; pulsation f. ||°**-wärmer** m. (s, -) mitaine f.

Pulsar [pul'zɑ:r] m. (s, e). ASTRON. pulsar m.

Pulsator [pul'zɑ:tɔr] m. (s, en). TECHN. pulsateur m.

pulsen ['pulzən], **pulsieren** [pul'zi:rən] v. intr. avoir des pulsations. || [Puls] battre. | *pulsierendes Leben*, vive animation.

Pult [pult] n. (s, e) pupitre m. ; lutrin m.

Pulver ['pulfər] n. (s, -) poudre f. | *Schießpulver*, poudre à canon. || FIG. *er hat das Pulver nicht erfunden*, il n'a pas inventé la poudre. | *er hat sein Pulver verschossen*, il est à bout d'arguments.

pulver|artig ["pulfər'ɑ:rtiç], **pulverig** ['pulfəriç] adj. pulvérulent. ||°**-dampf** m. (s) fumée (f.) de la poudre. ||°**-faß** n. (es, ¨er) tonneau (m.) de poudre. || FIG. *auf dem Pulverfaß sitzen*, être assis sur un baril de poudre. ||°**-kaffee** m. (s) café instantané. ||°**-korn** n. (s, ¨er) grain (m.) de poudre. ||°**-schnee** m. (s) neige poudreuse ; FAM. poudreuse f.

Puma ['pu:ma] m. (s, s). ZOOL. puma m.

Pump [pump] m. (s, e). POP. crédit m. | *auf Pump kaufen*, acheter à crédit.

Pump|hose ["pump'ho:zə] f. (-, n) culotte bouffante.

Pumpe ['pumpə] f. (-, n) pompe f.

Pump|anlage ["pump'anlɑ:gə] f. (-, n) installation (f.) de pompage ; pompes f. pl. ||°**-leistung** f. puissance (f.) de pompage. ||°**-speicher|werk** n. (s, e). TECHN. centrale (f.) à accumulation. ||°**-station** f. (-, en) station (f.) de pompage.

pumpen ['pumpən] v. tr. pomper. || POP. prêter ; emprunter ; soutirer ; taper.

Pumpen ['pumpən] n. (s) pompage m.

Pumpen|gehäuse ["pumpəngə'hɔyzə] n. (s, -) corps (m.) de pompe. ||°**-hebel** m. (s, -) levier (m.), balancier (m.) de pompe.

Pumpernickel ['pumpərnikəl] m. (s) pain noir de Westphalie.

Punching|ball ["pantʃiŋ'bal] m. (s, ¨e). SPORT. punching-ball m.

Punier(in) ['pu:niər(in)] m. (s, -), f. (-, nen). ANTIQ. Carthaginois(e) m. (f.).

punisch [-niʃ] adj. punique. | *Punische Kriege*, guerres (f. pl.) puniques.

Punkt [puŋkt] m. (s, e) point m. | *der höchste Punkt*, le sommet ; FIG. l'apogée m. | *schöner Punkt*, endroit (m.) pittoresque. | *der springende Punkt*, le point délicat ; le point essentiel. | *toter Punkt*, point mort. | *wunder Punkt*, point faible ; point sensible. | *in diesem Punkt verstehe ich keinen Scherz*, je suis fort délicat sur ce point. | *punkt elf Uhr*, à onze heures précises. | *auf den Punkt genau*, à point. | *Punkt für Punkt*, point par point ; dans le détail. || FAM. *nun mach mal einen Punkt !*, as-tu fini ? || SPORT. *nach Punkten siegen*, être vainqueur aux points. | *Strafpunkt*, (point de) pénalisation f.

Punkt|feuer ["puŋkt'fɔyər] n. (s, -) tir concentré sur un point ; feu convergent. ||°**-richter** m. (s, -). SPORT. pointeur m. ; juge m. ||**-schweißen** v. tr. souder par points. ||°**-sieg** m. (s, e). SPORT. victoire (f.) aux points. ||°**-sieger** m. (s, -) vainqueur (m.) aux points. ||°**-symmetrie** f. (-, n) symétrie (f.) par rapport à un point. ||**-weise** adv. et adj. par points. ||°**-wertung** f. (-, en) classification (f.) par points.

Pünktchen ['pyŋktçən] n. (s, -) petit point.

punkt(ier)en [puŋk'ti:rən] v. tr. **1.** marquer de points ; pointer ; pointiller ; ponctuer. | *punktierte Linie*, trait m. (en) pointillé. || MUS. *punktierte Note*, note pointée.

2. MÉD. *jn punktieren*, faire une ponction à qn.

Punktier|nadel [puŋk"ti:r'nɑ:dəl] f. (-, n) aiguille (f.) d'acupuncture. || [Gravierkunst] échoppe f.

Punktion [puŋk'tsio:n] f. (-, en), **Punktur** [puŋktur] f. (-, en). MÉD. ponction f.

pünktlich ['pyŋktliç] adj. et adv. ponctuel ; exact ; précis. | *pünktlich um drei Uhr*, à trois heures précises. || [bisweilen tadelnd] minutieux ; méticuleux.

Pünktlichkeit [-kait] f. ponctualité f. ; exactitude f.

punktum ! ['puŋktum] interj. *und damit punktum !*, (un point), c'est tout !

Punsch [punʃ] m. (es, e) punch m.

Punze ['puntsə] f. (-, n), **Punzen** [-tsən] m. (s, -) poinçon m. ; ciseau m. ; burin m.

punzen [-tsən] v. tr. poinçonner ; ciseler.

Punzen|hammer ["puntsən'hamər] m. (s, ¨) emboutissoir m.

Pup [pup] m. (s, e). POP. pet m.

Pupille [pu'pilə] f. (-, n). ANAT. pupille f.

Püppchen ['pypçən] n. (s, -) petite poupée ; jolie fille ; POP. pépée.

Puppe ['pupə] f. (-, n). **1.** poupée f. || PR. et FIG. marionnette f. | *mit der Puppe spielen*, jouer à la poupée. || PAR EXT. fillette f. ; mignonne f. || FAM. nana f. || PÉJOR. poupée f. ; cocotte f.

2. TEXT. mannequin m.

3. ZOOL. chrysalide f. ; cocon m. ; pupe f.

4. Loc., FAM. *bis in die Puppen*, jusqu'à très tard dans la nuit. | *bis in die Puppen schlafen*, faire la grasse matinée.

Puppen|bühne ["pupən'by:nə] f. (-, n), °**-theater** [-te'ɑ:tər] n. (s, -) théâtre (m.) de marionnettes. ||°**-küche** f. (-, n) cuisine (f.) minuscule. ||°**-spiel** n. (s, e) jeu (m.), théâtre (m.) de marionnettes. ||°**-wagen** m. (s, -) poussette (f.), voiture (f.) de poupée.

puppern ['pupərn] v. intr. FAM. palpiter. | *das Herz puppert ihm vor Freude*, il trépigne de joie.

pur [pu:r] adj. pur. | *die pure Wahrheit*, la pure vérité.

Püree [py're:] n. (s) et f. purée f.

purgieren [pur'gi:rən] v. tr. MÉD. purger. | *Purgiermittel*, purgatif m.

Purismus [pu'rismus] m. purisme m.

Purist [-'rist] m. (en, en) puriste m.

Puritaner(in) [-ri'tɑ:nər(in)] m. (s, -), f. (-, nen). RELIG. puritain(e) m. (f.).

Purpur ['purpur] m. (s) pourpre f.

Purpur|hut ["purpur'hu:t] m. (s,¨e) chapeau (m.) de cardinal. ||**-rot** adj. pourpre.

purpurn ['purpurn] adj. de pourpre ; purpurin.

Purzel ['purtsəl] m. (s, -). IRON. nabot m.

Purzel|baum ["purtsəl'baum] m. (s,¨e) culbute f. | *einen Purzelbaum schlagen*, faire la culbute.

purzeln ['purtsəln] v. intr. faire la culbute.

pussieren [pu'si:rən] v. tr. faire la cour à qn.

Puste ['pustə] f. souffle m. ; haleine f. | *die Puste verlieren*, perdre haleine.

Pustel ['pustəl] f. (-, n). MÉD. pustule f.

pusten ['pustən] v. intr. souffler ; haleter ; s'ébrouer.

Pute ['pu:tə] f. (-, n). PR. et FIG. dinde f.

Puter ['pu:tər] m. (s, -) dindon m.

puter|rot [-ro:t] adj. cramoisi. | *puterrot vor Ärger*, cramoisi, rouge de colère.

Putsch [putʃ] m. (es, e) coup (m.) de force ; émeute f. ; putsch m.

putschen ['putʃən] v. intr. tenter un coup de force.

Putschist [put'ʃist] m. (en, en) émeutier m.

Pütt [pyt] m. [Bergarbeitersprache] puits m.

Putte ['putə] f. (-, n). [Kunst] amour m. ; angelot m.

Putz [puts] m. (es, e) toilette f. ; parure f. ; colifichets m. pl. || ARCHIT. crépi m. ; enduit m.

Putz|frau ['putsfrau] f. (-, en) femme (f.) de ménage. ||°**-gips** m. (es, e). TECHN. plâtre (m.) d'enduit. ||°**-lappen** m. (s, -) torchon m. ||°**-macherin** (-, nen) modiste f. ||°**-mittel** n. (s, -) produit (m.) à nettoyer ; produit (m.) d'entretien. ||°**-sucht** f. coquetterie f. ||**-süchtig** adj. coquet. ||°**– und Reinigungsmittel** n. pl. produits (m. pl.) d'entretien. ||°**-zeug** n. (s, e) trousse (f.) de nettoyage.

putzen ['putsən] v. tr. et v. pr. **1.** nettoyer. || [Ohren] curer. | *sich die Zähne putzen*, se laver les dents. | *sich die Nase putzen*, se moucher. | *die Bäume putzen*, émonder les arbres. | *die Schuhe putzen*, cirer ses chaussures. || CULIN. éplucher.

2. faire reluire ; lustrer ; polir ; essuyer. | *Knöpfe putzen*, astiquer des boutons.

3. (Vx.) *sich putzen*, se parer ; se faire beau ; se mettre sur son trente-et-un.

Putzerei [putsə'rai] f. (-, en) atelier (m.) de nettoyage, de polissage. || TECHN. ébarbage m.

putzig ['putsiç] adj. drôle ; mignon ; plaisant.

Pygmäe [pyg'mɛ:ə] m. (n, n) pygmée m.

pygmäenhaft [-ənhaft] adj. comme un pygmée.

Pyjama [py'dʒɑ:ma] m. et n. (s, s) pyjama m.

Pylon [py'lo:n] m. (en, en) pylône m.

Pyramide [pyra'mi:də] f. (-, n) pyramide f. || *abgestumpfte Pyramide*, pyramide tronquée.

pyramiden|förmig ["-mi:dən'førmiç] adj. en forme de pyramide ; pyramidal.

Pyrenäen [pyre'nɛ:ən] n. pr. pl. GÉOGR. Pyrénées f. pl.

pyrenäisch [-'nɛ:iʃ] adj. pyrénéen.

Pyrit [py'ri:t] n. (s, e). MINÉRAL. pyrite f.

Pyrolyse [pyro'ly:sə] f. (-, n). TECHN. pyrolyse f.

Pyromane [pyro'mɑ:nə] m. (n, n), **Pyromanin** [-'mɑ:nin] f. (-, nen) pyromane s.

Pyromanie [pyroma'ni:] f. pyromanie f.

Pyro|technik [pyro'tɛçnik] f. pyrotechnie f.

Pyrrhus|sieg ["pyrhus'zi:k] m. (s, e) victoire (f.) à la Pyrrhus.

Pythagoras [py'tɑ:gɔras] n. pr. m. Pythagore m. || MATH. *Satz des Pythagoras*, théorème (m.) de Pythagore.

pythagoreisch [-gɔ're:iʃ] adj. *pythagoreische Zahl*, nombre (m.) pythagorique.

Python ['py:tɔn] m. (s, s). ZOOL. python m.

Q

Q, q [ku:] n. Q m. | *ein großes* Q, un *Q* majuscule. | *kleine* q, des *q* minuscules.

quabbelig [-bəliç] adj. gélatineux ; flasque ; tremblotant.

quabbeln [-bəln] v. intr. être mou, gélatineux ; trembloter.

Quackel|liese [kvakəl'li:zə] f. commère f. ; chicaneuse f.

Quack|salber ["kvak'zalbər] m. (s, -) charlatan m. ||°**-salberei** f. (-, en) charlatanerie f. ||**-salbern** v. intr. faire le charlatan.

Quaddel ['kvadəl] f. (-, n). MÉD. démangeaison f. ; brûlure (f.) d'ortie.

◇ f. pl. **Quaddeln,** [Quaddelsucht] urticaire f.

Quader ['kvɑ:dər] m. (s, -) pierre (f.) de taille ; moellon (m.) d'appareil. || ARCHIT. *in rohem Quaderstein*, en appareil rustique. || MATH. parallélépipède (m.) rectangle.

Quadrant [kva'drant] m. (en, en) quart (m.) de cercle ; quadrant m.

Quadrat [-'drɑ:t] n. (s, e). MATH. carré m. | *fünf Meter im Quadrat*, surface (f.) de cinq mètres de côté. | *ins Quadrat erheben*, élever au carré. || MUS. bécarre m.

Quadrat|dezimeter [kva"drɑ:tde:tsi'me:tər] m. ou n. (s, -) décimètre carré. ||°**-meter** m. ou n. (s, -) mètre carré. ||°**-netz** n. (es, e) quadrillage (m.) de carte. ||°**-schädel** m. (s, -). IRON. tête (f.) de bois. ||°**-wurzel** f. (-, n) racine carrée. ||°**-zahl** f. (-, en) nombre carré. ||°**-zentimeter** m. ou n. (s, -) centimètre carré.

quadratisch [kva'drɑ:tiʃ] adj. carré ; quadratique. || MATH. *quadratische Funktion*, fonction (f.) quadratique.

Quadratur [-dra'tu:r] f. (-, en) quadrature f.

quadrieren [-'dri:rən] v. tr. élever au carré ; élever à la seconde puissance. || quadriller.

Quadrierung [-'dri:ruŋ] f. (-, en) quadrillage m.

Quadriga [-'dri:ga] f. (-, gen). ANTIQ. quadrige m.

Quadrillierung [-dril'ji:ruŋ] f. (-, en) carroyage m. ; mise (f.) au carreau.

Quadrophonie [kvadrofɔ'ni:] f. quadriphonie f.

quadrophonisch [-'fo:niʃ] adj. quadriphonique.

Quai [kɛ] m. (s, s) quai m.

quaken ['kvɑ:kən] v. intr. [Frosch] coasser.

quäken ['kvɛ:kən] v. intr. piailler ; criailler.

Quäker ['kvɛ:kər] m. (s, -). RELIG. quaker m.

Qual [kvɑ:l] f. (-, en) supplice m. ; tourment m. ; torture f. || PROV. *wer die Wahl hat, hat die Qual*, on a l'embarras du choix.

qual|voll ['kvɑ:lfɔl] adj. atroce ; torturant.

quälen ['kvɛ:lən] v. tr. et v. pr. tracasser ; harceler ; tourmenter ; torturer ; martyriser. | *von Gewissensbissen gequält*, rongé de remords.

Quäler [-lər] m. (s, -) bourreau m. ; tortionnaire m. ; FIG. fâcheux m.

Quälerei [kvɛ:lə'rai] f. (-, en) tracasserie f. ; tourment m. ; torture f. ; vexations f. pl. | *Tierquälerei*, cruauté (f.) envers les animaux.

quälerisch ['kvɛ:ləriʃ] adj. qui tourmente ; tracassier.

Quäl|geist ['kvɛ:lgaist] m. (s, er) personnage assommant ; taquin m.

Qualifikation [kvalifika'tsio:n] f. (-, en) qualification f.

qualifizierbar [-fi'tsi:rbɑ:r] adj. qualifiable.

qualifizieren [-fi'tsi:rən] v. tr. qualifier. || FIN. *qualifizierte Stimmenmehrheit*, majorité qualifiée.

Qualität [-'tɛ:t] f. (-, en) qualité f. | *von geringerer Qualität*, bas de gamme.

Qualitäts|arbeit [kvali"tɛ:ts'arbait] f. (-, en) travail soigné, de qualité. ||°**-erzeugnis** n. (ses, se) produit (m.) de (haute) qualité. ||°**-marke** f. (-, n) label (m.), marque (f.) de qualité. ||°**-ware** f. (-, n) marchandise (f.) de qualité ; haut de gamme. ||°**-zeichen** n. (s, -) label (m.) de qualité.

qualitativ [-ta'ti:f] adj. qualitatif. | *in qualitativer Hinsicht*, qualitativement.

Qualle ['kvalə] f. (-, n). ZOOL. méduse f.

Qualm [kvalm] m. (s, e) épaisse fumée ; vapeur f.

qualmen ['kvalmən] v. intr. et v. tr. émettre une épaisse fumée ; faire beaucoup de fumée. || [Raucher] fumer comme une cheminée.

qualmig [-miç] adj. rempli de fumée.

Quant [kvant] n. (s, en). PHYS. quantum m.

Quanten|messer ["kvantən'mɛsər] m. (s, -). TECHN. quantimètre m. ||°**-physik** f. physique (f.) quantique. ||°**-theorie** f. théorie (f.) des quanta.

Quantifikation [kvantifika'tsio:n] f. (-, en) quantification f.

quantifizierbar [-'tsi:rbar] adj. quantifiable.

quantifizieren [-'tsi:rən] v. tr. quantifier.

Quantität [kvanti'tɛ:t] f. (-, en) quantité f. || LITTÉR. *Lehre von der Silbenquantität*, prosodie f.

quantitativ [-ta'ti:f] adj. quantitatif. | *in quantitativer Hinsicht*, quantitativement.

Quantor ['kvantɔr] m. (s, en). MATH. quantificateur m.

Quantum ['kvantum] n. (s, ten) quantité f. ; quotité f. ; quantum m.

Quappe ['kvapə] f. (-, n). ZOOL. têtard m. || [Fisch] lotte f.

Quarantäne [karan'tɛ:nə] f. (-, n). MAR. quarantaine f. || PR. et FIG. *der Quarantäne unterworfen sein*, être mis en quarantaine.

Quark [kvark] m. (s, e) fromage blanc ; caillé m. || FIG., FAM. vétilles f. pl. ; bêtises f. pl. ; riens m. pl. | *Quark reden*, radoter. | *den alten Quark wieder aufrühren*, ressortir de vieilles histoires.

Quart [kvart] n. (s, e). [Quantität] quart m. ; pinte f. || [Buch] in-quarto m.

Quart|band ['kvartbant] m. (s, ¨e). [Buch] in-quarto m. ||°**-blatt** n. (s, ¨er) feuille (f.) in-quarto.

Quart(e) ['kvart(ə)] f. (-, n). [Fechtkunst] quarte f. || MUS. sous-dominante f. ; quarte f.

Quarta ['kvarta] f. (-, ten) classe (f.) de quatrième.

Quartal [kvar'tɑ:l] n. (s, e) trimestre m.

Quartal|säufer [kvar"tɑ:l'zɔyfər] m. (s, -) buveur intermittent. ||**-weise** adv. par trimestre. ||°**-zahlung** f. (-, en) paiement (m.) par trimestre.

Quartaner(in) [kvar'tɑ:nər(in)] m. (s, -), f. (-, nen) élève (s.) de quatrième.

Quartett [kvar'tɛt] n. (s, e). MUS. quatuor m. || [Spiel] (*etwa*) jeu (m.) des sept familles.

Quartier [kvar'ti:r] n. (s, e). **1.** quartier m. (de ville).

2. logement m. ; logis m. | *bei jm Quartier nehmen*, loger chez qn ; descendre chez qn. || MIL. cantonnement m. ; quartier m. | *Quartier beziehen*, cantonner ; s'installer au cantonnement. | *im Quartier liegen*, être cantonné.

Quartier|meister [kvar"ti:r'maistər] m. (s, -). MIL. maréchal (m.) des logis.

Quarz [kvɑ:rts] m. (es, e). MINÉRAL. quartz m.

quarz|haltig ["kvɑ:rts'haltiç] adj. quartzifère. || °**-kristall** m. (s, e) cristal (m.) de quartz. ||°**-lampe** f. (-, n) lampe (f.) à quartz. ||°**-oszillator** m. (s, en) oscillateur (m.) à quartz. ||°**-steuerung** f. (-, en). ÉLECTR. commande (f.) à quartz. ||°**-uhr** f. (-, en) montre (f.) à quartz.

Quarzit [kvar'tsi:t] n. (s, e). GÉOL. quartzite m.

Quasar [kva'zɑ:r] m. (s, e). ASTRON. quasar m.

quasi ['kvɑ:zi] adv. pour ainsi dire ; quasi.

Quasselei [kvasə'lai] f. (-, en). FAM. bavardage m. ; radotage m.

quasseln ['kvasəln] v. intr. FAM. radoter ; bavarder.

Quast [kvast] m. (es, e) brosse f.

Quaste ['kvastə] f. (-, n) frange f. (de rideau) ; houppe f.

Quästor ['kvɛ:stɔr] m. (s, en). ANTIQ. questeur m. || UNIV. caissier m. ; intendant m.

Quästur [kvɛs'tu:r] f. (-, en). UNIV. caisse f.

Quaternion [kvatɛr'ni:on] f. (-, en). MATH. quaternion m.

Quatsch [kvatʃ] m. (es). FAM. bêtises f. pl. ; bavardage m. ; radotage m.

quatschen [-ən] v. intr. *durch den Schnee quatschen*, patauger dans la neige. || FIG., FAM. radoter ; divaguer.

Quecke ['kvɛkə] f. (-, n). BOT. chiendent m.

Queck|silber ["kvɛk'zilbər] n. (s) vif-argent m. ; mercure m. || FIG. *er ist das reine Quecksilber*, il ne tient pas en place.

Quecksilber|barometer ["kvɛkzilbərbaro'me:tər] n. ou m. (s, -) baromètre (m.) à mercure. ||°**-dampf** m. (s, ¨e) vapeur (f.) de mercure. ||°**-dampf|-gleichrichter** m. (s, -) redresseur (m.) à vapeur de mercure. ||**-haltig** adj. mercuriel. || °**-lichtbogen** m. (s, -) arc (m.) au mercure. ||°**-salbe** f. (-, n) onguent mercuriel. ||°**-säule** f. (-, n) colonne (f.) de mercure.

queck|silbern ["kvɛk'zilbərn] adj. de, en mercure.

queck|silbrig [-briç] adj. vif ; remuant.

Quell [kvɛl] m. (s, e), **Quelle** ['kvɛlə] f. (-, n) source f. ; fontaine f. | *heiße Quelle*, source chaude, thermale. || FIG. provenance f. ; origine f. | *aus der Quelle schöpfen*, puiser à la source. | *an der Quelle sitzen*, être bien placé ; POP. tenir l'assiette au beurre. | *Nachrichten aus sicherer, zuverlässiger Quelle*, des nouvelles (f. pl.) de source sûre. | *aus amtlicher Quelle*, de source officielle.

Quell|wasser ["kvɛl'vasər] n. (s, -) eau (f.) de source ; eau vive.

quellen ['kvɛlən] (i, o, o) v. intr. **1.** jaillir ; sourdre ; sortir (de) ; émaner. | *das Blut quillt aus seiner Wunde*, le sang jaillit de sa blessure.

2. (se) gonfler. | *die Erbsen quellen im Wasser*, les petits pois gonflent dans l'eau.

Quellen|abzug ["kvɛlən'aptsu:k] m. (s, ¨e). FIN. retenue (f.) à la source. ||°**-angabe** f. (-, n) indication (f.) des sources ; bibliographie f. ||°**-forschung** f. (-, en) étude (f.) des sources. ||°**-programm** n. (s, e). INF. programme (m.) source. ||°**-steuer** f. (-, n). FIN. impôt retenu à la source.

Quendel ['kvɛndəl] m. (s). BOT. thym m. ; serpolet m.

Quengelei [kvɛŋə'lai] f. (-, en) pleurnicherie f. ; geignements m. pl.

quengeln ['kvɛŋəln] v. intr. geindre ; pleurnicher.

Quentchen ['kvɛntçən] n. (s, -) *ein Quentchen Butter*, un peu, un soupçon de beurre | *mit einem Quentchen Glück*, avec un peu de chance.

quer [kve:r] adj. et adv. transversal ; de, en, à travers. | *quer durchs Land*, à travers champs. | *quer durch den Wald gehen*, traverser la forêt. | *kreuz und quer*, en tous sens ; en zigzag ; FIG. sans but. | *quer übereinanderlegen*, croiser ; mettre en croix.

Quer|achse ["kve:r'aksə] f. (-, n) axe transversal. ||°**-balken** m. (s, -) poutre transversale ; traverse f. ||**-feldein** adv. à travers champs. ||°**-feldein|lauf** m. (s, ¨e) cross-country m. ||°**-feldein|rennen** n. (s, -) cyclo-cross m. ||°**-flöte** f. (-, n) flûte traversière. ||**-gestreift** adj. ANAT. [Muskel] strié. ||°**-hieb** m. (s, e) coup (m.) en écharpe. ||°**-holz** n. (es, ¨er) croisillon m. ||°**-kopf** m. (s, ¨e) tête carrée ; esprit tortueux. ||**-köpfig** adj. qui a l'esprit de travers. ||°**-leiste** f. (-, n) traverse f. ||**-liegend** adj. transversal. | AUTOM. *querliegender Motor*, moteur transversal. ||°**-pfeife** f. (-, n) fifre m. ||°**-richtung** f. (-, en) sens transversal. ||°**-rinne** f. (-, n). [Straßenbuckel] cassis m. ; dos (m.) d'âne. ||°**-ruder** n. (s, -). AÉRON. aileron m. ||°**-schiff** n. (s, e) transept m. ||°**-schläger** m. (s, -). MIL. ricochet m. ||°**-schnitt** m. (s, e) coupe transversale. ||°**-schnitts|abnahme** f. (-, n) réduction (f.) de section. ||**-schnitts|gelähmt** adj. MÉD. paraplégique. ||°**-schnitts|gelähmte(r)** f. (m.). MÉD. paraplégique s. ||°**-schnitts|lähmung** f. (-, en). MÉD. paraplégie f. ||°**-straße** f. (-, n) rue (f.) perpendiculaire. ||°**-strich** m. (s, e) trait (m.) à travers ; barre (transversale). || FIG. traverse f. ; contretemps m. ||°**-summe** f. (-, n) somme (f.) des chiffres qui forment un nombre. ||°**-treiber** m. (s, -) trublion m. ; gêneur m. ; empêcheur (m.) de danser en rond. ||°**-treibereien** f. pl. menées tortueuses ; intrigues f. pl. ||°**-verbindung** f. (-, en) jonction, liaison transversale. ||°**-verschiebung** f. (-, en) translation f. ||°**-wand** f. (-, ¨e) cloison transversale.

Quere ['kve:rə] f. travers m. | *der Quere nach*, de, en travers. | *es ist mir etwas in die Quere gekommen*, il m'est survenu un contretemps ; mes projets ont été contrecarrés.

queren [-rən] v. tr. traverser (une rue, une ville).

Querulant [kveru'lant] m. (en, en). FAM. rouspéteur m.

querulieren [-'li:rən] v. intr. FAM. rouspéter sans cesse.

Quetsche ['kvɛtʃə] f. (-, n). BOT. quetsche f.

quetschen [-ʃən] v. tr. presser ; serrer ; écraser. | *Saft aus Beeren quetschen*, exprimer le jus des baies. || MÉD. contusionner ; meurtrir. | *er hat sich den Daumen gequetscht*, il s'est écrasé le pouce.

Quetsch|kommode ["kvɛtʃkɔ'mo:də] f. (-, n). IRON. accordéon m. ||°-**wunde** f. (-, n) contusion f.
Quetschung ['kvɛtʃuŋ] f. (-, en) contusion f.
Queue [kø:] n. (s, s) [Billardstock] queue f.
quick [kvik] adj. alerte ; vif ; prompt.
quick|lebendig [-le'bɛndiç] adj. FAM. sémillant ; très actif.
quiek(s)en ['kvi:k(s)ən] v. intr. [von Mäusen, Kaninchen] pousser des cris aigus ; glapir ; piailler.
Quietismus [kvie'tismus] m. RELIG. quiétisme m.
quietschen ['kvi:tʃən] v. intr. faire un bruit strident ; crier. || [Tür] grincer.
quietsch|vergnügt ["kvi:tʃfɛr'gny:kt] adj. très gai.
Quinta ['kvinta] f. (-, ten) classe (f.) de cinquième.
Quintaner(in) [kvin'tɑ:nər(in)] m. (s, -), f. (-, nen) élève (s.) de cinquième.
Quint(e) ['kvint(ə)] f. (-, n). [Fechtkunst] quinte f. || MUS. quinte f. || [Geige] chanterelle f.
Quintessenz [kvintɛ'sɛnts] f. (-, en) quintessence f.
Quintett [kvin'tɛt] n. (s, e). MUS. quintette m.
Quirl [kvirl] m. (s, e). CULIN. fouet m. || FIG. tourbillon m. ; personne agitée. || BOT. verticille f.
quirlen ['kvirlən] v. tr. CULIN. battre.
◇ v. intr. tourbillonner ; faire des remous.
quitt [kvit] adj. quitte. | *wir sind quitt*, nous sommes quittes.
Quitte ['kvitə] f. (-, n). BOT. coing m.
Quitten|baum ["kvitən'baum] m. (s, ¨e) cognassier m.
quittieren [kvi'ti:rən] v. tr. quitter. | *den Dienst quittieren*, quitter, abandonner le service. || COMM. acquitter ; donner quittance, acquit, reçu. | *eine Zahlung quittieren*, donner quittance d'un paiement. | *quittierte Rechnung*, note acquittée, payée.
Quittung ['kvituŋ] f. (-, en) quittance f. ; acquit m. ; reçu m.
Quiz [kvis] n. (-) jeu (m.) radiophonique ; jeu télévisé.
Quorum ['kvo:rum] n. (s) quorum m.
Quote ['kvo:tə] f. (-, n) quote-part f. ; cote f. ; contingent m.
quotieren [kvo'ti:rən] v. tr. coter ; taxer.
Quotient [kvotsi'ɛnt] m. (en, en) quotient m.

R

R, r [ɛr] n. R m. | *ein großes* R, *R* majuscule.
Raa [rɑ:] f. (-, en). MAR. [Rahe] vergue f.
Rabatt [ra'bat] m. (s, e). COMM. rabais m. ; remise f. ; réduction f. | *Rabattsatz*, taux (m.) de remise.
Rabatte [ra'batə] f. (-, n) revers (m.) d'un habit ; parement m. || [Beet] plate-bande ; bordure f.
Rabbi ['rabi] m. (s, s), **Rabbiner** [ra'bi:nər] m. (s, -) rabbin m. || [jüdischer Titel] maître m.
rabbinisch [ra'bi:niʃ] adj. rabbinique.
Rabe ['rɑ:bə] m. (n, n) corbeau m. | *die Raben krächzen*, les corbeaux croassent. || FIG. *weißer Rabe*, merle blanc ; rareté f. | *wie ein Rabe stehlen*, être voleur comme une pie.
Raben|eltern ["rɑ:bən'ɛltərn] pl. parents dénaturés. ||°-**krähe** f. (-, n) corneille. ||°-**mutter** f. (-, ¨) marâtre f. ||-**schwarz** adj. noir comme un corbeau ; noir comme jais. ||°-**vater** m. (s, ¨) père dénaturé. ||°-**vögel** m. pl. ZOOL. corvidés m. pl.
rabiat [rabi'ɑ:t] adj. furieux ; hors de soi ; brutal.
Rabulist [rabu'list] m. (en, en) chicaneur m. ; ergoteur m. ; avocassier m.
Rabulisterei [-listə'rai] f. (-, en), **Rabulistik** f. avocasseries f. pl. ; ergotage m. ; chicane f.
Rach|begierde ["rɑxbə'gi:rdə] f., °-**gier** [-'gi:r] f., °-**sucht** [-'zuxt] f. soif (f.), appétit (m.) de vengeance. ||-**gierig, -süchtig** adj. vindicatif ; assoiffé de vengeance.
Rache ['raxə] f. vengeance f. | *nach Rache schreien, verlangen*, crier vengeance. | *an jm Rache nehmen*, tirer vengeance, se venger de qn.
Rache|durst ["raxə'durst] m. (es) soif (f.), appétit (m.) de vengeance. ||°-**gefühl** n. (s, e) rancune f.
Rachen ['raxən] m. (s, -) arrière-bouche f. ; pharynx m. || [große Tiere] gueule f. || FAM. gueule f. ; gosier m. ; gouffre m. | *Rachen der Hölle*, gouffre de l'enfer.
Rachen|abstrich ["raxən'apʃtriç] m. (s, e). MÉD. frottis pharyngien. ||°-**entzündung** f. (-, en), °-**katarrh** m. (s, e) pharyngite f. ||°-**höhle** f. (-, n). ANAT. pharynx m. ||°-**mandeln** f. pl. MÉD. amygdales f. pl. ||°-**putzer** m. (s, -). POP. piquette f. ; tord-boyaux m. ||°-**spiegel** m. (s, -). MÉD. pharyngoscope m.
rächen ['rɛçən] v. tr. venger.
◇ v. pr. **sich rächen,** se venger. | *sich an jm rächen*, se venger de qn. | *sich für etwas rächen*, se venger de qch. | *diese Tat mußte sich rächen*, cet acte appelait une vengeance.
Rächer [-çər] m. (s, -) vengeur m.
Rachitis [ra'xi:tis] f. MÉD. rachitisme m.
rachitisch [-tiʃ] adj. rachitique.
Racke ['rakə] f. (-, n). ZOOL. rollier m.
Racker ['rakər] m. (s, -). POP. pendard m. ; fripon m.
rackern (sich) [ziç'rakərn] v. pr. s'échiner.
Racket ['rɛkət] n. (s, s), **Rakett** n. (s, e ou s). SPORT. raquette f. || [Schinderei] extorsion f. ; racket m.
Rad [rat] n. (-, -). NUCL. rad m.
Rad [rɑ:t] n. (s, ¨er). **1.** PR. et FIG. roue f. | *das fünfte Rad am Wagen sein*, être la cinquième roue du carrosse.

| *unter die Räder kommen*, succomber. | *ins Rad greifen*, freiner. | *sich in die Räder legen*, pousser à la roue. | *das Rad der Geschichte*, la roue de l'histoire. | *Rad schlagen*, faire la roue. | *aufs Rad flechten*, rouer ; infliger le supplice de la roue.
2. [Fahrrad] bicyclette f. | *Rad fahren*, aller à bicyclette.
3. [Spinnrad] rouet m.
Rad|abzieher ["ra:t'aptsi:ər] m. (s, -) démonte-roues m. ||°**-achse** f. (-, n) essieu m. ||°**-bremse** f. (-, n) frein (m.) sur roue. ||°**-dampfer** m. (s, -) bateau (m.) à aubes. ||**-fahren** (ä, u, a) v. intr. (sépar.) aller à bicyclette. ||°**-fahrer(in)** m. (s, -), f. (-, nen) cycliste s. ||°**-fahr|weg** m. (s, e) piste (f.) cyclable. ||°**-gabel** f. (-, n) fourche (f.) de roue. ||°**-kappe** f. (-, n). AUTOM. chapeau (m.) de roue ; enjoliveur m. ||°**-mantel** m. (s, ¨) pèlerine f. ||°**-meisterschaft** f. (-, en). SPORT. championnat m. (de course) cycliste. ||°**-renn|bahn** f. (-, en) vélodrome m. ||°**-schaufel** f. (-, n). [Schiff] aube f. ; palette f. ||°**-schutz** m. (es) garde-boue m. ||°**-sport** m. (s) cyclisme m. ||°**-spur** f. (-, en) ornière f. ||°**-stand** m. (s, ¨e). FAM. empattement m. ||°**-steuerung** f. (-, en). AÉRON. commande (f.) par volant. ||°**-tour** f. (-, en) excursion (f.) à bicyclette. ||°**-weg** m. (s, e) piste (f.) cyclable.
Radar ['ra:dar] m. ou n. (s, e) radar m.
Radar|anfluggerät ["ra:dar'anfluggərɛ:t] n. (s, e). AÉRON. radar (m.) d'approche. ||°**-erfassung** f. détection (f.) par radar. ||°**-flug|leiter** m. (s, -) contrôleur (m.) radar. ||**-gelenkt, -gesteuert** adj. (télé)guidé par radar. ||°**-gerät** n. (s, e) appareil (m.) radar. ||°**-gürtel** m. (s, -) barrière (f.) radar. ||°**-lande|gerät** n. (s, e) radar (m.) d'atterrissage. ||°**-ortungs|gerät** n. (s, e) appareil (m.) de repérage radar. ||°**-schirm** m. (s, e) écran (m.) radar. ||°**-such|gerät** n. (s, e) radar (m.) de recherche, de détection.
Radau [ra'dau] m. (s). FAM. chahut m. boucan m. ; tapage m. | *Radaumacher*, chahuteur m.
Rädchen ['rɛ:tçən] n. (s, -) roulette f. ; petite roue.
Rade ['ra:də] f. (-, n). BOT. [Unkraut] nielle f.
rade|brechen ["ra:də'brɛçən] v. tr. (conjug. faible et insépar.) écorcher (une langue) ; estropier (un mot) ; baragouiner.
radeln ['ra:dəln] v. intr. aller à bicyclette ; pédaler.
Rädels|führer ["rɛ:dəls'fy:rər] m. (s, -) meneur m. ; agitateur m.
Räder|getriebe ["rɛ:dərgə'tri:bə] n. (s, -) [train d']engrenages m. pl. ||°**-werk** n. (s, e) rouages m. pl. ; train (m.) d'engrenages.
...räd(e)rig ['rɛ:d(ə)riç] (en compos.) à... roues. | *dreiräd(e)rig*, à trois roues.
rädern ['rɛ:dərn] v. tr. infliger le supplice de la roue ; rouer. || PAR EXT. *ich bin wie gerädert*, je suis rompu de fatigue ; je suis moulu.
Rädern [-dərn] n. (s) [supplice (m.) de la] roue f.
radial [radi'a:l] adj. radial ; rayonnant.
Radial|geschwindigkeit [ra"dia:lgə'ʃvindiçkait] f. ASTRON. vitesse radiale.
Radiant [ra'diant] m. (en, en). PHYS. radian m.
Radiator [radi'a:tɔr] m. (s, en) radiateur m.
radieren [ra'di:rən] v. tr. [entfernen ; streichen] effacer ; gommer. || [eine Platte reißen] graver (eau-forte).
Radier|gummi [ra"di:r'gumi] m. (s, s) gomme f. ||°**-messer** n. (s, -) grattoir m. ||°**-nadel** f. (-, n) pointe (f.) de graveur ; échoppe f.
Radierung [ra'di:ruŋ] f. (-, en) gravure (f.) à l'eau-forte ; eau-forte f.
Radieschen [ra'di:sçən] n. (s, -). BOT. radis m. || FAM. *die Radieschen von unten ansehen*, manger les pissenlits par la racine.
radikal [radi'ka:l] adj. radical ; extrême ; ultra. || POLIT. *ein Radikaler*, un extrémiste ; un ultra.
Radikal [radi'ka:l] n. (s, e). CHIM. radical m.
radikalisieren [-kali'zi:rən] v. tr. radicaliser.
Radikalisierung [-kali'zi:ruŋ] f. radicalisation f.
Radikalismus [-ka'lismus] m. radicalisme m.
Radio ['ra:dio] n. (s) radio f. ; T.S.F. f. | *Radio hören*, écouter la radio. | *das habe ich im Radio gehört*, j'ai entendu cela à la radio. | *das Radio anstellen, abstellen*, mettre, arrêter la radio.
radio|aktiv ["radioak'ti:f] adj. PHYS., CHIM. radioactif. | *radioaktiver Niederschlag*, retombée (f.) de poussières radioactives. | *radioaktive Strahlung*, radiation (f.) nucléaire. | *radioaktive Verunreinigungen*, impuretés radioactives. ||°**-aktivität** f. radioactivité f. | *haftende Radioaktivität*, radioactivité résiduelle. | *natürliche Radioaktivität*, radioactivité naturelle. || °**-anlage** f. (-, n) installation (f.) de radio. ||°**-apparat** m. (s, e), °**-gerät** n. (s, e) poste (m.) de radio. | *Radiogerät mit Plattenspieler*, combiné (m.) radio-phono. ||**-elektrisch** adj. radioélectrique. ||°**-empfang** m. (s, ¨e) audition (f.) ; réception (f.) radiophonique. ||°**-frequenz** f. (-, en) radiofréquence f. ||°**-gramm** n. (s, e) radiogramme m. ||**-graphisch** adj. radiographique. ||°**-isotop** n. (s, e) radio-isotope m. ||°**-logie** f. radiologie f. ||°**-loge** m. (n, n) radiologue m. ||**-logisch** adj. radiologique. ||**-metrisch** adj. radiométrique. ||°**-nuklid** n. (s, e). NUCL. radionucléide m. ||°**-peilung** f. radiogoniométrie f. ||°**-phonie** f. radiophonie f. ||°**-sender** m. (s, -) poste émetteur ; émetteur m. ||°**-sendung** f. (-, en) émission (f.) radiophonique. ||°**-telefon** n. (s, e) radiotéléphone m. ||°**-telegraphie** f. radiotélégraphie f. ; télégraphie (f.) sans fil. ||**-telegraphisch** adj. radiotélégraphique. ||°**-therapie** f. radiothérapie f. ||°**-toxizität** f. NUCL. radiotoxicité f. ||°**-übertragung** f. (-, en) radiodiffusion f. ; diffusion (f.) radiophonique. ||°**-wecker** m. (s, -) radioréveil m. ||°**-wellen** f. pl. ondes hertziennes.
Radiolarien [radio'la:riən] pl. ZOOL. radiolaires m. pl.
Radium ['ra:dium] n. (s) radium m.
radium|haltig ["ra:dium'haltiç] adj. radifère.
Radius ['ra:dius] m. (-, dien). MATH. rayon m.
Radix ['ra:diks] f. (-, dizes). MATH. racine f.
radizieren [radi'tsi:rən] v. tr. MATH. *eine Zahl radizieren*, extraire la racine d'un nombre.
Radler(in) ['ra:dlər(in)] m. (s, -), f. (-, nen). FAM. cycliste s.
◇ n. **Radler,** [Getränk] panaché m.
Radom [ra'do:m] n. (s, s). PHYS. radôme m.
Radon ['ra:dɔn] n. (s). CHIM. radon m.
raffen ['rafən] v. tr. emporter ; enlever. || FAM. *an sich raffen*, rafler. || *den Rock raffen*, retrousser sa jupe.
raff|gierig ["raf'gi:riç] adj. cupide. ||°**-zahn** m. (s, ¨e). ZOOL. canine f.
Raffinade [rafi'na:də] f. (-, n) sucre raffiné.
Raffinage [-'na:ʒə] f. affinement m.
Raffinement [rafin'mɑ̃] n. (s). V. RAFFINESSE.
Raffinerie [-nə'ri:] f. (-, n) raffinerie f.
Raffinesse [-'nɛsə] f. (-, n) raffinement m. ; subtilités f. pl.
raffinieren [-'ni:rən] v. tr. affiner ; raffiner.
Raffinier|stahl [rafi"ni:r'ʃta:l] m. (s, e et ¨e) acier (m.) d'affinage.
raffiniert [-'ni:rt] adj. affiné ; raffiné ; retors.

Raffiniertheit [-hait] f. (-, en) raffinement m.

Raffke ['rafkə] m. POP. nouveau riche.

ragen ['rɑ:gən] v. intr. s'élever ; dominer ; se dresser. | *ein Gipfel ragt über dem Gebirge*, un sommet domine le massif.

— OBSERV. s'emploie surtout en composition avec *empor, hervor, über*.

Ragout [ra'gu:] n. (s, s) ragoût m.

Rahe ['rɑ:ə] f. (-, n). MAR. vergue f.

Rahe|segel ["rɑ:ə'ze:gəl] n. (s, -). MAR. voile carrée.

Rahm [rɑ:m] m. (s). [Sahne] crème f. | *den Rahm abschöpfen*, écrémer ; FAM. prendre le meilleur.

Rahmen [-mən] m. (s, -) cadre m. ; châssis m. || FIG. cadre m. ; milieu m.

rahmen [-mən] v. tr. encadrer. || FIG. entourer.

Rahmen|abkommen ["rɑ:mən'apkɔmən] n. (s, -) accord (m.) de base ; convention-type f. ||°**-gesetz** n. (es, e) loi-cadre f. ; loi-programme f. ||°**-leiste** f. (-, n) moulure f. ||°**-sucher** m. (s, -). PHOT. viseur (m.) à cadres. ||°**-werk** n. (s, e). TECHN. bâti (m.) de porte.

rahmig ['rɑ:miç] adj. crémeux.

rahm|reich ["rɑ:m'raiç] adj. crémeux. || °**-schaum** m. (s, ¨e), °**-schnee** m. (s) crème fouettée.

Rain [rain] m. (s, e) lisière f. ; limite exhaussée (d'un champ) ; talus m. || BOT. *Rainfarn*, tanaisie f.

Rainen|weide ["rainən'vaidə] f. BOT. troène m.

Rakete [ra'ke:tə] f. (-, n) fusée f.

Raketen|abschußgerät [ra"ke:tənapʃusgə'rɛ:t] n. (s, e), dispositif (m.) lance-fusées. ||°**-abschuß|rampe** f. (-, n) rampe (f.) de lancement de fusées. ||°**-antrieb** m. (s) propulsion (f.) par fusées. ||°**-flugzeug** n. (s, e) avion-fusée m. ||°**-geschoß** n. (es, e) engin propulsé par fusée ; roquette f. ||°**-panzerbüchse** f. (-, n) lance-fusées m. ; lance-roquettes (m.) antichar ; bazooka m. ||°**-treibstoff** m. (s, e) propergol m. ||°**-triebwerk** n. (s, e) propulseur (m.) à réaction. ||°**-waffe** f. (-, n) missile m. | *taktische Raketenwaffe*, missile tactique. ||°**-werfer** m. (s, -) lance-fusées m.

Ralle ['ralə] f. (-, n). ZOOL. râle (m.).

Ramm|bär ['rambɛ:r] m. (en, en), °**-bock** m. (s,¨e). TECHN. mouton m. (de sonnette). ||**-dösig** adj. surexcité. ||°**-klotz** m. (es, ¨e). TECHN. mouton m. ; bélier m.

Ramme ['ramə] f. (-, n). TECHN. mouton m. ; hie f. | *Handramme*, dame f. ; demoiselle f. || [Waffe] éperon m. (de navire) ; bélier m.

rammeln ['raməln] v. intr. [Tiere] s'accoupler. || FIG., FAM. s'agiter ; faire du tapage.

rammen ['ramən] v. tr. enfoncer avec la hie, le mouton. || [Schiff] éperonner.

Rammler ['ramlər] m. (s, -) lièvre, lapin mâle.

Rampe ['rampə] f. (-, n) rampe f. | *bewegliche Rampe*, quai (m.) mobile. | *Laderampe*, rampe de chargement. || THÉÂTRE. rampe f. | *das Rampenlicht*, les feux (m. pl.) de la rampe. || TECHN. *Abschußrampe*, rampe de lancement.

ramponieren [rampɔ'ni:rən] v. tr. FAM. endommager ; amocher. || MAR. *ramponiert*, désemparé.

Ramsch [ramʃ] m. (es, e). **1.** camelote f. ; rebut m. **2.** [Kartenspiel] rams m.

Ramsch|markt ['ramʃmarkt] m. (s, ¨e) marché (m.) aux puces. ||°**-ware** f. (-, n) camelote f.

ramschen ['ramʃən] v. tr. acheter à vil prix, en bloc. || [Mensur] provoquer.

ran ! [ran] (abrév. de **heran**) interj. approche-toi !

Ranch [ranʃ] f. (-, en ou es) ranch m. ; ferme f.

Rand [rant] m. (s, ¨er). **1.** bord m. ; bordure f. ; lisière f. | *scharfer Rand*, arête f. || [Brief ; Buch] marge f. || FIG. *am Rande bemerkt*, soit dit en passant. | *das versteht sich am Rande*, cela va sans dire. | *blaue, dunkle Ränder um die Augen haben*, avoir les yeux cernés. | *außer Rand und Band sein*, être déchaîné ; être hors de ses gonds. | *er kommt damit nicht zu Rande*, il n'y arrivera pas ; il n'en verra pas le bout.
2. auréole f. ; tache f.

Rand|befeuerung ["rantbə'fɔyəruŋ] f. (-, en) balisage (m.) périphérique. ||°**-bemerkung** f. (-, en) note marginale ; glose f. ||°**-existenz** f. (-, en). [Person] marginal(e) m. (f.) ; [Zustand] marginalité f. ||°**-leiste** f. (-, n) rebord m. ; languette f. ||°**-siedlung** f. (-, en) cité (f.) de banlieue ; ville (f.) satellite. ||°**-staat** m. (s, en) État limitrophe, riverain. ||°**-stein** m. (s, e) pierre (f.) de bordure ; margelle f. ||°**-streifen** m. (s, -) accotement m. ||°**-versteifung** f. (-, en). AÉRON. ralingue f. ||°**-verzierung** f. (-, en) vignette f. || [Münze] cordon m. ||°**-zeichnung** f. (-, en) dessin (m.) en marge ; vignette f.

randalieren [-da'li:rən] v. intr. FAM. faire du boucan.

Ranft [ranft] m. (s, ¨e) croûte (f.) de pain ; croûton m.

Rang [raŋ] m. (s, ¨e). **1.** rang m. ; classe f. ; condition f. ; grade m. ; ordre m. ; échelon m. | *Persönlichkeiten hohen Ranges, von hohem Rang*, personnes (f. pl.) de haut rang, d'un rang élevé). | *Hotel ersten Ranges*, hôtel (m.) de premier ordre, de première catégorie. | *zweiten Ranges*, de second ordre ; secondaire. | *einen hohen Rang bekleiden*, avoir un grade élevé. | *im Rang eines Obersten stehen*, avoir le grade de colonel. | *mit jm um den Rang streiten*, avoir une querelle de préséance avec qn.
2. THÉÂTRE. galerie f.

Rang|abzeichen ["raŋ'aptsaiçən] n. (s, -) marque distinctive du grade, du rang. ||°**-klasse** f. (-, n) degré m. ; classe f. ; échelon m. ||°**-liste** f. (-, n) tableau (m.) d'avancement. || SPORT. classement m. ||°**-ordnung** f. (-, en) ordre (m.) hiérarchique ; rang (m.) de préséance. ||°**-stufe** f. (-, n) degré m. ; grade m. ; échelon m. ||°**-stufen|ordnung** f. (-, en) échelle (f.) hiérarchique. ||°**-verlust** m. (es, e) dégradation f.

Range ['raŋə] f. (-, n), m. (n, n) polisson m. ; polissonne f. ; garnement m. ; gamin m. ; gamine f.

Rangier|bahnhof [raŋ"ʒi:r'bɑ:nho:f] m. (s, ¨e) gare (f.) de triage. ||°**-geleise** n. (s, -) voie (f.) de garage. ||°**-maschine** f. (-, n) machine (f.) de manœuvre.

rangieren [raŋ'ʒi:rən] v. tr. ranger. || [Eisenbahn] garer ; manœuvrer.
◇ v. intr. avoir rang ; occuper un rang. | *er rangiert unter den Bedeutendsten*, il se place parmi les plus importants.

rank [raŋk] adj. frêle ; grêle.

Ranke ['raŋkə] f. (-, n) sarment m.

Ränke ['rɛŋkə] m. pl. intrigues f. pl. ; manigances f. pl. ; cabales f. pl. | *Ränke schmieden*, fomenter des intrigues.

Ränke|schmied ["rɛŋkə'ʃmi:t] m. (s, e) intrigant m. ||°**-spiel** n. (s, e) cabale f.

ranken ['raŋkən] v. intr. grimper. || [Ranke] pousser.
◇ v. pr. **sich ranken** (an, dat.) grimper le long de.

Ranken|gewächs ["raŋkəngə'vɛks] n. (es, e) plante grimpante. ||°**-werk** n. (s, e) ornements m. pl.

rankig ['raŋkiç] adj. sarmenteux ; grimpant ; vrillé.

rann prét. de **rinnen.**
rannte prét. de **rennen.**
Ranunkel [ra'nuŋkəl] f. (-, n). Bot. renoncule f.
Ranzen ['rantsən] m. (s, -). [Tornister] sac m. ; cartable m. ; sacoche f. || Fig., pop. ventre m. ; panse f. ; bedaine f.
ranzig ['rantsiç] adj. rance. | *ranzig werden*, rancir.
Ränzlein ['rɛntslain] n. (s, -) diminutif de **Ranzen,** petit sac. | *sein Ränzlein schnüren*, faire sa besace ; s'en aller.
Rapier [ra'pi:r] n. (s, e) rapière f. ; brette f.
Rappe ['rapə] m. (n, n) cheval noir. || Iron. *auf Schusters Rappen*, à pied.
Rappel ['rapəl] m. (s, -) toquade f. ; lubie f. || Fam. *einen Rappel kriegen*, avoir un accès de colère.
rappelig [-liç] adj. toqué ; timbré.
rappeln ['rapəln] v. intr. [rasseln] claquer ; faire clac ; cliqueter.
◇ v. impers. *es rappelt bei ihm*, il est dérangé, timbré.
Rappen ['rapən] m. (s, -). [Schweiz] centime m.
Rapport [ra'pɔrt] m. (s, e) rapport m.
Raps [raps] m. (es, e). Bot. colza m. | *Rapskuchen*, tourteau (m.) de colza.
Rapunze(l) [ra'puntsə(l)] f. (-, n). Bot. mâche f.
rar [rɑ:r] adj. rare. || Par ext. précieux.
Rarität [rari'tɛ:t] f. (-, en) rareté f. ; curiosité f. ; pièce (f.) rare.
rasant [ra'zant] adj. très rapide. || Mil. rasant.
Rasanz [-'zants] f. rasance f. ; tir tendu. | *Rasanz der Flugbahn*, tension (f.) de la trajectoire.
rasch [raʃ] adj. prompt ; rapide ; vif.
◇ adv. vite ; promptement ; rapidement.
rascheln ['raʃəln] v. intr. craquer ; crisser ; froufrouter.
Rascheln ['raʃəln] n. (s) froissement m. ; crissement m. ; frôlement m.
Rasen ['rɑ:zən] m. (s, -) gazon m. ; pelouse f. || Fam. *er liegt schon lange unter dem grünen Rasen*, il y a longtemps qu'il est mort.
Rasen|bank [″rɑ:zən'baŋk] f. (-, ¨e) banc (m.) de gazon. ||°**-fläche** f. (-, n), °**-platz** m. (es, ¨e) pelouse f. ||°**-mäher** m. (s, -) tondeuse (f.) à gazon. ||°**-spiele** n. pl., °**-sport** m. (s) jeux (m. pl.) sur gazon. ||°**-sprenger** m. (s, -) arroseur m. ; tourniquet m.
rasen ['rɑ:zən] v. intr. [toben ; wüten] faire rage ; être transporté de fureur ; délirer. || [sehr schnell fahren] aller à une allure folle.
rasend [-zənt] adj. [wild ; toll] furieux ; frénétique ; enragé ; fou. | *man könnte rasend werden*, c'est à devenir fou. || [sehr schnell] à toute vitesse ; à toute allure. | *mit rasender Geschwindigkeit*, à une vitesse folle. || Fam. [sehr] énormément ; follement. | *rasend viel*, à la pelle.
Raser [-zər] m. (s, -). Pop. chauffard m.
Raserei [rɑ:zə'rai] f. (-, en). [Tobsucht] fureur f. ; frénésie f. ; rage f. || [Schnellfahren] course (f.) à une vitesse folle.
Rasier|apparat [ra″zi:rapa'rɑ:t] m. (s, e) rasoir (m.) mécanique. ||°**-klinge** f. (-, n) lame (f.) de rasoir. ||°**-krem** f. (-, s) crème (f.) à raser. ||°**-messer** n. (s, -) rasoir m. (à grande lame). ||°**-pinsel** m. (s, -) blaireau m. ||°**-seife** f. (-, n) savon (m.) à barbe.
rasieren [ra'zi:rən] v. tr. raser. || Mil. raser.
Rasierer [ra'zi:rər] m. (s, -) appareil (m.) à raser. | *Elektrorasierer, Trockenrasierer*, rasoir (m.) électrique.
Räson [rɛ'zɔ̃] f. raison f. ; bon sens. | *Räson annehmen*, entendre raison. | *jn zur Räson bringen*, amener qn à la raison.
Raspel ['raspəl] f. (-, n) râpe f.
raspeln [-pəln] v. tr. râper. || Iron. *Süßholz raspeln*, conter fleurette.
Rasse ['rasə] f. (-, n) race f. | *rasserein*, de race. || Par ext. *Rasse haben*, avoir de la race, de l'allure.
Rassel ['rasəl] f. (-, n) crécelle f.
Rassel|bande [″rasəl'bandə] f. (-, n). Iron. bande bruyante. ||°**-geräusch** n. (es, e). Méd. râle m.
rasseln ['rasəln] v. intr. [klirren] résonner ; cliqueter. || *mit den Ketten rasseln*, faire un bruit de chaînes. || Fam. *er rasselte durchs Examen*, il a raté son examen.
Rassen|diskriminierung [″rasəndiskrimi'ni:ruŋ] f. (-, en), discrimination raciale. ||°**-kreuzung** f. (-, en) mélange (m.), croisement (m.) de races ; métissage m. ||°**-lehre** f. (-, n) doctrine raciale. ||°**-mischung** f. (-, en) mélange (m.) de races ; métissage m. ||°**-trennung** f. (-, en) ségrégation raciale. ||°**-verfolgung** f. (-, en) persécution raciale.
rassig ['rasiç] adj. racé ; qui a de la race.
rassisch ['rasiʃ] adj. racial.
Rast [rast] f. (-, en) repos m. ; pause f. ; halte f. ; étape f. | *eine Rast machen*, faire une halte ; se reposer. | *ohne Rast und Ruh*, sans trêve ni repos.
Rast|haus ['rasthaus] n. (es, ¨er) auberge f. ||°**-hof** m. (s, ¨e). Autom. aire (f.) de service. ||**-los** adj. sans repos ; sans trêve ; sans cesse ; sans relâche. || °**-losigkeit** f. agitation incessante ; activité ininterrompue. ||°**-ort** m. (s, e) halte f. ; relais m. ||°**-platz** m. (es, ¨e). Autom. aire (f.) de repos. ||°**-stätte** f. (-, n) Restoroute m. ||°**-tag** m. (s, e) jour (m.) de repos. || Théâtre. relâche m.
Raste ['rastə] f. (-, n) cran m. ; encoche f.
rasten ['rastən] v. intr. se reposer ; faire halte.
Raster ['rastər] m. (s, -). Télév. grille (f.) de base ; trame f. || Typogr. trame f. ; réseau m.
Raster|fahndung [″rastər'fɑ:nduŋ] f. (-, en) recherche (f.) par quadrillage. ||°**-mikroskop** n. (s, e) microscope (m.) à balayage.
Rasur [ra'zu:r] f. (-, en). 1° passage rayé ; 2° rasage m.
Rat [rɑ:t] m. (s ; pl. **Ratschläge**). **1.** conseil m. (que l'on donne) ; avis m. | *auf seinen Rat*, sur son conseil. | *jn um Rat fragen*, demander conseil à qn. | *jn um Rat bitten*, consulter qn. | *guter Rat kommt über Nacht*, la nuit porte conseil. | *Rat schaffen*, aider. | *da ist guter Rat teuer*, le cas est difficile ; que faire ? | *ich weiß (mir) keinen Rat mehr*, je ne sais plus que faire. | *jn zu Rate ziehen*, consulter qn.
2. [Beratung] conseil m. (que l'on tient) ; délibération f. | *Rats pflegen, Rat halten*, délibérer. | *mit jm zu Rate gehen*, délibérer avec qn. | *mit sich selbst zu Rate gehen*, s'interroger.
3. (pl. **Räte**). [beratende Körperschaft] conseil m. ; assemblée (délibérante). | *der hohe Rat*, le grand conseil ; le Sénat.
4. (pl. **Räte**) conseiller m. ; administrateur m.
Rat|geber [″rɑ:t'ge:bər] m. (s, -) conseiller m. | *ein guter Ratgeber sein*, être de bon conseil. ||°**-haus** n. (es, ¨er) hôtel (m.) de ville ; mairie f. ||**-los** adj. déconcerté ; perplexe ; désemparé. ||°**-losigkeit** f. embarras m. ; perplexité f. ||°**-schlag** m. (s, ¨e) conseil m. ; avis (donné). ||°**-schluß** m. (es, ¨e) arrêt m. ; décret m.
Rats|herr [″rɑ:ts'hɛr] m. (n, en) conseiller municipal. ||°**-keller** m. (s, -) restaurant (m.), brasserie (f.) de l'hôtel de ville.
Rate ['rɑ:tə] f. (-, n) acompte m. ; quote-part f. ; dividende m. ; terme m. | *in Raten zahlen*, payer par mensualités.

raten ['ra:tən] (ä, ie, a) v. tr. et v. intr. **1.** conseiller ; porter remède. | *das rate ich dir* ; *ich rate dir dazu*, c'est le conseil que je te donne. | *dem ist nicht mehr zu raten*, on ne peut plus y remédier ; on ne peut plus rien y faire. | *ich halte es für geraten*, je trouve qu'il est indiqué, qu'il est opportun.
2. [erraten] deviner ; conjecturer. | *hin und her raten*, se livrer à mille conjectures.

raten|weise [ra:tən'vaizə] adv. à tempérament ; à terme. ||°**-zahlung** f. (-, en) paiement échelonné, à tempérament.

Räte|regierung ["rɛ:tərе'gi:ruŋ] f. (-, en) gouvernement (m.) des soviets. ||°**-republik** f. (-, en) république (f.) soviétique.

Rätien ['rɛ:tiən] n. pr. n. GÉOGR. Rhétie f.

Ratifikation [ratifika'tsio:n] f. (-, en) ratification f. | *Ratifikationsurkunde*, instrument (m.) de ratification.

ratifizierbar [ratifi'tsi:rba:r] adj. ratifiable.

Ratifizierung [-'tsi:ruŋ] f. (-, en) ratification f.

Rätin ['rɛ:tin] f. (-, nen) conseiller m. ; conseillère f.

Ration [ra'tsio:n] f. (-, en) ration f. ; portion f. | *eiserne Ration*, ration de réserve.

rational [ratsio'na:l] adj. raisonnable ; conforme à la raison.

rationalisieren [-nali'zi:rən] v. tr. rationaliser.

Rationalisierung [-li'zi:ruŋ] f. rationalisation f.

Rationalismus [-'lismus] m. rationalisme m.

Rationalist [-'list] m. (en, en) rationaliste m.

rationalistisch [-listiʃ] adj. rationaliste.

rationell [ratsiɔ'nɛl] adj. rationnel ; approprié ; rentable.

rationieren [ratsiɔ'ni:rən] v. tr. rationner.

Rationierung [-ruŋ] f. rationnement m.

rätoromanisch ["rɛ:toro'ma:niʃ] adj. rhétoroman.

ratsam ['ra:tza:m] adj. prudent ; conseillé ; opportun.

ratsch ! [ratʃ] interj. crac !

Rätsel ['rɛ:tsəl] n. (s, -) énigme f. ; mystère m. | *Lösung des Rätsels*, mot (m.) de l'énigme. | *vor einem Rätsel stehen*, ne pas pouvoir s'expliquer qch. || *Bilderrätsel*, rébus m.

Rätsel|aufgabe ["rɛ:tzəl'aufga:bə] f. (-, n), °**-raten** [-ra:tən] n. (s) devinette f. ||°**-reim** m. (s, e) charade f.

rätselhaft ['rɛ:tsəlhaft] adj. énigmatique.

Rätselhaftigkeit [-tiçkait] f. caractère (m.) énigmatique.

rätseln ['rɛ:tsəln] v. intr. se casser la tête.

Rattan ['ratan] n. (s, e) rotin m.

Rattan|möbel ["ratan'mø:bəl] pl. meubles (m. pl.) en rotin.

Ratte ['ratə] f. (-, n). ZOOL. rat m. || FAM. [beim Ballett] petit rat ; danseuse f.

Ratten|falle ["ratən'falə] f. (-, n) ratière f. || °**-fänger** m. (s, -). [Person] preneur (m.) de rats. || FIG. [Verführer] séducteur m. ||°**-gift** n. (s, e) mort-aux-rats f. ||°**-schwanz** m. (es, ¨e). FIG. suite (f.) de difficultés ; enchevêtrement m. || [magerer Zopf] tresse (f.), natte (f.) maigre. || [Feile] queue-de-rat f.

rattern ['ratərn] v. intr. faire un bruit de moteur ; crépiter ; pétarader.

Rattern [-tərn] n. (s) crépitement m. ; pétarade f.

Ratz [rats] m. (es, e). POP. rat m. ; loir m.

ratze|kahl ["ratsə'ka:l] adv. *ratzekahl aufessen*, tout liquider.

Raub [raup] m. (s) rapt m. ; vol m. ; pillage m. | *vom Raub leben*, vivre de rapine. || [Beute] proie f. ; butin m. ; larcin m. | *ein Raub der Flammen*, la proie des flammes.

Raub|bau ["raup'bau] m. (s) gaspillage m. ; exploitation abusive, sauvage. | *mit seinen Kräften Raubbau treiben*, trop présumer de ses forces. ||°**-druck** m. (s, e) édition pirate f. ||°**-gier** f. rapacité f. ||**-gierig** adj. rapace. ||°**-mord** m. (s, e) vol (m.) et assassinat m. ; double crime (m.) d'assassinat et de vol. ||°**-mörder** m. (s, -) pillard (m.) et assassin m. ||°**-ritter** m. (s, -) chevalier pillard. | *Raubritternest*, repaire (m.) de brigands. ||°**-sucht** f. rapacité f. ||**-süchtig** adj. rapace. ||°**-tier** n. (s, e) bête (f.) féroce ; fauve m. ||°**-tier|käfig** m. (s, e) cage (f.) aux fauves. || °**-überfall** m. (s, ¨e) agression (f.) à main armée. ||°**-vogel** m. (s, ¨) oiseau (m.) de proie ; rapace m. ||°**-zug** m. (s, ¨e) expédition (f.) de pillage ; razzia f.

rauben ['raubən] v. tr. voler ; dérober ; piller. | *das ist mir geraubt worden*, on me l'a pris ; on m'en a dépouillé. || FIG. *jm die Zeit rauben*, abuser du temps de qn. || [entführen] enlever ; commettre un rapt.

Räuber ['rɔybər] m. (s, -) brigand m. ; bandit m. | *Räuberhöhle*, repaire (m.) de brigands ; bouge m. ; coupe-gorge m.

Räuberei [rɔybə'rai] f. (-, en) brigandage m. ; piraterie f. ; pillage m. ; rapine f.

räuberisch ['rɔybəriʃ] adj. de brigand ; pillard.

Rauch [raux] m. (s) fumée f. || FIG. *das ist alles Schall und Rauch*, tout cela n'est que fumée. | *in Rauch (und Flammen) aufgehen*, s'en aller en fumée.

Rauch|abzug ["raux'aptsu:k] m. (s, ¨e) conduit (m.) d'évacuation de la fumée. ||°**-bombe** f. (-, n) bombe (f.) fumigène. ||**-entwickelnd** adj. fumigène. ||°**-fahne** f. (-, n) panache (m.) de fumée. ||°**-fang** m. (s, ¨e) cheminée f. ||°**-faß** n. (es, ¨er) encensoir m. ||°**-fleisch** n. (es) viande fumée. ||°**-gase** n. pl. fumées (f. pl.) et gaz m. pl. ; gaz brûlés. ||°**-glas** n. (es, ¨er) verre fumé. ||°**-granate** f. (-, n) obus (m.), grenade (f.) fumigène. ||°**-schleier** m. (s, -) écran (m.) de fumée. ||°**-schwalbe** f. (-, n) martinet m. ||°**-streifen** m. (s, -) traînée (f.) de fumée. ||°**-verbot** n. (s, e) défense (f.) de fumer. ||°**-vergiftung** f. (-, en) intoxication (f.) par la fumée. ||°**-verzehrer** m. (s, -) fumivore m. || °**-vorhang** m. (s, ¨e) rideau (m.) de fumée. ||°**-waren** f. pl., °**-werk** n. (s) pelleterie f. || °**-zimmer** n. (s, -) fumoir m.

rauchbar ['rauxba:r] adj. fumable.

rauchen [-xən] v. tr. et v. intr. fumer. | *du rauchst zu viel*, tu fumes trop. | *der Schornstein raucht*, la cheminée fume. || FIG., FAM. *ihm raucht der Kopf vor lauter Lernen*, à force de bûcher la tête lui tourne.

Rauchen [-xən] n. (s) [action (f.) de] fumer. | *Rauchen verboten*, défense de fumer. | *das kommt vom vielen Rauchen*, c'est pour avoir trop fumé.

Raucher [-xər] m. (s, -) fumeur m.

Räucher|faß ["rɔyçər'fas] n. (es, ¨er), °**-gefäß** [-gə'fɛs] n. (es, e) encensoir m. ||°**-kammer** f. (-, n) fumoir m. (pour les marchandises). ||°**-kerze** f. (-, n) parfum (m.) à brûler. ||°**-lachs** m. (es, e). CULIN. saumon fumé. ||°**-waren** f. pl. poissons fumés et viande fumée ; produits fumés.

räuchern ['rɔyçərn] v. tr. [Fleisch, usw.] fumer. || [Rauch machen] enfumer.
◇ v. intr. faire brûler des parfums, des désinfectants.

räucherig [-çəriç] adj. V. RAUCHIG. | *räucherig schmecken*, avoir un goût de fumée.

Räucherung [-çəruŋ] f. (-, en) fumigation f. || [Fleisch] fumage m. || [Fische] saurissage m.

rauchig ['rauçiç] adj. enfumé ; plein de fumée.

Räude ['rɔydə] f. (-, n). MÉD., ZOOL. gale f. ; teigne f. ; rogne f.

räudig [-diç] adj. galeux ; teigneux.
Rauf|bold ['raufbɔlt] m. (s, e) batailleur m. ; spadassin m. ||°**-lust** f. humeur batailleuse ; goût (m.) de la bataille. ||**-lustig** adj. batailleur ; querelleur.
Raufe ['raufə] f. (-, n) mangeoire f. ; râtelier m.
raufen [-fən] v. tr. arracher. | *Hanf raufen*, cueillir du lin.
◇ v. pr. **sich raufen,** *sich die Haare raufen*, s'arracher les cheveux. || FIG. se prendre aux cheveux ; se battre ; se chamailler ; se bagarrer.
Rauferei [raufə'rai] f. (-, en) rixe f.
rauh [rau] adj. **1.** rêche ; raboteux ; rugueux ; brut. | *rauher Weg*, chemin cahoteux, raboteux. | *aus dem Rauhen arbeiten*, dégrossir.
2. rude ; âpre ; rigoureux ; dur. | *rauhes Klima*, climat rude, rigoureux. | FIG. *jn rauh anfahren*, rudoyer qn. | *eine rauhe Schale haben*, être revêche, rébarbatif. | *rauhe Sitten*, mœurs grossières.
3. [Stimme] enroué ; cassé ; rauque.
Rauh|bein ['raubain] n. (s, e) butor m. ; mufle m. ; rustre m. ||**-beinig** adj. grossier ; rustre ; revêche. ||**-haarig** adj. hirsute. ||°**-putz** m. (es) crépi m. ||°**-reif** m. (s) givre m. ; gelée blanche.
Rauheit ['rauhait] f. (-, en) aspérité f. ; rudesse f. ; âpreté f. ; dureté f. ; rigueur f. || [Stimme] enrouement m.
Rauke ['raukə] f. (-, n). BOT. réséda (m.) jaune.
Raum [raum] m. (s, ¨e). **1.** espace m. ; étendue f. || MATH. volume m. || PHYS. *(luft)leerer Raum*, vide m.
2. PR. et FIG. place. | *Raum finden*, trouver de la place. | *jm Raum schaffen*, faire de la place à qn.
3. [Zimmer] pièce f. ; local m. | *gewerblicher Raum*, local professionnel.
Raum|bedarf ["raumbə'darf] m. (s) espace (m.) nécessaire ; encombrement m. ||°**-bild** n. (s, er) image (f.) stéréoscopique, en relief. ||°**-einheit** f. (-, en). MATH. unité (f.) de surface, de volume. ||°**-ersparnis** f. (-, se) économie (f.) de place. | *zwecks Raumersparnis*, pour gagner de la place. ||°**-fahrt** f. (-, en) astronautique f. ; aérospatiale f. ||°**-fahrt|industrie** f. (-, n) industrie aérospatiale. ||°**-flugkörper** m. (s, -) satellite m. | *bemannter Raumflugkörper*, satellite habité. | *unbemannter Raumflugkörper*, satellite non habité. ||°**-inhalt** m. (s, e). MATH. volume m. ; cubage m. ||°**-kapsel** f. (-, n). AÉRON. capsule spatiale. ||°**-lehre** f. géométrie f. ||°**-maß** n. (es, e) mesure (f.), unité (f.) de volume. ||°**-meter** n. (s, -) stère m. ||°**-pflegerin** f. (-, nen) femme (f.) de ménage. ||°**-planung** f. (-, en). ADM. aménagement (m.) du territoire. ||°**-profil** n. (s, e) *lichtes Raumprofil*, gabarit (m.) d'encombrement. ||°**-schiff** n. (s, e) vaisseau spatial ; aéronef m. ||**-sparend** adj. peu encombrant.
Räum|boot ['rɔymbo:t] n. (s, e). MAR. dragueur (m.) de mines. ||°**-gerät** n. (s, e). MAR. drague f. ||°**-pflug** m. (s, ¨e) bulldozer m.
räumen ['rɔymən] v. tr. **1.** ôter ; enlever. | *das Geschirr vom Tische räumen*, débarrasser la table. | *Schutt räumen*, déblayer (les décombres). | *jn aus dem Weg räumen*, écarter qn.
2. [leer machen] vider ; évacuer ; débarrasser ; faire de la place. | *eine Wohnung räumen*, quitter un appartement ; déloger. || MIL. *eine Stellung räumen*, quitter, évacuer une position. || COMM. *(die Lager) räumen*, liquider.
räumlich ['rɔymliç] adj. spatial ; dans l'espace. | *räumlich sehen*, avoir une vue stéréoscopique.
Räumlichkeit [-kait] f. (-, en) espace m. ; place (occupée). | *die Räumlichkeiten des Bahnhofs*, les locaux (m. pl.) de la gare.
Räumung ['rɔymuŋ] f. (-, en) évacuation f. ; enlèvement m. ; déblaiement m. | *die Räumung einer Stadt*, l'évacuation d'une ville. || COMM. *Räumungsverkauf*, soldes m. pl. ; liquidation f.
raunen ['raunən] v. tr. et v. intr. [flüstern] murmurer ; chuchoter.
raunzen ['rauntsən] v. intr. [nörgeln] dénigrer ; tout critiquer ; rouspéter.
Raupe ['raupə] f. (-, n) chenille f. || TRANSP. chenille f.
Raupen|fahrzeug ["raupən'fa:rtsɔyk] n. (s, e) véhicule (m.) à chenilles. ||°**-fraß** m. (es) dégâts causés par les chenilles. ||°**-kette** f. (-, n). TECHN. chenille f.
'raus [raus] interj. dehors !
Rausch [rauʃ] m. (es, ¨e). PR. et FIG. griserie f. ; ivresse f. || FAM. *sich einen Rausch antrinken, zulegen*, boire un coup de trop ; s'enivrer. | *einen Rausch haben*, être gris. | *seinen Rausch ausschlafen*, cuver son vin. || FIG. enivrement m. | *Freudenrausch*, joie délirante.
Rausch|gift ['rauʃgift] n. (s, e), °**-mittel** [mitel] n. (s, -) stupéfiant m. ||°**-gift|handel** m. (s) trafic (m.) de stupéfiants. ||°**-gift|händler** m. (s, -) trafiquant (m.) de drogues.
rauschen ['rauʃən] v. intr. frémir ; murmurer. | *der Bach rauscht in der Ferne*, le ruisseau murmure au loin. || [Wind] mugir ; gronder. || [Seide] froufrouter ; craquer.
Rauschen [-ʃən] n. (s) murmure m. ; grondement m. ; froufrou m.
Rausch|gold ['rauʃgɔlt] n. (s) clinquant m. || °**-silber** n. (s) clinquant (argent).
räuspern (sich) [ziç'rɔyspərn] v. pr. se racler la gorge ; tousser ; toussoter.
Rausschmeißer ["raus'ʃmaisər] m. (s, -). FAM. videur m.
Raute ['rautə] f. (-, n). MATH. losange m. || [Juwel] facette f. || BOT. rue f.
rauten|förmig ["rautən'fø:rmiç] adj. losangé ; en forme de losange ; en rhombe ; rhomboïdal. || °**-gewächs** n. (es, e). BOT. rutacée f.
Ravioli [ravi'o:li] pl. CULIN. ravioli m. pl.
Razzia ['ratsia] f. (-, ien) razzia f. ; rafle f.
Reagens [rea'gɛns] n. (-, ien), **Reagenz** [-'gɛnts] n. (-, ien). CHIM. réactif m.
Reagenz|glas [rea"gɛnts'gla:s] n. (es, ¨er) éprouvette f. ||°**-papier** n. (s, e) papier réactif.
reagieren [rea'gi:rən] v. intr. (auf, acc.) réagir (à qch.) ; être sensible (à qch.).
Reaktion ['tsio:n] f. (-, en). PR. et FIG. réaction f. || POLIT. et CHIM. réaction f.
Reaktionär [-tsio'nɛ:r] m. (s, e) réactionnaire m.
◇ adj. **reaktionär,** réactionnaire.
reaktivieren [-ti'vi:rən] v. tr. réactiver.
Reaktivität [-tivi'tɛ:t] f. NUCL. réactivité f.
Reaktor [re'aktɔr] m. (s, en). PHYS. réacteur m. ; pile (f.) atomique.
Reaktor|druckbehälter [re"aktɔr'drukbəhɛltər] m. (s, -). NUCL. cuve (f.) du réacteur. ||°**-kern** m. (s, e). NUCL. cœur (m.) du réacteur. ||°**-kühlmittel** n. (s, -). NUCL. fluide (m.) de refroidissement. ||°**-periode** f. (-, n). NUCL. période (f.) d'un réacteur. ||°**-typ** m. (s, en). NUCL. filière f.
real [re'a:l] adj. réel ; effectif ; objectif ; concret.
Real|gymnasium [re"a:lgym'na:zium] n. (s, sien) collège (m.), lycée (m.) moderne. ||°**-injurien** f. pl. JUR. voies (f. pl.) de fait. ||°**-kredit** m. (s, e) crédit foncier. ||°**-lexikon** n. (s, ka) encyclopédie (f.)

pratique. ||°-**lohn** m. (s, ¨e). ÉCON. salaire réel. ||°-**politik** f. politique (f.) réaliste. || °-**schule** f. (-, n) école primaire supérieure ; école professionnelle. ||°-**steuer** f. (-, n) impôt foncier.

Realien [re'ɑ:liən] pl. choses réelles, concrètes ; faits m. pl. || JUR. biens (m. pl.) au soleil. || UNIV. sciences pratiques et naturelles.

realisierbar [reali'zi:rbɑ:r] adj. réalisable.

realisieren [reali'zi:rən] v. tr. [verwirklichen] réaliser. || FIG. [einsehen] FAM. réaliser ; comprendre.

Realismus [rea'lismus] m. (-, men) réalisme m.

Realist(in) [-'list(in)] m. (en, en), f. (-, nen) réaliste s.

realistisch [-'listiʃ] adj. réaliste.

Realität [-li'tɛ:t] f. (-, en) réalité f.

realiter [re'ɑ:litɛ:r] adv. en réalité.

Reb|huhn ['rɛphu:n] n. (s, ¨er) perdrix f. | *junges Rebhuhn*, perdreau m. ||°-**laus** f. (-, ¨e) phylloxéra m. ||°-**stecken** m. (s, -) échalas m. ||°-**stock** m. (s, ¨e). [Weinrebe] cep m. ; pied (m.) de vigne.

Rebe ['re:bə] f. (-, n) vigne f. ; cep m.

Reben|blut ["re:bən'blu:t] n. (s) jus (m.) de la treille. ||°-**holz** n. (es, ¨er) sarment m.

Rebell [re'bɛl] m. (en, en). [Aufrührer] rebelle m.

rebellieren [rebɛ'li:rən] v. intr. se rebeller.

rebellierend [-'li:rənt] adj. contestataire.

Rebellion [-'lio:n] f. (-, en) rébellion f.

rebellisch [re'bɛliʃ] adj. rebelle.

Rebus ['re:bus] m. ou n. (-, se) rébus m.

Rechen ['rɛçən] m. (s, -). [Harke] râteau m.

rechen [-çən] v. tr. ratisser.

Rechen|aufgabe ["rɛçən'aufgɑ:bə] f. (-, n) problème (m.), devoir (m.) de calcul. ||°-**buch** n. (s, ¨er) manuel (m.) d'arithmétique. ||°-**einheit** f. (-, en). INF. unité (f.) de calcul. ||°-**künstler** m. (s, -) calculateur (m.) prodige. ||°-**leistung** f. (-, en). INF. capacité (f.) de traitement. ||°-**maschine** f. (-, n) machine (f.) à calculer. | *elektronische Rechenmaschine*, calculatrice f. ||°-**programm** n. (s, e). INF. programme (m.) de calcul. ||°-**speicher** m. (s, -) mémoire opératrice (électronique). ||°-**tafel** f. (-, n) table (f.) à calculer ; abaque m. ; table (f.) de multiplication. ||°-**unterricht** m. (s) enseignement (m.) de l'arithmétique, du calcul. ||°-**werk** n. (s, e). INF. opérateur (m.) arithmétique. || °-**zentrum** n. (s, tren). INF. centre (m.) de calcul.

Rechenschaft ['rɛçənʃaft] f. raison f. ; compte (rendu). | *Rechenschaft (über etwas) ablegen*, rendre compte (de qch.). | *jn zur Rechenschaft ziehen*, demander à qn raison de qch. ; demander des comptes à qn.

Rechenschafts|bericht ["rɛçənʃaftsbə'riçt] m. (s, e) compte rendu ; compte rendu de gestion.

rechnen ['rɛçnən] v. tr. **1.** calculer ; compter. | *rechnen können*, savoir compter. | *im Kopf rechnen*, calculer de tête. | *alles in allem gerechnet*, tout compte fait. | *eins ins andere gerechnet*, l'un dans l'autre. | *nach Mark gerechnet*, (en comptant) en marks. | *hoch, gut gerechnet*, tout au plus. | *von heute an gerechnet*, à compter d'aujourd'hui.

2. ranger parmi ; compter au nombre de ; considérer comme. | *jn zu den Persönlichkeiten rechnen*, ranger qn parmi les personnalités. | *ich rechne ihn zu meinen Freunden*, je le compte au nombre de mes amis. | *ich rechne es mir zur Ehre*, je considère cela comme un honneur pour moi.

◇ v. intr. FIG. compter sur ; escompter. | *auf etwas* (acc.) *rechnen*, compter sur qch. | *du kannst auf mich rechnen*, tu peux compter sur moi. | *mit etwas rechnen*, compter avec qch. ; tenir compte de qch. | *mit dem Pfennig rechnen*, faire des économies ; FAM. être près de ses sous.

Rechnen [-nən] n. (s) calcul m.

Rechner [-nər] m. (s, -) calculateur m. || INF. ordinateur m.

Rechnerei [rɛçnə'rai] f. manie (f.) de compter.

rechnerisch ['rɛçnəriʃ] adj. relatif aux calculs. ◇ adv. par des calculs.

rechner|unterstützt ["rɛçnəruntər'ʃtytst] adj. INF. assisté par ordinateur. | *rechnerunterstützte Konstruktion*, conception assistée par ordinateur (C.A.O.).

Rechnung [-nuŋ] f. (-, en). **1.** calcul m.

2. compte m. ; facture f. ; note f. ; addition f. | *laufende Rechnung*, compte courant. | *die Rechnung, bitte !*, l'addition, s'il vous plaît ! | *eine Rechnung abschließen*, arrêter un compte. | *eine Rechnung begleichen*, apurer un compte. | *eine Rechnung bezahlen*, payer une note, une addition. | *schreiben Sie es auf meine Rechnung*, portez cela à, sur mon compte. || Loc. *Rechnung ablegen über*, rendre compte de. | *er kommt dabei auf seine Rechnung*, il y trouve son compte. | *auf eigene Rechnung*, à, pour son compte. | *das paßt dir wohl nicht in die Rechnung ?*, tu ne t'y attendais pas. | *einer Sache Rechnung tragen*, tenir compte de qch. | *etwas in Rechnung ziehen*, penser à qch. ; tenir compte de qch. ; prendre qch. en considération. | *er hat die Rechnung ohne den Wirt gemacht*, il a fait un mauvais calcul.

Rechnungs|abschluß ["rɛçnuŋs'apʃlus] m. (es, ¨e) clôture (f.), arrêté (m.), règlement (m.), apurement (m.) des comptes. ||°-**art** f. (-, en) méthode (f.) de calcul. || MATH. opération f. ||°-**auszug** m. (s, ¨e) extrait (m.), relevé (m.), bordereau (m.) de compte. ||°-**beleg** m. (s, e) pièce (f.) comptable. ||°-**buch** n. (s, ¨er) livre (m.) de comptes, de comptabilité. ||°-**dienst** m. (s, e) service (m.) comptable ; comptabilité f. ||°-**einheit** f. (-, en). ÉCON. unité (f.) de compte. ||°-**ergebnis** n. (ses, se) résultat m. ||°-**fehler** m. (s, -) erreur (f.) de calcul. ||°-**führer** m. (s, -) comptable m. ||°-**führung** f. (-, en) comptabilité f. ||°-**jahr** n. (s, e) exercice. ||°-**legung** f. (-, en) reddition (f.) des comptes. ||-**mäßig** adj. et adv. conforme au compte ; selon les comptes. ||°-**prüfer** m. (s, -) expert (m.) comptable ; commissaire (m.) aux comptes. ||°-**prüfung** f. (-, en) vérification (f.) des comptes ; audit m.

recht [rɛçt] adj. et adv. **1.** MATH. droit. | *rechter Winkel*, angle droit.

2. [Gegensatz zu « link »] droit. | *die rechte Hand*, la main droite. | *zur rechten Hand*, à main droite ; à droite. | *die rechte Seite*, le côté droit ; l'endroit.

3. [schicklich] convenable ; exact ; opportun. | *das ist mir recht*, cela me convient ; je suis d'accord. | *(das ist) recht so*, c'est parfait ! | *recht ! ganz recht !*, exactement ! ; tout à fait juste ! | *der rechte Mann am rechten Platz*, l'homme qu'il faut à l'endroit qu'il faut. | *genau zur rechten Zeit kommen*, arriver juste à point. || *du bist mir der Rechte*, tu es l'homme qu'il me faut. | *an den Rechten kommen*, trouver l'homme qui convient. | *das Rechte treffen*, prendre les mesures appropriées. | *er soll nach dem Rechten sehen*, c'est lui qui doit veiller à ce que tout marche bien.

4. [richtig] vrai ; juste. | *er ist der rechte Vater*, c'est lui le vrai père. | *gehe ich hier recht ?*, est-ce que je suis sur le bon chemin ? | *wenn mir recht ist*, si je ne m'abuse. | *Sie sind nicht recht im Bilde*, vous n'y êtes pas tout à fait. | *er ist nicht recht bei Troste, bei Sinnen, bei Verstand*, il n'a pas toute sa raison.

5. [gerecht] juste ; équitable ; selon le droit. | *recht haben*, avoir raison. | *recht behalten*, avoir le dernier mot. | *jm recht geben*, donner raison à qn. | *alles, was recht* *ist !*, la justice d'abord ! | *das ist nicht mehr als recht und billig*, ce n'est que justice. | *das geschieht dir ganz recht*, tu ne l'as pas volé. | *das geht nicht mit rechten Dingen zu*, ce n'est pas normal.

6. Loc. **erst recht ; erst recht nicht,** [diesmal aber richtig ; noch weniger als früher] *da verstand ich erst recht, was Krieg bedeutet*, c'est alors seulement que j'ai vraiment compris ce que c'est que la guerre. | *dann komme ich erst recht nicht*, dans ces conditions je viendrai encore moins. | *nun erst recht !*, maintenant plus que jamais !

◇ adv. beaucoup ; très ; bien. | *das ist recht nett von ihm*, c'est très gentil de sa part.

Recht [rɛçt] n. (s, e). **1.** droit m. ; raison f. ; titre m. | *mit Recht*, à juste titre. | *mit Recht oder Unrecht*, à tort ou à raison. | *mit welchem Recht ?*, de quel droit ? ; à quel titre ? | *das Recht des Stärkeren*, la raison du plus fort. | *Recht auf Arbeit*, droit au travail. | *Recht auf Einsichtnahme*, droit de regard. | *Recht auf Gegendarstellung*, droit de réponse. | *Recht über Leben und Tod*, droit de vie et de mort. | *Macht geht vor Recht*, la force prime le droit. | *das Recht haben, etwas zu tun*, avoir le droit de faire qch. | *du hast kein Recht dazu*, tu n'en as pas le droit ; tu n'as pas le droit de le faire. | *du hast kein Recht darauf*, tu n'y as aucun droit ; tu n'as aucun droit là-dessus. | *das Recht auf seiner Seite haben*, avoir le bon droit de son côté. | *jm zu seinem Recht verhelfen*, faire rendre justice à qn ; faire triompher les droits de qn. | *alle Rechte vorbehalten*, tous droits réservés. | *ein Recht genießen*, jouir d'un droit. | *sich auf ein Recht berufen*, invoquer un droit.

2. droit m. ; justice f. | *bürgerliches Recht*, droit civil. | *gemeines Recht*, droit commun. | *Student der Rechte*, étudiant (m.) en droit. | *die Rechte studieren*, étudier le droit. | *von rechtswegen*, de droit ; de par la loi. | *Recht muß Recht bleiben*, (il faut que) force reste à la loi. | *Gnade für Recht ergehen lassen*, faire grâce à qn ; pardonner à qn. | *Recht sprechen*, rendre la justice. | *Recht verlangen*, demander justice. | *sich selbst Recht verschaffen*, se faire justice soi-même. | *jm Recht widerfahren lassen*, rendre justice à qn. | *kanonisches Recht*, droit canon. | *Völkerrecht*, droit des gens.

Rechte ['rɛçtə] f. main droite. | *zur Rechten*, à droite. ‖ Polit. droite f.

Recht|eck ["rɛçt'ɛk] n. (s, e) rectangle m. ‖**-eckig** adj. rectangulaire. ‖**-fertigen** v. tr. justifier. | *das rechtfertigt sich*, cela se justifie ; fam. cela se défend. ‖°**-fertigung** f. (-, en) justification f. ; défense f. ; décharge f. ‖**-gläubig** adj. orthodoxe. ‖°**-gläubigkeit** f. orthodoxie f. ‖°**-haber** m. (s, -) homme (m.) qui veut toujours avoir raison. ‖°**-haberei** f. manie (f.) de toujours avoir raison. ‖**-haberisch** adj. qui veut toujours avoir raison. ‖**-los** adj. privé de ses droits ; mis hors la loi. ‖°**-losigkeit** f. absence (f.) de droits ; mise (f.) hors la loi ; proscription f. ‖**-mäßig** adj. légitime ; légal ; juste ; conforme au droit. ‖ °**-mäßigkeit** f. légalité f. ; légitimité f. ‖**-schaffen** adj. probe ; loyal ; droit. ‖ [Menge] grand ; convenable. ‖°**-schaffenheit** f. droiture f. ; probité f. ; loyauté f. ‖°**-schreibung** f. (-, en) orthographe f. ‖°**-sprechung** f. [exercice (m.) de la] justice f. ; jurisprudence f. ‖**-winklig** adj. rectangle ; en équerre. | *rechtwinkliges Koordinatensystem*, coordonnées cartésiennes. ‖**-zeitig** adj. et adv. opportun ; à temps ; à propos. ‖°**-zeitigkeit** f. opportunité f.

rechter|hand ["'rɛçtər'hant] adv. à (main) droite.

rechtlich ['rɛçtliç] adj. juridique ; légal ; de droit ; fondé en droit.

rechts [rɛçts] adv. à droite. | *rechts fahren*, circuler, rouler à droite. | *sich rechts halten*, se tenir sur sa droite. | *rechts des Hauses, rechts vom Hause*, à droite de la maison.

Rechts|außen ["rɛçts'ausən] m. (s, -). Sport. ailier droit. ‖ **-bündig** adj. Typogr. *rechtsbündig ausrichten*, justifier à droite. ‖°**-drall** m. (s, e) pas (m.) à droite. ‖**-gängig** adj. dextrogyre ; tournant à droite. | *rechtsgängige Schraube*, vis filetée à droite. ‖°**-händer** m. (s, -) droitier m. ‖**-händig** adj. droitier. ‖°**-kurve** f. (-, n) virage (m.) à droite. ‖**-rheinisch** adj. de la rive droite du Rhin. ‖**-um !** interj. Mil. à droite !

Rechts|abteilung ["rɛçts'aptailuŋ] f. (-, en) service (m.) juridique ; bureau (m.) du contentieux. ‖°**-anspruch** m. (s, ¨e) droit m. ; titre m. (à qch.) ; prétention (f.) légitime. ‖°**-anwalt** m. (s, ¨e) avocat m. ‖°**-anwaltschaft** f. barreau m. ‖°**-ausdruck** m. (s, ¨e) terme (m.) juridique. ‖°**-beistand** m. (s, ¨e) avocat-conseil m. ; assistance (f.) judiciaire. ‖°**-berater** m. (s, -) avocat-conseil m. ; conseiller (m.) juridique. ‖**-beständig** adj. légal ; valide. ‖°**-beständigkeit** f. légalité f. ; validité f. ‖°**-einwand** m. (s, ¨e) pourvoi m. ; objection (f.) juridique. ‖**-fähig** adj. *rechtsfähig sein*, avoir la jouissance de ses droits. ‖°**-fähigkeit** f. habilité f. ; capacité légale. ‖°**-fähigkeits|erklärung** f. (-, en) habilitation f. ‖°**-folge** f. (-, n) effet (m.) juridique. ‖°**-form** f. (-, en) forme (f.) judiciaire ; forme légale. ‖°**-frage** f. (-, n) question (f.) juridique, de droit. ‖°**-gang** m. (s, ¨e) procédure f. ; procès m. ‖°**-gefühl** n. (s, e) sentiment (m.) de la justice. ‖°**-gelehrsamkeit** f. jurisprudence f. ; droit m. ‖°**-gelehrter** m. juriste m. ; jurisconsulte m. ; légiste m. ‖°**-geschäft** n. (s, ¨e) acte (m.) juridique. ‖°**-grundlage** f. (-, n) fondement (m.) juridique. ‖**-gültig** adj. valide ; authentique ; valable. | *rechtsgültige Abschrift*, copie légalisée. ‖°**-gültigkeit** f. validité (f.) juridique ; authenticité f. ; légalité f. ‖°**-handel** m. (s) affaire f. ; cause f. ; procès m. ‖**-hängig** adj. pendant ; en litige. ‖°**-hilfe** f. (-, n) aide (f.) judiciaire. ‖°**-hilfe|ersuchen** n. (s, -) commission (f.) rogatoire. ‖°**-inhaber** m. (s, -) ayant droit m. ‖°**-irrtum** n. (s, ¨er) erreur (f.) judiciaire. ‖°**-kniffe** m. pl. chicanes f. pl. ‖°**-konsulent** m. (en, en) avocat-conseil m. ‖°**-kraft** f. autorité (f.) de la chose jugée ; force (f.) de loi. | *Rechtskraft erlangen*, prendre force de loi. ‖**-kräftig** adj. définitif ; valide ; exécutoire. | *in rechtskräftiger Form*, en bonne et due forme. ‖°**-kundiger** m. jurisconsulte m. ‖°**-lehre** f. science (f.) du droit. ‖°**-mittel** n. (s, -) recours m. ; voie (f.) de recours, de droit. | *Rechtsmittel der Berufung*, voie (f.) d'appel. | *ein Rechtsmittel einlegen*, former, interjeter appel. ‖°**-person** f. (-, en) personne juridique, morale. ‖°**-pflege** f. justice f. ; administration (f.) de la justice. ‖°**-sache** f. (-, n) cause (f.) judiciaire ; matière (f.) de droit. ‖°**-spruch** m. (s, ¨e) jugement m. ; arrêt m. ; sentence f. ; décision (f.) judiciaire. | *Rechtsspruch der Geschworenen*, verdict m. (du jury). ‖°**-staat** m. (s, en) État (m.) de droit. ‖°**-stellung** f. (-, en) statut (m.) juridique ; situation (f.) juridique. ‖°**-streit** m. (s, e) procès m. ; litige m. ; conflit (m.) juridique. ‖°**-titel** m. (s, -) titre (m.), qualité (f.) en justice. ‖°**-übertragung** f. (-, en) dévolution f. ; transfert m. ‖°**-unfähigkeit** f. inhabilité f. ; incapacité légale. ‖**-ungültig** adj. invalide ; illégal. ‖°**-ungültigkeit** f. invalidité f. ‖**-verbindlich** adj. obligatoire. ‖°**-verbindlichkeit** f. (-, en) obligation f. (juridique). ‖°**-verdreher** m. (s, -) chicaneur m. ‖°**-verdrehung** f. (-, en) chicane f. ; entorse (f.) à la loi. ‖°**-verfahren** n. (s, -) procédure f. ‖°**-verletzung** f. (-, en) infraction (f.) à la loi. ‖°**-vermutung** f. (-, en) présomption (f.) de droit, du droit. ‖°**-vertreter** m. (s, -) représentant légal.

||°-**verweigerung** f. (-, en) déni (m.) de justice ; refus (m.) du droit. ||°-**weg** m. (s, e) voie (f.) judiciaire. | *auf dem Rechtswege*, par voie de justice. ||-**widrig** adj. contraire au droit ; illégal ||°-**widrigkeit** f. (-, en) illégalité f. ||°-**wirksamkeit** f. validité f. ||°-**wissenschaft** f. (science du) droit m. ; jurisprudence f. ||°-**zustand** m. (s, ¨e) statut légal.

Reck [rɛk] n. (s, e), °-**stange** [″rɛk′ʃtaŋə] f. (-, n). [Turnen] barre (f.) fixe.

Recke [′rɛkə] m. (n, n) héros m. ; guerrier vaillant (et de grande taille).

recken [′rɛkən] v. tr. étendre ; étirer. | *den Hals recken*, dresser la tête.
◇ v. pr. **sich recken,** s'étirer.

Redakteur [redak′tø:r] m. (s, e) rédacteur m.

Redaktion [-′tsio:n] f. (-, en) rédaction f.

Rede [′re:də] f. (-, n). **1.** paroles f. pl. ; langage m. ; propos m. pl. | *jm die Rede abschneiden ; jm in die Rede fallen*, couper la parole à qn ; interrompre qn. | *bei seiner Rede bleiben*, s'en tenir à ce que l'on a dit. | *es geht die Rede, daß*, on dit que ; le bruit court que. | *wovon ist die Rede ?*, de quoi est-il question ? ; de quoi s'agit-il ? | *das ist nicht der Rede wert*, inutile d'en parler. | *jm Rede und Antwort stehen*, se défendre ; se justifier devant qn. | *jn zur Rede stellen*, demander raison à qn.
2. [Vortrag] discours m. | *eine Rede halten*, faire un discours.
3. GRAMM. discours m. ; style m. | *direkte, indirekte Rede*, discours direct, indirect. | *gebundene Rede*, poésie f. | *ungebundene Rede*, prose f.

Rede|duell [″re:dədu′ɛl] n. (s, e) duel (m.) oratoire. ||-**fertig, -gewandt** adj. disert ; beau parleur. ||°-**figur** f. (-, en) fleur (f.) de rhétorique. ||°-**fluß** m. (es, ¨e) flux (m.), flot (m.) de paroles. ||°-**freiheit** f. liberté (f.) de parole. ||°-**gabe** f. (-, n) talent (m.) d'orateur ; éloquence f. ||°-**gesang** m. m. (s, ¨e) récitatif m. ||°-**kunst** f. rhétorique f. ; art (m.) oratoire. ||°-**lust** f. loquacité f. ; propension (f.) à parler. ||°-**schwall** m. (s, e) déluge (m.) de paroles. ||°-**ton** m. (s) ton (m.) oratoire. ||°-**übung** f. (-, en) exercice (m.) oratoire.||°-**wendung** f. (-, en) tournure f.

reden [′re:dən] v. intr. parler ; dire. | *dazwischen reden*, interrompre. | *in den Wind reden*, parler en l'air. | *jm nach dem Munde reden*, abonder dans le sens de qn. | *er hat gut reden*, il en parle à son aise. | *von sich reden machen*, faire parler de soi. | *du läßt nicht mit dir reden*, on ne peut rien te dire.

Redens|art [″re:dəns′ɑ:rt] f. (-, en) locution f. ; expression f. | *stehende Redensart*, locution toute faite. | *deutsche Redensart*, germanisme m. | *das ist nur so eine Redensart*, c'est une façon de parler.

Rederei [re:də′rai] f. (-, en). PÉJOR. bavardage m.

redigieren [redi′gi:rən] v. tr. rédiger.

Redigieren [-rən] n. (s) rédaction f. ; (action de) rédiger. | *das Redigieren fällt mir schwer*, j'ai de la peine à rédiger (cela).

Rediskont [″redis′kɔnt] m. (s, e). FIN. réescompte m.

rediskontierbar [rediskɔn′ti:rbɑ:r] adj. FIN. réescomptable.

redlich [′re:tliç] adj. loyal ; sincère ; honnête ; probe ; de bonne foi. | *ein redlicher Mensch*, un honnête homme.

Redlichkeit [-kait] f. honnêteté f. ; loyauté f. ; probité f.

Redner [′re:dnər] m. (s, -) orateur m.

Redner|bühne [″re:dnər′by:nə] f. (-, n) tribune f. ||°-**gabe** f. (-, n) talent (m.) oratoire. ||°-**pult** n. (s, e) chaire f.

rednerisch [′re:dnəriʃ] adj. oratoire.

red|selig [″re:t′ze:liç] adj. loquace ; bavard.

Red|seligkeit [-kait] f. loquacité f. ; faconde f.

Reduktion [reduk′tsio:n] f. (-, en) réduction f.

reduzierbar [redu′tsi:rbɑ:r], **reduzibel** [-′tsi:bel] adj. (auf, acc.) réductible (à).

reduzieren [-′tsi:rən] v. tr. réduire.

Reduzierung [-′tsi:ruŋ] f. (-, en) réduction f.

Reede [′re:də] f. (-, n) rade f.

Reeder [-dər] m. (s, -) armateur m. ; affréteur m.

Reederei [re:də′rai] f. (-, en). MAR. société (f.) d'armement.

reell [re′ɛl] adj. réel ; positif. || COMM. honnête ; solide. | *reelle Preise*, prix corrects. | *reelle Firma*, maison (f.) de confiance.

Reep [re:p] n. (s, e). MAR. cordage m.

Referat [refe′rɑ:t] n. (s, e). [Bericht] exposé m. ; rapport m. || [Amtsstelle] bureau m. ; service m.

Referendar [referɛn′dɑ:r] m. (s, e) stagiaire m.

Referendum [-′rɛndum] n. (s, da ou den) référendum m. ; plébiscite m.

Referent [-′rɛnt] m. (en, en) rapporteur m. ; conseiller m. || [Tagung] intervenant m.

Referenz [-′rɛnts] f. (-, en) référence f. ; recommandation f.

referieren [-′ri:rən] v. intr. faire un rapport.

Reff [rɛf] n. (s, e). MAR. crochets m. pl. ; ris m.

reffen [′rɛfən] v. tr. prendre des ris ; arriser.

refinanzieren [refinan′tsi:ren] v. tr. FIN. refinancer.

Refinanzierung [-nan′tsi:ruŋ] f. (-). FIN. refinancement m.

reflektieren [-′ti:rən] v. tr. refléter.
◇ v. intr. (über, acc.) réfléchir ; méditer. || (auf, acc.) s'intéresser à.

Reflektor [re′flɛktɔr] m. (s, en) réflecteur m.

Reflex [-′flɛks] m. (es, e) reflet m. || PHYSIOL. réflexe m. | *Reflexbewegung*, mouvement (m.) réflexe ; réflexe m.

Reflexion [reflɛ′ksio:n] f. (-, en) réflexion f.

Reflexions|hologramm [reflɛ″ksio:nsholo′gram] n. (s, e). TECHN. hologramme réflecteur. ||°-**koeffizient** m. (en, en). PHYS. réflectance f. ||°-**vermögen** n. (s). PHYS. pouvoir réfléchissant.

reflexiv [reflɛ′ksi:f] adj. GRAMM. réfléchi. | *Reflexivpronomen*, pronom réfléchi.

Reform [re′fɔrm] f. (-, en) réforme f.

Reform|bestrebung [re″fɔrmbə′ʃtre:buŋ] f. (-, en) tendance, aspiration réformatrice. ||°-**haus** n. (es, ¨er) magasin (m.) de produits diététiques. ||°-**kost** f. (-) produits naturels, diététiques.

Reformation [refɔrma′tsio:n] f. réforme f. || HIST., RELIG. Réforme f.

Reformator [-′mɑ:tɔr] m. (s, en) réformateur m.

reformatorisch [-ma′to:riʃ] adj. de (la) réforme ; réformateur.

reformieren [-′mi:rən] v. tr. réformer. | *reformierte Kirche*, église réformée.

Reformismus [-′mismus] m. POLIT. réformisme m.

Refraktion [refrak′tsio:n] f. (-, en). PHYS. réfraction f.

Refraktor [re′fraktɔr] m. (s, en). ASTRON. réfracteur m. ; télescope (m.) dioptrique.

Regal [re′gɑ:l] n. (s, e) rayons (m. pl.) de bibliothèque ; étagères f. pl. ; rayonnage m.

Regatta [re′gata] f. (-, ten). SPORT. régate f.

rege ['re:gə] adj. actif ; vif ; éveillé ; animé. | *rege werden*, s'éveiller (sentiment). | *rege machen*, mettre en mouvement. | *reger Verkehr*, circulation (f.) intense.

Regel ['re:gəl] f. (-, n) règle f. ; règlement m. ; norme f. | *eine Ausnahme von der Regel machen*, faire exception à la règle. | *in der Regel*, ordinairement ; en règle générale.
◇ pl. MÉD. règles f. pl.

regel|los ["re:gəl'lo:s] adj. sans règle ; déréglé. ||°**-losigkeit** f. état déréglé ; irrégularité f. ; dérèglement m. ||**-mäßig** adj. et adv. régulier ; normal ; réglé. ||°**-mäßigkeit** f. régularité f. ||**-recht** adj. et adv. suivant la règle ; dans les règles ; en règle. ||°**-stab** m. (s, ¨e). NUCL. barre (f.) de pilotage. ||°**-verstärker** m. (s, -). RADIO. amplificateur (m.) de régulation. ||**-widrig** adj. et adv. contraire à la règle, au règlement. ||°**-widrigkeit** f. (-, en) irrégularité f.

regeln ['re:gəln] v. tr. régler ; réglementer ; régulariser ; mettre en ordre ; fixer. | *den Verkehr regeln*, régler la circulation. | *durch gesetzliche Maßnahmen regeln*, régir.

Regelung ['regəluŋ] f. (-, en) règlement m. ; réglementation f. || TECHN. réglage m.

Regen ['re:gən] m. (s, -) pluie f. | *es sieht nach Regen aus*, le temps est à la pluie. | *regenschwangere Wolken*, nuages lourds de pluie. | *saurer Regen*, pluies acides. || LOC. *vom Regen in die Traufe kommen*, tomber de Charybde en Scylla.

regen|arm ["re:gən'arm] adj. sec ; où il pleut rarement. ||°**-bö** f. (-, en). MAR. grain m. ||°**-bogen** m. (s, -) arc-en-ciel m. ||**-bogenfarbig** adj. irisé. ||°**-bogenhaut** f. (-, ¨e). ANAT. iris m. ||°**-bogenpresse** f. presse (f.) du cœur. ||°**-dach** n. (s, ¨er) avant-toit m. ; auvent m. ||**-dicht** adj. imperméable. ||°**-fall** m. (s, ¨e) chute (f.) de pluie. ||°**-fang** m. (s, ¨e) citerne f. ||°**-gebiet** n. (s, e) zone pluvieuse. ||°**-guß** m. (es, ¨e) ondée f. ; averse f. ||°**-mantel** m. (s, ¨) imperméable m. ||°**-messer** m. (s, -). PHYS. pluviomètre m. ||°**-pfeifer** m. (s, -) pluvier m. ||**-reich** adj. riche en pluie ; humide. ||°**-rinne** f. (-, n) gouttière f. ||°**-schauer** m. (s, -) averse f. ; ondée f. ||°**-schirm** m. (s, e) parapluie m. ||°**-wald** m. (s, ¨er) forêt tropicale humide. ||°**-wetter** n. (s) temps pluvieux. ||°**-wurm** m. (s, ¨er) ver (m.) de terre.

regen ['re:gən] v. tr. bouger ; remuer ; mouvoir. | *er konnte kein Glied regen*, il ne pouvait pas remuer un membre.
◇ v. pr. **sich regen,** se mouvoir ; se donner du mouvement ; être en mouvement. || FAM. *rege dich ein bißchen !*, remue-toi un peu ! | *es regte sich kein Lüftchen*, il n'y avait pas un souffle de vent.

Regeneration [regenera'tsio:n] f. BIOL. régénération f.

regenerieren [-'ri:rən] v. tr. régénérer.

Regensburg ["re:gəns'burk] n. pr. n. GÉOGR. Ratisbonne f.

Regent(in) [re'gɛnt(in)] m. (en, en), f. (-, nen) régent(e) m. (f.) ; princesse régente.

Regentschaft [-ʃaft] f. (-, en) régence f.

Regie [re'ʒi:] f. (-, n). [Verwaltung] régie f. || THÉÂTRE, FILM. régie f. ; mise (f.) en scène.

regieren [re'gi:rən] v. tr. gouverner ; diriger ; régner sur. || GRAMM. régir ; gouverner.

Regierung [-ruŋ] f. (-, en). [Handlung] gouvernement m. ; règne m. || [oberste Behörde] gouvernement m.

Regierungs|antritt [re"gi:ruŋs'antrit] m. (s, e) arrivée (f.) au pouvoir. ||°**-bank** f. (-, ¨e) banc (m.) du gouvernement, des ministres. ||°**-bezirk** m. (s, e). [Mittelbehörde] gouvernement m. ; circonscription f. ||**-feindlich** adj. antigouvernemental. ||°**-form** f. (-, en) mode (m.) de gouvernement ; régime m. || °**-gewalt** f. autorité f. ||°**-partei** f. (-, en) parti gouvernemental. ||°**-präsident** m. (en, en) gouverneur m. ; préfet m. ||°**-rat** m. (s, ¨e) conseiller (m.) d'administration. ||°**-system** n. (s, e) régime m. ; gouvernement m. ||°**-verordnung** f. (-, en) décret m. ||°**-zeit** f. (-, en) règne m. ; temps (m.) de gouvernement.

Regime [re'ʒi:m] n. (s, s). POLIT. régime m.

Regime|kritiker(in) [re"ʒi:m'kritikər(in)] m. (s, -), f. (-, nen). POLIT. dissident(e) m. (f.).

Regiment [regi'mɛnt] n. (s, er). **1.** MIL. régiment m.
2. (s, e) direction f. ; gouvernement m. | *das Regiment führen*, diriger, mener les affaires ; être le maître.

Region [regi'o:n] f. (-, en) région f.

regional [regio'nɑ:l] adj. régional.

Regionalismus [-na'lismus] m. régionalisme m.

Regisseur [reʒi'sø:r] m. (s, e). THÉÂTRE, FILM. metteur (m.) en scène.

Register [re'gistər] n. (s, -). **1.** registre m. ; rôle m. ; liste f. | *in ein Register eintragen*, enregistrer. | *ins alte Register gehören*, être suranné.
2. [Verzeichnis] table f. (des matières) ; index m.
3. MUS. [Orgel] registre m. || FIG. *alle Register ziehen*, employer tous les moyens ; tout mettre en œuvre.

Register|auszug [re"gistər'austsu:k] m. (s, ¨e) extrait m. ; acte m. ||°**-mark** f. FIN. mark bloqué. ||°**-tonne** f. (-, n). MAR. tonneau (officiel). ||°**-zug** m. (s, ¨e). MUS. jeu (m.) d'orgues.

Registrator [regis'trɑ:tɔr] m. (s, en) greffier m.

Registratur [-tra'tu:r] f. (-, en) fichier m. ; enregistrement m. ; greffe m.

Registrier|ballon [regis"tri:rba'lɔ̃] m. (s, s) ballon enregistreur ; ballon-sonde m. ||°**-gerät** n. (s, e) appareil enregistreur. ||°**-kasse** f. (-, n) caisse enregistreuse.

registrieren [regis'tri:rən] v. tr. enregistrer. || [Polizei] *registriert sein*, être fiché.

Registrierung [-ruŋ] f. (-, en) enregistrement m. ; immatriculation f.

Reglement [regle'mɛnt] n. (s, s) règlement m. | *reglementmäßig*, réglementaire.

Regler ['re:glər] m. (s, -). TECHN. régulateur m.

reg|los ['re:glos] adj. sans mouvement.

regnen ['re:gnən] v. intr. pleuvoir. | *es regnet in Strömen*, il pleut à torrents.

regnerisch [-nəriʃ] adj. pluvieux.

Regreß [re'grɛs] m. (es, e). JUR. recours m.

Regreß|anspruch [re"grɛs'anʃpru:x] m. (s, ¨e). JUR. (droit [m.] de) recours m. ||°**-pflicht** f. responsabilité civile.

Regression [regrɛ'sio:n] f. régression f.

Regressions|analyse [regrɛ"sio:nsana'ly:zə] f. (-, n). MATH. analyse (f.) de régression.

regressiv [-'si:f] adj. régressif.

regsam ['re:kzɑ:m] adj. vif ; actif ; éveillé ; alerte.

Regsamkeit [-kait] f. activité f. ; vivacité f.

regulär [regu'lɛ:r] adj. régulier.

Regularität [-lari'tɛ:t] f. (-, en) régularité f.

Regulation [-la'tsio:n] f. (-, en) régulation f.

Regulator [-'lɑ:tɔr] m. (s, en) régulateur m. || [Uhr] pendule f.

regulierbar [-'li:rbɑ:r] adj. réglable.

regulieren [-'li:rən] v. tr. régler ; régulariser.

regulierend [-'li:rənt] adj. régulateur.

Regulier|feder [regu"li:r'fe:dər] f. (-, n) ressort (m.) de réglage. ||°**-schraube** f. (-, n) vis (f.) de réglage. ||°**-widerstand** m. (s, ¨e) rhéostat m.

Regulierung [regu'li:ruŋ] f. (-, en) régulation f. ; réglage m.

Regung ['re:guŋ] f. (-, en). [Bewegung] mouvement m. || [Gefühl] sentiment m. ; émotion f. ; élan m. ; accès m. | *die Regungen des Herzens*, les élans du cœur.

regungs|los ['re:guŋslo:s] adj. sans mouvement ; immobile ; inerte. ||°**-losigkeit** f. immobilité f.

Reh [re:] n. (s, e) chevreuil m.

Reh|bock ['re:bɔk] m. (s, ¨e) chevreuil m. || **-braun, -farbig** adj. fauve. ||**-füßig** adj. rapide. ||°**-geiß** f. (-, en) chevrette f. ||°**-kalb** n. (s,¨er), °**-kitz** n. (es, e) faon m. ||°**-keule** f. (-, n) cuissot (m.) de chevreuil. ||°**-posten** m. (s, -), °**-schrot** n. (s, e) chevrotines f. pl. ||°**-rücken** m. (s, -), °**-ziemer** m. (s, -). CULIN. selle (f.) de chevreuil.

Rehabilitation [rehabilita'tsio:n] f. (-, en) réhabilitation f. || MÉD. réadaptation f.

rehabilitieren [-'ti:rən] v. tr. réhabiliter. || MÉD. réadapter.

Reib|eisen ["raip'aizən] n. (s, -) râpe f. || FIG. femme querelleuse. ||°**-fläche** f. (-, n) frottoir m.

Reibe ['raibə] f. (-, n) râpe f.

Reibe|laut ["raibə'laut] m. (s, e). GRAMM. fricative f.

reiben ['raibən] v. tr. (ie, ie). **1.** frotter. | *die Wäsche reiben*, frotter le linge. | *sich die Hände reiben*, se frotter les mains.

2. râper ; broyer.

3. FIG. *jm etwas unter die Nase reiben*, reprocher qch. à qn ; jeter qch. à la figure de qn. || FAM. *sich an jm reiben*, se frotter à qn.

Reiberei [raibə'rai] f. (-, en). FAM. frictions f. pl. ; mésentente f.

Reibsel ['raipsəl] n. (s, -) limaille f.

Reibung ['raibuŋ] (-, en). **1.** frottement m. ; friction f.

2. FIG. [Zwistigkeit] frictions f. pl. ; conflit m.

Reibungs|elektrizität ["raibuŋselɛktritsi'tɛ:t] f. triboélectricité f. ||°**-fläche** f. (-, n) surface (f.) de frottement. ||**-los** adj. et adv. sans frottement ; FIG. sans à-coups ; sans accroc. ||°**-moment** n. (s, e) couple (m.) de friction. ||°**-wärme** f. chaleur (f.) de frottement.

reich [raiç] adj. **1.** riche ; opulent. | *arm und reich*, riches et pauvres. | *reich heiraten*, faire un riche mariage. || FIG. *reich an Gemüt*, qui a beaucoup de cœur.

2. abondant ; fécond ; fertile ; riche. | *reiche Ernte*, récolte abondante. | *reiche Reime*, des rimes (f. pl.) riches. | *in reichem Maße*, abondamment.

reich|haltig ["raiç'haltiç] adj. riche ; abondant. ||°**-haltigkeit** f. abondance f. ; richesse f.

Reich [raiç] n. (s, e) empire m. ; royaume m. || PR. et FIG. domaine m. || HIST. *das Deutsche Reich*, l'empire allemand. | *das Heilige Römische Reich Deutscher Nation*, le Saint Empire romain germanique. | *das dritte Reich*, l'Allemagne hitlérienne ; le troisième Reich. || FIG. *das Reich der Schatten*, le royaume des ombres.

reichen ['raiçən] v. tr. tendre ; offrir ; passer ; présenter. | *jm die Hand reichen*, tendre, donner la main à qn. | *reichen Sie mir bitte das Brot !*, passez-moi le pain, s'il vous plaît. || FIG. *er kann ihm das Wasser nicht reichen*, il ne lui arrive pas à la cheville.

◇ v. intr. **1.** atteindre ; arriver à ; s'étendre jusqu'à ; s'élever à. | *sein Sohn reicht ihm bis an die Schulter*, son fils lui arrive à l'épaule. | *das Feld reicht bis an den Wald*, le champ s'étend jusqu'à la forêt. | *so weit der Blick reicht*, à perte de vue. | *so weit die Stimme reicht*, à portée de la voix.

2. (nach, dat.) tendre la main pour atteindre.

3. [genügen] suffire ; être suffisant. | *das reicht nicht*, cela ne suffit pas ; ce n'est pas assez.

reichlich ['raiçliç] adj. et adv. copieux ; abondant ; à profusion ; copieusement ; abondamment.

Reichs|acht ['raiçsaxt] f. ban (m.) de l'Empire. ||°**-adler** m. (s, -) aigle impériale. ||°**-apfel** m. (s, ¨) globe m. (insigne impérial). ||°**-bahn** f. chemins (m. pl.) de fer du Reich, de la R.D.A. ||°**-kanzler** m. (s, -) chancelier (m.) d'empire ; chancelier (m.) du Reich. ||°**-mark** f. (-) (reichs)mark m. ||°**-stadt** f. (-, ¨e) ville (libre) impériale. ||°**-stände** m. pl. HIST. Etats (m. pl.) de l'Empire. ||°**-tag** m. (s) Reichstag m. ; Diète (f.) de l'Empire. ||**-unmittelbar** adj. sous l'autorité immédiate de l'empire. ||°**-wehr** f. HIST. Reichswehr f.

Reichtum ['raiçtu:m] m. (s, ¨er) richesse f. ; fortune f. ; opulence f. || PAR EXT. fertilité f.

Reich|weite ["raiç'vaitə] f. (-, n) portée f. || AÉRON. rayon (m.) d'action. || SPORT. allonge f.

reif [raif] adj. PR. et FIG. mûr ; mûri. | *von, in reiferen Jahren*, plus âgé ; d'âge mûr ; d'un certain âge. | *reif zu etwas*, mûr pour qch. ; prêt à qch.

Reif [raif] m. (s, e) gelée blanche ; givre m.

Reif m. (es, e). V. REIFEN.

Reif|rock ['raifrɔk] m. (s, ¨e) robe (f.) à crinoline.

Reife ['raifə] f. maturité f. | *zur Reife bringen*, faire mûrir. || [Prüfung] *die mittlere Reife*, (*etwa*) B. E. P. C. m.

Reife|prüfung ["raifə'pry:fuŋ] f. (-, en) baccalauréat m. ||°**-teilung** f. BIOL. division réductrice. ||°**-zeugnis** n. diplôme (m.) de bachelier.

reifen ['raifən] v. intr. mûrir. | *das Obst ist gereift*, les fruits ont mûri. || FIG. *zum Manne reifen*, devenir un homme.

◇ v. tr. rendre mûr ; faire mûrir.

reifen [-fən] v. impers. *es reift*, il y a de la gelée blanche.

Reifen ['raifən] m. (s, -) cercle m. ; anneau m. ; bracelet m. || [Spielzeug] cerceau m. || [Fahrzeug] pneu m. | *ein Reifen ist geplatzt*, un pneu a crevé, est crevé.

Reifen|aufzieher ["raifən'auftsi:ər] m. (s, -) démonte-pneus m. ||°**-defekt** m. (s, e), °**-panne** f. (-, n) crevaison f. ||°**-profil** n. (s, e) sculpture (f.) du pneu. ||°**-satz** m. (es, ¨e) train (m.) de pneus. ||°**-spiel** n. (s) jeu (m.) de cerceau. ||°**-wulst** m. (es, ¨e) jante (f.) de pneu.

reiflich ['raifliç] adj. mûr ; approfondi. | *nach reiflicher Überlegung*, après mûre réflexion.

Reigen ['raigən] m. (s, -) ronde f. ; danse f. || FIG. *den Reigen anführen*, ouvrir le bal.

Reihe ['raiə] f. (-, n). **1.** série f. ; rangée f. ; file f. | *eine Reihe von Zimmern*, une suite, une enfilade de chambres. | *eine bunte Reihe machen*, faire alterner les dames et les messieurs. | *in Reihe stehen*, être aligné. | *in zweiter Reihe parken*, être garé en double file.

2. MIL. file f. ; colonne f. | *in Reih und Glied*, en rangs.

3. ordre m. ; tour m. | *nach der Reihe ; der Reihe nach*, l'un après l'autre ; à tour de rôle ; chacun à son tour. | *die Reihe ist an mir ; ich bin an der Reihe*, c'est mon tour ; c'est à moi. | *außer der Reihe*, avant son tour, par faveur. | *wieder in die Reihe kommen*, se rétablir ; reprendre sa place ; FIG. [Gesundheit] se rétablir. | *aus der Reihe tanzen*, perdre le rythme ; FIG. ne pas faire comme les autres.

4. MATH., TECHN. série f. ; suite f. | *arithmetische Reihe*, progression (f.) arithmétique. || ÉLECTR. *in Reihe schalten*, brancher, monter en série.

reihen ['raiən] v. tr. ranger ; mettre en rangs. | *Perlen reihen*, enfiler des perles. || TEXT. faufiler.

Reihen|dorf ["raiən'dɔrf] n. (s, ¨er). GÉOGR. village-rue m. ||°**-fertigung** f. (-, en) fabrication (f.) en série, en masse. ||°**-folge** f. (-, n) suite (f.), ordre (m.) de priorité. | *in alphabetischer, zeitlicher Reihenfolge*, par ordre alphabétique, chronologique. ||°**-schaltung** f. (-, en). ÉLECTR. montage (m.) en série. ||**-weise** adv. par rangs ; par files ; par séries.

Reiher ['raiər] m. (s, -) héron m.

Reiher|busch ["raiər'buʃ] m. (es, ¨e) aigrette f. ||°**-schnabel** m. (s, ¨). BOT. bec-de-grue m.

reihum [rai'um] adv. en rangs ; en cercle.

Reim [raim] m. (s, e) rime f. ; vers m. | *Reime schmieden*, rimailler. | *ein Reim auf « en »*, une rime en « en ». || LOC. *darauf kann ich mir keinen Reim machen*, je n'y comprends rien.

reimen ['raimən] v. tr. mettre en vers ; rimer. ◇ v. intr. rimer. | *singen reimt auf klingen, « singen »* rime avec *« klingen »*. || FIG. *wie reimt sich das ?*, à quoi cela rime-t-il ? | *das reimt sich nicht*, cela ne rime à rien.

reim|los ['raimlo:s] adj. sans rimes. | *reimlose Verse*, vers blancs. ||°**-silbe** f. (-, n), °**-wort** n. (s, ¨er) rime.

Re|import [reim'pɔrt] m. (s, e). COMM. réimportation f.

re|importieren [reimpɔr'ti:rən] v. tr. COMM. réimporter.

rein [rain] abrév. de **herein**. | *du bist 'reingefallen*, tu es tombé dans le panneau. || *Reinfall*, échec m. ; mauvaise affaire.

rein [rain] adj. **1.** pur ; sans mélange. | *aus reiner Seide*, (en) pure soie. | *in chemisch reiner Form*, chimiquement pur. | *reines Wasser*, eau pure. || FIG. *Diamant von reinstem Wasser*, diamant (m.) de la plus belle eau. | *ein Sozialist von reinstem Wasser*, un socialiste bon teint. | *jm reinen Wein einschenken*, dire la vérité à qn.
2. TECHN. *reine (und angewandte) Mathematik*, mathématiques pures (et mathématiques appliquées). || PHILOS. *reine Vernunft*, raison pure.
3. [lauter] pur ; vrai ; absolu. | *reines Glück*, pur hasard. | *eine reine Komödie*, (de la) pure comédie. | *er ist die reine Güte*, il est la bonté même. | *ein reiner Tyrann*, un vrai tyran. | *das ist reiner Wahnsinn*, c'est de la folie pure. | *reiner Verlust*, perte sèche. | *es ist rein unmöglich*, c'est absolument impossible.
4. [sauber] pur ; sans tache ; propre ; net. | *rein machen*, nettoyer. | *reine Aussprache*, bonne prononciation ; prononciation (f.) sans accent. | *ins reine schreiben*, mettre au net. || FIG. *etwas ins reine bringen*, tirer qch. au clair. | *darüber will ich ins reine kommen*, je veux en avoir le cœur net. | *reinen Mund halten*, se taire ; ne dire mot. | *mit jm im reinen sein*, être d'accord avec qn. | *bist du dir im reinen darüber ?*, es-tu bien sûr de ton fait ? | *reinen Tisch machen*, faire table rase.
5. [unschuldig] pur ; innocent ; sans faute. | *reines Gewissen*, conscience pure.

Rein|erlös ["rainɛr'lø:s] m. (es, e), °**-ertrag** m. (s, ¨e) produit net. ||°**-gewicht** n. (s, e) poids net. ||°**-gewinn** m. (s, e) bénéfice net. ||°**-kultur** f. (-, en) bouillon (m.) de culture. ||**-leinen** adj. de lin pur ; en pure toile. ||°**-machen** n. (s) nettoyage m. ||°**-schrift** f. (-, en) copie (f.) au net. ||**-waschen (sich)** [ä, u, a] v. pr. se disculper. ||**-weg** adv. tout à fait.

Reinheit ['rainhait] f. pureté f. ; limpidité f. ; authenticité f. ; innocence f.

reinigen [-nigən] v. tr. et v. pr. nettoyer ; purifier ; épurer ; purger ; décrasser.

Reinigung [-niguŋ] f. (-, en) nettoyage m. ; purification f. || COMM. teinturerie f. | *ein Kleidungsstück in die Reinigung geben*, donner, porter un vêtement à la teinturerie.

Reinigungs|mittel ["rainiguŋs'mitəl] n. (s, -) produit (m.) de nettoyage ; détergent m.

reinlich ['rainliç] adj. net ; propre.

Reinlichkeit [-kait] f. propreté f. ; netteté f.

re|investieren [reinvɛs'ti:rən] v. tr. FIN. réinvestir.

Re|investierung [reinvɛs'ti:ruŋ] f. (-, en). FIN. réinvestissement m.

Reis [rais] m. (es, e) riz m.

Reis|bau ['raisbau] m. (s, e) culture (f.) de riz. ||°**-feld** n. (s, er) rizière f.

Reis [rais] n. (es, er) rameau m. ; (re)jet m. ; brindille f. ; pousse f. | *Reiserbesen*, balai (m.) de brindilles.

Reise ['raizə] f. (-, n) voyage m. ; excursion f. ; trajet m. | *eine Reise nach Deutschland*, un voyage en Allemagne. | *auf der Reise*, en voyage. | *Seereise*, voyage en mer. | *Gesellschaftsreise*, voyage collectif.

Reise|auslagen ["raizə'ausla:gən] f. pl. frais (m. pl.) de déplacement. ||°**-bedarf** m. (s) articles (m. pl.) de voyage. ||°**-bericht** m. (s, e) récit (m.) de voyage. ||°**-besteck** n. (s, e) nécessaire (m.) de voyage. ||°**-führer** m. (s, -) guide (m.) de voyage. ||°**-büro** n. (s, s) agence (f.) de tourisme, de voyages. ||**-fertig** adj. prêt à partir (en voyage). ||°**-flughöhe** f. (-, n). AÉRON. altitude (f.) de croisière. ||°**-gepäck** n. (s, e) bagages m. pl. ||°**-gesellschaft** f. (-, en) compagnons (m. pl.) de voyage ; groupe (organisé) de voyageurs. ||°**-koffer** m. (s, -) malle f. ; valise f. ||°**-kosten** pl. frais (m. pl.) de voyage. ||°**-paß** n. (es, ¨e) passeport m. ||°**-plan** m. (s, ¨e) itinéraire m. ; projet (m.) de voyage. ||°**-schreibmaschine** f. (-, n) machine à écrire portative. ||°**-spesen** pl. frais (m. pl.), indemnités (f. pl.) de déplacement. ||°**-tasche** f. (-, n) sac (m.) de voyage. ||°**-veranstalter** m. (s, -) voyagiste m. ||°**-verkehr** m. (s) trafic (m.) touristique.

reisen ['raizən] v. intr. voyager ; faire un voyage ; partir. | *nach Paris reisen*, aller à Paris ; partir pour Paris. | *durch Frankreich reisen*, faire un voyage en France ; parcourir la France. | *in die Ferien reisen*, partir en vacances. | *ein Reisender*, un voyageur.

Reisig ['raiziç] n. (s) petit bois ; ramée f.

Reisig|bündel ["raiziç'byndəl] n. (s, -), °**-holz** [-'hɔlts] n. (es, ¨er) fagot m.

Reiß|aus [rais'aus] m. ou n. FAM. *Reißaus nehmen*, prendre la fuite, le large.

Reiß|blei ['raisblai] n. (s, e) mine (f.) de plomb ; graphite m. ||°**-brett** n. (s, er) planche (f.) à dessin. ||°**-feder** f. (-, n) tire-ligne m. ||**-fest** adj. résistant. ||°**-kohle** f. (-, n) fusain m. ||°**-last** f. (-, en) charge (f.) de rupture. ||°**-nadel** f. (-, n) pointe sèche. ||°**-nagel** m. (s, ¨) punaise f. ||°**-schiene** f. (-, n). TECHN. té m. ||°**-verschluß** m. (es, ¨) fermeture (f.) à glissière ; fermeture Éclair. ||°**-zahn** m. (s, ¨e) canine f. ||°**-zeug** n. (s, e) boîte (f.) de compas. ||°**-zwecke** f. (-, n) punaise f. | *mit Reißzwecken befestigen*, FAM. punaiser.

reißen ['raisən] (i, i) v. tr. **1.** déchirer. | *ein Loch reißen*, faire un trou, un accroc. | *sich Löcher in die Strümpfe reißen*, trouer ses bas. | *in Stücke reißen*, déchirer ; mettre en pièces.
2. [mit Gewalt ziehen] arracher ; entraîner. | *jm etwas aus den Händen reißen*, arracher qch. des mains de qn. | *jn zu Boden reißen*, jeter qn à terre. | *alles an sich reißen*, tout tirer à soi. | *die Macht an sich reißen*, se saisir du pouvoir.

3. FIG. *Possen reißen*, faire des pitreries. | *Witze reißen*, plaisanter ; faire des plaisanteries.
◇ v. intr. **1.** tirer violemment sur. | *der Hund reißt an der Kette*, le chien tire sur sa chaîne.
2. [brechen] se rompre ; se casser ; se déchirer. | *der Faden reißt*, le fil casse. || FIG. *mir reißt die Geduld*, ma patience est à bout.
◇ v. impers. *es reißt mir, mich in allen Gliedern*, j'ai des rhumatismes.
◇ part. prés. et adj. **reißend,** violent ; impétueux. | *reißender Strom*, fleuve (m.) rapide. || [wild] féroce. | *reißendes Tier*, bête (f.) féroce. || MÉD. *reißende Schmerzen*, douleurs lancinantes. || COMM. *die Ware geht reißend ab*, on s'arrache cette marchandise.
◇ part. pass. et adj. **gerissen,** débrouillard ; malin.
◇ v. pr. **sich reißen,** s'arracher. | *sich aus js Armen reißen*, s'arracher des bras de qn. || [sich verwunden] s'écorcher. | *sich an einem Nagel reißen*, s'écorcher à un clou. || FIG. *sich um etwas reißen*, s'arracher, se disputer qch.
Reißen [-sən] n. (s) douleur lancinante ; élancements m. pl.
Reißer ['raisər] m. (s, -). [Verkaufsschlager] pièce (f.) à succès ; livre (m.) à succès ; best-seller m.
reißerisch [-sәriʃ] adj. trompeur ; usuraire. | *reißerische Werbung*, réclame tapageuse.
Reit|anzug ["rait'antsu:k] m. (s, ¨e) costume (m.) de cheval. ||°**-bahn** f. (-, en) manège m. ; piste f. ||°**-gerte** f. (-, n) badine f. ; cravache f. ||°**-gurt** m. (s, e) sangle f. ||°**-hose** f. (-, n) culotte (f.) de cheval. ||°**-kappe** f. (-, n) bombe f. ||°**-knecht** m. (s, e) palefrenier m. ||°**-kunst** f. équitation f. ||°**-peitsche** f. (-, n) cravache f. ||°**-pferd** n. (s, e) cheval (m.) de selle. ||°**-schule** f. (-, n) école (f.) d'équitation ; manège m. ||°**-sitz** m. (es) *im Reitsitz*, à califourchon. || SPORT. [Turnen] écart (m.) en suspension. ||°**-tier** n. (s, e) animal (m.) de selle ; monture f. ||°**-turnier** n. (s, e) concours (m.) hippique. ||°**-wechsel** m. (s, -). COMM., FIG. traite (f.) de complaisance ; traite (f.) de cavalerie. ||°**-weg** m. (s, e) allée, piste cavalière.
reiten ['raitən] (i, i) v. intr. aller, être à cheval ; chevaucher. | *(im) Schritt, (im) Galopp, (im) Trab reiten*, aller au pas, au galop, au trot. | *spazieren reiten*, faire une promenade à cheval. || FIG. *das Kind reitet auf meinen Schultern*, l'enfant est à califourchon sur mes épaules.
◇ v. tr. monter (à cheval). | *ein Pferd reiten*, monter un cheval. | *ein Pferd zuschanden, zu Tode reiten*, tuer un cheval sous soi. || FIG. *ein Steckenpferd reiten*, enfourcher un dada. | *Prinzipien reiten*, être à cheval sur les principes. | *er reitet immer darauf herum*, c'est son cheval de bataille. | *er ist vom Teufel geritten*, il a le diable au corps.
Reiten [-tən] n. (s) équitation f.
Reiter(in) [-tər(in)] m. (s, -), f. (-, nen) cavalier m. ; cavalière f. ; écuyer m. ; écuyère f. ; amazone f. || TECHN. cavalier m. ; curseur m. || MIL. *spanischer Reiter*, cheval (m.) de frise.
Reiter|regiment ["raitərregi'mεnt] n. (s, er). MIL. régiment (m.) de cavalerie. ||°**-standbild** n. (s, er) statue (f.) équestre.
Reiterei [raitә'rai] f. (-, en). MIL. cavalerie f.
Reiters|mann ["raitərs'man] m. (s, ¨er) cavalier m.
Reiz [raits] m. (es, e). **1.** PHYS., PHYSIOL. [Stimulus] excitation f. || MÉD. irritation f. | *Brechreiz*, nausée f. **2.** [angenehme Wirkung] charme m. ; attrait m. ; appas m. pl. | *weibliche Reize*, appas féminins. | *Reiz der Neuheit*, attrait de la nouveauté.
reiz|los ['raitslo:s] adj. sans charme ; sans attrait ; insipide. ||°**-mittel** n. (s, -). MÉD. excitant m. ; stimulant m. ||°**-schwelle** f. (-, n). PHYSIOL. seuil (m.) d'excitation. ||°**-stoff** m. (s, e) substance (f.) lacrymogène. ||**-voll** adj. plein de charme, d'attrait.
reizbar ['raitsbɑ:r] adj. sensible ; susceptible ; irritable ; PAR EXT. nerveux. || PHYSIOL. excitable.
Reizbarkeit [-kait] f. sensibilité f. ; susceptibilité f. || PHYSIOL. excitabilité f.
reizen ['raitsən] v. tr. [erregen] agacer ; irriter ; stimuler ; exciter ; provoquer. | *die Augen reizen*, irriter les yeux. | *den Zorn reizen*, provoquer la colère. | *er hat mich dazu gereizt*, il m'y a poussé || [locken] attirer ; charmer. | *das reizt mich nicht*, ça ne me dit rien.
reizend [-tsənd] adj. ravissant ; charmant. || IRON. *das ist ja reizend*, c'est charmant.
Reizker ['raitskər] m. (s, -). BOT. oronge f.
Rekapitulation [rekapitula'tsio:n] f. (-, en) récapitulation f.
rekapitulieren [-'li:rən] v. tr. récapituler.
rekeln (sich) [ziç're:kəln] v. pr. [sich recken] s'étirer ; [sich lümmeln] s'affaler.
Reklamation [reklama'tsio:n] f. (-, en) réclamation f.
Reklame [re'klɑ:mə] f. (-, n) publicité f.
Reklame|feldzug [re"klɑ:mə'fεlttsu:k] m. (s, ¨e) campagne (f.) de publicité. ||°**-schrift** f. (-, en) prospectus m. ||°**-verkauf** m. (s, ¨e) vente-réclame f.
reklamieren [rekla'mi:rən] v. tr. réclamer.
rekognoszieren [rekɔgnɔs'tsi:rən] v. tr. MIL. faire une reconnaissance. || JUR. reconnaître.
Rekognoszierung [-ruŋ] f. (-, en). MIL., JUR. reconnaissance f.
rekonstruieren [rekɔnstru'i:rən] v. tr. reconstruire ; reconstituer.
Rekonvaleszent(in) [rekɔnvalεs'tsεnt(in)] m. (en, en), f. (-, nen). MÉD. convalescent(e) m. (f.).
Rekonvaleszenz [-'tsεnts] f. (-, en) convalescence f.
Rekord [re'kɔrt] m. (s, e) record m. | *einen Rekord aufstellen*, réaliser, établir un record.
Rekord|inhaber [re"kɔrtin'hɑ:bər] m. (s, -) recordman m. ||°**-preis** m. (es, e) prix (m.) record. ||°**-versuch** m. (s, e) tentative (f.) de record.
Rekrut [re'kru:t] m. (en, en). MIL. recrue f.
Rekruten|ausbildung [re"krutən'ausbilduŋ] f. (-, en) instruction (f.) des recrues.
rekrutieren [rekru'ti:rən] v. tr. recruter.
Rekrutierung [-ruŋ] f. (-, en) recrutement m.
rektal [rεk'tɑ:l] adj. rectal.
Rektifikation [rεktifika'tsio:n] f. (-, en) rectification f. || CHIM., MATH. rectification f.
rektifizieren [-'tsi:rən] v. tr. rectifier.
Rektifizierung [-ruŋ] f. (-, en) rectification f.
Rektion [rεk'tsio:n] f. (-, en). GRAMM. régime m.
Rektor ['rεktɔr] m. (s, en) recteur m. (d'une université) ; directeur m. (d'une école).
Rektorat [rεkto'rɑ:t] n. (s, e) rectorat m.
Rekurs [re'kurs] m. (es, e). JUR. recours m. ; pourvoi m.
Relais [rə'lε:] n. TRANSP., ÉLECTR. relais m.
Relation [rela'tsio:n] f. (-, en). [Verhältnis] rapport m. ; proportion f.
relativ [rela'ti:f] adj. relatif.
Relativ|pronomen [rela"ti:fpro'no:mən] n. (s, mina) pronom relatif. ||°**-satz** m. (es, ¨e) proposition relative.
Relativismus [relati'vismus] m. relativisme m.
Relativität [-vi'tε:t] f. (-, en) relativité f. | *spezielle,*

allgemeine Relativitätstheorie, théorie (f.) de la relativité restreinte, généralisée.

Relaxation [relaksa'tsio:n] f. (-). PHYS. relaxation f.

relegieren [rele'gi:rən] v. tr. exclure ; renvoyer.

relevant [rele'vant] adj. important ; essentiel.

Relevanz [-'vants] f. importance f. ; caractère essentiel.

Relief [reli'ɛf] n. (s, s). [Bildhauerkunst] relief m. ‖ GÉOGR. relief m. ; carte (f.) en relief.

Relief|druck [re"ljɛf'druk] m. (s, e). TYPOGR. impression (f.) en relief. ‖°**-umkehr** f. (-, en). GÉOL. inversion (f.) de relief.

Religion [religi'o:n] f. (-, en) religion f.

Religions|bekenntnis [relegi"o:nsbə'kɛntnis] n. (ses, se) confession f. ; religion f. ‖°**-eifer** m. (s) zèle religieux ; prosélytisme m. ‖°**-kriege** m. pl. HIST. guerres (f. pl.) de Religion. ‖°**-lehre** f. instruction religieuse ; catéchisme m. ‖**-los** adj. sans confession. ‖°**-unterricht** m. (s) instruction religieuse ; catéchisme m. ‖**-wechsel** m. (s, -) conversion f.

religiös [religi'ø:s] adj. religieux ; pieux.

Religiosität [-giozi'tɛ:t] f. religiosité f. ; piété f.

Relikt [re'likt] n. (s, e) reste m. ; reliquat m.

Reling ['re:liŋ] f. (-, en), n. (s, e). MAR. bastingage m. ; garde-corps m.

Reliquie [re'li:kviə] f. (-, n) relique f.

Reliquiar [relikvi'ɑ:r] n. (s, e) reliquaire m.

Rem [rɛm] n. (s, s). PHYS. rem m.

remanent [rema'nɛnt] adj. CHIM., ÉLECTR. résiduel.

remilitarisieren [remilitari'zi:rən] v. tr. remilitariser.

Remilitarisierung [-'zi:ruŋ] f. remilitarisation f.

Reminiszenz [reminis'tsɛnts] f. (-, en) réminiscence f.

remis [rəmi:] adj. et adv. [Schachspiel] remis ; reporté.

Remittenden [remi'tɛndən] m. pl. retours m. pl. ; invendus m. pl.

Remittent [-'tɛnt] m. (en, en). COMM. remetteur m. ; remettant m.

remittieren [-'ti:rən] v. tr. [zurückschicken] renvoyer (des marchandises). ‖ [übersenden] remettre.

Remoulade [remu'lɑ:də] f. (-, n) sauce (f.) rémoulade.

Rempelei [rɛmpə'lai] f. (-, en) bousculade f.

rempeln ['rɛmpəln] v. tr. bousculer.

Rem(p)ter ['rɛm(p)tər] m. (s, -). HIST. réfectoire m. ; salle f. (des châteaux forts et des cloîtres).

Renaissance [rənɛs'sɑ̃:s] f. HIST. Renaissance f.

Rendezvous [rɑ̃de'vu:] n. rendez-vous m.

Rendite [rɛn'di:tə] f. (-, n) rendement m. ; taux (m.) de rendement.

Renegat [rene'gɑ:t] m. (en, en) renégat m.

Reneklode [rɛnə'klo:də] f. (-, n). BOT. reine-claude f.

Renette [re'nɛtə] f. (-, n). BOT. reinette f.

renitent [reni'tɛnt] adj. récalcitrant.

Renn|bahn ['rɛnbɑ:n] f. (-, en). [Pferderennen] champ (m.) de course ; hippodrome m. ‖ [Radsport] vélodrome m. ‖ [Autorennen] circuit (m.) de vitesse. ‖°**-boot** n. (s, e) bateau (m.) de course. ‖°**-fahrer** m. (s, -) coureur m. (automobiliste, cycliste). ‖°**-pferd** n. (s, e) cheval (m.) de course. ‖°**-platz** m. (es, ¨e) champ (m.) de course. ‖°**-sport** m. (s) course f. ; turf m. ‖°**-wagen** m. (s, -) voiture (f.) de course. ‖°**-wette** f. (-, n) pari mutuel.

rennen ['rɛnən] (rannte, gerannt) v. intr. courir ; se précipiter. ‖ FIG., FAM. *mit dem Kopf gegen die Wand rennen*, foncer à l'aveuglette. ‖ SPORT. disputer une course.

◇ v. tr. *er rannte ihm das Messer durch den Leib*, il lui passa son couteau à travers le corps.

Rennen ['rɛnən] n. (s) course f. | *das Rennen machen*, gagner la course ; FIG., FAM. emporter le morceau.

Renner [-nər] m. (s, -) cheval (m.), voiture (f.) de course ; coureur m.

Renommee [-'me:] n. (s) renommée f.

renommieren [-'mi:rən] v. intr. [prahlen] crâner ; se vanter.

renommiert [-'mi:rt] adj. renommé.

renovieren [reno'vi:rən] v. tr. remettre à neuf.

Renovierung [-ruŋ] f. (-, en) remise (f.) à neuf.

rentabel [rɛn'tɑ:bəl] adj. [einträglich] rentable ; lucratif ; profitable.

Rentabilität [-tabili'tɛ:t] f. (-, en). [Einträglichkeit] rentabilité f. ; bon rendement ; rapport m.

Rentabilitäts|grenze [rɛntabili"tɛ:ts'grɛntsə] f. (-, n), °**-schwelle** [-'ʃvɛlə] f. (-, n) seuil (m.) de rentabilité.

Rente ['rɛntə] f. (-, n) rente f. ; annuité f. ; pension f. | *Altersrente*, pension de vieillesse. | *ablösbare Rente*, rente amortissable, achetable. | *unkündbare Rente*, rente perpétuelle.

Renten|alter ["rɛntən'altər] n. (s) âge (m.) de la retraite. ‖°**-bezieher** m. (s, -) bénéficiaire (m.) d'une rente. ‖°**-empfänger** m. (s, -) rentier m. ; pensionnaire m., titulaire (m.) d'une rente. ‖°**-mark** f. HIST. mark revalorisé (de 1923). ‖°**-markt** m. (s, ¨e). FIN. marché (m.) obligataire, des obligations. ‖°**-versicherung** f. assurance (f.) vieillesse.

Rentier ['rɛnti:r] n. (s, e). ZOOL. renne m.

rentieren [rɛn'ti:rən] v. intr. rapporter.

◇ v. pr. **sich rentieren,** être rentable ; être d'un bon rapport. | *das rentiert sich nicht*, cela n'en vaut pas la peine.

Rentner(in) ['rɛntnər(in)] m. (s, -), f. (-, nen) rentier m. ; rentière f. ; retraité(e) m. (f.).

reorganisieren [reɔrgani'zi:rən] v. tr. réorganiser.

Reparationen [repara'tsio:nən] f. pl. réparations f. pl. (de guerre).

Reparatur [-'tu:r] f. (-, en) réparation f.

reparieren [repa'ri:rən] v. tr. réparer.

repatriieren [repatri'i:rən] v. tr. rapatrier.

Repatriierung [-ruŋ] f. (-, en) rapatriement m.

Repertoire [repɛr'twɑ:r] n. (s, s). THÉÂTRE. répertoire m.

Repetent [repe'tɛnt] m. (en, en) redoublant m.

repetieren [-'ti:rən] v. tr. [Lektion] réviser. ‖ [Klasse] redoubler.

Repetier|gewehr [repe"ti:rgə've:r] n. (s, e) fusil (m.) à répétition.

repetitiv [repeti'ti:f] adj. *repetitive Arbeit*, tâche répétitive.

Repetitor [repe'ti:tɔr] m. (s, en) répétiteur m.

Repetitorium [repeti'to:rium] n. (s, ria) aide-mémoire m.

Replik [re'pli:k] f. (-, en) réplique f.

replizieren [repli'tsi:rən] v. tr. répliquer.

Report [re'port] m. (s, e). FIN. report m.

Reportage [rəpɔr'tɑ:ʒə] f. (-, n) reportage m.

Reporter [re'portər] m. (s, -) reporter m.

repräsentabel [reprɛzɛn'tɑ:bəl] adj. [wirkungsvoll] qui (re)présente bien ; qui a de l'allure.

Repräsentant [-'tant] m. (en, en). [Vertreter] représentant m. | *Repräsentantenhaus*, parlement m.
Repräsentation [-ta'tsio:n] f. (-, en) représentation f.
repräsentations|fähig [-'fɛ:iç] adj. présentable.
repräsentativ [-ta'ti:f] adj. représentatif.
Repräsentativ|erhebung [reprɛzɛnta"ti:fɛr-'hɛ:buŋ] f. (-, en) enquête (f.) par sondage ; sondage (m.) sur un échantillon représentatif.
repräsentieren [reprɛzɛn'ti:rən] v. tr. représenter (qn, qch.).
◇ v. intr. faire de l'effet.
Repressalien [reprɛ'sɑ:liən] f. pl. représailles f. pl.
repressiv [reprɛ'si:f] adj. répressif.
re|privatisieren [reprivati'si:rən] v. tr. ÉCON. dénationaliser ; privatiser.
Re|privatisierung [-'si:ruŋ] f. (-, en). ÉCON. dénationalisation f. ; privatisation f.
Reproduktion [reproduk'tsio:n] f. (-, en). TYPOGR., PHOT. reproduction f.
reproduzieren [-du'tsi:rən] v. tr. reproduire.
Repro|graphie [-gra'fi:] f. (-, n). TECHN. reprographie f.
Reptil [rep'ti:l] n. (s, ien). [Kriechtier] reptile m. || FIG., POLIT. *Reptilienfonds*, fonds secrets ; FAM. caisse noire.
Republik [repu'bli:k] f. (-, en) république f.
Republikaner(in) [-bli'kɑ:nər(in)] m. (s, -), f. (-, nen) républicain(e) m. (f.).
republikanisch [-bli'kɑ:niʃ] adj. républicain.
Repunze [re'puntsə] f. (-, n) poinçon m.
reputierlich [repu'ti:rliç] adj. qui a bonne réputation.
requirieren [rekvi'ri:rən] v. tr. réquisitionner.
Requirierung [-ruŋ] f. (-, en) réquisition f.
Requisiten [rekvi'zi:tən] n. pl. THÉÂTRE. accessoires m. pl. || PAR EXT. thèmes, motifs traditionnels.
Requisition [rekvizi'tsio:n] f. (-, en) réquisition f.
Resede [re'ze:də] f. (-, n). BOT. réséda m.
Reservat [rezɛr'va:t] n. (s, e). [Sonderrecht] réserve f. (territoire et droit).
Reserve [re'zɛrvə] f. (-, n). COMM., MIL. réserve f. | *stille Reserven*, réserves occultes, cachées.
Reserve|mann [re"zɛrvə'man] m. (s, -leute). MIL. réserviste m. ||°**-offizier** m. (s, e) officier (m.) de réserve. ||°**-rad** n. (s, ¨er) roue (f.) de rechange.
reservieren [rezɛr'vi:rən] v. tr. réserver.
◇ part. pass. et adj. **reserviert.** PR. et FIG. réservé.
Reservist [-'vist] m. (en, en). MIL. réserviste m.
Residenz [-'dɛnts] f. (-, en) résidence f.
Residenz|pflicht [rezi"dɛnts'pfliçt] f. (-, en). JUR. obligation (f.) de résidence. ||°**-stadt** f. (-,¨e) résidence f. ; capitale princière.
residieren [rezi'di:rən] v. intr. résider.
Residuum [re'zi:duum] n. (s, uen) résidu m.
Resignation [rezigna'tsio:n] f. résignation f. ; renoncement m.
resignieren [-'gni:rən] v. intr. renoncer ; cesser la lutte.
◇ part. pass. et adj. **resigniert,** résigné ; découragé.
Resistenz [rezis'tɛnts] f. (-, en) [capacité (f.) de] résistance f. ; endurance f.
resolut [rezo'lu:t] adj. résolu ; décidé.
Resolution [-lu'tsio:n] f. (-, en) décision f.
Resonanz [rezɔ'nants] f. (-, en) résonance f. || FIG. retentissement m.
Resonanz|boden [rezɔ"nants'bo:dən] m. (s, ¨) table (f.) d'harmonie. ||°**-frequenz** f. (-, en). PHYS. fréquence (f.) de résonance. ||°**-kasten** m. (s,¨). PHYS. caisse (f.) de résonance. ||°**-linie** f. (-, n). PHYS. raie (f.) de résonance.
Resonator [rezɔ'nɑ:tɔr] m. (s, en). PHYS. résonateur m.
resorbieren [rezɔr'bi:rən] v. tr. résorber ; absorber.
Resorzin [rezɔr'tsi:n] n. (s). CHIM. résorcine f.
Respekt [rɛs'pɛkt] m. (s) respect (pour qn). | *sich Respekt verschaffen*, se faire respecter.
respekt|los [rɛs"pɛkt'lo:s] adj. irrespectueux. ||°**-losigkeit** f. manque (m.) de respect. ||°**-tage** m. pl. COMM. jours (m. pl.) de grâce, de répit, de faveur. ||**-voll** adj. respectueux ; plein de respect.
Respekts|person [res"pɛktspɛr'zo:n] f. (-, en) personnage important.
respektabel [rɛspɛk'tɑ:bəl] adj. respectable.
respektieren [-'ti:rən] v. tr. respecter.
respektierlich [-'ti:rliç] adj. respectable.
respektive [rɛspɛk'ti:fə] adv. respectivement.
Ressort [rɛ'so:r] n. (s, s) ressort m. ; compétence f. ; département m. ; domaine m.
Rest [rɛst] m. (s, e et er) reste m. ; restant m. ; reliquat m. | *die irdischen Reste*, la dépouille mortelle (de qn) ; les restes. | *jm den Rest geben*, achever qn ; donner le coup de grâce à qn. | *für den Rest seiner Tage*, pour le restant de ses jours. || COMM. reliquat m. || MATH. reste m.
Rest|bestand ["rɛstbə'ʃtant] m. (s, ¨e). [Waren] solde m. ; reliquat m. ; reste m. ||°**-betrag** m. (s,¨e). [Geld] reliquat m. ||**-los** adj. et adv. sans laisser de reste ; sans réserve ; complètement. ||°**-luft** f. PHYSIOL. air résiduel. ||°**-magnetismus** m. rémanence f. ||°**-wärme** f. (-). NUCL. chaleur résiduelle.
Restaurant [rɛsto'rɑ̃] n. (s, s) restaurant m. ; brasserie f.
Restaurateur [-ra'tø:r] m. (s, e) restaurateur m.
Restauration [-ra'tsio:n] f. (-, en) restaurant m. || [Handlung] restauration f. ; réfection f. || POLIT. restauration f.
restaurieren [-'ri:rən] v. tr. restaurer. || POLIT. restaurer ; rétablir.
Restaurierung [-'ri:ruŋ] f. (-, en). ARTS. restauration f.
restlich ['rɛstliç] adj. (qui est) de reste ; restant.
restituieren [rɛstitu'i:rən] v. tr. [wiedererstatten] restituer.
Restituierung [-'i:ruŋ] f. (-, en), **Restitution** [-tu'tsio:n] f. (-, en) restitution f.
Restriktions|enzyme [rɛstrik"tsio:nsɛn'tsy:mə] m. pl. MÉD. enzymes (f. ou m. pl.) de restriction.
Resultat [rezul'tɑ:t] n. (s, e) résultat m.
resultieren [-'ti:rən] v. intr. résulter. | *daraus resultiert*, il en résulte ; il en ressort.
Resultierende [-'ti:rəndə] f. (-, n), **Resultante** [-'tantə] f. (-, n). PHYS. résultante f.
Resümee [rezy'me:] n. (s, s) résumé m.
resümieren [-'mi:rən] v. tr. résumer.
retardieren [retar'di:rən] v. tr. retarder.
Retorte [re'tɔrtə] f. (-, n). CHIM. cornue f.
Retorten|baby [re"tɔrtən'be:bi] n. (s, s) bébé-éprouvette m.
retro|datieren ["retroda'ti:rən] v. tr. antidater. ||**-spektiv** adj. rétrospectif. ||°**-virus** n. (-, en). MÉD. rétrovirus m.
retten ['rɛtən] v. tr. sauver ; délivrer. | *jm das Leben retten*, sauver la vie à qn. | *nicht mehr zu retten sein*,

être perdu ; ne pouvoir être sauvé. | *rette sich, wer kann !*, sauve qui peut !
◇ part. prés. et adj. **rettend**, sauveur (f. : salvatrice).
Retter [-tər] m. (s, -) sauveur m. ; sauveteur m.
Rettich ['rɛtiç] m. (s, e). BOT. radis m. || [Meerrettich] raifort m.
Rettung ['rɛtuŋ] f. (-, en) sauvetage m. ; délivrance f.
Rettungs|aktion ["rɛtuŋsak'tsio:n] f. (-, en) opération (f.) de sauvetage. ||°**-anker** m. (s, -) ancre (f.) de salut. ||°**-boot** n. (s, e) canot (m.) de sauvetage. ||°**-dienst** m. (s, e) service (m.) de secours. ||°**-floß** n. (es, ¨e) radeau (m.) de sauvetage. ||°**-gürtel** m. (s, -) ceinture (f.) de sauvetage. ||°**-los** adj. sans remède ; sans ressource. | *rettungslos verloren*, perdu sans remède. ||°**-ring** m. (s, e) bouée (f.) de sauvetage. ||°**-rutsche** f. (-, n). AÉRON. manche (f.) d'évacuation. ||°**-station** f. (-, en), °**-stelle** f. (-, n) poste de secours. ||°**-wagen** m. (s, -) ambulance f. ||°**-weste** f. (-, n) gilet (m.) de sauvetage.
Retusche [re'tuʃə] f. (-, n). PHOT. retouche f.
retuschieren [-tu'ʃi:rən] v. tr. PHOT. retoucher.
Reue ['rɔyə] f. repentir m. ; regret m.
Reugeld ["rɔy'gɛlt] n. (s, er) prime (f.) de dédit. ||**-mütig** adj. pénétré de repentir. ||°**-mütigkeit** f. repentir m. ; contrition f.
reuen ['rɔyən] v. tr. et v. impers. *es reut mich*, je regrette. | *seine Tat reut ihn*, il regrette son acte.
reuig ['rɔyiç] adj. repentant ; contrit ; pénitent.
Reuse ['rɔyzə] f. (-, n) nasse f.
Revalorisierung [revalɔri'zi:ruŋ] f. (-, en) revalorisation f.
Revanche [rə'vɑ̃ʃə] f. revanche f.
revanchieren (sich) [ziçrevaŋ'ʃi:rən] v. pr. [für] prendre sa revanche de. || FIG. rendre la pareille ; FAM. renvoyer l'ascenseur.
Reverenz [reve'rɛnts] f. (-, en) révérence f.
Revers [re'vɛrs] n. (-, -). [Kleidung] revers m.
reversibel [-vɛr'zi:bəl] adj. réversible.
revidieren [revi'di:rən] v. tr. reviser ; vérifier. | *die Bücher revidieren*, faire la revision de la comptabilité.
Revier [re'vi:r] n. (s, e) secteur m. ; district m. || [Polizeirevier] commissariat (m.) de police. || [Forstwesen] triage m. || PR. et FIG. chasse gardée.
Revier|förster [re"vi:r'fø:rstər] m. (s, -) garde général.
Revirement [revir'mɑ̃:] n. (s, s). POLIT. mouvement (m.) de personnel ; remaniement.
Revision [revi'zio:n] f. (-, en). COMM. vérification f. || TYPOGR. révision f. (des épreuves). || JUR. révision f. (d'un procès). | *Revision einlegen*, se pourvoir.
Revisionismus [revizio'nismus] m. (-, men). POLIT. révisionnisme m.
Revisor [re'vi:zor] m. (s, en) réviseur m. ; vérificateur m. || TYPOGR. réviseur m.
Revolte [re'vɔltə] f. (-, n). [Aufruhr] révolte f.
revoltieren [revɔl'ti:rən] v. tr., v. intr. et v. pr. (se) révolter.
Revolution [-lu'tsio:n] f. (-, en) révolution f.
revolutionär [-lutsio'nɛ:r] adj. révolutionnaire.
Revolutionär [-'nɛ:r] m. (s, e) révolutionnaire m.
Revolver [re'vɔlvər] m. (s, -) revolver m.
Revolver|blatt [re"volvər'blat] n. (s, ¨er) feuille (f.) à scandale. ||°**-tasche** f. (-, n) poche (f.) revolver.
Revue [rə'vy] f. (-, n). THÉÂTRE., LITTÉR., MIL. revue f. | *Revue passieren lassen*, passer en revue.
Rezensent [retsɛn'zɛnt] m. (en, en) critique m.
rezensieren [-'zi:rən] v. tr. faire un compte rendu.
Rezension [-'zio:n] f. (-, en) critique f. ; analyse f. ; compte rendu. || recension f. | *Rezensionsexemplar*, exemplaire (m.) de presse.
Rezept [re'tsɛpt] n. (s, e). CULIN. recette. | *Rezept zu einer Speise*, recette d'un plat. || MÉD. ordonnance f.
Rezession [retsɛ'sio:n] f. (-, en). ÉCON. récession f.
Rezidiv [retsi'di:f] n. (s, e). MÉD. rechute f. || JUR. récidive f.
reziprok [retsi'pro:k] adj. réciproque.
Rezitativ [retsita'ti:f] n. (s, e). MUS. récitatif m.
Rezitator [-'ta:tɔr] m. (s, en) récitant m.
rezitieren [-'ti:rən] v. tr. réciter.
Rhabarber [ra'barbər] m. (s). BOT. rhubarbe f.
Rhapsodie [rapzo'di:] f. (-, n). MUS. rhapsodie f.
Rhein [rain] n. pr. m. GÉOGR. Rhin m.
Rhein|bund ['rainbunt] m. (s). HIST. Confédération (f.) du Rhin. ||°**-fahrt** f. (-, en) voyage (m.) sur le Rhin. ||°**-fall** m. (s, ¨e) chute (f.) du Rhin. ||°**-gau** n. pr. m. (s). GÉOGR. région (f.) au sud du Taunus. ||°**-land** n. pr. n. (s) Rhénanie f. ||°**-lande** n. pl. provinces rhénanes. ||°**-länder** m. (s, -) Rhénan m. ||**-ländisch** adj. rhénan ; du Rhin. ||°**-pfalz** n. pr. f. Palatinat rhénan.
rheinisch ['rainiʃ] adj. rhénan.
Rheologie [reolo'gi:] f. PHYS. rhéologie f.
Rheostat [reos'ta:t] m. (s, e) rhéostat m.
Rhesus|affe ["re:sus'afə] m. (n, n). ZOOL. rhésus m. ||°**-faktor** m. (s). BIOL. facteur (m.) Rhésus.
Rhetorik [re'to:rik] f. rhétorique f.
Rhetoriker [-'to:rikər] m. (s, -) rhétoricien m.
rhetorisch [-'to:riʃ] adj. rhétorique.
Rheuma ['rɔyma] n. (s), **Rheumatismus** [-ma'tismus] m. (-, men) rhumatisme m.
rheumatisch [rɔy'ma:tiʃ] adj. rhumatismal.
Rheumatologe [rɔymato'lo:gə] m. (n, n), **Rheumatologin** [-'lo:gin] f. (-, nen) rhumatologue s.
Rhinozeros [ri'no:tseros] n. (-, se) rhinocéros m.
Rhizom [ri'zo:m] n. (s, e) rhizome m.
Rhizopode [ritso'po:də] m. (n, n). ZOOL. rhizopode m.
Rhododendron [rodo'dɛndrɔn] n. (s, ren). BOT. rhododendron m.
rhombisch ['rɔmbiʃ] adj. rhomboïdal.
Rhomboeder [rɔmbo'e:dər] n. (s, -) rhomboèdre m.
Rhomboid [rombo'i:d] n. (s, e) rhomboïde m.
Rhombus ['rɔmbus] m. (ses, se) losange m.
Rhythmik ['rytmik] f. rythme m. ; rythmique f.
rhythmisch [-miʃ] adj. rythmique.
Rhythmus [-mus] m. (-, men) rythme m. ; cadence f.
Ribo|flavin [ribofla'vi:n] n. (s, e). MÉD. riboflavine f. ||°**-nuklease** f. BIOL. ribonucléase f. ||°**-nukleinsäure** f. (-, n). BIOL. acide (m.) ribonucléique. ||°**-zom** n. (s, en). BIOL. ribosome m.
Richt|antenne ["riçtan'tɛnə] f. (-, n). RADIO. antenne directrice. ||°**-beil** n. (s, e) hache f. (du bourreau). ||°**-blei** n. (s, e) fil (m.) à plomb. ||°**-block** m. (s, ¨e) billot m. (de l'exécution). ||°**-feuer** n. (s, -) feux (m. pl.) de direction. ||°**-funk** m. (s, e) câble, faisceau hertzien ; radio (f.) relais. ||°**-kreis** m. (es, e) cercle (m.) de pointage ; goniomètre m. ||°**-latte** f. (-, n) jalon (m.) de repérage ; réglette f. ||°**-linie** f. (-, n) directive f. ; instruction f. ||°**-platz** m. (es, ¨e), °**-stätte** f. (-, n) lieu (m.) du supplice. ||°**-preis** m. (es, e) prix conseillé, indicatif. ||°**-schnur** f. (-, en)

cordeau m. || FIG. règle (f.) de conduite. ||°-**wert** m. (s, e) valeur indicative ; élément (m.) d'appréciation. ||°-**zahl** f. (-, en). MATH. indice m.

Richte ['riçtə] f. direction f. ; ligne droite. | *in die Richte bringen*, mettre d'aplomb. | *aus der Richte kommen*, se fourvoyer ; perdre le droit fil.

richten [-tən] v. tr. **1.** dresser ; régler ; aligner. | *gerade richten*, redresser. | *den Mast in die Höhe richten*, redresser le mât. | *seine Uhr richten*, régler sa montre. **2.** PAR EXT. diriger (vers) ; tourner ; adresser. | *das Geschütz auf, gegen die Stadt richten*, pointer le canon vers, sur la ville. | *seine Aufmerksamkeit auf einen Gegenstand richten*, porter son attention sur qch. | *die Segel (nach dem Winde) richten*, orienter les voiles. | *eine Bitte an jn richten*, adresser une demande à qn. **3.** [in Ordnung bringen] préparer ; mettre en œuvre. | *den Tisch richten*, dresser la table. | *alles für den Empfang richten*, tout préparer pour la réception. **4.** [urteilen] juger.
◇ v. intr. juger. | *über jn richten*, juger qn. | *ich habe nicht über ihn zu richten*, je n'ai pas à me faire son juge.
◇ v. pr. **sich richten. 1.** se dresser ; s'aligner ; se conformer (à). | *sich in die Höhe richten*, s'élever. | *Sie müssen sich danach richten*, vous devrez vous y conformer. | *ich habe mich nach ihm gerichtet*, j'ai suivi son exemple ; j'ai fait comme lui. || GRAMM. *sich nach dem Hauptwort richten*, s'accorder avec le substantif. **2.** se tourner vers ; s'adresser à. | *die Frage richtet sich an Sie*, la question s'adresse à vous.

Richter [-tər] m. (s, -). JUR. juge m. | *den Richter anrufen*, faire appel au juge. | *jn vor den Richter bringen*, traduire qn en justice.

Richter|amt ["riçtər'amt] n. (s, ¨er) judicature f. ; magistrature f. ||°-**spruch** m. (s, ¨e) sentence f. ||°-**stand** m. (s) magistrature (assise). ||°-**stuhl** m. (s, ¨e) tribunal m.

richterlich ['riçtərliç] adj. judiciaire. | *ein richterliches Amt ausüben*, exercer une magistrature.

Richter|skala ["riçtər'skɑ:la] f. (-) échelle (f.) de Richter.

richtig ['riçtiç] adj. et adv. **1.** [recht] juste ; exact ; bon ; parfait. | *der richtige Weg*, le bon chemin. | *der Richtige*, l'homme qu'il faut, qui convient. | *die Uhr geht richtig*, la montre est à l'heure. | *richtig schreiben*, écrire correctement. | *so ist's richtig*, c'est bien ; c'est parfait. | *er ist nicht ganz richtig*, il a un grain de folie. **2.** [recht ; echt ; tatsächlich] vrai ; effectif ; effectivement. | *ein richtiger Winter*, un véritable hiver. | *ein richtiger Münchner*, un vrai Munichois.

richtig|gehend ["riçtiç'ge:ənt] adj. [Uhr] exact. ||-**stellen** v. tr. rectifier. ||°-**stellung** f. (-, en) mise (f.) au point ; rectification f.

Richtigkeit ['riçtiçkait] f. exactitude f. ; justesse ; bien-fondé m. | *für die Richtigkeit der Abschrift*, pour copie conforme.

Richtung ['riçtuŋ] f. (-, en). **1.** direction f. ; sens m. | *in Richtung Berlin*, dans la direction de Berlin. | *die Richtung ändern*, changer de direction. **2.** LITTÉR., POLIT. orientation f. ; tendance f. | *richtunggebend, richtungweisend*, déterminant.

Richtungs|bestimmung ["riçtuŋsbə'ʃtimuŋ] f. (-, en) détermination (f.) de la direction. | *drahtlose Richtungsbestimmung*, radiogoniométrie f. ||-**los** adj. sans but. ||°-**pfeil** m. (s, e) flèche (f.) d'orientation.

Ricke ['rikə] f. (-, n). ZOOL. chevrette f.

riechen ['ri:çən] (o, o) v. intr. sentir ; avoir une odeur. | *es riecht gut*, cela sent bon. | *das Hemd riecht nach Lavendel*, la chemise sent la lavande.
◇ v. tr. sentir ; flairer. | *einen Geruch riechen*, sentir, percevoir une odeur. | *an einer Rose riechen*, respirer, humer le parfum d'une rose. FIG. *ich kann ihn nicht riechen*, je ne peux pas le sentir. | *den Braten riechen*, flairer qch. | *Lunte riechen*, éventer la mèche ; avoir vent de la chose.

Riecher [-çər] m. (s, -). FAM. nez m. ; flair m.

Riech|fläschchen ["ri:ç'flɛʃçən] n. (s, -) flacon (m.) de sels. ||°-**nerv** m. (s, en) nerf olfactif. ||°-**salz** n. (es, e) sels m. pl.

Ried [ri:t] n. (s, e) marais m. ; terrain marécageux. || BOT. roseau m. ; jonc m. | *Riedgras*, carex m. ; laîche f.

Riefe ['ri:fə] f. (-, n) cannelure f. ; rainure f.

riefe(l)n [-fəln] v. tr. canneler ; rayer.

Riege ['ri:gə] f. (-, n). SPORT. section f. ; équipe f.

Riegel ['ri:gəl] m. (s, -). **1.** petite poutre ; petite barre (en particulier dans un colombage). **2.** verrou m. ; targette f. | *den Riegel vorschieben*, pousser, mettre le verrou. || FIG. *einer Sache einen Riegel vorschieben*, empêcher qch. ; faire échec à qch. | *jn hinter Schloß und Riegel bringen*, mettre qn sous les verrous. **3.** GÉOGR., MIL. verrou m. ; barrage m. **4.** [Schokolade] barre f. **5.** [Stoffspange] bride f.

riegel|fest ["ri:gəl'fɛst] adj. verrouillé. ||°-**holz** n. (es) bois (m.) d'entretoise. ||°-**stellung** f. (-, en) barrage m. ; verrou (m.) d'arrêt.

Riemen ['ri:mən] m. (s, -). **1.** courroie m. ; lanière f. || [Schuh] cordon m. || FAM. ceinture f. || FIG. *sich den Riemen enger schnallen*, se serrer la ceinture. **2.** MAR. rame f. | *sich in die Riemen legen*, ramer à tour de bras ; FIG. se mettre avec ardeur à qch.

Riemen|antrieb ["ri:mən'antri:p] m. (s, e). TECHN. commande (f.) à, par courroie. ||°-**spanner** m. (s, -) tendeur (m.) de courroie. ||°-**übertragung** f. transmission (f.) par courroie.

Ries [ri:s] n. (es, e) [double] rame (f.) de papier.

Riese ['ri:zə] m. (n, n) géant m. ; colosse m.

Riesel|feld ["ri:zəl'fɛlt] n. (s, er) champ (m.) d'épandage.

rieseln [ri:zəln] v. intr. [Fluß] s'écouler ; ruisseler. || PAR EXT. [Sand] s'écouler ; couler.
◇ v. impers. *es rieselt*, il bruine.

Riesen|arbeit ["ri:zən'arbait] f. travail (m.) gigantesque. ||°-**gebirge** n. pr. n. GÉOGR. le Riesengebirge ; Monts (m. pl.) des Géants. ||°-**gestalt** f. (-, en) colosse m. ||-**groß** adj. gigantesque. ||°-**größe** f. taille (f.) gigantesque. ||°-**kraft** f. (-, ¨e) force herculéenne. ||°-**schlange** f. (-, n). ZOOL. boa m. ||°-**schritt** m. (s, e) pas (m.) de géant. ||°-**welle** f. (-, n). SPORT. grand soleil. ||°-**wuchs** m. (es). MÉD. gigantisme m.

riesenhaft ['ri:zənhaft] adj. V. RIESENGROß.

riesig ['ri:ziç] adj. géant ; gigantesque ; herculéen. | *riesig groß*, très grand. || FAM. *das freut mich riesig*, cela me fait un plaisir immense.

Riesin ['ri:zin] f. (-, nen) géante f.

Riff [rif] n. (s, e). MAR. récif m.

Riffel ['rifəl] f. (-, n). TEXT. drège f. || cannelure f.

riffeln ['rifəln] v. tr. canneler ; rayer. || TEXT. peigner ; carder.

rigoros [rigɔ'ro:s] adj. rigoureux, sévère ; strict.

Rigorosum [rigo'ro:zum] n. (s, sa). UNIV. soutenance (f.) de thèse.

Rille ['rilə] f. (-, n). [Rolle] rainure f. ; rigole f. ; gorge f. || [Schallplatte] sillon m.

Rind [rint] n. (s, er) bœuf m. ; bovin m.
◇ n. pl. **Rinder,** bêtes (f. pl.) à cornes ; race bovine.

Rind|fleisch ['rintflaiʃ] n. (es) viande (f.) de bœuf ; bœuf m. ||°-**fleisch|suppe** f. (-, n). CULIN.

consommé m. ||°-**vieh** n. (s) race bovine ; gros bétail. || FIG., FAM. butor m. ; abruti m. ; imbécile m.
Rinder|braten ["rindər'brɑ:tən] m. (s, -) rôti (m.) de bœuf. ||°-**herde** f. (-, n) troupeau (m.) de bœufs. ||°-**hirt** m. (en, en) vacher m. ||°-**talg** m. (s) suif (m.) de bœuf.
Rinde ['rində] f. (-, n) écorce f. || [Brot] croûte f.
Ring [riŋ] m. (s, e) anneau m. ; bague f. || FIG. *die Ringe wechseln*, échanger les anneaux ; se marier. || cercle m. ; rond m. ; auréole f. | *Ringe um die Augen haben*, avoir des cernes sous les yeux. || [Ring von Personen] cercle m. || [Ringstraße] boulevard périphérique. || ASTRON., OPT. anneau m. || TECHN. bague f. ; collier m. || [Industrie] cartel m. ; trust m. || SPORT. ring m.
Ring|bahn ['riŋbɑ:n] f. (-, en). TRANSP. ligne (f.) de ceinture. ||°-**finger** m. (s, -) annulaire m. ||-**förmig** adj. annulaire. ||°-**kampf** m. (s, ¨e) lutte (f.) athlétique. ||°-**kämpfer** m. (s, -) lutteur m. ||°-**mauer** f. (-, n) mur (m.) d'enceinte. ||°-**muskel** m. (s, n) sphincter m. ||°-**mutter** f. (-, n) écrou (m.) à bague. ||°-**platz** m. (es, ¨e) arène f. ; lice f. ; ring m. ||°-**richter** m. (s, -) juge (m.), arbitre (m.) du ring. ||°-**straße** f. (-, n) boulevard (m.) de ceinture.
Ringel ['riŋəl] m. ou n. (s, -). [Haare] boucle f. || [Rauch] rond m. ; volute f.
Ringel|blume ["riŋəl'blu:mə] f. (-, n). BOT. souci m. ||°-**haar** n. (s, e), °-**locke** f. (-, n) boucle f. (de cheveux) ; cheveux bouclés. ||°-**natter** f. (-, n) couleuvre f. ||°-**reigen** m. (s, -), °-**reihen** m. (s, -) ronde f. ||°-**taube** f. (-, n) palombe f. ; ramier m. ; pigeon (m.) à collier. ||°-**wurm** m. (s, ¨er). ZOOL. ver annelé.
ringeln ['riŋəln] v. tr. et intr. boucler ; anneler. ◇ v. pr. **sich ringeln,** se boucler ; s'enrouler.
ringen ['riŋən] (a, u) v. tr. tordre. | *die Hände ringen*, se tordre les mains. || PAR EXT. *jm etwas aus der Hand ringen*, arracher qch. des mains de qn.
◇ v. intr. combattre ; lutter. | *mit jm um etwas ringen*, disputer qch. à qn. | *er ringt mit dem Tode*, il est à l'agonie ; il agonise. | *nach Atem ringen*, suffoquer.
Ringen ['riŋən] n. (s) 1° torsion f. ; 2° lutte f.
Ringer ['riŋər] m. (s, -) lutteur m. ; athlète m.
rings(um) [riŋs'(um)], **ringsherum** ["riŋshɛ'rum], **ringsumher** ["riŋsum'he:r] adv. (tout) autour ; alentour ; (partout) à la ronde.
Rinne ['rinə] f. (-, n) gouttière f. ; chéneau m. ; rigole f. ; conduite f. || cannelure f. ; sillon m.
rinnen [-nən] (a, o) v. intr. **1.** couler ; ruisseler. | *die Tränen rinnen*, les larmes coulent. || FIG. *die Zeit rinnt*, le temps passe. | *das Geld rinnt dir durch die Finger*, l'argent te file entre les doigts.
2. [lecken] laisser couler ; fuir.
Rinnsal ['rinzɑ:l] n. (s, e) petit cours d'eau.
Rinn|stein ['rinʃtain] m. (s, e). [Gosse] caniveau m. ; rigole f. ; évier m.
Rippchen ['ripçən] n. (s, -) côtelette f.
Rippe ['ripə] f. (-, n). ANAT. côte f. | *falsche Rippe*, côte flottante. || FIG. *sich etwas aus den Rippen schneiden*, faire l'impossible. || AÉRON., BOT. nervure f. || ARCHIT. nervure f. ; cordon (m.) de voûte ; poutre f. ; solive f.
rippen [-pən] v. tr. canneler.
◇ part. pass. et adj. **gerippt.** BOT. muni de nervures. || TEXT. côtelé.
Rippen|fell ["ripən'fɛl] n. (s, e). ANAT. plèvre f. ||°-**fellentzündung** f. (-, en). MÉD. pleurésie f. ||°-**stoß** m. (es, ¨e) bourrade f. ; coup (m.) dans le flanc. ||°-**stück** n. (s, e) entrecôte f.
Rips [rips] m. (es). TEXT. reps m.
Risiko ['ri:ziko] n. (s, s ou ken) risque m. | *auf eigenes Risiko*, à ses risques et périls. | *ein Risiko eingehen*, courir un risque.
Risiko|faktor ["ri:ziko'faktor] m. (s, en). MÉD. facteur (m.) de risque. ||°-**gruppe** f. (-, n). MÉD. groupe exposé, à risques. ||°-**indikatoren** m. pl. MÉD. indicateurs (m. pl.) de risque. ||°-**prämie** f. (-, n). [Versicherung] prime (f.) de risque.
riskant [ris'kant] adj. risqué.
riskieren [-'ki:rən] v. tr. [wagen] risquer.
Rispe ['rispə] f. (-, n). BOT. panicule m.
Rispen|gras ["rispən'grɑ:s] n. (es, ¨er). BOT. paturin m.
Riß [ris] m. (es, e) déchirure f. ; accroc m. ; fêlure f. ; crevasse f. ; rupture f. ; lézarde f. | *einen Riß bekommen*, se déchirer ; se fêler ; se crevasser. || FIG. scission f. || [Zeichnung ; Umriß] tracé m. ; croquis m.
Riß|unterlage ["ris'untərlagə] f. (-, n). [Gemälde] calicot m. ||°-**wunde** f. (-, n) plaie (f.) par déchirure.
rissig ['risiç] adj. fendillé ; fêlé ; crevassé ; lézardé.
Rist [rizt] m. (es, e) cou-de-pied m. || poignet m. || ZOOL. garrot m.
Ritornell [ritor'nɛl] n. (s, e). MUS. ritournelle f.
ritsch(ratsch) ! ['ritʃ(ratʃ)] interj. cric crac !
Ritt [rit] m. (s, e) chevauchée f. ; promenade (f.), tournée (f.) à cheval. | *in einem Ritt*, sans arrêt ; tout d'une traite.
Ritt|meister ["rit'maistər] m. (s, -). MIL. capitaine (m.) de cavalerie.
Ritter ['ritər] m. (s, -). **1.** [Adel ; Orden] chevalier m. | *zum Ritter schlagen*, armer chevalier. | *Ritter ohne Furcht und Tadel*, chevalier sans peur et sans reproche.
2. chevalier servant.
3. CULIN. *armer Ritter*, pain perdu.
Ritter|burg ["ritər'burk] f. (-, en) château fort ||°-**gut** n. (s, ¨er) propriété seigneuriale ; domaine seigneurial. || °-**gutsbesitzer** m. (s, -) propriétaire (m.) d'une terre seigneuriale ; FAM. hobereau m. ||°-**orden** m. (s, -) ordre (m.) de chevalerie. | *Deutscher Ritterorden*, ordre teutonique. ||°-**roman** m. (s, e) roman (m.) de chevalerie. ||°-**saal** m. (s, säle) salle (f.) d'armes. ||°-**schlag** m. (s, ¨e). HIST. accolade f. ; adoubement m. ||°-**spiel** n. (s, e) tournoi m. ||°-**sporn** m. (s, en). BOT. pied-d'alouette m. ||°-**stand** m. (s) chevalerie f. ||°-**stern** m. (s, e). BOT. amaryllis f.
ritterlich ['ritərliç] adj. chevaleresque ; galant.
Ritterlichkeit [-kait] f. courtoisie f. ; esprit (m.) chevaleresque ; chevalerie f. (qualité morale).
Ritterschaft [-ʃaft] f. chevalerie f. (qualité ou classe sociale).
Ritters|mann ["ritɛrs'man] m. (s, leute) chevalier m. ; noble m.
Rittertum [-tu:m] n. (s) chevalerie f. (l'institution dans son ensemble).
rittlings [ritliŋs] adv. à cheval ; à califourchon.
Ritual [ritu'ɑ:l] n. (s, e) rituel m.
rituell [-'ɛl] adj. rituel.
Ritus ['ri:tus] m. (-, ten) rite (religieux).
Ritz [rits] m. (es, e), **Ritze** ['ritsə] f. (-, n). [Spalt] fêlure f. ; fente f. ; fissure f. || MÉD. scarification f.
Ritzel ['ritsəl] n. (s, -) petit pignon.
ritzen ['ritsən] v. tr. rayer légèrement. || MÉD. scarifier.
Ritzer [-tsər] m. (s, -) éraflure f.
Rivale [ri'vɑ:lə] m. (n, n). [Nebenbuhler] rival m. ; concurrent m.

rivalisieren [rivali'zi:rən] v. intr. rivaliser.
Rivalität [-li'tɛ:t] f. (-, en) rivalité f.
Rizinus ['ri:tsinus] m. (-, - et se) ricin m.
Rizinus|öl ["ri:tsinus'ø:l] n. (s) huile (f.) de ricin.
Robbe ['rɔbə] f. (-, n) phoque m. ; veau marin.
robben ['rɔbən] v. intr. se traîner ; ramper.
Robe ['ro:bə] f. (-, n). [Amtstracht] robe f. (de juge, de pasteur, d'avocat). || [Frauengewand] robe (f.) du soir (longue).
Robinie [ro'bi:niə] f. (-, n). Bot. robinier m.
Roboter ['rɔbɔtər] m. (s, -) robot m.
Roboter|technik ["rɔbɔtər'tɛçnik] f. (-, en) robotique f.
robust [rɔ'bust] adj. robuste.
Rochade [ro'xa:də ou ro'ʃa:də] f. (-, n). [Schach] roque m.
röcheln ['røçəln] v. intr. râler ; être à l'agonie.
Röcheln [-çəln] n. (s) râlement m. ; râle m.
Rochen ['rɔxən] m. (s, -). Zool. raie f.
rochieren [rɔ'xi:rən ou rɔ'ʃi:rən] v. intr. [Schachspiel] roquer.
Rock [rɔk] m. (s, ¨e). [Frauenkleid] jupe f. || [Männerkleid] redingote f. ; habit m. || Mil. [Waffenrock] tunique f.
Röckchen ['røkçən] n. (s, -) jupette f.
Rock|schoß ['rɔkʃo:s] m. (es, ¨e) pan m. ; basque f. | *jm an den Rockschößen hängen*, être pendu aux basques de qn.
Rocken ['rɔkən] m. (s, -) quenouille f.
Rodel|bahn ["ro:dəl'ba:n] f. (-, en) piste (f.) de luge. ||°**-schlitten** m. (s, -) luge f. ; toboggan m.
rodeln ['ro:dəln] v. intr. faire de la luge.
roden ['ro:dən] v. tr. [reuten] déboiser et dessoucher ; essarter ; défricher.
Rodeo [ro'de:o] m. ou n. (s, s). Sport. rodéo m.
Rodler(in) ['ro:dlər(in)] m. (s, -), f. (-, nen) lugeur m. ; lugeuse f.
Rodung ['ro:duŋ] f. (-, en) défrichement m. ; essartage m.
Rogen ['ro:gən] m. (s, -) œufs (m. pl.) de poisson.
Rogener [-nər] m. (s, -) poisson rogué.
Roggen ['rɔgən] m. (s, -) seigle m. | *Roggenbrot*, pain (m.) de seigle.
roh [ro:] adj. **1.** rude ; sauvage ; brutal. || Pr. et fig. grossier ; inculte ; barbare.
2. brut ; cru ; pas cuit ; vert ; non affiné. | *roher Zucker*, sucre brut. | *rohes Leder*, cuir vert. | *roher Schinken*, jambon cru. | *roh bearbeiten*, dégrossir ; ébaucher.
Roh|bau ['ro:bau] m. (s, e et ten) maçonnerie f. ; gros œuvre. ||°**-eisen** n. (s, -) fonte brute ; fonte (f.) d'affinage. ||°**-erz** n. (es, e) tout-venant m. ; minerai brut. ||°**-fabrikat** n. (s, e) produit brut. ||°**-fassung** f. (-, en) brouillon m. ||°**-gewicht** n. (s, e) poids brut. ||°**-kost** f. Méd. régime cru, végétarien. ||°**-material** f. (s, ien) matière brute, première. ||°**-öl** n. (s, e) pétrole brut. | *leichtes*, *mittelschweres*, *schweres Rohöl*, pétrole brut léger, moyen, lourd. ||°**-öleinheit** f. (-, en) tonne (f.) équivalent pétrole (tep). || °**-produkt** n. (s, e) produit brut, non manufacturé. ||°**-seide** f. soie (f.) grège. ||°**-stoffe** m. pl. matières premières.
Roheit ['ro:hait] f. cruauté f. ; brutalité f. ; barbarie f. ; grossièreté f.
Rohling ['ro:liŋ] m. (s, e) brute f. ; butor m. || Techn. ébauche f.
Rohr [ro:r] n. (s, e). **1.** Bot. roseau m. ; jonc m. | *spanisches Rohr*, canne (f.) de jonc.
2. Techn. tube m. ; tuyau m. | *Rohre legen*, poser des tuyaux. | *Wasserrohr*, tuyau d'eau.
3. Mil. canon m. (d'une arme à feu).
Rohr|ammer ["ro:r'amər] f. (-, n). [Vogel] bruant m. ||°**-ansatz** m. (es, ¨e) tubulure f. ; manchon m. ; douille f. ||°**-anschluß** m. (es, ¨e) raccord m. ||°**-dommel** f. [Vogel] butor m. || °**-durchmesser** m. (s, -), °**-weite** f. (-, n) calibre m. ||°**-flöte** f. (-, n) chalumeau m. ||°**-geflecht** n. (s, e) cannage m. ; rotin m. ||°**-knie** n. (s, -) coude m. (de conduit). ||°**-leitung** f. (-, en) tuyauterie f. ; canalisation f. ||°**-möbel** n. pl. meubles (m. pl.) en rotin. || °**-mündung** f. (-, en) bouche (f.) du canon. ||°**-netz** n. (es, e) réseau (m.) de conduites ; tuyauterie f. ||°**-öffnung** f. (-, en) tubulure f. ||°**-pfeife** f. (-, n) chalumeau m. ||°**-postbrief** m. (s, e) carte (f.) pneumatique. ||°**-schilf** n. (s, e) roseau m. || °**-schlüssel** m. (s, -) clef (f.) à tubes. ||°**-schnepfe** f. (-, n). [Vogel] bécassine f. ||°**-spatz** m. (en, en). [Vogel] bruant m. | *wie ein Rohrspatz schimpfen*, jurer comme un charretier. ||°**-stock** m. (s, ¨e) canne (f.) de jonc. ||°**-stuhl** m. (s, ¨e) chaise cannée ; siège (m.) de, en rotin. ||°**-zucker** m. (s, -) sucre (m.) de canne. ||°**-zunge** f. (-, n) anche f.
Röhrchen ['rø:rçən] n. (s, -) petit tuyau ; tubulure f. ; canule f.
Röhre ['rø:rə] f. (-, n) conduit m. ; tuyau m. ; tube m. || Phys. *kommunizierende Röhren*, vases communicants. | *Braunsche Röhre*, oscillographe (m.) cathodique. || Radio. lampe f. ; valve f. || Anat. conduit m. ; canal m. ; trompe f.
röhren [-rən] v. intr. [Hirsch] bramer.
Röhren|pilz ["rø:rən'pilts] m. (es, e). Bot. bolet m.
Röhricht ['rø:riçt] n. (s, e) lieu planté de roseaux.
Rokoko ['rɔkɔko] n. (s) (style) rococo m.
Roll|bahn ['rɔlba:n] f. (-, en). Aéron. piste (f.) de roulement. ||°**-brücke** f. (-, n) pont roulant. ||°**-dach** n. (s, ¨er). Autom. toit ouvrant. ||°**-feld** n. (s, er). Aéron. aire (f.) de trafic. ||°**-fuhrdienst** m. (es, e). Transp. factage m. ||°**-gabelschlüssel** m. (s, -). Techn. clef (f.) à molette. ||°**-gang** m. (s, ¨e). Techn. chemin (m.) à rouleaux. ||°**-gebühr** f. (-, en), °**-geld** n. (s, er) factage m. ; frais (m. pl.) de camionnage. ||°**-gut** n. (s, ¨er) marchandise (f.) de camionnage. ||°**-karre** f. (-, n) diable m. (de camionneur). ||°**-kragen** m. (s, -) col roulé. ||°**-laden (Rolladen)** m. (s, - et ä) store m. ||°**-mops** m. hareng roulé au vinaigre ; rollmops m. ||°**-schiene** f. (-, n) glissière f. ||°**-schuh** m. (s, e) patin (m.) à roulettes. ||°**-schrank** m. (s, ¨e) armoire (f.) à glissière, à rideau. ||°**-schwanzaffe** m. (n, n). Zool. sapajou m. ||°**-splitt** m. (s) gravillon m. ||°**-steg** m. (s, e) trottoir roulant. ||°**-streik** m. (s, s) grève tournante. ||°**-stuhl** m. (s, ¨e) fauteuil (m.) à roulettes ; fauteuil roulant. ||°**-treppe** f. (-, n) escalier (m.) mécanique. ||°**-tür** f. (-, en) porte (f.) à coulisse.
Rolle ['rɔlə] f. (-, n) **1.** [Rad ; Walze] rouleau m. ; roulette f. ; galet m. ; poulie f. ; bobine f. || [Wäsche] calandre f. | *eine Rolle Papier*, un rouleau de papier. | *eine Rolle Zwirn*, une bobine de fil. | *Bett auf Rollen*, lit (m.) à roulettes. || Techn. *lose Rolle*, poulie mobile.
2. [Verzeichnis] rôle m. ; liste f.
3. Théâtre et fig. rôle m. (qu'on joue). | *eine Rolle spielen*, jouer un rôle. | *das spielt keine Rolle*, cela n'a aucune importance. | *aus der Rolle fallen*, sortir de son rôle.
4. Sport. [Barren] roulé m.
rollen ['rɔlən] v. intr. **1.** rouler ; couler.

2. MAR. *das Schiff rollt*, le navire roule. | *das Meer rollt*, la mer est houleuse.
3. [Kanarienvogel] faire des roulades.
4. [Donner ; Lastwagen] gronder.
◇ v. tr. rouler ; enrouler. || [Wäsche] calandrer. | *die Augen rollen* ; *mit den Augen rollen*, rouler les yeux.
◇ part. prés. et adj. **rollend.** *rollender Angriff*, attaque (f.) par, en vagues successives. | *rollendes Material*, matériel roulant.
◇ v. pr. **sich rollen,** se rouler ; s'enrouler.

Rollen [-lən] n. (s). **1.** (action [f.] de) rouler ; roulage m. ; roulement m. | *ins Rollen bringen*, faire rouler ; mettre en branle.
2. MAR. *Rollen und Schlingern des Schiffes*, roulis (m.) et tangage (m.) du bateau.
3. [Donner ; Lastwagen] grondement m.

Rollen|besetzung ["rɔlənbə'zɛtsuŋ] f. (-, en). THÉÂTRE. distribution f. (des rôles). ||**-förmig** adj. cylindrique. ||°**-konflikt** m. (s, e) conflit (m.) de compétences. ||°**-meißel** m. (s, -). TECHN. trépan (m.) à molettes. ||°**-spiel** n. (s, e) jeu (m.) de rôles.

Roller ['rɔlər] m. (s, -) canari chanteur || [Kinderspiel] trottinette f. ; PAR EXT. [Motorroller] scooter m. || MAR. barre f. ; ressac m.

rollern [-lərn] v. intr. faire de la trottinette.

Rom [ro:m] n. pr. n. GÉOGR. Rome f.

Roman [rɔ'mɑ:n] m. (s, e) roman m.

Romancier [rɔman'sje] m. (s, s), **Roman|-dichter(in)** [rɔ"mɑ:n'diçtər(in)] m. (s, -), f. (-, nen), °**-schreiber(in)** [-'ʃraibər] m. (s, -), f. (-, nen) romancier m. ; romancière f.

Romane [rɔ'mɑ:nə] m. (n, n) originaire (m.) d'un pays latin. | *die Romanen*, les peuples latins.

romanhaft [-'mɑ:nhaft] adj. romanesque.

Romanik [rɔ'mɑ:nik] f. style roman.

romanisch [-niʃ] adj. roman.

Romanist(in) [rɔma'nist(in)] m. (en, en), f. (-, nen) romaniste s.

Romanistik [-'nistik] f. étude (f.) des langues et littératures romanes.

Romantik [rɔ'mantik] f. LITTÉR. romantisme m.

Romantiker(in) [-tikər(in)] m. (s, -), f. (-, nen) romantique s.

romantisch [-tiʃ] adj. romantique ; romanesque. || PAR EXT. pittoresque.

Romanze [rɔ'mantsə] f. (-, n) romance f.

Römer(in) ['rø:mər(in)] n. pr. m. (s, -), n. pr. f. (-, nen) Romain(e) m. (f.).

Römer ['rø:mər] m. (s, -) verre (m.) à vin du Rhin.

römisch ['rø:miʃ] adj. romain. | *Römisch-katholische Kirche*, église catholique romaine.

Rondell [rɔn'dɛl] n. (s, e) rond-point m. ; rotonde f. ; massif rond.

Rondo ['rɔndo] n. (s, s). MUS. rondeau m.

röntgen ['røntgən] v. tr. MÉD. radiographier ; examiner aux rayons X. | *sich röntgen lassen*, passer une radio.

Röntgen|aufnahme ["røntgən'aufnɑ:mə] f. (-, n) radiographie f. ||°**-behandlung** f. (-, en) radiothérapie f. ; traitement (m.) par les rayons X. ||°**-bild** n. (s, er) radiographie f. ||°**-bildverstärker** m. (s, -) amplificateur (m.) de luminance. ||°**-durchleuchtung** f. (-, en) radioscopie f. ||°**-strahlen** m. pl. rayons X m. pl.

rosa ['ro:za] adj. invar. rose. | *alles durch die rosa Brille sehen*, voir tout en rose.

Rosa ['ro:za] n. [Farbe] rose m.

rosa|farbig ["ro:za'farbiç], **rosa|rot** ["ro:za'ro:t] adj. rose. ||°**-nilin** n. (s). CHIM. rosaniline f.

Röschen ['rø:sçən] n. (s, -) petite rose. | *(Buschwind)röschen*, églantine f.

Rose ['ro:zə] f. (-, n). **1.** BOT. rose f. | *die wilde Rose*, l'églantine f. || FIG. *nicht auf Rosen gebettet sein*, se trouver dans une position pénible, modeste, pauvre. || PROV. *mit der Zeit pflückt man Rosen*, tout vient à point à qui sait attendre.
2. [Windrose] rose (f.) des vents.
3. ARCHIT. rosace f. ; rose f.
4. [Jagd] meule f. (de bois de cerf).
5. MÉD. [Wundrose] érysipèle m.

Rosen|blüter ["ro:zən'bly:tər] m. (s, -) rosacée f. ||°**-busch** m. (es, ¨e) rosier m. ||**-farben, -farbig** adj. rose ; rosé. ||°**-garten** m. (s, ¨), °**-hain** (s, e) roseraie f. ||°**-gewächs** n. (es) rosacée f. ||°**-käfer** m. (s, -) cétoine dorée. ||°**-kohl** m. (s, e) chou (m.) de Bruxelles. ||°**-kranz** m. (es, ¨e) couronne (f.) de roses. || RELIG. rosaire m. ; chapelet m. | *den Rosenkranz abbeten*, dire son chapelet. ||°**-kreuzer** m. (s, -). HIST. Rose-Croix m. ||°**-mädchen** n. (s, -) rosière f. ||°**-monat** m. (s, e) juin m. ||°**-montag** m. (s) lundi gras. ||°**-öl** n. (s, e) essence (f.) de roses. ||**-rot** adj. vermeil ; rose. ||°**-stock** m. (s, ¨e), °**-strauch** m. (s, ¨e et ¨er) rosier m. | *wilder Rosenstrauch*, églantier m. ||°**-zeit** f. (-, en) saison (f.) des roses ; FIG. jeunesse f. ||°**-zucht** f. culture (f.) des roses.

Rosette [ro'zɛtə] f. (-, n) rosette f. ; rosace f.

rosig ['ro:ziç] adj. rosé ; rose. | *alles in rosigem Lichte sehen*, voir tout en rose.

Rosine [ro'zi:nə] f. (-, n) raisin sec. || FIG., FAM. *(große) Rosinen im Kopfe haben*, viser haut ; voir grand.

Röslein ['rø:slain] n. (s, -) petite rose.

Rosmarin [rosma'ri:n] m. (s). BOT. romarin m.

Roß [rɔs] n. (es, e) cheval m. || FIG. *auf hohem Rosse sitzen*, le prendre de haut. || POP. imbécile m.

Roß|apfel ["rɔs'apfəl] m. (s, ¨). POP. crottin m. ||°**-haar** n. (s, e) crin m. (de cheval). ||°**-kastanie** f. (-, n) marron (m.) d'Inde. ||°**-kur** f. FAM. remède (m.), médecine (f.) de cheval. ||°**-schlächterei** f. (-, en) boucherie chevaline. ||°**-schweif** m. (s, e) queue (f.) de cheval. || [Helm] crinière f. ||°**-täuscher** m. (s, -) maquignon m.

Röss(e)l [røs(ə)l] n. (s, -), **Rößlein** ['røslain] n. (s, -) petit cheval. || [Schachspiel] cavalier m.

rossig [-siç] adj. en chaleur.

Rost [rɔst] m. (es) rouille f. | *Rost ansetzen*, se rouiller. | *den Rost entfernen*, dérouiller. || BOT. rouille f.

Rost|ansatz ["rɔst'anzats] m. (es, ¨e) dépôt (m.) de rouille. ||**-braun** adj. [Farbe] brun rouille. ||°**-farbe** f. (-, n) [couleur] rouille f. ||**-farbig** adj. (couleur) rouille. ||**-frei, -sicher** adj. inoxydable ; sans rouille. ||°**-schutzanstrich** m. (s, e) enduit (m.) antirouille.

Rost [rɔst] m. (es, e) gril m.

Rost|braten ["rɔst'brɑ:tən] m. (s, -). CULIN. grillade f. ||**-fleisch** n. (es) viande grillée.

rosten ['rɔstən] v. intr. (se) rouiller ; s'oxyder. || FIG. *alte Liebe rostet nicht*, on revient toujours à ses premières amours.

Rosten [-tən] n. (s) oxydation f.

rösten ['rø:stən] v. tr. griller ; faire griller ; rôtir. || [Kaffee] torréfier. || TEXT. [Hanf] rouir.

Rösten [-tən] n. (s) rôtissage m. ; torréfaction f.

Röst|ofen ["rø:st'o:fən] m. (s, ¨) grilloir m. ||°**-pfanne** f. (-, n) poêle (f.) à frire.

rostig ['rɔstiç] adj. rouillé.

rot [ro:t] adj. rouge. | *rote Haare*, cheveux roux. | *rot werden*, rougir. | *rot vor Scham*, rouge de honte. || FIG. *roter Faden*, fil conducteur. || *Rotes Kreuz*, Croix-Rouge f. | *Rote Armee*, Armée (f.) Rouge. | *die Rote Erde*, la Westphalie. | *Rote Liste*, pharmacopée f. || LOC. *rot anstreichen*, marquer d'une pierre blanche ; souligner. | *er hat keinen roten Heller*, il n'a pas un sou vaillant. | *das ist für ihn ein rotes Tuch*, cela le rend furieux. || PROV. *heute rot, morgen tot*, aujourd'hui en chair, demain en bière.
◇ n. (s) **Rot,** rouge m. ; couleur (f.) rouge ; rougeur f. | *Rot auflegen*, mettre du rouge. || *bei Rot fahren*, FAM. griller un feu rouge.

Rot|auge [″ro:t'augə] n. (s, n). ZOOL. gardon m. ||°**-barsch** m. (es, e). ZOOL. petite perche. ||°**-bart** m. (s) Barberousse. || ZOOL. barbeau m. ||**-blind, -grünblind** adj. daltonien. ||°**-blindheit** f., °**-grünblindheit** f. daltonisme m. ||°**-buche** f. (-, n) hêtre (m.) rouge. ||°**-fink** m. (en, en). ZOOL. bouvreuil m. ||°**-fuchs** m. (es, ¨e) renard m. ; (cheval) alezan m. ||°**-glühend** adj. chauffé au rouge ; incandescent. ||°**-glut** f. incandescence f. ||°**-guß** m. (es, ¨e) fonte (f.) rouge ; fonte (f.) de cuivre ; laiton (m.) rouge. ||**-haarig** adj. roux ; rouquin. ||°**-haut** f. (-, ¨e) Peau-Rouge m. || °**-käppchen** n. (s) le Petit Chaperon rouge. || °**-kehlchen** n. (s, -). ZOOL. rouge-gorge m. ||°**-kopf** m. (s, ¨e), °**-schopf** m. (s, ¨e). POP. rouquin m. ||°**-lauf** m. (s). MÉD. érysipèle m. || [Schweine] dysenterie f. ||°**-licht** n. (s, er) lumière (f.) rouge. || AUTOM. feu (m.) rouge. ||°**-schwänzchen** n. (s, -). ZOOL. rouge-queue m. ||°**-stift** m. (s, e) crayon (m.) rouge. || FIG. *den Rotstift ansetzen*, faire des coupes sombres. ||°**-tanne** f. (-, n). BOT. épicéa m. ||°**-wein** m. (s, e) vin (m.) rouge. ||°**-welsch** n. (es) argot m. ; langue (f.) du milieu. ||°**-wild** n. (s) cerfs et chevreuils m. pl.

Rotation [rota'tsio:n] f. (-, en) rotation f.

Rotations|achse [rota″tsio:ns'aksə] f. (-, n) axe (m.) de rotation. ||°**-ellipsoid** n. (s, e). MATH. ellipsoïde (f.) de révolution. ||°**-fläche** f. (-, n). MATH. [Drehfläche] surface (f.) de révolution. ||°**-körper** m. (s, -). MATH. [Drehkörper] solide (m.) de révolution. ||°**-maschine** f. (-, n). TYPOGR. rotative f.

Röte ['rø:tə] f. rougeur f. ; rouge m. ; rousseur f.

Rötel ['rø:təl] m. (s, -), **Rötel|stift** [″rø:təl'ʃtift] m. (s, e) crayon (m.) rouge ; craie (f.) rouge. | *Rötelzeichnung*, dessin (m.) à la sanguine.

Röteln ['rø:təln] pl. MÉD. rubéole f.

röten ['rø:tən] v. tr. rougir. | *mit geröteten Augen*, les yeux rougis.

rotieren [ro'ti:rən] v. intr. tourner. | *rotierend*, rotatif.

rötlich ['rø:tliç] adj. rougeâtre ; roussâtre.

Rötling [-liŋ] m. (s, e). ZOOL. rouge-queue m.

Rotor ['ro:tɔr] m. (s, en). TECHN., ÉLECTR. rotor m.

Rotor|blatt [″ro:tor'blat] n. (s, ¨er) pale (f.) de rotor.

Rotte ['rɔtə] f. (-, n). MIL. troupe f. ; escouade f. ; équipe f. | *eine Rotte Wölfe*, une bande de loups.

Rotunde [rɔ'tundə] f. (-, n) rotonde f.

Rötung ['rø:tuŋ] f. (-, en) rougissement m.

Rotz [rɔts] m. (es) morve f. || [Tierkrankheit] morve f. || FAM. *Rotzbube, Rotznase*, petit morveux.

rotzig ['rɔtsiç] adj. morveux. || FIG. impertinent.

Rouleau [ru'lo:] n. (s, s). [Rollvorhang] store m.

Roulette [ru'lɛt] n. (s, s) roulette f.

Route ['ru:tə] f. (-, n) itinéraire m. ; chemin m.

Routine [ru'ti :nə] f. habitude f. ; PÉJOR. routine f.

routiniert [ruti'ni:rt] adj. expérimenté ; rompu aux affaires ; habile.

Rowdy ['raudi] m. (s, s et dies) voyou m.

Royalismus [roaja'lismus] m. royalisme m.

Royalist(in) [-'list(in)] m. (en, en), f. (-, nen) royaliste s.

rubbeln ['rubəln] v. tr. FAM. frotter fort ; astiquer.

Rübe ['ry:bə] f. (-, n) rave f. | *weiße Rübe*, navet m. | *gelbe Rübe*, carotte f. | *rote Rübe*, betterave f. | *Zuckerrübe*, betterave (f.) à sucre. || FIG. *wie Kraut und Rüben*, pêle-mêle.

Rüb|öl [″ry:p'ø:l] n. (s, e) huile (f.) de navette. ||°**-same** m. (ns, n) navette f. ; colza m.

Rüben|acker [″ry:bən'akər] m. (s, -) ravière f. ||°**-zucker** m. (s, -) sucre (m.) de betterave.

Rübezahl [″rybə'tsa:l] n. pr. m. MYTH. géant fabuleux du Riesengebirge.

Rubikon ['ru:bikɔn] n. pr. m. GÉOGR., HIST. Rubicon m.

Rubin [ru'bi:n] m. (s, e) rubis m. | *rubinfarben*, couleur rubis ; rubis.

Rubrik [ru'bri:k] f. (-, en) rubrique f. ; titre m. || classe f. ; série f. ; catégorie f.

rubrizieren [rubri'tsi:rən] v. tr. intituler. || diviser ; classer ; timbrer.

ruchbar ['ru:xbɑ:r] adj. notoire ; public. | *ruchbar werden*, s'ébruiter.

ruch|los ['ru:xlo:s] adj. impie ; scélérat ; infâme. ||°**-losigkeit** f. (-, en) scélératesse f. ; infamie f.

ruck! [ruk] interj. *hau ruck!*, ho ! hisse !

Ruck [ruk] m. (s, e) poussée f. ; à-coup m. ; secousse f. ; saccade f. | *auf einen Ruck*, d'un (seul) coup. | *mit einem Ruck halten*, s'arrêter d'un coup. || FAM. *sich einen Ruck geben*, faire un effort sur soi.

ruck|artig [″ruk'ɑ:rtiç], **-weise** [-'vaizə] adj. et adv. par à-coups ; par saccades.

Rück|ansicht [″ryk'anziçt] f. (-, en) vue (f.) arrière ; vue (f.) vers l'arrière. ||°**-anspruch** m. (s, ¨e). JUR. recours m. ||°**-antwort** f. (-, en) réponse f. | *Rückantwort bezahlt*, réponse payée. ||**-bezüglich** adj. GRAMM. réfléchi. || **-bildung** f. (-, en). BIOL. régression f. ||°**-bleibsel** n. (s, -) résidu m. ||°**-blick** m. (s, e) regard (m.) en arrière ; rétrospective f. ||**-buchen** v. tr. ristourner. ||°**-buchung** f. (-, en) ristourne f. ||**-datieren** v. tr. antidater. ||°**-deckungsvertrag** m. (s, ¨e) contrat (m.) de réassurance. ||°**-erinnerung** f. (-, en) réminiscence f. ||**-erstatten** v. tr. rembourser ; restituer. ||°**-erstattung** f. (-, en) remboursement m. ||°**-fahrkarte** f. (-, n) billet (m.) aller et retour. ||°**-fahrt** f. (-, en) retour m. ||°**-fall** m. (s, ¨e). MÉD. rechute f. || JUR. récidivisme m. | *Rückfall in ein Verbrechen*, récidive f. | *Rückfall an den Vorbesitzer*, réversion f. ||**-fällig** adj. JUR. récidiviste. | *rückfällig werden*, récidiver ; faire une récidive. ||°**-falltäter(in)** m. (s, -), f. (-, nen). JUR. récidiviste s. ||°**-fluß** m. (es, ¨e) reflux m. ||°**-forderung** f. (-, en) demande (f.) de restitution. ||°**-frage** f. (-, n) demande (f.) en retour ; lettre (f.) pour se renseigner. | *nach, über etwas Rückfrage halten*, se renseigner sur qch. ; s'informer de qch. ||°**-führung** f. rapatriement m. ||°**-gabe** f. (-, n) restitution f. ||°**-gang** m. (s, ¨e) recul m. ; diminution f. ; régression f. ; baisse f. || ÉCON. *Rückgang der Investition*, désinvestissement m. ||**-gängig** adj. *einen Kauf rückgängig machen*, annuler un marché. || °**-gängigmachung** f. annulation f. ||**-gewinnen** (a, o) v. tr. TECHN. récupérer. ||°**-gewinnung** f. (-, en) récupération f. ||°**-grat** n. (s, e). ANAT. colonne vertébrale. || FIG. *jm das Rückgrat brechen*, casser les reins à qn. ||°**-gratver-**

krümmung f. (-, en). MÉD. lordose f. ||°-**griff** m. (s, e). JUR. recours m. ||°-**halt** m. (s, e) arrière-pensée f. ; réserve f. || FIG. soutien m. ; appui m. ; secours m. | *an ihm habe ich immer einen Rückhalt gefunden*, j'ai toujours trouvé appui auprès de lui. ||-**haltlos** adj. sans aucune réserve. ||°-**haltung** f. NUCL. rétention f. ||°-**hand** f. (-,¨e), °-**handschlag** m. (s,¨e). [Tennis] revers m. ||°-**holfeder** f. (-, n). TECHN. ressort (m.) de rappel. ||°-**kauf** m. (s,¨e) rachat m. || °-**kaufswert** m. (s) valeur (f.) de rachat. ||°-**kehr** f. retour m. ||°-**kehrhilfe** f. (-, n) aide (f.) au retour. ||-**koppeln** v. tr. RADIO. coupler par réaction. ||°-**ladung** f. (-, en) fret (m.) de retour. ||°-**lage** f. (-, n). FIN. réserve f. ; économie f. | *gesetzlich vorgeschriebene, stille, satzungsmäßige Rücklagen*, réserves légales, occultes, statutaires. | *Einstellung in Rücklagen*, incorporation (f.) aux réserves. | *Entnahme aus Rücklagen*, incorporation (f.) des réserves. ||°-**lauf** m. (s,¨e). TECHN. recul m. (d'une arme). || AUTOM. marche (f.) arrière. ||°-**laufbremse** ["-/-'-] f. (-, n) frein (m.) de sûreté. ||-**läufig** adj. régressif. || FIN. en baisse. ||°-**lauftaste** f. (-, n) touche (f.) de retour en arrière. ||°-**lehne** f. (-, n). [Sitzmöbel] dossier m. ||°-**leiter** m. (s, -), °-**leitung** f. (-, en). ÉLECTR. fil (m.) de retour. ||°-**licht** n. (s, er). TRANSP. feu (m.) (rouge) arrière. ||°-**lieferung** f. (-, en) retour m. ; renvoi m. ||°-**nahme** f. (-, n) reprise f. ||°-**prall** m. (s, e) rebondissement m. ||°-**ruf** m. (s, e) rappel m. ||°-**schau** f. (-, en) regard (m.) en arrière ; (vue) rétrospective f. | *über etwas Rückschau halten*, repasser en mémoire qch. ||°-**schein** m. (s, e) récépissé m. ; reçu m. ||°-**schlag** m. (s,¨e) choc (m.) en retour ; réaction (fatale) ; contrecoup m. || BIOL. atavisme m. ||°-**schluß** m. (es,¨e) déduction f. ||°-**schritt** m. (s, e) marche f. rétrograde. ||-**schrittlich** adj. POLIT. réactionnaire. ||°-**seite** f. (-, n) verso m. ; derrière m. ; revers m. ||°-**sicht** f. (-, en) égard m. ; considération f. | *Rücksicht auf etwas nehmen*, prendre qch. en considération. | *auf jn Rücksicht nehmen*, avoir des égards pour qn. | *ohne jede Rücksicht*, brutalement ; sans ménagements. | *mit Rücksicht auf* (acc.), eu égard à ; en tenant compte de. ||°-**sichtnahme** ["-/-'-] f. (-, n) *mit größter Rücksichtnahme auf* (acc.), très prudemment ; en tenant le plus grand compte de. ||-**sichtslos** adj. sans égards ; sans ménagements ; brutal. ||°-**sichtslosigkeit** f. brutalité f. ; manque (m.) d'égards. ||-**sichtsvoll** adj. plein de délicatesse ; poli. ||°-**spiegel** m. (s, -) rétroviseur m. ||°-**spiel** n. (s, e). SPORT. revanche f. ||°-**sprache** f. (-, n) conversation f. ; entretien m. ; pourparlers m. pl. ||°-**stand** m. (s,¨e) résidu m. ; restant m. ; reste m. ; retard m. | *mit seinen Zahlungen im Rückstand sein*, être en retard dans ses paiements. | *radioaktive Rückstände*, résidus radioactifs. ||-**ständig** adj. en retard ; retardataire ; PR. et FIG. arriéré. ||°-**ständigkeit** f. (-, en) arriération mentale ; mentalité arriérée. ||°-**stau** m. (es, e). [Fluß] reflux m. || TRANSP. embouteillage m. ; bouchon m. ||°-**stellfeder** f. (-, n). TECHN. ressort (m.) de rappel. ||°-**stelltaste** f. (-, n) touche (f.) d'annulation. ||°-**stellung** f. (-, en). COMM. mise (f.) en réserve. || MIL. position de repli ; ligne de retrait. ||°-**stoß** m. (s,¨e) contrecoup m. ; choc (m.) en retour. | [Schußwaffe] recul m. || PHYS. réaction f. || °-**stoßantrieb** ["-/-'-] m. (s, e). AÉRON. propulsion (f.) à réaction. ||°-**stoßdämpfer** m. (s, -) amortisseur (m.) de recul. ||°-**stoßfrei** adj. sans recul. ||°-**strahler** m. (s, -). AUTOM. catadioptre m. ; cataphote m. ||°-**streuung** f. PHYS. rétrodiffusion f. ||°-**taste** f. (-, n). [Schreibmaschine] touche (f.) pour marche arrière. ||°-**tritt** m. (s, e) retraite f. ; démission f. | *seinen Rücktritt erklären*, donner sa démission f. || recul m. || JUR. résiliation f. (d'un contrat). || POLIT. désistement m. ||°-**trittbremse** ["-/-'-] f. (-, n) frein (m.) à rétropédalage. ||°-**trittsklausel** f. (-, n). JUR. clause (f.) résolutoire. ||°-**übersetzung** ["-/-'-] f. (-, en) retraduction f. ||°-**übertragung** f. (-, en). JUR. rétrocession f. ||-**vergüten** v. tr. ristourner ; rembourser. ||°-**vergütung** f. (-, en) ristourne f. ; remboursement m. ||-**versichern** v. tr. réassurer. ||°-**versicherung** f. réassurance f. ||°-**wanderer** m. (s, -) rapatrié m. ||-**wärtig** adj. qui se trouve à l'arrière, en arrière. ||-**wärts** adv. en arrière ; PR. et FIG. vers l'arrière. | *rückwärts gehen*, aller en arrière ; reculer ; marcher à reculons. ||°-**wärtssalto** m. (s, s ou ti). SPORT. salto (m.) arrière. ||°-**wechsel** m. (s, -). COMM. rechange m. ||°-**weg** m. (s, e) [chemin (m.) du] retour m. | *den Rückweg antreten*, prendre le chemin du retour. | *jm den Rückweg abschneiden*, couper la retraite à qn. ||-**wirkend** adj. rétroactif. | *rückwirkende Kraft haben*, avoir force rétroactive, effet rétroactif. ||°-**wirkung** f. (-, en) rétroaction f. ; effet rétroactif ; réaction f. ||-**zahlbar** ["-/'-] adj. remboursable. ||°-**zahlung** f. (-, en) remboursement m. ||°-**zieher** m. (s, -) pas (m.) en arrière ; excuse f. ; dédit m. ||°-**zug** m. (s,¨e). MIL. retraite f. | *den Rückzug antreten*, battre en retraite.

Ruck|sack ['rukzak] m. (s,¨e) sac (m.) à dos.

rucken ['rukən] v. intr. [Taube] roucouler. || [anstoßen] donner une secousse.

rücken ['rykən] v. tr. bouger ; pousser ; déplacer. | *ein Möbel an die Wand rücken*, mettre un meuble contre le mur, le long du mur.
◇ v. intr. se déplacer. | *näher rücken*, s'approcher. | *an etwas* (dat.) *rücken*, remuer, déplacer qch. || MIL. *ins Feld rücken*, partir en guerre. | *nach vorn rücken*, avancer. | *jm auf den Leib rücken*, serrer qn de près.

Rücken [-kən] m. (s, -) dos m. | *jm den Rücken kehren*, tourner le dos à qn. | *es läuft mir eiskalt über den Rücken*, cela me fait froid dans le dos. | *auf dem Rücken liegen*, être couché sur le dos ; FIG. fainéanter. | *einen krummen Rücken machen*, faire le gros dos. | *auf den Rücken fallen*, tomber à la renverse. | *sich den Rücken decken*, protéger ses arrières. | *er ist mir in den Rücken gefallen*, il m'a attaqué dans le dos, par derrière. | *hinter js Rücken handeln*, faire qch. en cachette de qn ; trahir qn. | *im Rücken*, par-derrière. | *den Rücken steif halten*, résister. | *jm den Rücken stärken*, encourager qn. || [Hand] dos m. (de la main). || [Stuhl] dossier m. || [Berg] croupe f. ; dos d'âne m. || [Buch] dos m.

Rücken|deckung ["rykən'dɛkuŋ] f. (-, en) couverture f. ||°-**fallschirm** m. (s, e). AÉRON. parachute dorsal. ||°-**flosse** f. (-, n) nageoire dorsale. || AÉRON. arête dorsale. ||°-**flug** m. (s,¨e). AÉRON. vol (m.) sur le dos. ||°-**lage** f. (-, n). [Schwimmen] planche f. ||°-**lehne** f. (-, n) dossier m. ||°-**mark** n. (s). ANAT. moelle épinière. ||°-**marksentzündung** f. (-, en) myélite f. || °-**marksschwindsucht** f. mal (m.) de Pott. || °-**markwasser** n. (s) liquide céphalorachidien. || ||°-**schwimmen** n. (s) nage (f.) sur le dos. ||°-**stärkung** f. encouragement m. ; appui m. | *jm Rückenstärkung geben*, encourager qn. ||°-**trage** f. (-, n) hotte f. ||°-**wind** m. (s, e) vent (m.) arrière ; en poupe.

rücklings ['rykliŋs] adv. 1° à la renverse ; en arrière ; 2° par-derrière ; 3° à reculons.

rucksen ['ruksən] v. intr. roucouler.

Rüde ['ry:də] m. (n, n) chien (m.) de chasse ; mâtin m. || [Hund ; Fuchs ; Wolf] mâle m.

rüde ['ry:də] adj. brutal ; cruel.

Rudel ['ru:dəl] n. (s, -) troupe f. ; bande f. ; harde f. || FIG. ribambelle f.

Ruder ['ru:dər] n. (s, -) rame f. ; aviron m. || AÉRON. gouverne f. || MAR., FIG. [Steuer] gouvernail m. ; barre f. | *das Ruder führen* ; *am Ruder sitzen*, être à la barre ;

FIG. être au pouvoir. | *sich in die Ruder legen*, se mettre au travail d'arrache-pied.

Ruder|bank ["ru:dər'baŋk] f. (-, ¨e) banc (m.) des rameurs. ||°**-boot** n. (s, e) canot (m.) à rames. ||°**-klub** m. (s, s) club (m.) nautique ; société (f.) d'aviron. ||°**-pinne** f. (-, n) levier (m.), barre (f.) du gouvernail. ||°**-schlag** m. (s, ¨e) coup (m.) d'aviron. ||°**-sport** m. (s) aviron m.

Ruderer ['ru:dərər] m. (s, -) rameur m.

rudern [-dərn] v. intr. ramer. || [Enten] nager. || *mit den Armen rudern*, balancer les bras.

Ruf [ru:f] m. (s, e). **1.** [Schrei] cri m. ; appel m. **2.** [Aufforderung] appel m. ; invitation f. | *Ruf zur Arbeit*, invitation au travail, à reprendre le travail. || UNIV. nomination f. | *er erhielt einen Ruf an die Universität Köln*, il fut nommé à l'université de Cologne.

3. [Leumund] réputation f. ; renom m. ; renommée f. | *in Rufe eines Trinkers stehen*, avoir une réputation de buveur. | *einen guten Ruf genießen*, avoir bon renom.

4. TÉLÉPH. [Rufnummer] numéro m.

Ruf|name ["ru:f'nɑ:mə] m. (ns, n) prénom usuel. ||°**-nummer** f. (-, n) numéro (m.) de téléphone. ||°**-säule** f. (-, n) borne (f.) d'appel. ||°**-weite** f. (-, n) portée (f.) de voix. ||°**-zeichen** n. (s, -). RADIO. indicatif (m.) d'appel.

rufen ['ru:fən] (ie, u) v. tr. et v. intr. **1.** crier ; proclamer. | *um Hilfe rufen*, crier au secours.

2. appeler. | *jn, jm rufen ; nach jm rufen*, appeler qn. | *jn mit, bei seinem Namen rufen*, appeler qn par son nom. | *den Arzt rufen*, appeler, faire venir le médecin. | *jn zu Hilfe rufen*, appeler qn au secours. | *sich etwas ins Gedächtnis rufen*, se rappeler qch. | *es kommt wie gerufen*, cela vient à point.

3. [Vögel] chanter.

Rufer [-fər] m. (s, -) crieur m.

Rüffel ['ryfəl] m. (s, -) semonce f. ; FAM. savon m.

rüffeln [-fəln] v. tr. attraper ; tancer ; réprimander.

Rüge ['ry:gə] f. (-, n) blâme m. ; reproche m. ; réprimande f.

rügen [-gən] v. tr. blâmer ; réprimander ; gronder.

Ruhe ['ru:ə] f. (-, n) **1.** PHYS. [Unbeweglichkeit] repos m. ; immobilité f. | *in Ruhe*, au repos.

2. [Rast] repos m. ; détente f. | *laß mich in Ruhe !*, laisse-moi tranquille. | *man hat keine Ruhe vor ihm*, il ne vous laisse jamais de répit. | *der Ruhe bedürfen*, avoir besoin de repos. | *nach Ruhe verlangen*, aspirer au repos. | *sich keine Ruhe gönnen*, ne pas s'accorder un instant de repos.

3. [Schlaf ; Tod] repos m. ; sommeil m. | *angenehme Ruhe !*, reposez-vous bien ! ; bonne nuit ! | *sich zur Ruhe begeben*, aller se coucher. | *Ruhekissen*, oreiller m. || PAR EXT. *in die ewige Ruhe eingehen*, s'endormir de son dernier sommeil.

4. [Ruhestand] retraite f. | *sich zur Ruhe setzen*, prendre sa retraite.

5. [Stille ; Frieden] calme m. ; paix f. ; silence m. | *Ruhe !*, silence ! | *die öffentliche Ruhe stören*, troubler l'ordre public.

6. calme m. ; sang-froid m. | *seine Ruhe bewahren*, garder son calme, son sang-froid. | *jn aus der Ruhe bringen*, faire perdre son sang-froid à qn.

Ruhe|gehalt ["ru:əgə'halt] n. (s, e), °**-geld** [-'gɛlt] n. (s, er) pension f. (de retraite). ||°**-gehaltsempfänger** ["-/--'-] m. (s, -) pensionné m. ; retraité m. ||**-los** adj. sans repos ; toujours occupé ; agité. ||°**-losigkeit** f. agitation continuelle. ||°**-pause** f. (-, n) pause f. ; répit m. ||°**-platz** m. (es, ¨e) lieu (m.) de repos. ||°**-pol** m. (s). FIG. havre (m.) de paix. ||°**-stand** m. (s) retraite f. | *in den Ruhestand treten*, prendre sa retraite. | *Versetzung in den Ruhestand*, mise (f.) à la retraite. ||°**-statt** f. invar., °**-stätte** f. (-, n) lieu (m.) de repos. | *zur letzten Ruhestätte begleiten*, conduire à sa dernière demeure. ||°**-störung** f. (-, en) trouble m. ; perturbation f. | *öffentliche Ruhestörung*, tapage (m.) sur la voie publique. ||°**-tag** m. (s, e) jour (m.) de repos ; jour férié.

ruhen ['ru:ən] v. intr. **1.** reposer ; être immobile ; se reposer. | *die Arbeit ruht*, le travail a cessé. | *die Arbeit ruhen lassen*, cesser le travail. | *der Acker ruht*, le champ est en friche. | *ruhendes Kapital*, capital improductif. | *die See ruht*, la mer est calme. | *er wird nicht eher ruhen bis*, il n'aura de repos, de cesse que.

2. FIG. reposer sur. | *das Dach ruht auf Säulen*, le toit repose sur des colonnes. | *er läßt seine Blicke auf ihr ruhen*, il pose ses regards sur elle.

3. PAR EXT. dormir. || FIG. *hier ruht N.*, ci-gît N.

ruhig ['ru:iç] adj. tranquille ; 'calme ; silencieux ; paisible. | *ruhiges Gewissen*, conscience (f.) tranquille. | *(nur) ruhig Blut*, du calme !

Ruhm [ru:m] m. (s) gloire f. ; renommée f. ; louange f. | *sich mit Ruhm bedecken*, se couvrir de gloire.

ruhm|bedeckt ["ru:mbə'dɛkt] adj. glorieux. || °**-begierde** f. ambition f. ||**-begierig** adj. ambitieux. ||**-los** adj. sans gloire ; peu glorieux ; obscur. ||**-reich, -voll** adj. glorieux. ||°**-sucht** f. désir (m.) de gloire ; gloriole f. ||**-süchtig** adj. épris de gloriole.

rühmen ['ry:mən] v. tr. louer ; glorifier ; vanter. ◇ v. pr. **sich rühmen,** se vanter. | *sich seiner Schönheit rühmen*, se vanter, tirer vanité de sa beauté.

Rühmen [-mən] n. (s) éloge m.

rühmens|wert ["ry:məns've:rt] adj. digne d'être glorifié.

Ruhmes|blatt ["ru:məs'blat] n. (s, ¨er) événement glorieux. || POP. *das ist kein Ruhmesblatt für ihn*, c'est assez gênant pour lui.

rühmlich ['ry:mliç] adj. glorieux ; digne d'éloges. | *etwas zu einem rühmlichen Ende führen*, se tirer de qch. avec honneur, à son honneur. || IRON. *das war nicht sehr rühmlich*, il n'y a pas de quoi se vanter.

Ruhr [ru:r] f. [Fluß] Ruhr f. | *das Ruhrgebiet*, le bassin de la Ruhr.

Ruhr [ru:r] f. (-, en). MÉD. diarrhée f. ; dysenterie f. | *ruhrkrank*, dysentérique.

Rühr|ei(er) ["ry:r'ai(ər)] n. (pl.) œufs brouillés. ||°**-löffel** m. (s, -) cuiller (f.) à remuer ; cuiller (f.) à pot. ||°**-michnichtan** ["-/--'-] n. BOT. sensitive f. || PAR EXT. homme (m.) trop sensible. ||**-selig** adj. (trop) sentimental ; touchant ; larmoyant. ||°**-seligkeit** f. sentimentalité f. ||°**-stück** n. (s, e). THÉÂTRE. pièce sentimentale, larmoyante.

rühren ['ry:rən] v. tr. **1.** bouger ; remuer ; mouvoir. | *die Hände rühren*, remuer les mains.

2. PAR EXT. agiter ; délayer ; gâcher. | *in einer Flüssigkeit rühren*, délayer dans un liquide. | *Eier rühren*, brouiller des œufs. | *Gips (an)rühren*, gâcher du plâtre. | *Teig rühren*, pétrir la pâte.

3. [schlagen] frapper ; toucher. | *wie vom Donner gerührt*, comme frappé par la foudre. | *der Schlag hat ihn gerührt*, il a eu une attaque d'apoplexie. || MUS. jouer. | *die Harfe rühren*, jouer de la harpe. | *die Trommel rühren*, battre du tambour.

4. FIG. toucher ; émouvoir. | *sie war zu Tränen gerührt*, elle était touchée jusqu'aux larmes. | *rührend*, touchant ; émouvant.

◇ v. intr. **1.** toucher. | *an etwas* (acc.) *rühren*, toucher à qch. ; FIG. parler de qch.

2. [herkommen] provenir de ; résulter de. | *das rührt von*, cela (pro)vient de.

◇ v. pr. **sich rühren,** se mouvoir ; bouger. | *er kann sich vor Müdigkeit kaum rühren*, il est rompu de fatigue. | *es rührt sich nichts*, rien ne bouge. | *sein Gewissen rührt sich*, il a mauvaise conscience. || FAM. se remuer ; s'activer. | *rühr dich doch !*, fais quelque chose ! || MIL. *rührt euch !*, 1° repos ! ; 2° pas (m.) de route.

rührig ['ry:riç] adj. actif ; FAM. débrouillard.

Rührung ['ry:ruŋ] f. émotion f. ; attendrissement m.

rührungs|los [-slo:s] adj. sans aucune émotion ; froid ; froidement.

Ruin [ru'i:n] m. (s) chute f. ; déclin m.

Ruine [-nə] f. (-, n) ruine f.

ruinenhaft [-nənhaft] adj. en ruine ; délabré.

ruinieren [rui'ni:rən] v. tr. ruiner ; détruire.

ruinös [-'nø:s] adj. FAM. ruineux.

rülpsen [-sən] v. intr. FAM. roter.

Rülpser ['rylpsər] m. (s, -) rot m.

rum [rum] abrév. de **herum.**

Rum [rum] m. (s, s) rhum m.

Rumäne [ru'mɛ:nə] m. (n, n), **Rumänin** [-nin] f. (-, nen) Roumain m. ; Roumaine f.

Rumänien [-niən] n. pr. n. GÉOGR. Roumanie f.

rumänisch [-niʃ] adj. roumain.

◇ n. **Rumänisch,** [Sprache] roumain m.

Rumba ['rumba] m. (s, s). [Tanz] rumba f.

Rummel ['ruməl] m. (s, -) vacarme m. || foire f. ; fête foraine. || bric-à-brac m. || POP. *der ganze Rummel*, tout le fourbi.

Rummel|platz [″ruməl'plats] m. (es, ¨e) foire f.

rummeln ['ruməln] v. intr. [Gewitter] gronder.

Rumor [ru'mo:r] m. (s, e) vacarme m. ; tapage m.

rumoren [-rən] v. intr. faire du bruit. | *nachts rumort er im Hause herum*, la nuit il va et vient sans cesse dans la maison.

Rumpel|kammer [″rumpəl'kamər] f. (-, n) débarras m. ||°**-kasten** m. (s, -) vieille voiture ; guimbarde f. ||°**-stilzchen** n. (s, -). MYTH. lutin m.

rumpelig ['rumpəliç] adj. cahotant.

rumpeln [-pəln] v. intr. faire du tapage. || cahoter.

Rumpf [rumpf] m. (s, ¨e). ANAT. tronc m. ; [an Bildsäulen] torse m. || ZOOL. carcasse f. || MAR. coque f. || AÉRON. fuselage m. ; carlingue f.

Rumpf|beuge [″rumpf'bɔygə] f. (-, n) flexion f. (du tronc).

rümpfen ['rympfən] v. tr. froncer. || FIG. *über etwas die Nase rümpfen*, rechigner à faire qch.

rund [runt] adj. rond ; circulaire. || FIG. rond ; plein. | *runde Backe*, joue rebondie. || PAR EXT. rond ; arrondi. | *runde Zahl*, chiffre rond.

◇ adv. rond(ement) ; sans détours. | *rund (heraus) sprechen*, parler carrément. | *rund abschlagen*, refuser net. | *rund hundert*, environ cent ; une centaine. | *rund um die Uhr*, vingt-quatre heures sur vingt-quatre.

Rund|bau ['runtbau] m. (s, ten) rotonde f. ; construction (f.) circulaire. ||°**-blick** m. (s, e) panorama m. ||°**-bogen** m. (s, ¨) arc (m.) en plein cintre ; arc roman. ||°**-brief** m. (s, e) [lettre] circulaire f. ||°**-fahrt** f. (-, en) circuit m. (en véhicule). ||°**-feile** f. (-, n) lime (f.) queue(-)de(-)rat. ||°**-flug** m. (s, ¨e) circuit aérien. ||°**-frage** f. (-, n) enquête f. ||°**-funk** et composés. V. RUNDFUNK. ||°**-gang** m. (s, ¨e) tour m. ; ronde f. || MIL. ronde f. ||°**-gebäude** n. (s, -) rotonde f. ||°**-gesang** m. (s, ¨e) [chanson reprise à la] ronde. ||**-heraus** adv. franchement ; tout net. ||**-herum** adv. tout autour. ||°**-holz** n. (es, ¨er) rondin m. ||°**-lauf** m. (s, ¨e) mouvement (m.) circulaire ; circulation f. || [Turngerät] pas-de-géant m. ||°**-reise** f. (-, n) voyage (m.) circulaire. ||°**-rücken** m. (s, -) dos voûté. ||°**-säge** f. (-, n) scie (f.) circulaire. ||°**-schau** f. (-, en) panorama m. || [Zeitschrift] revue f. ||°**-schreiben** n. (s, -) circulaire f. ||°**-schrift** f. (-, en). [Zierschrift] ronde f. ||°**-sicht** f. (-, en) panorama m. || FIG. tour (m.) d'horizon. ||°**-spruch** m. (s, ¨e). RADIO. émission f. ||°**-stab** m. (s, ¨e), **-stäbchen** n. (s, -). ARCHIT. astragale m. ||°**-strahlantenne** f. (-, n) antenne omnidirectionnelle. ||°**-tischgespräch** n. (s, e). FIG. table ronde. ||**-um** adv. tout autour. ||**-weg** adv. nettement ; FAM. carrément.

Runde ['rundə] f. (-, n) rond m. ; cercle m. ; ronde f. | *fröhliche Runde*, cercle joyeux ; joyeuse compagnie. | *in der Runde sitzen*, être assis en rond. | *zehn Kilometer in der Runde*, à dix kilomètres à la ronde. || MIL. *die Runde machen*, faire la ronde. || [Bier, Wein] tournée f. || POLIT. *die neue Runde*, la nouvelle donne. || SPORT. round m. ; reprise f.

runden ['rundən] v. tr. et v. pr. (s')arrondir. || FIG. *die Teile runden sich zum Ganzen*, les différentes parties s'agencent en un tout harmonieux.

Rund|funk ['runtfuŋk] m. (s) radiodiffusion f. | *durch (den) Rundfunk übertragen*, radiodiffuser.

Rundfunk|empfänger [″runtfuŋkɛm'pfɛŋər] m. (s, -) poste (m.) de radio ; récepteur m. ||°**-hörer(in)** m. (s, -), f. (-, nen) auditeur m. ; auditrice f. ||°**-nachrichten** f. pl. informations radiodiffusées. ||°**-orchester** n. (s, -) orchestre (m.) radiophonique. ||°**-sender** m. (s, -), °**-station** f. (-, en) poste émetteur ; station (f.) de radiodiffusion. ||°**-sendung** f. (-, en) émission (f.) radiophonique. ||°**-sprecher(in)** m. (s, -), f. (-, nen) présentateur m. ; présentatrice f. ||°**-übertragung** f. (-, en) émission (f.), retransmission (f.) radiophonique.

rundlich ['runtliç] adj. arrondi ; rondelet ; dodu ; potelé.

Rundung ['runduŋ] f. (-, en) rond m. ; rondeur f. ; arrondi m. || ARCHIT. galbe m. ; voûte f.

Rune ['ru:nə] f. (-, n) rune f. || FIG. hiéroglyphe m.

Runen|alphabet [″ru:nənalfa'be:t] n. (s, e) alphabet (m.) runique.

Runen|schrift [″ru:nən'ʃrift] f. écriture runique.

Runkel|rübe [″ruŋkəl'ry:bə] f. (-, n) betterave f.

Runzel ['runtsəl] f. (-, n) ride f.

runz(e)lig [-ts(ə)liç] adj. ridé.

runzeln [-tsəln] v. tr. et v. pr. rider. | *die Stirn(e) runzeln*, froncer le sourcil.

Rüpel ['ry:pəl] m. (s, -) butor m. ; mufle m.

Rüpelei [rypə'lai] f. (-, en) muflerie f. ; grossièreté f.

rüpelhaft ['ry:pəlhaft] adj. grossier ; brutal.

Rupfen ['rupfən] m. (s, -) étoffe grossière en jute.

rupfen ['rupfən] v. tr. tirer ; arracher ; plumer. | *eine Gans rupfen*, plumer une oie. | *jn an den Haaren rupfen*, tirer qn par les cheveux. || FIG. *mit jm ein Hühnchen zu rupfen haben*, avoir un compte à régler avec qn. || FAM. *jn rupfen*, plumer qn ; soutirer de l'argent à qn.

ruppig ['rupiç] adj. FAM. grossier ; très impoli.

Ruppigkeit ['rupiçkait] f. FAM. manières grossières.

Ruprecht ['ru:prɛçt] n. pr. m. || *Knecht Ruprecht*, le Père Fouettard.

Rüsche ['ryʃə] f. (-, n) ruche f. (d'une robe).

Ruß [rus] m. (es, e) suie f. || BOT. rouille f.

Russe ['rusə] m. (n, n) Russe m.

Rüssel ['rysəl] m. (s, -). [Elefant] trompe f. || [Schwein] groin m. || [Wildschwein] boutoir m.

Rüssel|käfer [″rysəl'kɛ:fər] m. (s, -). ZOOL. charançon m. ||°**-tiere** n. pl. ZOOL. proboscidiens m. pl.

rußen ['ru:sən] v. intr. [Rauch von sich geben] fumer ; faire de la suie.
rußig [-siç] adj. noir de suie ; couvert de suie.
Russin ['rusin] f. (-, nen) Russe f.
russisch ['rusiʃ] adj. russe.
◇ n. **Russisch,** [Sprache] russe m.
Rußland ['ruslant] n. (s). Russie f.
Rüst|kammer ["ryst'kamər] f. (-, n) salle (f.) d'armes ; arsenal m. ||°**-zeug** n. (s) outillage m.
rüsten ['rystən] v. tr. et v. pr. préparer ; équiper. | *sich zu etwas rüsten*, se préparer à qch.
◇ v. intr. s'armer. | *zum Kriege rüsten*, préparer la guerre.
Rüster ['ry:stər] f. (-, n). Bot. [Ulme] orme m.
rüstig ['rystiç] adj. vigoureux ; robuste ; vert.
rustikal [rusti'kɑ:l] adj. rustique.
Rüstung ['rystuŋ] f. (-, en) préparatifs m. pl. || Mil. armure f. ; équipement (m.) en armes ; armement m.
Rüstungs|betrieb ["rystuŋsbə'tri:p] m. (s, e) usine (f.) d'armement.
Rute ['ru:tə] f. (-, n) baguette f. ; canne (f.) à pêche ; férule f. || Anat. verge f. || [Fuchs ; Hund ; Wolf] queue f.
Ruten|bündel ["ru:tən'byndəl] n. (s, -). Hist. faisceau m. (des licteurs). ||°**-gänger** m. (s, -) sourcier m. ; radiesthésiste m.
Ruthenien [ru'te:niən] n. pr. n. (s) Ruthénie f.
Ruthenium [ru'te:nium] n. (s). Chim. ruthénium m.
Rutil [ru'ti:l] m. (s, e). Chim. rutile m.
Rutsch [rutʃ] m. (es, e) glissement m. ; éboulement m. || Fam. tour (m.) rapide ; voyage (m.) éclair. || Pop. *ich komme auf einen Rutsch bei dir vorbei*, j'irai faire un saut chez toi.
Rutsch|bahn ['rutʃbɑ:n] f. (-, en) glissoire f. ; toboggan m. ||°**-gefahr** f. Autom. [Verkehrszeichen] route glissante ; risque (m.) de dérapage. ||°**-partie** f. (-, n) glissade f.
Rutsche ['rutʃə] f. (-, n) glissoire f. ; glissière f. | *Wendelrutsche*, toboggan m. || couloir transporteur ; plan incliné.
rutschen [-ʃən] v. intr. glisser ; s'ébouler. | *das Auto rutscht*, l'auto dérape, patine. | *nicht rutschend*, antidérapant. || Fig., fam. passer. | *das Essen will nicht rutschen*, le repas ne passe pas.
Rutschen [-ʃən] n. (s) glissement m. | *ins Rutschen kommen*, se mettre à glisser.
rütteln ['rytəln] v. tr. et v. intr. secouer ; agiter. | *der Wind rüttelt am Fenster*, le vent secoue la fenêtre. | *jn aus dem Schlaf rütteln*, éveiller qn en le secouant. || Fig. *daran gibt's nichts zu rütteln*, il n'y à rien à changer à cela. | *das rüttelt an der Grundlage unseres Staates*, cela met en danger la base même de notre État.
Rütteln [-təln] n. (s) secousse(s) f. (pl.). | *Rütteln des Wagens*, cahots (m. pl.) de la voiture.

S

S, s [ɛs] n. S m. | *ein großes* S, un *S* majuscule. | *ein kleines* s, un *s* minuscule. || abrév. de **Süden,** Sud ; **Seite,** page. | *'s*, abrév. de **es.**
Saal [zɑ:l] m. (s, Säle) salle f. ; hall m. ; salon m.
Saar [zɑ:r] f. [Fluß] Sarre f.
Saar|brücken ["zɑ:r'brykən] n. pr. n. Géogr. Sarrebruck m. ||°**-gemünd** n. pr. n. Sarreguemines m. ||°**-gebiet** n. (s), °**-land** n. (s). [Gebiet] Sarre f. ||°**-länder(in)** m. (s, -), f. (-, nen) Sarrois(e) m. (f.). ||**-ländisch** adj. sarrois.
Saat [zɑ:t] f. (-, en) semence f. | *die Saat bestellen*, faire les semailles. | *die Saat geht auf*, le blé lève. | *junge Saat*, semis m. | *die Saat steht gut*, le blé est beau. || *die (Aus)saat*, les semailles.
Saat|feld ['zɑ:tfɛlt] n. (s, er) champ emblavé. ||°**-gut** n. (s) semences f. pl. ||°**-korn** n. (s, ¨er) grain (m.) de semence. ||°**-krähe** f. (-, n). Zool. freux m.
Sabbat ['zabat] m. (s, e). Relig. sabbat m.
sabbeln ['zabəln], **sabbern** ['zabərn] v. intr. baver. || Par ext. papoter ; bavarder.
Sabber ['zabər] m. (s) bave f.
Sabber|lätzchen ["zabər'lɛtsçən] n. (s, -), °**-tuch** n. (s, ¨er) bavette f. ; bavoir m.
Säbel ['zɛ:bəl] m. (s, -) sabre m. | *langer Säbel*, latte f. | *krummer Säbel*, bancal m. | *Türkensäbel*, cimeterre m. || Loc. *mit dem Säbel rasseln*, traîner le sabre ; par ext. agiter le spectre de la guerre. | *jn auf den Säbel fordern*, provoquer qn au sabre.
Säbel|beine ["zɛ:bəl'bainə] n. pl. jambes arquées. ||°**-fechter** m. (s, -) sabreur m.
säbeln ['zɛ:bəln] v. tr. sabrer ; couper grossièrement.
Sabotage [zabo'tɑ:ʒə] f. (-, n) sabotage m.
Saboteur [-'tø:r] m. (s, e) saboteur.
sabotieren [-'ti:rən] v. tr. saboter.
Saccharin [zaxa'ri:n] n. (s) saccharine f.
Sach|bearbeiter ["zaxbə'arbaitər] m. (s, -) employé spécialisé. ||°**-bezüge** m. pl. rémunération (f.) en nature. ||°**-beweis** m. (es, e). Jur. preuve matérielle. ||**-dienlich** adj. utile ; pratique. ||°**-einlage** f. (-, n). Fin. apport (m.) en nature. ||°**-gebiet** n. (s, e) domaine m. ; catégorie f. ||**-gemäß** adj. approprié. | *eine sachgemäße Behandlung*, un traitement approprié. ||°**-gut** n. (s, ¨er) bien réel. ||°**-katalog** m. (s, e) fichier (m.) par matières. ||°**-kenner** m. (s, -) connaisseur m. ; expert m. ||**-kundig** adj. compétent. ||°**-lage** f. (-, n) état (m.) des choses. ||°**-leistung** f. (-, en). Fin. prestation (f.) en nature. ||°**-register** n. (s, -) table (f.) des matières. ||°**-schaden** m. (s, ¨) dommage matériel. ||°**-verhalt** m. (s, e) état (m.) des choses ; matérialité (f.) des faits.

‖**-verständig** adj. compétent ; expert. ‖°**-verständige(r)** f. (m.) expert m. | *Sachverständigengutachten* n., expertise f. ‖°**-verzeichnis** n. (ses, se) table (f.) des matières. ‖°**-walter** m. (s, -) avoué ; mandataire m. ‖°**-wert** m. (s, e) valeur réelle. ‖°**-wörterbuch** n. (s, ¨er) dictionnaire spécialisé ; encyclopédie f. ‖°**-zwang** m. (s, ¨e) contrainte matérielle, objective.

Sache ['zaxə] f. (-, n). **1.** [Ding] chose f.
2. [Angelegenheit] affaire f. | *zur Sache kommen*, en venir au fait. | *seiner Sache sicher sein*, être sûr de son fait. | *das ist eine Sache für sich*, c'est une autre affaire. | *das ist meine Sache*, c'est mon affaire. | *das gehört nicht zur Sache*, cela n'a rien à voir avec cette affaire. | *er ist nicht bei der Sache*, il n'est pas à son affaire. | *er spricht in eigener Sache*, il parle pour lui. | *gemeinsame Sache machen*, faire cause commune. | *für die Sache des Vaterlandes*, au service du pays. ‖ FAM. *das sind mir schöne Sachen !*, en voilà de belles ! ‖ JUR. *die Sache Müller*, l'affaire Müller. | *eine Sache vor Gericht vertreten*, plaider une affaire.

Sächelchen ['zɛçəlçən] n. (s, -) petite chose ; bibelot m.

sachlich ['zaxliç] adj. objectif ; qui s'en tient aux faits.

Sachlichkeit [-kait] f. (-, en) objectivité f. ; réalisme m. ‖ LITTÉR. *die neue Sachlichkeit*, le nouveau réalisme.

sächlich ['zɛçliç] adj. GRAMM. neutre. | *sächliches Geschlecht*, neutre m.

Sachse ['zaksə] n. pr. m. (n, n) Saxon m.

sächseln ['zɛksəln] v. intr. parler avec un accent saxon.

Sachsen ['zaksən] n. pr. n. (s) Saxe f.

Sächsin ['zɛksin] f. (-, nen) Saxonne f.

sächsisch [-siʃ] adj. saxon.

sacht(e) [zaxt(ə)] adj. et adv. doux ; doucement ; sans bruit ; lentement. | *sachte ! sachte !*, tout doux !

Sack [zak] m. (s, ¨e). **1.** sac m. | *ein Sack Mehl*, un sac de farine. ‖ LOC. FAM. *er steckt sie alle in den Sack*, il les met tous dans sa poche. | *mit Sack und Pack*, avec armes et bagages.
2. bourse f. ; poche f. | *Tränensack*, poche sous les yeux. ‖ [Kleider] *einen Sack machen*, faire une poche.

Sack|gasse ["zak'gasə] f. (-, n). PR. et FIG. impasse f. ; voie (f.) sans issue. | *in eine Sackgasse geraten*, s'engager dans une impasse. ‖°**-hüpfen** n. (s) course (f.) en sac. ‖°**-karre** f. (-, n) diable m. ; chariot (m.) à sacs. ‖°**-leinen** n. (s, -) toile (f.) à sac. ‖°**-pfeife** f. (-, n) cornemuse f. ‖°**-tuch** n. (s, ¨er) toile (f.) à sac ; FAM. mouchoir m.

Sadismus [za'dismus] m. sadisme m.

Sadist [-'dist] m. (en, en) sadique m.

sadistisch [-'distiʃ] adj. sadique ; cruel.

Sä|mann ['zɛ:man] m. (s, ¨er) semeur m. ‖ °**-maschine** f. (-, n) semoir m.

säen [zɛ:ən] v. tr. PROP. et FIG. semer.

Safari [za'fɑ:ri] f. (-, s) safari m.

Safe [sɛ:f] n. (s, s) coffre-fort m.

Saffian ['zafiɑ:n] m. (s) maroquin m.

Safran ['zafrɑ:n] m. (s) safran m.

Saft [zaft] m. (s, ¨e) sève f. ; suc m. ; jus m. ‖ MÉD. sirop m. ‖ FIG. *ohne Saft und Kraft*, complètement dépourvu de vigueur.

saftig ['zaftiç] adj. juteux ; succulent. ‖ FIG. *saftiger Witz*, plaisanterie grasse.

Saftigkeit [-kait] f. saveur f. ; succulence f. ‖ FIG. obscénité f.

saftlos ['zaftlo:s] adj. sans sève ; sans suc ; fade.

Saga ['zɑ:ga] f. (-, s). LITTÉR. saga f.

sagbar ['zɑ:kbɑ:r] adj. exprimable ; dicible.

sägbar ['zɛ:kbɑ:r] adj. sciable.

Sage ['zɑ:gə] f. (-, n. **1.** légende f.
2. [Gerede] dire m. ; bruit m. | *es geht die Sage*, le bruit court.

sagenhaft ['zɑ:gənhaft] adj. légendaire ; mythique. ‖ POP. merveilleux ; magnifique ; formidable. ‖ FAM. incroyable ; fabuleux.

Sagen|kreis ["zɑ:gən'krais] m. (es, e) cycle (m.) de légendes. ‖°**-kunde** f. mythologie f. ‖**-umwoben** adj. fabuleux.

Säge ['zɛ:gə] f. (-, n) scie f.

Säge|band ["zɛ:gə'bant] n. (s, ¨er) ruban (m.) de scie. ‖°**-blatt** (s, ¨er) lame (f.) de scie. ‖°**-fisch** m. (es, e). ZOOL. poisson-scie m. ‖°**-maschine** f. (-, n) scie (f.) mécanique. ‖°**-mehl** n. (s) sciure f. ‖°**-mühle** f. (-, n) scierie f. ‖°**-späne** m. pl. sciure f.

sagen ['zɑ:gən] v. tr. **1.** dire ; parler. | *die Wahrheit sagen*, dire la vérité. | *was sagen Sie dazu ?*, qu'en dites-vous ? | *er sagte kein einziges Wort*, il ne soufflait mot. | *wenn man so sagen darf*, si l'on peut s'exprimer ainsi. | *jm Dank sagen*, remercier qn. | *ich habe mir sagen lassen*, je me suis laissé dire. | *das brauchen Sie mir nicht zu sagen*, à qui le dites-vous ! | *da kann man wohl sagen, daß*, c'est bien le cas de dire que. | *ich will nichts gesagt haben*, je n'ai rien dit. | *das will ich nicht gesagt haben*, ce n'est pas ainsi que je l'entends. | *er kann aber von Glück sagen !*, en voilà un qui a eu de la chance. | *offen gesagt*, à vrai dire. | *richtiger gesagt*, plus exactement. | *unter uns, im Vertrauen gesagt*, soit dit entre nous. | *beiläufig gesagt*, soit dit en passant. | *das ist viel gesagt*, c'est beaucoup dire. | *damit ist alles gesagt*, c'est tout dire. | *man sagt ihn tot*, on le dit mort. | *mit Verlaub zu sagen*, s'il est permis de dire (que). | *nun sage noch einer !*, qu'on vienne donc dire (que).
2. ordonner. | *er hat mir nichts zu sagen*, je n'ai pas d'ordre à recevoir de lui. | *sich nichts sagen lassen*, ne vouloir écouter personne. | *er läßt es sich nicht zweimal sagen*, il ne se le fera pas dire deux fois. | *laß es dir gesagt sein !*, tiens-le-toi pour dit !
3. importer. | *das hat nichts zu sagen*, c'est sans importance. | *das will schon etwas sagen*, c'est qch. que cela. | *nichtssagend*, insignifiant. | *sein Schweigen sagte viel*, son silence en disait long. | FAM. *das sagt mir nichts*, cela ne me dit rien, ne me plaît guère.
4. LOC. ADV. *sage und schreibe*, très exactement.

sägen ['zɛ:gən] v. tr. scier.
◇ v. intr. FAM. [schnarchen] ronfler. ‖ MUS., FAM. *auf der Geige sägen*, racler du violon.

sagittal [zagi'tɑ:l] adj. MÉD. sagittal.

Sagittal|ebene [zagi"tɑ:l'e:bənə] f. (-). MÉD. plan sagittal.

Sago ['zɑ:go] m. (s) sagou m. ; tapioca m.

Sago|palme ["zɑ:go'palmə] f. (-, n). BOT. sagoutier m.

Sahara [za'hɑ:ra] n. pr. f. GÉOGR. Sahara m. | *die Wüste Sahara*, le désert du Sahara.

Sahne ['zɑ:nə] f. (-, n) crème f.

Sahne|eis ["zɑ:nə'ais] n. (es, e) glace (f.) à la crème. ‖°**-kännchen** n. (s, -) pot (m.) à crème. ‖°**-käse** m. (s, -) fromage (m.) à la crème.

sahnig ['zɑ:niç] adj. crémeux.

Saison [zɛ'zɔ̃] f. (-, s) saison f. ‖ [Touristik] *die Saison ist eröffnet*, la saison est ouverte. | *tote, stille Saison*, morte-saison f. ‖ THÉÂTRE. [Hauptspielzeit] saison f.

Saison... (en compos.) de saison ; saisonnier.

Saison|arbeiter(in) [zɛ"zɔ̃'arbaitər(in)] m. (s, -),

f. (-, nen) travailleur saisonnier. ||°-**kellner** m. (s, -) extra m.

Saite ['zaitə] f. (-, n). MUS. corde f. ; boyau m. | *eine Saite berühren, anschlagen*, faire vibrer une corde. || FIG. *die empfindliche Saite berühren*, toucher la corde sensible. || FAM. *andere Saiten aufziehen*, prendre un autre ton.

Saiten|instrument ["zaitəninʃtru'mɛnt] n. (s, e) instrument (m.) à cordes. ||°-**spiel** n. (s) jeu (m.) du luth, de la harpe, de la lyre.

Sakko ['zako] m. (s, s) veston m.

sakral [za'krɑ:l] adj. sacré ; saint ; religieux.

Sakrament [zakra'mɛnt] n. (s, e) sacrement m.

sakrileg [zakri'lɛ:k] adj. sacrilège.

Sakristan [zakris'tɑ:n] m. (s, e) sacristain m.

Sakristei [-'tai] f. (-, en) sacristie f.

Säkularisation [zɛkulariza'tsio:n] f. (-, en) sécularisation f.

säkularisieren [-'zi:rən] v. tr. séculariser.

Säkulum ['zɛ:kulum] n. (s, la) siècle m.

Salamander [zala'mandər] m. (s, -). ZOOL. salamandre f.

Salami [za'lɑ:mi] f. (-, s) saucisson m. ; salami m.

Salami|taktik [za"lɑ:mi'taktik] f. (-). POLIT., IRON. politique (f.) du saucissonnage.

Salat [za'lɑ:t] m. (s, e) salade f. | *Salatschüssel*, saladier m. || FAM. *da haben wir den Salat*, c'est le bouquet.

Salbe ['zalbə] f. (-, n) onguent m. ; pommade f.

Salbei [zal'bai] f. (-, en). BOT. sauge f.

salben ['zalbən] v. tr. oindre ; sacrer. | *zum König salben*, sacrer roi.

Salb|öl ["zalp'ø:l] n. (s, e) les saintes huiles.

Salbung ['zalbuŋ] f. (-, en). PR. et FIG. onction f. | *salbungsvoll*, cérémonieux ; mielleux.

Sälchen ['zɛ:lçən] n. (s, -) petite salle.

saldieren [zal'di:rən] v. tr. [Konto] solder.

Saldieren [-rən] n. (s), **Saldierung** [-ruŋ] f. (-, en). FIN. liquidation (f.) d'un compte.

Saldo ['zaldo] m. (s, den). COMM. solde m. ; balance (f.) d'un compte. | *den Saldo ziehen*, arrêter le solde.

Saldo|übertrag ["zaldo'y:bərtrɑ:k] m. (s) report (m.) du solde. ||°-**vortrag** m. (s) solde (m.) à nouveau.

Salier ['zɑ:liər] m. (s, -). HIST. Salien m.

Saline [za'li:nə] f. (-, n) saline f.

salisch ['zɑ:liʃ] adj. salien. || HIST. *salische Franken*, Francs Saliens. | *salisches Gesetz*, loi (f.) salique.

Salizyl|säure [zali"tsy:l'zɔyrə] f. (-, n) acide (m.) salicylique.

Salm [zalm] m. (s, e). ZOOL. [Lachs] saumon m. || POP. [Gerede] bavardage m. ; litanie f.

Salmiak ['zalmiak] m. (s) chlorure (m.) d'ammonium m. ; sel (m.) d'ammoniac.

Salmiak|geist ["zalmiak'gaist] m. (es) alcali volatil.

Salmonelle [zalmo'nɛlə] f. (-, n). BIOL. salmonelle f.

Salmonellose [zalmonɛ'lo:zə] f. (-, n). MÉD. salmonellose f.

Salmoniden [zalmo'ni:dən] n. pl. ZOOL. salmonidés m. pl.

Salome [za'lo:mə] n. pr. f. RELIG. Salomé f.

Salomo ['zɑ:lomo] n. pr. m. Salomon m.

salomonisch [zalo'mo:niʃ] adj. *ein salomonisches Urteil*, un jugement de Salomon.

Salon [sa'lɔ̃] m. (s, s) salon m.

salon|fähig [sa"lɔ̃fɛ:iç] adj. présentable en société. ||°-**wagen** m. (s, -) voiture-salon f.

salopp [za'lɔp] adj. négligé. || [Stil] familier ; décontracté.

Salpeter [zal'pe:tər] m. (s) salpêtre m. ; nitrate (m.) de potasse. | *Salpetersäure*, acide (m.) nitrique, azotique.

Salto ['zalto] m. (s, s) saut. || [Todessprung] *Salto mortale*, saut périlleux.

Salut [za'lu:t] m. (s, e). MAR. *Salut schießen*, tirer une salve d'honneur.

salutieren [zalu'ti:rən] v. intr. faire le salut militaire.

Salve ['zalvə] f. (-, n) salve f. ; volée f. || MAR. bordée f. || MIL. *Salvenfeuer*, tir (m.) par salves.

Salz [zalts] n. (es, e) sel m. | *etwas in Salz legen*, saler qch. || LOC. *das hat weder Salz noch Schmalz*, cela manque de piquant. || RELIG. *das Salz der Erde*, le sel de la terre. || CHIM. sel m. ; chlorure m. | *ohne Salz*, déchloruré.

Salz|abgabe ["zalts'apgɑ:bə] f. (-, n) gabelle f. ||°-**bergwerk** n. (s, e) saline f. ||-**bildend** adj. halogène. ||°-**brühe** f. (-, n) saumure f. ||°-**büchse** f. (-, n), °-**fäßchen** n. (s, -) salière f. ||°-**grube** f. (-, n) saline f. ||-**haltig** adj. salé ; salin. ||°-**hering** m. (s, e) hareng salé. ||°-**kammergut** n. pr. n. GÉOGR. pays (m.) de Salzbourg. ||°-**korn** n. (s, ¨er) grain (m.) de sel. ||°-**lake** f. (-, n) saumure f. ||°-**pflanze** f. (-, n). BOT. halophyte f. ||-**sauer** adj. chlorhydrique. ||°-**säule** f. (-, n) statue (f.) de sel. ||°-**säure** f. (-, n) acide (m.) chlorhydrique. ||°-**sieder** m. (s, -). TECHN. saunier m. ||°-**steuer** f. (-, n) impôt (m.) sur le sel ; gabelle f. ||°-**streuer** m. (s, -) salière f. ||°-**streuung** f. (-). [Straßendienst] salage m.

salzen ['zaltsən] v. tr. saler. | *gesalzene Butter*, beurre salé. || FIG. *ein gesalzener Witz*, une plaisanterie salée. | *eine gesalzene Rechnung*, une note salée. | *gesalzene Hiebe*, des coups violents.

salzig [-tsiç] adj. salé.

Samariter [zama'ri:tər] m. (s, -) *der barmherzige Samariter*, le bon Samaritain. || infirmier (m.) volontaire. | *Samariterdienst tun*, soigner les malades.

Samba ['zamba] m. (s, s) samba f.

Same(n) ['zɑ:mə(n)] m. ([n]s, [n]) semence f. ; germe m. ; graine f. | *in Samen schießen*, monter en graine. || FIG. postérité f. || ANAT. sperme m.

Samen|bank ["zɑ:mən'baŋk] f. (-, en) banque (f.) de sperme. ||°-**bläschen** n. (s, -). ANAT. vésicule (f.) séminale. ||°-**fädchen** n. (s, -) spermatozoïde m. ||°-**händler** m. (s, -) grainetier m. ||°-**hülse** f. (-, n). BOT. gousse f. ||°-**korn** n. (s, ¨er). BOT. graine f.; akène m. ||°-**lappen** m. (s, -). BOT. cotylédon m. ||°-**schale** f. (-, n). BOT. péricarpe m. ||°-**spende** f. (-, n) don (m.) de sperme. ||°-**spender** m. (s, -) donneur (m.) de sperme. ||°-**staub** m. (s) pollen m. ||-**tötend** adj. spermicide. || -**tragend** adj. séminifère.

Sämerei [zɛ:mə'rai] f. (-, en) semences f. pl. ; graines f. pl.

sämig ['zɛ:miç] adj. CULIN. épais ; lié.

sämisch [-miʃ] adj. chamoisé. | *sämisch gerben*, chamoiser. | *Sämischleder*, peau (f.) de chamois.

Sämling ['zɛ:mliŋ] m. (s, e). BOT. plante (f.) provenant de semis ; élève m.

Sammel|band ["zaməl'bant] m. (s, e) anthologie f. ||°-**becken** n. (s, -) réservoir collecteur. || °-**bestellung** f. (-, en). COMM. commande groupée. ||°-**fahrschein** m. (s, e) billet collectif. ||°-**gelder** n. pl. argent (m.) d'une collecte. ||°-**gut** n. (s, ¨er). TRANSP. groupage m. ||°-**ladung** f. (-, en) groupage m. ||°-**linse** f. (-, n) lentille (f.) convexe. ||°-**mappe**

f. (-, n) chemise f. ; dossier m. ||°-**name** m. (ns, n) nom collectif. ||°-**platz** m. (es, ¨e) lieu (m.) de rassemblement. ||°-**ruf** m. (s, e) numéro de téléphone collectif. ||°-**spiegel** m. (s, -) miroir (m.) concave. ||°-**stelle** f. (-, n) dépôt central. ||°-**surium** n. (s, rien) pêle-mêle m. ; bric-à-brac m.

sammeln ['zaməln] v. tr. assembler ; rassembler ; réunir ; collecter ; collectionner. | *Pflanzen sammeln*, herboriser. | *Kenntnisse sammeln*, accumuler des connaissances. | *Tatsachen sammeln*, rassembler des faits. | *Geld sammeln*, collecter de l'argent. || MIL. *Truppen sammeln*, concentrer des troupes. | *Sammeln !*, rassemblement !

◇ v. pr. **sich sammeln,** s'assembler. | *die Menge sammelt sich*, la foule s'amasse. || FIG. se concentrer ; reprendre ses esprits.

Sammeln ['zaməln] n. (s) rassemblement m. ; ramassage m. ; récolte f. ; collecte f.

Sammler ['zamlər] m. (s, -) collectionneur m. ; compilateur m. ; quêteur m.

Sammlung [-luŋ] f. (-, en) récolte f. ; collection f. ; quête f. | *Bildersammlung*, galerie (f.) de peinture. || recueil m. ; compilation f. | *eine Sammlung Lieder*, un recueil de chants. || FIG. recueillement m.

Samowar [zamo'vɑ:r] m. (s, e) samovar m.

Samstag ['zamstɑ:k] m. (s, e) samedi m.

samt [zamt] adv. tous ensemble. | *samt und sonders*, tous sans exception.

◇ prép. (dat.) avec ; y compris ; accompagné de. | *samt seiner ganzen Familie*, avec toute sa famille.

Samt [zamt] m. (s, e) velours m. | *in Samt und Seide gekleidet*, en grands atours.

Samt|band ['zamtbant] n. (s, ¨er) ruban (m.) de velours. ||°-**glanz** m. (es) velouté m. ||-**glänzend** adj. velouté. ||°-**handschuh** m. (s, e).PR. et FIG. gant (m.) de velours. | *mit Samthandschuhen anfassen*, traiter avec ménagement. ||°-**pfötchen** n. (s, -). PR. et FIG. patte (f.) de velours. ||-**weich** adj. velouté ; doux comme du velours.

samten ['zamtən], **samtig** ['zamtiç] adj. de velours. || [Wein] velouté.

sämtlich ['zɛmtliç] adj. et adv. tout entier ; complet ; tous ensemble. | *Goethes sämtliche Werke*, les œuvres complètes de Goethe. | *wir sind sämtlich da*, nous sommes là au complet. | *sein sämtliches Hab und Gut*, tout son avoir.

Samurai [zamu'rai] m. (s, s) samourai m.

Sanatorium [zana'to:rium] n. (s, rien). [Heilanstalt] maison (f.) de repos.

Sand [zant] m. (s, e) sable m. | *grober Sand*, gravier m. | *Flugsand*, sable mouvant. | *mit Sand bestreuen*, sabler. || FIG. *auf Sand gebaut*, bâti sur le sable. | *jm Sand in die Augen streuen*, jeter de la poudre aux yeux de qn. | *die Sache verläuft im Sande*, cette affaire finit en queue de poisson. || SPORT. *auf den Sand setzen*, envoyer au tapis.

Sand|bank ["zant'baŋk] f. (-, ¨e) banc (m.) de sable. ||°-**bestrahlung** f. (-, en). MÉTALL. sablage m. ||°-**blätter** n. pl. [Tabak] feuilles (f. pl.) de terre. ||°-**boden** m. (s, ¨) terrain sablonneux. ||°-**grube** f. (-, n) sablière f. ; carrière (f.) de sable. ||°-**kasten** m. (s, ¨) bac (m.) à sable. ||°-**korn** n. (s, ¨er) grain (m.) de sable. ||°-**kuchen** m. (s, -) sablé m. ||°-**mann** m. (s, ¨er), °-**männchen** n. (s, -). FIG. [Kindersprache] marchand (m.) de sable. ||°-**mergel** m. (s, -) marne sableuse. ||°-**papier** n. (s, e) papier (m.) de verre. ||°-**schüttung** f. (-, en) ensablement m. ||°-**stein** m. (s, e) grès m. || -**steinartig** adj. gréseux. ||°-**strahl** m. (s, en) jet (m.) de sable. ||°-**strahlverfahren** n. (s, -). TECHN. abrasion f. ||°-**torte** f. (-, n). CULIN. biscuit (m) sablé. ||°-**uhr** f. (-, en) sablier m.

Sandale [san'dɑ:lə] f. (-, n) sandale f.

Sandel|holz ["zandəl'hɔlts] n. bois de santal.

sanden ['zandən] v. tr. sabler.

Sander ['zandər] m. (s, -). ZOOL. sandre m.

sandig ['zandiç] adj. sablonneux.

Sandwichmann ["sɛntvitʃ'man] m. (s, ¨er) homme-sandwich m.

sanft [zanft] adj. et adv. doux ; tendre ; calme. | *sanfter Wind*, douce brise. | *sanfter Hügel*, colline (f.) en pente douce. | *sanfte Worte*, paroles amènes. | *sanfter Charakter*, caractère paisible. | *sanfte Bewegung*, mouvement sans heurts. | *ein sanftes Blau*, un bleu tendre.

— SYN. : *ruhig*, calme ; *gutmütig*, débonnaire ; *mild(e)*, clément ; *nachsichtig*, indulgent.

Sänfte ['zɛnftə] f. (-, n) chaise (f.) à porteurs.

Sanftheit ['zanfthait] f. [Sanftmut] douceur f.

Sanft|mut ['zanftmu:t] f. (s) douceur f. ; caractère (m.) paisible, débonnaire. ||-**mütig** adj. de caractère doux. || PROV. *selig sind die Sanftmütigen*, bienheureux les pacifiques.

Sang [zaŋ] m. (s, ¨e) chant m. | *mit Sang und Klang*, tambour battant. | *ohne Sang und Klang*, sans tambour ni trompette.

Sänger ['zɛŋər] m. (s, -) chanteur m. | *Opernsänger*, chanteur d'opéra. | *Chorsänger*, choriste. | *Kirchensänger*, chantre m. || HIST. *keltischer Sänger*, barde m. || LITTÉR. poète m. ; chantre m. ; aède m. ; troubadour m. ; trouvère m. | *der Sänger der Ilias*, le poète de l'Iliade.

Sänger|fest ["zɛŋər'fɛst] n. (es, e) fête chorale ; concours (m.) d'orphéons.

Sängerin ['zɛŋərin] f. (-, nen) chanteuse f. ; cantatrice f. ; artiste (f.) lyrique.

Sängerschaft ['zɛŋərʃaft] f. (-, en) union chorale ; chanteurs m. pl.

Sangria [zaŋ'gria] f. (-, s) sangria f.

Sanguiniker [zaŋ'gui:nikər] m. (s, -) homme (m.) de tempérament sanguin.

Sanieren [za'ni:rən] v. tr. assainir ; prendre des mesures d'assainissement. || FIG. *ein Geschäft sanieren*, remettre sur pied une affaire.

Sanierung [-ruŋ] f. (-, en) assainissement m. ; réorganisation f. || COMM. redressement (m.) économique. | *Sanierung des Markts*, assainissement du marché. | *Sanierung eines Betriebs*, réorganisation d'une entreprise.

sanitär [zani'tɛ:r] adj. sanitaire ; hygiénique.

Sanitär|anlagen [zani"tɛ:r'anlagən] f. pl. les sanitaires m. pl.

Sanität [-'tɛ:t] f. santé publique ; hygiène publique.

Sanitäts|auto [zani"tɛ:ts'auto] n. (s, s). MIL. ambulance f. ||°-**mannschaften** f. pl. MIL. infirmiers m. pl. ||°-**wesen** n. (s) MIL. service (m.) de santé, d'hygiène.

Sankt [zaŋkt] adj. (en abr. **St.**) saint ; sainte. | *Sankt Peter*, saint Pierre. || GÉOGR. *Sankt Gallen*, Saint-Gall m.

Sanktion [zaŋk'tsio:n] f. (-, en) sanction f. ; confirmation f. || HIST. *Pragmatische Sanktion*, Pragmatique Sanction.

◇ f. pl. **Sanktionen,** [Strafmaßnahmen] sanctions f. pl.

sanktionieren [-tsio'ni:rən] v. tr. sanctionner ; confirmer ; avaliser.

— SYN. : *gutheißen*, approuver.

Sankt-Nimmerleinstag [zaŋkt"nimərlains'tɑ:k] m. (s, e) jamais ; la semaine des quatre jeudis. | *etwas*

auf den Sankt-Nimmerleinstag verschieben, renvoyer qch. aux calendes grecques, à la saint-glinglin.
Sanskrit ['zanskrit] n. (s) sanskrit m.
Saphir ['zɑ:fi:r] m. (s, e) saphir m.
sapperlot [zapər'lɔt] interj. sapristi ! ; sacrebleu !
sapphisch ['zapfiʃ] adj. saphique.
Sarazene [zara'tse:nə] n. pr. m. Sarrasin m.
sarazenisch [-'tse:niʃ] adj. sarrasin.
Sardelle [zar'dɛlə] f. (-, n) anchois m.
Sardine [zar'di:nə] f. (-, n) sardine f. || FIG. *wie Ölsardinen gedrängt*, serré comme des harengs.
Sardinien [zar'di:niən] n. pr. n. (s). GÉOGR. Sardaigne f.
Sardinier [-niər] m. (s, -) Sarde m.
sardinisch [-niʃ] adj. sarde.
sardonisch [zar'do:niʃ] adj. sardonique.
Sarg [zark] m. (s, ¨e) cercueil m. ; bière f. || LOC., FAM. *er ist ein Nagel zu meinem Sarg*, il me fera mourir de chagrin.
Sarg|gestell ["zarkgə'ʃtɛl] n. (s, e) catafalque m. ||°**-nagel** m. (s, ¨). FAM. clope f. ||°**-tuch** n. (s, ¨er) drap (m.) mortuaire ; linceul m.
Sari ['zɑ:ri] m. (s, s) sari m.
Sarkasmus [zar'kasmus] m. (-, men) sarcasme m.
sarkastisch [-'kastiʃ] adj. sarcastique.
Sarkom [zar'ko:m] n. (s, -ata). MÉD. sarcome m.
Satan ['zɑ:tan] m. (s) Satan m.
satanisch [za'tɑ:niʃ] adj. [teuflisch] diabolique.
Satellit [zatɛ'li:t] m. (en, en) satellite m. | *Satellitenstaat*, État (m.) satellite.
Satelliten|bild [zatɛ"li:tən'bilt] n. (s, er) image spatiale ; photo (f.) satellite. ||°**-bombe** f. (-, n) bombe orbitale. ||°**-fernsehen** n. (s.) mondiovision f. ; télévision (f.) par satellite. ||°**-stadt** f. (-, ¨e) cité-dortoir f.
Satin [sa'tɛ̃] m. (s). TEXT. satin m.
Satire [za'ti:rə] f. (-, n) satire f. | *eine Satire auf den Adel*, une satire contre la noblesse.
Satiriker [-'ti:rikər] m. (s, -) auteur (m.) satirique.
satirisch [-'ti:riʃ] adj. satirique.
satt [zat] adj. et adv. **1.** rassasié ; repu. | *ich bin satt*, je n'ai plus faim. | *sich satt essen*, manger à sa faim. | *sich nicht satt sehen können*, ne pas se lasser d'admirer.
2. assez. | *ich habe es satt*, j'en ai assez.
3. las ; dégoûté. | *des Lebens satt*, las de la vie.
4. [Farben] chargé ; foncé.
5. FIG., IRON. *satt sein*, être content de soi.
Sattel ['zatəl] m. (s, ¨). **1.** selle f. | *sich in den Sattel schwingen*, se mettre en selle. || PR. et FIG. *fest im Sattel sitzen*, être bien en selle ; avoir une position solide. || FIG. *sich im Sattel halten*, défendre avec succès sa position. | *jn in den Sattel heben*, mettre à qn le pied à l'étrier. | *jn aus dem Sattel heben*, désarçonner qn.
2. GÉOGR. croupe f. | *Bergsattel*, dépression entre deux sommets.
3. MUS. *Violinsattel*, chevalet (m.) de violon.
Sattel|dach ["zatəl'dax] n. (s, ¨er) toit (m.) en dos d'âne ; toit (m.) en bâtière. ||°**-decke** f. (-, n) chabraque f. ; housse (f.) de selle. ||°**-druck** m. (s, ¨e). [Pferd] foulure f. ||**-fest** adj. bien en selle ; FIG. compétent ; FAM. calé. ||°**-gurt** m. (s, ¨e) sangle f. ||°**-knopf** m. (s, ¨e) pommeau (m.) de la selle. ||°**-pferd** n. (s, e) cheval (m.) de selle. ||°**-platz** m. (es, ¨e) pesage m. ||°**-schlepper** m. (s, -) semi-remorque m. ||°**-tasche** f. (-, n) fonte f. ; sacoche f. ||°**-zeug** n. (s) sellerie f. ; harnais m.
satteln ['zatəln] v. tr. seller ; bâter. || FIG. *gesattelt*, fin prêt.
Sattheit ['zathait] f. rassasiement m. ; saturation f. ; satiété f.
sättigen ['zɛtigən] v. tr. et v. pr. **1.** rassasier. | *sich mit etwas sättigen*, se rassasier de qch.
2. FIG. assouvir ; satisfaire.
3. CHIM. saturer. | *gesättigte Lösung*, solution saturée.
Sättigung [-guŋ] f. rassasiement m. ; satiété f. ; saturation f. | *die Sättigung des Markts*, saturation du marché.
Sättigungs|grad ["zɛtiguŋs'grɑ:t] m. (s, e) degré (m.) de saturation. ||°**-punkt** m. (s, e) point (m.) de saturation.
Sattler ['zatlər] m. (s, -) sellier m. ; bourrelier m.
Sattlerei [zatlə'rai] f. (-, en) sellerie f.
sattsam ['zatzɑ:m] adj. et adv. suffisant ; suffisamment ; assez ; à satiété ; FAM. tout-son soûl. || FIG. *das ist sattsam bekannt*, nul ne l'ignore.
Saturn [za'turn] n. pr. m. Saturne m.
Satyr ['zɑ:tyr] m. (en, en). MYTH. satyre m.
Satz [zats] m. (es, ¨e). **1.** GRAMM. phrase f. | *Nebensatz*, proposition subordonnée. | *Hauptsatz*, proposition principale. | *Beisatz*, apposition f.
2. [Lehrsatz] principe m. ; thèse f. | *mathematischer Satz*, théorème m.
3. MUS. composition f. ; phrase f. ; mouvement m. | *der dritte Satz einer Sinfonie*, le troisième mouvement d'une symphonie.
4. TYPOGR. composition f. | *glatter Satz*, composition (f.) uniforme. | *gesperrter Satz*, composition espacée. | *etwas in den Satz geben*, donner qch. à l'imprimerie.
5. saut m. ; bond m. ; élan m. | *mit einem Satz*, d'un bond ; d'une enjambée. | *in Sätzen*, par bonds.
6. [Serie] série f. ; jeu m. ; service m. | *ein Satz Tassen*, un service de tasses. | *ein Satz Werkzeuge*, un jeu d'outils. | *ein Satz Reifen*, un train de pneus. || COMM. assortiment m.
7. [Tennis] set m.
8. [Maß] tarif m. ; taux m. ; prix m.
9. [Niederschlag] dépôt m. ; sédiment m. ; résidu m. ; marc m. ; lie f. | *Kaffeesatz*, marc de café. | *Weinsatz*, dépôt du vin.
10. [beim Spiel : Einsatz] mise f. ; enjeu m.
Satz|bau ["zats'bau] m. (s). GRAMM. construction f. ||°**-lehre** f. syntaxe f. ||°**-spiegel** m. (s, -). TYPOGR. surface (f.) utile d'une page. ||**-weise** adv. par bonds ; phrase par phrase. ||°**-zeichen** n. (s, -) signe (m.) de ponctuation.
Satzung ['zatsuŋ] f. (-, en) statut m. ; règlement m. ; précepte m. || RELIG. dogme m. ; observance f.
satzungs|gemäß ["zatsuŋsgə'mɛ:s] adj. et adv. conforme, conformément aux statuts. ||°**-klausel** f. (-, n) clause (f.) statutaire. ||**-mäßig** adj. statutaire. ||**-widrig** adj. contraire aux statuts.
Sau [zau] f. (-, ¨e) truie f. || FIG., POP. cochon m.
Sau|arbeit ["zau'arbait] f. (-, en). FAM., POP. travail (m.) pénible ; travail cochonné. ||°**-bohne** f. (-, n) fève (f.) de marais. ||°**-hetze** f. (-, n) chasse (f.) au sanglier. ||°**-hirt** m. (en, en) porcher m. ||°**-magen** m. (s, -) fromage (m.) de tête. ||°**-wetter** n. (s) temps (m). de chien. || °**-wirtschaft** f. POP. désordre m. ||**-wohl** adj. FAM. *sich sauwohl fühlen*, se sentir comme un poisson dans l'eau.
sauber ['zaubər] adj. propre ; net ; soigné. | *sauber machen*, nettoyer. || IRON. *eine saubere Arbeit*, du beau travail ; c'est du propre ! | *ein sauberer Vogel*, un joli monsieur ! || LOC. *sauber abschreiben*, mettre au propre.
Sauberkeit [-kait] f. propreté f. ; netteté f.

säuberlich ['zɔybərliç] adj. et adv. proprement ; avec soin ; avec précaution. | *fein säuberlich*, avec beaucoup de soin.

säubern [-bərn] v. tr. PR. et FIG. nettoyer ; balayer.

Säuberung [-bəruŋ] f. (-, en) nettoyage m. || PAR EXT. épuration f.

Saudi-Arabien ["zaudia'rɑ:biən] n. pr. n. (s). GÉOGR. Arabie séoudite.

sauen ['zauən] v. intr. POP. faire des saletés ; dire des cochonneries.

sauer ['zauər] adj. **1.** aigre ; sur ; acide. | *saurer Wein*, vin aigre. | *saure Milch*, lait caillé. | *saure Gurken*, cornichons (m. pl.) au vinaigre. | *saure Kirsche*, cerise (f.) aigre ; griotte f. | *saure Wiesen*, prés salés. || LOC. *die Trauben sind ihm zu sauer*, il trouve les raisins trop verts. || COMM. *die Sauregurkenzeit*, la morte-saison ; le calme plat des vacances d'été. || [Umwelt] *saurer Regen*, pluies (f. pl.) acides.
2. FIG. amer ; dur ; pénible. | *ein saures Stück Arbeit*, un travail pénible. | *jm das Leben sauer machen*, mener la vie dure à qn. || renfrogné ; morose ; revêche. | *ein saures Gesicht ziehen*, faire la moue. || POP. *er ist sauer*, il est de mauvaise humeur. | *in den sauren Apfel beißen*, avaler la pilule.

Sauer|ampfer ["zauər'ampfər] m. (s) oseille f. ||°**-braten** m. (s) viande marinée. ||°**-brunnen** m. (s, -) source (f.) d'eau minérale gazeuse carbonique. ||°**-kirsche** f. (-, n) griotte f. ||°**-klee** m. (s). BOT. oxalide f. ||°**-kohl** m. (s), °**-kraut** n. (s) choucroute f. ||°**-milch** f. lait caillé. ||°**-stoff** m. (s) oxygène m. ||**-süß** adj. aigre-doux. ||°**-teig** m. (s, e) levain m. ||**-töpfisch** adj. morose ; revêche ; grognon.

Sauerei [zauə'rai] f. (-, en). POP. cochonnerie f.

Sauerstoff|behandlung ["zauərʃtɔfbə'handluŋ] f. oxygénothérapie f. ||°**-entziehung** f. désoxydation f. ||°**-gebläse** n. (s, -) chalumeau (m.) oxhydrique. ||°**-gerät** n. (s, e) inhalateur (m.) d'oxygène. ||**-haltig** adj. oxygéné. ||°**-zelt** n. (es, e). MÉD. tente (f.) à oxygène.

Sauf|bold ['zaufbɔlt] m. (s, e), **bruder** [-'brudər] m. (s, ¨) buveur m. ; ivrogne m. ||°**-gelage** n. (s, -) beuverie f.

saufen ['zaufən] (soff, gesoffen) v. intr. [Tiere] boire. || FAM. boire avec excès. | *wie ein Loch saufen*, boire comme un trou.

Säufer ['zɔyfər] m. (s, -) buveur m. ; ivrogne m.

Sauferei [zaufə'rai] f. [Gewohnheit] ivrognerie f. || [Gelage] beuverie f.

Säufer|wahnsinn ["zɔyfər'vɑ:nzin] m. (s) délire (m.) alcoolique ; delirium (m.) tremens.

Saug|apparat ["zaukapa'rɑ:t] m. (s, e) aspirateur m. ||°**-bagger** m. (s, -) drague aspirante. ||°**-düse** f. (-, n) tuyère (f.) d'aspiration. ||°**-flasche** f. (-, n) biberon m. ||°**-luft** f. air aspiré. ||°**-mal** n. (s, e) suçon m. ||°**-napf** m. (s, ¨e) ventouse f. (des vers). ||°**-pumpe** f. (-, n) pompe aspirante. | *Druck- und Saugpumpe*, pompe aspirante et foulante. ||°**-rohr** n. (s, e) tuyau (m.) d'aspiration ; [Motor] tubulure (f.) d'admission. ||°**-rüssel** m. (s, -). ZOOL. suçoir m. ; trompe f. ||°**-warze** f. (-, n) mamelon m. ||°**-wurzeln** f. pl. BOT. chevelu m.

saugen ['zaugən] (o, o) v. tr. sucer ; téter ; pomper. | *in sich saugen*, absorber. | *die Pflanze saugt die Feuchtigkeit aus dem Boden*, la plante absorbe l'humidité du sol. || FIG., FAM. *er hat es sich aus den Fingern gesogen*, il a trouvé ça tout seul.

säugen ['zɔygən] v. tr. allaiter ; nourrir.

Sauger ['zaugər] m. (s, -) suceur m. ; tétine f. || FAM. [Staubsauger] aspirateur m. || TECHN. *Sauger einer Pumpe*, piston (m.) d'une pompe.

Säuger ['zɔygər] m. (s, -). ZOOL. mammifère m.

Säuge|tier ["zɔygə'ti:r] n. (s, e). ZOOL. mammifère m.

Säugling ['zɔykliŋ] m. (s, e) nourrisson m.

Säuglings|heim ["zɔykliŋs'haim] n. (s, e), °**-krippe** [-'kripə] f. (-, n) crèche f. ; pouponnière f. ||°**-sterblichkeit** f. mortalité (f.) infantile ; néomortalité f. ||°**-waage** f. (-, n) pèse-bébé m.

säuisch ['zɔyiʃ] adj. et adv. sale ; malpropre ; comme un cochon.

Säule ['zɔylə] f. (-, n) colonne f. ; pilier m. | *Rauchsäule*, colonne de fumée. || FIG. soutien m. || TECHN. *galvanische Säule*, pile (f.) galvanique.

Säulen|abschluß ["zɔylən'apʃlus] m. (es, ¨e) chapiteau m. ||°**-bau** m. (s, e) bâtiment (m.) à colonnes. ||°**-bohrmaschine** f. (-, n) aléseuse (f.) à colonne ; perforatrice verticale. ||°**-fuß** m. (es, ¨e) socle m. ; embase f. ||°**-gang** m. (s, ¨e) péristyle m. ||°**-halle** f. (-, n) portique m. ||°**-heiliger** m. stylite m. ||°**-ordnung** f. (-, en) ordre m. ; style m. | *dorische Säulenordnung*, style dorique. ||°**-platte** f. (-, n) plinthe f. ||°**-reihe** f. (-, n) péristyle m. ||°**-schaft** m. (s, ¨e) fût (m.) de colonne. ||°**-tempel** m. (s, -) temple (m.) périptère ; périptère m.

Saum [zaum] m. (s, ¨e). **1.** ourlet m.
2. bord m. ; lisière f. | *am Waldessaum*, à l'orée (f.) du bois.

Saum|pfad ['zaumpfɑ:t] m. (s, e) sentier muletier. ||°**-pferd** n. (s, e) cheval (m.) de somme. ||°**-sattel** m. (s, -) bât m. ||°**-tau** n. (s, werke). MAR. ralingue m. ||°**-tier** n. (s, e) bête (f.) de somme.

säumen ['zɔymən] v. tr. ourler.
◇ v. intr. tarder ; hésiter. | *mit etwas säumen*, différer qch. | *ohne zu säumen*, sans tarder.
◇ v. pr. **sich säumen,** s'attarder.

saum|selig ["zaum'ze:liç] adj. lent ; indolent ; traînard ; FAM. lambin. ||°**-seligkeit** f. indolence f. ; négligence f.

säumig ['zɔymiç] adj. négligent ; traînard ; retardataire. | *säumiger Aktionär*, actionnaire défaillant. | *säumiger Zahler*, mauvais payeur.

Säumigkeit [-kait] f. retard m. ; lenteur f.

Säumnis ['zɔymnis] f. (-, se) ou n. (ses, se) retard m. || JUR. *im Falle der Säumnis*, en cas de défaut. | *Säumniszuschlag*, surtaxe (f.) pour paiement en retard.

Sauna ['zauna] f. (-, s) sauna m.

Säure ['zɔyrə] f. (-, n) aigreur f. ; acidité f. || CHIM. acide m. | *ätzende Säure*, acide corrosif.

säure|beständig ["zɔyrəbə'ʃtɛndiç] adj. antiacide. ||**-bildend** adj. acidifiant. ||**-fest** adj. résistant aux acides. ||°**-grad** m. (s, e) degré (m.) d'acidité. ||°**-messer** m. (s, -), °**-prüfer** m. (s, -), °**-waage** f. (-, n) aréomètre m.

Sauregurkenzeit ['zaurə"gurkəntsait] f. (-) morte-saison f. ; saison creuse.

Saurier ['zauriər] m. (s, -). ZOOL. saurien m.

Saus [zaus] m. (es) *mit Saus und Braus*, à grand fracas. || LOC. *in Saus und Braus leben*, FAM. mener une vie de bâton de chaise.

säuseln ['zɔyzəln] v. intr. produire un léger sifflement ; murmurer ; chuchoter ; bruire.

sausen ['zauzən] v. intr. siffler ; filer à grande vitesse. | *der Wind saust*, le vent siffle. | *er sauste zur Bahn*, il se précipita à la gare. | *der Zug saust*, le train file. | *der Zug saust durch X*, le train brûle la gare de X. | *es saust mir in den Ohren*, mes oreilles bourdonnent.

Sauser [-zər] m. (s, -) vin nouveau.

Sause|wind ["zauzə'vint] m. (s, e) vent impétueux. || FIG. étourdi m. ; tête (f.) de linotte.
Savanne [za'vanə] f. (-, n). GÉOGR. savane f.
Savoyen [za'vɔyən] n. pr. n. (s). GÉOGR. Savoie f.
Savoyer(in) [-'vɔyər(in)] n. pr. m. (s, -), f. (-, nen) Savoyard(e) m. (f.).
savoyerisch [-'vɔyəriʃ] adj. savoyard.
Saxophon [zakso'fo:n] n. (s, e) saxophone m.
Scanner ['skanər] m. (s, -) scanner m.
sch ! [ʃ] interj. chut ! ; silence !
Schabe ['ʃa:bə] f. (-, n). ZOOL. mite f.
Schab(e)|eisen ["ʃa:b(ə)'aizən] n. (s, -) racloir m. ; grattoir m. | *Schabeisenkunst*, gravure (f.) à la manière noire ; mezzotinto m.
schaben ['ʃa:bən] v. tr. racler ; gratter ; râper. | LOC. *schaben und scharren*, être ladre ; lésiner.
Schaber [-bər] m. (s, -). [Handwerker] racleur m. || [Werkzeug] grattoir m.
Schabernack ['ʃa:bərnak] m. (s, e) niche f. | *mit jm seinen Schabernack treiben*, faire une niche à qn.
schäbig ['ʃɛ:biç] adj. miteux ; teigneux. || [abgenutzt] usé ; râpé. || FIG. avare ; ladre ; rapiat ; mesquin.
Schablone [ʃa'blo:nə] f. (-, n). **1.** modèle m. ; patron m. ; pochoir m.
2. FIG. routine f. ; conformisme m. | *nach der Schablone arbeiten*, exécuter toujours le même modèle ; agir par routine.
schablonenhaft [ʃa'blo:nənhaft], **schablonenmäßig** [sa"blo:nən'mɛsiç] adj. routinier ; habituel. || stéréotypé.
Schabracke [ʃa'brakə] f. (-, n) chabraque f.
Schach [ʃax] n. (s) échecs m. pl. | *Schach spielen*, jouer aux échecs. | *in Schach halten*, tenir en échec. | *jm Schach bieten*, faire échec à qn. | *jn Schach und matt setzen*, mettre qn échec et mat. | *Schach dem König*, échec au roi !
Schach|brett ['ʃaxbrɛt] n. (s, er) échiquier m. ||°**-brettordnung** f. quinconce m. ||°**-figur** f. (-, en) pièce (f.) du jeu d'échecs. ||**-matt** adj. échec et mat. || FIG. *er ist schachmatt*, il n'en peut plus. ||°**-spiel** n. (s, e) jeu (m.) d'échecs. ||°**-zug** m. (s, ¨e) coup (m.) aux échecs. || FIG. coup (m.) habile.
Schacher ['ʃaxər] m. (s) trafic (m.) sordide ; marchandage m.
Schächer ['ʃɛçər] m. (s, -) malfaiteur m.
Schacherer ['ʃaxərər] m. (s, -) trafiquant m. ; commerçant (m.) malhonnête.
schachern ['ʃaxərn] v. intr. trafiquer. | *um etwas schachern*, marchander qch.
Schacht [ʃaxt] m. (s, ¨e). **1.** fosse f. ; puits m. | *Fahrstuhlschacht*, cage (f.) d'ascenseur. | *Lüftungsschacht*, cheminée (f.) d'aération.
2. TECHN. puits (m.) de mine ; fosse f. | *Förderschacht*, puits (m.) d'extraction.
Schachtel ['ʃaxtəl] f. (-, n) boîte f. | *Hutschachtel*, carton (m.) à chapeaux. || POP., FAM. *alte Schachtel*, vieille femme ; vieille fille.
Schachtel|halm ["ʃaxtəl'halm] m. (s, e). BOT. prêle f. ||°**-satz** m. (es, ¨e) phrase (f.) complexe ; phrase (f.) à tiroirs.
schachteln ['ʃaxtəln] v. tr. [ineinanderfügen] emboîter ; mettre l'un dans l'autre ; imbriquer.
schächten ['ʃɛçtən] v. tr. égorger, tuer d'après le rite juif.
Schächter [-tər] m. (s, -) sacrificateur m.
schade ['ʃa:də] adj. *schade !*, dommage ! | *das ist schade*, c'est dommage. | *schade nur, daß*, il est regrettable que. | *es ist schade um dich*, tu es bien à plaindre ; c'est dommage pour toi. | *zu schade !* ; *schade dafür* ; *schade darum*, tant pis ! | *das ist zu schade für ihn*, c'est trop bon pour lui.
Schade ['ʃa:də] m. (ns, ¨n) *es soll dein Schade nicht sein*, tu n'auras pas à le regretter.
Schädel ['ʃɛ:dəl] m. (s, -) crâne m. ; tête f. || FIG. *einen harten Schädel haben*, avoir la tête dure. | *den Schädel spalten*, fendre le crâne. | *sich den Schädel einrennen*, se casser la tête contre les murs.
Schädel|bruch ["ʃɛ:dəl'brux] m. (s, ¨e) fracture (f.) du crâne. ||°**-decke** f. (-, n) boîte crânienne. ||°**-haut** f. (-, ¨e) cuir chevelu ; péricrâne m. ||°**-höhle** f. (-, en) boîte crânienne. ||°**-verletzung** f. (-, en) lésion crânienne.
Schaden ['ʃa:dən] m. (s, ¨). **1.** mal m. ; blessure f. | *sich einen Schaden tun*, se faire mal. | *bei diesem Unglück sind zwanzig Personen zu Schaden gekommen*, vingt personnes ont été blessées lors de cet accident.
2. dommage m. ; dégât m. ; perte f. | *Schaden anrichten*, causer des dégâts. | *Schäden ersetzen*, indemniser ; dédommager. | *gegen Schaden versichern*, assurer contre les dommages. | *der Schaden beträgt tausend Mark*, les dégâts s'élèvent à mille marks. | *einen Schaden wiedergutmachen*, réparer un dommage. || FIG. tort m. ; préjudice m. ; détriment m. | *Schaden bringen*, faire du tort ; nuire. | *jm Schaden tun, zufügen*, porter préjudice à qn. | *durch Schaden klug werden*, apprendre à ses dépens. | *zu seinem Schaden*, à ses dépens. | *es wird sein Schaden nicht sein*, il n'aura pas à le regretter. | *Kriegsschaden*, dommage de guerre.
schaden ['ʃa:dən] v. intr. nuire ; porter préjudice à ; desservir ; léser ; faire tort à ; être préjudiciable à. | *dieses Klima schadet seiner Gesundheit*, ce climat nuit à sa santé. | *den Interessen js schaden*, léser les intérêts de qn. | *was schadet es ?*, quel mal y a-t-il ? | *es schadet nichts*, cela ne fait rien. || FAM. *es kann nicht schaden*, cela ne peut pas faire de mal.
Schaden|anzeige ["ʃa:dən'antsaigə] f. (-, n) déclaration (f.) de dommages. ||°**-ersatz** m. (es, ¨e) indemnité f. ; dédommagement m. ; dommages-intérêts m. pl. | *Schadenersatz leisten*, payer des dommages-intérêts. | *auf Schadenersatz klagen*, réclamer des dommages-intérêts. ||°**-freude** f. joie sournoise. ||**-froh** adj. qui se réjouit des malheurs des autres.
Schadens|ereignis ["ʃa:dənsɛr'aignis] n. (ses, e) [Versicherung] événement m. ; sinistre m.
schadhaft ['ʃa:thaft] adj. détérioré ; endommagé ; usé ; défectueux ; abîmé ; avarié ; gâté. | *schadhaft werden*, se détériorer. || MÉD. subir une atteinte, une lésion. | *schadhafte Stelle*, partie atteinte. || [Zähne] carié. — SYN. : *mangelhaft*, défectueux ; *gebrochen*, brisé ; *morsch*, gâté, pourri.
schädigen ['ʃɛ:digən] v. tr. léser ; endommager ; porter atteinte. | *jn schädigen*, faire tort à qn.
schädlich ['ʃɛ:tliç] adj. nuisible ; préjudiciable ; nocif ; malfaisant ; dommageable ; dangereux. | *der Gesundheit schädlich*, nuisible à la santé ; mauvais pour la santé ; malsain. || CHIM. *schädliches Gas*, gaz (m.) délétère. || JUR. préjudiciable.
Schädlichkeit [-kait] f. nocivité f. ; caractère malsain, préjudiciable.
Schädling ['ʃɛ:tliŋ] m. (s, e) être (m.) nuisible, nocif. || [Ungeziefer ; Pflanze] insecte (m.) nuisible ; parasite m. | *Rebenschädling* m., phylloxéra m.
Schädlings|bekämpfungs... ["ʃɛ:tliŋsbə'kɛmpfuŋs] (en compos.) pesticide. ||°**-bekämpfungsmittel** n. (s, -) pesticide m.
schad|los ['ʃa:tlo:s] adj. **1.** indemne.
2. [entschädigt] indemnisé ; dédommagé. | *sich für*

etwas an jm schadlos halten, se dédommager, se rattraper de qch. aux dépens de qn.

Schad|stoff ['ʃa:dʃtɔf] m. (s, e). [Umwelt] polluant m.

Schaf [ʃa:f] n. (s, e) mouton m. ; brebis f. || PAR EXT. *das schwarze Schaf*, la brebis galeuse. || FAM. *dumm wie ein Schaf*, bête à manger du foin.

◇ n. pl. **Schafe.** RELIG. ouailles f. pl. | *die verlorenen Schafe*, les brebis égarées.

Schaf|bock ['ʃa:fbɔk] m. (s, ¨e). ZOOL. bélier m. ||°**-garbe** f. (-, n). BOT. achillée f. ||°**-haltung** f. (-, en) élevage (m.) de moutons. ||°**-hirt** m. (en, en) pâtre m. ||°**-hürde** f. (-, n) parc (m.) à moutons. ||°**-käse** m. (s, -) fromage (m.) de brebis. ||°**-milch** f. lait (m.) de brebis. ||°**-pelz** n. (es, e) peau (f.) de mouton. | *der Wolf im Schafpelz*, le loup habillé en berger. ||°**-schur** f. (-, en) tonte (f.) des moutons. ||°**-stall** m. (s, ¨e) bergerie f. ; bercail m. ||°**-wolle** f. laine (f.) de mouton. ||°**-zucht** f. élevage (m.) des moutons.

Schafs|gesicht ["ʃa:fsgə'ziçt] n. (s, er) air (m.) stupide. ||°**-kopf** m. (s, ¨e) sot m. ; imbécile m.

Schäfchen ['ʃɛ:fçən] n. (s, -). **1.** agneau m. ; petit mouton. || FAM. *mein Schäfchen*, mon petit agneau.

2. [Wolken] cirrus m. | *der Himmel ist voll Schäfchen*, le ciel est moutonné. || PAR EXT. *das Meer hat Schäfchen*, la mer moutonne.

3. PROV. *sein Schäfchen ins Trockne bringen*, faire sa pelote.

Schäfchen|wolke ["ʃɛ:fçən'vɔlkə] f. (-, n). [Lämmerwolke] cirrus m.

Schäfer(in) ['ʃɛ:fər(in)] m. (s, -), f. (-, nen) berger m. ; bergère f. ; pâtre m. ; pasteur m.

Schäfer|dichtung ["ʃɛ:fər'diçtuŋ] f. (-, en) poésie pastorale. ||°**-gedicht** n. (s, e). [Idylle] pastorale f. ; idylle f. ||°**-hund** m. (s, e) chien (m.) de berger. ||°**-roman** m. (s, e) roman pastoral. ||°**-stündchen** n. (s, -). FAM. cinq-à-sept m.

schaffen ['ʃafən] (u, a) v. tr. créer ; produire ; engendrer ; donner le jour à ; mettre au monde ; appeler à la vie. | *ein Kunstwerk schaffen*, créer une œuvre d'art. | *Gott schuf die Welt*, Dieu créa le monde.

◇ part. prés. et adj. **schaffend.** *schaffende Kraft*, force créatrice.

◇ part. pass. et adj. **geschaffen.** *sie sind wie füreinander geschaffen*, ils sont faits l'un pour l'autre.

— SYN. : *bilden*, créer, former ; *hervorbringen*, produire ; *ins Leben rufen*, créer, instituer.

schaffen [-fən] v. intr. et v. tr. **1.** faire ; agir ; travailler. | *ich habe viel zu schaffen*, j'ai beaucoup à faire. | *es macht mir viel zu schaffen*, cela me donne du mal, du souci ; FAM. cela me donne du fil à retordre. | *sich zu schaffen machen*, s'affairer. | *damit hab' ich nichts zu schaffen*, je n'ai rien à voir avec cela. | *er hat hier nichts zu schaffen*, il n'a rien à faire ici.

2. porter ; mettre ; transporter. | *an Ort und Stelle schaffen*, mener à destination, à bon port. | *etwas zur Post schaffen*, porter qch. à la poste. | *ein Hindernis aus dem Wege schaffen*, écarter un obstacle. | *Geld beiseite schaffen*, détourner de l'argent. || POP. *jn beiseite schaffen*, supprimer qn. | *sich jn vom Halse schaffen*, se débarrasser de qn. | *eine Angelegenheit aus der Welt schaffen*, faire table rase d'une affaire.

3. [verschaffen] procurer. | *ich muß mir Geld schaffen*, il faut que je me procure de l'argent. | *Hilfe schaffen*, porter remède. | *Rat schaffen*, trouver une solution. | *sich selbst Recht schaffen*, se faire justice soi-même. | *das schafft Linderung*, cela soulage. || POP. *ich schaffe es schon !*, j'y arriverai bien !

Schaffhausen ["ʃaf'hauzən] n. pr. n. GÉOGR. Schaffhouse f.

Schaffner ['ʃafnər] m. (s, -) [Eisen-, Straßenbahn] contrôleur m. ; receveur m.

Schaffung ['ʃafuŋ] f. (-, en) création f. | *Schaffung von Arbeitsplätzen*, création (f.) d'emplois.

Schafott [ʃa'fɔt] n. (s, e). [Blutgerüst] échafaud m.

Schaft [ʃaft] m. (s, ¨e). **1.** [Waffe] fût m. ; bois m. | *Lanzenschaft*, fût d'une lance. | *Gewehrschaft*, bois d'un fusil.

2. [Fahne] hampe f.

3. [Säule] fût m. | *abgebrochener Schaft*, colonne tronquée. || [Bäume] fût m. || [Feder] tige f.

4. [Schuhe] tige f. | *Stiefelschaft*, tige de botte.

Schaft|stiefel ["ʃaft'ʃti:fəl] m. (s, -) botte (f.) à tige.

Schah [ʃa:] m. (s, s) chāh, shāh m. | *der Schah von Persien*, le chāh de Perse.

Schakal [ʃa'ka:l] m. (s, e) chacal m.

Schäker ['ʃɛ:kər] m. (s, -) flirteur m.

Schäkerei [ʃɛ:kə'rai] f. (-, en) flirt m. ; badinage m.

schäkern ['ʃɛ:kərn] v. intr. flirter ; badiner.

Schal [ʃa:l] m. (s, e ou s) châle m. ; cache-nez m. || [Umschlagtuch] écharpe f.

schal [ʃa:l] adj. fade ; éventé ; sans sel ; insipide. | *schales Bier*, bière éventée. | *schal werden*, s'éventer. || FIG. *ein schales Leben*, une vie dépourvue d'attrait. | *schale Worte*, propos (m. pl.) insipides.

— SYN. : *abgestanden*, éventé ; *geschmacklos*, insipide.

Schal|obst ["ʃa:l'o:pst] n. (es) fruits (m. pl.) à coques.

Schale ['ʃa:lə] f. (-, n). **1.** pelure f. ; coquille f. ; écaille f. ; peau f. ; enveloppe f. | *Orangenschale*, pelure d'orange. | *Schale einer Kartoffel*, épluchure (f.) de pomme de terre. | *Kartoffeln in der Schale*, pommes (f. pl.) de terre en robe de chambre, en robe des champs. | *Nußschale*, coquille de noix. | *Eierschale*, coquille d'œuf. | *Austerschale*, écaille d'huître. || FIG. écorce f. ; aspect extérieur. | *je rauher die Schale, desto süßer der Kern*, sous une écorce rude, une âme tendre. || ANAT. *Hirnschale*, boîte crânienne.

2. [Becher] coupe f. ; tasse f. ; écuelle f. ; bol m. | *Obstschale*, coupe à fruits. | *Schale Obst*, coupe de fruits. | *Schale Milch*, bol de lait. | *kalte Schale*, coupe glacée. || [Beleuchtung] vasque f. || PHOT. bac m.

3. [Waagschale] plateau (m.) de balance.

4. ZOOL. pince (f.) du cerf.

schälen ['ʃɛ:lən] v. tr. peler ; éplucher. | *aus seiner Umhüllung schälen*, dépouiller de son enveloppe. | *Nüsse schälen*, écaler des noix. | *ein Ei schälen*, écaler un œuf.

◇ v. pr. **sich schälen,** se peler. || [Schlange] muer. | *die Haut schält sich*, la peau pèle.

Schalen|tier ["ʃa:lən'ti:r] n. (s, e) crustacé m.

Schalheit ['ʃa:lhait] f. fadeur f. ; insipidité f. ; platitude f.

Schälhengst ["ʃɛ:l'hɛŋst] m. (es, e). ZOOL. [Beschäler] étalon m.

Schalk [ʃalk] m. (s, e) fripon m. ; coquin m. | *er hat den Schalk im Nacken*, c'est un fieffé coquin.

schalkhaft ['ʃalkhaft] adj. fripon ; espiègle ; coquin ; malicieux. | *schalkhaftes Lächeln*, sourire goguenard.

Schall [ʃal] m. (s, e ou ¨e) **1.** son m. ; éclat m. ; bruit m. ; timbre m. ; vibration f. | *der Schall unserer Schritte*, le bruit de nos pas. | *dumpfer Schall*, bruit sourd. | *Fortpflanzung des Schalls*, propagation (f.) du son. | *ein Schall verklingt*, un bruit meurt.

2. FIG. *leerer Schall*, vain bruit. | *das ist nur Schall und Rauch*, ce n'est que bruit et fumée ; ce n'est que vanité. | *seines Lebens Schall* (SCHILLER), sa renommée.

Schall|boden ["ʃal'bo:dən] m. (s, ¨) caisse (f.) de

résonance. ||°-**brechung** f. réfraction (f.) du son. ||°-**bremse** f. (-, n) dispositif (m.) anti-écho. ||°-**dämpfer** m. (s, -) amortisseur (m.) acoustique ; sourdine f. || AUTOM. silencieux m. ; pot (m.) d'échappement. ||°-**dämpfung** f. insonorisation f. | *mit Schalldämpfung*, insonorisé. ||°-**deckel** m. (s, -) abat-voix m. ||-**dicht** adj. insonore. | *schalldicht machen*, insonoriser. ||°-**druck** m. (s). PHYS. pression (f.) acoustique. ||°-**druckpegel** m. (s) niveau (m.) sonore. ||°-**geschwindigkeit** f. vitesse (f.) du son. | *die Schallgeschwindigkeit überschreitend*, supersonique. | *Überschallgeschwindigkeit*, vitesse (f.) supersonique. ||-**isoliert** adj. insonorisé. ||°-**isolierung** f. (-) isolation (f.) sonore. ||°-**kammer** f. (-, n) chambre (f.) d'écho. ||°-**kasten** m. (s,¨) boîte (f.) de résonance. ||°-**knall** m. (s, e). AÉRON. bang (m.) sonique. ||°-**kopf** m. (s, ¨e). MÉD. [Echographie] sonde (rotative). ||°-**(l)eiter** m. (s, -) tuyau (m.) acoustique. ||°-**(l)och** n. (s, ¨er). MUS. ouïe f. (des instruments à cordes). ||°-**mauer** f. mur (m.) du son. | *die Schallmauer durchstoßen*, franchir le mur du son. ||°-**messer** m. (s, -) phonomètre m. ||°-**messung** f. repérage (m.) au son. ||°-**platte** f. (-, n) disque m. | *auf Schallplatten aufnehmen*, enregistrer sur disques. ||°-**quantum** n. (s, a). PHYS. phonon m. ||-**sicher** adj. à l'abri du bruit ; insonorisé. | *schallsichere Zelle*, cabine insonorisée. ||°-**stärke** f. intensité (f.) du son. ||°-**trichter** m. (s, -) pavillon m. ||°-**welle** f. (-, n) onde (f.) sonore. ||°-**wellenbündel** n. (s, -). PHYS. faisceau (m.) ultrasonore. ||°-**wellenwiderstand** m. (s). PHYS. impédance (f.) acoustique. ||°-**wirkung** f. [Schallverhältnisse] acoustique f.

Schallplatten|händler [″ʃalplatən'hɛntlər] m. (s, -) disquaire m. ||°-**konzert** n. (s, e) concert (m.) de musique enregistrée. ||°-**sammlung** f. (-, en) discothèque f. ||°-**ständer** m. (s, -) range-disques m. ||°-**verzeichnis** n. (ses, se) discographie f.

schallen ['ʃalən] v. intr. rendre un son ; sonner ; résonner. | *schallend*, sonore ; retentissant.

Schalmei [ʃal'mai] f. (-, en). MUS. chalumeau m. ; pipeau m.

Schalotte [ʃa'lɔtə] f. (-, n). BOT. échalote f.

Schalt|algebra [″ʃalt'algebrɑ:] f. (-) algèbre f. de Boole. ||°-**anlage** f. (-, n). ÉLECTR. installation (f.) de distribution électrique. ||°-**brett** n. (s, er), °-**tafel** f. (-, n) tableau (m.), panneau (m.) de distribution. || AUTOM. tableau (m.) de bord. ||°-**element** n. (s, e). ÉLECTR. puce (f.) électronique. ||°-**gehäuse** n. (s, -) boîte (f.) de vitesses. ||°-**hebel** m. (s, -) levier (m.) de changement de vitesse ; manette (f.) de commande. ||°-**jahr** n. (s, e) année (f.) bissextile. ||°-**knopf** m. (s, ¨e). ÉLECTR. bouton m. ||°-**kreis** m. (es, e) circuit (m.) intégré. ||°-**pult** n. (s, e) pupitre (m.) de commande. ||°-**schema** n. (s, en). ÉLECTR. schéma (m.) de branchement. ||°-**uhr** f. (-, en) minuterie f. ||°-**wendekreisel** m. (s, -). AÉRON. gyromètre m.

schalten ['ʃaltən] v. intr. diriger, gouverner. | *nach Belieben schalten und walten*, agir selon son bon plaisir. ◇ v. tr. TECHN. *eine Maschine (ein)schalten*, mettre une machine en route. || ÉLECTR. brancher ; coupler. | *parallel schalten*, monter en parallèle ; coupler. | *hintereinanderschalten*, monter en série. || AUTOM. embrayer ; changer de vitesse. | *in einen anderen Gang schalten*, changer de vitesse ; passer une autre vitesse. | *den Leergang (ein)schalten*, passer au point mort.

Schalter [-tər] m. (s, -). **1.** guichet m.
2. ÉLECTR. interrupteur m. ; commutateur m. ; contacteur m. || *Drehschalter*, interrupteur rotatif. | *Fernschalter*, interrupteur à distance. | *Hebelschalter*, interrupteur à levier. | *Schutzschalter*, disjoncteur m.

Schalter|automat [″ʃaltərauto'mɑ:t] m. (s, en) guichet (m.) automatique. ||°-**beamter** m. guichetier m. ||°-**brief** m. (s, e) lettre (f.) poste restante. ||°-**halle** f. (-, n) hall (m.) des guichets.

Schaltung ['ʃaltuŋ] f. (-, en). **1.** AUTOM. changement (m.) de vitesse ; embrayage m. ; débrayage m. **2.** ÉLECTR. branchement m. ; mise (f.) en circuit.

Schalung ['ʃɑ:luŋ] f. (-, en) coffrage m.

Schaluppe [ʃa'lupə] f. (-, n) chaloupe f.

Scham [ʃɑ:m] f. **1.** honte f. | *vor Scham erröten*, rougir de honte. | *aller Scham bar sein*, être sans vergogne ; avoir toute honte bue.
2. [Schamhaftigkeit] pudeur f. | *falsche Scham*, fausse pudeur.
3. [Geschlechtsteile] parties sexuelles.

Schamade [ʃa'mɑ:də] f. (-, n) chamade f. | *Schamade schlagen*, battre la chamade.

Scham|bein ['ʃɑ:mbain] n. (s, e). ANAT. pubis m. ||-**erregend** adj. qui suscite la honte. ||°-**gefühl** n. (s, e) sentiment (m.) de honte, de pudeur. ||°-**hügel** m. (s, -). ANAT. mont (m.) de Vénus. ||-**los** adj. sans pudeur ; éhonté ; impudent ; effronté. | *schamlose Lüge*, mensonge éhonté. ||°-**losigkeit** f. effronterie f. ; impudence f. ; impudeur f. ; dévergondage m. ||°-**röte** f. *das trieb ihm die Schamröte ins Gesicht*, cela le fit rougir de honte. ||°-**seite** f. (-, n). ANAT. région inguinale. ||°-**teile** m. pl. parties sexuelles.

schämen (sich) [ziç'ʃɛ:mən] v. pr. avoir honte. | *sich einer Sache schämen*, avoir honte de qch. | *sich zu Tode schämen*, mourir de honte. | *schäme dich !*, tu devrais avoir honte ! | *man braucht sich nicht zu schämen*, il n'y a pas de honte à cela.

schamhaft ['ʃɑ:mhaft] adj. honteux ; pudique ; pudibond.

Schamhaftigkeit [-haftiçkait] f. honte f. ; pudeur f. | *gegen die Schamhaftigkeit verstoßen*, offenser la pudeur.

Schamotte [ʃa'mɔtə] f. (-, n) chamotte f. ; argile (f.) réfractaire.

Schampus ['ʃampus] m. FAM. vin (m.) de Champagne ; vin mousseux.

schandbar ['ʃantbɑ:r] adj. infâme ; honteux ; ignominieux ; infamant ; déshonorant.

Schandbarkeit [-kait] f. honte f. ; infamie f.

Schand|blatt ['ʃantblat] n. (s, ¨er) journal (m.) à scandale. ||°-**brief** m. (s, e) lettre infamante. ||°-**bube** m. (n, n) vaurien m. ; fripon m. ||°-**fleck** m. (s, en), °-**mal** n. (s, e) souillure f. ; flétrissure f. ; tare f. ; stigmate m. ||°-**maul** n. (s, ¨er) médisant m. ; méchante langue. ||°-**pfahl** m. (s, ¨e). [Pranger] pilori m. | *an den Schandpfahl binden*, clouer au pilori. ||°-**preis** m. (es, e) vil prix. ||°-**schrift** f. (-, en) écrit (m.) diffamatoire. ||°-**tat** f. (-, en) infamie f. ; vilenie f.

Schande ['ʃandə] f. (-, n). **1.** honte f. ; déshonneur m. ; ignominie f. | *er gestand zu seiner Schande*, il dut avouer à sa honte. | *jm Schande machen*, faire honte à qn. | *eine öffentliche Schande*, un scandale. | *in Schimpf und Schande geraten*, sombrer dans la honte et le déshonneur.
2. FIG. *zuschanden, zu Schanden machen*, faire échouer. | *zu Schanden werden*, échouer. | *ein Pferd zu Schanden reiten*, crever un cheval.
3. [Schmähung] outrage m. ; affront m. | *jm eine Schande antun*, faire un affront à qn.

schänden ['ʃɛndən] v. tr. **1.** déshonorer ; souiller ; salir ; profaner. | *sein Ruf ist geschändet*, il est déshonoré.
2. violer ; violenter.
3. [verunstalten] abîmer ; détériorer ; mutiler.

— Syn. : *entheiligen*, profaner ; *besudeln*, souiller ; *vergewaltigen*, violenter.

schändlich ['ʃɛntliç] adj. honteux ; ignoble ; infâme ; abominable. | *schändliche Tat*, action (f.) infâme. | *schändliche Preise*, des prix scandaleux.

Schändung ['ʃɛnduŋ] f. (-, en) outrage m. ; profanation f. ; (action de) déshonorer. || viol m.

Schank|berechtigung ["ʃaŋkbə'rɛçtiguŋ] f. (-, en), °**-konzession** [-kɔntsɛ'sio :n] f. (-, en) licence (f.), droit (m.) de débiter de l'alcool. ||°**-stätte** f. (-, n) estaminet m. ; bistrot m. ||°**-tisch** m. (s, e). [Theke] comptoir m. ; FAM. zinc m. ||°**-wirt** m. (s, e) débitant (m.) de boissons.

Schanker ['ʃaŋkər] m. (s, -). Méd. [fressendes Geschwür] chancre m.

Schanz|graben ["ʃantsgra:bən] m. (s, ¨). Mil. retranchement.

Schanze ['ʃantsə] f. (-, n). Mil. retranchement m. || Sport. tremplin m. || Mar. [Achterdeck] gaillard (m.) d'arrière.

schanzen [-tsən] v. intr. **1.** Mil. élever des fortifications.

2. Fig. travailler dur ; piocher ; trimer.

Schar [ʃa:r] f. (-, en). **1.** troupe f. ; bande f. ; légion f. | *eine Schar Vögel*, une bande d'oiseaux. | *Scharführer*, chef (m.) de bande. | *scharenweise*, par bandes ; en foule. | *in hellen Scharen*, en masse. || Math. groupe m. || Relig. *die himmlischen Scharen*, les légions (f. pl.) célestes.

2. Agric. [Pflug] soc m.

Scharade [ʃa'ra:də] f. (-, n). [Silbenrätsel] charade f.

Scharbocks|kraut ["ʃa:rbɔks'kraut] n. (s, ¨er). Bot. ficaire f.

Schäre ['ʃɛ:rə] f. (-, n). [Klippe] îlot rocheux.

scharen ['ʃa:rən] v. tr. réunir ; assembler.

◇ v. pr. **sich scharen,** s'assembler en troupe.

scharf [ʃarf] adj. et adv. **1.** tranchant ; coupant. | *scharfe Spitze*, pointe aiguë. | *scharfe Klinge*, lame aiguisée.

2. piquant ; âpre ; épicé ; fort. | *scharfer Geruch*, odeur pénétrante, âcre, piquante. | *scharf gepfeffert*, fortement poivré. | *scharfer Senf*, moutarde forte. | *scharfe Säure*, acide mordant. | *scharfer Wind*, vent cinglant, vif. || Par ext. *scharfer Hund*, chien méchant.

3. précis ; aigu ; accusé ; net ; vif ; prononcé. | *scharfe Kurve*, virage prononcé. | *scharfes Profil*, profil accusé. | *scharfe Umrisse*, des contours nets. | *scharfe Züge*, des traits marqués. | *eine scharfe Grenze ziehen*, délimiter strictement. | *scharfe Kante*, arête vive. || Gramm. aigu. | *scharfer Akzent*, accent aigu. || Math. *scharfer Winkel*, angle aigu.

4. [Töne] aigu ; strident. | *scharfer Ton*, son aigu. | *scharfe Stimme*, voix stridente.

5. [Sinne] *scharfes Auge*, œil perçant. | *scharfes Gehör*, ouïe fine.

6. Fig. cinglant ; vif ; méchant ; acharné ; sévère ; strict. | *scharfe Zucht*, discipline (f.) sévère. | *scharfer Verweis*, verte réprimande. | *in scharfem Ton*, d'un ton sévère. | *er hat ein scharfes Urteil*, il a beaucoup de sens critique. | *scharfe Kritik*, critique acerbe. | *eine scharfe Feder*, une plume acérée. | *jn in der Presse scharf angreifen*, lancer contre qn de vives attaques de presse. | *scharfer Verstand*, intelligence vive. | *über etwas scharf nachdenken*, réfléchir sérieusement à qch. | *jn scharf bewachen*, garder qn à vue ; surveiller qn de près. || Fig., pop. *er ist scharf auf Briefmarken*, il a la passion des timbres-poste.

7. Phot. *scharfes Bild*, photo nette. || Mil. *scharfe Munition*, munitions chargées à balle. | *scharf schießen*, tirer à balles. || Autom., fam. *scharf fahren*, conduire sec. || [Pferde] *scharf beschlagen*, ferrer à glace. || Opt. *scharfe Brille*, des lunettes fortes. | *ein Mikroskop scharf stellen*, mettre au point un microscope.

Scharf|abstimmung ["ʃarf'apʃtimuŋ] f. Radio. réglage précis. ||°**-blick** m. (s) perspicacité f. ; acuité (f.) d'esprit. | *nichts kann seinem Scharfblick entgehen*, rien ne peut échapper à sa perspicacité. ||°**-einstellung** f. (-). Phot. réglage (m.) de la distance. ||**-geladen** adj. chargé à balle. ||**-kantig** adj. à arêtes vives. ||°**-macher** m. (s, -) extrémiste m. ; sectaire m. ||°**-richter** m. (s, -) bourreau m. ||°**-schütze** m. (n, n) tireur (m.) d'élite. ||°**-schützengewehr** n. (s, e) fusil (m.) à lunette. ||**-sichtig** adj. qui a la vue perçante ; fig. perspicace. | *scharfsichtige Augen*, des yeux perçants. ||°**-sinn** m. (s) finesse f. ; perspicacité f.

Schärfe ['ʃɛrfə] f. (-, n). **1.** tranchant m. ; arête vive, coupante. | *Schärfe einer Klinge*, fil (m.) d'une lame. | *Schärfe eines Messers*, tranchant d'un couteau. | *Schärfe einer Kante*, arête d'un angle.

2. netteté f. ; précision f. ; acuité f. | *Schärfe einer Brille*, degré (m.) d'acuité, force (f.) d'une lunette. | *Schärfe eines Bildes*, netteté d'une photo. | *Gedankenschärfe*, précision des idées. | *Schärfe der Umrisse*, netteté des contours. | *Schärfe des Verstandes*, acuité intellectuelle. | *Schärfe des Gedächtnisses*, précision de la mémoire.

3. sévérité f. ; rigueur f. | *Schärfe der Gesetze*, rigueur des lois. | *mit Schärfe behandeln*, traiter sévèrement.

4. causticité f. ; âpreté f. ; caractère mordant. | *Schärfe einer Polemik*, âpreté d'une polémique.

schärfen [-fən] v. tr. **1.** aiguiser ; affûter ; refaire la pointe.

2. Fig. mettre en relief ; souligner ; accuser. | *einen Gegensatz schärfen*, accuser un contraste ; souligner une opposition.

3. rendre plus vif ; aviver ; rendre plus pénétrant ; affiner. | *die Sinne schärfen*, aviver les sens. | *den Verstand schärfen*, aiguiser l'intelligence.

Schärfen [-fən] n. (s), **Schärfung** [-fuŋ] f. (-, en) aiguisage m. ; affûtage m. ; affilage m.

Scharlach ['ʃarlax] m. (s, e) écarlate f. || Méd. scarlatine f. || Zool. cochenille f.

Scharlach|baum ["ʃarlax'baum] m. (s, ¨e). Bot. chêne-kermès m. ||**-rot** adj. rouge écarlate.

Scharlatan ['ʃarlatan] m. (s, e) charlatan m.

Scharmützel [ʃar'mytsəl] n. (s, -). Mil. escarmouche f. ; engagement m. ; échauffourée f.

Scharnier [ʃar'ni:r] n. (s, e) charnière f.

Schärpe ['ʃɛrpə] f. (-, n) écharpe f. | *die Schärpe umbinden*, ceindre l'écharpe.

scharren [-rən] v. tr. gratter ; racler. | *die Erde scharren*, gratter la terre. | *ein Loch in die Erde scharren*, creuser un trou dans la terre. || Par ext. enfouir ; ensevelir. | *etwas in die Erde scharren*, enfouir qch. dans la terre. || *Geld zusammenscharren*, s'enrichir par tous les moyens.

◇ v. intr. gratter. | *der Hund scharrt an der Tür*, le chien gratte à la porte. | *das Huhn scharrt nach Würmern*, la poule gratte la terre pour y trouver des vers. || Par ext. trépigner. | *mit den Hufen scharren*, piaffer.

Scharte ['ʃartə] f. (-, n) brèche f. || [an einem Messer, einer Klinge] *eine Scharte machen*, ébrécher. | *eine Scharte bekommen*, s'ébrécher. || Fig. *eine Scharte auswetzen*, prendre sa revanche. || Mil. créneau m. ; meurtrière f. | *Schießscharte*, meurtrière de tir. || Méd. *Hasenscharte*, bec-de-lièvre m.

Scharteke [ʃar'te:kə] f. (-, n) vieux bouquin. || Fam. vieille chipie.

schartig ['ʃartiç] adj. ébréché. | *schartig machen*,

ébrécher. | *schartig werden*, s'ébrécher. || MIL. *schartige Mauer*, mur crénelé.

scharwenzeln [-tsəln] v. intr. FAM. flagorner.

Schatten ['ʃatən] m. (s, -). **1.** ombre f. | *im Schatten der Bäume*, à l'ombre des arbres. | *einen Schatten werfen*, projeter une ombre. | *es macht Schatten*, cela fait de l'ombre. | *die Bäume spenden Schatten*, les arbres donnent de l'ombre. | *Licht und Schatten in einem Gemälde*, les ombres et les lumières d'un tableau. | *Schatten unter den Augen haben*, avoir les yeux cernés. || PROV. *niemand kann über seinen Schatten springen*, chacun a ses limites.
2. FIG. ombre f. | *jm wie sein Schatten folgen*, suivre qn comme son ombre. | *jn in den Schatten stellen*, éclipser qn. | *jm im Schatten stehen*, empêcher qn d'avancer. | *er ist nur noch ein Schatten seiner selbst*, il n'est plus que l'ombre de lui-même. | *einem Schatten nachjagen*, poursuivre une chimère.
3. [leichte Spur] soupçon m. ; trace légère. | *nicht den Schatten eines Beweises konnte er erbringen*, il n'a pas pu produire l'ombre d'une preuve.
4. MYTH. fantôme m. ; spectre m.

Schatten|bild ["ʃatən'bilt] n. (s, er) silhouette f. ; ombre f. ; fantôme m. ||°**-kabinett** n. (s, e). POLIT. cabinet (m.) fantôme. ||°**-könig** m. (s, e) prince (m.) fantôme. ||°**-morelle** f. (-, n) cerise (f.) aigre. ||°**-pflanze** f. (-, n) plante (f.) qui ne pousse qu'à l'ombre. ||°**-reich** n. (s, e) royaume (m.) des ombres. ||**-reich** adj. ombreux. ||°**-riß** m. (es, e) silhouette f. ; esquisse f. ||°**-seite** f. (-, n) côté (m.) de l'ombre. || FIG. revers (m.) de la médaille ; mauvais côté. | *dieses hat auch seine Schattenseite(n)*, il y a aussi une ombre au tableau. ||°**-spiel** n. (s, e) jeu (m.) d'ombres. | *Schattenspiele*, ombres chinoises. ||°**-theater** n. (s, -) théâtre (m.) d'ombres. ||°**-welt** f. MYTH. royaume (m.) des ombres. ||°**-wirtschaft** f. économie (f.) parallèle.

schattieren [ʃa'ti:rən] v. tr. ARTS. ombrer ; nuancer.

Schattieren [-rən] n. (s), **Schattierung** [-ruŋ] f. (-, en). ARTS. répartition (f.), distribution (f.) des ombres ; dégradé m. ; nuance f. ; gradation f. | *um eine Schattierung zu hell*, trop clair d'un ton.

schattenhaft ['ʃatənhaft] adj. semblable à une ombre ; vague ; imprécis ; fantomatique. | *schattenhafte Vorstellung*, représentation confuse.

schattig ['ʃatiç] adj. ombragé ; ombreux. | *schattiges Laub*, ombrage m.

Schatulle [ʃa'tulə] f. (-, n) cassette f.

Schatz [ʃats] m. (es, ¨e). **1.** trésor m. ; richesses f. pl. | *Schätze sammeln*, thésauriser. | *nach einem Schatz graben*, chercher un trésor.
2. FIG. somme (f.), fonds (m.) de connaissances. | *Schätze von Erinnerungen*, profusion (f.) de souvenirs. | *Bücherschatz*, collection (f.) de livres.
3. FAM. [Kosewort] trésor m. ; chéri ; chérie. | *sein Schatz*, sa petite amie.

Schatz|amt ["ʃats'amt] n. (s, ¨er) trésorerie f. ; Trésor m. ||°**-anweisung** f. (-, en) bon (m.) du Trésor. ||°**-gräber** m. (s, -) chercheur (m.) de trésors. ||°**-kammer** f. (-, n) trésor. ||°**-kanzler** m. (s, -) chancelier (m.) de l'échiquier. ||°**-kasten** m. (s, ¨) caissette f. ; coffre-fort m. ||°**-meister** m. (s, -) trésorier m. ||°**-schein** m. (s, e) bon (m.) du Trésor.

schätzbar ['ʃɛtsbɑ:r] adj. estimable ; appréciable ; qui peut être évalué.

Schätzchen ['ʃɛtsçən] n. (s, -) petit trésor. || FIG., FAM. chéri m. ; chérie f.

schätzen ['ʃɛtsən] v. tr. **1.** apprécier ; estimer ; évaluer. | *etwas zu schätzen wissen*, estimer qch. à sa juste valeur. | *einen Schaden schätzen*, évaluer un dommage. | *wie hoch schätzen Sie es ?*, à combien l'estimez-vous ? | *wie alt schätzen Sie ihn ?*, quel âge lui donnez-vous ? | *jn hoch schätzen*, estimer qn hautement ; faire grand cas de qn. | *jn gering schätzen*, faire peu de cas de qn. | *sich glücklich schätzen*, s'estimer heureux. | *ich schätze, daß*, j'estime que.
2. FIN. coter ; taxer ; estimer. | *ein Grundstück schätzen*, estimer un domaine.
◇ part. pass. et adj. **geschätzt,** estimé ; estimable ; honorable. | *ein geschätzter Gelehrter*, un savant estimé.

schätzens|wert ["ʃɛtsəns've:rt], **-würdig** [-'vyrdiç] adj. estimable ; digne d'être apprécié.

Schätzer ['ʃɛtsər] m. (s, -) estimateur m.

Schätzung ['ʃɛtsuŋ] f. (-, en) estimation f. ; appréciation f. | *bei vorsichtiger Schätzung*, au bas mot. || [Hochachtung] estime f. | *er erfreut sich allgemeiner Schätzung*, il jouit de l'estime générale.

schätzungs|weise ["ʃɛtsuŋs'vaizə] adv. approximativement ; FAM. à vue de nez. ||°**-wert** m. (s, e) montant (m.) de l'évaluation ; valeur estimative.

Schau [ʃau] f. (-, en). **1.** exposition f. ; parade f. ; étalage m. ; montre f. | *zur Schau stehen*, être exposé. | *zur Schau tragen*, montrer en public ; faire parade de ; étaler. | *sich zur Schau stellen*, se donner en spectacle.
2. revue f. ; inspection f. | *Heerschau*, revue militaire. | *Blumenschau*, floralies f. pl. | *eine Schau vornehmen*, procéder à une inspection.

Schau|bild ["ʃau'bilt] n. (s, er) esquisse f. ; [Diagramm] diagramme m. ||°**-bude** f. (-, n) baraque (f.) de foire. ||°**-bühne** f. (-, n) théâtre m. ; scène f. || FIG. *die politische Schaubühne*, la scène politique. ||°**-fenster** n. (s, -) vitrine f. ; devanture f. ; étalage m. ||°**-fensterbummel** m. (s). FAM. lèche-vitrines m. | *einen Schaufensterbummel machen*, faire du lèche-vitrines. ||°**-kasten** m. (s, - ou ¨) vitrine f. ||°**-lust** f. curiosité f. ||**-lustig** adj. curieux. ||°**-platz** m. (es, ¨e) théâtre m. ; scène f. || FIG. *Kriegsschauplatz*, théâtre des opérations. | *Schauplatz der Handlung*, lieu (m.) de l'action. ||°**-spiel** n. (s, e) spectacle m. ; pièce (f.) de théâtre. ||°**-spieler(in)** m. (s, -), f. (-, nen) acteur m. ; actrice f. ||°**-spielhaus** n. (es, ¨er) théâtre m. ||°**-spielkunst** f. art (m.) dramatique. ||°**-steller** m. (s, -) (marchand) forain m. ||°**-turnen** n. (s) démonstration (f.) de gymnastique.

Schauder ['ʃaudər] m. (s, -) frisson m. ; tremblement m. | *ein Schauder ergreift, überläuft ihn*, un frisson le secoue. | *Schauder erregen*, faire frémir ; faire horreur ; faire frissonner.

Schauder|geschichte ["ʃaudər'gəʃiçtə] f. (-, n) histoire (f.) horrible. ||**-voll** adj. horrible ; atroce.

schauderhaft ['ʃaudərhaft] adj. épouvantable ; horrible ; à faire frémir ; affreux.

schaudern ['ʃaudərn] v. intr. frémir ; trembler ; frissonner. | *vor Kälte schaudern*, frissonner ; être transi de froid. | *mich schaudert bei dem Gedanken, daß*, je frémis à la pensée que.

Schaudern ['ʃaudərn] n. (s) tremblement m. | *das Schaudern packt ihn*, il tremble de tout son être. | *er blickt mit Schaudern hinab*, il regarde avec effroi (dans le gouffre).

schauen ['ʃauən] v. intr. regarder ; contempler. | *rückwärts schauen*, regarder en arrière. | *auf etwas schauen*, fixer ses regards sur qch. | *zum Fenster hinaus schauen*, regarder par la fenêtre. | *jm ins Auge schauen*, regarder qn dans les yeux. | *schauen Sie mal !*, regardez donc ! || FIG. *in die Zukunft schauen*, lire dans l'avenir. | *auf jn schauen*, se référer à qn ; prendre qn pour modèle. | *Gott schaut ins Herz*, Dieu lit dans les cœurs, scrute les cœurs. | *im Geiste schauen*, imaginer ;

prophétiser. || LOC. *er schaut traurig drein*, il a l'air triste. | *dabei schaut nichts heraus*, tout cela ne rapporte rien. || FAM. *schau mal an !* ; *schau, schau !*, tiens, tiens !

Schauer ['ʃauər] m. (s, -). **1.** frisson m. ; frémissement m. | *ein Schauer schüttelte ihn*, un frisson le secoua. || LITTÉR. *Schauerroman*, roman d'épouvante.
2. averse f. ; ondée f. | *Hagelschauer*, averse de grêle. | *Märzschauer*, giboulées (f. pl.) de mars.

schauerlich, schauer|voll ['ʃauərliç, "ʃauər'fɔl] adj. effrayant ; horrible.

Schauermann ['ʃauərman] m. (s, leute) docker m.

schauern ['ʃauərn] v. intr. frissonner. | *vor Frost schauern*, frissonner de froid.

Schaufel ['ʃaufəl] f. (-, n). **1.** pelle f. ; spatule f. | *eine Schaufel Kohlen*, une pelle de charbon. | *Kohlenschaufel*, pelle à charbon. || FIG. *die Schaufel in die Hand nehmen*, se mettre au travail.
2. [Rad] palette f. ; aube f. ; ailette f. | *Schaufel eines Mühlrads*, aube d'une roue de moulin.
3. ZOOL. [Hirsch] bois m.

Schaufel|bagger ["ʃaufəl'bagər] m. (s, -) drague (f.) à godets. ||°**-geweih** n. (s, e) empaumure f. ||°**-hirsch** m. (es, e). ZOOL. daim m. ||°**-hut** m. (s, ¨e) bicorne m. ||°**-lader** m. (s, -) pelle chargeuse. ||°**-rad** n. (s, ¨er) roue (f.) à aubes. ||°**-voll** f. pelletée f. ||°**-zahn** m. (s, ¨e) [Wiederkäuer] incisive f.

schaufeln [-fəln] v. tr. travailler à la pelle ; ramasser, déblayer, creuser à la pelle. | *Schnee (weg)-schaufeln*, enlever la neige avec une pelle. || PR. et FIG. *ein Grab schaufeln*, creuser une tombe.

Schaufler [-flər] m. (s, -). ZOOL. daim m.

Schaukel ['ʃaukəl] f. (-, n) balançoire f. ; escarpolette f.

Schaukel|brett ["ʃaukəl'brɛt] n. (s, er) balançoire f. ||°**-pferd** n. (s, e) cheval (m.) à bascule. ||°**-politik** f. (-, en) politique (f.) de bascule, d'équilibre. ||°**-reck** n. (s, e). SPORT. trapèze m. ||°**-stuhl** m. (s, ¨e) chaise (f.) à bascule ; rocking-chair m. ||°**-wippe** f. (-, n) bascule f.

schaukeln ['ʃaukəln] v. intr. se balancer ; osciller ; tanguer ; vaciller. | *das Schiff schaukelt auf den Wellen*, le navire tangue, oscille sur les vagues. || FIG. pratiquer une politique d'équilibre.
◇ v. tr. balancer ; bercer. | *ein Kind schaukeln*, bercer un enfant. || FAM. *wir werden das Kind schon schaukeln*, nous nous débrouillerons bien.
◇ v. pr. **sich schaukeln,** se balancer.

Schaum [ʃaum] m. (s, ¨e). **1.** écume f. ; mousse f. | *Wellenschaum*, écume des vagues. | *Seifenschaum*, mousse de savon. | *der Schaum steht ihm vor dem Mund*, il écume de colère. || CULIN. *Eier zu Schaum schlagen*, battre des œufs en neige.
2. FIG. vent m. ; néant m. ; illusion f. | *zu Schaum werden*, s'en aller en fumée. || PROV. *Träume sind Schäume*, songes sont mensonges.

Schaum|bad ["ʃaumbɑ:t] n. (es, "er) bain (m.) de mousse. ||°**-feuer|löscher** m. (s, -) extincteur (m.) à mousse. ||°**-gebäck** n. (s, e). CULIN. meringue f. ||°**-gummi** n. (s) caoutchouc (m.) mousse. ||°**-kelle** f. (-, n), °**-löffel** m. (s, -) écumoire f. ||°**-kraut** n. (s). BOT. cardamine f. ||°**-lösch|gerät** n. (s, e) extincteur (m.) à mousse carbonique. ||°**-schläger** m. (s, -) charlatan m. ||°**-schlägerei** f. (-, en) charlatanerie f. ||°**-wein** m. (s, e) vin mousseux.

schäumen ['ʃɔymən] v. intr. écumer ; faire de la mousse ; pétiller. | *das Bier schäumt*, la bière écume. | *der Sekt schäumt*, le champagne pétille. || MAR. moutonner. || FIG. *er schäumt vor Wut*, il écume de colère.

schaurig [ʃauriç] adj. V. SCHAUERLICH.

Scheck [ʃɛk] m. (s, e) chèque m. | *gekreuzter, gesperrter Scheck*, chèque barré. | *offener Scheck*, chèque non barré. | *uneingelöster Scheck*, chèque non payé. | *ungedeckter Scheck*, chèque sans provision ; FAM. chèque en bois. | *Barscheck*, chèque payable au comptant. | *Inhaberscheck*, chèque au porteur. | *Postscheck*, chèque postal. | *einen Scheck ausstellen, ziehen*, tirer, émettre un chèque. | *einen Scheck einlösen*, toucher un chèque.

Scheck|abschnitt ["ʃɛk'apʃnit] m. (s, e) talon (m.) de chèque. ||°**-buch** n. (s, ¨er), °**-heft** n. (s, e) carnet (m.) de chèques ; chéquier m. ||°**-formular** n. (s, e) formule (f.) de chèque. ||°**-konto** n. (s, s) compte (m.) de chèques. | *Postscheckkonto*, compte (m.) de chèques postaux. ||°**-sperre** f. (-). [Bank] opposition f. ||°**-verkehr** m. (s) transactions (f. pl.) par chèques.

Schecke ['ʃɛkə] f. (-, n), **Scheck** [ʃɛk] m. (en, en) animal tacheté ; cheval (m.) pie.

scheckig [-kiç] adj. tacheté. || [Pferd] pie. || [Fell] bigarré. | *scheckige Kuh*, vache tachetée. || POP. *sich scheckig lachen*, rire comme un fou.

scheel [ʃe:l] adj. [Blicke] de travers ; qui louche ; envieux. | *jn scheel ansehen*, regarder qn de travers. | *scheele Blicke werfen*, jeter des regards d'envie ; loucher vers.

Scheffel ['ʃɛfəl] m. (s, -) boisseau m. || FIG. *sein Licht unter den Scheffel stellen*, mettre, cacher la lumière sous le boisseau ; être trop modeste.

scheffeln [-fəln] v. tr. amasser. | *Geld scheffeln*, s'enrichir rapidement.

scheffel|weise ["ʃɛfəl'vaizə] adv. par boisseaux. || PAR EXT. en grandes quantités ; en abondance.

Scheibe ['ʃaibə] f. (-, n). **1.** disque m.
2. rondelle f. ; tranche f. ; quartier m. | *eine Scheibe Brot*, une tranche de pain. | *eine Scheibe Wurst*, une rondelle de saucisson. | *Zitronenscheibe*, rondelle de citron. | *Unterlegscheibe*, rondelle d'écrou.
3. vitre f. | *Fensterscheibe*, carreau m. | *Windschutzscheibe*, pare-brise m. | *die Scheiben einwerfen*, briser les vitres. | *die Scheiben blank putzen*, nettoyer, faire les carreaux.
4. cadran m. | *Ziffernscheibe*, cadran chiffré.
5. poulie f. | *Antriebscheibe*, poulie motrice.
6. *Töpferscheibe*, tour (m.) de potier.

Scheiben|bremse ["ʃaibən'brɛmzə] f. (-, n). AUTOM. frein (m.) à disques. ||°**-glas** n. (es) verre (m.) à vitres. ||°**-honig** m. (s) miel (m.) en rayons. ||°**-kuppelung** f. (-, en). AUTOM. embrayage (m.) à disques. ||°**-schießen** n. (s) tir (m.) à la cible. ||°**-skimmer** m. (s, -). TECHN. récupérateur (m.) à disques. ||°**-stand** m. (s, ¨e) stand (m.) de tir. ||°**-wärmer** m. (s, -) dégivreur m. ||°**-wasch|anlage** f. (-, n). AUTOM. lave-glace m. ||**-weise** adv. par tranches. ||°**-wischer** m. (s, -) essuie-glace m. ||°**-werfer** m. (s, -) discobole m.

Scheich [ʃaiç] m. cheik m.

Scheide ['ʃaidə] f. (-, n). **1.** fourreau m. ; gaine f. ; étui m. | *aus der Scheide ziehen*, dégainer. | *das Schwert wieder in die Scheide stecken*, rengainer ; FIG. abandonner la lutte.
2. [Grenzlinie] limite f. ; séparation f. ; frontière f. ; ligne (f.) de démarcation, de partage. | *die Wasserscheide*, la ligne de partage des eaux.
3. ANAT. vagin m.

Scheide|linie ["ʃaidə'li:niə] f. (-, n) ligne (f.) de démarcation ; frontière f. ||°**-punkt** m. (s, e) point (m.) de séparation. ||°**-wand** f. (-, ¨e) cloison f. ; mur (m.) de refend. ||°**-wasser** n. (s). CHIM. eau-forte f. ; eau régale. ||°**-weg** m. (s, e) carrefour m. ; bifurcation f. | *am Scheideweg stehen*, se trouver à la croisée des chemins.

scheiden ['ʃaidən] (ie, ie) v. tr. séparer ; trier. || CHIM. décomposer. || JUR. prononcer le divorce. | *sich scheiden lassen*, divorcer. | *die Milch scheidet sich*, le lait tourne.
◇ v. intr. se séparer ; partir. | *von jm scheiden*, quitter qn. | *voneinander scheiden*, se quitter. | *aus einem Dienst scheiden*, quitter un emploi. | *der scheidende Tag*, le jour à son déclin. | *das scheidende Jahr*, l'année qui s'achève. | *aus dem Leben scheiden*, quitter ce monde ; mourir. || PROV. *Scheiden bringt Leiden*, partir, c'est mourir un peu.
◇ part. pass. **geschieden,** *eine geschiedene Frau*, une femme divorcée. | *wir sind geschiedene Leute*, tout est fini entre nous.
◇ v. pr. **sich scheiden,** se séparer ; bifurquer. | *hier scheiden sich unsere Wege*, c'est ici que nos chemins se séparent. | *darüber scheiden sich die Geister*, sur ce point les avis sont partagés.

Scheidung ['ʃaiduŋ] f. (-, en). **1.** séparation f. || JUR. *Ehescheidung*, divorce m. | *Scheidung von Tisch und Bett*, séparation de corps et de biens. | *Scheidung auf Grund gegenseitigen Einverständnisses*, divorce par consentement mutuel. | *auf Scheidung klagen*, demander le divorce.
2. CHIM. décomposition f.

Scheidungs|erkenntnis [″ʃaiduŋsɛr'kɛntnis] n. (ses, se) sentence (f.) de divorce. ||°**-gesuch** n. (s, e) instance (f.) en divorce. ||°**-grund** m. (s, ¨e) cause (f.) de divorce. ||°**-urteil** n. (s, e) jugement (m.) de divorce.

Scheik [ʃaik] m. (s, s) cheik m.

Schein [ʃain] m. (s, e). **1.** lueur f. ; lumière f. ; clarté f. ; éclat m. | *bei Mondschein*, au clair de lune. | *Lampenschein*, clarté de la lampe. || FIG. *ein Schein von Hoffnung*, une lueur d'espoir.
2. [Aussehen] apparence f. ; air m. ; faux-semblant m. ; illusion f. | *den Schein wahren*, sauver les apparences. | *zum Schein*, en apparence. | *dem Schein nach urteilen*, juger selon les apparences. | *falscher Schein*, faux-semblant. | *unter dem Schein*, sous couleur de. | *etwas zum Schein machen*, faire semblant de faire qch. | *einen Schein erwecken*, faire naître, créer l'illusion. | *sich den Schein geben, als ob*, se donner l'air de.
3. [Bescheinigung] billet m. ; permis m. ; certificat m. ; attestation f. | *in kleinen Scheinen*, en petites coupures. | *Zehnmarkschein*, billet de dix marks. | *Geburtsschein*, acte (m.) de naissance. | *Führerschein*, permis de conduire. | *Jagdschein*, permis de chasse. | *Empfangsschein*, récépissé m. | *Gepäckschein*, bulletin (m.) de bagages.

Schein|angriff [″ʃain'angrif] m. (s, e) attaque simulée. ||°**-behelf** m. (s, e) subterfuge m. ||°**-blüte** f. prospérité (f.) illusoire. ||°**-dividenden** f. pl. FIN. dividendes fictifs. ||°**-ehe** f. mariage blanc. ||°**-firma** f. (-, men). FIN. société-écran f. ||°**-friede** m. (ns, n) paix fourrée. ||**-fromm** adj. bigot ; hypocrite ; faux dévot. ||°**-füßchen** n. (s, -). ZOOL. pseudopode m. ||**-heilig** adj. hypocrite. | *ein Scheinheiliger*, un Tartufe. ||°**-heiligkeit** f. hypocrisie f. ||°**-kranke(r)** f. (m.) malade (s.) imaginaire. || °**-manöver** n. (s, -). MIL. démonstration f. ||°**-schwangerschaft** f. (-, en). MÉD. grossesse nerveuse. ||°**-tod** m. (s, e) mort apparente. ||**-tot** adj. qui semble mort. ||°**-verkauf** m. (s, ¨e) vente fictive. ||°**-wechsel** m. (s, -) billet (m.) de complaisance. ||°**-werfer** m. (s, -) phare m. ; projecteur m. | *die Scheinwerfer abblenden*, baisser les phares. ||°**-widerstand** m. (s, ¨e) résistance fictive, apparente. || ÉLECTR. impédance f.

scheinbar ['ʃainbɑ:r] adj. apparent. || PHYS. *scheinbares Bild*, image virtuelle.
◇ adv. en apparence. | *er hörte nur scheinbar zu*, il faisait semblant d'écouter.

scheinen ['ʃainən] (ie, ie) v. intr. **1.** luire ; briller ; éclairer. | *der Mond scheint*, il fait clair de lune. | *die Sonne scheint warm*, le soleil est chaud. | *die Sonne scheint ins Zimmer*, le soleil donne dans la chambre.
2. [den Anschein haben] sembler ; paraître ; avoir l'air ; apparaître comme. | *wie es scheint*, à ce qu'il semble. | *er scheint recht zu haben*, il semble avoir raison. | *es scheint, als ob er kommen möchte*, il semble vouloir venir. | *es scheint nur so*, ce n'est qu'apparence. | *er scheint nur so rauh*, il n'est rude qu'en apparence. | *wenn es Ihnen gut scheint*, si bon vous semble.
— SYN. : *leuchten* (Lampe ; Kerze) ; *strahlen* (Sonne ; Augen) ; *funkeln* (Sterne) ; *schimmern* (Mondschein auf dem Wasser ; ferne Sterne).

Scheiße ['ʃaisə] f. VULG. merde f.

scheiß|egal [″ʃaise'gɑ:l] adj. VULG. *es ist mir scheißegal*, je m'en fous complètement.

scheißen [-sən] (i, i) v. intr. VULG. chier.

Scheit [ʃait] n. (s, e) bûche f.

Scheit|holz [″ʃait'hɔlts] n. (es) bûches f. pl. ; bois (m.) de quartier.

Scheitel ['ʃaitəl] m. (s, -). **1.** sommet (m.) de la tête ; raie f. | *von der Sohle bis zum Scheitel*, de la tête aux pieds. | *einen Scheitel ziehen*, tracer une raie.
2. [Gipfel] sommet m. | *der Scheitel einer Kurve*, le sommet d'une courbe. | *die Sonne steht im Scheitel ihrer Bahn*, le Soleil est au zénith.
3. ARCHIT. *Scheitel eines Gewölbes*, clef (f.) de voûte.

Scheitel|höhe [″ʃaitəl'hø:ə] f. (-, n) hauteur (f.) de crête. | *Scheitelhöhe eines Gewölbes*, flèche (f.) d'une voûte. || MIL. flèche (f.) de trajectoire. ||°**-punkt** m. (s, e) apogée m. ; zénith m. | *Scheitelpunkt eines Winkels*, sommet (m.) d'un angle. ||**-recht** adj. vertical ; perpendiculaire. ||°**-wert** m. (es, e). PHYS. amplitude f. ||°**-winkel** m. pl. MATH. angles opposés par le sommet.

scheiteln ['ʃaitəln] v. tr. et v. pr. faire une raie. | *sich das Haar scheiteln*, se faire une raie.

Scheiter|haufen [″ʃaitər'haufən] m. (s, -) bûcher m.

scheitern ['ʃaitərn] v. intr. échouer. || FIG. échouer ; ne pas réussir. | *dieses Unternehmen ist gescheitert*, cette entreprise a échoué. | *gescheiterte Hoffnung*, espoir déçu. | *gescheiterter Plan*, projet avorté. | *gescheiterte Existenz*, existence ratée.

Scheitern [-tərn] n. (s) échec m. ; naufrage m. | *sich sein Scheitern eingestehen*, dresser un constat d'échec.

Schelde ['ʃɛldə] n. pr. f. GÉOGR. Escaut m.

Schellack ['ʃɛlak] m. (s, e). CHIM. gomme-laque f.

Schelle ['ʃɛlə] f. (-, n). **1.** grelot m. ; clochette f. ; sonnette f. || FIG. *der Katze die Schelle anhängen*, attacher le grelot.
2. menottes f. pl. | *einem Dieb die Handschellen anlegen*, mettre les menottes à un voleur.
3. TECHN. bague f. ; collier. | *Rohrschelle*, bride f.

schellen [-lən] v. intr. tirer la sonnette ; sonner. | *es schellt*, on sonne. || [klingeln] *jm schellen*, sonner qn.

Schellen [-lən] n. (s) coups (m. pl.) de sonnette.

Schellen|baum [″ʃɛlən'baum] m. (s, ¨e). MUS. chapeau chinois. ||°**-kappe** f. (-, n) marotte f. ||°**-trommel** f. (-, n) tambour (m.) de basque. ||°**-zug** m. (s, ¨e) cordon (m.) de sonnette.

Schell|fisch ['ʃɛlfiʃ] m. (s, e). ZOOL. aiglefin m. | *geräucherter Schellfisch*, haddock m. ||°**-kraut** n. (s). BOT. chélidoine f.

Schelm [ʃɛlm] m. (s, e) fripon m. ; coquin m. ; vaurien m. ; farceur m. ; drôle m. | *armer Schelm*, pauvre diable. | *ein Schelm, der Schlechtes dabei denkt*, honni soit qui mal y pense.

Schelmen|roman [ʺʃɛlmənrɔ'ma:n] m. (s, e). LITTÉR. roman (m.) picaresque. ||°**-streich** m. (s, e) tour (m.) de fripon ; espièglerie f.

schelmisch ['ʃɛlmiʃ] adj. fripon ; coquin ; espiègle. | *schelmische Antwort*, réponse futée. | *schelmisches Gesicht*, visage futé.

Schelte ['ʃɛltə] f. (-, n) gronderie f. ; rebuffade f.

schelten [-tən] (i, a, o) v. tr. et v. intr. **1.** gronder ; réprimander. | *auf etwas, jn schelten*, pester contre qch., qn. | *mit jm schelten*, se disputer avec qn.

2. traiter qn de (avec deux acc.). | *jn einen Dieb schelten*, traiter qn de voleur.

Schelt|wort ['ʃɛltvɔrt] n. (s, e) injure f. ; parole injurieuse.

Schema ['ʃe:ma] n. (s, s ou en ou ta) schéma m. | *ein Schema aufstellen*, tracer un schéma.

schematisch [ʃe'ma:tiʃ] adj. et adv. schématique ; schématiquement. | *etwas schematisch beschreiben*, faire de qch. une description schématique. || PÉJOR. de façon mécanique, purement formelle.

schematisieren [ʃemati'zi:rən] v. tr. schématiser.

Schemel ['ʃe:məl] m. (s, -). [Hocker] escabeau m. ; tabouret m.

Schemen ['ʃe:mən] m. et n. (s, -) ombre f. ; fantôme m.

schemenhaft ['ʃe:mənhaft] adj. fantomatique ; semblable à une ombre ; vague.

Schenke ['ʃɛŋkə] f. (-, n) bistrot m. ; estaminet m. ; buvette f. ; taverne f.

Schenkel ['ʃɛŋkəl] m. (s, -). **1.** cuisse f. || ANAT. *zum Schenkel gehörig*, fémoral. | *Unterschenkel*, la jambe (en dessous du genou). | *Oberschenkel*, cuisse.

2. côté. | *Winkelschenkel*, côté d'un angle. | *Zirkelschenkel*, branche (f.) d'un compas. | *Schenkel einer Schere*, branche (f.) de ciseaux.

Schenkel|ader [ʺʃɛŋkəl'a:dər] f. (-, n) artère fémorale. ||°**-bein** n. (s, e) fémur m. ||°**-bruch** m. (s, ¨e) fracture (f.) du fémur. ||**-gleich** adj. MATH. isocèle. ||°**-hals** m. (es, ¨e). ANAT. col (m.) du fémur. ||°**-hals|bruch** m. (s, ¨e). MÉD. fracture (f.) du col du fémur. ||°**-schiene** f. (-, n) cuissard m. ||°**-strecker** m. (s, -). ANAT. *vierköpfiger Schenkelstrekker*, quadriceps m.

schenken ['ʃɛŋkən] v. tr. **1.** verser à boire ; débiter. | *Wein in ein Glas schenken*, verser du vin dans un verre. | *jm einschenken*, verser à boire à qn.

2. donner ; faire cadeau. | *jm etwas zum Geburtstag schenken*, faire cadeau de qch. à qn. pour son anniversaire. | *einem Bettler ein Almosen schenken*, faire l'aumône à un mendiant.

3. FIG. accorder ; faire grâce de ; dispenser de. | *jm Vertrauen schenken*, se fier à qn. | *einer Sache keinen Glauben schenken*, n'accorder aucun crédit à une chose. | *jm die Freiheit schenken*, accorder la liberté à qn. | *jm das Leben schenken*, accorder à qn la vie sauve. | *wenn Gott mir das Leben schenkt*, si Dieu me prête vie. | *du kannst dir die Mühe schenken*, tu peux t'en dispenser ; ne te donne pas cette peine.

Schenkung ['ʃɛŋkuŋ] f. (-, en) don m. ; donation f. || JUR. *Schenkung unter Lebenden*, donation entre vifs.

Schenkungs|akte [ʺʃɛŋkuŋs'aktə] f. (-, n), °**-brief** [-'bri:f] m. (s, e). JUR. acte (m.) de donation. ||°**-empfänger** m. (s, -) donataire m.

scheppern ['ʃɛpərn] v. intr. [klappern ; klirren] cliqueter ; faire un bruit de ferraille.

Scherbe ['ʃɛrbə] f. (-, n) tesson m. ; éclat (m.), morceau (m.) de verre. | *Glasscherbe*, tesson de verre. | *Tonscherbe*, tesson de poterie. | *in Scherben zerbrechen*, se briser en morceaux. | *das Glas liegt in Scherben*, le verre est en miettes. || PROV. *Scherben bringen Glück*, briser un verre porte bonheur.

Scherben|gericht [ʺʃɛrbən'gəriçt] n. (s). HIST. ostracisme m.

Schere ['ʃe:rə] f. (-, n). **1.** ciseaux m. pl. | *eine Schere*, une paire de ciseaux. | *Blechschere*, cisailles f. pl. | *Papierschere*, ciseaux de bureau. | *Baumschere*, sécateur m. | *Heckenschere*, cisailles f. pl.

2. ZOOL. pince f. | *Schere des Krebses*, pince du crabe. || TECHN. fourche f. ; limonière f.

scheren [-rən] (o, o) v. tr. **1.** tondre ; couper. | *die Schafe scheren*, tondre les moutons. | *kurz geschorenes Haar*, cheveux coupés court.

2. FIG. *alles über einen Kamm scheren*, procéder sans distinction ; tout mettre dans le même sac. | *das schert mich nicht*, cela ne m'importe pas.

◇ v. pr. **sich scheren,** se soucier. | *sich um etwas scheren*, se soucier de qch. || FAM. *scher dich zum Teufel!*, va-t'en au diable !

Scheren [-rən] n. (s) tonte f. ; coupe f.

Scheren|schleifer [ʺʃe:rən'ʃlaifər] m. (s, -) rémouleur m. ; repasseur m. | *umherziehender Scherenschleifer*, repasseur ambulant. || PAR EXT. gagne-petit m.

Schererei [ʃe:rə'rai] f. (-, en) tracas m. ; tracasserie f. | *viel Schererei machen*, causer bien du tracas.

Scher|festigkeit [ʺʃe:r'fɛstigkait] f. TECHN. résistance (m.) au cisaillement.

Scherflein ['ʃɛrflain] n. (s, -). PR. et FIG. *sein Scherflein (zu etwas) beitragen*, apporter sa contribution, son obole (à qch.).

Scherge ['ʃɛrgə] m. (n, n). [Häscher] sbire m.

Schergen|dienst [ʺʃɛrgən'di:nst] m. (s, e) *einen Schergendienst tun*, effectuer une sale besogne.

Scher|maschine [ʺʃe:rma'ʃi:nə] f. (-, n) tondeuse f. ||°**-maus** f. (-, ¨e). ZOOL. campagnol m. ||°**-messer** n. (s, -) rasoir m.

Scherz [ʃɛrts] m. (es, e) plaisanterie f. ; badinage m. | *plumper Scherz*, plaisanterie grossière. | *etwas im Scherz tun, sagen*, faire, dire qch. par plaisanterie. | *das ist kein Scherz*, c'est sérieux. | *mit jm einen Scherz treiben*, se jouer de qn.

Scherz|artikel [ʺʃɛrtsar'tikəl] m. pl. attrapes f. pl. ||°**-frage** f. (-, n) devinette f. ||°**-gedicht** n. (s, e) poème gai. ||°**-name** m. (ns, n) sobriquet m. ||°**-rede** f. (-, n) plaisanterie f. ; facéties f. pl. ||°**-wort** n. (s, e) plaisanterie f. ; mot (m.) pour rire.

scherzen ['ʃɛrtsən] v. intr. plaisanter ; badiner. | *ich scherze nicht*, je parle sérieusement. | *Sie belieben wohl zu scherzen ?*, vous plaisantez ? | *über jn scherzen*, tourner qn en dérision.

— SYN. : *tändeln*, badiner ; *spaßen*, plaisanter.

scherzhaft ['ʃɛrtshaft] adj. plaisant ; badin ; facétieux ; railleur.

Scherzo ['skɛrtso] n. (s, s). MUS. scherzo m.

scheu [ʃɔy] adj. timide ; peureux ; effarouché ; craintif ; sauvage. | *scheu machen*, effaroucher. | *scheu werden*, s'effaroucher. | *das Pferd wird scheu*, le cheval s'emballe. | *scheuer Blick*, regard craintif.

— SYN. : *verzagt*, timoré ; *furchtsam*, craintif.

Scheu [ʃɔy] f. crainte f. ; appréhension f. ; timidité f. ; peur f. | *keine Scheu kennen*, ne pas avoir peur ; être sans crainte. | *ohne Scheu*, courageux ; sans ménagement.

Scheu|klappe [ʺʃɔy'klapə] f. (-, n) œillère f. || FIG. *Scheuklappen tragen*, porter des œillères ; être borné.

scheuchen [-çən] v. tr. épouvanter ; effaroucher ; faire fuir.

scheuen ['ʃɔyən] v. tr. redouter ; craindre. | *die Ausgaben scheuen*, reculer devant la dépense. | *keine Mühe scheuen*, ne pas épargner sa peine ; ne pas reculer devant l'effort.
◇ v. intr. avoir peur ; prendre peur ; s'effaroucher. | *das Pferd scheut*, le cheval s'emballe.
◇ v. pr. **sich scheuen,** s'effaroucher ; avoir peur. | *sich vor etwas scheuen*, avoir peur de qch. ; fuir qch. | *sich nicht scheuen, etwas zu tun*, ne pas craindre de faire qch.

Scheuer ['ʃɔyər] f. (-, n) grange f. ; hangar m. | *in die Scheuer bringen*, engranger.

Scheuer|besen ["ʃɔyər'be:zən] m. (s, -) balai-brosse m. ||°**-bürste** f. (-, n) brosse (f.) de chiendent. ||°**-frau** f. (-, en) femme (f.) de ménage. ||°**-lappen** m. (s, -) tampon (m.) à récurer. ||°**-leiste** f. (-, n) antébois m. ; lambris (m.) de socle. ||°**-mittel** n. (s, -) poudre (f.) à récurer. ||°**-tuch** n. (s, ¨er) serpillière f. ; torchon m. ||°**-wunde** f. (-, n). MÉD. escarre f.

scheuern ['ʃɔyərn] v. tr. laver ; nettoyer ; frotter ; astiquer. | *den Fußboden scheuern*, frotter le parquet.
◇ v. pr. **sich scheuern,** se frotter. || MAR. raguer.

Scheuern [-ərn] n. (s) récurage m. ; nettoyage m.

Scheune ['ʃɔynə] f. (-, n) grange f. ; hangar m.

Scheunen|drescher ["ʃɔynən'drɛʃər] m. (s, -). POP. *er frißt wie ein Scheunendrescher*, il mange comme quatre. ||°**-viertel** n. (s, -) quartier juif de Berlin.

Scheusal ['ʃɔyza:l] n. (s, e) monstre m. ; objet (m.) d'horreur. || FAM. *er ist mir ein Scheusal*, je l'ai en horreur.

scheußlich ['ʃɔysliç] adj. abominable ; horrible ; affreux ; hideux.

Scheußlichkeit [-kait] f. (-, en) hideur f. ; horreur f. ; laideur f. ; atrocité f.

Schi [ʃi:] m. (s, er). V. SKI.

Schicht [ʃiçt] f. (-, en). **1.** [Boden] couche f. ; stratification f. | *undurchlässige Schicht*, couche imperméable. | *in Schichten*, par couches. || PAR EXT. *Luftschichten*, couches atmosphériques. || ARCHIT. assise f.
2. [Gesellschaft] couche sociale ; classe f. | *die mittleren Schichten*, les classes moyennes.
3. [Arbeit] journée (f.) de travail ; équipe f. ; poste m. | *Nachtschicht*, équipe de nuit. | *in drei Schichten arbeiten*, faire les trois-huit.

Schicht|arbeit ["ʃiçt'arbait] f. (-, en) travail posté, par équipes. ||°**-lohn** m. (s, ¨e) salaire (m.) à la journée. ||°**-meister** m. (s, -) chef (m.) d'équipe. ||°**-wechsel** m. (s, -) relève (f.) des équipes. ||°**-wolke** f. (-, n) stratus m. ; cumulus m.

schichten ['ʃiçtən] v. tr. ranger par couches ; empiler ; stratifier. | *Holz schichten*, empiler du bois.

Schichten|bildung ["ʃiçtən'bilduŋ] f. (-, en). GÉOL. stratification f. ||**-weise** adv. en couches.

...schichtig [-tiç] adj. disposé en couches. | *zweischichtig*, à deux couches.

Schichtung [-tuŋ] f. (-, en) stratification f. ; empilement m. ; disposition (f.) par couches.

schick [ʃik] adj. chic.

Schick [ʃik] m. (s) chic m. ; élégance f. | *Schick haben*, avoir du chic.

schicken ['ʃikən] v. tr. et v. intr. envoyer ; faire parvenir ; expédier ; adresser. | *einen Brief schicken*, envoyer une lettre. | *ein Kind zur Schule schicken*, envoyer un enfant à l'école. | *nach dem Arzt schicken*, envoyer chercher le médecin. | *jn zum Teufel schicken*, envoyer qn au diable ; FAM. envoyer promener qn. || COMM. *ins Haus schicken*, livrer à domicile. || LOC. *jn in den April schicken*, faire un poisson d'avril à qn.
◇ v. pr. **sich schicken, 1.** *sich in eine Lage schicken*, s'adapter à une situation. | *sich in eine Notwendigkeit schicken*, prendre son parti d'une nécessité.
2. convenir ; être convenable. | *das schickt sich nicht*, cela est contraire aux usages ; cela ne se fait pas. || PROV. *eines schickt sich nicht für alle*, le bonheur des uns fait le malheur des autres.

schicklich ['ʃikliç] adj. qui convient ; décent ; bienséant ; de bon ton ; convenable.

Schicklichkeit [-kait] f. bienséance f. ; bon ton ; convenance f. | *Schicklichkeitsgefühl*, tact m. ; sentiment (m.) des convenances.

Schicksal ['ʃikza:l] n. (s, e) destin m. ; sort m. ; fortune f. ; fatalité f. | *unerbittliches, blindes Schicksal*, destin inexorable, aveugle. | *Opfer des Schicksals*, victime (f.) de la fatalité.

Schicksals|gefährte ["ʃikza:lsgə'fɛ:rtə] m. (n, n) compagnon (m.) d'infortune. || FIG., FAM. mari m. ||°**-glaube** m. (ns) fatalisme m. ||°**-schläge** m. pl. revers (m. pl.) de fortune. ||°**-wende** f. (-, n) vicissitudes f. pl.

schicksalhaft ['ʃikza:lhaft] adj. fatal.

schicksam ['ʃikza:m] adj. décent ; bienséant.

Schickse ['ʃiksə] f. (-, n). POP. allumeuse f.

Schickung ['ʃikuŋ] f. (-, en) sort m. ; destin m. ; décret de la Providence f. | *Schickung Gottes*, arrêt (m.) de Dieu.

schiebbar ['ʃi:pba:r] adj. coulissant ; à coulisse.

Schiebe|bühne ["ʃi:bə'by:nə] f. (-, n) chariot transporteur. || THÉÂTRE. [Drehbühne] plateau tournant. ||°**-dach** n. (s, ¨er). AUTOM. toit ouvrant. ||°**-fenster** n. (s, -) fenêtre coulissante. ||°**-riegel** m. (s, -) targette f. ||°**-ring** m. (s, e) coulant m. ; curseur m. ||°**-tür** f. (-, en), °**-tor** n. (s, e), porte coulissante. ||°**-wand** f. (-, ¨e). THÉÂTRE. coulisse f.

schieben ['ʃi:bən] (o, o) v. tr. **1.** pousser ; faire glisser. | *einen Wagen schieben*, pousser une voiture. | *Kegel schieben*, jouer aux quilles.
2. FIG. rejeter. | *den Verdacht auf jn schieben*, rejeter le soupçon sur qn. | *von sich schieben*, repousser ; écarter. || FAM. *jm etwas in die Schuhe schieben*, rejeter, faire retomber une faute sur qn.
3. remettre ; ajourner. | *etwas auf die lange Bank schieben*, faire traîner qch. en longueur. || FAM. *Wache schieben*, être de garde.
4. trafiquer ; se livrer à des malversations, à des spéculations.
◇ v. pr. **sich schieben,** se presser ; avancer ; se frayer un chemin ; se pousser. || [Kleider] remonter.

Schieber [-bər] m. (s, -). **1.** trafiquant m. ; spéculateur m. ; profiteur (m.) de guerre. | *Schiebergeschäfte*, affaires (f. pl.) louches.
2. coulisse f. ; curseur m. ; targette f.

Schieb|lehre ["ʃi:p'le:rə] f. (-, n). TECHN. pied (m.) à coulisse.

Schiebung ['ʃi:buŋ] f. (-, en) trafic (m.) illicite ; FAM. combine f.

schiedlich ['ʃi:tliç] adj. *schiedlich und friedlich*, à l'amiable.

Schieds|gericht ["ʃi:tsgə'riçt] n. (s, e). JUR. conseil (m.) de prud'hommes. | *Haager Schiedsgerichtshof*, Cour (f.) d'arbitrage de La Haye. ||°**-richter** m. (s, -) arbitre m. | *jn als Schiedsrichter einsetzen*, nommer qn arbitre. ||°**-spruch** m. (s, ¨e) arbitrage m. ; sentence, décision arbitrale. | *Schiedsspruchsverfahren*, procédure arbitrale. ||°**-vertrag** m. (s, ¨e) compromis (m.) d'arbitrage. |

einen Schiedsvertrag eingehen, schließen, conclure un compromis.

schief [ʃi:f] adj. **1.** oblique ; incliné ; en biais ; de travers. | *schiefe Ebene*, plan incliné. | *der schiefe Turm zu Pisa*, la tour penchée de Pise. | *schief gewachsen*, difforme ; mal venu. | *das Bild hängt schief*, le tableau est accroché de travers. | *der Tisch steht schief*, la table penche. || FIG. *auf die schiefe Bahn kommen*, être sur la mauvaise pente. | *jn schief ansehen, jm einen schiefen Blick zuwerfen*, regarder qn de travers. | *ein schiefes Gesicht ziehen*, faire la moue.

2. FIG. de travers ; erroné ; faux. | *die Sache geht schief*, l'affaire prend une mauvaise tournure. || FAM. *schief gewickelt sein*, être dans l'erreur. | *eine Sache schief nehmen*, prendre qch. en mauvaise part.

schief|gehen ["ʃi:f'ge:ən] (ging, gegangen) v. intr. échouer. ||**-kantig** adj. biseauté. ||**-liegen** (a, e) v. intr. être incliné ; FIG. se faire des idées fausses ; être dans l'erreur. ||**-treten** (i, a, e) v. tr. *die Absätze schieftreten*, user ses talons. | *schiefgetretene Absätze*, talons éculés. ||**-wink(e)lig** adj. à angles obliques.

Schiefer ['ʃi:fər] m. (s, -) ardoise f. ; schiste m. | *Schieferdach*, toit (m.) d'ardoise.

schiefer|artig ["ʃi:fər'artiç] adj. schisteux. ||**-blau** adj. bleu ardoise. ||°**-bruch** m. (s, ¨e) ardoisière f. ||°**-gebirge** n. (s, -) montagne schisteuse. || GÉOGR. *Rheinisches Schiefergebirge*, massif schisteux rhénan. ||°**-gestein** n. (s, e) roche schisteuse. ||**-haltig** adj. schisteux. ||°**-schicht** f. (-, en) banc (m.) d'ardoise. ||°**-stein** m. (s, e) ardoise f. ||°**-tafel** f. (-, n) ardoise f.

Schiefheit ['ʃi:fhait] f. (-, en) obliquité f. || FIG. erreur f. ; fausseté f.

schiel|äugig ["ʃi:l'ɔygiç] adj. qui louche. || FIG. envieux.

schielen ['ʃi:lən] v. intr. loucher ; être atteint de strabisme. | *schielend*, louche ; bigle. || FIG. *nach etwas schielen*, guigner qch. ; envier.

Schielen [-lən] n. (s). MÉD. strabisme m. ; (action de) loucher.

Schien|bein ['ʃi:nbain] n. (s, e). ANAT. tibia m. | *Schienbeinschützer*, jambières f. pl. | *Schienbeinbruch*, fracture (f.) du tibia.

Schiene ['ʃi:nə] f. (-, n). **1.** éclisse f.

2. ARCHIT. bande f. ; barre f. (de métal).

3. [Eisenbahn] rail m. | *aus den Schienen kommen, springen*, dérailler.

schienen [-nən] v. tr. garnir de bandes ; éclisser. | *ein gebrochenes Bein schienen*, éclisser une fracture. | *ein Rad schienen*, bander une roue.

Schienen|bus ["ʃi:nən'bus] m. (ses, se) autorail m. ; micheline f. ||°**-fahrzeug** n. (s, e) véhicule (m.) sur rails. ||°**-netz** n. (es, e) réseau ferré, ferroviaire. ||°**-räumer** m. (s, -) chasse-pierres m. ||°**-schuh** m. (s, e) patin (m.) de rail. ||°**-stoß** m. (es, ¨e) joint (m.) de rails. ||°**-strang** m. (s, ¨e), °**-weg** m. (s, e) voie ferrée. ||°**-weite** f. écartement (m.) des voies.

schier [ʃi:r] adj. et adv. pur. | *schieres Fleisch*, viande sans os. | *schiere Wahrheit*, pure vérité. | *schier unmöglich*, absolument impossible.

◇ adv. [fast ; beinahe] à peu près ; presque.

Schierling ['ʃi:rliŋ] m. (s, e). BOT. ciguë f. | *Sokrates leerte den Schierlingsbecher*, Socrate but la ciguë.

Schieß|anweisung ["ʃi:s'anvaizuŋ] f. (-, en) consigne (f.) de tir. ||°**-ausbildung** f. (-, en) entraînement (m.) au tir. ||°**-bahn** f. (-, en) butte f. ||°**-bude** f. (-, n) tir forain. ||°**-buden|figur** f. (-, en). POP. drôle de bobine. ||°**-gewehr** n. (s, e) arme (f.) à feu. ||°**-platz** m. (es, ¨e) polygone (m.) de tir. ||°**-prügel** m. (s, -). IRON. flingot m. ||°**-pulver** n. (s) poudre (f.) à canon. ||°**-scharte** f. (-, n) créneau m. ; meurtrière f. ||°**-scheibe** f. (-, n) cible f. ||°**-stand** m. (s, ¨e) stand (m.) de tir. ||°**-übung** f. (-, en) exercice (m.) de tir.

schießen ['ʃi:sən] (o, o) v. intr. **1.** se précipiter ; fondre sur. | *auf eine Beute schießen*, fondre sur une proie. | *Blitze schießen durch die Luft*, des éclairs traversent les airs. | *durch das Wasser schießen*, fendre les flots. | *das Blut schießt ihm ins Gesicht*, le sang lui monte au visage. | *die Tränen schießen ihm in die Augen*, ses yeux se remplissent de larmes. || PAR EXT. passer en trombe.

2. [schnell wachsen] croître très vite. | *in Ähren schießen*, monter en épis. | *der Salat schießt ins Kraut*, la salade monte en graine.

3. LOC. *einem Pferde die Zügel schießen lassen*, lâcher la bride à un cheval.

◇ v. tr. **1.** lancer ; tirer. | *den Speer schießen*, lancer le javelot. | *eine Kugel schießen*, tirer une balle. | *scharf schießen*, tirer à balles réelles. | *blind schießen*, tirer à blanc.

2. [erlegen] abattre ; tuer. | *einen Hasen schießen*, tuer un lièvre. | *jn totschießen*, abattre qn. | *ein Schiff in den Grund schießen*, envoyer un navire par le fond. | *über den Haufen schießen*, abattre comme un chien.

3. SPORT. shooter ; tirer au but. | *ein Tor schießen*, marquer un but.

4. TYPOGR. interfolier.

5. LOC. *es ist zum Schießen*, c'est à mourir de rire, à se tordre. | *die Antwort kam wie aus der Pistole geschossen*, il répondit du tac au tac.

Schießen [-sən] n. (s). **1.** mouvement (m.) rapide.

2. [Gewehrfeuer] tir m. ; (action de) tirer. | *Preisschießen*, concours (m.) de tir. | *Taubenschießen*, tir aux pigeons. | *Kanonenschießen*, canonnade f. ; fusillade f.

Schießerei [ʃi:sə'rai] f. (-, en) fusillade f. ; échange (m.) de coups de feu.

Schiff [ʃif] n. (s, e). **1.** navire m. ; bateau m. ; vaisseau m. ; bâtiment m. | *zu Schiffe ; auf dem Schiffe*, à bord. | *das Schiff liegt vor Anker*, le navire est à l'ancre. | *Kriegsschiff*, navire de guerre. | *Segelschiff*, bateau à voile. | *lenkbares Luftschiff*, ballon (m.) dirigeable. | *klar Schiff !*, prêt à la manœuvre ! | *das Schiff klarmachen*, parer à partir.

2. ARCHIT. [Kirchenschiff] nef f. ; vaisseau m. | *Seitenschiff*, bas-côté. | *Querschiff*, transept m.

3. TECHN. [in einem Feuerherd] bain-marie m. || [Weberei] navette f. || TYPOGR. galée f.

Schiff|bau ["ʃif'bau] m. (s) construction navale. ||°**-bau|platz** m. (es, ¨e) chantier naval. ||°**-bruch** m. (s, ¨e) naufrage m. | *Schiffbruch erleiden*, faire naufrage. ||**-brüchig** adj. naufragé. ||°**-brücke** f. (-, n) pont (m.) de bateaux. ||°**-(f)ahrt** f. navigation f. ||°**-(f)ahrts|-gesellschaft** f. (-, en) compagnie (f.) de navigation. ||°**-(f)ahrts|weg** m. (s, e) chenal m. ||°**-(f)ahrts|-wege** m. pl. routes (f. pl.) de navigation.

Schiffchen ['ʃifçən] n. (s, -) petit bateau. || MIL. calot m. ; bonnet (m.) de police. || TEXT. navette f. || BOT. carène f.

schiffbar ['ʃifbɑ:r] adj. navigable. | *schiffbar machen*, rendre navigable.

Schiffbarkeit [-kait] f. navigabilité f.

schiffen ['ʃifən] v. intr. naviguer ; aller en bateau.

Schiffer ['ʃifər] m. (s, -) navigateur m. ; marin m. ; batelier m. ; matelot m. | *Binnenschiffer*, marinier m.

Schiffer|klavier ["ʃifərkla'vi:r] n. (s, e). FAM. accordéon m. ||°**-knoten** m. (s, -) nœud (m.) de marin ; régate f. ||°**-patent** m. (s, e) certificat (m.) de marin.

Schiffs|arzt ['ʃifsartst] m. (es, ¨e) médecin (m.) de

bord. ||°-**bauch** m. (s, ¨e) coque (f.) d'un navire. ||°-**eigentümer** m. (s, -), °-**eigner** m. (s, -) armateur m. ||°-**fracht** f. (-, en) fret m. || °-**fracht|brief** m. (s, e) connaissement m. ||°-**junge** m. (n, n) mousse m. ||°-**ladung** f. (-, en) cargaison f. ||°-**laterne** f. (-, n) fanal m. ||°-**makler** m. (s, -) courtier (m.) maritime. ||°-**mannschaft** f. (-, en) équipage m. ||°-**maschinen|bau** m. (s) mécanique navale. ||°-**raum** m. (s, ¨e) cale f. ||°-**rumpf** m. (es, ¨e) coque f. ; carcasse f. ||°-**schraube** f. (-, n) hélice f. ||°-**verkehr** m. (s) trafic fluvial, maritime. ||°-**verkleidung** f. (-, en) bordage m. ||°-**vermieter** m. (s, -) fréteur m. ||°-**zwieback** m. (s, e) biscuit (m.) de mer.

Schiite [ʃi'i:tə] m. (n, n), **Schiitin** [ʃi'i:tin] f. (-, nen). RELIG. chiite ou shiite s.

schiitisch [ʃi'i:tiʃ] adj. RELIG. chiite ou shiite.

Schikane [ʃi'kɑ:nə] f. (-, n) chicane f. || PAR EXT. raffinement m. ; perfectionnement m. || FAM. *mit allen Schikanen ausgestattet*, équipé de tous les perfectionnements.

schikanieren [-ka'ni:rən] v. tr. et v. intr. chicaner ; brimer ; FAM. embêter.

Schikanieren [-ka'ni:rən] n. (s) chicanes f. pl.

schikanös [-ka'nø:s] adj. chicanier.

Schild [ʃilt] m. (s, e) bouclier m. ; pavois m. | *Schutzschild*, pare-balles m. || [Wappen] écu m. ; écusson m. || PR. et FIG. *jn auf den Schild erheben*, élever qn sur le pavois. || FIG. *etwas im Schilde führen*, préparer un mauvais coup.

◇ n. (s, er) panneau m. ; enseigne f. ; plaque f. ; panonceau m. | *Aufschriftschild*, écriteau m. || AUTOM. *Nummernschild*, plaque minéralogique.

Schild|abteilung ["ʃilt'aptailuŋ] f. (-, en). [Wappen] quartier m. ||°-**bürger** m. (s, -). LITTÉR. nigaud m. ; sot m. ||°-**bürger|streich** m. (s, e) balourdise f. ||°-**drüse** f. (-, n) glande (f.) thyroïde. ||°-**kröte** f. (-, n) tortue f. ||°-**kröten|stein** m. (s, e). MINÉRAL. chélonite f. ||°-**laus** f. (-, ¨e) cochenille f. ||°-**patt** n. (s, e) écaille f. ; carapace f. ||°-**wache** f. (-, n). MIL. sentinelle f. | *Schildwache stehen*, monter la garde.

Schildchen ['ʃiltçən] n. (s, -) écusson m.

Schilderer ['ʃildərər] m. (s, -) narrateur m.

Schilder|haus ["ʃildər'haus] n. (es, ¨er) guérite f. ||°-**maler** m. (s, -) peintre (m.) d'enseignes.

schildern ['ʃildərn] v. tr. décrire ; peindre ; dépeindre ; tracer le tableau de. | *eine Landschaft schildern*, décrire un paysage.

Schilderung [-ruŋ] f. (-, en) description f. ; tableau m. ; peinture f.

Schilf [ʃilf] n. (s, e). BOT. roseau m. ; jonc m.

schilf|artig ["ʃilf'ɑ:rtiç] adj. arundinacé. ||°-**meer** n. (s). [Bibel] mer (f.) Rouge. ||°-**rohr** n. (s, e) roseau m. ||°-**sänger** m. (s, -). ZOOL. fauvette (f.) des roseaux.

schilfig ['ʃilfiç] adj. couvert de roseaux, de joncs.

Schill [ʃil] m. (s, e). ZOOL. sandre f.

Schiller ['ʃilər] m. (s, -) chatoiement m. ; éclat chatoyant, diapré, changeant. | *Schillertaft*, taffetas changeant.

Schiller|kragen ["ʃilər'krɑ:gən] m. (s, -) col (m.) Danton.

schillern ['ʃilərn] v. intr. chatoyer ; jeter des éclats changeants.

◇ part. prés. **schillernd,** chatoyant, diapré. || FIG. *schillerndes Wesen*, nature changeante, instable.

Schillern [-lərn] n. (s) chatoiement m.

Schilling ['ʃiliŋ] m. (s, e) schilling m.

Schimäre [ʃi'mɛ:rə] f. (-, n) chimère f.

schimärisch [-riʃ] adj. chimérique.

Schimmel ['ʃiməl] m. (s, -) cheval blanc. | *Apfelschimmel*, cheval gris pommelé. | *rotgrauer Schimmel*, cheval rouan. || [Pilzart] moisissure f. ; moisi m. | *Schimmel ansetzen*, moisir. || FIG. *der Amtsschimmel*, les lenteurs (f. pl.) bureaucratiques.

schimmelig ['ʃiməliç] adj. moisi. | *schimmelig werden*, moisir.

schimmeln [-məln] v. intr. moisir. || FIG. vieillir ; se dessécher.

Schimmer ['ʃimər] m. (s, -) éclat m. ; lueur f. ; faible lueur f. || FAM. *keinen Schimmer Vernunft haben*, ne pas avoir la moindre lueur de raison.

schimmern [-mərn] v. intr. jeter une faible lueur ; scintiller.

◇ part. prés. **schimmernd,** scintillant ; luisant ; chatoyant. | *schimmernde Seide*, soie (f.) aux reflets moirés.

Schimpanse [ʃim'panzə] m. (n, n). ZOOL. chimpanzé m.

Schimpf [ʃimpf] m. (s, e) affront m. ; outrage m. | *jm einen Schimpf antun*, faire un affront à qn. | *jn mit Schimpf überschütten*, couvrir qn d'opprobre. | *mit Schimpf und Schande davongejagt werden*, être chassé honteusement.

Schimpf|name ["ʃimpf'nɑ:mə] m. (ns, n) nom injurieux. ||°-**reden** f. pl. insultes f. pl. ; propos injurieux, offensants. ||°-**wort** n. (s, e) injure f. ; insulte f. ; gros mot ; terme injurieux.

schimpfen ['ʃimpfən] v. tr. injurier ; insulter ; invectiver. | *jn einen Dummkopf schimpfen*, traiter qn d'imbécile.

◇ v. intr. pester ; vitupérer. | *auf jn schimpfen*, pester, se répandre en injures contre qn.

Schimpfen [-pfən] n. (s), **Schimpferei** [ʃimpfə'rai] f. injures f. pl. ; invectives f. pl. ; insultes f. pl.

schimpflich [-pfliç] adj. infamant ; honteux ; déshonorant ; ignominieux.

Schind|grube ["ʃint'gru:bə] f. PÉJOR. dépotoir m. ; pourrissoir m. ||°-**luder** n. (s, -) charogne f. || LOC. *mit jm Schindluder treiben*, traiter qn d'une manière honteuse. ||°-**mähre** f. (-, n) haridelle f. ; rosse f.

Schindel ['ʃindəl] f. (-, n) bardeau m. ; éclisse f. | *Schindeldach*, toit (m.) de bardeaux. || [Wappen] billette f.

schindeln [-dəln] v. tr. couvrir de bardeaux.

schinden ['ʃindən] (u, u) v. tr. **1.** écorcher ; écorcer. | *sich die Hand schinden*, s'écorcher la main. **2.** FIG. maltraiter ; tourmenter ; tyranniser ; infliger des vexations. | *seine Leute schinden*, tyranniser ses subordonnés. | *sich ehrlich schinden*, se donner beaucoup de mal ; s'éreinter ; s'échiner.

3. [neppen] pressurer ; FAM. écorcher ; estamper. || UNIV., FAM. resquiller. | *Kollegien schinden*, suivre des cours sans payer. || COMM. *einen Kunden schinden*, estamper un client. | *einen Preis herausschinden*, marchander exagérément. || FIG. *Eindruck schinden*, chercher à faire impression.

Schinder [-dər] m. (s, -). [Viehabdecker] équarrisseur m. || FIG. bourreau m. ; exploiteur m.

Schinderei [ʃində'rai] f. (-, en) équarrissage m. || FIG. mauvais traitements m. pl. ; exploitation f. ; vexations f. pl.

Schinder|hannes ["ʃindər'hanəs] m. chef (m.) de brigands. ||°-**knecht** m. (s, e) bourreau m.

Schinken ['ʃiŋkən] m. (s, -) jambon m. | *Westfälischer Schinken*, jambon de Westphalie. || FAM. [Buch] pavé m. ; [Gemälde] croûte f.

Schinken|brötchen ["ʃiŋkən'brø:tçən] n. (s, -) sandwich (m.) au jambon. ||°-**schnitte** f. (-, n), °-**scheibe** f. (-, n) tranche (f.) de jambon.

Schinn [ʃin] m. (s, e), **Schinne** ['ʃinə] f. (-, n). [Kopfschuppe] pellicule f.

Schippe ['ʃipə] f. (-, n) pelle f. || FIG. *eine Schippe machen ; den Mund zu einer Schippe verziehen*, faire la moue. || FAM. *jn auf die Schippe nehmen*, mettre qn en boîte.

schippen [-pən] v. tr. ramasser, déblayer à la pelle.

Schirm [ʃirm] m. (s, e) protection f. ; abri m. | *Schutz und Schirm*, protection et refuge. || [abschirmender Gegenstand] *Regenschirm*, parapluie m. | *Sonnenschirm*, ombrelle f. ; parasol m. | *Lampenschirm*, abat-jour m. | *Mützenschirm*, visière (f.) de casquette. | *Ofenschirm*, pare-feu m.

Schirm|bild ['ʃirmbilt] n. (s, er) image-radar f. ||°**-dach** n. (s, ¨er) auvent m. ||°**-futteral** n. (s, e) fourreau (m.) de parapluie. ||°**-gestänge** n. (s, -) monture (f.) de parapluie. ||°**-gitter** n. (s, -). RADIO. grille-écran f. ||°**-herr** m. (n, en) protecteur m. ||°**-herrschaft** f. protection f. | *unter der Schirmherrschaft von*, sous le patronage de. ||°**-macher** m. (s, -) fabricant (m.) de parapluies. ||°**-mütze** f. (-, n) casquette (f.) à visière. ||°**-ständer** m. (s, -) porte-parapluies m.

schirmen ['ʃirmən] v. tr. abriter ; protéger ; mettre à l'abri.

Schirokko [ʃi'rɔko] m. (s) sirocco m.

Schisma ['ʃisma] n. (s, men). RELIG. schisme m.

Schiß [ʃis] m. (es). VULG. *Schiß haben*, avoir la trouille.

schizoid [ʃitso'i:t] adj. MÉD. schizoïde.

Schizoide(r) [ʃitso'i:də(r)] f. (m.). MÉD. schizoïde s.

schizophren [ʃitso'fre:n] adj. MÉD. schizophrène.

Schizophrene(r) [ʃitso'fre:ne(r)] f. (m.). MÉD. schizophrène s.

Schizophrenie [ʃitsofre'ni:] f. MÉD. schizophrénie f.

schlabbern [-bərn] v. tr. et v. intr. boire avec bruit, malproprement ; laper. || PAR EXT. manger comme un cochon.

Schlacht [ʃlaxt] f. (-, en) bataille f. | *eine Schlacht liefern*, livrer bataille. | *eine Schlacht gewinnen, verlieren*, gagner, perdre une bataille. | *die Schlacht bei Jena*, la bataille d'Iéna.

Schlacht|feld ['ʃlaxtfɛlt] n. (s, er) champ (m.) de bataille. ||°**-gesang** m. (s, ¨e) chant (m.) de guerre. ||°**-getümmel** n. (s), °**-gewühl** n. (s, e) mêlée f. ||°**-kreuzer** m. (s, -). MAR. croiseur (m.) de bataille. ||°**-ordnung** f. ordre (m.) de bataille. | *in Schlachtordnung aufstellen*, ranger en ordre de bataille. ||°**-reihe** f. (-, n) ligne (f.) de bataille. ||°**-roß** n. (es, e) destrier m. ||°**-ruf** m. (s, e) cri (m.) de guerre. ||°**-schiff** n. (s, e) bâtiment (m.) de ligne.

schlachten ['ʃlaxtən] v. tr. abattre ; tuer. | *Vieh schlachten*, abattre du bétail. || FIG. massacrer ; assassiner ; sacrifier.

Schlacht|bank ['ʃlaxtbaŋk] f. (-, ¨e) étal (m.) de boucher. ||°**-beil** n. (s, e) hache (f.) du boucher. ||°**-block** m. (s, ¨e) billot m. ||°**-gewicht** n. (s) poids abattu. ||°**-haus** n. (es, ¨er), °**-hof** m. (s, ¨e) abattoir m. ||°**-vieh** n. (s) bêtes (f. pl.) de boucherie.

Schlachten [-tən] n. (s). [Vieh] abattage m. || FIG. carnage m.

Schlachten|bummler ["ʃlaxtən'bumlər] m. (s, -) [Sport] supporter m. ||°**-maler** m. (s, -) peintre (m.) de batailles.

Schlachter ['ʃlaxtər], **Schlächter** ['ʃlɛçtər] m. (s, -) boucher m. ; employé (m.) des abattoirs. || POP. bourreau m.

Schlachterei [ʃlaçtə'rai] f. (-, en) boucherie f. ; massacre m. || POP. [Fleischerladen] boucherie f.

Schlacke ['ʃlakə] f. (-, n). [Erz] scorie f. ; impureté f. ; crasse f.

Schlacken|bildung ["ʃlakən'bilduŋ] f. scorification f. ||°**-halde** f. (-, n) crassier m. ||°**-zement** m. (s, e) ciment (m.) de laitier.

schlackerig ['ʃlakəriç] adj. *schlackerige Hose*, pantalon qui tirebouchonne.

schlackern ['ʃlakərn] v. intr. [schlottern ; schlenkern]. DIAL. *er schlackert mit den Gliedern*, il marche comme un pantin (désarticulé).

Schlack|wurst ["ʃlak'vurst] f. (-, ¨e) cervelas m.

Schlaf [ʃlɑ:f] m. (s) sommeil m. ; repos m. | *tiefer Schlaf*, profond sommeil. | *einen leichten Schlaf haben*, avoir le sommeil léger. | *jn in den Schlaf singen*, bercer qn. | *in einen tiefen Schlaf sinken*, s'endormir profondément. | *jn aus dem Schlaf holen*, tirer qn du sommeil. | *vom Schlaf erwachen*, s'éveiller. | *aus dem Schlaf auffahren, hochfahren*, s'éveiller en sursaut. | *im Schlaf*, en dormant ; durant son sommeil. | *sich den Schlaf aus den Augen reiben, wischen*, se frotter les yeux (pour se réveiller). | *das fällt mir nicht im Schlafe ein*, cela ne me viendrait jamais à l'esprit. || PROV. *den Seinen gibt's der Herr im Schlafe*, la fortune vient en dormant. || FIG. *der letzte, der ewige Schlaf*, le sommeil éternel ; la mort. | *den Schlaf des Gerechten schlafen*, dormir du sommeil du juste. || ZOOL. *Winterschlaf*, engourdissement m. ; hibernation f.

Schlaf|abteil ["ʃlɑ:f'aptail] n. (s, e) compartiment (m.) de wagon-lit. ||°**-anzug** m. (s, ¨e) pyjama m. ||**-bringend** adj. soporifique. | *schlafbringendes, schlaffördernd*es *Mittel*, somnifère m. ; narcotique m. ||°**-couch** f. (-, en) canapé (m.) convertible. ||°**-kammer** f. (-, n) chambre (f.) à coucher. ||°**-krankheit** f. (-, en) maladie (f.) du sommeil. ||°**-kur** f. (-, en). MÉD. cure (f.) de sommeil. ||°**-lied** n. (s, er) berceuse f. ||**-los** adj. sans sommeil ; insomniaque. | *schlaflose Nacht*, nuit blanche. ||°**-mittel** n. (s, -) somnifère m. ||°**-mütze** f. (-, n) bonnet (m.) de nuit. || FIG. endormi m. ||°**-rock** m. (s, ¨e) robe (f.) de chambre. ||°**-saal** m. (s, säle), °**-raum** m. (s, ¨e) dortoir m. ||°**-sack** m. (s, ¨e) sac (m.) de couchage. ||°**-sofa** n. (s, s) canapé-lit m. ||°**-statt** f. (-, ¨e) couchette f. ||°**-stätte** f. (-, n) couche f. ; gîte m. ||°**-sucht** f. somnolence f. ; léthargie f. ||°**-trunk** m. (s, ¨e) narcotique m. ; somnifère m. ||**-trunken** adj. tombant de sommeil. ||°**-trunkenheit** f. somnolence (f.) irrésistible. ||°**-wagen** m. (s, -) wagon-lit m. ||**-wandeln** v. intr. être atteint de somnambulisme. ||°**-wandler** m. (s, -) somnambule m. ||°**-zimmer** n. (s, -) chambre (f.) à coucher.

Schläfchen ['ʃlɛ:fçən] n. (s, -) petit somme. | *Mittagsschläfchen*, sieste f.

Schläfe ['ʃlɛ:fə] f. (-, n) tempe f.

schlafen ['ʃlɑ:fən] (ä, ie, a) v. intr. dormir ; coucher ; se reposer ; être endormi. | *fest, tief schlafen*, dormir profondément. | *schlafen gehen, sich schlafen legen*, aller se coucher. | *in den Tag hinein schlafen*, faire la grasse matinée. | *unter freiem Himmel schlafen*, dormir à la belle étoile. | *hier schläft es sich gut*, on dort bien ici. | *schlaf wohl!*, bonne nuit !

Schläfen|ader ["ʃlɛ:fən'ɑ:dər] f. (-, n) veine temporale. ||°**-bein** n. (s, e) os temporal.

Schläfer(in) ['ʃlɛ:fər(in)] m. (s, -), f. (-, nen) dormeur m. ; dormeuse f.

schläfern [-fərn] *mich schläfert*, je tombe de sommeil ; je m'endors.

schlaff [ʃlaf] adj. flasque ; mou ; lâche ; détendu ; distendu ; relâché. | *schlaffe Gesichtszüge*, des traits mous. | *schlaffer Händedruck*, poignée de main molle. | *bei Windstille hängen die Segel schlaff*, par temps calme les voiles pendent. | *schlaffer Riemen*, courroie détendue. || FAM. fainéant ; veule.

Schlaffheit ['ʃlafhait] f. mollesse f. ; relâchement m. ; atonie f. ; indolence f.

Schlafittchen [ʃla'fitçən] n. (s). FAM. *jn am Schlafittchen nehmen*, saisir qn au collet.

schläfrig ['ʃlɛ:friç] adj. [schlafbedürftig] qui a sommeil ; somnolent ; endormi. | *schläfrig machen*, endormir. | *schläfrig sein*, avoir sommeil.

Schläfrigkeit [-kait] f. somnolence f. ; envie (f.) de dormir. || FIG. indolence f.

Schlag [ʃla:k] m. (s, ¨e). **1.** coup m. ; tape f. ; choc m. ; heurt m. | *einen leichten Schlag geben*, donner une tape légère, un petit coup. | *Schläge austeilen*, distribuer des coups. | *tödlicher Schlag*, coup mortel. | *jm einen Schlag versetzen*, assener un coup à qn. | *Handschlag*, poignée (f.) de main. | *Faustschlag*, coup de poing. || FIG. *harter Schlag*, rude coup. | *Schlagabtausch*, passe (f.) d'armes. | *Schicksalsschlag*, coup du destin. | *Hammerschlag*, coup de marteau. | *elektrischer Schlag*, décharge électrique. || *Blitzschlag*, foudre f. || [Münze] frappe f. || LOC. *Schlag für Schlag*, coup sur coup. | *Schlag um Schlag*, coup pour coup. | *mit einem Schlag ; auf einen Schlag*, tout d'un coup. | *auf den ersten Schlag*, d'emblée ; du premier coup. | *ein Schlag ins Wasser*, un coup d'épée dans l'eau.
2. MÉD. commotion f. ; apoplexie f. ; attaque f. | *am Schlage sterben*, mourir d'apoplexie. | *vom Schlage getroffen werden*, avoir une attaque. || FIG. *mich trifft der Schlag !*, je n'en reviens pas.
3. [Takt] battement m. ; rythme m. ; cadence f. | *Herzschläge*, battements de cœur. | *Schläge der Uhr*, battements de la pendule. | *Schlag zehn Uhr ; mit dem Schlag zehn*, à dix heures sonnantes, tapantes. | *Glockenschlag*, sonnerie (f.) d'une cloche. | *Schlaglot, -gewicht*, poids (m.) de sonnerie.
4. [Töne] chant m. ; roulade f. | *(Trommel)schlag*, roulement (m.) de tambour. | *Nachtigallenschlag*, chant du rossignol. | *Schlag der Wachtel*, courcaillet m.
5. [Geschlecht] espèce f. ; race f. | *ein schöner Schlag Menschen*, une belle race. | *ein Offizier alten Schlages*, un officier de vieille roche. | *ein Mann von seinem Schlage*, un homme de sa trempe. | *von gleichem Schlage*, du même acabit.
6. [Schranke] barrière f. ; trappe f. | *Taubenschlag*, volière f. ; pigeonnier m.
7. [im Forst] coupe f.

Schlag|ader ["ʃla:k'a:dər] f. (-, n) artère f. || °**-anfall** m. (s, ¨e) attaque (f.) d'apoplexie. ||**-artig** adj. brutal ; subit ; qui survient d'un seul coup. || MÉD. apoplectique. ||°**-ball** m. (s, ¨e) éteuf m. ; paume f. ||°**-ball|spiel** n. (s) jeu (m.) de base-ball. ||°**-baum** m. (s, ¨e). [Zoll] barrière (f.) mobile. ||°**-bohrer** m. (s, -). TECHN. fleuret m. ; burin m. ||°**-bohr|maschine** f. (-, n) perceuse (f.) à percussion. ||°**-bolzen** m. (s, -). MIL. percuteur m. ||**-fertig** adj. FIG. qui a la repartie prompte. | *schlagfertig antworten*, répondre du tac au tac. ||°**-fertigkeit** f. FIG. promptitude (f.) de repartie. ||°**-höhe** f. (-, n) hauteur (f.) de frappe. ||°**-instrument** n. (s, e). MUS. instrument (m.) à percussion. ||**-kräftig** adj. [Boxer] qui a du punch ; [Beweis] concluant. ||°**-licht** n. (s, er) trait (m.), effet (m.) de lumière. ||**-licht|artig** adv. FIG. subitement ; brutalement. ||°**-loch** n. (s, ¨er) [auf der Straße] nid (m.) de poule ; trou m. ||°**-obers** n. (es) crème fouettée. ||°**-ring** m. (s, e) coup-de-poing américain. ||°**-sahne** f. (-, n) crème Chantilly, fouettée. || °**-schatten** m. (s, -) ombre portée. ||°**-seite** f. (-, n). MAR. bande f. ; inclinaison f. | *Schlagseite haben*, donner de la bande. ||°**-tür** f. (-, en) trappe f. ||°**-werk** n. (s, e) sonnerie f. ||°**-wort** n. (s, e) mot (m.) d'ordre ; slogan m. ||°**-zeile** f. (-, n). [Zeitungen] manchette f. ; gros titre. ||°**-zeug** n. (s, e). MUS. batterie f. ||°**-zeuger** m. (s, -). MUS. batteur m.

schlagen ['ʃla:gən] (ä, u, a).

I. v. tr.
 1. battre ; frapper ; taper ; cogner.
 2. [besiegen] battre ; vaincre.
 3. enfoncer.
 4. [richten] diriger ; tourner.
 5. [Musik ; Töne] battre ; sonner.
 6. [legen] envelopper ; placer ; jeter.
 7. COMM., FIN.
 8. LOC.
II. v. intr.
 1. frapper ; battre ; heurter ; cogner.
 2. avoir un battement ; battre.
 3. sonner ; chanter.
 4. [gleichen] ressembler.
 5. LOC.
III. v. pr. **sich schlagen.**
 1. se frapper.
 2. combattre ; lutter ; se battre.
 3. se joindre à.
 4. se diriger vers ; prendre une direction.
 5. se frayer un chemin ; passer.
IV. part. prés. **schlagend.**
 part. pass. et adj. **geschlagen.**

I. v. tr. **1.** battre ; frapper ; taper ; cogner. | *jn mit einem Stock schlagen*, frapper qn avec un bâton. | *mit aller Kraft schlagen*, taper de toutes ses forces. | *jn totschlagen*, tuer qn. | *etwas kurz und klein, in Stücke schlagen*, réduire qch. en morceaux. | *jm etwas aus der Hand schlagen*, faire tomber qch. des mains de qn. | *der Adler schlägt mit den Flügeln*, l'aigle bat des ailes. || LOC. *zwei Fliegen mit einer Klappe schlagen*, faire d'une pierre deux coups. | *mit Blindheit schlagen*, frapper de cécité.
2. [besiegen] battre ; vaincre. | *eine Schlacht schlagen*, livrer une bataille. | *den Feind schlagen*, vaincre l'ennemi. | *jn zu Boden schlagen*, terrasser qn. | *aufs Haupt schlagen*, battre à plate couture. || SPORT. *nach Punkten schlagen*, battre aux points. || PR. et FIG. *einen Gegner aus dem Feld schlagen*, éliminer un adversaire, un rival.
3. enfoncer ; planter ; ficher ; fixer. | *einen Pfahl in die Erde schlagen*, enfoncer un pieu dans la terre. | *einen Nagel in die Wand schlagen*, planter un clou dans le mur. | *ans Kreuz schlagen*, clouer sur la croix ; crucifier. | *Feuer aus dem Stein schlagen*, faire jaillir du feu (en frappant la pierre). | *Wurzeln schlagen*, prendre racine ; s'enraciner. | *an die Wand schlagen*, placarder ; afficher. | *das Schiff schlägt Wellen*, le navire fait des vagues.
4. [richten] diriger ; orienter ; mener. | *die Augen zu Boden schlagen*, baisser les yeux.
5. [Musik ; Töne] : battre ; sonner. | *den Takt schlagen*, battre la mesure. | *die Trommel schlagen*, battre le, jouer du tambour. | *die Saiten schlagen*, jouer (d'un instrument à cordes). | *eine bekannte Stimme schlägt an mein Ohr*, j'entends une voix connue. | *Sturm schlagen*, sonner le tocsin. | *Alarm schlagen*, donner l'alerte. | *die Stunden schlagen*, sonner les heures. | *eine geschlagene Stunde*, une bonne heure ; une heure d'horloge.
6. [legen] placer ; mettre ; envelopper ; jeter ; passer. | *Papier um etwas schlagen*, envelopper qch. dans du papier. | *einen Mantel über seine Schultern schlagen*, jeter un manteau sur ses épaules. | *ein Tuch über den Kopf schlagen*, mettre un fichu sur la tête. | *die Arme um jn schlagen*, passer ses bras autour de qn.

7. COMM., FIN. ajouter ; taxer. | *die Unkosten auf den Preis schlagen*, inclure les frais dans le prix de vente. | *die Zinsen zum Kapital schlagen*, capitaliser les intérêts. **8.** LOC. *jn zum Ritter schlagen*, armer qn chevalier. | *Münzen schlagen*, battre monnaie. | *ein Kreuz schlagen*, faire un signe de croix. | *Falten schlagen*, faire des plis. | *der Pfau schlägt das Rad*, le paon fait la roue. || FAM. *etwas in den Wind schlagen*, faire fi de qch. | *Karten schlagen*, tirer les cartes. || CULIN. *Eier in die Pfanne schlagen*, faire une omelette. | *Eier zu Schaum schlagen*, battre des œufs en neige. || FIG. *Schaum schlagen*, parler pour ne rien dire.
II. v. intr. **1.** frapper ; battre ; heurter ; cogner. | *nach jm schlagen*, porter un coup à qn. | *mit der Faust auf den Tisch schlagen*, frapper du poing sur la table. | *mit der Peitsche schlagen*, fouetter. | *jm ins Gesicht schlagen*, frapper qn au visage ; FIG. offenser ; bafouer qn. | *der Blitz schlägt in die Eiche*, l'éclair frappe le chêne. | *der Regen schlägt an die Scheiben*, la pluie bat les vitres. | *die Wellen schlagen ans Ufer*, les vagues viennent battre le rivage. | *er schlug zu Boden*, il tomba par terre. | *mit dem Kopf auf einen Stein schlagen*, donner de la tête contre une pierre. || FIG. *der Wahrheit ins Gesicht schlagen*, offenser la vérité. | *jm ins Gesicht schlagen*, offenser, bafouer qn.
2. avoir un battement ; battre. | *mit den Flügeln schlagen*, battre des ailes. | *das Herz schlägt*, le cœur bat.
3. sonner ; chanter. | *die Turmuhr schlägt*, le clocher sonne. | *es schlägt drei*, trois heures sonnent. | *wem die Stunde schlägt*, pour qui sonne le glas. | *die Nachtigall schlägt*, le rossignol chante.
4. [gleichen] ressembler ; tirer sur. | *er schlägt dem Vater nach*, il ressemble à son père. | *aus der Art schlagen*, dégénérer.
5. LOC. *in ein Fach schlagen*, ressortir à une spécialité ; être du ressort de. | *die Flamme schlägt in die Höhe*, la flamme s'élève. | *die Waage schlägt nach der Gewichtseite*, la balance penche vers le plateau le plus lourd. || FIG. *über den Strang schlagen*, ruer dans les brancards.
III. v. pr. **sich schlagen, 1.** se frapper. | *sich an die Brust schlagen*, se frapper la poitrine.
2. combattre ; se battre ; lutter. | *sich für eine Sache schlagen*, combattre pour une cause.
|| FIG. *sich mit Grillen schlagen*, se battre contre des moulins à vent.
3. se joindre à. | *sich zu einer Gesellschaft schlagen*, se joindre à un groupe. | *sich zum Feinde schlagen*, passer à l'ennemi.
4. se diriger vers ; prendre une direction. | *sich seitwärts schlagen*, s'esquiver ; FAM. prendre la tangente.
5. se frayer un chemin ; passer. | *sich in die Büsche schlagen*, FAM. s'éclipser. | *sich durchs Leben schlagen*, faire son chemin dans la vie. || FIG. *sich etwas aus dem Sinn schlagen*, s'ôter qch. de l'esprit.
IV. part. prés. **schlagend,** FIG. *schlagender Beweis*, preuve (f.) péremptoire.
◇ part. pass. **geschlagen,** FIG. *ein geschlagener Mann*, un homme ruiné ; un homme fini. | *vom Schicksal geschlagen*, frappé par le destin.

Schlagen ['ʃlɑ:gən] n. (s) action (f.) de frapper, donner des coups ; coups m. pl. ; battements m. pl. ; ruade f. || [Puls] *Schlagen des Pulses*, palpitations f. pl. || [Vögel] chant m. || [Forst] coupe f.

Schlager [-gər] m. (s, -) refrain (m.) à la mode ; succès m. ; scie f. ; FAM. tube m.

Schläger ['ʃlɛ:gər] m. (s, -) celui qui frappe. || [Raufbold] bretteur m. ; spadassin m. | *guter Schläger* fine lame. || [Singvögel] oiseau chanteur. || [Haudegen] rapière f. || SPORT. *Tennisschläger*, raquette (f.) de tennis. | *Golfschläger*, canne (f.) de golf.

Schlaks [ʃlaks] m. (es, e). FAM. grand dadais ; grande perche.

Schlamassel [ʃla'masəl] m. (s, -). FAM., POP. déveine f. ; purée f.

Schlamm [ʃlam] m. (s) boue f. ; limon m. ; vase f. ; fange f. | *im Schlamm steckenbleiben*, s'embourber. | *aus dem Schlamm ziehen*, désembourber ; FIG., FAM. dépêtrer.

Schlamm|ablagerung ["ʃlam'aplɑ:gəruŋ] f. (-, en) dépôt (m.) de boue. ||°**-bad** n. (s, ¨er). MÉD. bain (m.) de boue. ||°**-boden** m. (s, ¨) terrain bourbeux, limoneux. ||°**-fisch** m. (s, e) poisson (m.) de vase, limicole. ||°**-grube** f. (-, n) cloaque m. ; bourbier m. ||**-haltig** adj. limoneux ; vaseux. ||°**-loch** n. (s, ¨er) fondrière f.

schlämmen ['ʃlɛmən] v. tr. débourber ; laver ; curer. | *einen Teich schlämmen*, curer un étang. | *Erz schlämmen*, laver du minerai.

schlammig ['ʃlamiç] adj. fangeux ; vaseux ; limoneux ; boueux. | *schlammiger Grund*, fond couvert de vase.

Schlämmung ['ʃlɛmuŋ] f. (-, en), **Schlämmen** ['ʃlɛmən] n. (s) curage m.

Schlampe ['ʃlampə] f. (-, n). VULG. salope f.

schlampen [-pən] v. intr. être débraillé ; être souillon. || PAR EXT. bâcler une besogne.

Schlamperei [ʃlampə'rai] f. (-, en) désordre m. ; négligence f. ; laisser-aller m.

schlampig ['ʃlampiç] adj. négligé ; débraillé ; souillon. | *schlampige Arbeit*, travail bâclé.

Schlange ['ʃlaŋə] f. (-, n). ZOOL. serpent m. | *giftige Schlange*, serpent venimeux. || FIG. *eine Schlange am Busen nähren*, réchauffer un serpent dans son sein. | *Schlange stehen*, faire la queue. || TECHN. [Schlauch] boyau m. ; tuyau (m.) de pompe à incendie.

schlängeln [-ŋəln] v. intr. et v. pr. serpenter ; décrire des lacets, des méandres. | *der Weg schlängelt sich*, le chemin serpente. | *sich um etwas schlängeln*, s'enrouler autour de qch.

Schlangen|adler ["ʃlaŋgən'ɑ:dlər] m. (s, -). ZOOL. (aigle m.) serpentaire m. ; circaète m. ||**-ähnlich, -artig** adj. comme un serpent ; ophidien. ||°**-beschwörer** m. (s, -) charmeur (m.) de serpents. ||°**-biß** m. (es, e) morsure (f.) de serpent. ||°**-brut** f. (-, en) couvée (f.) de serpents. ||**-förmig** adj. en forme de serpent ; FIG. sinueux. ||°**-geschlecht** n. (s). ZOOL. ophidiens m. pl. ||°**-gift** n. (s, e) venin (m.) de serpent. ||°**-haupt** n. (s, ¨er) tête (f.) de méduse. ||°**-horn** n. (s, ¨er). MUS. ophicléide m. ||°**-kraut** n. (s, ¨er). BOT. serpentaire f. ||°**-linie** f. (-, n) ligne sinueuse. ||°**-mensch** m. (en, en) acrobate m. ; contorsionniste m. ||°**-rohr** n. (s, e), °**-röhre** f. (-, n). CHIM. serpentin m. ||°**-säule** f. (-, n). ARCHIT. colonne (f.) torse. ||°**-stab** m. (s, ¨e) caducée m. ||°**-wurzel** f. (-, n). BOT. serpentaire f. ||°**-zunge** f. (-, n). FIG. langue (f.) de vipère.

schlangenhaft ['ʃlaŋənhaft] adj. et adv. comme un serpent ; sinueux ; FIG. de façon insidieuse.

schlank [ʃlaŋk] adj. élancé ; svelte ; mince. | *ein schlankes Mädchen*, une jeune fille svelte. | *einen schlanken Wuchs haben*, avoir la taille fine. | *schlank wie eine Tanne*, droit comme un if. || LOC. *schlank und rank*, bien fait. || FIG. *schlanker Hand*, tout bonnement.

Schlankheit ['ʃlaŋkhait] f. sveltesse f. ; allure élancée ; gracilité f. | *Schlankheitskur*, cure (f.) d'amaigrissement.

schlank|weg ['ʃlaŋkvɛ:k] adv. sans façon ; carrément ; de but en blanc. | *schlankweg verweigern*, refuser tout net.

schlapp [ʃlap] adj. mou ; amolli ; avachi ; relâché. | *schlapp hängen*, pendre mollement. | *schlappe Haltung*, attitude relâchée, avachie. || FIG. épuisé ; éreinté. || FAM. *schlapp machen*, abandonner la course ; renoncer. — SYN. : *schlaff*, mou.

Schlappe ['ʃlapə] f. (-, n). FAM. échec m. ; défaite f. | *eine Schlappe erleiden*, essuyer un échec. || POP. *eine Schlappe einstecken*, ramasser une veste.

schlappen [-pən] v. intr. [schlürfend gehen] traîner ; pendre mollement. || [schlürfend trinken] laper.

Schlappen ['ʃlapən] m. (s, -). FAM. savate f.

Schlappheit ['ʃlaphait] f. mollesse f. ; allure (f.) flasque. || FIG. veulerie f.

Schlapp|hut ['ʃlaphu:t] m. (s, ¨e) chapeau mou. ||°**-ohr** n. (s, en) oreille pendante. ||°**-schwanz** m. (es, ¨e). POP. gourde f. ; moule f. ; chiffe f.

schlappig ['ʃlapiç] adj. mou ; avachi ; négligé.

Schlaraffen|land [ʃla"rafən'lant] n. (s) pays (m.) de cocagne. ||°**-leben** n. (s) *ein Schlaraffenleben führen*, mener la belle vie.

schlau [ʃlau] adj. rusé ; fin ; madré ; retors. | *ein schlauer Fuchs*, un fin renard ; un fin matois. | *ein schlauer Kerl*, un type astucieux. | *schlaue Ränke*, intrigues habiles, subtiles. | *mit jm den Schlauen spielen*, jouer au plus fin avec qn.

Schlau|berger ["ʃlau'bɛrgər] m. (s, -) rusé compère. ||°**-kopf** m. (s, ¨e) finaud m. ||°**-meier** m. (s, -) fin matois.

Schlauch [ʃlaux] m. (s, ¨e) tuyau (m.) flexible ; boyau m. ; outre f. | *Feuerwehrschlauch*, tuyau d'incendie. | *Luftschlauch*, chambre (f.) à air. | *leerer Schlauch*, outre vide. || FIG. personne bedonnante, pansue. || BOT. [Wasserpflanzen] ampoule f. ; utricule m.

Schlauch|boot ['ʃlauxbo:t] n. (s, e) canot (m.) pneumatique. ||°**-reifen** m. (s, -). [Fahrrad] boyau m. ||°**-wagen** m. (s, -). [Gartengerät] enrouleur (m.) mobile.

Schläue ['ʃlɔyə] f. malice f.

Schlaufe ['ʃlaufə] f. (-, n) nœud coulant ; boucle f. | *Gürtelschlaufe*, passant m.

Schlauheit ['ʃlauhait] f. malice f. ; ruse f.

Schlawiner [ʃla'vi:nər] m. (s, -) malin m. ; rusé m.

schlecht [ʃlɛçt] adj. **1.** [minderwertig] mauvais ; qui ne vaut rien. | *schlechte Ware*, marchandise (f.) de mauvaise qualité. | *schlechtes Wetter*, mauvais temps. | *schlechter Charakter*, mauvais caractère. | *einen schlechten Ruf haben*, avoir une mauvaise réputation. | *jn schlecht machen*, calomnier qn. | *schlechtes Deutsch sprechen*, parler un mauvais allemand. | *schlechter Kerl*, mauvais garçon. | *schlechter Laune sein*, être de mauvaise humeur. | *die Butter wird schlecht*, le beurre se gâte. || SUBSTANTIV. *von jm Schlechtes sagen*, dire du mal de qn.

2. FIG. médiocre ; triste ; piètre. | *schlechter Trost*, piètre consolation f. | *schlechte Ergebnisse*, résultats (m. pl.) médiocres.

◇ compar. **schlechter,** pire. | *die Lage wird schlechter*, la situation empire.

◇ adv. mal. | *es geht ihm schlecht*, ses affaires ne marchent pas. | *schlecht sehen*, mal voir ; avoir mauvaise vue. | *schlecht an jm handeln*, se mal conduire avec qn. | *es steht schlecht mit ihm*, ses affaires vont mal. | *auf jn schlecht zu sprechen sein*, n'avoir pas une bonne opinion de qn. | *mehr schlecht als recht*, tant bien que mal.

schlechter|dings ["ʃlɛçtər'diŋs] adv. tout simplement ; absolument. | *es ist mir schlechterdings unmöglich*, il m'est absolument impossible.

schlecht|gelaunt ["ʃlɛçtgə'launt] adj. mal disposé ; mal luné ; de mauvaise humeur. ||**-gestimmt** adj. mal disposé. ||**-hin** adv. tout simplement ; sans plus de façons ; absolument. || **-machen** v. tr. médire. ||°**-macherei** f. (-, en) médisance f. ||**-weg** adv. tout simplement. ||°**-wetter** n. (s) mauvais temps.

Schlechtheit ['ʃlɛçthait], **Schlechtigkeit** [-tiçkait] f. mauvaise qualité ; médiocrité f. || FIG. méchanceté f.

schlecken ['ʃlɛkən] v. tr. et intr. lécher ; être friand.

Schleckerei [ʃlɛkə'rai] f. (-, en) friandise f.

Schlecker|maul ["ʃlɛkər'maul] n. (s, ¨er) gourmand m. ; gourmet m.

Schlegel ['ʃle:gəl] m. (s, -) maillet m. ; battoir m. || [Keule eines Tieres] *Hirschschlegel*, cuissot (m.) de chevreuil. || [Trommel ; Pauke] baguette f.

Schleh|baum ['ʃle:baum] m. (s, ¨e), °**-busch** m. (es, ¨e), °**-dorn** m. (s) prunellier m.

Schlehe ['ʃle:ə] f. (-, n) prunelle f.

Schlei [ʃlai] m. (s, e), **Schleie** ['ʃlaiə] f. (-, n). ZOOL. tanche f.

schleichen [-çən] (i, i). v. intr. **1.** s'approcher secrètement ; se glisser ; se faufiler vers ; aller furtivement vers. | *geschlichen kommen*, venir à pas de loup. || FIG. *Eifersucht schlich in sein Herz*, la jalousie s'infiltra dans son cœur. | *eine schleichende Krankheit*, un mal sournois. | *schleichende Inflation*, inflation larvée, rampante. | *schleichende Wege*, voies détournées ; détours m. pl.

2. couler, s'écouler lentement. | *der Bach schleicht durch die Wiese*, le ruisseau coule lentement à travers la prairie. | *die Zeit schleicht*, le temps s'écoule imperceptiblement.

◇ v. pr. **sich schleichen,** *sich aus dem Zimmer schleichen*, quitter la pièce à la dérobée. | *sich in js Vertrauen schleichen*, gagner la confiance de qn.

Schleich|handel ["ʃlaiç'handəl] m. (s) commerce clandestin ; contrebande f. ; marché noir. ||°**-händler** m. (s, -) trafiquant m. ; contrebandier m. ||°**-ware** f. (-, n) marchandise (f.) de contrebande. ||°**-weg** m. (s, e) voie détournée ; détour m. ||°**-werbung** f. publicité clandestine.

Schleicher [-çər] m. (s, -) homme hypocrite, faux, dissimulé, sournois.

Schleicherei [ʃlaiçə'rai] f. (-, en) sournoiserie f. ; menée sourde ; dissimulation f.

Schleier ['ʃlaiər] m. (s, -) voile m. ; voilette f. | *Trauerschleier*, voile de deuil. | *Rauchschleier*, rideau (m.) de fumée. || FIG. *den Schleier nehmen*, prendre le voile. | *den Schleier lüften*, lever le voile. | *der Schleier der Vergessenheit*, le voile de l'oubli. || PHOT. voile m.

Schleierchen [-çən] n. (s, -) voilette f.

Schleier|eule ["ʃlaiər'ɔylə] f. (-, n). ZOOL. effraie f. ||°**-flor** m. (s) crêpe m. ||°**-schwanz** m. (es, ¨e). ZOOL. dorade f. ||°**-stoff** m. (s, e), °**-tuch** n. (s, ¨er) voile m.

schleierhaft ['ʃlaiərhaft] adj. voilé ; obscur. | *das ist mir schleierhaft*, je ne comprends pas.

Schleif|apparat ["ʃlaifapa'rɑ:t] m. (s, e) rectifieuse f. ; meule f. ||°**-bock** m. (s, ¨e) touret (m.) d'affûtage. ||°**-kontakt** m. (s, e) contact (m.) mobile ; balai m. ||°**-lack** m. (s) vernis (m.) à polir. ||°**-maschine** f. (-, n) affûteuse f. ||°**-messer** n. (s, -) affiloir m. ||°**-mittel** n. (s, -) abrasif m. ||°**-rad** n. (s, ¨er) meule f. ||°**-ring** m. (s, e). TECHN. bague (f.) de contact. ||°**-schuh** m. (s, e) trolley m. ; patin collecteur. ||°**-stein** m. (s, e) meule (f.), pierre (f.) à aiguiser.

Schleife ['ʃlaifə] f. (-, n) nœud m. ; rosette f. ; boucle f. | *Schleife im Haar*, nœud dans les cheveux. || [Jagd] collet m. || AÉRON. boucle f. || ÉLECTR. circuit fermé. || [Weg] lacet m. || TECHN. traîneau m. ; glissière f.

schleifen ['ʃlaifən] (i, i) v. tr. aiguiser ; tailler ; affiler. | *eine Schere schleifen*, aiguiser des ciseaux. | *Edelsteine schleifen*, tailler des diamants. | *geschliffenes Glas*, verre taillé. | *blank schleifen*, polir. | *fein schleifen*, rectifier. | *grob schleifen*, meuler. || FIG., FAM. *geschliffen*, poli ; stylé ; bien élevé ; dégrossi. | *ungeschliffen*, fruste. || LITTÉR. *geschliffener Stil*, style élégant, raffiné.
◇ v. tr. (conjug. faible). **1.** traîner. | *den Fuß schleifen*, traîner la jambe.
2. MIL. *eine Festung schleifen*, raser une forteresse. || FAM. *Rekruten schleifen*, dresser des recrues.
3. MUS. *Töne schleifen*, lier, couler des sons.
4. GRAMM. *einen Laut schleifen*, mouiller ; lier.
◇ v. intr. (conjug. faible). traîner ; glisser. | *auf dem Eis schleifen*, patiner.

Schleifer ['ʃlaifər] m. (s, -) repasseur m. ; rémouleur m. || [Tanz] pas coulé. || MUS. note coulée.

Schleifung ['ʃlaifuŋ] f. (-, en). MIL. action (f.) de raser, démanteler.

Schleim [ʃlaim] m. (s, e) mucosité f. ; glaire f. ; viscosité f. | *Mundschleim*, bave f. || CULIN. décoction f. || MÉD. mucilage m.

Schleim|absonderung ["ʃlaim'apzɔndəruŋ] f. (-, en) sécrétion muqueuse. ||**-artig** adj. muqueux ; glaireux ; mucilagineux. ||°**-auswurf** m. (s, ¨e) expectoration f. ||°**-drüse** f. (-, n) glande (f.) à mucus. ||°**-haut** f. (-, ¨e) muqueuse f. ||°**-husten** m. (s, -) toux grasse. ||°**-stoff** m. (s, e) mucus m. ; mucosité f.

Schleiße ['ʃlaisə] f. (-, n) éclisse f. ; éclat (m.) de bois ; écharde f. ; charpie f. || [Feder] barbe f.

schleißen [-sən] (i, i) v. tr. fendre en long. | *Federn schleißen*, ébarber des plumes.

schlemmen ['ʃlɛmən] v. intr. faire bombance ; vivre dans la débauche ; faire ripaille.

Schlemmer [-mər] m. (s, -) débauché m. ; noceur m. ; bon vivant.

Schlemmerei [ʃlɛmə'rai] f. (-, en) bombance f. ; débauche f. ; ripaille f.

Schlender|gang ["ʃlɛndər'gaŋ] m. (s, ¨e) marche nonchalante. || FIG. routine f.

schlendern ['ʃlɛndərn] v. intr. aller son petit train. || POP. traîner. | *müßig schlendern*, flâner.

Schlendrian ['ʃlɛndriɑ:n] m. (s). 1° train-train m. ; routine f. | *beim alten Schlendrian bleiben*, s'en tenir à la routine ; 2° personne routinière.

schlenkerig ['ʃlɛŋkəriç] adj. branlant ; dégingandé.

schlenkern ['ʃlɛŋkərn] v. tr. et v. intr. projeter au loin ; lancer. | *mit den Armen schlenkern*, aller les bras ballants. | *schlenkernde Gebärde*, geste dégingandé. || MAR. rouler.

Schlenkern [-kərn] n. (s) allure dégingandée ; balancement m. || MAR. roulis m.

Schlepp [ʃlɛp] m. (s). MAR. *in Schlepp haben*, remorquer. | *in Schlepp nehmen*, prendre en remorque.

Schlepp|dampfer ["ʃlɛp'dampfər] m. (s, -) remorqueur m. ||°**-dienst** m. (es) remorquage m. ||°**-flug** m. (s, ¨e) vol remorqué. ||°**-kabel** n. (s, -) treuil (m.) de remorquage. ||°**-kahn** m. (s, ¨e) chaland m. ||°**-lift** m. (s, e) remonte-pente m. ; FAM. tire-fesses m. ||°**-netz** n. (es, e) chalut m. ; seine f. ||°**-seil** n. (s, e), °**-tau** n. (s, e) câble (m.) de remorquage. || AÉRON. guiderope m. || FIG. *in js Schlepptau geraten*, être à la remorque de qn. ||°**-zug** m. (s, ¨e) train (m.) de péniches.

Schleppe ['ʃlɛpə] f. (-, n) traîne f. ; queue f. | *Kleid mit Schleppe*, robe (f.) à queue.

schleppen [-pən] v. tr. traîner ; remorquer ; coltiner. | *viel Gepäck mit sich schleppen*, avoir beaucoup de bagages. | *jn vors Gericht schleppen*, traîner qn en justice. || MAR. touer.
◇ v. intr. MAR. *der Anker schleppt*, l'ancre laboure.
◇ v. pr. **sich schleppen**, se traîner. | *der Prozeß schleppt sich seit Monaten*, ce procès traîne depuis des mois.

schleppend [-pənt] adj. traînant. | *ein schleppender Gang*, un pas traînant. | *schleppender Stil*, style languissant.

Schleppen|träger ["ʃlɛpən'trɛ:gər] m. (s, -) qui porte la traîne.

Schlepper [-pər] m. (s, -) remorqueur m.

Schlesien ['ʃle:ziən] n. pr. n. GÉOGR. Silésie f.

Schlesier(in) [-ziər(in)] m. (s, -), f. (-, nen) Silésien(ne) m. (f.).

schlesisch [-ziʃ] adj. silésien.

Schleswig ['ʃle:svik] n. pr. n. GÉOGR. Slesvig m.

Schleuder ['ʃlɔydər] f. (-, n) fronde f. ; catapulte f. ; baliste f. || TECHN. turbine f. | *Milchschleuder*, centrifugeuse f.

Schleuder|export ["ʃlɔydərɛks'pɔrt] m. (s) dumping m. ||°**-honig** m. (s) miel coulé, d'extracteur. ||°**-kraft** f. (-, ¨e) force (f.) centrifuge. ||°**-maschine** f. (-, n) catapulte f. ; baliste f. || [Buttermaschine] machine (f.) centrifuge. ||°**-preis** m. (es, e) vil prix. | *zum Schleuderpreis verkaufen*, vendre à vil prix. || °**-schmierung** f. (-, en) graissage (m.) par projection. ||°**-sitz** m. (es, e). AÉRON. siège (m.) éjectable. ||°**-start** m. (s). AÉRON. catapultage m. ||°**-trockner** m. (s, -). [Waschmaschine] essoreuse (f.) à centrifugation. ||°**-ware** f. (-, n) camelote f. ; marchandise vendue à vil prix. ||°**-wurf** m. (s, ¨e) coup (m.), jet (m.) de fronde.

schleudern ['ʃlɔydərn] v. tr. lancer (à la fronde) ; jeter ; FAM. flanquer. | *einen Stein schleudern*, lancer une pierre avec une fronde. || FIG. fulminer. | *den Bann schleudern*, lancer l'anathème. || TECHN. centrifuger.
◇ v. intr. avoir du jeu. || AUTOM. déraper. || COMM. vendre à vil prix ; FAM. fourguer.

schleunig ['ʃlɔyniç] adj. vite ; rapide ; précipité ; prompt ; sans délai. | *schleunige Antwort*, prompte réponse. | *schleunigst*, dans les plus brefs délais.

Schleuse ['ʃlɔyzə] f. (-, n) écluse f.

Schleusen|becken n. (s, -) sas m. (d'écluse). ||°**-bett** n. (s, en), °**-boden** m. (s, ¨) plancher (m.) d'écluse ; radier m. ||°**-kammer** f. (-, n) sas m. ||°**-meister** m. (s, -) éclusier m. ||°**-ventil** n. (s, e), °**-wehr** n. (s, e) vanne (f.) d'écluse.

Schlich [ʃliç] m. (s, e) détour m. ; chemin détourné, secret. || FIG. intrigues f. pl. ; menées souterraines. | *hinter js Schliche kommen*, démasquer les menées, déjouer les manœuvres de qn.

schlicht [ʃliçt] adj. simple ; sans apprêt ; sans artifice. | *ein schlichtes Kleid tragen*, être mis simplement. | *schlichte Redeweise*, façon (f.) de parler simple. | *schlichter Charakter*, caractère simple et droit.

Schlicht|bohrer ["ʃliçt'bo:rər] m. (s, -). TECHN. alésoir m. ||°**-feile** f. (-, n) lime douce. ||°**-hobel** m. (s, -) varlope f. || °**-maschine** f. (-, n) machine (f.) à planer.

schlichten [-tən] v. tr. **1.** aplanir ; lisser. | *Haar schlichten*, lisser les cheveux.
2. TECHN. aplanir ; planer ; équarrir. | *Holz schlichten*, équarrir du bois.
3. TEXT. lisser ; encoller. | *einen Stoff schlichten*, lisser une étoffe. | *Garn schlichten*, démêler du fil.
4. FIG. aplanir ; arranger ; arbitrer. | *einen Streit schlichten*, aplanir un différend. | *durch einen Schiedsspruch schlichten*, arbitrer.

Schlichter [-tər] m. (s, -) arbitre m. ; conciliateur m. ; médiateur m.

Schlichtheit ['ʃliçthait] f. droiture f. ; simplicité f.

Schlichtung [-tuŋ] f. (-, en) lissage m. ; aplanissage m. || FIG. arrangement m. ; compromis m. ; arbitrage m.

Schlick [ʃlik] m. (s, e) vase f. ; boue f. ; limon m. || GÉOGR. schlick m.

Schlick|watt ['ʃlikvat] n. (s, e) bas-fond couvert de limon.

schlickerig [-kəriç] adj. boueux ; vaseux.

schließbar ['ʃli:sbɑ:r] adj. qu'on peut fermer ; qui ferme à clef.

Schließ|bolzen ["ʃli:s'bɔltsən] m. (s, -) cheville f. ; boulon (m.) de blocage. ||°**-deckel** m. (s, -). PHOT. obturateur m. ||°**-fach** n. (s, ¨er) consigne (f.) automatique. | *Bankschließfach*, compartiment (m.) de coffre-fort. | *Postschließfach*, boîte postale. ||°**-feder** f. (-, n) ressort récupérateur ; [Uhr] coq m. ||°**-kappe** f. (-, n) gâche f. ||°**-keil** m. (s, e) clavette (f.) de serrage. ||°**-muskel** m. (s, n). ANAT. muscle constricteur ; sphincter m.

Schließe ['ʃli:sə] f. (-, n) fermeture f.

schließen [-sən] (o, o) v. tr. **1.** fermer ; clore. | *die Tür schließen*, fermer la porte.

2. serrer ; enfermer ; enclore. | *etwas in einen Schrank schließen*, enfermer qch. dans une armoire. | *in Ketten schließen*, enchaîner. | *jn ins Herz schließen*, prendre qn en affection. | *in sich schließen*, inclure ; impliquer. | *die Reihen schließen*, serrer les rangs.

3. terminer ; conclure. | *eine Rede schließen*, achever un discours. | *die Debatte schließen*, clore les débats. | *eine Sitzung schließen*, clore une séance. || COMM. *ein Konto schließen*, arrêter un compte.

4. [Vertrag] conclure ; signer. | *ein Bündnis schließen*, conclure une alliance. | *Freundschaft schließen*, se lier d'amitié. | *Ehe schließen*, contracter mariage. | *Frieden schließen*, faire la paix.

5. [Ideen] conclure ; déduire ; inférer. | *daraus kann man schließen*, on peut en conclure.

◇ v. intr. fermer ; s'achever ; terminer. | *diese Tür schließt gut*, cette porte ferme bien. | *das Stück schließt tragisch*, cette pièce s'achève d'une façon tragique. | *der Redner schloß mit diesen Worten*, l'orateur termina sur ces mots.

◇ part. pass. **geschlossen,** fermé ; achevé. | *geschlossene Gesellschaft*, société fermée. | *geschlossener Grundbesitz*, propriété (f.) d'un seul tenant. | *geschlossene Ortschaft*, agglomération f. | *hinter geschlossenen Türen*, à huis clos. | *das Theater bleibt geschlossen*, le théâtre fait relâche.

◇ v. pr. **sich schließen,** *die Staaten schlossen sich zu einer Union zusammen*, les États formèrent une union. | *die Wunde schließt sich schnell*, la blessure se cicatrise vite.

Schließen [-sən] n. (s), **Schließung** [-suŋ] f. (-, en) fermeture f. ; clôture f. ; conclusion f.

Schließer [-sər] m. (s, -) celui qui est chargé de fermer ; concierge m. ; gardien m. | *(Gefängnis)-schließer*, geôlier m.

Schließerin [-sərin] f. (-, nen) concierge f.

schließlich ['ʃli:sliç] adv. finalement ; en fin de compte ; en définitive. | *er hat es schließlich verstanden*, il a fini par comprendre (cela).

Schliff [ʃlif] m. (s, e). **1.** polissage m. ; meulage m. ; affûtage m. ; rectification f. || FIG. *etwas den letzten Schliff geben*, donner le dernier coup de polissage à qch. ; achever qch. || [Schärfe] tranchant m.

2. FIG. [Lebensart] savoir-vivre m. | *er hat keinen Schliff*, il n'a pas de savoir-vivre. | *jm Schliff beibringen*, dégrossir qn. || MIL. *militärischer Schliff*, dressage m. (au service militaire).

schlimm [ʃlim] adj. et adv. mauvais ; mal ; grave ; funeste. | *schlimme Nachricht*, mauvaise nouvelle. | *in eine schlimme Lage geraten*, tomber dans un mauvais pas. | *aufs Schlimmste gefaßt sein*, s'attendre au pire.

Schlinge ['ʃliŋə] f. (-, n). **1.** nœud coulant. || [Jagd] collet m. | *Schlingen legen*, poser des collets ; mettre des pièges. | *in die Schlinge gehen*, tomber dans le piège.

2. FIG. piège m. | *in die Schlinge geraten*, donner dans le piège. | *den Kopf aus der Schlinge ziehen*, tirer son épingle du jeu.

3. MÉD. écharpe f. | *den Arm in der Schlinge tragen*, porter le bras en écharpe.

Schlingel ['ʃliŋəl] m. (s, -) drôle m. ; polisson m. | *fauler Schlingel*, fainéant m. ; garnement m.

schlingen ['ʃliŋən] (a, u) v. tr. **1.** [schlucken] avaler ; engloutir.

2. [winden] enlacer ; entourer ; enrouler. | *einen Strick um etwas schlingen*, enrouler une corde autour de qch. | *den Arm um jn schlingen*, enlacer qn ; prendre qn dans ses bras. | *einen Knoten schlingen*, faire un nœud.

◇ v. pr. **sich schlingen,** s'enrouler. | *die Pflanze schlingt sich um den Baum*, la plante grimpe à l'arbre.

Schlingern ['ʃliŋərn] n. (s). MAR. roulis m.

schlingern [-ŋərn] v. intr. MAR. rouler ; ballotter ; tanguer.

Schling|pflanze [-pflantsə] f. (-, n) plante grimpante.

Schlips [ʃlɪps] m. (es, e) cravate f.

Schlitten ['ʃlitən] m. (s, -) traîneau m. | *Schlitten fahren*, faire du traîneau. || FAM. *mit jm Schlitten fahren*, réprimander brutalement qn. || TECHN. chariot m. ; curseur (m.) à glissière.

Schlitten|bahn ["ʃlitən'bɑ:n] f. (-, en) piste (f.) de traîneau. || TECHN. glissière (f.) de chariot. ||°**-fahrt** f. (-, en) promenade (f.), course (f.) en traîneau. ||°**-kufe** f. (-, n) patin (m.) de traîneau.

Schlitter|bahn ["ʃlitər'bɑ:n] f. (-, en) glissoire f.

schlittern ['ʃlitərn] v. intr. glisser sur la glace.

Schlittern [-tərn] n. (s) glissade f.

Schlitt|schuh ["ʃlit'ʃu:] m. (s, e) patin (m.) à glace. | *Schlittschuhlaufen*, patinage m.

Schlitz [ʃlits] m. (es, e) fente f. ; entaille f. ; rainure f.

Schlitz|augen ["ʃlits'augən] n. pl. yeux bridés. ||°**-verschluß** m. (es, ¨e) obturateur focal.

schlitzen ['ʃlitsən] v. tr. fendre ; taillader ; faire une déchirure, une entaille, un accroc.

schloh|weiß ["ʃlo:'vais] adj. blanc comme neige. || LITTÉR. chenu.

Schloß [ʃlɔs] n. (es, ¨er). **1.** serrure f. | *hinter Schloß und Riegel*, sous les verrous. | *ein Schloß aufbrechen*, faire sauter une serrure. | *Schloß eines Buches*, fermoir (m.) d'un livre. || FIG. *ein Schloß vor dem Mund haben*, avoir bouche cousue. || MIL. culasse (f.) mobile.

2. château m. ; palais m. | *das Schloß zu Fontainebleau*, le château de Fontainebleau. || FIG. *Luftschlösser bauen*, bâtir des châteaux en Espagne.

Schloß|beschläge ["ʃlɔsbə'ʃlɛ:gə] m. pl. garniture (f.) de serrure. ||°**-herr** m. (n, en) châtelain m. ||°**-platz** m. (es, ¨e) esplanade f. ||°**-turm** m. (s, ¨e) donjon m.

Schlößchen ['ʃløsçən] n. (s, -). 1° petite serrure ; 2° petit château.

Schlosser ['ʃlɔsər] m. (s, -) serrurier m.

Schlosser|arbeit ["ʃlɔsər'arbait] f. serrurerie f.

Schlot [ʃlo:t] m. (s, e) cheminée (f.) d'usine. | *er*

raucht wie ein Schlot, il fume comme un pompier. ‖ POP. malotru m.

schlottern [ˈʃlɔtərn] v. intr. [zittern ; beben] trembler ; vaciller ; brimbaler. | *die Knie schlottern ihm vor Angst*, ses jambes flageolent de peur. | *er schlottert vor Kälte*, il tremble de froid. | *schlotterndes Kleid*, vêtement trop large, flottant. ‖ marcher d'un pas mal assuré.

Schlucht [ʃluxt] f. (-, en) ravin m. ; gorge f. ; défilé m. ; crevasse f.

schluchzen [ˈʃluxtsən] v. intr. sangloter ; pleurer. ‖ [den Schluckauf haben] avoir le hoquet.

Schluchzer [-tsər] m. (s, -) sanglot m. ; hoquet m.

Schluck [ʃluk] m. (s, e) gorgée f. ; trait m. | *in kleinen Schlucken trinken*, boire par petites gorgées. | *mit einem, auf einem Schluck*, d'un trait.

Schluck|auf [ʃlukˈauf] m. (s) *den Schluckauf haben*, avoir le hoquet. ‖°**-impfung** f. (-, en). MÉD. vaccination (f.) par voie buccale. ‖**-weise** adv. par gorgées.

Schlückchen [ˈʃlykçən] n. (s, -) petite gorgée ; petit coup ; FAM. goutte f.

schlucken [ˈʃlukən] v. tr. et v. intr. avaler. ‖ FAM. *beim Baden Wasser schlucken*, boire une tasse. ‖ FIG. *eine Erbschaft schlucken*, accaparer un héritage. | *seinen Zorn schlucken*, ravaler sa colère. ‖ PHYSIOL. déglutir.

Schlucker [-kər] m. (s, -) *armer Schlucker*, pauvre diable.

schlucksen [ˈʃlukzən] v. intr. avoir le hoquet.

Schluder|arbeit [ˈʃlu:dərˈarbait] f. (-, en) mauvais travail ; travail bâclé.

schlud(e)rig [ˈʃlu:d(ə)riç] adj. bâclé ; POP. cochonné.

Schlummer [ˈʃlumər] m. (s) somme m. ; assoupissement m.

Schlummer|lied [ˈʃlumərˈli:t] n. (s, er) berceuse f. ‖°**-rolle** f. (-, n) traversin m.

schlummern [ˈʃlumərn] v. intr. sommeiller ; somnoler. | *schlummernde Talente*, talents virtuels, qui sommeillent.

Schlund [ʃlunt] m. (s, ¨e). ANAT. gorge f. ; gosier m. ‖ [Abgrund] gouffre m. ; abîme m.

Schlupf [ʃlupf] m. (s, ¨e) refuge m. ; trou m.

Schlupf|loch [ˈʃlupfˈlɔx] n. (s, ¨er) trou (m.) où se réfugier ; refuge m. ; repaire m. ‖°**-wespe** f. (-, n). ZOOL. ichneumon m. ‖°**-winkel** m. (s, -) refuge m. ; retraite f.

schlüpfen [ˈʃlypfən] v. intr. **1.** se glisser. | *in ein Versteck schlüpfen*, se glisser dans une cachette. | *in die Kleider schlüpfen*, s'habiller en vitesse. | *aus dem Ei schlüpfen*, éclore.

2. glisser. | *der Krug schlüpfte ihm aus den Händen*, la cruche lui a échappé des mains. | *das Geld schlüpft ihm durch die Finger*, l'argent lui file entre les doigts.

Schlüpfer [-fər] m. (s, -). [Unterhose] culotte f.

schlüpfrig [-friç] adj. glissant ; gras. | *schlüpfriger Boden*, sol glissant. | *schlüpfrig machen*, lubrifier. ‖ FIG. grivois ; lubrique ; scabreux. | *schlüpfriger Scherz*, plaisanterie grivoise.

Schlüpfrigkeit [-friçkait] f. (-, en) grivoiserie f. ; obscénité f. ; caractère (m.) équivoque.
◇ f. pl. **Schlüpfrigkeiten,** grivoiseries f. pl.

schlurfen [ˈʃlurfən], **schlurren** [ˈʃlurən] v. intr. traîner la savate.

schlürfen [ˈʃlyrfən] v. tr. boire, manger avec bruit, bruyamment. | *ein Getränk schlürfen*, siroter une boisson.

Schluß [ʃlus] m. (es, ¨e). **1.** fin f. ; clôture f. ; fermeture f. | *zum Schluß*, pour terminer. | *Schluß einer Sitzung*, clôture d'une séance. | *Schluß damit!*, finissons-en ! ; cela suffit. ‖ [Zeitungen] *vor Schluß der Redaktion*, avant de mettre sous presse. ‖ [Tür ; Schloß] fermeture f. ‖ MUS. final m. ; finale m.

2. conclusion f. | *Schlüsse aus etwas ziehen*, tirer des conclusions de qch. | *logischer Schluß*, syllogisme m. | *zu dem Schluß kommen, daß*, arriver à la conclusion que. | *Friedensschluß*, conclusion de la paix.

Schluß|abrechnung [ˈʃlusˈapreçnuŋ] f. (-, en) bilan final ; décompte définitif. ‖°**-akkord** m. (s, e). MUS. accord final. ‖°**-akt** m. (es, e) dernier acte. ‖°**-anträge** m. pl. JUR. conclusions f. pl. ‖°**-bemerkung** f. (-, en) remarque finale ; épilogue m. ‖°**-bilanz** f. (-, en) bilan général, final. ‖°**-ergebnis** n. (ses, se) résultat final ; conclusion f. ‖**-folgern** v. tr. conclure. ‖°**-folgerung** f. (-, en) conclusion f. ‖°**-formel** f. (-, n) formule finale ; formule (f.) de politesse. ‖°**-licht** n. (s, er) feu (m.) arrière. ‖°**-note** f. (-, n). [Börse] avis (m.) d'opéré. ‖°**-pfiff** m. (s, e). [Sport] coup de sifflet final. ‖°**-punkt** m. (s, e) point final. ‖°**-sitzung** f. (-, en) séance (f.) de clôture. ‖°**-stein** m. (s, e) clef (f.) de voûte. ‖°**-stück** n. (s, e). MUS. final m. ; finale m. ‖°**-verkauf** m. (s, ¨e). COMM. soldes m. pl. ‖°**-wort** n. (s) épilogue m. ; postface f. ‖°**-zeile** f. (-, n) dernière ligne.

Schlüssel [ˈʃlysəl] m. (s, -). **1.** clef (ou clé) f. | *den Schlüssel steckenlassen*, laisser la clef sur la porte. | *der Schlüssel zu einem Hause*, la clef d'une maison. | *falscher Schlüssel*, fausse clef.

2. FIG. clef f. ; solution f. | *das gibt den Schlüssel zu seinem Verhalten*, voici la clef de son comportement.

3. [Geheimziffer] clef f. ; chiffre m. ; code chiffré.

4. MUS. clef f. | *C-Schlüssel*, clef d'ut. | *einen anderen Schlüssel vorsetzen*, déclaver.

Schlüssel|bart [ˈʃlysəlˈba:rt] m. (s, ¨e) panneton (m.) de clef. ‖°**-bein** n. (s, e). ANAT. clavicule f. ‖°**-blume** f. (-, n). BOT. primevère f. ‖°**-bund** m. (s, ¨e) trousseau (m.) de clefs. ‖**-fertig** adj. clés en mains. | *schlüsselfertiger Vertrag*, contrat (m.) clés en mains. ‖°**-geld** n. (s) pas-de-porte m. ‖°**-industrie** f. (-, n) industrie-clef f. ‖°**-loch** n. (s, ¨er) trou (m.) de la serrure. ‖°**-roman** m. (s, e) roman (m.) à clef. ‖°**-sektor** m. (s, en). ÉCON. secteur (m.) de pointe. ‖°**-stellung** f. (-, en). MIL. position-clef f. ‖°**-verfahren** n. (s, -) procédé (m.) de chiffrage. ‖°**-wort** n. (s, ¨er). INF. mot-clef m. ‖°**-zahl** f. (-, en) indice m.

schlüsseln [ˈʃlysəln] v. tr. chiffrer.

schlüssig [ˈʃlysiç] adj. résolu ; décidé. | *schlüssig werden, etwas zu tun*, se résoudre à faire qch. ‖ [entscheidend] concluant ; décisif. | *schlüssige Folgerung*, argument décisif.

Schmach [ʃma:x] f. honte f. ; opprobre m. ; outrage m. ; affront m. | *jm Schmach antun*, outrager qn.

schmach|voll [ˈʃma:xfɔl] adj. honteux ; ignominieux.

schmachten [ˈʃmaxtən] v. intr. languir ; se consumer ; être dévoré par. | *der Gefangene schmachtet nach Freiheit*, le prisonnier brûle de recouvrer la liberté. | *schmachtende Blicke*, des regards langoureux. ‖ FAM. *eine Schmachtlocke*, un accroche-cœur.

schmächtig [ˈʃmɛçtiç] adj. grêle ; fluet ; chétif ; délicat de santé.

Schmächtigkeit [-kait] f. fragilité f. ; sveltesse f. ; taille menue.

schmackhaft [ˈʃmakhaft] adj. savoureux ; qui a du goût. ‖ FIG. *etwas schmackhaft machen*, rendre qch. attrayant ; conférer de l'attrait à qch.

Schmackhaftigkeit [-haftiçkait] f. sapidité f. ; bon goût.

Schmäh|rede ["ʃmɛ:'re:də] f. (-, n) invective f. ; diatribe f. ; propos outrageant. ||°**-schrift** f. (-, en) écrit injurieux ; libelle m. ; pamphlet m. ||°**-sucht** f. médisance f. ; manie (f.) d'injurier, de calomnier. ||**-süchtig** adj. médisant ; calomniateur. ||°**-wort** n. (s, e) propos injurieux. | *Schmähworte gegen jn ausstoßen*, couvrir qn d'injures.

schmähen ['ʃmɛ:ən] v. tr. et v. intr. invectiver ; injurier ; vitupérer ; dénigrer ; outrager. | *auf, gegen jn schmähen*, se répandre en invectives contre qn ; diffamer qn.

schmählich ['ʃmɛ:liç] adj. insultant ; outrageant ; déshonorant.

◇ adv. *jn schmählich im Stich lassen*, abandonner ignominieusement qn.

schmal [ʃmɑ:l] adj. **1.** étroit ; mince ; effilé ; grêle. | *schmale Brücke*, pont étroit. | *schmale Hüften*, hanches étroites.

2. maigre ; pauvre ; mesquin ; chiche. | *schmales Einkommen*, revenu limité, restreint.

schmal|brüstig ["ʃmɑ:l'brystiç] adj. étroit de poitrine. ||°**-film** m. (s, e) film (m.) de format réduit. ||°**-hans** m. (en, en) grigou m. || FAM. *hier ist Schmalhans Küchenmeister*, ici on tire le diable par la queue. ||°**-spur** f. [Eisenbahn] voie étroite. ||°**-spur|bahn** f. (-, en) chemin (m.) de fer à voie étroite. ||**-spurig** adj. à voie étroite.

schmälern ['ʃmɛ:lərn] v. tr. diminuer ; rétrécir ; rogner ; réduire. | *die Rationen schmälern*, diminuer les rations. || FIG. *js Verdienste schmälern*, dénigrer les mérites de qn ; rabaisser qn. || JUR. *jm seine Rechte schmälern*, porter atteinte aux droits de qn.

◇ part. prés. et adj. **schmälernd,** JUR. dérogatoire.

Schmälern [-lərn] n. (s), **Schmälerung** [-ləruŋ] f. (-, en) rétrécissement m. ; diminution f. ; réduction f. ; dépréciation f. | *Schmälerung des Einkommens*, diminution du revenu. | *Schmälerung der Löhne*, abaissement (m.) des salaires. || JUR. atteinte f. ; dérogation f.

Schmalheit ['ʃmɑ:lhait] f. étroitesse f. ; minceur f.

Schmalz [ʃmalts] n. (es) graisse fondue ; saindoux m. | *Gänseschmalz*, graisse (f.) d'oie. || ANAT. *Ohrenschmalz*, cérumen m.

schmalzen ['ʃmaltsən] v. tr. CULIN. graisser ; mettre de la graisse dans. | *eine Speise schmalzen*, graisser un plat. || TECHN. graisser.

schmalzig [-tsiç] adj. graisseux ; gras. || FIG. *schmalzige Stimme*, voix grasse. | *schmalziger Schlager*, rengaine sentimentale, FAM. à la guimauve.

schmarotzen [ʃma'rɔtsən] v. intr. vivre en parasite ; faire le pique-assiette. || ZOOL. *in einem Wirt schmarotzen*, parasiter un hôte.

Schmarotzer [-tsər] m. (s, -) parasite m. ; écornifleur m. ; pique-assiette m. || ZOOL. parasite m.

Schmarotzerei [ʃmarɔtsə'rai] f. vie (f.) de parasite ; parasitisme m.

schmarotzerhaft [ʃma'rɔtsərhaft] adj. de parasite ; en parasite.

Schmarotzer|leben [ʃma"rɔtsər'le:bən] n. (s) parasitisme m. ||°**-pflanze** f. (-, n) plante (f.) parasite. ||°**-tum** n. ([e]s) parasitisme m. ||°**-zweig** m. (s, e). BOT. branche gourmande ; gourmand m.

Schmarre ['ʃmarə] f. (-, n) balafre f.

Schmarren [-rən] m. (s, -) galette f. || FAM. [Österreich] vétille f.

Schmatz [ʃmats] m. (es,¨e). FAM. bécot m. ; baiser (m.) sonore.

schmatzen ['ʃmatsən] v. intr. manger bruyamment.

schmauchen ['ʃmauxən] v. intr. fumer.

◇ v. tr. *seine Pfeife schmauchen*, fumer sa pipe.

Schmaus [ʃmaus] m. (es,¨e) festin m. ; régal m. ; banquet m. ; FAM. gueuleton m.

schmausen ['ʃmauzən] v. intr. faire ripaille ; banqueter ; festoyer.

schmeckbar ['ʃmɛkbɑ:r] adj. perceptible au goût.

schmecken [-kən] v. tr. goûter ; savourer. | *Wein schmecken*, goûter le vin.

◇ v. intr. avoir un goût. | *diese Speise schmeckt bitter*, ce plat a un goût amer ; ce plat est amer. | *der Wein schmeckt nach dem Faß*, ce vin sent le tonneau, a un goût de tonneau. | *das schmeckt mir ausgezeichnet*, je trouve cela excellent ; je me régale. | *laßt es euch (gut) schmecken*, prenez-en donc ! ; bon appétit ! | *es schmeckt nach mehr*, cela a un goût de revenez-y. || FAM. *es schmeckt*, c'est bon. | *wie schmeckt es Ihnen ?*, comment trouvez-vous cela ?

Schmeichel|katze ["ʃmaiçəl'katsə] f. (-, n), °**-kätzchen** [-'kɛtsçən] n. (s, -). FIG. cajoleur m. ; flatteur m. ||°**-rede** f. (-, n) discours flatteur.

Schmeichelei [ʃmaiçə'lai] f. (-, en) flatterie f. | *aus Schmeichelei*, par esprit de flatterie. | *kriechende Schmeichelei*, adulation f. ; flagornerie f.

schmeichelhaft ['ʃmaiçəlhaft] adj. flatteur. | *von jm schmeichelhaft sprechen*, parler de qn en termes flatteurs.

schmeicheln ['ʃmaiçəln] v. intr. (dat.) flatter ; aduler. | *sich geschmeichelt fühlen*, se sentir flatté. | *js Eitelkeit schmeicheln*, flatter la vanité de qn. | *der Menge schmeicheln*, flatter la foule. | *das schmeichelt unseren Ohren*, cela flatte l'oreille.

◇ part. prés. **schmeichelnd,** flatteur. | *schmeichelndes Bild*, portrait flatteur.

◇ v. pr. **sich schmeicheln,** se flatter. | *sich schmeicheln, etwas zu tun*, se flatter de savoir faire qch. | *sich mit Hoffnungen schmeicheln*, se bercer d'illusions. || *sich einschmeicheln*, s'insinuer.

Schmeicheln [-çəln] n. (s) flatteries f. pl. ; adulation f.

Schmeichler [-çlər] m. (s, -) flatteur m. ; adulateur m. ; flagorneur m. || PROV. *wer dem Schmeichler zuhört, muß ihn füttern*, tout flatteur vit aux dépens de celui qui l'écoute.

schmeichlerisch [-çləriʃ] adj. flatteur ; câlin. | *schmeichlerisches Wesen*, câlineries f. pl. | *schmeichlerischer Betrüger*, enjôleur m.

Schmeiß|fliege ["ʃmais'fli:gə] f. (-, n) mouche (f.) à viande.

schmeißen ['ʃmaisən] (i, i) v. tr. FAM. lancer, jeter avec force. | *etwas wegschmeißen*, jeter qch. | *jn hinausschmeißen*, flanquer qn à la porte. || FIG. *das Geld zum Fenster hinausschmeißen*, jeter l'argent par les fenêtres. | *den Laden schmeißen*, s'en sortir. | *mit großen Reden um sich schmeißen*, fanfaronner. || *hinschmeißen*, rejeter, abandonner. | *den ganzen Kram hinschmeißen*, laisser tout aller.

Schmelz [ʃmɛlts] m. (es, e) émail m. | *mit Schmelz belegen, überziehen*, émailler. | *Zahnschmelz*, émail des dents. || FIG. *im Schmelz der Jugend*, dans (tout) l'éclat de la jeunesse. | *Schmelz der Stimme*, chaleur (f.) de la voix.

Schmelz|butter ["ʃmɛlts'butər] f. beurre fondu. ||°**-farbe** f. (-, n) couleur vitrifiée. ||°**-fluß** m. (es,¨e) fusion complète. ||°**-glas** n. (es,¨er) émail m. ||°**-grad** m. (s, e), °**-hitze** f. (-, n), °**-punkt** m. (s, e) chaleur (f.), point (m.) de fusion. ||°**-hütte** f. (-, n), °**-kammer** f. (-, n) fonderie f. ||°**-kessel** m. (s, -), °**-ofen** m. (s,¨) fondoir m. ||°**-schweißung** f. (-, en) soudure (f.) par fusion. ||°-**sicherung** f. (-, en). ÉLECTR. fusible m. ; coupe-circuit m. ||°-**tiegel** m. (s, -) creuset m. ||°-**wärme** f. chaleur (latente) de fusion. ||°-**werk** n. (s, e) fonderie f.

schmelzbar ['ʃmɛltsbɑ:r] adj. fusible ; liquéfiable.

Schmelze [-tsə] f. (-, en). **1.** [Schmelzen] action (f.) de fondre ; fonte f. ; fusion f. | *Schneeschmelze*, fonte des neiges.
2. [geschmolzene Masse] fonte f. ; métal fondu ; charge f.

schmelzen [-tsən] (i, o, o) v. intr. fondre ; entrer en fusion ; se liquéfier ; se dissoudre. | *der Schnee schmilzt*, la neige fond. | *geschmolzenes Metall*, métal fondu. || FIG. fondre ; se fondre ; se réduire. | *das Herz schmilzt mir*, mon cœur se fond. | *sein Vermögen ist um die Hälfte geschmolzen*, sa fortune est réduite de moitié.
◇ v. tr. (conj. faible) faire fondre ; dissoudre. | *die Sonne schmelzt den Schnee*, le soleil fait fondre la neige. | *Gold schmelzen*, fondre de l'or.
◇ part. pass. **geschmelzt,** TECHN. émaillé.
◇ part. prés. **schmelzend,** fondant. || FIG. languissant ; langoureux ; doux. | *schmelzende Töne*, sons (m. pl.) mélodieux.

Schmelzen [-tsən] n. (s), **Schmelzung** [-tsuŋ] f. fonte f. ; fusion f. ; liquéfaction f. ; dissolution f. | *übermäßiges Schmelzen*, surfusion f.

Schmelzer [-tsər] m. (s, -) fondeur m.

Schmelzerei [ʃmɛltsə'rai] f. (-, en) fonderie f.

Schmer|bauch ["ʃme:r'baux] m. (s, ¨e) bedaine f. ; panse f. ; gros ventre. || [Schmerbäuchiger] ventru m.

Schmerle ['ʃmɛrlə] f. (-, n). ZOOL. loche f.

Schmerz [ʃmɛrts] m. (es, en) douleur f. ; peine f. ; chagrin m. ; mal m. ; souffrance f. | *an heftigen Schmerzen leiden*, souffrir de douleurs atroces. | *bohrende, stechende Schmerzen*, douleurs poignantes. | *unter Schmerzen*, dans la douleur. | *Schmerz empfinden über*, éprouver une grande douleur de.

schmerz|betäubend ["ʃmɛrtsbə'tɔybənt] adj. analgésique. || **-erfüllt** adj. plein de douleur ; affligé. ||**-frei** adj. sans douleur. ||**-lindernd** adj. calmant ; qui calme, endort la douleur. ||**-los** adj. indolore. ||°-**losigkeit** f. MÉD. analgésie f. ||**-voll** adj. douloureux.

schmerzen ['ʃmɛrtsən] v. tr. et v. intr. faire du mal ; causer de la douleur. | *die Wunde schmerzt*, la blessure fait mal. || *mich, mir schmerzt das Bein*, la jambe me fait mal. || FIG. faire de la peine. | *das hat uns sehr geschmerzt*, cela nous a douloureusement affectés.
◇ part. prés. **schmerzend,** douloureux. | *schmerzende Wunde*, blessure douloureuse.

Schmerzens|geld ["ʃmɛrtsəns'gɛlt] n. (s, er) indemnité f. || JUR. pretium doloris m. ||°-**mutter** f. (-,¨) mater dolorosa. ||**-reich** adj. accablé de douleur.

schmerzhaft ['ʃmɛrtshaft] adj. douloureux ; qui fait mal ; endolori.

schmerzlich [-liç] adj. douloureux ; cruel ; cuisant ; affligeant. | *schmerzliches Schauspiel*, spectacle pénible. | *schmerzlicher Verlust*, perte douloureuse. | *es trifft, berührt mich schmerzlich*, cela me fait de la peine.

Schmetter|ball ["ʃmɛtər'bal] m. (s, ¨e), °-**schlag** [-'ʃlɑ:k] m. (s, ¨e). [Tennis] smash m.

Schmetterling ['ʃmɛtərliŋ] m. (s, e). ZOOL. papillon m.
◇ m. pl. **Schmetterlinge,** lépidoptères m. pl.

schmetterlings|artig ["ʃmɛtərliŋs'ɑ:rtiç] adj. papilionacé. ||°-**blumen** f. pl., °-**blütler** m. pl. BOT. papilionacées f. pl. ||°-**puppe** f. (-, n) chrysalide f. ||°-**stil** m. (s). SPORT. brasse (f.) papillon.

schmettern ['ʃmɛtərn] v. intr. résonner. || [Vögel] lancer des roulades. || [Trompeten] sonner. | *schmetternde Musik*, musique retentissante. | *schmetternde Stimme*, voix tonitruante.
◇ v. tr. jeter violemment. | *einen Ball schmettern*, lancer une balle. | *zu Boden schmettern*, terrasser.

Schmettern [-tərn] n. (s) son éclatant ; roulades f. pl. | *das Schmettern der Trompete*, la stridence de la trompette.

Schmied [ʃmi:t] m. (s, e) forgeron m. | *(Huf)-schmied*, maréchal-ferrant m.

schmiedbar ['ʃmi:tbɑ:r] adj. forgeable ; malléable. | *schmiedbares Eisen*, fer malléable.

Schmiedbarkeit [-kait] f. malléabilité f. ; forgeabilité f.

Schmiede ['ʃmi:də] f. (-, n) forge f. || FIG. *vor die rechte Schmiede gehen*, frapper à la bonne porte.

Schmiede|eisen ["ʃmi:də'aisən] n. (s) fer forgé. ||**-eisern** adj. en fer forgé. ||°-**hammer** m. (s, ¨) marteau (m.) de forge. | *Gesenkschmiedehammer*, marteau-pilon m.

schmieden ['ʃmi:dən] v. tr. **1.** forger ; travailler. | *das Eisen schmieden*, forger le fer. | *kalt schmieden*, forger, battre à froid. | *im Gesenk schmieden*, estampiller au pilon. | *auf dem Hornamboß schmieden*, bigorner. | *sich schmieden lassen*, être malléable.
2. FIG. forger ; façonner. | *sein Glück schmieden*, être l'artisan de son bonheur. || PÉJOR. ourdir ; tramer. | *Pläne schmieden*, faire des projets. | *Ränke schmieden*, ourdir des intrigues.

Schmieden [-dən] n. (s) forgeage m.

Schmiege ['ʃmi:gə] f. (-, n). **1.** [Biegung] courbure f. || PAR EXT. biais m. ; pente f.
2. TECHN. fausse équerre. || mètre pliant.

schmiegen [-gən] v. tr. plier ; courber ; équerrer.
◇ v. pr. **sich schmiegen,** se blottir ; se serrer. | *sich an jn schmiegen*, se blottir contre qn. | *sich in eine Ecke schmiegen*, se serrer dans un coin ; FAM. se faire tout petit. || FIG. se plier ; faire preuve de souplesse, de docilité. | *sich schmiegen und biegen*, se plier, se prêter à tout.

schmiegsam ['ʃmi:kzɑ:m] adj. souple ; pliant ; flexible. || FIG. souple ; docile ; accommodant.

Schmiegsamkeit [-kait] f. souplesse f. ; flexibilité f. ; docilité f.

Schmier|buch ["ʃmi:r'bu:x] n. (s, ¨er). [Kladde] brouillon m. ||°-**büchse** f. (-, n) boîte (f.) à graisse. ||°-**fähigkeit** f. pouvoir lubrifiant. ||°-**fett** n. (s, e) graisse (f.) à enduire. ||°-**fink** m. (en, en). VULG. saligaud m. ||°-**geld** n. (s, er). [Bestechung] pot-de-vin m. ||°-**kanne** f. (-, n) burette (f.) à graisse. ||°-**lappen** m. (s, -) chiffon gras. ||°-**loch** n. (s, ¨er) orifice (m.) de graissage. ||°-**mittel** n. (s, -) lubrifiant m. ||°-**öl** n. (s, e) huile (f.) de graissage. ||°-**seife** f. (-, n) savon noir. ||°-**stoff** m. (s, e) lubrifiant m. ||°-**wurst** f. (-,¨e) saucisse (f.) à tartiner.

Schmiere ['ʃmi:rə] f. (-, n). **1.** graisse f. ; cambouis m. | *Wagenschmiere*, graisse pour voitures. | *Gelenkschmiere*, liniment m.
2. FIG., ARG. *Schmiere stehen*, faire le guet (lors d'un mauvais coup).

schmieren [-rən] v. tr. graisser ; lubrifier ; huiler ; enduire. | *Butter aufs Brot schmieren*, étendre du beurre sur du pain ; beurrer du pain. | *eine Maschine schmieren*, graisser une machine. | *mit Teer schmieren*, goudronner. || FAM. *das geht wie geschmiert*, ça va comme sur des roulettes ; POP. ça baigne. || FIG. *jm Honig ums Maul schmieren*, dorer la pilule à qn. || FIG., FAM. soudoyer ; corrompre. || [verfälschen] frelater.
◇ v. intr. mal couler ; manquer de fluidité. || FIG. barbouiller ; écrivailler.

Schmieren [-rən] n. (s) graissage m. ; lubrification f. ; huilage m. || FAM. barbouillage m. || FIG. corruption f.

Schmieren|komödiant [″ʃmi:rənkɔmødi'ant] m. (en, en) cabotin m. ; mauvais acteur.

Schmierer ['ʃmi:rər] m. (s, -) graisseur m. || [Maler] barbouilleur m. ; rapin m. || LITTÉR. plumitif m. ; écrivassier m. || [Bestecher] corrupteur m.

Schmiererei [ʃmi:rə'rai] f. (-, en) barbouillage m.

schmierig [-riç] adj. graisseux ; huileux ; lubrifié ; PAR EXT. visqueux. | *schmierige Arbeit*, travail salissant. || FIG. crasseux ; sale ; sordide.

Schmierung ['ʃmi:ruŋ] f. (-, en) graissage m. ; lubrification f. | *Druckschmierung*, graissage sous pression.

Schminke ['ʃmiŋkə] f. (-, n) fard m. ; cosmétique m. | *Schminke auflegen*, se maquiller ; se farder. | *Schminke abwaschen*, se démaquiller.

schminken [-kən] v. tr. PR. et FIG. farder ; maquiller. | *geschminktes Gesicht*, visage fardé. | *er sagte es ihm ungeschminkt*, il le lui a dit sans fard.
◇ v. pr. **sich schminken,** se maquiller.

Schmirgel ['ʃmirgəl] m. (s, -). MINÉRAL. émeri m.

Schmirgel|papier [″ʃmirgəlpa'pi:r] n. (s, e) papier (m.) d'émeri. ||°**-scheibe** f. (-, n) meule (f.) d'émeri.

schmirgeln ['ʃmirgəln] v. tr. polir à l'émeri.

Schmiß [ʃmis] m. (es, e). [Schmarre] balafre f. | *ein Gesicht voller Schmisse*, un visage balafré. || FIG. élégance f. ; chic m. | *die Sache hat Schmiß*, cela a du chic ; c'est enlevé.

schmissig ['ʃmisiç] adj. chic ; enlevé ; plein d'entrain, de verve.

Schmöker ['ʃmø:kər] m. (s, -) vieux bouquin sans valeur ; roman (m.) à quatre sous.

schmökern [-kərn] v. intr. bouquiner.

Schmoll|ecke [″ʃmɔl'ɛkə] f. (-, n), °**-winkel** [-'viŋkəl] m. (s) *in der Schmollecke sitzen*, bouder ; être de mauvaise humeur. ||°**-(l)ippe** f. moue f.

schmollen ['ʃmɔlən] v. intr. bouder ; faire la moue. | *mit jm schmollen*, bouder qn.

Schmonzes ['ʃmɔntsəs] m. PÉJOR. bavardage m.

Schmor|braten [″ʃmo:r'brɑ:tən] m. (s). CULIN. bœuf braisé. ||°**-topf** m. (s, ¨e) daubière f.

schmoren ['ʃmo:rən] v. tr. CULIN. faire cuire à l'étuvée ; braiser ; dauber.
◇ v. intr. cuire à l'étuvée, à petit feu ; mijoter.

Schmu [ʃmu:] m. (s) petits bénéfices. | *Schmu machen*, faire de la gratte.

schmuck [ʃmuk] adj. propre ; coquet ; pimpant ; joli. | *sich schmuck machen*, soigner sa toilette.

Schmuck [ʃmuk] m. (s, e). [Schmuckstücke] ornement m. ; parure f. ; bijoux m. pl. | *unechter Schmuck*, toc m. | *silberner Schmuck*, parure d'argent. | *in vollem Schmuck*, en grande toilette.

Schmuck|arbeit [″ʃmuk'arbait] f. (-, en) ouvrage (m.) de joaillerie f. ||°**-handel** m. (s) bijouterie f. ; joaillerie f. ||°**-händler** m. (s, -) joaillier m. ; bijoutier m. ||°**-kästchen** n. (s, -) écrin m. ; coffret (m.) à bijoux. ||**-los** adj. sans ornement ; simple ; sobre ; modeste. ||°**-losigkeit** f. sobriété f. ; austérité f. ; absence (f.) d'ornement. ||°**-nadel** f. (-, n) broche f. ||°**-prothese** f. (-, n). MÉD. appareillage (m.) esthétique. ||°**-sachen** f. pl. bijoux m. pl. || °**-schatulle** f. (-, n) baguier m. ; coffret (m.) à bijoux. ||°**-stück** n. (s, e) parure f.

schmücken ['ʃmykən] v. tr. décorer ; parer ; orner. | *festlich geschmückt*, pavoisé. || LOC. *sich mit fremden Federn schmücken*, se parer des plumes du paon.

Schmücken [-kən] n. (s) décoration f.

Schmuddel ['ʃmudəl] m. (s). POP. saleté f.

Schmuddelei [ʃmudə'lai] f. (-, en) barbouillage m.

Schmuggel ['ʃmugəl] m. (s) contrebande f. ; fraude f.

Schmuggel|geschäft [″ʃmugəlgə'ʃɛft] n. (s, e) commerce (m.) interlope, de contrebande. ||°**-ware** f. (-, n) marchandise (f.) de contrebande.

Schmuggelei [ʃmugə'lai] f. (-, en) contrebande ; trafic illicite.

schmuggeln ['ʃmugəln] v. intr. faire de la contrebande. || *etwas einschmuggeln*, introduire qch. en contrebande, en fraude.

Schmuggler [-glər] m. (s, -) contrebandier m. ; fraudeur m.

schmunzeln ['ʃmuntsəln] v. intr. sourire d'aise, d'un air béat. | *über etwas schmunzeln*, sourire de qch.

Schmunzeln [-tsəln] n. (s). *wohlgefälliges Schmunzeln*, sourire satisfait.

Schmus [ʃmu:s] m. (es). POP. papotage m. ; bavardage m.

schmusen ['ʃmu:zən] v. intr. FAM. *mit jm schmusen*, cajoler qn ; faire des câlins à qn.

Schmutz [ʃmuts] m. (es) saleté f. ; ordure f. ; boue f. ; immondices f. pl. | *mit Schmutz bedeckt*, couvert de boue. | *vom Schmutz reinigen*, décrasser ; décrotter. || FIG. *jn in den Schmutz ziehen*, traîner qn dans la boue.

Schmutz|bürste [″ʃmuts'byrstə] f. (-, n) brosse (f.) à décrotter. ||°**-fink** m. (en, en). FAM. souillon f. ; sagouin m. ||°**-fleck** m. (s, e) tache f. ; souillure f. ||°**-lappen** m. (s, -) torchon m. ||°**-liese** f. (-, n). POP. souillon f. ||°**-papier** n. (s). TYPOGR. maculature f. ||°**-titel** m. (s, -). TYPOGR. faux titre.

schmutzen ['ʃmutsən] v. tr. faire des taches ; salir ; souiller.
◇ v. intr. se salir. | *dieser Stoff schmutzt leicht*, cette étoffe se tache facilement, tache facilement.

Schmutzerei [ʃmutsə'rai] f. (-, en) saleté f. ; ordure f. ; travail (m.) sale. || FIG. obscénité f.

schmutzig ['ʃmutsiç] adj. sale ; malpropre ; boueux ; crasseux. | *sich schmutzig machen ; schmutzig werden*, se salir. || FIG. malpropre ; obscène.

Schmutzigkeit [-kait] f. malpropreté f. ; saleté f.

Schnabel ['ʃnɑ:bəl] m. (s, ¨). **1.** bec m. | *spitzer Schnabel*, bec pointu. | *den Schnabel aufsperren*, ouvrir le bec. | *einen Schnabel voll*, une becquée. | *mit dem Schnabel aufpicken*, picorer. || FAM. *halt den Schnabel !*, ne le répète pas ! ; tais-toi ! || LOC. *er spricht, wie ihm der Schnabel gewachsen ist*, il dit tout ce qui lui passe par la tête ; il dit les choses comme elles lui viennent. | *jm nach dem Schnabel reden*, suivre servilement l'opinion de qn. | *Grünschnabel*, blanc-bec m.
2. PAR EXT. [Feder] bec m. || [Musikinstrument] embouchure f. || [Kanne] bec m. || [Flasche] goulot m. || MAR. *(Schiffs)schnabel*, proue f. || TECHN. [an den Werkzeugen] bec m. ; pointe f. || BOT. rostre m.

schnabel|förmig [″ʃnɑ:bəl'fø:rmiç] adj. en forme de bec. || BOT. rostré. ||°**-kerfe** f. (-, n). ZOOL. [Halbflügler] hémiptère m. ||°**-schiff** n. (s, e) vaisseau (m.) à bec. ||°**-schuh** m. (s, e) soulier (m.) à la poulaine. ||°**-tasse** f. (-, n) tasse (f.) à bec. ||°**-tier** n. (s, e). ZOOL. ornithorynque m.

schnäbeln (sich) [ziç'ʃnɛ:bəln] v. pr. POP. se becqueter ; se bécoter.

schnabulieren [ʃnabu'li:rən] v. intr. se régaler ; manger à belles dents.

Schnack [ʃnak] m. (s) bavardage m. ; sornettes f. pl. | *dummer Schnack*, mauvaise plaisanterie.
◇ m. pl. **Schnäcke,** facéties f. pl.

schnacken ['ʃnakən] v. intr. bavarder ; caqueter ; raconter des sornettes ; blaguer.

Schnake ['ʃnɑːkə] f. (-, n). ZOOL. moucheron m. ; moustique m.

Schnalle ['ʃnalə] f. (-, n) boucle f. || [Türklinke] loquet m.

schnallen [-lən] v. tr. boucler. | *kürzer schnallen*, raccourcir. | *länger schnallen*, allonger. | *festschnallen*, attacher ; serrer. | *losschnallen*, détacher ; déboucler. || FIG. *sich den Gürtel enger schnallen*, se serrer la ceinture.

Schnallen|bügel ["ʃnalən'byːgəl] m. (s, -) chape (f.) d'une boucle. ||°**-dorn** m. (s, en), °**-zunge** f. (-, n) ardillon (m.) d'une boucle. ||°**-schuh** m. (s, e) soulier (m.) à boucles.

schnalzen ['ʃnaltsən] v. intr. *mit den Fingern schnalzen*, faire claquer ses doigts. | *mit der Zunge schnalzen*, faire claquer sa langue.

Schnalzen [-tsən] n. (s) claquement (m.) de langue.

schnapp ! [ʃnap] interj. crac !
◇ adv. **schnapp,** vite.

Schnapp [ʃnap] m. (s, e) bouchée f. ; coup (m.) rapide.

Schnapp|feder ["ʃnap'feːdər] f. (-, n). TECHN. ressort (m.) d'arrêt. ||°**-messer** n. (s, -) couteau pliant. ||°**-sack** m. (s, ¨e) havresac m. ||°**-schloß** n. (es, ¨er) serrure (f.) à ressort. ||°**-schuß** m. (es, ¨e). PHOT. instantané m.

schnappen ['ʃnapən] v. intr. **1.** chercher à happer, à gober. | *mit der Hand nach etwas schnappen*, chercher à saisir qch. | *nach Luft schnappen*, respirer avec peine. || FAM. arrêter ; coffrer. | *man hat den Dieb geschnappt*, on a arrêté le voleur.
2. [Feder] faire ressort. | *in die Höhe schnappen*, bondir. | *das Schloß schnappt ein*, la serrure s'enclenche.

Schnäpper ['ʃnɛpər] m. (s, -). [Vogel] *Fliegenschnäpper*, gobe-mouches. || FAM. attrape-mouches m. || MÉD. lancette f.

Schnaps [ʃnaps] m. (es, ¨e) eau-de-vie f. || PAR EXT. petit verre ; FAM. goutte f. | *sich einen Schnaps genehmigen*, s'offrir un petit verre.

Schnaps|brenner ["ʃnaps'brɛnər] m. (s, -) distillateur m. ||°**-bruder** m. (s,¨) ivrogne m. ; FAM. poivrot m. ||°**-bude** f. (-, n), °**-kneipe** f. (-, n). FAM. bistrot m. ||°**-idee** f. (-, n) idée saugrenue. ||°**-nase** f. (-, n). FAM. nez (m.) rouge.

Schnäpschen ['ʃnɛpsçən] n. (s, -) petit verre ; FAM. goutte f.

schnarchen ['ʃnarçən] v. intr. ronfler.

Schnarchen [-çən] n. (s) ronflement m.

Schnarcher [-çər] m. (s, -) ronfleur m.

Schnarre ['ʃnarə] f. (-, n) crécelle f. || ZOOL. grive f.

schnarren [-rən] v. intr. [Orgel] ronfler. || [Stimme] nasiller. || MUS. grincer ; produire un bruit strident. || TECHN. brouter.

Schnarren [-rən] n. (s) ronflement m. ; bourdonnement m. ; bruit (m.) de crécelle. || [Telefon] friture f.

Schnatterei [ʃnatə'rai] f. (-, en) bavardage m. ; caquetage m.

Schnatter|ente ["ʃnatər'ɛntə] f. (-, n), °**-gans** [-'gans] f. (-, ¨e) femme bavarde.

schnattern ['ʃnatərn] v. intr. criailler ; caqueter. | *die Gänse schnattern*, les oies criaillent. | *die Enten schnattern*, les canards caquettent. || FIG. caqueter.

Schnattern [-tərn] n. (s) criaillerie f. ; caquetage m. ; bavardage m.

schnauben ['ʃnaubən] v. intr. haleter ; respirer bruyamment ; souffler. || [Pferde] s'ébrouer. || FIG. *vor Wut schnauben*, écumer de rage.
◇ v. tr. *Rache schnauben*, respirer la vengeance.

Schnauben [-bən] n. (s) souffle m. ; halètement m. ; ronflement m.

schnaufen ['ʃnaufən] v. intr. respirer difficilement ; renifler ; haleter.

Schnaufer [-fər] m. (s, -) 1° souffle bruyant ; 2° celui qui respire bruyamment.

Schnauz|bart ['ʃnautsbɑːrt] m. (s, ¨e) moustache f. || FIG. vieux barbu ; barbon m. ||**-bärtig** adj. qui a des moustaches. || FIG. rogue.

Schnauze ['ʃnautsə] f. (-, n) gueule f. ; museau m. ; mufle m. ; groin m. || POP. *eine große Schnauze haben*, avoir une grande gueule. || [Gefäße] bec m. || [Gebäude] gargouille f. | *Schnauze einer Dachrinne*, gargouille, canon (m.) de gouttière.

schnauzen [-tsən] v. intr. crier. || VULG. gueuler. | *jn anschnauzen*, engueuler qn.

Schnauzer [-tsər] m. (s, -). ZOOL. griffon m. ; schnauzer m.

schnauzig [-tsiç] adj. grossier ; brusque.

schnäuzen ['ʃnɔytsən] v. tr. et v. pr. *eine Lampe schnäuzen*, moucher une lampe. | *sich (die Nase) schnäuzen*, se moucher.

Schnecke ['ʃnɛkə] f. (-, n). ZOOL. escargot m. ; limaçon m. | *nackte Schnecke*, limace f. || ANAT. [Ohr] limaçon m. || ARCHIT. volute f. || TECHN. vis (f.) sans fin.

schnecken|artig ["ʃnɛkən'ɑːrtiç], **-förmig** [-'førmiç] adj. en spirale. ||°**-gang** m. (s). FIG. avance très lente (comme d'un escargot). ||°**-gewinde** n. (s, -). TECHN. filetage hélicoïdal. ||°**-haus** n. (es,¨er) coquille (f.) d'escargot. ||°**-linie** f. (-, n) spirale f. ||°**-post** f. FIG. *mit der Schneckenpost fahren*, aller à pas de tortue. || °**-windung** f. (-, en) tour (m.) de spire.

Schnee [ʃneː] m. (s) neige f. | *ewiger Schnee*, neiges éternelles. | *Pulverschnee*, neige poudreuse. || FIG. *weiß wie Schnee*, blanc comme neige. || CULIN. *Schnee schlagen*, battre en neige.

Schnee|ball ['ʃneːbal] m. (s,¨e) boule (f.) de neige. ||°**-bericht** m. (s, e) bulletin (m.) d'enneigement. ||°**-decke** f. (-, n) couche (f.) de neige. ||°**-eule** f. (-, n). ZOOL. chat-huant blanc. ||°**-fall** m. (s, ¨e) chute (f.) de neige. ||°**-fräse** f. (-, n) chasse-neige (m.) à fraise. ||°**-gans** f. (-, ¨e). ZOOL. oie (f.) sauvage. || FIG. oie blanche. ||°**-gestöber** n. (s) tourmente (f.) de neige. ||°**-glöckchen** n. (s, -) perce-neige m. ||°**-grenze** f. (-, n) limite (f.) des neiges éternelles. ||°**-huhn** n. (s,¨er) lagopède m. ; perdrix blanche. ||°**-hütte** f. igloo m. ||°**-kanone** f. (-, n) canon (m.) à neige. ||°**-kette** f. (-, n). AUTOM. chaîne antidérapante. ||°**-mann** m. (s, ¨er) bonhomme (m.) de neige. ||°**-matsch** m. (es) neige fondue. ||°**-pflug** m. (s, ¨e) chasse-neige m. ||°**-reifen** m. (s, -) raquette f. ; pneu (m.) pour la neige. ||°**-schmelze** f. fonte (f.) des neiges. ||°**-schuh** m. (s, e) snow-boot m. ||°**-sturm** m. (s, ¨e) tempête (f.) de neige ; blizzard m. ||°**-treiben** n. (s, -) tourmente (f.), rafale (f.) de neige. ||°**-wächte** f. (-, n) corniche (f.) de neige. ||°**-wehe** f. (-, n) congère f. ||**-weiß** adj. blanc comme neige. ||°**-wittchen** n. (s). LITTÉR. Blanche-Neige f. ||°**-zaun** m. (s, ¨e) pare-neige m.

schneeig ['ʃneːiç] adj. couvert de neige. || PAR EXT. blanc comme neige.

Schneid [ʃnait] m. (s). FIG. ressort m. ; cran m. ; nerf m. ; énergie f. | *er hat Schneid*, il a du cran.

Schneide ['ʃnaidə] f. (-, n) tranchant m. | *Messerschneide*, tranchant d'un couteau. || FIG. *es steht, schwebt auf des Messers Schneide*, cela ne tient qu'à un fil. ||

TECHN. tranchée f. ; laie f. || [Waage] couteau m. || [Bohrer] mèche f. || [Berggrat] arête f. ; crête (f.) de montagne.

Schneide|bank ["ʃnaidə'baŋk] f. (-, ¨e) chevalet m. ||°**-bohrer** m. (s, -) taraud m. ||°**-brenner** m. (s, -) chalumeau (m.) à découper. ||°**-brett** n. (s, er) tailloir m. ||°**-eisen** n. (s, -). TECHN. filière f. ||°**-fläche** f. (-, n). [Scheren] plane (f.) des ciseaux. ||°**-holz** n. (es) bois (m.) de sciage. ||°**-maschine** f. (-, n) hache-paille m. ; hachoir m. ; massicot m. ||°**-messer** n. (s, -) couperet m. ||°**-mühle** f. (-, n) scierie f. ||°**-rad** n. (s, ¨er). TECHN. fraise f. ||°**-stahl** m. (s, ¨e) burin m. ||°**-tisch** m. (s, e). FILM. table (f.) de montage. ||°**-werkzeug** n. (s, e) outil, instrument tranchant. ||°**-zahn** m. (s, ¨e). ANAT. incisive f.

schneiden ['ʃnaidən] (schnitt, geschnitten) v. tr. **1.** couper ; tailler ; trancher. | *Brot schneiden*, couper du pain. | *Korn schneiden*, couper, faucher du blé. | *in kleine Stücke schneiden*, hacher menu. | | *etwas entzwei schneiden*, couper qch. en deux. | *ein Kleid schneiden*, tailler un vêtement. | *zu eng geschnitten*, étriqué. | *in Holz schneiden*, graver sur bois. | *in Stein schneiden*, ciseler dans la pierre. || FIG. *ein fein geschnittenes Gesicht*, un visage aux traits purs.
2. FIG. *Grimassen, Gesichter, Mienen schneiden*, faire des grimaces. | *Geld schneiden*, extorquer de l'argent. | *jn schneiden*, faire semblant de ne pas voir qn.
3. MÉD. châtrer ; castrer.
4. [Wein] couper ; faire un coupage.
5. TECHN. tarauder.
6. [Karten] couper.
7. AUTOM. *jn schneiden*, faire une queue-de-poisson à qn.
◇ v. pr. **sich schneiden,** se couper. | *sich in den Finger schneiden*, se couper le doigt. || FIG. se tromper ; FAM. se mettre le doigt dans l'œil. || MATH. *zwei Linien schneiden sich*, deux lignes se coupent, ont leur intersection.
◇ v. intr. couper ; être coupant. | *dieses Messer schneidet gut*, ce couteau coupe bien. | *durch die Luft schneiden*, fendre l'air. || FIG. *es schneidet mir ins Herz*, cela me fend le cœur. | *ins Geld schneiden*, faire un trou dans le budget.
◇ part. prés. **schneidend,** coupant ; tranchant. || FIG. *schneidende Kälte*, froid vif. | *schneidender Widerspruch*, contradiction flagrante. | *schneidende Worte*, propos incisifs. | *schneidender Ton*, ton tranchant.

Schneider [-dər] m. (s, -). **1.** tailleur m. ; coupeur m. | *Herrenschneider*, tailleur pour hommes.
2. couteau m. ; appareil (m.) à couper, à trancher.
3. ZOOL. [Weberknecht] faucheux m.
4. LOC. *wir sind noch nicht aus dem Schneider*, on n'est pas encore sorti de l'auberge.

Schneider|bursche ["ʃnaidər'burʃə] m. (n, n), °**-geselle** m. (n, n) ouvrier tailleur. ||°**-lohn** m. (s, ¨e) façon f. ||°**-muskel** m. (s, n). ANAT. muscle couturier. ||°**-puppe** f. (-, n) mannequin m.

Schneiderei [ʃnaidə'rai] f. (-, en) métier (m.) de tailleur ; couture f.

Schneiderin ['ʃnaidərin] f. (-, nen) couturière f. ; coupeuse f.

schneidern [-dərn] v. intr. faire de la couture ; exercer le métier de tailleur, de couturière.

schneidig [-diç] adj. FIG. énergique ; plein d'allant ; crâne.

Schneidigkeit [-diçkait] f. énergie f. ; crânerie f.

schneien ['ʃnaiən] v. impers. neiger. | *es schneit*, il neige.
◇ v. intr. FIG. arriver à l'improviste ; tomber du ciel.

Schneise ['ʃnaizə] f. (-, n). [Wald] laie f. || MIL. *Feuerschneise*, coupe-feu m. || [Vogelfang] collet m.

schnell [ʃnɛl] adj. rapide ; prompt. | *ein schneller Läufer*, un coureur rapide. | *schnelle Schritte*, des pas (m. pl.) rapides. | *in schnellem Tempo*, à toute vitesse. | *machen Sie schnell !*, dépêchez-vous ! | *so schnell wie möglich*, aussi vite que possible. | *schneller Puls*, pouls (m.) rapide. | *schneller Tod*, mort brutale. || NUCL. *schneller Brüter*, surgénérateur m. ; surrégénérateur m.
◇ adv. vite ; avec célérité ; sans perdre de temps.

Schnell|abschaltung ["ʃnɛl'apʃaltuŋ] f. (-, en). NUCL. arrêt (m.) d'urgence. ||°**-binder** m. (s, -) ciment (m.) à prise rapide. ||°**-boot** n. (s, e) vedette (f.) rapide. ||°**-fliege** f. (-, n). ZOOL. tachine f. ||**-füßig** adj. agile ; leste. ||°**-gang|getriebe** n. (s, -). AUTOM. surmultipliée f. ||°**-imbiß** m. (isses, isse) snack-bar m. ||°**-imbiß|gewerbe** n. (s) restauration (f.) rapide. ||°**-kocher** m. (s, -) autoclave m. ||°**-koch|topf** (es, ¨e) m. || CULIN. autocuiseur m. ; Cocotte-Minute f. ||°**-kraft** f. (-) élasticité f. ||°**-kurs** m. (es, e) formation accélérée. ||°**-lauf** m. (s, ¨e) course (f.) de vitesse. | *im Schnellauf*, au pas de course. ||°**-läufer** m. (s, -) coureur m. ; sprinter m. ||°**-neutronen|-reaktor** m. (s, en). NUCL. réacteur (m.) à neutrons rapides. ||°**-post** f. (-, en) malle-poste f. ||°**-presse** f. (-, n). TYPOGR. presse (f.) rapide, automatique. ||°**-straße** f. (-, n) voie (f.) express. || °**-trieb|wagen** m. (s, -) train automoteur rapide. ||°**-verband** m. (s, ¨e) pansement (m.) d'urgence. ||°**-verfahren** n. (s). JUR. procédure (f.) des flagrants délits. ||°**-verkehr** m. (s) trafic (m.), service (m.) rapide. ||°**-waage** f. (-, n) balance romaine ; peson m. ||°**-zug** m. (s, ¨e). Eis [Eisenbahn] express m.

Schnelle ['ʃnɛlə] f. vitesse f. || [Bergstrom] rapide m.

schnellen ['ʃnɛlən] v. intr. faire ressort ; bondir ; rebondir. | *in die Höhe schnellen*, faire un bond. | *eine Feder schnellt*, un ressort se débande. || PARTICUL. claquer des doigts. || FIG. *die Preise schnellen in die Höhe*, les prix montent en flèche, montent subitement.
◇ v. tr. lancer. | *Pfeile schnellen*, lancer, décocher des flèches. | *mit den Fingern schnellen*, envoyer d'une chiquenaude. || FIG. [prellen] tromper ; estamper.
◇ v. pr. **sich schnellen,** bondir ; sauter.

Schnellheit ['ʃnɛlhait] f., **Schnelligkeit** ['ʃnɛliçkait] f. vitesse f. ; rapidité f. ; célérité f. ; vélocité f. ; promptitude f. ; diligence f.

Schnepfe ['ʃnɛpfə] f. (-, n) bécasse f. | *Schnepfenzug*, passage (m.) de bécasses. || VULG. [Dirne] grue f.

schneuzen (sich) [ziç'ʃnɔytsən] v. pr. se moucher.

Schnick|schnack ['ʃnikʃnak] m. (s) verbiage m. ; galimatias m. | *ohne Schnickschnack*, sans fioritures.

schniegeln (sich) [ziç'ʃni:gəln] v. pr. s'attifer ; se faire beau. | *geschniegelt und gebügelt*, tiré à quatre épingles.

Schnippchen ['ʃnipçən] n. (s, -) chiquenaude f. || FIG. *jm ein Schnippchen schlagen*, jouer un tour à qn.

Schnippel ['ʃnipəl] m. (s, -) rognure f. ; petit morceau. || FAM. frac m.

schnippeln [-pəln] v. tr. découper en petits morceaux ; déchiqueter.

schnippisch ['ʃnipiʃ] adj. mutin. | *schnippische Miene*, air pincé, effronté.

Schnitt [ʃnit] m. (s, e). **1.** coupe f. ; coupure f. | *einen Schnitt ins Holz machen*, faire une entaille, une encoche dans le bois. | *Schnitt eines Gesichts*, profil (m.), dessin (m.) d'un visage. | *Schnitt eines Edelsteins*, taille (f.) d'un diamant. || AGRIC. coupe f. ; récolte f. | *erster Schnitt*, première coupe. | *Schnitt der Bäume*, taille (f.)

des arbres. || MÉD. coupure f. ; incision f. || MATH. intersection f. || ARCHIT. coupe f. ; vue (f.) en coupe. **2.** [Kleider] coupe f. ; façon f. | *nach dem neuesten Schnitt*, à la dernière mode. | *von feinem Schnitt*, de coupe élégante. || PAR EXT. patron m.
3. morceau m. ; tranche f. || [Buch] tranche f.

Schnitt|blumen ["ʃnit'blu:mən] f. pl. fleurs à couper ; fleurs coupées. ||°**-fläche** f. (-, n) section f. ; coupe f. ||°**-holz** n. (es) bois (m.) de sciage. ||°**-käse** m. (s) fromage (m.) en tranches. ||°**-lauch** m. (s) civette f. ; ciboulette f. ||°**-linie** f. (-, n). MATH. ligne (f.) d'intersection ; sécante f. ||°**-messer** n. (s, -) bistouri m. ||°**-muster** n. (s, -) patron (m.) de couture. ||°**-peilung** f. RADIO. goniométrie f. ||°**-punkt** m. (s, e) point (m.) d'intersection ; point (m.) de rencontre. ||**-reif** adj. mûr ; bon à être coupé, à être fauché. ||°**-stelle** f. (-, n). INF. interface f. ||°**-stellen|anpassung** f. INF. adaptateur (m.) d'interface. ||**-weise** adv. par tranches ; en tranches. ||°**-wunde** f. (-, n) entaille f. ; coupure f.

Schnittchen ['ʃnitçən] n. (s, -) petite tranche. || CULIN. beignet m.

Schnitte [-tə] f. (-, n) tranche f. ; tartine f. | *eine Schnitte Brot, Schinken*, une tranche de pain, de jambon.

Schnitter [-tər] m. (s, -) faucheur m. ; moissonneur m.

schnittig [-tiç] adj. coupant. || [reif] mûr ; prêt à être coupé. || FIG., FAM. élégant ; de belle forme.

Schnitz|arbeit ["ʃnits'arbait] f. (-, en) sculpture (f.) sur bois. ||°**-bild** n. (s, er). [Werk] sculpture (f.) sur bois. ||°**-kunst** f. sculpture (f.) sur bois. ||°**-messer** n. (s, -) couteau (m.) à sculpter. ||°**-werk** n. (s, e) ouvrage sculpté.

Schnitzel ['ʃnitsəl] n. (s, -) petite tranche ; rondelle f. || [Holz] copeau m. ; rognure f. || [Papier] découpures f. pl. || CULIN. escalope f. | *Kalbsschnitzel*, escalope de veau.

Schnitzel|jagd ["ʃnitsəl'jakt] f. (-, en) jeu (m.) de piste.

schnitzeln [-tsəln] v. tr. découper ; tailler.

schnitzen [-tsən] v. tr. tailler dans le bois ; sculpter sur bois.

Schnitzer [-tsər] m. (s, -). **1.** sculpteur sur bois. **2.** TECHN. couteau m. ; pointe f. ; ciselet m.
3. FIG. faute f. ; bévue f. ; gaffe f. | *einen Schnitzer machen*, faire une gaffe.

Schnitzerei [ʃnitsə'rai] f. (-, en) sculpture (f.) sur bois ; ouvrage sculpté.

schnob [ʃno:p] prét. de **schnauben.**

schnodd(e)rig ['ʃnɔd(ə)riç] adj. insolent ; impertinent ; fanfaron. || [schlampig] négligé.

schnöde ['ʃnø:də] adj. **1.** méprisable ; vil ; indigne. | *schnöder Verrat*, vile trahison.
2. blessant ; insultant ; méprisant. | *jn schnöde behandeln*, vilipender qn.

Schnödigkeit ['ʃnø:diçkait] f., **Schnödheit** ['ʃnø:thait] f. bassesse f. ; vilenie f. || mépris m. ; dédain m.

Schnorchel ['ʃnɔrçəl] m. (s, -). [U-Boot] schnorchel m.

Schnörkel ['ʃnørkəl] m. (s, -). ARCHIT. volute f. ; spirale f. ; fioriture f. || [am Namenszug] parafe m. || [Rede] enjolivure f.

schnörkelhaft ['ʃnørkəlhaft] adj. surchargé ; contourné ; tarabiscoté.

schnorren ['ʃnɔrən] v. tr. FAM. taper.

Schnorrer [-rər] m. (s, -). FAM. mendiant m. ; parasite m. ; tapeur m.

Schnösel ['ʃnø:zəl] m. (s, -). FAM. malotru m.

Schnüffelei [ʃnyfə'lai] f. (-, en) espionnage m.

schnüffeln ['ʃnyfəln] v. intr. flairer ; renifler. || FIG. fouiner ; fureter ; espionner. | *überall herumschnüffeln*, fourrer son nez partout.

Schnüffler [-flər] m. (s, -) fouineur m. ; espion m.

Schnuller [-lər] m. (s, -) sucette f.

Schnulze ['ʃnultsə] f. (-, n). FAM. rengaine.

schnupfen ['ʃnupfən] v. tr. [Tabak] priser.

Schnupfen [-pfən] m. (s, -). MÉD. rhume (m.) de cerveau ; coryza m. | *Schnupfen haben*, être enrhumé. | *einen Schnupfen bekommen ; sich einen Schnupfen holen*, s'enrhumer.

Schnupf|tabak ["ʃnupf'tabak] m. (s) tabac (m.) à priser. ||°**-tuch** n. (s, ¨er) mouchoir m.

schnuppe ['ʃnupə] adj. FAM. *das ist mir schnuppe*, ça m'est égal ; je m'en fiche.

schnuppern ['ʃnupərn] v. intr. renifler ; flairer.

Schnupper|preis ["ʃnupər'prais] m. (es, e) (*etwa*) prix (m.) d'appel, de lancement.

Schnur [ʃnu:r] f. (-, ¨e) cordon m. ; cordelière f. ; lacet m. | *Perlenschnur*, collier (m.) de perles. || ganse f. ; liséré m. ; cordonnet m. ; fil (m.) électrique souple. | *Schnur zum Messen*, cordeau m. || LOC. FIG. *nach der Schnur*, exact ; précis. | *über die Schnur hauen*, passer la mesure.

schnur|gerade ["ʃnu:rgə'ra:də] adj. et adv. tout droit ; tiré, tracé au cordeau. ||**-los** adj. *schnurloses Telefon*, téléphone (m.) sans fil. ||**-stracks** adv. tout droit ; en droite ligne ; FIG. immédiatement ; sur-le-champ. | *schnurstracks entgegen*, diamétralement opposé.

Schnür|band ['ʃny:rbant] n. (s, ¨er) lacet (m.), cordon (m.) de soulier. ||°**-boden** m. (s, ¨). THÉÂTRE. cintre m. ; dessus (m.) de scène. ||°**-brust** f. (s, ¨e) corset m. ; gaine f. ||°**-riemen** m. (s, -), °**-senkel** m. (s, -) lacet m. ||°**-stiefel** m. (s, -) bottine (f.) à lacets.

Schnürchen ['ʃny:rçən] n. (s, -) ganse f. ; cordonnet m. || FAM. *es geht wie am Schnürchen*, ça va comme sur des roulettes. | *etwas wie am Schnürchen hersagen*, réciter qch. sans respirer.

schnüren [-rən] v. tr. ficeler ; serrer ; garrotter ; lier ; lacer. | *mit Bindfäden schnüren*, ficeler. || FIG. *sein Bündel schnüren*, faire son paquet ; partir ; filer.
◇ v. pr. **sich schnüren,** se serrer la taille ; se sangler ; porter un corset.

Schnurr|bart ['ʃnurbɑ:rt] m. (s, ¨e) moustache f. ||**-bärtig** adj. moustachu.

Schnurre ['ʃnurə] f. (-, n) crécelle f. ; toupie ronflante. || [Posse] histoire (f.) drôle ; farce f.

schnurren [-rən] v. intr. ronronner ; ronfler. | *die Katze schnurrt*, le chat ronronne. | *das Schnurren des Spinnrades*, le ronflement du rouet. || FAM. mendier ; resquiller.

Schnurrer [-rər] m. (s, -) mendiant m. ; resquilleur m.

schnurrig [-riç] adj. comique ; drôle ; burlesque. | *schnurriger Kauz*, farfelu m. | *schnurrige Einfälle*, idées (f. pl.) baroques.

Schober ['ʃo:bər] m. (s, -) tas m. ; monceau m. | *Heuschober*, meule (f.) de foin.

Schock [ʃɔk] m. (s, s). [Stoß] choc m. ; heurt m. || FIG. choc m. ; ébranlement m. ; secousse f. | *einen Schock erleiden*, être traumatisé.

Schock|behandlung ["ʃɔkbə'handluŋ] f. (-, en). MÉD. thérapeutique (f.) de choc. ||**-weise** adv. par soixantaine ; par tas. ||°**-zustand** m. (s, ¨e). MÉD., FIG. état (m.) de choc.

Schock [ʃɔk] n. (s, e) [sechzig Stück] soixantaine f. || FIG. [Schocken] tas m. ; ribambelle f.

schockant [ʃɔ'kant] adj. [anstößig] choquant.
schocken ['ʃɔkən] v. tr. *den Ball schocken*, lancer la balle. || Fig. traumatiser.
schockieren [ʃɔ'ki:rən] v. tr. choquer ; offusquer ; heurter le bon goût.
schofel ['ʃo:fəl] adj. Pop. méprisable ; vil. | *das war recht schofel von ihm*, ce n'était pas très joli de sa part.
Schöffe ['ʃøfə] m. (n, n) échevin m.
Schöffen|amt ["ʃøfən'amt] n. (s, ¨er) échevinage m. ||°**-gericht** n. (s, e) tribunal (m.) d'échevins.
Schokolade [ʃoko'lɑ:də] f. (-, n) chocolat m.
schokoladen [-dən] adj. en chocolat.
schokoladen|braun [ʃoko"lɑ:dən'braun] adj. (couleur) chocolat. ||°**-fabrik** f. (-, en) chocolaterie f. ||°**-plätzchen** n. (s, -) pastille (f.) de chocolat. ||°**-tafel** f. (-, n) tablette (f.) de chocolat.
Scholastik [ʃo'lastik] f. Philos. scolastique f.
Scholastiker [-'lastikər] m. (s, -) scolastique m.
scholastisch [-'lastiʃ] adj. scolastique. || Fig. vétilleux ; pédant.
Scholle ['ʃɔlə] f. (-, n). **1.** glèbe f. ; sillon m. ; motte (f.) de terre. | *Eisscholle*, glaçon m.
2. Fig. terre f. | *an die Scholle gefesselt sein* ; *an der Scholle kleben*, être attaché à la glèbe.
3. Zool. plie f. ; sole f.
Schollen|brecher ["ʃɔlən'brɛçər] m. (s, -) brise-mottes m. ||°**-überschiebung** f. Géol. charriage m.
Schöll|kraut ["ʃøl'kraut] n. (s). Bot. chélidoine f.
schon [ʃo:n] adv. **1.** déjà. | *ich muß schon gehen*, il me faut déjà partir. | *ich habe schon davon gehört*, j'en ai déjà entendu parler. | *schon um acht Uhr sind wir abgefahren*, nous sommes partis dès huit heures. | *schon jetzt*, dès maintenant.
2. depuis. | *schon lange*, depuis longtemps déjà. || Par ext. *schon der Gedanke, daß*, la seule idée que. | *schon deswegen*, rien que, ne serait-ce que pour cette raison. | *ich wohne schon fünf Jahre hier*, j'habite ici depuis cinq ans.
3. [verstärkend] *ich weiß schon*, je sais bien. | *das ist schon genug*, c'est bien assez comme cela. | *wir werden schon sehen*, nous verrons bien. || Loc. *wenn schon, denn schon*, à tant faire ; il le faut bien ; s'il le faut !
4. [einräumend] *mag schon wahr sein*, sans doute est-ce vrai. | *wenn... schon ; ob... schon*, bien que. || Fam. *schon gut !*, ça va ! ; ça suffit. || Loc. *mir schon recht !*, soit ; d'accord. || Pop. *mach' schon !*, dépêche-toi ! | *es wird schon gehen*, ça ira.
schön [ʃø:n] adj. beau ; agréable ; bien fait. | *ein schöner Baum*, un bel arbre. | *das Wetter wird schön*, le temps se met au beau. | *schönen Dank !*, merci bien ! | *das schöne Geschlecht*, le beau sexe. | *die schönen Künste*, les beaux-arts. | *etwas Schönes*, quelque chose de beau. | *das Schöne*, le beau. || Fig. *schön tun*, faire le beau. | *schöne Augen machen*, flirter. || Par ext. *eines schönen Tages*, un beau jour. | *schöne Worte*, rien que des phrases. | *ein schönes Geld*, une somme rondelette. || Iron. *eine schöne Bescherung !*, c'est du joli !
◇ adv. bien. | *schön singen*, bien chanter. | *das klingt schön*, cela sonne bien. | *schön !*, bien ! ; parfait ! | *das ist schön von ihm*, c'est bien de sa part. | *ich werde mich schön (davor) hüten*, je me garderai bien. | *danke schön*, merci bien. | *bitte schön*, s'il vous plaît ; je vous en prie. || Loc. *na schön !*, d'accord ; soit ! | *er läßt schön grüßen*, bien des choses de sa part. | *wir sind schön dran*, nous sommes dans de beaux draps.
schön|färben ["ʃø:n'fɛrbən] v. tr. représenter de façon optimiste ; peindre en rose. ||°**-färberei** f. idéalisation f. ||°**-geist** m. (s, er) bel esprit. ||°**-geisterei** f. prétention (f.) au bel esprit. ||°**-redner** m. (s, -) beau parleur. ||°**-rednerei** f. rhétorique f. ; phrases f. pl. ||°**-schreiben** n. (s), °**-schrift** f. calligraphie f. ||°**-tuer** m. (s, -) bellâtre m. ; galant m. ; joli cœur. ||**-tun** (tat, getan) v. intr. minauder ; faire le galant, l'aimable.
Schöne ['ʃø:nə] f. Poét. beauté f.
schonen ['ʃo:nən] v. tr. épargner ; ménager. | *sich schonen*, se ménager ; prendre soin de sa santé. | *Kleider schonen*, soigner des vêtements.
◇ part. prés., adj. et adv. **schonend,** avec ménagements ; plein d'égards. | *schonend behandeln*, ménager.
schönen ['ʃø:nən] v. tr. clarifier le vin. || raviver, faire revenir une couleur, un brillant.
Schoner ['ʃo:nər] m. (s, -). [Deckchen] housse f. || Mar. goélette f. ; deux-mâts m.
Schon|frist ["ʃo:n'frist] f. (-, en). Polit. état (m.) de grâce. ||°**-kost** f. régime m. ; diète f. ||°**-zeit** f. (-, en). [Jagd ; Fischerei] temps prohibé. | *es ist Schonzeit*, la chasse, la pêche est fermée.
Schönheit ['ʃø:nhait] f. (-, en). [Schönsein] beauté f. || [schöne Frau] beauté f. ; belle f.
◇ f. pl. **Schönheiten,** compliments m. pl.
Schönheits|fehler ["ʃø:nhaits'fe:lər] m. (s, -) petit défaut. ||°**-königin** f. (-, nen) reine (f.) de beauté. ||°**-mittel** n. (s, -) cosmétique m. ||°**-pflästerchen** n. (s, -) mouche f. ; grain (m.) de beauté. ||°**-pflege** f. cosmétologie f. | *Salon für Schönheitspflege*, institut (m.) de beauté. ||°**-sinn** m. (s) sens (m.) du beau. ||°**-wettbewerb** m. (s, e) concours (m.) de beauté.
Schonung [-nuŋ] f. (-, en) ménagement m. ; égards m. pl. ; modération f. || [Fortswesen] bois (m.) en défens ; bois (m.) de réserve ; pépinière f.
schonungs|bedürftig ["ʃo:nuŋsbə'dyrftiç] adj. qui nécessite des ménagements ; délicat. ||**-los** adj. et adv. sans ménagements ; impitoyable. ||°**-losigkeit** f. cruauté f. ; dureté f. ||**-voll** adj. plein de ménagements.
Schopf [ʃɔpf] m. (s, ¨e) touffe (f.) de cheveux ; houppe f. ; toupet m. ; [Pferd] épi m. | *beim Schopfe fassen*, saisir par les cheveux. || Par ext. sommet (m.) d'un arbre. || Fig. *eine Gelegenheit beim Schopf ergreifen*, saisir l'occasion aux cheveux.
Schöpf|eimer ["ʃøpf'aimər] m. (s, -) seau (m.) à puiser. ||°**-löffel** m. (s, -), °**-kelle** f. (-, n) louche f. ||°**-rad** n. (s, ¨er) roue (f.) à godets ; noria f. ||°**-werk** n. (s, e) machine (f.) hydraulique.
schöpfen ['ʃøpfən] v. tr. **1.** puiser ; tirer. | *Wasser schöpfen*, puiser de l'eau. | *aus einem Boot Wasser schöpfen*, écoper l'eau. | *voll schöpfen*, remplir.
2. Fig. puiser ; prendre. | *Atem schöpfen*, reprendre haleine. | *Mut schöpfen*, prendre courage. | *Verdacht schöpfen*, concevoir des soupçons.
Schöpfer [-pfər] m. (s, -). **1.** [Schöpfgefäß] instrument (m.) pour puiser ; écope f. ; broc m.
2. [Urheber] créateur m. ; auteur m.
Schöpfer|geist ["ʃøpfər'gaist] m. (s, er) esprit créateur ; génie créateur. ||°**-kraft** f. force, vertu créatrice.
schöpferisch ['ʃøpfəriʃ] adj. [schaffend] créateur. | *schöpferisches Genie*, génie créateur.
Schöpfung [-pfuŋ] f. (-, en) création f. ; monde m.
Schoppen ['ʃɔpən] m. (s, -) chope f. ; chopine f.
Schorf [ʃɔrf] m. (s, e). Méd. escarre f. ; croûte f.
schorfig ['ʃɔrfiç] adj. couvert de croûtes, d'escarres.
Schorle ['ʃɔrlə] f. (-) mélange (m.) de vin et d'eau gazeuse.
Schornstein ["ʃɔrn'ʃtain] m. (s, e) cheminée f. | *den Schornstein fegen*, ramoner la cheminée. || Fig. *eine*

Schuld in den Schornstein schreiben, renoncer à une créance.

Schornstein|aufsatz ["ʃɔrnʃtain'aufzats] m. (es, ¨e) mitre (f.) de cheminée. ||°-**brand** m. (es, ¨e) feu (m.) de cheminée. ||°-**feger** m. (s, -) ramoneur m.

Schoß [ʃɔs] m. (es, e). BOT. pousse f. ; rejeton m. ; jet m. | *Schosse treiben*, pousser vigoureusement.

Schoß [ʃo:s] m. (es, ¨e). **1.** giron m. ; sein m. ; PAR EXT. genoux m. pl. | *ein Kind auf den Schoß nehmen*, prendre un enfant sur ses genoux. || FIG. *die Hände in den Schoß legen*, se croiser les bras ; chômer. | *im Schoß der Familie*, au sein de la famille. | *das Glück fällt ihm in den Schoß*, cela lui est tombé du ciel.
2. [Rockschoß] pan m. ; basque f.

Schoß|hund ["ʃo:s'hunt] m. (s, e) bichon m. ||°-**kind** n. (s, er) enfant gâté.

Schößling ['ʃøsliŋ] m. (s, e) pousse f. ; jet m. ; rejeton m.

Schote ['ʃo:tə] f. (-, n) cosse f. || MAR. *Schote eines Segels*, écoute (f.) d'une voile.
◇ f. pl. **Schoten,** petits pois.

Schott [ʃɔt] n. (s, e) cloison f. ; vanne f. || MAR. compartiment (m.) étanche.

Schotte ['ʃɔtə] m. (n, n) Écossais m.

Schotter ['ʃɔtər] m. (s, -) cailloutis m. ; pierrailles f. pl. ; ballast m.

Schotter|straße ["ʃɔtər'ʃtra:sə] f. (-, n) route empierrée.

schottern [-tərn] v. tr. empierrer. | *einen Weg schottern*, empierrer un chemin.

Schottin ['ʃɔtin] f. (-, nen) Écossaise f.

schottisch [-tiʃ] adj. écossais. | *schottisches Zeug*, tissu écossais.

Schott|land ['ʃɔtlant] n. (s). GÉOGR. Écosse f.

schraffieren [ʃra'fi:rən] v. tr. hacher ; hachurer.

Schraffur [-'fu:r] f. (-, en), **Schraffierung** [-'fi:ruŋ] f. (-, en) hachure f.

schräg [ʃrɛ:k] adj. oblique ; incliné. | *schräge Schrift*, écriture penchée. | *schräges Dach*, toit incliné.
◇ adv. *schräg schneiden*, couper en biais. | *schräg abschneiden*, tailler en biseau.

Schräg|ansicht ["ʃrɛ:k'anziçt] f. (-, en) vue (f.) oblique, de biais. ||°-**auflage** f. (-, n) support incliné. ||°-**band** n. (s, ¨er) diagonale f. ||°-**fläche** f. (-, n) plan incliné ; biais m. ; biseau m. ||-**kantig** adj. biseauté. ||°-**lage** f. (-, n) inclinaison f. ; obliquité f. ; position inclinée. ||°-**linie** f. (-, n) diagonale f. ||°-**schnitt** m. (s, e) coupe (f.) en biais. || MATH. section (f.) oblique. ||°-**schrift** f. TYPOGR. italique f. ||°-**stellung** f. (-, en) inclinaison f. ; obliquité f. ||°-**strich** m. (s, e) barre (f.) oblique.

Schräge ['ʃrɛ:gə] f. (-, n) biais m. ; diagonale f. ; talus m.

schrägen ['ʃrɛ:gən] v. tr. donner du biais, de la pente ; tailler en biseau ; taluter.

Schram [ʃram] m. (s, ¨e). MINES. havée f. ; saignée f.

Schramme ['ʃramə] f. (-, n) éraflure f. ; égratignure f.

Schrammel|musik ["ʃraməlmu'zi:k] f. musique (f.) de bastringue.

schrammen ['ʃramən] v. tr. érafler ; égratigner ; écorcher légèrement.

schrammig [-miç] adj. égratigné ; éraflé ; rayé.

Schrank [ʃraŋk] m. (s, ¨e). [Möbel] armoire f. ; buffet m. | *Bücherschrank*, bibliothèque f. | *Wandschrank*, placard m.

Schrank|bett ["ʃraŋk'bɛt] n. (s, en) lit (m.) encastrable. ||°-**fach** n. (s, ¨er) rayon (m.) d'une armoire. ||°-**koffer** m. (s, -) malle-armoire f.

Schranke ['ʃraŋkə] f. (-, n). **1.** barrière f. ; barre f. ; clôture f. || [Eisenbahn] passage (m.) à niveau. || [Gericht] barre f.
2. champ clos ; lice f. | *jn in die Schranken fordern*, provoquer qn. | *in die Schranken treten*, entrer en lice ; descendre dans l'arène. | *für etwas in die Schranken treten*, se faire le champion de qch.
3. FIG. limite f. ; frontière f. ; borne f. | *Schranken setzen*, mettre des bornes ; mettre un frein. | *die Schranken überschreiten*, dépasser les bornes. | *jn in seine Schranken weisen*, admonester qn.

schränken ['ʃrɛŋkən] v. tr. croiser ; disposer en croix. || TECHN. *eine Säge schränken*, avoyer une scie.

schranken|los ["ʃraŋkən'lo:s] adj. illimité ; sans bornes ; effréné. | *schrankenlose Macht*, pouvoir absolu. ||°-**wärter** m. (s, -) garde-barrière m.

Schrapnell [ʃrap'nɛl] m. ou n. (s, e). MIL. shrapnel m. ; obus (m.) à balles. || FIG., FAM. chipie f.

schrappen [-pən] v. tr. racler.

Schraub|anschluß ["ʃraup'anʃlus] m. (es, ¨se) raccord fileté. ||°-**bolzen** m. (s, -) boulon (m.) à vis. ||°-**buchse** f. (-, n) douille filetée. ||°-**deckel** m. (s, -) couvercle à vis, fileté. ||°-**knecht** m. (s, e) serre-joints m. ||°-**lehre** f. (-, n) palmer m. ||°-**ring** m. (s, e) curseur m. ||°-**stock** m. (s, ¨e) étau m. ||°-**stock|-backe** f. (-, n) mâchoire (f.) d'étau. ||°-**verschluß** m. (es, ¨se) bouchon fileté.

Schraube ['ʃraubə] f. (-, n). **1.** vis f. || TECHN. *linksgängige, rechtsgängige Schraube*, vis filetée à gauche, à droite. | *zweigängige Schraube*, vis à double pas. | *versenkte Schraube*, vis noyée. | *Schrauben schneiden*, tarauder. | *Kopfschraube*, boulon m. | *Holzschraube*, vis à bois. | *Stellschraube*, vis de réglage. | *Schraube ohne Ende*, vis sans fin. | *eine Schraube anziehen*, serrer une vis. || FIG. *die Schraube anziehen*, serrer la vis.
2. MAR. [Schiffsschraube] hélice f.
3. SPORT. [Tauchen] vrille f.

schrauben [-bən] v. tr. visser ; serrer. | *fest schrauben*, visser à fond. | *losschrauben*, dévisser. || FIG. *die Preise in die Höhe schrauben*, faire grimper les prix. | *geschraubter Stil*, style guindé, recherché, artificiel. | *seine Hoffnungen herunterschrauben*, rabattre ses prétentions ; en rabattre.

Schrauben|alge ["ʃraubən'algə] f. (-, n). BOT. spirogyre f. ||-**artig** adj. vrillé. ||°-**blatt** n. (s, ¨er) pale (f.) d'hélice. ||°-**bohrer** m. (s, -). TECHN. taraud m. ||°-**bolzen** m. (s, -) boulon fileté. || [Eisenbahn] tire-fond m. ||°-**bund** m. (s, ¨e). TECHN. embase f. ||°-**dampfer** m. (s, -). MAR. vapeur (m.) à hélice. ||°-**drehbank** f. (-, ¨e) tour (m.) à vis. ||°-**feder** f. (-, n) ressort hélicoïdal. ||°-**fläche** f. (-, n). MATH. hélicoïde f. ||°-**flügel** m. (s, -) ailette f. ; pale (f.) d'hélice. ||-**förmig** adj. hélicoïdal. ||°-**gang** m. (s, ¨e) pas (m.) de vis. ||°-**gewinde** n. (s, -) filetage m. ; filet (m.) de vis. | *Schraubengewinde schneiden*, fileter. ||°-**kopf** m. (s, ¨e) tête (f.) de vis. ||°-**lehre** f. (-, n) palmer m. ||°-**linie** f. (-, n). MATH. hélice f. ||°-**mutter** f. (-, n) écrou m. ||°-**nagel** m. (s, ¨) clou fileté. ||°-**pumpe** f. (-, n) pompe (f.) à hélice. ||°-**schlüssel** m. (s, -) clef (f.) à vis. | *englischer Schraubenschlüssel*, clef anglaise. | *verstellbarer Schraubenschlüssel*, clef de serrage à ouverture variable ; clef universelle. ||°-**welle** f. (-, n) arbre (m.) d'hélice. ||°-**winde** f. (-, n) vérin m. ; cric (m.) à vis. ||°-**zieher** m. (s, -) tournevis m. ||°-**zwinge** f. (-, n) serre-joints m.

Schreber|garten ["ʃre:bər'gartən] m. (s, ¨) petit jardin ouvrier.

Schreck [ʃrɛk] m. (s, e). V. SCHRECKEN.

Schreck|bild [ʺʃrɛk'bilt] n. (s, er) fantôme m. ; cauchemar m. ||°**-mittel** n. (s, -) épouvantail m. ||°**-schraube** f. (-, n). FIG., FAM. épouvantail m. ; calamité f. ||°**-schuß** m. (es, ¨e) coup (m.) de semonce. ||°**-sekunde** f. (-, n) temps (m.) de réaction.

Schrecken [-kən] m. (s, -) frayeur f. ; effroi m. ; épouvante f. ; terreur f. | *jm einen Schrecken einjagen*, effrayer qn. | *Schrecken überfiel ihn*, la peur le saisit. | *alles in Schrecken setzen*, semer partout la terreur. | *mit dem bloßen Schrecken davonkommen*, en être quitte pour la peur. | *der Schrecken ist mir in alle Glieder gefahren*, la frayeur m'a coupé bras et jambes. | *vor Schrecken umfallen*, POP. avoir les sangs tournés. | *er war der Schrecken seiner Feinde*, il était la terreur de ses ennemis. | *die Schrecken des Todes*, les affres de la mort.

schrecken [-kən] (schrak, geschrocken) v. intr. s'effrayer ; sursauter de peur.
◇ v. tr. (conjug. faible). **1.** effrayer ; apeurer ; faire peur ; terrifier.
2. CULIN., MÉTALL. plonger dans l'eau froide. | *das Wasser schrecken*, dégourdir l'eau.

Schreckens|bote [ʺʃrɛkəns'bo:tə] m. (n, n) messager (m.) de malheur. ||°**-botschaft** f. (-, en) nouvelle (f.) funeste, terrible. ||°**-herrschaft** f. (-, en). POLIT. régime (m.) de terreur ; terrorisme. ||°**-ruf** m. (s, e) cri (m.) de détresse. ||**-starr** adj. glacé d'épouvante.

schreckhaft ['ʃrɛkhaft] adj. [schreckbar] peureux ; craintif. || [erschreckend] qui fait peur ; effrayant.

Schreckhaftigkeit [-tiçkait] f. timidité f. ; caractère craintif.

schrecklich ['ʃrɛkliç] adj. terrible ; épouvantable ; effrayant. | *schrecklicher Tod*, mort (f.) horrible. | *schrecklich viel*, énormément.

Schrecknis ['ʃrɛknis] n. (ses, se) horreur f. ; terreur f. ; chose (f.) épouvantable.

Schrei [ʃrai] m. (s, e) cri m. | *einen Schrei ausstoßen*, pousser un cri. | *ein Schrei der Verzweiflung*, un cri de désespoir. | *lauter Schrei*, grand cri. || FIG. *der letzte Schrei*, le dernier cri ; la dernière mode.

Schrei|hals ['ʃraihals] m. (es, ¨e). [Schreibalg] criard m. ; braillard m.

Schreib|art [ʺʃraip'ɑ:rt] f. (-, en) manière (f.) d'écrire ; style m. ||°**-barometer** n. (s, -) baromètre enregistreur. ||°**-bedarf** m. (s) fournitures (f. pl.) de bureau. ||°**-block** m. (s, ¨e) bloc-notes m. ||**-faul** adj. paresseux pour écrire. ||°**-feder** f. (-, n) plume (f.) à écrire. ||°**-fehler** m. (s, -) faute (f.) d'orthographe. ||**-fertig** adj. prêt à écrire. ||°**-gebrauch** m. (s, ¨e) orthographe (f.) d'usage. ||°**-gebühr** f. (-, en), °**-geld** n. (s, er) frais (m. pl.) de copie ; droits (m. pl.) d'enregistrement. ||°**-gerät** n. (s, e) écritoire f. ; ce qui est nécessaire pour écrire. ||°**-kopf** m. (s, ¨e). [Schreibmaschine] tête (f.) d'impression. ||°**-krampf** m. (s, ¨e) crampe (f.) des écrivains. ||°**-kunst** f. calligraphie f. ||**-lustig** adj. qui aime écrire. ||°**-mappe** f. (-, n) sous-main m. ||°**-maschine** f. (-, n) machine (f.) à écrire. ||°**-maschinen|walze** f. (-, n) cylindre (m.) de machine à écrire. ||°**-papier** n. (s) papier (m.) écolier. ||°**-pult** n. (s, e) bureau-pupitre m. ||°**-schrift** f. caractères (m. pl.) d'écriture. ||°**-sekretär** m. (s, e). [Möbel] secrétaire m. ||°**-stift** m. (s, e) crayon m. ||°**-stube** f. (-, n) cabinet (m.) de travail ; secrétariat m. || JUR. greffe m. ; étude f. ||°**-tafel** f. (-, n) tablette f. ||°**-telegraph** m. (en, en) téléscripteur m. ||°**-tisch** m. (es, e) bureau m. ; secrétaire m. ||°**-unterlage** f. (-, n) sous-main m. ||°**-utensilien** n. pl. articles (m. pl.) de bureau ; papeterie f. ||°**-vorlage** f. (-, n) modèle (m.) d'écriture. ||°**-walze** f. (-, n) cylindre (m.) d'une machine à écrire. ||°**-waren** f. pl. articles (m. pl.) de papeterie. ||°**-waren|händler** m. (s, -) papetier m. ||°**-weise** f. (-, n) façon (f.) d'écrire. ||°**-zeug** n. (s, e) écritoire f. ||°**-zimmer** n. (s, -) bureau m. ; secrétariat m.

schreiben ['ʃraibən] (ie, ie) v. tr. écrire ; noter. | *einen Brief schreiben*, écrire une lettre. | *eng schreiben*, écrire serré. | *richtig schreiben*, écrire sans faire de fautes. | *ins Reine schreiben*, recopier ; mettre au net. | *diese Feder schreibt nicht gut*, cette plume n'est pas bonne. | *geschriebenes Recht*, droit écrit. | *an einem Roman schreiben*, travailler à un roman. | *jm, an jn schreiben*, écrire à qn. | *sie will über Wieland schreiben*, elle a l'intention d'écrire sur Wieland. | *wie schreibt sich Ihr Name ?*, comment s'écrit votre nom ? | *es steht in der Zeitung geschrieben*, c'est dans le journal. || FIG. *es steht ihm an der Stirne geschrieben*, il le porte sur sa figure. || COMM. *etwas auf js Rechnung schreiben*, débiter qn de qch. || LOC., FAM. *schreib es dir hinter die Ohren*, tiens-le-toi pour dit.

Schreiben [-bən] n. (s) action d'écrire. || écrit m. ; lettre f. | *unser Schreiben vom...*, notre lettre du...

Schreiber [-bər] m. (s, -) secrétaire m. ; scribe m. ; copiste m. | *Schreiber eines Briefes*, auteur (m.) d'une lettre. | *Gerichtsschreiber*, greffier m.

Schreiberei [ʃraibə'rai] f. (-, en) écritures f. pl. || PÉJOR. paperasses f. pl. ; griffonnages m. pl.

schreien ['ʃraiən] (ie, ie) v. intr. **1.** crier ; vociférer ; pousser des cris. | *um Hilfe schreien*, crier au secours. | *vor Schmerz schreien*, crier de douleur. | *sich heiser schreien*, s'égosiller. | *nach Brot schreien*, réclamer du pain. | *nach Rache schreien*, crier vengeance. | *das schreit zum Himmel*, c'est révoltant. || LOC. FAM. *einem die Ohren voll schreien*, casser les oreilles à qn.
2. [Tiere] *der Hirsch schreit*, le cerf brame. | *der Esel schreit*, l'âne brait. | *der Hahn schreit*, le coq chante.
◇ part. prés. **schreiend,** criant. | *schreiende Farbe*, couleur criarde. | *schreiendes Unrecht*, injustice criante.

Schreien [-ən] n. (s) cris m. pl. ; éclats (m. pl.) de voix ; glapissements m. pl. ; clameurs f. pl. | *das ist zum Schreien*, c'est à hurler.

Schreier [-ər] m. (s, -) crieur m. ; braillard m. ; POP. gueulard m. || FIG. chicaneur m. ; rouspéteur m. | *Marktschreier*, charlatan m.

Schreierei [ʃraiə'rai] f. (-, en) criailleries f. pl. ; clameurs f. pl. ; braillements m. pl.

Schrein [ʃrain] m. (s, e) coffre m. ; armoire f. ; coffret m.

Schreiner ['ʃrainər] m. (s, -) menuisier m.

Schreinerei [ʃrainə'rai] f. (-, en) menuiserie f.

schreinern ['ʃrainərn] v. intr. menuiser ; travailler le bois ; fabriquer des meubles.

schreiten ['ʃraitən] (i, i) v. intr. marcher ; aller à pied ; faire des pas ; avancer. | *vorwärts schreiten*, avancer. || FIG. *zur Ausführung schreiten*, en venir à l'exécution (d'un plan). | *zur Wahl schreiten*, recourir à l'élection, au vote.

Schrift [ʃrift] f. (-, en). **1.** écriture f. | *gotische Schrift*, écriture gothique. | *schöne Schrift*, belle écriture.
2. [Werk] écrit m. ; œuvre f. | *Heilige Schrift*, Écriture sainte. | *Goethes Schriften*, les œuvres de Goethe. | *sämtliche Schriften*, œuvres complètes. | *philosophische Schrift*, traité philosophique.
3. [*Inschrift*] inscription f. || [Münzen] *Kopf oder Schrift*, pile ou face.
4. TYPOGR. caractère m. | *lateinische Schrift*, caractères romains ; romain m.

Schrift|art [ʺʃrift'ɑ:rt] f. (-, en). TYPOGR. caractère m. ||°**-auslegung** f. (-, en) exégèse f. ||°**-bild** n. (s, er). TYPOGR. œil m. ||°**-deuter** m. (s, -) graphologue m. ||°**-deutsch** n. allemand (m.) littéraire ; langue allemande écrite. ||°-**deutung** f. graphologie f. ||°-**führer** m. (s, -) secrétaire m. ||°-**gelehrter** m. RELIG. docteur (m.) de la loi. ||°-**gießer** m. (s, -). TYPOGR. fondeur (m.) de caractères. ||-**gläubig** adj. orthodoxe. ||°-**leiter** m. (s, -) rédacteur (m.) en chef. ||°-**platte** f. (-, n) stéréotype m. | *in Schriftplatten gießen*, stéréotyper. ||°-**probe** f. (-, n) épreuve (f.) d'écriture. ||°-**satz** m. (es, ¨e). TYPOGR. composition f. ||°-**seite** f. (-, n) page (f.) de manuscrit. || [Münze] côté (m.) pile. ||°-**setzer** m. (s, -) typographe m. ; compositeur m. ||°-**sprache** f. (-, n) langue (f.) littéraire. ||°-**steller** m. (s, -) écrivain m. ; homme (m.) de lettres. ||°-**stellerin** f. (-, nen) femme (f.) de lettres. ||-**stellern** v. intr. PÉJOR. écrire ; être auteur. ||°-**steller|name** m. (ns, n) nom (m.) d'auteur ; pseudonyme m. ||°-**stempel** m. (s, -) poinçon m. ||°-**stück** n. (s, e) pièce f. ; document m. ; écrit m. ; papier m. ||°-**verfälschung** f. (-, en) falsification f. ; faux (m.) en écriture. ||°-**vergleichung** f. (-, en) collation f. ||°-**verkehr** m. (s) correspondance f. ||°-**zeichen** n. (s, -) caractère m. ; signe m. ||°-**zug** m. (s, ¨e) trait m. ; parafe m.

schriftlich ['ʃriftliç] adj. et adv. écrit ; par écrit. | *etwas schriftlich beantworten*, répondre par écrit. | *schriftliche Frageprüfung*, interrogation écrite. | *schriftliche Ermächtigung*, autorisation écrite.

Schrifttum ['ʃrifttu:m] n. (s) littérature f.

schrill [ʃril] adj. strident ; aigu.

schrillen ['ʃrilən] v. intr. rendre un son strident, discordant.

Schritt [ʃrit] m. (s, e). **1.** pas m. ; enjambée f. | *große Schritte machen*, faire de grandes enjambées. | *Schritt für Schritt*, pas à pas. | *im Schritt gehen*, aller au pas. | *in gleichem Schritt und Tritt*, du même pas. | *bei jedem Schritt*, à chaque pas. | *jm auf Schritt und Tritt folgen*, emboîter le pas à qn. || FIG. *mit jm Schritt halten*, être aussi fort que qn.
2. FIG. pas m. ; démarche f. ; entreprise f. | *diplomatischer Schritt*, démarche diplomatique. | *den ersten Schritt tun*, prendre l'initiative ; faire le premier pas. | *die nötigen Schritte unternehmen*, faire les démarches nécessaires. || PROV. *der erste Schritt ist immer der schwerste*, il n'y a que le premier pas qui coûte.

Schritt|länge ["ʃrit'lɛŋə] f. (-, n) longueur (f.) de pas. ||°-**macher** m. (s, -). [Radfahrer] entraîneur m. || FIG. précurseur m. || MÉD. pacemaker m. ; stimulateur (m.) cardiaque. ||°-**messer** m. (s, -), °-**zähler** m. (s, -) podomètre m. ||°-**wechsel** m. (s, -). MIL. changement (m.) de pas. ||-**weise** adv. au pas.

schroff [ʃrɔf] adj. abrupt ; raide ; escarpé. | *schroffer Fels*, rocher escarpé, à pic. || FIG. bourru ; dur ; rogue. | *schroffe Antwort*, réponse (f.) brusque. | *schroffer Ton*, ton (m.) raide.

Schroffheit ['ʃrɔfhait] f. (-, en) raideur f. || FIG. dureté f. ; rudesse f.

schröpfen ['ʃrøpfən] v. tr. appliquer des ventouses. || FIG. *jn schröpfen*, saigner qn à blanc ; prendre à qn tout son argent. || BOT. *einen Baum schröpfen*, inciser l'écorce d'un arbre. || AGRIC. *Getreide schröpfen*, effaner des céréales.

Schröpf|kopf ['ʃrøpfkɔpf] m. (s, ¨e) ventouse f.

Schrot [ʃro:t] m. ou n. (s, e) grenaille f. ; menu plomb ; mitraille f. || AGRIC. gruau m. || [Abfälle] rognures f. pl. || [Münze] aloi m. || FIG. *von altem Schrot und Korn*, de bon aloi.

Schrot|brot ['ʃro:tbro:t] n. (s, e) pain (m.) de gruau. ||°-**flinte** f. (-, n) carabine (f.) de chasse. ||°-**korn** n. (s, ¨er) 1° blé égrugé ; 2° grain (m.) de plomb. ||°-**lauf** m. (s, ¨e) canon (m.) lisse. ||°-**mehl** n. (s) gruau m. ||°-**meißel** m. (s, -) ébauchoir m. ||°-**mühle** f. (-, n) concasseur m. ||°-**patrone** f. (-, n) cartouche (f.) à plomb. ||°-**säge** f. (-, n) scie (f.) de charpentier.

schroten ['ʃro:tən] v. tr. broyer ; concasser, égruger ; ébarber.

Schrott [ʃrɔt] m. (s). [Alteisen] ferraille f. | *Kleinschrott*, grenailles f. pl. | *Abfallschrott*, déchets m. pl. ; pièces manquées. | *Schrotthändler*, marchand (m.) de ferraille.

schrubben ['ʃrubən] v. tr. frotter ; astiquer. || MAR. fauberter. || TECHN. dégrossir.

Schrubber [-bər] m. (s, -) brosse (f.) à parquet ; balai-brosse m. || MAR. faubert m. | *(Deck)schrubber*, goret m.

Schrulle ['ʃrulə] f. (-, n) lubie f. ; caprice m.

schrullig [-liç], **schrullenhaft** ['ʃrulənhaft] adj. drôle ; bizarre ; saugrenu.

schrump(e)lig ['ʃrump(ə)liç] adj. ratatiné.

schrumpfen ['ʃrumpfən] v. intr. se rétrécir ; se ratatiner ; se rider.

schrumpfig [-pfiç] adj. ridé ; ratatiné.

Schrumpfung [-pfuŋ] f. (-, en) rétrécissement m. ; retrait m. || FIN. déflation f.

Schrund [ʃrunt] m. (s, ¨e), **Schrunde** ['ʃrundə] f. (-, n) crevasse f. ; fissure f. ; gerçure f.

schrundig ['ʃrundiç] adj. gercé ; crevassé.

Schrupp [ʃrup]. V. SCHRUBB-.

Schub [ʃu:p] m. (s, ¨e). **1.** action de pousser ; poussée f. | *jm einen Schub geben*, pousser qn. | *mit einem Schub*, d'un coup. | *Schub auf Schub*, coup sur coup. || [Kegelwurf] *den ersten Schub haben*, avoir la boule. || PHYS. poussée f. | *Schubkraft*, force propulsive.
2. [Ofenvoll] fournée f. | *Schub Brot*, fournée de pain. || FAM. *ein Schub Leute*, un groupe de personnes.
3. [Pferd] pousse (f.) des dents.

Schub|begrenzer ["ʃu:pbə'grɛntsər] m. (s, -). AÉRON. limiteur (m.) de poussée. ||°-**boot** n. (s, e). MAR. pousseur m. ||°-**düse** f. (-, n). AÉRON. tuyère (f.) orientable. ||°-**fach** n. (s, ¨er) tiroir m. ||°-**fenster** n. (s, -) fenêtre (f.) à coulisse ; guillotine f. ||°-**festigkeit** f. résistance (f.) à la poussée. ||°-**karre** f. (-, n), °-**karren** m. (s, -) brouette f. ||°-**kasten** m. (s, -), °-**lade** f. (-, n) tiroir m. ||°-**laden|stück** n. (s, e). THÉÂTRE. pièce (f.) à tiroirs. ||°-**lehre** f. (-, n). TECHN. vernier m. ; pied (m.) à coulisse. ||°-**riegel** m. (s, -) verrou m. ; targette f. ||°-**schiff** n. (s, e). MAR. pousseur m. ||°-**stange** f. (-, n) bielle f. ||°-**umkehr** f. AÉRON. inversion (f.) de jet. ||°-**umkehrer** m. (s, -). AÉRON. inverseur (m.) de poussée. ||-**weise** adv. par fournées. ||°-**widerstand** m. (s.) résistance (f.) à la poussée.

Schuber [ʃu:bər] m. (s, -) étui m.

Schubs [ʃups] m. (es, e). FAM. bourrade f. ; choc m.

schubsen ['ʃupsən] v. tr. FAM. bousculer.

schüchtern ['ʃyçtərn] adj. timide ; sauvage ; craintif ; peureux.

Schüchternheit [-hait] f. timidité f. ; sauvagerie f. ; caractère craintif, timoré.

Schuft [ʃuft] m. (s, e) misérable m. ; gredin m. ; coquin m. ; fripouille f.

schuften ['ʃuftən] v. intr. travailler comme un forçat ; s'éreinter ; se tuer au travail.

Schufterei [ʃuftə'rai] f. (-, en) canaillerie f. ; fripouillerie f. || POP. travail (m.) de forçat.

schuftig ['ʃuftiç] adj. coquin ; crapuleux.

Schuh [ʃu:] m. (s, e). **1.** soulier m. ; chaussure f. | *die Schuhe anziehen*, mettre ses chaussures. | *die Schuhe*

ausziehen, retirer ses chaussures. | *leichter Schuh*, escarpin m. || [an der Bremse] patin m. || Loc., FIG. *jm etwas in die Schuhe schieben*, faire retomber qch. sur le dos de qn. | *wissen, wo der Schuh drückt*, savoir où le bât blesse.
2. [Maß] pied m. | *sechs Schuh hoch*, haut de six pieds.
3. [Pferd] sabot m. ; fer m.

Schuh|absatz [″ʃu:'apzats] m. (es, ¨e) talon (m.) de chaussure. ||°**-band** n. (s, ¨er) cordon (m.) de soulier. ||°**-bürste** f. (-, n) brosse (f.) à chaussures. ||°**-fabrik** f. (-, en) fabrique (f.) de chaussures. ||°**-kappe** f. (-, n) bout renforcé de la chaussure. ||°**-krem** m. (s, e) pâte (f.), crème (f.) à chaussures ; cirage m. ||°**-leisten** m. (s, -) forme (f.) pour chaussures. ||°**-löffel** m. (s, -) chausse-pied m. ; FAM. corne f. ||°**-macher** m. (s, -) cordonnier m. | *Schuhmacherahle*, alêne f. ||°**-plattler** m. (s, -) danse paysanne bavaroise. ||°**-putzer** m. (s, -) cireur (m.) de chaussures. ||°**-riemen** m. (s, -) lacet (m.) de soulier. ||°**-sohle** f. (-, n) semelle f. || FAM. *sich etwas an den Schuhsohlen abgelaufen haben*, savoir qch. de longue date. ||°**-spanner** m. (s, -) embauchoir m. ||°**-strecker** m. (s, -) tendeur (m.) pour chaussures. ||°**-werk** n. (s) chaussures f. pl. ||°**-wichse** f. (-, n) cirage m.

Schul|abgänger(in) [″ʃu:l'apgɛŋər(in)] m. (s, -), f. (-, nen) élève (s.) qui a terminé sa scolarité. ||°**-amt** n. (s) fonction (f.) d'enseignement ; professorat m. ||°**-anfang** m. (s, ¨e) rentrée (f.) scolaire. ||°**-arbeit** f. (-, en) composition f. ; devoir m. ||°**-aufsicht** f. inspection (f.) des écoles. ||°**-ausgabe** f. (-, n) édition (f.) scolaire, classique. ||°**-bank** f. (-, ¨e) banc (m.) d'école. | *die Schulbank drücken*, aller en classe ; POP. user ses fonds de culotte sur les bancs de l'école. ||°**-bedarf** m. (s) fournitures (f. pl.) scolaires. ||°**-behörde** f. (-, n) autorité (f.) universitaire. ||°**-beispiel** n. (s, e) exemple (m.) typique. ||°**-berater(in)** m. (s, -), f. (-, nen) conseiller (m.), conseillère (f.) d'orientation. ||°**-besuch** m. (s) fréquentation (f.) scolaire. || °**-bildung** f. formation (f.) scolaire. ||°**-buch** n. (s, ¨er) livre (m.) de classe. ||°**-bus** m. (ses, se) bus (m.) de ramassage scolaire. ||°**-ferien** f. pl. vacances (f. pl.) scolaires. ||°**-flug** m. (s, ¨e). AÉRON. vol (m.) d'entraînement. ||**-frei** adj. *schulfreier Tag*, jour (m.) de congé. ||°**-freund** m. (s, e) camarade (m.) d'école ; condisciple m. ||°**-funk** m. radio (f.) scolaire. ||°**-gebrauch** m. (s) *für den Schulgebrauch*, à l'usage des écoles. ||°**-geld** n. (s, er) frais (m. pl.) de scolarité. ||°**-gesetz** n. (es, e) loi (f.) scolaire. ||°**-jahr** n. (s, e) année (f.) scolaire. ||°**-jugend** f. élèves m. pl. ||°**-lehrer** m. (s, -) maître (m.) d'école ; instituteur m. ||°**-leistung** f. (-, en) résultats (m. pl.) scolaires. ||°**-mann** m. (s, ¨er) pédagogue m. ||°**-mappe** f. (-, n) cartable m. ; serviette f. ||°**-meister** m. (s, -) maître (m.) d'école ; PÉJOR. pédant m. ||**-meisterlich** adj. pédant ; dogmatique. ||**-meistern** v. intr. PÉJOR. [nörgeln] faire le pédant, le cuistre ; morigéner. ||°**-ordnung** f. (-, en) règlement (m.) scolaire. ||°**-pflicht** f. scolarité (f.) obligatoire. ||**-pflichtig** adj. *schulpflichtiges Alter*, âge (m.) de la scolarité. | *im schulpflichtigen Alter*, en âge d'aller à l'école ; d'âge scolaire. ||°**-ranzen** m. (s, -) sac (m.) d'écolier. ||°**-rat** m. (s, ¨e) inspecteur m. ||°**-reform** f. (-, en) réforme (f.) de l'enseignement. ||°**-schiff** n. (s, e). MAR. vaisseau-école m. ||°**-stunde** f. (-, n) heure (f.) de classe. ||°**-tafel** f. (-, n) tableau noir. ||°**-unterricht** m. (s) instruction publique. ||°**-versagen** n. (s) échec (m.) scolaire. ||°**-versäumnis** n. (ses, se) absence f. ; fréquentation scolaire irrégulière. ||°**-weisheit** f. sagesse (f.) scolaire ; PÉJOR. pédanterie f. ||°**-wesen** n. (s) instruction publique ; système (m.) scolaire. ||°**-zeit** f. années passées en classe ; scolarité f. || °**-zeugnis** n. (ses, se) bulletin m. ; livret (m.) scolaire ; certificat (m.) d'études. ||°**-zwang** m. (s) scolarité (f.) obligatoire.

Schuld [ʃult] f. (-, en). **1.** dette f. | *Schulden machen*, faire des dettes. | *bis über die Ohren, bis an den Hals in Schulden stecken*, être criblé de dettes. | *rückständige Schuld*, arriéré m. | *seine Schulden bezahlen*, payer ses dettes. | *in Schulden geraten*, s'endetter. | *öffentliche Schuld*, dette publique. | *schwebende Schuld*, dette flottante. | *befristete Schuld*, dette à terme. | *ausstehende Schuld*, créance f.
2. FIG. dette f. ; reconnaissance f. | *in js Schuld stehen*, avoir une dette envers qn ; être redevable envers qn.
3. [Vergehen] faute f. ; culpabilité f. ; responsabilité f. ; tort m. | *eine schwere Schuld auf sich laden*, se rendre coupable d'une faute très grave. | *eine Schuld büßen, vergeben*, expier, pardonner une faute. | *durch meine Schuld*, par ma faute. | *die Schuld auf jn schieben, (ab)wälzen*, rejeter la faute sur qn. | *frei von jeder Schuld*, exempt de toute faute. | *er ist sich keiner Schuld bewußt*, il ne se tient pas pour coupable. | *die Schuld an etwas tragen*, porter la responsabilité de qch. ; être cause de qch. | *an wem liegt die Schuld ?* ; *wessen Schuld ist es ?*, à qui la faute ? ; qui est responsable ? | *jm die Schuld geben*, attribuer la faute, la responsabilité à qn. | *sich etwas zuschulden kommen lassen*, se rendre coupable de qch. ; commettre qch. || [Bibel] *vergib uns unsere Schuld*, pardonnez-nous nos offenses. ◇ adj. **schuld,** *er ist schuld daran*, c'est sa faute ; la faute lui en revient.

Schuld|ablösung [″ʃult'aplø:zuŋ] f. (-, en) amortissement (m.) d'une dette. ||°**-anerkenntnis** n. (ses, se) reconnaissance (f.) de dette. ||**-beladen** adj. chargé, coupable de fautes. ||**-befreiend** adj. FIN. *schuldbefreiende Zahlung*, paiement (m.) libératoire. ||°**-beweis** m. (es, e). JUR. corps (m.) du délit. ||**-bewußt** adj. qui se sent coupable. ||°**-brief** m. (s, e) reconnaissance (f.) de dettes. ||°**-buch** n. (s, ¨er). COMM. livre (m.) de comptes. || FIN. *öffentliches Schuldbuch*, grand livre de la dette publique. || °**-erlassung** f. (-, en) rémission f. ||°**-fähigkeit** f. JUR. *verminderte Schuldfähigkeit*, irresponsabilité mentale. ||°**-forderung** f. (-, en) créance f. ||°**-gefängnis** n. (ses), °**-haft** f. prison (f.) pour dettes ; contrainte (f.) par corps. ||°**-klage** f. (-, n) action (f.) pour dettes. ||**-los** adj. non coupable ; innocent. | *für schuldlos erklären*, déclarer non coupable ; absoudre. ||°**-losigkeit** f. innocence f. ||°**-rückstand** m. (s, ¨e) arriéré m. ||°**-schein** m. (s, e), °**-verschreibung** f. (-, en). FIN. obligation f. ||°**-verhältnis** n. (ses, se) obligation f.

schulden ['ʃuldən] v. tr. [verdanken] devoir ; être redevable. | *jm hundert Mark schulden*, devoir cent marks à qn. | *ich schulde dir mein Leben*, je te dois la vie.

Schulden|bereinigung [″ʃuldənbə'rainiguŋ] f. (-) apuration (f.) des dettes. ||**-frei** adj. exempt de dettes. | *schuldenfreies Haus*, maison non hypothéquée. ||°**-macher** m. (s, -) faiseur (m.) de dettes. ||°**-tilgung** f. amortissement (m.) des dettes. ||°**-wesen** n. (s) dette publique.

schuldhaft ['ʃuldhaft] adj. coupable.

schuldig ['ʃuldiç] adj. **1.** (acc.) redevable de. | *was bin ich Ihnen schuldig ?*, combien vous dois-je ? | *ich bin ihm Dank schuldig*, je suis son obligé. | *nichts mehr schuldig sein*, être quitte. | *jm die Antwort nicht schuldig bleiben*, ne pas demeurer en reste avec qn. || FIN. exigible, dû. || SUBSTANTIV. *der Schuldige*, le débiteur ; FIG. l'obligé.
2. (gén.) coupable de ; responsable de ; cause de ; à l'origine de. | *eines Verbrechens schuldig*, coupable d'un crime. || JUR. *schuldiger Teil*, partie fautive. | *für schuldig*

erklären, déclarer coupable. | *sich schuldig bekennen*, s'avouer coupable. | *für schuldig befunden*, reconnu coupable. | *nicht schuldig*, non coupable. || PAR EXT. *des Todes schuldig sein*, mériter la mort. | *einer Tat schuldig sein*, être responsable d'un acte. || SUBSTANTIV. *der Schuldige*, le coupable ; le responsable.

Schuldig|sprechung ["ʃuldiçʃprɛçuŋ] f. (-, en) verdict (m.) de culpabilité ; condamnation f.

Schuldigkeit ['ʃuldiçkait] f. obligation f. ; devoir m. ; ce qu'on doit faire ; ce qui vous incombe. | *seine Schuldigkeit tun*, faire son devoir. | *es war seine Pflicht und Schuldigkeit*, c'était à coup sûr son devoir.

Schuldner(in) ['ʃuldnər(in)] m. (s, -), f. (-, nen) débiteur m. ; débitrice f. | *einen Schuldner pfänden*, faire saisir les biens d'un débiteur. || FIG. obligé m.

Schule ['ʃu:lə] f. (-, n). **1.** école f. ; classe f. | *öffentliche Schule*, école publique. | *kaufmännische Schule*, école de commerce. | *die Schule besuchen ; in die Schule, zur Schule gehen*, aller à l'école. | *ein Kind in die Schule tun, schicken*, envoyer un enfant à l'école. | *die Schule versäumen*, manquer l'école. | *die Schule schwänzen*, faire l'école buissonnière.

2. ARTS., LITTÉR. école f. | *romantische Schule*, école romantique.

3. FIG. *durch eine harte Schule gehen*, être à rude école. | *aus der Schule plaudern*, commettre une indiscrétion. | *Schule machen*, faire école.

4. [Methode] méthode f. | *Schule des Geigenspiels*, méthode de violon. || [Reitunterricht] *hohe Schule*, haute école.

5. PAR EXT. synagogue f.

6. [Fische] banc m. (de dauphins, de morues).

schulen [-lən] v. tr. former ; éduquer ; entraîner. | *Soldaten schulen*, entraîner des soldats. | *ein Pferd schulen*, dresser un cheval. | *ein an der Klassik geschulter Geschmack*, un goût formé par la lecture des classiques.

Schüler(in) ['ʃy:lər(in)] m. (s, -), f. (-, nen) élève s. ; écolier m. ; écolière f. | *guter Schüler*, bon élève. || PHILOS. [Jünger] disciple s. | *ein Schüler Fichtes*, un disciple de Fichte.

Schüler... (en compos.) scolaire ; d'écolier.

Schüler|arbeit ["ʃy:lər'arbait] f. (-, en) travail (m.) scolaire. ||°**-austausch** m. (s, e) échange (m.) scolaire. ||°**-lotse** m. (n, n) patrouilleur (m.) scolaire. || °**-sprache** f. argot (m.) scolaire. ||°**-streich** m. (s, e) gaminerie f.

schülerhaft ['ʃy:lərhaft] adj. d'écolier ; scolaire. || FIG. jeune ; pas encore mûr.
◇ adv. en écolier.

Schülerschaft [-ʃaft] f. élèves m. pl. ; lycéens m. pl. ; étudiants m. pl.

Schulter ['ʃultər] f. (-, n) épaule f. | *breite Schultern haben*, être large d'épaules. | *mit den Schultern zucken*, hausser les épaules. | *die Schultern zurücknehmen*, effacer les épaules. | *eng in den Schultern*, étroit d'épaules. | *Schulter an Schulter*, côte à côte. | *jn auf seine Schultern steigen lassen*, faire la courte échelle à qn. || FIG. *breite Schultern haben*, avoir bon dos. | *den Fehler auf seine Schultern nehmen*, endosser la faute. | *auf beiden Schultern tragen*, ménager la chèvre et le chou. | *eine Sache auf die leichte Schulter nehmen*, prendre une affaire à la légère. | *jm die kalte Schulter zeigen*, faire grise mine à qn ; battre froid à qn. | *jn über die Schulter ansehen*, regarder qn de haut.

Schulter|blatt ["ʃultər'blat] n. (s, ¨er). ANAT. omoplate f. ||°**-breite** f. (-, n) carrure f. ||°**-gelenk** n. (s, e). ANAT. articulation (f.) de l'épaule. ||°**-höhe** f. hauteur (f.) des épaules. || ANAT. acromion m. ||°**-klappe** f. (-, n). MIL. patte (f.) d'épaule. ||°**-muskel** m. (s). ANAT. deltoïde m. ||°**-riemen** m. (s, -) bandoulière f. ||°**-stück** n. (s, e). MIL. épaulette f. ; patte (f.) d'épaule. || [Rind] paleron m.

schultern ['ʃultərn] v. tr. mettre sur l'épaule.

Schulung ['ʃu:luŋ] f. (-, en) instruction f. ; entraînement m. ; stage m.

schummeln ['ʃuməln] v. intr. FAM. tricher ; escamoter ; resquiller.

Schund [ʃunt] m. (s) écharnures f. pl. || FIG. camelote f. ; marchandise (f.) de rebut.

Schund|literatur ["ʃuntlitera'tu:r] f. littérature malsaine, ordurière. ||°**-preis** m. (es, e) vil prix. || COMM. *zu Schundpreisen verkaufen*, brader.

schunkeln ['ʃuŋkəln] v. intr. se balancer ; se dandiner.

Schupo ['ʃupo:]. Abr. de **Schutzpolizist,** agent (m.) de police.

Schuppe ['ʃupə] f. (-, n) écaille f. | *mit Schuppen bedeckt*, squameux. || FIG. *die Schuppen sind ihm von den Augen gefallen*, ses yeux se sont dessillés ; il a vu clair. || [Kopfschuppe] pellicule f. || TECHN. [Eisen] paille f.

schuppen [-pən] v. tr. ôter les écailles ; écailler.
◇ part. pass. **geschuppt,** garni d'écailles.
◇ v. pr. **sich schuppen,** peler ; se desquamer.

Schuppen ['ʃupən] m. (s, -) hangar m. ; appentis m. ; garage m. ; remise f. ; entrepôt m.

schuppen|artig ["ʃupən'ɑ:rtiç] adj. écailleux. ||°**-fisch** m. (s, e) poisson (m.) à écailles ; squamoderme m. ||°**-flechte** f., °**-grind** m. (s). MÉD. psoriasis m. ||°**-flügler** m. (s, -). ZOOL. lépidoptère m. ||**-förmig** adj. squamiforme. ||°**-kamm** m. (s, e) peigne fin. ||°**-tier** n. (s, e) animal (m.) à écailles.

schuppig ['ʃupiç] adj. écailleux ; couvert d'écailles ; squameux.

Schur [ʃu:r] f. (-, en) tonte f. ; tondaison f. || AGRIC. coupe f.

Schür|eisen ["ʃy:r'aizən] n. (s, -), °**-haken** m. (s, -) tisonnier m. ; pique-feu m.

schüren ['ʃy:rən] v. tr. attiser ; tisonner. | *das Feuer schüren*, attiser le feu. || FIG. *den Haß schüren*, attiser, exciter la haine.

schürfen ['ʃyrfən] v. tr. [Bergwerk] fouiller ; prospecter. || PAR EXT. érafler ; écorcher. || FIG. *tief schürfende Abhandlung*, étude approfondie.

Schürf|arbeit ["ʃyrf'arbait] f. (-, en). MINES. fouilles f. pl. ||°**-erlaubnis** f. (-, sse). MINES. permis (m.) de recherche.

schurigeln ['ʃu:ri:gəln] v. tr. tracasser ; brimer.

Schurke ['ʃurkə] m. (n, n) coquin m. ; gredin m. ; fripon m. ; misérable m. ; crapule f. | *abgefeimter Schurke*, maître fripon.

Schurkerei [ʃurkə'rai] f. (-, en) coquinerie f. ; friponnerie f. ; canaillerie f.

schurkisch ['ʃurkiʃ], **schurkig** [-kiç] adj. fourbe ; fripon ; coquin.

Schurz [ʃurts] m. (es, ¨e) pagne m. ; tablier m. | *Schurzfell*, tablier de cuir.

Schürze ['ʃyrtsə] f. (-, n) tablier m. | *eine Schürze umbinden*, mettre un tablier. || FIG. *Schürzenjäger*, coureur (m.) de jupons.

schürzen ['ʃyrtsən] v. tr. **1.** retrousser. | *den Rock schürzen*, relever sa robe.

2. [schlingen] nouer.

Schuß [ʃus] m. (es, ¨e). **1.** [Gewehrschuß] coup (m.) de feu, de fusil. | *blinder Schuß*, coup à blanc. | *scharfer Schuß*, coup à balle. | *ein Schuß ins Blaue*, un coup pour rien. | *einen Schuß aus der Pistole abgeben*, tirer un coup de pistolet. | *einen Schuß tun*, tirer un

coup. | *es fiel ein Schuß*, un coup partit. | *ein Schuß knallte*, un coup claqua ; on entendit une détonation. || MINES. charge explosive. || FIG. *weit vom Schuß*, au diable vauvert. | *er ist keinen Schuß Pulver wert*, il ne vaut pas la corde pour le pendre. || FAM. *einen Schuß haben*, être timbré.
2. SPORT. *ein Schuß ins Tor*, un tir au but. || [Skisport] schuss m. | *Schuß fahren*, descendre schuss.
3. [Schwung] élan m. ; mouvement précipité, impétueux. | *im Schuß sein*, être lancé ; FIG. être en train.
4. [Wachstum] croissance (f.) rapide. | *einen Schuß tun*, faire une poussée de croissance. | *in einem Schuß*, d'un seul jet ; d'une seule venue.
5. [Getränke] doigt m. ; coup m. | *ein Schuß Rum*, un doigt de rhum.
6. TEXT. trame f.

Schuß|bahn ["ʃus'bɑ:n] f. (-, en) trajectoire f. ||°**-bereich** m. (s), °**-weite** f. portée f. ||°**-faden** m. (s,¨), °**-garn** n. (s, e). TEXT. duite f. ; fil (m.) de trame. ||°**-fahrt** f. (-, en). [Ski] descente (f.) à pic. ||°**-fallschirm** m. (s, e) parachute ventral. ||**-fertig** adj. prêt à tirer. ||°**-linie** f. (-, n) ligne (f.) de tir. ||°**-spule** f. (-, n). TEXT. canette f. ||°**-waffe** f. (-, n) arme (f.) à feu. ||°**-wechsel** m. (s, -) échange (m.) de coups de feu. ||°**-winkel** m. (s, -) angle (m.) de tir. ||°**-wunde** f. (-, n), °**-verletzung** f. (-, en) blessure (f.) par arme à feu.

Schüssel ['ʃysəl] f. (-, n) plat m. ; terrine f. ; écuelle f. ; jatte f. || PAR EXT. plat m. || GÉOL. bassin m. || FIG. *vor leeren Schüsseln sitzen*, danser devant le buffet.

Schussel ['ʃusəl] m. (s, -). FAM. écervelé m.

schusseln [-səln] v. intr. FAM. agir sans réflexion, à la légère.

Schuster ['ʃu:stər] m. (s, -) cordonnier m. ; savetier m. || FIG. personne qui bâcle son travail ; bousilleur m. || LOC. *auf Schusters Rappen*, à pied.

Schuster|ahle ["ʃu:stər'ɑ:lə] f. (-, n) alène (f.) de cordonnier. ||°**-blume** f. (-, n). BOT. pulsatille f. ||°**-draht** m. (s,¨e) fil poissé. ||°**-werkstatt** f. (-,¨e) cordonnerie f. ; échoppe (f.) de cordonnier.

schustern ['ʃu:stərn] v. tr. et v. intr. faire, exercer le métier de cordonnier. || FIG. bâcler ; saboter.

Schute ['ʃu:tə] f. (-, n). MAR. gabare f. ; bateau plat. || [Schutenhut] bonnet m. ; coiffe f.

Schutt [ʃut] m. (s) ruines f. pl. ; décombres m. pl. ; gravats m. pl. ; déblais m. pl. | *den Schutt wegschaffen* ; *vom Schutt reinigen*, déblayer.

Schutt|abladeplatz ["ʃut'aplɑ:dəplats] m. (es,¨e) décharge publique. ||°**-ablagerung** f. (-, en) éboulis m. ||°**-halde** f. (-, n) crassier m. ; éboulis m. ||°**-kegel** m. (s, -). GÉOGR. cône (m.) de déjections.

Schütt|beton ["ʃytbe'tɔ̃] m. (s) béton coulé. ||°**-boden** m. (s,¨) grenier (m.) à céréales. ||°**-güter** n. pl. marchandises (f. pl.) en vrac. ||°**-stroh** n. (s) litière f.

Schütte ['ʃytə] f. (-, n) tas m. ; meule f. | *Schütte Stroh*, botte (f.) de paille.

Schüttel|frost ["ʃytəl'frɔst] m. (s,¨e) fièvre accompagnée de frissons. ||°**-lähmung** f. (-, en) maladie (f.) de Parkinson. ||°**-maschine** f. (-, n). TECHN. agitateur m. ||°**-reim** m. (s, e) contrepèterie f.

schütteln ['ʃytəln] v. tr. secouer ; agiter ; branler ; remuer. | *einen Baum schütteln*, secouer un arbre. | *den Kopf schütteln*, hocher la tête. | *es schüttelt mich*, cela me donne le frisson. | *vor Gebrauch schütteln*, agiter avant de s'en servir. | *jm die Hand schütteln*, donner une poignée de main à qn ; serrer la main à qn. || FIG. *etwas aus dem Ärmel schütteln*, improviser qch.
◇ v. pr. **sich schütteln,** se secouer. | *sich vor Lachen schütteln*, se tordre de rire. || [Tiere] s'ébrouer.

Schütteln [-təln] n. (s) cahots m. pl. ; secousses f. pl. ; saccades f. pl.

schütten ['ʃytən] v. tr. verser ; répandre. | *voll schütten*, emplir. | *es schüttet*, il pleut à verse. | *einen Damm schütten*, élever une digue. || FIG. *Öl ins Feuer schütten*, verser de l'huile sur le feu.
◇ v. intr. AGRIC., MINES. bien rendre ; être productif.

schütter ['ʃytər] adj. clairsemé ; rare ; pauvre. | *schütteres Haar*, cheveux clairsemés.

schüttern ['ʃytərn] v. tr. brandir ; ébranler.
◇ v. intr. être secoué ; vibrer ; trembler. | *der Boden schüttert*, le sol vibre.

Schüttern [-tərn] n. (s), **Schütterung** [-təruŋ] f. (-, en) secousse f. ; cahots m. pl. ; tremblements m. pl. ; vibrations f. pl.

Schutz [ʃuts] m. (es) protection f. ; abri m. ; tutelle f. ; sauvegarde f. | *jn in Schutz nehmen*, prendre qn sous sa protection. | *jm Schutz gewähren*, protéger qn. | *unter js Schutz stehen*, être sous la protection de qn. | *öffentlichen Schutz genießen*, être protégé par la loi. | *im Schutz der Dunkelheit*, à la faveur de la nuit. || [Ort] abri m. ; refuge m. | *vor dem Regen Schutz suchen*, chercher à s'abriter de la pluie.

Schutz|anstrich ["ʃuts'anʃtriç] m. (s, e) couche (f.) de peinture protectrice. ||°**-ärmel** m. (s, -) manche (f.) de lustrine. ||°**-befohlene(r)** protégé(e) m. (f.) ; pupille s. ||°**-bekleidung** f. (-, en) vêtements protecteurs. ||°**-bereich** m. (s, e) zone (f.) de protection, d'accès limité. ||°**-blech** n. (s, e) écran protecteur ; tôle (f.) de protection. || AUTOM. garde-boue m. ; aile f. ||°**-brief** m. (s, e) sauf-conduit m. ||°**-brille** f. (-, n) lunettes protectrices. ||°**-bündnis** n. (ses, se) alliance défensive. ||°**-dach** n. (s,¨er) auvent m. ||°**-decke** f. *Schutzdecke bilden*, faire matelas ; constituer une couche protectrice. ||°**-engel** m. (s, -) ange gardien. ||°**-farbe** f. couche (f.) de protection. ||°**-färbung** f. ZOOL. mimétisme m. ||°**-gebiet** n. (s, e) protectorat m. ||**-geimpft** adj. vacciné. ||°**-geist** m. (s, er) génie (m.) tutélaire. ||°**-geleit** n. (s, e). MIL. escorte f. ||°**-gitter** n. (s, -) garde-feu m. || [über Speisen] cloche grillagée. || [um die Bäume] grille f. || RADIO. grille-écran f. ||°**-gott** m. (s,¨er) dieu (m.), divinité (f.) tutélaire. ||°**-haft** f. détention préventive ; FAM. préventive f. ||°**-haube** f. (-, n) capot protecteur. ||°**-heilige(r)** f. (m.). RELIG. patron(ne) m. (f.). ||°**-helm** m. (s, e) casque (m.) de protection. ||°**-herr** m. (n, en) patron m. ; protecteur m. ; suzerain m. ||°**-herrschaft** f. (-, en) protection f. ; suzeraineté f. ||°**-hütte** f. (-, n) refuge m. ||°**-impfung** f. (-, en) vaccination préventive. ||°**-kontakt** m. (s, e). ÉLECTR. contact (m.) de sûreté. ||**-los** adj. sans protection ; exposé. ||°**-mann** (s,¨er ou leute) policier m. ; sergent (m.) de ville ; agent (m.) de police. ||°**-mantel** m. (s,¨). [Atomreaktoren] paroi (f.) de protection contre les radiations. ||°**-marke** f. (-, n) marque (f.) de fabrique. | *eingetragene Schutzmarke*, marque déposée. ||°**-maske** f. (-, n) masque (m.) de protection. ||°**-mauer** f. (-, n) rempart m. ; mur (m.) de défense. ||°**-mittel** n. (s, -) moyen (m.) de défense ; préservatif m. ||°**-patron** m. (s, e) patron m. ||°**-polizei** f. police f. ; sûreté f. ||°**-polizist** m. (en, en) agent (m.) de police. ||°**-raum** m. (s,¨e) abri m. | *Luftschutzraum*, abri antiaérien. ||°**-scheibe** f. (-, n) pare-brise m. || °**-schicht** f. (-, en) couche protectrice. ||°**-überzug** m. (s,¨e) housse (f.) de protection. ||°**-umhang** m. (s,¨e) pèlerine f. ||°**-umschlag** m. (s,¨e). [Bücher] jaquette f. ||°**verband** m. (s,¨e) ligue défensive ; association protectrice. ||°**-waffe** f. (-, n) arme défensive. ||°**-wand** f. (-,¨e) paravent m.

||°**-wehr** f. (-, en) rempart m. ||°**-zoll** m. (s, ¨e). COMM. droit protecteur. ||°**-zoll|politik** f. COMM. protectionnisme m.

Schütze ['ʃytsə] m. (n, n) tireur m. || MIL. fusilier m. ; tirailleur m. || ASTRON. Sagittaire m.

schützen ['ʃytsən] v. tr. protéger ; préserver ; garantir ; défendre. | *jn vor einer Gefahr schützen*, protéger qn contre un danger. | *gesetzlich geschützt*, protégé par la loi. | *sich gegen die Kälte schützen*, se protéger du froid.

Schützen|fest ["ʃytsən'fɛst] n. (es, e) concours (m.) de tir. || FIG., FAM. [Fußball] festival (m.) de buts. ||°**-gesellschaft** f. (-, en) société (f.) de tir. ||°**-graben** m. (s, ¨) tranchée (f.) de tir. ||°**-stand** m. (s, ¨e) stand (m.) de tir.

Schützling ['ʃytsliŋ] m. (s, e) protégé m.

Schwabbelei ['ʃvabə'lai] f. (-, en) radotage m.

schwabbelig ['ʃvabəliç] adj. gélatineux ; flasque.

schwabbeln ['ʃvabəln] v. intr. bavarder ; radoter.

Schwabber ['ʃvabər] m. (s, -). MAR. faubert m.

Schwabe ['ʃvɑ:bə] n. pr. m. Souabe m.

schwäbeln ['ʃvɛ:bəln] v. intr. parler le dialecte souabe ; parler avec l'accent souabe.

Schwaben ['ʃvɑ:bən] n. pr. n. GÉOGR. Souabe f.

schwäbisch ['ʃvɛ:biʃ] adj. souabe.

schwach [ʃvax] adj. faible ; débile ; frêle ; délicat ; manquant de force ; fragile ; peu robuste. | *schwaches Licht*, lumière (f.) faible. | *schwächer, werden*, s'affaiblir. | *es wurde mir schwach*, je fus pris d'une faiblesse. | *ein schwaches Gedächtnis haben*, avoir peu de mémoire. | *schwach von Begriff*, faible d'esprit. || FIG. *auf schwachen Füßen stehen*, ne pas être bien solide. | *schwacher Punkt, schwache Seite*, point (m.) faible. | *schwaches Geschlecht*, sexe (m.) faible. | *schwach besucht*, peu fréquenté. | *schwacher Trost*, maigre consolation f. | *schwacher Kaffee*, café léger. || MÉD. *schwache Augen haben*, avoir la vue faible. | *schwacher Puls*, pouls (m.) faible. | *schwacher Atem*, souffle court. || GRAMM. faible.

schwach|herzig ["ʃvax'hɛrtsiç] adj. faible de caractère. ||°**-kopf** m. (s, ¨e) faible (m.) d'esprit. ||**-köpfig** adj. faible d'esprit. ||°**-matikus** m. (-, ker) homme (m.) faible ; FAM. lavette f. ; nouille f. ||**-sichtig** adj. qui a la vue faible. ||°**-sinn** m. (s) débilité mentale ; idiotie f. ||**-sinnig** adj. imbécile. ||°**-strom** m. (s). ÉLECTR. courant (m.) à basse tension.

Schwäche ['ʃvɛçə] f. (-, n) faiblesse f. ; manque (m.) de force ; débilité f. ; infirmité f. | *menschliche Schwächen*, faiblesses humaines. | *eine Schwäche für etwas haben*, avoir un faible pour qch. | *Schwächezustand*, état (m.) de faiblesse ; asthénie f.

schwächen [-çən] v. tr. affaiblir ; atténuer ; débiliter ; diminuer les forces ; exténuer ; énerver. | *js Ansehen schwächen*, discréditer qn.

Schwächer|werden ["ʃvɛ:çər've:rdən] n. (s) affaiblissement m. ; ralentissement m. || MÉD. rémission f.

Schwachheit ['ʃvaxhait] f. (-, en) faiblesse f. ; manque (m.) de résistance. | *sich keine Schwachheiten einbilden*, ne pas se faire d'illusions.

schwächlich ['ʃvɛçliç] adj. faible ; débile ; délicat ; fluet ; malingre. | *von schwächlicher Gesundheit*, de santé délicate ; souffreteux.

Schwächling [-liŋ] m. (s, e) homme (m.) de caractère faible ; faible m. ; être (m.) sans énergie ; lâche m.

Schwächung [-çuŋ] f. (-, en) affaiblissement m. ; débilitation f.

Schwaden ['ʃvɑ:dən] m. (s, -) traînée (f.) de fumée ; nappe (f.) de gaz. || [Bergbau] moufette f.

Schwadron [ʃva'dro:n] f. (-, en). MIL. escadron m.

schwadronieren [ʃvadro'ni:rən] v. intr. se vanter ; FAM. faire le malin.

schwafeln ['ʃvɑ:fəln] v. intr. radoter.

Schwager ['ʃvɑ:gər] m. (s, -) beau-frère m.

Schwägerin ['ʃvɛ:gərin] f. (-, nen) belle-sœur f.

Schwägerschaft [-gərʃaft] f. (-, en) [qualité de] beau-frère, de belle-sœur ; beaux-frères m. pl. ; belles-sœurs f. pl. || PAR EXT. parenté f.

Schwalbe ['ʃvalbə] f. (-, n) hirondelle f.

Schwalben|nest ["ʃvalbən'nɛst] n. (es, er) nid (m.) d'hirondelle. ||°**-schwanz** m. (es, ¨e) queue (f.) d'hirondelle. || [Zapfen] queue-d'aronde. || FAM. [Frack] habit m.

Schwall [ʃval] m. (s, e) torrent m. ; flot ininterrompu ; paquet (m.) de mer. || FIG. *Wortschwall*, flot de paroles.

Schwamm [ʃvam] m. (s, ¨e). **1.** éponge f. | *mit dem Schwamm abwischen*, éponger. || FIG. *Schwamm darüber !*, passons l'éponge !
2. BOT. champignon m. | *Feuerschwamm*, amadou m.
3. MÉD. [Schwämmchen] aphtes f. pl. ; muguet m.

schwamm|artig ["ʃvam'ɑ:rtiç] adj. spongieux ; fongueux. ||**-förmig** adj. spongiforme. ||°**-gewächs** n. (es, e) aphte f. ; fongus m. ||°**-spinner** m. (s, -). ZOOL. bombyx m.

schwammig ['ʃvamiç] adj. spongieux ; poreux. | *schwammiges Gesicht*, figure gonflée.

Schwan [ʃvɑ:n] m. (s, ¨e) cygne m.

schwanen ['ʃvɑ:nən] v. impers. *mir schwant nichts Gutes*, je ne présage rien de bon.

Schwanen|gesang ["ʃvɑ:nəngə'zaŋ] m. (s, ¨e) chant (m.) du cygne. ||°**-hals** m. (es, ¨e) col (m.) de cygne.

Schwang [ʃvaŋ] m. (s). *im Schwange sein*, être d'usage.

schwanger ['ʃvaŋər] adj. enceinte ; grosse. || FIG. *unheilschwanger*, gros de malheurs à venir. | *an Folgen schwanger*, gros de conséquences.

schwängern ['ʃvɛŋərn] v. tr. rendre enceinte. || CHIM. imprégner ; saturer. | *von Salz geschwängerte Meeresluft*, air marin, saturé de sel.

Schwangerschaft ['ʃvaŋərʃaft] f. (-, en) grossesse f.

Schwangerschafts|abbruch ["ʃvaŋgərʃafts'apbrux] m. (s, ¨e) interruption (f.) volontaire de grossesse (I.V.G.). | *strafbarer Schwangerschaftsabbruch*, avortement (m.) illicite. ||°**-unterbrechung** f. (-, en) avortement m. ||°**-verhütung** f. (-, en) contraception f.

Schwängerung ['ʃvɛŋəruŋ] f. (-, en) fécondation f. || CHIM. imprégnation f. ; saturation f.

Schwank [ʃvaŋk] m. (s, ¨e) farce f. ; bouffonnerie f. ; facétie f. || THÉÂTRE. farce f.

schwanken ['ʃvaŋkən] v. intr. chanceler ; vaciller ; osciller. | *das Schiff schwankt*, le bateau roule. | *unter einer Last schwanken*, chanceler sous le poids. || FIG. être indécis. | *er schwankt noch in seiner Wahl*, il ne peut encore se décider à choisir. || COMM. varier ; être fluctuant.
◇ part. prés. **schwankend,** chancelant ; vacillant ; oscillant. || FIG. indécis ; précaire ; irrésolu. | *schwankender Gebrauch eines Wortes*, emploi (m.) mal défini d'un mot. || FIN. fluctuant.

Schwankung [-kuŋ] f. (-, en) balancement m. ; oscillation f. ; variation f. ; fluctuation f. || MAR. roulis m. || ASTRON. nutation f.

Schwanz ['ʃvants] m. (es, ¨e). **1.** queue f. | *mit dem Schwanz wedeln*, remuer la queue. || FAM. *den Schwanz einziehen*, en rabattre. | *den Schwanz hängen lassen*, avoir la queue basse. || PROV. *das Pferd am Schwanz*

aufzäumen, mettre la charrue devant les bœufs. || [Flugzeug ; Fahrzeug] queue f.
2. [Schlange] queue f.
3. MUS. croche f.
Schwanz|bein ["ʃvants'bain] n. (s, e). ANAT. coccyx m. ||°**-feder** f. (-, n) penne f. ||°**-fläche** f. (-, n). AÉRON. plan arrière stabilisateur. ||°**-flosse** f. (-, n) nageoire caudale. ||°**-haar** n. (s) crin (m.) de la queue. ||**-los** adj. sans queue ; anoure. ||°**-lurch** m. (es, e). ZOOL. urodèle m. ||°**-meise** f. (-, n). ZOOL. mésange (f.) à longue queue. ||°**-rahmen** m. (s, -). AÉRON. queue (f.) d'empennage.
schwänzeln ['ʃvɛntsəln] v. intr. remuer la queue. || FIG. flagorner. | *vor jm schwänzeln*, chercher à se faire bien voir de qn.
Schwänzelei [ʃvɛntsə'lai] f. (-, en). FIG. flatterie f. ; flagornerie f.
schwänzen ['ʃvɛntsən] v. intr. se pavaner ; faire le beau ; flâner.
◇ v. tr. die *Schule schwänzen*, faire l'école buissonnière.
schwapp ! [ʃvap] interj. vlan !
schwappen ['ʃvapən] v. intr. [Wasser] clapoter ; déborder.
Schwäre ['ʃvɛ:rə] f. (-, n). MÉD. abcès m. ; furoncle m.
schwären [-rən] v. intr. suppurer ; être purulent.
Schwären [-rən] n. (s). MÉD. formation (f.) d'un abcès ; suppuration f. ; purulence f. ; exulcération f.
Schwarm [ʃvarm] m. (s, ¨e). **1.** essaim m. ; groupe m. ; troupe f. ; bande f. ; vol m. ; volée f. | *Schwarm Bienen*, essaim d'abeilles. | *Schwarm Kinder*, ribambelle (f.) d'enfants ; marmaille f. | *Schwärme von...*, des légions de..., des hordes de...
2. PAR EXT. bourdonnement m. ; dissipation bruyante. | *im Schwarme leben*, mener une vie de dissipation.
3. FIG., FAM. béguin m. | *sie ist sein Schwarm*, il a le béguin pour elle.
4. MIL. *im Schwarm*, en ordre dispersé ; en tirailleurs.
Schwärm|sporen ["ʃvɛrm'ʃpo:rən] m. pl. BOT. spores (f. pl.) migratoires. ||°**-zeit** f. (-, en) temps (m.) de l'essaimage. ||°**-zelle** f. (-, n). BOT. cellule volante.
schwärmen ['ʃvɛrmən] v. intr. **1.** bourdonner comme un essaim d'abeilles ; essaimer ; voltiger. | *Bienen schwärmen (aus)*, les abeilles essaiment. | *es schwärmt von Menschen auf dem Platz*, la place fourmille de monde. || MIL. se déployer en tirailleurs.
2. [Jagdhunde] prendre le change.
3. [sich begeistern]. FIG. s'enthousiasmer ; s'exalter ; se passionner ; rêver. | *für etwas schwärmen*, s'enthousiasmer pour qch. ; raffoler de qch. | *für jn schwärmen*, s'enticher de qn.
Schwärmer [-mər] m. (s, -) esprit vagabond, imaginatif ; rêveur m. ; esprit (m.) romanesque, facilement enthousiaste. | *Nachtschwärmer*, noctambule m. ; viveur m. | *politischer Schwärmer*, idéologue m. || ZOOL. [Schmetterling] sphinx m.
Schwärmerei [ʃvɛrmə'rai] f. (-, en) exaltation f. ; rêverie f. ; enthousiasme m.
schwärmerisch ['ʃvɛrməriʃ] adj. enthousiaste ; rêveur ; romanesque ; chimérique.
Schwarte ['ʃvartə] f. (-, n) peau (f.) coriace ; couenne f. || PAR EXT. (Vx.) peau f. (de l'homme) ; cuir chevelu ; FAM. cuir m. || PAR EXT. *eine dicke Schwarte*, [dickes Buch] un gros pavé ; [altes Buch] un vieux bouquin.
Schwarten|hals ["ʃvartən'hals] m. (es, ¨e) cou couenneux. || FIG., FAM. dur (m.) à cuire. ||°**-magen** m. (s, -) fromage (m.) de porc.
schwarten ['ʃvartən] v. intr. bouquiner.
schwartig ['ʃvartiç] adj. couenneux.
schwarz [ʃvarts] adj. **1.** noir ; sombre ; noirci ; obscur. | *schwarzer Bleistift*, crayon noir. | *schwarze Jacke*, veste noire. | *schwarze Wolke*, nuage noir, sombre. | *ein Schwarzer*, un Noir. | *schwarz auf weiß geschrieben*, écrit noir sur blanc. || FIG. *jn schwarz anschreiben*, dire du mal de qn. | *vor Ärger schwarz werden*, crever de dépit. | *alles schwarz sehen*, voir tout en noir. | *es wird ihm schwarz vor den Augen*, tout s'obscurcit devant ses yeux ; il s'évanouit. | *schwarzer Tod*, peste f. | *schwarze Kunst*, magie noire ; nécromancie f. | *schwarzer Mann*, croquemitaine m. || PR. et FIG. *schwarz machen*, noircir. || UNIV. *das schwarze Brett*, le tableau d'affichage.
2. FIG. secret ; caché ; illicite. | *schwarze Kasse*, caisse noire. | *schwarze Listen*, listes (f. pl.) noires.
3. [düster] triste ; de malheur ; de deuil ; sombre. | *schwarzer Tag*, jour (m.) de malheur. || PAR EXT. sinistre ; infernal. | *schwarzer Plan*, plan infernal.
4. [Spiel] schwarz sein, être capot. | *Schwarzer Peter*, nain (m.) jaune. || FIG. *dem anderen den schwarzen Peter zuspielen*, renvoyer la balle à qn.
5. MUS. *schwarze Note*, noire f.
Schwarz [ʃvarts] n. (es) noir m. ; couleur noire. | *in Schwarz*, en noir. | *Schwarzes*, du noir. | *das Schwarze im Auge*, la pupille. || FIG. *sich von Schwarz auf Weiß ändern*, changer du tout au tout. | *ins Schwarze treffen*, taper dans le mille.
Schwarz|amsel ["ʃvarts'amzəl] f. (-, n), °**-drossel** [-'drɔsəl] f. (-, n) merle m. ||°**-arbeit** f. (-, en) travail (au) noir. ||**-arbeiten** v. intr. travailler au noir. ||**-äugig** adj. aux yeux noirs. ||**-blau** adj. bleu tirant sur le noir ; bleu nuit. ||**-braun** adj. brun, basané. | *schwarzbraunes Pferd*, cheval bai. ||°**-brot** n. (s, e) pain bis ; pain noir. ||°**-erde** f. lœss m. ; tchernoziom m. ||**-fahren** v. intr. [ohne Fahrschein] voyager sans billet ; [ohne Führerschein] rouler sans permis. ||°**-fahrer(in)** m. (s, -), f. (-, nen) resquilleur m., resquilleuse f. ||**-fleckig** adj. tacheté de noir. ||**-gerändert** adj. à bordure noire. ||**-haarig** adj. qui a les cheveux noirs. ||°**-handel** m. (s) marché noir. ||°**-hörer** m. (s, -) auditeur clandestin. ||°**-kunst** f. magie noire. ||°**-künstler** m. (s, -) magicien m. ; nécromancien m. ||°**-licht** n. (s, er). TECHN. lumière noire. ||°**-macher** m. (s, -), **-maler** m. (s, -) pessimiste m. ||°**-markt** m. (es) marché noir. ||°**-seher** m. (s, -) pessimiste m. ||°**-sender** m. (s, -) émetteur clandestin. ||°**-wald** n. pr. m. GÉOGR. Forêt-Noire f. | *Schwarzwälder Uhr*, coucou m. ||°**-weißkunst** f. arts graphiques. ||°**-weißzeichnung** f. (-, en) dessin (m.) en blanc et noir. ||°**-wild** n. (s) sangliers m. pl. ||°**-wurzel** f. (-, n) salsifis m. ; scorsonère f.
Schwärze ['ʃvɛrtsə] f. (-, n) noir m. ; noirceur f. | *Schwärze der Nacht*, obscurité (f.) de la nuit. || TYPOGR. *Druckerschwärze*, encre (f.) d'imprimerie.
schwärzen [-tsən] v. tr. rendre noir ; noircir ; obscurcir ; assombrir. | *geschwärzte Hautfarbe*, teint basané. || TYPOGR. encrer. || FIG. dénigrer.
schwärzlich [-tsliç] adj. noirâtre ; basané ; négrescent. | *schwärzlich sein ; ins Schwärzliche fallen*, tirer sur le noir.
Schwatz [ʃvats] m. (es, ¨e) causette f. ; petite conversation ; FAM. bavette f. | *einen kleinen Schwatz halten*, tailler une bavette.
Schwatz|base ["ʃvats'bɑ:zə] f. (-, n) femme bavarde ; commère f. ||°**-maul** n. (s, e) bavard m.
schwatzen ['ʃvatsən], **schwätzen** ['ʃvɛtsən] v. tr. et interj. [plaudern] bavarder.
Schwatzen [-tsən] n. (s), **Schwätzerei** [ʃvɛtsə'rai] f. (-, en) bavardage m. ; verbiage m.

Schwätzer ['ʃvɛtsər] m. (s, -) bavard m. ; parleur m. ; discoureur m. ; indiscret m.

schwatzhaft ['ʃvashaft] adj. bavard ; qui ne peut tenir sa langue ; loquace ; verbeux ; intarissable.

Schwatzhaftigkeit [-haftiçkait] f. loquacité f. ; goût (m.) du bavardage ; indiscrétion f.

Schwebe ['ʃve:bə] f. (-, n). *in der Schwebe sein*, être en suspens ; être pendant. | *in der Schwebe erhalten*, tenir en balance. || [Gleichgewicht] *die Schwebe verlieren*, perdre l'équilibre.

Schwebe|bahn ["ʃve:bə'ba:n] f. (-, en) téléphérique m. ||°**-balken** m. (s, -), °**-baum** m. (s, ¨e). SPORT. poutre f. ||°**-bühne** f. (-, n) échafaudage volant. ||°**-fähre** f. (-, n) pont suspendu. ||°**-pflanzen** f. pl., °**-tiere** n. pl. plancton m. ||°**-reck** n. (s, e). SPORT. trapèze m. ||°**-stütz** m. (es). SPORT. position (f.) à l'équerre.

schweben ['ʃve:bən] v. intr. **1.** planer ; flotter. | *über dem Leeren schweben*, planer au-dessus du vide. | *mit schwebenden Schritten*, d'un pas léger. || FIN. *schwebende Schuld*, dette flottante. || AÉRON. *schwebender Gleitflug*, descente (f.) en vol plané. || IRON. *er schwebt in höheren Regionen*, il plane ; il rêve ; il est au-dessus de tout cela.

2. être suspendu. | *zwischen Leben und Tod schweben*, être entre la vie et la mort. || FIG. *das Wort schwebt mir auf der Zunge*, j'ai le mot sur le bout de la langue. **3.** être pendant, en suspens. | *die Sache schwebt immer noch*, l'affaire est toujours en suspens.

◇ part. pass. et adj. **schwebend,** en suspens.

Schwebung [-buŋ] f. (-, en). MUS. [an einer Orgel] tremblant m.

Schwebungs|frequenz ["ʃve:buŋsfre'kvɛnts] f. (-, en) fréquence (f.) de battement. ||°**-oszillator** m. (s, en). PHYS. oscillateur (m.) à battement de fréquence.

Schwede ['ʃve:də] n. pr. m. (n, n) Suédois m.

Schweden ['ʃve:dən] n. pr. n. (s). GÉOGR. Suède f. || CULIN. *Schwedenplatte*, assiette froide à la suédoise.

Schwedin [-din] f. (-, en) Suédoise f.

schwedisch [-diʃ] adj. suédois. || TEXT. *schwedischer Stoff*, suède m. || SPORT. *schwedisches Turnen*, gymnastique suédoise. || FIG. *hinter schwedischen Gardinen*, sous les verrous.

◇ n. **Schwedisch,** [langue] suédois m.

Schwefel ['ʃve:fəl] m. (s). CHIM. soufre m. | *mit Schwefel verbunden*, sulfuré. | *Schwefel entziehen*, désulfuriser.

Schwefel|ammonium ["ʃve:fəla'mo:nium] n. (s) hydrosulfure (m.) d'ammoniaque. ||**-artig** adj. sulfurique. ||°**-äther** m. (s) éther (m.) sulfurique. ||°**-bad** n. (s, ¨er) bain sulfureux. ||°**-blumen** f. pl., °**-blüte** f. fleurs (f. pl.) de soufre ; soufre sublimé. ||°**-dioxyd** n. (s, e) anhydride sulfureux. ||°**-eisen** n. (s) sulfure (m.), pyrite (f.) de fer. ||°**-entziehung** f., °**-reinigung** f. désulfuration f. ||°**-faden** m. (s, ¨) mèche soufrée. ||°**-grube** f. (-, n). MINES. soufrière f. ; solfatare f. ||**-haltig** adj. sulfureux. ||°**-hölzchen** n. (s, -) [Streichhölzchen] allumette f. ||°**-kies** m. (es) pyrite sulfureuse. ||°**-kohlenstoff** m. (s) sulfure (m.) de carbone. ||°**-metall** n. (s) sulfure m. ||°**-quelle** f. (-, n) source sulfureuse. ||°**-salz** n. (es, e) sulfate m. ; sulfite m. ||**-sauer** adj. sulfaté. ||°**-säure** f. acide (m.) sulfurique. ||°**-wasserstoff** m. (s) hydrogène sulfuré.

schwefelig ['ʃve:fəliç] adj. sulfureux.

schwefeln [-fəln] v. tr. soufrer. | *die Fässer schwefeln*, mécher les tonneaux. | *den Wein schwefeln*, muter le vin. || AGRIC. sulfater. || CHIM. combiner avec du soufre.

◇ part. pass. et adj. **geschwefelt,** sulfuré.

Schweif [ʃvaif] m. (s, e) queue f. ; traîne f. | *Schweif des Kometen*, queue de la comète. | *Schweif eines Löwen*, queue d'un lion.

schweifen ['ʃvaifən] v. intr. errer ; traîner ; vagabonder. | *seinen Blick schweifen lassen*, laisser errer ses regards. | *durch die Felder schweifen*, courir les champs. | *in die Ferne schweifen*, courir le monde. | *schweifende Phantasie*, divagations f. pl.

◇ v. tr. cambrer ; bomber ; arquer. | *ein Brett schweifen*, galber une planche.

◇ part. pass. et adj. **geschweift,** muni d'une queue. | *geschweifter Stern*, comète f. | *feuergeschweift*, à traîne de feu. || [gewölbt] cambré ; bombé. | *geschweifte Augenbrauen*, sourcils arqués.

Schweif|haar ["ʃvaif'ha:r] n. (s, e) crin (m.) de la queue. ||°**-säge** f. (-, n) scie (f.) à chantourner. ||°**-stern** m. (s, e) comète f. ||**-wedeln** v. intr. FIG. être servile ; faire des courbettes ; flagorner.

Schweifung ['ʃvaifuŋ] f. (-, en). TECHN. échancrure f. ; cambrure f. ; galbe m. ; chantournage m. | *Schweifung einer Säule*, renflement (m.) d'une colonne.

Schweige|geld ["ʃvaigə'gɛlt] n. (s) prix (m.) du silence ; argent donné pour convaincre qn de se taire. ||°**-pflicht** f. secret professionnel. | *ärztliche Schweigepflicht*, secret médical. || ADM. obligation (f.) de réserve.

schweigen ['ʃvaigən] (ie, ie) v. intr. se taire ; faire silence ; ne dire mot ; être muet ; ne rien dire. | *von etwas, über etwas schweigen*, ne pas parler de qch. ; garder le silence sur qch. | *eine Sache tot schweigen*, passer une affaire sous silence. | *jn schweigen heißen*, faire taire qn.

◇ part. prés. et adj. **schweigend,** silencieux ; muet ; discret. | *schweigende Mehrheit*, majorité silencieuse. | *(still) schweigende Einwilligung*, accord (m.) tacite. — adv. en silence.

Schweigen [-gən] n. (s) mutisme m. ; discrétion f. ; silence m. | *jn zum Schweigen bringen*, faire taire qn ; réduire qn au silence. | *Schweigen bewahren*, garder le silence. | *das Schweigen brechen*, rompre le silence. | *sich in Schweigen hüllen*, s'enfermer dans son silence. | *beredtes Schweigen*, silence éloquent. | *ganz zu schweigen von...*, pour ne rien dire de.

Schweiger [-gər] m. (s, -) homme silencieux, taciturne, discret, qui sait se taire.

schweigsam ['ʃvaikza:m] adj. qui parle peu ; discret ; taciturne.

Schweigsamkeit [-kait] f. silence m. ; mutisme m. ; taciturnité f. || PAR EXT. discrétion f.

Schwein [ʃvain] n. (s, e) porc m. ; cochon m. ; pourceau m. | *Wildschwein*, sanglier m. || FIG. homme (m.) sale ; cochon m. ; souillon m. || LOC. FAM. *das steht ihm wie einem Schwein die Krawatte*, cela lui va comme un tablier à une vache. || FIG., POP. *Schwein haben*, avoir de la veine.

Schwein|igel ["ʃvain'i:gəl] m. (s, -). FIG. polisson m. ; cochon m. ||**-igeln** v. intr. raconter des obscénités ; dire des cochonneries.

Schweine|arbeit ["ʃvainə'arbait] f. (-, en) travail dur et pénible. ||°**-box** f. (-, en) porcherie f. ||°**-braten** m. (s, -) rôti (m.) de porc. ||°**-fett** n. (s) saindoux m. ||°**-fleisch** n. (es) viande (f.) de porc ; charcuterie f. | *ungesalzenes Schweinefleisch*, porc frais. | *frisch gesalzenes Schweinefleisch*, petit salé. ||°**-händler** m. (s, -) marchand (m.) de cochons. ||°**-hirt** m. (en, en) porcher m. ||°**-hund** m. (s, e). POP. cochon m. ; saligaud m. ||°**-koben** m. (s, -) étable (f.) à porcs. ||°**-rippchen** n. (s, -) côtelette (f.) de porc. ||°**-schnauze** f. (-, n) groin m. ||°**-stall** m. (s, ¨e) porcherie f. ||°**-treiber** m. (s, -) porcher m.

Schweins|blase ["ʃvains'blɑ:zə] f. (-, n) vessie (f.) de porc. ||°**-borste** f. (-, n) soie (f.) de porc. ||°**-kopf** m. (s, ¨e) tête (f.) de porc. || [Wildschwein] hure f. ||°**-leder** n. (s) peau (f.), cuir (m.) de porc. ||**-ledern** adj. en peau de porc. ||°**-rüssel** m. (s, -) groin m.

Schweinchen ['ʃvainçən] n. (s, -) petit cochon ; pourceau m. ; porcelet m.

Schweinerei [ʃvainə'rai] f. (-, en). POP. cochonnerie f. ; saleté f. | *Schweinereien*, obscénités f. pl.

schweinisch ['ʃvainiʃ] adj. comme un cochon ; de cochon.

Schweiß [ʃvais] m. (es, e). **1.** sueur f. ; transpiration f. | *kalter Schweiß*, sueur froide. | *in Schweiß gebadet*, en sueur. || PR. et FIG. *der Schweiß steht ihm auf der Stirn*, il sue à grosses gouttes. || FIG. *im Schweiße seines Angesichts erworben*, gagné à la sueur de son front. || PAR EXT. grand effort.

2. [Jagd] *Wildschweiß*, sang m.

Schweiß|drüse ["ʃvais'dry:zə] f. (-, n). ANAT. glande (f.) sudoripare. ||°**-fuß** m. (es, ¨e) *Schweißfüße haben*, transpirer des pieds. ||**-treibend** adj. sudorifique. ||**-triefend** adj. ruisselant de sueur. ||°**-tuch** n. (s, ¨er). RELIG. suaire m.

schweißbar ['ʃvaisbɑ:r] adj. soudable.

schweißen ['ʃvaisən] v. intr. (Vx.) suer. || [Wild] saigner. || MÉTALL. faire fondre.

◇ v. tr. PR. et FIG. souder. || TECHN. *autogen schweißen*, souder à l'autogène. | *stumpf schweißen*, souder par contact.

Schweiß|anlage ["ʃvais'anlɑ:gə] f. (-, n) poste (m.) de soudage. ||°**-brenner** m. (s, -) chalumeau (m.) oxhydrique. ||°**-draht** m. (s, ¨e) baguette (f.) de soudure. ||°**-naht** f. (-, ¨e), °**-stelle** f. (-, n) soudure f.

Schweißen ['ʃvaisən] n. (s), **Schweißung** [-suŋ] f. (-, en) soudure f.

Schweißer [-sər] m. (s, -) soudeur m.

Schweiz [ʃvaits] n. pr. f. GÉOGR. Suisse f. *die französische Schweiz*, la Suisse romande.

Schweizer ['ʃvaitsər] n. pr. m. (s, -). GÉOGR. Suisse m. || RELIG. suisse m. || FIG. [Pförtner] portier m. ; concierge m. || AGRIC. vacher m.

Schweizer adj. suisse. | *Schweizer Käse*, (fromage de) gruyère m.

Schweizer|deutsch ["ʃvaitsər'dɔytʃ] n. suisse (m.) alémanique.

Schweizerin ['ʃvaitsərin] n. pr. f. (-, nen). GÉOGR. Suissesse f.

schweizerisch ['ʃvaitsəriʃ] adj. suisse ; helvétique. | *Schweizerische Eidgenossenschaft*, Confédération helvétique.

schwelen ['ʃve:lən] v. intr. couver ; brûler sans flamme ; se consumer lentement. || FIG. couver sous la cendre.

◇ v. tr. (faire) brûler lentement, par carbonisation.

schwelgen ['ʃvɛlgən] v. intr. faire bombance.

Schwelger [-gər] m. (s, -) noceur m. ; débauché m. ; goinfre m.

Schwelgerei [ʃvɛlgə'rai] f. (-, en) orgie f. ; débauche f.

schwelgerisch ['ʃvɛlgəriʃ] adj. débauché. | *schwelgerisches Leben*, vie (f.) de débauche.

Schwelle ['ʃvɛlə] f. (-, n) seuil m. ; pas (m.) de porte. || POÉT., PAR EXT. maison f. || FIG. *an der Schwelle einer neuen Zeit*, au seuil d'une époque nouvelle. || PHYSIOL. *Schwelle des Bewußtseins*, seuil de conscience. || TECHN. [Eisenbahn] traverse f. || ARCHIT. poutre horizontale. || MAR. monticule (m.) de sable.

schwellen ['ʃvɛlən] (i, o, o) v. intr. (se) gonfler ; (s')enfler ; grossir ; se dilater ; se tuméfier. | *die Flut schwillt*, le flot s'enfle. || FIG. *der Kamm schwillt ihm*, il s'emballe ; il devient présomptueux.

◇ part. pass. **geschwollen,** enflé ; gonflé. | *geschwollene Hand*, main enflée, tuméfiée. || FIG. sûr de soi ; prétentieux.

◇ v. tr. (conjug. faible) faire gonfler ; enfler ; gonfler. | *der Bienenstich schwellt das Gesicht*, la piqûre d'abeille fait enfler le visage. | *der Wind schwellt die Segel*, le vent gonfle les voiles. | *Kartoffeln schwellen*, cuire des pommes de terre dans leur pelure.

Schwellen ['ʃvɛlən] n. (s) grossissement m. ; enflure f. || [Ströme] crue f.

Schwellung ['ʃvɛluŋ] f. (-, en) enflure f. ; gonflement m. ; boursouflure f. ; intumescence f. || MÉD. tuméfaction f. || MAR. petite houle.

Schwemme ['ʃvɛmə] f. (-, n) abreuvoir m. ; gué m. || PAR EXT. [Kneipe] buvette f.

schwemmen [-mən] v. tr. rincer ; laver à grande eau. || PAR EXT. charrier ; emporter au fil de l'eau. | *Holz schwemmen*, flotter du bois.

Schwemm|land ['ʃvɛmlant] n. (s, ¨er) terrain (m.) d'alluvions. ||°**-sand** m. (s) sable (m.) de rivière.

Schwengel ['ʃvɛŋəl] m. (s, -). [Pumpe] balancier m. || [Glocke] battant m. || [Zugbrücke] abattant m. ; bascule f. || PAR EXT. *Ladenschwengel*, commis (m.) de boutique ; calicot m.

Schwenk|achse ["ʃvɛŋk'aksə] f. (-, n). TECHN. axe (m.) de rotation. ||°**-arm** m. (s, e) bras pivotant. ||**-bar** adj. à géométrie variable. | *schwenkbare Tragfläche*, aile (f.) à géométrie variable. || °**-kartoffeln** f. pl. pommes de terre sautées. ||°**-kran** m. (s, ¨e) grue pivotante. ||°**-lager** m. (s, -). TECHN. palier (m.) d'articulation. ||°**-rotor** m. (s, en). AÉRON. rotor pivotant.

schwenken ['ʃvɛŋkən] v. tr. agiter ; brandir. | *das Taschentuch schwenken*, agiter son mouchoir. || TECHN. faire pivoter. || [Glas] rincer. || CULIN. [in der Pfanne] faire sauter. || FAM. mettre à la porte.

◇ v. intr. changer de direction ; obliquer. || MIL. *links schwenkt !*, à gauche ! || FIG. opérer une conversion ; changer son fusil d'épaule.

Schwenkung ['ʃvɛŋkuŋ] f. (-, en). [action de] brandir. || PR. et FIG. changement (m.) de direction. | *eine Schwenkung machen*, virer de bord.

schwer [ʃve:r] adj. et adv. **1.** lourd ; pesant. | *schwere Last*, lourde charge. | *dieser Sack ist zehn Pfund schwer*, ce sac pèse dix livres. | *schweres Wasser*, eau lourde. || FIG. *eine schwere Hand haben*, avoir la main lourde. | *schwerer Boden*, terre grasse. | *schwerer Wein*, vin fort. | *schwere Speisen*, mets (m. pl.) indigestes. | *schwere Zunge*, langue pâteuse. | *schwerer Schlaf*, sommeil lourd. | *schweres Parfüm*, parfum capiteux. | *schwer Geld haben*, avoir beaucoup d'argent ; être très riche. || [Übel] *der Kopf ist mir schwer*, j'ai la tête lourde. | *schweren Herzens sein*, avoir le cœur lourd.

2. difficile ; pénible ; rude ; ardu. | *schwere Arbeit*, travail pénible. | *schwerer Kampf*, rude combat. | *einen schweren Gang haben*, avoir la démarche lourde. | *eine schwere Verdauung haben*, avoir la digestion difficile. | *schwer hören*, être dur d'oreille. | *das Laufen wird mir schwer*, j'ai du mal à courir. | *er ist schwer von Begriff*, il n'a pas l'esprit vif. | *schwerer Seufzer*, profond soupir. | *ein schweres Leben haben*, mener une vie difficile. | *jm das Leben schwer machen*, mener la vie dure à qn. | *dieses Buch liest sich schwer*, ce livre est difficile à lire. | *schwere Geburt*, accouchement laborieux. | *schwere Zeiten*, temps (m. pl.) difficiles.

3. grave ; sévère. | *schwere Krankheit*, grave maladie f. | *schwer verwundet*, mutilé ; gravement blessé. | *jn schwer beleidigen*, outrager qn. | *schwere Not*, haut mal. | *schwerer*

Verlust, grosse perte. | *er hat schwer darunter gelitten*, il en a gravement souffert. | *eine Sache schwer nehmen*, prendre une affaire (très) au sérieux. | *schwer bestrafen*, punir sévèrement. | *schwer betrunken*, ivre mort. | *schwere See*, grosse mer.

4. FAM. *schwerer Junge*, mauvais garçon.

Schwer|arbeiter [″ʃve:r'arbaitər] m. (s, -) travailleur (m.) de force ; homme (m.) de peine. ||°**-athletik** f. SPORT. haltérophilie f. ; lutte f. ||**-atmend, -atmig** adj. qui respire péniblement. ||°**-behinderte(r)** f. (m.) grand(e) handicapé(e) m. (f.) ; infirme s. ||**-beladen** adj. lourdement chargé ; FIG. accablé ; écrasé. || °**-beschädigter** m. grand mutilé. ||**-blütig** adj. sombre ; triste ; grave. ||**-fallen** (ä, ie, a) v. intr. *es fällt mir schwer*, il m'est pénible. ||**-fällig** adj. embarrassé ; lourdaud ; maladroit ; d'esprit lourd. ||°**-fälligkeit** f. lourdeur f. ; pesanteur f. ; maladresse f. ||**-flüssig** adj. PR. et FIG. réfractaire. ||°**-gewicht** n. (s). PHYS. pesanteur f. || SPORT. poids lourd. ||°**-gewichtler** m. (s, -). SPORT. poids lourd. ||**-hörig** adj. dur d'oreille. ||°**-hörige(r)** f. (m.) malentendant(e) m. (f.). ||°**-industrie** f. industrie lourde. ||°**-kraft** f. gravitation f. ; pesanteur f. ||°**-kraftmesser** m. (s, -). PHYS. gravimètre m. ||°**-kraftmessung** f. PHYS. gravimétrie f. ||**-krank** adj. gravement malade. ||°**-kriminalität** f. grande criminalité. ||°**-laster** m. (s, -), °**-lastkraftwagen** m. (s, -) gros camion ; poids lourd. ||°**-lot** n. (s) plomb (m.) de sonde. ||°**-mut** f., °**-mütigkeit** f. mélancolie f. ; humeur (f.) sombre ; tristesse f. ; hypocondrie f. ||**-mütig** adj. sombre ; mélancolique. ||**-nehmen** (i, a, o) v. tr. prendre au sérieux. ||°**-öl** n. (s, e) huile lourde. ||°**-punkt** m. (s, e) centre (m.) de gravité. | *den Schwerpunkt nach... verlegen*, déplacer le centre de gravité vers. ||°**-punktstreik** m. ([e]s, s) grève partielle. ||°**-verbrecher** m. (s, -) grand criminel. ||°**-verletzte(r)** f. (m.) blessé(e) [m. (f.)] grave ; grand blessé. ||°**-wasser** n. (s, - ou ¨) eau lourde. ||°**-wasser|reaktor** m. (s, en) réacteur (m.) à eau lourde. ||**-wiegend** adj. qui pèse lourd ; FIG. de poids.

Schwere ['ʃve:rə] f. (-, n). PR. et FIG. poids m. || PHYS. pesanteur f. || MÉD. lourdeurs f. pl. ; pesanteurs f. pl. | *Schwere in den Beinen*, lourdeurs dans les jambes. || FIG. rigueur f. ; sévérité f. || PAR EXT. atrocité f. | *Schwere eines Verbrechens*, atrocité d'un crime.

Schwere|nöter [″ʃve:rə'nø:tər] m. (s, -) fripon m. ; gaillard m. ; galant m.

schwerlich ['ʃve:rliç] adv. difficilement ; avec peine ; à peine. | *er wird schwerlich kommen*, il est peu probable qu'il vienne.

Schwert [ʃve:rt] n. (s, er) épée f. ; glaive m. | *zum Schwert greifen*, mettre la main à l'épée. | *mit Feuer und Schwert*, à feu et à sang. | *zum Schwerte verurteilt*, condamné à avoir la tête tranchée. || MAR. dérive f.

Schwert|fisch ['ʃve:rtfiʃ] m. (es, e) espadon m. ||**-förmig** adj. en forme de glaive ; ensiforme. ||°**-lilie** f. (-, n). BOT. iris m. ||°**-streich** m. (s, e) coup (m.) d'épée. | *ohne Schwertstreich*, sans coup férir. ||°**-wal** m. (s, e). ZOOL. épaulard m. ; orque m.

Schwester ['ʃvɛstər] f. (-, n) sœur f. || RELIG. religieuse f. ; sœur f. | *barmherzige Schwester*, sœur de charité. || PAR EXT. infirmière f.

Schwester|partei [″ʃvɛstərpar'tai] f. (-, en) parti (m.) frère. ||°**-schiff** n. (s, e) navire (m.) de même catégorie.

schwesterlich ['ʃvɛstərliç] adj. et adv. de, en sœur. || PAR EXT., FIG. fraternel.

Schwesternschaft ['ʃvɛstərnʃaft] f. qualité (f.) de sœur. || RELIG. communauté (f.) de sœurs.

Schwieger|eltern [″ʃvi:gər'ɛltərn] pl. beaux-parents m. pl. ||°**-mutter** f. (-, ¨) belle-mère f. ||°**-sohn** m. (s, ¨e) gendre m. ; beau-fils m. ||°**-tochter** f. (-, ¨) bru f. ; belle-fille f. ||°**-vater** m. (s, ¨) beau-père m.

Schwiele ['ʃvi:lə] f. (-, n) cal m. ; callosité f. ; durillon m.

schwielig [-liç] adj. calleux ; dur.

schwierig ['ʃvi:riç] adj. difficile ; ardu ; épineux ; malaisé ; laborieux ; délicat. | *schwierige Arbeit*, travail délicat. | *schwierige Frage*, question épineuse. | *das Schwierigste liegt hinter uns*, le plus difficile est fait. || PAR EXT. *schwierig werden*, faire le difficile. | *schwierige Kundschaft*, clientèle difficile, exigeante.

Schwierigkeit [-kait] f. (-, en) difficulté f. | *Schwierigkeiten machen, bereiten*, faire des difficultés, des embarras. | *ohne Schwierigkeiten*, facile ; facilement.

Schwimm|bad ['ʃvimbɑ:t] n. (s, ¨er) piscine f. ||°**-bahn** f. (-, en) bassin (m.) de natation. ||°**-becken** n. (s, -) piscine f. ||°**-blase** f. (-, n). ZOOL. vessie (f.) natatoire. ||°**-brücke** f. (-, n) pont flottant. ||°**-dock** n. (s, s) dock flottant. ||**-fähig** adj. capable de nager. ||°**-fähigkeit** f. TECHN. flottabilité f. ||°**-flosse** f. (-, n) nageoire f. || SPORT. palme f. ||°**-fuß** m. (es, ¨e) pied palmé. ||°**-gürtel** m. (s, -) ceinture (f.) de natation. ||°**-haut** f. (-, ¨e) palmure f. ||°**-hose** f. (-, n) caleçon (m.) de bain. ||°**-meister** m. (s, -) maître nageur. ||°**-sand** m. (s, e) sable mouvant. || °**-schnecke** f. (-, n). ZOOL. nérite f. ||°**-stoß** m. (es, ¨e) brasse f. ||°**-vogel** m. (s, ¨) oiseau nageur. | *Schwimmvögel*, palmipèdes m. pl. ||°**-weste** f. (-, n) gilet (m.) de sauvetage.

schwimmen ['ʃvimən] (a, o) v. intr. nager ; flotter ; voguer ; baigner. | *über, durch einen Fluß schwimmen*, traverser un fleuve à la nage. | *ans Land schwimmen*, gagner la terre à la nage. | *obenauf schwimmen*, surnager. | *auf dem Rücken schwimmen*, nager sur le dos. | *das Holz schwimmt auf dem Wasser*, le bois flotte sur l'eau. | *der Boden schwimmt*, le sol est détrempé. || PR. et FIG. *mit dem Strom schwimmen*, nager dans le sens du courant. | *gegen den Strom schwimmen*, nager à contre-courant. || PAR EXT. baigner dans. | *er schwamm in seinem Blut*, il baignait dans son sang. || FIG. *im Geld schwimmen*, être très riche ; nager dans l'abondance. | *in Tränen schwimmen*, avoir le visage inondé de larmes. | *mir schwimmt es vor den Augen*, je vois trouble.

— OBSERV. Se conjugue avec l'auxiliaire *haben* de préférence pour exprimer l'action de nager. Ex. : *er hat die Strecke in fünf Minuten geschwommen*, il a effectué ce parcours à la nage en cinq minutes ; *ich habe eine Stunde geschwommen*, j'ai nagé durant une heure. Avec l'auxiliaire *sein*, l'accent est mis sur le changement de lieu résultant de l'action de nager. Ex. : *ich bin durch, über den Fluß geschwommen*, j'ai traversé le fleuve à la nage ; *ich bin ans Land geschwommen*, j'ai nagé jusqu'au rivage.

Schwimmen [-mən] n. (s) nage f. ; natation f. | *sich durch Schwimmen retten*, se sauver à la nage.

Schwimmer [-mər] m. (s, -) nageur m. || TECHN. flotteur m.

Schwindel ['ʃvindəl] m. (s, -). **1.** vertige m. ; étourdissement m. | *vom Schwindel befallen, ergriffen werden*, être pris de vertige.

2. FIG. duperie f. ; filouterie f. ; battage m. ; bluff m. ; boniments m. pl. ; mensonges m. pl. ; escroquerie f.

Schwindel|anfall [″ʃvindəl'anfal] m. (s, ¨e) accès (m.) de vertige ; étourdissement m. ; éblouissement m. ||**-erregend** adj. vertigineux. ||°**-firma** f. (-, men). COMM. maison véreuse. ||**-frei** adj. qui n'est pas sujet au vertige.

Schwindelei [ʃvində'lai] f. (-, en) escroquerie f. ; charlatanerie f. ; tromperie f. ; duperie f.

schwindelhaft ['ʃvindəlhaft] adj. trompeur ; tape-à-l'œil ; frauduleux ; FAM. véreux.

schwind(e)lig ['ʃvind(ə)liç] adj. **1.** [zum Schwindel geneigt] sujet au vertige. | *mir wird schwind(e)lig*, je suis pris de vertige. | *ich bin schwind(e)lig*, j'ai facilement le vertige. | *jn schwind(e)lig machen*, donner le vertige à qn.
2. [Schwindel verursachend] qui donne le vertige. | *schwind(e)liger Pfad*, sentier vertigineux.

schwindeln [-dəln] v. intr. **1.** avoir le vertige. | *es schwindelt mir*; *mir schwindelt* (rare); *ich schwind(e)le*, j'ai le vertige. || *schwindelnde Höhe*, hauteur vertigineuse. | *ihm schwindelt davon*, la tête lui en tourne. **2.** faire le charlatan; mentir; jeter de la poudre aux yeux; bluffer.

schwinden ['ʃvindən] (a, u) v. intr. se réduire; diminuer progressivement; décroître; s'atténuer; cesser d'être; disparaître; s'éclipser; passer. | *seine Kräfte schwinden*, ses forces s'amenuisent. | *er schwand aus unseren Augen*, il disparut à nos yeux. | *die Hoffnung schwinden lassen*, renoncer à tout espoir. | *die Farben schwinden*, les couleurs passent. | *die Sinne schwinden mir*, je perds connaissance. || MÉD. s'atrophier.

Schwindler ['ʃvintlər] m. (s, -) escroc m.; filou m.

Schwind|sucht ["ʃvint'zuxt] f. MÉD. consomption f.; phtisie f.; PAR EXT. dépérissement m.; étiolement m. ||**-süchtig** adj. phtisique.

Schwing|achse ["ʃviŋ'aksə] f. (-, n) axe pivotant. ||°**-arm** m. (s, e) bras (m.) de fusée. ||°**-bewegung** f. (-, en) mouvement (m.) vibratoire; oscillation f.; vibration f. ||°**-hebel** m. (s, -) balancier m. || AUTOM. culbuteur m.

Schwinge ['ʃviŋə] f. (-, n) van m.; trieur m. || POÉT. aile f. || FIG. *die Schwingen des Geistes*, les ailes de l'esprit.

schwingen [-ŋən] (a, u) v. tr. brandir; agiter. | *das Schwert schwingen*, brandir l'épée. | *den Hut, eine Fahne schwingen*, agiter son chapeau, un drapeau. | *die Flügel schwingen*, battre des ailes.
◇ v. intr. vibrer; osciller; se balancer. | *das Pendel schwingt*, le pendule oscille.
◇ part. prés. **schwingend.** *wild schwingende Nadel*, aiguille folle. | *ein schwingender Ton*, un son vibrant.
◇ part. pass. **geschwungen,** qui est bien arqué; qui a une ligne hardie.
◇ v. pr. **sich schwingen,** s'élancer. | *sich in den Sattel schwingen*, sauter à cheval. || FIG. *sich auf den Thron schwingen*, se hisser sur le trône.

Schwingung [-ŋuŋ] f. (-, en) oscillation f.; vibration f.; cycle m.; battement m. | *Schwingungen eines Pendels*, oscillations d'un pendule. | *in Schwingung kommen*, s'ébranler.

Schwingungs|bahn ["ʃviŋuŋs'bɑ:n] f. (-, en) champ (m.) d'oscillation. ||°**-dauer** f. (-, n) période f.; durée (f.) d'une oscillation. ||°**-messer** m. (s, -) vibromètre m. ||°**-weite** f. (-, n) amplitude (f.) d'oscillation.

Schwipp|schwager ["ʃvip'ʃvɑ:gər] m. (s, -). FAM. parent (m.) par alliance.

Schwips [ʃvips] m. (es, e). *einen Schwips haben*, être éméché.

schwirren ['ʃvirən] v. intr. siffler; bruire; frémir; bourdonner. | *der Pfeil schwirrt durch die Luft*, la flèche traverse l'air en sifflant. | *die Lerche schwirrt*, l'alouette grisolle. || PAR EXT. *mir schwirrt der Kopf*, j'ai la tête qui bourdonne; la tête me tourne. || FIG. *Gerüchte schwirren*, des bruits courent.

Schwitzbad ["ʃvits'bɑ:t] n. (s, ¨er) bain (m.) de vapeur; étuve f. ||°**-kasten** m. (s, -) étuve f. ||°**-kur** f. (-, en) traitement (m.) sudorifique.

schwitzen ['ʃvitsən] v. intr. suer; être en sueur; transpirer. | *ich habe sehr geschwitzt*, j'ai beaucoup transpiré. | *am ganzen Körper schwitzen*, être en sueur, en nage. || LOC. FAM. *Blut schwitzen*, suer sang et eau.
◇ v. tr. TECHN. *Häute schwitzen*, mettre des peaux en échauffe. || CULIN. faire revenir.

schwitzig [-tsiç] adj. en sueur; qui transpire; moite.

schwören ['ʃvø:rən] (o, o) v. tr. jurer; prêter serment; promettre. | *einen Eid schwören*, prêter serment. | *Rache schwören*, jurer de se venger. | *auf die Bibel schwören*, jurer sur la Bible. | *Treue schwören*, jurer fidélité. | *geschworener Feind*, ennemi juré.

Schwören [-rən] n. (s) [fait de] jurer; prestation (f.) de serment.

schwul [ʃvu:l] adj. FAM. homosexuel.

schwül [ʃvy:l] adj. lourd. | *schwüles Wetter*, temps lourd. || FIG. oppressant; écrasant; étouffant. | *schwüle Stimmung*, climat étouffant.

Schwüle ['ʃvy:lə] f. lourdeur f.; atmosphère étouffante.

Schwulst [ʃvulst] m. (es, ¨e) ou f. (-, ¨e) enflure f. || FIG. emphase f.; pathos m.; enflure (f.) du langage.

schwülstig ['ʃvylstiç] adj. enflé; emphatique; boursouflé; ampoulé. | *schwülstig schreiben*, avoir un style ampoulé.

Schwülstigkeit [-kait] f. style ampoulé, emphatique.

Schwund [ʃvunt] m. (s) rétrécissement m.; atrophie f.; dépérissement m.; amaigrissement m. || RADIO. fading m. || COMM. perte f.

Schwung [ʃvuŋ] m. (s, ¨e) élan m.; mouvement (m.) rapide; branle m. | *in Schwung bringen*, mettre en branle. | *in Schwung kommen*, se mettre en branle; FIG. s'enthousiasmer.

Schwung|feder ["ʃvuŋ'fe:dər] f. (-, n) penne f. ||°**-kraft** f. force (f.) d'impulsion; force motrice; élan m.; élasticité f. || PHYS. force (f.) centrifuge. ||**-los** adj. et adv. sans élan. ||°**-rad** n. (s, ¨er). TECHN. volant m. ||**-voll** adj. qui a de l'élan, de l'envolée; enthousiaste.

Schwur [ʃvu:r] m. (s, ¨e) serment m. | *einen Schwur leisten*, prêter serment. | *einen Schwur brechen*, se parjurer.

Schwur|gericht ["ʃvu:rgə'riçt] n. (s, e) cour (f.) d'assises. | *vor dem Schwurgericht*, aux assises.

sechs [zɛks] adj. num. card. six.
◇ **die Sechs,** le chiffre six; le six.

Sechs|eck ["zɛks'ɛk] n. (s, e). MATH. hexagone m. ||**-fach** adj. sextuple. ||**-füßig** adj. à six pieds. | *sechsfüßiger Vers*, hexamètre m. ||**-jährig** adj. âgé de six ans. | *sechsjähriges Kind*, enfant de six ans. || sexennal; qui dure six ans. ||°**-kant** m. (s, e). MATH. hexagone m. ||**-mal** adv. six fois. ||**-malig** adj. répété six fois. ||**-seitig** adj. hexagonal.

Sechser ['zɛksər] m. (s, -) pièce (f.) de cinq pfennigs. || PAR EXT. menue monnaie. || [Ziffer] chiffre (m.) six.

sechserlei [zɛksər'lai] adv. de six espèces; de six manières.

Sechstel ['zɛkstəl] n. (s, -) sixième m.

sechstens [-təns] adv. sixièmement; en sixième lieu.

sechzehn ['zɛçtse:n] adj. num. card. seize.

Sechzehntel|format ["zɛçtse:ntəlfɔr'mɑ:t] n. (s, e) in-seize m. ||°**-note** f. (-, n). MUS. double croche f. ||°**-pause** f. (-, n). MUS. quart (m.) de soupir.

sechzig ['zɛçtsiç] adj. num. card. soixante. | *etwa sechzig*, une soixantaine. | *sechzigjährig*, sexagénaire; qui dure soixante ans.

Sechziger [-tsigər] m. (s, -) sexagénaire m.

sechziger [-tsigər] adj. invar. *die sechziger Jahre*, les années 60. | *in den sechziger Jahren sein*, avoir passé la soixantaine.

Sediment [zedi'mɛnt] n. (s, e) sédiment m. || GÉOL. *Sedimentgestein*, roche (f.) sédimentaire.

See [ze:] f. (-, n). **1.** mer f. ; océan m. | *Ostsee*, mer Baltique. | *auf offener See*, en pleine mer. | *auf hoher See*, en haute mer. | *in See gehen, stechen*, prendre la mer. | *spiegelglatte See*, mer d'huile. | *bewegte See*, mer agitée. | *grobe See*, mer houleuse. | *Leutnant zur See*, lieutenant (m.) de vaisseau.
2. PAR EXT. houle f. ; vague f. ; lame f. ; paquet (m.) de mer. | *Seen übernehmen*, recevoir des paquets de mer.

See [ze:] m. (s, n) lac m. | *Genfer See*, lac de Genève.

See|aal ["ze:'ɑ:l] m. (s, e). ZOOL. anguille (f.) de mer. ||°**-adler** m. (s, -). ZOOL. pygargue m. ||°**-anemone** f. (-, n) corail m. ||°**-bad** n. (s, ¨er) bain (m.) de mer. ; PAR EXT. plage f. ||°**-bär** m. (en, en) otarie f. ; FIG., FAM. loup (m.) de mer. ||°**-beben** n. (s, -) raz-de-marée m. ||**-fahrend** adj. qui navigue ; qui flotte. ||°**-fahrer** m. (s, -) marin m. ; navigateur m. ||°**-fahrt** f. (-, en) traversée f. ; navigation f. ||**-fest** adj. qui tient bien la mer ; qui a le pied marin. ||°**-fisch** m. (es, e) poisson (m.) de mer. | *Seefische*, marée f. ||°**-forelle** f. (-, n) truite saumonée. ||°**-frachtbrief** m. (s, e). COMM. connaissement m. ||°**-gang** m. (s) houle f. | *hoher Seegang*, grosse mer. ||°**-gesetzbuch** n. (s) code (m.) maritime. ||°**-gras** n. (es, ¨er) varech m. ; crin végétal. ||°**-handel** m. (s) commerce (m.) maritime. ||°**-hecht** m. (s, e). ZOOL. merluche f. ||°**-herrschaft** f. suprématie (f.) maritime. ||°**-hund** m. (s, e) phoque m. ; loup (m.) de mer. ||°**-igel** m. (s, -). ZOOL. oursin m. ||°**-jungfer** f. (-, n). MYTH. néréide f. || ZOOL. libellule f. ; demoiselle f. ||°**-kadettenschule** f. (-, n) école navale. ||°**-klima** n. (s) climat (m.) maritime, océanique. ||**-krank** adj. qui a le mal de mer. ||°**-krankheit** f. mal (m.) de mer. ||°**-kuh** f. (-, ¨e). ZOOL. lamantin m. ||°**-land** n. pr. n. Zélande f. ||°**-laterne** f. (-, n), °**-leuchte** f. (-, n) fanal m. ||°**-leute** pl. marins m. pl. ; gens (m. pl.) de mer. ||°**-löwe** m. (n, n) lion marin ; otarie f. ||°**-macht** f. (-, ¨e) puissance (f.) maritime. ||°**-mann** m. (s, leute) marin m. ||**-männisch** adj. marin ; de marin. ||°**-mannschaft** f. (-, en) équipage m. ||°**-mannsjacke** f. (-, n) caban m. ||°**-meile** f. (-, n) mille marin. ||°**-möwe** f. (-, n) goéland m. ||°**-not** f. (-, ¨e) péril (m.) en mer. ||°**-otter** m. (s, -). ZOOL. loutre f. ||°**-pferd** n. (s, e). ZOOL. morse m. ||°**-pferdchen** n. (s, -) hippocampe m. ||°**-räuber** m. (s, -) pirate m. ; flibustier m. ; corsaire m. ||°**-recht** n. (s) droit (m.) maritime. ||°**-reise** f. (-, n) voyage (m.) en mer. | *lange Seereise*, voyage au long cours. ||°**-rose** f. (-, n). BOT. nénuphar m. || ZOOL. anémone f. ; actinie f. ||°**-schiffahrt** f. navigation (f.) maritime. ||°**-schlacht** f. (-, en) bataille navale. ||°**-schwalbe** f. (-, n). MYTH. alcyon m. || ZOOL. sterne f. ||°**-sperre** f. (-, n) blocus (m.) maritime. ||°**-stadt** f. (-, ¨e) ville côtière. ||°**-stern** m. (s, e). ZOOL. étoile (f.) de mer ; astérie f. ||°**-streitkräfte** f. pl. MIL. forces navales. ||°**-stück** n. (s, e). ARTS. marine f. ||°**-tang** m. (s). BOT. varech m. ; fucus m. ||°**-transportgesellschaft** f. (-, en) compagnie (f.) de messageries maritimes. ||**-tüchtig** adj. qui est en état de prendre la mer ; qui a le pied marin. ||°**-volk** n. (s, ¨er). 1° peuple (m.) maritime ; 2° équipage m. ||°**-warte** f. (-, n) observatoire (m.) maritime ; vigie f. ||**-wärts** adv. au large ; vers le large. ||°**-weg** m. (s, e) route (f.), voie (f.) maritime. | *auf dem Seewege*, par voie maritime. ||°**-wesen** n. (s) marine f. ||°**-zunge** f. (-, n). ZOOL. sole f.

Seele ['ze:lə] f. (-, n). **1.** âme f. | *er ist von ganzer Seele Kinderarzt*, il est pédiatre dans l'âme. || PHILOS. *schöne Seele*, belle âme. || *seine Seele aushauchen*, rendre l'âme. | *einer Sache mit ganzer Seele ergeben sein*, être dévoué de toute son âme à une cause.
2. sentiment m. ; cœur m. | *es tut mir in der Seele weh*, cela m'affecte profondément ; cela me fend le cœur. | *er spricht mir aus der Seele*, son opinion rejoint exactement la mienne ; je ne saurais mieux dire. | *jm etwas auf die Seele binden*, s'en remettre de qch. à la conscience de qn. | *sich die Seele aus dem Leib reden*, vouloir convaincre à tout prix. | *sie sind ein Herz und eine Seele*, ils sont intimement liés.
3. caractère m. ; personnalité f. | *empfindliche Seele*, âme sensible. || FAM. *er ist eine Seele von Mensch*, c'est une bonne pâte d'homme.
4. être m. ; personne vivante. | *diese Stadt zählt hunderttausend Seelen*, cette ville compte cent mille âmes.
5. [Wesen] âme f. ; essentiel m. ; nerf m. | *Seele des Widerstandes*, âme de la résistance.
6. MAR., MIL., MUS. âme f.

Seelen|adel ["ze:lən'ɑ:dəl] m. (s) noblesse (f.) d'âme. ||°**-amt** n. (s, ¨er) office (m.) des morts. ||°**-angst** f. angoisse mortelle ; transes f. pl. ||°**-forscher** m. (s, -) psychologue m. ||°**-friede** m. (ns) paix (f.) de l'âme. ||**-froh** adj. radieux ; comblé d'aise ; ravi ; enchanté. ||°**-größe** f. grandeur (f.) d'âme ; magnanimité f. ||**-gut** adj. foncièrement bon. ||°**-heil** n. (s, e) salut spirituel. ||°**-kraft** f. (-, ¨e). 1° faculté (f.) de l'âme ; 2° force, énergie spirituelle. ||°**-kunde** f. psychologie f. ||°**-leben** n. (s) vie spirituelle. ||°**-lehre** f. psychologie f. ||°**-messe** f. (-, n). RELIG. messe (f.) des morts ; service (m.) funèbre ; messe (f.) de requiem. ||°**-not** f., °**-pein** f., °**-qual** f. angoisse mortelle ; transes f. pl. ||°**-ruhe** f. tranquillité (f.) d'âme. || IRON. *in aller Seelenruhe*, sans s'occuper de rien. ||**-vergnügt** adj. ravi ; radieux. ||**-verwandt** adj. en sympathie, en affinité avec. ||°**-verwandtschaft** f. (-, en) affinité spirituelle. ||**-voll** adj. plein de sentiment ; expressif ; chaleureux. ||°**-wanderung** f. PHILOS. métempsycose f. ||°**-zustand** m. (s, ¨e) état (m.) d'âme.

seelisch ['ze:liʃ] adj. psychique ; moral.

Seel|sorge ["ze:l'zɔrgə] f. charge (f.) d'âmes ; soin (m.) du salut des âmes ; pastorat m. ||°**-sorger** m. (s, -) pasteur m. ; père spirituel.

Segel ['ze:gəl] n. (s, -). MAR. voile f. | *mit vollen Segeln*, à pleines voiles. | *Segel setzen*, mettre les voiles. | *die Segel streichen*, ramener les voiles. | *die Segel einziehen*, PR. et FIG. baisser pavillon ; FIG. en rabattre ; céder ; fléchir. || FIG. *jm den Wind aus den Segeln nehmen*, couper l'herbe sous le pied à qn.

Segel|boot ["ze:gəl'bo:t] n. (s, e) ; dériveur m. ||**-fertig, -klar** adj. prêt à appareiller. ||**-fliegen** (o, o) v. intr. AÉRON. faire du vol à voile. ||°**-flieger** m. (s, -) vélivole m. ||°**-flug** m. (s, ¨e) vol (m.) à voile. ||°**-flugzeug** n. (s, e) planeur m. ||°**-klub** m. (s, s) yachting-club m. ||°**-linie** f. (-, n) ligne (f.) de route. ||°**-schiff** n. (s, e) voilier m. ||°**-stange** f. (-, n) vergue f. ||°**-tuch** n. (s). TEXT. toile (f.) à voile ; canevas m. ||°**-wind** m. (s, e) bon vent ; vent (m.) favorable.

segeln ['ze:gəln] v. intr. faire route, naviguer (à la voile) | *nach Westen segeln*, cingler à l'ouest. | *gegen den Wind segeln*, présenter au vent.

Segen ['ze:gən] m. (s, -) bénédiction f. ; faveur divine. | *den Segen über jn, etwas sprechen*, bénir qn, qch. || PAR EXT. grâce divine ; faveur (f.) du ciel ; bénédictions f. pl. ; félicité f. ; bonheur providentiel. | *Segen bringen*, porter bonheur. || PROV. *an Gottes Segen ist alles gelegen*, tout dépend de la Providence divine. || FIG. *auf seiner Arbeit ruht kein Segen*, il est mal parti, FAM. mal barré.

segens|reich ["ze:gəns'raiç] adj. béni ; fortuné ; prospère. ||°**-wunsch** m. (es, ¨e) bénédiction f.

Segler ['ze:glər] m. (s, -). MAR. voilier m. ; navigateur m. || ZOOL. martinet m.

Segment [zεk'mεnt] n. (s, e) segment m.

segnen ['ze:gnən] v. tr. bénir. | *gesegnete Mahlzeit!*, bon appétit ! | *mit Gütern gesegnet sein*, être comblé de biens. | *Gott segne Euch!*, que Dieu vous bénisse ! || FIG. *das Zeitliche segnen*, mourir. | *ein reich gesegnetes Land*, un pays prospère, béni des dieux. | *gesegneten Leibes; in gesegneten Umständen*, enceinte.

Segnung [-nuŋ] f. (-, en) bénédiction f. ; bienfaits m. pl. (de la bénédiction). || PAR EXT. bonheur m.

Seh... (en compos.) visuel ; de la vue ; optique.

Seh|behinderte(r) ["ze:bə'hindərtə(r)] f. (m.) malvoyant(e) m. (f.). ||°**-fehler** m. (s, -) trouble visuel. ||°**-feld** n. (s, er) champ visuel. ||°**-kraft** f. (-,¨e) faculté visuelle ; vue f. ||°**-kreis** m. (es, e) horizon m. ||°**-linse** f. (-, n). ANAT. cristallin m. ||°**-loch** n. (s,¨er). ANAT. pupille f. ||°**-nerv** m. (s, en). ANAT. nerf (m.) optique. ||°**-prüfung** f. (-, en) examen (m.) de la vue. ||°**-schärfe** f. acuité visuelle. || °**-schwäche** f. (-, n). MÉD. amblyopie f. ||°**-spalt** m. (s, e). MIL. créneau m. ||°**-störung** f. (-, en) trouble visuel. ||°**-täuschung** f. (-, en) illusion (f.) d'optique. ||°**-vermögen** n. (s, -) faculté visuelle. | *nächtliches Sehvermögen*, vision (f.) nocturne. ||°**-weite** f. (-, n) portée (f.) de la vue ; champ visuel.

sehen ['ze:ən] (ie, a, e).

I. v. intr. et v. tr. voir ; remarquer.
II. regarder ; observer (avec prép.).
III. ressembler.
IV. [erleben] vivre ; connaître.
V. [sich bemühen] pourvoir à ; veiller à.
VI. avec infinitif.
VII. part. prés. **sehend.**
VIII. part. pass. **gesehen.**
IX. v. pr. sich **sehen.**

I. voir ; remarquer. — **1.** v. intr. *gut sehen*, bien voir ; avoir une bonne vue. | *doppelt sehen*, voir double. | *flüchtig, im Vorübergehen sehen*, entrevoir. | *wie ich sehe*, à ce que je vois. | *siehe unten*, voir ci-dessous. || FIG. *wenn ich recht sehe*, si je ne me trompe. | *wir werden (ja) sehen*, on verra bien. || *sieh(e) da!*, tiens ! | *sehen Sie mal!*, voyez un peu ! ; par exemple ! | *ich will sehen, was sich machen läßt*, je verrai ce qu'on peut faire. **2.** v. tr. *nichts sehen können*, ne rien pouvoir voir. | *wenn man ihn sieht*, à le voir. | *so etwas hat man (noch) nie gesehen*, on n'a jamais vu rien de pareil. | *das möchte ich doch einmal sehen*, je voudrais bien voir cela. | *ich würde es ungern sehen, wenn*, je n'aimerais pas (voir) que. | *ich habe nichts Besonderes gesehen*, je n'ai rien remarqué de particulier. | *ich sehe, daß er recht hat*, je vois qu'il a raison. | *es ist leicht zu sehen, daß*, il est facile de voir que ; il est évident que. || FIG. *alles schwarz sehen*, voir tout en noir. | *etwas nicht sehen wollen*, fermer les yeux sur qch. | *man konnte die Hand nicht vor den Augen sehen*, on n'y voyait goutte.

II. regarder ; observer (avec prép.). — **1. an :** *man sieht an seiner Kleidung, daß er Geschmack hat*, on voit à ses vêtements qu'il a du goût. — **2. auf :** *auf seine Uhr sehen*, regarder sa montre. | *auf jn sehen*, avoir les yeux fixés sur qn. || FIG. *nur auf seinen Vorteil sehen*, n'avoir en vue que son intérêt. | *jm auf die Finger sehen*, surveiller qn de près. — **3. aus :** *aus dem Fenster sehen*, regarder par la fenêtre. | *die Schlauheit sieht ihm aus den Augen*, on lit la malice dans son regard. | *vor Müdigkeit kann er nicht aus den Augen sehen*, il tombe de fatigue. — **4. durch :** *durch seine Brille sehen*, regarder avec ses lunettes. || FIG. *alles durch eine rosarote Brille sehen*, voir tout en rose ; être trop optimiste. — **5. in :** *in die Sonne sehen*, regarder le soleil. | *in den Spiegel sehen*, se regarder dans la glace. | *ins Buch sehen*, consulter un livre ; jeter un regard sur un livre. | *jm in die Augen, ins Gesicht sehen*, regarder qn en face. || FIG. *jm ins Herz sehen*, sonder le cœur de qn. | *weit in die Zukunft sehen*, prévoir l'avenir. — **6. nach.** *nach oben sehen*, regarder en haut. | *nach der Uhr sehen*, regarder l'heure. | *nach jm sehen*, aller voir où est qn, ce que fait qn. || FIG. *nach dem Rechten sehen*, veiller à ce que tout marche bien.

III. [ressembler] *jm ähnlich sehen*, ressembler à qn. || FAM. *das sieht ihm ähnlich*, ça lui ressemble bien ; c'est bien de lui.

IV. [erleben] vivre ; connaître. | *gute Tage sehen*, vivre des jours heureux.

V. [sich bemühen] voir à ; pourvoir à ; veiller à ; prendre soin de. | *ich will sehen, daß ich mit der Arbeit fertig werde*, je vais tâcher d'achever mon travail. | *sehen Sie (zu), daß*, tâchez de.

VI. (avec l'infin. ou double infin.) *ich sehe die Sonne aufgehen*, je vois le soleil se lever. | *ich habe den Zug ankommen sehen*, j'ai vu arriver le train.

VII. part. prés. **sehend,** qui voit. || FIG. lucide. | *mit sehenden Augen blind*, qui a des yeux et qui ne voit pas.

VIII. part. pass. **gesehen,** vu ; remarqué. | *ein gern gesehener Gast*, un hôte bienvenu. | *ungern gesehen*, mal vu ; regardé d'un mauvais œil.

IX. v. pr. **sich sehen,** se voir. | *er sah sich betrogen*, il vit qu'il était dupe. | *ich sehe mich genötigt, gezwungen, veranlaßt*, je me vois contraint, forcé (de) ; je suis incité (à). | *er sah sich schon als Minister*, il se voyait déjà ministre. | *er läßt sich nicht sehen*, il ne se montre pas. | *das läßt sich sehen*, cela a belle allure. | *sich einen Augenblick sehen lassen*, faire acte de présence. | *sich satt sehen*, se repaître la vue. | *sich nicht satt sehen können*, ne pas se lasser de regarder.

Sehen [-ən] n. (s) [fait de] voir ; vue f. ; vision f. | *ihm verging Hören und Sehen*, il en fut tout étourdi. | *ich kenne ihn nur vom Sehen*, je ne le connais que de vue.

sehens|wert ["ze:əns've:rt], **-würdig** [-'vyrdiç] adj. curieux ; digne d'être vu ; remarquable ; intéressant. ||°**-würdigkeit** f. (-, en) curiosité f.

Seher ['ze:ər] m. (s, -) voyant m. ; prophète m. ; visionnaire m. ; astrologue m.

Seher|blick ["ze:ər'blik] m. (s, e) regard (m.) prophétique. ||°**-gabe** f. seconde vue.

Sehne ['ze:nə] f. (-, n) corde f. || [Fleisch] tendon m. || MATH. corde (f.) d'un arc.

sehnen (sich) [ziç'ze:nən] v. pr. *sich sehnen nach*, soupirer après ; avoir la nostalgie de. | *sich nach der Heimat sehnen*, avoir la nostalgie de son pays (natal) ; regretter son pays (natal). | *sich nach Ruhe sehnen*, aspirer au repos. | *er sehnt sich fort*, il est impatient de partir.

Sehnen ['ze:nən] n. (s) nostalgie f. ; désir ardent ; élan m. ; ferveur f. ; impatience f. ; aspiration f.

Sehnen|entzündung ["ze:nənεnt'tsynduŋ] f. (-, en). MÉD. tendinite f.

sehnig ['ze:niç] adj. filandreux ; nerveux. | *sehniger Arm*, bras nerveux. | *sehniges Fleisch*, viande filandreuse.

sehnlich ['ze:nliç] adj. ardent ; nostalgique ; passionné ; impatient. | *sehnliches Verlangen*, désir ardent. | *sehnlichst erwarten*, attendre impatiemment.

Sehn|sucht ["ze:n'zuxt] f. aspiration f. ; désir ardent ; nostalgie f. ; impatience f. ; langueur f. ; vœux ardents ; vague (m.) à l'âme. | *Sehnsucht nach der Heimat*, nostalgie du pays natal. | *Sehnsucht nach etwas*, *nach jm haben, empfinden*, aspirer à qch. ; avoir la nostalgie de qch., de qn.

sehn|süchtig [-'zyçtiç] adj. nostalgique ; passionné ; d'un cœur ardent ; impatient. | *Sie werden schon sehnsüchtig erwartet*, vous êtes attendu comme le Messie.

sehr [ze:r] adv. très ; fort ; vivement ; bien ; beaucoup. — **1.** (devant un adj.) *sehr schön*, très beau. | *sehr gut*, très bon. | *sehr langweilig*, fort ennuyeux. | *sehr interessiert*, vivement intéressé.

2. (devant un adv.) *sehr viel*, beaucoup. | *sehr gut*, très bien. | *sehr oft*, très souvent.

3. (avec un verbe) *er liebt das Meer sehr*, il aime beaucoup la mer. | *es schmerzt mich sehr*, cela me fait très mal. | *ich freue mich sehr*, je me réjouis vivement. | *sehr im Rückstand sein*, être très en retard.

4. Loc. *danke sehr !*, merci beaucoup. | *bitte sehr !*, je vous en prie ; s'il vous plaît ; merci beaucoup. | *wie sehr ich das bedaure, können Sie sich nicht vorstellen*, à quel point je le regrette, vous ne pouvez pas l'imaginer. | *so sehr er auch Kenner ist, so...*, si grand connaisseur qu'il soit, pourtant... | *wie sehr du auch schiltst, hast du doch unrecht*, tu as beau crier, tu n'en as pas moins tort. || Loc. ADV. *so sehr*, tant ; tellement. | *so sehr... daß*, à tel point que. | *zu sehr, als daß*, trop pour que.

Seiche ['zaiçə] f. Pop. urine f. ; pipi m. || Fig. radotages m. pl.

seicht [zaiçt] adj. peu profond ; bas ; guéable. || [an einem Fluß] *seichte Stelle*, gué m. || [im Meer] *seichte Orte*, bas-fonds m. pl. || Fig. *seichtes Gerede*, platitudes f. pl.

Seichtheit ['zaiçthait] f., **Seichtigkeit** [-tiçkait] f. Pr. et fig. absence (f.) de profondeur ; caractère superficiel.

Seide ['zaidə] f. (-, n) soie f. | *gezwirnte Seide*, soie torse. | *Kunstseide*, soie artificielle ; rayonne f.

Seidel ['zaidəl] n. (s, -). [Bier] pot m. ; cruche f.

Seidelbast [-'bast] m. daphné m. ; bois-gentil m.

seiden ['zaidən] adj. de soie ; en soie. || Par ext. soyeux ; satiné.

seiden|artig ["zaidən'ɑ:rtiç] adj. soyeux. ||°**-atlas** m. satin m. ||°**-garn** n. soie filée. ||°**-gehäuse** n. (s, -) cocon (m.) de ver à soie. ||°**-kultur** f. sériciculture f. ||°**-papier** n. (s) papier (m.) de soie. ||°**-raupe** f. (-, n) ver (m.) à soie. ||°**-stoff** m. (s, e) soierie f. ||°**-waren** f. pl. soieries f. pl. ||°**-weberei** f. tissage (m.) de la soie. ||**-weich** adj. soyeux ; satiné. ||°**-zucht** f. sériciculture f. ||°**-züchter** m. (s, -) sériciculteur m.

seidig [-diç] adj. soyeux ; satiné.

Seife ['zaifə] f. (-, n) savon m. || [Geröll] alluvions (f. pl.) métallifères.

seifen [-fən] v. tr. savonner.

seifen|artig ["zaifən'ɑ:rtiç] adj. saponacé ; savonneux. ||°**-behälter** m. (s, -) porte-savon m. ||°**-blase** f. (-, n) bulle (f.) de savon. ||°**-flocken** f. pl. savon (m.) en paillettes. ||°**-lauge** f. eau de lessive alcaline. ||°**-pulver** n. (s, -) savon (m.) en poudre. ||°**-schale** f. (-, n) porte-savonnette m. ; bol (m.) à raser. ||°**-schaum** m. (s, ¨e) mousse (f.) de savon. ||°**-wasser** n. (s) eau (f.) de savon.

seifig ['zaifiç] adj. savonneux ; enduit de savon.

Seiger|schacht ["zaigər'ʃaxt] m. (s, ¨e) puits vertical.

seihen [-ən] v. tr. passer ; filtrer ; couler.
◇ v. intr. suinter.

Seiher [-ər] m. (s, -) passoire f. ; filtre m.

Seil [zail] n. (s, e) corde f. ; cordage m. ; câble m. | *(übers) Seil springen*, sauter à la corde. | *starkes, dickes Seil*, câble. || Fig. *an demselben Seil ziehen*, être attelé à la même charrue.

Seil|bahn ["zail'bɑ:n] f. (-, en) téléphérique m. ; funiculaire m. ||°**-fähre** f. (-, n) bac (m.) à traille. ||°**-mannschaft** f. (-, en). Sport. cordée f. ||°**-tänzer** m. (s, -) danseur (m.) de corde ; funambule m. ; saltimbanque m. ||°**-umlenkrolle** f. (-, n). Techn. poulie (f.) de renvoi. ||°**-werk** n. (s) cordages m. pl. ||°**-winde** f. (-, n) treuil (m.) de halage. ||°**-zug** m. (s, ¨e) palan m.

Seiler ['zailər] m. (s, -) cordier m.

Seilerei [zailə'rai] f. (-, en) corderie f.

Seilschaft [zailʃaft] f. (-, en). Sport. cordée f.

Seim [zaim] m. (s, e) mucilage m. ; miel m. ; sirop m. ; crème f.

seimig [-miç] adj. consistant ; mucilagineux ; filant.

sein [zain] **(seine, sein)** adj. poss. de la 3e pers. du sing. son ; sa ; ses. | *seine Uhr*, sa montre. | *sein Vater*, son père. | *sein Buch*, son livre. | *seine Kinder*, ses enfants. | *alles zu seiner Zeit*, chaque chose en son temps. | *einer seiner Freunde*, un de ses amis. | *mein und sein Lehrer*, mon maître et le sien. | *dieses Land hat hohe Gebirge ; sein Klima ist rauh*, ce pays possède de hautes montagnes ; le climat en est rude.
◇ pron. poss. **sein(er), seine, sein(e)s,** sien ; sienne. | *dieses Auto ist neu, seines ist alt*, cette voiture est neuve ; la sienne est vieille.
◇ n. **Sein.** *die Seinen*, les siens. | *jedem das Seine*, à chacun son dû.

sein [zain] v. intr. et v. auxil.

> **I.** être (avec un attribut, adj. ou nom).
> **II.** [leben ; existieren] exister.
> **III.** [sich befinden] se trouver ; avoir lieu.
> **IV.** [Befinden ; Lage] aller (bien, mal).
> **V.** [bedeuten] signifier.
> **VI.** [Wetter] **es ist,** il fait.
> **VII.** Constructions particulières :
> **1.** avec un cas (gén. ou dat.) ;
> **2.** avec zu et l'infin.
> **VIII.** Significations particulières du subj. **sei.**
> **IX.** Employé comme auxiliaire.

I. (avec un attribut) être. | *mutig sein*, être courageux. | *er ist zehn Jahre (alt)*, il a dix ans. | *ich bin es*, c'est moi. | *es ist Herbst*, c'est l'automne. | *ich bin es, der*, c'est moi qui. | *was ist das ?*, qu'est-ce que c'est ?

II. [leben ; existieren] exister. | *ich denke, also bin ich*, je pense, donc je suis. | *er ist nicht mehr*, il n'est plus ; il est mort. | *die Sache gut sein lassen*, laisser les choses telles qu'elles sont. || Fig. *er ließ es gut sein*, il ne protesta pas. || Fam. *das ist alles schon da gewesen*, tout cela s'est déjà vu. | *das kann sein*, cela se peut. | *das ist nichts für dich*, cela ne te vaut rien. || Loc. *es ist eine lange Zeit her*, il y a longtemps de cela.

III. [sich befinden] se trouver ; avoir lieu. | *in Berlin sein*, être à Berlin. | *er ist schon zwei Jahre in Deutschland*, il y a déjà deux ans qu'il est en Allemagne. | *hier ist er*, le voilà. | *es kann sein, daß*, il se peut que.

IV. [Befinden ; Lage] *wie ist Ihnen ?*, comment allez-vous ? | *es ist mir besser*, je vais mieux. | *es ist mir kalt*, j'ai froid. | *was ist mit ihm ?*, fam. qu'est-ce qui le prend ? | *wie ist es ?*, où en sont les choses ? | *so ist es*, il en est ainsi. | *es ist mir, als ob*, j'ai le sentiment, l'impression que. | *es ist, als ob*, il semble que. | *wenn dem so ist*, s'il en est ainsi ; cela étant.

V. [bedeuten] signifier ; vouloir dire. | *das ist (d. i.)*, c'est-à-dire. || Par ext. *es ist die Rede von diesen*

Ereignissen, il est question de ces événements. ‖ MATH. *sechsmal drei ist achtzehn*, six fois trois font dix-huit.
VI. [Wetter] **es ist,** il fait. | *es ist kalt*, il fait froid. | *es ist nie so warm gewesen*, il n'a jamais fait aussi chaud. | *es ist Nacht*, il fait nuit.
VII. CONSTRUCTIONS PARTICULIÈRES : **1.** (avec le gén.) *der Meinung, der Ansicht sein, etwas zu tun*, être d'avis de faire qch. | *hoher Herkunft sein*, être de noble origine.
2. (avec **zu** et l'infinitif : idée d'obligation, de nécessité) : *damit ist nicht zu spaßen*, il ne faut pas plaisanter avec cela. | *dieses Übel ist zu bekämpfen*, ce mal doit être combattu. ‖ (idée de possibilité) : *von ihm ist nichts Gutes zu erwarten*, il n'y a rien à attendre de bon de lui. | *dieses Haus ist zu verkaufen*, cette maison est à vendre. | *kein Baum war zu sehen*, aucun arbre n'était en vue. | *ist der Herr Minister zu sprechen ?*, peut-on voir M. le Ministre ?
VIII. SIGNIFICATIONS PARTICULIÈRES DU SUBJ. **sei :** *es sei !*, soit ! ; passe ! | *sei es auch noch so wenig*, tant soit peu. | *sei es..., sei es*, soit que..., soit que... | *es sei denn, daß*, à moins que. | *wie dem auch sei, hat er recht*, quoi qu'il en soit, il a raison.
IX. EMPLOYÉ COMME AUXIL. : 1° des verbes **sein, werden, bleiben.** | *es ist kalt gewesen*, il a fait froid. | *er ist mutiger geworden*, il est devenu plus courageux ; 2° des verbes de locomotion et par extension de ceux qui expriment le passage d'un état à un autre, une transformation ou une évolution : *ich bin nach Paris gefahren*, je suis allé à Paris. | *die Blume ist aufgeblüht*, la fleur s'est épanouie. | *er ist erkrankt*, il est tombé malade. — Les verbes de locomotion peuvent également se conjuguer avec l'auxiliaire **haben** si l'on veut insister sur l'activité elle-même plutôt que sur le déplacement en direction d'un lieu : *er ist bis ans Ufer geschwommen*, il a gagné la rive à la nage. | *er hat stundenlang geschwommen*, il a nagé durant des heures. | *wir sind über den Strom gesetzt*, nous avons traversé le fleuve ; 3° FAM. avec élision possible du part. pass. : *er ist nach Deutschland*, il est parti pour l'Allemagne. | *sie ist hinunter*, elle est descendue. | *die Zeit ist vorbei*, le temps a passé.

Sein [zain] n. (s) être m. ; essence f. ; existence f. ‖ PHILOS. *Lehre vom Sein*, ontologie f. | *Art des Seins*, modalité (f.) de l'être.

seiner ['zainər] pron. pers. (gén. de **er, es**) de lui ; sien.

seiner|seits ["zainər'zaits] adv. de son côté ; de sa part ; à son tour.

seiner|zeit [-'tsait] adv. jadis ; en son temps.

seines|gleichen ["zainəs'glaiçən] pron. invar. son, ses semblables. | *er hat nicht seinesgleichen*, il n'a pas son pareil. | *mit jm wie mit seinesgleichen umgehen*, traiter qn d'égal à égal.

seinet|halben ["zainət'halbən], **seinet|wegen** [-'ve:gən], **um seinet|willen** [um"zainət'vilən] loc. prép. pour lui ; à cause de lui ; pour l'amour de lui ; par égard pour lui.

seinige ['zainigə] pr. poss. *der, die, das seinige*, le sien. | *die Seinigen*, les siens. | *das seinige (dazu) tun*, faire son possible ; faire de son mieux.

seismisch ['zaismiʃ] adj. sismique.

Seismograph [zaismo'gra:f] m. (en, en). [Erdbebenanzeiger] sismographe m.

seit [zait] prép. (dat.) depuis ; dès. | *seit vier Stunden*, depuis quatre heures. | *seit vier Uhr*, depuis, dès 4 heures. | *seit langem*, depuis longtemps. | *seit kurzem*, depuis peu. | *seit heute*, à partir d'aujourd'hui. | *seit der Zeit, da*, depuis le temps que. | *seit dem Tage, da*, du jour où.
◇ conj. depuis que. V. SEITDEM.

seit|dem ['zaitde:m] conj. depuis que. | *seit(dem) ich ihn nicht gesehen habe*, depuis que je ne l'ai vu. — adv. dès lors ; depuis ce temps-là. | *seitdem hat er nicht mehr geschrieben*, dès lors il n'a plus écrit. ‖**-her** adv. depuis ce temps-là. ‖**-wärts** adv. de côté. | *seitwärts blicken*, regarder de côté.

Seite ['zaitə] f. (-, n). **1.** côté m. ; face f. ; flanc m. *die Seiten eines Vierecks*, les côtés d'un rectangle. | *die Seiten eines Würfels*, les faces d'un dé. | *nach allen Seiten*, en toutes directions ; en tous sens. | *von allen Seiten*, de toutes parts ; de partout. | *auf jeder Seite*, de chaque côté. | *linke Seite*, côté gauche ; TEXT. envers m. ; [Flüße] rive gauche. | *vordere Seite*, face f. ; façade f. | *hintere Seite*, arrière m. ; derrière m. | *Stich in der Seite*, point (m.) de côté. ‖ MIL. *von der Seite*, de flanc. | *auf der Seite liegen*, être couché sur le côté. | *von der Seite*, de côté ; de profil. | *rechte Seite*, côté droit ; TEXT. endroit m. ; [Flüße], rive droite. | *auf die Seite treten, fahren*, se ranger ; se mettre à l'écart. ‖ FIG. *etwas auf die Seite legen*, mettre qch. de côté ; économiser. ‖ FIG. *jn bei seiner schwachen Seite nehmen*, prendre qn par son point faible. ‖ [Aussehen] aspect m. ; apparence f. ; point (m.) de vue. ‖ FAM. *das hat (s)eine gute Seite*, cela a du bon.
2. [Nähe] proximité f. ; côté m. ; voisinage m. | *an meiner Seite*, à mes côtés. | *jm nicht von der Seite gehen*, ne pas quitter qn d'un pas. | *jm zur Seite stehen*, assister qn.
3. [Buchseite] page f. ; folio m. | *vordere Seite*, recto m. | *Rückseite*, verso m. | *die Seiten umschlagen*, tourner les pages.
4. FIG. côté m. ; parti m. ; camp m. | *von meiner Seite*, de mon côté. | *von väterlicher Seite her*, du côté paternel. ‖ POLIT. [Partei] *auf js Seite stehen*, être du parti de qn. | *auf derselben Seite*, du même bord. | *sich auf die stärkere Seite schlagen*, se ranger du côté du plus fort.
5. MATH. *die linke Seite (einer Gleichung)*, le premier membre (d'une équation). | *die rechte Seite*, le second membre.

Seiten... ['zaitən] (en compos.) de côté ; latéral ; secondaire.

Seiten|abnutzung ["zaitən'apnutsuŋ] f. (-, en) usure latérale. ‖°**-ansicht** f. (-, en) vue (f.) de côté ; profil m. ‖°**-bau** m. (s, e) aile f. ; dépendance f. ‖°**-befestigung** f. épaulement (m.) d'une route. ‖°**-blick** m. (s, e) regard (m.) de côté. ‖°**-deckung** f. (-, en). MIL. flanc-garde f. ‖°**-druck** m. (s, ¨e) pression latérale. ‖°**-fläche** f. (-, n) face latérale ; facette f. ‖°**-flosse** f. (-, n). AÉRON. dérive f. ‖°**-gang** m. (s, ¨e) contre-allée f. ; galerie latérale. ‖°**-gebäude** n. (s, -) aile f. ‖°**-gespräch** n. (s, e) aparté m. ‖°**-gewehr** n. (s, e) baïonnette f. ‖°**-hieb** m. (s, e) coup (m.) de côté. ‖ FIG. boutade f. ‖°**-kraft** f. (-, ¨e). PHYS. composante f. ‖°**-lähmung** f. (-, en). MÉD. hémiplégie f. ‖**-lang** adj. long de plusieurs pages ; sur des pages ; très long ; très étendu. ‖°**-lehne** f. (-, n) accoudoir m. ; bras (m.) de fauteuil. ‖°**-licht** n. (s, er). AUTOM. feu (m.) de position. ‖°**-linie** f. (-, n) ligne collatérale. ‖ [Eisenbahn] ligne (f.) secondaire. ‖ SPORT. ligne (f.) de touche. ‖°**-rand** m. (s, ¨er) marge f. ‖°**-ruder** n. (s, -). AÉRON. gouverne (f.) de direction. ‖°**-schiff** n. (s, e). ARCHIT. bas-côté m. ‖°**-sprung** m. (s, ¨e) écart (m.) de conduite. ‖**-ständig** adj. latéral. ‖°**-stich** m. (s, e) point (m.) de côté. ‖°**-stoß** m. (es, ¨e) bourrade f. ‖°**-straße** f. (-, n) rue latérale. ‖°**-streifen** m. (s, -) accotement m. ; bas-côté m. ‖°**-summe** f. (-, n). COMM. somme (f.) à reporter. ‖°**-tal** n. (s, ¨er) vallée transversale. ‖°**-teil** n. (s, e) flanc m. ; côté m. ‖°**-wand** f. (-, ¨e) paroi latérale. ‖°**-weg** m. (s, e) chemin latéral, transversal. ‖°**-zweig** m. (s, e) branche collatérale.

seitens ['zaitəns] prép. (gén.) du côté de ; de la part de.

seitlich [-tliç] adj. latéral ; collatéral ; dérivé.

seitlings [-tliŋs], **seitwärts** [-tvɛrts] adv. de côté. || AUTOM. *Seitwärtsgleiten*, dérapage m.

Sekante [ze'kantə] f. (-, n). MATH. sécante f.

Sekret [ze'kre:t] n. (s, e). ANAT. [Absonderung] sécrétion f. || [Geheimnis] secret m.

Sekretär [zekre'tɛ:r] m. (s, e) [Schreiber ; Schreibschrank] secrétaire m.

Sekretariat [-tari'ɑ:t] n. (s, e) secrétariat m.

Sekretion [zekre'tsio:n] f. (-, en) sécrétion f.

Sekt [zɛkt] m. (s, e) vin mousseux. | *Sektkübel*, seau (m.) à champagne.

Sekte ['zɛktə] f. (-, n). RELIG. secte f.

Sektierer [zɛk'ti:rər] m. (s, -) sectaire m. | *Sektierertum*, esprit (m.) de secte.

sektiererisch [-rəriʃ] adj. sectaire.

Sektion [zɛk'tsio:n] f. (-, en) section f. ; subdivision f. || MÉD. dissection f.

Sektor ['zɛktɔr] m. (s, en). MATH. secteur m. || ÉCON. *tertiärer Sektor*, secteur (m.) tertiaire.

Sekunda [ze'kunda] f. (-, den). UNIV. classe (f.) de seconde ; seconde f.

Sekundaner(in) [zekun'dɑ:nər(in)] m. (s, -), f. (-, nen) élève (s.) de seconde.

Sekundant [-'dant] m. (en, en). [Zweikampf] témoin m. ; second m.

sekundär [-'dɛ:r] adj. secondaire.

Sekunde [ze'kundə] f. (-, n). [Zeit-, Bogenmaß] seconde f. || MUS. seconde f. | *Sekundenzeiger*, aiguille (f.) des secondes ; trotteuse f.

sekundieren [zekun'di:rən] v. tr. et v. intr. seconder. || [Fechten] servir de second, de témoin. || MUS. accompagner.

sekundlich [zekuntliç] adj. qui se répète de seconde en seconde.

selb [zɛlp] adj. même. | *zur selben Zeit ; um dieselbe Zeit*, au même moment. | *derselbe, dieselbe, dasselbe*, le même ; la même.

selb|ständig ["zɛlp'ʃtɛndiç] adj. autonome ; indépendant. || COMM. établi à son compte. || °**-ständigkeit** f. autonomie f. ; indépendance f.

selber ['zɛlbər] adv. [selbst] même. | *ich selber*, moi-même.

selbig [-biç] adj. même. | *zur selbigen Zeit*, au même moment ; en même temps.

selbst [zɛlpst] adv. **1.** même (précédé d'un nom ou d'un pron. pers.) *ich selbst*, moi-même. | *wir selbst*, nous-mêmes. | *ich habe es selbst gehört*, je l'ai entendu moi-même, de mes propres oreilles. | *für sich selbst*, pour soi. | *zu sich selbst sprechen*, parler tout seul ; soliloquer. | *von selbst*, de soi-même ; tout seul ; aisément ; spontanément ; automatiquement. | *das versteht sich von selbst (selber)*, cela va de soi. || PROV. *selbst ist der Mann*, compte sur toi seul. | *selbst eingebrockt, selbst ausgelöffelt*, comme on fait son lit on se couche.
2. en personne. | *er ist die Güte selbst*, il est la bonté même, incarnée, en personne, personnifiée. | *er kam selbst*, il est venu en personne.
3. [sogar] même ; lors même que. | *selbst er*, même lui. | *selbst unsere Freunde verraten uns*, il n'est pas jusqu'à nos amis qui ne nous trahissent. | *selbst unter diesen Umständen*, fût-ce dans ces circonstances. | *selbst wenn*, lors même que ; quand bien même ; même si. | *selbst wenn sie es wollten, würden sie es nicht wagen*, le voudraient-ils qu'ils ne l'oseraient pas.

Selbst [zɛlpst] n. *das eigene Selbst*, le moi.

selbst [zɛlpst] (en compos.) de soi-même ; en soi-même ; spontané ; volontaire ; automatique. || TECHN. auto... ; self-...

Selbst|achtung ["zɛlpst'axtuŋ] f. amour-propre m. ; respect (m.) de soi. ||°**-anklage** f. (-, n) autoaccusation f. ||°**-aufopferung** f. dévouement, sacrifice spontané ; don (m.), oubli (m.) de soi. ||°**-auslöser** m. (s, -). PHOT. photomètre (m.) automatique ; déclencheur (m.) automatique. ||°**-bedienungsladen** m. (s, ¨) magasin (m.) self-service ; supérette f. ||°**-befriedigung** f. masturbation f. ||°**-befruchtung** f. parthénogenèse f. ||°**-beherrschung** f. maîtrise (f.) de soi ; empire (m.) sur soi-même. ||°**-bekenntnis** n. (ses, se) aveu spontané ; confession f. ||°**-bestimmung** f. libre disposition (f.) de soi-même. || POLIT. autodétermination f. ||°**-bestimmungs|recht** n. (s). POLIT. *Selbstbestimmungsrecht der Völker*, droit (m.) d'autodétermination. ||°**-betrug** m. (s) [fait de] s'abuser, (de) se faire illusion. ||°**-bewirtschaftung** f. gestion directe. || **-bewußt** adj. conscient de sa valeur ; suffisant ; prétentieux. ||°**-bewußtsein** n. (s) conscience (f.) de soi. ||°**-bildnis** n. (ses, se) autoportrait m. || °**-biographie** f. (-, n) autobiographie f. ||°**-erkenntnis** f. connaissance (f.) de soi-même. ||°**-erregung** f. (-, en). ÉLECTR. self-induction f. ||°**-erzeugung** f. génération spontanée. ||°**-finanzierung** f. autofinancement m. || °**-finanzierungs|marge** f. (-, n) marge brute d'autofinancement (M.A.B.). ||**-gefällig** adj. satisfait de soi-même ; suffisant ; fat. ||°**-gefälligkeit** f. suffisance f. ||°**-gefühl** n. (s, e) amour-propre m. ; fierté f. ; sentiment (m.) de sa dignité. ||**-genügsam** adj. satisfait de soi-même ; suffisant ; présomptueux. ||**-gerecht** adj. pharisien. ||**-geschrieben** adj. JUR. olographe. ||°**-gespräch** n. (s, e) monologue m. ; soliloque m. ||**-herrlich** adj. souverain ; arbitraire ; despotique. ||°**-hilfe** f. 1° autodéfense f. ; 2° effort personnel. ||°**-hilfe|gruppe** f. (-, n) comité (m.) d'autodéfense. ||°**-induktionsspule** f. (-, n). ÉLECTR. self f. ||°**-kostenanteil** m. (s, e) [Krankenversicherung] ticket modérateur. ||°**-kostenpreis** m. (es, e). COMM. prix coûtant ; prix de revient. ||°**-kritik** f. (-, en) autocritique f. ||°**-laut** m. (s, e) voyelle f. ||**-los** adj. désintéressé ; dévoué ; généreux ; plein d'abnégation. ||°**-losigkeit** f. oubli (m.) de soi ; dévouement m. ||°**-mord** m. (s, e) suicide m. ||°**-mörder** m. (s, -) suicidé m. ||**-mörderisch** adj. *selbstmörderische Gedanken*, idées (f. pl.) de suicide. ||**-redend** adj. évident ; qui va sans dire. ||**-regulierend** adj. à réglage automatique. ||**-schuldnerisch** adj. JUR. *selbstschuldnerische Bürgschaft*, caution (f.) solidaire. ||**-sicher** adj. assuré ; sûr de soi. || °**-steueranlage** f. (-, n) dispositif (m.) de commande automatique. ||°**-sucht** f. amour-propre m. ; égoïsme m. ||**-tätig** adj. spontané ; automatique. ||°**-täuschung** f. (-, en) illusion (f.) que l'on se fait sur soi-même. || °**-überhebung** f. présomption f. ||°**-unterricht** m. (s) autodidactisme m. || °**-vergessenheit** f. oubli (m.) de soi ; abnégation f. ; dévouement m. ||°**-verlag** m. (s) publication (f.) à compte d'auteur. || °**-verleugnung** f. abnégation f. ||°**-versorger** m. (s, -). JUR. réservataire m. ||**-verständlich** adj. et adv. qui va de soi ; naturel ; bien entendu ; qui va sans dire. ||°**-verständlichkeit** f. évidence f. ; caractère évident. ||°**-verstümmelung** f. (-, en) mutilation (f.) volontaire. ||°**-verteidigung** f. autodéfense f. ; défense personnelle. ||°**-vertrauen** n. (s) confiance (f.) en soi ; assurance f. ||°**-verwaltung** f. autonomie administrative. || ÉCON. autogestion f.

||°-**verwaltungs|körperschaft** f. (-, en) collectivité territoriale autonome. ||°-**verwirklichung** f. épanouissement personnel. ||°-**wählerfernverkehr** m. (s). Téléph. trafic automatique interurbain. || °-**zucht** f. discipline (f.) sur soi-même. ||-**zufrieden** adj. content de soi ; suffisant. ||°-**zündung** f. allumage (m.) automatique. ||°-**zweck** m. (s, e) fin (f.) en soi ; but absolu.

selbstisch ['zɛlpstiʃ] adj. Péjor. égoïste ; personnel.

selchen ['zɛlçən] v. tr. [Fleisch] fumer. | *Selchfleisch*, viande fumée.

Selektion [zelɛk'tsio:n] f. (-, en) sélection f.

selektiv [-'ti:f] adj. sélectif.

Selen [ze'le:n] n. (s). Chim. sélénium m.

selig ['ze:liç] adj. **1.** Relig. bienheureux ; qui connaît la béatitude, la félicité. | *selig sprechen*, béatifier. | *selig preisen*, proclamer heureux. | *Gott hab ihn selig !*, Dieu ait son âme ! | *die Seligen*, les bienheureux. **2.** [verstorben] défunt ; mort ; feu. | *mein seliger Großvater*, feu mon grand-père. | *die Seligen*, les défunts. **3.** Par ext. heureux ; ravi ; béat ; joyeux ; comblé ; fortuné. | *ganz selig sein*, nager dans la joie ; être aux anges ; fam. être un peu ivre.

...selig (en compos.) riche en ; plein de. | *vertrauensselig*, confiant. | *saumselig*, retardataire.

selig|gesprochen ["ze:liçgə'ʃprɔxən] adj. Relig. béatifié. ||-**machend** adj. Relig. sanctifiant ; qui apporte le salut. | *seligmachende Gnade*, grâce sanctifiante. ||°-**preisung** f. (-, en) glorification f. ; béatitude f. ||-**sprechen** v. tr. béatifier.

Seligkeit [-kait] f. (-, en) félicité f. ; béatitude f. ; joie (f.) suprême. | *ewige Seligkeit*, salut éternel ; félicité éternelle. | *die ewige Seligkeit erlangen, gewinnen*, faire son salut.

Sellerie ['zɛləri] f. ou m. Bot. céleri m.

selten ['zɛltən] adj. rare ; peu fréquent ; singulier ; curieux. | *nicht selten*, assez souvent. | *nichts Seltenes daran*, rien d'extraordinaire à cela. | *seltener Fall*, cas rare. | *seltene Energie*, énergie comme on en voit peu. | *möglichst selten*, le moins possible.

Seltenheit [-hait] f. (-, en) rareté f. ; singularité f. ; curiosité f. ; chose (f.) rare.

Selter(s)|wasser ["zɛltər(s)'vasər] n. (s) eau (f.) de Seltz.

seltsam ['zɛltza:m] adj. étrange ; bizarre ; curieux ; surprenant.

Seltsamkeit [-kait] f. (-, en) singularité f. ; chose (f.) étrange.

Semantik [ze'mantik] f. sémantique f.

Semantiker(in) [ze'mantikər(in)] m. (s, -), f. (-, nen) sémanticien m., sémanticienne f.

semantisch [-tiʃ] adj. sémantique.

Semester [ze'mɛstər] n. (s, -) semestre m.

Semi|kolon [zemi'ko:lɔn] n. (s, s) point-virgule m.

Seminar [zemi'na:r] n. (s, e) séminaire m. || Univ. école normale ; séminaire m.

Seminarist [-na'rist] m. (en, en). Relig. séminariste m. || Univ. élève (m.) d'une école normale.

Semit [ze'mi:t] n. pr. m. (en, en) Sémite m.

Semmel ['zɛməl] f. (-, n) petit pain. || Fig. *das geht weg wie frische Semmeln*, cela se vend comme des petits pains.

semmel|blond ["zɛməl'blɔnt] adj. blond pâle. ||°-**brösel** n. pl. chapelure f. ||°-**mehl** n. (s) gruau m.

Senat [ze'na:t] m. (s, e) sénat m. | *auf Senatsbeschluß*, par décret du Sénat.

Senator [-tɔr] m. (s, en) sénateur m. ; conseiller m.

senatorisch [zena'to:riʃ] adj. sénatorial.

Send|bote ["zɛnt'bo:tə] m. (n, n) messager m. ; envoyé m. || Par ext. missionnaire m. ; apôtre m. ; propagandiste m. ||°-**brief** m. (s, e) missive f. ; épître f. ||°-**schein** m. (s, e) avis (m.) d'expédition. ||°-**schreiben** n. (s, -) épître f.

Sende|anlage ["zɛndə'anla:gə] f. (-, n). Radio. poste émetteur. ||°-**plan** m. (s, ¨e) programme (m.) des émissions. ||°-**raum** m. (s, ¨e) studio (m.) d'émission. ||°-**saal** m. (s, -säle) auditorium m. ||°-**station** f. (-, en) station (f.) d'émission.

senden ['zɛndən] (sandte, gesandt) v. tr. expédier ; envoyer ; émettre. | *ein Paket als Eilgut senden*, envoyer un paquet par exprès, en grande vitesse. | *einen Gruß an jn senden*, adresser le bonjour à qn. || Radio. [sendete, gesendet] émettre ; transmettre ; diffuser.

Sender [-dər] m. (s, -) expéditeur m. ; envoyeur m. || Techn. transmetteur m. ; émetteur (m.) de radio. | *über die Sender bekanntgeben*, radiodiffuser.

Sendling ['zɛntliŋ] m. (s, e) émissaire m.

Sendung ['zɛnduŋ] f. (-, en) expédition f. ; envoi m. | *unzustellbare Sendung*, envoi tombé au rebut. | *Einschreibesendung*, envoi recommandé. | *Sendung mit Wertangabe*, envoi avec valeur déclarée. || Par ext. colis expédié. || Fig. mission f. || Télév., Radio. émission f.

Senf [zɛnf] m. (s, e) moutarde f. || Fig. *seinen Senf dazu geben*, mettre son grain de sel.

Senf|büchse ["zɛnf'byksə] f. (-, n) moutardier m. ||°-**gas** n. (es, e) ypérite f. ||°-**pflaster** n. (s, -) sinapisme m.

Senge ['zɛŋə] f. (-, n). Pop. rossée f. ; raclée f.

sengen ['zɛŋən] v. tr. griller ; flamber ; roussir ; brûler. | *die Sonne sengt die Blätter*, le soleil grille, roussit les feuilles. | *sengende Hitze*, chaleur (f.) torride. || Culin. griller ; flamber. | *die Haare sengen*, flamber, roussir les poils. || Loc. *sengen und brennen*, dévaster ; mettre à feu et à sang.

◇ v. intr. brûler ; roussir ; griller.

senil [ze'ni:l] adj. sénile. || Péjor. gâteux.

Senior ['ze:niɔr] m. (s, en) doyen m. ; ancien m. ; aîné m. || Sport. senior m.

senior adj. aîné ; ancien.

Seniorenpaß m. (s, ¨e) carte (f.) vermeil.

Senk|blei ["zɛŋk'blai] n. (s) fil (m.) à plomb. || Mar. sonde f. ||°-**fuß** m. (es, ¨e) pied plat. ||°-**grube** f. (-, n) puisard m. ; fosse (f.) d'aisances. ||°-**kasten** m. (s, -) caisson (m.) hydraulique ; bouche (f.) d'égout. ||-**recht** adj. vertical ; perpendiculaire. | *auf einer Geraden senkrecht stehen*, être perpendiculaire à une droite. | *eine senkrechte Linie fällen, ziehen*, abaisser, tracer une perpendiculaire. | *senkrechte Projektion*, projection orthogonale. ||°-**rechte** f. (-, n). Math. perpendiculaire f. || °-**rechtstart** m. (s, s). Aéron. décollage vertical. ||°-**rechtstarter** m. (s, -). Aéron. avion (m.) à décollage vertical. ||°-**schraube** f. (-, n). Techn. vis noyée. ||°-**waage** f. (-, n) aréomètre m.

Senke ['zɛŋkə] f. (-, n). Géol. dépression (f.) de terrain.

Senkel ['zɛŋkəl] m. (s, -) lacet m. ; cordon m. || [Schnürband] *Schuhsenkel*, lacet de soulier. || Techn. [Senkblei] fil (m.) à plomb.

senken ['zɛŋkən] v. tr. faire tomber ; descendre ; s'enfoncer ; abaisser ; baisser ; plonger. | *gesenkten Hauptes*, la tête basse. | *die Stimme senken*, baisser la voix. | *den Blick senken*, baisser les yeux. | *die Preise senken*, baisser les prix. | *gesenkte Lage*, déclivité f. ; pente f. || Agric. provigner ; marcotter. || Techn. perforer ; creuser ; sonder.

◇ v. pr. **sich senken**, s'affaisser. | *die Mauer senkt sich*, le mur s'affaisse. | *die Fahnen senken sich*, les drapeaux s'inclinent. || [Boden] céder. || [Straße] descendre.

Senker [-kər] m. (s, -). BOT. [Ableger] provin m. ; marcotte f. || TECHN. [Versenker] fraise f.

Senkung [-kuŋ] f. (-, en) GÉOGR. dépression f. || COMM. [Preissenkung] baisse (f.) des prix. || POÉS. syllabe non-accentuée (contraire *Hebung*). || MÉD. *Blutsenkung*, sédimentation du sang.

Senn [zɛn] m. (s, e), **Senner** [-nər] m. (s, -) vacher m. || PAR EXT. [in den Alpen] pâtre m.

Senn|hütte ["zɛn'hytə] f. (-, n) chalet (m.) de pâtre des Alpes.

Senne ['zɛnə] f. (-, n) lande f. ; bruyère f. ; alpage m.

Sennerei [zɛnə'rai] f. (-, en) vacherie f. ; chalet (m.) des pâtres des Alpes.

Sennes|blätter ["zɛnəs'blɛtər] n. pl. feuilles (f. pl.) de séné. ||°**-strauch** m. (s, ¨e). BOT. séné m.

Sensation [zɛnza'tsio:n] f. (-, en) sensation f. | *Sensation machen*, faire sensation.

sensationell [-tsio'nɛl] adj. sensationnel.

Sensations|blatt [zɛnza"tsio:ns'blat] n. (s, ¨er) feuille (f.), journal (m.) à sensation. ||°**-lust** f. curiosité, joie malsaine. ||°**-nachrichten** f. pl. informations sensationnelles. ||°**-prozeß** m. (es, e). JUR. cause (f.) célèbre.

Sense ['zɛnzə] f. (-, n) faux f. | *mit der Sense mähen*, faucher. || FIG. [Sensenmann] faux (f.) de la Mort.

sensibel [zɛn'zi:bəl] adj. [empfindsam] sensible.

sensibilisieren [-zibili'zi:rən] v. tr. sensibiliser.

Sensibilität [-zibili'tɛ:t] f. sensibilité f.

sensitiv [-zi'ti:f] adj. hypersensible ; sensible à l'excès.

Sensor ['zɛnzɔr] m. (s, en). ÉLECTR. senseur m. ; capteur m.

sensorisch [-'zo:riʃ] adj. sensoriel ; sensitif.

Sensualismus [-zua'lismus] m. sensualisme m.

Sensualität [-zuali'tɛ:t] f. sensualité f.

sensuell [-zu'ɛl] adj. sensuel.

Sentenz [zɛn'tɛnts] f. (-, en) sentence f.

sentenziös [-tɛntsi'ø:s] adj. sentencieux ; d'un ton sentencieux.

sentimental [zɛntimɛn'tɑ:l] adj. sentimental.

Sentimentalität [-tali'tɛ:t] f. (-, en) sentimentalité f. | *affektierte Sentimentalität*, sensiblerie f.

separat [zepa'rɑ:t] adj. séparé ; à part ; particulier ; détaché.

Separat|frieden [zepa"rɑ:t'fri:dən] m. (s, -) paix séparée.

Separatismus [-ra'tismus] m. séparatisme m.

Separatist [-ra'tist] m. (en, en) séparatiste m.

separieren ['ri:rən] v. tr. séparer.

Sepia ['zɛpia] f. (-, ien). ZOOL. seiche f. || [Farbe] sépia f.

Sepsis ['zɛpsis] f. MÉD. septicémie f.

September [zɛp'tɛmbər] m. (s) septembre m.

Septennat [zɛptɛ'nɑ:t] n. (s, e) septennat m.

Septett [-'tɛt] n. (s, e). MUS. septuor m.

Septime [zɛp'ti:mə] f. (-, n). MUS. septième f.

septisch ['zɛptiʃ] adj. septique.

Septuaginta [zɛptua'ginta] f. RELIG. version (f.) des Septante.

sequentiell [zekvɛn'tiɛl] adj. INF. séquentiel. | *sequentielle Speicherung*, traitement séquentiel.

Sequenz [ze'kvɛnts] f. (-, en). [Kartenspiel] séquence f.

Sequenz|analyse [ze"kvɛntsana'ly:zə] f. (-, n). BIOL. séquençage.

Sequenzierung [zekvɛn'tsi:ruŋ] f. (-). V. SEQUENZANALYSE.

sequestrieren [-'tri:rən] v. tr. séquestrer.

Seraph ['ze:raf] m. (s, im). RELIG. séraphin m.

Serbe ['zɛrbə] m. (n, n), **Serbin** [-bin] f. (-, nen) Serbe s.

Serbien ['zɛrbiən] n. pr. n. (s). GÉOGR. Serbie f.

serbisch [-biʃ] adj. serbe.

Serenade [zere'nɑ:də] f. (-, n). MUS. sérénade f.

Serge [sɛrʒ] f. (-, n). TEXT. serge f.

Sergeant [zər'ʒant] m. (en, en). MIL. sergent m.

Serie ['ze:riə] f. (-, n). [Reihe] série f. || COMM. *begrenzte Serie*, série limitée.

seriell [ze'riɛl] adj. MUS. *serielle Musik*, musique sérielle. || INF. *serieller Zugriff*, accès séquentiel.

Serien|erzeugung ["ze:riənɛr'tsɔyguŋ] f. (-, en), °**-herstellung** [-'hɛrʃtɛluŋ] fabrication (f.) en série. ||**-mäßig** adj. et adv. de série ; en série. ||°**-schaltung** f. (-, en). ÉLECTR. montage (m.) en série. ||°**-wagen** m. (s, -) voiture (f.) de série.

seriös [zeri'ø:s] adj. sérieux.

Sermon [zɛr'mo:n] m. (s, e) sermon m. ; semonce f.

seropositiv ["seropozi'ti:f] adj. MÉD. séropositif.

Seropositive(r) ["seropozi'ti:fə(r)] f. (m.). MÉD. séropositif m., séropositive f.

serös [zɛ'rø:s] adj. MÉD. séreux.

Serpentine [zɛrpɛn'ti:nə] (-, n) lacet m.

Serpentinen|weg [zɛrpɛn"ti:nən've:k] m. (s, e) route (f.), chemin (m.) en lacets.

Serum ['ze:rum] n. (s, ren) sérum m. || MÉD. *Serumheilkunde*, sérothérapie f.

Service [zɛr'vi:s] n. (s, e) service (m.) de table ; vaisselle f. || PAR EXT. pourboire m.

servieren [-'vi:rən] v. tr. et v. intr. servir ; mettre le couvert. | *bei Tisch servieren*, servir à table.

Servier|fräulein [zɛr"vi:r'frɔylain] n. (s, -). AÉRON. stewardesse f. ||°**-mädchen** n. (s, -) servante f. ||°**-tisch** m. (s, e) servante f. ; desserte f. ||°**-wagen** m. (s, -) desserte roulante.

Serviette [zɛrvi'ɛtə] f. (-, n). [Mundtuch] serviette f. | *Serviettenring*, rond (m.) de serviette.

servil [zɛr'vi:l] adj. servile.

Servilität [-vili'tɛ:t] f. servilité f.

Servo|bedienung ["zɛrvobə'di:nuŋ] f. (-, en) servocommande f. ||°**-bremse** f. (-, n) servofrein m. ||°**-lenkung** f. (-, en) direction assistée. ||°**-motor** m. (s, en) servomoteur m. ||°**-pumpe** f. (-, n) pompe (f.) de servocommande.

Servus ['sɛrvus] interj. [Österreich] salut !

Sesam ['ze:zam] m. (s, s). BOT. sésame m.

Sessel ['zɛsəl] m. (s, -) siège rembourré ; fauteuil m.

Sessel|lift ["zɛsəl'lift] m. (s, e) télésiège m.

seßhaft ['zɛshaft] adj. sédentaire ; établi. | *seßhaft werden*, se stabiliser. | *seßhafte Bevölkerung*, population (f.) sédentaire. || [wohnhaft] *seßhaft in Berlin*, domicilié à Berlin ; résidant à Berlin.

Seßhaftigkeit [-tiçkait] f. vie sédentaire.

Session [zɛ'sio:n] f. (-, en) séance f. ; session f.

Setz|brett ['zɛtsbrɛt] n. (s, er). TYPOGR. ais (m.) à imposer. ||°**-eier** n. pl. CULIN. œufs (m. pl.) sur le plat. ||°**-fehler** m. (s, -) faute (f.) d'impression ; coquille f. ||°**-kasten** m. (s, -). TYPOGR. casse f. ||°**-kunst** f. TYPOGR. composition f. ; art (m.) typographique ; typographie f. || MUS. composition f. ||°**-maschine** f. (-, n). TYPOGR. Linotype f. ;

machine (f.) à composer. ||°-**reis** n. (es, er). AGRIC. bouture f. ||°-**waage** f. (-, n) niveau (m.) de maçon.

setzen ['zɛtsən].

> **I.** v. tr.
> **1.** [Personen] — **a)** asseoir ; poser ; placer. — **b)** mettre ; placer. — **c)** faire traverser.
> **2.** [Sachen] — **a)** placer ; mettre. — **b)** poser ; fixer. — **c)** fixer ; déterminer ; assigner.
> **3.** Loc.
> **4.** SENS PARTICULIERS.
> **II.** v. intr. sauter.
> **III.** part. pass. V. GESETZT.
> **IV.** v. pr. **sich setzen.**
> **1.** s'asseoir ; se mettre, se placer.
> **2.** SENS PARTICULIERS.

I. v. tr. **1.** [Personen] — **a)** asseoir ; poser ; placer. | *wohin soll dieser Gast gesetzt werden ?*, où faut-il placer cet invité ? | *ein Kind auf seinen Schoß setzen*, prendre un enfant sur ses genoux. | *jn in eine Stelle setzen*, placer qn dans un poste. || FIG. *jn auf den Thron setzen*, placer qn sur le trône. — **b)** mettre ; placer ; situer ; jeter. | *Kinder in die Welt setzen*, mettre des enfants au monde. | *jn auf freien Fuß setzen*, libérer qn. | *jn auf Diät setzen*, mettre qn à la diète. | *jn auf schmale Kost setzen*, mettre qn à la portion congrue. | *den Feind außer Gefecht setzen*, mettre l'ennemi hors de combat. | *jn in Schrecken setzen*, effrayer qn. — **c)** faire traverser ; faire franchir. | *jn über den Fluß setzen*, faire passer le fleuve à qn. | *jn an Land setzen*, déposer qn sur le rivage ; débarquer qn. | *jn vor die Tür setzen*, mettre qn à la porte. | *jn auf die Straße setzen*, mettre qn à la rue.

2. [Sachen] — **a)** placer ; mettre. | *den Fuß auf die Schwelle setzen*, poser le pied sur le seuil. | *Land unter Wasser setzen*, inonder une contrée. | *jm das Messer an die Kehle setzen*, mettre à qn le couteau sous la gorge. — **b)** poser ; fixer. | *jm ein Denkmal setzen*, élever un monument à qn. | *Spitzen an ein Kleid setzen*, garnir une robe de dentelles. | *eine Scheibe in ein Fenster setzen*, poser une vitre à une fenêtre. | *ein Wort an die Stelle eines anderen setzen*, mettre un mot à la place d'un autre. — **c)** fixer ; déterminer ; assigner. | *eine Grenze setzen*, fixer une limite, une frontière. | *Grenzsteine setzen*, planter des bornes. | *eine Frist setzen*, fixer un délai. || [Preis] *einen hohen Preis auf etwas setzen*, attacher grand prix à qch. | *einen Preis auf den Kopf des Verbrechers setzen*, mettre la tête du criminel à prix.

3. Loc. *in Bewegung setzen*, mettre en mouvement. | *in Gang setzen*, mettre en marche. | *in Stand setzen*, mettre en état. | *in Umlauf setzen*, mettre en circulation. | *ein Gesetz außer Kraft setzen*, abroger une loi. | *ins Werk setzen*, mettre en œuvre. | *sein Leben aufs Spiel setzen*, risquer sa vie. | *alles an eine große Sache setzen*, mettre tout au service d'une grande cause. | *jm ein Ziel setzen*, fixer un but à qn. | *seinen Ehrgeiz daran setzen, daß*, mettre son point d'honneur à ce que. || *sich etwas in den Kopf setzen*, se mettre qch. en tête. || THÉÂTRE. *in Szene setzen*, mettre en scène.

4. SENS PARTICULIERS : [Prinzip ; Grund] *setzen wir den Fall*, supposons ; posons le cas. || MATH. poser. | *eine Gleichung setzen*, poser une équation. || MUS. *Noten setzen*, écrire des notes. | *ein Gedicht in Musik setzen*, mettre un poème en musique. || TYPOGR. composer. | *einen Text setzen*, composer un texte. || [Spiel] *viel Geld auf eine Nummer setzen*, jouer gros sur un numéro. | *ein Pfand setzen*, donner un gage ; donner en gage ; parier. || BOT. planter. | *in einen Topf setzen*, mettre en pot.

II. v. intr. franchir d'un bond ; sauter. | *über einen Graben setzen*, sauter un fossé. | *über einen Fluß setzen*, traverser une rivière.

III. part. pass. V. GESETZT.

IV. v. pr. **sich setzen. 1.** s'asseoir ; se mettre ; se placer. | *sich auf einen Stuhl setzen*, s'asseoir sur une chaise. | *sich an den Tisch setzen*, s'asseoir à la table. | *sich zu Tisch setzen*, se mettre à table. | *setzen Sie sich !*, asseyez-vous. | *sich zu jm setzen*, s'asseoir auprès de qn. | *sich aufs Pferd setzen*, monter à cheval. | *sich in Trab setzen*, se mettre au trot. || PAR EXT. *sich zur Ruhe setzen*, cesser toute activité ; prendre sa retraite. | *sich zur Wehr setzen*, se défendre.

2. SENS PARTICULIERS : *der Teig setzt sich*, la pâte s'affaisse, tombe. | *der Wein setzt sich*, le vin dépose. || CHIM. précipiter.

Setzer [-tsər] m. (s). TYPOGR. compositeur m. ; typographe m. || (en compos.) poseur m. ; metteur m. || MUS. *Tonsetzer*, compositeur.

Setzling [-tsliŋ] m. (s, e). AGRIC. plant m. || ZOOL. [Fische] alevin m.

Seuche ['zɔyçə] f. (-, n) épidémie f. ; maladie contagieuse. | *Tierseuche*, épizootie f.

seuchen|artig ["zɔyçən'ɑ:rtiç] adj. contagieux ; épidémique. ||°-**bekämpfung** f. prophylaxie f. ||°-**herd** m. (s, e) foyer (m.) de contagion.

seufzen ['zɔyftsən] v. intr. soupirer ; gémir. | *über etwas seufzen*, gémir sur qch ; déplorer qch.

Seufzer [-tsər] m. (s, -) soupir m. ; gémissement m. | *seinen letzten Seufzer tun*, rendre le dernier soupir.

Sexta ['zɛksta] f. (-, ten). UNIV. classe (f.) de sixième ; sixième f.

Sextaner(in) [zɛks'tɑ:nər(in)] m. (s, -), f. (-, nen) élève (s.) de sixième.

Sextant [-'tant] m. (en, en) sextant m.

Sexte ['zɛkste] f. (-, n). MUS. sixte f.

Sextett [zɛks'tɛt] n. (s, e). MUS. sextuor m.

sexual [zɛksu'ɑ:l], **sexuell** [-ksu'ɛl] adj. sexuel. ◇ adv. sexuellement. | *sexuell übertragbare Krankheit*, maladie (f.) sexuellement transmissible.

Sexual|pädagogik [zɛksu"ɑ:lpɛda'go:gik] f. éducation sexuelle. ||°-**wissenschaftler(in)** m. (s, -), f. (-, nen) sexologue s.

Sexualität [-ali'tɛ:t] f. sexualité f.

Sezession [zetsɛ'sio:n] f. (-, en). POLIT. sécession f.

sezieren [ze'tsi:rən] v. tr. disséquer. || MÉD. *Seziermesser*, scalpel m.

Sezierung [-ruŋ] f. (-, en) dissection f. | *Sezierung eines Toten*, autopsie f.

Siam ['zi:am] n. pr. n. (s). GÉOGR. Siam m.

Siamese [zia'me:zə] m. (en, en) Siamois m.

siamesisch [-ziʃ] adj. siamois. | *siamesische Zwillinge*, frères siamois.

Sibirien [zi'bi:riən] n. pr. n. (s). GÉOGR. Sibérie f.

Sibirier [-riər] m. (s, -) Sibérien m.

sibirisch [-riʃ] adj. sibérien.

Sibylle [zi'bylə] f. (-, n) sibylle f.

sibyllinisch [-by'li:niʃ] adj. sibyllin.

sich [ziç] pron. réfl. de la 3e pers. du sing. et du pl. se ; soi ; lui ; lui-même ; elle ; elle-même ; eux ; elles ; eux-mêmes ; elles-mêmes. || [Höflichkeitsform] vous ; vous-même(s). | *sich waschen*, se laver. | *sich freuen*, se réjouir. | *freuen Sie sich*, réjouissez-vous. | *sie freut sich*, elle se réjouit. | *er läßt sich ein Haus bauen*, il se fait construire une maison. | *er hatte kein Geld bei sich*, il n'avait pas d'argent sur lui. || Loc. *die Sache an und für sich*, la chose en elle-même, prise pour elle-même. | *das hat nichts auf sich*, cela n'a aucune importance. | *er denkt nur an sich*, il ne pense qu'à lui. | *sie kommt wieder zu sich*, elle revient à elle. || PHILOS. *das Ding an sich*, la chose en soi.

Sich|abfinden [ziç"ap'findən] n. (s) pactisation f. ||°**-einprägen** n. (s) mémorisation f. ||°**-gehenlassen** n. (s) laisser-aller m.

Sichel ['ziçəl] f. (-, n) faux f. ; faucille f.

sicher ['ziçər] adj. et adv. **1.** [gewiß] certain ; sûr ; qui ne doute pas ; sûrement ; à coup sûr ; certainement ; indubitablement. | *er ist seiner Sache sicher*, il est sûr de son fait. | *etwas aus sicherer Quelle wissen*, savoir qch. de source sûre. | *soviel ist sicher*, toujours est-il. | *etwas sicher wissen*, être sûr de qch. | *er kommt ganz sicher*, à coup sûr il viendra. | *willst du sicher gehen, so...*, si tu veux aboutir, alors...
2. [zuverlässig] sûr ; en qui l'on peut avoir confiance ; solide ; de confiance. | *sichere Stellung*, position sûre, solide. | *sichere Hand*, main sûre, qui ne tremble pas. | *sicheres Gleichgewicht*, équilibre (m.) stable. | *sicheres Gedächtnis*, mémoire (f.) fidèle. | *ich bin seiner sicher*, je suis sûr de lui. | *sicherer Schuldner*, débiteur (m.) de confiance. | *sicherer Blick*, regard assuré. | *ein sicherer Beweis*, une preuve certaine.
3. [vor Gefahr geschützt] sûr ; à l'abri du danger ; en sécurité ; protégé. | *sich sicher glauben*, se croire en sécurité. | *jn sicherstellen*, mettre qn en sûreté ; PAR EXT. emprisonner qn. | *seines Lebens nicht sicher sein*, craindre pour sa vie. | *sicher machen*, rassurer. | *vor jm sicher sein*, n'avoir rien à craindre de qn. | *etwas an einen sicheren Ort bringen*, mettre qch. en lieu sûr.

Sicherheit [-hait] f. (-, en) **1.** certitude f. ; assurance f. | *Sicherheit im Auftreten haben*, avoir la démarche assurée. | *mit Sicherheit sagen*, affirmer avec certitude.
2. confiance f. ; assurance (f.) que l'on a en qch., en qn. || FIN. garantie f. | *Sicherheit geben*, nantir. | *als Sicherheit dienen*, servir de garantie. | *Sicherheit leisten*, fournir caution.
3. sûreté f. ; sécurité f. | *in Sicherheit bringen*, mettre à l'abri, en sécurité. | *zur größeren Sicherheit*, pour plus de sûreté. | *sich in Sicherheit wiegen*, ne pas croire au danger.
4. sûreté f. ; solidité f. ; fidélité f.

Sicherheits|abkommen ["ziçərhaits'apkɔmən] n. (s, -). POLIT. pacte (m.) de sécurité. ||°**-abstand** m. (s, ¨e) [Verkehr] distance (f.) de sécurité. ||°**-behälter** m. (s, -), °**-hülle** f. (-, n). NUCL. enceinte (f.) de sécurité. ||°**-behörden** f. pl. sûreté f. ; police f. ||°**-bindung** f. (-, en) [Skisport] fixation (f.) de sécurité. ||°**-dienst** m. (s, e) service (m.) de sécurité. ||°**-geleit** n. (s, e) sauf-conduit m. ||°**-glas** n. (es) verre (m.) de sécurité ; verre (m.) securit. ||°**-gurt** m. (s, e). AUTOM. ceinture (f.) de sécurité. | *seinen Sicherheitsgurt anschnallen*, boucler sa ceinture de sécurité. ||**-halber** adv. pour des raisons de sécurité ; pour plus de sûreté. ||°**-kräfte** f. pl. POLIT. forces (f. pl.) de sécurité. ||°**-kugel** f. (-, n). NUCL. enceinte (f.) de confinement. ||°**-leistung** f. (-, en) garantie f. ; cautionnement m. ||°**-maßregel** ["--/'-/-] f. (-, n) mesure (f.) de sécurité. ||°**-nadel** f. (-, n) épingle (f.) de sûreté ; épingle (f.) de nourrice. ||°**-pakt** m. (s, e) pacte (m.) de sécurité collective. ||°**-pfand** n. (s, ¨er). JUR. gage m. ||°**-polizei** f. police (f.) de sûreté. ||°**-rat** m. (s) conseil (m.) de sécurité. ||°**-schalter** m. (s, -). ÉLECTR. disjoncteur m. ; coupe-circuit m. ||°**-schloß** n. (es, ¨er) cadenas m. ; serrure (f.) de sûreté. || [Gewehr] platine (f.) de sûreté. ||°**-verschluß** m. (es, ¨e) antivol m. ||°**-vorrichtung** f. ["--/'-] (-, en) dispositif (m.) de sécurité. || °**-wachdienst** m. (s). AUTOM. police-secours f. || °**-zone** f. (-, n) zone (f.) de sécurité.

sicherlich ['ziçərliç] adv. à coup sûr ; certainement ; assurément ; immanquablement ; sans aucun doute ; sans le moindre doute ; pour sûr. | *du weißt es sicherlich*, tu n'es pas sans le savoir.

sichern [-çərn] v. tr. et v. pr. assurer ; garantir ; mettre en sûreté, en sécurité. | *sich vor einer Gefahr sichern*, se prémunir contre un danger. | *sich die Übermacht sichern*, s'assurer la prépondérance, la suprématie. | *gesicherte Zukunft*, avenir assuré. || FIN. assurer ; garantir ; nantir. | *gesichert sein*, être à couvert. || MIL. *gesichertes Gewehr*, arme (f.) dont le dispositif de sécurité est bloqué. || MAR. *gesicherte Schiffe*, navires convoyés. || TECHN. goupiller ; bloquer. || ÉLECTR. mettre un fusible.

sicher|stellen ["ziçər'ʃtɛlən] v. tr. garantir ; sauvegarder ; mettre à l'abri, en sécurité, en sûreté. ||°**-stellung** f. (-, en) mise (f.) en sécurité ; garantie f. || FIN. nantissement m. ; cautionnement m.

Sicherung ['ziçəruŋ] f. (-, en) [action d'] assurer, [de] garantir. || sauvegarde f. ; préservation f. | *soziale Sicherung*, Sécurité sociale. || TECHN. sûreté f. ; cran (m.) de sûreté. || ÉLECTR. fusible m. || MIL. couverture f. || MAR. escorte f.

Sicherungs|automat ["ziçəruŋsauto'ma:t] m. (en, en). ÉLECTR. disjoncteur m. ||°**-maßnahme** f. (-, n). JUR. mesure (f.) conservatoire. ||°**-mutter** f. (-, n). TECHN. écrou (m.) de blocage.

Sicht [ziçt] f. **1.** vue f. | *in Sicht haben*, avoir en vue. || PR. et FIG. *in Sicht sein*, être en vue.
2. [Sichtweite] visibilité f. | *schlechte Sicht*, mauvaise visibilité. || PR. et FIG. *außer Sicht*, invisible ; hors de vue.
3. FIG. vue f. ; échéance f. | *auf lange Sicht*, de longue haleine.
4. FIN., COMM. *bei, auf, nach Sicht zahlbar*, payable à vue. | *auf kurze Sicht*, à court terme.

Sicht|anzeiger ["ziçt'antsaigər] m. (s, -) indicateur visuel. ||°**-bereich** m. (s, e) champ visuel. ||°**-flug** m. (s, ¨e) vol (m.) à vue. ||°**-geschäft** n. (s, e). FIN. opération (f.) à terme. ||°**-guthaben** n. (s). FIN. avoirs (m. pl.) à vue. ||°**-prüfung** f. (-, en) examen visuel. ||°**-tag** m. (s, e) jour (m.) de grâce. ||°**-tratte** f. (-, n). FIN. billet (m.) à ordre. ||°**-verhältnisse** n. pl. conditions (f. pl.) de visibilité. ||°**-vermerk** n. (s, e) visa m. ||°**-wechsel** m. (s, -) traite (f.), billet (m.) à vue. ||°**-weite** f. (-, n) champ visuel.

sichtbar ['ziçtba:r] adj. visible ; sensible ; discernable ; apparent ; évident ; ostensible ; manifeste. ◇ adv. à vue d'œil.

Sichtbarkeit [-ba:rkait] f. visibilité f. ; évidence f.

sichten ['ziçtən] v. tr. **1.** [erblicken] apercevoir ; examiner ; déceler. || PAR EXT. distinguer ; discerner ; repérer.
2. [ausscheiden] trier ; filtrer ; tamiser ; passer au crible. | *Papiere sichten*, trier des papiers.

sichtlich [-tliç] adj. et adv. visible ; évident ; manifeste ; ostensible ; à vue d'œil. | *er war davon sichtlich berührt*, il a été visiblement touché.

Sichtung [-tuŋ] f. criblage m. ; tamisage m. ; tri m. || PAR EXT. *genaue Sichtung*, examen minutieux, attentif.

Sicker|graben ["zikər'gra:bən] m. (s, ¨) drain m. ||°**-grube** f. (-, n), °**-schacht** m. (s, ¨e) puisard m. ; fosse (f.) septique. ||°**-wasser** n. (s) eau (f.) d'infiltration.

sickern ['zikərn] v. intr. (sein) s'écouler goutte à goutte ; suinter. || (haben) avoir une fuite ; fuir.

Sickern ['zikərn] n. (s) suintement m.

siderisch [zi'de:riʃ] adj. sidéral.

sie [zi:] nom. et acc. du pron. pers. de la 3ᵉ pers. du f. sing. et de la 3ᵉ pers. du pl. elle ; ils ; elles ; eux. | *ich sehe sie*, je la vois ; je les vois. | *sie, nicht er*, elle, pas lui. || [Höflichkeitsform] *jn Sie nennen*, dire vous à qn. | *ich höre Sie*, je vous entends.

Sieb [zi:p] n. (s, e) crible m. ; tamis m. ; sas m. | *durch ein Sieb treiben*, passer au tamis. || LOC., FIG. *Wasser mit einem Sieb schöpfen*, vouloir tenter l'impossible.

sieb|artig ["zi:p'ɑ:rtiç] adj. qui ressemble à un crible. | *siebartig durchlöchert*, percé comme une écumoire. ||°**-bein** n. (s, e) os (m.) ethmoïde. ||°**-maschine** f. (-, n) tamiseuse (f.) mécanique. ||°**-mehl** n. (s) farine blutée.

sieben ['zi:bən] v. tr. cribler ; tamiser ; filtrer. | *Sand sieben*, passer le sable au crible. || FIG. *Nachrichten sieben*, filtrer des nouvelles ; censurer des informations.

sieben ['zi:bən] adj. num. card. sept. || [Uhr] *halb sieben*, six heures et demie.

◇ **die Sieben,** le chiffre sept ; le sept. || FAM. *eine böse Sieben*, une mégère.

sieben|armig ["zi:bən'armiç] adj. à sept bras ; à sept branches. | *siebenarmiger Leuchter*, chandelier (m.) à sept branches. ||°**-bürgen** n. pr. n. GÉOGR. Transylvanie. ||**-bürger(in)** m. (s, -) (-, nen) Transylvanien(ne) m. (f.) ||**-bürgisch** adj. transylvanien. ||°**-eck** n. (s, e) heptagone m. ||**-fach, fältig** adj. septuple ; sept fois autant. ||°**-gestirn** n. (s). ASTRON. Pléiade f. ||**-hundert** adj. num. card. sept cents. ||**-jährig** adj. *siebenjähriges Kind*, enfant de sept ans. | *Siebenjähriger Krieg*, guerre (f.) de Sept Ans. | *siebenjährige Amtszeit*, septennat m. ||°**-meilenstiefel** m. pl. bottes (f. pl.) de sept lieues. ||°**-sachen** f. pl. affaires f. pl. ; nippes f. pl. | *seine Siebensachen packen*, faire ses paquets. ||°**-schläfer** m. (s, -). ZOOL., FIG. et FAM. loir dormant.

Siebener ['zi:bənər] m. (s, -) nombre sept ; septemvir m.

siebenerlei ["zi:bənər'lai] adj. invar. de sept sortes.

sieb(en)te ['zi:b(ən)tə] adj. num. ord. septième. | *der siebente April*, le 7 avril. | *siebentes Kapitel*, chapitre (m.) sept. | *Karl der Siebente*, Charles VII.

sieb(en)tens ['zi:b(ən)təns] adv. septièmement.

Sieb(en)tel ['zi:p(ən)təl] n. (s, -) septième m.

Siebung ['zi:buŋ] f. (-, en) tamisage m. ; criblage m. || PAR EXT. choix m.

siebzehn ['ziptse:n] adj. num. card. dix-sept.

siebzig [-tsiç] adj. num. card. soixante-dix. | *die siebziger Jahre*, les années entre 1870 et 1880. | *ein Siebziger, Siebzigjähriger*, un septuagénaire.

siech [zi:ç] adj. malade ; maladif ; souffreteux ; valétudinaire ; infirme ; cacochyme.

Siechtum ['zi:çtu:m] n. (s) mal lent, durable, qui traîne, qui mine ; état maladif ; langueur f. ; infirmité f.

Siede|bereich ["zi:dəbə'raiç] m. (s, e). TECHN. intervalle (m.) de distillation. ||°**-grad** m. (s, e) degré (m.) d'ébullition. ||°**-hitze** f. (-, n) température (f.) d'ébullition. || PAR EXT. chaleur tropicale. ||°**-kessel** m. (s, -) chaudière f. ; bouilloire f. ||°**-meister** m. (s, -) raffineur m. ||°**-punkt** m. (s, e) point (m.) d'ébullition. ||°**-rohr** n. (s, e). TECHN. tubulure f. ||°**-salz** m. (es) sel raffiné. ||°**-wasserreaktor** m. (s, en). NUCL. réacteur (m.) à eau bouillante.

Siedelei [zi:də'lai] f. (-, en) colonie f.

siedeln ['zi:dəln] v. intr. établir une colonie, un lotissement. | *sich ansiedeln*, se fixer ; s'établir.

Siedler ['zi:dlər] m. (s, -) colon m.

Siedlung ['zi:dluŋ] f. (-, en) installation f. ; colonie f. ; lotissement m. | *Arbeitersiedlung*, cité ouvrière.

sieden ['zi:dən] (sott, gesotten) v. tr. faire bouillir ; faire cuire. || CULIN. *Gemüse sieden*, faire cuire des légumes. | *blau gesottener Karpfen*, carpe (f.) au bleu. || TECHN. *Seife sieden*, fabriquer du savon. | *Zucker sieden*, raffiner du sucre. | *in Alaun sieden*, aluner. | *Silber weiß sieden*, blanchir de l'argent.

◇ v. intr. (conjug. faible) bouillir ; bouillonner. | *siedend heiß*, bouillant ; brûlant.

◇ part. pass. et adj. **gesotten**. FIG. *ein hart gesottener Sünder*, un pécheur sans repentir.

Sieg [zi:k] m. (s, e) victoire f. | *den Sieg über jn erringen, davontragen*, triompher de qn. | *dem Recht zum Sieg verhelfen*, faire triompher le droit.

sieg|gewohnt ["zi:kgə'vo:nt] adj. accoutumé à vaincre. ||**-reich** adj. victorieux ; vainqueur. — adv. en vainqueur ; avec succès.

Sieges|denkmal ["zi:gəs'dɛŋkmɑ:l] n. (s, ¨er) monument commémoratif d'une victoire. || PAR EXT. trophée m. ||**-gewiß** adj. sûr, certain de la victoire. ||°**-kranz** m. (es, e) couronne (f.) du vainqueur. ||°**-lauf** m. (s) suite (f.) de victoires. ||**-trunken** adj. enivré par sa victoire, par son succès. ||°**-zeichen** n. (s, -) trophée m. ||°**-zug** m. (s, ¨e) marche triomphale ; triomphe m.

Siegel ['zi:gəl] n. (s, -) cachet m. ; sceau m. ; empreinte f. | *amtliches Siegel*, sceau m. | *privates Siegel*, cachet m. | *sein Siegel aufdrücken ; mit seinem Siegel versehen*, apposer son sceau ; mettre son cachet. | *ein Siegel aufbrechen*, décacheter ; desceller. || FIG. *unter dem Siegel der Verschwiegenheit*, sous le sceau du secret. | *ein Buch mit sieben Siegeln*, une chose incompréhensible.

Siegel|bruch ["zi:gəl'brux] m. (s, ¨e) bris (m.) de scellés. ||°**-lack** m. (s) cire (f.) à cacheter. ||°**-ring** m. (s, e) chevalière f. ; bague (f.) à cacheter. ||°**-wachs** n. (es) cire (f.) à cacheter.

siegeln ['zi:gəln] v. tr. cacheter ; apposer un cachet, un sceau ; sceller. | *amtlich siegeln*, sceller.

siegen ['zi:gən] v. intr. vaincre ; l'emporter ; remporter une victoire, un succès ; triompher ; gagner. | *über jn siegen*, l'emporter sur qn.

◇ part. prés. **siegend,** vainqueur ; victorieux ; triomphant. | *siegende Tugend*, vertu triomphante.

Sieger(in) [-gər(in)] m. (s, -), f. (-, nen) vainqueur m. ; triomphateur m. ; triomphatrice f. || SPORT. champion m. ; championne f. | *aus einem Kampf als Sieger hervorgehen*, sortir vainqueur d'un combat.

sieghaft ['zi:ghaft] adj. victorieux ; vainqueur.

Siel [zi:l] m. et n. (s, e) écluse f. ; canal m. || [in Ostfriesland] petite anse ; crique f.

Siele ['zi:lə] f. (-, n) harnais m. ; bricole f. | *in den Sielen sterben*, mourir à la tâche, à la peine.

Siemens-Martin-Ofen ["zi:məns'martin'o:fən] m. (s, ¨). MÉTALL. four (m.) Martin.

siena [zi'ɛna] adj. couleur terre de Sienne ; couleur brique.

Siesta [zi'ɛsta] f. (-, s ou ten) sieste f. | *Siesta halten*, faire la sieste.

siezen ['zi:tsən] v. tr. vouvoyer.

Sigel ['zi :gəl] n. (s, -), **Sigle** ['zi:klə] f. (-, n) sigle m.

Signal [zig'nɑ:l] n. (s, e) signal m. | *Lichtsignal*, signal lumineux. | *ein Signal beachten*, obsetver un signal. | *ein Signal überfahren*, brûler un signal. | *das Signal steht auf Halt*, le signal est en position « fermé ». | *das Signal zu etwas geben*, donner le signal de qch.

Signal|anlage [zig"nɑ:l'anla:gə] f. (-, n) dispositif (m.) de signalisation. ||°**-apparat** m. (s, e) avertisseur m. ||°**-brücke** f. (-, n). [Eisenbahn] portique (m.) de signaux lumineux. ||°**-buch** n. (s, ¨er) code (m.) de signaux. ||°**-gebung** f. signalisation f. ||°**-glocke** f. (-, n) timbre avertisseur. ||°**-horn** n. (s, ¨er) avertisseur m. ; clairon m. ; bugle m. ||°**-mast** m. (es, en). MAR.

mât (m.) pilote. ||°-**pfeife** f. (-, n) sifflet avertisseur. ||°-**rakete** f. (-, n) fusée (f.) de signalisation. ||°-**rauschverhältnis** n. (es, se). TÉLÉCOMM. rapport (m.) signal/bruit. ||°-**ruf** m. (s, e) cri (m.) de ralliement. ||°-**verstärker** m. (s, -). TECHN. amplificateur (m.) de signal. ||°-**wesen** n. (s) signalisation f.

signalisieren [zignali'zi:rən] v. tr. signaler.

Signatar|macht [zigna"ta:r'maxt] f. (-, ¨e). POLIT. puissance (f.) signataire.

Signatur [zigna'tu:r] f. (-, en). [Namensunterschrift] signature f. || [Kennzeichen] signe (m.) caractéristique ; critère m. | *die Signatur einer Zeit*, ce qui caractérise une époque. || COMM. étiquette f. ; marque f. ; cote f. (Bibliothek).

Signet [zig'ne:t] n. (s, e). [Merkzeichen] signet m. | *Verlagssignet*, marque (f.) de l'éditeur.

signieren [-'ni:rən] v. tr. signer.

signifikant [-nifi'kant] adj. caractéristique ; significatif.

Silbe ['zilbə] f. (-, n) syllabe f. | *lange, kurze Silbe*, syllabe longue, brève. | *betonte Silbe*, syllabe accentuée. || FIG. *ich verstehe keine Silbe davon*, je n'y entends goutte. | *Silben verschlucken*, avaler des syllabes.

Silben|akzent ["zilbənak'tsɛnt] m. (s, e) accent (m.) tonique. ||°-**messung** f. prosodie f. ||°-**rätsel** n. (s, -) charade f. ||-**weise** adv. par syllabes.

Silber ['zilbər] n. (s) **1.** [Metall] argent m. | *legiertes Silber*, alliage (m.) d'argent. | *vergoldetes Silber*, vermeil m. | *mit Silber überziehen*, argenter.
2. [Geschirr] *auf Silber speisen*, manger dans de la vaisselle d'argent. || [Silbergerät] argenterie f.
3. [Geld] *in Silber zahlen*, payer comptant.

Silber|ader ["zilbər'a:dər] f. (-, n). MINES. veine (f.) d'argent, argentifère. ||-**ähnlich** adj. argentin. ||°-**anstrich** m. (s, e) argenture f. ||°-**arbeit** f. argenterie f. ||-**artig** adj. argentin. ||°-**beschläge** m. pl. garnitures (f. pl.) d'argent. ||-**blank** adj. argenté ; luisant. ||°-**blech** n. (s) argent (m.) en lames. ||-**farben, -farbig** adj. argenté ; couleur d'argent. ||°-**folie** f. (-, n) tain (m.) d'argent. ||°-**gehalt** m. (s, e) titre (m) d'argent. ||°-**geld** n. (s) monnaie (f.) d'argent. ||°-**gerät** n. (s, e), °-**geschirr** n. (s, e) argenterie f. ; vaisselle (f.) d'argent. ||°-**glanz** m. (es). CHIM. sulfure (m.) d'argent. ||°-**glätte** f. litharge (f.) d'argent. ||°-**glimmer** m. (s) mica argentin. ||-**haltig** adj. argentifère. ||-**hell** adj. qui a l'éclat ou le son de l'argent ; argentin. ||°-**klang** m. (s, ¨e) son, timbre argentin. ||°-**münze** f. (-, n) monnaie (f.) d'argent ; pièces blanches. ||°-**papier** n. (s, e) papier (m.) d'argent. ||°-**pappel** f. (-, n) peuplier blanc. ||°-**putzmittel** n. (s) blanc (m.) d'Espagne. ||-**reich** adj. argentifère. ||-**rein** adj. argentin. ||°-**schmied** m. (s, e) orfèvre m. ||°-**schrank** m. (s, ¨e) buffet (m.) pour l'argenterie ; vaisselier m. ||°-**stoff** m. (s, e) brocart (m.) d'argent. ||°-**stück** n. (s, e) pièce (f.) d'argent. ||°-**waren** f. pl., °-**werk** n. (s), °-**zeug** n. (s) argenterie f. ; vaisselle (f.) d'argent.

silb(e)rig ['zilb(e)riç] adj. qui contient de l'argent.

Silberling [-bərliŋ] m. (s, e) pièce (f.) d'argent ; denier m.

silbern [-bərn] adj. d'argent. | *silberne Hochzeit*, noces (f. pl.) d'argent. | *silberne Schläfen*, tempes argentées. | *silbernes Lachen*, rire argentin.

...silbig [-biç] (en compos.) adj. *fünfsilbiges Wort*, mot (m.) de cinq syllabes.

Silentium [zi'lɛntsium] n. (s) silence m.

Silhouette [zilu'ɛtə] f. (-, n) silhouette f.

Silikagel ["zi:lika'ge:l] n. (s). CHIM. gel (m.) de silice.

Silikone [zili'ko:nə] n. pl. CHIM. silicones m. pl.

Silikat [zili'ka:t] n. (s, e). CHIM. silicate m.

Silizium [zi'li:tsium] n. (s). CHIM. silicium m.

Silizium|plättchen [zi"li:tsium'plɛtçən] n. (s, -). INF. pastille (f.) de silicium.

Silo ['zi:lo] m. (s, s) silo m. ; grenier m. | *im Silo einlagern*, ensiler.

Silur [zi'lu:r] n. (s). GÉOL. silurien m.

silurisch [-riʃ] adj. silurien.

Silvester [zil'vɛstər] n. pr. m. Sylvestre m.

Silvester|abend [zil"vɛstər'a:bənt] m. (s, e), °-**nacht** [-'naxt] f. nuit (f.) de la Saint-Sylvestre.

Simili ['zi:mili] m. (s) simili m.

Simonie [zimo'ni:] f. simonie f.

simonisch [-'mo:niʃ] adj. simoniaque.

simpel ['zimpəl] adj. [einfältig] simple ; niais ; nigaud ; benêt. | *ein Simpel*, un niais.

simpeln [-pəln] v. intr. faire le benêt ; parler bêtement.

Sims [zims] m. (es, e). [Gesims] chambranle m. ; corniche f. ; moulure f. ; rebord m. | *Sims am Fenster*, rebord de fenêtre. | *Sims über der Tür*, chambranle. | *Sims an einer Mauer*, corniche ; moulure.

Sims|hobel ["zims'ho:bəl] m. (s, -). TECHN. guillaume m.

Simulant [zimu'lant] m. (en, en) simulateur m.

Simulantin [-'lantin] f. (-, nen) simulatrice f.

Simulation [zimula'tsio:n] f. (-, en). ÉCON. simulation f.

Simulations|modell [zimula"tsio:nsmo'dɛl] n. (s, e). ÉCON. modèle (m.) de simulation.

Simulator [zimu'la:tɔr] m. (s, en). TECHN. simulateur m.

simulieren [-'li:rən] v. tr. simuler ; feindre.

simultan [zimul'ta:n] adj. simultané. | *Simultanschule*, école laïque, non confessionnelle.

Sinfonie [zinfɔ'ni:] f. (-, n). V. SYMPHONIE.

Sing|akademie ["ziŋakade'mi:] f. (-, n) académie (f.) de musique ; conservatoire m. ||°-**lehrer** m. (s, -), °-**meister** (s, -) professeur de chant. ||°-**sang** m. (s, ¨e). FAM. chant (m.) monotone ; antienne f. ||°-**schlüssel** m. (s, -) clef f. ||°-**schule** f. (-, n) école (f.) de chant. ||°-**spiel** n. (s, e) opérette f. ; vaudeville m. (à couplets). ||°-**stimme** f. (-, n) voix f. ; partie (f.) de chant. ||°-**stück** n. (s, e) morceau (m.) de musique vocale. ||°-**stunde** f. (-, n) leçon (f.) de chant. ||°-**übung** f. (-, en) vocalise f. ||°-**verein** m. (s, e) chorale f. ||°-**vogel** m. (s, ¨) oiseau chanteur. ||°-**weise** f. (-, n) mélodie f. ; air m. ; manière (f.) de chanter.

singbar ['ziŋba:r] adj. qui peut être chanté.

singen [-ŋən] (a, u) v. tr. et v. intr. chanter. | *schön singen*, bien chanter. | *falsch singen*, chanter faux. | *gut, rein singen*, chanter juste. || *den Baß singen*, chanter la basse. | *Baß singen*, avoir une voix de basse. | *mehrstimmig singen*, chanter à plusieurs voix. | *das Lied singt sich leicht*, cet air est facile à chanter. | *sich heiser singen*, s'érailler la voix en chantant. || LOC. *jn in den Schlaf singen*, chanter pour endormir qn. || FIG. *der Dichter singt von der Liebe*, le poète chante l'amour. | *singen und sagen*, conter sur le ton de la ballade. || FIG., POP. *ich kann ein Lied davon singen*, j'en sais qch.

Singen [-ŋən] n. (s) chant m. ; chanson f. ; frémissement m. ; tintement.

Singular [zingu'la:r - 'zingular] m. (s, e). GRAMM. [Einzahl] singulier m. | *im Singular stehend*, au singulier.

singulär [-'lɛ:r] adj. singulier ; bizarre ; étrange.

singularisch [-'lɑ:riʃ] adj. GRAMM. singulier ; au singulier.

sinken ['ziŋkən] (a, u) v. intr. **1.** s'enfoncer ; couler ; baisser ; sombrer ; tomber. | *die Sonne sinkt am Horizont*, le soleil baisse à l'horizon. | *der Nebel sinkt*, le brouillard tombe. | *sinkende Nacht*, nuit tombante. | *zu Boden sinken*, s'affaisser ; s'effondrer. | *in die Knie sinken*, se prosterner ; tomber à genoux.

2. COMM. *die Preise sinken*, les prix baissent rapidement. | *die Kurse sinken*, les cours s'effondrent. | *im Preise sinken*, baisser de prix ; être en baisse.

3. [Temperatur] *das Thermometer, das Barometer sinkt*, le thermomètre, le baromètre baisse.

4. FIG. *er ist in meiner Achtung gesunken*, il a baissé dans mon estime. | *seine Kräfte sinken*, ses forces déclinent. | *das Fieber sinkt*, la fièvre baisse, diminue. | *den Mut sinken lassen*, perdre courage. | *er ist tief gesunken*, il est tombé bien bas. | *die Stimme sinken lassen*, baisser la voix. | *ich könnte vor Scham in die Erde sinken*, c'est à mourir de honte.

Sinken [-kən] n. (s) chute f. ; déclin m. ; baisse f. ; descente f. || [Gestirne] coucher m. ; déclin m. || [Preise] baisse f. ; chute f. | *Sinken der Preise*, baisse des prix ; dépréciation f. || FIG. décadence f. ; déchéance f. ; déclin m. | *sein Stern ist im Sinken*, son étoile pâlit.

Sinn [zin] m. (s, e) **1.** [Geist ; Gemüt] sens m. ; esprit m. ; raison f. ; pensée f. ; état (m.) d'esprit ; caractère m. ; âme f. ; cœur m. | *edler Sinn*, noblesse (f.) d'esprit. | *gemeiner, niedriger Sinn*, bassesse (f.) d'idées, de sentiments. | *Böses im Sinne haben*, méditer quelque mauvais dessein. | *seinen Sinn auf etwas richten*, porter sa pensée sur qch. | *es liegt mir beständig im Sinne*, j'y pense continuellement. | *es kommt mir nicht aus dem Sinn*, cela ne me sort pas de l'esprit. | *es ging ihm durch den Sinn*, cela lui traversa l'esprit. | *sich etwas aus dem Sinn schlagen*, se départir d'une pensée. | *das will mir nicht in den Sinn*, je n'arrive pas à comprendre cela. | *aus den Augen, aus dem Sinn*, loin des yeux, loin du cœur.

2. [Meinung] pensée f. ; sens m. ; opinion f. ; avis m. | *mit jm eines Sinnes sein*, être du même avis que qn. | *es geht nach meinem Sinn*, cela va à mon gré, suivant mes désirs. | *in js Sinn sprechen*, parler dans le sens de qn. | *viele Köpfe, viele Sinne*, autant d'hommes, autant d'avis ; tot capita, tot census.

3. [Anlage ; Neigung] sens m. | *Sinn für Geschäfte*, sens des affaires. | *Sinn für Musik haben*, avoir le sens de la musique. | *der Sinn für das Schöne*, le sentiment du beau. | *nur Sinn für das Geld haben*, ne s'intéresser qu'à l'argent.

4. [Bedeutung] sens m. ; signification f. ; acception f. | *Sinn eines Satzes*, sens d'une phrase. | *Sinn einer Handlung*, signification d'une action. | *es hat keinen Sinn*, cela n'a aucun sens. | *im eigentlichen, im bildlichen Sinn*, au sens propre, figuré. | *im weitesten Sinn des Wortes*, au sens large du mot. | *im engeren Sinne*, au sens étroit ; au pied de la lettre. | *im rechtlichen Sinne*, au sens juridique. | *ohne Sinn und Verstand*, sans rime ni raison. | *in diesem Sinne habe ich ihm geschrieben*, je lui ai écrit dans ce sens.

5. [Organ der Wahrnehmung] sens m. ; faculté sensorielle. | *die fünf Sinne*, les cinq sens. | *scharfe Sinne haben*, avoir les sens aiguisés, subtils. || PAR EXT. [Bewußtsein] conscience f. | *seiner Sinne mächtig sein*, avoir tout son bon sens. | *er ist nicht recht bei Sinnen*, il a perdu la raison. | *ihm vergingen die Sinne*, il perdit connaissance. | *wieder zu Sinnen kommen*, revenir à soi.

sinn|betörend ["zinbə'tø:rənt] adj. ensorcelant. ||°**-bild** n. (s, er) symbole m. ; emblème m. ||**-bildlich** adj. et adv. symbolique. | *sinnbildlich darstellen*, symboliser. ||**-fällig** adj. évident ; qui tombe sous le sens. ||°**-gebung** f. (-, en) interprétation f. ||°**-gedicht** n. (s, e) épigramme f. ||**-gemäß** adj. conforme au sens ; analogique. | *sinngemäße Anwendung finden*, être applicable par analogie. ||**-getreu** adj. qui rend fidèlement le sens. ||**-los** adj. sans signification ; insensé ; absurde ; stupide ; vide de sens. | *sinnlos betrunken*, ivre mort. ||°**-losigkeit** f. 1° (Vx.) perte (f.) de connaissance ; 2° absurdité f. ; insanité f. ; folie f. ||**-reich** adj. ingénieux ; spirituel ; plein de bon sens ; bien trouvé. ||°**-spruch** m. (s, ¨e) sentence f. ; apophtegme m. ||**-verwandt** adj. de sens voisin ; synonyme. ||**-verwirrend** adj. affolant. ||**-voll** adj. plein de sens ; significatif ; ingénieux ; profond. ||**-widrig** adj. absurde. ||°**-widrigkeit** f. (-, en) absurdité f.

sinnen ['zinən] (a, o) v. intr. et v. tr. méditer ; réfléchir ; penser ; songer. | *hin und hersinnen*, penser et repenser. | *über etwas (nach) sinnen*, réfléchir à qch. | *auf Böses sinnen*, méditer un mauvais coup.
◇ part. prés. **sinnend,** méditatif ; rêveur ; pensif.
◇ part. pass. **1. gesonnen,** ayant l'intention de. | *ich bin gesonnen, das Möglichste zu tun*, je suis décidé à faire tout ce qui est possible. | *er ist mir übel gesonnen*, il ne m'aime pas.
2. V. GESINNT.

Sinnen [-nən] n. (s) méditations f. pl. ; rêveries f. pl. ; pensées f. pl. ; réflexions f. pl. | *all sein Sinnen und Trachten*, toutes ses pensées.

Sinnen|lust ["zinən'lust] f. (-, ¨e) plaisir (m.) des sens ; volupté f. ; sensualité f. ||°**-reiz** m. (es) sensualité f.

Sinnes|änderung ["zinəs'ɛndəruŋ] f. (-, en) changement (m.) d'opinion ; résipiscence f. ||°**-art** f. (-, en) disposition (f.), tournure (f.), tendance (f.) d'esprit ; sentiments m. pl. ||°**-empfindung** f. ["–/-'–] (-, en) perception sensorielle. ||°**-organ** n. (s, e) organe (m.) des sens. ||°**-täuschung** f. (-, en), °**-trug** m. (s) illusion (f.) des sens ; hallucination f.

sinnieren [zi'ni:rən] v. intr. rêver ; méditer ; songer.

sinnig ['ziniç] adj. pensif ; rêveur. || [gescheit] judicieux ; profond ; ingénieux ; astucieux.

sinnlich ['zinliç] adj. sensuel. | *sinnlicher Mensch*, homme sensuel. || [wahrnehmbar] sensible ; matériel ; physique. | *sinnliche Wahrnehmung*, perception (f.) des choses sensibles.

Sinnlichkeit [-kait] f. faculté sensitive. || nature (f.) physique ; matérialité f. || sensualité f.

Sinologe [zino'lo:gə] m. (n, n), **Sinologin** [-'lo:gin] f. (-, nen) sinologue s.

Sinter ['zintər] m. (s, -) stalactite f. ; concrétion f. || [Schlacke] crasses (f. pl.) de fer. || GÉOL. travertin m.

sintern ['zintərn] v. intr. suinter ; filtrer ; former des stalactites.

Sint|flut ["zint'flu:t] f. (-, en) déluge m.

Sinus ['zi:nus] m. (-, se). MATH., ANAT. sinus m.

Siphon ['zi:fon] m. (s, s) siphon m.

Sippe ['zipə] f. (-, n) parenté f. ; famille f. ; clan m. ; engeance f. || POP., PÉJOR. clique f. ; coterie f.

Sippschaft ['zipʃaft] f. (-, en) parenté f. || PÉJOR. clique f. ; smala f.

Sirene [zi're:nə] f. (-, n). MYTH. sirène f. || [Signalgerät] sirène f. | *Luftschutzsirene*, sirène d'alerte aérienne.

sirren ['zirən] v. intr. [Mücken] bourdonner.

Sirup ['zi:rup] m. (s, e) mélasse f. ; sirop m.
sistieren [zis'ti:rən] v. tr. arrêter ; suspendre ; interrompre. | *die Feindseligkeiten sistieren*, suspendre les hostilités. || JUR. [vorladen] *jn sistieren*, assigner qn à comparaître.
Sistierung [-ruŋ] f. (-, en) suspension f. || JUR. arrestation f. ; assignation f.
Sitte ['zitə] f. (-, n) coutume f. ; usage m. ; mœurs f. pl. | *feine Sitten*, mœurs raffinées. | *gegen die guten Sitten verstoßen*, pécher contre les bonnes mœurs. | *es ist Sitte, daß*, il est de règle de. || FAM. [Polizei] brigade (f.) des mœurs.
Sitten|bild ["zitən'bilt] n. (s, er), °**-gemälde** [-gə'mɛ:ldə] n. (s, -) tableau (m.) de mœurs. | *komisches Sittengemälde*, comédie (f.) de mœurs. ||°**-gesetz** n. (es, e) loi morale. ||°**-lehre** f. éthique f. ; morale f. ; ||°**-lehrer** m. (s, -) moraliste m. ||**-los** adj. immoral ; dissolu. ||°**-losigkeit** f. immoralité f. ||°**-polizei** f. police (f.) des mœurs. ||°**-richter** m. (s, -) censeur m. ||°**-spruch** m. (s, ¨e) maxime, sentence morale. ||**-streng** adj. austère ; sévère ; puritain. ||**-verderbend** adj. démoralisant ; dépravant ; qui corrompt les mœurs. ||°**-verderbnis** f. (-) démoralisation f. ; dépravation f. ; corruption f. ; dissolution morale. ||°**-verfall** m. (s) dépravation f. ; décadence (f.) des mœurs. ||**-widrig** adj. contraire aux bonnes mœurs.
Sitten ['zitən] n. (s). GÉOGR. Sion f.
Sittich ['zitiç] m. (s, e). ZOOL. perruche f.
sittlich ['zitliç] adj. 1° conforme aux usages. || LOC. *ländlich, sittlich*, chaque pays a ses coutumes ; 2° moral, conforme aux bonnes mœurs. | *sittlicher Wert*, valeur morale.
Sittlichkeit [-kait] f. moralité f. ; bonnes mœurs. || PHILOS. morale sociale.
Sittlichkeits|gefühl ["zitliçkaitsgə'fy:l] n. (s) sens moral. ||°**-verbrechen** n. (s, -), °**-vergehen** n. (s) attentat (m.) aux mœurs, à la pudeur.
sittsam ['zitzɑ:m] adj. modeste ; réservé ; sage ; vertueux ; honnête. | *übertrieben sittsam*, prude.
Sittsamkeit [-kait] f. décence f. ; honnêteté f. ; pudeur f. ; réserve f. ; modestie f. ; sagesse f.
Situation [zitua'tsio:n] f. (-, en) situation f. || GÉOGR. configuration (f.) du terrain.
situiert [zitu'i:rt] adj. situé ; placé. || FIG. *gut situiert*, à son aise.
Sitz [zits] m. (es, e). **1.** siège m. ; fauteuil m. ; place assise ; banquette f. | *Sitz im Theater*, fauteuil de théâtre. | *Sitz in der Akademie*, fauteuil à l'Académie. | *gepolsterter Sitz*, fauteuil rembourré. | *stufenweise erhöhte Sitze*, sièges en gradins. | *ständiger Sitz*, fauteuil d'abonné. || PAR EXT. *Sitz und Stimme haben*, avoir voix au chapitre. | *ein Sitz in der Regierung*, un siège au gouvernement.
2. [Wohnort] lieu (m.) de séjour ; domicile m. ; résidence f. ; siège m. | *Sitz der Regierung*, siège du gouvernement. || COMM. *mit Sitz in Hamburg*, ayant son siège à Hambourg. | *Sitz einer Handelsgesellschaft*, siège social. || MÉD. *Sitz einer Krankheit*, foyer (m.) d'une maladie.
3. [Anzüge] *dieses Kleid hat einen guten Sitz*, cette robe est seyante.
4. [Reitkunst] position f. | *fester Sitz*, assiette f.
Sitz|bad ['zitsbɑ:t] n. (s, ¨er) bain (m.) de siège. ||°**-badewanne** f. (-, n) baignoire (f.) sabot. ||°**-bein** n. (s, e). ANAT. ischion m. ||°**-bezug** m. (s, ¨e). AUTOM. garniture (f.) de siège. ||°**-fleisch** n. (es). FAM. *kein Sitzfleisch haben*, ne pas pouvoir rester en place ; avoir la bougeotte. || °**-gelegenheit** f. (-, en) siège m. ||°**-platz** m. (es, ¨e) place assise. ||°**-reihe** f. (-, n) rang m. || THÉÂTRE. rangée f. ||°**-stange** f. (-, n) perchoir m. ; huchoir m. ||°**-streik** m. grève (f.) sur le tas.
sitzen ['zitsən] (saß, gesessen) v. intr.

> **I.** être assis ; siéger ; être perché.
> **II.** PAR EXT. être ; se trouver ; résider ; rester ; être fixé.
> **III.** [Kleider] aller.
> **IV.** atteindre son but ; porter.
> **V.** (avec un infin.) : **sitzenbleiben ; sitzenlassen.**
> **VI.** emploi pronominal avec un adj.

I. être assis ; siéger. | *auf einer Bank sitzen*, être assis sur un banc. | *am Tisch sitzen*, être assis à table. | *oben am Tisch sitzen*, occuper le haut bout de la table. | *hier sitzt man bequem*, on est bien assis ici ; ce siège est confortable. | *sitzende Arbeit*, travail (m.) sédentaire. | *zu js Füßen sitzen*, être aux pieds de qn. || *zu Pferde sitzen*, être à cheval. || PR. et FIG. *fest im Sattel sitzen*, être bien en selle. | *über jn zu Gericht sitzen*, juger qn. | *im Rate sitzen*, être membre du Conseil. || [König] trôner. | *auf dem Throne sitzen*, trôner. || [Vögel] être perché. | *ein Vogel sitzt auf dem Dach*, un oiseau juche, est perché sur le toit. || MAR. *auf Grund sitzen*, être échoué.
II. PAR EXT. être ; se trouver ; être situé, placé ; résider ; demeurer ; être localisé ; rester ; ne pas bouger ; reposer. | *die Germanen saßen jenseits des Rheins*, les Germains étaient établis de l'autre côté du Rhin. | *der Papst sitzt in Rom*, le pape siège à Rome. | *immer zu Hause sitzen*, ne pas sortir de chez soi ; être sédentaire, casanier. | *über einer Arbeit sitzen*, être attelé à un travail. | *über seinen Büchern sitzen*, être penché, pâlir sur ses livres. | *im Gefängnis, hinter Schloß und Riegel sitzen*, être en prison, sous les verrous. | *auf einem Pulverfaß sitzen*, être assis sur une poudrière. | *(wie) auf glühenden Kohlen sitzen*, être sur des charbons ardents. | *der Saal saß voller Zuschauer*, la salle était comble. | *hier sitzt das Übel*, c'est là que réside le mal. | *auf dem hohen Roß sitzen*, monter sur ses grands chevaux. || FAM. *in der Klemme, in der Patsche, in der Tinte sitzen*, être dans le pétrin. || POP. *der hat einen sitzen*, il a bu un coup de trop. | *das Latein sitzt bei ihm*, il retient bien le latin. | *das Messer sitzt ihm locker*, il a le couteau facile. || PROV. *wer im Glashaus sitzt, darf nicht mit Steinen werfen*, celui qui est en vue ne doit pas s'exposer (aux coups).
III. [Kleider] (bien) aller ; convenir ; (Vx.) seoir ; être seyant. | *dieses Kleid sitzt ihr gut*, cette robe lui va bien. | *das sitzt ihm wie angegossen*, cela lui va comme un gant. | *ein eng sitzendes Kleid*, un vêtement ajusté.
IV. atteindre son but ; porter ; toucher. | *der Schuß saß*, le coup a porté.
V. (avec un infin.) **sitzenbleiben,** rester assis. | *bleiben Sie sitzen !*, restez assis. || rester en panne ; ne pas bouger ; demeurer en place. || [beim Tanz] faire tapisserie. || PAR EXT. demeurer vieille fille. || COMM. *sitzengebliebene Waren*, marchandises laissées pour compte. || [Schule] *in einer Klasse sitzenbleiben*, redoubler une classe. | *ein Sitzenbleiber*, un redoublant. — **sitzenlassen,** abandonner ; laisser ; FAM. laisser en plan ; planter là.
VI. (emploi pronominal avec un adj.) *hier sitzt es sich gut*, ici on est bien assis.
Sitzen ['zitsən] n. (s) position, situation (assise) ; station assise. | *einen Stuhl zum Sitzen anbieten*, offrir une chaise. | *zum Sitzen kommen*, s'asseoir. || [bei einem Maler] pose f.
sitzig ['zitsiç] (en compos.) adj. *dreisitzig*, à trois places.
Sitzung [-tsuŋ] f. (-, en) séance f. ; session f. ;

audience f. ; réunion f. | *Sitzung halten*, siéger. | *während der Sitzung*, séance tenante. | *die Sitzung eröffnen*, ouvrir la session. | *die Sitzung für eröffnet erklären*, déclarer la séance ouverte. | *die Sitzung schließen*, clore la session. | *die Sitzung ist aufgehoben*, la séance est levée. || FIG. [bei Tisch] *eine lange Sitzung*, un repas prolongé ; une beuverie de plusieurs heures. || ARTS. séance f. ; pose (f.) pour un portrait.

Sitzungs|bericht ["zitsuŋsbə'riçt] m. (s, e) compte rendu (m.), rapport (m.) de séance. ||°**-geld** n. (s, er). FIN. jeton (m.) de présence. ||°**-periode** f. session f. ||°**-saal** m. (s, säle), °**-zimmer** n. (s, -) salle (f.) des séances.

Sizilianer [zitsili'ɑ:nər] m. (s, -) Sicilien m.

sizilianisch [-niʃ] adj. sicilien ; de Sicile.

Sizilien [zi'tsi:liən] n. pr. n. (s). GÉOGR. Sicile f.

Skabiose [-bi'o:zə] f. (-, n). BOT. scabieuse f. ; FAM. fleur (f.) des veuves.

Skala ['skɑ:la] f. (-, s ou len) échelle graduée. || MUS. *Tonskala*, gamme f.

skalar [ska'lɑ:r] adj. MATH. scalaire.

Skalar|produkt [ska"lɑ:rpro'dukt] (s, e). MATH. produit (m.) scalaire.

Skalde ['skaldə] m. (n, n) scalde m.

Skalen|gang ["skɑ:lən'gaŋ] m. (s, ¨e). MUS. *chromatischer Skalengang*, passage (m.) chromatique. || °**-scheibe** f. (-, n) cadran gradué.

Skalp [skalp] m. (s, e) scalp m.

Skalpell [skal'pɛl] n. (s, e). MÉD. scalpel m. ; bistouri m.

skalpieren [skal'pi:rən] v. tr. scalper.

Skandal [skan'dɑ:l] m. (s, e) scandale m. ; tapage m. ; esclandre m. | *aller Welt zum Skandal*, au grand scandale de tout le monde. | *es kam zu einem öffentlichen Skandal*, le scandale devint public. | *Heidenskandal*, tapage infernal. | *Skandalmacher*, homme tapageur.

skandalisieren [-li'zi:rən] v. tr. scandaliser ; choquer ; heurter.

skandalös [-'lø:s] adj. scandaleux ; révoltant ; honteux.

skandieren [skan'di:rən] v. tr. scander.

Skandieren [-rən] n. (s) scansion f.

Skandinavien [skandi'nɑ:viən] n. pr. n. (s). GÉOGR. Scandinavie f.

Skandinavier(in) [-viər(in)] m. (s, -), f. (-, nen) Scandinave m. et f.

skandinavisch [-viʃ] adj. scandinave.

Skarabäus [skara'bɛ:us] m. (-, äen). ZOOL. [Mistkäfer] scarabée m.

Skat [skɑ:t] m. (s, e). [Kartenspiel] skat m. ; écarté m.

Skatologie [skatolo'gi:] f. scatologie f.

Skelett [ske'lɛt] n. (s, e). PR. et FIG. [Gerippe] squelette m. ; ossature f.

skelett|artig [ske"lɛt'ɑ:rtiç] adj. squelettique. | *skelettartige Magerkeit*, maigreur (f.) squelettique. ||°**-schrift** f. (-, en). TYPOGR. caractère étroit, filiforme.

Skepsis ['skɛpsis] f. scepticisme m. ; doute m.

Skeptiker [-tikər] m. (s, -). PHILOS. sceptique m. ; pyrrhonien m.

skeptisch [-tiʃ] adj. sceptique.

Skeptizismus [skɛpti'tsismus] m. PHILOS. scepticisme m.

Sket(s)ch [skɛtʃ] m. ou n. (es, e). THÉÂTRE. sketch m.

Ski [ʃi] m. (s, er). [Schneeschuh] ski m. | *Ski fahren, laufen*, faire du ski ; skier. | *auf Skiern*, à skis.

Ski|ausrüstung ["ʃi'ausrystuŋ] f. (-, en) équipement (m.) de ski. ||°**-bindung** f. (-) fixation (f.) de ski. ||°**-bretter** n. pl. FAM. skis m. pl. ||°**-fahrer(in)** m. (s, -), f. (-, nen) skieur m., skieuse f. ||°**-gebiet** n. (s, e) domaine (m.) skiable. ||°**-kante** f. (-, n) carre f. ||°**-langlauf** m. (s, ¨e) ski (m.) de fond. ||°**-langlaüfer(in)** m. (s, -), f. (-, nen) fondeur m., fondeuse f. ||°**-läufer(in)** m. (s, -), f. (-, nen) skieur m., skieuse f. ||°**-lift** m. (s, e) remontée (f.) mécanique. ||°**-paß** m. (es, ¨e) forfait m. ||°**-schanze** f. (-, n) tremplin m. ||°**-sprung** m. (s, ¨e) saut (m.) à skis. ||°**-wachs** m. fart m.

Skimmer ['skimər] m. (s, -). TECHN. récupérateur m.

Skizze ['skitsə] f. (-, n) esquisse f. ; ébauche f. ; schéma m. ; croquis m. | *eine Skizze entwerfen*, esquisser. | *Skizzenbuch*, album (m.) de croquis.

skizzenhaft ['skitsənhaft] adj. esquissé ; ébauché. ◇ adv. en quelques traits.

skizzieren [ski'tsi:rən] v. tr. esquisser ; ébaucher ; faire un croquis, un schéma ; croquer ; décrire à grands traits. | *einen Plan skizzieren*, tracer les grandes lignes d'un projet.

Sklave ['sklɑ:və] m. (n, n) esclave m. | *jn zum Sklaven machen*, réduire qn en esclavage.

Sklaven|dienst ["sklɑ:vən'di:nst] m. (s) esclavage m. ||°**-handel** m. (s) trafic (m.), traite (f.) des esclaves. ||°**-händler** m. (s, -) négrier m. ||°**-schiff** n. (s, e) négrier m. ||°**-staat** m. (s, en) État (m.) esclavagiste.

Sklaverei [sklɑ:və'rai] f., **Sklaventum** ['sklɑ:vəntu:m] n. (s) esclavage m. | *in Sklaverei geraten*, tomber, être réduit en esclavage.

Sklavin ['sklɑ:vin] f. (-, nen) esclave f.

sklavisch [-viʃ] adj. servile ; d'esclave. | *sklavischer Gehorsam*, obéissance (f.) servile.

Sklerose [skle'ro:zə] f. (-, n). MÉD. sclérose f.

Skoliose [skɔli'o:zə] f. (-, n). MÉD. scoliose f.

skontieren [skɔn'ti:rən] v. tr. escompter ; faire un escompte.

Skonto ['skɔnto] n. (s, s). COMM. escompte m.

Skontro ['skɔntro] n. (s, s). COMM. relevé (m.) de compte. || *skontrieren*, faire un relevé.

Skorbut [skɔr'bu:t] m. (s). MÉD. scorbut m.

Skorpion [skɔrpi'o:n] m. (s, e). ZOOL. scorpion m. || ASTRON. [Sternbild] Scorpion m.

Skribent [skri'bɛnt] m. (en, en). PÉJOR. plumitif m. ; gratte-papier m.

Skriptgirl ["skript'gərl] n. (s, s) script-girl f. ; scripte f.

skrofulös [skrofu'lø:s] adj. scrofuleux ; écrouelleux.

Skrupel ['skru:pəl] m. (s, -) scrupule m.

skrupel|los ["skru:pəl'lo:s] adj. sans aucun scrupule. ||°**-losigkeit** f. absence (f.) de scrupule ; cynisme m.

skrupulös [skrupu'lø:s] adj. scrupuleux.

Skuller ['skulər] m. (s, -). SPORT. skiff m.

Skulptur [-'tu:r] f. (-, en) sculpture f.

Skunk [skunk] m. (s, e). ZOOL. sconse m.

skurril [sku'ril] adj. [possenhaft] bouffon ; grotesque.

Slalom ['slɑ:lɔm] m. (s, s). SPORT. Slalom m.

Slalom|tor ["slɑ:lɔm'to:r] n. (s, e). SPORT. porte (f.) de slalom.

Slawe ['slɑ:və] m. (n, n), **Slawin** [-vin] f. (-, nen) Slave s.

Slawentum ['slɑ:vəntu:m] n. (s) slavisme m. ; Slaves m. pl.

slawisch [-viʃ] adj. slave.

Slawist(in) [sla'vist(in)] m. (en, en), f. (-, nen)

slavisant(e) m. (f.). ; spécialiste (s.) des questions ou des langues slaves.

slippen ['slipən] v. intr. AÉRON. glisser sur l'aile.

Slowake [slo'vɑ:kə] m. (n, n). Slovaque m.

Slowakei [slova'kai] f. GÉOGR. Slovaquie f.

Slowakin [slo'vɑ:kin] f. (-, nen) Slovaque f.

slowakisch [-'vɑ:kiʃ] adj. slovaque.

Slowene [slo've:nə] m. (n, n) Slovène m.

Slowenien [slo've:niən] n. pr. n. (s). GÉOGR. Slovénie f.

Slowenin [slo've:nin] f. (-, nen) Slovène f.

Smaragd [sma'rakt] m. (s, e) émeraude f.

smaragden [-'rakdən] adj. d'émeraude ; couleur d'émeraude.

Smash [smɛʃ] m. (-, s). SPORT. smash m.

Smog [smɔk] m. (s, s) smog m.

Smoking ['smo:kiŋ] m. (s, s) smoking m.

Smyrna ['smyrna] n. pr. n. GÉOGR. Smyrne f.

so [zo:] adv.

> **I.** ainsi ; de cette manière ; de la sorte.
> **II.** [Zeit] alors ; à ce moment-là ; [Art] dans ces conditions ; dès lors.
> **III.** (comparatif d'égalité) aussi ; autant.
> **IV.** (intensité et quantité) si ; tant.
> **V.** loc. conj. : **so..., daß.**
> **VI.** EMPLOIS ARCHAÏQUES.

I. ainsi ; comme ceci ; de la sorte ; de cette manière. | *so ist es recht*, c'est bien ainsi ; à la bonne heure ! | *so muß es sein*, il faut que cela soit ainsi. | *dem ist nun einmal so*, c'est ainsi. | *so sprach er*, telles furent ses paroles. | *und so weiter*, et cætera. | *und so fort*, et ainsi de suite. | *es ist so seine Art*, c'est sa manière d'agir. | *bald so..., bald so*, tantôt d'une façon, tantôt d'une autre. | *so oder so*, d'une façon ou d'une autre ; dans tous les cas. | *so was habe ich nie gesehen*, je n'ai jamais vu chose pareille ; je n'ai jamais vu cela. | *so ein Mann*, un tel homme. | *wenn sie es so nehmen wollen*, à ce compte-là. || [sens atténué] *ich hatte es nur so gesagt*, j'avais dit cela sans intention, sans trop y réfléchir. | *es mochte so vier Uhr sein*, il pouvait être à peu près quatre heures. || LOC. *so !*, ainsi donc ! ; tiens ! | *ach so !*, c'est donc cela ! | *so ?*, vraiment ? || PROV. *wie du mir, so ich dir*, je te rends la monnaie de ta pièce.
II. alors. — **1.** [Zeit] alors ; à ce moment. | *kaum war er da, so schwiegen alle*, à peine était-il là que tous se turent.
2. [Art] dans ces conditions ; dès lors. | *wenn du kannst, so komm heute*, si tu le peux, viens aujourd'hui. | *hätte er gewußt, so wäre er nie gekommen*, s'il avait su, il ne serait jamais venu.
III. (comparatif d'égalité) aussi ; autant. | *er ist so alt wie ich*, il est aussi âgé que moi. | *du bist nicht so krank, wie du sagst*, tu n'es pas aussi malade que tu le dis. | *so wahr ich lebe ! aussi vrai que je suis en vie !* — **so..., so,** autant..., autant ; aussi..., aussi. | *so hochfliegende Pläne er einmal hatte, so verzweifelt ist er nun*, autant il avait conçu de projets ambitieux, autant il est à présent désespéré. — **um so** et comparatif. | d'autant plus. | *er war um so trauriger*, il était d'autant plus triste. | *er war um so weniger dazu geneigt, es anzunehmen*, il était d'autant moins disposé à accepter cela.
IV. (intensité et quantité) si ; tant ; tellement ; à ce point ; à un tel degré. | *so viele Leute hatte ich noch nie gesehen*, je n'avais encore jamais vu tant de monde. | *ich wäre so froh, Sie zu sehen*, je serais si heureux de vous voir. | *ich bin so frei, Ihre Einladung anzunehmen*, je prends la liberté, je me permets d'accepter votre invitation. | *ich kann nicht arbeiten, so groß ist die Hitze*, je ne puis travailler tant il fait chaud. || (avec **noch** et **auch**) *jeder noch so mächtige Mann*, un homme si puissant soit-il. | *so reich er auch sein mag*, si riche qu'il puisse être ; quelque riche qu'il soit. | *er mag noch so bitten, ich gebe es ihm nicht*, il peut toujours, il aura beau le demander, je ne le lui donnerai pas. | *so gering er auch sei*, si petit soit-il.
V. loc. conj. **so..., daß,** si... que ; à tel point que ; de sorte que ; si bien que. | *er ist so verblendet, daß er die Gefahr nicht sieht*, il est aveuglé au point de ne pas voir le danger. | *es fror so, daß alle Teiche zugefroren waren*, il gelait si fort que tous les étangs étaient pris par les glaces. — **so viel..., daß :** *er aß so viel, daß er krank wurde*, il mangea tant qu'il en fut malade. — **so sehr..., daß :** *ich schätze ihn so sehr, daß ich an diese Verleumdung nicht glauben kann*, je l'estime tant que je ne puis croire à cette calomnie.
VI. EMPLOIS ARCHAÏQUES : *(wenn) so Gott will*, si Dieu le veut. || pron. relat. *die, so Gott liebt*, ceux qui sont aimés de Dieu.

so|bald [zo'balt] conj. dès que. — adv. de sitôt. ||**-dann** adv. ensuite ; puis ; alors. ||**-eben** adv. à l'instant même. | *soeben erschienenes Buch*, livre (m.) qui vient de paraître. ||**-fern** conj. [in dem Maße als] dans la mesure où ; jusqu'au point où ; en tant que. ||**-fort** adv. aussitôt ; tout de suite ; immédiatement. ||**-fortig** adj. immédiat. | *sofortige Abfahrt*, départ (m.) dans les plus brefs délais. ||**-gar** adv. même. | *man sagt sogar*, on dit même ; on va jusqu'à dire. | *ja sogar*, et qui plus est. | *hunderte, ja sogar tausende*, des centaines, que dis-je, des milliers. ||**-genannt** adj. soi-disant ; ainsi nommé ; que l'on dit tel. || [angeblich] prétendu. ||**-gleich** adv. aussitôt ; sur-le-champ ; tout de suite. ||**-lang(e)** conj. aussi longtemps que. ||**-mit** adv. ainsi ; de ce fait. ||**-oft** conj. aussi souvent que. ||**-sehr** adv. et conj. tant ; tellement ; quel, quelle... que. | *sosehr ich Ihnen helfen kann*, quelle que soit l'aide qu'il m'est possible de vous apporter. ||**-so** adv. tant bien que mal ; comme ci comme ça. | *soso lala*, comme si comme ça ; couci, couça. ||°**-undso** adv. *Herr Soundso*, monsieur Un tel. ||**-undsoviel** adv. tant. ||**-viel** adj. et conj. autant ; autant que. | *dreimal soviel*, trois fois autant. | *soviel ich sagen kann*, autant que je puisse dire. ||**-weit** conj. et adv. *soweit ich davon sprechen kann*, pour autant que je puisse en parler. | *soweit die Augen reichen*, autant que l'on puisse voir. | *soweit wie möglich*, autant que possible. | *er hat soweit recht*, il a raison jusqu'à un certain point. ||**-wenig** conj. et adv. tout aussi peu que ; pas plus que. ||**-wie** conj. dès que ; dès le moment que ; aussi bien que ; ainsi que. ||**-wieso** adv. de toute façon ; d'une façon comme de l'autre ; en tout cas. ||**-wohl** conj. aussi bien. | *sowohl... als auch*, non seulement..., mais encore. ||**-zusagen** adv. pour ainsi dire.

Socke ['zɔkə] f. (-, n) chaussette f. || FAM. *sich auf die Socken machen*, décamper ; filer.

Sockel ['zɔkəl] m. (s, -) socle m. ; piédestal m. ; support m. | *Sockel einer Mauer*, pied (m.) de mur. || [an der Zimmerwand] plinthe f. || TECHN. [an einer Lampe] douille f. ; culot m.

socken ['zɔkən] v. intr. POP. courir ; filer.

Sod|brennen ["zo:t'brɛnən] n. (s) brûlures (f. pl.) d'estomac ; pyrosis m.

Soda ['zo:da] n. (s, s). CHIM. soude f.

Sode ['zo:də] f. (-, n) tranche (f.) de gazon.

Sodomie [zodo'mi:] f. HIST. sodomie f.

Sofa ['zo:fa] n. (s, s) sofa m. ; canapé m. ; divan m.

Soffitte [zɔ'fitə] f. (-, n) soffite f. || THÉÂTRE. frise f.

Sofortbildkamera [zo"fɔrtbilt'kaməra] f. (-, s). PHOT. Polaroïd m. (nom déposé).

Software [sɔft'wɛə] f. (-, s) logiciel m.

Sog [zo:k] m. (s, e) courant (m.) d'aspiration. || MAR. sillage (m.) d'un navire.

Sohle ['zo:lə] f. (-, n) **1.** [Fuß] plante f. || [Pferd] sole f.
2. [Schuh] semelle f. || PAR EXT. sandale f.
3. [Grund] fond m. (d'un fossé, d'une vallée, d'une galerie de mines).
4. TECHN. plancher m. ; semelle f.

Sohlen|gänger ["zo:lən'gɛŋəer] m. (s, -). ZOOL. plantigrade m. ||°**-leder** n. (s) cuir (m.) à ressemeler.

Sohn [zo:n] m. (s, ¨e) fils m. || RELIG. *der verlorene Sohn*, l'enfant prodigue. || FIG. *die Söhne des Gebirges*, les fils, les habitants de la montagne.

Söhnchen ['zø:nçən] n. (s, -) jeune fils. || FAM. fiston m.

Sohnes|liebe ["zo:nəs'li:bə] f. amour filial.

Soja|bohne ["zo:ja'bo:nə] f. (-, n). BOT. soja m.

Sokrates ['zo:krates] n. pr. m. Socrate m.

Sokratiker [zo'kra:tikər] m. (s, -). PHILOS. disciple (m.) de Socrate.

Sol [zo:l] n. (s). CHIM. solution colloïdale.

solar [zo'la:r] adj. solaire.

Solar|energie [zo"la:renɛr'gi:] f. (-) énergie (f.) solaire. ||°**-modul** n. (s, e). TECHN. module (m.) solaire. ||°**-pumpe** f. (-, n). TECHN. pompe (f.) solaire. ||°**-zelle** f. (-, n). TECHN. cellule (f.) photovoltaïque, solaire ; héliocapteur m. ||°**-zellengenerator** m. (s, en). TECHN. panneau (m.) solaire.

Sol|bad ["zo:l'ba:t] n. (s, ¨er) bain (m.) d'eau saline. ||°**-ei** m. (s, er). CULIN. œuf cuit à l'eau salée.

solch [zɔlç] adj. tel ; pareil ; semblable ; de ce genre ; de cette espèce ; de cette qualité. | *ein solcher Mensch* ; *solch ein Mensch*, un tel homme. | *solche Möglichkeiten*, de telles possibilités. | *als solcher*, comme tel ; en tant que tel. | *als (ein) solches gelten*, passer pour tel. | *auf solche Art*, de cette manière. || si grand. | *ich hätte solche Lust, ihn zu sehen !*, j'aimerais tellement le voir ! || LOC. *solcherlei*, des choses de cette sorte. | *solchergestalt, daß*, de telle sorte que.
◇ pron. indéf. *ich habe solche*, j'en ai.

Sold [zɔlt] m. (s) solde f. ; paie f. ; salaire m. ; gages f. pl. | *in js Solde stehen*, être à la solde de qn.

Sold|buch ["zɔlt'bu:x] n. (s, ¨er). MIL. livret (m.) militaire.

Soldat [zɔl'da:t] m. (en, en) soldat m. ; militaire m. | *Soldat auf Zeit*, soldat engagé sous contrat. | *gemeiner Soldat*, simple soldat.

Soldaten|geist [zɔl"da:tən'gaist] m. (es) esprit (m.) militaire ; esprit (m.) de corps. ||°**-könig** m. (s). HIST. Roi-Sergent m. ||°**-kost** f. ordinaire m. ||°**-mantel** m. (s, ¨) capote f. ||°**-rock** m. (s, ¨e) uniforme m. | *den Soldatenrock anziehen*, endosser l'uniforme. ||°**-stand** m. (s) état (m.) militaire. ||°**-wesen** n. (s) militaires m. pl. ; armée f.

soldatenhaft [zɔl'da:tənhaft] adj. de soldat ; militaire ; en soldat.

Soldatentum [-tu:m] n. (s) état (m.) militaire ; mœurs (f. pl.) militaires.

Soldateska [zɔlda'tɛska] f. soldatesque f.

soldatisch [-'da:tiʃ] adj. du, de soldat ; soldatesque ; militaire ; martial. | *soldatische Haltung*, tenue martiale. | *soldatisch aussehen*, avoir un air martial.

Söldner ['zøltnər] m. (s, -) mercenaire m. | *Söldnerhauptmann*, condottiere m.

Sole [zo:lə] f. (-, n) eau salée ; saline f. ; saumure f. ; eau-mère f.
— OBSERV. Voir les composés à *Sol | bad*.

Solenoid [zolənoʼi:t] n. (s, e). ÉLECTR. solénoïde m.

Solfeggio [-'fedʒio] n. (s, ien). MUS. solfège m.

solid(e) [zo'li:t, -'li:də] adj. solide. || PAR EXT. rangé ; sérieux. | *solid werden*, se ranger. || COMM. *solides Haus*, maison (f.) de confiance. || FIG. *solid gebaut*, bâti à chaux et à sable.

Solidar|bürge [zoli"da:r'byrgə] f. (-, n). JUR. caution (f.) solidaire. ||°**-schuldner** m. (s, -) débiteur (m.) solidaire.

solidarisch [zɔli'da:riʃ] adj. solidaire. | *sich mit jm solidarisch erklären*, se déclarer solidaire de qn. || COMM. *solidarisch verbürgter Schuldschein*, obligation (f.) solidaire.

Solidarität [-dari'tɛ:t] f. solidarité f.

Solidität [zolidi'tɛ:t] f. solidité f. || FIG. respectabilité f. ; sûreté f. || COMM. solvabilité f.

Solist [zo'list] m. (en, en), **Solistin** [-'listin] f. (-, nen). MUS. soliste s.

Solitär [-li'tɛ:r] m. (s, e). [Diamant] solitaire m.

Soll [zɔl] n. (s, s). [Moral] devoir m. || COMM. doit m. | *Soll und Haben*, doit et avoir. || MIL. situation (f.) théorique. || ADM. norme f. (de travail, de livraison obligatoire). | *sein Soll erfüllen*, satisfaire à ses obligations.

Soll|ausgabe ["zɔl'ausga:bə] f. (-, n) dépense prévue, théorique. ||°**-bestand** m. (s, ¨e) dotation (f.), stock (m.) théorique. ||°**-saldo** m. (s, s) compte débiteur. ||°**-seite** f. (-, n) doit (m.) d'un compte.

sollen ['zɔlən] v. intr. et v. auxil. de mode.
1. (obligation morale) devoir ; avoir le devoir de, l'obligation morale de ; il faut que (subj.). | *du sollst gestehen*, tu dois avouer. | *er hätte es schon lange tun sollen*, il y a longtemps qu'il aurait dû le faire. | *du hättest nicht gesollt*, tu n'aurais pas dû. || [göttliches Gebot] devoir. | *du sollst nicht töten*, tu ne tueras point.
2. (obligation résultant d'un ordre) *du sollst gehorchen !*, tu dois obéir ; je t'ordonne d'obéir ! | *man soll um die Erlaubnis bitten*, il faut demander la permission. | *sie sollen herein !*, qu'ils entrent ! | *den soll der Teufel holen !*, que le diable l'emporte ! | *was soll ich tun ?*, que faire ? ; que dois-je faire ? | *Sie sollen wissen*, je veux que vous sachiez ; sachez ! | *was soll ich damit tun ?*, que voulez-vous que j'en fasse ?
3. (expression d'un futur plus ou moins certain, d'une affirmation énergique ; se traduit alors par le futur) *sie sollen ihn nicht haben*, ils ne l'auront pas. | *damit sollen Sie zufrieden sein*, vous en serez satisfait. | *man soll nicht sagen, daß*, il ne sera pas dit que.
4. (exprime une possibilité, une éventualité) *wenn es regnen sollte*, s'il venait à pleuvoir. | *sollte ich dabei sterben*, dussé-je en mourir. | *sollte er kommen*, pour le cas où il viendrait. | *sollte es möglich sein ?*, serait-ce possible ? || [Wahrscheinlichkeit] *man sollte meinen*, on dirait ; ne dirait-on pas ? || [Gerücht] *er soll reich sein*, on le dit riche. | *er soll schon abgereist sein*, on prétend qu'il est déjà parti en voyage. | *er soll gesagt haben*, il aurait dit ; il est censé avoir dit. | *es soll hundert Mark kosten*, cela coûte, paraît-il, cent marks.
5. (avec un infin. sous-entendu) *was soll das ?*, pourquoi cela ? | *was soll mir das ?*, que m'importe ? | *was soll diese Arbeit ?*, à quoi bon tout ce travail ?
6. LOC. **a)** [exprimant l'indignation] *ich sollte dich verraten*, moi, je te trahirais ; moi, j'irais te trahir ? — **b)** [exprimant le regret, la déception ; ne se traduit généralement pas] *da soll einer noch freigebig sein*, allez donc être généreux ! | *da soll man noch drüber staunen*, étonnez-vous donc si. — **c)** [exprimant l'étonnement] *wie soll man bei solchen Behauptungen nicht lachen ?*, comment ne pas rire de telles affirmations ? | *was soll*

ich ?, que dois-je faire ? | *sollte er krank sein ?*, serait-il, par hasard, malade ?

Söller ['zølər] m. (s, -). 1° galerie couverte ; 2° grenier.

Solo ['zo:lo] n. (s, s). MUS. solo m.

Solo|sänger ["zo:lo'zɛŋər] m. (s, -), °**-spieler** [-'ʃpi :lər] m. (s, -) soliste m. ||°**-stimme** f. (-, n) voix seule. ||°**-stück** n. (s, e) solo m.

Solothurn [zolo'turn] n. pr. n. GÉOGR. Soleure f.

solvabel [zɔl'vɑ:bəl], **solvent** [-'vɛnt] adj. solvable.

Solvenz [-'vɛnts] f. solvabilité f.

Soma ['zo:ma] n. (s, ata). BIOL. soma m.

Somalia [zo'mɑ:lia] n. pr. n. (s). GÉOGR. Somalie f.

somatisch [zo'mɑ:tiʃ] adj. MÉD. somatique.

Sommer ['zɔmər] m. (s, -) été m. | *im Sommer*, en été. | *Hochsommer*, plein été. || FIG. *im Sommer des Lebens*, dans la force de l'âge.

Sommer|frische ["zɔmər'friʃə] f. villégiature f. | *in die Sommerfrische fahren*, aller en villégiature. ||°**-frischler** m. pl., °**-gäste** m. pl. estivants m. pl. ; touristes m. pl. ||°**-getreide** n. (s, -) blé (m.) de mars. ||°**-saat** f. (-, en) semaille (f.) de printemps. ||°**-seite** f. (-, n) côté (m.) du midi ; versant (m.) au midi. ||°**-sonnenwende** f. solstice (m.) d'été. ||°**-sprossen** f. pl. taches (f. pl.) de rousseur. ||°**-weizen** m. (s) blé (m.) de mars. ||°**-zeit** f. heure (f.) d'été.

sommerlich [-liç] adj. estival.

somnambul [zɔmnam'bu:l] adj. [schlafwandelnd] somnambule.

Somnambulismus [-bu'lismus] m. (-) somnambulisme m.

Sonate [zo'nɑ:tə] f. (-, n). MUS. sonate f.

Sonatine [-na'ti:nə] f. (-, en). MUS. sonatine f.

Sonde ['zɔndə] f. (-, n) sonde f.

Sonder|abdruck ["zɔndər'apdruk] m. (s, ¨e). TYPOGR. tirage (m.) à part. ||°**-abkommen** n. (s, -). JUR. contrat particulier. ||°**-angebot** n. (s, e). COMM. offre spéciale ; promotion f. ||°**-ausgabe** f. (-, n) édition (f.), numéro (m.) spécial(e). ||°**-ausgaben** f. pl. dépenses particulières. ||°**-ausschuß** m. (es, ¨e) commission spéciale ; jury (m.) d'exception. ||°**-beauftragte(r)** f. (m.) chargé(e) [m. (f.)] de mission. ||°**-beilage** f. (-, n). [Zeitungen] supplément spécial. ||°**-berichterstatter** m. (s, -). [Zeitungen] envoyé spécial. ||°**-bestimmung** f. (-, en) disposition spéciale. ||°**-bund** m. (s, ¨e) fédération (f.), ligue (f.) séparatiste. ||°**-bündler** m. (s, -) séparatiste m. ||°**-bündelei** f. séparatisme m. ; particularisme m. ||°**-druck** m. (s, e) tirage (m.) à part ; tiré (m.) à part. ||°**-friede** m. (ns, n) paix séparée. ||°**-gericht** n. (s, e) tribunal (m.) d'exception. ||°**-gesetz** n. (es, e) loi (f.) d'exception. ||**-gleichen** adj. sans pareil. || spécial ; à part ; exceptionnel. ||°**-gut** n. (s). JUR. biens paraphernaux. ||°**-nummer** f. (-, n). [Zeitungen] numéro spécial. ||°**-recht** n. (s, e) privilège m. ||°**-ziehungsrechte** n. pl. FIN. droits de tirage spéciaux (D.T.S.). ||°**-zug** m. (s, ¨e). [Eisenbahn] train spécial. ||°**-zuwendungen** f. pl. ADM. allocations spéciales.

sonderbar ['zɔndərbɑ:r] adj. et adv. singulier ; particulier ; spécial ; original ; unique ; étrange ; bizarre. | *das Sonderbare an dieser Sache*, le plus singulier de cette affaire.

Sonderbarkeit [-kait] f. (-, en) étrangeté f. ; particularité f. ; singularité f. ; caractère singulier.

sonderlich ['zɔndərliç] adj. et adv. remarquable ; notable ; extraordinaire ; considérable. | *das war nicht sonderlich geschickt*, cela n'était guère adroit. | *ohne sonderliche Lust, zu*, sans grande envie de.

Sonderling [-liŋ] m. (s, e) original m. ; homme (m.) à part, bizarre.

sondern ['zɔndərn] adv. mais ; mais au contraire. | *er ist nicht arm, sondern reich*, il n'est pas pauvre, mais au contraire riche. | *nicht nur, sondern auch*, non seulement, mais encore.

sondern ['zɔndərn] v. tr. séparer ; trier ; disjoindre ; mettre à part.
◇ v. pr. **sich sondern,** se séparer ; se distinguer ; se mettre à part, à l'écart ; s'isoler.

sonders ['zɔndərs] adv. *samt und sonders*, tous sans exception ; en général et en particulier.

Sonderung ['zɔndəruŋ] f. (-, en) [action de] mettre à part, séparer, isoler. || triage m. ; séparation f.

sondieren [zɔn'di:rən] v. tr. sonder. || FIG. tâter le terrain ; examiner. | *jn sondieren*, pressentir qn.

Sondierung [-ruŋ] f. (-, en) sondage m.

Sonett [zɔ'nɛt] n. (s, e). POÉT. sonnet m.

Song [sɔŋ] m. (s, s) [englisch] chanson f.

Sonn|abend ['zɔnɑ:bənt] m. (s, e) samedi m. | *sonnabends*, le samedi.

Sonne ['zɔnə] f. (-, n) **1.** soleil m. | *die Sonne geht auf, unter*, le soleil se lève, se couche. | *die Sonne scheint*, le soleil luit, brille. | *in der Sonne*, au soleil. | *von der Sonne gebräunt*, bronzé ; bruni ; hâlé. || LOC. *nichts Neues unter der Sonne*, rien de nouveau sous le soleil. **2.** FIG. lumière f. ; grand jour. | *ans Licht der Sonne bringen*, rendre public. | *Platz an der Sonne*, place (f.) au soleil ; position (f.) favorable. | *die Sonne bringt es an den Tag*, la vérité se fera jour.

sonnen [-nən] v. tr. exposer au soleil ; insoler.
◇ v. pr. **sich sonnen,** se prélasser, s'exposer au soleil. || FIG. *sich in seinem Ruhm sonnen*, s'endormir sur ses lauriers.

Sonnen|aufgang ["zɔnən'aufgaŋ] m. (s, ¨e) lever (m.) du soleil ; orient m. ||°**-bad** n. (s, ¨er) bain (m.) de soleil ; solarium m. ||°**-bahn** f. orbite (f.) du soleil. | *scheinbare jährliche Sonnenbahn*, écliptique f. ||°**-ball** m. globe (m.) du soleil. ||**-beglänzt, -beschienen** adj. exposé au soleil. ||°**-bestrahlung** f. (-, en), °**-einstrahlung** f. (-, en) ensoleillement m. ||°**-blende** f. (-, n) visière f. ; parasoleil m. ; pare-soleil m. ||°**-blume** f. (-, n). BOT. tournesol m. ; hélianthe m. ||°**-brand** m. brunissement m. ; hâle m. ||°**-bräune** f. hâle m. ||°**-brille** f. (-, n) lunettes (f.) de soleil. ||°**-dach** n. (s, ¨er) marquise f. || AUTOM. toit ouvrant. ||°**-deck** n. (s, e). MAR. tendelet m. ||°**-energie** f. (-) énergie (f.) solaire. ||°**-ferne** f. ASTRON. aphélie f. ||°**-finsternis** f. (-, se) éclipse (f.) solaire, de soleil. ||°**-flecken** m. (s, -) tache (f.) solaire. ||**-gebräunt** adj. bruni. ||°**-geflecht** n. (s, e) plexus (m.) solaire. ||°**-glanz** m. (es) clarté (f.), splendeur (f.) du soleil. ||°**-glut** f. ardeur (f.) du soleil. ||°**-gott** m. (s). MYTH. Phébus m. ||**-hell** adj. éclairé par le soleil. || PAR EXT. clair comme le jour. ||°**-höhe** f. hauteur (f.) du soleil. ||°**-jahr** n. (s, e) année solaire, astronomique. ||**-klar** adj. clair comme le jour ; évident ; patent. ||°**-kollektor** m. (s, en). TECHN. capteur (m.) solaire. || °**-kraftwerk** n. (s, e). TECHN. centrale (f.) solaire. ||°**-lichtheilverfahren** n. (s, -) héliothérapie f. ||°**-messer** m. (s, -) héliomètre m. ||°**-nähe** f. périhélie f. ||°**-ofen** m. (s, ¨). TECHN. four (m.) solaire. ||**-reich** adj. bien exposé au soleil. ||°**-röschen** n. (s, -). BOT. hélianthème m. ||°**-scheibe** f. ASTRON. disque (m.) solaire. ||°**-schein** m. clarté (f.) du soleil. | *im Sonnenschein*, au soleil. || °**-scheindauer** f. (-) durée (f.) d'ensoleillement. ||°**-schirm** m. (s, e) ombrelle f. ||°**-schutzblende** f.

(-, n) pare-soleil m. ||°**-segel** n. (s, -). MAR. banne f. ; vélum m. ||°**-seite** f. (-, n) côté exposé au soleil. ||°**-spektrum** n. (s) spectre (m.) solaire. ||°**-stand** m. (s) position (f.) du soleil. ||°**-stich** m. (s, e) coup de soleil. ||°**-strahl** m. (s, en) rayon (m.) de soleil. ||°**-strahlung** f. (-, en) rayonnement (m.) solaire. ||°**-system** n. (s, e) système solaire, planétaire. ||°**-tag** m. (s, e). ASTRON. jour (m.) solaire ; FIG. beau jour. | *Sonnentage*, jours (m. pl.) d'ensoleillement. ||°**-uhr** f. (-, en) cadran (m.) solaire. ||°**-untergang** m. (s, ¨e) coucher (m.) de, du soleil. ||**-verbrannt** adj. basané ; bruni ; hâlé. ||°**-wende** f. (-, n). ASTRON. solstice m. || BOT. héliotrope m.

sonnenhaft ['zɔnənhaft] adj. qui est comme le soleil ; qui a une parenté avec le soleil.

sonnig ['zɔniç] adj. ensoleillé. || FIG. heureux ; radieux.

Sonntag ['zɔntɑ:k] m. (s, e) dimanche m. | *an Sonn- und Festtagen*, les dimanches et les jours fériés. || RELIG. *Palmsonntag*, dimanche des Rameaux.

sonntägig ["zɔn'tɛ:giç] adj. du dimanche ; dominical.

sonntäglich [-'tɛ:gliç] adj. et adv. du dimanche ; dominical ; qui a lieu tous les dimanches. | *sonntäglich angezogen*, endimanché.

sonntags ['zɔntɑ:gs] adv. le dimanche.

Sonntags|fahrer ["zɔntɑ:gs'fɑ:rər] m. (s, -). IRON. conducteur (m.) du dimanche. ||°**-jäger** m. (s, -). IRON. chasseur (m.) du dimanche ; FAM. chasseur (m.) de casquettes. ||°**-kind** n. (s, er) favori (m.) de la fortune ; enfant, homme né coiffé. ||°**-ruhe** f. repos dominical. ||°**-staat** m. (es) habits (m. pl.) du dimanche. | *im Sonntagsstaat*, dans ses plus beaux atours.

sonor [zɔ'no:r] adj. sonore.

sonst [zɔnst] adv. **1.** autrement ; sinon. | *beeilen Sie sich, sonst kommen Sie zu spät !*, dépêchez-vous, sinon vous serez en retard. | *sonst nichts ?*, rien d'autre ? | *sonst noch etwas ?*, et avec cela ? | *sonst niemand ?*, personne d'autre ? | *wenn es sonst nichts ist*, si ce n'est que cela. | *sonst nirgends*, nulle part ailleurs. | *wer denn sonst als er ?* qui donc, sinon lui ? | *was willst du sonst noch ?*, que veux-tu de plus ?
2. ailleurs ; d'ailleurs ; par ailleurs ; ordinairement ; normalement ; à l'ordinaire. | *er handelt sonst nicht auf diese Weise*, d'ordinaire il n'agit pas de cette façon. | *wie sonst*, comme d'habitude.
3. autrefois ; jadis.

sonstig ['zɔnstiç] adj. autre. | *seine sonstigen Einkommen*, ses autres sources de revenus. | *sonstige Ausgaben*, autres dépenses ; dépenses (f. pl.) accessoires.

sonst|wie [zɔnst'vi:] adv. d'une autre manière. ||**-wo** adv. quelque part ailleurs.

Soor [zo:r] m. (s). MÉD. muguet m.

Sophismus [zɔ'fismus] m. (-, men). PHILOS. sophisme m.

Sophist [-'fist] m. (en, en). PHILOS. sophiste m.

sophistisch [-'fistiʃ] adj. de sophiste ; sophistique.

Sophokles ['zo:fɔklɛs] n. pr. m. Sophocle m.

Sopran [zo'prɑ:n] m. (s, e). MUS. soprano m.

Sopranist(in) [-ist(in)] m. (en, en), f. (-, nen) soprano s.

Sorbet [zɔr'bɛt] n. (s, e). CULIN. sorbet m.

Sorge ['zɔrgə] f. (-, n) **1.** inquiétude f. ; souci m. ; peine f. | *sich Sorgen machen*, se faire des soucis ; s'inquiéter. | *in Sorge(n) um etwas, wegen etwas sein*, se faire du souci pour qch. | *schwere Sorgen*, gros soucis. | *das ist die geringste meiner Sorgen*, c'est le moindre, c'est le cadet de mes soucis. | *eine Sorge los sein*, être libéré d'un souci.
2. soin m. ; sollicitude f. | *für etwas Sorge tragen*, prendre soin de qch. ; pourvoir à qch. | *die Sorge für etwas übernehmen*, se charger de qch. || FAM. *lassen Sie das meine Sorge sein*, j'en fais mon affaire ; laissez-moi faire.

sorgen [-gən] v. intr. **1.** être inquiet ; craindre pour ; se tourmenter ; avoir peur. | *(sich) um js Gesundheit sorgen*, être inquiet pour la santé de qn. **2.** prendre soin ; pourvoir ; veiller ; voir à ; mettre ordre ; aviser. | *dafür haben wir gesorgt*, nous y avons pourvu. | *für alles sorgen*, veiller à tout.

sorgen|frei ["zɔrgən'frai], **-los** [-'lo:s] adj. exempt, libre de soucis. ||°**-kind** n. (s, er) enfant (s.) qui cause beaucoup de soucis. ||**-schwer, -voll** adj. soucieux ; accablé de soucis.

Sorge|recht ["zɔrgə'rɛçt] n. (s, e). JUR. droit (m.) de garde.

Sorg|falt ['zɔrkfalt] f. soin m. ; scrupule m. ; sollicitude f. | *mit Sorgfalt*, avec soin, diligence ; de façon méticuleuse. | *Sorgfalt auf etwas verwenden*, soigner qch. ; mettre du soin à qch.

sorg|fältig ["zɔrk'fɛltiç] adj. soigneux ; attentif ; plein de sollicitude ; scrupuleux ; méticuleux. | *sorgfältig gekleidet*, mis avec soin. ||**-los** adj. sans soucis ; insouciant ; PAR EXT. négligent. ||°**-losigkeit** f. insouciance f. ; incurie f. ; PAR EXT. négligence f. ; laisser-aller m. ; manque (m.) de soin.

sorglich ['zɔrkliç] adj. soigneux.

sorgsam ['zɔrkzɑ:m] adj. soigneux ; attentionné.

Sorgsamkeit [-kait] f. (-, en) soins m. pl. ; caractère soigneux ; attentions f. pl.

Sorte ['zɔrtə] f. (-, n) sorte f. ; espèce f. ; qualité f. | *mittlere Sorte*, qualité moyenne.

Sortier|maschine [zɔr"ti:rma'ʃi:nə] f. (-, n) machine (f.) à trier ; trieuse f. ||°**-raum** m. (s, ¨e) salle (f.) de tri. ||°**-trommel** f. (-, n) classeur (m.) à tambour.

sortieren [zɔr'ti:rən] v. tr. assortir ; mettre en ordre ; classer. || [Briefe] trier.

Sortieren [-rən] n. (s), **Sortierung** [ruŋ] f. (-, en) classement m. ; triage m. || [Briefe] tri m. | *Sortierung nach Bestimmungsorten*, routage m.

Sortiment [zɔrti'mɛnt] n. (s, e). 1° assortiment m. ; 2° librairie f.

Soße ['zo:sə] f. (-, n) sauce f.

sott [zɔt] prétérit de **sieden.**

Souffleur [su'flø:r] m. (s, e). THÉÂTRE. souffleur m. | *Souffleurkasten*, trou (m.) du souffleur.

soufflieren [su'fli:rən] v. tr. THÉÂTRE. souffler.

Soutane [zu'tɑ:nə] f. (-, n) soutane f.

Souterrain ['sutɛrɛ̃] n. (s, s). ARCHIT. sous-sol m.

souverän [zuvə'rɛ:n] adj. souverain.

Souveränität [-rɛni'tɛt] f. souveraineté f.

Sowjet [sɔ'vjɛt] m. (s, s) soviet m.

sowjetisch [-tiʃ] adj. soviétique.

Sowjet|republiken [so"vjɛtrepu'bli:kən] f. pl. républiques (f. pl.) soviétiques. ||°**-union** f. [UdSSR] Union (f.) des républiques socialistes soviétiques ; U.R.S.S.

sozial [zotsi'ɑ:l] adj. social.

Sozial|abgaben [zotsi"ɑ:lap'gɑ:bən] f. pl. ÉCON. charges sociales ; prélèvements sociaux. ||°**-amt** n. (s) bureau (m.) d'aide sociale. ||°**-arbeiterin** f. (-, nen) assistante sociale. ||°**-beiträge** m. pl. versements (m. pl.) au titre de la Sécurité sociale. ||°**-demokrat** m. (en, en) social-démocrate m. ||°**-demokratie** f. social-démocratie f. ||°**-einrichtungen** f. pl. avantages sociaux. ||°-**fürsorge** f., °-**hilfe** f. (-, n) aide sociale. ||°-**fürsorgerin** f. (-, nen) assistante sociale. || °-**leistungen** f. pl. prestations (f. pl.) de Sécurité sociale. ||°-**leistungsträger** m. (s, -) (*etwa*) organisme payeur de prestations sociales. ||°-**ökonomie** f. économie (f.) politique. ||°-**ordnung** f. ordre social. ||°-**reform** f. (-, en) réforme sociale. ||-**versichert** adj. *sozialversichert sein*, être affilié à la Sécurité sociale. ||°-**versicherung** f. (-, en) assurance sociale ; Sécurité sociale. ||°-**werk** n. (s, e) entraide f. ||°-**wissenschaften** f. pl. sciences, études sociales ; sociologie f.

sozialisieren [zotsiali'zi:rən] v. tr. socialiser ; nationaliser.

Sozialisierung [-li'zi:ruŋ] f. (-, en) socialisation f. ; nationalisation f. || [Soziologie] insertion sociale.

Sozialismus [-'lismus] m. socialisme m.

Sozialist [-'list] m. (en, en) socialiste m.

sozialistisch [-'listiʃ] adj. socialiste.

Soziologe [zotsio'lo:gə] m. (n, n), °-**login** [-'lo:gin] f. (-, nen) sociologue s.

Soziologie [-lo'gi:] f. sociologie f.

soziologisch [-'lo:giʃ] adj. sociologique.

Sozius ['zo:tsius] m. (-, se) associé m. ; compagnon m.

Sozius|sitz ["zo:tsius'zits] m. (es, e) tan-sad m.

Spachtel ['ʃpaxtəl] m. (s, -) ou f. (-, n) spatule f.

spachteln [-təln] v. tr. spatuler ; reboucher avec le couteau. || ARG. faire bonne chère.

Spagat [ʃpa'gɑ:t] m. (es, e) *den Spagat machen*, faire le grand écart.

spähen ['ʃpɛ:ən] v. intr. être aux aguets ; épier ; espionner ; guetter ; scruter ; chercher à découvrir. | *nach etwas spähen*, chercher à découvrir qch.

Späher(in) ['ʃpɛ:ər(in)] m. (s, -), f. (-, nen) qui épie ; espion(ne) m. (f.) ; guetteur m. ; guetteuse f. | *Späherblick*, regard observateur, scrutateur.

Späh|trupp ["ʃpɛ:'trup] m. (s, s) patrouille f. ; détachement (m.) d'éclaireurs.

Spalier [ʃpa'li:r] n. (s, e) espalier m. ; treille f. || FIG. *Spalier bilden*, faire la haie.

Spalier|baum [ʃpa"li:r'baum] m. (s,¨e) arbre (m.) en espalier. ||°-**wand** f. (-, ¨e) palissage m.

Spalt [ʃpalt] m. (s, e), **Spalte** ['ʃpaltə] f. (-, n) fente f. ; ouverture f. ; déchirure f. ; crevasse f. || [Mauern] fissure f. ; lézarde f. || TYPOGR. [Zeitungen] colonne f.

Spalt|beil ['ʃpaltbail] n. (s, e) hachette f. ||°-**bildung** f. (-, en) fissuration f. ||°-**fuß** m. (es, ¨e) pied fendu. ||-**füßig** adj. ZOOL. schizopode, fissipède. ||-**holz** n. (es) bois (m.) de refend. ||°-**keil** m. (s, e). TECHN. coin (m.) à fendre. ||°-**klinge** f. (-, n) merlin m. ||°-**leder** n. (s, -) cuir (m.) de mauvaise qualité. ||°-**messer** n. (s, -) greffoir m. ; entoir m. ||°-**mündung** f. (-, en). BOT. stomate m. ||°-**neutron** n. (s, en). NUCL. neutron (m.) de fission. ||°-**pilz** m. (es, e) bactérie f. ||°-**produkt** n. (s, e). NUCL. produit (m.) de fission. ||°-**rate** f. (-, n). NUCL. taux (m.) de fission. ||°-**stoff** m. (s, e). NUCL. matière (f.) fissile.

spaltbar ['ʃpaltbɑ:r] adj. qui peut se fendre ; fissile. || PHYS. *spaltbarer Stoff*, matière (f.) fissile.

Spaltbarkeit [-kait] f. fissilité f. ; qualité (f.) de ce qui peut être fendu. || TECHN. clivage m.

spalten ['ʃpaltən] v. intr. se fendre.
◇ v. tr. fendre ; scinder ; diviser. | *Holz der Länge nach spalten*, fendre, scier du bois en long. | *den Schädel spalten*, fendre le crâne. || PHYS. *den Lichtstrahl spalten*, décomposer le rayon lumineux. || TECHN. *einen Kristall spalten*, cliver un cristal. || FIG. *Haare spalten*, couper les cheveux en quatre. || TYPOGR. composer en colonnes.
◇ v. pr. **sich spalten**, se fendre ; se lézarder ; se crevasser ; bifurquer ; se scinder. | *die Welt spaltet sich in zwei Lager*, le monde se divise en deux camps. | *sich weiter spalten*, se subdiviser. || [Steine] se déliter.

Spalten|breite ["ʃpaltən'braitə] f. (-, n). TYPOGR. justification f. ||-**reich** adj. crevassé.

Spalter ['ʃpaltər] m. (s, -) fendeur m. ; FIG. pourfendeur m.

Spaltung [-tuŋ] f. (-, en). [Handlung] (action de) fendre ; fendage m. || [Ergebnis] fissure f. ; crevasse f. || PAR EXT. dédoublement m. ; clivage m. || FIG. scission f. ; division f. ; cassure f. ; schisme m. | *innere Spaltungen*, divisions internes ; déchirements m. pl. || PHYS., CHIM. dédoublement m. | *Spaltung des Atomkerns*, fission (f.) du noyau atomique.

Spaltungs|energie ["ʃpaltuŋsenɛr'gi:] f. (-). NUCL. énergie (f.) de fission.

Span [ʃpɑ:n] m. (s,¨e). **1.** copeau m. ; chute (f.) de bois ; éclat (m.) de bois, de métal.
2. FIG., DIAL. dispute f. ; querelle f. || IRON. *einen Span haben*, être un peu fou ; avoir un grain. || FAM. *machen Sie keine Späne !*, ne faites pas de façons !

Span|schachtel ["ʃpɑ:n'ʃaxtəl] f. (-, n) boîte (f.) faite de planches légères.

Span|ferkel ["ʃpɑ:n'fɛrkəl] n. (s, -) cochon (m.) de lait.

Spange ['ʃpaŋə] f. (-, n) agrafe f. ; boucle f. ; fermoir m. | *Haarspange*, barrette f.

Spaniel ['ʃpɑ:niəl] m. (s, -). ZOOL. épagneul m.

Spanien ['ʃpɑ:niən] n. pr. n. Espagne f.

Spanier(in) [-niər(in)] m. (s, -), f. (-, nen) Espagnol(e) m. (f.).

spanisch ['ʃpɑ:niʃ] adj. espagnol. | *spanische Spracheigentümlichkeit*, hispanisme m. | *spanisch-amerikanisch*, hispano-américain. || FIG. *spanische Wand*, paravent m. || ZOOL. *spanische Fliege*, cantharide f. || MIL. *spanischer Reiter*, cheval (m.) de frise.

spanisch|sprachig ["ʃpɑ:niʃ'ʃprɑ:xiç] adj. hispanophone. ||°-**weiß** n. (es) blanc (m.) d'Espagne.

Spann [ʃpan] m. (s, e). [Pferde ; Schuhe] cou-de-pied m. ; cambrure f.

Spann|backe ["ʃpan'bakə] f. (-, n). TECHN. mordache (f.) d'un étau ; mors (m.) de serrage. ||°-**beton** m. (s) béton précontraint. ||°-**bettlaken** n. (s, -), °-**bettuch** n. (s, ¨er) drap housse m. ||°-**draht** m. (s,¨e) hauban m. ; tendeur m. ||°-**feder** f. (-, n) ressort m. ||°-**hebel** m. (s, -) tendeur m. ||°-**kraft** f. élasticité f. ; ressort m. || TECHN. [Dampfdruck] tension (f.) de la vapeur. || [Glas] expansibilité f. ||-**kräftig** adj. élastique. ||°-**lack** m. (s). TECHN. émaillite f. ||°-**muskel** m. (s, n) muscle extenseur. ||°-**rahmen** m. (s, -) châssis-tendeur m. ||°-**riemen** m. (s, -) tire-pied m. ||°-**ring** m. (s, e) collier (m.) de serrage. ||°-**seil** n. (s, e) câble tendeur. ||°-**stück** n. (s, e) gâchette f. ||°-**tau** n. (s, e) amarre f. ||°-**vorrichtung** f. (-, en). TECHN. dispositif (m.) de serrage ; tendeur m. ||°-**weite** f. (-, n) ouverture (f.) d'un arc ; portée (f.) [d'un pont]. || AÉRON. envergure f. || TECHN. [Schraubstock] écartement m.

spannbar ['ʃpanbɑ:r] adj. que l'on peut tendre ; extensible.

Spanne ['ʃpanə] f. (-, n). [Längenmaß] empan m. |*Spannen messen*, mesurer par empans. || FIG. [räumlich und zeitlich] *kurze Spanne*, court espace. || marge f. ; écart m. || STAT. fourchette f.

spannen ['ʃpanən] v. tr. **1.** tendre ; étendre ; tirer ; étirer ; allonger. | *ein Seil spannen*, tendre une corde.

| *seine Muskeln spannen*, tendre ses muscles. | *eine Feder spannen*, tendre, bander un ressort. || [Feuerwaffen] *den Hahn einer Flinte spannen*, armer un fusil. || FIG. *seine Forderungen zu hoch spannen*, avoir des prétentions exagérées. || TECHN. *den Dampf spannen*, serrer dans l'étau. | *ein Rad spannen*, centrer une roue. || MUS. *Saiten spannen*, monter des cordes. | *die Saiten hoch spannen*, tendre les cordes.

2. atteler. | *Pferde an einen Wagen spannen*, atteler des chevaux à une voiture. || PAR EXT. *jn auf die Folter spannen*, mettre qn à la torture, à la question. || FIG. *spannen Sie mich doch nicht auf die Folter !*, cessez de me tourmenter ! || PROV. *die Pferde hinter den Wagen spannen*, mettre la charrue avant les bœufs.

3. serrer ; resserrer ; attacher. | *etwas in den Schraubstock spannen*, serrer qch. dans l'étau. | *über die Form spannen*, enformer.

◇ v. intr. tendre ; tirer. | *dieses Kleid spannt über den Schultern*, ce vêtement tire sur les épaules. || FIG. intéresser ; captiver. || FAM. *auf einen Gewinn spannen*, escompter un gain. | *die Katze spannt auf die Maus*, le chat guette la souris. | *ich bin darauf gespannt*, j'attends cela impatiemment. || avoir une envergure, une portée de. | *dieses Flugzeug spannt fünfzig Meter*, cet avion a cinquante mètres d'envergure.

◇ part. pass. **spannend.** FIG. *spannende Erzählung*, récit captivant.

◇ part. pass. **gespannt.** *gespannte Aufmerksamkeit*, attention tendue. | *gespannte Beziehungen*, rapports tendus. | *gespannte Lage*, situation tendue. | *hochgespannte Hoffnungen*, espérances exagérées, trop haut placées. | *allzu gespannt*, hypertendu.

◇ v. pr. **sich spannen.** *die Brücke spannt sich über den Fluß*, le pont enjambe le fleuve. | *der Himmel spannt sich über uns*, le ciel déploie sa voûte au-dessus de nous.

Spanner [-nər] m. (s, -). [Spannvorrichtung] tenseur m. | *Schuhspanner*, embauchoir m. || [für Zeitungen] porte-journal m. || [für Radspeichen] serre-rayon m. || [für Schläger] presse-raquettes m. || ZOOL. phalène f. || ANAT. [Muskel] tenseur m. || FIG., FAM. [Voyeur] voyeur m.

Spannung [-nuŋ] f. (-, en) **1.** (action de) tendre ; tension f. ; extension f. ; expansion f. ; ouverture f. | *Spannung eines Seiles*, tension d'un câble. | *zu große Spannung*, hypertension f. | *zu geringe Spannung*, hypotension f. || PAR EXT. envergure f. ; ouverture f. ; travée f. ; portée f. | *Spannung eines Gewölbes*, ouverture d'une voûte. | *Spannung einer Brücke*, portée d'un pont.

2. curiosité (f.) extrême ; impatience f. ; attention soutenue ; vif intérêt ; tension f. ; contention f. | *ein Buch mit Spannung lesen*, lire un livre avec un intérêt soutenu. | *in atemloser Spannung sein*, avoir le souffle coupé.

3. relations tendues ; tension f. | *politische Spannung*, tension politique.

4. ÉLECTR. tension f. ; voltage m. ; potentiel m. | *Spannung von 220 Volt*, tension de 220 volts. | *eine Spannung einlegen*, appliquer une tension. || [Dampfmaschinen] pression (f.) de la vapeur.

Spannungs|abfall ["ʃpanuŋs'apfal] m. (s, ¨e) baisse (f.), chute (f.) de tension. ||°**-ausgleicher** m. (s, -) régulateur (m.) de tension. ||°**-differenz** f. (-, en) différence (f.) de potentiel. ||°**-messer** m. (s, -). 1° voltmètre m. ; 2° indicateur (m.) de pression. ||°**-minderung** f. (-, en) dévoltage m. ||°**-teiler** m. (s, -). RADIO. potentiomètre m.

Spar|brenner ["ʃpɑ:r'brɛnər] m. (s, -) veilleuse f. ||°**-buch** n. (s, ¨er) livret (m.) de caisse d'épargne. ||°**-büchse** f. (-, n) tirelire f. ||°**-einlage** f. (-, n) dépôt (m.) à la caisse d'épargne. ||°**-geld** n. (s) épargnes f. pl. ; économies f. pl. ||°**-kasse** f. (-, n) caisse (f.) d'épargne. ||°**-kassenbuch** n. (s, ¨er) livret (m.) de caisse d'épargne. ||°**-maßnahme** f. (-, n). ÉCON. mesure (f.) d'austérité. | *drastische Sparmaßnahmen treffen*, faire des coupes sombres. ||°**-pfennig** m. (s, e) petites économies. ||°**-politik** f. (-) politique (f.) d'austérité. ||°**-programm** n. (s, e) plan (m.) d'austérité. ||°**-quote** f. (-, n). FIN. taux (m.) d'épargne. ||°**-strumpf** m. (es, ¨e). FAM. bas (m.) de laine.

sparen ['ʃpɑ:rən] v. tr. **1.** épargner ; économiser ; mettre de côté. | *Geld sparen*, thésauriser. || LOC. *am unrechten Ort sparen*, faire des économies de bouts de chandelle.

2. FIG. épargner ; ménager ; éviter ; PAR EXT. faire gagner. | *seine Mühe nicht sparen*, ne pas ménager ses efforts. | *mit dem Lob nicht sparen*, ne pas être avare d'éloges.

Sparen [-rən] n. (s) épargne f. ; économie f.

Sparer [-rər] m. (s, -) épargnant m. ; personne (f.) économe. | *kleine Sparer*, petits épargnants. || PROV. *dem Sparer gehört ein Zehrer*, à père avare, fils prodigue.

Spargel ['ʃpargəl] m. (s, -) asperge f.

spärlich ['ʃpɛ:rliç] adj. et adv. peu abondant ; insuffisant ; parcimonieux ; pauvre ; chiche. | *spärliche Mahlzeit*, repas frugal. | *spärliche Geldmittel*, moyens financiers réduits. | *spärliches Haar*, chevelure clairsemée. | *spärlich besuchtes Schauspiel*, spectacle peu fréquenté.

Spärlichkeit [-kait] f. parcimonie f. ; pauvreté f. ; insuffisance f. ; frugalité f. ; rareté f.

Sparren ['ʃparən] m. (s, -) chevron m. ; lame f. || FAM. *einen Sparren zuviel haben*, avoir un grain.

sparsam ['ʃpɑ:rzɑ:m] adj. et adv. **1.** [Personen] économe ; regardant ; PAR EXT. parcimonieux. | *sparsame Hausfrau*, ménagère (f.) économe. | *sparsam leben*, se restreindre ; économiser. | *sehr sparsam sein*, être regardant. || PAR EXT. *mit etwas sparsam umgehen*, être avare de qch. ; ménager qch. | *von einer Erlaubnis sparsam Gebrauch machen*, user discrètement d'une autorisation.

2. [Dinge] peu abondant.

Sparsamkeit [-kait] f. économie f. | *aus Sparsamkeitsgründen*, pour des raisons d'économie. | *kleinliche, übertriebene Sparsamkeit*, parcimonie f.

Sparta ['ʃparta] n. pr. n. HIST. Sparte f.

Spartakist [ʃparta'kist] m. (en, en). POLIT. spartakiste m.

Spartaner [ʃpar'tɑ:nər] m. (s, -). Spartiate m.

spartanisch [-niʃ] adj. PR. et FIG. spartiate.

Sparte ['ʃpartə] f. (-, n) section f. ; classe f. ; catégorie f. ; division f. ; chapitre m. ; secteur m.

Spaß [ʃpɑ:s] m. (es, ¨e) amusement m. ; plaisanterie f. ; jeu m. ; facétie f. ; divertissement m. ; badinage m. | *schlechter Spaß*, mauvaise plaisanterie. | *es macht mir Spaß*, cela me divertit. | *Späße machen*, se livrer à des facéties. | *aus, zum Spaß*, pour plaisanter ; pour rire. | *das war nur Spaß*, ce n'était pas sérieux. | *jm den Spaß verderben*, gâter le plaisir de qn. | *mit jm seinen Spaß treiben*, se moquer de qn. | *darin versteht er keinen Spaß*, il ne plaisante pas sur ce chapitre. || FAM. *Spaß beiseite !*, trêve de plaisanteries ! | *viel Spaß !*, amusez-vous bien !

Spaß|macher ["ʃpɑ:s'maxər] m. (s, -) farceur m. ; plaisant m. ; FAM. loustic m. ||°**-vogel** m. (s, ¨) mauvais plaisant ; blagueur m.

spaßen ['ʃpɑ:sən] v. intr. plaisanter ; se moquer ; badiner ; blaguer ; rire ; FAM. rigoler. | *Sie spaßen !*, vous voulez rire ! | *damit ist nicht zu spaßen*, il ne faut pas plaisanter, badiner avec ces choses-là. | *er läßt nicht mit sich spaßen*, il n'est pas commode.

spaßhaft ['ʃpa:shaft] adj. plaisant ; facétieux ; divertissant ; amusant.

Spaßhaftigkeit [-tiçkait] f. drôlerie f. ; plaisanterie f.

spaßig ['ʃpa:siç] adj. amusant ; drôle ; cocasse.

Spat [ʃpa:t] m. (s, e). MINÉRAL. spath m.

spät [ʃpɛ:t] adv. tard. | *es ist zu spät*, il est trop tard. | *spät am Abend*, tard le soir. | *spät im Jahre*, tard dans la saison. | *wie spät ist es ?*, quelle heure est-il ? | *erst spät*, sur le tard. | *die Uhr geht um fünf Minuten zu spät*, la pendule retarde de cinq minutes. | *zu spät kommen*, être en retard. | *er ist um einen Tag zu spät angekommen*, il est arrivé avec un jour de retard.
◇ compar. **später,** plus tard ; dans l'avenir ; ultérieurement. | *wir werden später sehen*, on verra plus tard. | *früher oder später*, tôt ou tard.
◇ adj. tardif ; avancé. | *späte Stunde*, heure tardive. | *zu später Stunde*, à une heure avancée. | *bis in die späte Nacht hinein*, jusqu'à une heure avancée de la nuit. | *späte Jahreszeit*, arrière-saison f. | *ein spätes Glück erleben*, être heureux sur ses vieux jours. || HIST. *spätes Mittelalter*, fin (f.) du Moyen Âge.
◇ compar. **später,** ultérieur ; à venir. | *in späteren Zeiten*, plus tard ; dans les temps futurs.

Spät|apfel ["ʃpɛ:t'apfəl] m. (s, ¨) pomme tardive. ||°**-folge** f. (-, n) séquelle f. ||°**-gotik** f. ARCHIT. gothique flamboyant. ||°**-herbst** m. (es, e) arrière-saison f. ||°**-latein** n. (s) bas-latin m. ||°**-sommer** m. (s, -) [Altweibersommer] été (m.) de la Saint-Martin. ||°**-zünder** m. (s, -). MIL. fusée (f.) à retardement. ||°**-zündung** f. (-, en). AUTOM. retard (m.) à l'allumage.

Spatel ['ʃpa:təl] m. (s, -) spatule f.

spatel|förmig ["ʃpa:təl'førmiç] adj. spatulé.

Spaten ['ʃpa:tən] m. (s, -) bêche f. | *mit dem Spaten umgraben*, bêcher.

Spaten|könig ["ʃpa:tən'kø:niç] m. (s, e). [Kartenspiel] roi (m.) de pique. ||°**-stich** m. (s, e) coup (m.) de bêche.

späterhin ["ʃpɛ:tər'hin] adv. plus tard.

spätestens ['ʃpɛ:təstəns] adv. au plus tard.

Spätling ['ʃpɛ:tlin] m. (s, e) fruit tardif ; animal tard venu. || [Lamm] tardillon m. || PAR EXT. retardataire m.

Spatz [ʃpats] m. (en, en) moineau m. ; pierrot m.

Spatzen|hirn ["ʃpatsən'hirn] n. (s, e). FIG. cervelle (f.) d'oiseau.

spazieren [ʃpa'tsi:rən] v. intr. se promener. | *spazierengehen*, aller se promener à pied. | *spazierenfahren*, faire une promenade en voiture. | *jn spazierenführen*, promener qn.

Spazier|fahrt [ʃpa"tsi:r'fa:rt] f. (-, en) promenade (f.) en voiture, en bateau. ||°**-gang** m. (s, ¨e) promenade f. ||°**-gänger** m. (s, -) promeneur m. ||°**-stock** m. (s, ¨e) badine f. ||°**-weg** m. (s, e) promenade f.

Specht [ʃpɛçt] m. (es, e). ZOOL. pic m. ; pivert m.

Speck [ʃpɛk] m. (s) lard m. | *frischer, grüner Speck*, lard frais. | *geräucherter Speck*, lard fumé. | *durchwachsener Speck*, lard entrelardé. || CULIN. *mit Speck umwickeln*, larder. || FIG., FAM. *Speck ansetzen*, faire du lard. | *im Speck sitzen*, vivre dans l'abondance.

Speck|bauch ['ʃpɛkbaux] m. (s, ¨e) panse f. ||°**-seite** f. (-, n) bande (f.) de lard. ||°**-stein** m. (s, e) stéatite f.

speckig ['ʃpɛkiç] adj. 1° gras ; 2° sale.

Spediteur [-di'tø:r] m. (s, e) commissionnaire m. ; expéditeur m. || PAR EXT. transporteur m.

Spedition [-di'tsio:n] f. (-, en) expédition f.

Speer [ʃpe:r] m. (s, e) lance f. ; javelot m. ; épieu m. | *(den) Speer werfen*, lancer le javelot. || *Speerspitze*, PR. et FIG. fer (m.) de lance.

Spei|becken ["ʃpai'bɛkən] n. (s, -), °**-napf** [-napf] m. (s, ¨e) crachoir m.

Speiche ['ʃpaiçe] f. (-, n) rais m. ; rayon m. || FIG. *in die Speichen greifen*, donner un coup de main, un coup d'épaule. || ANAT. radius m.

Speichel ['ʃpaiçəl] m. (s) salive f. ; bave f. ; crachat m.

Speichel|drüse ["ʃpaiçəl'dry:zə] f. (-, n) glande (f.) salivaire. ||°**-fluß** m. (es) salivation f. ; sialisme m. ||°**-lecker** m. (s, -). FIG. lèche-bottes m. ; flagorneur m.

speicheln ['ʃpaiçəln] v. intr. saliver ; baver.

Speicher ['ʃpaiçər] m. (s, -) grenier m. ; entrepôt m. ; magasin m. || ÉLECTR. accumulateur m. | [Wasserspeicher] réservoir (m.) d'eau. || INF. mémoire f. | *statischer, virtueller Speicher*, mémoire statique, virtuelle.

Speicher|ausdruck ["ʃpaiçər'ausdruk] m. (s, ¨e), °**-auszug** [-'austsu:k] m. (s, ¨e). INF. analyse-mémoire f. || °**-kapazität** f. (-, en). INF. capacité (f.) de mémoire. ||°**-raum** m. (s, ¨e). INF. taille (f.) mémoire. ||°**-stelle** f. (-, n). INF. emplacement (m.), position (f.) de mémoire.

speichern [-çərn] v. tr. entreposer des marchandises ; stocker. || INF. mettre en mémoire ; mémoriser.

Speicherung ['ʃpaiçəruŋ] f. (-, en). INF. mise (f.) en mémoire ; mémorisation f. | *sequentielle Speicherung*, traitement séquentiel.

speien ['ʃpaiən] (ie, ie) v. intr. cracher ; expectorer ; vomir. | *Gift und Galle speien*, cracher son venin. | *es ist zum Speien*, c'est à vomir ; c'est dégoûtant. | *jm ins Gesicht speien*, cracher au visage de qn. | *der Vulkan speit*, le volcan entre en éruption.

Speise ['ʃpaize] f. (-, n) nourriture f. ; aliment m. ; alimentation f. ; mets m. | *ungenießbare Speise*, nourriture immangeable. | *Speise und Trank*, le boire et le manger. || TECHN. mortier m.

Speise|brei ["ʃpaizə'brai] n. (s). PHYSIOL. chyme m. ||°**-eis** n. (es, e) glace f. (comestible) ; crème glacée. ||°**-kammer** f. (-, n) garde-manger m. ||°**-karte** f. (-, n). [Restaurant] carte f. ; menu m. ||°**-leitung** f. (-, en) câble m. ; conduite (f.) d'alimentation. ||°**-öl** n. (s, e) huile (f.) de table ; huile comestible. ||°**-raum** m. (s, ¨e), °**-saal** m. (s, säle), °**-zimmer** n. (s, -) salle (f.) à manger ; réfectoire m. ||°**-röhre** f. (-, n). ANAT. œsophage m. ||°**-saft** m. (s). ANAT. chyle m. ||°**-schrank** m. (s, ¨e) garde-manger m. ||°**-wagen** m. (s, -) voiture-restaurant f. ||°**-wärmer** m. (s, -) chauffe-plats m.

speisen ['ʃpaizən] v. intr. manger ; s'alimenter. | *zu Mittag speisen*, prendre le repas de midi ; déjeuner. | *hier speist man gut*, on mange bien ici.
◇ v. tr. nourrir ; alimenter ; donner à manger à. | *jn mit Brot speisen*, nourrir qn de pain. || FIG. *eine Quelle speist einen Teich*, une source alimente un étang. || FIN. *eine Kasse speisen*, alimenter une caisse.

Speisen|aufzug ["ʃpaizən'auftsu:k] m. (s, ¨e) monte-plats m. ||°**-folge** f. (-, n) menu m. ; plats (m. pl.) d'un repas.

Speisung ['ʃpaizuŋ] f. (-, en) alimentation f. ; approvisionnement m. ; entretien m.

Spektakel [ʃpɛk'ta:kəl] n. (s, -) spectacle m.
◇ m. (s). [Lärm] tumulte m. ; tapage m. | *Spektakel machen*, faire grand bruit.

spektakeln v. intr. faire du bruit, du tapage.

spektral [ʃpɛk'tra:l] adj. PHYS. spectral. | *spektrale Ausstrahlung*, radiance spectrale.

Spektral|analyse [ʃpɛk"trɑ:lana'ly:zə] f. (-, n). PHYS. analyse spectrale.
Spektroskop [spɛktrɔ'sko:p] n. (s, e). PHYS. spectroscope m.
Spektroskopie [ʃpɛktrɔsko'pi:] f. (-, n). PHYS. spectroscopie f.
Spektrum ['ʃpɛktrum] n. (s, tren). PHYS. spectre m.
Spekulant [ʃpeku'lant] m. (en, en) spéculateur m.
Spekulation [ʃpɛkula'tsio:n] f. (-, en). PR. et FIG. spéculation f.
spekulativ [-la'ti:f] adj. PR. et FIG. spéculatif.
spekulieren [-'li:rən] v. intr. **1.** spéculer ; jouer. | *an der Börse spekulieren*, jouer à la Bourse ; FAM. boursicoter. || PAR EXT. tabler, miser sur ; compter avec ; escompter. | *auf eine Erbschaft spekulieren*, guigner un héritage.
2. [grübeln] spéculer ; être plongé dans ses pensées.
Spelunke [ʃpɛ'luŋkə] f. (-, n) repaire m. ; bouge m. ; maison (f.) louche ; tripot m.
Spelz [ʃpɛlts] m. (es). BOT. épeautre m.
Spelze ['ʃpɛltsə] f. (-, n) balle f. ; glume f. ; barbe f.
spendabel [ʃpɛn'dɑ:bəl] adj. FAM. large ; généreux ; prodigue.
Spende ['ʃpɛndə] f. (-, n) don m. ; distribution f. ; aumône f. ; obole f. | *von Spenden leben*, vivre d'aumônes. | *reichliche Spenden*, libéralités f. pl.
spenden [-dən] v. tr. donner ; distribuer ; octroyer ; prodiguer. | *Almosen spenden*, faire l'aumône. | *jm Lob spenden*, prodiguer des éloges à qn. | *Freude spenden*, dispenser la joie. | *Trost spenden*, dispenser la consolation.
Spender [-dər] m. (s, -) donateur m. ; dispensateur m. ; bienfaiteur m.
spendieren [ʃpɛn'di:rən] v. tr. FAM. offrir ; payer ; régaler. | *jm etwas spendieren*, offrir qch. à qn ; régaler qn. | *sich etwas spendieren*, s'offrir qch.
Spendier|hosen [ʃpɛn"di:r'ho:zən] f. pl. *die Spendierhosen (an)haben*, être en veine de générosité.
Spengler ['ʃpɛŋlər] m. (s, -) tôlier m. ; ferblantier m. ; plombier m.
Sperber ['ʃpɛrber] m. (s, -). ZOOL. épervier m.
Sperenzchen [ʃpɛ'rɛntsçən], **Sperenzien** [ʃpɛ'rɛntsiən] n. pl. FAM. *Sperenzchen, Sperenzien machen*, faire des façons.
Sperling ['ʃpɛrliŋ] m. (s, e) moineau m.
Sperma ['ʃpɛrma] n. (s, men). PHYSIOL. sperme m.
Sperma|bank ["ʃpɛrma'baŋk] f. (-, en) banque (f.) de sperme.
Spermatozoon [ʃpɛrmato'tso:n] n. (s, oen). PHYSIOL. spermatozoïde m.
spermizid [ʃpɛrmi'tsi:t] adj. MÉD. spermicide.
Spermizid n. (s, e). MÉD. spermicide m.
sperr|angelweit ["ʃpɛr'aŋəlvait] adv. FAM. grand ouvert ; béant. | *den Mund sperrangelweit aufreißen*, ouvrir la bouche toute grande. ||°**-druck** m. (s). TYPOGR. caractères espacés. ||°**-feuer** n. (s, -). MIL. tir (m.) de barrage. ||°**-frist** f. (-, en) quarantaine f. ||°**-gebiet** n. (s, e) zone interdite. ||°**-gesetz** n. (es, e) loi (f.) de prohibition. ||°**-gut** n. (s, ¨er) marchandise encombrante. ||°**-guthaben** n. (s, -). FIN. avoir bloqué. ||°**-hebel** m. (s, -) levier (m.) de retenue. ||°**-holz** n. (es) contreplaqué m. ||°**-konto** n. (s, s). FIN. compte bloqué. ||°**-kreis** m. (es, e) filtre m. ; sélecteur m. ||°**-minorität** f. (-, en). FIN. minorité (f.) de blocage. ||°**-müll** m. (s) déchets encombrants. ||°**-riegel** m. (s, -) verrou (m.) de sûreté. ||°**-satz** m. (es). TYPOGR. composition espacée. ||°**-sitz** m. (es, e). THÉÂTRE. stalle f. ; fauteuil (m.) d'orchestre. ||°**-stunde** f. (-, n) heure (f.) de fermeture. ||°**-taste** f. (-, n). ÉLECTR. touche (f.) de verrouillage. ||°**-vorrichtung** f. (-, en) mécanisme (m.) de blocage. ||°**-zeit** f. quarantaine f. ||°**-zoll** m. (s, ¨e) droit prohibitif.
Sperre ['ʃpɛrə] f. (-, n) **1.** fermeture f. ; barrage m. ; barrière f. || PAR EXT. interdiction f. ; prohibition f. ; blocus m. | *die Sperre aufheben*, lever le blocus, l'interdiction.
2. [Sperrfrist] quarantaine f.
3. [Vorrichtung zum Sperren] barrière f. ; barricade f. ; barrage m. ; tourniquet m. ; contrôle m. || [Eisenbahn] *durch die Sperre gehen*, passer sur le quai ; franchir le contrôle.
sperren [-rən] v. tr. **1.** barrer ; fermer ; obstruer ; barricader. | *gesperrte Straße*, rue barrée. | *eine Grenze sperren*, fermer une frontière. | *einen Hafen sperren*, bloquer l'accès d'un port.
2. [einschließen] enfermer ; bloquer. | *jn ins Gefängnis sperren*, mettre qn en prison. | *in ein Zimmer sperren*, enfermer dans une chambre.
3. COMM., FIN. bloquer. | *ein Guthaben sperren*, bloquer l'avoir d'un compte. | *einen Scheck sperren lassen*, faire opposition à un chèque. || [Gehalt] suspendre. || bloquer ; supprimer. | *Gas und Licht wurden ihm gesperrt*, on lui a coupé le gaz et l'électricité.
4. TECHN. enrayer.
5. TYPOGR. espacer les caractères. | *gesperrt gedruckte Zeile*, ligne composée en caractères espacés.
◇ v. pr. **sich sperren,** se raidir ; se coincer. || FIG. [sich sträuben] s'opposer à.
sperrig [-riç] adj. encombrant.
Sperrung [-ruŋ] f. (-, en) barrage m. ; fermeture f. ; blocage m. ; blocus m. ; prohibition f. ; interdiction f. ; arrêt m. || écartement m. || TYPOGR. espacement m.
Spesen ['ʃpe:zən] f. pl. frais m. pl. ; dépenses f. pl. | *nach Abzug sämtlicher Spesen*, après déduction de tous les frais. | *spesenfrei*, sans frais.
Speyer ['ʃpa:jər] n. pr. n. GÉOGR. Spire f.
spezial [ʃpetsi'ɑ:l] adj. spécial ; particulier.
Spezial|fach [ʃpetsi"ɑ:l'fax] n. (s, ¨er) spécialité f.
spezialisieren [-li'zi:rən] v. tr. spécialiser.
Spezialisierung [-li'zi:ruŋ] f. (-, n) spécialisation f.
Spezialist [-'list] m. (en, en) spécialiste m.
Spezialität [-li'tɛ:t] f. (-, en) spécialité f.
speziell [ʃpetsi'ɛl] adj. spécial ; particulier. | *speziell angeben*, spécifier.
Spezies ['ʃpe:tsiəs] f. espèce f. | *einer Spezies eigen*, spécifique. || MATH. *die vier Spezies*, les quatre opérations.
Spezifikation [ʃpetsifika'tsio:n] f. (-, en) spécification f. ; détail m.
spezifisch [-'tsi:fiʃ] adj. spécifique. | *spezifisches Gewicht*, poids spécifique.
spezifizieren [-tsifi'zi:rən] v. tr. spécifier ; détailler.
Spezifizität [-tsifitsi'tɛ:t] f. (-) spécificité f.
Sphäre ['sfɛ:rə] f. (-, n). MATH. [Kugel] sphère f. || FIG. [Bereich] sphère f. ; milieu m. ; cercle m. ; monde m. ; domaine m. | *die höheren Sphären der Gesellschaft*, les hautes sphères de la société. || POÉT. *Sphärenmusik*, harmonies (f. pl.) célestes.
sphärisch ['sfɛ:riʃ] adj. [kugelförmig] sphérique.
Sphinx [sfiŋks] f. (-, e). MYTH. sphinx m.
spicken ['ʃpikən] v. tr. **1.** garnir de lard ; barder ; entrelarder. | *einen Braten spicken*, barder un rôti. || PAR EXT. *mit Nägeln gespickt*, hérissé de clous.

2. Loc., fig. *eine gespickte Börse*, une bourse bien garnie. | *eine mit lateinischen Zitaten gespickte Rede*, un discours farci de citations latines.
3. Fam. [bestechen] corrompre ; soudoyer ; acheter.
Spiegel ['ʃpi:gəl] m. (s, -) miroir m. ; glace f. | *in den Spiegel sehen*, se regarder dans le miroir. | *geschliffener Spiegel*, glace biseautée. || Astron. *magnetischer Spiegel*, miroir magnétique. || Phys. *ebener Spiegel*, miroir plan. || [zwischen zwei Fenstern] trumeau m. || Text. [Tuchbesatz] revers (m.) de soie. || Mil. patte (f.) de col. || Zool. [Reh] miroir m.
Spiegel... (en compos.) spéculaire.
Spiegel|bild ["ʃpi:gəl'bilt] n. (s, er) reflet m. || [Psychoanalyse] image (f.) spéculaire. || Par ext. mirage m. ||**-blank** adj. qui brille comme un miroir. ||°**-eier** n. pl. œufs (m. pl.) sur le plat. ||°**-fabrikant** m. (en, en) miroitier m. ||°**-fechterei** f. (-, en) grimaces f. pl. ; comédie f. ; simulacre m. ||°**-fenster** n. (s, -) glace (f.) sans tain. ||°**-folie** f. tain m. ||°**-frequenz** f. (-, en). Radio. fréquence-image f. ||°**-glas** n. (es, ¨er) glace f. ||**-glatt** adj. lisse comme un miroir. ||**-gleich** adj. symétrique. ||°**-händler** m. (s, -) miroitier m. ||°**-kreis** m. (es, e). Mar. sextant m. ||°**-lampe** f. (-, n) lampe (f.) à réflecteur. ||°**-lehre** f. catoptrique f. ||°**-macher** m. (s, -) miroitier m. ||°**-pfeiler** m. (s, -) trumeau m. ||°**-rand** m. (s, ¨er) biseau (m.) de glace. || °**-reflexkamera** f. (-, s). Phot. appareil (m.) réflex. ||°**-schrank** m. (s, ¨e) armoire (f.) à glace. ||°**-tisch** m. (s, e) console f.
spiegeln [-gəln] v. tr. et v. pr. (se) refléter ; (se) réfléchir ; renvoyer. | *ein Bild spiegeln*, refléter une image. | *sich im Wasser spiegeln*, se refléter dans l'eau. || Fig. *Traurigkeit spiegelt sich in seinen Augen*, la tristesse se lit dans ses yeux.
◇ v. intr. avoir des reflets ; miroiter ; briller ; reluire.
◇ part. prés. **spiegelnd,** brillant.
Spiegelung [-gəluŋ] f. (-, en) miroitement m. ; réflexion f. ; reflet m. || Phys. *vollständige Spiegelung*, réflexion totale. | *Spiegelungswinkel*, angle (m.) de réflexion.
Spiel [ʃpi:l] n. (s, e) **1.** jeu m. ; amusement m. ; jeux m. pl. | *an einem Spiel teilnehmen*, prendre part à un jeu. | *ein Spiel gewinnen*, gagner une partie. | *gewonnenes Spiel haben*, avoir partie gagnée. | *leichtes Spiel haben*, avoir beau jeu. | *das ist für ihn ein Spiel*, c'est un jeu pour lui. | *etwas wie im Spiel machen*, faire qch. en se jouant. | *mit jm sein Spiel treiben*, se jouer de qn. | *es war nur Spiel*, ce n'était qu'un jeu. || Mus. *Spiel eines Instrumentes*, jeu d'un instrument. || Théâtre. jeu m. ; manière (f.) de jouer. | *das Spiel eines Schauspielers*, le jeu d'un acteur.
2. Par ext. pièce f. | *Lustspiel*, comédie f. | *Trauerspiel*, tragédie f. || Sport. jeu m. ; partie f. ; match m. | *Olympische Spiele*, jeux olympiques.
3. Fig. jeu m. ; partie f. ; cause f. | *ins Spiel kommen*, entrer en jeu. | *im Spiel sein*, être en jeu. | *alles aufs Spiel setzen*, mettre tout en jeu. | *das Leben steht auf dem Spiel*, il y va de la vie. | *etwas aus dem Spiel lassen*, éviter de mentionner qch. | *ein gewagtes Spiel treiben*, jouer gros jeu. | *jn mit ins Spiel ziehen*, mettre qn en cause ; compromettre qn. | *bei etwas die Hand im Spiel haben*, être pour qch. dans une affaire. | *jm freies Spiel lassen*, laisser le champ libre à qn. || Loc. *gute Miene zum bösen Spiel machen*, faire contre mauvaise fortune bon cœur.
4. mouvement m. ; jeu m. | *Spiel der Hände*, jeux des mains. | *Spiel der Wellen*, jeu des vagues. | *ein Spiel des Zufalls*, un caprice du hasard.
5. [Spielzeug] jeu m. ; jouet m. | *Kartenspiel*, jeu de cartes. || Fig. *ein Spiel der Winde sein*, être le jouet des vents.
6. [Satz] série f. ; jeu m.
7. Techn. *Spiel haben*, avoir du jeu.
Spiel... (en compos.) ludique.
spielen ['ʃpi:lən] v. tr. et v. intr. **1.** Pr. et fig. jouer ; s'amuser ; se jouer de ; ne pas prendre au sérieux ; badiner. | *mit einem Spielzeug spielen*, s'amuser avec un jouet. | *Karten spielen*, jouer aux cartes. | *mit offenen Karten spielen*, jouer cartes sur table. | *falsch spielen*, tricher. | *wer spielt ?*, à qui le tour (de jouer) ? | *mit den Worten spielen*, jouer sur les mots. | *mit jm spielen*, 1° jouer avec qn ; 2° se jouer de qn. | *jm einen Streich spielen*, jouer un tour à qn. | *jm in die Hand spielen*, donner un atout à qn.
2. Mus. *ein Instrument spielen*, jouer d'un instrument. | *Geige spielen*, jouer du violon. || Sport. jouer ; disputer (une partie, un match). | *Fußball spielen*, jouer au football. || Théâtre. *gut spielen*, bien jouer. | *steif spielen*, avoir un jeu guindé. | *heute wird « Wallenstein » gespielt*, aujourd'hui on joue « Wallenstein ». || [mimen] jouer un personnage ; feindre ; simuler ; se donner, se faire passer pour. | *den großen Herrn spielen*, jouer au grand seigneur. | *den Kenner spielen*, jouer les connaisseurs.
3. se jouer ; se dérouler ; avoir lieu ; avoir pour scène, pour théâtre. | *das Stück spielt im Mittelalter*, la pièce se déroule au Moyen Âge.
4. [ins Spiel setzen] jouer (qch.) ; mettre en jeu ; risquer ; miser. | *um Geld spielen*, jouer de l'argent. | *hoch spielen*, jouer gros jeu. | *niedrig spielen*, jouer petit jeu. | *in der Lotterie spielen*, jouer à la loterie. | *sich arm spielen*, se ruiner au jeu.
5. [Farben] tirer sur. | *diese Farbe spielt ins Grünliche*, cette couleur tire sur le vert.
◇ part. prés. **spielend,** qui joue ; jouant.
◇ adv. **spielend,** comme en un jeu ; en se jouant ; sans peine. | *alles spielend erledigen*, se faire un jeu de tout.
Spiel|anzug ["ʃpi:l'antsu:k] m. (s, ¨e) barboteuse f. ||°**-art** f. (-, en) manière (f.) de jouer ; jeu m. ; nuance f. || Bot. variété f. ||°**-ausgleich** m. (s, e). Techn. rattrapage (m.) de jeu. ||°**-ball** m. (s, ¨e) balle f. ; bille f. ; jouet m. ||°**-bank** f. (-, ¨e) banque f. ; tripot m. ||°**-brett** n. (s, er) damier m. ; échiquier m. ||°**-dose** f. (-, n) boîte (f.) à musique. ||°**-feld** n. (s, er) terrain (m.) de sport. ||°**-führer** m. (s, -) capitaine (m.) d'une équipe. ||°**-hölle** f. (-, n) tripot m. ||°**-karte** f. (-, n) carte (f.) à jouer. ||°**-leiter** m. (s, -). Théâtre. régisseur m. ||°**-mann** m. (s, -leute) musicien m. ; ménétrier m. ||°**-marke** f. (-, n) jeton m. ||°**-othek** f. (-, en) ludothèque f. ||°**-platz** m. (es, ¨e) emplacement (m.) de jeux ; court m. ||°**-raum** m. (s, ¨e) place (f.) pour jouer. || Fig. marge (f.) de manœuvre ; latitude f. | *freien Spielraum haben*, avoir le champ libre. || Techn. jeu m. ; marge f. ||°**-regel** f. (-, n) règle (f.) du jeu. ||°**-sachen** f. pl. jouets m. pl. ; joujoux m. pl. ||°**-theorie** f. (-, n). Math. théorie (f.) des jeux. ||°**-tisch** m. (s, e) table (f.) de jeu ; fig. tapis vert. ||°**-uhr** f. (-, en) boîte (f.) à musique. ||°**-verderber** m. (s, -) rabat-joie m. ; trouble-fête m. ||°**-waren** f. pl. jouets m. pl. ; bimbeloterie f. ||°**-zeit** f. Théâtre. saison f. ||°**-zeug** n. (s, e). Pr. et fig. jouet m.
Spieler(in) ['ʃpi:lər(in)] m. (s, -), f. (-, nen) joueur m. ; joueuse f. | *Falschspieler*, tricheur m.
Spielerei [ʃpilə'rai] f. (-, en) jeu m. ; bagatelle f. ; badinage m.
spielerisch ['ʃpi:ləriʃ] adj. qui aime jouer ; joueur. | *mit spielerischer Leichtigkeit*, avec une facilité déconcertante ; comme en se jouant.
Spiere ['ʃpi:rə] f. (-, n). Mar. espar m.
Spieß [ʃpi:s] m. (es, e) pique f. ; javelot m. ; épieu m. || Culin. broche f. | *an den Spieß stecken*, mettre

à la broche. || FIG. *den Spieß umdrehen, umkehren*, retourner les arguments de qn ; PAR EXT. prendre sa revanche. | *wie am Spieße schreien*, crier comme un écorché. || ARG. MIL. adjudant m. ; juteux m.

Spieß|bock ['ʃpi:sbɔk] m. (s, ¨e) daguet m. ||°**-braten** m. (s, -) rôti (m.) à la broche. ||°**-bürger** m. (s, -) petit-bourgeois. ||**-bürgerlich** adj. d'esprit petit-bourgeois ; borné. ||°**-bürgertum** n. (s) esprit petit-bourgeois ; philistinisme m. || °**-geselle** m. (n, n) acolyte m. ; complice m. ||°**-glanz** m. (es). MÉTALL. antimoine m. ||°**-hirsch** m. (es, e). ZOOL. daguet m. ||°**-rute** f. (-, n) verge f. | *jn Spießruten laufen lassen*, battre qn de verges ; FIG. fustiger qn.

Spießer ['ʃpi:sər] m. (s, -). [Spießbürger] petit-bourgeois borné et plein de préjugés.

spießig [-siç] adj. 1° en forme de pique ; 2° d'un esprit borné, philistin.

Spill [ʃpil] n. (s, e). MAR. cabestan m.

spinal [ʃpi'nɑ:l] adj. spinal. || MÉD. *Spinallähmung*, ataxie locomotrice.

Spinat [ʃpi'nɑ:t] m. (s, e) épinard m.

Spind [ʃpint] m. et n. (s, e) armoire f.

Spindel ['ʃpindəl] f. (-, n) fuseau m. || MATH. fuseau m. || ANAT. radius m. || TECHN. pivot m. ; arbre m. ; axe m.

Spindel|baum ["ʃpindəl'baum] m. (s, ¨e). BOT. fusain m. ||**-dürr** adj. sec comme un hareng. ||**-förmig** adj. fuselé.

Spinett [ʃpi'nɛt] n. (s, e). MUS. épinette f. ; clavecin m.

spinnbar ['ʃpinbɑ:r] adj. filable ; textile.

Spinne ['ʃpinə] f. (-, n). ZOOL. araignée f.

spinne|feind ["ʃpinə'faint] adj. *jm spinnefeind sein*, détester qn cordialement.

spinnen ['ʃpinən] (a, o) v. tr. **1.** filer. | *Flachs spinnen*, filer du lin.

2. FIG. tramer ; ourdir. | *Ränke spinnen*, ourdir des intrigues. | *seine Gedanken weiter spinnen*, poursuivre le fil de ses pensées. | *das Gespräch spinnt sich in die Länge*, la conversation traîne en longueur. | *es ist zu grob gesponnen*, c'est cousu de fil blanc.

3. [Wein] filer ; former un dépôt filandreux. || [Tabak] corder. || [Katzen] ronronner. || POP. avoir une araignée au plafond ; être un peu fou.

spinnen|artig ["ʃpinən'ɑ:rtiç] adj. arachnéen. || °**-gewebe** n. (s, -) toile (f.) d'araignée. ||°**-tiere** n. pl. ZOOL. arachnides m. pl.

Spinner ['ʃpinər] m. (s, -) fileur m. || ZOOL. bombyx m.

Spinnerei [ʃpinə'rai] f. (-, en) [action de] filer. || [Werk] filature f.

Spinnerin ['ʃpinərin] f. (-, nen) fileuse f. ; filandière f.

Spinn|rad ['ʃpinrɑ:t] n. (s, ¨er) rouet m.

spinös [ʃpi'nø:s] adj. épineux ; subtil.

spintisieren [ʃpinti'zi:rən] v. intr. ratiociner ; ruminer des pensées ; débiter des théories.

Spion [ʃpi'o:n] m. (s, e) espion m. ; FAM. mouchard m. || TECHN. [am Fenster] espion m. ; [an der Tür] judas m.

Spionage [ʃpio'nɑ:ʒə] f. (-, n) espionnage m.

Spionage|abwehr [ʃpio"nɑ:ʒə'apve:r] f. contre-espionnage m. ||°**-angst** f. espionnite f.

spionieren [ʃpio'ni:rən] v. tr. espionner ; épier ; faire l'espion ; FAM. moucharder.

Spionin [ʃpi'o:nin] f. (-, nen) espionne f.

Spiral|bohrer [ʃpi"rɑ:l'bo:rər] m. (s, -) foret m. ; mèche hélicoïdale. ||°**-feder** f. (-, n) ressort (m.) à boudin. ||**-förmig** adj. en spirale ; spiral. ||°**-linie** f. (-, n) spirale f.

Spirale [ʃpi'rɑ:lə] f. (-, n) spirale f. || ARCHIT. volute f. || [Uhrmacherei] spiral m. || CHIM. serpentin m. || MÉD. stérilet m.

spiralig [-liç] adj. en spirale ; spiral.

Spirant [ʃpi'rant] m. (en, en). GRAMM. [Reibelaut] spirante f.

Spiritismus [ʃpiri'tismus] m. spiritisme m.

Spiritist [-'tist] m. (en, en) spirite m.

spiritistisch [-'tistiʃ] adj. spirite.

spiritual [-tu'ɑ:l] adj. [geistlich] spirituel. || [geistig] plein d'esprit ; spirituel.

Spiritualismus [-tua'lismus] m. PHILOS. spiritualisme m.

Spiritualist [-tua'list] m. (en, en) spiritualiste m.

Spirituosen [ʃpiritu'o:zən] pl. spiritueux m. pl.

Spiritus ['ʃpiritus] m. **1.** alcool m. ; alcool à brûler ; esprit (m.) de vin.

2. LOC. *Spiritus rector*, dirigeant m. ; inspirateur m.

Spiritus|kocher ["ʃpiritus'kɔxər] m. (s, -), °**-lampe** [-'lampə] f. (-, n) lampe (f.), réchaud (m.) à alcool.

Spital [ʃpi'tɑ:l] n. (s, ¨er). [Krankenhaus] hôpital m. || hospice m.

spitz [ʃpits] adj. **1.** pointu ; aigu ; piquant ; acéré. | *spitzes Messer*, couteau pointu. | *spitze Nadel*, aiguille (f.) à pointe fine. | *spitze Zähne*, dents acérées. | *spitzes Gesicht*, visage effilé. | *spitzer Winkel*, angle aigu. | *etwas mit spitzen Fingern anfassen*, saisir qch. du bout des doigts. || PAR EXT. ténu. | *spitz aussehen*, avoir l'air mal en point. | *etwas spitz nehmen*, prendre mal qch.

2. FIG. perçant ; pénétrant. | *spitze Blicke*, regards perçants. | *ein spitzer Ton*, un son aigu. | *etwas spitz kriegen*, flairer, subodorer qch. || PAR EXT. méchant ; aigre ; acéré. | *spitze Worte*, paroles méchantes, aigres. | *spitze Zunge*, langue acérée. | *eine spitze Feder*, une plume mordante.

Spitz [ʃpits] m. (es, e). ZOOL. [Hund] roquet m.

Spitz|ahorn ["ʃpits'ɑ:hɔrn] m. (s, e). BOT. érable (m.) ; plane. ||°**-amboß** m. (es, e). TECHN. bigorne f. ||°**-bart** m. (s, ¨e) bouc m. ||°**-bergen** n. pr. n. (s). GÉOGR. Spitzberg m. ||°**-bogen** m. (s, ¨) ogive f. ||°**-bohrer** m. (s, -) foret m. ; mèche f. ; alésoir m. ||°**-bube** m. (n, n) filou m. ; coquin m. ; garnement m. ; voyou m. ; larron m. ||°**-bubenstreich** m. (s, e), °**-büberei** f. (-, en) filouterie f. ; tour (m.) de filou. ||**-findig** adj. pointilleux ; vétilleux ; trop subtil ; qui coupe les cheveux en quatre. ||°**-findigkeit** f. (-, en) subtilité alambiquée ; argutie f. ; finasserie f. ||°**-gewölbe** n. (s, -) voûte ogivale. ||°**-hacke** f. (-, n), °**-haue** f. (-, n) pioche f. ||°**-hammer** m. (s, ¨) picot m. ; marteau (m.) à boucharder. ||°**-kehre** f. (-, n) virage (m.) en épingle à cheveux. ||°**-maus** f. (-, ¨e). ZOOL. musaraigne f. ||°**-name** m. (ns, n) surnom m. ; sobriquet m. ||°**-nase** f. (-, n) nez pointu. || FIG. fouineur m. ||**-wink(e)lig** adj. à angle aigu.

Spitze ['ʃpitsə] f. (-, n) **1.** pointe f. ; extrémité acérée ; bout pointu. || [Lanze] fer m. | *Spitze eines Kegels*, pointe, sommet (m.) d'un cône. | *Spitze eines Berges*, sommet (m.), pic (m.) d'une montagne ; aiguille f. | *Spitze eines Kirchturms*, flèche (f.) d'un clocher. | *einer Sache die Spitze abbrechen*, épointer qch. ; FIG. faire perdre de son mordant à qch.

2. PAR EXT. tête f. ; pointe f. | *Spitze des Zuges*, tête du cortège. | *an der Spitze sein*, être en tête, en tête de liste. | *an der Spitze eines Unternehmens stehen*, être à la tête d'une entreprise. | *einem Gegner die Spitze*

bieten, tenir tête à un adversaire. | *eine Sache auf die Spitze treiben*, pousser qch. à l'extrême.
3. TEXT. dentelle f. | *Brüsseler Spitzen*, dentelle de Bruxelles ; point (m.) de Bruxelles. | *Spitzen häkeln*, faire de la dentelle au crochet.
4. COMM. rompu m. ; reste m. || [Hauptgeschäftszeiten] *Spitzen*, heures (f. pl.) de pointe.
5. FIG. [spitze Rede] pointe f. ; trait m. ; brocard m.
Spitzel ['ʃpitsəl] m. (s, -) espion m. ; mouchard m.
spitzeln [-tsəln] v. intr. espionner ; moucharder.
spitzen ['ʃpitsən] v. tr. **1.** [spitz machen] tailler ; aiguiser ; affûter ; affiler ; rendre pointu, aigu, acéré ; tailler en pointe. | *einen Bleistift spitzen*, tailler un crayon. | *Pfeile spitzen*, acérer des flèches.
2. FIG. *die Ohren spitzen*, tendre l'oreille. | *die Lippen spitzen*, faire la bouche en cœur. | *die Lage spitzt sich zu*, la situation devient sérieuse.
Spitzen|arbeit ["ʃpitsən'arbait] f. (-, en) dentellerie f. ||°**-belastung** f. (-, en). ÉLECTR. charge (f.) de pointe. ||°**-besatz** m. (es, ¨e) garniture (f.) de dentelles. ||°**-fabrikant** m. (en, en) dentellier m. ||°**-geschwindigkeit** f. (-, en) vitesse (f.) de pointe. ||°**-gruppe** f. (-, n). SPORT. peloton (m.) de tête. ||°**-industrie** f. (-, n) industrie (f.) de pointe. ||°**-kandidat** m. (en, en). POLIT. tête (f.) de liste. ||°**-klöpplerin** f. (-, nen) dentellière f. ||°**-leistung** f. (-, en) performance f. ; rendement maximal. || SPORT. record m. || TECHN. puissance (f.) de crête. ||°**-lohn** m. (s, ¨e) salaire maximal. ||°**-produkt** n. (s, e) produit (m.) haut de gamme. ||°**-qualität** f. (-, en). COMM. qualité exceptionnelle ; premier choix. ||°**-tanz** m. (es) pointes f. pl.
Spitzer ['ʃpitsər] m. (s, -) taille-crayon m.
spitzig [-tsiç] adj. [spitz] pointu. | *spitzige Pfeile*, flèches acérées. | *spitzige Nase*, nez pointu.
Spleen [spli:n] m. (s) spleen m.
Spleiß [ʃplais] m. (es, e), **Spliß** [ʃpli:s] m. (es, e). MAR. épissure f.
spleißen [-sən] (i, i) v. tr. **1.** fendre ; couper en long. | *Holz spleißen*, fendre du bois. | *Kupfer spleißen*, affiner du cuivre.
2. [Seilerei] faire une épissure.
◇ v. intr. se fendre.
splendid [splɛn'di:d] adj. splendide.
Splint [ʃplint] m. (s, e). BOT. aubier m. || TECHN. goupille f. | *Splinttreiber*, chasse-goupilles m.
splissen ['ʃplisən] v. tr. MAR. épisser.
Splitt [ʃplit] m. (s) pierraille f. ; gravillon m.
Splitt|streuer ["ʃplit'ʃtrɔyər] m. (s, -). TECHN. gravillonneuse f.
Splitter ['ʃplitər] m. (s, -) éclat m. ; écharde f. ; esquille f. | *Glassplitter*, éclat de verre. | *Diamantsplitter*, paillette (f.) de diamant. | *Granatsplitter*, éclat d'obus. | *sich einen Splitter in den Finger jagen*, se mettre une écharde dans le doigt. || [im Eisen] paille f. || MÉD. esquille f.
Splitter|bombe ["ʃplitər'bɔmbə] f. (-, n). MIL. bombe (f.) à fragmentation. ||°**-bruch** m. (s, ¨e). MÉD. fracture esquilleuse. ||°**-fang** m. (s, ¨e), °**-fänger** m. (s, -) pare-éclats m. ||**-frei** adj. *splitterfreies Glas*, verre (m.) de sécurité. ||**-nackt** adj. nu comme un ver.
splitt(e)rig ['ʃplit(ə)riç] adj. friable ; esquilleux ; réduit en éclats, en miettes ; fendillé.
splittern [-tərn] v. tr. faire voler en éclats.
◇ v. intr. voler en éclats.
Spondeus [ʃpɔn'de:us] m. (-, deen). POÉT. spondée m.
sponsern ['ʃpɔnzərn] v. tr. sponsoriser.
Sponsor [-zɔr] m. (-s, -s) sponsor m.
Sponsoring n. sponsoring m.
spontan [ʃpɔn'tɑ:n] adj. spontané.
Spontaneität [-tanei'tɛ:t] f. spontanéité f.
sporadisch [ʃpo'rɑ:diʃ] adj. sporadique.
Spore ['ʃpo:rə] f. (-, n). BOT. spore f. | *Sporenzelle*, thèque f.
Sporn [ʃpɔrn] m. (s, ren). **1.** éperon m. | *einem Pferd die Sporen geben*, éperonner un cheval ; donner de l'éperon à un cheval. | *seine Sporen verdienen*, gagner ses galons.
2. PAR EXT. [an den Schuhen] crampon m. || [an Flugzeugen] béquille f. || [an Schiffen] éperon m. || ZOOL. ergot (m.) de coq.
sporn|streichs ['ʃpɔrnʃtraiçs] adv. en toute hâte.
spornen ['ʃpɔrnən] v. tr. éperonner. | *gestiefelt und gespornt*, botté et éperonné. || FIG. éperonner ; stimuler.
Sport [ʃpɔrt] m. (s, e) sport m. | *Sport treiben*, faire du sport.
Sport|abzeichen ["ʃpɔrt'aptsaiçən] n. (s, -) insigne sportif. ||°**-beilage** f. (-, n). [Zeitungen] supplément sportif. ||°**-blatt** n. (s, ¨er) journal sportif. ||°**-lehrer** m. (s, -) moniteur sportif ; entraîneur m. ||°**-palast** m. (es, ¨e) palais (m.) omnisports. ||°**-platz** m. (es, ¨e) stade m. ||°**-reporter** m. (s, -) journaliste sportif. ||°**-veranstaltung** f. (-, en) manifestation sportive. ||°**-verein** m. (s, e) club sportif.
Sportler(in) ['ʃpɔrtlər(in)] m. (s, -), f. (-, nen) sportif m. ; sportive f.
sportlich [-liç] adj. sportif.
Sports|mann ['ʃpɔrtsman] m. (s, ¨er ou -leute) sportsman m. ; sportif m.
Spott [ʃpɔt] m. (s) raillerie f. ; moquerie f. ; dérision f. | *beißender Spott*, sarcasme m. | *feiner Spott*, persiflage m. | *jn dem Spott preisgeben*, tourner qn en dérision. | *mit jm Spott treiben*, tourner qn en ridicule. | *mit etwas Spott treiben*, ridiculiser qch. | *der Spott der Gesellschaft sein*, être la risée de la société. | *etwas zum Spott sagen*, dire qch. par dérision.
Spott|bild ['ʃpɔtbilt] n. (s, er) caricature f. ||**-billig** adj. et adv. à vil prix ; pour rien ; d'un prix dérisoire. ||°**-gedicht** n. (s, e) satire f. ||**-lustig** adj. railleur. ||°**-name** m. (ns, n) sobriquet m. ||°**-preis** m. (es, e) vil prix. | *er hat es zu einem Spottpreis erstanden*, il l'a acheté pour une bouchée de pain. ||°**-reden** f. pl. moqueries f. pl. ||°**-schrift** f. (-, en) satire f. ||°**-sucht** f. humeur moqueuse.
Spöttelei [ʃpøtə'lai] f. (-, en) moquerie f. ; persiflage m. ; ironie f.
spötteln ['ʃpøtəln] v. intr. ironiser ; persifler ; se gausser.
spotten ['ʃpɔtən] v. intr. se moquer ; railler ; se gausser ; persifler ; railler ; tourner en ridicule, en dérision. | *über jn spotten*, se moquer de qn. | *über etwas spotten*, se moquer de qch. | *der Gefahren spotten*, se rire des dangers. || PAR EXT. défier ; braver ; résister. | *es spottet jeder Beschreibung*, cela défie toute description.
Spötter ['ʃpøtər] m. (s, -) railleur m.
spöttisch ['ʃpøtiʃ] adj. railleur ; moqueur ; ironique ; satirique ; gouailleur ; sarcastique.
sprach [ʃprɑ:x] prét. de **sprechen.**
Sprach|atlas ["ʃprɑ:x'atlas] m. (ses, se) atlas (m.) linguistique. ||°**-bau** m. (s) construction (f.) d'une langue ; syntaxe f. ||°**-eigenheit** f. (-, en) idiotisme m. | *deutsche Spracheigenheit*, germanisme m. | *französische Spracheigenheit*, gallicisme m. ||°**-erkennung** f. (-, en). ÉLECTR. *(automatische) Spracherkennung*, reconnaissance (f.) de la parole. ||°**-fehler** m. (s, -) incorrection f. ; faute (f.) de langue ; solécisme m. ||°**-forscher** m. (s, -) linguiste m. ||°**-forschung** f. linguistique f. | *vergleichende Sprachforschung*, linguistique comparée. ||°**-gebiet** n. (s, e) domaine (m.), territoire (m.) où une langue est parlée ; aire (f.)

linguistique. || °-**gebrauch** m. (s, ¨e) usage m. ||°-**gefühl** n. (s) sens (m.) de la langue. ||-**gewandt** adj. beau parleur. ||°-**kenner** m. (s, -) linguiste m. ; philologue m. ||°-**kunde** f. philologie f. ||°-**labor** n. (s, s) laboratoire (m.) de langues. ||°-**lehre** f. grammaire f. ||-**los** adj. qui a perdu l'usage de la parole ; muet ; interdit. | *sprachlos dastehen*, rester coi. ||°-**neuerung** f. (-, en) néologisme m. ||°-**regel** f. (-, n) règle (f.) de grammaire. ||°-**rohr** n. (s, e) porte-voix m. || FIG. porte-parole m. ; interprète m. ||°-**schatz** m. (es, ¨e) vocabulaire m. ||°-**störung** f. (-, en). MÉD. trouble (m.) du langage, de la parole. ||°-**übersetzer** m. (s, -). INF. traducteur m. ||°-**unterricht** m. (s, e) enseignement (m.) des langues. ||°-**verlust** m. (s, e). MÉD. aphasie f. ||°-**vermögen** n. (s) faculté (f.) de parler. ||°-**wissenschaft** f. linguistique f.

Sprache ['ʃprɑ:xə] f. (-, n) **1.** parole f. ; faculté (f.) de parler ; langage m. | *die Sprache verlieren*, perdre l'usage de la parole. | *er hat die Sprache nicht mehr in der Gewalt*, il n'est plus maître de ses mots. | *der Sprache beraubt*, aphasique. || manière de parler. | *er hat eine grobe Sprache*, il a le parler rude.
2. langue f. ; langage m. | *fremde Sprache*, langue étrangère. | *menschliche Sprache*, langue des hommes. | *eine Sprache sprechen*, parler une langue. | *Sprache des Volkes*, langue (f.) du peuple. | *gehobene Sprache*, langue soutenue ; style soutenu. | *kaufmännische Sprache*, langue (f.) des affaires ; style commercial. | *blumenreiche Sprache*, langage fleuri. || PAR EXT. propos m. pl. | *was für eine Sprache sprechen Sie da ?*, quels propos tenez-vous là ? | *er will nicht recht mit der Sprache heraus*, il ne veut pas dire ce qu'il sait. | *die Sache wird zur Sprache kommen*, on en parlera. | *etwas zur Sprache bringen*, mettre qch. sur le tapis.

Sprachen|lehrer ["ʃprɑ:xən'le:rər] m. (s, -) professeur (m.) de langues étrangères. ||°-**verwirrung** confusion (f.) des langues. || [Bibel] tour (f.) de Babel.

...sprachig ['ʃprɑ:xiç] (en compos.) *dreisprachig*, en trois langues. | *zweisprachig*, bilingue.

sprachlich [-xliç] adj. qui concerne les langues ; grammatical.

Spray [ʃpre: ou spre:] n. (s, s) aérosol m.

Sprech|anlage ["ʃprɛç'anlɑ:gə] f. (-, n) interphone m. ||°-**funk** m. radiotéléphonie f. ; FAM. radio f. ||°-**membrane** f. (-, n) Hygiaphone m. (Wz.) ||°-**muschel** f. (-, n) cornet (m.) acoustique. ||°-**stunde** f. (-, n) heure (f.) d'audience, de consultation. ||°-**übung** f. (-, en) exercice (m.) de conversation. ||°-**weise** f. (-, n) manière (f.) de parler ; langage m. ||°-**zimmer** n. (s, -) cabinet m. ; parloir m. || MÉD. cabinet (m.) de consultation.

sprechen ['ʃprɛçən] (i, a, o) v. tr. et v. intr. parler ; dire ; causer. | *deutsch sprechen*, parler allemand. | *jn, mit jm sprechen*, parler à qn. | *ich wünsche, Sie zu sprechen*, je désire vous parler. | *ich bin für niemand zu sprechen*, je n'y suis pour personne. | *laut sprechen*, parler fort. | *mit jm über, von etwas sprechen*, parler de qch. avec qn. | *ein Urteil sprechen*, rendre la justice. | *die Wahrheit sprechen*, dire la vérité. | *jn schuldig sprechen*, déclarer qn coupable. | *kein Wort sprechen*, ne dire mot. | *frei sprechen*, parler librement ; parler sans notes. | *wir sprechen uns noch !*, nous nous retrouverons ! | *er ist schlecht auf mich zu sprechen*, il m'en veut. | *aus seinem Gesicht spricht die Güte*, son visage respire la bonté. | *das spricht mir zum Herzen*, cela me va droit au cœur. | *das spricht für ihn*, cela parle en sa faveur. || JUR. *jn freisprechen*, acquitter qn.
◇ part. prés. **sprechend,** parlant ; frappant. || FIG. *sprechender Blick*, regard éloquent.

Sprechen [-çən] n. (s) parler m. ; parole f. ; langage m. | *richtiges Sprechen*, langue correcte.

Sprecher [-çər] m. (s, -) celui qui parle ; orateur m. ; porte-parole m.

Spree [ʃpre:] f. GÉOGR. Sprée f.

Spreize ['ʃpraitsə] f. (-, n) étrésillon m. || [Turnen] position écartée.

spreizen ['ʃpraitsən] v. tr. étendre ; écarter. | *die Beine spreizen*, écarter les jambes.
◇ v. pr. **sich spreizen,** résister. || se pavaner ; se rengorger. || FIG. *gespreizte Rede*, discours (m.) emphatique.

Spreiz|haken ["ʃpraits'hɑ:kən] m. (s, -). MÉD. écarteur m. ||°-**klappe** f. (-, n). AÉRON. volet (m.) d'intrados.

Spreizung [-tsuŋ] f. (-, en) écartement m.

Spreng|bombe ["ʃprɛŋ'bɔmbə] f. (-, n) bombe explosive. ||°-**kopf** m. (s, ¨e) *nuklearer Sprengkopf*, ogive (f.) nucléaire. ||°-**körper** m. (s, -) engin explosif. ||°-**ladung** f. (-, en) charge explosive. ||°-**loch** n. (s, ¨er) trou (m.) de mine. ||°-**mittel** n. (s, -) explosif m. || PAR EXT. moyen (m.) de destruction. ||°-**stoff** m. (s, e) explosif m. ; plastic m. ||°-**stoff|anschlag** m. (s, ¨e) attentat (m.) à la bombe, à l'explosif. ||°-**zünder** m. (s, -) détonateur m.

Sprengel ['ʃprɛŋəl] m. (s, -). **1.** RELIG. diocèse m. **2.** [Weihwasserwedel] goupillon m.

Spreng|wagen ["ʃprɛŋ'vɑ:gən] m. (s, -) arroseuse f.

sprengen ['ʃprɛŋən] v. tr. faire sauter ; faire éclater. | *Felsen sprengen*, faire sauter des rochers. | *die Fesseln sprengen*, briser ses fers. || MIL. enfoncer ; rompre. | *eine Festung sprengen*, faire sauter une place forte. || MÉD. *das Trommelfell sprengen*, briser le tympan. || FIG. *die Bank sprengen*, faire sauter la banque. | *eine Versammlung sprengen*, troubler une réunion ; disperser une assemblée.
◇ v. intr. bondir ; aller au galop. | *der Reiter sprengt durch Wiesen und Felder*, le cavalier galope à travers champs, à travers la campagne.

sprengen ['ʃprɛŋən] v. tr. répandre ; asperger ; arroser. | *ein Blumenbeet sprengen*, arroser un parterre de fleurs. | *Wäsche vor dem Bügeln sprengen*, asperger du linge avant de le repasser.

Sprenkel ['ʃprɛŋkəl] m. (s, -). [Tüpfel] moucheture f.

sprenkeln [-kəln] v. tr. moucheter ; tacheter.

Spreu [ʃprɔy] f. balle f. ; vannure f. | *die Spreu vom Weizen sondern*, séparer le bon grain de l'ivraie. || FIG. choses (f. pl.) vides ; propos (m. pl.) sans valeur ; poussière f.

Sprich|wort ['ʃpriçvɔrt] n. (s, ¨er) proverbe m. ; adage m. ; dicton m. | *eine zum Sprichwort gewordene Redensart*, une expression passée en proverbe. ||-**wörtlich** adj. proverbial ; légendaire.

sprießen [-sən] (o, o) v. intr. germer ; éclore ; bourgeonner.
◇ v. tr. (conjug. faible) étançonner.

Spring|bock ['ʃpriŋbɔk] m. (s, ¨e). ZOOL. antilope f. ||°-**brunnen** m. (s, -) jet (m.) d'eau. ||°-**feder** f. (-, n) ressort m. ||°-**flut** f., °-**welle** f. haute marée ; mascaret m. ||°-**insfeld** m. (s, e). FIG. jeune étourdi. ||°-**kraft** f. élasticité f. ; ressort m. ; ||°-**kraut** n. (s, ¨er). BOT. balsamine f. ||°-**kunst** f. voltige f. ||°-**maus** f. (-, ¨e). ZOOL. gerboise f. ||°-**quelle** f. (-, n) source jaillissante ; source vive ; geyser m. ||°-**schnur** f. (-, ¨e), °-**seil** n. (s, e) corde (f.) à sauter. ||°-**spiel** n. (s) voltige f. ||°-**turnier** n. (s, e). SPORT. compétition (f.) de jumping. ||°-**wurz** f. BOT. mandragore f. ||°-**wurzel** f. (-, n) racine (f.) force-porte. ||°-**zeit** f. grandes marées.

springen ['ʃpriŋən] (sprang, gesprungen) v. intr. **1.** sauter ; bondir ; faire un saut, un bond ; jaillir ; faire de la voltige ; courir ; rebondir. | *in die Höhe springen*, sauter en l'air. | *hin und her springen*, sautiller. | *er springt zwei Meter hoch und sieben Meter weit*, il saute deux mètres en hauteur et sept mètres en longueur. | *mit beiden Füßen springen*, sauter à pieds joints. | *der Funke springt aus dem Stein*, l'étincelle jaillit de la pierre. | *die Taler springen lassen*, faire danser les écus. | *aus der Haut springen mögen*, bouillir d'impatience.
2. LOC., FIG. *das springt in die Augen*, cela saute aux yeux. | *die Preise springen in die Höhe*, les prix montent en flèche. | *jn über die Klinge springen lassen*, faire passer qn au fil de l'épée.
3. sauter ; éclater ; s'ouvrir violemment ; crever ; se fendre ; se fêler. | *das Glas springt*, le verre se fend, éclate. | *in Stücke springen*, voler en éclats. | *die Feder ist gesprungen*, le ressort a sauté, est cassé. | *gesprungener Topf*, pot fêlé.
4. [Quellen] jaillir ; gicler. | *die Brunnen springen*, les fontaines jaillissent.
5. [Stiere] saillir.
◇ part. prés. **springend.** *springender Punkt*, point saillant, essentiel.

Springen [-ŋən] n. (s) [action de] sauter ; saut m. ; bond m. ; ricochet m. ; jaillissement m. ; éclatement m. ; rupture f.

Springer [-ŋər] m. (s, -) sauteur m. ; saltimbanque m. ; bateleur m. || [Schachspiel] cavalier m.

Sprinkler ['ʃpriŋklər] m. (s, -) bouche (f.) d'incendie ; jet (m.) d'eau pour arroser les jardins.

Sprit [ʃprit] m. (s, e) alcool m.

Spritz|düse ["ʃprits'dy:zə] f. (-, n) gicleur m. ||°**-fahrt** f. (-, en) petite excursion. ||°**-flasche** f. (-, n) vaporisateur m. || °**-lackierung** f. (-, en) peinture (f.) au pistolet. ||°**-leder** n. (s, -). AUTOM. tablier m. ||°**-malerei** f. peinture (f.) au pistolet. ||°**-pistole** f. (-, n) pistolet (m.) de peintre. ||°**-rohr** n. (s, e) canule f. || ANAT. conduit éjaculateur. ||°**-vergaser** m. (s, -). AUTOM. carburateur (m.) à injection. ||°**-wagen** m. (s, -) arroseuse f.

Spritze ['ʃpritsə] f. (-, n) seringue f. | *jm eine Spritze geben*, faire une piqûre à qn. | *Feuerspritze*, pompe (f.) à incendie.

spritzen [-tsən] v. tr. projeter ; injecter ; faire jaillir ; asperger ; éclabousser ; arroser. | *eine Wand spritzen*, peindre un mur au pistolet. | *Gift spritzen*, jeter du venin. || FIG. médire.
◇ v. intr. jaillir. | *Blut spritzt*, du sang gicle.

Spritzen [-tsən] n. (s) jaillissement m. ; jets m. pl. ; éjaculation f. || MÉD. injection f.

Spritzen|haus ["ʃpritsən'haus] n. (es, ¨er) dépôt (m.) des pompes à incendie.

Spritzer ['ʃpritsər] m. (s, -) éclaboussure f. || MAR. embrun m. ; courte chute de pluie.

spritzig ['ʃpritsiç] adj. 1° pétillant ; 2° pétulant.

spröde ['ʃprø:də] adj. cassant ; sec ; dur. | *sprödes Eisen*, fer cassant, pailleux. | *spröde Haut*, peau (f.) qui se gerce facilement. | *spröder Stoff*, étoffe (f.) qui ne se prête pas. || FIG. cassant ; revêche ; farouche ; prude. | *spröde tun*, faire la prude, la sainte-nitouche.

Sprödheit ['ʃprø:thait] f., **Sprödigkeit** ['ʃprø:diçkait] f. caractère cassant. || FIG. sécheresse f. ; pruderie f.

Sproß [ʃprɔs] m. (es, e). BOT. surgeon m. ; pousse f. ; rejeton m.

Sprosse ['ʃprɔsə] f. (-, n). [an einer Leiter] barreau m. ; échelon m.

sprossen [-sən] v. intr. bourgeonner ; poindre. | *sprossende Blumen*, fleurs prolifères.

Sprossen|bildung ["ʃprɔsən'bilduŋ] f. prolifération f. ||°**-wand** f. (-, ¨e) espalier m.

Sprößling ['ʃprø:sliŋ] m. (s, e) jet m. ; pousse f. || PR. et FIG. rejeton m. ; descendant m.

Sprotte ['ʃprɔtə] f. (-, n). ZOOL. sprat m.

Spruch [ʃprux] m. (s, ¨e) **1.** [Urteil] sentence f. ; arrêt m. | *Spruch des Schicksals*, arrêt du destin.
2. [Lehrsatz] maxime f. ; sentence f. ; proverbe m. ; aphorisme m. ; dicton m. | *Sprüche Salomonis*, Proverbes de Salomon.

Spruch|band ['ʃpruxbant] n. (s, ¨er) calicot m. ; banderole f. ||**-reif** adj. en état d'être jugé.

Sprudel ['ʃpru:dəl] m. (s, -) bouillonnement m. ; jaillissement m. || PAR EXT. [kohlensäurehaltiges Wasser] eau minérale gazeuse.

Sprudel|quelle ["ʃpru:dəl'kvɛlə] f. (-, n) source jaillissante ; source (f.) d'eau minérale. ||°**-wasser** n. (s, -) eau gazeuse.

sprudelig ['ʃpru:dəliç] adj. jaillissant. || FIG. volubile.

sprudeln [-dəln] v. intr. jaillir ; bouillonner ; pétiller ; sourdre ; tourbillonner. | *sprudelnder Quell*, source jaillissante. | *sprudelndes Getränk*, boisson pétillante. || FIG. *sprudelnder Witz*, verve (f.) intarissable.
◇ v. tr. faire jaillir.

Sprüh|dose ["ʃpry:'do:zə] f. (-, n) atomiseur m. ; bombe f. || °**-fläschchen** n. (s, -) vaporisateur m. ||°**-funken** m. pl. gerbe (f.) d'étincelles. ||°**-regen** m. (s) bruine f. ; embrun m.

sprühen ['ʃpry:ən] v. intr. jaillir. | *Funken sprühen*, des étincelles jaillissent. | *es sprüht*, il bruine. || FIG. *von Witz sprühen*, étinceler d'esprit.
◇ v. tr. faire jaillir ; projeter. || *Funken sprühen*, faire jaillir des étincelles.

Sprung [ʃpruŋ] m. (s, ¨e) **1.** saut m. ; bond m. ; élan m. ; enjambée f. ; cabriole f. | *kühner Sprung*, saut hardi. | *Sprünge machen*, faire des bonds ; sauter. | *es ist nur ein (Katzen)sprung bis*, il n'y a qu'un pas jusqu'à. | *den Ball im Sprunge fangen*, saisir la balle au bond. | *auf einen Sprung vorbeikommen*, rendre visite en passant. || FIG. *Gedankensprung*, coq-à-l'âne m.
2. LOC. FIG. *keine großen Sprünge machen*, ne pas pouvoir aller bien loin ; avoir des ressources modestes. | *jm auf die Sprünge kommen*, découvrir les projets de qn. | *jm auf die Sprünge helfen*, venir en aide à qn ; donner un coup d'épaule à qn. | *auf dem Sprunge sein, etwas zu tun*, être sur le point de faire qch. | *auf dem Sprunge sein*, être prêt à partir.
3. [Riß] fente f. ; cassure f. ; fêlure f. ; crevasse f. | *der Teller hat einen Sprung*, cette assiette est fêlée. || TECHN. *Sprung im Stahl*, crique f. ; faute f. || MINES. faille f.
4. MAR. *Sprung des Decks*, relèvement (m.) du pont.
5. ZOOL. saillie f. || *Sprünge des Hasen*, pattes (f. pl.) arrière du lièvre.

Sprung|bein ["ʃpruŋ'bain] n. (s, e). ANAT. astragale m. || SPORT. jambe (f.) d'appui. ||**-bereit** adj. prêt à partir. ||°**-brett** n. (s, er) tremplin m. ||°**-feder** f. (-, n) ressort (m.) élastique. ||°**-gelenk** n. (s, e). ANAT. jarret m. ; articulation (f.) du pied. ||°**-latte** f. (-, n). SPORT. barre f. ||°**-pferd** n. (s, e) cheval (m.) d'arçon. ||°**-schanze** f. (-, n) tremplin (m.) de ski. ||°**-stab** m. (s, ¨e) perche (f.) à sauter. ||°**-turm** m. (s, ¨e) plongeoir m. ||**-weise** adv. par bonds ; de façon discontinue, intermittente. ||°**-welle** f. MAR. mascaret m.

sprunghaft ['ʃpruŋhaft] adj. changeant ; versatile ; primesautier ; inconstant.

Sprunghaftigkeit [-haftiçkait] f. caractère changeant ; inconstance f. ; versatilité f.

Spucke ['ʃpukə] f. [Speichel] salive f. ; crachat m. ‖ POP. *da bleibt mir die Spucke weg*, j'en suis muet d'étonnement ; j'en suis baba.

spucken [-kən] v. tr. et v. intr. saliver ; cracher ; expectorer. | *Blut spucken*, cracher le sang. ‖ FIG. *auf etwas spucken*, cracher sur qch. ; mépriser qch.

Spuck|napf [″ʃpuk'napf] m. (s, ¨e) crachoir m.

Spuk [ʃpu:k] m. (s, e) fantôme m. ; spectre m. ; apparition (f.) de fantômes. ‖ PAR EXT. vacarme m. ; remue-ménage m.

Spuk|geschichte [″ʃpu:kgə'ʃiçtə] f. (-, n) histoire (f.) de revenants.

spuken ['ʃpu:kən] v. intr. hanter ; errer ; apparaître comme un revenant. | *es spukt*, il y a des fantômes.

Spül|automat [″ʃpy:lauto'mɑ:t] m. (en, en) lave-linge m. ‖°**-becken** n. (s, -) évier m. ‖°**-brett** n. (s, er) égouttoir m. ‖°**-frau** f. (-, en) laveuse f. ; plongeuse f. ‖°**-junge** m. (n, n) plongeur m. ‖°**-lappen** m. (s, -) torchon m. ‖°**-stein** m. (s, e) évier m. ‖°**-system** n. (s) tout-à-l'égout m. ‖°**-wanne** f. (-, n) bac (m.) à vaisselle. ‖°**-wasser** n. (s, -) eau (f.) de rinçage.

Spule ['ʃpu:lə] f. (-, n) bobine f. ‖ [an Federn] tuyau m.

spulen [-lən] v. tr. bobiner.

spülen ['ʃpy:lən] v. tr. rincer ; laver ; écurer. | *sich den Mund spülen*, se rincer la bouche. | *die Gläser spülen*, rincer les verres.

Spul|maschine [″ʃpu:lma'ʃi:nə] f. (-, n) bobineuse f. ‖°**-wurm** m. (s, ¨er). ZOOL. ascaride f.

Spuler ['ʃpu:lər] m. (s, -) bobineur m. ‖ [Nähmaschine] porte-bobines m.

Spüler ['ʃpy:lər] m. (s, -) laveur m. ; plongeur m.

Spund [ʃpunt] m. (s, ¨e) bonde f. ; bondon m. ; tampon m.

Spund|loch ['ʃpuntlɔx] n. (s, ¨er) trou (m.) de la bonde.

Spur [ʃpu:r] f. (-, en) **1.** trace f. ; marque f. ; sillage m. ; sillon m. ; piste f. ; empreinte f. ; ornière f. | *Fußspur*, trace de pas. | *auf js Spur sein*, être sur les traces de qn. | *jn auf eine falsche Spur bringen*, mettre qn sur une fausse piste ; donner le change à qn. | *jm auf die Spur kommen*, dépister qn. | *in js Spuren treten*, marcher sur les traces de qn. | *einer Spur folgen, nachgehen*, suivre une trace. ‖ CHIM. *Spuren von Schwefel*, traces de soufre. ‖ CULIN. pincée f. ‖ FAM. *keine Spur !*, pas du tout !

2. FIG. trace f. ; marque f. ; vestige m. ; indice m. ; reste m. ; empreinte f. ; stigmate m. | *Spuren des Krieges*, traces de la guerre. | *Spuren einer Zivilisation*, vestiges d'une civilisation. | *es bleibt keine Spur davon*, il n'en subsiste aucun indice. | *er besitzt keine Spur von Großmut*, il n'y a pas trace de générosité chez lui.

3. TECHN. [Räder] *weite, schmale Spur*, voie large, étroite. ‖ MAR. sillage m. ‖ MÉTALL. rigole f.

Spur|breite [″ʃpu:r'braitə] f., °**-weite** [-'vaitə] f. écartement (m.) des voies. ‖°**-lager** n. (s, -). TECHN. crapaudine. ‖°**-lehre** f. (-, n) gabarit m. ‖**-los** adj. et adv. qui ne laisse pas de traces. | *spurlos verschwunden*, disparu sans laisser de traces.

spürbar ['ʃpy:rbɑ:r] adj. sensible ; perceptible.

spuren ['ʃpu:rən] v. intr. [Ski] ouvrir (tracer) la piste. ‖ [Eisenbahn] avoir un certain écartement.

spüren ['ʃpy:rən] v. tr. et v. intr. flairer ; dépister ; renifler ; dénicher. ‖ [Wild] lever. | *der Hund spürt nach dem Wild*, le chien cherche le gibier. ‖ FIG. remarquer ; sentir ; percevoir. | *Müdigkeit spüren*, ressentir de la fatigue.

Spuren|element [″ʃpu:rənele'mɛnt] n. (s, e). CHIM. oligo-élément m.

Spürer [-rər] m. (s, -) fureteur m.

Spür|hund [″ʃpy:r'hunt] m. (s, e) chien courant, chassant. | *guter Spürhund*, fin limier. ‖°**-nase** f. (-, n) nez fin. ‖ FAM. qui a du nez, du flair. ‖°**-sinn** m. (s) flair m.

Spurt [ʃpurt] m. (s, e). SPORT. sprint m.

sputen (sich) [ziç'ʃpu:tən] v. pr. FAM. se dépêcher.

Sputnik ['ʃputnik] m. (s, s). AÉRON. Spoutnik m.

Sputum n. (s, ta). MÉD. expectoration f.

Squash [skvɔʃ] n. SPORT. squash m.

SS [ɛsɛs] f. Abréviation de **Schutzstaffel** (= échelon de protection) S.S. m.

st ! [st] interj. chut !

Square [skvɛ:r] m. (s, s) square m.

Staat [ʃtɑ:t] m. (s, en) **1.** État m. | *souveräner Staat*, État souverain. ‖ PAR EXT. état (m.), liste (f.) des gens de la cour. ‖ FIG. gent f. | *Staat der Ameisen*, gent des fourmis.

2. [Prunk] luxe m. ; grand train ; grande toilette. | *in vollem Staat*, en grande toilette. | *großen Staat machen*, mener grand train.

◇ m. pl. **Staaten,** États m. pl. | *Vereinigte Staaten von Amerika*, États-Unis d'Amérique.

Staaten|bund [″ʃtɑ:tən'bunt] m. (s, ¨e) confédération (f.) d'États. ‖**-los** adj. apatride. ‖°**-recht** n. (s) droit (m.) des gens.

staatlich ['ʃtɑ:tliç] adj. politique ; public ; étatique ; national ; gouvernemental. | *staatliche Kontrolle*, contrôle gouvernemental.

Staats|abgaben [″stɑ:ts'apgɑ:bən] f. pl. charges publiques. ‖°**-aktion** f. (-, en). THÉÂTRE. *Haupt- und Staatsaktion*, grand sujet historique. ‖°**-amt** n. (s, ¨er) charge, fonction publique. ‖°**-angehörige(r)** f. (m.) ressortissant(e) m. (f.). ‖°**-anwalt** m. (s, ¨e). JUR. procureur (m.) de la République. ‖°**-anwaltschaft** f. JUR. ministère public. ‖°**-anzeiger** m. (s) journal officiel. ‖°**-beamter** m. fonctionnaire m. ‖°**-begräbnis** n. (ses, se) funérailles nationales. ‖°**-behörde** f. pouvoirs publics. ‖°**-bürger** m. (s, -) citoyen m. ‖°**-bürgerkunde** f. instruction (f.) civique. ‖**-bürgerlich** adj. de citoyen ; civique. ‖°**-bürgertum** n. (s) qualité (f.) de citoyen ; droit (m.) de cité. ‖°**-dienst** m. (s, e) service public. ‖**-eigen** adj. qui appartient à l'État. ‖°**-examen** n. (s) certificat (m.) d'aptitude au professorat. ‖**-feindlich** adj. hostile à l'État. | *staatsfeindliche Umtriebe*, activités antinationales. ‖°**-forst** m. (s, e) forêt domaniale. ‖°**-gefährdung** f. (-, en) atteinte (f.) à la sûreté de l'État. ‖°**-gelder** n. pl. fonds publics. ‖°**-haushalt** m. (s) budget (m.) de l'État ; finances publiques. ‖°**-hoheit** f. souveraineté f. ‖°**-kapitalismus** m. (-) capitalisme (m.) d'État. ‖°**-kirche** f. (-, n) Église nationale. ‖°**-kleid** n. (s, er) habit (m.) de gala. ‖°**-kosten** f. pl. *auf Staatskosten*, aux frais de l'État. ‖°**-lehre** f. science (f.) politique. ‖°**-mann** m. (s, ¨er) homme (m.) d'État. ‖°**-oberhaupt** n. (s, ¨er) souverain m. ; chef (m.) de l'État. ‖°**-papier** n. (s, e) obligation (f.) d'État. ‖°**-rat** m. (s, ¨e) conseil (m.), conseiller (m.) d'État. ‖°**-recht** n. (s) droit public. ‖°**-schatz** m. (es) Trésor public. ‖°**-schuld** f. (-, en) dette publique. ‖°**-schuldpapier** n. (s, e) titre (m.) d'emprunt public. ‖°**-schuldschein** m. (s, e) bon (m.) du Trésor. ‖°**-sekretär** m. (s, e) secrétaire d'État. | *Staatssekretär für*, secrétaire d'État à. ‖°**-sicherheit** f. sûreté intérieure de l'État. ‖°**-streich** m. (s, e) coup (m.) d'État. ‖°**-verbrechen** n. (s, -) haute trahison. ‖°**-wirtschaftslehre** f. économie (f.) politique. ‖°**-wissenschaften** f. pl. sciences (f. pl.) politiques. ‖°**-wohl** n. (s) bien public.

Stab [ʃtɑ:p] m. (s, ¨e) **1.** bâton m. ; baguette f. ; barreau m. ; tige f. ; canne f. ; perche f. ; verge f. ‖

RELIG. *bischöflicher Stab*, crosse épiscopale. || FIG. *den Stab über jn brechen*, faire le procès de qn.
2. AGRIC. échalas m. || ARCHIT. baguette f. ; astragale m. || [Meter] bâton (m.) d'arpenteur. || [Regenschirm] baleine f. || MYTH. *Merkurs geflügelter Stab*, caducée m. || SPORT. perche f.
3. MIL. état-major m. | *Stabsoffizier*, officier (m.) d'état-major.

Stab|hochspringer ["ʃtɑ:p'ho:xʃpriŋər] m. (s, -). SPORT. perchiste m. ||°**-hochsprung** m. (s). SPORT. saut (m.) à la perche. ||°**-lampe** f. (-, n), °**-leuchte** f. (-, n) lampe (f.) torche. ||°**-reim** m. (s, e). LITTÉR. allitération f.

Stäbchen ['ʃtɛ:pçən] n. (s, -) petit bâton. || CULIN. baguette f. || MÉD. bactérie f. || ANAT. [im Auge] bâtonnet m.

stabil [ʃta'bi:l] adj. stable ; durable.

stabilisieren [-bili'zi:rən] v. tr. stabiliser.

Stabilisierung [-bili'zi:ruŋ] f. stabilisation f.

Stabilität [-bili'tɛ:t] f. stabilité f.

Stachel ['ʃtaxəl] m. (s, n) pointe f. ; aiguillon m. ; piquant m. || [an Schnallen] ardillon m. || [Insekten] dard m. || BOT. épine f. | *Stacheln*, barbe f. || FIG. aiguillon m. | *wider den Stachel löcken, lecken*, regimber. | *ein Stachel im Fleisch*, une épine dans le cœur. || LITTÉR. pointe f.

Stachel|beere ["ʃtaxəl'be:rə] f. (-, n) groseille (f.) à maquereau. ||°**-draht** m. (s, ¨e) fil (m.) de fer barbelé. ||°**-drahtverhau** m. (s, e) réseau (m.) de fils de fer barbelés ; barbelés m. pl. ||°**-schwein** n. (s, e) porc-épic m.

stachelig ['ʃtaxəliç] adj. armé de piquants ; hérissé. || FIG. piquant ; mordant.

stacheln [-xəln] v. tr. piquer ; aiguillonner ; éperonner ; exciter.

Stadel ['ʃtɑ:dəl] m. (s, -) grange f. ; hangar m. ; grenier m.

Stadion ['ʃtɑ:diɔn] n. (s, dien). SPORT. stade m.

Stadium ['ʃtɑ:dium] n. (s, dien) stade m. ; période f. ; phase f.

Stadt [ʃtat] f. (-, ¨e) ville f. ; cité f. | *er ist aus der Stadt*, il est de la ville. | *die Stadt München*, la ville de Munich.

Stadt... (en compos.) de la ville ; de ville ; urbain ; municipal.

Stadt|amt ["ʃtat'amt] n. (s, ¨er) municipalité f. ||°**-bahn** f. (-, en) chemin de fer métropolitain ; FAM. métro m. ||°**-bahnnetz** n. (es, e) réseau urbain. ||**-bekannt** adj. de notoriété publique ; qui court les rues. ||°**-bewohner** m. (s, -) citadin m. ||°**-bild** n. (s, er) physionomie (f.) de la ville ; agglomération f. ||°**-bürgerrecht** n. (s) droit (m.) de cité. ||°**-gebiet** n. (s, e) banlieue f. ; périmètre (m.) de la ville. ||°**-gefüge** n. (s) tissu urbain. ||°**-gemeinde** f. (-, n) municipalité f. ||°**-gespräch** n. (s, e). 1° rumeur publique ; fable (f.) de la ville ; 2° communication téléphonique urbaine. ||°**-haus** n. (es, ¨er) hôtel (m.) de ville. ||°**-inneres** n. cité f. ||°**-kämmerer** m. (s, -). [Vx.] receveur municipal. ||°**-kommandant** m. (en, en). MIL. commandant (m.) de place. ||°**-mauer** f. (-, n) enceinte f. ||°**-rat** m. (s, ¨e). 1° conseil municipal ; 2° conseiller municipal. ||°**-teil** m. (s, e) quartier m. ||°**-teilinitiative** f. (-, n) comité (m.) de quartier. ||°**-väter** m. pl. édiles m. pl. ||°**-verband** m. (s, ¨e) district urbain. ||°**-verwaltung** f. (-, en) administration municipale. ||°**-viertel** n. (s, -) quartier m.

Städte|bau ["ʃtɛ:tə'bau] m. (s) urbanisme m. ||°**-bund** m. (s, ¨e). HIST. union (f.) des villes. ||°**-planung** f. urbanisme m.

Städter(in) ['ʃtɛ:tər(in)] m. (s, -), f. (-, nen) citadin(e) m. (f.).

städtisch [-tiʃ] adj. municipal ; de la ville.

Stafette [ʃta'fɛtə] f. (-, n). MIL. estafette f.

Staffage [ʃta'fɑ:ʒə] f. (-, n) ornements m. pl. ; décor m. ; accessoires m. pl. || FIG., PÉJOR. apparences f. pl.

Staffel ['ʃtafəl] f. (-, n) degré m. ; marche f. ; échelon m. ; gradin m. || FIG. [Rangordnung] échelon m. || AÉRON. escadrille f. | *Jagdstaffel*, escadrille de chasse. || SPORT. relais m. ; équipe (f.) de relais.

staffel|förmig ["ʃtafəl'førmiç] adj. échelonné ; étagé. ||°**-lauf** m. (s, ¨e). SPORT. course (f.) de relais. ||°**-stellung** f. (-, en) échelonnement m. ||**-weise** adv. par échelons.

Staffelei [ʃtafə'lai] f. (-, en). [Malerei] chevalet m.

staffeln ['ʃtafəln] v. tr. disposer par échelons ; échelonner ; étager.

Staffelung [-fəluŋ] f. (-, en) échelonnement m. | *Tiefenstaffelung*, échelonnement en profondeur.

staffieren [ʃta'fi:rən] v. tr. orner ; décorer ; ornementer. || ARTS. faire les fonds d'un tableau.

Stag [ʃtɑ:k] n. (s, e). MAR. étai m.

Stagnation [stagna'tsio:n] f. (-, en) stagnation f.

stagnieren [-'ni:rən] v. intr. [Wasser] stagner ; croupir. || FIG. languir.

Stahl [ʃtɑ:l] m. (s) acier m. | *gehärteter Stahl*, acier trempé.

Stahl|bad ["ʃtɑ:l'bɑ:t] n. (s, ¨er) bain ferrugineux. ||**-bepanzert** adj. blindé. ||°**-beton** m. (s) béton armé. ||°**-betonplatte** f. (-, n) dalle armée. ||°**-erz** n. (es) fer (m.) spathique. ||°**-fabrik** f. (-, en) aciérie f. ||°**-fach** n. (s, ¨er) coffre fort m. ||**-grau** adj. gris acier. ||**-hart** adj. d'acier. ||°**-helm** m. (s, e) casque (m.) d'acier. ||°**-hütte** f. (-, n), °**-werk** n. (s, e) aciérie f. ||°**-kammer** f. (-, n) compartiment blindé. || °**-kerngeschoß** n. (es, e) balle perforante. || °**-rohrgerüst** n. (es, e) échafaudage (m.) tubulaire. ||°**-stich** m. (s, e) [gravure (f.) en] taille-douce f. ||°**-träger** m. (s, -) poutrelle (f.) d'acier. ||°**-waren** f. pl. coutellerie f. ; quincaillerie f.

stählen ['ʃtɛ:lən] v. tr. tremper ; endurcir.

stählern [-lərn] adj. d'acier ; en acier. || FIG. *stählerner Wille*, volonté (f.) de fer.

Staken ['ʃtɑ:kən] m. (s, -). AGRIC. rame f. || MAR. gaffe f. ; perche f.

Staket [ʃta'ke:t] n. (s, e) palissade f. ; clôture (f.) à claire-voie ; estacade f.

Stalagmit [ʃtalag'mi:t] m. (en, en) stalagmite f.

Stalaktit [ʃtalak'ti:t] m. (en, en) stalactite f.

Stalinist(in) [ʃtali'nist(in)] m. (en, en), f. (-, nen) stalinien m., stalinienne f.

stalinistisch [ʃtali'nistiʃ] adj. stalinien.

Stall [ʃtal] m. (s, ¨e) étable f. || [Pferde] écurie f. || [Schweine] porcherie f. || [Kaninchen] clapier m. || [Hühner] poulailler m. || FIG., PÉJOR. écurie f. ; taudis m.

Stall|fütterung ["ʃtal'fytəruŋ] f. stabulation f. ||°**-knecht** m. (s, e) palefrenier m. ||°**-meister** m. (s, -) écuyer m.

stallen ['ʃtalən] v. tr. mettre à l'étable.
◇ v. intr. être à l'étable. || [Pferde] pisser.

Stallung [-luŋ] f. (-, en) étables f. pl. ; écuries f. pl. || mise (f.) à l'étable.

Stamm [ʃtam] m. (s, ¨e) tronc m. ; fût m. ; tige f. ; souche. || FIG. race f. ; tribu f. ; famille f. ; lignée f. || GRAMM. racine f. ; radical m. || FIN. capital m. || ZOOL. embranchement m.

Stamm|aktie ["ʃtam'aktsiə] f. (-, n). FIN. part (f.)

de fondateur. ||°-**baum** m. (s, ¨e) arbre (m.) généalogique. ||°-**datei** f. (-, en). INF. base (f.) de données ; fichier principal. ||°-**ende** n. (s, n). AGRIC. souche f. ||°-**erbe** m. (n, n) héritier (m.) d'une race, d'une maison. ||°-**folge** f. (-, n) filiation f. ; généalogie f. ||°-**form** f. (-, en). GRAMM. radical m. ; temps primitif. ||°-**gast** m. (s, ¨e) client habituel ; habitué m. (d'un café). ||°-**gut** n. (s, ¨er) patrimoine m. ||°-**halter** m. (s, -) fils aîné. ||°-**haus** n. (es, ¨er). COMM. maison (f.) mère. ||°-**holz** n. (es) arbres (m. pl.) de haute futaie. ||°-**kapital** n. (s) fonds m. pl. ; capital social, initial. ||°-**kundschaft** f. (-, en) clientèle (f.) d'habitués. | *eine Stammkundschaft erschließen*, s'attacher, fidéliser une clientèle, un public. ||°-**land** n. (s, ¨er) patrie f. ; pays (m.) d'origine. ||°-**linie** f. (-, n) lignée f. ; lignage m. ||°-**miete** f. (-, n). THÉÂTRE. abonnement m. || °-**register** n. (s, -) registre (m.) à souche. ||°-**silbe** f. (-, n). GRAMM. syllabe radicale. ||°-**sitz** m. (es, e) patrie (f.) des ancêtres. || THÉÂTRE. place (f.) d'abonné. ||°-**tafel** f. (-, n) table (f.) généalogique. ||°-**tisch** m. (s, e) table (f.) des habitués. ||°-**vater** m. (s, ¨) aïeul m. ||°-**vermögen** n. (s, -). FIN. capital m. ; fonds m. pl. ||-**verwandt** adj. parent ; de même lignée ; de même origine. ||°-**wort** n. (s, ¨er) radical m. ||°-**zellen** f. pl. ANAT. cellules (f. pl.) mères.

stammeln ['ʃtaməln] v. intr. bégayer ; balbutier ; bredouiller .

stammen ['ʃtamən] v. intr. provenir de ; tirer son origine de ; dériver de ; descendre de ; être issu, tiré de. | *aus dem Rheinland stammen*, être originaire de Rhénanie. | *von Schiller stammen viele Zitate*, beaucoup de citations viennent de Schiller. | *diese Kapelle stammt aus dem zwölften Jahrhundert*, cette chapelle date du XIIe siècle.

stämmig ['ʃtɛmiç] adj. de haute futaie. || FIG. [stark und tüchtig] robuste ; solide. || [Körperwuchs] trapu ; ramassé. || *dickstämmig*, à forte tige.

Stämmigkeit [-kait] f. robustesse f. ; solidité f. ; vigueur f.

stampfen ['ʃtampfən] v. intr. trépigner ; battre du pied. | *vor Ungeduld stampfen*, trépigner d'impatience. || [Pferde] piaffer. || MAR. tanguer.
◇ v. tr. presser avec le pied ; fouler ; pilonner. | *klein stampfen*, broyer ; concasser ; bocarder. || TECHN. emboutir. || AGRIC. [Trauben] fouler. || FIG. *etwas aus dem Boden stampfen*, faire surgir comme par miracle ; créer "ex nihilo".

Stand [ʃtand] m. (s, ¨e) **1.** position f. ; situation f. ; état m. ; niveau m. | *Stand der Sonne*, position du soleil. | *Stand der Dinge*, état de choses. | *er hat einen schweren Stand*, sa position est délicate. | *auf den neuesten Stand bringen*, mettre à jour.
2. situation sociale ; classe f. ; caste f. ; catégorie sociale ; profession f. | *dritter Stand*, tiers état. | *ein Mann von hohem Stande*, un homme de haut rang. | *bürgerlichen Standes*, de condition bourgeoise. | *in den Stand der Ehe treten*, se marier. | *von niedrigem, geringem Stand*, de basse extraction. | *weltlicher Stand*, état séculier.
3. place f. ; poste m. | *an einem Ort seinen Stand haben*, être posté à un endroit. || PAR EXT. boutique f. ; échoppe f. ; stand m. ; étal m. ; étalage m. | *Stand des Fleischers*, étal du boucher. | *Schießstand*, stand de tir.
4. FIN. *Stand der Preise*, cours m. ; cote f.
5. MÉD. station (f.) debout.

Stand|anzeiger ["ʃtant'antsaigər] m. (s, -). TECHN. indicateur (m.) de niveau. ||°-**bild** n. (s, er) statue f. ||-**fest** adj. solide ; ferme. ||°-**geld** n. (s, er) droit (m.) d'étalage. || AUTOM. taxe (f.) de stationnement. ||°-**gericht** n. (s, e). JUR. conseil (m.) de guerre. ||-**halten** (ä, ie, a) v. intr. tenir ferme ; résister. | *der Damm hält den Fluten stand*, la digue résiste aux flots. ||°-**licht** n. (s, er). AUTOM. feu (m.) de position. ||°-**ort** m. (s, e) emplacement m. ; station f. ; poste m. | *nuklearer Standort*, site (m.) nucléaire. || MAR. *Standort eines Schiffes*, position (f.) d'un navire. | *den eigenen Standort ermitteln*, se repérer. || MIL. garnison f. ||°-**ortkriterien** n. pl. critères (m. pl.) d'implantation. ||°-**ortwahl** f. (-, en). NUCL. choix (m.) du site. ||°-**pauke** f. FAM. *jm eine Standpauke halten*, sermonner qn. ||°-**platz** m. (es, ¨e) stationnement m. ||°-**punkt** m. (s, e). PR. et FIG. point (m.) de vue. ||°-**recht** n. (s) loi martiale. | *das Standrecht verhängen*, décréter la loi martiale. || -**rechtlich** adv. en vertu de la loi martiale. ||°-**spur** f. (-, en). [Verkehr] bande (f.) d'arrêt d'urgence. ||°-**uhr** f. (-, en) pendule f.

Stände|haus ["ʃtɛndə'haus] n. (es, ¨er). POLIT. palais (m.) des états. ||°-**staat** m. (s, en) Etat corporatif. || °-**versammlung** f. (-, en) diète f.

Standes|amt ["ʃtandəs'amt] n. (s, ¨er) bureau (m.) de l'état civil. ||°-**ehre** f. honneur professionnel. ||-**gemäß** adv. *standesgemäß leben*, tenir son rang. ||°-**genosse** m. (n, n) pair m. ||°-**herr** m. (m, en) grand seigneur. ||°-**herrschaft** f. (-, en) seigneurie f. ||-**mäßig** adj. et adv. conforme à son rang. ||°-**person** f. (-, en) personne (f.) de qualité. ||°-**register** n. (s, -) registre (m.) de l'état civil. ||°-**vorurteil** n. (s, e) préjugé (m.) de caste. ||-**widrig** adj. malséant ; qui déroge.

Standard ['ʃtandart] m. (s, s). [Richtmaß] étalon m. ; standard m.

Standard|abweichung ["ʃtandart'apvaiçuŋ] f. (-, en). STAT. écart type m. ||°-**vertrag** m. (s, ¨e) contrat type m. ||°-**werk** n. (s, e) ouvrage (m.) de référence.

standardisieren [ʃtandardi'zi:rən] v. tr. standardiser ; normaliser.

Standardisierung [-di'zi:ruŋ] f. (-, en) normalisation f. ; standardisation f.

Standarte [ʃtan'dartə] f. (-, n) étendard m.

Ständchen ['ʃtɛntçən] n. (s, -) aubade f. ; sérénade f.

Ständer ['ʃtɛndər] m. (s, -) support m. ; pied m. ; montant m. || ARCHIT. piédestal m. || MIL. râtelier (m.) d'armes.

standhaft ['ʃtanthaft] adj. constant ; ferme ; résistant ; solide ; stable ; persévérant. | *ein Unglück standhaft ertragen*, supporter stoïquement un malheur.

Standhaftigkeit [-haftiçkait] f. fermeté f. ; constance f. ; opiniâtreté f.

ständig ['ʃtɛndiç] adj. permanent ; fixe ; continuel. | *ständiges Einkommen*, revenu (m.) fixe. | *ständiger Wohnsitz*, domicile (m.) fixe.

ständisch ['ʃtɛndiʃ] adj. qui a trait à une classe, à l'assemblée d'un état.

Stange ['ʃtaŋə] f. (-, n) perche f. ; poteau m. ; mât m. ; gaule f. ; grand piquet ; grand bâton ; fût m. ; hampe f. | *Stange für Vorhänge*, tringle (f.) à rideaux. | *sich auf eine Stange setzen*, se percher ; jucher. || FIG. *jm die Stange halten*, avantager qn. | *bei der Stange bleiben*, tenir bon ; ne pas sortir de son sujet. || [am Ruder] manche m. || SPORT. perche f. (à grimper). || [Geweih] bois (m. pl.) du cerf. || LOC. *einen Anzug von der Stange kaufen*, acheter un costume tout fait. || FAM. *das kostet eine Stange Geld*, cela coûte très cher.

Stangen|bohnen ["ʃtaŋən'bo:nən] f. pl. BOT. haricots grimpants. ||°-**bohrer** m. (s, -). TECHN. tarière f. ||°-**brot** n. (s, e) baguette f. (de pain). ||-**förmig** adj. en barres. ||°-**gold** n. (s) or (m.) en barres. ||°-**holz** n. (es) rondins m. pl.

Stänker ['ʃtɛŋkər] m. (s, -) animal (m.), être (m.) puant. || FIG. tracassier m. ; mauvais coucheur.

Stänkerei [ʃtɛnkə'rai] f. (-, en) puanteur f. || Fig. mauvaise querelle ; dispute f. ; rixe f.

stänkern ['ʃtɛŋkərn] v. intr. puer ; sentir mauvais. || Fig. chercher querelle ; chercher noise.

Stanniol [ʃtani'o:l] n. (s). Métall. étain battu, en feuilles ; papier (m.) d'argent.

Stanze ['ʃtantsə] f. (-, n). Littér. stance f. || Techn. matrice f. ; poinçonneuse f. ; estampe f.

stanzen [-tsən] v. tr. Techn. estamper.

Stapel ['ʃtɑ:pəl] m. (s, -). [Gerüst] échafaudage m. || Mar. cale f. ; chantier m. | *ein Schiff vom Stapel lassen*, lancer un navire. || [Warenniederlage] entrepôt m. ; comptoir m. ; dépôt m. || Par ext. étape f. || [Haufen] tas m. ; monceau m. ; pile f. || Text. longueur (f.) de fibre.

Stapel|lauf ["ʃtɑ:pəl'lauf] m. (s, ¨e). Mar. lancement (m.) d'un navire. ||°**-ort** m. (s, e), °**-platz** m. (es, ¨e) entrepôt m. ||°**-verarbeitung** f. (-, en). Inf. traitement (m.) par lots.

stapeln ['ʃtɑ:pəln] v. tr. entasser ; empiler ; stocker. || Fam. marcher à grandes enjambées.

Stapelung [-luŋ] f. (-, en) entassement m. ; mise (f.) en entrepôt.

Stapfen ['ʃtapfən] m. (s, -), **Stapfe** [-pfə] f. (-, n) trace (f.) de pas ; pas m.

stapfen [-pfən] v. intr. marcher d'un pas lourd.

Star [ʃtɑ:r] m. (s, e). Zool. étourneau m.

Star [ʃtɑ:r] m. (s, s). Film. star f. ; vedette f.

Star [ʃtɑ:r] m. (s). Méd. affection (f.) oculaire. | *grauer Star*, cataracte f. | *grüner Star*, glaucome m. | *schwarzer Star*, amaurose f.

stark [ʃtark] adj. et adv. fort ; puissant ; robuste ; solide ; résistant ; vigoureux. | *ein starker Kerl*, un gaillard vigoureux. | *starker Kaffee*, café fort. | *starkes Papier*, papier fort. | *starke Stimme*, voix forte. | *starker Geist*, esprit vigoureux. | *starker Spieler*, fort joueur. | *starker Raucher*, grand fumeur. | *starker Frost*, forte gelée. | *starker Wind*, gros vent. | *starker Rauch*, fumée épaisse. | *dieses Buch ist siebenhundert Seiten stark*, ce livre a sept cents pages. | *stark in einer Wissenschaft*, fort, fam. calé dans une science. | *das ist etwas stark*, c'est un peu fort. | *das Recht des Stärkeren*, le droit du plus fort. | *starker Strick*, corde solide. | *die Familie ist sieben Personen stark*, la famille compte sept personnes. | *stark bevölkert*, très peuplé. | *stark besucht*, très fréquenté. | *stark hoffen*, espérer très fort. | *es regnet stark*, il pleut fort. | *stark verschuldet*, criblé, couvert de dettes. || Écon. *der starke Kursanstieg des Dollars*, la flambée du dollar. | *starker Preisanstieg*, flambée (f.) des prix. || Gramm. *starkes Zeitwort*, verbe fort.

stark|besetzt ["ʃtarkbə'zɛtst] adj. comble ; plein de monde. ||**-knochig** adj. osseux ; bien charpenté. ||°**-leibigkeit** f. (-, en) corpulence f. ||°**-strom** m. (s, ¨e) courant (m.) de haute tension.

Stärke ['ʃtɛrkə] f. (-, n) force f. ; vigueur f. ; solidité f. | *Stärke einer Mauer*, épaisseur (f.) d'un mur. | *das ist nicht meine Stärke*, ce n'est pas mon fort. | *an Stärke gewinnen*, gagner en intensité. || [Körper] corpulence f. ; embonpoint m. || Mil. effectif m. ; force (f.) numérique.

Stärke ['ʃtɛrkə] f. amidon m. ; empois m.

Stärke|fabrik ["ʃtɛrkəfa'brik] f. (-, n) amidonnerie f. ||**-haltig** adj. féculent ; amylacé. ||°**-leim** m. (s, e) empois m. ||°**-mehl** n. (s) amidon m. ||°**-zucker** m. (s). Chim. glucose m.

stärken ['ʃtɛrkən] v. tr. fortifier ; renforcer ; réconforter ; tonifier ; soutenir. | *sich stärken*, se sustenter. || Text. *einen Kragen stärken*, empeser un col.

Stärken [-kən] n. (s) empesage m. ; amidonnage m.

Stärkung [-kuŋ] f. (-, en) renforcement m. ; consolidation f. ; raffermissement m. ; réconfort m. || Méd. *Stärkungsmittel*, fortifiant m.

starr [ʃtar] adj. **1.** raide ; immobile ; engourdi. | *starre Finger*, doigts gourds. | *starre Seide*, soie (f.) raide.
2. [Blick] fixe ; hagard.
3. Fig. raide ; pétrifié. | *starr vor Staunen*, stupéfait. | *starre Prinzipien*, principes (m. pl.) rigides.

starr|köpfig ["ʃtar'kœpfiç] adj. entêté ; opiniâtre. ||°**-krampf** m. (s). Méd. tétanos m. ||°**-sinn** m. (s) entêtement m. ; ténacité f. ; opiniâtreté f.

Starre ['ʃtarə] f. (Vx.) V. Starrheit.

starren [-rən] v. intr. **1.** [ragen] se dresser ; s'élever. | *eine Schlucht, wo nur totes Gestein starrt*, une gorge hérissée de rochers.
2. être plein, surchargé de. | *von Schmutz starren*, être couvert de crasse. | *von Lanzen starren*, être hérissé de lances.
3. regarder fixement. | *ins Leere starren*, avoir les yeux perdus au loin. | *auf etwas starren*, regarder fixement qch.

Starrheit ['ʃtarhait] f. raideur f. ; rigidité f. ; immobilité f. || [Blick] fixité f. || [Charakter] opiniâtreté f.

Start [ʃtart] m. (s, e) départ m. ; envol m. ; démarrage m. ; décollage m. || Aéron. *Senkrechtstart*, décollage vertical.

Start|bahn ['ʃtartbɑ:n] f. (-, en) piste (f.) de départ. || Aéron. piste (f.) de décollage. ||°**-band** n. (s, ¨er) ligne (f.) de départ. ||**-bereit, -klar** adj. prêt à prendre le départ. ||°**-erlaubnis** f. (-, se) Aéron. autorisation (f.) de décollage. ||°**-feld** n. (s, er). Aéron. aire (f.) de décollage. ||°**-länge** f. (-, n). Aéron. distance parcourue au sol (avant le décollage). ||°**-platz** m. (es, ¨e). Aéron. terrain (m.) d'envol. ||°**-rampe** f. (-, n). Aéron. aire (f.) de lancement. ||°**-schuß** m. (es, ¨e) signal (m.) du départ.

starten [-tən] v. intr. partir ; s'envoler ; démarrer. ◇ v. tr. donner le départ. || [Raketen] lancer.

Starter [-tər] m. (s, -). Sport. starter m. || Autom. starter m.

Statik ['ʃtɑ:tik] f. statique f.

Station [ʃta'tsio:n] f. (-, en) station f. ; gare f. ; halte f. ; relais m. | *auf jeder Station halten*, s'arrêter à toutes les stations. || Relig. *Stationen des Kreuzwegs*, les stations du chemin de croix. || Radio. station f. || Méd. division (f.) dans un hôpital. || Mar. circonscription (f.) maritime.

stationär [-tsio'nɛ:r] adj. [bleibend] stationnaire. || Méd. *stationär behandeln*, hospitaliser. | *stationäre Behandlung*, hospitalisation f.

stationieren [-tsio'ni:rən] v. intr. stationner.

Stations|vorsteher [ʃta"tsio:ns'fo:rʃte:ər] m. (s, -) chef (m.) de gare.

statisch ['ʃtɑ:tiʃ] adj. statique. || Autom. *statische Vorspur*, parallélisme (m.) des roues. || Inf. *statischer Speicher*, mémoire (f.) statique.

Statist [ʃta'tist] m. (en, en). Théâtre. figurant m.

Statistik [-'tistik] f. (-, en) statistique f.

Statistiker(in) [-'tistikər(in)] m. (s, -), f. (-, nen) statisticien m., statisticienne f.

Statistin ['tistin] f. (-, nen). Théâtre. figurante f.

statistisch [-'tistiʃ] adj. statistique. | *statistisches Amt*, service (m.) de statistique.

Stativ [ʃta'ti:f] n. (s, e). [Gestell] support m. ; trépied m. ; pied m. || Phot. trépied m.

Statt [ʃtat] f. place f. ; lieu m. ; endroit m. ; emplacement m. | *an seiner Statt*, à sa place. | *an Kindes Statt annehmen*, adopter un enfant. | *an Eides Statt*, en lieu et place de serment. || Loc. *es geht gut vonstatten*, cela avance. | *es kommt mir zustatten*, cela me réussit. | *einer Bitte stattgeben*, exaucer une prière.

statt [ʃtat] prép. (gén.) au lieu, en place, à la place de. | *statt meiner*, à ma place. | *statt aller Antworten*, en guise de réponse ; pour toute réponse.
◇ loc. prép. **statt zu,** au lieu de (suivi d'un infin.) | *statt zu weinen*, au lieu de pleurer.
◇ loc. conj. **statt daß,** au lieu que. | *statt daß du heute kommst*, au lieu que tu viennes aujourd'hui... (langage parlé).

statt|finden [″ʃtat'findən] (a, u) v. intr. avoir lieu. ||**-geben** (i, a, e) v. intr. accorder ; donner suite à. | *einem Gesuch stattgeben*, donner suite à une demande. ||**-haben** v. intr. avoir lieu. ||°**-halter** m. (s, -). POLIT. gouverneur m. ||°**-halterschaft** f. (-, en). HIST. lieutenance f.

Stätte ['ʃtɛtə] f. (-, n) lieu m. ; endroit m. ; place f. ; demeure f. | *keine bleibende Stätte finden*, mener une vie errante. | *heilige Stätte*, lieu saint.

statthaft ['ʃtathaft] adj. admissible ; valable ; plausible. || JUR. recevable.

stattlich ['ʃtatliç] adj. de belle apparence ; somptueux ; imposant ; qui a de l'allure, de la prestance ; important ; considérable. | *stattliches Aussehen*, prestance f. | *stattliche Geldsumme*, somme (f.) d'argent considérable. | *in stattlicher Anzahl*, en nombre imposant.

Stattlichkeit [-kait] f. prestance f. ; aspect prestigieux, somptueux ; élégance f. ; belle mine.

Statue ['ʃtɑːtuə] f. (-, n) statue f.

Statuette [ʃtatu'ɛtə] f. (-, n) statuette f.

statuieren [-tu'iːrən] v. tr. statuer ; établir. | *ein Exempel statuieren*, faire un exemple.

Statur [ʃta'tuːr] f. (-, en) stature f.

Status ['ʃtaːtus] m. état m.

Statut [ʃta'tuːt] n. (s, en) statut m. ; règlement.

statuten|gemäß [ʃta″tuːtəngə'mɛːs] adj. et adv. conforme aux statuts. ||**-widrig** adj. non conforme aux statuts.

Stau [ʃtau] m. (s, e) barrage m. || [Verkehr] bouchon m. || INF. engorgement m.

Stau|anlage [″ʃtau'anlɑːgə] f. (-, n) dispositif (m.) de barrage. ||°**-becken** n. (s, -) bassin (m.) de retenue. ||°**-damm** m. (s, ¨e) digue (f.) de retenue. ||°**-mauer** f. (-, n) digue f. ||°**-schleuse** f. (-, n) écluse (f.) de refoulement. ||°**-see** m. (s, n) bassin (m.) de retenue. ||°**-strahlflugzeug** n. (s, e) avion (m.) à statoréacteur. ||°**-stufe** f. (-, n) bief m. ||°**-werk** n. (s, e) barrage m.

Staub [ʃtaup] m. (s) poussière f. | *den Staub abwischen*, épousseter. | *zu Staub werden*, tomber en poussière. || FIG. *etwas in den Staub treten*, fouler qch. aux pieds. | *sich aus dem Staube machen*, filer ; décamper. | *viel Staub aufwirbeln*, faire beaucoup de bruit.

Staub|abscheider [″ʃtaup'apʃaidər] m. (s, -). TECHN. dépoussiéreur m. ||°**-beutel** m. (s, -). BOT. anthère f. ||°**-blüte** f. (-, n) fleur (f.) mâle. ||°**-deckel** m. (s, -). [Uhren] cuvette f. ||**-dicht** adj. étanche à la poussière. ||°**-faden** m. (s, ¨). BOT. étamine f. ||°**-flügler** m. (s, -). ZOOL. lépidoptère m. ||°**-gefäß** n. (es, e) étamine f. ||°**-mantel** m. (s, ¨) cache-poussière m. ||°**-sauger** m. (s, aspirateur m. ||°**-wedel** m. (s, -) plumeau m. ||°**-zucker** m. (s, -) sucre (m.) en poudre.

stauben ['ʃtaubən] v. intr. faire de la poussière ; voler en poussière.

stäuben ['ʃtɔybən] v. intr. faire de la poussière.
◇ v. tr. *Pfeffer auf etwas stäuben*, saupoudrer qch. de poivre.

staubig ['ʃtaubiç] adj. poussiéreux.

stauchen ['ʃtauxən] v. tr. **1.** [stoßen] battre ; cogner. || AGRIC. broyer.
2. [drücken] tasser ; refouler. | *einen Sack stauchen*, tasser un sac. | *ein Eisen stauchen*, refouler un fer.

Staude ['ʃtaudə] f. (-, n) arbuste m. ; arbrisseau m.

stauen ['ʃtauən] v. tr. [Wasser] arrêter. | *einen Bach stauen*, contenir un ruisseau. || PAR EXT., FIG. endiguer. | *die Menge stauen*, contenir la foule. || MAR. arrimer.
◇ v. pr. **sich stauen,** s'entasser ; s'amasser ; s'empiler. | *der Verkehr staut sich*, il se crée un embouteillage. | *das Blut staut sich*, se congestionner.

staunen ['ʃtaunən] v. intr. s'étonner ; être étonné, surpris. | *über etwas staunen*, être surpris de qch. | *über jn staunen*, être étonné par qn. | *staunend betrachten*, regarder avec étonnement ; être ébahi.

Staunen [-nən] n. (s) surprise f. ; étonnement m. ; stupéfaction f. | *mit Staunen, zu seinem Staunen erfuhr er...*, il apprit à sa grande surprise...

staunens|wert [″ʃtaunəns'veːrt], **-würdig** [-'vyrdiç] adj. surprenant ; étonnant ; extraordinaire.

Staupe ['ʃtaupə] f. (-, n). [öffentliche Auspeitschung] fustigation f. || [Tierkrankheiten] morve f.

Stauung ['ʃtauuŋ] f. (-, en). [Gewässer] refoulement m. || INF. engorgement m. || MÉD. congestion f. || MAR. arrimage m. || FIG. [Stillstand] stagnation f.

Stearin [ʃtea'rin] n. (s). CHIM. stéarine f.

Stech|apfel [″ʃtɛç'apfəl] m. (s, ¨). BOT. datura m. ||°**-becken** n. (s, -) bassin (m.) pour malades. ||°**-beitel** m. (s, -) bédane m. ||°**-eisen** n. (s) poinçon m. ||°**-fliege** f. (-, n) mouche piqueuse ; taon m. ||°**-ginster** m. (s, -) ajonc m. ||°**-maschine** f. (-, n). TECHN. poinçonneuse f. ||°**-mücke** f. (-, n) moustique m. ||°**-palme** f. houx m. ||°**-uhr** f. (-, en) pointeuse f.

stechen ['ʃtɛçən] (i, a, o) v. tr. **1.** piquer ; picoter ; faire mal. | *Bienen und Wespen stechen*, les abeilles et les guêpes piquent. | *die Schneiderin sticht sich mit der Nadel*, la couturière se pique avec l'aiguille. | *die Sonne sticht*, le soleil darde ses rayons. || MÉD. *jm den Star stechen*, opérer qn de la cataracte. || [Vieh] tuer ; abattre ; saigner ; égorger. || [Gemüse] *Spargel stechen*, couper des asperges. || *Torf stechen*, extraire de la tourbe. || *stechen und hauen*, frapper d'estoc et de taille.
2. graver. | *in Kupfer stechen*, graver sur cuivre. | *er schreibt wie gestochen*, il a une écriture très soignée.
3. [Karten] couper ; prendre.
4. LOC. *in See stechen*, appareiller ; prendre le large. | *er sticht unter allen anderen hervor*, il se distingue de tous les autres. | *das sticht ins Grüne*, cela tire sur le vert.
◇ part. prés. **stechend,** piquant. | *stechender Geruch*, odeur pénétrante, âcre. | *ein stechender Blick*, un regard perçant. | *stechender Schmerz*, douleur cuisante, poignante.

Stechen [-çən] n. (s) [action de] piquer ; picotement m.

Stecher [-çər] m. (s, -) graveur m. | *Kupferstecher*, graveur sur cuivre. || [Gartengerät] échardonnoir m. || [Gewehr] détente f. ; déclic m. || [Schnabel] bec m.

Steck|brief ['ʃtɛkbriːf] m. (s, e). HIST. lettre (f.) de cachet. | *einen Steckbrief erlassen*, décerner un mandat d'arrêt. ||**-brieflich** adv. par mandat d'arrêt. | *jn steckbrieflich verfolgen*, lancer un mandat d'arrêt contre qn. ||°**-dose** f. (-, n). ÉLECTR. prise (f.) de courant. ||°**-kontakt** m. (s, e). ÉLECTR. contact (m.) à fiches. ||°**-nadel** f. (-, n) épingle f. ||°**-reis** n. (es, er). BOT. bouture f. ; plant m. ||°**-rübe** f. (-, n) navet m. ||°**-schlüssel** m. (s, -) clef (f.) à tube.

stecken ['ʃtɛkən] v. intr. se trouver ; être ; être planté. | *der Schlüssel steckt in der Tür*, la clef est sur la porte. | *der Wagen steckt im Schlamm*, la voiture est emboubée. | *was steckt dir im Kopf ?*, qu'as-tu dans la tête ? *mit jm unter einer Decke stecken*, être de complicité avec qn. | *in Schulden stecken*, être endetté. | *ich möchte nicht in seiner Haut stecken*, je ne voudrais pas être dans sa peau. | *das steckt ihm im Blute*, il a cela dans le sang. | *was steckt dahinter ?*, qu'est-ce qu'il y a là-dessous ? | *wo steckst du ?*, où es-tu ? ; FAM. où es-tu passé ?

◇ v. tr. mettre ; placer ; enfoncer ; ficher ; planter ; introduire. | *die Hand in die Tasche stecken*, mettre la main dans sa poche. | *den Ring an den Finger stecken*, passer la bague au doigt. | *einen Brief in den Briefkasten stecken*, mettre une lettre à la boîte. || FIG. *sein Geld in eine Unternehmung stecken*, investir son argent dans une entreprise. | *noch stecken sie in den Kinderschuhen*, ils sont encore dans l'enfance. | *sich ein hohes Ziel stecken*, se fixer un but élevé. | *in Brand stecken*, mettre le feu à. || FAM. *in alles seine Nase stecken*, fourrer son nez partout. | *jn ins Gefängnis stecken*, mettre, jeter qn en prison.

Stecken [-kən] m. (s, -) bâton m.

stecken|bleiben ["ʃtɛkən'blaibən] (ie, ie) v. intr. rester en panne ; rester court ; rester bloqué ; ne plus pouvoir avancer. | *in seiner Rede steckenbleiben*, ne plus trouver ses mots.

Stecken|pferd ["ʃtɛkən'pfe:rt] n. (s, e). FIG. cheval (m.) de bataille ; marotte f. ; FAM. dada m.

Stecker ['ʃtɛkər] m. (s, -). ÉLECTR. fiche (f.) mâle.

Steckling ['ʃtɛkliŋ] m. (s, e). BOT. bouture f.

Steg [ʃte:k] m. (s, e) sentier m. ; sente f. || FIG. *alle Wege und Stege kennen*, connaître tous les détours. || [kleine Brücke] passerelle f. ; planche f. || MUS. [Geige] chevalet m. || TYPOGR. garniture f. ; lingot m. || ARCHIT. contre-fiche f. || [Tisch] traverse f. || [Hosenriemen] sous-pied m. || [Verbindungsteile] *Steg der Brille*, arcade (f.) d'une lunette.

Steg|reif ['ʃte:kraif] m. (s) *aus dem Stegreif sprechen*, improviser ; parler d'abondance. ||°**-reifdichter** m. (s, -) improvisateur m. || °**-reifgedicht** n. (s, e) impromptu m. ||°**-reifrede** f. (-, n) discours improvisé.

Steh|aufmännchen ["ʃte:auf'mɛnçən] n. (s, -) poussah m. ||°**-bierhalle** f. (-, n) bar m. ||°**-kragen** m. (s, -) col droit. ||°**-platz** m. (es, ¨e) place (f.) debout. ||°**-pult** n. (s, e) lutrin m. ; pupitre (où l'on écrit debout). ||°**-welle** f. (-, n). PHYS. onde (f.) stationnaire.

stehen ['ʃte:ən] (stand, gestanden) v. intr.

> **I.** se tenir debout ; se dresser ; s'élever ; se trouver.
> **II.** attendre. PAR EXT. subsister ; durer ; exister.
> **III.** LOC. FIG.
> **IV.** avec un adj. ou un adv. : être.
> **V.** avec une prép. : **auf ; für ; zu.**
> **VI.** [passen ; sitzen] aller ; convenir ; seoir.
> **VII.** [anhalten] s'arrêter ; s'immobiliser.
> **VIII.** part. prés. **stehend.**
> **IX.** v. pr. **sich stehen.**
> **1.** [sich vertragen] s'entendre ;
> **2. sich gut stehen.**
> **3.** LOC.

I. se tenir debout ; se dresser ; s'élever ; se trouver. | *er steht am Fenster*, il est à la fenêtre. | *auf den Füßen stehen* ; se tenir sur ses pieds. | *ich kann nicht mehr stehen*, je ne tiens plus debout. | *der Turm steht auf einer Höhe*, la tour se dresse, s'élève sur une hauteur. | *Blumen stehen in der Vase*, il y a des fleurs dans le vase. | *die Lampe steht auf dem Schreibtisch*, la lampe est placée sur le bureau. || LOC. *Wache, Posten stehen*, monter la garde. | *Schlange stehen*, faire la queue. | *Modell stehen*, poser comme modèle. | *die Sonne steht am Himmel*, il y a du soleil.

II. attendre. | *wir standen drei Stunden vor dem Schalter*, nous avons attendu trois heures devant le guichet. || PAR EXT. subsister ; durer ; exister (encore). | *nur eine alte Mauer stand noch*, il ne restait plus qu'un vieux mur ; seul un vieux mur restait encore debout. | *das ganze Geschäft steht und fällt mit ihm*, toute l'affaire repose sur lui.

III. LOC. FIG. *das Haus steht in Flammen*, la maison est en flammes. | *die Wiesen stehen unter Wasser*, les prés sont inondés. | *Tränen standen ihm in den Augen*, ses yeux étaient emplis de larmes. | *das Thermometer steht zehn Grad unter Null*, le thermomètre indique dix degrés au-dessous de zéro. | *der Wind steht nach Süden*, le vent est orienté au sud. | *beim Heer, beim Militär stehen*, faire son service militaire ; être à l'armée. | *bei jm in Diensten stehen*, être au service de qn. | *jm im Wege stehen*, barrer la route à qn. ; contrecarrer les projets de qn. | *ich weiß nicht, wo mir der Kopf steht*, je ne sais plus où donner de la tête. | *es steht in Frage, ob*, la question est de savoir si. | *das steht im Widerspruch zu seinen früheren Behauptungen*, cela est en contradiction avec ses affirmations antérieures. | *es steht nicht in meiner Absicht*, il n'est pas, il n'entre pas dans mes intentions. | *vor großer Verantwortung stehen*, être placé devant une grave responsabilité. | *ihm steht der Sinn nach Geld*, il recherche l'argent. | *bei jm in Gunst stehen*, être bien vu de qn ; être en faveur auprès de qn. | *er steht unter dem Pantoffel*, c'est elle qui porte la culotte. | *in Verbindung mit jm stehen*, être en relation avec qn. | *das steht in der Bibel geschrieben*, cela est dit dans la Bible. | *es stand in der Zeitung*, c'était dans le journal. | *es steht schlecht um ihn*, il va mal. | *jm Rede stehen*, tenir tête à qn. | *seinen Mann stehen*, tenir sa place (au combat). | *Pate stehen*, être parrain.

IV. (avec un adj. ou un adv.) : être (en général). | *die Sonne steht schon hoch am Himmel*, le soleil est déjà haut dans le ciel. | *die Tür steht weit offen*, la porte est grande ouverte. | *diese Wohnung steht schon lange leer*, il y a longtemps que cet appartement est inoccupé. | *die Ernte steht gut*, la moisson sera, s'annonce bonne. | *es steht dir frei, zu*, tu es libre de. | *eins wenigstens steht fest*, une chose, du moins, est certaine. | *so steht es*, c'est ainsi. | *so wie jetzt die Dinge stehen*, les choses étant ce qu'elles sont. | *dieser Irrtum kommt uns teuer zu stehen*, cette erreur nous coûte cher.

V. (avec une prép.). **1. auf :** *das Barometer steht auf Regen*, le baromètre est à la pluie. | *viel steht hier auf dem Spiel*, l'enjeu est grand dans cette affaire. | *darauf steht die Todesstrafe*, on y risque la peine de mort. | *auf eigenen Füßen stehen*, être indépendant ; ne dépendre de personne. — **für :** se porter garant de. | *für jn stehen*, se porter garant pour, répondre de qn. | *ich stehe für nichts*, je ne réponds de rien. | *er steht für sein Wort*, il honore sa parole. | *Bürge stehen*, se porter garant. — **zu : a)** [avec un nom] *dieses Gut steht zum Kauf*, ce domaine est à vendre. | *ich stehe zu Ihren Diensten*, je suis à votre service. | *zu jm stehen*, être aux côtés de qn, du parti de qn ; assister qn. | *zu einer Partei stehen*, suivre un parti. | *zu Gebote stehen*, être à la disposition de. || **b)** [avec un infin.] il est à ; il y a lieu de. | *es steht zu hoffen*, on a tout lieu d'espérer. | *es steht zu fürchten, daß*, il est à craindre que.

VI. [passen ; sitzen] aller ; convenir. || (Vx.) seoir. | *das steht ihm gut zu Gesicht*, cela lui va très bien. | *dieses Kleid steht ihr gut*, cette robe lui va bien. | *dieses Kleid steht ihr schlecht*, cette robe ne lui sied pas.

VII. [anhalten] s'arrêter ; s'immobiliser. | *der Wagen steht still*, la voiture s'arrête. | *meine Uhr steht*, ma montre s'est arrêtée. || FIG. *mir steht der Verstand still*, j'en reste interdit.

VIII. part. prés. **stehend.** LOC. *stehendes Heer*, armée permanente. | *bei stehendem Motor*, le moteur arrêté. | *stehendes Gewässer*, eaux dormantes, stagnantes. | *stehende Redewendung*, locution consacrée. | *stehenden Fußes*, immédiatement.

IX. pr. **sich stehen. 1.** [sich vertragen] *sich mit jm schlecht stehen*, mal s'entendre avec qn.

2. sich gut stehen, bien gagner sa vie ; avoir de l'argent ; être à l'aise.

3. LOC. *sich die Beine in den Leib stehen*, attendre longuement.

Stehen [-ən] n. (s) position verticale ; station (f.) debout. | *das Stehen fällt ihm schwer*, il a du mal à rester debout. | *etwas im Stehen tun*, faire qch. très vite, facilement. || MIL. *einen Angriff zum Stehen bringen*, enrayer une attaque.

stehen|bleiben ["ʃte:ən'blaibən] (ie, ie) v. intr. rester arrêté ; stationner ; s'arrêter. | *der Zug blieb stehen*, le train s'immobilisa. | *wir sind bei dem dritten Kapitel stehengeblieben*, nous en sommes restés au chapitre III. | *die Uhr blieb stehen*, la montre s'est arrêtée.

stehen|lassen ["ʃte:ən'lasən] (ä, ie, a) v. tr. **1.** laisser là ; ne pas toucher à. | *ein Essen stehenlassen*, ne pas toucher à un plat.

2. [vergessen] oublier ; omettre. | *seinen Regenschirm stehenlassen*, oublier son parapluie.

3. [im Stich lassen] négliger ; planter là ; FAM. laisser tomber.

Steher ['ʃte:ər] m. (s, -). [Radsport] stayer m.

stehlen ['ʃte:lən] (ie, a, o) v. tr. voler ; dérober ; enlever. | *jm Geld stehlen*, voler de l'argent à qn. || FIG. *jm die Zeit stehlen*, faire perdre son temps à qn. | *dem lieben Gott den Tag stehlen*, paresser. || FAM. *der kann mir gestohlen bleiben !*, qu'il aille se faire fiche !

◇ v. pr. **sich stehlen,** se glisser ; s'introduire à la dérobée, comme un voleur. | *sich aus dem Hause stehlen*, partir à la dérobée.

Stehlen [-lən] n. (s) vol m. ; larcin m.

Stehler [-lər] m. (s, -) voleur m. | *Hehler und Stehler*, voleurs et receleurs.

Steiermark ['ʃtaiərmark] n. pr. f. GÉOGR. Styrie f.

Steiermärker [-mɛrkər] n. pr. m. GÉOGR. Styrien m.

steif [ʃtaif] adj. **1.** raide ; rigide ; engourdi. | *einen steifen Hals haben*, avoir le torticolis. | *steif gefrorene Finger haben*, avoir les doigts gourds. | *steif machen*, raidir. | *steif werden*, se raidir. | *die Ohren steif halten !*, tenez-vous bien ! || MÉD. ankylosé. || *steifer Hut*, chapeau melon.

2. [dickflüssig] consistant.

3. [stark] fort. | *steifer Grog*, grog fort.

4. FIG. *steifes Benehmen*, attitude guindée. || LOC. *steif und fest glauben*, croire dur comme fer.

Steife ['ʃaifə] f. (-, n) empois m. ; empesage m. || TECHN. étançon m.

steifen [-fən] v. tr. raidir ; rendre rigide ; renforcer ; consolider. || [Mauern] étager ; étançonner. || [Wäsche] empeser. | *gesteifter Kragen*, col empesé. || FIG. *jm den Nacken steifen*, donner du courage à qn.

Steifheit ['ʃtaifhait] f. (-, en) rigidité f. || PR. et FIG. raideur f. || MÉD. ankylose f.

Steig [ʃtaik] m. (s, e) sentier (m.) de montagne.

Steig|bügel ["ʃtaik'by:gəl] m. (s, -) étrier m. ||°**-eisen** n. (s, -) crampon m. ||°**-fähigkeit** f. (-, en). AÉRON. capacité (f.) de montée ; plafond m. ||°**-fell** n. (s, e). [Skisport] peau (f.) de phoque. || °**-geschwindigkeit** f. (-, en) vitesse ascensionnelle. ||°**-höhe** f. (-, n) pas (m.) de vis. ||°**-leiter** f. (-, n) échelle (f.) fixe. ||°**-leitung** f. (-, en). ÉLECTR. colonne montante. ||°**-riemen** m. (s, -) étrivière f. ||°**-wind** m. (s, e) courant ascendant.

Steige ['ʃtaigə] f. (-, n). [Steigung] montée f. ; côté f. | *die Zaberner Steige*, le col de Saverne.

— SYN. : *Stiege*.

steigen [-gən] (ie, ie) v. intr. **1.** monter ; faire une ascension ; s'élever ; gravir. | *in die Höhe steigen*, prendre de la hauteur. | *die Preise steigen*, les prix montent. | *der Weg steigt allmählich*, le chemin monte lentement. | *die Temperatur steigt*, la température monte. || [sich bäumen] *das Pferd steigt*, le cheval se cabre.

2. (avec une prép.) **auf :** *aufs Pferd steigen*, monter à cheval. | *auf einen Berg steigen*, gravir, escalader une montagne. | *auf einen Stuhl steigen*, grimper sur une chaise. — **aus :** *aus dem Wagen steigen*, descendre de voiture. — **durch :** *durch das Fenster steigen*, entrer par la fenêtre. — **in :** *ins Bad steigen*, entrer dans l'eau. || FIG. *die Röte stieg ihm ins Gesicht*, le rouge lui monta aux joues. | *er ist in meiner Achtung gestiegen*, il a monté dans mon estime. — **von :** *von einem Pferd steigen*, descendre de cheval.

◇ part. prés. **steigend.** | *steigende Erbitterung*, amertume croissante.

Steigen [-gən] n. (s) montée f. ; ascension f. ; hausse f. ; crue f. | *Steigen des Wassers*, crue des eaux. | *beim Steigen*, en montant. || FIN. hausse f.

Steiger [-gər] m. (s, -) grimpeur m. || [Bergbau] porion m. | *Obersteiger*, maître porion.

Steigerer ['ʃtaigərər] m. (s, -) enchérisseur m.

steigern ['ʃtaigərn] v. tr. élever ; hausser ; faire monter ; augmenter ; accroître ; intensifier. | *den Luftdruck steigern*, augmenter la pression atmosphérique. | *seine Ansprüche steigern*, accroître ses prétentions. | *eine Miete steigern*, augmenter un loyer. || [bei einer Auktion] acheter aux enchères ; enchérir. || GRAMM. *ein Beiwort steigern*, mettre un adjectif au comparatif, au superlatif.

Steigerung [-gəruŋ] f. (-, en) augmentation f. ; hausse f. ; accroissement m. ; élévation f. || [bei einer Auktion] enchérissement m. || GRAMM. (action de) mettre au comparatif, au superlatif.

Steigerungs|grad ["ʃtaigəruŋs'gra:t] n. (s, e), °**-stufe** [-'ʃtu:fə] f. (-, n) degré (m.) de comparaison.

Steigung ['ʃtaiguŋ] f. (-, en) montée f. ; pente f. ; côte f. ; rampe f.

Steigungs|messer ["ʃtaiguŋs'mɛsər] m. (s, -) clinomètre m. ||°**-relais** n. ÉLECTR. amplificateur m.

steil [ʃtail] adj. escarpé ; abrupt ; raide. | *steiler Hang*, forte côte. | *steile Felsen*, rochers abrupts.

Steil|küste ["ʃtail'kystə] f. (-, n) falaise f. ||°**-schrift** f. (-, en) écriture droite. ||°**-trudeln** n. (s, -). AÉRON. vrille serrée. ||°**-weg** m. (s, e) grimpette f.

Steilheit ['ʃtailhait] f. raideur (f.) d'une montée ; escarpement m.

Stein [ʃtain] m. (s, e). **1.** pierre f. ; roc m. ; rocher m. ; caillou m. | *behauener Stein*, pierre taillée. | *geschliffener, polierter Stein*, pierre polie. | *Steine schleudern, werfen*, lancer, jeter des pierres. | *Stein der Weisen*, pierre philosophale.

2. PAR EXT. [Edelstein] pierre précieuse.

3. LOC. FIG. *Stein des Anstoßes*, pierre d'achoppement ; objet (m.) de scandale. | *ein Stein fiel mir vom Herzen*, j'en ai été très soulagé. | *der Stein kommt ins Rollen*, le destin suit son cours. | *er weint zum Steinerweichen*, il pleure à fendre l'âme. | *jm Steine in den Weg legen*, semer d'embûches la route de qn. | *über Stock und Stein springen*, courir à travers champs. | *ich habe bei ihm einen Stein im Brett*, je suis bien vu de lui. | *es friert Stein und Bein*, il gèle à pierre fendre.

4. MÉD. pierre f. ; calculs m. pl.

5. [Damenspiel] pion m.
6. [Obst] noyau m. | *Steinobst*, fruits (m. pl.) à noyau.
Stein|ader ["ʃtain'ɑ:dər] f. (-, n) veine (f.) de roche. ||°**-adler** m. (s, -). ZOOL. grand aigle. ||**-alt** adj. très vieux. ||**-artig** adj. pierreux ; lithoïde. ||°**-bach** m. (s, ¨e) gave m. ||°**-beißer** m. (s, -). ZOOL. gros-bec m. ||°**-bild** n. (s, er) statue (f.) de pierre. ||°**-bildung** f. MÉD. lithiase f. ||°**-bock** m. (s, ¨e). ZOOL. bouquetin m. || ASTRON. Capricorne m. ||°**-bohrer** m. (s, -) trépan m. ||°**-brech** m. (s, e). BOT. saxifrage f. ||°**-brecher** m. (s, -) concasseur m. ; carrier m. ||°**-bruch** m. (s, ¨e) carrière f. ||°**-butt** m. (s, e). ZOOL. turbot m. ||°**-frucht** f. (-, ¨e) fruit (m.) à noyau. ||°**-gut** n. (s) faïence f. ; grès m. ||**-hart** adj. PR. et FIG. dur comme pierre. ||°**-hauer** m. (s, -) tailleur (m.) de pierre. ||°**-kauz** m. (es, ¨e). ZOOL. chouette f. ||°**-klopfer** m. (s, -) casseur (m.) de pierres. ||°**-kohle** f. houille f. ||°**-kohlengas** n. (es, e) gaz (m.) d'éclairage. ||°**-kohlenteer** m. (s, e) goudron (m.) de houille ; coaltar m. ||°**-krug** m. (s, ¨e) cruche (f.) de grès. ||°**-kunde** f. minéralogie f. ; lithologie f. ||°**-lager** n. (s, -) banc (m.) de pierre. ||°**-marder** m. (s, -). ZOOL. fouine f. ||°**-meißel** m. (s, -) repoussoir m. ||°**-metz** m. (en, en) tailleur (m.) de pierres. ||°**-mühle** f. (-, n) marbrerie f. ||°**-nelke** f. (-, n). BOT. œillet (m.) sauvage. ||°**-pflaster** n. (s, -) pavé m. ; carrelage m. ||°**-pilz** m. (es, e). BOT. cèpe m. ||°**-platte** f. (-, n) dalle f. ||**-reich** adj. FIG. richissime ; (tout) cousu d'or. ||°**-rinne** f. (-, n) pierrée f. ||°**-salz** n. (es) sel (m.) gemme. ||°**-sand** m. (s) gravier m. ||°**-sarg** m. (s, ¨e) sarcophage m. ||°**-schicht** f. (-, en). GÉOL. banc (m.) de pierres. ||°**-schlag** m. (s, ¨e) chute (f.) de pierres. || °**-schloßgewehr** n. (s, e) fusil (m.) à silex. ||°**-schnitt** m. (s, e) taille (f.) de la pierre. || MÉD. lithotomie f. ||°**-setzer** m. (s, -) paveur m. ; carreleur m. ||°**-topf** m. (s, ¨e) pot (m.) de grès. ||°**-wand** f. (-, ¨e) paroi rocheuse ; mur (m.) de pierre. ||°**-wurz** f. BOT. aigremoine f. ||°**-zeit** f. GÉOL. âge (m.) de pierre.
Steinchen ['ʃtainçən] n. (s, -) pierrette f. ; petit noyau ; petite pierre.
steinern [-nərn] adj. de, en pierre. || FIG. insensible ; de marbre. | *steinernes Herz*, cœur (m.) de pierre.
steinig [-niç] adj. pierreux ; rocailleux ; caillouteux.
steinigen [-nigən] v. tr. lapider.
steirisch ['stairiʃ] adj. styrien.
Steiß [ʃtais] m. (es, e). ZOOL. croupion m. ; PAR EXT. postérieur m. ; derrière m.
Steiß|bein ["ʃtais'bain] n. (s, e). ANAT. coccyx m.
Stele ['ʃte:lə] f. (-, n) stèle f.
Stellage [ʃtɛ'lɑ:ʒə] f. (-, n). [Gestell] échafaudage m. ; tréteau m.
Stellage|geschäft [ʃtɛ"lɑ:ʒəgə'ʃɛft] n. (s, e). FIN. stellage m.
Stell|antrieb ["ʃtɛl'antri:p] m. (s, e). TECHN. actionneur m. ||°**-bolzen** m. (s, -) boulon (m.) d'arrêt. ||°**-dichein** n. (s) rendez-vous m. ||°**-feder** f. (-, n) ressort (m.) d'arrêt. ||°**-haken** m. (s, -) déclic m. ||°**-hebel** m. (s, -) levier (m.) de réglage. ||°**-kurs** m. (es, e). FIN. stellage centré. ||°**-macher** m. (s, -) charron m. ||°**-mittel** n. (s, -). NUCL. élément (m.) de commande. ||°**-rad** n. (s, ¨er) tambour (m.) de réglage ; remontoir m. ||°**-schraube** f. (-, n) vis (f.) de réglage. ||**-vertretend** (abrév. **stellv.**) adj. adjoint. | *stellvertretender Direktor*, directeur adjoint. | *stellvertretender Vorsitzender*, vice-président m. ||°**-vertreter** m. (s, -) représentant m. ; vice-président m. ; intérimaire m. ; suppléant m. ; adjoint m. ||°**-vertretung** f. (-, en) remplacement m. ; intérim m. | *in Stellvertretung*, par intérim ; par procuration. ||°**-vorrichtung** f. (-, en) dispositif (m.) de réglage. ||°**-wagen** m. (s, -) diligence f. ||°**-werk** n. (s, e) poste (m.) d'aiguillage. ||°**-winkel** m. (s, -) fausse équerre.
stellbar ['ʃtɛlbɑ:r] adj. réglable.
Stellbarkeit [-kait] f. mobilité f. ; réglabilité f.
Stelle ['ʃtɛlə] f. (-, n). **1.** place f. ; lieu m. ; endroit m. ; emplacement m. | *an Ort und Stelle*, sur place. | *ich werde zur Stelle sein*, je serai présent. | *an erster Stelle*, en premier (lieu). | *etwas zur Stelle schaffen*, apporter qch. | *von der Stelle bringen*, enlever ; déplacer. | *auf der Stelle treten*, marquer le pas. | *auf der Stelle*, sur-le-champ. | *das geht nicht von der Stelle*, l'affaire piétine ; cela n'avance pas. | *an der rechten Stelle*, au bon endroit. | *an deiner Stelle*, à ta place. | *versetzen Sie sich an meine Stelle*, mettez-vous à ma place. | *das gehört nicht an diese Stelle*, cela n'est pas de mise ici.
2. [Buch] passage m.
3. [Posten ; Amt] situation f. ; poste m. ; fonction f. ; position f. ; place f. | *eine Stelle suchen*, chercher un emploi. | *offene Stellen*, offres (f. pl.) d'emploi.
4. [Behörde] *amtliche Stellen*, autorités f. pl. | *zuständige Stelle*, autorité compétente.
5. MATH. *diese Zahl hat drei Stellen*, c'est un nombre de trois chiffres.
6. JUR. *in erster Stelle*, en première hypothèque.
stellen [-lən] v. tr. et v. pr. **1.** poser ; placer (verticalement) ; mettre. | *eine Lampe auf den Tisch stellen*, poser une lampe sur la table. | *einen Wagen in eine Garage stellen*, mettre, remiser une voiture dans un garage. | *sich an das Fenster stellen*, se mettre à la fenêtre. | *sich auf die Zehen stellen*, se dresser sur la pointe des pieds. | *Posten stellen*, placer des sentinelles. || FIG., FAM. *sich auf die Hinterbeine stellen*, résister ; se cabrer. | *sich auf eigene Füße stellen*, devenir indépendant.
2. PR. et FIG. mettre. | *jm etwas vor die Augen stellen*, mettre qch. devant les yeux de qn. | *das Essen warm stellen*, tenir le repas au chaud. | *den Wein kalt stellen*, mettre le vin au frais. | *jm etwas zur Verfügung stellen*, mettre qch. à la disposition de qn. | *jn auf die Probe stellen*, mettre qn à l'épreuve. | *das ganze Haus auf den Kopf stellen*, mettre tout sens dessus dessous. | *jm einen guten Posten in Aussicht stellen*, faire espérer un bon poste à qn. | *etwas unter Beweis stellen*, administrer la preuve de qch. || MÉD. *die Diagnose stellen*, faire un diagnostic.
3. PR. et FIG. poser. | *Fallen, Schlingen, Netze stellen*, poser, tendre des pièges, des collets, des filets. | *jm ein Bein stellen*, faire un croc-en-jambe à qn. | *harte Bedingungen stellen*, poser de dures conditions. | *eine Frage stellen*, poser une question. | *etwas in Frage stellen*, mettre qch. en question. || FIG. *er ist ganz auf sich gestellt*, il ne peut compter que sur lui-même. | *er ist gut gestellt*, il a une bonne situation.
4. [einstellen] régler. | *eine Uhr auf sechs stellen*, mettre, régler une montre à, sur six heures. | *die Segel stellen*, régler les voiles. | *ein Fernglas nach seinem Auge stellen*, régler une jumelle suivant sa vue. || PAR EXT. fixer. | *einen Termin stellen*, fixer un terme.
5. COMM. porter ; imputer. | *in Ausgabe stellen*, porter en dépense. | *in Rechnung stellen*, porter en compte.
6. LOC. *jn (zur Rede) stellen*, demander des explications à qn. | *in Abrede stellen*, nier ; désavouer. | *einen Antrag stellen*, faire une motion. || MIL. *sich stellen*, répondre à un appel. | *den Gegner stellen*, accrocher l'adversaire. | *sich zum Kampf stellen*, accepter le combat. || [Jagd] *der Hund stellt die Rebhühner*, le chien arrête les perdrix. || JUR. *einen Zeugen stellen*, produire un témoin. | *sich dem Gericht stellen*, se livrer à la justice. | *jn vor das Kriegsgericht stellen*, traduire qn en conseil de guerre.

|| *sich stellen als*, faire semblant de ; faire le. | *er stellte sich, als sähe er mich nicht*, il faisait semblant de ne pas me voir. | *sich taub stellen*, faire le sourd. | *sich dumm stellen*, faire l'idiot.

Stellen|angebot [″ʃtɛlən'angəbo:t] n. (s, e) offre (f.) d'emploi. ||°**-beschreibung** f. (-, en) profil (m.) du poste. ||°**-besetzung** f. (-, en) nomination (f.) à un emploi ; (fait de) pourvoir à un emploi vacant. ||°**-gesuch** n. (s, e) demande (f.) d'emploi. ||**-los** adj. sans emploi ; chômeur. ||°**-plan** m. (s, ¨e) organigramme m. ||°**-vermittlung** f. (-, en) bureau (m.) de placement. ||**-weise** adv. par endroits ; par-ci par-là ; parfois. ||°**-wert** m. (s, e) importance f. | *einer Sache einen hohen Stellenwert einräumen*, attacher une grande importance à qch. || MATH. valeur positionnelle.

Steller ['ʃtɛlər] m. (s, -). TECHN. régulateur m.

Stellung [-luŋ] f. (-, en). **1.** position f. ; situation f. || [Körperhaltung] attitude f. ; pose f. | *in zusammengekauerter Stellung*, en position accroupie. || FIG. *zu einem Problem Stellung nehmen*, prendre position sur un problème.
2. [Rang] rang m. ; position f. ; situation f. ; place f. | *eine hohe Stellung einnehmen*, occuper une position élevée. | *leitende Stellung*, situation de premier plan.
3. [Reihenfolge] disposition f. ; répartition f.
4. MIL. position f. | *in Stellung gehen*, monter en ligne. | *ein Geschütz in Stellung bringen*, mettre un canon en batterie. || TECHN. réglage m. ; pointage m.
5. GRAMM. *Stellung des Verbums im Satze*, place (f.) du verbe dans la phrase.

Stellungnahme f. (-, n) prise de position.

Stellungs|befehl [″ʃtɛluŋsbə'fe:l] m. (s, e). MIL. convocation (f.) sous les drapeaux. (V. GESTELLUNG.) ||°**-krieg** m. (s, e) guerre de position.

Stelz|fuß ['ʃtɛltsfu:s] m. (es, ¨e) jambe (f.) de bois ; boiteux m. ||°**-vogel** m. (s, ¨). ZOOL. échassier m.

Stelze ['ʃtɛltsə] f. (-, n) échasse f. | *auf Stelzen gehen*, être monté sur des échasses.

Stemm|axt [″ʃtɛm'akst] f. (-, ¨e) cognée f. || °**-bogen** m. (s, ¨). [Ski] stem m. ; virage (m.) frein. ||°**-eisen** n. (s, -) fermoir m. ||°**-meißel** m. (s, -) matoir m. ||°**-tor** n. (s, e) porte (f.) d'écluse ; vanne f.

stemmen ['ʃtɛmən] v. tr. appuyer. | *die Hände in die Hüften stemmen*, mettre les poings sur les hanches. | *sich gegen etwas stemmen*, se raidir, s'arc-bouter contre qch. ; tenir tête à qch. | *Löcher stemmen*, mortaiser.

Stempel ['ʃtɛmpəl] m. (s, -) timbre m. ; cachet m. ; poinçon m. ; empreinte f. | *der Brief trägt den Stempel von Paris*, cette lettre est timbrée de Paris. || FIG. empreinte f. ; sceau m. | *den Stempel der Wahrheit tragen*, être marqué au coin de la vérité. || BOT. pistil m. || TECHN. piston m. || MINES. étançon m.

Stempel|bogen [″ʃtɛmpəl'bo:gən] m. (s, ¨) feuille (f.) de papier timbré. ||°**-gebühr** f. (-, en) [droit de] timbre m. ||°**-kissen** n. (s, -) tampon (encreur). ||°**-marke** f. (-, n) timbre (m.) à quittances. ||**-pflichtig** adj. soumis au droit de timbre. ||°**-presse** f. (-, n). TECHN. presse (f.) à plongeur. ||°**-stelle** f. (-, n) bureau (m.) de pointage. ||°**-uhr** f. (-, en) horloge (f.) de pointage, de contrôle.

stempeln ['ʃtɛmpəln] v. tr. timbrer ; poinçonner ; oblitérer ; apposer un timbre, un cachet, un sceau sur. || FIG., FAM. *stempeln gehen*, ne vivre que des allocations de chômage.

Stempeln [-pəln] n. (s) pointage m. ; marquage m. ; timbrage m.

Stengel ['ʃtɛŋəl] m. (s, -). BOT. tige f. ; pied m.

Steno|gramm [ʃteno'gram] n. (s, e) sténogramme m. ; compte rendu sténographique. ||°**-graph** m. (en, en) sténographe m. ||°**-graphie** f. (-, n) sténographie f. ||**-graphieren** v. tr. sténographier. ||**-graphisch** adj. sténographique. ||**-typieren** v. tr. sténotyper. ||°**-typist(in)** m. (en, en), f. (-, nen) sténotypiste s. ; sténodactylo s.

Stepp|bett [″ʃtɛp'bɛt] n. (s, en) matelas piqué. ||°**-decke** f. (-, n) couvre-pieds m. ||°**-stich** m. (s, e) point piqué ; point (m.) arrière.

Steppe ['ʃtɛpə] f. (-, n) steppe f. ; lande f.

steppen ['ʃtɛpən] v. tr. piquer ; faire des piqûres. || [Tanzen] faire des claquettes.

Ster [ʃtɛ:r] m. (s, e) stère m.

Sterbe|bett [″ʃtɛrbə'bɛt] n. (s, en) lit (m.) de mort. ||°**-glocke** f. (-, n) glas m. ||°**-haus** n. (es, ¨er) maison (f.) mortuaire. ||°**-hemd** n. (s, en) suaire m. ||°**-hilfe** f. (-). MÉD. euthanasie f. | *aktive, passive Sterbehilfe*, euthanasie active, passive. ||°**-jahr** n. (s, e) année (f.) de la mort. ||°**-tafel** f. (-, n). STAT. table (f.) de mortalité. ||°**-urkunde** f. (-, n) acte (m.) de décès.

sterben ['ʃtɛrbən] (i, a, o) v. intr. mourir ; décéder ; expirer ; rendre l'âme. | *an einer Krankheit sterben*, mourir d'une maladie. | *eines natürlichen Todes sterben*, mourir de sa belle mort. | *eines gewaltsamen Todes sterben*, mourir de mort violente. | *aus Gram sterben*, mourir de chagrin. | *für den Fall, daß er stürbe*, au cas où il mourrait. | *als guter Christ sterben*, mourir en bon chrétien. || FIG. *vor Langeweile sterben*, mourir d'ennui. ◇ part. prés. **sterbend,** mourant ; agonisant. | *mit sterbender Stimme*, d'une voix mourante.

Sterben [-bən] n. (s) [fait de] mourir ; mort f. ; trépas m. ; décès m. | *im Sterben liegen*, être moribond ; être à l'agonie ; se mourir. || FIG. *zum Sterben langweilig*, ennuyeux à mourir.

Sterbens|angst [″ʃtɛrbəns'aŋst] f. affres (m. pl.) de la mort. ||**-krank** adj. moribond. ||°**-seele** f. *keine Sterbensseele*, pas âme qui vive. ||°**-wörtchen** n. *kein Sterbenswörtchen sagen*, ne pas souffler mot.

sterblich ['ʃtɛrpliç] adj. mortel ; périssable.

Sterblichkeit [-kait] f. mortalité f. ; (fait de) mourir, (d')être mortel. | *geringe Sterblichkeit*, faible mortalité. || PAR EXT. vie (f.) terrestre.

Stereo|anlage [″ʃtereo'anlɑ:gə] f. (-, n) chaîne (f.) stéréo. ||°**-aufnahme** f. (-, n) photo (f.) stéréoscopique. ||°**-skop** n. (s, e) stéréoscope m. ||**-typ** adj. stéréotypé.

steril [ʃte'ri:l] adj. stérile.

sterilisieren [ʃterili'zi:rən] v. tr. stériliser.

Sterilisierung [-'zi:ruŋ] f. (-, en) stérilisation f.

Sterilität [-'tɛ:t] f. stérilité f. ; infertilité f.

Stern [ʃtɛrn] m. (s, e) étoile f. ; astre m. | *leuchtender, heller, strahlender Stern*, étoile brillante. || FIG. *seinem Stern folgen*, suivre son étoile. | *nach den Sternen greifen*, viser très haut. || IRON. *das steht noch in den Sternen geschrieben*, ce n'est pas pour demain. || [am Nagel] tache f. || [Orden] plaque f. || TYPOGR. [Sternchen] astérisque m.

stern|besät [″ʃtɛrnbe'zɛ:t] adj. constellé. ||°**-bild** n. (s, er) constellation f. ||°**-deutung** f. astrologie f. ||**-förmig** adj. en forme d'étoile, de rosace. ||°**-gruppe** f. (-, n) astérisme m. ||°**-haufen** m. (s, -). ASTRON. nébuleuse f. ||°**-jahr** n. (s, e) année sidérale. ||°**-karte** f. (-, n) carte (f.) céleste. ||°**-kunde** f. astronomie f. ||°**-miere** f. (-, n). BOT. stellaire f. ||°**-punkt** m. (s, e). ÉLECTR. point (m.) neutre. ||°**-rad** n. (s, ¨er) roue (f.) à rayons. ||°**-regen** m. (s, -) pluie (f.) d'étoiles filantes. ||°**-schnuppe** f. (-, n) étoile filante ; astéroïde m. ||°**-uhr** f. (-, en) cadran sidéral. ||°**-warte** f. (-, n) observatoire m. ||°**-zeit** f. temps sidéral.

Sternen|banner ["ʃtɛrnən'banər] n. (s, -) bannière étoilée (des U.S.A.). ||°**-himmel** m. (s). POÉS. voûte étoilée. ||°**-zelt** n. (s) firmament m.

Steroide [ʃtero'i:də] n. pl. BIOL. stéroïdes m. pl.

Sterz [ʃtɛrts] m. (es, e). [Pflug] manche m. ; mancheron m. || CULIN., FAM. pudding m.

stet [ʃte:t] adj. constant ; solide ; durable ; éternel. | *stete Treue*, fidélité (f.) à toute épreuve.

stetig ['ʃte:tiç] adj. constant. || PR. et MATH. continu.

Stetig|förderer ["ʃte:tiç'fœrdərər] m. (s, -). TECHN. appareil (m.) de manutention continue.

Stetigkeit [-kait] f. constance f. || MATH. continuité f.

stets [ʃte:ts] adv. constamment ; toujours ; continuellement.

Steuer ['ʃtɔyər] n. (s, -) gouvernail m. ; barre f. ; volant m. ; direction f. || MAR. *am Steuer sitzen*, tenir la barre. || PR. et FIG. *das Steuer herumwerfen*, virer de bord. || AÉRON. commandes f. pl. || AUTOM. volant m.

Steuer|bord ["ʃtɔyər'bɔrt] n. (s). MAR. tribord m. ||°**-feder** f. (-, n). AÉRON. empennage m. ||°**-knüppel** m. (s, -). AÉRON. manche (m.) à balai. ||°**-kurs** m. (es, e). AÉRON. cap m. ||°**-kurs|anzeiger** m. (s, -). AÉRON. répétiteur (m.) de cap. ||°**-logik** f. ÉLECTR. logique (f.) de guidage. ||°**-mann** m. (s, -leute) pilote m. ; timonier m. ||°**-pult** n. (s, e). INF. pupitre m. ||°**-rad** n. (s, ¨er) barre f. ; volant m. ||°**-stab** m. (s, ¨e). NUCL. barre (f.) de commande. ||°**-taste** f. (-, n). ÉLECTR. touche (f.) de commande. ||°**-triebwerk** n. (s, e). AÉRON. propulseur directionnel. ||°**-ventil** n. (s, e). TECHN. valve (f.) de commande. ||°**-werk** n. (s, e). INF. armoire (f.) de commande.

Steuer ['ʃtɔyər] f. (-, n) impôt m. ; taxe f. ; droit m. ; imposition f. ; contribution f. ; charge f. | *indirekte Steuern*, impôts indirects. | *städtische Steuer*, octroi m. | *Steuern erheben*, lever des impôts. | *Steuern auf etwas legen*, imposer qch. | *mit Steuern belasten*, grever d'impôts. | *Steuern einnehmen*, percevoir des impôts. | *Einziehung von Steuern*, recouvrement (m.) d'impôts. | *fällige Steuern*, impôts exigibles.

Steuer|abzug ["ʃtɔyər'aptsu:k] m. (s, ¨e) déduction (f.) de taxe. | *Steuerabzüge vom Lohn*, retenues (f. pl.) sur les salaires au titre des impôts. ||**-ähnlich** adj. *steuerähnliche Abgaben*, parafiscalité f. ||°**-amt** n. (s, ¨er) [Büro] perception f. ||°**-anlage** f. (-, n) assiette (f.) de l'impôt. ||°**-anreiz** m. (es, e) incitation fiscale. ||°**-anspruch** m. (s, ¨e) créance fiscale. ||°**-aufkommen** n. (s, -) produit total des impôts. ||°**-ausgleich** m. (s, e) péréquation (f.) des impôts. ||°**-befreiung** f. (-, en) exonération fiscale ; exemption (f.) d'impôts. ||**-begünstigt** adj. qui bénéficie d'un avantage fiscal. ||°**-belastung** f. charges fiscales. ||°**-berater** m. (s, -) conseiller fiscal. ||°**-bescheid** m. (s, e) avis (m.) d'imposition. ||°**-einnehmer** m. (s, -) percepteur m. (des contributions). ||°**-erhebung** f. (-, en) perception (f.) d'impôts. ||°**-erlaß** m. (es, e) remise (f.) d'impôts ; détaxe f. ||°**-erleichterung** f. (-, en) allègement, dégrèvement fiscal. | *Steuererleichterung für Kinderreiche*, allègement fiscal pour charges de famille. ||°**-fahndung** f. (-, en) enquête fiscale. ||°**-flucht** f. (-) évasion fiscale. ||°**-forderung** f. (-, en) créance fiscale. ||**-frei** adj. exempt, exonéré d'impôts. ||°**-freigrenze** f. limite (f.) du minimum imposable ; abattement m. ||°**-gesetz** n. (es, e) loi fiscale. ||°**-gesetzgebung** f. (-, en) législation fiscale ; régime fiscal. ||°**-guthaben** n. (s), °**-vergünstigung** f. (-, en) avoir fiscal. ||°**-hinterziehung** f. (-, en) fraude fiscale. ||°**-klasse** f. (-, n) catégorie (f.) d'impôts. ||°**-last** f. (-, en) pression (f.) fiscale. ||°**-nachforderung** f. (-, en) rappel (m.) d'impôt. ||°**-nachlaß** m. (es, ¨sse) abattement fiscal. ||°**-paradies** n. (es, e) paradis fiscal. ||°**-pflicht** f. (-, en) obligation fiscale. ||**-pflichtig** adj. imposable ; soumis à l'impôt. ||°**-prüfung** f. (-, en) contrôle fiscal. ||°**-recht** n. (s) droit fiscal. ||°**-reiz** m. (es, e) incitation fiscale. ||°**-satz** m. (es, ¨e) taux (m.) de l'impôt ; tarif (m.) d'un droit. ||°**-stufe** f. (-, n) tranche (f.) d'imposition. ||°**-wert** m. (s, e) valeur fiscale. | *Steuerwerte*, matière (f.) imposable. ||°**-wesen** n. (s) régime fiscal ; fiscalité f. ||°**-zahler** m. (s, -) contribuable m. ||°**-zettel** m. (s, -) feuille (f.) d'impôts. ||°**-zuschlag** m. (s, ¨e) surtaxe f.

steuerbar ['ʃtɔyərbɑ:r] adj. (de **Steuer** n.) maniable ; gouvernable.

Steuerbarkeit [-kait] f. maniabilité f.

steuerlich ['ʃtɔyərliç] adj. fiscal ; de l'impôt ; qui a trait à l'impôt.

steuern ['ʃtɔyərn] v. tr. (de **Steuer** n.) gouverner ; conduire ; piloter. | *ein Schiff steuern*, piloter un navire. ◇ v. intr. obvier. | *einer Sache steuern*, obvier à qch.

steuern ['ʃtɔyərn] v. intr. (de **Steuer** f.) payer des impôts ; contribuer à.

Steuerung [-ruŋ] f. (-, en) pilotage m. ; direction f. ; conduite f. || [Schiff] gouvernail m. || [Maschinen] régulateur m.

Steven ['ʃte:vən] m. (s, -) étrave f.

Steward, Stewardess ['stju:ərd(ɛs)] m. (s, s), f. (-, en) steward m. ; stewardess f. ; hôtesse (f.) de l'air.

stibitzen [ʃti'bitsən] v. tr. FAM. chiper ; chaparder ; faucher.

Stich [ʃtiç] m. (s, e). **1.** piqûre f. ; morsure f. ; coup donné avec un objet piquant ou tranchant. | *Stich einer Wespe*, piqûre de guêpe. | *ein Stich ins Herz*, un coup au cœur.

2. [beim Nähen] piqûre f. ; point m. | *weite Stiche machen*, coudre à grands points.

3. FIG. coup (m.) d'épingle ; allusion f. | *jm einen Stich geben*, donner un coup de bec à qn.

4. MÉD. point m. ; élancement m. | *Stich in der Seite*, point de côté.

5. petite quantité. | *ein Stich Butter*, une noix de beurre. || PAR EXT. *einen Stich haben*, [Wein] être piqué ; [Milch] être aigre, tourné ; [Fleisch] être faisandé ; [Menschen] avoir un grain de folie.

6. [Kartenspiel] levée f. ; pli m. | *einen Stich machen*, faire une levée. | *den letzten Stich nehmen*, faire le dernier pli, la dernière levée. | *alle Stiche machen*, mettre capot.

7. TECHN. taille f. ; gravure f.

8. LOC. *einen Stich ins Rote haben*, tirer sur le rouge. | *Stich halten*, être bien cousu ; FIG. être solide ; tenir solidement ; résister à l'examen ; FAM. tenir le coup. | *im Stich lassen*, abandonner ; lâcher ; planter là ; FAM. plaquer ; laisser tomber. | *das Gedächtnis läßt mich im Stich*, j'ai un trou de mémoire.

Stich|blatt ["ʃtiç'blat] n. (s, ¨er). [Kartenspiel] carte (f.) qui en prend une autre. ||**-fest** adj. *hieb- und stichfest*, à toute épreuve. ||°**-flamme** f. (-, en) jet (m.) de flammes. ||**-haltig** adj. [triftig] valable ; plausible ; qui supporte l'examen. ||°**-kampf** m. (s, ¨e). SPORT. barrage m. ||°**-probe** f. (-, n) échantillon pris au hasard. | *Stichproben aus einem Lexikon machen*, faire des sondages dans un dictionnaire. ||°**-tag** m. (s, e) jour (m.) d'échéance. ||°**-waffe** f. (-, n) arme (f.) d'estoc. ||°**-wahl** f. (-, en) ballottage m. ||°**-wort** n. (s, e et ¨er) mot vedette m. ; mot (m.) clé. || THÉÂTRE. réplique f. || TYPOGR. mot (m.) souche ; mot (m.) vedette. || MIL. [Losung] mot (m.) de passe. || FIG. *in Stichworten schreiben*, écrire en abrégé, en style télégraphique. ||°**-wort|verzeichnis** n. (ses, se) catalogue (m.) analytique. ||°**-zahl** f. (-, en) indice m.

Stichel ['ʃtiçəl] m. (s, -) burin m. ; poinçon m.

Stichelei [ʃtiçə'lai] f. (-, en) piquage m. || FIG. allusion mordante ; pointe f. ; brocard m.

sticheln ['ʃtiçəln] v. tr. piquer ; coudre. || FIG. lancer des allusions perfides, des coups d'épingle.

Stick|arbeit ["ʃtik'arbait] f. (-, en) broderie f. ||°**-rahmen** m. (s, -) tambour m. (à broder).

sticken ['ʃtikən] v. tr. broder.

Stick|fluß ["ʃtik'flus] m. (es, ¨e) apoplexie (f.) pulmonaire. ||°**-stoff** m. (s) azote m. ||°**-stoff|dünger** m. (s, -) engrais azoté. ||°**-stoff|kreislauf** m. (s). CHIM. cycle (m.) de l'azote. ||°**-stoff|peroxid** n. (s, e). CHIM. peroxyde (m.) d'azote.

Sticker(in) ['ʃtikər(in)] m. (s, -), f. (-, nen) brodeur m. ; brodeuse f.

Stickerei [ʃtikə'rai] f. (-, en) broderie f. ; tapisserie f.

stickig ['ʃtikiç] adj. étouffant.

stieben ['ʃti:bən] v. intr. (o, o et conjug. faible) jaillir en étincelles, en éclats ; voler ; se disperser. | *es stiebt*, il y a de la poussière. || FIG. *die Menge stob auseinander*, la foule se dispersa rapidement.

Stief|bruder ["ʃti:f'bru:dər] m. (s,¨) demi-frère m. || FIG. parent (m.) pauvre. ||°**-eltern** pl. beaux-parents m. pl. ||°**-kind** n. (s, er) enfant (m.) d'un autre lit. || enfant mal(-)aimé ; PAR EXT. parent (m.) pauvre. || FIG. *die Stiefkinder der Gesellschaft*, les laissés(-)pour (-)compte (m. pl.) de la société. ||°**-mutter** f. (-, ¨) belle-mère f. ; PÉJOR. marâtre f. ||°**-mütterchen** n. (s, -). BOT. pensée f. ||**-mütterlich** adj. et adv. en belle-mère. || FIG. *jn stiefmütterlich behandeln*, traiter qn en parent pauvre. ||°**-sohn** m. (s, ¨e) beau-fils m. ||°**-tochter** f. (-, ¨) belle-fille f. ||°**-vater** m. (s, ¨) beau-père m.

Stiefel ['ʃti:fəl] m. (s, -) botte f. ; brodequin m. || FIG., FAM. *einen Stiefel trinken können*, boire sec.

Stiefel|knecht ["ʃti:fəl'knɛçt] m. (s, e) tire-bottes m.

stiefeln ['ʃti:fəln] v. tr. botter. || LITTÉR. *der Gestiefelte Kater*, le Chat botté.
◇ v. intr. marcher à grandes enjambées.

Stiege ['ʃti:gə] f. (-, n). [Steige] escalier m.

Stiegen|leiter ["ʃti:gən'laitər] f. (-, n) marchepied m.

Stieglitz ['ʃti:klits] m. (es, e). ZOOL. chardonneret m.

Stiel [ʃti:l] m. (s, e) manche m. ; queue f. ; tige f.

stier [ʃti:r] adj. [Blick] fixe ; hagard.

Stier [ʃti:r] m. (s, e) taureau m. || FIG. *den Stier bei den Hörnern fassen*, prendre le taureau par les cornes. || ASTRON. Taureau m.

Stier|kalb ['ʃti:rkalp] n. (s, ¨er) taurillon m. ||°**-kämpfer** m. (s, -) torero m. ; toréador m.

stieren ['ʃti:rən] v. intr. regarder fixement.

Stift [ʃtift] m. (s, e) cheville f. ; goupille f. ; pivot m. | *mit Stiften befestigen*, goupiller. || [Bleistift] pointe f. ; mine f. | *Stiftzahn*, dent artificielle. || FIG. jeune garçon. || [Lehrling] apprenti m.

Stift [ʃtift] n. (s, e) fondation f. ; école f. ; hospice m. ; couvent m. ; chapitre m. ; séminaire m.

Stifts|dame ["ʃtifts'da:mə] f. (-, n), °**-frau** [-'frau] f. (-, en) chanoinesse f. ||°**-herr** m. (n, en) chanoine m. ||°**-kirche** f. (-, n) église collégiale.

stiften ['ʃtiftən] v. tr. **1.** faire ; produire ; créer ; établir. | *Frieden stiften*, rétablir la paix. | *Gutes stiften*, faire du bien. | *Händel stiften*, susciter des querelles.
2. faire un don, une donation. || PAR EXT. fonder ; établir ; ériger.
3. FAM. *stiften gehen*, s'évader.

Stifter [-tər] m. (s, -) fondateur m. ; donateur m. ; auteur m. | *Unruhestifter*, fauteur (m.) de troubles.

Stiftung ['ʃtiftuŋ] f. (-, en) fondation f. ; création f. ; établissement m.

Stigma ['ʃtigma] n. (s, men) stigmate m.

Stil [ʃti:l] m. (s, e) style m.

Stil|art ["ʃti:l'a:rt] f. (-, en) style m. ||°**-blüte** f. (-, n). FAM. perle f. ||°**-blüten|sammlung** f. (-, en) bêtisier m. ||°**-ebene** f. (-) niveau (m.) de langue. ||°**-gebung** f. stylisation f. ||**-gerecht** adj. conforme au style ; stylé ; qui a du style. ||°**-lehre** f. art (m.) du style ; rhétorique f. ||°**-übung** f. (-, en) exercice (m.) de style. ||**-voll** adj. qui a du style.

Stilett [ʃti'lɛt] n. (s, e) stylet m. ; poignard m.

stilisieren [ʃtili'zi:rən] v. tr. styliser.

Stilist [-'list] m. (en, en) styliste m.

Stilistik [-'listik] f. stylistique f.

stilistisch [-'listiʃ] adj. de style ; stylistique.

still [ʃtil] adj. **1.** immobile ; calme ; inactif ; sans mouvement. | *still sitzen*, être assis sans bouger. | *stille Jahreszeit*, morte-saison f. | *stilles Wetter*, temps (m.) calme. | *ein stilles Leben*, une vie paisible. | *stilles Wasser*, eau stagnante ; eau qui dort. || GÉOGR. *Stiller Ozean*, océan (m.) Pacifique.
2. [lautlos] silencieux ; muet ; sans aucun bruit ; à voix basse. | *still sein*, se taire. | *im stillen*, en silence ; sans rien dire ; FAM. en douce. | *stille Messe*, messe basse. | *stille Liebe*, amour secret. | *stille Übereinkunft*, accord tacite. || COMM. *stiller Teilhaber*, commanditaire m.

still|beglückt ["ʃtilbə'glykt] adj. heureux en secret. ||**-gestanden !** interj. silence ! || MIL. garde à vous ! ||°**-halten** n. (s) halte f. ; arrêt m. ||°**-(l)eben** n. (s, -). [Malerei] nature morte. ||**-(l)egen** v. tr. arrêter ; interrompre ; faire chômer. | *man legte die Fabrik still*, on ferma l'usine. ||°**-(l)egung** f. (-, en). NUCL. mise (f.) hors service. | *Stillegung einer Kernkraftanlage*, mise hors service définitive d'une installation nucléaire. ||**-(l)iegen** (a, e) v. intr. *die Fabrik lag still*, la fabrique était fermée. ||**-schweigen** (ie, ie) v. intr. faire le silence ; se taire. ||°**-schweigen** n. (s) silence m. | *unter Stillschweigen übergehen*, passer sous silence. || **-schweigend** adj. et adv. implicite(ment) ; tacite(ment). | *stillschweigende Zustimmung*, consentement (m.) tacite. ||°**-stand** m. (s) arrêt m. ; cessation f. ; chômage m. ; stagnation f. ||**-stehen** (stand, gestanden) v. intr. s'arrêter ; être stationnaire.

Stille ['ʃtilə] f. (-) tranquillité f. ; repos m. || silence m. | *in aller Stille*, sans bruit. || *Meeresstille*, calme.

stillen ['ʃtilən] v. tr. calmer ; apaiser ; assouvir. | *den Durst stillen*, désaltérer. | *den Schmerz stillen*, apaiser la douleur. | *das Blut stillen*, arrêter l'hémorragie. | *einen Säugling stillen*, allaiter un nourrisson.

Stillung [-luŋ] f. (-, en) apaisement m. ; (action d')étancher, (d')assouvir. || [Kind] allaitement m.

Stimm|abgabe ["ʃtim'apga:bə] f. (-, n) vote m. ||°**-auszählung** f. (-, en) décompte (m.) des voix. ||°**-bänder** n. pl. cordes vocales. ||**-berechtigt** adj. qui a droit de vote. ||°**-bruch** m. (s) mue f. ||°**-eingabe** f. (-, n). INF. entrée vocale. ||**-fähig** adj. ayant le droit de vote. ||°**-führer** m. (s, -) porte-parole m. ; coryphée m. ||°**-gabel** f. (-, n) diapason m. ||°**-lage** f. (-, n). MUS. registre m. ||**-los** adj. aphone. || ÉCON. *stimmlose Aktie*, action (f.) sans droit de vote. ||°**-recht** n. (s) droit (m.) de vote. | *allgemeines Stimmrecht*, suffrage universel. ||°**-ritze** f. (-, n). ANAT.

glotte f. ||°**-zettel** m. (s, -) bulletin (m.) de vote. | *die Stimmzettel zählen*, dépouiller le scrutin.

Stimme ['ʃtimə] f. (-, n). **1.** voix f. | *mit leiser Stimme*, à voix basse. | *helle Stimme*, voix claire. | *die Stimme erheben*, élever la voix.
2. MUS. voix f. || [Orgel] jeu m.
3. POLIT. voix f. ; suffrage m. ; vote m. | *jm seine Stimme geben*, voter pour qn. | *Sitz und Stimme haben*, avoir voix au chapitre. | *die Stimmen sammeln*, recueillir les voix. | *beratende Stimme*, voix consultative.
4. FIG. voix f. ; instinct m. | *Stimme des Gewissens* ; *innere Stimme*, voix de la conscience.

stimmen ['ʃtimən] v. tr. MUS. accorder. | *Instrumente stimmen*, accorder des instruments. | *höher stimmen*, hausser. | *niedriger stimmen*, baisser. || PAR EXT. disposer ; mettre dans un certain état d'esprit. | *jn gegen etwas stimmen*, prévenir qn contre qch. | *froh gestimmt sein*, être de joyeuse humeur.
◇ v. intr. s'accorder ; être en accord ; être à l'unisson. | *nicht stimmen*, discorder. || concorder ; convenir ; bien aller. | *das stimmt !*, d'accord ! ; c'est bien cela. | *die Rechnung stimmt nicht*, 1° il y a une erreur de calcul ; 2° il y a une erreur dans l'addition. || FIG. [abstimmen] voter. | *für etwas stimmen*, voter, opiner pour qch.

Stimmen|anzahl ["ʃtimən'antsɑ:l] f. (-, en) nombre (m.) de voix. ||°**-enthaltung** f. (-, en) abstention f. ||°**-fang** m. (s). POLIT., FAM. chasse (f.) aux voix. ||°**-gleichheit** f. parité (f.), partage (m.) des voix. ||°**-mehrheit** f. majorité (f.) des voix. | *einfache, qualifizierte Stimmenmehrheit*, majorité simple, qualifiée. ||°**-sammler** m. (s, -), °**-zähler** m. (s, -) scrutateur m. ||°**-zählung** f. (-, en) dépouillement (m.) du scrutin.

Stimmer ['ʃtimər] m. (s, -) accordeur m. || MUS. et TECHN. accordoir m.

stimmhaft ['ʃtimhaft] adj. sonore.

...stimmig [-miç] adj. (en compos.) qui a tant de voix. | *vierstimmig*, à quatre voix.

Stimmung ['ʃtimuŋ] f. (-, en). **1.** [das Stimmen] (action d')accorder ; accordage (m.) d'un instrument. || PAR EXT., RADIO. réglage m.
2. MUS. accord m. ; ton m. | *falsche Stimmung*, discordance f. || gamme f. | *rein-harmonische Stimmung*, gamme complète. || ARTS. [Malerei] tonalité f. ; effet m.
3. FIG. [Gemüt] état (m.) d'âme ; disposition (f.) d'esprit ; humeur f. | *in guter Stimmung sein*, être de bonne humeur. | *in gehobener Stimmung*, très en train. | *nicht in Stimmung sein*, ne pas être en train. | *schlechte Stimmung*, mauvais moral ; cafard m. | *er ist nicht in der Stimmung zum Lesen*, il n'est pas d'humeur à lire. || [öffentliche Meinung] opinion publique. || FIN. tendance f. | *Börsenstimmung*, tendance de la bourse. || [Atmosphäre] ambiance f. ; climat m. ; tonalité f. | *es herrschte eine heitere, gedrückte Stimmung*, il régnait une ambiance joyeuse, déprimante.

Stimmungs|bild ["ʃtimuŋs'bilt] n. (s, er) impressions f. pl. ||°**-mache** f. (-, n) bourrage (m.) de crâne. ||**-voll** adj. inspiré ; évocateur ; qui fait impression.

stimulieren [ʃtimu'li:rən] v. tr. stimuler.

stink|faul ["ʃtiŋk'faul] adj. FAM. flemmard ; cossard. ||°**-tier** n. (s, e) mouffette f.

stinken ['ʃtiŋkən] (a, u) v. intr. puer ; sentir mauvais ; empester. | *nach Schwefel stinken*, puer le soufre. || FIG. sentir mauvais ; être dégoûtant. || *das stinkt zum Himmel*, c'est inouï, révoltant. || PROV. *Geld stinkt nicht*, l'argent n'a pas d'odeur. | *Eigenlob stinkt*, qui se loue s'emboue.
◇ part. prés. **stinkend,** puant ; infect ; fétide. | *stinkend werden*, s'empuantir.

stinkig [-kiç] adj. puant ; infect ; fétide.

Stint [ʃtint] m. (s, e). ZOOL. éperlan m.

Stipendiat [ʃtipɛndi'ɑ:t] m. (en, en). UNIV. boursier m.

Stipendium [-'pɛndium] n. (s, dien). UNIV. bourse f.

Stippe ['ʃtipə] f. (-, n) sauce f.

Stipp|visite ["ʃtipvi'zi:tə] f. (-, n) visite très courte ; visite (f.) éclair.

stippen ['ʃtipən] v. tr. saucer ; tremper dans la sauce.

stipulieren [ʃtipu'li:rən] v. tr. stipuler.

Stirn [ʃtirn] f. (-, en) front m. | *die Stirn runzeln*, froncer le sourcil. || FIG. audace f. ; effronterie f. ; FAM. culot m. | *die Stirn haben, etwas zu sagen*, avoir le front de dire qch. | *die Stirn bieten*, faire front ; faire face à. | *man kann es an seiner Stirn lesen*, cela se lit sur son front. || ARCHIT. [Stirnseite] front m. ; façade f.

Stirn|ader ["ʃtirn'ɑ:dər] f. (-, n) veine frontale. ||°**-band** n. (s, ¨er) bandeau m. ; diadème m. ||°**-bein** n. (s, e). ANAT. os frontal. ||°**-höhle** f. (-, n). ANAT. sinus frontal. ||°**-höhlen|katarrh** m., °**-höhlen|-vereiterung** f. MÉD. sinusite f. ||°**-locke** f. (-, n) guiche f. ||°**-runzeln** n. (s) froncement (m.) de sourcils ; renfrognement m. ||°**-stück** n. (s, e), °**-wand** f. (-, ¨e) fronton m. ; frontispice m.

stöbern ['ʃtø:bərn] v. impers. *es stöbert*, il tombe une neige fine et serrée.
◇ v. intr. fureter ; fouiller. | *in Büchern stöbern*, fouiller dans les livres. || PAR EXT., POP. *jn aufstöbern*, faire déguerpir qn.

Stocher ['ʃtɔxər] m. (s, -) pique-feu m. ; tisonnier m. || [Zahnstocher] cure-dents m.

stochern [-xərn] v. intr. *im Feuer stochern*, tisonner, attiser le feu. | *sich die Zähne stochern*, se curer les dents. || PAR EXT., FAM. farfouiller.

Stock [ʃtɔk] m. (s, ¨e). **1.** bâton m. ; canne f. ; baguette f. ; verge f. | *jn mit dem Stock schlagen*, donner des coups de bâton à qn.
2. BOT. pied m. || [Weinreben] cep m. | *auf dem Stock*, sur pied. || [Stumpf] souche f. ; billot m. || LOC. *mit Stock und Stiel ausrotten*, exterminer totalement. | *über Stock und Stein laufen*, courir à toutes jambes.
3. [Gebirgsstock] massif montagneux. || [Heustock] meule f. || [Bienenstock] ruche f. || [Opferstock] tronc (m.) d'église.

Stock [ʃtɔk] m. et n. (s, -werke) étage m. | *das Haus ist drei Stock hoch*, cette maison a trois étages. | *im fünften Stock wohnen*, habiter au cinquième étage.

Stock [ʃtɔk] m. (s, s) stock m. ; réserve f.

Stöckchen ['ʃtøkçən] n. (s, -) badine f. ; baguette f.

Stock|degen ["ʃtɔk'de:gən] m. (s, -) canne (f.) à épée. ||**-dumm** adj. bête comme ses pieds. ||**-dunkel** adj. noir comme dans un four. ||°**-fisch** m. (es, e) morue séchée. || FIG. âne bâté. ||°**-fleck** m. (s, e) tache (f.), piqûre (f.) d'humidité. ||°**-rose** f. (-, n) rose trémière. ||°**-schnupfen** m. (s, -) rhume (m.) de cerveau. ||**-steif** adj. raide comme un piquet. ||**-taub** adj. sourd comme un pot. ||°**-werk** n. (s, e) étage m. ||°**-zahn** m. (s, ¨e) molaire f.

Stöckel|absatz ["ʃtøkəl'apzats] m. (es, ¨e) talon (m.) aiguille. ||°**-schuhe** m. pl. chaussures (f. pl.) à hauts talons.

stocken ['ʃtɔkən] v. tr. BOT. échalasser ; tuteurer ; munir d'un tuteur.
◇ v. intr. **1.** s'arrêter ; cesser d'avancer, de circuler ; s'immobiliser ; stopper ; ralentir. || FIG. rester court. | *stockend reden*, parler de manière hésitante. ||

[gerinnen] se cailler. | *gestockte Milch*, lait caillé. | *Stockpunkt*, point (m.) de solidification.
2. [schimmeln] se piquer d'humidité ; moisir ; chancir.
Stocken ['ʃtɔkən] n. (s) ralentissement m. ; arrêt m. ; stagnation f. | *ins Stocken geraten*, s'arrêter ; tomber en panne. | *Stocken der Geschäfte*, stagnation des affaires.
stockig ['ʃtɔkiç] adj. [fleckig] gâté par l'humidité ; chanci ; humide ; ligneux.
Stockung ['ʃtɔkuŋ] f. (-, en) arrêt m. ; engorgement m. ; panne f. ; embouteillage m. || MÉD. *Stockung des Blutes*, congestion f. || [Betrieb ; Verkehr] embouteillage m. ; interruption f.
Stoff [ʃtɔf] m. (s, e). **1.** TEXT. étoffe f. ; textile m. ; tissu m. | *gewirkter Stoff*, étoffe brochée.
2. [Materie] matière f. ; substance f. ; matériau m. || PR. et FIG. *aus härterem Stoff gemacht*, résistant. || CHIM. *einfacher Stoff*, corps (m.) simple.
3. FIG. matière f. ; substance f. ; sujet m. | *Stoff zu etwas geben*, donner matière à. || LITTÉR. sujet m. ; fond m. | *Stoff zu einem Film*, sujet d'un film.
Stoff|behang ["ʃtɔfbə'haŋ] m. (s, ¨e) draperie f. ||**-reich** adj. substantiel. ||°**-wechsel** m. (s, -). BIOL. assimilation f. ; nutrition f. ; métabolisme m. || °**-wechsel|krankheit** f. (-, en). MÉD. trouble (m.) du métabolisme basal. ||°**-wechsel|prozeß** m. (es, e). BIOL. processus (m.) métabolique.
stofflich ['ʃtɔfliç] adj. matériel ; qui concerne la matière.
stöhnen ['ʃtø:nən] v. intr. gémir ; geindre.
Stöhnen [-nən] n. (s) gémissements m. pl.
Stoiker ['sto:ikər] m. (s, -) stoïcien m.
stoisch [-iʃ] adj. stoïcien ; stoïque.
Stola ['ʃto:la] f. (-, len) étole f.
Stolle ['ʃtɔlə] f. (-, n), **Stollen** ['ʃtɔlən] m. (s, -) brioche m. (rectangulaire).
Stollen ['ʃtɔlən] m. (s, -). MINES. galerie f. | *Stollenarbeiter*, mineur (m.) de fond. || [Hufeisen] crampon m. || POÉS. [Meistersänger] première partie d'une strophe ou d'une allitération.
stolperig ['ʃtɔlpəriç] adj. [holperig] raboteux.
stolpern [-pərn] v. intr. trébucher ; buter. | *über einen Stein stolpern*, trébucher sur une pierre. || [Pferde] broncher. || FIG. *über ein Wort stolpern*, buter sur un mot.
stolz [ʃtɔlts] adj. fier ; orgueilleux ; altier ; hautain ; superbe. | *stolz auf seine Freiheit sein*, être fier de sa liberté. | *eine stolze Seele*, un cœur fier. | *ein stolzes Gebaren*, une attitude hautaine.
Stolz [ʃtɔlts] m. (es) fierté f. ; orgueil m. ; hauteur f. ; arrogance f. | *von Stolz aufgeblasen*, bouffi d'orgueil. | *er setzt seinen Stolz darin, zu*, il met sa fierté dans le fait de. || PAR EXT. [Gegenstand des Stolzes] orgueil m. ; gloire f.
stolzieren [ʃtɔl'tsi:rən] v. intr. faire le fier ; faire parade ; se pavaner.
Stopf|arznei ["ʃtɔpfarts'nai] f. (-, en), °**-mittel** ['mitəl] n. (s, -). MÉD. astringent m. ||°**-garn** n. (s) fil (m.) à repriser. ||°**-nadel** f. (-, n) aiguille (f.) à repriser.
stopfen ['ʃtɔpfən] v. tr. emplir ; remplir ; bourrer ; fourrer. | *Löcher, Lücken stopfen*, boucher des trous, réparer des brèches. | *Strümpfe stopfen*, repriser, ravauder des chaussettes. | *Gänse stopfen*, gaver des oies. | *seine Pfeife stopfen*, bourrer sa pipe. || FIG., FAM. *jm den Mund, das Maul stopfen*, clouer le bec à qn. || MAR. *ein Leck stopfen*, aveugler une voie d'eau. || MÉD. constiper.
Stopfen [-pfən] n. (s) ravaudage m. ; stoppage m. ; raccommodage m.
Stopfen [-pfən] m. (s, -) bouchon m.
Stopfer [-pfər] m. (s, -) ravaudeur m. ; stoppeur m. || bourre-pipe m.
Stoppel ['ʃtɔpəl] f. (-, n) chaume m. || PAR EXT. *Stoppelbart*, barbe non rasée.
Stoppel|dach ["ʃtɔpəl'dax] n. (s, ¨er) toit (m.) de chaume. ||°**-feld** n. (s, er) chaume m. ||°**-werk** n. (s) [mauvaise] compilation.
stoppen ['ʃtɔpən] v. intr. stopper ; s'arrêter. ◇ v. tr. [Kleider] stopper.
Stoppen ['ʃtɔpən] n. (s). [Fußball] amorti m.
Stopper ['ʃtɔpər] m. (s, -). MAR. bosse f.
Stopp|licht ['ʃtɔpliçt] n. (s, er) feu (m.) arrière, de stop. ||°**-mutter** f. (-, n) écrou (m.) de blocage. ||°**-schlag** m. (s, ¨e). [Tennis] amorti m. ||°**-uhr** f. (-, en) chronomètre m.
Stöpsel ['ʃtøpsəl] m. (s, -) bouchon m. ; tampon m. || ÉLECTR. fiche f. (contact). || FIG. petit homme trapu ; pot (m.) à tabac.
stöpseln [-səln] v. tr. boucher. | *aufstöpseln*, déboucher.
Stör [ʃtø:r] m. (s, e). ZOOL. esturgeon m.
Storch [ʃtɔrç] m. (es, ¨e) cigogne f.
Storch|schnabel ["ʃtɔrç'ʃna:bəl] m. (s, ¨) bec (m.) de cigogne. || BOT. géranium m. || TECHN. pantographe m.
stören ['ʃtø:rən] v. tr. déranger ; troubler. | *jn in seiner Arbeit stören*, déranger qn dans son travail. | *den Frieden stören*, troubler la paix || PAR EXT. gêner ; interrompre ; dérégler ; altérer ; gâter. || RADIO. brouiller. || FAM. *er ist gestört*, il a l'esprit dérangé.
störend ['stø:rənt] adj. importum.
Stören|fried ["ʃtø:rən'fri:t] m. (s, e) trouble-fête m. ; empêcheur (m.) de danser en rond.
Störer ['ʃtø:rər] m. (s, -) perturbateur m. ; fâcheux m. ; importum m. ; gêneur m.
Stör|geräusch ["stø:rgə'rɔyʃ] n. (es, e). RADIO. parasite m. || PAR EXT. brouillage m. ||**-schutzsicher** adj. antiparasite. ||°**-sender** m. (s, -) RADIO. émetteur (m.) de brouillage.
stornieren [ʃtɔr'ni:rən] v. tr. COMM. ristourner. || JUR. résilier.
Stornierung [-ruŋ] f. (-, en), **Storno** ['ʃtɔrno] n. (s) contre-passement m. | *per Storno*, en ristourne.
Störrigkeit [-kait] f. opiniâtreté f. ; entêtement m. ; caractère obstiné, buté.
störrisch [-riʃ] adj. opiniâtre ; entêté.
Störung ['ʃtø:ruŋ] f. (-, en) perturbation f. ; trouble m. ; dérangement m. ; désordre m. ; gêne f. | *Störung der öffentlichen Ordnung*, trouble de l'ordre public. || PHYS. interférence f. | *magnetische Störung*, interférence magnétique. || TECHN. panne f. ; avarie f. || RADIO. parasite m. || MIL. harcèlement m. || MÉD. *geistige Störungen*, troubles mentaux. || JUR. *Besitzstörung*, trouble de jouissance.
Störungs|dienst ["ʃtø:ruŋs'di:nst] m. (s, e). TÉLÉPH. service (m.) des dérangements. ||**-frei** adj. RADIO. *störungsfreier Empfang*, audition pure, exempte de parasites. ||°**-feuer** n. (s, -). MIL. tir (m.) de harcèlement.
Stoß [ʃto:s] m. (es, ¨e) **1.** [Stoßen] coup m. ; heurt m. ; secousse f. ; choc m. ; saccade f. | *jm einen Stoß versetzen*, porter un coup à qn. | *jm Stöße geben*, donner des bourrades à qn. | *den letzten Stoß geben*, donner le coup de grâce. || FIG. *seinem Herzen einen Stoß geben*, se faire violence ; faire qch. à contrecœur. | *das war für ihn ein harter Stoß*, ce fut pour lui une rude épreuve.
2. [auf der Straße] cahot m. || [Gewehre] recul m. ; culasse f. || [Kleider] ourlet m. ; bord m. ||

[Schreinerei] joint m. || MINES. front (m.) de taille. || TECHN. *Stoßheber*, bélier (m.) hydraulique.

3. [aufgeschichtete Menge] tas m. ; pile f. | *ein Stoß Holz*, un tas de bois.

Stoß|dämpfer ["ʃto:s'dɛmpfər] m. (s, -). AUTOM. amortisseur m. ||°**-degen** m. (s, -) épée f. ; estoc m. ||°**-erde** f. pisé m. ||**-fest** adj. qui résiste aux chocs. ||°**-gebet** n. (s, e) oraison (f.) jaculatoire. | *ein Stoßgebet zum Himmel senden*, adresser au Ciel une instante prière. ||°**-kraft** f. force (f.) de propulsion. ||°**-scheibe** f. (-, n). TECHN. rondelle (f.) d'essieu. ||°**-stange** f. (-, n) pare-chocs m. ||°**-trupp** m. (s, s). MIL. troupe (f.) de choc. ||°**-waffe** f. (-, n) arme (f.) de pointe, d'estoc. ||**-weise** adv. par chocs ; par saccades. ||°**-welle** f. (-, n) onde (f.) de choc. ||°**-wind** m. (s, e) rafale f. ||°**-zahn** m. (s, ¨e). [Tiere] défense f. ||°**-zeiten** f. pl. heures (f. pl.) de pointe, d'affluence.

Stößel ['ʃtø:səl] m. (s, -) pilon m. ; poussoir m.

stoßen ['ʃto:sən] (ö, ie, o) v. tr. pousser ; heurter ; cogner ; frapper ; bousculer ; enfoncer. | *jn mit dem Ellenbogen stoßen*, heurter, pousser qn du coude. | *jm den Dolch ins Herz stoßen*, plonger un poignard dans le cœur de qn. || pousser ; chasser. | *jn zur Erde stoßen*, faire tomber qn par terre. | *einen König vom Throne stoßen*, déposer, détrôner un roi. | *jn vor den Kopf stoßen*, offenser, insulter qn. | *ins Horn stoßen*, sonner du cor. || PAR EXT. piler ; pulvériser. | *gestoßener Zucker*, sucre (m.) en poudre.

◇ v. intr. **1.** heurter ; donner un coup ; tomber sur. | *mit den Hörnern stoßen*, donner des coups de corne. | *mit dem Fuß an, gegen einen Stein stoßen*, heurter une pierre du pied.

2. cahoter ; secouer. | *der Wagen stößt*, cette voiture est mal suspendue.

3. FIG. rencontrer ; se heurter subitement à. | *auf Schwierigkeiten stoßen*, se heurter à des difficultés. | *auf unerwarteten Widerstand stoßen*, rencontrer une résistance inattendue.

4. MIL. avoir du recul.

5. MAR. *vom Land stoßen*, quitter le rivage.

6. [angrenzen] *an etwas stoßen*, être contigu à. | *aneinanderstoßende Zimmer*, pièces contiguës. || MIL. *zur Truppe stoßen*, rejoindre le gros de la troupe.

◇ v. pr. **sich stoßen,** se cogner ; se heurter ; s'enfoncer. | *mit dem Kopf an die Wand stoßen*, se heurter la tête au mur. | *sich am Fuße stoßen*, se cogner le pied. || FIG. se choquer ; s'offusquer ; se scandaliser. | *er stößt sich daran, daß du mitkommst*, ta venue le choque.

Stoßen [-sən] n. (s) choc m. ; heurt m. ; cahot m. ; percussion f. ; pilonnage m. || [Gewehre] recul m. || SPORT. épaulé-jeté m.

Stotterer ['ʃtɔtərər] m. (s, -) bègue m. ; bredouilleur m.

Stotterin [-tərin] f. (-, nen) bègue f. ; bredouilleuse f.

stottern [-tərn] v. intr. bégayer ; bredouiller.

stracks [ʃtraks] adv. tout droit ; sur-le-champ. | *er läuft stracks zum Richter*, il va sur-le-champ trouver le juge.

Straf|änderung ["ʃtra:f'ɛndəruŋ] f. (-, en) commutation (f.) de peine. ||**-androhend** adj. comminatoire. ||°**-anstalt** f. (-, en) pénitencier m. ||°**-antrag** m. (s, ¨e) réquisitoire m. ||°**-anzeige** f. (-, n) plainte f. ||°**-arbeit** f. (-, en) pensum m. ; punition f. (à l'école). ||°**-aufschub** m. (s, ¨e) sursis (m.) de peine. ||°**-bataillon** n. (s, e) bataillon (m.) disciplinaire. ||°**-bestimmung** f. (-, en) pénalité f. ||°**-erlaß** m. (es, e), °**-erlassung** f. (-, en) rémission f. ; amnistie f. ; grâce f. ||°**-expedition** f. (-, en) expédition punitive, répressive. ||**-fällig** adj. punissable ; passible d'une peine ; coupable. | *straffällig werden*, encourir une peine. | *von neuem straffällig*, récidiviste. ||**-frei** adj. et adv. non puni ; exempt de toute punition ; impunément. ||°**-freiheit** f. impunité f. ||°**-gebühr** f. (-, en), °**-geld** n. (s, er) amende f. ||°**-gericht** n. (s, e). FIG. jugement m. ||°**-gerichtsbarkeit** f. juridiction criminelle. ||°**-gesetz** n. (es, e) loi pénale ; code pénal. ||°**-gesetzbuch** n. (s, ¨er) code pénal. ||°**-kammer** f. (-, n) chambre correctionnelle. || °**-mandat** n. (s, e) procès-verbal (m.) de contravention ; commandement m. ||°**-maß** n. (es, e) peine f. ; sanction f. | *höchstes Strafmaß*, maximum (m.) de la peine. | *niedrigstes Strafmaß*, minimum (m.) de la peine. ||°**-milderung** f. (-, en) adoucissement (m.), commutation (f.) de peine. ||°**-mittel** n. (s, -) punition f. ; moyen (m.) de répression. ||**-mündig** adj. qui a l'âge de la responsabilité pénale. ||°**-porto** n. (s, s) surtaxe f. ||°**-predigt** f. (-, en) sermon m. ; réprimande f. ||°**-prozeß** n. (es, e) procès criminel. ||°**-prozeßordnung** f. (-, en) code (m.) de procédure criminelle. ||°**-punkt** m. (s, e) pénalisation f. ||°**-raum** m. (s, e). [Fußball] surface (f.) de réparation. ||°**-recht** n. (s, e) droit (m.) de punir. || JUR. droit criminel. ||**-rechtlich** adj. criminel ; pénal. ||°**-register** n. (s, -) casier (m.) judiciaire. ||°**-stoß** m. (es, ¨e). SPORT. coup (m.) franc. ||°**-tat** f. (-, en) délit m. ||°**-täter** m. (s, -) délinquant m. ||°**-verfahren** n. (s, -) procédure criminelle. ||°**-versetzung** f. (-, en) mutation (f.) pour raisons disciplinaires. ||°**-vollstreckung** f. (-, en), °**-vollziehung** f. (-, en) exécution (f.) d'une peine. ||°**-vollzug** m. (s) *offener Strafvollzug*, régime (m.) de semi-liberté.

strafbar ['ʃtra:fba:r] adj. coupable ; punissable ; répréhensible ; passible d'une peine, d'une sanction. | *sich strafbar machen*, se rendre coupable. | *strafbare Handlung*, acte délictueux, illégal ; action délictuelle.

Strafbarkeit [-kait] f. culpabilité f. ; pénalité f. ; criminalité f.

Strafe ['ʃtra:fə] f. (-, n) peine f. ; punition f. ; sanction f. ; châtiment m. | *es ist bei Strafe verboten*, il est interdit sous peine d'amende. | *eine Strafe beantragen*, requérir une peine. | *eine Strafe mildern*, atténuer une peine. | *eine Strafe verhängen*, infliger une peine. | *milde Strafe*, peine légère. | *jn in Strafe nehmen*, punir qn. | *jn mit einer Strafe belegen*, pénaliser qn ; frapper qn d'une peine. | *seine Strafe absitzen, abbüßen, verbüßen*, POP. *abbrummen*, purger sa peine. | *zur Strafe für*, en punition de.

strafen [-fən] v. tr. punir ; châtier ; sanctionner ; réprimer. | *jn schwer, empfindlich strafen*, condamner qn lourdement, sévèrement. | *mit Gefängnis strafen*, punir de prison. | *strafende Gerechtigkeit*, justice vengeresse. | *Gott straft ihn für seine Sünden*, Dieu le punit de ses péchés. || FIG. *jn Lügen strafen*, démentir qn. | *strafender Blick*, regard vengeur.

straff [ʃtraf] adj. raide ; tendu ; rigide. | *straff angezogenes Seil*, corde très tendue. | *straff anliegende Kleider*, vêtements collants. || FIG. raide ; rigide ; strict. | *straffer Stil*, style sobre. | *straffe Zucht*, éducation rigoureuse.

straffen ['ʃtrafən] v. tr. tendre ; raidir. | *die Muskeln straffen*, tendre, bander ses muscles.

Straffheit ['ʃtrafhait] f. raideur f. ; rigidité f. ; rigueur f. ; rigorisme m.

sträflich ['ʃtrɛ:fliç] adj. punissable ; blâmable ; répréhensible ; passible de sanctions. | *sträflicher Leichtsinn*, légèreté (f.) coupable, impardonnable.

Sträfling [-liŋ] m. (s, e) détenu m. ; condamné m. ; prisonnier m.

Strahl [ʃtrɑ:l] m. (s, en) rayon m. ; rai m. ; trait m. | *gebrochener Strahl*, rayon réfracté. | *einfallender Strahl*, rayon incident. | *Strahlen werfen*, rayonner. || FIG. *ein Strahl von Hoffnung*, une lueur d'espoir. || [Wasser] jet (m.) d'eau. || MATH. demi-droite f.

Strahl|bohrer [″ʃtrɑ:l'bo:rər] m. (s, -) trépan (m.) à jet. ||°**-dichte** f. (-) luminance (f.) énergétique. ||°**-düse** f. (-, n) éjecteur m. ||°**-motor** m. (s, en) moteur (m.) à réaction. ||°**-regler** m. (s, -) brise-jet m. ||°**-triebwerk** n. (s, e) réacteur m. | *mit mehreren Strahltriebwerken*, multiréacteur.

strahlen ['ʃtrɑ:lən] v. intr. rayonner ; irradier ; resplendir. | *strahlender Sonnenschein*, soleil resplendissant. || FIG. *sein Gesicht strahlt vor Freude*, son visage rayonne de joie. | *strahlendes Gesicht*, visage radieux.

Strahlen [-lən] n. (s) rayonnement m. ; radiation f.

strählen ['ʃtrɛ:lən] v. tr. peigner ; étriller.

strahlen|artig [″ʃtrɑ:lən'ɑ:rtiç] adj. BOT., ZOOL. radiant. ||°**-behandlung** f. MÉD. radiothérapie f. ||°**-belastung** f. (-, en). NUCL. irradiation f. | *äußere Strahlenbelastung*, irradiation externe. ||**-brechend** adj. PHYS. réfringent. ||°**-brechung** f. PHYS. réfraction f. ||°**-brechungs|lehre** f. dioptrique f. ||°**-bündel** n. (s, -) faisceau (m.) de rayons lumineux. ||°**-büschel** m. (s, -) faisceau lumineux. || ÉLECTR. aigrettes f. pl. | *Strahlenbüschel von Elektronen*, pinceau (m.) d'électrons. ||°**-dosis** f. (-, dosen). NUCL. dose (f.) de rayonnement. ||°**-erzeugungssystem** n. (s, e). TECHN. canon (m.) à électrons. ||°**-exposition** f. (-, en). NUCL. *unfallbedingte Strahlenexposition*, exposition accidentelle. ||°**-forscher** m. (s, -) radiesthésiste m. ||°**-gang** m. (s, ¨e) trajet (m.) du faisceau lumineux. ||°**-körper** m. (s, -) corps (m.) ciliaire. ||°**-messer** m. (s, -) actinomètre m. ||°**-opfer** n. (s, -). NUCL. irradié(e) m. (f.). ||°**-schaden** m. (s, ¨). NUCL. *genetischer Strahlenschaden*, effets (f. pl.) génétiques. ||°**-schutz** m. (es). NUCL. protection (f.) contre les rayonnements ; radioprotection f. ||°**-schutz|verordnung** f. (-, en). NUCL. loi (f.) sur la radioprotection. ||°**-spätschaden** m. (s, ¨). NUCL. effet (m.) aléatoire. ||°**-teiler** m. (s, -). TECHN. diviseur (m.) optique. ||°**-tierchen** n. (s, -). ZOOL. rayonné m. ||°**-verseuchung** f. (-, en) radiation (f.) nucléaire. ||°**-werfer** m. (s, -) projecteur m.

Strahler ['ʃtrɑ:lər] m. (s, -). [Radar] élément radiateur. || NUCL. *nuklearer Strahler*, source scellée. | *offener Strahler*, source non scellée.

strahlig [-liç] adj. rayonné ; radié ; strié ; radiaire.

Strahlung [-luŋ] f. (-, en) radiation f. ; rayonnement m. || ASTRON. *kosmische Strahlung*, rayons (m. pl.) cosmiques. || NUCL. *ionisierende Strahlung*, rayonnement ionisant. || PHYS. *monokromatische Strahlung*, radiation (f.) monochromatique.

Strahlungs|detektor [″ʃtrɑ:luŋsde'tɛktɔr] m. (s, en). NUCL. détecteur (m.) de radiation. ||°**-hitze** f. chaleur rayonnante. ||°**-leistung** f. (-, en) irradiance f. ||°**-messer** m. (s, -) compteur (m.) de radioactivité. ||°**-pyrometer** m. (s, -). TECHN. pyromètre (m.) à rayonnement. ||°**-therapie** f. radiothérapie f.

Strähne ['ʃtrɛ:nə] f. (-, n) mèche f. ; touffe f. ; brin m. | *sich Strähnen legen lassen*, se faire faire un balayage. || FIG. *Glückssträhne*, série (f.) d'heureux hasards.

stramm [ʃtram] adj. raide ; tendu ; solide ; robuste. | *ein strammer Bursche*, un gaillard solide. | *stramm arbeiten*, travailler dur. | *stramm anziehen*, serrer à bloc. | *stramm stehen*, se tenir au garde-à-vous.

strampeln ['ʃtrampəln] v. intr. *mit den Beinen, den Armen strampeln*, remuer les jambes, les bras ; gigoter.

Strand [ʃtrant] m. (s, e) plage f. ; rivage m. ; grève f. ; côte f. | *am Strande*, sur la plage. | *sandiger Strand*, plage de sable.

Strand|bewohner [″ʃtrantbə'vo:nər] m. (s, -) habitant (m.) de la côte ; riverain m. ||°**-fischerei** f. pêche côtière. ||°**-gut** n. (s, ¨er) épaves f. pl. ||°**-korb** m. (s, ¨e) guérite (f.) de plage. ||°**-läufer** m. (s, -). ZOOL. bécasseau m. ||°**-räuber** m. (s, -) naufrageur m. ||°**-recht** n. (s) droit (m.) d'épaves. ||°**-wächter** m. (s, -). MAR. garde-côte m.

stranden ['ʃtrandən] v. intr. échouer ; faire naufrage. | *gestrandetes Schiff*, navire échoué. || FIG. [scheitern] échouer ; faire naufrage ; être à l'abandon.

Strandung [-duŋ] f. (-, en) échouement m. ; naufrage m.

Strang [ʃtraŋ] m. (s, ¨e) corde f. ; cordon m. || LOC. FIG. *jn zum Tode durch den Strang verurteilen*, condamner qn à la pendaison. | *am gleichen Strang ziehen*, tirer sur la même corde ; être attelé à la même tâche. | *über die Stränge schlagen*, exagérer ; FAM. y aller trop fort.

strangulieren [ʃtraŋgu'li:rən] v. tr. [erdrosseln] étrangler.

Strangulieren [-rən] n. (s), **Strangulierung** [-ruŋ] f. strangulation f. ; étranglement m.

Strapaze [ʃtra'patsə] f. (-, n) dur effort ; dur labeur ; fatigue f. ; peine f. | *Strapazen einer Reise*, fatigues d'un voyage. | *an Strapazen gewöhnt*, rompu à la fatigue.

strapazieren [-pa'tsi:rən] v. tr. et v. pr. fatiguer ; éreinter ; user ; harasser. | *sich strapazieren*, s'éreinter. | *strapazierter Anzug*, costume fatigué, usé.

strapazier|fähig [ʃtrapa″tsi:r'fɛ:iç] adj. résistant à la fatigue ; robuste ; solide.

strapaziös [ʃtrapatsi'ø:s] adj. fatigant ; pénible.

Straß [ʃtras] m. (es, e) strass m.

Straßburg ['ʃtrasburk] n. pr. n. GÉOGR. Strasbourg m.

Straße ['ʃtrɑ:sə] f. (-, n). **1.** rue f. | *auf der Straße*, dans la rue. | *auf offener Straße*, en pleine rue ; JUR. sur la voie publique. | *in, an einer Straße wohnen*, habiter dans une rue. | *über die Straße gehen*, traverser la rue. | *in eine Straße einbiegen*, tourner dans une rue. | *straßauf, straßab laufen*, aller et venir dans une rue. | *gesperrte Straße*, rue barrée.

2. [Landstraße] route f. ; chaussée f. ; chemin m. | *gewölbte Straße*, route bombée. | *kurvenreiche Straße*, route sinueuse, comportant de nombreux virages. | *ausgefahrene Straße*, route défoncée.

3. FIG. *seine Straße ziehen*, aller son chemin. | *auf der Straße sein*, être sur le pavé ; être à la rue. | *jn auf die Straße setzen, werfen*, jeter qn à la rue. | *von der Straße auflesen*, ramasser dans la rue. | *der Mann von der Straße*, l'homme de la rue.

4. MAR. [Meeresstraße ; Meerenge] *die Straße von Gibraltar*, le détroit de Gibraltar. || ASTRON. *Milchstraße*, Voie lactée.

Straßen|anlage [″ʃtrɑ:sən'anlɑ:gə] f. (-, n) tracé (m.) d'une route. ||°**-anzug** m. (s, ¨e) costume (m.) de ville. ||°**-arbeiter** m. (s, -) cantonnier m. ||°**-bahn** f. (-, en) tramway m. ||°**-bahner** m. (s, -) traminot m. ||°**-bahnführer** m. (s, -) wattman m. ||°**-bau** m. (s) construction (f.) des routes. ||°**-baustelle** f. (-, n) chantier routier. ||°**-bauingenieur** m. (s, e) ingénieur (m.) des Ponts et Chaussées. ||°**-belag** m. (s, e) revêtement (m.) d'une route. ||°**-beleuchtung** f. (-, en) éclairage (m.) de la voie publique. ||°**-feger** m. (s, -) balayeur m. ; cantonnier m. ||°**-gabelung** f. (-, en) bifurcation f. ||°**-händler** m. (s, -) marchand (m.) à la sauvette ; camelot m. ||°**-junge** m. (n, n) gosse (m.) des rues ; polisson m. ; garnement m. ; voyou m. ||°**-kampf** m. (s, ¨e) combat (m.) de rues. ||°**-karte** f. (-, n) carte routière. ||°**-kehrer** m. (s, -) balayeur m. ||°**-kleid** n. (s, er) robe (f.) de ville. || °**-knotenpunkt** m. (s, e) nœud routier. ||°**-kreu-**

zung f. (-, en) carrefour m. ; croisement m. ||°**-krümmung** f. (-, en) virage m. ; tournant m. ||°**-lage** f. AUTOM. tenue (f.) de route. ||°**-laterne** f. (-, n) réverbère m. ||°**-netz** n. (es, e) réseau routier. ||°**-pflaster** n. (s, -) pavé m. ||°**-pflasterer** m. (s, -) paveur m. ||°**-polizei** f. (-, en) police routière. ||°**-raub** m. (s) brigandage m. ||°**-räuber** m. (s, -) brigand m. ; voleur (m.) de grand chemin. ||°**-reinigungsmaschine** f. (-, n) balayeuse f. ||°**-schild** n. (s, er) plaque (f.) de rue. ||°**-seite** f. (-, n) façade f. ||°**-sperre** f. (-, n) barrage m. ||°**-steuer** f. (-, n) taxe (f.) de voirie. ||°**-streife** f. (-, n) patrouille (f.) de la police routière. ||°**-überführung** f. (-, en) passage supérieur. || °**-übergang** m. (s, ¨e) passage m. ||°**-unterführung** f. (-, en) passage inférieur. ||°**-verengung** f. (-, en) rétrécissement m. ; étranglement m. ||°**-verkauf** m. (s, ¨e) vente (f.) sur la voie publique. ||°**-verkäufer** m. (s, -) vendeur ambulant. ||°**-verkehr** m. (s) circulation f. ; roulage m. ||°**-verkehrsordnung** f., °**-vorschriften** f. pl. code (m.) de la route. ||°**-wesen** n. (s) voirie f. ||°**-zoll** m. (s, ¨e) péage m. ; barrière f.

Stratege [ʃtra'te:gə] m. (n, n) stratège m.

Strategie [-te'gi:] f. stratégie f.

strategisch [-'te:giʃ] adj. stratégique. | *strategische Verteidigungsinitiative*, initiative (f.) stratégique de défense.

Strato|kumulus ['ʃtrato"ku:mulus] m. (-, li) [Haufenwolke] strato-cumulus m.

Strato|sphäre [-'sfɛ:rə] f. stratosphère f.

Stratus ['ʃtrɑ:tus] m. (-, ti). [Schichtwolke] stratus m.

sträuben ['ʃtrɔybən] v. tr. hérisser ; dresser. ◇ v. pr. **sich sträuben,** se hérisser ; se dresser. | *das Haar sträubt sich*, les cheveux se dressent. || FIG. *sich gegen etwas sträuben*, se refuser à qch. ; regimber.

Sträuben [-bən] n. (s) hérissement m. ; résistance f. | *da hilft kein Sträuben*, toute résistance est inutile.

Strauch [ʃtraux] m. (s, ¨er) arbuste m. ; arbrisseau m. ; buisson m. ; broussaille f.

strauch|artig ["ʃtraux'ɑ:rtiç] adj. frutescent ; arbustif. ||°**-bündel** n. (s, -). MIL. fascine f. ||°**-dieb** m. (s, e) chenapan m. ||°**-werk** n. (s) broussailles f.

straucheln ['ʃtrauxəln] v. intr. PR. et FIG. faire un faux pas ; trébucher ; faillir.

Strauß [ʃtraus] m. (es, ¨e) bouquet m. | *Rosenstrauß*, bouquet de roses. || FIG. querelle f. ; lutte f. ; combat m. | *einen Strauß ausfechten*, avoir une querelle.

Strauß [ʃtraus] m. (es, e). ZOOL. autruche f.

Straußen|ei ["ʃtrausən'ai] n. (s, er) œuf (m.) d'autruche. ||°**-feder** f. (-, n) plume (f.) d'autruche.

Strebe ['ʃtre:bə] f. (-, n) étai m. ; étrésillon m. ; traverse f. | *mit Streben stützen*, étrésillonner.

Strebe|balken ["ʃtre:bə'balkən] m. (s, -) chevalet m. ||°**-bogen** m. (s, ¨) arc-boutant m. ||°**-pfeiler** m. (s, -) contrefort m.

streben ['ʃtre:bən] v. intr. s'efforcer ; tendre à ; chercher à atteindre. | *nach einem Ziel streben*, chercher à atteindre un but. | *nach Ehren streben*, ambitionner les honneurs. | *nach Vollkommenheit streben*, aspirer à la perfection.

Streben [-bən] n. (s), effort m. ; aspiration f. ; tendance f. ; poursuite (f.) d'un but ; visées f. pl.

Streber [-bər] m. (s, -). PÉJOR. arriviste m.

streberhaft [-bərhaft] adj. PÉJOR. arriviste.

strebsam ['ʃtre:pzɑ:m] adj. assidu ; zélé ; ambitieux.

Strebsamkeit [-kait] f. émulation f. ; zèle m. ; ambition f.

Streck|bett ['ʃtrɛkbɛt] n. (s, en) lit (m.) orthopédique. || °**-bewegung** f. (-, en) mouvement (m.) d'extension. ||°**-lage** f. SPORT. position (f.) jambes étendues. ||°**-maschine** f. (-, n) machine à étirer ; machine (f.) orthopédique. || °**-metall** n. (s, e) métal déployé. ||°**-muskel** m. (s, n). ANAT. extenseur m.

streckbar ['ʃtrɛkbɑ:r] adj. extensible. || PHYS. ductile.

Streckbarkeit [-kait] f. extensibilité f. ; ductilité f. ; malléabilité f.

Strecke ['ʃtrɛkə] f. (-, n) distance f. ; parcours m. ; voie f. ; trajet m. ; étendue f. | *eine gute Strecke Wegs*, un bon bout de chemin. || PAR EXT. espace (m.), laps (m.) de temps. || [Eisenbahn] voie f. ; portion (f.) de voie ; section f. || MINES. galerie f. || MATH. droite f. ; segment m. || FIG. *auf der Strecke bleiben*, rester sur le carreau. | *ein Wildschwein zur Strecke bringen*, tuer un sanglier. || PAR EXT. gibier tué durant une chasse ; tableau de chasse.

strecken [-kən] v. tr. et v. pr. **1.** allonger ; étendre ; étirer. | *die Hand nach etwas strecken*, tendre la main pour saisir qch. | *sich strecken*, s'étirer. | *den Kopf zum Fenster hinaus strecken*, passer la tête par la fenêtre. | *jn zu Boden strecken*, étendre qn sur le carreau. | *alle viere von sich strecken*, s'étendre les quatre fers en l'air. | *der Junge streckt sich*, ce garçon pousse vite. | *sich ins Gras strecken*, s'allonger sur l'herbe. || [Pferde] *sich im Laufe strecken*, aller ventre à terre. | *in gestrecktem Galopp*, à bride abattue.

2. LOC., FIG. *die Waffen strecken*, mettre bas les armes. | *sich nach der Decke strecken*, se restreindre. || CULIN. *eine Soße strecken*, allonger une sauce.

Strecken|arbeiter ["ʃtrɛkən'arbaitər] m. (s, -) ouvrier (m.) de la voie. ||°**-führung** f. (-, en) tracé (m.) de la voie. ||°**-wärter** m. (s, -) garde-voie m. ||**-weise** adv. par-ci par-là ; par places.

Strecker ['ʃtrɛkər] m. (s, -). ANAT. muscle extenseur.

Strecken [-kən] n. (s), **Streckung** [-kuŋ] f. (-, en) [action d']étendre, s'étendre, allonger, s'allonger, étirer, s'étirer. || MÉTALL. étirage m.

Streich [ʃtraiç] m. (s, e). **1.** [Hieb] coup m. ; tape f. | *jm einen Streich versetzen*, porter un coup à qn. | *auf den ersten Streich*, du premier coup. || PROV. *von einem Streiche fällt keine Eiche*, Paris ne s'est pas fait en un jour.

2. [Posse] tour m. ; plaisanterie f. ; farce f. ; frasque f. ; mauvais coup. | *jm einen Streich spielen*, jouer un tour à qn. | *schlechter Streich*, mauvais tour. | *dummer Streich*, sottise f. | *toller Streich*, frasque f.

Streich|brett ['ʃtraiçbrɛt] n. (s, er) versoir m. ||°**-eisen** n. (s, -) fer (m.) à étendre. ||°**-fläche** f. (-, n) frottoir m. ||°**-garn** n. (s, e) laine cardée. || [Fischfang] tirasse f. ; traîneau m. ||°**-holz** n. (es, ¨er), °**-hölzchen** n. (s, -) allumette f. ||°**-instrument** n. (s, e). MUS. instrument (m.) à cordes. ||°**-käse** m. (s, -) fromage mou, à tartiner. ||°**-quartett** n. (s, e). MUS. quatuor (m.) à cordes. ||°**-riemen** m. (s, -) cuir (m.) à repasser.

streicheln ['ʃtraiçəln] v. tr. caresser ; effleurer de la main ; cajoler ; frôler.

streichen ['ʃtraiçən] (i, i) v. tr. **1.** passer ; frotter sur ; étendre ; enduire. | *Butter auf Brot streichen*, mettre du beurre sur le pain ; beurrer du pain. | *sich das Haar glatt streichen*, se lisser les cheveux. | *mit der Hand über die Stirn streichen*, se passer la main sur le front. | *seine Haare aus der Stirn streichen*, écarter les cheveux de son front. | *Wolle streichen*, carder de la laine. | *gestrichen voll*, plein à ras bord. || PAR EXT. peindre. | *ein Haus streichen*, peindre une maison.

2. rayer ; effacer ; PAR EXT. annuler ; révoquer. | *einen Namen aus einer Liste streichen*, rayer un nom d'une liste. | *er hat diese Erinnerung aus seinem Gedächtnis gestrichen*, il a effacé ce souvenir de sa mémoire. | *eine Stelle streichen*, rayer, barrer un passage. | *Nichtzutreffendes bitte streichen*, biffer les mentions inutiles. | *einen Auftrag streichen*, annuler une commande. | *einen Flug streichen*, annuler un vol.

3. MAR. *die Segel streichen*, carguer les voiles. | *die Ruder streichen*, freiner à la rame. | *die Flagge streichen*, amener pavillon.

◇ v. intr. passer ; effleurer ; frôler. | *an der Erde streichen*, raser le sol. | *durch das Land streichen*, vagabonder. | *der Wind streicht über die Ebene*, le vent balaye la plaine. | *durch die Wellen streichen*, fendre les flots.

Streichen [-çən] n. (s) frottement m. || peinture f. || suppression f. ; annulation f. || [Vögel] passage m. || TEXT. cardage m. || [Ziegel] moulage m. || MINES. direction (f.) d'un filon.

Streicher [-çər] m. (s, -) frotteur m. || peintre m. || MUS. qui joue d'un instrument à archet.

Streichung [-çuŋ] f. (-, en) rature f. ; passage supprimé, rayé, biffé ; suppression f. ; radiation f.

Streichungs|zeichen [″ʃtraiçuŋs'tsaiçən] n. (s, -). TYPOGR. deleatur m.

Streif|band ['ʃtraifbant] n. (s, ¨er). POSTES. bande f. | *unter Streifband*, sous bande. ||°**-licht** n. (s, er) échappée (f.) de lumière. | *ein neues Streiflicht auf eine Frage werfen*, éclairer une question d'un jour nouveau. | *im Streiflicht*, sous un jour frisant. ||°**-schuß** m. (es, ¨e) éraflure f. (par balle). ||°**-wache** f. (-, n) patrouille f. ||°**-wunde** f. (-, n) éraflure f. ; écorchure f. ||°**-zug** m. (s, ¨e) course f. ; brève incursion ; raid m.

Streife ['ʃtraifə] f. (-, n). MIL. patrouille f. | *Polizeistreife*, patrouille de police. || [Streifjagd] battue f.

Streifen ['ʃtraifən] m. (s, -) bande f. ; raie f. ; rayon m. ; rayure f. | *Anzug mit grauen Streifen*, costume (m.) à rayures grises. | *Lichtstreifen*, traînée (f.) de lumière. | *Ärmelstreifen*, galon m. || FILM. bande f. | *Tonstreifen*, bande sonore. || MINÉRAL. strie f. || TYPOGR. [Fahne] placard m. || ARCHIT. [Säulen] cannelure f.

streifen [-fən] v. tr. **1.** [berühren] effleurer ; friser ; raser. | *den Boden streifen*, frôler le sol. | *streifendes Licht*, lumière rasante. || FIG. *ein Thema streifen*, effleurer un sujet.

2. [mit Streifen versehen] rayer ; marquer de raies, de rayures. | *grau gestreift*, à rayures grises. || MINÉRAL. strié.

3. [leise verwunden] érafler ; faire une blessure légère. | *die Kugel hat ihn gestreift*, la balle n'a fait que l'érafler.

4. [abziehen] *den Ring vom Finger streifen*, enlever sa bague (du doigt). | *die Ärmel in die Höhe streifen*, retrousser ses manches. | *das Laub von einem Zweig streifen*, effeuiller une branche. | *einen Hasen (ab)streifen*, dépouiller un lièvre. | *einen Aal streifen*, écorcher une anguille.

5. [bringen ; ziehen] *die Kapuze über den Kopf streifen*, rabattre une capuche sur la tête.

6. [Säulen] canneler.

◇ v. intr. rôder ; errer. | *er ist durch die ganze Gegend gestreift*, il a erré à travers toute la région, tout le pays. | *durch das Land streifen*, battre la campagne.

◇ v. pr. **sich streifen,** s'effleurer ; se rayer ; s'écorcher.

Streifen [-fən] n. (s). 1° frôlement m. ; 2° flânerie f.

Streifen|dienst [″ʃtraifən'di:nst] m. (s) rondes (f. pl.), patrouilles (f. pl.) de police. ||°**-gemüse** n. (s). CULIN. julienne f. ||°**-hyäne** f. (-, n). ZOOL. hyène rayée. ||°**-kode** m. (s, s). INF. code-barres m. ||°**-leser** m. (s, -). INF. lecteur (m.) de bandes. ||°**-locher** m. (s, -) perforatrice f. ||°**-schreiber** m. (s, -) téléimprimeur (m.) à bandes.

streifig ['ʃtraifiç] adj. rayé ; à rayures.

Streik [ʃtraik] m. ([e]s, s) grève f. | *in den Streik treten*, se mettre en grève. | *einen Streik brechen*, briser une grève. | *einen Streik ausrufen*, lancer l'ordre de grève. | *wilder Streik*, grève non organisée, sauvage.

Streik|ankündigung [″ʃtraik'ankyndiguŋ] f. (-, en) préavis (m.) de grève. ||°**-bewegung** f. (-, en) mouvement (m.) de grève. ||°**-brecher** m. (s, -) briseur (m.) de grève ; POP. jaune m. ||°**-führer** m. (s, -) meneur m. ||°**-kasse** f. (-, n) fonds (m.) de grève. ||°**-posten** m. (s, -) piquet (m.) de grève. ||°**-recht** n. (s) droit (m.) de grève.

streiken ['ʃtraikən] v. intr. faire grève ; se mettre en grève. | *die Streikenden*, les grévistes ; les travailleurs en grève.

Streit [ʃtrait] m. (s, e) querelle f. ; dispute f. ; différend m. ; rixe f. ; débat m. ; altercation f. | *mit jm im Streit liegen*, être en conflit avec qn. | *Streit vor dem Gericht*, litige m. | *wissenschaftlicher Streit*, polémique (f.) scientifique. || LOC. *Streit um des Kaisers Bart*, querelle d'Allemand. | *mit jm einen Streit vom Zaune brechen*, chercher querelle à qn. || MIL. (Vx.) [Kampf] *sich zum Streit rüsten*, se préparer au combat.

Streit|axt [″ʃtrait'akst] f. (-, ¨e) hache (f.) de guerre ; francisque f. | *die Streitaxt begraben*, enterrer la hache de guerre. ||°**-fall** m. (s, ¨e) différend m. ; litige m. ||°**-frage** f. (-, n) point litigieux. ||°**-hahn** m. (s, ¨e) coq (m.) de combat. || FIG. querelleur m. ; ergoteur m. ||°**-hammel** m. (s, ¨). FAM. disputeur m. ; querelleur m. ; mauvais coucheur. ||°**-kräfte** f. pl. forces armées. ||°**-lust** f. humeur querelleuse. ||**-lustig** adj. querelleur. ||°**-punkt** m. (s, e) point litigieux ; point (m.) en litige. ||°**-roß** n. (es, e) coursier m. ; destrier m. ; cheval (m.) de bataille. ||°**-sache** f. (-, n) litige m. ; différend m. ; objet (m.) d'un litige ; point (m.) de contentieux. ||°**-schlichter** m. (s, -) arbitre m. ; conciliateur m. ||°**-schrift** f. (-, en) écrit (m.) polémique. ||°**-sucht** f. humeur querelleuse. ||**-süchtig** adj. querelleur. || (Vx.) pugnace.

streitbar ['ʃtraitbɑ:r] adj. belliqueux ; brave ; vaillant. || PÉJOR. querelleur.

streiten ['ʃtraitən] (i, i) v. intr. combattre ; lutter. | *miteinander streiten*, se quereller. | *gegen jn streiten*, lutter contre qn. | *für etwas streiten*, se battre pour qch. | *um etwas streiten*, se battre pour obtenir qch. ; se battre pour un enjeu. || FIG. disputer ; discuter ; controverser ; se quereller ; chicaner. | *darüber läßt sich streiten*, on peut en discuter. || JUR. *vor Gericht streiten*, plaider. | *streitende Parteien*, parties plaidantes ; parties adverses.

◇ part. prés. **streitend.** MIL. *streitende Mächte*, forces belligérantes ; belligérants m. pl. || JUR. *streitende Parteien*, parties (f. pl.) adverses ; plaideurs m. pl.

◇ v. pr. **sich streiten,** se battre. | *sich mit jm streiten*, se disputer avec qn. | *sich um des Kaisers Bart streiten*, se disputer pour rien. | *sich um einen Besitz streiten*, se disputer une propriété.

Streiter [-tər] m. (s, -) combattant m. ; champion m. ; défenseur m. ; militant m. | *Streiter für die Freiheit*, champion de la liberté. || PÉJOR. querelleur m. ; batailleur m. ; disputeur m.

Streiterei [ʃtraitə'rai] f. (-, en) dispute f. ; querelle f. (pour rien).

streitig ['ʃtraitiç] adj. en litige ; contesté ; contestable ; discuté ; discutable. | *streitige Sache*, point litigieux ; différend m. ; affaire contentieuse. | *streitige Gerichtsbarkeit*, juridiction contentieuse. | *jm etwas streitig machen*, contester qch. à qn. | *jeden Fußbreit streitig machen*, discuter, lutter pied à pied.

Streitigkeit [-kait] f. (-, en) différend m. ; contestation f. | *religiöse Streitigkeiten*, controverses religieuses.

streng [ʃtrɛŋ] adj. et adv. **1.** [hart] sévère ; dur ; sans indulgence. | *strenger Richter*, juge (m.) sévère. | *strenge Sitten*, mœurs (f. pl.) austères. | *strenge Diät*, régime (m.) sévère. | *streng gegen jn sein*, user de sévérité envers qn. | *ein strenger Katholik*, un catholique strict. | *strenger Sinn*, sens strict. | *streng genommen*, à la rigueur. | *streng verboten !*, strictement interdit. | *streng aber gerecht*, sévère mais juste. | *sich streng an etwas halten*, s'astreindre à qch. | *streng geheim*, très secret. | *streng vertraulich*, strictement confidentiel. | *etwas streng befolgen*, suivre qch. à la lettre. || MIL. *strenger Arrest*, arrêts (m. pl.) de rigueur.
2. [Wetter] rude ; dur ; rigoureux. | *strenge Kälte*, grand froid. | *strenger Winter*, rude hiver m. | *im strengsten Winter*, au plus fort de l'hiver.
3. [herb] âcre. | *strenger Wein*, vin (m.) âcre.
4. [strengflüssig] MÉTALL. réfractaire.

streng|genommen ["ʃtrɛŋgə'nɔmən] adv. à la rigueur. ||**-gläubig** adj. RELIG. orthodoxe ; de stricte observance. ||°**-gläubigkeit** f. orthodoxie f.

Strenge ['ʃtrɛŋə] f. sévérité f. ; rigueur f. ; dureté f. ; inclémence f. ; austérité f. | *Strenge der Gesetze*, rigueur des lois.

Streptokokkus [ʃtrɛpto'kɔkus] m. (-, ken). MÉD. streptocoque m.

Streu [ʃtrɔy] f. (-, en) litière (f.) de paille. | *auf der Streu schlafen*, coucher sur la paille.

Streu|büchse ["ʃtrɔy'byksə] f. (-, n) sucrier (m.) à saupoudrer ; poivrier m. ; poudrier m. ||°**-dichte** f. densité (f.) de diffusion. ||°**-gold** n. (s) poudre (f.) d'or. ||°**-pulver** n. (s, -) poudre (f.) vulnéraire. ||°**-zucker** m. (s) sucre (m.) en poudre.

streuen ['ʃtrɔyən] v. tr. répandre ; disperser ; éparpiller ; disséminer. | *Blumen auf den Weg streuen*, joncher le chemin de fleurs. | *den Vögeln Körner streuen*, jeter des graines aux oiseaux. | *Salz auf eine Speise streuen*, saupoudrer un mets de sel. || FIG. *jm Sand in die Augen streuen*, jeter de la poudre aux yeux de qn. || MIL. [Flinte] écarter.

streunen ['ʃtrɔynən] v. intr. errer ; vaguer.

Streusel ['ʃtrɔyzəl] n. (s, -) rognure f.

Streuung [-uŋ] f. (-, en) dispersion f.

Strich [ʃtriç] m. (s, e). **1.** trait m. || [an Buchstaben] barre f. | *einen Strich ziehen*, tracer, tirer un trait. | *in groben Strichen zeichnen, entwerfen*, esquisser à grands traits. | *in einem Strich*, d'un trait. | *einen Strich unter etwas machen*, tirer un trait sur qch. | *Kreidestrich*, trait à la craie. | *Strich für Strich*, trait pour trait. || FIG. *(machen wir einen) Strich darüber*, tirons un trait là-dessus ; n'en parlons plus. | *jm einen Strich durch die Rechnung machen*, déranger les projets de qn. || [Zeitung] *unter dem Strich*, au bas de la page. || POP. *auf den Strich gehen*, faire le trottoir.
2. [Haare] *gegen den Strich*, à rebrousse-poil. | *Strich mit der Bürste*, coup (m.) de brosse. || FIG. *das geht mir gegen den Strich*, c'est bien malgré moi.
3. [Vögel] passage m. ; vol m.
4. [Flug] direction f. ; orientation f. | *Strich der Wolken*, direction des nuages. | *Strich des Holzes*, fil (m.) du bois.
5. MUS. *(Bogen)strich*, coup (m.) d'archet.
6. *dem Stoff den letzten Strich geben*, tuiler l'étoffe. | *Pinselstrich*, coup (m.) de pinceau. || LOC. *er lügt nach Strich und Faden*, il ment comme un arracheur de dents.
7. [Landstrecke] étendue (f.) de terre ; région f. ; pays m. ; contrée f. | *Küstenstrich*, parage m.

Strich|einteilung ["ʃtriç'aintailuŋ] f. (-, en) graduation (f.) millimétrique, en millièmes. ||°**-kode** m. (s, s). COMM. code-barres m. ||°**-punkt** m. (s, e) point-virgule m. ||°**-punktsystem** n. (s) alphabet (m.) morse. ||°**-regen** m. (s, -) grain m. ; pluies locales. ||°**-reproduktion** f. (-, en) reproduction (f.) des dessins au trait ; guillochage m. ||°**-vogel** m. (s, ¨) oiseau (m.) de passage. ||**-weise** adv. par traits ; par bandes. || par contrées ; par endroits.

stricheln ['ʃtriçəln] v. tr. pointiller ; hachurer.

Strick [ʃtrik] m. (s, e). **1.** corde f. ; câble m. | *dünner Strick*, ficelle f. ; cordelette f. || FIG. *wenn alle Stricke reißen*, au pis aller. | *jm einen Strick drehen*, tendre un piège à qn.
2. [Galgenstrick] *er ist den Strick nicht wert*, il ne vaut pas la corde pour le pendre. || PAR EXT. vaurien m. ; galopin m. ; chenapan m.

Strick|arbeit ["ʃtrik'arbait] f. (-, en) tricot m. ||°**-beutel** m. (s, -) sac (m.) à ouvrage. ||°**-jacke** f. (-, n) pull-over m. ||°**-leiter** f. (-, n) échelle (f.) de corde. ||°**-nadel** f. (-, n) aiguille (f.) à tricoter. ||°**-waren** f. pl. articles tricotés. ||°**-zeug** n. (s) nécessaire (m.) à tricoter.

stricken ['ʃtrikən] v. tr. tricoter.

Striegel ['ʃtri:gəl] m. (s, -) étrille f. ; brosse dure.

striegeln [-gəln] v. tr. étriller ; panser. || FIG. étriller ; houspiller.

Strieme ['ʃtri:mə] f. (-, n) raie f. ; bande f. ; strie f. ; meurtrissure f. ; vergeture f.

striemig [-miç] adj. strié ; meurtri.

strikt [ʃtrikt] adj. strict ; rigoureux.

stringent ['striŋɛnt] adj. serré ; dense.

Strippe ['ʃtripə] f. (-, n) corde f. ; cordon m. ; tirant (m.) de botte. || FIG., POP. téléphone m. | *an der Strippe hängen*, être pendu au téléphone.

Striptease ['ʃtripti:s] m. ou n. (-) effeuillage m.

strittig ['ʃtritiç] adj. V. STREITIG.

Stroh [ʃtro:] n. (s) paille f. ; [Dächer] chaume m. | *in Stroh packen*, mettre dans la paille. || FIG. *auf dem Stroh liegen*, être sur la paille. | *Stroh im Kopf haben*, être bête à manger du foin. | *leeres Stroh reden*, dire des bêtises.

Stroh|ballen ["ʃtro:'balən] m. (s, -) botte (f.) de paille. ||°**-blume** f. (-, n). BOT. immortelle f. ||°**-dach** n. (s, ¨er) toit (m.) de chaume. ||**-farben, -farbig** adj. couleur paille. ||°**-feuer** n. (s, -). PR. et FIG. feu (m.) de paille. ||°**-firma** f. (-, men). COMM. société (f.) écran. ||°**-flechter** m. (s, -) rempailleur m. ||°**-futter** n. (s) fourrage m. ||°**-halm** m. (s, e) brin (m.) de paille. | *nach einem Strohhalm greifen*, s'accrocher à la moindre planche de salut. || [Trinkhalm] paille f. ; chalumeau m. ||°**-hut** m. (s, ¨e) chapeau (m.) de paille. ||°**-hütte** f. (-, n) chaumière f. ||°**-kopf** m. (s, ¨e). FIG. tête (f.) de linotte. ||°**-mann** m. (s, ¨er). FIG. homme (m.) de paille. || [Vogelscheuche] épouvantail m. || [Karten] mort m. ||°**-matte** f. (-, n) paillasson m. ||°**-puppe** f. (-, n) mannequin m. ||°**-sack** m. (s, ¨e) paillasse f. ||°**-wisch** m. (es, e) bouchon (m.) de paille. ||°**-witwe** f. (-, n) femme (f.) dont le mari est provisoirement absent. ||°**-witwer** m. (s, -) mari dont l'épouse est provisoirement absente ; célibataire occasionnel.

strohig ['ʃtro:iç] adj. en paille ; jaune paille.

Strolch [ʃtrɔlç] m. (s, e) voyou m. ; rôdeur m.

strolchen ['ʃtrɔlçən] v. intr. vagabonder ; rôder ; traîner.

Strom [ʃtro:m] m. (s, ¨e). **1.** [großer Fluß] fleuve m. ; courant m. | *gegen den Strom schwimmen*, nager à contre-courant. | *breiter Strom*, fleuve large.

2. PAR EXT. flot m. ; flux m. ; déluge m. | *es regnet in Strömen*, il pleut à verse.

3. ÉLECTR. courant (m.) électrique. | *Wechselstrom*, courant alternatif. | *Gleichstrom*, courant continu.

Strom|abnehmer ["ʃtro:m'apne:mər] m. (s, -) balai m. ; trolley m. ||°-**abschaltung** f. (-, en), °-**sperre** f. (-, n). ÉLECTR. délestage m. ||-**abwärts** adv. en aval. ||°-**aggregat** n. (s, e) groupe (m.) électrogène. ||-**aufwärts** adv. en amont. ||°-**ausfall** m. (s, ¨e) panne (f.) de courant. ||°-**einführer** m. (s, -) anode f. ||°-**erzeuger** m. (s, -). ÉLECTR. dynamo f. ; génératrice f. ||°-**gebiet** n. (s, e) bassin (m.) d'un fleuve. ||°-**karte** f. (-, n) carte (f.) hydrographique. ||°-**kreis** m. (es, e). ÉLECTR. circuit m. ||°-**laufplan** m. (s, ¨e) schéma (m.) de circuit électrique. ||°-**linie** f. (-, n) ligne (f.) aérodynamique. ||-**linienförmig** adj. aérodynamique ; fuselé. ||°-**messer** m. (s, -) ampèremètre m. ||°-**netz** n. (es, e) réseau (m.) électrique. ||°-**richter** m. (s, -) redresseur (m.) de courant. ||°-**schalter** m. (s, -) conjoncteur-disjoncteur m. ||°-**schiene** f. (-, n) barre conductrice ; rail conducteur. ||°-**schnelle** f. (-, n). GÉOGR. rapide m. ||°-**speicher** m. (s, -) accumulateur m. ||°-**stärke** f. (-, n) intensité (f.) du courant. ||°-**unterbrecher** m. (s, -) coupe-circuit m. ||°-**verbrauch** m. (s) consommation (f.) de courant. ||°-**wender** m. (s, -) inverseur (m.) de courant. ||°-**zähler** m. (s, -) compteur (m.) de courant. ||°-**zuführer** m. (s, -) trolley m.

strömen ['ʃtrø:mən] v. intr. couler à grands flots ; se répandre. || [Regen] tomber à verse. || FIG. *die Menge strömt zum Stadion*, la foule afflue au stade.

Stromer ['ʃtro:mər] m. (s, -) vagabond m. ; rôdeur m. ; chemineau m.

stromern [-mərn] v. intr. trimarder ; rôder.

Strömung ['ʃtrø:muŋ] f. (-, en) courant m. | *reißende Strömung*, courant violent (d'un fleuve). || FIG. courant m. ; tendance f. | *moderne Strömungen der Literatur*, tendances de la littérature moderne. || PHYS. *Strömungslehre*, mécanique (f.) des fluides.

Strontium ['ʃtrɔntsium] n. (s) strontium m.

Strophe ['ʃtro:fə] f. (-, n) strophe f. ; couplet m. ; stance f.

...strophig [-fiç] adj. (en compos.) *mehrstrophiges Gedicht*, poème (m.) de plusieurs strophes.

strophisch [-fiʃ] adj. composé de strophes.

strotzen ['ʃtrɔtsən] v. intr. regorger ; être rempli de, débordant de. | *von Gesundheit strotzen*, regorger de santé. | *von Dünkel strotzen*, être bouffi d'orgueil. ◇ part. prés. **strotzend,** débordant ; luxuriant. || FAM. *strotzend voll*, plein à craquer.

strubbelig ['ʃtrubəliç] adj. ébouriffé.

Strudel ['ʃtru:dəl] m. (s, -) rapide m. ; tourbillon m. ; remous m. pl. || FIG. *Strudel der Geschäfte*, tourbillon des affaires. || CULIN. beignet m.

strudeln [-dəln] v. intr. tourbillonner ; bouillonner.

Strudeln [-dəln] n. (s) bouillonnement m.

Struktur [ʃtruk'tu:r] f. (-, en) structure f. || PAR EXT. texture f. || CHIM. *Strukturformel*, formule développée.

strukturell [-tu'rɛl] adj. structural ; structurel.

Struktur|formel [ʃtruk"tu:r'fɔrməl] f. (-, n). CHIM. formule développée. ||°-**gen** n. (s, e). BIOL. gène (m.) de structure.

Strumpf [ʃtrumpf] m. (s, ¨e) bas m. ; chaussette f. || FIG. *sich auf die Strümpfe machen*, filer ; décamper. || TECHN. manchon m.

Strumpf|band ["ʃtrumpf'bant] n. (s, ¨er) jarretière f. ||°-**fabrikant** m. (en, en) bonnetier m. ||°-**halter** m. (s, -) fixe-chaussettes m. ; jarretelle f. ||°-**hose** f. (-, n). TEXT. collant m. ||°-**waren** f. pl. bonneterie f.

Strunk [ʃtruŋk] m. (s, ¨e) trognon m. ; souche f. ; stipe m. | *Kohlstrunk*, trognon de chou.

struppig ['ʃtrupiç] adj. hérissé ; ébouriffé. | *struppiges Haar*, cheveux (m. pl.) en broussaille.

Struw(w)el|kopf ["ʃtru:vəl'kɔpf] m. (s, ¨e), °-**peter** [-pe:tər] m. (s, -) ébouriffé m.

Strychnin [ʃtryç'ni:n] n. (s). CHIM. strychnine f.

Stube ['ʃtu:bə] f. (-, n) chambre f. ; pièce f. | *eine Stube voll*, une chambrée. | *Stübchen*, chambrette f. || POP. *er ist nicht richtig im Oberstübchen*, il a l'esprit dérangé.

Stuben|arrest ["ʃtu:bəna'rɛst] m. (s, e) *Stubenarrest haben*, être consigné dans sa chambre. ||°-**gelehrsamkeit** f. esprit (m.) livresque. ||°-**gelehrter** m. homme (m.) de cabinet. ||°-**hocker** m. (s, -) homme casanier. ||°-**mädchen** n. (s, -) femme (f.) de chambre. ||-**rein** adj. [Tiere] propre.

Stuck [ʃtuk] m. (s) enduit (m.) de plâtre ; stuc m.

Stuck|arbeit ["ʃtuk'arbait] f. (-, en) stuc m. ; ouvrage (m.) en stuc. ||°-**arbeiter** m. (s, -) stucateur m. ||°-**werk** n. (s). [Stukkatur] stucs m. pl.

Stück [ʃtyk] n. (s, e). **1.** morceau m. ; pièce f. ; partie f. ; bout m. | *ein Stück Fleisch*, un morceau de viande. | *Stück Land*, lopin (m.) de terre. | *ein hübsches Stück Geld*, une jolie somme. | *jn ein Stück Weges begleiten*, accompagner qn un bout de chemin. | *aus einem Stück*, d'un seul tenant, tout d'une pièce. | *das schönste Stück einer Sammlung*, la plus belle pièce d'une collection. | *in Stücke gehen*, se briser. | *in Stücke zerbrechen*, briser en morceaux. | *in Stücke reißen*, déchirer.

2. pièce f. ; unité f. | *auf Stück arbeiten*, travailler aux pièces. | *das Stück kostet drei Mark*, cela coûte trois marks pièce. || pièce de monnaie.

3. FIG. *das ist ein starkes Stück*, c'est un peu fort. | *aus freien Stücken*, de plein gré. | *große Stücke auf jn halten*, faire grand cas de qn ; avoir grande confiance en qn. | *aus freien Stücken handeln*, agir de son propre chef.

4. MIL. pièce f. ; canon m.

5. MUS. *Musikstück*, morceau (m.) de musique.

6. THÉÂTRE. pièce f.

Stück|arbeit ["ʃtyk'arbait] f. (-, en) travail (m.) aux pièces. ||°-**arbeiter** m. (s, -) ouvrier (m.) aux pièces. ||°-**gut** n. (s, ¨er) colis m. ||°-**lohn** m. (s, ¨e) salaire (m.) aux pièces. ||-**weise** adv. en détail ; par morceaux ; petit à petit ; pièce par pièce. ||°-**werk** n. (s, e) travail décousu ; œuvre décousue ; travail aux pièces. ||°-**zahlung** f. (-, en) acompte m. ; paiement partiel.

Stückchen ['ʃtykçən] n. (s, -) petit bout ; petit morceau ; miette f. ; brin m. | *ein Stückchen*, un petit peu. || FIG. saynète f. ; historiette f. || PAR EXT. *jm ein Stückchen spielen*, jouer un petit tour à qn.

stückeln ['ʃtykəln] v. tr. morceler ; mettre en morceaux.

Student(in) [ʃtu'dɛnt(in)] m. (en, en), f. (-, nen) étudiant(e) m. (f.). | *Student der Medizin*, étudiant en médecine.

Studenten|blume [ʃtu"dɛntən'blu:mə] f. (-, n). BOT. ketmie trifoliée. ||°-**futter** n. (s). CULIN. mendiant m. ||°-**jahre** n. pl. années (f. pl.) d'université. ||°-**verbindung** f. (-, en) association (f.) d'étudiants. ||°-**wohnheim** n. (s, e) foyer (m.) d'étudiants ; résidence (f.) universitaire.

Studentenschaft [ʃtu'dɛntənʃaft] f. étudiants m. pl.

studentisch [-'dɛntiʃ] adj. d'étudiant ; d'étudiants.

Studie ['ʃtu:diə] f. (-, n) étude f.

Studien|assessor ["ʃtu:diəna'sɛsɔr] m. (s, en) professeur (m.) stagiaire. ||°-**gang** m. (s,¨e) cycle (m.), progression (f.) des études. ||°-**rat** m. (s,¨e) professeur (m.) de lycée. ||°-**referendar** m. (s, e) professeur délégué. ||°-**zeichnung** f. (-, en). ARTS. étude f.

studieren [ʃtu'di:rən] v. tr. étudier ; faire des études. | *Jura studieren*, étudier le droit. || PAR EXT. *jn studieren*, étudier, observer qn.

◇ part. pass. **studiert,** savant ; lettré ; qui a fait des études. || [erkünstelt] étudié ; affecté ; maniéré.

Studier|zimmer [ʃtu"di:r'tsimər] n. (s, -) cabinet (m.) de travail.

Studio ['ʃtu:dio] n. (s, s) studio m. ; atelier (m.) d'artiste. || FILM. studio (m.) de cinéma.

Studiosus [ʃtudi'o:zus] m. (-, si) [Vx.] étudiant m.

Studium ['ʃtu:dium] n. (s, dien) étude f.

Stufe ['ʃtu:fə] f. (-, n). **1.** marche f. ; degré m. ; échelon m. ; gradin m. | *Achtung, Stufe !*, attention à la marche. || [Sprosse] barreau (m.) d'échelle.

2. FIG. échelon m. ; degré m. ; stage m. ; stade m. | *von Stufe zu Stufe*, graduellement ; d'une étape à l'autre. | *höchste Stufe*, comble m. ; faîte m. | *die letzte Stufe einer Krankheit*, le dernier degré d'une maladie.

3. ARTS. ton m. ; nuance f.

4. MUS. intervalle m. || GRAMM. degré m.

5. MINES. échantillon m.

stufen ['ʃtu:fən] v. tr. tailler, creuser des marches.

◇ part. pass. **gestuft,** dégradé ; échelonné.

stufen|artig ["ʃtu:fən'ɑ:rtiç] adj. en forme de marche, de degré ; par degrés. ||°-**bank** f. (-,¨e) gradin m. ||°-**breite** f. (-, n). TECHN. giron m. ||°-**diagramm** n. (s, e). STAT. histogramme m. ||°-**erz** n. (es, e) minerai pur. ||°-**folge** f. (-, n) gamme f. ; gradation f. ; progression f. ||-**förmig** adj. en escalier ; en gradins ; étagé. ||°-**leiter** f. (-, n) échelle graduée. ||°-**rakete** f. (-, n) fusée (f.) à plusieurs étages. ||-**weise** adv. par degrés ; progressivement.

Stuhl [ʃtu:l] m. (s,¨e) chaise f. ; siège m. | *jm den Stuhl vor die Tür setzen*, mettre qn dehors. || RELIG. *Heiliger Stuhl*, Saint-Siège m. || MÉD. selle f.

Stuhl|bein ["ʃtu:l'bain] n. (s, e) pied (m.) de chaise. ||°-**drang** m. (s,¨e) besoin pressant. ||°-**flechter** m. (s, -) rempailleur (m.) de chaises. ||°-**gang** m. (s,¨e) selle f. ; défécation f. | *keinen Stuhlgang haben*, être constipé. ||°-**macher** m. (s, -) chaisier m.

Stukkatur [ʃtuka'tu:r] f. ouvrage (m.) en stuc.

Stulle ['ʃtulə] f. (-, n) tartine f.

Stulpe ['ʃtulpə] f. (-, n) revers m. ; retroussis m. | *Stulpenstiefel*, botte (f.) à revers.

stülpen ['ʃtylpən] v. tr. retrousser ; relever le bord. | *die Ärmel aufstülpen*, relever ses manches. | *den Deckel auf etwas stülpen*, mettre un couvercle sur qch. | *seinen Hut auf den Kopf stülpen*, enfoncer son chapeau sur sa tête.

stumm [ʃtum] adj. muet ; silencieux ; qui ne dit mot ; qui se tait. | *stummes Kind*, enfant muet. | *stumm wie ein Fisch*, muet comme une carpe. || GRAMM. *stummes e*, e muet, amuï.

Stumm|film ['ʃtumfilm] m. (s, e) film muet.

Stummel ['ʃtuməl] m. (s, -) tronçon m. ; moignon m. ; chicot m. ; POP. mégot m.

Stummheit ['ʃtumhait] f. mutisme m. ; silence m.

Stümper ['ʃtympər] m. (s, -) mauvais travailleur ; bousilleur m. ; gâcheur m.

Stümperei [ʃtympə'rai] f. (-, en) bousillage m. ; ouvrage gâché.

stümperhaft ['ʃtympərhaft] adj. gâché ; bousillé.

stümpern [-pərn] v. intr. et v. tr. bousiller, gâcher un travail.

stumpf [ʃtumpf] adj. **1.** sans pointe ; émoussé ; épointé ; qui ne coupe pas. | *ein stumpfes Messer*, un couteau qui ne coupe plus. | *stumpfe Zähne*, dents usées, agacées. | *stumpfe Nase*, nez camus, écrasé. | *stumpfe Seide*, soie (f.) terne. || MATH. *stumpfer Winkel*, angle obtus. | *stumpfer Kegel*, cône tronqué. || [Degen] moucheté.

2. FIG. émoussé ; affaibli ; atténué ; inerte. | *stumpfer Blick*, regard morne. | *stumpf werden*, s'aveulir. | *stumpfe Sinne*, sens émoussés. | *stumpfer Verstand*, esprit obtus. | *alt und stumpf*, vieux et cassé.

3. POÉS. *stumpfe Reime*, rimes masculines.

Stumpf [ʃtumpf] m. (s,¨e) tronçon m. ; moignon m. ; chicot m. || FIG. *mit Stumpf und Stiel vertilgen*, exterminer radicalement. || MATH. tronc m.

Stumpf|nase ["ʃtumpf'nɑ:zə] f. (-, n) nez camus. ||°-**sinn** m. (s) apathie f. ; hébétude f. ; stupidité f. ; abrutissement m.

Stumpfheit ['ʃtumpfhait] f. FIG. abrutissement m. ; léthargie f.

Stunde ['ʃtundə] f. (-, n) heure f. | *eine ganze, volle Stunde*, une heure pleine. | *halbe Stunde*, demi-heure f. | *anderthalb Stunden*, une heure et demie. | *in letzter Stunde*, au dernier moment. | *die Stunde schlägt*, l'heure sonne. | *von Stunde zu Stunde*, d'heure en heure. | *er hatte eine schwache Stunde*, il a eu un moment de faiblesse. | *bis auf diese Stunde*, jusqu'au moment présent. | *eine Stunde lang*, une heure durant. || PAR EXT. heure (f.) de chemin ; lieue f. | *diese Stadt liegt eine Stunde entfernt*, cette ville est à une heure, à une lieue. || UNIV. cours m. ; leçon f. ; heure (f.) de classe. | *Stunden geben, nehmen*, donner, prendre des leçons.

stunden [-dən] v. tr. COMM. accorder un délai de paiement. | *eine Schuld stunden*, ajourner une dette.

Stunden|buch ["ʃtundən'bu:x] n. (s,¨er). RELIG. livre (m.) d'heures. ||°-**gebet** n. (s, e). RELIG. heure canoniale. ||°-**geld** n. (s) honoraires (m. pl.) pour une leçon ; cachet m. ||°-**geschwindigkeit** f. (-, en) vitesse (f.) horaire. ||°-**glas** n. (es,¨er) sablier m. ||°-**kilometer** n. (s, -) kilomètre (m.) à l'heure. | *mit achtzig Stundenkilometern*, à quatre-vingts kilomètres à l'heure. ||°-**kreis** m. (es, e). ASTRON. cercle (m.) horaire ; cercle (m.) de déclinaison. ||-**lang** adj. et adv. qui dure des heures ; des heures durant. ||°-**leistung** f. (-, en) rendement (m.) horaire. ||°-**lohn** m. (s,¨e) salaire (m.) horaire. ||°-**plan** m. (s,¨e) emploi (m.) du temps. ||°-**satz** m. (es,¨e) taux (m.) horaire. ||°-**schlag** m. (s,¨e) son (m.) de la cloche. | *mit dem Stundenschlag*, à l'heure sonnante. ||-**weise** adv. par heure ; à l'heure ; heure par heure ; toutes les heures ; d'heure en heure. ||°-**zeiger** m. (s, -) aiguille (f.) des heures.

stündig ['ʃtyndiç] adj. d'une heure ; d'une lieue. || (en compos.) *vierstündige Fahrt*, parcours (m.) de quatre heures.

Stündlein ['ʃtyntlain] n. (s, -) petite heure. | *letztes Stündlein*, dernière heure ; dernier moment.

stündlich [-liç] adj. et adv. toutes les heures. | *dreimal stündlich*, trois fois par heure. | *halbstündlich*, toutes les demi-heures. | *dreistündlich*, toutes les trois heures. || [je Stunde] par heure. | *vier Mark stündlich*, quatre marks (de) l'heure. || d'une heure à l'autre. | *jn stündlich erwarten*, attendre qn d'une heure à l'autre.

Stundung ['ʃtunduŋ] f. (-, en). COMM. *Stundung bewilligen*, accorder un délai de paiement.

Stunk [ʃtuŋk] m. (s, e). VULG. querelle f.

stupend [ʃtu'pɛnt] adj. stupéfiant.

stupid [ʃtu'pi:t] adj. stupide.

Stupidität [-pidi'tɛ:t] f. stupidité f.
Stups [ʃtups] m. (es, e). FAM. bourrade f.
Stups|nase ["ʃtups'nɑ:zə] f. (-, n) nez retroussé.
stur [ʃtu:r] adj. entêté ; têtu ; abruti.
stürbe ['ʃtyrbə] forme de l'imparf. du subj. de **sterben.**
Sturm [ʃturm] m. (s, ¨e).**1.** tempête f. ; orage m. ; ouragan m. | *der Sturm bricht los, legt sich*, la tempête se déchaîne, se calme.
2. FIG. tempête f. ; tumulte m. ; déchaînement m. impétuosité f. ; fougue f. | *einen Sturm der Entrüstung erregen*, soulever une tempête d'indignation. || IRON. *Sturm im Wasserglas*, tempête dans un verre d'eau.
3. [Sturmglocke] alarme f. ; tocsin m. | *Sturm läuten*, sonner le tocsin.
4. MIL. assaut m. ; attaque f. | *im Sturm nehmen*, prendre d'assaut. | *Sturm laufen*, se lancer à l'assaut. || PAR EXT. détachement (m.) d'assaut. || SPORT. avants m. pl.
Sturm|abteilung ["ʃturm'aptailuŋ] f. (-, en) [abr. SA]. MIL. section (f.) d'assaut. ||°**-angriff** m. (s, e), °**-anlauf** m. (s, ¨e) assaut m. ||°**-balken** m. (s, -), °**-bock** m. (s, ¨e). HIST. bélier m. ||°**-deck** n. (s, e). MAR. pont m. ; abri m. ||°**-flut** f. (-, en) raz (m.) de marée. ||°**-glocke** f. (-, n) tocsin m. ||°**-laterne** f. (-, n) lampe-tempête f. ||°**-lauf** m. (s,¨e) assaut m. ; escalade f. ||°**-läufer** m. (s, -) assaillant m. ||°**-schritt** m. (s) pas (m.) de charge. | *im Sturmschritt*, tambour battant. ||°**-segel** n. (s, -). MAR. tourmentin m. ||°**-trupp** m. (s, s) détachement (m.) d'assaut. ||°**-vogel** m. (s, ë). ZOOL. pétrel m. ||°**-wetter** n. (s) gros temps. ||°**-wind** m. (s, e) bourrasque f. ; ouragan m. ; rafale f.
stürmen ['ʃtyrmən] v. intr. **1.** souffler avec violence.
2. s'élancer ; se précipiter. | *gegen etwas stürmen*, attaquer vivement qch. || FIG. *jn mit Bitten bestürmen*, assaillir qn de prières.
3. [toben] faire du tapage ; tempêter.
◇ v. tr. [in Sturmangriff nehmen] prendre d'assaut ; donner l'assaut à.
◇ v. impers. *es stürmt*, la tempête fait rage.
Stürmer ['ʃtyrmər] m. (s, -). SPORT. attaquant m.
stürmisch ['ʃtyrmiʃ] adj. [windig] orageux ; tempétueux. || FIG. impétueux ; fougueux. | [wild auffahrend] emporté ; désordonné. | [leidenschaftlich] passionné. | *stürmischer Beifall*, applaudissements à tout rompre.
Sturz [ʃturts] m. (es, ¨e).**1.** chute f. ; écroulement m. ; effondrement m. ; culbute f. | *Sturz vom Pferde*, chute de cheval.
2. FIG. chute (f.) libre ; baisse subite ; effondrement m. ; disgrâce f. ; ruine f. | *Sturz einer Regierung*, chute, renversement (m.) d'un gouvernement. | *tiefer Sturz*, (fait de) tomber de haut.
3. [Felsensturz] éboulis m. pl. ; tronçon m.
4. [Türsturz] linteau m.
5. chute (f.) d'eau ; cascade f. | *Sturzregen*, torrent (m.) de pluie. | *mit einem Sturz trinken*, boire d'un trait.
6. AUTOM. déport m. | *negativer Sturz*, déport négatif.
7. [Österreich] *Sturz aus Glas*, globe (m.) de verre.
Sturz|bach ['ʃturtsbax] m. (s, ¨e) torrent m. ||°**-bomber** m. (s, -) bombardier (m.) en piqué. ||°**-flug** m. (s, ¨e). AÉRON. vol (m.) en piqué. | *zum Sturzflug ansetzen*, amorcer la descente en piqué. | *im Sturzflug heruntergehen*, piquer. ||°**-gut** n. (s, ¨er). COMM. charge (f.) en vrac. ||°**-helm** m. (s, e) casque protecteur. ||°**-regen** m. (s, -) averse f. ||°**-see** f. (-, n), °**-welle** f. (-, n) paquet (m.) de mer.
stürzen [-tsən] v. intr. tomber lourdement, violemment ; faire une chute ; s'abattre ; s'effondrer. | *vom Fahrrad stürzen*, tomber de vélo. | *zu Boden stürzen*, tomber par terre. | *aus dem Fenster stürzen*, tomber par la fenêtre. | *jm zu Füßen stürzen*, s'écrouler aux pieds de qn. | *auf jn stürzen*, tomber sur qn. | *Tränen stürzten aus seinen Augen*, les larmes ruisselaient de ses yeux. | *der Bergstrom stürzt herab*, le torrent dévale de la montagne. | *er stürzt mit der Tür ins Haus*, il fait irruption dans la maison.
◇ v. tr. faire tomber ; renverser. | *ins Verderben stürzen*, ruiner. || CULIN. démouler.
◇ v. pr. **sich stürzen,** se jeter ; se précipiter ; s'élancer. | *sich auf eine Beute stürzen*, se jeter sur une proie. | *sich ins Wasser stürzen*, se jeter à l'eau. | *sich in Unkosten stürzen*, engager des frais en masse.
Stute ['ʃtu:tə] f. (-, n). ZOOL. jument f. ; cavale f. | *Stutenfüllen*, pouliche f.
Stutz|bart ['ʃtutsbɑ:rt] m. (s, ¨e) moustache retroussée. ||°**-degen** m. (s, -) épée courte. ||°**-flügel** m. (s, -). MUS. piano (m.) demi-queue. ||°**-glas** n. (es, ¨er) verre (m.) sans pied. ||°**-schere** f. (-, n). TECHN. croissant m. ; sécateur m. ||°**-uhr** f. (-, en) pendule (f.) de cheminée.
Stütz [ʃtyls] m. (es, e). SPORT. appui (m.) des mains.
Stütz|balken ["ʃtyts'balkən] m. (s, -) lambourde f. ||°**-bogen** m. (s,¨) arc (m.) de soutènement. ||°**-fuß** m. (es,¨e) pied-support m. ||°**-holz** n. (es,¨er) étançon m. ||°**-lager** n. (s, -). TECHN. crapaudine f. ||°**-mauer** f. (-, n) mur (m.) de soutènement. ||°**-pfeiler** m. (s, -) pilier (m.) de soutien. ||°**-punkt** m. (s, e) point (m.) d'appui. || MIL. base f.
Stütze ['ʃtytsə] f. (-, n) support m. ; appui m. ; soutien m. ; étai m. ; étançon m. || BOT. tuteur m.
stutzen ['ʃtutsən] v. intr. être stupéfait, effaré ; avoir un mouvement de surprise. | *über etwas stutzen*, être surpris par qch.
◇ v. tr. écourter ; couper ; raccourcir ; tondre. | *Flügel stutzen*, rogner les ailes ; éjointer. | *Bäume stutzen*, élaguer des arbres.
Stutzen ['ʃtutsən] m. (s, -) carabine f. || manchette f. || mi-bas tyrolien. || verre (m.) sans pied. || TECHN. embout m. ; raccord (m.) de tuyauterie.
stützen ['ʃtytsən] v. tr. et v. pr. soutenir ; appuyer ; étayer ; étançonner. | *einen Baum stützen*, tuteurer un arbre. || COMM. *die Preise stützen*, soutenir les prix.
◇ v. pr. **sich stützen.** *sich auf seinen Stock stützen*, s'appuyer sur sa canne. || FIG. *sich auf sein Recht stützen*, être fort de son droit. | *sich auf einen Beweis stützen*, se fonder sur une preuve.
Stutzer ['ʃtutsər] m. (s, -) dandy m.
stutzig ['ʃtutsiç] adj. surpris ; étonné ; interdit. | *stutzig machen*, déconcerter.
Stützung ['ʃtytsuŋ] f. (-, en) appui m. ; soutien m.
Suada [zu'ɑ:da] f. faconde f. ; volubilité f. ; don (m.) de persuasion.
subaltern [zupal'tɛrn] adj. subalterne ; inférieur.
Subjekt [zup'jɛkt] n. (s, e) sujet m. | *liederliches Subjekt*, mauvais sujet. || GRAMM. *Subjekt eines Satzes*, sujet d'une phrase.
subjektiv [-jɛk'ti:f] adj. subjectif.
Subjektivität [-jɛktivi'tɛ:t] f. PHILOS. subjectivité f.
Subkontinent ["zupkonti'nɛnt] m. (s, e). GÉOGR. sous-continent m.
subkutan [zupku'tɑ:n] adj. sous-cutané.
sublim [zu'bli:m] adj. [erhaben] sublime. || [fein] subtil ; sublimé.
Sublimat [zubli'mɑ:t] n. (s, e). CHIM. [Quecksilberchlorid] sublimé m.
Sublimation [-ma'tsio:n] f. PHYS. sublimation f.
sublimieren [-'mi:rən] v. tr. sublimer.
Sublimierung [-'mi:ruŋ] f. FIG. sublimation f.

Submission [zubmi'sio:n] f. (-, en) soumission f. ; humilité f. ; obséquiosité f. ‖ JUR. *im Wege der Submission*, par voie d'adjudication.

Submissions|bedingungen [zubmi"sio:nsbə-'diŋuŋən] f. pl. cahier (m.) des charges. ‖°-**vertrag** m. (s, ¨e) marché (m.) des fournitures.

Submittent [zubmi'tɛnt] m. (en, en) soumissionnaire m.

Subordination [zubɔrdina'tsio:n] f. [Unterordnung] subordination f.

subordinieren [-'ni:rən] v. tr. subordonner.

subsidiär [zupzidi'ɛ:r] adj. subsidiaire.

Subskribent [zupskri'bɛnt] m. (en, en) souscripteur m. ; abonné m.

subskribieren [-skri'bi:rən] v. intr. et v. tr. souscrire ; prendre une souscription. | *auf eine Anleihe subskribieren*, souscrire à un emprunt. | *ein Buch subskribieren*, souscrire à un livre.

Subskription [-skrip'tsio:n] f. (-, en) souscription f.

Substantiv [supstan'ti:f] n. (s, e). [Hauptwort] substantif m. ; nom m.

substantivisch [-'ti:viʃ] adj. substantif. ‖ GRAMM. *substantivisch gebrauchen*, substantiver.

Substanz [zup'stants] f. (-, en) substance f.

substituieren [zupstitu'i:rən] v. tr. substituer.

Substituierung [-ruŋ] f. (-, en) substitution f.

Substrat [zup'strɑ:t] n. (s, e) base f. ; substrat m.

subsumieren ['zupzumi:rən] v. tr. comprendre ; impliquer ; inclure.

subtil [zup'ti:l] adj. subtil.

Subtilität [-li'tɛ:t] f. subtilité f.

Subtrahend [zuptra'hɛnt] m. (en, en) nombre (m.) à soustraire.

subtrahieren [-tra'hi:rən] v. tr. soustraire.

Subtraktion [-trak'tsio:n] f. (-, en) soustraction f.

Subvention [zupvɛn'tsio:n] f. (-, en) subvention f.

subventionieren [-tsio'ni:rən] v. tr. subventionner.

subversiv [zupvɛr'zi:f] adj. [umstürzlerisch] subversif.

Such|anzeige ["zu:x'antsaigə] f. (-, n). [Polizei] avis (m.) de recherche. ‖°-**dienst** m. (s, e) service (m.) de recherches, d'investigations. ‖°-**hund** m. (s, e) limier m. ‖°-**kopf** m. (s, ¨e). TECHN. tête chercheuse.

Suche ['zu:xə] f. (-, n) recherche f. ; quête f. ; investigation f. | *auf der Suche nach etwas*, en quête de qch. | *auf die Suche gehen*, se mettre en quête.

suchen [-xən] v. tr. chercher ; rechercher ; faire des recherches, des investigations ; sonder ; explorer. | *seine Schlüssel suchen*, chercher ses clefs. | *ein Unterkommen suchen*, chercher un toit. | *Bäcker sucht Lehrling*, boulanger demande apprenti. | *nach jm suchen*, rechercher qn. | *Rat suchen*, demander conseil. | *Händel mit jm suchen*, chercher querelle à qn. ‖ FAM. *das Weite suchen*, prendre le large. | *hier haben Sie nichts zu suchen*, vous n'avez rien à faire ici. ‖ [versuchen] *er sucht, sein Los zu verbessern*, il cherche à améliorer son sort. ◇ part. pass. **gesucht,** recherché. | *gesuchte Ware*, marchandise très demandée. | *gesuchter Stil*, style recherché.

Suchen [-xən] n. (s) recherche f. ; enquête f. ; investigations f. pl. | *erfolgreiches, vergebliches Suchen*, recherches fructueuses, vaines. ‖ [Jagd] quête f.

Sucher [-xər] m. (s, -) celui qui cherche ; chercheur m. ; quêteur m. ‖ MÉD. sonde f. ‖ PHOT. viseur m. ‖ AUTOM. phare (m.) mobile.

Sucht [zuxt] f. (-, ¨e). [Gier] manie f. ; passion (f.) tenace ; rage f. | *Rauschgiftsucht*, toxicomanie f.

süchtig ['zyçtiç] adj. atteint d'un mal chronique, d'une manie ; [Rauschgift] dépendant ; FAM. accro.

Sud [zu:t] m. (s) ébullition f.

Süd [zy:t] m. (s, e) vent (m.) du sud.

Süd... (en compos.) du sud ; méridional.

Süd|deutschland ["zy:t'dɔytʃlant] n. pr. n. Allemagne (f.) du Sud. ‖°-**länder** m. (s, -) Méridional m. ‖°-**licht** n. (s, er) aurore australe. ‖°-**ost** m. (es) sud-est m. ‖°-**pol** m. (s) pôle (m.) Sud. ‖-**wärts** adv. vers le sud. ‖°-**west** m. (s) sud-ouest m. ‖°-**wester** m. (s, -) suroît m.

Sudan [zu'dɑ:n] n. pr. m. (s). GÉOGR. Soudan m.

Sudelei [zu:də'lai] f. (-) gâchis m. ; saleté f.

sudeln [-dəln] v. tr. et v. intr. bousiller ; gâcher ; gribouiller ; POP. cochonner.

Sudeten [zu'de:tən] n. pr. m. pl. Sudètes m. pl.

Süden ['zy:dən] m. (s) sud m. ; Sud m. ; midi m. ; Midi m. | *im Süden*, dans le Midi.

südlich ['zy:tliç] adj. du sud ; situé au sud ; méridional ; austral. | *bei 40° südlicher Breite*, par 40 degrés de latitude sud.
◇ adv. *südlich von*, au sud de.

Suff [zuf] m. (s). [Trunksucht] ivrognerie f.

süffeln [-fəln] v. intr. POP. boire ; se saouler.

süffig [-fiç] adj. *ein süffiger Wein*, un vin gouleyant.

Suffix [zu'fiks] n. (es, e). GRAMM. suffixe m.

suggerieren [zuge'ri:rən] v. tr. suggérer.

suggestibel [-gɛs'ti:bəl] adj. influençable.

Suggestion [-gɛs'tsio:n] f. (-, en) suggestion f.

suggestiv [-gɛs'ti:f] adj. suggestif ; qui exerce une influence.

Suhle ['zu:lə] f. (-, n) bauge f.

Sühne ['zy:nə] f. (-, n) expiation f. ; réparation f. ‖ JUR. conciliation f.

Sühne|termin ["zy:nəter'mi:n] m. (s, e). JUR. audience (f.) de conciliation.

sühnen ['zy:nən] v. tr. expier ; payer ; réparer. | *ein Verbrechen sühnen*, expier un crime.

Sühn|opfer ["zy:n'ɔpfər] n. (s, -) sacrifice (m.), victime (f.) expiatoire.

Suite [sɥ'itə] f. (-, n). MUS. suite f. ‖ FAM. fredaine f.

sukzessiv [-'si:f] adj. successif.
◇ adv. (aussi **sukzessive**) successivement ; peu à peu ; progressivement.

Sulfat [zul'fɑ:t] n. (s, e). CHIM. sulfate m.

Sulfid [zul'fi:t] n. (s, e). CHIM. sulfure m.

Sulfit [-'fi:t] n. (s, e). CHIM. sulfite m.

Sultan [zul'tɑ:n - 'zultɑn] m. (s, e) sultan m.

Sultanine [-'tɑ:nin] f. (-, n). [Rosine] raisin sec.

Sülze ['zyltsə] f. (-, n). CULIN. viande (f.) en gelée ; fromage (m.) de tête de porc.

Summa ['zuma] f. (-, men) somme f. ‖ LOC. [alles in allem] *summa summarum*, tout bien pesé.

summarisch [zu'mɑ:riʃ] adj. sommaire ; succinct.

Summe ['zumə] f. (-, n). COMM., MATH. somme f. | *die Summe errechnen*, faire la somme. | *Summe aus drei Zahlen*, somme de trois chiffres. | *stattliche Summe*, somme respectable. | *eine Summe abrunden*, arrondir une somme. | *Summe von tausend Mark*, somme de mille marks. | *Höhe einer Summe*, montant (m.) d'une somme. | *fehlende Summe*, déficit m. | *ein nettes Sümmchen*, une somme rondelette. ‖ FIG. *die Summe aus etwas ziehen*, tirer la conclusion de qch.

summen ['zumən] v. intr. et v. tr. bourdonner ; ronfler. | *die Mücken, die Bienen summen*, les moustiques, les abeilles bourdonnent. | *es summt mir in den Ohren*, j'ai des bourdonnements d'oreilles. | *ein Liedchen summen*, fredonner une chanson.

Summer [-mər] m. (s, -). TECHN. vibrateur m. ; ronfleur m. ; trembleur m. ; vibreur m.

summieren [zu'mi:rən] v. tr. et v. pr. additionner ; totaliser ; faire la somme de. | *sich summieren*, s'additionner.

Summierung [-ruŋ] f. (-, en) addition f.

Sumpf [zumpf] m. (s, ¨e) marais m. ; marécage m. ; bourbier m. | *in Sümpfen lebend*, palustre. || TECHN. puisard m. || FIG. bourbier m. ; fange f.

Sumpf|boden ["zumpf'bo:dən] m. (s, -) sol marécageux. ||°**-dotterblume** f. (-, n). BOT. renoncule f. ||°**-fieber** n. (s, -) fièvre paludéenne. ||°**-gas** n. (es). CHIM. gaz (m.) des marais ; méthane m. ||°**-huhn** n. (s, ¨er) poule (f.) d'eau. ||°**-wasser** n. (s) eau bourbeuse.

sumpfig ['zumpfiç] adj. marécageux ; bourbeux ; vaseux.

Sums [zums] m. (es). POP. *einen großen Sums von etwas machen*, faire beaucoup de chichi à propos de qch.

Sund [zunt] m. (s, e). [Meerenge] détroit m.

Sünde ['zynde] f. (-, n) péché m. | *kleine Sünde*, peccadille f. | *läßliche Sünde*, péché véniel. | *eine Sünde begehen*, commettre un péché. | *eine Sünde auf sich laden*, se rendre coupable d'un péché. | *seine Sünden bekennen*, avouer ses péchés.

Sünden|bock ["zyndən'bɔk] m. (s, ¨e) bouc (m.) émissaire. ||°**-erlaß** m. (es). RELIG. rémission (f.) des péchés ; absolution f. ||°**-fall** m. (s, ¨e). RELIG. chute f. ||°**-pfuhl** m. (s) fange f. ; bourbier (m.) du péché. ||°**-vergebung** f. RELIG. absolution f. ; rémission f. ; rédemption f.

Sünder ['zyndər] m. (s, -) pécheur m. | *reuiger Sünder*, pécheur repenti. | *armer Sünder*, pauvre diable m. || PROV. *jedem Sünder wird verziehen*, à tout péché miséricorde.

Sünderin [-rin] f. (-, nen) pécheresse f.

Sünd|flut ["zynt'flu:t] f. V. SINTFLUT.

sündhaft ['zynthaft] adj. pécheur ; coupable ; fautif. | *sündhafte Handlung*, acte (m.) impie. || FIG., FAM. *sündhaft teuer*, diablement cher.

Sündhaftigkeit [-tiçkait] f. RELIG. peccabilité f. ; inclination (f.) au péché.

sündig ['zyndiç] adj. V. SÜNDHAFT.

sündigen [-digən] v. intr. pécher ; commettre une faute ; manquer à. | *gegen die Tradition sündigen*, pécher contre la tradition. | *an jm sündigen*, se rendre coupable envers qn.

Super|achtfilm ["zu:pər'axtfilm] m. (s, e). PHOT. film (m.) super-huit. ||°**-achtkamera** f. (-, s) caméra (f.) super-huit. ||°**-benzin** n. (s, e) supercarburant m. ||**-fein** adj. surfin. ||°**-intendent** m. (en, en). RELIG. surintendant m. ||°**-kargo** m. (s, s). MAR. subrécargue m. ||°**-numerar** m. (s, e) surnuméraire m.

Suppe ['zupə] f. (-, n) soupe f. ; potage m. || FIG. *jm die Suppe versalzen*, gâter le plaisir de qn. | *die Suppe auslöffeln müssen*, payer les pots cassés. | *ein Haar in der Suppe finden*, chercher la petite bête.

Suppen|fleisch ["zupən'flaiʃ] n. (es) bouilli m. ||°**-kelle** f. (-, n) louche f. ||°**-schüssel** f. (-, n), °**-terrine** f. (-, n) soupière f. ||°**-topf** m. (s, ¨e) pot-au-feu m. ||°**-würfel** m. (s, -) bouillon (m.) en cubes ; cube (m.) de bouillon.

Supplement [zuple'mɛnt] n. (s, e) supplément m. || MATH. *Supplementwinkel*, angle (m.) supplémentaire.

Supraleiter ["zupra'laitər] m. (s, -). PHYS. supraconducteur m.

Surrealismus ["syrrea'lismus] m. LITTÉR., ARTS. surréalisme m.

surren ['zurən] v. intr. ronfler ; vrombir.

Surrogat [zurɔ'gɑ:t] n. (s, e) succédané m.

suspendieren [zuspɛn'di:rən] v. tr. suspendre (de ses fonctions).

Suspension [-'zio:n] f. (-, en). [Suspendierung] suspension f. (de fonctions).

süß [zy:s] adj. **1.** [Geschmack] doux ; suave ; sucré. | *süßes Obst*, fruits sucrés. | *süßer Wein*, vin doux. **2.** FIG. doux ; suave ; agréable ; aimable ; séduisant ; flatteur. | *süße Musik*, musique douce. | *süßer Traum*, rêve (m.) agréable. | *süße Worte*, paroles doucereuses. | *widerlich süß*, doucereux ; fade. | *süße Stimme*, voix suave, PÉJOR. doucereuse.
3. [liebkosend] cher. || FAM. *mein süßes Kind*, ma chère enfant. | *süß tun*, minauder.

süß|bitter ["zy:s'bitər] adj. aigre-doux. ||°**-gas** n. (es, e). CHIM. gaz doux. ||°**-holz** n. (es). BOT. réglisse f. || FAM. *Süßholz raspeln*, flatter ; conter fleurette. ||°**-holzraspler** m. (s, -). FAM. flatteur m. ||°**-kartoffel** f. (-, n) patate douce. ||°**-kirsche** f. (-, n) guigne f. ||°**-klee** m. (s). BOT. sainfoin m. ||°**-maul** n. (s, ¨er) friand m. ||°**-speise** f. (-, n) entremets sucré. ||°**-stoff** m. (s) saccharine f. ; sucrette f. || [Nahrungsmittelindustrie] édulcorant m. ||°**-waren** f. pl. friandises f. pl. ||°**-wasser** n. (s) eau douce.

Süße ['zy:sə] f. douceur f. ; suavité f.

süßen [-sən] v. tr. adoucir ; sucrer ; édulcorer.

Süßigkeit [-siçkait] f. (-, en) douceur f. ; saveur douce ; sucrerie f. ; friandise f.

süßlich ['zy:sliç] adj. PÉJOR. douceâtre ; fade ; insipide ; édulcoré ; doucereux.

Sutane [zu'tɑ:nə] f. (-, n). RELIG. soutane f.

Swapkredit ["svɔpkre'di:t] m. (s, e). ÉCON. crédit croisé.

Sykomore [zyko'mo:rə] f. (-, n). BOT. sycomore m.

Syllogismus [zylo'gismus] m. (-, men). PHILOS. syllogisme m.

Symbiose [zymbi'o:zə] f. BIOL. symbiose f.

Symbol [zym'bo:l] n. (s, e). [Sinnbild] symbole m.

Symbol|sprache [zym"bo:l'ʃprɑ:xə] f. (-, n). INF. langage (m.) symbolique.

Symbolik [-'bo:lik] f. RELIG. symbolique f.

symbolisch [-'bo:liʃ] adj. fg symboliqudj

symbolisieren [-boli'zi:rən] v. tr. symboliser.

Symbolismus [-bo'lismus] m. symbolisme m.

Symmetrie [zyme'tri:] f. (-, n) symétrie f. || MATH. *Symmetrieebene*, plan (m.) de symétrie.

symmetrisch [-'me:triʃ] adj. symétrique.

sympathetisch [zympa'te:tiʃ] adj. sympathique. | *sympathetische Tinte*, encre (f.) sympathique.

Sympathie [-pa'ti:] f. (-, n) sympathie f.

Sympathikus [-'pɑ:tikus] m. (-, thizi). ANAT. grand sympathique.

sympathisch [-'pɑ:tiʃ] adj. [angenehm] sympathique. || ANAT. sympathique.

sympathisieren [-pati'zi:rən] v. intr. sympathiser.

Symphonie [zymfo'ni:] f. (-, n). MUS. symphonie f.

symphonisch [-'fo:niʃ] adj. symphonique.

Symptom [zymp'to:m] n. (s, e) symptôme m.

symptom|frei [zymp"to:m'frai] adj. MÉD. asymptomatique. | *symptomfreier Virusträger*, porteur asymptomatique.

symptomatisch [zympto'ma:tiʃ] adj. symptomatique.

syn [zyn] préfixe. [mit] avec.

Synagoge [zyna'go:gə] f. (-, n). synagogue f.
Synästhesie [zynεste'zi:] f. cinesthésie f.
synchron [zyn'kro:n] adj. synchrone.
Synchronisation [-kroniza'tsio:n] f. (-, en) synchronisation f.
synchronisieren [-kroni'zi:rən] v. tr. [gleichschalten] synchroniser.
Syndikalismus [zyndika'lismus] m. syndicalisme m.
Syndikat [-'kα:t] n. (s, e) syndicat m. (patronal) ; cartel m.
Syndikus ['zyndikus] m. (-, dizi) syndic m.
Syndrom [zyn'dro:m] n. (s, e). MÉD. syndrome m.
Synekdoche [zynεkdo'xe] f. (-, n). LITTÉR. synecdoque f.
Synergie [zynεr'gi:] f. synergie f.
Synklinale [zynkli'nα:lə] f. (-, n). GÉOL. synclinal m.
Synkope [zyn'ko:pə] f. (-, n) syncope f.
synkopieren [-ko'pi:rən] v. tr. MUS. syncoper.
Synode [zy'no:də] f. (-, n). RELIG. synode m.
Synonym [zyno'ny:m] n. (s, e) synonyme m.
synonym [-'ny:m] adj. [sinngleich] synonymique.
syntaktisch [zyn'taktiʃ] adj. syntaxique.
Syntax [-'taks] f. (-, en) syntaxe f.
Synthese [zyn'tε:zə] f. (-, n) synthèse f.
Synthesizer m. (s, -). MUS. synthétiseur m.
synthetisch [zyn'te:tiʃ] adj. synthétique.
Syphilis ['zy:filis] f. MÉD. syphilis f.
Syrien ['zy:riən] n. pr. n. GÉOGR. Syrie f.
Syrier [-riər] m. (s, -) [aussi **Syrer**] Syrien m.
syrisch ['zy:riʃ] adj. syrien.
System [zys'te:m] n. (s, e) système m. | *hegelianisches System*, système hégélien. | *parlamentarisches System*, système parlementaire.
System|analytiker(in) [zys"te:mana'lytikər(in)] m. (s, -), f. (-, nen). INF. analyste-programmeur m., -programeuse f. ||°**-ingenieur** m. (s, e). INF. ingénieur (m.) système. ||°**-programm** n. (s, e). INF. programme-système m. ||°**-software** f. (-, s). INF. logiciel (m.) d'exploitation.
Systematiker [-te'mα:tikər] m. (s, -) homme, esprit systématique.
systematisch [-te'mα:tiʃ] adj. systématique ; méthodique.
systematisieren [-temati'zi:rən] v. tr. systématiser.
Systole [zys'to:lə] f. (-, n). PHYSIOL. systole f.
Szenarium [stse'nα:rium] n. (s, rien). FILM. [Szenar ; Szenario] scénario m.
Szene ['stse:nə] f. (-, n). **1.** [Bühne] scène f. | *in Szene setzen*, mettre en scène.
2. [Auftritt] scène f. | *dritte Szene des vierten Akts*, scène trois du quatrième acte. || FIG. *jm eine Szene machen*, faire une scène à qn.
Szenerie [stsenə'ri:] f. (-, n) décors m. pl. || PAR EXT. paysage m.
szenisch ['stse:niʃ] adj. scénique.
Szepter ['stsεptər] n. (s, -). V. ZEPTER.
Szintillator [stsinti'lα:tɔr] m. (s, en). PHYS. scintillateur m.

T

T, t [te:] n. | *das große* T, le *T* majuscule. | *das kleine* t, le *t* minuscule. | *das T-Eisen*, le fer en té.
Tabak ['tα:bak] m. (s, e) tabac m. | *Tabak rauchen, schnupfen*, fumer, priser (du tabac).
Tabak|bau ["tα:bak'bau] m. (s) culture (f.) du tabac. ||°**-laden** m. (s, ¨) bureau (m.) de tabac. ||°**-steuer** f. (-, n) impôt (m.) sur le tabac. ||°**-vergiftung** f. tabagisme m. ; nicotinisme m. ||°**-waren** f. pl. tabacs m. pl.
Tabaks|beutel ["tα:baks'bɔytəl] m. (s, -) blague (f.) à tabac. ||°**-dose** f. (-, n) tabatière f.
tabellarisch [tabε'lα:riʃ] adj. et adv. sous forme de tableau synoptique.
Tabelle [-'bεlə] f. (-, n) table f. ; tableau m. (synoptique). | *Preistabelle*, tarif m.
Tabellen|rechner [ta"bεlən'rεçnər] m. (s, -). INF. tableur (m.) graphique.
Tabellier|maschine [tabε"li:rma'ʃi:nə] f. (-, n) tabulatrice f.
Tabernakel [tabεr'nα:kəl] n. (s, -). RELIG. tabernacle m.
Taberne [ta'bεrnə], **Taverne** [ta'vεrnə] f. (-, n) taverne f. ; cabaret m.
Tablett [ta'blεt] n. (s, e) plateau m.
Tablette [-tə] f. (-, n). MÉD. comprimé m.
Tabu [ta'bu:] n. (s, s) tabou m.
tabu [ta'bu:] adj. tabou ; intouchable.
tabula rasa ["tabula'rα:za] LOC. *(mit etwas) tabula rasa machen*, faire table rase ; en finir (avec qch.).
Tabulator [tabu'lα:tor] m. (s, en). [Spaltensteller] tabulateur m.
Tabulatur [-la'tu:r] f. (-, en). MUS. tablature f.
Tachismus [ta'ʃismus] m. ARTS. tachisme m.
Tacho|meter [taxo'me:tər] m. (s, -), **Tacho** ['taxo] m. (s, s) tachymètre m. ; compteur (m.) de vitesse.
Tadel ['tα:dəl] m. (s, -). [Verweis ; Rüge] blâme m. ; reproche m. ; réprobation f. | *ihn trifft kein Tadel*, il n'est pas répréhensible ; on ne lui reproche rien. | *in der Schule einen Tadel erhalten*, recevoir un blâme à l'école. || [Schwäche] défaut m. | *ohne Tadel*, sans défaut. | *ohne Furcht und Tadel*, sans peur et sans reproche.

tadel|los [ˈtɑ:dəlˈlo:s] adj. irréprochable ; impeccable. | *sein Benehmen war tadellos*, il a été parfait. ||°**-losigkeit** f. caractère (m.) irréprochable ; absence (f.) de défauts.

tadeln [ˈtɑ:dəln] v. tr. blâmer ; faire des reproches. | *jn wegen eines Fehlers tadeln*, reprocher une faute à qn. | *er findet an allem etwas zu tadeln*, il trouve à redire à tout. | *tadelnde Blicke*, regards désapprobateurs. | *tadelnde Bemerkung*, observation f. ; FAM. réflexion f.

tadelns|wert [ˈtɑ:dəlnsˈve:rt], **-würdig** [-ˈvyrdiç] adj. blâmable ; répréhensible ; critiquable.

Tafel [ˈtɑ:fəl] f. (-, n) planche f. ; plaque f. ; tableau m. | *in Tafelform*, en plaques. | *eine Tafel Schokolade*, une tablette de chocolat. || [Wand-, Schultafel] tableau (noir). | *eine Tafel aushängen*, mettre un écriteau. || (grande) table. | *die Tafel aufheben*, se lever de table. || TYPOGR. planche f. ; tableau m.

Tafel|aufsatz [ˈtɑ:fəlˈaufzats] m. (es, ¨e) surtout (m.) de table. ||°**-besteck** n. (s, e) couvert m. ; argenterie f. ||°**-bild** n. (s, er). [Malerei] retable m. ; [Schule] présentation (f.) au tableau. ||°**-freuden** f. pl. plaisirs (m. pl.) de la table. ||°**-geschirr** n. (s) service (m.) de table ; vaisselle f. ||°**-land** n. (s, ¨er). GÉOGR. plateau m. ||°**-obst** n. (es) fruits (m. pl.) de table. ||°**-runde** f. (-, n) tablée f. || LITTÉR. Table ronde. ||°**-salz** n. (es) sel m. ||°**-silber** n. (s) argenterie f.

Täfelchen [ˈtɛ:fəlçən] n. (s, -) tablette f. ; petite plaque.

tafeln [ˈtɑ:fəln] v. intr. être à table ; festoyer.

täfeln [ˈtɛ:fəln] v. tr. lambrisser. | *getäfelte Wand*, mur lambrissé ; boiserie f. || MINES. boiser.

Täfelung [ˈtɛ:fəluŋ] f. (-, en) lambrissage m. ; boiserie f. ; parquetage m.

Taft [taft] m. (s) taffetas m.

Tag [tɑ:k] m. (s, e). **1.** [Zeitraum von 24 Stunden] jour m. ; journée f. | *das geschah am selben Tag*, cela s'est passé le même jour. | *den ganzen Tag über*, toute la journée. | *den lieben langen Tag*, toute la sainte journée. | *welchen Tag haben wir heute ?*, quel jour sommes-nous ? | *Tag für Tag*, jour après jour. | *alle Tage*, journellement. | *in vierzehn Tagen*, dans quinze jours. | *heute in acht Tagen*, aujourd'hui en huit. | *am nächsten, folgenden Tage*, le lendemain. | *eines (schönen) Tages*, un beau jour. | *in den nächsten Tagen*, un de ces jours. | *Tag der Arbeit*, fête (f.) du travail. | *Tag der offenen Tür*, journée porte(s) ouverte(s). || LOC. *in den Tag hinein leben*, vivre au jour le jour. | *sich einen guten Tag machen*, se donner du bon temps. | *seinen guten Tag haben*, être dans ses bons jours. | *guten Tag !*, bonjour !
2. [helle Tageszeit] jour m. | *während des Tages*, pendant la journée. | *bei Tag ausgehen*, sortir le jour. | *ganz früh am Tage*, de (très) bonne heure. | *der Tag bricht an*, le jour se lève, point. | *es wird schon heller Tag*, il fait déjà grand jour. | *in den Tag hinein schlafen*, faire la grasse matinée. || LOC. FIG. *das liegt klar zu Tage*, cela est clair comme le jour. | *an den Tag kommen*, se faire jour ; (finir par) se savoir, être connu ; éclater. || PROV. *die Sonne bringt es an den Tag*, la vérité finit par percer. | *jeder Tag hat seine Plage*, à chaque jour suffit sa peine.
3. [Tagung] session f. ; assemblée f. | *Parteitag*, congrès (m.) d'un parti. || RELIG. *der Jüngste Tag*, le (jour du) Jugement dernier.
4. MINES. *unter Tag(e) arbeiten*, travailler au fond. | *über Tag*, à ciel ouvert. | *zu Tage fördern*, extraire ; FIG. mettre au jour ; dévoiler.

tag|aus, tag|ein [tɑ:kˈaustɑ:kˈain] adv. journellement ; jour après jour. ||**-blind** adj. nyctalope. ||°**-dienst** m. (s) service (m.) du jour. | *Tagdienst haben*, être de jour. ||°**-falter** m. (s, -). ZOOL. papillon (m.) diurne. ||°**-geld** n. (s, er) indemnité journalière. ||**-hell** adj. clair (comme en plein jour). | *es ist taghell*, il fait (grand) jour. ||**-täglich** adj. et adv. quotidien(nement) ; tous les jours. ||°**-undnachtgleiche** f. (-, n) équinoxe m.

Tage|bau [ˈtɑ:gəˈbau] m. (s). MINES. exploitation (f.) à ciel ouvert. ||°**-blatt** n. (s, ¨er) [Zeitung] feuille quotidienne. ||°**-buch** n. (s, ¨er) journal m. (intime). || COMM. (livre-)journal m. ||°**-dieb** m. (s, e) fainéant m. ||**-lang** adj. et adv. (pendant) des journées entières ; à longueur de journée. ||°**-lohn** m. (s, ¨e) journée f. (de salaire). ||°**-löhner** m. (s, -) journalier m. ||°**-reise** f. (-, n) journée (f.) de voyage ; voyage (m.) d'une journée. ||**-weise** adv. à la journée. ||°**-werk** n. (s, e) tâche journalière ; journée f.

tagen [ˈtɑ:gən] v. intr. et v. impers. [licht werden] *es tagt*, c'est le point du jour. || [eine Tagung abhalten] siéger ; tenir ses assises ; être en réunion.

Tages|anbruch [ˈtɑ:gəsˈanbru:x] m. (s) jour (naissant) ; lever (m.) du jour. | *bei Tagesanbruch*, à la pointe du jour. | *vor Tagesanbruch*, avant le jour. ||°**-arbeit** f. (-, en) travail (m.) de la journée. ||°**-befehl** m. (s, e). MIL. ordre (m.) du jour. ||°**-creme** f. (-, n). [Kosmetik] crème (f.) de jour. ||°**-einnahme** f. (-, n). COMM. recette journalière. ||°**-geld** n. (es, er). ÉCON. argent (m.) au jour le jour. ||°**-gespräch** n. (s, e) nouvelle (f.) du jour. | *es ist das Tagesgespräch*, tout le monde en parle. ||°**-klinik** f. (-, en) clinique (f.) de jour. ||°**-kurs** m. (es, e). FIN. cours (m.) du jour. ||°**-licht** n. (s) jour m. ; lumière (f.), clarté (f.) du jour. | *in vollem Tageslicht*, au grand jour. || FIG. *ans Tageslicht kommen*, éclater au (grand) jour. ||°**-licht|projektor** m. (s, en) rétroprojecteur m. ||°**-ordnung** f. (-, en). POLIT. ordre (m.) du jour. | *auf die Tagesordnung setzen*, mettre à l'ordre du jour. | *zur Tagesordnung übergehen*, passer à l'ordre du jour. || PR. et FIG. *an der Tagesordnung sein*, être à l'ordre du jour, d'actualité. ||°**-presse** f. presse quotidienne. ||°**-schau** f. journal télévisé. ||°**-umsatz** m. (es, ¨e) vente journalière. ||°**-zeit** f. (-, en) heure (f.) du jour. | *zu jeder Tageszeit*, à toute heure du jour. ||°**-zeitung** f. (-, en) [journal] quotidien m.

...tägig [ˈtɛ:giç]. (en compos.) qui dure... jours. | *dreitägiger Ausflug*, randonnée (f.) de trois jours.

täglich [ˈtɛ:kliç] adj. journalier ; quotidien ; de chaque jour ; de tous les jours.
◇ adv. journellement ; par jour.

tags [tɑ:ks] adv. *tags zuvor*, la veille. | *tags darauf*, le lendemain.

tags|über [ˈtɑ:ksˈy:bər] adv. pendant la journée ; (tout) le jour.

Tagung [ˈtɑ:guŋ] f. (-, en) assises pl. f. ; session f. ; congrès m.

Tagungs|teilnehmer(in) [ˈtɑ:guŋsˈtailne:mər(in)] m. (s, -), f. (-, nen) congressiste s.

Taifun [taiˈfu:n] m. (s, e) typhon m.

Taille [taljə] f. (-, n) taille f.

Takel [ˈtɑ:kəl] n. (s, -) treuil m. ; palan m.

Takelage [takəˈlɑ:gə] f. MAR. gréement m. ; agrès m. pl. ; cordages m. pl.

takeln [ˈtɑ:kəln] v. tr. MAR. gréer ; garnir.

Takt [takt] m. (s, e).**1.** MUS. mesure f. ; cadence f. | *den Takt angeben, schlagen*, battre la mesure. | *im Takt*, en mesure ; en cadence. | *aus dem Takt kommen*, perdre la mesure ; FIG. s'empêtrer ; se démonter. | *jn aus dem Takt bringen*, faire perdre la mesure à qn ; FIG. embrouiller, déconcerter qn. || PAR ANAL. *der Takt der Maschinen*, le bruit régulier des machines.
2. [Zartgefühl] tact m. ; savoir-vivre m. ; sens (m.) des convenances. | *es fehlt ihm an Takt*, il manque de tact.

takt|fest ["takt'fɛst] adj. MUS. qui a le sens de la mesure ; FIG., FAM. que rien ne déconcerte. ||°**-geber** m. (s, -). INF. horloge f. ||°**-gefühl** n. (s) tact m. ; discrétion f. ||**-los** adj. qui manque de tact ; indiscret ; FAM. gaffeur. ||°**-losigkeit** f. manque (m.) de tact ; indiscrétion f. ; FAM. gaffe f. ||**-mäßig** adj. cadencé ; rythmé. — adv. en mesure. ||°**-messer** m. (s, -) métronome m. ||°**-stock** m. (s, ¨e) baguette f. (de chef d'orchestre). ||°**-strich** m. (s, e). MUS. barre (f.) de mesure. ||**-voll** adj. qui a du tact ; plein de tact ; discret.

taktieren [tak'ti:rən] v. intr. MUS. donner, battre la mesure. || MIL., FIG. appliquer une tactique.

Taktik ['taktik] f. (-, en). MIL., FIG. tactique f.

Taktiker [-tikər] m. (s, -). MIL. tacticien m.

taktisch [-tiʃ] adj. MIL. tactique.

Tal [tɑ:l] n. (s, ¨er) vallée f. | *kleines Tal*, vallon m. ; val m. | *zu Tal fahren*, dévaler (d')une montagne ; descendre un cours d'eau. || LOC. *über Berg und Tal*, par monts et par vaux.

tal|abwärts ["tɑ:l'apvɛrts] adv. [Gebirge] en descendant la vallée ; [Wasserlauf] en aval. ||**-aufwärts** adv. [Gebirge] en remontant la vallée ; [Wasserlauf] en amont. ||°**-brücke** f. (-, n), °**-überführung** f. (-, en) viaduc m. ||°**-enge** f. (-, n) étranglement (m.) de la vallée ; encaissement m. ||°**-fahrt** f. (-, en) descente (f.) d'une montagne, d'un fleuve. || ÉCON. régression f. ; récession f. ||°**-kessel** m. (s, -). GÉOGR. cuvette f. ; cirque m. ||°**-mulde** f. (-, n) fond de vallée (incurvé). ||°**-punkt** m. (s, e). MATH. minimum m. (d'une courbe). ||°**-sohle** f. (-, n) fond de vallée (plat). || ÉCON. creux (m.) de la vague ; marasme m. ||°**-sperre** f. (-, n) barrage m. ; retenue (f.) d'eau. ||**-wärts** adv. (en descendant) vers la vallée. ||°**-weg** m. (s, e) chemin (m.) qui suit la vallée.

Talar [ta'lɑ:r] m. (s, e) robe (f.), toge (f.) de magistrat, d'avocat, de professeur, de pasteur.

Talent [ta'lɛnt] n. (s, e) talent m. ; dons m. pl. | *er hat Talent zum Zeichnen, zum Zeichner*, il a un talent, des dons de dessinateur.

talent|los [ta"lɛnt'lo:s] adj. dépourvu de talent ; médiocre. ||°**-losigkeit** f. absence (f.) de talent.

talentiert [talɛn'ti:rt] adj. doué ; FAM. talentueux.

Taler ['tɑ:lər] m. (s, -). HIST. thaler m. ; FAM. pièce (f.) de trois (Reichs)mark.

Talg [talk] m. (s) suif m.

Talg|drüse ["talk'dry:zə] f. (-, n) glande sébacée. ||**-licht** n. (s, er), °**-kerze** f. (-, n) chandelle f.

Talisman ['tɑ:lisman] m. (s, e) talisman m.

Talk [talk] m. (s, e). MINÉRAL. talc m.

Talkum ['talkum] n. (s) [poudre] de talc.

Talmi ['talmi] n. (s, s) simili-or m. || PAR EXT. clinquant m. | *das ist Talmi*, c'est du toc.

Talmud ['talmu:t] m. (s). RELIG. Talmud m.

Talon [ta'lɔ̃] m. (s, s). COMM. talon m. ; souche f.

Tambour [tɑ̃'bu:r] m. (s, e). MIL. (joueur de) tambour m. || ARCHIT. tambour m. (d'une coupole).

Tamburin [-bu'ri:n] n. (s, e). MUS. tambourin m. ; tambour (m.) de basque.

Tampon [tam'po:n] m. (s, s) tampon (m.) périodique.

tamponieren [tampɔ'ni:rən] v. tr. tamponner.

Tamtam ['tamtam] n. (s, s) tam-tam m. || FIG. *etwas mit großem Tamtam in Szene setzen*, faire du tam-tam, faire grand bruit autour de qch.

Tand [tant] m. (s) brimborion m. ; colifichet m. || PAR EXT. babioles f. pl. ; futilités f. pl. || POÉT. *das ist eitler Tand*, ce ne sont que vanités.

Tändelei [tɛndə'lai] f. (-, en) bagatelle f. ; badinage m. ; propos frivoles, galants.

tändeln ['tɛndəln] v. intr. muser ; baguenauder. || PAR EXT. folâtrer, badiner ; flirter. || brocanter.

Tandem ['tandɛm] n. (s, s) tandem m.

Tändler ['tɛntlər] m. (s, -) flâneur m. || COMM. fripier m. ; brocanteur m.

Tang [taŋ] m. (s) varech m. ; fucus m.

Tangente [taŋ'gɛntə] f. (-, n) [abrév. **Tang**]. MATH. tangente f.

tangential [-gɛntsi'ɑ:l] adj. tangentiel.

Tangential|kraft [taŋgɛn"tsiɑ:l'kraft] f. (-, ¨e). PHYS. force tangentielle.

tangieren [-'gi:rən] v. tr. FIG. toucher ; concerner.

Tango ['taŋgo] m. (s, s) tango m.

Tank [taŋk] m. (s, s ou e) réservoir m. ; citerne f. || MIL. [Panzer] char (m.) d'assaut ; tank m.

Tank|schiff ["taŋk'ʃif] n. (s, e) bateau-citerne m. ; tanker m. ||°**-stelle** f. (-, n) poste (m.) d'essence ; station-service f. ||°**-wagen** m. (s, -) camion-citerne m. ||°**-wart** m. (s, e) pompiste m.

tanken ['taŋkən] v. intr. AUTOM. prendre du carburant. | *volltanken*, faire le plein.
◇ v. tr. *Benzin, Öl tanken*, prendre de l'essence, de l'huile.

Tanker ['taŋkər] m. (s). V. TANKSCHIFF.

Tanne ['tanə] f. (-, n) sapin m. | *schlank wie eine Tanne*, mince comme un fil.

Tannen|baum ["tanən'baum] m. (s, ¨e) sapin m. ; épicéa m. ; PAR EXT. arbre (m.) de Noël. ||°**-nadel** f. (-, n) aiguille (f.) de sapin. ||°**-wald** m. (s, ¨er) sapinière f. ; forêt (f.) de sapins. ||°**-zapfen** m. (s, -) pomme (f.) de pin.

Tannin [ta'ni:n] n. (s) tannin m.

Tantalus ['tantalus] n. pr. m. MYTH. Tantale m. | *Tantalusqualen ausstehen*, souffrir le supplice de Tantale.

Tante ['tantə] f. (-, n) tante f. || FAM. *Tante-Emma-Laden*, *(etwa)* petit commerce.

Tantieme [tɑ̃'tiɛ:mə] f. (-, n) tantième m.
◇ pl. **Tantiemen,** droits (m. pl.) d'auteur.

Tanz [tants] m. (es, ¨e) danse f. | *sie nahm den Tanz an*, elle accepta la danse. | *der Tanz der Wellen*, le moutonnement des vagues. || PAR EXT. bal m. | *zum Tanz gehen*, aller au bal.

Tanz|bar ['tantsbɑ:r] f. (-, s) dancing m. ||°**-bär** m. (en, en) ours savant. ||°**-bein** n. (s). IRON. *das Tanzbein schwingen*, danser. ||°**-boden** m. (s, -), °**-diele** f. (-, n) salle (f.) de danse. ||°**-fläche** f. (-, n) piste f. (de danse). ||°**-kunst** f. art (m.) de la danse. ||°**-lokal** n. (s, e) bal m. ; dancing m. ||**-lustig** adj. qui aime la danse. ||°**-musik** f. musique (f.) de danse. ||°**-saal** m. (s, säle) salle (f.) de bal. ||°**-stunde** f. (-, n) leçon (f.) de danse.

tänzeln ['tɛntsəln] v. intr. sautiller.

tanzen ['tantsən] v. intr. danser. | *wollen Sie mit mir tanzen ?*, voulez-vous danser avec moi ? | *aus der Reihe tanzen*, FAM. ne pas se ranger ; FIG. ne pas faire comme les autres. || PAR ANAL. *die Mücken tanzen in der Luft*, les moustiques voltigent dans l'air. | *das Boot tanzt auf den Wellen*, le canot est bercé par les vagues. || LOC. *nach js Pfeife tanzen*, obéir à qn au doigt et à l'œil.
◇ v. tr. danser (une danse). | *Walzer tanzen*, danser la valse ; valser.

Tänzer ['tɛntsər] m. (s, -) danseur m. [auf einem Ball] cavalier m.

tänzerisch [-tsəriʃ] adj. de danseur.

Tapergreis ['tapərgraiz] m. (es, e). FAM. vieillard tremblotant.
Tapet [ta'pe:t] n. (s). *etwas aufs Tapet bringen*, mettre qch. sur le tapis.
Tapete [ta'pe:tə] f. (-, n) tenture f. ; papier peint.
Tapeten|tür [ta"pe:tən'ty:r] f. (-, en) porte dérobée (recouverte de la même tenture que les murs). ||°**-wechsel** m. (s, -). FIG., FAM. changement (m.) de décor.
tapezieren [tape'tsi:rən] v. tr. couvrir de papier peint ; tapisser.
Tapezierer [-'tsi:rər] m. (s, -) tapissier m. (décorateur).
tapfer ['tapfər] adj. courageux ; brave ; vaillant. | *tapfer im Kampf*, brave au combat. | *sich tapfer schlagen*, se battre avec bravoure, en brave.
◇ adv. vaillamment ; de la belle manière.
Tapferkeit [-kait] f. courage m. ; bravoure f. ; vaillance f.
Tapioka [tapi'o:ka] f. tapioca m.
Tapir ['tɑ:pir] m. (s, e). ZOOL. tapir m.
Tapisserie [tapisə'ri:] f. (-, n) tapisserie f.
tappen ['tapən] v. intr. marcher d'un pas hésitant ; tâtonner. | *wir tappen im Dunkeln*, nous allons à tâtons ; nous sommes dans le brouillard.
täppisch ['tɛpiʃ] adj. lourdaud ; pataud.
Taps [taps] m. (es, e) tape f.
tapsen ['tapsən] v. intr. aller à tâtons ; marcher lourdement.
tapsig [-siç] adj. FAM. gauche ; empoté.
Tara ['tɑ:ra] f. (-, ren). COMM. tare f.
Tarantel [ta'rantɛl] f. (-, n) tarentule f. | *wie von der Tarantel gestochen*, comme piqué de la tarentule.
tarieren [ta'ri:rən] v. tr. COMM. tarer.
Tarif [ta'ri:f] m. (s, e) tarif m. ; barème m. | *nach Tarif bezahlt*, payé selon le tarif.
Tarif... (en compos.) tarifaire.
Tarif|abkommen [ta"ri:f'apkɔmən] n. (s, -). ÉCON. convention collective. ||°**-lohn** m. (es, ¨e) salaire minimum garanti. ||°**-ordnung** f. tarification f. ||°**-runde** f. (-, n) négociation (f.) tarifaire. ||°**-satz** m. (es, ¨e) taux (m.) tarifaire. ||°**-tabelle** f. (-, n) barème m. ||°**-vereinbarung** f. (-, en), °**-vertrag** m. (s, ¨e) accord (m.) tarifaire ; convention collective.
tarifieren [tari'fi:rən] v. tr. tarifer.
tariflich [ta'ri:fliç], **tarif|mäßig** [ta"ri:f'mɛ:siç] adj. et adv. tarifaire ; conforme aux accords, tarifs.
tarnen ['tarnən] v. tr. MIL. camoufler.
Tarn|firma ["tarn'firma] f. (-, men). COMM. société (f.) écran. ||°**-kappe** f. (-, n). MYTH. heaume (m.) qui rend invisible.
Tarnung ['tarnuŋ] f. (-, en). MIL. camouflage m.
Tarock ['tɑ:rɔk] n. (s). [Kartenspiel] tarot m.
Tartan ['tartan] m. (s). [Sportbahnenbelag] tartan m.
Tasche ['taʃə] f. (-, n) poche f. | *etwas in die Tasche stecken*, mettre qch. dans sa poche ; empocher. || LOC. *den stecke ich in die Tasche*, je le mets dans ma poche. | *die Fäuste in der Tasche ballen*, serrer son poing dans la poche. || [Geldtasche] poche f. ; bourse f. | *aus eigener Tasche bezahlen*, payer, en être de sa poche. | *einem auf der Tasche liegen*, vivre aux crochets de qn. | *die Hände auf der Tasche halten*, être pingre, FAM. radin.
Taschen... ['taʃən]. (en compos.) de poche.
Taschen|buch ["taʃən'bu:x] n. (s, ¨er) livre (m.) de poche. || [Notizbuch] carnet m. || [Jahrbuch] almanach m. ||°**-dieb** m. (s, e) voleur (m.) à la tire ; pickpocket m. ||°**-diebstahl** m. (s, ¨e) vol (m.) à la tire. ||°**-geld** n. (s, er) argent (m.) de poche. ||°**-krebs** m. (es, e) crabe tourteau m. ||°**-rechner** m. (s, -) calculatrice (f.) de poche ; calculette f. ||°**-spieler** m. (s, -) faiseur (m.) de tours ; escamoteur m. ||°**-spielerei** f. (-, en) escamotage m. ; prestidigitation f. ||°**-spielerstreich** m. (s, e), °**-spielerstück** n. (s, e) tour (m.) de passe-passe. ||°**-tuch** n. (s, ¨er) mouchoir m. (de poche) ; pochette f. ||°**-uhr** f. (-, en) montre f. (de poche).
Tasse ['tasə] f. (-, n) tasse f. | *Täßchen*, petite tasse. | *eine Tasse Kaffee*, une tasse de café. | *aus der Tasse trinken*, boire à la tasse.
Tastatur [tasta'tu:r] f. (-, en) clavier m. ; touches f. pl.
Taste ['tastə] f. (-, n) touche f. ; manette f. ; manipulateur m.
Tasten|brett ["tastən'brɛt] n. (s, er). MUS. clavier m. ||°**-feld** n. (s, er) [Schreibmaschine] clavier m.
Tast|empfindung ["tastɛmp'finduŋ] f. (-, en) sensation (f.) tactile. ||°**-sinn** m. (s) [sens du] toucher m. ; tact m. ; sensibilité (f.) tactile.
tasten ['tastən] v. tr. toucher (du doigt) ; tâter ; palper. || ÉLECTR. pulser.
◇ v. intr. tâtonner. | *ich taste nach etwas*, je cherche qch. à tâtons, en tâtonnant.
◇ v. pr. **sich tasten.** *ich taste mich bis zur Tür*, je me dirige à tâtons vers la porte.
Tasten [-tən] n. (s) toucher m. ; attouchements m. pl. ; [Tappen] tâtonnement m. ; [Telegraf] manipulation f.
Tasten|telefon ["tastəntele'fo:n] n. (s, e) téléphone (m.) à touches.
Taster ['tastər] m. (s, -). ÉLECTR. bouton m. ; manette f. ; manipulateur m. (de morse). || TECHN. palpeur m. || ZOOL. palpe m.
Tat [tɑ:t] f. (-, en) acte m. ; action f. | *eine gute, böse Tat*, une bonne, une mauvaise action. | *zur Tat schreiten*, passer aux actes, à l'action. | *in die Tat umsetzen*, réaliser. | *sich zu einer Tat aufraffen*, se décider à agir (enfin). | *ein Mann der Tat*, un homme d'action ; un homme énergique. | *in der Tat*, en effet. || LOC. *jn auf frischer Tat ertappen*, FAM. *erwischen*, prendre qn en flagrant délit, sur le fait. | *jm mit Rat und Tat beistehen*, prendre fait et cause pour qn. | *den Willen für die Tat nehmen*, se contenter de la bonne intention.
Tat|bestand ["tɑ:tbə'ʃtant] m. (s) état (m.) de choses ; faits m. pl. || JUR. faits délictueux. | *den Tatbestand aufnehmen*, dresser le procès-verbal (sur place) ; faire un constat. ||°**-kraft** f. énergie f. ; activité f. ; résolution f. ||**-kräftig** adj. énergique ; résolu ; puissant. | *ein tatkräftiger Mensch*, un réalisateur. ||°**-ort** m. (s, e). JUR. lieu (m.) du crime. ||°**-sache** f. (-, n) fait (positif) ; réalité (patente). | *das sind wesentliche Tatsachen*, ce sont là des faits essentiels. | *(es ist) Tatsache !*, c'est (pourtant) un fait ! | *es ist Tatsache, daß*, c'est un fait que. | *vollendete Tatsache*, fait accompli. ||**-sächlich** adj. effectif ; réel. — adv. de, en fait. ||°**-umstände** f. pl. JUR. circonstances (f. pl.) du crime.
Taten|drang ["tɑ:tən'draŋ] m. (s), °**-durst** [-'durst] m. (es) initiative f. ; besoin (m.) d'agir. ||**-los** adj. inactif ; dans l'inaction. ||**-reich** adj. actif. | *ein tatenreiches Leben*, une vie bien remplie.
Tatar [ta'tɑ:r] n. pr. m. (en, en) Tatare m. ; Tartare m.
tatarisch [-riʃ] adj. tartare.
Täter ['tɛ:tər] m. (s, -) auteur m. (d'un acte). || JUR. coupable m. | *Mittäter*, complice m.
Täterschaft ['tɛ:tərʃaft] f. paternité f. (d'un acte). || JUR. culpabilité f.

tätig ['tɛ:tiç] adj. agissant ; actif ; efficace. | *tätiger Mensch*, homme actif. | *tätige Mitwirkung*, collaboration effective. || [beruflich] en activité ; qui exerce. | *in einem Geschäft tätig sein*, être occupé, travailler dans un établissement. | *tätig werden*, passer à l'action.

tätigen ['tɛ:tigən] v. tr. COMM. *ein Geschäft tätigen*, réaliser, conclure une affaire.

Tätigkeit [-kait] f. (-, en) activité f. ; fonctionnement m. | *in (voller) Tätigkeit sein*, [Menschen] être en (pleine) action, activité ; [Maschine] être en marche ; fonctionner (à plein). || [beruflich] activité f. ; occupation f. ; service actif. | *in Tätigkeit treten*, entrer en fonctions.

Tätigkeits|bereich ["tɛ:tiçkaitsbə'raiç] m. (s) domaine (m.), sphère (f.) d'activité ; rayon (m.) d'action. ||°**-bericht** m. (s, e) rapport (m.) de gestion ; compte rendu d'activité. ||°**-feld** n. (s, er) champ (m.) d'action. ||°**-nachweis** m. (es, e). ADM. références professionnelles. ||°**-wort** n. (s, ¨er). GRAMM. verbe.

tätlich ['tɛ:tliç] adj. JUR. *tätliche Beleidigungen*, voies (f. pl.) de fait. | *(gegen jn) tätlich werden*, se livrer à des voies de fait (sur qn).

Tätlichkeiten [-kaitən] f. pl. JUR. voies de fait.

taterata [tatera'tɑ:] interj. taratata.

tätowieren [tɛto'vi:rən] v. tr. tatouer.

Tätowierung [-ruŋ] f. (-, en) tatouage m.

tätscheln [-ʃəln] v. tr. FAM. tapoter ; cajoler.

Tatter|greis ["tatər'grais] m. (es, e). FAM. vieillard tremblotant. ||°**-ich** m. (s). FAM. *einen Tatterich haben*, avoir la tremblote.

tattern [-tərn] v. intr. trembloter.

Tattersall ["tatər'zal] m. (s, e) manège m.

Tatze ['tatsə] f. (-, n) patte f. ; griffe f.

Tau [tau] n. (s, e). MAR. cordage m. ; câble m. ; amarre f.

Tau|länge ["tau'lɛŋə] f. (-, n). MAR. encablure f. ||°**-werk** n. (s). MAR. cordages m. pl. ; manœuvres f. pl. ||°**-ziehen** n. (s). [Spiel] lutte (f.) à la corde. || FIG. bras (m.) de fer ; partie (f.) de bras de fer.

Tau [tau] m. (s) rosée f. | *vor Tau und Tag*, aux aurores.

tau|frisch ['taufriʃ] adj. frais comme une rose. ||°**-punkt** m. (s, e). PHYS. point (m.) de rosée, de condensation de la vapeur d'eau de l'air. ||°**-tropfen** m. (s, -) goutte (f.), perle (f.) de rosée. ||°**-wetter** n. (s) [temps (m.) de] dégel (m.).

taub [taup] adj. sourd. | *auf beiden Ohren taub*, sourd des deux oreilles. | *der Taube*, le sourd. || PAR EXT. insensible à ; fermé à. | *taub gegen Bitten sein*, être insensible aux prières ; être inexorable. | *sich taub stellen*, faire le sourd. || LOC. *tauben Ohren predigen*, prêcher dans le désert. || PAR ANAL. gourd ; engourdi. | *die Hand ist mir taub*, j'ai la main engourdie, ankylosée. || FIG. sans goût ; vide. | *taube Nuß*, noix creuse. | *taube Blüte*, fleur (f.) stérile. | *taubes Gestein*, roche (f.) stérile.

Taub|nessel ["taup'nɛsəl] f. (-, n). BOT. lamier m. ; ortie blanche. ||**-stumm** adj. sourd-muet. ||°**-stummheit** f. surdi-mutité f.

Taube ['taubə] f. (-, n) pigeon m. ; POÉT. colombe f. | *wilde Taube*, ramier m. | *die Taube gurrt*, le pigeon roucoule. || LOC. *er wartet, daß ihm die gebratenen Tauben in den Mund fliegen*, il attend que les alouettes lui tombent toutes rôties dans le bec.

Tauben|falke ["taubən'falkə] m. (n, n). ZOOL. autour m. ||**-grau** adj. (couleur) gorge-de-pigeon. ||°**-schlag** m. (s, ¨e) pigeonnier m. ; colombier m. | *hier gehts zu wie in einem Taubenschlag*, ici il y a un grand va-et-vient. ||°**-schießen** n. (s) tir (m.) aux pigeons.

Tauber ['taubər] m. (s, -), **Täuber** ['tɔybər] m. (s, -), **Täuberich** ['tɔybəriç] m. (s, e) pigeon mâle.

Taubheit ['tauphait] f. surdité f. || PAR EXT. insensibilité f. ; caractère (m.) inexorable. || PAR ANAL. [Glied] engourdissement m. || FIG. stérilité f.

Täubling ['tɔypliŋ] m. (s, e). BOT. bolet m.

Tauch|bad ["taux'bɑ:t] n. (s, ¨er). TECHN. barbotage m. ; immersion f. ||**-fähig** adj. submersible. ||°**-flosse** f. (-, n). SPORT. palme (f.) de plongée. ||°**-gerät** n. (s, e) scaphandre m. ||°**-schmierung** f. (-, en). MÉCAN. graissage (m.) par barbotage. ||°**-sieder** m. (s, -). TECHN. chauffe-liquide m. ; thermo-plongeur m. ||°**-station** f. (-, en). MAR. poste (m.) de plongée. ||°**-tank** m. (s, s). MAR. caisse (f.) de plongée. ||°**-tiefe** f. (-, n). MAR. tirant (m.) d'eau admissible. ||°**-verfahren** n. (s). TECHN. procédé (m.) par trempage.

tauchen ['tauxən] v. intr. plonger ; rester sous l'eau.

◇ v. tr. plonger ; tremper ; immerger.

Tauchen [-xən] n. (s) plongeon m. ; plongée f. ; immersion f.

Taucher [-xər] m. (s, -). SPORT. plongeur m. || MAR. scaphandrier m. || ZOOL. plongeon m.

Taucher|anzug ["tauxər'antsu:k] m. (s, ¨e) scaphandre m. ||°**-brille** f. (-, n) lunettes (f. pl.) de plongée. ||°**-glocke** f. (-, n) caisson m. (pneumatique).

tauen ['tauən] v. tr. MAR. touer.

tauen [-ən] v. impers. [Tau] *es taut*, il tombe de la rosée. || [Schnee] *es taut*, il dégèle.

◇ v. intr. *der Schnee taut*, la neige fond.

Tauf|becken ["tauf'bɛkən] n. (s, -), °**-stein** [-'ʃtain] m. (s, e) fonts baptismaux. ||°**-buch** n. (s, ¨er), °**-register** n. (s, -) registre (m.) des baptêmes ; registre (m.) baptistaire. ||°**-kapelle** f. (-, n) baptistère m. ||°**-kind** n. (s, er) filleul(e) m. (f.). ||°**-kleid** n. (s, er) robe (f.) de baptême. ||°**-name** m. (ns, n) nom (m.) de baptême. ||°**-pate**, °**-zeuge** m. (n, n) parrain m. ||°**-patin**, °**-zeugin** f. (-, nen) marraine f. ||°**-schein** m. (s, e) extrait (m.) de baptême.

Taufe ['taufə] f. (-, n) baptême m. | *die Taufe vornehmen*, administrer le baptême. || FIG. *etwas aus der Taufe heben*, fonder, créer qch. || MAR. *die Äquatortaufe*, le baptême de la ligne.

taufen [-fən] v. tr. baptiser. | *jn auf einen Namen taufen*, donner un nom à qn. | *sich taufen lassen*, se convertir ; se faire baptiser. || FIG., IRON. *Wein taufen*, baptiser du vin.

Täufer ['tɔyfər] m. (s, -). RELIG. *Johannes der Täufer*, saint Jean-Baptiste.

Täufling ['tɔyfliŋ] m. (s, e) qui reçoit le baptême ; filleul m.

taugen ['taugən] v. intr. [brauchbar, gut sein] valoir ; être utile ; pouvoir servir. | *wozu soll das taugen ?*, pour quoi faire ? ; à quoi cela sert-il ? | *taugt er was ?*, est-il bon à quelque chose ? | *das taugt nichts*, cela ne vaut rien. || [bekömmlich sein] *taugen für*, être bon à ; être fait pour. | *für mich taugt das nicht*, cela ne me convient pas. || [geeignet sein] *taugen zu*, être propre, apte à. | *zu dieser Arbeit taugen nur gesunde Leute*, seuls les hommes valides conviennent pour, sont aptes à ce travail.

Taugenichts ['taugəniçts] m. (es, e) galapiat m. ; propre (m.) à rien ; vaurien m.

tauglich ['taukliç] adj. dont on peut se servir ; convenable. | *zum Dienst tauglich (sein)*, [être] apte au, bon pour le service.

Tauglichkeit [-kait] f. aptitude f. ; capacité f.

Taumel ['tauməl] m. (s) étourdissement m. ; vertige m. ; enivrement m. | *(wie) im Taumel sein*, avoir la tête qui tourne ; être tout étourdi. || FIG. ivresse f. ; délire m. | *im Taumel der Freude*, ivre de joie.

taum(e)lig ['taum(ə)liç] adj. chancelant ; titubant. || PR. et FIG. pris de vertige. | *taumelig machen*, étourdir ; FIG. faire perdre la tête.

taumeln [-məln] v. intr. tituber ; chanceler ; marcher d'un pas mal assuré. || PR. et FIG. être pris de vertige. | *hin und her taumeln*, tituber. | *er taumelte vor Freude*, il était éperdu de joie.

Tausch [tauʃ] m. (es, e) échange m. ; troc m. | *einen Tausch machen*, faire un échange. | *beim Tausch gewinnen, verlieren*, gagner, perdre au change. || ADM., MATH. permutation f.

Tausch|geschäft ["tauʃgə'ʃɛft] n. (s, e), °**-handel** [-'handəl] m. (s) [commerce (m.) de] troc m. | *Tauschhandel treiben*, troquer ; faire du troc.

tauschen ['tauʃən] v. intr. faire un échange. || ADM. permuter. || *ich möchte nicht mit ihm tauschen*, je ne voudrais pas être à sa place.
◇ v. tr. troquer ; échanger. | *die Rollen tauschen*, intervertir les rôles. | *willst du mit mir den Platz tauschen ?*, veux-tu changer avec moi ?

täuschen ['tɔyʃən] v. tr. tromper ; duper ; abuser. | *js Hoffnungen, Erwartungen täuschen*, décevoir, tromper les espérances, l'attente de qn. | *in seinen Hoffnungen getäuscht werden*, être déçu ; avoir une déception. | *der erste Blick täuscht*, les apparences sont trompeuses.
◇ part. prés. et adj. **täuschend,** trompeur. | *täuschend nachahmen*, imiter à s'y méprendre. | *täuschende Ähnlichkeit*, ressemblance frappante.
◇ v. pr. **sich täuschen,** se tromper ; faire erreur ; s'illusionner. | *er läßt sich leicht täuschen*, il se laisse facilement abuser, induire en erreur. | *ich glaube, ich habe ihn gesehen, ich kann mich aber auch täuschen*, je pense l'avoir vu, mais je peux aussi faire erreur. | *da(rin) täuschst du dich gewaltig*, en cela tu te trompes grossièrement. | *ich habe mich in ihm sehr getäuscht*, il m'a bien déçu ; je me suis fait bien des illusions à son sujet. | *sich durch etwas täuschen lassen*, s'y laisser prendre.

Täuschung ['tɔyʃuŋ] f. (-, en). [Betrug] tromperie f. ; duperie f. | *plumpe Täuschung*, mystification grossière. || UNIV. tricherie f. || [Irrtum] erreur f. ; illusion f. | *man gebe sich darüber keiner Täuschung hin*, qu'on ne s'y trompe pas. | *optische Täuschung*, illusion d'optique. || JUR. *arglistige Täuschung*, acte dolosif.

tausend ['tauzənt] adj. num. card. mille ; [in Jahreszahlen auch] mil. | *tausend Dank*, mille mercis. | *tausend und aber tausend*, des milliers. | *ein paar tausend Menschen*, quelques milliers de personnes.

Tausend [-zənt] f. (-, en) le nombre mille ; le mille.
◇ n. (s, e) millier m. ; (ensemble de, environ) mille. | *Tausende von Menschen*, des milliers de personnes. | *zu Tausenden*, par milliers. | *fünf vom Tausend*, cinq pour mille. || LOC. *es geht in die Tausende*, cela se chiffre par milliers.
◇ m. (Vx.) le diable. | *potztausend ! ; tausendschwerenot !*, mille diables ! ; mille tonnerres ! | *ein Tausendsassa*, un diable d'homme, de garçon.

tausend|fach ["tauzənt'fax] adj. et adv. de mille manières ; mille fois autant ; mille fois plus. || FIG., FAM. *das werde ich dir tausendfach heimzahlen*, je te le rendrai au centuple. ||°**-füß(l)er** m. (s, -). ZOOL. mille-pattes m. ; myriapode m. ||**-jährig** adj. millénaire. ||**-mal** adv. mille fois ; PAR EXT. des centaines de fois. ||°**-sassa** m. (-) touche-à-tout m. ||°**-schön(chen)** n. (s, -). BOT. [Gänseblümchen] pâquerette f. ; [Amarant] amarante f. ||**-weise** adv. par milliers.

Tausender ['tauzəndər] m. (s, -) [le nombre] mille. || FAM. billet de mille.

tausenderlei ["tauzendər'lai] adj. mille espèces de ; de mille sortes.

tausendst ['tauzɛntst] adj. num. ord. millième. | *der Tausendste*, le millième. || LOC. *vom Hundertsten ins Tausendste kommen*, bavarder à n'en pas finir.

Tausendstel [-stəl] n. (s, -) [fraction d'un] millième m.

Tautologie [tautolo'gi:] f. (-, n) tautologie f.

Taxameter [taksa'me:tər] m. (s, -) compteur m. ; taximètre m.

Taxator [ta'ksɑ:tɔr] m. (s, en) estimateur m. ; expert m.

Taxe ['taksə] f. (-, n) taxe f. ; taux m. ; tarif m. | *Kurtaxe*, taxe de séjour.

Tax|preis ['taksprais] m. (es, e) prix taxé. ||°**-wert** m. (s, e) valeur estimative ; mise (f.) à prix.

Taxi ['taksi] n. (s, s), FAM. **Taxe** [taksə] f. (-, n) taxi m.

Taxi|fahrer ["taksi'fɑ:rər] m. (s, -) chauffeur (m.) de taxi. ||°**-stand** m. (s, ¨e) station (f.) de taxi.

taxieren [ta'ksi:rən] v. tr. [Preise ansetzen] taxer ; fixer le prix. || [abschätzen] estimer ; évaluer.

Taxierung [-ruŋ] f. (-, en). [Festsetzung des Preises] taxation f. || [Einschätzung] estimation f. ; mise (f.) à prix.

Taxonomie [taksono'mi:] f. taxinomie f.

Taxus ['taksus] m. (-, -). BOT. if m.

Teak|holz ["ti:k'hɔlts] n. (es) bois (m.) de teck.

Team [ti:m] n. (s, s) équipe f.

Technik ['tɛçnik] f. (-, en) technique f. | *das Zeitalter der Technik*, l'âge (m.) de la technique. || [spezielle Technik] technique f. ; métier m. | *eine Technik von Grund aus beherrschen*, connaître un métier à fond. | *sein Spiel zeigt nur Technik*, dans son jeu il n'y a que du métier.

Techniker [-nikər] m. (s, -) technicien m. ; ingénieur m. ; spécialiste m. (d'un métier) ; agent (m.) technique.

Technikum [-nikum] n. (s, ken) collège (m.) technique. || section (f.) d'expérimentation d'une entreprise.

technisch [-niʃ] adj. technique. | *technische Ausdrücke*, termes (m. pl.) de métier, techniques. | *technische Daten*, caractéristiques (f. pl.) techniques. | *technische Fachschule*, école (f.) technique, des arts et métiers. | *technische Hochschule*, école supérieure technique, école polytechnique. | *technischer Leiter*, ingénieur (m.) en chef. | *technische Störung*, incident (m.) technique. | *technisches Versagen*, panne f. ; défaillance (f.) mécanique. | *technischer Zeichner*, dessinateur industriel. | *aus technischen Gründen*, pour des raisons matérielles.
◇ adv. *ein technisch begabter Mensch*, un homme doué pour la technique. | *das ist technisch unmöglich*, c'est matériellement impossible.

Technokrat(in) [tɛçno'krɑ:t(in)] m. (en, en), f. (-, nen) technocrate s.

Technokratie [tɛçnokra'ti:] f. technocratie f.

Technologie [-nolo'gi:] f. technologie f.

Technologie|transfer [tɛçnolo"gi:'transfər] m. (s, s) transfert (m.) de technologie.

Technostruktur ["tɛçnostruk'tu:r] f. (-, en) technostructure f.

Techtelmechtel ["tɛçtəl'mɛçtəl] n. (s). FAM. manigance f. || [Liebelei] amourette f. ; passade f.

Teddy ['tɛdi] m. (s, s), **Teddy|bär** ["tɛdi'bɛ:r] m. (en, en) ours (m.) en peluche ; FAM. nounours m.

Tee [te:] m. (s, s) thé m. | *Teetasse*, tasse (f.) à thé. | *eine Tasse Tee*, une tasse de thé. | *Tee trinken*, prendre le thé. | *Tee aufbrühen, kochen*, faire du thé. | *den Tee ziehen lassen*, laisser infuser (le thé). || PAR ANAL. [Heiltee] infusion f. ; [Kräuter-, Würztee] tisane f. || PAR EXT. [Teestunde] thé m. | *zum Tee einladen*, inviter à prendre le thé. || LOC., FAM. *abwarten und Tee trinken !*, attendons la fin de l'histoire !

Tee|beutel ["te:'bɔytəl] m. (s, -) sachet (m.) de thé. ||°**-brett** n. (s, er) plateau m. (à thé). ||°**-ei** n. (s, er) œuf (m.) à thé. ||°**-geschirr** n. (s, e) service (m.) à thé. ||°**-kanne** f. (-, n) théière f. ||°**-kessel** m. (s, -) bouilloire f. (à thé). ||°**-licht** n. (s, er) bougie (f.) pour chauffe-plat. ||°**-löffel** m. (s, -) petite cuiller. ||°**-rose** f. (-, n) rose (f.) thé. ||°**-strauch** m. (s, ¨e) arbre (m.) à thé ; théier f. ||°**-tasse** f. (-, n) tasse (f.) à thé. ||°**-wagen** m. (s, -) table roulante.

Teenager ['ti:neidʒər] m. (s, -). FAM. adolescent(e) m. (f.).

Teer [te:r] m. (s, e) goudron m. ; brai m.

Teer|farben ["te:r'farbən] f. pl. couleurs (f. pl.) d'aniline. ||°**-jacke** f. (-, n). FIG., FAM. loup (m.) de mer. ||°**-öl** n. (s, e) huile (f.) de goudron. ||°**-pappe** f. (-, n) carton goudronné. ||°**-pech** n. (s) brai m. ; bitume m. ||°**-spritzmaschine** f. (-, n). TECHN. goudronneuse f.

teeren ['te:rən] v. tr. goudronner ; bitumer.

teerig [-riç] adj. goudronné.

Tee-shirt ['ti:ʃərt] n. (s, s) tee-shirt m.

Teich [taiç] m. (s, e) étang m. ; pièce (f.) d'eau ; vivier m. | *den Teich ablassen*, vider l'étang. || FIG. *der große Teich*, la mare aux harengs.

Teich|rose ["taiç'ro:zə] f. (-, n) nénuphar m. ||°**-wirtschaft** f. pisciculture f. ; alevinage m.

Teig [taik] m. (s, e) pâte f. | *der Teig geht auf*, la pâte lève. | *den Teig kneten*, pétrir la pâte.

Teig|mulde ["taik'muldə] f. (-, n) pétrin m. ||°**-waren** f. pl. pâtes f. pl. (alimentaires).

teigig ['taigiç] adj. pâteux. || [Gesicht] blafard.

Teil [tail] m. (s, e). [Stück] partie f. ; part f. ; morceau m. | *der zehnte Teil von etwas*, la dixième partie, le dixième de qch. | *wir bekommen nur einen Teil (davon)*, nous n'aurons qu'une fraction (de). || [Buch] *beide Teile in einem Band*, deux tomes en un volume. | *der zweite Teil des Faust*, la seconde partie du *Faust.* || LOC. *zu gleichen Teilen*, à part égales. | *zum Teil*, en partie. | *etwas wird mir zu Teil*, qch. est mon lot, m'échoit (en partage). | *ich habe das Buch zum größten Teil gelesen*, j'ai lu la plus grande partie du livre. | *der größte Teil der Menschen*, la plupart des hommes. | *ein (Bestand)teil von etwas sein*, faire partie, être une partie (intégrante), être une part (essentielle) de qch. || TECHN. *eine Maschine in ihre Teile zerlegen*, démonter une machine pièce par pièce. || JUR. [Partei] partie f.

◇ n. ou m. (s, e). [Anteil] part f. ; portion f. | *das ist mein Teil*, c'est ma part. | *ein gut Teil von*, une bonne partie de. | *das vordere Teil*, la partie antérieure, de devant. | *das hintere Teil*, la partie postérieure, de derrière. || PR. et FIG. *das bessere Teil wählen*, choisir la meilleure part. || FIG. *sein Teil beitragen zu*, apporter sa (petite) part à ; concourir à. | *ich für mein Teil*, pour ma part ; quant à moi. | *ich sage nichts, aber ich denke mir mein Teil*, je ne dis mot, mais je n'en pense pas moins.

Teil... (en compos.) partiel.

Teil|besitzer ["tailbə'zitsər] m. (s, -) copropriétaire m. ||°**-betrag** m. (s, ¨e) quote-part f. ||°**-finsternis** f. (-, se) éclipse partielle. ||°**-genehmigung** f. (-, en). ADM. autorisation partielle. ||**-haben** v. intr. *an etwas teilhaben*, participer à qch. ; faire partie de qch. || COMM. *an einem Geschäft teilhaben*, être associé à, avoir un intérêt dans une affaire. ||°**-haber** m. (s, -) associé m. ; participant m. | *stiller Teilhaber*, commanditaire m. | *als Teilhaber eintreten*, s'associer. ||°**-haberschaft** f. participation commerciale. ||°**-körper|bestrahlung** f. (-, en). NUCL. irradiation partielle. ||°**-nahme** f. participation f. ; FIG. sympathie f. | *in aufrichtiger Teilnahme*, avec l'expression de mes sincères condoléances. ||**-nahme|-berechtigt** adj. qui a le droit de participer. ||**-nahmslos** adj. indifférent ; apathique. ||°**-nahmslosigkeit** f. indifférence f. ; apathie f. ; absence (f.) d'intérêt. || **-nehmen** (i, a, o) v. intr. participer (à). | *an einer Versammlung teilnehmen*, prendre part à une réunion. | *an einem Geschäft teilnehmen*, s'associer, collaborer à une affaire. || FIG. *an js Schmerz teilnehmen*, compatir à la douleur de qn. ||**-nehmend** adj. avec intérêt, sympathie ; sympathique. ||°**-nehmer(in)** m. (s, -), f. (-, nen) participant(e) m. (f.). || TÉLÉPH. abonné(e) m. (f.) ; correspondant(e) m. (f.). ||°**-nehmer|betrieb** m. (s, e). INF. partage (m.) de temps ; temps partagé. ||°**-nehmer|system** n. (s, e). INF. système (m.) d'exploitation en temps partagé. ||°**-punkt** m. (s, e). MATH. point (m.) de division. ||°**-strecke** f. (-, n). TRANSP. étape f. ; [Autobus] section (f.) de parcours. ||°**-strich** m. (s, e) trait (m.) de graduation. ||°**-stück** n. (s, e) section f. ||**-weise** adv. en partie ; par parties ; par portions ; de façon fragmentaire. ||°**-zahlung** f. (-, en) acompte m. ; versement m. ||°**-zeit|arbeit** f. (-, en) travail (m.) à temps partiel.

teilbar ['tailbɑ:r] adj. divisible.

Teilbarkeit [-kait] f. divisibilité f.

Teilchen ['tailçən] n. (s, -). PHYS. particule f. || DIAL. gâteau m.

Teilchen|beschleuniger ["tailçənbə'ʃlɔynigər] m. (s, -). PHYS. accélérateur (m.) de particules.

teilen ['tailən] v. tr. **1.** [zerlegen] diviser (en parties) ; morceler ; séparer. | *etwas in viele Teile, Stücke teilen*, fractionner, scinder qch. en de nombreux fragments. | *der Weg teilt sich*, le chemin bifurque. || PAR ANAL. *das Schiff teilt die Wogen*, le navire fend les flots. || FIG. *die Meinungen darüber sind geteilt*, à ce sujet, les avis sont partagés. | *in diesem Punkte sind wir geteilter Ansicht*, en cela nous ne sommes pas du même avis. **2.** [aufteilen] partager ; faire les parts. | *etwas mit jm teilen*, partager qch. avec qn. | *sich mit jm etwas teilen*, partager qch. avec qn ; prendre chacun sa part. | *eine Erbschaft unter sich teilen*, se partager un héritage. || FIG. *js Meinung teilen*, être de l'avis de, d'accord avec qn ; partager l'opinion de qn. | *js Schicksal teilen*, partager le sort de qn.

Teiler [-lər] m. (s, -). MATH. diviseur m. ; sous-multiple m.

teilhaftig ['tailhaftiç] adj. *einer Sache teilhaftig werden*, avoir part à une chose ; en recueillir les bienfaits.

...teilig ['tailiç]. (en compos.) en... parties. | *dreiteilig*, tripartite ; ternaire ; en trois parties.

teils [tails] adv. en partie. | *teils..., teils*, (en) partie..., (en) partie ; les uns..., les autres.

...teils (en compos.) *einesteils..., andernteils*, d'une part..., d'autre part. | *größtenteils*, pour la plus grande partie. | *ich meinesteils*, pour ma part.

Teilung ['tailuŋ] f. (-, en) partage m. ; division f. (en parties) ; scission f. | *Teilung eines Grundstückes*, morcellement (m.) d'un terrain. | *Teilung eines Landes*, démembrement (m.) d'un pays. || POLIT. *Teilung der Gewalten*, séparation (f.) des pouvoirs. || TECHN. graduation f.

Teilungs|artikel ["tailuŋsar'ti:kəl] m. (s, -). GRAMM. article partitif. ||°**-zeichen** n. (s, -). GRAMM. tiret m.

Teint [tɛ̃] m. (s, s) teint m. ; carnation f.

Tektonik [tɛk'to:nik] f. [Aufbau] structure f. ; architecture f. || GÉOL. tectonique f.

Tele|detektion ["teledetɛk'tsio:n] f. TECHN. télédétection f. ||°**-dokumentation** f. télédocumentation f. ||°**-faxkopie** f. télécopie f.

Telefon, Telephon [tele'fo:n] n. (s, e) téléphone m. | *mobiles, schnurloses Telefon*, téléphone sans fil. | *öffentliches Telefon*, téléphone public.

Telefon... (en compos.) téléphonique ; du téléphone.

Telefon|anruf [tele"fo:n'anru:f] m. (s, e) appel (m.) téléphonique ; FAM. coup (m.) de téléphone, de fil. ||°**-anruf|beantworter** m. (s, -) répondeur (m.) téléphonique. ||°**-anschluß** m. (es, ¨e) [Verbindung] correspondance (f.) téléphonique ; [Fernsprechnetz] branchement (m.) téléphonique ; [Apparat] poste (m.) d'abonné. ||°**-buch** n. (s, ¨er) annuaire (m.) du téléphone. ||°**-gespräch** n. (s, e) communication f. (téléphonique). ||°**-hörer** m. (s, -) récepteur m. ; combiné m. ||°**-kabine** f. (-, n), °**-zelle** f. (-, n) cabine (f.) téléphonique. ||°**-karte** f. (-, n) télécarte f. ||°**-konferenz** f. (-, en) téléconférence f. ||°**-laden** m. (s, ¨) téléboutique f. ||°**-leitung** f. (-, en) ligne (f.) téléphonique. ||°**-nummer** f. (-, n) numéro (m.) de téléphone. ||°**-seelsorge** f. (*etwa*) S.O.S. Amitié. ||°**-überwachung** f. (-, en) écoutes (f. pl.) téléphoniques. ||°**-verbindung** f. (-, en) correspondance (f.), communication (f.) téléphonique. ||°**-zentrale** f. (-, n) central (m.) téléphonique.

telefonieren [telefo'ni:rən] v. tr. et v. intr. téléphoner.

telefonisch [-'fo:niʃ] adj. et adv. téléphonique. | *etwas telefonisch durchgeben*, transmettre qch. par téléphone. | *telefonische Zeitansage*, horloge parlante.

Telefonist(in) [-fo'nist(in)] m. (en, en), f. (-,nen) ; standardiste s.

telegen [tele'ge:n] adj. télégénique.

Telegraf [-'grɑ:f] m. (en, en) télégraphe m.

Telegrafen... [-'grɑ:fən]. (en compos.) télégraphique ; du télégraphe.

Telegrafie [telegra'fi:] f. (-) télégraphie f.

telegrafieren [-gra'fi:rən] v. tr. télégraphier ; envoyer un télégramme, une dépêche.

telegrafisch [-'grɑ:fiʃ] adj. et adv. télégraphique ; par télégramme, dépêche.

Telegramm [-'gram] n. (s, e) télégramme m. ; dépêche f. (télégraphique). | *Telegramm mit bezahlter Rückantwort*, télégramme avec réponse payée. | *Glückwunschtelegramm*, télégramme de félicitations. | *Telegrammbote*, télégraphiste m. | *Telegrammgebühr*, taxe (f.) télégrafique.

Telemark ['telemark] m. (s, s). [Telemarkschwung] SPORT. [Ski] télémark m.

Telematik [tele'mɑ:tik] f. télématique f.

Teleobjektiv ["teleopjɛk'ti:f] n. (s, e). OPT. téléobjectif m.

Teleologie [teleolo'gi:] f. PHILOS. téléologie f.

Telepathie [telepa'ti:] f. télépathie f.

Telephon. V. TELEFON.

Teleprocessing ["teleprɔ'sɛsiŋ] n. (s) télématique f.

Teleprompter ["tele'prɔmptər] m. (s,' -) téléprompteur m.

Teleskop [tele'sko:p] n. (s, e) télescope m.

Teleskop|antenne [tele"sko:pan'tɛnə] f. (-, n) antenne (f.) télescopique.

Telex ['te:lɛks] n. (-, e). TECHN. télex m.

telexen ['te:lɛksən] v. tr. TECHN. télexer.

Teller ['tɛlər] m. (s, -) assiette f. ; plateau m. | *tiefer Teller*, assiette creuse, à soupe. | *seinen Teller leer essen*, vider son assiette. | *ein Teller voll*, une assiettée. || ANAT. paume f. ; creux (m.) de la main. || ZOOL. oreille (f.) de sanglier.

Teller|bord ["tɛlər'bɔrt] n. (s, e), °**-brett** [-'brɛt] n. (s, er) étagère (f.) à vaisselle ; dressoir m. ||°**-lecker** m. (s, -) pique-assiette m. ||°**-mine** f. (-, n). MIL. mine plate. ||°**-rad** n. (s, ¨er) roue pleine. ||°**-schrank** m. (s, ¨e) vaisselier m. ; buffet m. ||°**-tablett** n. (s, s) plateau-repas m. ||°**-ventil** n. (s, e). TECHN. soupape (f.) à disque. ||°**-wärmer** m. (s, -) chauffe-plats m. ||°**-wäscher(in)** m. (s, -), f. (-, nen) plongeur m., plongeuse f.

tellurisch [tɛ'lu:riʃ] adj. tellurique.

Tempel ['tɛmpəl] m. (s, -) temple m. | *jüdischer Tempel*, synagogue f.

Tempel|herr ["tɛmpəl'hɛr] m. (n, en). HIST. templier m. ||°**-hof** m. (s, e) parvis m. ||°**-orden** m. (s) ordre (m.) des Templiers. ||°**-raub** m. (s). RELIG. sacrilège m. ||°**-ritter** m. (s, -). HIST. templier m. ||°**-schänder** m. (s, -). RELIG. profanateur m.

Tempera ['tɛmpera] f. [Farbe] détrempe f. | *Temperamalerei*, peinture (f.) à la détrempe.

Temperament [tɛmpera'mɛnt] n. (s, e) tempérament m. ; complexion f.

Temperatur [tɛmpera'tu:r] f. (-, en) température f. | *erhöhte Temperatur haben*, avoir un peu de fièvre. || MUS. tempérament (égal). || PHYS. *kritische Temperatur*, température critique.

temperatur|beständig [tɛmpera"tu:rbə'ʃtɛndiç] adj. résistant aux écarts thermiques. ||°**-regler** m. (s, -) thermostat m.

temperieren [tɛmpe'ri:rən] v. tr. tempérer ; modérer. || CULIN. chambrer. || MUS. tempérer.

Templer ['tɛmplər] m. (s, -). HIST. [Tempelherr] templier m.

Tempo ['tɛmpo] n. (s, s ou pi). MUS. tempo m. ; cadence f. | *im Tempo zulegen, nachlassen*, forcer, diminuer la cadence. || PAR EXT. cadence f. ; allure f. | *ein rasendes Tempo einschlagen*, foncer à toute allure. | *das Tempo vermindern*, ralentir l'allure. | *(nun aber) Tempo !*, FAM. en vitesse ! || SPORT. [einzelne Bewegung] temps m.

Tempo|limit ["tɛmpo'limit] n. (s, s). limite (f.) de vitesse. ||°**-macher** m. [s, -]. SPORT. [Läufer] lièvre m.

temporal [tɛmpo'rɑ:l] adj. RELIG. temporel. || ANAT. temporal.

Tempus ['tɛmpus] n. (-, pora). GRAMM. temps m.

Tendenz [tɛn'dɛnts] f. (-, en) tendance f. | *steigende, fallende Tendenz*, tendance à la hausse, à la baisse. || LITTÉR. tendance f. ; thèse f. | *Tendenzstück*, pièce (f.) à thèse.

Tendenz|barometer n. (s, -). [Börse] indicateur (m.) de tendance.

Tendenziös [tɛndɛntsi'ø:s] adj. tendancieux.

Tender ['tɛndər] m. (s, -). TRANSP. tender m. || MAR. allège f.

tendieren [tɛn'di:rən] v. intr. avoir une tendance vers. | *die Aktien tendieren fester, schwächer*, la tendance est orientée à la hausse, à la baisse.

Tenne ['tɛnə] f. (-, n). AGRIC. aire f. (de battage).

Tennis ['tɛnis] n. tennis m. | *Tennis spielen*, jouer au tennis. | *Tischtennis*, ping-pong m. ; tennis de table.
Tennis|halle ["tɛnis'halə] f. (-, n) court couvert. ||°**-platz** m. (es, ¨e). [terrain de] tennis m. ; court m. ||°**-schläger** m. (s, -) raquette f. (de tennis). ||°**-spiel** n. (s, e) match (m.) de tennis.
Tenor ['te:nɔr] m. (s). JUR. teneur f.
Tenor [-'no:r] m. (s, e). MUS. ténor m. || PAR EXT. voix principale.
Tenor|schlüssel [te"no:r'ʃlysəl] m. (s, -). MUS. clef (f.) de sol.
Tensor ['tɛnzɔr] m. (s, en). MATH. tenseur m.
Tensor|algebra ["tɛnzɔr'algebra] f. MATH. algèbre tensorielle.
Tentakel [tɛn'tɑ:kəl] n. (s, -) tentacule m.
Teppich ['tɛpiç] m. (s, e) tapis m. | *Wandteppich*, tenture f. ; tapisserie f.
Teppich|boden ["tɛpiç'bo:dən] m. (s,¨) moquette f. ||°**-kehrer** m. (s, -) balai (m.) mécanique. ||°**-klopfer** m. (s, -) tapette f.
teratogen [terato'ge:n] adj. MÉD. tératogène.
Teratologie [teratolo'gi:] f. MÉD. tératologie f.
teratologisch [-'lo:giʃ] adj. MÉD. tératologique.
Tergal [tɛr'gɑ:l] n. (s). TEXT. (Wz.) Tergal m.
Termin [tɛr'mi:n] m. (s, e) terme m. ; délai m. | *auf Termin kaufen, verkaufen*, acheter, vendre à terme. | *zahlbar am Termin*, payable à l'échéance. | *einen Termin (beim Arzt) haben*, avoir un rendez-vous (chez le médecin). || JUR. assignation f. ; audience f. | *ich habe heute Termin*, je suis assigné, convoqué aujourd'hui.
Termin|börse [tɛr"mi:n'bø:rzə] f. (-, n). FIN. marché (m.) à terme. ||°**-druck** m. (s) *unter Termindruck stehen*, être pressé par le temps. ||**-gerecht** adj. à la date fixée ; en temps voulu. ||°**-geschäft** n. (s, e) opération (f.), transaction (f.) à terme. ||°**-handel** m. (s). FIN. (marché à) terme m. ||°**-kalender** m. (s, -) agenda m. || COMM. échéancier m. ||°**-markt** m. (es, ¨e). FIN. marché (m.) à terme. ||°**-plan** m. (s, ¨e) calendrier m. ||°**-planung** f. (-, en) programmation f. ; planning m. ||°**-verlängerung** f. (-, en) prorogation f. ; prolongation (f.) du délai. ||°**-zahlung** f. (-, en). COMM. paiement (m.) à terme échu ; versement (m.) d'acomptes.
Terminal [tørmi'nɑ:l] m. ou n. (s, s) terminal m.
Terminologe [tɛrmino'lo:gə] m. (n, n), **Terminologin** [-'lo:gin] f. (-, nen) terminologue s.
Terminologie [tɛrminolo'gi:] f. (-, n) terminologie f. ; nomenclature f.
Terminus ['tɛrminus] m. (-, ni) terme m. (technique). || HIST. *Terminus a quo*, première date possible. | *Terminus ad quem*, dernière date possible (d'un événement).
Termite [tɛr'mi:tə] f. (-, n) termite m. | *Termitenhügel*, termitière f.
Terpentin [tɛrpɛn'ti:n] n. (s) térébenthine f. | *Terpentinöl*, essence (f.) de térébenthine.
Terrain [te'rɛ̃] n. (s, s) terrain m. ; topographie f. (d'un endroit).
Terrakotta [tɛra'kɔta] f. (-, tten). [Töpferarbeit] terre cuite.
Terrarium [tɛ'rɑ:rium] n. (s, rien) vivarium m.
Terrasse [-'rasə] f. (-, n) terrasse f. | *terrassenförmig*, en terrasse(s).
Terrazzo [-'ratzo] m. (s) revêtement (m.) en mosaïque ; terrazzolithe f.
terrestrisch [-'rɛstriʃ] adj. ASTRON. terrestre.
Terrier ['tɛriər] m. (s, s) fox-terrier m.
Terrine [tɛ'ri:nə] f. (-, n) terrine f. ; soupière f.
territorial [tɛritori'ɑ:l] adj. territorial.
Territorium [tɛri'to:rium] n. (s, rien) territoire m.
Terror ['tɛrɔr] m. (s). POLIT. terreur f.
Terror|anschlag ["tɛrɔr'anʃlɑ:k] m. (s,¨e) attentat (m.) terroriste. ||°**-herrschaft** f. dictature (f.) de la terreur.
terrorisieren [tɛrori'zi:rən] v. tr. terroriser.
Terrorismus [-'rismus] m. terrorisme m.
Terrorist(in) [-'rist(in)] m. (en, en), f. (-, nen) terroriste s.
Terroristen|bande [-'ristən'bandə] f. (-, n) bande (f.) de terroristes. ||°**-bekämpfung** f. lutte (f.) antiterroriste.
terroristisch [-'ristiʃ] adj. terroriste.
Tertia ['tɛrtsia] f. (-, tien). UNIV. (classe de) troisième f. || TYPOGR. (corps) seize m.
Tertianer(in) [tɛrtsi'ɑ:nər(in)] m. (s, -), f. (-, nen) élève (s.) de troisième.
tertiär [-tsi'ɛ:r] adj. tertiaire. || ÉCON. *tertiärer Sektor*, secteur (m.) tertiaire.
Tertiär [-tsi'ɛ:r] n. (s). GÉOL. tertiaire m.
Tertium comparationis ["tɛrtsium kɔmpara-'tsio:nis] n. terme (m.) de comparaison.
Terz [tɛrts] f. (-, en). MUS., SPORT. tierce f. | *große, kleine Terz*, tierce majeure, mineure.
Terzett [tɛr'tsɛt] n. (s, e) trio (vocal).
Terzine [-'tsi:nə] f. (-, n). POÉS. rime tierce. || [Sonett] tercet m.
Tesafilm ["teza'film] m. (s) (Wz.) Scotch m. (nom déposé).
Test [tɛst] m. (s, s) test m.
Test|bild ["tɛst'bilt] n. (s, er). TÉLÉV. mire (f.) de réglage. ||°**-person** f. (-, en) personne testée ; FIG. cobaye m. ||°**-pilot** m. (en, en) pilote (m.) d'essai.
Testament [tɛsta'mɛnt] n. (s, e) testament m. | *durch Testament hinterlassen, vermachen*, léguer. | *ohne Testament sterben*, décéder intestat. | *sein Testament machen*, faire son testament ; tester. | *in js Testament bedacht sein*, être couché sur le testament de qn. | *sein Testament umstoßen*, révoquer son testament. || RELIG. *das Alte, Neue Testament*, l'Ancien, le Nouveau Testament.
Testaments... [tɛsta'mɛnts]. (en compos.) testamentaire. | *Testamentsanfechtung*, contestation (f.) du testament. | *Testamentsnachtrag*, codicille m. | *Testamentsvollzug*, exécution (f.) du testament.
testamentarisch [-mɛn'tɑ:riʃ] adj. testamentaire. | *testamentarisch vermachen*, léguer ; laisser par testament.
Testat [tɛs'tɑ:t] n. (s, e) certificat m. ; attestation f.
Testator [-'tɑ:tɔr] m. (s, en) testateur m.
testen ['tɛstən] v. tr. PSYCHOL. tester.
testieren [tɛs'ti:rən] v. tr. attester ; certifier. ◇ v. intr. JUR. tester.
Testikel [tɛs'ti:kəl] m. (s, -). ANAT. testicule m.
Testosteron [tɛstoste'ro:n] n. (s, e). BIOL. testostérone m.
Tetanus ['te:tanus] m. MÉD. tétanos m. | *Tetanusschutzimpfung*, vaccination (f.) antitétanique.
Tetraeder [tetra'e:dər] n. (s, -). MATH. tétraèdre m.
Tetraplegie [tetraple'gi:] f. MÉD. tétraplégie f.
tetraplegisch [-'ple:giʃ] adj. MÉD. tétraplégique.
teuer ['tɔyər] adj. [kostspielig] cher ; coûteux ; onéreux. | *teure Ware*, marchandise (f.) qui coûte cher. | *das ist mir zu teuer*, c'est trop cher pour moi. | *wie teuer ist das ?*, cela coûte combien ? | *teuer werden*, renchérir ; FAM. monter. | *teuer kaufen, bezahlen*, payer cher, un bon prix. || FAM. *das ist ja furchtbar, gräßlich teuer !*, mais cela coûte les yeux de la tête ! || PAR ANAL.

das ist ein teurer Spaß, cette plaisanterie me revient cher. | *das wird ihm teuer zu stehen kommen*, cela lui coûtera cher. | *teure Zeiten*, disette f. ; pénurie f. || LOC. *sein Leben teuer verkaufen*, vendre chèrement sa vie, POP. sa peau. | *da ist guter Rat teuer*, on ne sait plus à quel saint se vouer. || FIG. [lieb und wert] cher ; chéri.

Teuerung [-ruŋ] f. (-, en) disette f. ; renchérissement m. (des prix) ; cherté (f.) de la vie ; vie chère ; hausse (f.) des prix.

Teuerungs|welle [ʺtɔyəruŋs'vɛlə] f. (-, n) vague (f.) de hausse. ||°**-zulage** f. (-, n) indemnité (f.) de vie chère.

Teufel ['tɔyfəl] m. (s, -). **1.** diable m. ; démon m. | *Teufelsbund*, pacte (m.) avec le diable. | *mit dem Teufel im Bunde sein*, avoir vendu son âme au diable. | *vom Teufel besessen*, possédé du diable. | *den Teufel beschwören, austreiben*, exorciser. || FIG. *das ist des Teufels*, c'est infernal. | *hol mich der Teufel, wenn*, que le diable m'emporte, si. | *hol dich der Teufel*, va-t'en au diable. | *darum kümmere ich mich den Teufel*, FAM. je m'en moque éperdument. | *das weiß der Teufel*, je n'en ai pas la moindre idée. | *zum Teufel jagen*, envoyer au diable. | *der Teufel steckt in ihm*, il a le diable au corps. | *den plagt der Teufel*, il est infernal. || [Flüche] *(der) Teufel !*, diantre ! ; diable ! | *zum Teufel !*, au diable ! || LOC. *man soll den Teufel nicht an die Wand malen*, il ne faut pas tenter le diable. | *in Teufels Küche kommen*, se mettre en mauvaise posture. | *weder Tod noch Teufel fürchten*, ne craindre ni dieu, ni diable. | *den Teufel mit Beelzebub austreiben*, tomber de Charybde en Scylla. **2.** [teuflischer Mensch] *ein wahrer Teufel*, un vrai démon. | *so ein Teufel von einem Weibe*, une femme diabolique, infernale ; une diablesse. | *ein armer Teufel*, un pauvre diable.

Teufelchen [-çən] n. (s, -) petit diable ; diablotin m.

Teufelei [tɔyfə'lai] f. (-, en) invention (f.), machination (f.) diabolique.

Teufels... [-fəls]. (en compos.) **1.** PÉJOR. damné. | *(fuchs)teufelswild*, furibond ; POP. furibard. **2.** [bewundernd] *so ein Teufelskerl !*, quel diable d'homme ! | *ein Teufelsmädel*, une fille qui n'a pas froid aux yeux. **3.** [teuflisch] diabolique ; du diable ; infernal.

Teufels|austreibung [ʺtɔyfəlsaus'traibuŋ] f. (-, en) exorcisation f. ; exorcisme m. ||°**-brut** f. engeance (f.) diabolique. ||°**-kirsche** f. (-, n). BOT. belladone f. ||°**-klaue** f. BOT. lycopode m. ||°**-kreis** m. (es) cercle vicieux. ||°**-weib** n. (s, er) diablesse f. ||°**-werk** n. (s) œuvre (f.) diabolique.

teuflisch ['tɔyfliʃ] adj. diabolique ; démoniaque ; infernal.

Teutone [tɔy'to:nə] m. (n, n) Teuton m.

Text [tɛkst] m. (es, e). [Wortlaut] texte m. || FIG. *aus dem Text kommen*, perdre le fil. || [Worte zur Musik] livret m. (d'un opéra) ; paroles f. pl. (d'une chanson). || [Bibelstelle] passage (m.), verset m. (des Écritures).

Text|buch [ʺtɛkst'bu:x] n. (s, ¨er). MUS. livret m. ||**-gemäß** adj. et adv. textuel ; conforme au texte. ||°**-verarbeitung** f. traitement (m.) de texte. || °**-verarbeitungs|gerät** n. (s, e) machine (f.) à traitement de texte.

Textil... [tɛks'ti:l]. (en compos.) textile. | *Textilindustrie*, industrie (f.) textile. | *Textilwaren*, produits (m. pl.) textiles ; textiles m. pl. | *Textilabfälle*, bourre f.

Textilien [-liən] n. pl. textiles m. pl.

Textur [tɛks'tu:r] f. (-, en) texture f.

Thalasso|therapie [talasotera'pi:] f. (-, n). MÉD. thalassothérapie f.

Thallophyt [talo'fy:t] m. (en, en). BOT. thallophyte f.

Theater [te'ɑ:tər] n. (s, -) théâtre m. | *ins Theater gehen*, aller au théâtre. | *zum Theater gehen*, se faire acteur ; faire du théâtre. || FIG., FAM. *Theater machen*, jouer la comédie.

Theater... (en compos.) de théâtre ; théâtral.

Theater|dichter [teʺɑ:tər'diçtər] m. (s, -) auteur (m.) dramatique. ||°**-ferien** pl. relâche f. ||°**-intendant** m. (en, en) directeur (m.) de théâtre. ||°**-kasse** f. (-, n) agence (f.) de location. ||°**-probe** f. (-, n) répétition f. ||°**-schneider** m. (s, -) costumier m. ||°**-stück** n. (es, e) pièce (f.) de théâtre.

theatralisch [tea'trɑ:liʃ] adj. théâtral ; dramatique ; scénique. || FIG. théâtral ; affecté.

Theismus [te'i:smus] m. théisme m.

Theke ['te:kə] f. (-, n) comptoir m. ; bar m. ; FAM. zinc m.

Thema ['te:ma] n. (s, men ou ta). LITTÉR. sujet m. || MUS. thème m. || LOC. *ein Thema behandeln*, traiter un sujet. | *zum Thema Abrüstung*, à propos du désarmement.

Themse ['tɛmzə] n. pr. f. GÉOGR. Tamise f.

Theologe [teo'lo:gə] m. (en, en) théologien m. || UNIV. étudiant (m.) en théologie.

Theologie [-lo':gi] f. théologie f.

Theorem [teo're:m] n. (s, e) théorème m.

Theoretiker [teo're:tikər] m. (s, -) théoricien m.

theoretisch [-tiʃ] adj. théorique.

Theorie [teo'ri:] f. (-, n) théorie f.

Therapeut(in) [tera'pɔyt(in)] m. (en, en), f. (-, nen) thérapeute s.

Therapeutik [tera'pɔytik] f. thérapeutique f.

therapeutisch [-tiʃ] adj. thérapeutique ; curatif.

Therapie [tera'pi:] f. (-, n) thérapeutique f. ; thérapie f.

Therme ['tɛrmə] f. (-, n) source thermale. || HIST. *die Thermen*, les thermes m. pl.

Thermik ['tɛrmik] f. AÉRON. ascendance (f.) thermique.

thermisch [-miʃ] adj. thermique ; calorifique. || NUCL. *thermische Leistung*, puissance (f.) thermique.

Thermit [tɛr'mi:t] n. (s). CHIM. thermite f.

Thermo... ['tɛrmo]. (en compos.) thermo.

Thermo|element [ʺtɛrmoele'mɛnt] n. (s, e) thermocouple m. ||°**-kopie** f. (-, n) thermocopie f. ||°**-lumineszenz** f. (-, en) thermoluminescence f. ||°**-meter** n. (s, -) thermomètre m. ||**-nuklear** adj. thermonucléaire. ||°**-säule** f. (-, n). ÉLECTR. pile thermoélectrique. ||**-stabil** adj. résistant aux écarts thermiques.

Thermos|flasche [ʺtɛrmos'flaʃə] f. (-, n) bouteille (f.) Thermos ; Thermos f.

Thermostat [tɛrmo'stɑ:t] m. (s, e). [Temperaturregler] thermostat m.

Thesaurus [te'zaurus] m. (-, ren ou ri) thésaurus m.

These ['te:zə] f. (-, n) thèse f.

Thing [tiŋ] n. (s). HIST. assemblée f. (chez les Germains).

Thomas ['to:mas] n. pr. m. Thomas m. | *er ist ein ungläubiger Thomas*, il est comme saint Thomas.

Thorax... ['to:raks]. (en compos.) thoracique.

Thrombose [trɔm'bo:zə] f. (-, n). MÉD. thrombose f.

Thron [tro:n] m. (s, e) trône m. | *den Thron besteigen*, monter sur le trône. | *vom Thron stoßen*, renverser du trône ; détrôner.

Thron|besteigung ["tro:nbə'ʃtaiguŋ] f. avènement (m.) au trône. ||°**-bewerber** m. (s, -) prétendant (m.) au trône. ||°**-entsagung** f. abdication f. ||°**-erbe** m. (n, n) héritier (m.) du trône. ||°**-folge** f. succession (f.) au trône. ||°**-folger** m. (s, -) héritier (m.) du trône. ||°**-himmel** m. (s, -) dais m. ||°**-räuber** m. (s, -) usurpateur m. (de la couronne). ||°**-rede** f. (-, n) discours (m.) du trône. ||°**-wechsel** m. (s, -) changement (m.) de règne.

thronen ['tro:nən] v. intr. être sur le trône. || PR. et FIG. trôner.

Thyristor [ty'ristɔr] m. (s, en). PHYS. thyristor m.

Thule ['tu:lə] f. GÉOGR. Thulé f.

Thunfisch ['tu:nfiʃ] m. (s, e). ZOOL. thon m.

Thurgau ['tu:rgau] n. pr. m. Thurgovie f.

Thüringen ['ty:riŋən] n. pr. n. Thuringe f.

Thymian ['tymian] m. (s) thym m. ; serpolet m.

Thymus ['ty:mus] m., **Thymus|drüse** ["ty:mus'dry:zə] f. (-, n). ANAT. thymus m.

Tiara [ti'ɑ:ra] f. (-, ren). RELIG. tiare f.

Tiber ['ti:bər] m. GÉOGR. Tibre m.

Tibet ['ti:bɛt] n. GÉOGR. Tibet m.

Tibetaner [tibe'tɑ:nər] m. (s, -) Tibétain m.

Tick [tik] m. (s, e). [Gesichtszucken] tic m. || FIG. [Schrulle] manie f. ; grain m. || FAM. [Groll] *einen Tick auf jn haben*, avoir une dent contre qn.

ticken ['tikən] v. intr. faire tic tac.

Tide ['ti:də] f. (-, n). MAR. flot m. ; marée f. | *Tidenhafen*, port (m.) dépendant de la marée.

tief [ti:f] adj. **1.** profond. | *der Fluß ist hier zwei Meter tief*, ici la rivière est profonde de deux mètres. | *ein tiefer Brunnen*, un puits profond. | *tiefer Schnee*, neige haute, épaisse. || MAR. *das Schiff geht tief*, le navire a beaucoup de tirant. || PAR EXT. *tiefer Teller*, assiette creuse. | *tiefe Schüssel*, plat creux.

2. [weit unten ; Gegensatz : hoch] bas. | *tief unten*, (tout à fait) en bas. | *tief unten im Tal steht ein Haus*, au fond de la vallée il y a une maison. | *du stehst tiefer als ich*, tu es plus bas que moi, en contre-bas. | *wir fliegen sehr tief*, nous volons fort bas. | *das Thermometer steht tief*, le thermomètre est bas. | *tiefgekühlt*, surgelé. | *den Hut tief in die Stirn ziehen*, enfoncer son chapeau sur ses yeux. || FIG. *tief stehen*, être de bas niveau. | *tief gesunken sein*, être tombé bien bas.

3. [weit nach hinten, ins Innere] profond ; reculé. | *der Chor ist zwölf Meter tief*, le chœur a une profondeur, est profond de douze mètres. | *im tiefen Wald ; tief im Wald*, au fond des bois. | *tief ins Land vorstoßen*, s'enfoncer au cœur du, loin dans le pays. || PAR ANAL. *bis tief ins 19. Jahrhundert hinein*, fort avant, tard dans le XIXe siècle. | *bis tief in die Nacht hinein*, (jusque) tard dans la nuit. | *im tiefsten Winter*, au cœur de l'hiver. | *im tiefsten Frieden*, en pleine paix. || FIG. *Leid geht tief*, la souffrance émeut (profondément). | *tief im Herzen ; im tiefsten Herzen*, (tout) au fond du cœur. | *aus tiefstem Herzen*, du fond du cœur. | *tiefe Trauer*, grand deuil. | *tiefes Schweigen*, silence (m.) de mort. | *ich beklage es aufs tiefste, zutiefst*, je le déplore sincèrement ; je suis aux regrets. | *tief beschämt*, profondément humilié.

4. MUS. grave. | *singen Sie einen Ton tiefer*, descendez d'un ton. | *tiefer stimmen*, baisser (un instrument).

5. [Farbe] profond ; foncé ; saturé.

Tief [ti:f] n. (s, e). MAR. chenal m. || PHYS. basse pression ; cyclone m. || FIG. crise f. ; dépression f.

tief... (en compos. devant un adj.) très profondément. | *tiefbetrübt*, profondément affligé. | *tiefbewegt*, très ému. | *tiefblau*, bleu foncé. | *tiefernst*, très grave, IRON., FAM. sérieux comme un pape.

Tief|bau ["ti:f'bau] m. (s) génie civil ; travaux publics (en sous-sol, souterrains). ||°**-blick** m. (s) clairvoyance f. ; perspicacité f. ||**-blickend** adj. clairvoyant ; perspicace. ||°**-bohrung** f. (-, en) sondage profond ; forage m. ||°**-druck** m. (s). TYPOGR. impression (f.) en creux ; héliogravure f. || GÉOGR., PHYS. basse pression. ||°**-druck|setzer(in)** m. (s, -), f. (-, nen) héliograveur m., héliograveuse f. ||°**-ebene** f. (-, n) plaine basse. ||°**-flug** m. (s, ¨e). AÉRON. vol (m.) à basse altitude, en rase-mottes. ||°**-gang** m. (s). MAR. tirant (m.) d'eau. ||°**-garage** f. (-, n) parking souterrain. ||**-gehend** adj. PR. et FIG. profond ; qui va loin ; radical. || MAR. de fort tirant d'eau. ||°**-kühlkost** f. CULIN. surgelés m. pl. ||°**-kühltruhe** f. (-, n) congélateur m. ||°**-land** n. (s) basses terres ; bas pays. ||**-liegend** adj. bas ; enfoncé. || [Straße] en déblai. ||°**-ofen** m. (s, ¨). MÉTALL. four (m.) pit. || NUCL. four convertisseur. ||°**-punkt** m. (s, e) minimum m. ||°**-schlag** m. (s, ¨e). SPORT. coup bas. ||°**-schnee** m. (s) neige profonde ; FAM. profonde f. ||**-schürfend** adj. [Geist] qui va au fond des choses. ||°**-see** f. abysse (marin) ; grands fonds. ||°**-see|rücken** m. (s, -). GÉOGR. dorsale f. ||°**-see|taucher(in)** m. (s, -), f. (-, nen) océanaute s. ||°**-sinn** m. (s). [Forschergeist] vues profondes ; [Trübsinn] songerie f. (mélancolique). ||**-sinnig** adj. songeur ; pensif ; profond. ||°**-stand** m. (s) étiage m. (d'un cours d'eau). || FIG. bas niveau ; déchéance f. ; dépression f.

Tiefe ['ti:fə] f. (-, n) profondeur f. | *in der Tiefe des Wassers*, au fond de l'eau. | *Wassertiefe*, hauteur (f.) de l'eau, d'eau. || FIG. *die Tiefe meines Schmerzes*, la profondeur de ma peine. || [Gemälde] lointains m. pl. || MUS. timbre (m.) grave (d'une voix).

Tiefen|gestein ["ti:fəngə'ʃtain] n. (s, e). GÉOL. roche cristalline. ||°**-linie** f. (-, n). GÉOGR. isobathe f. ||°**-messer** m. (s, -) sonde f. ||°**-messung** f. (-, en) sondage m. ||°**-schärfe** f. OPT. profondeur (f.) de champ. ||°**-wirkung** f. action (f.), effet (m.) en profondeur.

Tiefst|temperatur... ["ti:fsttempera'tu:r]. (en compos.). TECHN. cryogénique. | *Tiefsttemperaturtechnik*, cryogénie f.

Tiegel ['ti:gəl] m. (s, -) poêlon m. || CHIM., MÉTALL. creuset m. | *der Tiegelstahl*, l'acier (m.) au creuset.

Tier [ti:r] n. (s, e). PR. et FIG. bête f. ; animal m. || [Reittier] monture f. | *Zugtier*, animal de trait. | *wildes Tier*, bête sauvage. | *Haustier*, animal domestique. | *Tierchen*, bestiole f. || LOC. *zum Tier herabsinken*, tomber dans la bestialité. | *das Tier im Menschen*, la bête humaine. || FAM. *ein großes, hohes Tier*, un grand manitou ; une grosse légume.

Tier... (en compos.) animal ; d'animaux.

Tier|art ["ti:r'ɑ:rt] f. (-, en) espèce animale. ||°**-arzt** m. (es, ¨e) vétérinaire m. ||°**-bändiger** m. (s, -) dompteur m. ||°**-garten** m. (s, ¨) jardin (m.) zoologique. ||°**-heilkunde** f. médecine (f.) vétérinaire. ||°**-heim** n. (s, e) refuge (m.) de la S.P.A. ||°**-kreis** m. (es). ASTRON. zodiaque m. ||°**-kunde** f. zoologie f. ||**-lieb** adj. qui aime les animaux. ||°**-pfleger(in)** m. (s, -), f. (-, nen) gardien(ne) [m. (f.)] d'animaux. ||°**-quäler** m. (s, -) qui tourmente les animaux. ||°**-reich** n. (s) règne animal. ||°**-schutzverein** m. (s, e) Société protectrice des animaux. ||°**-seuche** f. (-, n) épizootie f. ||°**-welt** f. faune f. ; monde animal.

tierisch ['ti:riʃ] adj. animal ; FIG. bestial. | *tierischer Ernst*, un air d'abruti. | *tierisches Fett*, graisse animale.

Tiger ['ti:gər] m. (s, -) tigre m.

Tigerin [-rin] f. (-, nen), **Tiger|weibchen** ["ti:gər'vaibçən] n. (s, -) tigresse f.

Tigris ['ti:gris] m. GÉOGR. Tigre m.

Tilde ['tildə] f. (-, n). GRAMM. tilde m.

tilgbar ['tilkbɑ:r] adj. rachetable ; amortissable.

tilgen ['tilgən] v. tr. effacer ; extirper ; annuler. | *nicht zu tilgen*, indélébile. || COMM. amortir ; racheter. | *eine Anleihe tilgen*, amortir un emprunt. | *eine Hypothek tilgen*, purger une hypothèque. | *eine Schuld tilgen*, acquitter, se libérer d'une dette ; s'acquitter. | *einen Posten tilgen*, rayer un article (d'un compte). | *eine Rente tilgen*, racheter, amortir une rente.

Tilgung [-guŋ] f. abolition f. ; acquittement m. | *Tilgung einer Anleihe*, amortissement (m.), rachat (m.) d'un emprunt. | *Tilgung einer Schuld*, extinction (f.), libération (f.) d'une dette.

Tilgungs|anleihe ["tilguŋs'anlaiə] f. (-, n). FIN. obligation (f.) amortissable par annuités.

Tilsiter ['tilzitər] m. (s) fromage (m.) de Tilsit.

Tingeltangel ["tiŋel'taŋəl] n. ou m. (s, -) music-hall m. || POP. bastringue m. ; beuglant m.

Tinktur [tiŋk'tu:r] f. (-, en). MÉD. teinture f.

Tinnef ['tinɛf] m. (-). ARG. camelote f.

Tinte ['tintə] f. (-, n) encre f. | *mit Tinte schreiben*, écrire à l'encre. || LOC., FAM. *in der Tinte sitzen*, être dans le pétrin.

Tinten|faß ["tintən'fas] n. (es, ¨er) encrier m. ||°**-fisch** m. (s, e). ZOOL. seiche f. ||°**-fleck** m. (s, e), °**-klecks** m. (es, e) tache (f.) d'encre. ||°**-kleckser** m. (s, -). FAM., IRON. plumitif m. ||°**-kuli** m. (s, s) sorte de stylo. ||°**-strahldrucker** m. (s, -) imprimante (f.) à jet d'encre.

Tip [tip] m. (s, s). FAM. [Wink] tuyau m.

tippen ['tipən] v. intr. toucher légèrement. | *ich tippe an etwas*, je touche qch. du doigt, du bout des doigts. || FAM. 1° taper (à la machine). | *ich tippe etwas ab*, je tape une copie ; 2° tuyauter ; 3° jouer au loto. || *auf jn, auf etwas tippen*, miser sur qn, sur qch.

Tipp|fehler ["tip'fe:lər] m. (s, -). FAM. faute (f.) de frappe. ||°**-fräulein** n. (s, -). FAM. dactylo f. ||°**-schein** m. (s, e) bulletin (m.) de loto.

Tippel|bruder ["tipəl'bru:dər] m. (s, ¨). FAM. vagabond m.

tippeln ['tipəln] v. intr. aller, voyager à pied. || FAM. trotter. || [trippeln] marcher à petits pas.

tipptopp [tip'tɔp] adj. invar. [Haus ; Kleidung] impeccable.

Tirade [ti'rɑ:də] f. (-, n) tirade f. || MUS. passage m. ; trait m.

tirilieren [-'li:rən] v. intr. [Lerche] grisoller. || PAR EXT. lancer des trilles ; gazouiller. || FIG. chanter d'allégresse.

Tirol [ti'ro:l] n. pr. n. GÉOGR. Tyrol m.

Tiroler [-lər] m. (s, -) Tyrolien m.

Tiroler... (en compos.) tyrolien. | *der Tirolerhut*, le chapeau tyrolien.

tirolerisch [-ləriʃ] adj. tyrolien.

Tisch [tiʃ] m. (es, e). [Möbelstück] table f. | *Tischchen*, petite table ; guéridon m. | *sich an den Tisch setzen*, s'asseoir à la table. | *am Tisch sitzen*, être assis à la table. || PAR EXT. [Eßtisch] *bei Tisch sitzen*, être à table. | *sich zu Tisch setzen* ; *zu Tisch gehen*, aller, se mettre à table ; s'attabler. | *vom Tisch aufstehen*, se lever, sortir de table. | *den Tisch decken*, mettre la table, le couvert. | *den Tisch abdecken, abräumen*, desservir ; débarrasser la table. || FIG. [Mahlzeit] table f. ; repas m. | *bei, zu Tisch*, à table ; pendant le repas. | *vor, nach Tisch*, avant, après le repas. | *freien Tisch, einen Freitisch haben (bei jm)*, être nourri (gratuitement, chez qn). || LOC. *jn unter den Tisch trinken*, faire rouler qn sous la table. | *von Tisch und Bett getrennt*, séparé de corps et de biens. | *es fiel unter den Tisch*, l'affaire est passée inaperçue, a été oubliée. | *reinen Tisch machen*, faire table rase. || FIG. *am grünen Tisch*, autour du tapis vert.

Tisch... (en compos.) de table.

Tisch|bein ['tiʃbain] n. (s, e) pied (m.) de table. ||°**-besen** m. (s, -) ramasse-miettes m. ||°**-decke** f. (-, n). [für Essen] nappe f. ; [zum Schmuck] tapis (m.) de table. ||°**-fußball** m. (s) baby-foot m. ||°**-gebet** n. (s, e) bénédicité m. ||°**-gesellschaft** f. (-, en) convives m. pl. ; table f. ; tablée f. ||°**-gestell** n. (s, e) piètement (m.) de table. || °**-manieren** (f. pl.) *gute Tischmanieren haben*, savoir se tenir à table. ||°**-rede** f. (-, n) discours m. (de banquet) ; toast m.||°**-rücken** n. (s) tables tournantes. ||°**-tennis** n. ping-pong m. ||°**-tennis|spieler(in)** m. (s, -), f. (-, nen) joueur (m.), joueuse (f.) de ping-pong ; pongiste s. ||°**-tuch** n. (s, ¨er) nappe f. ||°**-wäsche** f. linge (m.) de table. ||°**-wein** m. (s, e) vin (m.) de table.

Tischler ['tiʃlər] m. (s, -) menuisier m. ; ébéniste m.

Tischler|arbeit ["tiʃlər'arbait] f. (-, en) menuiserie f. ; ébénisterie f. ||°**-handwerk** n. (s) menuiserie f.

Tischlerei [tiʃlə'rai] f. (-, en). [Handwerk] menuiserie f. || [Werkstatt] atelier (m.) du menuisier.

Titan [ti'tɑ:n] n. (s). CHIM. titane m.

Titan(e) [-'tɑ:n(ə)] n. pr. m. (en, en). MYTH. Titan m.

titanenhaft [-'tɑ:nənhaft], **titanisch** [-'tɑ:niʃ] adj. titanesque.

Titel ['ti:təl] m. (s, -). [Anredeform] titre m. (honorifique). | *einen Titel führen*, avoir un titre. | *Doktor-, Fürstentitel*, titre de docteur, de prince. || [Überschrift] titre m. | *der Titel des Werkes lautet*, le titre, le nom de l'ouvrage est ; l'ouvrage s'intitule, est intitulé. || [Anspruch] *unter dem Titel eines Verwandten*, au titre de parent. | *Rechtstitel*, titre juridique. || [Abschnitt] rubrique m. ; titre m. (d'un contrat). || SPORT. *einen Titel erringen*, remporter un titre.

Titel|bild ["ti:təl'bilt] n. (s, er) frontispice m. ; planche (f.) de titre. ||°**-bildchen** n. (s, -) vignette f. (du titre). ||°**-blatt** n. (s, ¨er). TYPOGR. faux titre. ||°**-rolle** f. (-, n). FILM., THÉÂTRE. rôle (m.) principal.

Titular... (en compos.) honoraire. | *Titularprofessor*, professeur (m.) sans chaire.

titulieren [-tu'li:rən] v. tr. donner le titre de ; qualifier de ; intituler.

tja ! [tjɑ:] interj. eh bien ! ; ma foi !

T-Leitwerk ["te:'laitvɛrk] n. (s, e). AÉRON. empennage (m.) en T.

Toast [to:st] m. (es, e) toast m.

Toast|brot ["to:st'bro:t] n. (s, e). [zum Toasten vorgesehen] pain (m.) de mie. || [getoastet] pain grillé.

toasten ['to:stən] v. tr. faire griller du pain.

Toaster ['to:stər] m. (s, -) grille-pain m.

Tobak ['to:bak] FAM. [Tabak] tabac m. || LOC., FAM. *das ist starker Tobak*, c'est un peu fort de café. | *Anno Tobak*, il y a belle lurette.

Tobel ['to:bəl] m. (s, -) ravin boisé ; gorge f.

toben ['to:bən] v. intr. être en rage ; fulminer. || PAR ANAL. *der Sturm tobt*, la tempête se déchaîne. | *die Schlacht tobt*, la bataille fait rage.

Toben [-bən] n. (s) fureur f. ; rage folle ; POÉT. courroux m. | *das Toben der Elemente*, les éléments déchaînés.

Tob|sucht ["to:p'zuxt] f. folie furieuse ; frénésie f. ||**-süchtig** adj. fou furieux, à lier ; frénétique.

Tochter ['tɔxtər] f. (-, ¨) fille f.

Tochter|gesellschaft [-gəˈzɛlʃaft] f. (-, en) filiale f.

Tod [to:t] m. (s, e) mort f. || ADM. décès m. || POÉT. trépas m. | *eines natürlichen Todes sterben*, mourir de mort naturelle. | *eines gewaltsamen Todes sterben*, mourir de mort violente. | *du bist ein Kind des Todes*, tu n'échapperas pas à la mort. | *auf den Tod krank sein*, avoir une maladie mortelle. | *mit dem Tod ringen, kämpfen*, être à l'agonie. | *zum Tode verurteilen*, condamner à mort. | *zu Tode verwundet*, blessé à mort, mortellement. || (Vx.) *der schwarze Tod*, la peste noire. | *der weiße Tod*, la mort (accidentelle) en montagne (l'hiver). || PR. et FIG. *zu Tode*, à mort. || (Vx.) ou IRON. jusqu'à ce que mort s'ensuive. | *jn zu Tode quälen*, supplicier qn. | *ein Pferd zu Tode reiten, hetzen*, crever un cheval. | *sich zu Tode hungern*, se laisser mourir de faim. | *sich zu Tode arbeiten*, FAM. se crever à la besogne. | *sich zu Tode lachen, schämen*, mourir de rire, de honte. | *sich zu Tode ärgern*, crever de dépit, de rage. | *zu Tode betrübt*, mortellement triste. | *bis zum Tode; bis in den Tod*, jusqu'à la mort. || FIG. *er kann sie auf den Tod nicht ausstehen*, il ne peut pas la voir en peinture. | *sie halten auf Tod und Leben zusammen*, ils sont liés à la vie, à la mort. | *du bist des Todes, wenn*, tu es (un homme) mort, si. | *ich will des Todes sein, wenn*, que je meure, si. | *Tod und Teufel!*, mordieu. || LOC. *er sieht aus wie der lebendige, leibhaftige Tod*, c'est un vrai squelette, une vraie tête de mort. || ADM. *der bürgerliche Tod*, la mort civile.

tod|blaß [ˈto:tblas], **-bleich** [-blaiç] adj. blafard; d'une pâleur mortelle; pâle comme la mort. ||**-bringend** adj. qui amène la mort; délétère. ||**-ernst** adj. très sérieux. ||°**-feind** m. (s, e) ennemi mortel. ||**-feind** adj. *jm todfeind sein*, être à couteaux tirés avec qn. ||°**-feindschaft** f. haine mortelle. ||**-krank** adj. moribond. ||**-langweilig** adj. mortellement ennuyeux. ||**-müde** adj. éreinté; mort de fatigue. ||**-schick** adj. très chic. | *todschick sein*, être sur son trente-et-un. ||**-sicher** adj. FAM. absolument sûr; garanti. ||°**-sünde** f. (-, n) péché mortel. ||**-unglücklich** adj. FAM. malheureux comme les pierres.

Todes... [ˈto:dəs]. (en compos.) mortel; de (la) mort.

Todes|angst [ˈˈto:dəsˈaŋst] f. (-, ¨e) angoisse mortelle; affres (f. pl.) de la mort. ||°**-anzeige** f. (-, n). ADM. déclaration (f.) de décès; [Brief] (lettre [f.] de) faire-part m.; [Zeitungsnotiz] annonce (f.) nécrologique; avis (m.) de décès. ||°**-art** f. (-, en) [genre de] mort f. ||°**-fall** m. (s, ¨e) décès m. | *im Todesfall*, en cas de décès. ||°**-gedanke** m. (n, n) pensée (f.) funèbre. ||°**-gefahr** f. danger (m.) de mort. ||°**-kampf** m. (s) agonie f. ||°**-mut** m. (s) mépris (m.) de la mort. ||°**-qual** f. (-, en) tourments mortels. | *Todesqualen ausstehen*, souffrir mille morts. ||°**-stoß** m. (es), °**-streich** m. (s) coup (m.) de grâce. ||°**-strafe** f. (-, n) peine (f.) de mort; peine capitale. | *bei Todesstrafe*, sous peine de mort. ||°**-urteil** n. (s, e) arrêt (m.) de mort; condamnation (f.) à mort; sentence capitale. ||°**-verachtung** f. mépris (m.) de la mort. || FIG. *mit Todesverachtung*, à contrecœur.

tödlich [ˈtø:tliç] adj. et adv. mortel; meurtrier; qui tue. | *tödlich verwundet*, mortellement blessé. || FIG. *tödliches Schweigen*, silence (m.) de mort. | *sich tödlich langweilen*, s'ennuyer mortellement, à mourir.

Toga [ˈto:ga] f. (-, gen ou s) toge f.

Tohuwabohu [ˈˈto:huvaˈbo:hu] n. (s) tohu-bohu m. || FAM. pagaille f.

Toilette [toaˈlɛtə] f. (-, n). [Gesellschaftskleid; Putz] toilette f. || [Abort] toilettes f. pl.

Toiletten|papier [toaˈˈlɛtənpaˈpi:r] n. (s) papier (m.) hygiénique.

tolerant [toleˈrant] adj. tolérant; indulgent.

Toleranz [-ˈrants] f. [Duldsamkeit] tolérance f.; indulgence f.

Toleranz|grenze [toleˈˈrantsˈgrɛntsə] f. (-, n). TECHN. seuil (m.) de tolérance; tolérance f.

tolerieren [-ˈri:rən] v. tr. tolérer.

toll [tɔl] adj. enragé; fou furieux; fou à lier; dément. | *jn toll machen*, faire enrager qn. || PAR EXT. fou; extravagant; saugrenu; FAM. loufoque. | *toller Streich*, folie f.; extravagance f.; FAM. loufoquerie f. | *hier geht's toll zu*, ils font les fous; quelle bande de fous! || FIG., FAM. [schlimm; wüst] insensé; délirant. | *eine tolle Wirtschaft*, une vraie maison de fous; une pétaudière. | *es wird immer toller*, ça devient délirant. | *er treibt es mir zu toll*, il y va trop fort. | *ein toller Lärm*, un vacarme insensé. | *tolles Zeug zusammen schwatzen*, débiter des insanités. || [famos] épatant; super. | *eine tolle Idee*, une idée épatante. | *ein tolles Buch*, un livre sensationnel. | *und was das tollste ist*, ce qu'il y a de plus curieux.

Toll|kirsche [ˈˈtɔlˈkirʃə] f. (-, n). BOT. belladone f. ||**-kühn** adj. téméraire. ||°**-kühnheit** f. témérité f. ||°**-wut** f. MÉD. rage f.; FIG. folie furieuse; frénésie f. ||**-wütig** adj. atteint de la rage. ||°**-wutserum** n. (s) vaccin (m.) antirabique.

Tolle [ˈtɔlə] f. (-, n). FAM. toupet m.; banane f.

tollen [-lən] v. intr. [wild herumjagen] faire le(s) fou(s); s'amuser follement.

Tollheit [ˈtɔlhait] f. (-, en). [Verrücktheit] démence f. || [toller Streich] coup (m.) de folie; frasque f.

Tolpatsch [ˈtɔlpatʃ] m. (es, e) butor m.; empoté m.; balourd m.; lourdaud m.

Tölpel [ˈtølpəl] m. (s, -) malotru m.; FAM. plouc m. || ZOOL. fou m.

Tölpelei [tølpəˈlai] f. (-, en) balourdise f.

tölpelhaft [ˈtølpəlhaft] adj. balourd.

Toluol [toluˈo:l] n. (s). CHIM. toluène m.

Tomate [toˈma:tə] f. (-, n) tomate f.

Tomaten|mark [toˈˈma:tənˈmark] n. (s) concentré (m.) de tomates.

Tomographie [tɔmɔgraˈfi:] f. (-, n). MÉD. tomographie f.

Ton [to:n] m. (s, e). MINÉRAL. argile f.; glaise f.

Ton|erde [ˈˈto:nˈe:rdə] f. terre argileuse; glaise f. || CHIM. alumine f. ||°**-gefäß** n. (es, e) vase (m.) en terre cuite. ||°**-taube** f. (-, n) pigeon (m.) d'argile. ||°**-waren** f. pl. poterie f.

Ton [to:n] m. (s, ¨e). **1.** [Luftschwingung; Schall] son m. | *hoher, tiefer Ton*, son aigu, grave. || MUS. note f. | *aus dem Ton fallen*, détonner. || FIG. *er brachte keinen Ton heraus*, sa voix s'étrangla.
2. [Klang(art)] son m.; sonorité f.; timbre m. | *diese Geige hat einen wundervollen Ton*, ce violon a un son, une sonorité remarquable. | *seine Stimme hat einen dumpfen Ton*, sa voix est sourde.
3. GRAMM. [Betonung] accent (m.) tonique. | *der Ton liegt auf der ersten Silbe*, l'accent est, tombe sur la première syllabe.
4. [Redeweise] ton m. | *in schroffem, scharfem Ton*, d'un ton sec. | *in spöttischem Ton*, d'un ton railleur. | *einen andern Ton anschlagen*, changer de ton. || FIG. [Benehmen; Lebensweise] ton m.; genre m. | *der gute Ton*, le bon ton. | *den Ton angeben*, donner le ton.
5. [Farbton] coloris m.; ton m. (chromatique).

Ton|abnehmer [ˈˈto:nˈapne:mər] m. (s, -) tête (f.) de lecture. ||**-angebend** adj. qui donne le ton.

||°-**arm** m. (s, e) bras m. (de pick-up). ||°-**art** f. (-, en) ton m. ; tonalité f. | *die C-dur Tonart*, la tonalité, le ton d'*ut* majeur. ||°-**aufnahme** f. (-, n) enregistrement (m.) sonore. ||°-**ausfall** m. (s, ¨e) coupure (f.) du son. ||°-**band** n. (s, ¨er) bande (f.) magnétique. ||°-**band|gerät** n. (s, e) magnétophone m. ||°-**bild|vortrag** m. (s, ¨e) diaporama m. ||°-**dichter** m. (s, -), °-**setzer** m. (s, -). (Vx.) MUS. compositeur m. ||°-**fall** m. (s) intonation f. ||°-**farbe** f. (-, n). PHYS., MUS. timbre m. ||°-**film** m. (s, e) film parlant. ||°-**ingenieur** m. (s, e) ingénieur (m.) du son. ||°-**kopf** m. (s, ¨e) tête (f.) de lecture. ||°-**lage** f. (-, n). [Tessitur] registre m. (du son) ; tessiture f. ||°-**leiter** f. (-, n) gamme (musicale). ||-**los** adj. atone ; sourd. || GRAMM. inaccentué. ||°-**melder** m. (s, -). TECHN. avertisseur (m.) sonore. ||°-**silbe** f. (-, n) syllabe accentuée ; tonique f.

tönen ['tø:nən] v. intr. [erklingen] sonner ; résonner ; retentir.

tönen [-nən] v. tr. teinter ; colorer ; teindre.

tönern ['tø:nərn] adj. d'argile ; de terre.

Tonika ['to:nika] f. (-, ken). MUS. tonique f.

Tonikum ['to:nikum] n. (s, ka). MÉD. tonique m. ; fortifiant m.

Tonne ['tɔnə] f. (-, n). [größeres Faß] tonneau m. ; baril m. ; fût m. || [Gewicht von 1000 kg] tonne f. (métrique). || MAR. tonneau m.

Tonnen|gewölbe ["tɔnəngə'vølbə] n. (s, -). ARCHIT. voûte (f.) en berceau.

Tonsur [ton'zu:r] f. (-, en). RELIG. tonsure f.

Tönung ['tønuŋ] f. (-, en) coloration f. || PHOT. virage m.

Top... [tɔp] (en compos.). [Person] d'élite ; exceptionnel ; [Sache] exceptionnel ; haut de gamme. ||°-**agent** m. (en, en) agent (m.) d'élite ||°-**form** f. *in Topform sein*, être au mieux de sa forme. ||°-**modell** n. (s, e) mannequin (m.) vedette. ||°-**star** m. (s, s). THÉÂTRE. tête (f.) d'affiche.

Topas [to'pɑ:s] m. (es, e) topaze f.

Topf [tɔpf] m. (s, ¨e) pot m. | *irdener Topf*, pot de terre. | *ein Topf voll*, une potée. | *Kochtopf*, casserole f. || FIG. *alles in einen Topf werfen*, mettre tout dans le même sac.

Topf|blume ["tɔpf'blu:mə] f. (-, n) fleur (f.) en pot. ||°-**deckel** m. (s, -) couvercle m. ||°-**gucker** m. (s, -). FIG. fouineur m. ||°-**kuchen** m. (s, -) kouglof m. ||°-**lappen** m. (s, -) torchon m. (de cuisine). ||°-**pflanze** f. (-, n) plante (f.) en pot.

Töpfchen ['tøpfçən] n. (s, -) petit pot. || [Nachttopf] vase (m.) de nuit ; FAM. pot (m.) de chambre.

Topfen ['tɔpfən] m. (s). [Quark] fromage blanc.

Töpfer ['tøpfər] m. (s, -) potier m. ; céramiste m.

Töpfer|arbeit ["tøpfər'arbait] f. (-, en) poterie f. ; céramique f. ||°-**erde** f. terre (f.) à potier ; argile (f.) à modeler. ||°-**scheibe** f. (-, n) tour (m.) de potier. ||°-**ware** f. (-, n) article (m.) en poterie, en céramique.

Töpferei [tøpfə'rai] f. (-, en). [Handwerk] poterie f. || [Werkstatt] atelier (m.) de potier.

töpfern ['tøpfərn] v. intr. faire de la poterie.

Topinambur [tɔpinam'bu:r] f. (-, en). BOT. topinambour m.

Topograph(in) [tɔpo'grɑ:f(in)] m. (en, en), f. (-, nen) topographe s.

Topographie [tɔpogra'fi:] f. (-, n) topographie f.

Topologie [tɔpolo'gi:] f. MATH. topologie f.

topologisch [tɔpo'lo:giʃ] adj. MATH. topologique.

topp [tɔp] interj. soit ! || (Vx.) tope(-là) !

Topp [tɔp] m. (s, ¨e). MAR. tête (f.), pointe (f.) du mât. | *der Toppmast*, le mât de hune. | *das Toppsegel*, le hunier.

Tor [to:r] m. (en, en), **Törin** ['tø:rin] f. (-, nen). [Vx.] fou m. ; folle f. ; sot(te) m. (f.).

Tor [to:r] n. (s, e) [grande] porte ; portail m. | *Hoftor*, porte cochère. | *Kirchentor*, portail ; parvis m. ; porche m. || GÉOGR. *das Eiserne Tor*, les Portes de Fer. || SPORT. [Fußball] but m. | *ein Tor schießen*, marquer un but.

Tor|flügel ["to:r'fly:gəl] m. (s, -) battant m. (de porte) ; vantail m. ||°-**hüter** m. (s, -). SPORT. gardien (m.) de but. ||°-**lauf** m. (s). SPORT. slalom m. ||°-**schluß** m. (es) fermeture f. (des portes). || FIG. *vor Torschluß*, à la dernière minute ; juste à temps. ||°-**schluß|panik** f. FIG., FAM. angoisse (f.) du temps qui passe. ||°-**schütze** m. (n, n). SPORT. marqueur (m.) de but. ||°-**wart** m. (s, e). SPORT. gardien (m.) de but.

Torf [tɔrf] m. (s) tourbe f. | *Torf stechen*, extraire de la tourbe (en briquettes).

Torf|boden ["tɔrf'bo:dən] m. (s, ¨) terrain tourbeux. ||°-**grube** f. (-, n), °-**lager** n. (s, -) tourbière f. ||°-**moos** n. (es). BOT. sphaigne f. ||°-**mull** m. (s) litière (f.), fibre (f.) de tourbe.

Torheit ['to:rhait] f. (-, en) sottise f. ; folie f.

töricht ['tø:riçt] adj. sot ; déraisonnable ; niais. || RELIG. *die törichten Jungfrauen*, les vierges folles.

torkeln [-kəln] v. intr. tituber ; chanceler.

Tornado [tɔr'nɑ:do] m. (s, s) tornade f.

Tornister [tor'nistər] m. (s, -). MIL. havresac m. || [Schulranzen] cartable m.

torpedieren [tɔrpe'di:rən] v. tr. torpiller.

Torpedo [-'pe:do] m. (s, s). MIL. torpille f.

Torpedo|boot [tɔr"pe:do'bo:t] n. (s, e). MAR. torpilleur m. ||°-**rohr** n. (s, e) tube (m.) lance-torpilles. ||°-**schuß** m. (es, ¨e) lancement (m.) d'une torpille.

Torso ['tɔrzo] m. (s, s) torse m. || FIG. fragment (d'une œuvre d'art).

Torte ['tɔrtə] f. (-, n) gâteau m. (à la crème). | *Schokoladentorte*, gâteau au chocolat. | *Fruchttorte*, tarte f. (aux fruits).

Torten|boden [tɔrtən'bo:dən] m. (s, ¨) fond (m.) de tarte. ||°-**heber** m. (s, -) pelle (f.) à tarte.

Tortur [tɔr'tu:r] f. (-, en). PR. et FIG. torture f.

Torus ['to:rus] m. (-, ri). MATH., ARCHIT. tore m.

tosen ['to:zən] v. intr. gronder ; mugir. | *die Wasser tosen*, les eaux grondent. | *das Tosen der Brandung*, le bruissement du ressac. || FIG. *tosender Beifall*, applaudissements délirants.

tot [to:t] adj. **1.** [gestorben] mort ; défunt. || ADM. décédé. | *er war auf der Stelle tot*, il était mort sur le coup. | *tot umfallen*, tomber (raide) mort. | *er lag wie tot da*, il était inanimé, comme mort. | *mein toter Onkel*, feu mon oncle. || LOC. *jn totstechen, totschießen*, tuer qn (avec une arme blanche, avec une arme à feu). || FAM. *jn totfahren*, écraser qn (avec une voiture). | *sich totstellen*, faire le mort.

2. FAM. [sehr müde] mort. | *sich totarbeiten*, se tuer, POP. se crever au travail. | *sich totärgern*, crever de dépit. | *sich totlachen*, mourir de rire.

3. FIG. [leblos ; ausgestorben ; öde] inanimé ; désert ; morne. | *tote Augen*, yeux (m. pl.) sans vie, mornes ; PAR EXT. aveugles. || PAR EXT. *ich war mehr tot als lebendig*, j'étais plus mort que vif. | *totes Holz*, bois mort. | *tote Sprachen*, langues mortes. | *der ist jetzt ein toter Mann*, maintenant c'est un homme fini. | *eine tote Gegend*, un pays mort. | *die toten Ziffern einer Statistik*, les chiffres secs d'une statistique. | *tote Farben*, couleurs mornes. | *eine tote Liebe*, amour mort, défunt. || FAM. *tot und begraben*, oublié depuis longtemps.

4. [unwirksam] inerte ; improductif. | *totes Kapital*, capital (m.) qui dort. | *toter Punkt*, point mort. | *toter Winkel*, angle mort. | *totes Geleise*, voie (f.) de garage. | *tote Jahreszeit*, morte-saison f. | *totes Wasser*, eau morte, stagnante. | *der tote Arm eines Flusses*, le bras mort d'une rivière. | *die tote Hand*, JUR. la mainmorte ; ADM. le domaine. || GÉOGR. *das Tote Meer*, la mer Morte. ◇ s. **Tote(r)** f. (m.) mort(e) m. (f.) ; défunt(e) m. (f.)

tot|geboren ["to:tgə'bo:rən] adj. mort-né. || °**-geborenen|quote** f. (-, n) mortinatalité f. || °**-geburt** f. (-, n) [enfant] mort-né m. ; FIG. projet mort-né, avorté. ||°**-geburtenzahl** f. (-, en) mortinatalité f. ||**-geglaubt, -gesagt,** adj. présumé, réputé mort. ||**-lachen (sich)** v. pr. POP. se bidonner. ||°**-lachen** n. (s) *es ist zum Totlachen*, c'est à mourir de rire. ||°**-schlag** m. (s, ¨e). JUR. homicide (m.) volontaire ; meurtre m. ||**-schlagen** (ä, u, a) v. tr. assommer ; mettre à mort. || FIG., FAM. *die Zeit totschlagen*, tuer le temps. ||°**-schläger** m. (s, -). [Mörder] meurtrier m. || [Waffe] casse-tête m. ||**-schweigen** (ie, ie) v. tr. passer sous silence ; faire le silence sur ; étouffer.

total [to'tɑ:l] adj. total ; global ; d'ensemble.

Total|ausverkauf [to"tɑ:lausfɛr'kauf] m. (s, ¨e). COMM. liquidation totale. ||°**-beseitigung** f. (-) démantèlement m. ||°**-betrag** m. (s, ¨e). [montant] total m. ||°**-fälschung** f. (-, n). JUR. contre-façon f.

Totalisator [totali'zɑ:tɔr] m. (s, en). [FAM. **Toto** m. (s, s).] SPORT. pari mutuel ; loto sportif.

totalitär [-li'tɛ:r] adj. totalitaire. | *totalitärer Staat*, État (m.) totalitaire.

Totalität [-li'tɛ:t] f. totalité f. ; ensemble m.

Totalitäts|zone [totali"tɛ:ts'tso:nə] f. (-, n). ASTRON. éclipse totale.

Totem ['to:tɛm] n. et m. (s) totem m. | *Totemglauben*, totémisme m.

töten ['tø:tən] v. tr. tuer ; faire mourir ; mettre à mort. || MÉD. *den Nerv töten*, dévitaliser la dent. || RELIG. *das Fleisch töten*, mortifier la chair.

Toten|acker ["to:tən'akər] m. (s,¨). POÉT. champ (m.) du (dernier) repos. ||°**-amt** n. (s,¨er). RELIG. office (m.) des morts. ||°**-bahre** f. (-, n) bière f. ; catafalque m. ||°**-bett** n. (s, en) lit (m.) de mort. ||**-blaß, -bleich** adj. livide ; pâle comme un mort ; d'une pâleur mortelle. ||°**-blässe** f. pâleur mortelle ; lividité f. ||°**-buch** n. (s,¨er) registre (m.) mortuaire, des décès. ||°**-ehrung** f., °**-feier** f. honneurs (m. pl.) funèbres ; derniers honneurs ; cérémonie commémorative. ||°**-fest** n. (es) [katholisch : Allerseelen] fête (f.) des défunts. ||°**-glocke** f. (-, n) glas m. ||°**-gräber** m. (s, -) fossoyeur m. || ZOOL. nécrophore m. ||°**-hemd** n. (s, en) linceul m. ||°**-kopf** m. (s,¨e). PR. et ZOOL. tête (f.) de mort. ||°**-maske** f. (-, n) masque (m.) mortuaire. ||°**-reich** n. (s). MYTH. les Enfers m. pl. ; empire (m.) des morts. ||°**-schau** f. constatation (f.) du décès. ||°**-schein** m. (s, e). ADM. acte (m.) de décès. ||°**-sonntag** m. (s) [protestantisch] fête (f.) des morts. ||°**-stadt** f. (-,¨e) nécropole f. ||°**-starre** f. rigidité (f.) cadavérique. ||°**-stille** f. silence de mort. ||°**-tanz** m. (es) danse (f.) macabre. ||°**-uhr** f. (-, en). ZOOL. vrillette f. ; anobie f. ; POP. horloge (f.) de la mort. ||°**-verbrennung** f. (-, en) incinération f. ; crémation f. ||°**-vogel** m. (s, ¨). ZOOL. chevêchef. ||°**-wache** f. *die Totenwache halten*, veiller un mort.

Toto ['to:to:] n. (s, s) loto sportif.

Tötung [tø:tuŋ] f. (-, en) homicide m. || JUR. *fahrlässige Tötung*, homicide par imprudence. | *vorsätzliche Tötung*, meurtre (m.) avec préméditation. | *Tötung mit Vorbedacht*, assassinat m.

Toupet [tu'pe:] n. (s, s) postiche m.

Tour [tu:r] f. (-, en). **1.** [Fahrt] tour m. (de promenade) ; excursion f. | *auf Tour gehen*, partir en tournée. || FAM. *in einer Tour*, sans arrêt ; sans cesse. **2.** TECHN. [Umdrehung] tour m. || *1 000 Touren in der Minute*, 1 000 tours à la minute. | *der Motor kommt auf Touren, auf Hochtouren*, le moteur est lancé, prend de la vitesse, atteint son régime. | *auf vollen Touren*, à pleine vitesse.

Touren|karte ["tu:rən'kartə] f. (-, n) carte routière, d'excursions. ||°**-wagen** m. (s, -) voiture (f.) de tourisme. ||°**-zahl** f. (-, en). TECHN. nombre (m.) de tours ; régime m. ||°**-zähler** m. (s, -). AUTOM. compte-tours m.

Tourist [tu'rist] m. (en, en) touriste m. | *der Touristenverkehr*, le tourisme. | *die Touristenklasse*, la classe économique.

Touristik [tu'ristik] f. tourisme m.

Tournee [tur'ne] f. (-, n) tournée f. | *auf Tournee gehen*, faire une tournée.

Toxoplasmose ['tɔksoplas"mo:zə] f. (-, n). MÉD. toxoplasmose f.

Trab [trɑ:p] m. (s) trot m. | *Trab reiten*, trotter ; aller au trot. | *in Trab setzen*, mettre au trot. | *Trabrennen*, (course [f.] de) trot attelé. || FIG., FAM. *man muß ihn erst auf den Trab bringen*, il faut le secouer un peu.

Trabant [tra'bant] m. (en, en). HIST. traban m. || FIG. et ASTRON. satellite m. || FIG., FAM. *die Trabanten*, les mômes.

Trabanten|stadt [tra"bantən'ʃtat] f. (-, ¨e) ville nouvelle.

traben ['trɑ:bən] v. intr. trotter ; aller au trot.

Traber [-bər] m. (s, -) trotteur m.

Tracheotomie [traxeoto'mi:] f. (-, n). MÉD. trachéotomie f.

Tracht [traxt] f. (-, en). **1.** [Kleidung] mise f. ; costume m. | *Amtstracht*, tenue (f.) de fonction. | *Volkstracht*, costume populaire. | *Haartrachten*, coiffures f. pl. | *Trachtenfest*, fête (f.) en costumes populaires. **2.** FIG. *eine Tracht Prügel*, une volée ; une raclée.

trachten ['traxtən] v. intr. chercher à ; essayer de. | *er trachtete danach, ihm zu schaden*, il chercha à lui nuire. | *nach etwas trachten*, aspirer, viser, tendre à qch. | *er trachtete ihm nach dem Leben*, il en voulait à sa vie. | *er trachtet nach Ehre*, il aspire aux honneurs.

Trachten [-tən] n. (s) visées f. pl. ; aspirations f. pl. ; efforts m. pl. | *all sein (Sinnen und) Trachten geht aufs Geld hinaus*, il n'aspire qu'à, ne désire que l'argent.

trächtig ['trɛçtiç] adj. ZOOL. pleine ; gravide. | *trächtig sein*, porter. || FIG. rempli, chargé de.

Trächtigkeit [-kait] f. gestation f. ; gravidité f.

tradieren [tra'di:rən] v. tr. transmettre.

Tradition [tradi'tsio:n] f. (-, en) tradition f. ; usages m. pl.

träg(e) ['trɛ:g(ə)] adj. paresseux ; fainéant ; indolent ; nonchalant ; inerte. || PAR EXT. mou ; amorphe.

Tragant [tra'gant] m. (s, e). BOT. astragale m.

Trag|bahre ["trɑ:k'bɑ:rə] f. (-, n) civière f. ; brancard m. ||°**-balken** m. (s, -). ARCHIT. sommier m. ; poutre maîtresse ; linteau m. ||°**-fähigkeit** f. [Material] résistance f. ; [Brücke, Waggon] limite (f.) de charge ; [Schiff] capacité f. ; tonnage m. ||°**-fläche** f. (-, n). AÉRON. voilure f. ; surface sustentatrice. ||°**-flächenbelastung** f. AÉRON. charge (f.) alaire. ||°**-flügelboot** n. (es, e) hydroptère m. ; hydrofoil m. ||°**-himmel** m. (s, -) baldaquin m. ; dais m. ||°**-korb** m. (s,¨e) hotte f. ; banne f. ||°**-kraft** f. force portante. ||°**-riemen** m. (s, -) sangle f. ; courroie f. ; bretelle f. ||°**-rolle** f. (-, n). TECHN. poulie-support f. ; rouleau porteur. ||°-**sattel** m. (s, ¨) bât m. ||°-**säule** f. (-, n). ARCHIT. cariatide f. ||°-**seil** n. (s, e). TECHN. câble porteur. ||°-**sessel** m. (s, -) chaise (f.) à porteurs. ||°-**weite** f. PR. et FIG. portée f. ||°-**zapfen** m. (s, -). TECHN. tourillon m. ||°-**zeit** f. (-, en) durée (f.) de la gestation.

tragbar ['tra:kba:r] adj. portatif ; [Kleidung] portable. || FIG. *nicht tragbar*, inadmissible ; insupportable.

Trage ['tra:gə] f. (-, n) civière f. ; crochet m.

tragen [-gən] (ä, u, a).

> **I.** v. tr. porter ; tenir ; avoir.
> **1.** [heben und fortschaffen] (em)porter ;
> **2.** [stützend halten] (sup)porter ;
> **3.** [an-, aufhaben] porter (sur soi) ;
> **4.** PAR EXT. ;
> **5.** [erdulden] subir ; supporter ;
> **6.** [Frucht bringen] (rap)porter ;
> **7.** [trächtig sein] porter.
> **II.** v. intr.
> **1.** [stützen] porter ;
> **2.** [leiden] être accablé ;
> **3.** [Ertrag bringen] rapporter ;
> **4.** [weit reichen] porter (loin).
> **III.** part. pass. **getragen.**
> **IV.** v. pr. **sich tragen.**

I. v. tr. porter ; tenir ; avoir. **1.** [heben und fortschaffen] porter ; emporter. | *eine Last auf dem Rücken tragen*, porter une charge sur le dos. | *her(ein)tragen*, apporter. | *hinaus-, fort-, wegtragen*, emporter ; remporter. | *er trägt den Arm in der Binde*, il a le bras en écharpe. | *eine Uhr bei sich tragen*, porter une montre sur soi. || LOC., FIG. *jn auf den Händen tragen*, entourer qn de soins et de sollicitude. | *seine Haut zu Markte tragen*, risquer sa vie, sa peau.

2. [stützend, schwebend halten] porter ; supporter. | *die Pfeiler tragen das Gewölbe*, les piliers supportent la voûte. | *die Beine wollen mich nicht tragen*, je ne tiens plus sur mes jambes. | *Wasser trägt Holz*, le bois flotte sur l'eau. | *von der Orgel getragener Gesang*, chant soutenu par l'orgue. || FIG. *den Kopf*, FAM. *die Nase hochtragen*, aller la tête haute ; FAM. faire le faraud. | *zur Schau tragen*, afficher, étaler. | *die Unkosten tragen*, payer les frais.

3. [an-, aufhaben] porter (sur soi) ; mettre. | *ein Kleid tragen*, porter, mettre un habit. | *einen Bart tragen*, porter la barbe. | *sie trägt ihr Haar kurz, lang*, elle a les cheveux courts, longs. | *Schmuck tragen*, porter, mettre des bijoux. | *das kannst du gut tragen*, cela te va très bien. | *gertragene Kleider*, vieux habits ; vêtements usagés.

4. PAR EXT. *einen Namen tragen*, avoir, porter un nom. | *er trägt die Schuld daran*, c'est lui le responsable ; FAM. c'est à lui la faute. | *die Verantwortlichkeit für etwas tragen*, porter la responsabilité de qch. | *die Keime des Verfalls in sich tragen*, porter en soi le germe de son déclin.

5. [erdulden] subir ; supporter. | *sein Schicksal mit Fassung tragen*, subir son sort avec constance. | *Ketten tragen*, être dans les fers. | *Schaden tragen*, subir un dommage.

6. [Frucht bringen] porter ; rapporter. | *der Baum trägt Früchte*, l'arbre porte des fruits, fructifie. || PAR EXT. *das Kapital trägt Zinsen*, le capital rapporte des intérêts.

7. [trächtig sein] porter ; [Tiere] *die Kuh trägt ein Kalb, trägt*, la vache porte (un veau), est pleine ; [Menschen] *ein Kind unter dem Herzen tragen*, porter un enfant dans son sein.

II. v. intr. **1.** [stützen] *das Eis trägt schon*, la glace porte. || MAR. *die Segel tragen*, les voiles portent.
2. [leiden] être accablé. | *er trägt schwer an der Last*, il traîne péniblement sa charge. || FIG. *an etwas schwer zu tragen haben*, être accablé par qch.
3. [Ertrag bringen] rapporter. | *dieser Baum trägt heuer zum ersten Mal*, cet arbre fructifie, porte des fruits pour la première fois cette année.
4. [weit reichen] porter (loin).

III. part. pass. **getragen.** [Kleider] usagé. || FIG. majestueux. | *getragenes Lied*, chant solennel. | *in getragener Stimmung sein*, avoir le cœur ouvert aux choses élevées ; être d'une exaltation solennelle. || MUS. *getragene Töne*, tons filés.

IV. v. pr. **sich tragen.** *der Koffer trägt sich leicht*, la valise est facile à porter. | *sich mit einer Bürde tragen*, avoir une charge à traîner. || FIG. *sich mit dem Plan tragen, zu*, nourrir le projet de ; projeter de.

Tragen [-gən] n. (s) [action, fait de] porter ; portage m. (à dos d'homme) ; port m. | *das Tragen von Waffen* ; *das Waffentragen*, le port d'armes.

Träger ['trɛ:gər] m. (s, -). **1.** porteur m. || FIG. *der Träger dieser Idee*, le protagoniste, le champion de cette idée. | *der Träger dieses Namens*, l'homme qui porte ce nom. | *die Träger der Staatsgewalt*, les représentants (m. pl.) du pouvoir.
2. MÉD. agent m. ; excipient m.
3. TECHN. support m. ; montant m. | *eiserner Träger*, poutrelle f. (en acier).

Träger|rakete ['trɛ:gəra"ke:tə] f. (-, n). AÉRON. lanceur (m.) d'engins spatiaux. || MIL. fusée porteuse. ||°-**rock** m. (s, ¨e) jupe (f.) à bretelles. ||°-**stein** m. (s, e). GÉOL. roche-magasin f.

Trägheit ['trɛ:khait] f. paresse f. ; fainéantise f. ; indolence f. (du caractère) ; lenteur f. (d'esprit). || PHYS. inertie f.

Trägheits|achse ["trɛ:khaits'aksə] f. (-, n). TECHN. axe (m.) d'inertie. ||°-**moment** n. (s, e). PHYS. moment (m.) d'inertie. ||°-**navigation** f. (-, en). AÉRON. navigation inertielle.

Tragik ['tra:gik] f. tragique m. | *die Tragik liegt darin, daß*, ce qui est véritablement tragique (dans l'affaire), c'est que.

Tragiker [-kər] m. (s, -) auteur (m.) tragique.

tragi|komisch ["tra:gi'ko:miʃ] adj. tragi-comique. ||°-**komödie** f. (-, n) tragi-comédie f.

tragisch ['tra:giʃ] adj. tragique. | *etwas nicht tragisch nehmen*, ne pas prendre qch. au tragique. | *das wird eine tragische Wendung nehmen*, cela va tourner au tragique.

Tragöde [tra'gø:də] m. (n, n) tragédien m.

Tragödin [-'gø:din] f. (-, nen) tragédienne f.

Tragödie [-gø'di:] f. (-, n) tragédie f.

Trainer ['trɛ:nər] m. (s, -). SPORT. entraîneur m.

trainieren [trɛ:'ni:rən] v. tr. entraîner.
◇ v. intr. s'entraîner.

Training ['trɛ:niŋ] n. (s, s) entraînement m.

Trainings|anzug ["trɛ:niŋs'antsu:k] m. (s, ¨e) survêtement m. ; jogging m. ||°-**lager** n. (s, -) camp (m.) d'entraînement.

Trakt [trakt] m. (s, e) secteur m. || [Landstrich] région f. || [Gebirgszug] chaîne (f.) de montagne. || [Straßenzug] tronçon m. (de rue). || [Gebäudeteil] corps (m.) de logis ; aile f.

Traktat [trak'ta:t] m. ou n. (s, e). PHILOS. traité m. || RELIG. traité religieux. || POLIT. traité m. ; convention f. || PÉJOR. *ein Traktätchen*, brochure (f.) de propagande religieuse ; opuscule pieux.

traktieren [trak'ti:rən] v. tr. traiter. || FAM. *jn mit dem Stock traktieren*, IRON. régaler qn de coups de bâton.

Traktor ['traktɔr] m. (s, ren). AGRIC. tracteur m.

trällern ['trɛlərn] v. tr. et intr. chantonner ; fredonner.

Tram [tram] f. (-, s), **Tram|bahn** ["tram'bɑ:n] f. (-, en) tram(way) m.

Tramp [tramp] m. (s, s) vagabond m.

Trampel ['trampəl] m. (s, -) pataud m. ; lourdaud m.

Trampel|tier ["trampəl'ti:r] n. (s, e). ZOOL. dromadaire m. || FIG. lourdaud m. ||°**-weg** m. (s, e), °**-pfad** m. (s, e) piste battue.

trampeln ['trampəln] v. intr. piétiner ; trépigner (d'impatience ou en signe d'approbation). || PR. et FIG. *auf etwas herumtrampeln*, piétiner qch.

trampen ['trɛmpən] v. intr. faire de l'auto-stop.

Trampolin [trampo'li:n] n. (s, e). SPORT. trampoline m.

Tran [trɑ:n] m. (s) huile (f.) de baleine.

Trance ['transə] f. transe f. ; état second.

tranchieren [tran'ʃi:rən] v. tr. découper la viande. | *das Tranchiermesser*, le couteau à découper.

Träne ['trɛ:nə] f. (-, n) larme f. || POÉT. pleur m. | *Tränen der Wonne ; Freudentränen*, larmes de joie. | *in, unter Tränen*, en larmes. | *Tränen vergießen*, verser des larmes, des pleurs. | *heiße Tränen vergießen*, pleurer à chaudes larmes. | *in Tränen ausbrechen*, éclater en sanglots. | *in Tränen zerfließen*, fondre en larmes. | *die Tränen treten mir in die Augen*, les larmes me viennent aux yeux. | *die Tränen in die Augen treiben*, faire venir les larmes aux yeux. | *den Tränen nahe sein*, être au bord des larmes. | *zu Tränen gerührt*, touché jusqu'aux larmes. | *unter Tränen lächeln*, sourire dans les larmes. | *mit Tränen benetzen*, arroser de ses larmes. || FIG. *wir haben Tränen gelacht*, nous avons ri aux larmes. | *dem werde ich keine Träne nachweinen*, celui-là ne me fera pas verser une (seule) larme. || IRON. *mir kommen die Tränen*, tu vas me faire pleurer. || PAR ANAL. [Tropfen] larme f. ; goutte f. ; gouttelette f.

Tränen|bach ["trɛ:nən'bax] m. (s, ¨e) ruisseau (m.) de larmes. ||**-benetzt, -gebadet** adj. baigné, mouillé de pleurs. ||°**-drüse** f. (-, n) glande lacrymale. ||°**-fluß** m. (es, ¨e) flot (m.) de larmes. || MÉD. larmoiement m. ||°**-flut** f. (-, en) torrent (m.) de larmes. ||°**-gas** n. (es, e) gaz (m.) lacrymogène. ||**-leer, -los** adj. sans larmes. | *tränenloses Auge*, œil sec. ||°**-sack** m. (s, ¨e). ANAT. sac lacrymal. || PAR ANAL., FAM. *Tränensäcke haben*, avoir des poches sous les yeux. ||°**-tal** n. (s). RELIG. vallée (f.) de larmes.

tränen ['trɛ:nən] v. intr. pleurer ; avoir des larmes aux yeux ; larmoyer. | *tränender Blick*, regard éploré, larmoyant. | *tränendes Antlitz*, visage mouillé de pleurs. || MÉD. *die Augen tränen mir*, mes yeux larmoyent. | *das Tränen (der Augen)*, le larmoiement. || PAR EXT. suinter ; goutter.

tranig ['trɑ:niç] adj. rance ; qui sent la marée. || FIG., FAM. endormi ; mou.

Trank [traŋk] m. (s, ¨e) boisson f. ; breuvage m. | *Speise und Trank*, le boire et le manger. || HIST. *das Trankopfer*, la libation.

Tränke ['trɛŋkə] f. (-, n) abreuvoir m.

tränken [-kən] v. tr. faire boire ; donner à boire. || [Vieh] abreuver. || FIG. et TECHN. imbiber ; imprégner. | *ein mit Öl getränkter Lappen ; ein ölgetränkter Lappen*, un chiffon imbibé d'huile.

Tranquilizer ["trɛnki'laizər] m. (s, -). MÉD. calmant m. ; tranquillisant m.

Trans|aktion [transak'tsio:n] f. (-, en). FIN. transaction f.

Trans|aminase [transami'nɑ:zə] f. (-, n). BIOL. Transaminase f.

Trans|fer [trans'fe:r] m. (s). FIN. transfert m. (de fonds, de devises).

Transfer|bahn [trans"fe:r'bɑ:n] f. (-, en). AÉRON. orbite (f.) de transfert. ||°**-zahlungen** f. pl. *staatliche Transferzahlungen*, transferts sociaux.

Trans|ferase [transfe'rɑ:zə] f. (-, n). BIOL. transférase f.

trans|ferierbar [transfe'ri:rbɑ:r] adj. FIN. transférable.

trans|ferieren [-fe'ri:rən] v. tr. FIN. transférer.

Transformations|grammatik [transfɔrma"tsio:nsgra'matik] f. (-, en) grammaire transformationnelle.

Trans|formator [-fɔr'mɑ:tor] m. (s, en). ÉLECTR. transformateur m. ; FAM. transfo m.

trans|formieren [-fɔr'mi:rən] v. tr. ÉLECTR. élever, diminuer la tension.

Trans|fusion [transfu'zio:n] f. (-, en). MÉD. transfusion (sanguine).

Transistor [tran'zistɔr] m. (s, en). RADIO. transistor m. | *Transistorgerät*, poste (m.) à transistors. || INF. *getrennter Transistor*, transistor discret.

Transit [tran'zit] m. (s, e). transit m.

Transit|händler [tran"zit'hɛntlər] m. (s, -). COMM. transitaire m. ||°**-schein** m. (s, e) passavant m. ||°**-visum** n. (s, sa) visa (m.) de transit. ||°**-waren** f. pl. marchandises (f. pl.) en transit.

transitiv [tranzi'ti:f] adj. GRAMM. transitif.

trans|kontinental [transkɔntinɛn'tɑ:l] adj. intercontinental. | *transkontinentale Rakete*, fusée intercontinentale.

transkribieren [transkri'bi:rən] v. tr. transcrire.

Transkription [transkrip'tsio:n] f. (-, en) transcription f.

Trans|leithanien [translai'tɑ:niən] n. (s). HIST., GÉOGR. les pays au-delà de la Leitha (les provinces hongroises).

Trans|mission [transmi'sio:n] f. (-, en). TECHN. transmission f. | *Transmissionswelle*, arbre (m.) de transmission.

trans|parent [transpa'rɛnt] adj. transparent.

Trans|parent [-'rɛnt] n. (s, e) banderole f. ; calicot m.

Transparenz|masse [transpa"rɛnts'masə] f. (-, n). [Zahnmedizin] porcelaine transparente.

transpirieren [transpi'ri:rən] v. intr. transpirer.

Transplantat [transplan'tɑ:t] n. (s, e). MÉD. transplant m. ; greffon m.

Transplantat|verwerfung [transplan"ta:tfɛr'vɛrfuŋ] f. (-, en). MÉD. rejet (m.) de greffon.

Transplantation [transplanta'tsio:n] f. (-, en). MÉD. greffe f.

transponieren [transpo'ni:rən] v. tr. MUS. transposer.

Transponierung [-'ni:ruŋ] f. MUS. transposition f.

Transport [trans'pɔrt] m. (s, e) transport m. ; convoi m. | *An-, Abtransport*, arrivée (f.), départ (m.) des marchandises.

Transport... (en compos.) de transport ; FIN. de report.

Transport|arbeiter [trans"pɔrt'arbaitər] m. (s, -) ouvrier (m.) des transports. ||°**-band** n. (s, ¨er). TECHN. convoyeur m. ; tapis roulant. ||**-fähig** adj. transportable. ||°**-geschäft** n. (s, e). FIN. opération (f.) de report. ||°**-gesellschaft** f. (-, en) entreprise (f.) de transports ; transporteur m. ||°**-kolonne** f. (-, n). MIL. convoi m. ||°**-kosten** pl. frais (m. pl.) de transport. ||°**-leistung** f. (-, en) capacité (f.) de transport.

||°-**mittel** n. (s, -) moyen (m.) de transport ; véhicule m. ||°-**schiff** n. (s, e) cargo m. ; chaland m. ||°-**schnecke** f. (-, n). TECHN. vis transporteuse.
transportabel [transpɔr'tɑ:bəl] adj. transportable ; portatif.
Transporteur [-'tø:r] m. (s, e). MATH. [Winkelmesser] rapporteur m.
transportieren [-'ti:rən] v. tr. transporter. || COMM. reporter.
Transsexuelle(r) [transzɛksu'ɛlə(r)] f. (m.) transsexuel(le) m. (f.).
trans|sibirisch ['transzi"bi:riʃ] adj. *die transsibirische Bahn*, le Transsibérien.
Trans|silvanien ['transzil"vɑ:niən] n. (s). GÉOGR. Transylvanie [Siebenbürgen].
Trans|uran [transu'rɑ:n] n. (s). NUCL. transuranien m.
Trans|uran... (en compos.). NUCL. transuranien. | *Transuranelement*, transuranien m.
trans|uranisch [transu'rɑ:niʃ] adj. NUCL. transuranien.
trans|versal [transvɛr'zɑ:l] adj. tranversal.
Transvestit [transvɛs'ti:t] m. (en, en) travesti m.
trans|zendent, -zendental [transtsɛn'dɛnt, -dɛn'tɑ:l] adj. PHILOS. transcendantal. || MATH. transcendant.
Trapez [tra'pe:ts] n. (es, e). MATH., SPORT. trapèze m.
Trapezoid [trapetso'i:d] n. (s, e). MATH. trapézoïde m.
trappeln ['trapəln] v. intr. trottiner.
Trapper ['trapər] m. (s, -) trappeur m.
Trappist [tra'pist] m. (en, en) trappiste m.
trara [trɑ:'rɑ:] interj. taratata.
◇ n. (s, s). **Trara,** bruit (m.) de trompette. | *viel Trara um etwas machen*, faire grand bruit de qch. ; faire beaucoup de tapage autour de qch.
Trassant [tra'sant] m. (en, en). COMM. tireur m.
Trassat [-'sɑ:t] m. (en, en). COMM. tiré m.
Trasse ['trasə] f. (-, n) tracé m. (d'une route).
trassieren [tra'si:rən] v. tr. [abstecken] tracer. || COMM. tirer, émettre (un effet) sur.
Tratsch [trɑ:tʃ] m. (es). FAM. bavardage m.
tratschen ['trɑ:tʃən] v. intr. FAM. bavarder.
Tratscherei [trɑ:tʃə'rai] f. (-, en). FAM. potins m. pl. ; commérages m. pl.
Tratte ['tratə] f. (-, n). COMM. traite f. ; effet m.
Traube ['traubə] f. (-, n). BOT. grappe f. || PAR EXT. (grappe de) raisin m. || LOC. *diese Trauben hängen ihm zu hoch*, il ne saurait viser aussi haut. | *saure Trauben*, raisins trop verts.
Trauben|beere ["traubən'be:rə] f. (-, n) grain (m.) de raisin. ||°-**blut** n. (s) jus (m.) de la treille. ||°-**ernte,** °-**lese** f. (-, en) vendange. ||°-**most** m. (es) moût m. ||°-**saft** m. (s) jus (m.) de raisin. || FIG., POÉT. jus (m.) de la treille. ||°-**stock** m. (s, ¨e) cep (m.) de vigne. ||°-**zucker** m. (s) sucre (m.) de raisin. || CHIM. glucose m.
trauen ['trauən] v. intr. [Vertrauen schenken] avoir confiance (en qn, dans qch.). | *jm trauen*, faire confiance à qn ; se fier à qn. | *ich traue diesem Frieden nicht*, je me méfie de cette paix. | *kaum seinen Augen trauen*, n'en pas croire ses yeux. | *auf etwas trauen*, se fier à, avoir confiance dans qch. ; compter sur qch. || PROV. *trau, schau wem*, méfiance est mère de sûreté.
◇ v. tr. [Eheschließung beurkunden] marier ; unir (les époux). | *kirchlich trauen*, bénir les époux ; donner la bénédiction nuptiale. | *sich trauen lassen*, se marier.
◇ v. pr. **sich trauen.** FAM. oser ; être assez courageux pour. | *sich an jn, an etwas (heran)trauen*, oser s'attaquer à qn, à qch. | *er traut sich nicht hin*, il n'ose pas y aller.
Trau|altar ["traual'tɑ:r] m. (s) *zum Traualtar führen*, mener à l'autel. ||°-**ring** m. (s, e) alliance f. ; POÉT. anneau nuptial. ||°-**schein** m. (s, e) acte (m.) de mariage. ||°-**zeuge** m. (n, n) témoin m. (des mariés).
Trauer ['trauər] f. [tiefe Betrübnis] affliction f. ; désolation f. ; regret profond. | *Trauer über, um etwas empfinden*, s'affliger, se désoler de qch. | *dieser Unglücksfall hat ihn in tiefe Trauer versetzt*, ce malheur l'a profondément affligé, plongé dans une affliction profonde. || [Schmerz des Verlustes] deuil m. | *in Trauer sein* ; *um jn, etwas Trauer haben*, être en deuil de qn, de qch. | *Trauer tragen um*, porter le deuil de. | *in tiefe Trauer gekleidet*, en grand deuil. | *Trauer an-, ablegen*, prendre, quitter le deuil.
Trauer|anzeige ["trauər'antsaigə] f. (-, n) faire-part (m.) de décès. ||°-**arbeit** f. [Psychologie] travail (m.) de deuil. ||°-**binde** f. (-, n) [brassard, ruban (m.) de] crêpe m. ||°-**brief** m. (s, e) lettre (f.) de faire-part, de condoléances. ||°-**fahne** f. (-, n) drapeau (m.) en berne, cravaté de deuil. ||°-**fall** m. (s, ¨e) décès m. ; deuil m. ||°-**flor** m. (s, e) crêpe (m.), voile (m.) noir de deuil. | *Fahnentrauerflor*, cravate (f.) de deuil (d'un drapeau). ||°-**gefolge** n. (s), °-**geleit** n. (s) cortège (m.) funèbre ; convoi m. ||°-**jahr** n. (s) [période (f.) de] deuil m. ; JUR. délai (m.) de viduité. ||°-**kapelle** f. (-, n) chapelle ardente. ||°-**kleidung** (-, en) [habits (m. pl.) de] deuil m. ||°-**kloß** m. (es). FAM., IRON. pauvre type m. ; pleurnicheur m. ||°-**mantel** m. (s,¨e). ZOOL. vulcain m. ||°-**marsch** m. (es,¨e) marche (f.) funèbre. ||°-**rand** m. (s,¨er) bordure (f.) de deuil. | *mit Trauerrand*, bordé, encadré de noir. || FIG., FAM. *Trauerränder haben*, avoir les ongles en deuil. ||°-**rede** f. (-, n) oraison (f.) funèbre. || LITTÉR. nécrologie f. ||°-**spiel** n. (s, e) tragédie f. ||°-**weide** f. (-, n). BOT. saule pleureur. ||°-**zug** m. (s,¨e) cortège (m.) funèbre ; convoi m.
trauern ['trauərn] v. intr. [Trauer fühlen] être triste, affligé ; s'affliger ; se désoler. || POÉT. être plongé dans l'affliction, la tristesse. | *um jn trauern*, pleurer (la perte de) qn. | *über etwas, um etwas trauern*, déplorer la perte de qch. ; regretter qch. || [Trauer tragen] être en deuil ; porter le deuil. | *trauernd*, en deuil. || FIG. *tief trauern*, être en grand deuil, profondément endeuillé.
Traufe ['traufə] f. (-, n) gouttière f. || PROV. *vom Regen in die Traufe kommen*, échanger son cheval borgne contre un aveugle.
träufeln ['trɔyfəln] v. intr. [tropfen] dégoutter ; couler, tomber goutte à goutte. | *das Wasser träufelt vom Dach*, l'eau dégoutte du toit. || [triefen] suinter ; ruisseler. | *die Wand träuft von Feuchtigkeit*, l'humidité suinte à travers le mur ; ce mur suinte.
◇ v. tr. [tropfenweise eingießen, rinnen lassen] verser, laisser tomber goutte à goutte. | *Medizin in ein Glas träufeln*, laisser tomber quelques gouttes d'un médicament dans un verre.
traulich ['trauliç] adj. familier ; intime ; gentil et confortable. | *traulich beisammensitzen*, être en tête à tête, dans l'intimité.
Traulichkeit [-kait] f. familiarité f. ; intimité f. ; (air d')abandon m.
Traum [traum] m. (s, ¨e) rêve m. **1.** [im Schlaf] *einen Traum haben*, faire un rêve. | *ich habe es im Traum gesehen*, je l'ai vu en songe, en rêve. | *ein böser Traum*, un cauchemar. || PROV. *Träume sind Schäume*, tout songe est mensonge.

2. [im Wachen] *Tag-, Wachtraum*, rêverie f. ; songerie f. | *im Traum leben*, vivre dans les illusions, dans la lune. | *in Träumen versunken*, plongé dans la rêverie. | *ich muß dir deinen Traum zerstören, dich aus dem Traum reißen*, je dois t'enlever tes illusions. | *der Traum ist aus*, ce n'était qu'une illusion. | *es fällt mir im Traume nicht ein*, je n'y songe même pas en rêve. | *nicht im Traum !*, pas le moins du monde.
3. [Wunschtraum] *es war immer mein Traum, zu*, j'ai toujours rêvé de. | *mein Traum ist in Erfüllung gegangen*, mon rêve s'est réalisé. | *aus der Traum !*, le rêve est fini.

Traum|bild ["traum'bilt] n. (s, er) rêve m. ; songe m. ; vision f. ||°**-deuter(in)** m. (s, -), f. (-, nen) oniromancien m., oniromancienne f. ||°**-deutung** f. interprétation (f.) des rêves ; oniromancie f. ||°**-fabrik** f. (-, en). FIG. usine (f.) à rêves. ||°**-gebilde** n. (s, -) phantasme m. ; vision (f.) imaginaire. ||°**-gesicht** n. (s, e) apparition f. (en rêve) ; mirage m. ||°**-welt** f. (-, en) monde (m.) imaginaire, chimérique.

Trauma ['trauma] n. (s, men). MÉD. traumatisme m. ; lésion f. ; choc m.

Traumatologe ['traumato"lo:gə] m. (n, n), **Traumatologin** ['traumato"lo:gin] f. (-, nen). MÉD. traumatologue s. ; traumatologiste s.

Traumatologie [traumatolo'gi:] f. MÉD. traumatologie f.

träumen ['trɔymən] v. tr. et v. intr. **1.** [Traum haben] rêver. | *träumen Sie süß*, faites de beaux rêves. **2.** [im Traum sehen] *von etwas träumen*, rêver qch. | *das hast du nur geträumt*, tu as dû le rêver. | *einen Traum haben*, faire un rêve. | *es träumte mir, mir träumte, daß*, j'ai rêvé que. || FIG. *das hätte ich mir nicht träumen lassen*, je n'osais même pas y songer ; j'étais loin de m'y attendre.
3. [versonnen, zerstreut sein] rêver ; songer ; PÉJOR. rêvasser. | *mit offenen Augen, am hellen Tage träumen*, être perdu dans ses rêveries ; être dans la lune. || FIG. *du träumst wohl !*, tu rêves ! ; tu n'y songes pas !

Träumer [-mər] m. (s, -) rêveur m.

Träumerei [trɔymə'rai] f. (-, en) rêverie f.

träumerisch ['trɔyməriʃ] adj. rêveur ; songeur.

traumhaft ['traumhaft] adj. fantastique ; irréel ; comme en rêve. | *traumhaft schön*, merveilleux.

traurig ['trauriç] adj. [betrübt] triste ; attristé ; affligé ; désolé. | *traurige Augen*, yeux tristes. | *traurig werden*, s'attrister. | *traurig machen*, attrister ; affliger. || [schmerzbringend] triste ; affligeant ; désolant. | *in traurigem Zustand*, dans un état déplorable. | *das ist ein trauriger Fall*, c'est une affaire lamentable. | *traurige Zeiten*, tristes temps m. pl. | *ein trauriges Ende nehmen*, finir mal. || [betrüblich ; unerfreulich] *in recht traurigen Verhältnissen leben*, vivre bien misérablement. | *ein trauriger Kerl*, un triste sire. || LITTÉR. *der Ritter von der traurigen Gestalt*, le chevalier de la Triste Figure.

Traurigkeit [-kait] f. tristesse f. ; désolation f.

traut [traut] adj. intime. | *ein trautes Heim*, un foyer confortable. | *in trautem Kreise*, dans l'intimité.

Trauung ['trauuŋ] f. (-, en) célébration (f.) du mariage. | *kirchliche Trauung*, bénédiction nuptiale.

Travestie [travɛs'ti:] f. (-, n). LITTÉR. pastiche m. ; parodie f.

travestieren [-'ti:rən] v. tr. pasticher ; parodier ; FIG. travestir.

Trawler ['trowlər] m. (s, -). MAR. chalutier m. | *das Trawlnetz*, le chalut.

Treck [trɛk] m. (s, s). [Zug] convoi m. ; [Flüchtlinge] exode m.

trecken ['trɛkən] v. tr. MAR. haler.

Trecker [-kər] m. (s, -). AUTOM. tracteur m.

Treff [trɛf] n. (s, s). [Kartenspiel] trèfle m.

Treff [trɛf] m. (s, s). FAM. [Treffen] rencontre f. ; [Treffpunkt] lieu (m.) de rendez-vous.

treffen ['trɛfən] (i, a, o).

> **I.** v. tr.
> **1.** [mit Schlag, Stoß, Schuß erreichen] toucher ; atteindre ; frapper.
> **2.** [es richtig machen] toucher juste.
> **3.** [begegnen] rencontrer.
> **4.** PAR EXT.
> **II.** v. intr.
> **1.** porter juste.
> **2.** *auf jn, auf etwas treffen*, tomber sur.
> **III.** part. prés. **treffend,** juste.

I. v. tr. **1.** [mit Schlag, Stoß, Schuß erreichen] toucher ; atteindre ; frapper. | *das Ziel treffen*, toucher la cible. | *die Kugel traf den Hirsch im, in den Nacken*, la balle toucha le cerf au garrot. | *er wurde getroffen*, il fut atteint. | *vom Blitz getroffen*, foudroyé. || PAR ANAL. *der Schlag hat ihn getroffen*, il a eu une attaque d'apoplexie. || FIG. *diese Nachricht traf uns überraschend*, cette nouvelle nous a surpris. | *einen an seiner schwachen Stelle treffen*, toucher le point sensible de qn. | *das hat mich tief getroffen*, cela m'affecte profondément. | *schweres Unglück trifft ihn*, il a de grands malheurs. | *dieser Vorwurf trifft mich nicht*, ce reproche ne me touche pas. | *die Verantwortung trifft ihn*, c'est sur lui que (re)tombe la responsabilité. | *wen trifft die Schuld ?*, à qui la faute ? || LOC. *den Nagel auf den Kopf treffen*, frapper juste.
2. [es richtig machen] toucher juste. | *das Richtige treffen*, toucher, tomber, rencontrer juste. | *den (richtigen) Ton treffen*, trouver le ton juste. | *der Maler hat dich glänzend getroffen*, le peintre t'a brillamment réussi. | *jedes Wort traf richtig*, chaque mot a porté. || MUS. attaquer juste. || (avec objet impersonnel) *du triffst es*, tu touches juste. | *(Sie haben es) getroffen !*, tout juste ! ; c'est cela ! ; vous y êtes ! | *du triffst es heute gut*, tu tombes bien ; tu arrives à point nommé. | *du triffst es heute schlecht*, tu tombes mal. || (avec sujet impersonnel) *es trifft sich gut (daß)*, cela tombe bien (que). | *es trifft sich schlecht, daß*, cela tombe mal que. | *wie sich das trifft !*, quelle coïncidence (heureuse) ! ; FAM. quelle veine ! | *es traf sich, daß*, le hasard voulut que.
3. [begegnen] rencontrer. | *raten Sie, wen ich auf der Straße getroffen habe*, devinez qui j'ai rencontré dans la rue. | *sich treffen ; einander treffen*, se rencontrer ; avoir rendez-vous. | *wann sind Sie zu treffen ?*, quand peut-on vous trouver ?
4. PAR EXT. *Maßnahmen treffen*, prendre des mesures. | *eine (Aus)wahl treffen*, faire, opérer un choix. | *eine Entscheidung treffen*, prendre une décision. | *mit jm ein Abkommen (über etwas) treffen*, convenir avec qn (de qch.).
II. v. intr. **1.** porter juste. || PR. et FIG. *ins Schwarze treffen*, faire mouche ; FAM. taper dans le mille. || PAR EXT. *dein Witz traf*, ton mot était bien envoyé.
2. *auf jn, auf etwas treffen*, tomber (par hasard) sur qn, sur qch. | *wir trafen auf unüberwindliche Hindernisse*, nous avons rencontré des obstacles insurmontables. | *ich bin gestern auf ihn getroffen*, je suis tombé sur lui par hasard.
III. part. prés. **treffend,** juste ; exact ; qui convient. || [Wort] propre ; pertinent ; qui porte. || [Bild] frappant (de ressemblance).

Treffen [-fən] n. (s). rencontre f. ; réunion f. || MIL. combat m. || FIG. controverse f. | *(ein Argument) ins Treffen führen*, arguer (de).

Treff|punkt ['trɛfpuŋkt] m. (s, e) (lieu de)

rendez-vous m. ||**-sicher** adj. MIL. et FIG. qui a l'œil juste, la main sûre. ||°**-sicherheit** f. justesse (f.), précision (f.) du tir.

Treffer [-fər] m. (s, -). MIL. coup (m.) au but ; projectile bien placé. | *einen Treffer erzielen*, toucher le but ; amener au but ; SPORT. marquer un but. || FIG. coup heureux. || [Gewinnlos] billet gagnant. | *Haupttreffer*, gros lot. || [Basketball] panier m.

trefflich ['trɛfliç] adj. excellent ; parfait.

Trefflichkeit [-kait] f. excellence f.

Treib|eis ["traip'ais] n. (es) glaces flottantes en dérive. ||°**-gas** n. (es, e). [Aerosole] gaz propulseur. ||°**-gut** n. (s). MAR. épaves f. pl. ||°**-hammer** m. (s,¨). TECHN. emboutissoir m. ||°**-haus** n. (es, ¨er) serre chaude ; forcerie f. ||°**-haus|effekt** m. (s, e) effet (m.) de serre. ||°**-holz** n. (es). MAR. bois flottant. ||°**-jagd** f. (-, en) battue f. ||°**-kraft** f. (-, ¨e). PHYS. force propulsive, d'impulsion. ||°**-netz** n. (es, e) tramail m. ; traille f. ||°**-riemen** m. (s, -). TECHN. courroie (f.) de transmission. ||°**-sand** m. (s) sables mouvants. ||°**-stange** f. (-, n). TECHN. bielle f. ||°**-stoff** m. (s, e) carburant m. ; combustible m. || AÉRON. ergol m. | *flüssiger Treibstoff*, propergol m. ||°**-stoff|rest** m. (s, e). AÉRON. *unverbrannter Treibstoffrest*, imbrûlés m. pl.

treiben ['traibən] (ie, ie).

> **I.** v. intr.
> **1.** être poussé ; aller à la dérive ; flotter.
> **2.** pousser ; être en végétation ; fermenter.
> **II.** v. tr.
> **1.** [vor sich herjagen] pousser, chasser devant soi ; conduire.
> **2.** [tun] s'occuper de ; se livrer à.
> **3.** TECHN. enfoncer.
> **4.** MÉTALL. emboutir.
> **5.** PHYS. faire mouvoir ; actionner.
> **6.** AGRIC. (faire) pousser.

I. v. intr. **1.** aller à la dérive ; dériver. || [Schnee ; Wolken] chasser. || [Boot vor dem Wind, auf den Wellen] flotter au gré du vent, des flots. | *das Eis treibt, Eisschollen treiben auf dem Fluß*, la rivière charrie des glaçons. | *das Wrack trieb (steuerlos) auf dem Meere*, l'épave allait à la dérive. | *das Schiff treibt ans Land*, le navire dérive vers la côte. || PR. et FIG. *sich treiben lassen von*, être porté, poussé, entraîné par ; [Schwimmen] faire la planche. || PAR ANAL. *sich vom Straßengewühl treiben lassen*, se laisser porter par la foule. || FIG. *wir treiben dem Abgrund zu*, nous courons à la catastrophe. || MAR. *vor Anker treiben*, chasser sur les ancres.

2. [Pflanzen] pousser ; être en (pleine) végétation. || [Saft der Pflanzen] monter. || [Teig] lever.

II. v. tr. **1.** [vor sich herjagen] pousser, chasser devant soi. | *Vieh auf die Weide treiben*, mener paître le bétail. | *Wild treiben*, traquer le gibier. | *jn aus dem Hause treiben*, chasser qn de chez soi. || PAR ANAL. *der Wind treibt Staub, welkes Laub durch die Straßen*, le vent balaye la poussière, les feuilles mortes à travers les rues. || PAR EXT. *die Preise in die Höhe treiben*, faire monter les prix. | *das trieb ihm die Schamröte ins Gesicht*, cela lui fit monter le rouge de la honte au front. || MÉD. *Schweiß treiben*, faire transpirer. | *schweißtreibendes Mittel*, remède sudorifique. || FIG. [drängen] pousser (à). | *jn in die Enge treiben*, pousser qn dans ses derniers retranchements ; FAM. coincer qn. | *jn in den Tod treiben*, pousser qn à la mort. | *jn zur Verzweiflung treiben*, pousser qn au désespoir. | *jn zur Eile treiben*, presser qn ; FAM. bousculer qn. | *die Dinge bis zum Äussersten treiben*, pousser les choses à l'extrême. | *die Frechheit zu weit treiben*, pousser l'effronterie trop loin.

2. [tun] s'occuper de ; se livrer à ; s'adonner à. | *ein Handwerk treiben*, exercer, pratiquer un métier. | *Sport, Politik treiben*, faire du sport, de la politique. | *Spionage treiben*, faire de l'espionnage. | *sein Spiel, seinen Spott mit jm, mit etwas treiben*, exercer sa verve aux dépens de qn. de qch. ; persifler qn, qch. || POP. *er treibt es arg, toll, bunt*, il (y) va fort. | *sein Unwesen treiben*, faire des siennes. | *was treibst du denn ?*, que fais-tu donc ? | *was treibt er denn hier ?*, qu'est-ce qu'il vient faire ici ? | *er wird es nicht mehr lange treiben*, il n'en a plus pour longtemps. || (auxiliaire) *Unsinn, Unfug, dummes Zeug treiben*, faire des sottises ; FAM. faire l'imbécile. | *Aufwand, Luxus treiben*, faire des dépenses ; gaspiller.

3. TECHN. enfoncer. | *Nägel (ins Holz) treiben*, enfoncer des clous (dans le bois). | *einen Tunnel treiben*, creuser, percer un tunnel.

4. MÉTALL. [kalt bearbeiten] emboutir. | *Metall, Blech (mit dem Hammer) treiben*, repousser, bosseler du métal, emboutir de la tôle (au marteau). | *getriebene Arbeit ; Treibarbeit*, métal repoussé ; travail (m.) en bosse. || [im Tiegel schmelzen] coupeller.

5. PHYS. [antreiben] faire mouvoir ; actionner ; entraîner. | *das Wasser treibt das Mühlrad*, l'eau fait tourner le moulin. || PR. et FIG. *die treibende Kraft*, la force motrice ; l'impulsion f.

6. AGRIC. faire pousser. | *der Baum treibt Blüten*, l'arbre donne des fleurs. || [im Treibhaus] faire pousser, venir ; forcer. | *Frühgemüse (im Mist-, Treibbeet) treiben*, forcer des primeurs (sous châssis).

Treiben [-bən] n. (s) occupation f. ; activités f. pl. | *das Treiben auf der Straße*, l'agitation de la rue. || PÉJOR. menées f. pl. ; manigances f. pl. | *sein Tun und Treiben*, ses faits et gestes. || [Jagd] battue f.

Treiber [-bər] m. (s, -) conducteur (m.) de bêtes ; gardien (m.) de troupeau. || [auf der Jagd] piqueux m. ; rabatteur m. || FIG. [Hetzer] meneur m. ; fomenteur m. || [Ausbeuter] oppresseur m. ; FAM. négrier m. || TECHN. chasse-pointe m. ; chassoir m.

Treidel|weg ["traidəl've:k] m. (s, e) chemin (m.) de halage.

treideln [-dəln] v. tr. haler.

Trema ['tre:ma] n. (s, s). GRAMM. tréma m.

Tremolo ['tre:molo] n. (s, s). MUS. trémolo m.

tremolieren [-mo'li:rən] v. intr. MUS. faire des trémolos ; chevroter.

Trend [trɛnt] m. (s, s) tendance f. || FIG. *im Trend liegen*, avoir le vent en poupe.

Trend|indikator ["trɛntindi'kɑ:tɔr] m. (s, en). FIN. indicateur (m.) de tendance.

trennbar ['trɛnba:r] adj. séparable.

Trenn|mittel ["trɛn'mitəl] n. (s, -). CHIM. agent séparateur. ||**-scharf** adj. RADIO. sélectif. ||°**-schärfe** f. sélectivité f. ; pouvoir sélectif. ||°**-wand** f. (-, ¨e) cloison f.

trennen ['trɛnən] v. tr. séparer ; détacher. | *den Kopf vom Rumpfe trennen*, décapiter. | *eine Naht (auf)trennen*, défaire (une couture). | *ein Wort trennen*, couper un mot. | *ihre Ehe ist getrennt worden*, leur mariage a été dissous. | *wir müssen uns trennen*, il faut nous séparer, nous quitter. || FIG. distinguer ; dissocier ; décomposer. | *die Form nicht vom Inhalt trennen*, ne pas dissocier la forme du contenu. | *Freunde trennen*, désunir des amis. || RADIO. *gut trennen*, être sélectif.

◇ v. pr. **sich trennen,** se séparer ; se quitter. | *sie trennten sich als gute Freunde*, ils se sont séparés bons amis. | *sie hat sich von ihrem Mann getrennt*, elle a quitté son mari. | *der Weg trennt sich hier*, ici le chemin se partage (en deux), bifurque.

Trennung [-nuŋ] f. (-, en) séparation f. ; dissociation f. ; rupture f. || JUR. *Trennung einer Ehe,* dissolution (f.) d'un mariage. | *Trennung von Tisch und Bett*, séparation de corps et de biens. || PHYS. séparation f. | *elektrostatische Trennung*, séparation électrostatique. || POL. *Trennung der Gewalten*, séparation (f.) des pouvoirs. | *Trennung von Kirche und Staat*, séparation (f.) de l'Église et de l'État.

Trennungs|schmerz [ʺtrɛnuŋsʹʃmɛrts] m. (en, en) douleur (f.) de la séparation. ||°**-strich** m. (s, e), °**-zeichen** n. (s, -) tiret m. || TYPOGR. division f.

Trense [ʹtrɛnzə] f. (-, n) bridon m.

Treponema [trepoʹne:ma] n. (s, men). MÉD. tréponème m.

trepp|ab [trɛpʹap] adv. en descendant (l'escalier). ||**-auf** adv. en montant (l'escalier). | *treppauf, treppab laufen*, ne cesser de monter et descendre l'escalier.

Treppchen [ʹtrɛpçən] n. (s, -). SPORT. podium m.

Treppe [ʹtrɛpə] f. (-, n) escalier m. | *Freitreppe*, perron m. | *einarmige Treppe*, escalier droit. | *drei Treppen hoch*, au troisième étage. || *Wendeltreppe*, escalier en colimaçon. | *Rolltreppe*, escalier roulant, mécanique.

Treppen|absatz [ʺtrɛpənʹapzats] m. (es, ¨e) palier m. ||**-artig** adj. en escalier, en gradins. ||°**-geländer** n. (s, -) rampe (f.) d'escalier. ||°**-giebel** m. (s, -) pignon (m.) en escalier. ||°**-haus** n. (es, ¨er) cage (f.) d'escalier. ||°**-lauf** m. (s, ¨e). ARCHIT. volée (f.) d'escalier. ||°**-läufer** m. (s, -) tapis (m.) d'escalier. ||°**-leiter** f. (-, n) échelle (f.) double. ||°**-luke** f. (-, n). MAR. écoutille f. ||°**-podest** m. (es, e) palier m. ||°**-stufe** f. (-, n) marche f. ||°**-stuhl** m. (s, ¨e) escabeau m. ||°**-wange** f. (-, n) limon m. ||°**-witz** m. (es) esprit (m.) de l'escalier.

Tresor [treʹzo:r] m. (s, e) coffre-fort m.

Trespe [ʹtrɛspə] f. (-, n). BOT. brome m.

Tresse [ʹtrɛsə] f. (-, n) galon m.

Trester [ʹtrɛstər] m. (s, -) marc (m.) de raisin. || AGRIC. tourteaux m. pl.

treten [ʹtre:tən] (i, a, e).

I. v. intr. (absolument) faire des pas ; poser le pied.
II. v. intr. (avec prép.) se mettre ; se placer ; se poser.
1. an : s'approcher de.
2. auf : marcher sur.
3. aus : sortir de.
4. hinter : disparaître derrière.
5. in : entrer dans.
6. über.
7. unter.
8. vor : se présenter devant.
9. zu : s'avancer vers.
III. v. tr. mettre les pieds sur.
1. faire marcher.
2. piétiner ; fouler.

I. v. intr. (absolument) poser le pied ; faire un, des pas. | *bitte treten Sie näher*, approchez, s'il vous plaît. | *treten Sie vor !*, avancez. | *treten Sie zurück !*, reculez. | *vor Ungeduld von einem Fuß auf den anderen treten*, piétiner d'impatience. | *auf der Stelle treten*, marquer le pas ; [Pferde] piaffer. || FIG. *ich will ihm nicht zu nahe treten*, je ne veux pas aller sur ses brisées.

II. v. intr. (avec prép.) se mettre ; se placer ; se poser.

1. an : s'approcher de. | *an die Spitze der Aufständischen treten*, se mettre à la tête des insurgés. | *an js Stelle, an Stelle einer Sache treten*, remplacer qn, qch. ; prendre la place de qn, de qch. || FIG. *ans Licht treten*, paraître au jour.

2. auf : marcher ; monter sur. | *auf den Balkon treten*, sortir sur le balcon. | *auf der Stelle treten*, marquer le pas ; piétiner sur place. | *auf die Bremse treten*, appuyer sur le frein. | *der Schweiß trat ihm auf die Stirn*, la sueur perlait sur son front. || FIG. *auf js Seite treten*, se ranger du côté de qn ; prendre le parti de qn.

3. aus : sortir de. | *aus der Tür, aus dem Haus treten*, sortir dans la rue. | *aus den Ufern treten*, déborder.

4. hinter : disparaître derrière. | *der Mond trat hinter die Wolken*, la lune se cacha derrière les nuages.

5. in : entrer dans. | *in sein 20. Jahr treten*, atteindre sa vingtième année. | *die Tränen traten ihm in die Augen*, il avait les larmes aux yeux. || PR. et FIG. *in den Vordergrund treten*, passer au premier plan. || FIG. *in Verbindung mit jm treten*, entrer en contact avec qn. | *in Verhandlungen treten*, entrer en négociations. | *in Beziehung treten*, entrer en rapport. | *in Erscheinung treten*, se manifester ; apparaître. | *in ein Amt, einen Dienst treten*, entrer en fonctions, en service. | *in den Ruhestand treten*, prendre sa retraite. | *in den Streik treten*, se mettre en grève. || PR. et FIG. *jm in den Weg treten*, barrer le chemin à qn. || JUR. *in Kraft treten*, prendre effet ; entrer en vigueur.

6. über : *der Fluß tritt über die Ufer*, le fleuve sort de son lit, inonde les berges.

7. unter : *mitten unter die Leute treten*, se mêler à la foule. | *unter das Vordach treten*, se mettre sous l'auvent. | *ich wage nicht, ihm unter die Augen zu treten*, je n'ose pas me présenter devant ses yeux.

8. vor : se présenter devant. | *vor jn, jm vor die Augen treten*, se présenter devant qn ; affronter qn. | *vor den Spiegel treten*, se mettre devant la glace ; se mirer.

9. zu : s'avancer vers. | *zur Seite treten*, s'écarter.

III. v. tr. mettre les pieds sur. — **1.** actionner ; faire marcher (avec les pieds). | *(in) die Pedale treten*, pédaler. | *die Bälge treten*, souffler (l'orgue). | *den Takt treten*, marquer la mesure (du pied).

2. piétiner ; fouler ; écraser du pied. | *etwas mit Füßen treten*, fouler qch. aux pieds ; piétiner qch. | *er hat ihm in den Bauch getreten*, il lui a donné un coup de pied dans le ventre. | *einen Weg treten*, frayer un chemin. | *das Pflaster treten*, battre le pavé. | *sich einen Splitter in den Fuß treten*, s'enfoncer une écharde dans le pied. | *sich wund treten*, se blesser en marchant. | *seine Schuhe schief treten*, éculer ses souliers. || FIG. *eine Sache breit treten*, délayer un sujet. | *js Namen in den Schmutz treten*, couvrir qn de boue.

Tret|boot [ʺtre:tʹbo:t] n. (s, e) pédalo m. ||°**-kurbel** f. (-, n). [an Fahrrädern] manivelle (f.) de la pédale. ||°**-kurbellager** n. (s, -) pédalier m. ||°**-mine** f. (-, n) fougasse f. ||°**-mühle** f. (-, n) treuil (m.) à tambour. || FIG. bagne m. ; travail (m.) monotone. ||°**-rad** n. (s, ¨er). TECHN. tympan m. ||°**-werk** n. (s, e) treuil (m.) à tambour ; pédalier m.

treu [trɔy] adj. fidèle ; loyal ; sûr ; dévoué. | *jm treu sein*, être fidèle à qn. | *seinem Eide treu*, fidèle à son serment. | *der Wahrheit nicht treu bleiben*, trahir la vérité. | *eine treue Seele*, un homme dévoué. || PAR EXT. sincère ; véridique ; exact. | *treue Wiedergabe*, reproduction fidèle, exacte. || JUR. *zu treuen Händen*, à titre fiduciaire.

Treu|bruch [ʹtrɔybru:x] m. (s) félonie f. || PAR EXT. parjure m. ; perfidie f. ; trahison f. ||**-brüchig** adj. félon. || PAR EXT. parjure ; perfide ; traître. ||**-gesinnt** adj. loyal. ||°**-hand** f. JUR. fiducie f. ||°**-hand...** (en compos.) fiduciaire. ||°**-händer** m. (s, -) administrateur (m.) fiduciaire ; dépositaire m. ; mandataire m. ; syndic m. ; curateur m. ||**-händerisch** adj. fiduciaire. ||°**-handgesellschaft** f. (-, en) société (f.) fiduciaire. ||**-herzig** adj. confiant ; franc ; de bonne foi. || PAR EXT. naïf ; ingénu. ||°**-herzigkeit** f. confiance f. ; bonne foi. || PAR EXT. naïveté f. ; ingénuité f. ||**-los** adj. sans foi ; infidèle ; déloyal ; perfide. ||°**-losigkeit** f. infidélité f. ; déloyauté f. ; perfidie f.

Treue [ʹtrɔyə] f. fidélité f. ; loyauté f. ; bonne foi ;

dévouement m. | *(jm) die Treue halten*, rester fidèle (à qn) ; ne pas trahir (qn). | *(jm) die Treue brechen*, trahir (qn). | *die Treue der Wiedergabe*, la fidélité, l'exactitude (f.) de la reproduction. || LOC. *meiner Treu !*, par ma foi ! ; sur ma foi ! | *in aller Treue ; auf Treu und Glauben*, en toute bonne foi ; en toute confiance.

Treue|gelöbnis ["trɔyəgə'lø:bnis] n. (es, e) serment (m.) de fidélité. ||°**-rabatt** m. (s, e). COMM. rabais (m.) de fidélité.

Triangel ['triaŋəl] m. (s, -). MUS., triangle m.

Trias ['tri:as] f. triade f. || GÉOL. trias m.

Tribun [tri'bu:n] m. (s, e). HIST. tribun m.

Tribunal [-bu'nɑ:l] n. (s, e) tribunal m. ; cour (f.) de justice.

Tribüne [tri'by:nə] f. (-, n) estrade f. ; tribune f.

Tribut [tri'bu:t] m. (s, e) tribut m.

tribut|pflichtig [tri"bu:t'pfliçtiç] adj. tributaire.

Trichine [tri'çi:nə] f. (-, n). MÉD. trichine f.

Trichter ['triçtər] m. (s, -) entonnoir m. | *Granattrichter*, trou (m.) d'obus. || PAR ANAL. [Vulkan] cratère m. || [Schallrohr] cornet m. ; pavillon m. || LOC. *auf den Trichter kommen*, trouver la bonne solution. || IRON. *der Nürnberger Trichter*, méthode pédagogique qui prétend inculquer le savoir dans les têtes peu douées.

Trichter|mündung ["triçtər'mynduŋ] f. (-, en). GÉOGR. estuaire m.

Trick [trik] m. (s, e ou s) artifice m. ; truc m. ; ficelle f.

Trick|aufnahme ["trik'aufnɑ:mə] f. (-, n) truquage (m.) cinématographique. ||°**-diebstahl** m. (s, ¨e) vol (m.) par ruse, par substitution. ||°**-film** m. (s, e) film à trucage. ||°**-kiste** f. (-, n) *ein Griff in die Trickkiste*, un tour de passe-passe. ||**-reich** adj. rusé ; plein d'astuce. ||°**-taste** f. (-, n) [Tonbandgerät] touche (f.) de surimpression. ||°**-track** n. (s) jeu (m.) de trictrac.

trieb [tri:p] prétérit de **treiben.**

Trieb [tri:p] m. (s, e) instinct m. ; penchant m. ; tendance f. || [Psychoanalyse] pulsion f. | *Geschlechtstrieb*, libido f. | *Selbsterhaltungstrieb*, instinct de conservation. | *aus eigenem Trieb*, de sa propre impulsion. | *seinen Trieben nachgeben*, céder à ses instincts. || *Viehtrieb*, passage (m.) de troupeaux. || PAR EXT. troupeau m. || BOT. pousse f. ; rejeton m. ; PAR EXT. force végétative.

Trieb|feder ["tri:p'fe:dər] f. (-, n). PR. et FIG. ressort m. || FIG. mobile m. ||°**-handlung** f. conduite instinctive. ||°**-kraft** f. force motrice. ||°**-leben** n. (s). [Psychologie] vie (f.) des instincts. ||°**-sand** m. (es) sable mouvant. ||°**-verbrecher** m. (s, -) maniaque sexuel. ||°**-wagen** m. (s, -). TRANSP. autorail m. ; automotrice f. ||°**-wagen|zug** m. (s, ¨e). TRANSP. rame automotrice. ||°**-werk** n. rouages m. pl. ; mécanisme m. ; engrenages m. pl. (de transmission). || AÉRON. [Flugzeug] réacteur m. ; [Rakete] groupe propulseur ; propulseur m. ||°**-werks|ausfall** m. (s, ¨e). AÉRON. panne (f.) de réacteur. ||°**-werks|gondel** f. (-, n). AÉRON. nacelle f. ||°**-werks|lager** n. (s, -). TECHN. palier (m.) de réacteur. ||°**-werks|schub** m. (s, ¨e). AÉRON. poussée (f.) du réacteur.

triebhaft ['tri:phaft] adj. instinctif. | *Triebhaftigkeit*, caractère instinctif, impulsif.

Trief|auge ["tri:f'augə] n. (s, n) œil chassieux. ||**-äugig** adj. chassieux. ||**-naß** adj. ruisselant.

triefen ['tri:fən] (troff, getroffen, et conjug. faible) v. intr. tomber goutte à goutte ; goutter. | *das Regenwasser troff vom Dach*, la pluie ruisselait du toit. | *seine Kleider trieften, waren triefend vor Wasser*, ses habits étaient ruisselants d'eau, ruisselaient d'eau. | *vor Schweiß triefen*, être tout en nage. | *die Augen triefen mir*, j'ai les yeux qui pleurent. | *die Nase trieft ihm*, son nez coule, goutte. | *von Regen triefend*, dégouttant de pluie. || FIG., IRON. *vor Weisheit triefend*, débordant de sagesse.

Trient [tri'ɛnt] n. pr. n. GÉOGR. Trente f. ; le Trentin.

Trier [tri:r] n. pr. n. GÉOGR. Trèves f.

triezen ['tri:tsən] v. tr. FAM. chiner ; vexer.

triftig ['triftiç] adj. [de **treffen**] pertinent ; plausible ; fondé ; concluant. | *ein triftiger Grund*, une raison valable.

Triftigkeit [-kait] f. bien-fondé m.

Trigonometrie [trigonome'tri:] f. MATH. trigonométrie f.

trigonometrisch adj. MATH. trigonométrique.

Trikolore [triko'lo:rə] f. (-, n) drapeau (m.) tricolore.

Trikot [tri'ko:] m. et n. (s, s) tricot m. ; maillot m. || SPORT. *gelbes Trikot*, maillot (m.) jaune.

Trikotage [-kɔ'tɑ:ʒə] f. (-, n) linge (m.) en tricot, en jersey.

Triller ['trilər] m. (s, -) trille m. | *die Trillerpfeife*, le sifflet à roulette.

trillern [-lərn] v. intr. faire des trilles. || [Vögel] gazouiller. || [Lerche] grisoller. | *das Trillern*, les trilles.

Trilogie [trilo'gi:] f. (-, n) trilogie f.

Trimaran [trima'rɑ:n] m. (s, e). MAR. trimaran m.

Trimester [tri'mɛstər] n. (s, -) trimestre m.

Trimeter ["tri:'metər] m. (s, -). POÉS. trimètre m.

trimmen ['trimən] v. tr. AÉRON., MAR. équilibrer (par arrimage). || [Hund] tondre. || FIG., FAM. *sich trimmen*, se donner de l'exercice.

Trimmung ['trimuŋ] f. (-, en). AÉRON., MAR. compensation f.

Trine ['tri:nə] f. *dumme Trine*, petite sotte.

Trinität [trini'tɛ:t] f. trinité f.

Trinitrotoluol [trinitrotolu'o:l] n. (s) trinitrotoluène m.

trinkbar ['triŋkbɑ:r] adj. potable ; buvable.

trinken [-kən] (a, u) v. tr. et intr. boire ; prendre (une boisson). | *aus einem Glas trinken*, boire dans un verre. | *aus der Flasche trinken*, boire à la bouteille, à même la bouteille. | *das Glas leer trinken, austrinken*, vider son verre. | *eine Tasse Kaffee trinken*, prendre une tasse de café. | *wollen Sie was zu trinken ?*, prenez-vous quelque chose ? | *der Säugling trinkt*, le nourrisson tète. || [alkoholische Getränke] (aimer) boire ; s'adonner à la boisson. | *er trinkt gern, stark*, c'est un grand buveur ; il boit beaucoup. | *einen trinken*, prendre un verre, un pot. | *über den Durst trinken*, boire plus que de raison. | *sich voll trinken*, se soûler. | *jn unter den Tisch trinken*, faire rouler qn sous la table. | *sich Mut antrinken*, boire pour se donner du courage. | *trinken wir auf dein Wohl !*, buvons à ta santé. || POÉT. absorber. | *die Erde trinkt Wasser*, la terre absorbe l'eau. || FIG. *die Schönheit der Gegend in vollen Zügen trinken*, se pénétrer de la beauté du paysage.

Trinker [-kər] m. (s, -) buveur m. ; ivrogne m.

trink|fest ['triŋkfɛst] adj. qui supporte la boisson. ||°**-gefäß** n. (es, e) récipient (m.) pour boire. ||°**-gelage** n. (s, -) beuverie f. ||°**-geld** n. (s, e) pourboire m. ||°**-glas** n. (es, ¨er) verre (m.) à boire. ||°**-halle** f. (-, n) buvette f. (de station thermale). ||°**-halm** m. (s, e) paille f. ; chalumeau m. (SYN. : *Trinkröhrchen*.) ||°**-lied** n. (s, er) chanson (f.) à boire. ||°**-milch** f. lait (m.) de consommation. ||°**-schale** f.

(-, n) coupe f. ||°-**spruch** m. (s, e) toast m. ||°-**stube** f. (-, n) buvette f. ; cabaret m. ||°-**wasser** n. (s) eau (f.) potable. | *kein Trinkwasser!*, eau non potable.
Trio ['tri:o] n. (s, s) trio m.
Triole [tri'o:lə] f. (-, n). MUS. triolet m.
Triolett [trio'lɛt] n. (s, s). POÉS. triolet m.
Trip [trip] m. (s, s) voyage m. || POP. [Drogen] trip m.
trippeln ['tripəln] v. intr. faire de tout petits pas ; trottiner.
Tripper ['tripər] m. (s) blennorragie f. ; gonorrhée f. ; POP. chaude-pisse.
Triptychon ['triptyçɔn] n. (s, cha). ARTS. triptyque m.
trist [trist] adj. déplaisant ; pitoyable.
Tritium ['tritsium] n. (s). CHIM. tritium m.
Triton ['tri:tɔn] m. (s, en). MYTH. triton m.
Tritt [trit] m. (s, e).**1.** pas m. ; marche f. | *mit leisen Tritten*, d'un pas léger. | *mit festen Tritten*, d'un pas ferme. | *einen falschen Tritt tun*, faire un faux pas. || PAR EXT. pas m. ; démarche f. | *einen leichten Tritt haben*, marcher d'un pas léger ; avoir une démarche légère. || [Fußtritt] coup (m.) de pied. | *jm einen Tritt geben, versetzen*, donner ; FAM. envoyer un coup de pied à qn. || LOC. *auf Schritt und Tritt*, sans quitter (qn) d'une semelle ; sans cesse.
2. MIL. pas (cadencé). | *Tritt halten*, marcher au pas ; garder le pas. | *im Tritt!*, au pas ! | *ohne Tritt marschieren*, rompre le pas.
3. [Spur] trace f. ; empreinte f. (du pas).
4. TECHN. [Trethebel] pédale f. || [Stufe] marche f. ; pas m. ; banquette f. || [Trittbrett] marchepied m.
Tritt|leiter ["trit'laitər] f. (-, n) escabeau m.
Triumph [tri'umf] m. (s, e) triomphe m. | *im Triumphe feiern*, FIG. être porté en triomphe. | *im Triumph*, en triomphe ; triomphalement.
Triumph|bogen [tri"umf'bo:gən] m. (s, ¨) arc (m.) de triomphe. ||°-**zug** m. (s, ¨e) entrée triomphale. | *einen Triumphzug halten*, triompher.
triumphieren [-'fi:rən] v. intr. triompher.
trivial [trivi'ɑ:l] adj. banal ; plat ; FAM. quelconque.
Trivialität [-viali'tɛ:t] f. (-, en) banalité f. ; platitude f.
Trochäus [trɔ'xɛ:us] m. (-, äen). POÉS. trochée m.
trocken ['trɔkən] adj. sec ; desséché. | *trockenes Brot*, du pain sec. | *trocken werden*, sécher ; se dessécher. | *trockenen Fußes*, à pied sec. || IRON. *mit trockenem Munde sitzen lassen*, laisser mourir de soif. || TECHN. *trocken bearbeiten*, travailler à sec, par voie sèche. | *trocken laufen*, tourner à sec, sans lubrifiant. || CULIN. *trockener Wein*, vin sec. || FIG. sec ; aride. | *trockener Bericht*, rapport sobre, sec. | *in trocknem Tone*, d'un ton neutre, froid. | *trockner Witz*, plaisanterie (f.) de pince-sans-rire. | *trockner Humor*, humour (m.) caustique. || LOC. *im trocknen sitzen*, être à couvert ; être tiré d'affaire. | *auf dem trocknen sitzen*, ne plus avoir d'argent ; être à sec. | *sein Schäfchen ins trockne bringen*, mettre du foin dans ses bottes ; faire sa pelote. | *er ist noch nicht trocken hinter den Ohren*, c'est un blanc-bec.
Trocken|apparat ["trɔkənapa'rɑ:t] m. (s, e). [Gerät] séchoir m. ||°-**boden** m. (s, ¨). [Raum] séchoir m. ||°-**dock** n. (s, s). MAR. cale sèche. ||°-**eis** n. (es) neige (f.) carbonique. ||°-**element** n. (s, e) pile sèche. ||°-**haube** f. (-, n). [beim Friseur] casque m. ||-**legen** v. tr. assécher ; drainer. | *ein Kind trockenlegen*, changer les couches d'un bébé. || IRON. instaurer le régime sec. | *trockengelegtes Land*, pays (m.) où l'alcool est prohibé. ||°-**milch** f. lait (m.) en poudre. ||°-**obst** n. (es) fruits secs. ||°-**rasierer** m. (s, -) rasoir (m.) électrique. ||°-**schleuder** f. (-, n) essoreuse f. ||°-**vorgang** m. (s). TECHN. dessiccation f. ||°-**zeit** f. (-, en) saison sèche. ||°-**zuckerung** f. chaptalisation f.
trocknen ['trɔknən] v. tr. sécher ; faire sécher ; dessécher. || FIG. *Tränen trocknen*, sécher les larmes. ◇ v. intr. sécher ; se dessécher. | *getrocknete Feigen*, figues sèches.
Trocknen n. (s, -). TECHN. dessiccation f.
Trockner [-nər] m. (s, -). TECHN. sécheur m. ; séchoir m. ; déshydrateur m.
Trocknung ['trɔknuŋ] f. (-, en). TECHN. déshydratation f.
Troddel ['trɔdəl] f. (-, n) gland m. ; houppe f.
Trödel ['trø:dəl] m. (s) bric-à-brac m. || [Trödelmarkt] marché (m.) aux puces.
Trödel|bude ["trø:dəl'bu:də] f. (-, n), °-**laden** m. (s, ¨) boutique (f.) de fripier, de brocanteur. ||°-**händler** m. (s, -) brocanteur m. ; FAM. chineur m. ||°-**kram** m. (s) bric-à-brac m. ; friperie f. ; brocante f. ||°-**markt** m. (s). FAM. marché (m.) aux puces.
Trödelei [trødə'lai] f. (-, en). FAM. musarderie f. ; travail (m.) qui n'en finit pas.
trödeln ['trø:dəln] v. intr. brocanter ; faire de la brocante. || POP. traînasser ; lambiner ; baguenauder.
Trödler ['trø:dlər] m. (s, -) fripier m. ; brocanteur m. || POP. lambin m. ; traînard m.
trog [tro:k] prétérit de **trügen.**
Trog [tro:k] m. (s, ¨e) auge f. ; baquet m.
Trog|tal ["tro:k'tɑ:l] n. (s, ¨er). GÉOL. auge (f.) glaciaire.
Troja ['trɔja] n. (s) ANTIQ. Troie f. ; la Troade.
Trojaner [trɔ'jɑ:nər] m. (s, -). ANTIQ. Troyen m.
trojanisch [-niʃ], **troisch** ['trɔ:iʃ] adj. troyen.
Troll [trɔl] m. (s, e) lutin m.
trollen (sich) [ziç'trɔlən] v. pr. décamper ; détaler ; déguerpir.
Trommel ['trɔməl] f. (-, n) tambour m. | *große Trommel*, grosse caisse. | *die Trommel schlagen, rühren*, battre le tambour. || TECHN. *(Lade)trommel*, barillet m. (de revolver). | *Botanisiertrommel*, boîte (f.) à herboriser.
Trommel|bremse ["trɔməl'brɛmzə] f. (-, n) frein (m.) à tambour. ||°-**fell** n. (s, e). MUS. peau (f.) de tambour. || ANAT. tympan m. ||-**fellerschütternd** adj. tonitruant ; à vous crever le tympan. ||°-**feuer** n. (s, -). MIL. feu roulant ; (tir de) barrage m. ||°-**schlag** m. (s, ¨e) son (m.), battement (m.) du tambour. | *unter Trommelschlag*, tambour battant. ||°-**schläger** m. (s, -). [Trommler] tambour m. ; tambourinaire m. ||°-**schlegel** m. (s, -), °-**stock** m. (s, ¨e) baguette (f.) de tambour. ||°-**sucht** f. ZOOL., MÉD. météorisme m. ||°-**wirbel** m. (s, -) roulement (m.) de tambour.
trommeln ['trɔməln] v. intr. battre du tambour. || PAR ANAL. taper. || [mit den Fingern] tambouriner. || *jn aus dem Schlaf trommeln*, réveiller qn en fanfare.
Trommler [-mlər] m. (s, -) [joueur de] tambour m.
Trompete [trɔm'pe:tə] f. (-, n) trompette f. ; clairon m. | *auf der Trompete, die Trompete blasen*, jouer de la trompette. | *laut in die Trompete stoßen*, sonner de la trompette ; FIG. publier à son de trompe. || ANAT. *Ohrtrompete*, trompe (f.) d'Eustache.
Trompeten|bläser [trɔm"pe:tən'blɛ:zər] m. (s, -). MIL. trompette m. || [Konzert] trompettiste m. ||°-**blume** f. (-, n). BOT. narcisse (m.) jaune. ||°-**gold** n. (s). IRON. laiton m. ||°-**schall** m. (s) son (m.) de trompette, de trompe. | *unter Trompetenschall bekanntmachen*, publier à son de trompe. ||°-**schnecke** f. (-, n). ZOOL. buccin m. ||°-**signal** n. (s, e). MIL.

sonnerie f. ||°-**stoß** m. (es, ¨e) coup (m.) de trompette. ||°-**tusch** m. (es, e) fanfare f.

trompeten [-tən] v. intr. jouer, sonner de la trompette. || [Elefant] barrir.

Trompeter [trɔm'pe:tər] m. (s, -). MIL. trompette m. ; clairon m.

Tropen ['tro:pən] pl. tropiques m. pl. ; pays tropicaux. | *in den Tropen*, sous les tropiques.

Tropen|ausrüstung ["tro:pən'ausrystuŋ] f. (-, en) équipement tropical. ||°-**fieber** n. (s, -). MÉD. malaria f. ||°-**helm** m. (s, e) casque tropical. ||°-**klima** n. (s) climat tropical, torride. ||°-**koller** m. (s). MÉD. folie (f.) des tropiques ; coup (m.) de cafard. ||°-**land** n. (s, ¨er) pays tropical. || *in den Tropenländern*, sous les tropiques. ||°-**medizin** f. médecine tropicale. || -**tauglich** adj. apte à vivre sous les tropiques.

Tropf [trɔpf] m. (s, ¨e) sot m. ; benêt m. ; nigaud m. | *armseliger Tropf*, pauvre hère m. ; POP. pauvre type m. | *armer Tropf*, pauvret m. ; pauvre petit.

Tropf m. (s, e). MÉD. goutte-à-goutte m. | *am Tropf hängen*, être au goutte-à-goutte.

Tropf|brett ["trɔpf'brɛt] n. (s, er) égouttoir m. ||°-**sieb** n. (s, e) tamis (m.) d'égouttage. ||°-**stein** m. (s, e). GÉOL. concrétion (f.) calcaire. | *Zapfentropfstein*, stalactite f. | *Säulentropfstein*, stalagmite f. ||°-**stein|höhle** f. (-, n) grotte f.

Tröpfchen ['trøpfçən] n. (s, -) gouttelette f. | *ein Tröpfchen Wein*, une larme de vin. || FAM. petit sot ; bêta m. ; bêtasse f.

tröpfeln [-pfəln] v. tr. verser goutte à goutte (qch.) ; verser des gouttes (de qch.). || MÉD. instiller.
◇ v. impers. *es tröpfelt*, il pleuvote ; il tombe des gouttes.
◇ v. intr. tomber en (petites) gouttes ; former des (petites) gouttes.

tropfen ['trɔpfən] v. intr. goutter ; tomber goutte à goutte. | *Schweiß tropft*, la sueur perle, goutte. | *Tränen tropfen*, les larmes coulent. | *tropfen lassen*, égoutter. | *der Wasserhahn tropft*, le robinet goutte.

Tropfen [-pfən] m. (s, -) goutte f. | *nur einen Tropfen*, rien qu'une goutte. | *dicke Tropfen schwitzen*, suer à grosses gouttes. || FIG. *ein guter Tropfen*, un bon cru. | *wir wollen noch einen Tropfen trinken*, buvons encore un verre. || MÉD. gouttes (médicamenteuses). | *Tropfen einnehmen*, prendre des gouttes. || LOC. *ein Tropfen auf den heißen Stein*, une goutte d'eau dans la mer.

Tropfen|zähler ["trɔpfən'tsɛ:lər] m. (s, -) compte-gouttes m.

Trophäe [tro'fɛ:ə] f. (-, n) trophée m.

tropisch ['tro:piʃ] adj. tropical. | *fast tropisch*, subtropical. || ASTRON. tropique.

Troß [trɔs] m. (es, e). MIL. train (m.) des équipages. || PAR EXT. gros bagages m. pl. || PAR ANAL. suite f. ; domesticité f. | *einen großen Troß hinter sich haben*, traîner après soi un grand attirail.

Trosse ['trɔsə] f. (-, n). MAR. haussière f. ; aussière f.

Trost [tro:st] m. (s) consolation f. ; réconfort m. | *Trost gewähren*, consoler ; être consolant. | *jm Trost zusprechen*, réconforter qn. || LOC. *das ist ein schlechter Trost*, c'est une maigre consolation ; FAM. ça me fait une belle jambe. | *zum Troste sei gesagt, daß*, il est réconfortant de voir que. | *du bist nicht recht bei Troste*, tu t'égares ; FAM. tu dérailles.

trost|bedürftig ["tro:stbə'dyrftiç] adj. désemparé. ||-**bringend** adj. consolant ; réconfortant. ||-**los** adj. désolant ; désespérant. ||°-**losigkeit** f. désolation f. ; désespoir m. ||°-**preis** m. (es, e) prix (m.) de consolation. ||-**reich** adj. réconfortant. ||°-**wort** n. (s, e) parole (f.) de réconfort.

trösten ['trø:stən] v. tr. consoler ; réconforter. | *jn über, wegen etwas trösten*, consoler qn de qch.
◇ v. pr. **sich trösten,** se consoler ; reprendre espoir. | *sich über einen Verlust schnell trösten*, se consoler vite d'une perte. | *tröste dich !*, POP. ne t'en fais pas.

Tröster [-tər] m. (s, -) consolateur m.

tröstlich [-tliç] adj. consolant ; rassurant.

Tröstung [-tuŋ] f. (-, en) consolations f. pl. ; réconfort m.

Trott [trɔt] m. (s, e) trot m. || FIG., FAM. train-train m.

Trottel ['trɔtəl] m. (s, -) crétin m. ; ganache f. | *alter Trottel*, vieille baderne.

Trottellumme ["trɔtəl'lumə] f. (-, n). ZOOL. guillemot (m.) d'Europe.

trotten ['trɔtən], **trotteln** [-təln] v. intr. trotter ; aller son petit train.

Trotz [trɔts] m. (es) bravade f. ; indocilité f. ; obstination f. | *jm Trotz bieten*, défier, braver, affronter qn. | *jm, etwas zum Trotz*, en dépit de qn, de qch. ; à la barbe de qn ; pour braver, narguer qn. | *der Gefahr zum Trotz*, en dépit du danger.

Trotz|kopf ["trɔts'kɔpf] m. (s, ¨e) mauvaise tête ; boudeur m. ||-**köpfig** adj. entêté ; buté ; indocile.

trotz [trɔts] prép. (gén. ou dat.) malgré ; en dépit de. | *trotz der Gefahr*, au mépris du danger. | *trotz des Verbotes*, nonobstant l'interdiction.

trotzdem [trɔts'de:m] adv. malgré cela ; tout de même ; quand même ; toujours est-il que. | *trotzalledem*, en dépit de tout cela.
◇ conj. bien que ; quoique.

trotzen ['trɔtsən] v. intr. se rebeller ; regimber ; faire la mauvaise tête ; FAM. se rebiffer. | *jm trotzen*, braver, narguer, défier qn ; tenir tête à qn.

trotzig [-tsiç] adj. rétif ; récalcitrant ; entêté ; boudeur.

trüb(e) [try:b(ə)] adj. trouble ; opaque ; terne. | *trübes Wasser*, eau trouble, impure. | *der Spiegel ist trüb*, le miroir est terni. | *das Licht brennt trüb*, cette lumière manque d'éclat. || PR. et FIG. *im trüben fischen*, pêcher en eau trouble. || [wolkenverhüllt] gris ; couvert. || FIG. [betrübend] maussade ; morose. | *trübes Gesicht*, visage chagrin. | *in trüber Stimmung sein*, broyer du noir. | *trübe Zukunftsaussichten*, perspectives sombres.

trüb|selig ["try:p'ze:liç] adj. [kummervoll] affligé ; misérable. || [kümmerlich] affligeant ; piteux ; lamentable. ||°-**sinn** m. (s) humeur (f.) sombre ; esprit chagrin. ||-**sinnig** adj. sombre ; morose ; chagrin ; mélancolique.

Trubel ['tru:bəl] m. (s) brouhaha m. ; tohubohu m. ; tourbillon m. ; charivari m.

trüben ['try:bən] v. tr. troubler ; brouiller ; ternir. | *js Ruhm trüben*, ternir la gloire de qn. || LOC. *er kann kein Wässerchen trüben*, on lui donnerait le bon Dieu sans confession.
◇ v. pr. **sich trüben.** | *der Himmel trübt sich*, le ciel se couvre ; le temps se gâte.

Trübsal ['try:pzɑ:l] f. (-, e) affliction f. ; chagrin m. | *Trübsal blasen*, broyer du noir.

Trübungs|grad ["try:buŋs'grɑ:t] m. (s, e). GÉOL. turbidité f.

trudeln ['tru:dəln] v. intr. AÉRON. faire la vrille.

Trudeln n. (s). AÉRON. vrille f.

Trüffel ['tryfəl] f. (-, n). BOT. truffe f.

trüffeln [-fəln] v. tr. truffer ; garnir de truffes.

Trug [tru:k] m. (s) tromperie f. ; imposture f. ; fourberie f.

Trug|bild ["tru:k'bilt] n. (s, er) mirage m. ; image trompeuse ; apparence mensongère ; illusion f. (des sens) ; phantasme m. ||°**-dolde** f. (-, n). BOT. cyme f. ||°**-schluß** m. (es, ¨e) conclusion erronée ; sophisme m. ; paralogisme m.

trügen ['try:gən] (o, o) v. tr. et v. intr. faire illusion ; induire en erreur. | *der Schein trügt*, il ne faut pas se fier aux apparences.

trügerisch [-gəriʃ] adj. trompeur ; mensonger ; illusoire ; fallacieux.

Truhe ['tru:ə] f. (-, n) bahut m. ; coffre m.

Trümmer ['trymər] n. pl. décombres m. pl. ; débris m. pl. ; ruines f. pl. | *in Trümmer gehen*, s'effondrer. | *zu Trümmern schlagen*, casser en (mille) morceaux.

Trümmer|gestein ["trymərgə'ʃtain] n. (s, e). GÉOL. roche (f.) détritique ; agglomérat m. ||°**-haufen** m. (s, -) amas (m.) de ruines. ||°**-stätte** f. (-, n) ruines f. pl.

Trumpf [trumpf] m. (s, ¨e) atout m. || LOC. FIG. *seinen letzten Trumpf ausspielen*, jouer ses derniers atouts ; abattre sa dernière carte. | *das ist jetzt Trumpf*, cela fait prime.

trumpfen ['trumpfən] v. intr. jouer atout ; couper.

Trunk [truŋk] m. (s, ¨e). [Getränk] potion f. || [Trunksucht] ivrognerie f. ; habitude (f.) de boire. | *dem Trunk ergeben*, adonné à la boisson.

Trunk|sucht ["truŋk'zu:xt] f. ivrognerie f. || MÉD. dipsomanie f. ||**-süchtig** adj. ivrogne ; alcoolique. || MÉD. dipsomane.

trunken ['truŋkən] adj. POÉT. ivre. || FIG. ivre (de) ; enivré (par). | *vor, von Freude trunken*, ivre de joie.

Trunkenbold ["truŋkən'bɔlt] m. (s, e) ivrogne m. ; alcoolique m. ; POP. pochard m. ; poivrot m. ; VULG. soûlard m. ; soûlaud m.

Trunkenheit ['truŋkənhait] f. PR. et FIG. ivresse f. || JUR., AUTOM. *Trunkenheit am Steuer*, conduite (f.) en état d'ivresse. || FIG. enivrement m.

Trupp [trup] m. (s, s) détachement m. ; peloton m. ; équipe f. ; escouade f.

Truppe ['trupə] f. (-, n). PR. et THÉÂTRE. troupe f. ; compagnie f. || FIG., FAM. *er ist von der schnellen Truppe*, c'est un rapide.

Truppen|arzt ["trupən'artst] m. (es, ¨e). MIL. médecin (m.) militaire. ||°**-gattung** f. (-, en). MIL. arme f. ||°**-offizier** m. (s, e) officier (m.) du cadre actif. ||°**-schau** f. revue (f.) militaire. ||°**-teil** m. (s, e). MIL. unité f. ; formation f. ||°**-übung** f. (-, en). MIL. manœuvre f. ||°**-verpflegung** f. MIL. ordinaire m.

Trust [trust] m. (s, s). ÉCON. trust m.

Trut|hahn ['tru:tha:n] m. (s, ¨e) dindon m. ||°**-henne** f. (-, n) dinde f. ||°**-hühner** n. pl. dindons m. pl. (en tant qu'espèce).

Tscheche ['tʃɛçə] m. (n, n) Tchèque m.

tschechisch [-çiʃ] adj. tchèque.

◇ **das Tschechische,** la langue tchèque ; le tchèque.

Tschechoslowakei [tʃɛkoslova'kai] n. pr. f. Tchécoslovaquie.

tschechoslowakisch [-'va:kiʃ] adj. tchécoslovaque.

Tscherkesse [tʃɛr'kɛsə] m. (n, n) Circassien m.

Tuba ['tu:ba] f. (-, ben). MUS. tuba m.

Tube ['tu:bə] f. (-, n) tube m. || ANAT. trompe utérine. || AUTOM., FAM. *auf die Tube drücken*, appuyer sur le champignon.

Tuben|ligatur ["tu:bənliga'tu:r] f. (-, en). MÉD. ligature (f.) des trompes.

Tuberkel [tu'bɛrkəl] m. (s, -), f. (-, n). MÉD. tubercule m.

Tuberkel|bazillus [tu"bɛrkəlba'tsilus] m. (s, llen) bacille (m.) de Koch ; bacille tuberculeux.

Tuberkulin [tubɛrku'li:n] n. (s). MÉD. tuberculine f.

tuberkulös [-'lø:s] adj. tuberculeux.

Tuberkulose [-'lo:zə] f. tuberculose f.

tuberkulose|krank [tubɛrku"lo:sə'krank] adj. tuberculeux. ||°**-kranke(r)** f. (m.) tuberculeux m., tuberculeuse f.

Tuberose [tubə'ro:zə] f. (-, n). BOT. tubéreuse f.

Tuch [tu:x] n. (s, e) drap m. ; étoffe f. (de laine). | *Anzug aus Tuch*, costume (m.) en drap. || FIG. *auf jn wie das rote Tuch wirken*, faire voir rouge à qn.

Tuch [tu:x] n. (s, ¨er) pièce (f.) de tissu. || linge m. ; serviette f. ; torchon m.

Tuch|fühlung ["tu:x'fy:luŋ] f. *in Tuchfühlung bleiben*, rester au coude à coude. ||°**-handlung** f. (-, en) draperie f. ; magasin (m.) de tissus. ||°**-macher** m. (s, -), °**-weber** m. (s, -) drapier m. ||°**-macherei** f. (-, en), °**-weberei** f. (-, en) draperie f. ; fabrique (f.) de draps. ||°**-waren** f. pl. draps m. pl.

tüchtig ['tyçtiç] adj. et adv. [tauglich] capable ; de mérite. | *zu etwas tüchtig*, apte à qch. | *in etwas tüchtig*, passé maître en qch. ; versé, FAM. calé en qch. ; qui s'y connaît (en qch.). | *tüchtiger Arbeiter*, rude travailleur. | *tüchtige Hausfrau*, bonne ménagère. || [wertvoll] de valeur ; bon. | *tüchtiges Stück Arbeit*, du travail solide, sérieux. || [sehr viel] *ich habe mich tüchtig geärgert*, j'en étais très fâché. | *tüchtig essen*, manger comme quatre. | *eine tüchtige Portion*, une quantité respectable.

Tüchtigkeit [-kait] f. valeur f. ; mérite m. ; capacités f. pl. | *ein Mann von seiner Tüchtigkeit*, un homme de sa trempe.

Tücke ['tykə] f. (-, n) sournoiserie f. ; méchanceté f. ; malice f. | *Tücke des Schicksals*, ironie (f.) du sort. || IRON. *Tücke des Objekts*, malignité (apparente) des choses.

tückisch [-kiʃ] adj. sournois ; méchant. || [Tier] rétif ; vicieux. | *tückischer Blick*, œil torve. | *tückisch dreinblicken*, regarder en dessous.

Tuff [tuf] m. (s, e). MINÉRAL. tuf m.

Tüftelei [tyftə'lai] f. (-, en) travail (m.) pénible. || FAM. subtilités f. pl. ; chinoiseries f. pl.

tüfteln ['tyftəln] v. intr. bricoler. || FAM. couper les cheveux en quatre ; se perdre dans des subtilités.

Tugend ['tu:gənt] f. (-, en) vertu f. || PROV. *aus der Not eine Tugend machen*, faire de nécessité vertu. | *Jugend hat keine Tugend*, il faut bien que jeunesse se passe.

Tugend|bold ["tu:gənt'bɔlt] m. (s, e). IRON. parangon (m.) de vertu.

tugendhaft ['tu:gənthaft] adj. vertueux.

Tugendhaftigkeit [-haftiçkait] f. caractère vertueux ; vie vertueuse.

tugendsam ['tu:gəntza:m] adj. POÉT. vertueux.

Tüll [tyl] m. (s, e). TEXT. tulle m.

Tülle ['tylə] f. (-, n) bec (verseur) ; douille f.

Tulpe ['tulpə] f. (-, n). BOT. tulipe f. || PAR ANAL. [Glas] bock m.

Tulpen|baum ["tulpən'baum] m. (s, ¨e). BOT. tulipier m.

tummeln (sich) [ziç'tuməln] v. pr. s'ébattre ; s'ébrouer ; se donner du mouvement. || PAR EXT. se dépêcher ; se presser.

Tummel|platz ["tuməl'plats] m. (es, ¨e). [Schule]

préau m. || FIG. scène f. (d'une activité) ; théâtre m. (d'une lutte) ; arène f.

Tümmler ['tymlər] m. (s, -). ZOOL. [Delphin] marsouin m. ; [Haustaube] pigeon culbutant.

Tumor [tu'mo:r] m. (s, en). MÉD. tumeur f.

Tumor|marker [tu"mo:r'markər] m. (s, -). MÉD. marqueur (m.) de tumeur.

Tümpel ['tympəl] m. (s, -) flaque f. ; mare f.

Tumult [tu'mult] m. (s, e) tumulte m. ; échauffourée f. ; émeute f. ; vacarme m.

tun [tu:n] (tat, getan).

> **I.** v. tr.
> **1.** [machen] faire ; agir.
> **2.** [schaffen ; verrichten] accomplir ; exécuter.
> **3.** [bewirken] produire un effet.
> **4.** LOC. [Beziehungen ausdrückend] **(es) zu tun haben, bekommen mit.**
> **5.** FAM. [setzen ; stecken] mettre.
> **6.** [zufügen ; bereiten] faire (qch. à qn).
> **II.** v. intr.
> **1.** [in einer Weise tun].
> **2.** [handeln als ob] faire comme si.
> **III.** auxil. explétif.
> **IV.** FAM. v. pr. se passer ; avoir lieu.

I. v. tr. **1.** [machen] faire ; agir. | *was tust du (jetzt) ?*, que fais-tu (en ce moment) ? | *was (ist zu) tun ?*, que faire ? | *was soll ich tun ?*, que voulez-vous que je fasse ? ; qu'est-ce que je peux faire ? | *tu es nicht wieder !*, ne recommence pas ! | *Gutes tun*, faire le bien. | *Böses tun*, faire le mal. | *da muß etwas getan werden*, il faut (absolument) faire qch. | *man muß (et)was tun*, il faut agir. | *das wäre getan !*, enfin c'est fait ! || LOC. FIG. *seine Schuldigkeit, sein Möglichstes, sein Bestes, das Seinige tun*, faire de son mieux ; faire tout son possible. | *Buße tun*, faire pénitence. | *tu mir den Gefallen*, fais-moi ce plaisir. | *du kannst tun und lassen, was du willst*, tu peux agir à ta guise. | *einen Zug (aus der Flasche) tun*, boire un coup (à la bouteille). || [begehen] *was hat er denn getan ?*, qu'a-t-il donc fait ?

2. [schaffen ; verrichten] accomplir ; exécuter. | *was tust du denn da ?*, que fais-tu donc là ? | *ich habe viel zu tun*, j'ai beaucoup à faire. | *ich habe nichts zu tun*, je n'ai rien à faire. | *hat er etwas für Sie getan ?*, a-t-il fait la moindre chose pour vous ? | *etwas von sich aus tun*, faire qch. de soi-même, spontanément, de plein gré. | *etwas dazu, zur Sache tun*, y contribuer. | *ich kann nichts dazu tun*, je n'y peux rien. | *alle Hände voll zu tun haben*, ne savoir où donner de la tête. || PROV. *tu was du nicht lassen kannst*, va où le destin t'appelle. | *was du tun willst, tue bald*, ne remets pas à demain ce que tu peux faire aujourd'hui. || LOC. *getan ist getan*, ce qui est fait est fait.

3. [bewirken] produire un effet. | *das Mittel tat seine Wirkung*, le remède a agi, a fait de l'effet. | *das tut Wunder*, cela fait merveille. | *das allein tut es nicht*, cela ne suffit pas. | *was tut's ?*, quelle importance ? | *was tut das (zur Sache) ?*, à quoi bon ? ; FAM. pour quoi faire ? ; à quoi cela avance-t-il ? | *das tut nichts (zur Sache)*, cela n'y fait rien ; cela ne change rien à l'affaire.

4. LOC. [Beziehungen ausdrückend] **zu tun haben mit,** avoir qch. à faire, à voir avec ; avoir affaire avec. | *mit ihm will ich nichts zu tun haben*, je n'ai rien à voir avec lui. | *damit habe ich nichts zu tun*, ce n'est pas mon affaire, FAM. je n'ai rien à voir là-dedans. — **es zu tun haben mit,** avoir affaire à. | *wir haben es mit einem harten Gegner zu tun*, nous avons affaire à forte partie. — **es zu tun bekommen mit,** avoir des ennuis, des démêlés avec. | *es mit der Angst zu tun bekommen*, commencer à avoir peur.

5. FAM. [setzen ; stecken] mettre. | *Salz ins Essen tun*, mettre du sel dans la nourriture. | *sein Kind in die Schule tun*, mettre son enfant à l'école. | *beiseite tun*, mettre de côté.

6. [zufügen ; bereiten] faire (qch. à qn). | *der Hund tut dir nichts*, le chien ne te fera rien. | *niemand tut dir was !*, personne ne te fait rien ! | *jm Böses tun*, faire du mal à qn. | *jm Gutes tun*, faire du bien à qn. | *jm Unrecht tun*, faire tort à qn.

II. v. intr. **1.** [in einer Weise tun] *das tut mir gut*, cela me fait du bien. | *das tut mir weh*, cela me fait mal. | *das tut mir sehr leid*, je le regrette vivement. | *er tut uns leid*, nous le plaignons. | *jm schön tun*, flatter qn. | *er tut gut daran, zu...*, il fait bien de... | *da tust du übel daran*, tu as tort (de).

2. [handeln, sich stellen als ob] faire comme si ; faire semblant de. | *tun Sie, als ob Sie zu Hause wären*, faites comme chez vous. | *er tat, als ob er es nicht wüßte*, il fit semblant de l'ignorer ; il fit comme s'il ne savait pas. | *grob tun*, se donner des airs bourrus. | *tu nicht so empfindlich*, ne fais pas le susceptible. | *er tut nur so*, il fait semblant. | *er tut immer so wichtig*, il fait l'important.

III. auxiliaire explétif. *er tut nichts als schimpfen*, il ne fait que maugréer, que grogner. | *was tust du ? lachen tu' ich !*, qu'est-ce que tu fais ? eh bien, je ris ! | *Peter geht auf Reisen und Paul tut es auch*, Pierre part en voyage et Paul fera de même.

IV. FAM. v. pr. **sich tun,** se passer ; avoir lieu ; progresser. | *es tut sich was in Paris*, il se passe quelque chose à Paris. || LOC. *sich (an etwas) gütlich tun*, se régaler de qch.

Tun [tu:n] n. (s) conduite f. ; occupations f. pl. ; façons (f. pl.) de faire ; manière (f.) d'agir. | *all sein Tun und Treiben, Tun und Lassen mißfällt mir*, tous ses faits et gestes me déplaisent ; toute sa conduite me déplaît.

Tünche ['tynçə] f. (-, n) badigeon m. ; lait (m.) de chaux.

tünchen [-çən] v. tr. badigeonner ; blanchir (à la chaux).

Tuner ['tju:nər] m. (s, -). ÉLECTR. tuner m. ; syntoniseur m.

Tunesier(in) [tu'ne:ziər(in)] m. (s, -), f. (-, nen) Tunisien(ne) m. (f.).

Tunesien [tu'ne:ziən] n. (s). GÉOGR. Tunisie f.

Tunichtgut ["tu:niçt'gu:t] m. (s, e) vaurien m.

Tunika ['tu:nika] f. (-, ken). ANTIQ. tunique f.

Tunke ['tuŋkə] f. (-, n) sauce f.

tunken [-kən] v. tr. saucer ; tremper (dans une sauce, un liquide).

tunlich ['tu:nliç] adj. (Vx.) faisable ; praticable. | *so bald als tunlich*, aussitôt que possible. || PAR EXT. opportun ; indiqué. | *tunlichst*, si possible. || ADM. *tunlichst bald*, le plus tôt possible ; de toute urgence.

Tunnel ['tunəl] m. (s, -) tunnel m. ; souterrain m.

Tunte ['tuntə] f. (-, n) pimbêche f. ; mijaurée f. || FAM. bonne femme.

tuntig [-tiç] adj. FAM. efféminé.

Tupf [tupf] m. (s, e), **Tupfen** ['tupfən] m. (s, -), **Tüpfel** ['typfəl] n. ou m. (s, -) petite tache ; point m. | *Stoff mit blauen Tupfen*, tissu (m.) à pois bleus. || FIG. *auf den Tüpfel genau*, d'une façon pointilleuse. | *das Tüpfelchen auf dem i*, la dernière main, touche.

Tüpfelfarn [ʺtypfəlʹfarn] m. (s). BOT. polypode m.

tüpfeln [ʹtypfəln] v. tr. tacheter ; moucheter ; pointiller.

tupfen [ʹtupfən] v. tr. effleurer (du bout des doigts) ; tamponner (avec de la ouate).

Tupfer [ʹtupfər] m. (s, -) tampon m.

Tür [ty:r] f. (-, en) porte f. || AUTOM. portière f. | *durch die Tür kommen*, entrer, passer par la porte. | *zur Tür hineingehen*, pénétrer par la porte. | *jm die Tür weisen ; jn vor die Tür setzen*, mettre qn à la porte. | *jm die Tür vor der Nase zuschlagen*, fermer la porte au nez de qn. | *zur Tür hinaus fliegen*, POP. être fichu, flanqué à la porte. | *zwischen Tür und Angel*, au moment de sortir ; entre deux portes. | *hinter verschlossenen Türen*, JUR. à huis clos. || PR. et FIG. *an der unrechten Tür klopfen*, se tromper de porte ; se tromper d'adresse. || FIG. *ihm stehen alle Türen offen*, toutes les portes lui sont ouvertes. | *vor verschlossenen Türen stehen*, trouver partout porte close. | *offene Türen einrennen*, enfoncer des portes ouvertes. | *jm Tür und Tor öffnen*, donner libre accès à qn. | *Tag der offenen Tür*, journée porte(s) ouverte(s). | *jm den Stuhl vor die Tür setzen*, rompre avec qn. | *mit der Tür ins Haus fallen*, mettre les pieds dans le plat. | *vor der Tür stehen, sein*, être imminent.

Tür|angel [ʺty:rʹaŋəl] f. (-, n) gond m. ||°**-drücker** m. (s, -) loquet m. ; bec-de-cane m. || AUTOM. poignée f. (de porte). ||°**-einfassung** f. (-, en) huisserie f. ||°**-flügel** m. (s, -) battant m. ||°**-füllung** f. (-, en) panneau m. (de porte). ||°**-gebälk** n. (s, e) chambranle m. ||°**-griff** m. (s, e) bouton (m.), poignée f. (de porte). ||°**-hüter** m. (s, -) portier m. ; concierge m. ||°**-klinke** f. (-, n) loquet m. ; bec-de-cane m. ||°**-öffner** m. (s, -) serrure (f.) électrique. ||°**-pfosten** m. (s, -) montant m. (de porte). ||°**-rahmen** m. (s, -) huisserie f. ; encadrement (m.) de porte. ||°**-schild** n. (s, er) plaque f. (sur la porte). ||°**-schließer** m. (s, -) fermeture (f.) automatique. ||°**-schließer(in)** m. (s, -), f. (-, nen). FILM., THÉÂTRE. ouvreur m., ouvreuse f. ||°**-schwelle** f. (-, n) pas (m.) de la porte ; seuil m. ||°**-spion** m. (s, e) judas m. ||°**-sturz** m. (es, ¨e) linteau m. ||°**-verkleidung** f. (-, en) chambranle m.

Turban [ʹturban] m. (s, e) turban m.

Turbine [turʹbi:nə] f. (-, n) turbine f.

Turbinen|satz [turʺbi:nənʹzats] m. (es, ¨e). TECHN. turboalternateur m.

Turbo|generator [ʺturbogeneʹrɑ:tɔr] m. (s, en). ÉLECTR. turboalternateur m. ||°**-motor** m. (s, en). TECHN. moteur (m.) turbo. ||°**-reaktor** m. (s, en). AÉRON. turboréacteur m. ||°**-sphäre** f. (-, n). turbosphère f. ||°**-zug** m. (s, ¨e) turbotrain m.

Türchen [ʹty:rçən] n. (s, -) petite porte ; guichet m.

Türke [ʹtyrkə] m. (n, n) Turc m.

Türkei [tyrʹkai] n. pr. f. GÉOGR. Turquie f.

Türken|bund [ʺtyrkənʹbunt] m. (s, e). (VX.) turban m. || BOT. martagon m. ||°**-säbel** m. (s, -) cimeterre m.

Türkin [ʹtyrkin] f. (-, nen) Turque f.

türkis [tyrʹki:s] adj. [Farbe] turquoise.

Türkis m. (ses, se) turquoise f.

türkisch [ʹtyrkiʃ] adj. turc ; turque.

Turm [turm] m. (s, ¨e) tour f. | *Kirchturm*, clocher m. | *Festungsturm*, donjon m. || MIL. *Panzerturm*, tourelle f. || SPORT. *Sprungturm*, plongeoir (m.) à étages. || HIST. *jn in den Turm werfen*, mettre qn au cachot. || MAR. [U-Boot] tourelle f. ; kiosque m. || [Schachfigur] tour f.

Turm|bau [ʺturmʹbau] m. (s) construction (f.) d'une tour. | *der Turmbau zu Babel*, la tour de Babel. ||°**-falke** m. (n, n). ZOOL. crécerelle f. ||°**-hahn** m. (s, ¨e) girouette f. (en forme de coq) ; coq m. (du clocher). ||**-hoch** adj. haut comme une tour ; FIG. gigantesque. ||°**-schwalbe** f. (-, n). ZOOL. martinet m. ||°**-spitze** f. (-, n) aiguille (f.), flèche (f.) de clocher. ||°**-springer(in)** m. (s, -), f. (-, nen). SPORT. plongeur m., plongeuse f. (acrobatique). ||°**-uhr** f. (-, en) horloge f.

Turmalin [turmaʹli:n] m. (s, e) tourmaline f.

Türmchen [ʹtyrmçən] n. (s, -) clocheton m. ; tourelle f.

türmen [ʹtyrmən] v. tr. et v. pr. (s')entasser ; (s')amonceler ; FIG. (se) dresser (jusqu'aux nues). ◇ v. intr. POP. s'enfuir ; faire le mur.

Turn [tə:rn] m. (s). AÉRON. immelmann m.

Turn... [turn] (en compos.) gymnastique ; de gymnastique.

Turn|gerät [ʺturngəʹrɛ:t] n. (s) agrès m. pl. ||°**-gerüst** n. (s, e) portique m. ||°**-halle** f. (-, n), °**-saal** m. (s, säle) gymnase (couvert) ; salle (f.) de gymnastique. ||°**-platz** m. (es, ¨e) stade m. ||°**-schuh** m. (s, e) chaussure (f.) de sport ; basket m. ||°**-übung** f. (-, en) exercice (m.) physique. ||°**-verein** m. (s, e) club (m.) de gymnastique.

turnen [ʹturnən] v. intr. faire de la gymnastique, des exercices physiques.

Turnen [-nən] n. (s) gymnastique f.

Turner(in) [-nər(in)] m. (s, -), f. (-, nen) gymnaste s.

turnerisch [-nəriʃ] adj. de gymnaste.

Turnier [turʹni:r] n. (s, e). HIST. tournoi m. || PR. et FIG. joute f. || SPORT. championnat m. ; compétition f.

Turnus [ʹturnus] m. tour m. ; roulement m. (de service). | *im Turnus*, à tour de rôle ; par roulement.

Turtel|taube [ʺturtəlʹtaubə] f. (-, n). ZOOL. tourterelle f. | *junge Turteltaube ; Turteltäubchen*, tourtereau m.

Tusch [tuʃ] m. (es, e). MUS. fanfare f.

Tusche [ʹtuʃə] f. (-, n) encre (f.) de Chine.

tuscheln [ʹtuʃəln] v. intr. chuchoter.

tuschen [ʹtuʃən] v. tr. dessiner à l'encre de Chine. | *sich die Wimpern tuschen*, se mettre du mascara.

Tusch|farben [ʺtuʃʹfarbən] f. pl. couleurs (f. pl.) à l'eau, à l'aquarelle. ||°**-kasten** m. (s, -) boîte (f.) à couleurs. ||°**-zeichnung** f. (-, en) lavis m.

Tüte [ʹty:tə] f. (-, n) cornet m. ; sac m. (en papier). || FAM. *Tüten kleben*, être en prison. || *Wundertüte*, pochette-surprise.

tuten [ʹtu:tən] v. intr. corner ; klaxonner. || FAM. jouer (mal) d'un instrument à vent.

Tuten n. LOC. *von Tuten und Blasen keine Ahnung haben*, n'y rien entendre ; FAM. n'y entendre que couic.

Tutor [ʹtu:tɔr] m. (s, en). JUR. tuteur m.

Twist [tvist] m. (es, e). TEXT. fil (m.) de coton.

Twist [tvist] m. (s, s). [Tanz] twist m.

Tympanon [ʹtympanɔn] n. (s, na). ARCHIT. tympan m. || MUS. petite timbale.

Typ [ty:p] m. (s, en), **Typus** [ʹty:pus] m. (-, pen) type m. ; modèle m. ; prototype m. || *Typenschild*, plaque (f.) de constructeur.

Type [ʹty:pə] f. (-, n). TYPOGR. type m. ; caractère m. (d'imprimerie). || PHOT. photographie f. ; FAM.

photo f. ; cliché m. || FIG. type m. ; personnage (m.) caractéristique ; original m.

Typen|rad ["ty:pən'ra:t] n. (s, ¨er). [Schreibmaschine] marguerite f. ||°**-rad|drucker** m. (s, -) imprimante (f.) à marguerite.

typhös [ty'fø:s] adj. MÉD. typhique ; typhoïdique.

Typhus ['ty:fus] m. MÉD. fièvre (f.) typhoïde ; FAM. typhoïde f. | *der Typhuskranke*, le typhique. || *(Fleck)-typhus*, typhus m. (exanthématique).

Typhus|impfung ["ty:fus'impfuŋ] f. (-, en) vaccination (f.) antityphique, contre la typhoïde.

typisch ['ty:piʃ] adj. typique ; caractéristique.

typisieren [typi'zi:rən] v. tr. standardiser ; normaliser.

Typograph [typo'gra:f] m. (en, en) typographe m. ; FAM. typo m.

typographisch [-fiʃ] adj. typographique.

Typologie [typolo'gi:] f. (-, n) typologie f.

typologisch [-'lo:giʃ] adj. typologique.

Tyrann [ty'ran] m. (en, en) tyran m.

Tyrannen|herrschaft [ty"ranən'hɛrʃaft] f. tyrannie f. ; despotisme m. ; pouvoir (m.) despotique. ||°**-mord** m. (s, e) tyrannicide m.

Tyrannei [tyra'nai] f. (-, en) tyrannie f. ; despotisme m.

tyrannisch [ty'raniʃ] adj. tyrannique ; despotique.

tyrannisieren [tyrani'zi:rən] v. tr. tyranniser.

Tyrrhenische(s) Meer [ty"re:niʃə(s)'me:r] n. pr. n. GÉOGR. la mer Tyrrhénienne.

Tyrus ['ty:rus] n. pr. n. HIST. Tyr m.

tz, Tz [te:'tsɛt] n. le tz (allemand). || FAM. *etwas bis ins Tz kennen*, connaître qch. par le menu, de A jusqu'à Z.

U

U, u [u:] n. U m. || *u. (und)*, et. | *u. a. (unter anderem)*, entre autres. | *u. a. m. (und andere[s] mehr)*, et autres. | *usw.*, et ainsi de suite. | *u. A. w. g. (um Antwort wird gebeten)*, R.S.V.P. (répondez, s'il vous plaît).

U-Bahn ['u:ba:n] f. (-, en). [abrév. de **Untergrundbahn**] métropolitain m. ; FAM. métro m. | *mit der U-Bahn fahren*, prendre le métro.

übel ['y:bəl] adj. mauvais ; fâcheux ; désagréable. | *das ist nicht übel*, ce n'est pas mauvais. | *in übler Lage*, dans une fâcheuse situation. | *er ist sehr übel dran*, il est dans une situation très pénible. | *es steht übel mit seiner Gesundheit*, il est en mauvaise santé. | *mir wird übel*, je me sens mal. | *mir ist übel*, j'ai mal au cœur. ◇ adv. LOC. *jm übel wollen*, en vouloir à qn. | *etwas übel nehmen*, prendre qch. en mauvaise part ; se fâcher de qch. | *jm etwas übel nehmen*, en vouloir à qn de qch. ; tenir rigueur de qch. à qn.
— SYN. : *schlecht*, mauvais ; *unangenehm*, désagréable.

Übel ['y:bəl] n. (s, -) mal m. ; malheur m. ; maladie f. ; malaise m. ; accident m. | *unheilbares Übel*, mal incurable. || RELIG. *erlöse uns von dem Übel !*, délivreznous du mal. || PROV. *von zwei Übeln muß man das kleinere wählen*, de deux maux il faut choisir le moindre.

übel|gelaunt ["y:bəlgə'launt] adj. FAM. mal luné ; mal viré. ||**-nehmen** (i, a, o) v. tr. *jm etwas übelnehmen*, en vouloir à qn de qch. | *etwas übelnehmen*, se formaliser, se fâcher de qch. ||**-riechend** adj. puant ; malodorant ; fétide. ||°**-stand** m. (s, ¨e) inconvénient m. ||°**-tat** f. (-, en) méfait m. ; mauvaise action. ||°**-täter** m. (s, -) malfaiteur m. ||**-tätig** adj. malfaisant. || ASTROL. maléfique. ||**-wollen** v. intr. *jm übelwollen*, vouloir du mal à qn ; avoir des intentions malveillantes envers qn. ||°**-wollen** n. (s) malveillance f. ||**-wollend** adj. malveillant.

Übelkeit ['y:bəlkait] f. (-, en) malaise m. ; nausée f. ; envie (f.) de vomir. | *Übelkeit erregend*, qui lève le cœur ; nauséabond.

üben ['y:bən] v. tr. **1.** exercer ; appliquer ; pratiquer ; mettre en œuvre. | *Geduld üben*, faire preuve de patience. | *Verrat üben*, commettre une trahison. | *Gastfreundschaft üben*, se montrer hospitalier. | *Nachsicht üben*, être indulgent.
2. exercer ; entraîner. | *eine Truppe üben*, exercer une troupe. | *sich üben*, s'entraîner. | *Klavier üben*, s'exercer au piano. | *mit geübten Händen*, avec des mains expertes. | *geübt*, exercé, expert, rompu à. | *geübt in*, versé dans.

über ['y:bər]

I. prép.
 1. [räumlich] **a)** au-dessus de ; **b)** sur ; par-dessus ; **c)** au-delà de.
 2. [zeitlich] **a)** durant ; pendant ; **b)** au-delà de.
 3. (acc.) au sujet de ; sur.
 4. (dat.) à cause de ; du fait de.
II. adv.
 1. en haut.
 2. de reste.
 3. assez.
 4. über und über.
III. préfixe.

I. prép. **1.** [räumlich] (dat. [question *wo ?*] ou acc. [question *wohin ?*]) : **a)** au-dessus de. | *ein Leuchter hängt über dem Tisch*, un lustre est suspendu au-dessus de la table. | *der Elektriker hängt einen Leuchter über den Tisch*, l'électricien installe un lustre au-dessus de la table. | *der Mann, der über uns wohnt*, l'homme qui habite à l'étage au-dessus. | *Wolken schweben über der Stadt*, des nuages planent au-dessus de la ville. | *Fluch über dich !*, malheur à toi ! — **b)** sur ; par-dessus. | *der Nebel liegt über dem Tal*, le brouillard recouvre la vallée.

| *der Nebel breitet sich über das Tal*, le brouillard s'étend sur la vallée. | *Tränen rollten über seine Wangen*, des larmes roulèrent sur ses joues. | *das Wasser reicht ihm über das Knie*, l'eau lui monte au-dessus du genou. | *ihr Rock reicht ihr über das Knie herab*, sa robe lui descend au-dessous du genou. || PAR EXT. *er sitzt über seinen Büchern*, il est penché sur ses livres. | *er ist über der Arbeit eingeschlafen*, il s'est endormi sur son travail. || FIG. au-dessus de ; placé à un degré, à un rang supérieur à. | *er steht über mir*, il m'est supérieur ; il est mon supérieur. | *er hat keinen über sich*, il n'a personne au-dessus de lui. | *über ein Volk herrschen*, régner sur un peuple. — **c)** [acc.] au-delà de (idée de traverser). | *über die Straße gehen*, traverser la rue. | *über die Grenze gehen*, franchir la frontière. || PAR EXT. en passant par ; via. | *von Paris nach Köln über Aachen*, de Paris à Cologne via Aix-la-Chapelle. || FIG. par l'intermédiaire de. | *über den Rundfunk sprechen*, parler à la radio. || *das geht über meine Kräfte*, c'est au-dessus de mes forces.

2. [zeitlich] (acc.) : **a)** [Dauerangabe] durant ; pendant. | *er blieb über Nacht bei uns*, il a passé la nuit chez nous. | *den ganzen Tag über*, tout le jour. || PROV. *über Nacht kommt Rat*, la nuit porte conseil. — **b)** [Datum] au-delà de ; plus tard que. | *er ist über das vorausgesehene Datum geblieben*, il est resté au-delà de la date prévue. | *morgen über acht Tage*, demain en huit. | *einen Tag über den anderen*, jour après jour. || PAR EXT. *Fehler über Fehler machen*, faire faute sur faute.

3. (acc.) au sujet de ; à propos de ; sur. | *er sprach über die Abrüstung*, il parla du désarmement. | *eine Rede über das gegenwärtige Theater*, un discours sur le théâtre contemporain. | *sich über etwas freuen, wundern*, se réjouir, s'étonner de qch. | *über etwas klagen*, se plaindre de qch. | *über jn lachen*, rire de qn. | *über etwas traurig sein*, être attristé par qch.

4. (dat.) à cause de ; du fait de. | *über seinen Sorgen verlor er jeden Appetit*, ses soucis lui ont fait perdre tout appétit.

II. adv. **1.** en haut ; par-dessus ; au-dessus. | *eine Klasse von über fünfzig Schülern*, une classe de plus de cinquante élèves. || MIL. *Gewehr über!*, arme sur l'épaule !

2. FAM. [übrig] de reste ; restant. | *er hatte nur zehn Mark über*, il ne lui restait que dix marks.

3. [satt] assez. | *ich habe es über*, j'en ai assez. FAM. j'en ai par-dessus la tête.

4. über und über, complètement ; totalement ; intégralement. | *über und über naß*, entièrement trempé.

III. préf. (en compos. avec des adj., idée de superl. et quelquefois d'excès). Ex. : *übergroß*, immense ; démesuré.

über|all [″y:bər′al] adv. partout ; en tout lieu.

überall|her [″y:bəral′he:r] adv. *von überallher*, venant de partout ; de tous les côtés. ||**-hin** adv. allant partout ; en tous sens.

über|altert [″y:bər′altərt] adj. suranné. ||°**-alterung** f. (-, en) vieillissement m. ; obsolescence f.

Über|angebot [″y:bər′angəbo:t] n. (s, e) surplus m. ; excédent m. ; profusion f. | *Überangebot von Arbeitskräften*, excédent de main-d'œuvre.

über|anstrengen [′y:bər″anʃtrɛŋən] v. tr. insépar. surmener. | *sich überanstrengen*, se surmener ; trop présumer de ses forces. ||°**-anstrengung** f. (-, en) surmenage m.

über|antworten [′y:bər″antvɔrtən] v. tr. insépar. JUR. remettre ; transmettre ; livrer. | *dem Gericht überantworten*, remettre entre les mains de la justice.

über|arbeiten [′y:bər″arbaitən] v. tr. et v. pr. insépar. surmener. | *sich überarbeiten*, se surmener. | *überarbeitet*, surmené. || retoucher ; arranger.

Über|arbeitung [′y:bər″arbaituŋ] f. (-, en) surmenage m. ; fatigue f. || retouche f. ; remaniement m.

überaus [′y:bəraus, y:bər′aus] adv. très ; extrêmement ; outre mesure. | *überaus schön*, on ne peut plus joli.

Über|bau [″y:bər′bau] m. (s) superstructure f. ; bâtiment surélevé. || POL. (Marx) superstructure f.

über|bauen [′y:bər″bauən, ″y:bər′bauən] v. tr. insépar. *ein Haus überbauen*, surélever une maison.

Über|bauung [-″bauuŋ] f. (-, en) exhaussement m.

über|beanspruchen [′y:bərbə″anʃpru:xən] v. tr. insépar. trop demander à ; soumettre à un effort excessif.

Über|bein [″y:bər′bain] n. (s). MÉD. exostose f.

über|belasten [′y:bərbə″lastən] v. tr. insépar. surcharger.

über|belichten [′y:bərbe″liçtən] v. tr. insépar. PHOT. surexposer. ||°**-belichtung** f. (-, en) surexposition f.

Über|beschäftigung [″y:bərbə′ʃɛftiguŋ] f. ÉCON. suremploi m.

über|besetzt [″y:bərbə′zɛtst] adj. *überbesetzt sein*, être plus que complet ; avoir trop de personnel.

über|besteuern [′y:bərbə″ʃtɔyərn] v. tr. insépar. surimposer. ||°**-besteuerung** f. (-, en) surimposition f.

Über|bett [″y:bər′bɛt] n. (s, en) dessus-de-lit m.

Über|bevölkerung [″y:bərbə′følkəruŋ] f. surpopulation f.

über|bewerten [′y:bərbə″ve:rtən] v. tr. insépar. surévaluer. ||°**-bewertung** f. (-, en) surestimation f. ; surévaluation f.

über|bieten [″y:bər′bi:tən, ′y:bər″bi:tən] v. tr. sépar. [Versteigerung] renchérir sur ; couvrir l'enchère. | *jn um hundert Mark überbieten*, offrir cent marks de plus que qn.

◇ v. tr. insépar. FIG. dépasser. | *der Rekord wird überboten*, le record est battu. | *sie überbieten sich in Höflichkeiten*, ils font assaut de politesse. | *sich überbieten*, se surpasser ; battre son propre record.

Über|bietung [″y:bər′bi:tuŋ] f. (-, en) surenchère f. ; surenchérissement m. || [Spiele] renvoi m.

über|bleiben [″y:bər′blaibən] (ie, ie) v. intr. sépar. rester ; être de reste. ||°**-bleibsel** n. (s, -) reste m. ; restant m. ; reliquat m. | *Überbleibsel der Vergangenheit*, vestiges (m. pl.) du passé.

über|blenden [′y:bər″blɛndən] v. tr. insépar. || FILM. faire un fondu enchaîné. ||°**-blendung** f. fondu enchaîné.

Über|blick [″y:bər′blik] m. (s, e) coup (m.) d'œil rapide ; vue (f.) d'ensemble ; aperçu m. ; tour (m.) d'horizon ; exposé (m.) sommaire. | *geschichtlicher Überblick*, historique m. | *sich einen Überblick verschaffen ; einen Überblick erlangen*, se faire une vue d'ensemble.

über|blicken [′y:bər″blikən] v. tr. insépar. embrasser d'un coup d'œil ; avoir une vue d'ensemble ; parcourir des yeux.

über|bringen [′y:bər″briŋən] (brachte, gebracht) v. tr. insépar. remettre. | *jm einen Brief überbringen*, remettre une lettre à qn. ||°**-bringer** m. (s, -) porteur m. || FIN. *zahlbar an den Überbringer*, payable au porteur. ||°**-bringerscheck** m. (s, e) chèque (m.) au porteur. ||°**-bringung** f. (-, en) remise f.

über|brücken [′y:bər″brykən] v. tr. insépar. *einen Fluß überbrücken*, bâtir un pont sur un fleuve. || FIG. *die Gegensätze überbrücken*, concilier les contraires. ||°**-brückung** f. (-, en) construction (f.) d'un pont sur. ||°**-brückungs|kredit** n. (s, e). FIN. crédit-relais m.

||°-**brückungs|vorrat** m. (s, ¨e) volant (m.) de réserve.

über|bürden ['y:bər"byrdən] v. tr. insépar. imposer une charge trop forte ; surcharger. || FIG. surmener. ||°-**bürdung** f. (-, en) surcharge f. ; surmenage m.

Über|dach ["y:bər'dax] n. (s, ¨er) auvent m. ||-**dachen** ['-"-] v. tr. insépar. couvrir d'un toit ; abriter.

über|dauern ['y:bər"dauərn] v. tr. insépar. survivre à ; durer plus longtemps que. || PAR EXT., FIG. surmonter. | *nichts hatte die Zerstörung überdauert*, rien n'avait survécu à la destruction.

über|decken ['y:bər"dɛkən, "y:bər'dɛkən] v. tr. insépar. recouvrir ; couvrir.
◇ v. tr. sépar. étendre qch. sur.

über|denken ['y:bər"dɛŋkən] (dachte, gedacht) v. tr. insépar. méditer sur ; réfléchir sur.

über|dies ['y:bər"di:s], **-dem** [-"de:m], **-das** [-"das] adv. en outre ; encore ; de plus ; d'ailleurs ; au surplus ; de surcroît.

Über|dosis ["y:bər'do:zis] f. (-, sen) overdose f.

über|drehen ['y:bər"dre:ən] v. tr. insépar. fausser en tournant. | *ein Schloß überdrehen*, fausser une serrure. || FIG. faire tourner la tête ; rendre fou.

Über|druck ["y:bər'druk] m. (s, e) pression f. || PHYS. surcompression f. ; surtension f. || [Briefmarke] surcharge f.

Überdruck|anzug ["y:bərdruk'antsu:k] m. (s, ¨e) scaphandre (m.) d'altitude. ||°-**kabine** f. (-, n) cabine pressurisée. ||°-**sicherung** f. (-, en). TECHN. station (f.) de compression.

Über|druß ["y:bər'drus] m. (es) dégoût m. ; satiété f. | *etwas zum Überdruß gehört haben*, avoir les oreilles rebattues de qch. ||-**drüssig** adj. dégoûté. | *einer Sache überdrüssig werden*, se dégoûter de qch. ; FAM. en avoir par-dessus la tête de qch.

über|durchschnittlich ["y:bər'durçʃnitliç] adj. qui dépasse la moyenne.

über|eck ["y:bər'ɛk, 'y:bər"ɛk] adv. diagonalement.

Über|eifer ["y:bər'aifər] n. (s) zèle excessif.

über|eignen ['y:bər"aignən] v. tr. insépar. transmettre une propriété. ||°-**eignung** f. (-, en). JUR. transmission (f.) de propriété.

Über|eile ["y:bər'ailə] f., °-**eilung** ["y:bər'ailuŋ] f. précipitation f.

über|eilen ['y:bər"ailən] v. tr. insépar. précipiter ; trop presser ; brusquer. || FIG. précipiter. | *übereilte Handlung*, action inconsidérée, prématurée.

über|ein ['y:bər"ain] adv. d'accord ; de concert ; conformément.

überein|kommen [y:bər"ain'kɔmən] (a, o) v. intr. convenir de ; se mettre d'accord sur. ||°-**kommen** n. (s), °-**kunft** f. (-, ¨e) convention f. ; accord m. ; arrangement m. | *Pariser Übereinkommen*, Convention (f.) de Paris. | *nach Übereinkommen*, de gré à gré. | *stillschweigende Übereinkunft*, accord tacite. ||-**stimmen** v. intr. être d'accord. | *übereinstimmen mit*, être d'accord avec ; concorder avec ; cadrer ; être en harmonie avec. | *alle stimmen darin überein*, tout le monde s'accorde à dire. ||-**stimmend** adj. correspondant ; concordant ; conforme ; unanime. ||°-**stimmung** f. (-, en) accord m. ; concordance f. ; unisson m. ; conformité f. ; unanimité f. | *Übereinstimmung der Zeugenaussagen*, concordance des témoignages. | *in Übereinstimmung bringen*, accorder ; faire accorder. | *in Übereinstimmung mit*, conformément à ; en conformité avec. || -**treffen** (i, a, o) v. intr. s'accorder ; tomber d'accord ; concorder ; être en harmonie.

über|einander ['y:bərain"andər] adv. l'un sur l'autre.

übereinander|greifen [y:bərain"andər'graifən] (griff, gegriffen) v. intr. chevaucher ; être imbriqué. ||-**legen** v. tr. superposer ; mettre l'un sur l'autre. ||-**liegen** (a, e) v. intr. être superposé. ||-**schlagen** (ä, u, a) v. tr. *die Beine übereinanderschlagen*, croiser les jambes. ||-**setzen, -stellen** v. tr. superposer.

über|empfindlich ["y:bərɛmp'findliç] adj. hyperémotif. | *er ist überempfindlich*, c'est un hyperémotif.

Über|empfindlichkeit [-liçkait] f. MÉD. hyperémotivité f.

Über|erregbarkeit ["y:bərɛr're:kbɑ:rkait] f. MÉD. hyperesthésie f.

Über|erzeugung ["y:bərɛr'tsɔyguŋ] f. (-, en) surproduction f.

über|fahren ['y:bər"fɑ:rən] v. tr. insépar. renverser, écraser avec une voiture. || PAR EXT. *ein Signal überfahren*, brûler un signal.
◇ ["-/'-] v. intr. sépar. passer de l'autre côté.
◇ v. tr. sépar. conduire sur la rive opposée, de l'autre côté ; faire passer.

Über|fahrt ["y:bər'fɑ:rt] f. (-, en) traversée f. ; passage m. ; trajet m. ; transfert m.

Über|fall ["y:bər'fal] m. (s, ¨e) attaque (f.) par surprise ; agression f. | *Überfallkommando*, police-secours.

über|fallen ['y:bər"falən] (ä, ie, a) v. tr. insépar. attaquer par surprise. | *ein Land überfallen*, envahir un pays par surprise. | *die Nacht hat den Reisenden überfallen*, la nuit a surpris le voyageur. | *von Fragen überfallen werden*, être assailli de questions.

über|fällig ["y:bər'fɛliç] adj. en retard ; en souffrance.

über|fein ["y:bər'fain] adj. très, trop raffiné ; subtil ; par trop délicat ; par trop subtil.

über|fliegen ['y:bər"fli:gən] (o, o) v. tr. insépar. **1.** survoler ; franchir en volant. | *den Ozean überfliegen*, survoler l'océan.
2. [flüchtig lesen] parcourir ; lire à la hâte.
3. FIG. se répandre sur. | *ein roter Schein überflog seine Wangen*, le rouge colora (fugitivement) ses joues.

Über|fliegen [-gən] n. (s) survol m.

über|fließen ['y:bər"fli:sən] (o, o) v. tr. insépar. inonder. | *mit Tränen überflossenes Gesicht*, visage baigné de larmes.
◇ ["-/'-] v. intr. sépar. déborder. | *das Wasser fließt über*, l'eau déborde. | *das Glas fließt über*, le verre déborde. | *seine Augen fließen über*, ses yeux débordent de larmes. || FIG. *vor Freude überfließen*, déborder de joie. | *von etwas überfließen*, regorger de qch.

Über|flug ['y:bər"flu:k] m. (s, ¨e) survol m.

Überflug|recht ["y:bərflu:k'rɛçt] n. (s, e). AÉRON. droit (m.) de survol.

über|flügeln ['y:bər"fly:gəln] v. tr. insépar. surpasser. || MIL. déborder.

Über|fluß ["y:bər'flus] m. (es, ¨e) abondance f. surabondance f. ; pléthore f. ; opulence f. | *im Überfluß vorhanden sein*, être abondant ; foisonner. | *Überfluß haben an*, abonder en. ||°-**fluß|gesellschaft** f. (-, en) société (f.) d'abondance. ||-**flüssig** adj. surabondant ; superflu ; inutile. | *ich komme mir überflüssig vor*, j'ai l'impression d'être de trop. | *das Überflüssige*, le superflu. | *überflüssigerweise*, inutilement.

über|fluten ['y:bər"flu:tən] v. tr. insépar. inonder ; envahir de ses flots ; submerger. | *der Strom hat die Gegend überflutet*, le fleuve a inondé la région. | *der*

Feind hat das Land überflutet, l'ennemi a submergé le pays. || COMM. *den Markt überfluten*, submerger le marché. || [U-Boot] naviguer à fleur d'eau.
◇ ["-'-] v. intr. sépar. couler par-dessus. | *der Strom flutet über*, le fleuve déborde.

Über|flutung ['y:bər"flu:tuŋ] f. (-, en) inondation f.

über|fordern ['y:bər"fɔrdərn] v. tr. insépar. demander trop. | *damit bin ich überfordert*, c'est au-dessus de mes forces. || PAR EXT. surmener. ||°**-forderung** f. (-, en) prétention, demande exagérée.

über|fragen ['y:bər"frɑ:gən] v. tr. insépar. *da bin ich überfragt*, vous m'en demandez trop.

über|fressen (sich) [ziç'y:bər"frɛsən] (i, a, e). FAM. v. pr. insépar. se gaver ; manger avec excès.

über|fromm ["y:bər'frɔm] adj. bigot.

über|froren ['y:bər"fro:rən] adj. couvert d'une couche de glace ; givré.

über|führen ['y:bər"fy:rən] v. tr. insépar. convaincre ; confondre. | *er wurde des Verbrechens überführt*, il a été convaincu d'avoir commis ce crime.
◇ ["-/'-] v. tr. sépar. transférer ; transporter. | *er wurde ins Krankenhaus übergeführt*, il a été transporté à l'hôpital.

Über|führung ['y:bər"fy:ruŋ] f. (-, en). **1.** preuve convaincante ; conviction f.
2. transport m. ; transfert m. || AÉRON. convoyage m.
3. [brückenartige Anlage] passage (m.) par-dessus ; passage supérieur.

Über|fülle ["y:bər'fylə] f. profusion f. ; surabondance f. ; excès m.

über|füllen ['y:bər"fylən] v. tr. insépar. remplir trop ; surcharger ; bonder. | *ein mit Zuschauern überfüllter Saal*, une salle comble. | *der Markt ist überfüllt*, le marché est encombré.

Über|füllung ['y:bər"fyluŋ] f. (-, en) surabondance f. ; surcharge f. ; encombrement m.

über|füttern ['y:bər"fytərn] v. tr. insépar. gaver.

Über|gabe ["y:bər'gɑ:bə] f. (-, n) remise f. ; livraison f. ; délivrance f. || JUR. dation f. || MIL. reddition f. || POLIT., ADM. *Übergabe der Befugnisse*, passation (f.) des pouvoirs.

Über|gang ["y:bər'gaŋ] m. (s, ¨e). **1.** passage m. | *Übergang über die Alpen*, passage des Alpes.
2. FIG. passage m. ; changement (m.) d'état. | *Übergang in eine höhere Wagenklasse*, surclassement m. || transition f. ; état (m.) intermédiaire ; nuance f. || [Farben] gradation f. || FIN. soudure f.

Übergangs|beihilfe ["y:bərgaŋs'baihilfə] f. (-, n) indemnité (f.) temporaire. ||°**-bestimmungen** f. pl. dispositions (f. pl.) transitoires. ||°**-form** f. (-, en) forme (f.) intermédiaire. ||°**-jahre** n. pl. années (f. pl.) de transition ; retour (m.) d'âge. ||°**-mantel** m. (s, ¨) manteau (m.) de demi-saison. ||°**-periode** f. (-, n). °**-zeit** f. (-, en) période (f.) de transition. ||°**-rohr** n. (s, e). TECHN. raccord m. ||°**-stadium** n. (s, dien) état (m.) transitoire. ||°**-verkleidung** f. (-, en). AÉRON. raccordement (m.) d'aile.

über|geben ['y:bər"ge:bən] (i, a, e) v. tr. insépar. remettre ; livrer ; délivrer ; transmettre. | *dem Gericht übergeben*, livrer à la justice.
◇ v. pr. **sich übergeben,** vomir.

Über|geben [-bən] n. (s). [Übergabe] remise f. ; reddition f. || [Erbrechen] vomissement m.

Über|gebot ["y:bərgə'bo:t] n. (s, e) surenchère f.

über|gehen ["y:bər'ge:ən] (ging, gegangen) v. intr. sépar. **1.** passer de l'autre côté ; changer de camp. | *in andere Hände übergehen*, passer en d'autres mains. | *zum Feind übergehen*, passer à l'ennemi. | *zu einer anderen Religion übergehen*, se convertir à une autre religion. | *zum Angriff übergehen*, passer à l'attaque. | *zu einem anderen Thema übergehen*, passer à un autre sujet.
2. se changer, se transformer en. | *in Fäulnis übergehen*, se putréfier ; se décomposer.
3. passer de l'un à l'autre ; se transmettre. | *es geht vom Vater auf den Sohn über*, cela se transmet de père en fils.
4. [überfließen] déborder. | *die Augen gingen ihm über* (GOETHE), il avait les larmes aux yeux.
◇ ['-/"-] v. tr. insépar. **1.** parcourir. | *ein Feld übergehen*, parcourir un champ.
2. [auslassen] omettre ; laisser passer ; négliger. | *Fehler übergehen*, sauter des fautes. | *ein Gesetz übergehen*, ne pas respecter une loi. | *mit Stillschweigen übergehen*, passer sous silence.

Über|gehen ['y:bər"ge:ən] n. (s), °**-gehung** [-uŋ] f. (-, en) oubli m. ; omission f.

über|genug ["y:bərgə'nuk] adv. à l'excès ; de trop ; plus qu'il ne faut.

über|geordnet ["y:bərgə'ɔrdnət] adj. supérieur ; d'un rang hiérarchique supérieur.

Über|gepäck ["y:bərgə'pɛk] n. (s) excédent (m.) de bagages.

Über|gewicht ["y:bərgə'viçt] n. (s) poids (m.) en trop ; excédent (m.) de poids. | *der Brief hat Übergewicht*, cette lettre est trop lourde. || FIG. prépondérance f. ; suprématie f. ; supériorité f. | *das Übergewicht bekommen über*, l'emporter sur.

über|gießen ['y:bər"gi:sən] (o, o) v. tr. insépar. arroser ; répandre sur. | *Blumen übergießen*, arroser des fleurs. || CULIN. *mit Zucker übergießen*, glacer.
◇ ["-/'-] v. tr. sépar. transvaser.

über|glücklich ["y:bər'glykliç] adj. comblé de bonheur ; extrêmement heureux.

über|greifen ["y:bər'graifən] (i, i) v. intr. sépar. se propager ; se répandre. | *in ein fremdes Gebiet übergreifen*, empiéter sur un domaine étranger. ||°**-griff** m. (s, e) empiètement m. ; usurpation f. | *polizeilicher Übergriff*, bavure policière. ||**-greifend** adj. global ; général.

über|groß ["y:bər'gro:s] adj. trop grand ; démesuré ; excessif ; énorme ; de dimensions exagérées.

Überhand|nahme ['y:bər"hant'nɑ:mə] f. (-, n) envahissement m. ; accroissement m. ; extension f. ; progrès m. pl.

überhand|nehmen [-'ne:mən] (i, a, o) v. intr. sépar. prendre le dessus ; l'emporter ; prendre de l'extension ; s'accroître. | *die Unsicherheit hat überhandgenommen*, l'insécurité n'a cessé de croître.

Über|hang ["y:bər'haŋ] m. (s, ¨e) saillie f. ; ce qui surplombe. | *Fensterüberhang*, lambrequin m. || FIN. *Kapitalüberhang*, capital non investi.

über|hangen [-'haŋən] (ä, i, a) v. intr. sépar. être suspendu (au-dessus de). || [Baulichkeiten] surplomber. || PAR EXT. être incliné. | *der Turm hängt um zehn Grad über*, la tour a une inclinaison de dix degrés.
◇ part. pass. **überhangen,** tendu de. | *ein mit Flor überhangener Sarg*, un cercueil tendu de crêpe.

über|hängen ["y:bər'hɛŋən] v. tr. sépar. pendre sur ; suspendre par-dessus. | *mit übergehängtem Mantel*, un manteau jeté sur les épaules.
◇ v. intr. sépar. [überhangen] être en surplomb.
◇ part. prés. **überhängend,** en surplomb ; en porte à faux. | *überhängendes Dach*, toit débordant.
◇ ['-/"-] v. tr. insépar. couvrir (de). | *mit einem Schleier überhängen*, couvrir d'un voile.

über|hasten ['y:bər"hastən] v. tr. insépar. précipiter.
◇ v. pr. **sich überhasten,** se précipiter.

über|häufen ['y:bər"hɔyfən] v. tr. insépar. combler ; accabler ; surcharger. | *mit Geschenken überhäuft*, comblé de cadeaux. ||°**-häufung** f. (-, en) accumulation f. ; surcharge f. || FIG. avalanche f.

über|haupt ['y:bər"haupt] adv. en somme ; somme toute ; après tout ; de toute façon ; en général. | *überhaupt nicht*, pas du tout. | *überhaupt nie*, jamais de la vie. | *wenn überhaupt*, si tant est que.

über|heben (sich) [ziç'y:bər"he:bən] (o, o) v. pr. insépar. tirer vanité de ; se prévaloir de. | *sich eines Erfolges überheben*, se prévaloir d'un succès. || [sich verheben] se faire du mal en soulevant qch.

über|heblich [-"he:pliç] adj. présomptueux ; outrecuidant ; orgueilleux.

Über|heblichkeit [-"he:pliçkait] f. présomption f.

Über|hebung [-"he:buŋ] f. (-, en) outrecuidance f. ; orgueil m. ; présomption f.

über|heizen ['y:bər"haitsən], **-hitzen** [-"hitsən] v. tr. insépar. surchauffer.

Über|hitzung f. TECHN., ÉCON. surchauffe f.

über|holen ['y:bər"ho:lən] v. tr. insépar. **1.** AUTOM. doubler ; dépasser. | *Überholen verboten !*, défense de doubler. || FIG. devancer.
2. [erneuern] *eine Maschine überholen*, réviser une machine.
3. MAR. [Schiffe] se coucher sur le côté.
◇ ["--/'--] v. tr. sépar. passer (qn) sur l'autre rive. || MAR. *die Segel überholen*, changer les voiles.

Über|holung ['y:bər"ho:luŋ] f. (-, en) dépassement m. || révision f. ; réparation f.

über|hören ['y:bər"hø:rən] v. tr. insépar. faire semblant de ne pas entendre ; faire la sourde oreille ; rester sourd à ; ne pas faire attention à.

Über|hose ["y:bər'ho:zə] f. (-, n) salopette f. ; bleu m.

Über-Ich ["y:bər'iç] n. surmoi m.

über|irdisch ["y:bər'irdiʃ] adj. supraterrestre ; surnaturel ; céleste ; éthéré ; divin.

Über|kapazität ["y:bərkapatsi'tɛ:t] f. (-, en). ÉCON. surcapacité f.

über|kippen ["y:bər'kipən] v. intr. sépar. basculer.
◇ v. tr. sépar. faire basculer.

Über|kleid ["y:bər'klait] n. (s, er) surtout m. ||**-kleiden** ['--/"--] v. tr. insépar. revêtir.

über|klug ["y:bər'klu:k] adj. présomptueux ; qui veut en savoir plus que les autres.

über|kochen ["y:bər'kɔxən] v. intr. sépar. déborder en bouillant. || FIG. sortir de ses gonds.

über|kommen ['y:bər"kɔmən] (a, o) v. tr. insépar. || s'emparer de ; se rendre maître de. | *ein Gefühl der Traurigkeit überkam ihn*, un sentiment de tristesse s'empara de lui.

über|kritisch ["y:bər'kri:tiʃ] adj. NUCL. surcritique.

über|laden ['y:bə"la:dən] (ä, u, a) v. tr. insép. surcharger.
◇ part. pass. **überladen.** *überladener Stil*, style surchargé.
◇ ["-/'--] v. tr. sépar. transborder.

Über|ladung ["y:bər'la:duŋ] f. (-, en) transbordement m. || ['--/"--] surcharge f.

über|lagern ['y:bər"la:gərn] v. tr. insépar. superposer.

Überlagerung ['y:bər"la:gəruŋ] f. (-, en) superposition f. || RADIO. interférence f.

über|lang ["y:bər'laŋ] adj. beaucoup trop long.

über|lassen ["y:bər'lasən] (ä, ie, a) v. tr. sépar. (en) laisser. | *er hat nichts übergelassen*, il n'a rien laissé.
◇ ['--/"--] v. tr. insépar. laisser ; abandonner ; livrer. | *jn seinem Schicksal überlassen*, abandonner qn à son sort. | *das überlasse ich Ihnen*, je m'en remets à vous sur ce point. || JUR. se désister de.
◇ v. pr. insépar. **sich überlassen,** s'abandonner ; se laisser aller à. | *sich der Verzweiflung überlassen*, se laisser aller au désespoir. | *sich selbst überlassen*, abandonné à soi-même.

Über|lassung [-"lasuŋ] f. (-, en) cession f. ; abandon m. || JUR. *Überlassung von Rechten*, transfert (m.) de droits.

Über|last ["y:bər'last] f. (-, en) surcharge f.

über|lasten ['y:bər"lastən] v. tr. insépar. surcharger. | *mit Arbeit überlastet*, débordé de travail. ||°**-lastung** f. (-, en) surcharge f. || TECHN. alourdissement m.

Über|lauf ["y:bər'lauf] m. (s, ¨e) trop-plein m.

über|laufen ["y:bər'laufən] (ä, ie, a) v. intr. sépar. déborder ; se sauver. || MIL. déserter. | *zum Feind überlaufen*, passer à l'ennemi.
◇ ['-/"--] v. tr. insépar. inonder ; envahir. | *es überlief mich kalt*, cela me fit frissonner. || FIG. envahir.

Über|läufer ["y:bər'lɔyfər] m. (s, -) transfuge m. ; déserteur m.

über|laut ["y:bər'laut] adj. très, trop bruyant.

über|leben ['y:bər"le:bən] v. tr. insépar. survivre. | *jn überleben*, survivre à qn. || PAR EXT. *sich überleben*, durer trop longtemps ; avoir fait son temps ; être périmé. | *überlebte Sitten*, mœurs périmées. ||°**-leben** n. (s) survie f. ||°**-lebens|ausrüstung** f. (-, en) équipement (m.) de survie. ||**-lebens|fähig** adj. [Frühgeborener] viable. ||**-lebens|groß** adj. plus grand que nature. ||°**-lebens|training** n. (s, s) stage (m.) de survie.

Über|lebsel ['y:bər"le:psəl] n. (s, -) survivance f.

über|legen ['y:bər"le:gən] v. tr. insépar. réfléchir ; délibérer ; considérer ; peser. | *ich habe mir alles überlegt*, j'ai bien tout pesé. | *ich habe mir die Sache zweimal überlegt*, j'y ai regardé à deux fois. | *nach reiflichem Überlegen*, après mûre réflexion.
◇ ["-/'--] v. tr. sépar. mettre sur, dessus ; superposer.

über|legen ['y:bər"le:gən] adj. supérieur. | *jm in etwas überlegen sein*, l'emporter sur qn en qch. | *er ist uns allen überlegen*, il est plus fort que nous tous. | *mit überlegener Ruhe*, avec un calme souverain.

Überlegenheit [-hait] f. (-, en) supériorité f.

Über|legung [-"le:guŋ] f. (-, en) réflexion f. ; délibération f. ; considération f. | *ohne Überlegung*, inconsidérément ; à tort et à travers.

über|leiten ["y:bər'laitən] v. tr. sépar. faire passer. || FIG. faire une transition.

Über|leitung [-tuŋ] f. (-, en) passage m. ; transition f.

über|lesen ['y:bər"le:zən] (ie, a, e) v. tr. insépar. parcourir ; lire rapidement. || PAR EXT. ne pas remarquer à la lecture ; FAM. sauter.

über|liefern ['y:bər"li:fərn] v. tr. insépar. transmettre. | *überliefert*, traditionnel. ||°**-lieferung** f. (-, en) transmission f. || PAR EXT. tradition f.

über|listen ['y:bər"listən] v. tr. insépar. duper. | *einander zu überlisten suchen*, jouer au plus fin. ||°**-listung** f. (-, en) ruse f.

Über|macht ["y:bər'maxt] f. maîtrise f. ; supériorité f. ; prépondérance f. ||**-mächtig** adj. qui a la supériorité ; trop puissant.

über|mannen ['y:bər"manən] v. tr. insépar. vaincre ; maîtriser. | *der Schlaf übermannte mich*, le sommeil a eu raison de moi.

Über|maß ["y:bər'mɑ:s] n. (es) démesure f. ; excès m. ; surabondance f. | *im Übermaß*, à l'excès. ||**-mäßig** adj. et adv. excessif ; démesuré ; outre mesure ; à l'excès.

Über|mensch ["y:bər'mɛnʃ] m. (en, en) surhomme m. ; génie m. ||**-menschlich** adj. surhumain.

über|mitteln ['y:bər"mitəln] v. tr. insépar. transmettre ; faire parvenir. || RADIO. *Nachrichten übermitteln*, transmettre des nouvelles. ||°**-mittlung** f. (-, en) transmission f. || RADIO. retransmission f.

über|morgen ["y:bər'mɔrgən] adv. après-demain. ||**-morgig** adj. d'après-demain.

über|müden (sich) [ziç'y:bər"my:dən] v. pr. insépar. se surmener. | *übermüdet* adj. surmené. ||°**-müdung** f. (-, en) surmenage m. ; harassement m.

Über|mut ["y:bər'mu:t] m. (s) joie folle ; exubérance f. ||**-mütig** adj. pétulant.

über|nachten ['y:bər"naxtən] v. intr. insépar. passer la nuit.

über|nächtigt ['y:bər"nɛçtigt] adj. fatigué de ne pas avoir dormi ; qui a la mine défaite. ||°**-nachtung** f. (-, en) nuitée f. ; nuit f. (d'hôtel) ; logement m. | *Flug und Übernachtung*, billet d'avion et nuit d'hôtel. | *Übernachtungskosten*, frais (m. pl.) d'hôtel.

Über|nahme ["y:bər'nɑ:mə] f. (-, n) prise (f.) en charge ; prise (f.) de possession. || [Erbschaften] acceptation f. | *Übernahme eines Amtes*, entrée (f.) en fonction. | *Übernahme des Mobiliars*, reprise (f.) du mobilier. | *Übernahmebedingungen*, cahier (m.) des charges. || ADM. *Amtsübernahme*, passation des pouvoirs. || ÉCON. prise (f.) de contrôle.

über|natürlich ["y:bərna'ty:rliç] adj. surnaturel.

über|nehmen ['y:bər"ne:mən] (i, a, o) v. tr. insépar. prendre livraison de ; recevoir ; accepter ; réceptionner ; prendre en charge ; entreprendre. | *die oberste Regierungsgewalt übernehmen*, assumer l'autorité suprême. | *einen Prozeß übernehmen*, se charger d'une cause. | *js Verteidigung übernehmen*, prendre la défense de qn. | *die Garantie übernehmen*, garantir. | *etwas auf eigene Gefahr übernehmen*, entreprendre qch. à ses risques et périls. | *die Kosten übernehmen*, se charger des frais. | *die Verantwortung übernehmen*, prendre la responsabilité. || RADIO. *ein Fernsehprogramm übernehmen*, relayer un programme de télévision.

◇ ["-/'-] v. tr. sépar. jeter sur ses épaules. || MIL. [Gewehr] épauler.

◇ v. pr. insépar. **sich übernehmen,** trop présumer de ses forces.

Über|nehmer ['y:bər"ne:mər] m. (s, -) celui qui prend possession de ; adjudicataire m.

über|ordnen ["y:bər'ɔrdnən] v. tr. sépar. mettre au-dessus ; donner comme chef ; préposer.

über|parteiisch ["y:bərpar'taiiʃ], **-parteilich** [-par'tailiç] adj. au-dessus des partis ; neutre.

Über|produktion ["y:bərprɔduk'tsio:n] f. (-, en) surproduction f.

über|prüfen ['y:bər"pry:fən] v. tr. insépar. examiner ; contrôler ; vérifier. ||°**-prüfung** f. (-, en) révision f. ; contrôle f. ; recolement m. | *Überprüfung der Personalien*, vérification d'identité.

über|quellen ['y:bər"kvɛlən] v. intr. insépar. déborder.

über|queren ['y:bər"kve:rən] v. tr. insépar. traverser ; franchir. || °**-querung** f. (-, en) traversée f.

über|ragen ['y:bər"rɑ:gən] v. tr. insépar. PR. et FIG. dépasser ; dominer ; surplomber ; surmonter.

◇ part. prés. et adj. **überragend,** éminent ; primordial. | *von überragender Bedeutung*, d'une importance primordiale.

über|raschen ['y:bər"raʃən] v. tr. insépar. surprendre ; prendre à l'improviste.

◇ part. prés. **überraschend,** surprenant ; inattendu ; inopiné.

Über|raschung [-"raʃuŋ] f. (-, en) surprise f.

über|rechnen ['y:bər"rɛçnən] v. tr. insépar. faire le compte ; calculer. || FIG. supputer.

über|reden ['y:bər"re:dən] v. tr. insépar. persuader. ||°**-redung** f. (-, en) persuasion f.

über|reich ["y:bər'raiç] adj. très, trop riche ; excessivement riche. ||**-reichlich** adv. à profusion.

über|reichen ['y:bər"raiçən] v. tr. insépar. présenter ; remettre. ||°**-reichung** f. (-, en) remise f.

über|reif ["y:bər'raif] adj. trop mûr ; trop avancé ; trop fait. || FIG. décadent.

Über|reiztheit ["y:bər'raitsthait] f., °**-reizung** [-'raitsuŋ] f. (-, en) surexcitation f.

über|reizen ['y:bər"raitsən] v. tr. insépar. surexciter ; exacerber.

über|rennen ['y:bər"rɛnən] (überrannte, überrannt) v. tr. insépar. renverser en courant.

Über|rest ["y:bər'rɛst] m. (es, e) reste m. ; débris m. pl. ; ruines f. pl. ; détritus m. pl.

über|rieseln ['y:bər"ri:zəln] v. tr. insépar. irriguer.

Über|rock ["y:bər'rɔk] m. (s, ¨e) redingote f. ; capote f. ; pardessus m.

Über|rollbügel ["y:bərɔl'by:gəl] m. (s, -). AUTOM. arceau (m.) de sécurité.

über|rollen ['y:bər"rɔlən] v. tr. insépar. dépasser.

über|rumpeln ['y:bər"rumpəln] v. tr. insépar. surprendre à l'improviste ; prendre au dépourvu. ||°**-rumpelung** f. (-, en) surprise f. ; supercherie f. || MIL. [Handstreich] coup (m.) de main.

übers ['y:bərs] contraction de **über das.**

über|sät ['y:bər"zɛ:t] adj. parsemé ; constellé.

über|satt ["y:bər'zat] adj. rassasié à l'excès ; qui n'a plus besoin de rien. || PAR EXT. dégoûté ; blasé. ||**-sättigen** ['-/"-] v. tr. insépar. rassasier ; gorger ; gaver. || CHIM. sursaturer. ||°**-sättigung** ['-/"-] f. (-, en) sursaturation f. ; satiété f. ; dégoût m.

Über|säuerung ['y:bər"zɔy(ə)ruŋ] f. [Umwelt] acidification f.

Über|schall|flugzeug ["y:bərʃal'flu:ktsɔyk] n. (s, e) avion (m.) supersonique. ||°**-schall|geschwindigkeit** f. (-, n) vitesse (f.) supersonique.

über|schatten ['y:bər"ʃatən] v. tr. insépar. ombrager. || FIG. surveiller, couver (qn).

über|schätzen ['y:bər"ʃɛtsən] v. tr. insépar. surévaluer ; surestimer. | *seine Kräfte überschätzen*, (trop) présumer de ses forces. ||°**-schätzung** f. (-, en) surévaluation f. ; surestimation f. || FIG. présomption f.

Über|schau ["y:bər'ʃau] f. vue (f.) d'ensemble.

über|schauen ['y:bər"ʃauən] v. tr. insépar. parcourir des yeux.

über|schieben ['y:bər"ʃi:bən] (o, o) v. tr. insépar. insérer l'un dans l'autre ; chevaucher. ||°**-schiebung** f. (-, en). GÉOL. faille (f.) inverse.

über|schiffen ['y:bər"ʃifən] v. tr. insépar. conduire sur l'autre rive ; transborder.

◇ ["-/'-] v. intr. sépar. passer sur l'autre rive ; faire la traversée ; franchir.

über|schlafen ['y:bər"ʃlɑ:fən] v. intr. insépar. laisser passer en dormant.

Über|schlag ["y:bər'ʃlɑ:k] m. (s,¨e). **1.** [ungefähre Berechnung] estimation f. ; calcul approximatif ; devis m. ; prévision (f.) sommaire. | *Überschlagsrechnung*, compte approximatif.
2. mouvement (m.) de bascule ; culbute f. || AÉRON. looping m.
3. [Kleid] revers m. ; rabat m.
4. ÉLECTR. *Funkenüberschlag*, décharge (f.) électrique.

über|schlagen ['y:bər"ʃlɑ:gən] (ä, u, a) v. tr. insépar. **1.** passer ; sauter ; négliger. | *beim Lesen hat er diese Stelle überschlagen*, il a sauté ce passage à la lecture. | *eine Mahlzeit überschlagen*, sauter un repas.
2. [erwägen] calculer ; évaluer approximativement.
◇ v. pr. insépar. **sich überschlagen,** se renverser ; culbuter ; capoter ; [Fahrzeug] faire plusieurs tonneaux. || FIG. *seine Stimme überschlägt sich*, sa voix se brise.
◇ ["-/'-] v. intr. sépar. **1.** passer par-dessus ; jaillir. | *die Funken schlagen über*, les étincelles jaillissent. | *die See schlägt über*, la mer saute par-dessus (le pont, la digue).
2. se renverser ; basculer, chavirer. | *der Stuhl schlug über*, la chaise bascula. | *das Zünglein der Waage schlägt über*, l'aiguille de la balance penche.
3. FIG. *das schlägt in mein Fach über*, cela est de mon ressort.
4. se changer ; se transformer. | *es schlug in sein Gegenteil über*, les choses se sont inversées.
◇ v. tr. sépar. **1.** [überlegen] mettre, jeter sur. | *einen Schal überschlagen*, jeter un châle sur ses épaules.
2. PAR EXT. relever ; retrousser ; plier. | *die Beine überschlagen*, croiser les jambes.
◇ part. pass. **überschlagen.** *überschlagenes Wasser*, eau dégourdie, tiédie.

über|schläglich ['y:bər"ʃlɛ:kliç] adv. approximativement ; de façon sommaire.

über|schnappen ["y:bər'ʃnapən] v. intr. sépar. [Stimme] faire un couac ; se fausser. || [Feder] se débander ; sauter.
◇ part. pass. **übergeschnappt.** FIG., FAM. fou ; toqué.

über|schneiden (sich) [ziç'y:bər"ʃnaidən] (schnitt, geschnitten) v. pr. insépar. se croiser ; s'entrecouper ; se chevaucher ; se recouper.

Über|schneidung ['y:bər"ʃnaiduŋ] f. (-, en) intersection f. ; chevauchement m. ; recoupement m.

über|schneit ['y:bər"ʃnait] adj. enneigé ; couvert de neige.

über|schreiben ['y:bər"ʃraibən] (ie, ie) v. tr. insépar. couvrir de texte ; intituler. | *einen Text überschreiben*, donner un titre à un texte. || FIN. endosser. | *überschriebener Wechsel*, traite endossée. | *jm etwas überschreiben*, mander qch. à qn.
◇ ["-/'-] v. tr. sépar. écrire au-dessus de qch. ; surcharger. | *übergeschriebene Zeile*, ligne surchargée. || [übertragen] transcrire ; reporter ; porter au crédit.

Über|schreibung ["y:bər'ʃraibuŋ] f. (-, en) report m. ; transcription f. || surcharge f.

über|schreien ['y:bər"ʃraiən] (ie, ie) v. tr. insépar. couvrir la voix (de qn). | *sich überschreien*, s'égosiller.

über|schreiten ['y:bər"ʃraitən] (i, i) v. tr. insépar. franchir ; traverser ; enjamber. | *die Grenze überschreiten*, franchir la frontière. || FIG. franchir ; dépasser ; outrepasser. | *ein Gesetz überschreiten*, enfreindre une loi. | *das Maß überschreiten*, dépasser la mesure.

Über|schreitung [-tuŋ] f. (-, en) franchissement m. || FIG. dépassement m. ; violation f. ; transgression f. | *Überschreitung der Amtsgewalt*, abus (m.) de pouvoir. || FIN. *Überschreitung eines Kredits*, dépassement (m.) de crédit.

Über|schrift ["y:bər'ʃrift] f. (-, en) titre m. ; épigraphe f. || [Gebäude] inscription f.

Über|schuß ["y:bər'ʃus] m. (es, ¨e) surplus m. ; surcroît m. ; excédent m. ; reste m. ; bénéfice m. ; boni m. ||**-schüssig** adj. excédentaire ; qui est en plus.

Überschuß|reserven ["y:bərʃusre'zɛrvən] f. pl. FIN. réserves (f. pl.) libres de liquidités.

über|schütten ['y:bər"ʃytən] v. tr. insépar. couvrir de ; combler ; déverser en abondance sur. | *jn mit Geschenken überschütten*, combler qn de cadeaux. | *jn mit Fragen überschütten*, presser qn de questions.
◇ ["-/'-] v. tr. sépar. verser ; répandre sur.

Über|schwang ["y:bər'ʃvaŋ] m. (s) exubérance f. || FIG. débordement m. (d'enthousiasme).

über|schwemmen ['y:bər"ʃvɛmən] v. tr. insépar. inonder ; submerger ; noyer. ||°**-schwemmung** f. (-, en) inondation f.

über|schwenglich ["y:bər'ʃvɛŋliç et 'y:bər"ʃvɛŋliç] adj. exubérant ; débordant d'enthousiasme. ||°**-schwenglichkeit** f. exaltation f. ; exubérance f.

über|schwimmen ["y:bər'ʃvimən] (a, o) v. tr. sépar. passer, franchir à la nage.

Über|see ["y:bər'ze:] f. outre-mer m. | *aus Übersee kommen*, venir d'outre-mer. || (en compos.) transatlantique. | *Überseedampfer*, transatlantique m. ; paquebot m.

über|seeisch [-'ze:iʃ] adj. d'outre-mer. || PAR EXT. colonial.

über|sehbar ['y:bər"ze:bɑ:r] adj. que l'on peut embrasser du regard. || FIG. prévisible.

über|sehen ['y:bər"ze:ən] (ie, a, e) v. tr. insépar. **1.** embrasser du regard ; dominer ; promener ses yeux sur. || FIG. saisir tout le sens, toute la portée de. || [mustern] examiner ; vérifier.
2. ne pas voir ; omettre ; laisser passer ; négliger. | *einen Fehler übersehen*, passer, sauter une faute. | *leicht zu übersehen*, qu'on ne remarque pas. | *er hat es übersehen*, cela lui a échappé.

über|selig ["y:bər'ze:liç] adj. très heureux ; comblé de joie.

über|senden ['y:bər"zɛndən] v. tr. insépar. envoyer ; expédier ; transmettre. || °**-sender** m. (s, -) expéditeur m. ||°**-sendung** f. (-, en) expédition f. ; envoi m.

über|setzbar ['y:bər"zɛtsbɑ:r] adj. traduisible.

über|setzen ['y:bər"zɛtsən] v. tr. insépar. traduire. | *ins Französische übersetzen*, traduire en français. || PAR EXT. transcrire ; interpréter. || TECHN. *eine Bewegung übersetzen*, transmettre un mouvement.
◇ ["-/'-] v. intr. sépar. passer de l'autre coté.
◇ ["-/'-] v. tr. sépar. conduire de l'autre côté. | *der Fährmann hat uns übergesetzt*, le passeur nous a fait franchir le fleuve.

Über|setzer(in) ['y:bər"zɛtser(in)] m. (s, -), f. (-, nen) traducteur m., traductrice f.

Über|setzung [-"zɛtsuŋ] f. (-, en). **1.** traduction f. ; version f. ; thème m. || TECHN. *maschinelle, maschinengestützte Übersetzung*, traduction automatique, assistée par ordinateur.
2. ["y:bər'zɛtsuŋ] TECHN. transmission f. | *Übersetzungsverhältnis*, rapport (m.) de transmission ; démultiplication f.

Über|sicht ["y:bər'ziçt] f. (-, en) vue (f.) d'ensemble ; aperçu m. ; résumé m. ; sommaire m.

Übersichts|plan ["y:bərziçts'plɑ:n] m. (s,¨e) plan

(m.) d'ensemble. ||°-**tafel** f. (-, n) tableau (m.) synoptique.

über|sichtlich ["y:bər'ziçtliç] adj. clair ; qu'on peut embrasser d'un seul coup d'œil. || °-**sichtlichkeit** f. clarté f. ; netteté f.

über|siedeln ["y:bər'zi:dəln et 'y:bər"zi:dəln] v. intr. sépar. et insépar. émigrer. | *nach Amerika übersiedeln*, aller s'établir en Amérique. ||°-**siedlung** f. (-, en) émigration f.

über|sinnlich ["y:bər'zinliç] adj. suprasensible ; surnaturel ; métaphysique. ||°-**sinnlichkeit** f. caractère suprasensible, immatériel ; transcendance.

über|spannen ['y:bər"ʃpanən] v. tr. insépar. **1.** tendre sur, par-dessus. | *mit Stoff überspannen*, recouvrir, tendre d'étoffe.

2. tendre exagérément. || FIG. exagérer. | *den Bogen überspannen*, trop tirer sur la corde.

◇ part. pass. **überspannt,** surtendu ; surexcité ; excentrique. | *überspannte Einfälle*, idées (f. pl.) excentriques.

◇ ["-/'-] v. tr. sépar. tendre sur, au-dessus de.

Über|spannung [-nuŋ] f. (-, en). ÉLECTR. surtension f. || [Überspanntheit] surexcitation f. ; exagération f. ; exaltation f.

über|spielen ['y:bər"spi:lən] v. tr. insépar. [Schallplatte] reproduire ; FAM. repiquer. | *eine Schallplatte auf eine Kassette überspielen*, repiquer un disque sur une cassette.

über|spitzen ['y:bər"ʃpitsən] v. tr. insépar. exagérer.

◇ part. pass. **überspitzt,** exagéré.

über|sprechen ['y:bər"ʃpreçən] (i, a, o) v. tr. insépar. *einen Film übersprechen*, synchroniser un film. | *deutsch übersprochen*, doublé en allemand.

über|springen ['y:bər"ʃpriŋən] (a, u) v. tr. insépar. franchir ; sauter. | *einen Graben überspringen*, sauter par-dessus un fossé. | *eine Klasse überspringen*, sauter une classe. || [auslassen] omettre ; sauter. | *eine Mahlzeit überspringen*, sauter un repas. | *ich habe diese Stelle übersprungen*, j'ai sauté ce passage.

◇ ["-/'-] v. intr. sépar. franchir ; sauter par-dessus. || FIG. *von einem Gegenstand zum anderen überspringen*, passer d'un sujet à un autre. || MÉD. *auf etwas überspringen*, se communiquer à qch. ; contaminer qch. || ÉLECTR. jaillir.

über|sprudeln ["y:bər'ʃpru:dəln] v. intr. sépar. déborder ; bouillonner. | *von Witz übersprudeln*, pétiller d'esprit.

über|staatlich ["y:bər'ʃtɑ:tliç] adj. supranational.

über|stehen ["y:bər'ʃte:ən] (stand, gestanden) v. intr. sépar. être au-dessus de ; faire saillie ; avancer.

◇ ['-/"-] v. tr. insépar. surmonter. | *eine Krise überstehen*, surmonter une crise.

über|steigen ['y:bər"ʃtaigən] (ie, ie) v. tr. insépar. monter sur, par-dessus ; franchir. || FIG. surmonter ; dépasser. | *das übersteigt meine Kräfte*, c'est au-dessus de mes forces. | *das übersteigt meine Hoffnungen*, cela passe mes espérances.

über|steigern ['y:bər"ʃtaigərn] v. tr. insépar. exagérer. | *die Preise übersteigern*, faire monter les prix. ||°-**steigerung** f. (-, en) surenchère f.

über|stimmen ['y:bər"ʃtimən] v. tr. insépar. l'emporter sur ; avoir plus de voix que. | *überstimmt werden*, être mis en minorité.

über|streichen ['y:bər"ʃtraiçən] (i, i) v. tr. insépar. enduire ; badigeonner.

über|streifen ["y:bər'ʃtraifən] v. tr. [Kleid] enfiler (un vêtement).

über|strömen ["y:bər'ʃtrø:mən] v. intr. sépar. déborder. || FIG. se répandre en. | *mit überströmender Herzlichkeit*, très cordialement.

◇ v. tr. ['-/"-] insépar. submerger ; inonder.

Über|strumpf ["y:bər'ʃtrumpf] m. (s, ¨e) guêtre f.

Über|stunde ["y:bər'ʃtundə] f. (-, n) heure (f.) supplémentaire.

über|stürzen ['y:bər"ʃtyrtsən] v. tr. et v. pr. insépar. (se) précipiter. | *die Ereignisse überstürzen sich*, les événements se précipitent. | *überstürzte Flucht*, fuite éperdue.

◇ ["-/'-] v. tr. sépar. mettre dessus.

Über|stürzung ['y:bər"ʃtyrtsuŋ] f. (-, en) précipitation f.

über|teuern ['y:bər"tɔyərn] v. tr. insépar. *die Preise überteuern*, surfaire les prix.

über|tölpeln ['y:bər"tølpəln] v. tr. insépar. tromper ; FAM. rouler.

über|tönen ['y:bər"tø:nən] v. tr. insépar. couvrir la voix, le bruit de.

Über|trag ["y:bər'trɑ:k] m. (s, ¨e). COMM. report m.

über|tragbar ['y:bər"trɑ:kbɑ:r] adj. transmissible ; cessible ; transférable ; négociable. | *durch Giro übertragbar*, transmissible par voie d'endossement. || INF. portable. || MÉD. *übertragbare Krankheit*, maladie contagieuse. | *sexuell übertragbare Krankheit*, maladie (f.) sexuellement transmissible (M.S.T.). ||°-**tragbarkeit** f. transmissibilité f. ; négociabilité f.

über|tragen ['y:bər"trɑ:gən] (ä, u, a) v. tr. insépar. **1.** transporter ; transférer ; transmettre. | *ein Amt übertragen*, déléguer des fonctions. | *eine Geldsumme übertragen*, virer, reporter une somme. | *durch Indossament übertragen*, endosser.

2. FIG. transcrire ; traduire. | *ins Französische übertragen*, traduire en français. || *übertragene Bedeutung*, sens figuré.

3. *übertragen werden*, se transmettre ; passer à. || MÉD. se transmettre.

4. RADIO., TÉLÉV. retransmettre ; diffuser.

Über|tragung ['y:bər"trɑ:guŋ] f. (-, en). **1.** transposition f. ; transfert m. | *Übertragung der Amtsgewalt*, délégation (f.) de pouvoir.

2. [Übersetzung] transcription f. ; traduction f.

3. LITTÉR. image f. ; métaphore f.

4. COMM. virement m. | *Übertragungsvermerk*, endossement m.

5. JUR. dation f.

6. ÉLECTR. transport m. || RADIO., TÉLÉV. retransmission f. ; relais m. | *Übertragungswagen*, voiture (f.) de reportage.

Übertragungs|weg ['y:bər"trɑ:guŋs've:k] m. (s, e). MÉD. mode (m.) de transmission.

über|treffen ['y:bər"trɛfən] (i, a, o) v. tr. insépar. surpasser ; dépasser ; l'emporter sur ; être supérieur à. | *jn an Talent übertreffen*, avoir plus de talent que qn.

über|treiben ['y:bər"traiben] (ie, ie) v. tr. insépar. exagérer ; passer toute mesure. | *er übertreibt seine Ansprüche*, il émet des prétentions exagérées. || PAR EXT. forcer la note ; FAM. y aller fort.

Über|treibung ['y:bər"traibuŋ] f. (-, en) exagération f. ; outrance f.

über|treten ["y:bər'tre:tən] (i, a, e) v. intr. sépar. passer de l'autre côté. | *zum Feinde übertreten*, passer à l'ennemi. | *zu einer anderen Religion übertreten*, se convertir. || PAR EXT. [Flüssigkeit] déborder.

◇ ['-/"-] v. tr. insépar. franchir ; transgresser ; violer ; enfreindre ; outrepasser. | *eine Vorschrift übertreten*, contrevenir à un règlement.

Über|tretung [-tuŋ] f. (-, en) infraction f. ; contravention f.

über|trieben ['y:bər"tri:bən] adj. exagéré ; forcé.

Über|tritt ["y:bər'trit] m. (s, e). FIG. passage m. ; conversion (f.) à.

über|trumpfen ['y:bər"trumpfən] v. tr. insépar. [Kartenspiel] surcouper. || FIG. surpasser.

über|tünchen ['y:bər"tynçən] v. tr. insépar. badigeonner ; blanchir à la chaux.

über|völkern ['y:bər"fø:klərn] v. tr. insépar. surpeupler. ||°-**völkerung** f. (-, en) surpopulation f. ; surpeuplement m.

über|voll ["y:bər'fɔl] adj. trop plein ; archicomble.

über|vorteilen ['y:bər"fo:rtailən] v. tr. insépar. *jn übervorteilen*, exploiter, léser qn. | *um eine große Summe übervorteilt*, lésé d'une somme importante. ||°-**vorteilung** f. (-, en) exploitation f. ; lésion f. ; tromperie f.

über|wach ["y:bər'vax] adj. extrêmement vif.

über|wachen ['y:bər"vaxən] v. tr. insépar. surveiller ; contrôler. | *polizeilich überwachen*, surveiller ; POP. fliquer. | *scharf überwachen*, surveiller de près. ||°-**wachung** f. (-, en) surveillance f. ; contrôle m. | *polizeiliche Überwachung*, surveillance f. ; POP. flicage m. | *Funküberwachung*, écoute (f.) des transmissions. ||°-**wachungs|bereich** m. (s, e) zone surveillée.

über|wachsen ['y:bər"vaksən] (ä, u, a) v. tr. insépar. recouvrir de végétation.

über|wältigen ['y:bər"vɛltigən] v. tr. insépar. dompter ; vaincre ; subjuguer ; maîtriser. | *vom Schlaf überwältigt*, qui tombe de sommeil. | *überwältigend*, accablant ; PAR EXT. grandiose. | *überwältigend komisch*, d'un comique irrésistible. ||°-**wältigung** f. (-, en) victoire f.

über|weisen ['y:bər"vaizən] (ie, ie) v. tr. insépar. transmettre ; déléguer ; céder. || COMM. virer. | *auf js Konto überweisen*, virer au compte de qn. | *an einen Ausschuß überweisen*, renvoyer à une commission. ||°-**weisung** f. (-, en) transmission f. ; renvoi m. ; transfert m. ; assignation f. ; affectation f. ; virement m. ; mandat m. | *telegrafische Überweisung*, mandat télégraphique. | *Überweisungsscheck*, chèque (m.) de virement. | *Überweisungstelegramm*, mandat (m.) télégraphique.

über|werfen ["y:bər'vɛrfən] (i, a, o) v. tr. sépar. jeter par-dessus. | *ein Kleid überwerfen*, jeter un vêtement sur ses épaules.

◇ v. pr. insépar. **sich überwerfen.** ['-/"-] *sich mit jm überwerfen*, se brouiller avec qn.

über|wichtig ["y:bər'viçtiç] adj. de la plus grande importance.

über|wiegen ['y:bər"vi:gən] (o, o) v. tr. insépar. l'emporter sur ; avoir la prépondérance, la majorité ; être déterminant.

◇ part. prés. **überwiegend,** prépondérant. — adv. principalement.

über|winden ['y:bər"vindən] (a, u) v. tr. insépar. vaincre ; surmonter ; l'emporter sur. | *einen Standpunkt überwinden*, dépasser, abandonner un point de vue. | *sich überwinden*, se faire violence. ||-**windlich** adj. surmontable. ||°-**windung** f. (-, en) victoire f. ; triomphe m. (sur qch., qn). | *das hat mich viel Überwindung gekostet*, cela m'a coûté.

über|wintern ['y:bər"vintərn] v. intr. insépar. hiverner. || ZOOL. hiberner.

◇ v. tr. insépar. entretenir pendant l'hiver.

Über|winterung [-ruŋ] f. (-, en) hivernage m. ; séjour (m.) d'hiver. || ZOOL. hibernation f.

über|wölben ['y:bər"vølbən] v. tr. insépar. couvrir d'une voûte.

über|wölken ['y:bər"vølkən] v. tr. et v. pr. insépar. (se) couvrir de nuages.

über|wuchern ['y:bər"vuxərn] v. tr. insépar. envahir d'herbes folles.

Über|wurf ["y:bər'vurf] m. (s, ¨e) manteau m. ; surtout m.

Über|zahl ["y:bər'tsɑ:l] f. surnombre m. | *in der Überzahl sein*, être supérieur en nombre. | *in Überzahl sein*, être en surnombre.

über|zählen ['y:bər"tsɛ:lən] v. tr. insépar. faire le compte de.

◇ v. pr. insépar. **sich überzählen,** se tromper en comptant.

über|zählig ["y:bər'tsɛ:liç] adj. excédent ; excédentaire ; surnuméraire ; en surplus.

über|zeichnen ['y:bər"tsaiçnən] v. tr. insépar. *eine Anleihe überzeichnen*, surpasser le montant de la souscription d'un emprunt.

über|zeugen ['y:bər"tsɔygən] v. tr. insépar. convaincre ; persuader. | *ich habe ihn von seinem Irrtum überzeugt*, je l'ai convaincu de son erreur. | *sich von etwas überzeugen*, se convaincre de qch. | *überzeugend*, convaincant ; persuasif. | *überzeugend sprechen*, parler de façon persuasive ; convaincante. | *überzeugt*, convaincu ; persuadé ; qui a la conviction, la certitude. ||°-**zeugung** f. (-, en) persuasion f. || [fester Glaube] conviction f. ; ferme certitude f. | *Überzeugungskraft*, force (f.) de persuasion.

über|ziehen ["y:bər'tsi:ən] (zog, gezogen) v. tr. sépar. [Kleider] mettre, passer par-dessus. | *ziehen Sie Ihren Mantel über !*, mettez votre manteau.

◇ ['-/"-] v. tr. insépar. **1.** couvrir ; garnir ; recouvrir. | *einen Sessel mit Leder überziehen*, recouvrir un fauteuil de cuir. | *neu überziehen*, rhabiller. | *überzogener Himmel*, ciel couvert. || CULIN. napper ; glacer. || FIG. *ein Land mit Krieg überziehen*, porter la guerre dans un pays. **2.** COMM. *ein Konto überziehen*, laisser un compte à découvert. | *überzogenes Konto*, compte (m.) à découvert.

Über|zieher ["y:bər'tsi:ər] m. (s, -) pardessus m. ; manteau m. ; paletot m.

über|zuckern ['y:bər"tsukərn] v. tr. insépar. saupoudrer de sucre ; glacer.

Über|zug ["y:bər'tsu:k] m. (s, ¨e) revêtement m. ; couche f. || [Möbel] housse f. | *Kissenüberzug*, taie (f.) d'oreiller. | *blauer Überzug*, bleu (m.) de travail. || étui m.

übler ['y:blər] (compar. de **übel**) pire.

üble(s) ['y:blə(s)]. V. ÜBEL et ÜBEL.

üblich ['y:bliç] adj. usuel ; d'usage ; usité. | *nicht mehr üblich sein*, être hors d'usage, désuet. || PAR EXT. consacré ; reçu. | *üblicher Gebrauch*, usage reçu.

Üblichkeit [-kait] f. usage m.

U-Bogen ["u:'bo:gən] m. (s, ¨) accent (m.) sur le ŭ.

U-Boot ['u:bo:t] n. (s, e). MAR. abrév. de **Unterseeboot,** sous-marin m. ; submersible m.

U-Boot|-Begleitschiff ["u:bo:tbə'glaitʃif] n. (s, e). MAR. ravitailleur (m.) de sous-marins. || °-**Bunker** m. (s, -) abri bétonné pour sous-marins. || °-**Horchdienst** m. (es, e) service (m.) de détection des sous-marins. ||°-**Krieg** m. (s, e) guerre sous-marine. ||°-**Stützpunkt** m. (s, e) base (f.) de sous-marins.

übrig ['y:briç] adj. restant ; qui reste. | *übrig sein, bleiben*, être de reste. | *nichts übrig lassen*, tout manger ; ne rien laisser. | *im übrigen*, du reste. | *ein übriges tun*, faire davantage. | *für jn etwas übrig haben*, avoir un faible pour qn. | *die übrigen*, les autres.

übrig|behalten ["y:briçbə'haltən] (ä, ie, a) v. tr.

garder ; conserver. ||**-bleiben** (ie, ie) v. intr. rester ; subsister. ||**-haben** v. tr. avoir de reste. ||**-lassen** (ä, ie, a) v. tr. laisser de reste ; laisser un reste. | *das läßt zu wünschen übrig*, cela laisse à désirer.

übrigens ['y:brigəns] adv. du reste ; d'ailleurs ; au demeurant.

Übung ['y:buŋ] f. (-, en) exercice m. ; entraînement m. | *in (der) Übung bleiben*, s'entretenir la main. | *aus der Übung kommen*, perdre l'habitude. | *wieder in Übung kommen*, se refaire la main. || Mus. étude f.

Übungs|beispiel ["y:buŋs'baiʃpi:l] n. (s, e) exercice m. ||°**-buch** n. (s, ¨er) livre (m.) d'exercices. ||°**-flug** m. (s, ¨e) vol (m.) d'entraînement. ||°**-gelände** n. (s, -). Mil. terrain (m.) d'instruction. ||°**-lager** n. (s, -) camp (m.) de manœuvres. ||°**-munition** f. (-, en) munition (f.) d'exercice. | *mit Übungsmunition schießen*, tirer à blanc. ||°**-platz** m. (es, ¨e) place (f.) d'armes ; champ (m.) de manœuvres. ||°**-stück** n. (s, e) exercice m. || Mus. étude f.

u. dgl. m., abrév. de **und dergleichen mehr,** et cætera (etc.) ; et ainsi de suite.

U-Eisen ["u:'aizən] n. (s, -) fer (m.) en U.

Ufer ['u:fər] n. (s, -) rive f. ; rivage m. ; bord m. ; littoral m. ; côte f. | *rechtes, linkes Ufer*, rive droite, rive gauche. | *zum Ufer gehörig*, littoral. | *am Ufer entlangfahren*, longer la rive, la côte. | *der Fluß tritt über die Ufer*, le fleuve sort de son lit.
— Syn. : *Strand*, rivage ; *Küste*, côte ; *Gestade*, littoral.

Ufer|böschung ["u:fər'bøʃuŋ] f. (-, en) berge f. ||**-los** adj. et adv. sans rivage. || Fig. sans fin ; interminable. ||°**-moräne** f. (-, n). Géogr. moraine latérale. ||°**-schutzbauten** pl. digues f. pl. ; endiguement m. ||°**-seite** f. (-, n) rive f. ||°**-straße** f. (-, n) voie (f.) sur berge.

Ufo, Ufo ['u:fo] n. (s, s) ovni m.

Uhr [u:r] f. (-, en). **1.** (pl. Uhren) horloge f. ; pendule f. ; montre f. | *Armbanduhr*, montre-bracelet f. | *Turmuhr*, horloge f. | *die Uhr schlägt*, l'horloge sonne. | *die Uhr geht genau*, l'horloge va juste. | *die Uhr steht*, l'horloge est arrêtée. | *die Uhr geht zehn Minuten vor*, l'horloge avance de dix minutes. | *die Uhr geht zehn Minuten nach*, l'horloge retarde de dix minutes. | *eine Uhr vorstellen, zurückstellen*, avancer, retarder une horloge. | *eine Uhr nach der genauen Zeit stellen*, mettre une horloge à l'heure. || Par ext. compteur m. | *Gasuhr*, compteur à gaz.
2. (sans pl.) heure f. (qu'il est). | *wieviel Uhr ist es ?*, quelle heure est-il ? | *es ist drei Uhr*, il est trois heures. | *es ist halb vier (Uhr)*, il est trois heures et demie. | *nach der Uhr fragen*, demander l'heure. | *nach der Uhr sehen*, regarder l'heure ; consulter sa montre. | *nach der Uhr sein*, être ponctuel. | *seine Uhr ist abgelaufen*, son heure est venue ; il va mourir.

Uhr|armband ["u:r'armbant] n. (s, ¨er) bracelet-montre m. ||°**-gehänge** n. (s) breloques f. pl. ||°**-gehäuse** n. (s, -) boîtier (m.) de montre. ||°**-glas** n. (es, ¨er) verre (m.) de montre. ||°**-macher** m. (s, -) horloger m. ||°**-macherkunst** f. horlogerie f. ||°**-tasche** f. (-, n) gousset m. ||°**-werk** n. (s) rouages m. pl. ; mouvement (m.) d'horlogerie. ||°**-zeiger** m. (s, -) aiguille (f.) de montre. || °**-zeigersinn** m. (s) sens (m.) des aiguilles d'une montre.

Uhren|fabrik ["u:rənfa'brik] f. (-, en) horlogerie f. ||°**-fabrikant** m. (en, en) horloger m. ||°**-geschäft** n. (s, e) horlogerie f. ||°**-handel** m. (s) horlogerie f. ||°**-vergleich** m. (s, e) réglage (m.) des montres, des horloges.

Uhu [u'hu:] m. (s, e). Zool. grand duc m.

Ukelei ['u:kəlai] m. (s, e). Zool. ablette f.

UKW, abrév. de **Ultrakurzwelle.** Radio. ondes ultracourtes ; modulation (f.) de fréquence. | *UKW-Sender*, émetteur (m.) à modulation de fréquence.

Ulan [u'la:n] m. (en, en). Mil. uhlan m.

Ulk [ulk] m. (s, e) plaisanterie f. ; blague f. | *Ulk treiben*, fam. rigoler.

ulken ['ulkən] v. intr. plaisanter ; badiner.

ulkig [-kiç] adj. amusant ; fam. rigolo.

Ulme ['ulmə] f. (-, n). Bot. orme m.

Ultimatum [ulti'ma:tum] n. (s, s ou ta) ultimatum m.

Ultimo ['ultimo] m. (s, s) dernier jour d'un délai, du mois. | *ultimo Oktober*, fin octobre. | *ultimo dieses*, à la fin de ce mois ; fin courant. | *Ultimofälligkeiten*, échéances (f. pl.) de fin de mois.

ultra... (en compos.) ultra ; extrême.

Ultra m. (s, s). Polit. ultra m.

Ultra|kurzwelle ["ultra'kurtsvɛlə] f. (-, n) (en abr. UKW). Radio. ondes ultracourtes ; modulation (f.) de fréquence. ||°**-marin** n. (s) bleu (m.) d'outremer. ||**-rot** adj. infrarouge. ||°**-schall** m. (s, ¨e) ultrason m. ||°**-schall|diagnostik** f. (-, en). Méd. échographie f. ||°**-schall|gerät** n. (s, e). Méd. échographe m. ||°**-violett|bestrahlung** f. rayons ultraviolets. || °**-virus** n. (-, ren). Méd. ultravirus m.

Ulysses [u'lysəs] n. pr. m. Myth. Ulysse m.

um [um].

> **I.** prép.
> **1.** Sens spatial : autour de.
> **2.** Sens temporel : à.
> **3.** Sens circonstanciels divers : **a)** idée de succession. — **b)** au sujet, à propos de. — **c)** pour ; à cause de ; en raison de. — **d)** idée d'enjeu ; pour. — **e)** de (différence).
> **II.** Loc.
> **1. um... willen.**
> **2. um... zu.**
> **3. um so** (comparatif).
> **III.** adv.
> **1.** Sens local.
> **2.** Sens temporel.

I. prép. (acc.). — **1.** Sens spatial : autour de. | *die Erde dreht sich um die Sonne*, la Terre tourne autour du Soleil. | *um das Haus liegt ein Garten*, un jardin entoure la maison. | *um sich greifen*, se propager ; s'étendre ; gagner du terrain. | *mir ist schwer ums Herz*, j'en ai gros sur le cœur. | *jm um den Hals fallen*, se jeter au cou de qn.
2. Sens temporel : à. | *um zehn Uhr*, à dix heures. || [gegen] à (approximativement) ; autour de ; aux environs de ; vers. | *um diese Zeit*, à cette époque ; vers ce temps-là. | *um die Mitte des sechzehnten Jahrhunderts*, vers le milieu du seizième siècle.
3. Sens circonstanciels divers : **a)** [Folge] idée de succession. | *eine Katastrophe kam um die andere*, les catastrophes se succédaient. — **b)** [über] au sujet de ; à propos de ; pour ce qui est de ; en ce qui concerne ; de. | *schade um Sie !*, dommage pour vous. | *es tut mir leid um ihn*, cela me fait de la peine pour lui. | *es handelt sich um eine wichtige Sache*, il s'agit d'une chose importante. | *wie steht es um Ihre Gesundheit ?*, qu'en est-il de votre santé ? | *um etwas fürchten*, craindre pour qch. | *es ist um ihn geschehen*, c'en est fait de lui. | *um sein Geld gekommen sein*, en être pour son argent. | *um etwas kommen*, perdre qch. | *jn um sein Vermögen bringen*, faire perdre à qn sa fortune. — **c)** [Ursache] pour ; à cause de ; en raison de. | *jn um seines Charakters willen lieben*, aimer qn pour son caractère. | *ihm ist nur um*

Geld zu tun, il ne s'intéresse qu'à l'argent. — **d)** idée d'enjeu : pour ; au prix de. | *um jeden Preis*, à tout prix. | *um keinen Preis*, à aucun prix. | *um alles in der Welt*, pour tout au monde. | *Auge um Auge*, œil pour œil. | *um die Freiheit kämpfen*, lutter pour la liberté. — **e)** de (différence). | *(um) drei Jahre älter als sein Bruder*, de trois ans plus âgé que son frère. | *um die Hälfte zu lang*, trop long de moitié. | *er hat sich um zehn Mark verrechnet*, il s'est trompé de dix marks dans son calcul.
II. Loc. — **1. um... willen,** pour l'amour de. | *um Gottes willen*, pour l'amour de Dieu. || Par ext. au nom de ; par égard à ; dans l'intérêt de. | *um meinetwillen*, par égard pour moi.
2. um... zu (infin.) pour ; afin de. | *um nichts zu vergessen*, pour ne rien oublier. | *zu dumm, um es zu verstehen*, trop bête pour comprendre cela.
3. um so (compar.) *um so mehr*, d'autant plus ; *um so weniger*, d'autant moins. | *es ist um so teurer*, c'est d'autant plus cher. | *er ist mir um so lieber*, il m'est d'autant plus cher ; je l'aime d'autant plus. | *je mehr..., um so mehr*, plus..., plus. | *um so besser*, tant mieux. | *um so schlimmer*, tant pis.
III. adv. — **1.** Sens local : *um und um*, tout autour ; à la ronde. | *Feinde waren um und um*, il était entouré d'ennemis de tous côtés. || Mil. *rechts um !*, demi-tour à droite !
2. Sens temporel : *diese Zeit ist um*, ce temps-là n'est plus ; cette époque est révolue. | *das Jahr ist um*, l'année est finie. | *die Frist ist um*, le délai est expiré.

Um|adressierung ["umadrɛ'si:ruŋ] f. (-, en). Postes. changement (m.) d'adresse.

um|ändern ["um'ɛndərn] v. tr. sépar. transformer ; changer ; modifier ; remanier. ||°**-änderung** f. (-, en) modification f. ; changement m. ; remaniement m.

um|arbeiten ["um'arbaitən] v. tr. sépar. refaire ; refondre ; remanier. | *umgearbeitete Ausgabe*, édition remaniée. ||°**-arbeitung** f. (-, en) refonte f. ; remaniement m. ; remise (f.) sur le chantier. || Par ext. travail, ouvrage refondu.

um|armen ['um"armən] v. tr. insépar. embrasser ; enlacer ; passer ses bras autour de. | *sich umarmen*, s'embrasser. ||°**-armung** f. (-, en) accolade f. ; étreinte f.

Um|bau ['umbau] m. (s, e). **1.** (de **umbauen** sépar.) transformation (f.) d'un bâtiment.
2. (de **umbauen** insépar.) bâtiment (m.) qui entoure ; baldaquin m.

um|bauen ["um'bauən] v. tr. sépar. transformer une construction. || Fig. remanier ; refondre.
◇ ['-/"-] v. tr. insépar. entourer de bâtiments.

um|behalten ["umbə'haltən] (ä, ie, a) v. tr. sépar. [Kleider] garder sur soi.

Umber ['umbər] m. (s, -). Zool. ombre m.

um|besetzen ["umbə'zɛtsən] v. tr. sépar. changer la distribution des rôles, la disposition.

um|bestellen ["umbə'ʃtɛlən] v. tr. sépar. changer, modifier une commande ; donner un autre ordre.

um|betten ["um'bɛtən] v. tr. sépar. changer de lit. || Géogr. *einen Fluß umbetten*, changer le lit d'une rivière ; détourner le cours d'une rivière.

um|biegen ["um'bi:gən] (o, o) v. tr. sépar. courber ; recourber.

um|bilden ["um'bildən] v. tr. sépar. transformer ; changer. ||°**-bildung** f. (-, en) transformation f. ; remaniement m.

um|binden ["um'bindən] (a, u) v. tr. sépar. lier, mettre ; nouer autour. | *eine Krawatte, eine Schürze umbinden*, mettre une cravate, un tablier. | *das Schwert umbinden*, ceindre l'épée.

um|blasen ["um'bla:zən] (ä, ie, a) v. tr. sépar. renverser en soufflant.

um|blättern ["um'blɛtərn] v. tr. sépar. tourner les feuilles, les pages ; feuilleter.

um|blicken (sich) [ziç"um'blikən] v. pr. sépar. regarder autour de soi.

Umbra ['umbra] f. Géol. terre (f.) d'ombre.

um|brausen ['um"brauzən] v. tr. insépar. mugir autour de ; entourer de mugissements.

um|brechen ["um'brɛçən] (i, a, o) v. tr. sépar. défoncer ; briser. | *den Boden umbrechen*, défricher la terre.
◇ v. intr. sépar. se briser sous le poids.
◇ ['-/"-] v. tr. insépar. Typogr. mettre en pages.

Umbrien ['umbriən] n. pr. n. (s). Géogr. Ombrie f.

um|bringen ["um'briŋən] (brachte, gebracht) v. tr. sépar. assassiner ; tuer ; mettre à mort. | *sich umbringen*, se suicider.

Um|bruch ['umbrux] m. (s, ¨e). Agric. terre défrichée. || Typogr. mise (f.) en pages. || Fig. bouleversement m.

um|buchen ["um'bu:xən] v. tr. sépar. modifier une réservation. || Comm. transférer, virer une somme. ||°**-buchung** f. (-, en) modification (f.) de réservation. || Comm. transfert m. ; virement m.

um|denken ["um'dɛnkən] v. intr. sépar. réviser ses conceptions.

Um|denken n. (s) révision f. (des conceptions) ; réorientation f. (d'une action).

um|deuten ["um'dɔytən] v. tr. sépar. interpréter de façon différente. ||°**-deutung** f. (-, en) interprétation différente.

um|dichten ["um'diçtən] v. tr. sépar. *ein Gedicht umdichten*, remanier un poème. ||°**-dichtung** f. (-, en) transposition (f.) poétique.

um|drängen ['um"drɛŋən] v. tr. insépar. assiéger.

um|drehen ["um'dre:ən] v. tr. sépar. tourner ; faire tourner ; retourner ; faire pivoter. | *einen Hahn umdrehen*, tourner un robinet. | *jm den Hals umdrehen*, tordre le cou à qn. || Fig. *den Spieß umdrehen*, retourner l'argument ; rétorquer.
◇ v. pr. sépar. **sich umdrehen**, se retourner.

Um|drehung [-'dre:uŋ] f. (-, en) rotation f. ; révolution f. ; tour m. | *fünfhundert Umdrehungen in der Minute*, cinq cents tours par minute. | *Umdrehungszähler*, compte-tours m.

Um|druck ['umdruk] m. (s, e) réimpression f.

um|einander ['umain"andər] adv. l'un autour de l'autre. || Par ext. l'un après l'autre.

um|fahren ["um'fa:rən] (ä, u, a) v. tr. sépar. renverser avec une voiture.
◇ v. intr. sépar. faire des détours.
◇ ['-/"-] v. tr. insépar. faire le tour de.

um|fallen ["um'falən] (ä, ie, a) v. intr. sépar. tomber à la renverse ; chavirer. || Fig. péricliter. || [Vieh] mourir. || Polit. changer subitement d'avis ; tourner casaque.

Um|fang ['umfaŋ] m. (s, ¨e) circonférence f. ; périmètre m. ; tour m. ; pourtour m. || Par ext. volume m. ; étendue f. | *Umfang eines Buches*, taille (f.) d'un livre. | *Umfang eines Geschäfts*, importance (f.) d'une affaire. | *Umfang des Schadens*, étendue du dommage. || Philos. extension f. | *Umfang eines Begriffes*, acception (f.) d'un concept. || [Stimme] étendue f.

um|fangen ['um"faŋən] (ä, i, a) v. tr. insépar. entourer ; embrasser ; enlacer.

um|fänglich ["um'fɛŋliç], **umfang|reich** ["umfaŋ'raiç] adj. très étendu ; grand ; gros ; volumineux.

um|färben ["um'fɛrbən] v. tr. sépar. reteindre.

um|fassen ['um"fasən] v. tr. insépar. embrasser ; entourer ; contenir. || FIG. embrasser ; comprendre ; cerner. | *das Programm umfaßt diese Frage*, le programme comprend, comporte cette question. | *umfassend*, vaste ; étendu ; ample ; large. ||°**-fassung** f. (-, en) clôture f. ; enceinte f. | *Umfassungsmauer*, mur (m.) d'enceinte. || MIL. encerclement m.

um|flechten ['um"flɛçtən] (i, o, o) v. tr. insépar. tresser autour de ; entrelacer. | *mit Lorbeer umflochtenes Haupt*, tête ceinte de laurier. | *umflochtene Flasche*, bouteille clissée. ||°**-flechtung** f. (-, en) clissage m.

um|fliegen ['um"fli:gən] (o, o) v. tr. insépar. voler autour de ; contourner en volant.

um|fließen ['um"fli:sən] (o, o) v. tr. insépar. entourer de ses eaux ; baigner. || PAR EXT. nimber.

um|fluten ['um"flu:tən] v. tr. insépar. entourer de ses flots. || [bespülen] baigner.

um|formen ["um'fɔrmən] v. tr. sépar. transformer ; modifier ; convertir. ||°**-former** m. (s, -). ÉLECTR. convertisseur m. ||°**-formung** f. transformation f.

Um|frage ["um'frɑ:gə] f. (-, n) enquête f. ; sondage m. | *eine Umfrage durchführen*, faire une enquête.

um|frieden ['um"fri:dən] v. tr. insépar. clôturer ; clore ; entourer. ||°**-friedung** f. (-, en) clôture f. ; enceinte f.

um|füllen ["um'fylən] v. tr. sépar. transvaser.

um|funktionieren ["umfunktsio'ni:rən] v. tr. sépar. détourner de sa destination première ; transformer.

Um|gang ['umgaŋ] m. (s, ¨e). **1.** tour m. ; tournée f. ; ronde f. || ARCHIT. galerie f.
2. FIG. relations f. pl. ; fréquentations f. pl. ; commerce m.

um|gänglich ["um'gɛŋliç] adj. [gesellig] sociable ; d'un commerce agréable.

Um|gänglichkeit [-kait] f. (-) sociabilité f.

Umgangs|formen ["umgaŋs'fɔrmən] f. pl. usages m. pl. ; civilité f. ; savoir-vivre m. ||°**-sprache** f. (-, n) langue (f.) de la conversation courante.

um|garnen ['um"garnən] v. tr. insépar. entourer de fils, de filets. || FIG. enjôler ; séduire ; circonvenir.

um|geben ['um"ge:bən] (i, a, e) v. tr. insépar. entourer ; environner ; ceindre. ||°**-gebung** f. (-, en) environs m. pl. ; alentours m. pl. || [Umwelt] milieu m. ; entourage m.

Um|gegend ["um'ge:gənt] f. environs m. pl. ; alentours m. pl.

um|gehen ['um"ge:ən] (ging, gegangen) v. tr. insépar. faire le tour de ; contourner. || MIL. *den Feind umgehen*, tourner l'ennemi. || FIG. tourner ; éluder. | *eine Vorschrift umgehen*, tourner un règlement. | *eine Schwierigkeit umgehen*, éluder une difficulté.
◇ ["-/'-] v. intr. sépar. **1.** faire le tour ; rôder ; circuler. | *die Nachricht geht um*, la nouvelle circule.
2. fréquenter ; avoir des relations avec. | *mit jm umgehen*, fréquenter qn.
3. traiter ; manier. | *mit Kindern umgehen*, s'occuper d'enfants. | *mit dem Gewehr umzugehen wissen*, savoir manier un fusil. | *mit etwas sparsam umgehen*, ménager qch.
◇ part. pass. **umgehend.** *mit umgehender Post*, par retour du courrier.

Um|gehen ["um'ge:ən] n. (s) action de tourner, d'éviter.

Um|gehung ['um"ge:uŋ] f. (-, en) fraude (f.) à l'égard d'une loi ; contravention f.

Umgehungs|bewegung ['um"ge:uŋsbə've:guŋ] f. (-, en). MIL. mouvement tournant. ||°**-straße** f. (-, n) rocade f.

um|gekehrt ["umgə'ke:rt] adj. retourné ; renversé ; inverse. | *in umgekehrter Richtung*, en sens inverse. | *umgekehrte Seite*, envers m. | *umgekehrte Hand*, revers (m.) de la main. | *in umgekehrtem Verhältnis*, en raison inverse. | *das Umgekehrte*, l'inverse m.
◇ adv. réciproquement ; inversement ; à l'inverse ; vice versa.

um|gestalten ["umgə'ʃtaltən] v. tr. sépar. transformer ; modifier la forme ; refondre ; remanier. ||°**-gestaltung** f. (-, en) transformation f. ; changement m. ; refonte f. ; remaniement m.

um|gießen ["um'gi:sən] (o, o) v. tr. sépar. transvaser. || MÉTALL. refondre.

um|graben ["um'grɑ:bən] (ä, u, a) v. tr. sépar. retourner ; bêcher. | *einen Acker umgraben*, retourner un champ.
◇ ['-/"-] v. tr. insépar. creuser un fossé autour ; entourer d'un fossé.

um|grenzen ['um"grɛntsən] v. tr. insépar. entourer d'une frontière ; borner ; circonscrire ; délimiter. ||°**-grenzung** f. (-, en) enceinte f. ; délimitation f. ; circonscription f.

um|gruppieren ["umgru'pi:rən] v. tr. sépar. regrouper.

um|gürten ['um"gyrtən] v. tr. insépar. ceindre. | *seine Lenden umgürten*, ceindre ses reins.
◇ [".-/'-] v. tr. sépar. *ein Schwert umgürten*, ceindre une épée.

um|haben ["um'hɑ:bən] v. tr. sépar. porter un vêtement.

um|hacken ["um'hakən] v. tr. sépar. retourner à la pioche ; biner ; abattre à la pioche.

um|halsen ['um"halzən] v. tr. insépar. *jn umhalsen*, sauter au cou de qn ; embrasser qn.

Um|hang ['umhaŋ] m. (s, ¨e) cape f. ; pélerine f.

um|hängen ["um'hɛŋən] v. tr. sépar. mettre, jeter sur les épaules.

Umhänge|riemen ["umhɛŋə'ri:mən] m. (s, -) bandoulière f. ||°**-tasche** f. (-, n) sacoche f. ; [Beutel] musette f.

um|hauen ["um'hauən] (hieb, gehauen) v. tr. sépar. abattre à coups de hache.

um|hegen ['um"he:gən] v. tr. insépar. dorloter ; soigner.

um|her [um'he:r] adv. autour ; alentour ; en tous sens ; çà et là. | *rings umher*, tout autour.

umher|blicken [um"he:r'blikən] v. intr. regarder tout autour de soi. ||**-fahren** (ä, u, a) v. tr. et v. intr. (se) promener en voiture. ||**-flattern** v. intr. voltiger çà et là ; FIG. papillonner. ||**-fliegen** (o, o) v. intr. voler ; s'envoler au gré du vent. ||**-führen** v. tr. guider un promeneur. ||**-gehen** (ging, gegangen) v. intr. aller çà et là ; déambuler. ||**-irren** v. intr. vagabonder. ||**-laufen** (ä, ie, a) v. intr. courir de tous côtés ; divaguer. ||**-liegen** (a, e) v. intr. traîner. ||**-schleichen** (i, i) v. intr. rôder. ||**-schweifen** v. intr. errer. ||**-sehen** (ie, a, e) v. intr. regarder autour de soi. ||**-springen** (a, u) v. intr. gambader. ||**-streichen** (i, i) v. intr. vagabonder. ||**-treiben (sich)** [ie, ie] v. pr. mener une vie vagabonde. ||**-wandeln** v. intr. déambuler. ||**-werfen** (i, a, o) v. tr. jeter pêle-mêle ; éparpiller. ||**-ziehen** (zog, gezogen) v. intr. vagabonder. | *umherziehendes Volk*, peuple errant, nomade.

um|hin [um'hin] adv. *ich konnte nicht umhin, zu sagen...*, je ne pus m'empêcher de dire...

um|hören (sich) [ziç"um'hø:rən] v. pr. sépar. *sich*

nach etwas umhören, questionner à la ronde ; faire une enquête au sujet de qch. ; se renseigner sur qch.

um|hüllen ['um"hylən] v. tr. insépar. envelopper. || FIG. [verschleiern] voiler ; cacher. ||°**-hüllung** f. (-, en) enveloppe f. ; voile m. || TECHN. chemise f. || [Kabel] armature f.

Um|kehr ['um"ke:r] f. retour m. ; renversement m. ; conversion f. || ÉLECTR. conversion f. | *Umkehrschalter*, inverseur m.

um|kehrbar ["um'ke:rbɑ:r] adj. qu'on peut retourner ; réversible. ||°**-kehrbarkeit** f. réversibilité f.

um|kehren ["um'ke:rən] v. tr. sépar. tourner ; retourner ; renverser ; inverser. | *alles umkehren*, tout remuer ; mettre tout sens dessus dessous. || FIG. *den Spieß umkehren*, riposter de la même manière ; retourner un argument. || GRAMM. intervertir. || MATH. *einen Bruch umkehren*, renverser une fraction. || ÉLECTR. inverser.

◇ v. intr. sépar. faire demi-tour ; revenir sur ses pas ; retourner en arrière. || PAR EXT. opérer une conversion ; changer (de position, d'avis).

◇ v. pr. sépar. **sich umkehren,** se retourner.

Um|kehrer ["um'ke:rər] m. (s, -). AÉRON. inverseur m.

Um|kehrung [-'ke:ruŋ] f. (-, en) retournement m. ; renversement m. ; intervertissement m. || GRAMM. inversion f. || MUS. renversement m.

um|kippen ["um'kipən] v. intr. sépar. se retourner ; capoter ; chavirer ; basculer ; culbuter.

◇ v. tr. sépar. renverser ; faire basculer. | *einen Topf umkippen*, renverser un pot.

um|klammern ['um"klamərn] v. tr. insépar. s'accrocher, se cramponner à. ||°**-klammerung** f. étreinte.

um|klappen ["um'klapən] v. tr. sépar. *einen Deckel umklappen*, rabattre un couvercle.

um|kleiden ['um"klaidən] v. tr. insépar. revêtir. | *schwarz umkleidet*, tendu de noir.

◇ ["-/'-] v. tr. et v. pr. sépar. **sich umkleiden,** changer de vêtements.

Umkleide|kabine ["umklaidəka'bi:nə] f. (-, n) cabine (f) d'essayage. ||°**-raum** m. (es, ¨e) vestiaire m.

um|kommen ["um'kɔmən] v. intr. sépar. périr ; mourir ; succomber. || PAR EXT. se gâter.

um|kränzen ['um"krɛntsən] v. tr. insépar. couronner.

Um|kreis ["um'krais] m. (es, e) cercle m. ; pourtour m. ; périmètre m. | *in einem Umkreis von zehn Kilometern*, dans un rayon de dix kilomètres. | *im ganzen Umkreis*, tout à la ronde.

um|kreisen ['um"kraizən] v. tr. insépar. voler autour de ; entourer ; encercler.

Um|kreisung [-zuŋ] f. (-, en) encerclement m.

um|krempeln ["um'krɛmpəln] v. tr. sépar. retrousser.

um|laden ["um'lɑ:dən] (ä, u, a) v. tr. sépar. transborder. ||°**-ladung** f. (-, en) transbordement m.

Um|lage ["um'lɑ:gə] f. (-, n) répartition f. | *Kostenumlage*, répartition des frais.

um|lagern ['um"lɑ:gərn] v. tr. insépar. assiéger ; faire le siège de ; cerner.

Um|land ['umlant] n. (s) environs m. pl.

Um|lauf ['umlauf] m. (s, ¨e) circulation f. ; révolution f. ; tour m. ; rotation f. || FIG. cours m. ; circulation f. | *in Umlauf bringen*, mettre en circulation.

Umlauf|bahn ["umlauf'bɑ:n] f. (-, en). ASTRON. orbite (f.) de révolution. ||°**-geschwindigkeit** f. (-, en). ÉCON. [Geld] vitesse (f.) de circulation (de la monnaie). || TECHN. vitesse (f.) de rotation. || °**-kühlung** f. (-, en) réfrigération (f.) en circuit fermé. ||°**-mittel** n. pl., °**-vermögen** n. (s, -). FIN. fonds (m.) de roulement. ||°**-rad** n. (s, ¨er). TECHN. planétaire m. ||°**-zahl** f. (-, en). [Motor] nombre (m.) de tours par minute. ||°**-zeit** f. (-, en). ASTRON. période (f.) de révolution.

um|laufen ["um'laufən] (ä, ie, a) v. intr. sépar. circuler. | *ein Gerücht läuft um*, un bruit circule, court. | *umgelaufene Periode*, période révolue.

◇ v. tr. sépar. renverser en courant.

◇ ['-/"-] v. tr. insépar. faire le tour de... en courant.

Um|laut ["um'laut] m. (s, e) inflexion f. ||**-lauten** v. tr. sépar. GRAMM. infléchir.

um|legbar ["um'le:kbɑ:r] adj. réversible.

Umlege|kragen ["umle:gə'krɑ:gən] m. (s, -) col rabattu.

um|legen ["um'le:gən] v. tr. sépar. mettre, poser autour. || FIN. *die Steuern umlegen*, répartir les impôts. || renverser ; rabattre. | *einen Kragen umlegen*, rabattre un col. || MAR. changer de route. | *das Schiff umlegen*, virer de bord. || POP. *jn umlegen*, descendre qn.

Um|legung ["um'le:guŋ] f. (-, en) remaniement m. ; renversement m. || FIG. répartition (f.) des impôts. | *Umlegung von Grundstücken*, remembrement m.

um|leiten ["um'laitən] v. tr. sépar. dévier ; détourner ; dériver ; dérouter. ||°**-leitung** f. (-, en) déviation f. ; dérivation f. ; détournement m.

um|lenken ["um'lɛŋkən] v. intr. sépar. tourner ; virer ; changer de direction, FIG. d'opinion.

◇ v. tr. sépar. faire tourner ; faire virer ; modifier la direction.

um|lernen ["um'lɛrnən] v. tr. sépar. [den Beruf wechseln] se recycler ; [umdenken] réviser ses conceptions.

um|liegend ["um'li:gənt] adj. environnant ; d'alentour.

um|lodern ['um"lo:dərn] v. tr. insépar. entourer, environner de flammes.

um|mauern ['um"mauərn] v. tr. insépar. entourer de murs ; emmurer.

um|münzen ["um'myntsən] v. tr. sépar. refondre la monnaie.

um|nachten ['um"naxtən] v. tr. insépar. envelopper de ténèbres. || FIG. *umnachtet*, fou ; aliéné. ||°**-nachtung** f. aliénation mentale.

um|nähen ['um"nɛ:ən] v. tr. insépar. border ; ourler.

um|nebeln ['um"ne:bəln] v. tr. insépar. envelopper de brouillard. | *umnebelter Geist*, esprit troublé.

um|nennen ["um'nɛnən] (nannte, genannt) v. tr. sépar. donner un autre nom à ; changer l'appellation de. ||°**-nennung** f. (-, en) modification (f.) d'appellation.

um|packen ["um'pakən] v. tr. sépar. refaire ses bagages ; changer d'emballage.

um|pflanzen ["um'pflantsən] v. tr. sépar. transplanter.

◇ ['-/"-] v. tr. insépar. entourer de plantes, d'arbres.

um|pflügen ["um'pfly:gən] v. tr. sépar. retourner un champ à la charrue.

um|polen ["um'po:lən] v. tr. sépar. ÉLECTR. inverser les pôles.

um|pusten ["um'pustən] v. tr. sépar. renverser en soufflant dessus. || FAM. *er ist zum Umpusten*, il ne tient pas debout.

um|quartieren ["umkvar'ti:rən] v. tr. sépar. déloger ; envoyer dans une autre garnison.

um|rahmen [″um'ra:mən] v. tr. sépar. changer de cadre.
◇ v. tr. insépar. encadrer.

um|randen ['um″randən] v. tr. insépar. border.

um|rangieren [″umraŋ'ʒi:rən] v. tr. sépar. *einen Zug umrangieren*, faire passer un train sur une autre voie.

um|ranken ['um″raŋkən] v. tr. insépar. recouvrir (plantes grimpantes).

um|rechnen [″um'rɛçnən] v. tr. sépar. FIN. convertir ; changer. ||°**-rechnung** f. (-, en) conversion f. ; change m.

Umrechnungs|faktor [″umrɛçnuŋs'faktɔr] m. (s, en) coefficient m. ||°**-kurs** m. (es, e) taux (m.) de conversion ; cours m. ||°**-verhältnis** n. (ses, se) taux (m.) du change.

um|reißen [″um'raisən] (i, i) v. tr. sépar. renverser ; abattre.
◇ ['-/″-] v. tr. insépar. tracer les contours ; esquisser ; ébaucher.

um|reiten ['um″raitən] (i, i) v. tr. insépar. faire le tour de... à cheval.
◇ [″-/'-] v. tr. sépar. renverser qn avec son cheval.

um|rennen ['um″rɛnən] (umrannte, umrannt) v. tr. insépar. faire le tour de... en courant.
◇ [″-/'-] v. tr. sépar. renverser en courant.

Um|richter [″um'riçtər] m. (s, -). ÉLECTR. mutateur m.

Umrichter|anlage [″umriçtər'anla:gə] f. (-, n). ÉLECTR. convertisseur m.

um|ringen ['um″riŋən] v. tr. insépar. entourer. | *umringt von*, environné de.

Um|riß ['umris] m. (es, e) contour m. ; silhouette f. ; tracé m. ; profil m.

um|rühren [″um'ry:rən] v. tr. sépar. remuer.

ums [ums] contraction de **um das.**

um|satteln [″um'zatəln] v. intr. sépar. changer de selle, de cheval. || FIG. changer de métier, d'opinion.
◇ v. tr. sépar. *ein Pferd umsatteln*, changer la selle d'un cheval.

Um|sattelung [-təluŋ] f. (-, en) changement (m.) de selle. || FIG. changement (m.) de métier, d'opinion.

Um|satz ['umzats] m. (es, ¨e) vente f. ; chiffre (m.) d'affaires.

Umsatz|betrag [″umzatsbə'tra:k] m. (s, ¨e) chiffre (m.) d'affaires. ||°**-erlös** m. (es, e) produit (m.) des transactions. ||°**-steuer** f. (-, n) taxe (f.), impôt (m.) sur le chiffre d'affaires.

um|schalten [″um'ʃaltən] v. tr. sépar. AUTOM. changer de vitesse. || RADIO. changer de longueur d'ondes. ||°**-schalter** m. (s, -). ÉLECTR. permutateur m. ||°**-schalthebel** m. (s, -) levier (m.) de changement de vitesse, de commande. ||°**-schalttaste** f. (-, n). [Schreibmaschine] touche (f.) de transposition ; fixe-majuscules m. ||°**-schaltung** f. (-, en). ÉLECTR. commutation f. ; permutation f. || AUTOM. changement (m.) de vitesse ; passage (m.) des vitesses. || RADIO. changement (m.) de longueur d'onde.

um|schanzen ['um″ʃantsən] v. tr. insépar. entourer de retranchements.

um|schatten ['um″ʃatən] v. tr. insépar. ombrager.

Um|schau ['umʃau] f. tour (m.) d'horizon ; revue f. | *Umschau halten*, passer en revue.

um|schauen (sich) [ziç″um'ʃauən] v. pr. sépar. se retourner pour voir.

um|schaufeln [″um'ʃaufəln] v. tr. sépar. retourner à la pelle.

um|schichten [″um'ʃiçtən] v. tr. sépar. regrouper ; modifier l'ordre, la disposition. ||**-schichtig** adj. et adv. alternatif ; à tour de rôle.

um|schiffen ['um″ʃifən] v. tr. insépar. MAR. passer au large de ; doubler ; tourner.
◇ [″-/'-] v. tr. sépar. transborder.

Um|schiffen [″um'ʃifən] n. (s) transbordement m. || ['-/″-] [Umsegelung] périple m.

Um|schlag ['umʃla:k] m. (s, ¨e). **1.** [Hülle] enveloppe f. ; couverture f. || [Zeitungen] bande f.
2. [Kleider] bord m. ; parement m. ; rabat m.
3. MÉD. enveloppement m. ; compresses f. pl.
4. [plötzlicher Wechsel] changement m. ; revirement m.
5. MAR. *Umschlag von Schiff zu Schiff*, transbordement m.

Umschlag|depot [″umʃla:kde'po:] n. (s, e). MAR. dépôt (m.) de transit. ||°**-hafen** m. (s, ¨) port (m.) de transbordement. ||°**-papier** n. (s, e) papier (m.) d'emballage. ||°**-winkel** m. (s, -) angle (m.) de pliage.

Umschlage|kragen [″umʃla:gə'kra:gən] m. (s, -) col rabattu. ||°**-tuch** n. (s, ¨er) châle m.

um|schlagen [″um'ʃla:gən] (ä, u, a) v. intr. sépar. tomber à la renverse ; verser ; capoter. | *ein Boot schlägt um*, un bateau chavire, se retourne. || PAR EXT. tourner, changer brusquement. | *der Wind schlägt um*, le vent change brusquement de direction. || FIG. changer soudainement ; faire volte-face ; évoluer brusquement ; prendre un tour inattendu. | *der Erfolg schlug in eine Niederlage um*, le succès se transforma soudain en défaite. || CULIN. tourner ; aigrir. | *die Milch ist umgeschlagen*, le lait a tourné.
◇ v. tr. sépar. [umhauen] renverser. | *Bäume umschlagen*, abattre des arbres. || [umwenden] retourner ; tourner. | *eine Seite umschlagen*, tourner une page. || [umlegen] mettre autour ; appliquer sur. | *ein Tuch umschlagen*, mettre un fichu. || [wenden] retrousser. | *den Kragen umschlagen*, rabattre son col. | *einen Nagel umschlagen*, rabattre un clou. || COMM. transborder. | *Waren umschlagen*, transborder des marchandises.
◇ ['-/″-] v. tr. insépar. envelopper ; emballer.

um|schleichen ['um″ʃlaiçən] (i, i) v. tr. insépar. rôder autour de. || PAR EXT. épier ; guetter.

um|schließen ['um″ʃli:sən] (o, o) v. tr. insépar. entourer ; enclore ; cerner.

um|schlingen ['um″ʃliŋən] (a, u) v. tr. insépar. enlacer.
◇ [″-/'-] v. tr. sépar. entortiller.

um|schmeicheln ['um″ʃmaiçəln] v. tr. insépar. flatter avec servilité.

um|schmeißen [″um'ʃmaisən] (i, i) v. tr. sépar. renverser ; jeter à terre. || FIG. *einen Plan umschmeißen*, mettre un projet par terre.

um|schmelzen [″um'ʃmɛltsən] v. tr. sépar. refondre. ||°**-schmelzung** f. (-, en) refonte f.

um|schnallen [″um'ʃnalən] v. tr. sépar. *den Degen umschnallen*, ceindre l'épée.

um|schreiben [″um'ʃraibən] (ie, ie) v. tr. sépar. modifier un texte ; récrire. || COMM. *auf jn umschreiben*, transférer au nom de qn.
◇ ['-/″-] v. tr. insépar. paraphraser. || délimiter ; localiser. | *diese Rechte sind genau umschrieben*, ces droits sont strictement délimités. || MATH. circonscrire.

Um|schreibung [″um'ʃraibuŋ] f. (-, en) périphrase f. || ['-/″-] JUR. mutation f. ; transfert m.

Um|schrift ['umʃrift] f. (-, en). **1.** transcription f. | *Umschrift eines Textes in Lautschrift*, transcription d'un texte en écriture phonétique.
2. [Münzen] inscription f. ; légende f.

Um|schuldung ["um'ʃulduŋ] f. FIN. conversion f.
um|schulen ["um'ʃu:lən] v. tr. sépar. recycler. ||°**-schulung** f. (-, en) reconversion f. ; recyclage m.
um|schütten ["um'ʃytən] v. tr. sépar. renverser ; transvaser.
Um|schweif ["um'ʃvaif] m. (s, e) *etwas ohne Umschweife sagen*, dire qch. sans détours, sans ambages.
um|schwenken ["um'ʃvɛŋkən] v. intr. sépar. changer de direction. || FIG. changer d'avis.
Um|schwung ['umʃvuŋ] m. (s, ¨e). **1.** rotation f. ; révolution f.
2. FIG. revirement m. ; changement (m.) brusque. | *Umschwung der öffentlichen Meinung*, revirement de l'opinion publique.
um|segeln ['um"ze:gəln] v. tr. insépar. faire le tour de... en bateau. ||°**-segelung** f. (-, en) périple m. ; circumnavigation f.
um|sehen (sich) [ziç"um'ze:ən] (ie, a, e) v. tr. sépar. regarder autour de soi ; se tourner ; se retourner. | *sich nach jm umsehen*, chercher qn des yeux. | *ehe man sich umgesehen hat*, avant d'avoir eu le temps de se retourner ; en un clin d'œil. | *sich in der Welt umgesehen haben*, avoir vu du pays. || FIG. chercher ; rechercher. | *sich nach Arbeit umsehen*, chercher du travail.
um|seitig ["um'zaitiç] adv. au verso.
um|setzbar ["um'zɛtsbɑ:r] adj. convertible. || FIN. *in bares Geld umsetzbar*, réalisable.
um|setzen ["um'zɛtsən] v. tr. sépar. **1.** déplacer ; transplanter.
2. convertir ; réaliser ; vendre ; négocier.
3. transposer ; traduire.
Um|sich|greifen ['umziç"graifən] n. (s) propagation f. ; envahissement m. ; (action de) se répandre.
Um|sicht ['umziçt] f. circonspection f. ; précaution f. ; prudence f. ||**-sichtig** adj. prudent ; circonspect. ||°**-sichtigkeit** f. circonspection f.
um|siedeln ["um'zi:dəln] v. tr. sépar. installer ailleurs ; transplanter. ||°**-siedler** m. (s, -) émigrant m. ; personne déplacée.
um|sonst [um'zɔnst] adv. gratuitement ; pour rien ; sans raison. || [vergebens] inutilement ; en vain. | *ganz umsonst*, en pure perte.
um|spannen ["um'ʃpanən] v. tr. sépar. TRANSP. changer de chevaux. || ÉLECTR. transformer (la tension).
◇ ['-/"-] v. tr. insépar. entourer ; embrasser. | *Taille zum Umspannen*, taille (f.) de guêpe. || FIG. embrasser. | *sein Geist umspannte viele Gebiete*, son intelligence embrassait de multiples domaines.
Umspann|werk ["umʃpan'vɛrk] n. (s, e). ÉLECTR. poste (m.) de transformation.
um|springen ["um'ʃpriŋən] (a, u) v. intr. sépar. **1.** sauter ; changer brusquement de direction. | *der Wind ist nach Norden umgesprungen*, le vent a tourné au nord.
2. FIG. *mit jm rücksichtslos umspringen*, traiter qn sans égards ; se jouer de qn.
◇ ['-/"-] v. tr. insépar. sauter autour de.
um|spulen ["um'ʃpu:lən] v. tr. sépar. PHOT. réembobiner ; faire passer un film sur une autre bobine.
um|spülen ['um"ʃpy:lən] v. tr. insépar. baigner.
Um|stand ['umʃtant] m. (s, ¨e) circonstance f. | *unter diesen Umständen*, dans ces circonstances. | *unter keinen Umständen*, en aucun cas ; sous aucun prétexte. | *unter Umständen*, éventuellement, le cas échéant. | *die näheren Umstände beachten*, prêter attention à tous les détails. || JUR. *mildernde Umstände*, circonstances atténuantes. || FIG. *Umstände machen*, faire des façons, des cérémonies.
◇ m. pl. **Umstände,** situation f. ; position f. | *in guten Umständen*, dans une bonne situation (de fortune). | *in anderen Umständen sein*, être enceinte.
Umstands|bestimmung ["umʃtantsbə'ʃtimuŋ] f. (-, en) adverbe m. ||**-halber** adv. à cause de la situation ; étant donné la situation. ||°**-kleid** n. (s, er) robe (f.) de grossesse. ||°**-krämer** m. (s, -). FIG. pédant m. ||°**-satz** m. (es, ¨e). GRAMM. proposition circonstancielle. ||°**-wort** n. (s, ¨er) adverbe m.
um|ständlich ["um'ʃtɛntliç] adj. **1.** trop minutieux. || PAR EXT. [weitschweifig] prolixe.
2. qui fait des façons, des manières ; cérémonieux.
3. difficultueux ; incommode.
Um|ständlichkeit [-kait] f. (-, en). **1.** prolixité f.
2. caractère cérémonieux ; cérémonies f. pl.
um|stechen ["um'ʃtɛçən] (i, a, o) v. intr. sépar. bêcher, retourner la terre.
um|stecken ["um'ʃtɛkən] v. tr. sépar. transplanter.
◇ ['-/"-] v. tr. insépar. entourer de jalons.
um|stehen ['um"ʃte:ən] (umstand, umstanden) v. tr. insépar. entourer.
◇ ["-/'-] part. prés. **umstehend.** *die Umstehenden*, les assistants m. pl. ; l'assistance f. || *umstehend*, au verso.
Umsteige|karte ["umʃtaigə'kartə] f. (-, n) ticket (m.), billet (m.) de correspondance.
um|steigen ["um'ʃtaigən] (ie, ie) v. intr. sépar. changer de train.
Umstell|bahnhof ["umʃtɛl'bɑ:nho:f] m. (s, ¨e) gare (f.) de triage.
um|stellen ["um'ʃtɛlən] v. tr. sépar. changer de place. || [Wörter] transposer. || FIG. *einen Betrieb auf eine neue Herstellung umstellen*, adapter une entreprise à une fabrication nouvelle. || INF. *(einen Betrieb) auf EDV umstellen*, informatiser (une entreprise). || FAM. *sich umstellen*, changer son fusil d'épaule.
◇ ['-/"-] v. tr. insépar. entourer ; cerner.
Um|stellung ["um'ʃtɛluŋ] f. (-, en) déplacement m. ; transposition f. ; réadaptation f. || FIG., FAM. changement (m.) d'opinions.
um|steuern ["um'ʃtɔyərn] v. tr. sépar. TECHN. renverser (le courant, la marche). || MAR. virer de bord. ||°**-steuerung** f. (-, en) changement (m.) de marche, de mouvement ; inversion f.
um|stimmen ["um'ʃtimən] v. tr. sépar. MUS. changer de ton ; accorder sur un autre ton. || FIG. faire changer d'avis ; retourner l'opinion.
um|stoßen ["um'ʃto:sən] (ö, ie, o) v. tr. sépar. renverser. | *alles umstoßen*, tout bouleverser. || FIG. renverser ; abolir. | *einen Kauf umstoßen*, rompre un marché. | *ein Testament umstoßen*, invalider un testament. | *ein Urteil umstoßen*, casser un jugement. | *umstoßend*, péremptoire. ||**-stößlich** adj. révocable ; annulable.
um|streiten ['um"ʃtraitən] (i, i) v. tr. insépar. disputer ; controverser. | *umstrittene Frage*, question controversée.
um|strukturieren ["umʃtruktu'ri:rən] v. tr. restructurer. ||°**-strukturierung** f. (-, en) restructuration f.
um|stülpen ["um'ʃtylpən] v. tr. sépar. retrousser.
Um|sturz ['umʃturts] m. (es, ¨e) révolution f. ; bouleversement m.
Umsturz|bewegung ["umʃturtsbə've:guŋ] f. (-, en) mouvement (m.) révolutionnaire. ||°**-gedanken** m. pl. idées subversives.
um|stürzen ["um'ʃtyrtsən] v. tr. sépar. retourner ;

renverser. || FIG. bouleverser ; renverser ; faire œuvre de subversion.
◇ v. intr. sépar. tomber à la renverse ; s'écrouler ; capoter.

Um|stürzler ["um'ʃtyrtslər] m. (s, -) révolutionnaire m. ; esprit subversif.

um|stürzlerisch [-iʃ] adj. révolutionnaire ; subversif.

um|taufen ["um'taufən] v. tr. sépar. débaptiser.

Um|tausch ['umtauʃ] m. (es, e) échange m. ; troc m. | *Umtausch zum Nennwert*, échange au pair. || FIN. arbitrage m. ||**-tauschbar** adj. [Währung] convertible. ||°**-tauschbarkeit** f. convertibilité f. ||**-tauschen** v. tr. sépar. troquer ; échanger.

Um|topfen ["um'tɔpfən] n. (s, -) dépotage m.

Um|triebe ['umtri:bə] m. pl. intrigues f. pl. ; menées f. pl. ; machinations f. pl.

Umtrunk ['umtruŋk] m. (s) cocktail m. || FAM. pot m.

um|tun ['umtu:n] (tat, getan) v. tr. sépar. [umlegen] *einen Mantel umtun*, jeter un manteau sur ses épaules.
◇ v. pr. sépar. **sich umtun,** se renseigner au sujet de ; faire des recherches sur. | *er tut sich nach einer neuen Stellung um*, il recherche un nouvel emploi.

um|wachsen ['um"vaksən] (ä, u, a) v. intr. insépar. croître, pousser autour de. | *mit Weiden umwachsene Weide*, pâturage entouré de saules.

um|wallen ['um"valən] v. tr. insépar. flotter autour de.

um|wälzen ["um'vɛltsən] v. intr. sépar. rouler. || bouleverser ; renverser ; révolutionner. ||°**-wälzung** f. (-, en) révolution f. ; bouleversement m.

Umwälz|pumpe ["umvɛlts'pumpə] f. (-, n). TECHN. pompe (f.) de recirculation.

um|wandelbar ["um'vandəlbɑ:r] adj. commuable ; [Wertpapier] convertible.

um|wandeln ["um'vandəln] v. tr. et v. pr. sépar. transformer ; (se) changer ; (se) métamorphoser. | *sich in sein Gegenteil umwandeln*, se transformer en son contraire.

Um|wandlung [-dluŋ] f. (-, en) transformation f. ; changement m. | *Umwandlungsprozeß*, métamorphose f. | *in Umwandlung begriffen*, en cours de transformation. || FIN. conversion f. | *Umwandlung von Reserven*, incorporation (f.) de réserves. || CHIM. transmutation f.

um|wechseln ["um'vɛksəln] v. tr. sépar. changer. | *eine Banknote gegen Gold umwechseln*, changer un billet pour de l'or. | *die Felder umwechseln*, alterner les cultures.
◇ v. intr. sépar. [abwechseln] alterner.

Um|weg ['umve:k] m. (s, e) détour m. || FIG. biais m. ; moyen détourné. | *auf Umwegen*, par des moyens détournés.

um|wehen ["um've:ən] v. tr. sépar. renverser par son souffle.
◇ ['-/"-] v. tr. insépar. souffler autour de.

Um|welt ['umvɛlt] f. environnement m. ; milieu m. ; ambiance f. | *umweltbedingt*, conditionné par le milieu.

Umwelt|belastung ["umvɛltbə'lastuŋ] f. (-, en) nuisance f. ; pollution f. ||**-freundlich** adj. biodégradable ; non polluant. ||°**-papier** n. (s, e) papier recyclé. ||°**-schäden** m. pl. nuisances f. pl. ||°**-schutz** m. (es) protection (f.) de l'environnement. ||°**-schützer(in)** m. (s, -), f. (-, nen) écologiste s. ||°**-schutz|maßnahme** f. (-, n) mesure(s) f. (pl.) de dépollution. ||°**-sünder** m. (s, -) pollueur m. ||°**-verschmutzung** f. (-) pollution f. (de l'environnement).

um|wenden ["um'vɛndən] (wandte, gewandt et conjug. faible) v. tr. sépar. tourner ; retourner. | *die Seiten eines Buches umwenden*, tourner les pages d'un livre. | *bitte umzuwenden*, t.s.v.p. (tournez, s'il vous plaît).
◇ v. pr. sépar. **sich umwenden,** se retourner.

um|werben ['um"vɛrbən] (i, a, o) v. tr. insépar. courtiser ; s'empresser autour de.

um|werfen ["um'vɛrfən] (i, a, o) v. tr. sépar. **1.** jeter sur ses épaules. | *einen Mantel umwerfen*, jeter un manteau sur ses épaules.
2. [umstoßen] retourner ; renverser. | *Kegel umwerfen*, abattre des quilles. | *diese Nachricht hat uns umgeworfen*, cette nouvelle nous a bouleversés.

um|werten ["um'vɛrtən] v. tr. sépar. donner une autre valeur à ; réévaluer. ||°**-wertung** f. (-, en) renversement (m.) des valeurs ; réévaluation f.

um|wickeln ["um'vikəln, 'um"vikəln] v. tr. sépar. et insépar. envelopper ; entortiller.

um|winden ["um'vindən] (a, u) v. tr. sépar. mettre autour.
◇ ['-/"-] v. tr. insépar. ceindre de guirlandes, de couronnes.

um|wittert ['um"vitərt] adj. entouré.

um|wohnend ["um'vo:nənt] adj. voisin ; des alentours. ||°**-wohner** m. pl. voisins m. pl.

um|wölken ['um"vølkən] v. tr. et v. pr. insépar. *der Himmel hat sich umwölkt*, le ciel s'est couvert de nuages.

um|wühlen ["um'vy:lən] v. tr. sépar. fouiller ; retourner.

um|zäunen ['um"tsɔynən] v. tr. insépar. clôturer ; enclore. ||°**-zäunung** f. (-, en) clôture f. ; enclos m.

um|ziehen ['um"tsi:ən] (umzog, umzogen) v. tr. insépar. entourer.
◇ ["-/'-] v. tr. sépar. mettre d'autres vêtements à.
◇ ["-/'-] v. pr. sépar. **sich umziehen,** se changer.
◇ ["-/'-] v. intr. sépar. déménager. | *in eine andere Wohnung umziehen*, changer d'appartement.

um|zingeln ['um"tsiŋəln] v. tr. insépar. cerner ; encercler ; investir.

Um|zug ['umtsu:k] m. (s, ¨e) déménagement m. || cortège m. ; procession f.

un|abänderlich ['unap"ɛndərliç] adj. invariable ; immuable ; inaltérable.

un|abdingbar ['unap"diŋbɑ:r] adj. JUR. inéluctable.

un|abhängig ["unap'hɛŋiç] adj. indépendant ; autonome. ||°**-abhängigkeit** f. indépendance f. ; autonomie f. ||°**-abhängigkeits|bewegung** f. (-, en). POLIT. mouvement (m.) indépendantiste.

un|abkömmlich ['unap"kømliç] adj. indisponible.

un|ablässig ["unap'lɛsiç, 'unap"lɛsiç] adj. continuel ; perpétuel.

un|absehbar ['unap"ze:bɑ:r] adj. qui s'étend à l'infini. || FIG. imprévisible.

un|absichtlich ['unap"ziçtliç] adj. non intentionnel ; non prémédité.

un|abweisbar ['unap"vaisbɑ:r], **un|abweislich** [-liç] adj. qu'on ne peut refuser ; impérieux.

un|abwendbar ['unap"vɛntbɑ:r] adj. inévitable ; inéluctable ; imparable.

un|achtsam ["un'axtzɑ:m] adj. inattentif ; imprudent. ||°**-achtsamkeit** f. inattention f. ; imprudence f. ; inadvertance f. ; étourderie f.

un|ähnlich ["un'ɛ:nliç] adj. dissemblable.

un|anfechtbar ['unan"fɛçtbɑ:r] adj. inattaquable.

un|angebracht ["un'angəbraxt] adj. déplacé, incongru.

un|angemeldet ["unangə'mɛldət] adj. à l'improviste ; sans avoir prévenu.

un|angemessen ["unangə'mɛsən] adj. impropre ; inconvenant ; inadéquat.

un|angenehm ["un'angəne:m] adj. désagréable.

un|angetastet ["unangə'tastət] adj. intact ; auquel on ne touche pas.

un|annehmbar ['unan"ne:mbɑ:r] adj. inacceptable ; intolérable ; irrecevable.

Un|annehmlichkeit [-'ne:mliçkait] f. (-, en) désagrément m. ; contrariété f. ; ennui m.

un|ansehnlich ['unan"ze:nliç] adj. insignifiant.

un|anständig ["unan'ʃtɛndiç] adj. indécent ; inconvenant. ||°**-anständigkeit** f. (-, en) inconvenance f. ; incorrection f. ; indécence f.

un|antastbar ['unan"tastbɑ:r] adj. inviolable ; intangible ; inattaquable.

Un|antastbarkeit [-kait] f. intangibilité f.

un|anwendbar ['unan"vɛntbɑ:r] adj. inapplicable.

un|appetitlich ['unapə"ti:tliç] adj. peu appétissant ; dégoûtant.

Un|art ['unɑ:rt] f. (-, en) mauvaises manières ; mauvaise éducation ; mauvaise habitude.

un|artig ["un'ɑ:rtiç] adj. méchant ; mal élevé.

Un|artigkeit [-kait] f. (-, en). V. UNART.

un|artikuliert ["unartiku'li:rt] adj. inarticulé.

un|ästhetisch ["unɛs'te:tiʃ] adj. peu esthétique.

un|auffällig ["un'auffɛliç] adj. modeste ; réservé ; qui passe inaperçu.

un|auffindbar ['unauf"fintbɑ:r] adj. introuvable.

un|aufgefordert ["unaufgə'fɔrdərt] adj. qui n'a pas été invité ; spontanément ; de soi.

un|aufhaltbar ['unauf"haltbɑ:r], **unaufhaltsam** [-zɑ:m] adj. et adv. irrésistible. | *unaufhaltsam verfolgt*, poursuivi sans relâche.

un|aufhörlich ['unauf"hø:rliç] adj. qui ne cesse pas ; continuel.
◇ adv. sans cesse ; sans arrêt ; sans relâche ; sans discontinuer.

un|auflösbar ['unauf"lø:sbɑ:r], **un|auflöslich** [-"lø:sliç] adj. indissoluble. | *unauflösliche Freundschaft*, amitié (f.) indissoluble. || CHIM., MATH. insoluble ; irréductible.

Un|auflöslichkeit [-"lø:sliçkait] f. indissolubilité f. || CHIM., MATH. insolubilité f.

un|aufmerksam ['unauf"mɛrkzɑ:m] adj. inattentif ; distrait. ||°**-aufmerksamkeit** f. distraction f. ; inattention f.

un|aufrichtig ["unauf'riçtiç] adj. insincère. || °**-aufrichtigkeit** f. manque (m.) de sincérité.

un|aufschiebbar ['unauf"ʃi:pbɑ:r] adj. qui ne peut être renvoyé, différé ; urgent ; pressant. ||°**-aufschiebbarkeit** f. urgence f.

un|ausbleiblich ['unaus"blaipliç] adj. inévitable ; infaillible ; immanquable.

un|ausdehnbar ['unaus"de:nbɑ:r] adj. non extensible ; non expansible.

un|ausführbar ['unaus"fy:rbɑ:r] adj. irréalisable.

un|ausgefüllt ["unausgə'fylt] adj. non rempli. | *unausgefüllte Quittung*, quittance (f.) en blanc. || °**-ausgefülltheit** f. ennui m. ; vide m.

un|ausgesetzt ["unausgə'zɛtst] adj. sans arrêt ; ininterrompu ; sans relâche ; continuel ; incessant.

un|auslöschbar ['unaus"løʃbɑ:r], **un|auslöschlich** [-"løʃliç] adj. ineffaçable ; indélébile.

un|aussprechbar ['unaus"ʃprɛçbɑ:r] adj. impossible à prononcer. ||**-aussprechlich** adj. inexprimable ; indicible ; ineffable.

un|ausstehlich ['unaus"ʃte:liç] adj. insupportable ; intolérable.

un|austilgbar ['unaus"tilkbɑ:r] adj. indéracinable.

un|ausweichlich ['unaus"vaiçliç] adj. inéluctable ; inévitable.

Un|band ['unbant] m. (s, ¨ou e) petit garnement.

un|bändig ["un'bɛndiç] adj. **1.** indomptable ; indocile. | *unbändiges Kind*, enfant (m. et f.) difficile. **2.** effréné ; incoercible. | *unbändig lachen*, avoir le fou rire. ||°**-bändigkeit** f. caractère (m.) indomptable.

un|barmherzig ["unbarm'hɛrtsiç] adj. impitoyable ; sans pitié. ||°**-barmherzigkeit** f. inflexibilité f. ; dureté (f.) de cœur.

un|beabsichtigt ["unbə'apziçtiçt] adj. non intentionnel.

un|beachtet ["unbə'axtət] adj. inaperçu. | *etwas unbeachtet lassen*, ne pas accorder attention à qch.

un|beanstandet ['unbə"anʃtandət] adj. sans contredit ; sans opposition.

un|beantwortet ['unbə"antvɔrtət] adj. demeuré sans réponse.

un|bearbeitet ['unbə"arbaitət] adj. non travaillé ; non usiné ; resté à l'état brut.

un|bebaut ["unbə'baut] adj. [Feld] inculte. || [Bauplatz] non bâti. | *unbebauter Boden*, terrain vague.

un|bedacht(sam) ["unbə'daxt, 'unbə"daxtz:ɑm] adj. irréfléchi ; étourdi ; inconsidéré. | *unbedachtsame Worte*, propos inconsidérés. ||°**-bedachtsamkeit** f. étourderie f. ; légèreté f.

un|bedarft ["unbə'darft] adj. naïf ; inexpérimenté.

un|bedeckt ["unbə'dɛkt] adj. découvert ; nu.

un|bedenklich ['unbə"dɛŋkliç] adj. qui n'offre aucune difficulté, aucun inconvénient.
◇ adv. sans hésiter.

un|bedeutend ["unbə'dɔytənt] adj. insignifiant ; sans valeur ; négligeable ; sans grande valeur.

un|bedingt ["unbə'diŋt] adj. et adv. sans condition ; sans réserve ; absolu ; absolument. | *unbedingter Gehorsam*, obéissance inconditionnelle.

un|beendigt ["unbə'ɛndiçt] adj. inachevé.

un|beerbt ["unbə'ɛrpt] adj. sans héritiers.

un|beerdigt ["unbə'e:rdiçt] adj. non enterré ; laissé sans sépulture.

un|befahrbar ['unbə"fɑ:rbɑ:r] adj. non viable ; non praticable ; non navigable.

un|befangen ["unbə'faŋən] adj. **1.** [unvoreingenommen] non prévenu ; sans préjugé ; impartial. **2.** [ungekünstelt] naturel ; spontané. **3.** [treuherzig] candide ; ingénu.

Un|befangenheit [-hait] f. impartialité f. || ingénuité f. ; candeur f.

un|befestigt ["unbə'fɛstiçt] adj. non fortifié. || MIL. *unbefestigte Stadt*, ville ouverte. || [Straße] non consolidé ; non macadamisé.

un|befiedert ["unbə'fi:dərt] adj. sans plumes.

un|befleckt ["unbə'flɛkt] adj. immaculé ; vierge ; sans tache. || RELIG. *Unbefleckte Empfängnis*, Immaculée Conception. ||°**-beflecktheit** f. pureté f.

un|befriedigend ["unbə'fri:digənt] adj. non satisfaisant ; insuffisant. ||**-befriedigt** adj. insatisfait ;

déçu ; mécontent. ||°-**befriedigtheit** f. mécontentement m. ; insatisfaction f.

un|befugt ["unbə'fu:kt] adj. non autorisé ; qui n'a pas qualité pour ; incompétent. | *Unbefugten ist der Zutritt verboten*, entrée interdite aux personnes étrangères au service.

Unbefugtheit [-hait] f. JUR. incompétence f.

un|begabt ["unbə'ga:pt] adj. peu doué.

un|begreiflich ['unbə"graifliç] adj. inconcevable ; incompréhensible.

un|begrenzt ["unbə'grɛntst] adj. sans limites ; illimité ; sans bornes.

un|begründet ["unbə'gryndət] adj. non fondé ; non justifié ; dénué de tout fondement. ||°-**begründetheit** f. caractère non justifié. | *die Unbegründetheit solcher Behauptungen*, la vanité de telles affirmations.

un|begütert ["unbə'gy:tərt] adj. qui n'a pas de biens ; sans fortune.

Un|behagen ["unbə'ha:gən] n. (s) gêne f. ; malaise m.

un|behaglich ["unbə'ha:kliç] adj. mal à l'aise ; gêné. || [unbequem] incommode ; inconfortable. ||°-**behaglichkeit** f. sentiment (m.) de malaise ; inconfort m.

un|behauen ["unbə'hauən] adj. [Holz] brut.

un|behelligt ["unbə'hɛliçt] adj. [ungestört] sans être inquiété.

un|behindert ["unbə'hindərt] adj. sans être empêché, arrêté ; sans obstacles.

un|beholfen ["unbə'hɔlfən] adj. maladroit ; gauche ; lourd. ||°-**beholfenheit** f. gaucherie f. ; maladresse f.

un|behutsam ["unbe'hu:tza:m] adj. imprudent.

un|beirrt ["unbə'irt] adv. tout droit ; sans détour. || FIG. sans se troubler ; d'un pas ferme.
— SYN. : *unbeirrbar*.

un|bekannt ["unbə'kant] adj. **1.** inconnu ; ignoré. | *es ist Ihnen nicht unbekannt, daß*, vous n'ignorez pas, vous n'êtes pas sans savoir que. | *ich bin in dieser Stadt unbekannt*, je ne suis pas connu dans cette ville ; je ne connais pas cette ville. || *unbekannter Soldat*, soldat inconnu. || JUR. *Anzeige gegen Unbekannt*, plainte contre X.
2. MATH. *unbekannte Größe*, inconnue f.
3. [anonym] anonyme. | *unbekannterweise*, incognito.

Un|bekannte [-'kantə] f. (n). MATH. inconnue f.

un|bekehrbar ['unbə"ke:rba:r] adj. que l'on ne peut faire changer d'avis ; incorrigible ; invétéré.

un|bekömmlich ["unbə'kømliç] adj. 1° indigeste ; 2° qui ne convient pas.

un|bekümmert ["unbə'kymərt] adj. insouciant. | *seien Sie unbekümmert*, ne vous mettez pas en peine. ||°-**bekümmertheit** f. insouciance f.

un|beladen ["unbə'la:dən] adj. non chargé ; à vide. || MAR. sur lest.

un|belastet ["unbə'lastət] adj. non chargé. || JUR. *unbelastetes Grundstück*, terrain non grevé d'hypothèques.

un|belästigt ["unbə'lɛstiçt] adj. qui n'est pas importuné ; qu'on laisse tranquille.

un|belebt ["unbə'le:pt] adj. sans vie ; inanimé.

un|belehrbar ['unbə"le:rba:r] adj. impossible à convaincre ; incorrigible.

un|belesen ["unbə'le:zən] adj. qui a peu lu ; peu cultivé.

un|belichtet ["unbə'liçtət] adj. PHOT. non exposé.

un|beliebt ["unbə'li:pt] adj. peu aimé ; impopulaire. ||°-**beliebtheit** f. impopularité f.

un|belohnt ["unbə'lo:nt] adj. sans récompense.

un|bemannt ["unbə'mant] adj. sans pilote. | *unbemannte Rakete*, fusée sans pilote.

un|bemerkbar ['unbə"mɛrkba:r] adj. imperceptible. ||-**bemerkt** adj. inaperçu ; sans être aperçu.

un|bemittelt ["unbə'mitəlt] adj. qui n'a pas de moyens ; sans fortune.

un|benommen ["unbə'nɔmən] adj. permis. | *es bleibt Ihnen unbenommen*, vous êtes libre de.

un|benutzt ["unbə'nutst] adj. inutilisé ; dont on ne profite pas. | *unbenutzes Vermögen*, fortune (f.) qui dort. ||-**benutzbar** adj. inutilisable.

un|beobachtet ["unbə'o:paxtət] adj. qui n'est pas observé ; à quoi on ne prête pas attention.

un|berechenbar ['unbə"reçənba:r] adj. incalculable ; impondérable ; déconcertant. || FIG. fantasque.

un|berechtigt ["unbə'rɛçtigt] adj. injustifié ; non fondé ; non autorisé. ||-**berechtigterweise** adv. sans autorisation.

un|berücksichtigt ["unbə'rykziçtiçt] adj. dont on n'a pas tenu compte ; à quoi l'on n'a pas pris garde.

un|berufen ['unbə"ru:fən] adj. et adv. non qualifié ; sans autorisation ; de son propre chef.
◇ interj. **unberufen !,** touchons du bois.

un|berührbar ['unbə"ry:rba:r] adj. intangible. | *die Unberührbaren*, les intouchables.

un|berührt ["unbə'ry:rt] adj. intact ; pur ; vierge. || FIG. *unberührt lassen*, passer sous silence.

un|beschadet ["unbə'ʃa:dət] prép. (gén.) sans préjudice de ; sans faire tort à. | *unbeschadet meiner Rechte*, sans préjudice de mes droits. ||-**beschädigt** adj. intact ; indemne ; sain et sauf.

un|beschäftigt ["unbə'ʃɛftiçt] adj. inoccupé ; désœuvré.

un|bescheiden ["unbe'ʃaidən] adj. immodeste ; prétentieux. | *unbescheidene Frage*, question indiscrète. | *unbescheidene Forderungen*, prétentions exagérées. ||°-**bescheidenheit** f. immodestie f. ; indiscrétion f.

un|beschnitten ["unbə'ʃnitən] adj. non circoncis.

un|bescholten ["unbə'ʃɔltən] adj. irréprochable ; intègre ; qui n'a jamais été puni. ||°-**bescholtenheitszeugnis** n. (ses, se) certificat (m.) de bonne vie et mœurs.

un|beschrankt ["unbə'ʃraŋkt] adj. [ohne Schranken] non muni de barrière. | *unbeschrankter Bahnübergang*, passage à niveau non gardé. ||-**beschränkt** adj. illimité ; absolu. | *mit unbeschränkter Haftung*, à responsabilité illimitée. || JUR. discrétionnaire. || °-**beschränktheit** f. caractère illimité, absolu.

un|beschreiblich ['unbə"ʃraipliç] adj. indescriptible ; indicible. ||-**beschrieben** adj. non écrit ; en blanc. | *unbeschriebenes Blatt*, page blanche. || FIG. [Mensch] dont on ne peut rien dire. || [nicht erläutert] sans commentaire ; non décrit.

un|beschwert ["unbə'ʃve:rt] adj. sans souci. | *unbeschwertes Gewissen*, conscience légère.

un|besehen ["unbə'ze:ən] adj. qui n'a pas été examiné ; tel quel.

un|besetzt ["unbə'zɛtst] adj. inoccupé ; vacant ; libre. | *unbesetzte Stelle*, emploi vacant.

un|besiegbar ['unbə"zi:kba:r], **un|besieglich** [-"zi:kliç] adj. invincible. ||-**besiegt** adj. invaincu.

un|besoldet ["unbə'zɔldət] adj. non rétribué. | *unbesoldetes Amt*, charge (f.) honorifique.

un|besonnen ["unbə'zɔnən] adj. étourdi ; léger ; irréfléchi ; écervelé. | *unbesonnener Streich*, étourderie f. ; incartade f. ||°-**besonnenheit** f. légèreté (f.) d'esprit ; étourderie f.

un|besorgt ["unbə'zɔrkt] adj. sans souci ; sans inquiétude ; tranquille. | *nicht ganz unbesorgt um jn sein*, éprouver quelque inquiétude au sujet de qn. | *seien Sie unbesorgt*, FAM. ne vous en faites pas.

un|beständig ["unbə'ʃtɛndiç] adj. instable ; inconstant. | *unbeständiges Wetter*, temps (m.) variable. ||°**-beständigkeit** f. inconstance f. ; instabilité f. ; versatilité f.

un|bestätigt ["unbə'ʃtɛ:tiçt] adj. non confirmé.

un|bestechbar ['unbə"ʃtɛçba:r], **un|bestechlich** [-"ʃtɛçliç] adj. incorruptible ; intègre. ||°**-bestechlichkeit** f. incorruptibilité f. ; intégrité f.

un|bestellt ["unbə'ʃtɛlt] adj. **1.** AGRIC. *unbestellte Felder*, champs (m. pl.) qui n'ont pas été labourés. **2.** COMM. non commandé ; sans ordre.

un|besteuert ["unbə'ʃtɔyərt] adj. non imposé.

un|bestimmbar ['unbə"ʃtimba:r] adj. indéterminable ; indéfinissable. || PAR EXT. vague.

un|bestimmt ["unbə'ʃtimt] adj. **1.** indéfini ; indéterminé. | *auf unbestimmte Zeit*, pour un temps indéterminé. || GRAMM. *unbestimmter Artikel*, article indéfini.
2. [unklar] incertain ; vague ; confus. | *unbestimmte Worte*, termes (m. pl.) vagues.
3. [unentschieden] indécis.

un|bestochen ["unbə'ʃtɔxən] adj. non corrompu ; intègre. ||°**-bestochenheit** f. intégrité f.

un|bestraft ["unbə'ʃtra:ft] adj. impuni.
◇ adv. impunément.

un|bestreitbar ['unbə"ʃtraitba:r] adj. incontestable ; indiscutable.

un|bestritten ["unbə'ʃtritən] adj. [feststehend] incontesté ; établi. || PAR EXT. authentique.

un|beteiligt ["unbə'tailiçt] adj. qui ne participe pas ; qui n'a point part à ; étranger à. | *bei einer Sache unbeteiligt sein*, être étranger à une affaire ; FAM. n'y être pour rien. || PAR EXT. désintéressé ; indifférent.

un|betont ["unbə'to:nt] adj. non accentué ; atone.

un|betretbar ['unbə"tre:tba:r] adj. inaccessible. ||**-betreten** adj. *unbetretener Weg*, chemin non frayé.

un|beugsam ['un"bɔykza:m] adj. inflexible ; inébranlable ; fier. ||°**-beugsamkeit** f. inflexibilité f. ; fierté f.

un|bewacht ["unbə'vaxt] adj. non gardé ; laissé sans surveillance. | *unbewachter Bahnübergang*, passage (m.) à niveau non gardé.

un|bewaffnet ["unbə'vafnət] adj. sans armes ; désarmé. || FIG. *mit unbewaffnetem Auge*, à l'œil nu. || BOT., ZOOL. inerme.

un|beweglich ['unbə"ve:kliç et "unbə've:kliç] adj. immobile ; qui ne bouge pas ; qui reste à la même place. | *unbeweglich machen*, immobiliser. | *unbeweglicher Punkt*, point (m.) fixe. || FIG. insensible ; inflexible ; inébranlable. || JUR. immobilier. | *unbewegliche Habe*, biens immobiliers. | *unbewegliches Gut*, immeuble m.

Un|beweglichkeit ['unbə"ve:kliçkait] f. immobilité f. ; fixité f. || FIG. [Unbeugsamkeit] inflexibilité f.

un|bewegt ["unbə've:kt] adj. immobile. || FIG. impassible ; insensible. | *er blieb bei diesen Worten unbewegt*, ces paroles furent sans effet sur lui. ||°**-bewegtheit** f. impassibilité f.

un|bewehrt ["unbə've:rt] adj. [unbewaffnet] non armé ; sans protection. || TECHN. *unbewehrtes Kabel*, câble non armé.

un|bewertet ["unbə've:rtət] adj. COMM. non évalué.

un|bewiesen ["unbə'vi:zən] adj. qui n'est pas prouvé ; non démontré.

un|bewohnbar ['unbə"vo:nba:r et "unbə'vo:nba:r] adj. inhabitable. ||**-bewohnt** adj. inhabité ; inoccupé ; vide.

un|bewußt ["unbə'vust et 'unbə"vust] adj. inconscient. || PAR EXT. [unwillkürlich] involontaire. || PHILOS. *das Unbewußte*, l'inconscient m.
◇ adv. [ohne es zu wissen] sans le savoir ; involontairement.

un|bezahlbar ['unbə"tsa:lba:r] adj. (PR. seulement) impayable. || PAR EXT. sans prix ; merveilleux. ||**-bezahlt** adj. non payé ; impayé.

un|bezähmbar [-"tsɛ:mba:r] adj. indomptable.

un|bezeugt ["unbə'tsɔykt] adj. non attesté.

un|bezweifelt ["unbə'tsvaifəlt] adj. indubitable.

un|bezwingbar ['unbə"tsviŋba:r], **un|bezwinglich** [-"tsviŋliç] adj. invincible ; insurmontable. | *unbezwingbare Schwierigkeiten*, difficultés (f. pl.) insurmontables. || MIL. imprenable.

Un|bilden ['unbildən] f. pl. conséquences (f.) désagréables. | *Unbilden der Witterung*, intempéries.

Un|bill ['unbil] f. (-, bilden). [Unbild] injustice f. | *Unbill erleiden*, supporter des injustices. ||**-billig** adj. injuste ; peu équitable. | *Unbilliges erleiden*, supporter des injustices ; souffrir l'injustice. || PAR EXT. *unbillige Forderung*, demande non justifiée. ||°**-billigkeit** f. JUR. injustice f. ; iniquité f.

un|blutig ["un'blu:tiç] adj. non sanglant. | *unblutig errungener Sieg*, victoire acquise sans effusion de sang.

un|botmäßig ["unbo:t'mɛ:siç] adj. insubordonné ; indiscipliné. ||°**-botmäßigkeit** f. insubordination f.

un|brauchbar ['un"brauxba:r] adj. inutilisable. | *unbrauchbar machen*, mettre hors d'usage. || inapte ; inutile. ||°**-brauchbarkeit** f. inutilité f. || inaptitude f.

Un|christ ['unkrist] m. (en, en) infidèle m. ; mécréant m. ||**-christlich** adj. peu chrétien.

und [unt] conj. de coordin. et. | *du und ich*, toi et moi. | *keine Familie und keine Freunde haben*, n'avoir ni famille ni amis. | *und so weiter*, et cætera. | *zu zwei und zwei gehen*, aller deux par deux. | *und (nun) ?*, et alors ? | *gehen Sie und sagen Sie ihm*, allez lui dire. | *seien Sie go gut und sagen Sie ihm*, soyez assez bon de lui dire. || (entre deux compar.) *der Himmel wird schwärzer und schwärzer*, le ciel devient de plus en plus noir | *mehr und mehr*, de plus en plus. || FAM. *na und ?*, et alors ? || *und wenn die Welt voll Teufel wäre* (LUTHER), même si le monde était plein de diables.

Un|dank ['undaŋk] m. (s) ingratitude f. || **-dankbar** adj. ingrat. | *undankbar gegen jn sein*, faire preuve d'ingratitude envers qn. || PAR EXT. *eine undankbare Aufgabe*, un travail ingrat. ||°**-dankbarkeit** f. ingratitude f.

un|datiert ["unda'ti:rt] adj. non daté ; sans date.

un|denkbar ['un"dɛŋkba:r] adj. impensable ; inconcevable ; inimaginable. ||**-denklich** adj. *seit undenklichen Zeiten*, depuis des temps immémoriaux.

un|deutlich ["un'dɔytliç et 'un"dɔytliç] adj. indistinct ; obscur. | *undeutliche Schrift*, écriture (f.) peu lisible. | *undeutliches Bild*, image floue. | *undeutliche Stimme*, voix (f.) inintelligible. ||°**-deutlichkeit** f. manque (m.) de netteté ; confusion f.

un|deutsch ['undɔytʃ] adj. qui n'est pas allemand ; qui n'est pas conforme aux habitudes allemandes. | *undeutsche Wendung*, tournure peu allemande.

un|dicht ['undiçt] adj. non étanche ; perméable ; qui joint mal ; qui fuit.

un|dienlich ['un"di:nliç] adj. inopportun.

Undine [un'di:nə] f. (-, n). MYTH. ondine f.

Un|ding ['undiŋ] n. (s, e) absurdité f. ; non-sens m.

un|diskutabel ["undisku'tɑ:bəl] adj. inadmissible.

un|diszipliniert ["undistsipli'ni:rt] adj. indiscipliné.

un|duldsam ['un"duldzɑ:m] adj. intolérant ; intransigeant. ||°**-duldsamkeit** f. intolérance f. ; intransigeance f.

un|durchdringlich ['un"durçdriŋliç] adj. impénétrable ; imperméable. | *undurchdringliches Gesicht*, visage fermé. ||**-durchführbar** adj. inexécutable ; infaisable. | *undurchführbarer Plan*, plan (m.) inexécutable. ||**-durchlässig** adj. imperméable. ||**-durchsichtig** adj. opaque ; sans transparence. | *undurchsichtiges Glas*, verre (m.) opaque. || FIG. *undurchsichtige Person*, personnage (m.) louche. | *völlig undurchsichtige Lage*, situation très confuse. ||°**-durchsichtigkeit** f. opacité f. || FIG. impossibilité (f.) de voir clair (dans).

un|eben ["un'e:bən] adj. inégal ; raboteux. | *unebenes Gelände*, terrain inégal, accidenté. || FIG. *nicht uneben*, plutôt joli. | *das ist gar nicht so uneben*, ce n'est pas si mal que ça. | *nicht unebenes Wort*, mot assez bien venu. ||**-ebenbürtig** adj. inférieur. ||°**-ebenheit** f. (-, en) inégalité f. ; aspérité f. ; caractère accidenté.

un|echt ['unɛçt] adj. faux ; imité ; contrefait ; falsifié ; en simili. | *unechte Steine*, pierres fausses. || MATH. *unechter Bruch*, nombre (m.) fractionnaire.

un|edel ["un'e:dəl] adj. commun.

un|ehelich ['un"e:əliç] adj. *uneheliches Kind*, enfant illégitime, naturel. ||**-ehig** adj. BOT. cryptogamique.

Un|ehre ["un'e:rə] f. déshonneur m. | *jm zur Unehre gereichen*, ne pas faire honneur à qn. ||**-ehrlich** adj. malhonnête ; déloyal. ||°**-ehrlichkeit** f. malhonnêteté f. ; mauvaise foi ; déloyauté f. ; acte déloyal.

un|eigennützig ["unaigən'nytsiç] adj. désintéressé ; avec désintéressement. ||°**-eigennützigkeit** f. [Selbstlosigkeit] désintéressement m. ||**-eigentlich** adj. impropre ; figuré.

un|einbringlich ['unain"briŋliç] adj. COMM., JUR. non recouvrable ; qu'on ne peut encaisser. | *uneinbringliche Forderungen*, créances (f. pl.) irrécouvrables. ||°**-einbringlichkeit** f. FIN. irrécouvrabilité f.

un|eingeschränkt ["un'aingəʃrɛŋkt] adj. illimité ; absolu. | *uneingeschränkte Herrschaft*, absolutisme m.

un|einig ["un'ainiç] adj. désuni ; divisé ; brouillé. | *mit jm uneinig werden*, se brouiller avec qn. | *mit sich selbst uneinig*, en contradiction avec soi-même ; irrésolu. ||°**-einigkeit** f. désunion f. ; désaccord m. ; brouille f.

un|einnehmbar ['unain"ne:mbɑ:r] adj. imprenable.

un|eins ['unains] adj. [uneinig] *sie sind uneins*, ils sont en désaccord. | *mit sich selbst uneins*, irrésolu.

un|einträglich ['unain"trɛ:kliç] adj. peu lucratif ; qui ne rapporte pas.

un|empfänglich ['unɛm"pfɛŋliç] adj. non accessible à ; peu réceptif à. | *für die Musik unempfänglich*, fermé à la musique.

un|empfindlich ['unɛm"pfintliç] adj. insensible ; froid. | *für Haß unempfindlich*, inaccessible à la haine. || MÉD. *unempfindlich machen*, insensibiliser. | *unempfindlich machend*, analgésique. ||°**-empfindlichkeit** f. insensibilité f. ; indifférence f. ; apathie f.

un|endlich ['un"ɛntliç] adj. infini ; sans fin. | *das Unendliche*, l'infini m. || FIG. *ich bin Ihnen unendlich dankbar*, je vous suis infiniment reconnaissant. || MATH. *unendlich klein*, infiniment petit ; infinitésimal. ||°**-endlichkeit** f. infinité f. ; immensité f. ; éternité f.

un|entbehrlich ['unɛnt"be:rliç] adj. indispensable ; de première nécessité. ||°**-entbehrlichkeit** f. nécessité absolue. || caractère (m.) irremplaçable.

un|entgeltlich ['unɛnt"gɛltliç] adj. gratuit ; bénévole ; gratis ; gratuitement. ||°**-entgeltlichkeit** f. gratuité f.

un|entrinnbar ['unɛnt"rinbɑ:r] adj. inévitable.

un|entschieden ["unɛnt'ʃi:dən] adj. [Sachen] indécis ; douteux ; non encore tranché ; pendant ; en suspens. | *unentschieden spielen*, faire match nul. | *das Spiel ist unentschieden*, la partie est remise. || [Person] indécis ; irrésolu. ||°**-entschiedenheit** f. indécision f.

un|entschlossen ["unɛnt'ʃlɔsən] adj. indécis. | *er ist noch unentschlossen*, il hésite encore ; il n'a pas encore pris de décision. || PAR EXT. irrésolu ; hésitant. ||°**-entschlossenheit** f. indécision f. ; irrésolution f.

un|entwegt ["unɛnt've:kt] adj. ferme ; inébranlable. | *unentwegt auf etwas bestehen*, ne pas démordre de qch. || PAR EXT. [unbeirrbar] que rien ne déconcerte, ne détourne de son chemin.

un|entwickelt ["unɛnt'vikəlt] adj. non (encore) développé. || PHOT. *unentwickeltes Bild*, image latente. || FIG. incomplet. ||°**-entwickeltheit** f. [Psychologie] immaturité f.

un|entwirrbar ['unɛnt"virbɑ:r] adj. inextricable.

un|entzifferbar ['unɛn"tsifərbɑ:r] adj. indéchiffrable.

un|entzündbar ['unɛn"tsyntbɑ:r] adj. ininflammable ; non inflammable.

un|erbeten ["unɛr'be:tən et 'unɛr"be:tən] adj. importun ; mal venu.

un|erbittlich ['unɛr"bitliç] adj. inexorable ; inflexible ; impitoyable. ||°**-erbittlichkeit** f. inflexibilité f. ; rigueur f.

un|erfahren ["unɛr'fɑ:rən] adj. sans expérience ; inexpérimenté. ||°**-erfahrenheit** f. manque (m.) d'expérience ; inexpérience f. ; impéritie f.

un|erfindlich ["unɛr'fintliç et 'unɛr"fintliç] adj. introuvable. || [unfaßbar] inconcevable ; inimaginable.

un|erforschbar ['unɛr"fɔrʃbɑ:r] adj. inexplorable. ||**-erforschlich** adj. impénétrable ; insondable ; inconnaissable. ||**-erforscht** adj. inexploré.

un|erfreulich ['unɛr"frɔyliç] adj. désagréable ; pénible. | *unerfreulicher Anblick*, spectacle peu réjouissant.

un|erfüllbar ['unɛr"fylbɑ:r] adj. irréalisable. | *unerfüllbare Wünsche*, désirs (m. pl.) chimériques. ||**-erfüllt** adj. non rempli ; non accompli ; irréalisé ; inassouvi.

un|ergiebig ['unɛr"gi:biç] adj. improductif ; stérile ; d'un rendement médiocre. ||°**-ergiebigkeit** f. stérilité f. ; pauvreté f.

un|ergründbar ['unɛr"gryntbɑ:r], **un|ergründlich** [-"gryntliç] adj. insondable ; impénétrable.

un|erheblich ['unɛr"he:pliç] adj. peu important ; insignifiant ; mince ; léger.

un|erhört ['unɛr"hø:rt] adj. **1.** inouï ; fabuleux ; formidable. | *unerhörte Preise*, prix exorbitants. **2.** [nicht erfüllt] non exaucé ; resté sans réponse ; sans suite.

un|erkannt ["unɛr'kant] adj. sans être reconnu ; incognito.

un|erkennbar ['unɛr"kɛnbɑ:r] adj. qui n'est pas reconnaissable ; méconnaissable. ||**-erkenntlich** adj. ingrat. ||°**-erkenntlichkeit** f. ingratitude f.

un|erklärbar ['unɛr"klɛ:rbɑ:r], **un|erklärlich** [-"klɛ:rliç] adj. inexplicable. ||**-erklärt** adj. inexpliqué ; obscur.

un|erläßlich ['unɛr"lɛsliç] adj. indispensable ; de

rigueur. | *unerläßliche Bedingung*, condition (f.) sine qua non.

un|erlaubt ["unɛr'laupt et 'unɛr"laupt] adj. illicite ; défendu ; illégal.

un|erledigt ["unɛr'le:diçt] adj. non terminé ; en suspens ; en souffrance ; inachevé. | *unerledigte Rechnung*, note non réglée.

un|ermeßlich ['unɛr"mɛsliç] adj. immense ; incommensurable ; énorme ; formidable. ||°-**ermeßlichkeit** f. immensité f.

un|ermüdlich ["unɛr'my:tliç] adj. infatigable ; inlassable. — adv. inlassablement. ||°-**ermüdlichkeit** f. caractère (m.) infatigable ; inlassable ardeur f.

un|erörtert ["unɛr'ørtərt] adj. non discuté. | *eine Frage unerörtert lassen*, ne pas discuter une question ; laisser une question pendante.

un|erquicklich ['unɛr"kvikliç] adj. désagréable ; fâcheux ; déplaisant.

un|erreichbar ['unɛr"raiçba:r] adj. inaccessible ; hors d'atteinte. ||-**erreicht** adj. inégalé ; de qualité supérieure.

un|ersättlich ['unɛr"zɛtliç] adj. insatiable ; vorace ; avide. ||°-**ersättlichkeit** f. avidité (f.) insatiable.

un|erschlossen ["unɛr'ʃlɔsən] adj. pas encore ouvert à l'accès, à la circulation.

un|erschöpflich ['unɛr"ʃøpfliç] adj. Pr. et fig. inépuisable ; intarissable.

un|erschrocken ["unɛr'ʃrɔkən] adj. intrépide. || °-**erschrockenheit** f. intrépidité f.

un|erschütterlich ['unɛr"ʃytərliç] adj. inébranlable ; imperturbable. ||°-**erschütterlichkeit** f. caractère (m.) inébranlable.

un|erschwinglich ['unɛr"ʃviŋliç] adj. [Preise] trop élevé ; exorbitant ; hors de prix ; inabordable.

un|ersetzbar ['unɛr"zɛtsba:r] adj. irremplaçable ; irréparable.

un|ersprießlich ['unɛr"ʃpri:sliç] adj. infructueux ; peu avantageux.

un|erträglich ['unɛr"trɛ:kliç] adj. insupportable ; intolérable ; intenable.

un|erwähnt ["unɛr'vɛ:nt] adj. dont on n'a pas fait mention ; omis. | *unerwähnt lassen*, omettre ; passer sous silence.

un|erwartet ["unɛr'vartət] adj. inattendu ; imprévu ; subit ; inespéré.
◇ adv. *das kam ganz unerwartet*, nul ne s'y attendait.
— Syn. : *unvermutet*, inopiné ; *unverhofft*, inespéré.

un|erwidert ['unɛr"vi:dərt] adj. sans réponse ; sans réplique. | *unerwiderter Brief*, lettre restée sans réponse. | *unerwiderte Leidenschaft*, passion non partagée. | *mein Besuch blieb unerwidert*, on ne m'a pas rendu ma visite.

un|erwiesen ["unɛr'vi:zən] adj. non prouvé.

un|erwünscht ["unɛr'vynʃt] adj. non souhaité ; importun ; fâcheux ; indésirable. | *unerwünschter Besuch*, visite (f.) dont on se serait bien passé.

un|erzogen ["unɛr'tso:gən] adj. mal élevé.

un|fähig ["un'fɛ:iç] adj. incapable ; inapte. | *unfähig zu zahlen*, insolvable. || Jur. inhabile. ||°-**fähigkeit** f. incapacité f. ; inaptitude f. | *Zahlungsunfähigkeit*, insolvabilité f. || Jur. inhabilité f.

unfair ['unfɛ:r] adj. et adv. déloyal.

Un|fall ['unfal] m. (s, ¨e) accident m.

Unfall|hilfsstelle ["unfal'hilfsʃtɛlə] f. (-, n) poste (m.) de secours. ||°-**schutz** m. (es) protection (f.) contre les accidents. ||-**sicher** adj. sans risque d'accident. ||°-**tod** m. (s, e) mort accidentelle. ||°-**verhütung** f. prévention (f.) des accidents. ||°-**versicherung** f. (-, en) assurance (f.) accidents. | *gewerbliche Unfallversicherung*, assurance contre les accidents du travail. ||°-**wagen** m. (s, -) ambulance f.

un|faßbar ['un"fasba:r] adj. insaisissable. || Fig. incompréhensible ; inconcevable.

un|fehlbar ['un"fe:lba:r et "un'fe:lba:r] adj. infaillible. | *kein Mensch ist unfehlbar*, nul n'est infaillible ; tout le monde peut se tromper. — adv. infailliblement ; immanquablement ; inévitablement ; à coup sûr. ||°-**fehlbarkeit** f. infaillibilité f. || Relig. *Dogma der Unfehlbarkeit des Papstes*, dogme (m.) de l'infaillibilité du pape.

un|fein ['unfain] adj. peu délicat ; peu raffiné ; inélégant ; inconvenant.

un|fern ['unfɛrn] adv. et prép. (gén. ou « von ») non loin de ; à peu de distance de.

un|fertig ["un'fɛrtiç] adj. inachevé ; non encore terminé. | *unfertiger Charakter*, caractère (m.) manquant de maturité. | *unfertiges Benehmen*, conduite (f.) frivole.

Un|flat ['unflat] m. (s) ordures f. pl. ; immondices f. pl. ||-**flätig** adj. sale ; ordurier ; obscène. || °-**flätigkeit** f. saleté f. ; obscénité f.

un|flektierbar ['unflɛk"ti:rba:r] adj. Gramm. qui ne peut être fléchi ; qui ne peut subir l'inflexion.

un|folgsam ['un"fɔlkza:m] adj. indocile ; désobéissant ; rétif.

un|förmig ["un'førmiç] adj. informe ; difforme ; gros ; balourd. | *unförmige Masse*, masse (f.) informe.

Un|förmigkeit ["un'førmiçkait] f. difformité.

un|förmlich ["un'førmliç] adj. contraire aux formes ; peu conventionnel.

Un|förmlichkeit [-liçkait] f. manque (m.) de courtoisie ; caractère peu conventionnel.

un|frankiert ["un'fraŋki:rt] adj. non affranchi ; en port dû.

un|frei ['unfrai] adj. qui n'est pas libre ; dépendant ; non affranchi. || Hist. serf.

un|freiwillig ["unfrai'viliç] adj. et adv. involontaire ; involontairement ; malgré soi.

un|freundlich ['un"frɔyntliç] adj. peu aimable ; peu accueillant ; désobligeant. || [Wetter] gris ; maussade ; inclément. ||°-**freundlichkeit** f. mauvaise grâce ; inclémence f. ||-**freundschaftlich** adj. désobligeant ; hostile ; peu amical.

Un|friede ["un'fri:də] m. (ns) discorde f. | *Unfrieden säen*, semer la discorde. || Par ext. discussion f. ; brouille f. ||-**friedlich** adj. querelleur.

UN-Friedenstruppe [u'ɛn"fri:dənstrupə] f. (-, n) casques bleus.

un|fruchtbar ['un"fruxtba:r] adj. stérile ; infertile ; infécond ; ingrat. ||°-**fruchtbarkeit** f. infécondité f. ; stérilité f.

Un|fug ['unfu:k] m. (s) désordre m. ; bêtises f. pl. | *Unfug treiben*, faire du scandale. || Jur. *grober Unfug*, délit (m.) grave. ||-**fügsam** adj. indocile ; indiscipliné ; rétif.

un|gangbar ['un"gaŋba:r] adj. impraticable.

Ungar(in) ['ungar(in)] m. (n, n), f. (-, nen) Hongrois(e) m. (f.).

Ungarn ['uŋgarn] n. pr. n. Géogr. Hongrie f.

ungarisch ['uŋga:riʃ] adj. hongrois.

un|gastlich ['un"gastliç] adj. inhospitalier.

un|geachtet ["ungə'axtət] prép. (gén.) malgré ; en dépit de ; nonobstant. | *dessen ungeachtet*, en dépit de cela.
◇ conj. *ungeachtet dessen, daß*, bien que ; quoique.

un|geahndet ["ungə'ɑ:ndət] adj. et adv. impuni ; impunément.

un|geahnt ["ungə'ɑ:nt] adj. inattendu ; inespéré ; dont on ne se doutait pas. | *ungeahnte Möglichkeiten*, possibilités insoupçonnées.

un|gebändigt ["ungə'bɛndiçt] adj. indompté.

un|gebärdig ["ungə'bɛrdiç] adj. sauvage ; récalcitrant ; mutin. | *sich ungebärdig stellen*, regimber ; se montrer récalcitrant.

un|gebeten ["ungə'betən] adj. et adv. [aufdringlich] sans être invité ; mal à propos. | *ungebetener Gast*, intrus m. ; indésirable m.

un|gebeugt ["ungə'bɔykt] adj. indompté ; fier ; qui ne se laisse pas abattre. || GRAMM. non fléchi.

un|gebildet ["ungə'bildət] adj. inculte ; sans culture ; sans éducation ; illettré ; grossier.

un|gebleicht ["ungə'blaiçt] adj. non blanchi ; écru.

un|geboren ["ungə'bo:rən] adj. *noch ungeboren*, encore à naître ; embryonnaire. | *ungeborenes Leben*, vie (f.) embryonnaire.

un|gebräuchlich ["ungə'brɔyçliç] adj. inusité ; rare ; insolite. ||**-gebraucht** adj. non (encore) utilisé ; neuf.

Un|gebühr ["ungə'by:r] f. abus m. ; injustice f. ; inconvenance f. | *zur Ungebühr*, abusivement. || **-gebührend, -gebührlich** adj. inconvenant ; indécent ; incongru. — adv. indûment ; abusivement.

un|gebunden ["ungə'bundən] adj. qui n'est pas lié. || [Buch] non relié ; broché. || FIG. *ungebundener Ton*, ton (m.) libre. | *in ungebundener Rede*, en prose. || [locker] libre ; libertin ; dissolu. | *ungebundenes Leben*, vie dissolue. || [nicht verheiratet] célibataire ; libre de tous liens. || COMM. *ungebundene Preise*, prix libres, non réglementés. ||°**-gebundenheit** f. liberté f. ; licence f. ; laisser-aller m. ; dissolution f.

un|gedeckt ["ungə'dɛkt et 'ungə"dɛkt] adj. non couvert. | *ungedeckter Tisch*, table non dressée. || PAR EXT., MIL. découvert ; sans protection. || FIN. découvert. | *ungedeckter Scheck*, chèque (m.) sans provision. | *ungedeckte Ausgaben*, découvert m.

un|gedruckt ["ungə'drukt] adj. inédit.

Un|geduld ["ungə'dult] f. impatience f. ||**-geduldig** adj. impatient. | *ungeduldig werden*, s'impatienter. | *jn ungeduldig machen*, agacer qn.

un|geeignet ["ungə'aignət] adj. non approprié ; impropre ; incapable. | *im ungeeignetesten Augenblick*, au moment qui convient le moins.

un|gefähr ["ungə'fɛ:r] adj. [zufällig] fortuit. || LOC. *er kam so von ungefähr*, il vint par hasard. || [annähernd] approchant ; approximatif.

◇ adv. à peu près ; environ. | *ungefähr dreißig*, une trentaine.

un|gefährdet ["ungə'fɛ:rdət] adj. en sécurité ; qui n'a rien à craindre. ||**-gefährlich** adj. sans danger ; inoffensif.

un|gefällig ["ungə'fɛliç] adj. peu complaisant ; désobligeant. ||°**-gefälligkeit** f. manque (m.) de complaisance ; caractère désobligeant, désagréable.

un|gefälscht ["ungə'fɛlʃt] adj. non falsifié ; pur.

un|gefärbt ["ungə'fɛrpt] adj. non teint ; écru. || FIG. sincère ; naturel ; sans fard.

un|gefragt ["ungə'frɑ:kt] adj. sans avoir été questionné ; sans avoir demandé la permission.

un|gefüge ["ungə'fy:gə] adj. mal équarri.

un|gefügig [-gə'fy:giç] adj. peu docile.

un|gegliedert ["ungə'gli:dərt] adj. inarticulé ; sans structure.

un|gehalten ["ungə'haltən] adj. **1.** qui n'a pas été tenu. | *ungehaltenes Versprechen*, promesse non tenue. **2.** (avec « über » et l'acc.) fâché de ; mécontent de. | *ungehalten werden*, se fâcher ; s'indigner.

un|geheißen ["ungə'haisən] adv. sans ordre ; sans mandat ; de sa propre initiative.

un|gehemmt ["ungə'hɛmt] adj. sans entraves ; librement.

un|geheuer ["ungə'hɔyər] adj. monstrueux ; énorme ; effrayant ; immense. ||°**-geheuer** n. (s, -) monstre m. ||**-geheuerlich** adj. monstrueux ; abominable. ||°**-geheuerlichkeit** f. monstruosité f. ; énormité f.

un|gehindert ["ungə'hindərt] adj. sans obstacles ; sans entraves ; librement. | *ungehinderten Zutritt* (zu, dat.) *haben*, avoir libre accès à.

un|gehobelt ["ungə'ho:bəlt] adj. [Holz] non raboté ; brut. || FIG. grossier ; mal élevé.

un|gehörig ["ungə'hø:riç] adj. incongru ; déplacé ; indu ; inconvenant. | *zu einer ungehörigen Stunde*, à une heure indue. ||°**-gehörigkeit** f. inconvenance f. ; incongruité f.

un|gehorsam ['ungə"ho:rzɑ:m] adj. désobéissant. || MIL. insoumis. ||°**-gehorsam** m. (s) désobéissance f. ; indiscipline f. || MIL. insubordination f.

Un|geist ['ungaist] m. (s, e). PR. et FIG. esprit malfaisant. ||**-geistlich** adj. laïque ; profane.

un|geklärt ["ungə'klɛ:rt] adj. peu clair ; obscur. | *ungeklärte Lage*, situation confuse.

un|gekünstelt ["ungə'kynstəlt] adj. sans artifice ; sans affectation ; naturel ; naïf ; franc.

un|gekürzt ["ungə'kyrtst] adj. non abrégé ; entier ; complet. | *ungekürzte Ausgabe*, édition intégrale.

un|geladen ["ungə'lɑ:dən] adj. [Gewehr] non chargé. || [nicht eingeladen] sans être invité ; malvenu.

un|geläutert ["ungə'lɔytərt] adj. non raffiné ; brut.

Un|geld ['ungelt] n. (es) *das kostet ein Ungeld*, cela coûte des sommes folles.

un|gelegen ["ungə'le:gən] adj. inopportun ; fâcheux ; intempestif. | *das kommt mir ganz ungelegen*, cela me dérange beaucoup. ||°**-gelegenheiten** f. pl. embarras m. ; ennuis m. pl. | *jm Ungelegenheiten machen*, déranger qn.

un|gelehrig ["ungə'le:riç] adj. peu apte à l'étude ; peu doué. ||**-gelehrt** adj. ignorant ; illettré.

un|gelenk(ig) ["ungə'lɛŋk(iç)] adj. peu souple ; raide ; maladroit. ||°**-gelenkigkeit** f. manque (m.) de souplesse ; maladresse f. ; gaucherie f.

un|gelernt ["ungə'lɛrnt] adj. qui n'a pas fait d'apprentissage. | *ungelernter Arbeiter*, ouvrier spécialisé (O.S.).

un|gelöst ["ungə'lø:st] adj. non résolu. | *das Problem bleibt ungelöst*, le problème reste entier.

Un|gemach ["ungə'mɑ:x] n. (s) inconvénient m. ; incommodité f. ; mal m. ; désagrément m.

un|gemäß ["ungə'mɛs] adj. (dat.) non conforme à.

un|gemein ["ungə'main et 'ungə"main] adj. et adv. peu commun ; extraordinaire ; singulier. | *das ist ungemein interessant*, cela présente un intérêt peu commun. | *ungemein besser*, infiniment mieux.

un|gemütlich ["ungə'my:tliç] adj. où l'on ne se sent pas à l'aise ; peu engageant. | *ungemütlicher Mensch*, homme (m.) peu sympathique. | *ungemütliche Lage*, situation (f.) inconfortable. || °**-gemütlichkeit** f. manque (m.) de confort. || FIG. impression désagréable ; froideur f.

un|genannt ["ungə'nant] adj. anonyme.

un|genau ["ungə'nau] adj. inexact ; imprécis. || °**-genauigkeit** f. inexactitude f. ; imprécision f.

un|geneigt ["ungə'naikt] adj. peu enclin ; peu disposé ; peu favorable. | *jm nicht ungeneigt sein*, avoir de la bienveillance envers qn. | *ich bin nicht ungeneigt zu glauben...*, j'aurais tendance à croire que...

un|geniert ["unʒe'ni:rt] adj. sans gêne ; libre. ||°**-geniertheit** f. sans-gêne m.

un|genießbar ['ungə"ni:sbɑ:r] adj. immangeable ; imbuvable. | *ungenießbar machen*, dénaturer. || PAR EXT. fade ; insipide ; FAM. imbuvable.

un|genötigt ["ungə'nø:tiçt] adv. sans y être obligé ; de son plein gré.

Un|genügen ["ungə'ny:gən] n. (s) insuffisance f. ||**-genügend** adj. insuffisant ; peu satisfaisant.

un|genützt ["ungə'nytst] adj. non utilisé ; qui n'a pas servi ; dont on n'a pas profité. | *die Zeit ungenützt verstreichen lassen*, laisser passer le temps sans en profiter.

un|geordnet ["ungə'ɔrtnət] adj. non rangé ; en désordre ; sans ordre.

un|gepflegt ["ungə'pfle:kt] adj. négligé.

un|gepflügt ["ungə'pfly:kt] adj. non labouré ; en friche.

un|geprüft ["ungə'pry:ft] adj. non examiné ; sans examen.

un|gerächt ["ungə'rɛ:çt] adj. impuni ; non vengé. | *das soll nicht ungerächt bleiben*, cela ne restera pas impuni ; je me vengerai.

un|gerade ["ungə'rɑ:də] adj. [Zahl] impair.

un|geraten ["ungə'rɑ:tən] adj. qui n'a pas réussi ; qui a mal tourné ; dépravé.

un|gerechnet ["ungə'rɛçnət] adj. non compris ; non inclus ; non compté.

un|gerecht ["ungə'rɛçt] adj. injuste ; inique. || **-gerechtfertigt** adj. non justifié. ||°**-gerechtigkeit** f. injustice f. ; iniquité f.

un|geregelt ["ungə're:gəlt] adj. qui n'a pas (encore) été réglé. || FIN. *ungeregelter Freiverkehr*, marché (m.) hors-cote.

un|gereimt ["ungə'raimt] adj. **1.** [Verse] non rimé. | *ungereimte Verse*, vers blancs.
2. PAR EXT. [albern] extravagant ; sans rime ni raison. | *ungereimtes Zeug reden*, débiter des balivernes.

un|gern ['ungɛrn] adv. sans plaisir ; à contrecœur ; à son corps défendant ; malgré soi. | *gern oder ungern*, bon gré mal gré. | *das tue ich ungern*, je le fais à regret.

un|gerufen ["ungə'ru:fən] adj. non appelé. || PAR EXT. indiscret.

un|gerührt ["ungə'ry:rt] adj. intact ; qu'on n'a pas touché. || FIG. impassible.

un|gesagt ["ungə'zɑ:kt] adj. qui n'est pas dit. | *das darf nicht ungesagt bleiben*, il faut le faire savoir.

un|gesalzen ["ungə'zaltsən] adj. non salé ; sans sel. || PAR EXT. fade.

un|gesättigt ["ungə'zɛtiçt] adj. non rassasié ; qui reste sur sa faim. || CHIM. *ungesättigte Lösung*, solution non saturée.

un|gesäuert ["ungə'zɔyərt] adj. sans levain. || RELIG. *ungesäuertes Brot*, pain (m.) azyme.

un|geschehen ["ungə'ʃe:ən] adj. qui n'a pas eu lieu. | *das ist nicht mehr ungeschehen zu machen*, c'est irréparable.

Un|geschick ["ungə'ʃik] n. (s) maladresse f. ||**-geschicklich** adj. maladroit. || °**-geschicklichkeit**, °**-geschicktheit** f. (-, en) maladresse f. ||**-geschickt** adj. maladroit ; malhabile ; gauche.

un|geschlacht ["ungə'ʃlaxt] adj. mal dégrossi ; fruste. ||°**-geschlachtheit** f. rudesse f. ; aspect fruste.

un|geschliffen ["ungə'ʃlifən] adj. non aiguisé. || [Diamanten] non taillé. || FIG. impoli ; fruste. ||°**-geschliffenheit** f. rudesse f. ; incivilité f.

un|geschmälert ["ungə'ʃmɛ:lərt] adj. sans diminution ; sans restrictions ; entier ; intégral.

un|geschminkt ["ungə'ʃmiŋkt] adj. et adv. sans fard ; non fardé. || FIG. sincère ; crûment. | *die ungeschminkte Wahrheit*, la vérité toute nue.

un|geschmückt ["ungə'ʃmykt] adj. sans ornement ; simple ; nu.

un|geschoren ["ungə'ʃo:rən] adj. qui n'est pas tondu. || FIG. *jn ungeschoren lassen*, laisser qn tranquille.

un|geschrieben ["ungə'ʃri:bən] adj. non écrit. || JUR. *ungeschriebenes Recht*, droit coutumier.

un|geschützt ["ungə'ʃytst] adj. non protégé ; sans abri ; exposé. | *vor Ansteckung ungeschützt*, exposé à la contagion.

un|geschwächt ["ungə'ʃvɛçt] adj. qui n'est pas affaibli ; dans toute sa force. | *mit ungeschwächten Kräften*, de plus belle.

un|geschworen ["ungə'ʃvo:rən] adj. sans serment. | *ich glaube es Ihnen ungeschworen*, je vous crois sur parole.

un|gesehen ["ungə'ze:ən] adj. et adv. sans voir ; sans être vu ; inaperçu ; les yeux fermés. | *die Ware ungesehen kaufen*, acheter chat en poche.

un|gesellig ["ungə'zɛliç] adj. insociable ; qui ne se lie pas facilement.

un|gesetzlich ["ungə'zɛtsliç] adj. illégal ; illégitime ; contraire aux lois. ||°**-gesetzlichkeit** f. illégalité f. ; illégitimité f.

un|gesittet ["ungə'zitət] adj. mal élevé ; non civilisé ; sauvage.

un|gestalt ["ungə'ʃtalt] adj. difforme. ||°**-gestalt(heit)** f. difformité f.

un|gestempelt ["ungə'ʃtɛmpəlt] adj. non timbré. | *ungestempeltes Papier*, papier (m.) libre.

un|gestielt ["ungə'ti:lt] adj. sans tige. || BOT. acaule.

un|gestillt ["ungə'ʃtilt] adj. non apaisé ; inassouvi.

un|gestört [-gə'ʃtørt] adj. tranquille ; paisible.

un|gestraft ["ungə'ʃtrɑ:ft] adj. et adv. impuni ; impunément.

un|gestüm ["ungə'ʃty:m] adj. impétueux ; brusque ; violent ; fougueux ; tumultueux. ||°**-gestüm** n. (s) impétuosité f. ; violence f. ; emportement m. | *mit Ungestüm*, à corps perdu. | *mit Ungestüm fordern*, réclamer à cor et à cri.

un|gesund ["ungə'zunt] adj. malsain ; mauvais pour la santé. | *ungesunde Wohnung*, habitation (f.) insalubre. || FIG. malsain ; morbide.

un|getan ["ungə'tɑ:n] adj. qui n'est pas fait | *nichts ungetan lassen, um*, faire de son mieux pour.

un|geteilt ["ungə'tailt] adj. non divisé ; indivis ; sans partage ; unanime.

Un|getier ["ungə'ti:r] n. (s, e) monstre m.

un|getreu ["ungə'trɔy] adj. infidèle ; déloyal.

un|getrübt ["ungə'try:pt] adj. qui n'est pas troublé ; sans mélange ; pur ; serein. | *ungetrübter Himmel*, ciel serein. | *ungetrübte Freude*, joie (f.) sans mélange.

Un|getüm ["ungə'ty:m] n. (s, e) monstre m.

un|geübt ["ungə'y:pt] adj. maladroit ; peu entraîné ; inexpérimenté.

un|gewaschen ["ungə'vaʃən] adj. non lavé ; sale.

un|gewiß ["ungə'vis] adj. incertain ; qui n'est pas

sûr ; douteux ; précaire. | *es ist noch ungewiß, ob er kommen wird*, on ne sait encore s'il viendra.
◇ **das Ungewisse,** l'incertain m. ; l'incertitude f.
Un|gewißheit ["ungə'vishait] f. incertitude f. ; doute m.
un|gewöhnlich ["ungə'vø:nliç] adj. inhabituel ; insolite. ||°**-gewöhnlichkeit** f. caractère (m.) insolite. ||**-gewohnt** adj. inaccoutumé ; inhabituel.
un|gewollt ["ungə'vɔlt] adj. involontaire.
un|gezählt ["ungə'tsɛ:lt] adj. et adv. sans compter ; sans nombre. | *ungezählte Menschenmenge*, foule innombrable.
Un|geziefer ["ungə'tsi:fər] n. (s) vermine f. ; insectes (m. pl.) nuisibles.
un|geziemend ["ungə'tsi:mənt] adj. inconvenant ; peu convenable.
un|geziert ["ungə'tsi:rt] adj. simple ; modeste ; sans affectation ; naturel.
un|gezogen ["ungə'tso:gən] adj. mal élevé ; insolent. ||°**-gezogenheit** f. mauvaise conduite ; insolence f. ; manque (m.) d'éducation.
◇ f. pl. **Ungezogenheiten,** insolences f. pl.
un|gezügelt ["ungə'tsy:gəlt] adj. effréné ; sans frein. | *ein ungezügeltes Leben führen*, mener une vie débauchée.
un|gezwungen ["ungə'tsvuŋən] adj. franc ; naturel ; libre ; non guindé ; sans contrainte ; dégagé ; aisé. | *ungezwungene Schreibweise*, style aisé. || °**-gezwungenheit** f. aisance f. ; naturel m.
Un|glaube ["un'glaubə] m. (ns) incrédulité f. ; incroyance f. ||**-glaubhaft** adj. peu digne de foi ; douteux. | *unglaubhafter Zeuge*, témoin douteux.
un|gläubig ["un'glɔybiç] adj. incrédule ; incroyant ; sceptique ; mécréant ; athée. | *die Ungläubigen*, les infidèles m. pl. || PAR EXT. qui ne croit à rien ; qui doute de tout. || LOC. *er ist ein ungläubiger Thomas*, c'est un mécréant. | *ungläubig lächeln*, avoir un sourire sceptique. ||°**-gläubigkeit** f. incrédulité f. ||**-glaublich** adj. incroyable ; invraisemblable ; inouï. ||**-glaubwürdig** adj. peu digne de foi. | *unglaubwürdige Nachricht*, information sujette à caution. | *einen Zeugen als unglaubwürdig zurückweisen*, récuser un témoin.
un|gleich ['unglaiç] adj. inégal. || PAR EXT. différent ; disparate ; dissemblable. | *Personen ungleicher Überzeugung*, personnes (f. pl.) de convictions différentes. || mal assorti ; déparié. | *ungleiches Paar*, couple mal assorti.
◇ adv. inégalement. || beaucoup ; infiniment ; incomparablement. | *ungleich größer*, beaucoup plus grand.
ungleich|mäßig ["unglaiç'mɛ:siç] adj. disproportionné. ||°**-mäßigkeit** f. disproportion f. ||**-seitig** adj. MATH. qui a des côtés inégaux. | *ungleichseitiges Dreieck*, triangle (m.) scalène.
Ungleichheit ["un'glaiçhait] f. (-, en) inégalité f. ; dissemblance f. ; disparité f.
Un|gleichung ["un'glaiçuŋ] f. (-, en). MATH. inégalité f.
Un|glück ["un'glyk] n. (s) malheur m. || POÉT. infortune f. | *jn ins Unglück stürzen*, précipiter qn dans le malheur. | *jm Unglück bringen*, porter malheur. | *vom Unglück verfolgt*, poursuivi par le mauvais sort. | *zu allem Unglück*, un malheur ne venant jamais seul. || [Unglücksfall] accident m. ; sinistre m. ; désastre m. | *Eisenbahnunglück*, accident de chemin de fer. | *großes, furchtbares Unglück*, calamité f. ; désastre m. | *ein Unglück kommt selten allein*, un malheur ne vient jamais seul.
Unglücks|bote ["unglyks'bo:tə] m. (n, n) messager (m.) de malheur. ||°**-fall** m. (s, ¨e) accident m. ; sinistre m. | *im Unglücksfall*, en cas d'accident. ||°**-gefährte** m. (n, n), °**-genosse** m. (n, n) compagnon (m.) d'infortune. ||°**-kind** n. (s, er) enfant né sous une mauvaise étoile. ||°**-prophet** m. (en, en) prophète (m.) de malheur. ||°**-stifter** m. (s, -) porte-malheur m. ||°**-tag** m. (s, e) jour (m.) néfaste, funeste. ||°**-vogel** m. (s, ¨), °**-rabe** m. (n, n) oiseau (m.) de malheur ; homme malchanceux.
un|glücklich ["un'glykliç] adj. malheureux ; infortuné. | *unglücklicher Zwischenfall*, incident malencontreux. | *eine unglückliche Hand haben*, avoir la main malheureuse.
unglücklicher|weise ["unglykliçər'vaizə] adv. par malheur ; malheureusement.
un|glückselig ["unglyk'ze:liç] adj. malheureux. || [Person] infortuné. || [Sache] funeste.
Un|gnade ["un'gnɑ:də] f. disgrâce f. ; défaveur f.
un|gnädig ["un'gnɛ:diç] adj. irrité ; défavorable ; mal disposé (envers qn).
◇ adv. de mauvaise grâce.
un|gültig ["un'gyltiç] adj. non valable ; nul. || [Ausweis] périmé. | *für ungültig erklären*, infirmer ; annuler ; JUR. casser (un jugement). | *ungültig machen*, invalider ; annuler ; rendre caduc. ||°**-gültigkeit** f. nullité f. ; invalidité f. ; caducité f.
Un|gunst ['ungunst] f. défaveur f. ; discrédit m. | *in Ungunst geraten*, tomber en discrédit ; être discrédité. | *zu js Ungunsten*, au désavantage de qn. ||**-günstig** adj. défavorable ; désavantageux.
un|gut ['ungu:t] adj. *nichts für ungut !*, ne m'en veuillez pas. | *ich habe so ein ungutes Gefühl*, cela ne me dit rien qui vaille.
un|haltbar ['un"haltbɑ:r] adj. indéfendable. || [Behauptung] insoutenable. || MIL. [Stellung] intenable. ||°**-haltbarkeit** f. fragilité f. (d'un argument).
un|handlich [un"hantliç] adj. peu maniable.
un|harmonisch ["un'harmo:niʃ] adj. discordant ; inharmonieux.
Un|heil ['unhail] n. (s) mal m. ; malheur m. ; calamité f. | *Unheil anrichten, stiften*, causer des malheurs.
unheil|bringend ["unhail'briŋənt] adj. fatal ; funeste. ||**-schwanger** adj. gros de malheurs ; de sinistre augure. ||°**-stifter** m. (s, -) être (m.) néfaste ; artisan (m.) de malheur. ||**-voll** adj. sinistre ; néfaste.
un|heilbar ['un"hailbɑ:r] adj. inguérissable. || MÉD. incurable. || FIG. irrémédiable ; sans remède. ||°**-heilbarkeit** f. incurabilité f.
un|heilig ["un'hailiç] adj. impie ; profane.
un|heimlich ['un"haimliç] adj. [grausig] étrange et inquiétant ; qui donne le frisson. | *es wurde mir unheimlich (zumute)*, je sentais l'angoisse me gagner. | *hier ist es unheimlich*, c'est un endroit funèbre, lugubre.
un|höflich ["un'hø:fliç] adj. impoli ; discourtois. ||°**-höflichkeit** f. impolitesse f. ; discourtoisie f.
Un|hold ['unhɔlt] m. (s, e) démon m. ; lutin m. (malveillant). || FIG. monstre m.
un|hörbar ['un"hø:rbɑ:r] adj. imperceptible ; inaudible. || PHYS. infrasonore.
Uniform [uni'fɔrm] f. (-, en) uniforme m. ; tenue f.
uniformieren [-fɔr'mi:rən] v. tr. faire revêtir l'uniforme. | *uniformiert*, en uniforme. || FIG. uniformiser.
Unikum ['u:nikum] n. (s, ka) chose (f.) unique ; rareté f. ; oiseau (m.) rare. || [Sonderling] original m.
un|interessant ["unintere'sant] adj. peu intéressant ; sans intérêt ; dépourvu d'intérêt.

un|interessiert [-'si:rt] adj. [unbeteiligt] qui ne s'intéresse pas (à), ne montre aucun intérêt (pour).

Union [uni'o:n] f. (-, en). POLIT. union f. | *Union der Sozialistischen Sowjetrepubliken (UdSSR)*, Union des Républiques socialistes soviétiques (U.R.S.S.).

Uni|sono [uni'zo:no] n. (s, s). MUS. unisson m. ◇ adv. **unisono.** MUS. à l'unisson.

Unitarier [uni'ta:riər] m. (s, -). RELIG. unitaire m. || POLIT. unitaire m.

unitarisch [uni'ta:riʃ] adj. unitaire.

Unität [-'tɛ:t] f. (-, en) unité f.

universal [univɛr'za:l], **universell** [-'zɛl] adj. universel.

universal... (en compos.) universel.

Universal|erbe [univɛr"za:l'ɛrbə] m. (n, n). JUR. légataire universel. ||°-**mittel** n. (s, -). [Allheilmittel] remède universel; panacée f. ||°-**schraubenschlüssel** m. (s, -) clé universelle.

Universität [-zi'tɛ:t] f. (-, en). [Hochschule] université f. | *auf der Universität*, à l'université.

Universitäts|bibliothek [univɛrzi"tɛ:tsbiblio'te:k] f. (-, en) bibliothèque (f.) universitaire. ||°-**klinik** f. (-, en) centre (m.) hospitalo-universitaire (C.H.U.). ||°-**laufbahn** f. carrière (f.) universitaire. ||° -**professor** m. (s, en) professeur (m.) de l'enseignement supérieur. ||°-**studien** n. pl. études (f. pl.) universitaires.

Universum [uni'vɛrzum] n. (s). [Weltall] univers m.

Unke ['uŋkə] f. (-, n). ZOOL. crapaud m. || FIG., FAM. pessimiste m.

unken [-kən] v. intr. FAM. jouer les Cassandre.

un|keusch ['unkɔyʃ] adj. impudique.

un|kindlich ["un'kintliç] adj. qui ne convient pas à un enfant.

un|klar ['unkla:r] adj. peu clair; trouble. | *das Wetter ist unklar*, le temps est brumeux. || FIG. embrouillé; confus. | *unklare Angelegenheit*, affaire (f.) louche. | *unklarer Text*, texte obscur. | *etwas im unklaren lassen*, ne pas tirer au clair qch.; ne pas se prononcer clairement sur qch. | *ob ich komme, ist noch unklar*, il n'est pas encore sûr que je vienne. ||°-**klarheit** f. (-, en) manque (m.) de clarté; confusion f.

un|klug ['unklu:k] adj. peu avisé; déraisonnable; imprudent. ||°-**klugheit** f. déraison f. || [Handlung] maladresse f.; imprudence f.

un|kollegial ["unkɔlegi'a:l] adj. qui ne se fait pas entre collègues; inamical.

un|kontrollierbar ['unkɔntro"li:rba:r] adj. incontrôlable.

un|körperlich ["un'kørpərliç] adj. immatériel.

Un|kosten ["un'kɔstən] pl. frais m. pl.; dépenses f. pl.; débours m. pl. | *die Unkosten tragen, bestreiten*, supporter les frais; faire face aux dépenses. | *nach Abzug aller Unkosten*, tous frais déduits.

Un|kraut ['unkraut] n. (s, ¨er) mauvaise herbe.

Unkraut|vernichtungsmittel ["unkrautfɛrniçtuŋs'mitəl] n. (s, -). [Umwelt] désherbant m.

un|kritisch ["un'kri:tiʃ] adj. qui n'a pas de sens critique.

un|kultiviert ["unkulti'vi:rt] adj. inculte; barbare; qui manque de culture. || °-**kultiviertheit** f. grossièreté f.; manque (m.) de culture.

un|kündbar ['un"kyntba:r] adj. FIN. non résiliable; non remboursable. | *unkündbares Konto*, compte bloqué. | *unkündbare Rente*, rente consolidée, perpétuelle.

un|kundig ["un'kundiç] adj. non informé de. | *einer Sprache unkundig sein*, ne pas posséder une langue.

un|längst ['unlɛŋst] adv. naguère; dernièrement; il y a peu (de temps); depuis peu.

un|lauter ["un'lautər] adj. non limpide; impur. || FIG. déloyal; louche; FAM. pas propre; pas franc. | *unlauteres Geschäft*, affaire véreuse, malpropre. | *unlauterer Wettbewerb*, concurrence déloyale, illicite. ||°-**lauterkeit** f. déloyauté f.; malhonnêteté f.

un|leidlich ['un"laidliç] adj. fâcheux; insupportable; déplaisant.

un|lenkbar ['un"lɛŋkba:r], **un|lenksam** [-"lɛŋkza:m] adj. difficile à mener, à conduire. || FIG. indocile; intraitable

un|lesbar ['un"le:sba:r], **un|leserlich** [-"le:zərliç] adj. indéchiffrable; illisible.

un|leugbar ['un"lɔykba:r] adj. indéniable; irréfutable. ||°-**leugbarkeit** f. évidence f.

un|lieb ['unli:p] adj. désagréable. | *das ist ihm gar nicht unlieb*, il n'en est nullement fâché. ||-**liebenswürdig** adj. peu aimable; peu serviable; désagréable. ||-**liebsam** adj. désagréable; déplaisant.

un|limitiert ["unlimi'ti:rt] adj. [Börse] au mieux. | *unlimitierter Auftrag*, ordre (m.) au mieux.

un|logisch ["un'lo:giʃ] adj. illogique.

un|lösbar ['un"lø:sba:r] adj. insoluble; inextricable. ||-**löslich** adj. indissoluble. || CHIM. insoluble.

Un|lust ['unlust] f. déplaisir m.; aversion f. ||-**lustig** adj. qui n'a pas envie. | *er tut es nur unlustig*, il le fait à contrecœur.

un|manierlich ['unma"ni:rliç] adj. malappris; sans éducation.

un|männlich ['un"mɛnliç] adj. qui n'est pas digne d'un homme; efféminé.

Un|maß ['unma:s] n. (es) démesure f.; excès m. | *im Unmaß*, avec excès; excessivement; démesurément. ||-**maßgeblich** adj. *nach meiner unmaßgeblichen Meinung*, à mon humble avis. ||-**mäßig** adj. immodéré; démesuré. — adv. outre mesure. ||°-**mäßigkeit** f. immodération f.; excès m.

Un|masse ["un'masə] f. (-, n) masse (f.) énorme. | *eine Unmasse (von)*, énormément (de); FAM. des tas (de).

Un|menge ["un'mɛŋə] f. (-, n) quantité (f.) énorme.

Un|mensch ['unmɛnʃ] m. (en, en) monstre m.; brute f. ||-**menschlich** adj. inhumain; bestial. || FIG. épouvantable. ||°-**menschlichkeit** f. inhumanité f.; barbarie f.; monstruosité f.

un|merklich ['un"mɛrkliç] adj. insensible; imperceptible; sans qu'il y paraisse.

un|mißverständlich ["unmisfɛr'ʃtɛntliç] adj. qui ne laisse pas le moindre doute; catégorique; formel.

un|mittelbar ["un'mitəlba:r] adj. immédiat; direct; sans intermédiaire.

un|möbliert ["unmø'bli:rt] adj. non meublé.

un|modern ["unmo'dɛrn] adj. qui n'est pas, qui n'est plus moderne; démodé.

un|modisch ["un'mo:diʃ] adj. passé de mode.

un|möglich ["un'mø:kliç et 'un"mø:kliç] adj. impossible. | *ganz, rein, durchaus unmöglich*, absolument impossible. | *das kann ich unmöglich tun*, il m'est impossible de le faire. | *sich unmöglich benehmen*, FAM. avoir une conduite impossible. | *Unmögliches leisten*, faire l'impossible. ||°-**möglichkeit** f. (-, en) impossibilité f.; chose (f.) impossible.

un|moralisch ["unmo'ra:liʃ] adj. immoral.

un|mündig ["un'myndiç] adj. JUR. mineur. || °-**mündigkeit** f. JUR. minorité f.

un|musikalisch [ʺunmuzi'kɑ:liʃ] adj. qui n'est pas musicien ; qui n'a pas le sens de la musique.

Un|mut ['unmu:t] m. (s) mauvaise humeur. ||**-mutig** adj. maussade ; renfrogné ; mal disposé.

un|nachahmlich [ʺunnɑ:x'ɑ:mliç] adj. inimitable.

un|nachgiebig [ʺunnɑ:x'gi:biç] adj. intraitable ; inflexible.

un|nachsichtig [ʺunnɑ:x'ziçtiç] adj. et adv. sans indulgence ; rigoriste.

un|nahbar ['unʺnɑ:bɑ:r] adj. inabordable ; inaccessible ; hautain. ||°**-nahbarkeit** f. inaccessibilité f.

un|natürlich [ʺunna'ty:rliç] adj. contre nature ; dénaturé. || [geziert] affecté.

un|nennbar ['unʺnɛnbɑ:r] adj. indicible ; inexprimable ; qu'on ne peut nommer.

un|nötig [ʺun'nøːtiç] adj. inutile ; superflu. || **-nötigerweise** adv. inutilement ; sans nécessité. ||°**-nötigkeit** f. inutilité f.

un|nütz ['unnyts] adj. inutile ; vain. | *das ist ganz unnütz*, cela ne sert à rien. | *unnütze Arbeit*, du travail perdu. | *unnützes Begehren*, vaine demande ; prétention (f.) futile. ||**-nützerweise** adv. inutilement ; pour rien.

un|ordentlich ['unʺɔrdəntliç] adj. [Menschen] désordonné ; brouillon. || [Aussehen] débraillé. || [Sachen] sans ordre ; en désordre ; pêle-mêle. || [Lebensführung] déréglé ; irrégulier. ||°**-ordentlichkeit** f. manque (m.) d'ordre ; débraillé m.

Un|ordnung ['un'ɔrdnuŋ] f. désordre m. ; confusion f. | *in Unordnung bringen*, mettre en désordre ; déranger ; désorganiser. | *in Unordnung kommen, geraten*, se désorganiser.

un|organisch [ʺunɔr'gɑ:niʃ] adj. inorganique.

un|paar(ig) ['unpɑ:r(iç)] adj. en nombre impair.

un|pädagogisch [ʺunpɛda'go:giʃ] adj. antipédagogique.

un|parteiisch [ʺunpar'taiiʃ], **un|parteilich** ['unparʺtailiç] adj. impartial ; désintéressé. ||°**-parteilichkeit** f. impartialité f.

un|passend [ʺun'pasənt] adj. impropre ; mal choisi ; qui ne convient pas. || FIG. inconvenant ; déplacé. || [Zeitpunkt] inopportun ; mal à propos.

un|passierbar ['unpaʺsi:rbɑ:r] adj. [Weg] impraticable.

un|päßlich ['unʺpɛsliç] adj. indisposé ; souffrant ; incommodé. ||°**-päßlichkeit** f. indisposition f.

un|persönlich ['unpɛrʺzø:nliç] adj. impersonnel. || FIG. froid ; distant. ||°**-persönlichkeit** f. caractère impersonnel.

un|poliert [ʺunpo'li:rt] adj. non poli. || FIG. impoli.

un|politisch [ʺunpo'li:tiʃ] adj. apolitique.

un|populär [ʺunpopu'lɛ:r] adj. impopulaire.

un|praktisch [ʺun'praktiʃ] adj. peu pratique.

un|produktiv [ʺunprɔduk'ti:f] adj. improductif.

un|proportioniert [ʺunprɔpɔrtsio'ni:rt] adj. mal proportionné ; disproportionné.

un|pünktlich ['unʺpyŋktliç] adj. inexact ; non ponctuel. ||°**-pünktlichkeit** f. inexactitude f. ; retards m. pl.

un|rasiert [ʺunra'zi:rt] adj. non, mal rasé.

Un|rast ['unrast] f. agitation f. (fébrile) ; inquiétude f.

Un|rat ['unrɑ:t] m. (s) immondices f. pl. ; ordures f. pl. || FIG. *Unrat wittern*, flairer le pot aux roses.

un|rationell [ʺunratsio'nɛl] adj. irrationnel.

un|ratsam [ʺun'rɑ:tzɑ:m] adj. à déconseiller ; inopportun.

un|recht ['unrɛçt] adj. **1.** [unrichtig] impropre ; mauvais ; faux. | *in unrechte Hände fallen*, tomber en de mauvaises mains. | *das hast du am unrechten Ort angebracht*, ce n'était pas l'endroit de dire cela. | *an den Unrechten kommen, geraten*, se tromper d'adresse. **2.** [unzeitig] inopportun. | *zur unrechten Stunde*, à une heure indue. | *komme ich unrecht ?*, est-ce que je vous dérange ? | *Sie kommen unrecht*, vous arrivez mal à propos.
3. [ungerecht] injuste. | *da hast du unrecht (daran) getan*, tu as eu tort ; tu as mal fait (de).

Un|recht [-rɛçt] n. (s) injustice f. ; tort m. | *Unrecht leiden*, souffrir une injustice. | *unrecht haben*, avoir tort. | *im Unrecht sein*, être dans son tort. | *mit Unrecht*, à tort. | *nicht mit Unrecht*, non sans raison. | *es geschieht mir Unrecht*, on me fait tort ; on n'est pas juste envers moi. | *jm Unrecht tun*, faire (du) tort à qn. || PROV. *besser Unrecht leiden als Unrecht tun*, il vaut mieux souffrir l'injustice que la commettre.

un|rechtmäßig [ʺunrɛçt'mɛ:siç] adj. illégitime ; illégal. ||°**-rechtmäßigkeit** f. illégitimité f.

un|redlich [ʺun're:tliç] adj. de mauvaise foi ; malhonnête. ||°**-redlichkeit** f. malhonnêteté f.

un|reell [ʺunre'ɛl] adj. malhonnête. || COMM. sans valeur réelle.

un|regelmäßig [ʺunregəl'mɛ:siç] adj. irrégulier ; déréglé. ||°**-regelmäßigkeit** f. irrégularité f. ; dérèglement m.

un|reif ['unraif] adj. pas mûr ; vert. || FIG. [Mensch] trop jeune ; [Psychologie] immature. || [Frage ; Entscheid] prématuré. || MÉD. impubère.

Un|reife [ʺun'raifə] f. immaturité f. ; impuberté f.

un|rein ['unrain] adj. impur ; malpropre ; souillé. | *ins Unreine schreiben*, écrire au brouillon. ||°**-reinheit** f. impureté f. ; malpropreté f. ; souillure f.

un|reinlich [ʺun'rainliç] adj. malpropre ; FAM. dégoûtant. ||°**-reinlichkeit** f. malpropreté f.

un|rentabel [ʺunrɛn'tɑ:bəl] adj. non rentable.

un|rettbar ['unʺrɛtbɑ:r] adj. et adv. *unrettbar verloren*, perdu sans remède, sans ressource.

un|richtig [ʺun'riçtiç] adj. inexact ; incorrect ; erroné ; fautif. ||°**-richtigkeit** f. inexactitude f. ; incorrection f. ; caractère erroné.

un|ritterlich ['unʺritərliç] adj. peu galant.

Un|ruh ['unru:] f. (-, en). [Uhrwerk] balancier m.

Un|ruhe [ʺun'ru:ə] f. (-, n) inquiétude f. ; agitation f. ; nervosité f. | *in Unruhe sein, geraten*, être inquiet ; être pris d'inquiétude. | *Unruhestifter*, fauteur (m.) de troubles.

◇ f. pl. **Unruhen.** POLIT. troubles m. pl. ; désordres m. pl.

un|ruhig [ʺun'ru:iç] adj. sans repos ; inquiet ; nerveux ; turbulent. | *das Meer ist unruhig*, la mer est houleuse, agitée. | *unruhig schlafen*, avoir un sommeil agité. | *unruhiges Kind*, enfant remuant, turbulent. | *ich fange an, unruhig zu werden*, je commence à m'inquiéter.

un|rühmlich [ʺun'ry:mliç] adj. sans gloire ; peu glorieux.

uns [uns] pron. pers. (dat. et acc. de **wir**) à nous ; nous. | *das gehört uns*, c'est à nous. | *er gehört zu uns*, il est des nôtres. | *bei uns (zu Hause)*, chez nous. | *ein Freund von uns*, un de nos amis. | *grüßen Sie ihn von uns*, saluez-le de notre part.

un|sachgemäß [ʺunzaxgə'mɛ:s] adj. non pertinent ; incorrect ; impropre. | *etwas unsachgemäß behandeln*, traiter une chose sans compétence, de façon incompétente. ||**-sachlich** adj. subjectif. ||°**-sachlichkeit** f. subjectivité f.

un|sacht ['unzaxt] adj. rude ; sans douceur.

un|sagbar ['un"zɑ:kbɑ:r] adj. indicible ; POÉT. ineffable. ||**-säglich** adj. indicible ; FIG. excessif.

un|sanft ['unzanft] adj. rude ; brutal.

un|sauber ["un'zaubər] adj. malpropre ; FIG. vilain ; malhonnête. ||°**-sauberkeit** f. malpropreté f.

un|schädlich ["un'ʃɛ:dliç] adj. anodin ; inoffensif. |*jn unschädlich machen*, mettre qn hors d'état de nuire ; neutraliser qn. || MIL. *(Sprengkörper) unschädlich machen*, désamorcer (des engins explosifs). ||°**-schädlichkeit** f. innocuité f. ; caractère inoffensif.

un|scharf ['unʃarf] adj. OPT. flou ; imprécis. ||°**-schärfe** f. OPT. flou m. ; imprécision f. || PHYS. *Unschärferelation*, relation (f.) d'indétermination.

un|schätzbar ['un"ʃɛtsbɑ:r] adj. inestimable ; sans prix.

un|scheinbar ['un"ʃainbɑ:r] adj. discret ; sobre ; terne. ||°**-scheinbarkeit** f. discrétion f.

un|schicklich ["un'ʃikliç] adj. inconvenant ; déplacé. ||°**-schicklichkeit** f. inconvenance f.

un|schlüssig ["un'ʃlysiç] adj. irrésolu ; perplexe. ||°**-schlüssigkeit** f. irrésolution f. ; perplexité f.

un|schön ['unʃø:n] adj. pas beau ; vilain ; disgracieux.

Un|schuld ['unʃult] f. innocence f. ; candeur f. ; virginité f. || LOC. *ich wasche meine Hände in Unschuld*, je m'en lave les mains. || [naiver Mensch] ingénu(e) m. (f.) ; innocent(e) m. (f.). || IRON. *eine Unschuld vom Lande*, une bécassine ; une oie blanche. || JUR. non-culpabilité f.

un|schuldig ["un'ʃuldiç] adj. innocent ; candide ; ingénu ; naïf. || [unberührt] vierge ; FAM. puceau ; pucelle. || [harmlos] inoffensif. || JUR. non coupable.

Unschulds|lamm ["unʃulds'lam] n. (s, ¨er). FIG., IRON. sainte nitouche f.

un|schwer ['unʃve:r] adj. sans difficulté ; sans peine ; facile ; aisé.

Un|segen ["un'ze:gən] m. (s) malédiction f. ; mauvais sort ; malchance f.

un|selbständig ["unzɛlp'ʃtɛndiç] adj. dépendant ; sans initiative. || [Arbeit] fait avec l'aide d'autrui. ||°**-selbständigkeit** f. dépendance f. ; manque (m.) d'initiative, de personnalité.

un|selig ["un'ze:liç] adj. funeste ; infortuné ; fatal.

unser ['unzər] pron. pers. (gén. de **wir**) de nous. | *wir waren unser drei*, nous étions trois (en tout). || RELIG. *Vater unser*, notre Père.

◇ adj. et pron. poss. **unser, unsere, unser,** notre ; à nous. |*unser Haus*, notre maison. |*das Haus ist unser*, la maison est à nous.

◇ pron. poss. **unserer, unsere, unseres,** le, la nôtre. | *es ist nicht euer Haus, sondern unseres*, ce n'est pas votre maison, mais la nôtre.

◇ **der, die, das Unsere,** le, la nôtre. | *die Unseren*, les nôtres. | *wir haben das Unsere getan*, nous avons fait notre possible, ce qui était en notre pouvoir.

unser|einer ["unzər'ainər], **unser|eins** [-'ains] pron. FAM. nous autres ; les gens comme nous.

unser(er)|seits ["unzər(ər)'zaits] adv. de notre côté ; pour notre part ; à notre tour.

uns(e)res|gleichen ["unz(ə)rəs'glaiçen] pron. les gens comme nous ; nos pareils.

uns(e)rig ['unsriç et 'unzəriç] pron. poss. [unser] nôtre.

unser(e)t|halben ["unsər(ə)t'halbən], **-wegen** [-'ve:gən] adv. à cause de nous ; pour nous. ||**-willen (um)** adv. pour l'amour de nous.

un|seriös ["unzeri'ø:s] adj. peu sérieux ; pas sérieux.

un|sicher ["un'ziçər] adj. incertain ; qui n'est pas sûr ; douteux. | *meine Meinung darüber ist noch unsicher*, mon opinion là-dessus n'est pas encore fixée, arrêtée. | *unsichere Forderung*, créance douteuse. | *unsicherer Blick*, regard fuyant. | *er war in seinen Antworten unsicher*, ses réponses étaient hésitantes. || PAR EXT. précaire ; risqué ; dangereux. | *unsicheres Gebiet*, zone (f.) d'insécurité. | *unsichere Lage*, situation précaire. ||°**-sicherheit** f. incertitude f. ; manque (m.) d'assurance. || PAR EXT. précarité f. ; insécurité f. ; péril m.

un|sichtbar ['un"ziçtbɑ:r] adj. invisible ; imperceptible à l'œil. ||°**-sichtbarkeit** f. invisibilité f.

Un|sinn ['unzin] m. (s) non-sens m. ; absurdité(s) f. (pl.). | *das ist Unsinn*, c'est absurde ; cela n'a pas de sens ; FAM. ça n'a ni queue ni tête. || FAM. *Unsinn schwatzen*, déraisonner ; dire des bêtises. | *mach keinen Unsinn !*, ne fais pas de sottises !

un|sinnig ["un'ziniç] adj. insensé ; qui n'a pas de sens ; absurde. ||°**-sinnigkeit** f. absurdité f. ||**-sinnlich** adj. [Liebe] spirituel ; platonique.

Un|sitte ["un'zitə] f. (-, n) mauvaise habitude. ||**-sittlich** adj. immoral ; licencieux. ||°**-sittlichkeit** f. immoralité f.

un|solide ["unzo'li:də] adj. [Möbel, usw.] peu robuste ; [Mensch] instable ; peu fiable.

un|sorgsam [un"zɔrkzɑ:m] adj. insoucieux ; nonchalant.

un|sozial ["unzɔtsi'ɑ:l] adj. PSYCHOL. asocial.

un|sportlich ["un'ʃpɔrtliç] adj. [Mensch] non sportif ; [Verhalten] déloyal.

un|sterblich ['un"ʃtɛrpliç] adj. immortel. | *unsterblich machen*, immortaliser. || MYTH. *die Unsterblichen*, les immortels. ||°**-sterblichkeit** f. immortalité f.

Un|stern ['unʃtɛrn] m. (s) mauvaise étoile.

un|stet ['unʃte:t] adj. instable ; inconstant ; changeant ; variable ; versatile. || *ein unstetes Leben führen*, mener une vie errante, de bohème ; vagabonder. || MATH. discontinu. ||**-stetig** adj. V. UNSTET. ||°**-stetigkeit** f. instabilité f. ; inconstance f. ; versatilité f. ; humeur changeante. || MATH. discontinuité f.

un|stillbar ['un"ʃtilbɑ:r] adj. qu'on ne peut assouvir.

un|stimmig ["un'ʃtimiç] adj. en désaccord. || °**-stimmigkeit** f. (-, en) désaccord m.

un|streitig ["un'ʃtraitiç] adj. incontestable.

◇ adv. sans contredit.

Un|summe ["un'zumə] f. (-, n) somme (f.) énorme.

un|symmetrisch ["unzy'me:triʃ] adj. asymétrique ; dissymétrique.

un|sympatisch ["unzym'pɑ:tiʃ] adj. antipathique.

un|systematisch ["unzystə'mɑ:tiʃ] adj. non systématique.

un|tadelhaft ['un"tɑ:dəlhaft], **un|tadelig** [-'tɑ:dəliç] adj. impeccable ; irréprochable.

Un|tat ["un'tɑ:t] f. (-, en) méfait m. ; forfait m.

un|tätig [-'tɛ:tiç] adj. inactif ; inerte ; passif ; désœuvré. ||°**-tätigkeit** f. inaction f. ; inactivité f. ; désœuvrement m.

un|tauglich ['un"taukliç] adj. inapte ; impropre ; bon à rien. ||°**-tauglichkeit** f. inaptitude f. ; incapacité f. || MIL. invalidité f.

un|teilbar ['un"tailbɑ:r] adj. indivisible ; insécable. ||°**-teilbarkeit** f. indivisibilité f.

unten ['untən] adv. dessous ; au-dessous ; en dessous ; en bas. | *von unten*, d'en bas. | *nach unten*, en bas ; vers le bas. | *dort unten*, en bas. | *von oben bis unten*, de haut en bas ; FIG. complètement. | *von unten auf*, de bas en haut ; en partant du bas ; d'en bas. | *von unten her*, par-dessous. | *weiter unten*, plus bas. | *unten am Berge*, au pied de la montagne. | *unten am Kleid*, en bas de la robe. | *unten im Tal*, au fond de la vallée. || LOC. *siehe unten*, voir ci-dessous, plus bas. | *unten liegen*, être dessous ; FIG. avoir le dessous.

unten|an ["untən'an] adv. au bas. ||**-stehend** adj. ci-dessous mentionné.

unter ['untər]

I. prép. (acc. et dat.). **1.** SENS LOCAL : **a)** [tiefer als] sous ; au-dessous de ; plus bas que ; dans. **b)** [zwischen mehreren] parmi. **2.** SENS TEMPOREL : [während] pendant. **3.** RAPPORT DE SUBORDINATION : sous. **4.** RAPPORTS ABSTRAITS : sous ; à ; dans. **II.** adj. — **1.** bas ; inférieur. **2.** superl. **unterst,** le plus bas.

I. prép. (acc. ou dat.).

1. SENS LOCAL : **a)** [tiefer als] sous ; au-dessous de ; plus bas que ; dans. | *unter Wasser stehen*, être sous l'eau ; être inondé. | *unter Wasser schwimmen*, nager sous l'eau. | *unter der Erde*, sous terre. || MINES. *unter Tage*, au fond. || *unter freiem Himmel*, en plein air ; à la belle étoile. | *unter dem 48. Grad nördlicher Breite*, par 48 degrés de latitude nord. || PR. et FIG. *unter demselben Dach wohnen*, habiter sous le même toit. || PAR EXT. [weniger als] *etwas unter hundert*, un peu moins de cent ; quelque cent (personnes, etc.). | *15⁰ unter Null*, 15⁰ au-dessous de zéro. | *unter achtzehn Jahren*, au-dessous de dix-huit ans. | *unter Preis verkaufen*, vendre au-dessous du prix. | *das bekommst du nicht unter zwanzig Mark*, tu ne l'auras pas à moins de vingt marks. || FIG. *das ist unter meiner Würde*, je ne m'abaisse pas à ce point ; c'est indigne de moi. | *unter aller Kritik*, au-dessous de tout. | *unter der Hand*, en sous-main. || FAM. *alle unter einen Hut bringen*, les mettre tous dans le même sac. || *unter dem Deckmantel der Freundschaft*, sous le couvert de l'amitié. | *unter falschem Namen*, sous un faux nom ; sous un nom d'emprunt. — **b)** [zwischen mehreren] entre ; parmi ; d'entre ; au milieu de. | *unter uns gesagt*, entre nous soit dit. | *das bleibt unter uns*, que cela reste entre nous. | *unter Freunden*, entre amis. | *sich unter die Zuschauer mischen*, se mêler aux spectateurs. | *er war unter ihnen*, il était du nombre. || FIG. *unter Schmerzen sterben*, mourir dans de grandes souffrances. || LOC. *unter vier Augen*, seul à seul. | *unter anderem*, entre autres.

2. SENS TEMPOREL : [während] pendant ; durant. | *unter dem heutigen Datum*, à la date d'aujourd'hui. || LOC. *unter Tags*, durant le jour ; pendant la journée. | *unterwegs*, en chemin. | *unterdessen*, pendant ce temps.

3. RAPPORT DE SUBORDINATION : sous ; au-dessous de. | *unter jm stehen*, venir après qn (dans le rang). | *unter jm dienen*, servir sous qn. | *unter sich haben*, avoir sous ses ordres. | *unter Wilhelm II.*, sous (le règne de) Guillaume II. || PAR EXT. *unter Aufsicht stehen*, être sous surveillance. | *unter dem Schutze von*, sous la protection de. | *unter etwas leiden*, souffrir de qch.

4. RAPPORTS ABSTRAITS : sous ; à ; dans. | *was verstehst du unter diesem Ausdruck ?*, qu'entends-tu par là, par ce terme ? | *unter diesen Umständen*, dans ces conditions ; dans ces circonstances ; cela étant. | *unter der (einen) Bedingung, daß*, sous, à la (seule) condition que. | *unter dem Vorwand*, sous le prétexte. | *unter dem Vorbehalt, daß*, sous réserve que. || JUR. *unter Ausschluß der Öffentlichkeit*, à huis clos.

II. adj. — **1.** bas ; d'en bas ; de dessous ; inférieur. | *der untere Teil*, la partie inférieure ; le bas. | *die untere Stadt*, la ville basse. | *die unteren Klassen*, les classes inférieures. | *die Unteren*, les inférieurs. || [Kartenspiel] *der Unter*, le valet.

2. superl. **unterst,** le plus bas ; le dernier. | *auf der untersten Stufe stehen*, être à l'échelon le plus bas, au dernier échelon. | *der unterste Knopf*, le bouton du bas ; le dernier bouton. || LOC. *zu unterst*, tout en bas ; (tout) au fond ; au dernier rang. | *das Unterste zu oberst kehren*, mettre tout sens dessus dessous.

Unter|abschnitt ["untər'apʃnit] m. (es, e) sous-section f.

Unter|abteilung ["untərap'tailuŋ] f. (-, en) subdivision f. ; sous-section f.

Unter|arm ["untər'arm] m. (s, e) avant-bras m.

Unter|art ["untər'ɑ:rt] f. (-, en). BIOL. sous-espèce f. ; variété f.

Unter|ausschuß ["untər'ausʃus] m. (es, ¨e) sous-commission f.

Unter|bau ["untər'bau] m. (s, ten) fondation f. ; infrastructure f. ; soubassement m. ||**-bauen** v. tr. insépar. ARCHIT. étayer.

Unter|begriff ["untərbə'grif] m. (s, e). [Dokumentation] descripteur m. ; terme (m.) spécifique.

unter|belichten ['untərbə"liçtən] v. tr. insépar. PHOT. sous-exposer. ||°**-belichtung** f. (-, en) sous-exposition f.

unter|beschäftigt ["untərbə'ʃɛftiçt] adj. sous-employé. ||°**-beschäftigung** f. sous-emploi m.

Unter|beteiligung ["untərbə'tailiguŋ] f. (-, en). FIN. convention (f.) de croupier.

unter|bewerten ['untərbə"ve:rtən] v. tr. insépar. sous-évaluer ; minorer. ||°**-bewertung** f. sous-évaluation f. ; minoration f. ; [Börse] décote f.

unter|bewußt ["untərbə'vust] adj. subconscient. ||°**-bewußtsein** n. (s) subconscient m.

unter|bieten ['untər"bi:tən] (o, o) v. tr. insépar. sous-enchérir ; offrir au rabais. || SPORT. *er hat den Rekord unterboten*, il a abaissé, il a battu le record.

unter|binden ["untər'bindən] (a, u) v. tr. sépar. attacher par-dessous.
◇ ['-/"-] v. tr. insépar. ligaturer ; faire une ligature. || FIG. arrêter ; entraver. | *einen Mißbrauch unterbinden*, faire cesser un abus. || BIOL. inhiber ; bloquer.

Unter|bindung ['untər"binduŋ] f. (-, en). MÉD. ligature f. || FIG. arrêt m. ; entraves f. pl.

unter|bleiben ['untər"blaibən] (ie, ie) v. intr. insépar. ne pas avoir lieu ; ne pas se produire. | *das soll hinfort unterbleiben*, que cela ne se reproduise plus. | *das unterbleibt nicht*, cela ne manquera pas de se produire.

unter|brechen ['untər"brɛçən] (i, a, o) v. tr. insépar. [zum Schweigen bringen] interrompre. | *jn (in seiner Rede) unterbrechen*, couper la parole à qn ; interrompre qn. || [zum Halten bringen] suspendre ; arrêter. | *die Vorlesung wird unterbrochen*, le cours est suspendu. | *der Verkehr ist unterbrochen*, le trafic est interrompu, arrêté. || TÉLÉPH., ÉLECTR. couper ; déconnecter. ||°**-brecher** m. (s, -). ÉLECTR. interrupteur m. ; disjoncteur m. || AUTOM. rupteur m. ||°**-brechung** f. (-, en) interruption f. ; suspension f. ; cessation f. | *mit Unterbrechungen*, par intermittence.

unter|breiten ['untər"braitən] v. tr. insépar. soumettre ; présenter. | *er unterbreitete uns ein Angebot*, il nous a fait une offre. ||°**-breitung** f. (-, en) soumission f. (d'une offre, d'une requête).

unter|bringen [ʺuntər'briŋən] (brachte, gebracht) v. tr. sépar. placer ; caser. | *sein Kind bei einer Tante unterbringen*, placer, mettre son enfant chez une tante. | *seine Sachen im Koffer unterbringen*, caser, arriver à ranger ses affaires dans sa valise. || FIN. *eine Anleihe unterbringen*, placer un emprunt. || loger. | *jn anderswo unterbringen*, reloger qn.

Unter|bringen [-'briŋən] n. (s), **°-bringung** [-'briŋuŋ] f. (-, en) placement m. (de personnes, d'argent) ; logement m. || [Kranke] hospitalisation f. || MIL. cantonnement m.

unter|buttern [ʺuntər'butərn] v. tr. sépar. FAM. brimer. | *sich nicht unterbuttern lassen*, tenir bon.

Unter|deck [ʺuntər'dɛk] n. (s, e). MAR. premier pont.

unter|des ['untərʺdɛs], **unter|dessen** [-ʺdɛsən] adv. entre-temps ; sur ces entrefaites ; cependant.

Unter|druck [ʺuntər'druk] m. (s). PHYS. dépression f.

Unterdruck|pumpe [ʺuntərdruk'pumpə] f. (-, n). TECHN. pompe (f.) à vide.

unter|drücken ['untərʺdrykən] v. tr. insépar. [Menschen] opprimer. || [Sachen] réprimer ; supprimer. | *seine Tränen unterdrücken*, retenir ses larmes. | *einen Aufstand unterdrücken*, étouffer une révolte. ||**°-drücker** m. (s, -) oppresseur m. ||**°-drückung** f. [Menschen] oppression f. || [Dinge] répression f. ; suppression f. ; action de contenir (un sentiment).

unter|einander ['untərainʺandər] adv. **1.** entre eux (nous, vous, soi) ; les uns les autres ; mutuellement ; réciproquement. | *sie tauschen untereinander*, ils échangent mutuellement. | *sich untereinander helfen*, s'entraider ; s'aider les uns les autres. || FIG. [durcheinander] pêle-mêle. | *alles untereinander werfen*, mettre tout sens dessus dessous.
2. [ʺ--/-'--] l'un au-dessous de l'autre.

Unter|einteilung [ʺuntər'aintailuŋ] f. (-, en) subdivision f.

unter|entwickelt [ʺuntərɛnt'vikəlt] adj. sous-développé. ||**°-entwicklung** f. sous-développement m. || ANAT. atrophie f.

unter|ernährt [ʺuntərɛr'nɛ:rt] adj. sous-alimenté. ||**°-ernährung** f. sous-alimentation f. ; dénutrition f.

unter|fangen (sich) [ziç'untərʺfaŋən] (ä, i, a) v. tr. insépar. (gén.). [sich unterstehen ; wagen] avoir l'audace, le front, FAM. le toupet de. | *sich einer Sache unterfangen ; sich unterfangen, etwas zu tun*, oser faire qch. ; avoir le front de faire qch.

Unter|fangen [-ʺfaŋən] n. (s) tentative audacieuse, périlleuse ; coup (m.) d'audace.

unter|fassen [ʺuntər'fasən] v. tr. sépar. prendre (par-dessous). | *einen Kranken unterfassen*, soutenir un malade. | *sich unterfassen*, se donner le bras. | *untergefaßt*, bras dessus bras dessous.

unter|fertigen ['untərʺfɛrtigən] v. tr. insépar. signer ; parapher. | *der Unterfertigte*, le soussigné.

unter|führen ['untərʺfy:rən] v. tr. insépar. faire passer en dessous, par-dessous. ||**°-führung** f. (-, en). TRANSP. passage souterrain ; tunnel (routier).

Unter|gang [ʺuntər'gaŋ] m. (s). ASTRON. coucher m. | *Sonnenuntergang*, coucher du soleil ; couchant m. || ARTS. coucher de soleil. || MAR. naufrage m. ; perte f. (d'un navire). || FIG. déclin m. ; décadence f. | *der Untergang eines Reiches*, la chute d'un empire. | *der Untergang einer Familie*, le déclin d'une famille. | *seinem Untergang entgegengehen*, courir à sa ruine, à sa perte.

Unter|gebene(r) ['untərʺge:bənə(r)] f. (m.) subordonné(e) m. (f.) ; subalterne s.

unter|gehen [ʺuntər'ge:ən] (ging, gegangen) v. intr. sépar. ASTRON. se coucher ; disparaître à l'horizon. | *die untergehende Sonne*, le (soleil) couchant. | *das Gestirn geht unter*, l'astre décline. || [im Wasser] s'enfoncer ; être englouti ; couler. || MAR. couler (à pic) ; aller au, par le fond. | *das Schiff geht unter*, le navire sombre. || FIG. décliner ; se ruiner ; sombrer ; périr. | *die Worte des Redners gingen im Lärm der Versammlung unter*, les paroles de l'orateur étaient couvertes par le bruit de l'assemblée.

unter|geordnet [ʺuntərgə'ɔrdnət] adj. [Bedeutung, Rolle] subalterne. || GRAMM. subordonné.

Unter|geschoß [ʺuntərgə'ʃɔs] n. (es, e) sous-sol m.

Unter|gestell [ʺuntərgə'ʃtɛl] n. (s, e) châssis m. ; base f. ; socle m.

Unter|gewicht [ʺuntərgə'viçt] n. (s, e) poids (m.) déficitaire ; manque (m.) de poids.

unter|graben ['untərʺgrɑ:bən] (ä, u, a) v. tr. insépar. PR. et FIG. miner ; saper. | *js Ansehen, Ruf untergraben*, porter atteinte à la renommée de qn. | *er hat seine Gesundheit untergraben*, il a ruiné sa santé.

Unter|grabung ['untərʺgrɑ:buŋ] f. (-, en) minage m. || PR. et FIG. sape f. ; détérioration f.

Unter|grund [ʺuntər'grunt] m. (s, ¨e) sous-sol m. || FIG. fond m. ; base f.

Untergrund|bahn [ʺuntərgrunt'bɑ:n] (FAM. **U-Bahn**) f. (-, en) métropolitain m. ; FAM. métro m. ||**°-bewegung** f. (-, en). POLIT. mouvement clandestin.

unter|halb [ʺuntər'halp] prép. (gén.) au-dessous de ; en bas de. || [Fluß] en aval de.

Unter|halt [ʺuntər'halt] m. (s) entretien m. ; subsistance f. | *seinen Unterhalt bestreiten*, subvenir à ses besoins.

Unterhalts|anspruch [ʺuntərhalts'anʃpru:x] m. (s, ¨e) droit (m.) à aliments. ||**°-beitrag** m. (s, ¨e), **°-rente** f. (-, n) contribution (f.) alimentaire ; pension f. ||**°-berechtigte(r)** f. (m.) personne (f.) à charge. ||**°-klage** f. (-, en). JUR. demande (f.) de pension alimentaire. ||**°-kosten** f. pl. ÉCON. impenses f. pl. ||**°-verpflichtungen** f. pl. charges familiales.

unter|halten ['untərʺhaltən] (ä, ie, a) v. tr. insépar. [Unterhalt zahlen] entretenir (qn) ; subvenir aux besoins (de qn). || [instandhalten] entretenir ; tenir en bon état. || [Vergnügen machen] divertir ; distraire. | *unterhaltend*, amusant ; récréatif.
◇ v. pr. insépar. **sich unterhalten,** [Gespräch führen] *sich mit jm über etwas unterhalten*, s'entretenir avec qn de qch. || [sich Zeit vertreiben] *sich mit etwas unterhalten*, s'amuser, se distraire, se divertir avec qch.
◇ [ʺ--/'--] v. tr. sépar. tenir dessous.

unter|haltsam ['untərʺhaltzɑ:m] adj. divertissant ; distrayant.

Unter|haltung ['untərʺhaltuŋ] f. (-, en). [Instandhaltung] entretien m. || [Gespräch] entretien m. ; conversation f. || [Vergnügen] divertissement m. ; distraction f.

Unterhaltungs|elektronik [untərʺhaltuŋselek'tro:nik] f. électronique (f.) grand public. ||**°-musik** f. musique légère. ||**°-roman** m. (s, e) roman récréatif.

Unter|händler [ʺuntər'hɛntlər] m. (s, -) négociateur m. ; intermédiaire m. || COMM. courtier m. || MIL. parlementaire m. ||**°-handlung** f. (-, en) négociations f. pl. ; pourparlers m. pl. ; conférence f. (diplomatique). | *in Unterhandlung treten ; sich in Unterhandlungen einlassen (mit)*, entrer en négociations, en pourparlers (avec).

Unter|haus ["untər'haus] n. (es). POLIT. chambre basse ; Chambre (f.) des communes.

Unter|hauts... ["untər'hauts] (en compos.). MÉD. hypodermique.

Unter|hemd ["untər'hɛmt] n. (s, en) tricot (m.) de corps, de peau ; maillot (m.) de corps.

unter|höhlen ['untər"hø:lən] v. tr. insépar. creuser ; miner ; saper.

Unter|holz ["untər'hɔlts] n. (es) sous-bois m. ; fourré m.

Unter|hose ["untər'ho:zə] f. (-, n) caleçon m. ; slip m.

unter|irdisch ["untər'irdiʃ] adj. souterrain. | *unterirdischer Bau*, souterrain m. | *unterirdische Festungsanlage*, casemate f.

unter|jochen ['untər"jɔxən] v. tr. insépar. subjuguer ; réduire en esclavage ; opprimer. ||°**-jochung** f. asservissement m. ; oppression f.

unter|kellert ["untər'kɛlərt] adj. avec cave.

Unter|kiefer ["untər'ki:fər] m. (s, -) mâchoire inférieure ; maxillaire inférieur.

Unter|klasse ["untər'klasə] f. (-, n). ZOOL. sous-classe f.

unter|kommen ["untər'kɔmən] (a, o) v. intr. sépar. trouver un abri, un logis. || FIG. trouver une place, une situation ; FAM. se caser.

Unter|kommen [-'kɔmən] n. (s) abri m. ; logis m. ; place f.

Unter|körper ["untər'kørpər] m. (s, -). ANAT. partie inférieure du corps, du tronc.

unter|kritisch ["untər'kri:tiʃ] adj. PHYS. sous-critique.

unter|kühlen ['untər"ky:lən] v. tr. insépar. refroidir à l'excès. || PHYS. produire la surfusion.

Unter|kunft ["untər'kunft] f. (-, ¨e) abri m. ; logis m.

Unter|lage ["untər'lɑ:gə] f. (-, n) base f. ; fondement m. ; support m. | *Schreibunterlage*, sous-main m. | *Maschinenunterlage*, socle (m.) d'une machine. | *Sandunterlage*, lit (m.) de sable. | *Säulenunterlage*, piédestal (m.) d'une colonne. || FIG. document m. ; justification f. ; fondement m. | *Belegunterlage*, pièce justificative. | *statistische Unterlagen*, données (f. pl.) statistiques. | *Unterlagen beibringen*, fournir des justifications, des documents.

Unter|land ["untər'lant] n. (s) bas pays.

Unter|laß ["untər'las] m. *ohne Unterlaß*, sans relâche ; sans cesse ; FAM. sans arrêt.

unter|lassen ['untər"lasən] (ä, ie, a) v. tr. insépar. omettre ; s'abstenir de. | *ich werde nicht unterlassen, es zu tun*, je ne manquerai pas de le faire. || JUR. *unterlassene Pflichtleistung*, non-assistance (f.) à personne en danger. ||°**-lassung** f. (-, en) omission f. ; abstention f. | *bei Unterlassung* (gén.), en omettant...

Unterlassungs|fall ['untər"lasuŋsfal] m. *im Unterlassungsfall*, en cas d'omission. ||°**-klage** f. (-, n). JUR. action (f.) en cessation (de qch.). ||°**-sünde** f. (-, n). RELIG. péché (m.) par omission.

unter|laufen ['untər"laufən] (ä, ie, a) v. intr. insépar. *ihm ist ein Fehler unterlaufen*, il a commis une erreur. || MÉD. [Blut] faire apparaître des ecchymoses. | *blau unterlaufen*, bleu ; [Auge] poché ; FAM. au beurre noir.

unter|legen ["untər'le:gən] v. tr. sépar. mettre (dessous). | *einer Melodie einen Text unterlegen*, mettre des paroles sur un air. || FIG. prêter (une intention).

unter|legen ['untər"le:gən] adj. (dat.). FIG. inférieur (à) ; vaincu. | *er ist ihm an Wissen unterlegen*, il est moins savant que lui.

Unter|legenheit [-hait] f. infériorité f. | *zahlenmäßige Unterlegenheit*, infériorité numérique.

Unter|leib ["untər'laip] m. (s) ventre m. ; bas-ventre m. || ANAT. abdomen m. | *Unterleibsbinde*, ceinture abdominale.

unter|liegen ['untər"li:gən] (a, e) v. intr. insépar. (dat.) avoir le dessous ; être inférieur à ; être vaincu par. || FIG. être soumis à. | *es unterliegt keinem Zweifel*, il n'y a aucun doute. | *dem Wechsel unterliegen*, sujet à changement. || JUR. *der Berufung unterliegen*, susceptible d'appel.

Unter|lippe ["untər'lipə] f. (-, n) lèvre inférieure.

unter|malen ['untər"mɑ:lən] v. tr. insépar. souligner ; faire ressortir (par un fond, un arrière-plan). ||°**-malung** f. (-, en). fond m. ; arrière-plan m.

unter|mauern ['untər"mauərn] v. tr. insépar. étayer ; consolider. ||°**-mauerung** f. (-, en) soutènement m. ; consolidation f.

Unter|menge ["untər'mɛŋə] f. (-, n). MATH. sous-ensemble m.

unter|mengen ['untər"mɛŋən] v. tr. insépar. (mit) mélanger (avec) ; entremêler (de).

Unter|miete ["untər'mi:tə] f. (-, n) sous-location f. ||**-mieten** v. tr. insépar. prendre en sous-location ; sous-louer. ||°**-mieter** m. (s, -) sous-locataire m.

unter|minieren ['untərmi"ni:rən] v. tr. insépar. miner ; saper.

unter|mischen ['untər"miʃən] v. tr. insépar. (mit) mêler (à) ; mélanger (de).

unter|nehmen ['untər"ne:mən] (i, a, o) v. tr. insépar. entreprendre ; se charger de ; tenter. | *etwas Großes unternehmen*, entreprendre de grandes choses. ||°**-nehmen** n. (s, -) entreprise f. ; fonds (m.) de commerce. ||**-nehmend** adj. entreprenant. ||°**-nehmens|berater** m. (s, -) organisateur-conseil m. ||°**-nehmens|spiel** n. (s, e) jeu (m.) d'entreprise. ||°**-nehmer** m. (s, -) entrepreneur m. ; chef (m.) d'entreprise ; industriel m. ; FAM. patron m. | *Unternehmerverband*, syndicat patronal. ||**-nehmerisch** adj. de l'entreprise. | *unternehmerisch denken*, avoir le sens des affaires. ||°**-nehmertum** n. (s) patronat m. ||°**-nehmung** f. (-, en) entreprise f. ; tentative f. ; opération f.

Unternehmungs|geist [untər"ne:muŋs'gaist] m. (s) [esprit (m.) d']initiative f. ||°**-lust** f. initiative f. ||**-lustig** adj. plein d'initiative ; entreprenant.

Unter|offizier ["untərɔfi'tsi:r] m. (s, e) sous-officier m. ; sergent m.

unter|ordnen ["untər'ɔrdnən] v. tr. sépar. placer sous les ordres (de qn). || FIG. subordonner ; soumettre à. | *untergeordnet*, subordonné. | *untergeordnete Funktionen*, fonctions (f. pl.) subalternes. ||°**-ordnung** f. subordination f. || [Unterabteilung] subdivision f.

Unter|pfand ["untər'pfant] n. (s, ¨er) nantissement m. || PR. et FIG. gage m.

unter|pflügen ["untər'pfly:gən] v. tr. sépar. enterrer, enfouir.

Unter|prima ["untər'pri:ma] f. UNIV. classe (f.) de première. ||°**-primaner** m. (s, -). UNIV. élève (m.) de première.

Unter|programm ["untərprɔ'gram] n. (s, e). INF. sous-programme m.

unter|reden (sich) [ziç'untər"re:dən] v. pr. insépar. s'entretenir. | *sich mit jm über etwas unterreden*, s'entretenir, conférer avec qn de qch.

||°**-redung** f. (-, en) entretien m. ; conversation f. ; conférence f.

Unterricht ["untər'riçt] m. (s) enseignement m. ; instruction f. | *jm Unterricht geben*, FAM. faire la classe à qn. | *jm Unterricht in Sprachen, Sprachunterricht geben*, enseigner des langues à qn. | *Privatunterricht*, leçons particulières.

Unterrichts|fach ["untərriçts'fax] n. (s, ¨er) discipline f. ; matière f. (scolaire). ||°**-gegenstand** m. (s, ¨e) matière f. (d'enseignement). ||°**-wesen** n. (s) éducation nationale.

unterrichten ['untər"riçtən] v. tr. insépar. enseigner ; instruire ; donner des leçons. | *jn in etwas unterrichten*, faire apprendre, enseigner qch. à qn. || PAR EXT. instruire ; mettre au courant de ; informer. | *jn von etwas unterrichten*, avertir, instruire qn de qch. ; mettre qn au courant de qch. | *jn über etwas unterrichten*, renseigner qn sur qch. | *ich war nicht davon unterrichtet*, je n'en étais pas informé. | *in gut unterrichteten Kreisen*, dans les milieux bien informés.

Unterrichtung ['untər"riçtuŋ] f. (-, en) instruction f. ; formation f. ; information f.

Unter|rock ["untər'rɔk] m. (s, ¨e) jupon m.

unter|sagen ['untər"zɑ:gən] v. tr. insépar. interdire ; prohiber. ||°**-sagung** f. (-, en) interdiction (formelle) ; prohibition f.

Unter|satz ["untər'zats] m. (es, ¨e) appui m. ; base f. ; socle m. || [Unterteller] soucoupe f. ; plateau m. ; dessous m. (de pot, de verre, etc.). || [Logik] mineure f.

Unter|schall... ["untər'ʃal] (en compos.) subsonique ; infrasonore. | *Unterschallflugzeug*, avion (m.) subsonique.

unter|schätzen ['untər"ʃɛtsən] v. tr. insépar. sous-estimer ; estimer au-dessous de sa valeur.

Unter|schätzung [-"ʃɛtsuŋ] f. (-, en) sous-estimation f. ; appréciation insuffisante.

unter|scheidbar ['untər"ʃaitbɑ:r] adj. discernable ; qu'on peut distinguer.

unter|scheiden [-"ʃaidən] (ie, ie) v. tr. insépar. distinguer ; discerner ; faire une différence ; différencier.

◇ part. prés. **unterscheidend,** distinctif.

◇ v. pr. insépar. **sich unterscheiden,** se différencier ; différer (de).

Unter|scheidung [-"ʃaiduŋ] f. (-, en) distinction f. ; discrimination f.

Unterscheidungs|merkmal [untər"ʃaiduŋs-'mɛrkmɑ:l] n. (s, e) caractère distinctif ; signe (m.) caractéristique ; caractéristique f. ||°**-vermögen** n. (s) discernement m.

Unter|schenkel ["untər'ʃɛŋkəl] m. (s, -) jambe f. (entre genou et pied).

Unter|schicht ["untər'ʃiçt] f. (-, en) couche inférieure.

unter|schieben ["untər'ʃi:bən] (o, o) v. tr. sépar. glisser ; pousser dessous ; insérer (sous qch.).

◇ ['-/"-] v. tr. insépar. FIG. attribuer faussement. | *untergeschobenes Kind*, enfant substitué à un autre. | *untergeschobener Text*, texte interpolé. | *man unterschiebt mir unedle Beweggründe*, on m'attribue, on me prête des motifs sordides.

Unter|schiebung [-'ʃi:buŋ] f. substitution f. ; fausse attribution.

Unter|schied ["untər'ʃi:t] m. (s, e) différence f. ; distinction f. | *ein feiner Unterschied*, une nuance. | *ohne Unterschied*, indistinctement ; indifféremment. | *im Unterschied zu*, à la différence de. | *es ist ein großer Unterschied zwischen ihnen*, il y a une grande différence entre eux ; ils sont très différents. ||**-schiedlich** adj. divers ; différent. ||**-schiedslos** adv. sans distinction ; sans exception ; indistinctement.

unter|schlagen ['untər"ʃlɑ:gən] (ä, u, a) v. tr. insépar. soustraire. || [Gelder] détourner. || [Belegstücke] faire disparaître. || [Briefe] intercepter. || [Gegenstände] s'approprier (indûment) ; FAM. subtiliser.

◇ ["-/'-] v. tr. sépar. [Arme, Beine] croiser. | *mit untergeschlagenen Armen*, les bras croisés.

Unter|schlagung ['untər"ʃlɑ:guŋ] f. (-, en) soustraction f. ; détournement m. || [in Amt] malversation f. || JUR. *Unterschlagung öffentlicher Gelder*, détournement (m.) de fonds publics. || [von Briefen] interception f.

Unter|schlupf ["untər'ʃlupf] m. (s, ¨e) retraite f. ; abri m. | *jm Unterschlupf gewähren*, abriter (cacher) qn. ||**-schlüpfen** v. intr. sépar. trouver un abri (passager).

unter|schreiben ['untər"ʃraibən] (ie, ie) v. tr. insépar. signer (au bas d'un document) ; mettre son paraphe. || FIG. souscrire (à qch.). | *das kann ich unterschreiben*, je peux y souscrire.

unter|schreiten ['untər"ʃraitən] (i, i) v. tr. insépar. FIG. dépasser vers le bas, la limite inférieure ; tomber au-dessous de. | *den Voranschlag unterschreiten*, être inférieur aux prévisions.

Unter|schrift ["untər'ʃrift] f. (-, en) signature f. ; paraphe m. | *eigenhändige Unterschrift*, signature autographe. | *eine Unterschrift bescheinigen, beglaubigen*, légaliser une signature. | *unterschriftsberechtigt*, qui a pouvoir de signer. | *unterschriftslos*, non signé.

Unterschriften|mappe ["untərʃriftən'mapə] f. (-, n) parapheur m. ||°**-probe** f. (-, n) spécimen (m.) de signature.

Untersee|boot ["untərze:'bo:t] n. (s, e) [en abr. **U-Boot**]. MAR. sous-marin m. ; submersible m. ||°**-kabel** n. (s, -) câble sous-marin.

unter|seeisch ["untər'ze:iʃ] adj. sous-marin.

Unter|seite ["untər'zaitə] f. (-, n) dessous m. ; revers m. ; bas m.

unter|setzen ["untər'zɛtsən] v. tr. sépar. mettre dessous, au-dessous ; mettre (son nom) au bas.

◇ ['-/"-] v. tr. insépar. TECHN. étayer ; renforcer.

Unter|setzer ["untər'zɛtsər] m. (s, -) dessous m. (de plat, de verre, usw.) ; soucoupe f.

unter|setzt ['untər"zɛtst] adj. trapu ; râblé ; courtaud. ||°**-setztheit** f. taille, stature trapue.

Unter|setzung [-"zɛtsuŋ] f. (-, en). TECHN. démultiplication f.

unter|spülen ['untər"ʃpy:lən] v. tr. insépar. ronger, creuser.

Unter|spülung [-"ʃpy:luŋ] f. (-, en) érosion latérale.

Unter|staatssekretär ["untərʃtɑ:tssekrə'tɛ:r] m. (s, e) sous-secrétaire (m.) d'État.

Unter|stadt ["untər'ʃtat] f. ville basse.

Unter|stamm ["untər'ʃtam] m. (es, ¨e). ZOOL. sous-embranchement m.

Unter|stand ["untər'ʃtant] m. (s, ¨e). PR., MIL. abri m. | *ausgebauter Unterstand*, abri bétonné.

unter|stehen ["untər'ʃte:ən] (stand, gestanden) v. intr. sépar. être à l'abri.

◇ ['-/"-] v. intr. insépar. être sous (les ordres de) ; être subordonné à. || JUR. relever de ; être assujetti à. | *dem deutschen Recht unterstehen*, relever des lois allemandes. || FIG. *das untersteht keinem Zweifel*, cela ne souffre pas de doute.

◇ v. pr. insépar. **sich unterstehen,** avoir le front, l'audace de. | *untersteh dich nicht, das zu tun*, ne t'avise pas de faire cela.

unter|stellen ["untər'ʃtɛlən] v. tr. sépar. mettre à couvert, à l'abri. | *sich vor dem Regen unterstellen*, se mettre à l'abri de la pluie. | *Unterstellraum*, garage m. ; hangar m.

◇ ['-/"-] v. tr. insépar. soumettre à ; subordonner à. | *jm unterstellt sein*, relever de qn ; être sous l'autorité de qn. || FIG. [unterschieben] attribuer à tort ; imputer. | *jm eine Ansicht (fälschlich) unterstellen*, imputer (faussement) une opinion à qn ; attribuer à tort une opinion à qn ; faire un procès d'intention à qn.

Unter|stellung ['untər"ʃtɛluŋ] f. (-, en). MIL. affectation f. ; subordination f. || FIG. procès (m.) d'intention. | *üble Unterstellung*, supposition malveillante ; médisance f.

unter|streichen ['untər"ʃtraiçən] (i, i) v. tr. insépar. PR. et FIG. souligner. || FIG. mettre en valeur, en vedette.

Unter|strömung ["untər'ʃtrø:muŋ] f. (-, en) courant de fond, sous-marin.

Unter|stufe ["untər'ʃtu:fə] f. (-, n) degré inférieur. || [enseignement] cycle d'observation.

unter|stützen ['untər"ʃtytsən] v. tr. insépar. PR. et FIG. soutenir ; appuyer. || FIG. secourir ; assister ; seconder. | *jn mit Geld unterstützen*, subventionner qn ; aider qn de ses deniers.

Unter|stützung [-"ʃtytsuŋ] f. (-, en). PR. et FIG. soutien m. ; appui m. || FIG. assistance f. ; secours m. | *technische Unterstützung*, assistance (f.) technique. | *Arbeitslosenunterstützung*, allocation (f.) de chômage.

unterstützungs|bedürftig [untər"ʃtytsuŋsbə'dyrftiç] adj. ayant besoin de secours. ||°**-empfänger** m. (s, -) allocataire m. ||°**-gelder** n. pl. subsides m. pl.

unter|suchen ['untər"zu:xən] v. tr. insépar. examiner ; explorer ; faire des recherches (dans). | *genau untersuchen*, scruter. | *der Zollbeamte untersucht das Gepäck*, le douanier visite les bagages. | *js Kleider untersuchen*, fouiller qn. || FIG. *einen Vorfall untersuchen*, enquêter (au sujet d'un incident). || MÉD. examiner ; ausculter. || [Wunde] sonder. || JUR. instruire ; enquêter.

Unter|suchung [-"zu:xuŋ] f. (-, en) examen (approfondi) ; exploration f. ; recherche f. || FIG. *eine Untersuchung (über etwas) anstellen*, ouvrir une enquête (au sujet de qch). | *Sachverständigenuntersuchung*, expertise f. | *physikalische Untersuchung*, essai (m.) physique. | *chemische Untersuchung*, analyse (f.) chimique. || MÉD. examen m. ; auscultation f. | *ärztliche Untersuchung*, examen (m.) de santé ; visite médicale. || JUR. *gerichtliche Untersuchung*, information (f.) judiciaire ; instruction f.

Untersuchungs|akten [untər"zu:xuŋs'aktən] f. pl. JUR. (pièces [f. pl.] du) dossier m. ||°**-ausschuß** m. (es, ¨e) commission (f.) d'enquête. ||°**-gefangene(r)** f. (m.) prévenu(e) m. (f.). ||°**-haft** f. détention préventive ; FAM. préventive f. || JUR. prévention f. ||°**-richter** m. (s, -) juge (m.) d'instruction.

Untertage|arbeiter [untər"tɑ:gə'arbaitər] m. (s, -) mineur (m.) de fond. ||°**-betrieb** m. (s, e). MINES. exploitation (f.) au fond ; fond m.

unter|tan ["untər'tɑ:n] adj. (dat.) soumis (à) ; sujet (de). | *sich jn untertan machen*, assujettir qn (à sa volonté, à son autorité). || FIG. *jm untertan sein*, suivre aveuglément qn.

◇ m. (en ou s, en) **Untertan** sujet m. (d'un prince).

unter|tänig ["untər'tɛ:niç] adj. humble ; soumis. | *untertänig tun*, être obséquieux. ||°**-tänigkeit** f. soumission f. ; humble obéissance f.

Unter|tasse ["untər'tasə] f. (-, n) soucoupe f. | *fliegende Untertasse*, soucoupe volante.

unter|tauchen ["untər'tauxən] v. intr. sépar. plonger ; faire un plongeon. || FIG. disparaître. | *er ist in der Stadt untergetaucht*, il a réussi à disparaître dans la ville.

◇ v. tr. sépar. plonger ; immerger.

unter|tauchen ['untər"tauxən] v. tr. insépar. *das U-Boot untertauchte das Packeis*, le sous-marin franchit le pack en plongée.

Unter|tauchen ["untər'tauxən] n. (s) plongée f. ; immersion f. || FIG. disparition f.

Unter|teil ["untər'tail] m. ou n. (s, e) bas m. ; partie inférieure. || TECHN. embase f.

unter|teilen ['untər"tailən] v. tr. insépar. subdiviser. ||°**-teilung** f. (-, en) subdivision f.

Unter|temperatur ["untərtɛmpera'tu:r] f. (-, en). PHYS. basse température. || BIOL. hypothermie f.

Unter|titel ["untər'titəl] m. (s, -) sous-titre m. || JUR. sous-article m.

Unter|ton ["untər'to:n] m. (s, ¨e). MUS. harmonique inférieur. || FIG. *ein Unterton von Spott*, une pointe d'ironie ; un rien de causticité.

unter|tunneln ['untər"tunəln] v. tr. insépar. percer un tunnel sous.

unter|vermieten ['untərfɛr"mi:tən] v. tr. insépar. sous-louer ; donner en sous-location. ||°**-vermieter** m. (s, -) loueur m. (d'un sous-locataire). || °**-vermietung** f. (-, en) sous-location f.

unter|versorgt ["untərfɛr'zɔrkt] adj. *medizinisch unterversorgt*, sous-médicalisé.

unter|wandern ['urtər"vandərn] v. tr. insépar. POLIT. noyauter. ||°**-wanderung** f. (-, en). POLIT. noyautage m.

Unter|wäsche ["untər'vɛʃə] f. sous-vêtements m. pl. | *Damenunterwäsche*, lingerie (f.) de dame ; dessous m. pl.

unter|waschen ['untər"vaʃən] v. tr. insépar. éroder les rives. ||°**-waschung** f. érosion (f.) des rives.

Unter|wasser ["untər'vasər] n. (s) [Gegenteil : Oberwasser] bief (m.) d'aval. || ÉLECTR. eau (f.) d'aval.

Unterwasser|bombe ["untərvasər'bɔmbə] f. (-, n) grenade sous-marine. ||°**-fahrt** f. (-, en). MAR. marche (f.) en plongée. ||°**-pipeline** f. (-, s) pipeline immergé. ||°**-setzen** n. (s) inondation f. ; noyage m.

unter|wegs ['untər"ve:ks] adv. chemin faisant ; en chemin. | *unterwegs nach*, en route vers, pour. | *unterwegs liegenbleiben*, rester en panne.

unter|weisen ['untər"vaizən] (ie, ie) v. tr. insépar. instruire ; montrer (comment faire qch.). | *jn in einer Fertigung unterweisen*, initier qn à une fabrication. ||°**-weisung** f. (-, en) instruction(s) f. (pl.).

Unter|welt ["untər'vɛlt] f. MYTH. enfers m. pl. || FIG. bas-fonds m. pl. ; pègre f. ; ARG. milieu m.

unter|werfen ['untər"vɛrfən] (i, a, o) v. tr. insépar. soumettre ; assujettir. | *ein Volk unterwerfen*, asservir un peuple. | *sich* (dat.) *ein Volk unterwerfen*, soumettre un peuple à sa loi.

◇ part. pass. **unterworfen,** soumis à. || FIG. sujet à. | *einem Gericht unterworfen*, ressortissant d'un tribunal. | *Wechselfällen unterworfen*, exposé à des vicissitudes.

◇ v. pr. insépar. **sich (jm) unterwerfen,** se soumettre (à qn). | *sich einem Urteil unterwerfen*, déférer à un jugement.

Unter|werfung [-"vεrfuŋ] f. soumission f. ; assujettissement m.

unter|würfig ['untər"vyrfiç] adj. soumis ; humble. || PAR EXT. servile ; obséquieux ; FAM. plat. ||°**-würfigkeit** f. soumission f. ; humilité f. || PAR EXT. servilité f. ; obséquiosité f.

unter|zeichnen ['untər"tsaiçnən] v. tr. insépar. signer ; souscrire. ||°**-zeichner** m. (s, -) signataire m. ||°**-zeichnung** f. (-, en) signature f. | *zur Unterzeichnung vorlegen*, soumettre à la signature.

unter|ziehen (sich) [ziç'untər"tsi:ən] (unterzog, unterzogen) v. pr. insépar. se soumettre (à) ; accepter (de bon gré). | *sich einer Operation unterziehen*, subir une opération (chirurgicale).
◇ v. tr. soumettre à. | *einer Prüfung unterziehen*, soumettre à un examen.

un|tief ['unti:f] adj. peu profond. ||°**-tiefe** f. (-, n). MAR. haut-fond m. || GÉOGR. abysse m.

Un|tier ['unti:r] n. (s, e) monstre m.

un|tilgbar ['un"tilkbɑ:r] adj. ineffaçable ; indélébile. || FIN. non amortissable.

un|tragbar ['un"trɑ:kbɑ:r] adj. [Kleidungsstück] qui n'est plus mettable. || FIG. insoutenable.

un|trainiert ["untrε'ni:rt] adj. SPORT. à court d'entraînement.

un|trennbar ['un"trεnbɑ:r] adj. inséparable.

un|treu ['untrɔy] adj. infidèle ; perfide. | *jm untreu werden*, tromper qn. | *einem Versprechen untreu werden*, manquer à sa promesse. | *einer Sache untreu werden*, renier une cause. | *sich selbst untreu*, qui se renie.

Un|treue ["un'trɔyə] f. infidélité f. ; perfidie f.

un|tröstlich ['un"trø:stliç] adj. inconsolable.

un|trüglich ['un"try:kliç] adj. qui ne saurait tromper. || [Erkenntnis] infaillible.

un|tüchtig ["un'tyçtiç] adj. incapable ; inhabile. ||°**-tüchtigkeit** f. incapacité f. ; nullité f.

Un|tugend ["un'tu:gənt] f. (-, en) défaut (m.) de caractère. || [üble Gewohnheit] mauvaise habitude.

un|überdacht ["uny:bər'daxt], **un|überlegt** ["uny:bər'le:kt] adj. irréfléchi ; inconsidéré ; étourdi. ||°**-überlegtheit** f. irréflexion ; étourderie f.

un|übersehbar ['uny:bər"ze:bɑ:r] adj. [unüberblickbar] à perte de vue ; immense. || FIG. incalculable. || [auffallend] qui saute aux yeux ; flagrant.

un|übersetzbar ['uny:bər"zεtsbɑ:r] adj. intraduisible.

un|übersichtlich ['uny:bər"ziçtliç] adj. qui manque de visibilité. || FIG. confus ; embrouillé.

un|übertrefflich ['uny:bər"trεfliç] adj. inégalable. ||**-übertroffen** adj. inégalé.

un|überwindlich ['uny:bər"vintliç] adj. insurmontable.

un|üblich ["un'ybliç] adj. inusuel ; rare.

un|umgänglich ['unum"gεŋliç] adj. inévitable ; incontournable ; indispensable ; de toute nécessité. ||°**-umgänglichkeit** f. nécessité (f.) inéluctable.

un|umschränkt ['unum"ʃrεŋkt] adj. sans limites ; illimité ; absolu.

un|umstößlich ['unum"ʃtø:sliç] adj. sans réplique ; irréfutable ; irrévocable ; péremptoire.

un|umwunden ['unum"vundən] adj. et adv. net ; cru ; catégorique. | *unumwunden zugeben*, reconnaître carrément, sans la moindre réserve.

un|unterbrochen ['ununtər"brɔxən] adj. et adv. ininterrompu ; sans interruption ; incessant.
— SYN. : *beständig*, continuel ; *andauernd*, continu ; *dauernd*, incessant ; *unaufhörlich*, sans cesse.

un|unterscheidbar ['ununtər"ʃaitbɑ:r] adj. indiscernable.

un|veränderlich ['unfεr"εndərliç] adj. invariable ; inaltérable ; immuable ; stable. ||°**-veränderlichkeit** f. invariabilité f. ; inaltérabilité f. ; immutabilité f. ||**-verändert** adj. inchangé ; toujours le même.

un|verantwortlich ['unfεr"antvɔrtliç] adj. irresponsable. || PAR EXT. inexcusable ; impardonnable. ||°**-verantwortlichkeit** f. irresponsabilité f.

un|verarbeitet ["unfεr'arbaitət] adj. TECHN. brut ; cru ; non travaillé, transformé. || FIG. [Wissen] mal assimilé ; mal digéré.

un|veräußerlich ['unfεr"ɔysərliç] adj. JUR. inaliénable. ||°**-veräußerlichkeit** f. JUR. inaliénabilité f.

un|verbesserlich ['unfεr"bεsərliç] adj. incorrigible ; impénitent.

un|verbindlich ['unfεr"bintliç] adj. sans engagement ; qui n'engage à rien. | *unverbindliche Richtpreise*, prix indicatifs. ||°**-verbindlichkeit** f. caractère non obligatoire.

un|verblümt ["unfεr'bly:mt] adj. sans fard ; sans ambages ; sans mâcher les mots. || °**-verblümtheit** f. franchise brutale ; crudité f.

un|verbrannt ["unfεr'brant] adj. TECHN. imbrûlé.

un|verbrüchlich ['unfεr"bry:çliç] adj. inviolable ; sacré. | *unverbrüchliche Treue*, fidélité (f.) à toute épreuve.

un|verbürgt ["unfεr'byrkt] adj. non garanti ; non confirmé ; sujet à caution.

un|verdächtig ["unfεr'dεçtiç] adj. non suspect ; pur ; limpide.

un|verdaulich ['unfεr"dauliç] adj. indigeste.

un|verdaut ['unfεr"daut] adj. non digéré ; non assimilé.

un|verderblich ['unfεr"dεrpliç] adj. incorruptible ; inaltérable ; non périssable.

un|verdient ["unfεr'di:nt] adj. immérité.

un|verdorben ["unfεr'dɔrbən] adj. qui n'est pas corrompu, gâté. || FIG. pur ; intègre ; non dépravé ; candide. ||°**-verdorbenheit** f. FIG. pureté f. ; fraîcheur f. ; candeur f.

un|verdrossen ['unfεr"drɔsən] adj. infatigable. ◇ adv. sans se rebuter. ||°**-verdrossenheit** f. persévérance f. ; patience (f.) à toute épreuve.

un|verehelicht ["unfεr'e:əliçt] adj. non marié ; célibataire.

un|vereinbar ['unfεr"ainbɑ:r] adj. incompatible ; inconciliable. ||°**-vereinbarkeit** f. incompatibilité f.

un|verfälscht ["unfεr'fεlʃt] adj. non frelaté ; naturel. ||°**-verfälschtheit** f. naturel m. ; naïveté f. ; authenticité f.

un|verfänglich ['unfεr"fεŋliç] adj. anodin ; sans arrière-pensée.

un|verfaulbar ["unfεr'faulbɑ:r] adj. imputrescible.

un|verfroren ["unfεr'fro:rən] adj. effronté ; impudent ; sans gêne ; FAM. qui a du toupet ; qui n'a pas froid aux yeux. ||°**-verfrorenheit** f. sans-gêne m. ; effronterie f. ; impudence f. ; FAM. toupet m.

un|vergänglich ['unfεr"gεŋliç] adj. immortel. ||°**-vergänglichkeit** f. immortalité f.

un|vergessen ["unfεr'gεsən] adj. inoublié ; dont le souvenir demeure.

un|vergeßlich ['unfεr"gεsliç] adj. inoubliable ; ineffaçable.

un|vergleichbar ['unfεr"glaiçbɑ:r], **unvergleichlich** adj. incomparable ; sans pareil ; unique.

un|vergnüglich ['unfεr"gny:kliç] adj. déplaisant.

un|vergolten ["unfεr'gɔltən] adj. sans sanction.

un|verhältnismäßig ["unfɛrhɛltnis'mɛsiç] adj. disproportionné ; hors de proportion.

un|verheiratet ["unfɛr'hairɑ:tət] adj. non marié ; célibataire. | *unverheiratete Mutter*, mère (f.) célibataire.

un|verhofft ['unfɛr"hɔft] adj. inespéré ; inopiné ; à l'improviste.

un|verhohlen ["unfɛr'ho:lən] adj. non déguisé ; sans artifice ; net ; ouvert.

un|verjährbar ['unfɛr"jɛ:rbɑ:r] adj. JUR. imprescriptible.

un|verkäuflich ['unfɛr"kɔyfliç] adj. invendable. || non négociable ; incessible.

un|verkennbar ['unfɛr"kɛnbɑ:r] adj. non méconnaissable ; indéniable.

un|verletzbar ['unfɛr"lɛtsbɑ:r], **un|verletzlich** [-"lɛtsliç] adj. invulnérable. || FIG. inviolable. || °**-verletzbarkeit** f., °**-verletzlichkeit** f. invulnérabilité f. || FIG. inviolabilité f. || POLIT. immunité f. ||**-verletzt** ['-/-] adj. indemne ; sain et sauf.

un|vermählt ["unfɛr'mɛ:lt] adj. non marié ; célibataire.

un|vermeidlich ['unfɛr"maitliç] adj. inévitable ; inéluctable ; fatal ; FAM. forcé. ||°**-vermeidlichkeit** f. inéluctabilité f. ; nécessité (f.) inévitable.

un|vermerkt ["unfɛr'mɛrkt] adj. inaperçu. || PAR EXT. soudain ; subit.

un|vermietet ["unfɛr'mi:tət] adj. non loué ; vacant ; libre.

un|vermindert ["unfɛr'mindərt] adj. en son entier ; non entamé.

un|vermischt ["unfɛr'miʃt] adj. pur.

un|vermittelt ["unfɛr'mitəlt] adj. immédiat ; brusque.
◇ adv. tout à coup ; FAM. tout de go.

Un|vermögen ["unfɛr'mø:gən] n. (s) incapacité f. ; impuissance f. | *Zahlungsunvermögen*, insolvabilité f. || **-vermögend** adj. sans fortune ; sans moyens (financiers).

un|vermutet ["unfɛr'mu:tət] adj. inattendu ; inopiné ; imprévu.
◇ adv. inopinément ; à l'improviste.

Un|vernunft ["unfɛr'nunft] f. déraison f. ; manque (m.) de raison. ||**-vernünftig** adj. déraisonnable. | *das war unvernünftig von dir*, là tu as manqué de bon sens. | *unvernünftiges Zeug reden* déraisonner ; dire des insanités.

un|veröffentlicht ["unfɛr'øfəntliçt] adj. inédit ; non (encore) publié.

un|verpackt ["unfɛr'pakt] adj. non emballé ; sans emballage ; en vrac.

un|verrichtet ["unfɛr'riçtət] adj. non exécuté. || LOC. *unverrichteterdinge abziehen*, s'en retourner bredouille ; s'en aller comme on est venu.

un|verrückbar ['unfɛr"rykbɑ:r] adj. immobile ; fixe ; immuable. | *das steht unverrückbar fest*, cela est absolument sûr, définitif.

un|verschämt ["unfɛr'ʃɛ:mt] adj. impudent ; éhonté ; sans vergogne. | *unverschämter Mensch*, impudent m. | *unverschämte Preise*, prix exorbitants. ||°**-verschämtheit** f. impudence f. ; FAM. culot m.

un|verschuldet ["unfɛr'ʃuldət et 'unfɛr"ʃuldət] adj. [ohne Schuld] immérité ; sans l'avoir mérité. || [ohne Schulden] qui n'est pas endetté ; sans dettes.

un|versehens ['unfɛr"ze:əns] adv. au dépourvu ; à l'improviste.

un|versehrt ['unfɛr"ze:rt] adj. sans dommage ; sain et sauf ; indemne. ||°**-versehrtheit** f. intégrité f. | *Unversehrtheit eines Staatsgebietes*, intégrité territoriale.

un|versiegbar ['unfɛr"zi:kbɑ:r] adj. intarissable.

un|versöhnbar ['unfɛr"zø:nbɑ:r] adj. irréconciliable ; implacable. ||**-versöhnlich** adj. rancunier. ||°**-versöhnlichkeit** f. caractère rancunier, implacable.

un|versorgt ["unfɛr'zɔrkt] adj. sans situation ; qui n'est pas encore pourvu, établi.

Un|verstand ["unfɛr'ʃtant] m. (s) déraison f. ; inintelligence f. ; stupidité f. ||**-verstanden** adj. méconnu ; incompris. ||**-verständig** adj. déraisonnable ; inintelligent. ||**-verständlich** adj. incompréhensible ; inintelligible ; obscur. ||°**-verständlichkeit** f. inintelligibilité f. ; obscurité f. ||°**-verständnis** n. (ses) manque (m.) de compréhension ; manque d'intelligence.

un|versteuert ["unfɛr'ʃtɔyərt] adj. exempt de droits ; en franchise. || FIN. [Einnahme] non déclaré.

un|versucht ["unfɛr'zu:xt] adj. *nichts unversucht lassen*, ne rien négliger (pour) ; tenter l'impossible (pour).

un|verträglich ['unfɛr"trɛ:kliç] adj. [unvereinbar] incompatible. || PAR EXT. [streitsüchtig] insociable ; d'humeur difficile ; FAM. mauvais coucheur. ||°**-verträglichkeit** f. incompatibilité f. || PAR EXT. humeur difficile ; insociabilité f. ; FAM. mauvais caractère. ||°**-verträglichkeits|prüfung** f. (-, en), °**-studie** f. (-, n) étude (f.) d'impact.

un|verwandt ["unfɛr'vant] adj. fixe. | *jn unverwandt ansehen*, ne pas quitter qn des yeux.

un|verwertbar ['unfɛr"ve:rtbɑ:r] adj. inexploitable ; non récupérable.

un|verwundbar ['unfɛr"vuntbɑ:r] adj. invulnérable. ||°**-verwundbarkeit** f. invulnérabilité f.

un|verwüstlich ['unfɛr"vystliç] adj. inusable ; inaltérable. | *unverwüstlich gute Laune*, bonne humeur imperturbable. | *unverwüstliche Gesundheit*, santé (f.) à toute épreuve ; santé (f.) de fer. | *unverwüstlicher Mensch*, FAM. homme increvable.

un|verzagt ["unfɛr'tsɑ:kt] adj. intrépide ; brave. ||°**-verzagtheit** f. intrépidité f. ; ténacité f.

un|verzeihlich ['unfɛr"tsailiç] adj. impardonnable.

un|verzinslich ['unfɛr"tsinsliç] adj. FIN. sans intérêts ; non productif d'intérêts.

un|verzollt ["unfɛr'tsɔlt] adj. [zollfrei] en franchise (de douane). || [noch nicht verzollt] non dédouané ; douane due.

un|verzüglich ['unfɛr"tsy:kliç] adj. immédiat ; sans retard.
◇ adv. sans désemparer ; sans délai ; FAM. illico.

un|vollendet ["unfɔl'ɛndət] adj. inachevé.

un|vollkommen ["unfɔl'kɔmən et 'unfɔl"kɔmən] adj. imparfait ; défectueux. ||°**-vollkommenheit** f. imperfection f. ; défaut m. ; défectuosité f.

un|vollständig ["unfɔl'ʃtɛndiç] adj. incomplet. || GRAMM. défectif. ||°**-vollständigkeit** f. lacune(s) f. (pl.) ; caractère incomplet (de qch.).

un|voraussehbar ['unfo:raus"ze:bɑr] adj. imprévisible.

un|vorbereitet ["unfo:rbə'raitət] adj. non préparé ; sans préparation ; improvisé. | *unvorbereitet reden*, improviser ; parler impromptu. | *Diese Nachricht traf uns unvorbereitet*, cette nouvelle nous a pris au dépourvu.

un|vordenklich ['unfo:r"dɛŋkliç] adj. *seit unvordenklichen Zeiten*, depuis des temps immémoriaux.

un|voreingenommen ["unfo:raingə'nɔmən] adj.

exempt de préjugés ; sans idées préconçues. ||°-**voreingenommenheit** f. impartialité f. ; absence (f.) de préjugés.

un|vorhergesehen ["unfo:rhe:rgə'ze:ən] adj. imprévu.
◇ adv. à l'improviste.

un|vorsichtig ["unfo:r'ziçtiç] adj. imprudent ; inconsidéré. ||°-**vorsichtigkeit** f. imprévoyance f. ; imprudence f.

un|vorteilhaft ['un'fo:rtailhaft] adj. désavantageux.

un|wägbar ['un"vɛ:gbɑ:r] adj. impondérable.

un|wahr ["un'vɑ:r] adj. qui n'est pas conforme, qui est contraire à la vérité. | *unwahrer Bericht*, récit mensonger, falsifié.

un|wahrhaftig ["un'vɑ:rhaftiç] adj. insincère ; faux. ||°-**wahrhaftigkeit** f. manque (m.) de véracité ; insincérité f. ; fausseté f. ||°-**wahrheit** f. (-, en) contrevérité f.

un|wahrscheinlich ['unvɑ:r"ʃainliç] adj. invraisemblable ; improbable. ||°-**wahrscheinlichkeit** f. invraisemblance f. ; improbabilité f.

un|wandelbar ['un"vandəlbɑ:r] adj. inaltérable ; constant ; invariable. ||°-**wandelbarkeit** f. inaltérabilité f. ; constance f. ; invariabilité f.

un|wegsam ["un've:kzɑ:m] adj. [Weg] impraticable.

un|weiblich ['un"vaipliç] adj. peu féminin.

un|weigerlich ['un"vaigərliç] adj. inévitable ; inéluctable.

un|weit ["un'vait] adv. et prép. (gén. ou *von*) non loin (de) ; à proximité (de).

un|wert ["un've:rt] adj. (gén.) indigne (de).

Un|wert [-'ve:rt] m. (s) non-valeur f. ; futilité f.

Un|wesen ["un've:zən] n. (s). Loc. *sein Unwesen treiben*, infester (un lieu) ; faire du désordre ; causer des troubles.

un|wesentlich ["un've:zəntliç] adj. accessoire ; secondaire.

Un|wetter ["un'vɛtər] n. (s, -) gros temps ; orage m. ; tourmente f. ; intempéries f. pl.

un|wichtig ["un'viçtiç] adj. peu important ; insignifiant ; futile. ||°-**wichtigkeit** f. insignifiance f. ; futilité f.

un|widerlegbar ['unvi:dər"le:kbɑ:r], **-widerleglich** [-"le:kliç] adj. irréfutable. | *unwiderleglich beweisen*, prouver sans conteste possible.

un|widerruflich ['unvi:dər"ru:fliç] adj. irrévocable.

un|widerstehlich ['unvi:dər"ʃte:liç] adj. irrésistible.

un|wiederbringlich ['unvi:dər"briŋliç] adj. irréparable ; perdu à jamais, sans retour.

Un|wille(n) ["un'vilə(n)] m. (ns) dépit m. ; mécontentement m. ; irritation f. | *die Tat rief allgemeinen Unwillen hervor*, cet acte provoqua la réprobation générale.

un|willig ["un'viliç] adj. qui y met de la mauvaise volonté ; récalcitrant. || PAR EXT. mécontent ; irrité ; agacé. | *nur unwillig tun*, faire à contrecœur, de mauvaise grâce.

un|willkommen ["unvil'kɔmən] adj. qui vient mal à propos ; indésirable.

un|willkürlich ['unvil"ky:rliç] adj. involontaire. || PSYCHOL. automatique ; stéréotypé.

un|wirklich ["un'virkliç] adj. irréel ; fictif.

un|wirksam ['un"virkzɑ:m] adj. inefficace ; inopérant ; inactif. ||°-**wirksamkeit** f. inefficacité f.

un|wirsch ["un'virʃ] adj. réprobatif ; bourru ; renfrogné ; brusque. | *jn unwirsch abweisen*, rebuter qn ; FAM. envoyer promener qn.

un|wirtlich ['un"virtliç] adj. inhospitalier ; peu accueillant.

un|wirtschaftlich ['un"virtʃaftliç] adj. de mauvais rendement ; non rentable. ||°-**wirtschaftlichkeit** f. mauvais rendement ; non-rentabilité f.

un|wissend ["un'visənt] adj. ignorant. | *sehr unwissend*, ignare. ||°-**wissenheit** f. ignorance f. || -**wissentlich** ['-/"--] adv. et adj. sans le savoir ; sans s'en rendre compte ; par ignorance ; à son insu.

un|wohl ["un'vo:l] adj. souffrant ; indisposé. | *er, ihm ist unwohl*, il n'est pas bien ; il est souffrant. ||°-**wohlsein** n. (s) indisposition f. ; malaise m.

un|wohnlich ["un'vo:nliç] adj. inconfortable.

Un|wucht ["un'vuxt] f. TECHN. balourd m.

un|würdig ["un'vyrdiç] adj. indigne. ||°-**würdigkeit** f. indignité f.

Un|zahl ["un'tsɑ:l] f. nombre (m.) énorme ; infinité f. || FAM. légion f.

un|zählbar ['un"tsɛ:lbɑ:r], **un|zählig** ["un'tsɛ:liç] adj. innombrable ; sans nombre ; en nombre infini. | *unzählige Male*, un nombre incalculable de fois.

un|zähmbar ['un"tsɛ:mbɑ:r] adj. qui ne se laisse pas apprivoiser.

un|zart ["un'tsa:rt] adj. indélicat ; sans tact ; rude.

Unze ['untsə] f. (-, n) once f. | *deutsche Unze*, once allemande (31,25 g). | *englische Unze*, once anglaise (28,35 g).

Un|zeit ["un'tsait] f. contretemps m. | *zur Unzeit*, à contretemps. ||-**zeitgemäß** adj. inactuel ; démodé ; intempestif. ||-**zeitig** adj. intempestif ; inopportun ; prématuré.

un|zerbrechlich ['untsər"brɛçliç] adj. incassable.

un|zerlegbar ['untsɛr"le:kbɑ:r] adj. CHIM. indécomposable.

un|zerstörbar ['untsɛr"ʃtø:rbɑ:r] adj. indestructible.

un|zertrennlich ['untsɛr"trɛnliç] adj. inséparable.

Unzial|schrift [untsi"a:l'ʃrift] f. TYPOGR. (écriture f.) onciale f.

un|ziemlich ['un"tsi:mliç] adj. inconvenant ; incongru ; déplacé.

Un|zier(de) ["un'tsi:r(də)] f. chose (f.) qui choque ; manque (m.) d'élégance.

un|zivilisiert ["untsivili'zi:rt] adj. non civilisé ; barbare.

Un|zucht ["un'tsuxt] f. luxure f. | [widernatürliche Neigung] penchant (m.) contre nature. || JUR. attentat (m.) aux mœurs. ||-**züchtig** adj. luxurieux ; impudique. | *unzüchtige Sitten*, mœurs licencieuses. | *Vornahme unzüchtiger Handlungen*, attentat (m.) à la pudeur. ||°-**züchtigkeit** f. obscénité f.

un|zufrieden ["untsu'fri:dən] adj. (mit) mécontent (de) ; insatisfait. ||°-**zufriedenheit** f. mécontentement m.

un|zugänglich ["untsu'gɛŋliç] adj. [Ort] inaccessible. || [Mensch] inabordable ; intraitable.

un|zulänglich ["untsu'lɛŋliç] adj. insuffisant. || °-**zulänglichkeit** f. insuffisance f.

un|zulässig ["untsu'lɛsiç] adj. inadmissible. || JUR. non recevable. ||°-**zulässigkeit** f. inadmissibilité f.

un|zumutbar ["untsu'mu:tbɑ:r] adj. inadmissible.

un|zurechnungsfähig ["untsurɛçnuŋs'fɛ:iç] adj. irresponsable ; inconscient.

un|zureichend ["untsu'raiçənt] adj. insuffisant.

un|zusammenhängend ["untsu'zamənhɛŋɛnt] adj. décousu ; incohérent ; à bâtons rompus.
un|zuständig ["untsu'ʃtɛndiç] adj. incompétent.
un|zuträglich ["untsu'trɛ:kliç] adj. désavantageux ; malsain. ||°**-zuträglichkeit** f. (-, en) inconvénient m. ; mauvais effet.
un|zutreffend ["untsu'trɛfənt] adj. inexact ; non pertinent.
un|zuverlässig ["untsufɛr'lɛsiç] adj. peu sûr ; incertain. | *er ist unzuverlässig*, on ne peut compter sur lui, se fier à lui. | *unzuverlässige Nachrichtenquelle*, source (d'information) peu autorisée. ||°**-zuverlässigkeit** f. incertitude f. (de qch. ou de qn) ; manque (m.) de sérieux.
un|zweckmäßig ["untsvɛk'mɛ:siç] adj. mal approprié ; impropre ; inopportun. ||°**-zweckmäßigkeit** f. inopportunité f. ; inadaptation f.
un|zweideutig ["untsvai'dɔytiç] adj. et adv. sans équivoque ; clair. || PHILOS. univoque.
un|zweifelhaft ['un"tsvaifəlhaft] adj. et adv. indubitable. | *das ist unzweifelhaft günstig für Sie*, cela vous est favorable, à n'en pas douter.
Uppercut ['apəkat] m. (s, s). [Boxen] uppercut m.
üppig ['ypiç] adj. **1.** [wuchernd] luxuriant ; exubérant. | *üppiger Pflanzenwuchs*, végétation luxuriante. | *üppiger Haarwuchs*, chevelure abondante. || FIG. [schwellend] plantureux. | *üppiger Busen*, poitrine opulente. | *ein üppiges Mahl*, un repas plantureux.
2. [schwelgerisch] voluptueux ; somptueux. | *ein üppiges Leben führen*, mener une vie fastueuse.
3. FAM. [dreist ; übermütig] *er wird zu üppig*, il ne se gêne plus.
Üppigkeit [-kait] f. **1.** [Überreichtum] exubérance f. ; luxuriance f. | *Üppigkeit des Wachstums*, croissance exubérante. || FIG. [Vollschlankheit] *Üppigkeit der Formen*, opulence (f.), richesse (f.) des formes.
2. [Schwelgerei] volupté f. ; somptuosité f. ; luxe m. | *er lebt in Üppigkeit*, il vit fastueusement.
Ur [u:r] m. (s, e). ZOOL. aurochs m.
ur... [u:r] préf. **1.** [Ältestes ; Erstes] premier ; primitif ; primaire ; proto. || LITTÉR. *der Urfaust*, la version primitive de *Faust.*
2. [ursprünglich ; echt] originel ; arché. || PAR EXT. foncièrement.
3. [steigernd] archi ; primordial ; authentique.
4. [zeitlich vorhergehend] arrière. | *Urgroßvater*, arrière-grand-père m.
Ur|abstimmung ["u:rap'ʃtimuŋ] f. (-, en). POLIT. consultation (f.) à la base.
Ur|adel ["u:r'ɑ:dəl] m. (s) noblesse immémoriale, de vieille souche.
Ur|ahn(e) ["u:r'ɑ:n(ə)] m. (s, en, en) ancêtre m. ; aïeul m. | *die Urahnen*, les ancêtres ; les aïeux.
Ural [u'rɑ:l] n. pr. m. (s). GÉOGR. Oural m.
ur|alt ["u:r'alt] adj. ancien ; antique ; très vieux. | *uralter Greis*, vieillard sans âge, chenu. | *uraltes Monument*, monument (m.) qui remonte à la plus haute antiquité. | *uralter Baum*, arbre (m.) séculaire. | *seit uralten Zeiten*, depuis les temps les plus reculés.
Urämie [urɛ'mi:] f. MÉD. urémie f.
Uran [u'rɑ:n] n. (s). CHIM. uranium m.
Uran|anreicherung [u"rɑ:n'anraiçəruŋ] f. enrichissement (m.) de l'uranium. ||°**-brenner** m. (s, -) pile (f.) atomique. ||°**-erz** n. (es, e) minerai (m.) d'uranium. ||**-haltig** adj. uranifère. ||°**-hexafluorid** n. (s, e) hexafluorure (m.) d'uranium. ||°**-isotope** n. pl. isotopes (m. pl.) de l'uranium. ||°**-oxyd** n. (s, e). CHIM. urane m. ||°**-vorkommen** n. (s, -) gisement (m.) d'uranium.
Urat [u'rɑ:t] n. (s, e). MÉD. urée f. || CHIM. urate m.
ur|aufführen ["u:rauf'fy:rən] v. tr. THÉÂTRE. créer (une pièce). ||°**-aufführung** f. (-, en). THÉÂTRE. première (représentation) ; création f.
urban [-'bɑ:n] adj. [umgänglich] plein d'urbanité. || [städtisch] urbain.
Urbanität [-bani'tɛ:t] f. urbanité f. ; civilité f.
urbar ['u:rbɑ:r] adj. labourable ; arable. | *urbar machen*, défricher ; mettre en culture. | *die Urbarmachung*, la mise en culture, le défrichement (d'une terre).
Ur|bedeutung ["u:rbə'dɔytuŋ] f. (-, en) acception première, originelle.
Ur|beginn ["u:rbə'gin] m. (s) origine (lointaine).
Ur|bewohner ["u:rbə'vo:nər] m. (s, -). [Ureinwohner] aborigène m. ; autochtone m.
Ur|bild ['u:rbilt] n. (s, er). PHILOS. archétype m.
Ur|christentum ["u:r'kristəntu:m] n. (s) christianisme primitif. | *die Urchristen*, les premiers chrétiens. ||**-christlich** adj. paléochrétien.
ur|deutsch ['u:rdɔytʃ] adj. foncièrement, typiquement allemand.
ur|eigen ["u:r'aigən] adj. absolument personnel.
Ur|eltern ["u:r'ɛltərn] pl. aïeux m. pl.
Ur|enkel ["u:r'ɛŋkəl] m. (s, -) arrière-petit-fils m.
Ur|enkelin [-lin] f. (-, nen) arrière-petite-fille f.
Ureter [u're:tər] m. (s, en). ANAT. uretère m.
Urethra [u're:tra] f. (-, s). ANAT. urètre m.
Ur|fassung ["ur'fasuŋ] f. (-, en) première version ; version originale.
Ur|fehde ["u:r'fe:də] f. (-, n). HIST. *Urfehde schwören*, renoncer par serment à toute guerre privée.
Ur|form ['u:rfɔrm] f. (-, en) forme originelle ; prototype m. ; archétype m.
Ur|gebirge ["u:rgə'birgə] n. (s). GÉOL. terrain (m.) primaire.
Ur|geist ['u:rgaist] m. (s) esprit universel, cosmique.
ur|gemütlich ["u:rgə'my:tliç] adj. très confortable ; où il y a beaucoup d'ambiance.
Ur|germane ["u:rgɛr'mɑ:nə] m. (n, n) ancien Germain. ||**-germanisch** adj. de la Germanie ancienne. || FIG. très germanique. || [Sprache] *das Urgermanische*, le germanique commun.
Ur|geschichte ["u:rgə'ʃiçtə] f. préhistoire f. || **-geschichtlich** adj. préhistorique.
Ur|gestein ["u:rgə'ʃtain] n. (s) roche primitive.
Ur|großeltern ["u:r'grosɛltərn] pl. arrière-grands-parents m. pl. ; bisaïeux m. pl. ||°**-großmutter** f. (-, ¨) arrière-grand-mère f. ; bisaïeule f. ||°**-großvater** m. (s, ¨) arrière-grand-père m. ; bisaïeul m.
Ur|heber ["u:r'he:bər] m. (s, -) instigateur m. ; artisan m. || auteur m. (littéraire) ; [artiste] créateur m.
Urheber|recht ["urhe:bər'rɛçt] n. (s, e) droit (m.) d'auteur ; propriété (f.) littéraire, artistique. ||**-rechtlich** adj., adv. JUR. *urheberrechtlich geschützt*, tous droits de reproduction réservés. ||°**-schaft** f. paternité (f.) d'une chose ; qualité (f.) d'auteur, de créateur.
Urin [u'ri:n] m. (s) [Harn] urine f. | *urintreibend*, diurétique. | *Uringlas*, urinal m.
urinieren [uri'ni:rən] v. intr. uriner.
Ur|kanton ["u:rkan'to:n] m. (s, e). HIST. canton primitif (de la Suisse).

Ur|kirche ["u:r'kirçə] f. Église primitive.

Ur|knall ["u:r'knal] m. (s, e). ASTRON. explosion originelle ; FAM. big bang m.

ur|komisch ["ur'ko:miʃ] adj. extrêmement comique ; FAM. à se tordre.

Ur|kraft ['u:rkraft] f. (-, ¨e) force (f.) élémentaire de la nature ; force (f.) énorme. ||**-kräftig** adj. d'une force irrésistible, invincible.

Ur|kunde ["u:r'kundə] f. (-, n) document m. ; acte m. ; titre m. | *notarielle Urkunde*, acte notarié ; acte passé devant notaire. | *amtliche Urkunde*, pièce officielle ; acte, titre authentique. | *eine Urkunde aufsetzen, abfassen*, établir un document ; JUR. passer un acte ; instrumenter. | *Errichtung, Aufsetzung einer Urkunde*, passation (f.) d'un acte. | *Urkunden vorlegen*, produire des pièces. | *etwas mit Urkunden belegen*, documenter qch. || LOC., JUR. *zu Urkund dessen*, en foi de quoi ; dont acte.

Urkunden|beweis ["u:rkundənbə'vais] m. (es, e) documentation f. ; preuve (f.) documentaire. ||°**-fälscher** m. (s, -) faussaire m. ||°**-fälschung** f. (-, en) falsification (f.) d'un document. || JUR. faux (m.) en écriture.

ur|kundlich ["u:r'kuntliç] adj. documentaire ; authentique ; faisant foi (par un document). | *urkundlich beweisen*, prouver par titres authentiques.

Urlaub ['u:rlaup] m. (s, e) congé m. ; vacances f. pl. | *auf Urlaub gehen*, partir en vacances. || MIL. permission f. | *Urlaub haben*, avoir congé. | *auf, in Urlaub sein*, être en congé, en vacances ; MIL. en permission. | *Urlaub nehmen*, prendre un congé.

Urlauber(in) ["u:r'laubər(in)] m. (s, -), f. (-, nen) vacancier m., vacancière f.

Urlauber|siedlung ["u:rlaubər'zi:dluŋ] f. (-, en) village (m.) de vacances.

Urlaubs|schein ["u:rlaups'ʃain] m. (s, e) titre (m.) de permission. ||°**-sperre** f. MIL. suppression (f.) des permissions.

Ur|mensch ["u:r'mɛnʃ] m. (en, en) homme primitif, préhistorique ; premier homme.

Ur|meter ["u:r'me:tər] n. et m. (s) mètre (m.) étalon.

Ur|mutter ["u:r'mutər] f. notre mère à tous : Ève f.

Urne ['urnə] f. (-, n) urne f. || POLIT. *zur Urne gehen*, aller aux urnes ; aller voter.

Urnen|friedhof ["urnən'fri:tho:f] m. (s, ¨e) columbarium m.

Urner ['urnər] m. (s, -). GÉOGR. habitant (m.) d'Uri ; Uranais m.

Ur|ochs ['u:rɔks] m. (en, en). V. UR.

uro|genital ["urogeni'tɑ:l] adj. MÉD. génito-urinaire.

Urologe [urɔ'lo:gə] m. (n, n), **Urologin** [-'lo:gin] f. (-, nen). MÉD. urologue s.

Urologie [urɔlo'gi:] f. MÉD. urologie f.

ur|plötzlich ["u:r'pløtsliç] adj. et adv. subit ; brusque ; FAM. sans crier gare.

Ur|quell ['u:rkvɛl] m. (s) source première ; principe m.

Ur|sache ["u:r'zaxə] f. (-, n) cause f. ; raison f. ; motif m. | *alles hat seine Ursache*, il n'y a pas d'effet sans cause. | *nach der Ursache fragen*, chercher la raison. | *aus welcher Ursache ?*, pour quelle raison ? ; pour quel motif ? | *man hat alle Ursache, anzunehmen*, il y a tout lieu de croire. | *Ursache geben zu*, donner lieu à. || LOC. *keine Ursache*, il n'y a pas de quoi ; je vous en prie.

ur|sächlich [ur'zɛçliç] adj. causal. ||°**-sächlichkeit** f. causalité f. || MÉD. étiologie f.

Ur|schleim ["u:r'ʃlaim] m. (s, e). BIOL. protoplasme m.

Ur|schrei ["ur'ʃrai] m. (s, e). MÉD. cri primal.

Ur|schrift ['u:rʃrift] f. (-, en) original m. ; manuscrit original. || JUR. pièce originale ; minute f. (d'un acte). || HIST. écriture primitive, archaïque.

Ur|sprache ["u:r'ʃpraxə] f. (-, n) langue mère.

Ur|sprung ['u:rʃpruŋ] m. (s, ¨e) origine f. ; naissance f. ; provenance f. | *seinen Ursprung haben in*, provenir de ; avoir pris naissance à. || COMM. *Ursprungsnachweis ; Ursprungszeugnis*, certificat (m.) d'origine. ||**-sprünglich** adj. [im ersten Zustand] originel ; primitif. || [erstmalig] original. || [unverbildet ; frisch] naturel ; spontané. — adv. à l'origine.

Ur|sprünglichkeit ["u:r'ʃpryŋliçkait] f. originalité f. || [Natürlichkeit] naturel m. ; spontanéité f.

Urstrom|tal ["u:rʃtro:m'tɑ:l] n. (s, ¨er). GÉOL. vallée (f.) fluvio-glaciaire.

Ursulinerin [urzu'li:nərin] f. (-, nen). RELIG. ursuline f.

Urteil ['urtail] n. (s, e). **1.** JUR. [Richterspruch] jugement m. ; décision f. (de justice). | *vollstreckbares Urteil*, jugement (m.) exécutoire. | *ein Urteil fällen, (aus)sprechen*, rendre un jugement ; prononcer un arrêt. | *ein Urteil verkünden*, faire le prononcé d'un jugement. | *ein Urteil in Strafsachen fällen*, rendre, prononcer une sentence. || FIG. *darüber will ich kein Urteil fällen*, je ne veux pas me prononcer là-dessus. | *über jn das Urteil sprechen*, juger qn. | *sich selbst sein Urteil sprechen*, prononcer sa propre condamnation.

2. [feste Meinung] avis m. ; opinion f. | *sich ein Urteil bilden*, se faire une opinion, une idée (sur). | *sein Urteil über etwas abgeben*, donner son avis sur qch. | *darüber enthalte ich mich des Urteils, maße ich mir kein Urteil an*, je m'abstiens de toute opinion à ce sujet. | *auf sein Urteil kann man etwas geben*, son opinion vaut qch.

3. PSYCHOL. jugement m. | *bejahendes Urteil*, jugement affirmatif. | *verneinendes Urteil*, jugement négatif.

Urteils|eröffnung ["u:rtailsɛr'øfnuŋ] f. JUR. publication (f.) de l'arrêt. ||**-fähig** adj. capable de juger ; compétent. ||°**-fähigkeit** f. capacité (f.) de juger ; compétence f. ||°**-kraft** f., °**-vermögen** n. (s). PHILOS. faculté (f.) de juger. ||°**-spruch** m. (s, ¨e) jugement m. ; arrêt m. ; verdict m. ; sentence f. ||°**-verkündung** f. (-, en) prononcé (m.) du jugement.

urteilen ['u:rtailən] v. intr. (« über », acc.) juger (de qch.) ; porter un jugement (sur qch.). | *nach seinen Reden zu urteilen*, à l'en croire. | *nach dem Schein urteilen*, juger d'après les apparences.

Ur|text ['u:rtɛkst] m. (es, e) texte original.

Ur|tier ['u:rti:r] n. (s, e) animal primitif. || BIOL. protozoaire m. ; protiste m.

Ur|trieb ['u:rtri:p] m. (s, e) pulsion instinctive.

ur|tümlich ["u:r'ty:mliç] adj. originel ; primitif ; archaïque ; qui remonte aux origines.

Urur|ahn(e) ["ur'urɑ:n(ə)] m. (s et en, en) trisaïeul m. ||°**-enkel** m. (s, -) descendant (m.) à la quatrième génération ; FAM. arrière-arrière-petit-fils m. ||°**-großmutter** f. (-, ¨) trisaïeule f. ; FAM. arrière-arrière-grand-mère f. ||°**-großvater** m. (s, ¨) trisaïeul m. ; FAM. arrière-arrière-grand-père.

Ur|vater ["u:r'fɑ:tər] m. (s, ¨) ancêtre m. ; (premier) père.

Ur|volk ['u:rfɔlk] n. (s, ¨er) peuple primitif, archaïque.
Ur|wald ['u:rvalt] m. (s, ¨er) forêt (f.) vierge ; jungle f.
Ur|welt ['u:rvɛlt] f. monde primitif, préhistorique. ||**-weltlich** adj. des ères primitives, archaïques.
Ur|wesen ["u:r've:zən] n. (s, -) être primitif. || PHILOS. principe fondamental.
ur|wüchsig ["u:r'vyksiç] adj. d'une robustesse native, primitive ; naïf ; naturel. ||°**-wüchsigkeit** f. robustesse native ; naïveté f. ; naturel m.
Ur|zeit ['u:rtsait] f. (-, en) époque, ère primitive, archaïque.
Ur|zeugung ["u:r'tsɔyguŋ] f. génération spontanée.
Ur|zustand ["u:r'tsu:ʃtant] m. (s, ¨e) état initial, originel.
Usance [u'zansə] f. (-, n). COMM. usage commercial. | *usancemäßig*, comme d'ordinaire.
Usurpation [uzurpa'tsio:n] f. (-, en) usurpation f.
Usurpator [-'pɑ:tor] m. (s, en). [Thronräuber] usurpateur m.
usurpieren [-'pi:rən] v. tr. usurper.
Usus ['u:zus] m. usage m. ; habitude f. | *das ist hier so Usus*, c'est l'usage, l'habitude ici.
Utensilien [utɛn'zi:liən] pl. ustensiles m. pl. ; attirail m.
Uterus ['u:terus] m. ANAT. utérus m. ; matrice f.
Utilitarier [utili'tɑ:riər] m. (s, -). PHILOS. partisan (m.) de l'utilitarisme.
Utilitarismus [-ta'rismus] m. PHILOS. utilitarisme m.
Utopie [uto'pi:] f. (-, n). [Schwärmerei ; Hirngespinst] utopie f. ; château (m.) en Espagne.
utopisch [u'to:piʃ] adj. utopique.
Utopist [uto'pist] m. (en, en) utopiste m.
uzen ['u:tsən] v. tr. FAM. mettre en boîte ; se payer la tête (de qn) ; faire marcher (qn).

V

V, v [fau] n. V m. | *das große* V, le *V* majuscule. || *v.*, abrév. de *von.* | *V.*, abrév. de *Volt* et de *Volumen.*
va banque-spielen [va"baŋk'ʃpi:lən] v. intr. risquer tout.
Vagabund [vaga'bunt] m. (en, en) [Strolch ; Müßiggänger] vagabond m.
vagabundieren [-bun'di:rən] v. intr. vagabonder.
vage ['vɑ:gə] adj. [verschwommen ; undeutlich] vague. | *von etwas eine vage Vorstellung haben*, n'avoir qu'une idée très vague de qch.
Vagina [va'gi:na] f. (-, nen). ANAT. vagin m.
vaginal [-gi'nɑ:l] adj. ANAT. vaginal.
vakant [va'kant] adj. vacant.
Vakanz [-'kants] f. (-, en) vacance f.
Vakuum ['vɑ:kuum] n. (s, kua). PHYS. [Leere ; Nichts] vide m.
Vakuum|behälter ["vɑ:kuumbə'hɛltər] m. (s, -) bassin (m.) à vide. ||°**-bremse** f. (-, n) frein (m.) à vide, à dépression. ||°**-destillation** f. (-, en). TECHN. distillation (f.) sous vide. ||**-dicht** adj. étanche au vide. ||°**-leitung** f. (-, en) conduite (f.) sous vide. ||°**-pumpe** f. (-, n) pompe (f.) à faire le vide ; machine (f.) pneumatique. ||**-verpackt** adj. emballé sous vide.
Valenz [va'lɛnts] f. (-, en). CHIM. valence f.
Valorisierung [valori'zi:ruŋ] f. (-, en) valorisation f.
Valuta [va'lu:ta] f. (-, ten). FIN. valeur f. || (cours du) change m. || devise étrangère.
Vampir ['vampir] m. (s, e) vampire m.
Vanadin [vana'di:n] n. (s). CHIM. vanadium m.
Vandale [van'dɑ:lə] m. (n, n). HIST. Vandale m. || FIG. vandale m.
Vandalismus [-da'lismus] m. vandalisme m.
Vanille [va'niliə] f. vanille f.
variabel [vari'ɑ:bəl] adj. variable.
Variable [vari'ɑ:blə] f. (-, n). MATH. variable f.
Variante [-'antə] f. (-, n) variante f.
Varianz [va'riants] f. [Statistik] variance f.
Variation [-a'tsio:n] f. (-, en) variation f. | *variationsfähig*, variable.
Variator [vari'ɑ:tɔr] m. (s, en). TECHN. variateur m.
Varietät [variə'tɛ:t] f. (-, en) variété f.
Varieté [-'te:] n. (s, s), **Varieté|theater** [variə"te:te'ɑ:tər] n. (s) music-hall m.
variieren [vari'i:rən] v. intr. et v. tr. varier.
Vario|meter [vario'me:tər] m. (s, -). TECHN. variomètre m.
Vasall [va'zal] m. (en, en) vassal m.
Vasallen|staat [va"zalən'ʃtɑ:t] m. (s, en) État (m.) satellite.
Vase ['vɑ:zə] f. (-, n) vase m.
Vasektomie [vazɛktɔ'mi:] f. (-, n). MÉD. vasectomie f.
Vaseline [vaze'li:nə] f. (-) vaseline f.
Vater ['fɑ:tər] m. (s,¨) père m. | *er ist ganz der Vater*, c'est tout le portrait de son père ; c'est tout à fait son père. | *Ihr Herr Vater*, Monsieur votre père. | *die Stadtväter*, les notables (m. pl.) de la ville. || PAR EXT. *die Väter*, les ancêtres m. pl. ; les aïeux m. pl. || RELIG. *Heiliger Vater*, Saint-Père ; pape m. | *himmlischer Vater* ; *Gott Vater*, Dieu le Père.
Vater|freuden ["fɑ:tər'frɔydən] f. pl. joies (f. pl.) de la paternité. ||°**-haus** n. (es,¨er) maison paternelle. ||°**-land** n. (s, ¨er) patrie f. ||**-ländisch** adj. patriotique. ||°**-landsliebe** f. patriotisme m. ||**-landslos** adj. sans patrie ; apatride. ||**-los** adj.

orphelin de père. ||°-**mord** m. (s, e) parricide m. ||°-**mörder** m. (s, -) parricide m. || FIG., IRON. faux col empesé. ||°-**recht** n. (s, e) droit (m.) de père ; patriarchat m. ||°-**stadt** f. (-, ¨e) ville natale. ||°-**stelle** f. *bei jm Vaterstelle vertreten*, tenir lieu de père à qn. ||°-**unser** n. (s) notre Père m. ; Pater (noster) ; patenôtre m. | *das Vaterunser beten*, dire le Notre-Père.

Väter|art ["fɛ:tər'ɑ:rt] f., **Väter|sitte** [-'zitə] f. (-, n) tradition ancestrale.

väterlich ['fɛ:tərliç] adj. paternel. | *väterliche Gewalt*, puissance paternelle. | *väterlicherseits*, du côté paternel.

Vaterschaft ["fɑ:tərʃaft] f. JUR. paternité f. | *Feststellung der Vaterschaft*, recherche (f.) de la paternité. | *Vaterschaftsklage*, action (f.) en recherche de paternité.

Vati ['fɑ:ti] m. (s, s). FAM. papa m.

Vatikan [vati'kɑ:n] n. pr. m. (s) Vatican m.

Vegetarier [-'tɑ:riər] m. (s, -) végétarien m.

vegetarisch [-'tɑ:riʃ] adj. végétarien.

Vegetation [-ta'tsio:n] f. (-, en) végétation f.

vegetativ [-ta'ti:f] adj. végétatif. | *vegetatives Nervensystem*, système nerveux végétatif.

vegetieren [-'ti:rən] v. intr. FIG. végéter ; vivoter.

Vehemenz [vehe'mɛnts] f. véhémence f.

Vehikel [ve'hikəl] n. (s, -). IRON. véhicule m.

Veilchen ['failçən] n. (s, -). BOT. violette f. | *veilchenblau*, violet ; violacé.

Veits|bohne ["faits'bo:nə] f. (-, n). BOT. faséole f. ||°-**tanz** m. (es) danse (f.) de Saint-Guy.

Vektor ['vɛktor] m. (s, en). MATH. vecteur m.

Veltlin [vɛlt'li:n] n. pr. n. GÉOGR. *das Veltlin*, la Valteline.

Vene ['ve:nə] f. (-, n). ANAT. veine f. | *Venenentzündung*, phlébite f.

Venedig [ve'ne:dig] n. pr. n. Venise f.

venerisch [ve'ne:riʃ] adj. [geschlechtskrank] vénérien.

Venezianer(in) [venetsi'ɑ:nər(in)] m. (s, -), f. (-, nen) Vénitien(ne) m. (f.).

venezianisch [-niʃ] adj. vénitien.

venös [ve'nø:s] adj. veineux.

Ventil [vɛn'ti:l] n. (s, e). TECHN. soupape f. ; clapet m. | *einfaches Ventil*, valve f. | *Absperrventil*, soupape (f.) d'arrêt. || RADIO. *elektrisches Ventil*, valve f.

Ventil|hebel [vɛn"ti:l'he:bəl] m. (s, -) culbuteur m. ||°-**klappe** f. (-, n) clapet m.

Ventilation [vɛntila'tsio:n] f. (-, en) ventilation f. ; aération f.

Ventilator [-ti'lɑ:tor] m. (s, en). [Lüfter] ventilateur m.

Venus ['ve:nus] n. pr. f. MYTH., ASTRON. Vénus f.

Venus|berg ["ve:nus'bɛrk] m. (s). ANAT. mont (m.) de Vénus. ||°-**haar** n. (s). BOT. cheveux (m. pl.) de Vénus ; adiante m. ||°-**muschel** f. (-, n). ZOOL. clovisse f.

ver|abfolgen [fɛr'apfɔlgən] v. tr. donner ; administrer.

ver|abreden [fɛr'apre:dən] v. tr. et v. pr. convenir ; prendre rendez-vous. | *sich verabreden*, se donner un rendez-vous. | *wie verabredet*, comme convenu. ||°-**abredung** f. (-, en) convention f. ; accord m. | *eine Verabredung treffen*, prendre rendez-vous.

ver|abreichen [fɛr'apraiçən] v. tr. donner ; administrer. | *eine Arznei verabreichen*, administrer un remède. ||°-**abreichung** f. administration f. (d'un remède).

ver|absäumen [fɛr'apzɔymən] v. tr. négliger ; omettre.

ver|abscheuen [fɛr'apʃɔyən] v. tr. abhorrer ; avoir en horreur. ||-**abscheuenswert** adj. détestable ; exécrable ; abominable. ||°-**abscheuung** f. aversion f. ; horreur f.

ver|abschieden [fɛr'apʃi:dən] v. tr. **1.** congédier ; mettre à la retraite ; remercier. | *einen Offizier verabschieden*, réformer un officier. | *einen Beamten verabschieden*, limoger un fonctionnaire.

2. arrêter ; prendre un décret. | *ein Gesetz verabschieden*, adopter, voter une loi.

◇ v. pr. **sich verabschieden,** prendre congé.

Ver|abschiedung [-duŋ] f. (-, en) mise (f.) à la retraite ; licenciement m. || MIL. réforme f. || POLIT. *Verabschiedung eines Gesetzes*, adoption (f.) d'une loi.

ver|achten [fɛr'axtən] v. tr. mépriser ; dédaigner. | *das Essen verachten*, ne pas toucher au repas. ||-**ächtlich** adj. dédaigneux ; méprisant. | *mit verächtlicher Miene*, d'un air dédaigneux. || [nichtsbedeutend] peu considérable. | *verächtlich wenig*, fort peu. ||°-**ächtlichkeit** f. air méprisant. || °-**achtung** f. dédain m. ; mépris m. | *jn mit Verachtung strafen*, accabler qn de son mépris. | *verachtungsvoll*, plein de mépris ; méprisant.

ver|allgemeinern [fɛr'algə"mainərn] v. tr. généraliser. ||°-**allgemeinerung** f. (-, en) généralisation f.

ver|alten [fɛr'altən] v. intr. vieillir ; passer de mode ; tomber en désuétude.

◇ part. pass. **veraltet,** périmé ; vieilli. | *veraltete Bedeutung eines Wortes*, sens vieilli d'un mot. | *veralteter Ausdruck*, expression vieillie.

Veranda [ve'randa] f. (-, den) véranda f.

ver|änderlich [fɛr"ɛndər'liç] adj. variable ; instable ; versatile ; capricieux. | *veränderlicher Charakter*, caractère (m.) mobile. ||-**ändern** v. tr. changer ; transformer ; modifier ; altérer ; varier. ||°-**änderung** f. (-, en) changement m. ; modification f. ; variation f. ; transformation f. ; altération f. ; mutation f. | *eine Veränderung erfahren*, subir un changement.

ver|ankern [fɛr'aŋkərn] v. tr. ancrer ; amarrer. || FIG. *eine fest verankerte Überzeugung*, une conviction bien ancrée. ||°-**ankerung** f. MAR., TECHN. amarrage m. ; ancrage m.

ver|anlagen [fɛr'anlɑ:gən] v. tr. arranger ; disposer. || FIN. *Steuern veranlagen*, répartir les impôts ; établir l'assiette de l'impôt. — part. pass. **veranlagt.** *er ist gut veranlagt*, il est doué. ||°-**anlagung** f. don naturel ; disposition (f.) d'esprit ; capacités f. pl. || FIN. répartition f. (de l'impôt). | *Veranlagungsbescheid*, avis (m.) d'imposition.

ver|anlassen [fɛr'anlasən] v. tr. donner lieu à ; provoquer ; causer. | *ich sehe mich veranlaßt*, je me vois obligé de. | *jn zum Handeln veranlassen*, déterminer qn à agir. ||°-**anlassung** f. (-, en) motif m. ; cause f. | *das gab Veranlassung zu*, cela donna lieu à. | *ohne Veranlassung*, sans raison (valable). | *zur weiteren Veranlassung*, à toutes fins utiles. || impulsion f. ; instigation f. | *auf seine Veranlassung (hin)*, à son instigation.

ver|anschaulichen [fɛr'anʃauliçən] v. tr. illustrer ; concrétiser. ||°-**anschaulichung** f. concrétisation f.

ver|anschlagen [fɛr'anʃlɑ:gən] v. tr. évaluer ; faire un devis. | *die Kosten veranschlagen*, évaluer les frais. | *zu hoch veranschlagen*, surestimer. | *zu niedrig veranschlagen*, sous-estimer. ||°-**anschlagung** f. (-, en) estimation f. ; évaluation f. || [Kostenanschlag] devis m.

ver|anstalten [fɛr'anʃtaltən] v. tr. organiser ; arranger. | *ein Fest veranstalten*, donner une fête. ||°-**anstalter** m. (s, -) organisateur m. ||°-**anstaltung**

f. (-, en) organisation f. ; arrangement m. ; fête f. ; manifestation f.

ver|antworten [fɛr'antvɔrtən] v. tr. répondre de ; être responsable de. | *das kann ich nicht verantworten*, je ne peux pas en répondre. | *sich vor dem Gericht verantworten*, se justifier devant le tribunal. ||**-antwortlich** adj. responsable. | *er ist mir dafür verantwortlich*, il m'en répond. | *gegenseitig verantwortlich*, solidairement responsables. ||°**-antwortlichkeit** f. responsabilité f. ||°**-antwortung** f. (-, en) responsabilité f. | *die Verantwortung ablehnen*, décliner toute responsabilité. | *die Verantwortung übernehmen*, endosser la responsabilité. | *auf meine Verantwortung*, sous ma responsabilité. | *jn zu Verantwortung ziehen*, demander compte à qn. | *er ist sich seiner Verantwortung bewußt*, il est conscient de ses responsabilités. ||**-antwortungslos** adj. [unverantwortlich] irresponsable. ||°**-antwortungslosigkeit** f. irresponsabilité f. ; légèreté f.

ver|äppeln [fɛr'ɛpəln] v. tr. Pop., fam. blaguer ; taquiner.

ver|arbeiten [fɛr'arbaitən] v. tr. **1.** usiner ; façonner ; traiter ; travailler. || Biol. *der Magen verarbeitet die Nahrung*, l'estomac digère les aliments. || Chim. traiter.
2. utiliser en travaillant. | *der Schneider hat den ganzen Stoff verarbeitet*, le tailleur a utilisé toute la pièce d'étoffe.
3. Fig. *Eindrücke verarbeiten*, assimiler des impressions.
◇ part. prés. **verarbeitend,** *verarbeitende Metallindustrie*, métallurgie (f.) de transformation.
◇ part. pass. **verarbeitet,** travaillé ; ouvragé. | *verarbeitetes Gold*, or ouvré.

Ver|arbeitung [-tuŋ] f. (-, en) transformation f. ; traitement m. ; usinage m. ; façonnage m. | *Verarbeitungsindustrie*, industrie (f.) de transformation. || Inf. traitement m. || Physiol. élaboration f. ; assimilation f.

Verarbeitungs|einheit [fɛr"arbaituŋs'ainhait] (-, en). Inf. organe (m.) de traitement.

ver|argen [fɛr'argən] v. tr. prendre en mauvaise part ; blâmer. | *man kann es ihm nicht verargen*, on ne peut pas lui en vouloir pour cela.

ver|ärgern [fɛr'ɛrgərn] v. tr. fâcher ; irriter ; dépiter. ||°**-ärgerung** f. (-, en). [Ärger] irritation f. || contretemps m.

ver|armen [fɛr'armən] v. tr. et v. intr. appauvrir ; s'appauvrir. ||°**-armung** f. appauvrissement m.

ver|ästeln (sich) [ziçfɛr'ɛstəln] v. pr. se ramifier. ||°**-ästelung** f. (-, en) ramification f.

ver|ausgaben [fɛr'ausgɑ:bən] v. tr. dépenser.

ver|äußerlich [fɛr'ɔysərliç] adj. aliénable ; cessible. ||°**-äußerlichkeit** f. aliénabilité f. ||**-äußern** v. tr. aliéner ; vendre. || °**-äußerung** f. (-, en) aliénation f. ; vente f.

Verb [vɛrp] n. (s, en). Gramm. verbe m.

Verbal... (en compos.) oral, verbal.

verballhornen [fɛr'balhɔrnən] v. tr. déformer ; galvauder. || Fam. gâter en voulant corriger.

Verballhornung [-nuŋ] f. déformation.

Verband [fɛr'bant] m. (s, ¨e). **1.** association f. ; fédération f. ; groupement m. ; syndicat m.
2. Mil. formation f. ; unité f. || Aéron. *im Verband fliegen*, voler en formation. || Mar. *im Verband fahren*, naviguer en escadre, de conserve.
3. Méd. bandage m. ; pansement m. | *einen Verband anlegen*, appliquer un pansement.
4. Archit. assemblage m. ; imbrication f.

Verband|gaze [fɛr"bant'gɑ:zə] f., °**-mull** [-'mul] m. (s) gaze (f.) à pansement. ||°**-kasten** m. (s, -) boîte (f.) de pansement ; [im Auto] trousse (f.) de secours. ||°**-platz** m. (s, ¨e), °**-stelle** f. (-, n) poste (m.) de secours. ||°**-zeug** n. (s, e) pansements m. pl.

ver|bannen [fɛr'banən] v. tr. bannir ; proscrire. | *ein Verbannter*, un proscrit. ||°**-bannung** f. bannissement m. ; exil m. | *zeitweilige Verbannung*, relégation f.

ver|barrikadieren [fɛrbarika'di:rən] v. tr. barricader.

ver|bauen [fɛr'bauən] v. tr. **1.** obstruer. | *die Aussicht verbauen*, boucher la vue (par une construction).
2. utiliser en construisant. | *viele Ziegelsteine verbauen*, utiliser beaucoup de briques.

Ver|bauung [fɛr'bauuŋ] f. obstruction f.

ver|beißen [fɛr'baisən] (i, i) v. tr. réprimer ; contenir. | *sich das Lachen verbeißen*, se mordre les lèvres pour ne pas rire. | *seinen Schmerz verbeißen*, étouffer sa douleur. | *seinen Ärger verbeißen*, cacher son dépit.
◇ part. pass. **verbissen,** *in verbissener Wut*, dans une fureur contenue. || acharné. | *verbissen kämpfen*, se battre avec acharnement.
◇ v. pr. **sich verbeißen,** s'acharner ; ne pas démordre de.

Verbene [vɛr'be:nə] f. (-, n). Bot. verveine f.

ver|bergen [fɛr'bɛrgən] (a, o) v. tr. cacher ; dissimuler. | *sich hinter einer falschen Identität verbergen*, se dissimuler derrière une fausse identité. | *sich vor jm verbergen*, se cacher de qn.

Ver|besserer [fɛr'bɛsərər] m. (s, -) réformateur m. (surtout dans *Weltverbesserer*). ||**-bessern** v. tr. corriger ; améliorer ; perfectionner ; rectifier. | *verbesserte Auflage*, édition corrigée. — v. pr. **sich verbessern,** s'amender. ||°**-besserung** f. (-, en) amélioration f. ; réforme f. ; perfectionnement m. | *Verbesserung der Schulaufgaben*, correction (f.) des devoirs.

ver|beten [fɛr'be:tən] part. pass. de **verbitten.**

ver|beugen (sich) [ziçfɛr'bɔygən] v. pr. s'incliner ; faire sa révérence. ||°**-beugung** f. (-, en) révérence f. ; courbette f.

ver|beulen [fɛr'bɔylən] v. tr. bosseler ; cabosser.

ver|biegen [fɛr'bi:gən] (o, o) v. tr. tordre ; plier ; déformer. || Fig. fausser. ||°**-biegung** f. (-, en) gauchissement m. ; déformation f. ; voilure f.

ver|bieten [fɛr'bi:tən] (o, o) v. tr. [wehren ; untersagen] défendre ; interdire ; prohiber. | *Eintritt verboten !*, défense d'entrer ; entrée interdite.

ver|bilden [fɛr'bildən] v. tr. déformer.

ver|bildlichen [fɛr'biltliçən] v. tr. figurer ; représenter par une image ; symboliser.

ver|billigen [fɛr'biligən] v. tr. diminuer le prix (de) ; vendre meilleur marché. | *zu verbilligten Preisen*, à prix réduits. ||°**-billigung** f. baisse (f.) des prix.

ver|binden [fɛr'bindən] (a, u) v. tr. **1.** joindre ; relier ; associer ; coordonner ; attacher. | *das Angenehme mit dem Nützlichen verbinden*, joindre l'utile à l'agréable. | *sich geschäftlich mit jm verbinden*, s'associer avec qn. | *damit verbindet sich eine schöne Vorstellung*, cela rappelle un beau souvenir.
2. Fig. *jm zu Dank verbunden sein*, avoir une dette de reconnaissance envers qn. | *ich wäre Ihnen sehr verbunden, wenn...*, je vous serais très obligé de... ; vous m'obligeriez en...
3. Archit. assembler. | *mit Mörtel verbinden*, joindre au mortier. || Chim. combiner.
4. Téléph. établir la communication. | *falsch verbunden sein*, avoir un faux numéro.
5. Méd. *eine Wunde verbinden*, panser une plaie.

ver|bindlich [-'bintliç] adj. obligeant. | *ich danke*

verbindlichst, tous mes remerciements. || COMM. *verbindliches Angebot*, offre (f.) ferme. || JUR. obligatoire.
Ver|bindlichkeit [-'bintliçkait] f. **1.** caractère (m.) obligatoire. | *Verbindlichkeit der Verträge*, foi (f.) des contrats. | *Verbindlichkeit eines Gesetzes*, force (f.) obligatoire d'une loi. || COMM. *sofort fällige Verbindlichkeit*, exigibilité (f.) à vue. || FIN. engagement m. | *Verbindlichkeiten*, exigibilités f. pl.
2. engagement m. | *eine Verbindlichkeit eingehen*, contracter un engagement.
3. obligeance f.
Ver|bindung [fɛr'binduŋ] f. (-, en). **1.** liaison f. ; alliance f. ; réunion f. ; rattachement m. | *in Verbindung mit etwas*, en rapport avec qch. ; en relation avec qch. | *Verbindung von Umständen*, ensemble (m.) de circonstances. | *Verbindung halten mit*, assurer la liaison avec.
2. rapport m. ; relation f. | *mit jm in Verbindung stehen*, correspondre, entretenir commerce avec qn. | *Verbindung aufnehmen mit*, entrer en relation avec. | *ein Mann mit guten Verbindungen*, un homme ayant de bonnes relations.
3. [Verband] association f. ; corporation f. (d'étudiants).
4. communication f. | *Eisenbahnverbindung*, correspondance (f.) de chemin de fer.
5. TECHN. assemblage m.
6. TÉLÉPH. communication f.
7. CHIM. combinaison f. ; corps composé.
Verbindungs|glied [fɛr"binduŋs'gli:t] n. (s, er) maillon m. ; élément (m.) de jonction ; raccord m. ||°**-linie** f. (-, n) ligne (f.) de communication. ||°**-mann** m. (s, ¨er) agent (m.) de liaison ; IRON. honorable correspondant m. ||°**-mittel** n. (s, -) moyen (m.) de communication. ||°**-muffe** f. (-, n). TECHN. manchon (m.) d'accouplement. ||°**-offizier** m. (s, e) officier (m.) de liaison. ||°**-stab** m. (s, ¨e). MIL. détachement (m.) de liaison. ||°**-stelle** f. (-, n). TECHN. point (m.) de jonction. ||°**-straße** f. (-, n) route (f.) de raccordement ; bretelle f. ||°**-stück** n. (s, e). TECHN. lien m. ; moise f.
ver|bissen [fɛr'bisən] part. pass. de **verbeißen.** ||°**-bissenheit** f. acharnement m. ; opiniâtreté f.
ver|bitten (sich) [ziçfɛr'bitən] v. pr. *sich etwas verbitten*, ne pas tolérer. | *ich verbitte mir die Bemerkung*, je n'admets pas cette remarque.
ver|bittern [fɛr'bitərn] v. tr. rendre amer ; aigrir. | *jm das Leben verbittern*, gâter l'existence à qn. — part. pass. **verbittert,** aigri. ||°**-bitterung** f. amertume f.
ver|blasen [fɛr'blɑ:zən] (ä, ie, a) v. tr. dissiper ; semer à tous vents.
ver|blassen [fɛr'blasən] v. intr. pâlir ; blêmir. || [Stoff] se défraîchir ; passer. || FIG. *sein Ruhm verblaßt*, son étoile pâlit.
Ver|bleib [fɛr'blaip] m. (s) séjour m. | *hier ist kein Verbleib !*, partons ! ; sortons d'ici. ||**-bleiben** (ie, ie) v. intr. rester ; demeurer. | *es verbleibt dabei*, c'est comme avant. || [Höflichkeitsformel] *ich verbleibe Ihr ergebener Müller*, votre dévoué Muller.
ver|bleichen [fɛr'blaiçən] (i, i) v. intr. pâlir ; se décolorer. || POÉS. expirer.
◇ part. pass. **verblichen,** passé ; pâli. || POÉT. défunt.
ver|blenden [fɛr'blɛndən] v. tr. aveugler ; éblouir. || FIG. *durch seinen Fanatismus verblendet*, aveuglé par son fanatisme. || TECHN. *eine Mauer verblenden*, revêtir un mur ; aveugler les ouvertures. ||°**-blendung** f. FIG. aveuglement m. ; orgueil m.
ver|bleuen [fɛr'blɔyən] v. tr. POP. rosser.
ver|blöden [fɛr'blø:dən] v. tr. abêtir.
◇ v. intr. devenir stupide.
ver|blüffen [fɛr'blyfən] v. tr. ébahir ; FAM. épater ; époustoufler. | *er steht ganz verblüfft da*, il en est tout ébahi. ||°**-blüffung** f. ahurissement m.
ver|blühen [fɛr'bly:ən] v. intr. défleurir ; (se) faner.
ver|bluten [fɛr'blu:tən] v. intr. perdre tout son sang ; mourir d'hémorragie. ||°**-blutung** f. (-, en) hémorragie f.
ver|bockt [fɛr'bɔkt] adj. buté.
ver|bohren (sich) [ziçfɛr'bo:rən] v. pr. FIG. *sich in etwas verbohren*, se consacrer entièrement à qch. ; ne pas démordre de qch. | *er ist verbohrt*, il a des œillères.
ver|borgen [fɛr'bɔrgən] v. tr. prêter.
ver|borgen [fɛr'bɔrgən] part. pass. de **verbergen,** caché. | *im verborgenen*, en cachette ; à la dérobée. | *verborgenerweise*, en cachette. ||°**-borgenheit** f. état de ce qui est caché, dissimulé ; clandestinité f. | *in der Verborgenheit leben*, vivre caché.
Ver|bot [fɛr'bo:t] n. (s, e) interdiction f. ; défense f. ; prohibition f. | *Rauchverbot*, interdiction (f.) de fumer. | *Verbotstafel*, panneau (m.) d'interdiction.
ver|brämen [fɛr'brɛ:mən] v. tr. garnir de fourrure. || PAR EXT. enjoliver.
Ver|brauch [fɛr'braux] m. (s) consommation f. | *Verbrauch der Haushalte*, consommation (f.) des ménages. | *Benzinverbrauch*, consommation (f.) d'essence. ||**-brauchbar** adj. JUR. *verbrauchbares Gut*, bien (m.) consomptible. ||**-brauchen** v. tr. consommer ; user ; employer. ||°**-braucher(in)** m. (s, -), f. (-, nen) consommateur m., consommatrice f. | *Verbrauchergenossenschaft*, coopérative (f.) de consommation. ||°**-braucher|markt** m. (s, ¨e). COMM. hypermarché m. ; grande surface. ||°**-braucher|preis** m. (es, e) prix (m.) à la consommation. || °**-braucher|-preisindex** m. (-) indice (m.) des prix à la consommation. ||°**-braucher|schutz** m. (es, e) consumérisme m.
Verbrauchs|artikel [fɛr"brauxsar'ti:kəl] m. (s, -) article (m.) de consommation courante. ||°**-güter** n. pl. ÉCON. biens (m. pl.) de consommation. || °**-güter|industrie** f. (-, n) industrie (f.) des biens de consommation.
ver|brechen [fɛr'brɛçən] (i, a, o) v. tr. commettre un délit. | *was hat er verbrochen ?*, quel est son crime ?
Ver|brechen [-çən] n. (s, -) crime m. ; délit m. ; méfait m. | *ein Verbrechen begehen*, commettre un crime. | *schweres Verbrechen*, crime capital.
Ver|brecher [-çər] m. (s, -) criminel m. ; malfaiteur m. ; délinquant m. | *Kriegsverbrecher*, criminel de guerre.
Verbrecher|bande [fɛr"brɛçər'bandə] f. (-, n) gang m. ||°**-gesicht** n. (s, er) mine (f.) patibulaire. ||°**-kolonie** f. (-, n) colonie (f.) pénitentiaire.
ver|brecherisch [fɛr'brɛçəriʃ] adj. criminel ; délictueux. | *in verbrecherischer Absicht*, avec intention criminelle.
Ver|brechertum [-çərtu:m] n. (s) pègre f.
ver|breiten [fɛr'braitən] v. tr. et v. pr. étendre ; répandre. | *ein Gerücht verbreiten*, propager un bruit. | *sich über einen Gegenstand verbreiten*, s'étendre sur un sujet. | *ein weit verbreitetes Netz von Firmenniederlassungen*, un vaste réseau de succursales. ||°**-breitung** f. diffusion f. ; propagation f. ; extension f.
ver|breitern [-tərn] v. tr. élargir. ||°**-breiterung** f. (-, en) élargissement m.
ver|brennbar [fɛr'brɛnbɑ:r] adj. combustible. ||

-brennen (verbrannte, verbrannt) v. tr. brûler. | *zu Asche verbrennen*, réduire en cendres. || FIG. *sich die Finger verbrennen*, se brûler les doigts. ||°**-brennen** n. (s), °**-brennung** f. combustion f. | *Verbrennungskammer*, chambre (f.) de combustion. | *Verbrennungskraftwerk*, centrale (f.) thermique classique. | *Verbrennungsmotor*, moteur (m.) à combustion interne. | *Verbrennungsofen*, four (m.) crématoire ; incinérateur m. | *Verbrennungsrückstände*, calamine f.

ver|briefen [fɛr'bri:fən] v. tr. assurer ; garantir (par écrit). | *verbriefte Forderung*, créance (écrite). | *wohl verbrieftes Recht*, droit dûment garanti.

ver|bringen [fɛr'briŋən] (verbrachte, verbracht) v. tr. [Zeit] passer. | *seine Ferien am Meer verbringen*, passer ses vacances au bord de la mer. | *seine Zeit verbringen*, tuer le temps.

ver|brüdern [fɛr'bry:dərn] v. tr. et v. pr. *ein gemeinsames Ziel hat sie verbrüdert*, un but commun les a rapprochés. | *sich mit jm verbrüdern*, fraterniser avec qn. ||°**-brüderung** f. fraternisation f.

ver|brühen [fɛr'bry:ən] v. tr. et v. pr. échauder.

ver|buchen [fɛr'bu:xən] v. tr. COMM. porter en compte ; comptabiliser ; passer écriture de. ||°**-buchung** f. comptabilisation f. ; enregistrement m.

ver|bummeln [fɛr'buməln] v. tr. dissiper ; gaspiller. | *ein verbummeltes Genie*, un raté.

Ver|bund [fɛr'bunt] m. (s) association. || TECHN. jonction f. ; raccordement m.

Verbund|glas [fɛr"bunt'glɑ:s] n. (es, ¨er) verre feuilleté. ||°**-lokomotive** f. (-, n) locomotive (f.) compound. ||°**-maschine** f. (-, n) machine (f.) compound. ||°**-wirtschaft** f. ÉCON. économie (f.) de production liée.

ver|bünden (sich) [ziçfɛr'byndən] v. pr. s'allier ; se liguer ; se fédérer. | *sich mit jm verbünden*, s'allier à qn. | *die Verbündeten*, les Alliés.

ver|bürgen [fɛr'byrgən] v. tr. garantir ; se porter garant de. | *er verbürgt sich für ihre Ehrlichkeit*, il se porte garant de leur honnêteté. | *verbürgte Nachricht*, nouvelle confirmée. ||°**-bürgung** f. (-, en) cautionnement m. ; garantie f.

ver|bürgerlichen [fɛr'byrgərliçən] v. tr. embourgeoiser. ||°**-bürgerlichung** f. embourgeoisement m.

ver|büßen [fɛr'by:sən] v. tr. subir (sa peine) ; purger (une condamnation). ||°**-büßung** f. purge f. (d'une condamnation).

ver|chromen [fɛr'kro:mən] v. tr. chromer. || °**-chromung** f. chromage m.

Ver|dacht [fɛr'daxt] m. (s, e) soupçon m. ; suspicion f. | *Verdacht erregen*, éveiller des soupçons. | *jn in Verdacht bringen*, rendre qn suspect. | *in Verdacht kommen*, tomber en suspicion. | *in Verdacht stehen*, être soupçonné de. | *außer allem Verdacht*, au-dessus de tout soupçon. | *jn im Verdacht haben, daß*, soupçonner qn de.

ver|dächtig [-'dɛçtiç] adj. suspect ; douteux ; sujet à caution ; équivoque ; louche. | *eines Verbrechens verdächtig sein*, être soupçonné d'un crime, suspect d'un délit. | *verdächtige Anzeichen*, indices suspects. ||**-dächtigen** v. tr. soupçonner. ||°**-dächtigkeit** f. caractère suspect. ||°**-dächtigung** f. (-, en) suspicion f.

ver|dammen [fɛr'damən] v. tr. maudire ; damner. | *in alle Ewigkeit verdammt*, maudit pour l'éternité. | *eine verdammte Seele*, un damné. || LOC. POP. *Gott verdamm (mich)!*, que le diable m'emporte. || FAM. *verdammt!*, diantre ! | *eine verdammt heikle Lage*, une fichue situation. ||**-dammenswert, -dammenswürdig** adj. condamnable. ||°**-dammnis** f. damnation f. ||°**-dammung** f. (-, en) damnation f. ; condamnation f.

Ver|dämmung [fɛr'dɛmuŋ] f. TECHN. bourrage m. ; damage m. ; empierrement m.

ver|dampfen [fɛr'dampfən] v. tr. et v. intr. faire évaporer ; s'évaporer ; (se) vaporiser. ||°**-dampfung** f. évaporation f. ; vaporisation f. || NUCL. évaporation.

ver|danken [fɛr'daŋkən] v. tr. devoir ; être redevable de. | *ich verdanke ihm viel*, je lui dois beaucoup.

ver|dattert [fɛr'datərt] adj. FAM. ahuri.

ver|dauen [fɛr'dauən] v. tr. digérer. ||**-daulich** adj. digeste. | *schwer verdaulich*, indigeste ; FAM. bourratif. ||°**-daulichkeit** f. digestibilité f.

Ver|dauung [-'dauuŋ] f. (-, en) digestion f.

Verdauungs|beschwerden [fɛr"dauuŋsbə'ʃve:rdən] f. pl. troubles (m. pl.) de la digestion. ||°**-kanal** m. (s, ¨e) tube digestif. ||°**-saft** m. (s, ¨e) suc (m.) gastrique. ||°**-schnaps** m. (es, e) pousse-café m. ||°**-schwäche** f. dyspepsie f. ||°**-stoff** m. (s, e) pepsine f. ||°**-störung** f. (-, en) embarras (m.) gastrique. ||°**-werkzeuge** n. pl. organes (m. pl.) de la digestion.

Ver|deck [fɛr'dɛk] n. (s, e). MAR. pont supérieur. || AUTOM. capote f. ||**-decken** v. tr. couvrir ; cacher ; dissimuler.

ver|denken [fɛr'dɛŋkən] (verdachte, verdacht) v. tr. *das kann ich ihm nicht verdenken*, je ne peux pas lui en tenir rigueur.

Ver|derb [fɛr'dɛrp] m. (s) perte f. ; ruine f.

ver|derben [-'dɛrbən] (i, a, o) v. intr. se gâter ; se détériorer. || LOC. *Unkraut verdirbt nicht*, mauvaise graine pousse toujours.

◇ v. tr. gâter ; corrompre ; abîmer. | *jm die Freude an etwas verderben*, gâter le plaisir de qn. | *sich die Augen verderben*, s'abîmer la vue. || LOC. *es mit jm verderben*, gâter ses rapports avec qn. | *es mit niemandem verderben*, ménager la chèvre et le chou.

Ver|derben [-bən] n. (s) corruption f. ; détérioration f. || FIG. dépravation f. ; perversion f. | *jn ins Verderben führen*, entraîner qn à sa perte. | *ins Verderben rennen*, courir à sa perte. | *verderbenbringend*, fatal ; destructeur.

ver|derblich [-dɛrpliç] adj. périssable. || FIG. délétère ; pernicieux. ||°**-derblichkeit** f. périssabilité f. || FIG. corruptibilité f. ; corruption f. ||°**-derbnis** f. (-, se) corruption f. ; perversion f.

ver|derbt [fɛr'dɛrpt] adj. corrompu ; vicieux.

Ver|derbtheit [-hait] f. immoralité f. ; dépravation f.

ver|deutlichen [fɛr'dɔytliçən] v. tr. élucider ; préciser. ||°**-deutlichung** f. (-, en) élucidation f.

ver|deutschen [fɛr'dɔytʃən] v. tr. traduire en allemand ; germaniser. ||°**-deutschung** f. (-, en) traduction (f.) en allemand.

ver|dichtbar [fɛr'diçtbɑ:r] adj. compressible ; condensable ; coercible. ||**-dichten** v. tr. condenser ; comprimer. || CHIM. concentrer. ||°**-dichter** m. (s, -) surpresseur m. ; compresseur m. ||°**-dichtung** f. compression f. ; condensation f. ; serrage m. | *Verdichtungsgrad*, taux (m.) de compression.

ver|dicken [fɛr'dikən] v. tr. et v. pr. (s')épaissir ; (se) coaguler. | *die Milch verdickt sich*, le lait caille. ||°**-dickung** f. épaississement m. ; coagulation f. ; tumeur f.

ver|dienen [fɛr'di:nən] v. intr. et v. tr. **1.** gagner. | *er verdient seinen Lebensunterhalt*, il gagne sa vie. | *er verdient gut*, il a un bon salaire ; il gagne bien sa vie. **2.** mériter ; être digne de. | *Lob verdienen*, mériter des éloges. | *sich um das Vaterland verdient machen*, bien mériter de la patrie. | *verdienterweise*, selon son mérite.

Ver|dienst [-'di:nst] m. (es, e) gain m. ; bénéfice m. ; prix (m.) du travail, de la peine. | *einen kargen Verdienst haben*, avoir un maigre salaire.

Ver|dienst [-'di:nst] n. (es, e) mérite m. ; services rendus. | *sich Verdienste um den Staat erwerben*, bien mériter de l'État. | *sich das Verdienst zuschreiben*, s'attribuer le mérite.

Verdienst|ausfall [fɛr"di:nst'ausfal] m. (s) manque (m.) à gagner. ||**-los** adj. qui ne gagne rien. || sans mérite. ||°**-möglichkeit** f. (-, en) possibilité (f.) de gain. ||**-voll** adj. méritant ; méritoire.

verdienstlich [fer'di:nstliç] adj. méritoire.

ver|dient [fɛr'di:nt] adj. méritant ; méritoire.

Verdikt [fɛr'dikt] n. (s, e) verdict m.

ver|dingen [fɛr'diŋən] (a, u et conjug. faible) v. tr. et v. pr. s'engager chez qn. | *sich bei jm verdingen*, s'engager au service de qn. || ADM. soumissionner.

Ver|dingung [-ŋuŋ] f. (-, en) marché m. ; soumission f. | *Verdingungsordnung*, cahier (m.) des charges.

Ver|dinglichung [fɛr'diŋliçuŋ] f. PHILOS. réification f.

ver|dolmetschen [fɛr'dɔlmɛtʃən] v. tr. traduire ; interpréter.

ver|donnern [fɛr'dɔnərn] v. tr. FAM. gronder.

ver|doppeln [fɛr'dɔpəln] v. tr. doubler. || °**-dopp(e)lung** f. (-, en) (re)doublement m. || BOT., MATH. duplication f. || GÉOL. recoutelage m.

ver|dorben [fɛr'dɔrbən] part. pass. de **verderben,** gâté ; corrompu ; pourri. | *einen verdorbenen Magen haben*, avoir une indigestion. | *durch und durch verdorben*, pourri jusqu'aux moelles. | *verdorbene Jugend*, jeunesse corrompue. ||°**-dorbenheit** f. corruption f. ; dépravation f.

ver|dorren [fɛr'dɔrən] v. intr. se dessécher ; brûler au soleil.

ver|drahten [fɛr'drɑ:tən] v. tr. câbler. ||°**-drahtung** f. (-, en). TECHN. câblage m. ||°**-drahtungs|plan** m. (es, ¨e). TECHN. schéma (m.) de câblage m.

ver|drängen [fɛr'drɛŋən] v. tr. repousser ; évincer ; refouler. | *jn aus der Wohnung verdrängen*, chasser qn de chez lui ; déloger qn. ||°**-drängung** f. (-, en) refoulement m. ; déplacement m. || MÉD., PHILOS. refoulement m. ; complexe m. || MAR. [Wasserverdrängung] volume déplacé.

ver|drehen [fɛr'dre:ən] v. tr. tordre ; fausser. | *sich den Arm verdrehen*, se donner une entorse au bras. | *ein Schloß verdrehen*, fausser, forcer une serrure. | *die Augen verdrehen*, rouler les yeux. | *er verdrehte ihr den Kopf*, il lui a tourné la tête. || FIG. altérer ; dénaturer. | *jm die Worte im Munde verdrehen*, faire dire à qn ce qu'il n'a pas dit. | *das Recht verdrehen*, tourner la loi. — part. pass. **verdreht,** tordu ; faussé ; qui a la tête à l'envers. ||°**-drehtheit** f. absurdité f. ; esprit contourné.

ver|dreifachen [fɛr'draifaxən] v. tr. tripler.

ver|dreschen [fɛr'drɛʃən] v. tr. FAM. rosser.

ver|drießen [fɛr'dri:sən] (o, o) v. tr. chagriner ; contrarier. | *das verdrießt mich*, cela m'ennuie. | *er läßt sich's nicht verdrießen*, il ne se laisse pas rebuter par la tâche. ||**-drießlich** adj. chagrin ; renfrogné. | *verdrießlich aussehen*, faire grise mine. || [ärgerlich] contrariant ; ennuyeux. ||°**-drießlichkeit** f. (-, en) mauvaise humeur ; contrariété f. | *jm Verdrießlichkeiten bereiten*, causer des ennuis à qn.

ver|drossen [fɛr'drɔsən] part. pass. de **verdrießen,** las ; excédé ; contrarié. ||°**-drossenheit** f. mauvaise humeur ; lassitude f.

ver|drücken [fɛr'drykən] v. tr. écraser. || POP. *sich verdrücken*, s'esquiver ; disparaître.

Ver|druß [fɛr'drus] m. (es) ennui m. ; contrariété f.

ver|duften [fɛr'duftən] v. intr. POP. s'éclipser.

ver|dummen [fɛr'dumən] v. tr. et v. intr. abêtir ; s'abêtir. ||°**-dummung** f. abêtissement m.

ver|dunkeln [fɛr'duŋkəln] v. tr. obscurcir ; assombrir. ||°**-dunklung** f. extinction (f.) des lumières ; black-out m.

ver|dünnen [fɛr'dynən] v. tr. et v. pr. réduire ; diluer. || CHIM. *Gas verdünnen*, raréfier du gaz. ||°**-dünner** m. (s, -). TECHN. diluant m. ||°**-dünnung** f. CHIM. dilution f. ; raréfaction f.

ver|dunsten [fɛr'dunstən] v. intr. se volatiliser ; s'évaporer. ||**-dunstbar** adj. évaporable. ||°**-dunstung** f., évaporation f. ; volatilisation f. | *die Verdunstung fördernd*, évaporatif. | *Verdunstungskühlung*, refroidissement (m.) par évaporation. || BOT. transpiration f.

ver|dursten [fɛr'durstən] v. intr. mourir de soif.

ver|düstern [fɛr'dystərn] v. tr. et v. pr. (s')assombrir ; (s')obscurcir. | *der Himmel verdüstert sich*, le ciel s'assombrit. || FIG. *verdüsterter Verstand*, esprit qui a sombré dans la folie. ||°**-düsterung** f. assombrissement m.

ver|dutzen [fɛr'dutsən] v. tr. déconcerter. || FAM. épater. ||**-dutzt** adj. déconcerté ; ébahi.

ver|ebben [fɛr'ɛbən] v. intr. baisser ; diminuer. | *die Flut verebbt*, la mer descend. || FIG. *sein Zorn verebbt*, il se calme.

ver|edeln [fɛr'e:dəln] v. tr. améliorer. | *Stahl veredeln*, affiner l'acier. || AGRIC. greffer. ||°**-edelung** f. (-, en). TECHN. affinage m. | *Vered(e)lungsprodukte*, produits ouvrés. | *Veredlungsindustrie*, industrie (f.) de finissage.

ver|ehelichen [fɛr'e:əliçən] v. tr. et v. pr. épouser ; marier. | *Gudrun Müller, verehelichte Meier*, Gudrun Müller, épouse Meier. ||°**-ehelichung** f. (-, en) mariage m.

ver|ehren [fɛr'e:rən] v. tr. honorer ; respecter ; vénérer. | *jm etwas verehren*, faire présent de qch. à qn. ||°**-ehrer** m. (s, -) admirateur m. ; soupirant m. ||°**-ehrung** f. (-, en) respect m. ; vénération f. ; culte m. | *verehrungswürdig*, digne de respect ; respectable.

ver|eidigen [fɛr'aidigən] v. tr. assermenter ; faire prêter serment à qn. | *vereidigter Übersetzer*, traducteur juré. ||°**-eidigte(r)** f. (m.) juré m. ||°**-eidigung** f. (-, en) prestation (f.) de serment.

Verein [fɛr'ain] m. (s, e). **1.** association f. ; groupement m. ; ligue f. ; cercle m. ; club m. **2.** union f. | *im Verein mit*, avec le concours de.

Vereins|gesetz [fɛr"ainsgə'zɛts] n. (es, e) loi (f.) sur les associations. ||°**-lokal** n. (s, e) siège (m.) d'une association. ||°**-meierei** f. FAM. manie (f.) de créer des associations. ||°**-recht** n. (s, e) droit (m.) de réunion. ||°**-vermögen** n. (s) patrimoine (m.) d'une association.

ver|einbar [fɛr'ainbɑ:r] adj. compatible ; conciliable. | *das ist mit dieser Lehre nicht vereinbar*, cela n'est pas compatible avec cette doctrine. ||**-einbaren** v. tr. convenir (de qch.) ; tomber d'accord ; s'entendre. | *ein Treffen vereinbaren*, convenir d'une rencontre. | *zum vereinbarten Zeitpunkt*, à l'heure dite. ||°**-einbarung** f. (-, en) convention f. ; accord m. || JUR. *vertragliche Vereinbarung*, engagement contractuel. | *Vereinbarungen treffen*, conclure des accords. ||**-einen** v. tr. [vereinigen] *mit vereinten Kräften*, toutes forces réunies. | *brüderlich vereint*, fraternellement unis. | *die Vereinten Nationen*, les Nations unies.

ver|einfachen [fɛr'ainfaxən] v. tr. simplifier. || **°-einfachung** f. (-, en) simplification f.

ver|einheitlichen [fɛr'ainhaitliçən] v. tr. uniformiser ; unifier. ||**°-einheitlichung** f. (-, en) simplification f. ; uniformisation f. ; standardisation f.

ver|einigen [fɛr'ainigən], **ver|einen** [fɛr'ainən] v. tr. **1.** réunir ; combiner ; associer. | *die Vereinigten Staaten*, les États-Unis. | *Aktiengesellschaften vereinigen*, fusionner des sociétés. | *Gehälter vereinigen*, cumuler des traitements. | *das läßt sich nicht vereinigen*, cela est inconciliable.

2. [verknüpfen] assembler ; raccorder.

◇ v. pr. **sich vereinigen,** se joindre. || GÉOGR. confluer. | *die Werra vereinigt sich mit der Fulda*, la Werra se jette dans la Fulda.

Ver|einigung [-guŋ] f. (-, en). **1.** union f. ; réunion f. ; fusion f.

2. [Verein] association f. ; groupement m. ; fédération f. | *kriminelle Vereinigung*, association criminelle. | *studentische Vereinigung*, association d'étudiants. || HIST. *Vereinigung der Generalstaaten*, réunion (f.) des États généraux.

3. CHIM. combinaison f.

Vereinigungs|freiheit [fɛr"ainiguŋs'fraihait] f. droit (m.) de coalition. ||**°-punkt** m. (s, e) point (m.) de jonction.

ver|einnahmen [fɛr'ainnɑ:mən] v. tr. encaisser ; toucher. | *Steuern vereinnahmen*, percevoir des impôts. || POLIT. récupérer. ||**°-einnahmung** f. (-, en) encaissement m. || POLIT. récupération f.

ver|einsamen [fɛr'ainzɑ:mən] v. intr. devenir solitaire. | *vereinsamt sterben*, mourir abandonné. ||**°-einsamung** f. isolement m. ; solitude f.

Vereint|blütler [fɛr"aint'bly:tlər] m. pl. BOT. composées f. pl.

ver|einzeln [fɛr'aintsəln] v. tr. et v. pr. isoler ; séparer. — part. pass. **vereinzelt,** isolé. || COMM. dépareillé. — adv. isolément ; un par un. || **°-einzelung** f. isolement m. ; dispersion f.

ver|eisen [fɛr'aizən] v. intr. se couvrir de glace ; geler. || AÉRON. *die Tragflächen vereisen*, les ailes givrent. | *vereiste Straße*, route verglacée. ||**°-eisung** f. givrage m. || GÉOL. glaciation f. || MÉD. congélation f. ||**°-eisungs|schutz** m. (es) antigivrant m.

ver|eiteln [fɛr'aitəln] v. tr. empêcher ; faire échec à. | *Pläne vereiteln*, contrecarrer des plans. | *ein Attentat vereiteln*, faire avorter un attentat. | *Hoffnungen vereiteln*, trahir des espérances.

ver|eitern [fɛr'aitərn] v. intr. MÉD. suppurer. ||**°-eiterung** f. suppuration f.

ver|ekeln [fɛr'e:kəln] v. intr. *jm etwas verekeln*, dégoûter qn de qch.

ver|elenden [fɛr'ɛ:lendən] v. intr. tomber dans la misère.

ver|enden [fɛr'ɛndən] v. intr. mourir ; périr.

ver|engen [fɛr'ɛŋən] v. tr. rétrécir ; resserrer. | *der Weg verengt sich*, le chemin devient plus étroit. ||**°-engung** f. (-, en) étranglement m. ; rétrécissement m.

ver|erben [fɛr'ɛrbən] v. tr. transmettre par héritage. | *sie hat ihre Schönheit auf ihre Tochter vererbt*, la fille tient sa beauté de sa mère. | *vererbtes Übel*, mal (m.) héréditaire. | *sich auf jn vererben*, passer à qn par voie de succession.

Ver|erbung [-buŋ] f. transmission (f.) à des héritiers. || BIOL. atavisme m. ; hérédité f.

Vererbungs|lehre [fɛr"ɛrbuŋs'le:rə] f. BIOL. doctrine (f.) de l'hérédité.

ver|ewigen [fɛr'e:vigən] v. tr. immortaliser ; rendre éternel. || JUR. pérenniser. ||**°-ewigung** f. immortalisation f.

ver|fahren [fɛr'fɑ:rən] (ä, u, a) v. intr. procéder ; agir. | *mit jm streng verfahren*, se montrer sévère à l'égard de qn.

◇ v. tr. et v. pr. **sich verfahren,** s'égarer (en voiture) ; se tromper de chemin. || FIG. *die Sache ist völlig verfahren*, l'affaire ne sort pas de l'ornière.

Ver|fahren [-rən] n. (s, -) procédé m. ; méthode f. | *technisches Verfahren*, procédé technique. || JUR. *ein gerichtliches Verfahren einleiten*, engager une procédure. | *das Verfahren einstellen*, cesser les poursuites.

verfahrens|orientiert [fɛr"fɑ:rənsorien'ti:rt] adj. INF. procédural.

Verfahrungs|weise [fɛr"fɑ:ruŋs'vaizə] f. (-, n) manière (f.) de procéder ; démarche f.

Ver|fall [fɛr'fal] m. (s) chute f. ; déchéance f. ; ruine f. ; dégradation f. ; dégénérescence f. | *Verfall der Disziplin*, dégradation de la discipline. || COMM. *zahlbar bei Verfall*, payable à terme échu. || JUR. prescription f.

Verfall|tag [fɛr"fal'tɑ:k] m. (s, e). COMM. date (f.) d'échéance.

ver|fallen [-'falən] (ä, ie, a) v. intr. **1.** tomber en ruine. || PAR EXT. déchoir. | *der Geldwert verfällt*, la valeur de la monnaie baisse.

2. FIG. tomber ; donner dans. | *in einen Fehler verfallen*, donner dans un travers. | *er ist dem Laster verfallen*, il donne dans la débauche.

3. penser à ; s'aviser de. | *wie konnte er (nur) darauf verfallen ?*, d'où a pu lui venir cette idée ?

4. COMM. venir à échéance.

◇ part. pass. **verfallen,** périmé ; caduc.

ver|fälschen [fɛr'fɛlʃən] v. tr. falsifier ; altérer. | *verfälschte Ware*, marchandise frelatée. ||**°-fälscher** m. (s, -) faussaire m. ; falsificateur m. ; fraudeur m. ||**°-fälschung** f. (-, en) falsification f. | *Verfälschung von Banknoten*, contrefaçon de billets de banque. | *Verfälschung eines Textes*, adultération d'un texte.

ver|fangen [fɛr'faŋən] (ä, i, a) v. intr. prendre ; faire effet. | *das verfängt nicht*, cela ne convainc personne.

◇ v. pr. **sich verfangen,** *sich in Widersprüchen verfangen*, s'embarrasser dans des contradictions.

ver|fänglich [fɛr'fɛŋliç] adj. insidieux.

ver|färben [fɛr'fɛrbən] v. tr. changer la couleur (de qch.) ; teindre.

◇ v. pr. **sich verfärben,** *bei dieser Nachricht verfärbte er sich*, cette nouvelle le fit blêmir.

ver|fassen [fɛr'fasən] v. tr. rédiger ; écrire. | *einen Aufsatz verfassen*, faire une dissertation. ||**°-fasser** m. (s, -) auteur m. | *Verfasserrecht*, droit (m.) d'auteur.

Ver|fasserschaft [fɛr'faserʃaft] f. qualité (f.) d'auteur ; paternité (intellectuelle).

Ver|fassung [fɛr'fasuŋ] f. (-, en). **1.** état m. ; disposition f. || [wohlbehalten] *in guter Verfassung*, bien disposé ; sain et sauf (après un accident).

2. composition f. ; rédaction f.

3. POLIT. constitution f. | *verfassunggebende Versammlung*, assemblée constituante.

Verfassungs|bruch [fɛr"fasuŋs'brux] m. (s) violation (f.) de la constitution. ||**°-gericht** n. (s, e) tribunal constitutionnel ; conseil constitutionnel. || **°-gesetz** n. (es, e) loi constitutionnelle. ||**-mäßig** adj. constitutionnel. ||**°-recht** n. (s, e) droit constitution-

nel. ||°-**urkunde** f. (-, n) charte f. ; constitution f. ||-**widrig** adj. anticonstitutionnel ; inconstitutionnel.
ver|faulen [fɛr'faulən] v. intr. pourrir ; se gâter ; se putréfier. ||-**faulbar** adj. putrescible.
ver|fechten [fɛr'fɛçtən] (i, o, o) v. tr. se battre pour ; défendre. | *eine Lehre verfechten*, se faire le champion d'une doctrine.
Ver|fechter [fɛr'fɛçtər] m. (s, -) défenseur m.
ver|fehlen [fɛrfe:lən] v. tr. manquer ; rater. | *jede Wirkung verfehlen*, demeurer sans effet. | *ein verfehltes Leben*, une vie ratée.
ver|feinden [fɛr'faindən] v. tr. et v. pr. (se) brouiller. ||°-**feindung** f. brouille f.
ver|feinern [fɛr'fainərn] v. tr. améliorer ; affiner ; raffiner. ||°-**feinerung** f. (-, en) raffinage m. ; affinage m. || FIG. raffinement m.
ver|femen [fɛr'fe:mən] v. tr. proscrire. | *verfemt*, mis au ban. ||°-**femung** f. (-, en) proscription f.
ver|fertigen [fɛr'fɛrtigən] v. tr. fabriquer ; confectionner. ||°-**fertiger** m. (s, -) fabricant m. ||°-**fertigung** f. (-, en) fabrication f. ; confection f. ; façon f.
ver|festigen [fɛr'fɛstigən] v. tr. solidifier. ||°-**festigung** f. durcissement m. ; solidification f. ; consolidation f.
ver|fetten [fɛr'fɛtən] v. intr. se changer en graisse. ||°-**fettung** f. BIOL. dégénérescence graisseuse.
ver|feuern [fɛr'fɔyərn] v. tr. brûler. ||°-**feuerung** f. TECHN. incinération f.
ver|filmen [fɛr'filmən] v. tr. filmer. ||°-**filmung** f. (-, en) adaptation (f.) cinématographique. | *Neuverfilmung*, remake m.
ver|filzen [fɛr'filtsən] v. tr. et v. pr. feutrer. | *verfilztes Haar*, cheveux embroussaillés et collés.
ver|finstern [fɛr'finstərn] v. tr. et v. pr. (s')obscurcir ; (s')assombrir. ||°-**finsterung** f. obscurcissement m. ; éclipse f.
ver|flachen [fɛr'flaxən] v. tr. aplatir. — v. intr. s'aplatir ; devenir plat. || FIG. s'affadir. ||°-**flachung** f. (-, en) aplatissement m. || FIG. affadissement m.
ver|flechten [fɛr'flɛçtən] (i, o, o) v. tr. entrelacer ; enlacer. | *in etwas verflochten werden*, être mêlé à qch. ; être embarqué dans qch. ||°-**flechtung** f. (-, en) enchevêtrement m. ; entrelacs m. || ÉCON. cartellisation f. ; interdépendance (f.) d'intérêts.
ver|fliegen [fɛr'fli:gən] (o, o) v. intr. s'envoler ; passer vite ; se dissiper. || AÉRON. *sich verfliegen*, perdre le cap.
ver|fließen [fɛr'fli:sən] (o, o) v. intr. **1.** s'écouler. | *die Zeit verfloß rasch*, le temps passa vite. | *im verflossenen Jahr*, au cours de l'année écoulée.
2. se fondre. | *verflossene Umrisse*, contours estompés. | *die ineinander verfließenden Regenbogenfarben*, les couleurs fondues de l'arc-en-ciel.
verflixt [fɛr'flikst] interj. FAM. fichtre !
◇ adj. *eine verflixte Lage*, une fichue situation.
Ver|flochtenheit [fɛr'flɔxtənhait] f. V. VERFLECHTUNG.
ver|fluchen [fɛr'flu:xən] v. tr. maudire. — interj. **verflucht !,** fichtre ! ; au diable !
ver|flüchtigen (sich) [ziçfɛr'flyçtigən] v. pr. se volatiliser ; s'évaporer. ||°-**flüchtigung** f. volatilisation f. ; évaporation f.
ver|flüssigen [fɛr'flysigən] v. tr. liquéfier. || °-**flüssiger** m. (s, -) liquéfacteur m. ; condenseur m. ||°-**flüssigung** f. liquéfaction f. ; condensation f.
ver|folgen [-'fɔlgən] v. tr. poursuivre ; pourchasser ; persécuter ; traquer. | *jn steckbrieflich verfolgen*, lancer un mandat d'arrêt contre qn. | *etwas genau verfolgen*, suivre qch. de près. | *jn gerichtlich verfolgen*, actionner qn devant les tribunaux. || [Jagd] forcer. ||°-**folger** m. (s, -) celui qui poursuit ; persécuteur m. ||°-**folgung** f. (-, en) poursuite f. | *die Verfolgung aufnehmen*, entamer la poursuite. | *sich strafrechtlicher Verfolgung aussetzen*, être passible de poursuites pénales. || RELIG., POLIT. persécution f. || MÉD. *Verfolgungswahn(sinn)*, manie (f.), délire (m.) de la persécution. ||°-**folgungs|jagd** f. (-, en). FIG. chasse (f.) à l'homme ; traque f.
ver|formbar [fɛr'fɔrmbɑ:r] adj. malléable.
Ver|formung [-'fɔrmuŋ] f. (-, en) déformation f.
ver|frachten [fɛr'fraxtən] v. tr. expédier. | *ein Schiff verfrachten*, fréter un navire. ||°-**frachter** m. (s, -) fréteur m. ||°-**frachtung** f. (-, en) frètement m. ; transport m.
ver|fressen [fɛr'frɛsən] adj. goinfre.
ver|frieren [fɛr'fri:rən] (o, o) v. intr. geler.
◇ part. pass. **verfroren,** FIG. frileux.
ver|früht [fɛr'fry:t] adj. prématuré.
ver|fügbar [fɛr'fy:kbɑ:r] adj. disponible. | *verfügbare Gelder*, disponibilités f. pl. | *verfügbare Nutzlast*, charge (f.) utile. ||°-**fügbarkeit** f. disponibilité f.
ver|fügen [-'fy:gən] v. tr. et v. intr. décréter ; disposer. | *das Gesetz verfügt, daß*, la loi porte que. | *über Kapital verfügen*, disposer de capitaux.
Ver|fügung [-'fy:guŋ] f. (-, en) décret m. ; ordonnance f. ; disposition f. ; ordre m. | *die Regierung trifft Verfügungen*, le gouvernement prend des dispositions. | *ich stehe ganz zu Ihrer Verfügung*, je suis à vos ordres. | *er stellt mir sein Auto zur Verfügung*, il met sa voiture à ma disposition. || JUR. *Verfügung unter Lebenden*, disposition entre vifs.
Verfügungs|gewalt [fɛr'fy:guŋsgə'valt] f. pouvoir (m.) discrétionnaire.
ver|führen [fɛr'fy:rən] v. tr. séduire. | *jn zu einem Irrtum verführen*, induire qn en erreur. ||°-**führer** m. (s, -) séducteur m. ; corrupteur m. ||°-**führerin** f. (-, nen) séductrice f. ||-**führerisch** adj. séducteur ; trompeur ; séduisant. ||°-**führung** f. séduction f. ; détournement m. | *Verführung eines Minderjährigen*, détournement (m.) de mineur.
ver|fünffachen [fɛr'fynffaxən] v. tr. quintupler. ||°-**fünffachung** f. (-, en) quintuplement m.
ver|füttern [fɛr'fytərn] v. tr. AGRIC. consommer en fourrage.
Ver|gabe [fɛr'gɑ:bə] f. (-, n) attribution f. || FIN. marché m. | *freihändige Vergabe*, marché de gré à gré.
ver|gaffen (sich) [ziçfɛr'gafən] v. pr. *sich in jn vergaffen*, s'enticher de qn ; se toquer de qn.
ver|gällen [fɛr'gɛlən] v. tr. répandre son fiel sur. | *jm das Leben vergällen*, rendre la vie amère à qn. || CHIM. dénaturer.
vergammeln [fɛr'gaməln] v. tr. POP. [verbummeln] gâter, détruire, faire sombrer.
ver|gangen [fɛr'gaŋən] adj. passé ; écoulé. | *vergangenes Jahr*, l'année dernière. ||°-**gangenheit** f. passé m. ; temps passé. || GRAMM. prétérit m. ||-**gänglich** adj. passager ; éphémère. | *vergängliches Glück*, bonheur (m.) fragile. ||°-**gänglichkeit** f. instabilité f. ; fragilité f. ; caractère passager.
ver|gären [fɛr'gɛ:rən] (o, o) v. tr. fermenter.
ver|gasen [fɛr'gɑ:zən] v. tr. TECHN. gazéifier. || MIL. asphyxier ; gazer. ||°-**gaser** m. (s, -). AUTOM. carburateur m. | *Vergaserdüse*, gicleur m.
Ver|gasung [fɛr'gɑ:zuŋ] f. (-, en). CHIM. gazéification f. || AUTOM. carburation f. || MIL. asphyxie (f.) par les gaz.
ver|gattern [fɛr'gatərn] v. tr. grillager. || MIL.

rassembler. ||°**-gatterung** f. (-, en) grillage m. || MIL. *Vergatterung blasen*, sonner le rassemblement.

ver|geben [fɛr'ge:bən] (i, a, e) v. tr. **1.** accorder ; donner ; céder. | *einen Auftrag an jn vergeben*, passer une commande à qn. | *ein Amt vergeben*, conférer une charge. | *die Stelle ist vergeben*, la place n'est plus libre. **2.** [verzeihen] pardonner. | *Sünden vergeben*, remettre des péchés.
◇ v. pr. **sich vergeben,** *damit vergibt er sich nichts*, avec cela il ne se compromet pas. || [Spiel] *du hast dich vergeben*, tu as fait fausse donne.

ver|gebens [-'ge:bəns] adv. en vain ; vainement. ||**-geblich** adj. et adv. vain ; inutile. ||°**-geblichkeit** f. inutilité f. ; vanité f.

Ver|gebung [-'ge:buŋ]. **1.** cession f. ; nomination f. (à un grade). | *Vergebung öffentlicher Arbeiten*, adjudication (f.) de travaux publics. | *Vergebung eines Rechtes*, cession d'un droit.
2. [Verzeihung] pardon m. | *Vergebung der Sünden*, rémission (f.) des péchés. | *um Vergebung bitten*, demander pardon.

ver|gegenwärtigen [fɛr'ge:gənvɛrtigən] v. tr. et v. pr. rappeler ; remémorer. | *sich etwas vergegenwärtigen*, se représenter qch.

ver|gehen [fɛr'ge:ən] (verging, vergangen) v. intr. **1.** s'écouler ; passer ; s'effacer ; diminuer ; disparaître. | *die Zeit vergeht schnell*, le temps passe vite. | *die Lust dazu vergeht ihm*, l'envie lui en passe. | *sein Werk wird nicht vergehen*, son œuvre restera.
2. se perdre ; s'évanouir ; s'éteindre. || FIG. *vor Scham vergehen*, périr de honte. | *davon vergeht einem Hören und Sehen*, on en perd le boire et le manger.
◇ v. pr. **sich vergehen,** faillir à. | *sich gegen das Gesetz vergehen*, transgresser la loi. | *sich an fremdem Gute vergehen*, faire main basse sur le bien d'autrui. | *sich an einer Frau vergehen*, violer une femme.

Ver|gehen [-ən] n. (s, -) délit m. ; faute f.

ver|geistigen [fɛr'gaistigən] v. tr. sublimer. ||°**-geistigung** f. sublimation f.

ver|gelten [fɛr'gɛltən] (i, a, o) v. tr. récompenser. | *jm etwas vergelten*, rendre la pareille à qn. | *Gleiches mit Gleichem vergelten*, rendre œil pour œil, dent pour dent. | *Gutes mit Bösem vergelten*, rendre le mal pour le bien. | *Gott vergelt's*, Dieu vous le rende !

Ver|geltung [-tuŋ] f. (-, en) récompense f. ; représaille f. | *Vergeltung üben ; Vergeltungsmaßnahmen ergreifen*, user de représailles ; prendre des mesures de rétorsion.

ver|gemeinschaften [fɛrgə'mainʃaftən] v. tr. POLIT. collectiviser.

ver|gesellschaften [fɛrgə'zɛlʃaftən] v. tr. ÉCON. transformer en société. || POLIT. socialiser ; collectiviser.

ver|gessen [fɛr'gɛsən] (i, a, e) v. tr. oublier ; négliger. | *seine Pflicht vergessen*, manquer à son devoir. | *er vergißt ihm das nicht*, il saura s'en souvenir.
◇ v. pr. **sich vergessen,** s'oublier ; faillir.

Ver|gessen [-'gɛsən] n. (s), °**-gessenheit** [-'gɛsənhait] f. oubli m. | *in Vergessenheit geraten*, tomber dans l'oubli.

ver|geßlich [-'gɛsliç]. [zerstreut] adj. oublieux ; distrait. ||°**-geßlichkeit** f. oubli m. ; distraction f.

ver|geuden [fɛr'gɔydən] v. tr. gaspiller ; dissiper ; dilapider. ||°**-geuder** m. (s, -) gaspilleur m. ||°**-geudung** f. (-, en) gaspillage m. ; dilapidation f.

ver|gewaltigen [fɛrgə'valtigən] v. tr. violer. ||°**-gewaltigung** f. (-, en) viol m. ; violence (faite à).

ver|gewissern (sich) [ziçfɛrgə'visərn] v. pr. (gén.) vérifier ; s'assurer de.

ver|gießen [fɛr'gi:sən] (o, o) v. tr. verser. | *Blut vergießen*, faire couler le sang. || TECHN. *mit Zement vergießen*, sceller au ciment. ||°**-gießung** f. *unter Vergießung heißer Tränen*, en pleurant à chaudes larmes.

ver|giften [fɛr'giftən] v. tr. empoisonner. — v. pr. **sich vergiften,** s'empoisonner ; prendre du poison. || °**-giftung** f. (-, en) empoisonnement m. ; intoxication f. || MÉD. infection f. | *Blutvergiftung*, septicémie f. | *Vergiftungserscheinung*, symptôme (m.) d'intoxication.

Vergil [vɛr'gi:l] n. pr. m. Virgile m.

ver|gilbt [fɛr'gilpt] adj. jauni.

ver|gipsen [fɛr'gipsən] v. tr. plâtrer.

Vergiß|meinnicht [fɛr'gismainniçt] n. (s, e). BOT. myosotis m.

ver|gittern [fɛr'gitərn] v. tr. grillager ; treillisser.

ver|glasen [fɛr'glɑ:zən] v. tr. vitrifier. || FIG. *mit verglasten Augen*, les yeux brillants (de fièvre) ; les yeux vitreux (d'un mort). ||°**-glasung** f. (-, en) vitrification f. ; garniture (f.) de vitres.

Ver|gleich [fɛr'glaiç] m. (s, e). **1.** comparaison f. | *im Vergleich zu, mit*, en comparaison de ; comparé à. | *das hält keinem Vergleich stand*, cela ne soutient pas la comparaison. | *einen Vergleich anstellen*, établir une comparaison.
2. compromis m. ; arrangement m. | *einen Vergleich treffen*, conclure un accord. | *gütlicher Vergleich*, arrangement à l'amiable. || JUR. compromis m. ; concordat m. | *zum Vergleich vorladen*, appeler en conciliation.

Vergleichs|gruppe [fɛr"glaiçs'grupə] f. (-, n). MÉD., STAT. groupe-témoin m. ||°**-studie** f. (-, n) étude comparative. ||°**-verfahren** n. (s) arbitrage m. | *gerichtliches Vergleichsverfahren*, concordat (m.) avec les créanciers. ||°**-versuch** m. (s, e) essai (m.) de conciliation. ||°**-vorschlag** m. (s, ¨e). COMM. proposition (f.) de concordat. ||**-weise** adv. comparativement ; relativement. ||°**-wert** m. (s, e) valeur (f.) de comparaison. ||°**-zeitraum** m. (s, ¨e) période (f.) de référence.

ver|gleichbar [fɛr'glaiçbɑ:r] adj. comparable.

ver|gleichen [-'glaiçən] (i, i) v. tr. comparer. | *sich mit jm vergleichen*, se comparer à qn. | *die beiden lassen sich nicht vergleichen*, il n'y a pas de comparaison entre les deux. | *vergleichende Literaturwissenschaft*, littérature comparée. | *vergleichende Werbung*, publicité comparative. || *vergleiche* (en abr. *vgl.*) voir (v.) ; se reporter à.
◇ v. pr. **sich vergleichen mit,** 1° se comparer à, avec ; 2° [im Streitfall] s'arranger.

ver|glimmen [fɛr'glimən] (o, o) v. intr. brûler sans flammes ; s'éteindre peu à peu.

ver|glühen [fɛr'gly:ən] v. intr. se consumer en brûlant. || FIG. *sein Eifer verglüht*, son zèle diminue.

Ver|gnügen [fɛr'gny:gən] n. (s, -) plaisir m. ; agrément m. ; distraction f. ; amusement m. | *Vergnügen an etwas* (dat.) *finden*, trouver du plaisir à qch. | *mit Vergnügen*, avec plaisir. | *viel Vergnügen !*, je vous en souhaite ! | *etwas zum Vergnügen tun*, faire qch. pour le plaisir. | *daraus macht er sich ein Vergnügen*, il s'en fait une fête. | *vergnügenshalber*, pour le plaisir. ||**-gnügen** v. tr. et v. pr. (se) réjouir ; (s')amuser ; (se) divertir. ||**-gnüglich** adj. amusant ; réjouissant ; plaisant. ||**-gnügt** part. pass. gai ; joyeux. | *es ging vergnügt her*, on s'amusait ferme.

Ver|gnügung [-'gny:guŋ] f. (-, en) plaisir m. ; distraction f. ; amusement m.

Vergnügungs|reise [fɛr"gny:guŋs'raizə] f. (-, n) voyage (m.) d'agrément. ||°**-steuer** f. (-, n) taxe (f.) sur les spectacles. ||°**-sucht** f. goût (m.) des plaisirs. ||**-süchtig** adj. avide de plaisirs.

ver|golden [fɛr'gɔldən] v. tr. dorer. ||°**-goldung** f. (-, en) dorure f.
ver|gönnen [fɛr'gønən] v. tr. permettre ; accorder.
ver|göttern [fɛr'gøtərn] v. tr. idolâtrer ; porter aux nues. ||°**-götterung** f. adoration f. ; idolâtrie f.
ver|graben [fɛr'grɑ:bən] (ä, u, a) v. tr. enterrer ; ensevelir ; enfouir.
ver|grämen [fɛr'grɛ:mən] v. tr. chagriner.
◇ v. pr. **sich vergrämen,** se ronger de chagrin.
ver|greifen (sich) [ziçfɛr'graifən] (i, i) v. pr. *sich an fremdem Eigentum vergreifen*, se saisir du bien d'autrui. | *sich an jm vergreifen*, porter la main sur qn. | *sich im Ton vergreifen*, parler sur un ton déplacé. ◇ part. pass. **vergriffen,** usé à force d'être mis en mains. || [Buch] épuisé.
ver|gröbern [fɛr'grø:bərn] v. tr. rendre plus grossier. — v. pr. perdre de sa finesse.
ver|größern [fɛr'grø:sərn] v. tr. et v. pr. agrandir ; accroître. | *sich vergrößern*, augmenter ; grossir. ||°**-größerung** f. (-, en) agrandissement m. ; grossissement m. ; élargissement m.
Vergrößerungs|apparat [fɛr"grø:seruŋsapa'rɑ:t] m. (s, e). PHOT. agrandisseur m. ||°**-glas** n. (es, ¨er) microscope m. ; loupe f. ||°**-linse** f. (-, n) lentille grossissante.
Ver|günstigung [fɛr'gynstiguŋ] f. (-, en) avantage m. ; faveur f. ; privilège m. | *Vergünstigungen genießen*, jouir de privilèges. | *Preisvergünstigung*, rabais m.
ver|güten [fɛr'gy:tən] v. tr. rémunérer ; rembourser ; indemniser. || MÉTALL. affiner (l'acier). ||°**-gütung** f. (-, en) rémunération f. ; indemnité f. ; remboursement m. | *Schadensvergütung*, dédommagement m. || MÉTALL. affinage m. (de l'acier).
Ver|hack [fɛr'hak] m. (s, e) abattis (m.) d'arbres.
ver|haften [fɛr'haftən] v. tr. arrêter ; appréhender. || FIG. *der Scholle verhaftet*, attaché à la glèbe.
Ver|haftung [-'haftuŋ] f. (-, en) arrestation f.
ver|hagelt [fɛr'hɑ:gəlt] adj. dévasté par la grêle.
ver|hallen [fɛr'halən] v. intr. [Laut] se perdre au loin ; se dissiper.
ver|halten [fɛr'haltən] (ä, ie, a) v. tr. retenir ; contenir ; réprimer (une émotion). | *das Lachen verhalten*, étouffer son rire.
◇ v. pr. **sich verhalten,** se conduire ; se comporter. | *ich weiß nicht, wie ich mich verhalten soll*, je ne sais quelle attitude prendre. | *wie verhält sich die Sache ?*, où en est l'affaire ? | *wenn sich das so verhält*, s'il en est ainsi.
ver|halten [-tən] adj. réservé ; retenu ; tranquille.
Ver|halten [-tən] n. (s) comportement m. ; conduite f. ; attitude f.
Ver|hältnis [-'hɛltnis] n. (ses, se). **1.** rapport m. ; proportion f. | *in gespanntem Verhältnis zu jm stehen*, avoir des rapports tendus avec qn. | *im Verhältnis zu*, en comparaison de ; en proportion de. | *im umgekehrten Verhältnis zu*, en raison inverse de. | *nach Verhältnis*, au prorata ; toutes proportions gardées. | *die Breite steht in keinem Verhältnis zu der Länge*, la largeur n'est pas proportionnée à la longueur. | *Liebesverhältnis*, liaison amoureuse. | *dienstliches Verhältnis*, rapports de service. ◇ n. pl. **Verhältnisse,** circonstances f. pl. ; condition(s) f. (pl.) | *er lebt in guten Verhältnissen*, sa situation est bonne. | *über seine Verhältnisse leben*, vivre au-dessus de ses moyens. | *unter solchen Verhältnissen*, dans ces circonstances. | *Wasserverhältnisse*, régime (m.) des eaux. | *Windverhältnisse*, régime (m.) des vents.
verhältnis|mäßig [fɛr"hɛltnis'mɛ:siç] adj. et adv. proportionnel ; en proportion de ; par rapport à. ||°**-wahl** f. (-, en) scrutin proportionnel. ||°**-wort** n. (s, ¨er) préposition f.
ver|handeln [fɛr'handəln] v. tr. et intr. débattre ; négocier. | *mit jm über etwas verhandeln*, débattre de qch. avec qn. ||°**-handeln** n. (s), °**-handlung** f. (-, en) pourparlers m. pl. ; négociations f. pl. | *Verhandlungen einleiten, wiederaufnehmen*, engager, reprendre des pourparlers. || JUR. débats m. pl.
ver|hangen [fɛr'haŋən] adj. [bewölkt] couvert.
ver|hängen [fɛr'hɛŋən] v. tr. **1.** couvrir. **2.** lâcher. | *mit verhängten Zügeln*, à bride abattue. **3.** ordonner ; prescrire. | *über jn das Todesurteil verhängen*, frapper qn de la peine de mort.
Ver|hängnis [fɛr'hɛŋnis] n. (ses, se) fatalité f.
verhängnis|voll [fɛr"hɛŋnis'fɔl] adj. fatal ; funeste ; néfaste ; lourd de conséquences.
Ver|hängung [fɛr'hɛŋuŋ] f. *Verhängung einer Strafe*, infliction (f.) d'une peine.
ver|harmlosen [fɛr"harm'lo:zən] v. tr. minimiser.
ver|härmt [fɛr'hɛrmt] adj. chagrin ; triste.
ver|harren [fɛr'harən] v. intr. persister ; persévérer. | *in Ruhe verharren*, rester en repos. || FIG. *bei seiner Meinung verharren*, persister dans son opinion.
ver|harschen [fɛr'harʃən] v. intr. [Schnee] durcir. || ANAT. se cicatriser.
ver|härten [fɛr'hɛrtən] v. tr. durcir. — v. intr. s'endurcir. ||°**-härtung** f. (-, en) durcissement m. || FIG. endurcissement m. || ANAT. durillon m.
ver|haspeln [fɛr'haspəln] v. tr. et v. intr. mal enrouler le fil. | *sich verhaspeln*, s'embrouiller.
ver|haßt [fɛr'hast] adj. détesté ; haï. | *sich verhaßt machen*, se rendre odieux.
ver|hätscheln [fɛr'hɛtʃəln] v. tr. choyer ; dorloter.
Ver|hau [fɛr'hau] m. (s, e) abattis m. (d'arbres).
ver|hauen [fɛr'hauən] (verhieb et verhaute, verhauen) v. tr. *Holz verhauen*, débiter du bois. || FAM. *jn verhauen*, rosser qn.
ver|heben (sich) [ziçfɛr'he:bən] (o, o) v. pr. se donner un tour de reins.
ver|heddern (sich) v. pr. s'embrouiller.
ver|heeren [fɛr'he:rən] v. tr. dévaster ; saccager. | *eine verheerende Seuche*, une épidémie dévastatrice. ||°**-heerung** f. (-, en) ravage m. ; dévastation f.
ver|hehlen [fɛr'he:lən] v. tr. dissimuler ; cacher.
ver|heilen [fɛr'hailən] v. intr. guérir ; se cicatriser.
ver|heimlichen [fɛr'haimliçən] v. tr. dissimuler. | *vor jm etwas verheimlichen*, cacher qch. à qn. ||°**-heimlichung** f. (-, en) dissimulation f.
ver|heiraten [fɛr'hairɑ:tən] v. tr. marier. — v. pr. **sich verheiraten (mit),** se marier (avec). | *sich wieder verheiraten*, se remarier. ||°**-heiratung** f. (-, en) mariage m.
ver|heißen [fɛr'haisən] (ie, ei) v. tr. promettre (solennellement). ||°**-heißung** f. (-, en) promesse f. ||**-heißungsvoll** adj. prometteur.
ver|helfen [fɛr'hɛlfən] (i, a, o) v. intr. *jm zu seinem Recht verhelfen*, aider qn à obtenir justice.
ver|herrlichen [fɛr'hɛrliçən] v. tr. magnifier ; glorifier. ||°**-herrlichung** f. glorification f.
ver|hetzen [fɛr'hɛtsən] v. tr. exciter.
ver|hexen [fɛr'hɛksən] v. tr. ensorceler. | *das ist wie verhext*, on dirait que le diable s'en mêle.
ver|himmeln [fɛr'himəln] v. tr. FAM. adorer ; porter aux nues.
ver|hindern [fɛr'hindərn] v. tr. empêcher ; contrecarrer. | *ein Unglück verhindern*, prévenir un malheur. ||°**-hinderung** f. (-, en) empêchement m. ; contretemps m. | *im Verhinderungsfall*, en cas d'empêchement.

ver|hohlen [fɛr'ho:lən] adj. sournois ; secret.

ver|höhnen [fɛr'hø:nən] v. tr. railler ; bafouer. ||°**-höhnung** f. (-, en) raillerie f. ; insulte f.

Ver|hör [fɛr'hø:r] n. (s, e) interrogatoire m. | *Verhör der Zeugen*, audition (f.) des témoins. | *jn ins Verhör nehmen*, soumettre qn à un interrogatoire.

ver|hören [-'hø:rən] v. tr. JUR. interroger.
◇ v. pr. **sich verhören,** entendre de travers.

ver|hüllen [fɛr'hylən] v. tr. voiler. | *in, mit verhüllenden Worten*, à mots couverts.

ver|hundertfachen [fɛr'hundərtfaxən] v. tr. centupler.

ver|hungern [fɛr'huŋərn] v. intr. mourir de faim.

ver|hunzen [fɛr'huntsən] v. tr. FAM. gâcher ; saboter.

ver|hüten [fɛr'hy:tən] v. tr. empêcher. | *ein Unglück verhüten*, prévenir un malheur.

ver|hütten [fɛr'hytən] v. tr. MÉTALL. fondre. ||°**-hüttung** f. MÉTALL. transformation (f.) d'un minerai.

Ver|hütung [fɛr'hy:tuŋ] f. prévention f.

Verhütungs|maßnahmen [fɛr"hy:tuŋs'ma:sna:mən] f. pl. mesures préventives. ||°**-mittel** n. (s, -) contraceptif m.

ver|hutzelt [fɛr'hutsəlt] adj. ratatiné.

verifizieren [-'tsi:rən] v. tr. vérifier.

ver|innerlichen [fɛr'inərliçən] v. tr. PHILOS. intérioriser.

ver|irren (sich) [ziçfɛr'irən] v. pr. s'égarer ; se perdre ; se fourvoyer. | *ein verirrtes Schaf*, une brebis égarée. ||**-irrt** adj. fourvoyé ; perdu. || GÉOL. *verirrter Block*, bloc (m.) erratique. ||°**-irrung** f. (-, en) égarement m. || FIG. aberration f.

ver|jagen [fɛr'ja:gən] v. tr. chasser ; expulser.

ver|jährbar [fɛr'jɛ:rba:r] adj. prescriptible. || °**-jährbarkeit** f. prescriptibilité f.

ver|jähren [fɛr'jɛ:rən] v. intr. et v. pr. se prescrire. ||**-jährt** adj. prescrit ; périmé. || °**-jährung** f. prescription f. ; péremption f.

ver|jubeln [fɛr'ju:bəln] v. tr. dissiper ; gaspiller (en plaisirs).

ver|jüngen [fɛr'jyŋən] v. tr. 1° rajeunir ; 2° réduire ; effiler ; rapetisser. | *in verjüngtem Maßstab*, en modèle réduit. ||**-jüngt** adj. effilé ; fuselé. || °**-jüngung** f. (-, en) rajeunissement m. || TECHN. rétrécissement m. ; conicité f. | *Verjüngungsmaßstab*, échelle (f.) de réduction.

ver|kabeln [fɛr'ka:bəln] v. tr. TÉLÉCOMM. câbler. ||°**-kabelung** f. câblage m.

ver|kalken [fɛr'kalkən] v. intr. et v. pr. (se) calcifier. || MÉD. (se) scléroser. || FIG. vieillir. ||°**-kalkung** f. calcification f. ; sclérose f.

ver|kalkulieren (sich) [ziçfɛrkalku'li:rən] v. pr. se tromper dans ses calculs.

ver|kappen [fɛr'kapən] v. tr. déguiser ; masquer.

ver|karsten [fɛr'karstən] v. intr. devenir rocheux.

Ver|kauf [fɛr'kauf] m. (s, ¨e) vente f. | *zum Verkauf anbieten*, mettre en vente. | *gerichtlicher Verkauf*, vente judiciaire. | *Verlustverkauf*, vente à perte.

Verkaufs|ausstellung [fɛr"kaufs'ausʃtɛluŋ] f. (-, en) exposition-vente f. ||°**-bedingungen** f. pl. conditions (f. pl.) de vente. ||°**-direktor** m. (s, en) directeur commercial. ||°**-förderung** f. (-, en) promotion (f.) des ventes. ||°**-gondel** f. (-, n) gondole f. ||°**-leiter** m. (s, -) chef (m.) des ventes. ||°**-preis** m. (es, e) prix (m.) de vente. ||°**-ständer** m. (s, -) présentoir m. ||°**-stelle** f. (-, n) point (m.) de vente. ||°**-wert** m. (s, e) valeur vénale.

ver|kaufen [-'kaufən] v. tr. vendre. || FIN. réaliser. | *nur gegen bar verkaufen*, vendre au comptant. | *auf Lieferung, auf Termin verkaufen*, vendre à terme. | *diese Ware verkauft sich schwer*, cette marchandise se vend mal.

Ver|käufer [fɛr'kɔyfər] m. (s, -) vendeur m. ||°**-käuferin** f. (-, nen) vendeuse f. || JUR. venderesse f. ||°**-käufer|merkblatt** n. (s, ¨er) argumentaire m. ||**-käuflich** adj. vendable ; négociable. | *leicht verkäuflich*, de bonne vente ; d'un débit facile. || °**-käuflichkeit** f. qualité (f.) de ce qui se vend bien.

Ver|kehr [fɛr'ke:r] m. (s). **1.** circulation f. ; trafic m. ; va-et-vient m. | *reger Straßenverkehr*, circulation active. | *eine Brücke dem Verkehr übergeben*, ouvrir un pont à la circulation.
2. relations f. pl. | *mit jm in Verkehr stehen*, avoir des relations avec qn. | *js Verkehr meiden*, éviter de fréquenter qn. | *Briefverkehr*, correspondance f.
3. COMM. *Banknoten in den Verkehr bringen*, mettre des billets en circulation. | *Banknoten aus dem Verkehr ziehen*, retirer des billets de la circulation.

Verkehrs|ader [fɛr"ke:rs'a:dər] f. (-, n) grande artère (d'une ville) ; axe routier. ||°**-ampel** f. (-, n) feux (m. pl.) tricolores. ||°**-amt** n. (s, ¨er) office (m.) de tourisme. ||°**-andrang** m. (s) pointe (f.) de circulation. ||°**-behinderung** f. embarras (m. pl.) de la circulation ; trafic perturbé. ||°**-dichte** f. intensité (f.) du trafic. ||°**-flaute** f. (-, n) accalmie (f.) dans le trafic. ||°**-flieger** m. (s, -). AÉRON. pilote (m.) de ligne. ||°**-flughafen** m. (s, ¨) aérodrome civil. ||°**-flugzeug** n. (s, e) avion (m.) de ligne. ||°**-fluß** m. (es, ¨e) *zäher Verkehrsfluß*, circulation (f.) au ralenti. ||°**-gefährdung** f. (-, en). JUR. atteinte (f.) à la sûreté de la route. ||°**-haftung** f. JUR. responsabilité civile en matière de transports. ||°**-insel** f. (-, n) refuge (m.) pour piétons. ||°**-knotenpunkt** m. (s, e). [Eisenbahn] nœud (m.) de communications. ||°**-manöver** n. (s, -). AUTOM. manœuvre f. ||°**-minister** m. (s, -) ministre (m.) des transports. ||°**-mittel** n. (s, -) moyen (m.) de communication, de transport. | *die öffentlichen Verkehrsmittel*, les transports en commun. ||°**-netz** n. (es, e) réseau (m.) de communications. ||°**-ordnung** f. (-, en), °**-regeln** f. pl. réglementation (f.) des transports ; code (m.) de la route. ||°**-polizei** f. police (f.) de la route. ||**-reich** adj. [Straße] animé. ||°**-schild** n. (s, er) panneau (m.) de signalisation. ||°**-sperre** f. (-, en) barrage m. (sur la route). ||°**-spitze** f. (-, en) pointe (f.) de circulation. ||°**-stockung** f. (-, en) embouteillage m. ; encombrement m. ||°**-störung** f. (-, en) interruption (f.) du trafic. ||°**-streife** f. (-, n) patrouille routière. ||°**-sünder** m. (s, -) délinquant (m.) de la route. ||°**-teilnehmer** m. (s, -) usager (m.) de la route. ||°**-umleitung** f. (-, en) déviation (f.) du trafic. ||°**-unfall** m. (s, ¨e) accident (m.) de la circulation, de la route. | *einen Verkehrsunfall aufnehmen*, dresser, faire un constat. ||°**-verein** m. (s, e) syndicat d'initiative. ||°**-verstopfung** f. (-, en) embouteillage m. ||°**-weg** m. (s, e) voie (f.) de communication. ||°**-wesen** n. (s) transports m. pl. ||°**-zeichen** n. (s, -) panneau (m.) de signalisation.

ver|kehren [-'ke:rən] v. intr. aller et venir ; circuler. | *in einem Café verkehren*, fréquenter un café. | *mit jm verkehren*, être en relations avec qn.
◇ v. tr. retourner ; inverser. | *js Worte verkehren*, déformer les propos de qn. | *Trauer verkehrt sich in Freude*, le rire succède aux pleurs.

ver|kehrt [fɛr'ke:rt] adj. faux. | *die verkehrte Welt*, le monde à l'envers.
◇ adv. à l'envers. | *er macht alles verkehrt*, il fait tout de travers. | *er fängt diese Sache verkehrt an*, il prend l'affaire par le mauvais bout.

Ver|kehrung [fɛr'ke:ruŋ] f. (-, en) inversion f. ; renversement m.

ver|keilen [fɛr'kailən] v. tr. caler ; coincer.

ver|kennen [fɛr'kɛnən] (verkannte, verkannt) v. tr. méconnaître ; se tromper sur. | *ein verkanntes Genie*, un génie méconnu. ||°**-kennung** f. méconnaissance f.

ver|ketten [fɛr'kɛtən] v. tr. enchaîner. || ÉLECTR. *verkettete Spannung*, tension composée. ||°**-kettung** f. (-, en) enchaînement m. ; liaison f. || FIG. trame f. | *eine unglückliche Verkettung von Umständen*, un malencontreux concours de circonstances.

ver|ketzern [fɛr'kɛtsərn] v. tr. accuser d'hérésie. || FIG. décrier.

ver|kitten [fɛr'kitən] v. tr. TECHN. mastiquer ; FAM. cimenter.

ver|klagen [fɛr'klɑ:gən] v. tr. accuser ; incriminer. | *jn vor Gericht verklagen*, porter plainte contre qn.

ver|klammern [fɛr'klamərn] v. tr. fixer avec des crampons.

Ver|klappung [fɛr'klapuŋ] f. (-). TECHN. dégazage m.

ver|klären [fɛr'klɛ:rən] v. tr. transfigurer. | *mit verklärter Miene*, d'un air radieux. ||°**-klärung** f. transfiguration f. ; sublimation f.

ver|klauseln [fɛr'klauzəln], **ver|klausulieren** [-klauzu'li:rən] v. tr. stipuler ; insérer des clauses. || FIG. *ein verklausulierter Stil*, un style obscur.

ver|kleben [fɛr'kle:bən] v. tr. coller ; calfeutrer. ||°**-klebung** f. action de coller ; calfeutrage m.

ver|klecksen [fɛr'klɛkzən] v. tr. barbouiller.

ver|kleiden [fɛr'klaidən] v. tr. et v. pr. travestir. | *sich als Page verkleiden ; sich in einen Pagen verkleiden*, se déguiser en page. || revêtir ; garnir. | *mit Holz verkleidete Wand*, mur lambrissé. | *verkleidetes Motorrad*, moto (f.) à carénage intégral. || MINES. cuveler. ||°**-kleidung** f. (-, en) déguisement m. || revêtement m. || TECHN. carénage m.

ver|kleinern [fɛr'klainərn] v. tr. réduire ; rapetisser. || FIG. minimiser. ||°**-kleinerung** f. (-, en) rapetissement m. ; réduction f. || FIG. *Verkleinerung seiner Verdienste*, dépréciation (f.) de ses mérites.

Verkleinerungs|form [fɛr"klainəruŋs'fɔrm] f. (-, en). GRAMM. diminutif m. ||°**-glas** n. (es,¨er) lentille concave, rapetissante. ||°**-maßstab** m. (s,¨e) échelle (f.) de réduction.

ver|klemmen [fɛr'klɛmən] v. tr. coincer.

ver|klingen [fɛr'kliŋən] (a, u) v. intr. cesser de retentir. || [Laut] s'évanouir. || FIG. *längst verklungene Zeiten*, des temps lointains, légendaires.

ver|knallen [fɛr'knalən] v. tr. *Pulver verknallen*, tirer sa poudre aux moineaux. || FAM. *in jn verknallt sein*, avoir le béguin pour qn.

ver|knappen [fɛr'knapən] v. tr. réduire. — v. pr. **sich verknappen,** se raréfier. ||°**-knappung** f. pénurie f. ; rareté f.

ver|kneifen [fɛr'knaifən] (i, i) v. tr. retenir. | *den Schmerz verkneifen*, réprimer sa douleur. | *ein verkniffenes Gesicht*, un air pincé. || POP. *sich etwas verkneifen*, faire ceinture (pour).

ver|knöchern [fɛr'knøçərn] v. tr. ossifier. — v. intr. FIG. s'encroûter. ||°**-knöcherung** f. ossification f. ; sclérose f.

ver|knorpeln [fɛr'knɔrpəln] v. intr. devenir cartilagineux.

ver|knoten [fɛr'kno:tən] v. tr. nouer.

ver|knüpfen [fɛr'knypfən] v. tr. rattacher ; relier. | *die Sache ist mit Schwierigkeiten verknüpft*, cela n'ira pas sans mal. ||°**-knüpfung** f. (-, en) liaison f. ; jonction f. ; enchaînement m.

ver|kochen [fɛr'kɔxən] v. tr. réduire en bouillie (par cuisson).

ver|kohlen [fɛr'ko:lən] v. tr. carboniser. || POP. *jn verkohlen*, se moquer de qn ; faire marcher qn.

ver|kommen [fɛr'kɔmən] (a, o) v. intr. mal tourner ; déchoir. — part. pass. **verkommen,** dépravé ; dévoyé ; déchu. ||°**-kommenheit** f. déchéance f. ; dépravation f.

ver|koppeln [fɛr'kɔpəln] v. tr. accoupler ; attacher.

ver|korken [fɛr'kɔrkən] v. tr. boucher avec un bouchon de liège.

ver|korkst [fɛr'kɔrkst] adj. FAM. mal engagé. | *einen verkorksten Magen haben*, avoir l'estomac barbouillé.

ver|körpern [fɛr'kørpərn] v. tr. personnifier ; incarner ; représenter. ||°**-körperung** f. (-, en) incarnation f. ; personnification f.

ver|köstigen [fɛr'køstigən] v. tr. nourrir.

ver|krachen (sich) [ziçfɛr'kraxən] *sich mit jm verkrachen*, se brouiller avec qn. | *eine verkrachte Existenz*, un(e) raté(e).

ver|kraften [fɛr'kraftən] v. tr. *etwas nicht verkraften können*, ne pas pouvoir surmonter qch. || PAR EXT. *die Straße kann den Verkehr nicht verkraften*, la route ne peut plus absorber le trafic.

ver|krampft [fɛr'krampft] adj. crispé.

ver|kriechen [fɛr'kri:çən] (o, o) v. intr. se cacher ; se terrer.

ver|krümeln [fɛr'kry:məln] v. tr. et v. pr. émietter ; s'émietter. || FIG. *sich verkrümeln*, filer à l'anglaise.

ver|krümmen [fɛr'krymən] v. tr. et v. pr. déformer ; tordre. ||°**-krümmung** f. (-, en) déformation f. ; déviation f.

ver|krüppeln [fɛr'krypəln] v. tr. et intr. estropier ; se rabougrir.

ver|krusten [fɛr'krustən] v. intr. et v. pr. se couvrir d'une croûte.

ver|kümmern [fɛr'kymərn] v. intr. s'affaiblir ; dépérir. — part. pass. **verkümmert,** faible ; misérable ; étiolé. | *ein noch unverkümmerter Menschenschlag*, une race vigoureuse. ||°**-kümmerung** f. dépérissement m. ; étiolement.

ver|künden [fɛr'kyndən], **ver|kündigen** [-'kyndigən] v. tr. publier ; proclamer ; annoncer. | *das Urteil verkündigen*, prononcer le jugement. | *ein Gesetz verkünden*, promulguer une loi. ||°**-kündigung** f. (-, en), °**-kündung** f. (-, en) proclamation f. ; publication f. ; promulgation f.

ver|künsteln [fɛr'kynstəln] v. tr. rendre artificiel. | *verkünstelter Stil*, style maniéré.

ver|kupfern [fɛr'kupfərn] v. tr. cuivrer.

ver|kuppeln [fɛr'kupəln] v. tr. accoupler. || °**-kuppelung** f. (-, en) accouplement m.

ver|kürzen [fɛr'kyrtsən] v. tr. raccourcir ; abréger ; réduire ; diminuer. | *verkürzte Arbeitszeit*, durée de travail réduite. | *sich die Zeit mit Lesen verkürzen*, se distraire en lisant. ||°**-kürzung** f. (-, en) raccourcissement m. ; diminution f. ; abréviation f. || abrégé m. || GRAMM. contraction f.

ver|lachen [fɛr'laxən] v. tr. se moquer.

Ver|lade... [fɛr'lɑ:də] (en compos.) de chargement ; d'embarquement. Ex. : *Verladebrücke*, pont transbordeur. | *Verladerampe*, rampe (f.) d'embarquement. | *Verladeschein,* récépissé (m.) de chargement.

ver|laden [-'lɑ:dən] (ä, u, a) v. tr. charger ; expédier. || MAR., MIL. embarquer. || °**-ladung** f. (-, en) chargement m. ; expédition f. || MAR. embarquement m.

Ver|lag [fɛr'lɑ:k] m. (s, e) maison (f.) d'édition. | *das Buch ist im Verlag Larousse erschienen*, le livre a été édité par la Librairie Larousse. || publication f. ; édition f. | *ein Buch in Verlag nehmen*, éditer un livre. || *Bierverlag*, vente (f.) en gros de bière.

Verlags|anstalt [fɛr"lɑ:ks'anʃtalt] f. (-, en) maison (f.) d'édition. ||°**-buchhändler** m. (s, -) libraire-éditeur m. ||°**-buchhandlung** f. (-, en) librairie (f.) de fonds. ||°**-haus** n. (es, ¨er) maison (f.) d'édition.

ver|lagern [fɛr'lɑ:gərn] v. tr. et v. pr. déplacer ; transférer. | *Aufträge verlagern*, transférer des commandes. || FIG. *die politische Mehrheit verlagert sich*, la majorité politique se modifie. ||°**-lagerung** f. (-, en) déplacement m. ; transfert m.

ver|landen [fɛr'landən] v. intr. s'ensabler.

ver|langen [fɛr'laŋən] v. tr. demander ; exiger ; réclamer. | *eine Tasse Kaffee verlangen*, commander une tasse de café. | *was verlangen Sie von mir ?*, que voulez-vous de moi ?

Ver|langen [-ŋən] n. (s) demande f. ; exigence f. ; désir m. | *auf Verlangen*, à la demande.

ver|längern [fɛr'lɛŋərn] v. tr. prolonger ; allonger ; rallonger. | *den Schritt verlängern*, allonger le pas. | *seinen Aufenthalt verlängern*, prolonger son séjour. || COMM. *einen Wechsel verlängern*, prolonger une traite. || °**-längerung** f. (-, en) prolongation f. ; prolongement m. ; allongement m. || ÉLECTR. *Verlängerungsschnur*, rallonge f. || [Tisch] *Verlängerungsstück*, rallonge f. || COMM. allonge f. || JUR. prorogation f.

ver|langsamen [fɛr'laŋzɑ:mən] v. tr. ralentir. ||°**-langsamung** f. ralentissement m. ; décélération f.

ver|läppern [fɛr'lɛpərn] v. tr. FAM. gaspiller.

Ver|laß [fɛr'las] m. (es) certitude f. ; sûreté f. | *auf ihn ist kein Verlaß*, on ne peut pas lui faire confiance.

ver|lassen [fɛr'lasən] (ä, ie, a) v. tr. quitter ; abandonner ; délaisser. | *er hat das Land verlassen*, il a quitté le pays. || FIG. *von allen guten Geistern verlassen*, privé de tout bon sens. | *von Gott verlassen*, abandonné de Dieu et des hommes.

◇ v. pr. **sich verlassen,** *sich auf jn verlassen können*, pouvoir compter sur qn.

Ver|lassenheit [-"lasən'hait] f. solitude f. ||°**-lassenschaft** f. (-, en) succession f.

ver|läßlich [fɛr'lɛsliç] adj. sûr ; sur qui on peut compter. ||°**-läßlichkeit** f. sûreté f. ; caractère sûr.

Ver|laub [fɛr'laup] m. (s) permission f. | *mit Verlaub gesagt*, avec votre permission ; ne vous déplaise.

Ver|lauf [fɛr'lauf] m. (s) déroulement m. ; développement m. ; cours m. | *nach Verlauf der Frist*, à délai écoulé. | *im Verlauf der nächsten vierzehn Tage*, dans la quinzaine qui suit. | *weiterer Verlauf*, suite f. (de l'affaire). | *das nimmt einen schlimmen Verlauf*, l'affaire tourne mal. | *je nach Verlauf der Dinge*, selon les circonstances.

ver|laufen [-'laufən] (ä, ie, a) v. intr. se dérouler ; se passer. | *der Abend verläuft wie erwartet*, la soirée se passe comme il était prévu. | *der Unfall ist tödlich verlaufen*, l'accident a eu une issue mortelle.

◇ v. pr. **sich verlaufen, 1.** s'écouler ; se perdre. | *die Menge verlief sich*, la foule se dispersa. | *die Farben verlaufen ineinander*, les couleurs se fondent. || FIG. *die Sache hat sich im Sande verlaufen*, l'affaire est restée sans suite.

2. s'égarer. | *sich im Wald verlaufen*, s'égarer dans les bois. | *verlaufener Hund*, chien errant.

ver|laust [fɛr'laust] adj. couvert de poux.

ver|lautbaren [fɛr'lautbɑ:rən] v. tr. et intr. divulguer. | *es verlautbart, daß*, le bruit court que. ||°**-lautbarung** f. (-, en) divulgation f. ; bruit m.

ver|lauten [fɛr'lautən] v. intr. s'ébruiter. | *über, von etwas nichts verlauten lassen*, ne rien laisser transpirer de qch.

ver|leben [fɛr'le:bən] v. tr. vivre (une période). ||**-lebendigen** v. tr. animer ; rendre vivant. ||**-lebt** adj. usé par la vie.

ver|legen [fɛr'le:gən] v. tr. **1.** ne pas ranger à sa place.

2. changer ; transférer. | *seinen Wohnsitz verlegen*, transférer son domicile. | *Truppen verlegen*, déplacer des troupes.

3. installer ; poser.

4. [herausgeben] éditer ; publier.

◇ v. pr. **sich verlegen,** se spécialiser (dans). | *er verlegt sich auf das Markensammeln*, il se consacre à la philatélie.

ver|legen [fɛr'le:gən] adj. embarrassé ; gêné. | *um Geld verlegen sein*, être (à) court d'argent. ||°**-legenheit** f. (-, en) gêne f. ; embarras m. | *jn in Verlegenheit bringen*, mettre qn dans l'embarras.

Ver|leger [fɛr'le:gər] m. (s, -) éditeur m.

Ver|legung [fɛr'le:guŋ] f. (-, en) déplacement m. ; transfert m.

ver|leiden [fɛr'laidən] v. tr. gâter. | *jm etwas verleiden*, dégoûter qn de qch.

Ver|leih [fər'lai] m. (s, e) location f. | *Filmverleih*, location de films. ||**-leihen** (ie, ie) v. tr. prêter ; accorder ; concéder ; louer. | *ein Buch verleihen*, prêter un livre. | *Geld auf Zinsen (ver)leihen*, prêter de l'argent à intérêt. | *einen Titel verleihen*, conférer un titre. ||°**-leiher** m. (s, -) prêteur m. ||°**-leihung** f. (-, en) prêt m. ; concession f. ; attribution f.

ver|leiten [fɛr'laitən] v. tr. entraîner ; séduire ; pousser à. | *er hat sich zum Diebstahl verleiten lassen*, il s'est laissé entraîner au vol. ||°**-leitung** f. (-, en) entraînement m. ; instigation f. (au mal).

ver|lernen [fɛr'lɛrnən] v. tr. désapprendre ; oublier (des choses qu'on savait).

ver|lesen [fɛr'le:zən] (ie, a, e) v. tr. lire en public. | *die Namen verlesen*, faire l'appel des noms.

— v. pr. **sich verlesen,** lire de travers. ||°**-lesung** f. (-, en) [der Namen] appel m.

ver|letzbar [fɛr'lɛtsbɑ:r] adj. vulnérable. || FIG. susceptible. ||°**-letzbarkeit** f. vulnérabilité f. || FIG. susceptibilité f.

ver|letzen [-'lɛtsən] v. tr. blesser ; endommager. | *leicht verletzt*, légèrement blessé. | *sich verletzen*, se blesser. || FIG. *seine Pflicht verletzen*, manquer à son devoir. | *jn mit Worten verletzen*, blesser qn par ses paroles. | *ein Gesetz verletzen*, violer, enfreindre une loi. || *ein Schwerverletzter*, un homme grièvement blessé.

◇ part. prés. **verletzend,** *verletzende Reden führen*, tenir des propos blessants.

Ver|letzung [-'lɛtsuŋ] f. (-, en) blessure f. ; lésion f. || FIG. offense f. ; atteinte f. ; violation f. | *Verletzung der Privatsphäre*, atteinte (f.) à la vie privée. | *Pflichtverletzung*, manquement (m.) au devoir.

ver|leugnen [fɛr'lɔygnən] v. tr. nier ; démentir. | *sich selbst verleugnen*, se renier. | *sich verleugnen lassen*, faire dire qu'on n'est pas là. | *sein Vaterland verleugnen*, renier sa patrie. || [Spiel] *Farbe verleugnen*, renoncer. ||°**-leugnung** f. (-, en) dénégation f. ; démenti m.

ver|leumden [fɛr'lɔymdən] v. tr. diffamer ; calomnier. ||°**-leumder** m. (s, -) diffamateur m. ; calomniateur m. ||**-leumderisch** adj. diffamatoire ; calomnieux ; médisant. ||°**-leumdung** f. (-, en) diffamation f. ; calomnie f. ; dénigrement m.

ver|lieben (sich) [ziçfɛr'li:bən] v. pr. *sich in jn verlieben*, s'éprendre de qn. | *der Verliebte, die Verliebte*, l'amoureux m., l'amoureuse f. | *verliebtes Paar*, couple (m.) d'amoureux. | *er macht ihr verliebte Augen*, il lui fait les yeux doux.

ver|lieren [fɛr'li:rən] (o, o) v. tr. **1.** perdre. | *seine Schlüssel verlieren*, perdre ses clefs. | *eine Wette verlieren*, perdre un pari. | *den Mut verlieren*, perdre courage. | *den Kopf verlieren*, perdre la tête. | *jn aus den Augen verlieren*, perdre qn de vue. | *darüber brauchen wir kein Wort zu verlieren*, il est inutile de parler de cela. **2.** perdre ; ne plus avoir. | *an Macht verlieren*, perdre de sa puissance. | *er verlor an ihm seinen besten Freund*, avec lui il a perdu son meilleur ami. | *der Paß verliert seine Gültigkeit*, le passeport cesse d'être valable.
◇ v. pr. **sich verlieren,** PR. et FIG. s'égarer.
◇ part. pass. V. VERLOREN.

Ver|lierer [-'li:rər] m. (s, -) perdant m.

Ver|lies [fɛr'li:s] n. (es, e) cachot m. ; oubliettes f. pl.

ver|loben (sich) [ziçfɛr'lo:bən] v. pr. se fiancer.

Verlobte(r) [fɛr'lo:ptə(r)] f. (m.) fiancé(e) m. (f.). ||°-**lobung** f. (-, en), °-**löbnis** n. (ses, se) fiançailles f. pl. | *eine Verlobung aufheben*, rompre des fiançailles. | *Verlobungsanzeige*, faire-part (m.) de fiançailles. | *Verlobungsfest*, fiançailles f. pl.

ver|locken [fɛr'lɔkən] v. tr. attirer ; allécher. | *verlockend*, tentant ; séduisant. ||°-**lockung** f. (-, en) tentation f. ; séduction f.

ver|lodern [fɛr'lo:dərn] v. intr. s'éteindre lentement.

ver|logen [fɛr'lo:gən] adj. mensonger ; menteur. ||°-**logenheit** f. caractère mensonger ; fausseté f.

ver|loren [fɛr'lo:rən] part. pass. et adj. perdu. | *verloren gehen*, se perdre ; s'égarer. | *verlorenes Schäflein*, brebis égarée. | *der verlorene Sohn*, le fils prodigue. || [nutzlos] *verlorene Mühe*, peine perdue. || [hoffnungslos] *das Spiel verloren geben*, abandonner la partie. | *auf verlorenem Posten stehen*, être dans une situation désespérée. || CULIN. *verlorene Eier*, œufs pochés.

ver|löschen [fɛr'løʃən] (i, o, o) v. intr. (avec *sein*) s'éteindre. || FIG. mourir.

ver|losen [fɛr'lo:zən] v. tr. tirer au sort ; mettre en loterie. ||°-**losung** f. (-, en) tirage (m.) de loterie ; tombola f.

ver|löten [fɛr'lø:tən] v. tr. souder.

ver|lottern [fɛr'lɔtərn] v. intr. mal tourner.

Ver|lust [fɛr'lust] m. (es, e) perte f. ; déficit m. ; dommage m. ; préjudice m. | *einen Verlust erleiden*, subir un dommage. | *einen Verlust wettmachen*, réparer une perte. | *jm einen Verlust zufügen*, causer une perte à qn. || COMM. *einen Verlust decken*, couvrir une perte. | *reiner Verlust*, perte nette. | *Gewinn- und Verlustkonto*, compte (m.) de profits et pertes. || JUR. perte f. ; déchéance f. | *bei Verlust seiner Klage*, à peine de déchéance.

Verlust|abschluß [fɛr"lust'apʃlus] m. (es, ¨e) bilan passif. ||°-**anzeige** f. (-, n) déclaration (f.) de perte. ||°-**geschäft** n. (s, e) transaction (f.) à perte. ||-**reich** adj. MIL. sanglant ; coûteux. ||°-**wärme** f. TECHN. déchet (m.) thermique.

ver|lustig [fɛr'lustiç] adj. *seiner Rechte verlustig gehen*, être déchu de ses droits.

ver|machen [fɛr'maxən] v. tr. [hinterlassen] léguer ; donner par testament.

Ver|mächtnis [fɛr'mɛçtnis] n. (ses, se). PR. et FIG. legs m. ; testament m. | *Vermächtniserbe, -nehmer*, légataire m.

ver|mählbar [fɛr'mɛ:lbɑ:r] adj. nubile. ||-**mählen** v. tr. marier. — v. pr. **sich vermählen**, se marier. ||°-**mählung** f. (-, en) mariage m.

ver|maledeien [fɛrmalə'daiən] v. tr. maudire.

ver|markten [fɛr'marktən] v. tr. commercialiser. ||°-**marktung** f. commercialisation f.

vermasseln [fɛr'masəln] v. tr. FAM. gâcher.

Ver|massung [fɛr'masuŋ] f. massification f.

ver|mauern [fɛr'mauərn] v. tr. murer. ||°-**mauerung** f. murage m.

ver|mehrbar [fɛr'me:rbɑ:r] adj. *(nicht) vermehrbare Güter*, biens [m. pl.] (non-)reproductibles.

ver|mehren [fɛr'me:rən] v. tr. augmenter ; accroître ; multiplier. | *sich rasch vermehren*, pulluler. ||°-**mehrung** f. (-, en) augmentation f. ; multiplication f. || BIOL. propagation f. ||°-**mehrungs|faktor** m. (s, en). NUCL. facteur (m.) de multiplication.

ver|meiden [fɛr'maidən] (ie, ie) v. tr. éviter ; esquiver ; éluder. ||-**meidbar** adj. évitable. || °-**meidung** f. (-, en) *unter Vermeidung von*, en évitant de.

ver|meinen [fɛr'mainən] v. tr. présumer ; croire. | *ein vermeinter Freund*, un soi-disant ami. ||-**meintlich** adj. et adv. présumé ; supposé. || JUR. *der vermeintliche Vater*, le père putatif.

ver|melden [fɛr'mɛldən] v. tr. annoncer.

ver|mengen [fɛr'mɛŋən] v. tr. mélanger. || °-**mengung** f. mélange m. || FIG. confusion f.

ver|menschlichen [fər'mɛnʃliçən] v. tr. humaniser ; rendre humain. ||°-**menschlichung** f. humanisation f. || BIOL. anthropomorphisme m.

Ver|merk [fɛr'mɛrk] m. (s, e) note f. ; remarque f. || marque distinctive. ||-**merken** v. tr. marquer ; remarquer. | *ich vermerke es ihm übel*, je lui en veux pour cela.

ver|messen [fɛr'mɛsən] (i, a, e) v. tr. mesurer ; arpenter.
◇ v. pr. **sich vermessen**, se tromper (en mesurant). || [sich erkühnen] oser ; avoir l'audace de. | *eine vermessene Hoffnung*, un espoir insensé.

Ver|messenheit [-hait] f. audace f.

Ver|messer [fɛr'mɛsər] m. (s, -) métreur m. ; vérificateur m. ||°-**messung** f. (-, en) arpentage m. ; relevé m. | *trigonometrische Vermessung*, triangulation f. | *Vermessungsamt*, service (m.) topographique.

ver|mieten [fɛr'mi:tən] v. tr. louer ; donner à bail. ||°-**mieter(in)** m. (s, -), f. (-, nen) loueur m. ; loueuse f. ||°-**mietung** f. (-, en) location f.

ver|mindern [fɛr'mindərn] v. tr. diminuer ; réduire ; atténuer. || JUR. *verminderte Schuldfähigkeit*, responsabilité atténuée. ||°-**minderung** f. (-, en) diminution f. ; réduction f.

ver|minen [fɛr'mi:nən] v. tr. MIL. miner.

ver|mischen [fɛr'miʃən] v. tr. mélanger. | *Wein mit Wasser vermischen*, couper le vin (d'eau). | *vermischte Schriften*, mélanges (m. pl.) littéraires ; miscellanées f. pl.

Ver|mischung [-'miʃuŋ] f. (-, en) mélange m. || MÉD. mixture f. || FIG. confusion f.

ver|missen [fɛr'misən] v. tr. remarquer, regretter l'absence de. | *wir vermissen Sie sehr*, vous nous manquez beaucoup. | *er ist als vermißt gemeldet*, il est porté disparu. | *vermißt werden*, faire défaut ; laisser un grand vide. ||°-**mißter** m. MIL. disparu m.

ver|mitteln [fɛr'mitəln] v. tr. procurer (par son entremise). | *ich habe ihm eine Stelle vermittelt*, il a obtenu un poste par mon intermédiaire. | *eine Zusammenkunft vermitteln*, arranger une entrevue. || FIN. *eine Anleihe vermitteln*, négocier un emprunt.
◇ v. intr. intervenir ; s'entremettre (dans). | *vermit-*

telnd eingreifen, intercéder. | *in einer Sache vermitteln*, servir d'intermédiaire dans une affaire. | *zwischen* (dat.) *vermitteln*, faire le médiateur entre...

ver|mittels(t) [-təls(t)] prép. (gén.) par l'entremise de ; au moyen de ; moyennant. ||°**-mittler** m. (s, -) intermédiaire m. ; personne interposée. || PAR EXT. conciliateur m. ; médiateur m. || FIN. courtier m. || COMM. agent (m.) d'affaires ; commissionnaire m. ||°**-mittlung** f. (-, en) entremise f. ; intervention (médiatrice). || PAR EXT. médiation f. ; conciliation f. | *durch js Vermittlung*, par l'intermédiaire, l'entremise, le truchement de qn. || COMM. *Vermittlungsgebühr*, commission f. || TECHN. central (m.) téléphonique.

ver|möbeln [fɛr'mø:bəln] v. tr. POP. [verhauen] tabasser. || [verschleudern] bazarder.

ver|mocht [fɛr'mɔxt] part. pass. de **vermögen.**

ver|modern [fɛr'mo:dərn] v. intr. tomber en putréfaction, en poussière. || FIG., FAM. croupir (quelque part).

ver|möge [fɛr'mø:gə] prép. (gén.). [kraft] en vertu de ; grâce à.

ver|mögen [fɛr'mø:gən] (vermag, vermochte, vermocht) v. tr. être capable de, à même de. | *wenn ich es zu tun vermag*, si je suis à même de le faire. | *was ich vermag*, ce qui est en mon pouvoir. || FIG. *viel bei jm vermögen*, avoir un grand crédit auprès de qn. ◇ part. prés. **vermögend,** [fähig] en état de ; capable de. | *vielvermögend*, influent ; d'un grand crédit. || [begütert] aisé ; fortuné ; qui a des moyens.

Vermögen [-gən] n. (s). **1.** [Fähigkeit] capacité f. ; pouvoir m. | *das steht nicht in meinem Vermögen*, cela n'est pas en mon pouvoir. | *nach Vermögen*, selon mes (ou autre poss.) capacités ; au mieux. || FIG. *geistiges Vermögen*, capacités (mentales). | *das geht über sein Vermögen*, FAM. cela le dépasse.
2. [Geldbesitz] fortune f. ; biens m. pl. | *er hat Vermögen*, il a de la fortune. | *bewegliches Vermögen*, fortune mobilière ; biens (m. pl.) meubles. || JUR. *gebundenes Vermögen*, patrimoine (m.) inaliénable.

Vermögens|steuer [fɛr"mø:gəns'ʃtɔyər] f. (-, n) impôt (m.) sur les grandes fortunes (I.G.F.). || °**-verhältnisse** n. pl. situation (f.) de fortune.

ver|möglich [fɛr'mø:kliç] adj. fortuné ; riche.

ver|mottet [fɛr'mɔtət] adj. dévoré par les mites.

ver|mummen [fɛr'mumən] v. tr. emmitoufler ; affubler (qn de qch.). || [verschleiern] déguiser ; masquer. ||°**-mummung** f. (-, en) déguisement m.

ver|muten [fɛr'mu:tən] v. tr. [ahnen ; erwarten] supposer ; présumer. | *das hätte ich kaum vermutet*, je ne m'y attendais guère. | *wider alles Vermuten*, contre toute attente. ||**-mutlich** adj. probable ; vraisemblable. || JUR. présomptif. — adv. probablement ; selon toute apparence ; vraisemblablement. ||°**-mutung** f. (-, en) supposition f. ; conjecture f. || JUR. présomption f.

ver|nachlässigen [fɛr'naxlɛsigən] v. tr. négliger ; ne pas prendre soin de. ||°**-nachlässigung** f. (-, en) négligence f. ; manque (m.) de soins ; abandon m.

ver|nageln [fɛr'na:gəln] v. tr. clouer. ||**-nagelt** part. pass. FIG., FAM. borné ; buté ; POP. bouché.

ver|narben [fɛr'narbən] v. intr. se cicatriser.

ver|narren (sich) [ziçfɛr'narən] v. pr. et v. intr. FAM. se toquer, s'enticher de. | *er hat sich ganz in sie vernarrt*, il s'est amouraché d'elle. ||°**-narrtheit** f. FAM. toquade f. ; engouement m.

ver|nebeln [fɛr'ne:bəln] v. tr. MIL. couvrir de brouillard artificiel. || PAR EXT. embrouiller ; obscurcir.

ver|nehmen [fɛr'ne:mən] (i, a, o) v. tr. percevoir ; entendre. || PAR EXT. entendre dire ; apprendre. | *dem Vernehmen nach*, d'après ce qu'on dit. || JUR. interroger ; entendre. | *den Gefangenen vernehmen*, interroger le prisonnier. | *die Zeugen vernehmen*, entendre les témoins. | *eidlich vernehmen*, entendre sous la foi du serment. || LOC. *sich mit jm ins Vernehmen setzen*, se mettre en rapport avec qn. || **-nehmlich** adj. perceptible ; intelligible. ||°**-nehmung** f. (-, en) entente f. || JUR. interrogatoire m. (de l'inculpé) ; audition f. (des témoins).

ver|neigen (sich) [ziçfɛr'naigən] v. pr. s'incliner. || faire la révérence. ||°**-neigung** f. (-, en) inclinaison f. (de la tête, du buste). || révérence f.

ver|neinen [fɛr'nainən] v. tr. dire, répondre (que) non à (une question) ; répondre par la négative. || PAR EXT. nier ; démentir. | *verneinend*, négatif. ||°**-neinung** f. (-, en) négation f. ; réponse négative. || PAR EXT. dénégation f.

ver|nichten [fɛr'niçtən] v. tr. détruire ; anéantir. | *meine Hoffnungen sind vernichtet*, mes espérances sont réduites à néant. | *vernichtende Kritik*, critique (f.) impitoyable. | *vernichtender Schlag*, coup écrasant. ||°**-nichtung** f. (-, en) destruction f. ; anéantissement m. ; écrasement m.

Vernichtungs|krieg [fɛr"niçtuŋs'kri:k] m. (s, e) guerre (f.) d'extermination, à outrance.

ver|nickeln [fɛr'nikəln] v. tr. nickeler.

Ver|nunft [fɛr'nunft] f. raison m. | *der Vernunft gehorchen*, entendre raison. | *zur Vernunft kommen* ; *Vernunft annehmen*, se rendre à la raison. | *jn zur Vernunft bringen*, mettre qn à la raison. || FAM. bon sens. | *nicht bei Vernunft sein*, n'être pas dans son bon sens.

Vernunft|ehe [fɛr"nunft'e:ə] f. (-, n), °**-heirat** f. (-, en) mariage (m.) de raison. ||°**-grund** m. (s, ¨e) motif rationnel. ||**-los** adj. déraisonnable ; irrationnel. ||°**-losigkeit** f. manque (m.) de raison ; déraison f. ||°**-schluß** m. (es, ¨e) inférence (f.) logique ; syllogisme m. ||**-widrig** adj. déraisonnable ; absurde ; illogique. ||°**-widrigkeit** f. non-sens m. ; absurdité f. ; illogisme m.

ver|nünftig [fɛr'nynftiç] adj. raisonnable ; logique. || PHILOS. rationnel. || sensé ; judicieux. || °**-nünftigkeit** f. bon sens ; raison f.

ver|öden [fɛr'ø:dən] v. intr. devenir désert ; se dépeupler.
◇ v. tr. MÉD. scléroser.

ver|öffentlichen [fɛr'øfəntliçən] v. tr. rendre public ; publier. | *ein Buch veröffentlichen*, publier, faire paraître un livre. | *durch Anzeigen veröffentlichen*, publier par voie d'annonces. || JUR. *ein Gesetz veröffentlichen*, promulguer une loi. ||°**-öffentlichung** f. (-, en) publication f. || JUR. promulgation f.

ver|ordnen [fɛr'ɔrdnən] v. tr. ADM. décréter ; disposer. || MÉD. prescrire. ||°**-ordnung** f. (-, en). ADM. décret m. ; ordonnance f. ; disposition légale. || MÉD. ordonnance, prescription médicale.

ver|pachten [fɛr'paxtən] v. tr. affermer ; donner à bail. ||°**-pächter** m. (s, -) bailleur m. ||°**-pachtung** f. (-, en) affermage m. ; bail m.

ver|packen [fɛr'pakən] v. tr. emballer ; mettre en caisse. ||°**-packung** f. (-, en) conditionnement m. ; emballage m.

ver|passen [fɛr'pasən] v. tr. [versäumen] manquer. || [anproben] ajuster. || FAM. *jm eins verpassen*, donner un coup à qn.

ver|patzen [fɛr'patsən] v. tr. FAM. bousiller.

ver|pesten [fɛr'pɛstən] v. tr. empester ; infecter.

ver|petzen [fɛr'pɛtsən] v. tr. [Schülersprache] cafarder.

ver|pfänden [fɛr'pfɛndən] v. tr. mettre, donner en

gage. || JUR. hypothéquer ; donner en nantissement. ||°-**pfändung** f. (-, en) mise (f.) en gage. || JUR. hypothèque f. ; nantissement m.

ver|pfeifen [fɛr'pfaifən] (i, i) v. tr. ARG. moucharder.

ver|pflanzen [fɛr'pflantsən] v. tr. PR. et FIG. transplanter. ||°-**pflanzung** f. transplantation f.

ver|pflegen v. tr. nourrir ; ravitailler.

Ver|pflegung [-'pfle:guŋ] f. nourriture f. || MIL. vivres m. pl. ; ravitaillement m. || PAR EXT. intendance f.

ver|pflichten [fɛr'pfliçtən] v. tr. obliger. | *jn zu etwas verpflichten*, obliger qn à qch. ; imposer à qn l'obligation de. | *sich zu etwas verpflichten*, s'engager à ; prendre l'engagement de. | *zu etwas verpflichtet sein*, être tenu de faire qch. ; être tenu à qch. | *verpflichtende Abmachung*, convention obligatoire. || PAR ANAL. obliger (par politesse). | *Sie würden mich zu (großem) Dank verpflichten*, vous m'obligeriez (beaucoup). | *jm für etwas verpflichtet sein*, être l'obligé de qn. ||°-**pflichtung** f. (-, en) obligation f. ; engagement m. | *einseitige Verpflichtung*, engagement (m.) sans contrepartie. || COMM. redevance(s) f. (pl.). | *Verpflichtungen eingehen*, prendre des engagements ; contracter des obligations. | *seinen Verpflichtungen nachkommen*, s'acquitter de ses engagements.

ver|pfuschen [fɛr'pfuʃən] v. tr. gâcher.

ver|plaudern [fɛr'plaudərn] v. tr. passer, perdre son temps à bavarder.

ver|plempern [fɛr'plɛmpərn] v. tr. dépenser mal à propos ; gaspiller ; galvauder.

ver|pönen [fɛr'pø:nən] v. tr. *das ist allgemein verpönt*, cela est unanimement réprouvé.

ver|prassen [fɛr'prasən] v. tr. dissiper (son bien) ; jeter (son argent) par les fenêtres.

ver|proviantieren [fɛrprovian'ti:rən] v. tr. approvisionner.

ver|prügeln [fɛr'pry:gəln] v. tr. rouer de coups.

ver|puffen [fɛr'pufən] v. intr. fuser. || FIG. se perdre (en fumée).

ver|pulvern [fɛr'pulfərn] v. tr. FAM. jeter (l'argent) ; gaspiller.

ver|puppen (sich) [ziçfɛr'pupən] v. pr. ZOOL. faire son cocon ; se changer en nymphe.

Ver|putz [fɛr'puts] m. (es) enduit m. | *ungeglätteter Verputz*, crépi m. | *rauher Verputz*, hourdage m. ||-**putzen** v. tr. enduire ; crépir ; hourder.

ver|quellen [fɛr'kvɛlən] (i, o, o) v. intr. gonfler (à l'humidité).

ver|quer [fɛr'kve:r] adv. FAM. de travers.

ver|quicken [fɛr'kvikən] v. tr. amalgamer ; combiner. || PAR EXT. confondre.

Ver|quickung [-kuŋ] f. amalgame m. ; mélange m. || PAR EXT. confusion f.

ver|rammeln [fɛr'raməln] v. tr. barricader.

ver|ramschen [fɛr'ramʃən] v. tr. FAM. bazarder ; vendre à bas prix.

Verrat [fɛr'rɑ:t] m. (s) trahison f. || HIST. félonie f.

ver|raten [-'rɑ:tən] (ä, ie, a) v. tr. trahir ; FAM. vendre. || PAR EXT. divulguer. || FIG. révéler. ||°-**räter** m. (s, -) traître m. || HIST. félon m. ||°-**räterei** f. traîtrise f. ; perfidie f. || HIST. félonie f. ||°-**räterin** f. (-, nen) traîtresse f. ||-**räterisch** adj. traître ; perfide. || HIST. félon. || FIG. qui trahit. — adv. en traître ; par traîtrise.

ver|rauchen [fɛr'rauxən] v. intr. s'en aller en fumée. || FIG. s'évaporer ; se dissiper.

◇ v. tr. dépenser à fumer.

ver|rauschen [fɛr'rauʃən] v. intr. FIG. s'écouler ; s'enfuir.

ver|rechnen [fɛr'rɛçnən] v. tr. FIN. passer en compte. || [Bankwesen] compenser. — v. pr. **sich verrechnen,** se tromper dans son calcul ; FIG. être loin du compte. ||°-**rechnung** f. (-, en). FIN. passation (f.) d'un article au compte. || [Bankwesen] compensation f.

Ver|rechnungs... [-'rɛçnuŋs] (en compos.). FIN. de compensation.

Verrechnungs|einheit [fɛr"rɛçnuŋs'ainhait] f. (-, en). FIN. unité (f.) de compte. ||°-**geschäft** n. (s, e). FIN. marché (m.) de compensation. ||°-**scheck** m. (s, e) chèque barré.

ver|recken [fɛr'rɛkən] v. intr. VULG. crever.

ver|regnet [fɛr're:knət] adj. gâté par la pluie.

ver|reisen [fɛr'raizən] v. intr. partir en voyage.

ver|renken [fɛr'rɛŋkən] v. tr. MÉD. luxer. ||°-**renkung** f. (-, en) luxation f.

ver|rennen (sich) [ziçfɛr'rɛnən] (verrannte, verrannt) v. pr. FIG., FAM. *er hat sich verrannt*, il s'est fourvoyé. | *er ist in diese Idee verrannt*, il s'est toqué de cette idée.

ver|richten [fɛr'riçtən] v. tr. accomplir. | *eine Arbeit verrichten*, exécuter un travail. | *seine Notdurft verrichten*, faire ses besoins. ||°-**richtung** f. (-, en) accomplissement m. (d'une tâche) ; exécution f.

ver|riegeln [fɛr'ri:gəln] v. tr. verrouiller. ||°-**riegelung** f. (-, en) verrouillage m. | *Verriegelungstaste*, touche (f.) de verrouillage.

ver|ringern [fɛr'riŋərn] v. tr. et v. pr. diminuer ; amoindrir. | *js Verdienste verringern*, rabaisser le mérite de qn. ||°-**ringerung** f. (-, en) diminution f. ; réduction f. ; amoindrissement m.

ver|rinnen [fɛr'rinən] (a, o) v. intr. PR. et FIG. s'écouler. || FIG. s'enfuir.

ver|rohen [fɛr'ro:ən] v. intr. devenir grossier ; tourner à la brute.

ver|rotten [fɛr'rɔtən] v. intr. PR. et FIG. pourrir.

ver|rucht [fɛr'ruxt] adj. infâme. ||°-**ruchtheit** f. infamie f. ; noirceur f. (d'âme).

ver|rücken [fɛr'rykən] v. tr. [verlegen] déplacer ; déranger.

◇ part. pass. **verrückt,** FIG. [irre] dérangé ; fou ; extravagant. | *das ist zum Verrücktwerden*, c'est à devenir fou.

Ver|rücktheit [-'rykthait] f. folie f. ; extravagance f.

Ver|ruf [fɛr'ru:f] m. (s) mauvaise réputation. | *in Verruf bringen*, discréditer ; décrier. | *in Verruf stehen*, [Mensch] avoir mauvaise réputation ; [Ort] être mal famé. ||-**rufen** adj. [Mensch] déconsidéré ; louche. || [Sache] décrié ; louche. || [Ort] mal famé.

Vers [fɛrs] m. (es, e). POÉS. vers m. | *in Verse setzen*, mettre en vers. | *Verse drechseln*, rimailler. || PAR EXT. strophe f. || LOC. *ich kann mir darauf, daraus keinen Vers machen*, je ne vois pas à quoi cela rime. || [Bibel] verset m.

Vers|bau ['fɛrsbau] m. (s) structure (f.) du vers ; versification f. ||°-**kunst** f. art (m.) des vers. ||°-**maß** n. (es, e) mètre m.

ver|sachlichen [fɛr'zaxliçən] v. tr. dépassionner.

ver|sacken [fɛr'zakən] v. intr. MAR. couler à pic ; sombrer.

ver|sagen [fɛr'zɑ:gən] v. tr. refuser. | *sich nichts versagen*, ne rien se refuser. | *ich kann es mir nicht versagen, zu*, je ne puis me défendre de.

◇ v. intr. refuser le service. | *die Stimme versagte mir*, la voix me manqua. | *seine Kräfte versagten*, les forces lui manquèrent. | *er versagt gänzlich*, il est nul (en qch.) ; POP. il flanche. || TECHN. *der Motor versagt*, le moteur ne marche pas.

Ver|sagen [-gən] n. (s) panne f. || FIG. défaillance f. ||°**-sager** m. (s, -). [Mensch] raté m.

ver|salzen [fɛr'zaltsən] v. tr. trop saler. || FIG. gâter, gâcher (la joie de qn).

ver|sammeln [fɛr'zaməln] v. tr. et v. pr. (s') assembler ; (se) rassembler ; (se) réunir.

Ver|sammlung [-'zamluŋ] f. (-, en) assemblée f. ; rassemblement m. ; réunion f.

Versammlungs|ort [fɛr"zamluŋs'ɔrt] m. (s, e) lieu (m.) de réunion. || MIL. point (m.) de ralliement. ||°**-recht** n. (s). POLIT. droit (m.) de réunion.

Ver|sand [fɛr'zant] m. (s). COMM. envoi m. ; expédition f.

Versand|artikel [fɛr"zantar'ti:kəl] m. (s, -). COMM. article (m.) pour l'expédition. ||**-bereit, -fertig** adj. prêt à l'expédition. ||°**-haus** n. (es, ¨er) maison (f.) de vente par correspondance. ||°**-haus|-katalog** m. (s, e) catalogue (m.) de vente par correspondance. ||°**-kosten** f. pl. frais (m. pl.) d'envoi ; port m. ||°**-verkauf** m. (s, ¨e) vente (f.) sur catalogue, par correspondance.

ver|sanden [fɛr'zandən] v. tr. et v. intr. (s')ensabler.

Ver|satz [fɛr'zats] m. (es). FIN. mise (f.) en gage. || MINES. remblai m. ; remblayage m.

Versatz|amt [fɛr"zats'amt] n. (es, ¨er) mont-de-piété m. ||°**-stück** n. (s, e). FIN. gage m.

ver|sauern [fɛr'zauərn] v. intr. devenir aigre, acide. || FIG. s'aigrir ; s'encroûter.

ver|saufen [fɛr'zaufən] (o, o) v. tr. dépenser à boire. | *versoffener Kerl*, poivrot m.
◇ v. intr. FAM. se noyer.

ver|säumen [fɛr'zɔymən] v. tr. laisser échapper ; négliger. | *den Zug versäumen*, manquer, FAM. rater le train. | *seine Pflicht versäumen*, manquer à son devoir. | *er versäumte nicht zu kommen*, il ne manqua pas de venir. — v. pr. **sich versäumen,** s'attarder. ||°**-säumnis** f. (-, se) et n. (ses, se) négligence f. ; omission f. ; manquement m. || [Schule] absence f. ; FAM. retard m. || JUR. contumace f. | *ein Versäumnisurteil fällen*, juger par contumace. || °**-säumnis|geldstrafe** f. (-, n). JUR. astreinte f.

ver|schachern [fɛr'ʃaxərn] v. tr. bazarder.

ver|schachteln [fɛr'ʃaxtəln] v. tr. emboîter ; encastrer. | *ineinander verschachtelt sein*, s'imbriquer.

ver|schaffen [fər'ʃafən] v. tr. procurer ; obtenir. | *Geld verschaffen*, procurer des fonds. | *sich Achtung verschaffen*, obtenir le respect ; s'imposer.

ver|schalen [fɛr'ʃa:lən] v. tr. TECHN. coffrer ; poser un coffrage, un revêtement. ||°**-schalung** f. (-, en). TECHN. coffrage m. ; revêtement m.

ver|schallen [fɛr'ʃalən] v. intr. expirer ; cesser (de retentir).

ver|schämt [fɛr'ʃɛ:mt] adj. timide ; gêné. ||°**-schämtheit** f. gêne f. ; timidité f.

ver|schanzen (sich) [ziçfɛr'ʃantsən] v. pr. se retrancher. || FIG. *sich hinter Ausflüchten verschanzen*, chercher des faux-fuyants.

ver|schärfen [fɛr'ʃɛrfən] v. tr. FIG. aggraver. || [Tempo] forcer. ||°**-schärfung** f. aggravation f. ; recrudescence f. || [Tempo] accélération f.

ver|scharren [fɛr'ʃarən] v. tr. enfouir.

ver|scheiden [fɛr'ʃaidən] (ie, ie) v. intr. POÉT. décéder ; expirer ; trépasser. ||°**-scheiden** n. (s) décès m. ; trépas m.

ver|schenken [fɛr'ʃɛŋkən] v. tr. donner (en cadeau ; inconsidérément).

ver|scherzen [fɛr'ʃɛrtsən] v. tr. perdre par sa faute ; gâcher. | *ich habe (mir) mein Glück verscherzt*, j'ai gâché mon bonheur.

ver|scheuchen [fɛr'ʃɔyçən] v. tr. effaroucher ; faire fuir. || PR. et FIG. chasser.

verscheuern [fɛr'ʃɔyərn] v. tr. FAM. vendre.

ver|schiebbar [fɛr'ʃi:pba:r] adj. mobile ; coulissant ; à coulisse. || TECHN. baladeur.

Verschiebe|bahnhof [fɛr"ʃi:bə'ba:nho:f] m. (s, ¨e) gare (f.) de triage.

ver|schieben [fɛr'ʃi:bən] (o, o) v. tr. déplacer ; décaler. || TECHN. faire coulisser. || TRANSP. manœuvrer. || FIG. [aufschieben] ajourner ; remettre (à plus tard). ||°**-schiebung** f. (-, en) déplacement m. ; décalage m. || TRANSP. manœuvre f. || FIG. ajournement m. || MATH. translation f.

ver|schieden [fɛr'ʃi:dən] part. pass. de **verscheiden.** POÉT. décédé ; trépassé ; défunt.

verschieden [fɛr'ʃi:dən] adj. [andersartig] différent ; dissemblable. | *sie sind verschiedener Meinung*, ils ont des opinions différentes. || divers. | *zu verschiedenen Malen*, à plusieurs, à diverses reprises. | *Verschiedenes*, diverses choses.

verschieden|artig [fɛr"ʃi:dən'a:rtiç] adj. de nature différente. || PAR EXT. hétérogène ; disparate. ||°**-artigkeit** f. (-, en) dissemblance f. ; diversité f.

Verschiedenheit [fɛr'ʃi:dənhait] f. (-, en) diversité f.

verschiedentlich [fɛr'ʃi:dəntliç] adv. à diverses reprises.

ver|schießen [fɛr'ʃi:sən] (o, o) v. tr. tirer (son projectile) ; décocher (sa flèche). | *seine Munition verschießen*, épuiser ses munitions. || FIG. *nicht zu früh sein Pulver verschießen*, garder de la ressource.
◇ v. intr. [ausbleichen] se faner ; passer.
◇ v. pr. **sich verschießen,** tirer à côté. || FIG. *er ist in sie verschossen*, il s'est amouraché d'elle.

ver|schiffen [fɛr'ʃifən] v. tr. transporter ; expédier par eau.

ver|schimmeln [fɛr'ʃiməln] v. intr. moisir.

ver|schlafen [fɛr'ʃla:fən] (ä, ie, a) v. tr. **1.** *den Nachmittag verschlafen*, passer l'après-midi à dormir. **2.** *er hat die Zeit verschlafen*, il s'est réveillé trop tard.
◇ part. pass. **verschlafen,** mal (r)éveillé. || FIG. endormi.
◇ v. pr. **sich verschlafen,** se lever trop tard.

Ver|schlag [fɛr'ʃla:k] m. (s, ¨e) réduit m. (en planches) ; cagibi m. | *Verschlag im Stall*, box m. ; stalle f.

ver|schlagen [-'ʃla:gən] (ä, u, a). **1.** v. tr. *mit Brettern verschlagen*, cloisonner (avec des planches). || POP. *das verschlägt mir die Rede*, j'en reste stupéfait ; POP. ça me la coupe.
2. MAR. *der Sturm verschlägt ein Schiff*, la tempête drosse un navire. | *verschlagen werden (nach)*, être jeté (par la tempête) à, sur.
3. SPORT. *den Ball verschlagen*, rater la balle.
◇ part. pass. **verschlagen,** malin ; rusé ; roué.

Ver|schlagenheit [-'ʃla:gənhait] f. malice f. ; ruse f.

ver|schlammen [fɛr'ʃlamən] v. intr. s'envaser.

ver|schlampen [fɛr'ʃlampən] v. tr. FAM. laisser à l'abandon. || POP. mettre la pagaille (dans qch.).

ver|schlechtern [fɛr'ʃlɛçtərn] v. tr. rendre pire. | *die Lage verschlechtert sich*, la situation empire. || PAR EXT. dégrader ; détériorer. ||°**-schlechterung** f. (-, en) détérioration f. ; dégradation f.

ver|schleiern [fɛr'ʃlaiərn] v. tr. PR. et FIG. voiler. || FIG. déguiser ; dissimuler ; FAM. camoufler. ||°**-schleierung** f. [action de] voiler. || FIG. dissimulation f. ; camouflage m.

ver|schleimen [fɛr'ʃlaimən] v. intr. s'engorger (de mucosités).
◇ v. tr. engorger ; empâter (la langue).

Ver|schleiß [fɛr'ʃlais] m. (es, e) usure f. ||**-schleißen** (i, i) v. tr. user ; abîmer. — v. intr. s'user ; s'abîmer. || [Gewand] s'effilocher.

ver|schleppen [fɛr'ʃlɛpən] v. tr. traîner. | *eine Krankheit verschleppen*, véhiculer une épidémie. | *Personen verschleppen*, déporter. | *ein Verschleppter*, un déporté ; une personne déplacée. || [mitnehmen] détourner. || [in die Länge ziehen] faire traîner en longueur.
◇ **sich verschleppen,** traîner en longueur. || °**-schleppung** f. [Verzögerung] retardement m. || JUR. obstruction f. || POLIT. déportation f. (d'une population).

ver|schleudern [fɛr'ʃlɔydərn] v. tr. FIG. vendre à perte ; solder. || PAR EXT. dilapider ; dissiper.

ver|schließen [fɛr'ʃli:sən] (o, o) v. tr. fermer (à clef) ; clore. | *in verschlossenem Umschlag*, sous pli fermé. || PAR EXT. *eine Öffnung verschließen*, obturer un orifice. || FIG. *er verschließt sich ganz dem Mitleid*, il est inaccessible à la pitié.

ver|schlimmbessern [fɛr"ʃlim'bɛsərn] v. tr. IRON. bien arranger ; mettre dans un bel état. ||**-schlimmern** v. tr. rendre pire ; aggraver. | *sich verschlimmern*, empirer. ||°**-schlimmerung** f. aggravation f. ; détérioration f.

ver|schlingen [fɛr'ʃliŋən] (a, u) v. tr. [durcheinanderschlingen] entrelacer ; enlacer. || [hinunterschlingen] engloutir ; avaler (goulûment) ; dévorer. || FIG. *ein Buch verschlingen*, dévorer un livre. | *mit den Augen verschlingen*, dévorer des yeux.

ver|schlossen [fɛr'ʃlɔsən] part. pass. et adj. FIG. renfermé ; réservé. || °**-schlossenheit** f. FIG. caractère renfermé ; grande réserve.

ver|schlucken [fɛr'ʃlukən] v. tr. avaler ; gober. || PAR ANAL. *Worte verschlucken*, manger ses mots.
◇ v. pr. **sich verschlucken,** avaler de travers.

Ver|schluß [fɛr'ʃlus] m. (es, ¨e) fermeture f. ; obturation f. | *unter Verschluß*, sous clef. | *Flaschenverschluß*, bouchon m. ; capsule f. || OPT. obturateur m.

Verschluß|laut [fɛr"ʃlus'laut] m. (s, e). GRAMM. occlusive f. ||°**-schraube** f. bouchon fileté.

ver|schlüsseln [fɛr'ʃlysəln] v. tr. MIL. chiffrer. || PAR EXT. coder. || INF. encoder. ||°**-schlüsselung** f. (-, en). MIL. chiffrage m. || PAR EXT. codage m. || INF. codage m. ; codification f.

ver|schmachten [fɛr'ʃmaxtən] v. intr. *vor Durst verschmachten*, mourir de soif. || FIG. languir ; dépérir ; se consumer (lentement).

ver|schmähen [fɛr'ʃmɛ:ən] v. tr. dédaigner. ||°**-schmähung** f. (-, en) dédain m. ; refus (hautain).

ver|schmelzen [fɛr'ʃmɛltsən] (i, o, o) v. intr. s'amalgamer ; fusionner (avec qch.). — v. tr. (conjug. faible) fondre ensemble ; (faire) fusionner. || °**-schmelzung** f. (-, en) fusion f. || FIG. amalgame m.

ver|schmerzen [fɛr'ʃmɛrtsən] v. tr. se consoler, faire son deuil (de). | *eine Niederlage verschmerzen*, prendre son parti d'une défaite.

ver|schmieren [fɛr'ʃmi:rən] v. tr. [Öffnung] boucher ; [Papier] barbouiller ; [beschmutzen] souiller.

ver|schmitzt [fɛr'ʃmitst] adj. futé ; finaud. ||°**-schmitztheit** f. esprit futé ; astuce f.

ver|schmutzen [fɛr'ʃmutsən] v. tr. salir ; polluer.
◇ v. intr. se salir ; se dégrader. ||°**-schmutzer** m. (s, -). [Umwelt] pollueur m. ||°**-schmutzung** f. (-) pollution f.

ver|schnaufen [fɛr'ʃnaufən] v. intr. et v. pr. (se reposer pour) souffler ; reprendre haleine. || PAR EXT. faire une pause.

Ver|schnaufpause [fɛr"ʃnauf'pauzə] f. (-, n) pause f. | *eine Verschnaufpause einlegen*, faire une petite pause.

ver|schneiden [fɛr'ʃnaidən] (verschnitt, verschnitten) v. tr. [falsch zerschneiden] mal couper ; charcuter. || [beschneiden] découper ; tailler. | *ein Tier verschneiden*, castrer une bête. | *der Verschnittene*, le castrat. || PAR ANAL. *Wein verschneiden*, couper du vin.

ver|schneit [fɛr'ʃnait] adj. enneigé.

Ver|schnitt [fɛr'ʃnit] m. (s, e) mélange m.

ver|schnitten part. pass. de **verschneiden.**

ver|schnörkeln [fɛr'ʃnørkəln] v. tr. orner de fioritures. | *verschnörkelt*, contourné ; tarabiscoté.

ver|schnupft [fɛr'ʃnupft] adj. enrhumé. || FIG. mal luné.

ver|schnüren [fɛr'ʃny:rən] v. tr. ficeler ; lier.

ver|schollen [fɛr'ʃɔlən] adj. [Person] disparu ; qui ne donne plus signe de vie. || JUR. absent.

ver|schonen [fɛr'ʃo:nən] v. tr. épargner ; ménager. || FAM. *verschone mich damit*, fais-moi grâce de cela.

ver|schönen [fɛr'ʃø:nən] v. tr. enjoliver.

ver|schönern [-'ʃø:nərn] v. tr. et v. pr. rendre plus beau ; embellir. ||°**-schönerung** f. (-, en) embellissement m. ; enjolivure f.

ver|schränken [fɛr'ʃrɛŋkən] v. tr. croiser (les bras, les jambes) ; entrecroiser ; entrelacer. ||°**-schränkung** f. (-, en) [entre]croisement m. ; entrelacs m.

ver|schrauben [fɛr'ʃraubən] v. tr. visser ; boulonner.

ver|schreiben [fɛr'ʃraibən] (ie, ie) v. tr. **1.** MÉD. prescrire.
2. [auf js Namen schreiben] transférer (une propriété) par écrit. | *ich habe ihm mein Haus verschrieben*, j'ai mis ma maison à son nom. | *dem Teufel seine Seele, sich dem Teufel verschreiben*, vendre son âme au diable.
3. [schreibend verbrauchen] *ich habe meine ganze Tinte verschrieben*, j'ai usé toute mon encre.
◇ v. pr. **sich verschreiben,** faire une erreur d'écriture. | *sich einer Sache verschreiben*, se vouer à une cause.

Ver|schreibung [-'ʃraibuŋ] f. (-, en). MÉD. prescription (médicale) ; ordonnance f. || FIN. *Schuldverschreibung*, reconnaissance (f.) de dette.

ver|schreien [fɛr'ʃraiən] (ie, ie) v. tr. décrier.

ver|schroben [fɛr'ʃro:bən] adj. saugrenu ; biscornu ; POP. tordu. ||°**-schrobenheit** f. excentricité f. ; bizarrerie f.

ver|schrotten [fɛr'ʃrɔtən] v. tr. MÉTALL. mettre à la ferraille.

ver|schrumpeln [fɛr'ʃrumpəln] v. intr. se ratatiner.

ver|schüchtert [fɛr'ʃyçtərt] adj. effarouché ; timide.

ver|schulden [fɛr'ʃuldən] v. tr. grever de dettes ; obérer. | *sein Anwesen verschulden*, hypothéquer sa propriété, son bien. | *verschuldet sein*, être couvert, criblé de dettes. || FIG. se rendre coupable, être responsable de. | *wer hat das verschuldet ?*, à qui la faute ? | *ich habe nichts verschuldet*, ce n'est pas ma faute.
◇ v. pr. **sich verschulden,** s'endetter.

Ver|schulden [-'ʃuldən] n. (s) culpabilité f. ; faute

f. | *ohne mein Verschulden*, sans qu'il y ait de ma faute. ||°**-schuldung** f. endettement m.

ver|schütten [fɛr'ʃytən] v. tr. verser ; répandre. | *Milch verschütten*, renverser du lait. || [zuschütten] couvrir, ensevelir (sous un éboulement). ||°**-schüttung** f. (-, en) éboulement m.

ver|schwägert [fɛr'ʃvɛ:gərt] adj. (être) parent par alliance, allié. ||°**-schwägerung** f. (parenté [f.] par) alliance f.

ver|schweigen [fɛr'ʃvaigən] (ie, ie) v. tr. taire qch. ; passer sous silence. ||°**-schweigen** n. (s) silence (gardé sur) ; omission f.

ver|schwenden [fɛr'ʃvɛndən] v. tr. gaspiller ; dilapider. ||°**-schwender** m. (s, -) dissipateur m. || **-schwenderisch** adj. dépensier. | *mit etwas verschwenderisch umgehen*, être prodigue de qch. | *ein verschwenderisches Leben führen*, mener grand train. — adv. à profusion. ||°**-schwendung** f. (-, en) gaspillage m. ; dissipation f.

ver|schwiegen [fɛr'ʃvi:gən] adj. [zuverlässig] discret ; réservé. || [still und verborgen] *verschwiegenes Plätzchen*, endroit (m.) à l'abri des indiscrets. ||°**-schwiegenheit** f. discrétion f. ; réserve f.

ver|schwimmen [fɛr'ʃvimən] (a, o) v. intr. FIG. se fondre ; s'estomper ; devenir flou.

ver|schwinden [fɛr'ʃvindən] (a, u) v. intr. disparaître. | *verschwindend (klein)*, infime ; minime. || FIG., FAM. s'éclipser. ||°**-schwinden** n. (s) disparition f. || FIG. éclipse f.

ver|schwistert [fɛr'ʃvistərt] adj. (être) enfants du même père, de la même mère. || FIG. lié fraternellement, intimement.

ver|schwitzen [fɛr'ʃvitsən] v. tr. tremper de sueur. || FIG., FAM. oublier ce qu'on a appris.

ver|schwommen [fɛr'ʃvɔmən] adj. estompé ; nébuleux ; vague. || PHOT. flou. ||°**-schwommenheit** f. vague m. ; flou m. ; fondu m. (des contours).

ver|schwören (sich) [ziçfɛr'ʃvø:rən] (o, o) v. pr. se conjurer ; conspirer ; comploter. || FIG. *alles hat sich gegen uns verschworen*, tout semble ligué contre nous. ||°**-schworener** m., °**-schwörer** m. (s, -) conjuré m. ; conspirateur m. ||°**-schwörung** f. (-, en) conjuration f. ; conspiration f.

ver|sehen [fɛr'ze:ən] (ie, a, e) v. tr. **1.** [verwalten] exercer. | *ein Amt, einen Dienst versehen*, remplir une fonction ; exercer une charge.

2. [ausrüsten mit] *jn mit etwas versehen*, munir, pourvoir qn de qch. | *sich mit etwas versehen*, se munir de qch. ; faire provision de qch. || RELIG. *der Geistliche hat ihn soeben versehen*, le prêtre vient de lui administrer les derniers sacrements.

◇ v. pr. **sich versehen. 1.** se tromper. | *ich habe mich versehen*, j'ai commis une bévue.

2. LOC. *ehe man sich's versieht*, en un clin d'œil.

Ver|sehen [-'ze:ən] n. (s, -) bévue f. ; (petite) erreur. | *aus Versehen*, par mégarde ; par inadvertance.

ver|sehentlich [-'ze:əntliç] adj., adv. par inadvertance ; par mégarde.

Ver|sehrte(r) [fɛr'ze:rtə(r)] f. (m.) invalide s. ||°**-sehrtenrente** f. (-, en). ADM. pension (f.) d'invalidité.

ver|selbständigen (sich) [ziçfɛr'zɛlpʃtɛndigən] v. tr. se rendre indépendant ; s'émanciper.

ver|senden [fɛr'zɛndən] (versandte, versandt ou conj. faible) v. tr. envoyer ; expédier. ||°**-sender** m. (s, -) expéditeur m. ||°**-sendung** f. (-, en) envoi m. ; expédition f.

ver|sengen [fɛr'zɛŋən] v. tr. flamber ; roussir.

ver|senkbar [fɛr'zɛŋkbɑ:r] adj. escamotable.

ver|senken [-'zɛŋkən] v. tr. enfoncer ; descendre ; plonger. || MAR. *ein Schiff versenken*, envoyer un navire par le fond ; couler un navire. | *sein eigenes Schiff versenken*, se saborder. || TECHN. fraiser. | *versenkte Schraube*, vis noyée. || THÉÂTRE. *Versenkbühne*, plateau (m.) escamotable.

◇ v. pr. **sich versenken.** FIG. *sich in ein Buch versenken*, se plonger dans un livre.

Ver|senkung [-kuŋ] f. descente f. ; immersion f. ; enfoncement m. || THÉÂTRE. trappe f.

ver|sessen [fɛr'zɛsən] adj. engoué (de) ; acharné (à). | *er ist ganz darauf versessen*, il en est fou. ||°**-sessenheit** f. engouement m. ; acharnement m.

ver|setzen [fɛr'zɛtsən] v. tr. **1.** [woandershin setzen] changer de place ; déplacer. | *Bäume versetzen*, transplanter des arbres. || PAR ANAL. *einen Beamten versetzen*, muter un fonctionnaire. | *in den Ruhestand versetzen*, mettre à la retraite. | *einen Schüler versetzen*, faire passer un élève dans la classe supérieure. || PAR EXT. *jn in eine unangenehme Lage versetzen*, mettre qn dans l'embarras. || FIG. *jn in Furcht, Freude, Begeisterung versetzen*, effrayer, réjouir, enthousiasmer qn. || FIN. *Wertgegenstände versetzen*, mettre des objets précieux en gage. || ARCHIT. contrarier (les joints). || MUS. altérer (une note) ; transposer (un morceau). || MATH. permuter.

2. [mischen] mélanger. | *Wein mit Wasser versetzen*, couper le vin d'eau. | *das Rot mit etwas Gelb versetzen*, mélanger le rouge d'un peu de jaune. | *Metalle versetzen*, allier des métaux.

3. [beibringen] donner, appliquer (avec force). | *jm einen Hieb versetzen*, assener un coup à qn. || FIG. *das hat ihm einen harten Schlag versetzt*, cela lui a porté un rude coup.

4. [erwidern] repartir ; répliquer.

5. [nicht kommen] *jn versetzen*, FAM. poser un lapin à qn.

Ver|setzung [-'zɛtsuŋ] f. (-, en), **Ver|setzen** [-'zɛtsən] n. (s) déplacement m. ; transfert m. || [Pflanzen] transplantation f. || [Beamten] mutation f. | *Versetzung in den Ruhestand*, mise (f.) à la retraite. || FIN. mise (f.) en gage. || MUS. altération f. (d'une note) ; transposition f. (d'un morceau). || MATH. permutation f.

ver|seuchen [fɛr'zɔyçən] v. tr. infecter ; contaminer. || FIG. infester. ||°**-seuchung** f. infection f. ; contamination f. ; état (m.) endémique (d'une maladie). | *radioaktive Verseuchung der Umwelt*, pollution radioactive de l'environnement.

ver|sicherbar [fɛr'ziçərbɑ:r] adj. FIN. assurable. ||°**-sicherer** [-çərər] m. (s, -). FIN. assureur m.

ver|sichern [-'ziçərn] v. tr. **1.** FIN. [durch Versicherungsvertrag] assurer. | *ein Haus gegen Feuer, Einbruch versichern*, assurer une maison contre l'incendie, le vol. | *der Versicherte, die Versicherte*, l'assuré(e) m. (f.).

2. [sicher zusagen] *jn seiner Freundschaft versichern*, assurer qn de son amitié. || PAR EXT. être sûr, assuré (de qch.). | *seien Sie (dessen) versichert*, soyez-en assuré ; comptez-y ; je vous assure.

3. FIG. [als sicher hinstellen, beteuern] assurer ; garantir. | *ich kann dir versichern, daß*, je peux te donner l'assurance que.

◇ v. pr. **sich versichern, 1.** [sich Sicherheit verschaffen] s'assurer de ; vérifier. | *versichere dich, ob die Tür geschlossen ist*, assure-toi que la porte est bien fermée. | *versichere dich vorher seiner Zustimmung*, assure-toi auparavant de son accord.

2. [sicher stellen] s'assurer de. | *man mußte sich seiner Person versichern*, on a dû s'assurer, se saisir de sa personne.

Ver|sicherung [-'ziçəruŋ] f. (-, en). **1.** FIN. assurance f. (contre). | *eine Versicherung abschließen*, prendre, contracter une assurance. | *Versicherung auf Gegenseitigkeit*, assurance mutuelle. | *Lebensversicherung*, assurance sur la vie ; assurance-vie. | *Versicherungspflicht*, assurance obligatoire.
2. [Zusage ; Beteuerung] assurance f. | *jm die Versicherung geben, daß*, donner à qn l'assurance que ; assurer qn que.

Versicherungs|berater [fɛr"ziçəruŋsbə'rɑ:tər] m. (s, -) assureur-conseil m. ||°-**betrag** m. (s, ¨e) somme assurée. ||°-**fall** m. (s, ¨e) sinistre m. ||°-**gesellschaft** f. (-, en) compagnie (f.) d'assurances. ||°-**makler** m. (s, -) courtier (m.) d'assurances. ||°-**nehmer** m. (s, -) assuré m. ||°-**pflicht|grenze** f. (-, n) plafond (m.) d'affiliation. ||°-**police** f. (-, n). [Versicherungsschein] police (f.) d'assurance. || °-**prämie** f. (-, n) prime (f.) d'assurance. ||°-**vertreter** m. (s, -) agent (m.) d'assurances. ||°-**wert** m. (s, e) valeur assurée. ||°-**zwang** m. (s) assurance (f.) obligatoire.

ver|sickern [fɛr'zikərn] v. intr. s'écouler en suintant.

ver|siegeln [fɛr'zi:gəln] v. tr. cacheter ; sceller. || [Parkett] vitrifier.

ver|siegen [fɛr'zi:gən] v. intr. tarir ; s'épuiser.

versiert [fɛr'zi:rt] adj. COMM. versé (dans) ; expert (dans).

ver|silbern [fɛr'zilbərn] v. tr. MÉTALL. argenter.

ver|simpeln [fɛr'zimpəln] v. intr. s'abêtir.
◇ v. tr. simplifier.

ver|sinken [fɛr'ziŋkən] (a, u) v. intr. (s')enfoncer ; couler. | *in den Wellen versinken*, être englouti par les flots. || FIG. se perdre. | *versunken sein (in)*, être absorbé.

ver|sinnbildlichen [fɛr'zinbiltliçən] v. tr. symboliser ; représenter (symboliquement).

ver|sippen [fɛr'zipən] v. tr. allier (par mariage).

ver|sittlichen [fɛr'zitliçən] v. tr. élever moralement ; civiliser.

ver|sklaven [fɛr'sklɑ:fən] v. tr. asservir ; réduire en esclavage.

ver|soffen [fɛr'zɔfən] part. pass. de **versaufen.**

ver|sohlen [fɛr'zo:lən] v. tr. POP. *jm das Fell versohlen*, tanner le cuir (à qn).

ver|söhnen [fɛr'zø:nən] v. tr. réconcilier ; FAM. raccommoder. | *sich mit jm versöhnen*, se réconcilier, faire la paix avec qn. ||-**söhnlich** adj. conciliant. ||°-**söhnung** f. (-, en) réconciliation f. || RELIG. expiation f. | *Versöhnungsopfer*, sacrifice (m.) expiatoire.

ver|sonnen [fɛr'zɔnən] adj. songeur ; pensif. ||°-**sonnenheit** f. esprit pensif ; humeur rêveuse.

ver|sorgen [fɛr'zɔrgən] v. tr. prendre soin de ; s'occuper de. | *die Küche versorgen*, vaquer aux soins de la cuisine. || PAR EXT. alimenter ; approvisionner. | *mit Strom versorgen*, alimenter en courant électrique. | *jn mit etwas versorgen*, fournir qn de qch. || FIG. assurer l'avenir (de qn) ; établir, FAM. caser (qn). | *meine Kinder sind versorgt*, mes enfants ont une situation, sont casés. ||°-**sorger** m. (s, -) ravitailleur m. ||°-**sorgung** f. approvisionnement m. || MIL. ravitaillement m. ; logistique f. || MAR. soutien (m.) logistique. || ÉLECTR. *Stromversorgung*, alimentation (f.) en courant électrique. || [Ausübung] (prise [f.] en) charge f. || FIG. prévoyance f. ; assistance (sociale). | *Altersversorgung*, régime (m.) de retraite.

ver|spannen [fɛr'ʃpanən] v. tr. TECHN. haubaner ; entretoiser. ||°-**spannung** f. AÉRON. haubanage m.

ver|sparen [fɛr'ʃpɑ:rən] v. tr. V. AUFSPAREN.

ver|späten (sich) [ziçfɛr'ʃpɛ:tən] v. pr. s'attarder ; se mettre en retard. ||°-**spätung** f. (-, en) retard m.

ver|speisen [fɛr'ʃpaizən] v. tr. consommer ; manger.

ver|spekulieren (sich) [ziçfɛrʃpeku'li:rən] v. pr. faire un faux calcul ; manquer une spéculation.

ver|sperren [fɛr'ʃpɛrən] v. tr. barrer ; obstruer. | *den Weg versperren*, couper le chemin.

ver|spielen [fɛr'ʃpi:lən] v. tr. perdre (au jeu). | *seine Zeit verspielen*, perdre son temps au jeu.
◇ v. intr. perdre (un jeu, une partie).
◇ part. pass. **verspielt.** FIG. badin ; frivole.

ver|sponnen [fɛr'ʃpɔnən] adj. farfelu ; bizarre.

ver|spotten [fɛr'ʃpɔtən] v. tr. railler ; se moquer de. ||°-**spottung** f. (-, en) raillerie f. ; moquerie f.

ver|sprechen [fɛr'ʃprɛçən] (i, a, o) v. tr. promettre. || FIG. *ich verspreche mir viel davon*, je compte beaucoup là-dessus ; j'en attends de bons résultats.
◇ v. pr. **sich versprechen,** commettre un lapsus (linguae). | *ich habe mich versprochen*, la langue m'a fourché.

Ver|sprechen [-'ʃprɛçən] n. (s, -), **Ver|sprechung** [-'ʃprɛçuŋ] f. (-, en) promesse f. | *jm ein Versprechen abnehmen*, faire promettre qch. à qn. | *ein Versprechen halten, einlösen*, tenir une promesse.

Ver|sprecher [fɛr'ʃprɛçər] m. (s, -) lapsus m.

ver|sprengen [fɛr'ʃprɛŋən] v. tr. disperser.
◇ part. pass. **versprengt,** isolé ; égaré.

Ver|springen [fɛr'ʃpriŋən] n. (s, -). SPORT. faux rebond.

verspritzen [fɛr'ʃpritsən] v. tr. faire jaillir.

versprochener|maßen [fɛr"ʃprɔxənər'mɑ:sən] adv. comme promis.

ver|spüren [fɛr'ʃpy:rən] v. tr. (res)sentir ; éprouver. | *Durst verspüren*, avoir soif.

ver|staatlichen [fɛr'ʃtɑ:tliçən] v. tr. étatiser ; nationaliser. || RELIG. laïciser. ||°-**staatlichung** f. étatisation f. ; nationalisation f.

ver|städtern [fɛr'ʃtɛtərn] v. tr. urbaniser. | *sich verstädtern*, devenir citadin.

Ver|stand [fɛr'ʃtant] m. (s) entendement m. ; raison f. ; intelligence f. || PHILOS. intellect m. | *der gesunde (Menschen)verstand*, le bon sens. | *ein Mann von Verstand*, un homme sensé. | *etwas mit Verstand tun*, faire qch. intelligemment. | *bei Verstand sein*, avoir toute sa raison, toute sa lucidité. | *den Verstand verlieren*, perdre la raison ; n'avoir plus toute sa tête, son bon sens. | *zu Verstand kommen*, devenir raisonnable. | *das geht mir über den Verstand*, cela me dépasse. || FAM. *er ist nicht ganz bei Verstande*, il n'a pas toute sa tête. | *der Verstand steht mir still*, les bras m'en tombent ; j'en suis pantois. || LOC. *er hat mehr Glück als Verstand*, il a une chance imméritée.

ver|standen [-'ʃtandən] part. pass. de **verstehen** et interj. *verstanden !*, compris ! ; entendu !

verstandes|gemäß [fɛr"ʃtandəsge'mɛ:s], **-mäßig** [-'mɛ:siç] adj. logique ; rationnel. ||°-**mensch** m. (en, en) cérébral m. ||°-**schärfe** f. perspicacité f.

ver|ständig [fɛr'ʃtɛndiç] adj. raisonnable ; sensé. ||-**ständigen** v. tr. *jn über, von etwas verständigen*, prévenir, informer qn de qch. — v. pr. **sich verständigen.** *sich mit jm verständigen*, s'entendre, s'arranger avec qn. ||°-**ständigkeit** f. compréhension f. ; bon sens. ||°-**ständigung** f. (-, en) avis m. ; information f. || [Einigung] entente f. ; arrangement m. ||-**ständlich** adj. intelligible ; compréhensible. | *laut und verständlich*, à haute et intelligible voix. | *(sich) verständlich machen*, (se) faire comprendre. | *leicht verständlich*, facile à comprendre, à concevoir. | *allgemeinverständlich*, à la portée de tout le monde. ||°-**ständlichkeit** f. intelligibilité f. ; clarté f.

Ver|ständnis [fɛr'ʃtɛntnis] n. (ses) compréhension f. (pour qch.). | *viel Verständnis für etwas haben*, bien comprendre une chose ; avoir le sens de qch. | *zum besseren Verständnis*, pour mieux vous faire comprendre.

verständnis|voll [-'ʃtɛntnisfɔl] adj. compréhensif.

ver|stänkern [fɛr'ʃtɛŋkərn] v. tr. empester.

ver|stärken [fɛr'ʃtɛrkən] v. tr. renforcer ; augmenter. || PHOT. renforcer (un négatif). || RADIO. amplifier. ||°**-stärker** m. (s, -). RADIO. amplificateur m. ||°**-stärkung** f. (-, en) renforcement m. ; augmentation f. || RADIO. amplification f. | *Verstärkungsprofil*, profil (m.) d'amplification. || MIL. renfort m.

ver|stäuben [fɛr'ʃtɔybən] v. tr. pulvériser. ||°**-stäuber** m. (s, -). TECHN. pulvérisateur m. ; vaporisateur m.

ver|staubt [fɛr'ʃtaubt] part. pass. et adj. couvert de poussière.

ver|stauchen [fɛr'ʃtauxən] v. tr. et v. pr. (se) fouler ; (se) donner une entorse. | *er hat sich den Daumen verstaucht*, il s'est démis le pouce. || °**-stauchung** f. (-, en) foulure f. ; entorse f.

ver|stauen [fɛr'ʃtauən] v. tr. charger ; ranger. || MAR. arrimer.

Ver|steck [fɛr'ʃtɛk] n. (s, e) cachette f. ; cache f. | *Versteck spielen*, jouer à cache-cache. ||**-stecken** v. tr. cacher ; dissimuler.

◇ part. pass. **versteckt,** caché, dissimulé. | *(sich) versteckt halten*, (se) tenir caché ; (se) dissimuler. || FIG. secret ; occulte.

ver|stehen [fɛr'ʃte:ən] (verstand, verstanden) v. tr. **1.** [hören] entendre ; comprendre (un mot prononcé). | *ich verstehe Sie schlecht*, je vous entends mal. | *ich habe kein Wort verstanden*, je n'en ai pas compris un mot.

2. [begreifen] comprendre ; saisir. | *ich verstehe sein Verhalten nicht*, je ne comprends rien à son attitude. | *zu verstehen geben*, donner à entendre. || LOC. *darunter verstehe ich*, j'entends par là.

3. [gelernt haben] entendre ; savoir. | *sein Handwerk verstehen*, connaître son métier. | *er versteht deutsch*, il comprend l'allemand. | *nichts von Musik verstehen*, ne rien entendre à la musique. | *ich verstehe nichts davon*, je n'y entends rien ; je ne m'y connais pas.

◇ v. pr. **sich verstehen. 1. zu etwas,** se prêter à qch. ; acquiescer.

2. auf etwas, s'entendre à qch. ; se connaître en qch. | *sich auf sein Handwerk verstehen*, connaître son métier. | *er versteht sich aufs Schreiben*, il sait écrire.

3. mit jm, s'entendre avec qn ; avoir des points communs avec qn. | *sie verstehen sich gut*, ils s'entendent bien ; ils vivent en bonne intelligence. | *verstehen wir uns recht !*, entendez-moi bien ; ne vous méprenez pas.

4. s'entendre. | *die Preise verstehen sich frei Haus*, les prix s'entendent franco domicile. | *das versteht sich von selbst*, cela va de soi ; cela va sans dire.

◇ v. pr. impers. **das versteht sich,** cela va de soi.

Ver|stehen [-'ʃte:ən] n. (s) compréhension f. ; intelligence f. || [gegenseitiges] entente f.

ver|steifen [fɛr'ʃtaifən] v. tr. raidir. || TECHN. renforcer. — v. pr. FIG. *sich auf etwas versteifen*, s'obstiner à. ||°**-steifung** f. (-, en) raidissement m. || TECHN. renforcement m. || FIG. obstination f. || FIN. *Versteifung des Marktes*, resserrement (m.), alourdissement (m.) du marché.

ver|steigen (sich) [ziçfɛr'ʃtaigən] (ie, ie) v. pr. se perdre en grimpant. || FIG. *er hat sich bis zu der Behauptung verstiegen, daß*, il est allé jusqu'à prétendre que. | *verstiegen*, prétentieux ; extravagant.

ver|steigern [fɛr'ʃtaigərn] v. tr. vendre à l'encan ; vendre aux enchères. || JUR. vendre sur licitation. ||°**-steigerer** m. (s, -) commissaire-priseur m. || °**-steigerung** f. (-, en) vente (f.) aux enchères. | *Versteigerungshalle*, criée f. || JUR. licitation f.

ver|steinern [fɛr'ʃtainərn] v. tr. pétrifier. || GÉOL. *versteinert*, fossilisé. || FIG. *er stand wie versteinert*, il était muet d'étonnement. ||°**-steinerung** f. (-, en). GÉOL. pétrification f. ; fossile m.

ver|stellbar [fɛr'ʃtɛlba:r] adj. mobile ; articulé ; ajustable ; réglable. | *in der Länge verstellbar*, extensible. | *verstellbare Lehne*, dossier inclinable. | *verstellbare Lampe*, lampe orientable.

ver|stellen [-lən] v. tr. **1.** ajuster ; régler ; faire coulisser. | *Verstellpropeller*, hélice (f.) à pas variable.

2. [woanders hinstellen] déplacer (à tort) ; déranger. | *die Bücher sind auf dem Regal verstellt worden*, on a dérangé les livres sur le rayon.

3. [versperren] barrer. | *er verstellte mir den Eingang*, il m'a barré l'entrée.

4. [verhehlen] dissimuler ; rendre méconnaissable. | *seine Stimme verstellen*, déguiser sa voix. | *sich verstellen*, se rendre méconnaissable. || PAR EXT. déguiser sa pensée ; faire semblant (de).

Ver|stellung [fɛr'ʃtɛluŋ] f. déplacement m. || TECHN. réglage m. || FIG. [Vorspiegelung] (dis)simulation f. ; feinte f. ; faux-semblant m. | *Verstellungskunst*, art (m.) de la dissimulation ; hypocrisie f.

ver|steppen [fɛr'ʃtɛpən] v. intr. GÉOGR. se transformer en steppe. ||°**-steppung** f. (-, en) désertification f.

ver|steuern [fɛr'ʃtɔyərn] v. tr. déclarer (au fisc).

ver|stimmen [fɛr'ʃtimən] v. tr. MUS. désaccorder (un instrument). || FIG. indisposer ; contrarier. | *verstimmt sein*, être de mauvaise humeur. ||°**-stimmung** f. (-, en). MUS. désaccord m. || FIG. mauvaise humeur.

ver|stockt [fɛr'ʃtɔkt] adj. entêté ; buté. ||°**-stocktheit** f. FIG. entêtement m. ; insensibilité f.

ver|stohlen [fɛr'ʃto:lən] adj. furtif. | *verstohlener Blick*, regard dérobé.

◇ adv. à la dérobée ; en tapinois. | *verstohlen nach etwas hinsehen*, loucher vers qch. ; regarder qch. du coin de l'œil.

ver|stopfen [fɛr'ʃtɔpfən] v. tr. boucher ; tamponner. || TRANSP. [Straße] embouteiller. || MÉD. constiper. ||°**-stopfung** f. bouchage m. || TRANSP. embouteillage m. || MÉD. constipation f.

ver|storben [fɛr'ʃtɔrbən] adj. décédé. | *meine verstorbene Mutter*, ma mère défunte. | *die Verstorbenen*, les morts ; les personnes décédées.

ver|stört [fɛr'ʃtø:rt] adj. effaré ; hagard. ||°**-störtheit** f. effarement m. ; air hagard.

Ver|stoß [fɛr'ʃto:s] m. (es, ¨e) manquement m. ; infraction f. ||**-stoßen** (ö, ie, o) v. tr. chasser ; repousser (méchamment). | *seine Frau verstoßen*, répudier sa femme. | *von allen verstoßen*, réprouvé. — v. intr. contrevenir. | *gegen das Gesetz verstoßen*, violer la loi ; agir contrairement à la loi. | *gegen die guten Sitten verstoßen*, enfreindre les bonnes mœurs. | *gegen die Disziplin verstoßen*, manquer à la discipline. ||°**-stoßung** f. répudiation f. ; abandon m.

ver|streben [fɛr'ʃtre:bən] v. tr. TECHN. entretoiser ; contreficher. ||°**-strebung** f. (-, en). TECHN. entretoise f. ; entretoisement m.

ver|streichen [fɛr'ʃtraiçən] (i, i) v. intr. *die Zeit verstreicht*, le temps passe, s'écoule.

◇ v. tr. enduire.

ver|streuen [fɛr'ʃtrɔyən] v. tr. disperser ; éparpiller.

ver|stricken [fɛr'ʃtrikən] v. tr. prendre dans ses filets ; empêtrer ; impliquer (dans une affaire).

ver|stümmeln [fɛr'ʃtyməln] v. tr. mutiler ; estropier. || ZOOL. châtrer. || FIG. tronquer ; défigurer. ||°**-stümmelung** f. (-, en) mutilation f.

ver|stummen [fɛr'ʃtumən] v. intr. devenir muet ; demeurer interdit. || PAR EXT. [Lärm] cesser. | *nach und nach verstummte das Geschrei der Kinder*, les cris des enfants se calmèrent peu à peu. | *zum Verstummen bringen*, faire taire.

Ver|such [fɛr'zu:x] m. (s, e) essai m. ; tentative f. | *erster Versuch*, coup (m.) d'essai. | *strafbarer Versuch*, tentative criminelle. | *Versuche anstellen*, faire des essais. | *einen Versuch mit jm machen*, prendre qn à l'essai.

ver|suchen [-'zu:xən] v. tr. essayer ; tenter. | *sein Glück versuchen*, tenter sa chance. | *Speisen versuchen*, goûter des mets. | *seine Kräfte an einem Werk versuchen*, essayer ses forces à une œuvre. | *es mit jm versuchen*, tenter un essai avec qn. | *es mit Güte versuchen*, recourir à l'indulgence. | *es mit dem, sich im Schwimmen versuchen*, s'essayer à nager ; FAM. tâter de la natation. || FIG. tenter ; séduire. | *ich bin versucht, es zu tun*, je suis tenté de le faire. ||°**-sucher** m. (s, -). RELIG. le tentateur.

Versuchs|anstalt [fɛr"zu:xs'anʃtalt] f. (-, en) centre (m.) d'essai. ||°**-ballon** m. (s, e) ballon m. (d'essai). ||°**-feld** n. (s, e), °**-gelände** n. (s, -) champ (m.) d'expériences. ||°**-kaninchen** n. (s, -). BIOL. et FIG., IRON. cobaye m. ||°**-modell** n. (s, e). TECHN. maquette (f.) d'essais. ||°**-reaktor** m. (s, en). NUCL. réacteur expérimental. ||°**-stand** m. (s, ¨e) banc (m.) d'essai. ||**-strecke** f. (-, n). TRANSP. ligne expérimentale. ||°**-tier** n. (s, e) animal (m.) de laboratoire. ||**-weise** adv. à titre d'essai.

Ver|suchung [fɛr'zu:xuŋ] f. (-, en) tentation f. | *in Versuchung führen*, induire en tentation. | *in Versuchung geraten*, être tenté.

ver|sühnen [fɛr'zy:nən] v. tr. [versöhnen] réconcilier.

ver|sumpfen [fɛr'zumpfən] v. intr. se transformer en marais. | *versumpftes Gelände*, terrain marécageux. || FIG. se corrompre. ||°**-sumpfung** f. paludification f.

ver|sündigen (sich) [ziçfɛr'zyndigən] v. pr. *sich an Gott versündigen*, pécher contre Dieu ; offenser Dieu. ||°**-sündigung** f. (-, en) péché m. ; offense f.

ver|sunken [fɛr'zuŋkən] adj. englouti ; plongé. || FIG. *in seine Lektüre versunken*, plongé dans sa lecture. | *in Gedanken versunken*, pensif.

ver|süßen [fɛr'zy:sən] v. tr. adoucir ; sucrer. || FIG. embellir. | *jm die Pille versüßen*, dorer la pilule à qn.

ver|tagen [fɛr'tɑ:gən] v. tr. ajourner ; proroger. ||°**-tagung** f. (-, en) ajournement m. ; prorogation f.

ver|tändeln [fɛr'tɛndəln] v. tr. galvauder. | *seine Zeit vertändeln*, passer son temps à des niaiseries.

ver|täuen [fɛr'tɔyən] v. tr. MAR. amarrer.

ver|tauschen [fɛr'tauʃən] v. tr. échanger ; permuter. | *Rollen vertauschen*, intervertir des rôles. || PAR EXT. confondre. ||**-tauschbar** adj. échangeable ; permutable. ||°**-tauschung** f. (-, en) échange m. ; permutation f. ; substitution f.

ver|tausendfachen [fɛr'tauzəntfaxən] v. tr. multiplier par mille.

ver|teidigen [fɛr'taidigən] v. tr. défendre ; prendre la défense de. | *jn vor Gericht verteidigen*, plaider pour qn. | *sich verteidigen*, se défendre. || UNIV. *eine Dissertation verteidigen*, soutenir une thèse.

Ver|teidiger [-gər] m. (s, -) défenseur m. || JUR. avocat m. | *amtlich bestellter Verteidiger*, avocat (désigné) d'office. || SPORT. arrière m. ||°**-teidigung** f. (-, en) défense f. || JUR. [vor Gericht] plaidoyer m. | *js Verteidigung übernehmen*, prendre, assurer la défense de qn.

Verteidigungs|initiative [fɛr"taidiguŋsinitsia-'ti:və] f. (-, n). MIL. *strategische Verteidigungsinitiative*, initiative (f.) de défense stratégique (I.D.S.). ||°**-krieg** m. (s, e) guerre défensive. ||°**-minister** m. (s, -) ministre (m.) de la Défense nationale. ||°**-rede** f. (-, n). JUR. plaidoyer m. ||°**-schrift** f. (-, en) écrit (m.) apologétique.

ver|teilen [fɛr'tailən] v. tr. distribuer ; répartir. | *sich verteilen*, se partager ; se disperser. || INF. *verteilte Datenverarbeitung*, informatique distribuée. ||°**-teiler** m. (s, -) répartiteur m. ; distributeur m. || AUTOM. allumeur m. || [routes] échangeur m.

Verteiler|bahnhof [fɛr"tailər'bɑ:nho:f] m. (s, ¨e) gare (f.) de triage.

Ver|teilung [fɛr'tailuŋ] f. (-, en) distribution f. ; répartition f. ; diffusion f. || PAR EXT. dispersion f. | *gleichmäßige Verteilung der Steuerlasten*, péréquation (f.) des charges fiscales. || MIL. *räumliche Verteilung von Truppen*, implantation territoriale de troupes. || *Verteilung der Regenfälle*, régime (m.) des pluies. || [Post] tri m.

ver|teuern [fɛr'tɔyərn] v. tr. (r)enchérir. ||°**-teuerung** f. (-, en) (r)enchérissement m. ; hausse (f.) des prix.

ver|teufelt [fɛr'tɔyfəlt] adj. satané ; diabolique. ◇ adv. diablement.

ver|tiefen [fɛr'ti:fən] v. tr. approfondir. || FIG. *in die Lektüre vertieft*, absorbé par sa lecture ; plongé dans sa lecture. | *sich in ein Problem vertiefen*, se plonger dans un problème. ||°**-tiefung** f. (-, en) approfondissement m. || PAR EXT. creux m. ; cavité f.

vertikal [verti'kɑ:l] adj. [senkrecht] vertical.

Vertikale [-'kɑ:lə] f. (-, n) verticale f.

ver|tilgen [fɛr'tilgən] v. tr. extirper ; exterminer.

Ver|tilgung [-guŋ] f. (-, en) anéantissement m. ; extirpation f. ; extermination f.

ver|tippen [fɛr'tipən] v. pr. FAM. faire une faute en tapant à la machine.

ver|tonen [fɛr'to:nən] v. tr. mettre en musique. ||°**-tonung** f. (-, en) mise (f.) en musique ; adaptation musicale. || FILM. sonorisation f.

ver|trackt [fɛr'trakt] adj. embrouillé ; complexe. || PAR EXT. désagréable ; fâcheux.

Ver|trag [fɛr'trɑ:k] m. (s,¨e) contrat m. ; traité m. ; pacte m. ; convention f. ; accord m. | *Versailler Vertrag*, traité de Versailles. | *einen Vertrag ausfertigen*, passer un contrat. | *einen Vertrag eingehen, schließen*, passer, conclure un traité, un contrat. | *einen Vertrag kündigen*, résilier un contrat. | *die Vertragschließenden*, les parties contractantes.

ver|tragen [fɛr'trɑ:gən] (ä, u, a) v. tr. supporter ; tolérer. | *er verträgt keinen Spaß*, il ne supporte pas la plaisanterie.
◇ v. pr. **sich vertragen,** se supporter, s'accorder. | *sie vertragen sich gut*, ils vivent en bonne intelligence. | *sie vertragen sich wieder*, ils se sont réconciliés. | *die beiden Farben vertragen sich nicht*, ces deux couleurs jurent ensemble.

ver|traglich [fɛr'trɑ:kliç] adj. contractuel. | *vertraglich verpflichtet sein*, être tenu par contrat.

ver|träglich [fɛr'trɛ:kliç] adj. [Personen] conciliant ; accommodant ; traitable. | *einen verträglichen Charakter haben*, être d'un caractère facile. || [Dinge] compatible ; conciliable. || MÉD. *das Medikament ist gut verträglich*, ce médicament est bien toléré.

Vertrags|bedingungen [fɛr"trɑ:ksbə'diŋuŋən] f. pl., °**-bestimmungen** [-bə'ʃtimuŋən] f. pl. stipulations f. pl. ; clauses f. pl. ||°-**bruch** m. (s, ¨e) rupture (f.) d'un contrat ; violation (f.) d'un traité. ||°-**entwurf** m. (s, ¨e) projet (m.) de contrat. ||°-**händler(in)** m. (s, -), f. (-, nen). COMM. concessionnaire s. ||-**mäßig** adj. et adv. conforme au contrat. ||°-**partei** f. (-, en) partie contractante. ||°-**punkt** m. (s, e) article (m.) d'un contrat. | *Vertragspunkte*, stipulations f. pl. ||°-**recht** n. (s, e) droit (m.) de conclure un traité. || droit (m.) résultant d'un traité, d'un contrat. ||-**schließend** adj. *vertragsschließende Mächte*, puissances contractantes. ||°-**schluß** m. (es, ¨e) conclusion (f.) d'un traité. ||°-**staaten** m. pl. POLIT. parties contractantes. ||°-**verletzung** f. (-, en) violation (f.) d'un traité, d'un contrat. ||-**widrig** adj. contraire au contrat, aux clauses d'un traité.

Ver|trauen [fɛr'trauən] n. (s) confiance f. | *js Vertrauen genießen*, avoir la confiance de qn. | *jm sein Vertrauen schenken*, accorder sa confiance à qn. | *ich habe kein Vertrauen zu ihm*, je n'ai aucune confiance en lui ; je ne me fie pas à lui. | *Vertrauen erwecken*, inspirer confiance. || POLIT. *der Regierung das Vertrauen aussprechen*, voter la confiance au gouvernement. || PAR EXT. confidence f. | *im Vertrauen gesagt*, cela dit entre nous, confidentiellement. | *jn ins Vertrauen ziehen*, mettre qn dans la confidence.

ver|trauen [-'trauən] v. intr. avoir confiance ; se fier à. | *ich vertraue ihm, auf ihn*, j'ai confiance en lui. | *zu sehr auf seine Kräfte vertrauen*, (trop) présumer de ses forces.

vertrauen|erweckend [fɛr"trauənɛr'vɛkənt] adj. qui fait naître la confiance ; sûr ; éprouvé.

Vertrauens|arzt [fɛr"trauəns'artst] m. (es, ¨e) médecin-conseil m. ||-**bildend** adj. *vertrauensbildende Maßnahmen*, mesures (f. pl.) de confiance. ||°-**bruch** m. (s, ¨e) abus (m.) de confiance ; indiscrétion f. ||°-**frage** f. (-, n). POLIT. *die Vertrauensfrage stellen*, poser la question de confiance. ||°-**mann** m. (s, ¨er) homme (m.) de confiance ; FIG. bras droit. ||°-**mißbrauch** m. (s, ¨e) abus (m.) de confiance. ||°-**person** f. (-, en) personne (f.) de confiance. ||-**selig** adj. facilement confiant ; crédule. ||°-**seligkeit** f. crédulité f. || °-**stellung** f. (-, en) poste (m.) de confiance. ||-**voll** adj. confiant. ||°-**votum** n. (s, ten). POLIT. vote (m.) de confiance. ||-**würdig** adj. digne de confiance ; sûr. ||°-**würdigkeit** f. loyauté f. ; sûreté f.

ver|traulich [fɛr'trauliç] adj. familier ; intime ; confidentiel. | *vertrauliche Mitteilung*, confidence. | *höchst vertraulich*, très confidentiel. ||°-**traulichkeit** f. familiarité f. ; intimité f. ; caractère confidentiel. — f. pl. **Vertraulichkeiten,** privautés f. pl.

ver|träumen [fɛr'trɔymən] v. tr. *seine Zeit verträumen*, passer son temps à rêver.

◇ part. pass. **verträumt,** rêveur ; plongé dans ses rêveries.

ver|traut [fɛr'traut] adj. intime ; familier. | *vertrauter Freund*, ami (m.) intime. | *ich bin damit vertraut geworden*, je me suis familiarisé avec cela. | *vertrauter Umgang*, intimité f. | *der Vertraute*, le familier ; le confident. ||°-**trautheit** f. intimité f. ; familiarité f. ; connaissance profonde (de qch.).

ver|treiben [fɛr'traibən] (ie, ie) v. tr. chasser ; expulser ; déloger ; débusquer. | *den Feind aus dem Land vertreiben*, chasser l'ennemi hors du pays. | *jn aus seiner Wohnung vertreiben*, déloger, expulser qn. | *seine Zeit mit Spielen vertreiben*, passer son temps à jouer. || MÉD. guérir ; faire passer une maladie. || COMM. [absetzen] débiter ; vendre. || [Farben] fondre ; noyer. | *Umrisse vertreiben*, adoucir, estomper des contours. ||°-**treibung** f. (-, en) expulsion f. ; bannissement m. ; proscription f.

ver|treten [fɛr'tre:tən] (i, a, e) v. tr. **1.** remplacer ; suppléer ; pallier l'absence de ; tenir lieu de ; représenter. | *eine Firma vertreten*, représenter une maison. | *einen abwesenden Lehrer vertreten*, remplacer un professeur absent. | *an einem Kind Vaterstelle vertreten*, tenir lieu de père à un enfant.

2. [verteidigen] défendre ; prendre fait et cause pour ; justifier. | *js Sache vor Gericht vertreten*, plaider la cause de qn devant les tribunaux. | *eine Meinung vertreten*, soutenir une opinion.

3. [den Weg sperren] *er vertrat ihm den Weg*, il lui barra le chemin.

4. *sich den Fuß vertreten*, se fouler le pied. || FAM. *sich die Beine vertreten*, se dégourdir les jambes.

Ver|treter [-'tre:tər] m. (s, -) représentant m. ; remplaçant m. ; défenseur m. || COMM. *Geschäftsvertreter*, agent m.

Vertreter|besuch [fɛr"tre:tərbə'zu:x] m. (s, e). COMM. démarchage m.

Ver|tretung [-'tre:tuŋ] f. COMM. représentation f.

Vertretungs|personal [fɛr"tre:tuŋspɛrzɔ'nɑ:l] n. (s) personnel (m.) intérimaire, temporaire.

Ver|trieb [fɛr'tri:p] m. (s, e). COMM. écoulement m. ; débit m. ; vente f.

Vertriebs|fachmann [fɛr"tri:ps'faxman] m. (s, -leute), °-**ingenieur** m. (s, e) ingénieur technico-commercial. ||°-**leiter** m. (s, -) chef (m.) de vente. ||°-**stelle** f. (-, n) comptoir m. ; point (m.) de vente.

ver|trieben [fɛr'tri:bən] adj. expulsé ; chassé.

Ver|triebene(r) [fɛr'tri:bənə(r)] f. (m.) expulsé(e) m. (f.) ; réfugié(e) m. (f.).

ver|trinken [fɛr'triŋkən] (a, u) v. tr. *sein Geld vertrinken*, dépenser son argent à boire.

ver|trocknen [fɛr'trɔknən] v. intr. sécher ; se dessécher. — v. tr. faire sécher.

ver|trödeln [fɛr'trø:dəln] v. tr. *seine Zeit vertrödeln*, passer son temps dans l'inaction.

ver|trösten [fɛr'trø:stən] v. tr. consoler ; faire prendre patience à. | *jn auf später vertrösten*, renvoyer qn à plus tard. ||°-**tröstung** f. (-, en) promesse vague et lointaine.

ver|trotteln [fɛr'trɔtəln] v. intr. FAM. devenir gâteux ; s'abrutir.

ver|trusten [fɛr'trustən] v. tr. truster.

ver|tun [fɛr'tu:n] (vertat, vertan) v. tr. gaspiller ; dépenser inutilement. | *die Zeit vertun*, tuer le temps.

ver|tuschen [fɛr'tuʃən] v. tr. cacher ; dissimuler ; camoufler ; masquer ; tenir secret.

ver|übeln [fɛr'y:bəln] v. tr. en vouloir à qn de qch. | *die Leute würden es mir verübeln*, les gens m'en tiendraient rigueur.

ver|üben [fɛr'y:bən] v. tr. commettre ; exercer ; accomplir. | *ein Verbrechen verüben*, perpétrer un crime. ||°-**übung** f. accomplissement m. ; perpétration f.

ver|ulken [fɛr'ulkən] v. tr. se moquer de.

ver|unglimpfen [fɛr'unglimpfən] v. tr. injurier ; calomnier ; diffamer ; dénigrer. ||°-**unglimpfung** f. (-, en) calomnie f. ; diffamation f.

ver|unglücken [fɛr'unglykən] v. intr. avoir un accident ; subir un sinistre ; être victime d'un sinistre. | *tödlich verunglücken*, périr dans un accident. | *die Verunglückten*, les accidentés ; les sinistrés. || [Schiff] échouer ; faire naufrage. || PAR EXT. *das Unternehmen verunglückte*, l'entreprise avorta.

ver|unreinigen [fɛr'unrainigən] v. tr. et pr. salir ; souiller ; infecter. | *die Luft verunreinigen*, polluer l'air. ||°-**unreinigung** f. souillure f. ; pollution f. | *radioaktive Verunreinigungen*, impuretés radioactives.

ver|unsichern [fɛr'unziçərn] v. tr. déconcerter ;

décontenancer ; désorienter. ||°-**unsicherung** f. (-) désorientation f.

ver|unstalten [fɛr'unʃtaltən] v. tr. défigurer ; enlaidir ; déformer.

ver|untreuen [fɛr'untrɔyən] v. tr. soustraire ; détourner ; divertir. ||°-**untreuer** m. (s, -) déprédateur m. ; spéculateur m. ||°-**untreuung** f. (-, en) détournement m. ; déprédation f. ; malversation f. | *Veruntreuung öffentlicher Gelder*, concussion f. | *Veruntreuung von Gesellschaftsvermögen*, abus (m.) de biens sociaux.

ver|unzieren [fɛr'untsi:rən] v. tr. déparer ; défigurer.

ver|ursachen [fɛr'u:rzaxən] v. tr. causer ; occasionner ; donner lieu à ; produire ; provoquer ; engendrer ; faire naître. ||°-**ursacher** m. (s, -) auteur m. | *Verursacherprinzip*, principe (m.) pollueur-payeur.

ver|urteilen [fɛr'u:rtailən] v. tr. condamner. | *jn zu fünf Jahren Gefängnis verurteilen*, condamner qn à cinq ans de prison. || Par ext. condamner ; désapprouver. ||°-**urteilung** f. (-, en) condamnation f. ; sentence f. | *Verurteilung zum Tode*, condamnation à mort. | *Verurteilung in Abwesenheit*, condamnation par contumace.

Verve ['vɛrvə] f. verve f.

ver|vielfachen [fɛr'fi:lfaxən] v. tr. multiplier. | *vervielfachend*, multiplicatif.

ver|vielfältigen [-fɛltigən] v. tr. Typogr. multiplier. | *mit der Maschine vervielfältigen*, polycopier ; ronéotyper. ||°-**vielfältigung** f. (-, en) multiplication f. ; reproduction f. ; tirage m. | *Vervielfältigungsapparat, -gerät*, machine (f.) à polycopier ; fam. ronéo f.

ver|vierfachen [fɛr'fi:rfaxən] v. tr. quadrupler.

ver|vollkommnen [fɛr'fɔlkɔmmnən] v. tr. perfectionner. ||°-**vollkommnung** f. (-, en) perfectionnement. | *vervollkommnungsfähig*, perfectible.

ver|vollständigen [fɛr'fɔlʃtɛndigən] v. tr. compléter.

ver|wachsen [fɛr'vaksən] (ä, u, a) v. intr. pousser de travers ; se déformer ; dévier ; se rabougrir. || [Wunde] se fermer ; se cicatriser. | *seine Wunden sind verwachsen*, ses blessures sont cicatrisées. || *der Weg ist mit Gras verwachsen*, ce sentier est envahi par l'herbe. || Bot. s'enlacer ; s'entregreffer. || Fig. *mit etwas verwachsen sein*, ne faire qu'un avec qch.
◇ part. pass. **verwachsen,** tordu ; rabougri ; contrefait. || Anat. adhérent à. || Bot. adelphe.

Ver|wachsung [-'vaksuŋ] f. (-, en) difformité f. ; rachitisme m. || [Wunde] cicatrisation f. || [Zusammenwachsen] entrelacement m. ; adhérence f.

ver|wählen (sich) [ziçfɛr'vɛ:lən] v. pr. Téléph. se tromper de numéro ; faire erreur.

ver|wahren [-'va:rən] v. tr. et v. pr. garder ; tenir en lieu sûr, en sûreté ; mettre à l'abri. | *sich gegen js Anschuldigungen verwahren*, protester, s'inscrire en faux contre les accusations de qn.

verwahr|losen [fɛr'va:rlo:zən] v. tr. négliger ; délaisser. | *verwahrlost*, laissé à l'abandon. — v. intr. être laissé à l'abandon. ||°-**losung** f. négligence f. ; abandon m. ; incurie f. ; manque (m.) de soins.

Ver|wahrung [fɛr'va:ruŋ] f. garde f. ; dépôt m. | *in Verwahrung geben*, donner en garde. | *in Verwahrung nehmen*, prendre en garde. || Jur. *Verwahrung gegen etwas einlegen*, protester contre qch ; former opposition.

ver|waisen [fɛr'vaizən] v. intr. devenir orphelin.
◇ part. pass. **verwaist,** orphelin. || Fig. délaissé ; abandonné ; seul.

ver|walten [fɛr'valtən] v. tr. administrer ; gérer. | *ein Amt verwalten*, exercer une fonction. ||°-**walter** m. (s, -) administrateur m. ; gérant m. ; régisseur m. ; intendant m. ||°-**waltung** f. (-, en) administration f. ; gestion f. || [Behörde] administration f. ; autorités administratives.

Ver|waltungs... [-'valtuŋs] (en compos.) administratif ; d'administration.

Verwaltungs|behörde [fɛr"valtuŋsbə'hø:rdə] f. (-, n) autorité administrative ; administration f. ||°-**bezirk** m. (s, e) circonscription administrative. ||°-**gebäude** n. (s, -) bâtiment administratif. ||°-**gericht** n. (s, e) tribunal administratif. ||°-**jahr** n. (s, e) exercice m. ||-**mäßig** adj. administratif. ||°-**rat** m. (s) conseil (m.) d'administration. ||°-**weg** m. (s, e) voie administrative ; circuit administratif. | *auf dem Verwaltungsweg*, par la voie administrative.

ver|wandeln [fɛr'vandəln] v. tr. changer ; transformer ; convertir. | *in Asche verwandeln*, réduire en cendres. || Jur. commuer. || Zool. *sich in einen Schmetterling verwandeln*, se métamorphoser en papillon. || Math. *einen Bruch verwandeln*, réduire une fraction. ||-**wandelbar** adj. transformable ; convertible. || Fin. convertible. || Jur. commuable. || Math. [Brüche] réductible. ||°-**wandlung** f. (-, en) changement m. ; modification f. ; transformation f. ; conversion f. ; commutation f. || Par ext. prestidigitation f. | *Verwandlungskünstler*, illusionniste m. ; prestidigitateur m. || Zool. métamorphose f. || Biol. transmutation f. || Relig. transsubstantiation f.

ver|wandt [fɛr'vant] adj. **1.** de la même famille ; parent ; allié ; apparenté. | *entfernte Verwandte*, parents éloignés. | *die Verwandten*, la parenté.
2. Fig. apparenté ; voisin ; analogue. | *verwandte Gesichtspunkte*, points (m. pl.) de vue analogues.

Ver|wandtschaft [-ʃaft] f. (-, en) parenté f. ; affinité f. | *Verwandtschaftsgrad*, degré (m.) de parenté.

ver|warnen [fɛr'varnən] v. tr. avertir ; admonester. ||°-**warnung** f. (-, en) avertissement m.

ver|waschen [fɛr'vaʃən] (ä, u, a) v. tr. faire partir en lavant ; délaver.
◇ part. pass. **verwaschen,** fondu ; imprécis.

ver|wässern [fɛr'vɛsərn] v. tr. délayer ; diluer. || Fig. rendre fade. | *verwässerte Rede*, délayage m.

ver|wechseln [fɛr'vɛksəln] v. tr. confondre ; prendre l'un pour l'autre. | *zum Verwechseln ähnlich*, à s'y méprendre. ||°-**wechs(e)lung** f. (-, en) confusion f. ; erreur f. ; méprise f.

ver|wegen [fɛr've:gən] adj. téméraire ; audacieux. ||°-**wegenheit** f. audace f. ; témérité f. ; hardiesse f.

ver|wehen [fɛr've:ən] v. tr. emporter en soufflant ; dissiper ; effacer. ||°-**wehung** f. (-, en) *Schneeverwehung*, tas (m.) de neige amassée par le vent.

ver|wehren [fɛr've:rən] v. tr. *jm etwas verwehren*, défendre à qn de faire qch. ; empêcher qn de faire qch.

ver|weichlichen [fɛr'vaiçliçən] v. tr. amollir ; efféminer. — v. intr. s'amollir. ||°-**weichlichung** f. (-, en) amollissement m. ; effémination f.

ver|weigern [fɛr'vaigərn] v. tr. refuser ; dénier. | *jm ein Recht verweigern*, dénier un droit à qn. ||°-**weigerung** f. (-, en) refus m. ; rejet m. ; déni m.

ver|weilen [fɛr'vailən] v. intr. séjourner ; demeurer ; rester ; s'attarder.

ver|weint [fɛr'vaint] adj. *verweinte Augen*, yeux gonflés de larmes.

Ver|weis [fɛr'vais] m. (es, e). **1.** réprimande f. ; remontrance f. ; rappel (m.) à l'ordre ; blâme m.
2. [Hinweis] *ein Verweis auf eine Buchstelle*, renvoi (m.), référence (f.) à un passage d'un livre.

ver|weisen [-'vaizən] (ie, ie) v. tr. **1.** réprimander ; tancer ; rappeler à l'ordre.
2. [ausweisen] exiler ; bannir ; proscrire. | *jn des Landes verweisen*, expulser qn d'un pays. | *einen Schüler von der Schule verweisen*, renvoyer un élève de l'école. || JUR. renvoyer. | *an das Schwurgericht verweisen*, renvoyer devant les assises.
3. [hinweisen] *jn auf etwas verweisen*, attirer l'attention de qn sur qch. | *auf eine Stelle verweisen*, renvoyer à un passage (d'un livre).

Ver|weisung [-'vaizuŋ] f. (-, en). [Tadel] reproche m. ; réprimande f. ; blâme m. ; rappel (m.) à l'ordre. || [Verbannung] exil m. ; relégation f. ; renvoi m. ; expulsion f. || [Hinweis] renvoi (m.) à qch.

ver|welken [fɛr'vɛlkən] v. intr. se faner ; se flétrir.

ver|weltlichen [fɛr'vɛltliçən] v. tr. séculariser.

Ver|weltlichung [-'vɛltliçuŋ] f. (-, en) sécularisation f. ; laïcisation f.

ver|wenden [fɛr'vɛndən] (verwandte, verwandt et conjug. faible) v. tr. employer ; utiliser. | *viel Sorgfalt auf seine Toilette verwenden*, mettre beaucoup de soin à sa toilette. | *sich für jn verwenden*, intervenir, intercéder en faveur de qn. ||**-wendbar** adj. utilisable. ||°**-wendbarkeit** f. (-) utilité f. ; application f. || °**-wendung** f. (-, en) emploi m. ; utilisation f. ; application f. | *wir haben keine Verwendung dafür*, nous n'en avons pas l'emploi. | *auf meine Verwendung hin*, sur mon intervention.

ver|werfen [fɛr'vɛrfən] (i, a, o) v. tr. **1.** rejeter ; repousser ; écarter ; décliner ; désavouer. | *ein Urteil verwerfen* casser un jugement.
2. [zerstreuen] jeter de-ci de-là ; disperser.
◇ part. pass. **verworfen,** réprouvé ; dépravé.
◇ v. pr. **sich verwerfen,** se déjeter. | *das Holz verwirft sich*, le bois gauchit.

ver|werflich [-'vɛrfliç] adj. condamnable ; répréhensible. || JUR. récusable.

Ver|werfung [-'vɛrfuŋ] f. (-, en). **1.** [Ablehnung] rejet m. ; réprobation f. ; condamnation f.
2. [sich verwerfen] gauchissement m.
3. ZOOL. [Fehlgeburt] avortement m.
4. GÉOL. faille f.

ver|werten [fɛr've:rtən] v. tr. utiliser ; exploiter ; faire valoir ; mettre à profit. || FIN. réaliser. ||**-wertbar** adj. utilisable. ||°**-wertung** f. (-, en) utilisation f. ; exploitation f. ; mise (f.) en valeur.

ver|wesen [fɛr've:zən] v. tr. [verwalten] administrer ; gérer. ||°**-weser** m. (s, -) administrateur m. ; gérant m.

ver|wesen [fɛr've:zən] v. intr. se décomposer ; se putréfier. ||**-weslich** adj. putrescible. ||°**-wesung** f. décomposition f. ; putréfaction.

ver|wetten [fɛr'vɛtən] v. tr. 1° parier ; 2° perdre un pari.

ver|wickeln [fɛr'vikəln] v. tr. et v. pr. embrouiller ; emmêler ; entortiller. | *sich in Widersprüche verwickeln*, s'embrouiller dans des contradictions. | *in einen Skandal verwickelt*, impliqué dans un scandale. — part. pass. **verwickelt,** compliqué ; complexe ; difficile. ||°**-wicklung** f. (-, en) complication f. || JUR. implication f. || THÉÂTRE. intrigue f.

ver|wildern [fɛr'vildərn] v. intr. devenir sauvage. || FIG. être. laissé à l'abandon ; être négligé. || °**-wilderung** f. (-, en) abandon (m.), état (m.) sauvage (d'un jardin, d'un parc).

ver|winden [fɛr'vindən] (a, u) v. tr. *den Schmerz verwinden*, surmonter, vaincre la douleur. | *einen Verlust nicht verwinden können*, ne pas se consoler d'une perte. || TECHN. fausser ; gauchir. || BOT. *sich verwinden*, s'emmêler.

ver|winkelt [fɛr'vinkəlt] adj. tortueux.

ver|wirken [fɛr'virkən] v. tr. perdre son droit à ; être déchu de. | *seine Bürgerrechte verwirken*, être déchu de ses droits civiques. | *das Leben verwirken*, encourir la peine de mort. ||°**-wirkung** f. déchéance f. | *Verwirkung eines Rechtes*, perte (f.) d'un droit.

ver|wirklichen [fɛr'virkliçən] v. tr. réaliser ; effectuer. ||°**-wirklichung** f. (-, en) réalisation f.

ver|wirren [fɛr'virən] v. tr. embrouiller ; emmêler ; confondre ; déranger. || FIG. déconcerter ; troubler. — part. pass. **verwirrt,** confus ; décontenancé. ||°**-wirrung** f. (-, en) confusion f. ; désordre m. ; trouble m. ; désarroi m. | *in Verwirrung geraten*, être troublé ; être déconcerté.

ver|wirtschaften [fɛr'virtʃaftən] v. tr. dissiper ; gaspiller ; dépenser inconsidérément.

ver|wischen [fɛr'viʃən] v. tr. effacer. | *verwischte Farben*, couleurs délavées.

ver|wittern [fɛr'vitərn] v. intr. s'effriter ; se désagréger ; être rongé par les intempéries. | *verwittertes Gesicht*, visage ravagé. ||°**-witterung** f. désagrégation f. ; érosion f. ; décomposition (f.) à l'air.

ver|witwet [fɛr'vitvət] adj. veuf ; veuve.

ver|wöhnen [fɛr'vø:nən] v. tr. gâter ; choyer ; dorloter. | *verwöhntes Kind*, enfant gâté. ||°**-wöhnung** f. gâterie f. ; mauvaise éducation.

ver|worfen [fɛr'vɔrfən] adj. réprouvé ; abject. || °**-worfenheit** f. dépravation f. ; bassesse f.

ver|worren [fɛr'vɔrən] adj. confus ; embrouillé ; peu clair. | *verworrene Lage*, désordre m. ||°**-worrenheit** f. confusion f. ; désordre m. ; situation confuse.

ver|wundbar [fɛr'vuntbɑ:r] adj. vulnérable. || PAR EXT. sensible. ||°**-wundbarkeit** f. vulnérabilité f. ; faiblesse f. ||**-wunden** v. tr. blesser ; atteindre ; toucher. | *ein Verwundeter, eine Verwundete*, un(e) blessé(e). ||°**-wundung** f. (-, en) blessure f.

ver|wundern [fɛr'vundərn] v. tr. étonner. | *sich verwundern*, s'étonner. | *es wäre nicht zu verwundern, wenn*, on ne s'étonnerait pas si. ||**-wunderlich** adj. étonnant ; surprenant ; étrange. ||°**-wunderung** f. étonnement m. ; surprise f.

ver|wünschen [fɛr'vynʃən] v. tr. **1.** maudire ; exécrer.
2. [verzaubern] enchanter ; ensorceler.

ver|wunschen [fɛr'vunʃən] adj. enchanté. | *ein verwunschener Wald*, une forêt enchantée.

Ver|wünschung [-'vynʃuŋ] f. (-, en) malédiction f. ; imprécation f. ; ensorcellement m.

ver|wurzeln [fɛr'vurtsəln] v. intr. s'implanter ; prendre racine ; s'enraciner. || PAR EXT. *mit der Heimat verwurzelt*, profondément attaché à son sol natal. ||°**-wurzelung** f. implantation f. ; enracinement m.

ver|wüsten [fɛr'vystən] v. tr. dévaster ; ravager. ||°**-wüstung** f. (-, en) dévastation f. ; ravage m.

ver|zagen [fɛr'tsɑ:gən] v. intr. se décourager ; perdre courage ; désespérer. — part. pass. **verzagt,** découragé ; craintif ; pusillanime. ||°**-zagtheit** f. découragement m. ; timidité f. ; pusillanimité f.

ver|zählen (sich) [ziçfɛr'tsɛ:lən] v. pr. se tromper en comptant.

ver|zahnen [fɛr'tsɑ:nən] v. tr. denter. | *sich ineinander verzahnen*, s'engrener.

ver|zanken (sich) [ziçfɛr'tsaŋkən] v. pr. se quereller.

ver|zapfen [fɛr'tsapfən] v. tr. [ausschenken] débiter des boissons. || FIG., FAM. débiter ; raconter. || [mit Zapfen verbinden] cheviller.

ver|zärteln [fɛr'tsɛrtəln] v. tr. dorloter ; choyer ; amollir.

ver|zaubern [fɛr'tsaubərn] v. tr. enchanter ; ensorceler. ||°-**zauberung** f. enchantement m. ; ensorcellement m.

ver|zehnfachen [fɛr'tse:nfaxən] v. tr. décupler.

Ver|zehr [fɛr'tse:r] m. (s) consommation f. ||-**zehren** v. tr. manger ; consommer ; dévorer ; absorber. || FIG. *sein Vermögen verzehren*, dissiper sa fortune. || PAR EXT. [aufzehren] consumer. | *sich in Gram verzehren*, se consumer de chagrin. ||°-**zehrung** f. consommation f.

ver|zeichnen [fɛr'tsaiçnən] **1.** dessiner mal. || FIG. mal reproduire.

2. noter ; spécifier ; inscrire. | *die Fehler verzeichnen*, faire le relevé des fautes. | *neue Todesfälle sind zu verzeichnen*, de nouveaux cas mortels ont été enregistrés.

Ver|zeichnis [-'tsaiçnis] n. (ses, se) liste f. ; inventaire m. ; état m. ; registre m. ; bordereau m. ; relevé m. ; tableau m. ; catalogue m. ; table f. ; index m. | *Namenverzeichnis*, index des noms.

Ver|zeichnung [-'tsaiçnuŋ] f. (-, en) 1° erreur (f.) dans un dessin ; 2° relevé m. ; inscription f.

ver|zeihen [fɛr'tsaiən] (ie, ie) v. tr. pardonner ; excuser. | *die Geschmacklosigkeit ist ihm nicht zu verzeihen*, on ne peut pas lui pardonner cette faute de goût. | *verzeihen Sie !*, pardon ! ||-**zeihbar** adj. pardonnable ; excusable. ||-**zeihlich** adj. pardonnable ; excusable. ||°-**zeihung** f. pardon m. | *um Verzeihung bitten*, demander pardon. | *Verzeihung !*, pardon !

ver|zerren [fɛr'tsɛrən] v. tr. tordre ; distordre ; défigurer. | *sich verzerren*, se contorsionner. | *verzerrtes Ergebnis*, résultat biaisé, faussé. ||°-**zerrung** f. (-, en) contorsion f. ; déformation f. || RADIO. *Verzerrung des Tons*, distorsion (f.) du son.

ver|zetteln [fɛr'tsɛtəln] v. tr. égarer ; éparpiller ; émietter. || FIG. *seine Kräfte verzetteln*, disperser ses forces. ||°-**zettelung** f. (-, en) émiettement m. ; gaspillage m.

Ver|zicht [fɛr'tsiçt] m. (s, e) renoncement m. ; renonciation f. ; résignation f. ; désistement m. ||-**zichten** v. intr. *auf etwas* (acc.) *verzichten*, renoncer à qch. ; se désister de qch.

Verzicht|leistung [fɛr"tsiçt'laistuŋ] f. (-, en) renonciation f. ; désistement m. ; abandon m.

ver|ziehen [fɛr'tsi:ən] (verzog, verzogen) v. tr. et v. pr. *das Gesicht verziehen*, faire une grimace ; faire la moue. | *ein verzogenes Kind*, un enfant mal élevé, gâté. | *der Stoff verzieht sich*, cette étoffe fait de faux plis. | *die Wolken haben sich verzogen*, les nuages se sont dissipés.

◇ v. intr. *er ist verzogen*, il a changé d'adresse ; il a déménagé. | *unbekannt verzogen*, parti sans laisser d'adresse.

ver|zieren [fɛr'tsi:rən] v. tr. parer ; orner ; ornementer ; décorer. ||°-**zierung** f. (-, en) décoration f. ; ornement m. ; ornementation f.

ver|zinsen [fɛr'tsinzən] v. tr. payer des intérêts pour qch. | *sich verzinsen*, rapporter des intérêts ; rendre. ||-**zinsbar** adj. qui produit des intérêts. ||-**zinslich** adj. [verzinsbar] *verzinsliches Darlehen*, prêt (m.) à intérêt. | *Geld verzinslich anlegen*, placer de l'argent à intérêt. ||°-**zinsung** f. (-, en) paiement (m.) des intérêts ; intérêts m. pl.

ver|zögern [fɛr'tsø:gərn] v. tr. ralentir ; retarder ; freiner. | *verzögernd*, dilatoire. | *sich verzögern*, se faire attendre. || PHYS. *verzögertes Neutron*, neutron différé, retardé. ||°-**zögerung** f. (-, en) ralentissement m. ; retard m. ; retardement m. || TECHN. décélération f. ||°-**zögerungsmanöver** n. (s, -), °-**zögerungstaktik** f. (-, en) manœuvres (f. pl.) dilatoires.

ver|zollen [fɛr'tsɔlən] v. tr. dédouaner ; payer la douane. ||°-**zollung** f. (-, en) dédouanement m. ; paiement (m.) des droits de douane.

ver|zücken [fɛr'tsykən] v. tr. ravir ; enchanter. — part. pass. **verzückt,** extasié ; ravi ; en extase. ||°-**zückung** f. (-, en) ravissement m. ; extase f.

ver|zuckern [fɛr'tsukərn] v. tr. sucrer. || FIG. dorer la pilule.

Ver|zug [fɛr'tsu:k] m. (s) retard m. | *mit etwas in Verzug geraten*, prendre du retard dans qch. | *Gefahr ist im Verzuge*, il y a péril en la demeure.

ver|zweifeln [fɛr'tsvaifəln] v. tr. désespérer ; se désespérer. | *eine verzweifelte Lage*, une situation désespérée. | *es ist zum Verzweifeln !*, c'est à désespérer ! | *verzweifelt wenig*, extrêmement peu. ||°-**zweiflung** f. désespoir m. | *in Verzweiflung geraten*, se désespérer ; perdre espoir. | *er bringt mich zur/in Verzweiflung*, il me désespère. | *verzweiflungsvoll*, désespéré.

ver|zweigen [fɛr'tsvaigən] v. tr. et v. pr. (se) ramifier ; dériver. ||°-**zweigung** f. (-, en) ramification f. ; bifurcation f. ; embranchement m. ; dérivation f.

verzwickt [fɛr'tsvikt] adj. compliqué. | *eine verzwickte Frage*, une question inextricable.

Vesper ['fɛspər] f. (-, n) goûter m. || RELIG. vêpres f. pl.

vespern ['fɛspərn] v. intr. prendre son goûter.

Vestibül [vɛsti'by:l] n. (s, e) vestibule m.

Vesuv [ve'zu:f] n. pr. m. GÉOGR. Vésuve m.

Veteran [vete'rɑ:n] m. (en, en) vétéran m.

Veterinär [veteri'nɛ:r] m. (s, e) médecin (m.) vétérinaire.

Veto ['ve:to] n. (s, s) veto m. | *sein Veto gegen etwas einlegen*, opposer son veto à qch. | *Vetorecht*, droit (m.) de veto.

Vetter ['fɛtər] m. (s, n) cousin m. | *Vetternwirtschaft*, népotisme m.

Vetternschaft ['fɛtərnʃaft] f. (-, en) parenté f. ; cousinage m.

Vexier|bild [vɛ"ksi:r'bilt] n. (s, er) attrape f.

Viadukt [via'dukt] m. (s, e) viaduc m.

Vibraphon [vibra'fo:n] n. (s, e) vibraphone m.

Vibration [vibra'tsio:n] (-, en) f. vibration f.

Vibrator [-'brɑ:tɔr] m. (s, en). TECHN. vibrateur m. || [zur Massage] vibromasseur m.

vibrieren [-'bri:rən] v. intr. vibrer ; osciller.

Vibrieren [-'bri:rən] n. (s) vibration(s) f. (pl.) ; trépidation f.

Video|film ["vi:deo'film] m. (s, e) film (m.) vidéo. ||°-**gerät** n. (s, e) magnétoscope m. ||°-**kamera** f. (-, s) caméra (f.) vidéo. ||°-**kassette** f. (-, n) vidéocassette f. ||°-**konferenz** f. (-, en) vidéoconférence f. ||°-**platte** f. (-, n) vidéodisque m. ||°-**recorder** m. (s, -) magnétoscope m. ||°-**spiel** n. (s, e) jeu (m.) vidéo. ||°-**text** m. (s, e) vidéotex m. ; télétexte m. ||°-**thek** f. (-, en) vidéothèque f.

Viech [fi:ç] n. (-, er). POP. brute f. || (pl. humoristique de **Vieh**) animaux m. pl.

Vieh [fi:] n. (s) bétail m. ; bestiaux m. pl. ; bêtes (f. pl.) d'élevage. | *das Großvieh*, le gros bétail. | *das Kleinvieh*, le menu bétail. | *er hält Vieh*, il élève, il nourrit du bétail. | *das Vieh auf die Weide treiben*, conduire le bétail au pâturage ; mener paître le bétail. || LOC. *dumm wie das Vieh*, bête à manger du foin.

Vieh|bestand ["fi:bə'ʃtant] m. (s, ¨e) cheptel m. ||°-**bremse** f. (-, n) taon m. ||°-**futter** n. (s, -) fourrage m. ||°-**handel** m. (s) commerce (m.) de bétail.

||°-**händler** m. (s, -) marchand (m.) de bestiaux. ||°-**herde** f. (-, n) troupeau m. ||°-**hirt(e)** m. (en, en) pâtre m. ; vacher m. ||°-**markt** m. (es,¨e) marché (m.) aux bestiaux. ||°-**mast** f. engraissement (m.) des bestiaux. ||°-**seuche** f. (-, n) épizootie f. ||°-**wagen** m. (s, -) wagon (m.) à bestiaux. ||°-**zucht** f. élevage m. (de bestiaux). | *Viehzucht treiben*, faire de l'élevage ; élever du bétail. ||°-**züchter** m. (s, -) éleveur m.

viehisch ['fi:iʃ] adj. brutal ; bestial.

viel [fi:l] adj. et adv. **1.** pris absolument (sing. d'un ancien substantif) beaucoup (de). | *viel geben, nehmen, fordern*, donner, prendre, exiger beaucoup. | *es fehlte nicht viel*, il s'en fallut de peu. | *ein bißchen zuviel*, un peu trop (de qch.). | *das will viel (be)sagen*, ce n'est pas rien ; cela en dit long. | *so viel als*, autant que. | *so viel ist gewiß*, cela au moins est sûr. | *alle, so viel(e) wir sind*, tous autant que nous sommes. | *das ist zuviel*, c'est trop. | *ziemlich viel*, passablement. | *gleichviel*, autant l'un que l'autre. | *wieviel?*, combien ?

2. substantivé. *viele waren auf den Beinen*, beaucoup de gens étaient sur pied.

◇ adj. nombreux. | *viele Leute sagen, daß*, beaucoup de gens disent que. | *die vielen Stimmen der Presse*, les nombreuses opinions de presse. | *vielen Dank!*, merci beaucoup. || FAM. *viel Vergnügen!*, je vous en souhaite ! | *um viel(es) Geld*, pour beaucoup d'argent. | *viel Volk*, beaucoup de gens.

— OBSERV. Le comparatif de *viel* est *mehr*, le superlatif *meist*.

◇ adv. beaucoup ; très. **1.** (devant les comparatifs) *viel besser*, bien meilleur ; *viel schöner*, bien plus beau ; *viel schlimmer*, bien pire ; *viel mehr*, beaucoup plus. || LOC. *viel zu einfach*, bien trop simple. | *viel zu viel*, beaucoup trop.

2. (sens temporel) *er ist viel bei uns*, il vient beaucoup chez nous ; il est souvent chez nous.

3. (degré) *er hat viel gelacht*, il a beaucoup ri. | *er kommt viel herum*, il circule beaucoup. | *er tut des Guten zuviel*, il en fait trop ; il veut trop en faire. | *soviel ich weiß*, autant que je sache.

viel|beschäftigt ["fi:lbə'ʃɛftiçt] adj. très occupé ; affairé. ||-**deutig** adj. équivoque ; ambigu. ||°-**deutigkeit** f. (-, en) ambiguïté f. ||°-**eck** n. (s, e) polygone m. ; polyèdre m. ||-**eckig** adj. polygonal ; à plusieurs angles. ||°-**ehe** f. polygamie f. ; polyandrie f. ||-**fach** adj. et adv. multiple ; de diverses manières ; maintes fois ; sous plus d'un rapport. | *vielfacher Milliardär*, multimilliardaire m. || MATH. *ein gemeinsames Vielfaches*, un commun multiple. ||°-**falt** f., °-**fältigkeit** f. diversité f. ; multiplicité f. ; fréquence f. ; abondance f. ||-**farbig** adj. multicolore ; bigarré ; aux mille couleurs. ||°-**farbigkeit** f. bigarrure f. ; diaprure f. ; polychromie f. ||-**flächig** adj. polyédrique. ||-**förmig** adj. multiforme ; polymorphe. ||°-**fraß** m. (es, e) glouton m. ; goinfre m. ||-**füßig** adj. BOT. polypode. ||-**geliebt** adj. bien-aimé ; chéri. ||-**gestaltig** adj. protéiforme ; multiforme. ||°-**gestaltigkeit** f. complexité f. ; caractère (m.) multiforme. ||-**gliedrig** adj. à membres, à parties multiples. || MATH. *vielgliedrige Größe*, polynôme m. ||°-**götterei** f. polythéisme m. ||-**jährig** adj. ancien ; de longue date. ||-**köpfig** adj. à têtes multiples ; (réunion) nombreuse. ||°-**liebchen** n. (s, -) bien-aimée f. ; philippine f. | *Vielliebchen wetten*, faire philippine. ||-**malig** adj. réitéré ; fréquent ; souvent répété. ||-**mals** adj. souvent ; bien des fois. | *danke vielmals!*, merci beaucoup ! ||-**mehr** adv. plutôt ; bien plus ; au contraire. | *wir wandern nicht flußabwärts, vielmehr flußaufwärts*, nous ne descendrons pas le fleuve, mais (au contraire) nous le remonterons. ||-**phasig** adj. ÉLECTR. polyphasé. | *Vielphasenstrom*, courant polyphasé. ||-**polig** adj. multipolaire. || °-**redner** m. (s), °-**sprecher** m. (s, -) grand parleur ; bavard m. ||-**sagend** adj. qui en dit long ; significatif ; expressif ; évocateur. | *ein vielsagender Blick*, un regard éloquent. ||°-**schreiber** m. (s, -) polygraphe m. ||-**seitig** adj. à plusieurs faces ; varié ; complexe. | *ein vielseitiger Handwerker*, un artisan aux talents multiples. | *von vielseitigem Wissen*, d'un savoir étendu ; très cultivé. || MATH. polygonal. ||°-**seitigkeit** f. FIG. étendue f. ; variété f. ; complexité f. ||-**silbig** adj. GRAMM. polysyllabique. ||-**sprachig** adj. en plusieurs langues ; polyglotte. ||-**stellig** adj. *vielstellige Zahl*, nombre (m.) de plusieurs chiffres. ||-**stimmig** adj. à plusieurs voix. | *vielstimmiger Beifall*, tonnerre (m.) d'applaudissements. ||-**teilig** adj. à plusieurs parties. ||-**tönig** adj. polyphone. ||-**versprechend** adj. qui promet beaucoup ; prometteur. ||°-**weiberei** f. polygamie f. ||°-**zahl** f. (-) multitude f. ||°-**zeller** m. (s, -). ZOOL. métazoaire m.

vielerlei [fi:lər'lai] adj. toutes sortes de ; de diverses sortes ; d'espèces variées ; toutes sortes de choses. | *auf vielerlei Weise*, de diverses manières.

vielleicht [fil'laiçt] adv. peut-être. | *er kommt vielleicht*, peut-être viendra-t-il. | *vielleicht kommt er noch*, il viendra peut-être, quand même. || sans doute. | *das glauben Sie vielleicht?*, le croiriez-vous, par hasard ?

vier [fi:r] adj. num. card. quatre. | *zu vieren, zu viert*, à quatre. | *unter vier Augen*, entre quatre yeux ; en tête à tête. || [Analogie mit Tieren] *auf allen vieren kriechen*, ramper, marcher à quatre pattes. | *alle viere von sich strecken*, s'écrouler épuisé. || LOC. *in meinen vier Wänden*, entre mes quatre murs.

◇ **die Vier** (FAM. **Viere**), le chiffre quatre ; le quatre.

vier... (en compos.) à quatre ; quadruple.

vier|beinig ["fi:r'bainiç] adj. à quatre pieds, pattes. ||-**blätterig** adj. à quatre feuilles. || BOT. quadrifolié. ||°-**eck** n. (s, e) carré m. ; quadrilatère m. ||-**eckig** adj. carré ; quadrangulaire. ||-**fach** adj. quadruple. ||°-**farbendruck** m. (s). TYPOGR. quadrichromie f. ||°-**flach** n. (s), °-**flächner** m. (s, -). MATH. tétraèdre m. ||-**flächig** adj. tétraèdre. ||°-**füßer** (s, -), °-**füßler** m. (s, -) quadrupède m. ||-**füßig** adj. quadrupède. ||°-**ganggetriebe** n. (s, -). TECHN. boîte (f.) à quatre vitesses. ||°-**gespann** n. (s, e) attelage (m.) de quatre chevaux. || HIST. quadrige m. ||-**gestrichen** adj. MUS. *viergestrichene Note*, note barrée. ||-**händig** adj. à quatre mains. | *vierhändig spielen*, jouer à quatre mains. ||-**hundert** adj. num. card. quatre cents. ||°-**kant** m. (s, e). [Vierbalken] goujon (m.) à quatre pans. | *Vierkantfeile*, lime carrée. | *Vierkantmutter*, écrou carré. ||-**kantig** adj. quadrangulaire ; à quatre pans. | *vierkantig zerschneiden*, équarrir. ||°-**master** m. (s, -). MAR. voilier (m.) à quatre mâts. ||-**motorig** adj. AÉRON. quadrimoteur. ||°-**radantrieb** m. (s, e) traction (f.) sur les quatre roues. ||-**schrötig** adj. taillé à coups de hache ; trapu ; robuste ; carré. ||°-**schrötigkeit** f. carrure robuste, massive. ||-**seitig** adj. à quatre côtés. || MATH. quadrilatère. ||°-**spänner** m. (s, -) voiture attelée de quatre chevaux. ||-**spurig** adj. à quatre voies. ||°-**stab** m. (s,¨e). ARCHIT. quart-de-rond m. ||-**stimmig** adj. à quatre voix. ||-**tägig** adj. de quatre jours. || °-**taktmotor** m. (s, en) moteur (m.) à quatre temps. ||-**tausend** adj. num. card. quatre mille. ||-**teilen** (part. pass. *gevierteilt*) v. tr. diviser par quatre ; (Vx.) écarteler. ||-**teilig** adj. quadripartite. ||°-**undsechzigstelnote** f. (-, n). MUS. quadruple croche f. ||°-**undsechzigstelpause** f. (-, n). MUS. seizième (m.) de soupir. ||°-**vierteltakt** m. (s, e) mesure (f.) à quatre temps. ||°-**waldstätter See** n. pr. m. GÉOGR. lac (m.) des Quatre-Cantons. ||-**zehn** adj. num. card. quatorze. ||-**zehntägig** adj. de deux semaines, de quinze jours. ||**-zehnte** adj. num. ord. quatorzième. | *Ludwig XIV. (der Vierzehnte)*, Louis XIV. | *der 14. Juli*, le 14-Juillet. ||**-zeilig** adj. de quatre lignes. | *vierzeilige Strophe*, strophe (f.) de quatre vers. ||°**-zeiler** m. (s, -). Poés. quatrain m. ||°**-zimmerwohnung** f. (-, en) quatre-pièces m.

Vierer ['fi:rər] m. (s, -). [Zahl] quatre. || quadrille m. | *Viererzug*, quadrige m.

viert ['firt] (er, e, es) adj. num. ord. quatrième.

Viertel ['firtəl] n. (s, -). **1.** [Zeit] quart m. | *viertel nach zwei, viertel drei*, deux heures un quart. | *viertel vor vier, dreiviertel vier*, quatre heures moins le quart. **2.** quartier m. | *Stadtviertel*, quartier (d'une ville). | *Mondviertel*, quartier de lune.

3. [Wein] quartaut m. ; quart m.

4. [Viertelpfund] quart m. [125 g].

Viertel|drehung ["firtəl'dre:uŋ] f. (-, en) quart (m.) de tour. ||°**-jahr** n. (s, e) trimestre m. ||°**-jahresschrift** f. (-, en) publication trimestrielle. ||**-jährlich** adj. trimestriel ; par trimestre. ||°**-note** f. (-, n). Mus. noire f. ||°**-pause** f. (-, n). Mus. pause f. ; soupir m. ||°**-stunde** f. (-, n) quart (m.) d'heure. ||**-stündig** adj. durant un quart d'heure. ||**-stündlich** adj. tous les quarts d'heure. ||°**-takt** m. (s, e). Mus. mesure (f.) à quatre temps. ||°**-ton** m. (s, ¨e). Mus. quart (m.) de ton.

vierteln ['firtəln] v. tr. partager en quatre. || [Wappenkunde] *geviertelt*, écartelé.

viertens [-təns] adv. quatrièmement.

Vierung ['fi:ruŋ] f. (-, en). Archit. croisée (f.) de transept.

vierzig ['firtsiç] adj. num. card. quarante. | *er ist nahe an die Vierzig*, il approche de la quarantaine. | *vierzigtägige Probezeit*, quarantaine f.

Vierziger [-tsigər] m. (s, -) quadragénaire m.

Vierzigstel [-tsikstəl] n. (s, -) [la] quarantième partie ; (le) quarantième.

Vietnam ['viɛtnam] n. pr. n. (s) Géogr. Viêt-nam m. | *in Vietnam*, au Viêt-nam.

Vietnamese [viɛtna'me:zə] m. (n, n), **Vietnamesin** [viɛtna'me:zin] f. (-, nen) vietnamien(ne) m. (f.).

vietnamesisch [-'me:ziʃ] adj. vietnamien.

Vignette [vin'jɛtə] f. (-, n) vignette f.

Vikar [vi'kɑ:r] m. (s, e). Relig. vicaire m.

Vikariat [-kari'ɑ:t] n. (s, e) vicariat m.

Viktoria [vik'to:ria] n. *Viktoria rufen*, crier victoire.

Viktualien [viktu'ɑ:liən] f. pl. victuailles f. pl.

Villa ['vila] f. (-, len) villa f. ; cottage m.

Vinyl [vi'ny:l] n. (s) vinyle m.

Vinyl|lack [vi"ny:l'lak] m. (s, e) peinture (f.) vinylique.

Viola [vi'o:la] f. (-, len), **Viole** [vi'o:lə] f. (-, n). Mus. viole f. ; alto m. || Bot. violette f.

violett [vio'lɛt] adj. violet ; violacé.

Violin|konzert [vio"li:nkɔn'tsɛrt] n. (s, e) récital (m.) de violon. || °**-schlüssel** m. (s, -) clef (m.) de sol.

Violine [vio'li:nə] f. (-, n). [Geige] violon m. | *Violine spielen*, jouer du violon. || *Violinist*, violoniste.

Violoncello [violon'tʃɛlo] n. (s, s). [Cello, Kniegeige] violoncelle m.

Viper ['vi:pər] f. (-, n). [Giftschlange] vipère f.

Virgil(ius) [vir'gi:l(ius)] n. pr. m. Virgile m.

viril [vi'ri:l] adj. viril.

virtuell [virtu'ɛl] adj. virtuel. || Inf. *virtuelle Adresse*, adresse virtuelle. | *virtueller Speicher*, mémoire virtuelle.

virtuos [virtu'o:s] adj. qui fait preuve de virtuosité ; très adroit.

Virtuose [-'o:zə] m. (n, n) virtuose m.

virulent [viru'lɛnt] adj. virulent.

Virulenz [-'lɛnts] f. virulence f.

Virus ['vi:rus] n. (-, ren) virus m.

Virus... (en compos.) viral.

Virus|erkrankung ["vi:rusɛr'kraŋkuŋ] f. (-, en) maladie virale. ||°**-forschung** f. (-, en) virologie f. ||°**-hepatitis** f. (-, hepatitiden) hépatite virale. || °**-hülle** f. (-, n) enveloppe virale. ||°**-replikation** f. (-, en) réplication virale. ||°**-träger** m. (s, -) *gesunder Virusträger*, porteur sain.

Visbreaking ['visbreikiŋ] n. (s,). Techn. viscoréduction f.

Visier [vi'zi:r] n. (s, e). [Helm] visière (f.). || [Schießwaffe] hausse f.

Visier|bereich [vi"zi:rbə'raiç] m. (s, e) zone (f.) de visée. ||°**-fernrohr** n. (s, e) lunette (f.) de tir, de visée. ||°**-linie** f. (-, n) ligne (f.) de mire. ||°**-schlitz** m. (es, e). Mil. créneau (m.) de visée. ||°**-winkel** m. (s, -) angle (m.) de mire.

Vision [vi'zio:n] f. (-, en) vision f.

Visionär [-zio'nɛ:r] m. (s, e) visionnaire m.

Visitation [vizita'tsio:n] f. (-, en). [Zoll] visite (f.) des bagages. || inspection f.

Visite [-'zitə] f. (-, n) visite f. | *ärztliche Visite*, visite médicale. | *Visitenkarte*, carte (f.) de visite.

viskos [vis'ko:s] adj. visqueux.

Viskose [vis'ko:zə] f. (-) viscose f.

Viskosi|meter ["viskozi'mɛ:tər] m. (s, -). Techn. viscosimètre m.

Viskosität [viskozi'tɛ:t] f. viscosité f.

Vista|wechsel ["vista'vɛksəl] m. (s, -). Comm. lettre (f.) de change à vue.

visuell [vizu'ɛl] adj. visuel.

Visum ['vi:zum] n. (s, sa) visa m. | *Einreisevisum*, visa d'entrée. | *Ausreisevisum*, visa de sortie. | *Durchgangsvisum*, visa de transit.

vital [vi'tɑ:l] adj. vital.

Vitalität [-tali'tɛ:t] f. vitalité f.

Vitamin [vita'mi:n] n. (s, e) vitamine f. || Fam. *Vitamin B*, copinage m. ; piston m.

vitamin|haltig [vita"mi:n'haltiç] vitaminé. | *vitamin-C-haltig*, qui contient de la vitamine C. ||°**-mangel** m. (-, ¨) avitaminose f. ||**-reich** adj. riche en vitamines.

Vitrine [vi'tri:nə] f. (-, n) vitrine f.

Vitriol [vitri'o:l] n. (s) vitriol m.

Vivat ['vi:vat] n. (s, s) vivat m.

Vivisektion [vivizɛk'tsio:n] f. vivisection f.

Vize ['vi:tsə] (partic. de compos.) adjoint ; vice.

Vize|admiral ["vi:tsəadmi'rɑ:l] m. (s, e) vice-amiral m. ||°**-feldwebel** m. (s, -) sergent fourrier. ||°**-kanzler** m. (s, -) vice-chancelier m. ||°**-präsident** m. (en, en) m. vice-président m.

Vlies, Vließ [fli:s] n. (es, e) toison f. || Hist. *das Goldene Vlies*, la Toison d'or.

Vogel ['fo:gəl] m. (s, ¨) oiseau m. | *zahmer Vogel*, oiseau apprivoisé. || Fig. *ein lustiger Vogel*, un bon vivant. | *lockerer, loser Vogel*, luron m. ; gaillard déluré. | *ein seltener Vogel*, un oiseau rare ; un homme étrange. || Loc. *den Vogel abschießen*, décrocher la timbale. || Fam. *einen Vogel haben*, être un peu fou ; avoir une araignée au plafond.

Vogel|art ["fo:gəl'ɑ:rt] f. (-, en) espèce (f.) d'oiseaux. ||°**-aufprall** m. (s, e). Aéron. impact (m.) d'oiseau. ||°**-bauer** n. (s, -) cage f. ; volière f.

‖°-**beerbaum** m. (s, ¨e). Bot. sorbier m. ‖°-**ei** n. (s, er) œuf (m.) d'oiseau. ‖°-**fang** m. (s) chasse (f.) aux oiseaux; oisellerie f. | *auf Vogelfang ausgehen*, oiseler. ‖°-**fänger** m. (s, -) oiseleur m. ‖°-**flug** m. (s, ¨e) vol (m.) d'oiseaux; volée f. ‖-**frei** adv. (Vx.) hors la loi. | *Luther war (für) vogelfrei erklärt worden*, Luther a été déclaré de bonne prise. ‖°-**gesang** m. (s) chant (m.) des oiseaux; ramage m. ‖°-**händler** m. (s, -) marchand (m.) d'oiseaux; oiseleur m. ‖°-**haus** n. (es, ¨er) volière f. ‖°-**hecke** f. (-, n) nichoir m.; volière f. ‖°-**kenner** m. (s, -) ornithologiste m.; ornithologue m. ‖°-**kirsche** f. (-, n) merise f. ‖°-**kunde** f. ornithologie f. ‖°-**miere** f. Bot. mouron m.; morgeline f. ‖°-**mist** m. (es, e) fiente m. ‖°-**nest** n. (es, er) nid (m.) d'oiseau. ‖°-**perspektive** f. vue (f.) à vol d'oiseau. ‖°-**schau** f. vue (f.) à vol d'oiseau. | *aus der Vogelschau (gesehen)*, (plan) levé à vol d'oiseau. ‖°-**scheuche** f. (-, n) épouvantail m. ‖°-**stellerei** f. oisellerie f.; chasse (f.) aux oiseaux. ‖°-**strauß** m. (es, e) autruche f. ‖ Fig. *Vogelstraußpolitik*, politique (f.) de l'autruche. ‖°-**zucht** f. oisellerie f.; aviculture f. ‖°-**zug** m. (s, ¨e) passage (m.) des oiseaux; volée f.; bande (f.) d'oiseaux.

Vogesen [vo'ge:zən] n. pr. f. pl. Géogr. Vosges f. pl.

Vöglein [fø:glain] n. (s, -) petit oiseau.

Vogler ['fo:glər] m. (s, -) oiseleur m. ‖ Hist. *Heinrich der Vogler*, Henri l'Oiseleur (919-936).

Vogt [fo:kt] m. (s, ¨e) bailli m.; prévôt m.

Vokabel [vo'ka:bəl] f. (-, n) vocable m.; mot m.

Vokabular [vokabu'la:r] n. (s, e) vocabulaire m.; lexique m.

Vokal [vo'ka:l] m. (s, e) voyelle f. | *Vokalanlaut*, voyelle initiale. | *Vokalauslaut*, voyelle finale.

vokal [vo'ka:l] adj. vocal.

Vokal|konzert [vo"ka:lkɔn'tsɛrt] n. (es, e) concert vocal. ‖°-**musik** f. musique vocale.

Vokalisation [vokaliza'tsio:n] f. (-, en) vocalisation f.

vokalisch [-'ka:liʃ] adj. vocal.

vokalisieren [-kali'zi:rən]. Mus. solfier; vocaliser.

Vokalismus [-ka'lismus] m. vocalisme m.

Vokativ [voka'ti:f] m. (s). Gramm. vocatif m.

Volk [fɔlk] n. (s, ¨er). **1.** peuple m.; nation f. | *das deutsche Volk*, le peuple allemand.

2. [sozial] *das einfache Volk*, les petites gens; le menu peuple. | *das niedere Volk*, la plèbe; la populace; fam., pop. le populo.

3. [Menge] foule f. | *viel Volk*, beaucoup de monde.

4. gens m. pl. ‖ Mar. équipage m. ‖ [Jagd] volée f. | *ein Volk Rebhühner*, une compagnie de perdreaux.

volk|arm ['fɔlkarm] adj. peu peuplé. ‖-**leer** adj. désert; inhabité. ‖-**reich** adj. très peuplé.

Völkchen ['følkçən] n. (s, -) gens m. pl.

Völker|ball ["følkər'bal] m. (s). Sport. ballon prisonnier. ‖°-**bund** m. (s). Polit. Société (f.) des Nations (à Genève). ‖°-**kunde** f. ethnologie f.; ethnographie f. ‖°-**mord** m. (s, e) génocide m. ‖°-**recht** n. (s) droit (m.) des gens; droit international. ‖-**rechtlich** adj. conforme au droit international. ‖°-**schlacht** f. Hist. bataille (f.) des Nations (Leipzig, 1813). ‖°-**wanderung** f. Hist. grandes invasions (des Barbares).

Völkerschaft ['følkərʃaft] f. (-, en) peuplade f.

völkisch ['følkiʃ] adj. Hist. national.

Volks|abstimmung ["folks'apʃtimuŋ] f. (-, en) référendum m.; plébiscite m. ‖°-**ausgabe** f. (-, n) édition (f.) populaire. ‖°-**bad** n. (s, ¨er) bain public. ‖°-**bank** f. (-, en) banque (f.) populaire. ‖°-**befragung** f. (-, en) référendum m. ‖°-**begehren** n. (s) plébiscite m. ‖°-**belustigung** f. (-, en) foire f.; kermesse f. ‖°-**bewegung** f. (-, en) mouvement populaire, insurrectionnel. ‖°-**bibliothek** f. (-, en) bibliothèque (f.) populaire. ‖°-**buch** n. (s, ¨er) recueil (m.) de contes populaires. ‖°-**demokratie** f. (-, n) démocratie (f.) populaire. ‖°-**dichte** f. densité (f.) démographique. ‖-**eigen** adj. nationalisé. | *volkseigener Betrieb (VEB)*, entreprise nationalisée. ‖°-**entscheid** m. (s, e) référendum m.; plébiscite m. ‖°-**erhebung** f. (-, en) soulèvement national. ‖°-**genosse** m. (n, n) concitoyen m.; compatriote m. ‖°-**glaube** m. (ns) croyance (f.) populaire. ‖°-**heer** n. (s, e) armée nationale. ‖°-**herrschaft** f. souveraineté (f.) du peuple; démocratie f. ‖°-**hochschule** f. (-, n) université (f.) populaire. ‖°-**kunst** f. art (m.) populaire. ‖°-**lied** n. (s, er) chanson (f.) populaire. ‖°-**märchen** n. (s, -) conte (m.) populaire. ‖°-**menge** f. (-, n) masse f.; foule f. ‖°-**mund** m. (s) langage (m.) du peuple. | *im Volksmund*, dans la bouche du peuple. ‖°-**musik** f. musique (f.) populaire. ‖°-**partei** f. (-, en) parti (m.) populaire. ‖°-**redner** m. (s, -) tribun m. ‖ °-**regierung** f. (-, en) gouvernement (m.) populaire, démocratique. ‖°-**schicht** f. (-, en) couche sociale. ‖°-**schule** f. (-, n) école (f.) primaire. | *Volksschulunterricht*, enseignement (m.) primaire. ‖°-**schüler** m. (s, -) élève (m.) de l'école primaire. ‖°-**schullehrer** m. (s, -) instituteur m. ‖°-**schullehrerin** f. (-, nen) institutrice f. ‖°-**stamm** m. (s, ¨e) tribu f.; peuplade f. ‖°-**sturm** m. (s). Hist. milice (f.) populaire (levée par Hitler à la fin de la guerre 1939-1945). ‖°-**tanz** m. (es, ¨e) danse (f.) folklorique. ‖°-**tracht** f. (-, en) costume régional. ‖°-**tribun** m. (s, e) tribun populaire. ‖°-**vermögen** n. (s) capital national. ‖°-**versammlung** f. (-, en) assemblée nationale. ‖°-**vertreter** m. (s, -) représentant (m.) du peuple; député m. ‖°-**vertretung** f. (-, en) représentation nationale; parlement m. ‖°-**wirt(in)** m. (s, e), f. (-, nen) économiste s. ‖°-**wirtschaft** f., °-**wirtschaftslehre** f. économie (f.) politique. ‖°-**zählung** f. (-, en) recensement (m.) de la population.

Volkstum ['folkstu:m] n. (s) nation f.; nationalité f.; ce qui fait le propre d'un peuple.

volkstümlich [-ty:mliç] adj. populaire; folklorique.

Volkstümlichkeit [-ty:mliçkait] f. popularité f.

voll [fɔl] adj. plein; rempli; comble; entier; complet. **1.** [gefüllt] *ein volles Glas*, un verre plein. | *ein volles Gesicht*, un visage rempli; une figure ronde. | *ein voller Arm*, un bras bien en chair. | *mit vollen Händen*, à pleines mains. | *volle Töne*, des sons pleins. | *die volle Zahl ist erreicht*, le compte y est. | *mit vollen Segeln*, à pleines voiles. | *volle acht Tage*, huit jours pleins. | *ein volles Dutzend*, une bonne douzaine. | *die Turmuhr schlägt nur die vollen Stunden*, l'horloge du clocher ne sonne que les heures. ‖ Théâtre. *ein volles Haus haben*, faire salle comble.

2. [gänzlich] *in voller Größe*, grandeur (f.) nature; de toute sa taille. | *die Wahlkampagne ist in vollem Gange*, la campagne électorale bat son plein. | *in vollem Laufe*, en pleine course. | *in voller Kraft*, en pleine force. | *in vollen Zügen trinken*, boire à longs traits. | *aus voller Kehle singen*, chanter à gorge déployée. | *mit vollem Recht behaupten*, soutenir à bon droit. | *volles Vertrauen*, confiance entière. | *in vollem Ernst*, très sérieusement. | *in voller Rüstung*, en armes. | *um das Unglück voll zu machen*, pour comble de malheur. ‖ Archit. *eine volle Mauer*, un mur plein.

3. (attribut) *das Maß ist voll*, la mesure est pleine. | *voll bis an den Rand; gestrichen voll*, plein à ras bords.

| *der Saal ist gestopft voll*, la salle est pleine à craquer. | *der Platz ist voll von Zuschauern*, la place est remplie de badauds.
4. (adj. substantivé) *im vollen leben*, vivre largement. | *aus dem vollen wirtschaften, schöpfen*, dépenser à pleines mains.
◇ adv. *die Wege liegen voll Schnee*, les chemins sont pleins de neige. | *einen Bogen (Papier) voll schreiben*, remplir une feuille (de papier). || PR. et FIG. *den Mund voll nehmen*, en avoir la bouche pleine. | *jn nicht für voll nehmen*, ne pas prendre qn au sérieux. | *die Hände voll zu tun haben*, avoir beaucoup de besogne sur les bras. | *etwas, jn voll würdigen*, rendre pleinement justice à qch., à qn. | *er kommt hier voll zur Geltung*, il peut ici donner toute sa mesure. | *voll und ganz*, entièrement ; pleinement. || LOC. *voller Angst und Sorgen*, plein d'inquiétude. | *ein Leben voller Not*, une vie de soucis.

Voll|aktie ["fɔl'aktsiə] f. (-, n). FIN. action entièrement libérée. ||**-auf** adv. en abondance. ||°**-bad** n. (s) grand bain. ||°**-bart** m. (s, ¨e) grande barbe. ||**-berechtigt** adj. qui jouit de l'intégralité de ses droits. ||**-beschäftigt** adj. pleinement employé. ||°**-beschäftigung** f. plein (-) emploi m. ||**-besetzt** adj. complet. ||°**-besitz** m. (es) *im Vollbesitz seiner geistigen Kräfte*, en pleine possession de ses facultés intellectuelles. ||°**-bier** n. (s) bière forte. ||°**-blut** n. (s, e). [Pferd] pur-sang m. ||**-blütig** adj. MÉD. pléthorique ; sanguin. ||°**-blütigkeit** f. MÉD. pléthore f. ||°**-dampf** m. (s) *Volldampf voraus !*, en avant toute ! ||**-fressen (sich)** [i, a, e] v. pr. se gorger de nourriture. ||**-füllen** v. tr. remplir. ||°**-gas** n. AUTOM. *Vollgas geben*, accélérer à fond. ||°**-gefühl** n. (s) sentiment (m.) de plénitude. ||°**-genuß** m. (s, ¨e) pleine jouissance. ||**-gepfropft, -gestopft** adj. bourré ; bondé. || °**-gewicht** n. (s) bon poids. ||**-gießen** (o, o) v. tr. remplir. ||**-gültig** adj. pleinement valable ; irrécusable. || °**-gültigkeit** f. parfaite validité. ||°**-gummireifen** m. (s, -) bandage plein. ||**-inhaltlich** adj. intégral. ||**-jährig** adj. JUR. majeur. | *jn für volljährig erklären*, émanciper qn. ||°**-jährigkeit** f. (âge [m.] de la) majorité f. ||°**-kasko|versicherung** f. (-, en) assurance (f.) tous risques. ||°**-klang** m. (s) son plein. ||°**-kornbrot** n. (s) pain complet. ||°**-last (Vollast)** f. pleine charge. ||**-laufen (vollaufen)** (ä, ie, a) se remplir d'un liquide. ||**-lautend (vollautend)** adj. qui rend un son plein ; sonore. ||**-leibig (volleibig)** adj. replet. ||°**-leibigkeit (Volleibigkeit)** f. embonpoint m. ||°**-macht** f. procuration f. ; pleins pouvoirs. | *jm Vollmacht erteilen*, donner procuration à qn ; habiliter qn. | *kraft Vollmacht*, par délégation. ||°**-machtgeber** m. (s, -). JUR. mandant m. ||°**-milch** f. lait. ||°**-mond** m. (s) pleine lune. | *es ist Vollmond ; wir haben Vollmond*, la lune est dans son plein. || IRON. *Vollmondgesicht*, visage (m.) de pleine lune. ||°**-narkose** f. (-, n). MÉD. anesthésie générale. ||°**-rausch** m. (es, ¨e) ivresse totale. ||**-schenken** v. tr. remplir les verres jusqu'au bord. || **-ständig** adj. complet ; total ; intégral ; entier. | *der Satz ist nicht vollständig*, la phrase n'est pas complète. | *vollständig machen*, compléter. — adv. complètement ; entièrement ; en entier. | *vollständig besetzt*, au complet. ||°**-ständigkeit** f. (-) intégrité f. ; intégralité f. ; complet m. ||**-stopfen, -pfropfen** v. tr. bourrer. ||**-tanken** v. tr. AUTOM. faire le plein. ||**-tönend** adj. sonore ; au son plein, riche, harmonieux. ||°**-treffer** m. (s, -) coup (m.) qui fait mouche ; coup (m.) au but. ||**-trinken (sich)** [a, u] v. pr. se saouler. ||°**-trunkenheit** f. (-) ivresse totale. ||°**-versammlung** f. (-, en) assemblée plénière. ||°**-waise** f. (-, n) orphelin, orpheline de père et de mère. ||**-wertig** adj. pleinement valable. ||**-wichtig** adj. FIN. qui est de poids légal, trébuchant. | *vollwichtige Münze*, monnaie droite, intrinsèque. ||**-zählig** adj. au complet. ||°**-zähligkeit** f. état complet. ||°**-zeit|-beschäftigung** f. (-, en) plein-temps m.

voll|bringen [fɔl'briŋən] (vollbrachte, vollbracht) v. tr. accomplir ; exécuter ; venir à bout de ; achever. | *ein großes Werk vollbringen*, accomplir une grande œuvre. ||°**-bringer** m. (s, -) exécuteur m. ; auteur m. ||°**-bringung** f. accomplissement m. ; achèvement m. ; consommation f. ; exécution f.

vollenden [fɔl'ɛndən] v. tr. et v. pr. accomplir ; achever ; finir ; parfaire ; mener à bonne fin.

Vollender [-dər] m. (s, -) celui qui achève.

vollendet [-dət] adj. accompli ; fini ; terminé. | *eine vollendete Schönheit*, une beauté parfaite. | *jn vor eine vollendete Tatsache stellen*, placer qn devant le fait accompli. || FIG. défunt. || ASTRON. révolu.

vollends [fɔ'lɛnts] adv. **1.** entièrement ; totalement ; tout à fait.
2. en outre ; encore.

Vollendung [fɔl'ɛnduŋ] f. (-, en) accomplissement m. ; parfaite exécution ; perfection f. ; fini m.

Völlerei [følə'rai] f. (-, en) débauche f.

voll|führen [fɔl'fy:rən] v. tr. exécuter ; accomplir ; s'acquitter de.

Vollheit ['fɔlhait] f. ce qui est complet ; plénitude f.

völlig ['føliç] adj. entier ; complet. | *völlige Gleichheit*, égalité absolue.
◇ adv. pleinement ; parfaitement ; complètement ; tout à fait.

voll|kommen [fɔl'kɔmən] adj. accompli ; parfait ; entier. || MATH. *vollkommene Zahl*, nombre parfait.
◇ adv. parfaitement ; complètement. | *er hat vollkommen recht*, il a parfaitement raison.

Voll|kommenheit [-hait] f. perfection f.

voll|streckbar [fɔl'ʃtrɛkbɑ:r] adj. JUR. exécutoire. | *vollstreckbares Urteil*, jugement (m.) exécutoire. ||°**-streckbarkeit** f. caractère (m.) exécutoire.

voll|strecken [-'ʃtrɛkən] v. tr. JUR. exécuter. | *das Todesurteil an jm vollstrecken*, exécuter qn.

Voll|strecker [-'ʃtrɛkər] m. (s, -). JUR. exécuteur m. | *Testamentsvollstrecker*, exécuteur testamentaire.

Voll|streckung [-ʃtrɛkuŋ] f. JUR. exécution f.

voll|ziehen [fɔl'tsi:ən] (vollzog, vollzogen) v. tr. et v. pr. mettre à exécution ; exécuter ; accomplir. | *die vollziehende Gewalt*, le pouvoir exécutif. | *ein Abkommen vollziehen*, ratifier un traité. || JUR. *eine Ehe vollziehen*, consommer le mariage.

Voll|zieher [-'tsi:ər] m. (s, -) exécuteur m.

Voll|ziehung [-'tsi:uŋ] f., **Voll|zug** [-tsuk] m. (s) exécution f. ; accomplissement m. ; consommation f. | *Vollziehungsbeamte*, agent (m.) d'exécution. | *Vollzugsrat*, conseil exécutif. | *Vollzugsgewalt*, pouvoir exécutif.

Volontär [volɔn'tɛ:r] m. (s, e). COMM. volontaire m.

Volt [vɔlt] n. (s, s). ÉLECTR. volt m. | *Voltmeter*, voltmètre m.

voltaisch [vɔl'tɑ:iʃ] adj. *voltaische Säule*, pile (f.), batterie (f.) de Volta ; pile (f.) voltaïque.

Volta|meter ['vɔlta"me:tər] n. (s, -). ÉLECTR. voltamètre m.

voltigieren [vɔlti'gi:rən] v. intr. faire de la voltige.

Volumen [vɔ'lu:mən] n. (s, mina) volume m.

Volum|gewicht [vɔ"lu:mgə'viçt] n. (s) poids (m.) atomique.

voluminös [vɔlumiˈnøːs] adj. volumineux.
Volute [voˈluːtə] f. (-, n). ARCHIT. et FIG. volute f.
vom [fɔm] V. VON.
von [fɔn] prép. de.

> **I.** prép. (avec le dat.).
> **1.** SENS LOCAL.
> **2.** SUCCESSION.
> **3.** CAUSE ; PROVENANCE.
> **4.** NOTION QUALITATIVE.
> **5.** À LA PLACE DU GÉN.
> **6.** EMPLOI PARTITIF.
> **7.** LOC.
> **II.** prép. composées avec **von.**

I. prép. avec le dat. (**von dem,** contracté en **vom**). **1.** SENS LOCAL : **von** répond à la question : *woher ?* lorsque la position d'origine était désignée par **an, auf, bei.** (Noter que **in** a pour équivalent **aus** et non **von.**) | *die Blätter fallen von den Bäumen*, les feuilles tombent des arbres. | *das Schiff stößt vom Ufer ab*, le bateau quitte la rive. | *sie kommt vom Bahnhof*, elle vient de la gare. | *er steigt vom Pferd*, il descend de cheval. | *er stammt vom Lande*, il est originaire de la campagne. | *von oben bis unten*, de haut en bas. | *von, vom Anfang bis, zum Ende*, du début à la fin. | *Straßburg liegt fünfhundert Kilometer von Paris entfernt*, Strasbourg est situé à cinq cent kilomètres de Paris. | *von vorn*, de devant | *von hinten*, de derrière. | *von nahem*, de près. | *von weitem*, de loin. | *von der Seite*, de côté. | *von beiden Seiten*, des deux côtés.
2. SUCCESSION (le substantif qui suit **von** ne prend pas l'art.) : *der Hausierer zieht von Tür zu Tür*, le colporteur fait le porte-à-porte, va de porte en porte. | *von Ort zu Ort*, d'un lieu à l'autre. | *von Land zu Land*, de pays en pays. | *jm von Angesicht zu Angesicht sprechen wollen*, vouloir parler personnellement à qn. | *von Fall zu Fall entscheiden*, trancher séparément chaque cas. | *die Gefahr wächst von Stunde zu Stunde*, le danger augmente d'heure en heure. | *von Zeit zu Zeit*, de temps en temps.
3. CAUSE ; PROVENANCE : *er ist müde von dem weiten Weg*, le long chemin l'a fatigué. | *ungeduldig vom langen Warten*, rendu impatient par une longue attente. | *ein Gedicht von Heine*, une poésie de Heine. | *ein Gruß von meinem Onkel*, le bonjour de mon oncle. | *er läßt sich von ihm viel gefallen*, il lui passe beaucoup de choses.
4. NOTION QUALITATIVE : *klein von Gestalt*, de petite taille. | *ein Mann von großer Intelligenz*, un homme d'une grande intelligence. | *er ist ein Mann von Grundsätzen*, c'est un homme à principes. | *ein Mann von Welt*, un homme du monde. | *ein Buch von Rang*, un livre de qualité. | *ein Kind von zehn Jahren*, un enfant de dix ans. | *das ist von Nutzen*, cela est utile. | *was sind Sie von Beruf ?*, quelle est votre profession ? | *nicht von Dauer*, peu durable. | *ein Ring von Gold*, une bague en or. || LOC. *ein Prachtstück von einem Adler*, un aigle magnifique.
5. À LA PLACE DU GÉN. : *das Haus von Herrn Meier* (pour *Herrn Meiers Haus)*, la maison de M. Meier. — L'usage est que **von** peut remplacer le gén. si celui-ci n'apparaît pas à première vue. C'est le cas notamment des gén. pl. indéfinis : *das Schicksal von Millionen Menschen*, le sort de millions d'hommes (mais : *das Schicksal vieler Millionen)*. || LOC. *das Ende vom Lied*, le fin mot de l'histoire. — Le langage châtié emploie également **von** pour marquer le gén. des noms propres : *die Königin von England*, la reine d'Angleterre. | *die Umgebung von London*, les environs (m. pl.) de Londres. | *die Anwendung von Penicillin*, l'emploi (m.) de la pénicilline. — **von** est obligatoire pour des noms se terminant par s ou z : *das Rathaus von Florenz*, l'hôtel de ville de Florence ; *die Brücken von Paris*, les ponts de Paris.
6. EMPLOI PARTITIF : *ein Freund von mir*, un de mes amis ; un ami à moi. | *jeder von uns*, chacun de nous. | *von zehn Stimmen acht bekommen*, recevoir huit sur dix des suffrages. | *das Beste von allem*, la meilleure qualité. ◇ particule nobiliaire : *Graf von Moltke*, le comte de Moltke.
7. LOC. *sich etwas vom Halse schaffen*, se débarrasser de qch. | *wie vom Blitz getroffen*, comme frappé de la foudre. | *von (ganzem) Herzen*, de tout cœur. | *von Sinnen sein*, perdre son sang-froid.
II. prép. composées avec **von.** — **a) von... an (ab) :** *von heute an (ab)*, à partir d'aujourd'hui. | *von Anfang an*, dès le début ; dès le départ. | *von nun an*, désormais ; dorénavant.
b) von... auf ne se rencontre que dans des locutions figées : *wir sind es von Kind auf so gewöhnt*, nous y sommes habitués depuis l'enfance. | *von klein auf war er ein guter Musiker*, enfant il était déjà bon musicien. | *von Grund auf*, de fond en comble ; radicalement.
c) von... aus : *von diesem Fenster aus hat man eine schöne Aussicht*, on a une belle vue de cette fenêtre. | *er ist von Natur aus kränklich*, il a toujours été maladif. | *von mir aus können wir spazierengehen*, je ne m'oppose pas à cette promenade.
d) von... her : *von alters her ; von jeher*, de tout temps.
von|einander [fɔnainˈandər] adv. l'un de l'autre. | *voneinander lernen*, apprendre l'un de l'autre. | *voneinander lassen*, se séparer ; lâcher prise.
von|nöten [fɔnˈnøːtən] adv. nécessaire. | *das ist vonnöten*, cela est d'une nécessité urgente.
von|statten [fɔnˈʃtatən] adv. *die Arbeit geht gut vonstatten*, le travail avance bien.
vor [foːr] prép., partic. et adv.

> **I.** prép. (dat. et acc.) devant ; avant.
> **1.** SENS LOCAL.
> **2.** SENS TEMPOREL.
> **3.** SENS CAUSAL.
> **II.** adv.

I. prép. (dat. et acc. **vorm,** contraction de **vor dem ; vors,** contraction de **vor das**). **1.** SENS LOCAL : **a)** avec le datif : *vor dem Hause stehen*, se trouver devant la maison. | *vor jm hergehen*, marcher devant qn. | *vor sich selber*, à ses propres yeux. | *vor der Welt*, à la face du monde. || PAR EXT. *Gewalt geht vor Recht*, la force prime le droit. | *vor allen Dingen ; vor allem*, avant toute autre chose ; avant tout ; plus que tout ; surtout. — **b)** avec l'accusatif : *vor den Richter treten*, paraître devant le juge. | *ein Schiff vor Anker legen*, mettre un navire à l'ancre. | *ich begleite ihn bis vor die Stadt*, je l'accompagne jusque devant la ville. | *vor sich hin reden*, se parler à soi-même.
2. SENS TEMPOREL : avant. | *vor zehn Jahren*, il y a dix ans. | *vor der Versammlung*, avant la réunion. | *vordem*, auparavant. || LOC. (avec forme apparente au gén.) *vortags*, avant le jour. | *vor alters*, il y a bien longtemps. || *vor sich gehen*, se dérouler.
3. SENS CAUSAL : *vor Hunger sterben*, mourir de faim. | *er zittert vor Kälte*, il tremble de froid. | *vor lauter Lesen*, à force de lire. || PAR EXT. *sich vor jm hüten*, se garder de qn. | *vor der Gefahr zittern*, trembler devant le danger. | *Schutz vor dem Regen suchen*, chercher un abri contre la pluie.
II. adv. (en formes composées, V. DAVOR, HIERVOR, WOVOR). LOC. *nach wie vor*, après comme avant, comme devant.
vor|ab [foːrˈap] adv. d'abord ; en attendant.

Vor|abend ["fo:r'abənt] m. (s, e) veille f. | *am Vorabend der Schlacht*, la veille de la bataille.

vor|ahnen ["fo:r'a:nən] v. tr. pressentir. || °**-ahnung** f. (-, en) pressentiment m.

Vor|alpen ["fo:r'alpən] f. pl. GÉOGR. Préalpes f. pl.

vor|an [for'an] adv. en tête ; en avant ; devant.

voran|gehen [for"an'ge:ən] (ging, gegangen) v. intr. marcher en tête. || FIG. *mit gutem Beispiel vorangehen*, donner le bon exemple. || [fortschreiten] *die Arbeit geht gut voran*, le travail avance bien. ||**-kommen** (a, o) v. intr. avancer. ||**-laufen** (ä, ie, a) v. intr. courir en tête. ||**-stellen** v. tr. mettre en tête ; placer en premier.

Vor|anmeldung ["fo:r'anmɛlduŋ] f. (-, en). TÉLÉPH. préavis m.

Vor|anschlag ["fo:ran'ʃla:k] m. (s, ¨e) devis m. ; projet m. | *Kostenvoranschlag*, évaluation (f.) des frais ; devis estimatif.

Vor|anzeige ["fo:ran'tsaigə] f. (-, n) avis (m.) préalable.

Vor|arbeit ["fo:r'arbeit] f. (-, en) travail (m.) préalable ; ébauche f. ||**-arbeiten** v. intr. préparer les voies (à qn) ; montrer à qn comment travailler. ||°**-arbeiter** m. (s, -) contremaître m.

vor|auf [for'auf] adv. **1.** V. VORAN. || **2.** d'avance.

vorauf|gegangen [for"aufgə'gaŋən] part. pass. *das voraufgegangene Ereignis*, l'événement précédent.

voraus [for'aus] adv. **1.** en tête ; devant. | *jm vorauseilen*, précéder qn. || FIG. *er war seiner Zeit voraus*, il était en avance sur son temps. | *er hat viel vor uns voraus*, il nous dépasse de loin.

2. ['-] par avance. | *etwas voraus, im voraus wissen*, savoir qch. d'avance. | *sich im voraus freuen*, se réjouir d'avance.

Voraus ['foraus et -'-] m. (-). JUR. préciput m.

voraus|bestellen [for"ausbə'ʃtɛlən] v. tr. COMM. commander d'avance ; retenir. ||**-bezahlen** v. tr. payer d'avance. ||**-datieren** v. tr. antidater. ||**-gehen** (ging, gegangen) v. intr. marcher en tête ; précéder (sens local et temporel). ||**-planen** v. tr. et v. intr. faire des projets d'avenir. ||°**-sage** f. (-, n) prédiction f. ; pronostic m. ||**-sagen** v. tr. prédire. ||°**-schau** f. ÉCON. prospective f. ||**-schauend** adj. prévoyant. ||**-schicken** v. tr. envoyer en avant. || FIG. *seiner Rede schickte er einige Bemerkungen voraus*, il fit précéder son discours de quelques remarques. ||**-sehen** v. tr. prévoir. ||**-setzen** v. tr. présumer ; supposer. | *vorausgesetzt, daß er kommt*, à condition qu'il vienne. ||°**-setzung** f. (-, en) supposition f. ; hypothèse f. ; condition f. | *unter der Voraussetzung, daß*, à condition que. | *alle Voraussetzungen erfüllen*, satisfaire à toutes les conditions. ||°**-sicht** f. (-, en) prévision f. ||**-sichtlich** adj. et adv. [vermutlich] probable ; probablement. ||°**-wahl** f. (-, en) présélection f. ||°**-zahlung** f. (-, en) acompte m.

Vor|bau ["fo:r'bau] m. (s, e et ten). ARCHIT. avant-corps m. ; partie avancée ; encorbellement m.

vor|bauen ["fo:r'bauən] v. tr. bâtir devant. ◇ v. intr. FIG. prévenir.

Vor|bedacht ["fo:rbə'daxt] m. (s). [Absicht ; Überlegung] préméditation f.

Vor|bedeutung ["fo:rbə'dɔytuŋ] f. (-, en) présage m. ; augure m.

Vor|bedingung ["fo:rbə'diŋuŋ] f. (-, en) condition (f.) préalable, préliminaire.

Vor|behalt ["fo:rbə'halt] m. (s, e) restriction f. ; réserve f. | *mit Vorbehalt*, sous réserve ; sous toutes réserves. | *unter dem Vorbehalt*, sous réserve ; sauf à. || JUR. *unter Vorbehalt meiner Rechte*, sans préjudice de mes droits ; réserve faite de mes droits.

vor|behalten (sich) [ziç"fo:rbe'haltən] (ä, ie, a) v. pr. *sich etwas vorbehalten*, se réserver le droit de faire qch. | *alle Rechte vorbehalten*, tous droits réservés. ||°**-behalts|klausel** f. (-, n). JUR. clause (f.) de sauvegarde. ||**-behaltslos** adj. et adv. sans restriction ; sans réserve.

vor|bei [for'bai] adv. et partic. **1.** [räumlich] devant. | *er geht unter meinem Fenster vorbei*, il passe sous ma fenêtre. | *lassen Sie mich vorbei !*, laissez-moi passer. **2.** [zeitlich] passé ; fini ; écoulé. | *die Gefahr ist vorbei*, le danger est passé. | *vorbei ist vorbei*, ce qui est fait est fait. || POP. *mit ihm ist es vorbei*, c'est un homme fini.

vorbei|fahren [for"bai'fa:rən] (ä, u, a) v. intr. passer (en voiture) devant, près de. ||°**-fließen** (o, o) v. intr. couler devant, à côté. | *der Rhein fließt am Kaiserstuhl vorbei*, le Rhin coule au pied du Kaiserstuhl. ||**-gehen** (ging, gegangen) v. intr. passer sans s'arrêter. || FIG. ne pas voir ; laisser échapper. | *im Vorbeigehen*, en passant. ||**-kommen** (a, o) v. intr. *bei jm vorbeikommen*, passer chez qqn. || FIG. *an etwas vorbeikommen*, négliger, ne pas voir qqch. ||**-reden** v. intr. sépar. *aneinander vorbeireden*, ne pas se comprendre. | *sie reden aneinander vorbei*, c'est un dialogue de sourds. ||**-schlagen** (ä, u, a) v. intr. taper à côté. ||**-ziehen** v. intr. passer devant.

Vor|bemerkung ["fo:rbə'mɛrkuŋ] f. (-, en) remarque (f.) préliminaire ; avant-propos m.

vor|benannt ["fo:rbə'nant] adj. précité ; mentionné ci-dessus.

vor|bereiten ["fo:rbə'raitən] v. tr. et v. pr. (se) préparer. | *er war darauf nicht vorbereitet*, il ne s'y attendait pas. | *vorbereitend*, préparatoire.

Vor|bereitung [-tuŋ] f. (-, en) préparation f. ; préparatif m. | *Vorbereitungen treffen* (« zu », dat.), faire des préparatifs. | *Vorbereitungsarbeiten*, préparatifs m. pl.

Vor|berge ["fo:r'bɛrgə] m. pl. GÉOGR. contreforts m. pl.

Vor|bericht ["fo:rbə'riçt] m. (s, e) rapport préliminaire, introductif.

Vor|bescheid ["fo:rbə'ʃait] m. (s, e). JUR. décision (f.) préliminaire.

vor|bestellen ["fo:rbə'ʃtɛlən] v. tr. commander d'avance ; réserver ; louer d'avance.

vor|bestraft ["fo:rbə'ʃtra:ft] adj. JUR. *ein vorbestrafter Verbrecher*, un repris de justice. | *nicht vorbestraft*, sans antécédents judiciaires.

Vor|beugehaft ["fo:rbɔygə'haft] f. JUR. détention préventive.

vor|beugen [-'bɔygən] v. tr. pencher en avant. ◇ v. intr. parer à qch. ; prévenir. | *einer Krankheit vorbeugen*, prévenir une maladie. | *einem Übel vorbeugen*, prendre des précautions contre un mal.

◇ v. pr. **sich vorbeugen,** se pencher en avant.

Vor|beugung [-guŋ] f. (-, en) précaution f. | *Vorbeugungsmaßnahmen treffen*, prendre des mesures préventives.

Vor|bild ["fo:r'bilt] n. (s, er) modèle m. ; exemple m. | *sich jn zum Vorbild nehmen*, prendre exemple sur qn. || type m. ; original m. ||**-bildlich** adj. exemplaire. ||°**-bildung** f. (-, en) préparation f. ; apprentissage m.

Vor|bote ["fo:r'bo:tə] m. (n, n) précurseur m. || [Anzeichen] signe précurseur ; prodrome m.

vor|bringen ["fo:rbriŋən] (brachte, gebracht) v. tr. mettre en avant ; présenter ; produire. | *einen Vorschlag vorbringen*, faire une proposition.

Vor|bühne ["fo:r'by:nə] f. avant-scène f.

vor|christlich ["fo:r'kristliç] adj. avant l'ère chrétienne.

Vor|dach ["fo:r'dax] n. (s, ¨er) avant-toit m.; auvent m.

vor|datieren ["fo:rda'ti:rən] v. tr. antidater.

Vor|deck ["fo:r'dɛk] n. (s, e). MAR. plage (f.) avant; gaillard (m.) d'avant.

vor|dem ['fo:rde:m et fo:r'de:m] adv. autrefois. || précédemment.

vorder ['fɔrdər] adj. [räumlich] de devant; antérieur. | *das vordere Zimmer*, la chambre de devant.

Vorder|achse ["fɔrdər'aksə] f. (-, n) essieu (m.) avant. ||°**-ansicht** f. (-, en) vue (f.) de face. ||°**-arm** m. (s, e) avant-bras m. ||°**-asien** n. pr. n. GÉOGR. Asie Mineure. ||°**-bein** n. (s, e). ZOOL. patte (f.) de devant. ||°**-front** f. (-, en) façade f. ||°**-fuß** m. (es, ¨e). ANAT. métatarse m. ||°**-glied** n. (s, er). ANAT. membre antérieur. || MATH. antécédent m. ||°**-grund** m. (s, ¨e) premier plan. | *in den Vordergrund stellen*, mettre au premier plan. | *sich in den Vordergrund rücken*, se mettre en évidence. ||**-gründig** adj. visible; apparent. ||**-hand** adv. en attendant; sur le moment; d'abord. ||°**-lader** m. (s, -). MIL. (Vx.) arme (f.) se chargeant par la bouche. ||°**-läufe** pl. ZOOL. pattes (f. pl.) de devant. ||°**-mann** m. (s, ¨er ou leute) homme (m.) de devant; chef (m.) de file. || FAM. *jn auf Vordermann bringen*, mettre qn au pas. ||°**-rad** n. (s, ¨er) roue (f.) avant. || AUTOM. *Vorderradantrieb*, traction (f.) avant. ||°**-reihe** f. premier rang. ||°**-satz** m. (es, ¨e). GRAMM. premier membre de la phrase. ||°**-seite** f. (-, n) façade f. || TYPOGR. recto m. || [Münze] avers m. ||°**-sitz** m. (es, e) siège (m.) de devant. ||°**-teil** m. (s, e) partie (f.) avant. ||°**-zähne** m. pl. dents (f. pl.) de devant.

vor|drängen ["fo:r'drɛŋən] v. tr. et v. pr. (se) pousser en avant. || FIG. (se) mettre en avant.

vor|dringen ["fo:r'driŋən] (a, u) v. intr. avancer; gagner du terrain; progresser. ||°**-dringen** n. (s) progression f.; avance f. ||**-dringlich** adj. très urgent.

Vor|druck ["fo:r'druk] m. (s, e) formulaire m.; formule imprimée.

vor|ehelich ["fo:r'e:əliç] adj. prénuptial; avant le mariage. | *voreheIicher Geschlechtsverkehr*, relations sexuelles avant le mariage.

vor|eilen ["fo:r'ailən] v. intr. courir; se hâter; prendre la tête. ||**-eilig** adj. précipité; prématuré; précoce; anticipé. | *ein voreiliger Schritt*, une démarche inconsidérée. — adv. précipitamment; inconsidérément; à la légère.

vor|einander ['fo:rain"andər] adv. l'un devant l'autre. | *sie haben keine Geheimnisse voreinander*, ils n'ont pas de secrets l'un pour l'autre.

vor|eingenommen ["fo:r'aingənɔmən] adj. prévenu; plein de préjugés; qui a du parti pris. ||°**-eingenommenheit** f. (-, en) parti pris; idée préconçue.

Vor|einstellung ["fo:r'ainʃtɛluŋ] f. (-, en). TECHN. préréglage m.

vor|enthalten ["fo:rɛnt'haltən] (ä, ie, a) v. tr. retenir; détenir injustement; cacher. | *jm etwas vorenthalten*, priver qn de qch.

Vor|entscheid ["fo:rɛnt'ʃait] m. (s, e). JUR. référé m.

Vor|entscheidung ["fo:rɛnt'ʃaiduŋ] f. (-, en) décision (f.) préliminaire. || SPORT. demi-finale f.

Vorentscheidungs|kampf ["fo:rɛntʃaiduŋs-'kampf] m. (s, ¨e). SPORT. match (m.) de qualification.

vor|erst ['fo:re:rst et fo:r'e:rst] adv. d'abord; premièrement; en premier lieu; au préalable.

Vor|fahr ["fo:r'fɑ:r] m. (en, en) ancêtre m.; prédécesseur m.
◇ m. pl. **Vorfahren,** aïeux m. pl.; pères m. pl.

vor|fahren ["fo:r'fɑ:rən] (ä, u, a) v. intr. et v. tr. devancer en voiture; doubler. | *den Wagen vorfahren lassen*, faire avancer la voiture. | *vor dem Schloß vorfahren*, arrêter sa voiture devant le château.

Vor|fahrt ["fo:rfɑ:rt] f. AUTOM. priorité f. | *Vorfahrt gewähren, haben*, laisser, avoir la priorité.

Vorfahrts|recht ["fo:rfɑ:rts'rɛçt] n. (s). AUTOM. priorité f. ||°**-straße** f. (-, n) route (f.) prioritaire.

Vor|fall ["fo:r'fal] m. (s, ¨e) événement m.; accident m.; incident m. || MÉD. prolapsus m.

vor|fallen ["fo:r'falən] (ä, ie, a) v. intr. arriver; se passer; se produire. | *heute ist nichts Besonderes vorgefallen*, aujourd'hui il ne s'est rien passé de particulier. || [nach vorn fallen] tomber en avant. || MÉD. se déplacer.

Vor|feld ["fo:r'fɛlt] n. (s). MIL. terrain avancé; glacis m. || AÉRON. aire (f.) de stationnement.

Vor|finanzierung ["fo:rfinan'tsi:ruŋ] f. ÉCON. préfinancement m.

vor|finden ["fo:r'findən] (a, u) v. tr. trouver en arrivant. | *er fand den Geldschrank aufgebrochen vor*, il trouva son coffre-fort éventré.

Vor|flut ["fo:r'flu:t] montant (m.) de la marée.

Vor|frage ["fo:r'frɑ:gə] f. (-, n) question (f.) préalable.

Vor|freude ["fo:r'frɔydə] f. joie anticipée.

Vor|frühling ["fo:r'fry:liŋ] m. (s) début (m.) du printemps.

vor|fühlen ["fo:r'fy:lən] v. tr. pressentir. | *bei jm vorfühlen*, sonder qn; FAM. tâter qn.

vor|führen ["fo:r'fy:rən] v. tr. amener; présenter; produire; faire paraître. | *einen Film vorführen*, présenter un film. | *Vorführdame*, mannequin m. ||°**-führung** f. (-, en) présentation f. || FILM. projection f.

Vor|gabe ["fo:r'gɑ:bə] f. (-, n) assertion f. || [Vorteil] avantage m. (accordé à qn). || SPORT. handicap m.

Vor|gang ["fo:r'gaŋ] m. (s, ¨e). **1.** événement m.; incident m.; processus m. | *er hat dem ganzen Vorgang beigewohnt*, il a été spectateur de toute l'affaire.
2. CHIM. *chemischer Vorgang*, réaction (f.) chimique. || TECHN. procédé m.

Vor|gänger ["fo:r'gɛŋər] m. (s, -) prédécesseur m.; devancier m.

vor|gaukeln ["fo:r'gaukəln] v. tr. *jm schöne Hoffnungen vorgaukeln*, faire miroiter de grands espoirs aux yeux de qn.

vor|geben ["fo:r'ge:bən] (i, a, e) v. tr. prétexter; donner pour excuse; alléguer. || SPORT. donner un handicap.

Vor|gebirge ["fo:rgə'birgə] n. (s, -). GÉOGR. promontoire m.; cap m.; contrefort m.

vor|geblich ["fo:r'ge:bliç] adj. prétendu; soi-disant; supposé.
◇ adv. à ce que l'on prétend.

vor|gefaßt ["fo:rgə'fast] adj. préconçu. | *eine vorgefaßte Meinung*, une opinion préconçue; un parti pris.

Vor|gefühl ["fo:rgə'fy:l] n. (s, e) pressentiment m.

vor|gehen ["fo:r'ge:ən] (ging, gegangen) v. intr.
1. avancer; prendre les devants. | *diese Arbeit geht vor*, ce travail a la priorité. | *die Uhr geht vor*, la montre avance.
2. procéder. | *gegen jn gerichtlich vorgehen*, intenter une action en justice contre qn. | *er ist in dieser Sache streng vorgegangen*, il s'est montré rigoureux dans cette affaire.

Vor|gehen [-'ge:ən] n. (s) avance f. ; progression f. || [Verfahren] manière (f.) d'agir ; procédé m.

Vor|gericht ["fo:rgə'riçt] n. (s, e). CULIN. entrée f.

Vor|geschichte ["fo:rgə'ʃiçtə] f. [Menschheit] préhistoire f. ; [Einzelner] antécédents m. pl. ||**-geschichtlich** adj. préhistorique.

Vor|geschmack ["fo:rgə'ʃmak] m. (s) avant-goût m.

vor|geschritten ["fo:rgə'ʃritən] adj. [zeitlich] *zu vorgeschrittener Stunde*, à une heure avancée.

vor|gesehen ["fo:rgə'ze:ən] adj. réservé ; prévu.

Vor|gesetzte(r) ["fo:rgə'zɛtstə(r)] f. (m.) supérieur(e) m. (f.).

vor|gestern ["fo:r'gɛstərn] adv. avant-hier. ||**-gestrig** adj. d'avant-hier ; de l'avant-veille. || FIG. démodé.

vor|greifen ["fo:r'graifən] (i, i) v. intr. anticiper. |*den Ereignissen vorgreifen*, anticiper sur les événements. | *einer Frage vorgreifen*, préjuger une question. | *jm vorgreifen*, devancer les intentions de qn.

Vor|greifen [-fən] n. (s) anticipation f.

vor|haben ["fo:r'ha:bən] v. tr. **1.** projeter ; avoir l'intention. | *er hat große Dinge vor*, il a de grands projets, des desseins ambitieux. | *er hat Böses vor*, il a de mauvaises intentions. || FAM. *heute abend habe ich nichts vor*, je n'ai rien prévu pour ce soir.
2. porter. | *der Schmied hat einen Lederschurz vor*, le forgeron porte un tablier de cuir.

Vor|haben [-bən] n. (s, -) projet m. ; dessein m. ; plan m. ; propos m.

Vor|hafen ["fo:r'ha:fən] m. (s, ¨) avant-port m.

Vor|halle ["fo:r'halə] f. (-, n) vestibule m. ; porche m. ; narthex m. ; propylée m.

vor|halten ["fo:r'haltən] (ä, ie, a) v. tr. tenir devant. || FIG. reprocher à ; admonester. | *jm seine Nachlässigkeit vorhalten*, reprocher à qn sa négligence. ◇ v. intr. MIL. viser en avant du but. || LOC. FAM. *lange vorhalten*, durer longtemps.

Vor|haltung [-'haltuŋ] f. (-, en) remontrance f.

Vor|hand ["fo:r'hant] f. [Spiele] *Vorhand haben*, avoir la main. || SPORT. [Tennis] coup droit.

vor|handen [fo:r'handən] adj. disponible ; existant ; présent. |*vorhanden sein*, exister. |*die vorhandenen Mittel*, les moyens du bord. | *das Vorhandensein*, l'existence (f.), la présence de qch.

Vor|hang ["fo:r'haŋ] m. (s, ¨e) rideau m. | *den Vorhang aufziehen*, lever le rideau. |*den Vorhang fallen lassen*, baisser le rideau.

vor|hängen [-'hɛŋən] v. tr. pendre, suspendre devant. | *Vorhängeschloß*, cadenas m.

Vor|haut ["fo:r'haut] f. ANAT. prépuce m.

vorher ['fo:rhe:r et fo:r'he:r] adv. avant ; auparavant ; antérieurement ; précédemment ; à l'avance ; préalablement. |*am Tag, den Tag vorher*, la veille. |*am Abend vorher*, la veille au soir.

vorher|bestimmen [fo:r"he:rbə'ʃtimən] v. tr. prédestiner ; déterminer à l'avance. ||°**-bestimmung** f. prédestination f. ||**-gehend** adj. mentionné ci-dessus ; antécédent. ||°**-sage** f. (-, n), °**-sagung** f. (-, en) prédiction f. ; prévision f. ; pronostic m. ||**-sagen** v. tr. prédire.

vorherig ['fo:r"he:riç] adj. précédent ; antérieur. | *vorherige Warnung*, avertissement (m.) préalable.

Vor|herrschaft ["fo:r'hɛrʃaft] f. prédominance f. ; prépondérance f. ; suprématie f.

vor|herrschen ["fo:r'hɛrʃən] v. intr. prédominer ; être prédominant, prépondérant.

vor|heucheln ["fo:r'hɔyçəln] v. tr. simuler.

vor|hin ['fo:rhin et fo:r'hin] adv. à l'instant ; tantôt ; naguère. |*vorhin hast du das Gegenteil behauptet*, tu affirmais le contraire à l'instant.

vorhin|ein ["fo:rhin'ain] adv. [Österreich] *im vorhinein*, dès l'abord.

Vor|hof ["fo:r'ho:f] m. (s, ¨e) entrée f. ; vestibule f. ; parvis m. ; atrium m. || ANAT. vestibule m. (de l'oreille).

Vor|hölle ["fo:r'hølə] f. limbes m. pl.

Vor|hut ["fo:r'hu:t] f. (-, en). MIL. avant-garde m.

vorig ['fo:riç] adj. précédent ; antérieur. |*das vorige Mal*, la dernière fois. | *voriges Jahr*, l'an passé.

vor|industriell ["fo:rindustri'ɛl] adj. préindustriel.

Vor|jahr ["fo:r'ja:r] n. (s) année précédente. ||**-jährig** adj. de l'année précédente.

Vor|kammer ["fo:r'kamər] f. (-, n) antichambre f. || ANAT. oreillette f. (du cœur). || TECHN. [Dieselmotor] chambre (f.) de précombustion.

Vor|kämpfer ["fo:r'kɛmpfər] m. (s, -) pionnier m. ; champion m. (d'une cause).

vor|kauen ["fo:r'kauən] v. tr. FIG. mâcher (la besogne).

Vor|kauf ["fo:r'kauf] m. (s, ¨e) préemption f. | *Vorkaufsrecht*, droit (m.) de préemption ; option f.

Vor|kehrung ["fo:r'ke:ruŋ] f. (-, en) disposition f. ; préparatif m. ; mesure f. |*die nötigen Vorkehrungen treffen*, prendre les mesures nécessaires.

Vor|kenntnisse ["fo:r'kɛntnisə] f. pl. connaissances (f. pl.) préalables.

vor|kommen ["fo:r'kɔmən] (a, o) v. intr. **1.** arriver en tête.
2. avancer ; sortir de.
3. se produire ; se présenter ; arriver ; se passer ; se voir ; se trouver. |*so etwas ist noch nicht vorgekommen*, cela ne s'est encore jamais vu.
4. sembler ; paraître. |*sein Gesicht kommt mir bekannt vor*, son visage ne m'est pas inconnu. || FAM. *das kommt mir spanisch vor*, je n'y comprends rien.
— v. pr. **sich vorkommen.** *er kommt sich gescheit vor*, il se croit intelligent.

Vor|kommen [-mən] n. (s), **Vorkommnis** n. (ses, se) événement m. || GÉOL. gisement m.

Vorkriegs|zeit ["fo:rkri:ks'tsait] f. (-, en) avant-guerre m.

vor|laden ["fo:r'la:dən] (ä, u, a) v. tr. JUR. citer ; assigner. ||°**-ladung** f. (-, en). JUR. citation f. ; assignation f.

Vor|lage ["fo:r'la:gə] f. (-, n). **1.** modèle m. |*nach Vorlage zeichnen*, dessiner d'après un modèle.
2. projet m. | *Gesetzesvorlage*, projet de loi.
3. présentation f.
4. SPORT. position penchée en avant.

vor|lassen ["fo:r'lasən] (ä, ie, a) v. tr. laisser passer (qn). |*beim Präsidenten vorgelassen werden*, être reçu chez le président ; obtenir une audience du président.

Vor|lauf ["fo:r'lauf] m. (s, ¨e). [Film, Magnetband] amorce f. || SPORT. éliminatoire f. ; série f.

Vor|läufer ["fo:r'lɔyfər] m. (s, -) précurseur m. || [Ski] ouvreur m.

vor|läufig [-'lɔyfiç] adj. provisoire ; temporaire. ◇ adv. provisoirement ; pour l'instant ; en attendant.

vor|laut ["fo:r'laut] adj. qui parle trop ; qui a le verbe haut ; infatué ; impertinent.

Vor|leben ["fo:r'le:bən] n. (s) antécédents m. pl. || PHILOS. vie antérieure.

vor|legen ["fo:r'le:gən] v. tr. **1.** présenter ; offrir ; servir ; montrer. | *Briefe zur Unterschrift vorlegen*, présenter des lettres à la signature.

2. [vorschlagen] soumettre ; proposer. | *dem Parlament einen Gesetzentwurf vorlegen*, saisir le Parlement d'un projet de loi.
◇ v. pr. **sich vorlegen,** se pencher en avant.
Vor|leger [-'le:gər] m. (s, -) carpette f. ; descente (f.) de lit.
vor|lehnen (sich) [ziç"fo:r'le:nən] v. pr. s'incliner ; se pencher en avant.
vor|lesen ["fo:r'le:zən] (ie, a, e) v. tr. lire à haute voix.
Vor|lesung [-zuŋ] f. (-, en) conférence f. ; cours (m.) d'université. | *Vorlesungen halten*, faire un cours. | *Vorlesungen hören*, suivre des cours.
Vorlesungs|verzeichnis [-zuŋsfer'tsaiçnis] n. (ses, se) programme (m.) des cours, des enseignements.
vor|letzt ["fo:r'lεtst] adj. avant-dernier.
Vor|liebe ["fo:r'li:bə] f. préférence f. ; prédilection f. | *er hat eine Vorliebe für Musik*, il aime beaucoup la musique.
vorlieb|nehmen [fo:r"li:p'ne:mən] v. intr. (mit) se contenter (de).
vor|liegen ["fo:r'li:gən] (a, e) v. intr. **1.** être situé devant.
2. exister ; être présent. | *es liegt nichts gegen ihn vor*, on n'a rien à lui reprocher. | *die Bilanz liegt zur Prüfung vor*, le bilan est à l'examen.
◇ part. prés. **vorliegend,** dont il s'agit. | *im vorliegenden Fall*, dans le cas présent ; en l'occurrence.
vorm [fɔrm] forme contractée de **vor dem.**
vor|machen ["fo:r'maxən] v. tr. montrer (à qn). comment s'y prendre. || [vorlügen] en faire accroire (à qn).
Vor|macht ["fo:r'maxt] f. prédominance f. ; puissance prédominante.
Vor|magen ["fo:r'mα:gən] m. (s, -). ZOOL. jabot m.
vor|malig ["fo:r'mα:liç] adj. précédent ; de jadis ; ci-devant. ||**-mals** adv. autrefois ; jadis ; auparavant.
Vor|mann ["fo:r'man] m. (s, ¨er) chef (m.) de file.
Vor|marsch ["fo:r'marʃ] m. (s, ¨e) offensive f. ||**-marschieren** v. intr. avancer.
Vor|märz ["fo:r'mεrts] m. HIST. période (f.) d'avant la révolution de 1848.
vor|merken ["fo:r'mεrkən] v. tr. prendre note (de) ; noter.
Vor|mittag ["fo:r'mitα:k] m. (s, e) matinée f. ||**-mittags** adv. le matin ; dans la matinée.
Vor|mund ["fo:r'munt] m. (s, e et ¨er) tuteur m. ; curateur m. ||°**-mundschaft** f. tutelle f. ; curatelle f. | *unter Vormundschaft stehen*, être en tutelle.
vorn [fɔrn] adv. V. VORNE.
Vor|name ["fo:r'nα:mə] m. (ns, n) prénom m.
vorn|an ['fɔrnan] adv. *er reitet vornan*, il chevauche en tête. ||**-herein** adv. *von vornherein*, sans plus attendre ; dès le début ; a priori. ||**-über** adv. *er fällt vornüber*, il tombe la tête la première. ||**-weg** adv. du premier coup ; du premier mouvement.
vorne ['fɔrnə] adv. devant ; à l'avant ; en tête. | *nach vorne gehen*, se porter en avant. | *von vorne gesehen*, vu de face. | *von vorne angreifen*, attaquer de front. | *wieder von vorne anfangen*, recommencer par le début ; reprendre (une chose) du début à la fin. | *von vorne bis hinten*, de bout en bout.
vor|nehm ['fo:rne:m] adj. **1.** distingué ; élégant. | *ein vornehmes Benehmen*, un air distingué. | *vornehm tun*, prendre des airs de distinction ; se donner de grands airs.
2. noble. | *eine vornehme Gesinnung*, des sentiments nobles.
vor|nehmen ["fo:r'ne:mən] (i, a, o) v. tr. s'occuper de ; examiner ; entreprendre. | *jn vornehmen*, admonester qn.
◇ v. pr. **sich vornehmen.** *sich etwas vornehmen*, se promettre de faire qch.
Vor|nehmheit [-'ne:mhait] f. distinction f. ; manières distinguées ; noblesse f. ||**-nehmlich** adv. principalement ; particulièrement ; avant tout.
vor|neigen ["fo:r'naigən] v. intr. se pencher en avant.
Vor|ort ["fo:r'ɔrt] m. (s, e). 1° banlieue f. ; faubourg m. ; 2° [Schweiz] chef-lieu m. ||°**-ort|zug** m. (s, ¨e) train (m.) de banlieue.
Vor|platz ["fo:r'plats] m. (es, ¨e) esplanade f. ; parvis m.
Vor|posten ["fo:r'pɔstən] m. (s, -) avant-poste m.
vor|preschen ["fo:r'prεʃən] v. intr. se ruer en avant. || SPORT. se porter en tête.
Vor|rang ["fo:r'raŋ] m. (s) préséance f. ; prééminence f. | *jm den Vorrang lassen*, céder le pas à qn.
Vor|rat ["fo:r'rα:t] m. (s, ¨e) provision f. ; stock m. ; réserve f. ; fonds m. | *auf Vorrat kaufen*, stocker. ||**-rätig** adj. en stock. | *etwas vorrätig halten*, tenir qch. en réserve. || COMM. *das haben wir nicht mehr vorrätig*, nous sommes en rupture de stock.
Vorrats|kammer ["fo:rrα:ts'kamər] f. (-, n) office m. ; cellier m. ||°**-schrank** m. (s, ¨e) garde-manger m.
Vor|raum ["fo:r'raum] m. (s, ¨e) antichambre m.
vor|rechnen ["fo:r'rεçnən] v. tr. faire le compte (de) ; énumérer ; détailler.
Vor|recht ["fo:r'rεçt] n. (s, e) privilège m. ; prérogative f. | *ein Vorrecht genießen*, jouir d'un privilège.
Vor|rede ["fo:r're:də] f. (-, n). [Vorwort ; Einleitung] préface f. ; avant-propos m.
vor|reden [-'re:dən] v. tr. *jm etwas vorreden*, en conter, en faire accroire à qn.
Vor|redner ["fo:r'rednər] m. (s, -) orateur précédent ; celui qui vient de parler.
Vor|richtung ["fo:r'riçtuŋ] f. (-, en) dispositif m. ; mécanisme m. || préparation f. | *Vorrichtungen treffen*, faire des préparatifs ; prendre des mesures.
vor|rücken ["fo:r'rykən] v. intr. avancer. | *in vorgerücktem Alter*, à un âge avancé. || monter en grade.
Vor|ruhestand ["fo:r'ru:əʃtant] m. (s) préretraite f.
Vorruhestands|entschädigung ["fo:rru:əʃtants-εnt'ʃε:diguŋ] f. (-, en), °**-regelung** [-'re:gəluŋ] f. (-, en) allocation (f.) de préretraite.
Vor|runde ["fo:r'rundə] f. (-, n). SPORT. premier tour ; tour (m.) éliminatoire.
vors [fo:rs] forme contractée de **vor das.**
vor|sagen ["fo:r'zα:gən] v. tr. *jm etwas vorsagen*, souffler qch. à qn.
Vor|sänger ["fo:r'zεŋər] m. (s, -) chef (m.) de chœur.
Vor|satz ["fo:r'zats] m. (es, ¨e) projet m. ; dessein m. ; intention f. | *gute Vorsätze fassen*, prendre de bonnes résolutions. ||**-sätzlich** adj. volontaire ; délibéré. | *vorsätzliche Tötung*, meurtre (m.) avec préméditation. — adv. exprès ; intentionnellement ; à dessein.
Vorsatz|blatt ["fo:rzats'blat] n. (s, ¨er) page (f.) de garde. ||°**-gerät** n. (s, e) adaptateur m. ||°**-linse** f. (-, n). TECHN. lentille (f.) acoustique.
Vor|schau ["fo:r'ʃau] f. aperçu m. || [Film] bande-annonce f.

Vor|schein ["fo:r'ʃain] m. (s) *zum Vorschein kommen*, apparaître. | *zum Vorschein bringen*, faire paraître.

vor|schieben ["fo:r'ʃi:bən] (o, o) v. tr. pousser. | *den Riegel vorschieben*, pousser le verrou. || FIG. *Gründe vorschieben*, invoquer des prétextes. || MIL. *vorgeschobener Posten*, poste avancé.

vor|schießen ["fo:r'ʃi:sən] (o, o) v. tr. FAM. *Geld vorschießen*, avancer de l'argent (à qn).

Vor|schiff ["fo:r'ʃif] n. (s, e). MAR. avant m.

Vor|schlag ["fo:r'ʃla:k] m. (s, ¨e) proposition f. | *verschiedene Vorschläge unterbreiten*, faire des propositions diverses. | *Vorschlag zur Güte*, proposition de conciliation. || MUS. appogiature f. ; note (f.) d'ornement.

vor|schlagen ["fo:r'ʃla:gən] (ä, u, a) v. tr. proposer. | *er ist zum Präsidenten vorgeschlagen worden*, il a été proposé pour être président.

vor|schnell ["fo:r'ʃnɛl] adj. [übereilt] précipité. ◇ adv. trop vite ; sans réfléchir. | *vorschnell urteilen*, juger à la légère.

vor|schreiben ["fo:r'ʃraibən] (ie, ie) v. tr. prescrire ; ordonner. | *er läßt sich nichts vorschreiben*, il n'en fait qu'à sa tête.

Vor|schrift ["fo:r'ʃrift] f. (-, en) prescription f. ; ordre m. ; instruction f. | *militärische Vorschrift*, règlement (m.) militaire. | *vorschriftsmäßig*, conforme au règlement.

Vor|schub ["fo:r'ʃu:p] m. (s) assistance f. ; aide f. ; secours m. | *jm Vorschub leisten*, aider qn ; prêter main-forte à qn ; favoriser un projet. || TECHN. avance f. ; avancement m.

Vor|schule ["fo:r'ʃulə] f. (-, n) école (f.) préparatoire ; enseignement (m.) préscolaire.

Vor|schuß ["fo:r'ʃus] m. (es, ¨e) avance (f.) d'argent. | *auf Vorschuß leben*, vivre de crédit.

vor|schützen ["fo:r'ʃytsən] v. tr. prétexter ; alléguer ; invoquer. | *eine Krankheit vorschützen*, prétexter une maladie.

vor|schweben ["fo:r'ʃve:bən] v. intr. *es schweben ihm kühne Pläne vor*, il rêve à de grands projets.

vor|sehen ["fo:r'ze:ən] (ie, a, e) v. tr. prévoir. | *dieser Fall ist im Gesetz nicht vorgesehen*, ce cas n'est pas prévu par la loi.
◇ v. pr. **sich vorsehen,** prendre des précautions ; se tenir sur ses gardes. | *sieh dich vor!*, sois vigilant, prudent !

Vor|sehung [-'ze:uŋ] f. Providence (divine).

vor|setzen ["fo:r'zɛtsən] v. tr. mettre devant ; servir (un mets). || [Schachspiel] *eine Figur vorsetzen*, faire avancer une pièce.

Vor|sicht ["fo:r'ziçt] f. prudence f. ; prévoyance f. ; précaution f. ; circonspection f. | *Vorsicht*, attention ! ||**-sichtig** adj. prudent. — adv. avec circonspection ; prudemment. ||°**-sichtigkeit** f. précaution f. ; prudence f. ; discrétion f.

vorsichts|halber ["fo:rziçts'halbər] adv. par prudence ; par mesure de précaution. ||°**-maßnahme** f. (-, n) mesure (f.) de précaution.

Vor|silbe ["fo:r'zilbə] f. (-, n) préfixe m.

vor|singen ["fo:r'ziŋən] (a, u) v. tr. chanter (devant qn).

vor|sintflutlich ["fo:r'zintflu:tliç] adj. antédiluvien. || PAR EXT. très ancien ; démodé.

Vor|sitz ["fo:r'zits] m. (es) présidence f. | *den Vorsitz führen*, présider. ||**-sitzen** (saß, gesessen) v. intr. exercer la présidence. | *der Vorsitzende, die Vorsitzende*, le président, la présidente.

Vor|sorge ["fo:r'zɔrgə] f. prévoyance f. ; précaution f. | *Vorsorge für etwas tragen*, prendre soin que qch. se fasse. ||°**-sorge|untersuchung** f. (-, en). MÉD. (examen [m.] de) dépistage m. ||**-sorglich** adj. prévoyant. — adv. par précaution.

Vor|spann ["fo:r'ʃpan] m. (s, e) attelage (m.) de renfort. || FILM. générique m. ||**-spannen** v. tr. atteler.

Vor|speise ["fo:r'ʃpaizə] f. (-, n). CULIN. entrée f. ; hors-d'œuvre m.

vor|spiegeln ["fo:r'ʃpi:gəln] v. tr. FIG. *jm etwas vorspiegeln*, faire miroiter qch. aux yeux de qn ; donner des illusions à qn. ||°**-spiegelung** f. *Vorspiegelung falscher Tatsachen*, récit, propos mensonger.

Vor|spiel ["fo:r'ʃpi:l] n. (s, e) prologue m. || SPORT. match (m.) en lever de rideau. ||**-spielen** v. tr. MUS. jouer (devant qn).

vor|sprechen ["fo:r'ʃprɛçən] (i, a, o) v. intr. *bei jm vorsprechen*, faire une démarche auprès de qn ; passer chez qn.

vor|springen ["fo:r'ʃpriŋən] (a, u) v. intr. s'élancer en avant. || déborder ; avancer ; faire saillie. ||**-springend** adj. en saillie. ||°**-sprung** m. (s, ¨e) 1° avance f. ; avantage m. | *er hat einen großen Vorsprung vor ihm*, il a une grande avance sur lui ; 2° saillie f. ; ressaut m. ; rebord m.

Vor|stadt ["fo:r'ʃtat] f. (-, ¨e) faubourg m. ; proche banlieue f. ||°**-städter** m. (s, -) habitant (m.) d'un faubourg ; banlieusard m. ||**-städtisch** adj. des faubourgs ; faubourien.

Vor|stand ["fo:r'ʃtant] m. (s, ¨e) président m. || comité directeur ; conseil (m.) d'administration.

Vorstands|dame ["fo:rʃtants'da:mə] f. (-, n) dame patronnesse. ||°**-mitglied** n. (s, er) membre (m.) du comité directeur.

vor|stecken ["fo:r'ʃtɛkən] v. tr. fixer ; mettre devant.

vor|stehen ["fo:r'ʃte:ən] (stand, gestanden) v. intr.
1. être à la tête de ; présider à ; diriger ; gouverner. | *er steht einer Bank vor*, il dirige une banque.
2. avancer ; déborder ; dépasser ; être en saillie. | *dieser Stein steht vor*, cette pierre sort du mur.
◇ part. prés. **vorstehend,** précédent ; susmentionné. | *im vorstehenden*, dans ce qui précède.

Vorsteh|hund ["fo:rʃte:'hunt] m. (s, e) chien (m.) d'arrêt. | *deutscher Vorstehhund*, braque allemand.

Vor|steher [-'ʃte:ər] m. (s, -) directeur m. ; président m.

Vorsteher|drüse ["fo:rʃte:ər'dry:zə] f. (-, n). ANAT. prostate f.

vor|stellbar ["fo:r'ʃtɛlba:r] adj. que l'on est à même de se représenter.

vor|stellen [-'ʃtɛlən] v. tr. et v. pr. **1.** (se) présenter. | *darf ich Ihnen Herrn Meier vorstellen?*, permettez-moi de vous présenter M. Meier. | *sich jm vorstellen*, se présenter à qn.
2. représenter ; imaginer ; se figurer ; concevoir. | *er kann sich ihre Freude gut vorstellen*, il se représente, il imagine facilement sa joie. | *das hätte ich mir so nicht vorgestellt*, je m'attendais à autre chose.
3. THÉÂTRE. représenter ; jouer un rôle. || FIG. *er stellt etwas vor*, il a de la prestance.
4. [nach vorn schieben] mettre en avant. | *stellen Sie den Stuhl bitte vor*, veuillez avancer votre chaise. | *eine Uhr vorstellen*, avancer une montre.

vor|stellig [-'ʃtɛliç] adj. *bei jm vorstellig werden*, adresser une pétition à qn.

Vor|stellung [-'ʃtɛluŋ] f. (-, en). **1.** présentation f. ; représentation f. | *das geht über alle Vorstellung*, cela (dé)passe l'imagination. | *sich eine Vorstellung von etwas machen*, se faire une idée de qch.

2. THÉÂTRE., FILM. spectacle m. | *heute findet keine Vorstellung statt*, aujourd'hui on fait relâche.
3. remontrance f. | *jm Vorstellungen machen* (über, acc.) faire des représentations à qn (au sujet de).

Vorstellungs|kraft ["fo:rʃtεluŋs'kraft] f., °**-vermögen** [-fεr'mø:gən] n. (s) imagination f.; puissance (f.), faculté (f.) d'imagination. ||°**-welt** f. [Psychologie] imaginaire m. | *die kollektive Vorstellungswelt*, l'imaginaire collectif.

Vor|stoß ["fo:r'ʃto:s] m. (es, ¨e). 1° attaque f.; brusque poussée (f.) en avant; raid m. || MIL. *einen Vorstoß unternehmen*, lancer une attaque; FIG. se risquer dans un terrain non encore exploré; 2° saillie f.; avance f.; 3° liséré m. ||**-stoßen** (ö, ie, o) v. intr. attaquer; pousser rapidement en avant; pénétrer.

Vor|strafe ["fo:r'ʃtrɑ:fə] f. (-, n). JUR. condamnation antérieure; antécédents m. pl. | *Vorstrafenverzeichnis*, extrait (m.) de casier judiciaire.

vor|strecken ["fo:r'ʃtrεkən] v. tr. avancer; tendre en avant. | *den Arm vorstrecken*, tendre, jeter le bras en avant. || [Geld] prêter; débourser; avancer.

Vor|stufe ["fo:r'ʃtu:fə] f. (-, n) premier degré.

vor|stürzen ["fo:r'ʃtyrtsən] v. intr. se précipiter, se jeter en avant.

Vor|tag ["fo:r'tɑ:k] m. (s, e) veille f. | *am Vortag*, la veille.

Vor|tänzer ["fo:r'tεntsər] m. (s, -) premier danseur.

vor|tasten (sich) [ziç"fo:r'tastən] v. pr. s'avancer prudemment; tâter, sonder le terrain.

vor|täuschen ["fo:r'tɔyʃən] v. tr. simuler; feindre.

Vor|teil ["fo:r'tail] m. (s, e) avantage m.; profit m.; intérêt m. | *im Vorteil sein (gegenüber jm)*, avoir l'avantage (sur qn). | *seinen Vorteil ausnutzen*, profiter de son avantage. | *Vorteil aus etwas ziehen*, tirer profit, tirer parti de qch. | *nur auf seinen Vorteil bedacht sein*, ne considérer que ses (propres) intérêts; ne voir que son intérêt. || LOC. *er hat sich zu seinem Vorteil verändert*, il a changé à son avantage.

vor|teilhaft [-haft] adj. avantageux; profitable. ◇ adv. avec profit; avantageusement.

Vor|trab ["fo:r'trɑ:p] m. (s, e). MIL. avant-garde f. (de cavalerie).

Vor|trag ["fo:r'trɑ:k] m. (s, ¨e). **1.** exposé m.; conférence f.; rapport m. | *einen Vortrag halten*, faire, donner une conférence.
2. récitation f.; diction f.; élocution f.; débit m.
3. COMM. *Vortrag auf neue Rechnung*, report (m.), solde (m.) à nouveau.

vor|tragen ["fo:r'trɑ:gən] (ä, u, a) v. tr. **1.** lire à haute voix devant qn; réciter; déclamer.
2. *jm etwas vortragen*, exposer qch. à qn. | *der Vortragende*, le conférencier; le rapporteur.
3. [vornhin tragen] porter qch. devant qn.
4. COMM. reporter.

Vortrags|folge ["fo:rtrɑ:ks'fɔlgə] f. programme (musical). ||°**-raum** m. (s, ¨e), °**-saal** (s, -säle) salle (f.) de conférences.

vor|trefflich ['fo:r"trεfliç] adj. excellent; parfait. ◇ adv. parfaitement; à la perfection.

vor|treiben ["fo:r'traibən] (ie, ie) v. tr. pousser en avant.

vor|treten ["fo:r'tre:tən] (i, a, e) v. intr. PR. et FIG. faire un pas en avant; s'avancer; sortir des rangs. || ARCHIT. faire saillie.

Vor|tritt ["fo:r'trit] m. (s) préséance f. | *den Vortritt vor jm haben*, avoir le pas sur qn. || FIG. *jm den Vortritt lassen*, s'effacer devant qn; céder le pas à qn.

Vor|trupp ["fo:r'trup] m. (s, s). MIL. tête (f.) d'avant-garde.

Vor|turner ["fo:r'turnər] m. (s, -). SPORT. moniteur m. | *Vorturnerriege*, équipe (f.) de bons gymnastes.

Vor|übung ["fo:r'y:buŋ] f. (-, en) exercice (m.) préparatoire.

vor|über [for'y:bər] adv. **1.** [zeitlich] passé. | *die Jugend ist vorüber*, la jeunesse est passée. | *das Gewitter ist vorüber*, l'orage a cessé.
2. [örtlich] *die Truppen ziehen vorüber*, les troupes défilent devant nous.

vorüber|fliegen [for"y:bər'fli:gən] (o, o) v. intr. passer (en volant). ||**-gehen** (ging, gegangen) v. intr. passer. | *an jm, an etwas vorübergehen*, passer devant qn, devant qch. | *der Schmerz wird vorübergehen*, la douleur passera. | *im Vorübergehen*, en passant. — part. prés. **vorübergehend,** passager; transitoire; provisoire; temporaire; momentané. | *das Geschäft ist vorübergehend geschlossen*, le magasin restera fermé un certain temps. | *vorübergehende Berufsunfähigkeit*, incapacité (f.) temporaire. ||**-ziehen** (zog, gezogen) v. intr. [Vögel; Truppen] passer.

Vor|urteil ["fo:r'u:rtail] n. (s, e) préjugé m.; prévention f.; opinion préconçue. | *in Vorurteilen befangen sein*, être plein de préjugés.

vorurteils|los ["fo:ru:rtails'lo:s], **-frei** [-'frai] adj. sans préjugés; objectif.

Vor|väter ["fo:r'fε:tər] m. pl. ancêtres m. pl.

Vor|vergangenheit ["fo:rfεr'gaŋənhait] f. GRAMM. plus-que-parfait m.

Vor|verkauf ["fo:rfεr'kauf] m. (s). THÉÂTRE. *Kartenvorverkauf*, location (f.) des places.

Vor|vertrag ["fo:rfεr'trɑ:k] m. (s, ¨e). COMM. promesse (f.) de vente.

vor|wagen (sich) [ziç"fo:r'vɑ:gən] v. pr. avancer courageusement. | *er wagt sich nicht vor*, il n'ose pas avancer.

Vor|wahl ["fo:r'vɑ:l] f. (-, en). POLIT. élection primaire; FAM. primaire f.

Vorwahl|nummer ["fo:rvɑ:l'numər] f. (-, n). TÉLÉPH. indicatif m.

Vor|wand ["fo:r'vant] m. (s, ¨e) prétexte m.; subterfuge m.; allégation f. | *unter dem Vorwand, daß*, sous prétexte que.

vor|wärmen ["fo:r'vεrmən] v. tr. chauffer à l'avance. || TECHN. préchauffer.

Vor|wärmen n. (s, -). TECHN. préchauffage m.

vor|wärts ["fo:rvεrts] adv. et interj. en avant. | *vorwärts gehen*, aller, marcher en avant; avancer. || FAM. *machen Sie, daß Sie vorwärts kommen!*, dépêchez-vous! | *vorwärts!*, en avant!; allons!; partons!

Vorwärts|gang ["fo:rvεrts'gaŋ] m. (s). TECHN. marche (f.) en avant. ||**-kommen** (a, o) v. intr. avancer; progresser. | *die Arbeit kommt nicht vorwärts*, ce travail n'avance pas. ||**-stürmen** v. intr. foncer; aller de l'avant. ||**-treiben** (ie, ie) v. tr. propulser.

Vor|wäsche ["fo:r'vεʃe] f. prélavage m.

vor|weg ["fo:r've:k] adv. d'avance; à l'avance; par anticipation; a priori.

Vorweg|nahme ["fo:rve:k'nɑ:mə] f. anticipation f. || JUR. préciput m. ||**-nehmen** (i, a, o) v. tr. anticiper; aller au-devant d'une pensée, d'un acte.

vor|weisen ["fo:r'vaizən] (ie, ie) v. tr. [Zeugnisse] montrer; faire voir; produire.

Vor|welt ["fo:r'vεlt] f. monde primitif; origines f. pl. (du monde); temps lointains.

vor|weltlich [-'vεltliç] adj. préhistorique.

vor|werfen ["fo:r'vɛrfən] (i, a, o) v. tr. **1.** reprocher ; faire des reproches. | *er wirft ihm seine Nachlässigkeit vor,* il lui reproche sa négligence.
2. jeter, envoyer en avant.
Vor|werk ["fo:r'vɛrk] n. (s, e). MIL. ouvrage avancé. || AGRIC. dépendance (f.) d'un domaine.
vor|wiegen ["fo:r'vi:gən] (o, o) v. intr. prévaloir ; dominer ; primer ; l'emporter.
◇ v. tr. [wiegen] *jm etwas vorwiegen,* peser qch. en présence de qn.
vor|wiegend [-gənt] adj. et adv. prépondérant ; prédominant ; en majorité.
Vor|wissen ["fo:r'visən] n. (s) *das geschah ohne mein Vorwissen,* cela s'est passé à mon insu, sans mon aveu.
Vor|witz ["fo:r'vits] m. (es) indiscrétion f. ; curiosité (f.) blâmable. ||**-witzig** adj. trop curieux ; indiscret ; impertinent ; fâcheux.
Vor|wort ["fo:r'vɔrt] n. (s, e) avant-propos m. ; préface f. || (s, ¨er). GRAMM. préposition f.
Vor|wurf ["fo:r'vurf] m. (s, ¨e). **1.** reproche m. ; réprobation f. ; blâme m. | *jm einen Vorwurf machen,* reprocher qch. à qn ; faire un reproche à qn. | *sich Vorwürfen aussetzen,* s'exposer à des reproches.
2. [Entwurf] projet m. ; ébauche f.
vor|zählen ["fo:r'tsɛ:lən] v. tr. énumérer. || [Geld] compter.
Vor|zeichen ["fo:r'tsaiçən] n. (s, -) indice m. ; signe avant-coureur. | *böses Vorzeichen,* mauvais présage. || MATH. signe m. | *mit anderem Vorzeichen,* en inversant le signe. || MUS. signe m.
vor|zeichnen [-'tsaiçnən] v. tr. tracer ; jalonner ; marquer ; indiquer ; faire un modèle (à qn). ||°**-zeichnung** f. (-, en) ébauche f. ; tracé m.
vor|zeigen ["fo:r'tsaigən] v. tr. faire voir ; montrer ; présenter. | *seinen Paß vorzeigen,* présenter son passeport.
Vor|zeigen [-gən] n. (s), **Vor|zeigung** [-guŋ] f. présentation f. ; production (f.) de pièces.
Vor|zeit ["fo:r'tsait] f. (-, en) temps lointains ; nuit (f.) des temps. | *in grauer Vorzeit,* dans la plus haute antiquité ; dans les temps les plus reculés.
vor|zeiten [for'tsaitən] adv. jadis ; autrefois.
vor|zeitig ["fo:r'tsaitiç] adj. et adv. avant l'heure ; prématuré ; anticipé.
vor|zeitlich [-'tsaitliç] adj. préhistorique.
vor|ziehen ["fo:r'tsi:ən] (zog, gezogen) v. tr. **1.** préférer ; donner la préférence. | *das ist vorzuziehen,* c'est préférable. | *vorziehbar,* préférable.
2. tirer devant. | *die Vorhänge vorziehen,* tirer les rideaux. || MIL. *Truppen vorziehen,* faire avancer les troupes.
Vor|zimmer ["fo:r'tsimər] n. (s, -) antichambre f. ; vestibule m.
Vor|zug ["fo:r'tsu:k] m. (s, ¨e). **1.** priorité f. ; préférence f. ; supériorité f. | *jm den Vorzug geben,* accorder la préférence à qn ; préférer qn.
2. avantage m. ; qualité f. ; privilège m. | *er hat viele Vorzüge,* il a d'éminentes qualités. | *Vorzüge verleihen, gewähren,* départir des avantages.
3. [Entlastungszug] TRANSP. train bis ; train supplémentaire.
Vorzugs|aktie ["fo:rtsu:ks'aktsiə] f. (-, n). FIN. action privilégiée. ||°**-behandlung** f. traitement (m.) de faveur. ||°**-kind** n. (s, er). FAM. chouchou m. ||°**-kredit** m. (s, e). FIN. prêt bonifié. ||°**-preis** m. (es, e) prix (m.) de faveur ; prix (m.) d'ami. ||°**-satz** (es, ¨e). FIN. taux préférentiel. ||°**-tarif** m. (s, e) tarif préférentiel. ||**-weise** adv. de préférence.
vor|züglich ['fo:r"tsy:kliç] adj. [ausgezeichnet] excellent ; remarquable ; supérieur ; exquis ; insigne. | *mit vorzüglicher Hochachtung,* avec l'expression de mes sentiments distingués.
◇ adv. excellemment ; supérieurement ; en premier lieu.
Vor|zündung ["fo:r'tsynduŋ] f. allumage prématuré. || AUTOM. avance (f.) à l'allumage.
votieren [vo'ti:rən] v. intr. voter.
Votiv|bild [vo"ti:f'bilt] n. (s, er) tableau votif ; ex-voto m.
Votum ['vo:tum] n. (s, ten) vote m. ; suffrage m.
vulgär [vul'gɛ:r] adj. vulgaire.
Vulkan [vul'kɑ:n] n. pr. m. MYTH. Vulcain m.
◇ m. (s, e). GÉOGR. volcan m.
Vulkan|ausbruch [vul"kɑ:naus'brux] m. (s, ¨e) éruption (f.) volcanique. ||°**-fiber** f. (-, n) fibre vulcanisée.
vulkanisch [vul'kɑ:niʃ] adj. volcanique.
vulkanisieren [vulkani'zi:rən] v. tr. TECHN. vulcaniser.
Vulkanismus [vulka'nismus] m. vulcanisme m.
Vulva ['vulva] f. (-, ven). ANAT. vulve f.

W

W, w [ve:] n. double v. || CHIM. *W*, abrév. de *Wolfram*, tungstène m. ; wolfram m. || ÉLECTR. *W*, abrév. de *Watt*, watt m. || GÉOGR. *W*, abrév. de *Westen*, ouest m.

Waadt [vɑ:t] n. pr. f., **Waadt|land** [ʺvɑ:t'lant] n. pr. n. canton (m.) de Vaud.

Waadt|länder(in) [ʺvɑ:t'lɛndər(in)] m. (s, -), f. (-, nen) Vaudois(e) m. (f.). ||**-ländisch** adj. vaudois.

Waage ['vɑ:gə] f. (-, n) balance f. || *(Brücken)waage*, bascule f. | *öffentliche Waage*, poids publics ; bascule publique. || PAR ANAL. *(Blei)waage*, niveau (m.) de maçon. || [Waagscheit] palonnier (m.) d'attelage. || ASTRON. Balance f. || SPORT. équilibre horizontal. || FIG. *etwas auf die Waage legen*, peser qch. | *sich gegenseitig die Waage halten*, se contrebalancer.

Waage|amt [ʺvɑ:gə'amt] n. (s, ¨er) poids publics. ||°**-balken** m. (s, -) fléau (m.) de la balance. ||°**-meister** m. (s, -) vérificateur (m.) des poids et mesures. ||**-recht** adj. horizontal ; de niveau. ||°**-zeiger** m. (s, -) aiguille (f.) de la balance.

Waag|schale [ʺvɑ:k'ʃɑ:lə] f. (-, n) plateau (m.) de la balance. || FIG. *etwas in die Waagschale legen*, peser qch. | *etwas in die Waagschale werfen*, jeter qch. dans la balance.

wabbelig ['vabəliç] adj. mou ; flasque ; gélatineux.

wabbeln [-bəln] v. intr. FAM. trembloter.

Wabe ['vɑ:bə] f. (-, n) rayon m., gâteau (m.) de miel.

Waben|bauweise [ʺvɑ:bən'bauvaizə] f. (-, n), °**-muster** [-'mustər] n. (s, -). ARCHIT. construction (f.) en nid d'abeilles.

wabern ['vɑ:bərn] v. intr. POÉT. *die Flamme wabert*, la flamme danse, vacille. | *Waberlohe*, brasier m.

wach [vax] adj. éveillé ; réveillé. | *wach werden*, s'éveiller ; se réveiller. || PAR EXT. éveillé ; vif. | *wache Sinne haben*, avoir des sens aiguisés.

Wach|ablösung [ʺvax'aplø:zuŋ] f. (-, en) relève (f.) de la garde. ||°**-dienst** m. (es, e). MIL. service m. ; garde f. || MAR. quart m. ||**-habend** adj. MIL. de service ; de garde ; MAR. de quart. | *der Wachhabende*, MIL. l'homme de garde ; MAR. l'homme de quart. ||°**-häuschen** n. (s, -) guérite f. ||°**-hund** m. (s, e) chien (m.) de garde. ||°**-mannschaft** f. (-, en) garde f. ||°**-offizier** m. (s, e). MIL. officier (m.) de garde ; MAR. officier (m.) de quart. ||°**-posten** m. (s, -) poste m. || [Wachstehender] factionnaire m. | *Wachposten vor Gewehr*, sentinelle f. ||**-rufen** (ie, u) v. tr. [Gefühle] susciter ; [Wünsche] faire naître ; [Erinnerungen] rappeler. ||**-rütteln** v. tr. réveiller brutalement ; arracher à son sommeil. ||°**-station** f. (-, en). MÉD. salle (f.), service (m.) de réanimation. ||°**-stube** f. (-, n) corps (m.) de garde ; poste m. ||°**-traum** m. (s, ¨e) rêve éveillé. ||°**- und Schließgesellschaft** f. (-, en) société (f.) de gardiennage. ||°**-zustand** m. (s) état (m.) de veille.

Wache ['vaxə] f. (-, n). **1.** MIL. [Wachtdienst] garde f. ; faction f. | *auf Wache sein ; Wache haben*, monter la garde. || MAR. quart m. | *Wache gehen*, faire le quart. **2.** PAR EXT. garde f. ; veille f. ; guet m. | *Wache halten*, être sur ses gardes ; être vigilant. | *bei einem Kranken Wache halten*, veiller un malade.
3. [Wachtposten] factionnaire m. ; sentinelle f. | *Wachen aufstellen*, poster des sentinelles. || [Wachtmannschaft] garde f. ; poste m. | *die aufziehende Wache*, la garde montante. | *die abziehende Wache*, la garde descendante. | *die Wache ablösen*, relever la garde. **4.** [Wachtlokal] corps (m.) de garde ; poste de police. | *jn auf die Wache bringen*, conduire qn au poste.

wachen [-xən] v. intr. [nicht schlafen] veiller ; ne pas dormir. || [hüten] *über jn, über etwas wachen*, surveiller qn, qch. ; veiller sur qn, sur qch. | *bei einem Kranken wachen*, veiller un malade.

Wacholder [va'xɔldər] m. (s, -), **Wacholder|-baum** [vaʺxoldər'baum] m. (s, ¨e) genévrier m.

Wacholder|beere [vaʺxɔldər'be:rə] f. (-, n) baie (f.) de genévrier, genièvre m. ||°**-branntwein** m. (s, e) genièvre m. ; gin m.

Wachs [vaks] n. (es, e) cire f. ; [Ski] fart m. || *(Bohner)wachs*, encaustique f. ; cire (f.) à parquet. | *mit Wachs reiben*, cirer. || FIG. *sie ist Wachs in seinen Händen*, il fait d'elle ce qu'il veut.

wachs|artig [ʺvaks'ɑ:rtiç] adj. cérumineux. ||°**-bild** n. (s, er) figurine (f.) de cire. ||**-bleich** adj. cireux. ||°**-bohne** f. (-, n) haricot (m.) jaune ; haricot (m.) beurre. ||**-farben, -gelb** adj. cireux. ||°**-figur** f. (-, en) figurine (f.) de cire. ||°**-figurenkabinett** n. (s, e) collection (f.) de figures de cire ; musée (m.) Grévin. ||°**-kerze** f. (-, n), °**-licht** n. (s, er) bougie (f.) de cire ; [in der Kirche] cierge m. ||°**-mal|stift** m. (s, e) crayon gras. ||°**-matrize** f. (-, n) stencil m. ||°**-tuch** n. (s, ¨er) toile cirée. ||°**-zieher** m. (s, -) fabricant (m.) de bougies.

wachsam ['vaxzɑ:m] adj. vigilant ; attentif ; sur ses gardes. | *ein wachsamer Hund*, un bon chien de garde. | *ein wachsames Auge auf jn haben*, tenir qn à l'œil ; avoir qn à l'œil.

Wachsamkeit [-kait] f. vigilance f. ; attention f.

wachsen ['vaksən] v. tr. cirer ; encaustiquer. | *frisch gewachst*, encaustiqué de frais. || farter. | *Skier wachsen*, farter des skis.

wachsen ['vaksən] (ä, u, a) v. intr. **1.** croître ; grandir ; pousser. | *krumm gewachsen*, tortu. | *hoch gewachsen*, de haute stature.
2. [gedeihen] bien pousser ; bien venir ; réussir. || [Kind] se développer ; FAM. profiter.
3. [zunehmen] croître ; s'accroître ; augmenter. | *mit wachsender Geschwindigkeit*, en prenant de la vitesse ; de plus en plus vite. | *die Gefahr wächst*, le péril s'accroît.
4. [Wasser] monter.
5. FIG. *das Kind ist der Mutter ans Herz gewachsen*, la mère est très attachée à l'enfant. | *die Arbeit wächst mir*

über den Kopf, je ne sais plus où donner de la tête. | *er hört das Gras wachsen*, c'est un malin. | *er ist seinem Gegner nicht gewachsen*, son adversaire est trop fort pour lui. | *er ist der Lage gewachsen*, il est à la hauteur de la situation.

Wachsen ['vaksən] n. (s) cirage m. || [Ski] fartage m.

Wachsen ['vaksən] n. (s) croissance f.

wächsern ['vɛksərn] adj. [aus Wachs] en, de cire. || [wachsbleich] cireux.

Wachstum ['vakstu:m] n. (s). [Größerwerden] croissance f. ; développement m. || BOT. pousse f. végétation f. || [Wein] cru. || BIOL. *Jahre des Wachstums*, puberté f. || [Zunahme] accroissement m. ; augmentation f. ; développement m.

Wachstums|hormon ["vakstu:mshɔr'mo:n] n. (s, e). MÉD. hormone (f.) de croissance. ||°**-rate** f. (-, n). ÉCON. taux (m.) de croissance. ||°**-rückgang** m. (s, ¨e). ÉCON. ralentissement (m.) de la croissance.

Wacht [vaxt] f. (-, en). MIL. garde f. ; faction f. || MAR. quart m. || PAR EXT. *auf der Wacht sein*, être sur ses gardes.

Wacht|dienst ["vaxt'di:nst] V. WACHDIENST. ||°**-meister** m. (s, -). MIL. maréchal (m.) des logis-chef ; brigadier-chef. ||°**-turm** m. (s, ¨e) tour (f.) de garde, de guet ; [aus Holz] mirador m.

Wächte ['vɛçtə] f. (-, n) amas (m.) de neige en surplomb ; congère f.

Wachtel ['vaxtəl] f. (-, n) caille f.

Wächter ['vɛçtər] m. (s, -) gardien m. ; veilleur m.

Wacke ['vakə] f. (-, n). GÉOL. *(Grau)wacke*, grauwacke f. || [zersetztes Gestein] pierraille f. ; cailloutis m.

Wackel|kontakt ["vakəl'kontakt] m. (s, e). ÉLECTR. faux contact. ||°**-kopf** m. (s, ¨e) tête branlante.

wack(e)lig ['vak(ə)liç] adj. vacillant ; branlant. | *wackelig auf den Beinen sein*, flageoler.

wackeln [-kəln] v. intr. [nicht feststehen] : (Dinge) branler ; (Menschen) chanceler. || [torkeln] aller d'un pas chancelant. | *mit dem Kopf wackeln*, dodeliner de la tête. || FIG. *er schreit, daß die Wände wackeln*, il hurle à faire trembler les vitres.

wacker ['vakər] adj. [tapfer] courageux ; brave ; vaillant. | *sich wacker halten*, se conduire en brave. || PAR EXT. *wacker zechen*, boire sec. | *das ist ein wackeres Stück Arbeit*, c'est du beau, du bon travail. || [bieder] honnête ; loyal. | *ein wackerer Mann*, un brave homme.

Wade ['va:də] f. (-, n) mollet m.

Waden|bein ["va:dən'bain] n. (s, e). MÉD. péroné m. ||°**-binde** f. (-, n) bande molletière. ||°**-strumpf** m. (s, ¨e) chaussette (f.) mi-bas.

Wadi ['va:di] n. (s, s). GÉOGR. oued m.

Waffe ['vafə] f. (-, n). [Gerät] arme f. | *mit blanker Waffe*, à l'arme blanche. | *zu den Waffen greifen*, prendre les armes. | *unter (den) Waffen stehen*, être sous les drapeaux ; être mobilisé. | *die Waffen strecken*, mettre bas les armes ; se rendre ; capituler. || [Waffengattung] arme f. || FIG. *jn mit seinen eigenen Waffen schlagen*, battre qn avec ses propres armes.

Waffen|besitz ["vafən'bɛzits] m. (es) *unbefugter, unerlaubter Waffenbesitz*, détention illégale d'armes. ||°**-bruder** m. (s, ¨) compagnon (m.), frère (m.) d'armes. ||°**-dienst** m. (es, e). [Kriegsdienst] service (m.) militaire. ||**-dienstfähig** adj. bon pour le service armé. ||°**-fabrik** f. (-, en) armurerie f. ||°**-fabrikant** m. (en, en) armurier m. ||°**-gang** m. (s, ¨e) passe (f.) d'armes. ||°**-gattung** f. (-, en) arme f. ||°**-gestell** n. (s, e) râtelier m. ||°**-gewalt** f. *mit Waffengewalt*, par la force des armes. ||°**-handel** m. (s) commerce (m.) d'armes. | *illegaler Waffenhandel*, trafic (m.) d'armes. ||°**-hilfe** f. assistance (f.) militaire. ||°**-kammer** f. (-, n) magasin (m.) d'armes. ||**-los** adj. désarmé ; sans armes. ||°**-prüfgelände** n. (s, -) polygone (m.) de tir. ||°**-rock** m. (s, ¨e) tunique f. ||°**-ruhe** f. (-, n) trêve f. ; suspension (f.) d'armes. ||°**-schein** m. (s, e) autorisation (f.) de port d'armes. ||°**-schmied** m. (s, e) armurier m. ||°**-schmiede** f. (-, n) armurerie f. ||°**-stillstand** m. (s) armistice m. ||°**-streckung** f. capitulation f. ||°**-übung** f. (-, en) maniement (m.) d'armes.

Waffel ['vafəl] f. (-, n) gaufre f.

Waffel|blech ["vafəl'blɛç] n. (s, e) tôle gaufrée. ||°**-eisen** n. (s, -) gaufrier m. ; moule (m.) à gaufres.

wägbar ['vɛ:kba:r] adj. PHYS. pondérable.

Wage|hals ["va:gə'hals] m. (es, ¨e) casse-cou m. ; risque-tout m. ; tête brûlée. ||**-halsig** adj. téméraire ; aventureux. ||°**-mut** m. (s) audace f. ; témérité f. ; goût (m.) du risque ; esprit (m.) d'entreprise. ||**-mutig** adj. audacieux. ||°**-stück** n. (s, e) entreprise risquée, hasardeuse ; FAM. coup osé.

Wägelchen ['vɛ:gəlçən] n. (s, -), **Wägelein** [-lain] n. (s, -) voiturette f. ; petite voiture.

wagen ['va:gən] v. tr. et v. pr. **1.** oser ; avoir l'audace de ; se permettre de ; se risquer à. | *eine Bitte wagen*, oser formuler un vœu. | *ich würde es nicht wagen*, je ne m'y risquerais pas.

2. risquer ; exposer ; mettre en jeu. | *alles wagen*, risquer le tout pour le tout. | *sich wagen*, se risquer ; s'aventurer ; se hasarder. | *sich nicht aus dem Haus wagen*, ne pas se risquer hors de chez soi. | *sich an jn wagen*, oser s'en prendre à qn.

◇ part. pass. **gewagt,** risqué ; hasardeux. || [unanständig] osé. | *gewagter Scherz*, plaisanterie osée.

Wagen ['va:gən] m. (s, -) véhicule m. ; voiture f. || PAR ANAL. [Schreibmaschine] chariot m. || FIG. *das fünfte Rad am Wagen sein*, être la cinquième roue du carrosse. | *das Pferd hinter den Wagen spannen*, mettre la charrue avant les bœufs. || ASTRON. *der Wagen*, la Grande Ourse ; *der kleine Wagen*, la Petite Ourse.

Wagen|abteil ["va:gən'aptail] n. (s, e). [Eisenbahn] compartiment m. ||°**-achse** f. (-, n) essieu m. ||°**-bau** m. (s). [Pferdewagenbau] charronnage m. || [Kraftwagenbau] construction (f.) automobile. || [Eisenbahn] construction (f.) de wagons. ||°**-bauer** m. (s, n). [Stellmacher ; Wagner] charron m. ||°**-begleiter** m. (s, -) convoyeur m. ||°**-burg** f. (-, en). HIST. barricade (f.) de chariots. ||°**-decke** f. (-, n) [Güterwagen] bâche f. ; banne f. || [Personenwagen] capote f. ||°**-fähre** f. (-, n) bac (m.) pour voitures. ||°**-gestell** n. (s, e) châssis m. ||°**-heber** m. (s, -). AUTOM. cric m. ||°**-kasten** m. (s, -) caisse f. ||°**-kupplung** f. (-, en) attelage m. ||°**-lenker** m. (s, -) conducteur m. || HIST. automédon m. ||°**-meister** m. (s, -). MIL. conducteur m. || [Eisenbahn] visiteur m. ||°**-park** m. (s, e ou s). MIL. parc (m.) du train. || [Eisenbahn] parc (m.) de wagons. || AUTOM. parc (m.) auto ; [Parkplatz] parc (m.) de stationnement ; parking m. ||°**-pferd** [Zugpferd] n. (s, e) cheval (m.) de trait. ||°**-pflege** f. entretien (m.) des voitures. ||°**-plane** f. (-, n) banne f. ; bâche f. ||°**-schmiere** f. (-, n). [frische] graisse f. ; [verschmutzte] cambouis m. ||°**-schuppen** m. (s, -) garage m. ; remise f. ||°**-spur** f. (-, en) ornière f. ||°**-standgeld** n. (s, er) taxe (f.) de stationnement. ||°**-übergang** m. (s, ¨e). [Eisenbahn] intercommunication f. ; soufflet m. ||°**-zug** m. (s, ¨e) rame (f.) de wagons.

wägen ['vɛ:gən] v. tr. (o, o et conjug. faible) peser. || FIG. peser ; soupeser ; mesurer. | *seine Worte wägen*, peser ses mots.

Waggon [va'gɔ̃] m. (s, s) wagon m.

Wagnerianer [va:knəri'ɑ:nər] m. (s, -) amateur (m.) de la musique de Wagner ; wagnérien m.
Wagnis ['vɑ:knis] n. (ses, se) entreprise hasardeuse, aventureuse, risquée ; aventure f. | *sich in Wagnisse stürzen*, se jeter dans les aventures.
Wägung ['vɛ:guŋ] f. (-, en) pesée f.
Wahl [vɑ:l] f. (-, en). **1.** choix m. ; sélection f. ; option f. | *Wahl zwischen zwei Möglichkeiten*, alternative f. | *seine Wahl treffen*, faire son choix. | *jn vor die Wahl stellen*, obliger qn à choisir. | *keine Wahl haben*, ne pas avoir le choix. | *nach Wahl*, au choix. || Loc. *wer die Wahl hat, hat die Qual*, il est pénible de choisir ; on a l'embarras du choix.
2. Comm. [Güte] *Waren erster Wahl*, denrée de premier choix.
3. Polit. [Abstimmung] vote m. ; scrutin m. ; suffrage m. ; [eines Vertreters] élection f. | *geheime Wahl*, scrutin secret. | *Wahl durch Handaufheben*, vote à main levée. | *indirekte Wahl*, élection à deux degrés. | *engere Wahl*, second tour. | *in die engere Wahl kommen*, être en ballottage. | *sich zur Wahl stellen*, poser sa candidature ; se porter candidat.
Wahl|agent ["vɑ:la'gɛnt] m. (en, en) agent électoral. ||°**-aufruf** m. (s, e) manifeste électoral. ||**-berechtigt** adj. ayant le droit de vote. ||°**-berechtigung** f. droit (m.) de vote. ||°**-beteiligung** f. participation (f.) au vote. ||°**-betrug** m. (s) fraude électorale. ||°**-bezirk** m. (s, e) circonscription électorale. ||°**-bezirks|einteilung** f. (-, en) découpage électoral. ||°**-ergebnis** n. (ses, se) résultat (m.) des élections. ||°**-fach** n. (s, ¨er). Univ. matière facultative. ||**-frei** adj. facultatif. ||°**-gang** m. (s, ¨e) tour (m.) de scrutin. ||°**-geheimnis** n. (ses, se) secret (m.) du vote. ||°**-gesetz** n. (es, e) loi électorale. ||°**-kabine** f. (-, n) isoloir m. ||°**-kampf** m. (s, ¨e) campagne électorale. ||°**-kreis** m. (es, e) circonscription électorale. ||°**-lokal** n. (s, e) bureau (m.) de vote. ||**-los** adj. et adv. sans discernement. ||°**-mann** m. (s, ¨er) grand électeur. ||°**-monarchie** f. (-, n) monarchie élective. ||°**-pflicht** f. devoir électoral. ||°**-plakat** n. (s, e) affiche électorale. ||°**-prüfer** m. (s, -) scrutateur m. ||°**-raum** m. (s, ¨e) bureau (m.) de vote. ||°**-recht** n. (s, e). [Berechtigung] droit (m.) de vote. | *aktives Wahlrecht*, droit de vote. | *passives Wahlrecht*, éligibilité f. || [Ordnung] mode (m.) de scrutin. | *allgemeines Wahlrecht*, suffrage universel. || °**-schwindel** m. (s, -) fraude électorale. ||°**-sieg** m. (s, e) victoire électorale. ||°**-spruch** m. (s, ¨e) devise f. ||°**-system** n. (s, e) mode (m.) de scrutin. ||°**-tag** m. (s, e) jour (m.) du vote. ||°**-taste** f. (-, n) touche (f.) de sélection. ||°**-vergehen** n. (s, -) fraude électorale. ||°**-versammlung** f. (-, en) réunion électorale. ||°**-verwandtschaft** f. (-, en) affinité f. || Littér. *die Wahlverwandtschaften* (Goethe), « les Affinités électives ». ||°**-zettel** m. (s, -). [Stimmzettel] bulletin (m.) de vote. || [Bestellzettel] bulletin (m.) de commande.
wählbar ['vɛ:lbɑ:r] adj. éligible.
Wählbarkeit [-kait] f. éligibilité f.
wählen ['vɛlən] v. tr. **1.** choisir ; opter pour. | *den rechten Augenblick wählen*, choisir le bon moment. || Jur. *einen bleibenden Wohnsitz wählen*, élire domicile.
2. [sorgfältig aussuchen] choisir. | *die Worte wählen*, s'exprimer en termes choisis. | *gewählt*, choisi ; élégant ; distingué. | *ein gewähltes Deutsch sprechen*, parler un allemand châtié.
3. [jm seine Stimme geben] élire. | *jn wählen*, voter pour qn ; [zu einem Amt, einer Würde] élire qn. | *jn zum Anführer wählen*, prendre qn pour chef. | *jn in den Bundestag wählen*, élire, porter qn au Bundestag.
4. Téléph. *eine Nummer wählen*, former, composer un numéro.
Wähler [-lər] m. (s, -) électeur m.
Wähler|fang ["vɛ:lər'faŋ] m. (s, ¨e) clientélisme électoral. ||°**-karte** f. (-, n) carte (f.) d'électeur. ||°**-liste** f. (-, n) liste électorale.
Wählerin ['vɛ:lərin] f. (-, nen) électrice f.
wählerisch ['vɛ:ləriʃ] adj. difficile (à contenter).
Wählerschaft ['vɛ:lərʃaft] f. corps électoral ; électorat m.
Wähl|scheibe ["vɛ:l'ʃaibə] f. (-, n). Téléph. cadran m.
Wahn [vɑ:n] m. (s) illusion f. ; chimère f. ; folie f. ; idée fausse ; égarement m. | *in einem Wahn befangen sein*, vivre dans l'illusion. || Psychol. délire m.
Wahn|bild ["vɑ:n'bilt] n. (s, er) illusion f. ; mirage m. ; hallucination f. ||°**-idee** f. (-, n) illusion f. ; idée délirante. ||°**-kante** f. (-, n). Techn. rive f. ||°**-sinn** m. (s). [Geisteskrankheit] folie f. ; démence f. ; aliénation mentale ; dérangement cérébral. | *vom Wahnsinn befallen sein*, perdre la raison. || [unvernünftiger Gedanke] folie f. ; démence f. | *das ist heller Wahnsinn*, c'est de la folie pure. ||**-sinnig** adj. [geisteskrank ; irrsinnig] fou ; dément ; aliéné ; insensé. | *wahnsinnig werden*, perdre la raison ; fig., fam. devenir chèvre. || [maßlos] énorme ; effroyable. | *wahnsinnige Schmerzen*, douleurs (f. pl.) effroyables. ||°**-vorstellung** f. (-, en) hallucination f. ; vision f. ; phantasme m. ||°**-witz** m. (es). [Wahnsinn] folie f. ; démence f. ; aliénation f. || [Unsinn] absurdité f. ; non-sens m. ||**-witzig** adj. insensé ; absurde ; fou. | *wahnwitziges Unterfangen*, folle aventure.
wähnen ['vɛ:nən] v. intr. et v. pr. s'imaginer, croire à tort ; se figurer.
wahr [vɑ:r] adj. **1.** [tatsächlich] vrai ; véritable ; authentique. | *etwas wahr machen*, réaliser qch. | *wahr werden*, se réaliser. | *es ist ein wahres Vergnügen*, c'est un vrai plaisir. | *sich als wahr herausstellen*, s'avérer. | *sein wahres Gesicht zeigen*, jeter le masque.
2. [ungelogen] vrai ; exact ; véridique. | *von dem ganzen Bericht ist kein Wort wahr*, il n'y a pas un mot de vrai dans ce récit. | *so wahr mir Gott helfe !*, que je sois damné si je mens ! | *nicht wahr ?*, n'est-ce pas ? | *etwas Wahres wird schon an der Geschichte sein*, il y a du vrai là-dedans.
3. [aufrichtig] vrai ; véritable. | *ein wahrer Freund*, un ami véritable. | *wahre Freunde*, de vrais amis.
◇ **das Wahre,** vrai m. ; vérité f.
wahren ['vɑ:rən] v. tr. et pr. conserver ; garder ; maintenir ; défendre. | *seine Interessen wahren*, défendre ses intérêts. | *den Anschein wahren*, sauver, sauvegarder les apparences. | *den Anstand wahren*, respecter les convenances.
währen ['vɛ:rən] v. intr. durer ; se prolonger ; persister.
während [-rənt] part. prés. de **währen.** | *ewigwährend*, perpétuel ; éternel.
◇ prép. (gén.) pendant ; durant. | *während des Essens sagte er kein Wort*, il ne dit pas un mot de tout le repas.
◇ conj. [zeitlich] pendant que ; tandis que. || [im Gegensatz zu] alors que ; tandis que ; cependant que.
während|dem ['vɛ:rənt"de:m], **-des, -dessen** adv. durant ce temps ; pendant ce temps.
wahr|haben ["vɑ:r'hɑ:bən] v. tr. admettre ; convenir de. | *er will es nicht wahrhaben, daß er sich geirrt hat*, il ne veut pas admettre qu'il s'est trompé ; il ne veut pas convenir de son erreur.
wahrhaft ['vɑ:rhaft] adj. [wirklich] vrai ; véritable. || [aufrichtig] honnête ; de bonne foi.
◇ adv. [wirklich] vraiment ; véritablement ; réellement. || [aufrichtig] honnêtement ; de bonne foi.
wahrhaftig [-haftiç] adj. vrai ; véritable.
◇ adv. vraiment ; véritablement.

Wahrhaftigkeit [-kait] f. [eines Menschen] sincérité f. ; bonne foi ; [einer Aussage] véracité f.

Wahrheit ['va:rhait] f. (-, en) vérité f. | *die nackte Wahrheit*, la vérité toute nue. | *jm die Wahrheit ins Gesicht sagen*, dire ses quatre vérités à qn. | *hinter die Wahrheit kommen*, découvrir la vérité. | *um die Wahrheit zu sagen*, à vrai dire. | *von der Wahrheit abweichen*, s'écarter de la vérité.

Wahrheits|beweis ["va:rhaitsbə'vais] m. (es, e) preuve f. | *den Wahrheitsbeweis führen*, prouver ; faire la preuve. ||**-gemäß, -getreu** adj. véridique ; fidèle. — adv. fidèlement ; objectivement. ||**-liebend** adj. attaché à la vérité.

wahrlich ['va:rliç] adv. en vérité.

wahr|nehmbar ["va:r'ne:mba:r] adj. perceptible. || [sichtbar] visible. || [hörbar] audible. || ASTRON. observable. ||**-nehmen** (i, a, o) v. tr. [beobachten] percevoir ; remarquer ; observer. | *ich habe nichts wahrgenommen*, je n'ai rien remarqué. || [ausnutzen] mettre à profit. | *den günstigen Augenblick wahrnehmen*, saisir le moment favorable. || [sorgen für] défendre. | *die Interessen einer Firma wahrnehmen*, défendre les intérêts d'une maison. ||°**-nehmung** f. [Beobachtung] perception f. | *Wahrnehmungsvermögen*, perception. || [Sorge für] charge f. ; défense f. ; sauvegarde f. ||**-sagen** v. intr. insépar. prédire l'avenir ; dire la bonne aventure. — v. tr. prédire ; prophétiser. ||°**-sager** m. (s, -) devin m. ; diseur (m.) de bonne aventure. || ANTIQ. augure m. ; aruspice m. ||°**-sagerin** f. (-, nen) devineresse f. ; voyante f. (extra-lucide) ; diseuse (f.) de bonne aventure. || ANTIQ. pythonisse f. ; sibylle f. ||°**-sagerei** f. divination f. ; art (m.) divinatoire. ||°**-sagung** f. (-, en) prédiction f. ||**-scheinlich** adj. vraisemblable ; probable. ||°**-scheinlichkeit** f. vraisemblance f. ; probabilité f. | *Wahrscheinlichkeitsrechnung*, calcul (m.) des probabilités. ||°**-zeichen** n. (s, -) signe distinctif ; emblème m. ; symbole m.

Wahrung ['va:ruŋ] f. défense f. ; sauvegarde f.

Währung ['vɛ:ruŋ] f. (-, en) monnaie f. ; étalon (m.) monétaire. || [ausländische] devise f. | *harte Währung*, devise forte.

Währungs... (en compos.) monétaire.

Währungs|abkommen ["vɛ:ruŋs'apkɔmən] n. (s, -) accord (m.) monétaire. ||°**-abwertung** f. (-, en) dévaluation f. ||°**-bank** f. (-, en) banque (f.) d'émission. ||°**-fonds** m. fonds (m.) monétaire. | *Internationaler Währungsfonds (I W F)*, Fonds monétaire international (F.M.I.) ||°**-gebiet** n. (s, e) zone (f.) monétaire. ||°**-politik** f. politique (f.) monétaire. ||°**-reform** f. (-, en) réforme (f.) monétaire. ||°**-reserven** f. pl. réserves (f. pl.) de change. ||°**-schlange** f. (-, n) *europäische Währungsschlange*, serpent monétaire européen (S.M.E.). ||**-schwach** adj. *währungsschwaches Land*, pays (m.) à monnaie faible. ||°**-standard** m. (s, s) étalon (m.) monétaire. ||**-stark** adj. *währungsstarkes Land*, pays (m.) à monnaie forte. ||°**-verhältnis** n. (ses, se) rapport (m.), taux (m.) du change.

Waid... [vait]. V. WEID...

Waise ['vaizə] f. (-, n). [Waisenkind] orphelin(e) m. (f.). | *vater- und mutterlose Waise*, orphelin(e) de père et de mère. || (Vx.) vers (m.) sans rime ; vers blanc.

Waisen|haus ["vaizən'haus] n. (es, ¨er) orphelinat m. ||°**-kind** n. (s, er) orphelin m. ; orpheline f. ||°**-knabe** m. (n, n) orphelin m. || FAM. *ein reiner Waisenknabe sein*, n'avoir aucune expérience. ||°**-rente** f. (-, n). [Waisengeld] pension servie aux orphelins.

Wal [va:l] m. (s, e). ZOOL. cétacé m. | *(Barten)wal*, baleine f.

Wal|fang ["val'faŋ] m. (s) pêche (f.) à la baleine. ||°**-fänger** m. (s, -) navire baleinier ; baleinier m. ||°**-fisch** m. (es, e) baleine f. ||°**-öl** n. (s, e) huile (f.) de baleine. ||°**-rat** m. ou n. (s) blanc (m.) de baleine ; spermaceti m. ||°**-roß** n. (es, e). ZOOL. morse m.

Walache [va'laxə] m. (n, n) Valaque m.

Walachei [vala'xai] n. pr. f. Valachie f.

Wald [valt] m. (s, ¨er) bois m. || [ausgedehnter Wald] forêt f. ; POÉS. sylve f. | *durch Wald und Feld*, par monts et par vaux. || LOC. *er sieht den Wald vor lauter Bäumen nicht*, les arbres lui cachent la forêt. || PROV. *wie man in den Wald ruft, so schallt es heraus*, on récolte ce qu'on a semé.

Wald|ameise ["valta'maizə] f. (-, n). ZOOL. fourmi (f.) rouge. ||°**-beere** f. (-, n). BOT. myrtille f. ||°**-bestand** m. (s, ¨e) surface boisée. ||**-bestanden, -bewachsen** adj. boisé. ||°**-brand** m. (s, ¨e) incendie (m.) de forêt. ||°**-erdbeere** f. (-, n) fraise (f.) des bois. ||°**-frevel** m. (s, -) délit forestier. ||°**-horn** n. (s, ¨er) cor (m.), trompe (f.) de chasse. ||°**-hornist** m. (en, en) sonneur m. (de trompe). ||°**-hüter** m. (s, -) garde forestier. ||°**-kiefer** f. (-, n). BOT. pin (m.) sylvestre. ||°**-kirsche** f. (-, n). BOT. merise f. ||°**-laubsänger** m. (s, -). ZOOL. pouillot siffleur. ||°**-lichtung** f. (-, en) clairière f. ||°**-maus** f. (-, ¨e). ZOOL. mulot m. ||°**-meister** m. (s, -). [Forstmeister] inspecteur (m.) des Eaux et Forêts. || BOT. petit muguet ; aspérule odorante. ||°**-mensch** m. (en, en) homme (m.) des bois. || ZOOL. orang-outang m. ||°**-nutzungsrecht** n. (s, e). JUR. afforestage m. ||°**-nymphe** f. (-, n) dryade f. ||°**-pflanze** f. (-, n) plante (f.) sylvestre. ||°**-rand** m. (s, ¨er) orée (f.), lisière (f.) du bois. ||°**-rauch** m. (s, ¨e). BOT. fumeterre f. ||**-reich** adj. boisé. ||°**-schneise** f. (-, n) laie f. ; allée f. ; ligne f. ||°**-schrat** m. (s, e) faune m. ||°**-spitzmaus** f. (-, ¨e). ZOOL. musaraigne f. ||°**-stätte** n. pr. f. pl. HIST. les Quatre-Cantons m. pl. ||°**-sterben** n. (s). [Umwelt] mort (f.) des forêts. ||°**-strich** m. (s, e) étendue (f.) de forêt. ||°**-taube** f. (-, n) palombe f. ; ramier m. ||°**-weg** m. (s, e) chemin (m.) en forêt. ||°**-wirtschaft** f. économie forestière.

Wäldchen ['vɛltçən] n. (s, -) petit bois ; boqueteau m.

Waldenser [val'dɛnzər] n. pr. m. (s, -). HIST. Vaudois m. || RELIG. vaudois m.

waldig ['valdiç] adj. boisé.

Waldung [-duŋ] f. (-, en) forêt f. ; bois m.

Wales [wɛ:ls] n. pr. n. GÉOGR. pays (m.) de Galles.

Walhall ['valhal], **Walhalla** ["val'hala] n. pr. f. MYTH. Walhalla m.

Waliserium [vali'ze:rium] n. (s). CHIM. valdisium m.

Walke ['valkə] f. (-, n). [Walken] foulage m. || [Walkmaschine] moulin (m.) à foulon.

walken ['valkən] v. tr. fouler. || CULIN. rouler (la pâte). || PAR ANAL. rosser ; rouer de coups.

Walker [-kər] m. (s, -). [Walkmüller] fouleur m. || [Kuchenrolle] rouleau (m.) à pâte. || ZOOL. [Käferart] foulon m.

Walkman ['vɔkman] m. (s, men) baladeur m. ; Walkman m. (Wz.).

Walküre [val'ky:rə] n. pr. f. (-, n). MYTH. Walkyrie f.

Wall [val] m. (s, ¨e) **1.** [Mauer] rempart m. ; fortifications f. pl. || [Erdaufschüttung] remblai m. ; levée (f.) de terre. || FIG. rempart m. ; protection f. || MAR. côte f. ; rivage m.

2. COMM. *ein Wall Heringe*, quatre-vingts harengs m. pl.

Wallach ['valax] m. (s, e) cheval (m.) hongre.

wallen ['valən] v. intr. [kochen] bouillonner ; bouillir. || [wogen] flotter ; onduler. | *wallend*, agité. || FIG. bouillir. | *das Blut wallt in seinen Adern*, il bout.

wall|fahren ["val'fɑ:rən] v. intr. (ich wallfahre, gewallfahrt) faire un pèlerinage. | *nach Rom wallfahren*, se rendre en pèlerinage à Rome ; faire le pèlerinage de Rome. ||°**-fahrer** m. (s, -) pèlerin m. ||°**-fahrt** f. (-, en). [Pilgerzug] pèlerinage m. | *eine Wallfahrt machen*, faire un pèlerinage. | *Wallfahrtsort*, lieu (m.) de pèlerinage. ||**-fahrten** v. intr. V. WALLFAHREN.

Wallis ['valis] n. pr. n. GÉOGR. Valais m.

Walliser(in) [va'li:zər(in)] n. pr. m. (s, -), n. pr. f. (-, nen) Valaisan(e) m. (f.).

Wallone [va'lo:nə] n. pr. m. (n, n) Wallon m.

Wallonien [va'lo:niən] n. pr. n. Wallonie f.

Wallonin [va'lo:nin] n. pr. f. (-, nen) Wallonne f.

wallonisch [-niʃ] adj. wallon.

Wallung ['valuŋ] f. (-, en). [Kochen] bouillonnement m. ; ébullition f. || [wogende Bewegung] ondulation f. || FIG. bouillonnement m. ; agitation f. | *in Wallung geraten*, s'échauffer. | *in Wallung bringen*, mettre en effervescence ; agiter.

Walm [valm] m. (s, e) croupe (f.) de comble. | *Walmdach*, combles (m. pl.) en croupe.

Wal|nuß ['vɑlnus] f. (-, ¨e). BOT. noix f.

Walnuß|baum ["vɑlnus'baum] m. (s, ¨e). BOT. noyer m.

Walpurgis|nacht [val"purgis'naxt] f. nuit (f.) de Walpurgis ; sabat (m.) des sorcières.

walten ['valtən] v. intr. [herrschen] régner. | *unter den waltenden Umständen*, dans les circonstances présentes. | *Gerechtigkeit walten lassen*, être juste. | *Gnade walten lassen*, se montrer indulgent. | *über jn, über etwas walten*, régner sur ; commander à ; avoir le gouvernement de. | *mit etwas schalten und walten*, disposer à sa guise de qch. | *seines Amtes walten*, remplir son office.

Walz|gerüst ["valtsgə'ryst] n. (s, e). TECHN. cage (f.) de laminoir. ||°**-stahl** m. (s, ¨e) acier laminé. ||°**-straße** f. (-, n) train (m.) de laminoirs. ||°**-vorgang** m. (s, ¨e) laminage m. ||°**-werk** n. (s, e) laminoir m. | *kontinuierliches Walzwerk*, train continu.

Walze ['valtsə] f. (-, n) cylindre m. | *(Straßen-), (Acker-), (Farben)walze*, rouleau m. | *auf die Walze gehen*, HIST. faire le tour de son pays (pour se perfectionner).

walzen [-tsən] v. tr. passer au rouleau ; cylindrer. || [Metall] laminer. || [Erde ; Teig] rouler.
◇ v. intr. se déplacer ; FAM. rouler sa bosse.

Walzen [-tsən] n. (s) cylindrage m. ; laminage m. ; roulage m.

wälzen ['vɛltsən] v. tr. rouler. | *Fische in Mehl wälzen*, rouler des poissons dans la farine. || [Bücher usw.] compulser. || FIG. *Gedanken wälzen*, ruminer des pensées.
◇ v. pr. **sich wälzen,** se rouler. | *sich im Schmutz wälzen*, se vautrer dans la boue.

Walzen|druckmaschine ["valtsən'drukmaʃi:nə] f. (-, n). TYPOGR. rotative f. ||**-förmig** adj. cylindrique.

Walzer ['valtsər] m. (s, -) valse f.

Walzer|musik ["valtsərmu'zi:k] f. valse f. ; air (m.) de valse. ||°**-takt** m. (s, e) rythme (m.) de valse. ||°**-tänzer** m. (s, -) valseur m.

Wälzer ['vɛltsər] m. (s, -). ZOOL. corophie m. || FAM. [Buch] gros bouquin.

Wamme ['vamə], **Wampe** ['vampə] f. (-, n) ventre m. ; panse f. || ZOOL. fanon m.

Wams [vams] n. ou m. (es, ¨er ou e). [kurze Jacke] casaque f. || [ärmellos] gilet m.

Wand [vant] f. (-, ¨e) mur m. || [dicke Wand] muraille f. | *(Scheide)wand*, cloison f. || [Wandfläche] paroi f. ; panneau m. | *spanische Wand*, paravent m. | *(Fels)wand*, paroi, muraille rocheuse. || ANAT. paroi f. || MAR. [Want] hauban m. || MINES. paroi f. ; roche f. || LOC. *Wand an Wand leben*, être voisins. | *in den eigenen vier Wänden*, dans sa propre maison. | *mit dem Kopf durch die Wand wollen*, vouloir l'impossible. | *jn an die Wand drücken*, 1° mettre qn au pied du mur ; 2° passer sur le corps de qn. | *jn an die Wand stellen*, coller qn au mur. | *mal den Teufel nicht an die Wand !*, ne parle pas de malheur !

Wand|anschluß ["vant'anʃlus] m. (es, ¨e). ÉLECTR. prise (de courant) murale. ||°**-behang** m. (s, ¨e) revêtement m. || [Tapete, Teppich] tapisserie f. ||°**-bewurf** m. (s) crépi m. ; enduit m. ||°**-brett** n. (s, er) étagère f. ||°**-karte** f. (-, n) carte murale. ||°**-klapptisch** m. (es, e) table abattante. ||°**-leuchter** m. (s, -) applique f. ||°**-malerei** f. (-, en) peinture murale. ||°**-pfeiler** m. (s, -), °**-säule** f. (-, n) pilastre m. ||°**-schirm** m. (s, e) paravent m. ||°**-schrank** m. (s, ¨e) placard m. ||°**-spiegel** m. (s, -) trumeau m. ||°**-tafel** f. (-, n) tableau noir. ||°**-täfelung** f. lambris m. pl. ||°**-teppich** m. (s, e) tapisserie f. ; tenture f. ||°**-uhr** f. (-, en) pendule f. ; cartel m. ||°**-verkleidung** f. (-, en) revêtement m. | *schallschluckende Wandverkleidung*, revêtement insonorisant.

Wandale [van'dɑ:lə] n. pr. m. (n, n) Vandale m. || FIG. [Verwüster] vandale m.

Wandalismus [-da'lismus] m. vandalisme m.

Wandel ['vandəl] m. (s). [Änderung] changement m. ; modification f. | *dem Wandel unterliegen*, ne pas être immuable. || [Benehmen] conduite f. ; comportement m. ; vie f. | *Handel und Wandel*, les affaires f. pl. || [Gang] marche f. ; course f.

Wandel... (en compos.). COMM., FIN. convertible.

Wandel|anleihe ["vandəl'anlaiə] f. (-, n). FIN. emprunt (m.) convertible. ||°**-gang** m. (s, ¨e) promenoir m. ||°**-halle** f. (-, n) salle (f.) des pas perdus. || THÉÂTRE. foyer m. ||°**-schuld|verschreibung** f. (-, en). FIN. obligation (f.) convertible.

wandelbar ['vandəlbɑ:r] adj. changeant ; variable ; instable. | *wandelbarer Charakter*, humeur changeante ; caractère (m.) versatile.

Wandelbarkeit [-kait] f. instabilité f. | versatilité f. ; humeur changeante.

wandeln ['vandeln] v. tr. et v. pr. [ändern] transformer ; changer. | *sich wandeln*, changer ; évoluer.
◇ v. intr. (avec « sein »). [dahinschreiten] cheminer ; aller son chemin. || FIG. *auf dem Pfad der Tugend wandeln*, suivre le chemin de la vertu.

Wander|arbeiter ["vandər'arbaitər] m. (s, -) travailleur migrant. ||°**-ausstellung** f. (-, en) exposition itinérante. ||°**-bühne** f. (-, n) théâtre ambulant. ||°**-bursch(e)** m. (n, n). HIST. compagnon (m.) faisant le tour de son pays. ||°**-düne** f. (-, n). GÉOGR. dune mouvante. ||°**-falke** m. (n, n). ZOOL. faucon pèlerin. ||°**-feldröhre** f. (-, n) (abrév. **WFR**). PHYS. tube (m.) à ondes progressives (T.O.P.). ||°**-heuschrecke** f. (-, n). ZOOL. criquet m. ||°**-jahre** n. pl. années (f. pl.) de voyage. ||°**-karte** f. (-, n) topoguide m. ||°**-leben** n. (s, -) vie nomade, errante. ||°**-lied** n. (s, er) chant (m.), chanson (f.) de marche, de route. ||°**-lust** f. goût (m.) du voyage ; humeur vagabonde. ||°**-niere** f. (-, n). MÉD. rein flottant. ||°**-preis** m. (es, e). SPORT. challenge m. ||°**-ratte** f. (-, n). ZOOL. surmulot m. ||°**-raupe** f. (-, n) chenille processionnaire. ||°**-stab** m. (s, ¨e) bâton m. || FIG. *den Wanderstab ergreifen*, prendre le bâton du voyageur. ||°**-trieb** m. (s). ZOOL. instinct migrateur. ||°**-truppe** f. (-, n) troupe (f.) de comédiens ambulants. ||°-**vogel** m. (s, ¨). HIST. [Wanderer] membre (m.) d'un mouvement de jeunesse. ||°-**volk** n. (s, ¨er) peuple nomade. ||°-**weg** m. (s, e) chemin (m.) de randonnée.

Wanderer ['vandərər] m. (s, -) voyageur m.; touriste m.; excursionniste m.

wandern [-dərn] v. intr. [zu Fuß reisen] aller à pied; marcher; cheminer; voyager. | *durch Deutschland wandern*, parcourir l'Allemagne à pied. || LOC. *mit jm durchs Leben wandern*, partager la vie de qn. | *in die Fremde wandern*, s'expatrier; émigrer. || [Schafe; Rinder] transhumer.

Wanderschaft [-dərʃaft] f. voyage m. || HIST. *auf (die) Wanderschaft gehen*, faire le tour de son pays.

Wanderung ['vandəruŋ] f. (-, en) voyage m. (à pied). || [Ausflug] marche f.; course f. || [Völker, Tiere] migration f.

Wandler ['vandlər] m. (s, -). ÉLECTR. transducteur m.

Wandlung ['vandluŋ] f. (-, en) transformation f.; changement m. | *eine Wandlung erfahren*, subir unchangement. | *wandlungsfähig*, transformable. || [Liturgie] élévation f. || COMM. rédhibition f.

wandte ['vantə] prét. de **wenden.**

Wange ['vaŋə] f. (-, n). [Backe] joue f. | *Wange an Wange*, joue contre joue. | *mit glühenden Wangen*, le feu aux joues. || [Seitenteil] partie, pièce latérale; joue f. || ARCHIT. [Treppe] limon m. || MIL. [Lafette] flasque m. ◇ f. pl. **Wangen.** MAR. jumelles (f. pl.) de mât.

Wangen|bein ["vaŋən'bain] n. (s, e). ANAT. os (m.) malaire; zygoma m. ||°-**muskel** m. (s, n). ANAT. muscle (m.) zygomatique.

Wankel|mut ["vaŋkəl'mu:t] m. (s). [Unentschlossenheit] indécision f.; irrésolution f. ||-**mütig** adj. [unentschlossen] indécis; irrésolu; flottant.

wanken ['vaŋkən] v. intr. [schwanken] vaciller; être ébranlé; chanceler. | *die Knie wanken ihm*, les jambes lui manquent. | *der Boden wankt unter seinen Füßen*, le sol se dérobe sous lui. || FIG. *ins Wanken geraten*; *wankend werden*, être ébranlé. | *nicht wanken und nicht weichen*, ne pas fléchir.

wann [van] adv. interrog. *wann ?*, quand ?; à quel moment ?; à quelle heure ? | *bis wann ?*, jusqu'à quand ? | *seit wann ?*, depuis quand ? | *dann und wann*, de temps à autre.
◇ conj. quand. | *ich weiß nicht, wann er kommt*, je ne sais pas quand il viendra. | *es sei, wann es wolle*, n'importe quand.

Wanne ['vanə] f. (-, n) cuve f. | *(Wasch)wanne*, baquet m. | *(Bade)wanne*, baignoire f.

Wanst [vanst] m. (es, ¨e). ZOOL. panse f. || [Dickbauch] panse f.; bedaine f.

Want [vant] f. (-, en). MAR. hauban m.

Wanze ['vantsə] f. (-, n). ZOOL. punaise f. || [Abhörwanze] micro m.

Wappen ['vapən] n. (s, -) armoiries f. pl.; armes f. pl.; blason m. | *einen Falken im Wappen führen*, porter un faucon dans ses armes.

Wappen|bild ["vapən'bilt] n. (s, er) symbole m. ||°-**feld** n. (s, er) quartier m. ||°-**schild** n. (s, er) écu m.; armes f. pl.; blason m.

wappnen ['vapnən] v. tr. et v. pr. POÉT. armer. || FIG. *sich gegen etwas wappnen*, se cuirasser contre qch.

war [var] prét. de **sein.**

warb [varp] prét. de **werben.**

ward [vart]. POÉS. prét. de **werden.**

Ware ['va:rə] f. (-, n) marchandise f.; article m. || *(Eß)ware*, denrée f. | *gängige Ware*, article courant. | *leicht verderbliche Ware*, denrée périssable. | *eine Ware führen*, tenir un article.

Waren|absatz ["va:rən'apzats] m. (es, ¨e) ventes f. pl.; débit m. ||°-**akkreditiv** n. (s, e) crédit (m.) documentaire. ||°-**aufzug** m. (s, ¨e) monte-charge m. ||°-**ausstattung** f. (-, en) présentation f.; conditionnement (m.) d'un article. ||°-**bestand** m. (s, ¨e) stock m. ||°-**haus** n. (es, ¨er) grand magasin. ||°-**kredit|-betrug** m. (s) carambouillage m.; carambouille f. ||°-**kredit|brief** m. (s, e) warrant m. ||°-**lager** n. (s, -) dépôt (m.) de marchandises; entrepôt m. ||°-**preis** m. (es, e) prix courant. ||°-**probe** f. (-, n) échantillon m. ||°-**schein** m. (s, e) warrant m. ||°-**stand** m. (s, ¨e). [im Geschäft] gondole f. ||°-**stempel** m. (s, -) marque (f.) de fabrique. ||°-**verpackung** f. (-, en) conditionnement (m.) d'une marchandise. ||°-**verzeichnis** n. (ses, se) catalogue m. ||°-**zeichen** n. (s, -) marque déposée.

warm [varm] adj. **1.** chaud. | *warme Kleidung*, vêtements chauds. | *warme Speise*, plat chaud. | *warm essen*, faire un repas chaud. | *etwas warm stellen*, mettre qch. à chauffer. | *mir ist warm*, j'ai chaud.
2. [voll herzlichen Gefühls] chaleureux; ardent. | *warmer Empfang*, accueil chaleureux. | *mit jm warm werden*, sympathiser avec qn. | *ich werde mit ihm nicht richtig warm*, le courant ne passe pas avec lui. | *jn warm halten*, cultiver les bonnes grâces de qn. | *warm werden*, s'animer; s'enflammer. || [Farbe] chaud.

Warm|beet ["varm'be:t] n. (s, e). AGRIC. châssis m. ||°-**blüter** m. (s, -) animal (m.) à sang chaud. ||-**dehnbar** adj. TECHN. thermodilatable. ||-**formbar** adj. TECHN. thermoformable. ||-**herzig** adj. chaleureux; enthousiaste. ||°-**herzigkeit** f. chaleur f.; enthousiasme m. ||-**laufen** (ä, ie, a) v. intr. | *den Motor warmlaufen lassen*, laisser chauffer le moteur. ||°-**luft** f. (-, ¨e). [Wetterkunde] air chaud. ||°-**wasser|-bereiter** m. (s, -) chauffe-eau m.

Wärm|flasche ["vɛrm'flaʃə] f. (-, n) bouillotte f. ||°-**platte** f. (-, n) chauffe-plats m.

Wärme ['vɛrmə] f. [Warmsein] chaleur f. | *milde Wärme*, douce chaleur. | *Wärme abgeben*, dégager de la chaleur. | *Wärme aufnehmen*, absorber de la chaleur. | *zehn Grad Wärme*, dix (degrés) au-dessus (de zéro). || PHYS. *spezifische Wärme*, chaleur spécifique. || FIG. [Innigkeit] chaleur f.; ardeur f.; flamme f.; feu m. | *mit Wärme*, chaleureusement.

Wärme|abgabe ["vɛrmə'apga:bə] f. dégagement (m.) de chaleur. ||°-**äquivalent** n. (s) *mechanisches Wärmeäquivalent*, équivalent (m.) mécanique de la chaleur. ||°-**aufnahme** f. absorption (f.) de chaleur. ||°-**ausdehnung** f. (-, en). TECHN. dilatation (f.) thermique. ||-**beständig** adj. calorifuge. ||°-**dehnungs|fuge** f., °-**lücke** f. (-, n) joint (m.) de dilatation. ||-**elektrisch** adj. thermoélectrique. ||°-**energie** f. (-, n) énergie (f.) calorifique. ||°-**energie|maschine** f. (-, n) machine (f.) thermique. ||°-**entziehung** f., °-**entzug** m. (s) absorption (f.) de chaleur. ||°-**erzeugung** f. (-, en) *heliothermische Wärmeerzeugung*, héliothermie f. ||°-**isolierung** f. isolation (f.) thermique. ||°-**kraftwerk** n. (s, e) centrale thermique. ||°-**lehre** f. thermodynamique f. ||°-**leitung** f. conductibilité (f.) calorifique. ||°-**mengen|messung** f. (-, en) calorimétrie f. ||°-**messer** m. (s, -) calorimètre m. ||°-**pumpe** f. (-, n) pompe (f.) à chaleur. ||°-**pumpen|anlage** f. (-, n) installation (f.) de pompe à chaleur. ||°-**regler** m. (s, -) thermostat m. ||°-**regulation** f. thermorégulation f. ||°-**schutz|masse** f. (-, n) calorifuge m. ||°-**strahlung** f. rayonnement (m.) calorifique. ||°-**strom** m. (s, ¨e) caléfaction f. | *Wärmestromdichte*, flux (m.) de caléfaction. ||°-**tauscher** m. (s, -)

échangeur (m.) de chaleur. ||°-**techniker** m. (s, -) thermicien m. ||°-**träger** m. (s, -) caloporteur m. ||°-**träger|medium** n. (s, ien), °-**transport|-medium** n. (s, ien) fluide (m.) caloporteur.

wärmen ['vɛrmən] v. tr. réchauffer ; chauffer.

Wärmung [-muŋ] f. (-, en) réchauffement m.

Warn|anlage ["varn'anlɑ:gə] f. (-, n) dispositif (m.) d'alarme. ||°-**blink|anlage** f. (-, n) signal (m.) de détresse. ||°-**blink|lichter** n. pl. feux (m. pl.) de détresse. ||°-**dreieck** n. (s, e) triangle (m.) de signalisation. ||°-**licht** n. (s, er) signal lumineux d'avertissement. ||°-**netz** n. (es, e) réseau (m.) de détection. ||°-**ruf** m. (s, e) cri (m.) d'alarme. ||°-**schild** n. (s, er) écriteau (m.), inscription (f.) signalant un danger. ||°-**schrei** m. (s, e). V. WARNRUF. ||°-**tafel** f. (-, n) écriteau, panneau avertisseur. ||°-**zeichen** n. (s, -) avertissement m. | *ein Warnzeichen geben*, alerter.

warnen ['varnən] v. tr. avertir ; prévenir ; mettre en garde. | *vor etwas* (dat.) *warnen*, avertir de ; prévenir de ; mettre en garde contre.

Warner [-nər] m. (s, -) avertisseur m.

Warnung [-nuŋ] f. (-, en) avertissement m. ; mise (f.) en garde. || RELIG. monition f. | *auf die Warnung hören*, entendre l'avertissement. | *eine Warnung in den Wind schlagen*, faire fi d'un avertissement. | *lassen Sie sich das zur Warnung dienen*, tenez-le-vous pour dit ; que cela vous serve de leçon !

Warschau ['varʃau] n. pr. n. Varsovie f.

...wart [vart] (en compos.) gardien (de). | *Hauswart*, concierge m.

Warte ['vartə] f. (-, n) poste (m.) d'observation. || ASTRON. observatoire m. || FIG. *von hoher Warte*, d'un point de vue élevé ; du point de vue de Sirius.

Warte|gleis ["vartə'glais] n. (es, e). [Eisenbahn] voie (f.) de garage. ||°-**häuschen** n. (s, -) Abribus m. (Wz.). ||°-**liste** f. (-, n) liste (f.) d'attente. ||°-**raum** m. (s, ¨e), °-**saal** m. (s, säle) salle (f.) d'attente. ||°-**schleife** f. (-, n). AÉRON. circuit (m.) d'attente. | *eine Warteschleife ziehen*, faire un tour d'attente. ||°-**zeit** f. (-, en) temps (m.), période (f.) d'attente. ||°-**zimmer** n. (s, -) antichambre f. ; salon (m.) d'attente.

warten ['vartən] v. intr. attendre. | *auf jn, auf etwas warten*, attendre qn, qch. | *auf sich warten lassen*, se faire attendre. | *jn warten lassen*, faire attendre qn. | *mit etwas warten*, remettre, repousser qch. | *da kannst du lange warten*, FAM. tu peux toujours attendre. | *warte nur !*, attends un peu !

◇ v. tr. s'occuper de ; prendre soin de. | *ein Kind warten*, s'occuper d'un enfant.

Wärter ['vɛrtər] m. (s, -) garde m. ; surveillant m. || [Krankenpfleger] infirmier m.

Wärterin [-rin] f. (-, nen) garde f. ; surveillante f. || [Krankenschwester] infirmière f.

...wärts [vɛrts] suffixe indiquant une direction. | *aufwärts*, vers le haut. | *seitwärts*, de côté.

Wartung ['vartuŋ] f. entretien m. ; maintenance f.

Wartungs|handbuch ["vartuŋs'handbu:x] n. (s, ¨er). TECHN. manuel (m.) d'entretien.

warum [va'rum] adv. interrog. pourquoi ? ; pour quelle cause ? ; pour quelle raison ? | *warum nicht ?*, pourquoi pas ? | *warum bist du nicht früher gekommen ?*, que n'es-tu venu plus tôt !

Warze ['vartsə] f. (-, n). [krankhafter Auswuchs] verrue f. || *(Brust)warze*, mamelon m. ; téton m.

was [vas] pron. interrogatif. **1.** (isolé) quoi ? | *was denn ?*, quoi donc ? | *ach was !*, pensez-vous !

2. (objet d'un v. actif ; attribut d'un v. d'état) que ; qu'est-ce que. | *was machen Sie ?*, que faites-vous ? ; qu'est-ce que vous faites ? | *was sagen Sie ?*, que dites-vous ? ; plaît-il ? | *was ist das ?*, qu'est-ce ? ; qu'est-ce que c'est ? | *was ist los ?*, qu'y a-t-il ? | *was soll ich dazu sagen*, que dire ? | *was Sie nicht sagen*, que me dites-vous là ? | *was stört dich ?*, qu'est-ce qui te gêne ? | *was ist Ihr Beruf ?*, quelle est votre profession ?

3. (dans les interrogations indirectes) ce qui ; ce que. | *er fragt, was geschehen ist*, il demande ce qui est arrivé. | *er fragt, was er tun soll*, il demande ce qu'il doit faire.

◇ pron. relat. **1.** (se rapporte à une proposition entière) ce qui ; ce que. | *es geht ihm besser, was mich sehr erfreut*, il va mieux, ce qui me fait grand plaisir. || MATH. *was zu beweisen war*, ce qu'il fallait démontrer (C.Q.F.D.).

2. (avec pour antécédent un adj. indéf.) *alles, was*, tout ce qui ; tout ce que. | *nichts, was*, rien qui, que. | *das wenige, was*, le peu qui, que. | *das einzige, was*, la seule chose qui, que.

3. (avec pour antécédent un superl.) qui ; que. | *das schlimmste, was*, le pire qui, que.

4. was... auch (immer), quoi que. | *was er auch (immer) sagen mag*, quoi qu'il dise ; il a, il aura beau dire.

◇ abrév. de **etwas,** quelque chose. | *ich habe dir was zu sagen*, j'ai quelque chose à te dire. | *was anderes*, quelque chose d'autre. | *na, so was !*, c'est incroyable.

◇ (tenant lieu d'autres mots). **1.** [wieviel] combien ? | *was kostet das ?*, combien cela coûte-t-il ?

2. [wie] comme. || FAM. *was haben wir gelacht !*, comme nous avons ri !

3. [soviel] tant que. | *er läuft, was er kann*, il court tant qu'il peut.

4. [warum] pourquoi ? | *was birgst du so bang dein Gesicht ?* (GOETHE), pourquoi caches-tu si peureusement ton visage ?

◇ **was für — 1. was für ein ?** quel ; quelle ? ; quel genre de ? ; quelle espèce de ? ; quelle sorte de ? | *was für ein Hemd möchten Sie ?*, quelle sorte de chemise désirez-vous ? | *mit was für einem Werkzeug arbeitet er ?*, avec quel genre d'outil travaille-t-il ?

2. was für ein... ! quel ! ; quelle ! | *was für ein Künstler !*, quel artiste ! — **was auch für,** quel que ; quelle que. | *was für ein Buch er auch lesen mag*, quel que soit l'ouvrage qu'il lise.

Wasch|anstalt ["vaʃ'anʃtalt] f. (-, en) blanchisserie f. ||°-**automat** m. (en, en) lave-linge m. ||°-**bär** m. (en, en). ZOOL. raton laveur. ||°-**becken** n. (s, -) [cuvette (f.) de] lavabo m. ||°-**bottich** m. (s, e). V. WASCHBÜTTE. ||°-**brett** n. (s, er) planche (f.) à laver. ||°-**bütte**, °-**butte** f. (-, n) baquet m. ; cuveau m. ||-**echt** adj. résistant au lavage ; grand teint. || FIG. *ein waschechter Berliner*, un Berlinois cent pour cent, pur sang. ||°-**frau** f. (-, en) blanchisseuse f. ; laveuse f. ||°-**kessel** m. (s, -) lessiveuse f. ||°-**küche** f. (-, n) buanderie f. ||°-**lappen** m. (s, -) gant (m.) de toilette ; main f. || FIG. [Schwächling] chiffe molle ; FAM. moule f. ; POP. dégonflé m. ||°-**leder** n. (s, -) peau (f.) de chamois. ||°-**maschine** f. (-, n) machine (f.) à laver. ||°-**mittel** n. (s, -) détersif m. ; lessive f. ||°-**mittel|trommel** f. (-, n) baril (m.) de lessive. ||°-**platz** m. (es, ¨e) lavoir m. ||°-**pulver** n. (s, -) détersif m. ; lessive f. ||°-**raum** m. (s, ¨e) cabinet (m.) de toilette ; lavabos m. pl. ; toilettes f. pl. ||°-**salon** m. (s, s) laverie f. ||°-**schale** f. (-, n), °-**schüssel** f. (-, n) cuvette f. ||°-**tisch** m. (s, e), °-**toilette** f. (-, n) table (f.) de toilette f. ||°-**weib** n. (s, er). [Waschfrau] blanchisseuse f. ; laveuse f. || [Waschmaul] bavard m. ; bavarde f. ||°-**zettel** m. (s, -). [Wäscheverzeichnis] liste (f.) du linge donné au blanchissage. || [Klappentext] prière (f.) d'insérer. ||°-**zeug** n. (s) objets (m. pl.) de toilette.

waschbar ['vaʃbɑ:r] adj. lavable.

Wäsche ['vɛʃə] f. (-, n). **1.** lavage m. ; lessive f. ; blanchissage m. | *in die Wäsche geben*, faire laver. **2.** [Leinenzeug] linge m. | *weiße Wäsche*, blanc m. || [Frauenwäsche] lingerie f. | *die Wäsche wechseln*, changer de linge.

Wäsche|beutel [″vɛʃə'bɔytəl] m. (s, -) sac (m.) à linge (sale). ||°**-kammer** f. (-, n) lingerie f. ||°**-klammer** f. (-, n) pince (f.) à linge. ||°**-leine** f. (-, n) corde (f.) à linge. ||°**-mangel** f. (-, n) machine (f.) à repasser ; calandre f. ||°**-schleuder** f. (-, n) essoreuse (f.) centrifuge. ||°**-schrank** m. (s, ¨e) armoire (f.) à linge. ||°**-ständer** m. (s, -) séchoir m. ||°**-trockenmaschine** f. (-, n), °**-trockner** m. (s, -) sèche-linge m. ||°**-zeichen** n. (s, -) marque f. (sur le linge).

waschen ['vaʃən] (ä, u, a) v. tr. et v. pr. laver. | *mit Seife waschen*, savonner. | *sich waschen*, se laver ; faire sa toilette. || FIG. *seine Hände in Unschuld waschen*, s'en laver les mains. | *eine Hand wäscht die andere*, les loups ne se mangent pas entre eux. | *jm den Kopf waschen*, passer un savon à qn.
◇ v. intr. [schwatzen]. FAM. bavarder ; papoter.

Wäscher(in) ['vɛʃər(in)] m. (s, -), f. (-, nen) laveur m. ; laveuse f. ; blanchisseur m. ; blanchisseuse f.

Wäscherei [vɛʃə'rai] f. (-, en) laverie f. ; blanchisserie f.

Waschung ['vaʃuŋ] f. (-, en) lavage m. ; blanchissage m. || RELIG. ablutions f. pl.

Wasser ['vasər] n. (s, - er). **1.** [eigentlich] eau f. (H_2O). | *fließendes Wasser*, eau courante. | *stehendes Wasser*, eau dormante. | *hartes Wasser*, eau dure. | *weiches Wasser*, eau non calcaire. | *zu Wasser und Brot verurteilen*, mettre au pain sec et à l'eau. || MAR. *Wasser einlassen*, faire eau. || RELIG. *geweihtes Wasser*, eau bénite. || PHYS. *schweres Wasser*, eau lourde. || FIG. *jm das Wasser nicht reichen können*, ne pas arriver à la cheville de qn. | *jm das Wasser abgraben*, saper, miner la position de qn. | *das ist Wasser auf seine Mühle*, cela apporte de l'eau à son moulin.
2. [Gewässer] eau f. ; eaux f. pl. || POÉT. onde f. ; ondes f. pl. | *flaches Wasser*, eau peu profonde. | *ins Wasser springen*, se jeter à l'eau. | *ins Wasser gehen*, se jeter à l'eau (pour se suicider). | *übers große Wasser fahren*, franchir l'océan. || MIL. *zu Wasser und zu Lande*, sur terre et sur mer. | *Wasser- und Landfahrzeug*, véhicule (m.) amphibie. || FIG. *er ist mit allen Wassern gewaschen*, c'est un vieux renard ; FAM. on ne la lui fait pas. | *das Wasser geht ihm bis an den Hals*, il est en mauvaise posture. | *sich über Wasser halten*, surnager.
3. [andere Flüssigkeit] *das Wasser in die Augen treiben*, faire monter les larmes aux yeux. | *das Wasser tritt ihm in die Augen*, les larmes lui montent aux yeux. | *das Wasser läuft ihm im Mund zusammen*, il en a l'eau à la bouche. | *Wasser lassen, abschlagen*, uriner.
4. [Glanz] eau f. ; pureté f. | *vom reinsten Wasser*, de la plus belle eau.

wasser|abweisend [″vasər'apvaizənt] adj. hydrofuge. ||°**-ader** f. (-, n) filet (m.) d'eau souterraine ; veine f. ||°**-amsel** f. (-, n). ZOOL. merle (m.) d'eau. ||°**-arm** m. (s, e) bras m. (d'un cours d'eau, de mer). ||**-arm** adj. manquant d'eau ; aride. ||°**-bad** n. (s, ¨er) bain-marie m. ||°**-ball** m. (s, ¨e) ballon (m.) de water-polo. ||°**-bau** m. (s, ten) ouvrage (m.) d'hydraulique. ||°**-becken** n. (s, -) bassin m. ; cuve f. ; aquarium m. ||°**-behälter** m. (s, -) réservoir (m.) d'eau. ||°**-beschreibung** f. hydrographie f. ||°**-bett** n. (s, en) lit (m.) aquatique. ||°**-blase** f. (-, n) cloque f. ; ampoule f. ||°**-bombe** f. (-, n). MAR. grenade sous-marine. ||°**-burg** f. (-, en) château entouré d'eau. ||°**-dampf** m. (s) vapeur (f.) d'eau. ||**-dicht** adj. étanche ; [Stoff] imperméable. | *wasserdicht machen*, rendre étanche ; imperméabiliser. ||°**-dichtheit** f. étanchéité f. ; imperméabilité f. ||°**-druck** m. (s) pression (f.) de l'eau. ||**-durchlässig** adj. perméable. ||°**-enthärtung** f. adoucissement (m.) de l'eau. ||°**-erhitzer** m. (s, -) chauffe-eau m. ||°**-fahrt** f. (-, en) promenade (f.) sur l'eau ; voyage (m.) par eau. ||°**-fall** m. (s, ¨e) chute f. (d'eau) ; cascade f. || [eines Flusses] cataracte f. ; saut m. ||°**-farbe** f. (-, n) peinture (f.) à l'eau. || [Wandanstrich] badigeon m. || ARTS. aquarelle f. ; gouache f. ||°**-farbenbild** n. (s, er), °**-farbengemälde** n. (s, -) aquarelle f. ; gouache f. ||°**-farbenmaler** m. (s, -) aquarelliste m. ||°**-farbenmalerei** f. (-, en) aquarelle f. ; gouache f. ||°**-fläche** f. (-, n) plan (m.), nappe (f.) d'eau. || [Oberfläche] surface (f.) de l'eau. ||°**-flasche** f. (-, n) carafe f. ||°**-floh** m. (s, ¨e). ZOOL. daphnie f. ; daphnia f. ||°**-flugzeug** n. (s, e) hydravion m. ||**-frei** adj. CHIM. anhydre. ||**-führend** adj. aquifère. ||°**-gehalt** m. (s) teneur (f.) en eau ; humidité f. ||°**-glas** n. (es, ¨er) verre (m.) à eau. || FIG. *ein Sturm im Wasserglas*, une tempête dans un verre d'eau. || CHIM. verre (m.) soluble ; verre liquide. ||°**-glätte** f. aquaplaning m. ; aquaplanage m. ||**-gleich** adj. [wasserhaft] aqueux. || [waagrecht] horizontal ; de niveau. ||°**-graben** m. (s, ¨) fossé rempli d'eau. ||°**-hahn** m. (s, ¨e) robinet (m.) d'eau. ||**-haltig** adj. humide ; aqueux ; aquifère. || ANAT. séreux. ||°**-haltung** f. (-, en) niveau m. || [Staustufe] bief m. | *obere Wasserhaltung*, bief amont. || MIN. exhaure f. || °**-heilkunde** f., °**-verfahren** n. (s) hydrothérapie f. ||°**-hochbehälter** m. (s, -), °**-kasten** m. (s, -). TECHN. bâche f. ; bac (m.) à eau. ||°**-höhe** f. niveau (m.) de l'eau. ||°**-hose** f. (-, n) trombe f. ||°**-huhn** n. (s, ¨er). ZOOL. poule (f.) d'eau. ||°**-jungfer** f. (-, n). ZOOL. libellule f. || [Wassernixe] ondine f. ; naïade f. ||°**-kanne** f. (-, n), °**-krug** m. (s, ¨e) pot (m.) à eau ; broc m. ||°**-karte** f. (-, n) carte (f.) hydrographique. ||°**-kessel** m. (s, -) bouilloire f. ||°**-klappe** f. (-, n). MAR. vanne f. ||°**-klosett** n. (s, e) water-closet m. ||°**-kopf** m. (s, ¨e) hydrocéphale m. et f. ; hydrocéphalie f. ||**-köpfig** adj. hydrocéphale. ||°**-kraft** f. énergie (f.) hydraulique ; houille blanche. ||°**-kraftlehre** f. hydrodynamique f. ||°**-kraftwerk** n. (s, e) centrale (f.) hydro-électrique. ||°**-kühlung** f. refroidissement (m.) par eau. ||°**-kunst** f. (-, ¨e) fontaine jaillissante. | *Wasserkünste*, jeux (m. pl.) d'eau. || MINES. pompe (f.) d'épuisement. ||°**-kur** f. (-, en) traitement (m.) hydrothérapique. ||°**-landung** f. (-, en). AÉRON. amérissage m. ||°**-lauf** m. (s, ¨e) cours (m.) d'eau ; ruisseau m. ||°**-läufer** m. (s, -). ZOOL. [Vogel] bécasseau m. || [Käfer] gerris m. ||°**-leitung** f. (-, en) conduite (f.), canalisation (f.) d'eau. ||°**-lilie** f. (-, n). BOT. nénuphar m. ||°**-linie** f. (-, n). MAR. ligne (f.) de flottaison. ||°**-linse** f. (-, n). BOT. lentille (f.) d'eau ; lenticule f. ||**-los** adj. à sec. ||**-löslich** adj. soluble dans l'eau. ||°**-mann** m. (s, -leute). MYTH. ondin m. || ASTRON. Verseau m. ||°**-melone** f. (-, n). BOT. pastèque f. ||°**-messer** m. (s, -) compteur (m.) à eau. || PHYS. hydromètre m. ||°**-mühle** f. (-, n) moulin (m.) à eau. ||°**-not** f. manque (m.) d'eau. ||°**-pfeife** f. (-, n) narghilé m. ||°**-pflanze** f. (-, n) plante (f.) aquatique. ||°**-probe** f. (-, n). HIST. ordalie (f.) de l'eau. ||°**-pumpe** f. (-, n) pompe (f.) à eau. ||°**-rad** n. (s, ¨er) roue (f.) hydraulique. ||°**-ratte** f. (-, n). ZOOL. rat (m.) d'eau. || FIG., FAM. *eine alte Wasserratte*, un vieux loup de mer. ||°**-rose** f. (-, n). BOT. nénuphar m. ||°**-schacht** m. (s, ¨e). MINES. puisard m. ||°**-schaden** m. (s, ¨) dégâts (m. pl.) des eaux. ||°**-scheide** f. GÉOGR. ligne (f.) de partage des eaux. ||**-scheu** adj. *wasserscheu sein*, avoir peur de l'eau. || MÉD. hydrophobe. ||°**-schlag** m. (s, ¨e). PHYS. coup (m.) de bélier. ||°**-schlauch** m. (s, ¨e) tuyau (m.)

d'arrosage. || BOT. utriculaire (f.) vulgaire. ||°-**ski** m. (s, er) ski (m.) nautique. ||°-**speicher** m. (s, -) réservoir (m.) d'eau. ||°-**speier** m. (s, -) gargouille f. ||°-**spiegel** m. (s, -). [Wasserfläche] nappe (f.) d'eau ; plan (m.) d'eau. || [Wasseroberfläche] surface (f.) de l'eau ; niveau (m.) de l'eau. ||°-**sport** m. (s) sport (m.) nautique ; nautisme m. ||°-**spülung** f. (-, en) chasse (f.) d'eau. ||°-**stand** m. (s) hauteur (f.) d'eau. | *niedrigster Wasserstand*, étiage m. ||°-**standsanzeiger** m. (s, -) indicateur (m.) de niveau d'eau. ||°-**stelle** f. (-, n) point (m.) d'eau. ||°-**stoff** m. (s). CHIM. hydrogène m. | *schwerer Wasserstoff*, hydrogène lourd ; deuterium m. | *Wasserstoffbombe*, bombe (f.) à hydrogène ; bombe H. | *Wasserstoffsuperoxyd*, eau oxygénée. ||°-**strahl** m. (s, en) jet (m.) d'eau. | *wie ein kalter Wasserstrahl wirken*, faire l'effet d'une douche froide. ||°-**straße** f. (-, n) voie (f.) navigable. ||°-**sucht** f. MÉD. hydropisie f. ||-**süchtig** adj. hydropique. ||°-**tank** m. (s, e) réservoir (m.) d'eau ; citerne f. ||°-**tiefe** f. (-, n) profondeur f. ; fond m. ||°-**tier** n. (s, e) animal (m.) aquatique. ||-**treibend** adj. MÉD. diurétique. ||°-**treten** n. (s) nage (f.) sur place. ||°-**trog** m. (s, ¨e) abreuvoir m. ; auge f. ||°-**turbine** f. (-, n) turbine (f.) hydraulique. ||°-**turm** m. (s, ¨e) château (m.) d'eau. ||°-**uhr** f. (-, en). HIST. clepsydre f. || [Wassermesser] compteur (m.) à eau. ||°-**verdrängung** f. MAR. déplacement m. ||°-**versorgung** f. alimentation (f.) en eau. || °-**verunreinigung** f. pollution (f.) de l'eau. || -**verunreinigend** part. prés. qui pollue l'eau. | *wasserverunreinigende Stoffe*, polluants (m. pl.) des eaux. ||°-**waage** f. (-, n) niveau (m.) à bulle d'air. ||°-**wagen** m. (s, -) citerne f. ||°-**weg** m. (s, e) voie (f.) navigable. | *auf dem Wasserweg*, par eau. ||°-**werk** n. (s, e) usine (f.) des eaux. ||°-**zeichen** n. (s, -) filigrane m. ||°-**zuführung** f. (-, en) adduction (f.) d'eau.

Wässerchen ['vɛsərçən] n. (s, -) filet (m.) d'eau. | *er tut, als ob er kein Wässerchen trüben könnte*, on lui donnerait le bon Dieu sans confession.

wässerig [-səriç] adj. humide ; aqueux ; aquifère. || ANAT. séreux. || FIG. *den Mund wässerig machen*, faire venir l'eau à la bouche. || [mit Wasser verdünnt] coupé d'eau. || FIG. insipide ; fade.

Wässerigkeit [-seriçkait] f. humidité f. || FIG. fadeur f. ; insipidité f.

wassern ['vasərn] v. intr. AÉRON. amerrir.

wässern ['vɛsərn] v. tr. [befeuchten] mouiller ; humecter. || [ins Wasser legen] faire tremper. || [verdünnen] (Wein) couper ; (Milch) mouiller. || PHOT. laver. || TEXT. moirer.

Wassers|not [″vasərs'no:t] f. inondation f.

Wässerung ['vɛsəruŋ] f. (-, en). [Befeuchten] mouillage m. || [Eintauchen] trempage m. || [Verdünnen] coupage m. ; mouillage m. || PHOT. lavage m. || TEXT. moirage m.

waten ['vɑ:tən] v. intr. patauger ; barboter. | *durch einen Fluß waten*, passer une rivière à gué.

Water|kant [″vɑ:tər'kant] f. DIAL. littoral allemand de la mer du Nord.

Watsche ['vɑ:tʃə] f. (-, n). FAM. gifle f. ; claque f.

watscheln [vɑ:'tʃəln] v. intr. se dandiner ; marcher comme un canard.

Watt [vat] n. (s, en ou e). GÉOGR. hauts-fonds m. pl. ; bancs de terre découverts à marée basse.

Watt [wat] n. (s, -). ÉLECTR. watt m.

Watt|leistung [″wat'laistuŋ] f. (-, en) puissance (exprimée) en watts. ||°-**messer** m. (s, -) wattmètre m. ||°-**stunde** f. (-, n) watt-heure m.

Watte ['vatə] f. ouate f. ; coton (m.) hydrophile.

Watte|bausch [″vatə'bauʃ] m. (es, ¨e) tampon (m.) d'ouate. ||°-**stäbchen** n. (s, -) Coton-Tige m. (Wz.).

wattieren [va'ti:rən] v. tr. ouater. || [Kleid] ouatiner. | *wattierte Schulter*, épaulette f.

Wauwau [vau'vau] m. (s, s). FAM. toutou m.

Web|kante [″ve:p'kantə] f. (-, n), °-**rand** m. (s, ¨er). TEXT. lisière f. ||°-**stuhl** m. (s, e) métier (m.) à tisser. ||°-**ware** f. (-, n) textile m. ; tissu m. ||°-**warenindustrie** f. industrie (f.) textile.

Webe|maschine [″ve:bəma'ʃi:nə] f. (-, n). TEXT. métier (m.) mécanique.

weben ['ve:bən] (webte, gewebt ; LITT. wob, gewoben) v. tr. et v. pr. tisser. || FIG. combiner ; organiser.

◇ v. intr. être en mouvement, s'agiter ; bouger. | *alles lebt und webt*, tout vit, tout bouge.

Weben [-bən] n. (s) tissage m. || [Bewegung] animation f. ; mouvement m.

Weber [-bər] m. (s, -) tisserand m.

Weber|baum [″ve:bər'baum] m. (s, ¨e). TEXT. ensouple f. ||°-**glas** n. es, ¨er) compte-fils m. ||°-**knecht** m. (s, e). ZOOL. faucheur m. ; faucheux m. ||°-**knoten** m. (s, -) nœud (m.) de tisserand. ||°-**schiffchen** n. (s, -). TEXT. navette f. ||°-**vogel** m. (s, ¨). ZOOL. tisserin m.

Weberei [vebə'rai] f. (-, en) tissage m. ; tisseranderie f. || [Fabrik] tissage m. ; fabrique (f.) de tissus.

Wechsel ['vɛksəl] m. (s, -). **1.** [Änderung] (pl. Wechselfälle) changement m. ; renversement m. ; retournement m. || [Lautwechsel] mutation f.

2. [Wiederkehr] alternance f. | *der Wechsel von Tag und Nacht*, l'alternance du jour et de la nuit. | *Wechsel der Jahreszeiten*, retour (m.) des saisons.

3. [Tausch] échange m. | *Wechsel der Ringe*, échange des anneaux. | *im Wechsel gegen*, en échange de.

4. [Geldwechsel] change m.

5. [Wechselbrief] effet m. (de commerce) ; lettre (f.) de change. | *ungedeckter Wechsel*, effet non provisionné. | *begebbarer Wechsel*, traite (f.) négociable. | *einen Wechsel auf jn ziehen, ausstellen*, tirer une traite sur qn. | *einen Wechsel begeben*, négocier un effet. | *einen Wechsel einlösen*, payer un effet. | *einen Wechsel zahlbar stellen*, domicilier un effet. || PAR EXT. mandat m.

6. [Pfad des Wildes] passée f. ; passage m.

Wechsel|achse [″vɛksəl'aksə] f. (-, n). TECHN. [axe (m.)] changeur (m.) de disques. ||°-**aussteller** m. (s, -). COMM. tireur m. ; souscripteur m. || °-**ausstellung** f. (-, en) émission (f.) d'effets. || °-**automat** m. (en, en) distributeur (m.) de monnaie. ||°-**bad** n. (s, ¨er) douche écossaise. ||°-**balg** m. (s, ¨e) enfant (m.) d'incube. || enfant supposé. || FIG. petit monstre ; petit démon. ||°-**beziehung** f. (-, en) rapports mutuels ; corrélation f. ||°-**brief** m. (s, e) effet m. (de commerce) ; lettre (f.) de change. || °-**bürgschaft** f. COMM. aval m. ||°-**fälle** m. pl. vicissitudes f. pl. ||°-**folge** f. (-, n) alternance f. ||°-**geld** n. (s, er) monnaie f. ||°-**gesang** m. (s, ¨e) chant alterné. ||°-**inhaber** m. (s, -). COMM. porteur m. ||°-**jahre** n. pl. MÉD. ménopause f. ; retour (m.) d'âge ; âge (m.) critique. ||°-**kurs** m. (es, e) cours m. (du change). ||°-**kurs|freigabe** f. (-, n) flottement (m.) des monnaies ; libération (f.) des cours de change. ||°-**makler** m. (s, -) courtier m. ; cambiste m. ||°-**nehmer** m. (s, -). COMM. preneur m. ; bénéficiaire m. ||°-**optik** f. PHOT. objectif (m.) interchangeable. ||°-**räder** n. pl. engrenage réducteur. ||°-**reiterei** f. émission (f.) d'effets de complaisance ; FAM. cavalerie f. ||°-**schuld** f. (-, en) effets (m. pl.) à payer ; dette (f.) par acceptation. ||-**seitig** adj. mutuel ; réciproque. | *wechselseitiger Vertrag*, accord bilatéral. ||°-**seitigkeit** f.

réciprocité f. ||°-**spiel** n. (s, e) alternance f. ||°-**strom** m. (s) courant alternatif. | *einphasiger Wechselstrom*, courant (alternatif) monophasé. | *mehrphasiger Wechselstrom*, courant (alternatif) polyphasé. ||°-**stube** f. (-, n) bureau (m.) de change. ||°-**tierchen** n. (s, -). ZOOL. [Amöbe] amibe f. ||°-**verhältnis** n. (ses, se) réciprocité f. | *im Wechselverhältnis*, réciproquement. ||-**voll** adj. riche en péripéties ; mouvementé. ||°-**wähler** m. (s, -) électeur indécis, flottant. | *die Wechselwähler*, l'électorat flottant. ||-**weise** adv. [abwechselnd] alternativement ; tour à tour. ||°-**winkel** m. (s, -). MATH. angle (m.) alterne. ||°-**wirkung** f. (-, en) interaction f. ||°-**wirtschaft** f. rotation (f.) des cultures ; assolement m. ||°-**zahlung** f. (-, en) paiement (m.) par effet.

wechselhaft [-səlhaft] adj. variable ; changeant.

wechseln [-səln] (ich wechs[e]le) v. intr. **1.** [sich verändern] changer ; se modifier. | *das Wetter wechselt*, le temps change.

2. [wechseln mit] alterner avec.

3. [sich fortbewegen] passer. | *der Hirsch wechselt über den Weg*, le cerf traverse le chemin.

◇ v. tr. **1.** [auswechseln] changer. | *seine Gesinnung wechseln*, changer d'opinion. | *die Farbe wechseln*, changer de couleur. | *die Wohnung wechseln*, déménager. | *den Besitzer wechseln*, passer en d'autres mains. || AUTOM. *den Gang wechseln*, changer de vitesse. || MIL. *den Tritt wechseln*, changer de pas.

2. [austauschen] échanger. | *mit jm Worte wechseln*, échanger des paroles avec qn ; avoir des mots, une altercation avec qn.

3. [Geld wechseln] changer ; faire de la monnaie. ◇ part. prés. **wechselnd,** variable ; changeant. | *mit wechselndem Erfolg*, avec des fortunes diverses.

Wechseln [-səln] n. (s) changement m. ; échange m. ; alternance f. | *Wäsche zum Wechseln*, linge (m.) de rechange.

Wechsler [-slər] m. (s, -) changeur m. ; cambiste m.

Wecken ['vɛkən] m. (s, -). [Brötchen, Semmel] petit pain.

Weck|glas ["vɛk'gla:s] n. [du nom du fabricant] (es, ¨er) bocal (m.), verre (m.) à conserves.

Weck|ruf ['vɛkru:f] m. (s, e) réveil m.

wecken ['vɛkən] v. tr. réveiller. || FIG. éveiller. | *bei jm Hoffnungen wecken*, susciter des espoirs chez qn.

Wecken [-kən] n. (s) réveil m. || MIL. *zum Wecken blasen*, sonner le réveil.

Wecker [-kər] m. (s, -). [Weckuhr] réveille-matin m. ; réveil m.

Wedel ['ve:dəl] m. (s, -) éventail m. ; chasse-mouches m. ; plumeau m. || BOT. palme f. || ZOOL. queue f.

wedeln ['ve:dəln] v. tr. et v. intr. *mit dem Fächer wedeln*, jouer de l'éventail. | *der Hund wedelt mit dem Schwanz*, le chien agite la queue, frétille. || [Ski] godiller. || FIG. *um jn herum wedeln*, s'aplatir devant qn.

Wedeln ['ve:dəln] n. (s). [Ski] godille f.

weder ['ve:dər] conj. *weder..., noch*, ni..., ni. | *weder das eine noch das andere*, ni l'un ni l'autre.

Weg [ve:k] m. (s, e)

I. [Bahn] chemin m. ; route f. ; voie f.
II. [Mittel] moyen m. ; voie f.
III. [Fahrt] trajet m. ; chemin m.
IV. [Karriere] carrière f. ; chemin m.
V. LOC. avec prép.

I. [Bahn] **1.** chemin m. ; route f. ; voie f. | *der Weg von Ulm nach München führt über Augsburg*, le chemin d'Ulm à Munich passe par Augsbourg. | *dieser Weg führt zum Bahnhof*, ce chemin conduit à la gare. | *ein Stück Weges*, un bout de chemin. || FIG. *der mittlere Weg*, la voie moyenne. | *der Weg zum Erfolg*, le chemin, la route du succès. | *Gottes Wege*, les voies du Seigneur.

2. *einen Weg betreten, einschlagen*, s'engager dans un chemin, FIG. dans une voie. | *seines Weges gehen*, aller son chemin. | *den kürzesten Weg gehen*, prendre, couper au plus court. | *jm den Weg weisen*, montrer le chemin à qn ; FIG. montrer la voie à qn. | *jm den Weg bahnen, bereiten, ebnen*, frayer la voie à qn. | *daran führt kein Weg vorbei*, on n'y coupe pas.

II. [Mittel] moyen m. ; voie f. | *Weg zum Ziel*, moyen m. | *Mittel und Wege*, moyens m. pl. | *Mittel und Wege finden*, trouver un moyen. | *auf diesem Wege*, par ce moyen ; de la sorte. | *auf friedlichem Wege*, par des moyens pacifiques. | *auf diplomatischem Wege*, par la voie diplomatique. || CHIM. *auf nassem Weg*, par voie humide.

III. [Fahrt] trajet m. ; chemin m. | *auf dem Weg*, durant le trajet ; en chemin. | *auf dem Weg nach*, en allant à ; sur le trajet, le chemin de. | *sich auf den Weg machen*, se mettre en route.

IV. [Karriere] carrière f. ; chemin m.

V. LOC. avec prép. — **auf :** *jm etwas auf den Weg geben*, donner qch. à qn en viatique. | *auf den falschen Weg geraten*, se fourvoyer ; faire fausse route. | *auf halbem Weg*, à mi-chemin. | *jm auf halbem Wege entgegenkommen*, faire la moitié du chemin. — **aus :** *jm aus dem Wege gehen*, éviter qn. | *einer Frage aus dem Wege gehen*, éluder une question. — **in :** *etwas in die Wege leiten*, mettre qch. en route. | *jm Schwierigkeiten in den Weg legen*, créer des difficultés à qn. | *jm im Wege stehen*, faire obstacle à qn. — **von :** *vom rechten Wege abkommen*, sortir du droit chemin. — **zu :** *etwas zu Wege, zuwege bringen*, mener qch. à bonne fin.

Weg|bereiter ["ve:kbə'raitər] m. (s, -) précurseur m. ; pionnier m. ||°-**genosse** m. (n, n) compagnon (m.) de route. ||°-**kreuzung** f. (-, en) croisement m. ; carrefour m. ||°-**schnecke** f. (-, n). ZOOL. limace f. ||°-**sperre** f. (-, n) barrage routier. ||°-**strecke** f. (-, n) bout (m.) de chemin. | *jn eine kurze Wegstrecke begleiten*, faire un bout de chemin avec qn. ||°-**weiser** m. (s, -). [Führer] guide m. || [Tafel] poteau indicateur ; panneau indicateur. ||°-**zehrung** f. (-, en) provisions (f. pl.) de voyage.

Wege|amt ["ve:gə'amt] n. (s, ¨er) [service (m.) de la] voirie f. ||°-**aufseher** m. (s, -) agent voyer ; ingénieur (m.) du service vicinal. ||°-**bauamt** n. (s, ¨er) [service (m.) des] ponts (m. pl.) et chaussées f. pl. ||°-**gabelung** f. (-, en) bifurcation f. | *dreifache Wegegabelung*, patte-d'oie f. ||°-**geld** n. (s, er) péage m. ||°-**lagerer** m. (s, -) brigand (m.), voleur (m.) de grands chemins. ||°-**recht** n. (s, e) droit (m.) de passage. ||°-**unfall** m. (s, ¨e) accident (m.) de trajet. ||°-**verhältnisse** n. pl. état (m.) des routes.

weg [vɛk] adv. loin ; au loin. | *weg sein*, ne pas, ne plus être là. | *weit weg von*, à l'écart de ; loin de. || POP. *(ganz) weg sein*, être emballé, enthousiasmé. | *etwas weg haben*, avoir compris ; savoir faire qch. | *frei weg*, franchement.

◇ tournures elliptiques : *weg !*, pars ; partez ; va-t'en ; allez-vous-en ; POP. fiche, fichez(-moi) le camp. | *weg damit !*, enlève, enlevez cela ; fais, faites disparaître cela. | *Hände weg !*, bas les pattes !

weg|ätzen ["vɛk'ɛtsən] v. tr. faire disparaître à l'aide d'un acide. || MÉD. cautériser. ||-**bleiben** (ie, ie) v. intr. [nicht erscheinen] manquer. | *von einer Versammlung wegbleiben*, ne pas assister à une réunion. || TYPOGR. *eine Zeile ist weggeblieben*, une ligne a sauté.

||**-bringen** (brachte, gebracht) v. tr. enlever ; emmener. ||**-denken** (dachte, gedacht) v. tr. écarter par la pensée. ||**-drängen** v. tr. écarter ; repousser ; FIG. évincer. ||**-eilen** v. intr. partir précipitamment. || FIG. *über etwas wegeilen*, passer rapidement sur qch. ||**-fahren** (ä, u, a) v. intr. s'en aller ; partir (en voiture). ||**-fallen** (ä, ie, a) v. intr. [ausfallen] tomber ; se détacher. || FIG. ne pas avoir lieu ; être supprimé ; FAM. tomber à l'eau. ||**-fangen** (ä, i, a) v. tr. intercepter. | *jm etwas wegfangen*, souffler qch. à qn. ||**-fliegen** (o, o) v. intr. s'envoler ; partir. ||**-führen** v. tr. emmener. ||°**-gang** m. (s) départ m. ; sortie f. | *beim Weggang*, en partant. ||**-geben** (i, a, e) v. tr. se défaire de ; se débarrasser de. ||**-gehen** (ging, gegangen) v. intr. s'en aller ; partir. | *geh weg !*, va-t'en ! | *das geht weg wie warme Semmeln*, cela se vend comme des petits pains. ||**-helfen** (i, a, o) v. intr. *jm weghelfen*, aider qn à s'enfuir. ||**-holen** v. tr. emmener ; venir chercher. ||**-jagen** v. tr. chasser. ||**-kommen** (a, o) v. intr. partir ; s'en aller. | *von einem Ort wegkommen*, quitter un lieu. ||**-können** (a, o, o) v. intr. [entlassen] laisser partir (qn) ; rendre sa liberté (à qn). || [übergehen] omettre. || GRAMM. élider. || MATH. négliger. || [durchstreichen] supprimer ; retrancher. ||°**-lassung** f. (-, en) omission f. || GRAMM. élision f. ; suppression f. ||**-laufen** (ä, ie, a) v. intr. se sauver. ||**-legen** v. tr. mettre de côté. || PAR EXT. égarer. ||**-müssen** (u, u) v. intr. être obligé de partir ; de s'en aller. ||°**-nahme** f. enlèvement m. ; soustraction f. || MIL., JUR. confiscation f. ; saisie f. ||**-nehmen** (i, a, o) v. tr. enlever. || JUR. confisquer ; saisir. ||**-raffen** v. tr. enlever ; emporter. ||°**-räumen** v. tr. [wegschaffen] enlever ; ôter ; faire disparaître. | *das Geschirr wegräumen*, desservir (la table). | *Schutt wegräumen*, déblayer. | *ein Hindernis wegräumen*, faire disparaître un obstacle. || [ordnen] ranger. ||**-schaffen** v. tr. enlever ; éliminer ; supprimer. ||**-schicken** v. tr. [versenden] expédier ; envoyer. || [entlassen] renvoyer ; donner congé à. ||**-schleichen** (i, i) v. intr. s'esquiver ; partir à la dérobée. ||**-scheuchen** v. tr. effaroucher ; mettre en fuite. ||**-schnappen** v. tr. happer. || FIG. *jm etwas vor der Nase wegschnappen*, s'approprier qch. au nez, à la barbe de qn. ||**-schneiden** (i, i) v. tr. couper ; retrancher. || MÉD. amputer. ||**-sehen** (ie, a, e) v. intr. détourner les yeux. | *über etwas wegsehen*, fermer les yeux sur qch. ; passer sur qch. ||**-sehnen (sich)** v. pr. souhaiter partir. ||**-setzen** v. tr. mettre de côté. — v. intr. *über einen Graben wegsetzen*, sauter par-dessus un fossé. ||**-spielen** v. intr. et v. tr. MUS. *vom Blatt wegspielen*, jouer à première vue. ||**-springen** (a, u) v. intr. s'écarter d'un bond ; s'enfuir en bondissant. ||°**-stecken** v. tr. ranger, mettre de côté. ||**-stehlen** (ie, a, o) v. tr. dérober. — v. pr. **sich wegstehlen,** s'esquiver ; s'éclipser. ||**-tragen** (ä, u, a) v. tr. emporter ; enlever. ||**-treiben** (ie, ie) v. tr. chasser. | *von den Wellen weggetrieben werden*, être emporté par les vagues. ||**-treten** (i, a, e) v. intr. s'écarter ; se retirer. || MIL. *wegtreten lassen*, faire rompre les rangs. | *weggetreten !*, rompez ! ||**-tun** (tat, getan) v. tr. enlever. ||**-waschen** (ä, u, a) v. tr. *einen Fleck wegwaschen*, laver une tache. ||**-weisen** (ie, ie) v. tr. repousser ; rejeter. ||**-wenden** v. tr. détourner. ||°**-werf|beutel** m. (s, -) sac (m.) jetable. ||**-werfen** (i, a, o) v. tr. jeter ; se défaire de ; se débarrasser de. | *Geld wegwerfen*, gaspiller son argent. — v. pr. **sich wegwerfen,** déchoir ; déroger. ||**-werfend** adj. [verächtlich] dédaigneux ; méprisant. | *eine wegwerfende Handbewegung*, un geste de dédain. — adv. avec dédain ; avec mépris. ||**-wünschen** v. tr. *jn wegwünschen*, souhaiter le départ de qn. — v. pr. **sich wegwünschen,** souhaiter partir. ||**-zerren** v. tr. arracher. ||**-ziehen** (zog, gezogen) v. tr. enlever ; arracher. — v. intr. s'en aller ; partir. | *nach Amerika wegziehen*, partir pour l'Amérique. || [ausziehen] déménager. ||°**-zug** m. (s) départ m.

wegen ['ve:gən] prép. (gén. ; dat. dans la langue parlée courante) à cause de ; en raison de ; étant donné. | *wegen schlechten Wetters*, en raison du mauvais temps. || **von... wegen :** *von Amts wegen*, par décision du pouvoir. | *von Rechts wegen*, légalement ; selon le droit.

Wegerich ['ve:gəriç] m. (s, e). BOT. plantain m.

weh(e) ['ve:(ə)] adj. douloureux. | *einen wehen Finger haben*, avoir mal à un doigt.
◇ adv. *weh tun*, faire mal ; FIG. faire de la peine.
◇ interj. *wehe !, o weh !*, hélas ! ; FAM. misère ! ; aïe ! | *weh mir !*, pauvre de moi !

Weh(e) ['ve:(e)] n. (s). [Schmerz] douleur f. | *seelisches Weh*, douleur morale. || [Unglück] malheur m. | *über js Wohl und Wehe entscheiden*, faire le bonheur ou le malheur de qn.

Weh|geschrei ["ve:gə'ʃrai] n. (s) lamentations f. pl. ||°**-klage** f. (-, n) plainte f. ; lamentations f. pl. ||**-klagen** v. intr. (ich wehklage, gewehklagt) se lamenter. ||°**-laut** m. (s, e) plainte f. ||**-leidig** adj. [wimmernd] dolent ; FAM. geignard. || [quengelig] chagrin ; morose ; maussade. ||°**-leidigkeit** f. tendance (f.) à se plaindre ; humeur maussade. ||°**-mut** f. mélancolie f. | *voller Wehmut*, mélancolique. ||**-mütig, -mutsvoll** adj. mélancolique.

Wehe ['ve:ə] f. (-, n) amoncellement m. || *(Schnee)-wehe*, congère f.

Wehen ['ve:ən] f. pl. MÉD. douleurs (f. pl.) de l'accouchement, de l'enfantement. | *in den Wehen liegen*, être dans les douleurs.

wehen ['ve:ən] v. intr. [blasen] souffler. | *der Wind weht kalt*, il souffle un vent froid. || FIG. *er weiß, woher der Wind weht*, il sait prendre le vent. || [flattern] flotter au vent. | *mit wehenden Fahnen*, drapeaux déployés.
◇ v. tr. [Wind] emporter ; chasser.

Wehr [ve:r] n. (s, e) barrage m. ; digue f.

Wehr [ve:r] f. (-, en) défense f. | *sich zur Wehr setzen*, se mettre sur la défensive. || défenses f. pl. ; fortifications f. pl. ; remparts m. pl. || FIG. rempart m. ; protection f. | *in Wehr und Waffen*, en armes ; sur pied de guerre.

Wehr|bezirk ["ve:rbə'tsirk] m. (s, e) région (f.) militaire. ||°**-dienst** m. (es) service (m.) militaire. ||**-dienstverweigerer** m. (s, -) objecteur (m.) de conscience. ||°**-dienstverweigerung** f. objection (f.) de conscience. ||°**-etat** m. (s, s) budget (m.) de la défense nationale. ||°**-gang** m. (s, ¨e) chemin (m.) de ronde. ||°**-gehänge** n. (s, -), °**-gehenk** n. (s, e) baudrier m. ; ceinturon m. ||°**-kraft** f. potentiel (m.) militaire. ||°**-kreis** m. (es, e) subdivision (f.) de région militaire. ||**-los** adj. [ohne Widerstand] sans défense ; désarmé. | *jn wehrlos machen*, désarmer qn. ||°**-losigkeit** f. faiblesse f. ; vulnérabilité f. ||°**-macht** f. armée f. ; forces armées. || HIST. armée allemande. ||°**-paß** m. (es, ¨e) livret (m.) militaire. ||°**-pflicht** f. obligations (f. pl.) militaires. | *allgemeine Wehrpflicht*, service (m.) militaire obligatoire. | *seine Wehrpflicht erfüllen*, faire son service militaire. ||**-pflichtig** adj. astreint au service militaire ; mobilisable. ||°**-stand** m. (s). [Beruf] carrière (f.) des armes ; état (m.) militaire. || [Gemeinschaft] les militaires m. pl. ; l'armée f. ||**-tauglich** adj. en état de porter les armes ; bon pour le service. ||°**-tauglichkeit** f. aptitude (f.) au service armé. ||**-tüchtig** adj. V. WEHRTAUGLICH. ||°**-übung** f. (-, en) période (f.) militaire. ||**-unfähig, -untauglich** adj. inapte au service militaire.

wehren ['ve:rən] v. intr. s'opposer à ; faire obstacle à ; lutter contre. | *einem Angriff wehren*, repousser un assaut.
◇ v. tr. *jm etwas wehren*, interdire qch. à qn.
◇ v. pr. **sich wehren,** *sich gegen jn wehren*, se défendre contre qn ; lutter contre qn. | *sich seiner Haut wehren*, défendre sa peau.
wehrhaft ['ve:rhaft] adj. en état de se défendre. || MIL. apte au service militaire. | *wehrhaft machen*, mettre sur pied de guerre.
Weib [vaip] n. (s, er). **1.** POÉT. [Bibel] femme f. **2.** (Vx.) [Ehefrau] femme f. ; épouse f. | *jn zum Weibe nehmen*, prendre qn pour femme. | *Weib und Kind haben*, être chargé de famille.
3. PÉJOR. commère f. ; bonne femme. | *die lustigen Weiber von Windsor*, les joyeuses commères de Windsor.
Weiber|art ["vaibər'ɑ:rt] f. PÉJOR. manières (f. pl.) de femme. ||°**-feind** m. (s, e). PÉJOR. misogyne m. ||°**-gezänk** n. PÉJOR. querelle (f.) de femmes. ||°**-hasser** m. (s, -). PÉJOR. misogyne m. ||°**-held** m. (en, en). PÉJOR. homme (m.) à femmes ; bourreau (m.) des cœurs. ||°**-volk** n. (s). PÉJOR. les femmes.
Weibchen ['vaipçən] n. (s, -) petite femme. || ZOOL. femelle f.
weibisch ['vaibiʃ] adj. PÉJOR. [verweichlicht] efféminé.
weiblich ['vaipliç] adj. féminin. || BOT., ZOOL. femelle. || JUR. *an die weibliche Linie fallen*, tomber en quenouille. || GRAMM. féminin. | *weiblicher Reim*, rime féminine.
Weiblichkeit [-kait] f. [weibliches Wesen] nature féminine ; féminité f.
Weibs|bild ["vaips'bilt] n. (s, er). PÉJOR. créature f. ||°**-stück** n. (s, e). PÉJOR. créature f.
weich [vaiç] adj. **1.** mou ; tendre. | *weicher Käse*, fromage mou. | *weich gekochtes Ei*, œuf (m.) à la coque. || [was sich weich anfühlt] doux ; moelleux. | *weiches Kissen*, coussin moelleux. || ANAT. *weicher Gaumen*, voile (m.) du palais. || PHYS. *weiches Wasser*, eau douce. || FIG. *weiche Stelle*, point (m.) faible. | *jn weich machen*, amener qn à céder. | *weich werden*, céder.
2. [von sanftem Klang] doux ; suave. | *weiche Töne*, musique (f.) suave. | *weiche Tonart*, mode mineur. || GRAMM. *weicher Laut*, douce f.
Weich|eisen ["vaiç'aizən] n. (s) fer doux. ||**-herzig** adj. sensible. || [nachsichtig] faible ; compatissant. ||°**-herzigkeit** f. sensibilité f. || [Nachsicht] faiblesse f. ||**-löten** v. tr. souder à l'étain. ||°**-metall** n. (s, e) métal mou. ||**-mütig** adj. [empfindsam] sensible. || [nachsichtig] faible. ||°**-spüler** m. (s, -) assouplisseur m. ||°**-teile** m. et n. pl. ANAT. parties molles. ||°**-tier** n. (s, e). ZOOL. mollusque m.
Weich|bild ["vaiç'bilt] n. (s, er). [Ortsgebiet] territoire (m.) de la ville, de la cité. || PAR EXT. banlieue f. ; environs immédiats d'une ville.
Weiche ['vaiçə] f. (-, n). **1.** [Weichheit] mollesse f. ; douceur f. || FIG. mollesse f. || ANAT. flanc m. || AUTOM., MAR. [Ausweichstelle] point (m.) d'évitement ; évitement m.
2. [Eisenbahn] aiguille f. ; aiguillage m.
Weichen|steller ["vaiçən'ʃtɛlər] m. (s, -) aiguilleur m. ||°**-stellwerk** n. (s, e) poste (m.) d'aiguillage.
weichen ['vaiçən] (weichte, geweicht) v. tr. amollir ; ramollir ; faire tremper.
◇ v. intr. s'amollir ; se ramollir ; se détremper.
◇ v. intr. (wich, gewichen) céder ; fléchir. | *nicht wanken noch weichen*, ne pas reculer d'un pouce. | *jm weichen*, faire place à qn ; se retirer devant qn. | *vor dem Feind weichen*, reculer devant l'ennemi. || FIG. *er weicht der Gewalt*, il cède à la violence. | *nicht von js Seite weichen*, ne pas quitter qn d'une semelle.
Weichheit ['vaiçhait] f. mollesse f. ; douceur f. ; moelleux m. || [Fleisch] tendreté f. || [Kraftlosigkeit] mollesse f. ; faiblesse f.
weichlich ['vaiçliç] adj. [kraftlos] mou. || [verzärtelt] délicat ; efféminé.
Weichlichkeit [-liçkait] f. mollesse f.
Weichling [-liŋ] m. (s, e) jouisseur m. ; sybarite m.
Weichsel ['vaiksəl] f. GÉOGR. Vistule f.
Weichsel|kirsche ["vaiksəl'kirʃə] f. (-, n). BOT. cerise (f.) aigre ; griotte f. ||°**-rohr** n. (s, e) pipe (f.) en merisier.
weid|gerecht ["vaitgə'rɛçt] adv. selon les règles de la chasse. ||°**-mann** m. (s, ¨er) chasseur m. | *Weidmanns Heil !*, bonjour (à la chasse). ||**-männisch** adj. de chasseur ; cynégétique. | *weidmännischer Brauch*, usages (m. pl.) de la chasse. ||°**-werk** n. (s). [Jagd] chasse f. ; vénerie f. ||**-wund** adj. [totwund] blessé à mort.
Weide ['vaidə] f. (-, n). [Futterplatz] pâturage m. ; pâture f. ; pacage m. || AGRIC. herbage m. | *das Vieh auf die Weide treiben*, mener paître le bétail. || FIG. régal m. ; plaisir m.
Weide|gang ["vaidə'gaŋ] m. AGRIC. mise (f.) en pâture. ||°**-land** n. (s) pâturages m. pl. || AGRIC. herbages m. pl. ||°**-platz** m. (es, ¨e) pâturage m. ; pacage m. || AGRIC. herbage m. ||°**-recht** n. (s). JUR. droit (m.) de vaine pâturage.
weiden ['vaidən] v. intr. paître ; pâturer.
◇ v. tr. *das Vieh weiden*, mener paître les bêtes ; garder les bêtes dans les prés.
◇ v. pr. **sich weiden**. FIG. *sich an etwas* (dat.) *weiden*, se repaître de qch. ; se délecter de qch. | *sich die Augen an etwas weiden*, se repaître du spectacle de.
Weide ['vaidə] f. (-, n). BOT. saule m. || [Korbweide] osier m.
Weiden|gebüsch ["vaidəngə'byʃ] n. (es, e), °**-gehölz** [-gə'hølts] n. (es, e) oseraie f. ||°**-gewächs** n. (es, e). BOT. salicacée f. ||°**-kätzchen** n. (s, -) chaton (m.) de saule. ||°**-korb** m. (s, ¨e) panier (m.) d'osier.
weidlich ['vaitliç] adv. largement ; beaucoup.
weigern ['vaigərn] v. tr. refuser. | *jm etwas weigern*, refuser qch. à qn.
◇ v. pr. **sich weigern,** *sich weigern, etwas zu tun*, se refuser à faire qch.
Weigerung [-gəruŋ] f. refus m.
Weih(e) ['vai(ə)] m. (en ou es, en ou e). ZOOL. milan m.
Weih|bischof ["vai'biʃɔf] m. (s, ¨e) [évêque] coadjuteur m. ||°**-nacht** f., °**-nachten** f. Noël m. | *zu Weihnachten*, à Noël. | *fröhliche Weihnachten !*, joyeux Noël ! [Voir plus loin composés de WEIHNACHT]. ||**-nachtlich** adj. de Noël ; propre à Noël. ||°**-rauch** m. (s) encens m. ||°**-rauchfaß** n. (es, ¨er), °**-rauchkessel** m. (s, -) encensoir m. ||°**-tafel** f. (-, n) ex-voto m. ||°**-wasser** n. (s) eau bénite. | *etwas mit Weihwasser besprengen*, asperger qch. d'eau bénite. ||°**-wasserbecken** n. (s, -), °**-wasserkessel** m. (s, -) bénitier m. ||°**-wedel** m. (s, -) goupillon m.
Weihe ['vaiə] f. (-, n) **1.** [Heiligung] bénédiction f. || [Kirche] consécration f. ; dédicace f.
2. PAR EXT. caractère solennel ; solennité f.
◇ f. pl. **Weihen.** RELIG. ordres m. pl. | *die Weihen erhalten, empfangen*, être ordonné prêtre. | *die niederen Weihen*, les ordres mineurs.
Weihe|gesang ["vaiəgə'zaŋ] m. (s, ¨e) cantique

m. ; psaume m. ||°**-stunde** f. (-, n) solennité f. ; cérémonie f. ||**-voll** adj. solennel.

weihen ['vaiən] v. tr. [Gegenstand] bénir. || [Kirche] consacrer. || [Priester] ordonner ; conférer les ordres à. | *jn zum Priester weihen*, ordonner qn. | *jn zum Bischof weihen*, sacrer qn évêque.

◇ v. pr. **sich weihen,** se consacrer, se vouer à...

Weiher ['vaiər] m. (s, -) étang m.

Weihnachts|abend ["vainaxts'ɑ:bənt] m. (s, e). [Heiliger Abend] veille (f.), veillée (f.) de Noël. ||°**-baum** m. (s, ¨e). [Christbaum] arbre (m.), sapin (m.) de Noël. ||°**-bescherung** f. (-, n) distribution (f.) de cadeaux de Noël ; arbre (m.) de Noël. ||°**-krippe** f. (-, n) crèche (f.) de Noël. ||°**-lied** n. (s, er) noël m. ||°**-mann** m. (s, ¨er) père (m.) Noël. ||°**-markt** m. (s, ¨e) foire (f.) de Noël. ||°**-messe** f. (-, n). [Mitternachtsmesse] messe (f.) de minuit.

Weihung ['vaiuŋ] f. (-, en). [Gegenstand] bénédiction f. || [Kirche] consécration f. ; dédicace f.

weil [vail] conj. parce que. | *er fährt in die Alpen, weil er Höhenluft braucht*, il va dans les Alpes, parce qu'il a besoin de l'air de la montagne. | *er hat sich den Magen verdorben, weil er zu viel gegessen hat*, il est malade pour avoir trop mangé.

Weilchen ['vailçən] n. (s, -) petit moment.

Weile ['vailə] f. [Zeitspanne] moment m. ; laps (m.) de temps. | *geraume Weile*, long moment. | *über eine kleine Weile ; nach einer kleinen Weile*, un peu plus tard ; peu après. || Loc. *das hat gute Weile ; damit hat es gute Weile*, cela ne presse pas ; ce n'est pas urgent. | *eile mit Weile !*, hâte-toi lentement.

weilen ['vailən] v. intr. [sich aufhalten] séjourner. | *er weilt nicht mehr unter uns*, il nous a quittés. || [zögern] s'attarder ; muser. | *weile nicht !*, hâte-toi ; fais vite.

Weiler [-lər] m. (s, -). [Gehöft] ferme isolée. || [kleines Dorf] hameau m. ; écart m. || Hist. ménil m.

Weimar ['vaimar] n. pr. n. Géogr. Weimar m.

Weimarer [-marər] adj. Hist. *Weimarer Republik*, république (f.) de Weimar.

Wein [vain] m. (s, e). **1.** vin m. | *Rotwein*, vin rouge. | *Weißwein*, vin blanc. | *junger Wein*, vin nouveau. | *spritziger Wein*, vin pétillant. | *schwerer Wein*, vin capiteux. | *Wein in Flaschen*, vin bouché. | *offener Wein*, vin en carafe. | *Wein vom Faß*, vin à la tireuse. | *der Wein steigt ihm in den Kopf, zu Kopf*, le vin lui monte à la tête. || Fig. *jm reinen Wein einschenken*, dire son fait à qn.

2. [Rebe] vigne f. | *Wein bauen*, cultiver la vigne. || Bot. *wilder Wein*, vigne vierge.

Wein|bau ['vainbau] m. (s) viticulture f. | *Weinbau treiben*, cultiver la vigne. ||°**-bauer** m. (s, - ou n) vigneron m. ; viticulteur m. ||°**-baukunde** f. (-, n) œnologie f. ||°**-beere** f. (-, n) grain (m.) de raisin. ||°**-berg** m. (s, e) vignoble m. ; vigne f. ; vignes f. pl. ||°**-bergschnecke** f. (-, n). Zool. escargot m. ||°**-blatt** n. (s, ¨er) feuille (f.) de vigne. ||°**-brand** m. (s, ¨e). [Branntwein] eau-de-vie (m.) de vin ; imitation (f.) de cognac. ||°**-brennerei** f. (-, en) distillerie f. ||°**-ernte** f. (-, n) vendanges f. pl. ||°**-essig** m. (s, e) vinaigre (m.) de vin. ||°**-faß** n. (es, ¨er) tonneau (m.) de vin ; fam. sac (m.) à vin. ||°**-garten** m. (s, ¨) vigne f. ||°**-gärtner** m. (s, -) vigneron m. ||°**-gegend** f. (-, en) région (f.) viticole, vinicole. ||°**-geist** m. (es) esprit-de-vin m. ||°**-gelee** n. (s, s) raisiné m. ||°**-glas** n. (es, ¨er) verre (m.) à vin. ||°**-gut** m. (s, ¨er) domaine (m.) viticole. ||°**-händler** m. (s, -) négociant (m.) en vins ; marchand (m.) de vins. ||°**-handlung** f. (-, en) commerce (m.) de vins. ||°**-heber** m. (s, -) pipette f. ||°**-hefe** f. (-, n) lie (f.) de vin. ||°**-jahr** n. (s, e) *gutes Weinjahr*, année (f.) de bon vin ; bonne année pour le vin. ||°**-karaffe** f. (-, n) carafon m. ||°**-karte** f. (-, n) carte (f.) des vins. ||°**-kellner** m. (s, -) sommelier m. ||°**-kenner** m. (s, -) connaisseur m. ; gourmet m. ||°**-kühler** m. (s, -) seau (m.) à champagne. ||°**-laub** n. (s) pampres m. pl. ||°**-laube** f. (-, n) treille f. ||°**-laune** f. *in Weinlaune*, gris ; fam. éméché. ||°**-lese** f. vendanges f. pl. ||°**-lokal** n. (s, e) bar (m.) à vin. ||°**-panscherei** f. falsification (f.) des vins. ; [mit Wasser] mouillage m. ||°**-probe** f. (-, n) dégustation f. ||°**-prüfer** m. (s, -) dégustateur m. ||°**-ranke** f. (-, n) vrille (f.) de la vigne. ||°**-rebe** f. (-, n) vigne f. ||**-reich** adj. viticole ; vinicole. ||**-rot** adj. vineux ; (couleur) lie-de-vin ; bordeaux. ||°**-säure** f. (-, n). Chim. acide (m.) tartrique. ||°**-schenke** f. (-, n) débit (m.) de boissons. ||°**-schlauch** m. (s, ¨e). Fig. [Trinker] sac (m.) à vin. ||°**-schröter** m. (s, -) encaveur m. ||**-selig** adj. gris ; fam. éméché ; dans les vignes du Seigneur. ||°**-seligkeit** f. ivresse f. ||°**-stein** m. (s, e). Chim. tartre m. ||°**-stock** m. (s, ¨e) vigne f. ; cep (m.) de vigne ; pied (m.) de vigne. ||°**-straße** f. (-, n) route (f.) des vins. ||°**-stube** f. (-, n) taverne f. ||°**-traube** f. (-, n) grappe (f.) de raisin. ||°**-traubenkur** f. (-, en) cure uvale. ||°**-treber** pl., °**-trester** pl. marc (m.) de raisin. ||°**-waage** f. (-, n) œnomètre m.

weinen ['vainən] v. intr. pleurer ; verser des larmes. | *bitterlich weinen*, pleurer à chaudes larmes. | *über etwas weinen*, pleurer qch., sur qch. | *über jn weinen*, pleurer sur le sort de qn. | *um jn weinen*, pleurer qn. | *es ist zum Weinen*, c'est lamentable. | *jn zum Weinen bringen*, arracher des larmes à qn. | *das Weinen kaum unterdrücken können*, être au bord des larmes. | *Weinkrampf*, crise (f.) de larmes. || Loc. *sich die Augen aus dem Kopfe weinen*, s'abîmer les yeux à force de pleurer. | *mit rotgeweinten Augen*, les yeux rougis par les larmes.

weinerlich [-nərliç] adj. [zum Weinen geneigt] qui a la larme facile ; pleurard ; pleurnicheur. || [rührend] larmoyant. | *weinerlicher Ton*, ton larmoyant.

Weinerlichkeit [-kait] f. pleurnicheries f. pl. ; larmoiements m. pl.

weis|machen ["vais'maxən] v. tr. (ich mache weis, weisgemacht) *jm etwas weismachen*, faire croire qch. à qn. ||**-sagen** (ich weissage, geweissagt) v. intr. prédire l'avenir ; faire des prédictions. ||°**-sagung** f. (-, en) divination f. ; prédiction f.

weise ['vaizə] adj. sage ; avisé. | *weise Ratschläge*, conseils (m. pl.) de sagesse.

Weise(r) [-zə(r)] f. (m.) sage s. | *die drei Weisen aus dem Morgenland*, les rois mages. | *Stein der Weisen*, pierre philosophale.

Weise [-zə] f. (-, n). **1.** [Art] manière f. ; façon f. | *auf diese Weise ; in dieser Weise*, de cette façon ; de cette manière ; de la sorte. | *in jeder Weise*, de toute manière ; de toute façon. | *in keiner Weise ; auf keine Weise ; auf keine Art und Weise*, en aucune manière ; nullement. | *in gewohnter Weise*, comme d'habitude ; comme à l'accoutumée. | *jeder auf seine Weise*, chacun à sa façon. | *die Art und Weise wie*, la façon de.

2. [Melodie] mélodie f. ; air m. | *volkstümliche Weise*, mélodie populaire. | *lustige Weise*, air gai.

...weise [-zə] suffixe servant à former des adv. **1.** à partir de noms d'unités de mesure. Ex. : *zentnerweise*, par cinquante kilos ; *paarweise*, par couples, par paires. **2.** à partir d'autres noms. Ex. : *glücklicherweise*, par bonheur, par chance ; *zwangsweise*, de force.

weisen ['vaizən] (ie, ie) v. tr. montrer ; indiquer. | *den Weg weisen*, montrer le chemin. | *jm die Tür weisen*, mettre qn à la porte ; montrer la porte à qn. | *etwas von sich, von der Hand weisen*, repousser, rejeter qch.

|| SPORT. *jn vom Spielfeld weisen*, expulser qn du terrain. || FIG. *jn in die Schranken weisen*, remettre qn à sa place.

Weisheit ['vaishait] f. [Klugheit] sagesse f. || [Wissen] savoir m. ; science f. | *die sieben Säulen der Weisheit*, les sept piliers (m. pl.) de la sagesse. || IRON. *er hat die Weisheit nicht mit Löffeln gegessen*, il n'a pas inventé le fil à couper le beurre.

Weisheits|zahn ["vaishaits'tsɑ:n] m. (s, ¨e). ANAT. dent (f.) de sagesse.

weiß [vais] adj. blanc. | *weiß wie Schnee*, blanc comme neige. | *weiß wie eine Wand*, blanc comme un linge. | *ganz weiß im Gesicht sein*, être tout pâle. | *weiße Wäsche*, lingerie f. ; blanc m. || [Gespenst] *Weiße Frau*, la Dame blanche. || FIG. *weiße Kohle*, houille blanche. | *weißer Rabe*, oiseau (m.) rare ; merle blanc. || FIG. *eine weiße Weste haben*, avoir une réputation intacte. | *schwarz auf weiß*, noir sur blanc ; par écrit. || RELIG. *Weißer Sonntag*, dimanche (m.) de Quasimodo.

Weiß [vais] n. (es) blanc m. | *Weiß tragen*, porter du blanc ; être en blanc.

Weiß|bier ["vais'bi:r] n. (s, e) bière blanche (à Berlin). ||°**-birke** f. (-, n). BOT. bouleau blanc. ||°**-blech** n. (s, e) fer-blanc m. ||°**-blechwaren** f. pl. ferblanterie f. ||°**-brot** n. (s, e) pain blanc. ||°**-buch** n. (es, ¨er). POLIT. livre blanc. ||°**-buche** f. (-, n). [Hagebuche ; Hainbuche]. BOT. charme m. ||°**-dorn** m. (s, en). BOT. [Hagedorn] aubépine f. ||°**-fisch** m. (es, e) poisson blanc. ||°**-fluß** m. (es). MÉD. pertes blanches ; leucorrhée f. ||**-glühend** adj. incandescent. ||°**-glut** f. incandescence f. || FIG. *zur Weißglut bringen*, chauffer à blanc. ||°**-gold** n. (s). MÉTALL. platine m. ; or blanc. ||**-haarig** adj. aux cheveux blancs ; chenu. ||°**-kirsche** f. (-, n) bigarreau m. ||°**-klee** m. (s). BOT. trèfle rampant. ||°**-kohl** m. (s), °**-kraut** n. (s) chou pommé ; cabus m. ||°**-lot** n. (s, e) soudure (f.) à l'étain. ||°**-metall** n. (s) alliage blanc. ||°**-näherin** f. (-, nen) lingère f. ||°**-rußland** n. pr. n. GÉOGR. Russie blanche ; Biélorussie f. ||°**-wal** m. (s, e). ZOOL. béluga m. ||°**-wandreifen** m. (s, -). AUTOM. pneu (m.) à flanc blanc. ||°**-ware** f. (-, n) lingerie f. ; blanc m. ||**-waschen** (ä, u, a) v. tr. et v. pr. sépar. *eine Wand weißwaschen*, blanchir un mur à la chaux. || FIG. *sich weiß waschen*, se disculper. ||°**-wein** m. (s, e) vin blanc. ||°**-wurst** f. (-, ¨e) boudin blanc.

Weiße(r) ['vaisə(r)] f. (m.) [Mann] Blanc m. ; [Frau] Blanche f.

Weiße ['vaisə] f. blancheur f.

weißen [-sən] v. tr. blanchir.

weißlich ['vaisliç] adj. blanchâtre.

Weißling [-liŋ] m. (s, e). [Schmetterling] papillon blanc. || [Weißfisch] poisson blanc.

Weisung ['vaizuŋ] f. (-, en) ordre m. ; consigne f. | *Weisungen erteilen*, donner des instructions.

weit [vait] adj. **1.** [ausgedehnt] large ; étendu ; vaste ; spacieux. | *weite Fläche*, large étendue. | *die weite Welt*, le vaste monde. | *weites Kleid*, vêtement ample. | *weiter Ärmel*, manche large. | *weiter Weg*, long chemin. | *weite Reise*, grand voyage. || FIG. *weiter Begriff*, concept (m.) lâche. | *im weitesten Sinne des Wortes*, au sens le plus large du terme. | *das ist ein weites Feld* [FONTANE], il y aurait beaucoup à dire.
2. [entfernt] lointain ; éloigné. | *in weiter Ferne*, tout au loin. | *gleich weit von*, à égale distance de.
◇ adv. **1.** [breit] largement. | *die Tür steht weit offen*, la porte est grande ouverte. | *weit verbreitet*, répandu ; courant.
2. [entfernt] *es liegt zwei Stunden weit von hier*, c'est à deux heures d'ici. | *weit und breit*, à la ronde ; tout alentour. || FIG. *weit vom Schuß bleiben*, être loin de compte. | *weit gefehlt !*, ce n'est pas ça du tout. | *ich bin weit davon entfernt, zu*, loin de moi l'idée de. | *weit auseinandergehen*, diverger radicalement. | *es weit bringen*, aller loin ; faire son chemin. | *das geht zu weit*, cela passe les bornes. | *etwas zu weit treiben*, exagérer qch. ; pousser qch. trop loin. | *weit ausholen*, remonter au déluge. | *das ist weit hergeholt*, c'est tiré par les cheveux.
3. [um vieles] largement ; beaucoup. | *weit über die Dreißig sein*, avoir largement dépassé la trentaine. | *jn weit übertreffen*, dépasser largement qn.
◇ loc. adv. *von weitem*, de loin. | *bei weitem*, de beaucoup ; de loin. | *er ist bei weitem nicht so tüchtig wie*, il n'est pas aussi capable que... ; il s'en faut de beaucoup. | *bei weitem nicht*, tant s'en faut.

weit|ab [vait'ap] adv. au loin ; loin d'ici. ||**-aus** ['-] adv. [bei weitem] de loin ; de beaucoup. ||°**-blick** m. (s) clairvoyance f. || [Vorausschau] prévoyance f. ||**-blickend** adj. [klug] clairvoyant. || [vorausschauend] prévoyant. ||**-gehend** adj. (compar. *weitgehender*, *weitergehend*, superl. *weitestgehend*) large ; étendu ; important. | *weitgehende Beschränkung*, restriction (f.) notable. | *weitgehendes Verständnis*, grande compréhension. — adv. largement ; de façon importante. ||**-gereist** adj. qui a beaucoup voyagé. ||**-her** adv. de loin. ||**-herzig** adj. compréhensif ; tolérant ; libéral. ||**-hin** adv. [in weitem Umkreis] sur une grande distance ; tout alentour. || [lange Zeit] durablement ; pour longtemps. ||**-läufig** adj. et adv. [von großem Umfang] étendu ; important. || [umständlich] compliqué ; interminable. | *weitläufige Erklärung*, discours-fleuve m. || [entfernt] *weitläufig miteinander verwandt sein*, être parents éloignés. ||°**-läufigkeit** f. étendue f. ; importance f. ; trop grande longueur. ||**-reichend** adj. important ; considérable. ||**-schweifig** adj. trop long ; diffus. ||°**-schweifigkeit** f. redondance f. ; trop grande longueur. ||**-sichtig** adj. clairvoyant ; perspicace ; prévoyant. || MÉD. presbyte. ||°**-sichtigkeit** f. MÉD. presbytie f. ||°**-springen** n. (s). SPORT. saut (m.) en longueur. ||°**-sprung** m. (s, ¨e) saut (m.) en longueur. ||**-verbreitet** adj. répandu ; courant ; commun. ||**-verzweigt** adj. très ramifié. ||°**-winkel|objektiv** n. (s, e). PHOT. grand-angle m. ; grand-angulaire m.

Weite (das) ['vaitə] (n) lointain m. | *das Weite suchen*, prendre le large ; prendre la clef des champs.

Weite ['vaitə] f. (-, n) étendue f. ; ampleur f. || [Abmessung] *Weite des Weges*, longueur (f.) du chemin. || [Ferne] lointain m. | *in die Weite ziehen*, partir au loin. || *Weite des Raums*, volume (m.), cubage (m.) de la pièce. | *lichte Weite*, diamètre intérieur (d'une ouverture). || TECHN. calibre m. || [Tragweite] portée f.

weiten [-tən] v. tr. et v. pr. étendre ; élargir ; évaser. || *sein Blickfeld weitet sich*, son horizon s'élargit.

weiter [-tər] adj. **1.** (compar. de **weit**). [breiter] plus vaste ; plus étendu. || [entfernter] plus éloigné.
2. FIG. [ander] autre ; nouveau ; ultérieur. | *weitere Tatsachen*, faits nouveaux. | *weitere Nachforschungen*, recherches ultérieures. | *ohne weitere Umstände*, sans plus de manières. | *das Weitere*, le reste. | *ein Weiteres demnächst*, les détails suivront. | *Weiteres ist in... nachzulesen*, pour plus de détails, reportez-vous à... | *alles Weitere findet sich*, pour le reste, on verra bien. | *des weiteren*, au reste ; en outre. | *bis auf weiteres*, jusqu'à nouvel ordre. | *ohne weiteres*, tout simplement.
◇ adv. **1.** (compar de **weit**) plus loin. | *weiter oben*, plus loin vers le haut. | *weiter vorn*, plus loin vers l'avant. | *siehe weiter unten*, voir ci-dessous.
2. FIG. [fort] plus loin ; en continuant. | *weiter !*, continuez ! | *und so weiter*, et ainsi de suite ; et cætera. | *weiter kommen*, progresser ; avancer. | *nicht weiter können*, ne pas pouvoir aller plus loin.

3. [sonst] encore ; en plus ; en outre. | *weiter nichts*, rien d'autre ; rien de plus. | *wenn weiter nichts ist*, si ce n'est que cela. | *das hat weiter nichts auf sich*, cela ne tire pas à conséquence.

weiter|arbeiten ["vaitər'arbaitən] v. intr. continuer le travail. ||**-befördern** v. tr. réexpédier. ||**-bestehen** v. intr. subsister ; persister. ||°**-bildung** f. (-, en) formation (f.) complémentaire. || PAR EXT. formation continue, permanente. ||**-entwickeln** v. tr. et v. pr. développer ; perfectionner. | *sich weiterentwickeln*, évoluer. ||°**-erzählen** v. tr. *ein Gerücht weitererzählen*, répéter un bruit ; se faire l'écho d'un bruit. ||**-fahren** (ä, u, a) v. intr. continuer sa route. ||**-führen** v. tr. *die laufenden Geschäfte weiterführen*, continuer à expédier les affaires courantes. ||°**-gabe** f. RADIO. retransmission f. | *Weitergabestelle*, relais m. ||**-geben** (i, a, e) v. tr. transmettre. || COMM. *einen Wechsel weitergeben*, endosser un effet. ||**-gehen** (ging, gegangen) v. intr. continuer ; se poursuivre. | *so geht es nicht weiter*, ça ne peut plus durer ainsi. ||**-hin** adv. [künftig] à l'avenir. || [außerdem] en outre ; de plus. || JUR. *das Gesetz bleibt weiterhin in Kraft*, la loi reste en vigueur. ||**-kommen** (a, o) v. intr. avancer ; progresser. | *er ist gut weitergekommen*, il a fait son chemin. ||**-leben** v. intr. subsister ; survivre. || **-leiten** v. tr. transmettre. | *seine Post weiterleiten lassen*, faire suivre son courrier. || RADIO. retransmettre. ||**-machen** v. intr. continuer. ||**-sagen** v. tr. répéter. ||**-vermieten** v. tr. sous-louer.

Weiterung ['vaitəruŋ] f. (-, en) complication f. | *Weiterungen verhüten*, prévenir les complications.

Weitung ['vaituŋ] f. (-, en) élargissement m. ; évasement m. | *Weitung eines Rohrs*, évasure (f.) d'un tube. || ARCHIT. échappée (f.) d'escalier.

Weizen ['vaitsən] m. (s) blé m. ; froment m. || FIG. *sein Weizen blüht*, ses affaires marchent bien. | *die Spreu vom Weizen sondern*, séparer le bon grain de l'ivraie.

Weizen|brot ["vaitsən'bro:t] n. (s, e) pain (m.) de froment. ||°**-mehl** n. (s) farine (f.) de blé. | *feinstes Weizenmehl*, fleur (f.) de farine. ||°**-schrot** m. (s, e) semoule f. (de blé).

welcher ['vɛlçər], **welches** [-çəs], **welche** [-çə] adj. interr. quel ? ; quelle ? | *welches Buch lesen Sie ?*, quel livre lisez-vous ? | *um welche Zeit ?*, à quel moment ? | *mit welchem Recht ?*, de quel droit ? | *aus welchem Grund ?*, pour quelle raison ? | *welcher Art ?*, de quelle sorte ?

◇ adj. interr. attribut invar. *welches ist der Unterschied zwischen ?*, quelle différence y a-t-il entre ? | *welches sind seine Gründe ?*, quelles sont ses raisons ?

◇ adj. exclam. *welcher Künstler ! ; welch ein Künstler !*, quel artiste ! | *welch schöner Tag !*, quel beau jour !

◇ pron. interr. lequel ? ; laquelle ? | *welches wählst du ?*, lequel prends-tu ? | *welcher von euch ?*, lequel, qui d'entre vous ?

◇ pron. relat. qui ; que ; lequel ; laquelle. | *der Mann, welcher das sagt*, l'homme qui dit cela.

◇ adj. indéf. [etwas ; einige] en. | *ich möchte Brot, hast du welches ?*, je voudrais du pain, en as-tu ? | *es sind welche hier, die nicht bezahlt haben*, il y en a ici qui n'ont pas payé.

◇ **welch auch,** quel que ; quelle que. | *welches auch seine Gründe sein mögen*, quelles que soient ses raisons.

welcher|gestalt ["vɛlçərgə'ʃtalt], **-weise** ['vaizə] adv. comment ; de quelle façon. ||**-lei** adv. de quelle manière ; quel. | *welcherlei Gründe er auch vorbringen mag*, quels que soient les arguments qu'il avance.

Welfe ['vɛlfə] m. (n, n). HIST. guelfe m.

welk [vɛlk] adj. [verblüht] fané ; flasque. | *welk werden*, se faner ; se flétrir. || FIG. [alt] fané.

welken ['vɛlkən] v. intr. se faner ; se flétrir. ◇ v. tr. faner ; flétrir.

Well|baum ["vɛl'baum] m. (s, ¨e). TECHN. arbre m. ||°**-blech** n. (s, e) tôle ondulée. ||°**-blechhütte** f. (-, n) baraque (f.) au toit en tôle ondulée. ||°**-blechhütten|stadt** f. (-, ¨e) bidonville f. ||°**-fleisch** n. (s, e). CULIN. bouilli m. ||°**-pappe** f. (-, n) carton ondulé. ||°**-rad** n. (s, ¨er). TECHN. [Winde] treuil m.

Welle ['vɛlə] f. (-, n). **1.** vague f. ; lame f. || [Wellen] houle f. | *die See wirft hohe Wellen*, la mer est agitée, grosse. | *die Wellen brechen sich*, les lames déferlent. | *von den Wellen verschlungen werden*, être englouti par les flots. || PAR ANAL. [Haarwelle] ondulation f. || GÉOGR. [Bodenwelle] ondulation f. || MIL. vague f. || SPORT. *Welle am Reck*, soleil m. || TRANSP. *grüne Welle*, système coordonné de feux.

2. FIG. agitation f. ; élan m. ; transports m. pl. | *Welle der Begeisterung*, élan d'enthousiasme. | *die Begeisterung schlug hohe Wellen*, c'était du délire. || FAM. *eine dicke Welle angeben*, se donner de l'importance ; FAM. déplacer de l'air.

3. PHYS. onde f. | *gedämpfte Welle*, onde amortie. || RADIO. onde f.

4. [Bündel] fagot m. || PAR ANAL., TECHN. arbre m. || [Kurbelwelle] vilebrequin m.

wellen [-lən] v. tr. **1.** onduler. | *gewellt*, ondulé. | *gewelltes Gelände*, terrain vallonné.

2. CULIN. rouler. || faire bouillir.

Wellen|ausbreitung ["vɛlən'ausbraituŋ] f. propagation (f.) des ondes. ||°**-bauch** m. (s, ¨e). PHYS. ventre (m.) de l'onde. ||°**-bereich** m. ou n. (s, e). RADIO. gamme (f.) d'ondes. ||°**-berg** m. (s, e) masse (f.) de la vague. ||°**-bewegung** f. (-, en) mouvement (m.) ondulatoire ; ondulation f. ||°**-brecher** m. (s, -) brise-lames m. ||**-förmig** adj. onduleux. || PHYS. ondulatoire. | *wellenförmige Bewegung*, mouvement (m.) ondulatoire ; ondulation f. ||°**-hals** m. (es, ¨e). TECHN. fusée f. ||°**-kamm** m. (s, ¨e) crête (f.) de la lame. ||°**-länge** f. (-, n). PHYS., RADIO. longueur (f.) d'onde. ||°**-linie** f. (-, n) ligne ondulée. || PHYS., MATH. sinusoïde f. ||°**-mechanik** f. PHYS. mécanique (f.) ondulatoire. ||°**-reiten** n. (s). SPORT. surf m. ||°**-reiter** m. (s, -) surfeur m. ||°**-schlag** m. (s) choc (m.) des vagues ; ressac m. ||°**-schliff** m. crantage m. | *ein Messer mit Wellenschliff versehen*, cranter un couteau. ||°**-sittich** m. (s, e). ZOOL. perruche f. ||°**-tal** n. (s, ¨er) creux (m.) de la vague. ||°**-theorie** f. PHYS. théorie (f.) ondulatoire.

wellig ['vɛliç] adj. onduleux ; ondulant. | *welliges Gelände*, terrain vallonné. | *welliges Haar*, cheveux (m. pl.) qui ondulent.

Welpe ['vɛlpə] m. (n, n) chiot m.

Wels [vɛls] m. (es, e). ZOOL. [Weller] silure m. | FAM. poisson-chat m.

welsch [vɛlʃ] adj. latin ; roman ; français ; italien (tout étranger du Midi).

Welt [vɛlt] f. (-, en). **1.** [Inbegriff alles Bestehenden] monde m. | *das Licht der Welt erblicken ; zur Welt kommen*, venir au monde. | *zur Welt bringen ; in die Welt setzen*, mettre au monde ; donner naissance à. | *die Sache muß aus der Welt geschafft werden*, il faut en finir avec cette affaire. | *nicht um alles in der Welt*, pour rien au monde.

2. [Weltbild] monde m. ; univers m. | *Welt im kleinen*, microcosme m. | *Welt im großen*, macrocosme m. | *Welt des Dichters*, univers poétique. | *die verkehrte Welt*, le monde à l'envers. | *das ist der Lauf der Welt ; so geht es in der Welt*, ainsi va le monde.

3. [Erde] monde m. ; terre f. | *die weite Welt*, le vaste

monde. | *nirgends in der Welt*, nulle part au monde. | *das Ende der Welt*, le bout du monde. | *das ist nicht aus der Welt*, ce n'est pas au bout du monde.
4. [Erdteil] monde m. ; partie (f.) du monde. | *Alte Welt*, Ancien Monde. | *Neue Welt*, Nouveau Monde. | *westliche Welt*, monde occidental ; Occident m. | *dritte Welt*, tiers monde.
5. [Reich der Menschen (par opposition à *Reich Gottes*)] monde m. ; siècle m. | *Güter dieser Welt*, biens (m. pl.) de ce monde. | *in der Welt leben*, vivre dans le siècle. | *der Welt entsagen* ; *sich von der Welt lossagen*, renoncer au monde.
6. [Gesamtheit der Menschen] monde m. ; gens m. pl. | *alle Welt*, tout le monde. | *von aller Welt verlassen*, abandonné de tous.
7. [große Welt] (grand) monde ; (bonne) société. | *ein Mann von Welt*, un homme du monde.
8. [Lebenskreis] monde m. ; milieux m. pl. | *gelehrte Welt*, monde savant ; milieux scientifiques.
9. [Menge] *eine Welt von Feinden*, une foule d'ennemis.

welt|abgeschieden ["vεlt'apgəʃi:dən] adj. retranché, retiré du monde. ||°**-abgeschiedenheit** f. isolement (m.) du monde. ||°**-achse** f. Géogr., Astron. axe (m.) des pôles. ||°**-all** n. (s) univers m. ||**-anschaulich** adj. philosophique ; idéologique. ||°**-anschauung** f. (-, en) conception (f.), vision (f.) du monde ; philosophie f. ; idéologie f. ||°**-ausstellung** f. (-, en) exposition universelle. ||°**-bank** f. (-) Banque mondiale. ||**-bekannt** adj. de renommée universelle. ||**-berühmt** adj. célèbre dans le monde entier. ||°**-beste(r)** f. (m.). Sport. athlète (s.) ayant accompli la meilleure performance mondiale. ||°**-bild** n. (s) vision (f.) du monde. ||°**-bürger** m. (s, -) citoyen (m.) du monde ; cosmopolite m. ||°**-dame** f. (-, n) femme (f.) du monde. ||°**-ende** n. (s) fin (f.) du monde. ||**-entrückt** adj. [einsam] isolé, retranché du monde. || [zerstreut] rêveur ; fam. dans les nuages. ||**-erfahren** adj. qui a l'expérience du monde, de la vie. ||°**-erfolg** m. (s, e) succès mondial. ||**-erschütternd** adj. qui change la face du monde. ||**-fremd** adj. sans expérience du monde ; ingénu. ||°**-fremdheit** f. inexpérience f. ; ingénuité f. ||°**-friede** m. (ns) paix (f.) du monde. ||°**-gebäude** n. univers m. ; cosmos m. ||°**-geistlicher** m. prêtre séculier. ||°**-gericht** n. (s). Relig. [Jüngstes Gericht] jugement dernier. ||°**-geschichte** f. histoire universelle. ||**-gewandt, -kundig** adj. qui a l'usage du monde. | *weltgewandt sein*, avoir de l'entregent. ||°**-gewandtheit** f., °**-kenntnis** f., °**-klugheit** f. connaissance (f.), usage (m.) du monde. ||°**-handel** m. (s) commerce mondial. ||°**-herrschaft** f. empire (m.) du monde. ||°**-hilfssprache** f. (-, n) langue internationale. ||°**-karte** f. (-, n) planisphère m. ||°**-krieg** m. (s, e) guerre mondiale. ||°**-kugel** f. globe m. ||°**-lauf** m. (s) cours (m.) des choses. ||**-läufig** adj. qui connaît le monde ; mondain. ||°**-literatur** f. littérature mondiale. ||°**-macht** f. (-, ¨e) grande puissance. ||°**-mann** m. (s, ¨er) homme (m.) du monde. ||**-männisch** adj. mondain. ||°**-markt** m. (s) marché mondial. ||°**-marktpreis** m. (es, e). Comm. cours mondial. ||°**-meer** n. (s, e) océan m. ||°**-meister** m. (s, -). Sport. champion (m.) du monde. ||°**-meisterschaften** f. pl. championnats (m. pl.) du monde. ||°**-postverein** m. (s) Union postale universelle. ||°**-rätsel** n. (s) mystère (m.) de la création. ||°**-raum** m. (s) espace (m.) cosmique. ||°**-reise** f. (-, n) tour (m.) du monde. ||°**-rekord** m. (s, e) record (m.) du monde. ||°**-rekordler** m. (s, -) recordman (m.) du monde. ||°**-ruf** m. (s) réputation, renommée universelle. ||°**-ruhm** m. (s) célébrité mondiale. || °**-schmerz** m. (es) pessimisme m. || Littér. mal (m.) du siècle. ||°**-seele** f. Philos. âme (f.) de l'univers. ||°**-sprache** f. (-, n) langue internationale. ||°**-stadt** f. (-, ¨e) métropole f. ; très grande ville. ||**-städtisch** adj. d'une très grande ville. ||°**-teil** m. (s, e) partie (f.) du monde. ||°**-umsegelung** f. (-, en) circumnavigation f. ||°**-untergang** m. (s) fin (f.) du monde. ||°**-verbesserer** m. redresseur (m.) de torts. ||**-verloren** adj. V. weltentrückt. ||°**-weisheit** f. philosophie f. ||**-weit** adj. mondial ; à l'échelle du monde ; universel. ||°**-wirtschaft** f. économie mondiale. ||°**-wunder** n. (s, -) *die sieben Weltwunder*, les Sept Merveilles (f. pl.) du monde. ||°**-zeituhr** f. (-, en) horloge (f.) indiquant l'heure des différents fuseaux horaires.

Weltraum|bahnhof ["vεltraum'bɑ:nho:f] m. (s,¨e) station orbitale. ||°**-fahrer(in)** m. (s, -), f. (-, nen) astronaute s. ||°**-fahrt** f. (-, en), °**-flug** m. (s,¨e) vol spatial. ||°**-forschung** f. (-, en) recherches spatiales, astronautiques. ||°**-kapsel** f. (-, n) capsule f. (spatiale). ||°**-labor** n. (s, e) laboratoire spatial. ||°**-schiff** n. (s, e) vaisseau spatial. ||°**-sonde** f. (-, n) sonde spatiale. ||°**-station** f. (-, en) station orbitale. ||°**-strahlen** m. pl. rayons (m. pl.) cosmiques.

weltlich ['vεltliç] adj. [opposé à *kirchlich*] laïc ; laïque ; séculier ; temporel. | *weltliche Macht*, pouvoir temporel. | *weltliche Musik*, musique (f.) profane. || [opposé à *geistig*] matériel ; de ce monde ; terrestre.

Welter|gewicht ["vεltər'gəviçt] n. (s). Sport. mi-moyen m.

wem [ve:m] dat. de **wer.**

Wem|fall ["ve:m'fal] m. (s,¨er). [Dativ] datif m.

wen [ve:n] acc. de **wer.**

Wen|fall ["ve:n'fal] m. (s,¨e). Gramm. [Akkusativ] accusatif m.

Wende ['vεndə] n. pr. m. (n, n). Hist. Vende m. ; Wende m.

Wende ['vεndə] f. (-, n). [Richtungsänderung] virage m. ; changement (m.) de direction. || [Wendepunkt] tournant m. || Fig. [Wechsel] changement m. ; évolution f. ; phase nouvelle. | *es wird eine Wende eintreten*, les choses vont changer.

Wende|getriebe ["vεndəgə'tri:bə] n. (s). Techn. inverseur m. ||°**-halbmesser** m. (s, -). Autom. rayon (m.) de braquage. ||°**-hals** m. (es,¨e) Zool. torcol m. ||°**-kreis** m. (es, e). Géogr. tropique m. | *nördlicher Wendekreis*, tropique du Cancer. | *südlicher Wendekreis*, tropique du Capricorne. || Autom. rayon (m.) de braquage. ||°**-maschine** f. (-, n). Agric. faneuse f. ||°**-punkt** m. (s, e) tournant m. || Math. point (m.) d'inflexion.

Wendel ['vεndəl] f. (-, n). Math. [Schraubenlinie] hélice f.

Wendel|treppe ["vεndəl'trεpə] f. (-, n) escalier (m.) en colimaçon ; escalier tournant.

wenden ['vεndən] (wandte, gewandt et conjug. faible) v. intr. tourner ; virer ; changer de direction. | *der Wagen wendet*, la voiture fait demi-tour. || Fig. changer ; tourner. || Mar. changer de cap.
◇ v. tr. tourner ; retourner. | *das Heu wenden*, faner. | *den Braten wenden*, tourner la broche. | *bitte wenden !*, tournez (la page), s'il vous plaît (T.S.V.P.). | *den Blick zur Seite wenden*, détourner le regard. | *kein Auge von jm wenden*, ne pas quitter qn des yeux. | *seine Schritte nach... wenden*, diriger ses pas vers. || Fig. *Mühe an, auf etwas* (acc.) *wenden*, se donner du mal pour qch.
◇ part. pass. **gewandt,** adroit. — **gewendet,** retourné. | *gewendeter Anzug*, costume retourné.
◇ v. pr. **sich wenden. 1.** [sich umdrehen] se tourner. | *der Wind wendet sich*, le vent tourne. | *sich*

zu jm wenden, se tourner vers qn. || FIG. *sich gegen jn wenden*, s'attaquer à qn ; prendre qn à partie ; s'en prendre à qn. | *man mag es drehen und wenden wie man will*, qu'on prenne la chose comme on voudra.
2. [jn angehen] *sich an jn wenden*, s'adresser à qn. | *sich mit etwas an jn wenden*, avoir recours à qn pour qch., à propos de qch.
3. [anders werden] changer. | *das Wetter wendet sich*, le temps change. || FIG. *sich zum Guten wenden*, bien tourner. | *das Blättchen hat sich gewendet*, les choses ont changé. | *das Glück wendet sich*, la chance tourne.

Wender ['vɛndər] m. (s, -) inverseur m.

wendig ['vɛndiç] adj. [geschickt] qui a une grande facilité d'adaptation. | *wendiger Bursche*, débrouillard m. || MÉCAN. maniable.

Wendigkeit [-kait] f. faculté (f.) d'adaptation. || FAM. débrouillardise f. || TECHN. maniabilité f.

Wendin ['vɛndin] n. pr. f. (-, nen) Wende f.

Wendung ['vɛnduŋ] f. (-, en). **1.** virage m. ; changement (m.) de direction. | *Wendung um neunzig Grad*, virage à angle droit. | *eine Wendung vollführen*, virer ; changer de direction. || MAR. changement (m.) de cap. || MIL. conversion f.
2. FIG. changement m. ; évolution f. | *Wendung zum Besseren*, amélioration f. | *eine unerwartete Wendung nehmen*, prendre un tour inattendu. | *eine tragische Wendung nehmen*, tourner à la tragédie.
3. [Ausdrucksform] expression f. ; tournure f. ; tour m. | *stehende Wendung*, expression toute faite ; tournure figée.

wenig ['ve:niç] (compar. **weniger ;** superl. **wenigst**) adv. peu ; pas beaucoup ; médiocrement ; guère. | *er hat sich nicht wenig gefreut*, il ne s'est pas peu réjoui. | *sich um etwas wenig kümmern*, ne guère se soucier de qch.
◇ adj. indéf. peu de ; un petit nombre de. | *wenige Augenblicke*, peu d'instants. | *in wenigen Worten*, en quelques mots. | *wenig Zeit haben*, disposer de peu de temps. | *mit wenig Mühe*, sans grande peine. | *das wenige Geld*, le peu d'argent. | *die wenigen Menschen*, les rares personnes. | *zum Leben zu wenig, zum Sterben zuviel*, juste de quoi ne pas mourir de faim. | *mag es noch so wenig sein*, si peu que ce soit.
◇ **das wenige,** le peu. | *dies wenige*, ce peu. | *das wenige, was*, le peu que. | *mit wenigem auskommen*, se tirer d'affaire avec des moyens réduits. | *es fehlte nur wenig und*, il s'en est fallu de peu que.
◇ **ein wenig,** un peu. | *wart ein wenig*, attends un peu. | *ein wenig schneller*, un peu plus vite. | *ein klein wenig*, un petit peu de. | *ein ganz klein wenig*, un tout petit peu. | *um ein weniges*, pour peu de chose.
◇ adv. compar. **weniger,** moins ; pas tant. | *weniger werden*, diminuer. | *mehr oder weniger*, plus ou moins. | *viel weniger*, bien moins ; [geschweige denn] encore moins. | *immer weniger*, de moins en moins. | *weniger als nichts*, moins que rien. | *nicht weniger als*, pas moins de. | *er war nichts weniger als arbeitsam*, il n'était rien moins que travailleur. | *um so weniger als*, d'autant moins que. || MATH. *zehn weniger vier*, dix moins quatre.
◇ adv. superl. **wenigst,** *am wenigsten*, le moins. | *zum wenigsten*, au moins ; tout au moins ; à tout le moins. | *wenigstens*, au moins. || [immerhin] (tout) au moins ; à tout le moins.
◇ **das wenigste,** le minimum. | *die wenigsten wissen das*, très rares sont ceux qui le savent.

Wenigkeit [-kait] f. (-, en). [Kleinigkeit] bagatelle f. ; rien m. || *meine Wenigkeit*, ma modeste personne ; votre serviteur.

wenigstens [-niçstəns] adv. V. WENIG.

wenn [vɛn] conj. **1.** [sens temporel] quand ; lorsque ; chaque fois que ; toutes les fois que. | *wenn er kam*, quand il venait ; toutes les fois qu'il venait. | *jedesmal wenn ; immer wenn*, chaque fois que ; toutes les fois que. || **wenn... einmal,** une fois que. | *wenn ich es einmal gelesen habe*, une fois que je l'aurai lu.
2. [sens conditionnel] *wenn ich das wüßte*, si je le savais. || **selbst wenn ; und wenn,** même si ; quand bien même. | *und wenn es mein Tod ist* (TH. MANN), même si cela doit me coûter la vie. || **wenn nicht,** à moins que. | *wenn man kein Narr ist*, à moins d'être fou. || **außer wenn,** sauf si. || **wie wenn,** comme si. || **wenn... doch,** si seulement. | *wenn er doch käme*, si seulement il pouvait venir. || **wenn nur,** pour peu que. || FAM. *na wenn schon !*, et alors ? ; et après ? | *wenn schon, denn schon !*, à tant faire que.
3. [sens concessif] **wenn... gleich ; wenn... schon ; wenn... auch,** même si ; quand bien même. | *wenn er auch wollte*, quand bien même il le voudrait ; le voudrait-il que. | *wenn er auch noch so müde war*, si fatigué qu'il ait été ; quelque fatigué qu'il eût été. — OBSERV. *wenn*, avec le verbe au présent, peut se rendre par « à » avec l'infinitif : *wenn er zu viel trinkt, wird er krank*, à trop boire il se rend malade.

Wenn [vɛn] n. *das Wenn und Aber*, les objections f. pl. ; les si et les mais.

wenn|gleich [vɛn'glaiç], **wenn|schon** [-'ʃo:n] conj. même si ; quand bien même.

wer [ve:r] pron. interr. qui ? ; qu'est-ce qui ? | *wer ist da ?*, qui est-ce ? | *wer noch ?*, qui encore ? | *wer anders als du*, qui d'autre que toi. | *wer von uns*, qui d'entre nous ; lequel d'entre nous. || MIL. *wer da ?*, qui vive ? || (formes déclinées) *wen suchen Sie*, qui cherchez-vous ? | *an wen denkst du ?*, à qui penses-tu ? | *wem gehört das ?*, à qui est-ce ? | *von wem ist das Buch ?*, de qui est ce livre ? || **wessen ?,** de qui ? | *wessen Vater ist gestorben ?* qui a perdu son père ? | *wessen Buch ist das ?*, à qui appartient ce livre ?
◇ pron. indéf. quelqu'un. || FAM., DIAL. *ist wer gekommen ?*, quelqu'un est-il venu ?
◇ pron. relat. indéf. qui ; celui qui ; quiconque. | *mag kommen, wer will*, vienne qui voudra. | *wer Ohren hat zu hören, der höre*, que ceux qui ont des oreilles entendent. || PROV. *wer einmal lügt, dem glaubt man nicht*, qui crie « Au loup ! », on ne le croit pas. || *wer auch immer es sein mag*, qui que ce soit.

Werbe|abteilung ["vɛrbə'aptailuŋ] f. (-, en) service (m.) de la publicité. ||°**-agentur** f. (-, en) agence (f.) de publicité. ||°**-aktion** f. (-, en) campagne (f.) publicitaire. ||°**-beilage** f. (-, n) encart (m.) publicitaire. ||°**-blatt** n. (s, ¨er) prospectus m. ||°**-büro** n. (s, s). COMM. bureau (m.) d'embauche. || office (m.) d'annonces. ||°**-chef** m. (s, s), °**-leiter** m. (s, -) chef (m.) de publicité. ||°**-film** m. (s, e) film (m.) publicitaire. ||°**-fläche** f. (-, n) espace (m.) publicitaire. ||°**-geschenk** n. (s, e) cadeau (m.) d'entreprise. ||°**-graphiker(in)** m. (s, -), f. (-, nen) dessinateur (m.), dessinatrice (f.) publicitaire. ||°**-kampagne** f. (-, n) campagne (f.) publicitaire. ||°**-kraft** f. COMM. valeur (f.) publicitaire. ||°**-plakat** n. (s, e) affiche (f.) publicitaire. ||°**-spot** m. (s, s) spot (m.) publicitaire. ||°**-spruch** m. (s, ¨e) slogan m. ||°**-texter** m. (s, -) rédacteur (m.) publicitaire. ||°**-trommel** f. *die Werbetrommel rühren*, faire une campagne publicitaire, battre la grosse caisse.

werben ['vɛrbən] (i, a, o, subj. würbe) v. intr. *um etwas werben*, rechercher, briguer qch. | *um ein Mädchen werben*, rechercher une jeune fille en mariage. | *(für etwas) werben*, COMM. faire de la publicité (pour qch.), de la réclame (pour qch.) ; POLIT. faire de la propagande (pour qch.).

◇ v. tr. *Arbeiter werben*, embaucher des ouvriers. ‖ MIL. *Soldaten werben*, enrôler, recruter, HIST. racoler des hommes. ‖ COMM. *Käufer werben*, chercher des clients.

Werber [-bər] m. (s, -). [Propagandist] propagandiste m. ‖ [Arbeiterwerber] embaucheur m. ‖ [Werbeagent] agent (m.) de publicité. ‖ HIST. racoleur m.

Werbung [-buŋ] f. (-, en) recherche f. ; demande f. (en mariage). ‖ [Arbeiter] embauche f. ; embauchage m. ‖ [Soldaten] recrutement m. ; enrôlement m. ; HIST. racolage m. ‖ COMM. publicité f. ; réclame f. | *irreführende Werbung*, publicité mensongère. | *vergleichende Werbung*, publicité comparative. ‖ POLIT. propagande f.

Werde|gang [ˈveːrdəˈgaŋ] m. (s). [Entwicklung] évolution f. ; étapes successives. ‖ [Laufbahn] carrière f.

werden [ˈveːrdən] (wirst, wird, wurde [LITT. ward], geworden) v. intr.

I. sans sujet personnel. **1.** pris absolument ; **2.** avec un nom attribut ; **3.** avec un adj. attribut. **II.** avec sujet personnel. **1.** pris absolument ; **2.** avec un adj. attribut ; **3.** avec un nom attribut ; **4.** part. prés. **werdend ;** **5.** part. pass. **geworden.** **III.** v. auxiliaire. **1.** de mode (probabilité) ; **2.** du futur ; **3.** du passif.

I. sans sujet personnel. — **1.** [pris absolument] sens général : progresser ; avancer. | *was soll daraus werden ?*, qu'en adviendra-t-il ? | *daraus wird nichts*, il n'en sortira rien ; cela n'aboutira à rien. | *aus ihm wird etwas*, il fera son chemin dans la vie. ‖ FAM. *wird es bald ?*, c'est pour bientôt ? ; il y en a encore pour longtemps ? | *es wird*, ça vient ; ça va y être.

2. avec un nom attribut : naître ; apparaître. | *es wird Nacht*, la nuit vient, tombe. | *es wird Winter*, c'est le début de l'hiver. | *es wird hell*, il commence à faire jour. | *es wird morgen ein Jahr, daß*, il y aura demain un an que. | *es ist Mode geworden, daß*, c'est maintenant la mode de.

3. avec un adj. attribut : commencer à être. | *es wird hell*, il commence à faire jour. | *es wird dunkel*, il commence à faire sombre. | *mir wird angst ; mir wird bang*, j'ai peur tout à coup. | *mir wird schlecht*, je ne me sens pas bien.

II. avec un sujet personnel. — **1.** pris absolument : évoluer ; faire des progrès. | *wie wird... ?*, où en est... ? | *das Kind wird*, l'enfant se développe bien. | *der Kranke wird wieder (gesund)*, le malade se remet.

2. avec un adj. attribut : devenir ; commencer à être. | *sich einer Sache bewußt werden*, prendre conscience de qch. | *böse werden*, se fâcher. | *mit etwas fertig werden*, venir à bout de qch. | *an jm irre werden*, ne plus savoir que penser de qn. | *krank werden*, tomber malade. | *persönlich werden*, devenir blessant. | *selten werden*, se faire rare. | *straffällig werden*, commettre un délit.

— OBSERV. Le groupe *werden* accompagné d'un adj. se rend souvent par un verbe simple : *alt werden*, vieillir ; *rot werden*, rougir ; *dick werden*, s'épaissir ; *fett werden*, engraisser.

3. avec un nom attribut : (sans **zu**) devenir. | *Gewohnheit werden*, devenir une habitude. | *Priester werden*, se faire prêtre. | *Soldat werden*, entrer dans l'armée. ‖ (avec **zu**) *zum Gespött werden*, devenir un objet de risée. | *zu Staub werden*, tomber en poussière. | *jm zur Last werden*, peser à qn.

4. part. prés. **werdend,** naissant ; en formation. | *werdende Mutter*, future maman.

5. part. pass. **geworden,** devenu. | *ein Gewordenes*, le produit d'une évolution.

III. v. auxiliaire de mode. — **1.** Sert à exprimer la probabilité ; se traduit en général par « sans doute ». | *Sie werden das Buch gelesen haben*, vous avez sans doute lu ce livre. | *Sie werden es wissen*, vous le savez sans doute.

2. auxiliaire du futur : *wird er kommen ?*, viendra-t-il ? | *er sagte, er werde kommen*, il dit qu'il viendra.

3. auxiliaire du passif (part. pass. **worden**) : *dieses Schloß ist im XVII. Jahrhundert gebaut worden*, ce château a été construit au XVIIe siècle. | *ein neues Haus wird gebaut*, on construit une nouvelle maison.

Werden [-dən] n. (s) évolution f. ; étapes successives. ‖ PHILOS. devenir m. | *noch im Werden*, encore en formation ; en devenir.

Werder [ˈveːrdər] m. (s, -) île f. (d'un fleuve).

werfen [ˈvɛrfən] (i, a, o, subj. würfe) v. tr. **1.** [schleudern] jeter ; lancer. | *etwas aus dem Fenster werfen*, jeter qch. par la fenêtre. | *jn zu Boden werfen*, jeter qn à terre. | *etwas von sich werfen*, se débarrasser de qch. | *die Tür ins Schloß werfen*, claquer la porte. | *einen Brief in den Kasten werfen*, mettre une lettre à la boîte. ‖ [Würfelspiel] *sechs Augen werfen*, amener un six.

2. FIG. *jm Beleidigungen an den Kopf werfen*, jeter des injures à la face de qn. | *ein Auge auf etwas werfen*, jeter son dévolu sur qch. | *jn aus dem Hause werfen*, mettre qn à la porte. | *etwas in die Waagschale werfen*, jeter qch. dans la balance. | *alles in einen Topf werfen*, tout mettre dans le même sac. | *über Bord werfen*, jeter par-dessus bord. | *alle Pläne über den Haufen werfen*, bouleverser tous les plans. ‖ MAR. *Anker werfen*, jeter l'ancre. ‖ SPORT. *den Speer werfen*, lancer le javelot.

3. [hervorbringen] faire ; produire ; donner. | *Schatten werfen*, donner de l'ombre. | *Falten werfen*, faire des plis. | *die Sonne wirft Strahlen*, le soleil darde ses rayons. ‖ ZOOL. *Junge werfen*, avoir des petits ; FAM. faire des petits.

◇ v. intr. FIG. *mit etwas um sich werfen*, faire étalage de. | *mit Geld um sich werfen*, dépenser sans compter. ‖ ZOOL. mettre bas.

◇ v. pr. **sich werfen,** se jeter ; s'élancer. | *sich jm an den Hals werfen*, se jeter au cou de qn. | *sich in die Brust werfen*, se rengorger. | *sich in die Kleider werfen*, s'habiller à la hâte. ‖ TECHN. *das Holz wirft sich*, le bois travaille.

Werfen [-fən] n. (s). [Schleudern] lancement m. ; jet m. ‖ TECHN. [Verziehung] jeu m. ; travail m. ‖ ZOOL. [Gebären] mise (f.) bas.

Werfer [-fər] m. (s, -) lanceur m.

...werfer (en compos.) lance-. | *Granatwerfer*, lance-grenades m.

Werft [vɛrft] f. (-, en). [Schiffsbauplatz] chantier m. (de construction navale). ‖ [Warf] butte f. ; levée f.

Werg [vɛrk] n. (s) étoupe f.

Werk [vɛrk] n. (s, e). **1.** [Arbeit] travail m. ; ouvrage m. ; besogne f. | *ans Werk gehen ; zu Werke gehen ; sich ans Werk machen*, se mettre au travail, à l'ouvrage. | *am Werk sein*, être à l'œuvre. | *etwas ins Werk setzen*, mettre qch. en chantier ; mettre qch. en œuvre. | *alles ins Werk setzen*, mettre tout en œuvre. | *es ist etwas im Werke*, qch. se prépare ; PÉJOR. qch. se trame.

2. [Schöpfung] œuvre f. ; ouvrage m. | *das Werk krönen*, être le couronnement de l'œuvre. ‖ LITTÉR. *sämtliche*

Werke, œuvres complètes. | *ausgewählte Werke*, œuvres choisies.
3. [Handlung]. RELIG. action f. ; acte m. ; œuvre m. | *ein frommes Werk tun*, faire œuvre pie.
4. [Fabrik] usine f. | *Werke*, établissements m. pl.
5. [Bau] ouvrage (m.) d'art. || TECHN. mécanisme m. || MIL. ouvrage m. || MUS. [Orgelwerk] jeu (m.) d'orgue.

Werk|bank ["vɛrk'bank] f. (-, ¨e) établi m. ||°**-halle** f. (-, n) atelier m. ||°**-meister** m. (s, -) contremaître m. ||°**-schule** f. (-, n) centre (m.) d'apprentissage (de l'usine). ||°**-spionage** f. espionnage industriel. ||°**-statt** f., °**-stätte** f. (-, n) atelier m. ||°**-stoff** m. (s, e). [Arbeitsmaterial] matériau m. || [Ersatzstoff] matière artificielle. ||°**-stück** n. (s, e). TECHN. pièce (f.) en cours d'usinage. ||°**-student** m. (en, en) étudiant (m.) qui travaille pour gagner sa vie. ||°**-tag** m. (s, e) jour (m.) ouvrable. ||**-tags** adv. en semaine ; les jours ouvrables. ||**-tätig** adj. actif. | *die Werktätigen*, les travailleurs (manuels). ||°**-unterricht** m. (s) [Schule] travail manuel. ||°**-zeug** n. (s, e) outil m. ; PR. et FIG. instrument m. | *ein willenloses Werkzeug sein*, être un instrument docile.

werkeln ['vɛrkəln], **werken** ['vɛrkən] v. intr. bricoler.

Werks|arzt ["vɛrks'artst] m. (es, ¨e), °**-ärztin** [-'ɛrtstin] f. (-, nen) médecin (m.) du travail. ||°**-gelände** n. (s, -) enceinte (f.), périmètre (m.) de l'usine. ||°**-spionage** f. espionnage industriel.

Werkzeug|ausstattung ["vɛrktsɔyk'ausʃtatuŋ] f. outillage m. ||°**-kasten** m. (s, ¨) caisse (f.) à outils. ||°**-maschine** f. (-, n) machine-outil f. | *numerisch gesteuerte Werkzeugmaschine*, machine-outil (f.) à commande numérisée. ||°**-tasche** f. (-, n) trousse (f.) à outils. || [Fahrrad] sacoche (f.) à outils.

Wermut ['ve:rmu:t] m. (s). BOT. absinthe f. || [Wermutwein] vermouth m.

wert [ve:rt] adj. **1.** d'une valeur de. | *hundert Mark wert sein*, valoir cent marks. || FIG. précieux. | *das ist mir viel wert*, j'y tiens beaucoup ; cela m'est très précieux. | *das ist nicht viel wert*, cela ne vaut pas grand-chose. || FAM. *er ist keinen Schuß Pulver wert*, il ne vaut pas la corde pour le pendre.
2. digne de ; qui mérite de ; qui vaut de. | *das ist nicht der Mühe wert*, cela n'en vaut pas la peine. | *das ist nicht der Rede wert*, ce n'est pas la peine d'en parler. | *er ist es nicht wert*, il ne le mérite pas.
3. cher ; précieux. | *werter Freund*, cher ami. || COMM. *Ihr wertes Schreiben vom*, votre honorée du.

Wert [ve:rt] m. (s, e). **1.** valeur f. ; prix m. ; importance f. | *Wert haben*, avoir de la valeur. | *von großem Wert*, de grande valeur. | *von geringem Wert*, de peu de valeur. | *auf etwas Wert legen*, accorder de l'importance, du prix à qch. ; faire grand cas de qch. | *auf etwas keinen Wert legen*, n'accorder aucune valeur, aucun prix à qch. ; ne faire aucun cas de qch. | *innerer Wert*, valeur morale.
2. COMM. valeur f. | *im Werte sinken ; an Wert verlieren*, perdre de sa valeur ; se déprécier ; se dévaluer. | *im Werte steigen ; an Wert gewinnen*, valoir plus. | *im Werte von*, d'une valeur de. | *gleicher Wert*, pair m. || FIN. *bewegliche Werte*, valeurs mobilières. || MATH. *größter Wert*, maximum m. | *kleinster Wert*, minimum m.
3. PHILOS. valeur f. | *geistiger Wert*, valeur spirituelle.

wert|achten ["ve:rt'axtən] v. tr. sépar. estimer ; apprécier ; faire cas de. ||°**-achtung** f. estime f. ||°**-angabe** f. (-, n) valeur déclarée. ||**-beständig** adj. à valeur fixe. ||°**-beständigkeit** f. FIN. stabilité f. ||°**-bestimmung** f. (-, en) estimation f. ; évaluation f. ||°**-brief** m. (s, e) lettre chargée. ||°**-gegenstand** m. (s, ¨e) objet (m.) de valeur. ||**-halten** v. tr. sépar. estimer ; apprécier ; faire cas de. ||°**-karte** f. (-, n) carte (f.) à mémoire. ||°**-karten|telefon** n. (s, e) téléphone public à carte à mémoire. ||**-los** adj. sans valeur. | *es ist für mich wertlos*, cela ne me sert à rien. ||°**-marke** f. (-, n). FIN. bon m. ||°**-messer** m. (s, -) étalon m. ; mesure f. ||°**-minderung** f. (-, en) dépréciation f. ; dévalorisation f. ||°**-papier** n. (s, e) titre m. ; valeur f. | *festverzinsliches Papier*, valeur à revenu fixe. ||°**-papier|sammelbank** f. (-, en). [*etwa*] Caisse (f.) des dépôts et consignations. ||°**-sachen** f. pl. objets (m. pl.) de valeur. ||**-schätzen** v. tr. sépar. estimer ; apprécier ; faire cas de ; priser. ||°**-schätzung** f. estime f. ; considération f. ; bonne opinion. ||°**-schöpfung** f. (-, en). ÉCON. valeur ajoutée nette. ||°**-urteil** n. (s, e) jugement (m.) de valeur. ||**-voll** adj. précieux ; de prix. ||°**-zeichen** n. (s, -). COMM. bon m. ||°**-zuwachs** m. (es) plus-value f.

werten ['ve:rtən] v. tr. juger ; apprécier ; estimer.

...wertig [-tiç] (en compos.) de telle ou telle valeur. || MINES. *hochwertig*, à forte teneur ; riche. || CHIM. ...valent. | *zweiwertig*, bivalent ; divalent.

Wertigkeit [-tiçkait] f. (-, en). CHIM. valence f.

Wertung ['ve:rtuŋ] f. (-, en) évaluation f. ; appréciation f. ; jugement m. || SPORT. classement m.

Werwolf ['ve:rvɔlf] m. (s, ¨e) loup-garou m.

wes [vɛs] pron. interr. (ancienne forme de **wessen**). V. WER. | *damit zeigt er, wes Geistes Kind er ist*, il se montre ainsi sous son vrai jour.

Wes|fall ['vɛsfal] m. (s, ¨e). GRAMM. génitif m. ||**-wegen** adv. et conj. pourquoi ; pour quelle raison.

Wesen ['ve:zən] n. (s, -). **1.** [Eigenart] nature f. ; naturel m. ; caractère m. | *das liegt in meinem Wesen*, c'est dans ma nature.
2. [Tun und Treiben] conduite f. ; façons f. pl. ; agissements m. pl. ; PÉJOR. manège m. | *viel Wesen um etwas machen*, faire grand tapage autour de qch. ; FAM. faire beaucoup d'histoires pour qch.
3. [Lebewesen] être m. ; créature f. | *menschliches Wesen*, être humain. | *höheres Wesen*, être supérieur.
4. [Essenz] essence f. ; nature f. | *Wesen der Dinge*, nature des choses. | *seinem innersten Wesen nach*, dans son essence. || (par opposition à *Schein)* réalité f.
5. POLIT. [Angelegenheit] affaires f. pl.

...wesen (en compos.) organisme chargé de ; service (m.) de. | *Bauwesen*, construction f.

wesen ['ve:zən] v. intr. LITTÉR. (VX.) être.

Wesen|lehre ["ve:zən'le:rə] f. (-, n). PHILOS. ontologie f. ||**-los** adj. irréel ; inexistant. | *das Wesenlose*, le néant. ||°**-losigkeit** f. irréalité f. ; inexistence f.

wesenhaft ['ve:zənhaft] adj. réel ; essentiel ; déterminant.

Wesenhaftigkeit [-haftiçkait] f. [Wirklichkeit] réalité f. || [das Bestimmende] caractère essentiel.

Wesenheit ['ve:zənhait] f. [das Bestimmende] essence f. || [körperloses Seiende] entité f. ; être (m.) de raison.

Wesens|art ["ve:zəns'ɑ:rt] f. (-, en) nature f. ; caractère m. ||**-gleich** adj. de même nature. ||**-verwandt** adj. semblable ; analogue ; similaire. ||°**-zug** m. (s, ¨e) caractéristique f. ; caractère propre, distinctif.

wesentlich ['ve:zəntliç] adj. essentiel ; fondamental ; capital. | *wesentliche Voraussetzung*, condition première. | *im Wesentlichen*, pour l'essentiel.
◇ adv. très ; beaucoup ; bien. | *wesentlich billiger*, bien meilleur marché.

weshalb ['vɛshalp] adv. et conj. pourquoi ; pour

quelle raison ; pour quelle cause. | *das ist der Grund, weshalb*, c'est pour cette raison que ; voilà pourquoi.

Wesir [ve'zi:r] m. (s, e) vizir m.

Wespe ['vɛspə] f. (-, n). ZOOL. guêpe f.

Wespen|nest ["vɛspən'nɛst] n. (es, er) nid (m.) de guêpe ; guêpier m. || FIG. guêpier m. ||°**-stich** m. (s, e) piqûre (f.) de guêpe. ||°**-taille** f. (-, n). FIG. taille (f.) de guêpe.

wessen ['vɛsən] pron. gén. de **wer.**

wesse(n)t|halben ["vɛsə(n)t'halbən], **wessent|-wegen** adv. V. WESHALB, WESWEGEN.

West [vɛst] m. (s). [Westwind] vent (m.) d'ouest. || PAR EXT., MAR. ouest m. ; couchant m.

west... (en compos.) occidental.

west|deutsch ["vɛst'dɔytʃ] adj. ouest-allemand. ||°**-europa** n. pr. n. (s) Europe occidentale. ||**-europäisch** adj. d'Europe occidentale. ||**-germanisch** adj. HIST. germanique occidental. ||°**-gote** n. pr. m. (n, n). HIST. Visigoth m. ; Wisigoth m. ||°**-indien** n. pr. n. (s) Indes occidentales. ||°**-mächte** f. pl. POLIT. puissances occidentales. ||**-wärts** adv. vers l'ouest. ||°**-wind** m. (s, e) vent (m.) d'ouest.

Weste ['vɛstə] f. (-, n) gilet m. | *kugelsichere Weste*, gilet (m.) pare-balles. || FIG. *eine weiße Weste haben*, n'avoir rien à se reprocher ; FAM. être blanc comme neige.

Westen ['vɛstən] m. (s) Ouest m. ; Occident m.

Westfale [vɛst'fɑ:lə] n. pr. m. (n, n) Westphalien m.

Westfalen [-'fɑ:lən] n. pr. n. (s). Westphalie f.

Westfälin [-'fɛ:lin] n. pr. f. (-, nen) Westphalienne f.

westfälisch [-'fɛ:liʃ] adj. westphalien.

westlich ['vɛstliç] adj. occidental ; de l'ouest. | *westlich von*, à l'ouest de.

wett [vɛt] adj. *etwas wettmachen*, réparer, compenser qch.

Wett|bewerb ["vɛtbə'vɛrp] m. (s, e) compétition f. ; concours m. ; concurrence f. ; rivalité f. | *in Wettbewerb mit jm treten*, entrer en compétition avec qn. || COMM. concurrence f. | *unlauterer Wettbewerb*, concurrence déloyale. | *außer Wettbewerb*, hors concours. ||°**-bewerber** m. (s, -) concurrent m. ; rival m. ||**-bewerbsfähig** adj. compétitif ; concurrentiel. ||°**-bewerbsfähigkeit** f. compétitivité f. ||°**-eifer** m. (s) émulation f. esprit (m.) de compétition. ||**-eifern** v. intr. *mit jm wetteifern*, rivaliser avec qn ; chercher à surpasser qn. ||°**-kampf** m. (s, ¨e) compétition f. ; lutte f. ||°**-kämpfer** m. (s, -) concurrent m. ||°**-lauf** m. (s, ¨e) course f. ||°**-läufer** m. (s, -) coureur m. ; concurrent m. ||°**-rennen** n. (s) course f. ||°**-rüsten** n. (s) course (f.) aux armements. ||°**-streit** m. (s, e) concours m. ; lutte f.

Wette ['vɛtə] f. (-, n) pari m. | *eine Wette eingehen*, parier ; faire un pari. | *eine Wette halten*, tenir un pari. | *was gilt die Wette ?*, que pariez-vous ? | *um die Wette arbeiten*, rivaliser d'ardeur au travail.

wetten [-tən] v. intr. parier ; gager. | *zehn gegen eins wetten*, parier dix contre un. | *auf ein Pferd wetten*, miser sur un cheval. | *ich wollte wetten, daß*, je parierais bien que. | *so haben wir nicht gewettet*, ce n'est pas de jeu.

Wetter ['vɛtər] n. (s) temps m. ; conditions (f. pl.) atmosphériques, météorologiques. | *veränderliches Wetter*, temps variable. || MAR. *schweres Wetter*, gros temps. || [Unwetter] orage m. | *bei Wind und Wetter*, dans la tourmente. || FIG. *alle Wetter !*, tonnerre de Brest ! || MINES. *schlagende Wetter*, grisou m. | *Wetterführung*, aération f.

Wetter|anzeiger ["vɛtər'antsaigər] m. (s, -). MINES. détecteur (m.) de grisou. ||°**-aussichten** f. pl. temps (m.) probable. ||°**-beobachtung** f. (-, en) météorologie f. ; observation (f.) météorologique. ||°**-beobachtungsstelle** f. (-, n) station (f.) météorologique. ||°**-bericht** m. (s, e) bulletin (m.) météorologique. ||°**-dienst** m. (s) [service (m.) de la] météorologie f. ; FAM. météo f. ||°**-fahne** f. (-, n) girouette f. ||**-fest** adj. endurant ; rustique. ||°**-frosch** m. (s, ¨e) grenouille (f.) de la météorologie. ||°**-hahn** m. (s, ¨e) girouette f. (en forme de coq). ||°**-karte** f. (-, n) carte (f.) météorologique. ||°**-kunde** f. météorologie f. ||**-kundig** adj. qui sait prévoir le temps. ||°**-lage** f. situation (f.) du temps. ||**-leuchten** v. intr. impers. *es wetterleuchtet*, il y a des éclairs de chaleur. ||°**-leuchten** n. (s) éclairs (m. pl.) de chaleur. ||°**-mantel** m. (s,¨) manteau (m.) de pluie. ||°**-satellit** m. (en, en) satellite (m.) météorologique. ||°**-schacht** m. (s, ¨e). MINES. puits (m.) d'aérage. ||°**-schlag** m. (s, ¨e). MINES. coup (m.) de grisou. ||°**-seite** f. (-, n). ARCHIT. côté exposé aux intempéries. ||°**-sturz** m. (es) chute brutale du baromètre ; venue soudaine du mauvais temps. ||°**-vorhersage** f. prévisions (f. pl.) météorologiques. ||°**-warte** f. (-, n) station (f.) météorologique. ||**-wendisch** adj. changeant ; inconstant ; lunatique ; versatile. ||°**-wolke** f. (-, n) nuage (m.) d'orage ; nuage noir.

wettern ['vɛtərn] v. intr. FIG. *gegen jn wettern*, pester, tonner contre qn.

wetzen ['vɛtsən] v. tr. aiguiser ; affûter.

Wetz|stahl ["vɛts'ʃtɑ:l] m. (s, ¨e) fusil m. (de boucher) ; affiloir m. ||°**-stein** m. (s, e) pierre (f.) à aiguiser.

Wichs [viks] m. (es, e). UNIV. tenue (f.) des étudiants appartenant à une corporation. | *in vollem Wichs*, en grande tenue.

Wichse ['viksə] f. (-, n). [Schuhwachs] cirage m. || FAM. [Prügel] dégelée f. ; rossée f. ; frottée f.

wichsen [-sən] v. tr. [Schuhe] cirer. || [Boden] cirer ; encaustiquer.

Wicht [viçt] m. (s, e). [Kobold] lutin m. || [Kind] petit diable ; diablotin m.

Wichte ['viçtə] f. (-, n). PHYS. densité f. ; [spezifisches Gewicht] poids (m.) spécifique.

Wichtel|männchen ["viçtəl'mɛnçən] n. (s, -), °**-männlein** [-'mɛnlain] n. (s, -) lutin m. ; petit nain.

wichtig ['viçtiç] adj. [bedeutend] important. | *höchst wichtig*, de la plus haute importance. | *mit wichtiger Miene*, d'un air important. | *wichtig tun ; sich wichtig machen*, faire l'important. || [folgenschwer] grave. | *wichtige Entscheidungen*, graves décisions f. pl. | *das Wichtigste*, l'essentiel.

Wichtig|macher ["viçtiç'maxər] m. (s, -), °**-tuer** [-'tu:ər] m. (s, -) homme (m.) qui fait l'important. ||°**-macherei** f., °**-tuerei** f. airs (m. pl.) d'importance.

Wichtigkeit ['viçtiçkait] f. importance f. | *von großer Wichtigkeit*, d'une grande importance. | *einer Sache Wichtigkeit beimessen*, accorder de l'importance à une chose.

Wicke ['vikə] f. (-, n). BOT. vesce f. | *wohlriechende Wicke*, pois (m.) de senteur.

Wickel ['vikəl] m. (s, -). [Knäuel] pelote f. ; peloton m. || [Haar] toupet m. || MÉD. enveloppement m.

Wickel|gamasche ["vikəlga'maʃə] f. (-, n) bande molletière. ||°**-kind** n. (s, er) nouveau-né m. ; nourrisson m. ; FAM. poupon m. ||°**-kommode** f. (-, n), °**-tisch** m. (s, e) table (f.) à langer.

wickeln ['vikəln] v. tr. **1.** rouler ; enrouler. | *Draht wickeln*, enrouler, bobiner du fil. | *ein Knäuel wickeln*, faire une pelote. || FAM. *schief gewickelt sein*, se

tromper ; faire erreur. || Loc. *jn um den Finger wickeln*, mener qn par le bout du nez.
2. envelopper. | *ein Buch in Papier wickeln*, emballer un livre dans du papier.
◇ v. pr. **sich wickeln.** *sich in eine Decke wickeln*, se rouler dans une couverture.

Wicklung ['vikluŋ] f. (-, en). ÉLECTR. enroulement m. ; bobinage m. || MÉD. bandage m.

Widder ['vidər] m. (s, -). ZOOL. [Schafbock] bélier m. || HIST., MIL. [Sturmbock] bélier m.

wider [vi:dər] prép. (acc.) contre. | *wider alles Erwarten*, contre toute attente.
◇ n. **Wider,** *das Für und Wider erwägen*, peser le pour et le contre.

wider|borstig ["vi:dər'bɔrstiç] adj. [widerhaarig] rétif ; récalcitrant ; hargneux. ||**-fahren** ('-/"-) v. intr. insépar. arriver à qn ; advenir à qn. | *ihm ist eine Ungerechtigkeit widerfahren*, il a subi une injustice. ||°**-haken** m. (s, -) crochet m. ; barbe f. (d'une flèche). ||°**-hall** m. (s, e) écho m. || FIG. écho m. ; résonance f. | *keinen Widerhall finden*, ne pas trouver d'écho. ||**-hallen** v. intr. résonner ; répondre en écho. ||°**-klage** f. (-, n). JUR. demande reconventionnelle. ||°**-kläger** m. (s, -). JUR. demandeur reconventionnel. ||**-legbar** adj. réfutable. ||**-legen** v. tr. réfuter ; réduire à néant. ||°**-legung** f. (-, en) réfutation f. ||**-natürlich** adj. contre nature ; monstrueux. ||°**-part** m. (s, e) adversaire m. | *jm Widerpart bieten*, tenir tête à qn. ||**-raten** ('-/"-) v. tr. déconseiller. ||**-rechtlich** adj. illégal ; inique. — adv. illégalement ; de façon inique ; au mépris de la loi. ||°**-rede** f. contradiction f. ; discussion f. | *ohne Widerrede*, sans discussion ; sans opposition. ||°**-rist** m. (s, e). ZOOL. garrot m. ||°**-ruf** m. (s, e) annulation f. || [Anordnung] révocation f. ; abrogation f. || [Behauptung] rétractation f. | *bis auf Widerruf*, jusqu'à nouvel ordre. ||**-rufen** (ie, u) v. tr. insépar. annuler ; abroger ; désavouer ; démentir. | *sich widerrufen*, se rétracter ; se dédire. ||**-ruflich** adj. résiliable. ||°**-sacher** m. (s, -) adversaire m. || JUR. partie (f.) adverse. ||°**-schein** m. (s, e) reflet m. ; [starkes Licht] réverbération f. ||**-setzen (sich)** v. pr. insépar. résister ; regimber ; se rebeller ; se révolter. | *sich einer Sache widersetzen*, s'opposer à qch. ||**-setzlich** adj. récalcitrant ; indocile. ||°**-setzlichkeit** f. indocilité f. ; révolte f. ; rébellion f. ||°**-sinn** m. (s) absurdité f. ; non-sens m. ||**-sinnig** adj. absurde. ||**-spenstig** adj. récalcitrant ; indocile ; rebelle ; rétif ; insubordonné. ||°**-spenstigkeit** f. indocilité f. ; insubordination f. ; mauvais esprit. ||**-spiegeln** v. tr. sépar. refléter ; réfléchir. ||**-sprechen** (i, a, o) v. intr. insépar. contredire ; démentir. | *jm widersprechen*, contredire, démentir qn. | *einander widersprechen*, être en contradiction ; se contredire. || contredire ; être contraire à ; être incompatible avec. | *das widerspricht meinen Grundsätzen*, c'est contraire à mes principes. ||°**-spruch** m. (s, ¨e) contradiction f. ; opposition f. ; discussion f. | *ohne Widerspruch*, sans discussion ; sans opposition. | *mit etwas im Widerspruch stehen*, être en contradiction avec qch. || PHILOS. antinomie f. ||**-sprüchlich** adj. contradictoire. || PHILOS. antinomique. ||**-spruchsvoll** adj. contradictoire. || PHILOS. antinomique.

Wider|stand ["vi:dər∫tant] m. (s, ¨e) résistance f. | *Widerstand leisten*, résister. | *erbitterter Widerstand*, résistance acharnée. || AÉRON., AUTOM. [Luftwiderstand] traînée f. ; résistance f. || ÉLECTR. résistance f. | *spezifischer Widerstand*, résistivité f. ; résistance spécifique. || JUR. *Widerstand gegen die Staatsgewalt*, résistance (f.) à l'autorité publique.

Widerstands|bewegung ["vi:dər∫tantsbə've:guŋ] f. (-, en) mouvement (m.) de résistance. || HIST. résistance f. ||**-fähig** adj. résistant. ||°**-fähigkeit** f., °**-kraft** f. capacité (f.) de résistance. ||°**-kämpfer** m. (s, -). HIST. résistant m. ||**-los** adj. passif ; soumis. — adv. sans résistance : sans opposition. ||°**-losigkeit** f. passivité f. ; soumission f. ||°**-messer** m. (s, -). ÉLECTR. ohmmètre m.

wider|stehen ['vi:dər"∫te:ən] (widerstand, widerstanden) v. intr. [standhalten] résister à. | *einem Angriff widerstehen*, soutenir une attaque. | *jm widerstehen*, résister à qn ; ne pas céder à qn. | [zuwider sein] *es widersteht mir*, cela me répugne, m'écœure. ||°**-strahlung** f. réverbération f. ||**-streben** v. intr. [entgegenstreben] *jm widerstreben*, résister à qn ; lutter contre qn. || [zuwider sein] *es widerstrebt mir*, cela me répugne. | *es widerstrebt mir, zu*, je répugne à. ||°**-streben** n. (s) résistance f. ; opposition f. || répugnance f. ; aversion f. ||**-strebend** adv. à contrecœur. ||°**-streit** m. (s, e) opposition f. ; conflit m. ; antagonisme m. | *mit jm im Widerstreit liegen*, être en conflit avec qn. ||**-streiten** (i, i) v. intr. s'opposer à ; être en opposition avec ; être en conflit avec. ||**-wärtig** adj. [ärgerlich] désagréable ; fâcheux ; contrariant. || [ekelhaft] répugnant ; repoussant. ||°**-wärtigkeit** f. (-, en) caractère désagréable, fâcheux. || [widrige Begebenheit] désagrément m. ; ennui m. ; contrariété f. ; déboire m. ||°**-wille** m. (ns) dégoût m. ; répugnance f. ; aversion f. ; antipathie f. | *mit Widerwillen*, à contrecœur ; de mauvais gré. ||**-willig** adv. à contrecœur.

widerlich ['vi:dərliç] adj. dégoûtant ; répugnant ; écœurant ; repoussant.

Widerlichkeit [-kait] f. aspect répugnant.

widmen ['vitmən] v. tr. dédier ; consacrer. || [zueignen] *ein Buch widmen*, dédicacer un livre.
◇ v. pr. **sich widmen,** *sich einer Sache widmen*, se consacrer, se vouer à qch.

Widmung [-muŋ] f. (-, en). [Zueignung] dédicace f.

widrig ['vi:driç] adj. [entgegenwirkend] contraire ; opposé ; défavorable ; hostile. | *widrige Umstände*, circonstances fâcheuses. || [widerlich] dégoûtant ; répugnant. || (en compos.) contraire à. | *gesetzwidrig*, illégal.

Widrigkeit ['vi:driçkait] f. (-, en). [widrige Begebenheit] contrariété f. ; ennui m. ; déboire m.

wie [vi:]

I. adv.
- **1.** INTERROGATIF : comment ? ; de quelle manière ?
- **2.** EXCLAMATIF : que ; comme ; combien.

II. conj.
- **1.** COMPARAISON : comme.
- **2.** TEMPS : comme ; au moment où.
- **3.** CIRCONSTANCE : comme.
- **4.** locutions conjonctives.

I. adv. — **1.** INTERROGATIF : comment ? de quelle manière ? de quelle façon ? | *wie heißen Sie ?*, comment vous appelez-vous ? | *wie geht es Ihnen ?*, comment allez-vous ? | *wie meinen Sie das ?*, qu'entendez-vous par là ? | *wie bitte ?*, plaît-il ? ; que dites-vous ? | *wie kommt es, daß ?*, comment se fait-il que ? || **wie** et adj. ; *wie alt ist er ?*, quel âge a-t-il ? | *wie breit ist der Fluß ?*, quelle est la largeur de la rivière ? | *wie spät ist es ?*, quelle heure est-il ? | *wie viele ?*, combien ? || **wie** et adv. : *wie lange ?*, combien de temps ? | *wie oft ?*, combien de fois ?
2. EXCLAMATIF : que ; comme ; combien. | *wie schön !*,

que c'est beau ! | *wie oft !*, que de fois ! | *und wie !*, et comment !
II. conj. — **1.** COMPARAISON : comme ; tel que ; de même que ; de la même façon que. | *stumm wie ein Fisch*, muet comme une carpe. | *ein Mann wie er*, un homme comme lui, tel que lui. | *Physiker wie Planck, Heisenberg*, des physiciens tels que Planck, Heisenberg. | *Lenz, Klinger, und wie sie alle hießen*, Lenz, Klinger, qui sais-je encore ? | *wie es sich gehört*, comme il faut. | *wie man es nimmt*, selon le point de vue. | *wie du siehst*, comme tu le vois. | *wie gesagt*, comme je l'ai déjà dit. || PROV. *wie gewonnen, so zerronnen*, ce qui vient de la flûte s'en va par le tambour. | *wie du mir, so ich dir*, à bon chat, bon rat. || **so... wie,** aussi... que. | *er ist so groß wie ich*, il est aussi grand que moi. | *er ist nicht so groß wie ich*, il est moins grand que moi. | *soviel wie*, autant que. | *sie sind so gut wie verlobt*, on peut dire qu'ils sont fiancés.
2. TEMPS : comme ; au moment où. | *wie er eintrat*, comme il entrait ; en entrant.
3. CIRCONSTANCE : comme. | *ich sah, wie er über die Straße ging*, je le vis traverser la rue.
4. locutions conjonctives : **wie... auch,** si... que ; quelque... que (subj.). | *wie schlecht das Wetter auch war*, si mauvais que fût le temps. | *wie dem auch sein mag*, quoi qu'il en soit. — **wie wenn,** comme si (indic.). | *er tat, wie wenn er mich nicht gesehen hätte*, il fit comme s'il ne m'avait pas vu.

Wie [vi:] n. manière f. ; façon f. | *auf das Wie kommt es an*, tout est dans la manière.

wie|fern ['vi:"fɛrn] adv. [inwiefern, wieweit] dans quelle mesure ? ; jusqu'à quel point ? ||**-so** adv. comment cela ? ; pourquoi ? ||**-viel** adv. combien ? | *wieviel Einwohner zählt die Stadt ?*, combien la ville compte-t-elle d'habitants ? | *wieviel einfacher wäre es !*, comme, que ce serait plus simple. | *wieviel Uhr ist es ?*, quelle heure est-il ? | *den wievielten haben wir heute ?*, quel jour sommes-nous ? ||**-vielmal** adv. combien de fois ? ||**-weit** adv. dans quelle mesure ? ; jusqu'à quel point ? ||**-wohl** conj. quoique.

Wiede|hopf ["vi:də'hɔpf] m. (s, e). ZOOL. huppe f.

wieder ['vi:dər] adv. encore (une fois) ; une nouvelle fois ; à nouveau ; de nouveau. | *sind Sie schon wieder da ?*, encore vous ? | *nie wieder*, jamais plus. | *immer wieder*, sans fin ; continuellement. | *für nichts und wieder nichts*, absolument pour rien. | *hin und wieder*, de temps à autre ; de temps en temps.

Wieder|abdruck ["vi:dər'apdruk] m. (s, e). TYPOGR. réimpression f. ||**-anfangen** (ä, i, a) v. intr. et v. tr. recommencer. ||**-anknüpfen** v. tr. rattacher, renouer. || FIG. reprendre. ||°**-ankurbelung** f. relance f. | *Wiederankurbelung der Wirtschaft*, relance économique. ||°**-aufbau** m. (s) reconstruction f. ; relèvement m. ||**-aufbauen** v. tr. reconstruire ; rebâtir ; restaurer ; relever. ||**-aufbereiten** v. tr. NUCL. retraiter. ||°**-aufbereitung** f. NUCL. retraitement m. ; régénération f. ||°**-aufbereitungs|anlage** f. (-, n). NUCL. usine (f.) de retraitement. ||°**-aufleben** n. (s) renaissance f. ; résurrection f. °**-aufnahme** f. reprise f. | *Wiederaufnahme der diplomatischen Beziehungen*, reprise, rétablissement (m.) des relations diplomatiques. || JUR. revision f. ||**-aufnehmen** (i, a, o) v. tr. reprendre ; réintégrer. || JUR. réviser. ||**-aufrichten** v. tr. relever ; remettre d'aplomb, sur pied. ||°**-ausfuhr** f. (-, en) réexportation f. ||°**-begegnung** f. (-, en) nouvelle rencontre. ||°**-beginn** m. (s, e) recommencement m. ; reprise f. | *Wiederbeginn der Schule*, rentrée (f.) des classes. ||**-beginnen** (a, o) v. intr. recommencer ; reprendre. ||**-bekommen** (a, o) v. tr. rentrer en possession de ; récupérer ; recouvrer. ||**-beleben** v. tr. ranimer ; rappeler ; ramener à la vie ; donner une nouvelle vie à. ||°**-belebung** f. (-, en) réanimation f. ||**-bringen** (brachte, gebracht) v. tr. [wiederbringen] rapporter ; ramener. || [wieder bringen] apporter une nouvelle fois ; rapporter. ||**-einführen** v. tr. réintroduire ; remettre en usage ; rétablir ; restaurer. || COMM. réimporter. ||°**-einführung** f. (-, en) réintroduction f. ; remise (f.) en usage. ||**-eingliedern** v. tr. réinsérer. ||°**-eingliederung** f. (-, en) réinsertion f. ||**-einrenken** v. tr. MÉD. remboîter ; réduire ; remettre en place. ||**-einsetzen** v. tr. *(in ein Amt) wiedereinsetzen*, réintégrer, rétablir (dans un emploi). ||°**-einsetzung** f. (-, en) réintégration f. ; restauration f. || JUR. réhabilitation f. ||**-erhalten** (ä, ie, a) v. tr. recouvrer. ||**-erinnern (sich)** v. pr. *sich an etwas wiedererinnern*, se ressouvenir de qch. ||°**-erinnerung** f. (-, en) réminiscence f. ||**-erkennen** (erkannte, erkannt) v. tr. reconnaître. | *er ist nicht wiederzuerkennen*, il est méconnaissable. ||°**-erkennung** f. (-, en) reconnaissance f. || PHILOS. recognition f. ||**-erlangen** v. tr. rentrer en possession de ; récupérer ; recouvrer ; retrouver. | *das Bewußtsein wiedererlangen*, reprendre conscience ; revenir à soi ; FIG. reprendre ses esprits. ||°**-erlangung** f. (-, en) récupération f. ; reprise f. ||**-erobern** v. tr. reconquérir ; reprendre. ||°**-eroberung** f. (-, en) reconquête f. ; reprise f. ||°**-eröffnung** f. (-, en) réouverture f. ||**-erscheinen** (ie, ie) v. intr. reparaître. ||°**-erstattung** f. (-, en) remboursement m. (des frais). ||**-erwecken** v. tr. réveiller. | *jn vom Tode wiedererwecken*, réanimer qn ; redonner vie à qn. ||**-finden** (a, u) v. tr. et v. pr. retrouver. | *sich wiederfinden*, se reprendre ; se ressaisir. ||°**-gabe** f. (-, n) restitution f. ; remboursement m. ; reproduction f. | *naturgetreue Wiedergabe*, reproduction fidèle. | *wörtliche Wiedergabe eines Textes*, traduction littérale d'un texte. || MUS. interprétation f. ; exécution f. ||°**-gabetreue** f. [Akustik] fidélité f. ||**-geben** (i, a, e) v. tr. restituer ; rendre. | *jm die Freiheit wiedergeben*, rendre la liberté à qn. || ARTS. reproduire ; interpréter. | *den Sinn wiedergeben*, rendre le sens. ||°**-geburt** ["-/-'-] f. (-, en). FIG. renaissance f. ; renouveau m. ||**-gewinnen** (a, o) v. tr. regagner ; récupérer. ||**-gutmachen** [-/"-'-] v. tr. réparer ; compenser. | *nicht wiedergutzumachender Schaden*, dommage (m.) irréparable. ||°**-gutmachung** f. (-, en) réparation f. ; compensation f. ||**-herstellen** v. tr. remettre en état ; réparer. || [auffrischen] restaurer ; rénover. || FIG. restaurer ; rétablir. | *das Gleichgewicht wiederherstellen*, rétablir l'équilibre. ||°**-herstellung** f. (-, en). [Ausbesserung] remise (f.) en état ; réparation f. | *Wiederherstellung einer Fassade*, restauration (f.) d'une façade. || FIG. restauration f. ; rétablissement m. ||**-holen** v. tr. insépar. répéter. | *eine Lektion wiederholen*, réviser une leçon. | *eine Klasse wiederholen*, redoubler une classe. — v. pr. **sich wiederholen,** se répéter. ||**-holt** adj. répété ; réitéré. ||°**-holung** f. (-, en) répétition f. ; réitération f. | *Wiederholung einer Lektion*, révision (f.) d'une leçon. | *kurze Wiederholung*, récapitulation f. || MUS. reprise f. || JUR. *im Wiederholungsfalle*, en cas de récidive. ||°**-hören** n. (s). RADIO., TÉLÉPH. *auf Wiederhören !*, au revoir ! ; à la prochaine fois. ||°**-inbetriebnahme** f. remise (f.) en activité, en service. ||**-ingangsetzen** v. tr. remettre en marche, en route. ||°**-instandsetzung** f. (-, en) remise (f.) en état. ||**-käuen** v. intr. et v. tr. ruminer. || FIG. ruminer ; remâcher. ||°**-käuer** m. (s, -). ZOOL. ruminant m. ||°**-kauf** m. (s, ¨e) rachat m. ||°**-kehr** f. retour m. ||**-kehren** v. intr. revenir ; se reproduire ; se répéter. | *die Gelegenheit kehrt nicht wieder*, l'occasion ne se présentera plus. ||**-kommen** (a, o) v. intr. [wiederkommen] revenir. | *ich komme gleich wieder*, je reviens tout de suite, à l'instant. || [wieder kommen] *das kommt nie wieder*, on ne reverra plus jamais cela. ||**-sagen** v. tr. répéter ; redire.

||**-sehen** (ie, a, e) v. tr. revoir. | *wann sehen wir uns wieder ?*, quand nous reverrons-nous ? ||°**-sehen** n. (s) *auf Wiedersehen !*, au revoir ! ||°**-täufer** m. (s, -). HIST. anabaptiste m. ||**-um** adv. [nochmals] de nouveau ; derechef. || [dagegen] d'un autre côté ; par contre ; en revanche. ||°**-vereinigung** f. (-, en) réunion f. ; réunification f. ||**-verheiraten (sich)** v. pr. se remarier. ||°**-verkauf** m. (s, ¨e) revente f. ||°**-verkäufer** m. (s, -) revendeur m. ||°**-verwendung** f. (-, en) récupération f. ; réutilisation f. ; réemploi m. ||**-verwerten** v. tr. recycler. | *wiederverwertetes Glas*, verre recyclé. ||°**-wahl** f. (-, en) réélection f.

Wiege ['vi:gə] f. (-, n) berceau m. | *in der Wiege liegen*, être au berceau.

Wiege|messer ["vi:gə'mεsər] n. (s, -) hachoir m.

wiegen ['vi:gən] v. tr. [schaukeln] bercer. | *ein Kind in den Schlaf wiegen*, bercer un enfant jusqu'à ce qu'il s'endorme. || PAR EXT. balancer. | *den Kopf hin und her wiegen*, dodeliner de la tête. | *die Wellen wiegen das Boot*, la barque se balance sur les vagues.

◇ part. pass. **gewiegt,** expérimenté ; averti ; adroit ; habile.

◇ v. pr. **sich wiegen,** se balancer. | *sich in den Hüften wiegen*, se déhancher. || FIG. *sich in Hoffnungen wiegen*, se bercer d'espoirs.

wiegen ['vi:gən] (o, o) v. tr. et v. intr. peser ; avoir un poids de. | *er wiegt hundert Kilo*, il pèse cent kilos. | *der Fleischer wiegt knapp*, le boucher pèse juste. || FIG. peser, avoir du poids. | *nicht schwer wiegen*, être de peu de poids.

Wiegen|kind ["vi:gən'kint] n. (s, er) bébé m. ||°**-lied** n. (s, er) berceuse f.

wiehern ['vi:ərn] v. intr. hennir. || PAR EXT. rire bruyamment.

Wien [vi:n] n. pr. n. GÉOGR. Vienne f.

Wiener ['vi:nər] adj. viennois. | *Wiener Schnitzel*, escalope viennoise. || *Wiener Walzer*, valse viennoise.

wienerisch [-riʃ] adj. viennois.

wienern ['vi:nərn] v. tr. astiquer.

Wiese ['vi:zə] f. (-, n) pré m. ; prairie f.

Wiesel ['vi:zəl] n. (s, -). ZOOL. belette f.

Wiesen|blume ["vi:zən'blu:mə] f. (-, n) fleur (f.) des prés. ||°**-grund** m. (s, ¨e) vallon herbeux. ||°**-schaumkraut** n. (s). BOT. cresson m. ||°**-tal** n. (s, ¨er) vallée herbeuse.

Wiking ['vi:kiŋ] m. (s, er). HIST. Viking m.

Wikinger|boot ["vi:kiŋər'bo:t] n. (s, e), °**-schiff** n. (s, e). HIST. drakkar m.

wild [vilt] adj. **1.** [im Naturzustand] sauvage ; à l'état sauvage. | *wildes Tier*, animal (m.) sauvage. | *wilde Gegend*, contrée (f.) sauvage. | *wilde Völker*, peuples primitifs.

2. [ungezähmt] déchaîné ; débridé ; effréné ; indompté. | *wildes Kind*, enfant (m.) terrible. | *wilder Trieb*, instinct déchaîné. | *wilde Einbildungskraft*, imagination débridée. | *wilder Kampf*, combat acharné. | *wilde Flucht*, fuite éperdue.

3. [ungepflegt] inculte ; peu soigné. | *wildes Haar*, cheveux (m. pl.) hirsutes.

4. [zornig] furieux ; en colère. | *das Pferd wird wild*, le cheval s'emballe. | *ein Pferd wild machen*, effaroucher un cheval. || FIG. *wilde Miene*, air (m.) farouche.

5. [ordnungswidrig] anarchique. | *wilde Ehe*, union (f.) libre. | *wilder Streik*, grève spontanée, sauvage. | *ein wildes Leben führen*, mener une vie désordonnée.

6. Sens particuliers divers. BOT. *wilde Rose*, églantine f. | *wilder Wein*, vigne (f.) vierge. || MÉD. *wildes Fleisch*, excroissance (f.) de chair. || MINÉRAL. *wildes Gestein*, roche (f.) stérile. || MYTH. *die wilde Jagd*, la chasse infernale.

◇ adv. [im Naturzustand] à l'état sauvage. | *wild wachsen*, pousser à l'état sauvage. | *wild um sich schlagen*, distribuer les coups à l'aveuglette.

Wild [vilt] n. (s) gibier m.

Wild|bach ["vilt'bax] m. (s, ¨e) torrent m. ||°**-bret** n. (s) gibier m. ; venaison f. ||°**-dieb** m. (s, e) braconnier m. ||°**-dieberei** f., °**-diebstahl** m. (s, ¨e) braconnage m. ||°**-ente** f. (-, n). ZOOL. canard (m.) sauvage. ||°**-esel** m. (s, -). ZOOL. onagre m. ||°**-fang** m. (s, ¨e). FIG. petit diable ; jeune diablesse. ||**-fremd** adj. tout à fait étranger ; parfaitement inconnu. | *hier bin ich wildfremd*, je ne connais personne ici. ||°**-gans** f. (-, ¨e). ZOOL. oie (f.) sauvage. ||°**-gehege** n. (s, -) parc m. ; réserve f. ; varenne f. ||°**-geschmack** m. (s) goût (m.) de faisandé. ||°**-heger** m. (s, -), °**-hüter** m. (s, -) garde-chasse m. ||°**-kaninchen** n. (s, -) lapin (m.) de garenne. ||°**-katze** f. (-, n) chat (m.) sauvage. ||°**-leder** n. (s) [peau (f.) de] daim m. ; peau (f.) de chamois ; cuir (m.) chamoisé. ||**-reich** adj. giboyeux. ||°**-sau** f. (-, ¨e). ZOOL. laie f. ||°**-schaden** m. (s, ¨) dégâts du gibier. ||°**-schwein** n. (s, e). ZOOL. sanglier m. | *junges Wildschwein*, marcassin m. ||°**-taube** f. (-, n). ZOOL. ramier m. ||°**-tier** n. (s, e) bête (f.) sauvage. ||°**-wasser** n. (s, -) torrent m. ||°**-wechsel** m. (s, -). [Jagd] passée f. ||°**-west** m. (s), °**-westen** m. (s) Far West m. ||**-wüchsig** adj. BOT. (poussant à l'état) sauvage.

Wilde(r) ['vildə(r)] f. (m.) sauvage s.

Wilderei [vildə'rai] f. braconnage m.

Wilderer ['vildərər] m. (s, -) braconnier m.

wildern [-dərn] v. intr. braconner. || PAR EXT. marauder.

Wildheit ['vilthait] f. sauvagerie f. ; brutalité f. ; violence f. ; force f.

Wildling ['viltliŋ] m. (s, e) animal (m.) sauvage. || BOT. sauvageon m. || FIG. homme (m.) sauvage.

Wildnis ['viltnis] f. (-, se) désert m. ; contrée (f.) désertique, sauvage, désolée.

will [vil] 3ᵉ pers. du prés. de **wollen.**

Wille ['vilə] m. (ns), **Willen** ['vilən] m. (s) volonté f. ; vouloir m. ; dessein m. ; intention f. | *etwas wider Willen tun*, faire qch. malgré soi. | *nach js Willen*, selon, suivant la volonté de qn. | *gegen js Willen*, contre la volonté de qn. | *seinen eigenen Willen haben*, agir à sa guise. | *auf seinem Willen bestehen, beharren*, s'obstiner ; s'entêter. | *seinen Willen durchsetzen*, imposer sa volonté ; parvenir à ses fins. | *voll guten Willens*, plein de bonne volonté. | *beim besten Willen ; trotz besten Willens*, avec la meilleure volonté (du monde). | *freier Wille*, libre arbitre m. | *jm zu Willen sein*, accéder à la volonté de qn. | *letzter Wille*, dernières volontés. || FAM. *du sollst deinen Willen haben*, ce sera comme tu voudras. || RELIG. *Dein Wille geschehe*, que votre volonté soit faite. || PROV. *wo ein Wille ist, ist auch ein Weg*, vouloir, c'est pouvoir.

Willen ['vilən] m. (s). V. WILLE.

willen [-lən] *um einer Sache willen*, à cause de qch. | *um Gottes willen ! ; um Himmels willen !*, pour l'amour du Ciel ! ; de grâce !

willen|los ["vilən'lo:s] adj. sans volonté ; passif ; docile. ||°**-losigkeit** f. manque (m.) de volonté ; docilité f. ; passivité f.

willens ['vilәns] adv. *willens sein, zu*, avoir l'intention de ; être disposé à.

Willens|akt ["viləns'akt] m. (s, e), °**-äußerung** [-'ɔysəruŋ] f. (-, en) [manifestation (f.) de la] volonté f. || PHILOS. volition f. | *letzte Willensäußerung*, dernières volontés. ||°**-erklärung** f. (-, en). JUR. disposition f. ;

stipulation f. ||°-**freiheit** f. PHILOS., RELIG. libre arbitre m. ||°-**kraft** f. énergie (f.) volontaire ; force (f.) de caractère. ||°-**schwäche** f. manque (m.) de volonté ; faiblesse (f.) de caractère. ||-**stark** adj. énergique ; volontaire.

willentlich ['viləntliç] adv. volontairement ; exprès.

will|fahren [vil'fɑ:rən] v. intr. acquiescer à. | *dem Wunsch seines Gastes willfahren*, déférer au désir de son invité. ||-**fährig** adj. obligeant ; complaisant ; docile. — adv. obligeamment ; docilement. ||°-**fährigkeit** f. obligeance f. ; docilité f.

willig ['viliç] adj. docile ; obéissant ; de bonne volonté. | *willig sein, zu*, consentir à.
◇ adv. de bonne grâce ; docilement.

Willigkeit [-kaįt] f. docilité f.

Willkomm ['vilkɔm] m. (s), **Willkommen** [vil'kɔmən] n. (s) bienvenue f. | *Willkommensgruß*, souhaits (m. pl.) de bienvenue.

willkommen [vil'kɔmən] adj. bienvenu. | *ein willkommener Gast*, un hôte bienvenu. | *jn willkommen heißen*, souhaiter la bienvenue à qn. || PAR EXT. *willkommen sein*, arriver à propos ; venir à point.

Willkür ['vilky:r] f. arbitraire m. ; bon plaisir ; volonté (f.) despotique.

willkürlich [-liç] adj. arbitraire ; injustifié. | *willkürliche Maßnahme*, mesure (f.) arbitraire.
◇ adv. arbitrairement ; sans motif. | *willkürlich verteilen*, randomiser.

wimmeln ['viməln] v. intr. grouiller ; fourmiller ; pulluler. | *der Platz wimmelt von Menschen*, la place est noire de monde.

Wimmeln [-məln] n. (s) grouillement m. ; fourmillement m.

wimmern ['vimərn] v. intr. gémir ; geindre ; se plaindre doucement.

Wimpel ['vimpəl] m. (s, -) fanion m. || MAR. flamme f. ; guidon m.

Wimper ['vimpər] f. (-, n). ANAT. cil m. | *falsche Wimpern*, faux cils m. pl. | *ohne mit der Wimper zu zucken*, sans sourciller.

Wimper|schlag ["vimpər'ʃlɑ:k] m. (s, ¨e) clin (m.) d'œil. ||°-**tierchen** n. (s, -). ZOOL. infusoire (cilié). ||°-**tusche** f. (-, n) mascara m. ; Rimmel m. (Wz.).

Wind [vint] m. (s, e). **1.** vent m. | *der Wind weht*, le vent souffle. | *der Wind legt sich*, le vent tombe. | *in Wind und Wetter*, par tous les temps.
2. MAR. *günstiger Wind*, vent favorable. | *vorm Wind segeln*, aller, courir vent arrière ; FIG. avoir le vent en poupe. | *mit vollem Wind segeln*, aller, courir grand largue. | *hart am Wind segeln*, naviguer au plus près. | *gegen den Wind segeln*, louvoyer.
3. FIG. *jm den Wind aus den Segeln nehmen*, couper l'herbe sous le pied à qn. | *er weiß, woher der Wind weht*, il sait prendre le vent. | *sich nach dem Wind drehen* ; *das Mäntelchen nach dem Wind hängen*, retourner sa veste ; tourner casaque. | *in den Wind reden*, prêcher dans le désert. | *etwas in den Wind schlagen*, faire fi de qch. | *vom Winde verweht*, autant en emporte le vent. | *Wind machen*, se donner de l'importance ; FAM. déplacer de l'air. | *wie der Wind*, comme l'éclair. | *die Nachricht verbreitet sich in Windeseile*, la nouvelle se propage comme une traînée de poudre.
4. [Jagd] vent m. || FIG. *von etwas Wind bekommen*, avoir vent de qch.
5. MÉD. vent m. ; flatulence f.

Wind|anker ["vint'aŋkər] m. (s, -). MAR. amarre (f.) fixe. ||°-**baum** m. (s, ¨e). MAR. anspect m. ||°-**beschreibung** f. anémographie f. ||°-**beutel** m. (s, -). CULIN. chou (m.) à la crème. ||°-**ei** n. (s, er) œuf (m.) sans coquille. ||°-**energie** f. (-, n) énergie éolienne. ||°-**fahne** f. (-, n). PR. et FIG. girouette f. ||°-**fang** m. (s, ¨e). [Tür] tambour m. || [Nase] mufle m. ||°-**form** f. (-, en). TECHN. tuyère f. ||°-**gebläse** n. (s). TECHN. soufflante f. ||-**geschützt** adj. à l'abri du vent. ||°-**hose** f. (-, n) trombe f. ; tourbillon m. ||°-**hund** m. (s, e). ZOOL. lévrier m. || FIG. tête (f.) en l'air ; écervelé m. ||°-**hündin** f. (-, nen) levrette f. ||°-**jacke** f. (-, n) anorak m. ||°-**kanal** m. (s, ¨e). TECHN. soufflerie f. ||°-**kraftwerk** n. (s, e) aérogénérateur m. ||°-**licht** n. (s, er) lampe (f.) tempête. ||°-**macherei** f. hâblerie f. ; poudre (f.) aux yeux ; charlatanerie f. ||°-**messer** m. (s, -) anémomètre m. ||°-**motor** m. (s, en) éolienne f. ||°-**mühle** f. (-, n) moulin (m.) à vent. ||°-**pocken** f. pl. MÉD. varicelle f. ||°-**rad** n. (s, ¨er). TECHN. éolienne f. ||°-**rose** f. (-, n) rose (f.) des vents. ||°-**röschen** n. (s, -). BOT. anémone f. ||°-**sack** m. (s, ¨e) manche (f.) à air. ||°-**schatten** m. (s, -) endroit, côté abrité du vent. ||-**schief** adj. déjeté ; tordu ; voilé. ||°-**schirm** m. (s, e) palissade f. ; paravent m. ||°-**schliff** m. (s, e). GÉOGR. érosion éolienne. ||°-**schutz** m. (es) abrivent m. ||°-**schutzscheibe** f. (-, n). AUTOM. pare-brise m. ||°-**seite** f. (-, n) côté exposé au vent. || MAR. [Luvseite] lof m. ||°-**stärke** f. (-) force (f.) du vent. ||-**still** adj. sans vent ; calme. ||°-**stille** f. calme m. | *völlige Windstille*, calme plat. | *bei Windstille*, par vent nul. ||°-**stoß** m. (es, ¨e) coup (m.) de vent ; rafale f. ||°-**surfbrett** n. (s, er) planche (f.) à voile. ||°-**surfer(in)** m. (s, -), f. (-, nen) véliplanchiste s. ||-**treibend** adj. MÉD. carminatif. ||°-**verhältnisse** n. pl. régime (m.) des vents. ||-**wärts** adv. MAR. au lof. ||°-**zug** m. (s, ¨e) courant (m.) d'air.

Winde ['vində] f. (-, n). BOT. liseron m. || TECHN. [Hebegerät] treuil m. ; cric m. | *Wind(e)eisen* ; n. tourne-à-gauche m. || MAR. guindeau m. ; cabestan m.

Windel ['vindəl] f. (-, n) couche f.

Windel|höschen ["vindəl'høsçən] n. (s, -) couche-culotte f. ||°-**kind** n. (s, er) poupon m. ||-**weich** adj. *jn windelweich schlagen*, battre qn comme plâtre.

windeln ['vindəln] v. tr. langer ; emmailloter.

winden ['vindən] (windete, gewindet) v. intr. *es windet*, il y a du vent.

winden ['vindən] (a, u) v. tr. **1.** [wickeln] enrouler ; rouler ; envelopper. | *in ein Tuch winden*, envelopper d'un linge.
2. [flechten] tresser.
3. [heben] hisser ; lever ; faire monter.
◇ part. pass. **gewunden,** tordu ; en lacets. | *gewundene Säule*, colonne torse. || FIG. compliqué ; obscur ; embrouillé.
◇ v. pr. **sich winden,** se tordre ; se tortiller. | *sich wie ein Wurm winden*, se tortiller comme un ver. | *der Pfad windet sich aufwärts*, le chemin monte en lacets, serpente au flanc de la colline.

Winden [-dən] n. (s). [Wickeln] enroulement m. || [Sichwinden] contorsions f. pl.

Windes|eile ["vindəs'ailə] f. vitesse (f.) du vent. | *mit Windeseile fahren*, aller comme le vent. | *die Nachricht verbreitete sich in Windeseile*, cette nouvelle s'est propagée comme une traînée de poudre.

windig ['vindiç] adj. [voll Wind] venteux ; éventé ; battu par les vents. | *windiger Tag*, jour (m.) de grand vent. | *es ist windig*, il y a du vent. || [leer] creux ; plein de vent. || FIG. écervelé ; évaporé.

Winds|braut ["vinds'braut] f. bourrasque f.

Windung ['vinduŋ] f. (-, en). [Krümmung] sinuosité f. ; méandre m. ; détour m. || [Schlange] anneau m.

Wingert ['viŋɛrt] m. (s, e) vignoble m.

Wink [viŋk] m. (s, e) signe m. ; geste m. | *ein Wink mit den Augen*, un signe du regard. | *einen Wink geben*, faire un signe. || FIG. indication f. ; avis m. ; avertissement m. | *jm einen Wink geben*, avertir qn. | *ein zarter Wink* ; *ein leiser Wink*, une allusion, une indication discrète. | *ein Wink mit dem Zaunpfahl*, un appel du pied.

Winkel ['viŋkəl] m. (s, -). **1.** [Ecke] angle m. || MATH. *rechter Winkel*, angle droit. | *stumpfer Winkel*, angle obtus. | *spitzer Winkel*, angle aigu. || AUTOM. *toter Winkel*, angle mort. || MIL. [Abzeichen] chevron m.
2. [Maßwerkzeug] coude m. ; triangle m. ; équerre f. | *den Winkel anlegen*, mesurer à l'équerre.
3. [enger Raum] coin m. ; recoin m. ; réduit m. | *ein entlegener Winkel*, un coin retiré ; un coin perdu. || FIG. *alle Winkel und Ecken*, les coins et les recoins. | *im Winkel sitzen*, être délaissé ; être mis au rancart.

Winkel... (en compos.) d'angle ; angulaire. || FIG., POP. illégal ; clandestin ; secret ; louche.

Winkel|abweichung ["vinkəl'apvaiçuŋ] f. (-, en) écart (m.) angulaire. ||°**-advokat** m. (en, en) avocat (m.) sans causes. ||°**-eisen** n. (s, -) équerre (f.) de fer ; cornière f. ; fer (m.) en équerre. ||°**-funktion** f. (-, en). MATH. fonction (f.) trigonométrique. ||°**-geschwindigkeit** f. (-, en) vitesse (f.) angulaire. ||°**-haken** m. (s, -) composteur m. ||°**-halbierende** f. (-, n). MATH. bissectrice f. ||°**-maß** n. (es, e). TECHN. triangle f. ; équerre f. ||°**-messer** m. (s, -). MATH. rapporteur m. ; goniomètre m. ; cadran (m.) de pointage. ||°**-zug** m. (s, ¨e) détours m. pl. ; prétexte m. ; biais m. ; faux-fuyant m.

wink(e)lig ['viŋk(ə)liç] adj. à angl ; angulaire ; anguleux ; tortueux ; brisé.

winken ['viŋkən] v. intr. et v. tr. faire des signes, des signaux ; faire signe. | *jm winken*, faire des signes à qn ; faire signe à qn. | *mit der Hand winken*, faire un signe de la main. | *jn zu sich, näher winken*, faire signe à qn de s'approcher. || FIG., FAM. *jm mit dem Zaunpfahl, mit dem Scheunentor winken*, faire ostensiblement signe à qn ; donner un grand coup de coude à qn. | *der Erfolg winkt ihm*, le succès l'attend ; il va au-devant du succès.

Winker [-kər] m. (s, -) indicateur (m.) de changement de direction ; flèche (f.) mobile ; clignotant m.

Winker|krabbe ["viŋkər'krabə] f. (-, n). ZOOL. crabe (m.) à signaux ; crabe (m.) violoniste.

Winselei [vinzə'lai] f. (-, en) jérémiades f. pl. ; pleurnicheries f. pl.

winseln ['vinzəln] v. intr. pleurnicher ; geindre.

Winter ['vintər] m. (s, -) hiver m. | *ein strenger Winter*, un hiver rigoureux. | *im Winter*, en hiver. | *mitten im Winter*, en plein hiver.

Winter|aster ["vintər'astər] f. (-, n). BOT. chrysanthème m. ||°**-bedarf** m. (s) provisions (f. pl.) d'hiver. | *seinen Winterbedarf an Kohlen decken*, faire provision de charbon pour l'hiver. ||°**-fahrplan** m. (s, ¨e) horaire (m.) d'hiver. ||°**-garten** m. (s, ¨) jardin (m.) d'hiver ; serre f. ||°**-gerste** f. (-, n). AGRIC. escourgeon m. ||°**-halbjahr** n. (s, e) semestre (m.) d'hiver. ||°**-mantel** m. (s, ¨) manteau (m.) d'hiver. ||°**-obst** n. (s) fruits (m. pl.) de garde. ||°**-quartier** n. (s, e). MIL. quartiers (m. pl.) d'hiver. | *das Winterquartier beziehen*, prendre ses quartiers d'hiver. ||°**-saat** f. (-, en) semailles (f. pl.) d'automne. ||°**-schlaf** m. (s, e) sommeil hivernal, hibernal ; hibernation f. | *den Winterschlaf halten*, hiberner. ||°**-schläfer** m. (s, -). ZOOL. animal (m.) hibernant. ||°**-(sonnen)wende** f. solstice (m.) d'hiver. ||°**-sport** m. (s, e) sport (m.) d'hiver. ||°**-zeug** n. (s) vêtements (m. pl.) d'hiver.

winterlich ['vintərliç] adj. d'hiver ; hivernal ; hibernal.

wintern [-tərn] v. impers. et v. intr. *es wintert*, l'hiver vient ; c'est l'hiver. || hiverner.

Winzer ['vintsər] m. (s, -). [Weinbauer] vigneron m.

Winzer|fest ["vintsər'fɛst] n. (s, e) fête (f.) des vendanges. ||°**-genossenschaft** f. (-, en) coopérative (f.) viticole. ||°**-messer** n. (s, -) serpette (f.) de vigneron.

winzig ['vintsiç] adj. très petit ; minuscule ; infime. || PAR EXT. insignifiant.

Winzigkeit [-kait] f. (-, en) taille (f.) minuscule, infime. || FIG. bagatelle f.

Wipfel ['vipfəl] m. (s, -). [Baum] cime f.

Wippe ['vipə] f. (-, n) balançoire f. ; bascule f. ; balancement m.

wippen [-pən] v. tr., v. intr. et v. pr. balancer ; faire basculer. | *sich wippen*, se balancer. | *mit den Füßen wippen*, balancer les jambes. | *jn wippen*, faire trébucher qn ; HIST. donner l'estrapade.

wir [vi:r] pron. pers. nous. | *wir beide*, nous deux. | *das werden wir sehen*, nous verrons ; on verra. | *wir Deutsche ; wir Deutschen*, nous autres Allemands. || [Majestätsform] *Wir*, nous. | *Wir, Ludwig, König von Gottes Gnaden*, Nous, Louis, roi par la grâce de Dieu.

Wirbel ['virbəl] m. (s, -). **1.** tourbillon m. ; remous m. ; tourbillonnement m. | *die Wirbel des Wassers*, les remous de l'eau. || FIG. *im Wirbel der Leidenschaft*, dans le trouble de la passion.
2. [Haarwirbel] sommet (m.) de la tête ; épi (m.) de cheveux. || ANAT. [Knochen] vertex m. ; vertèbre f. || MUS. [Streich- und Zupfinstrument] cheville f. ; [Schlaginstrument] roulement (m.) de tambour. || TECHN. vortex m. || [Fenster] tourniquet m.

Wirbel|bein ["virbəl'bain] n. (s, e) vertèbre f. ||°**-knochen** m. (s, -). ANAT. vertèbre f. ||**-los** adj. invertébré. || ZOOL. *wirbellose Tiere*, invertébrés. ||°**-säule** f. (-, n). ANAT. [Rückgrat] colonne vertébrale. ||°**-strom** m. (s, ¨e) remous m. ; tourbillons m. pl. ||°**-sturm** m. (s, ¨e) tempête f. ; cyclone m. ||°**-tier** n. (s, e). ZOOL. vertébré m. ||°**-tierchen** n. (s, -). ZOOL. vorticelle f. ||°**-wind** m. (s, e) tourbillon m. ; rafale f.

wirbelig ['virbəliç] adj. tourbillonnant ; vertigineux. || FIG. turbulent ; enragé.

wirbeln [-bəln] v. tr. et v. intr. faire tournoyer ; faire tourbillonner ; tourbillonner ; tournoyer. | *der Rauch wirbelt*, la fumée fait des tourbillons. | *das Wasser wirbelt*, l'eau fait des remous, des tourbillons. || MUS. *die Trommeln wirbeln*, les tambours grondent.

Wirbeln [-bəln] n. (s) tournoiement m. ; tourbillonnement m.

wirken ['virkən] v. tr. et v. intr. **1.** [tätig sein ; einen Beruf ausüben] exercer un métier, une fonction. | *als Professor an einer Universität wirken*, être professeur dans une université.
2. [Einfluß haben, schaffen] avoir de l'effet ; faire de l'effet ; être efficace ; agir ; opérer. | *die Arznei wirkt*, le remède agit. | *schädlich wirken*, avoir des effets nuisibles. | *aus der Ferne wirken*, agir à distance. | *das hat auf ihn gewirkt*, cela a fait impression sur lui. | *für jn wirken*, agir en faveur de qn ; s'entremettre en faveur de qn. || FIG. faire l'effet de ; donner l'impression de. | *das wirkt wie abgekartet*, on dirait un coup monté.
3. [tun ; machen] *das wirkt Wunder*, cela fait merveille. | *Gutes wirken*, faire du bien ; avoir une bonne influence.

4. [Stoffe herstellen] *handgewirkte Tapeten*, des tapisseries tissées à la main.

Wirken [-kən] n. (s) action f. ; activité f. ; effet m. || TECHN. tissage m.

wirkend [-kənt] part. prés. *langsam wirkend*, qui agit lentement. | *einfach wirkend*, à simple effet.

Wirk|leistung ["virk'laistuŋ] f. ÉLECTR. puissance réelle, effective. ||°**-leistungs|messer** m. (s, -). ÉLECTR. wattmètre m.

wirklich ['virkliç] adj. vrai ; effectif ; authentique ; réel. | *der wirkliche Wert*, la valeur réelle.
◇ adv. vraiment ; effectivement ; de fait ; en effet. | *es ist wirklich so*, il en est vraiment ainsi. | *ist das wirklich wahr ?*, est-ce bien vrai ?

Wirklichkeit [-kait] f. (-, en) réalité f. ; caractère effectif. | *in Wirklichkeit*, en réalité ; de fait. | *die rauhe, die harte Wirklichkeit*, la dure réalité.

Wirklichkeits|form ["virkliçkaits'fɔrm] f. (-, en). GRAMM. indicatif m. ||**-fremd** adj. qui n'a pas le sens des réalités ; inadapté. ||**-nah** adj. proche de la réalité ; réaliste. ||°**-sinn** m. (s) sens (m.) des réalités ; réalisme m.

wirksam ['virkzɑ:m] adj. en vigueur. || actif ; efficace ; agissant. || bénéfique.

Wirksamkeit [-kait] f. efficacité f. ; effet m. | *Wirksamkeit eines Heilmittels*, efficacité, vertu (f.) d'un remède. || activité f. ; vigueur f. | *eine rege Wirksamkeit*, une intense activité. | *in Wirksamkeit treten*, entrer en vigueur ; entrer en fonctions.

Wirk|stoff ['virkʃtɔf] m. (s, e). [Sache] agent m. || MÉD. substance active. ||°**-ware** f. (-, n) tissu m. ||°**-zeit** f. délai (m.) de réaction.

Wirkung ['virkuŋ] f. (-, en) effet m. ; influence f. ; résultat m. ; impression f. | *eine Wirkung ausüben*, exercer une action, un effet. | *das hat seine Wirkung getan*, cela a produit son effet. | *seine Worte haben ihre Wirkung verfehlt*, ses paroles ont manqué leur effet. | *die Wirkung verlieren*, devenir inopérant. | *Wirkung und Gegenwirkung*, action (f.) et réaction. | *mit sofortiger Wirkung*, à effet immédiat. || PHYS. effet m. | *lichtelektrische Wirkung*, effet photo-électrique. | *ohne chemische Wirkung*, inactinique.

Wirkungs|bereich ["virkuŋsbə'raiç] m. (s, e), °**-kreis** m. (es, e) zone (f.) d'action ; sphère (f.) d'influence ; rayon (m.) d'action. ||°**-dauer** f. durée (f.) de l'effet. ||°**-grad** m. (s, e) degré (m.) d'efficacité. || TECHN. force (f.) d'un acide. ||°**-kraft** f. efficacité f. ; force f. ; vertu f. ; virtualité f. ||**-los** adj. inefficace ; sans effet ; inopérant ; inutile. ||°**-losigkeit** f. inefficacité f. ||**-voll** adj. efficace. ||°**-weise** f. mode (m.) d'action. ||°**-weite** f. MIL. portée (f.) efficace.

wirr [vir] désordonné ; confus ; troublé ; sens dessus dessous. | *ein wirres Durcheinander*, une confusion totale. | *wirres Zeug reden*, dire des choses sans queue ni tête. || [geistesgestört] *er ist wirr im Kopf*, il est détraqué.

Wirr|kopf ['virkɔpf] m. (s, ¨e) esprit confus.

Wirre ['virə] f. (-, n) confusion f. ; désordre m. ; chaos m. ; pêle-mêle m. | *Kriegswirren*, les malheurs (m. pl.) de la guerre.

Wirrnis ['virnis] f. (-, se) confusion f. ; trouble m.

Wirrwarr [-var] m. (s). [Durcheinander] chaos m. ; tohu-bohu m. ; gâchis m. ; remue-ménage m.

Wirsing ['virziŋ] m. (s, e), °**-kohl** ["virziŋ'ko:l] m. (s, e) chou frisé.

Wirt [virt] m. (s, e) **1.** [Inhaber eines Gasthauses] aubergiste m. ; hôtelier m. ; patron (m.) d'un hôtel, d'un restaurant, d'un café ; cafetier m. || PROV. *die Rechnung ohne den Wirt machen*, faire un faux calcul ; compter sans son hôte.
2. [Gastgeber] hôte m. (qui reçoit). | *den Wirt machen*, faire les honneurs de la maison. || [Wirtschafter] intendant m. ; régisseur m. || [Hauswirt] logeur m.

Wirts|haus ["virts'haus] n. (es, ¨er) auberge f. ; café m. ||°**-leute** pl. logeurs m. pl. ; propriétaires m. pl. ||°**-stube** f. (-, n) salle (f.) d'auberge, de café.

Wirtin ['virtin] f. (-, nen) aubergiste f. ; hôtelière f. ; patronne (f.) d'auberge, de café ; tenancière f. ; hôtesse f. ; maîtresse (f.) de maison ; propriétaire f. ; logeuse f.

wirtlich ['virtliç] adj. habitable ; agréable ; accueillant.

Wirtlichkeit [-kait] f. caractère accueillant, hospitalier ; hospitalité f.

Wirtschaft ['virtʃaft] f. (-, en). **1.** *(Welt)wirtschaft, (Volks)wirtschaft*, économie f. ; activité (f.) économique. | *ausgeglichene Wirtschaft*, économie équilibrée. | *freie Wirtschaft*, économie libérale.
2. *(Haus)wirtschaft*, administration f. (d'un bien, d'un domaine) ; exploitation f. ; régie f. ; ménage m. | *die Wirtschaft führen*, gouverner la maison. || FAM. *das ist eine schöne, eine saubere Wirtschaft*, c'est du propre.
3. *(Gast)wirtschaft*, auberge f. ; hôtellerie f. ; café m. ; buffet m.
4. [Landwirtschaftsbetrieb] exploitation (f.) agricole.

wirtschaften [-tən] v. intr. travailler ; administrer ; gérer ; tenir un ménage ; s'occuper du ménage. | *gut, schlecht wirtschaften*, bien, mal gérer ses affaires. | *aus dem vollen wirtschaften*, mener grand train. | *drauflos wirtschaften*, gaspiller ; ne pas faire attention à la dépense.

Wirtschafter [-tər] m. (s, -) gérant m. ; régisseur m. ; intendant m.

Wirtschafterin [-tərin] f. (-, nen) gouvernante f. ; personne (f.) qui tient un ménage.

Wirtschaftler [-tlər] m. (s, -) économiste m.

wirtschaftlich [-tliç] adj. qui concerne l'économie ; économique. | *das wirtschaftliche Leben*, la vie économique. || [geldlich] pécuniaire ; financier ; commercial. || [sparsam] économe. | *eine wirtschaftliche Haushälterin*, une ménagère économe. || [lohnend] rentable.

Wirtschaftlichkeit [-tliçkait] f. rentabilité f. ; rendement (m.) économique.

Wirtschafts|amt ["virtʃafts'amt] n. (s, ¨er) office (m.) des affaires économiques. ||°**-aufschwung** m. (s, ¨e) essor (m.) économique. ||°**-belebung** f. (-, en) reprise (f.) économique. ||°**-berater** m. (s, -) conseiller (m.) économique. ||°**-bezirk** m. (s, e) région (f.) économique. ||°**-führung** f. (-, en) exploitation f. ; gestion f. ||°**-gebäude** n. (s) communs m. pl. ||°**-gemeinschaft** f. communauté (f.) économique. | *Europäische Wirtschaftsgemeinschaft (EWG)*, Communauté économique européenne (C.E.E.). ||°**-hilfe** f. (-, n) aide (f.) économique. ||°**-indikatoren** m. pl. ÉCON. tableau (m.) de bord. ||°**-jahr** n. (s, e) année (f.) économique ; exercice m. ||°**-krise** f. (-, n) crise (f.) économique. ||°**-lenkung** f. économie dirigée ; dirigisme m. ||°**-macht** f. (-, ¨e) puissance (f.) économique. ||°**-minister** m. (s, -) ministre (m.) de l'Économie. ||°**-planung** f. planification f. (économique). ||°**-prüfer** m. (s, -) commissaire (m.) aux comptes ; expert (m.) comptable. ||°**-verwalter** m. (s, -) intendant m. ||°**-wissenschaftler(in)** m. (s, -), f. (-, nen) économiste s. ||°**-wunder** n. (s, -) miracle (m.) économique. ||°**-zweig** n. (s, e) branche (f.) d'activité.

Wisch [viʃ] m. (es, e). [Wischer] torchon m. ;

chiffon m. || FAM. [Brief] bafouille f. || PÉJOR. *das ist nur ein Wisch Papier*, ce n'est qu'un chiffon de papier.

wischen ['viʃən] v. tr. passer légèrement (sur qch.) ; essuyer ; effacer ; frotter. | *den Staub von den Möbeln wischen*, enlever la poussière des meubles. || [Zeichnung] estomper.

◇ v. intr. FAM. filer ; passer rapidement.

Wischer [-ʃər] m. (s, -) qui essuie ; instrument (m.) pour essuyer ; torchon m. || FIG., FAM. réprimande f.

Wischiwaschi ['viʃi"vaʃi] n. (s). FAM. verbiage m. ; balivernes f. pl.

Wisch|lappen ["viʃ'lapən] m. (s, -), °**-tuch** [-'tu:x] n. (s, ¨er) torchon m.

Wisent ['vi:zənt] m. (s, e). ZOOL. bison m.

Wismut ['vismu:t] m. ou n. (s) bismuth m.

wispern [-pərn] v. intr. [flüstern ; lispeln] parler tout bas ; murmurer ; susurrer.

Wiß|begierde ["visbə'gi:rdə], **Wiß|begier** [-'gi:r] f. désir (m.) de savoir ; soif (f.) de s'instruire. ||**-begierig** adj. désireux de savoir ; assoiffé de connaissances ; d'esprit curieux.

wissen ['visən] (weiß, wußte, gewußt) v. tr. **1.** savoir ; connaître ; être au courant ; être informé. | *ich weiß*, je sais ; je suis au courant. | *ich weiß es nicht*, je ne (le) sais pas. | *Bescheid wissen*, être au courant. | *jn glücklich wissen*, savoir que qn est heureux. | *keinen Rat, keinen Ausweg wissen*, ne (pas) savoir que faire ; ne pas voir d'issue. | *jn etwas wissen lassen*, informer qn de qch. | *soviel ich weiß*, autant que je sache. | *ich wüßte nicht ; nicht daß ich wüßte*, je ne sache pas ; pas que je sache. | *wie man weiß*, comme chacun sait. | *Sie müssen wissen, daß*, sachez que. | *weißt du noch ?*, te souviens-tu ?. || FAM. *(ich) weiß schon*, je sais bien. | *weiß der Kuckuck !*, va savoir !
2. (avec des prépositions). **von :** *von etwas wissen*, avoir connaissance de qch. | *von etwas nichts wissen*, tout ignorer d'une chose. | *er will nichts davon wissen*, il ne veut pas en entendre parler ; il prétend ne rien en savoir. — **um :** *um etwas wissen*, savoir qch. (par expérience, par sagesse) ; être instruit de. — **über :** *er weiß darüber Bescheid*, il est au courant de l'affaire.
3. (avec **zu** et l'infin.) savoir faire qch. | *sich zu benehmen wissen*, savoir se conduire. | *etwas zu schätzen wissen*, savoir apprécier qch. | *sich nicht zu helfen wissen*, ne pas savoir s'y prendre ; ne pas pouvoir s'en tirer.
4. LOC. *er weiß, wo der Schuh ihn drückt*, il sait où le bât le blesse. | *er weiß weder ein noch aus*, il ne sait plus comment s'en tirer. | *wer weiß !*, qui sait ! | *weiß Gott*, Dieu sait ! | *er erzählte, weiß Gott, welche Geschichten*, il raconta Dieu sait quelles histoires. | *ich weiß nicht recht*, peut-être ; je ne sais pas au juste. | *was weiß ich !*, qu'est-ce que j'en sais !

Wissen [-sən] n. (s) savoir m. ; connaissance f. ; conscience f. | *ein großes Wissen*, un savoir étendu. | *meines Wissens*, à ma connaissance ; autant que je sache. | *ohne sein Wissen*, à son insu. | *nach bestem Wissen und Gewissen*, en toute conscience ; en toute honnêteté. | *mit js Wissen*, au vu et au su de qn. | *wider besseres Wissen*, contre sa conviction intime ; avec mauvaise foi.

Wissende(r) ['visəndə(r)] f. (m.) celui, celle qui sait ; initié(e) m. (f.).

Wissenschaft [-sənʃaft] f. (-, en) science f. ; savoir m. ; connaissance f. (qu'on a d'une chose). | *reine Wissenschaft*, science pure. | *angewandte Wissenschaft*, science appliquée.

Wissenschaftler [-sənʃaftlər] m. (s, -). UNIV. savant m. ; scientifique m.

wissenschaftlich [-sənʃaftliç] adj. scientifique. | *wissenschaftlich gebildet, geschult*, formé aux méthodes de la science.

Wissenschaftlichkeit [-kait] f. caractère (m.), esprit (m.) scientifique.

Wissens|drang ["visəns'draŋ] m. (s), °**-durst** [-'durst] m. (s), °**-trieb** [-'tri :p] m. (s) soif (f.) de savoir ; amour (m.) de la science. ||°**-gebiet** n. (s, e) branche (f.) du savoir ; science particulière. ||°**-lücke** f. (-, n). UNIV. lacune f. ||**-wert** adj. digne d'être su, d'être connu ; curieux.

wissentlich ['visəntliç] adj. et adv. sciemment ; délibérément ; en connaissance de cause.

Wisser ['visər] m. (s, -) celui qui sait.

wittern ['vitərn] v. tr. et v. intr. flairer ; éventer ; avoir vent. | *der Hund wittert Wild*, le chien flaire le gibier. || FIG. *Unheil wittern*, flairer un malheur. | *Morgenluft wittern*, sentir un vent favorable.

◇ v. impers. **es wittert,** il fait de l'orage ; il fait mauvais temps.

Witterung [-ruŋ] f. (-, en). [Wetter] temps m. (qu'il fait). | *die Witterung schlägt um*, le temps va changer. || [Geruchsinn] flair m. || FIG. *eine feine Witterung haben*, avoir du flair ; avoir le nez fin. || [Geruch] odeur f. || [Jagd] vent m. | *der Hund nimmt Witterung*, le chien prend le vent.

Witterungs|beobachtung ["vitəruŋsbə'o:paxtuŋ] f. (-, en) observation (f.) météorologique. ||°**-einfluß** m. (es, ¨e) influence (f.) atmosphérique. ||°**-umschlag** m. (s, ¨e) changement (m.) de temps. ||°**-unbilden** pl. intempéries f. pl.

Witwe ['vitvə] f. (-, n) veuve f. || JUR., HIST. douairière f.

Witwen|geld ["vitvən'gɛlt] n. (s, er) pension (f.) de veuve. ||°**-stand** m. (s) veuvage m.

Witwenschaft ['vitvənʃaft], **Witwerschaft** [-vərʃaft] f. (en) veuvage m.

Witwer ['vitvər] m. (s, -) veuf m.

Witz [vits] m. (es, e). [Scherz] plaisanterie f. ; mot (m.) d'esprit ; bon mot. | *Witze machen, reißen*, faire des plaisanteries ; faire de l'esprit. | *ein schlechter, fauler Witz*, une mauvaise plaisanterie. || FIG., FAM. *die Sache ist ein Witz !*, c'est ridicule ! | *mach keine Witze !*, non, ne raconte pas d'histoires ! || [Geist] esprit f. ; vivacité (f.) d'esprit. | *voller Witz*, plein d'esprit. | *vor Witz sprudeln*, pétiller d'esprit. || [Findigkeit] astuce f. ; ingéniosité f. || FIG. *der Witz der Sache*, l'intérêt de la chose.

Witz|blatt ["vits'blat] n. (s, ¨er) journal (m.) satirique ; journal (m.) humoristique. ||°**-bold** m. (s, e) plaisantin m. ; farceur m. ; amuseur m. ||**-los** adj. peu spirituel ; sans intérêt. ||°**-wort** n. (s, ¨er) mot (m.) d'esprit.

Witzelei [vitsə'lai] f. (-, en) manie (f.) de faire des plaisanteries ; mauvaise plaisanterie ; raillerie (f.) fade.

witzeln ['vitsəln] v. intr. faire de l'esprit ; faire des plaisanteries. | *über etwas witzeln*, faire de l'esprit à propos de qch.

witzig [-tsiç] adj. plein d'esprit ; spirituel ; ingénieux. | *witziger Einfall*, trait (m.) d'esprit.

wo [vo:] adv. [Ort] (valeur interrogative et relative) où ? ; en quel endroit ? | *wo liegt München ?*, où se trouve Munich ? | *ich weiß nicht, wo er ist*, je ne sais (pas) où il est. || [irgendwo] quelque part.

◇ adv. [Zeit] (relatif seulement) *zur Zeit, wo das geschah*, à l'époque où cela s'est passé.

◇ conj. [wenn] **wo nicht,** sinon ; autrement | **womöglich,** si possible ; peut-être. | *wo irgend möglich*, si faire se peut.

wo|anders [vo:'andərs] adv. ailleurs. ||**-bei** conj.

à l'occasion de quoi. ||**-durch** adv. par quoi ; par où ; le moyen par lequel ; par quel moyen ? ||**-für** adv. pour quoi ; pour qui ; en échange de quoi. ||**-gegen** adv. contre quoi ; contre lequel ; en échange de quoi. ||**-her** adv. d'où ; de l'endroit où ; de quel endroit ? | *woher kommt er ?*, d'où vient-il ? | *woher soll ich das wissen ?*, comment le saurais-je ? ||**-hin** adv. où ; vers où ; la direction vers laquelle ; dans quelle direction ? | *wohin gehst du ?*, où vas-tu ? ||**-hingegen** conj. tandis que. ||**-mit** adv. avec quoi ; avec lequel. | *womit ich nicht sagen will*, par là je ne veux pas dire. ||**-möglich** adv. si possible ; peut-être. ||**-nach** adv. après que ; selon quoi ; d'après quoi. | *wonach schmeckt das ?*, quel goût cela a-t-il ? | *wonach ich zu ihm ging*, après quoi je suis allé chez lui. ||**-ran** adv. à quoi ; auquel. | *bei ihm weiß man nie, woran man ist*, avec lui on ne sait jamais à quoi s'en tenir. ||**-rauf** adv. sur quoi ; après quoi. | *worauf er sich verabschiedete*, après quoi il prit congé. ||**-raus** adv. d'où ; hors de quoi ; en quoi (matière) ; de quoi. | *woraus man schließen kann*, d'où l'on peut déduire. | *woraus ist diese Statue*, en quoi est cette statue ? ||**-rein** adv. dans quoi (mouvement) ; où. ||**-rin** adv. dans quoi ; en quoi ; où. | *worin besteht der Unterschied ?*, qu'est-ce qui fait la différence ? ||**-rüber** adv. au sujet de quoi ; par quel intermédiaire. | *worüber redet er ?*, de quoi parle-t-il ? | *worüber fahren Sie ?*, par où passez-vous ? ||**-rum** adv. de quoi. | *worum handelt es sich ?*, de quoi s'agit-il ? ||**-runter** adv. sous quoi ; parmi lesquels. ||**-selbst** adv. JUR. où. ||**-von** adv. de quoi ; dont. | *wovon sprach er ?*, de quoi a-t-il parlé ? ||**-vor** adv. devant quoi ; de quoi. | *wovor hast du Angst ?*, de quoi as-tu peur ? ||**-zu** adv. à quoi ; pourquoi ; dans quel but ? à quelle fin ? ; à quoi bon ? | *wozu dient das ?*, à quoi cela sert-il ?

Woche ['vɔxə] f. (-, n) semaine f. | *diese Woche*, cette semaine. | *vergangene Woche*, la semaine passée. | *nächste, kommende Woche*, la semaine prochaine. | *heute vor sieben Wochen*, il y a sept semaines. | *heute in sechs Wochen*, dans six semaines. | *zweimal die Woche ; jede Woche zweimal*, deux fois par semaine. | *jede zweite Woche*, toutes les deux semaines ; tous les quinze jours. || [die sechs Werktage] les jours ouvrables. | *die Woche haben*, être de semaine.
◇ f. pl. **Wochen,** [Wochenbett] couches f. pl.

Wochen... (en compos.) hebdomadaire ; de la semaine.

Wochen|bett ["vɔxən'bɛt] n. (s, en) couches f. pl. | *im Wochenbett liegen*, être en couches. ||°**-blatt** n. (s, ¨er), °**-zeitung** f. (-, en) journal (m.) hebdomadaire ; hebdomadaire m. ||°**-ende** n. (s, n) week-end m. ||°**-endhaus** n. (es, ¨er) résidence (f.) secondaire. ||°**-karte** f. (-, n) carte (f.) (d'abonnement) hebdomadaire. ||**-lang** adv. à longueur de semaines. ||°**-lohn** m. (s, ¨e) salaire (m.) hebdomadaire. ||°**-markt** m. (s, ¨e) marché m. ||°**-schau** f. (-, en). FILM. actualités f. pl. ||°**-tag** m. (s, e) un des sept jours de la semaine. || [Werktag] jour (m.) ouvrable. ||**-tags** adv. les jours ouvrables ; en semaine. ||°**-zeitschrift** f. (-, en) revue (f.) hebdomadaire. ||°**-zinsen** m. pl. *auf Wochenzinsen leihen*, prêter à la petite semaine.

wöchentlich ['vœçəntliç] adj. par semaine ; chaque semaine. | *der Markt findet wöchentlich statt*, le marché se tient chaque semaine. | *dreiwöchentlich*, (qui a lieu) toutes les semaines.

...wochig ['vɔxiç], **...wöchig** ['vœçiç] (en compos.) qui dure... semaines. | *dreiwöchiger Aufenthalt*, séjour de trois semaines.

Wöchnerin ['vœçnərin] f. (-, nen) femme (f.) en couches ; accouchée f.

Wodka ['vɔtka] m. (s, s) vodka f.

Woge ['vo:gə] f. (-, n). [Welle] vague f. ; grosse vague ; lame f. | *wilde Wogen*, mer déchaînée. || FIG. *Wogen der Begeisterung*, (les flots de l')enthousiasme m. | *Öl auf die Wogen gießen*, calmer ; apaiser.

wogen [-gən] v. intr. [Wellen schlagen] rouler des vagues ; ondoyer ; onduler. | *das Meer wogt*, la mer est agitée, houleuse ; la mer déferle. | *das Korn wogt*, les blés ondulent. || FIG. [aufbrausen] entrer en effervescence ; bouillonner.

wohl [vo:l] adv. **1.** [gut] bien ; agréable. | *mir ist wohl*, je me sens bien. | *mir ist jetzt wohler*, je me sens mieux maintenant. | *sich nicht wohl fühlen*, ne pas se sentir à l'aise. | *das tut mir wohl*, cela me fait du bien. | *es sich wohl sein lassen*, prendre ses aises ; se donner du bon temps. | *wohl oder übel*, bon gré mal gré. | *ich weiß das wohl*, je le sais très bien. | *das lasse ich wohl bleiben*, je m'en garderai bien. | *leben Sie wohl !*, adieu ! | *wohl dem, der*, bienheureux celui qui.
2. [vermutlich] sans doute ; peut-être ; probablement. | *das ist wohl möglich*, c'est bien possible.
3. [zwar] certes ; il est vrai ; sans doute ; bien sûr. | *wohl schön gesagt, doch nichts dahinter*, voilà qui est bien dit, mais il n'y a rien derrière. | *ihr könnt wohl lachen*, vous pouvez bien rire !
4. [Ausrufung] eh bien ! ; allons ! ; soit ! | *nun wohl !*, eh bien !
5. [ja] oui ; volontiers. | *jawohl*, oui ; bien sûr. | *sehr wohl*, bien volontiers.

Wohl [vo:l] n. (s) bien m. ; salut m. ; santé f. ; prospérité f. | *das öffentliche Wohl*, le bien public ; le bien commun. | *unser Wohl und Wehe liegt in seinen Händen*, notre sort est remis entre ses mains. | *auf js Wohl trinken*, boire à la santé de qn. | *auf Ihr Wohl ! ; zum Wohl !*, à votre santé !

wohl|an ! [vo:l'an] interj. allons ! ||**-anständig** adj. bienséant ; décent. ||**-auf** adv. *er ist wohlauf*, il se porte bien. | *wohlauf !*, allons ! ||**-bedacht** adj. réfléchi. | *mit Wohlbedacht*, après mûre réflexion. ||°**-befinden** n. (s) bien-être m. ; bonne santé. ||**-begründet** adj. bien fondé. ||°**-begründetheit** f. bien-fondé m. ||°**-behagen** n. (s) bien-être m. ; euphorie f. ||**-behalten** adj. en bon état ; sain et sauf. ||**-beleibt** adj. corpulent. ||°**-beleibtheit** f. corpulence f. ; embonpoint m. ||°**-ergehen** n. (s) prospérité f. ; santé f. ||**-erzogen** adj. bien élevé. ||°**-fahrt** f. prospérité f. ; prévoyance sociale ; salut public. || HIST. *Wohlfahrtsausschuß*, Comité (m.) de salut public. ||°**-fahrts|fürsorge** f., °**-fahrts|pflege** f. assistance publique. | *freie Wohlfahrtspflege*, bienfaisance f. ||°**-fahrts|staat** m. (s, en) État (m.) providence. ||°**-fahrts|verband** m. (s, ¨e) organisation caritative. ||**-feil** adj. bon marché ; à bon compte. ||°**-gefallen** n. (s) plaisir m. ; complaisance f. ; satisfaction f. | *sein Wohlgefallen an etwas finden*, trouver son plaisir à qch. | *sich in Wohlgefallen auflösen*, se terminer à la satisfaction générale. ; FIG. filer à l'anglaise. ||**-gefällig** adj. qui plaît ; qui satisfait. ||°**-gefühl** n. (s) plaisir m. ; joie f. ; sentiment (m.) de bien-être. ||**-gemeint** adj. bien intentionné. ||**-gemerkt** adj. *wohlgemerkt !*, attention ! ||**-gemut** adj. gai, de bonne humeur ; optimiste. ||**-geraten** adj. qui a bien réussi ; bien fait. ||°**-geruch** m. (s, ¨e) odeur (f.) agréable ; parfum m. ||**-gesetzt** adj. *in wohlgesetzten Worten*, en termes choisis. ||**-gesinnt** adj. bien intentionné ; bien pensant. ||**-gestalt(et)** adj. bien fait ; bien proportionné. ||**-habend** adj. qui vit dans l'aisance ; aisé. ||°**-habenheit** f. aisance f. ||°**-klang** m. (s) son harmonieux ; harmonie f. ; euphonie f. ||**-klingend** adj. harmonieux ; mélodieux. ||°**-laut** m. (s). GRAMM. euphonie f. ||°**-leben** n. (s) bonne chère. | *ein Wohlleben führen*, mener joyeuse vie. ||**-meinend** adj. bienveillant ; bien intentionné. ||**-schmeckend** adj.

savoureux. ||°-**sein** n. (s) santé f. ; prospérité f. ; bien-être m. | *zum Wohlsein !*, à votre santé ! ||°-**stand** m. (s) prospérité f. ; aisance f. ; opulence f. ||°-**stands|gesellschaft** f. (-, en) société (f.) d'abondance. ||°-**stands|land** n. (s, ¨er) pays (m.) riche. ||°-**tat** f. (-, en) bienfait m. | *eine Wohltat erweisen*, faire du bien. ||°-**täter** m. (s, -) bienfaiteur m. ||°-**täterin** f. (-, nen) bienfaitrice f. ||-**tätig** adj. bienfaisant ; salutaire ; charitable. ||°-**tätigkeit** f. bienfaisance f. ; charité f. | *Wohltätigkeitsbazar*, vente (f.) de charité. | *Wohltätigkeitskonzert*, concert (m.) de bienfaisance. | *Wohltätigkeitsverein*, société (f.) de bienfaisance. ||-**tuend** adj. bienfaisant ; agréable. ||-**tun** (tat, getan) v. intr. et v. tr. faire du bien ; être bénéfique ; bien faire. ||-**verdient** adj. bien mérité. ||-**weislich** adv. sagement. | *er hat sich wohlweislich davor gehütet*, il s'en est bien gardé. ||-**wollen** v. intr. vouloir du bien. | *jm wohlwollen*, vouloir du bien à qn. ||°-**wollen** n. (s) bienveillance f. ; faveur f. | *jm Wohlwollen erzeigen*, témoigner de la bienveillance à qn. ||-**wollend** part. prés. bienveillant ; favorable. | *wohlwollende Neutralität*, neutralité bienveillante.

wohlig ['vo:liç] adj. qui est à son aise ; satisfait. | *ein wohliges Gefühl*, un sentiment de bien-être. || agréable. | *ein wohliges Heim*, une maison agréable.

Wohn|bau ["vo:n'bau] m. (s, ten) maison (f.) d'habitation. ||°-**bezirk** m. (s, e) quartier m. ; zone (f.) d'habitation. ||°-**block** m. (s, ¨e) grand immeuble d'habitation ||°-**gebäude** n. (s, -) immeuble m. ||°-**haus** n. (es, e) maison (f.) d'habitation ; logement m. ||°-**heim** n. (s, e) foyer m. (d'étudiants, de jeunes filles, etc.). ||°-**küche** f. (-, n) cuisine (f.) faisant salle de séjour. ||°-**kultur** f. (-, en) aménagement (m.) de la maison. ||°-**lage** f. (-, n) site m. | *Haus in günstiger Wohnlage*, maison bien située. ||°-**mobil** n. (s, e) camping-car m. ||°-**ort** m. (s, e) domicile m. ; résidence f. ||°-**raum** m. (s, ¨e) local m. ; pièce (f.) habitable. ||°-**raum|steuer** f. (-, n) taxe (f.) d'habitation. ||°-**sitz** m. (es, e) domicile m. ; résidence f. | *gesetzlicher Wohnsitz*, domicile légal. ||°-**sitzwechsel** m. (s) changement (m.) de résidence. ||°-**stätte** f. (-, n) demeure f. ||°-**steuer** f. (-, n) taxe (f.) d'habitation. ||°-**stube** f. (-, n) salle (f.) de séjour ; living-room m. ||°-**viertel** n. (s, -) quartier résidentiel. ||°-**wagen** m. (s, -) roulotte f. ; voiture-camping f. ; caravane f. ||°-**zimmer** n. (s, -) living-room m. ; salle (f.) de séjour.

wohnbar ['vo:nbɑ:r] adj. habitable.

wohnen ['vo:nən] v. intr. habiter ; résider ; loger ; être logé ; demeurer. | *in der Stadt wohnen*, habiter en ville. | *im Hotel wohnen*, loger à l'hôtel. | *möbliert wohnen*, loger en meublé.

wohnhaft ['vo:nhaft] adj. [ansässig] domicilié ; résidant. | *in Mainz wohnhaft*, résidant à Mayence.

wohnlich ['vo:nliç] adj. agréable à habiter ; confortable.

Wohnung ['vo:nuŋ] f. (-, en) habitation f. ; logement m. ; demeure f. ; logis m. ; appartement m. | *eine Wohnung vermieten*, louer, donner en location un appartement. | *eine Wohnung mieten*, louer, prendre un appartement. | *eine Wohnung abnehmen*, faire l'état des lieux. | *eine Wohnung aufgeben, räumen*, quitter un appartement ; déménager. | *eine Wohnung beziehen*, emménager.

Wohnungs|amt ["vo:nuŋs'amt] n. (s, ¨er) office (m.) du logement. ||°-**beschaffung** f. recherche (f.) de logement (pour qn) ; facilités (f. pl.) de logement. ||°-**geldzulage** f. (-, n), °-**geldzuschuß** m. (es, ¨e) allocation-logement (f.) ||°-**inhaber** m. (s, -) propriétaire (m.) d'appartement. ||-**los** adj. sans demeure ; sans domicile. ||°-**mangel** m. (s), °-**not** f. crise (f.) du logement. ||°-**nachweis** m. (es, e) bureau (m.) du logement ||°-**tausch** m. (s, e) échange (m.) d'appartements. ||°-**wechsel** m. (s) changement (m.) de résidence.

wölben ['vølbən] v. tr. et v. pr. voûter ; cintrer. | *sich wölben*, former une voûte ; s'arrondir. | *gewölbte Straße*, route bombée, TECHN. convexe.

Wölbung ['vølbuŋ] f. (-, en) arrondi m. ; bombement m. ; voûte f. ; cintre m. ; convexité f. || [Straße] profil m.

Wolf [vɔlf] m. (s, ¨e) loup m. | *der Wolf im Schafspelz*, le loup devenu berger. || PROV. *die Wölfe fressen einander nicht auf*, les loups ne se mangent pas entre eux. || [Hautentzündung] écorchure f. ; excoriation f. | *sich einen Wolf laufen*, s'écorcher en marchant. || TECHN. [Fleischergerät] hachoir m.

Wölfin ['vølfin] f. (-, nen) louve f.

wölfisch [-fiʃ] adj. à la manière d'un loup.

Wölflein ['vølflain] n. (s, -) louveteau m.

Wolfram ['vɔlfram] n. (s). MÉTALL. tungstène m. | *Wolframerze*, tungstides m. pl.

Wolfs|angel ["vɔlfs'aŋəl] f. (-, n), °-**eisen** [-'aizən] n. (s, -) piège (m.) à loup. ||°-**falle** f. (-, n), °-**grube** f. [Jagd] louvière f., piège (m.) à loup. || MIL. saut-de-loup m. ||°-**hund** m. (s, e) chien-loup m. ||°-**hunger** m. (s) faim (f.) de loup. ||°-**milch** f. BOT. euphorbe m. ||°-**rachen** m. (s, -). MÉD. gueule-de-loup f.

Wolga ['vɔlga] n. pr. f. GÉOGR. Volga f.

Wolhynien [vo'ly:niən] n. pr. n. Volhynie f.

wolhynisch [-niʃ] adj. volhynien. || MÉD. *wolhynisches Fieber*, fièvre (f.) des marais.

Wölkchen ['vølkçən] n. (s, -) petit nuage. | *weiße Wölkchen ; Schäfchenwölkchen*, moutons m. pl. ; cirrus m.

Wolke ['vɔlkə] f. (-, n) nuage m. ; nuée f. | *Wolken türmen sich, ballen sich*, des nuages s'amassent. | *Wolken ziehen, jagen (am Himmel)*, les nuages passent (dans le ciel). | *Staubwolken*, des nuées de poussière. || FIG., FAM. *er schwebt in den Wolken*, il est dans les nuages. | *aus allen Wolken fallen*, tomber des nues, ne pas en revenir. || FIG. [drohende Gefahr] nuages m. pl. ; menaces f. pl. ; horizon (m.) sombre. || [Flüssigkeiten] flocons m. pl.

wölken ['vølkən] v. intr. et v. pr. former des flocons (liquide). | *sich wölken*, se couvrir (ciel).

Wolken|bruch ["vɔlkən'brux] m. (s, ¨e) averse f. ; pluie torrentielle. ||°-**kratzer** m. (s, -). ARCHIT. gratte-ciel m. ||°-**kuckucksheim** n. (s). FIG. pays (m.) des nuages ; châteaux (m. pl.) en Espagne. ||-**los** adj. sans nuages ; dégagé ; pur ; serein. || FIG. *wolkenlose Kindheit*, enfance heureuse. ||°-**wand** f. (-, ¨e) barre (f.) de nuages.

wolkig ['vɔlkiç] adj. nuageux ; couvert. || [Stoff] vaporeux.

woll|artig ["vɔl'ɑ:rtiç] adj. laineux. ||°-**fett** n. (s, e) suint m. ||°-**garn** n. (s, e) fil (m.), filé (m.) de laine. ||°-**gras** n. (es). BOT. linaigrette f. ; ériphore m. ||°-**händler** m. (s, -) lainier m. ||°-**industrie** f. industrie lainière. ||°-**kamm** m. (s, ¨e) carde f. ||°-**kämmer** m. (s, -) cardeur m. ||°-**knäuel** m. (s, -) pelote (f.) de laine. ||°-**maus** f. (-, ¨e). ZOOL. chinchilla m. || [Staubflocke] mouton m. ||°-**pullover** m. (s, -) pull-over (m.) de laine. ||°-**schur** f. (-, n) tonte f. (des moutons). ||°-**stoff** m. (s) lainage m. ||°-**waren** f. pl. articles (m. pl.) de laine ; lainages m. pl. ||°-**wäsche** f. lavage (m.) des toisons. ||°-**zeug** n. (s) lainage m. ; tissu (m.) de laine.

Wolle ['vɔlə] f. (-, n) laine f. ; lainage m. ; tissu (m.) de laine. | *reine Wolle*, pure laine. || TECHN. *in der Wolle gefärbt*, grand teint. || ZOOL. toison f. ; poils m. pl. (de lièvre, etc.). || FIG. *in der Wolle sitzen*, être comme un coq en pâte. | *mit jm in die Wolle geraten*, avoir une prise de bec avec qn.

wollen [-lən] adj. laineux ; en laine ; de laine.

wollen ['vɔlən] (will, wollte, gewollt) v. tr., v. intr. et auxiliaire de mode. **1.** [den Willen, die Absicht, den Plan haben] vouloir ; avoir la volonté ; avoir l'intention. | *wo willst du hin(gehen) ?*, où veux-tu aller ?, | *von etwas nichts hören wollen*, ne pas vouloir entendre parler de qch. | *dagegen ist nichts zu wollen*, il n'y a rien à faire. | *meine Kräfte wollen nicht mehr*, mes forces m'abandonnent. | *so Gott will !*, si Dieu le veut. || PAR EXT. *das will mir nicht gefallen*, je vois cela d'un mauvais œil. | *aus der Sache will nichts werden*, il n'en sort rien.
2. [wünschen] vouloir ; désirer ; chercher à. | *wie du willst*, c'est comme tu veux. | *was wollen Sie von mir ?*, qu'attendez-vous de moi ? | *jm übel wollen*, en vouloir à qn. | *jm zu Leibe wollen*, en vouloir à la vie de qn. | *hoch hinaus wollen*, avoir des ambitions.
3. [verlangen ; fordern] exiger ; réclamer. | *das will mit Vorsicht getan sein*, cela demande à être fait avec prudence. | *das will überlegt sein*, cela demande réflexion.
4. auxiliaire du futur proche, de l'impératif et du conditionnel. | *morgen wollen wir abreisen*, nous partirons demain. | *ich wollte, es wäre schon Sonntag*, je voudrais que ce soit, que ce fût déjà dimanche.
5. [mögen (Abschwächung)] *es will mir scheinen*, j'ai l'impression, je suis tenté de croire. | *was will das bedeuten, heißen ?*, qu'est-ce que cela peut bien vouloir dire ? | *das will ich mal sehen !*, je voudrais bien voir ! | *das will ich hoffen !*, j'espère bien !
6. [behaupten] prétendre. | *er will ein Künstler sein*, il prétend être un artiste. | *nichts gehört, gesehen haben wollen*, prétendre n'avoir rien entendu, rien vu.

Wollen ['vɔlən] n. (s) vouloir m. ; volonté f. || PHILOS. volition f.

wollig ['vɔliç] adj. en laine ; laineux ; cotonneux ; en peluche. || ANAT. crépu ; laineux. || ZOOL., BOT. lanifère ; velu.

Wollust ['vɔllust] f. (-, ¨e). [Genuß] plaisir m. (des sens) ; volupté f. ; luxure f. || [Entzückung] plaisir m. ; ravissement m. ; délices f. pl.

wollüstig [-lystiç] adj. voluptueux ; sensuel ; luxurieux.

Wombat ['vɔmbat] m. (s, s). ZOOL. wombat m.

Wonne ['vɔnə] f. (-, n) délice m. ; joie f. ; bonheur m. ; ravissement m. ; ivresse f. (de la joie, du plaisir).

Wonne|gefühl ["vɔnəgə'fy:l] n. (s) [sentiment de] ravissement m. ||°**-monat** m. (s, e) mai m. ||°**-schauer** m. (s, -) doux frisson. ||**-voll** adj. délicieux. | *ein wonnevoller Augenblick*, un instant de félicité.

wonnig(lich) ['vɔniç(liç)] adj. délicieux ; exquis.

Wort [vɔrt] n. (s, ¨er et e).

I. [einzelner Bedeutungsträger] (pl. Wörter) mot m. ; vocable m. ; terme m.
II. [Ausdruck von Gedanken] (pl. Worte) parole(s) f. (pl.) ; mot(s) m. (pl.) ; propos m. pl.
III. Loc.
IV. Loc. avec prép.
V. [Versprechung] parole donnée.
VI. [Spruch] mot m. ; dicton m. ; sentence f.
VII. [Text].

I. [einzelner Bedeutungsträger] (pl. Wörter) mot m. ; vocable m. ; terme m. | *neues Wort*, néologisme m. | *veraltetes Wort*, archaïsme m. | *zusammengesetztes Wort*, mot composé. | *in des Wortes wahrster Bedeutung*, au sens plein du mot. | *Wörter im Lexikon nachschlagen*, chercher des mots dans le dictionnaire.
II. [Ausdruck von Gedanken] (pl. Worte) parole f. ; mot m. ; mots pl. ; paroles pl. ; propos m. pl. | *das passende Wort*, le mot juste. | *ein offenes Wort*, des propos francs ; un langage direct. | *abgerissene Worte*, des propos décousus. | *große Worte*, de grands mots. | *leere Worte !*, des mots !, rien que des mots ! | *genug der Worte !*, assez discuté ! | *das letzte Wort*, le fin mot. || RELIG. *das Wort Gottes*, la parole de Dieu.
III. LOC. *das Wort ergreifen*, prendre la parole. | *das Wort haben*, avoir la parole. | *ein paar Worte sprechen*, prononcer quelques mots. | *das Wort führen*, porter la parole. | *das große Wort führen*, avoir le verbe haut. | *ein Wort über etwas fallen lassen*, toucher un mot de qch. | *das letzte Wort haben*, avoir le dernier mot ; avoir raison. | *ein Wort einwerfen*, intervenir ; lancer un mot dans la conversation. | *jm das Wort entziehen*, retirer la parole à qn. | *jm das Wort abschneiden*, couper la parole à qn. | *jm das Wort im Munde umdrehen*, déformer les paroles de qn. | *er hat mir das Wort aus dem Munde genommen*, c'est ce que j'allais dire. | *ein deutliches Wort sprechen*, parler net. | *ein Wörtchen mit jm sprechen*, s'expliquer avec qn ; dire deux mots à qn. | *jm gute Worte geben*, supplier qn ; donner de bonnes paroles à qn. | *ein gutes Wort für jn einlegen*, intervenir en faveur de qn. | *einer Sache das Wort reden*, défendre une cause. | *das Wort ist mir entschlüpft*, le mot m'a échappé. | *jedes Wort auf die Goldwaage legen*, tourner sept fois sa langue dans sa bouche. | *die Worte abwägen*, peser ses mots. | *das Wort liegt mir auf der Zunge*, j'ai le mot sur le bout de la langue. | *ein Wort gibt das andere*, un mot entraîne l'autre ; le ton monte. | *Worte machen*, faire des phrases. | *kein Wort über etwas verlieren*, ne pas perdre son temps à discuter au sujet de qch. | *kein Wort von etwas verstehen*, n'y comprendre goutte. | *nicht viele Worte machen*, être bref ; ne pas faire de grands discours. | *nicht das leiseste Wort fallen lassen*, ne pas souffler mot. | *in dem Getöse hört man sein eigenes Wort nicht mehr*, dans ce vacarme on ne s'entend plus.
IV. LOC. avec prép. *auf ein Wort !*, j'aurais un mot à vous dire ! | *auf js Wort hören, etwas geben*, tenir compte des paroles de qn ; faire grand cas des paroles de qn. | *aufs Wort hören*, obéir à la lettre. | *bei diesen Worten*, à ces mots. | *Wort für Wort*, mot pour mot ; mot à mot. | *in gewählten Worten*, en termes choisis. | *jm ins Wort fallen, ins Wort fahren*, interrompre qn ; couper la parole à qn. | *in Wort und Schrift*, par la parole et par la plume. | *mit einem Wort*, en un mot ; bref. | *mit anderen Worten*, en d'autres termes. | *jn mit leeren Worten abspeisen*, payer qn de mots. | *es war mit keinem Wort davon die Rede*, il n'en a absolument pas été question. | *mit Worten spielen*, jouer sur les mots. | *ohne ein Wort zu sagen*, sans dire mot. | *ums Wort bitten ; sich zu Wort melden*, demander la parole. | *nicht zu Worte kommen können*, ne pas arriver à placer un mot.
V. [Versprechung] parole (donnée) ; parole (f.) d'honneur. | *sein Wort halten, einlösen ; zu seinem Wort stehen*, tenir parole. | *jm sein Wort geben*, donner sa parole à qn. | *js Wort haben*, avoir la parole de qn. | *jn beim Wort ergreifen, nehmen*, prendre qn au mot. | *auf mein Wort !*, ma parole ! ; parole d'honneur ! | *auf sein Wort hin*, sur la foi de sa parole. | *jm aufs Wort glauben*, croire qn sur parole. | *ein Mann von Wort*, un homme de parole ; un homme d'honneur. | *sein Wort brechen*, manquer à sa parole. | *sein Wort zurücknehmen, zurückziehen*, retirer sa parole ; revenir sur ses engagements ; se dédire.

VI. [Spruch] mot m. ; dicton m. ; sentence f. ; proverbe m. ; adage m. | *geflügelte Worte*, locutions, citations courantes.

VII. [Text] *in Wort und Bild*, avec texte et illustrations. | *die Worte zu einer Musik*, les paroles (f. pl.) d'un air, d'une mélodie. || COMM. *hundert Mark in Worten*, cent marks en toutes lettres.

Wort|ableitung ["vɔrt'aplaituŋ] f. (-, en) dérivation (f.) de mots ; étymologie f. ||°**-art** f. (-, en). GRAMM. partie (f.) du discours ; classe (f.) de mots. ||°**-aufwand** m. (s) *mit großem Wortaufwand*, à grand renfort de mots. ||°**-bedeutungslehre** f. sémantique f. ||°**-bildungslehre** f. morphologie f. ||°**-bruch** m. (s, ¨e) parjure m. ; manquement (m.) à la parole donnée. ||**-brüchig** adj. parjure ; qui manque à sa parole. ||°**-feld** n. (s, er) champ (m.) sémantique. ||°**-führer** m. (s, -) porte-parole m. ; chef (m.) d'une délégation. || FIG. organe m. ||°**-fülle** f. abondance (f.) de paroles ; verbosité f. ||°**-gefecht** n. (s, e) joute (f.) oratoire. ||°**-geklingel** n. (s) verbiage m. ; grands mots. ||**-getreu** adj. littéral. | *wortgetreue Wiedergabe*, reproduction littérale, fidèle. ||**-gläubig** adj. qui croit sur parole. ||**-karg** adj. laconique ; taciturne. ||°**-klauber** m. (s, -) ergoteur m. ; pédant m. ||°**-laut** m. (s) texte m. ; contenu m. ; teneur f. (d'un texte). | *der Wortlaut des Urteils*, le libellé (m.) du jugement. ||°**-lehre** f. lexicologie f. ||**-los** adj. muet ; interloqué. — adv. sans mot dire. ||°**-prägung** f. création de mots nouveaux. ||°**-rätsel** n. (s, -) logogriphe m. ||°**-register** n. (s, -) index m. ; nomenclature f. ||**-reich** adj. verbeux ; redondant. ||°**-schatz** m. (es, ¨e) vocabulaire m. ||°**-schöpfung** f. (-, en) néologisme m. ||°**-schwall** m. (s) verbosité f. ; flot (m.) de paroles. ||°**-sinn** m. (s) sens littéral. ||°**-spiel** n. (s, e) jeu (m.) de mots ; calembour m. ||°**-stamm** m. (s, ¨e) radical m. ||°**-streit** m. (s, e) querelle (f.) de mots ; discussion f. ||°**-verdrehung** f. (-, en) déformation (f.) des propos (de qn). ||°**-verwechs(e)lung** f. (-, en) métonymie f. ; quiproquo m. ||°**-wahl** f. choix des mots. ||°**-wechsel** m. (s, -) échange (m.) de propos ; altercation f. ||**-wörtlich** adv. mot pour mot.

Wörtchen ['vørtçən] n. (s, -) petit mot. | *mit jm ein Wörtchen zu reden haben*, dire deux mots à qn. | *ein Wörtchen mitzureden haben*, avoir son mot à dire, avoir voix au chapitre.

Wörter|buch ["vørtər'bu:x] n. (s, ¨er) dictionnaire m. ; lexique m. ; glossaire m. ||°**-verzeichnis** (ses, se) index m. ; nomenclature f.

Wörtlein ['vørtlain] n. (s, -) petit mot.

wörtlich [-liç] adj. et adv. textuel ; littéral ; au pied de la lettre ; en toutes lettres. | *wörtlich abschreiben*, recopier mot à mot. | *wörtliche Übersetzung*, traduction littérale. | *er nimmt das wörtlich*, il prend cela au pied de la lettre.

Wotan ['vo:tan] n. pr. m. MYTH. Wotan m. ; Odin m.

Wrack [vrak] n. (s, e). MAR. [Wrackgut] épave f. || AUTOM. carcasse f.

wringen ['vriŋən] (a, u) v. tr. tordre ; essorer. | *die Wäsche wringen*, essorer le linge.

Wucher ['vuxər] m. (s) usure f. ; taux (m.) usuraire. | *Wucherpreis*, prix exorbitant. | *Wucher treiben*, se livrer à l'usure.

Wucher|blume ["vu:xər'blu:mə] f. (-, n) chrysanthème m. ; marguerite f. ||°**-darlehen** n. (s) prêt (m.) usuraire. ||°**-sätze** m. pl. taux (m.) usuraire. ||°**-zins** (es, en ou e) intérêts usuraires m. pl.

Wucherer ['vu:xərər] m. (s, -) usurier m.

wuchern [-xərn] v. intr. [Wucher treiben] faire l'usure ; se livrer à l'usure. | *mit Geld wuchern*, se livrer à l'agiotage ; pratiquer l'usure avec son argent. || [Ertrag bringen] rapporter, donner des intérêts ; être de bon rapport. || [üppig wachsen] foisonner ; proliférer ; se répandre ; se propager. | *wucherndes Unkraut*, un fouillis de mauvaises herbes. || MÉD. former des excroissances, des végétations, des tumeurs.

Wuchern [-xərn] n. (s) pratique (f.) de l'usure. || foisonnement m. ; prolifération f.

wuchernd [-xərnt] adj. luxuriant.

Wucherung ['vu:kəruŋ] f. (-, en). MÉD. végétations f. pl.

Wuchs [vuks] m. (es, ¨e). [Wachstum] croissance f. ; accroissement m. ; développement m. || [Gestalt] taille f. | *von hohem Wuchs*, de haute taille. || [Wald] recrû m. ; bois (m.) taillis.

Wucht [vuxt] f. masse f. ; poids m. ; force f. ; pression f. | *mit voller Wucht*, de tout son poids ; de toute sa force. || PHYS. énergie (f.) cinétique.

wuchten ['vuxtən] v. tr. soulever avec peine ; arracher (du sol).
◇ v. intr. faire poids ; peser de tout son poids.

wuchtig [-tiç] adj. massif ; pesant ; violent ; imposant. | *mit wuchtigen Pinselstrichen*, à grands coups de pinceau.

Wühl|arbeit ["vy:l'arbait] f. (-, en). FIG. agitation (f.) politique. ||°**-maus** f. (-, ¨e). ZOOL. rat fouisseur ; campagnol m.

wühlen ['vy:lən] v. intr. (parfois v. pr. ou v. tr.).
1. [in etwas graben] creuser (dans le sol) ; fouiller (la terre) ; miner. | *in der Erde wühlen*, fouiller la terre. | *sich in die Erde wühlen*, s'enfouir dans le sol. || FIG. *ein wühlender Schmerz*, une douleur déchirante.
2. [in etwas Unordnung bringen] retourner ; mettre sens dessus dessous ; bouleverser.
3. [aufwiegeln] exciter les esprits ; faire de l'agitation subversive. | *gegen die Regierung wühlen*, monter les esprits contre le gouvernement.

Wühler [-lər] m. (s, -) agitateur (m.) politique. || ZOOL. fouisseur m.

Wulst [vulst] m. (es, ¨e) ou f. (-, ¨e) renflement m. ; bourrelet m. ; boursouflure f. || ARCHIT. échine f. ; ove f. ; tore m. || TECHN. boudin m. ; coussinet m.

wulsten ['vulstən] v. intr. être bouffant ; former un bourrelet ; boudiner.

wulstig [-tiç] adj. bouffant ; renflé ; boursouflé. | *wulstige Lippen*, lèvres épaisses ; bouche lippue.

wummern v. intr. frapper des coups sourds.

wund [vunt] adj. blessé ; écorché. | *(sich) wund reiben*, (s')écorcher. | *sich die Füße wund laufen*, s'écorcher les pieds en marchant. | *ein Tier wund schießen*, blesser une bête. | *eine wunde Stelle*, une blessure ; une écorchure. || FIG. *der wunde Punkt*, le point sensible.

Wund|arzt ["vunt'artst] m. (es, ¨e). [Vx.] chirurgien m. ||°**-brand** m. (s, ¨e). MÉD. gangrène f. ||°**-fieber** n. (s) fièvre (f.) traumatique. ||**-gelaufen** adj. éclopé. ||°**-liegen** n. (s). MÉD. escarres f. pl. ||°**-mal** n. (s, e) cicatrice f. | *die Wundmale Christi*, les stigmates m. pl. ||°**-naht** f. (-, ¨e) suture f. ||°**-pflaster** n. (s). MÉD. taffetas anglais. ||°**-rand** m. (s, ¨er). MÉD. lèvre (f.) d'une plaie. ||°**-rose** f. MÉD. roséole f. ; érysipèle m.

Wunde ['vundə] f. (-, n) plaie f. ; blessure f. ; meurtrissure f. | *eine schwere Wunde*, une blessure grave. | *jm Wunden schlagen*, infliger des blessures à qn. | *die*

Wunde heilt, vernarbt, la blessure se cicatrise, se ferme. | *eine Wunde behandeln*, soigner une plaie. | *an seinen Wunden sterben* ; *seinen Wunden erliegen*, succomber à ses blessures.

Wunder ['vundər] n. (s, -). **1.** [übernatürliches Geschehen] miracle m. ; prodige m. ; phénomène m. | *Wunder tun, wirken*, faire merveille. | *kein Wunder daß*, il ne faut pas s'étonner que.
2. [Bewundernswertes ; Staunenswertes] merveille f. | *Wunder der Natur*, merveille de la nature. | *ein Wunder an Schönheit*, une beauté extraordinaire. | *das ist ein wahres Wunder*, c'est une merveille ! | *du wirst dein blaues Wunder erleben*, tu vas en voir de belles ; tu n'en croiras pas tes yeux.
3. (employé adverbialement) *wunder (was) denken, glauben, meinen*, s'imaginer des choses extraordinaires. | *er glaubt, wunder was getan zu haben*, il s'imagine avoir fait quelque chose d'extraordinaire. | *es nimmt nicht wunder, daß*, ce n'est pas étonnant que.

Wunder|blume ["vundər'blu:mə] f. (-, n). Bot. belle-de-nuit f. ||°**-ding** n. (s, e) chose (f.) extraordinaire. | *Wunderdinge berichten*, raconter des histoires extraordinaires. ||°**-doktor** m. (s, en). Péjor. guérisseur m. ; charlatan m. ||°**-glaube** m. (ns) croyance (f.) aux miracles, au surnaturel. ||**-gläubig** adj. qui croit au miracle, au surnaturel ||°**-horn** n. (s, ¨er). Poét. cor enchanté. ||**-hübsch** adj. ravissant ; merveilleusement joli. ||°**-kind** n. (s, er) enfant (m.) prodige. ||°**-lampe** f. (-, n) lanterne (f.) magique. ||°**-land** n. (s, ¨er) pays (m.) des merveilles. ||°**-mittel** n. (s, -) panacée f. ; remède miraculeux ; orviétan m. ||**-nehmen** (i, a, o) v. tr. étonner. ||**-schön** adj. d'une beauté merveilleuse ; merveilleux ; admirable. ||°**-tat** f. (-, en) miracle m. ; exploit prodigieux. ||**-tätig** adj. qui opère des miracles. ||**-voll** adj. merveilleux ; prodigieux. ||°**-werk** n. (s, e) merveille f. ; miracle m. ; prodige m.

wunderbar ['vundərba:r] adj. miraculeux ; prodigieux ; splendide ; magnifique.
◇ **das Wunderbare,** le merveilleux.

wunderlich [-liç] adj. [merkwürdig] étonnant ; étrange ; bizarre. | *eine wunderliche Geschichte*, une histoire étrange. || [launisch] qui a des sautes d'humeur ; drôle. | *ein wunderlicher Kauz*, un drôle de bonhomme ; un drôle de corps.

Wunderlichkeit [-liçkait] f. (-, en) étrangeté f. ; bizarrerie f.

wundern ['vundərn] v. tr. étonner ; surprendre. | *das wundert mich gar nicht*, cela ne m'étonne pas le moins du monde. | *das sollte mich wundern*, cela m'étonnerait. | *lassen Sie sich das nicht wundern*, ne vous en étonnez pas.
◇ v. pr. **sich wundern,** s'étonner. | *sich über etwas wundern*, s'étonner de qch ; être surpris de qch. | *ich kann mich nicht genug darüber wundern*, je n'en reviens pas.

wundersam [-dərza:m] adj. étrange ; étonnant ; curieux ; surprenant.

Wunsch [vunʃ] m. (es, ¨e) désir m. ; souhait m. ; vœu m. | *mein sehnlichster, innigster Wunsch*, mon désir le plus ardent. | *...den Wunsch haben, hegen*, éprouver le désir de... | *einen Wunsch äußern*, formuler un vœu. | *einen Wunsch erfüllen, erhören*, exaucer un souhait. | *alles geht nach Wunsch*, tout marche à souhait. | *auf Wunsch*, à la demande. | *sich nach js Wünschen richten*, se conformer aux désirs de qn. || [für Glückwunsch] *beste Wünsche*, meilleurs vœux.

Wunsch|bild ["vunʃ'bilt] n. (s, er) idéal m. ||°**-form** f. (-, en). Gramm. optatif m. ||**-gemäß** adv. selon votre désir. ||°**-kind** n. (s, er) enfant désiré. ||°**-konzert** n. (s, e). Radio. concert (m.) à la demande des auditeurs. ||°**-traum** m. (s, ¨e) beau rêve ; chimère f.

wünschbar ['vynʃba:r] adj. souhaitable ; désirable.

Wünschel|rute ["vynʃəl'ru:tə] f. (-, n) baguette (f.) de sourcier. | *mit der Wünschelrute gehen*, chercher une source.

wünschen ['vynʃən] v. tr. désirer ; souhaiter. | *jm alles Gute wünschen*, former des vœux pour la prospérité de qn. | *jm Glück wünschen*, former des vœux pour le bonheur de qn. | *sich etwas wünschen*, désirer avoir, posséder qch. | *es wäre zu wünschen, daß*, il serait souhaitable que. | *das läßt zu wünschen übrig*, cela laisse à désirer.

wünschens|wert ["vynʃəns've:rt], **-würdig** [-'vyrdiç] adj. souhaitable ; désirable.

wupp ! [vup], **wuppdich** ['vupdiç] interj. vlan ! ; hop !

Würde ['vyrdə] f. (-, n). **1.** dignité f. ; noblesse f. ; majesté f. | *die Würde des Menschen*, la dignité de l'homme. | *etwas mit Würde tragen*, subir qch. avec dignité. | *Würde bewahren*, garder sa dignité. | *etwas unter seiner Würde halten*, considérer qch. comme indigne de soi.
2. [Rangstufe] dignité f. ; rang m. ; honneurs m. pl. ; charge f. | *die Würde eines Hofrats*, la dignité de conseiller aulique. | *jn mit einer Würde bekleiden*, conférer une dignité à qn ; revêtir qn d'une dignité. | *in Amt und Würden stehen*, occuper de hautes fonctions.

würde|los ["vyrdə'lo:s] adj. sans dignité ; dépourvu de dignité. ||**-voll** adj. et adv. plein de dignité ; majestueux ; noble.

Würden|träger ["vyrdən'trɛ:gər] m. (s, -) dignitaire m. | *geistlicher Würdenträger*, dignitaire ecclésiastique.

würdig ['vyrdiç] adj. digne ; grave ; vénérable ; respectable. | *eine würdige Antwort*, une réponse digne. | *des Lobes würdig*, digne de louanges.

würdigen [-digən] v. tr. estimer ; apprécier ; reconnaître à sa juste valeur ; honorer ; estimer digne de. | *js Verdienste würdigen*, reconnaître les mérites de qn. | *jn keines Wortes würdigen*, ne pas daigner adresser la parole à qn.

Würdigkeit [-diçkait] f. (-, en) dignité f. ; noblesse f. ; mérite m. | *nach Verdienst und Würdigkeit*, selon les mérites.

Würdigung [-diguŋ] f. (-, en) appréciation f. ; estimation f. ; estime f.

Wurf [vurf] m. (s, ¨e). **1.** jet m. ; lancement m. ; projection f. || Sport. *Speerwurf*, lancer (m.) du javelot. | *zum Wurf ausholen*, prendre son élan pour le lancer. | *im Wurf auffangen*, saisir au vol. || *Wurfbude*, jeu (m.) de massacre.
2. [Glücksspiel] Pr. et fig. coup m. | *einen großen Wurf tun*, réussir un coup de maître. | *alles auf einen Wurf setzen*, tout miser sur un coup ; fam. mettre tous ses œufs dans le même panier.
3. [Kunst ; Dichtung] élan m. ; ampleur f. (de la conception). | *auf den ersten Wurf*, de premier jet. | *das Werk hat einen großen Wurf*, l'œuvre a de l'élan, de la force. | *Faltenwurf*, drapé m. (mouvement des plis).
4. Zool. mise (f.) bas ; portée f. | *ein Wurf Kätzchen*, une portée de chatons.

Wurf|bahn ['vurfba:n] f. (-, en) trajectoire f. ||°**-beil** n. (s, e) hache (f.) de guerre ; tomahawk m. ||°**-geschoß** n. (es, se) projectile m. ||°**-hammer** m. (s, ¨). Sport. marteau m. ||°**-kreis** m. (es, e). Sport.

cercle m. (pour les lancers). ||°-**leine** f. (-, n) lasso m. ||°-**scheibe** f. (-, n). SPORT. disque m. ||°-**sendung** f. (-, en) envoi postal collectif. ||°-**speer** m. (s, e), °-**spieß** m. (es, e) javelot m. ||°-**spiel** n. (s, e) jeu (m.) de massacre. ||°-**taube** f. (-, n). SPORT. pigeon m. (pour le tir aux pigeons). ||°-**weite** f. (-, n). MIL. portée (f.) de tir. || distance (f.) d'un jet de pierre.

Würfel ['vyrfəl] m. (s, -) dé m. ; cube m. | *in Würfel schneiden*, couper en dés. | *Würfelspiel*, jeu (m.) de dés. | *falsche Würfel*, dés pipés. || FIG. *die Würfel sind gefallen*, les dés sont jetés ; le sort en est jeté. || MATH. cube m. ; hexaèdre m.

Würfel|becher ["vyrfəl'bɛçər] m. (s, -) cornet (m.) à dés. ||°-**brett** n. (s, er) damier m. ; échiquier m. ||-**förmig** adj. cubique. ||°-**muster** n. (s, -) dessin (m.) en damier, à carreaux. ||°-**spiel** n. (s, e) jeu (m.) de dés. ||°-**zahl** f. (-, en). MATH. cube (m.) d'un nombre. ||°-**zucker** m. (s) sucre (m.) en morceaux.

würf(e)lig ['vyrf(ə)liç] adj. cubique ; en forme de cube ; à carreaux ; en damier ; quadrillé.

würfeln ['vyrfəln] v. intr. jouer aux dés. | *um Geld würfeln*, jouer aux dés pour de l'argent. | *sechs Augen würfeln*, jouer le six.
◇ v. tr. disposer en carreaux ; couper en petits cubes. | *ein gewürfelter Stoff*, une étoffe à carreaux.

Würge ['vyrgə] f. (-, n). MAR. cabestan m.

Würg|engel ["vyrk'ɛŋəl] m. (s, -). [Bibel] ange exterminateur.

würgen ['vyrgən] v. intr., v. tr. et v. pr. [mühsam schlucken] s'étouffer en avalant. | *an seiner Suppe würgen*, avoir du mal à manger sa soupe. || [ersticken] étrangler ; serrer à la gorge. | *jn am Halse würgen*, saisir, prendre qn à la gorge.

Würger [-gər] m. (s, -) étrangleur m. ; assassin m. || ZOOL. pie-grièche f.

Würgerei [vyrgə'rai] f. (-, en) massacre m. ; carnage m.

Wurm [vurm] m. (s, ¨er) ver m. | *der Wurm windet sich, krümmt sich*, le ver se tord. | *der Wurm sitzt im Holz*, le bois est vermoulu. || PAR EXT. (souvent Vx.) serpent m. ; [Lindwurm] dragon m. | *jm die Würmer aus der Nase ziehen*, tirer les vers du nez à qn. | *das arme Wurm*, le pauvre petit (bébé). || MÉD. [Fingerwurm] panaris m. ; dartre rongeante ; farcin m. (des chevaux).

Wurm|arznei ["vurmarts'nai] f. (-, en) vermifuge m. ||-**förmig** adj. vermiculaire. ||°-**fortsatz** m. (es, ¨e). [Blinddarm] appendice m. ||°-**haken** m. (s, -) hameçon m. ||°-**mehl** n. (s) vermoulure f. ||°-**mittel** n. (s, -) vermifuge m. ||-**stichig** adj. vermoulu ; véreux.

Würmchen ['vyrmçən] n. (s, -) vermisseau m. | *das arme Würmchen*, le pauvre petit (enfant).

wurmen ['vurmən] v. intr. et v. tr. se piquer ; être attaqué par les vers. || FIG., FAM. *das wurmt ihn*, cela le tarabuste.

wurmig [-miç] adj. rongé, piqué des vers ; véreux.

Wurst [vurst] f. (-, ¨e) saucisse f. ; saucisson m. | *Bratwurst*, saucisse grillée. || FIG., FAM. *das ist mir Wurst*, ça m'est égal ; je m'en fiche. | *er will immer eine Extrawurst haben*, il lui faut toujours autre chose qu'aux autres. | *mit der Wurst nach der Speckseite werfen*, donner un œuf pour avoir un bœuf.

Wurst|blatt ["vurst'blat] n. (s, ¨er). FIG., IRON. [Käseblatt] feuille (f.) de chou. ||°-**brot** n. (s, e) sandwich m. ||°-**laden** m. (s, ¨) charcuterie f. ||°-**waren** f. pl. charcuterie f.

Würstchen ['vyrstçən] n. (s, -) saucisse f. | *Frankfurter Würstchen*, saucisse de Francfort.

wursteln ['vurstəln] v. intr. FAM. bricoler.
◇ v. tr. FAM. bâcler ; bousiller.

Württemberg ['vyrtɛmbɛrk] n. pr. n. GÉOGR. Wurtemberg m.

Würz|fleisch ['vyrtsflaiʃ] n. (es, e) ragoût m. ||°-**stoff** m. (s, e) condiment m.

Würze ['vyrtsə] f. (-, n) assaisonnement m. ; épice f. ; condiment m. ; arome m. ; saveur f. ; goût m. | *Würze haben*, être bien assaisonné ; avoir du goût, de la saveur. || FIG. goût m. ; saveur f. ; sel m. ; piquant m.

Wurzel ['vurtsəl] f. (-, n). BOT. racine f. | *Wurzel fassen, treiben, schlagen*, donner des racines ; FIG. prendre racine ; s'enraciner. || [Ursprung] racine f. ; origine f. ; source f. ; cause f. || FIG. *das Übel an der Wurzel fassen*, prendre le mal à la racine. | *mit der Wurzel ausrotten, ausreißen*, extirper. || MATH. racine (f.) d'un nombre. | *die zweite Wurzel*, la racine carrée. | *die Wurzel aus einer Zahl ziehen*, extraire la racine d'un nombre. || GRAMM. racine (f.) d'un mot ; radical m.

wurzel|artig ["vurtsəl'ɑ:rtiç] adj. radiciforme. ||°-**auge** n. (s, n). BOT. turion m. ||°-**bildung** f. (-, en) BOT. radication f. ||°-**bürste** f. (-, en) brosse (f.) de chiendent. ||-**echt** adj. BOT. franc de pied. ||°-**exponent** m. (s, e). MATH. exposant m. ||°-**faser** f. (-, n), °-**fäserchen** n. (s, -), °-**haar** n. (s, e). BOT. radicule f. ; fibrille f. ||-**förmig** adj. radiciforme. ||°-**knolle** f. (-, n), °-**knollen** m. (s, -) racine tubéreuse ; tubercule m. ||-**los** adj. sans racines ; FIG. déraciné ; sans attaches. ||°-**schößling** m. (s, e) pousse radicale ; drageon m. ; bouture f. ||°-**stand** m. (s, ¨e). BOT. radication f. ||°-**stock** m. (s, ¨e) support m. ; rhizome m. ||°-**werk** n. (s) [ensemble des] racines f. pl. ||°-**wert** m. (s, e), °-**zahl** f. (-, en). MATH. racine (f.) d'un nombre. ||°-**wort** n. (s, ¨er). GRAMM. racine f. ; radical m. ||°-**zeichen** n. (s, -). MATH. radical m. ||°-**ziehen** n. (s). MATH. extraction (f.) d'une racine.

Würzelchen ['vyrtsəlçən] n. (s, -) petite racine.

wurzeln ['vurtsəln] v. intr. avoir des racines ; faire des racines ; s'enraciner. | *tief in seiner Heimat wurzeln*, être enraciné dans son sol natal.

würzen ['vyrtsən] v. tr. assaisonner ; épicer ; relever (un mets). | *stark, scharf gewürzt*, épicé ; relevé ; piquant. || FIG. donner de la saveur ; du sel, du piquant. | *eine Rede mit Humor würzen*, truffer un discours de mots d'esprit.

würzig [-tsiç] adj. [schmackhaft] assaisonné ; épicé ; aromatique ; qui a du sel, du piquant.

Würzung [-tsuŋ] f. (-, en) assaisonnement m.

Wuschel|haar ["vuʃəl'hɑ:r] n. (s, e). [Kraushaar] cheveux frisés, crépus. ||°-**kopf** m. (s, ¨e) tête mal coiffée.

wuselig ['vu:zəliç] adj. remuant ; agité.

Wust [vu:st] m. (es) fatras m. ; désordre m. ; chaos m. ; amas m.

wüst [vy:st] adj. [öde] vide ; désert ; inculte. | *wüst liegen*, être en friche. || [in Unordnung] en désordre ; confus ; dans un fouillis inextricable. || [unsauber] malpropre ; laid ; débauché. | *ein wüstes Leben*, une vie de débauche.

Wüste ['vy:stə] f. (-, n) désert m. ; solitude f. | *etwas zur Wüste machen*, dévaster. || FIG. *in der Wüste predigen*, prêcher dans le désert.

wüsten ['vy:stən] v. intr. *mit etwas wüsten*, gaspiller qch. || PAR EXT. mener une vie de débauche.

Wüstenei [vy:stə'nai] f. (-, en) contrée (f.) désertique, sauvage.

Wüsten|fuchs ["vy:stən'fuks] m. (es, ¨e). ZOOL. fennec m.

Wüstheit ['vy:sthait] f. aspect (m.) désertique, sauvage. ‖ désordre m. ; fouillis m. ‖ FIG. 1° état (m.) de débauche ; 2° caractère sauvage, brutal.

Wüstling ['vy:stliŋ] m. (s, e) débauché m. ; noceur m. ; libertin m. ‖ ZOOL. fauvette f.

Wut [vu:t] f. fureur f. ; furie f. ; rage f. ; colère f. | *in Wut geraten*, se mettre en fureur ; éclater ; se déchaîner. | *jn in Wut bringen*, mettre qn en fureur. | *vor Wut schäumen*, écumer de rage. ‖ FAM. *vor Wut platzen*, crever de rage. | *eine Wut auf jm haben*, être en rage contre qn. | *seine Wut an jm auslassen*, passer sa fureur sur qn. ‖ [Leidenschaft] passion f. ; manie f. ; rage f. (de faire qch.).

Wut|anfall ["vu:t'anfal] m. (s, ¨e), °**-ausbruch** [-'ausbru:x] m. (s, ¨e) accès (m.) de rage, de fureur. ‖**-entbrannt** adj. enflammé de colère. ‖**-schäumend, -schnaubend** adj. écumant de rage.

wüten ['vy:tən] v. intr. être en fureur, en furie ; être déchaîné ; se déchaîner ; faire rage ; sévir. | *der Sturm wütet*, la tempête fait rage. | *die Seuche wütet*, l'épidémie sévit, exerce ses ravages.

wütend [-tənt] adj. furieux ; en fureur ; en furie ; déchaîné. | *wütend werden*, entrer en fureur. | *wütender Kampf*, combat furieux. | *wütende Zahnschmerzen*, rage (f.) de dents. ‖ MÉD. qui a la rage.

Wüterich [-təriç] m. (s, e) homme (m.) en fureur ; fou furieux ; tyran (m.) sanguinaire.

wutsch ! [vutʃ] interj. vlan ! ; hop !

Wwe (abrév. de **Witwe**) Vve (abrév. de veuve).

X Y

X [iks] n. X m. *ein großes* X, un *X* majuscule. | *ein kleines* x, un *x* minuscule. ‖ *X* [Zahlenbuchstabe] X (dix). ‖ *X (P)* [griechische Schreibweise] le Christ ; Jésus-Christ. ‖ MATH. *die Größe* x, la valeur *x* ; l'inconnue. ‖ *Herr X*, monsieur X. ‖ LOC. *jm ein X für ein U vormachen*, faire accroire qch. à qn ; faire prendre à qn des vessies pour des lanternes. | *zum x-ten Mal*, pour la énième, n^ième^ fois.

X-Achse ["iks'aksə] f. (-, n). MATH. axe (m.) des abscisses. ‖°**-Beine** n. pl. jambes (f. pl.) en X ; jambes cagneuses. ‖**-beliebig** adj. quelconque ; n'importe qui. | *zur x-beliebigen Stunde*, à n'importe quelle heure ; à l'heure qui vous plaira. ‖**-fach** adj. multiple ; bien souvent. ‖**-förmig** adj. en (forme de) x. ‖°**-koordinate** f. (-, n). MATH. abscisse f. ‖**-mal** adv. je ne sais combien de fois ; des centaines de fois. ‖°**-strahlen** m. pl. [Röntgenstrahlen] rayons (m. pl.) X.

Xanthen [ksan'te:n] n. (s). CHIM. xanthine f.

Xenie ['kse:niə] f. (-, n). LITTÉR. [Sinngedicht] xénie f. ; épigramme f.

Xenon ['kse:nɔn] n. (s). CHIM. xénon m.

Xerographie [kse:rogra'fi:] f. (-, n). PHYS. (Wz.) Xérographie f.

xerophil [ksero'fi:l] adj. BOT. xérophile.

Xerophyt [ksero'fy:t] (en, en). BOT. xérophyte f.

Xylol [ksy'lo:l] n. (s). CHIM. xylène m.

Xylophon [ksylo'fo:n] n. (s, e). MUS. xylophone m.

Xylose [ksy'lo:zə] f. xylose f. ; sucre (m.) de bois.

Xylyl|säure [ksy"ly:l'zɔyrə] f. (-, n) acide (m.) oxalique.

Y

Y ['ypzilo:n] n. Y [igrɛk] m. | *das große* Y, l'*Y* majuscule. | *das kleine* y, l'*y* minuscule.

Yacht [jaxt] f. (-, en), **Jacht** f. (-, en). MAR. yacht m.

Yak [jak] m. (s, s). ZOOL. [Grunzochs] yak m.

Yam [y'am] n. (s). BOT. yam m. ; igname f. ; dioscorée f.

Yard [jɑ:rd] n. (s, s) yard m.

Yoga ['joga] m. ou n. (s) yoga m.

Ypern ['y:pərn] n. pr. n. GÉOGR. [Stadt] Ypres f.

Ypsilon ['ypzilɔn] n. (s). [Buchstabe] upsilon m.

Yttrium ['ytrium] n. (s). CHIM. yttrium m.

Yucca [ju:ka] f. (-, s) yucca m.

Yard [ja:rd] n. (s, s) yard m.

Z

Z [tsɛt] n. Z m. || [Abkürzungen] *z. B. (zum Beispiel)*, par exemple. | *z.D. (zur Disposition)*, à la disposition (de). | *z.Z. (zur Zeit)*, en ce moment. | *Z. (Zeile)*, ligne f. | *Ztr. (Zentner)*, quintal m. || Loc. *von A bis Z*, entièrement ; depuis A jusqu'à Z ; du commencement à la fin.

Zabern ['tsa:bərn] n. pr. n. GÉOGR. Saverne f. | *Zaberner Steige*, col (m.) de Saverne.

Zacke ['tsakə] f. (-, n), **Zacken** [-kən] m. (s, -) dent f. ; pointe f. ; dentelure f. ; feston m. | *Zacken eines Sternes*, pointes d'une étoile. | *Zacken des Rechens*, dents du râteau. || [Horn] *Zacken eines Berges*, pointe, dent d'une montagne. | *Mauerzacken*, créneaux m. pl.

Zacken|band ["tsakən'bant] n. (s, ¨er) bande crantée. ||°**-meißel** m. (s, -) boucharde f. ||°**-schnitt** m. (s, e) dentelure f. ||°**-werk** n. (s) dentelure f. || MIL. redan m.

zacken ['tsakən] v. tr. denteler ; déchiqueter ; armer de pointes.

zackig ['tsakiç] adj. dentelé ; déchiqueté ; garni de pointes ; crénelé. | *fünfzackiger Stern*, étoile (f.) à cinq branches. || FAM. [schneidig] décidé ; qui a de l'allant.

zag [tsa:k] adj. V. ZAGHAFT.

zagen ['tsa:gən] v. intr. manquer de cœur ; être découragé ; avoir peur ; hésiter ; tergiverser.

zaghaft ['tsa:khaft] adj. peureux ; craintif ; timide ; timoré ; pusillanime ; tremblant.

Zaghaftigkeit [-tiçkait] f., **Zagheit** ['tsa:ghait] f., **Zagen** ['tsa:gən] n. (s) découragement m. ; timidité f. ; indécision f. | *mit Zittern und Zagen*, après beaucoup d'hésitations et de lamentations.

zäh(e) ['tsɛ:(ə)] adj. coriace ; dur ; tenace. || épais ; visqueux ; gluant. || FIG. *ein zäher Gegner*, un adversaire opiniâtre. | *zäh an einer Ansicht festhalten*, tenir à une opinion dur comme fer. | *eine zähe Flüssigkeit*, un liquide visqueux, épais.

zäh|flüssig ["tsɛ:'flysiç] adj. visqueux ; gluant. ||°**-flüssigkeit** f. viscosité f. ||**-lebig** adj. qui a la vie dure ; coriace ; endurant.

Zähigkeit ['tsɛ:içkait] f. ténacité f. ; nature (f.) coriace ; viscosité f.

Zahl [tsa:l] f. (-, en). **1.** nombre. | *eine fünfstellige Zahl*, un nombre de cinq chiffres. | *gerade Zahl*, nombre pair. | *ungerade Zahl*, nombre impair. | *ganze Zahl*, nombre entier. | *gemischte Zahl*, nombre fractionnaire. | *runde Zahl*, nombre rond. | *fünfzig an der Zahl*, au nombre de cinquante.

2. chiffre m. | *römische Zahl*, chiffre romain. | *arabische Zahl*, chiffre arabe. | *eine hohe Zahl*, un chiffre élevé. | *die Zahlen beweisen es*, les chiffres le prouvent, sont éloquents. || ÉCON. *in die roten Zahlen kommen*, être dans le rouge. | *aus den roten Zahlen kommen*, sortir du rouge.

3. quantité f. | *in großer Zahl*, en grand nombre. | *überlegen an Zahl*, supérieur en nombre.

4. GRAMM. nombre m.

Zahl|adverb ["tsa:lad'vɛrp] n. (s, en) adverbe numéral. ||°**-amt** n. (s, ¨er) trésorerie f. ; caisse f. ||°**-karte** f. (-, n) mandat-carte m. ||**-los** adj. innombrable ; infini. ||°**-meister** m. (s, -) payeur m. ; trésorier m. || MIL. officier payeur. || MAR. commissaire m. ||°**-mittel** n. (s, -) moyen (m.) de paiement. ||**-reich** adj. en grand nombre ; nombreux. | *in zahlreichen Städten*, dans (un grand) nombre de villes. ||°**-tag** m. (s, e) jour (m.) de paie. ||°**-wert** m. (s, e) valeur (f.) numéraire. ||°**-wort** n. (s, ¨er) nom (m.) de nombre ; adjectif numéral.

Zähl|apparat ["tsɛ:lapa'ra:t] m. (s, e), °**-gerät** [-gə'rɛ:t] n. (s, e) [appareil m.] compteur m. ||°**-karte** f. (-, n) carte (f.) de recensement ; fiche f. ||°**-rohr** n. (s, e) compteur m. ||°**-rohr|gerät** n. (s, e) compteur (m.) Geiger. ||°**-uhr** f. (-, en), °**-werk** n. (s, e) horlogerie f. ; minuterie (f.) de compteur.

Zahlen|angabe ["tsa:lən'anga:bə] f. (-, n) indication (f.) numérique. ||°**-geber** m. (s, -). ÉLECTR. émetteur (m.) d'impulsions. ||°**-gedächtnis** n. (ses) mémoire (f.) des chiffres. ||°**-lehre** f. théorie (f.) des nombres ; arithmétique f. ||°**-leiter** f. (-, n) échelle (f.) numérique. ||**-mäßig** adj. numérique. | *zahlenmäßige Erfassung*, statistique f. | *zahlenmäßiges Ergebnis*, résultat (m.) numérique. ||°**-schloß** n. (es, ¨er) serrure (f.) à combinaisons. ||°**-system** m. (s, e) système (m.) arithmétique. || INF. système (m.) de numérotation. ||°**-tafel** f. (-, n) tableau (m.) numérique ; barème m. ; tables (f. pl.) numériques. ||°**-verhältnis** n. (ses, se) proportion (f.) arithmétique. ||°**-wert** m. (s, e) valeur (f.) numérique d'une quantité.

zahlbar ['tsa:lba:r] adj. payable ; acquittable. | *zahlbar in einem Monat*, payable à un mois. | *zahlbar bei Fälligkeit*, payable à (l')échéance. | *zahlbar bei Lieferung*, payable à la livraison. | *zahlbar an (die Order von) Herrn Müller*, payable à l'ordre de M. Muller.

Zahlbarkeit [-kait] f. solvabilité f.

zählbar ['tsɛ:lba:r] adj. dénombrable.

zahlen ['tsa:lən] v. tr. et v. intr. payer ; verser ; acquitter ; solder ; régler ; rembourser. | *bar zahlen*, payer comptant, en espèces, en numéraire. | *in Raten zahlen*, payer par mensualités. | *einen Beitrag zahlen*, verser sa cotisation ; cotiser. | *Herr Ober, bitte zahlen !*, (garçon) l'addition, s'il vous plaît !

zählen ['tsɛ:lən] v. tr. et v. intr. compter ; énumérer ; dénombrer ; compter parmi ; appartenir. | *sein Geld zählen*, compter son argent. | *er zählt schon achtzig Jahre*, il a déjà ses quatre-vingts ans. | *das Dorf zählt noch zweihundert Einwohner*, le village compte encore deux cents habitants. || FIG. *er kann nicht bis drei zählen*, il n'est pas très malin. | *jn zu seinen Freunden zählen*, compter qn parmi ses amis. | *seine Tage sind gezählt*, ses jours sont comptés. | *auf jn zählen*, compter, faire fond sur qn.

Zahler ['tsa:lər] m. (s, -) payeur m. | *säumiger Zahler*, mauvais payeur.

Zähler ['tsɛ:lər] m. (s, -) celui qui compte ; compteur m. ; marqueur m. || TECHN. compteur m. | *'elektrischer Zähler*, compteur électrique. || MATH. numérateur (m.) d'une fraction.

Zahlung ['tsa:luŋ] f. (-, en) paiement m. ; versement m. ; acquittement m. | *seine Zahlungen einstellen*, suspendre ses paiements. | *eine Zahlung leisten*, effectuer un versement ; payer. | *gegen Zahlung*, contre paiement. | *eine Zahlung eintreiben*, recouvrer un paiement. | *Zahlung erhalten*, pour acquit.

Zahlungs|abkommen ["tsa:luŋs'apkɔmən] n. (s, -) accord (m.) de paiement. ||°**-anweisung** f. (-, en) mandat (m.) de paiement. ||°**-art** f. (-, en) mode (m.) de paiement. ||°**-aufschub** m. (s, e) moratoire m. ||°**-auftrag** m. (s, ¨e), °**-befehl** m. (s, e) ordre (m.) de paiement. ||°**-bedingung** f. (-, en) *günstige Zahlungsbedingungen*, facilités (f. pl.) de paiement. ||°**-beleg** m. (s, e) récépissé (m.) de paiement. ||°**-bescheinigung** f. (-, en), °**-bestätigung** f. (-, en) attestation (f.) de paiement ; quittance f. ; reçu m. ||°**-bilanz** f. (-, en) balance (f.) des paiements. ||°**-empfänger** m. (s, -) bénéficiaire (m.) d'un paiement. ||**-fähig** adj. solvable. ||°**-fähigkeit** f. solvabilité f. ||°**-frist** f. (-, en) délai (m.) de paiement. ||°**-mittel** n. (s, -) moyen (m.) de paiement ; monnaie f. ||°**-rückstand** m. (s, ¨e) arriéré m. ||**-unfähig** adj. insolvable. ||°**-verbindlichkeit** f. (-, en), °**-verpflichtung** f. (-, en) obligation (f.) de paiement. ||°**-verbot** n. (s, e) opposition (f.) au paiement. ||°**-verzug** m. (s, ¨e) retard (m.) dans le paiement.

Zählung ['tsɛ:luŋ] f. (-, en) dénombrement m. ; recensement m. ; dépouillement m. ; compte m.

zahm [tsa:m] adj. apprivoisé ; doux ; domestique. | *ein zahmes Pferd*, un cheval docile. || FIG. souple ; docile ; traitable. | *zahm werden*, s'apprivoiser.

zähmbar ['tsɛ:mba:r] adj. domptable ; qu'on peut apprivoiser.

zähmen [-mən] v. tr. dompter ; dresser ; apprivoiser ; domestiquer.

Zahmheit ['tsa:mhait] f. docilité f. ; douceur f. ; (état de ce qui est) apprivoisé.

Zähmung ['tsɛ:muŋ] f., **Zähmen** [-mən] n. (s) apprivoisement m. ; domptage m. ; domestication f. ; dressage m. || FIG. refrènement m.

Zahn [tsa:n] m. (s, ¨e). **1.** [Kauwerkzeug] dent f. | *Zähne bekommen*, faire ses dents. | *ein hohler Zahn*, dent creuse. | *mit den Zähnen klappern*, claquer des dents ; grelotter. | *mit den Zähnen knirschen*, grincer des dents. | *(sich) die Zähne putzen*, se brosser, se laver les dents. | *die Zähne zusammenbeißen*, serrer les dents ; FIG. supporter vaillamment une douleur. || FIG. *jm die Zähne zeigen*, menacer qn ; montrer les dents à qn. | *bis an die Zähne gerüstet, bewaffnet*, armé jusqu'aux dents. | *jm auf den Zahn fühlen*, sonder qn ; tâter le pouls à qn. | *Haare auf den Zähnen haben*, savoir se défendre ; avoir bec et ongles. | *sich mit Zähnen und Klauen wehren*, se défendre vivement ; sortir bec et ongles. | *Auge um Auge, Zahn um Zahn*, œil pour œil, dent pour dent. | *der Zahn der Zeit*, les outrages (m. pl.) du temps.
2. [spitz zulaufender Teil]. TECHN. dent f. ; came f. ; alluchon m. | *Sägezähne*, dents de la scie. | *Zähne eines Kammes*, dents d'un peigne.

zahn|artig ["tsa:n'a:rtiç] adj. dentelé ; dentiforme. ||°**-arzt** m. (es, ¨e), °**-ärztin** f. (-, nen) dentiste m. et f. ||**-ärztlich** adj. du dentiste ; dentaire. | *zahnärztliche Behandlung*, soins (m. pl.) dentaires. ||°**-behandlung** f. soins (m. pl.) dentaires. ||°**-bein** n. (s, e). ANAT. dentine f. ; ivoire m. ||°**-bett** n. (s, en). ANAT. parodonte m. ||°**-bürste** f. (-, n) brosse (f.) à dents. ||°**-ersatz** m. (es) prothèse (f.) dentaire. ||°**-fach** n. (s, ¨er) alvéole (m.) dentaire. ||°**-fäule** f., °**-karies** f., carie (f.) dentaire. ||°**-fleisch** n. (s, e) gencives f. pl. || FAM. *auf dem Zahnfleisch gehen, kriechen*, être sur les rotules. ||°**-fleisch|reaktion** f. (-, en) récession gingivale. ||°**-fleisch|schwellung** f. (-, en) parodontis f. ; gonflement douloureux des gencives ; gingivite. ||°**-fleisch|schwund** m. (s) déchaussement (m.) des dents. ||**-förmig** adj. en forme de dent ; dentiforme ; odontoïde. ||°**-hals** m. (es, ¨e) collet m. (de la dent). ||°**-heilkunde** f. chirurgie (f.) dentaire ; odontologie f. ||°**-höhle** f. (-, n) alvéole (m.) dentaire. ||°**-kranz** m. (es, ¨e). TECHN. couronne dentée. ||°**-krone** f. (-, n) couronne (f.) dentaire. ||°**-laut** m. (s, e). GRAMM. dentale f. ; son dental. ||**-los** adj. édenté. ||°**-mark** n. (s) pulpe (f.) dentaire. ||°**-medizin** f. dentisterie f. ; art (m.) dentaire. ||°**-pasta** f. (-, ten) pâte (f.) dentifrice ; dentifrice m. ||°**-pasta|lächeln** n. (s). FAM. sourire (m.) à 4,95. ||°**-pflege** f. (-, n). *Mund- und Zahnpflege*, hygiène (f.) dentaire. ||°**-plombe** f. (-, n) plombage m. ||°**-prothese** f. (-, n) appareil (m.), prothèse (f.) dentaire. ||°**-rad** n. (s, ¨er) roue dentée ; roue d'engrenage. ||°**-rad|antrieb** m. (s, e) commande (f.) par engrenages. ||°**-rad|bahn** f. (-, en) chemin (m.) de fer à crémaillère. ||°**-räderwerk** n. (s, e) engrenage m. ||°**-schmelz** m. (es, e) émail dentaire. ||°**-schmerz** m. (es ou ens, en) maux (m. pl.) de dents ; odontalgie f. ||°**-seide** f. (-, n) fil (m.) dentaire. ||°**-stange** f. (-, n) crémaillère f. ||°**-stein** m. (s, e) odontolithe f. ; tartre m. ||°**-stocher** m. (s, -) cure-dents m. ||°**-stummel** m. (s), °**-stumpf** m. (s, e) chicot (m.) de dent. ||°**-techniker** m. (s, -) mécanicien-dentiste m. ||°**-wal** m. (s, e). ZOOL. odontocète m. ||°**-wechsel** m. (s, -) seconde dentition. ||°**-weh** n. (s) maux (m. pl.) de dents. ||°**-wurzel** f. (-, n) racine (f.) de dents. ||°**-ziehen** n. (s) extraction (f.) d'une dent.

zähnen ['tsɛ:nən] v. tr. denter ; créneler.

zahnen ['tsa:nən] v. intr. [Kinder] faire ses dents. ◇ part. pass. **gezahnt, gezähnt,** denté.

Zahnung [-nuŋ] f. (-, en). TECHN. denture f.

Zähre ['tsɛ:rə] f. (-, n). POÉT. larme f. ; pleur m.

Zander ['tsandər] m. (s, -). ZOOL. sandre f.

Zange ['tsaŋə] f. (-, n) pince f. ; tenaille f. ; tenailles f. pl. ; pincettes f. pl. || MÉD. forceps. | *Zangengeburt*, accouchement (m.) aux fers. || ZOOL. pinces f. pl. ; mâchoires f. pl. || FIG. *jn in die Zange nehmen*, mettre qn sur la sellette.

Zank [tsaŋk] m. (s, ¨e) querelle f. ; dispute f. ; discorde f. ; démêlé m. | *in diesem Haus gibt es nur Zank und Streit*, on ne cesse de se disputer dans cette maison. | *einen Zank schlichten*, aplanir un différend.

Zank|apfel ["tsaŋk'apfəl] m. (s, ¨) pomme (f.) de discorde. ||°**-sucht** f. envie (f.), manie (f.) de quereller. ||**-süchtig** adj. querelleur ; hargneux ; chicaneur.

zanken ['tsaŋkən] v. intr. et v. pr. quereller ; chicaner ; se disputer ; se quereller ; FAM. se chamailler. | *sich mit jm über, um etwas zanken*, se disputer avec qn au sujet de qch. | *mit jm herumzanken*, se disputer constamment avec qn.

Zänker ['tsɛŋkər] m. (s, -). [Streithahn ; Friedenstörer] querelleur m. ; chicaneur m. ; FAM. ergoteur m.

Zänkerei [tsɛŋkə'rai] f. (-, en) querelles f. pl. ; disputes f. pl. ; chicanes f. pl.

zankhaft ['tsaŋkhaft], **zänkisch** ['tsɛŋkiʃ] adj. querelleur ; chicaneur ; acariâtre ; tracassier.

Zapf|hahn ["tsapf'ha:n] m. (s, ¨e) robinet (m.) de prise. ||°**-säule** f. (-, n), °**-stelle** f. (-, n) distributeur (m.) d'essence.

Zäpfchen ['tsɛpfçən] n. (s, -). **1.** TECHN. petit tenon ; petite bonde.
2. ANAT. luette (f.) du palais ; staphyle f. || (en compos.) adj. uvulaire.
3. MÉD. suppositoire m.

Zapfen ['tsapfən] m. (s, -). **1.** [Verschlußstöpsel] bonde f. ; bondon m. (d'un tonneau) ; tampon m. ; bouchon m.
2. TECHN. [Bolzen ; Stift] tenon m. ; pivot m. ; tourillon m. ; cheville f. | *Holzzapfen*, cheville en bois. | *Zapfenbohrer*, tarière f.
3. BOT. (Frucht) cône m.
4. GÉOGR. stalactite f.

Zapfen|kupplung ["tsapfən'kupluŋ] f. (-, en) accouplement (m.) à broches. ||°**-lager** n. (s, -) palier m. ; coussinet m. ; support (m.) de tourillon. ||°**-loch** n. (s, ¨er) trou (m.) de bonde. || TECHN. mortaise f. ||°**-säge** f. (-, n) scie (f.) à araser. ||°**-streich** m. (es, e). MIL. retraite f. ; retraite (f.) aux flambeaux. | *Zapfenstreich blasen, schlagen*, sonner la retraite, le couvre-feu (du soir).

zapfen ['tsapfən] v. tr. tirer au tonneau. || MÉD. faire une ponction ; ponctionner.

zappelig ['tsapəliç] adj. frétillant ; remuant.

Zappel|philipp ["tsapəl'filip] m. (s). FAM. enfant qui gigote sans cesse.

zappeln ['tsapəln] v. intr. frétiller ; s'agiter ; se débattre ; FAM. gigoter. | *jn zappeln lassen*, faire languir qn.

Zar(in) ['tsɑ:r(in)] m. (en, en), f. (-, nen) tsar(ine) m. (f.).

Zarentum [-rəntu:m] n. (s) tsarisme m.

Zarathustra [tsɑra'tustra] n. pr. m. (s) Zarathoustra m.

Zarge ['tsargə] f. (-, n) [am Fenster] cadre m. ; encadrement m. ; bord m. ; châssis m.

zart [tsɑ:rt] adj. délicat ; tendre ; fragile ; frêle ; sensible ; doux ; léger ; fin. | *zartes Fleisch*, viande (f.) tendre. | *zartes Herz*, cœur (m.) sensible. | *zarte Stimme*, voix (f.) tendre. | *zartes Gefühl*, sentiment (m.) de tendresse. | *von zarter Gesundheit*, de santé délicate.

zart|fühlend ["tsɑ:rt'fy:lənt] adj. délicat ; sensible ; qui a du tact. ||°**-gefühl** n. (s) délicatesse (f.) de sentiment ; tendresse f. ; tact m. ||**-gliederig** adj. qui a les membres délicats, déliés.

Zartheit ['tsɑ:rthait] f. (-, en) délicatesse f. ; douceur f. ; finesse f. || [Fleisch] tendreté f.

zärtlich ['tsɛ:rtliç] adj. délicat ; tendre ; affectueux ; doux. | *er blickte sie zärtlich an*, il la regarda tendrement.

Zärtlichkeit [-kait] f. tendresse f. ; sensibilité f. ◇ f. pl. **Zärtlichkeiten,** caresses f. pl. ; tendresses f. pl.

Zäsium ['tsɛ:zium] m. (s). CHIM. cæsium, césium m.

Zaster ['tsastər] m. (s). FAM. blé m. ; fric m.

Zäsur [tsɛ'zu:r] f. (-, en) césure f.

Zauber ['tsaubər] m. (s, -) enchantement m. ; charme m. ; magie f. ; envoûtement m. ; séduction f. ; sortilège m. ; attrait m. ; prestige m. | *einen Zauber lösen*, rompre un charme. | *wie durch Zauber entstanden*, comme par enchantement.

Zauber|blick ["tsaubər'blik] m. (s, e) regard fascinateur. ||°**-buch** n. (s, ¨er) livre (m.) de magie ; grimoire m. ||°**-flöte** f. MUS. *die Zauberflöte*, la Flûte enchantée. ||°**-kunst** f. (-, ¨e) magie f. || *Zauberkünste*, tours (m. pl.) de magicien ; sortilèges m. pl. ||°**-künstler** m. (s, -) prestidigitateur m. ; bateleur m. ; jongleur m. ||°**-lehrling** m. (s, e) apprenti sorcier. ||°**-mittel** n. (s, -) sortilège m. ||°**-ring** m. (s, e) anneau (m.) magique ; talisman m. ||°**-schlag** m. (s, ¨e) *wie mit einem Zauberschlag*, comme par enchantement. ||°**-spruch** m. (s, ¨e) parole (f.) magique ; formule (f.) d'incantation. ||°**-stab** m. (s, ¨e) baguette (f.) magique. ||°**-tinte** f. (-, n) encre (f.) sympathique. ||°**-trank** m. (s, ¨e) breuvage (m.) magique ; philtre m. ||°**-trick** m. (s, s) tour (m.) de magie. ||°**-welt** f. (-, en) monde enchanté. ||°**-wesen** n. (s) magie f. ; sorcellerie f. ||°**-wort** n. (s, e) parole (f.) magique. ||°**-wurzel** f. (-, n) mandragore f.

Zauberei [tsaubə'rai] f. (-, en) magie f. ; sorcellerie f. ; enchantement m. | *Zauberei treiben*, recourir à des sortilèges ; pratiquer la magie.

Zauberer ['tsaubərər] m. (s, -) magicien m. ; enchanteur m. ; sorcier m.

zauberhaft [-bərhaft] adj. magique ; enchanté ; étonnant ; merveilleux ; ravissant ; féerique. | *zauberhaftes Gemälde*, tableau (m.) féerique.
◇ adv. *zauberhaft schön*, beau à ravir.

Zauberin [-bərin] (-, nen) magicienne f. ; charmeuse f. ; enchanteresse f.

zauberisch [-bəriʃ] adj. magique ; enchanteur.

zaubern [-bərn] v. tr. et v. intr. exercer la magie ; user de sortilèges ; transporter par enchantement ; métamorphoser.

Zauderei [tsaudə'rai] f. (-, en) hésitation f. ; temporisation f. ; irrésolution f.

Zauderer ['tsaudərər] m. (s, -) homme indécis, irrésolu ; FAM. lambin m.

zaudern [-dərn] v. intr. hésiter ; tergiverser. | *nicht gezaudert !*, pas d'hésitation. | *ohne zu zaudern*, sans tergiverser. | *da darf nicht gezaudert werden*, il n'y a pas à hésiter.

Zaudern [-dərn] n. (s) hésitation f. ; lenteurs f. pl. ; indécision f.

Zaum [tsaum] m. (s, ¨e) bride f. | *ein Pferd am Zaum(e) führen*, mener un cheval par la bride. | *einem Pferd den Zaum anlegen*, brider un cheval. || FIG. frein m. | *seine Zunge im Zaume halten*, tenir sa langue. | *seine Leidenschaften im Zaume halten*, dominer ses passions.

Zaum|zeug ["tsaum'tsɔyk] n. (s, e) harnais m. ; harnachement m.

zäumen ['tsɔymən] v. tr. brider. || FIG. refréner ; dominer ; dompter.

Zaun [tsaun] m. (s, ¨e) clôture f. ; enclos m. ; enceinte f. ; palissade f. | *lebender Zaun*, haie vive. | *geflochtener Zaun*, clayonnage m. || LOC. *einen Streit vom Zaun brechen*, chercher une querelle d'Allemand.

Zaun|gast ["tsaun'gast] m. (s, ¨e) badaud m. ; FAM. resquilleur m. ||°**-könig** m. (s, e) roitelet m. ; troglodyte m. ||°**-winde** f. BOT. liseron (m.) des haies.

zausen ['tsauzən] v. tr. tirailler. || FIG. houspiller. | *jn bei den Haaren zausen*, tirer les cheveux à qn.

Zebra ['tse:bra] n. (s, s). ZOOL. zèbre m.

Zebra|streifen ["tse:bra'ʃtraifən] m. pl. zébrure f. || FIG. [Übergang für Fußgänger] passage (m.) pour piétons.

Zebu ['tse:bu] m. (s, s). ZOOL. zébu m.

Zech|gelage ["tsɛçgə'lɑ:gə] n. (s, -) bacchanale f. ; beuverie f. ||°**-geselle** m. (n, n), °**-bruder** m. (s, ¨) buveur m. ; compagnon (m.) de beuverie. ||°**-prellerei** f. grivèlerie f. ||°**-stein** m. (s). GÉOL. permien supérieur.

Zeche ['tsɛçə] f. (-, n). **1.** écot m. ; quote-part f. ; addition f. ; note (f.) de restaurant. || PAR EXT. consommation f. ; repas m. | *die Zeche bezahlen*, payer l'addition ; FIG., FAM. payer les pots cassés.
2. mine (f.) de charbon ; charbonnage m. | *Kohlenzeche*, houillère f.

zechen ['tsɛçən] v. intr. consommer au cabaret ; boire copieusement ; FAM. picoler. | *er hat schwer gezecht*, il a trop bu.
Zecher [-çər] m. (s, -) (gros) buveur.
Zecherei [tsɛçə'rai] f. (-, en) beuverie f.
Zecke ['tsɛkə] f. (-, n). ZOOL. tique f.
Zedent [tse'dɛnt] m. (en, en). JUR. cédant m.
Zeder ['tse:dər] f. (-, n). [Zederbaum ; Zederfichte] cèdre m. | *Zedernholz*, bois (m.) de cèdre.
zedieren [tse'di:rən] v. céder ; renoncer à ; se désister ; faire cession de.
Zedierung [-ruŋ] f. (-, en) cession f.
Zeh [tse:] m. (s, e ou en, en). V. ZEHE.
Zehe ['tse:ə] f. (-, n). **1.** doigt (m.) de pied. | *Fußzehe*, orteil m. | *die große Zehe*, le gros orteil. | *auf den Zehen*, sur la pointe des pieds. || FIG. *jm auf die Zehen treten*, vexer qn.
2. gousse f. | *Knoblauchzehe*, gousse d'ail.
Zehen|gänger ["tse:ən'gɛŋər] m. (s, -) digitigrade m. ||°**-glied** n. (s, er), °**-knochen** m. (s, -) phalange (f.) de l'orteil. ||°**-spitze** f. (-, n) pointe (f.) des pieds. | *sich auf die Zehenspitzen stellen*, se hausser, se hisser sur la pointe des pieds.
zehn [tse:n] adj. num. card. dix. | *die zehn Finger*, les dix doigts. | *die zehn Gebote*, le Décalogue ; les dix Commandements. | *etwa zehn*, environ une dizaine. | *es waren unser zehn*, nous étions dix.
◇ **die Zehn**, le dix ; le chiffre dix. | *eine römische Zehn*, un dix en chiffres romains.
Zehn|eck ["tse:n'ɛk] n. (s, e) décagone m. ; décaèdre m. ||**-eckig** adj. décagonal. ||°**-ender** m. (s, -) cerf (m.) dix-cors. ||**-fach, fältig** adj. décuple ; dix fois autant. ||**-jährig** adj. de dix ans ; décennal ; âgé de dix ans. ||**-jährlich** adj. qui revient tous les dix ans ; décennal. ||°**-kampf** m. (s, ¨e) décathlon m. ||°**-kämpfer** m. (s, -) décathlonien m. ||**-mal** adv. dix fois. ||°**-seit** n. (s, e). MATH. décagone m. ||**-seitig** adj. décagonal. ||°**-silber** m. (s, -e). POÉS. décasyllable m. ||**-silbig** adj. décasyllab(iqu)e. ||**-stündig** adj. de dix heures. ||**-tägig** adj. de dix jours. ||**-tausend** adj. num. card. dix mille. || FAM. *die oberen Zehntausend*, les deux cents familles.
Zehner ['tse:nər] m. (s, -) dizain m. ; quantité (f.) de dix. || MATH. dizaine f. || FIN. billet (m.) de dix DM. || FAM. pièce de dix pfennigs.
zehner|lei ["tse:nər'lai] adv. de dix espèces. ||°**-reihe** f. (-, n). MATH. colonne (f.) des dizaines. ||°**-system** n. (s) système décimal.
zehnt ['tse:nt] (er, e, es) adj. num. ord. dixième. | *der zehnte September*, le dix septembre. | *Karl der Zehnte*, Charles X.
Zehnt(e) [-t(ə)] m. ([e]n, [e]n) dîme f. | *den Zehnten abgeben*, payer la dîme.
Zehntel [-təl] n. (s, -) le dixième ; la dixième partie.
Zehntel|gramm ["tse:ntəl'gram] n. (s, e) décigramme m. ||°**-liter** n. (s, -) décilitre m. ||°**-meter** n. (s, -) décimètre m.
zehntens ['tse:ntəns] adv. dixièmement ; en dixième lieu.
zehren ['tse:rən] v. intr. **1.** [sich ernähren] se nourrir de ; manger ; consommer ; vivre de. | *von seinen Vorräten zehren*, vivre sur ses provisions. || FIG., FAM. *von seinem Ruhm zehren*, se reposer sur ses lauriers.
2. [nagen] miner ; ronger ; consumer ; faire maigrir. | *das Fieber zehrt an ihm*, la fièvre le mine. | *der Kummer zehrt an ihm*, il est miné par le chagrin.
3. [ausdunsten] s'évaporer (dans la futaille).
Zehr|pfennig ["tse:r'pfɛniç] m. (s, e) frais (m. pl.) de voyage ; viatique m.
Zehrung [-ruŋ] f. (-, en) frais (m. pl.) de subsistance ; consommation f. ; provisions f. pl. || MÉD. consomption f.
Zeichen ['tsaiçən] n. (s, -). **1.** [Wink] signe m. ; marque f. ; indice m. ; caractère m. ; référence f. | *das Zeichen zum Aufbruch geben*, donner le signal du départ. || FIG. *ein Zeichen des Himmels*, un avertissement du ciel.
2. [Kennzeichen] signe distinctif. | *er ist seines Zeichens Maurer*, il est maçon de son état. || COMM. *Ihr (Brief)-zeichen*, votre référence.
3. [Sinnbild ; Abbild] symbole m. ; signe m. ; emblème m. | *das Zeichen des Kreuzes*, le signe de la croix. | *chemisches Zeichen*, symbole chimique. || ASTROL. *das Zeichen des Widders*, le signe du Bélier. | *unter einem guten Zeichen*, sous une bonne étoile. | *im Zeichen* (gén.), sous le signe (de). | *zum Zeichen*, en signe (de).
4. [Erscheinung ; Vorzeichen] symptôme m. ; prodrome m. ; augure m. ; présage m. ; preuve f. | *das ist ein gutes Zeichen*, c'est bon signe. | *das ist kein gutes Zeichen*, c'est de mauvais augure. | *ein Zeichen der Zeit*, un signe des temps.
Zeichen|block ["tsaiçən'blɔk] m. (s, ¨e) bloc (m.) à dessin. ||°**-brett** n. (s, er) planche (f.) à dessin. ||°**-dreieck** n. (s, e) équerre f. ||°**-feder** f. (-, n) plume (f.) à dessin. ||°**-gebung** f. (-, en) signalisation f. ||°**-lehrer** m. (s, -) professeur (m.) de dessin. ||°**-kohle** f. (-, n) fusain m. ||°**-mappe** f. (-, n) carton (m.) à dessin. ||°**-papier** n. (s, e) papier (m.) à dessin. ||°**-setzung** f. (-, en). GRAMM. ponctuation f. ||°**-sprache** f. (-, n) langage (m.) par gestes. ||°**-trickfilm** m. (s, e) dessin animé. ||°**-unterricht** m. (s) cours (m.) de dessin. ||°**-vorlage** f. (-, n) modèle m. (de dessin).
zeichnen ['tsaiçnən] v. tr. **1.** dessiner ; tracer. | *nach der Natur, nach dem Leben zeichnen*, esquisser ; faire un croquis ; croquer.
2. [mit Zeichen versehen] marquer. | *die Wäsche zeichnen*, marquer le linge. || FIG. *vom Schicksal gezeichnet*, marqué par le destin.
3. [unterzeichnen ; unterschreiben] signer ; souscrire. | *einen Brief (unter)zeichnen*, signer une lettre. || COMM. *per Prokura zeichnen*, signer par procuration. | *eine Anleihe zeichnen*, souscrire à un emprunt.
Zeichnen [-nən] n. (s) [action de] dessiner ; dessin m. ; marque f. ; souscription f. ; signature f.
Zeichner [-ner] m. (s, -) dessinateur m. ; souscripteur m. | *Zeichnerin*, dessinatrice.
zeichnerisch [-nəriʃ] adj. par dessin ; graphique.
Zeichnung [-nuŋ] f. (-, en). **1.** [Skizze] dessin m. ; croquis m. ; tracé m. || MATH. *Maßzeichnung*, dessin coté. | *geometrische Zeichnung*, épure f.
2. [Darstellung] description f.
3. [Anleihe] souscription f.
4. [Unterschrift] signature f.
Zeichnungs|schein ["tsaiçnuŋs'ʃain] m. (s, e) bon (m.) de réduction.
zeigbar ['tsaikbɑ:r] adj. qu'on peut montrer.
Zeige|finger ["tsaigə'fiŋər] m. (s, -) index m. ||°**-fürwort** n. (s, ¨er) adjectif démonstratif. ||°**-stock** m. (s, ¨e) baguette f.
zeigen ['tsaigən] v. tr. et v. intr. **1.** [weisen] montrer ; indiquer ; désigner. | *den Weg zeigen*, indiquer le chemin. | *mit dem Finger zeigen*, montrer du doigt. | *das Thermometer zeigt fünf (Grad) unter Null*, le thermomètre marque moins cinq (degrés).
2. [merken lassen] faire voir ; manifester ; témoigner ; laisser paraître ; faire preuve de. | *seine Freude zeigen*, manifester sa joie. | *er zeigt, was er kann*, il donne sa

mesure. || FAM. *denen werde ich's zeigen*, ils auront de mes nouvelles.
◇ v. pr. **sich zeigen,** se faire voir ; se manifester ; faire acte de présence ; se produire. | *sich feige zeigen*, faire preuve de lâcheté. || FIG. *er kann sich überall zeigen*, il peut se montrer partout tête haute.
◇ v. impers. et v. pr. [offenkundig werden] faire ses preuves. | *es hat sich gezeigt, daß*, il est prouvé que ; on voit maintenant que.

Zeiger [-gər] m. (s, -) indicateur m. ; aiguille f. ; index m. | *Stundenzeiger*, aiguille des heures ; petite aiguille.

Zeiger|ausschlag ["tsaigər'ausʃlɑ:k] m. (s, ¨e) déviation (f.) de l'aiguille. ||°**-barometer** m. (s, -) baromètre (m.) à cadran. ||°**-waage** f. (-, n) peson m.

zeihen ['tsaiən] (ie, ie) v. tr. accuser de ; convaincre de. | *jn einer Lüge zeihen*, convaincre qn de mensonge. | *jn des Verrates zeihen*, accuser qn de trahison.

Zeile ['tsailə] f. (-, n) ligne f. ; rangée f. ; file f. | *in der vierten Zeile*, à la quatrième ligne. | *neue Zeile !*, à la ligne ! | *Häuserzeile*, série (f.), rangée (f.) de maisons ; rue f. | *in Zeilen pflanzen, setzen*, planter en lignes, en rangées. || FIG. *zwischen den Zeilen*, en filigrane. | *zwischen den Zeilen lesen*, lire entre les lignes.

Zeilen|abstand ["tsailən'apʃtant] m. (s, ¨e) espacement m. ; interligne m. ||°**-frequenz** f. TÉLÉV. fréquence (f.) de lignes. ||°**-honorar** n. (s, e) rémunération (f.) à la pige. ||°**-länge** f. TYPOGR. justification f. ||°**-sprung** m. (s, ¨e) POÉS. enjambement m. ||**-weise** adv. ligne par ligne.

Zeisig ['tsaiziç] m. (s, ¨e). ZOOL. serin m. ; tarin m.

Zeit ['tsait] f. (-, en).

> **I.** [Dauer] temps m. ; durée f.
> **II.** [Zeitalter] époque f. ; période f. ; ère f. ; saison f. ; siècle m.
> **III.** [Jahreszeit] saison f.
> **IV.** — **1.** [Zeitpunkt] moment m. ; durée limitée. — **2.** [Zeitangabe] heure f. ; date f.
> **V.** [Termin ; Frist] délai m. ; échéance f.
> **VI.** GRAMM. [Tempus] temps (du verbe).

I. [Dauer] temps m. ; durée f. | *die Zeit vergeht, verstreicht*, le temps passe, s'écoule. | *die Zeit verbringen, vertreiben*, passer le temps. | *seine Zeit vertrinken, verschlafen*, passer son temps à boire, à dormir. | *die Zeit wird ihm lang*, il trouve le temps long ; il s'ennuie. | *der Zahn der Zeit*, les ravages (m. pl.), les outrages (m. pl.) du temps. | *das hat Zeit*, ce n'est pas urgent ; ça ne presse pas. | *ich habe keine Zeit*, je n'ai pas le temps. | *sich Zeit nehmen*, prendre son temps ; ne pas se presser. | *Zeit gewinnen*, gagner du temps. | *im Laufe der Zeit*, dans la suite des temps. | *mit der Zeit*, avec le temps ; à la longue. | *das ging nur eine Zeit*, cela n'a duré qu'un temps. | *von Zeit zu Zeit*, de temps en temps ; de temps à autre. | *vor einiger Zeit*, il y a quelque temps. | *vor kurzer Zeit*, il y a peu de temps. | *in kurzer Zeit*, en peu de temps. | *auf kurze Zeit verreisen*, entreprendre un voyage de courte durée. | *einige Zeit später*, quelque temps après. | *für alle Zeiten*, pour toujours. | *(du) meine Zeit ! ; (du) liebe Zeit !*, ah ! mon Dieu ! || PROV. *kommt Zeit, kommt Rat*, la nuit porte conseil.

II. [Zeitalter] époque f. ; période f. ; siècle m. | *die gute, alte Zeit*, le bon vieux temps. | *die neuere Zeit*, les temps modernes. | *die Zeit der Renaissance*, l'époque de la Renaissance. | *zu Zeiten der Römer*, au temps des Romains. | *in unserer Zeit*, de nos jours. | *zu meiner Zeit*, de mon temps. | *zu seinen Lebzeiten ; zeit seines Lebens*, de son vivant. | *mit seiner Zeit mitgehen*, être de son temps. | *um diese Zeit*, à cette époque environ. | *das ist nicht mehr an der Zeit*, cela est hors de saison. || (Vx.) *zu der Zeit, da*, à l'époque où.

III. [Jahreszeit] saison f. | *Erntezeit*, temps de la moisson. || [Jagd] *Schonzeit*, temps prohibé.

IV. — **1.** [Zeitpunkt] moment m. ; durée limitée. | *es wird Zeit aufzubrechen*, il est temps, c'est le moment de partir. | *es ist höchste Zeit*, il est grand temps. | *alles zu seiner Zeit*, chaque chose en son temps ; il y a temps pour tout. | *zur bestimmten Zeit*, au moment prévu, fixé. | *zu gelegener Zeit*, en temps opportun, utile. | *zur rechten Zeit*, au bon moment. | *jetzt ist keine Zeit dazu*, ce n'est pas le moment de. | *zur gleichen Zeit*, à la même époque ; au même moment.
2. [Zeitangabe] heure f. ; date f. | *zu jeder Zeit*, à toute heure. | *um welche Zeit ?*, à quelle heure ? | *morgen um dieselbe Zeit*, demain, à la même heure. | *mitteleuropäische Zeit (MEZ)*, heure de l'Europe centrale.

V. [Frist ; Termin] délai m. ; échéance f. | *eine Zeit festsetzen*, fixer un délai. | *auf Zeit kaufen*, acheter à crédit, à tempérament.

VI. GRAMM. [Tempus] temps m. (d'un verbe).

Zeit|abschnitt ["tsait'apʃnit] m. (s, e) époque f. ; période f. ; ère f. ||°**-abstand** m. (s, ¨e) intervalle (m.) de temps. ||°**-alter** n. (s, -) âge m. ; siècle m. ||°**-angabe** f. (-, n) indication (f.) de date ; date f. ||°**-ansage** f. (-, n) *telephonische Zeitansage*, horloge parlante. ||°**-arbeit** f. travail (m.) intérimaire, temporaire. ||°**-aufnahme** f. (-, n). PHOT. pose f. ||°**-aufwand** m. (s) sacrifice (m.) de temps ; perte (f.) de temps. ||°**-ausgleich** m. (s) compensation (f.) horaire. ||°**-basis** f. INF. horloge f. ||°**-berechnung** f., °**-bestimmung** f. calcul (m.) du temps ; chronologie f. ||°**-bild** n. (s, er) tableau (m.) des mœurs (d'une époque). ||°**-dauer** f. (-, n) durée f. ; laps (m.) de temps. ||°**-druck** m. (s) *unter Zeitdruck sein*, être pressé par le temps. ||°**-einteilung** f. (-, en) emploi (m.) du temps ; minutage m. ||°**-erscheinung** f. (-, en) fait (m.) de société. ||°**-esparnis** n. (ses, se) économie (f.) de temps. ||°**-folge** f. chronologie f. ||°**-form** f. (-, en). GRAMM. temps m. ||°**-frage** f. (-, en) question (f.) d'actualité. ||**-gebunden** adj. caractéristique d'une époque ; lié au temps. ||°**-geist** m. (es, er) esprit (m.) du siècle. ||**-gemäß** adj. moderne ; actuel. ||°**-genosse** m. (n, n) contemporain m. ||**-genössisch** adj. contemporain. ||°**-geschäft** n. (s, e). FIN. opération (f.) à terme. ||°**-geschehen** n. (s) actualité f. ||°**-geschichte** f. histoire contemporaine. ||°**-gewinn** m. (s, e) économie (f.) de temps. ||°**-kauf** m. (s). FIN. marché (m.) à terme. ||°**-lang** f. *eine Zeitlang*, pendant un certain temps. ||**-lauf** m. (s, ¨e) cours (m.) du temps. — pl. **Zeitläufte,** circonstances f. pl. ; conjoncture f. ||**-lebens** adv. durant toute la vie ; la vie durant. ||**-los** adj. intemporel. || PAR EXT. immortel. ||°**-lupe** f. FILM. ralenti m. ||°**-lupentempo** n. (s) *im Zeitlupentempo*, au ralenti. ||°**-mangel** m. (s) manque (m.) de temps. | *aus Zeitmangel*, faute de temps. ||°**-maß** n. (es, e). MUS. mesure f. || MATH. quantité f. ||°**-messer** m. (s, -) chronomètre m. ||°**-nehmer** m. (s, -). SPORT. chronométreur m. ||°**-not** f. *in Zeitnot sein*, être pressé par le temps. || [Schachspiel] crise (f.) de temps. ||°**-personal** n. (s) personnel (m.) intérimaire, temporaire. ||°**-plan** m. (s, ¨e) horaire m. ; planning m. ||°**-punkt** m. (s, e) époque f. ; moment m. ||°**-raffer** m. (s, -). FILM. accéléré m. | *im Zeitraffer*, en accéléré. ||°**-raum** m. (s, ¨e) laps (m.) de temps ; période f. ||°**-rechnung** f. chronologie f. ; ère f. ||°**-schalter** m. (s, -) interrupteur (m.) à minuterie ; minuterie f. ||°**-schrift** f. (-, en) périodique m. ; revue f. ||°**-spanne** f. (-, n) laps (m.) de temps. ||°**-stechen**

n. (s). SPORT., FAM. contre-la-montre m. ||°-**tafel** f. (-, n) table (f.) chronologique. ||°-**umstände** m. pl., °-**verhältnisse** n. pl. circonstances f. pl. ; conjoncture f. ||°-**unterschied** m. (s, e), °-**verschiebung** f. (-, en) décalage (m.) horaire. ||°-**verlust** m. (s, e) perte (f.) de temps. ||°-**vertrag** m. (s, ¨e) contrat (m.) à durée déterminée. ||°-**vertreib** m. (s, e) passe-temps m. ; amusement m. ; divertissement m. ||-**weilig** adj. temporaire ; intermittent ; provisoire. ||-**weise** adj. intermittent ; périodique ; temporaire. — adv. par moments ; périodiquement ; temporairement. ||°-**wort** n. (s, ¨er). GRAMM. verbe m. ||°-**zünder** m. (s, -) détonateur (m.) à retardement. ||°-**zone** f. (-, n) fuseau (m.) horaire.

Zeiten|folge [″tsaitən'fɔlgə] f. GRAMM. concordance (f.) des temps.

zeitig ['tsaitiç] adj. actuel ; qui arrive à temps. || BOT. hâtif.
◇ adv. tôt ; de bonne heure (souvent *rechtzeitig*, à temps). | *er kam zeitig an*, il arriva tôt.

zeitigen [-tigən] v. intr. et v. tr. mûrir ; porter à maturité.

zeitlich [-tliç] adj. temporel ; séculier ; périssable. | *das Zeitliche segnen*, rendre son âme à Dieu ; mourir.

Zeitung [-tuŋ] f. (-, en) journal m. ; gazette f. | *Wochenzeitung*, hebdomadaire m. | *Tageszeitung*, quotidien m.

Zeitungs|abnehmer [″tsaituŋs'apne:mər] m. (s, -) abonné (m.) d'un journal. ||°-**artikel** m. (s, -) article (m.) de journal. ||°-**ausschnitt** m. (s, e) coupure f. (de journal) ; extrait (m.) de presse. ||°-**austräger** m. (s, -) porteur (m.) de journaux. ||°-**ente** f. (-, n) fausse nouvelle ; FAM. canard m. ; bobard m. ||°-**frau** f. (-, en) marchande de journaux. ||°-**halter** m. (s, -) porte-journaux m. ||°-**händler** m. (s, -) dépositaire (m.) de journaux. ||°-**inserat** n. (s, e) annonce f. (dans un journal). ||°-**kiosk** m. (s, e), °-**stand** m. (s, ¨e) kiosque (m.) à journaux. ||°-**korrespondent** m. (en, en) correspondant (m.) d'un journal. ||°-**leser** m. (s, -) lecteur (m.) de journaux. ||°-**nachricht** f. (-, en) nouvelle f. ||°-**papier** n. (s, e) papier (m.) journal. ||°-**roman** m. (s, e) roman-feuilleton m. ||°-**vertrieb** m. (s) distribution (f.) de journaux. ||°-**wesen** n. (s) journalisme m. ||°-**wissenschaft** f. science (f.) du journalisme.

zelebrieren [tsele'bri:rən] v. tr. célébrer. | *das Hochamt zelebrieren*, chanter, célébrer la grand-messe.

Zell|faser [″tsɛl'fa:zər] f. (-, n) cellulose f. ||°-**gewebe** n. (s, -) tissu cellulaire, conjonctif. ||°-**haut** f. (-, ¨e). BIOL. membrane (f.) cellulaire. ||°-**kern** m. (s, e). BIOL. noyau m. ; nucléus m. ||°-**knoten** m. (s, -) nœud (m.) cellulaire. ||°-**körper** m. (s, -) corps (m.) cellulaire. ||°-**stoff** m. (s, e). ANAT. cellulose f. || ZOOL. protoplasme m. ||°-**wolle** f. laine artificielle, cellulosique ; fibranne f.

Zelle ['tsɛlə] f. (-, n) cellule f. ; cabine f. ; alvéole m. | *lichtelektrische Zelle*, cellule photoélectrique. || ÉLECTR. élément m.

zellen|förmig [″tsɛlən'fœrmiç] adj. alvéolé ; alvéoliforme ; cellulaire. ||°-**gewölbe** n. (s, -). ARCHIT. voûte réticulée. ||°-**haft** f. détention (f.) en cellule. ||°-**lehre** f. cytologie f.

zellig ['tsɛliç] adj. cellulé ; cellulaire.

Zellophan [tsɛlo'fa:n] n. (s). [Wz.] Cellophane f.

zellular [tsɛlu'la:r] adj. formé de cellules.

Zelluloid [tsɛlulo'i:d] n. (s). [Wz.] Celluloïd m.

Zellulose [tsɛlu'lo:zə] f. CHIM. cellulose f.

Zelt [tsɛlt] n. (s, e) tente f. | *ein Zelt aufschlagen*, dresser une tente. | *im Zelt schlafen*, coucher sous la tente. | *das Zelt abbauen*, défaire la tente.

Zelt|bahn [″tsɛlt'ba:n] f. (-, en) toile (f.) de tente. ||°-**boden** m. (s, ¨) tapis (m.) de sol. ||°-**bude** f. (-, n) tente (f.) de forain. ||°-**dach** n. (s, ¨er) toile (f.) de tente. || ARCHIT. toit (m.) en pavillon. ||°-**dorf** n. (s, ¨er) village (m.) de toile. ||°-**lager** n. (s, -) camp (m.) de tentes. ||°-**plane** f. (-, n) bâche (f.) imperméable. ||°-**platz** m. (es, ¨e) terrain (m.) de camping.

zelten ['tsɛltən] v. intr. camper.

Zelter ['tsɛltər] m. (s, -) haquenée f. ; palefroi m.

Zement [tse'mɛnt] m. (s, e) ciment m. | *schnell bindender Zement*, ciment à prise rapide. | *Zement anrühren*, gâcher du ciment. || ANAT. [Zahn] cément m.

Zement|arbeiter [tse″mɛnt'arbaitər] m. (s, -) cimentier m. ||°-**fabrik** f. (-, en) cimenterie f. ||°-**faserplatte** f. (-, n) dalle (f.), plaque (f.) en fibrociment. ||°-**stahl** m. (s) acier cémenté.

zementieren [tsemɛn'ti:rən] v. tr. et v. intr. cimenter ; cémenter.

Zementierung [-ruŋ] f. TECHN. cémentation f.

Zenit(h) [tse'ni:t] m. et n. (s). [Scheitelpunkt ; Höhepunkt] zénith m. ; point vertical. || FIG. apogée m. | *die Sonne steht im Zenith*, le soleil est au zénith.

zensieren [tsɛn'zi:rən] v. tr. juger ; apprécier ; critiquer ; censurer. | *einen Schüler zensieren*, donner une note à un élève.

Zensor ['tsɛnzor] m. (s, en) censeur m.

Zensur [tsɛn'zu:r] f. (-, en). [Schule] note (f.) d'écolier ; bulletin (m.) de notes. || censure f.

Zentaur [tsɛn'taur] m. (en, en). MYTH. centaure m.

zentesimal [tsɛntezi'ma:l] adj. centésimal.

Zenti|gramm [tsɛnti'gram] n. (s, e) centigramme m. ||°-**liter** n. ou m. (s, -) centilitre m. ||°-**meter** n. ou m. (s, -) centimètre m.

Zentner ['tsɛntnər] m. (s, -) quintal m. (100 livres). | *Doppelzentner*, cent kilos. | *zentnerschwer*, très lourd. | *eine Zentnerlast*, une charge écrasante.

zentral [tsɛn'tra:l] adj. central.

Zentral|bau [tsɛn″tra:l'bau] m. (s, ten) édifice (m.) à plan central. ||°-**einheit** f. (-, en). INF. unité centrale. ||°-**gewalt** f. (-, en). POLIT. pouvoir central. ||°-**heizung** f. chauffage central. ||°-**körperchen** n. (s, -). BIOL. centrosome m. ||°-**kraft** f. (-, ¨e). TECHN. force centripète. ||°-**verriegelung** f. (-, en) *Zentralverriegelung der Türen*, verrouillage central des portes. ||°-**verwaltung** f. administration centrale.

Zentrale [tsɛn'tra:lə] f. (-, n) station centrale ; centrale f. || TÉLÉPH. central m.

Zentralisation [-traliza'tsio:n] f., **Zentralisierung** [-tra:li'zi:ruŋ] f. centralisation f.

zentralisieren [-trali'zi:rən] v. tr. centraliser.

zentrieren [-tri:rən] v. tr. centrer.

zentrifugal [-trifu'ga:l] adj. centrifuge.

Zentrifugal|kraft [tsɛntrifu″ga:l'kraft] f. [Flieh-, Schwungkraft] force (f.) centrifuge.

Zentrifuge [tsɛntri'fu:gə] f. (-, n) centrifugeuse f. || écrémeuse f. || essoreuse f.

zentripetal [-pe'ta:l] adj. centripète. | *Zentripetalkraft*, force (f.) centripète.

Zentri|winkel [″tsɛntri'viŋkəl] m. (s, -). MATH. angle (m.) au centre.

Zentrum ['tsɛntrum] n. (s, tren). [Mittelpunkt ; Mitte] centre m. || POLIT. *Zentrumspartei*, parti (m.) du centre. || TECHN. *aus dem Zentrum bringen*, excentrer.

Zephyr ['tse:fy:r] m. (s, e). MYTH. Zéphire m. || GÉOGR. zéphyr m. (vent doux).

Zeppelin [tsɛpe'li:n] m. zeppelin m. ; dirigeable m.

Zepter ['tsɛptər] n. ou m. (s, -) sceptre m.

Zer [tsɛr] n. (s). CHIM. cérium m.

zer|beißen [tsɛr'baisən] (i, i) v. tr. briser avec les dents ; casser en mordant.

zer|bersten [tsɛr'bɛrstən] (a, o) v. intr. crever ; se rompre.

zer|beulen [tsɛr'bɔylən] v. tr. bosseler ; FAM. cabosser.

zer|brechen [tsɛr'brɛçən] (i, a, o) v. tr. casser ; briser ; mettre en morceaux. || FIG. *sich den Kopf zerbrechen*, se creuser la tête. — v. intr. se rompre ; se casser ; se briser. | *Glas zerbricht leicht*, le verre se brise facilement. ||**-brechlich** adj. [brüchig ; bröckelig] qui se casse, se brise ; cassant ; fragile ; FIG. frêle. ||°**-brechlichkeit** f. fragilité f.

zer|bröckeln [tsɛr'brøkəln] v. tr. réduire en miettes ; émietter. — v. intr. s'émietter ; s'effriter.

zer|drücken [tsɛr'drykən] v. tr. réduire ; écraser (en pressant, froissant) ; fracasser ; chiffonner.

zerebral [tsere'brɑ:l] adj. cérébral.

Zeremoniell [tseremoni'ɛl] n. (s, e) cérémonial m.

Zeremonie [-mo'ni:] f. (-, n) cérémonie f.

Zeremonien|meister [tsere"mo:niən'maistər] m. (s, -) maître (m.) de cérémonie.

zeremoniös [tseremoni'ø:s] adj. cérémonieux.

zer|fahren [tsɛr'fɑ:rən] adj. FIG. décousu ; incohérent. | *ein zerfahrenes Leben führen*, mener une vie dissipée. ||°**-fahrenheit** f. FIG. décousu m. ; incohérence f. ; dissipation f.

Zer|fall [tsɛr'fal] m. (s). [Auflösung ; Zerstückelung] décadence f. ; ruine f. ; désintégration f. ; décomposition f. | *Zerfall eines Reiches*, décadence d'un empire. || PHYS. désintégration f. ||**-fallen** (ä, ie, a) v. intr. se briser en tombant. || tomber en ruine ; se décomposer ; se délabrer ; FIG. tomber en décadence. || FIG. [sich teilen lassen] se diviser. | *der Vortrag zerfällt in zwei Teile*, l'exposé se divise en deux parties.
◇ part. pass. **zerfallen.** *mit der Welt zerfallen sein*, avoir rompu avec le monde.

zer|fasern [tsɛr'fɑ:zərn] v. tr. et v. pr. effiler ; s'effilocher.

zer|fetzen [tsɛr'fɛtsən] v. tr. mettre en pièces, en lambeaux ; déchirer ; déchiqueter ; lacérer.

zer|fleischen [tsɛr'flaiʃən] v. tr. (di)lacérer ; déchirer ; hacher.

zer|fließen [tsɛr'fli:sən] (o, o) v. intr. s'écouler. || [flüssig werden] se liquéfier ; tomber en déliquescence. || FIG. *in Tränen zerfließen*, fondre en larmes.

zer|fressen [tsɛr'frɛsən] (i, a, e) v. tr. ronger ; corroder. | *zerfressend*, corrosif ; septique.

zer|furcht [tsɛr'furçt] adj. *ein zerfurchtes Gesicht*, un visage ridé.

zer|gehen [tsɛr'ge:ən] (zerging, zergangen) v. intr. fondre ; se liquéfier.

zer|gliedern [tsɛr'gli:dərn] v. tr. décomposer ; analyser. || ANAT. disséquer. ||°**-gliederung** f. (-, en) analyse f. ; décomposition f. || ANAT. dissection f. ; vivisection f. | *Zergliederungsmesser*, scalpel m.

zer|hacken [tsɛr'hakən] v. tr. couper (en morceaux) ; hacher.

zer|hauen [tsɛr'hauən] (ie, au) v. tr. couper en morceaux ; dépecer ; hacher.

Zerium ['tse:rium] n. (s). CHIM. cérium m.

zer|kauen [tsɛr'kauən] v. tr. broyer (avec les dents) ; mâcher.

Zer|kleinerer [tsɛr'klainərər] m. (s, -). TECHN. déchiqueteur m.

zer|kleinern [tsɛr'klainərn] v. tr. réduire en petits morceaux ; broyer ; briser ; concasser. ||°**-kleinerung** f. (-, en) réduction f. ; broyage m. ; concassage m. | *Zerkleinerungsmaschine*, concasseur m. ; broyeur m.

zer|klüftet [tsɛr'klyftət] adj. fissuré ; crevassé.

zer|knirscht [tsɛr'knirʃt] adj. contrit ; désolé ; abattu. ||°**-knirschtheit** f., °**-knirschung** f. contrition f. ; déchirement m.

zer|knittern [tsɛr'knitərn] v. tr. froisser ; chiffonner ; friper.

zer|knüllen [tsɛr'knylən] v. tr. froisser ; chiffonner ; rouler en boule.

zer|kochen [tsɛr'kɔxən] v. intr. et v. tr. se réduire en bouillie ; faire trop cuire.

zer|kratzen [tsɛr'kratsən] v. tr. écorcher ; égratigner.

zer|krümeln [tsɛr'kryməln] v. tr., intr. et v. pr. émietter.

zer|lassen [tsɛr'lasən] (ä, ie, a) v. tr. faire fondre. | *Butter zerlassen*, faire fondre du beurre.

zer|legbar [tsɛr'le:kbɑ:r] adj. démontable. | *zerlegbare Maschine*, machine (f.) démontable. || CHIM. décomposable. ||**-legen** v. tr. décomposer ; analyser ; démonter. ||°**-legung** f. (-, en) décomposition f. ; démontage m. ; analyse f. ; division f.

zer|lesen [tsɛr'le:zən] part. pass. et adj. usé (à force d'être lu) ; fatigué.

zer|lumpt [tsɛr'lumpt] adj. déguenillé ; en guenilles ; en loques.

zer|mahlen [tsɛr'mɑ:lən] v. tr. moudre ; broyer.

zer|malmen [tsɛr'malmən] v. tr. broyer ; écraser ; pulvériser ; anéantir.

zer|mürben [tsɛr'myrbən] v. tr. briser ; désagréger ; user. | *Zermürbungskrieg*, guerre (f.) d'usure.
◇ **zermürbt** adj. épuisé ; fatigué ; affaibli ; à bout de résistance.

zer|pflücken [tsɛr'pflykən] v. tr. déchirer ; effeuiller. || FIG. *einen Text zerpflücken*, disséquer un texte.

zer|platzen [tsɛr'platsən] v. intr. crever ; éclater ; faire explosion. | *der Luftballon ist zerplatzt*, le ballon (en baudruche) a crevé.

zer|quetschen [tsɛr'kvɛtʃən] v. tr. broyer ; meurtrir ; écraser. ||°**-quetschung** f. (-, en) écrasement m.

zer|raufen [tsɛr'raufən] v. tr. déchirer en arrachant. | *mit zerrauftem Haar*, échevelé.

zer|reiben [tsɛr'raibən] (ie, ie) v. tr. broyer ; pulvériser. ||°**-reibung** f. (-, en) broyage m.

zer|reißen [tsɛr'raisən] (i, i) v. tr. et v. pr. déchirer ; casser ; rompre ; déchiqueter ; écorcher. | *ein Blatt Papier zerreißen*, déchirer une feuille de papier. | *die Fesseln zerreißen*, rompre ses liens. | *der Tiger zerreißt seine Beute*, le tigre déchire sa proie. || FIG. *das zerreißt mir das Herz*, cela me déchire le cœur.
◇ v. intr. se déchirer ; se briser ; casser. | *der Faden zerreißt*, le fil casse.

Zerreiß|festigkeit [tsɛr"rais'fɛstiçkait] f. résistance (f.) à la rupture. ||°**-grenze** f. (-, n) limite (f.) de rupture.

zerren ['tsɛrən] v. tr. et v. intr. tirer avec violence ; tirailler ; arracher. | *am Ärmel zerren*, tirer par la manche. | *jn aus dem Bett, aus dem Schlafe zerren*, arracher qn de son lit.

Zerr|bild ['tsɛrbilt] n. (s, er) caricature f. ; charge f. ||°**-spiegel** m. (s, -) glace déformante.

zer|rinnen [tsɛr'rinən] (a, o) v. intr. s'écouler ; se

fondre. || FIG. s'évanouir ; se dissiper. | *das Geld zerrinnt ihm zwischen den Fingern*, il gaspille tout son argent. | *seine Träume zerrinnen*, ses rêves s'envolent.

zer|rissen [tsɛr'risən] adj. déchiré. ||°**-rissenheit** f. déchirement m. ; division f. ; discorde f.

zer|rühren [tsɛr'ry:rən] v. tr. délayer ; brouiller (en remuant).

Zerrung ['tsɛruŋ] f. (-, en) tiraillements m. pl. || FIG. taquinerie f. ; désunion f. || MÉD. *Muskelzerrung*, froissement (m.) d'un muscle. || SPORT. claquage m.

zer|rütten [tsɛr'rytən] v. tr. ruiner ; désorganiser ; disloquer ; détraquer ; délabrer. | *sich die Gesundheit zerrütten*, se ruiner la santé. | *die Finanzen zerrütten*, ruiner, désorganiser les finances. | *zerrüttete Ehe*, ménage désuni. ||°**-rüttung** f. dislocation f. ; désordre m. ; désunion f. ; désorganisation f.

zer|sägen [tsɛr'zɛ:gən] v. tr. couper (en sciant) ; scier ; débiter à la scie.

zer|schellen [tsɛr'ʃɛlən] v. intr. se briser ; voler en éclats ; déferler. | *das Flugzeug zerschellte am Boden*, l'avion s'écrasa au sol. | *die Wellen zerschellen an der Küste*, les vagues déferlent, se brisent contre la falaise.

zer|schießen [tsɛr'ʃi:sən] (o, o) v. tr. trouer ; percer ; cribler (de balles) ; pilonner. | *eine Kugel zerschoß ihm den Arm*, une balle lui déchiqueta le bras.

zer|schlagen [tsɛr'ʃla:gən] (ä, u, a) v. tr. mettre en pièces ; fracasser. | *jn zerschlagen*, rouer qn de coups. || FIG. *ganz zerschlagen sein*, être éreinté. || MIL. *einen Angriff zerschlagen*, briser une attaque.
◇ v. pr. **sich zerschlagen,** FIG. échouer ; être réduit à néant.

Zer|schlagenheit [tsɛr'ʃla:gənhait] f. courbatures f. pl.

Zer|schlagung [-'ʃla:guŋ] f. (-, en) destruction f.

zer|schlissen [tsɛr'ʃlisən] adj. [Kleid] usé ; râpé.

zer|schmelzen [tsɛr'ʃmɛltsən] (i, o, o) v. intr. fondre.

zer|schmettern [tsɛr'ʃmɛtərn] v. tr. et v. intr. fracasser ; écraser ; s'écraser ; être fracassé.

zer|schneiden [tsɛr'ʃnaidən] (zerschnitt, zerschnitten) v. tr. couper en morceaux ; découper. || FIG. *das zerschneidet mir das Herz*, cela me fend le cœur.

zer|setzen [tsɛr'zɛtsən] v. tr. décomposer ; dissoudre ; analyser. | *durch Elektrolyse zersetzen*, électrolyser. || FIG. *die Moral zersetzen*, démoraliser. — v. pr. **sich zersetzen,** se décomposer. ||**-setzbar** adj. décomposable ; réductible ; soluble. ||°**-setzung** f. décomposition f. ; électrolyse f. ; désagrégation f. || PAR EXT. corruption f.

Zer|siedlung [tsɛr'zi:dluŋ] f. (-, en) mitage m.

zer|spalten [tsɛr'ʃpaltən] v. tr. et v. pr. fendre. V. SPALTEN. ||°**-spaltung** f. (-, en) division f. ; scission f.

zer|splittern [tsɛr'ʃplitərn] v. tr. fendre ; faire voler en éclats. | *seine Kräfte zersplittern*, disperser ses efforts ; se disperser. — v. intr. et v. pr. voler en éclats ; se briser en éclats ; éclater. || FIG. *die Volkspartei zersplitterte (sich)*, le parti populiste a éclaté. ||°**-splitterung** f. (-, en) éclatement m. ; fragmentation f. || MÉD. fracture comminutive. || FIG. dispersion f. ; éparpillement m.

zer|sprengen [tsɛr'ʃprɛŋən] v. tr. faire éclater ; faire sauter ; faire exploser. || FIG. disperser. | *eine Menschensammlung zersprengen*, disperser un attroupement. ||°**-sprengung** f. (-, en) dispersion f. ; éparpillement m.

zer|springen [tsɛr'ʃpriŋən] (a, u) v. intr. crever ; exploser ; voler en éclats ; se briser ; se rompre. | *die Fensterscheibe zersprang*, la vitre vola en éclats. | *es friert, daß die Steine zerspringen*, il gèle à pierre fendre. || FIG. *das Herz will mir zerspringen*, mon cœur se fend.

zer|stampfen [tsɛr'ʃtampfən] v. tr. broyer ; concasser ; piler. | *unter, mit den Füßen zerstampfen*, fouler aux pieds ; piétiner. | *zu Pulver zerstampfen*, réduire en poudre ; pulvériser.

zer|stäuben [tsɛr'ʃtɔybən] v. tr. réduire en poussière ; pulvériser ; atomiser ; FIG. disperser. || MÉD. nébuliser. ||°**-stäuber** m. (s, -) pulvérisateur m. ; atomiseur m. ; vaporisateur m. || MÉD. nébuliseur m. ||°**-stäubung** f. pulvérisation f. ; désintégration f.

zer|stechen [tsɛr'ʃtɛçən] (i, a, o) v. tr. percer ; perforer. || [Insekt] *ganz zerstochen sein*, être couvert de piqûres.

zer|stieben [tsɛr'ʃti:bən] (o, o) v. intr. tomber en poussière ; se pulvériser. || FIG. se disperser. | *die Menge zerstob in alle Winde*, la foule se dispersa dans toutes les directions.

zer|stören [tsɛr'ʃtø:rən] v. tr. [vernichten] détruire ; démolir ; ravager ; dévaster ; anéantir ; raser. || [niederwerfen] abattre ; renverser ; briser. ||**-störbar** adj. destructible. ||**-störend** adj. destructeur ; destructif ; FIG. subversif. | *von zerstörender Wirkung sein*, avoir un effet destructeur. ||°**-störer** m. (s, -) destructeur m. ; dévastateur m. || MAR. destroyer m. ; contre-torpilleur m. ||**-störerisch** adj. destructeur ; dévastateur ; subversif.

Zer|störung [tsɛr'ʃtø:ruŋ] f. (-, en) destruction f. ; démolition f. ; ruine f. ; anéantissement m. ; dévastation f.

Zerstörungs|wut [tsɛr"ʃtø:ruŋs'vu:t] f. folie (f.) de la destruction ; vandalisme m.

zer|stoßen [tsər'ʃto:sən] (ö, ie, o) v. tr. piler ; concasser ; broyer. | *Salz zerstoßen*, piler du sel.

zer|streuen [tsɛr'ʃtrɔyən] v. tr. **1.** disperser ; éparpiller ; disséminer ; dissiper. | *der Wind hat die Blätter zerstreut*, le vent a dispersé les feuilles. || FIG. *js Zweifel zerstreuen*, dissiper les doutes de qn. || TECHN. disperser ; diffuser. | *Licht zerstreuen*, diffuser de la lumière.
2. FIG. distraire ; divertir ; amuser. | *einen Kranken zerstreuen*, divertir un malade.
◇ v. pr. **sich zerstreuen,** se disperser. || FIG. se distraire ; se divertir ; s'amuser.

zer|streut [-'ʃtrɔyt] part. pass. et adj. **1.** [auseinanderliegend] dispersé ; éparpillé ; disséminé.
2. [unaufmerksam] dissipé ; distrait.
3. TECHN. diffus ; dispersé.

Zer|streutheit [-'ʃtrɔythait] f. [Unaufmerksamkeit] distraction f. ; inattention f.

Zer|streuung [-'ʃtrɔyuŋ] f. (-, en). **1.** distraction f. ; diversion f. ; divertissement m.
2. éparpillement m. ; dispersion f.
3. PHYS. diffusion f. (de la lumière) ; divergence f.

Zerstreuungs|linse [tsɛr"ʃtrɔyuŋs'linzə] f. (-, n). PHYS. lentille divergente. ||°**-punkt** m. (s, e). PHYS. point (m.) de divergence ; foyer virtuel.

zer|stückeln [tsɛr'ʃtykəln] v. tr. et v. pr. mettre en morceaux ; couper ; dépecer ; diviser ; morceler. ||°**-stückelung** f. (-, en) division f. ; morcellement m.

zer|teilbar [tsɛr'tailba:r] adj. divisible. ||°**-teilbarkeit** f. divisibilité f. ||**-teilen** v. tr. diviser ; partager ; fractionner ; décomposer. | *in Brüche zerteilen*, fractionner. || CHIM. *in seine Bestandteile zerteilen*, décomposer. || MÉD. *eine Geschwulst zerteilen*, résoudre une tumeur. — v. pr. **sich zerteilen,** se diviser ; se partager. | *sich in Äste zerteilen*, se ramifier. ||**-teilend** adj. dissolvant ; résolvant. ||°**-teilung** f. (-, en) division f. ; fractionnement m. || MÉD. résolution f.

Zertifikat [tsɛrtifi'kɑ:t] n. (s, e). [Zeugnis] certificat m.

zer|trampeln [tsɛr'trampəln] v. tr. écraser ; piétiner.

zer|trennen [tsɛr'trɛnən] v. tr. et v. pr. (se) séparer ; (se) disloquer ; (se) découdre. || FIG. désunir ; séparer. ||°**-trennung** f. (-, en) séparation f. ; disjonction f.

zer|treten [tsɛr'tre:tən] (i, a, e) v. tr. écraser (du pied) ; fouler (aux pieds) ; piétiner.

zer|trümmern [tsɛr'trymərn] v. tr. démolir ; ruiner ; anéantir. ||°**-trümmerung** f. (-, en) démolition f. ; destruction f. ; dévastation f. ; anéantissement m.

Zervelat|wurst [tsɛrvə"lɑ:t'vurst] f. (-, ¨e) cervelas m.

zer|wühlen [tsɛr'vy:lən] v. tr. fouiller ; mettre en désordre ; bouleverser.

Zer|würfnis [tsɛr'vyrfnis] n. (ses, se) discorde f. ; désaccord m. ; brouille f. | *eheliches Zerwürfnis*, désunion (f.) des époux.

zer|zausen [tsɛr'tsauzən] v. tr. ébouriffer ; tirailler. | *jm das Haar zerzausen*, décoiffer ; ébouriffer qn.

zer|zupfen [tsɛr'tsupfən] v. tr. effilocher.

Zession [-'sio:n] f. (-, en) cession f. | *Zessionsurkunde*, acte (m.) de cession.

Zessionär [-sio'nɛ:r] m. (en, en) cessionnaire m. ; cédant m.

Zeter ['tse:tər] m. ou n. (s). *Zeter und Mordio schreien*, jeter les hauts cris ; FAM. glapir ; brailler. | *Zetergeschrei*, cris stridents ; tollé m.

zetern [-tərn] v. intr. jeter les hauts cris.

Zettel ['tsɛtəl] m. (s, -). [Notizblatt] fiche f. ; billet m. | *(Anschlage)zettel*, papillon m. ; prospectus m. ; étiquette f. ; bulletin m.

Zettel|kartei ["tsɛtəlkar'tai] f. (-, en), °**-kasten** [-'kastən] m. (s, -) fichier m. ; boîte (f.) à fiches.

Zeug [tsɔyk] n. (s, e) [souvent deuxième terme dans les noms composés désignant des outils ou ayant valeur de collectifs]. **1.** [Gerät] outil(s) m. (pl.) ; instruments m. pl. ; équipement m. ; matériel m. ; ustensiles m. pl. | *Grünzeug*, légumes m. pl. || FIG. *sich ins Zeug legen, werfen*, faire de gros efforts ; payer de sa personne. | *scharf ins Zeug gehen*, procéder de façon radicale, sans égards.

2. [Stoff ; Gewebe] étoffe f. ; tissu m. || FIG. *das Zeug zu etwas haben*, avoir l'étoffe de. | *jm am Zeuge flicken*, faire des reproches à qn ; faire du tort, nuire à qn. | *was das Zeug hält*, à tout rompre ; à bride abattue ; tant et plus.

3. LOC. *allerhand Zeug(s)*, toutes sortes de choses. | *ungereimtes Zeug zusammenschwatzen*, dire des balivernes. | *dummes Zeug*, bêtises f. pl.

Zeug|haus ["tsɔyk'haus] n. (es, ¨er) arsenal m. ||°**-meister** m. (s, -). MIL. chef (m.) du matériel.

Zeuge ['tsɔygə] m. (n, n), **Zeugin** [-gin] f. (-, nen) témoin m. | *Zeuge eines Unfalls sein*, être témoin d'un accident. | *als Zeuge auftreten*, servir de témoin ; porter témoignage. | *als Zeuge aussagen*, témoigner. | *als Zeuge (vor)laden*, citer comme témoin. | *Zeugen stellen*, produire des témoins. | *einen Zeugen ablehnen*, récuser un témoin. | *vor Zeugen*, devant témoins. | *falscher Zeuge*, faux témoin. | *Zeugen der Vergangenheit*, témoins du passé. || LOC. *den Himmel zum Zeugen anrufen*, prendre le ciel à témoin.

Zeugen|aussage ["tsɔygən'auszɑ:gə] f. (-, n) déposition (f.) des témoins. | *falsche Zeugenaussage*, faux témoignage. ||°**-beeinflussung** f. subornation (f.) de témoins. ||°**-berichte** m. pl. témoignages m. pl. | *wie die Zeugenberichte besagen*, d'après les témoignages. ||°**-beweis** m. (es, e) preuve testimoniale. ||°**-verhör** n. (s, e), °**-vernehmung** f. (-, en) audition (f.) de témoins.

zeugen ['tsɔygən] v. tr. engendrer ; procréer ; produire. | *Kinder zeugen*, engendrer des enfants. || MATH. engendrer.

◇ v. intr. témoigner, déposer ; donner la preuve de. | *das zeugt von seiner Kraft*, c'est une preuve de sa force.

Zeugma ['tsɔykma] n. (s). GRAMM. zeugma m.

Zeugnis ['tsɔyknis] n. (ses, se). **1.** [Zeugenaussage] témoignage m. ; déposition f. | *Zeugnis ablegen*, témoigner ; porter témoignage.

2. [Bescheinigung] certificat m. ; attestation f. ; bulletin m. | *jm ein Zeugnis ausstellen*, délivrer à qn un certificat. | *ärztliches Zeugnis*, certificat médical.

Zeugung ['tsɔyguŋ] f. (-, en) génération f. ; procréation f. ; engendrement m.

Zeugungs|akt ["tsɔyguŋs'akt] m. (s, e) acte (m.) de procréation. ||**-fähig** adj. apte à procréer ; prolifique. ||°**-kraft** f. pouvoir (m.), puissance (f.) de procréation. ||°**-reife** f. puberté f. ||°**-trieb** m. (s) instinct (m.) de reproduction. ||**-unfähig** adj. impuissant ; stérile.

Zeus [tsɔys] n. pr. m. MYTH. Zeus m. ; Jupiter m.

z. H. abrév. de **zu Händen,** en mains propres ; personnellement.

Zichorie [tsi'ço:riə] f. (-, n). BOT. [Wegwarte] chicorée (f.) sauvage. || CULIN. [Kaffeezusatz] chicorée f.

Zicke ['tsikə] f. (-, n). [Geiß] chèvre f. ; femelle (f.) du chevreuil ; FAM. bique f. || FIG., FAM. *Zicken machen*, jouer des tours ; faire des siennes.

Zicklein ['tsiklain] n. (s, -). ZOOL. chevreau m. ; cabri m.

Zickzack ['tsiktsak] m. (s, e) zigzag m. | *Zickzacklinie*, ligne (f.) en zigzag.

Ziege ['tsi:gə] f. (-, n) chèvre f. || FIG., FAM. *eine dumme Ziege*, une sotte.

Ziegen|bart ["tsi:gən'bɑ:rt] m. (s, ¨e) barbe (f.) de chèvre. || [Kinnbärtchen] impériale f. ; barbichette f. ; FAM. bouc m. || BOT. clavaire f. ||°**-bock** m. (s, ¨e). ZOOL. bouc m. ||°**-käse** m. (s) fromage (m.) de chèvre. ||°**-leder** n. (s) [cuir de] chevreau m. ||°**-milch** f. lait (m.) de chèvre. ||°**-peter** m. (s). MÉD. [Mumps] oreillons m. pl. ; parotidite f.

Ziegel ['tsi:gəl] m. (s, -). **1.** brique f.

2. [Dachziegel] tuile f.

Ziegel|bau ["tsi:gəl'bau] m. (s, ten) construction (f.) en briques. ||°**-dach** n. (s, ¨er) toit couvert en tuiles. ||°**-farbe** f. couleur (f.) rouge brique. ||°**-ofen** m. (s, ¨) four (m.) à briques. ||°**-stein** m. (s, e) brique f.

Ziegelei [tsi:gə'lai] f. (-, en) briqueterie f. ; tuilerie f.

Zieh|bank ['tsi:bank] f. (-, ¨e) banc (m.) de tréfilerie. ||°**-brücke** f. (-, n) pont-levis m. ||°**-brunnen** m. (s, -) puits (m.) à chaîne, à poulie. ||°**-eisen** n. (s, -). TECHN. filière (f.) à tirer. ||°**-eltern** m. pl. parents adoptifs. ||°**-harmonika** f. (-, s ou ken) accordéon m. ||°**-kind** n. (s, er). [Pflegekind] enfant adoptif.

ziehen ['tsi:ən] (zog, gezogen).

I. v. tr. **1.** [fortbewegen] tirer ; traîner ; entraîner.
2. [in eine bestimmte Richtung bewegen] tirer ; entraîner ; amener ; attirer.
3. [dehnen ; strecken] étirer ; (é)tendre ; allonger.
4. [herausziehen ; fördern ; erlangen] tirer ; retirer ; enlever ; extraire ; gagner.
5. [zeichnen ; entwerfen] tirer ; tracer.
6. [erziehen ; züchten] élever ; cultiver.
II. v. intr. **1.** [sich fortbewegen] aller ; passer ; partir.
2. [mit Ziel] aller ; se rendre ; se diriger.
3. [umziehen] s'établir ailleurs ; changer de résidence.
4. [anziehen] opérer ; faire effet ; faire impression.
5. Loc.
III. v. pr. **sich ziehen. 1.** [sich wegbewegen] s'en aller ; se tirer de.
2. [sich erstrecken] s'étendre ; se prolonger.
IV. v. impers.

I. v. tr. **1.** [fortbewegen] tirer ; traîner ; entraîner. | *einen Wagen ziehen*, tirer une voiture. | *jn an den Haaren ziehen*, tirer les cheveux à qn. | *jn am Rock ziehen*, tirer qn par le pan de son habit. | *jn vor Gericht ziehen*, traîner qn devant les tribunaux. | *das zieht schlimme Folgen nach sich*, cela aura des conséquences fâcheuses. | *alle Register ziehen*, tirer, sortir tous les registres (de l'orgue) ; FIG. utiliser tous les moyens.
2. [in eine bestimmte Richtung bewegen] tirer ; entraîner ; amener ; attirer. | *jn zu Boden ziehen*, faire tomber qn. | *etwas in die Höhe ziehen*, tirer qch. vers le haut ; hisser qch. | *jn an die Seite ziehen*, prendre qn à l'écart, à part. || FIG. *jn in, durch den Schmutz ziehen*, traîner qn dans la boue. | *jn ins Verderben ziehen*, entraîner qn dans le malheur. | *jn in ein Geheimnis ziehen*, mettre qn dans le secret. | *die Blicke auf sich ziehen*, attirer les regards sur soi. | *js Zorn auf sich ziehen*, s'attirer la colère de qn. | *etwas ins Lächerliche ziehen*, tourner qch. en ridicule. | *etwas in Betracht ziehen*, prendre qch. en considération. | *in Erwägung ziehen*, envisager ; prendre en considération. | *jn zur Rechenschaft, zur Verantwortung ziehen*, demander, faire rendre compte à qn. | *jn zu Rate ziehen*, demander conseil à qn.
3. [dehnen ; strecken] étirer ; (é)tendre ; allonger. *eine Rede in die Länge ziehen*, tirer un discours en longueur. | *die Endsilben ziehen*, allonger les finales. || TECHN. *Draht ziehen*, tréfiler. | [mit Rinnen versehen] *ein Gewehr mit gezogenem Lauf*, un fusil à canon rayé.
4. [herausziehen ; fördern ; erlangen] tirer ; retirer ; enlever ; extraire ; gagner. | *einen Zahn ziehen*, extraire une dent. | *den Degen ziehen*, tirer l'épée ; dégainer. | *einen Holzsplitter aus dem Finger ziehen*, retirer, enlever une écharde du doigt. | *Wasser ziehen*, tirer, puiser de l'eau. | *meine Schuhe ziehen Wasser*, mes chaussures prennent l'eau. | *Wein auf Flaschen ziehen*, mettre du vin en bouteilles. | *das große Los ziehen*, gagner le gros lot. | *eine gute Nummer ziehen*, tirer un bon numéro. || MATH. *die Wurzel aus einer Zahl ziehen*, extraire la racine d'un nombre. || FIG. *den kürzeren ziehen*, avoir le dessous. | *den Kopf aus der Schlinge ziehen*, se tirer d'affaire. | *die Lehre (aus etwas) ziehen*, dégager la leçon (de qch.). | *Nutzen aus etwas ziehen*, tirer profit de qch. | *einen Vorteil aus etwas ziehen*, tirer avantage de qch. | *die Konsequenzen, die Folgerungen ziehen*, tirer les conséquences.
5. [zeichnen ; entwerfen] tirer ; tracer. | *einen Strich, einen Kreis ziehen*, tirer un trait ; tracer un cercle. | *einen Graben ziehen*, creuser un fossé. | *eine Mauer um ein Grundstück ziehen*, élever un mur autour d'une propriété. || FIG. *einen Vergleich ziehen*, établir une comparaison. | *Gesichter, Fratzen ziehen*, faire des grimaces. || MATH. *eine Senkrechte ziehen*, élever une perpendiculaire. || COMM. *einen Wechsel auf jn ziehen*, tirer une traite sur qn. | *eine Bilanz ziehen*, dresser un bilan.
6. [erziehen ; züchten] élever ; cultiver. | *Pfirsiche ziehen*, cultiver des pêchers.
II. v. intr. **1.** [sich fortbewegen] aller ; passer ; partir. | *Wolken ziehen am Himmel*, des nuages passent dans le ciel. | *über die Brücke ziehen*, traverser le pont. | *laßt ihn ziehen !*, laissez-le partir ; qu'il s'en aille ! | *seines Weges ziehen*, aller son chemin.
2. [mit Ziel] aller ; se rendre ; se diriger. | *die Schwalben ziehen in wärmere Länder*, les hirondelles partent pour des pays plus chauds. | *in die weite Welt ziehen*, partir dans le vaste monde. | *in den Krieg, ins Feld ziehen*, partir pour la guerre. | *durch das Land ziehen*, traverser le pays. | *auf Wache, auf Posten ziehen*, (aller) prendre la garde. || FIG. *gegen jn zu Felde ziehen*, partir en campagne contre qn.
3. [umziehen] s'établir ailleurs ; changer de résidence. | *in die Stadt ziehen*, aller s'établir en ville. | *zu den Kindern ziehen*, aller demeurer chez ses enfants.
4. [anziehen] opérer ; faire effet ; faire impression. | *die neue Wintermode zieht*, la nouvelle mode d'hiver a du succès. | *dieser Trick zieht nicht mehr*, c'est un truc usé ; FAM. ça ne prend plus.
5. Loc. *der Ofen zieht*, le poêle tire bien, a du tirage. | *den Tee ziehen lassen*, laisser infuser le thé. | *in Lake ziehen*, mariner. || [Schach] *mit dem Springer ziehen*, jouer le cavalier.
III. v. pr. **sich ziehen. 1.** [sich wegbewegen] s'en aller. | *das Gewitter zieht sich nach Norden*, l'orage s'en va vers le nord. | *sich rechtzeitig aus einer heiklen Affäre ziehen*, se tirer à temps d'une affaire fâcheuse.
2. [sich erstrecken] s'étendre ; se prolonger. | *die Ebene zieht sich bis zum Fluß*, la plaine s'étend jusqu'à la rivière. | *die Vorstellung zog sich (in die Länge)*, la représentation traînait en longueur.
IV. v. impers. *es zieht ihn nach Süden*, il est attiré par le Midi ; il garde la nostalgie du Midi. | *es zieht hier*, il y a un courant d'air (ici). | *es zieht mir im rechten Arm*, j'ai des douleurs, des tiraillements dans le bras droit. | *ziehender Schmerz*, douleur lancinante.

Ziehen ['tsi:ən] n. (s) tirage m. ; traction f. || [Zug] passage m. ; marche f. || [Zucht] élevage m.

Zieher [-ər] m. (s, -) celui qui tire, qui traîne. || FIN. tireur (m.) d'une traite. || [Billard] effet (donné à une boule).

Ziehung [-uŋ] f. (-, en) tirage m. (au sort). | *Ziehung der Lotterie*, tirage de la loterie.

Ziel [tsi:l] n. (s, e). **1.** but m. | *Ziel(punkt)*, but m. ; cible f. ; objectif m. | *das Ziel treffen*, toucher, atteindre le but. | *mitten ins Ziel treffen*, faire mouche. | *das Ziel verfehlen*, manquer, rater le but. || FIG. *übers Ziel schießen*, exagérer ; dépasser les bornes.
2. [Zweck] but m. ; fin f. ; visées f. pl. | *das Ziel einer Reise*, le but d'un voyage. | *am Ziel ankommen, angelangen*, arriver, toucher au but. | *sich ein Ziel setzen*, se fixer un but. | *ein Ziel verfolgen*, poursuivre un but. | *auf sein Ziel lossteuern*, aller droit au but ; FIG. aller droit au fait. | *ohne Zweck und Ziel*, sans but ; au hasard. | *sein Ziel erreichen*, arriver, parvenir à ses fins. || SPORT. *als erster durchs Ziel gehen*, arriver le premier ; franchir le premier la ligne d'arrivée.
3. [Frist ; Termin] terme m. ; échéance f. | *auf Ziel verkaufen*, vendre à terme. | *mit kurzem Ziel*, à courte, à brève échéance. | *auf drei Monate Ziel*, à trois mois

(d'échéance). || FIG. *seinem Leben wurde ein frühes Ziel gesetzt*, sa vie a été brève.

Ziel|angabe ["tsi:l'angɑ:bə] f. indication (f.) de l'objectif. ||°-**bahnhof** m. (s, ¨e) gare (f.) d'arrivée. ||-**bewußt** adj. qui sait ce qu'il veut ; conscient du but à atteindre ; énergique. ||°-**fernrohr** n. (s, e) lunette (f.) de visée. ||°-**gruppe** f. (-, n). COMM. groupe ciblé. | *eine Zielgruppe ansprechen*, cibler un groupe. ||°-**kugel** f. (-, n) [jeu de boule] cochonnet m. ||°-**linie** f. (-, n). MIL. ligne (f.) de mire. || SPORT. ligne (f.) d'arrivée. ||-**los** adj. sans but. ||°-**punkt** m. (s, e) point (m.) de mire ; objectif m. ||°-**richter** m. (s, -). SPORT. juge (m.) à l'arrivée. ||°-**scheibe** f. (-, n) cible f. || FIG. *die Zielscheibe des Spottes sein*, être en butte aux railleries ; FAM. être le plastron (des moqueries). ||-**strebig** adj. qui connaît son but ; qui poursuit son but avec zèle. ||°-**strebigkeit** f. ambition soutenue. ||-**suchend** adj. *zielsuchende Rakete*, fusée (f.) à tête chercheuse. ||°-**suchkopf** m. (s, ¨e) tête chercheuse (de fusée). ||°-**vorrichtung** f. (-, en) dispositif (m.) de pointage.

zielen ['tsi:lən] v. intr. **1.** viser ; pointer. | *auf jn zielen*, mettre qn en joue. | *nach einem Vogel zielen*, viser un oiseau.

2. FIG. aspirer, viser (à qch) ; FAM. viser (qn). | *das war auf mich gezielt*, c'est à moi que cela s'adresse ; FIG. c'est une pierre dans mon jardin. | *worauf zielt er (hinaus)?*, où veut-il en venir ?

ziemen ['tsi:mən] v. impers. et v. pr. [geziemen] convenir ; être convenable ; être de mise. | *es ziemt sich, daß*, il convient de.

ziemlich ['tsi:mliç] adj. passable ; assez important. | *ein ziemliches Vermögen*, une fortune assez considérable. || [angemessen] convenable.

◇ adv. [nicht wenig ; beinahe ; fast] assez ; passablement ; à peu près. | *ziemlich groß*, assez grand. | *ziemlich viel Geld*, passablement d'argent. | *ziemlich gut*, assez bien. | *ziemlich oft*, assez souvent.

Zier [tsi:r] f. [Zierde] ornement m.

Zier|fisch ['tsi:rfiʃ] m. (es, e) poisson (m.) d'agrément. ||°-**garten** m. (s, ¨) jardin (m.) d'agrément. ||°-**giebel** m. (s, -) fronton m. ||°-**kappe** f. (-, n). AUTOM. enjoliveur m. ||°-**leiste** f. (-, n) moulure f. ; baguette f. || TYPOGR. fleuron m. ||°-**pflanze** f. (-, n) plante (f.) d'agrément, d'ornement. ||°-**puppe** f. (-, n) mijaurée f. ; minaudière f. ||°-**schrift** f. lettres historiées. ||°-**stück** n. (s, e) ornement m. || TYPOGR. vignette f. ||°-**werk** n. (s) ornementation f.

Zierat ['tsi:rɑ:t] m. (s, e) ornement m. ; décoration f. ; enjolivure f.

Zierde ['tsi:rdə] f. (-, n) ornement m. ; parure f. ; décoration f. | *zur Zierde dienen*, orner.

zieren ['tsi:rən] v. tr. orner ; décorer ; parer ; enjoliver ; agrémenter.

◇ v. pr. **sich zieren,** faire des manières ; minauder ; faire la précieuse.

Ziererei [tsi:rə'rai] f. (-, en). [Vornehmtuerei] affectation f. ; préciosité f. ; simagrées f. pl.

zierlich ['tsi:rliç] adj. élégant ; gracieux ; gentil ; mignon.

Zierlichkeit [-kait] f. (-, en) élégance f. ; grâce f.

Ziesel ['tsi:zəl] m. ou n. (s, -). ZOOL. loir m.

Ziffer ['tsifər] f. (-, n). **1.** [Zahlzeichen] chiffre m. ; nombre m. | *eine Zahl mit drei Ziffern*, un nombre de trois chiffres. | *arabische, römische Ziffer*, chiffre arabe ; chiffre romain.

2. [Geheimschrift] code m. ; chiffre m.

Ziffer|blatt ["tsifər'blat] n. (s, ¨er) cadran (m.) d'une montre, d'une pendule. ||°-**schrift** f. écriture chiffrée.

Zigarette [tsiga'rɛtə] f. (-, n) cigarette f. | *eine Zigarette drehen*, rouler une cigarette.

Zigaretten|automat [tsiga"rɛtənauto'mɑ:t] m. (en, en) distributeur (m.) (automatique) de cigarettes. ||°-**papier** n. (s, e) papier (m.) à cigarettes. ||°-**schachtel** f. (-, n) paquet (m.) de cigarettes. ||°-**spitze** f. (-, n) fume-cigarettes m. ||°-**stummel** m. (s, -) bout (m.) de cigarette ; POP. mégot m.

Zigarre [tsi'garə] f. (-, n) cigare m. | *Zigarrenkiste*, boîte (f.) de cigares. || FAM. *eine Zigarre bekommen*, recevoir un savon.

Zigeuner(in) [tsi'gɔynər(in)] m. (s, -), f. (-, nen) bohémien(ne) m. (f.) ; romanichel(le) m. (f.) ; gitan(e) m. (f.) ; tzigane m. et f.

zigeunerhaft [-nərhaft] adj. en bohémien ; en romanichel ; bohème.

Zigeunertum [-nərtum] n. (s) bohème f.

Zikade [tsi'kɑ:də] f. (-, n) cigale f.

Zimbel ['tsimbəl] f. (-, n). MUS. cymbale f.

Zimmer ['tsimər] n. (s, -) chambre f. ; pièce f. | *eine Vierzimmerwohnung*, un appartement de quatre pièces. | *möbliertes Zimmer*, chambre meublée. | *das Zimmer hüten*, garder la chambre. | *die Zimmer gehen ineinander über*, les pièces communiquent.

Zimmer|antenne ["tsimərān'tɛnə] f. (-, n). RADIO. antenne intérieure. ||°-**decke** f. (-, n) plafond m. ||°-**flucht** f. (-, en) enfilade (f.) de chambres. ||°-**handwerk** n. (s, e) métier (m.) de charpentier. ||°-**herr** m. (n, en) locataire (m.) de chambre meublée ; sous-locataire m. ||°-**mädchen** n. (s, -) femme (f.) de chambre. ||°-**mann** m. (s, -leute) charpentier m. ||°-**meister** m. (s, -) maître (m.) charpentier. ||°-**pflanze** f. (-, n) plante (f.) d'intérieur, d'appartement. ||°-**temperatur** f. (-, en) température ambiante. | *eine Flasche Wein auf Zimmertemperatur bringen*, chambrer une bouteille de vin. ||°-**theater** n. (s, -) théâtre (m.) de poche. ||°-**vermieter** m. (s, -) logeur m.

Zimmerei [tsimə'rai] f. charpenterie f.

Zimmerer ['tsimərər] m. (s, -) charpentier m.

zimmern [-mərn] v. tr. charpenter ; tailler ; façonner à la hache. || PAR EXT. construire. || MINES. boiser. | *die Zimmerung*, le boisage.

zimperlich ['tsimpərliç] adj. affecté ; mignard ; minaudier ; doucereux. || FAM. *zimperlich tun*, minauder ; faire des façons ; faire la pimbêche.

Zimperlichkeit [-kait] f. [Äfferei ; Ziererei] mignardise f. ; préciosité f.

Zimt [tsimt] m. cannelle f. || FAM. bagatelles f. pl.

Zinerarie [tsinə'rɑ:riə] f. (-, n). BOT. cinéraire f.

Zink [tsiŋk] m. ou n. (s) zinc m. | *mit Zink überziehen*, zinguer.

Zink|arbeiter ["tsiŋk'arbaitər] m. (s, -) ouvrier zingueur. ||°-**blech** n. (s, e) feuille (f.) de zinc ; tôle galvanisée. ||°-**blume** f. (-, n) fleurs (f. pl.), oxyde (m.) de zinc. ||°-**druck** m. (s, e), °-**druckerei** f. (-, en) zincographie f. ||°-**hütte** f. (-, n) zinguerie f. ||°-**kieselerz** n. (es, e). GÉOL. calamine f. ||°-**salbe** f. (-, n) pommade (f.) à l'oxyde de zinc. ||°-**weiß** n. (es) blanc (m.) de zinc.

Zinke ['tsiŋkə] f. (-, n), **Zinken** [-kən] m. (s, -). **1.** [Zacke ; Zacken ; Spitze] fourchon m. ; pointe f. ; tenon m. | *Gabelzinke*, dent (f.) d'une fourche.

2. TECHN. [Schwalbenschwanz] (assemblage [m.] en) queue (f.) d'aronde. | *gezinkte Karten*, cartes truquées.

3. MUS. [Horn] clairon m. ; bugle m. ; cornet m.

4. [Zinken]. FAM. pif m.

Zinn [tsin] n. (s) étain m.

Zinn|asche ["tsin'aʃe] f. (-, n). CHIM. potée (f.)

d'étain. ||°-**blech** n. (s, e), °-**folie** f. (-, n) feuille (f.) d'étain. ||-**führend, -haltig** adj. stannifère. ||°-**geschirr** n. (s, e) vaisselle (f.) d'étain. ||°-**lot** n. (s) soudure (f.) tendre. ||°-**säure** f. (-, n) acide (m.) stannique, d'étain. ||°-**stein** m. (s, e) cassitérite f.

Zinne ['tsinə] f. (-, n). [Zacke(n)] créneau m. ; dent f. | *Mauerzinne*, créneau m. | *mit Zinnen versehen*, crénelé.

zinnern ['tsinərn] adj. en étain, d'étain.

Zinnie ['tsiniə] f. (-, n). BOT. zinnia m.

Zinnober [tsi'no:bər] m. (s). CHIM. cinabre m. | *Zinnoberrot*, vermillon m. || FIG. *Red' keinen Zinnober !*, ne raconte pas de balivernes. | *der ganze Zinnober*, tout le fourbi.

Zins [tsins] m. (es, en et e). **1.** intérêt m. ; rente f. | *das Kapital trägt Zinsen*, le capital porte intérêt. | *Geld auf Zinsen, gegen Zinsen leihen*, prêter de l'argent à intérêt. | *zu hohen Zinsen*, à gros intérêts ; à intérêts élevés. | *Zinsen abheben*, toucher les intérêts. | *Zinsen zum Kapital schlagen*, joindre les intérêts au capital. || FIG. *er zahlt ihm das mit Zins und Zinseszins heim*, il le lui rend avec usure.
2. [Miete] (pl. e) loyer m. ; fermage m.
3. PAR EXT. [Steuer ; Abgabe] impôt m. ; tribut m.

Zins|abzug ["tsins'aptsu:k] m. (s, ¨e) escompte m. ||°-**ertrag** m. (s, ¨e) rapport (m.) en intérêts. ||°-**fuß** m. (es, ¨e) taux (m.) de l'intérêt. ||°-**gut** n. (s, ¨er) terre (f.) qui doit le cens. ||°-**herr** m. (n, en) seigneur censier. ||-**pflichtig** adj. soumis au cens ; à intérêts. ||°-**rechnung** f. (-, en). MATH. calcul (m.), règle (f.) des intérêts. ||°-**satz** m. (es, ¨e) taux (m.) d'intérêt. ||°-**schein** m. (s, e) coupon m. ; talon m.

Zinses|zins ["tsinsəs'tsins] m. (es, e) intérêt composé.

Zion ['tsi:on] n. pr. m. (s) Sion f. || PAR EXT. [Bibel] Jérusalem f. ; peuple élu.

Zionismus [tsio'nismus] m. sionisme m.

Zionist [-'nist] m. (en, en) sioniste m.

Zipfel ['tsipfəl] m. (s, -) pointe f. ; bout m. ; coin m. ; pan m. | *Taschentuchzipfel*, coin, pointe du mouchoir. | *die Zipfel des Leichentuches*, les cordons (m. pl.) du poêle.

Zipfel|mütze ["tsipfəl'mytsə] f. (-, n) bonnet (m.) à pointe ; bonnet (m.) de meunier ; bonnet (m.) de coton. ||°-**tuch** n. (s, ¨er) fichu m.

zipfelig ['tsipfəliç] adj. qui a des bouts, des coins. || BOT. lacinié.

Zipperlein ['tsipərlain] n. (s). MÉD. goutte f.

Zirbel|drüse ["tsirbəl'dry:zə] f. (-, n) épiphyse f. ; glande pinéale. ||°-**kiefer** f. (-, n) cimbre m. ; arole f. ||°-**nuß** f. (-, ¨e) pignon m.

zirka ['tsirka] adv. [circa] environ.

Zirkel ['tsirkəl] m. (s, -). **1.** compas m. | *Stechzirkel*, compas à pointes sèches. | *einen Kreis mit dem Zirkel ziehen*, tracer un cercle au compas.
2. MATH. [Kreis] cercle m. ; circonférence f.
3. [kleine Gesellschaft ; Klub] cercle m. ; société f.

zirkel|förmig ["tsirkəl'førmiç], -**rund** [-'runt] adj. circulaire. ||°-**kasten** m. (s, -) boîte (f.) à compas. ||°-**schluß** m. (es, ¨e). [Trugschluß] cercle vicieux.

zirkeln ['tsirkəln] v. tr. et v. intr. mesurer au compas. || PAR EXT. *die beiden Großmächte zirkeln ihren Einflußbereich ab*, les deux grands États délimitent leur sphère d'influence.

Zirkon [tsir'kon] m. (s). MINÉRAL. zirconium m. || [Edelstein] zircon m.

Zirkular [tsirku'la:r] n. (s, e). [Rundschreiben] circulaire f. ; lettre (f.) circulaire.

Zirkulation [-la'tsio:n] f. (-, en). [Umlauf] circulation f.

zirkulieren [-'li:rən] v. intr. [in Umlauf sein] circuler.

Zirkumflex [tsirkum'flεks] m. (es, e). GRAMM. accent (m.) circonflexe.

Zirkus ['tsirkus] m. (-, se) cirque m.

Zirkus|nummer ["tsirkus'numər] f. (-, n) numéro (m.) de cirque. ||°-**pferd** n. (s, e) cheval (m.) de cirque ; cheval dressé. ||°-**zelt** n. (s, e) chapiteau m.

zirpen [-pən] v. intr. chanter ; grésiller ; pépier. | *das Zirpen der Grille*, le chant du grillon.

Zirrhose [tsi'ro:zə] f. (-, n). MÉD. cirrhose f.

Zirrus ['tsirus] m. (-, en), **Zirrus|wolke** ["tsirus'vɔlkə] f. (-, n). [Federwolke] cirrus m.

zisalpinisch [tsizal'pi:niʃ] adj. cisalpin.

Zisch|hahn ["tsiʃ'ha:n] m. (s, ¨e). TECHN. décompresseur m. ; soupape (f.) de sûreté. ||°-**laut** m. (s, e). GRAMM. (consonne) sifflante f. ; chuintante f.

zischeln ['tsiʃəln] v. intr. [wispern ; tuscheln ; flüstern] chuchoter.

zischen ['tsiʃəln] v. intr. siffler ; grésiller ; bouillonner ; susurrer. | *die Schlange zischt*, le serpent siffle. || THÉÂTRE. siffler ; huer.

zischend [-ʃənt] part. prés. sifflant. || FIG. strident. | *der Dampf strömt zischend aus*, la vapeur sort, se dégage en sifflant.

ziselieren [tsizə'li:rən] v. tr. ciseler ; repousser. || FIG. ciseler. || FAM. fignoler.

Ziselierer [tsizə'li:rər] m. (s, -) ciseleur m.

Ziselierung [-ruŋ] f. (-, en) ciselage m.

Zisterne [tsis'tεrnə] f. (-, n). [Behälter ; Tank] citerne f. ; réservoir m. | *Zisternenwagen*, wagon-citerne m.

Zisterzienser [tsistεr'tsiεnzər] m. (s, -). RELIG. cistercien m. | *Zisterzienserorden*, ordre (m.) de Cîteaux.

Zitadelle [tsita'dεlə] f. (-, n). [Stadtfeste] citadelle f.

Zitat [tsi'ta:t] n. (s, e) citation f. ; passage cité.

Zither ['tsitər] f. (-, n) cithare f.

zitieren [tsi'ti:rən] v. tr. **1.** [anführen] citer. | *eine Stelle aus Goethe zitieren*, citer un passage de Goethe.
2. JUR. [vorladen] citer ; assigner ; mander. | *jn vor Gericht zitieren*, citer, assigner qn en justice.

Zitrone [tsi'tro:nə] f. (-, n) citron m.

Zitronen|baum [tsi"tro:nən'baum] m. (s, ¨e) citronnier m. ||°-**falter** m. (s, -). ZOOL. papillon citrin. ||-**gelb** adj. jaune citron. ||°-**limonade** f. (-, n) citronnade f. ||°-**presse** f. (-, n) presse-citron m. ||°-**saft** m. (s, ¨e) citron pressé. ||°-**säure** f. (-, n) acide (m.) citrique. ||°-**schale** f. (-, n) écorce (f.) de citron. ||°-**scheibe** f. (-, n) rondelle (f.) de citron.

Zitrusfrüchte ["tsi:trus'fryçtə] f. pl. agrumes m. pl.

Zitter|aal ["tsitər'a:l] m. (s, e). ZOOL. gymnote m. ||°-**fisch** m. (s, e). ZOOL. poisson-torpille m. ||°-**gras** n. (es, ¨er). BOT. amourette f. ; brize f. ||°-**pappel** f. (-, n). BOT. tremble m. ||°-**rochen** m. (s, -). ZOOL. torpille f.

zitt(e)rig ['tsit(ə)riç] adj. tremblant ; tremblotant. | *eine zitt(e)rige Schrift*, une écriture tremblée.

zittern ['tsitərn] v. intr. trembler ; frissonner ; frémir. | *vor Kälte zittern*, trembler de froid ; grelotter. | *am ganzen Leib, an allen Gliedern zittern*, trembler de tous ses membres. | *die Fensterscheiben zittern*, les vitres vibrent. || PAR EXT. avoir peur. | *vor jm zittern*, avoir peur de qn. | *um js Leben zittern*, trembler pour la vie de qn.
◇ part. prés. **zitternd,** *mit zitternder Stimme*, d'une voix tremblotante, chevrotante. | *ein zitterndes Licht*, une lumière tremblotante.

Zitze ['tsitsə] f. (-, n). [Brustwarze] téton m. ; tétin m. || [Kuh] trayon m. || *zitzenförmig*, mammiforme.

zivil [tsi'vi:l] adj. [bürgerlich] civil. || [höflich] courtois ; poli. || PAR EXT. *zivile Preise*, des prix (m. pl.) raisonnables.

Zivil [-'vi:l] n. (s) tenue civile.

Zivil|autostreife [tsi"vi:l'autoʃtraifə] f. (-, n). [Polizei] voiture banalisée. ||°**-bevölkerung** f. (-, en) population civile. ||°**-courage** f. courage (m.) civique ; courage (m.) de ses opinions. ||°**-ehe** f. (-, n) mariage civil. ||°**-gesetzbuch** n. (s) Code civil. ||°**-kammer** f. (-, n). JUR. chambre civile. ||°**-klage** f. (-, n). JUR. action civile. ||°**-kleidung** f. habits civils ; tenue civile. ||°**-liste** f. (-, n) liste civile. ||°**-luftfahrt** f. (-, en) aviation civile, commerciale. ||°**-person** f. (-, en) personne civile ; civil m. ||°**-prozeßordnung** f. (-, en) Code (m.). de procédure civile. ||°**-recht** n. (s) droit civil. ||**-rechtlich** adj. de droit civil | *zivilrechtliche Klage*, action (f.) au civil. ||°**-sachen** f. pl. affaires civiles. | *in Zivilsachen*, en matière civile.

Zivilisation [tsiviliza'tsio:n] f. (-, en) civilisation (matérielle).

zivilisatorisch [-za'to:riʃ] adj. civilisateur.

zivilisieren [-'zi:rən] v. tr. [verfeinern ; bilden] civiliser ; policer.

Zivilist [tsivi'list] m. (en, en) civil m. ; bourgeois m. ; FAM. pékin m.

Zobel ['tso:bəl] m. (s, -). ZOOL. zibeline f.

Zofe ['tso:fə] f. (-, n) femme (f.) de chambre ; servante f. ; soubrette f.

zog [tso:k] prét. de **ziehen.**

Zögerer ['tsø:gərər] m. (s, -) indécis m.

zögern [-gərn] v. intr. [zaudern ; säumen] hésiter ; tarder à ; tergiverser ; balancer. | *mit seiner Antwort zögern*, tarder, hésiter à répondre. | *ohne Zögern*, sans hésiter ; sans la moindre hésitation.

zögernd [-gərnt] part. prés. hésitant ; indécis ; irrésolu. | *mit zögerndem Schritt(e) ; zögernden Schrittes*, d'un pas hésitant.

Zögling ['tsø:kliŋ] m. (s, e) élève m. || PAR EXT. interne m. ; pensionnaire m.

Zölibat [tsøli'bɑ:t] m. ou n. (s) célibat m.

Zoll [tsɔl] m. (s, -). [Längenmaß] pouce m. | *jeder Zoll ein Soldat*, soldat dans l'âme.

zoll|breit ['tsɔlbrait] adj. large d'un pouce. || SUBSTANTIV. *keinen Zollbreit Landes abtreten*, ne pas céder un pouce de terrain. ||°**-stab** m. (s, ¨e), °**-stock** m. (s, ¨e) jauge f. ; mètre pliant, fixe.

Zoll [tsɔl] m. (s, ¨e) droit (m.) de douane ; péage m. ; bureau (m.) de douane ; administration douanière. | *beim Zoll angeben*, déclarer à la douane. | *Zoll zahlen*, payer les droits de douane.

Zoll|abfertigung ["tsɔl'apfertiguŋ] f. (-, en) dédouanement m. ; formalités (f. pl.) de douane ; dédouanage m. ||°**-amt** n. (s, ¨er) bureau (m.) de douane. ||°**-beamter** m. fonctionnaire (m.) des douanes ; douanier m. ||°**-begleitschein** m. (s, e) acquit (m.) à caution. ||°**-brücke** f. (-, n) pont (m.) à péage. ||°**-einnehmer** m. (s, -) receveur (m.) des douanes. ||°**-erklärung** f. (-, en) déclaration (f.) en douane. ||°**-formalitäten** f. pl. formalités douanières. | *die Zollformalitäten erledigen*, accomplir les formalités douanières. ||**-frei** adj. exempt de douane, de droit d'entrée. | *zollfreier Einkauf*, boutique franche, hors taxe. ||°**-freiheit** f. franchise (f.) en douane. ||°**-freischein** m. (s, e) certificat (m.) de franchise ; passavant m. ||°**-gebühr** f. (-, en) taxe douanière, droits (m. pl.) de douane. ||°**-grenze** f. (-, n) frontière douanière ; douane f. ||°**-haus** n. (es, ¨er) bureau (m.) de douane. ||°**-kontrolle** f. (-, n) contrôle douanier. ||**-pflichtig** adj. passible de droits d'entrée. ||°**-rück|vergütung** f. (-, en). ÉCON. rembours m. ||°**-schranke** f. (-, n) barrière douanière. ||°**-sperre** f. (-, n) barrage douanier. ||°**-tarif** m. (s, e) tarif douanier. ||°**-union** f. (-, en) union douanière. ||°**-verein** m. (s, e) union douanière. ||°**-vergehen** n. (s, -) délit (m.) de douane. ||°**-verwaltung** f. (-, en) administration (f.) des douanes. ||°**-wert** m. (s, e) valeur (f.) en douane.

zollen ['tsɔlən] v. tr. manifester ; témoigner. | *jm Dank zollen*, témoigner de la reconnaissance à qn. | *Beifall zollen*, applaudir. | *jm Achtung zollen*, avoir, montrer du respect à qn, à l'égard de qn ; respecter qn.

Zöllner ['tsølnər] m. (s, -) douanier m.

Zone ['tso:nə] f. (-, n). **1.** [Gebiet ; Gegend ; Bereich] zone f. ; contrée f. ; région f.
2. GÉOGR. zone f. | *Erdzone*, zone (climatique) ; latitude f. | *gemäßigte Zone*, zone tempérée. | *nördliche Zone*, zone septentrionale. || GÉOL. *Fließzone*, pyrosphère f. || MATH. *Kugelzone*, zonc sphérique.

Zonen|einteilung ["tso:nən'aintailuŋ] f. (-, en) division (f.) en zones. ||°**-grenze** f. (-, n) frontière (f.) entre l'Allemagne de l'Ouest et l'Allemagne de l'Est. ||°**-tarif** m. (s, e). TRANSP. tarif (m.) par tranches, par paliers.

Zoo [tso:] m. (s, s) abrév. de **Zoologischer Garten** m. jardin (m.) zoologique ; zoo m.

Zoologe [tso'lo:gə] m. (n, n) zoologue, zoologiste m.

Zoologie [-lo'gi:] f. zoologie f.

zoologisch [-'lo:giʃ] adj. zoologique.

Zoom [tsu:m] n. (s, s). PHOT. zoom m.

Zoom|objektiv ["tsu:mɔpjɛk'ti:f] n. (s, e). PHOT. objectif (m.) à focale variable ; zoom m.

Zopf [tsɔpf] m. (s, ¨e). [Haargeflecht] tresse f. ; natte f. ; queue f. ; [im Nacken] catogan m. | *das Haar in Zöpfe flechten*, tresser, natter les cheveux. || FIG. vieillerie f. | *das ist alter Zopf*, cela est suranné ; cela date du temps des perruques. || PAR EXT. [Feingebäck] tresse f. ; brioche nattée.

Zopf|stil ['tsɔpfʃti:l] m. (s) style rococo ; style suranné.

Zorn [tsɔrn] m. (s, pl. Zornausbrüche) colère f. ; emportement m. ; courroux m. ; irritation f. | *in Zorn geraten, ausbrechen*, se mettre en colère. | *jn in Zorn bringen*, mettre qn en colère. | *seinen Zorn an jm auslassen*, passer sa colère sur qn. | *etwas aus Zorn tun*, faire qch., agir sous l'effet de la colère. | *er glüht vor Zorn*, il est rouge de colère. | *sich in Zorn reden*, se monter la tête en parlant.

Zorn|ader ["tsɔrn'ɑ:dər] f. (-, n) artère (f.) du front. | *seine Zornader schwillt*, il devient furieux ; FAM. la moutarde lui monte au nez. ||**-entbrannt** adj. courroucé. ||**-rot** adj. rouge de colère.

zornig ['tsɔrniç] adj. en colère ; fâché ; courroucé ; irrité ; furieux. | *zornig werden*, se mettre en colère.

Zoroaster [tsoro'astər] n. pr. m. Zoroastre m.

Zote ['tso:tə] f. (-, n). [unanständiger Witz] grivoiserie f. ; obscénité f. | *Zoten reißen*, raconter des obscénités ; tenir des propos graveleux.

zotig ['tso:tiç] adj. ordurier ; sale ; obscène ; grivois ; indécent.

Zotte ['tsɔtə] f. (-, n). [Darmzotte] villosité f.

Zottel ['tsɔtəl] f. (-, n). [Haarbüschel] touffe (f.) de cheveux ; houppe f.

zottelig ['tsɔtəliç] adj. touffu ; velu.

zotteln ['tsɔtəln] v. intr. traîner ; lambiner. || PAR EXT. flâner.

zottig ['tsɔtiç] adj. velu ; hirsute ; embroussaillé ; emmêlé.

Ztr abrév. de **Zentner,** demi-quintal m. (50 kg).

zu [tsu].

> **I.** préposition (dat.).
> **1.** SENS LOCAL : **a)** direction vers un lieu (question : **wohin ?**) : à ; vers ; dans ; PAR EXT. : avec ; en plus de. — **b)** direction vers des êtres animés (question : **zu wem ?**) : vers ; chez. — **c)** Sens intralocal (question : **wo ?**) : à ; dans ; sur.
> **2.** SENS TEMPOREL : à ; de ; pour ; à l'occasion de.
> **3.** TRANSFORMATION ; RÉSULTAT : en.
> **4.** QUANTITÉ ; RAPPORT ; PRIX : par rapport à ; à.
> **5.** MANIÈRE : à ; par.
> **6.** SENS FINAL ; DESTINATION : à ; pour ; jusqu'à.
> **7.** LOC.
> **8. zu** avec infinitif ou part. prés.
> **II.** adverbe.
> **1.** SENS LOCAL : vers ; du côté de.
> **2.** SENS TEMPOREL.
> **3.** IDÉE DE FERMER.
> **4.** QUANTITÉ : trop (forme renforcée : **allzu**).

I. préposition (dat.) [formes contractées : **zum** *(zu dem)* ; **zur** *(zu der)*] — **1.** SENS LOCAL : **a)** direction vers un lieu (question **wohin ?**) : à ; vers ; dans ; PAR EXT. avec ; en plus de. | *zur Schule gehen*, aller à l'école. | *der Weg zur Stadt*, le chemin de la ville. | *der Weg zum Erfolg*, le chemin du succès. | *der Wein steigt ihm zu Kopfe*, le vin lui monte à la tête. | *zu Boden fallen*, tomber à terre. | *zum Gipfel hinaufsteigen*, monter vers le sommet. | *zu Tal fließen*, couler vers la vallée. | *zum Fenster hinauswerfen*, jeter par la fenêtre. | *von Haus zu Haus*, de maison en maison. | *zu Grabe tragen*, porter en terre. | *sich jm zu Füßen werfen*, se jeter aux pieds de qn. | *die Tür zum Garten*, la porte donnant sur le jardin. || PAR EXT. *Weißwein zum Fisch trinken*, boire du vin blanc avec le poisson. | *zum Klavier singen*, chanter en s'accompagnant au piano. | *zu allem Übel*, par-dessus le marché ; pour comble de malheur. — **b)** direction vers des êtres animés (répond généralement à la question : **zu wem ?**) vers ; chez. | *wann kommst du zu mir ?*, quand viens-tu chez moi ? | *zu seinen Eltern fahren*, se rendre chez ses parents. | *der Kranke nimmt nichts mehr zu sich*, le malade n'absorbe plus rien. | *sich zu jm setzen*, s'asseoir à côté de qn. | *zu Gott beten*, invoquer Dieu. || PAR EXT. *wieder zu sich kommen*, reprendre ses sens. — **c)** Sens intralocal (question : **wo ?**) : à ; dans ; sur ; chez ; auprès de. | *zu Haus(e) sein, bleiben*, être, rester à la maison, chez soi. | *zu ebener Erde*, au ras du sol ; de plain-pied. | *zu Wasser, zu Lande und in der Luft*, sur mer, sur terre et dans les airs. | *zu beiden Seiten des Rheins*, des deux côtés du Rhin ; sur les deux rives du Rhin. | *zur Rechten ; zur rechten Seite*, à droite ; du côté droit. || PAR EXT. *(bei jm) zu Besuch sein*, être en visite (chez qn). | *zu jm halten*, rester fidèle à qn. || LOC. *Karl der Große wurde zu Rom gekrönt*, Charlemagne a été couronné à Rome. | *der Dom zu Köln*, la cathédrale de Cologne. | *der Gasthof zum Hirschen*, l'auberge du Cerf.

2. SENS TEMPOREL : à ; de ; pour ; à l'occasion de. | *zu Anfang*, au début. | *zum Schluß*, finalement ; en conclusion. | *zu Ende gehen*, toucher à sa fin. | *zu Mitternacht*, à minuit. | *zu Mittag essen*, déjeuner. | *von Stunde zu Stunde*, d'heure en heure. | *von Zeit zu Zeit*, de temps en temps ; de temps à autre. | *zur Zeit ; zurzeit*, en ce moment ; actuellement. | *zur Zeit Karls des Großen*, à l'époque de Charlemagne. | *zur Stunde*, en ce moment ; à cette heure. | *zu seinen Lebzeiten*, de son vivant. | *zur rechten Zeit*, à temps ; à l'heure. | *zu Weihnachten*, à Noël. | *zum erstenmal*, pour la première fois. | *bis zu seinem Tode*, jusqu'à sa mort.

3. TRANSFORMATION ; RÉSULTAT : en. | *zu Staub werden*, tomber en poussière. | *zu Pulver zerstoßen*, réduire en poudre ; pulvériser. | *zu Eis werden*, se transformer en glace. | *zum Offizier befördert werden*, être promu officier. | *jn zum Sieger erklären*, déclarer qn vainqueur. | *sich jn zum Feind, zum Freund machen*, se faire un ennemi, un ami de qn.

4. QUANTITÉ ; RAPPORT ; PRIX : par rapport à ; à. | *zu zweit ; zu viert*, à deux ; à quatre. | *zu Dutzenden*, par douzaines. | *(bis) zur Hälfte leer*, à moitié vide. | *im Verhältnis eins zu zehn*, dans la proportion de un à dix. | *ein Fußballspiel 4 zu 2 gewinnen*, gagner un match de football par 4 à 2. | *im Vergleich zu*, en comparaison de. | *im Gegensatz zu*, par opposition à.

5. MANIÈRE : à ; par. | *zu Fuß*, à pied. | *zu Pferd*, à cheval. | *Kapitän zur See*, capitaine (m.) de vaisseau.

6. SENS FINAL ; DESTINATION : à ; pour ; jusqu'à. | *er ist zum Priester bestimmt worden*, il a été destiné à la prêtrise. | *er taugt zum Militärdienst*, il est bon pour le service. | *jn zu einem Verbrechen veranlassen*, inciter qn au crime. | *zu diesem Zweck*, à cette fin. | *jn zu Rat(e) ziehen*, demander conseil à qn. | *zur Einsicht*, en communication. | *zur Information*, pour information. | *zum Verwechseln ähnlich*, ressemblants à s'y méprendre. | *sich zu Tode ärgern*, mourir de dépit, de colère. | *zum Künstler geboren*, artiste né. | *zu Fall bringen*, faire tomber. || LOC. *er war zum Schießen*, il a été très drôle, très comique. | *es ist zum Verzweifeln*, c'est à désespérer. | *viel Glück zum neuen Jahr !*, meilleurs vœux pour la nouvelle année !

7. LOC. *zum Spaß*, pour rire ; par plaisanterie. | *zum Zeitvertreib*, en guise de passe-temps. | *zum Dank*, en reconnaissance. | *zum Teil*, en partie. | *zum mindesten*, au moins. | *bis zum Überdruß*, à satiété. | *zum Trotz*, en, par dépit. | *zur Not*, à la rigueur. | *zum Glück !*, par bonheur ; heureusement.

8. zu avec infinitif ou part. prés. *er braucht nicht mehr zu kommen*, il n'a plus besoin de venir. | *Haus zu verkaufen*, maison (f.) à vendre. | *Zimmer zu vermieten*, chambre (f.) à louer. | *um Geld zu verdienen*, pour gagner de l'argent. | *ohne mit der Wimper zu zucken*, sans sourciller. | *anstatt zu arbeiten*, au lieu de travailler.

II. adverbe. — **1.** SENS LOCAL : vers ; du côté de. | *der Heimat zu*, vers le pays natal. | *nach der Straße zu*, du côté de la rue. | *auf mich zu*, vers moi ; dans ma direction. || (en compos.) *zuoberst*, tout en haut. | *zuunterst*, tout en bas. | *bei uns zulande*, chez nous ; dans notre région.

2. SENS TEMPOREL : *ab und zu*, de temps en temps. | *(nur) immer zu !*, allez-y ! ; vite !

3. IDÉE DE FERMER : *die Tür ist zu*, la porte est fermée || FAM. *er bekommt das Fenster nicht zu*, il ne parvient pas à fermer la fenêtre.

4. QUANTITÉ : trop (souvent forme renforcée : **allzu**). | *zu groß*, trop grand. | *zu klein*, trop petit. | *zu wenig*, trop peu. | *viel zu viel*, beaucoup trop ; par trop. | *der Wagen ist zu teuer, als daß er ihn kaufen könnte*, la voiture est trop chère pour qu'il puisse l'acheter. | *es ist zu kalt zum Baden*, il fait trop froid pour se baigner.

zu|arbeiten ["tsu:'arbaitən] v. intr. préparer le travail.

Zu|arbeiterin ["tsu:'arbaitərin] f. (-, nen). [Hilfskraft] petite main.

zuallererst [tsu"alər'ɛ:rst] adv. en tout premier lieu ; avant tout.

zuäußerst [tsu'ɔysərst] adv. tout à fait en dehors.

Zuave [tsu'ɑ:və] m. (n, n) zouave m.

zu|bauen ["tsu:'bauən] v. tr. construire une aile. || obstruer, fermer (par des constructions).

Zu|behör ["tsu:bə'hø:r] m. ou n. (s) accessoires m. pl. ; garniture f. ; fournitures f. pl. (d'une couturière). | *Arbeit und Zubehör*, façon (f.) et fournitures. | *mit allem Zubehör*, avec tous les accessoires.

zu|beißen ["tsu:'baisən] (i, i) v. intr. mordre ; happer. | *beiß zu !*, mords !, allons ! || POP. *wacker, tüchtig zubeißen*, manger de bon appétit.

Zuber ['tsu:bər] m. (s, -). [Bottich] cuve f. ; cuveau m. ; baquet m. ; PAR EXT. tub m.

zu|bereiten ["tsu:bə'raitən] v. tr. préparer ; apprêter. || CULIN. accommoder. ||°**-bereiter** m. (s, -) apprêteur m. ||°**-bereitung** f. (-, en) préparation f. ; apprêt m.

zu|billigen ["tsu:'biligən] v. tr. accorder ; concéder. || JUR. *mildernde Umstände zubilligen*, accorder les circonstances atténuantes. ||°**-billigung** f. approbation f.

zu|binden ["tsu:'bindən] (a, u) v. tr. lier ; fermer. | *einen Sack zubinden*, fermer un sac.

zu|bringen ["tsu:'briŋən] (brachte, gebracht) v. tr. **1.** [hinzufügen ; mitbringen] apporter. || TECHN. alimenter. || JUR. *das zugebrachte Vermögen*, les apports.
2. PÉJOR. rapporter ; médire.
3. [verbringen] *den Abend mit Lesen zubringen*, passer la soirée à lire. | *die Nacht im Freien zubringen*, passer la nuit à la belle étoile.

Zu|bringer [-'briŋər] m. (s, -). **1.** TECHN. pourvoyeur m. ; appareil (m.), couloir (m.) d'alimentation. | *Zubringerbus*, navette f. | *Zubringerstraße*, [Autobahn] voie (f.) d'accès.
2. PÉJOR. délateur m.

Zu|brot ["tsu:'bro:t] n. (s). FAM. *sich ein Zubrot verdienen*, arrondir ses fins de mois ; mettre du beurre dans les épinards.

Zucht [tsuxt] f. **1.** [Erziehung] éducation f. ; discipline f. ; coercition f. | *strenge Zucht*, discipline sévère. | *Zucht halten*, maintenir la discipline. | *in Zucht und Ordnung*, bien discipliné. | *sich selbst in Zucht nehmen*, s'imposer une discipline rigoureuse.
2. VX. [Sittlichkeit] pudeur f. ; chasteté f. | *in Zucht und Ehren*, en tout bien tout honneur.
3. [Heranziehen von Tieren und Pflanzen] culture f. ; élevage m. || PAR EXT. race f.

Zucht|bulle ["tsuxt'bulə] m. (n, n), °**-stier** [-'ʃti :r] m. (s, e) taureau reproducteur. ||°**-eber** m. (s, -) verrat m. ||**-fähig** adj. bon pour la reproduction ; disciplinable. ||°**-gestüt** n. (s, e) haras m. ||°**-haus** n. (es, ¨er) maison (f.) de réclusion ; pénitencier m. ||°**-häusler** m. (s, -) détenu m. ; bagnard m. ; forçat m. ||°**-hausstrafe** f. (-, n) peine (f.) de réclusion criminelle ; travaux forcés. ||°**-hengst** m. (s, e) étalon m. ||**-los** adj. indiscipliné. ||°**-losigkeit** f. indiscipline f. ; insubordination f. ||°**-meister** m. (s, -). FAM., PÉJOR. culotte (f.) de peau. ||°**-perle** f. (-, n) perle (f.) de culture. ||°**-rute** f. (-, n) férule f. ; verge f. ||°**-stute** f. (-, n) jument poulinière. ||°**-vieh** n. (s) animaux reproducteurs. ||°**-wahl** f. sélection f.

züchten ['tsyçtən] v. tr. élever ; cultiver. || [Tiere] élever ; dresser.

Züchter [-tər] m. (s, -) éleveur m. ; producteur m.

züchtig ['tsyçtiç] adj. modeste ; décent ; pudique ; vertueux.

züchtigen ['tsyçtigən] v. tr. punir ; châtier.

Züchtigkeit ['tsyçtiçkait] f. modestie f. ; décence f. ; chasteté f.

Züchtigung ['tsyçtiguŋ] f. (-, en) punition f. ; correction f. ; châtiment m. | *körperliche Züchtigung*, châtiment corporel.

Züchtung ['tsyçtuŋ] f. élevage m. ; reproduction f. ; culture f.

zuckeln ['tsukəln] v. intr. aller au petit trop ; trottiner. | *Zuckeltrab*, petit trot.

zucken ['tsukən] v. intr. et v. tr. tressaillir ; sursauter ; frissonner ; clignoter. | *ohne mit der Wimper zu zucken*, sans sourciller ; sans perdre son calme. | *der Blitz zuckt*, l'éclair jaillit. | *die Achseln, mit den Achseln zucken*, hausser les épaules.

Zucken [-kən] n. (s) papillotement m. ; soubresaut m. ; mouvement (m.) brusque ; tic m. ; spasme m. | *nervöses Zucken*, tic nerveux.

zücken ['tsykən] v. tr. tirer ; brandir.

Zucker ['tsukər] m. (s) sucre m. | *gebrannter Zucker*, sucre caramélisé.

Zucker|bäcker ["tsukər'bɛkər] m. (s, -) confiseur m. ||°**-bäckerei** f. (-, en) confiserie f. ||°**-bäcker|stil** m. (s, e). FAM. style (m.) pâtisserie. ||°**-bildung** f. CHIM. saccharification f. ; glycogénie f. ||°**-dose** f. (-, n) boîte (f.) à sucre ; sucrier m. ||°**-erbse** f. (-, n). BOT. pois (m.) mange-tout ; dragée f. ||°**-fabrik** f. (-, en) raffinerie (f.) de sucre. ||°**-gehalt** m. (s) teneur (f.) en sucre. ||°**-guß** m. (es, ¨e) glaçage m. ||**-haltig** adj. qui contient du sucre ; saccharifère. ||°**-hut** m. (s, ¨e) pain (m.) de sucre. ||°**-industrie** ["-/-'-] f. industrie sucrière. ||**-krank** adj. diabétique. ||°**-krankheit** f. diabète m. ; glycosurie f. ||°**-rohr** n. (s, e) canne (f.) à sucre. ||°**-rübe** f. (-, n) betterave sucrière. ||°**-saft** m. (s,¨e) suc (m.) de canne. ||°**-säure** f. (-, n). CHIM. acide (m.) saccharique. ||°**-sirup** m. (s, e) mélasse f. ||**-süß** adj. sucré ; mielleux. ||°**-waren** f. pl. sucreries f. pl. ; confiserie f. ; ||°**-werk** n. (s) sucreries f. pl. ; confiserie f. ||°**-zange** f. (-, n) pince (f.) à sucre.

zuckerig ['tsukəriç] adj. sucré ; saccharin.

zuckern [-kərn] v. tr. sucrer.

Zuckung ['tsukuŋ] f. (-, en) tressaillement m. ; convulsions f. pl. ; crampe f.

zu|decken ["tsu:'dɛkən] v. tr. et v. pr. couvrir ; recouvrir. | *sich zudecken*, se couvrir.

zudem [tsu'de:m] adv. [ferner ; im übrigen] en outre ; de plus.

Zu|drang ['tsu:draŋ] m. (s) affluence f. ; foule f. ; presse f. || MÉD. afflux m.

zu|drehen ["tsu:'dre:ən] v. tr. fermer en tournant ; visser. | *den Gashahn zudrehen*, fermer le (robinet à) gaz.

zu|dringlich ["tsu:'driŋliç] adj. [aufdringlich ; frech] importun ; pressant ; indiscret ; fâcheux. ||°**-dringlichkeit** f. importunité f. ; indiscrétion f.

zu|drücken ["tsu:'drykən] v. tr. fermer (en serrant, en pressant). || FIG. *bei etwas ein Auge zudrücken*, fermer les yeux sur qch. ; se montrer indulgent.

zu|eignen ["tsu:'aignən] v. tr. dédier ; attribuer. | *jm ein Gedicht zueignen*, dédicacer un poème à qn. | *sich ein Recht zueignen*, s'arroger un droit.

Zu|eignung [-nuŋ] f. (-, en). [Widmung] dédicace f. || [Aneignung] appropriation f.

zueinander ['tsuain"andər] adv. l'un vers l'autre ; mutuellement. | *seid gut zueinander*, soyez bons les uns pour les autres. | *sie passen nicht zueinander*, ils ne vont pas ensemble.

zu|erkennen ["tsu:ɛr'kɛnən] (erkannte, erkannt) v. tr. conférer ; décerner ; adjuger ; déférer. | *jm ein Recht zuerkennen*, consentir un droit à qn. ||°**-erkennung** f. reconnaissance f. ; collation (f.)

d'un grade. | *Zuerkennung des öffentlichen Interesses*, déclaration (f.) d'utilité publique.

zuerst [tsu'ɛ:rst] adv. d'abord ; en premier lieu ; premièrement.

Zu|erwerb ["tsu:ɛr'wɛrb] m. (s, e) revenu (m.) annexe.

Zu|fahrt ['tsu:fɑ:rt] f. (-, en). [Ein-, Auffahrt] accès m. | *Zufahrtsrampe*, rampe (f.) d'accès. | *Zufahrtsstraße*, route (f.) d'accès.

Zu|fall ['tsu:fal] m. (s, ¨e) hasard m. ; sort m. ; fortune f. ; effet (m.) du hasard. | *ein glücklicher Zufall*, un heureux hasard ; une chance. | *durch Zufall*, par hasard. | *etwas dem Zufall überlassen*, laisser qch. au hasard ; s'en remettre au hasard pour qch.

zu|fallen ["tsu'falən] (ä, ie, a) v. intr. **1.** se fermer (brusquement). | *die Augen fallen mir vor Müdigkeit zu*, je tombe de sommeil.
2. revenir à ; échoir à. | *der Hof fällt dem ältesten Sohn zu*, la ferme revient au fils aîné.

zu|fällig ["tsu:'fɛliç] adj. accidentel ; fortuit ; occasionnel. | *zufällige Begegnung*, rencontre occasionnelle.
◇ adv. [zufälligerweise] par hasard ; accidentellement.

Zu|fälligkeit [-kait] f. (-, en) hasard m. ; fortune f. ; éventualité f.

Zufalls|variable ["tsu:falsvari'ɑ:blə] f. (-, n). MATH. variable (f.) aléatoire.

zu|fassen ["tsu:'fasən] v. tr. saisir ; empoigner. || se mettre à l'œuvre. || FAM., POP. mettre la main à la pâte ; donner un coup de collier.

zu|fliegen ["tsu:'fli:gən] (o, o) v. intr. FIG. *dieses Vermögen ist ihm zugeflogen*, la fortune lui est tombée du ciel.

zu|fließen ["tsu:'fli:sən] (o, o) v. intr. venir sans peine ; couler vers. || FIG. affluer.

Zu|flucht ['tsu:fluxt] f. (-, en) refuge m. ; asile m. | *Zuflucht nehmen zu*, recourir à ; avoir recours à.

Zufluchts|ort ["tsu:fluxts'ɔrt] m. (s, e), **-stätte** [-'ʃtɛtə] f. (-, n) lieu (m.) de refuge.

Zu|fluß ['tsu:flus] m. (es, ¨e). [Zustrom] affluence f. ; arrivée f. || MÉD. afflux m.

zu|flüstern ["tsu:'flystərn] v. tr. chuchoter (qch. à qn).

zufolge [tsu'fɔlgə] prép. (gén.) d'après ; en vertu de ; par suite de.
— OBSERV. Si la préposition *zufolge* est postposée, elle régit le datif. Ex. *Ihrer Order zufolge*, conformément à votre ordre.

zufrieden [tsu'fri:dən] adj. satisfait ; content. | *ich bin mit seiner Wahl zufrieden*, je suis satisfait du choix qu'il a fait. | *sich mit etwas zufrieden geben*, se contenter de qch. | *ich bin's zufrieden*, soit, j'y consens !

Zufriedenheit [-hait] f. contentement m. ; satisfaction f.

zufrieden|stellend [tsu"fri:dən'ʃtɛlənt] adj. satisfaisant.

zu|frieren ["tsu:'fri:rən] (o, o) v. intr. geler ; se couvrir (de glace).

zu|fügen ["tsu:'fy:gən] v. tr. infliger ; faire. | *jm Böses zufügen*, faire du tort à qn.

Zu|fuhr ['tsu:fu:r] f. (-, en) approvisionnement m. ; ravitaillement m. ; arrivage m. | *die Zufuhr abschneiden*, couper l'arrivée (de qch.). || CHIM. apport m. || TECHN. amenée f. ; arrivée f.

zu|führen ["tsu:'fy:rən] v. tr. amener à ; conduire à ; alimenter ; transporter. | *Wasser zuführen*, alimenter en eau. || MIL. *Nachschub zuführen*, ravitailler. || [Umwelt] *zugeführtes Produkt*, produit (m.) de récupération. ||°**-führung** f. (-, en) approvisionnement ; alimentation f. ; amenée f. ; adduction f.

Zug [tsu:k] m. (s, ¨e).

> **I.** [Ziehen] (action de) tirer ; traction f. ; trait m. ; coup m.
> **II.** [Fortbewegung ; Marsch] passage m. ; défilé m. ; cours m.
> **III.** [Gruppe von Ziehenden] colonne f. ; convoi m. ; cortège m. ; bande f. ; vol m.
> **IV.** [Zugwind] courant (m.) d'air ; vent (m.) coulis ; tirage m.
> **V.** [Schluck ; Atemzug] coup m. ; trait m.
> **VI.** [Linie ; Strich] tracé m. ; trait m. || FIG. trait (de caractère).
> **VII.** [Eisenbahn] train m.

I. [Ziehen] **1.** (action de) tirer ; traction f. ; trait m. ; coup m. || [Spiel] *Schachzug*, coup (au jeu d'échecs). | *einen Zug mit dem Läufer tun*, déplacer le fou. | *du bist am Zug !*, à toi de jouer. | *den ersten Zug haben*, avoir le trait. || FIG. *nicht zum Zuge kommen*, ne pas pouvoir se manifester. || FAM. *die Gesellschaft kommt in Zug*, la société commence à s'amuser.
2. PAR EXT. dispositif (m.) de traction. || [Gespann] *ein Zug Ochsen, Pferde*, une paire de bœufs ; un attelage de chevaux. || MUS. registre m. ; jeu m.
II. [Fortbewegung ; Marsch] passage m. ; défilé m. ; cours m. | *Zug der Wolken*, passage des nuages. | *der Zug der Vögel*, le passage, la migration des oiseaux. | *die Arbeit ist gut im Zuge*, le travail avance bien. || LOC. *Zug für Zug ; Zug um Zug*, immédiatement ; du tac au tac ; donnant donnant. | *im Zuge der Neugestaltung*, au cours de la modernisation, de la réorganisation.
III. [Gruppe von Ziehenden] colonne f. ; convoi m. ; cortège m. ; bande f. ; vol m. | *Festzug*, cortège solennel. | *ein Zug Wildenten*, un vol de canards sauvages. || MIL. *Infanteriezug*, section (f.) d'infanterie. || MAR. *Geleitzug*, convoi m.
IV. [Zugwind] courant (m.) d'air ; vent (m.) coulis ; tirage m. | *Luftzug*, courant d'air. | *im (Durch)zug stehen*, être en plein courant d'air. | *der Ofen hat nicht genug Zug*, le fourneau n'a pas assez de tirage.
V. [Schluck ; Atemzug] coup m. ; trait m. | *einen tüchtigen Zug aus der Flasche tun*, boire un bon coup au goulot. | *auf, in einem Zug*, d'un (seul) trait. || FIG. *das Leben in vollen Zügen genießen*, jouir pleinement de la vie. | *in vollen Zügen einatmen*, respirer à pleins poumons. | *in den letzten Zügen liegen*, être à l'agonie.
VI. [Linie ; Strich] tracé m. ; trait m. | *Federzug*, trait de plume. || FIG. *Grundzug*, caractéristique f. ; trait fondamental. | *ein schöner Zug von ihm*, un beau trait de sa part. | *in großen Zügen schildern*, décrire à grands traits. || PAR EXT. traits (m. pl.) du visage. | *seine Züge haben sich kaum verändert*, son visage n'a guère changé. || MIL. *Züge des Gewehrlaufes*, rayures (f. pl.) du canon d'un fusil. || GÉOGR. *Gebirgszug*, chaîne (f.) de montagne.
VII. [Eisenbahn] train m. | *den Zug nehmen*, prendre le train. | *der Zug nach Hamburg*, le train de Hambourg.

Zug|abfertigung ["tsu:k'apfɛrtiguŋ] f. (-, en) préparatifs (m. pl.) en vue du départ du train. ||°**-anker** m. (s, -). TECHN. tirant m. ||°**-begleitung** f. personnel (m.) du train. ||°**-belastung** f. (-, en) charge (f.) de traction, de tension. ||°**-brücke** f. (-, n) pont-levis m. ||°**-eisen** n. (s) tirant m. ||°**-festigkeit** f. résistance (f.) à la traction. ||°**-führer** m. (s, -) chef (m.) de train ; conducteur m. || MIL. chef (m.) de section. ||°**-kraft** f. force (f.) de traction. ||**-kräftig** adj. en vogue ; qui attire le public. | *ein zugkräftiger Artikel*, un article qui se vend bien. ||°-**leine** f. (-, n) câble (m.) de remorque. ||°-**luft** f. (-) courant (m.) d'air ; vent (m.) coulis. ||°-**maschine** f. (-, n) tracteur m. ||°-**nummer** f. (-, n). FIG., FAM. (grande) attraction. ||°-**pferd** n. (s, e) cheval (m.) de trait. ||°-**pflaster** n. (s, -). MÉD. vésicatoire m. ||°-**regler** m. (s, -) régulateur (m.) de tirage. ||°-**riemen** m. (s, -) courroie (f.) de transmission. ||°-**seil** n. (s, e) câble tracteur ; bricole f. ||°-**stange** f. (-, n) barre (f.) d'attelage. ||°-**tier** n. (s, e) bête (f.) de trait, de somme. ||°-**unglück** n. (s, e) accident (m.) ferroviaire. ||°-**verbindung** f. (-, en) communications (f. pl.) ferroviaires. ||°-**verkehr** m. (s) circulation (f.) ferroviaire. ||°-**vieh** n. (s) bêtes (f. pl.) de trait, de labour, de somme. ||°-**vogel** m. (s, ¨) oiseau migrateur. ||-**weise** adv. par groupes ; par sections. ||°-**wind** m. (s, e) vent (m.) coulis ; courant (m.) d'air. ||°-**winde** f. (-, n) palan m. ; cabestan m. ||°-**zwang** m. (s, ¨e). FIG. *unter Zugzwang stehen*, avoir la balle dans son camp.

Zu|gabe ["tsu:'ga:bə] f. (-, n) supplément m. ; extra m. ; bonne mesure. || [Konzert] *Zugabe !*, bis ! ; une autre ! | *eine Zugabe verlangen*, bisser.

Zu|gang ['tsu:gaŋ] m. (s, ¨e). **1.** [Zutritt] accès m. ; approche f. ; entrée f. | *Zugang verboten !*, accès interdit. | *man findet schwer Zugang zu ihm*, il est d'un abord difficile.

2. [Anwachs] apport m. ; augmentation f. | *Warenzugang*, arrivée (f.) de marchandises.

zu|gänglich ["tsu:'gɛŋliç] adj. [erreichbar] accessible ; abordable. | *die Burg ist leicht zugänglich*, le château est d'un accès facile. | *dem Publikum zugänglich*, ouvert au public. || FIG. [gesellig] *er ist leicht zugänglich*, il est d'un abord facile. | *einem Rate zugänglich sein*, accepter volontiers un conseil. ||°-**gänglichkeit** f. accessibilité f. ; abord (m.) facile.

zu|geben ["tsu:'ge:bən] (i, a, e) v. tr. **1.** [dazu geben] ajouter ; donner en plus.

2. [einräumen] accorder ; admettre ; concéder. | *das gebe ich gerne zu*, je vous l'accorde volontiers. | *zugegeben, daß*, en admettant que.

3. [zugestehen] avouer.

zu|gedacht ["tsu:gə'daxt] part. pass. *dieses Buch ist dir zugedacht*, ce livre t'est destiné.

zugegen [tsu'ge:gən] adv. présent. | *bei einer Feier zugegen sein*, assister, être présent à une cérémonie.

zu|gehen ["tsu:'ge:ən] (ging, gegangen) v. intr. **1.** aller vers ; s'avancer vers ; parvenir. | *auf den Wald zugehen*, se diriger vers la forêt. | *auf jn zugehen*, aller vers qn. | *es geht dem Ende zu*, la fin s'approche.

2. se fermer. | *die Tür geht nicht zu*, la porte ne se ferme pas.

3. [geschehen] se passer ; arriver. | *wie ist das zugegangen ?*, comment cela est-il arrivé ? comment cela s'est-il passé ? | *das geht nicht mit rechten Dingen zu*, ce n'est pas normal.

zu|gehören ["tsu:gə'hø:rən] v. intr. faire partie de ; aller avec. ||-**gehörig** adj. qui va avec ; qui fait partie de ; appartenant. ||°-**gehörigkeit** f. appartenance f. | *Zugehörigkeit zu einer Gesellschaft*, appartenance à une société. ||°-**gehörigkeits|gefühl** n. (s, e) sentiment (m.) de solidarité.

Zügel ['tsy:gəl] m. (s, -) bride f. ; rêne f. ; guides f. pl. | *die Zügel schießen lassen*, lâcher la bride ; mettre la bride sur le cou. | *die Zügel kurz halten*, tenir la bride haute. | *jm in die Zügel fallen*, arrêter net qn.

zügel|los ["tsy:gəl'lo:s] adj. déchaîné ; sans frein.

zügeln ['tsygəln] v. tr. tenir en bride ; brider. || FIG. refréner ; maîtriser.

zu|geneigt ["tsu:gə'naikt] adj. *jm zugeneigt sein*, éprouver de la sympathie pour qn.

Zu|gereiste(r) ["tsu:gə'raistə(r)] f. (m.) nouveau venu, nouvelle venue ; étranger m., étrangère f.

zu|geschneit ["tsu:gə'ʃnait] adj. couvert de neige.

zu|gesellen ["tsu:gə'zɛlən] v. tr. et v. pr. (s')associer ; (se) joindre à.

zu|gespitzt ["tsu:gə'ʃpitst] adj. en pointe ; pointu. || FIG. aiguisé ; acéré.

Zu|geständnis ["tsu:gə'ʃtɛntnis] n. (ses, se) concession f. ; aveu m. | *gegenseitige Zugeständnisse*, concessions réciproques. || [Erlaubnis] permission f.

zu|gestehen ["tsu:gə'ʃte:ən] (gestand, gestanden) v. tr. avouer ; convenir de. || accorder ; concéder. | *jm eine Zahlungsfrist zugestehen*, accorder à qn un moratoire (de paiement).

zu|getan ["tsu:gə'ta:n] adj. attaché ; dévoué. | *jm zugetan sein*, avoir de l'affection pour qn.

zugig ['tsu:giç] adj. exposé aux courants d'air.

zügig ['tsy:giç] adj. et adv. qui va vite. | *die Arbeit schreitet zügig fort*, le travail avance bien.

zugleich [tsu'glaiç] adv. en même temps ; ensemble ; à la fois. | *sie kommen zugleich am Ziel an*, ils arrivent ensemble au but.

zu|greifen ["tsu:'graifən] (i, i) v. intr. prendre ; mettre la main à la besogne. || FAM. *bitte, greifen Sie zu*, servez-vous !

Zu|griff ['tsu:grif] m. (s, e). INF. saisie f. | *wahlfreier Zugriff*, accès (m.) aléatoire.

Zugriffs|zeit ["tsu:grifs'tsait] f. (-, en). INF. temps (m.) d'accès.

zugrunde [tsu'grundə] adv. au fond ; à la base. | *einer Sache zugrunde liegen*, être à la base de qch. | *zugrunde legen* (dat.), prendre pour base (de). | *zugrunde gehen*, périr. | *zugrunde richten*, ruiner.

zugunsten [tsu'gunstən] (génit. ou « von ») prép. au profit de ; en faveur de.

zugute [tsu'gu:tə] adv. *jm etwas zugute halten*, porter qch. au crédit de qn. | *sich etwas zugute halten*, tirer vanité de qch. | *das kommt mir zugute*, cela m'est avantageux.

Zu|hälter ["tsu:'hɛltər] m. (s, -) souteneur m. ; proxénète m. ||°-**hälterei** f. proxénétisme m.

zu|hängen ["tsu:'hɛŋən] v. tr. fermer à l'aide d'un rideau ; couvrir.

Zuhause [tsu'hauzə] n. (s) chez-soi m. ; intérieur m. | *mein Zuhause*, mon chez-moi.

zu|heilen ["tsu:'hailən] v. intr. se cicatriser ; guérir. | *die Wunde heilt zu*, la plaie se cicatrise.

zuhinterst [tsu'hintərst] adv. tout au bout ; le tout dernier.

zu|hören ["tsu:'hø:rən] v. intr. écouter. | *jm zuhören*, écouter qn. ||°-**hörer(in)** m. (s, -), f. (-, nen) auditeur m. ; auditrice f. ||°-**hörerschaft** f. auditeurs m. pl. ; auditoire m.

zuinnerst [tsu'inərst] adv. tout à l'intérieur.

zu|jubeln ["tsu:'ju:bəln] v. intr. accueillir avec des cris de joie.

zu|kehren ["tsu:'ke:rən] v. tr. tourner vers. | *jm den Rücken zukehren*, tourner le dos à qn.

zu|klappen ["tsu:'klapən] v. tr. fermer (en faisant claquer). | *einen Deckel zuklappen*, rabattre, fermer le couvercle. | *die Wagentür zuklappen*, claquer la portière.

zu|kleben ["tsu:'kle:bən] v. tr. fermer avec de la colle ; coller ; cacheter.

zu|knallen ["tsu:'knalən] v. tr. claquer. || FAM. *die Tür zuknallen*, claquer la porte.

zu|knöpfen ["tsu:'knœpfən] v. tr. fermer ; boutonner. || FIG. *zugeknöpft*, réservé.

zu|kommen ["tsu:'kɔmən] (a, o) v. intr. **1.** aller,

venir vers. | *zukommen lassen*, faire parvenir. | *die Dinge auf sich zukommen lassen*, laisser venir les choses. **2.** [gebühren] revenir à ; être dû à. | *ihm kommt diese Ehre zu*, c'est à lui que revient cet honneur.

Zu|kunft ['tsu:kunft] f. avenir m. | *in Zukunft*, à l'avenir ; désormais. | *das hat Zukunft*, cela a de l'avenir. | *in naher Zukunft*, dans un avenir proche. | *Beruf mit Zukunft*, métier (m.) d'avenir. || GRAMM. futur m.

zu|künftig ["tsu:'kynftiç] adj. futur ; à venir.

Zukunfts... (en compos.) d'avenir ; de l'avenir ; futur.

Zukunfts|aussichten ["tsu:kunfts'ausziçtən] f. pl. perspectives (f. pl.) d'avenir. ||°**-beruf** m. (s, e) métier (m.) d'avenir. ||°**-forschung** f. futurologie f. ||°**-musik** f. FAM. promesses (f. pl.) chimériques. ||°**-perspektive** f. (-, n) perspective (f.) d'avenir. ||°**-pläne** m. pl. projets (m. pl.) d'avenir. ||**-trächtig** adj. plein de promesses d'avenir.

zu|lächeln ["tsu:'lɛçəln] v. intr. adresser un sourire à.

Zu|lage ["tsu:'lɑ:gə] f. (-, n) supplément m. ; augmentation f. ; allocation f.

zulande [tsu'landə] adv. *bei uns zulande*, chez nous.

zu|langen ["tsu:'laŋən] v. intr. [hinreichen] suffire ; être assez long. || FAM. [zugreifen] se servir à table ; prendre.

zu|länglich [-'lɛŋliç] adj. et adv. suffisant ; suffisamment.

zu|lassen ["tsu:'lasən] (ä, ie, a) v. tr. admettre ; permettre ; autoriser ; tolérer ; agréer. | *das kann man nicht zulassen*, on ne peut tolérer cela. ||**-lässig** adj. admissible ; permis ; autorisé. ||°**-lässigkeit** f. admissibilité f. ; recevabilité f. ||**-lassung** f. (-, en) admission f. ; autorisation f. ; permission f. | *Zulassung als Anwalt*, autorisation de plaider. || AUTOM. *(amtliche) Zulassung*, immatriculation f.

Zulassungs|nummer ["tsu:lasuŋs'numər] f. (-, n) numéro (m.) d'immatriculation. ||°**-prüfung** f. (-, en) examen (m.) d'admission ; examen (m.) probatoire. ||°**-schild** n. (s, er) plaque (f.) d'immatriculation.

Zu|lauf ['tsu:lauf] m. (s) affluence f. ; concours m. ; foule f. | *dieser Redner hat großen Zulauf*, cet orateur est très couru. | *dieses Geschäft hat guten Zulauf*, ce magasin est bien achalandé.

zu|legen ["tsu:'le:gən] v. tr. couvrir de qch. || ajouter ; joindre à ; mettre en plus. || FAM. [sich etwas anschaffen, spendieren] *er hat sich ein Pseudonym zugelegt*, maintenant, il s'est offert un pseudonyme.

zuleibe [tsu'laibə] adv. *jm zuleibe rücken*, s'en prendre à qn.

zuleide [tsu'laidə] adv. au préjudice de. | *jm etwas zuleide tun*, faire du mal à qn.

zu|leiten ["tsu:'laitən] v. tr. diriger vers ; amener ; transmettre ; adresser. ||°**-leiter** m. (s, -). ÉLECTR. électrode positive. ||°**-leitung** f. (-, en) conduite (f.) d'amenée ; adduction f.

zuletzt [tsu'lɛtst] adv. enfin ; en fin de compte ; en dernier lieu.

zuliebe [tsu'li:bə] adv. pour l'amour de. | *jm zuliebe*, pour l'amour de qn.

Zu|lieferant ["tsu:'li:fərant] m. (en, en), °**-lieferer** [-'li:fərər] m. (s, -) sous-traitant m.

Zulu ['tsu:lu] m. (s, s). GÉOGR. Zoulou m.

zum [tsum] prép. contr. de **zu dem.**

zu|machen ["tsu:'maxən] v. tr. fermer ; boucher ; cacheter.

zumal [tsu'mɑ:l] adv. particulièrement ; surtout ; principalement.

◇ conj. d'autant que.

zu|mauern ["tsu:'mauərn] v. tr. murer ; maçonner. | *eine Tür zumauern*, condamner une porte.

zumeist [tsu'maist] adv. en grande partie ; pour la plupart.

zu|messen ["tsu:'mɛsən] (i, a, e) v. tr. mesurer ; attribuer (qch. à qn). | *das Geld wird ihm knapp zugemessen*, l'argent lui est mesuré.

zumindest [tsu'mindəst] adv. au moins ; pour le moins.

zumute [tsu'mu:tə] adv. dans tel état d'esprit ; dans telle disposition. | *wie ist Ihnen zumute ?*, comment vous sentez-vous ?

zu|muten ["tsu:'mu:tən] v. tr. exiger (qch. de qn). | *sich zu viel zumuten*, présumer de ses forces. | *das kann man ihm nicht zumuten*, on ne peut pas lui demander cela. ||°**-mutung** f. (-, en) prétention f. ; exigence exagérée. || PÉJOR. proposition impudente.

zunächst [tsu'nɛ:kst] adv. en premier lieu ; tout d'abord.

◇ prép. (dat.) tout près de.

Zu|nahme ["tsu:'nɑ:mə] f. (-, n) accroissement m. ; extension f. ; augmentation f. ; intensification f.

Zu|name ["tsu:'nɑ:mə] m. (ns, n) nom (m.) de famille. || PAR EXT. sobriquet m. ; surnom m.

zünden ['tsyndən] v. intr. s'enflammer ; s'embraser. || FIG. *eine zündende Rede*, un discours enflammé, enthousiasmant.

◇ v. tr. mettre le feu à ; allumer.

Zünd|einstellung ["tsynt'ainʃtɛluŋ] f. (-, en). AUTOM. calage (m.) de l'allumage. ||°**-holz** n. (es, ¨er), °**-hölzchen** n. (s, -) allumette f. | *Zündholzschachtel*, boîte (f.) d'allumettes. ||°**-hütchen** n. (s, -) amorce f. ; capsule f. ||°**-kerze** f. (-, n). AUTOM. bougie (f.) d'allumage. ||°**-schlüssel** m. (s, -). AUTOM. clef (f.) de contact. ||°**-schnur** f. (-, ¨e) mèche f. ||°**-stift** m. (s, e) percuteur m. ||°**-verteiler** m. (s, -). AUTOM. distributeur (m.) d'allumage ; (Wz.) Delco m.

zündbar ['tsyntbɑ:r] adj. inflammable.

Zünder ['tsyndər] m. (s, -) détonateur m.

Zunder ['tsundər] m. (s, -) amadou m. ; mèche f.

Zündung ['tsynduŋ] f. (-, en) allumage m. ; amorçage m. | *die Zündung ausschalten*, couper le contact.

zu|nehmen ["tsu:'ne:mən] (i, a, o) v. intr. s'accroître ; croître ; augmenter ; s'agrandir. | *die Tage nehmen zu*, les jours augmentent. | *das Fieber nimmt zu*, la fièvre monte. | *an Gewicht zunehmen*, prendre du poids. | *zunehmender Mond*, phase croissante de la lune. | *mit zunehmendem Alter*, en vieillissant. | *in zunehmendem Maße*, toujours davantage.

zu|neigen ["tsu:'naigən] v. intr. incliner ; pencher vers. | *er neigt dem Trunk zu*, il a un penchant pour la bouteille. ||°**-neigung** f. (-, en) penchant m. ; inclination f. ; sympathie f.

Zunft [tsunft] f. (-, ¨e). [Innung ; Körperschaft] corps (m.) de métier ; corporation f. ; confrérie f. ; jurande f.

Zunft|geist ["tsunft'gaist] m. (s) esprit (m.) de caste, de corps. ||°**-genosse** m. (n, n) membre (m.), confrère (m.) d'une corporation. ||°**-wesen** n. (s) régime (m.) des corporations ; corporations f. pl.

zünftig ['tsynftiç] adj. qui fait partie d'une corporation. || FAM. [vortrefflich] excellent.

Zunge ['tsuŋə] f. (-, n) langue f. ; languette f. | *jm die Zunge herausstrecken*, tirer la langue à qn. | *er stößt mit der Zunge an*, il zézaye. || FIG. *eine spitze Zunge haben*, avoir une méchante langue. | *feine Zunge*, fin bec ; fin gourmet. | *das Herz auf der Zunge haben*, avoir le cœur sur les lèvres. | *das Wort liegt mir auf der Zunge*, j'ai le mot sur le bout de la langue. | *seine Zunge im Zaum halten*, savoir tenir sa langue.

Zungen|band ["tsuŋən'bant] n. (s, ¨er) filet (m.) de la langue. ||°**-bein** n. (s, e) os (m.) hyoïde. ||°**-belag** m. (s) dépôt (m.) sur la langue. ||°**-brecher** m. (s, -). GRAMM. exercices (m. pl.) d'assouplissement de la langue. ||°**-häutchen** n. (s). MÉD. épithélium (m.) de la langue. ||°**-laut** m. (s, e). GRAMM. sifflante f. ||°**-pfeife** f. (-, n). MUS. instrument (m.) à anche. ||°**-reden** n. (s). [Psychologie] glossolalie f. ||°**-schlag** m. (s) bredouillements m. pl. (d'ivrogne). ||°**-spitze** f. (-, n) pointe (f.), bout (m.) de la langue.

züngeln ['tsy:ngəln] v. intr. darder la langue. | *die Flammen züngeln*, le feu serpente.

Zünglein ['tsyŋlain] n. (s, -) petite langue ; languette f. | *das Zünglein an der Waage*, l'aiguille (f.) de la balance.

zunichte [tsu'niçtə] adv. *zunichte machen*, détruire ; anéantir. | *Pläne zunichte machen*, faire échouer des projets ; déjouer des projets. | *zunichte werden*, se réduire à néant ; s'écrouler.

zu|nicken ["tsu:'nikən] v. intr. faire un signe de tête (à qn). | *jm freundlich zunicken*, faire un signe de tête amical à qn.

zunutze [tsu'nutsə] adv. *sich etwas zunutze machen*, profiter, tirer profit de qch.

zuoberst [tsu'o:bərst] adv. tout en haut.

zu|ordnen ["tsu:'ɔrdnən] v. tr. attribuer ; adjoindre ; coordonner ; composer. ||°**-ordnung** f. (-, en) attribution f.

zu|packen ["tsu:'pakən] v. tr. chercher à saisir ; saisir ; empoigner ; emballer.

zupaß [tsu'pas] adv. à propos. | *es kommt mir zupaß*, cela tombe bien ; cela m'arrange bien.

zupfen ['tsupfən] v. tr. **1.** tirailler. | *jn am Ärmel zupfen*, tirer qn par la manche.
2. [auseinanderziehen] effilocher ; mettre en charpie.

zur [tsu:r] prép. contract. de **zu der.**

zu|raunen ["tsu:'raunən] v. tr. dire, chuchoter à l'oreille de qn.

Zu|rechenbarkeit ["tsu:'rɛçənba:rkait] f. JUR. responsabilité f. (de ses actes).

zu|rechnen ["tsu:'rɛçnən] v. tr. ajouter. || FIG. imputer, attribuer (qch. à qn).

Zu|rechnung [-nuŋ] f. (-, en) **1.** adjonction f. | *unter Zurechnung aller Kosten*, en y ajoutant tous les frais.
2. FIG. attribution f. ; imputation f.

zurechnungs|fähig ["tsu:rɛçnuŋs'fɛ:iç] adj. responsable ; capable de discerner. || PAR EXT. majeur. | *nicht mehr zurechnungsfähig sein*, ne plus avoir l'usage de ses facultés mentales. ||°**-fähigkeit** f. responsabilité (f.) de ses actes ; pleine jouissance de ses facultés mentales.

zurecht [tsu'rɛçt] adv. en règle ; en ordre ; convenablement.

zurecht|bringen [tsu"rɛçt'briŋən] (brachte, gebracht) v. tr. mettre en ordre. ||**-finden (sich)** [a, u] v. pr. s'orienter ; trouver son chemin. | *ich finde mich hier nicht zurecht*, je suis perdu ; FAM. je m'y perds. ||**-kommen** (a, o) v. intr. parvenir à s'arranger ; réussir à faire qch. | *mit jm zurechtkommen*, s'entendre avec qn. || venir à temps ; venir à l'heure. ||**-legen** v. tr. préparer ; tenir prêt. ||**-machen** v. tr. arranger ; apprêter. | *das Essen zurechtmachen*, préparer le repas. ||**-setzen** v. tr. ranger ; ajuster ; disposer. ||**-weisen** (ie, ie) v. tr. indiquer le chemin. || FIG. faire des remontrances ; réprimander. ||°**-weisung** f. (-, en) [action d']indiquer le chemin. || FIG. remontrances f. pl. ; mercuriale f.

zu|reden ["tsu:'re:dən] v. intr. persuader (qn de faire qch.) ; conseiller (qn). | *jm zureden*, parler à qn pour le consoler, l'encourager.

Zureden ["tsu're:dən] n. (s) conseils m. pl. ; exhortations f. pl. ; encouragements m. pl.

zu|reichend ["tsu:'raiçənt] adj. [genügend] suffisant. || FIG. *zureichender Grund*, raison suffisante.

zu|reiten ["tsu:'raitən] v. tr. [Pferd] débourrer ; dresser.

Zürich ['tsyriç] n. pr. n. GÉOGR. Zurich f. | *Züricher See*, lac (m.) de Zurich.

zu|richten ["tsu:'riçtən] v. tr. et v. pr. préparer ; apprêter ; accommoder. | *Leder zurichten*, corroyer du cuir. || CULIN. *einen Hasen zurichten*, accommoder un lièvre. || PAR EXT., FAM. *man hat ihn arg zugerichtet*, on l'a mis dans un bel état ! ||°**-richter** m. (s, -). TECHN. apprêteur m. ; corroyeur m. ||°**-richtung** f. apprêt m. ; préparation f. || TYPOGR. mise (f.) en pages.

zu|riegeln ["tsu:'ri:gəln] v. tr. verrouiller.

zürnen ['tsyrnən] v. intr. [sich ärgern] être fâché, en colère, irrité. | *jm zürnen*, en vouloir à qn.

zurren ['tsurən] v. tr. MAR. amarrer ; serrer la corde.

zurück [tsu'ryk] adv. **1.** en arrière ; en retard. | *er ist fünfzig Meter (hinter ihm) zurück*, il est en retard de cinquante mètres (sur lui). || FIG. *das Land ist noch weit zurück*, ce pays est encore très en retard. | *das liegt um Jahre zurück*, il y a des années de cela.
2. [wieder her] *er ist noch nicht zurück*, il n'est pas encore de retour. | *zurück !*, reculez ! | *zurück zur Natur*, retour (m.) à la nature.

Zurück [tsu'ryk] n. (s). FIG. *es gibt kein Zurück mehr*, nous avons atteint le point de non-retour.

zurück|begeben (sich) [ziçtsu"rykbə'ge:bən] (i, a, e) v. pr. s'en retourner. ||**-behalten** (ä, ie, a) v. tr. retenir ; détenir. ||**-bekommen** (a, o) v. tr. recouvrer ; rentrer en possession de. | *sein Geld zurückbekommen*, rentrer dans son argent. | *ich bekomme noch zwei Mark zurück*, vous me devez, il me revient encore deux marks. ||**-berufen** (ie, u) v. tr. rappeler ; faire revenir ; révoquer. ||**-bezahlen** v. tr. rembourser. ||**-bleiben** (ie, ie) v. intr. rester en arrière ; traîner ; être en retard. || FIG. *geistig zurückgeblieben*, arriéré, retardé mental. || [überleben] survivre. ||**-blicken** v. intr. jeter un regard en arrière ; se retourner pour regarder. ||**-bringen** (brachte, gebracht) v. tr. ramener ; rapporter ; faire reculer. ||**-datieren** v. tr. antidater. ||**-drängen** v. tr. repousser ; refouler. || FIG. réprimer ; contenir. ||**-drehen** v. tr. retourner ; remettre en arrière. | *die Uhr zurückdrehen*, retarder sa montre. ||**-eilen** v. intr. revenir en toute hâte. ||**-erhalten** (ä, ie, a) v. tr. recouvrer. ||**-erobern** v. tr. reconquérir. ||**-erstatten** v. tr. rendre ; restituer ; rembourser. ||°**-erstattung** f. (-, en) restitution f. ; remboursement m. ||**-fahren** (ä, u, a) v. intr. retourner ; faire marche arrière ; reculer. | *er fährt erschrocken zurück*, il recule épouvanté. ||**-fallen** (ä, ie, a) v. intr. retomber ; tomber en arrière. | *auf den dritten Platz zurückfallen*, rétrograder à la troisième place. || MÉD. faire une rechute, une récidive. || COMM. diminuer. ||**-finden** (a, u) v. intr. retrouver son chemin. ||**-fluten** v. intr. refluer. ||**-fordern** v. tr. réclamer ; demander la restitution de. ||**-führen** v. tr. ramener ; reconduire ; réduire (à). | *das ganze Übel ist auf ihn zurückzuführen*, tout le mal vient de lui. ||**-geben** (i, a, e) v. tr. rendre ; restituer. ||**-gehen** (ging, gegangen) v. intr. revenir sur ses pas ; baisser ; retourner ; aller en arrière ; reculer ;

diminuer. | *die Preise gehen zurück*, les prix diminuent. ||**-gestellt** adj. ajourné ; mis en sursis. ||**-gewinnen** (a, o) v. tr. récupérer. ||**-gezogen** adj. et part. pass. retiré. | *zurückgezogen leben*, mener une vie solitaire. ||°**-gezogenheit** f. solitude f. ; retraite f. ; vie (f.) solitaire. ||**-greifen** (i, i) v. tr. se reporter à ; revenir à ; remonter à. ||**-halten** (ä, ie a) v. tr. retenir. || FIG. réprimer ; dissimuler ; refouler. | *mit seiner Meinung zurückhalten*, dissimuler sa pensée. | *sehr zurückhaltend*, très réservé. ||°**-haltung** f. retenue f. ; réserve f. || FIG. discrétion f. ; réticence f. ||**-holen** v. tr. aller rechercher, reprendre. ||**-kaufen** v. tr. racheter. ||**-kehren** v. intr. revenir ; retourner. | *nach Hause zurückkehren*, rentrer. ||**-kommen** (a, o) v. intr. revenir. || FIG. *auf etwas zurückkommen*, revenir à qch., sur un point. ||**-lassen** v. tr. laisser derrière soi ; abandonner. || SPORT. distancer. ||**-legen** v. tr. mettre en arrière. | *Geld zurücklegen*, mettre de l'argent de côté, en réserve. || [räumlich und zeitlich] parcourir. | *einen weiten Weg zurücklegen*, parcourir un long chemin. ||**-nehmen** (i, a, o) v. tr. reprendre ; retirer. | *eine Ware zurücknehmen*, retirer une marchandise. | *sein Versprechen zurücknehmen*, revenir sur sa promesse. || FIG. révoquer ; rétracter. | *ein Verbot zurücknehmen*, rapporter une interdiction. ||**-prallen** v. intr. rebondir ; rejaillir. || PHYS. réverbérer. ||**-rufen** (ie, u) v. tr. rappeler. | *ins Gedächtnis zurückrufen*, remémorer ; rappeler. | *einen Gesandten zurückrufen*, rappeler un ambassadeur. ||**-schallen** v. intr. résonner ; être renvoyé en écho. ||**-schalten** v. intr. (*in den zweiten Gang*) *zurückschalten*, rétrograder en seconde. ||**-schaudern** v. intr. reculer en frémissant. ||**-schauen** v. intr. regarder en arrière. ||**-scheuen** v. intr. prendre peur devant qch. ||**-schicken** v. tr. renvoyer ; réexpédier. ||**-schlagen** (ä, u, a) v. tr. et v. intr. renvoyer ; rendre ; rendre le coup. | *das Verdeck zurückschlagen*, décapoter la voiture. | *den Angriff zurückschlagen*, repousser l'attaque. ||**-schnellen** v. intr. retourner brusquement ; se détendre brusquement. || **-schrecken** v. tr. intimider ; rebuter ; effaroucher. — v. intr. (a, o) reculer (d'effroi). ||**-sehnen (sich)** v. pr. aspirer au retour ; avoir le mal du pays. ||**-senden** v. tr. réexpédier ; retourner à l'expéditeur. ||**-setzen** v. tr. mettre en arrière. || FIG. mettre à l'écart ; négliger. || [verschieben] différer ; repousser ; reculer. ||°**-setzung** f. (-, en) réduction f. ; baisse f. (des prix). || [Verschiebung] ajournement m. ; prolongation f. ; retardement m. || [Demütigung] humiliation f. ; manque (m.) d'égards pour. ||**-springen** (a, u) v. intr. faire un saut, un bond en arrière ; rebondir ; rejaillir. ||**-stehen** (stand, gestanden) v. intr. être en arrière, en retrait ; PR. et FIG. être en retard ; avoir du retard. || FIG. le céder à qn ; céder le pas. ||**-stellen** v. tr. mettre en arrière, de côté. || [zurücksetzen] rétrograder. || retarder. | *seine Uhr zurückstellen*, retarder sa montre. || MIL. ajourner ; accorder un sursis. ||°**-stellung** f. (-, en). MIL. ajournement m. ; sursis m. ||**-strahlen** v. intr. et v. tr. réfléchir ; réverbérer ; se refléter ; se réfléchir. ||**-taumeln** v. intr. reculer en vacillant. ||**-tragen** (ä, u, a) v. tr. reporter ; rapporter. ||**-treten** (i, a, e) v. intr. reculer ; se retirer. | *vor jm zurücktreten*, s'effacer devant qn. || [sich zurückziehen] démissionner ; se retirer. ||**-versetzen** v. tr. et v. pr. remettre en l'état antérieur. | *sich im Geiste in seine Jugend zurückversetzen*, se remémorer sa jeunesse. ||**-weichen** v. intr. reculer ; céder ; se retirer. ||**-weisen** (ie, ie) v. tr. repousser ; rejeter ; refuser. || JUR. *einen Zeugen zurückweisen*, récuser un témoin. ||°**-weisung** f. (-, en) renvoi m. ; rejet m. ; refus m. || JUR. récusation f. ||**-werfen** (i, a, o) v. tr. rejeter ; renvoyer ; refouler ; réfléchir ; réverbérer. ||°**-werfung** f. PHYS. réflexion f. ||**-zahlen** v. tr. rembourser ; rendre. || FIG. payer de retour. ||°**-zahlung** f. (-, en) remboursement m. ||**-ziehen** (zog, gezogen) v. tr. et v. pr. retirer. | *eine Klage zurückziehen*, retirer une plainte. | *sich aus dem politischen Leben, von der Politik zurückziehen*, se retirer de la vie politique. ||°**-ziehung** f. (-, en) retrait m. ; repli m. || FIG. rétractation f.

Zu|ruf ["tsu:'ru:f] m. (s, e) appel m. ; cri m. ; acclamation f. | *Abstimmung durch Zuruf*, vote (m.) par acclamation. || [Börse] *auf Zuruf*, à la criée. ||**-rufen** (ie, u) v. intr. crier (qch. à qn).

zurzeit [tsur'tsait] adv. à l'heure qu'il est ; en ce moment ; actuellement.

Zu|sage ["tsu:'zɑ:gə] f. (-, n) acceptation f. ; engagement m. | *mündliche Zusage*, accord verbal.

zu|sagen [-gən] v. tr. **1.** dire (à qn). | *jm die Wahrheit auf den Kopf zusagen*, dire à qn la vérité en face.

2. [bejahend antworten] accepter ; promettre ; s'engager. | *er hat anderswo zugesagt*, il s'est engagé ailleurs. | *er hat seine Teilnahme fest zugesagt*, il a promis fermement sa participation (à la réunion).

◇ v. intr. plaire ; convenir à. | *das sagt mir nicht zu*, cela ne me convient pas.

◇ part. prés. **zusagend,** *eine zusagende Antwort*, une réponse affirmative.

zusammen [tsu'zamən] adv. **1.** ensemble ; conjointement. | *sie haben zusammen ein Buch geschrieben*, ils ont écrit un livre en collaboration. | *sie kommen jeden Mittwoch zusammen*, ils se réunissent tous les mercredis. | *sie halten fest zusammen*, des liens solides les unissent.

2. [im ganzen] en tout. | *das macht zusammen zehn Mark (aus)*, cela fait en tout dix marks.

Zusammen|arbeit [tsu"zamən'arbait] f. coopération f. ; collaboration f. ||**-ballen** v. tr. et v. pr. (s')amonceler ; (se) mettre en boule ; (s')agglomérer. || FIG. concentrer. | *Wolken ballen sich zusammen*, des nuages s'amoncellent. ||°**-ballung** f. (-, en) concentration f. ; agglomération f. ||**-beißen** (i, i) v. tr. *vor Schmerz die Zähne zusammenbeißen*, serrer les dents de douleur. ||**-berufen** (ie, u) v. tr. convoquer. ||°**-berufung** f. (-, en) convocation f. ||**-binden** (a, u) v. tr. lier ensemble. ||**-brechen** (i, a, o) v. intr. s'écrouler ; s'effondrer. | *seelisch zusammengebrochen*, désespéré. ||°**-bruch** m. (s, ¨e) effondrement m. ; écroulement m. ; débâcle f. || HIST. *nach dem Zusammenbruch des dritten Reiches*, après l'effondrement du IIIe Reich. ||**-drängen** v. tr. et v. pr. presser ; serrer. || FIG. condenser ; résumer. | *sich zusammendrängen*, se serrer les uns contre les autres. | *zusammengedrängt*, serré ; dru ; compact ; FIG. concis ; dense. ||**-drücken** v. tr. comprimer ; serrer. ||**-eilen** v. intr. se réunir en toute hâte. ||**-fahren** (ä, u, a) v. intr. FIG. [auffahren] sursauter de frayeur. ||°**-fall** m. (s, ¨e) *zeitlicher Zusammenfall*, coïncidence f. ||**-fallen** (ä, ie, a) v. intr. s'écrouler ; tomber en ruine. || [zeitlich] coïncider ; concorder (dans le temps). ||**-falten** v. tr. plier. ||**-fassen** v. tr. réunir ; serrer ensemble. | *er hat seine Aufsätze in einem Band zusammengefaßt*, il a réuni ses articles en volume. || FIG. résumer ; récapituler. — v. pr. **sich zusammenfassen**, se résumer ; se ressaisir. ||°**-fassung** f. (-, en) réunion f. ; concentration f. ; rassemblement m. || résumé m. ; récapitulation f. ||**-finden (sich)** [a, u] v. pr. se réunir ; se retrouver. ||**-flicken** v. tr. rapiécer ; ravauder. || FIG., PÉJOR. compiler. ||**-fließen** (o, o) v. intr. confluer ; se réunir. || FIG. se fondre ; se confondre. ||°**-fluß** m. (es, ¨e) confluent m. ; jonction f. ; fusion f. ||**-fügen** v. tr. assembler ; joindre ; réunir. || TECHN. accoupler. ||°**-fügung** f. (-, en) assemblage m. ; réunion f. ; jonction f. ; montage m. ; raccord m. ||**-führen** v. tr.

réunir ; faire converger. ||**-gehen** (ging, gegangen) v. intr. aller ensemble. || [schrumpfen ; schmelzen] se rétrécir ; fondre. ||**-gehören** v. intr. aller ensemble ; s'apparier ; faire la paire. ||**-gehörig** adj. connexe ; homogène ; allant de pair. ||°**-gehörigkeit** f. affinité f. ; solidarité f. ; cohésion f. ||**-gesellen (sich)** v. pr. s'associer ; former un groupe. ||**-gesetzt** adj. composé. ||**-gewürfelt** adj. bigarré ; hétéroclite. ||°**-halt** m. (s, e) cohésion f. ; cohérence f. ; solidarité f. ||**-halten** (ä, ie, a) v. intr. tenir ensemble. || FIG. être unis ; se soutenir mutuellement ; faire corps — v. tr. maintenir ensemble ; mettre en regard ; confronter. || économiser. ||°**-hang** m. (s, ¨e) cohérence f. ; cohésion f. ; rapport m. ; relation f. ; connexion f. | *ohne Zusammenhang mit*, sans relation, sans rapport avec. | *aus dem Zusammenhang gerissen*, isolé du contexte. ||**-hängen, -hangen** (i, a) v. intr. être lié ; être en rapport avec ; être cohérent. | *das hängt mit seiner Krankheit zusammen*, c'est une conséquence de sa maladie. ||**-hängend** adj. cohérent ; lié ; continu. ||**-hanglos** adj. sans suite ; incohérent ; décousu. ||°**-hanglosigkeit** f. incohérence f. ||**-hauen** (hieb, gehauen) v. tr. tailler en pièces ; sabrer ; FAM. bâcler. ||**-heften** v. tr. brocher. ||**-holen** v. tr. rassembler ; aller chercher (de toutes parts). ||**-kauern (sich)** v. pr. s'accroupir. ||°**-klang** m. (s, ¨e) accord m. ; harmonie f. ||**-klappbar** adj. pliable ; pliant. ||**-klappen** v. tr. replier. — v. intr. FAM. tomber d'épuisement ; être claqué. ||**-kleben** v. tr. et v. intr. coller ensemble ; être collé ensemble. ||**-klingen** (a, u) v. intr. s'accorder. ||**-knüpfen** v. tr. nouer ; attacher. ||**-kommen** (a, o) v. intr. se réunir ; s'assembler ; se rencontrer. ||**-koppeln** v. tr. accoupler ; atteler ensemble. ||°**-kunft** f. (-, ¨e) entrevue f. ; réunion f. ; assemblée f. ||**-laufen** (ä, ie, a) v. intr. converger ; se joindre ; se rencontrer. | *das Wasser läuft mir im Munde zusammen*, l'eau me vient à la bouche. || [schrumpfen] rétrécir. | *beim Waschen zusammenlaufen*, rétrécir au lavage. ||**-leben** v. intr. vivre ensemble. ||°**-leben** n. (s) vie commune. ||**-legen** v. tr. (re)plier. || mettre ensemble ; réunir ; grouper. | *Geld zusammenlegen*, se cotiser. ||°**-legung** f. (-, en) [re]groupement m. ; fusion f. | *Zusammenlegung von Firmen*, fusion de firmes. ||**-nehmen** (a, o) v. tr. réunir ; rassembler. || FIG. *seine Gedanken zusammennehmen*, rassembler ses idées ; fixer son attention. — v. pr. **sich zusammennehmen,** se reprendre ; se concentrer ; faire un effort d'attention. ||**-packen** v. tr. mettre (tout) en un paquet ; empaqueter. ||**-passen** v. intr. et v. tr. s'accorder ; s'harmoniser ; adapter ; ajuster. ||**-pferchen** v. tr. entasser ; FAM. empiler ; parquer. ||°**-prall** m. (s, e) choc m. ; heurt m. ; collision f. ||**-prallen** v. intr. se heurter ; s'entrechoquer. || FIG. entrer en conflit. ||**-pressen** v. tr. comprimer ; presser. || TECHN. compacter. ||°**-pressen** n. (s) compression f. || TECHN. compactage m. ||**-raffen** v. tr. ramasser (rapidement) ; rafler. — v. pr. **sich zusammenraffen,** se ressaisir ; se reprendre ; rassembler ses forces. ||**-rechnen** v. tr. additionner ; faire la somme ; totaliser. ||**-rollen** v. tr. et v. pr. (s')enrouler. ||**-rotten (sich)** v. pr. s'attrouper. ||**-rücken** v. intr. se serrer ; se rapprocher. || PAR EXT. faire de la place. ||**-rufen** (ie, u) v. tr. convoquer. ||**-scharen (sich)** v. pr. s'assembler ; s'attrouper. ||**-schaudern** v. intr. tressaillir d'horreur. ||**-schauern** v. intr. frissonner ; avoir des frissons. ||**-schießen** (o, o) v. tr. fusiller ; massacrer. ||**-schlagen** (ä, u, a) v. tr. abattre ; démolir ; FAM. tabasser. ||**-schleppen** v. tr. ramasser. ||**-schließen (sich)** (o, o) v. pr. s'associer ; fusionner. ||°**-schluß** m. (es, ¨e) association f. ; fusion f. ; union f. ||**-schmelzen** v. tr. faire fondre ; fusionner. — v. intr. (i, o, o) se fondre. || **-schrauben** v. tr. assembler par boulons. ||**-schrumpfen** v. intr. se rétrécir ; FAM. se ratatiner. ||**-schweißen** v. tr. souder ; joindre par soudage. ||°**-sein** n. (s) réunion f. ||**-setzbar** adj. composable. ||**-setzen** v. tr. et v. pr. monter ; assembler ; joindre. | *zusammengesetztes Hauptwort*, nom composé. | *dies setzt sich aus drei Teilen zusammen*, cela se compose de trois parties. ||°**-setzung** f. (-, en) assemblage m. ; montage m. ; composition f. ; combinaison f. ; constitution f. ||**-sinken** (a, u) v. intr. tomber à la renverse, par terre ; s'affaisser. ||°**-spiel** n. (s, e) ensemble m. ; jeu (m.) d'équipe. ||**-stecken** v. tr. fourrer ensemble. || FIG. *die Köpfe zusammenstecken*, chuchoter. ||**-stehen** (stand, gestanden) v. tr. être ensemble. || FIG. faire cause commune. ||**-stellen** v. tr. assembler ; coordonner ; assortir ; agencer ; établir. | *ein Programm zusammenstellen*, établir un programme. ||°**-stellung** f. (-, en) réunion f. ; composition f. ; assemblage m. | *Zusammenstellung eines Zuges*, composition d'un train. ||°**-stoß** m. (es, ¨e) heurt m. ; collision f. ; accrochage m. ; télescopage m. || FIG. conflit m. ||**-stoßen** (ö, ie, o) v. intr. entrer en collision ; se heurter. — v. tr. piler ; concasser. ||**-strömen** v. intr. confluer ; se joindre ; affluer. ||°**-sturz** m. (es, ¨e) écroulement m. ; ruine f. ; effondrement m. ; affaissement m. || FIG. débâcle f. ||**-stürzen** v. intr. s'effondrer ; s'écrouler ; s'affaisser. ||**-tragen** (ä, u, a) v. tr. transporter ; amasser en un lieu ; réunir. || FIG. compiler. ||**-treffen** (i, a, o) v. intr. se rencontrer. || [gleichzeitig geschehen] coïncider ; concorder. ||**-trommeln** v. tr. rallier au son du tambour. ||**-tun** (tat, getan) v. tr. et v. pr. (se) mettre ensemble ; (s')associer ; (se) réunir. ||**-wachsen** (ä, u, a) v. intr. se joindre ; se souder. ||**-werfen** (i, a, o) v. tr. jeter pêle-mêle ; confondre ; renverser. ||**-wirken** v. intr. agir ensemble ; coopérer ; concourir à un but commun. ||**-zählen** v. tr. additionner. ||**-ziehen** (zog, gezogen) v. tr. et v. pr. (se) resserrer ; (se) réduire ; (se) contracter. || JUR. *Strafen zusammenziehen*, confondre des peines. | *es zieht sich ein Gewitter zusammen*, un orage se prépare. || MÉD. *zusammenziehendes Mittel*, astringent m. ||°**-ziehung** f. (-, en) réunion f. ; concentration f. | *Truppenzusammenziehung*, concentration de troupes.

Zu|satz ["tsu:'zats] m. (es, ¨e) additif m. ; supplément m. ; annexe f. ; adjonction f. | *Zusatz zu einem Gesetz*, codicille m.

Zusatz... (en compos.) additionnel ; supplémentaire ; auxiliaire.

Zusatz|aktie ["tsu:zats'aktsiə] f. (-, n). FIN. action gratuite. ||°**-heizung** f. (-, en) chauffage (m.) d'appoint. ||°**-steuer** f. (-, n) taxe additionnelle. ||°**-versicherung** f. (-, en) assurance (f.) complémentaire. ||°**-vertrag** m. (s, ¨e). JUR. avenant m. ||°**-wärme** f. TECHN. chaleur gratuite.

zu|sätzlich ["tsu:'zɛtsliç] adj. additionnel ; supplémentaire.
◇ adv. en outre ; en plus.

zuschanden ["tsu:'ʃandən] adv. détruit ; abîmé. | *er hat meine Hoffnungen zuschanden gemacht*, il a déçu mes espoirs.

zu|schauen ["tsu:'ʃauən] v. intr. regarder ; être spectateur.

Zu|schauer(in) [-'ʃauər(in)] m. (s, -), f. (-, nen) spectateur m. ; spectatrice f. ; témoin m. | *Zuschauerraum*, salle f. (de spectacle).

zu|schicken ["tsu:'ʃikən] v. tr. faire parvenir ; expédier.

zu|schieben ["tsu:'ʃi:bən] (o, o) v. tr. pousser ; fermer. || FIG. attribuer ; imputer ; rejeter sur.

zu|schießen ["tsu:'ʃi:sən] (o, o) v. intr. *er kam auf uns zugeschossen*, il se précipita sur nous.
◇ v. tr. jeter ; lancer. || *Geld zuschießen*, ajouter de l'argent ; verser en supplément.

Zu|schlag ["tsu:'ʃla:k] m. (s, ¨e) **1.** [Zusatz ; Aufschlag] supplément m. ; augmentation f.
2. [bei einer Versteigerung] adjudication f.

zuschlags|frei ["tsu:ʃla:ks'frai] adj. sans supplément. ||°**-gebühr** f. (-, en) surtaxe f. ||°**-karte** f. (-, n). TRANSP. (billet [m.] de) supplément m. ||**-pflichtig** adj. à supplément.

zu|schlagen ["tsu:'ʃla:gən] (ä, u, a) v. intr. frapper. | *gleich zuschlagen*, avoir la main leste.
◇ v. tr. **1.** [heftig zumachen] refermer brusquement. | *die Tür zuschlagen*, claquer la porte.
2. [in Richtung auf jn schlagen] FIG. *jm den Ball zuschlagen*, renvoyer la balle à qn.
3. [bei einer Versteigerung] adjuger. | *zugeschlagen !*, adjugé !
4. [den Preis erhöhen] majorer ; augmenter.
5. MÉTALL. ajouter un fondant.

zu|schließen ["tsu:'ʃli:sən] (o, o) v. tr. fermer à clef.

zu|schnallen ["tsu:'ʃnalən] v. tr. boucler ; fermer.

zu|schneiden ["tsu:'ʃnaidən] (schnitt, geschnitten) v. tr. découper ; tailler. | *einen Anzug zuschneiden*, tailler, couper un complet. ||°**-schnitt** m. (s, e) coupe f. ; façon f. ; forme f.

zu|schnüren ["tsu:'ʃny:rən] v. tr. ficeler ; lacer ; serrer. | *die Angst schnürt ihm die Kehle zu*, l'angoisse lui noue la gorge.

zu|schrauben ["tsu:'ʃraubən] v. tr. fermer ; visser.

zu|schreiben ["tsu:'ʃraibən] (ie, ie) v. tr. attribuer ; mettre sur le compte de ; imputer ; dédier. | *jm böse Absichten zuschreiben*, prêter à qn de mauvaises intentions. || COMM. porter au compte de.

zu|schreiten ["tsu:'ʃraitən] (i, i) v. intr. se diriger, s'avancer vers.

Zu|schrift ["tsu:'ʃrift] f. (-, en) lettre f. ; communication f. ; dédicace f.

zuschulden [tsu'ʃuldən] adv. *sich etwas zuschulden kommen lassen*, se rendre coupable de qch.

Zu|schuß ["tsu:'ʃus] m. (es, ¨e) versement (m.) supplémentaire ; supplément m. ; allocation f. | *staatliche Zuschüsse*, aides publiques.

zu|schütten ["tsu:'ʃytən] v. tr. combler ; remblayer.

zu|sehen ["tsu:'ze:ən] (ie, a, e) v. intr. regarder ; assister à ; être spectateur de. || PAR EXT. veiller à ; faire attention à. | *sieh zu, daß*, fais en sorte que.

zu|sehends ["tsu:'ze:ənts] adv. à vue d'œil ; visiblement.

zu|senden ["tsu:'zɛndən] (sandte, gesandt) v. tr. envoyer ; faire parvenir.

zu|setzen ["tsu:'zɛtsən] v. tr. [hinzufügen] ajouter ; augmenter. | *dabei zusetzen*, y mettre du sien ; y être de sa poche.
◇ v. intr. [bedrängen] obséder ; presser. || PAR EXT. *jm hart zusetzen*, éprouver qn.

zu|sichern ["tsu:'ziçərn] v. tr. assurer ; garantir. ||°**-sicherung** f. (-, en) assurance f. ; promesse f.

zu|sperren ["tsu:'ʃpɛrən] v. tr. barrer ; barricader.

zu|spielen ["tsu:'ʃpi:lən] v. tr. lancer, servir la balle. | *jm den Ball zuspielen*, faire une passe à qn. || [Nachrichten] laisser filtrer.

zu|spitzen ["tsu:'ʃpitsən] v. tr. et v. pr. tailler en pointe ; effiler ; aiguiser. || FIG. s'aggraver ; s'envenimer. | *die Lage spitzt sich zu*, la situation empire. ||°**-spitzung** f. taille (f.) en forme de pointe. || FIG. aggravation f.

zu|sprechen ["tsu:'ʃprɛçən] (i, a, o) v. tr. attribuer. | *jm etwas zusprechen*, attribuer qch. à qn. | *jm Mut zusprechen*, encourager qn.
◇ v. intr. adresser la parole à qn. | *jm freundlich zusprechen*, avoir des paroles aimables pour qn.

Zu|spruch ["tsu:'ʃpru:x] m. (s, ¨e) encouragement m. ; consolation f. ; exhortation f. | *großen Zuspruch haben*, être très fréquenté ; être en vogue.

Zu|stand ['tsu:ʃtant] m. (s, ¨e) état m. ; condition f. ; situation f. | *seelischer Zustand*, état d'âme.
◇ m. pl. **Zustände,** circonstances f. pl. || FAM. *das sind (mir) Zustände !*, quelle pagaïe !

zustande ['tsu:"ʃtandə] adv. *zustande bringen*, réaliser ; exécuter. | *zustande kommen*, avoir lieu ; réussir.

zu|ständig [-'ʃtɛndiç] adj. compétent ; qualifié. | *zuständiges Gericht*, tribunal compétent. || POLIT. *zuständiger Minister*, ministre (m.) de tutelle.

Zu|ständigkeit [-kait] f. compétence f. ; ressort m. || JUR. *Zuständigkeitsbereich*, ressort m.

zustatten [tsu'ʃtatən] adv. *zustatten kommen*, venir à propos, à point.

zu|stecken ["tsu:'ʃtɛkən] v. tr. fermer avec une épingle. || FIG. donner en cachette ; glisser.

zu|stehen ["tsu:'ʃte:ən] (stand, gestanden) v. intr. [zukommen] revenir, appartenir (à qn). | *das steht ihm nicht zu*, il n'y a pas droit.

zu|steigen ["tsu:'ʃtaigən] (ie, ie) v. intr. monter en cours de voyage. | *(ist) noch jemand zugestiegen ?*, quelqu'un est-il monté en cours de route ?

zu|stellen ["tsu:'ʃtɛlən] v. tr. [übergeben] *Post zustellen*, remettre, distribuer le courrier. | *eigenhändig zustellen*, remettre en main propre. ||°**-stellung** f. (-, en) remise (f.) à domicile ; factage m. ; livraison f. | *Zustellung der Post*, distribution (f.) du courrier.

Zustell|gebühr ["tsu:ʃtɛlgə'by:r] f. (-, en) frais (m. pl.) de livraison, de remise à domicile.

zu|steuern ["tsu:'ʃtɔyərn] v. intr. faire route sur ; prendre la direction de.
◇ v. tr. et v. intr. [beisteuern] contribuer à.

zu|stimmen ["tsu:'ʃtimən] v. intr. donner son accord à, son assentiment à ; consentir. | *dem Plan zustimmen*, approuver le plan. ||°**-stimmung** f. (-, en). [Einwilligung ; Einverständnis] accord m. ; assentiment m. ; consentement m. ; approbation f. ; agrément m. | *seine Zustimmung geben*, donner son accord.

zu|stopfen ["tsu:'ʃtɔpfən] v. tr. boucher.

zu|stoßen ["tsu:'ʃto:sən] (ö, ie, o) v. intr. **1.** [einen Stoß geben] donner, allonger un coup (à qn).
2. [geschehen ; vorkommen] arriver ; survenir. | *ein Unglück ist ihm zugestoßen*, il lui est arrivé malheur.
◇ v. tr. fermer en poussant.

zu|streben ["tsu:'ʃtre:bən] v. intr. tendre vers un but ; vouloir atteindre un but.

Zu|strom ["tsu:'ʃtro:m] m. (s). [Zulauf ; Andrang] afflux m. ; affluence f. ||**-strömen** v. intr. affluer ; arriver en masse.

zutage [tsu:'ta:gə] adv. LOC. *zutage fördern*, mettre au jour ; extraire. | *zutage kommen, treten*, se montrer, paraître au grand jour.

Zu|tat ["tsu:'ta:t] f. (-, en). CULIN. garniture f.
◇ f. pl. **Zutaten,** fournitures f. pl. ; accessoires m. pl. || CULIN. [Gewürze] ingrédients m. pl.

zuteil [tsu'tail] adv. en partage. | *jm zuteil werden*, revenir, échoir à qn.

zu|teilen ["tsu:'tailən] v. tr. attribuer ; assigner ; répartir ; adjuger. ||°**-teilung** f. (-, en) répartition f. ; attribution f. ; contingentement m.

zutiefst [tsu'ti:fst] adv. au plus profond ; profondément.

zu|tragen ["tsu:'tra:gən] (ä, u, a) v. tr. porter vers ; apporter ; produire. || FIG. rapporter.
◇ v. pr. **sich zutragen**, [sich ereignen] se passer ; arriver ; se produire. | *was hat sich zugetragen*, que s'est-il passé ?

Zu|träger [-'trɛ:gər] m. (s, -) rapporteur m. ; colporteur m. ; délateur m. ; mouchard m. ||**-träglich** adj. profitable ; avantageux. | *der Gesundheit zuträglich*, salutaire.

zu|trauen ["tsu:'trauən] v. tr. *jm etwas zutrauen*, croire qn capable de qch. | *sich zuviel zutrauen*, présumer de son talent, de ses forces. ||°**-trauen** n. (s) confiance f. | *Zutrauen zu jm haben*, avoir confiance en qn. ||**-traulich** adj. confiant ; intime ; familier. ||°**-traulichkeit** f. (-, en) confiance f. ; familiarité f.

zu|treffen ["tsu:'trɛfən] (i, a, o) v. intr. **1.** [gemäß sein] concorder avec ; être exact, juste.
2. [sich verwirklichen] se réaliser. | *das könnte zutreffen*, ce serait possible. || PAR EXT. *das trifft für alle Schüler zu*, c'est valable pour tous les élèves. ||**-treffend** part. prés. juste ; exact ; pertinent. | *eine zutreffende Bemerkung*, une observation pertinente.

zu|trinken ["tsu:'triŋkən] (a, u) v. intr. *jm zutrinken*, boire à la santé de qn ; inviter qn à lever son verre.

Zu|tritt ["tsu:'trit] m. (s) accès m. ; entrée f. | *Zutritt verboten*, défense d'entrer. | *bei jm freien Zutritt haben*, être reçu chez qn ; avoir ses entrées chez qn.

zu|tun ["tsu:'tu:n] (tat, getan) v. tr. **1.** [hinzufügen] ajouter ; joindre. || PAR EXT. aider. | *jm zugetan sein*, être dévoué à la cause de qn.
2. [schließen] fermer.

Zu|tun [-'tu:n] n. (s) aide f. ; intervention f. ; entremise f. | *ohne sein Zutun*, sans son entremise ; sans qu'il y soit pour qch. | *durch js Zutun*, par l'entremise de qn.

zuunterst [tsu'untərst] adv. tout en bas ; au fond.

zu|verlässig ["tsu:fɛr'lɛsiç] adj. sûr ; fidèle ; constant ; éprouvé. | *zuverlässiger Arbeiter*, ouvrier consciencieux. | *aus zuverlässiger Quelle*, de source sûre. | *zuverlässige Zeugen*, des témoins (m. pl.) de bonne foi. ||°**-verlässigkeit** f. solidité f. ; fidélité f. ; sûreté f. ; fiabilité f.

Zu|versicht ["tsu:fɛr'ziçt] f. confiance f. ; espoir m. | *die feste Zuversicht haben, daß*, avoir le ferme espoir que, de. ||**-versichtlich** adj. confiant. — adv. avec confiance.

zuviel [tsu'fi:l] adv. trop. | *zuviel wissen*, en savoir trop. | *das ist des Guten zuviel !*, c'en est trop ! | *sich zuviel zumuten*, présumer de ses forces.

Zuviel [tsu'fi:l] n. (s) *ein Zuviel an*, un excès de.

zuvor [tsu'fo:r] adv. de temps. [früher] autrefois ; jadis. || [vorher] auparavant ; d'abord ; en premier lieu ; préalablement ; d'avance.
◇ adv. de lieu. [an der Spitze] en tête ; devant.

zuvor|kommen [tsu"fo:r'kɔmən] (a, o) v. intr. *jm zuvorkommen*, devancer qn. | *einem Wunsch zuvorkommen*, prévenir un souhait. ||**-kommend** part. prés. prévenant ; complaisant ; obligeant. ||°**-kommenheit** f. prévenance f. ; complaisance f. ; obligeance f.

zuvörderst [tsu'følrdərst] adv. en tout premier lieu ; avant tout.

Zu|wachs ['tsu:vaks] m. (es). [Vermehrung ; Zunahme] augmentation f. ; accroissement m. ; surcroît m. || FAM. *die Familie Müller hat Zuwachs bekommen*, il y a une naissance chez les Muller. || *Zuwachsrate*, taux (m.) d'accroissement, de croissance.

zu|wachsen ["tsu:'vaksən] (ä, u, a) v. intr. [sich zumachen] se fermer. | *die Wunde wächst zu*, la plaie se referme.

Zu|wanderer ["tsu:'vandərər] m. (s, -). [Einwanderer] immigrant m. ||**-wandern** v. intr. s'acheminer vers ; immigrer. ||°**-wanderung** f. (-, en) afflux (m.) de population. || immigration f.

zuwege|bringen [tsu"ve:gə'briŋən] (brachte, gebracht) v. tr. mener à bonne fin ; venir à bout de. ||**-kommen** (a, o) v. intr. avoir lieu ; se réaliser.

zuweilen [tsu'vailən] adv. parfois ; de temps en temps.

zu|weisen ["tsu:'vaizən] (ie, ie) v. tr. affecter ; attribuer ; allouer. | *jm einen Platz zuweisen*, assigner une place à qn. ||°**-weisung** f. (-, en) attribution f. ; allocation f. ; attestation f. ; indication f. || JUR. *Zuweisung des Aufenthaltsorts*, assignation (f.) à résidence.

zu|wenden ["tsu:'vɛndən] (wandte, gewandt) v. tr. et v. pr. [zudrehen] tourner vers. | *jm den Rücken zuwenden*, tourner le dos à qn. | *sich dem Studium zuwenden*, se consacrer aux études. ||°**-wendung** f. (-, en) secours m. ; don m. ; attribution f. ; subvention f.

zu|werfen ["tsu:'vɛrfən] (i, a, o) v. tr. jeter vers. | *jm den Ball zuwerfen*, lancer la balle à qn. || FIG. *jm einen Blick zuwerfen*, jeter, lancer un regard à qn.

zuwider [tsu'vi:dər] adv. en contradiction, en opposition avec. || PAR EXT. *das ist mir zuwider*, cela me répugne.
◇ prép. (dat.) contrairement à ; à l'encontre de. | *dem Befehl zuwider*, contre l'ordre.

zuwider|handeln [tsu"vi:dər'handəln] v. intr. désobéir à ; contrevenir à. ||°**-handelnde(r)** f. (m.) contrevenant(e) m. (f.). ||°**-handlung** f. (-, en) infraction f. ; contravention f.

zu|winken ["tsu:'viŋkən] v. intr. faire signe (à qn).

zuzeiten [tsu'tsaitən] adv. parfois ; à certaines époques.

zu|ziehen ["tsu:'tsi:ən] (zog, gezogen) v. tr. **1.** fermer en tirant. | *die Schlinge zuziehen*, serrer le nœud.
2. entraîner ; attirer vers. || FIG. contracter. | *sich Unannehmlichkeiten zuziehen*, s'attirer des ennuis.
3. appeler en consultation. | *einen Facharzt (hin)zuziehen*, faire appel à un spécialiste.
◇ v. intr. aller s'établir. | *er ist vor kurzem zugezogen*, il vient de s'établir ici.
◇ part. pass. **zugezogen,** *ein Zugezogener*, un nouveau venu ; un immigré.
◇ v. pr. *die Wunde zieht sich zu*, la plaie se referme, guérit.

Zu|ziehung [-'tsi:uŋ] f. [action de] fermer ; adjonction f. ; consultation f. | *unter Zuziehung eines Fachmanns*, après avoir consulté un spécialiste. ||°**-zug** m. (s, ¨e) afflux m. ; augmentation f. ; immigration f. ; renfort m. | *Zuzugsgenehmigung*, autorisation (f.) de résidence. ||**-züglich** adv. en plus ; en sus.

zwacken ['tsvakən] v. tr. pincer.

Zwang [tsvaŋ] m. (s) contrainte f. ; coercition f. ; force f. ; violence f. | *jm Zwang antun*, faire pression sur qn. | *sich Zwang antun*, se faire violence. | *ohne Zwang*, sans gêne.

zwang... [tsvaŋ], **zwangs...** [tsvaŋs] (en compos.) forcé ; obligatoire.

zwang|los ["tsvaŋ'lo:s] adj. sans contrainte. ||°**-losigkeit** f. absence (f.) de contrainte.

Zwangs|anleihe ["tsvaŋs'anlaiə] f. (-, n). FIN. emprunt forcé. ||°**-arbeit** f. (-, en) travaux forcés.

||°-**auflösung** f. (-, en). JUR. dissolution (f.) judiciaire. ||°-**enteignung** f. (-, en) expropriation forcée. ||°-**herrschaft** f. tyrannie f. ; despotisme m. ||°-**hypothek** f. (-, en) hypothèque (f.) judiciaire. ||°-**jacke** f. (-, n) camisole (f.) de force. ||°-**lage** f. (-, n) état (m.) de contrainte ; nécessité f. ; cas (m.) de force majeure. ||-**läufig** adj. obligatoire. — adv. obligatoirement ; forcément ; par la force des choses ; par nécessité. ||°-**läufigkeit** f. nécessité. ||°-**maßnahme** f. (-, n), °-**maßregel** f. (-, n) mesure coercitive. ||°-**veräußerung** f. (-, en) vente forcée. ||°-**verfahren** n. (s, -) procédure coercitive ; coercition f. ||°-**verschleppung** f. (-, en) déportation f. ||°-**versteigerung** f. (-, en) vente (f.) par licitation. ||°-**verwaltung** f. (-, en) mise (f.) sous séquestre. ||°-**vollstreckung** f. (-, en) exécution (f.) par contrainte. ||°-**vorstellung** f. (-, en) idée (f.) fixe ; obsession f. ||-**weise** adv. par contrainte. ||°-**wirtschaft** f. économie dirigée.

zwängen ['tsvɛŋən] v. tr. comprimer ; presser ; faire entrer de force.

zwanzig ['tsvantsiç] adj. num. card. vingt. | *etwa zwanzig*, une vingtaine.

◇ **die Zwanzig,** le vingt ; le nombre vingt.

Zwanziger [-tsigər] m. (s, -) jeune homme âgé de vingt ans.

◇ adj. **zwanziger.** *in den zwanziger Jahren*, dans les années 1920 à 1930.

zwanzigst [-tsiçst] adj. num. ord. vingtième.

Zwanzigstel [-tsiçstəl] n. (s, -) vingtième m.

zwar [tsva:r] adv. **1.** en effet ; à la vérité ; certes. | *er ist zwar alt, aber noch recht kräftig*, certes il est âgé, mais encore vigoureux.

2. und zwar, *er kommt doch, und zwar morgen*, il viendra quand même, demain. | *er hat Schulden, und zwar so viele, daß*, il a des dettes, et même tellement que.

Zweck [tsvɛk] m. (s, e) but m. ; fin f. ; vue f. ; dessein m. | *zu welchem Zweck ?*, dans quel but ? | *das hat keinen Zweck*, c'est inutile. | *zu diesem Zweck*, à cet effet. | *es hat wenig Zweck hinzugehen*, y aller n'a guère de sens. | *das hat seinen Zweck erfüllt*, cela a produit son effet. || LOC. *das ist der Zweck der Übung*, voilà pourquoi on le fait.

zweck|dienlich ["tsvɛk'di:nliç] adj. pratique ; utile ; convenable. ||°-**dienlichkeit** f. utilité f. ; efficacité f. ||-**los** adj. sans but ; inutile. ||°-**losigkeit** f. inutilité f. ||-**mäßig** adj. conforme au but ; convenable ; adéquat ; approprié. ||°-**mäßigkeit** f. convenance f. ; utilité f. ; opportunité f. ||-**widrig** adj. inopportun. ||°-**widrigkeit** f. inopportunité f.

Zwecke ['tsvɛkə] f. (-, n) punaise f.

zwecks [tsvɛks] prép. (gén.) en vue de ; pour.

zwei [tsvai] adj. num. card. deux. | *zu zweien*, deux à deux. | *das Los zweier Menschen*, le sort de deux hommes.

◇ **die Zwei,** le deux ; le chiffre deux.

zwei... (en compos.) binaire ; géminé ; en deux parties ; double.

zwei|beinig ["tsvai'bainiç] adj. à deux jambes ; à deux pattes. ||°-**brücken** n. pr. n. GÉOGR. Deux-Ponts m. pl. ||-**deutig** adj. équivoque ; ambigu. ||°-**deutigkeit** f. ambiguïté f. ; équivoque f. || PAR EXT. parole (f.) à double sens ; grivoiserie f. ||-**fach** adj. double. ||-**farbig** adj. bicolore. ||°-**flügler** m. (s, -). ZOOL. diptère m. ||°-**füßler** m. (s, -) bipède m. ||-**geschlechtig** adj. hermaphrodite. ||°-**gestaltigkeit** f. dimorphie f. ||-**gleisig** adj. [Eisenbahn] à deux voies. ||-**gliederig** adj. ZOOL. biarticulé. || MATH. binôme. ||-**hundert** adj. num. card. deux cents. ||°-**kammersystem** n. (s, e). POLIT. bicamérisme m. ||°-**kampf** m. (s, ¨e) duel m. ||-**köpfig** adj. bicéphale. ||-**mal** adv. deux fois. ||-**malig** adj. deux fois répété. ||°-**master** m. (s, -). MAR. brick m. ; deux-mâts m. ||-**monatlich** adj. tous les deux mois ; bimestriel. ||-**motorig** adj. à deux moteurs ; bimoteur. | *zweimotoriges Flugzeug*, bimoteur m. ||°-**parteiensystem** n. (s, e). POLIT. bipartisme m. ; bipolarisation f. ||°-**phasenstrom** m. (s, ¨e). ÉLECTR. courant diphasé, alternatif. ||-**polig** adj. bipolaire. ||°-**reiher** m. (s, -) veston (m.) croisé. ||-**schneidig** adj. à double tranchant. ||-**seitig** adj. bilatéral. ||°-**sitzer** m. (s, -) voiture (f.) à deux places. || AÉRON. biplace m. ||°-**spänner** m. (s, -) voiture (f.) à deux chevaux. ||-**sprachig** adj. bilingue. ||°-**sprachigkeit** f. bilinguisme m. ||-**stündig** adj. qui dure deux heures. ||-**stündlich** adj. toutes les deux heures ; de deux heures en deux heures. ||°-**taktmotor** m. (s, en) moteur (m.) à deux temps. ||-**tausend** adj. num. card. deux mille. ||-**unddreißigstelnote** [-/-"--'-] f. (-, n). MUS. triple croche f. ||°-**unddreißigstelpause** f. (-, n). MUS. huitième (m.) de soupir. ||°-**vierteltakt** m. (es, e). MUS. mesure (f.) à deux-quatre. ||-**wertig** adj. INF. *zweiwertiges Element*, élément (m.) binaire. ||-**zählig** adj. binaire. ||°-**zeiler** m. (s, -). LITTÉR. distique m.

Zweier ['tsvaiər] m. (s, -) chiffre (m.) deux ; deux m. || SPORT. [Rudern] double scull m.

zweierlei [tsvaiər'lai] adv. de deux sortes. | *auf zweierlei Art*, de deux manières.

Zweifel ['tsvaifəl] m. (s, -) doute m. ; hésitation f. ; incertitude f. | *ohne (jeden) Zweifel*, sans aucun doute ; incontestablement ; sans conteste. | *außer Zweifel*, hors de doute. | *Zweifel hegen*, avoir des doutes. | *das unterliegt keinem Zweifel*, cela est hors de doute. | *darüber kann kein Zweifel bestehen*, là-dessus il n'y a pas de doute. | *etwas in Zweifel stellen, ziehen*, concevoir des doutes au sujet de qch.

zweifel|los ["tsvaifəl'los] adj. et adv. hors de doute ; indubitablement.

zweifelhaft ['tsvaifəlhaft] adj. douteux ; problématique ; incertain. || PÉJOR. suspect ; à double face. | *ein zweifelhaftes Unterfangen*, une entreprise douteuse.

Zweifelhaftigkeit [-tiçkait] f. incertitude f. ; indécision. || caractère douteux (d'une affaire).

zweifeln ['tsvaifəln] v. intr. douter. | *an jm, an etwas zweifeln*, douter de qn, de qch.

◇ part. prés. **zweifelnd**, dubitatif.

Zweifels|fall ["tsvaifəls'fal] m. (s, ¨e) cas douteux. ||-**ohne** adv. indubitablement ; sans aucun doute.

Zweifler [-flər] m. (s, -) incrédule m. ; sceptique m.

Zweig [tsvaik] m. (s, e) rameau m. ; branche f. ; ramification f. || FIG. ligne f. ; branche f. ; rejeton m. || TECHN. embranchement m. ; branchement m. || FIG. *auf keinen grünen Zweig kommen*, ne pas réussir ; ne pas faire fortune.

Zweig|stelle ["tsvaik'ʃtɛlə] f. (-, n) filiale f. ; succursale f. ||°-**strom** m. (s, ¨e). ÉLECTR. courant (m.) de dérivation.

Zweiheit ['tsvaihait] f. PHYS. dualité f.

zweit [tsvait] adj. num. ord. deuxième ; second. | *der, die, das zweite*, le second ; la seconde. | *an zweiter Stelle*, en second lieu. | *eine Fahrkarte zweiter Klasse*, un billet de seconde (classe). | *aus zweiter Hand*, de seconde main. | *zweites Gesicht*, don (m.) de double vue. | *Ludwig der Zweite*, Louis II. | *zum zweiten*, deuxièmement. | *zum zweiten Mal*, pour la seconde fois. || FIG. *ein zweiter Goethe*, un autre Goethe.

zweit [tsvait] adv. *zu zweit*, à deux.
zweit... (en compos.) secondaire.
Zweit|anzeiger ["tsvait'antsaigər] m. (s, -). TECHN. répétiteur m. ||°**-ausfertigung** f. (-, en) duplicata m. ; double m. ||**-best** adj. second. ||**-klassig** adj. de second ordre. ||°**-schrift** f. (-, en) copie f. ; ampliation f. ||°**-wohnung** f. (-, en) résidence (f.) secondaire.
zweitens ['tsvaitəns] adv. deuxièmement ; en second lieu.
Zwerch|fell ["tsvɛrç'fɛl] n. (s, e) diaphragme m. || FIG. *ein zwerchfellerschütterndes Lachen*, un rire désopilant.
Zwerg(in) ['tsvɛrk(in)] m. (s, e), f. (-, nen) nain(e) m. (f.) ; pygmée m.
Zwerg|baum ['tsvɛrkbaum] m. (s, ¨e), °**-bäumchen** [-bɔymçən] n. (s, -) arbuste nain. ||°**-huhn** n. (s,¨er) poulet nain ; poulet (m.) de Bantam. ||°**-kiefer** f. (-, n) pin (m.) des montagnes. ||°**-staat** m. (s, en) État (m.) miniature.
zwerghaft ['tsvɛrkhaft], **zwergig** ['tsvɛrgiç] adj. nain.
Zwetsche ['tsvɛtʃə], **Zwetschge** ['tsvɛtʃgə], **Zwetschke** ['tsvɛtʃkə] f. (-, n) quetsche f. ; prunes f.
Zwetsch(g)en|wasser ["tsvɛtʃ(g)ən'vasər] n. (s) eau-de-vie (f.) de quetsches.
Zwick|bohrer ["tsvik'bo:rər] m. (s, -) vrille f. ||°**-mühle** f. (-, n). [Spielzeug] double-moulin m. || FIG. *in eine Zwickmühle geraten*, se trouver mis dans une situation embarrassante.
Zwickel ['tsvikəl] m. (s, -). ARCHIT. pendentif m. ; écoinçon m.
zwicken ['tsvikən] v. tr. [kneifen ; zwacken] pincer ; tenailler.
Zwicker [-kər] m. (s, -) pince-nez m. ; lorgnon m.
zwie... [tsvi] autre forme de **zwei,** employée en composition.
Zwie|back ["tsvi:'bak] m. (s, e) biscuit m. ; biscotte f. ||**-fach** adj. double. ||**-fältig** adj. double. ||°**-gespräch** n. (s, e) dialogue m. ||°**-licht** n. (s) demi-jour m. ||**-lichtig** adj. incertain ; vague. ||°**-spalt** m. (s, e) désunion f. ; discorde f. ; brouille f. ||**-spältig** adj. désuni ; brouillé. ||°**-spältigkeit** f. ambiguïté f. ||°**-sprache** f. (-, n) dialogue m. ||°**-tracht** f. discorde f. ; désunion f.
Zwiebel ['tsvi:bəl] f. (-, n) oignon m. ; bulbe m.
zwiebel|artig ["tsvi:bəl'ɑ:rtiç] adj. bulbeux. ||**-förmig** adj. en forme d'oignon, de bulbe. ||°**-knollen** m. (s, -) bulbe m. ||°**-turm** m. (s, ¨e) clocher (m.) à bulbe. ||°**-zopf** m. (s, ¨e) chaîne (f.) d'oignons.
zwiebeln ['tsvi:bəln] v. tr. FAM. brimer.
Zwille ['tsvilə] f. (-, n) lance-pierres m.
Zwillich ['tsviliç] m. (s, e) coutil m.
Zwilling ['tsviliŋ] m. (s, e) jumeau m. ; jumelle f. || [Jagd] fusil (m.) à deux coups.
◇ m. pl. **Zwillinge.** ASTRON. Gémeaux m. pl.
Zwillings|bruder ["tsviliŋs'bru:dər] m. (s,¨) frère jumeau. ||°**-geschwister** f. pl. jumeaux m. pl. ; jumelles f. pl. ||°**-schwester** f. (-, n) sœur jumelle.
Zwing|burg ["tsviŋ'burk] f. (-, en) château fort ; citadelle f. ||°**-herr** m. (n, en) despote m. ; tyran m.
Zwinge ['tsviŋə] f. (-, n). TECHN. bride (f.) de fixation ; virole f. ; serre-joint m. || PAR EXT. étau m.
zwingen ['tsviŋən] (a, u) v. tr. et v. pr. (se) contraindre ; (se) forcer ; (s')astreindre à ; (se) faire violence. || PAR EXT. dompter ; vaincre ; discipliner. | *den Gegner in, auf die Knie zwingen*, faire plier l'adversaire. | *jn zum Gehorsam zwingen*, imposer l'obéissance à qn ; réduire qn à l'obéissance. | *ich sehe mich gezwungen*, je me vois contraint de.
◇ part. prés. **zwingend,** pressant ; contraignant. | *zwingende Gründe*, raisons impérieuses ; impératifs m. pl. | *zwingender Beweis*, preuve convaincante. | *zwingende Umstände*, circonstances contraignantes ; cas (m.) de force majeure.
◇ part. pass. **gezwungen,** *ich tue es nur gezwungen*, je le fais à mon corps défendant. | *gezwungen lächeln*, rire du bout des lèvres.
Zwinger [-ŋər] m. (s, -) **1.** [Ringsmauer] enceinte f. || [Turm] donjon m. ; tour fortifiée.
2. [Gefängnis] geôle f. ; cage f. ; chenil m.
3. [Kampfplatz ; Festplatz] arène f. ; lices f. pl. | *Dresdner Zwinger*, château (m.) de Dresde.
Zwinglianer [tsviŋli'ɑ:nər] m. (s, -) zwinglien m.
zwinkern ['tsviŋkərn] v. intr. *mit den Augen zwinkern*, cligner des yeux.
zwirbeln ['tsvirbəln] v. tr. tordre ; tortiller. | *den Schnurrbart zwirbeln*, friser sa moustache.
Zwirn [tsvirn] m. (s, e) fil m.
zwirnen ['tsvirnən] v. tr. retordre.
zwischen ['tsviʃən] prép. (dat. ou acc.) entre ; parmi ; au milieu de. **1.** [räumlich] *Bonn liegt zwischen Koblenz und Köln*, Bonn se trouve entre Coblence et Cologne. || FIG. *zwischen den Zeilen lesen*, lire entre les lignes. | *sich zwischen zwei Stühle setzen*, être assis entre deux chaises.
2. [zeitlich] *ein Mann zwischen vierzig und fünfzig*, un homme de quarante à cinquante ans. | *zwischen zwei Zügen*, entre deux trains. | *zwischen zehn und elf*, entre dix et onze heures.
3. [begrifflich] *zwischen ihm und seinem Freund besteht ein großer Unterschied*, il y a une grande différence entre lui et son ami.
◇ adv. (en compos.) **inzwischen,** en attendant ; entre-temps. — **dazwischen,** entre les deux.
zwischen... (en compos.) intermédiaire.
Zwischen|akt ["tsviʃən'akt] m. (s, e) entracte m. ||°**-bemerkung** f. (-, en) parenthèse f. ; digression f. ; interruption f. ||°**-bescheid** ["-/-'-] m. (s, e) réponse (f.) provisoire. || JUR. sentence (f.) interlocutoire. ||°**-bilanz** f. (-, en) bilan (m.) intermédiaire. ||°**-deck** n. (s, e) entrepont m. ; faux pont. ||°**-ding** n. (s, e) intermédiaire m. ||**-durch** [--/'-] adv. au travers ; entre-temps ; quelquefois. ||°**-fall** m. (s, ¨e) incident m. | *ein ärgerlicher Zwischenfall*, un incident fâcheux. ||°**-form** f. (-, en) forme (f.) de transition. ||°**-geräusche** n. pl. RADIO. parasites m. pl. ||°**-gericht** n. (s, e) entremets m. ||°**-gesang** m. (s,¨e) intermède vocal. ||°**-geschoß** n. (es, e) entresol m. ||°**-glied** n. (s, er) membre (m.) intermédiaire ; chaînon m. ||°**-händler** m. (s, -) entrepositaire m. ||°**-handlung** f. (-, en) incident m. ; épisode m. ||**-her** [--/'-] adv. entre-temps. ||°**-kiefer** m. (s, -). ANAT. os (m.) intermaxillaire. ||°**-lager** n. (s, -) aire (f.) de stockage intermédiaire, provisoire. ||°**-lagerung** f. (-, en) stockage (m.) intermédiaire, provisoire. ||°**-landung** f. (-, en) escale f. ||°**-lösung** f. (-, en) solution (f.) provisoire. ||°**-raum** m. (s, ¨e) intervalle m. ; interstice m. ||°**-regierung** f. (-, en) règne (m.) transitoire ; gouvernement (m.) de transition. ||°**-ruf** m. (s, e) interpellation f. ; interruption f. ; exclamation f. ||°**-runde** f. (-, n). SPORT. demi-finale f. ||°**-satz** m. (es, ¨e). GRAMM. proposition incise. ||**-schalten** v. tr. intercaler ; interpoler. ||°**-schicht** f. (-, en) couche (f.) intermédiaire, isolante. ||°**-sender** m. (s, -) émetteur-relais m. ||°**-stück** n. (s, e). THÉÂTRE. intermède m. ; intermezzo m. ||°**-stufe** f. (-, n) état

(m.) intermédiaire. ||°**-wand** f. (-, ¨e) cloison f. | *durch eine Zwischenwand teilen*, cloisonner. ||°**-zeile** f. (-, n). TYPOGR. interligne f. ||°**-zeit** f. (-, en) intervalle m. ; intérim m. | *in der Zwischenzeit*, dans l'intervalle ; entre-temps ; pendant ce temps.

Zwist [tsvist] m. (s, e) discorde f. ; dissension f. ; querelle f. ; différend m. ; dispute f.

Zwistigkeit [-kait] f. (-, en) dissension f. ; discorde f.

zwitschern ['tsvitʃərn] v. intr. gazouiller ; chanter.

Zwitter ['tsvitər] m. (s, -) hybride m. ; hermaphrodite m. || ZOOL. bâtard m. ; métis m.

zwitter|artig ["tsvitər'ɑ:rtiç] adj. hybride. ||°**-bildung** f. (-, en) hermaphrodisme m. ; androgynie f. ||°**-ding** n. (s, e) chose bâtarde. ||°**-wesen** n. (s, -) être (m.) hybride ; nature (f.) hybride.

zwitt(e)rig ['tsvit(ə)riç] adj. hybride ; amphibie.

zwo [tsvo:] adj. num. card. (Vx.) FAM. deux.

zwölf [tsvølf] adj. num. card. douze. | *es ist zwölf Uhr mittags*, il est midi. | *zwölf Uhr nachts*, à minuit. ◇ **die Zwölf.** le nombre douze ; le douze.

Zwölf|eck ["tsvølf'ɛk] n. (s, e) dodécagone m. ||°**-fingerdarm** ['-/"--] m. (s, e). ANAT. duodénum m. ||°**-flächner** m. (s, -) dodécaèdre m. ||**-mal** adv. douze fois. ||°**-tonmusik** f. dodécaphonisme m.

zwölft [tsvølft] adj. num. ord. douzième. | *am zwölften dieses Monates*, le douze de ce mois.

Zwölftel [-təl] n. (s, -) douzième m.

zwölftens ['tsvølftəns] adv. douzièmement.

Zyan [tsy'ɑ:n] n. (s). CHIM. cyanogène m.

Zyan|eisen [tsy"ɑ:n'aizən] n. (s). CHIM. cyanure (m.) de fer. ||°**-kali** n. (s). CHIM. cyanure (m.) de potassium. ||°**-säure** f. (-, n) acide (m.) cyanique.

Zyanid [tsya'ni:t] n. (s). CHIM. cyanure m.

Zykladen [tsy'klɑ:dən] n. pr. f. pl. GÉOGR. îles (f. pl.) Cyclades.

Zyklamen [tsy'klɑ:mən] n. (s, -). BOT. cyclamen m.

zyklisch ['tsy:kliʃ] adj. cyclique.

Zyklon [tsy'klo:n] m. (s, e) cyclone m.

Zyklop [tsy'klo:p] m. (en, en). MYTH. Cyclope m.

Zyklosporin [tsyklospo'ri:n] n. (s). MÉD. ciclosporine f.

Zyklotron [tsyklo'tro:n] n. (s, e). TECHN. cyclotron m.

Zyklus ['tsy:klus] m. (-, klen) cycle m. ; série f. || ASTRON. cercle m.

Zylinder [tsy'lindər] m. (s, -) cylindre m. || PAR EXT. (chapeau m.) haut de forme ; gibus m.

Zylinder|block [tsy"lindər'blɔk] m. (s, ¨e) bloc-cylindres m. ; bloc (m.) de culasse. ||°**-hut** m. (s, ¨e) haut-de-forme m. ||°**-kopf|dichtung** f. (-, en). AUTOM. joint (m.) de culasse. ||°**-mantel** m. (s, ¨e) corps (m.), chemise (f.) de cylindre.

zylindrisch [tsy'lindriʃ] adj. cylindrique.

Zyniker ['tsy:nikər] m. (s, -) cynique m.

zynisch [-niʃ] adj. cynique.

Zynismus [tsy'nismus] m. cynisme m.

Zypern ['tsy:pərn] n. pr. n. (s). GÉOGR. (île [f.] de) Chypre.

Zyprer ['tsy:prər] m. (s, -), **Zypriot** [tsypri'o:t] m. (en, en) Cypriote m.

Zypresse [tsy'prɛsə] f. (-, n). BOT. cyprès m.

zyprisch ['tsy:priʃ] adj. cypriote ; de Chypre.

Zyste ['tsystə] f. (-, n). MÉD. cloque f. ; tumeur f.

Zythera ['tsy:tera] f. GÉOGR. Cythère f.

zyto|gen [tsyto'ge:n] adj. cytogène ; qui forme des cellules. ||°**-logie** f. MÉD. cytologie f. ; étude (f.) de la cellule. ||°**-plasma** n. (s, men) cytoplasme m. ; plasma (m.) cellulaire.

z. Z., z. Zt. abrév. de **zur Zeit,** en ce moment ; actuellement.

AUBIN IMPRIMEUR — Poitiers / Ligugé
Dépôt légal : Mai 1999
IMPRIMÉ EN FRANCE *(Printed in France).* 10066963 (1) 6500 (OSB 50) — Mai 1999